Prölss/Dreher
Versicherungsaufsichtsgesetz

Beck'sche Kurz-Kommentare

Prölss/Dreher

Versicherungsaufsichtsgesetz

mit Nebengesetzen

herausgegeben von

Dr. Meinrad Dreher, LL. M.
o. Professor an der Universität Mainz
Richter des Verfassungsgerichtshofs Rheinland-Pfalz

13., vollständig überarbeitete Auflage
des von Erich R. Prölss begründeten Werks

2018

C.H.BECK

Zitiervorschlag:
Prölss/Dreher/*Bearbeiter* § … Rn.…

Abgebildeter Stand der Gesetzgebung: 15.2.2017

www.beck.de

ISBN 978 3 406 69380 9

Wilhelmstraße 9, 80801 München
Satz, Druck und Bindung: Druckerei C. H. Beck Nördlingen
(Adresse wie Verlag)
Umschlaggestaltung: Druckerei C. H. Beck Nördlingen

Gedruckt auf säurefreiem, alterungsbeständigem Papier
(Hergestellt aus chlorfrei gebleichtem Zellstoff)

Vorwort

Die 13. Auflage des Kommentars zum VAG bildet in jeder Hinsicht eine Zäsur. Zunächst ist die 13. Auflage nach zwölfjähriger Pause im Erscheinen wegen erheblicher Verzögerungen in den europäischen und deutschen Gesetzgebungsverfahren die erste Auflage, die das durch die Solvency II-Regelungen neu gestaltete Versicherungsaufsichtsrecht zum Gegenstand hat. Als Konsequenz dieser umwälzenden Reform des Aufsichtsrechts trat am 1.1.2016 das grundlegend veränderte VAG in Kraft. Zwar ist das VAG nach der Konzeption des Kommentars Hauptgegenstand der Erläuterungen. Diese gehen entsprechend der Bedeutung der Solvency II-Richtlinie und der dazugehörigen Delegierten Verordnung aber auch ausführlich auf die europäischen Rechtsgrundlagen des Versicherungsaufsichtsrechts sowie ihre Auslegung durch EIOPA ein. Eigenständig kommentiert sind als weitere Teile des Versicherungsaufsichtsrechts die EIOPA-VO, das FinDAG, das FKAG und die VersVergV.

Von Veränderungen betroffen ist sodann neben dem Wechsel in der Herausgeberschaft der Autorenkreis, vor allem durch das Hinzutreten einiger neuer Autoren.

Der Gesetzestext zum VAG, der in dem Kommentar abgedruckt ist, bildet grundsätzlich den Stand der Gesetzgebung zum **15.2.2017** ab. Auf diesem zeitlichen Stand beruhen daher auch die Kommentierungen, so dass z. B. die BaFin-MaGo vom 1.2.2017 einbezogen sind. Die Kommentierungen berücksichtigen zwar vereinzelt auch spätere gesetzliche Entwicklungen sowie Rechtsprechung und Literatur aus dieser Zeit. Die gesetzgeberische Dynamik seit Inkrafttreten des VAG 2016 macht es aber unmöglich, alle gesetzlichen Entwicklungen seit dem 15.2.2017 in der vorliegend gepflegten Tiefe und Breite zeitlich auf dem Stand des Erscheinens des Kommentars zu kommentieren. Seit dem Inkrafttreten des VAG 2016 bis November 2017 haben nämlich nicht weniger als zehn Gesetze zahlreiche Änderungen an und Ergänzungen zu den Vorschriften des neuen Versicherungsaufsichtsrechts gebracht (vgl. dazu im Einzelnen die Einleitung Rn. 71). Die vollständige Erfassung dieser vielfältigen gesetzgeberischen Aktivitäten im Bereich des Versicherungsaufsichtsrechts, die nach dem 15.2.2017 erfolgt sind, bleibt daher einer kommenden Auflage vorbehalten.

Das Bemühen des Herausgebers bei den einzelnen Kommentierungen gilt einem einheitlichen Aufbau und der Wahrung der für den Kommentar selbstverständlichen inhaltlichen Standards. Gleichwohl liegt die wissenschaftliche Verantwortung für die Erläuterungen, wie bei umfangreichen Werken üblich, bei den jeweiligen Autoren.

Der Kommentar wendet sich gleichermaßen an die Wissenschaft und an die Praxis. Er soll den Nutzern den jeweiligen Rechtsbereich fundiert, problembezogen und meinungsfreudig darstellen, die übergreifenden und systematischen Zusammenhänge des Versicherungsaufsichtsrechts erschließen sowie seine europarechtliche Fundierung betonen. Die intensive Durchdringung des komplizierten Rechtsstoffs im vorliegenden Kommentar zeigt sich unter anderem darin, dass die Kommentierungen des VAG 2016 und der Nebengesetze im Verhältnis zur Vorauflage einen mehr als doppelt so großen Umfang haben.

Zu danken ist vor allem den Mitautoren für ihren engagierten Einsatz. Weiter gilt mein Dank für äußerst tatkräftige Hilfe bei der Vorbereitung der 13. Auflage am Mainzer Lehrstuhl dem ehemaligen wissenschaftlichen Mitarbeiter Rechtsanwalt *Dr. Christoph Ballmaier* und den gegenwärtigen wissenschaftlichen Mitarbeitern Rechtsreferendar *Tobias Gerigk,* Assessor *Peter Glöckle*, Rechtsreferendar *Jan Vollkammer* und Assessor *Lukas Wagner* sowie den wissenschaftlichen Hilfskräften stud. iur. *Lucia Oegel* und stud. iur. *Marcel Vay*.

Mainz, im November 2017 *Dr. Meinrad Dreher*, LL. M.

Bearbeiterverzeichnis

Es haben bearbeitet
(zur Bedeutung der Fußnoten s. am Ende des Verzeichnisses):

Dr. Frederik Boetius
Wirtschaftsprüfer, Partner, KPMG, München
§§ 102[4], 103[4], 111–123[5], 342[5], 344[5], 347[5], 348[5]

Dr. Jürgen Bürkle
Rechtsanwalt, Leiter Recht und Compliance, Stuttgarter Lebensversicherung a. G., Stuttgart
FKAG

Dr. Alexander Dotterweich
Wirtschaftsprüfer, Partner, PWC, München (vormals KPMG)
§§ 96–98[2], 99–101[3], 104–106[2], 107–110[3], Anl. 3[3]

Dr. Meinrad Dreher
o. Professor an der Universität Mainz
Einl., §§ 23–34, 294–306, 308–310, 354, 355

Dr. Frank Ellenbürger
Wirtschaftsprüfer, Steuerberater, Partner, KPMG, München
§§ 35–37[1], 96–98[2], 99–101[3], 102[4], 103[4], 104–106[2], 107–110[3], 111–123[5], 342[5], 344[5], 347[5], 348[5], Anl. 3[3]

Stefan Engeländer
Dipl.-Math., Aktuar (DAV) Senior Manager, KPMG, Köln
§§ 38[6], 39[6], 43–47[6], 74[6], 86–95[6], 345[6], 351–353[6]

Dr. Jens Gal
Juniorprofessor an der Universität Frankfurt (Main)
EIOPA-VO

Dr. Joachim Grote
Rechtsanwalt, Partner, BLD Bach Langheid Dallmayr, Köln
§§ 16–22, 48–51, 61–73, Anl. 1, Anl. 2

Dr. Bettina Hammers
Dipl.-Kffr., Senior Managerin, KPMG, Köln
§§ 38[6], 39[6], 43–47[6], 74[6], 75–85[7], 86–95[6], 96–98[2], 104–106[2], 345[6], 351–353[6]

Dr. Jens Hoffmann
Rechtsanwalt, NEUSSEL MARTIN, Mainz, Wiss. Mitarbeiter an der Universität Mainz
§§ 40–42, 307, 341

Dr. Joachim Kölschbach
Dipl.-Kfm. Partner, KPMG, Köln
§§ 35–37[1], 38[6], 39[6], 43–47[6], 74[6], 75–85[7], 86–95[6], 345[6], 351–353[6]

Dr. Gerrit Jan Krämer
Rechtsanwalt, Allianz SE, München
§§ 245–293, 349, 350

Martin Lange
Ass. iur., Gesamtverband der Deutschen Versicherungswirtschaft e. V., Berlin
§§ 165–170, 221–231, 340

Bearbeiterverzeichnis

Dr. Ursula Lipowsky Rechtsanwältin, München	§§ 124–131, 213–217, 311–317, 346
Dr. Peter Präve Stellvertretender Leiter Recht, Gesamtverband der Deutschen Versicherungswirtschaft e. V., Berlin	§§ 1–15a, 57–60, 138–164, 336–339
Till Redenz Oberregierungsrat, Bundesanstalt für Finanzdienstleistungsaufsicht, Bonn*	FinDAG; VersVergV
Hanno Reich Partner, KPMG, Köln	§§ 75–85[7], 102[4], 103[4]
Dr. Martin Schaaf Rechtsanwalt, Partner, BLD Bach Langheid Dallmayr, Köln	§§ 132–137
Dr. Johannes Schmidt Richter am AG, Frankfurt a. M.	§§ 52–56, 331–334
Stephan Schöps Regierungsdirektor, Bundesanstalt für Finanzdienstleistungsaufsicht, Bonn*	§§ 318–330, 335; VersVergV
Dr. Hanns-Jürgen Weigel Ass. iur., Honorarprofessor an der Universität Mannheim	§§ 171–212, 218–220, 232–244, 343

Es haben gemeinsam verfasst:
[1] *Ellenbürger/Kölschbach*
[2] *Ellenbürger/Dotterweich/Hammers*
[3] *Ellenbürger/Dotterweich*
[4] *Ellenbürger/Boetius/Reich*
[5] *Ellenbürger/Boetius*
[6] *Kölschbach/Hammers/Engeländer*
[7] *Kölschbach/Hammers/Reich.*

* Die Kommentierungen geben die persönliche Auffassung des Bearbeiters wieder.

Inhaltsübersicht

Gesetz über die Beaufsichtigung der Versicherungsunternehmen (Versicherungsaufsichtsgesetz – VAG)

Teil 1. Allgemeine Vorschriften

Teil 2. Vorschriften für die Erstversicherung und die Rückversicherung

* Bei mehreren Bearbeitern erfolgt die Namensnennung in dieser Übersicht in alphabetischer Reihenfolge.

Übersicht

Inhaltsverzeichnis

Abschnitt 3. Sonstige Nichtlebensversicherung

Abschnitt 4. Rückversicherung

Kapitel 4. Versicherungsvereine auf Gegenseitigkeit

Kapitel 5. Kleinere Versicherungsunternehmen und Sterbekassen

Abschnitt 1. Kleine Versicherungsunternehmen

Abschnitt 2. Sterbekassen

Teil 3. Sicherungsfonds

Teil 4. Einrichtungen der betrieblichen Alterversorgung

Kapitel 1. Pensionskassen

Kapitel 2. Pensionsfonds

Kapitel 3. Grenzüberschreitende Geschäftstätigkeit von Einrichtungen der betrieblichen Altersversorgung

Teil 5. Gruppen

Kapitel 1. Beaufsichtigung von Versicherungsunternehmen in einer Gruppe

Kapitel 2. Finanzlage

Abschnitt 1. Solvabilität der Gruppe

Abschnitt 2. Risikokonzentration auf Gruppenebene

Abschnitt 3. Geschäftsorganisation, Berichtspflichten

Kapitel 3. Maßnahmen zur Erleichterung der Gruppenaufsicht

Kapitel 4. Drittstaaten

Kapitel 5. Versicherungs-Holdinggesellschaften und gemischten Finanzholding-Gesellschaften

Teil 6. Aufsicht: Aufgaben und allgemeine Befugnisse, Organisation

Kapitel 1. Aufgaben und allgemeine Vorschriften

Kapitel 2. Sichernde Maßnahmen

Kapitel 3. Veröffentlichungen

Kapitel 4. Zuständigkeit

Abschnitt 1. Bundesaufsicht

Abschnitt 2. Aufsicht im Europäischen Wirtschaftsraum

Teil 7. Straf- und Bußgeldvorschriften

Teil 8. Übergangs- und Schlussbestimmungen

Finanzkonglomerate-Aufsichtsgesetz (FKAG)

Gesetz über die Bundesanstalt für Finanzdienstleistungsaufsicht (Finanzdienstleistungsaufsichtsgesetz – FinDAG)

Erster Abschnitt. Errichtung, Aufsicht, Aufgaben

Zweiter Abschnitt. Organisation

Dritter Abschnitt. Personal

Vierter Abschnitt. Haushaltsplan, Rechnungslegung, Deckung des Verwaltungsaufwands

Fünfter Abschnitt Gebühren und Umlage, Zwangsmittel, Bekanntgabe von Allgemeinverfügungen

Sechster Abschnitt. Finanzierung gesonderter Aufgaben

Siebenter Abschnitt. Übergangs- und Schlussbestimmungen

Verordnung (EU) Nr. 1094/2010 zur Errichtung einer Europäischen Aufsichtsbehörde

Kapitel I. Einrichtung und Rechtsstellung

Kapitel II. Aufgaben und Befugnisse der Behörde

Kapitel IV. Gemeinsame Gremien der Europäischen Aufsichtsbehörden

Abschnitt 1. Gemeinsamer Ausschuss der Europäischen Aufsichtsbehörden

Abschnitt 2. Beschwerdeausschuss

Kapitel V. Rechtsbehelf

Kapitel VI. Finanzvorschriften

Kapitel VII. Allgemeine Bestimmungen

Kapitel VIII. Übergangs- und Schlussbestimmungen

Verordnung über die aufsichtsrechtlichen Anforderungen an Vergütungssysteme im Versicherungsbereich (Versicherungs-Vergütungsverordnung – VersVergV)

Abkürzungsverzeichnis

a. A. .... andere(r) Ansicht
a. a. O. .... am angegebenen Ort
ABl. .... Amtsblatt
ABl. EG .... Amtsblatt der Europäischen Gemeinschaften
ABl. EU .... Amtsblatt der Europäischen Union
Abs. .... Absatz
Abschlussprüfer-VO .... Verordnung (EU) Nr. 537/2014 des Europäischen Parlaments und des Rates vom 16.4.2014 über spezifische Anforderungen an die Abschlussprüfung bei Unternehmen von öffentlichem Interesse und zur Aufhebung des Beschlusses 2005/909/EG der Kommission (ABl. 2014 L 158, 77)
Abschn. .... Abschnitt
AcP .... Archiv für die civilistische Praxis
a. E. .... am Ende
AE .... Auslegungsentscheidung
AEUV .... Vertrag über die Arbeitsweise der Europäischen Union
a. F. .... alte Fassung
aG, a. G. .... auf Gegenseitigkeit
AG .... Aktiengesellschaft; Die Aktiengesellschaft (Zeitschrift); Amtsgericht
AGB .... Allgemeine Geschäftsbedingung(en)
AGBG .... Gesetz zur Regelung des Rechts der Allgemeinen Geschäftsbedingungen (außer Kraft)
AGG .... Allgemeines Gleichbehandlungsgesetz
AIF .... Alternative Investmentfonds
AKB .... Allgemeine Bedingungen für die Kraftfahrtversicherung
AktG .... Aktiengesetz
AktuarV .... Aktuarverordnung
ALB .... Allgemeine Lebensversicherungsbedingungen
Allg. .... Allgemein(es)
Allg. M. .... Allgemeine Meinung
ALM .... Asset Liability Management
Alt. .... Alternative
AltEinkG .... Alterseinkünftegesetz
AltZertG .... Altersvorsorgeverträge-Zertifizierungsgesetz
a. M. .... andere(r) Meinung
ÄndG .... Änderungsgesetz
Anh. .... Anhang
Anl. .... Anlage
AnlV .... Anlageverordnung
Anm. .... Anmerkung
AnwBl. .... Anwaltsblatt
AO .... Abgabenordnung
AöR .... Archiv des öffentlichen Rechts
AP .... Arbeitsrechtliche Praxis
ARB .... Allgemeine Versicherungsbedingungen für die Rechtsschutzversicherung
ArbG .... Arbeitsgericht
AReG .... Abschlussprüfungsreformgesetz
arg. .... argumentum
Art. .... Artikel
Aufl. .... Auflage
ausf. .... ausführlich
AVB .... Allgemeine Versicherungsbedingungen
AVB Flusskasko .... Allgemeine Bedingungen für die Versicherung von Flusskasko-Risiken
AVmG .... Altersvermögensgesetz
Az. .... Aktenzeichen

BaFin .... Bundesanstalt für Finanzdienstleistungsaufsicht
BaFin-AE .... Auslegungsentscheidung der BaFin
BAFinBefugV. .... Verordnung zur Übertragung von Befugnissen zum Erlass von Rechtsverordnungen auf die Bundesanstalt für Finanzdienstleistungsaufsicht
BaFin-Journal .... BaFin-Journal – Mitteilungen der Bundesanstalt für Finanzdienstleistungsaufsicht
BaFin-MaGo .... Aufsichtsrechtliche Mindestanforderungen an die Geschäftsorganisation von Versicherungsunternehmen
BAG .... Bundesarbeitsgericht; Bundesaufsichtsgesetz
BAK, BAKred .... Bundesaufsichtsamt für das Kreditwesen
BAnz .... Bundesanzeiger
BArbBl .... Bundesarbeitsblatt
BausparkassenG .... Gesetz über Bausparkassen
BAV .... Bundesaufsichtsamt für das Versicherungswesen bzw. für das Versicherungs- und Bausparwesen
BAWe .... Bundesaufsichtsamt für den Wertpapierhandel
BayObLG .... Bayerisches Oberstes Landesgericht

Abkürzungen

BB	Betriebs-Berater
BBankG	Bundesbankgesetz
BBergG	Bundesberggesetz
BBesG	Bundesbesoldungsgesetz
BBG	Bundesbeamtengesetz
BCCI	Bank of Credit and Commerce International
BCCI-Richtlinie	Richtlinie 95/26/EG des Europäischen Parlaments und des Rates vom 29.6.1995 zur Änderung der Richtlinien 77/780/EWG und 89/646/EWG betreffend Kreditinstitute, der Richtlinien 73/239/EWG und 92/49/EWG betreffend Schadenversicherungen, der Richtlinien 79/267/EWG und 92/96/EWG betreffend Lebensversicherungen, der Richtlinie 93/22/EWG betreffend Wertpapierfirmen sowie der Richtlinie 85/611/EWG betreffend bestimmte Organismen für gemeinsame Anlagen in Wertpapieren (OGAW) zwecks verstärkter Beaufsichtigung dieser Finanzunternehmen (ABl. 1995, L 168, 7)
Bd.	Band
BDSG	Bundesdatenschutzgesetz
BdV	Bund der Versicherten e. V.
BeamtVG	Beamtenversorgungsgesetz
BeckRS	Beck-Rechtsprechung (Beck-Online)
Begr.	Begründung
Bek.	Bekanntmachung
ber.	berichtigt
BerVersV	Versicherungsberichterstattungs-Verordnung
Beschl.	Beschluss
BetrAV	Betriebliche Altersversorgung (Zeitschrift)
BetrAVG	Gesetz zur Verbesserung der betrieblichen Altersversorgung
BetrVG	Betriebsverfassungsgesetz
BewG	Bewertungsgesetz
BFH	Bundesfinanzhof
BfJ	Bundesamt für Justiz
BGB	Bürgerliches Gesetzbuch
BGBl.	Bundesgesetzblatt
BGE	Entscheidungen des Schweizerischen Bundesgerichts
BGebG	Gesetz über Gebühren und Auslagen des Bundes
BGH	Bundesgerichtshof
BGHSt	Entscheidungen des Bundesgerichtshofes in Strafsachen
BGHZ	Entscheidungen des Bundesgerichtshofes in Zivilsachen
BGlG	Bundesgleichstellungsgesetz
BHO	Bundeshaushaltsordnung
BilKoUmV	Bilanzkontrollkosten-Umlageverordnung
BImAG	Gesetz über die Bundesanstalt für Immobilienaufgaben
BiRiLiG	Gesetz zur Durchführung der Vierten, Siebenten und Achten Richtlinie des Rates der Europäischen Gemeinschaften zur Koordinierung des Gesellschaftsrechts (Bilanzrichtlinien-Gesetz)
BJ	BaFin-Journal – Mitteilungen der Bundesanstalt für Finanzdienstleistungsaufsicht
BKartA	Bundeskartellamt
BKR	Zeitschrift für Bank- und Kapitalmarktrecht
BMAS	Bundesministerium für Arbeit und Soziales
BMF	Bundesministerium der Finanzen
BMG	Bundesministerium für Gesundheit
BMinG	Bundesministergesetz
BMJ, BMJV	Bundesministerium der Justiz, Bundesministerium der Justiz und für Verbraucherschutz
BMWi	Bundesministerium für Wirtschaft
BoA	Board of Appeal
BörsG	Börsengesetz
BoS	Board of Supervisors
BPersVG	Bundespersonalvertretungsgesetz
BR, BRat	Bundesrat
BR-Drs.	Bundesrats-Drucksache
BRRG	Beamtenrechtsrahmengesetz
Brüssel Ia-VO	Verordnung (EU) Nr. 1215/2012 des Europäischen Parlaments und des Rats vom 12.12.2012 über die gerichtliche Zuständigkeit und die Anerkennung und Vollstreckung von Entscheidungen in Zivil- und Handelssachen (ABl. 2000 L 351, 1, ber. 2016 L 264, 43)
BSG	Bundessozialgericht
BSGE	Entscheidungen des Bundessozialgerichts
BSIG	Gesetz über das Bundesamt für Sicherheit in der Informationstechnik
BSM	Branchensimulationsmodell
BSparKG	Bausparkassengesetz
bspw.	beispielsweise
BStatG	Bundesstatistikgesetz
BStBl.	Bundessteuerblatt
BT, BTag	Bundestag
BT-Drs.	Bundestags-Drucksache
BT-PlPr.	Plenarprotokoll des Deutschen Bundestages
Buchst.	Buchstabe

Bull.	Bulletin der EG
BuW	Betrieb und Wirtschaft
BVerfG	Bundesverfassungsgericht
BVerfGE	Entscheidungen des Bundesverfassungsgerichts
BVerfGG	Bundesverfassungsgerichtsgesetz
BVerfGK	Kammerentscheidungen des Bundesverfassungsgerichts
BVerwG	Bundesverwaltungsgericht
BVerwGE	Entscheidungen des Bundesverwaltungsgerichts
BZRG	Bundeszentralregistergesetz
bzw.	beziehungsweise
ca.	circa
CCPFI	Commitee on Consumer Protection and Financial Innovation
CCZ	Corporate Compliance Zeitschrift
CEBS	Ausschuss der Europäischen Aufsichtsbehörden für das Bankwesen
CEIOPS	Ausschuss der Europäischen Aufsichtsbehörden für das Versicherungswesen und die betriebliche Altersversorgung
CF	Corporate Finance
CFL	Corporate Finance Law
CMLRev.	Common Market Law Review
CMS	Compliance-Management-System
Col. J. Europ. L.	Columbia Journal of European Law
COM	Kommissionsdokument
COSO	Committee of Sponsoring Organizations of the Treadway Commission
COSO-ERM	COSO Enterprise Risk Management Framework
CR	Computer und Recht
CRA-VO	Verordnung (EG) Nr. 1060/2009 des Europäischen Parlaments und des Rates vom 16. September 2009 über Ratingagenturen (ABl. 2009 L 302, 1)
CRD	Capital Requirements Directive (Eigenkapitalrichtlinie)
CRD III-Richtlinie	Richtlinie 2010/76/EU des Europäischen Parlaments und des Rates vom 24. November 2010 zur Änderung der Richtlinien 2006/48/EG und 2006/49/EG im Hinblick auf die Eigenkapitalanforderungen für Handelsbuch und Wiederverbriefungen und im Hinblick auf die aufsichtliche Überprüfung der Vergütungspolitik (ABl. 2010 L 329, 3)
CRD IV-Richtlinie	Richtlinie 2013/36/EU des Europäischen Parlaments und des Rates vom 26. Juni 2013 über den Zugang zur Tätigkeit von Kreditinstituten und die Beaufsichtigung von Kreditinstituten und Wertpapierfirmen, zur Änderung der Richtlinie 2002/87/EG und zur Aufhebung der Richtlinien 2006/48/EG und 2006/49/EG (ABl. 2013 L 176, 338)
CRD IV-Umsetzungsgesetz	Gesetz zur Umsetzung der Richtlinie 2013/36/EU über den Zugang zur Tätigkeit von Kreditinstituten und die Beaufsichtigung von Kreditinstituten und Wertpapierfirmen und zur Anpassung des Aufsichtsrechts an die Verordnung (EU) Nr. 575/2013 über Aufsichtsanforderungen an Kreditinstitute und Wertpapierfirmen (CRD IV-Umsetzungsgesetz)
CRR-VO	Verordnung (EU) Nr. 575/2013 des Europäischen Parlaments und des Rates vom 26. Juni 2013 über Aufsichtsanforderungen an Kreditinstitute und Wertpapierfirmen und zur Änderung der Verordnung (EU) Nr. 646/2012
DaaS	Data Storage as a Service
DAngVers	Die Angestelltenversicherung
DAR	Deutsches Autorecht
DAV	Deutsche Aktuarvereinigung
DB	Der Betrieb
DCGK	Deutscher Corporate Governance Kodex
DeckRV	Deckungsrückstellungsverordnung
ders., dies.	derselbe, dieselbe(n)
DepotG	Depotgesetz
d. h.	das heißt
DIIR	Deutsches Institut für Interne Revision
DJ	Deutsche Justiz
DJT	Deutscher Juristentag
DNotZ	Deutsche Notar-Zeitschrift
D&O	Directors and Officers (Liability)
DöV	Deutsche öffentlich-rechtliche Versicherung
DÖV	Die öffentliche Verwaltung (ab 1948)
DPR	Deutsche Prüfstelle für Rechnungslegung e. V.
DrittelbG	Drittelbeteiligungsgesetz
DRS	Deutsche(r) Rechnungslegungs-Standard(s)
Drs.	Drucksache
DRSC	Deutsches Rechnungslegungs Standards Committee
DSR	Deutscher Standardisierungsrat
DStR	Deutsches Steuerrecht
DStZ	Deutsche Steuer-Zeitung
DTV-ADS	Allgemeine Deutsche Seeschiffsversicherungsbedingungen
DTV-Güter	DTV-Güterversicherungsbedingungen
DTV-Valoren	DTV-Valoren-Transportversicherungsbedingungen

DV	Deutsche Verwaltung
DVBl.	Deutsches Verwaltungsblatt
DVers.	Deutsche Versicherung
DVO	Delegierte Verordnung
DVO (EU) 2015/35	Delegierte Verordnung (EU) 2015/35 der Kommission vom 10. Oktober 2014 zur Ergänzung der Richtlinie 2009/138/EG des Europäischen Parlaments und des Rates betreffend die Aufnahme und Ausübung der Versicherungs- und der Rückversicherungstätigkeit (Solvabilität II) (ABl. 2015 L 12, 1)
DVO (EU) 2015/2450	Durchführungsverordnung (EU) 2015/2450 der Kommission vom 2. Dezember 2015 zur Festlegung technischer Durchführungsstandards hinsichtlich der Meldebögen für die Übermittlung von Informationen an die Aufsichtsbehörde gemäß der Richtlinie 2009/138/EG des Europäischen Parlaments und des Rates (ABl. 2015 L 347, 1)
DVZ	Deutsche Versicherungszeitschrift
E	Entwurf
EASA-VO	Verordnung (EG) Nr. 216/2008 des Europäischen Parlaments und des Rates vom 20.2.2008 zur Festlegung gemeinsamer Vorschriften für die Zivilluftfahrt und zur Errichtung einer Europäischen Agentur für Flugsicherheit, zur Aufhebung der Richtlinie 91/670/EWG des Rates, der Verordnung (EG) Nr. 1592/2002 und der Richtlinie 2004/36/EG (ABl. 2008 L 79, 1)
EBA	European Banking Authority (Europäische Bankenaufsichtsbehörde)
EbAV	Einrichtungen der betrieblichen Altersversorgung
EbAV-RL	Richtlinie 2003/41/EG des Europäischen Parlaments und des Rates vom 3. Juni 2003 über die Tätigkeiten und die Beaufsichtigung von Einrichtungen der betrieblichen Altersversorgung (ABl. 2003 L 235, 10)
EbAV II-RL	Richtlinie (EU) 2016/2341 des Europäischen Parlaments und des Rates vom 14. Dezember 2016 über die Tätigkeiten und die Beaufsichtigung von Einrichtungen der betrieblichen Altersversorgung (EbAV) (ABl. 2016 L 354, 37)
EBOR	European Business Organization Law Review
ECAI	External Credit Assessment Institution
ECFR	European Company and Financial Review
EcoFin	Rat für Wirtschaft und Finanzen
Ed.	Edition
EFG	Entscheidungen der Finanzgerichte
EG	Europäische Gemeinschaft(en); Erwägungsgrund
EGBGB	Einführungsgesetz zum Bürgerlichen Gesetzbuch
EFTA	Europäische Freihandelsassoziation
EGKS	Europäische Gemeinschaft für Kohle und Stahl
Einf.	Einführung
Einl.	Einleitung
EinSiG	Einlagensicherungsgesetz
EIOPA	Europäische Aufsichtsbehörde für das Versicherungswesen und die betriebliche Altersversorgung
EIOPA-BoS-15/106	EIOPA-Leitlinien zu den Methoden für die Bestimmung von Marktanteilen für die Berichterstattung
EIOPA-LL	EIOPA-Leitlinien
EIOPA-LL-Governance	EIOPA-Leitlinien zum Governance-System (BoS-14/253)
EIOPA-VO	Verordnung (EU) Nr. 1094/2010 des Europäischen Parlaments und des Rates vom 24.11.2010 zur Errichtung einer Europäischen Aufsichtsbehörde (Europäische Aufsichtsbehörde für das Versicherungswesen und die betriebliche Altersversorgung), zur Änderung des Beschlusses Nr. 716/2009/EG und zur Aufhebung des Beschlusses 2009/79/EG der Kommission (ABl. 2010 L 331, 48)
EL	Ergänzungslieferung
ELJ	European Law Journal
E. L. Rev.	European Law Review
EMIR-VO	Verordnung (EU) Nr. 648/2012 des Europäischen Parlaments und des Rates vom 4. Juli 2012 über OTC-Derivate, zentrale Gegenparteien und Transaktionsregister (ABl. 2012 L 201, 1)
EMRK	Europäische Konvention zum Schutze der Menschenrechte und Grundfreiheiten
endg.	endgültig
Entsch.	Entscheidung
EnzEuR	Enzyklopädie Europarecht
EP	Europäisches Parlament
EPL	Employment Practices Liability (Verantwortlichkeit und Haftung für die Handhabung von Arbeitsverhältnissen)
ERA-VO	Verordnung (EG) NR. 881/2004 des Europäischen Parlaments und des Rates vom 29.4.2004 zur Errichtung einer Europäischen Eisenbahnagentur (ABl. 2004 L 220, 3)
Erg.-Lfg.	Ergänzungslieferung
ESA	European Supervisory Authority (europäische Finanzaufsichtsbehörde)
Erste KDStVO 1935	Durchführungsverordnung zum Körperschaftsteuergesetz vom 6.2.1935
ESA-BoA	European Supervisory Authorities - Board of Appeal (Beschwerdekammer der Europäischen Finanzaufsichtsbehörden)
ESFS	European System of Financial Supervision (Europäisches System der Finanzaufsicht)
EStG	Einkommenssteuergesetz
ESMA	Europäische Wertpapier- und Marktaufsichtsbehörde
ESRB	Europäischer Ausschuss für Systemrisiken

ESRB-VO	Verordnung (EU) Nr. 1092/2010 des Europäischen Parlamentes und des Rates vom 24.11.2010 über die Finanzaufsicht der Europäischen Union auf Makroebene und zur Errichtung eines Europäischen Ausschusses für Systemrisiken (ABl. 2010 L 331, 1)
ESZB	Europäisches System der Zentralbanken
EU-BeamtStatut	Verordnung (EWG, Euratom, EGKS) Nr. 259/68 des Rates vom 29. Februar 1968 zur Festlegung des Statuts der Beamten der Europäischen Gemeinschaften und der Beschäftigungsbedingungen für die sonstigen Bediensteten dieser Gemeinschaften sowie zur Einführung von Sondermaßnahmen, die vorübergehend auf die Beamten der Kommission anwendbar sind (ABl. 1968 L 56, 1)
EU-BeschäftBeding	Verordnung (EWG, Euratom, EGKS) Nr. 259/68 des Rates vom 29. Februar 1968 zur Festlegung des Statuts der Beamten der Europäischen Gemeinschaften und der Beschäftigungsbedingungen für die sonstigen Bediensteten dieser Gemeinschaften sowie zur Einführung von Sondermaßnahmen, die vorübergehend auf die Beamten der Kommission anwendbar sind (Beschäftigungsbedingungen für die sonstigen Bediensteten), Zweiter Teil: Beschäftigungsbedingungen für die sonstigen Bediensteten (ABl. 1968 L 56, 1)
EU	Europäische Union
EuG	Gericht der Europäischen Union
EUGGES	Europäische Gegenseitigkeitsgesellschaft
EuGH	Gerichtshof der Europäischen Union
EuGH-Satzg.	Satzung des Gerichtshofs der Europäischen Union (ABl. 2010 C 83, 210)
EuGHVfO	Verfahrensordnung des Gerichtshofs der Europäischen Union vom 25. September 2012 (ABl. 2012 L 265, 1)
EuGöD	Gericht für den öffentlichen Dienst der Europäischen Union
EuGVVO	Verordnung (EU) Nr. 1215/2012 des Europäischen Parlaments und des Rates vom 12. Dezember 2012 über die gerichtliche Zuständigkeit und die Anerkennung und Vollstreckung von Entscheidungen in Zivil- und Handelssachen (ABl. 2012 L 351, 1)
EuInsVO	Verordnung (EU) 2015/848 des Europäischen Parlaments und des Rates vom 20. Mai 2015 über Insolvenzverfahren (ABl. 2015 L 141, 19)
EUIPO	Amt der Europäischen Union für geistiges Eigentum
EuR	Europarecht (Zeitschrift)
EUR	Euro
EUROSTAT	Statistisches Amt der Europäischen Union
EUV	Vertrag über die Europäische Union
EuZW	Europäische Zeitschrift für Wirtschaftsrecht
EWG	Europäische Wirtschaftsgemeinschaft
EWiR	Entscheidungen zum Wirtschaftsrecht
EWR	Europäischer Wirtschaftsraum
EWS	Europäisches Wirtschafts- und Steuerrecht
EZB	Europäische Zentralbank
f., ff.	folgende
FamFG	Gesetz über des Verfahren in Familiensachen und in den Angelegenheiten der freiwilligen Gerichtsbarkeit
FATF	Financial Action Task Force on Money Laundering
FAZ	Frankfurter Allgemeine Zeitung
FeuerSchStG	Feuerschutzsteuergesetz
FG	Festgabe
FiCoD	Richtlinie 2002/87/EG des Europäischen Parlaments und des Rates vom 16. Dezember 2002 über die zusätzliche Beaufsichtigung der Kreditinstitute, Versicherungsunternehmen und Wertpapierfirmen eines Finanzkonglomerats und zur Änderung der Richtlinien 73/239/EWG, 79/267/EWG, 92/49/EWG, 92/96/EWG, 93/6/EWG und 93/22/EWG des Rates und der Richtlinien 98/78/EG und 2000/12/EG des Europäischen Parlaments und des Rates (ABl. 2002 L 35, 1)
FiMaNoG	Finanzmarktnovellierungsgesetz
FinDAG	Finanzdienstleistungsaufsichtsgesetz
FinDAGKostV	Verordnung über die Erhebung von Gebühren und die Umlegung von Kosten nach dem Finanzdienstleistungsaufsichtsgesetz
FinRVV	Finanzrückversicherungsverordnung
FinStabG	Gesetz zur Überwachung der Finanzstabilität
FKAG	Finanzkonglomerate-Aufsichtsgesetz
FK-RL	Richtlinie 2002/87/EG des Europäischen Parlaments und des Rates vom 16.12.2002 über die zusätzliche Beaufsichtigung der Kreditinstitute, Versicherungsunternehmen und Wertpapierfirmen eines Finanzkonglomerats und zur Änderung der Richtlinien 73/239/EWG, 79/267/EWG, 92/49/EWG, 92/96/EWG, 93/6/EWG und 93/22/EWG des Rates und der Richtlinien 98/78/EG und 2000/12/EG des Europäischen Parlaments und des Rates (ABl. 2002 L 35, 1)
FKSolV	Verordnung über die Angemessenheit der Eigenmittelausstattung von Finanzkonglomeraten
FKRLUG	Finanzkonglomeraterichtlinie-Umsetzungsgesetz
FMA	Finanzmarktaufsicht
FMFG	Finanzmarktförderungsgesetz
FMSA	Bundesanstalt für Finanzmarktstabilisierung
FMSANeuOG	Gesetz zur Neuordnung der Aufgaben der Bundesanstalt für Finanzmarktstabilisierung
FMStFG	Gesetz zur Errichtung eines Finanzmarktstabilisierungsfonds
FMStFV	Verordnung zur Durchführung des Finanzmarktstabilisierungsfondsgesetzes

Abkürzungen

FMStG .... Finanzmarktstabilisierungsgesetz
Fn. .... Fußnote
FR .... Finanz-Rundschau
Frontex-VO .... Verordnung (EG) Nr. 2007/2004 des Rates vom 26.10.2004 zur Errichtung einer Europäischen Agentur für die operative Zusammenarbeit an den Außengrenzen der Mitgliedstaaten der Europäischen Union (ABl. 2004 L 345, 1)
FS .... Festschrift
FSB .... Secretariat to the Financial Stability Board Bank for International Settlements
FVG .... Finanzverwaltungsgesetz
G .... Gesetz
GA .... Generalanwalt
GB .... Geschäftsbericht
GB-GDV .... Geschäftsbericht des Gesamtverbands der Deutschen Versicherungswirtschaft
GBl. .... Gesetzblatt
GBO .... Grundbuchordnung
GbR .... Gesellschaft bürgerlichen Rechts
GDV .... Gesamtverband der Deutschen Versicherungswirtschaft e. V.
GE .... Geschäftsplanmäßige Erklärung
gem. .... gemäß
GenG .... Gesetz betreffend die Erwerbs- und Wirtschaftsgenossenschaften
GewO .... Gewerbeordnung
GG .... Grundgesetz
ggf. .... gegebenenfalls
GGO .... Gemeinsame Geschäftsordnung der Bundesministerien
GGP .... Gesamtgeschäftsplan für die Überschussbeteiligung
GKV .... Gesetzliche Krankenversicherung
GmbH .... Gesellschaft mit beschränkter Haftung
GmbHG .... Gesetz betreffend die Gesellschaften mit beschränkter Haftung
GNSS .... Global Navigation Satellite System (Globales Navigationssatellitensystem)
GoB .... Grundsätze ordnungsgemäßer Buchführung
GoBaFin .... Geschäftsordnung der Bundesanstalt für Finanzdienstleistungsaufsicht
GoDirBaFin .... Geschäftsordnung des Direktoriums der Bundesanstalt für Finanzdienstleistungsaufsicht
GRC .... Governance, Risk & Compliance
GRCh .... Charta der Grundrechte der Europäischen Union (ABl. 2000 C 364, 1)
GrStG .... Grunderwerbssteuergesetz
GRUR .... Gewerblicher Rechtsschutz und Urheberrecht
GRUR-Prax .... Gewerblicher Rechtsschutz und Urheberrecht – Praxis im Immaterialgüter- und Wettbewerbsrecht
GS .... Gedächtnisschrift; Gedankenstrich
GVBl., GVOBl. .... Gesetz- und Verordnungsblatt
GVG .... Gerichtsverfassungsgesetz
GVO .... Gruppenfreistellungsverordnung
GWB .... Gesetz gegen Wettbewerbsbeschränkungen
GwG .... Geldwäschegesetz
GWR .... Gesellschafts- und Wirtschaftsrecht
HAVE .... Haftung und Versicherung
HessAGVwGO .... Hessisches Gesetz zur Ausführung der Verwaltungsgerichtsordnung
HGB .... Handelsgesetzbuch
HGB-E .... HGB-Entwurf
HkPA .... Haushaltskontroll- und Prüfungsausschuss
h. M. .... herrschende Meinung
HRRS .... Höchstrichterliche Rechtsprechung im Strafrecht
Hrsg. .... Herausgeber
Hs. .... Halbsatz
HWiG .... Haustürwiderrufsgesetz
IaaS .... Infrastructure as a Service
IAIS .... International Association of Insurance
IAS .... International Accounting Standards
ICAAP .... Internal Capital Adequacy Assessment Process
IDD .... Richtlinie (EU) 2016/97 des Europäischen Parlaments und des Rates vom 20. Januar 2016 über Versicherungsvertrieb (ABl. 2016 L 26/19)
i. d. F. .... in der Fassung
i. d. R. .... in der Regel
IDW .... Institut der Wirtschaftsprüfer in Deutschland
IDW EPS 981 .... IDW-Prüfungsstandard: Grundsätze ordnungsgemäßer Prüfung von Risikomanagementsystemen
IDW PS 261 .... IDW-Prüfungsstandard: Feststellung und Beurteilung von Fehlerrisiken und Reaktionen des Abschlussprüfers auf die beurteilten Fehlerrisiken
i. E. .... im Ergebnis
IFG .... Informationsfreiheitsgesetz
IFRS .... International Financial Reporting Standard(s)
IGH-Statut .... Statut des Internationalen Gerichtshofs
IHK .... Industrie- und Handelskammer

IKS	Internes Kontrollsystem
InhKontrollV	Inhaberkontrollverordnung
InsO	Insolvenzordnung
InstitutsVergV	Verordnung über die aufsichtsrechtlichen Anforderungen an Vergütungssysteme von Instituten
InvG	Investmentgesetz
IRSG	Insurance & Reinsurance Stakeholder Group
i. S. d., i. S. v.	im Sinne der/des/von
ITS	Implementing Technical Standards (Technische Durchführungsstandards)
i. V. m.	in Verbindung mit
IWF	Internationaler Währungsfonds
JBl.	Justizblatt (Österreich)
jew.	jeweils, jeweiliger
jM	juris – Die Monatszeitschrift
JR	Juristische Rundschau
JRPV	Juristische Rundschau für die Privatversicherung
JStG	Jahressteuergesetz
Jura	Juristische Ausbildung
JZ	Juristenzeitung
KB	King's Bench
KAGB	Kapitalanlagegesetzbuch
KAGG	Gesetz über Kapitalanlagegesellschaften
KalV	Kalkulationsverordnung
KapAusstV	Kapitalausstattungs-Verordnung
KfzPflVV	Kraftfahrzeug-Pflichtversicherungsverordnung
KfW	Kreditanstalt für Wiederaufbau
KG	Kommanditgesellschaft; Kammergericht
KGaA	Kommanditgesellschaft auf Aktien
KH	Kraftfahrzeug-Haftpflichtversicherung
KMU	kleine und mittlere Unternehmen
KOM	Kommissionsdokument
Kommission	Kommission der Europäischen Union
krit.	kritisch/e/r
KrV	Kranken- und Pflegeversicherung
KSchG	Kündigungsschutzgesetz
KStG	Körperschaftsteuergesetz
KSzW	Kölner Schrift zum Wirtschaftsrecht
KTS	Konkurs Treuhand Sanierung – Zeitschrift für Insolvenzrecht
KVU	Kleine Versicherungsunternehmen
KV nAd SV	Krankenversicherung nach Art der Schaden-Unfall-Versicherung
KV nAd LV	Krankenversicherung nach Art der Lebensversicherung
KWG	Kreditwesengesetz
LebensRL	Richtlinie 2002/83/EG des Europäischen Parlaments und des Rates vom 5. November 2002 über Lebensversicherungen (ABl. 2002 L 345, 1)
LEI	Legal Entity Identifier (Unternehmenskennung zur Identifizierung)
Lfg.	Lieferung
LG	Landgericht
LHB	Luftfahrt-Haftpflichtversicherungs-Bedingungen für Luftfahrzeughalter und Luftfrachtführer
lit.	littera
Lit.	Literatur
LL	Leitlinie(n)
LStDV	Lohnsteuer-Durchführungsverordnung
LTG	Long Term Guarantee
LVG	Landesverwaltungsgericht
L2-VO (EU) 2015/35	Delegierte Verordnung (EU) 2015/35 der Kommission vom 10. Oktober 2014 zur Ergänzung der Richtlinie 2009/138/EG des Europäischen Parlaments und des Rates betreffend die Aufnahme und Ausübung der Versicherungs- und der Rückversicherungstätigkeit (Solvabilität II) (ABl. 2015 L 12, 1)
LVRG	Lebensversicherungsreformgesetz
LZ	Leipziger Zeitschrift für Deutsches Recht
LZVO	Lehramtszugangsverordnung
MaGo	Aufsichtsrechtliche Mindestanforderungen an die Geschäftsorganisation von Versicherungsunternehmen
MAR	Verordnung (EU) Nr. 596/2014 des Europäischen Parlaments und des Rates vom 16. April 2014 über Marktmissbrauch (Marktmissbrauchsverordnung) und zur Aufhebung der Richtlinie 2003/6/EG des Europäischen Parlaments und des Rates und der Richtlinien 2003/124/EG, 2003/125/EG und 2004/72/EG der Kommission Text von Bedeutung für den EWR (ABl. 2014 L 173, 1)
MaRisk (BA)	Mindestanforderungen an das Risikomanagement (Bankenaufsicht)
MaRisk VA	Mindestanforderungen an das Risikomanagement (Versichrungsaufsicht)
MarkenG	Markengesetz
MB/PPV	Musterbedingungen für die Private Pflegepflichtversicherung

Abkürzungen

MB/PV .... Musterbedingungen für die Pflegekrankenversicherung
MB .... Musterbedingungen
MB/KK .... Musterbedingungen für die Krankheitskosten- und Krankenhaustagegeldversicherung
MB/KT .... Musterbedingungen für die Krankentagegeldversicherung
MCR .... Minimum Capital Requirement (Mindestkapitalanforderung)
MDR .... Monatsschrift für Deutsches Recht
MiFiD .... Markets in Financial Instruments Directive
MiStra .... Anordnung über Mitteilungen in Strafsachen
MMR .... MultiMedia und Recht
m. N. .... mit Nachweisen
Mot. .... *Bundesaufsichtsamt für das Versicherungs- und Bausparwesen,* Motive zum Versicherungsaufsichtsgesetz, 1963
Mrd. .... Milliarde
MuW .... Markenschutz und Wettbewerb
m. w. N. .... mit weiteren Nachweisen
m. W. v. .... mit Wirkung vom

n. F. .... neue Fassung
NJW .... Neue Juristische Wochenschrift
NJW-RR .... NJW-Rechtsprechungs-Report Zivilrecht
N. N. .... Nomen nominandum
NöVersG .... Gesetz über die öffentlich-rechtlichen Versicherungsunternehmen in Niedersachsen
Nr. .... Nummer
NVersZ .... Neue Zeitschrift für Versicherung und Recht
NVwZ .... Neue Zeitschrift für Verwaltungsrecht
NVwZ-RR .... Neue Zeitschrift für Verwaltungsrecht – Rechtsprechungs-Report
Nw .... Nachweisung
NWB .... Neue Wirtschafts-Briefe
NZA .... Neue Zeitschrift für Arbeitsrecht
NZG .... Neue Zeitschrift für Gesellschaftsrecht
NZI .... Neue Zeitschrift für das Recht der Insolvenz und Sanierung
NZKart .... Neue Zeitschrift für Kartellrecht
NZM .... Neue Zeitschrift für Miet- und Wohnungsrecht
NZWiSt .... Neue Zeitschrift für Wirtschafts-, Steuer- und Unternehmensstrafrecht

öBMF .... österreichisches Bundesministerium für Finanzen
öBVwG .... österreichisches Bundesverwaltungsgericht
OECD .... Organisation for Economic Cooperation and Development (Organisation für wirtschaftliche Zusammenarbeit und Entwicklung)
öFMA .... Österreichische Finanzmarktaufsicht
OGAW .... Organismen für gemeinsame Anlagen in Wertpapiere
OGH .... Oberster Gerichtshof (Österreich)
ÖJZ .... Österreichische Juristenzeitung
OLG .... Oberlandesgericht
OLGZ .... Entscheidungen der Oberlandesgerichte in Zivilsachen
Omnibus II-RL .... Richtlinie 2014/51/EU des Europäischen Parlaments und des Rates vom 16.4.2014 zur Änderung der Richtlinien 2003/71/EG und 2009/138/EG und der Verordnungen (EG) Nr. 1060/2009, (EU) Nr. 1094/2010 und (EU) Nr. 1095/2010 im Hinblick auf die Befugnisse der Europäischen Aufsichtsbehörde (Europäische Aufsichtsbehörde für das Versicherungswesen und die betriebliche Altersversorgung) und der Europäischen Aufsichtsbehörde (Europäische Wertpapier- und Marktaufsichtsbehörde) (ABl. 2014 L 153, 1)
OPSG .... Occupational Pensions Stakeholder Group
ORSA .... Own Risk and Solvency Assessment (unternehmenseigene Risiko- und Solvabilitätsbeurteilung)
OsBaFin .... Organisationsstatut der Bundesanstalt für Finanzdienstleistungsaufsicht
o. V. .... ohne Verfasser
öVAG .... österreichisches Versicherungsaufsichtsgesetz
OVG .... Oberverwaltungsgericht
öVfGH .... österreichischer Verfassungsgerichtshof
OWAG .... Oberflächenwasserabgabegesetz
OWiG .... Ordnungswidrigkeitengesetz

P&I .... Protection and Indemnity
PaaS .... Platform as a Service
PensionsfondsRL .... Richtlinie 2003/41/EG des Europäischen Parlaments und des Rates vom 3.6.2003 über die Tätigkeiten und die Beaufsichtigung von Einrichtungen der betrieblichen Altersversorgung (ABl. 2003 L 235, 1)
PfandBG .... Pfandbriefgesetz
PFAV .... Pensionsfonds-Aufsichtsverordnung
PFDeckRV .... Pensionsfonds-Deckungsrückstellungsverordnung
PFKapAV .... Pensionsfonds-Kapitalanlageverordnung
PflegeVG .... Pflege-Versicherungsgesetz
PflVG .... Pflichtversicherungsgesetz
PFKAustV .... Pensionsfonds-Kapitalausstattungsverordnung
PIE-VO .... Verordnung (EU) Nr. 537/2014 über spezifische Anforderungen an die Abschlussprüfung bei Unternehmen von öffentlichem Interesse (ABl. 2014 L 158, 77)

PKV	Private Krankenversicherung
PKV-Publik	Zeitschrift des PKV-Verbandes
POG	Product Oversight and Governance
POG Rh-Pf.	Polizei- und Ordnungsbehördengesetz Rheinland-Pfalz
PPP	Prudent Person Principle
PRIIP-VO	Verordnung (EU) Nr. 1286/2014 des Europäischen Parlaments und des Rates vom 26. November 2014 über Basisinformationsblätter für verpackte Anlageprodukte für Kleinanleger und Versicherungsanlageprodukte (PRIIP) (ABl. 2014 L 352, 1)
PRIP	verpackte Anlageprodukte für Kleinanleger
PrOVG	Preußisches Oberverwaltungsgericht
PrOVGE	Entscheidungen des Preußischen Oberverwaltungsgerichts
PrüfbV	Prüfungsberichtsverordnung
PrüfV	Prüfungsberichteverordnung
PSVaG	Pensionssicherungsverein aG
R	Rundschreiben
RAA	Reichsaufsichtsamt für Privatversicherung (bzw. für das Versicherungswesen)
RAF	Risk Assessment Framework (Risikobewertungsrahmen)
RAnz.	Reichsanzeiger
Rating-VO	Verordnung (EG) Nr. 1060/2009 des Europäischen Parlaments und des Rates vom 16.9.2009 über Ratingagenturen (ABl. 2009 L 235, 10)
RdF	Recht der Finanzinstrumente
RDG	Rechtsdienstleistungsgesetz
REACH-VO	Verordnung (EG) Nr. 1907/2006 des Europäischen Parlaments und des Rates vom 18.12.2006 zur Registrierung, Bewertung, Zulassung und Beschränkung chemischer Stoffe (REACH), zur Schaffung einer Europäischen Chemikalienagentur, zur Änderung der Richtlinie 1999/45/EG und zur Aufhebung der Verordnung (EWG) Nr. 793/93 des Rates, der Verordnung (EG) Nr. 1488/94 der Kommission, der Richtlinie 76/769/EWG des Rates sowie der Richtlinien 91/155/EWG, 93/67/EWG, 93/105/EG und 2000/21/EG der Kommission (ABl. 2006 L 396, 1)
RechPensV	Pensionsfonds-Rechnungslegungsverordnung
RechVersV	Verordnung über die Rechnungslegung von Versicherungsunternehmen
RefE	Referentenentwurf
RefE-VAG	Referentenwurf des Bundesministeriums der Finanzen für ein Zehntes Gesetzes zur Änderung des Versicherungsaufsichtsgesetzes
RegBegr.	Amtl. Begründung zum Regierungsentwurf
RegE	Regierungsentwurf
RegE-VAG 2012	Entwurf der Bundesregierung eines Zehnten Gesetzes zur Änderung des Versicherungsaufsichtsgesetzes vom 18.4.2012 (BT-Drs. 17/9342)
RegE-VAG 2014	Entwurf der Bundesregierung eines Gesetzes zur Modernisierung der Finanzaufsicht über Versicherungen vom 22.10.2014 (BT-Drs. 18/2956)
REIT	Real-Estate-Investment-Trust
REITG	Gesetz über deutsche Immobilien-Aktiengesellschaften mit börsennotierten Anteilen (REIT-Gesetz)
RfB	Rückstellung für Beitragsrückerstattung
RfB-VO	Verordnung über den kollektiven Teil der Beitragsrückerstattung
RFH	Reichsfinanzhof
RFHE	Entscheidungen und Gutachten des Reichsfinanzhofs
RFR	Risk Free Rate (risikofreie Zinskurve)
RG	Reichsgericht
RGBl.	Reichsgesetzblatt
RGSt	Entscheidungen des Reichsgerichts in Strafsachen
RGZ	Entscheidungen des Reichsgerichts in Zivilsachen
RL	Richtlinie
RL Schadenversicherung	Richtlinie 92/49/EWG des Rates vom 18.6.1992 zur Koordinierung der Rechts- und Verwaltungsvorschriften für die Direktversicherung (mit Ausnahme der Lebensversicherung) sowie zur Änderung der Richtlinien 73/239/EWG und 88/357/EWG (Dritte Richtlinie Schadenversicherung) (ABl. 1992 L 228, 1)
RL 2009/138/EG	Richtlinie 2009/138/EG des Europäischen Parlaments und des Rates vom 25.11.2009 betreffend die Aufnahme und Ausübung der Versicherungs- und der Rückversicherungstätigkeit (Solvabilität II) (ABl. 2009 L 335, 1)
RMS	Risikomanagementsystem
Rn.	Randnummer
ROHG	Entscheidungen des Reichsoberhandelsgerichts
Rom I-VO	Verordnung (EG) Nr. 593/2008 des Europäischen Parlaments und des Rates vom 17.6.2008 über das auf vertragliche Schuldverhältnisse anzuwendende Recht (ABl. 2008 L 177, 6)
Rom II-VO	Verordnung (EG) Nr. 864/2007 des Europäischen Parlaments und des Rates vom 11.7.2007 über das auf außervertragliche Schuldverhältnisse anzuwendende Recht (ABl. 2007 L 199, 40)
RoP-BoA	Rules of Procedure of the Boards of Appeal (der EIOPA)
Rpfleger	Der Deutsche Rechtspfleger
RRL	Rahmenrichtlinie
r+s	Recht und Schaden
Rs.	Rechtssache
Rspr.	Rechtsprechung

Abkürzungen

RSR	Regular Supervisory Report (regelmäßiger aufsichtlicher Bericht)
RStBl.	Reichssteuerblatt
RTS	Regulatory Technical Standards (Technische Regulierungsstandards)
RVO	Reichsversicherungsordnung
RWZ	Zeitschrift für Recht und Rechnungswesen
s.	siehe
S.	Satz, Seite
s. a.	siehe auch
SaaS	Software as a Service
SachvPrüfV	Sachverständigenprüfverordnung
SchiffsRG	Schiffsrechtegesetz
SchlHA	Schleswig-Holsteinische Anzeigen
SchVG	Schuldverschreibungsgesetz
scil.	scilicet (das bedeutet)
SCR	Solvency Capital Requirement (Solvenzkapitalanforderung)
SE	Europäische Gesellschaft, Europäische Aktiengesellschaft
SEAG	Gesetz zur Ausführung der Verordnung über das Statut der Europäischen Gesellschaft
SFCR	Solvency and Financial Condition Report (Solvabilitäts- und Finanzbericht)
SGB	Sozialgesetzbuch
SGB V	Sozialgesetzbuch Fünftes Buch – Gesetzliche Krankenversicherung
SGB VII	Sozialgesetzbuch Siebtes Buch – Gesetzliche Unfallversicherung
SGB XI	Sozialgesetzbuch Elftes Buch – Soziale Pflegeversicherung
SichLVFinV	Verordnung über die Finanzierung des Sicherungsfonds für die Lebensversicherer
SIFI	Systemically Important Financial Institutions (systemrelevante Finanzinstitute)
SJZ	Schweizerische Juristenzeitung
Slg.	Sammlung der Rechtsprechung des EuGH
s. o.	siehe oben
sog.	sogenannt
SolBerV	Solvabilitätsbereinigungs-Verordnung
Solva II-RL	Richtlinie 2009/138/EG betreffend die Aufnahme und Ausübung der Versicherungs- und Rückversicherungstätigkeit vom 25.11.2009 (ABl. 2009 L 335, 1)
Solva II-VO	Delegierte Verordnung (EU) 2015/35 der Kommission vom 10.10.2014 zur Ergänzung der Richtlinie 2009/138/EG betreffend die Aufnahme und Ausübung der Versicherungs- und der Rückversicherungstätigkeit (Solvabilität II) (ABl. 2015 L 12, 1)
SREP	Supervisory Review and Evaluation Process (bankaufsichtlicher Überprüfungs- und Beurteilungsprozess)
SRP	Supervisory Review Process (aufsichtliches Überprüfungsverfahren)
SSM	Single Supervisory Mechanism
StGB	Strafgesetzbuch
StPO	Strafprozessordnung
str.	strittig
st.Rspr.	ständige Rechtsprechung
StSenkG	Steuersenkungsgesetz
s. u.	siehe unten
sublit.	sublittera
SVZ	Schweizerische Versicherungs-Zeitschrift
SZ	Entscheidungen des Obersten Gerichtshofes in Zivilsachen (Österreich)
TDM	Tausend Deutsche Mark
TDS	Technische Durchführungsstandards
Teilbd.	Teilband
TEUR	Tausend Euro
Transparenzverordnung	TK-Transparenzverordnung
TranspR	Transportrecht
TransPuG	Transparenz- und Publizitätsgesetz
TRS	Technische Regulierungsstandards der EIOPA
TS	Technical Standards/Technische Standards
TVG	Tarifvertragsgesetz
TVöD	Tarifvertrag für den öffentlichen Dienst
Tz.	Textziffer
u. a.	unter anderem; und andere
UAbs., UA	Unterabsatz
ÜbschV	Überschussverordnung
UFR	Ultimate Forward Rate (endgültiger Forwardzinssatz)
u. H. a.	unter Hinweis auf
UKlaG	Gesetz über Unterlassungsklagen bei Verbraucherrechts- und anderen Verstößen
UmwG	Umwandlungsgesetz
UPR	Unfallversicherung mit Prämienrückgewähr
URCF	Unabhängige Risikocontrollingfunktion
Urt.	Urteil
UStDVO	Durchführungsverordnung zum Umsatzsteuergesetz
UStG	Umsatzsteuergesetz
u. U.	unter Umständen
UWG	Gesetz gegen den unlauteren Wettbewerb

v.	vom
VA	Veröffentlichungen des Reichsaufsichtsamtes für Privatversicherung bzw. des Zonenamtes des Reichaufsichtsamtes für das Versicherungswesen
VAG	Versicherungsaufsichtsgesetz
V. a. G.	Versicherungsverein auf Gegenseitigkeit
VAGVAufhV	Verordnung zur Aufhebung von Verordnungen nach dem Versicherungsaufsichtsgesetz
VAG-E	Enwturf eines Versicherungsaufsichtsgesetzes
Var.	Variante
VB	Versicherungsbetriebswirt
VBL	Versorgungsanstalt des Bundes und der Länder
VBlBW	Verwaltungsblätter für Baden-Württemberg
VBLS	Satzung der Versorgungsanstalt des Bundes und der Länder
VB-Reisegepäck	Versicherungsbedingungen für die Reisegepäckversicherung
VerAfP	Veröffentlichungen des Reichsaufsichtsamtes für Privatversicherung
VerBAV	Veröffentlichungen des Bundesaufsichtsamtes für das Versicherungs- und Bausparwesen bzw. für das Versicherungswesen
Verf.	Verfasser(in)
VergAnfG	Gesetz über die aufsichtsrechtlichen Anforderungen an die Vergütungssysteme von Instituten und Versicherungsunternehmen
VermAnlG	Vermögensanlagengesetz
VersAG	Versicherungsaufsichtsgesetz
VersImmoDarlSachkV	Immobiliar-Darlehensvergabe-Sachkunde-Verordnung
VersMeldeV	Versicherungs-Meldeverordnung
VersPrax	Die Versicherungspraxis
VersR	Versicherungsrecht
VersRdsch	Die Versicherungsrundschau (Österreich)
VersStG	Versicherungssteuergesetz
VersVergV	Versicherungs-Vergütungsverordnung
Verw	Die Verwaltung
VerwArch.	Verwaltungsarchiv
VerwRspr	Verwaltungsrechtsprechung
VG	Verwaltungsgericht
VGB	Allgemeine Wohngebäude-Versicherungsbedingungen
VGH	Verwaltungsgerichtshof
vgl.	vergleiche
v. H.	vom Hundert
VHB	Allgemeine Hausrat-Versicherungsbedingungen
VIZ	Zeitschrift für Vermögens- und Immobilienrecht
VMAO	Verwaltungs-, Management- oder Aufsichtsorgan
VO	Verordnung
Vorbem.	Vorbemerkung
VorstAG	Gesetz zur Angemessenheit der Vorstandsvergütung
VorstOG	Vorstandsvergütungs-Offenlegungsgesetz
VOStatutSE	Verordnung (EG) Nr. 2157/2001 des Rates vom 8. Oktober 2001 über das Statut der Europäischen Gesellschaft (SE) (ABl. 294, 1)
VP	Die Versicherungspraxis
VSBG	Verbraucherstreitbeilegungsgesetz
VU	Versicherungsunternehmen
VuR	Verbraucher und Recht
VVaG	Versicherungsverein auf Gegenseitigkeit
VVG	Versicherungsvertragsgesetz
VVG-InfoV	Verordnung über Informationspflichten bei Versicherungsverträgen
VW	Versicherungswirtschaft
VwGO	Verwaltungsgerichtsordnung
VwVfG	Verwaltungsverfahrensgesetz
VwVG	Verwaltungsvollstreckungsgesetz
VwZG	Verwaltungszustellungsgesetz
Wallm.	Wallmanns Versicherungszeitschrift
WEG	Wohnungseigentumsgesetz
WG	Wechselgesetz
wistra	Zeitschrift für Wirtschafts- und Steuerstrafrecht
WM	Wertpapier-Mitteilungen
WO	Wahlordnung Betriebsverfassungsgesetz
WohnimmobilienkreditRL	Richtlinie 2014/17/EU des Europäischen Parlaments und des Rates vom 4. Februar 2014 über Wohnimmobilienkreditverträge für Verbraucher und zur Änderung der Richtlinien 2008/48/EG und 2013/36/EU und der Verordnung (EU) Nr. 1093/2010 (ABl. 2014 L 60, 34)
WohnKreRL	Richtlinie 2014/17/EU des Europäischen Parlaments und des Rates vom 4. Februar 2014 über Wohnimmobilienkreditverträge für Verbraucher und zur Änderung der Richtlinien 2008/48/EG und 2013/36/EU und der Verordnung (EU) Nr. 1093/2010 (ABl. 2014 L 60, 34)
WPg	Die Wirtschaftsprüfung
WpHG	Wertpapierhandelsgesetz
WPO	Wirtschaftsprüferordnung

WRP	Wettbewerb in Recht und Praxis
WuB	Entscheidungssammlung zum Wirtschafts- und Bankrecht
WuW	Wirtschaft und Wettbewerb
ZAG	Zahlungsdiensteaufsichtsgesetz
ZaöRV	Zeitschrift für ausländisches öffentliches Recht und Völkerrecht
z. B.	zum Beispiel
ZBB/JBB	Zeitschrift für Bankrecht und Bankwirtschaft/Journal of Banking Law and Banking
ZEuP	Zeitschrift für Europäisches Privatrecht
ZEuS	Zeitschrift für Europarechtliche Studien
ZfgK	Zeitschrift für das gesamte Kreditwesen
ZfPW	Zeitschrift für die gesamte Privatrechtswissenschaft
ZFR	Zeitschrift für Finanzmarktrecht
ZfU	Zeitschrift für Umweltpolitik und Umweltrecht
ZfV	Zeitschrift für Versicherungswesen
ZG	Zeitschrift für Gesetzgebung
ZGR	Zeitschrift für Unternehmens- und Gesellschaftsrecht
ZGS	Zeitschrift für das gesamte Schuldrecht
ZHR	Zeitschrift für das gesamte Handels- und Wirtschaftsrecht
Ziff.	Ziffer
ZIP	Zeitschrift für Wirtschaftsrecht
ZKRedW, ZKW	Zeitschrift für das gesamte Kreditwesen
ZPO	Zivilprozessordnung
ZRP	Zeitschrift für Rechtspolitik
ZRQuotenV	Verordnung über die Mindestbeitragsrückerstattung in der Lebensversicherung
z. T.	zum Teil
ZUM	Zeitschrift für Urheber- und Medienrecht
ZVglRWiss	Zeitschrift für Vergleichende Rechtswissenschaft
ZVersWiss	Zeitschrift für die gesamte Versicherungswissenschaft
ZWeR	Zeitschrift für Wettbewerbsrecht
ZWH	Zeitschrift für Wirtschaftsstrafrecht und Haftung im Unternehmen

Literaturverzeichnis

Achenbach/Ransiek/Rönnau	*Achenbach/Ransiek/Rönnau,* Handbuch Wirtschaftsstrafrecht, 4. Aufl. 2015
Angerer	*Angerer,* Quellen zum Individualversicherungsrecht, Teil I: Rechtsvorschriften und Verlautbarungen (Loseblatt)
Angerer/Ollick	*Angerer/Ollick,* Quellen zum Individualversicherungsrecht, Teil II: Versicherungsbedingungen (Loseblatt)
Annuß/Früh/Hasse	*Annuß/Früh/Hasse,* Institutsvergütungsverordnung, Versicherungsvergütungsverordnung, 2016
Bach/Moser/*Bearbeiter*	*Bach/Moser,* Private Krankenversicherung, 5. Aufl. 2015
Bähr/*Bearbeiter*	*Bähr,* Handbuch des Versicherungsaufsichtsrechts, 2011
Bamberger/Roth/*Bearbeiter*	*Bamberger/Roth,* Kommentar zum Bürgerlichen Gesetzbuch, 3. Aufl. 2012
Baumann	*Baumann,* Der Versicherungsverein auf Gegenseitigkeit mit kooptierter Vertreterversammlung, 1986
Baumbach/Hopt/*Bearbeiter*	*Baumbach/Hopt,* Handelsgesetzbuch, 37. Aufl. 2015
Baumbach/Hueck/*Bearbeiter*	*Baumbach/Hueck,* Gesetz betreffend die Gesellschaften mit beschränkter Haftung: GmbHG, 21. Aufl. 2017
BeBiKo/*Bearbeiter*	*Budde,* Beck'scher Versicherungsbilanzkommentar, 1998
Beckmann/Matusche-Beckmann/*Bearbeiter*	*Beckmann/Matusche-Beckmann,* Versicherungsrechts- Handbuch, 3. Aufl. 2015
BeckOGK	Beck-Online-Großkommentar zum Zivilrecht
BeckOK InsO	Beck'scher Online-Kommentar Insolvenzordnung
BeckOK OWiG	Beck'scher Online-Kommentar Ordnungswidrigkeitengesetz
BeckOK StPO	Beck'scher Online-Kommentar Strafprozessordnung
BeckOK VwGO	Beck'scher Online-Kommentar Verwaltungsgerichtsordnung
BeckOK ZPO	Beck'scher Online-Kommentar Zivilprozessordnung
Beck/Samm/Kokemoor/*Bearbeiter*	*Beck/Samm/Kokemoor,* Kreditwesen mit CRR (Loseblatt)
Benkel	*Benkel,* Der Versicherungsverein auf Gegenseitigkeit, 2002
Benkel/Hirschberg	*Benkel/Hirschberg,* Lebens- und Berufsunfähigkeitsversicherung, 2. Aufl. 2011
Berliner/Fromm	*Berliner/Fromm,* Versicherungs- und Bausparkassen-Aufsichtsgesetz, 4. Aufl. 1932
BK/*Bearbeiter*	*Honsell/Baumann/Beckmann,* Berliner Kommentar zum Versicherungsvertragsgesetz, 1999
Boos/Fischer/Schulte-Mattler/*Bearbeiter*	*Boos/Fischer/Schulte-Mattler,* Kreditwesengesetz/Verordnung (EU) Nr. 575/2013 (CRR), 5. Aufl. 2016
Brenzel	*Brenzel,* Der Versicherungsverein auf Gegenseitigkeit, 1975
Bruck	*Bruck,* Kommentar zum Reichsgesetz über den Versicherungsvertrag, 7. Aufl. 1932
Bruck/Möller/*Bearbeiter*	*Bruck/Möller,* Versicherungsvertragsgesetz, 9. Aufl. 2008 ff.; 8. Aufl. 1961 ff.
Büchner	*Büchner,* Der Referentenentwurf eines Dritten Durchführungsgesetzes/EWG zum VAG auf dem Prüfstand, 1993
Bürkle	*Bürkle,* Der Sonderbeauftragte der Bundesanstalt für Finanzdienstleistungsaufsicht im Versicherungssektor, 2013
Bürkle/*Bearbeiter*	*Bürkle,* Compliance in Versicherungsunternehmen, 2. Aufl. 2015
Bürkle/Hauschka/*Bearbeiter*	*Bürkle/Hauschka,* Der Compliance Officer, 2015
Burmann/Heß/Hühnermann/Jahnke/Janker/*Bearbeiter*	*Burmann/Heß/Hühnermann/Jahnke/Janker,* Straßenverkehrsrecht, 24. Aufl. 2016
Calliess/Ruffert/*Bearbeiter*	*Calliess/Ruffert,* Vertrag über die Europäische Union – Vertrag über die Arbeitsweise der Europäischen Union 5. Aufl. 2016
Dauses/*Bearbeiter*	*Dauses/Ludwigs,* Handbuch des EU-Wirtschaftsrechts (Loseblatt)
Di Fabio	*Di Fabio,* Risikoentscheidungen im Rechtsstaat, 1994
Dreher	*Dreher,* Die Versicherung als Rechtsprodukt, 1991
Dreher Treatises	*Dreher,* Treatises on Solvency II, 2015
Dreher/Wandt 2009	*Dreher/Wandt,* Solvency II in der Rechtsanwendung, 2009
Dreher/Wandt 2012	*Dreher/Wandt,* Solvency II in der Rechtsanwendung, 2012
Dreher/Wandt 2013	*Dreher/Wandt,* Solvency II in der Rechtsanwendung, 2013
Dreher/Wandt 2014	*Dreher/Wandt,* Solvency II in der Rechtsanwendung, 2014
Dreher/Wandt 2015	*Dreher/Wandt,* Solvency II in der Rechtsanwendung, 2015
Dreher/Wandt 2016	*Dreher/Wandt,* Solvency II in der Rechtsanwendung, 2016
Ehrenzweig	*Ehrenzweig,* Deutsches (österreichisches) Versicherungsvertragsrecht 1952
Ellenbürger/Ott/Frey/Boetius/*Bearbeiter*	*Ellenbürger/Ott/Frey/Boetius,* Mindestanforderungen an das Risikomanagement (MaRisk) für Versicherungen, 2009
Erbs/Kohlhaas/*Bearbeiter*	*Erbs/Kohlhaas,* Strafrechtliche Nebengesetze (Loseblatt)
Erdmann	*Erdmann,* Grundzüge des Versicherungsaufsichtsrechts, 2011
ErfK/*Bearbeiter*	Erfurter Kommentar zum Arbeitsrecht, 16. Aufl. 2016
Farny	*Farny,* Versicherungsbetriebslehre, 5. Aufl. 2011
Fischer	*Fischer,* Strafgesetzbuch, 64. Aufl. 2016
FKBP/*Bearbeiter*	*Fahr/Kaulbach/Bähr/Pohlmann,* Versicherungsaufsichtsgesetz, 5. Aufl. 2012
FMA-Handbuch	*Finanzmarktaufsicht,* Handbuch Versicherungsaufsicht – VAG 2016, 2016

Literatur

FS Stuttgarter Lebensversicherung a. G., 2008	*Bürkle,* Rechtliche Rahmenbedingungen für Versicherungsvereine auf Gegenseitigkeit – Festschrift zum 100-jährigen Bestehen der Stuttgarter Lebensversicherung a.G, Karlsruhe 2008
Fülbier/Aepfelbach/*Bearbeiter*	*Fülbier/Aepfelbach/Langweg,* Geldwäschegesetz, 5. Aufl. 2006
v. Fürstenwerth/Weiß	*v. Fürstenwerth/Weiß,* Versicherungsalphabet (VA), 10. Aufl. 2001
v. Gierke	*v. Gierke,* Versicherungsrecht, 1937/1947
GK-GWB/*Bearbeiter*	Gemeinschaftskommentar zum Gesetz gegen Wettbewerbsbeschränkungen, 5. Aufl. 1999 ff.
Göhler/*Bearbeiter*	*Göhler,* Ordnungswidrigkeitengesetz, 16. Aufl. 2012
Goldberg/Müller/*Bearbeiter*	*Goldberg/Müller,* Versicherungsaufsichtsgesetz und Bundesaufsichtsgesetz, 1980
Grabitz/Hilf/Nettesheim/*Bearbeiter*	*Grabitz/Hilf/Nettesheim,* Vertrag über die Europäische Union – Vertrag über die Arbeitsweise der Europäischen Union (Loseblatt)
Graf/Jäger/Wittig/*Bearbeiter*	*Graf/Jäger/Wittig,* Wirtschafts- und Steuerstrafrecht, 2011
Grimm	*Grimm,* Unfallversicherung, 5. Aufl. 2012
von der Groeben/Schwarze/*Bearbeiter*	*von der Groeben/Schwarze/Hatje,* Europäisches Unionsrecht, 7. Aufl. 2015
Großfeld	*Großfeld,* Der Versicherungsverein auf Gegenseitigkeit im System der Unternehmensformen, 1985
Grote, Rechtsstellung	*Grote,* Die Rechtsstellung der Prämien-, Bedingungs- und Deckungsstocktreuhänder nach dem VVG und dem VAG, Diss., Münster 2002
Gründl/Kraft	*Gründl/Kraft,* Solvency II – Eine Einführung, 2. Aufl. 2016
Hagen I bzw. II	*Hagen,* Versicherungsrecht, in: Ehrenbergs Handbuch des Handelsrechts, Bd. VII Teilbd. 1 und 2, 1922
Hammers	*Hammers,* Full Fail Value-Bilanzierung von Lebensversicherungsprodukten und mögliche Implikationen für die Produktgestaltung, 2009
Harbauer/*Bearbeiter*	*Harbauer,* Rechtsschutzversicherung, 8. Aufl. 2010
Hauschka/Moosmayer/Lösler/*Bearbeiter*	*Hauschka/Moosmayer/Lösler,* Corporate Compliance 3. Aufl. 2016
Hauth	*Hauth,* Unternehmensverfassungsrechtliche Probleme des Versicherungsvereins auf Gegenseitigkeit, 1984
HdV/*Bearbeiter*	Handwörterbuch der Versicherung, 1988
Herzog/Mülhausen/*Bearbeiter*	*Herzog/Mülhausen,* Geldwäschebekämpfung und Gewinnabschöpfung, 2006
Heukamp	*Heukamp,* Das neue Versicherungsaufsichtsrecht nach Solvency II, 2016
HK-VVG/*Bearbeiter*	*Rüffer/Halbach/Schimikowski,* Versicherungsvertragsgesetz – Handkommentar, 3. Aufl. 2015
Hüffer	*Hüffer/Koch,* Aktiengesetz, 12. Aufl. 2016
Immenga/Mestmäcker/*Bearbeiter*	*Immenga/Mestmäcker,* Wettbewerbsrecht, 5. Aufl. 2014
Kisch	*Kisch,* Das Recht des Versicherungsvereins auf Gegenseitigkeit, 1951
KK-OWiG/*Bearbeiter*	Karlsruher Kommentar zum Gesetz über Ordnungswidrigkeiten, 4. Aufl. 2014
KK-StPO/*Bearbeiter*	Karlsruher Kommentar zur Strafprozessordnung, 7. Aufl. 2013
Köhler/Bornkamm/*Bearbeiter*	*Köhler/Bornkamm,* Wettbewerbsrecht, 34. Aufl. 2015
Kopp/Ramsauer	*Kopp/Ramsauer,* Verwaltungsverfahrensgesetz, 17. Aufl. 2016
Kopp/Schenke	*Kopp/Schenke,* Verwaltungsgerichtordnung, 22. Aufl. 2016
Korinek/G. Saria/S. Saria/*Bearbeiter*	*Korinek/G. Saria/S. Saria,* Versicherungsaufsichtsgesetz, 2016
KoRVU	*Brünglinghaus/Welzel,* Kompendium zur Rechnungslegung von Versicherungsunternehmen, 2. Aufl. 1982/87
Kraus	*Kraus,* Versicherungsaufsichtsrecht, 1971
Laars	*Laars,* Gesetz über die Beaufsichtigung der Versicherungsunternehmen, in: Das Deutsche Bundesrecht (Loseblatt)
Langheid/Rixecker/*Bearbeiter*	*Langheid/Rixecker,* Versicherungsvertragsgesetz, 5. Aufl. 2016
Langheid/Wandt/*Bearbeiter*	*Langheid/Wandt,* Münchener Kommentar zum Versicherungsvertragsgesetz, 2. Aufl. 2016 f.
Looschelders/Pohlmann/*Bearbeiter*	*Looschelder/Pohlmann,* Versicherungsvertragsgesetz, 2. Aufl. 2011
Lüer/Schwepcke/*Bearbeiter*	*Lüer/Schwepcke,* Rückversicherungsrecht, 2013
Luz/Neus/*Bearbeiter*	*Luz/Neus/Schaber/Schneider/Wagner/Weber,* Kreditwesengesetz, 3. Aufl. 2015
Marlow/Spuhl	*Marlow/Spuhl,* Das Neue VVG kompakt, 4. Aufl. 2010
Martin	*Martin,* Sachversicherungsrecht, 3. Aufl. 1992
Maunz/Dürig/*Bearbeiter*	*Maunz/Dürig,* Grundgesetz (Loseblatt)
Momsen/Grützner/*Bearbeiter*	*Momsen/Grützner,* Wirtschaftsstrafrecht, 2013
Mot., Motive zum VAG	*Bundesaufsichtsamt für das Versicherungs- und Bausparwesen,* Motive zum Versicherungsaufsichtsgesetz, 1963
MüKoAktG/*Bearbeiter*	Münchener Kommentar zum Aktiengesetz, 4. Aufl. 2014 ff.; 3. Aufl. 2008 ff.
MüKoBGB/*Bearbeiter*	Münchener Kommentar zum Bürgerlichen Gesetzbuch, 7. Aufl. 2015 ff.; 6. Aufl. 2012 ff.
MüKo BilanzR/*Bearbeiter*	Münchener Kommentar zum Bilanzrecht (Bd. 1: Loseblatt; Bd. 2: 2013)
MüKoInsO/*Bearbeiter*	Münchener Kommentar zur Insolvenzordnung, 3. Aufl. 2013 ff.

MüKoStGB/*Bearbeiter* ..... Münchener Kommentar zum Strafgesetzbuch, 2. Aufl. 2011 ff.; 3. Aufl. 2016 ff.
Müller .... *Müller*, Versicherungsbinnenmarkt, 1995
Müller/Golz/Washausen-Richter/Trommeshauser ...... *Müller/Golz/Washausen-Richter/Trommeshauser*, 100 Jahre materielle Versicherungsaufsicht in Deutschland, 2001
Müller-Wiedenhorn .... *Müller-Wiedenhorn*, Versicherungsvereine auf Gegenseitigkeit im Unternehmensverbund, 1993
öFMA-Handbuch .... *(österreichische) Finanzmarktaufsicht*, Handbuch Versicherungsaufsicht – VAG 2016, 2016
Palandt/*Bearbeiter* .... *Palandt*, Bürgerliches Gesetzbuch, 77. Aufl. 2017
Park .... *Park*, Kapitalmarktstrafrecht, 4. Aufl. 2017
Präve/*Bearbeiter* .... *Präve*, Lebensversicherung, 2016
Prölss/*Bearbeiter*, 12. Aufl. .. *Prölss*, Versicherungsaufsichtsgesetz, 12. Aufl. 2003
Prölss/Martin/*Bearbeiter* ... *Prölss/Martin*, Versicherungsvertragsgesetz, 29. Aufl. 2015
Reischauer/Kleinhans/*Bearbeiter* .... *Reischauer/Kleinhans*, Kreditwesengesetz (KWG) (Loseblatt)
Rengeler/Middeke/Gellermann .... *Rengeler/Middeke/Gellermann*, Handbuch des Rechtsschutzes in der Europäischen Union, 3. Aufl. 2014
Römer .... *Römer*, Der Prüfungsmaßstab bei der Mißstandsaufsicht nach § 81 VAG und der AVB-Kontrolle nach § 9 AGBG, 1996
Römer/Langheid/*Bearbeiter* *Römer/Langheid*, Versicherungsvertragsgesetz, 4. Aufl. 2015
Sammet .... *Sammet*, Versicherungs-Vergütungsverordnung, 2013
Schimansky/Bunte/Lwowski *Schimansky/Bunte/Lwowski*, Bankrechts-Handbuch, 4. Aufl. 2011
K. Schmidt/*Bearbeiter* ...... *K. Schmidt*, Insolvenzordnung, 19. Aufl. 2016
Schönke/Schröder/*Bearbeiter* .... *Schönke/Schröder*, Strafgesetzbuch, 29. Aufl. 2014
Schwennicke/Auerbach ...... *Schwennicke/Auerbach*, Kreditwesengesetz, 3. Aufl. 2016
Schwintowski/Brömmelmeyer/*Bearbeiter* .... *Schwintowski/Brömmelmeyer*, Praxiskommentar zum Versicherungsvertragsrecht, 2. Aufl. 2011
Späte/Schimikowski .... *Späte/Schimikowski*, Haftpflichtversicherung, 2. Aufl. 2015
Stelkens/Bonk/Sachs/*Bearbeiter* .... *Stelkens/Bonk/Sachs* Verwaltungsverfahrensgesetz, 8. Aufl. 2014
Stiefel/Maier/*Bearbeiter* .... *Stiefel/Maier*, Kraftfahrtversicherung, 18. Aufl. 2010
Terbille/Höra/*Bearbeiter* ... *Terbille/Höra*, Münchener Anwaltshandbuch Versicherungsrecht, 3. Aufl. 2013
Uhlenbruck/*Bearbeiter* ..... *Uhlenbruck*, Insolvenzordnung, 14. Aufl. 2015
Ulmer/Brandner/Hensen/*Bearbeiter* .... *Ulmer/Brandner/Hensen*, AGB-Recht, 12. Aufl. 2016
Veith/Gräfe/Gebert/*Bearbeiter* .... *Veith/Gräfe/Gebert*, Der Versicherungsprozess, 3. Aufl. 2016
Vogel/Stockmeier/*Bearbeiter* *Vogel/Stockmeier* Umwelthaftpflichtversicherung/Umweltschadensversicherung, 2. Aufl. 2009
Wabnitz/Janovsky/*Bearbeiter* *Wabnitz/Janovsky*, Handbuch des Wirtschafts- und Steuerstrafrechts, 4. Aufl. 2014
Wandt .... *Wandt*, Versicherungsrecht, 6. Aufl. 2016
Winter .... *Winter*, Versicherungsaufsichtsrecht, 2007
Wolf/Lindacher/Pfeiffer/*Bearbeiter* .... *Wolf/Lindacher/Pfeiffer*, AGB-Recht, 6. Aufl. 2013

Einleitung

Übersicht

Schrifttum – Solvabilität II: *Baran/Peschetz*, Österreichisches Versicherungsaufsichtsrecht, 3. Aufl. 2015; *Beckmann/Matusche-Beckmann*, Versicherungsrecht (E. VI.), in Dauses (Hrsg.), Handbuch des EU-Wirtschaftsrechts, 38. EL. 9/2015; *Bennemann/Oehlenberg/Stahl* (Hrsg.), Handbuch Solvency II, 2011; *Bürkle*, in: FKBP, VAG, 5. Aufl. 2012, Solvabilität II; *Diewald*, Was ist neu an Solvency II?, Versicherungsrundschau 10/2007, 20 ff.; *Doff*, A Critical Analysis of the Solvency II Proposals, The Geneva Papers, 2008, 33 (193 ff.); *Dreher*, Solvenzanforderungen in der Versicherungsaufsicht nach Solvency II und künftigem VAG, ZVersWiss 2012, 381 ff.; *Dreher*, Treatises on Solvency II, 2015; *Dreher/Wandt* (Hrsg.), Solvency II in der Rechtsanwendung, 2009, 2010 (erschienen als Sonderheft ZVersWiss 2011 Heft 2), 2012, 2013, 2014, 2015, 2016; *Ettl*, Die neue europäische Aufsichtsstruktur und ihre Auswirkungen auf die österreichische Versicherungswirtschaft, Versicherungsrundschau 3/2010, 23 ff.; *Ettl*, Das neue Aufsichtsregime in der Praxis, Versicherungsrundschau 1–2/2013, 32 ff.; FMA – Österreichische Finanzmarktaufsicht, Handbuch Versicherungsaufsicht – VAG 2016, 2016; FMA – Österreichische Finanzmarktaufsicht, Solvency II Handbuch, 2012; *Forst*, Zum Verordnungsvorschlag der Kommission über eine europäische Versicherungsaufsicht, VersR 2010, 155 ff.; *Gödecke*, Das (neue) Governance-System nach Solvency II, VersR 2010, 10 ff.; *Gründl/Kraft* (Hrsg.), Solvency II – Eine Einführung, 2. Aufl. 2016; *Harreither/Hirner/Wiedermann-Ondrej*, Die Solvenzbilanz, RWZ 2017, 157 ff.; *Heukamp*, Das neue Versicherungsaufsichtsrecht nach Solvency II, 2016; *Korinek*, Versicherungsaufsicht, in: Holoubek/Potacs (Hrsg.), Öffentliches Wirtschaftsrecht, 3. Aufl., Bd. II, 2014, S. 121 ff.; *Korinek*, Veränderung der österreichischen Versicherungsaufsicht durch Solvabilität II: Paradigmenwechsel oder Evolution?, Versicherungsrundschau 9/2010, 27 ff.; *Korinek/G. Saria/S. Saria* (Hrsg.), VAG, Kommentar, 2016 ff. (Österreich); *Looschelders/Michael*, Europäisches Versicherungsrecht in: Enzyklopädie Europarecht – Europäisches Sektorales Wirtschaftsrecht, 2013, § 11,; *Lüttringhaus*, Solvency II – Grundlagen der Reform des europäischen Versicherungsaufsichtsrechts und Auswirkungen der neuen Eigenmittelvorschriften, EuZW 2011, 822 ff.; *Lüttringhaus*, Neue Governance- und Aufsichtsregeln für die europäische Versicherungswirtschaft nach Solvency II, EuZW 2011, 856 ff.; *Peschetz/Brandstätter*, Änderungen der RL 2009/138/EG – Solvabilität II durch den Kommissionsvorschlag „Omnibus II", ZFR 2011, 67 ff.; *Purves*, Europe: The architecture and content of EU insurance regulation, in: Burling/Lazarus (Hrsg.), Research Handbook on International Insurance Law and Regulation, 2011, S. 621 ff.; *Schüller*, Risiko- und Prinzipienorientierung: Welche Anforderungen müssen Versicherungsunternehmen künftig unter Solvency II erfüllen?, Recht der Finanzinstrumente 2011, 174 ff.; *Schüller/Mitzner*, Die neuen Eigenkapitalanforderungen für (Rück-)Versicherungsunternehmen nach Solvency II, ZHR 175 (2011), 338 ff.; *Sehrbrock/Gal*, Solvency II – Europäischer Rechtsrahmen einer neuen Versicherungsaufsicht, CFL 2012, 140 ff.; *van Hulle*, Das Solvency II-Projekt aus Sicht der Europäischen Kommission, Versicherungsrundschau 3/2007, 28 ff.; *ders.*, Solvency II: state of play and perspectives, ZVersWiss 2011, 177 ff.; *ders.*, Solvency II könnte ein Modell für die Welt werden, VW 2011, 14 ff.; *Wagner/Luo*, Solvency II: Ein neues aufsichtsrechtliches Regime und dessen Konsequenzen für Versicherungsunternehmen in: GS U. Hübner, 2012, 319 ff.; *Weinberger* (Hrsg.), Aufsichts- und Bilanzierungsrecht der Versicherungen, 2016.

VAG 2016: *Armbrüster*, Das VAG 2016 – Überblick zu den Neuregelungen, r+s 2015, 425 ff.; *Ellenbürger/Pfaffenzeller/Hammers*, Umsetzung von Solvency II im Versicherungsaufsichtsgesetz – Paradigmenwechsel mit Auswirkungen auf die Abschlussprüfung, WPg 2015, 886 ff.; *Gal/Sehrbrock*, Die Umsetzung der Solvency II-Richtlinie durch die 10. VAG-Novelle, 2013; *Heukamp*, Das neue Versicherungsaufsichtsrecht nach Solvency II, 2016; *Kerkloh und Krämer*, Das neue VAG im System von Solvency II, in: Dreher/Wandt (Hrsg.), Solvency II in der Rechtsanwendung 2012, S. 1 ff. und 5 ff.

1 **A. Begriff, Entwicklung und Ziele des Versicherungsaufsichtsrechts. I. Begriff des Versicherungsaufsichtsrechts.** Der **Begriff Versicherungsaufsichtsrecht** steht als Sammelbegriff für diejenigen Rechts- und Verwaltungsvorschriften, die die Beaufsichtigung von Versicherungsunternehmen und Rückversicherungsunternehmen[1] durch Aufsichtsbehörden zum Gegenstand haben. Dabei sind die drei Ebenen des internationalen, des europäischen und des nationalen Versicherungsaufsichtsrechts zu unterscheiden. Die Regelungen auf jeder Ebene sind nicht nur unterschiedlich in ihrer Rechtsnatur, sondern auch im Geltungsverhältnis – insbesondere betreffend das europäische und nationale Versicherungsaufsichtsrecht – und damit zu großen Teilen rechtshierarchisch auf verschiedenen Ebenen angesiedelt.

2 Das Versicherungsaufsichtsrecht knüpft an die Tätigkeit von Versicherungsunternehmen an. Zentral ist daher der **Begriff des Versicherungsgeschäfts** sowohl nach europäischem[2] als auch nach deutschem[3] Versicherungsaufsichtsrecht. Auszuklammern aus dem versicherungsaufsichtsrechtlichen **Versicherungsbegriff** sind nach Art. 3 Solva II-RL und §§ 1 Nr. 1, 7 Nr. 33 VAG zunächst die Sozialversicherung[4] und gemäß §§ 1 ff. VAG bestimmte andere Tätigkeiten mit Versicherungscharakter oder Versicherungsnähe. Dabei ergeben sich immer wieder Abgrenzungsfragen, ob ein bestimmtes Geschäft die Voraussetzungen eines Versicherungsgeschäfts im Sinne des Versicherungsaufsichtsrechts erfüllt.[5]

3 **II. Entwicklung des Versicherungsaufsichtsrechts.** Vom Inkrafttreten des VAG in seiner ersten Fassung am 12.5.1901[6] **bis zum Jahr 1994** verharrte das **deutsche Versicherungsaufsichtsrecht** in der überkommenen **materiellen Staatsaufsicht**[7] über Versicherungsunternehmen nach dem Motto einer Kontrolle von der Wiege bis zur Bahre. Als Ausgleich für dieses versicherungsaufsichtsrechtliche Prokrustesbett diente – von der Versicherungswirtschaft weitestgehend akzeptiert, wohl sogar begrüßt – das Fehlen substantiellen Preis- sowie Bedingungswettbewerbs.[8]

4 Erst die **Dritten EG-Versicherungsrichtlinien** aus dem Jahr 1992 und ihre Umsetzung in das deutsche VAG im Jahr 1994[9] brachten eine **entscheidende Wendung** im Versicherungsaufsichtsrecht. Die fast vollständige **Abschaffung der Bedingungs- und Tarifaufsicht** und in deren Gefolge eine deregulierte Versicherungsaufsicht wirkt auch in der Retrospektive nach fast 100 Jahren materieller Staatsaufsicht grundstürzend. In der Praxis der Versicherungsaufsicht blieb jenseits dieser Bereiche aber alles beim Alten, zumal das BAV – ab dem 1.5.2002 dann die BaFin – als Aufsichtsbehörde an dem Grundsatz der materiellen Staatsaufsicht festhielt. Durch die in § 81 VAG a. F. verankerte und auch von der noch im Geist der jahrzehntelangen Tradition agierenden Versicherungswirtschaft nicht in Frage gestellte, aber schon damals **europarechtswidrige Missstandsaufsicht** im Sinne einer allgemeinen Rechts- und Finanzaufsicht[10] sah sich die Versicherungsaufsichtsbehörde zu einer Beibehaltung der überkommenen Aufsichtspraxis legitimiert.

5 Während sich auf **internationaler Ebene** kaum versicherungsaufsichtsrechtliche Entwicklungen zeigten, kam es im Bereich des **europäischen** und des ihm zwingend folgenden **nationalen** Versicherungsaufsichtsrechts mit dem Wechsel von **Solvency I** zu **Solvency II** schließlich zu einem

[1] Im folgenden Text ist in Übereinstimmung mit § 7 Nr. 33 VAG einheitlich nur noch von „Versicherungsunternehmen" die Rede.

[2] Vgl. Art. 2 ff. Solva II-RL, hier zum Teil auch als (Versicherungs-)Tätigkeiten bezeichnet.

[3] Vgl. z. B. §§ 7 Nr. 33, 15, 308 VAG.

[4] Vgl. ausführlich auch zum Verhältnis zum Privatversicherungsrecht und zum Äquivalenzprinzip *Wallrabenstein* Versicherung im Sozialstaat, 2009 und zum Versicherungszwang in der Sozialversicherung *Hedderich* Pflichtversicherung, 2011, S. 107 ff.

[5] Vgl. dazu die Erläuterungen zu §§ 1 ff. VAG; *VGH Kassel* Urt. v. 16.12.2009 – 6 A 1065/08, VersR 2010, 889; *BGH* Beschl. v. 1.7.2014 – II ZB 29/12, NZG 2014, 1182; *BVerwG* Beschl. v. 29.1.2016 – 8 B 6.16, VersR 2016, 775 und aus der Literatur z. B. *Dreher* Die Versicherung als Rechtsprodukt, 1991, S. 52 ff.; *Präve* VersR 2012, 657 f.; *Kurauscheck* Versicherungsrundschau 6/2012, 21 ff.; *Schaaf* VersR 2015, 17 ff.; *Armbrüster* VersR 2015, 1453 ff.

[6] Vgl. dazu ausf. *Kilian* Das Gesetz über die privaten Versicherungsunternehmen von 1901, 2015.

[7] Vgl. zur Geschichte des Versicherungsaufsichtsrechts in Deutschland z. B. BAV 100 Jahre materielle Versicherungsaufsicht in Deutschland, 1901 - 2001; *Dreher* Die Versicherung als Rechtsprodukt, 1991, S. 201 ff.; *R. Schmidt/Präve* in: Prölss VAG, 12. Aufl. 2005, Vorbem. Rn. 1 ff.; *Ludwig* Branchenspezifische Wirtschaftsaufsicht, 2012, S. 179 ff.

[8] Ausf. *Dreher/Hoffmann/Kling* Kartell- und Wettbewerbsrecht der Versicherungsunternehmen, 2. Aufl. 2015, § 1.

[9] Vgl. ausf. *Rittner/Dreher* Europäisches und deutsches Wirtschaftsrecht, 3. Aufl. 2008, § 31 Rn. 5 ff.

[10] Vgl. *Dreher* VersR 1993, 1443 ff.; *ders.* WM 1995, 509 ff.; *ders.* Die Konkretisierung der Mißstandsaufsicht nach § 81 VAG, 1997 und dem folgend die ganz herrschende Meinung in der Literatur, vgl. die ausführlichen Nachweise bei *Rittner/Dreher* Europäisches und deutsches Wirtschaftsrecht, 3. Aufl. 2008, § 31 Rn. 28.

weiteren, noch radikaleren Bruch. Das Solvency II-System löst sich bei der Kapitalausstattung von der früheren Fixierung auf Risiken nur des Versicherungsgeschäfts in dem Bereich der Solvenzsicherung und deren pauschalierte Erfassung. Es verankert im Versicherungsaufsichtsrecht eine gesamthafte Risikoorientierung aus der Perspektive des einzelnen Versicherungsunternehmens. Neben diesen fundamentalen Änderungen im Bereich der namensgebenden Solvenzkapitalanforderungen, die als **Säule I** (quantitative Anforderungen) des neuen Systems bezeichnet wird, treten ebenfalls fundamentale Neuerungen in **Säule II** (qualitative Anforderungen) zu der Governance der Versicherungsunternehmen sowie zu dem aufsichtsbehördlichen Überprüfungsverfahren und in einer neuen **Säule III** (Transparenz) zu Offenlegungspflichten gegenüber der Aufsichtsbehörde und – erstmals – gegenüber der Öffentlichkeit, die zu einer besseren sogenannten Marktdisziplin führen sollen.

III. Ziele des Versicherungsaufsichtsrechts. 1. Hauptziel. Nach § 294 Abs. 1 VAG ist **„Hauptziel der Beaufsichtigung der Schutz der Versicherungsnehmer und der Begünstigten** von Versicherungsleistungen". Dies entspricht der Zielbestimmung in Art. 27 Solva II-RL. Danach müssen die Mitgliedstaaten zusätzlich sicherstellen, „dass die Aufsichtsbehörden mit den notwendigen Mitteln ausgestattet sind und über das einschlägige Fachwissen sowie einschlägige Kapazitäten und über das entsprechende Mandat verfügen, um das Hauptziel der Beaufsichtigung (…) zu erreichen". EG 16 S. 1 Solva II-RL hierarchisiert dieses Hauptziel gegenüber Nebenzielen mit der Beschreibung als **„vorrangiges Ziel"**. 6

EG 16 S. 2 Solva II-RL definiert den **Begriff der Anspruchsberechtigten**, d. h. der Begünstigten von Versicherungsleistungen im Sinne von § 294 Abs. 1 VAG bzw. Art. 27 Solva II-RL. Danach fällt unter den Begriff „eine natürliche oder juristische Person, die einen Anspruch aufgrund eines Versicherungsvertrags besitzt." 7

Dem Schutz der Versicherungsnehmer und der Versicherten als Hauptziel der Versicherungsaufsicht im Solvency II-System stand im **früheren deutschen Versicherungsaufsichtsrecht** das Ziel der **ausreichenden Wahrung der Belange der Versicherten**[11] gegenüber, das allerdings sehr viel weitergehend als Generalklausel auch den Aufsichtsmaßstab der Missstandsaufsicht im Rahmen der Befugnisnorm bildete. Im Solva II-System gilt aber nur noch deren Zielbestimmung und Befugniszuschreibung. Unabhängig davon ist im Solvency II-System trotz des eindeutigen Bekenntnisses zu einem gläubigerbezogenen Hauptziel der Versicherungsaufsicht die Tendenz unverkennbar, dass immer mehr versicherungsaufsichtsrechtliche Regelungen der Sache nach auf die Systemstabilität der Versicherungswirtschaft zielen. Darin kommt jedenfalls mittelbar immer mehr auch im Versicherungsaufsichtsrecht das schon unter dem früheren VAG anerkannte Ziel eines **kollektiven Funktionsschutzes** zum Ausdruck.[12] Diese Tendenz zeigt sich im Solvency II-System z. B. an der Zahl und dem Normgehalt von Vorgaben zur Geschäftsorganisation und zur Inhaberkontrolle. 8

Die neue Zielbestimmung in Art. 27 Solva II-RL und § 294 Abs. 1 VAG ergänzen die Regelungen nicht durch die Angabe eines **Schutzniveaus**. Lediglich EG 16 S. 1 Solva II-RL geht von einem „angemessenen Schutz der Versicherungsnehmer und Anspruchsberechtigten" aus. Den aus dem tradierten deutschen Versicherungsaufsichtsrecht gewohnten Zusatz der „ausreichenden" Wahrung der Belange der Versicherten kennt das europäische Versicherungsaufsichtsrecht zwar nicht. Diese Charakterisierung des Schutzniveaus gilt aber weiter auch im neuen Solvency II-System.[13] Der Zusatz findet sich daher und – nur insoweit – zu Recht[14] in § 294 Abs. 2 S. 2 VAG. Die Versicherungsaufsichtsbehörden haben nämlich auch nach dem neuen europäischen Versicherungsaufsichtsrecht nicht die Aufgabe, einen möglichst perfekten Zustand bei den beaufsichtigten Versicherungsunternehmen zu verwirklichen. Im Sinne eines **aufsichtsbehördlichen Optimierungsverbots** besteht ihre Aufgabe vielmehr darin, die Einhaltung der rechtlich vorgegebenen Mindeststandards durch die Versicherungsunternehmen zu überwachen und bei einer – je nach Thema auch nur drohenden – Nichterfüllung einzugreifen.[15] 9

2. Nebenziele. Außer dem Hauptziel benennt die Solva II-RL in Art. 28 noch **zwei Nebenziele**. Dabei geht es zunächst um die Erhaltung der **Finanzsystemstabilität**. Die Mitgliedstaaten müssen nach Art. 28 Abs. 1 Solva II-RL nämlich auch sicherstellen, „dass die Aufsichtsbehörden im Rahmen der Ausübung ihrer allgemeinen Aufgaben den potenziellen Auswirkungen ihrer Entscheidungen auf die Stabilität der betroffenen Finanzsysteme in der Europäischen Union insbesondere in Krisensituationen unter Berücksichtigung der zum jeweiligen Zeitpunkt vorliegenden Informationen gebührend Rechnung tragen". Der deutsche Gesetzgeber hat dieses Nebenziel in § 294 Abs. 2 S. 3 VAG übernommen. 10

---

[11] Vgl. zu der früheren Rechtslage z. B. *Dreher/Häußler* ZGR 2011, 471, 483 ff.; *Rittner/Dreher* Europäisches und deutsches Wirtschaftsrecht, 3. Aufl. 2008, § 31 Rn. 96 f.; *Ernst* Rechtsstaatlichkeit im Versicherungsaufsichtsrecht 2013, S. 23 ff.; *Eilert* VersR 2009, 709 ff.; *Winter* Versicherungsaufsichtsrecht 2007 S. 80 ff.

[12] Ausf. *Dreher/Häußler* ZGR 2011, 471, 484.

[13] So z. B. auch *Wandt/Sehrbrock* ZVersWiss 2011, 193, 195 f.; *Bürkle* WM 2012, 878, 879.

[14] Davon getrennt zu sehen ist die Erstreckung der Aufsicht in §§ 294 Abs. 2 S. 2, 298 Abs. 1 VAG auf eine Missstandsaufsicht jenseits der europarechtlich allein gebotenen Legalitätsaufsicht, vgl. dazu die Erläuterungen zu § 298 VAG.

[15] Vgl. ausf. unten Rn. 146 ff.

Bezugspunkt der Regelung ist also nicht nur die Finanzsystemstabilität Deutschlands, sondern – so Art. 28 Solva II-RL – die „der betroffenen Finanzsysteme in der Europäischen Union". Dass § 294 Abs. 2 S. 3 VAG dies auf die „jeweils betroffenen Staaten des europäischen Wirtschaftsraums", d. h. auch auf Island, Liechtenstein und Norwegen, ausweitet, entspricht der Übernahme der Solva II-RL als EWR-Rechtsvorschrift im Anhang IX EWR-Abkommen durch den Beschluss Nr. 78/2011 des Gemeinsamen EWR-Ausschusses.

11 Das zweite Nebenziel liegt nach Art. 28 Abs. 2 Solva II-RL sodann in der **Vermeidung prozyklischer Effekte**:[16] „In Zeiten außergewöhnlicher Bewegungen auf den Finanzmärkten berücksichtigen die Aufsichtsbehörden die potenziellen prozyklischen Effekte ihrer Maßnahmen." Dieses Nebenziel ist mit § 294 Abs. 2 S. 4 VAG umgesetzt. Im Verhältnis zu dem Nebenziel der Erhaltung der Finanzsystemstabilität ist es infolge der Geltungsbeschränkung auf außergewöhnliche Bewegungen auf den Finanzmärkten enger formuliert. Es kommt also nur zum Tragen, wenn diese einschränkende Bedingung erfüllt ist. Durch den Bezugspunkt der Finanzmärkte bei der Prozyklizität ist klargestellt, dass es auch bei diesem Nebenziel ausschließlich um die Auswirkungen solcher Bewegungen auf die Finanzmärkte und nicht auf andere Märkte geht.[17]

12 In unklarer Abgrenzung zu den Nebenzielen nach Art. 28 Solva II-RL benennt EG 16 S. 3 Solva II-RL Nebenziele wie folgt: „Finanzstabilität sowie **faire und stabile Märkte** sind weitere Ziele der Versicherungs- und Rückversicherungsregulierung und -aufsicht, denen ebenfalls Rechnung zu tragen ist". Im Unterschied zu dem Nebenziel der Erhaltung der Finanzsystemstabilität findet sich die Wendung „fairer und stabiler Märkte" in dem materiellen Teil der Solva II-RL bei den Zielbestimmungen nicht. Die Weite und die Unbestimmtheit des Fairnessbegriffs führen ohnehin dazu, dass eine solche Zielbestimmung kaum operabel wäre. Unabhängig davon kann das in dem Zusammenhang fragliche Teilziel fairer Märkte schon mangels Benennung im materiellen Teil der Richtlinie auf Grund des unionsrechtlich in Art. 290 Abs. 1 AEUV kodifizierten Wesentlichkeitsvorbehalts keine eigenständige rechtliche Bedeutung haben.[18]

13 Nach EG 16 S. 3 Solva II-RL **dürfen Nebenziele „das vorrangige Ziel nicht beeinträchtigen"**. Das Kriterium der Beeinträchtigung zeigt, dass der Gesetzgeber das Hauptziel quasi verabsolutiert. Eine Beeinträchtigung liegt nämlich nicht erst dann vor, wenn ein Ziel nicht mehr oder nicht mehr vollständig erreichbar ist. Vielmehr stellt schon jede Erschwerung oder Behinderung der Zielerreichung eine Beeinträchtigung dar. Auch im Hinblick auf die Fassung dieser Richtlinienregelung in anderen Amtssprachen ergibt sich nichts Gegenteiliges.[19]

14 **3. Transparenz der Zielsetzung.** Hinsichtlich der Aufsichtsziele enthält das VAG eine besondere **Transparenzregelung**. Nach § 318 Abs. 2 S. 1 Nr. 4 VAG veröffentlicht die BaFin „die Ziele der Beaufsichtigung und ihre Hauptfunktionen und -tätigkeiten." Damit folgt das VAG der Vorgabe in Art. 31 Abs. 2 lit. e Solva II-RL. Abs. 1 dieser Regelung verpflichtet die Aufsichtsbehörden der Mitgliedstaaten grundsätzlich auf eine „transparente und verantwortliche" Aufgabenausführung. Nach § 318 Abs. 3 VAG müssen (auch) die zielbezogenen Angaben „unter einer einzigen elektronischen Adresse", d. h. im Ergebnis auf der Website der BaFin, abrufbar sein.

15 **4. Verhältnis zur Zielsetzung des Bankaufsichtsrechts.** Für die **Aufsicht über Kreditinstitute** bestimmt EG 34 S. 1 CRD IV-RL[20] Folgendes: „Diese Richtlinie und die Verordnung (EU) Nr. 575/2013 zielen darauf ab, die Solvenz von Instituten zu sichern." Darin kommt das Ziel der **Erhaltung der Funktionsfähigkeit der Kreditwirtschaft** zum Ausdruck.[21] Auch wenn sich im Bankaufsichtsrecht ebenfalls eine Zielpluralität z. B. im Hinblick auf Einlegerschutz und Geldwäschebekämpfung zeigt, steht hier der **Strukturschutz** wegen der Vertrauensanfälligkeit der Kreditwirtschaft[22] im Vordergrund. Kollektiver Einlegerschutz ist nicht das Primärziel. Vielmehr ist der bankaufsichtsrechtliche Einlegerschutz nur die mittelbare Folge der Aufrechterhaltung der Funktionsfähigkeit der Kreditinstitute.

16 Demgegenüber bildet ausweislich Art. 27 Solva II-RL und § 294 Abs. 1 VAG der Kunden- und Begünstigtenschutz das Hauptziel der Versicherungsaufsicht. Im Ergebnis stehen sich also auch unter

[16] Vgl. zur Prozyklizität unter Solvency II näher *Dreher* ZVersWiss 2012, 381, 400 ff.

[17] Ebenso VAG-RegE 2014 BT-Drs. 18/2956, 289; insoweit unentschieden dagegen *Wandt/Sehrbrock* ZVersWiss 2011, 193, 197.

[18] So auch *Wandt/Sehrbrock* ZVersWiss 2011, 193, 199 und *Bürkle* WM 2012, 878, 879.

[19] A. A. *Wandt/Sehrbrock* ZVersWiss 2011, 193, 199, die die Formulierung des EG nur „als ein Verbot verstehen, das Hauptziel des Schutzes der Versicherten zu *verletzen*" (Hervorhebung im Original). Wie hier dagegen *Bürkle* WM 2012, 878, 879: „uneingeschränkter Vorrang" des Hauptziels.

[20] RL 2013/36/EU v. 26.6.2013 über den Zugang zur Tätigkeit von Kreditinstituten und die Beaufsichtigung von Kreditinstituten und Wertpapierfirmen, ABl. EU 2013 L176, 338 ff.

[21] Vgl. ausf. zur bankaufsichtsrechtlichen Zielsetzung z. B. *Neus* in: Lutz/Neus/Schaber/Schneider/Wagner/Weber KWG und CRR, 3. Aufl. 2015, Einführung Rn. 35 ff.; *Fischer* in: Boos/Fischer/Schulte-Mattler KWG, 4. Aufl. 2012, Einf. KWG Rn. 120 ff.; *Kohtamäki* Die Reform der Bankenaufsicht in der EU 2012, S. 20 ff.; *Lütgerath* Die Vorgaben zur ordnungsgemäßen Geschäftsorganisation im Bankaufsichtsrecht 2016, S. 64 ff.

[22] Vgl. zum Vertrauen im Finanzmarktrecht ausf. *Mülbert/Sajnovits* ZfPW 2016, 1 ff.

Basel III und Solvency II wie schon zuvor[23] ein primär **strukturbezogenes Bankaufsichtsrecht** und ein primär **gläubigerbezogenes Versicherungsaufsichtsrecht** gegenüber. Daraus sowie aus den **unterschiedlichen Geschäftsmodellen** von Kreditinstituten und Versicherungsunternehmen sowie der unterschiedlichen Funktion der Eigenmittel in beiden Bereichen[24] sind Folgerungen sowohl für die Rechtssetzung als auch für die Rechtsanwendung abzuleiten. Soweit es um Erstere geht, kann das divergente Hauptziel der beiden Aufsichtsbereiche Bemühungen um **Konvergenz im Aufsichtsrecht der Finanzdienstleistungsunternehmen** Grenzen setzen.[25] Und soweit die Rechtsanwendung betroffen ist, sind die einzelnen bereichsspezifischen Regelungen auch dort, wo sie sich in Inhalt oder sogar im Wortlaut gleichen,[26] jeweils grundsätzlich sub specie der mit dem Aufsichtsrecht verfolgten Zielsetzung auszulegen und anzuwenden.

Umgekehrt ist mit Blick auf die Möglichkeit, Geschäfte und damit Risiken zwischen den einzelnen Bereichen des Finanzdienstleistungssektors zu verlagern – z. B. die Platzierung von Versicherungsrisiken am Anleihemarkt über sog. Cat Bonds –, das Problem der **Aufsichtsarbitrage** nicht nur im Hinblick auf Unterschiede zwischen nationalen Versicherungsaufsichtsrechten,[27] sondern auch zwischen Bank- und Versicherungsaufsichtsrecht zu beachten. Vergleichbare Sachverhalte bedürfen daher einer vergleichbaren aufsichtsrechtlichen Regelung,[28] um Wettbewerbsgleichheit zu schaffen und systemische Risiken zu begrenzen. 17

5. Versicherungsaufsichtsrecht als Element der sogenannten prudentiellen Finanzmarktaufsicht. a) Prudentielle Aufsicht. Seit Beginn des 21. Jahrhunderts ist im Zusammenhang mit der Beaufsichtigung von Finanzdienstleistungsunternehmen immer öfter von einer **prudentiellen Aufsicht** die Rede. Dem entspricht im Bereich des europäischen Versicherungsaufsichtsrechts insbesondere im Zusammenhang mit der Geschäftsorganisation und der Kapitalanlage die Verwendung der Begriffe „prudent management" oder „prudent person principle".[29] Hier wie dort geht es um die Übernahme des englischsprachigen Begriffs – ebenso z. B. die französische, italienische, niederländische und spanische Begriffsbildung mit prudent(e) – oder um dessen Eindeutschung im Sinne des Begriffs der „Umsicht" oder der „Vor-aus-sicht". Auch wenn die Begriffsverwendung im Zusammenhang mit der prudentiellen Aufsicht weder allgemein einheitlich erfolgt noch inhaltlich immer ein übereinstimmendes Verständnis besteht, zielt sie auf eine umfassende Finanzaufsicht mit dem Systemschutz einerseits und dem Gläubigerschutz sowie gegebenenfalls dem Anlegerschutz anderseits. In dem Sinn ist sodann eine Unterscheidung der Teilbereiche der **mikro- und makroprudentiellen Aufsicht** üblich.[30] Im angloamerikanischen Sprachgebrauch ist dagegen die Unterscheidung von **prudential standards** für die institutionellen Vorgaben an Versicherungsunternehmen – z. B. Governance und Kapital – und von **rules of conduct** für die marktbezogenen Vorgaben – z. B. Produkte und Vertrieb – üblich. Daraus folgt das Modell einer zweigeteilten Aufsicht, nämlich das sogenannte **twin-peaks-Modell**. 18

b) Makroprudentielle Aufsicht. In dem Bereich der makroprudentiellen Aufsicht geht es um den **Finanzsektor insgesamt**. Die Aufsicht hat also einen den einzelnen Marktakteuren übergeordneten Ansatz. Auf europäischer Ebene hat dies zu der Bildung des **Europäischen Systems der Finanzaufsicht (European System of Financial Supervision, ESFS)**, einer Einrichtung ohne eigene Rechtspersönlichkeit, geführt.[31] Das „Hauptziel des ESFS besteht" ausweislich von z. B. Art. 2 Abs. 1 S. 2 EIOPA-VO „darin, die angemessene Anwendung der für den Finanzsektor geltenden Vorschriften zu gewährleisten, um die Finanzstabilität zu erhalten und für Vertrauen in das Finanzsystem insgesamt und für einen ausreichenden Schutz der Kunden, die Finanzdienstleistungen in Anspruch nehmen, zu sorgen." Zuständig, um dieses Ziel zu erreichen, sind außer den drei europäischen Aufsichtsbehörden 19

[23] Vgl. ausf. zur früheren Rechtslage z. B. *Ludwig* Branchenspezifische Wirtschaftsaufsicht und Corporate Governance 2012, S. 201 ff.

[24] Zur Verknüpfung von Vermögenswerten und Verbindlichkeiten nur im Versicherungsbereich und den Möglichkeiten sowie Grenzen der Aufsichtsrechtskonvergenz bei den Eigenmitteln vgl. z. B. *Schüller/Mitzner* ZHR 175 (2011), 338, 357 sowie ausf. zu den unterschiedlichen Geschäftsmodellen z. B. *Thimann* in: Hufeld/Koijen/Thimann, The Economics, Regulation and Systemic Risk of Insurance Markets, 2017, S. 5 ff.

[25] So schon *Wandt/Sehrbrock* ZVersWiss 2011, 193, 202; *Bürkle* WM 2012, 878, 879; a. A. *Colaert* CMLRev. 2015, 1579 ff.

[26] Vgl. zur Parallele von Basel III und Solvency II z. B. nur die Drei-Säulen-Struktur, die zum Teil wortgleichen Governance-Regelungen, den Risikobezug sowie die Dichotomie von Standard- und internem Modell.

[27] Nach Art. 1 Abs. 6 S. 2 lit. d EIOPA-VO ist Ziel der Behörde auch, „Verhinderung von Aufsichtsarbitrage und Förderung gleicher Wettbewerbsbedingungen". Art. 8 Abs. 1 lit. b EIOPA-VO erklärt die Verhinderung von Aufsichtsarbitrage daher zur Aufgabe der Behörde.

[28] Vgl. dazu z. B. *Lemmer* Integrierte Finanzdienstleistungsaufsicht 2014, S. 210 ff.; *Erdland* ZKredW 2016, 37 ff.

[29] Vgl. ausf. § 23 VAG Rn. 46 ff.

[30] Vgl. grundlegend *Kaufhold*, Systemaufsicht 2016, S. 67 ff., 161 ff. und passim sowie – aus der Sicht des Versicherungsaufsichtsrechts – z. B. *Platzer* Versicherungsaufsicht in der Europäischen Union 2015, S. 37 f., 141 f., 168; *Hagen* Ist die EU für eine zentrale Versicherungsaufsicht bereit? 2014, S. 98 ff. und – aus der Perspektive des Bankaufsichtsrecht – z. B. *Mülbert* in: The Oxford Handbook of Financial Regulation 2015, S. 364 ff.; *Kohtamäki* Die Reform der Bankenaufsicht in der EU 2012, S. 10 ff.

[31] Vgl. dazu z. B. *Ohler* in: EnzEuR – Europäisches Sektorales Wirtschaftsrecht: § 10 Finanzmarktregulierung und -aufsicht 2013, Rn. 98 ff.; *Jung/Bischof* Europäisches Finanzmarktrecht 2015, Rn. 11 ff.

(**ESAs**), darunter EIOPA, vor allem die EZB und die ihr angehörenden nationalen Zentralbanken sowie als Teil des Netzwerks der (europäischen) Aufsichtsbehörden die nationalen Aufsichtsbehörden wie die BaFin. Hinzu kommen weitere Gremien wie der besonders wichtige **Europäische Ausschuss für Systemrisiken** (European Systemic Risk Board, **ESRB**)[32] oder der nationale Ausschuss für Finanzstabilität auf der Grundlage von § 2 FinStabG.[33] Ihnen allen geht es primär um die Finanzsystemstabilität insgesamt und damit um systemische Risiken.[34] EIOPA hat in einem ausführlichen Bericht sogar Vorschläge für ein neues makroprudentielles Aufsichtssystem im Bereich der Versicherungswirtschaft unterbreitet.[35]

20 Ob die **Versicherungswirtschaft** wie die Kreditwirtschaft überhaupt und gegebenenfalls in welchem Umfang **zu systemischen Risiken führt**, ist bis heute **ungeklärt**. Ansatzpunkte sind nach Ansicht der Deutschen Bundesbank die Funktion der Versicherungswirtschaft, Unternehmen, Finanzinstitutionen, private Haushalte und den Staat gegen Risiken abzusichern, und die Verflechtung der Versicherungsunternehmen mit anderen Finanzdienstleistungsunternehmen, insbesondere mit dem Bankensektor.[36]

21 **c) Mikroprudentielle Aufsicht.** Gegenstand der mikroprudentiellen Aufsicht ist dagegen das **einzelne Finanzdienstleistungsunternehmen**. In einem Netzwerk verbunden sind dazu die drei durch europäische Verordnungen begründeten europäischen Aufsichtsbehörden (**European Supervisory Authorities, ESAs**), nämlich für Versicherungen (European Insurance and Occupational Pensions Authority, EIOPA, Frankfurt), Kreditinstitute (European Banking Authority, EBA, London) und Wertpapierdienstleistungsunternehmen (European Securities and Markets Authority, ESMA, Paris). Sie sind im Zusammenwirken mit den nationalen Aufsichtsbehörden die **Hauptakteure** der mikroprudentiellen Aufsicht.

22 Für den Bereich des Bankaufsichtsrechts, das in der Zielsetzung primär strukturellen Charakter hat, ist eine solche Institutsaufsicht selbsterklärend. Die Berechtigung einer solchen Aufsicht besteht aber auch für den Bereich des Versicherungsaufsichtsrechts, das in der Zielsetzung primär gläubigerbezogen angelegt ist. Denn die Aufsicht über Versicherungsunternehmen korreliert mit den Zielen der Versicherungsaufsicht. Dies gilt auch für das gläubigerbezogene Hauptziel der Versicherungsaufsicht. Die unternehmensbezogene Versicherungsaufsicht schützt durch die Fokussierung auf die Solvenz, die Governance und die Transparenz durch Berichterstattung in allen drei Säulen des Solvency II-Systems nämlich zugleich die Versicherungsnehmer und Begünstigten von Versicherungsleistungen. Aus diesen Zusammenhängen wird deutlich, dass eine **strikte Trennung von mikro- und makroprudentieller Aufsicht nicht möglich** ist.[37] Solvenzaufsicht und Eigenmittelanforderungen an Versicherungsunternehmen oder Kreditinstitute z. B. betreffen im Ausgangspunkt zwar die einzelnen Unternehmen im Rahmen der mikroprudentiellen Aufsicht. Kumuleffekte bei dem Solvenzkriterium können aber zu systemischen Risiken führen. Eine umsichtige, vorausschauende Aufsicht muss im Sinne der makroprudentiellen Aufsicht daher über die mikroprudentielle Aufsicht hinausgehend auch derartige systemische Risiken erkennen und ihnen wirkungsvoll begegnen.

23 **6. Versicherungsaufsichtsrechtlicher Gläubigerschutz und Verbraucherschutz. Verbraucherschutz** ist **kein originäres Anliegen des Versicherungsaufsichtsrechts im Solvency II-System**.[38] Er ist Gegenstand weder des Hauptzieles noch der Nebenziele der Solva II-RL. Primäres Anliegen des Versicherungsaufsichtsrechts ist vielmehr der Gläubigerschutz unabhängig davon, ob es sich um Verbraucher handelt oder nicht.[39] Lediglich EG 79 Solva II-RL bezieht sich im Zusammenhang mit Informationspflichten der Versicherungsunternehmen gegenüber Versicherungsnehmern auf den Verbraucherschutz. Sofern die Solva II-RL ganz ausnahmsweise personenbezogene Differenzierungen enthält, gelten diese nach Art. 183 Abs. 2 „natürlichen Personen" oder nach Art. 186 Abs. 2 lit. b einem Versicherungsnehmer, der eines „besonderen Schutzes nicht bedarf". Im Übrigen sollen – so EG 105 Solva II-RL pars pro toto zur Gruppenaufsicht – „alle Versicherungsnehmer und Begünstigten ungeachtet ihrer Staatsangehörigkeit oder ihres Wohnsitzes gleich behandelt werden." Mittelbar dient allerdings auch das Versicherungsaufsichtsrecht nach Solvency II vor allem mit der Solvenzaufsicht dem

---

32 Vgl. dazu näher z. B. *Jung/Bischof* Europäisches Finanzmarktrecht 2015, Rn. 11 f.

33 Vgl. zu „Risiken im Versicherungsektor" dessen dritten Bericht, BT-Drs. 18/9015 vom 29.6.2016, 17 ff. und 32 f.

34 Vgl. dazu z. B. Deutsche Bundesbank Makroprudentielle Überwachung in Deutschland: Grundlagen, Institutionen, Instrumente, Monatsbericht 4/2013, S. 41 ff.; *Gurlit* WM 2015, 1217 ff., 1257 ff.

35 EIOPA-BoS-15/202 vom 23.3.2016: A potential macroprudential approach to the low interest rate environment in the Solvency II context.

36 Vgl. ausf. z. B. Deutsche Bundesbank Monatsbericht 7/2014, S. 71 ff.; Deutsche Bundesbank Finanzstabilitätsbericht 2015, S. 41 ff. mit S. 48 f. zu Solvency II aus makroprudentieller Perspektive sowie unten Rn. 39.

37 Vgl. näher Deutsche Bundesbank Monatsbericht 4/2013, S. 41, 43 f.

38 Ausf. zum Ganzen *Dreher* VersR 2013, 401 ff. Zur Parallelfrage im Bereich des Bankaufsichtsrechts vgl. *Gurlit* in: Bankrechtstag 2015, S. 3 ff. und *Johler/Riesenfelder* ZFR 2014, 304 ff.

39 Vgl. z. B. EG 17 zum „Schutz der Versicherungsnehmer" allgemein im Sinne einer personenbezogenen Bestimmung des sachlichen Anwendungsbereichs der Solva II-RL.

Verbraucherschutz. Denn **Solvenzschutz** durch Versicherungsaufsicht ist zugleich der **beste Verbraucherschutz.**[40]

24 Das Einfallstor für Verbraucherschutz in das Versicherungsaufsichtsrecht bildet allerdings auf europäischer Ebene die **EIOPA-VO**. Nach Art. 1 Abs. 6 UAbs. 1 S. 2 lit. f „trägt die Behörde" zu der „Verbesserung des Verbraucherschutzes" bei. Art. 8 Abs. 1 lit. j und Art. 9 Abs. 1 EIOPA-VO überantworten EIOPA im Zusammenhang mit dem Verbraucherschutz bestimmte Aufgaben. Befugnisse von EIOPA zur Wahrnehmung von Verbraucherschutzaufgaben folgen vor allem aus Art. 8 Abs. 2 und Art. 9 EIOPA-VO. Im Ergebnis geht es bei den verbraucherbezogenen Tätigkeiten von EIOPA aber nur um Entwicklungen, Bewertungen und Transparenz in Bezug auf den Verbraucherschutz im Zusammenhang mit Rechtsakten, deren Regelungsgegenstand der Verbraucherschutz selbst ist. Dagegen folgt daraus **keine Aufladung der versicherungsaufsichtsrechtlichen Aufgaben** von EIOPA im Solvency II-System **mit Verbraucherschutzerwägungen.**[41]

25 Das **VAG** bezieht sich wie die Solva II-RL ebenfalls nicht auf den Verbraucherschutz. § 325 Abs. 2 S. 2 VAG bestimmt lediglich die Mitgliedschaft von „vier Vertretern von Verbraucherschutzorganisationen" im Versicherungsbeirat der BaFin.

26 Art. 1 Kleinanlegerschutzgesetz vom 3.7.2015[42] hat mit Wirkung vom 10.7.2015 das **Ziel des kollektiven Verbraucherschutzes in § 4 Abs. 1a Finanzdienstleistungsaufsichtsgesetz (FinDAG)**[43] eingeführt. Danach ist „die Bundesanstalt innerhalb ihres gesetzlichen Auftrags auch dem Schutz der kollektiven Verbraucherinteressen verpflichtet." Unter anderem gegenüber Versicherungsunternehmen, die sie nach dem VAG beaufsichtigt, kann die BaFin Maßnahmen treffen, „wenn eine generelle Klärung im Interesse des Verbraucherschutzes geboten erscheint." Voraussetzung ist ein als Missstand definierter „erheblicher, dauerhafter oder wiederholter Verstoß gegen ein Verbraucherschutzgesetz, der nach seiner Art oder seinem Umfang die Interessen nicht nur einzelner Verbraucherinnen oder Verbraucher gefährden kann oder beeinträchtigt."

27 Unabhängig davon hatte die **BaFin** schon zum 1.3.2013 auf der Grundlage vom § 8a FinDAG einen eigenen Verbraucherbeirat eingerichtet. Er berät die BaFin „aus Verbrauchersicht bei der Erfüllung ihrer Aufsichtsaufgaben." Zusätzlich hat die BaFin seit dem 1.1.2016 eine neue Abteilung Verbraucherschutz mit insgesamt sieben Referaten begründet.[44]

28 Weder die EIOPA-VO noch § 4 Abs. 1a FinDAG legen das **Verbraucherleitbild** fest, das den Verbraucherschutzregelungen zugrunde liegt. Mit ihrem Fokus auf Transparenz und Information liegt der EIOPA-VO aber das Leitbild des informationsmündigen Verbrauchers zugrunde.[45] Dies entspricht dem Verbraucherleitbild des EuGH zum verbraucherbezogenen EU-Sekundärrecht. Er geht zu Recht und entgegen einer erheblichen gesamtgesellschaftlichen Tendenz zum Paternalismus von dem Leitbild des „normal informierten und angemessen aufmerksamen und verständigen Durchschnittsverbrauchers aus".[46]

29 **IV. Rechtsnatur des Versicherungsaufsichtsrechts. 1. Wirtschaftsrecht versus öffentliches Recht und Privatrecht.** Die rechtssystematische Einordnung einzelner Rechtsbereiche folgt heute vielfach noch dem **überkommenen Wandtafelsystem**. Dieses Schubladendenken beschränkt sich auf die jeweils ausschließliche Einordnung eines Rechtsbereichs in das Privatrecht oder das öffentliche Recht einschließlich des Strafrechts. Dabei zeigt pars pro toto schon das Kartellrecht die Heterogenität modernen Rechts in der Gesamtrechtsordnung. Es sprengt mit seinen privat-, verwaltungs- und geldbußenrechtlichen Teilen die traditionelle dichotome Systematisierung. Die moderne Rechtsordnung überwindet die bis zum 19. Jahrhundert noch angemessene zweidimensionale Systematik, nach der der gesamte Rechtsstoff in die zwei großen und getrennten Bereiche des Privatrechts einerseits und des öffentlichen Rechts andererseits aufgeteilt wurde. Neu ist damit heute die Kategorie des **Wirtschaftsrechts**. Es folgt dem Ordnungsgedanken der gesamtwirtschaftlichen Richtigkeit auf der Grundlage der Gewährleistung privatautonomer Gestaltung und – soweit erforderlich – hoheitlicher Eingriffe.[47]

---

[40] Vgl. ausführlich und mit entsprechenden Nachw. aus Gesetzgebungsmaterialien und BaFin-Veröffentlichungen *Dreher* VersR 2013, 401, 406.

[41] Ausf. *Dreher* VersR 2013, 401, 404 f. und 407 ff. zur Missachtung dieser Grenze durch die aufsichtsrechtlichen EIOPA-LL zum Beschwerdemanagement durch Versicherungsunternehmen.

[42] BGBl. 2015 I, 1114 ff.

[43] Gesetz über die Bundesanstalt für Finanzdienstleistungsaufsicht; vgl. zur Umsetzung auch die Antwort der Bundesregierung auf eine Kleine Anfrage, BT-Drs. 18/5546 vom 13.7.2015.

[44] Vgl. BaFin Journal 4/2016, S. 11 ff.

[45] Ausf. *Dreher* VersR 2013, 401, 410 f.

[46] Vgl. z. B. *EuGH* Urt. v. 16.7.1998 – C-210/96, Slg. 1998, I-4657 – Gut Springenheide und Tusky Tz. 31; *EuGH* Urt. v. 28.1.1999 – C-303/97, Slg. 1999, I-513 – Verbraucherschutzverein/Sektkellerei Kessler Tz. 36 und zu der Rechtsprechung des EuGH insgesamt z. B. *Jahn/Palzer* K&R 2015, 444 ff. sowie schon *Dreher* JZ 1997, 167, 170 ff.; *Präve* VersR 2012, 1159, 1163 konstatiert dagegen für die deutsche Rechtsprechung zum Privatversicherungsrecht eine gegenläufige Tendenz.

[47] Ausf. und mit zahlreichen Nachweisen *Rittner/Dreher* Europäisches und deutsches Wirtschaftsrecht, 3. Aufl. 2008, § 1 Rn. 45 ff.; *Dreher/Kulka* Wettbewerbs- und Kartellrecht 9. Aufl. 2016, Rn. 9 ff.

30 Einerseits überwindet das Wirtschaftsrecht mit seinem einheitlichen Wertungsprinzip in der Systematisierung der Gesamtrechtsordnung also die zu engen Grenzen der traditionellen Einteilung des Rechts in privates und öffentliches Recht. Andererseits treten dadurch die übergreifenden Zusammenhänge in den einzelnen Rechtsgebieten offen zu Tage. Die **Multidimensionalität des wirtschaftsrechtlichen Ansatzes** lässt es außerdem zu, eine Norm oder ganze Normbereiche mehreren Rechtsgebieten gleichzeitig zuzuordnen. Dies zeigt das bereits genannte Beispiel des Kartellrechts mit seinen explizit privat-, verwaltungs- oder geldbußenrechtlichen Teilregelungen. Eine solche **mehrfache Zuordnung** ist heute selbst der herkömmlichen zweigliedrigen Systematisierung nicht fremd. Dies zeigen die Zuordnungen der BGB-Gesellschaft zum Schuld- und zum Gesellschaftsrecht oder des öffentlich-rechtlichen Vertrags zum öffentlichen Recht bei gleichzeitiger Anwendung des Privatrechts.

31 Für das **Versicherungsaufsichtsrecht** kommt zu diesen rechtsgebietsübergreifenden Erwägungen noch hinzu, dass es sich dabei um **Europarecht** – sei es in direkter Anwendung in Form der Solva II-VO, sei es in indirekter Anwendung in Form des Umsetzungsrechts zu der Solva II-RL – handelt. Denn dem Europarecht ist die **Dichotomie von Privatrecht und öffentlichem Recht unbekannt**. Das vorliegend fragliche europäische „regulatorische Privatrecht (…) ist längst zu einer intermediären Kategorie geworden, bei der die formale Zuordnung zum privaten oder zum öffentlichen Recht eher ein Produkt des Zufalls als von Systemgerechtigkeit ist."[48] Für viele der in Deutschland bisher traditionell dem öffentlichen Recht zugeordneten Rechtsbereiche, die heute Europarecht oder zumindest europarechtlich geprägt sind, ist daher die ordentliche Gerichtsbarkeit zuständig.[49]

32 Ein **Beispiel** aus dem Versicherungsaufsichtsrecht, das die Notwendigkeit sowohl einer wirtschaftsrechtlichen Einordnung als auch der Überwindung der traditionell monokausalen Zuordnung einer Materie zum privaten oder zum öffentlichen Recht zeigt, bildet das Recht der **Gruppenaufsicht im Solvency II-System**.[50] Die Anwendbarkeit von Aufsichtsrecht, Gesellschaftsrecht, Konzernrecht und Vertragsrecht führt zu dem zuvor angeführten Zusammenspiel von hoheitlichen und privatrechtlichen Regelungen. Im Ergebnis geht es im Rahmen von Beziehungen rechtlich selbständiger Unternehmen in einer Versicherungsgruppe weder allein um klassisches öffentliches Recht oder sogar um polizeirechtliche Gefahrenabwehr noch allein um klassisches Privatrecht. Das Gruppenaufsichtsrecht in Verbindung mit dem Gesellschafts-, Konzern- und Vertragsrecht bildet vielmehr eine komplexe und komplizierte Gemengelage von Rechtsnormen, die sich der traditionellen systematischen Zuordnung in öffentliches oder Privatrecht als Ganzes entzieht. Gleichzeitig steht die Multidimensionalität des wirtschaftsrechtlichen Ansatzes der Zuordnung einzelner Regelungen des Gruppenaufsichtsrechts nicht entgegen. Ein Beispiel dafür bildet die Festsetzung eines Kapitalaufschlags für die Gruppe durch die BaFin nach § 264 VAG, die sich dem Bereich des Verwaltungsrechts zuordnen lässt. Umgekehrt gehört auf dieser Grundlage das Informationsrecht des obersten beteiligten Unternehmens einer Gruppe gegenüber dem gruppenangehörigen Unternehmen nach § 276 Abs. 2 VAG zu dem Bereich des Privatrechts.

33 **2. Besonderes Wirtschaftsrecht versus Polizei- und Regulierungsrecht.** Die Frage der Rechtsnatur des Versicherungsaufsichtsrechts ist zwar zunächst ein Thema des europäischen Versicherungsaufsichtsrechts. Sodann betrifft sie aber auch das nationale Versicherungsaufsichtsrecht. Hier geht es um die Begegnung des traditionellen **polizeirechtlichen Konzepts der Gefahrenabwehr** mit den neuen Konzepten des Aufsichtsrechts als **Teil des Besonderen Wirtschaftsrechts**[51] oder sogar als **Regulierungsrecht**.

34 Der Regierungsentwurf des VAG 2012 wehrte sich noch ausdrücklich gegen einen regulierungsrechtlichen Ansatz und stellte apodiktisch fest: „Der vorliegende Gesetzentwurf (…), insbesondere liegt ihm nicht ein übergreifendes Konzept im Sinne einer „Regulierungsverwaltung" zugrunde (…). In der Sache bleibt die Versicherungsaufsicht jedenfalls ganz überwiegend Gefahrenabwehr."[52] Hintergrund dieser Äußerung des VAG-RegE 2012 ist eine von verwaltungsrechtlicher und verwaltungswissenschaftlicher Seite betriebene Entwicklung und Verselbständigung eines **eigenständigen Regulierungsrechts**[53] als wettbewerbsbezogenes Verwaltungsrecht[54] oder als Teil des Wirtschaftsverwaltungsrechts.[55] Dieses in sich ebenso unkonturierte wie ungefestigte Konzept des Regulierungsrechts[56] folgt einem US-

[48] *Köndgen* in: Riesenhuber (Hrsg.) Europäische Methodenlehre 3. Aufl. 2015, § 6 Rn. 21; ähnlich z. B. *von Wilmowsky* JZ 1996, 590 ff. und *Fehling* JZ 2016, 540, 543, jeweils m. w. N.

[49] Vgl. näher *Schmidt-Ränsch* in: Riesenhuber (Hrsg.) Europäische Methodenlehre 3. Aufl. 2015, § 20 Rn. 2 f.

[50] Vgl. dazu ausf. *Dreher/Ballmaier* ZGR 2014, 753 ff.; *Dreher* WM 2015, 649 ff.; *Hemeling/Lange* VersR 2014, 1283 ff.

[51] Vgl. insbesondere *Rittner/Dreher* Europäisches und deutsches Wirtschaftsrecht, 3. Aufl. 2008, § 1 Rn. 59 f., § 29 Rn. 18 f. und § 31.

[52] Begründung VAG-RegE 2012, BT-Drs. 17/9342, 134.

[53] Vgl. z. B. *Fehling/Ruffert* (Hrsg.) Regulierungsrecht, 2010.

[54] So z. B. *Masing* Beilage zu NJW 22/2006, S. 18, 19; *ders.* Gutachten zum 66. DJT 2006, Bd. I, D 1 ff.; ausf. schon *ders.* AöR 128 (2003), 558 ff.; *ders.* VerwArch 2004, 151 ff.

[55] So z. B. *Ruthig/Storr* Öffentliches Wirtschaftsrecht, 4. Aufl. 2015, Rn. 496 ff.

[56] Vgl. z. B. *Laubinger*, Regulierungsrecht: Gibt's das – und wenn ja: wie viele? VBlBW 2010, 314 ff.; *Binder* Regulierungsinstrumente und Regulierungsstrategien im Kapitalgesellschaftsrecht 2012, S. 35 ff.; *Burgi* FS Battis 2014, 329 ff. sowie die Beiträge in *Säcker/Schmidt-Preuß* (Hrsg.) Grundsatzfragen des Regulierungsrechts, 2015.

amerikanischen Vorbild und ist im Sinne eines Infrastrukturregulierungsrechts zumeist ausschließlich auf netzgebundene Wirtschaftsbereiche bezogen.[57] Eine solche Begriffsverwendung deckt sich mit dem Sprachgebrauch des deutschen Gesetzgebers, der in diesen Bereichen dem Bundeskartellamt als allgemeiner Wettbewerbsbehörde ausdrücklich als solche bezeichnete Regulierungsbehörden[58] gegenüber stellt.

Hinzu kommt, dass der **Kern jedes Regulierungsansatzes** die **Herstellung von Wettbewerb** in einem bestimmten Wirtschaftssektor ist. Diese Funktionsvoraussetzung des Regulierungsrechts, nämlich das Fehlen von Wettbewerb, existiert in dem Bereich der Versicherungswirtschaft aber nicht.[59] Das Anliegen des Regulierungsrechts besteht in einer Steuerungsaufgabe und einem spezifischen, dafür geeigneten Regulierungsinstrumentarium – insbesondere zur sogenannten ex ante-Regulierung –, um Marktdefizite auszugleichen oder sonst fehlende Marktmechanismen zu etablieren. Dies alles ist **kein prägendes Merkmal des Versicherungsaufsichtsrechts.** 35

Seiner Rechtsnatur nach ist das **Versicherungsaufsichtsrecht** vielmehr **Teil des Besonderen Wirtschaftsrechts**, das auf der Grundlage des Allgemeinen Teils des Wirtschaftsrechts die Sonderregeln für einzelne Wirtschaftsbereiche zusammenfasst und sich – z. B. für die Versicherungswirtschaft sowie die Kreditwirtschaft – entsprechend auffächert.[60] Das Besondere Wirtschaftsrecht beruht wie der Allgemeine Teil des Wirtschaftsrechts auf dem Grundgedanken, die gesamtwirtschaftliche Richtigkeit des Handelns der Marktakteure im Hinblick auf den Schutz der Marktgegenseite, der Gesamtwirtschaft oder bestimmter wirtschaftlicher Strukturen zu gewährleisten.[61] Dies gilt auch für das Versicherungsaufsichtsrecht mit seiner primären Zielbestimmung des Schutzes der Versicherungsnehmer und der Begünstigten von Versicherungsleistungen. Die Wirtschaftsaufsicht in diesen Bereichen manifestiert sich in einer – gegebenenfalls auch präventiven – Verhaltensaufsicht. Sie hat im Ergebnis einerseits einen der allgemeinen Wirtschaftsaufsicht durch die Kartellbehörden fremden verhaltenslenkenden Charakter und ist andererseits nicht primär auf die Schaffung von Wettbewerb gerichtet. 36

Die Begründung zu dem **VAG-RegE 2014** wiederholt den Passus zur Rechtsnatur des Versicherungsaufsichtsrechts aus dem VAG-RegE 2012 nicht. Sie geht in einer generellen Formulierung davon aus, dass die Begründung des VAG-RegE 2012 grundsätzlich „weiterhin gültig (ist), so dass an dieser Stelle nur die wesentlichen Gesichtspunkte wiederholt werden."[62] Dazu gehört der Absatz zu dem Thema Gefahrenabwehr und Regulierung durch Versicherungsaufsichtsrecht jedoch nicht. Unabhängig davon, ob darin eine bewusste **Abkehr von dem polizeirechtlichen Ansatz** des Jahres 2012 zu sehen ist,[63] haben wohl parallel verlaufende Debatten im Versicherungsaufsichtsrecht um Solvency II und im Bankaufsichtsrecht um Basel III ihren Niederschlag in der vorliegend fraglichen Auslassung der Gesetzesbegründung gefunden. Insbesondere der für beide Bereiche dominanten **Risikoorientierung der Aufsicht** wird der überkommene polizeirechtliche Ansatz nicht mehr gerecht. Ging es dabei noch primär um die Abwehr sich entwickelnder Gefahren, geht es heute primär um eine „komplexe Risikoverwaltung" im Sinne von Risikoprävention und damit um „Risikorecht".[64] 37

Teil auch des modernen Versicherungsaufsichtsrechts ist zwar ein **Subordinationsverhältnis** mit entsprechenden aufsichtsbehördlichen Eingriffsmöglichkeiten. Hinzu kommt aber aufgrund der **Prinzipienorientierung** des Versicherungsaufsichtsrechts ein **Kooperationsverhältnis**.[65] Dies zeigen pars pro toto die dialogische Entwicklung von internen Voll- oder Partialmodellen bzw. unternehmensspezifischen Parametern und die Möglichkeit von Versicherungsunternehmen, nach § 297 Abs. 2 S. 2 VAG im Fall förmlicher Aufsichtsmaßnahmen eine Alternativmaßnahme zu beantragen, sowie die Verpflichtung der Aufsichtsbehörde, diese zu gestatten. Wie das weitere Beispiel des ORSA belegt, prägen die Eigenverantwortung und die aufsichtsrechtlich geforderte Selbsteinschätzung der Versicherungsunternehmen[66] das Versicherungsaufsichtsrecht in gleicher Weise wie die Möglichkeit aufsichtsbehördlicher Eingriffe und sind zugleich vielfach erst Anknüpfungspunkt für diese. 38

---

[57] Anders *Fehling* in: Liber Amicorum G. Winter 2007, S. 171 ff. für die Versicherungsaufsicht und *Ruthig/Storr* Öffentliches Wirtschaftsrecht, 4. Aufl. 2015, Rn. 545 ff., die auch Finanzdienstleistungsunternehmen einbeziehen.

[58] Vgl. zu dem US-amerikanischen Konzept unabhängiger Regulierungsbehörden und den (verfassungs)rechtlichen Grenzen seiner Übertragung nach Deutschland z. B. *Masing/Marceau* (Hrsg.) Unabhängige Regulierungsbehörden 2010.

[59] Vgl. ausf. *Dreher/Hoffmann/Kling* Kartell- und Wettbewerbsrecht der Versicherungsunternehmen, 2. Aufl. 2015, § 1 Rn. 1 ff. m. zahlr.N.

[60] Ausf. *Rittner/Dreher* Europäisches und Deutsches Wirtschaftsrecht, 3. Aufl. 2008, § 1 Rn. 59 f. und §§ 29 ff.

[61] Vgl. ausf. zur Dogmatik des Besonderen Wirtschaftsrechts *Rittner/Dreher* Europäisches und deutsches Wirtschaftsrecht, 3. Aufl. 2008, § 29.

[62] Begründung VAG-RegE 2014, BT-Drs. 18/2956, 227.

[63] Dafür spricht auch, dass der Verweis auf das „Polizei- und Ordnungsrecht" in der Begründung zu § 296 VAG-RegE 2014 BT-Drs. 18/2956, 290 nicht mehr enthalten ist, den noch die Begründung zu dem gleichlautenden § 290 VAG-RegE 2012 BT-Drs. 17/9342, 174 angeführt hatte.

[64] So *Lutz/Röhl/Schneider* ZBB/JBB 2012, 342, 343, 347 (die Autoren Lutz und Schneider sind in der Bankenaufsicht der BaFin tätig).

[65] Ausf. *Wandt/Sehrbrock* in: Dreher/Wandt 2012, S. 21, 33 f. ebenfalls in Kritik an dem traditionellen polizeirechtlichen Ansatz.

[66] Vgl. dazu Rn. 107.

39 **B. System des Versicherungsaufsichtsrechts. I. Mehrebenensystem.** Wie bereits im Zusammenhang mit der Entwicklung des Versicherungsaufsichtsrechts angesprochen, ist dieses **Rechtsgebiet multidimensional**. Es hat nämlich eine internationale, eine europäische und eine nationale Dimension. Die internationale Dimension ist noch schwach ausgebildet. Sie zeigt sich vor allem in der Tätigkeit internationaler Gremien wie International Association of Insurance Supervisors (**IAIS**), Financial Stability Board (**FSB**) und **G 20**. Deren Tätigkeiten zu Themen des Finanzsektors haben bis auf die IAIS keinen primären Versicherungsbezug, erfassen jedoch auch Versicherungsunternehmen,[67] insbesondere die sogenannten systemrelevanten Versicherungsgruppen als Teil der Systemically Important Financial Institutions, den sogenannten **SIFI**.[68]

40 Die Beaufsichtigung der Marktteilnehmer erfolgt aus verwaltungsrechtlicher Perspektive in einem Zusammenwirken von unterschiedlichen Institutionen auf mehreren Ebenen. Dies führt zu einem sogenannten **europäischen Verwaltungsverbund** bzw. einer **europäischen Verwaltungsgemeinschaft** in einem sogenannten **europäischen Verwaltungsraum**.[69] Akteure in einem solchen versicherungsaufsichtsrechtlichen Verbund sind vor allem die EU-Kommission, EIOPA und die BaFin sowie die anderen nationalen Aufsichtsbehörden. Soweit es im vorliegenden Zusammenhang um das System des Versicherungsaufsichts*rechts* geht, ist zu beachten, dass einzelne Ebenen im Mehrebenensystem nicht eine Rechtssetzung, sondern die Verlautbarung verwaltungsbehördlicher Rechtsansichten betreffen. Dies gilt insbesondere für die Leitlinien von EIOPA und die Auslegungsentscheidungen der BaFin. Aufgrund des erheblichen faktischen Einflusses solcher Verlautbarungen auf die Praxis des Versicherungsaufsichtsrechts und aufgrund der inzwischen üblichen, nicht nach rechtlichen und außerrechtlichen Texten differenzierenden Systematisierung der versicherungsaufsichtsrechtlichen Ebenen sind dem System des Versicherungsaufsichtsrechts in einem weiten Sinn im Folgenden auch derartige Texte ohne Rechtsnormcharakter zugeordnet.

41 Ein solches Mehrebenensystem führt typischerweise zu **Rechtsfragen** in Bezug vor allem auf Aufgaben, Zuständigkeiten, Befugnisse und Rechtsschutz.[70] Dies zeigt sich auch im Versicherungsaufsichtsrecht zum Beispiel anhand der von EIOPA beanspruchten Kompetenzen und der Bildung von mitgliedstaatenübergreifenden Aufsichtskollegien im Rahmen der Gruppenaufsicht nach Art. 248 Abs. 2 Solva II-RL bzw. § 283 VAG.

42 **II. Europäisches Versicherungsaufsichtsrecht. 1. Versicherungsbinnenmarkt und Grundfreiheiten.** Das **EU-Primärrecht** kennt keine spezifisch versicherungsrechtlich ausgerichteten Regelungen. Lediglich Art. 127 Abs. 6 AEUV spricht Versicherungsunternehmen sub specie der Währungspolitik ausdrücklich an. Dies allerdings nur in Verbindung damit, dass der EZB anders als im Bereich der Aufsicht über Kreditinstitute keine Aufgaben im Zusammenhang mit der Aufsicht über Versicherungsunternehmen übertragen werden können. Hintergrund ist der fehlende geldpolitische Bezug der Versicherungsunternehmen.

43 Nach Art. 3 Abs. 3 S. 1 EUV errichtet die Europäische Union einen **Binnenmarkt**. Hierzu erlässt sie nach Art. 26 Abs. 1 AEUV „die erforderlichen Maßnahmen". Den Binnenmarkt definiert Art. 26 Abs. 2 AEUV als „Raum ohne Binnengrenzen, in dem der freie Verkehr von Waren, Personen, Dienstleistungen und Kapital gemäß den Bestimmungen dieses Vertrags gewährleistet ist". Dazu gehört auch der **Versicherungsbinnenmarkt**. Seine rechtliche Grundlage bilden die **Grundfreiheiten**.[71] Daher beruht die Solva II-RL nach der Präambel „insbesondere auf Art. 47 Abs. 2 und Art. 55 EG-Vertrag", der „Rechtsgrundlage für den Erlass gemeinschaftlicher Maßnahmen zur Errichtung eines Binnenmarkts für Finanzdienstleistungen."[72] Heute sind dies die Dienstleistungsfreiheit nach Art. 56, 62 AEUV in Verbindung mit der darin in Bezug genommenen Regelung zur Niederlassungsfreiheit in Art. 53 AEUV. Die Grundfreiheiten ermächtigen die EU dazu, durch ein **versicherungsbezogenes Richtlinienprogramm** den Versicherungsbinnenmarkt zu verwirklichen. Im Zentrum dieses Programms steht aus versicherungsaufsichtsrechtlicher Sicht die Solva II-RL. Sie ist nach EG 11 „ein wichtiges Instrument zur Vollendung des Binnenmarktes". Aus der Geltung der Grundfreiheiten auch für den Versicherungsbinnenmarkt folgen subjektiv-öffentliche Rechte der Mitgliedstaatenangehörigen und der ihnen nach Art. 54 AEUV gleichgestellten Gesellschaften.

---

[67] Vgl. dazu z. B. *Glaesner* in: Jung/Schwarze (Hrsg.) Finanzmarktregulierung in der Krise 2014, S. 113, 117, 121 ff.; *Braumüller* Versicherungsrundschau 4/2014, 25 ff.; BaFin Jahresbericht 2015, S. 19 f. und 170 f.

[68] Vgl. dazu ausf. die Beiträge in *Hufeld/Koijen/Thimann*, The Economics, Regulation, and Systemic Risk of Insurance Markets, 2017, S. 20 ff., 79 ff. und, wenn auch ohne Versicherungsbezug, *Kaufhold*, Systemaufsicht 2016, S. 119 ff., 307 ff. und passim.

[69] Vgl. allgemein z. B. *Burgi* in: Ehlers/Pünder (Hrsg.) Allgemeines Verwaltungsrecht, 15. Aufl. 2016, § 7 Rn. 31 ff. m. zahlr.N. und *Martens* Methodenlehre des Unionsrechts 2013, S. 133 ff.

[70] Vgl. pars pro toto zum Bankaufsichtsrecht *Ruthig* ZHR 178 (2014), 443, 472 ff.; *Hilbert* Die Verwaltung 2017, 189 ff. und zum Rechtsschutz gegen EIOPA-Leitlinien *Gal* FS 100 Jahre Hamburger Seminar für Versicherungswissenschaft 2016, S. 713 ff.

[71] Ausf. *Rittner/Dreher* Europäisches und deutsches Wirtschaftsrecht, 3. Aufl. 2008, § 31 Rn. 1 ff.; *Beckmann/Matusche-Beckmann* Rn. 25 ff.

[72] So die Begründung zum zweiten (und letzten) Entwurf der Solva II-RL, KOM (2008) 119 endg., S. 4.

Der **Versicherungsbinnenmarkt** hat seinen Bezugspunkt zwar in den Grundfreiheiten. Deren Geltung bedeutet aber nicht, dass das Gebiet der EU zugleich einen einheitlichen Wettbewerbsmarkt für Versicherungsprodukte darstellt. Auch innerhalb eines Binnenmarkts bestehen **unterschiedliche räumlich relevante Märkte aus wettbewerblicher Sicht**. Bei der Bestimmung solcher Märkte handelt es sich um eine Frage der Marktabgrenzung im Sinne des europäischen Kartellrechts. Für sie sind außer der grundsätzlich bestehenden Dienstleistungs- und Niederlassungsfreiheit vor allem Präferenzen der Marktgegenseite und die nationalen Gesetzgebungen im Bereich des Privatversicherungs- sowie des Haftungs- und Haftpflichtrechts maßgeblich.[73] 44

In zwei Fällen verbindet die Solva II-RL die versicherungsaufsichts- und kartellrechtlichen Marktbegriffe. Zunächst setzt Art. 35 Abs. 7 UAbs. 3 Solva II-RL und ihr folgend § 45 Abs. 3 VAG für die Befreiung von bestimmten Berichtspflichten gegenüber der Aufsichtsbehörde für alle betroffenen Versicherungsunternehmen das Unterschreiten „eines Marktanteils von 20 Prozent" voraus. Zusätzlich regelt die Richtlinie bzw. das VAG, wie dieser Marktanteil zu berechnen ist. Im Rahmen der Volatilitätsanpassung stellt sodann Art. 77d Abs. 4 S. 2 Solva II-RL – ähnlich § 83 Abs. 2 VAG – auf „Produkte" ab, „die auf dem Versicherungsmarkt dieses Landes vertrieben werden". Speziell zu der risikofreien Zinskurve und den Erleichterungen für die Versicherungsunternehmen in der Übergangsphase soll die Kommission dem EP und dem Rat nach Art. 77f Abs. 3 S. 2 lit. c Solva II-RL schließlich einen Bericht vorlegen auch zu den „Auswirkungen auf den Binnenmarkt und insbesondere den Wettbewerb und die Gewährleistung gleicher Wettbewerbsbedingungen auf den europäischen Versicherungsmärkten". 45

Die **rechtstatsächliche Entwicklung im deutschen Versicherungsmarkt**[74] zeigt bei der **Zahl der Versicherungsunternehmen** mit Sitz in Deutschland seit längerem einen leichten Rückgang. Die BaFin beaufsichtigte Ende 2015 insgesamt 567 Versicherungsunternehmen, davon 28 ohne Geschäftstätigkeit, und 31 Pensionsfonds. Hinzu kamen 11 öffentlich-rechtliche Versicherungsunternehmen, davon ein Unternehmen ohne Geschäftstätigkeit. Der Landesaufsicht unterliegen weitere knapp 900, in der Regel regional tätige kleine VVaG. Die Gruppenaufsicht nach Solvency II betrifft in Deutschland **57 Versicherungsgruppen**. Von den Versicherungsunternehmen mit Geschäftstätigkeit unter Bundesaufsicht sind den Versicherungssparten nach 84 in der Lebensversicherung, 47 in der Krankenversicherung, 205 in der Schaden- und Unfallversicherung und 28 in der Rückversicherung tätig. Im Jahr 2013 hatten die **Rechtsform** der Aktiengesellschaft 288, die des VVaG 257 und die eines öffentlich-rechtlichen Unternehmens 17 Versicherungsunternehmen. Das jährliche **Prämienaufkommen** aller Erstversicherungsunternehmen beträgt ca. 200 Mrd. EUR. Der dem zugrunde liegende **Vertragsbestand** umfasst ca. 427 Millionen Versicherungsverträge. Die Unternehmen unter Bundesaufsicht verwalteten zum 31.12.2015 Kapitalanlagen zu Buchwerten in Höhe von 1.659 Mrd. EUR. In der deutschen Versicherungswirtschaft gibt es ca. 533.000 **Erwerbstätige**, darunter ca. 240.000 selbständige Versicherungsvermittler oder -berater. 46

2. Ebenen (Levels). a) Ausgangspunkt. Üblicherweise werden im Versicherungsaufsichtsrecht seit Geltung des Solvency II-Systems mehrere **Ebenen oder Levels unterschieden**. Im Sinne eines untechnisch weit verstandenen, weil aufsichtsbehördliche Tätigkeiten von EIOPA einbeziehenden europäischen Versicherungsaufsichtsrechts ist rechtshierarchisch und funktional zwischen **vier Ebenen mit einer Zwischenebene** zu trennen.[75] Die erste Ebene bildet die Solva II-RL. Danach kommt auf einer zweiten Ebene die Solva II-VO als Delegierte Verordnung. In Abgrenzung und hierarchischer Nachordnung dazu stehen auf einer Ebene 2.5 bindende Technische Standards, die die EU-Kommission nach Vorarbeiten von EIOPA erlässt. EIOPA-Leitlinien und -Empfehlungen sind sodann Gegenstand einer dritten Ebene. Die vierte Ebene betrifft die Aufsichtskonvergenz und damit die Durchsetzung einer in allen Mitgliedstaaten möglichst gleichartigen Versicherungsaufsicht. 47

„Solvency II bringt keine Deregulierung, sondern eine massive **Mehrregulierung**."[76] Der **Textumfang** aller versicherungsaufsichtsrechtlichen Regelungen auf allen vier europäischen Ebenen im Solvency II-System beträgt inzwischen **weit über 10.000 Seiten**. Während die Solva II-RL in konsolidierter Fassung – Stand Mai 2017 – nur 309 Seiten und die Solva II-VO mit Anhängen nur 797 Seiten umfasst, liegt z. B. der Umfang der Durchführungsverordnung (EU) 2015/2450 zur Festlegung technischer Durchführungsstandards hinsichtlich der Meldebögen für die Übermittlung von Informationen an die Aufsichtsbehörde bei 1.223 Seiten.[77] Die Redundanz und Detailverliebtheit vieler Texte der Kommission und von EIOPA stehen in deutlichem Gegensatz zur Prinzipienorientierung als Ausgangspunkt von Solvency II. Entsprechend schwierig gestaltet sich der Umgang vieler, insbesondere kleinerer 48

[73] Vgl. ausf. *Dreher/Hoffmann/Kling* Kartell- und Wettbewerbsrecht der Versicherungsunternehmen, 2. Aufl. 2015, § 5 Rn. 26 ff. und § 18 Rn. 13 ff. m. zahlr.N.

[74] Die Zahlen im folgenden Text beruhen auf BaFin Jahresbericht 2015, S. 197 ff. und GDV, Statistisches Taschenbuch 2015.

[75] Vgl. z. B. die Darstellungen auf den Websites der EU-Kommission und der BaFin.

[76] So *Korinek* (öFMA) in: Holoubek/Potacs (Hrsg.) Öffentliches Wirtschaftsrecht, Bd. II, 3. Aufl. 2014 (Hervorhebung im Original).

[77] ABl. EU 2015 L 347, 1 ff.; berichtigt ABl. EU 2017 L 29, 69; schon im November 2015 betrug der Umfang der Finanzmarktregulierung insgesamt 34.019 Seiten, vgl. *Giegold/Philipp/Schick* Finanzwende, 2. Aufl. 2016, S. 9.

und mittlerer Versicherungsunternehmen mit dieser Masse an Rechtsstoff und aufsichtsbehördlichen Verlautbarungen. Aber auch große Versicherungsunternehmen kämpfen zunehmend mit einer bürokratischen Überforderung im Solvency II-System. So hat die Allianz SE knapp 100.000 Druckseiten Antragsunterlagen zur Genehmigung des internen Modells bei der BaFin eingereicht, obwohl es nach Unternehmensangaben eigentlich 120.000 Seiten hätten sein müssen, um die 123seitigen aufsichtsrechtlichen Vorgaben zu erfüllen und den aufsichtsbehördlichen Anforderungen an ihre Umsetzung in der Praxis zu genügen.[78] Vor diesem Hintergrund versteht sich, dass die Zahl der Anträge auf Genehmigung eines internen Modells in den einzelnen Mitgliedstaaten erheblich schwankt und in Deutschland im Verhältnis zur Größe des Versicherungsmarkts und der Zahl der Versicherungsunternehmen besonders niedrig ist.

49 **b) Ebene 1: Solva II-RL.** Ebene 1 stellt die **Richtlinie 2009/138/EG vom 25.11.2009 (Solva II-RL)**[79] mit späteren Änderungen vor allem durch die Richtlinie 2014/51/EU („Omnibus II") vom 16.4.2014[80] dar. Diese Richtlinie Solvabilität II wird zum Teil auch als „**Rahmenrichtlinie**" oder „**Basisrechtsakt**" bezeichnet. Die Solva II-RL betrifft ausweislich ihres Titels „Die Aufnahme und Ausübung der Versicherungs- und Rückversicherungstätigkeit" im Sinne einer Zulassungs- und Tätigkeitsaufsicht.

50 **c) Ebene 2: Solva II-VO.** Die **Delegierte VO (EU) 2015/35 vom 10.10.2014 (Solva II-VO)**[81] mit späteren inhaltlichen Änderungen durch die Delegierte VO (EU) 2016/467 vom 30.9.2015[82] und Änderungen durch eine delegierte Verordnung (EU) 2016/2283 vom 22.8.2016 zur Berichtigung zahlreicher Fehler in der deutschen Fassung[83] bildet die zweite Ebene. Sie dient, wie ihr Titel zutreffend ausführt, der „Ergänzung" der Solva II-RL. Rechtsgrundlagen sind Art. 290 AEUV i. V. m. Art. 301a, 301b Solva II-RL und den zahlreichen Einzelermächtigungen in der Solva II-RL. Die Solva II-VO führt daher die insgesamt 76 Ermächtigungen zu einer delegierten Rechtsetzung in der Solva II-RL[84] aus. Sie stehen in einem langen Katalog zu Beginn der Solva II-VO.

51 Nach Art. 290 Abs. 1 UAbs. 2 S. 2 AEUV sind „die wesentlichen Aspekte (…) dem Gesetzgebungsakt vorbehalten". Die **Solva II-VO kann** daher über die Solva II-RL hinausgehende **wesentliche Regelungen nicht selbst treffen**. Dieser europarechtliche Grundsatz hat, wie pars pro toto das Beispiel des Vergütungsrechts zeigt,[85] Bedeutung auch für das Versicherungsaufsichtsrecht. Ein weiteres Beispiel betrifft die Funktionen des Governance-Systems. Hier geht die Solva II-VO ebenfalls wesentlich weiter als die Solva II-RL. Während EG 32 Solva II-RL die Überantwortung einer Funktion an eine einzige Person auf „kleinere und weniger komplexe Unternehmen" beschränkt, findet sich diese Einschränkung in Art. 258 Abs. 1 lit. g Solva II-VO nicht mehr.[86] Ein letztes Beispiel bildet die – auch aus kompetenzieller Sicht – wesentliche Frage der Festlegung der UFR mit Inflation (2 %) und Realverzinsung (2,2 %), für die Art. 86 Abs. 1 lit. a und b Solva II-RL auf Delegierte Rechtsakte, d. h. Art. 43 ff. Solva II-VO, verweist, während der später eingefügte Art. 77e Abs. 1 lit. a Solva II-RL EIOPA die Aufgabe zuweist, regelmäßig die maßgebliche risikofreie Zinskurve zu beschließen und zu veröffentlichen.[87]

52 Deutliche **Grenzen der tertiären Rechtsetzung im Versicherungsaufsichtsrecht** durch die Solva II-VO folgen aus der neuen Rechtsprechung des **EuGH** zur Rechtmäßigkeitskontrolle der Anforderungen an den Erlass Delegierter Verordnungen.[88] Der EuGH betont zunächst die notwendige ausdrückliche Festlegung der „Ziele, Inhalt, Geltungsbereich und Dauer der Befugnisübertragung" i. S. v. Art. 290 Abs. 1 UAbs. 2 S. 1 AEUV. Die Befugnisübertragung dient – so der EuGH – nur „dem Erlass von Vorschriften, die sich in den rechtlichen Rahmen einfügen, wie er durch den Basisgesetzgebungsakt definiert ist." Sodann trennt der EuGH deutlich zwischen der Befugnisübertragung „zur Ergänzung oder Änderung bestimmter nicht wesentlicher Vorschriften des betreffenden Gesetzgebungsaktes" i. S. v. Art. 290 Abs. 1 UAbs. 1 AEUV. Die Art der Befugnisübertragung ist daher von dem

---

[78] Entgegen Meldungen wie www.Versicherungsjournal.de vom 14.11.2014: Solvency II entwickelt sich zum Bürokratiemonster, wonach der Antrag „lediglich" 12.000 Seiten umfasst habe.

[79] ABl. EU 2009 L 335, 1 ff.; Berichtigung ABl. EU 2014 L 219, 66. Zu der Gesetzesgeschichte vgl. den ersten Entwurf v. 10.6.2007 KOM (2007) 361 endg. = BR-Drs. 510/07 und den zweiten Entwurf v. 26.2.2008 KOM (2008) 119 endg., der der Solva II-RL zugrunde liegt und auf Seiten 2 bis 18 eine Begründung enthält, sowie *van Hulle* ZVersWiss 2011, 177, 178 ff. Zu den Verzögerungen bei dem Inkrafttreten der Solva II-RL vgl. Rn. 70.

[80] ABl. EU 2014 L 153, 1 ff.; vgl. zu dem Richtlinienvorschlag ausf. *Peschetz/Brandstätter* ZFR 2011, 67 ff.

[81] ABl. EU 2015 L 12, 1 ff.

[82] ABl. EU 2016 L 85, 6 ff.

[83] ABl. EU 2016 L 346, 111 ff.; die Delegierte VO (EU) 2017/699 (ABl. EU 2017 L 97, 3 f.) enthält Berichtigungen der Solva II-VO in 11 anderen Amtssprachen.

[84] Liste als Anhang 2 zu Commission Staff Working Document – Impact Assessment Report (Draft v. 2014 zu der Solva II-VO).

[85] Siehe § 25 VAG Rn. 22, 165.

[86] Vgl schon *Dreher* FS E. Lorenz 2014, 119, 131.

[87] Vgl. schon *Dreher* ZVersWiss 2012, 381, 396 ff. sowie ausf. unten Rn. 121.

[88] *EuGH* Urt. v. 17.3.2016 – C-286/14 Rn. 30, 32 ff., 40 f., 46, 53 ff. – EP/Europäische Kommission VersR 2017, 933 m. Anm. *Bürkle*.

europäischen Gesetzgeber in der Ermächtigung festzulegen.[89] Geht es, wie im Fall der Solva II-VO, um eine „Ergänzung", „soll" – so der EuGH weiter – „der Kommission lediglich erlaubt werden, diesen Rechtsakt zu konkretisieren. Übt die Kommission eine solche Befugnis aus, ist ihre Ermächtigung darauf beschränkt, nicht wesentliche Elemente der betreffenden Regelung, die der Gesetzgeber nicht definiert hat, unter Beachtung des vom Gesetzgeber erlassenen Gesetzgebungsakts in seiner Gesamtheit im Einzelnen auszuarbeiten." Die angeblich aus der Solva II-RL und der Solva II-VO ableitbaren Befugnisse zu einer Fit-and-proper-Aufsicht über die Aufsichtsratsmitglieder aller Versicherungsunternehmen nach § 24 VAG und zu einem Vergütungsrecht für Versicherungsgruppen nach § 25 VAG zum Beispiel sind mit den vom EuGH gezogenen Grenzen für die Übertragung von Befugnissen zur delegierten Rechtsetzung, die auch für die Solva II-VO gelten, nicht zu vereinbaren.

d) Ebene 2.5: Bindende Technische Standards. aa) Allgemeines. Auf Ebene 2.5 befinden sich bindende Technische Standards (Technical Standards, TS). Sie werden **von EIOPA ausgearbeitet und von der EU-Kommission erlassen**. Materiellrechtliche Grundlage sind die Ermächtigungen in der Solva II-RL und der Solva II-VO. Verfahrensrechtliche Grundlage ist die EIOPA-VO. Hinzu kommt die Verpflichtung der EU-Kommission und von EIOPA auf den „Grundsatz der Verhältnismäßigkeit", insbesondere im Hinblick „auf kleine Versicherungsunternehmen" bei dem Erlass von TS nach Art. 29 Abs. 4 Solva II-RL. Nach Art. 10 Abs. 4, 15 Abs. 4 EIOPA-VO erlässt die EU-Kommission die Standards „mittels Verordnungen oder Beschlüssen". Die Technischen Standards sind daher für die Normadressaten verbindlich, stehen aber im Rang unter der Delegierten Verordnung auf Ebene 2. Außer im Amtsblatt EU sind sie auf den Websites der EU-Kommission, von EIOPA und der BaFin zugänglich. 53

Das **Rechtsetzungsverfahren** für bindende Technische Standards war von Anfang an im Hinblick auf die dominante Stellung von EIOPA mit dem Initiativ- und Vorschlagsrecht und die zurückgenommene Rolle der EU-Kommission, die ein Änderungsrecht nur unter sehr engen Voraussetzungen hat, umstritten. Hinzu kommt, dass es mit den Technischen Durchführungsstandards und den technischen Regulierungsstandards **zwei Arten von Technischen Standards** gibt. Sie sind nur schwer voneinander abzugrenzen und lediglich im Bereich der Technischen Regulierungsstandards haben der Rat und das EP nach Art. 13 EIOPA-VO ein Vetorecht.[90] 54

bb) Technische Durchführungsstandards (TDS). Auf der Grundlage von Art. 291 AEUV und Art. 15 EIOPA-VO in Verbindung mit den Ermächtigungsgrundlagen in der Solva II-RL und der Solva II-VO kann die Kommission von EIOPA vorgeschlagene Technische Durchführungsstandards (TDS) oder – in englischer Sprache – **Implementing Technical Standards (ITS)** erlassen. Voraussetzung für den Erlass von TDS ist nach Art. 291 Abs. 2 AEUV, dass „es einheitlicher Bedingungen für die Durchführung der verbindlichen Rechtsakte der Union" bedarf. Nach Art. 15 Abs. 1 UAbs. 1 S. 2 EIOPA-VO sind TDS „technischer Art und beinhalten keine strategischen oder politischen Entscheidungen, und ihr Inhalt dient dazu, die Bedingungen für die Anwendung der genannten Gesetzgebungsakte festzulegen." 55

Die Kommission hat im Jahr **2015 insgesamt 15 TDS** erlassen. Sie betreffen **alle drei Säulen der Solva II-RL**. Die einzelnen TDS tragen die Bezeichnung „Durchführungsverordnung (EU) 2015/(jeweilige Nr.)". Zum Beispiel geht es im Bereich der zweiten Säule um die „Durchführungsverordnung (EU) 2015/2015 der Kommission vom 11.11.2015 zur Festlegung Technischer Durchführungsstandards für die Verfahren zur Bewertung externer Ratings".[91] 56

Seit dem Jahr **2016** kommen vierteljährlich Durchführungsverordnungen zur Festlegung technischer Informationen für die Berechnung von versicherungstechnischen Rückstellungen und Basiseigenmitteln für Meldungen zu bestimmten Stichtagen hinzu.[92] Sie werden wegen besonderer Dringlichkeit nach Art. 77e Abs. 2 UAbs. 3, 301 Abs. 3 Solva II-RL in dem Verfahren nach Art. 8 VO (EU) Nr. 182/2011[93] erlassen. Außerdem erlässt die Kommission TDS zu einzelnen Themen wie zu den Meldebögen für die Übermittlung von Informationen an die Aufsichtsbehörde durch DVO (EU) 2016/1868[94] und zu Ratings externer Ratingagenturen durch DVO (EU) 2016/1800.[95] 57

cc) Technische Regulierungsstandards (TRS). Rechtsgrundlagen für den Erlass Technischer Regulierungsstandards oder – in englischer Sprache – **Regulatory Technical Standards (RTS)** sind Art. 290 AEUV und Art. 10 ff. EIOPA-VO in Verbindung mit den Ermächtigungsgrundlagen in der Solva II-RL und der Solva II-VO. TRS dienen nach Art. 290 Abs. 1 AEUV der „Ergänzung oder 58

[89] Dies ist weder nach EG 132 noch nach den einzelnen Befugnisübertragungen der Solva II-RL der Fall.
[90] Vgl. zum Ganzen ausf. die Erläuterungen zu Art. 10 ff. EIOPA-VO.
[91] ABl. EU 2015 L 295, 16 ff.
[92] Zunächst die DVO (EU) 2016/165, ABl. EU 2016 L 32, 31 ff. und sodann die DVO (EU) 2016/869 ABl. EU 2016 L 147, 1 ff. sowie die DVO (EU) 2016/1376 ABl. EU 2016 L 224, 1 ff.
[93] ABl. EU 2011 L 55, 13 ff.
[94] ABl. EU 2016 L 286, 35 ff.
[95] ABl. EU 2016 L 275, 19 ff.; vgl. § 28 VAG Rn. 31.

Änderung bestimmter nicht wesentlicher Vorschriften des betreffenden Gesetzgebungsaktes." Dagegen sind „die wesentlichen Aspekte eines Bereichs dem Gesetzgebungsakt vorbehalten."

59 TRS werden nach Art. 10 Abs. 1 S. 1 EIOPA-VO **in Form von Delegierten Rechtsakten** erlassen, während TDS nach Art. 15 Abs. 1 S. 1 EIOPA-VO als Durchführungsrechtsakte ergehen. Der Regelungsgehalt von TRS ist nur **schwer von** dem der **TDS abgrenzbar**, geht aber darüber hinaus.[96] Art. 10 Abs. 1 EIOPA-VO sieht das Ziel von TRS in einer „kohärenten Harmonisierung". Nach Art. 10 Abs. 2 EIOPA-VO sind TRS „technischer Art und beinhalten keine strategischen oder politischen Entscheidungen und ihr Inhalt wird durch die Gesetzgebungsakte, auf denen sie beruhen, begrenzt."

60 Die EU-Kommission hat **bisher noch keine TRS** zum Kern des Versicherungsaufsichtsrechts[97] vorgelegt. **EIOPA plant**, lediglich die Standards zur Gestaltung von **Sanierungs- und Abwicklungsplänen** im Fall der Unterschreitung von Solvenzkapitalanforderung (SCR) oder Mindestkapitalanforderung (MCR) in Form eines TRS zu entwickeln.[98] Hintergrund ist die Ermächtigung dazu nur in Form von TRS durch Art. 143 Abs. 2 Solva II-RL. Die materiellrechtlichen Gegenstände sind in Art. 138 Abs. 2, 139 Abs. 2 und 141 Solva II-RL geregelt.

61 **e) Ebene 3: EIOPA-Leitlinien und -Empfehlungen.** Auf der Grundlage von Art. 16 EIOPA-VO[99] erlässt EIOPA **Leitlinien und Empfehlungen**, „um innerhalb des ESFS[100] kohärente, effiziente und wirksame Aufsichtspraktiken zu schaffen und eine gemeinsame, einheitliche und kohärente Anwendung des Unionsrechts sicherzustellen". Die Leitlinien und Empfehlungen sind **primär an die nationalen Aufsichtsbehörden gerichtet**.

62 Nationale Aufsichtsbehörden wie die **BaFin** müssen nach Art. 16 Abs. 3 UAbs. 2 EIOPA-VO innerhalb von zwei Monaten nach Erlass von Leitlinien oder Empfehlungen in einem **Comply-or-explain-Verfahren**[101] zu jeder einzelnen Leitlinie oder Empfehlung erklären, dass sie ihr nachkommen werden oder eine beabsichtigte Nichtanwendung begründen. EIOPA veröffentlicht eine Liste aller Erklärungen der nationalen Aufsichtsbehörden auf ihrer Website. Die BaFin hat zu den voluminösen EIOPA-Texten nur für ganz wenige Einzelfälle Nichtbefolgung erklärt. Sie verweist in diesen Fällen auf rechtliche Hindernisse und auf das Proportionalitätsprinzip. Die BaFin veröffentlicht – wie EIOPA – auch diese Erklärungen auf ihrer Website.

63 EIOPA hat inzwischen eine **Vielzahl** – besser: eine Unzahl – **von Leitlinien** veröffentlicht. Sie tragen zwar zum Teil tatsächlich zur Erläuterung und zum Verständnis der aufsichtlichen Regeln bei. Zu einem anderen Teil haben sie aber redundanten Charakter und glänzen durch ihre blumig-unpräzise Sprache sowie durch eine interessanterweise erst in der Spätphase von Leitlinien **fehlende Bezugnahme auf konkrete Regelungen** der Solva II-RL oder der Solva II-VO, deren Anwendung sie „leiten" sollen.[102] Die aufsichtsbehördliche Regelungswut und Detailverliebtheit bedeutet zugleich eine **schrittweise Beseitigung der versicherungsaufsichtsrechtlichen Prinzipienorientierung**. In der aufsichtsbehördlichen Praxis hat sich dafür der Euphemismus der notwendig „höchsten Granularität" auf Regelungsebene 3 eingebürgert.[103] In Einzelfällen überschreiten EIOPA-LL sogar, wie die als erste Leitlinien überhaupt erlassenen Leitlinien zum Beschwerdemanagement, die EIOPA gesetzten Kompetenzgrenzen.[104]

64 Zu den Leitlinien kommen regelmäßig noch **„erläuternde Texte"** (**explanatory text**) von **EIOPA** hinzu. Diese oft in sogenannten **final reports** versteckten Texte geben weiteren Aufschluss über die Leitlinien oder die ihnen zugrunde liegenden Regelungen. Immer wieder postulieren sie kompetenz- und sachwidrig sogar selbst zusätzliche materielle Regeln.[105] Anders als für die Leitlinien selbst hält EIOPA auf ihrer Website keine Übersetzung der englischsprachigen final reports in die anderen Amtssprachen vor. Die BaFin veröffentlicht jedoch im Zusammenhang mit den EIOPA-Leitlinien Übersetzungen der „erläuternden Texte" zu den Leitlinien auf ihrer Website.

---

[96] Vgl. ausf. die Erläuterungen zu Art. 10 ff. EIOPA-VO; vgl. weiter zu neuer EuGH-Rechtsprechung betreffend die Abgrenzung *Chamon* CMLRev. 2015, 1617 und allg. z. B. *Stern* ZFR 2011, 252, 253; *Kahl* in: *Braumüller/Ennöckl/Gruber/Raschauer* (Hrsg.) Die neue europäische Finanzmarktaufsicht 2011, S. 55, 70 ff.; *Sasserath-Alberti/Hartig* VersR 2012, 524, 527 ff.

[97] Zu den TRS für PRIIP vgl. Delegierte VO (EU) 2017/653 ABl. EU 2017 L 100, 1 ff.

[98] EIOPA Final Report on public consultation no. 14/062 EIOPA-BoS-15/052 v. 27.3.2015 S. 3.

[99] VO (EU) Nr. 1094/2010 v. 24.11.2010, ABl. EU 2010 L 331, 48 ff.

[100] Mit ESFS ist das „Europäische System der Finanzaufsicht" bezeichnet, zu dem sich vor allem EG 7 EIOPA-VO äußert.

[101] Vgl. allg. zu diesem Verfahren aus gesellschaftsrechtlicher Sicht *Leyens* ZEuP 2016, 388 ff.

[102] Vgl. ausf. die Erläuterungen zu § 23 Abs. 1 S. 2 Hs. 1 VAG und zu den EIOPA-LL Governance schon *Dreher* WM 2015, 649, 651.

[103] Vgl. z. B. den Bericht von *Barazon* Versicherungsrundschau 12/2014, 7, 8.

[104] Ausf. *Dreher* VersR 2013, 401, 407 ff. Ebenso Beschluss des Deutschen Bundestags v. 18.2.2016 zu dem Antrag der Koalitionsfraktionen, BT-Drs. 18/7539.

[105] Vgl. z. B. die Erläuterungen zu § 23 VAG.

Als **Beispiel** für die Vielzahl von EIOPA-Leitlinien dienen die **EIOPA-LL zum Governance-System.**[106] Sie umfassen auf 28 Seiten insgesamt 70 Leitlinien mit zahlreichen Unterpunkten und eine ausführliche Einleitung z. B. mit Begriffsbestimmungen und wichtigen Erläuterungen. Hinzu kommt der „final report on public consultation Nr. 14/17 on guidelines on system of governance".[107] Von den 108 Seiten enthalten die Seiten 44 bis 108 den „**explanatory text**" zu den Leitlinien. Erst hier versteckt finden sich also auf 64 Seiten wichtige Erläuterungen durch EIOPA zu den EIOPA-LL Governance. **65**

Zwar wenden sich die Leitlinien und Empfehlungen von EIOPA primär an die nationalen Versicherungsaufsichtsbehörden. **Für die Versicherungsunternehmen** sind sie jedoch nach ganz herrschender Meinung grundsätzlich **unverbindlich.**[108] Art. 16 Abs. 3 UAbs. 1 EIOPA-VO erwartet von den Unternehmen gleichwohl wie von den zuständigen Behörden „alle erforderlichen Anstrengungen, um diesen Leitlinien oder Empfehlungen nachzukommen." Maßnahmen gegen einzelne Versicherungsunternehmen kann EIOPA jedoch wegen der Nichtbefolgung von Leitlinien oder Empfehlungen nicht treffen. Sie kommen nur unter bestimmten engen Voraussetzungen nach Art. 17 Abs. 6, 18 Abs. 4 UAbs. 2, 19 Abs. 4, 21 Abs. 4 EIOPA-VO bei Verletzung von EU-Recht in Betracht. **66**

f) Ebene 4: Rechtsdurchsetzung im Mehrebenensystem. Die EU-Kommission und in dem Behördennetzwerk von EIOPA die nationalen Aufsichtsbehörden, in Deutschland also die BaFin, sehen eine vierte Ebene des versicherungsaufsichtsrechtlichen Mehrebenensystems in der – so die EU-Kommission auf ihrer Website zu Solvency II – „energischen Durchsetzung des EU-Rechts durch die Kommission" bzw. – so die BaFin auf ihrer Website zu Solvency II – in der „**Überwachung der einheitlichen Umsetzung**".[109] **67**

Akteure auf der Ebene 4 sind vor allem die EU-Kommission, EIOPA und die nationalen Aufsichtsbehörden, in Deutschland also die BaFin. Ziel ist es, im Sinne von EG 40 Solva II-RL die „Aufsichtskonvergenz nicht nur bei den Aufsichtsinstrumenten, sondern auch bei den Aufsichtspraktiken voranzutreiben." Zur Umsetzung dieser Zielsetzung enthält Art. 71 Solva II-RL einige Regelungen mit dem Ziel der Herstellung „aufsichtlicher Konvergenz". So müssen die Mitgliedstaaten u. a. sicherstellen, dass sich die Aufsichtsbehörden an den Tätigkeiten von EIOPA beteiligen und deren Leitlinien und Empfehlungen nachkommen. **68**

III. Deutsches Versicherungsaufsichtsrecht. 1. Versicherungsaufsichtsgesetz (VAG). Das **Gesetz zur Modernisierung der Finanzaufsicht über Versicherungen (VAG)**[110] als nationales Umsetzungsgesetz zu der Solva II-RL bedeutet eine versicherungsaufsichtsrechtliche Zeitenwende.[111] Mit der Bezeichnung „Gesetz zur Modernisierung" trägt das VAG 2016 eine eher zurückgenommene Überschrift. Ihm liegt der **Regierungsentwurf vom 22.10.2014**[112] zugrunde. Außer den insgesamt fünf Dokumenten zu den Beratungen im Bundestag und Bundesrat[113] gehört zu den Gesetzesmaterialien, die die Anwendung und Auslegung des Gesetzes bestimmen, soweit dem nicht vorrangiges Europarecht entgegensteht, vor allem das Dokument „**Beschlussempfehlung und Bericht des Finanzausschusses vom 2.2.2015**[114] zu dem Gesetzentwurf der Bundesregierung. Teil des Gesetzgebungsverfahrens war auch eine **öffentliche Anhörung des Finanzausschusses** des Deutschen Bundestags am 3.12.2014[115] mit zahlreichen Stellungnahmen zu dem VAG-RegE 2014, die über die Website des Ausschusses öffentlich zugänglich sind. **69**

Vorausgegangen war dem RegE vom 22.10.2014 der **RegE eines Zehnten Gesetzes zur Änderung des VAG vom 18.4.2012.**[116] Die Solva II-RL stammt nämlich vom 25.11.2009 und Art. 309 der ursprünglichen Richtlinienfassung forderte von den Mitgliedstaaten eine Umsetzung für die meisten Regelungen bis zum 31.10.2012. Dieses Datum wurde zunächst durch die sog. Quick-Fix 1-Richtlinie[117] bis zum 1.1.2014 und sodann durch die Quick-Fix 2-Richtlinie[118] bis zum 31.3.2015 hinausgeschoben. Erst die sog. Omnibus II-Richtlinie[119] hat in Art. 7 Abs. 2 S. 1 den 1.1.2016 als endgültiges Umsetzungsdatum festgeschrieben. Vor dem Hintergrund der **mehrfachen Verschiebung der Umsetzungsfristen für die Solva II-RL** vor allem wegen noch zahlreicher ungeklärter Fragen, die durch die zu der Zeit noch ausstehende Solva II-VO hätten geregelt werden müssen, hat der **70**

[106] EIOPA-BoS-14/253 DE.
[107] EIOPA-BoS-14/253 v. 28.1.2015.
[108] Vgl. § 23 VAG Rn. 35 ff.; § 32 VAG Rn. 102.
[109] Stand jeweils 05/2016.
[110] BGBl. 2015 I, 434 ff.
[111] Vgl. zur Entwicklung des Versicherungsaufsichtsrechts oben Rn. 3 ff.
[112] BT-Drs. 18/2956 = BR-Drs. 430/14.
[113] Vgl. die entsprechenden Plenarprotokolle, Übersicht in DIP Archivsignatur XVIII/109, Gesta Ordnungsnummer D 021.
[114] BT-Drs. 18/3900.
[115] Vgl. BT-Drs. 18/3900, 449.
[116] BT-Drs. 17/9342 = BR-Drs. 90/12.
[117] Richtlinie 2011/89/EU, ABl. EU 2011 L 326, 113 ff.
[118] Richtlinie 2013/58/EU, ABl. EU 2013 L 341, 1 ff.
[119] Richtlinie 2014/51/EU, ABl. EU 2014 L 153, 1 ff.

deutsche Gesetzgeber den VAG-RegE 2012, mit dem sich der Bundesrat schon befasst hatte, nicht in einem Gesetzgebungsverfahren zur Verabschiedung gebracht.

71 Das VAG wurde seit seinem Inkrafttreten bereits **mehrfach geändert**. Zunächst hat Art. 15 **Gesetz zur Umsetzung der Wohnimmobilienkreditrichtlinie**[120] etliche Änderungen des VAG veranlasst. Sie betreffen §§ 15a, 25 Abs. 6, 62 Abs. 1 S. 2 Nr. 3, 295, 324 und 326 VAG. Sodann hat Art. 13 **Abschlussprüfungsreformgesetz (AReG)** §§ 331, 332, 334 VAG ergänzt bzw. modifiziert.[121] Weiter hat das **Erste Finanzmarktnovellierungsgesetz (1. FiMaNoG)**[122] durch Art. 7 und 8 in §§ 23 Abs. 6, 295, 308, 308a, 332 VAG Änderungen herbeigeführt. Ferner hat Art. 3 Abs. 6 **Neuntes Gesetz zur Änderung des Zweiten Buchs SGB** – Rechtsvereinfachung – sowie zur vorübergehenden Aussetzung der Insolvenzantragspflicht vom 26.7.2016[123] § 152 Abs. 4 VAG geändert. Am 25.6.2017 ist Art. 13 des **Zweiten Finanzmarktnovellierungsgesetzes (2. FiMaNoG)** in Kraft getreten. Es dient der Umsetzung der MiFID II-Richtlinie und der Durchführung der EU-Transparenzverordnung 2015/2365 für Wertpapierfinanzierungsgeschäfte, enthält aber auch zahlreiche andere Änderungen des VAG, die – so Art. 14 – am 1.1.2018 bzw. – so Art. 15 – am 3.1.2018 in Kraft treten.[124] Insgesamt 19 Ergänzungen oder Änderungen des VAG finden sich in dem **Finanzaufsichtsrechtergänzungsgesetz**, das Regelungen zur Stabilität des Finanzsystems schaffen und die Wohnimmobilienkreditrichtlinie mit weiteren Regelungen umsetzt.[125] Am 22.7.2017 ist Art. 11 **Gesetz zur Umsetzung der Zweiten Zahlungsdiensterichtlinie** in Kraft getreten, der §§ 331, 332 und § 334 VAG ändert.[126] Art. 6 des am 1.1.2018 in Kraft tretenden **Betriebsrentenstärkungsgesetzes** fügt einen neuen „Teil 4a Reine Beitragszusagen in der betrieblichen Altersversorgung" mit §§ 244a bis 244d in das VAG ein, den umfangreiche Detailregelungen in der Pensionsfonds-Aufsichtsverordnung (PFAV) ergänzen.[127] Das **Gesetz zur Umsetzung** der Richtlinie (EU) 2016/97 (**Versicherungsvertriebsrichtlinie** oder IDD-Richtlinie) vom 20.7.2017[128] sieht zahlreiche Änderungen des VAG vor. Dazu gehören Regelungen zum Produktfreigabeverfahren durch Ergänzung von § 23 VAG und zum Versicherungsvertrieb in geänderten bzw. neuen §§ 48 bis 48c VAG. § 48b VAG zu Verboten von Sondervergütungen und Provisionsabgaben ist nach Art. 6 Satz 2 am 29.7.2017 in Kraft getreten. Im Übrigen gilt das Gesetz ab 23.2.2018. Die Regelungen zur **Geldwäsche** in §§ 52 ff. VAG sowie §§ 303, 304, 319, 332 VAG hat mit Wirkung seit 26.6.2017 das Gesetz zur Umsetzung der Vierten EU-Geldwäscherichtlinie, zur Ausführung der EU-Geldtransferverordnung und zur Neuorganisation der Zentralstelle für Finanztransaktionsuntersuchungen geändert.[129]

72 **2. Aufsichtsrechtliche Verordnungen.** In dem neuen Solvency II-System konnten die zahlreichen früheren Verordnungen zum VAG a. F. nicht mehr fortbestehen. Der Bundesminister der Finanzen hat daher durch eine **Verordnung zur Aufhebung von Verordnungen nach dem Versicherungsaufsichtsgesetz** vom 16.12.2015[130] mit Art. 1 bis 4 insgesamt 19 Verordnungen zu unterschiedlichen Stichtagen im Jahr 2016 aufgehoben. In Art. 5 der Aufhebungsverordnung war bestimmt, dass drei Verordnungen erst zum 1. Juli 2017 außer Kraft traten. Sie betreffen außer dem Begünstigungsverbot[131] die Rechtsgrundlagen des **Provisionsabgabeverbots**, das im Hinblick auf seine Unvereinbarkeit mit dem europäischen Kartellrecht im Bereich der Lebensversicherung[132] und seine Verfassungswidrigkeit wegen Unbestimmtheit[133] seit einiger Zeit auch von der BaFin nicht mehr durchgesetzt wird.

73 Das neue VAG enthält an über 20 Stellen **Ermächtigungen für den Erlass von Verordnungen**. Nur in dem Fall des § 145 Abs. 6 VAG bedarf der Erlass der Verordnung einer Zustimmung des Bundesrats. Und in den allermeisten anderen Fällen kann das BMF die Ermächtigung durch Verordnung auf die BaFin übertragen. Die außergewöhnliche Häufung solcher Delegationsermächtigungen in einem Gesetz führt zu der Frage nach dem rechtsstaatlich angemessenen Umfang eines solchen Regelungsmodells der Selbstermächtigung und **Deparlamentarisierung**.[134]

---

[120] BGBl. 2016 I, 396, 418 f.
[121] BGBl. 2016 I, 1142, 1156.
[122] BGBl. 2016 I, 1514, 1537 ff.
[123] BGBl. 2016 I, 1824, 1836.
[124] BGBl. 2017 I, 1693, 1810 ff., vgl. Art. 13 bis 15 RegE 2. FiMaNoG BT-Drs. 18/10936, S. 172 ff., 280 ff.
[125] BGBl. 2017 I, 1495, 1499 f.; RegE BT-Drs. 18/10935; vgl. kritisch dazu *Griebeler/Patz* BKR 2017, 144 ff.
[126] BGBl. 2017 I, 2446, 2492; RegE i. d. F. Beschluss BT-Finanzausschuss BT-Drs. 18/12568.
[127] BGBl. 2017 I, 3214, 3219 f.; RegE BT-Drs. 18/11286.
[128] BGBl. 2017 I, 2789, 2795 ff.; RegE BT-Drs. 18/11627.
[129] BGBl. 2017 I, 1822, 1869 ff.; RegE BT-Drs. 18/2956, 255.
[130] BGBl. 2015 I, 2345 ff.
[131] Vgl. ausführlich dazu *Dreher* VersR 1997, 1 ff. und die Erläuterungen zu § 298 Abs. 4 VAG.
[132] So schon *Dreher* VersR 1995, 1 ff. und *ders.* VersR 2001, 1 ff. sowie ausführlich zu den seitherigen Entwicklungen *Dreher/Hoffmann/Kling* Kartell- und Wettbewerbsrecht der Versicherungsunternehmen, 2. Aufl. 2015, § 12 Rn. 22 ff. und die Erläuterungen zu § 298 Abs. 4 VAG.
[133] So *VG Frankfurt* Urt. v. 24.10.2011 – 9 K 105/11, VersR 2012, 358, 360.
[134] Ausf. *Dreher* Stellungnahme für den BT-Finanzausschuss bei der Anhörung zu dem VAG-RegE 2014, S. 10 (verfügbar auf der Website des Ausschusses).

Der Bundesminister der Finanzen hat von den Ermächtigungen inzwischen Gebrauch gemacht. Er hat am 18.4.2016 insgesamt **12 neue Verordnungen zum Versicherungsaufsichtsrecht** erlassen.[135] Sie betreffen zahlreiche wichtige Themen. Die Verordnungen sind in der Regel **am 22.4.2016 in Kraft getreten**. Sie fassen teilweise mehrere sachlich zusammengehörende frühere Verordnungen zusammen. Eine Verordnung, die Versicherungs-Meldeverordnung, ist vollständig neu. Wieder andere Verordnungen sind ganz oder teilweise strukturell und/oder inhaltlich überarbeitet. 74

Die vollständig neue **Versicherungs-Meldeverordnung (VersMeldeV)** betrifft praktisch wichtige Fragen der Berichterstattung und Datenübermittlung an die BaFin sowie an die EZB. Nach § 5 VersMeldeV ist dazu eine dauerhafte Unternehmenskennung erforderlich. Nicht ausdrücklich geregelt, aber naheliegend ist die Verwendung des **Legal Entity Identifier (LEI)**. Die BaFin sieht in der Verordnung sogar eine „Verpflichtung" zur Verwendung des LEI.[136] 75

Die neugefasste **Versicherungs-Vergütungsverordnung (VersVergV)** betrifft zwar hauptsächlich die von den Vergütungsregeln in Art. 275 Solva II-VO erfassten Unternehmen. Sie führt aber zu einigen Rechtsfragen, die ihren Anwendungsbereich betreffen.[137] 76

Die **Kapitalausstattungs-Verordnung (KapAusstV)** setzt mit § 1 die Vorgaben zur Mindestkapitalanforderung[138] in Art. 129 Abs. 3 UAbs. 1 Solva II-RL um. 77

3. BaFin-Verlautbarungen. Die Praxis von BAV und BaFin war jahrzehntelang durch eine sog. **Verlautbarungspraxis**, die insbesondere in Form von **Rundschreiben** erfolgte, geprägt.[139] Die BaFin führt die Rundschreibenpraxis auch unter Solvency II fort, wie z. B. das „Rundschreiben 03/2016 (VA) – Treuhänder zur Überwachung des Sicherungsvermögens" zeigt. Darüber hinaus hat die BaFin im Hinblick auf das Solvency II-System auf ihrer Website im Zusammenhang mit den Ausführungen zu Ebene 4 des europäischen Versicherungsaufsichtsrechts folgendes mitgeteilt: „Mit dem Inkrafttreten des neuen Aufsichtssystems hat die BaFin Verlautbarungen aus der Vorbereitungsphase von Solvency II in **Auslegungsentscheidungen** überführt. Darüber hinaus hat die BaFin Auslegungsentscheidungen zur Anwendung der quantitativen Anforderungen (Säule I) unter Solvency II getroffen." 78

Die BaFin hat eine große Zahl von **Auslegungsentscheidungen (AE)** veröffentlicht. Sie umfassen zahlreiche AE zu **Säule I**, die von der BaFin schon in der Vorbereitungsphase auf Solvency II als Verlautbarungen vorgelegt und sodann in AE überführt wurden. Hinzu kommen 9 AE zu **Säule II**, die die BaFin am 4.12.2015 veröffentlicht hat und denen viele weitere gefolgt sind. 79

Am 1.2.2017 ist das **BaFin-Rundschreiben 2/2017 „Mindestanforderungen an die Geschäftsorganisation von Versicherungsunternehmen (MaGo)"** in Kraft getreten.[140] Mit diesem ebenso langen wie detaillierten Rundschreiben gibt die BaFin „Hinweise zur Auslegung der Vorschriften über die Geschäftsorganisation im VAG und in der Delegierten Verordnung (EU) 2015/35 (DVO)". Das Rundschreiben „legt diese Vorschriften für die BaFin verbindlich aus". Dabei geht die BaFin von den EIOPA-LL Governance aus, „soweit sie nicht für einzelne Leitlinien erklärt hat, sie nicht vollständig anzuwenden". Zugleich hebt die BaFin sechs der neuen AE zu dem VAG schon nach kurzer Zeit wieder auf. 80

Rechtsgrundlage für die Verlautbarungen der BaFin bildet § 318 Abs. 2 S. 1 Nr. 2 VAG. Danach veröffentlicht die BaFin „ihre Rechts- und Verwaltungsgrundsätze, insbesondere (…)". 81

Ihrer **Rechtsnatur** nach handelt es sich bei aufsichtsbehördlichen Verlautbarungen, – so z. B. der VGH Kassel,[141] ebenso aber auch weitere Judikate[142] – „lediglich um die Kundgabe einer Rechtsauffassung". Für die Versicherungsunternehmen sind die AE und die MaGo rechtlich **unverbindliche Meinungsäußerungen der BaFin**. Sie begründen im Außenverhältnis außer Vertrauensschutz der Normadressaten des VAG keine Rechtswirkungen. Rechtlich führen sie als **norminterpretierende Verwaltungsvorschriften** im Ergebnis nur zu einer **Selbstbindung** der BaFin.[143] Faktisch haben sie dagegen eine weit darüber hinaus reichende Wirkung und bringen die Aufsichtsbehörden – gewollt 82

---

[135] BGBl. 2016 I, 760 bis 863; durch die 1. VO zur Änderung der VO nach dem VAG, BGBl. 2016 I, 1231 v. 31.5.2016 wurden zur Reduzierung des Höchstrechnungszinses von 1,25 % auf 0,9 % die DeckRV und die PFAV geändert. Zahlreiche **weitere versicherungsaufsichtsrechtliche VOen und Änderungen bestehender Verordnungen** sind am 1.8.2017 in Kraft getreten, vgl. BGBl. 2017 I, 2789 ff.

[136] So BaFinJournal 5/2016, S. 4, 5 und ausf. zu dem LEI *Pankoke* BaFinJournal 8/2014, S. 33 ff.; vgl. auch die EIOPA-Leitlinien für die Verwendung der Legal Entity Identifier (LEI), EIOPA-BoS-14-026.

[137] Vgl. ausführlich die Erläuterungen zu §§ 25, 34 VAG und zu der VersVergV.

[138] Zur Berechnung dieser Anforderung vgl. Art. 248 bis 251 Solva II-VO.

[139] Vgl. dazu ausf. z. B. *Dreher* ZVersWiss 2009, 187, 216 mit Kritik an faktischer Rechtsetzung als „Formenmißbrauch"; *Ernst* Rechtsstaatlichkeit im Versicherungsaufsichtsrecht 2013, S. 86 ff.; *Fekonja* BaFin-Verlautbarungen 2014, S. 65 ff.

[140] Das Rundschreiben sowie BaFin, „Begleitender Text zur Veröffentlichung des Rundschreibens MaGo" v. 26.1.2017 sind abrufbar auf der Homepage der BaFin (www.bafin.de).

[141] *VGH Kassel* Urt. v. 31.5.2006 – 6 UE 3256/05, WM 2007, 392, 393.

[142] Vgl. § 23 VAG Rn. 44 f.

[143] Vgl. ausf. zum Ganzen § 23 VAG Rn. 42 f.

oder ungewollt – in die Rolle eines Ersatzgesetzgebers.[144] Wie schon bei den EIOPA-LL gilt nämlich bei den BaFin-AE bzw. MaGo, dass ihr Umfang sowie ihr Detaillierungsgrad einerseits und die Unklarheit in der Bezugnahme auf damit adressierte Rechtsvorschriften andererseits eine seit langem erkennbare und ungebrochene Tendenz zu einem „**selbstgeschaffenen Recht der Aufsichtsbehörden**" belegen.[145]

83 **C. Grundsätze des Versicherungsaufsichtsrechts. I. Vollharmonisierung. 1. Problem.** Die Solva II-RL und die Solva II-VO bilden zusammen mit den verbindlichen Technischen Standards der Ebene 2.5 ein einheitliches Regelungssystem. Wie bei jeder europarechtlich vorgegebenen Harmonisierung der nationalen Rechte in den Mitgliedstaaten stellt sich daher auch dafür die **Frage nach dem angestrebten Harmonisierungsgrad**. In der gängigen Harmonisierungstypologie gibt es die drei möglichen Harmonisierungsgrade Mindest- und Vollharmonisierung sowie Maximalharmonisierung, wobei nicht selten, aber zu Unrecht Voll- und Maximalharmonisierung gleichgesetzt werden.[146] Bei der Harmonisierung des Versicherungsaufsichtsrechts durch Solvency II liegt entweder eine grundsätzliche Mindest- oder eine grundsätzliche Vollharmonisierung vor.

84 Die **Maximalharmonisierung betrifft** – soweit ersichtlich – **allein Art. 58 Abs. 7 Solva II-RL**. Danach sollen die Mitgliedstaaten bei dem Erwerb einer qualifizierten Beteiligung an einem Versicherungsunternehmen „keine strengeren Anforderungen stellen, als in dieser Richtlinie vorgesehen."

85 Bei der **Mindestharmonisierung** gibt der europäische Gesetzgeber den Mitgliedstaaten ein Mindestregelungsniveau vor. Sie dürfen es bei der Umsetzung von Richtlinien nicht unter-, aber überschreiten. Mit einer Mindestharmonisierung lässt sich daher zwar ein einheitlicher Mindeststandard in den Mitgliedstaaten erreichen. Das Ziel eines einheitlichen, in allen Mitgliedstaaten gleichartigen Harmonisierungsniveaus und damit im Bereich beaufsichtigter Unternehmen zugleich das Ziel der Vermeidung von Möglichkeiten zur Aufsichtsarbitrage wird mit einer Mindestharmonisierung aber verfehlt. Oberhalb der Mindeststandards zeigt sich im Fall einer grundsätzlichen Mindestharmonisierung nämlich regelmäßig eine erhebliche Rechtszersplitterung in den 28 Mitgliedstaaten der EU. Diese Folge hindert die Verwirklichung der Grundfreiheiten im Binnenmarkt durch die Unionsbürger und die ihnen gleichgestellten Gesellschaften. Ein Versicherungsbinnenmarkt ist bei einer grundsätzlichen Mindestharmonisierung nicht zu verwirklichen. Daher ist die europarechtliche Gesetzgebung seit einigen Jahren insbesondere im Verbraucher-[147] und im Finanz- sowie Kapitalmarktrecht[148] zu dem Grundsatz der Vollharmonisierung übergegangen. Denn nur die **Vollharmonisierung** zielt auf eine grundsätzlich vollständige Rechtsvereinheitlichung. Sie ist daher am besten geeignet, die Vollendung des Binnenmarkts zu erreichen.

86 In zunehmend mehr Fällen stellt der europäische Gesetzgeber in einem Rechtsakt ausdrücklich klar, welchen **Harmonisierungsgrad** er damit grundsätzlich anstrebt. Dieser muss sich aber **nicht auf eine Richtlinie insgesamt** beziehen. Er kann vielmehr innerhalb einer Richtlinie in einzelnen Artikeln unterschiedlich sein. In den meisten Fällen fehlt in Richtlinien aber immer noch eine eindeutige Festlegung zu dem grundsätzlich angestrebten Harmonisierungsgrad. Aus der Sicht des Gesetzgebers ist dies im Hinblick darauf, dass der Harmonisierungsgrad ohnehin aus dem Normgehalt der Richtlinienbestimmungen folgt, erklärlich. Er ergibt sich in den vom Gesetzgeber nicht ausdrücklich geregelten Fällen nämlich im Wege der **Auslegung**.[149] Dafür gelten die üblichen europarechtlichen **Methoden**, z. B. eine Wortlautauslegung und eine systematische Auslegung.[150] Für die Bestimmung des Harmonisierungsgrads besonders wichtig ist, ob der europäische Gesetzgeber im Gesetzestext überhaupt und gegebenenfalls auch ausdrücklich **Öffnungsklauseln** vorgesehen hat. Denn derartige sogenannte **Mit-**

[144] Vgl. schon *Dreher* FAZ Nr. 216 v. 17.9.2009, S. 22; *ders.* ZVersWiss 2009, 187, 216 anhand des Rundschreibens zu der Berichterstattung über gruppeninterne Geschäfte und *Dreher/Häußler* ZGR 2011, 471, 497 anhand des Beispiels der MaRisk VA; ausf. und zustimmend dazu *Lütgerath* Die Vorgaben zur ordnungsgemäßen Geschäftsorganisation im Bankaufsichtsrecht 2016, S. 252 ff. und auch schon S. 88 ff., 197f; vgl. zu der Vorfeldwirkung der allgemeinen Missstandsaufsicht und allg. zum informellen Handeln im Versicherungsaufsichtsrecht § 298 VAG Rn. 33, 37, 78 ff., 81.

[145] So schon in Anlehnung an die Wendung von *Großmann-Doerth* Selbstgeschaffenes Recht der Wirtschaft und staatliches Recht (1932) *Dreher* ZGR 2010, 496, 506 sowie *Dreher/Häußler* ZGR 2011, 471, 497; zustimmend *Leyens* AcP 215 (2015), 611, 635 und *Bührle* Unternehmerische Gestaltungsfreiheit versus aufsichtsrechtliche Regulierung 2016, S. 103, 106.

[146] Ausf. *Dreher/Lange* VersR 2011, 825 und speziell zu der Vollharmonisierung die Beiträge in *Gsell/Herresthal* (Hrsg.) Vollharmonisierung im Privatrecht 2009.

[147] Vgl. z. B. *Grundmann* JZ 2013, 53, 59 f.; *Schwab/Giesemann* EuZW 2012, 253 ff.

[148] Vgl. z. B. schon EG 7 MiFID-Durchführungsrichtlinie 2006/73/EG, ABl. EU 2006 L 241, 26 ff. und z. B. Art. 10 und 13 Transparenzrichtlinie 2013/50/EU, ABl. EU 2013 L 294, 13 ff.; vgl. dazu aus der Literatur z. B. *Ohler* in: EnzEuR – Europäisches Sektorales Wirtschaftsrecht: § 10 Finanzmarktregulierung und -aufsicht 2013, Rn. 46; *Gruber* in: Braumüller/Ennöckl/Gruber/Raschauer (Hrsg.) Die neue europäische Finanzmarktaufsicht 2011, S. 1 ff.; *Veil* FS Hommelhoff 2013, 1263 ff.; *Muhr* Das Prinzip der Vollharmonisierung im Kapitalmarktrecht am Beispiel des Reformvorhabens zur Änderung der Transparenzrichtlinie 2014; *Fleischer/Schmolke* NZG 2010, 1241 ff.

[149] Vgl. dazu ausf. z. B. *Buchmann* Umsetzung vollharmonisierender Richtlinien 2008, S. 65 ff. m. zahlr.N.

[150] Vgl. ausf. dazu z. B. *Martens*, Methodenlehre des Unionsrechts 2013, S. 329 ff. m. zahlr.N.

gliedstaatenwahlrechte bilden im Zusammenhang mit der systematischen Auslegung einen nach allgemeinem Verständnis deutlichen Hinweis darauf, dass der europäische Gesetzgeber den Mitgliedstaaten nur in diesen Fällen eine Abweichung von dem sonst vollharmonisierend angelegten Regelungsgehalt gestatten will.[151] Enthält eine Richtlinie derartige Öffnungsklauseln, haben die entsprechenden Richtlinienartikel Mindestharmonisierungscharakter. Die Richtlinie im Übrigen wirkt dann aber vollharmonisierend.

2. Vollharmonisierender Charakter der Solva II-RL. a) Vollharmonisierungsansatz. Auch die Frage, welchen Harmonisierungsgrad die Solva II-RL anstrebt, ist nach den vorstehenden Maßstäben zu beantworten. Rechtsprechung dazu liegt bisher nicht vor. Die **Literatur** ist – soweit ersichtlich – im Ergebnis **einhellig der Auffassung, dass die Solva II-RL grundsätzlich vollharmonisierenden Charakter hat, soweit es nicht um Öffnungsklauseln in einzelnen Artikeln der Solva II-RL geht.**[152] Jenseits der zahlreichen Gründe, die für den grundsätzlichen Vollharmonisierungsansatz sprechen, ergibt sich dies schon aus dem Gesamtziel von Solvency II, die Versicherungsaufsicht in Europa zu harmonisieren. Welchem Zweck sollte die Aufhebung von 14 Versicherungsrichtlinien und deren teilweise Konsolidierung in einem völlig neuen Solvency II-System durch Schaffung der Solva II-RL dienen, wenn nicht einer grundsätzlichen Vollharmonisierung? Zentrales Anliegen des europäischen Gesetzgebers war die Schaffung von Rechtseinheit. Abweichungen davon hat er nach einem langwierigen und zum Teil erheblich streitigen Gesetzgebungsverfahren durch insgesamt 46 Öffnungsklauseln und die ebenfalls äußerst zahlreiche Verwendung der Worte „mindestens" oder „zumindest"[153] zugelassen. Nur in diesem Ausnahmebereich, in dem konsequent der Grundsatz der Mindestharmonisierung gilt, sind die 28 mitgliedstaatlichen Umsetzungsgesetzgeber berechtigt, von dem europarechtlich vorgegebenen Normgehalt abzuweichen und nur in diesem Umfang ist aus der Sicht des europäischen Gesetzgebers daher eine durch derartige Abweichungen begründete Rechtszersplitterung und die Möglichkeit von Aufsichtsarbitrage hinnehmbar. 87

Das **Ziel einer grundsätzlichen Vollharmonisierung** durch die Solva II-RL belegt nicht nur ihre Auslegung nach Wortlaut, Telos und systematischem Zusammenhang. Es ergibt sich eindeutig auch aus ihrer veröffentlichten **Entstehungsgeschichte**. Das Arbeitsdokument der Kommissionsdienststellen zum Vorschlag der Solva II-RL[154] geht zunächst unter der Überschrift „Schwachstellen des derzeitigen EU-Systems" von Folgendem aus: „Im derzeitigen EU-Rahmen sind Mindestvorschriften festgelegt, die durch zusätzliche Regeln auf nationaler Ebene ergänzt werden können. Die zusätzlichen Regeln beeinträchtigen und unterminieren die reibungslose Funktionsweise des Versicherungsbinnenmarkts und führen zu einem Anstieg der Kosten für die Versicherer (und Versicherungsnehmer) der EU sowie zu einer Behinderung des innergemeinschaftlichen Wettbewerbs. Des Weiteren haben auch die nach wie vor bestehenden erheblichen Unterschiede in der Arbeitsweise der Aufsichtsbehörden eine Beeinträchtigung des Binnenmarktes zur Folge." Sodann fährt der Text mit einer Abwendung von den bisherigen Mindestvorschriften unter der Überschrift „Ist ein Handeln auf EU-Ebene erforderlich?" wie folgt fort: „Wenngleich es theoretisch möglich ist, dass die Mitgliedstaaten vergleichbare Regulierungsvorschriften erlassen, um den Schwachstellen des derzeitigen Systems zu begegnen, und dass die Aufsichtsbehörden ihre Maßnahmen untereinander besser abstimmen und so Hindernisse für die reibungslose Funktions- 88

[151] Vgl. z. B. *EuGH* Urt. v. 29.4.2015 – C-51/13 Rn. 24, VersR 2015, 702, 705 zu Art. 31 Abs. 3 Dritte Lebensversicherungsrichtlinie mit dem Ergebnis – so Rn. 26 – einer grundsätzlichen Mindestharmonisierung in diesem Bereich.

[152] Ausf. *Dreher/Lange* VersR 2011, 825 ff. und im Ergebnis ebenso z. B. *Bürkle* VersR 2011, 1469, 1472 f.; *ders.* WM 2012, 878, 879 f.; *ders.* VersR 2016, 2, 5; *Lüttringhaus* EuZW 2011, 822, 828; *Wandt/Sehrbrock* ZVersWiss 2011, 193, 200, 206; *Vogelgesang* ZVersWiss 2011, 233, 243; *Louven/Raapke* VersR 2012, 257, 260; *Grote/Schaaf* VersR 2012, 17; FKBP/*Bähr*, § 81 VAG a. F. Rn. 8; *Looschelders/Michael* Rn. 67; *Gal/Sehrbrock* Die Umsetzung der Solvency II-Richtlinie durch die 10. VAG-Novelle 2013, S. 10 ff.; *Sehrbrock/Gal* CFL 2013, 140 142; *Ernst* Rechtsstaatlichkeit im Versicherungsaufsichtsrecht 2013, S. 186 ff.; *von Fürstenwerth/Sasserath-Alberti* FS E. Lorenz 2014, 139, 154; *Böhmer* Das Gebot der angemessenen Trennung von Zuständigkeiten und Funktionen im Governance-System von Versicherungsunternehmen 2015, S. 7 f.; *Armbrüster* r+s 2015, 425 die „verbreitete Einschätzung" ohne Abweichung referierend; *Beckmann/Matusche-Beckmann* Rn. 33; *Rudkowski* Transparenzpflichten zur Kontrolle von Finanzdienstleistungsunternehmen 2016, S. 53 Fn. 94; *Braumüller* Versicherungsrundschau 5/2016, 20, 24; *Hasse* in: Annuß/Früh/Hasse (Hrsg.) InstitutsVergV und VersVergV 2016, B § 25 VAG Rn. 11; *Thaten* Die Ausstrahlung des Aufsichts- auf das Aktienrecht am Beispiel der Corporate Governance von Banken und Versicherungen 2016, S. 69, 177 f.; *Ballmaier* Das Outsourcing von Risikomanagement, Compliance und interner Revision nach Solvency II 2017 (im Druck) bei Teil 2. A. II. und Teil 4. A. II. 2.; *Heukamp* § 1 Rn. 29 kommt nach vorhergehender Anführung von – jeweils nicht überzeugenden – Gegengründen am Ende doch dazu: „(…) spricht im Ergebnis zweifellos für eine Vollharmonisierung. Gleichwohl dürfte es (…) nicht sachdienlich sein, die Solvency II-Richtlinie insgesamt als voll-, teil- oder mindestharmonisierend zu bezeichnen. Richtlinien verbinden oftmals Vorgaben unterschiedlicher Harmonisierungsstufen". Damit besteht aber gerade aufgrund des Verweises auf insgesamt mindestens 46 Öffnungsklauseln in der Solva II-RL, vgl. *Dreher/Lange* VersR 2011, 825, 828 f., kein Gegensatz zu dem auch in der vorliegenden Kommentierung vertretenen Ergebnis eines grundsätzlich vollharmonisierenden Charakters der Solva II-RL und des Mindestnormcharakters der Öffnungsklauseln in ihr. Von einer Vollharmonisierung in dem Bereich des Vergütungsrechts gehen auch aus *Grund/Schöps* in: Dreher/Wandt 2016, S. 2, 15.

[153] Vgl. die Nachweise bei *Dreher/Lange* VersR 2011, 825, 828 f.

[154] SEK (2007) 870 bei 1.2. und 1.3.

weise des Binnenmarkts beseitigen, gibt es kaum Anzeichen, dass dies tatsächlich auch geschieht. Die derzeitigen Erfahrungen deuten eher auf das Gegenteil hin. Deshalb bedarf es Maßnahmen, um einen derartigen Wandel voran zu treiben, und diese Maßnahmen müssen auf EU-Ebene ergriffen werden, um eine verstärkte Harmonisierung zu gewährleisten."

89 Eine grundsätzliche Vollharmonisierung durch die Solva II-RL sehen daher auch **Stellungnahmen aus dem Netzwerk der im Mehrebenensystem beteiligten Institutionen**. Dazu gehört zunächst die **EU-Kommission.**[155] Weiter zählt dazu, wenn auch mit gewissen Einschränkungen, das **Österreichische Bundesministerium der Finanzen**[156] und die **Österreichische Finanzmarktaufsicht**.[157]

90 Für das neue deutsche **VAG** geht der RegE zum Harmonisierungsgrad nach Solvency II von Folgendem aus: „Die **Richtlinie sieht nicht in allen Bereichen eine Vollharmonisierung vor**, sondern will nur soweit Unterschiede ausgleichen, als dies notwendig ist, um einheitliche aufsichtliche Rahmenbedingungen zu schaffen."[158] Diese ebenso unklare wie in sich widersprüchliche – Ziel: Einheitlichkeit, Harmonisierungsniveau: nicht in allen Bereichen Vollharmonisierung – Stellungnahme erschließt sich nur vor folgendem Hintergrund: Der RegE enthält einen Normbestand, der weit über die Solva II-RL hinausgeht, was bei einer grundsätzlichen Vollharmonisierung ebenso grundsätzlich unzulässig ist. Deshalb fährt die Begründung des RegE mit ebenfalls nebulösen Worten wie folgt fort: „Das neue VAG hat deshalb die bestehenden Regelungen, auch wenn sie strenger sind, beibehalten, soweit sie nicht im Widerspruch zur Richtlinie stehen." In der Gegenäußerung der Bundesregierung zu der kritischen Stellungnahme des Bundesrats hat die Bundesregierung dann wie folgt formuliert: „Nur in den Teilen, in denen die Richtlinie frühere Regelungen unverändert übernimmt (dem sog. **recast**), wurden die entsprechenden – bereits in der Vergangenheit umgesetzten – Regelungen aus dem Versicherungsaufsichtsregesetz in der bisherigen Fassung unverändert übernommen."[159] Von diesem selbst gewählten, aber rechtlich nicht haltbaren Kriterium[160] weicht der VAG-RegE 2014 aber in zahlreichen Punkten ab, so z. B. bei der in der Solva II-RL nicht vorgesehenen verpflichtenden Testierung der Solvabilitätsübersicht nach § 35 Abs. 2 VAG.[161]

91 Die Empfehlung der **Ausschüsse des Bundesrats zu dem VAG-RegE 2012**[162] war zu dem Harmonisierungsgrad der Solva II-RL dagegen **ebenfalls** noch von dem **Vollharmonisierungsansatz** ausgegangen. Die Empfehlung äußert sich „im Interesse künftig EU-weit harmonisierter Aufsichtsstandards" zunächst kritisch zu nationalem Gold-Plating. Sodann geht sie anhand einer konkreten Regelung ausdrücklich davon aus, dass diese „mit dem ‚Vollharmonisierungsansatz' in der Solvency II-Richtlinie nicht vereinbar" sei.

92 Mit den zahlreichen überschießenden Regelungen verstieß der VAG-RegE 2014 – und verstößt das neue VAG – zugleich gegen die **Selbstverpflichtung der Bundesregierung auf eine 1:1-Umsetzung** von europäischen Vorgaben im Koalitionsvertrag der Bundesregierung von 2013 für die 18. Legislaturperiode. Auf diesen Verstoß hat der Nationale Normenkontrollrat nach § 6 Abs. 1 NKR-Gesetz in seiner Stellungnahme zu dem VAG-RegE 2014 ausdrücklich hingewiesen.[163] In Widerspruch dazu begründet der RegE sodann aber die bundesrechtliche Kompetenz zur Richtlinienumsetzung auch mit dem „Regelungsziel (europaweit einheitliche Kriterien für die Beurteilung der von den Versicherungsunternehmen eingegangenen Risiken und erforderlichen aufsichtlichen Maßnahmen zu schaffen)".[164]

93 Deutlicher als der RegE war noch der **RefE zu den Verordnungen zur Aufhebung von Verordnungen aufgrund des VAG.**[165] Er enthielt in seiner ursprünglichen Form als Mantelverordnung auch die neuen Verordnungen, die schließlich dann doch einzeln erlassen wurden. Die Begründung zu

---

[155] So generell Commission Staff Working Document – Impact Assessment SWD (2014) 309 final vom 10.10.2014 zu der Solva II-VO bei 3.4.: „(…) are considered against the background of the existence of a maximum harmonizing Directive, already legally in force and requiring completion via Delegated Acts." Vgl. ferner den für Solvency II damals in der EU-Kommission zuständigen Abteilungsleiter *van Hulle* ZversWiss 2011, 176, 179 f. und nach einem Bericht von *Lansch/Friedrich* VW 2011, 266. Zur Parallele im Bankaufsichtsrecht vgl. EU-Kommission KOM (2011) 452 endg. mit dem Vorschlag für eine CRD IV-VO, S. 12: „Eine maximale Harmonisierung ist erforderlich".

[156] So unter Verwendung des für die Vollharmonisierung nicht selten – wenn auch zu Unrecht – verwendeten Begriffs der Maximalharmonisierung und mit folgender Stellungnahme unter der Einschränkung, dass eine Mindestharmonisierung dort vorliege, wo die Solva II-RL bisherige Richtlinientexte unverändert übernimmt, sog. Recast, *Wagner* Versicherungsrundschau 9/2010, 23, 24, 26 auf S. 24: „Solvabilität II verfolgt nun in weiten Teilen (vor allem bei den quantitativen Anforderungen, Säule I) eine Maximalharmonisierung, um Aufsichtsarbitrage zu vermeiden und gleiche Voraussetzungen für grenzüberschreitend tätige Versicherungsunternehmen zu gewährleisten. Im Bereich der Maximalharmonisierung ist es dem nationalen Gesetzgeber untersagt, strengere oder andere Vorschriften zu erlassen."

[157] Österreichische Finanzmarktaufsicht (FMA), Solvency II Handbuch 2012, S. 1, 5 für Säulen I und III, vgl. zu dieser Einschränkung sogleich; FMA Handbuch Versicherungsaufsicht – VAG 2016, S. 19 für Säulen I und III außer dem Recast; *Ettl* (FMA) Versicherungsrundschau 1–2/2013, 32.

[158] VAG-RegE 2014 BT-Drs. 18/2956, 227.

[159] BT-Drs. 18/3252, 7.

[160] Vgl. zu diesem Recast-Ansatz den nachfolgenden Gliederungspunkt.

[161] Vgl. dazu unten Rn. 104

[162] BR-Drs. 90/1/12 v. 16.3.2012, 3 und 14.

[163] Vgl. Anlage 2 zu BT-Drs. 18/2956, 309.

[164] VAG-RegE 2014 BT-Drs. 18/2956, 230.

[165] RefE vom 23.9.2015.

dem neuen § 1 VersVergV führte zutreffend Folgendes aus: „Da die Versicherungsaufsicht unter Solvency II nicht mehr dem Prinzip der Mindestharmonisierung folgt, muss diese Regelung (scil.: in Bezug genommen ist Art. 275 Solva II-VO zur Vergütung) als abschließend – für die betroffenen Unternehmen – angesehen werden. Parallele nationale Regelungen sind daneben nicht mehr möglich".

Für den so **grundsätzlich**, d. h. mit Ausnahme der zahlreichen ausdrücklichen Mindestharmonisierungsregeln in der Solva II-RL, geltenden **Vollharmonisierungsansatz sprechen zwingende**, nachstehend lediglich zusammengefasste **Gründe**.[166] Dies gilt *zunächst* für die Erwägungsgründe der Solva II-RL als Hauptkriterien zu ihrer Auslegung. Sie fordern unter anderem ausdrücklich „Aufsichtskonvergenz", die sich auch auf die bisher noch unterschiedlichen „Aufsichtspraktiken" bezieht. Schon die Erwägungsgründe belegen *zudem*, dass der Solva II-RL ein Regel-Ausnahme-Verhältnis von zwingendem, d. h. vollharmonisierendem, und abweichungsfähigem, d. h. für eine mitgliedstaatlich unterschiedliche Aufsichtsintensität offenem, Recht zugrunde liegt. *Sodann* folgt auch der Normtext, wie sich aus zahlreichen Richtlinienartikeln ergibt, dem Gedanken der Aufsichtskonvergenz durch Rechtsharmonisierung. *Weiter* wären im Falle einer grundsätzlichen Mindestharmonisierung sämtliche expliziten Regelungen überflüssig und sogar sinnwidrig, nach denen entweder die Mitgliedstaaten oder die Aufsichtsbehörden der Mitgliedstaaten von den Regeln der Solva II-RL abweichen können.[167] *Hinzu kommt* mit gleichem Gewicht, dass die Solva II-RL insgesamt 46 Öffnungsklauseln mit Mitgliedstaatenwahlrechten und zahlreiche ausdrückliche Mindestregelungen in Form der Verwendung der Worte „mindestens" (20 Mal) oder „zumindest" (24 Mal) enthält. Schon dieses eindeutige und die Richtlinie stringent durchziehende Regel-Ausnahme-Verhältnis würde nach der europarechtlichen Methodenlehre für sich allein genügen, den im Wege der Auslegung zu ermittelnden Harmonisierungsgrad als den der grundsätzlichen Vollharmonisierung zu bestimmen. *Schließlich* fügt sich auch nur eine solche Charakterisierung des Harmonisierungsgrads der Solva II-RL in das Zusammenspiel der Durchführungsmaßnahme zu dieser Richtlinie und der Rechtsgrundlagen sowie der Aufgaben von EIOPA ein. 94

b) Recast-Ansatz. Vor allem in Stellungnahmen aus **Österreich** wird der vollharmonisierende Charakter der Solva II-RL zwar einerseits grundsätzlich bejaht, andererseits aber im Sinne eines **Recast-Ansatzes** insoweit ausdrücklich eine Ausnahme gemacht, als der Text der Solva II-RL **bisherige Richtlinientexte unverändert übernommen** hat, für die der Grundsatz der Mindestharmonisierung gelten soll.[168] Der **VAG-RegE 2014** beruft sich ebenfalls auf den Recast-Ansatz.[169] Ein solcher Mischcharakter der Solva II-RL aufgrund des Recast-Ansatzes begegnet allerdings zahlreichen schwerwiegenden Bedenken. Er ist **rechtlich nicht tragfähig**.[170] 95

Zu diesen Bedenken gegen den Recast-Ansatz gehört *zunächst*, dass er aus der Solvency II-Richtlinie nicht erkennbar und daher auch nicht ableitbar ist. Die Richtlinie enthält keinen einzigen Anhaltspunkt dafür. Solche sind bisher auch nicht vorgebracht worden. Der **Bereich der Auslegung** der Richtlinie ist damit **verlassen**. Statt um Rechtsanwendung geht es nur noch um Rechtspolitik und darum, liebgewonnene nationale Eigenheiten im Solvency II-System fortführen zu können. Aufsichtsarbitrage und Aufsichtsdivergenz treten dann an die Stelle des in der Solva II-RL vielfach ausdrücklich enthaltenen Regelungsanliegens der Aufsichtskonvergenz. 96

Sodann hat die **Solva II-RL die früheren Richtlinien auch in dem Umfang ihrer Konsolidierung ausdrücklich aufgehoben**, ohne auch nur mit einem Wort oder einer Andeutung zu erklären, dass bei ihrer Auslegung und Anwendung ein Zweiklassensystem aufgrund nationaler Abweichungen von dem Ziel der Aufsichtskonvergenz gelten soll: Im sog. Recast würde nämlich mitgliedstaatlich volle Regelungsfreiheit und – um im Sprachgebrauch zu bleiben – im Newcast würde vollständiger Regelungszwang gelten. Die Aufhebung der vor der Solva II-RL geltenden Richtlinien bezieht sich aber auch auf die Erwägungsgründe jeder Richtlinie, die für deren Auslegung maßgeblich sind. EG 28 Richtlinie Leben 2002/83/EG und EG 14 Änderungsrichtlinie Schaden 2002/13/EG verweisen z. B. übereinstimmend und ausdrücklich darauf, dass es bei Leben zum Teil und bei Schaden vollständig um „Mindestvorschriften" bzw. „Mindeststandards" geht, denen gegenüber die Mitgliedstaaten „strengere Regelungen" bzw. „strengere Vorschriften" erlassen können. Gerade diese Erwägungsgründe hat der europäische Gesetzgeber trotz Aufhebung der Richtlinien und der teilweisen Überführung des Normbestands in die Solva II-RL aber nicht in die Erwägungsgründe der Solva II-RL übernommen. Im Gegenteil hat er in EG 9 Solva II-RL gerade unter Verweis auf aufgehobene Richtlinien ein Mitgliedstaatenwahlrecht zu einer bestimmten Frage begründet. Ebenso hat er ausschließlich in EG 81 Solva II-RL zur Mitversicherung „ein Mindestmaß an Harmonisierung" als Harmonisierungsgrad im Sinne einer Mindestharmonisierung angegeben. Wenn die öFMA darauf mit dem Zusatz „zum Beispiel" EG 81 verweist, ist dies falsch, weil der Begriff „Mindestmaß" ausschließlich an dieser Stelle in der Richtlinie 97

[166] Vgl. im Einzelnen vor allem *Dreher/Lange* VersR 2011, 825 ff.
[167] Vgl. z. B. EG 99 i. V. m. Art. 213 Abs. 3 und Art. 304 Solva II-RL.
[168] Siehe oben Rn. 89 und für das öBMF *Wagner* Versicherungsrundschau 9/2010, 23, 24, 26 sowie die öFMA Solvency II Handbuch 2012, S. 1, 5 und Handbuch Versicherungsaufsicht – VAG 2016, S. 19.
[169] Siehe oben Rn. 90.
[170] Ebenso *Bürkle* ZVersWiss 105 (2016), 511, 513 f.

vorkommt. Aus dem systematischen Zusammenhang folgt im Gegenteil, dass es nur an dieser Stelle und an den Stellen, bei denen den Mitgliedstaaten ein Wahlrecht eröffnet ist, nicht um eine Vollharmonisierung geht.

98 *Weiter* spricht gegen den Recast-Ansatz auch die **fehlende rechtliche Unterscheidbarkeit der Bereiche von Recast und Newcast**. In dem propagierten Kriterium, dass die Solva II-RL „keine zum derzeitigen Rechtsbestand zusätzlichen Sachverhalte geregelt hat",[171] liegt einerseits die Anmaßung, einen in der Richtlinie selbst nicht zum Ausdruck gekommenen und in ihr noch nicht einmal angedeuteten Regelungswillen des europäischen Gesetzgebers zu kennen, und ein damit verbundener Zirkelschluss. Ob der Gesetzgeber mit der Solva II-RL nur bisher bekannte Sachverhalte regeln wollte oder nicht, erschließt sich nämlich aus der Richtlinie nicht und bildet gerade den Gegenstand der Prüfungsfrage. Andererseits ist das propagierte Kriterium auch untauglich, weil sich der Unterschied von Recast und Newcast nicht aus der Erfassung bestimmter Sachverhalte, sondern aus Änderungen im Normwortlaut und Normgehalt ergibt. Solche Änderungen betreffen aber nur zum Teil neue Sachverhalte, zum Teil dagegen eine andere rechtliche Würdigung bereits zuvor geregelter Sachverhalte. Dies gilt selbst bei unverändertem Wortlaut von Solva II-RL und früheren Richtlinien dann, wenn ein Sachverhalt aufgrund der im Europarecht vorrangigen teleologisch-systematischen Auslegung nach der Solva II-RL rechtlich anders als zuvor zu bewerten ist.

99 *Hinzu kommt ferner,* dass der **Recast-Ansatz im nationalen Umsetzungsrecht für dessen Normadressaten nicht erkennbar** ist. Sie können ihn sich auch im Wege einer richtlinienkonformen Auslegung des nationalen Rechts nach der Solva II-RL nicht erschließen. Im Ergebnis tritt für die Normadressaten daher eine völlige Intransparenz der Normanwendung an die Stelle der für das nationale Richtlinien-Umsetzungsrecht bisher ausschließlich geltenden Rechtsgrundsätze des Europarechts.

100 *Außerdem* und ebenfalls mit hohem Gewicht enthält die Solva II-RL **für alle neuen Mitgliedstaaten** eine einheitliche Regelung. Neue Mitgliedstaaten – zuletzt Kroatien, das zum 1.7.2013, also weit nach dem Erlass der **Solva II-RL**, der EU beigetreten ist – müssen den unionsrechtlichen Normbestand zur Zeit des Beitritts, den sog. **Acquis Communautaire**, übernehmen. Ob eine Richtlinie – hier die Solva II-RL – in diesem Normbestand einzelne Normen früherer Richtlinien vor dem Beitritt konsolidiert hat, ist bei der Übernahme und Umsetzung in das nationale Recht unbeachtlich. Eine Ausnahme kommt nur in Betracht, wenn der jetzige Normbestand ausdrücklich auf die Weitergeltung früherer Normen für einzelne Fälle verweist, was in der Solva II-RL nicht erfolgt.

101 Die Auslegung einer Richtlinie des Normbestands bezüglich des Harmonisierungsgrads sub specie von **Recast und Newcast** dürfte *des Weiteren* nicht nur für die Solva II-RL gelten. Eine derartige, **dem Europarecht bisher unbekannte Unterscheidung** aufgrund eines zusätzlich untauglichen Kriteriums müsste vielmehr beim Erlass jeder neuen EU-Richtlinie greifen. Die für die europarechtliche Methodenlehre inakzeptable Unterscheidung würde die Auslegung und Anwendung des Europarechts sowie der aus ihm abgeleiteten nationalen Umsetzungsrechte zu einem kleinteiligen Betätigungsfeld von textvergleichenden Rechtshistorikern verkommen lassen.

102 Dass der Recast-Ansatz weder rechtlich tragfähig noch praktisch belastbar ist, zeigt *schließlich* auch die Tatsache, dass die wenigen Vertreter dieser Ansicht dort, wo sie selbst im Zusammenhang damit **von dem Grundsatz der Vollharmonisierung der Solva II-RL ausgehen, ohne jede Begründung** und Herleitung i. S. v. Recast oder Newcast zugunsten des Grundsatzes der Mindestharmonisierung **nach Bedarf abweichen** wollen.[172]

103 **3. Folgerungen.** Hat die Solva II-RL grundsätzlich, d. h. jenseits des weiten Bereichs von einzelnen Regelungen mit mindestharmonisierendem Charakter, den Charakter einer vollharmonisierenden Richtlinie, bleibt dies für den **Umsetzungsgesetzgeber** nicht ohne Folgen. Der deutsche Gesetzgeber darf im VAG bei der Umsetzung der Richtlinie jenseits der Normen mit Mindestharmonisierungscharakter nicht über die Vorgaben der Solva II-RL hinausgehen oder – soweit es dafür keine spezielle Öffnungsklausel im Sinne einer Maximalharmonisierung gibt – hinter ihnen zurückbleiben. Im Ergebnis darf er also insoweit keine von der Solva II-RL abweichenden aufsichtsrechtlichen Anforderungen statuieren. Ein sog. **nationales Draufsatteln oder Gold-Plating** ist **unzulässig**.

104 **Verstöße gegen dieses Verbot** finden sich **im VAG** und in den versicherungsaufsichtsrechtlichen Verordnungen häufig. Pars pro toto[173] stehen für ein solches nationales Gold-Plating im Verhältnis zu der Solva II-RL folgende Regelungen:

---

[171] So aus dem öBMF *Wagner* Versicherungsrundschau 9/2010, 23, 26.

[172] Vgl. *Wagner* Versicherungsrundschau 9/2010, 23, 24: „Die sog. ReCast-Issues *und* das aufsichtsbehördliche Überprüfungsverfahren (…) verfolgen auch weiterhin grundsätzlich das Konzept der Mindestharmonisierung"; ähnlich öFMA Solvency II Handbuch 2012, S. 5: „(…), während die von Solvency I beibehaltenen Bestimmungen („Recast") *sowie* die Vorschriften der Säule II sich grundsätzlich am Konzept der Mindestharmonisierung orientieren." (Hervorhebungen nur hier); ebenso öFMA Handbuch Versicherungsaufsicht – VAG 2016, S. 19.

[173] Vgl. ausf. zu etlichen nachfolgend genannten Monita schon *Dreher* Stellungnahme vom 28.11.2014 zur Anhörung des BT-Finanzausschusses zum VAG-RegE 2014, S. 2 ff. (verfügbar auf der Website des Ausschusses).

– Beibehaltung des in der Solva II-RL nicht vorgesehenen Kreditaufnahmeverbots in § 15 Abs. 1 S. 3 VAG.[174]
– In der Solva II-RL nicht vorgesehene Ausweitung des Kreises der von der Fit-and-proper-Aufsicht Betroffenen und der Prüfungsstandards in § 24 VAG.[175]
– In der Solva II-RL nicht vorgesehene verpflichtende Testierung der Solvabilitätsübersicht in § 35 Abs. 2 VAG.[176]
– Begründung einer ex-ante-Anzeigepflicht für Vorstandsmitglieder und Träger von Schlüsselaufgaben über Art. 42 Abs. 2 Solva II-RL hinaus in § 47 Nr. 1 VAG.[177]
– Beibehaltung des der Solva II-RL unbekannten Treuhänders für das Sicherungsvermögen in § 128 VAG.[178]
– Beibehaltung der Missstands- statt Einführung der nach der Solva II-RL gebotenen Legalitätsaufsicht in § 298 Abs. 1 VAG.[179]
– Beibehaltung des in der Solva II-RL nicht vorgesehenen Höchstrechnungszinses in § 2 DeckV.[180]

II. Prinzipienorientierung. Ausgangspunkt von Solvency II ist, dass für das neue versicherungsaufsichtsrechtliche System eine Prinzipienorientierung gelten solle. Davon geht auch der Gesetzgeber des VAG ausdrücklich aus.[181] Hintergrund einer prinzipienorientierten Gesetzgebung ist die Erkenntnis, dass es bei der Aufsicht über Wirtschaftsunternehmen grundsätzlich **zwei Regelungsmodelle** gibt. Sie lassen sich begrifflich mit den Gegensatzpaaren **prinzipienorientiert oder regelbasiert** bzw. – nach dem im Bereich der Finanzdienstleistungen unvermeidlichen englischen Sprachgebrauch – **principles-based oder rules-based** erfassen.[182] 105

Traditionell sind **Rechtsnormen regelbasiert**. Sie enthalten einen subsumtionsfähigen Tatbestand. Er genügt mit den einzelnen, abstrakt-generellen Tatbestandsmerkmalen dem Bestimmtheitsgrundsatz. Das damit verfolgte Ziel ist in den Tatbeständen regelmäßig nicht explizit benannt. Sie beschränken sich vielmehr darauf, den **Weg zum Ziel vorzugeben**. Die Methode der Rechtsetzung ist also konditional. Vorteil einer regelbasierten Rechtsetzung ist vor allem die damit verbundene Rechtssicherheit. Eine entsprechende Regelungstiefe führt aus einer anderen Perspektive aber auch zu Nachteilen: Zu einem Zwangsjackeneffekt infolge der Beseitigung unternehmensindividueller Freiheiten bei der Wahl des Wegs, um zu einem Ziel zu kommen; zur Bildung von Anreizen betreffend die Suche nach Lücken im Regelungssystem; zu möglicherweise unterbleibenden, gesamtwirtschaftlich vorteilhaften Innovations-, Kosten- und Effizienzeffekten infolge eines durch feste Regeln beseitigten Systemwettbewerbs zwischen den Normadressaten; zu der ungleichen Belastung mit der Regelerfüllung im Verhältnis von kleinen und mittleren Unternehmen einerseits sowie von großen und sehr großen Unternehmen andererseits. 106

Prinzipienorientierte Rechtsregeln beschränken sich in – daher üblicherweise eher kurzen – Tatbeständen auf die **Vorgabe eines Ziels**. Methodisch geht es also um eine finale Rechtsetzung. Zugleich bedeutet prinzipienorientierte Rechtsetzung einen **Übergang von der quantitativen zur qualitativen Aufsicht**.[183] Mit der Prinzipienorientierung der Aufsicht ist den Normadressaten zweierlei überlassen: Zunächst die Entscheidung, auf welchem Weg das rechtlich vorgegebene Ziel erreicht werden soll. Und sodann die Entscheidung, ob das Ziel auch erreicht ist. Letzteres führt zu der 107

---

[174] Vgl. dazu *Dreher/Lange* VersR 2011, 825, 833; von *Fürstenwerth/Sasserath-Alberti* FS E. Lorenz 2014, 139, 156; für eine Streichung wegen Verstoß gegen das Ziel einer 1:1-Umsetzung schon anlässlich des VAG-RegE 2012 Empfehlungen der Ausschüsse des BR, BR-Drs. 90/1/12 v. 16.3.2012, 3.

[175] Vgl. die Erläuterungen zu § 24 VAG.

[176] Vgl. die Erläuterungen zu § 35 und kritisch schon *Dreher/Ballmaier* in: Dreher/Wandt 2012, S. 73, 84 f. sowie zum VAG-RegE 2012 Empfehlungen der Ausschüsse des BR, BR-Drs. 90/1/12 v. 16.3.2012, 6 f. sowie ebenfalls kritisch zum VAG-RegE 2014 – „unüblich (…), überflüssig" – BR-Drs. 430/14 (Beschluss) 4 und – „Verschärfung der europäischen Vorgaben" – Stellungnahme des BR zum VAG-RegE 2014, BT-Drs. 18/3252, 2.

[177] Vgl. dazu *Dreher* VersR 2012, 1061, 1069 f.; *von Fürstenwerth/Sasserath-Alberti* FS E. Lorenz 2014, 139, 156 und die Erläuterungen zu § 47 VAG.

[178] Vgl. ohne Problemsicht BaFin Rundschreiben 03/2016 (VA) mit einer Sammelverfügung zur Treuhänderbestellung; siehe oben Rn. 78.

[179] Vgl. die Erläuterungen zu § 298 VAG.

[180] Kritisch schon o. V. Kein Abschied vom Garantiezins, FAZ v. 1.3.2012 Nr. 52, S. 19; *Dreher* ZfV 2016, 209. Zur Rechtsfolge der Beibehaltung wird gelegentlich, aber zu Unrecht, auf Art. 51 Abs. 1 UAbs. 2 lit. d, Abs. 2, Art. 276 Abs. 1 Solva II-RL verwiesen.

[181] VAG-RegE 2014 BT-Drs. 18/2956, 229.

[182] Vgl. dazu allg. näher aus der Sicht des Versicherungsaufsichtsrechts *Dreher* VersR 2008, 998, 999 f.; *Dreher/Ballmaier* ZGR 2014, 753, 778; *Wandt/Sehrbrock* ZVersWiss 2011, 193, 203 ff.; *Pohlmann* in: Burling/Lazarus Research Handbook on International Insurance Law and Regulation 2011, S. 329 ff.; *Wandt* Prinzipienbasiertes Recht und Verhältnismäßigkeitsgrundsatz im Rahmen von Solvency II 2012; *Eilert* ZVersWiss 2012, 621 ff.; *Looschelders/Michael* Rn. 73 ff. und aus der Sicht des Kapitalmarkt- und Kapitalgesellschaftsrechts *Schneider* in: GS Gruson 2007, S. 369 ff.; *Binder* Regulierungsinstrumente und Regulierungsstrategien im Kapitalgesellschaftsrecht 2012, S. 174 ff.; *Thaten* Die Ausstrahlung des Aufsichts- auf das Aktienrecht 2016, S. 184 ff. sowie aus der Sicht des Bankaufsichtsrecht *Wundenberg* Compliance und die prinzipiengeleitete Aufsicht über Bankengruppen 2012, S. 35 ff.; *Lütgerath* Die Vorgaben zur ordnungsgemäßen Geschäftsorganisation im Bankaufsichtsrecht 2016, S. 259 ff. und *Bührle* Unternehmerische Gestaltungsfreiheit versus aufsichtsrechtliche Regulierung 2016, S. 39 ff., 73 ff.

[183] So schon *Dreher* ZVersWiss 2012, 381, 410.

Notwendigkeit einer – im vorliegenden Zusammenhang versicherungsaufsichtsrechtlichen –[184] **Selbsteinschätzung.**[185] Die Kehrseite der unternehmensindividuellen Freiheit bei einer prinzipienbasierten Regelung ist damit zugleich deren größter und gerade von kleinen und mittleren Unternehmen oft beklagter Nachteil, nämlich die fehlende oder abnehmende Rechtssicherheit.[186] Damit verbunden sein können negative Effekte oder Anreizwirkungen aufgrund der **haftungsrechtlichen Folgen** von fehlerhaften Selbsteinschätzungen, von fehlerhaftem Rechtsrat und von in der Regel unbeachtlichen Rechtsirrtümern.[187]

108 Ein **Beispiel aus dem Versicherungsaufsichtsrecht** zeigt pars pro toto sowohl den Unterschied in den beiden Regelungsmodellen als auch die Tatsache, dass sie selten in Reinform auftreten. Einen Teil der Governance-Anforderungen in Säule II des Solvency II-Systems bildet das **Vergütungsrecht**. Obwohl die Solva II-RL dazu schweigt, enthält Art. 275 Solva II-VO gleichwohl eine sehr ausführliche Vergütungsregelung.[188] Nach Art. 275 Abs. 2 lit. c Solva II-VO muss in bestimmten Fällen „die Zahlung eines wesentlichen Teils des variablen Vergütungsbestandteils (…) eine flexible, aufgeschobene Komponente enthalten (…); der Zeitaufschub muss mindestens drei Jahre betragen". Unausgesprochenes Ziel der Regelung ist die vergütungsrechtliche Bewältigung von Risiken, die sich erst nach Ablauf eines Vergütungszeitraums verwirklichen. Der Gesetzgeber wählt dazu grundsätzlich das Regelungsmodell der Prinzipienorientierung durch die Verwendung der Begriffe „wesentlich" und „flexibel" sowie „mindestens". Gleichzeitig gibt er eine Regel in Form eines Mindestaufschubs von drei Jahren vor. Einen Schritt weiter in der Regelbasierung gehen Art. 94 Abs. 1 lit. m CRD IV-RL und ihr folgend § 20 Abs. 1 InstitutsVergV für bedeutende Unternehmen mit der Formulierung „ein erheblicher Teil, mindestens aber 40 %, der variablen Vergütung, wird für wenigstens drei bis fünf Jahre zurückbehalten".

109 Die **Regelungsmodelle** sowohl der Prinzipienorientierung als auch der Regelbasierung haben **inhärente Grenzen**. Sie können schon aus der **Dynamik eines Regelungsgegenstands** folgen. „Der Wettbewerb als Entdeckungsverfahren"[189] eignet sich aufgrund seiner besonderen Dynamik nur begrenzt für eine enumerative Tatbestandsbildung. Gesetze wie Art. 101, 102 AEUV und das GWB sowie das UWG enthalten daher notwendigerweise neben Regeln mit hohem Detailierungsgrad zahlreiche Generalklauseln. Dieser Zusammenhang von Rechtstatsachen und Regelbildung in Form der Prinzipienorientierung besteht in vielen Bereichen des Rechts der Finanzdienstleistungsunternehmen ebenfalls. Umgekehrt muss eine Prinzipienorientierung scheitern und kommt allein eine regelbasierte Rechtsetzung in Betracht, wenn sie **quantitative Ziele** betrifft. Dies hat Folgen z. B. für Säule I von Solvency II. Nicht zu verkennen ist auch, dass die **Verhinderung von Aufsichtsarbitrage** in einem prinzipienbasierten Regelungsmodell schwerer fällt als in einem regelgebundenen Modell.

110 Nur vor dem Hintergrund des zuvor Ausgeführten ist das Solvency II-Thema der Prinzipienorientierung[190] zu verstehen. Der Entwurf der EU-Kommission für eine Richtlinie Solvabilität II vom 26.2.2008,[191] der in die **Solva II-RL** mündete, beschreibt unter dem Titel „Legislativer Ansatz" die **neue Prinzipienorientierung des Versicherungsaufsichtsrechts** wie folgt: „Die neuen Solvabilitätsvorschriften, die den vier Stufen des Lamfalussy-Konzepts folgen, beinhalten lediglich Grundsätze, die im Wege von Durchführungsbestimmungen weiter ausgeführt werden sollen." Die von der Kommission in Bezug genommene Ausformung der Bestimmungen auf weiteren Regelungsebenen nach den

---

[184] Vgl. pars pro toto §§ 1 Abs. 3 S. 1, 5 Abs. 2 VersVergV: „Unternehmen (…) haben auf der Grundlage einer Risikoanalyse eigenverantwortlich festzustellen, (…)".

[185] Vgl. in unterschiedlichen versicherungsaufsichtsrechtlichen Zusammenhängen *Dreher* ZVersWiss 2012, 381, 412; *ders.* VersR 2012, 933, 939; *ders.* VersR 2013, 929 933; *ders.* FS E. Lorenz 2014, 119, 134; *Bürkle* WM 2012 878, 880; *ders.* in: Bürkle (Hrsg.) Compliance in Versicherungsunternehmen 2. Aufl. 2015, § 2 Rn. 86; *ders.* VersR 2016, 2, 6. Die Notwendigkeit einer rechtlichen Selbsteinschätzung ist aber kein Spezifikum des Versicherungsaufsichtsrechts, sondern ebenso z. B. für das Kartellrecht prägend, vgl. *Dreher/Kulka* Wettbewerbs- und Kartellrecht 9. Aufl. 2016, Rn. 920.

[186] Vgl. schon *Dreher* VersR 2008, 998, 999.

[187] Vgl. zu diesen, insbesondere im Gesellschafts- und Kartellrecht problematischen Fragen z. B. *BGH* Urt. v. 14.5.2007 – II ZR 48/06, AG 2007, 548; *BGH* Urt. v. 20.9.2011 – II ZR 234/09, AG 2011, 876 – Ision; *BGH* Urt. v. 28.4.2015 – II ZR 63/14, WM 2015, 1197; *EuGH* Urt. v. 18.6.2013 – C-681/11, WuW/E EU-R 2754 – Schenker und dazu *Dreher* EWiR 2013, 469 f. und *Brettel/Thomas* ZWeR 2013, 272 ff.; *Binder* AG 2012, 885 ff.; *Strohn* CCZ 2013, 177 ff.; *Sander/Schneider* ZGR 2013, 725 ff.; *Kremer* in: VGR (Hrsg.) Gesellschaftsrecht in der Diskussion 2012, 2013, S. 171 ff.; *Bergmann* FS Tolksdorf 2014, 11 ff.; *Bayer* ZIP 2015, 1853 ff.

[188] Vgl. ausf. zum Ganzen die Erläuterungen zu § 25 VAG.

[189] *v. Hayek* Recht, Gesetzgebung und Freiheit, Bd. 3, 1981, S. 97 ff. und schon im Jahr 1968 selbständig unter dem angeführten Titel veröffentlicht; vgl. dazu näher *Dreher/Kulka* Wettbewerbs- und Kartellrecht 9. Aufl. 2016, Rn. 5 und 743.

[190] Vgl. dazu z. B. *Dreher* VersR 2008, 998, 1000; *ders.* ZVersWiss 2012, 381, 391 ff., 411 f., 416 f.; *Armbrüster* VersR 2009, 1293, 1297; *ders.* r+s 2015, 425, 426; *Schaaf* Risikomanagement und Compliance in Versicherungsunternehmen 2010, S. 25 f.; *Wandt/Sehrbrock* ZVersWiss 2011, 193, 203 ff.; *Wandt* Prinzipienbasiertes Recht und Verhältnismäßigkeitsgrundsatz im Rahmen von Solvency II 2012; *Bürkle* VersR 2011, 1469, 1476; *ders.* WM 2012, 878, 880; *ders.* VersR 2016, 2, 6; *Louven/Raapke* VersR 2012, 257, 264; *Eilert* ZVersWiss 2012, 621 ff.; *Looschelders/Michael* Rn. 78 ff.

[191] KOM (2008) 119 endg. S. 4.

Grundsätzen auf der ersten Regelungsebene birgt allerdings die Gefahr, dass die Prinzipienorientierung durch qualitative versicherungsaufsichtsrechtliche Vorgaben auf Ebene 1 durch umfangreiche regelbasierte Subordnungen auf den nachfolgenden Ebenen konterkariert wird. Im Ergebnis kommt es dadurch zu einer **Überregulierung**.[192] Diese Gefahr hat sich im Solvency II-System aufgrund des zwischenzeitlich erreichten Textumfangs und Detaillierungsgrads der Regelungen auf den Ebenen 2, 2.5. und 3[193] leider in großen Bereichen verwirklicht. Die **Prinzipienorientierung im Solvency II-System** ist daher zu erheblichen Teilen im Ergebnis **nur noch formeller Natur**.[194] Damit einher geht eine Verschiebung der Konkretisierungs- und Gestaltungsmacht in aufsichtsrechtlichen Fragen zunächst auf die Aufsichtsbehörden[195] und sodann auf die Gerichte.[196] Diese Entwicklung widerspricht ihrerseits dem Ziel der Aufsichtskonvergenz.[197]

Die **Terminologie der Solva II-RL** zeigt mit der außergewöhnlichen Häufung **unbestimmter Rechtsbegriffe** die auf Ebene 1 noch gewollte Prinzipienorientierung deutlich.[198] So enthalten z. B. den Begriff der Angemessenheit die Erwägungsgründe der Solva II-RL 16-mal und der Richtlinientext selbst 107-mal, davon 24-mal sogar im Zusammenhang mit den Eigenmitteln, den Solvenzkapitalanforderungen oder der Mindestkapitalanforderung. Der Begriff der Geeignetheit findet sich in den Erwägungsgründen 8-mal und in dem Richtlinientext 14-mal.[199] Gleiches gilt für zahlreiche andere unbestimmte und wertungsbedürftige Tatbestandsmerkmale wie „wesentlich", den EG 38 und sodann der Richtlinientext 19-mal enthalten.[200] Im VAG finden sich daher z. B. in einer einzigen Regelung, nämlich der zu dem Kapitalaufschlag nach § 301 Abs. 1 und 2 VAG in Umsetzung von Art. 37 Solva II-RL die Begriffe erheblich, erfolglos, unzureichend, besser, angemessen, wahrscheinlich und proportional. 111

In dem Gesetzgebungsverfahren der Solva II-RL blieb unerkannt, dass sich die **Prinzipienorientierung nicht für alle 3 Säulen von Solvency II gleichermaßen eignet**. Die qualitativ ausgerichtete **Säule II** mit den Governance-Anforderungen stellt unter den 3 Säulen den Bereich dar, der in vielen Fragen besser durch Prinzipien als durch feste Regeln zu erfassen ist. Dafür sprechen die grundsätzliche Freiheit der Unternehmensorganisation[201] ebenso wie die unternehmensindividuellen, in vielem unterschiedlichen wirtschaftlichen und sonstigen Gegebenheiten. Scheitern muss der Wechsel von einem System der Regelbindung zu einem System der Prinzipienorientierung aber für die **Säule I** mit den quantitativen Anforderungen.[202] Eigenmittel- und Solvenzkapitalanforderungen entziehen sich unternehmensindividuellen Festlegungen der zugrundeliegenden Parameter. Die Kapitalkosten sind ein wesentlicher Faktor der Tätigkeit von Versicherungsunternehmen im Versicherungsbinnenmarkt. Das europäische **Level Playing Field** als Grundsatz des Versicherungsaufsichts- und Wettbewerbsrechts im Versicherungsbinnenmarkt[203] fordert daher einheitliche Solvenzregeln für alle Marktteilnehmer, soweit es um die gebotene Solvabilität und deren Ermittlung geht. Eine **Gleichbehandlung** der Versicherungsunternehmen (auch) in der Solvenzaufsicht, die die Solva II-RL in diesem Bereich anstrebt,[204] ist aber nur durch ein regelbasiertes System mit großem Regelungsumfang und entsprechender Regelungsintensität erreichbar. Demgemäß enthält schon die Solva II-RL auf Regelungsebene 1 ca. 60 Artikel zu der quantitativen Aufsicht. Dem folgt auf Regelungsebene 2 die Solva II-VO mit fast 200 Artikeln und auf den Regelungsebenen 2.5 sowie 3 setzt sich dieser Anstieg der Regelungsflut unvermindert fort. Schließlich können auch die Transparenzanforderungen in **Säule III** in vielen Punkten nicht einer Selbsteinschätzung der Versicherungsunternehmen überlassen bleiben. Bis auf Erleichterungen für kleine und mittlere Unternehmen, die der Gesetzgeber schaffen kann, müssen sich z. B. die Gegenstände und die Ausnahmen von Berichtspflichten sowohl gegenüber den Aufsichtsbehörden als auch gegenüber der Öffentlichkeit grundsätzlich für alle Versicherungs- 112

[192] So schon *Dreher* VersR 2008, 998, 1000; *ders.* ZGR 2010, 496, 541.
[193] Siehe oben Rn. 50 ff.
[194] So schon *Dreher/Lange* VersR 2011, 825, 829 und speziell zu Säule II *Dreher* ZVersWiss 2012, 381, 392; *Korinek* Versicherungsrundschau 1–2/2015, 37: „Was prinzipienbasiert begann verdichtete sich zur Regelungsflut!".
[195] Vgl. allgemein *Thaten* Die Ausstrahlung des Aufsichts- auf das Aktienrecht am Beispiel der Corporate Governance von Banken und Versicherungen 2016, S. 187 f. m. w. N.
[196] Vgl. *Dreher* ZVersWiss 2012, 381, 422 ff.
[197] So schon *Dreher/Lange* VersR 2011, 825, 828 f.
[198] Abweichend von der ganz herrschenden Meinung gehen *Looschelders/Michael* Rn. 76 davon aus, dass die Verwendung unbestimmter Rechtsbegriffe kein Ausdruck von Prinzipienorientierung sei.
[199] Vgl. *Dreher* ZVersWiss 2012, 381, 416 f. zum Beleg der neuen Wertungsorientierung der Versicherungsaufsicht, die mit der Prinzipienorientierung einhergeht.
[200] Vgl. dazu sub specie der Materialität ausf. Rn. 133 ff.
[201] Vgl. dazu ausf. Rn. 139 ff.
[202] Ausf. *Dreher* ZVersWiss 2012, 381, 391 f.
[203] Der Grundsatz bildet den Ausgangspunkt, von dem das Versicherungsaufsichtsrecht selbst durch andere Grundsätze Ausnahmen bildet. Dies gilt z. B. für den Grundsatz der Verhältnismäßigkeit in Bezug auf kleine und mittlere Versicherungsunternehmen und für den Grundsatz der Risikoorientierung in Bezug auf die Individualisierung der Versicherungsaufsicht.
[204] Vgl. zur Gleichbehandlung der Versicherungsunternehmen in der Solvenzaufsicht ausdrücklich z. B. Art. 77 Abs. 5 UAbs. 2, 77f Abs. 3 S. 2 lit. c; 104 Abs. 5 und 106 Abs. 2 S. 2 Solva II-RL sowie *Dreher* ZVersWiss 2012, 381, 392 f.

unternehmen im Sinne eines regelgebundenen Ansatzes aus den konkreten Tatbeständen ergeben. Raum für Prinzipienorientierung bleibt dabei aber – ebenso wie in Säule I – noch bei vorgelagerten und dafür geeigneten Einzelfragen. Dies gilt für Säule III z. B. für die Form und den konkreten Umfang der Darstellung.

113 **III. Risikoorientierung.** Neben den Grundsätzen der Vollharmonisierung und der Prinzipienorientierung gehört zu den versicherungsaufsichtsrechtlichen Grundsätzen des Solvency II-Systems auch dessen **Risikoorientierung**. Die Risikoorientierung ist ebenfalls **Ausgangspunkt** für den Vorschlag der **Solva II-RL** durch die Kommission. Die Entwurfsbegründung zu dem Thema „Allgemeine Grundsätze der Beaufsichtigung" beginnt wie folgt: „Die Beaufsichtigung hat sich auf einen prospektiven und risikoorientierten Ansatz zu gründen. Solvabilität II verfolgt daher einen auf den wirtschaftlichen Risiken basierenden Ansatz, der ein System ermöglicht, das die echten Risikoprofile der Versicherungs- und Rückversicherungsunternehmen widerspiegelt. Das System sollte auf soliden wirtschaftlichen Grundsätzen basieren und die von den Finanzmärkten bereitgestellten Informationen optimal nutzen."[205] EG 15, 67 und 68 Solva II-RL betonen daher jeweils den „risikobasierten Ansatz" bzw. den „risikoorientierten Ansatz" und Art. 29 Abs. 1 S. 1 Solva II-RL hält unter der Überschrift „Allgemeine Grundsätze der Beaufsichtigung" an dem Ausgangspunkt der Richtliniengesetzgebung wie folgt fest: „Die Beaufsichtigung hat auf einem prospektiven und risikoorientierten Ansatz zu gründen." Der deutsche Gesetzgeber hat diese Regelung bei der Umsetzung der Solva II-RL vollständig ignoriert und in §§ 294 ff. VAG stattdessen – europarechtlich unzulässig – an dem bisherigen Aufsichtssystem weitgehend wortgleich festgehalten.

114 Hintergrund des neuen risikoorientierten Ansatzes im Solvency II-System waren **drei entscheidende Schwächen des überkommenden Solvency I-Systems**. In dem Begleitdokument der Kommissionsdienststellen zu dem Vorschlag der Solva II-RL[206] sind alle diese risikobezogenen Defizite des Solvency I-Systems benannt. Folgerung hieraus ist der „Gewählte Ansatz für Solvabilität II: auf wirtschaftlichen Risiken beruhender Ansatz".[207] Die Schwächen des Solvency I-Systems hat das **Solvency II-System mit der Risikoorientierung zurecht beseitigt**.

115 Zunächst erfasste Solvency I nur die spezifischen Versicherungsrisiken. Erhebliche Risikopotentiale z. B. aus Markt-, Kredit- und Betriebsrisiken (operationelle Risiken) wurden bei der Bestimmung der Eigenmittelanforderungen nicht berücksichtigt. Die Säule I der Solva II-RL beruht dagegen erstmals auf einer **holistischen Risikobetrachtung**, d. h. einer gesamthaften Risikosicht mit einer Verzahnung der einzelnen Elemente des Risikomanagements.[208] Nach Art. 101 Abs. 3 S. 1 Solva II-RL wird „die Solvenzkapitalanforderung (…) so kalibriert, dass gewährleistet wird, dass **alle quantifizierbaren Risiken**, denen ein Versicherungs- oder Rückversicherungsunternehmen ausgesetzt ist, berücksichtigt werden".[209] Nach Art. 101 Abs. 4 S. 1 Solva II-RL muss die Solvenzkapitalanforderung „zumindest" sechs einzelne und in Art. 13 Nr. 30, 31, 32 sowie 33 Solva II-RL definierte Risiken bedecken. Zu dem operationellen Risiko gehören nach Abs. 4 S. 2 ausdrücklich sogar „Rechtsrisiken". Art. 101 Abs. 3 S. 4, 103 Abs. 4 S. 1 Solva II-RL schreiben zudem das „**Konfidenzniveau** von 99,5% über den Zeitraum eines Jahres" als Risikomaß i. S. v. Art. 13 Nr. 39 Solva II-RL bzw. § 7 Nr. 27 VAG (Value at Risk) vor.[210] Das risikobezogene Sicherheitsniveau der Solva II-RL bezieht sich daher auf eine Ausfallwahrscheinlichkeit in 200 Jahren, das sogenannte **200-Jahr-Ereignis**. Die Solva II-RL will nach EG 64 nämlich sicherstellen, „dass es höchstens in einem von 200 Fällen zur Insolvenz kommen kann oder diese Unternehmen mit einer Wahrscheinlichkeit von 99,5% in den kommenden zwölf Monaten weiterhin in der Lage sein werden, ihren Verpflichtungen gegenüber den Versicherungsnehmern und Begünstigten nachzukommen." Um alle quantifizierbaren Risiken tatsächlich voll zu erfassen, schreiben Art. 88 Nr. 1, 224 in Verbindung mit Art. 75 Solva II-RL sowohl für die Vermögenswerte als auch für die Verbindlichkeiten auf Einzelunternehmens- und auf Gruppenebene eine **marktkonsistente Bewertung** zum **beizulegenden Zeitwert (Fair Value)** vor.[211] Sie erfolgt entweder – soweit möglich – durch Ermittlung **tatsächlicher Marktpreise bzw. marktnaher Preise** entsprechend dem Wert eines Referenzportfolios (**Mark-to-Market**) oder – hilfsweise – durch Ermittlung **angenäherter Marktpreise** (**Mark-to-Model**). Eine solche Mark-to-Model-Bewertung beruht auf stochastischen Modellierungen durch die versicherungsmathematische Funktion. Auf dieser Grund-

[205] KOM (2008) 119 endg. v. 26.2.2008, S. 5.

[206] SEK (2007) 870 v. 10.7.2007 bei 1.2.

[207] SEK (2007) 870 v. 10.7.2007 bei 4.1.

[208] So schon *Dreher* VersR 2008, 998, 1000 f.

[209] Ausf. zu den Solvenzkapitalanforderungen im Solvency II-System *Dreher* ZVersWiss 2012, 381, 385 ff.; *Schüller/Mitzner* ZHR 175 (2011), 338 ff.

[210] Ausf. *Dreher* ZVersWiss 2012, 381, 395 f. und zum Risikomaß *Rohlfs/Brandes/Kaiser/Pütz* Risikomanagement im Versicherungsunternehmen 2016, S. 25 ff.

[211] Ausf. *Dreher* ZVersWiss 2012, 381, 394 f. und aus Sicht der Versicherungsbetriebslehre z. B. *Rohlfs/Brandes/Kaiser/Pütz* Risikomanagement im Versicherungsunternehmen 2016, S. 56 ff.; *Albrecht/Huggenberger* Finanzrisikomanagement 2015, S. 31 ff.; *Hübel* Aufsichtsrechtliche Eigenmittelanforderungen an Versicherungsunternehmen unter Solvency II nach dem Standardmodell 2013, S. 86 ff.; *Zöbisch* Solvency II: Risikoadäquanz von Standardmodellen 2009, S. 111 ff.

lage gehen die Vermögenswerte und Verbindlichkeiten in die **Solvabilitätsübersicht** nach § 74 VAG, auch **Marktwertbilanz** oder **ökonomische Bilanz** genannt, ein.[212] Die Definition des beizulegenden Zeitwerts führt einerseits zu einer realistischeren Bewertung, andererseits aber bereits als solche wegen des Durchschlagens aller Marktbewegungen auf die Bewertungen und zusätzlich noch über die Heranziehung von Modellen zur Feststellung tatsächlich nicht vorhandener Marktpreise zu einer hohen **Volatilität**.[213]

Weiter gab es unter Solvency I auch keine **qualitativen Vorgaben zum Risikomanagement**. **116** Dieses Defizit behebt die Solva II-RL ebenfalls. Sie regelt das Risikomanagement – einschließlich des ORSA – vor allem in Art. 44 und 45. Die Vorgaben, die der deutsche Gesetzgeber mit §§ 26, 27 VAG umgesetzt hat, betreffen schon auf Regelungsebene 1 Einzelheiten eines Risikomanagementsystems, das nach Art. 44 Abs. 1 Solva II-RL „wirksam" sein und „die eingegangenen und potenziellen Risiken" umfassen muss. Das Risikomanagementsystem muss danach weiter auch „gut in die Organisationsstruktur und die Entscheidungsprozesse" der Versicherungsunternehmen „integriert sein". Die Gesamthaftigkeit des Risikoansatzes folgt zudem daraus, dass das Risikomanagementsystem die in Art. 101 Abs. 4 Solva II-RL genannten Risiken einzubeziehen hat. Darüber hinaus muss das Risikomanagementsystem sogar „die Risiken, die bei dieser Berechnung nicht vollständig erfasst werden", berücksichtigen. Weiter schreibt Art. 44 Abs. 4 Solva II-RL für jedes Versicherungsunternehmen „eine Funktion 'Risikomanagement', die so strukturiert sein muss, dass sie die Umsetzung des Risikomanagementsystems erleichtert", vor. Im Sprachgebrauch des VAG ist dies nach § 26 Abs. 8 VAG die **unabhängige Risikocontrollingfunktion (URCF)**. Schließlich fordert Art. 45 Solva II-RL als „Teil" des Risikomanagementsystems eines Versicherungsunternehmens eine regelmäßige „**unternehmenseigene Risiko- und Solvabilitätsbeurteilung**" (Own Risk and Solvency Assessment, **ORSA**) vor.

Hinzu kam im Solvency I-System schließlich, dass die Versicherungsaufsichtsbehörden weder – **117** mangels Erfassungspflicht der Versicherungsunternehmen – sämtliche quantitativ erfassbaren Risiken noch – mangels Aufsichtspflicht – die qualitativen Aspekte des Risikomanagements beaufsichtigten. Art. 29 Abs. 1 Solva II-RL schreibt dagegen für die **Beaufsichtigung** erstmals ausdrücklich einen „**risikobasierten Ansatz**" bei den „Allgemeinen Grundsätzen der Beaufsichtigung" vor. EG 29 S. 1 Solva II-RL geht nämlich zutreffend von Folgendem aus: „Manche Risiken werden möglicherweise nicht durch die in der Solvenzkapitalanforderung zum Ausdruck kommenden quantitativen Anforderungen, sondern nur durch Governance-Anforderungen hinreichend angesprochen."

Die Risikoorientierung des Versicherungsaufsichtsrechts in Solvency II-System bedeutet für die Ver- **118** sicherungsunternehmen und die Aufsichtsbehörden einen vielfachen und grundlegenden Wandel.[214] Dazu zählt zunächst der bereits angeführte **Übergang von einer quantitativen Aufsicht zu einer qualitativen Aufsicht**. Er fordert allen Beteiligten einen Rollenwechsel ab. Damit verbunden ist sodann eine zunehmende **Individualisierung der Versicherungsaufsicht** im Gefolge von Prinzipien- und Risikoorientierung. Sie beziehen sich nämlich auf die konkreten Risiken, denen ein Versicherungsunternehmen ausgesetzt ist. Und jedes Versicherungsunternehmen muss bei der Berechnung der risikobezogenen Solvenzkapitalanforderung ebenso wie die BaFin bei der Aufsicht über das Risikomanagement und die Erfüllung der quantitativen sowie qualitativen Anforderungen durch ein Versicherungsunternehmen allein die individuelle Risikosituation beurteilen.

Jede qualitative individualisierte Aufsichtstätigkeit resultiert weiter in eine verstärkte **Prozessorien-** **119** **tierung**. Mehr und mehr geht es um Ergebnisse qualitativer Natur, für die bestimmte unternehmensinterne Prozesse Voraussetzung sind, oder von vorneherein (auch) um einen Prozess selbst – als Beispiel dient das ORSA. Deshalb rücken derartige Prozesse in das Zentrum der Unternehmens- und Aufsichtstätigkeit.

Damit einher geht weiter eine größere **Formalisierung**. Sie kommt zum Ausdruck in einer Vielzahl **120** von Anzeige-, Melde- und Veröffentlichungspflichten gegenüber den Aufsichtsbehörden oder der Öffentlichkeit. Für die Erfüllung dieser Pflichten sind regelmäßig bestimmte formale Voraussetzungen z. B. hinsichtlich Gegenstand, Umfang, Frequenz, Adressaten, Korrekturen zu beachten. Eng verbunden mit dieser Formalisierung ist die erheblich größere Rolle von **unternehmensinternen Dokumentationspflichten zu aufsichtsrelevanten Vorgängen**. Ihre Erfüllung ist daher auch ausdrücklich Teil einer ordnungsgemäßen Geschäftsorganisation.[215]

Eine bedeutende Ausprägung der neuen Risikoorientierung der Versicherungsaufsicht liegt schließ- **121** lich in ihrer **Ökonomisierung**. Denn die Risiken und auf ihrer Grundlage die Solvenzkapitalanforderungen werden nach ökonomischen Vorgaben und Modellen berechnet. Sie beziehen zum Teil sehr fernliegende Horizonte mit ein. Das gilt z. B. für das Konfidenzniveau von 99,5 % mit dem 200-Jahr-Ereignis und für die **risikofreie Zinskurve**, auch **Risk Free Rate (RFR)** oder risikofreie

212 Vgl. dazu näher schon *Dreher* ZVersWiss 2012, 381, 383; *Rohlfs/Brandes/Kaiser/Pütz* Risikomanagement in Versicherungsunternehmen 2016, S. 59 f.; *Harreither/Hirner/Wiedermann-Ondrej* RWZ 2017, 157 ff.
213 Vgl. auch dazu ausf. *Dreher* ZVersWiss 2012, 381, 395, 398 ff.
214 Ausf. zum Ganzen *Dreher* ZVersWiss 2012, 381, 411 ff.
215 Vgl. § 23 VAG Rn. 135 ff.

Zinsstrukturkurve genannt, bei der Berechnung der versicherungstechnischen Rückstellungen mit einer Zinsprojektion jenseits der Grenze der Marktliquidität von 20 Jahren.[216] Die Kumulation von Laufzeiten und Zinssätzen führt zu der RFR als Zinskurve. EIOPA veröffentlicht monatlich auf der Grundlage lediglich von Art. 77e Abs. 1 lit. a Solva II-RL und Art. 43 Solva II-VO die RFR für derzeit 32 Währungen. Ausgehend von dieser RFR bilden die Versicherungsunternehmen ihre versicherungstechnischen Rückstellungen in der Solvabilitätsübersicht. Der Wert der jeweiligen Verpflichtungen folgt für die jeweiligen Laufzeiten aus einem dafür geltenden Zinssatz, der sog. Spot Rate, der unter demjenigen liegt, der sich aus der RFR ergibt. Auf dieser Grundlage diskontieren die Versicherungsunternehmen die künftigen Zahlungsströme aus den versicherungstechnischen Verpflichtungen. Die konkrete Struktur der Zinskurve ist daher für die Passivseite der Solvabilitätsübersicht jedes Versicherungsunternehmens, das Langlebigkeitsrisiken versichert, von größter Bedeutung. Betroffen davon ist vor allem auch die dezisionistische und daher umstrittene Unterstellung eines risikofreien Zinssatzes von 4,2 % als **Ultimate Forward Rate (UFR)**[217] im Solvency II-System – deutsche Begriffe: langfristiger Gleichgewichtszinssatz, letzter Terminzinssatz, endgültiger Forwardzinssatz oder Endzielzinssatz – für die Eurozone[218] als Zinssatz, zu dem die RFR bis zum 60. Jahr konvergiert. Die UFR gilt also ab dem 60. Jahr, d. h. 40 Jahre nach Beginn der Übergangsmethodik (Extrapolation), die daher ihrerseits für einen Zeitraum von 40 Jahren mit Beginn am Ende der Marktliquidität währt.[219, 220]

122 In der Ökonomisierung des Versicherungsaufsichtsrechts liegen **Chancen und Gefahren**: Ersteres wegen der Gesamtbetrachtung der Risiken eines Versicherungsunternehmens und der Rationalisierung ihrer Erfassung; letzteres wegen einer dadurch hervorgerufenen Modellgläubigkeit, der begrenzten Rationalität der Modelle und der Scheingenauigkeit ihrer Ergebnisse.[221] Die Anwendung ökonomischer Modelle und das Abstellen auf daraus gewonnene Ergebnisse bedürfen daher immer einer wertenden Betrachtung im Sinne eines Business Judgement, soweit verfügbar auch unter Einbeziehung anderer, nicht aufsichtsrechtlich vorgegebener Modelle und Verfahren. Aus rechtlicher Sicht kommt hinzu, dass Versicherungsökonomie aufsichtsbezogen immer in Rechtsanwendung mündet. Versicherungsaufsichtsrecht ist im Verhältnis zur Ökonomie daher nicht dienendes Vollzugsinstrument, sondern prägende Gestaltungskraft.[222]

123 Der **deutsche Gesetzgeber** hat die **neue Risikoorientierung** des europäischen Versicherungsaufsichtsrechts im Solvency II-System in Kenntnis des Vorhabens des Erlasses einer Solva II-RL mit § 64a VAG a. F. im Ansatz bewusst vorweg genommen. Die BaFin hatte den neuen Risikobezug der Versicherungsaufsicht zudem in Form der MaRisk VA, die seit dem 1.1.2016 aufgehoben sind, aufgenom-

---

[216] Vgl. Art. 77 ff. Solva II-RL und Art. 43 ff. Solva II-VO. Die RFR ist also eine wesentliche Grundlage für die Ermittlung des heutigen Werts von sehr langfristigen Zahlungsverpflichtungen der Versicherungsunternehmen, der in die Berechnungen der Solvabilitätsübersicht eingehen muss und damit auch über die SCR- und MCR-Anforderungen und deren Erfüllung entscheidet. Da für die Zeit nach 20 Jahren, d. h. dem sog. Last Liquid Point, keine belastbaren Daten aus den realen Finanzmärkten zu Marktrenditen von Zinsswaps bzw. ersatzweise Staatsanleihen vorliegen, muss die Zinskurve mathematisch fortgeschrieben, d. h. extrapoliert werden.

[217] Die RFR mit der **UFR** ab dem 60. Jahr bildet die Grundlage zur Ermittlung der sog. Spot-Kurve oder tatsächlichen Zinskurve zur Bewertung der Verbindlichkeiten, gibt also nicht den tatsächlich zu verwendenden Zinssatz wieder. Dieser liegt regelmäßig unterhalb der UFR und erreicht die UFR auch im 100. Jahr noch nicht, obwohl sich die Spot-Kurve ihr langsam annähert. Die RFR bildet nämlich eine sog. Forward-Kurve, d. h. sie beruht auf dem Zinssatz bei einer *künftig* eingegangenen Verpflichtung. Da es aber tatsächlich um die Ermittlung des Zinssatzes zur Bestimmung des Werts einer *heutigen* Verpflichtung geht, werden nach dem Last Liquid Point aus der RFR in – z. t. umstrittenen – ökonomischen Verfahren sog. Spot-Kurven hergeleitet. Diese, im Verhältnis zu ihr tieferen Kurven, enthalten die sog. SpotRates, d. h. die konkret anzuwendenden Diskontierungssätze.

[218] Bei der **Festlegung** handelt es sich um eine wirtschaftlich und rechtlich bedeutende Maßnahme, wie nicht zuletzt der Streit um die von EIOPA vorgeschlagene Herabsetzung der UFR von 4,2 % auf 3,7 % im Jahr 2016 zeigt, da eine niedrigere UFR wegen einer niedrigeren Abzinsung der Passiva zu höheren Eigenmittelanforderungen führt. Obwohl es also um eine **sehr wesentliche Frage des Versicherungsaufsichtsrechts** geht, erfolgt die Festlegung noch nicht einmal in Form eines bindenden Technischen Standards nach Art. 290 f. AEUV. Sie ist vielmehr **„versteckt"** in Nr. 33 und 124 eines nur in englischer Sprache verfügbaren, 128-seitigen technischen Dokuments von EIOPA-BoS-15/035 v. 7.3.2016 auf der – dafür zu Unrecht für ausreichend angesehenen – Grundlage von Art. 77e Abs. 1 lit. a Solva II-RL und EG 23, Art. 47 Solva II-VO i. V. m. den vierteljährlichen DVO (s. o. Rn. 57), die auf den allein von EIOPA festgelegten „technischen Informationen" beruhen. Die EU-Kommission selbst äußert sich daher auf keiner Regelungsebene von Solvency II zu der konkreten Höhe der UFR, sondern legt lediglich deren Bestimmung durch EIOPA zugrunde. Gleiches gilt für die Zusammensetzung der UFR aus den Annahmen von 2 % Inflation und 2,2 % Realverzinsung in Rn. 383 und 386 der technischen Informationen. Art. 47 Abs. 2 Solva II-VO beschränkt sich dazu auf die Angabe der beiden Kriterien.

[219] Die **Zeiträume** von Null bis 20 Jahren mit dem sog. Marktzins, d. h. einer Zinsableitung aus beobachtbaren und belastbaren Marktdaten, von 20 bis 60 Jahren mit der Extrapolation (extrapolierte Forward-Kurve) und ab 60 Jahren mit dem Übergang zu der UFR im 60. Jahr, folgen lediglich aus EG 30 Richtlinie 2014/51/EU („Omnibus II-Richtlinie"); damit sind weder die maßgeblichen Zeitpunkte noch die maßgeblichen Zeiträume in einem materiellen europarechtlichen Rechtsakt festgelegt, obwohl auch sie – ebenso wie die Höhe und die Zusammensetzung der UFR – **besonders wesentliche Aspekte des Versicherungsaufsichtsrechts** bilden.

[220] Vgl. schon *Dreher* ZVersWiss 2012, 381, 396 ff.

[221] Vgl. schon *Dreher* ZVersWiss 2012, 381, 396 ff.

[222] So schon *Dreher* ZVersWiss 2012, 381, 411 ff.

men und in zum Teil bedenklicher Weite fortgeführt.[223] Heute prägt sie das neue, seit dem 1. Januar 2016 geltende VAG in den Einzelregelungen, die die risikoorientierten Vorgaben der Solva II-RL umsetzen. Unterblieben ist im VAG allerdings das grundsätzliche Bekenntnis zu einer risikoorientierten Legalitätsaufsicht als neuem europäischen Konzept des Versicherungsaufsichtsrechts. So fehlt im VAG jede Umsetzung von Art. 29 Abs. 1 Solva II-RL. Dabei legt der europäische Gesetzgeber in dieser bedeutenden Vorschrift die „Allgemeinen Grundsätze der Beaufsichtigung" wie folgt fest: „Die Beaufsichtigung hat auf einem prospektiven und risikobasierten Ansatz zu beruhen. Sie umfasst die kontinuierliche Überprüfung der ordnungsgemäßen Funktionsweise des Versicherungs- bzw. des Rückversicherungsgeschäfts sowie der Einhaltung der Aufsichtsvorschriften durch die Versicherungs- und die Rückversicherungsunternehmen." Gleiches gilt für die Festlegung der Legalitätsaufsicht in Art. 34 Abs. 1 Solva II-RL. Diesen Ansatz konterkariert der deutsche Gesetzgeber in § 298 VAG mit der Beibehaltung der seit dem Jahr 1901 in Deutschland geltenden allgemeinen Missstandsaufsicht.

IV. Proportionalität (Verhältnismäßigkeit). Ein weiterer Grundsatz, der das Solvency II-System prägt, ist der Grundsatz der **Proportionalität**.[224] Er ist aus deutscher Sicht gleichbedeutend mit dem **Grundsatz der Verhältnismäßigkeit**. Denn der Begriff der Proportionalität ist im deutschen Recht bereits im Sinne eines dritten Elements der Verhältnismäßigkeit neben Eignung und Erforderlichkeit besetzt. Dieses dritte Element betrifft die Verhältnismäßigkeit im engeren Sinne bzw. mit anderen Worten die Angemessenheit der Zweck-Mittel-Relation.[225] Der Grundsatz der Proportionalität stand unter dieser Bezeichnung ebenfalls am Anfang des europäischen Solvency II-Projekts. Die Begründung zu dem Entwurf des Solva II-RL führt nach dem Verweis darauf, „dass die neue Solvabilitätsregelung keine zu große Belastung für kleine und mittlere Unternehmen darstellt", weiter aus: „Besondere Bedeutung wird daher dem Grundsatz der Verhältnismäßigkeit beigemessen, der für alle Anforderungen dieser Richtlinie gilt, aber besonders für die Anwendung der quantitativen und qualitativen Anforderungen der Solvabilitätsregelung und der Aufsichtsvorschriften relevant ist."[226] 124

Die **Hervorhebung des Grundsatzes der Verhältnismäßigkeit im Solvency II-System** entspricht der Betonung des Grundsatzes im allgemeinen Europarecht durch Art. 5 Abs. 1 S. 2, Abs. 4 EUV, das Protokoll Nr. 2 über die Anwendung der Grundsätze der Subsidiarität und der Verhältnismäßigkeit und Art. 52 Abs. 1 S. 2 GRCh, die nach Art. 6 Abs. 1 EUV Teil des europäischen Primärrechts ist.[227] EG 133 Solva II-RL begründet die Einhaltung dieses Grundsatzes bei dem Erlass der Richtlinie insbesondere mit dem Hinweis darauf, dass die mit der Solva II-RL verfolgten Ziele auf nationaler Ebene nicht zu verwirklichen sind. Das **europarechtliche Verständnis** des Begriffes der Verhältnismäßigkeit gilt daher auch für die Auslegung des Begriffs in § 296 VAG.[228] 125

Der Grundsatz der Verhältnismäßigkeit bildet eine **Querschnittsklausel für das gesamte Versicherungsaufsichtsrecht**.[229] Die Solva II-RL selbst spricht den Grundsatz der Verhältnismäßigkeit mehrfach und hervorgehoben an. Dies gilt schon für die Erwägungsgründe. Nach EG 18 S. 2 Solva II-RL „(...) sollten die Maßnahmen der Aufsichtsbehörden unabhängig von der Bedeutung des betroffenen Unternehmens für die allgemeine Finanzstabilität stets in angemessenem Verhältnis zur Wesensart, dem Umfang und der Komplexität der inhärenten Risiken des Versicherungs- oder Rückversicherungsgeschäfts stehen." Damit benennt die Solva II-RL an dieser Stelle erstmals die **risikobezogene Trias von Wesensart, Umfang und Komplexität**. Diese Kriterien-Trias entspricht der neuen Prinzipienorientierung im Solvency II-System und gibt zugleich auch dem Grundsatz der Verhältnismäßigkeit einen spezifischen Risikobezug. Sie durchzieht als versicherungsaufsichtsrechtliches Kriterium zur Konkretisierung der Proportionalität im europarechtlichen Sinne die gesamte Richtlinie. Dies gilt schon für die Erwägungsgründe mit EG 21 S. 2, 31 S. 2 Solva II-RL mit dem – ohne Änderungen in der Sache – Bezug auf die Geschäftstätigkeit und die allgemeinen Verweise auf die Verhältnismäßigkeit in EG 19 S. 1 sowie 20 S. 2 Solva II-RL. Eine zentrale Stellung hat der Grundsatz der Verhältnismäßigkeit aber auch 126

[223] Vgl. zum Ganzen *Dreher* VersR 2008, 998 ff.; *Dreher/Schaaf* WM 2008, 1765 ff.; *Dreher/Schaaf* VersR 2009, 1151 ff.; *Schaaf* Risikomanagement und Compliance in Versicherungsunternehmen 2010, S. 59 ff.; *Pohlmann* in: Burling/Lazarus (Hrsg.) Research Handbook on International Insurance Law and Regulation 2011, S. 329, 341 ff.

[224] Vgl. dazu aus versicherungsaufsichtsrechtlicher Sicht z. B. *Dreher* ZVersWiss 2012, 381, 393, 418 ff.; *ders.* VersR 2013, 929, 936; *Wandt* Prinzipienbasiertes Recht und Verhältnismäßigkeitsgrundsatz im Rahmen von Solvency II 2012, S. 19 ff.; *ders.* FS Baums 2017 Bd. II, S. 1359 ff.; *Wandt/Sehrbrock* in: Dreher/Wandt 2012, S. 21, 25 ff.; speziell zum Verhältnismäßigkeitsgrundsatz in Bezug auf captives *Dröse/Littmann* ZVersWiss 2012, 339 ff.; *Schräpel* Das Proportionalitätsprinzip unter Solvency II mit Blick auf kleine und mittelgroße Versicherungsunternehmen 2014; *Labes* FS 100 Jahre Hamburger Seminar für Versicherungswissenschaft 2016, 729 ff.; zum Bankaufsichtsrecht: *Lütgerath* Die Vorgaben zur ordnungsgemäßen Geschäftsorganisation im Bankaufsichtsrecht 2016, S. 265 ff.

[225] Vgl. ausführlich z. B. *Sachs* in: ders. (Hrsg.) GG 7. Aufl. 2014, Art. 20 Rn. 154 ff.

[226] KOM (2008) 119 endg. vom 26.2.2008, S. 5.

[227] Vgl. zum Verhältnismäßigkeitsgrundsatz im Europarecht z. B. *von Danwitz* EWS 2003, 393 ff.; *ders.* Europäisches Verwaltungsrecht 2008, S. 569 ff.; *Schwarze* Europäisches Verwaltungsrecht 2. Aufl. 2005, S. LXXIV ff.; *Trstenjak/Beysen* EuR 2012, 265 ff.; *Martens* Methodenlehre des Unionsrechts 2013, S. 522 ff. und zum Bankaufsichtsrecht EuG Urt. v. 16.5.2017 – T-122/15 Rn. 66 ff. – LKBW/EZB EuZW 2017, 461.

[228] Vgl. dazu die Erläuterungen zu § 296 VAG.

[229] So schon *Dreher* VersR 2013, 929, 934, 936.

im materiellen Richtlinientext selbst. **Art. 29 Abs. 3 Solva II-RL** ist die **Grundnorm zur Verhältnismäßigkeit**. Nach ihr „stellen (scil.: die Mitgliedstaaten) sicher, dass die Vorschriften dieser Richtlinie auf eine Art und Weise angewandt werden, die der Wesensart, dem Umfang und der Komplexität der Risiken angemessen ist, die mit der Tätigkeit des Versicherungs- oder des Rückversicherungsunternehmens einher gehen." Darüber hinaus verweisen Art. 41 Abs. 4 Solva II-RL im Zusammenhang mit den allgemeinen Governance-Anforderungen und Art. 141 Solva II-RL im Zusammenhang mit den Aufsichtsbefugnissen im Fall einer Verschlechterung der finanziellen Lage eines Versicherungsunternehmens noch einmal ausdrücklich auf den Grundsatz der Verhältnismäßigkeit.

127 Die **Betonung des Verhältnismäßigkeitsgrundsatzes** im Solvency II-System setzt sich auf **Ebene 2, 2.5 und 3** fort. Ausgangspunkt dafür ist Art. 29 Abs. 4 Solva II-RL. Unterabsatz 1 dieser Regelung verweist für die TRS und die TDS der EU-Kommission ausdrücklich auf die Beachtung des Grundsatzes der Verhältnismäßigkeit. Die Regelung nimmt „insbesondere auf kleine Versicherungsunternehmen" Bezug. Sodann wiederholt dies Unterabsatz 2 für die Entwürfe von EIOPA zu den Technischen Standards und explizit auch für die Leitlinien und Empfehlungen von EIOPA. Die Solva II-VO selbst beginnt schon in EG 1 mit einem Verweis auf den Grundsatz der Verhältnismäßigkeit für die „Anwendung der Bestimmungen dieser Verordnung". Dem folgen zahlreiche weitere solche Verweise für einzelne Regelungen der Solva II-VO.[230]

128 EG 18 S. 2 Solva II-RL postuliert den Grundsatz der Verhältnismäßigkeit ausdrücklich generell, d. h. „unabhängig von der Bedeutung des betreffenden Unternehmens für die allgemeine Finanzstabilität des Marktes". Beginnend mit EG 19 S. 1 betont die Solva II-RL den Grundsatz der Verhältnismäßigkeit aber in besonderer Weise für „**kleine und mittlere Versicherungsunternehmen**". Denn die Richtlinie solle derartige Unternehmen „nicht übermäßig belasten". Unabhängig davon, ob kleine und mittlere Versicherungsunternehmen als solche ausdrücklich in einer Regelung des Solvency II-Systems benannt sind, sind ihre besonderen Belange schon aufgrund der Geltung der zuvor angeführten risikobezogenen Trias in Konkretisierung des Grundsatzes der Verhältnismäßigkeit individualisiert zu berücksichtigen.

129 Im Solvency II-System hat der Grundsatz der Verhältnismäßigkeit zwei Ausprägungen. Daraus hat sich das Schlagwort der – unter Verwendung des europarechtlichen Begriffes – **doppelten Proportionalität** ergeben. Nach EG 19 S. 3 Solva II-RL „sollte" der Grundsatz der Verhältnismäßigkeit nämlich „sowohl für die Anforderungen an Versicherungs- oder Rückversicherungsunternehmen als auch für die Wahrnehmung der Aufsichtsbefugnisse gelten." Soweit es um die „Anforderungen" an Versicherungsunternehmen – also die **Tatbestandsseite** – geht, sind davon insbesondere die Tätigkeiten von EIOPA auf den Ebenen 2.5 sowie 3 – und entsprechende Tätigkeiten nationaler Aufsichtsbehörden – betroffen. Für die Ebenen 2.5 und 3 ist die Geltung des Grundsatzes der Verhältnismäßigkeit allerdings schon explizit in Art. 29 Abs. 4 Solva II-RL vorgeschrieben. Mit Art. 29 Abs. 4 Solva II-RL hat zugleich das tatbestandsbezogene Element des Grundsatzes der Verhältnismäßigkeit im Sinne von EG 19 S. 2 Solva II-RL einen normativen Niederschlag gefunden. Darüber hinaus erfasst diese Seite des Grundsatzes der Verhältnismäßigkeit aber auch die nationale Umsetzungsgesetzgebung. Schon für die tatbestandliche Ausformung des VAG gilt also der Grundsatz der Verhältnismäßigkeit.[231] Das andere Element einer doppelten Proportionalität liegt auf der **Rechtsfolgenseite**. Sie betrifft die Wahrnehmung der Aufsichtsbefugnisse durch die Versicherungsaufsichtsbehörden. In diesem Bereich exekutivischen Handelns ist die Geltung des Grundsatzes der Verhältnismäßigkeit nach europäischem und deutschem Recht ohnehin selbstverständlich.

130 Die **doppelte Ausprägung des Grundsatzes der Verhältnismäßigkeit** im vorstehend genannten Sinn ist **im deutschen Recht** der Sache nach, nicht aber unter dieser Bezeichnung bekannt. Der Grundsatz der Verhältnismäßigkeit bildet ein verfassungsrechtliches Prinzip.[232] Es hat seine Grundlage im Rechtsstaatprinzip des Art. 20 GG[233] und bindet alle Staatsgewalt. Davon erfasst ist also – wie nach EG 19 S. 3 Solva II-RL – grundsätzlich sowohl die Rechtsetzung als auch die Rechtsanwendung.

131 Im **europäischen Sekundärrecht** ist eine Betonung der doppelten Proportionalität, wie sie in der Solva II-RL erfolgt, die Ausnahme. Hintergrund ist die Prinzipienorientierung im Mehrebenensystem von Solvency II.[234] Prinzipienorientierung und Verhältnismäßigkeit bilden nämlich komplementäre Größen. Da die Prinzipienorientierung der Solva II-RL auf den nachfolgenden Regelungsebenen tatbestandlich wieder eingeschränkt wird, bedarf der Grundsatz der Verhältnismäßigkeit schon auf der Tatbestandsseite einer besonderen Akzentuierung. In einem regelbasierten System, in dem die Regelbildung nur auf einer Ebene erfolgt, besteht dagegen keine Notwendigkeit, die Geltung des Grundsatzes der Verhältnismäßigkeit zu betonen. Und selbst wenn es bei der Geltung von Prinzipien in einem Mehrebenensystem bleibt, hat der Grundsatz der Verhältnismäßigkeit bei der Rechtsanwendung auf der

---

230 Vgl. z. B. EG 2, 107, 115, 144 und z. B. Art. 2 Abs. 2, 9, Abs. 4 und 88 Solva II-VO.
231 So auch *Wandt/Sehrbrock* in: Dreher/Wandt 2012, S. 21, 28 f.
232 Ausf. z. B. *Sachs* in: ders. (Hrsg.) GG, 7. Aufl. 2014, Art. 20 GG Rn. 145 ff.
233 Vgl. z. B. schon *BVerfG* Urt. v. 5.3.1968 – 1 BvR 579/67, BVerfGE 23, 127, 133.
234 Ebenso im Ergebnis *Wandt/Sehrbrock* in: Dreher/Wandt 2012, S. 21, 24.

Grundlage der zahlreichen unbestimmten Tatbestandsmerkmale im Verhältnis zu einem System der Regelbasierung einen wesentlich höheren Stellenwert.

Der deutsche Gesetzgeber hat mit **§ 296 VAG** eine Vorschrift geschaffen, um die Richtlinienvorgaben zur Verhältnismäßigkeit umzusetzen. Abs. 1 der VAG-Regelung verpflichtet die BaFin durch Anführung der risikobezogenen Trias auf den Grundsatz der Verhältnismäßigkeit. Und Abs. 2 erweitert diese Verpflichtung auf „den Verordnungsgeber". Erfasst ist damit das BMF bzw. – bei einer entsprechenden Delegation – die BaFin.[235] Die BaFin betont die Proportionalität bei den Anforderungen an die Geschäftsorganisation in Nr. 12 ff. MaGo. In Nr. 13 S. 1 MaGo findet sich auch das BaFin-Mantra, dass die Proportionalität nur das „Wie" von aufsichtsrechtlichen Anforderungen betrifft. **132**

V. Materialität (Wesentlichkeit). Einen weiteren aufsichtsrechtlichen Grundsatz des Solvency II-Systems bildet der **Grundsatz der Materialität oder Wesentlichkeit**. Nach diesem Grundsatz stehen versicherungsaufsichtsrechtliche Anforderungen unter einem qualitativen Vorbehalt. Die **Solva II-RL** enthält an sehr zahlreichen Stellen das Kriterium der Wesentlichkeit. Dies gilt für alle 3 Säulen: Für **Säule I** z. B. mit Art. 77b Abs. 1 lit. a und c, 110, 118 und 119 Solva II-RL; für die Governance in **Säule II** z. B. mit Art. 41 S. 3 UAbs. 2, 45 Abs. 5, 49 Abs. 2 lit. a Solva II-RL und für die Offenlegung in **Säule III** z. B. mit EG 38 und Art. 35 Abs. 4 lit. b, 51 Abs. 1 UAbs. 2 lit. e v, 54 Abs. 1 UAbs. 2 lit. b sowie UAbs. 4 S. 2 Solva II-RL. **133**

Der Verweis auf die Wesentlichkeit von bestimmten Umständen als versicherungsaufsichtsrechtliches Tatbestandsmerkmal setzt sich sodann in der **Solva II-VO** fort. Schon EG 1 der Verordnung stellt allgemein für die „Anwendung der in dieser Verordnung festgelegten Anforderungen" auf wesentliche Informationen ab und erläutert das unbestimmte Tatbestandsmerkmal. Danach – und ebenso nach EG 28 Satz 3 Delegierte VO (EU) 2016/467 zur Änderung der Solva II-VO – sind Informationen wesentlich, „wenn sie den Entscheidungsprozess oder das Urteil ihrer Adressaten beeinflussen könnten". Dem entsprechen Art. 305 Solva II-VO bezüglich der Informationen der Aufsichtsbehörden durch Versicherungsunternehmen und Art. 291 Solva II-VO bezüglich der zu veröffentlichenden Informationen in dem Bericht über Solvabilität und Finanzlage. Sodann bezieht sich der kurze EG 3 Solva II-VO gleich 4-mal auf das Kriterium der Wesentlichkeit. Ebenso häufig verwendet der materielle Teil der Solva II-VO den Begriff der Wesentlichkeit – z. B. Art. 295 und 296 Solva II-VO mit Regelungen zu dem Bericht über Solvabilität und Finanzlage jeweils 7-mal und Art. 297 Solva II-VO im Zusammenhang mit dem Kapitalmanagement 12-mal. **134**

Der Grundsatz der Materialität bildet anders als der Grundsatz der Verhältnismäßigkeit **keine allgemeine Querschnittsklausel** des Versicherungsaufsichtsrechts.[236] Zwar findet sich der Materialitätsgrundsatz in allen Säulen von Solvency II in hoher Dichte. Seine allgemeine Geltung unabhängig von der Verwendung des Tatbestandsmerkmals „wesentlich" postulieren aber weder die Solva II-RL noch die Solva II-VO. Er hat also im Ergebnis nur **bereichsspezifische Gültigkeit**, soweit er konkret Tatbestandsmerkmal ist. Infolgedessen gilt der Grundsatz der Materialität z. B. in dem Bereich der versicherungsaufsichtsrechtlichen Compliance nach Art. 46 Abs. 1 Solva II-RL und Art. 270 Solva II-VO nicht. Der Grundsatz der Materialität schränkt daher, anders als der Grundsatz der Verhältnismäßigkeit, den Aufgabenbereich der versicherungsaufsichtsrechtlichen Compliancefunktion nicht generell, sondern nur punktuell dort ein, wo sich Compliance auf Sachverhalte bezieht, die rechtliche Regelungen mit tatbestandlichem Wesentlichkeitsbezug zum Gegenstand haben.[237] **135**

Der Materialitätsgrundsatz hat vielfach, aber nicht ausschließlich einen **Risikobezug**. Mit anderen Worten geht es dem Richtlinien- oder Verordnungsgeber an diesen Stellen nur um „wesentliche Risiken". Infolgedessen hat der Materialitätsgrundsatz erheblichen Einfluss auf das Risikomanagement. Dies folgt zwar nicht schon aus Art. 44 Solva II-RL, aber außer aus Art. 41 Abs. 5 UAbs. 1 Solva II-RL vor allem aus Art. 259 Abs. 1 lit. c und d Solva II-VO. Hier findet sich für das Risikomanagement die Begrenzung auf „die wesentlichen Risiken".[238] Nr. 17 MaGo weist darauf hin, dass die Begriffe „materielle Risiken" und „wesentliche Risiken" zum Teil „synonym" verwendet werden. **136**

Außer dem Risikobezug hat der Grundsatz der Materialität noch einen deutlichen **Informationsbezug**. Vielfach geht es, wie die zuvor beispielhaft angeführten Regelungen belegen, bei der Offenlegung nämlich nur um „wesentliche Informationen". In dem Zusammenhang bemühen sich die europarechtlichen Regelungen zudem um eine abstrakte Definition des Begriffs der Wesentlichkeit. **137**

---

[235] Vgl. zu Einzelheiten die Erläuterungen zu § 296 VAG sowie zu Durchbrechungen des Grundsatzes durch die BaFin selbst § 24 Rn. 75 und § 25 VAG Rn. 78.

[236] So schon *Dreher* VersR 2013, 929, 935; weitergehend in dem Sinne, „dass die Konzeption von Solvency II den Materialitätsgrundsatz voraussetzt", *Ballmaier* Das Outsourcing von Risikomanagement, Compliance und interner Revision nach Solvency II 2017 (im Druck) bei Teil 4. B. I. 2.

[237] Ausf. *Dreher* VersR 2013, 929, 935 f.; unklar in der Abgrenzung von Materialität und Verhältnismäßigkeit mit der Folge einer Verallgemeinerung des Materialitätsgrundsatzes *Reese/Ronge* VersR 2011, 1217, 1221 und *S. Saria* Versicherungsrundschau 11/2011, 21, 24, jeweils in Bezug auf die Compliance.

[238] Wesentliche Risiken setzen z. B. auch §§ 116 Abs. 1 S. 1, 117 Abs. 3 S. 1, 275 Abs. 2 Nr. 1 und 301 Abs. 2 VAG voraus; vgl. ausf. § 26 VAG Rn. 48 ff.

138 In den Bereichen des Versicherungsaufsichtsrechts, in denen der Grundsatz der Materialität gilt, hat er sowohl be- als auch entlastende **Wirkung**. Zunächst obliegt es den Versicherungsunternehmen, soweit sich der erfasste Bereich dazu eignet, im Sinne einer versicherungsaufsichtsrechtlichen **Selbsteinschätzung** eine **Wesentlichkeitsschwelle** unternehmensindividuell festzusetzen.[239] Naheliegend ist dies z. B. bei quantifizierbaren Risiken. Gleiches gilt für die Bestimmung des „wesentlichen Teils" der variablen Vergütung, der nach Art. 275 Abs. 2 lit. c Solva II-VO aufgeschoben sein muss.[240] Einer solchen Bestimmung der Wesentlichkeitsschwelle entziehen sich aber diejenigen Tatbestandsregelungen, in denen die Wesentlichkeit auf tatsächliche, rechtliche oder wirtschaftliche Änderungen bezogen ist. Hier kommt schon mangels Vorhersehbarkeit allenfalls eine regelbeispielhafte, aber keine abschließend-enumerative Festlegung in Betracht. Im gegenteiligen Fall einer abschließenden Bestimmung der jeweiligen Wesentlichkeitsschwelle hat der Grundsatz der Materialität in dem betreffenden Bereich allerdings eine entlastende Wirkung. Dies gilt zunächst, d. h. bis zu einer eventuellen aufsichtlichen Überprüfung der Festlegung der Schwelle, aber nur für die versicherungsaufsichtsrechtliche Selbsteinschätzung.

139 **VI. Unternehmerische (Organisations-)Freiheit.** Zu den Grundprinzipien von Solvency II gehört die unternehmerische Organisationsfreiheit. Diese **Freiheit zur Selbstorganisation** entspricht der marktwirtschaftlichen Zielbestimmung der Europäischen Union nach Art. 3 Abs. 3 UAbs. 1 S. 2 EUV und Art. 119 Abs. 1 und 2, Art. 120 S. 2, Art. 170 Abs. 2 S. 1, Art. 173 Abs. 1 UAbs. 2 AEUV seit dem Vertrag von Lissabon.[241] EG 31 S. 2 Solva II-RL geht pars pro toto für die versicherungsaufsichtsrechtlichen Funktionen von Folgendem aus: „Sofern in dieser Richtlinie nichts anderes bestimmt ist, hindert die Festlegung einer bestimmten Funktion das Unternehmen nicht daran, frei darüber zu entscheiden, wie diese Funktion in der Praxis organisiert wird." Die Begründung zu dem VAG-RegE 2014 betont dementsprechend zur Geschäftsorganisation Folgendes: „Sofern sich aus dem Gesetz oder den delegierten Rechtsakten nicht etwas anderes ergibt, sind die Unternehmen frei in der Entscheidung, wie sie eine Funktion in der Praxis organisieren."[242] Und weiter: „Unternehmen sind in den Entscheidungen zu ihrer Organisation weitgehend frei (…)".[243] Die **unternehmerische (Organisations-)Freiheit bildet** daher auch **im Versicherungsaufsichtsrecht** den – eigentlich selbstverständlichen – **Ausgangspunkt**.[244] Konkret gilt also grundsätzlich als Leitlinie: „Was nicht verboten ist, ist erlaubt".[245] Eingriffe in die unternehmerische Freiheit durch europäisches oder nationales Versicherungsaufsichtsrecht bedürfen nämlich schon infolge ihrer Erheblichkeit in Bezug auf die europäischen und nationalen Grundrechtsgewährleistungen einer gesetzlichen Grundlage und müssen zusätzlich dem Grundsatz der Verhältnismäßigkeit genügen.[246] Die Anwendung des europarechtlich determinierten VAG durch die BaFin stellt dabei einen Fall des sog. mittelbaren mitgliedstaatlichen Vollzugs von Europarecht dar.[247] Nach Art. 51 Abs. 1 S. 1 **Charta der Grundrechte** der Europäischen Union (**GRCh**) hat die BaFin die Unionsgrundrechte zu beachten. Die GRCh kennt dabei den im deutschen Verfassungsrecht in Art. 2 Abs. 1, 12 Abs. 1 GG verankerten Grundsatz der Unternehmerfreiheit in Art. 16 GRCh sogar ausdrücklich.[248] Da das Unionsrecht allerdings nach Art. 53 GRCh die parallele Geltung der nationalen Grundrechte nicht grundsätzlich ausschließt, kommt es zu einer sog. **Doppelbindung an unionale und nationale Grundrechte**, die nur im Konfliktfall nach dem Grundsatz des Anwendungsvorrangs des Europarechts aufgelöst werden muss.[249]

140 Trotz des grundsätzlich freiheitlichen rechtlichen Ausgangspunkts beschränkt mittlerweile eine beeindruckende Vielzahl öffentlich-rechtlicher Pflichten die unternehmerische (Organisations-)Freiheit.[250] **Privatrecht wird publifiziert, Privatautonomie durch hoheitlichen Zwang ersetzt**. Die öffentlich-rechtlichen Unternehmensorganisationspflichten wirken unmittelbar auf die Geschäftsorganisation ein. Denn jedes Versicherungsunternehmen muss schon aufgrund des Legalitätsprinzips alle Rechtspflichten befolgen. Mehr und mehr glaubt der Gesetzgeber schließlich noch, **Unternehmensorganisa-**

---

239 Ebenso Nr. 17 MaGo.

240 Vgl. § 25 VAG Rn. 73 ff.

241 Vgl. ausf. *Dreher* JZ 2014, 185, 186 ff.; *Dreher/Lange* FS 50 Jahre FIW 2010, 161 ff.

242 VAG-RegE 2014, BT-Drs. 18/2956, 238.

243 VAG-RegE 2014, BT-Drs. 18/2956, 239 und ausf. zur unternehmerischen Selbstorganisation im Bereich der Geschäftsorganisation § 23 VAG Rn. 21 f.

244 So schon in unterschiedlichen versicherungsaufsichtsrechtlichen Zusammenhängen *Dreher* VersR 2012, 933, 939; *ders.* ZVersWiss 2012, 381, 412 f.; *ders.* VersR 2013, 929, 933; *ders.* FS E. Lorenz 2014, 119, 134; *Wolf* VersR 2013, 678, 681; *Bürkle* WM 2012, 878, 880; *ders.* VersR 2016, 2, 6.

245 So schon *Dreher* FS E. Lorenz 2014, 119, 134.

246 Vgl. ausf. schon *Dreher/Ballmaier* VersR 2012, 129, 135 und zuletzt *Bührle* Unternehmerische Gestaltungsfreiheit versus aufsichtsrechtliche Regulierung 2016, S. 213 ff. sowie zum Bankaufsichtsrecht *Binder* ZGR 2013, 760, 791 f. und *ders.* ZGR 2015, 667, 701 ff.

247 Zum Begriff *Sachs* in: Stelkens/Bonk/Sachs VwVfG 8. Aufl. 2014, Europarecht, Rn. 120.

248 Art. 16 GRCh lautet wie folgt: „Die unternehmerische Freiheit wird nach dem Unionsrecht und den einzelstaatlichen Rechtsvorschriften und Gepflogenheiten anerkannt."; vgl. dazu z. B. *Gundel* ZHR 180 (2016), 323 ff.

249 Streinz/*Streinz/Michl*, EUV/AEUV 2. Aufl. 2012, Art. 51 GRCh Rn. 7 f.

250 Vgl. allg. *Spindler* Unternehmensorganisationsrecht, 2. Aufl. 2011, S. 15 ff.

tionspflichten sogar mit den Mitteln des Strafrechts durchsetzen zu sollen.[251] Im Versicherungsaufsichtsrecht besteht eine besondere Gefährdungslage für die unternehmerische (Organisations-)Freiheit und eine entsprechende Gefahr überschießender Aufsichtstätigkeit. Der Gesetzgeber verfolgt die versicherungsaufsichtsrechtlichen Regelungsanliegen zwar zu Recht.[252] Er selbst, ebenso aber die mit dem Vollzug der Rechtsnormen betrauten Behörden dürfen allerdings bei der Verfolgung von Schutzzielen den für eine unternehmerische Tätigkeit erforderlichen Freiheitsraum nicht übermäßig beschränken.

Der versicherungsaufsichtsrechtliche Grundsatz der unternehmerischen (Organisations-)Freiheit ist eng **verknüpft mit der Prinzipienorientierung des Versicherungsaufsichtsrechts.**[253] Die Vorgabe qualitativer Ziele für Unternehmen durch Versicherungsaufsichtsrecht im Sinne der Prinzipienorientierung bedeutet zugleich die unternehmerische Freiheit, die Ziele zu konkretisieren. Das Mittel dazu ist die **versicherungsaufsichtsrechtliche Selbsteinschätzung.**[254] Die Ergebnisse solcher Selbsteinschätzungen unterliegen sodann der behördlichen Versicherungsaufsicht und der judikativen Nachprüfung auf der Grundlage der dafür von den Gesetzgebern geschaffenen versicherungsaufsichtsrechtlichen Regelungen.[255] **141**

Ausdruck einer solchen zu weit gehenden Einschränkung der unternehmerischen (Organisations-) Freiheit von Versicherungsunternehmen ist das Thema **Product Oversight and Governance (POG).**[256] Darunter sind Aktivitäten des europäischen Gesetzgebers und insbesondere von **EIOPA** zu verstehen, die **Versicherungsprodukte** selbst zu **beaufsichtigen**. EIOPA fordert nämlich eine Beaufsichtigung der Versicherungsprodukte beginnend mit ihrer Entwicklung über die Markteinführung bis hin zum Vertrieb. Den rechtlichen Hintergrund bildet Art. 25 Richtlinie (EU) 2016/97 des EP und des Rates vom 20.1.2016 über Versicherungsvertrieb (Versicherungsvertriebs-Richtlinie; Insurance Distribution Directive; **IDD**).[257] Art. 25 IDD, der für alle Versicherungsprodukte außer für solche betreffend Großrisiken gilt, schreibt den Versicherungsunternehmen „Aufsichts- und Lenkungsanforderungen“ vor. Danach müssen sie selbst ein internes „Verfahren für die Genehmigung jedes einzelnen Versicherungsprodukts oder jeder wesentlichen Anpassung bestehender Versicherungsprodukte“ einrichten. Die IDD will damit sicherstellen, dass die Produkte und die Vertriebsstrategie von den Versicherungsunternehmen auf einen „bestimmten Zielmarkt“ ausgerichtet werden. Die Versicherungsprodukte sollen also „den Bedürfnissen des bestimmten Zielmarkts“ entsprechen. In unklarem Verhältnis von Kunden- und Verbraucherschutzerwägungen hat EIOPA am 2.6.2016 zu Art. 25 IDD „vorbereitende Leitlinien zu den Aufsichts- und Lenkungsvorkehrungen seitens Versicherungsunternehmen und Versicherungsvertreibern“ vorgelegt.[258] Sie enthalten außer vielen Selbstverständlichkeiten und Überflüssigem im Kern mit LL 7 einerseits das Gebot, nur mit dem Zielmarkt „übereinstimmende“ Versicherungsprodukte auf den Markt zu bringen, und andererseits ein Verbot, „wenn die Ergebnisse der Produktprüfung zeigen, dass das Produkt nicht auf die Interessen, Ziele und Merkmale des Zielmarkts abgestimmt ist.“ Darin liegt nicht nur ein Eingriff in den Kernbereich der unternehmerischen Freiheit, nämlich in die Zuständigkeit zur Festlegung des Geschäftsmodells und der Strategie eines Versicherungsunternehmens. Dieses Vorgehen beseitigt weiter auch die Konsumentensouveränität. Der Ansatz bedeutet **Paternalismus** ist dadurch auch **unverhältnismäßig** und zudem ohne Bezug zur Rechtsprechung des EuGH zu dem verbraucherbezogenen Sekundärrecht, das von dem mündigen Verbraucher als Leitbild ausgeht.[259] Er führt zu einer – allein mit versicherungsvertriebsrechtlichen Erwägungen begründeten, aber weit darüber hinausreichenden – **aufsichtsbehördlichen Produktsteuerung** und stellt im Ergebnis einen **Rückfall** in die Zeit der **versicherungsaufsichtsrechtlichen Produktgenehmigung** dar, die durch die dritte versicherungsaufsichtsrechtliche Richtlinien-Generation von 1994 bewusst beseitigt wurde und woran die Solva II-RL selbst auch nichts ändern will. **142**

Die unternehmerische Freiheit im Versicherungsaufsichtsrecht ist mithin Ausdruck grundrechtlich geschützter Handlungsfreiheiten. Da sie infolgedessen, wie zuvor ausgeführt, nur durch oder aufgrund Gesetz einschränkbar ist, **begrenzt** sie zugleich **aufsichtsbehördliches Handeln ohne oder jenseits gesetzlicher Ermächtigungen**. Als Prüfungsmaßstab ist dies von Bedeutung für **EIOPA-LL** oder -Empfehlungen auf Level 3. Schon im ersten Fall, in dem EIOPA Leitlinien erlassen hat, nämlich bei **143**

[251] Ausf. zum Ganzen *Dreher* AG 2006, 213, 220 ff.; *Merkt* ZGR 2016, 201, 203 f.
[252] Siehe oben Rn. 6 ff.
[253] Siehe zur Prinzipienorientierung ausf. oben Rn. 105 ff.
[254] Vgl. dazu oben Rn. 107.
[255] Vgl. ausf. zu dem damit bewirkten Rollenwandel von Versicherungsaufsichtsbehörden und Gerichten *Dreher* ZVersWiss 2012, 381, 410 ff. und 422 ff.
[256] Vgl. zu der zunächst noch zurückhaltenden Rolle des Aufsichtsrechts in Bezug auf Vertriebsfunktion und Sortimentsteuerung bis zum Jahr 2010 *Schmidt* Beratungsgrundlage und Empfehlungspflicht beim Vertrieb von Finanzprodukten 2011, S. 95 ff. und seither z. B. *Zimmer* JZ 2014, 714 ff.; *Poelzig* ZBB/JBB 2015, 108 ff.; *Klingenbrunn* WM 2015, 316 ff.; *Buck-Heeb* ZHR 179 (2015), 782 ff.; *dies.* CCZ 2016, 2 ff.
[257] ABl. EU 2016 L 26, 19 ff.
[258] EIOPA-BoS-16/071 DE. Die BaFin – so die Mitteilung auf der Website – beabsichtigt, die POG-Regelungen erst nach Umsetzung der IDD in Deutschland, wozu die Frist am 23.2.2018 abläuft, anzuwenden.
[259] Vgl. die Nachweise bei *Dreher* VersR 2013, 401, 410.

den Leitlinien zum Beschwerdemanagement, zeigte sich diese Gefahr der Grenzüberschreitung.[260] Gleiches gilt z. B. für die EIOPA-LL und die **BaFin-AE**, die das Outsourcing betreffen, mit der dem Solvency II-Recht unbekannten Forderung nach der Installation von Ausgliederungsbeauftragten durch die Versicherungsunternehmen.[261]

144 Wenn schon die unternehmerische Freiheit von Versicherungsunternehmen grundrechtlichen Schutz genießt, so betrifft dies erst recht die Entscheidung für ein **Geschäftsmodell** als den Kern der unternehmerischen Tätigkeit. Zwar müssen sich die Versicherungsaufsichtsbehörden im Rahmen der qualitativen Aufsicht auch mit dem Geschäftsmodell eines Versicherungsunternehmens bzw. mit dessen **Unternehmensstrategie** befassen. Eine unmittelbare Aufsicht über das Geschäftsmodell oder die Unternehmensstrategie eines Versicherungsunternehmens gibt es aber nicht. Die Bestimmung des Geschäftsmodells mit der Unternehmensstrategie als Kern der jeweiligen unternehmerischen Tätigkeit bildet ein **Proprium der Unternehmensorgane**. Die Leitung eines Versicherungsunternehmens und die den Unternehmensorganen vorbehaltene Festlegung der Unternehmensstrategie sind **aufsichtsresistent**.[262] Sie kommen nur mittelbar in den Fokus der Aufsichtsbehörden, wenn diese sub specie des Versicherungsaufsichtsrechts die Tätigkeit oder den Zustand von Versicherungsunternehmen beaufsichtigen und aufsichtsbehördliche Beanstandungen vornehmen, die Sachverhalte als Ausfluss eines konkreten Geschäftsmodells betreffen.[263] Infolge der einer Marktwirtschaft fremden unmittelbaren Beaufsichtigung des Geschäftsmodells oder der Strategie eines Unternehmens ist aber auch in diesem Bereich der mittelbaren Beaufsichtigung eine besondere Sensibilität für die Problemlage und Zurückhaltung bei Eingriffen geboten. Sie müssen sich auf Feststellungen zu einer fehlenden Tragfähigkeit des Modells bzw. der Strategie beschränken und können diese nicht weitergehend durch Positivanordnungen aufsichtsbehördlich vorgeben.

145 Eng mit dem versicherungsaufsichtsrechtlichen Grundsatz der unternehmerischen Selbstorganisation und der Aufsichtsresistenz von Geschäftsmodellen verbunden ist schließlich das **versicherungsaufsichtsbehördliche Optimierungsverbot**. Es bildet einen eigenständigen, nachfolgend zu thematisierenden versicherungsaufsichtsrechtlichen Grundsatz im Solvency II-System.

146 **VII. Versicherungsaufsichtsbehördliches Optimierungsverbot.** Ein Grundprinzip des Versicherungsaufsichtsrechts im Solvency II-System bildet schließlich das **versicherungsaufsichtsbehördliche Optimierungsverbot**.[264] Aufgabe jeder Versicherungsaufsichtsbehörde im Solvency II-System ist es, die Einhaltung des Versicherungsaufsichtsrechts zu sichern. Die rechtlichen Anforderungen an Versicherungsunternehmen im Solvency II-System bilden den geforderten Standard. Aus Sicht der Aufsichtsbehörden liegt in ihm zugleich das **gesetzliche Anforderungsniveau**. Keine Aufsichtsbehörde kann von einem Versicherungsunternehmen verlangen, über dieses gesetzlich geforderte Niveau hinauszugehen. Da eine Abweichung nach unten aus aufsichtsbehördlicher Sicht zwingend zu beanstanden wäre, liegt in dem gesetzlich Geforderten zugleich das versicherungsaufsichtsrechtlich gebotene Mindestniveau.

147 Ein über dieses Aufsichtsniveau hinausgehendes Verhalten oder einen entsprechenden Zustand kann die Aufsichtsbehörde von einem Versicherungsunternehmen nicht fordern. Eine **Optimierung** des den Versicherungsunternehmen versicherungsaufsichtsrechtlich Gebotenen ist den Versicherungsaufsichtsbehörden **nicht möglich**.

148 Als versicherungsaufsichtsrechtlicher Grundsatz ist das **aufsichtsbehördliche Optimierungsverbot nicht neu**. Er galt schon vor der Einführung von Solvency II. Erstmals hatte ihn das BVerwG in seinem D. A. S.-Urteil aus dem Jahr 1981 herausgearbeitet.[265] Danach darf die BaFin im Rahmen ihrer Anordnungsbefugnis nicht darauf abstellen, „dass – positiv – die Interessen der Versicherten die denkbar beste oder auch nur eine möglichst gute Berücksichtigung erfahren. Sie hat – negativ – eine unangemessene Beeinträchtigung der Belange der Versicherten zu verhüten."

---

[260] Ausf. *Dreher* VersR 2013, 401, 407 ff.; der Deutsche Bundestag hat in einem am 18.2.2016 ohne Gegenstimmen angenommenen Antrag der Koalitionsfraktionen, BT-Drs. 18/7539, die Bundesregierung u. a. aufgefordert, „sich dafür einzusetzen, dass die Europäischen Aufsichtsbehörden nur innerhalb des ihnen durch den EU-Gesetzgeber eingeräumten Kompetenzrahmens tätig werden".

[261] Ausf. *Dreher/Ballmaier* in: Dreher/Wandt 2015, S. 39, 62 ff.; *Wolf* VersR 2015, 1485 ff.; *Bürkle* VersR 2016, 2, 3; vgl. außerdem die Erläuterungen zu § 32 VAG.

[262] Vgl. ausf. schon *Dreher* ZVersWiss 2012, 381, 411; *Dreher/Ballmaier* VersR 2012, 129, 135 ff.; ebenso die früheren MaRisk VA bei 7.1 Nr. 1: „Die Geschäftsstrategie ist nicht Gegenstand von Prüfungshandlungen von Aufsicht oder interner Revision."

[263] Vgl. zu dem Beispiel des ORSA *Dreher/Ballmaier* VersR 2012, 129, 136; tendenziell ähnlich zum Bankaufsichtsrecht *Lutz/Röhl/Schneider* ZBB/JBB 2012, 342, 345, 348.

[264] Vgl. dazu schon oben Rn. 9 und *Dreher/Ballmaier* in: Dreher/Wandt 2012, S. 73, 95, 109, 117; *Dreher* VersR 2013, 401, 405; *Dreher/Ballmaier* ZGR 2014, 753, 788, 790, 807; zustimmend *Heukamp* § 4 Rn. 69 und ebenso *Korinek* in: Korinek/G. Saria/S. Saria, § 267 öVAG Rn. 12.

[265] *BVerwG* VersR 1981, 221, 223 – D. A. S. zu § 8 Abs. 1 S. 1 Nr. 3 VAG a. F.; vgl. dazu schon *Rittner* VersR 1982, 205 ff.; *Dreher* Die Versicherung als Rechtsprodukt 1991, S. 215 ff. und *Wandt/Sehrbrock* ZVersWiss 2011, 193, 195; ebenso VG Frankfurt a. M. VersR 2017, 405, bestätigt durch VGH Kassel VersR 2017, 406 ff. m. zust. Anm. *Bürkle*.

Während für das Versicherungsaufsichtsrecht also grundsätzlich ein aufsichtsbehördliches Optimierungsverbot gilt, kann sich in extremen **Sonderfällen** aus verfassungsrechtlichen Gründen eine darüber hinausgehende Pflichtenlage für die Versicherungsaufsichtsbehörden ergeben. Grundlage hierfür ist das **Bestehen verfassungsrechtlicher Schutzpflichten**, die den Schutz bestimmter Rechtsgüter der Versicherungsnehmer oder der Begünstigten von Versicherungsleistungen zum Gegenstand haben. So hat das BVerfG für § 14 Abs. 1 S. 3 in Verbindung mit § 8 VAG a. F. entschieden, dass der Schutz der Privatautonomie der Versicherungsnehmer in Verbindung mit der Eigentumsgarantie bei der aufsichtsbehördlichen Genehmigung einer Bestandsübertragung eine positive Angemessenheitsprüfung der Belange der Versicherten durch die Versicherungsaufsichtsbehörde bedingt.[266] **149**

Aus **betriebswirtschaftlicher Sicht** gibt es kein Optimierungsverbot. Die wirtschaftliche Perspektive führt vielmehr – im Rahmen der rechtlichen Vorgaben – zu einem **Optimierungsgebot**. Die Versicherungsunternehmen gehen schon aus eigenem Interesse über aufsichtsrechtliche Mindestanforderungen dort hinaus, wo es dafür überwiegende wirtschaftliche Gründe gibt. Denn innerhalb des Rechtsrahmens stehen Effizienz und Effektivität im Zentrum des unternehmerischen Handelns. Das Handeln selbst entspringt aber einer autonomen unternehmerischen Entscheidung. **150**

Aus **rechtlicher Sicht** sind die Versicherungsunternehmen selbstverständlich frei, im Rahmen des **Unternehmensinteresses** autonom über die Mindestanforderungen des Versicherungsaufsichtsrechts hinauszugehen. Für die Versicherungsunternehmen sind damit das Legalitätsprinzip und das Unternehmensinteresse die rechtlichen Fixpunkte der autonomen Verfolgung des jeweiligen Unternehmensziels in Verwirklichung des jeweiligen Unternehmensgegenstands. Einzelne Stimmen in der bankaufsichtsrechtlichen Literatur vertreten zu der Frage, wie sich Unternehmen in einem Konflikt von Aufsichts- und Gesellschaftsrecht bzw. Konzernrecht zu verhalten haben, allerdings eine weit darüber hinausgehende Auffassung. Sie verstehen im Rahmen der Prinzipienorientierung qualitative Aufsichtsvorgaben ausdrücklich als Gebote, das jeweilige aufsichtliche Prinzip in der Unternehmenspraxis möglichst optimal zu verwirklichen.[267] Diese Ansicht, die sich ohnehin nur auf den Konflikt zweier Normbereiche im Gruppenaufsichtsrecht beschränkt, ist abzulehnen.[268] Unter anderem verkennt sie den Charakter des Aufsichtsrechts als Festlegung eines hoheitlich gebotenen Mindeststandards, ist sie im Hinblick auf die weitergehende aufsichtsbehördliche oder im Wege der Auslegung von Rechtsnormen geforderte Optimierung grundrechtsblind und gibt sie zugleich den Grundsatz der Gesetzesbindung im Rahmen der Gesetzmäßigkeit der Verwaltung, d. h. der behördlichen Aufsichtstätigkeit, auf. Von der Frage, ob prinzipienorientierte Aufsichtsnormen für die Normadressaten zu einem Optimierungsgebot führen, ist die Frage zu unterscheiden, ob derartige prinzipienorientierte Vorgaben bei den Normadressaten zu Anreizen führen, ihre Entscheidungsprozesse autonom zu optimieren. Dabei handelt es sich allerdings nicht um eine Rechtsfrage. Vielmehr geht es um die faktischen Fragen, ob qualitative aufsichtsrechtliche Vorgaben für die Normadressaten einen Anreiz zur Selbstoptimierung bilden und ob regelgebundene Aufsichtsmodelle weniger Anreize zu einem solchen Vorgehen enthalten.[269] **151**

---

[266] BVerfG VersR 2005, 1109, 1120 f.; dazu kritisch z. B. *Schenke* in: Bähr § 1 Rn. 8 und zu Folgerungen für die Bestandsübertragung z. B. *Bürkle* VersR 2008, 1590, 1593 ff. sowie für das Gesellschaftsrecht *Armbrüster* ZGR 2006, 683 ff. und *Mülbert/Leuschner* ZHR 170 (2006), 615 ff.

[267] So zunächst *Wundenberg* Compliance und die prinzipiengeleitete Aufsicht über Bankengruppen 2010, S. 203 f. und sodann *Langenbucher* ZBB 2013, 16, 22 f.

[268] Ausf. sub specie des von dieser Ansicht aufsichtsrechtlich postulierten Konzernierungsgebots *Dreher/Ballmaier* ZGR 2014, 753, 788 ff.; ebenfalls ablehnend *Tröger* ZHR 171 (2013), 475, 515 und *Hopt* ZIP 2013, 1793, 1799.

[269] Vgl. dazu *Binder* Regulierungsinstrumente und Regulierungsstrategien im Kapitalgesellschaftsrecht 2012, S. 193 f. m. w. N.

Gesetz über die Beaufsichtigung der Versicherungsunternehmen (Versicherungsaufsichtsgesetz – VAG)[1]

Vom 1. April 2015 (BGBl. I S. 434)

FNA 7631-11

Geändert durch Art. 14 G v. 2.11.2015 (BGBl. I S. 1864); Art. 18 G vom 20.11.2015 (BGBl. I S. 2029); Art 3 Nr. 1 G v. 21.12.2015 (BGBl. I S. 2553); Art. 15 G v. 11.3.2016 (BGBl. I S. 396); Art. 13 G v. 10.5.2016 (BGBl. I S. 1142); Art. 7f. G v. 30.6.2016 (BGBl. I S. 1514); Art. 3 Abs. 6 G v. 26.7.2016 (BGBl. I S. 1824).

Teil 1. Allgemeine Vorschriften

Geltungsbereich

1 (1) **Der Aufsicht nach diesem Gesetz unterliegen**
1. **Versicherungsunternehmen im Sinne des § 7 Nummer 33 und 34,**
2. **Versicherungs-Holdinggesellschaften im Sinne des § 7 Nummer 31 sowie Unternehmen im Sinne des § 293 Absatz 4,**
3. **Versicherungs-Zweckgesellschaften im Sinne des § 168,**
4. **Sicherungsfonds im Sinne des § 223 und**
5. **Pensionsfonds im Sinne des § 236 Absatz 1.**

(2) [1] **Die in der Anlage 1 Nummer 22 bis 24 genannten Geschäfte fallen nur dann in den Anwendungsbereich dieses Gesetzes, wenn sie von Versicherungsunternehmen betrieben werden, denen die Erlaubnis für eine der in der Anlage 1 Nummer 19 bis 21 genannten Versicherungssparten erteilt wurde; in diesem Fall werden diese Geschäfte Lebensversicherungsgeschäften gleichgestellt.** [2] **Als Kapitalisierungsgeschäfte (Anlage 1 Nummer 23) gelten Geschäfte, bei denen unter Anwendung eines mathematischen Verfahrens die im Voraus festgesetzten einmaligen oder wiederkehrenden Prämien und die übernommenen Verpflichtungen nach Dauer und Höhe festgelegt sind.** [3] **Geschäfte nach der Anlage 1 Nummer 24 bestehen in der Verwaltung von Versorgungseinrichtungen, die Leistungen im Todes- oder Erlebensfall oder bei Arbeitseinstellung oder bei Minderung der Erwerbsfähigkeit vorsehen; dazu gehören auch die Anlage und Verwaltung der Vermögenswerte.** [4] **Bei Geschäften nach Satz 3 dürfen die Versicherungsunternehmen im Zusammenhang mit der Verwaltung auch Garantiezusagen für die Erhaltung des verwalteten Kapitals und das Erreichen einer Mindestverzinsung abgeben.**

(3) [1] **Für öffentlich-rechtliche Versicherungsunternehmen des öffentlichen Dienstes oder der Kirchen, die ausschließlich die Alters-, Invaliditäts- oder Hinterbliebenenversorgung zum Gegenstand haben, gelten nur § 12 Absatz 1, die §§ 13, 37 Absatz 1, § 38 Absatz 1, die §§ 39, 47 Nummer 12 sowie die §§ 294 bis 298, 300, 302, 305 bis 307, §§ 310 bis 312 und 314.** [2] **Für die nach Landesrecht errichteten und der Landesaufsicht unterliegenden Versicherungsunternehmen kann das Landesrecht Abweichendes bestimmen.**

(4) [1] **Für Einrichtungen der in § 140 Absatz 1 des Siebten Buches Sozialgesetzbuch bezeichneten Art gelten § 12 Absatz 1, die §§ 13, 37 Absatz 1, § 38 Absatz 1, § 39 sowie die §§ 294 bis 298, 300, 302, 305 bis 307, 310, 312 und 314 entsprechend.** [2] **Beschlüsse der Vertreterversammlung über diese Einrichtungen sowie über deren Satzungen und Geschäftspläne bedürfen der Genehmigung der Aufsichtsbehörde; § 8 Absatz 1, § 9 Absatz 1 bis 4 und § 11 gelten hierfür entsprechend.**

---

[1] **Amtliche Anmerkung:** Dieses Gesetz dient der Umsetzung der Richtlinie 2009/138/EG des Europäischen Parlaments und des Rates vom 25. November 2009 betreffend die Aufnahme und Ausübung der Versicherungs- und Rückversicherungstätigkeit (Solvabilität II) (ABl. EU 2009 L 335, 1), die zuletzt durch die Richtlinie 2014/51/EU (ABl. EU 2014 L 135, 1) geändert worden ist

Übersicht

Schrifttum: *Baumann,* Die Kapitallebensversicherung mit Überschussbeteiligung als partiarisches Versicherungsverhältnis und ihre Bedeutung bei der Umstrukturierung von Versicherungsprodukten, 1993; *Ehlers,* Ziele der Wirtschaftsaufsicht, 1997; *Grieshaber,* Das Synallagma des Versicherungsvertrages, 1914; *Eichhorn,* Online-Versicherungen aus aufsichts- sowie zivilrechtlicher Perspektive, 2005; *Haymann,* Leistung und Gegenleistung im Versicherungsvertrag, 1933; *Henssler,* Risiko als Vertragsgegenstand, 1994; *Hoeren/Nielen/Strack,* Versicherungswirtschaft im Internet, 2002; *Jaskolla,* Prozessfinanzierung durch Erfolgsbeteiligung, 2004; *Korinek,* Rechtsaufsicht über Versicherungsunternehmen, 2000; *Miersch,* Versicherungsaufsicht nach den Dritten Richtlinien, 1996; *Pataki,* Der Geschäftsbesorgungsgedanke im Versicherungsvertragsrecht, 1998; *Schmidt-Rimpler,* Die Gegenseitigkeit bei einseitig bedingten Verträgen, insbesondere beim Versicherungsvertrag, 1968; *Steffen,* Versicherungsaufsicht im Umbruch, 2005; *Vespermann,* Staatshaftung im Versicherungswesen, 1995; *Zens,* Die Zusammenarbeit der Versicherungsaufsichtsbehörden in der Europäischen Gemeinschaft, 2005.

1 **I. Allgemeines. 1. Entstehungsgeschichte.** An der Spitze des Gesetzes stehen allgemeine Vorschriften, die in einem Teil 1 Normen zur Aufsichtspflicht (§§ 1–5 VAG) sowie zum Bezeichnungsschutz (§ 6 VAG) umfassen. Hinzu gesellen sich Begriffsbestimmungen (§ 7 VAG). § 1 VAG statuiert dabei eine Aufsicht für Unternehmen, die das Privatversicherungsgeschäft (als Erst- und Rückversicherungsunternehmen), das Pensionsfondsgeschäft sowie Geschäfte als Versicherungs-Holding-, Versicherungs-Zweckgesellschaften und auch als Sicherungsfonds betreiben. Mit dieser Norm werden sämtliche Unternehmen und Einrichtungen, für die das VAG anwendbar ist, **abschließend** aufgeführt. Unberührt hiervon bleiben spezielle Regelungen zur Beaufsichtigung von Versicherungsunternehmen in einer Gruppe (§§ 245 ff. VAG) und von Versicherungsunternehmen, die einem Finanzkonglomerat angehören (§§ 1 ff. FKAG).

2 § 1 VAG fasst die Regelungen der bisherigen § 1 Abs. 1 und 4, § 1a Abs. 1und 4 sowie § 159 Abs. 1 VAG a. F. zusammen bei gleichzeitigem Fortfall von § 159 Abs. 3 VAG a. F.[1] Die Aufsichtspflichtigkeit der in § 1 VAG genannten Unternehmen findet ihre Rechtfertigung in dem **Schutz der Versicherten.**[2] Das umfasst den Schutz vor einer Insolvenz des Unternehmens (Finanzaufsicht), aber auch vor sonstigen Beeinträchtigungen (Rechtsaufsicht im engeren Sinne), wie dies auch in der zentralen Befugnisnorm für die Aufsicht, in § 294 Abs. 2 bis 4 VAG zum Ausdruck kommt. Vor diesem Hintergrund ist die Aufsicht über Erstversicherungsunternehmen von grundlegender Bedeutung, weil der Schutz deren Versicherter die ratio der Versicherungsaufsicht bildet. Die erweiterten Zuständigkeiten in Bezug auf Rückversicherungsunternehmen, Versicherungsholdinggesellschaften (einschl. der Unternehmen im Sinne von § 293 Abs. 4 VAG), Versicherungs-Zweckgesellschaften und Sicherungsfonds stellen vor diesem Hintergrund lediglich abgeleitete Zuständigkeiten der Aufsicht dar, die darauf zielen, einen möglichst umfassenden Versichertenschutz gewahrt zu wissen. Mit dieser Zielsetzungen sind die entsprechenden Vorschriften, die das Gesetz im Übrigen en detail enthält, daher auch auszulegen. Hiervon zu unterscheiden ist die Aufsicht über Pensionsfonds, bei denen es sich um Anbieter von Altersversorgungsleistungen handelt, die kein Versicherungsgeschäft betreiben. An die Stelle des Schutzes der

---

[1] RegE VAG 2014, 234 (zu § 1) sowie Beschlussempfehlung des BT-Finanzausschusses BT-Drs. 18/3900, 24 u. 445 (zu § 1 VAG).

[2] Die Begrifflichkeiten im VAG sind nicht einheitlich. Meistens wird basierend auf dem früheren Recht auf die Belange der Versicherten abgestellt (§ 11 Abs. 1 Nr. 4 lit. a, § 13 Abs. 1 S. 2, § 294 Abs. 2 S. 2 VAG), mitunter aber auch den Schutz der Versicherungsnehmer und der Begünstigten von Versicherungsleistungen (§ 294 Abs. 1 VAG). Im Ergebnis ist mit dieser auf Art. 27 Solva II-RL beruhenden Terminologie (RegE VAG 2014, 340 zu § 294 Abs. 1) aber nichts Abweichendes gemeint.

Versicherten tritt hier der Schutz der Versorgungsanwärter und -empfänger.[3] Bei Pensionskassen handelt es sich hingegen um Erstversicherungsunternehmen (§ 232 Abs. 1 Hs. 1 VAG: „ein rechtlich selbständiges Lebensversicherungsunternehmen). § 1 VAG steht ferner im Kontext mit den Vorschriften der §§ 2 und 3 VAG, die ergänzende Regelungen für öffentlich-rechtliche Versorgungseinrichtungen (§ 2 VAG) sowie Ausnahmen (§ 3 VAG) enthalten.

3 Die zunehmende Regulierungsdichte, die sich seit den 0er Jahren dieses Jahrhunderts eingestellt hat, ist somit zwar noch von der eigentlichen Schutzrichtung einer Versicherungsaufsicht getragen. Es zeichnet sich aber zunehmend eine gewisse **Zerfaserung** der Aufsicht ab, die besonders an der Erweiterung der Aufsichtszuständigkeiten für neue Unternehmenseinheiten, aber auch an einer verstärkten Regulierung der Geschäftsorganisation ablesbar ist. Klare Konturen sind dabei immer schwerer auszumachen. Das kann das Fundament einer funktionierenden Aufsicht gefährden, hat aber auch unmittelbare Auswirkungen auf den betroffenen Wirtschaftszweig und die einzelnen Unternehmen, die nicht zuletzt auch wegen der laufenden Veränderung der Rechtslage immer schwerer für die Zukunft planen können. Hinzu treten die mit der Europäisierung des Versicherungsaufsichtsrechts verbundenen Neubewertungen in inhaltlicher und struktureller Hinsicht, die das VAG nur noch zu einer Rechtsquelle werden lassen, neben der europäische Rechtsakte unmittelbar zur Anwendung kommen. Die BaFin wird dabei nur noch zu einem Träger von Aufsicht, neben die EIOPA zunehmend tritt. Dieser Einschnitt ist seit der umfassenden Harmonisierung des Versicherungsaufsichtsrechts Mitte der 90er Jahre deutlich, er hat sich seitdem aber weiter verzweigt. Die Europäisierung ist dabei keine Besonderheit des Aufsichtsrechts, sondern erfasst auch weitere Bereiche des Rechts, die durch „radikale Wechsel der Rechtsideen, der Rechtsquellen, der Grundbegriffe und der Rechtsanwendungsmethoden" geprägt werden, was durchaus mit anderen Einschnitten der deutschen Geschichte vergleichbar ist[4] und allgemein als Überregulierung empfunden wird.[5] Dabei sind Behörden, die vormals nicht selten als „Inbegriff der Schwerfälligkeit und der lähmenden Vorschriften" verstanden worden sind, nunmehr „in eine Endlosschleife aus Reform und Kontrolle eingetreten".[6]

4 Dass Bezugspunkt der Aufsicht stets die Unternehmen und nicht etwa bestimmte Geschäftstypen sind, ist grundsätzlich nachvollziehbar und dabei auch Praktikabilitätsgesichtspunkten geschuldet.[7] § 1 VAG verweist bezüglich der Definition der aufsichtspflichtigen Unternehmen und Einrichtungen auf die zentrale Begriffsbestimmungsnorm des § 7 VAG sowie ergänzend auf die Vorschriften der §§ 168, 223, 236 und 293 VAG. Unbeschadet dieser Legaldefinitionen ist festzuhalten, dass eine konkrete **Definition** für den Begriff **Versicherung** unverändert fehlt. In der Praxis hat dieser Mangel bisher zu keinen Problemen geführt. An Stelle einer starren Definition, die Produktinnovation in Frage stellen würde,[8] gewinnen abstrakte Kriterien Bedeutung, wie sie vornehmlich durch höchstrichterliche Rechtsprechung entwickelt worden sind.[9] Auf dieser Basis sind bisher in Grenzfällen stets sach- und interessengerechte Einordnungen möglich gewesen. Weitere Anhaltspunkte sind Anlage 1 zum VAG zu entnehmen, die die infrage stehenden Versicherungsrisiken konkretisiert. Der Verzicht auf eine Begriffsdefinition im VAG ist auch kein Unikum. Auf europäischer Ebene existiert ebenso wenig ein feststehender Versicherungsbegriff,[10] was bei grenzüberschreitenden Tätigkeiten von Unternehmen im Einzelfall besonderen Koordinierungsbedarf begründet.[11] Auch das Versicherungsvertragsrecht kommt ohne eine Legaldefinition aus. Vorstellungen, hieran etwas namentlich mit Blick auf die Lebensversicherung zu ändern,[12] hat der Gesetzgeber mit der Verabschiedung eines neuen VVG zum 1.1.2008 eine Absage erteilt. Bei den erhobenen Forderungen wurde übersehen, dass eine wie auch immer geartete Festlegung der Begrifflichkeit im Umfeld eines europäischen Versicherungsbinnenmarkts zu Verwerfungen führen muss,[13] was negative Rückkopplungen auch für den erneuten Versuch einer europäischen Harmonisierung des Versicherungsvertragsrechts gehabt hätte. Auch wäre eine weitere Entkoppelung von Aufsichts- und Vertragsrecht alles andere als erstrebenswert gewesen. Schließlich hätte die Gefahr einer Verengung des Versicherungsbegriffs mit der unerwünschten Folge bestanden, dass bestimmte Versicherungsgeschäfte unter Umständen plötzlich aus dem Anwendungsbereich bestehender Versiche-

[3] Vgl. § 237 Abs. 3 Nr. 10 VAG.
[4] *Rüthers*, Die heimliche Revolution vom Rechtsstaat zum Richterstaat, 2014, S. 12.
[5] *Sloterdijk* spricht von einem „Monstrum an … Regulierungs-Juristerei", in: ders., Was geschah im 20. Jahrhundert?, 2016, S. 19.
[6] *Konersmann*, Die Unruhe der Welt, 2015, S. 1.
[7] *Krause*, Nationale Versicherungskultur, 2004, S. 178 ff., 217.
[8] *Winter* VersR 2004, 8, 10.
[9] Vgl. insofern nur *OLG Frankfurt a.M.* Urt. v. 21.11.1996 – 15 U 23/96, VersR 1997, 1216 = r+s 1998, 389.
[10] *Braumüller*, Versicherungsaufsichtsrecht: internationale Standards, europäische Richtlinien und österreichisches Recht, 1999, S. 67 f.
[11] *Müller* Rn. 36.
[12] *H. D. Meyer*, in: 100 Jahre materielle Versicherungsaufsicht in Deutschland, 2001, Band II, S. 827, 873 f.; *Schünemann* NVersZ 1999, 345 f.; *Adams* ZIP 1997, 1224, 1225 f.; zu den theoretischen Hintergründen s. *R. Schmidt*, Weitere Überlegungen aus Anlass einer Reform des Versicherungsvertragsgesetzes, Karlsruhe, 1999, S. 8 ff.
[13] *Winter*, in: Karten/Werber/Winter (Hrsg.), Lebensversicherung und Geschäftsbesorgung, 1998, S. 58, 89; *Präve*, in: Hoppenstedt Versicherungs-Jahrbuch 2000, S. V 8; *ders.* VW 2002, 1836, 1838 f.

rungsgesetze herausgefallen wären,[14] von möglichen produkt- und anbieterbezogenen Implikationen einmal ganz abgesehen.[15] Die vom BMJ eingesetzte Expertenkommission zur Reform des Versicherungsvertragsrechts hatte demgemäß empfohlen, auch weiterhin auf eine derartige Legaldefinition in VVG zu verzichten.[16] Dem ist der Gesetzgeber auch gefolgt.[17] Steuerrechtliche Vorgaben, wie sie etwa in BMF-Rundschreiben zur steuerlichen Anerkennung als Versicherung enthalten sind,[18] mögen für die aufsichtsrechtliche Bewertung indizielle Bedeutung haben. Verbindlich für die aufsichtsrechtliche Beurteilung sind sie aber nicht.[19]

5 **2. Normzweck.** Der Tatbestand des § 1 strahlt auf das gesamte VAG aus. Er ist für Erst- und Rückversicherer zunächst Grundlage für das **Erlaubnisverfahren** nach §§ 8 ff. VAG. Darüber hinaus ist er auch für deren **laufende Aufsicht** relevant, namentlich im Hinblick auf ein mögliches Einschreiten der Aufsichtsbehörde nach § 298 VAG.[20] Für Pensionsfonds ist § 1 VAG grundlegend in Bezug auf die Bestimmungen der §§ 236 ff. VAG, für Sicherungsfonds in Bezug auf §§ 223 ff. VAG, für Versicherungs-Holdinggesellschaften in Bezug auf § 293 VAG und für Versicherungs-Zweckgesellschaften in Bezug auf § 168 Abs. 2 VAG.

6 Das Gesetz statuiert für Erst- und Rückversicherungsunternehmen dabei eine **umfassende Aufsicht,** der der gesamte Geschäftsbetrieb des Unternehmens unterliegt. Die Aufsicht verfügt dabei über umfassende Kompetenzen, namentlich über weitreichende Eingriffs- und Kontrollbefugnisse, die ein präventives und ein repressives Tätigwerden der Aufsicht gestatten.[21] Daran hat sich auch durch die Umsetzung der Solva II-RL nichts geändert. Im Gegenteil: Die Regelungsdichte ist hierdurch weiter intensiviert worden. Aus der Streichung des früheren Richtlinienzusatzes, demzufolge Missstände vermieden oder beseitigt werden sollen,[22] wird mitunter eine Zurücknahme bzw. Modifizierung des Aufsichtsmaßstabes geschlossen.[23] Richtig an dieser Einschätzung ist, dass hier die Begrifflichkeit „Missstände" nicht mehr gebraucht wird. Eine inhaltliche Änderung des Prüfungsmaßstabs ist damit aber nicht verbunden,[24] da der Zusatz nur das zusammenfasst, was Art. 34 Abs. 1 iVm Art. 29 Abs. 1 der Solva II-RL gebietet.[25] Die Verankerung einer umfassenden Aufsicht korreliert mit einer Rückführung von Straftatbeständen,[26] was im Zusammenhang mit einem fehlenden Strafbedürfnis steht, sofern bereits aufsichtsrechtlich Missstände unterbunden werden können.[27] Die Erhöhung der Bußgeldbewehrung, wie sie mit Umsetzung der Solva II-Richtlinie erfolgt ist,[28] passt hierzu freilich nicht.

7 Die Schaffung einer **integrierten Finanzdienstleistungsaufsicht,** mit der zum 1.5.2002 die vormals selbständigen Aufsichtsämter für das Versicherungs- und Kreditwesen sowie den Wertpapierhandel – Erkenntnissen über die Notwendigkeit zumindest einer selbständigen Versicherungsaufsicht[29] zum Trotz,[30] die mittlerweile auch eine Entsprechung in einer selbständigen europäischen Versicherungs-

---

[14] *Braumüller,* Versicherungsaufsichtsrecht: internationale Standards, europäische Richtlinien und österreichisches Recht, 1999, S. 69.

[15] Hierzu *Schlechtriem* BB 1999, 593, 597 f.; *Winter,* in: Karten/Werber/Winter (Hrsg.), Lebensversicherung und Geschäftsbesorgung, 1998, S. 91; *Pataki,* in: Karten/ Werber/Winter (Hrsg.), Lebensversicherung und Geschäftsbesorgung, 1998, S. 145, 162 f.

[16] Abschlussbericht der Kommission zur Reform des Versicherungsvertretungsrechts vom 19. April 2004, Karlsruhe, 2004, S. 7 f.; vgl. *Präve* VW 2002, 1836, 1838 f.

[17] Vgl. Gesetzentwurf der Bundesregierung, BT-Drs. 16/3945, 51 (speziell zur Lebensversicherung) u. 56 („Auf eine Definition des Begriffes der Versicherung wird weiterhin verzichtet…").

[18] Das ist namentlich im Bereich des Einkommensteuerrechts bzgl. der Lebensversicherung der Fall, vgl. hierzu *Pohl/ Schneider,* Lebensversicherung und Steuer, 5. Aufl., 2012, S. 135 ff. mwN.

[19] *Dreher/ J. Schmidt,* „Neues Recht für Versicherungen", in: FAZ v. 9.9.2008, S. 24.

[20] S. hierzu etwa *BVerwG* Gerichtsbescheid v. 26.6.1997 – 1 A 10/95, NVwZ 1998, 393 = BeckRS 9998, 50701(zu § 81 VAG a. F.).

[21] Jedoch unterliegen nicht alle Versicherungsunternehmen einer derart umfassenden Aufsicht. So besteht für die in § 1 Abs. 3 VAG genannten Unternehmen sowie für EWR-ausländische Versicherer nur eine eingeschränkte Aufsicht.

[22] Art. 13 Abs. 3 UAbs. 2 lit. b der EU-Richtlinie über Lebensversicherungen, ABl. EG 2002 L 345, 1; Art. 19 Abs. 3 UAbs. 2 lit. b der EU-Richtlinie zur Koordinierung der Rechts- und Verwaltungsvorschriften betreffend die Aufnahme und Ausübung der Tätigkeit der Direktversicherung (mit Ausnahme der Lebensversicherung) in der Fassung von Art. 11 der Dritten Richtlinie Schadenversicherung, ABl. EG 1992 L 228, 1.

[23] *Bürkle* VersR 2011, 1469, 1477 f.

[24] Zutreffend *Unkel,* Die Rechtsfigur des Sonderbeauftragten als öffentlich-rechtlich bestellter Verwaltungsmittler, 2011, S. 313 f.

[25] Vgl. § 11 VAG Rn. 24.

[26] RegEVAG 2014 S. 297 (zu Teil 7).

[27] Vgl. *Lüderssen,* Resozialisierung, Tat und Schuld, 2016, S. 21 u. noch weitergehend S. 40.

[28] RegEVAG 2014 S. 297 (zu Teil 7).

[29] Vgl. *H. Müller* ZVersWiss 1999, 297, 317 f.; *ders.,* in: Aktuelle Fragen in der Versicherungswirtschaft, 2001, S. 1, 9; *Roth,* Ökonomische Analyse des Versicherungsaufsichtsrechts bezüglich des Einsatzes derivativer Finanzinstrumente, 2002, S. 276; *Präve* ZVersWiss 2000, 469, 471, s. a. *Hohlfeld* FS H. Kollhosser, 2004, 151, 161 ff.

[30] Auf nachteilige ausländische Erfahrungen mit einer integrierten Aufsicht verwies bereits damals *Diewald* VW 2001, 1008, 1012; zu Parallelen und Unterschieden mit der britischen Financial Services Authority vgl. *Binder* WM 2001, 2230, 2232 ff.; zu den unterschiedlichen Ansätzen im Ausland vgl. *Krammig/Gramlich* WM 2004, 1657, 1658 ff. und GB BaFin 2004, 9 f.; zur Diskussion im Vorfeld s. *Präve* VW 2001, 372; zu den Gründen für eine Allfinanzaufsicht vgl. *Caspari,* Allfinanzaufsicht in Europa, 2003, S. 5, 6 f.; *Berkhoff/Bölscher* ZfV 2006, 284 f.

aufsicht (EIOPA) findet – zu einer Bundesanstalt für Finanzdienstleistungsaufsicht[31] zusammengefasst worden sind,[32] hat die Befugnisse der Versicherungsaufsicht ebenfalls unberührt gelassen.[33] Das entsprechende Gesetz v. 22.4.2002,[34] mit dem die Errichtung einer entsprechenden Bundesanstalt verfügt worden ist,[35] erschöpft sich in organisatorischen Maßnahmen.[36] Im Jahre 2008 ist mit der Schaffung eines Direktoriums bei der BaFin, dem neben dem Präsidenten die Exekutivdirektoren der drei Aufsichtsbereiche und ein weiterer Exekutivdirektor angehören, auf Marktentwicklungen reagiert worden, die eine Spezifizierung der Aufsichtsbereiche nach sich ziehen und demgemäß auch wieder eine Stärkung der einzelnen Aufsichtssektoren.[37]

Soweit in der diesbezüglichen Gesetzesbegründung darauf verwiesen wird, dass es nicht Aufgabe der Bundesanstalt sei, **privatrechtliche Ansprüche** zu prüfen,[38] wird lediglich referiert, was für alle vormals selbständigen Aufsichtsbehörden gegolten hat und seitdem auch für die Bundesanstalt gilt,[39] nämlich dass die Aufsicht nur im öffentlichen Interesse tätig wird.[40] Für die Versicherungsaufsicht bleibt es bei den ihr nach § 298 VAG zustehenden Eingriffsbefugnissen, die sich gemäß § 294 Abs. 3 VAG namentlich auch auf die Einhaltung vertrags- und AGB-rechtlicher Vorschriften erstreckt,[41] ohne dass insoweit etwa Gesichtspunkte der Subsidiarität[42] eingreifen könnten. In dem angesprochenen Segment ist vielmehr von der Doppelspurigkeit einer zivilrechtlichen und einer aufsichtsbehördlichen Kontrolle auszugehen.[43] Der Gesetzgeber hat die rechtlich unveränderte Aufgabenstellung der Aufsicht immer wieder klargestellt, etwa indem er nach Schaffung der BaFin betont hat, mit der integrierten Aufsicht würden weder materielle Änderungen noch eine andere Prioritätensetzung erstrebt,[44] was allerdings eine möglichst einheitliche Anwendung einzelner gleichgerichteter bank- und versicherungsaufsichtsrechtlicher Vorschriften nicht ausschließt.[45] Dabei ist auf die kollektive Schutzausrichtung der Aufsicht zu achten,[46] dh der Schutz des einzelnen Versicherten ist und kann nicht Aufgabe der Versicherungsaufsicht sein. 8

Daher erscheint es als fraglich, wenn die BaFin selber von einem säulenübergreifenden Zielsystem der Aufsicht spricht und als Hauptziel der Aufsicht auch die Wahrung der Funktionsfähigkeit des Finanzsystems insgesamt nennt[47] und sich diese sehr pauschale Ansicht zudem in einem Bericht des BT-Finanzausschusses[48] und einer Stellungnahme der Bundesregierung[49] wiederfindet. Entsprechend kritisch zu sehen ist die im Schrifttum mitunter vertretene Ansicht, Ziel der Aufsicht sei jedenfalls auch der Schutz des privaten Versicherungswesens[50] bzw. seiner Funktionsfähigkeit[51] oder auch der Schutz des gesamten deutschen Finanzmarkts bzw. -systems.[52] Zutreffend hieran ist, dass Aufsicht mittelbar eine stabilisierende Wirkung auf das Versicherungswesen und auch auf das gesamte Finanzsystem hat. Ein selbständiges Ziel stellt dies in Übereinstimmung mit der Solva II-RL jedoch nicht dar, auch zuvor hat sich dies aus den europäischen Richtlinien und dem VAG nicht ergeben. Art 27 der Solva II-RL nennt ausdrücklich als Hauptziel der Beaufsichtigung „den Schutz der Versicherungsnehmer und der Begünstigten von Versicherungsleistungen", was im VAG – immer bezogen auf Erstversicherer – 9

[31] Zu deren mangelnder Selbständigkeit vgl. *Hagemeister* WM 2002, 1773, 1775 f.; zu verfassungsrechtlichen und -politischen Einwänden vgl. *Werheit*, Die Bundesanstalt für Finanzdienstleistungsaufsicht (BaFin), 2009, S. 171–173.

[32] Vgl. *Sanio* VW 2002, 1831 f.; zu deren Bilanz nach zehn Jahren vgl. BaFin-Journal Nr. 05/12, S. 4 ff., und zu der nach 15 Jahren vgl. BaFin-Journal 5/2017, 5 ff.; zu der existierenden Vielfalt von Aufsichtsmodellen s. *Ohler* ZVglRWiss 116 (2017), 162, 165 ff.

[33] Vgl. Gesetzesbegründung, BT-Drs. 14/7033, 88; *Fricke* NVersZ 2002, 337, 338.

[34] BGBl. I 1310.

[35] *Präve* VW 2002, 691; s. a. VW 2002, 849.

[36] Vgl. im einzelnen *Fricke* NVersZ 2002, 337, 338 ff.; kritisch *Reiter/Geerlings* VuR 2002, 234, 237 u. 240, die ein integriertes Aufsichtskonzept anmahnten.

[37] Vgl. Gesetzesbegründung BT-Drs. 16/7078, 7.

[38] Gesetzesbegründung, BR-Drs. 636/01, 93.

[39] § 4 Abs. 4 FinDAG.

[40] § 294 Abs. 8 VAG.

[41] Hierzu bereits Gesetzesbegründung, BR-Drs. 23/94, 244 (zu § 81 VAG a. F.).

[42] *Bähr* S. 158 f., 328 f.; *Winter*, S. 69 f.; ders. VersR 2000, 1453, 1463.

[43] Vgl. speziell zur AGB-Kontrolle: *R. Schmidt*, Weitere Überlegungen aus Anlass einer Reform des Versicherungsvertragsgesetzes, 1999, S. 45; *Göbelsmann*, Zur Parallelität von Kontrolle und Kontrollmaßstäben bei AVB, 1988, S. 79; *Ehlers*, Ziele der Wirtschaftsaufsicht, 1997, S. 56; *H. Müller* FS Verzekeringskamer 75 jaer, 1998, 145, 146; *Korinek*, Rechtsaufsicht über Versicherungsunternehmen, 2000, S. 96; *Dreher* FS 50 Jahre Bundesgerichtshof, Band II, 2000, 13, 721 u. 730; Wolf/Lindacher/Pfeiffer/*Reiff*, Klauseln V 211; Bruck/Möller/*Beckmann*, Einl. C Rn. 19.

[44] Gesetzesbegründung, BR-Drs. 636/01, 88, 90, 92.

[45] *VG Frankfurt a.M.* Urt. v. 8.7.2004 – 1 E 7363/03 [1], VersR 2005, 57 = WM 2004, 2157, 2160.

[46] Vgl. Beschlussempfehlung und Bericht des BT-Finanzausschusses, BT-Drs. 17/1119, 27 (dort Ziff. 3)

[47] So GB BaFin 2004, 9; s. a. *Eilert* VW 2011, 1174 und zur allgemeinen Bedeutung dieses Aufsichtsziels *Kaufhold* ZVglRWiss 116 (2017), 151, 152 ff.

[48] Beschlussempfehlung und Bericht des BT-Finanzausschusses, BT-Drs. 17/11119, 27 (dort Ziff. 3).

[49] Antwort der Bundesregierung, BT-Drs. 18/4642, 46 f. (Antwort auf Frage Nr. 49).

[50] *Eilert* VW 2011, 1174; VersR 2009, 709, 712 f.; *Hasse* VersR 2009, 18.

[51] *Winter* ZVersWiss 2005, 105, 107 u. 139 ff.; *Fricke* VersR 2006, 188, 189.

[52] *Eilert* ZfV 2008, 49 f.; *Michaels* ZfV 2007, 477, 479.

überwiegend schlicht mit **„Schutz der Versicherten"** übersetzt wird.[53] Im Mittelpunkt steht dabei insbesondere in Zeiten wirtschaftlicher Schieflagen der Schutz des Versicherten vor der Insolvenz des Versicherers,[54] aber auch der Schutz des Versicherten vor weiteren Gefahren, die von einem „Vertrauensprodukt" wie einer Versicherung ausgehen.[55] Mit der aufsichtsrechtlichen Zielsetzung können auch der Schutz und der Erhalt der Unternehmen verbunden sein, solange dies im Interesse der Versicherten ist. Ein Bestandsschutz für Unternehmen ist per se insofern nicht das Ziel aufsichtsrechtlicher Regulierung,[56] wenngleich die Aufsicht mittelbar auch das Vertrauen in die Unternehmen stärkt.[57] Allerdings ist – als Reaktion auf die unverändert vorhandenen Verwerfungen im Finanzsektor – die Aufsicht gehalten, den Auswirkungen auf die Stabilität der Finanzsysteme Rechnung zu tragen, was gemäß Erwägungsgrund 16 der Solva II-RL auch die Sicherung fairer und stabiler Märkte mitumfasst. Das ändert aber nichts daran, dass das eigentliche Ziel der Aufsicht gemäß Art. 28 und Erwägungsgrund 16 der Solva II-RL unberührt bleibt.[58] Das bedeutet im Ergebnis, dass die Richtlinie auch nicht der Abwehr entsprechender Verwerfungen im Finanzsektor für sich genommen dient, sondern dies nur in dem Rahmen, in dem es der Versichertenschutz gebietet. Unbeschadet dessen bleibt lediglich die Feststellung, dass einzelne Vorschriften der Solva II-RL und des VAG wie die sog Aktionärskontrolle (§§ 16 ff. VAG) und die Anforderungen an die Geschäftsorganisation (§§ 23 ff. VAG) letztlich auch stabilisierende Wirkung für die Versicherungs- und Finanzmärkte haben,[59] so wie das auch von dem Gesamtgefüge der aufsichtsrechtlichen Vorschriften anzunehmen ist, ohne dass hieraus ein weiteres Aufsichtsziel ableitbar wäre.

10 Mitunter ist unter Hinweis auf die Rechtsprechung des Bundesverfassungsgerichts[60] eine Neuausrichtung der Aufsicht angesprochen worden.[61] Hiermit soll suggeriert werden, die Aufsicht habe künftig verstärkt auch den **einzelnen Versicherten** und nicht nur, wie bisher, die Gesamtheit der Versicherten ins Visier zu nehmen. Das kann und das muss die Aufsicht nicht leisten. Das Bundesverfassungsgericht hat lediglich dort eine Korrektur verlangt, wo Grundrechtspositionen der Versicherten in besonderer Weise berührt werden. Das Gericht hat dies für die aufsichtsbehördliche Genehmigung von Bestandsübertragungen angenommen, also von Transaktionen, bei denen es auf Versichererseite zu einem Wechsel kommt, ohne dass es hierzu auf die Zustimmung der Versicherten ankommt. Entsprechendes gilt für Unternehmensumwandlungen, die ebenfalls unter Genehmigungsvorbehalt stehen. Hier ist ein konkreter Prüfungsmaßstab für die Aufsicht vonnöten, für den eine generalklauselartige Umschreibung nicht genügt. Dieser ist durch entsprechende Ergänzungen der damaligen §§ 14, 14a VAG (entspricht §§ 13, 14 VAG in der geltenden Fassung) geschaffen worden. Für die Aufsicht im Übrigen ändert sich jedoch nichts. Hier liegen grundsätzlich keine mit den entschiedenen Fällen vergleichbare Konstellationen vor.[62] Das Gericht hat selber die Grundnorm des Aufsichtsrechts im Zulassungsverfahren, nämlich § 8 VAG a. F. (entspricht § 11 VAG in der geltenden Fassung), insofern für unbedenklich erklärt.[63] Dabei ist diese Norm das Spiegelbild der anderen zentralen Norm des Aufsichtsrechts, nämlich von § 298 iVm § 294 VAG, der Generalnorm für die laufende Aufsicht.

11 Die Unterstellung von Versicherungsunternehmen unter eine Aufsicht, wie durch § 1 VAG geschehen, begegnet keinen verfassungsrechtlichen Bedenken. § 1 VAG stellt eine Regelung der Berufsausübung im Sinne von **Art. 12 GG** dar, die aus Gründen des Gemeinwohls gerechtfertigt und auch nicht übermäßig ist.[64] Die Versicherungsaufsicht ist seit mehr als hundertzehn Jahren in Deutschland etabliert und auch weltweit üblich. Nur über eine Aufsicht lässt sich ein ausreichender Schutz der Versicherten gewährleisten, weshalb die Aufsicht auch als Ausfluss der Sozialstaatlichkeit angesehen wird.[65]

---

[53] § 11 Abs. 1 Nr. 4 lit. a, § 294 Abs. 2 S. 2 VAG; vgl. *Präve* ZfV 2012, 243, 245; *Steffen*, Versicherungsaufsicht im Umbruch, 2005, S. 12, 19.

[54] *Eilert* VersR 2009, 709, 714.

[55] S. nur *Zens*, Die Zusammenarbeit der Versicherungsaufsichtsbehörden in der Europäischen Gemeinschaft, 2005, S. 11 f.; *Berkhoff/Bölscher* ZfV 2006, 284, 285; *Rudkowski*, Transparenzpflichten zur Kontrolle von Finanzdienstleistungsunternehmen, 2016, S. 6; zur Bedeutung des Vertrauensschutzes vgl. auch *Michael* FS 100 Jahre Hamburger Verein, 2016, 749, 757 f.

[56] *Dreher/Häußler*, BaFin-Aufsicht und Aufsichtsratsüberwachung, in: Die Mehrfachaufsicht von Versicherungsunternehmen durch Aufsichtsrat, BaFin und Wirtschaftsprüfer – Duplizierung oder Ergänzung?, 2011, S. 15, 30; *dies.* ZGR 2011, 471, 472; *Eilert* VW 2011, 1174.

[57] *Eilert* VersR 2009, 709, 713 f.; *BVerwG* Urt. v. 13.9.2006 – 6 C 10/06, JZ 2007, 466, 470 f. = BeckRS 2006, 26949(bezogen auf das KWG).

[58] S. a. § 11 VAG Rn. 16.

[59] In diesem Sinne wohl auch *Dreher/Häußler* ZGR 2011, 471, 484.

[60] *BVerfG* Urt. v. 26.7.2005 – 1 BvR 782/94 und 1 BvR 957/96, VersR 2005, 1109, 1120 f. = BeckRS 2005, 28069; 31263.

[61] *Scholz*, Die Urteile des Bundesverfassungsgerichts aus verfassungsrechtlicher Perspektive, Vortrag für eine Veranstaltung von DVA/GDV am 4.10.2005, S. 17.

[62] *Eilert* Vel.rsR 2009, 709, 711.

[63] *BVerfG* Urt. v. 26.7.2005 – 1 BvR 782/94 und 1 BvR 957/96, VersR 2005, 1109, 1120, 1122 = BeckRS 2005, 28069; 31263.

[64] *BVerwG* Urt. v. 15.7.1980 – 1 A 9/78, VersR 1980, 1013 = BeckRS 1980 30439608 (zum früheren Recht).

[65] Vgl. *BVerwG* Urt. v. 24.5.1956 – I C 92/55, VersR 1956, 481, 482; *Scholz* ZVersWiss 1984, 1, 11.

3. Europarechtlicher Hintergrund. Die Statuierung einer Aufsicht, wie sie § 1 VAG vorsieht, beruht im Wesentlichen auf europarechtlichen Vorgaben. Das gilt zunächst einmal für Erst- und Rückversicherungsunternehmen, wie sie in § 1 Abs. 1 Nr. 1 iVm § 7 Nr. 33 und 34 VAG ausgewiesen sind.[66] Für die Versicherungs-Holdinggesellschaften ist im Rahmen der Solva II-RL allerdings nur eine Aufsicht im Rahmen der sog Versicherungsgruppenaufsicht vorgesehen. Der deutsche Gesetzgeber hält allerdings an einer weiterreichenden Aufsicht über Holdinggesellschaften ausdrücklich fest (§ 293 Abs. 4 VAG),[67] ohne dass er hieran europarechtlich gehindert wäre. Die **Solva II-RL** ist insofern nicht als abschließend zu verstehen. Die Einführung der Aufsicht über Holdinggesellschaften stand im Zusammenhang mit dem Fall der Mannheimer Lebensversicherung AG im Jahre 2003, die von der Insolvenz bedroht gewesen ist.[68] Fehlende Aufsichtsbefugnisse über Holdinggesellschaften erschwerten dabei eine Lösung dieses Krisenfalls.[69] Er führte schließlich auch zur Schaffung von Sicherungsfonds,[70] wie sie § 1 Abs. 1 Nr. 4 iVm § 223 VAG ausweist. Insofern bestehen ebenfalls gegenwärtig noch keine europarechtlichen Vorgaben. Allerdings gibt es seit geraumer Zeit entsprechende Bestrebungen auf EU-Ebene.[71] Da es sich bei den Sicherungsfonds in Deutschland um einen beliehenen Lebensversicherer (Protektor) und einen beliehenen Krankenversicherer (Medicator) handelt, ist deren Beaufsichtigung aber bereits wegen Art. 1 Nr. 1 der Solva II-RL nötig. Für Versicherungs-Zweckgesellschaften im Sinne von § 1 Abs. 1 Nr. 3 iVm § 168 VAG besteht wiederum eine ausdrückliche europarechtliche Vorgabe.[72] Die Erstreckung der Aufsicht auf Pensionsfonds gemäß § 1 Abs. 1 Nr. 5 iVm § 236 VAG beruht auf der EU-Richtlinie über die Tätigkeiten und die Beaufsichtigung von Einrichtungen der betrieblichen Altersversorgung,[73] die neben der Solva II-RL Anwendung findet. Die Vorgaben von § 1 Abs. 2 VAG gehen wiederum auf die zuletzt genannte Richtlinie zurück,[74] die Festlegungen in § 1 Abs. 3 u. 4 VAG sind hingegen national geprägt. 12

II. Aufsichtspflichtige Unternehmen (Abs. 1). 1. Versicherungsunternehmen (Abs. 1 Nr. 1). § 1 Abs. 1 Nr. 1 VAG erfasst Erst- und Rückversicherer. Die Aufsicht über Erstversicherer besteht dabei seit dem Jahre 1901, also seit Inkrafttreten des VAG. Eine nennenswerte Aufsicht über Rückversicherer besteht hingegen erst seit dem 1.7.2002.[75] Sie ist an die Stelle der vormaligen sehr eingeschränkten Aufsicht über derartige Unternehmen getreten. 13

a) Unternehmensbegriff. Erfasst werden somit Unternehmen, die den Betrieb von Versicherungsgeschäften zum Gegenstand haben. Dem Gesetzeszweck entsprechend ist dabei der Begriff Unternehmen **weit auszulegen**, da nur auf diese Weise die Versicherungsaufsicht befähigt wird, dem Schutzbedürfnis der Versicherungsnehmer Rechnung tragen zu können. Der Bund stellt kein Unternehmen in diesem Sinne dar, weshalb dessen Ausfuhrgewährleistungen (sog Hermes-Deckungen) nicht vom VAG erfasst werden.[76] Auch Entschädigungseinrichtungen und institutssichernde Einrichtungen im Sinne des Einlagensicherungs- und Anlegerentschädigungsgesetzes unterliegen nicht dem VAG.[77] Unternehmen meint im Übrigen die Zusammenfassung persönlicher und sächlicher Mittel zur Erreichung bestimmter gesellschaftlicher Zwecke. Erfasst werden somit Unternehmen der in § 8 Abs. 2 VAG genannten Formen, denen eine Erlaubnis zum Geschäftsbetrieb nach § 8 Abs. 1 VAG erteilt werden darf, also Aktiengesellschaften einschließlich der Europäischen Gesellschaft, Versicherungsvereine auf Gegenseitigkeit einschließlich Pensionsfondsvereine auf Gegenseitigkeit (§ 237 Abs. 3 Nr. 2 VAG) und dem Pension-Sicherungs-Verein VvaG (§ 14 BetrAVG) sowie Körperschaften und Anstalten des öffentlichen Rechts. 14

Die Anwendung des VAG bleibt aber nicht auf diese Unternehmen beschränkt,[78] auch ist insofern nicht maßgeblich, ob eine Erlaubnis erteilt worden ist.[79] Erfasst werden auch **Einzelunternehmen** und Personenvereinigungen jeder Art etwa in Gestalt bürgerlich-rechtlicher Gesellschaften. Nichtrechtsfähige Vereine können wegen ihrer partiellen Rechtssubjektivität Versicherungsgeschäfte betreiben und insoweit unter § 1 VAG fallen. Gesichtspunkte, unter denen dem rechtsfähigen Verein die Rechtssubjektivität versagt ist (z. B. keine Grundbuch-, Vereins- oder Handelsregistereintragung) stehen der Ver- 15

[66] Art. 1 Nr. 1 der Solva II-RL.

[67] RegE VAG 2014, 288 (zu § 293 VAG).

[68] Vgl. allgemein hierzu Bähr/*Wolf* § 29 Rn. 3.

[69] Gesetzentwurf der Bundesregierung, BT-Drs. 15/3418, 19 (zu § 1b).

[70] Bähr/*Weustenfeld* § 33 Rn. 8 f.; *Präve* VersR 2005, 1023, 1024.

[71] Vgl. hierzu etwa Bähr/*Weustenfeld* § 33 Rn. 51 ff.

[72] Art. 211 Solva II-RL. Zur Vorgeschichte dieser Regelung vgl. Bähr/*Arhold* § 27 Rn. 25.

[73] Art. 2 Abs. 1 iVm Art. 6 lit. a der EU-Richtlinie über die Tätigkeit und die Beaufsichtigung von Einrichtungen der betrieblichen Altersversorgung, ABl. EU 2003 L 235, 10.

[74] Art. 2 Abs. 3 lit. b Solva II-RL.

[75] Art. 16 Nr. 2 u. 3 des Vierten Finanzmarktförderungsgesetzes v. 21.6.2002, BGBl. 2010 I.

[76] *Kaulbach* VersR 1985, 806, 810.

[77] Vgl. § 16 des Einlagensicherungs- und Anlegerentschädigungsgesetzes.

[78] *BVerwG* Gerichtsbescheid v. 26.6.1997 – 1 A 10/95, NVwZ 1998, 393 = BeckRS 9998, 50701; *Groepper* NVersZ 1998, 103, 105; FKBP/*Kaulbach* § 1 Rn. 46; *Ehlers*, in: Achterberg/Püttner (Hrsg.), Besonderes Verwaltungsrecht, Band I, 1990, Rn. 408.

[79] Langheid/Wandt/*Grote*, AufsichtsR Rn. 90.

folgung des Schutzzwecks des § 1 VAG nicht entgegen.[80] Auch die von einer öffentlichen Körperschaft außerhalb ihrer Zweckbestimmung betriebenen Einrichtungen können von § 1 VAG erfasst werden.[81] Schließlich kann auch eine natürliche Person Unternehmen im Sinne von § 1 VAG sein.[82] Das gilt auch, wenn diese geltend macht, sie handele nur als Versicherungsmakler, obwohl sie im eigenen Namen Versicherungsverträge abschließt.[83] Unerheblich ist ferner, in welcher Weise das Geschäft betrieben wird. So kann auch eine bloße Internet-Präsenz ausreichen.[84]

16 **b) Unternehmensgegenstand.** Vom VAG werden nur die Unternehmen erfasst, die **Versicherungsgeschäfte** zum Gegenstand haben. Dabei kommt es aber nicht darauf an, ob, wie gesetzlich gefordert, nur das Versicherungsgeschäft ggf. einschließlich von solchen Geschäften, die hiermit in unmittelbarem Zusammenhang stehen (§ 15 Abs. 1 S. 1 VAG), betrieben wird oder ob auch andere, versicherungsfremde Geschäfte getätigt werden. Das folgt aus dem Schutzzweck des VAG. Kein Betrieb von Versicherungsgeschäften im Sinne von § 1 VAG liegt allerdings vor, wenn lediglich Versicherungsverträge vermittelt werden oder lediglich das Inkasso betrieben wird.[85] In diesen Fällen bedarf es weder einer Zulassung noch einer laufenden Aufsicht durch die Versicherungsaufsicht. Hiervon unberührt bleibt eine mittelbare Aufsicht der Vermittler über die Versicherungsunternehmen (§ 48 ff. VAG) sowie in bestimmten Fällen eine unmittelbare Aufsichtszuständigkeit (§ 6 Abs. 1 S. 2, Rechtsverordnung nach § 298 Abs. 4 VAG).[86]

17 **aa) Privatversicherung.** Von § 1 VAG werden nur Unternehmen erfasst, die das Privatversicherungsgeschäft betreiben. Das wird im VAG durch die negative Umschreibung in § 7 Nr. 33 VAG zum Ausdruck gebracht, dass die Unternehmen nicht Träger der Sozialversicherung sein dürfen. Anhaltspunkte dafür, was zum Privatversicherungsgeschäft zu zählen ist, enthält **Anlage 1 zum VAG**, der eine Einteilung der relevanten Risiken nach Sparten zu entnehmen ist. In diesen VAG-Vorschriften spiegelt sich wieder, was auf Verfassungsebene in Gestalt von Gesetzgebungskompetenzen festgeschrieben ist. So besteht eine konkurrierende Gesetzgebungszuständigkeit für das privatrechtliche Versicherungswesen nach Art. 74 Abs. 1 Nr. 11 GG, für die Sozialversicherung nach Art. 74 Abs. 1 Nr. 12 GG. Eine abschließende verfassungsrechtliche Abgrenzung dieser Zuständigkeiten ist bisher nicht erfolgt. Der Kompetenztitel privatrechtliches Versicherungswesen wird allerdings jedenfalls dann für einschlägig angesehen, wenn Regelungen sich auf Versicherungsunternehmen beziehen, die im Wettbewerb mit anderen durch privatrechtliche Verträge Risiken versichern, die Prämien grundsätzlich am individuellen Risiko und nicht am Erwerbseinkommen des Versicherungsnehmers orientieren[87] und die vertraglich zugesagten Leistungen im Versicherungsfall auf Grund eines kapitalgedeckten Finanzierungssystems erbringen.[88] Diese verfassungsrechtliche Würdigung bedeutet aber keine abschließende Zuordnung. Sie dürfte vielmehr eher deskriptiver Natur sein, weil in den genannten Kriterien mehr oder weniger der gegenwärtige Status Quo abzulesen ist.[89]

18 **bb) Erstversicherung.** Im Mittelpunkt der aufsichtsrechtlichen Regulierung steht die Erstversicherung (§ 1 Abs. 1 Nr. 1 iVm § 7 Nr. 33 und 34 VAG). Das erfasst auch Unternehmen mit Sitz im Ausland, unbeschadet, ob dieser innerhalb des EWR (hier allerdings nur eine eingeschränkte Aufsicht) oder außerhalb dieses Wirtschaftsraums liegt. Insofern ist die Bezugnahme von § 2 Abs. 1 auf § 7 Nr. 34 VAG missglückt, da hiermit suggeriert wird, nur Drittstaatenversicherer würden vom VAG erfasst. Die Regelungen der §§ 61 ff. VAG belegen das Gegenteil. Diese sind insofern ergänzend heranzuziehen, womit allerdings das Ziel einer kompakten Zuständigkeitsregelung in § 1 VAG teilweise verfehlt worden ist. Entscheidend bleibt aber, dass die Versicherten der Erstversicherer das **Schutzobjekt** des VAG bilden.

19 **cc) Rückversicherung.** Mit Rückversicherung werden in VAG nur die Unternehmen angesprochen, die **ausschließlich** Rückversicherungsgeschäfte betreiben (§ 7 Nr. 33 VAG aE, § 8 Abs. 4 S. 1 VAG). Für diese bestehen spezielle Vorgaben nach §§ 165 ff. VAG. Ansonsten werden Erst- und Rückversicherer einer gemeinsamen Regulierung unterzogen, indem sie nach § 7 Nr. 33 VAG als Versicherungsunternehmen definiert sind. Soweit Abweichungen in der Regulierung erforderlich sind, sind diese in den jeweiligen Regelungen aufgenommen worden. Versicherungsunternehmen, die sowohl

[80] Vgl. *OVG Berlin* v. 15.10.1959 – VI B 36/58, VersR 60, 553 = VerBAV 1960, 92, 94.
[81] *LVG Hamburg* Urt. v. 26.6.1953 – IVa VG 600/52, VerBAV 1953, 199, 201.
[82] *BVerwG* Gerichtsbescheid v. 26.6.1997 – 1 A 10/95, NVwZ 1998, 393 = BeckRS 9998, 50701.
[83] *BVerwG* Gerichtsbescheid v. 26.6.1997 – 1 A 10/95, NVwZ 1998, 393 = BeckRS 9998, 50701; Groepper NVersZ 1998, 103, 105.
[84] *Eichhorn*, Online-Versicherungen aus aufsichts- sowie zivilrechtlicher Perspektive, 2005, S. 103.
[85] *BVerwG* Urt. v. 24.5.1960 – I C 45/57, VersR 1960, 1129 = NJW 1960, 2019.
[86] Vgl. im einzelnen *C. Müller*, in: 100 Jahre materielle Versicherungsaufsicht in Deutschland, 2001, S. 375, 384 ff.; *Präve* VersR 2001, 133, 139 f.
[87] Instruktiv hierzu *Armbrüster* NJW Heft 6/2015, S. 3.
[88] *BVerfG* Urt. v. 3.4.2001 – 1 BvR 2014/95, VersR 2001, 916 = NJW 2001, 1709.
[89] Vgl. nur *Heinze* ZVersWiss 2000, 243, 245 f. u. 249 ff.

Erst- als auch Rückversicherungsgeschäfte betreiben, unterliegen dabei einer vollumfänglichen Aufsicht, dh für sie gelten die speziellen Maßgaben für Rückversicherungsunternehmen nicht.[90]

Das VAG selber enthält **keine Definition** der Rückversicherung. Rückversicherung ist in Anknüpfung an § 779 Abs. 1 HGB a. F. die Versicherung der vom Versicherer übernommenen Gefahr.[91] Im Gegensatz zur Erstversicherung (Direktversicherung) nimmt bei der Rückversicherung (Indirekte Versicherung) der Erstversicherer (Zedent) bei einem anderen Versicherungsunternehmen (Zessionar, Rückversicherer) Versicherung, und zwar entweder für einen Teil oder im Ausnahmefall auch für das gesamte übernommene Risiko.[92] Die Rückversicherung ändert nichts daran, dass der Versicherungsnehmer im Rahmen der Erstversicherung Rechtsbeziehungen nur zum Erstversicherer hat. Keine Rückversicherung liegt vor, wenn Pensionsfonds das Pensionsfondsgeschäft in Rückdeckung geben. **20**

Rückversicherung erfüllt eine **risikopolitische Funktion**, da sie eine Übernahme solcher Risiken erlaubt, die der Erstversicherer selber nicht tragen kann oder will.[93] Zugleich kann Rückversicherung dem Erstversicherer zur Ergebnisstabilisierung und Eigenkapitalreduktion dienen. Schließlich sind mit der Rückversicherung regelmäßig bestimmte Serviceleistungen verbunden, von denen der Erstversicherer partizipiert.[94] **21**

Die frühere eingeschränkte Aufsicht über Rückversicherungsunternehmen ist stets mit der Überlegung gerechtfertigt worden, dass die „Versicherten" dieser Unternehmen, die Erstversicherungsunternehmen, fachkundig und daher auch nicht besonders schutzbedürftig seien. Zudem sollte hiermit der Internationalität des Geschäfts Rechnung getragen werden, die es notwendig mache, den Rückversicherern ein gewisses Maß an Freiheit in der Gestaltung ihres Geschäftes zu belassen. Andererseits sollte die Rückversicherung schon immer nicht ohne jegliche Kontrolle bleiben, um einem Missbrauch zum Nachteil der Versicherten vorzubeugen.[95] Hieran anknüpfend sah sich der Gesetzgeber zur Statuierung einer umfassenden Rückversicherungsaufsicht veranlasst. So soll insbesondere dem Ausfall eines Rückversicherers begegnet werden, der die Leistungsfähigkeit der betroffenen Erstversicherer beeinträchtigen kann.[96] Auf europäischer Ebene ist als Folge weltweiter Finanzverwerfungen mittlerweile ebenfalls eine Regulierung erfolgt,[97] die Eingang in die Solva II-RL gefunden hat. Damit wird der besonderen Bedeutung der Rückversicherung für den **reibungslosen Verlauf des Erstversicherungsgeschäftes** sowie zur Sicherung der Erstversicherungsmärkte und des Finanzsystems insgesamt Rechnung getragen.[98] Zu beachten ist dabei allerdings auch, dass die Globalisierung bei der Rückversicherung – anders als bei der Erstversicherung – erkennbar weltweite Dimensionen aufweist. **22**

Rechtsgrundlage der unmittelbaren Aufsicht über Unternehmen, die ausschließlich die Rückversicherung betreiben (sog Spezial-Rückversicherungsunternehmen), ist – unbeschadet weiterer Regelungen – § 1 VAG. Daneben besteht auch eine **mittelbare Aufsicht** dieser Versicherer über die Erstversicherer, deren Rückversicherungsgeschäfte der vollen aufsichtsrechtlichen Überwachung unterliegen. So sind bereits bei der Zulassung eines Unternehmens die Grundzüge der Rückversicherung der Aufsicht als Bestandteil des Geschäftsplans einzureichen (§ 9 Abs. 2 Nr. 3 VAG). Bei Ausweitungen des Geschäftsbetriebs sind ebenfalls entsprechende Angaben zu machen (§ 12 Abs. 2 VAG). Ziel der mittelbaren Aufsicht ist die Vermeidung bzw. Beseitigung schädlicher Rückwirkungen der Rückversicherung auf die Leistungsfähigkeit der Erstversicherungsunternehmen durch seine Rückversicherung.[99] Die Aufsicht achtet dabei darauf, dass die vom Erstversicherer ausgewählten Rückversicherer die notwendige Gewähr für die Erfüllung der von ihnen übernommenen Verpflichtungen bieten. **23**

c) Betrieb von Versicherungsgeschäften. aa) Theoriediskussion. Das Gesetz enthält, wie bereits ausgeführt, keine Legaldefinition der Versicherung. Die allgemeine Theoriediskussion zum Versicherungsbegriff ist demgemäß **weit verzweigt**. Sie reicht von wirtschafts- und betriebswirtschaftlichen Ansätzen, etwa der Konzeption der Versicherung als Wirtschaftsgut[100] bzw. als Produkt[101] oder kon- **24**

---

90 So bereits zum früheren Recht: *Radunski*, in: 100 Jahre materielle Versicherungsaufsicht in Deutschland, 2001, S. 317, 333.

91 *BGH* Beschl. v. 1.7.2014 – II ZB 29/12, VersR 2015, 362, 364 = NZG 2014, 1182.

92 Bähr/*G.Bähr/Püttgen* § 3 Rn. 24; zu den Formen der Rückversicherung siehe *Cannawurf/Schwepcke, in:* Lüer/Schwepcke, Rückversicherungsrecht, 2013, § 8 Rn. 264 ff.; Langheid/Wandt/*Schwepcke*, RückversR Rn. 149 ff.; Prölss/Martin/*Klimke* § 209 VVG Rn. 4 ff.; *Vieregge*, Rückversicherung als Instrument zur Verbesserung der Risikoallokation in der gesetzlichen Krankenversicherung, 2003, S. 116 ff.

93 Zur Sicherung von Aktienrisiken durch Rückversicherung s. *Stöffler* VW 2004, 25 f.

94 *Pörschmann/Sauer/Hartung* ZfV 2004, 106 f.

95 Vgl. *Braumüller*, Versicherungsaufsichtsrecht, 1999, S. 79 f.

96 Vgl. Gesetzesbegründung, BT-Drs. 14/8017, 70; *Möller* WM 2001, 2405, 2413 f.; *Weber-Rey/Guinomet* WM 2004, 661, 662.

97 EU-Richtlinie über die Rückversicherung, ABl. EU 2005 L 323, 1.

98 4. Erwägungsgrund der EU-Richtlinie über die Rücksicherung.

99 *Klein*, Die Solvenz der Rückversicherungsunternehmen in der Bundesrepublik Deutschland, 1993, S. 27.

100 *Graf v. d. Schulenburg/Wähling* ZVersWiss 1991, 287.

101 *Farny* ZVersWiss 1995, 79 f.; *Karten* ZVersWiss 1995, 57; *Riege* ZVersWiss 1990, 403, 408–411 u. 464 f.

ditionierten Finanzierungsvertrag[102] über korrespondierende juristische Wertungen[103] bis hin zu einer informationstheoretischen Begründung von Versicherung.[104] Aus philosophischer Sicht werden Versicherungen mitunter als „eine Verknüpfung zwischen reinem und kalkuliertem Glück oder Pech" wahrgenommen.[105] Rechtlich determiniert sind Vorstellungen, dass ein aufschiebend bedingtes Leistungsversprechen[106] bzw. ein besonders ausgestalteter Geschäftsbesorgungsvertrag[107] vorliegt. Vorwiegend verbraucherpolitisch motiviert sind Vorstellungen von einem Treuhandmodell, das teils aus Geschäftsbesorgungsgesichtspunkten, teils aus einer Gefahrengemeinschaft hergeleitet wird. Danach fungiere der Versicherer als Treuhänder, Versicherung soll „die Leistung der Versicherten" sein.[108] Schließlich gibt es philosophisch-soziologische Ansätze,[109] die mit einer Umschreibung des Risikobegriffs auch für die versicherungswissenschaftliche Diskussion fruchtbar gemacht werden können,[110] zumal sich die Versicherer mitunter selber als „Manager des Risikos" bezeichnet haben.[111] Versicherungen erscheinen dem gemäß als „Einrichtungen der Transformation von Gefahren und Risiken",[112] wobei sie trotz noch tieferliegender historischer Wurzeln[113] als Errungenschaften der Moderne verstanden werden.[114] Versicherung wird demgemäß in Zusammenhang mit dem Verlust anderer (namentlich gottgeleiteter) Gewissheiten gebracht.[115] Sehr griffig formuliert *Looschelders,* dass Versicherung „das ungeregelte Walten des Zufalls im Leben des einzelnen... bezogen auf die Gesamtheit der Versicherten zu einer ‚geregelten Erscheinung' macht",[116] also „eine kontrollierte Extension des Bereichs rationalen Handelns" stattfindet.[117] *Shiller* begreift Versicherung als Risikomanagement, wobei in Zeiten vielfältiger Risiken der Versicherungsbranche stets neue Aufgaben erwachsen,[118] was entsprechendes Innovationspotential begründet.[119] *Safranski* stellt heraus, dass die Sorge den Menschen ins gesellschaftliche Kollektiv dränge und ihn insofern zur Vorsorge veranlasse.[120] *Sloterdijk* verweist auf den generellen Wandel zu einer „Therapie- und Versicherungsgesellschaft",[121] in der Privatversicherungen dem Einzelnen „sein immunologisches Optimum" bieten.[122] *Armbrüster* nennt dies Planungssicherheit.[123] Auf den Zusammenhang zwischen Mobilität und Versicherung macht dabei *Heiss* aufmerksam.[124] Interessant ist auch die Einschätzung von *N. Luhmann,* dass „organisierte Hilfe" ein „Anspruchsklima" erzeuge, das „in keiner Weise solidaritätsstiftend" sei,[125] ein Gedanke, der sich in der juristischen Abgrenzung der Versicherung (die Rechtsansprüche voraussetzt) von der bloßen Unterstützung (in Form von aufsichtsfreien Unterstützungskassen, die solidaritätsstiftend wirken) wiederfindet. In Gestalt der Versicherungsaufsicht verschränken sich dabei nicht-staatliche und staatliche Ebenen.[126] Die Vielschichtigkeit der Ansätze dürfte zu einem guten Teil der Tatsache geschuldet sein, dass Versicherung etwas nichts Greifbares ist, was in besonderem Maße wissenschaftliche Neugier hervorruft.

25 Auszugehen ist von der zwischen Versicherer und Versicherungsnehmer bestehenden **vertragsrechtlichen Beziehung**. Der Produktansatz lässt sich dabei verstärken, bedenkt man, dass die Allgemeinen Versicherungsbedingungen „eine rechtliche Rahmenordnung für den Versicherungsvertrag" bereithal-

[102] *Kaiser*, Finanzmediation durch Banken und Versicherungen, 2006, S. 13, 15.
[103] *Dreher*, S. 2 u. 147; *Schirmer* ZVersWiss 1986, 509, 510.
[104] *W. Müller*, in: Dieter Farny und die Versicherungswissenschaft, 1994, S. 363, 365 ff.
[105] *Dworkin*, Was ist Gleichheit?, 2011, S. 93.
[106] Langheid/Wandt/*Looschelders* § 1 Rn. 24.
[107] *Schünemann* JZ 1995, 430, 432 f.; *ders.* NVersZ 1999, 345, 346; *Schwintowski* JZ 1996, 702, 704–706, der von einem hedge-ähnlichen Geschäft mit Geschäftsbesorgungselementen ausgeht.
[108] *H. D. Meyer*, Das Versicherungs-(un)wesen, 1990, S. 75, 78, 82, 90, 221; s. a. *von Hippel* JZ 1989, 663, 664.
[109] Kurzer Überblick bei *N. Luhmann*, Soziologie des Risikos, 1991, S. 11–13.
[110] Vgl. *R. Schmidt*, Weitere Überlegungen aus Anlass einer Reform des Versicherungsvertragsgesetzes, 1999, S. 10 ff.
[111] *Michaels*, in: Wieviel Risiko braucht die Gesellschaft?, 1998, S. 4, 7.
[112] *N. Luhmann*, Soziologie des Risikos, 1991, S. 55.
[113] *N. Luhmann*, Soziologie des Risikos, 1991, S. 16–18; s. a. *Henssler*, Risiko als Vertragsgegenstand, 1994, S. 4.
[114] *Bonß*, Vom Risiko, 1995, S. 178.
[115] *Sloterdijk*, Im Weltinnenraum des Kapitals, 2005, S. 138, 148 f.
[116] *Looschelders* VersR 1996, 529, 530.
[117] *N. Luhmann*, Soziologie des Risikos, S. 22.
[118] *Shiller*, Die Neue Finanzordnung, 2003, S. 304, 367 f.; zu Grenzen privatwirtschaftlicher Versicherungslösungen in Zeiten erhöhter Terrorrisiken vgl. *Gas* VW 2006, 8, 10 u. 12 f.
[119] *Siebel*, Die Kultur der Stadt, 2015, S. 321 u. 324.
[120] *Safranski*, Zeit, 2015, S. 13.
[121] *Sloterdijk*, Im Weltinnenraum des Kapitals, 2005, S. 28 u. 125. In diesem Zusammenhang interessant ist auch die Feststellung von *Th. Schmid*, Deutschland sei eine „auf den Versicherungsgedanken gegründete Nation" (Die Welt v. 17.12.2015: „Europas Angst vor dem planlosen Deutschland"). Weiter gefasst wird mitunter von einem „Geschäftsmodell Pessimismus" gesprochen, das „Industrien der Angstbewirtschaftung" eigen sei. Gemeint sind hiermit vornehmlich aktuelle politische Entwicklungen (*Bucheli*, „Geschäftsmodell Pessimismus", in: Neue Zürcher Zeitung v. 11.6.2016, S. 1), was nichts daran ändert. dass von der Beschreibung auch Versicherungen erfasst werden.
[122] *Sloterdijk,* Im Weltinnenraum des Kapitals, 2005, S. 241 u. 341 f.
[123] *Armbrüster* KritV 2005, 318, 319.
[124] *Heiss* VersR 2006, 448.
[125] *N. Luhmann*, Soziologie des Risikos, 1991, S. 113.
[126] Vgl. *Bonß*, Vom Risiko, 1995, S. 206 f.

ten,[127] der Versicherung zum Rechtsprodukt macht.[128] Hingegen greift der Informationsansatz zu kurz, da Information alleine Versicherung noch nicht hinreichend konstituiert. Information ist allerdings eine unerlässliche Begleiterscheinung und in Zeiten deregulierter Versicherungsmärkte von besonderer Bedeutung.

Die Annahme eines **Geschäftsbesorgungsvertrag**s lässt sich bereits im Ansatz nicht mit den Vertragsabreden in Einklang bringen.[129] Auch die Vorstellung einer Gefahrengemeinschaft findet keine Entsprechung in den üblichen Vertragsabreden, da es keine rechtlich geprägte Gruppe mit kollektiven Ansprüchen gibt.[130] Hierbei handelt es sich, wie *R. Schmidt*[131] zutreffend schreibt, eher um „eine romantisierende juristische Umschreibung des versicherungstechnischen Ausgleichskollektivs".[132] Auch anderweitige Ableitungen eines Treuhandverhältnisses, etwa bei der Lebensversicherung aus dem Grundsatz von Treu und Glauben,[133] gehen ins Leere,[134] sie stellen hiermit zugleich das von freiem Wettbewerb und Privatautonomie geprägte marktwirtschaftliche Fundament in Frage.[135] Auch das BVerfG hat klargestellt, dass kein Treuhandverhältnis besteht, vielmehr die Prämien in das Eigentum der Versicherer übergehen und diese hierüber „in eigener unternehmerischer Verantwortung" zu entscheiden haben.[136] Überlegungen, die in der Annahme eines partiarischen Rechtsverhältnisses münden,[137] sind per se nicht geeignet, konkrete Pflichten des Versicherers zu begründen,[138] etwa eine Pflicht des Lebensversicherers zur Gewinnoptimierung.[139] Auch § 153 VVG, demzufolge der Versicherungsnehmer in der Lebensversicherung einen Anspruch auf Überschussbeteiligung hat, bietet keinen Anhaltspunkt für die Annahme eines Geschäftsbesorgungsvertrags.[140] 26

Der Versicherer verpflichtet sich bei Begründung eines Versicherungsverhältnis im allgemeinen, bei Eintritt des Versicherungsfalls eine Geldleistung zu erbringen. Diese nur bedingt geschuldete Leistung soll dem Interesse des Versicherungsnehmers entsprechen, das nur auf eine Befriedigung im Versicherungsfall gerichtet sei.[141] Damit bleibt aber offen, worin die Leistung des Versicherers besteht, wenn der Versicherungsfall gar nicht eintritt.[142] Die Rechtsprechung stellt darauf ab, dass der Versicherer eine Gefahr[143] bzw. ein Risiko[144] mit Abschluss des Versicherungsvertrags übernimmt, ohne sich damit bereits der Auffassung anzuschließen, der Versicherer schulde die Gefahrtragung als seine Leistung. Danach würde die **Gefahrtragung**, die im Verpflichtet- und Bereitsein zur Entschädigungsleistung liege, einen eigenen Leistungstyp darstellen. Die im Versicherungsfall geschuldete Geldleistung wäre nur eine 27

[127] *Dreher*, S. 162.

[128] *Dreher*, S. 49, 147 f.; *Bürgi*, Allgemeine Versicherungsbedingungen im Lichte der neuesten Entwicklung auf dem Gebiet der Allgemeinen Geschäftsbedingungen, 1985, S. 78, 146; *Dörner*, Einführung, in: Allgemeine Versicherungsbedingungen (Beck'sche Textausgaben), 6. Aufl., 2009, S. 1, 4 f.; *Freund*, Die Änderung Allgemeiner Geschäftsbedingungen in bestehenden Verträgen, 1998, S. 37; *Wördemann*, International zwingende Normen im internationalen Privatrecht des europäischen Versicherungsvertrages, 1997, S. 3 u. 282 f.; *Hoffmann*, Verbraucherschutz im deutschen Privatversicherungsrecht nach dem Wegfall der Vorabkontrolle Allgemeiner Versicherungsbedingungen, 1998, S. 70; *Schlappa*, Die Kontrolle von Allgemeinen Versicherungsbedingungen im deutschen Versicherungsaufsichtsrecht und der freie Dienstleistungsverkehr im EG-Recht, 1987, S. 5, 11, 172; *Eilfort*, Der Verbraucherschutzgedanke in der deutschen privaten Krankenversicherung nach der Dritten Richtlinie Schadenversicherung, 1999, S. 18; *Präve*, Versicherungsbedingungen und AGB-Gesetz, 1998, Rn. 2.

[129] *Pataki*, Der Geschäftsbesorgungsgedanke im Versicherungsvertragsrecht, 1998, S. 98, 205 ff. u. 231; *Winter* FS Horst Baumann, 1999, 379, 385–387; *R. Schmidt*, Weitere Überlegungen aus Anlass einer Reform des Versicherungsvertragsgesetzes, 1999, S. 15, 17; *Biewer*, Die Umwandlung eines Versicherungsvereins auf Gegenseitigkeit in eine Aktiengesellschaft, 1998, S. 39 f.; *Ihle*, Der Informationsschutz des Versicherungsnehmers, 2006, S. 358 f.; *Lorenz*, in: Beckmann/Matusche-Beckmann, Versicherungsrechts-Handbuch, 2. Aufl., 2009, § 1 Rn. 155; *Präve* ZVersWiss 1991, 383, 390 f.

[130] Beckmann/Matusche-Beckmann/*Lorenz*, § 1 Rn. 133 u. 135; Langheid/Wandt/*Looschelders* § 1 Rn. 40; *Karten* VW 1981, 1604, 1605; *Dreher*, S. 133 f.; *Biewer*, Die Umwandlung eines Versicherungsvereins auf Gegenseitigkeit in eine Aktiengesellschaft, 1998, S. 40 f.; *Scholz* ZVersWiss 1984, 1, 16; *Präve* ZVersWiss 1991, 383, 391.

[131] Prölss/*R. Schmidt*, 11. Aufl., § 1 Rn. 32.

[132] Ähnlich *Barbey* VersR 1985, 101, 108 Fn. 66.

[133] *von Hippel* NJW 1995, 566, 567; *ders.* JZ 1989, 663, 664 f.

[134] *Winter* ZVersWiss 1991, 203, 222 f.

[135] *Dreher*, S. 135.

[136] *BVerfG* Urt. v. 26.7.2005 – 1 BvR 782/94 und 957/96, VersR 2005, 1109, 1118 = NJW 2005, 2363; *BVerfG* Urt. v. 26.7.2005 – 1 BvR 80/95, VersR 2005, 1127, 1131 f. = r+s 2005, 429; *BVerfG* Beschl. v. 29.5.2006 – 1 BvR 240/98, VersR 2006, 961, 963 = r+s 2006, 426.

[137] *Basedow* ZVersWiss 1992, 419, 438–440.

[138] *Präve* ZfV 1992, 334, 338 f.; *Biewer*, Die Umwandlung eines Versicherungsvereins auf Gegenseitigkeit in eine Aktiengesellschaft, 1998, S. 56 f.

[139] *BGH* Urt. v. 23.11.1994 – IV ZR 124/93, VersR 1995, 77, 80 = NJW 1995, 589; *Lorenz* ZVersWiss 1993, 283, 299 f.; *Benkel* VersR 1994, 509, 513 f.; *Baumann*, Die Kapitallebensversicherung mit Überschussbeteiligung als partiarisches Versicherungsverhältnis und ihre Bedeutung bei der Umstrukturierung von Versicherungsprodukten, 1993, S. 11.

[140] *Eppe* VersR 2008, 1316, 1321.

[141] *Schmidt-Rimpler*, Die Gegenseitigkeit bei einseitig bedingten Verträgen, insbesondere beim Versicherungsvertrag, 1968, S. 25 f.

[142] *Mordi* ZVersWiss 1985, 81, 85; *W. Müller* FS Seuß, 1981, 155–171.

[143] *BVerwG* Urt. v. 14.10.1980 – 1 A 12/78, VersR 1981, 221, 223 = BeckRS 1980 30422245.

[144] *BVerwG* Urt. v. 11.11.1986 – 1 A 45/83, VersR 1987, 273 = BeckRS 2008, 38042.

„Realisierung der Gefahrtragung".[145] Diese Sichtweise hat sich allerdings ebenfalls als nicht unproblematisch erwiesen, weil der Versicherungsnehmer auf die mit dem Bereitsein des Versicherers für den Versicherungsfall verbundenen Geschäftsbesorgungshandlungen keinen vertragsrechtlichen Anspruch hat.[146]

28 Dem Versicherungsverhältnis wohnt jedenfalls ein **Austauschverhältnis** inne. So stehen das Versprechen einer Leistung des Versicherers im Versicherungsfall und das Prämienversprechen des Versicherers im synallagmatischen Verhältnis, was zur Annahme eines gegenseitigen Vertrags führt,[147] wie dies durch § 1 VVG bestätigt wird. Unerheblich ist, dass der Versicherer nur bedingt eine Leistung verspricht, während sich der Versicherungsnehmer unbedingt zu leisten bereit erklärt. „Dadurch, dass der Versicherer bedingt zu leisten... verspricht, leistet er im Sinne des Synallagma vorbehaltlos, endgültig und in diesem Sinne ‚unbedingt' „.[148] Insoweit können Überlegungen, die eine synallagmatische Beziehung in Abrede stellen,[149] nicht überzeugen.[150]

29 Für das Versicherungsaufsichtsrecht hat sich die Auslegung des Tatbestandes „Versicherungsgeschäft" an dem mit dem VAG verfolgten **Schutzzweck** zu orientieren, der in einem ausreichenden Versichertenschutz zu sehen ist. Das Schutzbedürfnis lässt sich dabei als „immanentes Merkmal des aufsichtsrechtlichen Versicherungsbegriffs"[151] und damit als Auslegungsfaktor begreifen.[152] Sofern also ein Schutzbedürfnis anzunehmen ist, indiziert dies auch ein Aufsichtsbedürfnis.[153] Die Verneinung eines Schutzbedürfnisses indiziert umgekehrt den Wegfall einer Versicherungsaufsicht,[154] was allerdings nicht zwingend ist, wenn der Gesetzgeber dies nicht stützt.[155] Der Versicherungsbegriff ist insofern eher weiter als eng auszulegen. Dabei ist von einer gewissen Parallelität mit dem Vertragsrecht auszugehen. Dass das Versicherungsvertragsgesetz (VVG) auch auf aufsichtsfreie Einrichtungen Anwendung finden kann, vermag hieran nichts zu ändern. Der Annahme eines Versicherungsgeschäfts steht nicht entgegen, wenn das Versicherungsverhältnis kraft Gesetzes entsteht oder der Versicherungsnehmer zum Abschluss des Vertrags gesetzlich verpflichtet ist. Auch eine Beschränkung des Geschäftsbetriebs auf bestimmte Personen- oder örtlich bzw. sachlichbegrenzte Wirkungskreise ist unschädlich.[156] Dasselbe gilt, wenn die Parteien vereinbaren, es liege kein Versicherungsvertrag vor, denn insofern kommt ihnen keine Regelungskompetenz zu.[157] Schließlich führt die Erbringung der versicherten Leistung durch Dritte (etwa bei Beistandsleistungen gemäß Anlage 1 Nr. 18 zum VAG) im Grundsatz nicht dazu, das Vorliegen eines Versicherungsgeschäfts zu verneinen. Der Dritte betreibt in einem solchen Fall selber allerdings kein Versicherungsgeschäft, solange er kein Risiko im Sinne des VAG übernimmt.

30 Mitunter wird die Abgrenzung des Versicherungsvertrags vom **Garantievertrag** problematisiert. Dabei ist zu bedenken, dass der Garantievertrag gesetzlich überhaupt nicht geregelt ist. Er stellt einen Vertrag eigenständiger Art dar, der dadurch gekennzeichnet ist, dass sich durch ihn der Garant verpflichtet, den Garantienehmer im Garantiefall so zu stellen, als ob der ins Auge gefasste Erfolg eingetreten oder der Schaden nicht entstanden wäre. Unterschieden wird zwischen einer Leistungs- und einer Eigenschaftsgarantie, neben denen sich noch weitere Formen von Garantieverträgen herausgebildet haben. Diese durch die Praxis geformten Geschäfte sind im Wesentlichen klar umrissen, so dass sich im Regelfall keine praxisrelevanten Überschneidungen mit dem Versicherungsbegriff ergeben.[158] Eine Ausnahme mag in den Ausfuhrgewährleistungen des Bundes gesehen werden, die teils als Garantievertrag,[159] teils als Versicherungsvertrag bewertet werden.[160] Da diese sogenannten Hermes-Deckungen aber dem VAG bereits deswegen nicht unterliegen, weil der Bund kein Unternehmen im aufsichtsrechtlichen Sinne darstellt,[161] hat auch dieser Streitfall im Ergebnis keine weitere Bedeutung. Die Rechtsprechung sieht im Versicherungsgeschäft ein Risikoübernahmegeschäft nach

---

[145] *Grieshaber,* Das Synallagma des Versicherungsvertrages, 1914, S. 93.
[146] Beckmann/Matusche-Beckmann/*Lorenz,* § 1 Rn. 133, 135 u. 155.
[147] Beckmann/Matusche-Beckmann/*Lorenz,* § 1 Rn. 149 f.
[148] *Haymann,* Leistung und Gegenleistung im Versicherungsvertrag, 1933, S. 31.
[149] *Schünemann* JZ 1995, 430, 532; *ders.,* VersWissStud [4. Bd.], S. 43, 51–54; *Schintowski* JZ 1996, 702 f.; *ders.,* VersWissStud [6. Bd.], S. 27, 45 ff.
[150] *Winter* FS Horst Baumann, 1999, 370, 388, 393.
[151] Gesetzesbegründung, BT-Drs. 9/1493, 19.
[152] *Sieg* ZVersWiss 1969, 495, 515; *Flockermann/von Wick* VW 1997, 695; *Armbrüster* VersR 2015, 1453, 1459.
[153] *Kaulbach* VersR 1980, 1014 f.; s. a. Erläuterung unter Rn. 42 erster Spiegelstrich.
[154] *BVerwG* Urt. v. 24.5.1960 – I C 45/57, VersR 1960, 1129 = NJW 1960, 2019; *BVerwG* Urt. v. 22.3.1956 – I C 147.54, VersR 1956, 361; s. a. *Kaulbach* VersR 1985, 806, 810; *Winter,* S. 219–221.
[155] *BVerwG* Urt. v. 10.1.1961 – I C 46/57, VersR 1961, 361, 363 = VerBAV 61, 161; *Baran* VR 4/2008, 13, 14 (aus österreichischer Sicht).
[156] *BVerwG* Urt. v. 21.9.1967 – I G 31/65, VersR 1967, 1085; *OVG Berlin* v. 15.10.1959 – VI B 36/58, VersR 60, 553 = VerBAV 1960, 92, 94.
[157] *Armbrüster* VersR 2015, 1453, 1454.
[158] Vgl. *Henssler,* Risiko als Vertragsgegenstand, 1994, S. 373 f.; s. a. Palandt/*Sprau* Einf vor § 765 Rn. 21.
[159] *von Westphalen* BB 1982, 711, 713.
[160] *Kaulbach* VersR 1985, 806, 808.
[161] *Kaulbach* VersR 1985, 806, 810.

Art eines Garantievertrags[162] und behilft sich mit einer abstrakten Definition von Versicherung. Dem ist zu folgen.

bb) Tatbestandsmerkmale. Ein Versicherungsgeschäft im aufsichtsrechtlichen Sinne liegt nach **ständiger höchstrichterlicher Rechtsprechung** vor, wenn gegen Entgelt (Entgeltlichkeit) für den Fall eines ungewissen Ereignisses (Risikoübernahme) bestimmte Leistungen übernommen werden (Rechtsanspruch), wobei das übernommene Risiko auf eine Vielzahl durch die gleiche Gefahr bedrohter Personen verteilt wird (Gleichartigkeit der Gefahr) und der Risikoübernahme eine auf dem Gesetz der großen Zahl beruhende Kalkulation (Planmäßigkeit) zugrunde liegt.[163] Dazu gehören nicht Vereinbarungen, die in einem inneren Zusammenhang mit einem Rechtsgeschäft anderer Art stehen und von dort ihr eigentliches Gepräge erhalten (Selbständigkeit des Versprechens). Dies ist dann der Fall, wenn die betreffende Vereinbarung mit einem anderen Vertrag, der seinerseits kein Versicherungsvertrag ist (z. B. Kauf-, Miet- oder Werkvertrag), verbunden und als unselbständige Nebenabrede dieses Hauptvertrags zu werten ist.[164] Diese Definition des Versicherungsgeschäfts ist grundsätzlich als abschließend zu verstehen, wenngleich nicht vollständig ausgeschlossen werden mag, dass bei Produktinnovationen eine weitergehende Präzisierung erforderlich werden könnte.[165] Ersichtlich ist dies gegenwärtig aber nicht. Auch in den letzten Jahrzehnten hat es insofern keinen Ergänzungsbedarf gegeben. 31

(1) Entgeltlichkeit. Für die Leistungen muss ein **Entgelt** versprochen werden,[166] das nicht in Geld bestehen muss. Ein Fördermitgliedsbeitrag reicht allerdings nicht aus, wenn dieser nur der Verwirklichung des Vereinszwecks dient und nicht Entgelt für eine Risikoübernahme ist, wie dies beispielweise bei dem Beitrag zu einem Verein gegeben ist, der Rettungs-, Transport-, Krankenverlegungs- und Suchflüge bei Unglücksfällen, Erkrankungen und Katastrophen übernimmt oder vermittelt, ohne seinerseits entsprechende Ansprüche der Mitglieder auf Leistungen in diesen Fällen einzuräumen.[167] Dass für Zusatzleistungen in Form von Versicherungen kein gesonderter Beitrag erhoben wird, lässt das Merkmal der Entgeltlichkeit nicht ohne Weiteres entfallen. Es genügt, wenn in diesem Fall die Hauptleistung zu entgelten ist und sich hieraus auch die Finanzierung der zusätzlichen Versicherungsleistung speist.[168] Insofern muss auch kein synallagmatisches Verhältnis zwischen Versicherungsleistung und Prämie im engeren Sinne zwingend bestehen.[169] Bei einem Prozessfinanzierungsvertrag, bei dem der Finanzierer eine auf die Erfolgsbeteiligung gerichtete Forderung erhält, fehlt es an der unbedingten Entgeltlichkeit, da den Anspruchsinhaber gegenüber dem Finanzierer keine Zahlungsverpflichtung trifft, wenn der Prozess verloren geht.[170] Ein vorübergehender Verzicht des Unternehmens auf Beitragserhebung steht der Annahme der Entgeltlichkeit noch nicht entgegen.[171] Geschützter und Beitragszahler müssen, wie die Versicherung zugunsten Dritter zeigt, nicht identisch sein. 32

(2) Risikoübernahme. Es muss eine Risikoübernahme stattfinden, so wie dies auch in § 1 S. 1 VVG seinen Ausdruck gefunden hat. Die Rechtsprechung sieht dabei das Versicherungsgeschäft als ein Risikoübernahmegeschäft nach Art eines Garantievertrags an.[172] Damit ist bezogen auf die **Lebensversicherung** eine klare Trennung von einem reinen Kapitalanlagegeschäft vorgegeben, sieht man von dem gesondert geregelten Fall des Kapitalisierungsgeschäftes einmal ab.[173] Das ist auch insoweit folgerichtig, als insofern unterschiedliche vertragsrechtliche Vorgaben, namentlich andere Informations- und Aufklärungspflichten gelten.[174] Im Ergebnis bedeutet dies, dass der Lebensversicherer ein nennenswertes 33

---

[162] *BVerwG* Urt. v. 24.2.1987 – 1 A 49/83, VersR 1987, 453, 454; *BVerwG* Urt. v. 11.11.1986 – 1 A 45/83, VersR 1987, 273, 274.

[163] *BVerwG* Urt. v. 29.9.1992 – 1 A 26/91, VersR 1993, 1217; *BVerwG* Urt. v. 12.5.1992 – 1 A 126/89, VersR 1992, 1381, 1382; *BVerwG* Urt. v. 11.11.1986 – 1 A 45/83, VersR 1987, 273, 274; *BVerwG* Urt. v. 24.2.1987 – 1 A 49/83, VersR 1987, 453, 454; *BVerwG* Urt. v. 19.5.1987 – 1 A 88/83, VersR 1987, 701, 702; *BVerwG* Urt. v. 15.7.1980 – 1 A 9/78, VersR 1980, 1013; so auch BAV-Beschlusskammer VerBAV 1999, 167, 168 und BaFin-Merkblatt „Hinweise für Registergerichte zu Bank-, Versicherungs- und Finanzdienstleistungsgeschäften" v. 17.4.2008, S. 5.

[164] *BVerwG* Urt. v. 29.9.1992 – 1 A 26/91, VersR 1993, 1217, 1218; *BVerwG* Urt. v. 12.5.1992 – 1 A 126/89, VersR 1992, 1381, 1382; *BVerwG* Urt. v. 19.5.1987 – 1 A 88/83, VersR 1987, 701, 702; so auch BAV-Beschlusskammer VerBAV 1999, 167, 168.

[165] So *Kaulbach* VersR 2010, 892.

[166] Vgl. § 1 S. 2 VVG.

[167] *BVerwG* Urt. v. 24.2.1987 – 1 A 49/83, VersR 1987, 453, 454; *BVerwG* Urt. v. 11.11.1986 – 1 A 45/83, VersR 1987, 273, 275; *Groepper* NVersZ 1998, 103, 105.

[168] *VGH Kassel* Urt. v. 16.12.2009 – 6 A 1065/08, VersR 2010, 889, 890 f.

[169] *VGH Kassel* Urt. v. 16.12.2009 – 6 A 1065/08, VersR 2010, 889, 891.

[170] *Müller-Güldemeister/Rollmann* NJW 1999, 3540; *Dethloff* NJW 2000, 2225, 2227; *Jaskolla*, Prozessfinanzierung durch Erfolgsbeteiligung, 2004, S. 38; *Frechen/Kochheim* NJW 2004, 1213, 1214; a. M. *Fritzsche/Schmidt* NJW 1999, 2998, 3000 f.

[171] *Sieg* ZVersWiss 1969, 495, 503; *Armbrüster* VersR 2015, 1453, 1455.

[172] *BVerwG* Urt. v. 24.2.1987 – 1 A 49/83, VersR 1987, 453, 454; *BVerwG* Urt. v. 11.11.1986 – 1 A 45/83, VersR 1987, 273, 274.

[173] Vgl. Rn. 75.

[174] S. hierzu nur *BGH* Urt. v. 11.7.2012 – IV ZR 286/10, VersR 2012, 1237, 1241, allerdings ohne die aufsichtsrechtliche Wertung.

biometrisches Risiko übernehmen muss. Zwar bestehen aufsichtsrechtlich keine konkreten Mindestanforderungen. Heranziehbar sind insoweit aber steuerrechtliche Wertungen, wie sie etwa § 20 Abs. 1 Nr. 6 S. 6 EStG[175] und korrespondierende Schreiben des BMF[176] entnommen werden können. Es genügt somit nicht, wenn die Risikoübernahme äußerst marginal bleibt.[177] Umgekehrt sind nach Wegfall der bis 1994 bestandenen AVB- und Tarifgenehmigungserfordernisse Festlegungen von aufsichtsbehördlich genehmigten Mindestgrenzen[178] – unbeschadet gesetzlicher Rückkaufswertvorgaben (§ 169 Abs. 3 u. 4 VVG) – insoweit nicht mehr heranzuziehen.[179] An einer Risikoübernahme fehlt es beispielsweise bei Verträgen mit Lebensversicherern, bei denen eine dem Versicherungsnehmer unbekannte Person als Versicherter eingesetzt und darüber hinaus vereinbart wird, dass im Falle des Todes des Versicherten der Vertrag mit einer anderen versicherten Person fortgesetzt wird.[180] Eine Kapitalanlage mit bloßer Beitragsrückgewähr im Todesfall ist ebenso wenig als Versicherung anzusehen.[181] Dasselbe gilt für eine Einrichtung, die lediglich zur technischen Durchführung einer gegenseitigen Hilfeleistung in Sterbefällen eingeschaltet wird.[182] Übernimmt ein Unternehmen das Prozesskostenrisiko im Rahmen einer Absprache über eine gemeinsame Forderungsdurchsetzung, steht im Vordergrund die Realisierung eigener Chancen und nicht die Übernahme eines fremden Risikos.[183] Ein Ölschadenfonds, an den Ölgesellschaften Beiträge zahlen, um Dritte, die durch Öl Schäden erleiden, schadlos zu stellen, dient vorrangig der Förderung der Akzeptanz der Ölverwendung, weshalb auch in diesem Fall keine Versicherung anzunehmen ist.[184] Problematisch ist die Annahme einer Risikoübernahme im Falle des sog **Fronting**, soweit ein Unternehmen dabei alle Risiken an einen oder mehrere Dritte weiterreicht, verbunden mit zusätzlichen Vereinbarungen, die eine Auszahlung der Versicherungsleistung erst nach deren Erstattung durch den bzw. die Dritten vorsehen. Zwar wird mitunter deren Zulässigkeit auch unter Hinweis auf Art. 7 Solva II-RL angenommen,[185] wenngleich diese Norm eine derartige Ausgestaltung nur grob umschreibt und letztlich nur den Geltungsumfang der Richtlinie in solchen Konstellationen unter Beteiligung von VVaG festlegt. Generell ist zu sagen, dass die bloße Zusammenfassung von Mitteln zu gemeinsamen Zwecken der Annahme einer Versicherung entgegensteht.[186] Ein Unternehmen, das Versicherung als reine Geschäftsbesorgung betreibt und nur hierfür ein Entgelt verlangt, übernimmt kein Risiko, sondern will lediglich eine Dienstleistung erbringen. Damit liegt kein Versicherungsgeschäft vor, weshalb das VAG nicht anwendbar ist.[187] Das Fronting ist in dem genannten Fall daher nur bedenkenfrei, wenn der nach außen gegenüber dem Versicherungsnehmer auftretende Risikoträger zumindest einen – nennenswerten – Teil des Risikos selber trägt, die Zusatzvereinbarung also im Verhältnis zum Versicherungsnehmer und zum Dritten entsprechend einschränkt.[188] Eine gesonderte gesetzliche Regelung besteht für die **Finanzrückversicherung**, für die grundsätzlich ebenfalls ein hinreichender Risikotransfer gefordert ist.[189]

34 Die Tatsache, an die die Leistung des Versicherers anknüpft, muss entweder in Bezug auf ihren Eintritt überhaupt oder ihren Eintritt während der Vertragsdauer **ungewiss** sein.[190] Sie darf nicht mehr oder weniger regelmäßig eintreten und nicht allein vom Willen des Versicherungsnehmers abhängen. Daher sind bloße Instandhaltungsverträge, die auf eine Übernahme der mit normalem Verschleiß zusammenhängenden Wartungen und Reparaturen namentlich an technischen Geräten oder Kraftfahrzeugen zielen, grundsätzlich nicht als Versicherungsgeschäft zu werten, da eine entsprechende Abnutzung mehr oder weniger gewiss ist.[191] Gegenstand einer Versicherung können davon abgesehen aber auch die aus der Abnutzung von Sachgütern herrührenden Schäden sein, sofern ungewiss ist, wann, mit welcher Häufigkeit oder in welcher Höhe die Schäden auftreten. Der Ausschluss von Schäden, die durch ein zufälliges und unvorhergesehenes Ereignis eintreten, reicht in diesem Fall nicht aus, den Versicherungs-

---

175 Insoweit zutreffend *Schaaf* VersR 2015, 17, 20.

176 Vgl. *Pohl/Schneider*, Lebensversicherung und Steuer, 5. Aufl., 2012, S. 142 ff.

177 A. M. *Schaaf* VersR 2015, 17, 20 f. und offenbar auch *Kaulbach* NVersZ 2000, 415, 416.

178 S. etwa Geschäftsplan für die Fondsgebundene Lebensversicherung VerBAV 1990, 3, 4 f.; *Sax* VerBAV 1990, 232, 238 f.

179 Zutreffend *Schaaf* VersR 2015, 17, 21.

180 Sog. Optima-Geschäfte, vgl. *OLG Hamburg* Urt. v. 15.2.2000 – 9U 174/98, VerBAV 2000, 163; *LG Hamburg* Urt. v. 23.7.1998 – 322 O 261/97, VerBAV 1998, 327, 330; *Kaulbach* NVersZ 2000, 415, 416.

181 *Winter* VersR 2004, 8, 13 u. 18.

182 *BVerwG* Urt. v. 24.5.1960 – I C 45/57, VersR 1960, 1129, 1130 = NJW 1960, 2019.

183 BAV-Beschlusskammer VerBAV 1999, 167, 168; BaFin-Verlautbarung GB BAV 2001, 45; *Müller-Güldemeister/Rollmann* NJW 1999, 3540, 3541; *Dethloff* NJW 2000, 2225, 227; *Frechen/Kochheim* NJW 2004, 1213, 1214 f.; a. M. *Fritzsche/Schmidt* NJW 1999, 2998, 3000.

184 *Fahr*, in: Geburtstags-Schrift Georg Büchner, 1991, S. 367–370.

185 *Schaaf* VersR 2015, 17, 21 f.; *Grote/Schaaf* VersR 2012, 17, 19.

186 *Fahr*, in: Geburtstags-Schrift Georg Büchner, 1991, S. 367, 371.

187 Vgl. BAV-Mitteilung gegenüber dem Bund der Versicherten vom 26.9.2000, zitiert bei H. D. Meyer, in: 100 Jahre materielle Versicherungsaufsicht, 2001, S. 827, 875 FN 107.

188 In diese Richtung weisend auch *Schaaf* VersR 2015, 17, 22.

189 Vgl. § 167 und die Erläuterungen dort, s. ferner § 4 FinRVV und hierzu *BGH* Urt. v. 1.7.2014 – II ZB 20/12, VersR 2015, 362, 364 f.

190 *Sieg* ZVersWiss 1969, 495, 497.

191 *BVerwG* Urt. v. 19.6.1969 – I A 3/66, VersR 1969, 819., 820.

tatbestand zu verneinen.[192] Ist der Eintritt des Leistungsfalls von vornherein ausgeschlossen, fehlt es wiederum an einer Risikoübernahme, was bei einer äußerst eingeschränkten Garantiezusage gegeben sein kann, etwa bei einer Garantie für ein nachweisbares Versagen der verschleißmindernden Wirkung von Öladditiven.[193] Die Übernahme von Kosten im Falle der Stornierung oder Umbuchung namentlich für Flüge, Hotels und Mietautos knüpft an externe Umstände an. Sie ist als selbstständige Leistungsverpflichtung eine Versicherungsleistung auch dann, wenn es aufgrund eines Absehens von einschränkenden Leistungsvoraussetzungen der Kunde in der Hand hat, auch ohne einen externen, von ihm nicht beeinflussbaren Grund, den Leistungsfall auszulösen. Schwerpunktmäßig dürften auch hier vorrangig Faktoren ausschlaggebend sein, die ein ungewisses Ereignis darstellen (z. B. Krankheit, Krisenlage). Dies genügt zur Bejahung einer Risikoübernahme. Etwas anderes würde nur gelten, wenn für diese Fälle wiederum eine Einstandspflicht ausdrücklich ausgeschlossen wäre.

(3) Leistungsanspruch. Dem Vertragspartner muss ein **Rechtsanspruch** auf die Leistung eingeräumt werden.[194] Eine bloße Erwartungshaltung, die beim Vertragspartner bestehen mag, reicht nicht aus,[195] auch nicht die Übersendung eines Flyers an den Versicherungsinteressenten, soweit dies auch dahingehend verstanden werden kann, dass entsprechender Versicherungsschutz lediglich bei einer Versicherungsgesellschaft verschafft, aber nicht selber in Aussicht gestellt wird.[196] Nicht ausreichend ist zudem der Rekurs auf Vertragsbedingungen, die zu keinem Zeitpunkt tatsächlich verwendet worden sind.[197] Entsprechendes gilt für das bloße Vorspiegeln von Versicherungsschutz durch haltlose Behauptungen,[198] es sei denn, die Behauptungen finden für einen verständigen Kunden eine hinreichende Stütze etwa in entsprechenden Unterlagen.[199] Auch das bloße Anknüpfen an ein echtes Solidaritätsgefühl vermag keine Ansprüche zu begründen.[200] Fehlt es an einem Rechtsanspruch, so betreibt die betreffende Vereinigung schon deshalb kein der Aufsicht unterliegendes Versicherungsgeschäft. § 3 Abs. 1 Nr. 1 VAG, der die Unterstützungskassen „ohne Rechtsanspruch" von der Aufsichtspflicht ausnimmt, hat insofern klarstellenden Charakter.[201] Der Rechtsanspruch muss sich somit aus Unterlagen des Unternehmens, namentlich aus dem Vertrag bzw. der Satzung ergeben. Die bloße Bindung etwa an den vereinsrechtlichen Gleichbehandlungsgrundsatz reicht nicht aus,[202] ebenso wenig die tatsächliche Übung eines Unternehmens.[203] Frühere Rechtsprechung, die den Ausschluss von Rechtsansprüchen als unbeachtlich angesehen hat, wenn er nur formal erfolgt ist und in der Praxis anders verfahren wird,[204] ist überholt.[205] Kein Versicherungsgeschäft liegt demgemäß vor, wenn an Stelle einer bestimmten Leistung lediglich versprochen wird, beim Eintritt eines Todesfalls Spenden zu sammeln und dann den Spendenbetrag den Hinterbliebenen des Verstorbenen auszuzahlen.[206] Dasselbe gilt, wenn eine berufsständische Organisation die Zahlung einer Sterbegeldbeihilfe an die Hinterbliebenen in Aussicht stellt, einen Rechtsanspruch aber ausschließt.[207] Auch sogenannte Arbeitslosenvereine fallen aus dem Anwendungsbereich des VAG heraus, sofern den Vereinsmitgliedern kein Rechtsanspruch auf Unterstützung im Falle der Arbeitslosigkeit eingeräumt wird.[208] Die bloße Mitgliedschaft in einem Verein, der Rettungs-, Transport-, Krankenverlegungs- und Suchflüge bei Unglücksfällen, Erkrankungen und Katastrophen übernimmt oder vermittelt, reicht zur Bejahung eines Versicherungsgeschäfts nicht aus, wenn den Mitgliedern keine Ansprüche auf entsprechende Leistungen eingeräumt werden.[209] 35

[192] *BVerwG* Urt. v. 19.6.1969 – I A 3/66, VersR 1969, 819, 820 f.
[193] Offen gelassen von *BVerwG* Urt. v. 29.9.1992 – 1 A 26/91, VersR 1993, 1217, 1218.
[194] *Feldmann/von Wick* VW 1999, 1314, 1319.
[195] *BVerwG* Urt. v. 24.5.1960 – I C 45/57, NJW 1960, 2019, 2020; a. M. *LVG Hamburg* Urt. v. 26.6.1953 – IVa VG 600/52, VerBAV 1953, 199, 201.
[196] *VGH Kassel* Urt. v. 16.12.2009 – 6 A 1065/08, VersR 2010, 889, 891.
[197] *VGH Kassel* Urt. v. 16.12.2009 – 6 A 1065/08, VersR 2010, 889, 891; *BVerwG* Beschl. v. 30.3.2011 – 8 B 28/10 Rn. 9.
[198] *VGH Kassel* Urt. v. 16.12.2009 – 6 A 1065/08, VersR 2010, 889, 892; *BVerwG* Beschl. v. 30.3.2011 – 8 B 28/10 Rn. 9.
[199] In diese Richtung weisend auch *Kaulbach* VersR 2010, 892, 893 f.
[200] *BVerwG* Urt. v. 24.5.1960 – I C 45/57, VersR 1960, 1129, 1130; 1105, 1106.
[201] *Sieg* ZVersWiss 1969, 495, 505 (zum wortgleichen § 1 Abs. 3 Nr. 1 VAG a. F.).
[202] *Groepper* NVersZ 1998, 103, 104; *Sieg* ZVersWiss 1969, 495, 505.
[203] A. M. *Flockermann/von Wick* VW 1997, 695, 698.
[204] *BVerwG* Urt. v. 21.9.1967 – I G 31/65, VersR 1967, 1085; *BVerwG* Urt. v. 25.10.1962 – I C 12/60, VersR 1963, 53; *Walser* VersR 1961, 106; *BVerwG*, Urt. v. 10.1.1961 – I A 4.59, VersR 1961, 306; *BVerwG* Urt. v. 24.5.1960 – I C 144/59, VersR 1960, 1105; *BVerwG* Urt. v. 22.3.1956 – I C 147.54, VersR 1956, 361 = VerBAV 1956, 181; *LVG Hamburg* Urt. v. 26.6.1953 – IVa VG 600/52, VerBAV 1953, 199.
[205] *Groepper* NVersZ 1998, 103, 104; *Fiala/Schramm/Schechinger* VersR 2006, 1602, 1605; vgl. *BVerwG* Urt. v. 11.11.1986 – 1 A 45/83, VersR 1987, 273; *BVerwG* Urt. v. 24.2.1987 – 1 A 49/83, VersR 1987, 453.
[206] *BVerwG* Urt. v. 21.9.1967 – I G 31/65, VersR 1967, 1085; *BVerwG* Urt. v. 24.5.1960 – I C 144/59, VersR 1960, 1105 f.; *BVerwG* Urt. v. 22.3.1956 – I C 147.54, VersR 1956, 361 = VerBAV 1956, 181.
[207] *BVerwG* Urt. v. 25.10.1962 – I C 12/60, VersR 1963, 53; *BVerwG*, Urt. v. 10.1.1961 – I A 4.59, VersR 1961, 306 f.; *BVerwG* Urt. v. 24.5.1960 – I C 45/57, VersR 1960, 1129.
[208] BAV-Verlautbarung VerBAV 1995, 198.
[209] *BVerwG* Urt. v. 24.2.1987 – 1 A 49/83, VersR 1987, 453; *BVerwG* Urt. v. 11.11.1986 – 1 A 45/83, VersR 1987, 273.

36 Sofern kein Rechtsanspruch besteht, ist regelmäßig auch **kein** besonderes **Schutzbedürfnis** auszumachen, das eine Aufsichtspflicht begründen könnte. Der Vertragspartner muss sich in diesem Fall im Klaren darüber sein, dass er unter Umständen keine Leistung erhält.[210] Voraussetzung ist freilich, dass der Ausschluss von Rechtsansprüchen aus den entsprechenden Unterlagen abgeleitet werden kann.[211] Insoweit würden auch Vertrauensschutzüberlegungen ins Leere gehen, mit denen die Rechtsprechung[212] vormals eine Aufsichtspflicht begründet hat.[213] Werden keine Verpflichtungen im Rechtssinne übernommen, stellt sich namentlich nicht die Frage der Erfüllbarkeit der eingegangenen Verpflichtungen.[214]

37 Der Anspruch braucht nicht auf eine Geldleistung gerichtet sein. Er kann sich auch auf eine **Naturalleistung** beziehen,[215] etwa auf die Gewährung von Rechtsschutz[216] oder auf unmittelbare Schadenbeseitigungsmaßnahmen.[217] Der Umfang der Leistung braucht nicht von vornherein festzustehen. Er kann beispielsweise von der Gewinnentwicklung abhängen. Bloße Kulanzleistungen reichen für sich genommen allerdings nicht aus, ebenso wenig ein Vorbehalt, dass Leistungen nur in Abhängigkeit von erzielten Einnahmen gewährt werden.[218]

38 **(4) Gleichartigkeit der Gefahr.** Das Risiko muss auf eine Vielzahl durch die gleiche Gefahr bedrohter Personen verteilt werden. Nur auf diese Weise ist der notwendige **Risikoausgleich** zu bewältigen,[219] sodass diese Voraussetzung dem Versicherungsgeschäft immanent und folglich auch für den Versicherungsbegriff konstituierend ist.

39 **(5) Planmäßigkeit.** Die Planmäßigkeit bedeutet einen Ausgleich der Risiken im Kollektiv auf der Grundlage des **Gesetz**es **der großen Zahl**. Notwendig ist hierzu der auf längere Dauer berechnete Zweck, fortlaufend eine unbestimmte Zahl von Verträgen zu schließen, die die übrigen Merkmale der Versicherung tragen.[220] Das Gesetz der großen Zahl besagt, dass Zufälligkeiten bei statistischen Massenbeobachtungen eine umso geringere Rolle spielen, je größer die beobachtete Masse ist.[221] Es kommt also auf eine Risikoentlastung durch die Gewinnung einer ausreichend erscheinenden Zahl von Beteiligten an,[222] mitunter wird hierin eine Form auf privatautonomer Grundlage gebildeter rechtlich verfasster Solidarität gesehen,[223] die in übergeordneter Hinsicht auch einen Gegenpol zu einer ausschließlich auf Individualinteressen beruhenden Verfasstheit bildet.[224] Zu beachten ist, dass trotz individueller Risikobewertung,[225] die unter Nutzung neuer technischer Möglichkeiten immer weiter voranschreiten mag, ein ausreichend großes Kollektiv vorhanden bleibt, das die Basis bildet und damit auch die nötige Solidarität verbürgt.[226] In aufsichtsrechtlicher Hinsicht ist die diesbezügliche Absicht entscheidend, anderenfalls würde ein Unternehmen, das sein Geschäft aufnimmt, noch nicht vom VAG erfasst.[227] Irrelevant ist, ob und in welchem Umfang ein Unternehmen Werbung betreibt, sofern nur klar ist, dass eine Erweiterung des Kundenkreises intendiert ist.[228] Ein Großbetrieb ist nicht vonnöten. Auch bedarf es nicht zwingend einer versicherungsmathematischen Ausrichtung der Kalkulation.[229] Umgekehrt widerspricht eine auf umfassender Datenheranziehung beruhende risikogerechte Prämie aber auch nicht dem Ausgleich im Kollektiv und dem Gesetz der großen Zahl.[230] Eine sogenannte Bestandsschutzgarantie, die ein Händler von Fotoartikeln seinen Kunden gegen Aufpreis gewährt, um sie im Dieb-

---

[210] Vgl. *BVerwG* Urt. v. 10.1.1961 – I A 4.59, VersR 1961, 306 = NJW 1961, 1130.
[211] *BVerwG* Urt. v. 11.11.1986 – 1 A 45/83, VersR 1987, 273; *BVerwG* Urt. v. 24.2.1987 – 1 A 49/83, VersR 1987, 453 = NJW-RR 1987, 474.
[212] *BVerwG* Urt. v. 25.10.1962 – I C 12/60, VersR 1963, 53.
[213] *VGH Kassel* Urt. v. 16.12.2009 – 6 A 1065/08, VersR 2010, 889 = BeckRS 2010, 46436.
[214] *BVerwG* Urt. v. 22.3.1956 – I C 147.54, VersR 1956, 361 = VerBAV 1956, 181.
[215] *Sieg* ZVersWiss 1969, 495, 498.
[216] *Ehlers*, in: Achterberg/Püttner, Besonderes Verwaltungsrecht, Band I, 1990, Rn. 410; *Armbrüster* VersR 2015, 1453, 1454.
[217] Vgl. nur *Köhne/Rosenbaum* VW 2004, 1222, 1224.
[218] A. M. *Ehlers* in: Achterberg/Püttner, Besonderes Verwaltungsrecht, Band I, 1990, Rn. 410.
[219] A. M. (entgegen der Rechtsprechung); Bähr/*G. Bähr/Püttgen* § 3 Rn. 15; *Pohlmann* in: Looschelders/Pohlmann, VVG, 3. Aufl., 2016, § 1 VVG Rn. 27; Bruck/Möller/*Baumann* § 1 Rn. 22; *Winter*, S. 167 f.
[220] *BVerwG* 10.1.1961 – I C 46.57, VersR 1961, 361, 362.
[221] *von Fürstenwerth/Weiß*, Versicherungsalphabet, 10. Aufl., 2001, Stichwort: Gesetz der großen Zahlen.
[222] *BVerwG* Urt. v. 19.6.1969 – I A 3/66, VersR 1969, 819 = NJW 1969, 1978; *BVerwG*, Urt. v. 21.9.1967 – I G 31/65, VersR 1967, 1085; *BVerwG* Urt. v. 22.3.1956 – I C 147.54, VersR 1961, 361; *Lueg/Schneidemann* VW 2006, 976, 978; *Schwintowski* ZVersWiss 2007, 449, 451 f.
[223] *Bruns* JZ 2008, 209, 210.
[224] Zu dieser Grundfrage vgl. *Sloterdijk*, Was geschah im 20. Jahrhundert?, 2016, S. 301.
[225] Vgl. Rn. 17.
[226] Instruktiv *Zeidler*, „Rabattsysteme gefährden das Versicherungsprinzip", in: Versicherungsjournal v. 3.3.2015; *Legel* ZfV 2016, 742, 744 f. in Bezug auf Insurtechs. *Looschelders* ZVersWiss 2015, 481, 498 f. verweist darauf, dass trotz einer Zusammenfassung von Risiken im Kollektiv eine gewisse Individualisierung erfolgen müsse, um das Problem der Antiselektion zu vermeiden. Hierdurch werde die Funktion der Versicherung noch nicht in Frage gestellt.
[227] *Sieg* ZVersWiss 1969, 495, 503.
[228] *BVerwG* Urt. v. 10.1.1961 – I C 46.57, VersR 1961, 361.
[229] *BVerwG* Urt. v. 21.9.1967 – I G 31/65, VersR 1967, 1085; *BVerwG* Urt. v. 22.3.1956 – I C 147.54, VersR 1961, 361; *VGH Kassel* Urt. v. 16.12.2009 – 6 A 1065/08, VersR 2010, 889 = BeckRS 2010, 46436.
[230] *Albrecht* ZfV 2017, 157, 160 f.; 189, 190.

stahlsfall abzusichern, erfüllt die Voraussetzung der Planmäßigkeit.[231] Erwerbsabsicht ist nicht notwendig.[232] Das Unternehmen braucht auch nicht durch bezahlte Angestellte geleitet zu werden.

(6) Selbständigkeit des Versprechens. Besteht zwischen einer Vereinbarung und einem anderen Rechtsgeschäft, das keine Versicherung ist, ein so **enger innerer Zusammenhang**, dass sie als unselbständige Nebenabrede zu diesem Vertrag zu bewerten ist, so liegt im Ergebnis keine Versicherung vor.[233] Ein bloßer zeitlicher Zusammenhang genügt nicht.[234] Ob die Selbständigkeit der Risikoübernahme ein eigenständiges Merkmal des Versicherungsgeschäfts ist oder lediglich dazu dient, nicht jedes Garantiegeschäft zum Versicherungsgeschäft werden zu lassen, hat die Rechtsprechung offen gelassen[235] und kann auch offen bleiben. Die Übernahme des Prozesskostenrisikos im Rahmen einer Absprache über eine gemeinsame Forderungsdurchsetzung ist jedenfalls aufsichtsfrei.[236] Die Erstattung einer Selbstbeteiligung im Schadenfall stellt bei einem Vermittler von Mietwagen eine unselbstständige Zusatzleistung dar.[237] Kein Versicherungsgeschäft liegt auch bei sog. Haftungstransfers im Rahmen von Kfz-Leasingverträgen vor, da hier Vereinbarungen über die Gefahrtragung und Haftung des Leasingnehmers essentieller Bestandteil des Leasingvertrags sind. Entsprechendes gilt, wenn beim Verkauf eines Kfz-Schmierölzusatzes der Verkäufer gegenüber dem Käufer hinsichtlich der verschleißmindernden Wirkung dieses Mittels eine Garantie übernimmt, die ihn verpflichtet, bei Schäden an den Aggregaten des Kfz des Käufers wegen Ausbleibens dieser Wirkung bestimmte darauf beruhende Reparaturkosten zu ersetzen.[238] 40

Etwas anderes gilt für seine selbständige Reparaturkostenversicherung[239] oder wenn die **Garantiezusage** den wesentlichen Gegenstand des Geschäfts bildet und der Kauf der Additive nur als eine Art Beigabe erscheint.[240] Die Übernahme einer umfassenden Wartungsgarantie für Heimvideo-Geräte stellt ein Versicherungsgeschäft dar, wenn sich die Verpflichtung in der Übernahme entsprechender Wartungskosten erschöpft und in keinem Zusammenhang mit anderen Geschäften steht.[241] Nur wenn die Wartung die Übernahme des Risikos von künftigen Reparaturen verdrängt, kann im Einzelfall Abweichendes angenommen werden,[242] was allerdings praktisch eher selten gegeben sein dürfte. Versicherungsgeschäft ist gegeben bei einer sogenannten Dauergarantie für Fernsehgeräte, die gegen Entgelt alle Reparaturkosten ausgleicht, die durch Verschleiß und natürliche Alterung erforderlich werden, wenn sich der Anbieter auf ein solches Leistungsversprechen beschränkt und selber keine Fernsehgeräte, auf die sich die Garantie bezieht, verkauft.[243] Vereinbart ein Fotoartikelhändler beim Abschluss von Abzahlungsgeschäften gegen Aufgeld, dass bei Tod oder Arbeitsunfähigkeit des Kunden der Restkaufpreisanspruch erlöscht, besteht kein innerer Zusammenhang mit dem Kauf.[244] 41

Das entgeltliche Versprechen einer Bestandsschutzgarantie durch einen solchen Händler, der im Diebstahlsfall den Kunden die gekauften Artikel ersetzen will, ist ebenfalls keine unselbständige Nebenabrede, da ein sachlicher Zusammenhang mit dem Kaufvertrag nicht gegeben ist.[245] Auch eine Haftung für Verlust oder Sachbeschädigung, die im Zusammenhang mit einem Kaufvertrag übernommen wird, ist nicht anders zu bewerten.[246] Generell gilt, dass je stärker sich eine Garantie von der gesetzlichen Gewährleistungsregelung entfernt, umso eher ein selbständiges Versprechen anzunehmen ist.[247] Übernimmt der Verkäufer beim Verkauf eines langlebigen technischen Geräts gegenüber dem Käufer eine Langzeitgarantie, durch die er sich zur Reparatur des Geräts bei Herstellungs- und Materialfehlern verpflichtet, liegt aber wiederum eine unselbständige Nebenabrede vor, da die Garantie als eine dem Kaufrecht immanente Vereinbarung anzusehen ist.[248] Wird ein Systemlottovertrag geschlossen und wird hierbei ein Unfall- und Krankenversicherungsschutz für Reisen im Ausland als Zusatzleistung angebo-

---

231 *BVerwG* Urt. v. 15.7.1980 – 1 A 9/78, VersR 1980, 1013 = BeckRS 1980, 304339608.
232 *BVerwG* Urt. v. 10.1.1961 – I C 46.57, VersR 1961, 361; *OVG Berlin* Urt. v. 15.10.1959 – VI B 36.58, VerBAV 1960, 92.
233 *BVerwG* Urt. v. 29.9.1992 – 1 A 26/91, VersR 1993, 1217; *BVerwG* Urt. v. 12.5.1992 – 1 A 126/89, VersR 1992, 1381; *BVerwG* Urt. v. 19.6.1969 – I A 3/66, VersR 1969, 819; BAV-Beschlusskammer VerBAV 1999, 167.
234 *VGH Kassel* Urt. v. 16.12.2009 – 6 A 1065/08, VersR 2010, 889 = BeckRS 2010, 46436.
235 *BVerwG* Urt. v. 19.5.1987 – 1 A 88/83, VersR 1987, 701 = NJW-RR 1988, 343.
236 BAV-Beschlusskammer VerBAV 1999, 167, 168; *Jaskolla*, Prozessfinanzierung durch Erfolgsbeteiligung, 2004, S. 43, 46, 193.
237 *BGH* Urt. v. 23.11.2016 – IV ZR 50/16, Rn. 14 f.
238 *BVerwG* Urt. v. 29.9.1992 – 1 A 26/91, VersR 1993, 1217 = NJW-RR 1993, 289; kritisch hierzu *Flockermann/von Wick* VW 1997, 695.
239 *BVerwG* Urt. v. 29.9.1992 – 1 A 26/91, VersR 1993, 1217 = NJW-RR 1993, 289; *Armbrüster* VersR 2015, 1453, 146
240 Offen gelassen von *BVerwG* Urt. v. 29.9.1992 – 1 A 26/91, VersR 1993, 1217 = NJW-RR 1993, 289.
241 *BVerwG* Urt. v. 19.5.1987 – 1 A 88/83, VersR 1987, 701.
242 *Armbrüster* VersR 2015, 1453, 1460.
243 *BVerwG* Urt. v. 19.6.1969 – I A 3/66, VersR 1969, 819.
244 *BVerwG* Urt. v. 15.7.1980 – 1 A 9/78, VersR 1980, 1013.
245 *BVerwG* Urt. v. 15.7.1980 – 1 A 9/78, VersR 1980, 1013.
246 *Feldmann/von Wick* VW 1999, 1314.
247 Vgl. speziell zur Deckung von Verschleißschäden BAV-Verlautbarung GB BAV 1997 A S. 56 f.
248 *BVerwG* Urt. v. 12.5.1992 – 1 A 126/89, VersR 1992, 1381 = NJW 1992, 2978.

ten, liegt kein ausreichender Zusammenhang zwischen diesen beiden Rechtsgeschäften vor, so dass insofern von einer selbständigen Abrede bezüglich des Versicherungsschutzes auszugehen ist.[249] Auch für sog. FinTechs kommen diese Grundsätze zum Zuge, so dass auch hier auf den Schwerpunkt der Abreden abzustellen ist.

(7) Anwendungskasuistik. Basierend auf dem Gesagten ergibt sich zusammenfassend folgende Anwendungskasuistik:[250]

42 **Kein Versicherungsgeschäft** im Sinne von § 1 VAG besteht in folgenden Fällen:

- Die **interne Selbstversicherung,** die vom Wirtschaftssubjekt selbst durchgeführt wird, stellt keine Versicherung dar und ist daher aufsichtsfrei.[251] Dabei kann die Selbstversicherung entweder innerhalb des jeweiligen Unternehmens von einer betriebsinternen Abteilung durchgeführt werden oder innerhalb eines Konzerns etwa durch eine zusammengefasste Verwaltung bzw. durch Rücklagen. Bildet der Arbeitgeber zur teilweisen oder vollständigen planmäßigen Finanzierung von rechtsverbindlichen Pensionszusagen versicherungsmathematisch berechnete Pensionsrückstellungen, liegt ebenfalls eine aufsichtsfreie, interne Selbstversicherung vor. In Zeiten einer fortschreitenden Digitalisierung kann eine Selbstversicherung auch über eine reine **Internet-Community** zustande kommen. Hier ist aber in besonderer Weise auf eine klare Abgrenzung zum genehmigungspflichtigen Versicherungsgeschäft zu achten. Treffend formuliert die BaFin bezogen auf entsprechende Insurtechs, dass deren „Kultur des Wagnisses, des Ausprobierens, des Scheiterns und des Neuanfangs … mit dem Betrieb des Versicherungsgeschäfts schwer zu vereinbaren" ist.[252] Von Bedeutung sind hierfür die Schutzbedürftigkeit der nach Absicherung Suchenden und deren Vertrauen. Wie bereits ausgeführt,[253] lässt sich das Schutzbedürfnis als „immanentes Merkmal des aufsichtsrechtlichen Versicherungsbegriffs" und damit als Auslegungsfaktor begreifen. Sofern also ein Schutzbedürfnis anzunehmen ist, indiziert dies auch ein Aufsichtsbedürfnis, unabhängig davon, ob etablierte oder neue Wege des Vertrauensschlusses gewählt werden.[254]
- Die externe Selbstversicherung, bei der ein Risikotransfer auf ein eigens für diesen Zweck gegründetes, rechtlich selbständiges Unternehmen erfolgt, stellt zwar in der Regel Versicherung dar.[255] Dessen ungeachtet sind **betriebliche Unterstützungskassen** und **kommunale Schadenausgleiche,** die externe Selbstversicherung darstellen, aufsichtsfrei. Das ergibt sich unmittelbar aus dem VAG (§ 3 Nr. 1, 4 VAG), folgt hinsichtlich der Unterstützungskassen auch daraus, dass es hier an einem Rechtsanspruch auf Leistung fehlt.
- Übernimmt der Verkäufer bzw. ein mit ihm in Zusammenhang stehender Dritter (§ 443 Abs. 1 BGB) beim Verkauf eines langlebigen technischen Geräts gegenüber dem Käufer eine **Langzeitgarantie,** durch die er sich zur Reparatur des Geräts bei Herstellungs- und Materialfehlern verpflichtet, liegt kein selbständiges Leistungsversprechen, sondern eine unselbständige Nebenabrede zum **Kaufvertrag** vor.[256] Daran hat sich auch durch die Verlängerung der gesetzlichen Gewährleistungsfrist im Kaufrecht[257] infolge des Gesetzes zur Modernisierung des Schuldrechts v. 26.11.2001[258] im Kern nichts geändert.[259] Entsprechendes gilt für sog. Haftungstransfers im Rahmen von Kfz-Leasingverträgen.
- Übernimmt der Verkäufer bzw. ein mit ihm in Zusammenhang stehender Dritter (§ 443 Abs. 1 BGB) beim Verkauf eines Kfz-Schmierölzusatzes gegenüber dem Käufer hinsichtlich der verschleißmindernden Wirkung dieses Mittels eine **Garantie,** die ihn verpflichtet, bei Schäden an den Aggregaten des Kfz des Käufers wegen Ausbleibens dieser Wirkung bestimmte darauf beruhende Reparaturkosten zu ersetzen, liegt ebenfalls eine unselbständige Nebenabrede zum **Kaufvertrag** vor.[260]
- Bloße **Instandhaltungsverträge,** die auf eine Übernahme der mit normalem Verschleiß zusammenhängenden Wartungen und Reparaturen namentlich an technischen Geräten oder Kraftfahrzeugen zielen, sind grundsätzlich nicht als Versicherungsgeschäft anzusehen, wenn eine entsprechende Abnutzung mehr oder weniger gewiss ist.[261]

---

[249] *VGH Kassel* Urt. v. 16.12.2009 – 6 A 1065/08, VersR 2010, 889 = BeckRS 2010, 46436; *Kaulbach* VersR 2010, 892, 893.

[250] Zu Grenzfällen der Versicherungsaufsicht s. a. die Zusammenstellung mit Kurzkommentar von *Greiser/Görß*, Bericht der Arbeitsgruppe der Konferenz der Versicherungsaufsichtsbehörden der EG-Mitgliedstaaten zum Thema „Grenzfälle der Versicherungstätigkeit", 1991, S. 4 ff.

[251] *H. Müller*, in: Handwörterbuch der Versicherung, 1988, Stichwort: Fremdversicherung.

[252] BaFin-Arbeitsgruppe Digitalisierung im Versicherungssektor, in: BaFin-Journal 12/2016, 16 f.

[253] Vgl. Rn. 29.

[254] Zu Insurtechs als Versicherer s. *Finkelnburg* ZfV 2016, 634, 635; *Bierschenk* ZfV 2016, 707, 708 f.; BaFin-Arbeitsgruppe Digitalisierung im Versicherungssektor, in: BaFin-Journal 12/2016, 16 f.

[255] *H. Müller*, in: Handwörterbuch der Versicherung, 1988, Stichwort: Selbstversicherung.

[256] *BVerwG* Urt. v. 12.5.1992 – 1 A 126/89, VersR 1992, 1381 = NJW 1992, 2978; BAV-Verlautbarung GB BAV 1998, 54.

[257] Vgl. § 438 Abs. 1 Nr. 3 BGB gegenüber § 477 Abs. 1 S. 1 BGB a. F.

[258] BGBl. I, 3138.

[259] Vgl. BAV-Verlautbarung VerBAV 2002, 105, 109.

[260] *BVerwG* Urt. v. 29.9.1992 – 1 A 26/91, VersR 1993, 1217 = NJW-RR 1993, 289; *Winter,* S. 139.

[261] *BVerwG* Urt. v. 19.6.1969 – I A 3/66, VersR 1969, 819 = NJW 1969, 1978; *Winter,* S. 139.

– Übernimmt ein Unternehmen das Prozesskostenrisiko im Rahmen einer Absprache über eine gemeinsame Forderungsdurchsetzung, steht im Vordergrund nicht die Übernahme eines fremden Risikos, sondern die Forderungsdurchsetzung. Eine derartige **Prozessfinanzierung** unterliegt daher nicht der Versicherungsaufsicht.[262]
– Der Kauf und der Verkauf sog. gebrauchter Lebensversicherungen (auch im Rahmen eines **Lebensversicherungszweitmarkts**) unterliegt nicht der Versicherungsaufsicht, da hierbei lediglich Rechte und Pflichten von einem zu einem anderen Versicherungsnehmer übergehen bzw. entsprechende Abtretungen erfolgen. Auch Zweitmarktfonds begründen keinen erlaubnispflichtigen Tatbestand nach dem VAG.[263]
– Sogenannte **Arbeitslosenvereine** fallen aus dem Anwendungsbereich des VAG heraus, sofern den Vereinsmitgliedern kein Rechtsanspruch auf Unterstützung im Falle der Arbeitslosigkeit eingeräumt wird.[264]
– **Flugrettungsvereine,** die Rettungs-, Transport-, Krankenverlegungs- und Suchflüge bei Unglücksfällen, Erkrankungen und Katastrophen übernehmen oder vermitteln, werden vom VAG nicht erfasst, wenn den Mitgliedern keine Ansprüche auf entsprechende Leistungen eingeräumt werden.[265]
– Einrichtungen, die lediglich versprechen, beim Eintritt eines Todesfalls Spenden zu sammeln und dann den Spendenbetrag den Hinterbliebenen des Verstorbenen auszuzahlen, betreiben kein Versicherungsgeschäft.[266] Dasselbe gilt, wenn eine berufsständische Organisation die Zahlung einer **Sterbegeldbeihilfe** an die Hinterbliebenen in Aussicht stellt, einen Rechtsanspruch aber ausschließt.[267]
– Werden Ansprüche von Arbeitnehmern auf eine ausgeschobene Entlohnung im Rahmen tarifvertraglich vereinbarter Ausgleichskonten durch einen **Ausgleichsfonds** gegen insolvenzbedingte Ausfälle einzelner Arbeitgeber geschützt, unterliegt der Fonds nicht der Versicherungsaufsicht, weil er als unselbständige Nebenabrede zum Tarifvertrag anzusehen ist.[268]
– Ein **Ölschadenfonds,** an den Ölgesellschaften Beiträge zahlen, um Dritte, die durch Öl Schäden erleiden, schadlos zu stellen, stellt keine Versicherung dar, da hier nicht die Übernahme fremder Risiken im Vordergrund steht, sondern die Förderung der Akzeptanz der Ölverwendung.[269]
– Werden Leistungen nur nach Maßgabe der vorhandenen Mittel aus einem rechtlich verselbständigten **Rücklagefonds** erbracht, fehlt es an einer nach versicherungstechnischen Grundsätzen ausgerichteten Risikodeckung, so dass kein Versicherungsgeschäft vorliegt.[270]
– **Versicherungspools** wie der Deutsche Luftpool, die Deutsche Kernreaktor-Versicherungsgemeinschaft und die Pharma-Rückversicherungsgemeinschaft betreiben selber kein Versicherungsgeschäft. Diese Pools stellen Risikoaufteilungsgemeinschaften dar, wobei die Organisation der Risikoverteilung in Anlehnung an die Mit- oder Rückversicherung erfolgt. Der Versicherungsnehmer schließt den Versicherungsvertrag mit einem – der Aufsicht unterliegenden – Versicherer, der das Risiko nach Maßgabe des Poolvertrages in den Pool einbringt. Die Prämien werden abzüglich einer Einbringungsprovision an den Pool abgeführt, der die Schadenregulierung durchführt. Überschüsse und Verluste verteilen sich auf die Mitglieder entsprechend ihrer Quote.[271]
– Der **Verein für Verkehrsopferhilfe**, der Träger des Entschädigungsfonds nach § 12 PflVG und der Entschädigungsstelle nach § 12a PflVG ist, untersteht kraft ausdrücklicher gesetzlicher Regelung (§ 13 Abs. 1 S. 3, § 13a Abs. 1 S. 3 PflVG) nicht der Versicherungsaufsicht,[272] sondern der Aufsicht des BMJV.
– Entschädigungseinrichtungen und institutssichernde Einrichtungen im Sinne des **Einlagensicherungs**- und Anlegerentschädigungsgesetz unterliegen aufgrund einer speziellen gesetzlichen Regelung (§ 16 des Einlagensicherungs- und Anlegerentschädigungsgesetzes) nicht dem VAG.
– Beiträge, die von Viehbesitzern für die Gewährung von Entschädigungsleistungen nach §§ 15 ff. des **Tierseuchen**gesetzes erhoben werden, stellen öffentlich-rechtliche Abgaben und keine Versicherungsbeiträge dar, weshalb entsprechende Einrichtungen nicht der Versicherungsaufsicht unterliegen.

---

[262] BAV-Beschlusskammer VerBAV 1999, 167; BAV-Verlautbarung GB BAV 2001, 45; *Müller-Güldemeister/Rollmann* NJW 1999, 3540 f.; *Jaskolla,* Prozessfinanzierung durch Erfolgsbeteiligung, 2004, S. 46 u. 193; *Dethloff* NJW 2000, 2225, 2227; *Frechen/Kochheim* NJW 2004, 1213, 1214; *Winter,* S. 142; a. M. *Fritzsche/Schmidt* NJW 1999, 2998, 3000 f.
[263] *Sieprath,* Der Handel mit gebrauchten Lebensversicherungen aus versicherungsvertragsrechtlicher, aufsichtsrechtlicher und steuerrechtlicher Sicht, 2007, S. 156 f.
[264] BAV-Verlautbarung VerBAV 1995, 198.
[265] *BVerwG* Urt. v. 24.2.1987 – 1 A 49/83, VersR 1987, 453; *BVerwG* Urt. v. 11.11.1986 – 1 A 45/83, VersR 1987, 273.
[266] *BVerwG* Urt. v. 24.2.1987 – 1 A 49/83, VersR 1987, 453; *BVerwG* Urt. v. 24.5.1960 I C 144/59, VersR 1960, 1105 f.; *BVerwG* Urt. v. 22.3.1956 – I C 147.54, VersR 1956, 361.
[267] *BVerwG* Urt. v. 25.10.1962 – I C 12/60, VersR 1963, 53; BVerwG Urt. v. 10.1.1961 – I A 4.59, VersR 1961, 306 f.; *BVerwG* Urt. v. 24.5.1960 – I C 45/57, VersR 1960, 1129.
[268] A. M. *Feldmann/von Wick* VW 1999, 1314, 1315 f. u. 1318.
[269] Kritisch *Winter,* S. 495.
[270] *H. Müller,* in: Handwörterbuch der Versicherung, 1988, Stichwort: Selbstversicherung; BAV-Verlautbarung VerBAV 1980, 162.
[271] Vgl. *von Fürstenwerth/Weiß,* Versicherungs-Alphabet, 10. Aufl., 2001, Stichwort: Pool.
[272] *Sieg* ZVersWiss 1969, 495, 504.

– **Finanzmarktinnovationen,** wie sie sich etwa in Gestalt von Katastrophen-Bonds, Katastrophen-Swaps herausgebildet haben,[273] werden vom VAG im Grundsatz nicht erfasst. Im Kern geht es dabei um eine Übertragung von Versicherungsrisiken auf die Kapitalmärkte, die eigenen Gesetzmäßigkeiten unterliegen und für die daher kein Schutzbedürfnis im Sinne des VAG reklamiert werden kann.[274] Soweit Investoren entsprechende Risiken nur gelegentlich zeichnen, erfolgt zudem auch keine planmäßige Risikoübernahme.[275] Zu beachten ist dabei allerdings, dass **Versicherungs-Zweckgesellschaften**, die Schadenrisiken von Erst- oder Rückversicherern absichern und hierfür u. U. nur einmalig oder gelegentlich Schuldtitel erwerben, insofern zwar kein Versicherungsgeschäft betreiben.[276] Sie unterstehen der Aufsicht jedoch gemäß § 1 Abs. 1 Nr. 3 VAG. Sofern Finanzmarktinnovationen auf eine Absicherung beim Eintritt eines ungewissen Ereignisses hinauslaufen und dies den Kern der Abrede begründet, dürfte eine Aufsichtspflichtigkeit nach dem VAG indiziert sein. Motive der Kunden sowie die „Handelbarkeit" entsprechender Produkte stehen jedenfalls der Annahme eines Versicherungsgeschäftes nicht entgegen.
– Die **Ausfuhrgewährleistungen des Bundes** (sog. Hermes-Deckungen) werden teils bereits nicht als Versicherungsverträge klassifiziert.[277] Jedenfalls fallen sie aber deswegen aus dem Anwendungsbereich des VAG heraus, weil der Bund kein Unternehmen im aufsichtsrechtlichen Sinne darstellt.[278]
– Keine Versicherung liegt vor, wenn die öffentliche Hand in Form der **Eigendeckung** unter Verzicht auf Fremdversicherung im Schadenfall entsprechende Kosten aus Haushaltsmitteln deckt.[279]

43 Hingegen liegt **Versicherungsgeschäft** im Sinne von § 1 VAG in folgenden Fällen vor:
– **Externe Selbstversicherung,** bei der ein Risikotransfer auf ein eigens für diesen Zweck gegründetes, rechtlich selbständiges Unternehmen erfolgt, stellt im Grundsatz Versicherung im Sinne des VAG dar (Ausnahmen: § 3 Abs. 1 Nr. 1, 4 VAG). Daher unterliegen auch Captive Insurance Companies (kurz: **Captives**), also rechtlich selbständige konzerneigene Versicherungsgesellschaften, die ausschließlich Risiken konzernzugehöriger Gesellschaften versichern,[280] der Aufsicht.[281] Zu beachten ist, dass der Umfang der Aufsicht davon abhängt, ob ein Erstversicherungs-Captive oder ein Rückversicherungs-Captive vorliegt. Beim Rückversicherungs-Captive[282] schließt ein fremdes Versicherungsunternehmen (sog. Fronter) den Versicherungsvertrag mit dem Konzernunternehmen, überträgt dann aber (ganz oder teilweise) das Risiko und auch die Prämienansprüche auf die Captive.
Die ebenfalls zur externen Selbstversicherung zu rechnenden betrieblichen **Pensionskassen,** deren Zweck die Absicherung wegfallenden Erwerbseinkommens wegen Alter, Invalidität oder Tod ist (vgl. § 232 Abs. 1 VAG), unterstehen als selbständige Lebensversicherer der Versicherungsaufsicht. Dabei grenzen sich Pensionskassen von anderen Lebensversicherern dadurch ab, dass sie im Grundsatz nur wegfallendes Erwerbseinkommen der Versicherten kompensieren,[283] was auch durch fondsgebundene Produkte der Kasse gewährleistet werden kann.[284] Im Falle von Leistungen im Rahmen der Entgeltumwandlung nach § 1a Abs. 1 S. 1 BetrAVG kommt es allerdings nicht darauf an, dass ein Abgleich mit dem voraussichtlichen Einkommen des jeweiligen Versicherten durchgeführt wird.[285]
– **Pools,** die darauf abzielen, zusätzliche Haftungsfälle im Einzelhandel als Folge der Schuldrechtsmodernisierung[286] abzusichern, sind nicht ohne weiteres als aufsichtsfrei anzusehen.[287] Die Bildung von Rücklagen, die etwa in einer BGB-Gesellschaft zusammengefasst werden, die die Regulierung von Schadenfällen unternimmt, wäre allerdings wiederum aufsichtsfrei.[288]
– **Variable Annuities** stellen eine besondere Form der Lebensversicherung dar. Bei ihnen wird ein Grundvertrag über die Modalitäten der Vermögensanlage mit individualisierten Garantieleistungen verbunden. Dass die Absicherung der garantierten Leistungen nicht nach den hergebrachten kollektiven Methoden durch die Bildung von Deckungsrückstellungen und eines gesonderten Sicherungsvermögens erfolgt, sondern insofern namentlich derivative Finanzinstrumente eingesetzt werden, hindert nicht die Annahme eines Versicherungsgeschäfts.[289] Davon unberührt ist allerdings die Frage

[273] Übersicht bei sigma Nr. 3/2001, S. 16–18; s. a. *Armbrüster* KritV 2005, 318, 328 f.
[274] Vgl. *H. Müller,* in: Der Umgang mit den Risiken im Grenzbereich der Versicherbarkeit, 2002, S. 52.
[275] BAV-Verlautbarung GB BAV 1998 A S. 53.
[276] Bähr/*Arhold* § 29 Rn. 35.
[277] *von Westphalen* BB 1982, 711, 713; a. M. *Kaulbach* VersR 1985, 806, 808.
[278] *Kaulbach* VersR 1985, 806, 808.
[279] *H. Müller,* in: Handwörterbuch der Versicherung, 1988, Stichwort: Selbstversicherung.
[280] Vgl. *Köster* DB 1994, 2312, 2315 u. Sigma Nr. 1/2003, S. 20 ff.
[281] BAV-Verlautbarung VerBAV 1980, 162; *H. Müller,* in: Handwörterbuch der Versicherung, 1988, Stichwort: Selbstversicherung.
[282] Vgl. nur *Müller-Gotthard* VW 2002, 894.
[283] BAV-Verlautbarung VerBAV 1998, 15; *Klatt,* Die Pensionskasse in der betrieblichen Altersversorgung, 2003, S. 68.
[284] BaFin-Verlautbarung GB BaFin 2002, 147 f.; s. a. *Birkner/Breiting* VW 2003, 1143, 1144.
[285] BaFin-Verlautbarungen VerBaFin 7/2005 u. 2/2004, S. 3 f.
[286] Vgl. Gesetz zur Modernisierung des Schuldrechts v. 26.11.2001, BGBl. I, 3138.
[287] Vgl. BAV-Verlautbarung VerBAV 2002, 105, 108 f.
[288] Vgl. BAV-Verlautbarung VerBAV 2002, 105, 109.
[289] *Dreher* VersR 2010, 1109, 1110.

ihrer aufsichtsrechtlichen Zulässigkeit, soweit derartige Geschäfte von Versicherern mit Sitz in Deutschland betrieben werden.[290]

– Die Übernahme einer **Wartungsgarantie** für technische Geräte stellt ein Versicherungsgeschäft dar, wenn sich die Verpflichtung in der Übernahme entsprechender Wartungskosten erschöpft und in keinem Zusammenhang mit anderen Geschäften steht.[291]
– Die Übernahme einer **Dauergarantie** für technische Geräte, die gegen Entgelt alle Reparaturkosten ausgleicht, die durch Verschleiß und natürliche Alterung erforderlich werden, ist ein Versicherungsgeschäft, wenn sich der Anbieter auf ein solches Leistungsversprechen beschränkt und selber keine Geräte, auf die sich die Garantie bezieht, verkauft.[292]
– Vereinbart ein Händler beim Abschluss von Abzahlungsgeschäften gegen Aufgeld, dass der **Restkaufpreisanspruch bei Tod oder Arbeitsunfähigkeit** des Kunden erlöscht, liegt ein Versicherungsgeschäft vor.[293]
– Verspricht ein Händler, im **Diebstahl**sfall den Kunden die gekauften Artikel zu ersetzen, greift ebenfalls § 1 Abs. 1 VAG ein.[294] Dasselbe gilt für die Übernahme einer Haftung wegen **Verlust** oder **Sachbeschädigung**.[295]
– Betreiben Versicherungsunternehmen Geschäfte, die auch die Voraussetzungen eines **Garantiegeschäfts** im Sinne von § 1 Abs. 1 S. 2 Nr. 8 KWG erfüllen, unterliegen sie der Versicherungs- und nicht der Bankaufsicht (§ 2 Abs. 1 Nr. 4 KWG), es sei denn, es handelt sich nicht um ihnen eigentümliche Geschäfte (§ 2 Abs. 3 KWG).
– Die Insolvenzsicherung im Bereich der betrieblichen Altersversorgung, deren Träger der **Pensions-Sicherungs-Verein** VVaG ist, unterliegt der Versicherungsaufsicht (vgl. § 14 BetrAVG).

d) Keine Sozialversicherung. Der Aufsicht nach dem VAG unterliegen nicht die **Träger der Sozialversicherung** (§ 2 Abs. 1 SGB IV), was sich aus § 1 Abs. 1 Nr. 1 i. V. m. § 7 Nr. 33 VAG ergibt. Die Sozialversicherung, die namentlich die gesetzliche Kranken- (SGB V), die gesetzliche Renten- (SGB VI) und die gesetzliche Unfallversicherung (SGB VII) umfasst, untersteht der Aufsicht des Bundesversicherungsamtes, teils auch der des BMAS, BMF und BMI.[296] Die negative Abgrenzung ist insbesondere durch die generelle Einbeziehung der öffentlich-rechtlichen Versicherungsunternehmen notwendig. Damit wird auf die Begriffsbildung in Art. 74 Abs. 1 Nr. 12 GG und das bundesrechtlich geordnete System der Sozialversicherung Bezug genommen. Die Abgrenzung erfolgt nicht nach materiellen Gesichtspunkten wie etwa der Aufbringung der Mittel und den getragenen Risiken, auch nicht nach der Intensität der Sozialbindung. Es kommt vielmehr allein darauf an, ob das Unternehmen zu den Trägern der Sozialversicherung im Sinne des positiven Rechts gehört. Eine Besonderheit stellen dabei die drei in § 140 Abs. 1 SGB VII genannten Berufsgenossenschaften als Betreiber der Haftpflichtversicherung dar, für die gemäß § 1 Abs. 4 VAG wiederum das VAG (in dem dort bestimmten Umfang) maßgeblich ist. 44

Einen Sonderfall stellt die soziale Pflegeversicherung dar, die es seit dem 1.1.1995 gibt.[297] In ihren Schutz einbezogen sind kraft Gesetzes alle Personen, die in der gesetzlichen Krankenversicherung versichert sind.[298] Personen, für die Krankenversicherungsschutz bei einem privaten Versicherungsunternehmen besteht, sind von Gesetzes wegen zum Abschluss und Aufrechterhalten eines privaten Pflegeversicherungsvertrags verpflichtet.[299] Diese sogenannte **private Pflegepflichtversicherung** enthält Elemente der Sozialversicherung,[300] was vielfältige Fragestellungen nach sich zieht,[301] u. a. auch solche zur Ausschaltung des Wettbewerbs, wie sie mit einer öffentlich-rechtlichen Regulierung oftmals einhergeht.[302] Die privaten Versicherungsunternehmen werden insofern faktisch mitunter bereits als Sozialversicherungsträger angesehen,[303] was für die Einordnung nach dem VAG aber nicht relevant ist. Hier kommt es auf die rechtliche Einordnung der Unternehmen ein, die durch den bloßen Betrieb der privaten Pflegepflichtversicherung nicht den Status von Sozialversicherungsträgern gewinnen. Im VAG kommt dies zusätzlich dadurch zum Ausdruck, dass es seit der Novelle 2000/2001[304] ausdrücklich auch 45

---

[290] *Dreher* VersR 2010, 1109, 1113.
[291] *BVerwG* Urt. v. 19.5.1987 – 1 A 88/83, VersR 1987, 701 = NJW-RR 1988, 343.
[292] *BVerwG* Urt. v. 19.6.1969 – I A 3/66, VersR 1969, 819 = NJW 1969, 1978.
[293] *BVerwG* Urt. v. 15.7.1980 – 1 A 9/78, VersR 1980, 1013 = BeckRS 1980, 30439608.
[294] *BVerwG* Urt. v. 15.7.1980 – 1 A 9/78, VersR 1980, 1013 = BeckRS 1980, 30439608.
[295] *Feldmann/von Wick* VW 1999, 1314.
[296] §§ 87, 90 SGB IV.
[297] Art. 68 Abs. 1 Pflege-Versicherungsgesetz, BGBl. 1994 I, 1014.
[298] § 1 Abs. 2 S. 1, §§ 20 ff. SGB XI.
[299] § 1 Abs. 2 S. 2, §§ 23 ff. SGB XI.
[300] Vgl. nur §§ 110, 111 SGB XI; Gesetzesbegründung BT-Drs. 12/5262, 153 f.; zur Vorgeschichte *Uleer* ZfV 1994, 190, 191–194; *Lutter* BArbBl 1994, 51.
[301] *Präve* VW 1998, 888 ff.
[302] *Pfeiffer* NJW 2012, 2609, 2610 spricht hier allgemein von „typischen Pathologien bürokratischer Problembewältigung".
[303] *Wittich* ZfV 1996, 294; *Igl* NJW 1994, 3185, 3192; *Isensee* FS Wolfgang Gitter, 1995, 401, 403 f., 406, 410.
[304] BGBl. 2000 I, 1857; vgl. *Präve* VersR 2001, 133, 138.

auf die private Pflegepflichtversicherung Bezug nimmt (jetzt: § 148 VAG). Auch verfassungsrechtlich ist die private Pflegepflichtversicherung zur Privatversicherung zu rechnen.[305]

46 Die **substitutive Krankenversicherung** (einschl. Basistarif) ist als Teil der sozialen Sicherung zu sehen. Sie umfasst Krankenversicherungstarife, die die im gesetzlichen Sozialversicherungssystem vorgesehene Krankenversicherung ganz oder teilweise ersetzen können.[306] Der europäische Richtliniengeber, auf den die Begrifflichkeit zurückgeht,[307] gestattet für diese Art der Krankenversicherung bestimmte Sondervorschriften (Art. 206 Solva II-RL),[308] wie sie sich in § 146 VAG wiederfinden. Die Annäherung von Sozial- und Privatversicherung hat auch den Leistungs- und Beitragsbereich erfasst.[309] Seinen sichtbarsten Ausdruck hat dies im sogenannten Basistarif gefunden, mit dem die private Krankenversicherung eine dem Leistungskatalog der gesetzlichen Krankenversicherung vergleichbaren Versicherungsschutz bietet, für den eine Beitragshöhe garantiert wird, die den durchschnittlichen Höchstbeitrag in der gesetzlichen Krankenversicherung nicht übersteigt und der mit einem Risikoausgleich einhergeht. Aber auch darüber hinaus ist die Interdependenz der privaten Krankenversicherung von der Ausgestaltung des gesetzlichen Versorgungssystems evident, da das Betätigungsfeld der Privatversicherung in diesem Segment von den Regelungen über die Versicherungspflicht in der gesetzlichen Krankenversicherung bestimmt wird.[310] Diese Entwicklung darf aber nicht darüber hinwegtäuschen, dass auch die substitutive Krankenversicherung (einschließlich Basistarif) – allen materiellen Konvergenzen zum Trotz – Privatversicherung ist und ihre Anbieter nicht als Träger der Sozialversicherung anzusehen sind.

47 Einen weiteren Spezialfall stellen die sogenannten **Altersvorsorgeverträge** nach dem Altersvorsorgeverträge-Zertifizierungsgesetz (AltZertG) dar, die mitunter verkürzt auch Riester-Verträge (nach dem seinerzeit hierfür federführend verantwortlichen Arbeitsminister) genannt werden. Die gesetzliche Grundlage, das Altersvermögensgesetz,[311] trat zum 1.1.2002 in Kraft.[312] Bei den Altersvorsorgeverträgen handelt es sich um Verträge, mit denen das Absenken des gesetzlichen Rentenniveaus, wie es mit dem Altersvermögensergänzungsgesetz[313] eingeleitet worden ist, aufgefangen werden soll. Die Verträge dürfen von Lebensversicherungsunternehmen, Kreditinstituten, Kapitalanlage- und Investmentgesellschaften sowie Bausparkassen und Genossenschaften angeboten werden (§ 1 Abs. 2 AltZertG). Hierbei handelt es sich um eine zusätzliche, freiwillige private Altersvorsorge, mit der eine Gewichtsverlagerung von der Umlagefinanzierung zur Kapitaldeckung vollzogen wird.[314] Die entsprechenden Verträge werden auf der Basis eines staatlichen Zertifikats steuerlich gefördert und zwar in Gestalt einer staatlichen Zulage und einer Sonderausgabenabzugsfähigkeit. Voraussetzung hierfür ist, dass bestimmte Kriterien erfüllt werden, die staatlichen Fürsorgeerwägungen geschuldet sind.[315] Dies und der rentenrechtliche Kontext[316] machen die genannten Anbieter aber nicht zu Trägern der Sozialversicherung. Entsprechendes gilt in Bezug auf die sog. Basisrentenverträgen (§ 2 AltZertG i. V. m. § 10 Abs. 1 Nr. 2 lit. b EStG) und (die steuerlich förderfähigen) Pflegezusatzversicherungsverträgen (§ 126 SGB XI).

48 **Basisrentenverträge**, landläufig auch Rürup-Verträge genannt (nach dem Sachverständigen, der die entsprechende Empfehlung ausgesprochen hat), sind zum 1.1.2005 mit dem Alterseinkünftegesetz[317] eingeführt worden. Sie werden in besonderer Weise steuerlich gefördert, nämlich durch einen Sonderausgabenabzug, der dem für Beiträge zur gesetzlichen Rentenversicherung entspricht. Dementsprechend rigide sind die gesetzlichen Vorgaben zur Produktausgestaltung. Diese zielen darauf ab, eine tatsächliche Verwendung für die Altersversorgung sicherzustellen, weshalb Ansprüche nicht vererblich, nicht übertragbar, nicht beleihbar und nicht kapitalisierbar sein dürfen.[318] Mit der Regulierung zu den **Pflegezusatzverträgen** durch das Pflege-Neuausrichtungs-Gesetz,[319] das zum 1.1.2013 in Kraft getreten ist, will der Gesetzgeber Anreize zur zusätzlichen Absicherung des Pflegerisikos schaffen, wiederum in Gestalt einer staatlichen Zulage, verbunden mit einer besonders starken Produktregulierung.[320] Damit soll die Pflegefallabsicherung auf privater Basis gefördert werden.[321]

---

[305] BVerfG NJW 2001, 1709, 1710.
[306] § 136 Abs. 1 VAG.
[307] *Schirmer*, in: Handbuch des Sozialversicherungsrechts, Band 1, § 14 Rn. 33; *Sahmer* ZfV 1996, 483.
[308] Zu den Hintergründen siehe etwa von *Maydell/Schulte* ZVersWiss 1993, 513, 523 ff.
[309] *Seegmüller* VersR 1998, 1469, 1471 f.
[310] *Schirmer*, in: Handbuch des Sozialversicherungsrechts, Band 1, § 14 Rn. 1 f.
[311] BGBl. 2001 I, 1310.
[312] Zu der gesetzlichen Ausgestaltung im Einzelnen *Präve* VersR 2001, 796 ff.; Langheid/Wandt/*Heiss/Mönnich*, Vor §§ 150–171 Rn. 101 ff.
[313] BGBl. 2001 I, 403.
[314] *Bruno-Latocha/Grütz*, in: Deutsche Rentenversicherung 2001, 401, 417.
[315] Vgl. Gesetzesbegründung, BT-Drs. 14/5150, 38 f.; *Präve* VW 2001, 796.
[316] Zu speziellen, mit der privaten Altersvorsorge zusammenhängenden Aufgabenstellungen der Rentenversicherungsträger siehe nur *Heller* DAngVers 2001, 232, 237 u. 239.
[317] BGBl. 2004 I, 1427.
[318] Vgl. Gesetzentwurf der Bundesregierung, BT-Drs. 15/2150, 34 (zu § 10 Abs. 1 Nr. 2); s. ferner Langheid/Wandt/*Heiss/Mönnich*, Vor §§ 150–171 Rn. 113 ff.
[319] BGBl. 2012 I, 2246.
[320] § 127 Abs. 2 SGB XI.
[321] Gesetzentwurf der Bundesregierung, BT-Drs. 17/9369, 21.

e) Unternehmenssitz. aa) Vertriebsweg. Bezüglich der Vertriebswege besteht eine Besonderheit: So kommt eine Aufsichtspflichtigkeit zwar im Grundsatz bei allen Erstversicherungsunternehmen, die Versicherungsgeschäfte in Deutschland betreiben, unabhängig vom Ort ihres jeweiligen Sitzes zum Zuge. Es fallen allerdings die ausländischen Unternehmen heraus, die reine **Korrespondenzgeschäfte** betreiben, also ohne Zwischenschaltung einer Mittelsperson. Das erschließt sich in Abweichung von der früheren Rechtslage nicht mehr unmittelbar aus dem Gesetz, sondern ergibt sich nur noch aus der einschlägigen Gesetzesbegründung, die diesbezüglich auf den OECD-Kodex der Liberalisierung der laufenden unsichtbaren Operationen verweist.[322] An diese muss sich die Aufsicht weiter festhalten lassen. Vormals ergab sich die Freistellung der Korrespondenzversicherung unmittelbar aus den Vorschriften, die für ausländische Unternehmen Zulassungs- bzw. Anzeigeerfordernisse nur beim Betrieb durch Mittelspersonen vorsahen.[323] Der eigentliche Hintergrund der Freistellung ist, dass hier der Versicherungsinteressent den Kontakt zu dem Versicherer selber herstellt, sei es beispielsweise durch Briefe, Telefonate oder E-Mails, sei es durch einen Auslandsaufenthalt, so dass er sich des inländischen Schutzes sehenden Auges begibt.[324] 49

Davon abgesehen ist es für die Begründung einer Aufsichtspflicht ausreichend, wenn wesentliche zum Vertragsschluss hinführende Schritte im Inland vorgenommen werden. Das kann auch durch Telekommunikationsmedien geschehen.[325] Der Vertragsschluss im **Internet** bedarf insofern noch einer ergänzenden Betrachtung. Mag beim Abschluss von Versicherungsverträgen die Initiative hier oftmals vom Versicherungsinteressenten ausgehen,[326] so reicht doch das bloße Anklicken einer Website des Versicherers nicht aus, um eine Korrespondenzversicherung anzunehmen, wenn diese Website so konzipiert ist, dass sie als Aufforderung an den Interessierten zum Vertragsschluss verstanden werden muss. Dann geht der Kontakt nämlich vom Versicherer und nicht vom Versicherungsinteressenten aus. Eine bloße Internet-Präsenz, die – was im Einzelfall festzustellen wäre – auf den Abschluss von Versicherungsverträgen speziell in Deutschland zielt,[327] wäre somit erlaubnis- bzw. anzeigepflichtig.[328] Das gebietet der Sinn und Zweck der entsprechenden Vorschriften, der gemäß der maßgeblichen Gesetzesbegründung lediglich auf den Ausschluss der Korrespondenzversicherung gerichtet ist, wobei es keinen Unterschied macht, ob es sich um Sachverhalte innerhalb oder außerhalb des EWR handelt.[329] In den genannten Fällen besteht vielmehr ein Aufsichtsbedürfnis, da der Versicherungsnehmer, der auf virtuellem Wege Versicherungsverträge schließt, nicht weniger schutzbedürftig ist als der Versicherungsnehmer, der den Abschluss auf herkömmlichem Wege wählt. Eine unverhältnismäßige Beschränkung der europäisch verbürgten Dienstleistungsfreiheit[330] liegt hierin ebenso wenig wie in der Aufsichtspflichtigkeit einer sonstigen Versicherungstätigkeit. Auch aus dem OECD-Kodex der Liberalisierung der laufenden unsichtbaren Operationen[331] lässt sich nichts Gegenteiliges ableiten, da dieser lediglich die Aufsichtsfreiheit der reinen Korrespondenzversicherung festschreibt. Auch für sog. FinTechs gilt insofern nichts Abweichendes. Kein Erlaubnis- oder Anzeigetatbestand liegt allerdings vor, wenn die Internet-Präsenz ausschließlich Zwecken der Werbung und Selbstdarstellung dient[332] oder eine bloße Suchfunktion übernimmt. Hiervon abgesehen gilt im Einzelnen Folgendes: 50

bb) Sitz im Ausland. Alle ausländischen **Erstversicherungsunternehmen**, die im Inland Versicherungsgeschäfte betreiben wollen, bedürfen der Erlaubnis. Für Versicherungsunternehmen mit Sitz außerhalb des EWR gelten die Vorschriften der §§ 67 ff. VAG. Die Erlaubnis zum Geschäftsbetrieb wird 51

[322] RegE-VAG 2014, 255 (zu § 61).

[323] § 105 Abs. 2 S. 1, § 110a Abs. 1 S. 1, § 110d Abs. 1 VAG a. F.

[324] Vgl. *Präve* VersWissStud Bd. 4, S. 85, 87 f.

[325] *BVerwG* Urt. v. 22.4.2009 – 8 C 2/09 Rn. 36, VersR 2010, 509 (zum KWG).

[326] Vgl. Mitteilung der EG-Kommission, ABlEG Nr. C 43 v. 16.2.2000, S. 5, 13.

[327] Vgl. hierzu im Einzelnen *EuGH* NJW 2011, 505, 509 mit Kriterien für die gerichtliche Zuständigkeit, die analog herangezogen werden können. Dazu zählt auch die Verwendung einer anderen Sprache oder eines anderen Domänennamens als die im Sitzland üblichen. Vgl. zum Parallelfall des electronic banking *Ohler* WM 2002, 162, 170 sowie zur allgemeinen bankaufsichtsrechtlichen Ausgangslage *BVerwG* Urt. v. 22.4.2009 – 8 C 2/09 Rn. 36, VersR 2010, 509; *VGH Kassel* Beschl. v. 21.1.2005 – 6 TG 1568/04, ZIP 2005, 610; *VG Frankfurt a.M.* Urt. v. 5.7.2007 – 1 E 4355/06 (V), BKR 2007, 341; Beschl. v. 7.5.2004 – 9 G 6496/03 (V), ZIP 2004, 1259; *Rögner* WM 2006, 745, 747 ff.; *Voge* WM 2007, 381, 382 u. 385; *Freiwald* WM 2008, 1537, 1543 u. 1545.

[328] In diese Richtung weist auch RegE VAG 2014, 255 (zu § 61). Vgl. ferner Mitteilung der EG-Kommission, ABl. EG 2000 C 43, 5, 13 zum Dienstleistungsverkehr innerhalb des EWR; *BVerwG* Urt. v. 22.4.2009 – 8 C 2/09 Rn. 36, 43, VersR 2010, 509 zum KWG; *Spindler* VersR 2002, 1049, 1051 f.; *ders.*, in: Hoeren/Spindler, Versicherungen im Internet – Rechtliche Rahmenbedingungen, 2002, S. 99, 249; offen gelassen von *BGH* Urt. v. 7.7.2015 – VI ZR 372/14 Rn. 23–25, VersR 2015, 1385 = NJW-RR 2015, 1144; *Götting* CR 2001, 528, 530 f. sowie von der BAV-Verlautbarung VerBAV 1998, 136, 140; a. M. *Winter*, S. 227 f. u. 521; *ders.* VersR 2001, 1461, 1463 f.; *Hoeren/Nielen/Strack*, Versicherungswirtschaft im Internet, 2002, Rn. 82; *Eichhorn*, Online-Versicherungen aus aufsichts- sowie zivilrechtlicher Perspektive, 2005, S. 152.

[329] Insoweit a. M. *Spindler* VersR 2002, 1049, 1052 u. 1055.

[330] Nur angedeutet bei *Winter* VersR 2001, 1461, 1470 f.

[331] Vgl. *Winter* VersR 2001, 1461, 1465; *Hoeren/Nielen/Strack*, Versicherungswirtschaft im Internet, 2002, Rn. 81.

[332] Vgl. Mitteilung der EG-Kommission, ABl. EG 2000 C 43, 5, 13; *Leverenz*, Rechtliche Aspekte zum Versicherungsgeschäft im Internet, 2001, S. 26; *Winter* VersR 2001, 1461, 1463; *Hoeren*, in: Hoeren/Spindler, Versicherungen im Internet – Rechtliche Rahmenbedingungen, 2002, S. 3, 53.

– in Abweichung von der früheren Rechtslage[333] – durch die BaFin erteilt. Unternehmen mit Sitz im EWR-Ausland erhalten hingegen die Zulassung von der Behörde des Sitzlandes. Die Voraussetzungen für die Aufnahme der inländischen Geschäftstätigkeit ergeben sich aus § 61 ff. VAG. Wollen diese Unternehmen im Inland das Direktversicherungsgeschäft durch eine Niederlassung oder lediglich im Dienstleistungsverkehr (ohne Niederlassung) betreiben, so sind die anwendbaren Vorschriften des VAG in § 62 VAG genannt. Genannt ist dort auch § 1 Abs. 1 u. 2 VAG (die übrigen Absätze des § 1 VAG sind insoweit inlandsbezogen und daher irrelevant). Für nicht in die Harmonisierung einbezogene Unternehmen mit Sitz im EWR-Ausland gilt § 1 Abs. 1 u. 2 VAG entsprechend (§ 65 Abs. 2 iVm § 67 Abs. 2 S. 1 VAG.

52 Auch ausländische Versicherer, die ausschließlich das **Rückversicherungsgeschäft** betreiben, unterliegen in Deutschland der Versicherungsaufsicht. Das gilt – dem Vorbild der Regelungen für Erstversicherer folgend – vollumfänglich für Unternehmen aus Drittstaaten (§§ 67 ff. VAG) sowie eingeschränkt für Unternehmen mit Sitz im EWR (§ 169 VAG).

53 **cc) Besonderheiten beim Sitz im EWR-Ausland.** Erstversicherungsunternehmen mit Sitz im EWR-Ausland unterliegen in Deutschland einer **eingeschränkten Aufsicht**. (Ausnahmetatbestände bestehen im Dienstleistungsverkehr für den Betrieb der Transportversicherung und für die Mitversicherung von Großrisiken, die keiner Aufsicht nach dem VAG unterliegen, vgl. § 66 Abs. 1 u. 2 VAG). Das gilt allerdings nur für die Gesellschaften, die den europäischen Versicherungs-Richtlinien unterliegen. Die übrigen Unternehmen werden weiterhin vollumfänglich von der BaFin beaufsichtigt, wenn sie in Deutschland das Erstversicherungsgeschäft betreiben (§ 65 VAG). Im Folgenden bleiben diese Gesellschaften außer Betracht.

54 Für Erstversicherer, die von der Solva II-RL erfasst werden, besteht eine allumfassende Zuständigkeit der ausländischen **Sitzlandbehörde**. Ihr obliegt die Finanzaufsicht in alleiniger Zuständigkeit; für die Rechtsaufsicht besteht auch eine Zuständigkeit der BaFin als Tätigkeitslandaufsichtsbehörde (vgl. § 62 Abs. 1 S. 1 VAG). Die Tätigkeitslandaufsicht erfolgt nach Maßgabe von § 62 Abs. 1 S. 2, Abs. 2 bis 4 VAG. Danach hat die BaFin auch hier auf die ausreichende Wahrung der Belange der Versicherten zu achten.[334] Aufgrund der Vorgaben der Solva II-RL gilt dies aber nur in Bezug auf die Rechtsvorschriften, die das Allgemeininteresse schützen.[335] Entsprechendes gilt bereits aufgrund des EU-Primärrechts auch für Rückversicherer, die bei den folgenden Erläuterungen aber ausgeblendet bleiben.

55 **(1) Rechtsaufsicht.** Der deutsche Gesetzgeber hat mit § 62 Abs. 1 S. 2 VAG konkretisiert, welche Vorschriften in diesem Sinne für die Aufsicht relevant sind. Dabei fällt auf, dass § 294 Abs. 3 VAG, der den Gegenstand der rechtlichen Aufsicht definiert, nicht in Bezug genommen wird. Damit wird – entgegen der von der Bundesregierung gegebenen Begründung[336] – von der früheren Rechtslage abgewichen, die (gemäß § 110a Abs. 4 VAG a. F.) eine Erstreckung auf die entsprechende Regelung (des § 81 Abs. 1 S. 4 VAG a. F.) ausdrücklich vorgesehen hat. Die unverändert vorgesehene Verpflichtung der Aufsicht, bei Erstversicherern auf die ausreichende Wahrung der Belange der Versicherten zu achten,[337] kann aber nur bedeuten, dass der entsprechenden Heranziehung von § 294 Abs. 3 VAG, der diese Vorgabe erst konkretisiert, nichts entgegensteht. Die Versicherungsaufsicht hat somit auch hier die **Einhaltung aufsichts- und vertragsrechtlicher Vorschriften** sicherzustellen. Hiervon ausgeklammert bleibt bereits aus europarechtlichen Gründen eine darüber hinausgehende Kontrolle der Ordnungsgemäßheit des Geschäftsbetriebs.[338] Die Auffassung, ein pauschaler Verweis, wie ihn das frühere Recht enthielt, sei europarechtswidrig,[339] ist somit gegenstandslos geworden. Ihr war aber schon damals entgegenzuhalten, dass eine lediglich entsprechende Anwendbarkeit richtlinienkonform auszulegen ist.[340] Aufsichtsrechtliche Vorschriften, deren Einhaltung der deutschen Versicherungsaufsicht obliegt, sind – hiervon unbeschadet – ausschließlich die in § 62 VAG genannten Normen.

56 Zu den vertragsrechtlichen Vorschriften, die der aufsichtsbehördlichen Kontrolle überantwortet sind, zählen die zwingenden und halbzwingenden Vorschriften des **VVG**, das Pflichtversicherungsgesetz und die Pflichtversicherungsverordnung sowie das **BGB** samt AGB-rechtlicher Vorschriften.[341] Hinzu tritt das AGG. Entscheidend ist die besondere Schutzbedürftigkeit des Versicherungsnehmers,[342] die den gesetzlichen und damit auch den aufsichtsbehördlichen Flankenschutz gebietet.[343] Berücksichtigt man

---

[333] Die Erlaubniserteilung erfolgte durch das BMF, vgl. § 106b Abs. 1 S. 1 VAG a. F.

[334] Vgl. § 62 Abs. 1 S. 2 Nr. 6 iVm § 294 Abs. 2 S. 2 VAG.

[335] Vgl. Art. 146 Abs. 3 S. 1 Solva II-RL.

[336] RegE-VAG 2014, 298 (zu § 62).

[337] § 62 Abs. 1 S. 2 Nr. 6 iVm § 294 Abs. 2 S. 2 VAG.

[338] So bereits zum früheren Recht: *Miersch*, Versicherungsaufsicht nach den Dritten Richtlinien, 1996, S. 79; *Vespermann*, Staatshaftung im Versicherungswesen, 1995, S. 75 f.; *Dreher* WM 1995, 509, 516 f.

[339] *Vespermann*, Staatshaftung im Versicherungswesen, 1995, S. 77; *Dreher* WM 1995, 509, 516 f.; *ders.* VersR 1993, 1443, 1451.

[340] *Miersch*, Versicherungsaufsicht nach den Dritten Richtlinien, 1996, S. 79; *Präve* ZfV 1994, 199, 208.

[341] Vgl. bereits BAV-Mitteilung, VerBAV 1996, 51.

[342] Vgl. nur *EuGH* VersR 1986, 1225, 1228.

[343] *Präve*, in: 100 Jahre materielle Versicherungsaufsicht in Deutschland, 2001, S. 201 ff.

zudem die allgemeine europarechtliche Verpflichtung zur Gewährleistung eines hohen Verbraucherschutzniveaus (vgl. Art. 114 Abs. 3, Art. 169 AEUV, Art. 38 EU-Grundrechte-Charta), muss im Kern davon ausgegangen werden, dass die genannten Vorschriften auch den europarechtlichen Voraussetzungen entsprechen.[344] Für eine weitergehende aufsichtsbehördliche Bewertung von Rechtsvorschriften unter dem Gesichtspunkt des Allgemeininteresses ist aufgrund der gesetzgeberischen Wertungen kein Raum.[345] Dabei ist auch zu berücksichtigen, dass es keine europarechtlich gefestigte Begrifflichkeit des Allgemeininteresses gibt, die für Anwendungsfälle im Versicherungsbereich fruchtbar gemacht werden kann. Anhaltspunkte enthält zwar eine Mitteilung der damaligen EG-Kommission,[346] der zufolge wohl nicht für ganze Bereiche des innerstaatlichen Rechts Gründe des Allgemeininteresses geltend gemacht werden können.[347] Die von der Kommission angeführten Anwendungsfälle erlauben aber keine Rückschlüsse auf ein insoweit gesichertes Fundament. Fest steht insoweit nur, dass sämtliche Rechtsvorschriften, also auch solche des Privatrechts, was vereinzelt bezweifelt worden ist,[348] im Ergebnis den Allgemeininteresse-Test bestehen müssen.[349] Mögliche Aktivitäten von EIOPA in diesem Zusammenhang, etwa zur Sicherung der Kohärenz der Aufsicht, bleiben abzuwarten.

Unter Hinweis auf das **Allgemeininteresse** lassen sich keine Reglements rechtfertigen, die – unbeschadet der in der Solvency II-RL vorgesehenen Fälle – eine vorherige Mitteilung von AVB gegenüber der Aufsicht gebieten. Die AVB-Mitteilungspflicht bezüglich der Pflichtversicherungen und der substitutiven Krankenversicherung (§ 47 Nr. 13, § 9 Abs. 4 Nr. 5 lit. b VAG) beruht allerdings auf Richtlinienrecht (Art. 181 Abs. 2 Solva II-RL bzgl. der Nichtlebensversicherung, Art. 206 Abs. 1 lit. b Solva II-RL) und ist insofern unproblematisch. Das gilt nach Auffassung des EuGH auch für die Vorgabe eines obligatorischen Tarifierungssystems in der Kfz-Haftpflichtversicherung.[350] In Deutschland gibt es allerdings keine derartigen Vorgaben. **57**

Im Rahmen der Rechtsaufsicht ist die deutsche Aufsichtsbehörde zu **schlicht-hoheitlichem Handeln** befugt, was den Erlass von Rundschreiben mit Hinweischarakter umfasst.[351] Die Behörde darf ferner die Sitzlandbehörde auffordern, Sorge für eine Missstandsbeseitigung bzw. -vermeidung zu treffen (§ 62 Abs. 3 S. 1 VAG). In dringenden Fällen sowie bei Untätigkeit der Sitzlandbehörde ist die deutsche Aufsicht auch selber zum Erlass von Verwaltungsakten befugt (§ 62 Abs. 3 S. 2 u. 3 VAG). Die Zustellung von Verwaltungsakten am Sitz des jeweiligen Unternehmens ist dabei verbürgt. Sie erfolgt nach Maßgabe der § 328 VAG entsprechenden Vorschrift des jeweiligen Sitzlandes.[352] Der Erlass von anordnenden Rundschreiben der deutschen Aufsicht kommt nicht in Betracht.[353] **58**

Die deutsche Aufsicht hat auch gegenüber EWR-ausländischen Erstversicherern ein Auskunfts- und Prüfungsrecht,[354] beschränkt allerdings auf die Rechtsaufsicht.[355] Bei Entzug der Erlaubnis für ein EWR-ausländisches Erstversicherungsunternehmen durch die jeweilige Sitzlandbehörde ist die inländische Geschäftstätigkeit zu unterbinden (§ 62 Abs. 4 VAG). Schließlich bedarf die Übertragung des inländischen Versicherungsbestandes eines EWR-ausländischen Erstversicherers der Genehmigung bzw. der gutachterlichen Stellungnahme der deutschen Aufsicht (§ 63 VAG). **59**

(2) Keine Finanzaufsicht. Keine Maßnahmen darf die deutsche Versicherungsaufsicht gegenüber EWR-ausländischen Erstversicherern im Rahmen der Finanzaufsicht treffen. Sofern eine Maßnahme zur **Sicherstellung der dauernden Erfüllbarkeit** geboten ist, handelt es sich um die Ausübung derartiger Befugnisse.[356] § 294 Abs. 4 VAG enthält eine beispielhafte Aufzählung, was Gegenstand der Finanzaufsicht ist und was somit der aufsichtsbehördlichen Kontrolle bei EWR-ausländischen Erstversicherern entzogen ist. Hierzu zählen die Solvabilität sowie die langfristige Risikotragfähigkeit der Unternehmen, die Bildung ausreichender versicherungstechnischer Rückstellungen, die Anlegung in entsprechenden geeigneten Vermögenswerten, die Einhaltung kaufmännischer Grundsätze einschließlich einer ordnungsgemäßen Geschäftsorganisation und die Einhaltung weiterer finanzieller Grundlagen des Geschäftsplans. **60**

---

[344] Vgl. Mitteilung der EG-Kommission, ABl. EG 2000 C 43, 5, 26; *Präve*, Versicherungsbedingungen und AGB-Gesetz, 1998, Rn. 19.

[345] *Präve* VersWissStud [4. Bd.], S. 85, 100.

[346] Mitteilung der EG-Kommission, ABl. EG 2000 C 43, 5, 15 ff.

[347] Mitteilung der EG-Kommission, ABl. EG 2000 C 43, 5, 19.

[348] *Fahr* VersR 1992, 1033, 1036; *Prölss/Armbrüster* DZWir 1993, 449, 455 f.; *Gärtner* EWS 1994, 114, 120 f.

[349] Mitteilung der EG-Kommission, ABl. EG 2000 C 43, 5, 26; *Präve* VW 1992, 8, 12 f.; *Reich* VuR 1993, 10, 15; s. a. *Lorenz* VR 1995, 8, 12 f. u. 19; *Roth* VersR 1993, 129, 133 f. u. 136; *Drabbe* VW 1994, 550, 554; *Miersch*, Versicherungsaufsicht nach den Dritten Richtlinien, 1996, S. 75 f.

[350] *EuGH* Urt. v. 7.9.2004 – C-347/02, Rn. 24, 26, ABl. EU 2004 C 262, 5.

[351] *Zens*, Die Zusammenarbeit der Versicherungsaufsichtsbehörden in der Europäischen Gemeinschaft, 2005, S. 149; *Präve* VersWissStud [4. Bd.], S. 85, 101.

[352] Vgl. Art. 155 Abs. 3 UAbs. 2 Solva II-RL.

[353] *Präve* VersWissStud [4. Bd.], S. 85, 101.

[354] § 62 Abs. 1 S. 2 Nr. 6 iVm § 305 Abs. 1, 2 Nr. 1 u. 2, Abs. 3 bis 5 VAG.

[355] *Zens*, Die Zusammenarbeit der Versicherungsaufsichtsbehörden in der Europäischen Gemeinschaft, 2005, S. 144 f. u. 147.

[356] *Zens*, Die Zusammenarbeit der Versicherungsaufsichtsbehörden in der Europäischen Gemeinschaft, 2005, S. 94.

61 Das bedeutet, dass bestimmte Rechtsverordnungen und aufsichtsbehördliche Anordnungen keine Anwendung auf EWR-ausländische Erstversicherer finden können. Keine Anwendung finden die Rechtsverordnungen gemäß §§ 39, 122, 131, 145, 160, 170, 204, 217, 220, 235 VAG.

62 Die Geschäftstätigkeit deutscher Erstversicherungsunternehmen im **EWR-Ausland** unterliegt der deutschen Aufsicht. Maßgeblich sind die Vorschriften der §§ 57 ff. VAG. Diese gelten allerdings nicht für kleine Versicherungsunternehmen (§ 212 Abs. 2 Nr. 4 VAG), namentlich Sterbe- (§ 219 Abs. 1 VAG) und Pensionskassen (§ 234 Abs. 1 VAG). Die Finanzaufsicht wird in alleiniger Zuständigkeit, die Aufsicht im übrigen (Rechtsaufsicht) im Zusammenwirken mit der Tätigkeitslandaufsichtsbehörde ausgeübt.

63 **2. Versicherungs-Holdinggesellschaften (Abs. 1 Nr. 2). § 1 Abs. 1 Nr. 2 VAG** bestimmt, dass Versicherungs-Holdinggesellschaften aufsichtspflichtig sind. Die maßgebliche Definition der Versicherungs-Holdinggesellschaften findet sich in **§ 7 Nr. 31 VAG**. Eingeschlossen werden auch Unternehmen im Sinne von **§ 293 Abs. 4 VAG**. Versicherungs-Holdinggesellschaften sind danach Mutterunternehmen, die keine gemischte Finanzholding-Gesellschaft (§ 7 Nr. 10 VAG) sind und deren Haupttätigkeit der Erwerb und das Halten von Beteiligungen an Tochterunternehmen sind. Dabei müssen diese Tochterunternehmen ausschließlich oder zumindest hauptsächlich Versicherungsunternehmen sein. Mindestens ein Tochterunternehmen muss ein Versicherungsunternehmen sein. In Übereinstimmung mit Art. 212 Abs. 1 lit. f Solva II-RL, den der Gesetzgeber wohl auch wegen der vormaligen Diskussion über die entsprechende Begrifflichkeit[357] herausstellt,[358] sind mit Versicherungsunternehmen auch Rückversicherer gemeint. Die Herausstellung des § 7 Nr. 31 VAG, wonach Tochterunternehmen auch Versicherungsunternehmen eines Drittstaats sein können, ist auf den ersten Blick etwas irreführend. Tochterunternehmen kann neben einem inländischen jedes ausländische Unternehmen sein, da insoweit keine weitere Unterscheidung getroffen wird. Vielmehr umfasst die Definition des Versicherungsunternehmens in- und EWR-ausländische Versicherer so wie im Übrigen Versicherungsunternehmen Erst- und Rückversicherer umschließen. Da der deutsche Gesetzgeber allerdings eine weiterreichende Holdingaufsicht als EU-rechtlich geboten vorsieht,[359] wird unter Rekurs auf § 293 Abs. 4 VAG die Definition noch dahingehend erweitert, dass alle Unternehmen mit inländischem Sitz, deren Haupttätigkeit der Erwerb und das Halten unmittelbarer oder mittelbarer Beteiligungen an Erst- und Rückversicherer bzw. Pensionsfonds erfasst werden. Mit **Unternehmen** sind hierbei – anders als bei den Holdinggesellschaften im Sinne von § 7 Nr. 31 VAG – in Übereinstimmung mit dem allgemeinen aufsichtsrechtlichen Unternehmensbegriff sowohl natürliche als auch juristische Personen gemeint.[360] Insofern ist zudem zu beachten, dass die zusätzliche Aufsicht über diese Unternehmen nur greift, wenn die Unternehmen nicht bereits der Aufsicht ohnehin unterliegen,[361] was auf Erst- und Rückversicherer zutrifft.[362] Dass zwei Begrifflichkeiten zur Definition verwendet werden, nämlich Versicherungs-Holdinggesellschaften und Unternehmen im Sinne des § 293 Abs. 4 VAG, soll Missverständnisse über den europäischen Holdingbegriff vermeiden helfen.[363]

64 Der Aufsicht unterstellt sind Versicherungs-Holdinggesellschaften in zweierlei Hinsicht. Zum einen stehen **gruppeninterne Transaktionen** – in Umsetzung von Art. 265 Solvency II-RL – unter Aufsicht (§ 292 VAG), zum anderen besteht daneben noch eine im Wesentlichen auf Art. 257 Solva II-RL beruhende **eingeschränkte zusätzliche Aufsicht** (§ 293 VAG), die, wie bereits erwähnt, auch Unternehmen im Sinne von § 293 Abs. 4 VAG erfasst. Die Erweiterung, die auf rein nationalen Wertungen beruhen, ist europarechtlich unproblematisch, da die entsprechenden Vorgaben der Solva II-RL insoweit nicht als abschließend zu verstehen sind. Letztlich zielen sie auf den Schutz der Versicherten und finden insofern eine Entsprechung in diesem auch in der Solva II-RL festgelegten Hauptziel der Aufsicht. Auch in verfassungsrechtlicher Hinsicht bestehen keine durchgreifenden Bedenken, wenngleich hier mitunter Vorbehalte wegen der Unbestimmtheit der Norm bereits zur früheren Rechtslage geltend gemacht worden sind.[364] Zwar ist einzuräumen, dass die Begrifflichkeit nicht ganz konturfest ist. Die Regelung ist aber unter Beachtung der übergeordneten Zielsetzung auslegungsfähig. Mögliche weiterhin bestehende Unklarheiten über das Vorliegen einer aufsichtspflichtigen Gesellschaft lassen sich insofern dadurch ausräumen, dass auf den mit der Regulierung verbundenen Zweck rekurriert wird, nämlich eine Umgehung der Aufsicht durch gesellschaftsrechtliche Gestaltungsmöglichkeiten zu verhindern,[365] insbes. Managementfehlern entgegenzuwirken, die sich auf die Versicherungsunternehmen der Gruppe

---

[357] S. etwa *Fricke* VersR 2005, 161, 165; *Bürkle* VersR 2005, 458, 459–461; *Wolf* VersR 2006, 465 ff.
[358] RegE-VAG 2014, 234 (zu § 1).
[359] Vgl. Gesetzentwurf der Bundesregierung, BT-Drs. 17/9342, 172 (zu § 276).
[360] Anders zur früheren Rechtslage Bähr/*Wolf* § 29 Rn. 9; *ders.* VersR 2006, 465 f.; offener insoweit *Bürkle* VersR 2005, 458, 459.
[361] So ausdrücklich § 293 Abs. 4 VAG.
[362] So auch bereits § 1b Abs. 1 S. 2 VAG a. F.
[363] RegE-VAG 2014, 234 (zu § 1)..
[364] Bähr/*Wolf* § 29 Rn. 12; *Bürkle* VersR 2005, 458, 460; *Winter*, S. 418 f.
[365] Gesetzentwurf der Bundesregierung, BT-Drs. 15/3418, 1.

auswirken[366] und damit auch auf die Versicherten, deren Schutz die Reglementierung gebietet. Das zieht bereits per se auch Beschränkungen nach sich.[367]

So ist das Merkmal der **Haupttätigkeit** dahingehend zu verstehen, dass die Beteiligungen im Versicherungssektor überwiegen müssen, um von einer Versicherungs-Holdinggesellschaft ausgehen zu können. So dürfen weitere Beteiligungsaktivitäten nicht nennenswert ins Gewicht fallen.[368] Wenn dauerhaft mehr als die Hälfte der Bilanzsumme der Gesellschaft aus Beteiligungen in der Versicherungsbranche herrührt, ist jedenfalls das Vorliegen einer Versicherungs-Holdinggesellschaft zu bejahen.[369] Erfasst werden dabei mittelbare und unmittelbare Beteiligungen.[370] Es genügt auch die Beteiligung an einem einzigen Unternehmen.[371] Die Verwendung des Plurals in der Begriffsdefinition steht dem nicht entgegen. Vielmehr ist auch insofern auf den Schutzzweck abzustellen. Zur Höhe der Beteiligung und zur Ausgestaltung der mittelbaren Beteiligung enthält die Definition keine Festlegungen. In Anknüpfung an die Definition des beteiligten Unternehmens in § 7 Nr. 4 VAG bzw. der Beteiligung in Art. 13 Nr. 20 Solva II-RL ist eine Beteiligung gegeben, wenn unmittelbar oder mittelbar mindestens 20 Prozent der Stimmrechte oder des Kapitals an einem Unternehmen gehalten werden.[372] Dass als Beteiligung auch das unmittelbare Halten von Stimmrechten oder Kapital an einem Unternehmen gilt, auf das nach Ansicht der Aufsicht ein maßgeblicher Einfluss tatsächlich ausgeübt wird, ist dabei lediglich – gestützt auf Art. 212 Abs. 2 Solva II-RL – für Zwecke der Aufsicht nach den Vorschriften der §§ 245 bis 287 VAG maßgeblich. Bezüglich der mittelbaren Beteiligung ist insofern zur Vermeidung von Wertungswidersprüchen auf die in § 7 Nr. 3 VAG genannten Zurechnungsnormen abzustellen.[373] Weitere Einschränkungen, wie sie im Schrifttum zur früheren Rechtslage erwogen worden sind, etwa als ungeschriebenes Tatbestandsmerkmal ein Abhängigkeitsverhältnis im Sinne von § 17 AktG zwischen den betreffenden Unternehmen zu fordern,[374] finden weder im geltenden VAG noch in der Solva II-Richtlinie eine hinreichende Stütze. 65

3. Versicherungs-Zweckgesellschaften (Abs. 1 Nr. 3). Gemäß **§ 1 Abs. 1 Nr. 3 VAG** sind Versicherungs-Zweckgesellschaften aufsichtspflichtig. Eine Definition der Versicherungs-Zweckgesellschaft enthält **§ 168 VAG**, insoweit Art. 13 Nr. 26 Solvency II-RL folgend. Danach handelt es sich bei der Versicherungs-Zweckgesellschaft um eine Kapital- oder Personengesellschaft mit Sitz oder Hauptverwaltung im Inland. Sie ist kein Erst- oder Rückversicherer, übernimmt allerdings Risiken von Erst- oder Rückversicherern. Hierzu sichert sie die Schadensrisiken vollständig über die Emission von Schuldtiteln oder einen anderen Finanzierungsmechanismus ab, bei dem die Rückzahlungsansprüche der Darlehensgeber oder der Finanzierungsmechanismus den Rückversicherungsverpflichtungen der Gesellschaft nachgeordnet sind. Die Laufzeit der Titel muss mindestens derjenigen des Rückversicherungsvertrags entsprechen.[375] Die Regelung setzt Art. 211 iVm Erwägungsgrund 91 Solvency II-RL um. Die EU-Kommission hat Durchführungsmaßnahmen zu der näheren Ausgestaltung der Aufsicht und des zwingenden Inhalts entsprechender Geschäfte erlassen.[376] Der deutsche Gesetzgeber hat seinerseits neben der Bestimmung der Erlaubnispflichtigkeit (§ 168 Abs. 1 S. 3 VAG) insbesondere die entsprechende Anwendbarkeit bestimmter Normen des VAG festgelegt (§ 168 Abs. 2 VAG). Die Einbeziehung der Versicherungs-Zweckgesellschaften als aufsichtspflichtige Unternehmen beruht auf der Erkenntnis, dass deren Geschäfte für sich genommen noch kein Versicherungsgeschäft darstellen müssen (insbes. wenn nur ein einmaliger oder gelegentlicher Erwerb von Schuldtiteln erfolgt),[377] ihre Unterstellung unter eine Aufsicht aber als geboten erscheint. Der Gesetzgeber hat insofern bereits mit Art. 1 Nr. 47 des VAG-Änderungsgesetzes v. 28.5.2007 (§ 121g VAG a. F.)[378] auf Marktentwicklungen reagiert, die zur Entstehung von Gesellschaften geführt haben, die bestimmte Versicherungsrisiken mittels Verbriefung am Kapitalmarkt[379] platzieren. Ausdrückliches Ziel war dabei auch, eine Ansiedlung solcher Gesellschaften in Deutschland zu ermöglichen und insofern den Finanzplatz Deutschland zu stärken.[380] 66

4. Sicherungsfonds (Abs. 1 Nr. 4). § 1 Abs. 1 Nr. 4 VAG unterstellt der Aufsicht Sicherungsfonds für die Lebens- und die substitutive Krankenversicherung. Die Vorschrift verweist insoweit auf **§ 223 VAG** und stellt damit eine Verbindung zu den bei der Kreditanstalt für Wiederaufbau verankerten 67

---

366 Gesetzentwurf der Bundesregierung, BT-Drs. 15/3418, 19 (zu § 1b).
367 So in der Ausgangslage zutreffend Bähr/*Wolf* § 29 Rn. 21.
368 Bähr/*Wolf* § 29 Rn. 13.
369 Bähr/*Wolf* § 29 Rn. 13.
370 Bähr/*Wolf* § 29 Rn. 15.
371 Bähr/*Wolf* § 29 Rn. 16.
372 So bereits Bähr/*Wolf* § 29 Rn. 17 unter Verweis auf § 271 Abs. 1 HGB.
373 Anders zur früheren Rechtslage Bähr/*Wolf* § 29 Rn. 19.
374 Bähr/*Wolf* § 29 Rn. 22.
375 Zur Definition vgl. im Einzelnen auch Bähr/*Arhold* § 29 Rn. 26 ff.
376 Art. 318 ff. Solva II-VO sowie DurchführungsVO 2015/462 der EU-Kommission, ABl. EU 2015 L 76, 23.
377 Bähr/*Arhold* § 29 Rn. 35; GB BAV 1998 A S. 53 f.
378 BGBl. I 923.
379 *Dreher/Lange* WM 2009, 193, 198; zur Bedeutung der Verbriefung von Versicherungsrisiken s. nur *Weber-Rey/Baltzer* WM 2007, 2184, 2189 f.
380 Gesetzentwurf der Bundesregierung, BT-Drs. 16/1937, 68 (zu § 121g).

Sicherungsfonds her. Praktisch relevant ist diese Vorgabe nicht geworden. Vielmehr sind mit den Aufgaben der Sicherungsfonds Versicherungsunternehmen gemäß § 224 VAG beliehen worden. Aus dem Zusammenhang der Vorschriften und insbesondere aus § 224 Abs. 2 S. 1 VAG ergibt sich, dass auch diese der Aufsicht zu unterstellen sind. Zur Klarstellung hätte es sich aber empfohlen, auch die Bezugnahme des § 1 Abs. 1 Nr. 4 VAG entsprechend weiter zu fassen.

68 Die Sicherungsfonds sollen die Interessen der Versicherten losgelöst vom Schicksal ihres Versicherers wahren. Sie unterliegen der Aufsicht unabhängig davon, ob mit dieser Aufgabe, was zulässig[381] und, wie erwähnt, auch geschehen ist,[382] ein Versicherungsunternehmen betraut worden ist oder nicht. Maßgebend für die Sicherungsfonds selber sind nur die Vorschriften der §§ 221 ff. VAG. Die Notwendigkeit von Sicherungsfonds wird damit begründet, dass die Insolvenz eines Lebens- oder Krankenversicherers vor allem ältere und kranke Menschen „in schwere Not" bringen könnte. So wird auf die Gefahr verwiesen, dass das „angesammelte Kapital" anderenfalls zumindest teilweise verloren gehen könnte und die Versicherten „plötzlich ohne Versicherungsschutz" dastünden. Erklärtes Ziel der Sicherungsfonds soll insofern sein, „dass die betroffenen Kunden ihren **Versicherungsschutz behalten**".[383] Seit den achtziger Jahren des vorigen Jahrhunderts war immer wieder über die Notwendigkeit derartiger Sicherungslösungen diskutiert worden. Insbesondere von Seiten der Wirtschaftswissenschaftler hatten sich Stimmen gemehrt, die sich – unter Hinweis auf entsprechende Einrichtungen im Ausland – für Sicherungsfonds aussprachen, insbesondere soweit Verbraucherverträge in Rede stehen.[384] Auch in den neunziger Jahren wurde die Diskussion – mit gewissen Modifizierungen[385] – fortgesetzt. Für das Tätigwerden des Gesetzgebers waren letztlich aktuelle Krisensituationen ausschlaggebend.[386] Trotz freiwilliger Branchenlösungen, die letztlich zur Rettung des Bestands eines bedrohten Lebensversicherers geführt haben, hat der Deutsche Bundestag Veranlassung gesehen, in einer Entschließung – unter Bezugnahme auf das Sicherungssystem im Kredit- und Wertpapiergewerbe – ein gesetzlich verankertes Sicherungssystem einzufordern, „um das notwendige Vertrauen der Bevölkerung in die Erfüllbarkeit von Versicherungspolicen zu stärken".[387]

69 Der Gesetzgeber hat hierauf basierend ein gesetzliches Regelungssystem geschaffen, das sich – bis in Einzelheiten[388] – an das Sicherungssystem des Kredit- und Wertpapiergewerbes anlehnt.[389] Hieran wird auch nach der Umsetzung der Solva II-RL inhaltlich unverändert festgehalten.[390] Es gibt allerdings von Beginn an einen gewichtigen Unterschied in der Grundausrichtung der gesetzlichen Sicherung. Während im Kredit- und Wertpapiergewerbe das Ziel eine Entschädigung der Betroffenen ist, ist es im Versicherungsgewerbe die **Fortführung der Versicherungsverträge**. Auch das Anliegen, das Vertrauen in das Finanzsystem insgesamt zu erhalten, das Pate im Kredit- und Wertpapierbereich gestanden hat,[391] hat im Versicherungsbereich keine unmittelbare Entsprechung gefunden. Hier kommt es mehr auf das spezielle Vertrauen in eine funktionierende private Alters- und Gesundheitsversorgung an.[392] Daher steht die auf den ersten Blick vorhandene Parallelität der Sicherungseinrichtungen unter einem gewissen Vorbehalt, was auch mit der unterschiedlichen aufsichtsrechtlichen Ausgestaltung des Banken- und Versicherungsbereichs im Zusammenhang steht und folgerichtig auf das aufsichtsrechtliche Gesamtgefüge, in das die Sicherungseinrichtungen gestellt sind, ausstrahlt.

70 **5. Pensionsfonds (Abs. 1 Nr. 5).** Pensionsfonds unterliegen der Aufsicht nach **§ 1 Abs. 1 Nr. 5 VAG**, obwohl es sich bei ihnen nicht um Versicherungsunternehmen handelt.[393] Pensionsfonds, die in **§ 236 Abs. 1 VAG** definiert werden, sind rechtlich selbständige Einrichtungen in Gestalt von Aktien-

[381] Vgl. im Einzelnen *Präve* VersR 2005, 1023, 1025 m. w. N.

[382] Verordnung über die Übertragung von Aufgaben und Befugnissen eines Sicherungsfonds auf die Protektor Lebensversicherungs-AG vom 11.5.2006, BGBl. I 1170; Verordnung über die Übertragung von Aufgaben und Befugnissen an die Medicator AG vom 11.5.2006, BGBl. I 1171.

[383] Vgl. Gesetzentwurf der Bundesregierung, BT-Drs. 15/3418, 17.

[384] *Finsinger*, in: Geld, Banken und Versicherungen, Band II, 1987, S. 1213 ff.; *ders.* VersWissStud 1994, S. 75, 78; *Eisen/W. Müller/Zweifel*, in: Schriften zur Unternehmensführung, Bd. 45, 1992, S. 30 f.; *Horsch*, Versichertenschutzfonds in der deutschen Assekuranz, 1998, S. 326 ff.; Hauptgutachten 1986/87 der Monopolkommission, 1988, S. 30 Ziffer 121.7; a. M. aber *Farny*, Ein Konkurssicherungssicherungsfonds in der Versicherungswirtschaft, Ei des Kolumbus oder Windei?, 1990, S. 33; *Rittner* ZVersWiss 1985, 201, 211 f.; *Oehmke*, Gläubigerschutz durch Insolvenzsicherungssicherungsfonds in einem deregulierten Versicherungsmarkt, 1990, S. 228–231; *B. Müller*, Verbraucherschutz durch das Bundesaufsichtsamt für das Versicherungswesen, 1998, S. 201 f.

[385] S. nur *Dreher*, in: FS F. Rittner zum 70. Geburtstag, 1991, 93 f.; *Präve* ZfV 1994, 199, 202–204; zur damaligen aufsichtsbehördlichen Sicht s. *H. Müller* ZfV 1998, 368; Bericht über die Sitzung des BAV-Versicherungsbeirats am 5. Mai 1998, VerBAV 1998, 160, 161.

[386] Vgl. im Einzelnen *Himstedt*, Protektor Lebensversicherungs-AG: Erfahrungen im Fall Mannheimer, S. 9 ff.

[387] Vgl. Entschließungsantrag, BT-Drs. 15/1762.

[388] Vgl. nur die Bezugnahmen in der Gesetzesbegründung zu §§ 126–131, 133, 133a VAG a. F., BT-Drs. 15/3418, 27 f.

[389] Einzelne Abweichungen werden in der Gesetzesbegründung ausdrücklich gekennzeichnet; vgl. Begründung zu §§ 125, 131 VAG a. F., BT-Drs. 15/3418, 26–28.

[390] Vgl. Gesetzentwurf der Bundesregierung, BT-Drs. 17/9342, 168 (zu §§ 208–218).

[391] Vgl. Gesetzesbegründung, BT-Drs. 13/10188, 19.

[392] Vgl. Gesetzesbegründung zu § 124 VAG a. F., BT-Drs. 15/3418, 25.

[393] *Eilert* BetrAV 2001, 624; Bähr/*Laars* § 32 Rn. 1.

gesellschaften (einschl. der Europäischen Gesellschaften) oder Pensionsfondsvereinen auf Gegenseitigkeit (§ 237 Abs. 3 Nr. 1 VAG), die gegen Zahlung von Beiträgen kapitalgedeckte betriebliche Altersversorgung für den Arbeitgeber durchführen. Weitere Durchführungswege der betrieblichen Altersversorgung sind die Direktzusage des Arbeitgebers, die Direktversicherung, die Pensionskasse und die Unterstützungskasse (§ 1 Abs. 1 S. 2 iVm § 1b Abs. 2 bis 4 BetrAVG). Der Gesetzgeber hat sich hinsichtlich der Pensionsfonds von der Vorstellung einer weitgehend versicherungsförmigen Ausgestaltung leiten lassen und insofern eine Verortung im VAG für angezeigt gehalten.[394] Pensionsfondsgeschäfte werden als Sparte Nr. 25 der Anlage 1 zum VAG geführt.[395] Die arbeitsrechtliche Verankerung der Pensionsfonds ist im BetrAVG erfolgt. Diese Regelungen sowie die Bestimmungen des VAG müssen dabei als ein System kommunizierender Röhren begriffen werden.

Mit der Schaffung von Pensionsfonds ist ein **Schlusspunkt** unter eine jahrelange Diskussion über das **71** Für und Wider einer deutschen Variante der aus dem angelsächsischen Raum stammenden pension fund gezogen worden.[396] Die Einbindung in das VAG ist dabei nicht so ungewöhnlich, wie dies vereinzelte Kritik zu erkennen gibt. Zwar lassen sich Pensionsfonds nicht einfach mit Versicherungsunternehmen gleichsetzen.[397] Die aufsichtsrechtliche Verankerung von Durchführungswegen betrieblicher Altersversorgung entspricht in Deutschland aber bewährter Tradition, wie dies etwa an den Pensionskassen[398] ablesbar ist.[399]

Die Einführung der Pensionsfonds erfolgte mit Wirkung zum **1.1.2002.**[400] Für Pensionsfonds gelten **72** mit bestimmten Maßgaben und Ergänzungen die für kleine Versicherungsunternehmen anzuwendenden Vorschriften, soweit sie Lebensversicherer betreffen, entsprechend (§ 237 VAG). Nach Maßgabe der zugrunde liegenden Pensionspläne können die Versorgungsleistungen namentlich beitragsbezogen mit der Zusage einer Mindestleistung oder leistungsbezogen erbracht werden.[401] Pensionsfonds dürfen auch grenzüberschreitend tätig sein (§§ 242 ff. VAG).

III. Versicherungsgleiche Geschäfte (Abs. 2). Neben dem klassischen Versicherungsgeschäft dür- **73** fen Lebensversicherungsunternehmen, also Unternehmen, denen eine Erlaubnis für eine der Anlage 1 Nr. 19 bis 21 VAG genannten Versicherungssparten erteilt worden ist, gemäß **§ 1 Abs. 2 S. 1 VAG** auch Tontinen- (Anlage 1 Nr. 22 VAG) und Kapitalisierungsgeschäfte (Anlage 1 Nr. 23 VAG) betreiben sowie die Verwaltung von Versorgungseinrichtungen übernehmen (Anlage 1 Nr. 24 VAG). Dies ist seit Inkrafttreten des Dritten Durchführungsgesetzes/EWG zum VAG im Jahre 1994[402] möglich. Der Gesetzgeber hat damit eine europäische Richtlinien-Vorgabe umgesetzt.[403] Die Öffnung des deutschen Lebensversicherungsmarkts für derartige Geschäfte war dabei der Tatsache geschuldet, dass in anderen europäischen Staaten Versicherungsunternehmen solche Geschäfte schon immer getätigt haben[404] und in Deutschland hieran nach Verwirklichung des europäischen Binnenmarkts nicht gehindert werden durften. Namentlich wäre es mit dem europäischen Impetus nicht zu vereinbaren gewesen, wenn die in Frage stehenden Geschäfte nur deshalb nicht grenzüberschreitend vertrieben werden dürfen, weil bestimmte Staaten, wie etwa Deutschland, sie als Bankgeschäfte klassifiziert haben.[405] Um einer Diskriminierung deutscher Versicherungsunternehmen entgegenzuwirken,[406] hat sich der Gesetzgeber für eine entsprechende Liberalisierung entschieden und dabei in Kauf genommen, dass namentlich die Grenze zwischen Bank- und Versicherungsprodukten verschwimmt, da es für versicherungsgleiche Geschäfte nicht mehr auf die Übernahme eines versicherungstechnischen Risikos ankommt, wie dies besonders augenfällig bei Kapitalisierungsgeschäften wird.[407]

1. Tontinengeschäfte. Bei Tontinengeschäften (Anlage 1 Nr. 22 zum VAG) vereinigen sich Teil- **74** haber mit dem Ziel, ihre Beiträge gemeinsam zu kapitalisieren und das so gebildete Vermögen entweder

---

[394] Vgl. Gesetzesbegründung, BT-Drs. 14/5150, 44.
[395] Vgl. Gesetzesbegründung BT-Drs. 14/5150, 48.
[396] *Heubeck*, in: Beilage Nr. 5 zu DB-Heft Nr. 24/2001, S. 2; *ders.*, in: Beilage Nr. 15 zu DB-Heft Nr. 45/2001, S. 15, 17 f.; *Rittler* VW 2001, 1115 f., 1118; *Holzwarth* VW 1997, 825, 829; *Bode/Grabner* DB 1997, 928, 931 f.; *Blomeyer* ZIP 1998, 1737 f.; 1997, 1397–1399; zur Ausgestaltung der pension fund in Großbritannien vgl. *Nöcker*, Pensionsfonds – Versorgungseinrichtungen und Finanzinstitution, 2003, S. 87 ff., 432 ff.
[397] *Eilert* BetrAV 2001, 624.
[398] Zur Konkurrenzsituation zwischen Pensionskassen und Pensionsfonds vgl. *Melchiors* ZKW 2003, 128 ff.; *Ehlers* ZKW 2003, 134 ff.
[399] *Andresen*, in: 100 Jahre materielle Versicherungsaufsicht in Deutschland, 2001, Band II, S. 797, 800 u. 803 f.
[400] Vgl. Art. 10 und 35 des Gesetzes vom 26.6.2001, BGBl. I 1310.
[401] *Förster/Rühmann/Recktenwald* BB 2001, 1406, 1409 f.; *Niermann* DB 2001, 1380, 1381; weiterführend *Beckstette/Zwiesler* ZVersWiss 2005, 257, 273 ff.
[402] Art. 1 Nr. 1, 81 des Gesetzes, BGBl. 1994 I 1630.
[403] Art. 2 Abs. 3 lit. b Solva II-RL.
[404] Vgl. etwa zu Kapitalisierungsgeschäften in Frankreich die Darstellungen von *Weinreich* VW 1993, 795, 797 ff. und *Schriever* VP 1994, 69, 72.
[405] Vgl. *Fahr* VersR 1992, 1033, 1045 f.; Mitteilung der EG-Kommission, ABl. EG 2000 C 43, 5, 21.
[406] S. a. *Körber* VW 1993, 254, 257.
[407] *Winter* VersR 2004, 8, 13 f.

auf die Überlebenden oder auf die Rechtsnachfolger der Verstorbenen zu verteilen.[408] Diese in der Solvency II-RL[409] enthaltene Definition ist auch für das VAG maßgeblich.[410] Die vormaligen aufsichtsbehördlichen Bedenken gegen dieses eher als Spiel oder Wette anzusehende und damit versicherungsfremde Geschäft[411] sind gegenstandslos. Das Tontinengeschäft stellt eine **Versicherungssparte** dar,[412] die von Lebensversicherungsunternehmen betrieben werden darf.[413] In § 1 Abs. 2 VAG wird dieses Geschäft allerdings nicht näher beschrieben, offenbar weil der Gesetzgeber – anders als bei den Kapitalisierungsgeschäften und den Geschäften der Verwaltung von Versorgungseinrichtungen – keine ergänzende Regelung für erforderlich gehalten hat. Pensions- und Sterbekassen dürfen Tontinengeschäfte nicht betreiben.[414] Hintergrund ist, dass diese Kassen nicht von der Solva II-Richtlinie erfasst werden,[415] der deutsche Gesetzgeber also eine eigenständige Bewertung vornehmen durfte und er Tontinengeschäfte nicht für vereinbar mit dem Betrieb von Geschäften der Pensions- und Sterbekassen ansieht. Schadensversicherungs- und Krankenversicherungsunternehmen dürfen derartige Geschäfte nicht betreiben, weil sie über keine Zulassung zu Sparten der Lebensversicherung verfügen.[416] Tontinen haben in Deutschland keine neue praktische Bedeutung erlangt. Aufgekommen sind sie im 17. Jahrhundert. Ihre Geschichte war wechselhaft.[417] Bereits im 19. Jahrhundert sind sie mit dem Einzug der modernen Lebensversicherung zurückgedrängt worden.[418]

75 **2. Kapitalisierungsgeschäfte.** Kapitalisierungsgeschäfte (Anlage 1 Nr. 23 zum VAG) sind Geschäfte, denen ein mathematisches Verfahren zugrunde liegt, wobei gegen im Voraus festgesetzte einmalige oder regelmäßig wiederkehrende Zahlungen bestimmte Verpflichtungen übernommen werden, deren Dauer und Höhe genau festgelegt sind. Diese in **§ 1 Abs. 2 S. 2 VAG** enthaltene Definition, die auf europäischem Richtlinienrecht[419] beruht und mitunter als substanzarm angesehen wird,[420] findet in der Praxis etwa dergestalt ihren Niederschlag, dass gegen Einmalprämie auf einen bestimmten Betrag lautende „bons de capitalisation“[421] ausgegeben werden, die zu einem bestimmten Termin fällig werden.[422] Entscheidend ist dabei, dass es sich um Sparprodukte ohne die Übernahme eines Risikos im Zusammenhang mit dem Tod der „versicherten“ Pension handelt.[423] Die Laufzeit der Verträge muss dabei **im Voraus festgelegt** werden, Verlängerungsoptionen und spätere, im Vertrag noch nicht genau festgelegte Zuzahlungen müssen unter Vorbehalt gestellt werden, damit der Versicherer der Verlängerung bzw. der Zuzahlung noch widersprechen kann.[424] Für Zuzahlungen sollen die zum Zeitpunkt der Zuzahlung maßgeblichen Rechnungsgrundlagen herangezogen werden, wenn diese zu geringeren Leistungen führt.[425] Letzteres ist aus aufsichtsrechtlicher Sicht nachvollziehbar, aus vertragsrechtlicher Sicht aber problematisch, da derart einseitige Änderungsvorbehalte eine unangemessene Benachteiligung im Sinne von § 307 BGB darstellen dürften. Die genannten Vorbehalte sollen allesamt gemäß der Auffassung der BaFin nur in den Fällen maßgeblich sein, in denen Kapitalisierungsgeschäfte den Charakter eines Einlagengeschäfts aufweisen,[426] was allerdings wiederum in Bezug auf die gesetzliche Vorgabe des § 1 Abs. 2 S. 2 VAG („nach Dauer … festgelegt“) nicht konsequent ist. Der Umfang der Leistung muss nicht ziffernmäßig festgelegt werden.[427] Der Leistungsumfang darf aber nicht erst zum Zeitpunkt der Leistungserbringung feststehen.

76 In Bezug auf die **Abgrenzung zu Bankgeschäften**, die Versicherungsunternehmen als versicherungsfremde Geschäfte nicht betreiben dürfen (§ 15 Abs. 1 S. 1 VAG), ist bei Kapitalisierungsgeschäften darauf zu achten, dass Leistung und Gegenleistung, wie in § 1 Abs. 2 Satz 2 VAG vorgesehen, im Voraus festgelegt sind. Heranzuziehen ist dabei auch die entsprechende Richtlinienbestimmung, in deren Lichte § 2 Abs. 2 VAG auszulegen ist. Die Bestimmung des Art. 2 Abs. 3 lit. b ii) der Solva II-RL lautet:

---

[408] Vgl. *von Fürstenwerth/Weiß*, Versicherungsalphabet, 10. Auflage, 2001, Stichwort: Tontine; *Winter* VersR 2004, 8, 17 f.
[409] Art. 2 Abs. 3 lit. b i) Solva II-RL.
[410] Vgl. Gesetzesbegründung, BR-Drs. 23/94, 295.
[411] *Müller* Rn. 66, 76.
[412] Anlage 1 Nr. 22 VAG.
[413] Gesetzesbegründung, BR-Drs. 23/94, 295.
[414] § 218 Abs. 2, § 232 Abs. 2 VAG.
[415] Art. 9 Nr. 2, Art. 10 Nr. 1 Solva II-RL.
[416] § 8 Abs. 4 S. 2 VAG.
[417] *Koch* VW 1995, 1640, 141 f.; *Ewald*, Der Vorsorgestaat, 1993, S. 253.
[418] *Koch* VW 1995, 1640, 1641 ff.
[419] Art. 2 Abs. 3 lit. b ii Solva II-RL.
[420] FKBP/*Kaulbach* § 1 Rn. 89; *Winter* VersR 2004, 8, 13 f.
[421] *Winter* VersR 2004, 8, 13.
[422] *von Fürstenwerth/Weiß*, Versicherungsalphabet, 10. Aufl., 2001, Stichwort: Kapitalisierungsgeschäft.
[423] Vgl. *Winter* VersR 2004, 8, 13 f.; *Weinreich* VW 1993, 795, 797; *Schriever* VP 1994, 69, 72.
[424] BaFin-Sammelverfügung v. 7.9.2010, Gz. VA 21-I 4209-2010/0001, Buchstabe A Ziff. 3; BaFin-Rundschreiben 08/2010 (VA) v. 7.9.2010, Gz. VA 21-I 4209-2010/0002, Buchstabe C Ziff. 1.1.
[425] BaFin-Rundschreiben 08/2010 (VA) v. 7.9.2010, Gz. VA 21-I 4209-2010/0002, Buchstabe C Ziff. 1.1.
[426] BaFin-Sammelverfügung v. 7.9.2010, Gz. VA 21-I 4209-2010/0001, Buchstabe A Ziff. 3; BaFin-Rundschreiben 08/2010 (VA) v. 7.9.2010, Gz. VA 21-I 4209-2010/0002, Buchstabe C Ziff. 1.1.
[427] *Winter* VersR 2004, 8, 14.

Kapitalisierungsgeschäfte, denen ein versicherungsmathematisches Verfahren zugrunde liegt, wobei gegen im Voraus festgesetzte einmalige oder regelmäßig wiederkehrende Zahlungen bestimmte Verpflichtungen übernommen werden, deren Dauer und Höhe genau festgelegt sind.

Der Gesetzgeber hat zwar in § 1 Abs. 2 S. 2 VAG diesen Wortlaut nicht exakt übernommen. Vom Sinn und Zweck entsprechen sich jedoch Richtlinie und Umsetzungsgesetz. Der ursprünglichen und weiterhin heranzuziehenden Gesetzesbegründung[428] sind demgemäß auch keine Anhaltspunkte für ein anderweitiges Verständnis zu entnehmen. Ein reiner Sparplan mit jederzeitiger Möglichkeit für Zuzahlungen und Auszahlungen sowie automatischer Vertragsverlängerung stellt danach kein zulässiges Kapitalisierungsgeschäft dar, denn es fehlt an der notwendigen Festlegung von Dauer und Höhe der eingegangenen Verpflichtungen. Hingegen steht die Gewährung einer **Gewinnbeteiligung**, die je nach Geschäftsergebnis in ihrer Höhe Schwankungen unterliegt, der Annahme eines Kapitalisierungsgeschäfts noch nicht entgegen.[429] Derartige Versprechen sind auch in der Lebensversicherung üblich. Es liegt in der Natur eines solchen Versprechens, dass es hinsichtlich der Höhe zum Zeitpunkt des Vertragsschlusses nicht beziffert werden kann. Ein besonderes Risiko ist für den Versicherer hiermit nicht verbunden, sofern der Versicherungsnehmer entsprechend unterrichtet wird. Für Kapitalisierungsgeschäfte ist insofern keine anderweitige Beurteilung angezeigt.

Kapitalisierungsgeschäfte spielen seit geraumer Zeit keine untergeordnete Rolle mehr.[430] Im Mittelpunkt stehen dabei Geschäfte, die den Charakter eines Einlagengeschäfts im Sinne von § 1 Abs. 1 Nr. 1 KWG aufweisen, ohne insofern der Bankenaufsicht unterstellt zu sein. Daneben stehen Produkte zur Rückdeckung von Arbeitszeitkonten und Altersvorsorgeverträge mit Auszahlungsplan.[431] Insbesondere Produkte, die den Charakter eines Einlagengeschäfts aufweisen, haben dazu geführt, dass sich die Aufsicht zu **zusätzlichen Vorkehrungen** veranlasst sah.[432] 77

Die als Nr. 23 in die Anlage 1 zum VAG aufgenommenen Kapitalisierungsgeschäfte werden als Versicherungsgeschäfte behandelt, wenn sie von Lebensversicherungsunternehmen betrieben werden. Sie sind dann Lebensversicherungsgeschäften **gleichgestellt**, unterliegen in diesem Fall also auch der Aufsicht nach den VAG. Pensions- und Sterbekassen[433] sowie Schadensversicherungs- und Krankenversicherungsunternehmen dürfen derartige Geschäfte nicht betreiben. Insofern gilt das zu Tontinengeschäfte Gesagte entsprechend. Die vormalige Auffassung, Kapitalisierungsgeschäfte seien versicherungsfremd und daher unzulässig,[434] lässt sich nicht mehr aufrechterhalten.[435] Kapitalisierungsgeschäfte iSd § 1 Abs. 2 S. 1 u. 2 VAG fallen nach § 2 Abs. 1 Nr. 4 KWG nicht unter die Aufsicht nach jenem Gesetz. Die Vorschriften des KWG gelten auch nicht etwa deswegen, weil Kapitalisierungsgeschäfte nicht zu den Lebensversicherungsunternehmen eigentümlichen Geschäften gehören (§ 2 Abs. 3 u. Abs. 6 S. 2 KWG).[436] Auf Grund der Wertungen des VAG ist das Gegenteil richtig. Damit erübrigt sich jegliche anderweitige aufsichtsrechtliche Zuordnung.[437] Lebensversicherungsunternehmen, die auch Kapitalisierungsgeschäfte betreiben, unterliegen daher hinsichtlich ihres gesamten Geschäftsbetriebs ausschließlich der Versicherungsaufsicht.[438] Die aufsichtsrechtliche Einordnung lässt die zivilrechtliche Bewertung grundsätzlich unberührt. Das gilt sowohl für die zivilrechtliche Wirksamkeit entsprechender Verträge[439] als auch für die Anwendbarkeit des VVG. Dieses Gesetz gilt nur für Versicherungsverträge,[440] was allerdings eine analoge Anwendung einzelner Vorschriften des VVG und der VVG-InfoV auf Kapitalisierungsgeschäfte im Einzelfall nicht ausschließt.[441] 78

3. Geschäfte der Verwaltung von Versorgungseinrichtungen. Geschäfte der Verwaltung von Versorgungseinrichtungen (Anlage 1 Nr. 24 zum VAG) beziehen sich der Legaldefinition von **§ 1 Abs. 2 S. 3 VAG** gemäß auf solche Einrichtungen, die Leistungen im Todes- und Erlebensfall oder bei Arbeitseinstellung oder bei Minderung der Erwerbsfähigkeit vorsehen. Zu der Verwaltung gehören, wie gesetzlich klargestellt ist, auch die Anlage und Verwaltung der Vermögenswerte. Diese Definition löst sich in ihrer Begrifflichkeit etwas von der zugrundeliegenden europäischen Richtlinienbestimmung (Art. 2 Abs. 3 lit. b iii und iv der Solva II-RL). So wird der dort verwandte Begriff „Pensionsfonds" 79

---

[428] BR-Drs. 23/94, 139 f.

[429] Vgl. BaFin-Rundschreiben 08/2010 (VA) v. 7.9.2010, Gz. VA 21-I 4209-2010/0002, Buchstabe C Ziff. 1.3.

[430] BaFin-Rundschreiben 08/2010 (VA) v. 7.9.2010, Gz. VA 21-I 4209-2010/0002, Buchstabe A.

[431] BaFin-Rundschreiben 08/2010 (VA) v. 7.9.2010, Gz. VA 21-I 4209-2010/0002, Buchstabe C Ziff. 1.1.

[432] S. insbes. BaFin-Sammelverfügung v. 7.9.2010, Gz. VA 21-I 4209-2010/0001, Buchstabe A Ziff. 1 und 2.; BaFin-Rundschreiben 08/2010(VA) v. 7.9.2010, Gz. VA 21-I-4209-2010/0002, Buchstabe C Ziff. 1.1., 1.2., 2.

[433] § 218 Abs. 2, § 232 Abs. 2 VAG; s. hierzu die ursprüngliche Gesetzesbegründung, BR-Drs. 23/94, 141; *Winter* VersR 2004, 8. 15.

[434] *Müller*, Rn. 66, 76.

[435] *Winter* VersR 2004, 8, 15 f.

[436] BaFin-Rundschreiben 08/2010 (VA) v. 7.9.2012, Gz. VA 21-I 4209-2010/0002, Buchstabe A.

[437] *Winter* VersR 2004, 8, 16.

[438] *Fahr* VersR 1992, 1033, 1045.

[439] *Winter* VersR 2004, 8, 17.

[440] *Winter* VersR 2004, 8, 19.

[441] Vgl. BaFin-Rundschreiben 08/2010 (VA) v. 7.9.2010, Gz. 21-I 4209-2010/0002, Buchstabe C Ziff. 3.

nicht gewählt, was im Ergebnis jedoch unschädlich ist.[442] Das Verwaltungsgeschäft stellt kein originäres Versicherungsgeschäft, sondern eher ein Managementgeschäft dar.[443]

80 Im Einzelnen kommen für das Verwaltungsgeschäft **folgende Tätigkeiten** in Betracht: Beratung und Unterstützung bei der Einführung und Durchführung der Versorgungseinrichtung (Erstellung eines Leistungsplans, des Finanzierungskonzepts und der Anlagestrategie), Anlage und Verwaltung der Deckungsmittel (Anlage etwa in Forderungen, Beteiligungswerten, Grundvermögen, Abschluss von Rückdeckungsversicherungen, Ausübung von Stimmrechten), Abwicklung der Versorgung (Erfassung der Versorgungsberechtigten, Ausstellung von Bescheiden und Bescheinigungen, Bearbeitung von Leistungsfällen und Auszahlung der Versorgungsleistungen, Abschluss von Versicherungen).[444] Im Zusammenhang mit der Verwaltung dürfen auch Garantiezusagen für die Erhaltung des verwalteten Kapitals und die Erreichung einer Mindestverzinsung abgeben werden (**§ 1 Abs. 2 S. 4 VAG**). Pensionskassen dürfen derartige Zusagen aus Risikogründen allerdings nicht abgeben,[445] Sterbekassen dürfen das Verwaltungsgeschäft überhaupt nicht betreiben,[446] ebenso wenig – hier als Ausfluß des Spartentrennungsgebots – Schaden- und Krankenversicherer.[447]

81 Wie in § 1 Abs. 2 S. 1 VAG zum Ausdruck gebracht, fällt das Verwaltungsgeschäft nur dann unter das VAG, wenn es von Lebensversicherungsunternehmen betrieben wird. Es ist dann Lebensversicherungsgeschäften **gleichgestellt**. Der Einwand, das Lebensversicherungsgeschäft und das Verwaltungsgeschäft seien grundverschieden, hat gesetzlich keinen Niederschlag gefunden, weshalb eine generelle Unanwendbarkeit der meisten VAG-Vorschriften auf das Verwaltungsgeschäft,[448] nicht angenommen werden kann. Allerdings kann das VAG auch nicht schematisch auf das Verwaltungsgeschäft erstreckt werden. Richtigerweise wird von einer entsprechenden Anwendbarkeit der für das Lebensversicherungsgeschäft geltenden Vorschriften auszugehen sein, was im Einzelfall Modifikationen nicht ausschließt.

82 **IV. Zusatzversorgungskassen des öffentlichen Dienstes (Abs. 3).** Eine eingeschränkte Aufsicht sieht das **§ 1 Abs. 3 S. 1 VAG** für öffentlich-rechtliche Versicherungsunternehmen des öffentlichen Dienstes oder der Kirchen vor, die ausschließlich die Alters-, Invaliditäts- oder Hinterbliebenenversorgung zum Gegenstand haben. Dabei handelt es sich um Zusatzversorgungseinrichtungen des öffentlichen Dienstes, für die anderweitige bundes- oder landesgesetzliche Regelungen bestehen (vgl. nur § 18 BetrAVG). Für diese Einrichtungen[449] gelten daher vom VAG nur die in § 1 Abs. 3 aufgeführten Bestimmungen, nämlich § 12 Abs. 1 (Änderungen des Geschäftsplans und von Unternehmensverträgen), § 13 (Bestandsübertragungen), § 37 Abs. 1 und § 38 Abs. 1 (externe Rechnungslegung), § 39 (interne Rechnungslegung), § 47 Nr. 12 (Anzeigepflicht bzgl. Anlagen bei verbundenen Unternehmen), §§ 294–298 (Aufgaben und Befugnisse der Aufsicht) § 300 (Änderung des Geschäftsplans), § 302 (Untersagung einer Beteiligung), §§ 305 bis 307 (Befragung und Auskunftspflicht, Betreten und Durchsuchen von Räumen, Beschlagnahme, Sonderbeauftragter), § 310 (Widerspruch, Anfechtungsklage), §§ 311, 312 (Zahlungsunfähigkeit, Insolvenzverfahren) und § 314 (Zahlungsverbot, Herabsetzung von Leistungen). Für nach Landesrecht errichtete und der Landesaufsicht unterstehende entsprechende Einrichtungen kann Landesrecht abweichende Regelungen treffen (**§ 1 Abs. 3 S. 2 VAG**); für nicht unter Landesaufsicht stehende Einrichtungen kann das BMF durch Rechtsverordnung eine Freistellung von der Aufsicht vornehmen (§ 5 Abs. 3 VAG).

83 Die praktische Relevanz der Bestimmung des § 1 Abs. 3 S. 1 VAG ist gering. Für entsprechende Einrichtungen des Bundes gilt das VAG grundsätzlich nicht (§ 3 Abs. 1 Nr. 6 und 7 VAG). So unterliegen folgende Einrichtungen **nicht** der Versicherungsaufsicht:
- die öffentlich-rechtlichen Krankenversorgungseinrichtungen des Bundeseisenbahnvermögens,
- die Postbeamtenkrankenkasse,
- die Versorgungsanstalt des Bundes und der Länder,
- die Deutsche Rentenversicherung Knappschaft-Bahn-See und
- die Versorgungsanstalt der Deutschen Bundespost.

Einen Sonderfall stellt die Pensionskasse Deutscher Eisenbahnen und Straßenbahnen dar, die der Aufsicht der BaFin unterstellt ist. Die Versorgungsanstalt der deutschen Bühnen und die Versorgungsanstalt der deutschen Kulturorchester unterliegen der Versicherungsaufsicht des BMAS. Bestimmte Vorschriften des VAG finden hier entsprechend Anwendung.[450]

---

[442] Vgl. Gesetzesbegründung, BR-Drs. 23/94, 140; s. a. *Körber* VW 1993, 254.
[443] *R. Schmidt* VersR 1994, 885, 886.
[444] Vgl. *Körber* VW 1995, 100, 102 f.
[445] § 232 Abs. 2 VAG.
[446] § 218 Abs. 2 VAG.
[447] Vgl. § 8 Abs. 4 S. 2 VAG.
[448] So *Körber* VW 1995, 100, 101.
[449] Vgl. die Übersicht in: Bayerische Versicherungskammer [Hrsg.], Die Zusatzversorgung gestern heute und morgen, München, 1990, S. 121 f.; zu den Kassen in den neuen Bundesländern siehe *Mair-Ludwig* BetrAV 1997, 186, 187.
[450] Vgl. Gesetz über die Beaufsichtigung der Versorgungsanstalt der deutschen Bühnen und der Versorgungsanstalt der deutschen Kulturorchester v. 17.12.1990, BGBl. 1990 I 2864, zuletzt geändert durch Art. 178 der Verordnung v. 31.10.2006, BGBl. I 2407.

84 Zusatzversorgungskassen auf **Landesebene** unterliegen (bis auf eine Ausnahme) nicht der Versicherungsaufsicht. Das VAG enthält insofern einen Regelungsvorbehalt für die Länder, die ihrerseits – mit Ausnahme Bayerns – eine Versicherungsaufsicht über derartige Kassen nicht ausüben.[451] Der Träger der Emder Zusatzversorgungskasse für Sparkassen, die länderübergreifend tätig ist, ist wiederum durch Verordnung des BMF von der Aufsicht freigestellt worden.[452] Schließlich fallen auch entsprechende kirchliche Kassen aus der Versicherungsaufsicht heraus. Das BMF hat durch Rechtsverordnung die Kirchliche Zusatzversorgungskasse Rheinland-Westfalen und die Kirchliche Zusatzversorgungskasse des Verbandes der Diözesen Deutschlands von der Aufsicht freigestellt.[453]

85 Bei den fraglichen Einrichtungen werden die Leistungsinhalte regelmäßig tarifvertraglich festgelegt. Beim eventuellen Ausfall einer Kasse tritt an deren Stelle der Gewährsträger. Bei diesem handelt es sich stets um einen öffentlich-rechtlichen Arbeitgeber, der seiner Einstandspflicht gerecht werden wird. Schließlich unterstehen die Kassen noch einer Anstaltsaufsicht, die in jedem Fall eine Rechtsaufsicht ausübt. Vor diesem Hintergrund ist ein **Aufsichtsbedürfnis** für derartige Einrichtungen nicht zu erkennen. Auch die in § 1 Abs. 3 VAG vorgesehene eingeschränkte Aufsicht, die, wie dargestellt, nirgendwo praktiziert wird, entbehrt insofern letztlich einer Berechtigung. Hinzu tritt noch eine weitere Überlegung. Die Versicherungsverhältnisse bei den Versorgungskassen sind zwar privatrechtlich ausgestaltet,[454] werden aber im Wesentlichen geprägt von dem Gedanken der Daseinsvorsorge. Ziel ist eine angemessene Versorgung der Arbeitnehmer im öffentlichen Dienst. Diese Mischung sozialer Fürsorge mit dem Versicherungsprinzip legt die Annahme einer ausschließlichen Gesetzgebungszuständigkeit der Länder nahe, so dass eine Regelung des Bundes für eine Versicherungsaufsicht auch verfassungsrechtlich als fraglich erscheint.[455] Schließlich ist der Zwangscharakter der betreffenden Einrichtungen zu bedenken, der sich aus tarif- bzw. arbeitsvertraglichen Vereinbarungen ergibt[456] und die Versorgungskassen eigentlich zu Einrichtungen gemäß § 3 Abs. 1 Nr. 5 VAG macht.[457] Allerdings sollen der Sichtweise des Gesetzgebers zufolge Verpflichtungen aus tarifvertraglichen Vereinbarungen nicht dem Fall gleichstehen, bei dem die Versicherungsverhältnisse unmittelbar kraft Gesetzes entstehen oder infolge eines gesetzlichen Zwangs genommen werden müssen.[458] Das erscheint wegen der in beiden Fällen fehlenden besonderen Schutzbedürftigkeit der Versicherungsnehmer des öffentlichen Dienstes als fraglich.

86 Etwas Anderes gilt nur, wenn Zusatzversorgungskassen des öffentlichen Dienstes und der Kirchen im Wege der freiwilligen Versicherung kapitalgedeckte Altersversorgung anbieten. Diese Möglichkeit hat im Rahmen der sogenannten Riester-Gesetzgebung Bedeutung erlangt.[459] Für dieses Geschäftssegment stehen die Kassen im Wettbewerb mit anderen Anbietern, namentlich Pensionskassen, die ihrerseits einer umfassenden Versicherungsaufsicht unterliegen.[460] Um Wettbewerbsverzerrungen zu verhindern, sind demgemäß ergänzende Regelungen getroffen worden, die sich in **§ 2 VAG** wiederfinden.

87 **V. Haftpflichtversicherungseinrichtungen der Berufsgenossenschaften (Abs. 4).** Haftpflichtversicherungseinrichtungen der Berufsgenossenschaften unterliegen einer eingeschränkten Aufsicht nach Maßgabe von **§ 1 Abs. 4 VAG**. Bei den Berufsgenossenschaften, die zu einem derartigen Betrieb befugt sind, handelt es sich um die Braunschweigische landwirtschaftliche Berufsgenossenschaft, die Land- und forstwirtschaftliche Berufsgenossenschaft Hessen und die Gartenbau-Berufsgenossenschaft.[461] Soweit deren Haftpflichtversicherungseinrichtungen über den Bereich eines Bundeslandes tätig sind, unterstehen sie der Aufsicht der BaFin (§ 320 Abs. 3 VAG). Für die eingeschränkte Versicherungsaufsicht gelten vom VAG die Vorschriften von § 12 Abs. 1 (Änderungen des Geschäftsplans und von Unternehmensverträgen), § 13 (Bestandsübertragungen), § 37 Abs. 1 und § 38 Abs. 1 (externe Rechnungslegung), § 39 (interne Rechnungslegung), §§ 294 bis 298 (Aufgaben und Befugnisse der Aufsicht), § 300 (Änderung des Geschäftsplans), § 302 (Untersagung einer Beteiligung), §§ 305–307 (Befragung, Auskunftspflicht, Betreten und Durchsuchen von Räumen, Beschlagnahme, Sonderbeauftragter), § 310 (Widerspruch und Anfechtungsklage), § 312 (Insolvenzverfahren) und § 314 (Zahlungsverbot, Herab-

---

[451] Vgl. im einzelnen *Hautmann*, Die Zusatzversorgung im öffentlichen Dienst und ihre Rechtsverhältnisse, 1984, S. 257–259.

[452] Verordnung v. 12.10.1994, BGBl. I 2963; zur Problematik länderübergreifend tätiger Kassen siehe *Präve* VW 1994, 1058 ff.

[453] Verordnung v. 16.4.1988, BGBl. I 529.

[454] *BGH* Urt. v. 26.9.1979 – IV ZR 94/78, VersR 1979, 1120; *BGH* Urt. v. 22.9.1971 – IV ZR 15/70, VersR 1971, 1116; *BGH* Urt. v. 10.6.1963 – II ZR 53/62, VersR 1963, 765; *BGH* Urt. v. 22.5.1967 – VII ZR 188/64, BGHZ 48, 35 = VersR 1967, 780; *BVerwG* Urt. v. 30.10.1959 – VII C 170.59, DVBl. 1960, 70; 1958, 579; *BSG* Urt. v. 27.7.1972 – 1 RA 145/71, BSGE 34, 226 = NJW 1972, 2151; *BSG* Urt. v. 10.4.1964 – 1 RA 171/62, NJW 1964, 1590; *Ebel* VersR 1986, 201, 207; *Ferschen* NJW 1973, 1640; *Starke* VW 1979, 719, 726 u. 787, 793.

[455] Vgl. im Einzelnen *Präve* VW 1994, 1058, 1061; *Fricke*, Die Zusatzversorgung im öffentlichen Dienst und ihre Einrichtungen, 1973, S. 188.

[456] *Fricke*, Die Zusatzversorgung im öffentlichen Dienst und ihre Einrichtungen, 1973, S. 168 f.

[457] Speziell zu einer kirchlichen Versorgungskasse: *Ebel* VersR 1986, 201, 212.

[458] Vgl. Gesetzesbegründungen, BT-Drs. 9/1493, 19, BT-Drs. 10/6154, 14.

[459] Vgl. *Peters* BetrAV 2002, 520 f.; *von Puskas* BetrAV 2002, 516, 517 f.; 21, 24; *Seiter* BetrAV 2002, 511, 512 f.; *Wein* BetrAV 2002, 523, 527; *Thiel* BetrAV 2003, 181 f. u. 184 f.

[460] *Seiter* BetrAV 2002, 511, 513.

[461] Vgl. § 140 SGB VII.

setzung von Leistungen) entsprechend. Beschlüsse der Vertreterversammlung bedürfen ebenso wie Satzungen und Geschäftspläne der aufsichtsbehördlichen Genehmigung. Insoweit finden § 8 Abs. 1 (Erlaubnis), § 9 Abs. 1 bis 4 (Antrag) und § 11 VAG (Versagung und Beschränkung der Erlaubnis) entsprechend Anwendung.

Öffentlich-rechtliche Versorgungseinrichtungen

2 (1) [1] **Soweit öffentlich-rechtliche Einrichtungen einschließlich der rechtlich unselbständigen kommunalen und kirchlichen Zusatzversorgungskassen und der Versorgungsanstalt des Bundes und der Länder im Wege der freiwilligen Versicherung Leistungen der Altersvorsorge anbieten, ist für die diesen Geschäften entsprechenden Verbindlichkeiten und Vermögenswerte ein separater Abrechnungsverband einzurichten.** [2] **Die Verbindlichkeiten und Vermögenswerte werden ohne die Möglichkeit einer Übertragung getrennt von den anderen Geschäften der Einrichtung verwaltet und organisiert.** [3] **Auf den Abrechnungsverband sind die Vorschriften dieses Gesetzes über die Geschäfte der Pensionskassen entsprechend anzuwenden; die Einrichtungen unterliegen insoweit auch der Versicherungsaufsicht.**

(2) **Für die nach Landesrecht errichteten und der Landesaufsicht unterliegenden öffentlich-rechtlichen Einrichtungen kann das Landesrecht Abweichendes bestimmen.**

1 **I. Allgemeines. 1. Entstehungsgeschichte.** Mit Art. 1 Nr. 3 des Gesetzes v. 15.12.2004[1] hat der Gesetzgeber für öffentlich-rechtliche Versorgungseinrichtungen in dem Segment der **freiwilligen Versicherung** gewisse Vorkehrungen getroffen (§ 1a Abs. 2 u. 4 VAG a. F.), wie sie sich mittlerweile in § 2 VAG wiederfinden.

2 **2. Normzweck.** In der Vorauflage ist darauf hingewiesen worden, dass es Bestrebungen gebe, Zusatzversorgungskassen des öffentlichen Dienstes und der Kirchen einer Versicherungsaufsicht zu unterstellen, wenn und soweit diese Kassen im Wege der freiwilligen Versicherung kapitalgedeckte Altersversorgung anbieten. Diese Möglichkeit hat im Rahmen der Gesetzgebung zu sog. Altersvorsorge- und Basisrentenverträgen (vgl. § 1 Rn. 47 f.) Bedeutung erlangt.[2] Für dieses Geschäftssegment stehen die Kassen im **Wettbewerb** mit anderen Anbietern, namentlich Pensionskassen, so dass zur Verhinderung von Wettbewerbsverzerrungen eine gleichgerichtete aufsichtsrechtliche Regulierung als geboten erscheint. Zu achten sind hierbei freilich die Gesetzgebungskompetenzen der Länder. Der Gesetzgeber hat auf diesen Überlegungen fußend zwar keine umfassende aufsichtsrechtliche Regulierung für die in Rede stehenden Kassen vorgesehen. Betroffen von der Regelung sind öffentlich-rechtliche Einrichtungen, namentlich kommunale und kirchliche Zusatzversorgungskassen und die Versorgungsanstalt des Bundes und der Länder. Insofern wird auf die Erläuterungen zu § 1 VAG Rn. 82 ff. verwiesen.

3 **3. Europarechtlicher Hintergrund.** Zu beachten sind Erfordernisse, die sich aus der **EU-Richtlinie** über die Tätigkeiten und die Beaufsichtigung von Einrichtungen der betrieblichen Altersversorgung[3] ergeben. Diese Richtlinie enthält Vorgaben für alle nach dem Kapitaldeckungsverfahren arbeitende Einrichtungen der betrieblichen Altersversorgung, die rechtlich unabhängig von einem Trägerunternehmen oder einer Träger-Berufsvereinigung zu dem Zweck eingerichtet sind, an die Ausübung einer beruflichen Tätigkeit geknüpfte Altersversorgungsleistungen zu erbringen und hiermit unmittelbar im Zusammenhang stehende Tätigkeiten auszuüben.[4] Dabei kommt es nicht darauf an, ob diese Einrichtungen eine eigene Rechtspersönlichkeit besitzen.[5]

4 **II. Separate Abrechnungsverbände (Abs. 1 u. 2).** Für die genannten öffentlich-rechtlichen Einrichtungen gilt die Maßgabe der Bildung eines gesonderten Abrechnungsverbands für Leistungen der Altersvorsorge, die auf freiwilliger Basis zusätzlich angeboten werden **(§ 2 Abs. 1 S. 1 VAG)**. Damit wählt der Gesetzgeber eine Option, die in der maßgeblichen EU-Richtlinie für den Fall einer fakultativen Anwendung auf unter die Solva II-RL (vormals die EU-Lebensversicherungs-Richtlinie) fallende Einrichtungen eröffnet wird.[6] Eine freiwillige Versicherung ist gegeben, wenn ihr Abschluss nicht durch Gesetz oder Tarifvertrag zwingend vorgegeben wird.[7] Der Gesetzesbegründung zufolge soll dies allerdings nur dann gelten, wenn eine vollständige Kapitaldeckung vorliegt.[8] Damit soll der Gleichklang

[1] BGBl. I 3416.
[2] *Peters* BetrAV 2002, 520 f.; *von Puskas* BetrAV 2002, 516, 517 f.; 21, 24; *Seiter* BetrAV 2002, 511, 512 f.; *Wein* BetrAV 2002, 523, 527; *Thiel* BetrAV 2003, 181 f. u. 184 f.
[3] ABl. EU 2003 L 235, 10.
[4] Art. 6 lit. a der Richtlinie.
[5] Art. 2 Abs. 1 S. 2 der Richtlinie.
[6] Art. 4 S. 2 der EU-Richtlinie über die Tätigkeiten und die Beaufsichtigung von Einrichtungen der betrieblichen Altersversorgung, ABl. EG 2003 L 235, 10. Vgl. hierzu Gesetzentwurf der Bundesregierung, BT-Drs. 15/3418, 19 (zu § 1a).
[7] Gesetzentwurf der Bundesregierung, BT-Drs. 15/3418, 19 (zu § 1a).
[8] Gesetzentwurf der Bundesregierung, BT-Drs. 15/3418, 19 (zu § 1a).

mit der insoweit maßgeblichen EU-Richtlinie hergestellt werden, die ihrerseits auf das Kapitaldeckungsverfahren abstellt.[9] Dem Gesetzeswortlaut lässt sich dies allerdings nicht zwingend entnehmen. Auch würde die EU-Richtlinie einer insoweit weiterreichenden Aufsicht auf nationaler Ebene nicht entgegenstehen. Zur Wahrung der gleichen Wettbewerbschancen ist es im Übrigen geboten, auch im Umlageverfahren betriebene freiwillige Versicherungen zu erfassen. Insofern ist die Kapitaldeckung keine Voraussetzung für die Aufsichtspflichtigkeit, Sie ist vielmehr deren Folge, wie sich aus der Vorschrift des § 232 Abs. 1 Nr. 1 VAG ergibt. Maßgeblich bleibt bzgl. der Aufsichtspflichtigkeit somit nur die Freiwilligkeit einer entsprechenden Versicherungsleistung. Für diese ist dabei die getrennte Verwaltung und Organisation entsprechender Verbindlichkeiten und Vermögenswerte zwingend **(§ 2 Abs. 1 S. 2 VAG)**.

Auf diesen Abrechnungsverband sind die Vorschriften des VAG entsprechend anzuwenden, die für Pensionskassen gelten **(§ 2 Abs. 1 S. 3 VAG)**. Der Gesetzgeber verzichtet auf eine weitere Festlegung, welche Normen hiermit im Einzelnen gemeint sind. Maßgeblich ist insofern § 233 VAG. Dabei gelten diese separaten Abrechnungsverbände aufsichtsrechtlich als ein eigenständiger Geschäftsbetrieb[10] in Gestalt einer regulierten Pensionskasse.[11] Ausgehend von dem Zweck der Regulierung gemäß § 2 VAG sind dabei nur solche Normen heranzuziehen, die mit den konkreten Geschäften in Zusammenhang stehen. Vorschriften, die die Einrichtung als Ganzes erfassen würden, gelten somit nicht.[12] Insofern werden die Einrichtungen auch nur in diesem Rahmen der Versicherungsaufsicht unterstellt. Wegen der Gesetzgebungskompetenz der Länder wird allerdings zugleich bestimmt, dass für die nach Landesrecht errichteten und der Landesaufsicht unterliegenden Einrichtungen das Landesrecht anderweitige Festlegungen treffen kann **(§ 2 Abs. 2 VAG)**. Für nicht unter Landesaufsicht stehende Einrichtungen kann das BMF eine Freistellung durch Rechtsverordnung vornehmen (§ 5 Abs. 3 VAG), was allerdings voraussetzt, dass der Schutz der Versicherten hier anderweitig gewährleistet ist.[13] 5

Ausnahmen von der Aufsichtspflicht, Verordnungsermächtigung

3 **(1) Der Aufsicht nach diesem Gesetz unterliegen nicht**

1. Personenvereinigungen, die ihren Mitgliedern, ohne dass diese einen Rechtsanspruch haben, Unterstützungen gewähren, insbesondere die Unterstützungseinrichtungen und Unterstützungsvereine der Berufsverbände;
2. die auf Grund der Handwerksordnung von Innungen errichteten Unterstützungskassen;
3. rechtsfähige Zusammenschlüsse von Industrie- und Handelskammern mit Verbänden der Wirtschaft, wenn diese Zusammenschlüsse den Zweck verfolgen, die Versorgungslasten, die ihren Mitgliedern aus Versorgungszusagen erwachsen, im Wege der Umlegung auszugleichen und wenn diese Zusammenschlüsse ihre Rechtsfähigkeit durch staatliche Verleihung erlangt haben;
4. nicht rechtsfähige Zusammenschlüsse von Gemeinden und Gemeindeverbänden, soweit sie bezwecken, durch Umlegung Schäden folgender Art aus Risiken ihrer Mitglieder und solcher zur Erfüllung öffentlicher Aufgaben betriebener Unternehmen auszugleichen, an denen ein Mitglied oder mehrere kommunale Mitglieder oder, in den Fällen des Buchstabens b, sonstige Gebietskörperschaften mit mindestens 50 Prozent beteiligt sind:
a) Schäden, für welche die Mitglieder oder ihre Bediensteten auf Grund gesetzlicher Haftpflichtbestimmungen von Dritten verantwortlich gemacht werden können,
b) Schäden aus der Haltung von Kraftfahrzeugen,
c) Leistungen aus der kommunalen Unfallfürsorge;
5. Körperschaften und Anstalten des öffentlichen Rechts, bei denen Versicherungsverhältnisse unmittelbar kraft Gesetzes entstehen oder infolge eines gesetzlichen Zwangs eingegangen werden müssen;
6. die öffentlich-rechtlichen Krankenversorgungseinrichtungen des Bundeseisenbahnvermögens und die Postbeamtenkrankenkasse;
7. die Versorgungsanstalt des Bundes und der Länder, die Deutsche Rentenversicherung Knappschaft-Bahn-See und die Versorgungsanstalt der Deutschen Bundespost sowie
8. Unternehmen mit örtlich eng begrenztem Wirkungsbereich, die für den Fall eines ungewissen Ereignisses gegen Pauschalentgelt Leistungen übernehmen, sofern diese nicht in einer Geldleistung, einer Kostenübernahme oder einer Haftungsfreistellung gegenüber Dritten bestehen.

---

[9] Art. 6 lit. a der EU-Richtlinie über die Tätigkeiten und die Beaufsichtigung von Einrichtungen der betrieblichen Altersversorgung, ABl. EG 2003 L 235, 10.
[10] Gesetzentwurf der Bundesregierung, BT-Drs. 15/3418, 19 (zu § 1a).
[11] § 233 Abs. 2 VAG.
[12] Gesetzentwurf der Bundesregierung, BT-Drs. 15/3418, 19 (zu § 1a).
[13] Vgl. § 5 VAG Rn. 9 f.

(2) **Das Bundesministerium der Finanzen wird ermächtigt, durch Rechtsverordnung, die nicht der Zustimmung des Bundesrates bedarf, zu bestimmen, dass der Betrieb aller Versicherungsgeschäfte oder einzelner Arten von Versicherungsgeschäften mit dem in Artikel I Absatz 1 Buchstabe a bis c des Abkommens vom 19. Juni 1951 zwischen den Parteien des Nordatlantikvertrags über die Rechtsstellung ihrer Truppen (BGBl. 1961 II S. 1183, 1190) bezeichneten Personenkreis ganz oder teilweise nicht den Vorschriften dieses Gesetzes unterliegt, soweit hierdurch im Geltungsbereich dieses Gesetzes die Belange anderer Versicherter und die dauernde Erfüllbarkeit der sonstigen Versicherungsverträge nicht gefährdet werden.**

Übersicht

1 **I. Allgemeines. 1. Entstehungsgeschichte.** Die Vorschrift enthält eine **abschließend**e Auflistung der Einrichtungen, die der Versicherungsaufsicht nicht unterstehen (Absatz 1). Die Zusammenfassung dieser Einrichtungen in einer einzigen Vorschrift geht zurück auf Art. 1 Nr. 2 lit. b des Gesetzes v. 15.12.2004,[1] mit dem seinerzeit § 1 VAG a. F. entsprechend geändert worden ist. Mit der Überführung in § 3 VAG ist zusätzlich lediglich eine neue Nummerierung innerhalb der Norm vorgenommen worden. Hinzu tritt eine aus § 153 VAG a. F. übernommene Verordnungsermächtigung (Absatz 2).

2 **2. Normzweck.** § 3 VAG schafft Klarheit für Einrichtungen, die der Versicherungsaufsicht nicht unterstellt werden.

3 **3. Europarechtlicher Hintergrund.** Explizite europarechtliche Vorgaben bestehen nicht.

4 **II. Unterstützungskassen (Abs. 1 Nr. 1).** Kassen, die ihren Mitgliedern, ohne dass diese einen Rechtsanspruch haben, Unterstützungen gewähren,[2] unterliegen nicht der Versicherungsaufsicht (§ 3 Abs. 1 Nr. 1 VAG). Hierzu zählen namentlich die Unterstützungseinrichtungen und Unterstützungsvereine der Berufsverbände, nicht aber die Pensionskassen, die mit Rechtsansprüchen ausgestattet sind und daher auch der Aufsicht nach dem VAG unterliegen (siehe § 232 ff. VAG). Die Ausnahmebestimmung für reine Unterstützungskassen versteht sich eigentlich von selbst, da bereits wegen eines fehlenden Rechtsanspruchs kein aufsichtspflichtiges Versicherungsgeschäft vorliegt.[3] § 3 Abs. 1 Nr. 1 VAG hat insoweit lediglich **deklaratorische Bedeutung**. Die ältere Rechtsprechung hat in einer Vielzahl von Fällen entschieden, dass berufsständische Unterstützungseinrichtungen, die die Gewährung von Beerdigungsbeihilfen bezwecken, aufsichtsfrei sind. Das ist namentlich angenommen worden für die Unterstützungseinrichtung eines bergbaulichen Berufsverbands,[4] eine Beamtengewerkschaft[5] und einen Zusammenschluss von Tierärzten, die zugleich Genossen einer Wirtschaftsgenossenschaft sind.[6] Aber auch sonstige Vereine, deren Zielsetzung nicht die Abwälzung des eigenen Risikos auf die Gemeinschaft, sondern die Hilfestellung an die von einer Notlage Betroffenen ist, sind als aufsichtsfrei angesehen worden.[7] Hiermit ist zugleich der tragende Gedanke der Aufsichtsfreiheit angesprochen, handelt es sich doch bei den fraglichen Kassen um Hilfseinrichtungen, die an ein echtes Solidargefühl appellieren.[8] Für derartige Kassen ist ein Aufsichtsbedürfnis nicht erkennbar.

---

[1] BGBl. I 3416.

[2] Zur Ausgestaltung im einzelnen vgl. nur *Harle/Weingarten* BB 2001, 2502 ff.; zur steuerlichen und sozialversicherungsrechtlichen Behandlung *Wellisch/Näth* BB 2002, 1393, 1394 ff.; zu allgemeinen Entwicklungen *Harle/Weingarten* DB 2001, 2357 ff.; *Hoffmeister/Harle/Weingarten* DB 2002, 1283 ff.; speziell zu Krankenversicherungsunterstützungskassen *Fiala/Schramm/Schechinger* VersR 2006, 1602, 1603 ff.

[3] Vgl. § 1 Rn. 42.

[4] *BVerwG* Urt. v. 25.10.1962 – I C 12/60, VersR 1963, 53.

[5] *BVerwG* Urt. v. 10.1.1961 – I A 4.59, VersR 1961, 306.

[6] *BVerwG* Urt. v. 24.5.1960 – I C 45.57, VersR 1960, 1129.

[7] *BVerwG* Urt. v. 24.5.1960 – I C 144/59, VersR 1960, 1105.

[8] Prägnant angesprochen von *BVerwG* Urt. v. 24.5.1960 – I C 45.57, VersR 1960, 1129; s. a. das ansonsten überholte Urteil des *BVerwG* v. 22.11.1960 – I C 143/59, VersR 1961, 109.

III. Innungskassen (Abs. 1 Nr. 2). Aufsichtsfrei sind ferner die von Innungen auf Grund der Handwerksordnung errichteten Unterstützungskassen (§ 3 Abs. 1 Nr. 2 VAG). Dabei handelt es sich um Kassen, die von Handwerksinnungen errichtet werden und deren Mitglieder und Angehörige Unterstützungsleistungen für Fälle der Krankheit, des Todes, der Arbeitsunfähigkeit oder sonstiger Bedürftigkeit erbringen (§ 54 Abs. 3 Nr. 2 HandwO). Derartige Kassen fallen dabei auch dann nicht in den Anwendungsbereich des VAG, wenn sie einen Rechtsanspruch auf entsprechende Leistungen einräumen.[9] Die satzungsgemäßen Bestimmungen dieser Kassen bedürfen allerdings der Genehmigung der jeweiligen Handwerkskammer. Über ihre Finanzlage ist getrennt Rechnung zu führen; das Vermögen ist gesondert von dem Innungsvermögen zu verwalten. Diese aus der **Handwerksordnung** folgenden Reglementierungen (§ 57 HandwO) vermögen die fehlende Versicherungsaufsicht zu kompensieren. 5

IV. IHK-Kassen (Abs. 1 Nr. 3). Rechtsfähige Zusammenschlüsse von Industrie- und Handelskammern (IHK) mit Verbänden der Wirtschaft unterliegen nicht der Aufsicht nach dem VAG, wenn diese Zusammenschlüsse den Zweck verfolgen, die Versorgungslasten ihrer Mitglieder aus Versorgungszusagen im Wege der Umlage auszugleichen. Weitere Voraussetzung ist, dass diese Zusammenschlüsse ihre Rechtsfähigkeit durch staatliche Verleihung erlangt haben (§ 3 Abs. 1 Nr. 3 VAG). Bei derartigen Kassen besteht **kein Bedürfnis** für eine Versicherungsaufsicht,[10] weshalb der Gesetzgeber sie ausdrücklich für aufsichtsfrei erklärt hat.[11] 6

V. Kommunale Schadenausgleiche (Abs. 1 Nr. 4). Von der Aufsicht ausgenommen sind ferner sog. kommunale Schadenausgleiche (§ 3 Abs. 1 Nr. 4 VAG). Dabei handelt es sich um freiwillige Selbstversicherungseinrichtungen, die die Gemeinden und Gemeindeverbände in der Form nichtrechtsfähiger Vereine geschaffen haben, um im Wege des Ausgleichs Haftpflicht-, Kraftfahrzeughalter-Haftpflicht- und Unfallschäden ihrer Mitglieder zu tragen. Die Ausgleiche arbeiten nach dem Umlageverfahren. Es werden keine Rücklagen oder Rückstellungen gebildet.[12] Der Ausgleich dient der Absicherung von Gemeinden und Gemeindeverbänden sowie von solchen Unternehmen, an denen kommunale Mitglieder oder (im Falle der Absicherung von Kraftfahrtschäden) sonstige Gebietskörperschaften mit mindestens 50 vom Hundert beteiligt sind. Mitglieder müssen also Gemeinden und Gemeindeverbände sein. Der Ausgleich kann aber auch von Schäden der genannten Unternehmen erfolgen. Man kann hier wie bei dem VVaG das Nichtmitgliedergeschäft von Mitgliedergeschäft unterscheiden. Die Aufsichtsfreiheit erklärt sich aus dem Umstand, dass ein Aufsichtsbedürfnis in diesen Fällen nicht gegeben ist, wenngleich es sich im Kern um Versicherungsgeschäft handelt,[13] auf das die entsprechenden vertragsrechtlichen (insbes. VVG,[14] AGB-rechtliche Vorschriften des BGB)[15] und vereinsrechtlichen Vorschriften (insbes. §§ 158 ff. VAG analog) Anwendung finden, ggf. verbunden mit gewissen Maßgaben, die den Besonderheiten kommunaler Schadenausgleiche Rechnung tragen (etwa in Bezug auf § 167 VAG).[16] Die seit den zwanziger Jahren übliche Verfahrensweise des Ausgleichs hat jedenfalls von vornherein **aufsichtsrechtliche Zielsetzungen nicht tangiert**. Der Gesetzgeber hat allerdings erst in den fünfziger Jahren die Festschreibung eines entsprechenden Ausnahmetatbestands veranlasst.[17] Soweit Gemeinde und Gemeindeverbände in Rede stehen, ist zusätzlich zu berücksichtigen, dass diese einer Kommunalaufsicht unterliegen, so dass auch insoweit kein Aufsichtsbedarf besteht. 7

Nicht aufsichtsfrei sind hingegen rechtsfähige kommunale Schadenversicherungsunternehmen, wie sie in § 341 Abs. 1 S. 2 (aE) HGB angeführt werden. Ebenso wenig besteht Aufsichtsfreiheit für kommunale Schadenausgleiche mit einem von der gesetzlichen Vorgabe abweichenden Mitgliederbestand[18] oder einem anderen Ausgleichsmechanismus als dem Umlageverfahren. 8

VI. Versicherungsanstalten (Abs. 1 Nr. 5). Keine Anwendung findet das VAG auf Körperschaften und Anstalten des öffentlichen Rechts, bei denen Versicherungsverhältnisse unmittelbar kraft Gesetzes entstehen oder infolge eines gesetzlichen Zwanges genommen werden müssen (§ 3 Abs. 1 Nr. 5 VAG). Dabei handelt es sich um berufsständische Versorgungswerke auf landesrechtlicher Grundlage.[19] Für diese öffentlich-rechtlich geregelten Versicherungsverhältnisse verfügt der Bundesgesetzgeber über **keine** 9

---

[9] Vgl. Gesetzesbegründung, BT-Drs. 9/1493, 18.

[10] *BVerwG* Urt. v. 10.1.1961 – I C 46.57, VersR 1961, 361.

[11] Vgl. Gesetzesbegründung, BT-Drs. 7/100, S. 10 f.

[12] Vgl. *H. Müller*, in: Handwörterbuch der Versicherung, 1988, Stichwort: Selbstversicherung.

[13] *BGH* Urt. v. 16.11.1967 – II ZR 259/64, VersR 1968, 138 = BeckRS 1967, 30376020.

[14] *BGH* Urt. v. 16.11.1967 – II ZR 259/64, VersR 1968, 138 = BeckRS 1967, 30376020; *OLG Köln* Urt. v. 21.10.2008 – 9 U 59/08, VersR 2009, 539 = NJOZ 2009, 2054.

[15] *OLG Dresden* Urt. v. 19.2.2009 – 4 U 1721/08, VersR 2009, 1260.

[16] Hierzu *OLG Dresden* Urt. v. 19.2.2009 – 4 U 1721/08, VersR 2009, 1260.

[17] Art. 1 des Gesetzes v. 28.2.1955, BGBl. 1955 I 85; vgl. Gesetzesbegründung, BT-Drs. Nr. 782 v. 25.8.1954, 3 f.

[18] BAV-Beschlusskammer VerBAV 1960, 90, 91.

[19] Gesetzesbegründung, BT-Drs. 23/94, 139; *Schmalz*, Die berufsständischen Versorgungswerke der Freien Berufe im Kompetenzgefüge des Grundgesetzes, 2005, S. 111 f.

Gesetzgebungskompetenz,[20] was auch auf die auf die aufsichtsrechtliche Einordnung ausstrahlt und dabei zusätzlich klassische Versicherungsgeschäfte erfasst, die diese Versorgungswerke ergänzend betreiben.[21] Die Auffassung, das VAG könne de lege ferenda zumindest teilweise auf Versorgungswerke erstreckt werden,[22] erscheint bereits wegen Art. 72 Abs. 2 GG als fraglich und dürfte auch wenig praktikabel sein. De lege lata wird die Aufsicht jedenfalls auf Länderebene ausgeübt.[23] Die früheren Pflicht- und Monopolanstalten im Bereich der Gebäudefeuerversicherung haben infolge europäischer Vorgaben[24] Mitte der neunziger Jahre des vergangenen Jahrhunderts ihre Monopole verloren,[25] so dass für sie als Wettbewerbsversicherer[26] keine Ausnahmeregelung mehr eingreift.[27]

10 **VII. Öffentlich-rechtliche Versorgungseinrichtungen (Abs. 1 Nr. 6 u. 7).** Gemäß § 3 Abs. 1 Nr. 6 u. 7 VAG sind bestimmte öffentlich-rechtliche Versorgungseinrichtungen nicht aufsichtspflichtig. Dabei handelt es sich um die öffentlich-rechtlichen Krankenversorgungseinrichtungen des Bundeseisenbahnvermögens und die Postbeamtenkrankenkasse (§ 3 Abs. 1 Nr. 6 VAG) sowie die Versorgungsanstalt des Bundes und der Länder, die Deutsche Rentenversicherung Knappschaft-Bahn-See und die Versorgungsanstalt der Deutschen Bundespost (§ 3 Abs. 1 Nr. 7 VAG). Hintergrund dieser Regelung ist, dass anderweitige Regularien für die genannten Einrichtungen bestehen, die einen **ebenbürtigen Schutz** gewährleisten.[28] Eine Ausnahme von diesem Grundsatz ist allerdings zu beachten: Gemäß § 2 VAG bestehen für öffentlich-rechtliche Einrichtungen, die freiwillige Versicherungen im Bereich der Altersvorsorge anbieten, spezielle versicherungsaufsichtsrechtliche Maßgaben, die u. a. zur Wahrung gleicher Wettbewerbsbedingungen geboten sind.[29]

11 **VIII. Unternehmen mit begrenztem Leistungsspektrum (Abs. 1 Nr. 8).** Schließlich fallen noch solche Unternehmen mit örtlich begrenztem Wirkungsbereich aus dem Anwendungsbereich heraus, die für den Fall eines ungewissen Ereignisses gegen Pauschalentgelt Leistungen übernehmen, die nicht in einer Geldleistung, einer Kostenübernahme oder einer Haftungsfreistellung gegenüber Dritten bestehen (§ 3 Abs. 1 Nr. 8 VAG). Bei diesen Unternehmen handelt es sich um **Handwerksbetriebe**, die unregelmäßig anfallende Reparaturen gegen ein für eine bestimmte Zeitperiode bemessenes Entgelt übernehmen, vorausgesetzt der räumliche Tätigkeitsbereich bleibt eng begrenzt. Darüber hinaus kann die Aufsicht durch Verwaltungsakt auch kleinere VVaG nach Maßgabe von § 5 VAG von der Aufsicht freistellen bzw. ihnen nach § 210 Abs. 3 VAG Erleichterungen gewähren.

12 **IX. Verordnungsermächtigung (Abs. 2).** § 3 Abs. 2 VAG enthält eine Verordnungsermächtigung, die seit Jahrzehnten besteht und keine praktische Bedeutung erlangt hat, da das BMF von der Ermächtigung **keinen Gebrauch gemacht** hat. Auch für die Zukunft ist dies nicht zu erwarten. Die insoweit in Bezug genommenen Mitglieder und Angehörigen von Truppen eines anderen NATO-Staates sind ein kleiner und sich eher – nach der kontinuierlichen Reduktion dieser Truppen – weiter verringernder Personenkreis, dem im Übrigen wie allen Versicherungsinteressenten[30] Abschlüsse auf dem reinen, aufsichtsfreien Korrespondenzwege offen stehen. Dass dies nicht praktikabel sein soll, wie die vormalige Gesetzesbegründung behauptet,[31] ist nicht nachvollziehbar, da aufgrund der Verbundenheit gerade dieses Personenkreises mit ihren Heimatländern eine derartige Option mehr als naheliegend ist. In früheren Jahren hat die Versicherungsaufsicht zudem allgemeine Hinweise zu Versicherungsfragen im Zusammenhang mit dem NATO-Truppenstatut gegeben,[32] die eine weitergehende Freistellung von Versicherungsgeschäften der genannten Personen (der Kreis ist nicht erweiterbar)[33] entbehrlich machten. Unbeschadet

[20] Vgl. *BVerfG* Urt. v. 14.1.1976 –1 BvL 4&5/72 VersR 1976, 354; *Ehlers*, in: Achterberg/Püttner, Besonderes Verwaltungsrecht, Band I, 1990, Rn. 399.

[21] *Zischka*, Bundesversicherungsaufsichtsamt, 1997, Rn. 58 f.

[22] *Schmalz*, Die berufsständischen Versorgungswerke der Freien Berufe im Kompetenzgefüge des Grundgesetzes, 2005, S. 152, 167.

[23] Übersicht bei *Schmalz*, Die berufsständischen Versorgungswerke der Freien Berufe im Kompetenzgefüge des Grundgesetzes, 2005, S. 119 ff.

[24] Art. 3 der 3. EG-Schadenversicherungs-Richtlinie, ABl.EG Nr. L 228 v. 11.8.1992, 1; zu der insoweit bestehenden, mitunter aber in Frage gestellten Kompetenz des Gemeinschaftsgesetzgebers siehe *Thode*, Veräußerung öffentlich-rechtlicher Versicherungsunternehmen in der Bundesrepublik Deutschland, 1994, S. 79–81; *ders.* VW 1994, 428 gegen *Hailbronner*, Rechtsstellung und Tätigkeitsbereich der öffentlich-rechtlichen Pflicht- und Monopolversicherungsanstalten in der Europäischen Gemeinschaft unter besonderer Berücksichtigung der Dienstleistungsfreiheit im Versicherungswesen, 1991, S. 153 f.; zur Rechtsgültigkeit der Richtlinie s. ferner *Fahr* VersR 1992, 1033, 1043.

[25] Vgl. die Übersicht von *Rieger* ZfV 1995, 310 ff.

[26] *Nicolaysen* VersR 1994, 633, 634.

[27] Vgl. Gesetzesbegründung, BT-Drs. 23/94, 139. Der Bundesgesetzgeber hat zugleich das Instrumentarium zur Überleitung der vormals bei den Monopolanstalten bestandenen Versicherungsverhältnisse bereitgestellt, vgl. Art. 6 des Gesetzes v. 22.7.1993, BGBl. I 1282; hierzu *Renger* VersR 1993, 942, 943.

[28] Prölss/*Kollhosser*, 12. Aufl., § 156a Rn. 12.

[29] Vgl. § 2 VAG Rn. 1 f.

[30] Vgl. § 1 VAG Rn. 49.

[31] Gesetzesbegründung zu § 146 VAG a. F., BT-Drs. 9/1493, 33.

[32] GB BAV 1983, 76; abgedruckt auch in Prölss/*Kollhosser*, 12. Aufl., § 146 Rn. 4 f.

[33] Gesetzesbegründung zu § 146 VAG a. F., BT-Drs. 9/1493, 34; Prölss/*Kollhosser*, 12. Aufl., § 146 Rn. 2.

hiervon würde sich auch die Frage stellen, ob einer Freistellung nicht die Vorschriften der Solva II-RL entgegenstünden, die einen derartigen Ausnahmetatbestand nicht enthalten. Der vormalige Hinweis des Gesetzgebers auf eine Erklärung des Europäischen Rats zur Nichtanwendbarkeit der 1. EG-Lebensversicherungs-Richtlinie auf Vertragsschlüsse mit Angehörigen der Stationierungsstreitkräfte[34] geht in Bezug auf die nun maßgebliche Solva II-RL ins Leere und erfasst auch von vornherein nicht die Schadenversicherung. Auch könnte eine Freistellung zweifelhaft in Bezug auf den Schutz anderer Versicherter und die Sicherstellung der Erfüllbarkeit sonstiger Versicherungsverträge sein, wie dies in § 3 Abs. 2 aE selber zum Ausdruck gebracht wird.

Feststellung der Aufsichtspflicht

4 **[1] Ob ein Unternehmen der Aufsicht unterliegt, entscheidet die Aufsichtsbehörde. [2] Die Entscheidung bindet die Verwaltungsbehörden. [3] Eine vor dem 1. April 1931 ergangene Entscheidung eines Gerichts oder einer Verwaltungsbehörde steht einer erneuten Entscheidung der Aufsichtsbehörde nicht entgegen.**

Übersicht

I. Allgemeines. 1. Entstehungsgeschichte. Die Regelung geht auf das Jahr 1931 zurück.[1] 1

2. Normzweck. § 4 VAG stellt die **Kompetenz** der Aufsichtsbehörde klar. Danach hat diese zu entscheiden, ob ein Unternehmen der Aufsicht unterliegt (§ 4 S. 1 VAG). Zugleich wird bestimmt, dass diese aufsichtsbehördliche Entscheidung für Verwaltungsbehörden bindend ist. In letzterem liegt der eigentliche Regelungsgehalt der Vorschrift (§ 4 S. 2 VAG). Der Zusatz bezüglich der vor dem 1. April 1931 ergangenen gerichtlichen oder behördlichen Entscheidungen (§ 4 S. 3 VAG) hat nur noch historische Bedeutung und ist vor dem Hintergrund zu sehen, dass die Gesamtregelung im Jahre 1931 in das Gesetz eingefügt worden ist. Im KWG (dort § 4) und im Bausparkassengesetz (dort § 3 Abs. 3) gibt es korrespondierende Bestimmungen, denen zufolge in Zweifelsfällen die Aufsicht über die Aufsichtspflichtigkeit entscheidet. 2

3. Europarechtlicher Hintergrund. Es gibt keine explizite europarechtliche Vorgabe. 3

II. Zuständigkeit, Verfahren und Entscheidung (Satz 1). 1. Zuständigkeit. Für Unternehmen mit Sitz in Deutschland entscheidet die nach dem VAG für die Aufsicht zuständige Behörde.[2] Das ist für private Versicherungsunternehmen (einschließlich Rückversicherungsunternehmen), Pensionsfonds, Versicherungs-Holdinggesellschaften, Versicherungszweckgesellschaften und Sicherungsfonds sowie für länderübergreifend tätige öffentlich-rechtliche Wettbewerbsunternehmen und Einrichtungen gemäß § 140 Abs. 1 SGB VII sowie für Versicherungsunternehmen in Finanzkonglomeraten grundsätzlich die **BaFin** (§ 320 VAG), für sonstige Unternehmen die jeweilige **Landesaufsichtsbehörde**. Unberührt hiervon bleibt die Übertragung der Aufsicht von der Bundes- zur Landesaufsicht, nämlich bei Versicherungsunternehmen von geringerer wirtschaftlicher Bedeutung, Pensionsfonds und öffentlich-rechtlichen Wettbewerbsunternehmen (§ 321 VAG), oder von der Landes- zur Bundesaufsicht (§ 322 VAG). 4

Für Erstversicherungsunternehmen mit Sitz im EWR-Ausland trifft die notwendige Entscheidung – basierend auf einer entsprechenden Rechtsgrundlage des jeweiligen Landes – die **Sitzlandbehörde**. Unternehmen, die über eine entsprechende Zulassung verfügen, dürfen daher nach entsprechender Anmeldung (§ 61 VAG) das Versicherungsgeschäft auch in Deutschland betreiben, ohne dass dann noch Raum für eine Entscheidung nach § 4 VAG besteht. Diese Vorschrift erlangt daher nur dann Bedeutung, wenn ein nicht zugelassenes Erstversicherungsunternehmen mit Sitz im EWR-Ausland auch in Deutschland tätig wird (vgl. § 62 Abs. 1 S. 2 Nr. 1 VAG). In diesem Fall kann die BaFin die Entscheidungen nach § 4 VAG treffen (§ 62 VAG). 5

[34] Gesetzesbegründung zu § 146 VAG a. F., BT-Drs. 9/1493, 34.
[1] Vgl. Motive zum VAG – Neudruck –, 1963, S. 346, 350.
[2] S. Erläuterungen zu §§ 320 ff. VAG.

6 Für Erstversicherungsunternehmen mit Sitz im sonstigen Ausland sowie für Unternehmen, die nicht der Solva II-RL unterfallen, verbleibt es bei der ausschließlichen Entscheidungskompetenz der deutschen Aufsicht (§§ 65 u. 67 VAG). Zuständig für diese Drittstaaten-Gesellschaften ist die BaFin (§ 65 Abs. 1 S. 2 u. § 69 Abs. 1 VAG).

Für Rückversicherungsunternehmen mit Sitz im Ausland gilt das zu Erstversicherungsunternehmen Gesagte im Grundsatz entsprechend (§ 67 Abs. 1 u. 2, § 169 VAG). Das gilt auch für Pensionsfonds (§§ 243, 244 VAG). Allerdings kann hier an die Stelle der BaFin bei deutschen Pensionsfonds auch die Landesaufsichtsbehörde treten (§ 242 Abs. 7 VAG).

7 **2. Verfahren.** Die Entscheidung der Versicherungsaufsicht nach § 4 VAG setzt keinen Antrag voraus. Anderenfalls würde die Vorschrift leer laufen, da ein Unternehmen, das ohne aufsichtsbehördliche Erlaubnis Versicherungsgeschäfte betreibt, einen Antrag auf Feststellung der Aufsichtsfreiheit kaum stellen wird. Die Aufsicht darf im Verfahren nach § 4 VAG namentlich Auskünfte nach Maßgabe von § 305 VAG einholen und auch Prüfungen gemäß § 306 VAG vornehmen. Für die Entscheidung bestehen nach Abschaffung des Beschlusskammersystems[3] im Zuge der Schaffung einer Bundesanstalt für Finanzdienstleistungsaufsicht[4] keine besonderen innerbehördlichen Zuständigkeiten mehr.

8 **3. Entscheidung.** Für die Entscheidung nach § 4 VAG sind namentlich die durch höchstrichterliche Rechtsprechung entwickelten Kriterien zum Betrieb von Versicherungsgeschäften maßgebend,[5] was etwa infolge eines besonders gelagerten Sachverhalts oder einer geänderten Rechtslage auch eigenständige aufsichtsbehördliche Wertungen nicht ausschließt.[6] Für Grundsätze wie „im Zweifel Freiheit von staatlicher Versicherungsaufsicht"[7] oder „im Zweifel staatliche Aufsicht" ist kein Raum. Ein Ermessensspielraum besteht für die Feststellung der Aufsichtspflichtigkeit nicht.

9 Die Entscheidung, ob ein Unternehmen der Aufsicht unterliegt, stellt einen feststellenden Verwaltungsakt dar.[8] Mit Rechtskraft einer die Aufsichtspflicht bejahenden Entscheidung[9] stehen der Aufsicht alle nach dem VAG zulässigen Einwirkungsmöglichkeiten zu. Eine die Aufsichtspflicht verneinende rechtskräftige Entscheidung[10] stellt das Unternehmen hingegen aufsichtsfrei.

10 Die Klärung der Aufsichtspflichtigkeit eines Unternehmens muss nicht zwingend in einem Verfahren nach § 4 VAG erfolgen. Werden zweifelsfrei Versicherungsgeschäfte ohne Erlaubnis betrieben, darf die Aufsicht auch unmittelbar nach **§ 298 VAG** tätig werden und dem betreffenden Unternehmen eine derartige Tätigkeit untersagen.[11] In diesem Fall wird inzident entschieden, dass das Unternehmen der Aufsicht unterliegt. Eine Bindungswirkung für andere Behörden wie im Falle von § 4 VAG tritt dann nicht ein.[12] Umgekehrt bedarf es keines aufsichtsbehördlichen Tätigwerdens, wenn eindeutig kein Versicherungsgeschäft vorliegt.[13] Das kommt zwar in § 4 VAG – anders als in § 4 KWG und in § 3 Abs. 3 des Bausparkassengesetzes, die entsprechende Entscheidungskompetenzen nur in Zweifelsfällen begründen – nicht unmittelbar zum Ausdruck. Die Vorschrift des § 4 VAG kann aber ebenfalls nur dahingehend verstanden werden, dass eine aufsichtsbehördliche Entscheidung nur dann erforderlich wird, wenn ein Bedürfnis nach Klärung besteht. Das ist bei Sachverhalten, die eindeutig nicht vom VAG erfasst werden, nicht gegeben.

11 Die Feststellung der Aufsichtspflichtigkeit kann mit der Anfechtungsklage (§ 42 VwGO) angefochten werden. Gegen die Feststellung der Aufsichtsfreiheit kann in Ermangelung einer Klagebefugnis (auch von dritter Seite) grundsätzlich nicht geklagt werden.

12 **III. Bindungswirkung (Satz 2 und 3).** Die aufsichtsbehördliche Entscheidung bindet andere Verwaltungsbehörden. Hierzu zählen auch **Registergerichte,** da diese funktionell behördliche Aufgaben wahrnehmen. Dass die Führung des Handelsregisters wegen dessen besonderer Bedeutung den Gerichten zugewiesen ist (§ 8 HGB), ändert hieran nichts. Die in § 4 VAG vorgesehene Bindungswirkung würde entwertet, wenn ausgerechnet gegenüber Registergerichten keine Bindung eintreten würde. Auch verfassungsrechtlich bestehen, anders als im Fall der streitigen Gerichtsbarkeit, keine Bedenken

[3] Vormals geregelt in § 7 Abs. 2, §§ 8, 10, 11, 18 der 3. DVO zum BAG; vgl. im einzelnen Prölss/*R. Schmidt*, 11. Aufl. 1996, § 10 Zus. BAG.

[4] Art. 20 Abs. 1 Nr. 5 des Gesetzes über die integrierte Finanzdienstleistungsaufsicht v. 22.4.2002, BGBl. I 1310; vgl. Gesetzesbegründung BR-Drs. 636/01, 118 f.

[5] Vgl. § 1 VAG Rn. 31 ff.

[6] *Armbrüster* VersR 2016, 776, 777.

[7] *Zischka,* Bundesversicherungsaufsichtsamt, 1997, Rn. 81.

[8] *Ehlers,* in: Achterberg/Püttner, Besonders Verwaltungsrecht, Band I, 1990, Rn. 418; s. hierzu auch *BVerwG* Beschl. v. 29.01.16 – 8 B 6/16, Rn. 4, VersR 2016, 775 = BeckRS 2016, 43479(zum KWG) und *Armbrüster* VersR 2016, 776.

[9] Beispiel: BAV-Beschlusskammer VerBAV 1984, 139, 140 f., bestätigt durch *BVerwG* Urt. v. 19.5.1987 – 1 A 88/83, VersR 1987, 701.

[10] Beispiel: BAV-Beschlusskammer VerBAV 1999, 167, 168.

[11] Vgl. *BVerwG* Urt. v. 19.5.1987 – 1 A 88/83, VersR 1987, 701; BAV-Beschlusskammer VerBAV 1996, 82, 88 (jeweils zu § 81 VAG a. F.)

[12] *Feldmann/von Wick* VW 1999, 1314, 1318; *Armbrüster* VersR 2016, 776, 777.

[13] *Feldmann/von Wick* VW 1999, 1314, 1318.

gegen diese Bindung der Registergerichte an aufsichtsbehördliche Entscheidungen nach § 4 VAG. Vielmehr erweist sich ein Gleichklang zwischen aufsichtsbehördlicher Entscheidung und Registereintragung als geboten Dem Registergericht kommt insoweit keine eigenständige Entscheidungsbefugnis über das Ob der Aufsicht zu. Eine Bindungswirkung für **Staatsanwaltschaften** besteht hingegen nicht. Staatsanwaltschaften gehören zwar zur Exekutive, nehmen aber gemeinsam mit den Gerichten Aufgaben der Justizgewährung wahr und sind daher zum Funktionsbereich der Rechtsprechung zu rechnen.[14] Für die **Rechtsprechung** tritt im Übrigen allgemein keine Bindungswirkung ein. Ursprünglich erstreckte sich zwar auch auf sie die Bindungswirkung, was damit begründet worden war, divergierende Entscheidungen der Strafjustiz im Rahmen der strafrechtlichen Ahndung unerlaubter Versicherungsgeschäfte (§ 331 VAG) zu unterbinden.[15] Dies widerspricht allerdings Art. 19 Abs. 4 GG, weshalb der Gesetzgeber die Bindungswirkung für die Rechtsprechung hat aufheben müssen.[16]

Eine Entscheidung nach § 4 VAG verliert ihre Bindungswirkung erst, wenn sie ausdrücklich aufgehoben worden ist. Die Aufsicht selber bleibt zu erneuter Überprüfung und Entscheidung befugt.[17] Dabei hat die Aufsicht allerdings die Voraussetzungen der **§§ 48, 49 VwVfG** zu beachten. Etwas anderes würde nur gelten, wenn entweder eine spezialgesetzliche Vorschrift für diesen Fall besteht oder der Sinn und Zweck und der Zusammenhang einer sondergesetzlichen Regelung die Vorschriften der §§ 48, 49 VwVfG unanwendbar machen würden. Anders als im Fall der Erlaubnis (§ 304 VAG) besteht aber – abgesehen von § 4 S. 3 VAG, demzufolge eine vor dem 1.4.1931 ergangene Entscheidung eines Gerichts oder einer Behörde einer erneuten aufsichtsbehördlichen Entscheidung nicht entgegensteht – keine spezialgesetzliche Vorschrift. Auch der Sinn und Zweck von § 4 VAG steht dem nicht entgegen, da diese Vorschrift nur eine Entscheidungskompetenz der Aufsicht begründet. Auch ein Umkehrschluss aus § 4 S. 3 VAG ist nicht möglich, da die grundsätzliche Anwendbarkeit der allgemeinen verwaltungsverfahrensrechtlichen Vorschriften hierdurch nicht ausgeschlossen wird. Eine Bindung besteht nicht in zivil- und steuerrechtlicher Hinsicht, da insoweit nicht das VAG, sondern das VVG bzw. die Steuergesetze maßgebend sind. 13

Freistellung von der Aufsicht

5 (1) [1]**Die Aufsichtsbehörde kann Versicherungsvereine auf Gegenseitigkeit, die nicht eingetragen zu werden brauchen, von der laufenden Aufsicht nach diesem Gesetz freistellen, wenn nach der Art der betriebenen Geschäfte und den sonstigen Umständen eine Beaufsichtigung zur Wahrung der Belange der Versicherten nicht erforderlich erscheint.** [2]**Diese Voraussetzungen können insbesondere bei Sterbekassen und bei Vereinen mit örtlich begrenztem Wirkungskreis, geringer Mitgliederzahl und geringem Beitragsaufkommen vorliegen.** [3]**Die Freistellung ist zu widerrufen, wenn der Aufsichtsbehörde bekannt wird, dass die Voraussetzungen der Freistellung entfallen sind.**

(2) **Hat die Aufsichtsbehörde eine Freistellung nach Absatz 1 vorgenommen, so sind nicht anzuwenden die §§ 12, 13, 178 und 193, Teil 2 Kapitel 2, Teil 3 und Teil 6 mit Ausnahme der §§ 305, 306 und 310, soweit Nebenbestimmungen zur Freistellung oder die genannten Rechte der Aufsichtsbehörde nach den §§ 305 und 306 durchgesetzt werden sollen; eine Umwandlung nach dem Umwandlungsgesetz ist nicht zulässig.**

(3) **Das Bundesministerium der Finanzen wird ermächtigt, durch Rechtsverordnung, die nicht der Zustimmung des Bundesrates bedarf, öffentlich-rechtliche Versicherungsunternehmen im Sinne des § 1 Absatz 3 und Versorgungseinrichtungen im Sinne des § 2, die nicht der Landesaufsicht unterliegen, von der Aufsicht nach diesem Gesetz freizustellen, wenn nach den gesetzlichen Vorschriften über die Errichtung der Unternehmen oder den zwischen den Unternehmen und ihren Trägern bestehenden Vereinbarungen eine Beaufsichtigung zur Wahrung der Belange der Versicherten nicht erforderlich erscheint.**

Übersicht

[14] Meyer-Goßner, Strafprozessordnung, 54. Aufl., 2011, Vor § 141 GVG Rn. 6 f.
[15] Vgl. Motive zum VAG – Neudruck –, 1963, S. 346, 350.
[16] Vgl. § 3 des Gesetzes v. 28.12.1968, BGBl. I 1453.
[17] *BVerwG* Urt. v. 2.3.1956 – I C 132.54, VersR 1956, 361.

1 **I. Allgemeines. 1. Entstehungsgeschichte.** § 5 VAG enthält Regelungen zur Freistellung von aufsichtspflichtigen Unternehmen von der Aufsicht. Der Gesetzgeber fasst damit Bestimmungen des § 157a VAG a. F. (mit leichten Modifizierungen) und des § 1a Abs. 3 VAG a. F. in eine Vorschrift zusammen.[1]

2 **2. Normzweck.** Kernanliegen des Gesetzgebers ist es, von einer Aufsicht abzusehen, wenn **kein Aufsichtsbedürfnis** besteht. Das kann bei zwei Fallgruppen gegeben sein, nämlich bei kleineren Vereinen (Abs. 1 u. 2) sowie bei öffentlich-rechtlichen Versorgungseinrichtungen (Abs. 3). Dabei fällt auf, dass im ersten Fall eine Einzelfreistellung durch die Aufsichtsbehörde selber möglich ist, während im zweiten Fall eine Freistellung nur im Verordnungswege durch das BMF erfolgen kann.

3 **3. Europarechtlicher Hintergrund.** Es gibt keine expliziten europarechtlichen Vorgaben.

4 **II. Kleinere Vereine (Abs. 1 u. 2).** Eine aufsichtsbehördliche Freistellung von Versicherungsvereinen auf Gegenseitigkeit, die nicht eingetragen zu werden brauchen, erfasst lediglich die laufende Aufsicht (**§ 5 Abs. 1 S. 1**). Bei den betroffenen Vereinen muss es sich dabei um kleinere Vereine im Sinne von § 210 VAG handeln.[2] Die Möglichkeit einer derartigen Freistellung wurde erstmals mit Art. 1 Nr. 14 des Gesetzes v. 20.12.1974 eröffnet.[3] Sie zielte auf eine Vereinfachung der Aufsicht[4] und trug damit zugleich den besonderen Verhältnissen dieser Vereine zusätzlich, also über die ohnehin geltenden Relativierungen des heutigen § 210 VAG (Geltung nicht aller VAG-Normen, Möglichkeit der aufsichtsbehördlichen Gestattung von Abweichungen) Rechnung. Entscheidende Voraussetzung für die Freistellung ist, dass die **Belange der Versicherten** gewahrt bleiben. Gemeint sind hiermit die Interessen der Gesamtheit der Versicherten. Auch wenn dies § 5 Abs. 1 S. 1 VAG nicht ausdrücklich zu entnehmen ist, ist in Anknüpfung an § 11 Abs. 1 Nr. 4 lit. a, § 294 Abs. 2 S. 2 VAG eine ausreichende Wahrung der Belange der Versicherten nötig und nicht mehr. Insofern gilt auch hier ein Optimierungsverbot, d. h. der Aufsicht obliegt es nicht, die Versichertenbelange optimal wahrzunehmen. Die gesetzliche Formulierung, dass eine Beaufsichtigung insofern nicht erforderlich erscheinen darf, wird mitunter wegen des hierin enthaltenen subjektiven Moments kritisiert. Zum Ausdruck gebracht wird mit dieser Formulierung wohl das prognostische Element, das mit einer Freistellung für die Zukunft verbunden ist. Im Ergebnis kommt es jedenfalls darauf an, dass eine Beaufsichtigung sich nicht als erforderlich erweist. Nur unter dieser Voraussetzung darf eine Freistellung erfolgen.

5 Die Freistellung erfolgt durch die zuständige Aufsichtsbehörde mittels **Verwaltungsakt** im Sinne von § 35 VwVfG, tritt also nicht unmittelbar kraft Gesetzes ein.[5] Von Seiten des betroffenen Vereins bedarf es hierzu weder eines Antrags noch einer Zustimmung.[6] Maßstab für die Entscheidung der Aufsicht ist dabei namentlich die Art der betriebenen Geschäfte. Auch weitere Umstände können gemäß Absatz 1 Satz 1 herangezogen werden. Ausdrücklich im Gesetz genannt werden als insofern für die Freistellung geeignete Vereine beispielhaft Sterbekassen sowie Vereine mit örtlich begrenztem Wirkungskreis, geringer Mitgliederzahl und geringem Beitragsaufkommen (**§ 5 Abs. 1 S. 2**). Dieser Bestimmung ist allerdings ebenfalls keine grundsätzliche gesetzliche Freistellung zu entnehmen. Auch für diese Unternehmen verbleibt es bei dem Erfordernis eines entsprechenden aufsichtsbehördlichen Verwaltungsakts. Hierzu muss die Aufsicht in jedem Einzelfall eine gesonderte Prüfung vornehmen.

6 Um eine möglichst einheitliche Handhabung durch die Aufsichtsbehörden (BaFin, Landesaufsichtsbehörden) sicherzustellen, haben diese **Richtlinien** über die Freistellung der Kleinstunternehmen[7] von der Versicherungsaufsicht aufgestellt. Sie basieren auf Verwaltungsgrundsätzen aus dem Jahre 1975,[8] die seitdem mehrfach[9] und zuletzt 2006[10] geändert worden sind.[11] Eine Anpassung an das heutige VAG ist zur Zeit der Manuskripterstellung noch nicht erfolgt. Basierend auf diesen Richtlinien soll eine Freistellung für Sterbekassen, Krankenversicherungs- sowie Schaden- und Unfallversicherungsvereine möglich sein. Ausgeschlossen ist sie danach für Unternehmen, die die Haftpflicht-, Kraftfahrt-, Rechtsschutz-, Kredit-, Kautions-, Hagel- und Schiffsversicherung betreiben. Dasselbe soll für Pensionskassen gelten.[12] Hintergrund dieser Begrenzung ist das Aufsichtsbedürfnis, das bei den zuletzt genannten Geschäften regelmäßig gegeben sein dürfte. Lebensversicherer scheiden im Übrigen – ausgenommen

[1] RegE VAG 2014, 234 (zu § 5).
[2] Prölss/*Kollhosser*, 12. Aufl. 2005, § 157a Rn. 1 (unter Verweis auf die Vorgängerregelung des § 53 VAG a. F.).
[3] BGBl. I, 3639.
[4] Prölss/*Kollhosser*, 12. Aufl. 2005, § 157a Rn. 1.
[5] Prölss/*Kollhosser*, 12. Aufl. 2005, § 157a Rn. 4; FKBP/*Göertz* § 157a Rn. 2.
[6] Prölss/*Kollhosser*, 12. Aufl. 2005, § 157a Rn. 4.
[7] Die Bezeichnung „Kleinstunternehmen" ist dabei nicht mit der Begrifflichkeit „Kleine Versicherungsunternehmen" (§§ 198 ff. VAG) gleichzusetzen. Kleinstunternehmen können basierend auf § 6 Abs. 1 S. 1 VAG nur kleinere Vereine im Sinne von § 197 VAG sein. Es empfiehlt sich, die Richtlinien insofern entsprechend umzubenennen.
[8] VerBAV 1975, 350.
[9] VerBAV 1978, 230; 1982, 139; 1987, 329; 1998, 158.
[10] VerBaFin 08/2006, S. 3.
[11] Der Text der Richtlinien wird im Wortlaut in der Gesetzessammlung von *Wiechmann/Block*, Versicherungsgesetzes, Stand: 1. Mai 2012 (unter Nr. 200) wiedergegeben.
[12] Ziff. II.1 der Richtlinien über die Freistellung der Kleinstunternehmen von der Versicherungsaufsicht.

Sterbe- und Pensionskassen – von vornherein aus, da sie keine kleineren Vereine sind. Auch das Rückversicherungsgeschäft lässt sich nicht in der Rechtsform eines kleineren Vereins betreiben.[13] Ein begrenzter Wirkungskreis eines kleineren Vereins wird bei einer Geschäftstätigkeit innerhalb einer Gemeinde sowie bei enger Bindung namentlich durch Betriebs- oder Berufszugehörigkeit angenommen. Eine geringe Mitgliederzahl ist jedenfalls bei bis zu 750 Mitgliedern gegeben, ein geringes Beitragsaufkommen bei jährlich maximal 40.000 Euro, soweit das Versicherungsrisiko gering ist. Für Sterbekassen sind diese Begrenzungen keine zwingende Voraussetzung, da sie in § 5 Abs. 1 S. 2 VAG ausdrücklich als grundsätzlich freistellungsfähig angesehen werden. Für Krankenversicherungsvereine soll eine Freistellung nur in Betracht kommen, wenn alle soeben genannten Voraussetzungen gegeben sind. Im Übrigen soll es genügen, wenn eine der genannten Voraussetzungen vorliegt, immer vorausgesetzt, die Versicherten bleiben ausreichend geschützt.[14] Als nicht freistellungsfähig werden vor diesem Hintergrund Vereine angesehen, die namentlich komplizierte Tarifsysteme oder hohe Vermögensbestände aufweisen. Dasselbe soll gelten, wenn zu erwarten ist, dass die Grenzwerte demnächst überschritten werden oder wenn in der Vergangenheit Mängel in der Geschäftsführung festgestellt worden sind.[15]

Zu beachten ist, dass die Richtlinien zu einer **Selbstbindung** der Verwaltung führen.[16] Maßgeblich bleibt – davon unberührt – stets die gesetzliche Wertung. Der Aufsicht kommt danach aber ein Ermessensspielraum zu. 7

Entgegen der früheren Rechtslage fehlt eine ausdrückliche gesetzliche Festlegung dahingehend, dass die Freistellung befristet und mit Auflagen versehen werden kann (§ 157a Abs. 2 VAG a. F.). Diese Änderung, die nicht begründet worden ist, erlaubt aber nicht den Schluss, eine Befristung oder Auflage seien nunmehr unzulässig. Vielmehr lässt § 310 Abs. 1 VAG, der auch vorliegend anwendbar ist,[17] Nebenbestimmungen zu. § 5 Abs. 2 VAG rekurriert zudem ausdrücklich auch auf Nebenbestimmungen. Eine Befristung und eine Auflage sind somit auch weiterhin zulässig. Eine **Befristung** ist gegeben, wenn die Freistellung zu einem bestimmten Zeitpunkt beginnen, enden oder für einen bestimmten Zeitraum gelten soll (§ 36 Abs. 2 Nr. 1 VwVfG). Eine **Auflage** stellt eine Bestimmung dar, die dem Verein ein Tun, Dulden oder Unterlassen vorschreibt (§ 36 Abs. 2 Nr. 4 VwVfG). Eine Bedingung oder ein Vorbehalt dürften aber ausscheiden. Zwar wären derartige Nebenbestimmungen von § 310 Abs. 1 VAG grundsätzlich gedeckt. Es ist aber nicht ersichtlich, dass solche Nebenbestimmungen zur Erfüllung der gesetzlichen Voraussetzungen der Freistellung geeignet sein könnten (Rechtsgedanke des § 36 Abs. 1 Hs. 2 VwVfG). Als Auflagen kommen hingegen insbes. Vorgaben zur Ausgestaltung der Satzung in Betracht, der zweifelsfrei die notwendige Aufsichtsfreiheit des Vereins zu entnehmen sein muss sowie geeignete Bestimmungen zur Qualifikation der Geschäftsleiter, zur Vermögensanlage, zu Verwaltungskosten sowie zur Rechnungslegung und Prüfung. Zu beachten ist, dass eine mögliche Auflösung des Vereins unter dem Vorbehalt der aufsichtsbehördlichen Genehmigung gestellt bleiben muss (§ 210 iVm § 199 Abs. 2 S. 1 VAG).[18] Sofern die Voraussetzungen der Freistellung entfallen, hat die Aufsicht diese zu widerrufen **(§ 5 Abs. 1 S. 3 VAG).** Maßgeblich ist insofern § 49 VwVfG, allerdings mit der Besonderheit, dass die Aufsicht zu dem **Widerruf** gesetzlich verpflichtet ist („…ist zu widerrufen"). Durch Art. 4 Nr. 2 des Finanzaufsichtsergänzungsgesetzes v. 6.6.2017 (BGBl. I S. 1495) hat der Gesetzgeber mittlerweile von § 178 nur Absatz 4 für nicht anwendbar erklärt und zusätzlich die §§ 213–217 sowie §§ 220, 235 ausgeschlossen. Begründet wird dies mit einem Redaktionsversehen. 8

Im Falle einer Freistellung entfällt die **laufende Aufsicht**. **§ 5 Abs. 2 VAG** konkretisiert dies dahingehend, dass bestimmte Vorschriften des VAG nicht anwendbar sind. So gelten für freigestellte Vereine im VAG nicht § 12 (Änderungen des Geschäftsplans und von Unternehmensverträgen), § 13 (Bestandsübertragungen), § 14 (Umwandlungen, da diese gemäß § 6 Abs. 2 letzter Hs. nicht zulässig sind, wenngleich die Vorschrift des § 15 selber nicht genannt wird), §§ 178 (Gründungsstock), § 193 (Verlustrücklage), Teil 2 Kapitel 2 (§§ 74 ff., finanzielle Ausstattung), Teil 3 (§§ 221 ff., Sicherungsfonds) und Teil 6 (Aufgaben und Befugnisse der Aufsicht). Von der Nichtgeltung der zuletzt genannten VAG-Vorschriften bleiben zur Durchsetzung der Auflagen bzw. der aufsichtsbehördlichen Auskunfts- und Prüfungsrechte § 305 (Befragung, Auskunftspflicht), § 306 (Betreten und Durchsuchen von Räumen, Beschlagnahme) und § 310 (Nebenbestimmungen, Rechtsmittel) ausgenommen. Alle nicht ausdrücklich für unanwendbar erklärten Vorschriften gelten trotz Freistellung auch weiterhin, namentlich § 210 VAG, allerdings nur soweit diese Vorschrift ihrerseits nicht auf die in § 5 Abs. 2 VAG genannten Vorschriften Bezug nimmt. Ihre Rechtsfähigkeit erlangen auch freigestellte kleinere Vereine erst durch die Erlaubnis der Aufsicht (§ 210 Abs. 1 iVm § 171 VAG), was namentlich voraussetzt, dass die dauernde Erfüllbarkeit der Verpflichtungen dargetan ist (§ 11 Abs. 1 Nr. 1 VAG).[19] Durch Art. 4 Nr. 2 9

[13] *v. Wick/Greve* VerBAV 1993, 288, 289.

[14] Ziff. II.2 der Richtlinien über die Freistellung der Kleinstunternehmen von der Versicherungsaufsicht.

[15] Ziff. II.3 der Richtlinien über die Freistellung der Kleinstunternehmen von der Versicherungsaufsicht.

[16] Prölss/*Kollhosser*, 12. Aufl. 2005, § 157a Rn. 3.

[17] Vgl. § 5 Abs. 2 VAG.

[18] Vgl. Ziff. III der Richtlinien über die Freistellung der Kleinstunternehmen von der Versicherungsaufsicht mit entsprechenden Formulierungsbeispielen für die Satzung.

[19] Vgl. Ziff. IV der Richtlinien über die Freistellung der Kleinstunternehmen von der Versicherungsaufsicht.

des Finanzaufsichtsergänzungsgesetzes v. 6.6.2017 (BGBl. I S. 1495) hat der Gesetzgeber mittlerweile von § 178 nur Absatz 4 für nicht anwendbar erklärt und zusätzlich die §§ 213–217 sowie §§ 220, 235 ausgeschlossen. Begründet wird dies mit einem Redaktionsversehen.

10 **III. Öffentlich-rechtliche Versorgungseinrichtungen (Abs. 3). § 5 Abs. 3 VAG** sieht die Möglichkeit einer Freistellung öffentlich-rechtlicher Versorgungseinrichtungen im Sinne von § 1 Abs. 3 und § 2 VAG vor. Dabei handelt es sich um öffentlich-rechtliche Versicherungsunternehmen des öffentlichen Dienstes oder der Kirchen, die ausschließlich die Alters-, Invaliditäts- oder Hinterbliebenenversorgung zum Gegenstand haben (§ 1 Abs. 3 VAG). Das erfasst entsprechende Einrichtungen auch insoweit, als sie im Wege der freiwilligen Versicherung Leistungen der Altersvorsorge anbieten (§ 2 VAG). Eine Freistellung ist gemäß § 5 Abs. 3 VAG nur durch eine Rechtsverordnung des BMF, die nicht der Zustimmung des Bundesrats bedarf, möglich. Voraussetzung ist, dass diese Einrichtungen nicht der Landesaufsicht unterstehen, denn nur so weit reicht die Gesetzgebungskompetenz des Bundes. Weitere Voraussetzung ist, dass kein Aufsichtsbedarf besteht. Dazu muss – wie im Falle des § 5 Abs. 1 S. 1 VAG – gewährleistet sein, dass die **Belange der Versicherten** ausreichend gewahrt sind. Insofern wird auf die Erläuterungen unter Rn. 2 verwiesen. Die Wahrung dieser Interessenlage muss dabei hier durch andere gesetzliche Vorschriften sichergestellt sein, nämlich durch das entsprechende Errichtungsgesetz der jeweiligen Versorgungseinrichtung oder durch Vereinbarungen zwischen dieser und ihrem Träger. Bezüglich der Sicherstellung der dauernden Erfüllbarkeit der Leistungen ist dies durch die Einstandspflicht des öffentlich-rechtlichen Trägers sichergestellt. Bezüglich der sonstigen Wahrung der Belange der Versicherten ist ein dem VAG vergleichbarer Schutz nötig. Das BMF hat bisher zwei Rechtsverordnungen erlassen. Freigestellt wurden hiermit die Kirchliche Zusatzversorgungskasse Rheinland-Westfalen und die Kirchliche Zusatzversorgungskasse des Verbandes der Diözesen Deutschland[20] sowie der Niedersächsische Sparkassen- und Giroverband als Träger der Emder Zusatzversorgungskasse.[21] Diese Rechtsverordnungen sind auch nach Erlass eines neuen VAG, das seit dem 1.1.2016 gilt, weiter maßgeblich.[22]

11 Anders als im Falle von § 5 Abs. 1 u. 2 VAG findet das VAG in diesem Fall überhaupt **keine Anwendung**. Soweit hiervon mitunter eine Ausnahme bezüglich einzelner Vorschriften gemacht wird, die das Vorhandensein einer Aufsicht voraussetzen, kann dem aufgrund des klaren Wortlauts der Regelung nicht gefolgt werden. Hinzu tritt, dass in der Zusammenschau der Regelungen des § 5 Abs. 1 und 2 VAG auf der einen Seite und des § 5 Abs. 3 VAG auf der anderen Seite im letzteren Falle nicht nur die laufende Aufsicht ausgeschlossen wird und zudem keine dem § 5 Abs. 2 VAG vergleichbare Regelung besteht. Spätestens bei der nun erfolgten Zusammenfassung der Regelungen in einer Vorschrift hätte der Gesetzgeber Veranlassung gehabt, entsprechende Präzisierungen vorzunehmen. Dies ist jedoch unterblieben, so dass nur der Schluss einer vollständigen Freistellung gezogen werden kann. Hinzu tritt die Überlegung, dass mit anderweitigen gesetzlichen Vorschriften der Schutz der Versicherten aufrechtzuerhalten ist, so dass insofern auch kein Bedarf für eine Anwendbarkeit einzelner weiterer VAG-Vorschriften erkennbar ist. Das BMF wird beim Erlass einer entsprechenden Rechtsverordnung insofern auf diesen Umstand besonders zu achten haben. Bei einer Änderung entsprechender gesetzlicher Vorschriften, deren Existenz für die Freistellung Voraussetzung ist, wird die Freistellungsverordnung aufzuheben sein, um den Versichertenschutz gewahrt zu wissen.

Bezeichnungsschutz

6

(1) [1] **Die Bezeichnungen „Versicherung", „Versicherer", „Assekuranz", „Rückversicherung", „Rückversicherer" und entsprechende fremdsprachliche Bezeichnungen oder eine Bezeichnung, in der eines dieser Worte enthalten ist, dürfen in der Firma, als Zusatz zur Firma, zur Bezeichnung des Geschäftszwecks oder zu Werbezwecken nur von Versicherungsunternehmen im Sinne des § 1 Absatz 1 und 3 sowie von deren Verbänden geführt werden, soweit durch Gesetz nichts anderes bestimmt ist.** [2] **Versicherungsvermittler dürfen die in Satz 1 genannten Bezeichnungen nur führen, wenn diese mit einem Zusatz versehen sind, der die Vermittlereigenschaft klarstellt.**

(2) [1] **In Zweifelsfällen entscheidet die Bundesanstalt für Finanzdienstleistungsaufsicht (Bundesanstalt), ob ein Unternehmen zur Führung der in Absatz 1 genannten Bezeichnungen befugt ist.** [2] **Sie hat ihre Entscheidung dem Registergericht mitzuteilen.**

(3) **Die Bundesanstalt ist berechtigt, in Verfahren des Registergerichts, die sich auf die Eintragung oder Änderung der Rechtsverhältnisse oder der Firma von Unternehmen beziehen, die nach Absatz 1 unzulässige Bezeichnungen verwenden, Anträge zu stellen und die nach dem Gesetz über das Verfahren in Familiensachen und in den Angelegenheiten der freiwilligen Gerichtsbarkeit zulässigen Rechtsmittel einzulegen.**

---

[20] Rechtsverordnung zur Freistellung von der Aufsicht nach dem VAG v. 16.6.1988, BGBl. I S. 529.
[21] Rechtsverordnung zur Freistellung von der Aufsicht nach dem VAG v. 12.10.1994, BGBl. I S. 2963.
[22] Vgl. Verordnung zur Aufhebung von Verordnungen nach dem VAG v. 16.12.2015, BGBl. I S. 2345.

(4) [1] Führt ein Unternehmen eine Firma oder einen Zusatz zur Firma, deren Gebrauch nach Absatz 1 unzulässig ist oder verwendet ein Unternehmen eine solche Bezeichnung, so hat das Registergericht die Firma, den Zusatz zur Firma oder den Unternehmensgegenstand von Amts wegen zu löschen; § 395 des Gesetzes über das Verfahren in Familiensachen und in den Angelegenheiten der freiwilligen Gerichtsbarkeit ist entsprechend anzuwenden. [2] Das Unternehmen ist zur Unterlassung des Gebrauchs der Firma, des Zusatzes zur Firma oder des Unternehmensgegenstandes durch Festsetzung von Ordnungsgeld anzuhalten; § 392 des Gesetzes über das Verfahren in Familiensachen und in den Angelegenheiten der freiwilligen Gerichtsbarkeit ist entsprechend anzuwenden.

Übersicht

I. Allgemeines. 1. Entstehungsgeschichte. Die Vorschrift des § 6 VAG ist durch Art. 1 Abs. 2 Nr. 2 des Gesetzes vom 21.12.2000[1] in das VAG (§ 4 VAG a. F.) eingefügt worden. § 6 VAG entspricht dabei fast wörtlich § 4 VAG a. F. Die ursprüngliche Absicht, mit Umsetzung der Solva II-RL statt dessen die §§ 42, 43 KWG für entsprechend anwendbar zu erklären,[2] wurde aufgegeben. 1

2. Normzweck. Mit § 6 VAG wird ein Bezeichnungsschutz für Versicherungen gesetzlich festgeschrieben. Geschützt wird das besondere Vertrauen, das die Öffentlichkeit Versicherungsunternehmen, die einer Aufsicht unterliegen, entgegenbringt.[3] Insofern dient die Regelung dem **Vertrauensschutz** in eine ordnungsgemäße Durchführung des Versicherungsgeschäfts.[4] Der hiermit verbundene Eingriff in die Gewerbefreiheit ist verfassungsrechtlich unbedenklich, da er durch sachgerechte und vernünftige Erwägungen des Gemeinwohls gerechtfertigt ist.[5] Der Gesetzgeber hat korrespondierende Vorgabe für Banken (§ 39 KWG), Sparkassen (§ 40 Abs. 1 KWG), Bausparkassen (§ 16 BausparkG, § 40 Abs. 2 KWG) sowie Kapitalanlage- und Investmentgesellschaften (§ 3 Investmentgesetz) getroffen. 2

Die Bestimmung des § 6 VAG lässt die firmen- und wettbewerbsrechtliche Beurteilung unberührt,[6] d. h. die Regelungen des **HGB** (insbes. § 18 Abs. 2: Verbot täuschender Zusätze bei der Firmierung) und des **UWG** (§§ 3, 4 Nr. 11, § 5: Unlautere Wettbewerbshandlungen in Gestalt des Rechtsbruchs bzw. irreführender Werbung) werden nicht verdrängt. Der Gebrauch einer nach § 6 VAG statthaften Bezeichnung ist somit nicht automatisch zulässig, wenn die Benutzung etwa irreführend oder aus anderen Gründen rechtsmissbräuchlich wäre.[7] Die entsprechenden Kompetenzen des Registergerichts bleiben unberührt.[8]

3. Europarechtlicher Hintergrund. Es gibt keine explizite europarechtliche Vorgabe. 3

II. Geschützte Bezeichnungen (Abs. 1). 1. Umfang des Bezeichnungsschutzes (Abs. 1 S. 1). Folgende Bezeichnungen sind nach § 6 VAG geschützt: **„Versicherung"**, „Versicherer", „Assekuranz", 4
„Rückversicherung", „Rückversicherer" und entsprechende fremdsprachliche Bezeichnungen sowie Bezeichnungen, die derartige Worte enthalten (§ 6 Abs. 1 S. 1 VAG). Dazu zählt auch die in § 6 Abs. 1 S. 1 VAG nicht ausdrücklich genannte Bezeichnung „Versicherungsunternehmen", da diese sich aus einer Zusammenfügung mit dem Wort „Versicherung" ergibt. Eigenschaftsworte wie „versicherungsmäßig" sind ebenfalls geschützt. Hingegen gilt dies nicht für Verben wie „versichern" und „rückversichern", da diese Worte die geschützten Bezeichnungen ihrem Wortlaut nach nicht vollständig referieren. Dass vom Sinn und Zweck derartige Verben eigentlich in den Schutzbereich der Vorschrift fallen, reicht nicht aus, da der Gesetzgeber klare Vorgaben gegeben hat, die nicht analogie- oder sonst wie erweiterungsfähig sind. Auch andere versicherungsübliche Begrifflichkeiten werden von § 6 Abs. 1 S. 1 VAG daher nicht erfasst. Dasselbe gilt für umgangssprachlich geprägte Aussagen wie „der Memory-Kalender – meine Rückver-

[1] BGBl I, 1857.
[2] RegE-VAG 2014, 12 u. 142 (zu § 7).
[3] Vgl. Gesetzesbegründung, BT-Drs. 14/4453, 64 f.
[4] So bezogen auf das Bankgeschäft auch Boos/Fischer/Schulte-Mattler/*Fischer*, KWG, 4. Aufl., 2012 § 39 Rn. 1.
[5] *BayObLG* Beschl. v. 9.6.2005 – 31 Wx 8/05 Rn. 11, Rpfleger 2005, 608.
[6] Vgl. Gesetzesbegründung, BT-Drs. 14/4453, 65.
[7] Boos/Fischer/Schulte-Mattler/*Fischer*, KWG, 4. Aufl., 2012, § 39 Rn. 2 f. bezogen auf das KWG.
[8] *Fricke* NVersZ 2001, 97, 100; *Präve* VersR 2001, 133, 140.

sicherung". In derartigen Fällen werden die Begrifflichkeiten erkennbar in anderen Zusammenhängen eingesetzt, so dass eine Irreführungsgefahr, der mit § 6 VAG begegnet werden soll, nicht besteht.

5 Der Schutz erstreckt sich auf alle denkbaren Konstellationen im **Geschäftsverkehr**, nämlich auf die Verwendung in der Firma, als Zusatz zur Firma, zur Bezeichnung des Geschäftszweckes oder zu Werbezwecken. Die Firma ist dabei der Name, unter dem ein Kaufmann im Handel seine Geschäfte betreibt und die Unterschrift abgibt (§ 17 Abs. 1 HGB). Zusätze zur Firma dienen der Unterscheidung der Person oder des Geschäfts. Geschäftszweck ist synonym mit dem Gegenstand des Unternehmens (§ 33 Abs. 1 HGB). Werbezweck meint das öffentliche Auftreten zu Geschäftszwecken. In allen Fällen besteht eine Irreführungsgefahr, der mit § 6 VAG begegnet werden soll.[9] Damit wird, wie im KWG auch, jedwede Benutzung im Geschäftsverkehr erfasst.[10] Hierzu zählen namentlich alle Werbemittel, egal in welchem Medium, also auch im Internet,[11] sowie jedes weitere geschäftliche Auftreten, etwa bei Vertragsverhandlungen.[12] Bezüglich der Firmierung sind die Vorgaben der §§ 17 ff. HGB maßgeblich, auch für VVaG (§ 172 VAG) und (nach Aufhebung von § 36 HGB)[13] für öffentlich-rechtliche Unternehmen.[14] Für Aktiengesellschaften gilt zusätzlich § 4 AktG, für SE Art. 11 der EU-Verordnung über das Statut der Europäischen Gesellschaft,[15] für VVaG § 174 VAG, für öffentlich-rechtliche Unternehmen die sich aus dem Errichtungsakt maßgeblichen Festlegungen.

6 **2. Verwendungsbefugnis (insbes. Abs. 1 S. 2).** Der Schutz korrespondiert mit dem jeweiligen Geschäftsgegenstand des Unternehmens. Die Bezeichnungen „Versicherung", „Versicherer" und „Assekuranz" dürfen daher ohne weitere inhaltliche Zusätze nur **Versicherungsunternehmen** verwenden (§ 6 Abs. 1 S. 1 VAG). Mit Versicherungsunternehmen sind dabei die in § 1 Abs. 1 u. 3 VAG genannten Unternehmen gemeint. Dies gilt trotz der insoweit sehr pauschalen Bezugnahme bzgl. § 1 Abs. 1 VAG allerdings in Übereinstimmung mit der früheren Rechtslage nur für die in § 1 Abs. 1 Nr. 1 VAG ausdrücklich genannten Versicherungsunternehmen, wobei reine Rückversicherungsunternehmen einen entsprechenden ihr Geschäft kennzeichnenden Zusatz aufzunehmen haben.

7 Bei den in § 1 Abs. 1 Nr. 2 bis 5 aufgeführten Unternehmen handelt es sich hingegen um weitere Einrichtungen, die ebenfalls der Versicherungsaufsicht unterstellt sind, ohne allerdings selber Versicherungsunternehmen zu sein. Hinsichtlich der **Sicherungsfonds** (§ 1 Abs. 1 Nr. 4 VAG) steht dabei nicht entgegen, dass – wie geschehen – auch ein Versicherungsunternehmen mit der Aufgabe beliehen wird und daher auch entsprechend firmiert. **Pensionsfonds** (§ 1 Abs. 1 Nr. 5 VAG) dürfen hingegen ebenso wenig wie Versicherungs-Holdinggesellschaften (einschl. der Unternehmen im Sinne des § 293 Abs. 4 VAG) und Versicherungs-Zweckgesellschaften wie ein Versicherungsunternehmen firmieren. Für Pensionsfonds verbietet sich das grundsätzlich, da sie aufsichtsrechtlich kein Versicherungsgeschäft betreiben. Da sie allerdings ähnlich wie Lebensversicherer reguliert sind (§§ 236 ff. VAG), wird Pensionsfonds, sofern sachlich begründbar und mit entsprechender Klarstellung verbunden, eine Verwendung der Begrifflichkeiten aber nicht absolut zu verwehren sein. Für die übrigen in § 1 Abs. 1 Nr. 2 u.3 VAG genannten Unternehmen, also für Versicherungs-**Holdinggesellschaften** (einschl. der Unternehmen im Sinne des § 293 Abs. 4 VAG) und Versicherungs-**Zweckgesellschaften** ist bei der Verwendung des Begriffs „Versicherer" ebenfalls zumindest ein entsprechender klarstellender Zusatz aufzunehmen. Das Gesagte ist bei der Bezeichnung „Versicherer" evident, erstreckt sich aber auch auf die beiden anderen Bezeichnungen, deren Verwendung der Gesetzgeber den Versicherungsunternehmen vorbehält.[16]

8 Die Bezeichnungen „Rückversicherung" und „Rückversicherer" setzen eine entsprechende Geschäftstätigkeit voraus, d. h. diese Bezeichnungen bleiben **Rückversicherungsunternehmen** vorbehalten. Hierzu zählen auch Erstversicherungsunternehmen, wenn diese das aktive Rückversicherungsgeschäft betreiben. Das passive Rückversicherungsgeschäft genügt hierfür hingegen nicht, da dieses für sich genommen keinen Geschäftsgegenstand bildet.

9 Soweit die **Erlaubnis** zum Geschäftsbetrieb nach § 304 VAG **widerrufen** und das Unternehmen abgewickelt worden ist,[17] ist die weitere Verwendung der geschützten Bezeichnungen unzulässig, da sie einen Geschäftsgegenstand vorspiegeln würden, der nicht mehr besteht. Für die Abwicklungsphase ist die Weiterverwendung der geschützten Bezeichnungen noch zulässig,[18] allerdings nur insoweit sie auch tatsächlich auf den Abwicklungsprozess beschränkt bleibt.

10 Bei **ausländischen Unternehmen** ist zu differenzieren. Für Erst- und Rückversicherungsunternehmen mit Sitz außerhalb des EWR sowie für Erstversicherungsunternehmen mit Sitz im EWR-Ausland,

[9] Vgl. Gesetzesbegründung, BT-Drs. 14/4453, 65.
[10] Vgl. Boos/Fischer/Schulte-Mattler/*Fischer*, KWG, 4. Aufl., 2012, § 39 Rn. 17 (zu § 39 KWG).
[11] Vgl. hierzu BAV-Mitteilung GB BAV 1998 A S. 19.
[12] Vgl. Boos/Fischer/Schulte-Mattler/*Fischer*, KWG, 4. Aufl., 2012, § 39 Rn. 17 (zu § 39 KWG).
[13] Vgl. Art. 3 Nr. 18 des Gesetzes v. 22.6.1998, BGBl. I, 147.
[14] Vgl. hierzu Gesetzesbegründung BR-Drs. 340/97, 57 ff.; *K. Schmidt* NJW 1998, 2161, 2168; *Bydlinski* ZIP 1998, 1169, 1171.
[15] ABl.EG Nr. L 294 v. 10.11.2001, 1.
[16] Vgl. Gesetzesbegründung, BT-Drs. 14/4453, 65.
[17] S. insofern auch § 304 Abs. 6 VAG, wonach bei VVaG der Widerruf der Erlaubnis wie ein Auflösungsbeschluss wirkt.
[18] Boos/Fischer/Schulte-Mattler/*Fischer*, KWG, 4. Aufl., 2012, § 43 Rn. 7 (zu § 43 KWG).

die nicht der Solva II-RL unterliegen, gilt § 6 VAG entsprechend.[19] Für Erstversicherungsunternehmen mit Sitz im EWR-Ausland, die von der Solva II-RL erfasst werden, ist eine Anwendung von § 6 VAG nicht vorgesehen. Hiervon unberührt bleibt in beiden Fällen freilich die Geltung anderer gesetzlicher Vorschriften wie etwa §§ 3, 5 UWG,[20] denen ggf. korrespondierende Wertungen im Einzelfall zu entnehmen sind. Korrespondierendes gilt für Rückversicherungsunternehmen mit Sitz im EWR-Ausland mit entsprechender Zulassung nach Maßgabe der Solva II-RL.[21] Da es sich bei den Gesellschaften (Erst- und Rückversicherern mit Sitz im EWR-Ausland) ebenfalls um Versicherungsunternehmen handelt, wird im Ergebnis auch diesen Unternehmen die Verwendung entsprechender Bezeichnungen grundsätzlich nicht verwehrt werden können. Allerdings wird, anders als im KWG (dort: § 41 S. 2), nicht festgelegt, dass es mit einer entsprechenden Berechtigung des Unternehmens zur Führung der Bezeichnung in dem jeweiligen Sitzland sein Bewenden hat. Zu beachten ist außerdem, dass der Bundesanstalt in den vom VAG nicht erfassten Fällen in Ermangelung einer Rechtsgrundlage keinerlei Entscheidungsbefugnis zukommt.

Verbänden von Versicherungsunternehmen wie dem Gesamtverband der Deutschen Versicherungswirtschaft e. V. und dem Verband der privaten Krankenversicherung e. V. stehen die Bezeichnungen ebenfalls offen (§ 6 Abs. 1 S. 1 VAG), wobei auch hier gilt, dass eine Bezugnahme auf die Rückversicherung ein entsprechendes Tätigkeitsfeld voraussetzt. Weitergehender Klarstellungsbedarf besteht unter dem Gesichtspunkt des VAG aber nicht. **11**

Alle **sonstigen Unternehmen** und Organisationen dürfen die genannten Bezeichnungen hingegen nicht ohne weiteres verwenden. Hierin liegt die eigentliche Bedeutung von § 6 VAG, der Nichtversicherern die Verwendung der geschützten Bezeichnungen verbietet. Diese müssen durch Zusätze klarstellen, dass sie keine Versicherungsunternehmen sind. Dieser Grundsatz, den das Gesetz nur für Versicherungsvermittler ausdrücklich formuliert hat (**§ 6 Abs. 1 S. 2 VAG**), gilt auch darüber hinaus. Der Gesetzgeber hat mit der expliziten Erwähnung der **Versicherungsvermittler** nur den wichtigsten Anwendungsfall von § 6 VAG genannt. Für diese gilt, dass der Geschäftsgegenstand mit Zusätzen wie „Versicherungsvermittlungs-GmbH", „Versicherungsmakler-OHG" oder „Versicherungsagentur" klarzustellen ist.[22] Die bloße Angabe der Gesellschaftsform, die in aller Regel von der für Versicherer maßgeblichen Rechtsform abweicht, reicht nicht.[23] Entscheidend ist zudem, dass der klarstellende Zusatz mit dem geschützten Begriff verbunden ist, um der Vorstellung mehrerer Unternehmensgegenstände entgegenzuwirken. Die Aufsicht hat darüber hinaus auf Grundsätze zur Firmierung von Versicherungsvermittlern verwiesen,[24] die im Jahre 1982 mit den maßgeblichen Verbänden erarbeitet worden sind.[25] Den Grundsätzen lässt sich entnehmen, dass Firmierungen wie „Versicherungsdienst" und „Versicherungsstelle" nicht ausreichen, um eine Verwechslungsgefahr mit Versicherungsunternehmen auszuschließen. Das soll auch für die Bezeichnungen „Versicherungskanzlei"[26] und „Assekuranz Management GmbH" gelten. Hingegen sind Bezeichnungen wie „Versicherungs-Kontor, -büro" oder „Assekuranz-Kontor, -büro" zulässig. Das gilt auch für die Bezeichnung „Agentur"[27] und „Versicherungsservice". Über § 6 VAG hinausgehend ist zu beachten, dass Firmierungen wie „Versicherungsberater" oder „Versicherungsberatungsgesellschaft" bereits wegen Verwechslung mit anderen Berufen bzw. Unternehmen unzulässig sind und zugleich § 34e GewO verletzen. Die firmenmäßige Betonung einer Betreuung oder gar einer treuhänderischen Sachwaltung durch Vermittler, die in den Grundsätzen ebenfalls thematisiert wird, verbietet sich zwar. Hierfür streiten allerdings ausschließlich wettbewerbsrechtliche Gründe und nicht Gesichtspunkte des § 6 VAG. Zu beachten ist die Erlaubnispflicht für die Vermittlertätigkeit nach § 34d GewO, über die die zuständige Industrie- und Handelskammer befindet. Der gesetzliche Bezeichnungsschutz bleibt von dieser Erlaubnis unberührt, ist also ausschließliche Aufgabe der BaFin. Die Industrie- und Handelskammern sind insofern an eine entsprechende Entscheidung der BaFin auch gebunden. **12**

Auch Organisationen außerhalb des Vermittlerbereichs ist es nicht verwehrt, mit entsprechendem Zusatz eine Bezeichnung der genannten Art zu wählen. Hier ist der Rechtsgedanke des § 41 S. 1 KWG heranzuziehen, der die Verwendung von bestimmten Bezeichnungen dann gestattet, wenn der Anschein einer Banktätigkeit ausgeschlossen wird. Für den Versicherungsbereich gilt dies entsprechend. So bleibt, wie bereits erwähnt,[28] Versicherungs-Holding- und -Zweckgesellschaften die Verwendung einer Bezeichnung nach § 6 VAG unbenommen, sofern nur hinreichend klargestellt wird, dass die Gesellschaften nicht selber das Versicherungsgeschäft betreiben.[29] Auch **Verbraucherorganisationen** oder **wissen-** **13**

---

[19] Vgl. § 65 Abs. 2 iVm § 67 Abs. 2 VAG.
[20] Vgl. BAV-Verlautbarung VerBAV 1996, 51: vormals §§ 1, 3 UWG.
[21] Vgl. § 169 Abs. 4 VAG.
[22] Vgl. Gesetzesbegründung, BT-Drs. 14/4453, S. 65; s. a. *BayObLG* Beschl. v. 9.6.2005 – 31 Wx 8/05, Rpfleger 2005, 608 Rn. 8f.
[23] Vgl. Gesetzesbegründung, BT-Drs. 14/4453, S. 65; *Gießmann* VW 2001, 475, 476.
[24] BAV-Pressemitteilung NVersZ 2001, 302.
[25] VerBAV 1982, 305 f., abgedruckt auch in Prölss/*Präve*, 12. Aufl., 2005, § 4 Rn. 8.
[26] BAV-Pressemitteilung NVersZ 2001, 302.
[27] *Gießmann* VW 2001, 475, 476.
[28] Vgl. Rn. 6.
[29] So bereits zum früheren Recht: *Fricke* NVersZ 2001, 97, 100; *Präve* VersR 2001, 133, 140.

schaftlichen Vereinigungen[30] ist es im Grundsatz nicht verwehrt, die genannten Bezeichnungen zu führen, vorausgesetzt ihre jeweilige Tätigkeit wird hinreichend zum Ausdruck gebracht. Keine Bedenken bestehen auch gegen die Bezeichnung „Fachanwalt für Versicherungsrecht", die Rechtsanwälte nach entsprechender Prüfung führen dürfen.[31]

14 In Ermangelung einer Übergangsvorschrift gilt § 6 VAG auch für Unternehmen, die **vor Inkrafttreten** dieser Regelung am 28. Dezember 2000[32] eine entsprechende Bezeichnung geführt haben.[33] Der Gesetzgeber hat anders als im KWG (dort: § 39 Abs. 1 Nr. 2) keine Veranlassung gesehen, insoweit Grundsätzen des Vertrauensschutzes zu folgen.[34] Er hat vielmehr zum Ausdruck gebracht, dass die vormalige inflationäre Verwendung der jetzt unter Schutz gestellten Bezeichnungen unbedingt zu unterbinden ist und dabei vornehmlich auf entsprechende Fehlentwicklungen im Bereich der Versicherungsvermittler hingewiesen.[35] Auch für alteingeführte Namen gibt es keine Sonderregelung.[36] Dabei ist zu berücksichtigen, dass seit Erlass der Firmierungsgrundsätze fast zwanzig Jahre verstrichen waren, so dass für die insoweit vor allem betroffenen Versicherungsvermittler ausreichend Zeit für eine Änderung ihrer Firmierungen bestanden hat. Zudem ergibt sich sowohl aus den Firmierungsgrundsätzen wie aus § 6 Abs. 1 S. 2 VAG lediglich die Notwendigkeit eines klarstellenden Firmenzusatzes, der eingeführte Firmennamen als solche nicht in Frage stellt. Gegen diese Rückwirkung ist demgemäß auch unter verfassungsrechtlichen Gesichtspunkten nichts einzuwenden.[37] Sie wirkt nur für die Zukunft, stellt also eine sog. unechte Rückwirkung dar. Eine solche ist nur dann ausnahmsweise unzulässig, wenn sie zur Erreichung des Gesetzeszweckes nicht geeignet oder erforderlich, also nicht verhältnismäßig ist[38] oder wenn die Bestandsinteressen der Betroffenen die Veränderungsgründe des Gesetzgebers überwiegen.[39] Diese Ausnahmetatbestände liegen hier nicht vor.

15 **III. Zuständigkeit und Verfahren (Abs. 2 bis 4).** Hinsichtlich der Durchsetzung des Bezeichnungsschutzes nach § 6 VAG bestehen sowohl Zuständigkeiten der BaFin (vormals des BAV, das in der BaFin aufgegangen ist; vgl. § 1 Abs. 1 FinDAG) als auch der Registergerichte, so dass von einer **Doppelzuständigkeit** gesprochen werden kann.[40] Während jener die materielle Entscheidungskompetenz in Zweifelsfällen (§ 6 Abs. 2 VAG) sowie ein Antragsrecht gegenüber den Registergerichten zugewiesen ist (§ 6 Abs. 3 VAG), haben die Registergerichte darauf basierend die ggf. notwendigen Maßnahmen zur Löschung der Firma, des Zusatzes zur Firma und des Unternehmensgegenstandes zu treffen (§ 6 Abs. 4 VAG).

16 **1. BaFin (Abs. 2 und 3).** Der BaFin obliegt gemäß **§ 6 Abs. 2 VAG** in Zweifelsfällen die Entscheidungsbefugnis, ob ein Unternehmen Bezeichnungen nach § 6 Abs. 1 VAG verwenden darf. Dem Gesetzeszweck entsprechend ist der **Unternehmensbegriff** dabei weit auszulegen, da nur auf diese Weise der gesetzlich verfügte, umfassende Bezeichnungsschutz im Sinne von § 6 VAG gewahrt werden kann. Wenngleich § 6 Abs. 2 VAG die Verzahnung mit dem registergerichtlichen Verfahren verfügt, lässt sich hieraus nicht entnehmen, dass eine aufsichtsbehördliche Entscheidungskompetenz nur für den registrierungspflichtigen bzw. registrierten Personenkreis besteht. Namentlich wird auch der Gewerbebetrieb erfasst, der keinen in kaufmännischer Weise eingerichteten Geschäftsbetrieb erfordert und nicht in das Handelsregister eingetragen ist.

17 Ein **Zweifelsfall** ist gegeben, wenn in einem konkreten Fall Bedarf für eine Klärung besteht, etwa aufgrund eines entsprechenden Ansinnens des Registergerichts oder eines betroffenen Unternehmens. Die Interessenlage Dritter, die selber unmittelbar nicht betroffen sind, muss unberücksichtigt bleiben. Abstrakte Zweifel, die losgelöst von einem Einzelfall vorhanden sein mögen, begründen keine Entscheidungsbasis. § 6 Abs. 2 VAG eröffnet keinen Ermessensspielraum für die BaFin, sondern bedingt, wenn die Voraussetzungen gegeben sind, die Notwendigkeit einer aufsichtsbehördlichen Entscheidung.[41] Für die der BaFin unterstehenden Unternehmen ist zu beachten, dass die BaFin hier regelmäßig

---

30 *Gießmann* VW 2001, 475, 476.
31 Vgl. *Krämer* SpV 2004, 5 ff.
32 Art. 7 Abs. 2 des Gesetzes v. 21.12.2000, BGBl. I, 1857.
33 BAV-Pressemitteilung NVersZ 2001, 302.
34 *Baumann* SpV 2001, 78.
35 Vgl. Gesetzesbegründung, BT-Drs. 14/4453, 65.
36 *Gießmann* VW 2001, 475.
37 *BayObLG* Beschl. v. 9.6.2005 – 31 Wx 8/05, Rpfleger 2005, 608 Rn. 12.
38 *BVerfG* Urt. v. 28.11.1984 – 1 BvR 1157/82 Rn. 51, BVerfGE 68, 287.
39 *BVerfG* Beschluss v. 22.5.2001 – 1 BvL 4/96, BVerfGE 103, 392 Rn. 42; 101, 239 Rn. 96; Beschl. v. 23.6.1993 – 1 BvR 133/89, BVerfGE 89, 48 Rn. 64; Beschl. v. 15.10.1996 – 1 BvL 44/92 u. a., BVerfGE 95, 64 Rn. 109.
40 So auch BaFin-Hinweise vom 7.9.2010 zu „Firmierungen und Unternehmensgegenstände – Bezeichnungsschutz", Ziff. I, abrufbar unter www.bafin.de. Darüber hinaus hat die BaFin auch ein Merkblatt mit Hinweisen für Registergerichte verfasst, mit dem u. a. über den Begriff des Versicherungsunternehmens sowie die nicht nach dem VAG aufsichtspflichtigen Unternehmen informiert wird, vgl. BaFin-Merkblatt vom 21.9.2012 mit „Hinweise(n) für Registergerichte zu Bank-, Versicherungs-, Finanzdienstleistungs-, E-Geldgeschäften und Zahlungsdiensten", abrufbar ebenfalls unter www.bafin.de.
41 *Laars* VAG § 4 Rn. 4.

im Zulassungsverfahren inzident eine Entscheidung trifft, namentlich durch Genehmigung der insoweit maßgeblichen Satzung (mit den Festlegungen zur Firma und zum Geschäftsgegenstand).

Die Zuweisung der Entscheidungskompetenz in Zweifelsfällen bedeutet nicht, dass im Falle eines **eindeutigen Verstoßes** gegen § 6 VAG keine Sanktionierung möglich ist. In einem solchen Fall ist allerdings eine aufsichtsbehördliche Entscheidung nach § 6 Abs. 2 VAG entbehrlich. Das Registergericht hat dann unmittelbar die nach § 6 Abs. 4 VAG erforderlichen Maßnahmen zu treffen. Bestehen von dieser Seite Zweifel an dem Verstoß, ist eine Entscheidung nach § 6 Abs. 2 VAG erforderlich. 18

Die BaFin hat Entscheidungen nach § 6 Abs. 2 VAG **von Amts wegen** zu treffen, was die notwendige Sachverhaltsaufklärung umfasst. Eines Antrags bedarf es nicht. Sofern Anträge gestellt werden, ist zu beachten, dass Mitwettbewerber oder andere Dritte kein subjektives Recht auf eine Entscheidung der Anstalt haben, denn diese wird nur im öffentlichen Interesse tätig (§ 4 Abs. 4 FinDAG, § 294 Abs. 8 VAG). [42] Anders sieht das in Bezug auf das jeweils betroffene Unternehmen aus, das nicht zuletzt wegen einer anderenfalls u. U. nicht möglichen Eintragung in das Handelsregister in rechtlich relevanter Weise benachteiligt würde. Dessen Interessen sind daher von § 6 VAG mitumfasst.[43] Registergerichte wiederum verfolgen wie die Aufsicht öffentliche Interessen und können daher ebenso ein Interesse an Klärung geltend machen. 19

Die BaFin hat mit ihrer Entscheidung nach § 6 Abs. 2 auszusprechen, dass ein Unternehmen entweder zur Führung der entsprechenden Bezeichnung befugt ist oder dass es dies nicht darf. In beiden Fällen liegt ein **feststellender Verwaltungsakt** vor, mit dem die Rechtslage festgestellt wird.[44] Hierin erschöpft sich zugleich die aufsichtsbehördliche Entscheidung. Auch gegenüber den Unternehmen, die der Aufsicht der Bundesanstalt unterliegen, hat dieses keine weiterreichende Befugnisse. Die Eintragung einer Firma zu verweigern oder eine unzulässige Firma zu löschen, obliegt ausschließlich dem jeweils zuständigen Registergericht.[45] Auch der feststellende Verwaltungsakt kann das betreffende Unternehmen aber in seinen Rechten verletzen, weshalb er mit den Rechtsmitteln des Widerspruchs und der Anfechtungsklage angegriffen werden kann. Die Rechtsmittel haben grundsätzlich aufschiebende Wirkung (§ 310 VAG sieht Ausnahmen nur in bestimmten Fällen vor, Entscheidungen nach § 6 VAG gehören nicht hierzu), es sei denn, die Aufsicht ordnet im Einzelfall die sofortige Vollziehung an, wozu es grundsätzlich der Geltendmachung eines besonderen öffentlichen Interesses bedarf, das über das den angefochtenen Verwaltungsakt tragende öffentliche Interesse hinausgeht. 20

Die Entscheidung nach § 6 VAG bezieht sich ausschließlich auf die Sicherstellung des gesetzlichen Bezeichnungsschutzes. Ob unter anderen, namentlich allgemeinen **firmen- oder wettbewerbsrechtlichen** Gesichtspunkten eine Firmierung zu beanstanden ist, obliegt den Registergerichten, so dass auch im Falle einer positiven Feststellung der BaFin nach § 6 Abs. 2 VAG die Führung der Bezeichnung aus firmen- oder wettbewerbsrechtlichen Gründen unzulässig sein kann. Allerdings besteht auch für die Versicherungsaufsicht bei den ihrer Aufsicht unterstehenden Unternehmen ein umfassendes Eingriffsrecht nach § 294 VAG, das namentlich die Kontrolle wettbewerblichen Verhaltens unter dem Gesichtspunkt des UWG[46] umfassen kann. Voraussetzung ist allerdings, dass Belange der Versicherten bzw. der Versorgungsempfänger berührt sind,[47] was nicht bei jedwedem Verstoß gegen das Firmen- oder Wettbewerbsrecht anzunehmen ist. Hinzu kommt, dass diese Rechtsaufsicht ihre Grenze dort findet, wo andere Stellen Überwachungsfunktionen ausüben.[48] Im Verfahren vor dem Registergericht erfolgt eine Prüfung bezüglich einer möglichen Irreführungsgefahr durch die Firma. Das gilt für Angaben, die geeignet sind, über wesentliche geschäftliche Verhältnisse irrezuführen (§ 18 Abs. 2 S. 1 HGB). Die Eignung der Irreführung wird hier allerdings nur berücksichtigt, wenn sie ersichtlich ist (§ 18 Abs. 2 S. 2 HGB). Insofern ließe sich argumentieren, dieser Prüfungsauftrag sei ein eingeschränkter, der eine zusätzliche aufsichtsbehördliche Kontrolle nicht ausschließe. Dem ist nicht zu folgen. 21

Hintergrund der mit Art. 3 Nr. 11 des Gesetzes v. 22.6.1998[49] verfügten Fassung des Prüfauftrags ist es, die Möglichkeit der Firmenbildung nicht – wie vormals durch eine mitunter äußerst strenge registergerichtliche Prüfung[50] – über Gebühr einzuschränken und das Registerverfahren durch die **Firmenprüfung** nicht unangemessen zu verzögern.[51] Der Gesetzgeber selber spricht insofern von einem „Grobraster", das für die registergerichtliche Prüfung besteht.[52] Unabhängig davon, ob insoweit 22

[42] Vgl. Boos/Fischer/Schulte-Mattler/*Fischer*, KWG, 4. Aufl., 2012, § 42 Rn. 2 zum KWG.
[43] A. M. Boos/Fischer/Schulte-Mattler/*Fischer*, KWG, 4. Aufl., 2012, § 42 Rn. 2 zum KWG.
[44] Boos/Fischer/Schulte-Mattler/*Fischer*, KWG, 4. Aufl., 2012, § 42 Rn. 4 zum KWG.
[45] Boos/Fischer/Schulte-Mattler/*Fischer*, KWG, 4. Aufl., 2012, § 42 Rn. 4 zum KWG.
[46] Vgl. Gesetzesbegründung, BR-Drs. 23/94, 244; entsprechend zum KWG: Boos/Fischer/Schulte-Mattler/*Fischer*, KWG, 4. Aufl., 2012, § 42 Rn. 3.
[47] BAV-Verlautbarung VerBAV 1986, 457.
[48] Gesetzesbegründung, BT-Drs. 23/94, 244.
[49] BGBl. I 1474.
[50] Gesetzesbegründung, BR-Drs. 340/97, 36.
[51] Gesetzesbegründung, BR-Drs. 340/97, 53.
[52] Gesetzesbegründung, BR-Drs. 340/97, 54.

von einer materiellen Entschärfung des Irreführungsverbots auszugehen ist[53] oder ob hiermit lediglich eine die Amtsermittlungspflicht des Gerichts betreffende Regel aufgestellt worden ist,[54] ergibt sich, dass der Gesetzgeber insgesamt einer „Versteinerung" des Firmenrechts entgegenwirken wollte[55] und insofern Abstriche an einer effektiveren Durchsetzung des Irreführungsverbots[56] in Kauf genommen hat. Dieses gesetzgeberische Anliegen würde konterkariert, wenn durch eine zusätzliche aufsichtsbehördliche Kontrolle für bestimmte Unternehmen eine umfänglichere firmen- und wettbewerbsrechtliche Prüfung erfolgen würde. Insofern muss es auch hier damit sein Bewenden haben, dass eine weitergehende Kontrolle Marktbeteiligten überlassen bleiben kann,[57] wie dies der Gesetzgeber explizit ausgesprochen hat.[58]

23 Für Unternehmen, die keiner umfassenden Versicherungsaufsicht unterliegen wie etwa Versicherungsvermittler, besteht in Bezug auf die Firmierung ebenfalls nur eine **beschränkte** aufsichtsbehördliche **Zuständigkeit**. Sie erstreckt sich ausschließlich auf die Einhaltung von § 6 Abs. 1 S. 2 VAG und nicht von weiteren wettbewerbs- und firmenrechtlichen Vorschriften. Der Versicherungsaufsicht ist es allerdings, wie bereits erwähnt, unbenommen, in geeigneten Fällen die jeweiligen Registergerichte über entsprechende Bedenken zu informieren und ihnen ein Tätigwerden anheimzustellen. In Einzelfällen kommt auch die Einschaltung klagebefugter Verbände in Betracht.

24 Es besteht eine **ausschließliche Kompetenz** der BaFin, da nur auf diese Weise eine einheitliche Beurteilung sichergestellt ist.[59] Andere Behörden, auch Landesaufsichtsbehörden, haben insofern weder ein Mitsprache- noch eine Mitentscheidungsrecht. Auch Registergerichte sind insofern nicht zur Mitwirkung befugt. Ihnen bleibt es unbenommen, sich selber an die Bundesanstalt zu wenden, wenn Zweifel im Hinblick auf die Eintragung oder Löschung von Firmen unter dem Gesichtspunkt des § 6 VAG bestehen. Registergerichte sind im übrigen nur insofern in das Verfahren einbezogen, als dass die Bundesanstalt dem jeweiligen Registergericht seine Entscheidung mitzuteilen hat **(§ 6 Abs. 2 S. 2 VAG)**. Besondere Verfahrensvorschriften bestehen im Übrigen nicht. Die BaFin kann auch gutachterlich oder auf sonstige informelle Weise zu Fragen des Bezeichnungsschutzes Stellung nehmen, dann allerdings ohne jegliche Bindungswirkung. Schließlich kann die Bundesanstalt unmittelbar an die Registergerichte herantreten und – unter Mitteilung seiner Einschätzung – um ein entsprechendes Tätigwerden bitten. Bezüglich des nicht registerpflichtigen Personenkreises kommt eine Kontaktaufnahme mit entsprechend klagebefugten Institutionen in Betracht.

25 Die BaFin hat Entscheidungen nach **§ 6 Abs. 2 VAG** dem jeweils zuständigen Registergericht mitzuteilen. Diese **Mitteilungspflicht** besteht unabhängig davon, ob ein Unternehmen gegen die Entscheidung Rechtsmittel einlegt. Nur auf diese Weise wird hinreichend sichergestellt, dass das Registergericht das seinerseits Erforderliche veranlassen kann. Erfolgt eine behördliche bzw. gerichtliche Überprüfung der aufsichtsbehördlichen Entscheidung ist das Registergericht über das abschließende Ergebnis erneut zu informieren. Lehnt die Bundesanstalt eine Entscheidung nach § 6 Abs. 2 VAG ab, so ist auch hierüber zu informieren, da in dem abschlägigen Bescheid Hinweise enthalten sein können, die für die Registrierung bedeutsam sind (etwa die Feststellung, dass kein Zweifelsfall gegeben ist). Keiner Mitteilung bedarf es, wenn sich die aufsichtsbehördliche Entscheidung lediglich auf Bezeichnungen bezieht, die zu reinen Werbezwecken eingesetzt werden. Insofern besteht nämlich keine Einwirkungsmöglichkeit der Registergerichte, so dass ein derartiger Sachverhalt für diese bedeutungslos ist. Hingegen sind Entscheidungen in Bezug auf die Firma bzw. den Zusatz zur Firma für das Register bedeutsam, ebenso Geschäftsbezeichnungen, da diese sich auch in der Firmierung niederschlagen können. Derartige Entscheidungen sind daher den Registergerichten mitzuteilen.

26 Die Zuweisung der Entscheidungskompetenz in Zweifelsfragen an die BaFin und die Mitteilungspflicht der BaFin gegenüber den Registergerichten erlauben die Schlussfolgerung, dass die Registergerichte an die Entscheidung der BaFin gemäß § 6 Abs. 2 VAG **gebunden** sind. Es fehlt insofern zwar – anders als im Falle von § 4 S. 2 VAG – an einer ausdrücklichen gesetzlichen Regelung. Gegenüber Verwaltungsbehörden ist aber von einer solchen Bindungswirkung grundsätzlich auszugehen,[60] denn anderenfalls würde die Zuweisung einer entsprechenden Entscheidungskompetenz an eine einzige Behörde im Ergebnis leerlaufen. Dem steht auch nicht, wie mitunter angenommen wird,[61] entgegen, dass der BaFin im registergerichtlichen Verfahren eine Antragstellung und die Einlegung von Rechtsmitteln ermöglicht wird. Hiermit wird lediglich in verfahrensrechtlicher Hinsicht eine ausreichende Verzahnung zwischen der BaFin und den Registergerichten sichergestellt. Keine Bindungswirkung tritt

---

[53] Gesetzesbegründung, BR-Drs. 340/97, 52; *Bydlinski* ZIP 1998, 1169, 1175; *Scheibe* BB 1997, 1489, 1493 f.; skeptisch *Wolff* DZWir 1997, 397, 401 f.
[54] *K. Schmidt* NJW 1998, 2161, 2167; *Kögel* BB 1997, 793, 800.
[55] Vgl. Gesetzesbegründung, BR-Drs. 340/97, 36.
[56] Vgl. *Krebs* DB 1996, 2013, 2017.
[57] Vgl. § 37 Abs. 2 HGB, §§ 3, 5 UWG und § 14 Abs. 5 Markengesetz.
[58] Vgl. Gesetzesbegründung, BR-Drs. 340/97, 54.
[59] Vgl. Gesetzesbegründung, BT-Drs. 14/4453, 65.
[60] Boos/Fischer/Schulte-Mattler/*Fischer*, KWG, 4. Aufl., 2012, § 42 Rn. 7 zum KWG.
[61] Boos/Fischer/Schulte-Mattler/*Fischer*, KWG, 4. Aufl., 2012, § 42 Rn. 8 zum KWG.

allerdings gegenüber Gerichten ein.[62] Registergerichte nehmen aber funktionell behördliche Aufgaben wahr,[63] so dass auch unter diesem Gesichtspunkt nichts gegen eine entsprechende Bindungswirkung spricht. Die Bindungswirkung entfällt erst, wenn die BaFin selber unter Beachtung der §§ 48, 49 VwVfG eine Überprüfung und Neuentscheidung vornimmt.[64]

Die Versicherungsaufsicht ist gemäß **§ 6 Abs. 3 VAG** befugt, im registergerichtlichen Verfahren Anträge zu stellen und auch Rechtsmittel einzulegen, soweit die Verwendung bestimmter Bezeichnungen in Rede steht. Hiermit wird eine ergänzende Regelung geschaffen, die die BaFin befähigt, auch insoweit ihre Wertungen in das registergerichtliche Verfahren einfließen zu lassen, denn die Kompetenz zu Maßnahmen gegen unbefugten Firmengebrauch und zur Löschung unzulässiger Eintragungen liegt wiederum ausschließlich bei den Registergerichten. Bei den **Rechtsmittel**n handelt es sich um die Beschwerde (§§ 58 ff. FamFG), die Rechtsbeschwerde (§§ 70 ff. FamFG), die Sprungrechtsbeschwerde (§ 75 FamFG) und Anträge auf Abänderung und Wiederaufnahme (§ 48 FamFG, §§ 578 ZPO). 27

2. Registergerichte (Abs. 4). Registergerichte bestehen für die Führung des Handels- (§ 8 HGB), des Vereins- (§ 55 BGB) und des Genossenschaftsregisters (§ 10 GenG). Registergericht ist in allen Fällen das Amtsgericht (§ 376 FamFG, § 10 Abs. 2 GenG, § 55 BGB). Es ist ausschließliche Aufgabe der Registergerichte, eine unzulässige Firma zu löschen. Darüber hinaus haben die Gerichte bereits bei der Eintragung einer Firma zu prüfen, ob ein Verstoß gegen den gesetzlichen Bezeichnungsschutz gegeben ist. Es gilt nämlich der Grundsatz, dass unrichtige Eintragungen zu vermeiden sind. 28

Ein Ermessensspielraum besteht für die registergerichtlichen Maßnahmen im Zusammenhang mit dem Bezeichnungsschutz nach **§ 6 Abs. 4 S. 2 VAG** nicht. So führt die Führung einer nach § 6 Abs. 1 VAG unzulässigen Firma, eines unzulässigen Zusatzes zur Firma oder eines unzulässigen Unternehmensgegenstandes **zwingend** zu einem Ordnungsgeldverfahren nach § 392 FamFG, sobald das Registergericht hiervon glaubhaft Kenntnis erlangt. Das Verfahren beginnt mit der Aufforderung, sich des Gebrauchs der Firma zu enthalten oder binnen einer festgesetzten Frist den Gebrauch der Firma mittels Einspruch gegen die Verfügung zu rechtfertigen. Dies wird mit der Androhung eines Ordnungsgelds verbunden. Das Ordnungsgeld wird festgesetzt, wenn kein Einspruch erhoben oder ein erhobener Einspruch rechtskräftig verworfen worden ist und das betreffende Unternehmen dessen ungeachtet die unzulässige Bezeichnung verwendet. 29

Für die Löschung findet gemäß **§ 6 Abs. 4 S. 1 VAG** die Vorschrift des § 395 FamFG entsprechend Anwendung. Danach geschieht die Löschung durch Eintragung eines Vermerks (§ 395 Abs. 1 S. 2 FGG). Das Gericht hat das betroffene Unternehmen von der beabsichtigten Löschung zu unterrichten und ihm eine angemessene Frist zur Geltendmachung eines Widerspruchs zu bestimmen (§ 395 Abs. 2 FGG). Wird Widerspruch erhoben, entscheidet über ihn das Gericht. Gegen eine den Widerspruch zurückweisende Verfügung besteht das Rechtsmittel der Beschwerde (§ 395 iVm § 393 Abs. 3 FamFG). Die Löschung darf nur erfolgen, wenn kein Widerspruch erhoben worden ist oder die den Widerspruch zurückweisende Verfügung rechtskräftig geworden ist (§ 395 iVm § 393 Abs. 5 FamFG). Anders als nach der früheren Rechtslage, derzufolge bei unzulässigen Gebrauch einer aufsichtsrechtlich geschützten Bezeichnung die Einleitung eines Löschungsverfahrens zwingend war (§ 4 Abs. 3 VAG a. F.),[65] ist durch die jetzt im VAG enthaltene Bezugnahme auf die gesamte Vorschrift des § 395 FamFG dem Registergericht ein **Ermessen** eingeräumt. Dessen ungeachtet wird davon auszugehen sein, dass der Ermessensspielraum eingeschränkt ist, wenn eine gesetzlich geschützte Bezeichnung unzulässig verwendet wird. Ein Einschreiten dürfte hier regelmäßig zum Schutz des Geschäftsverkehrs vor Irreführungen geboten sein. 30

Bei der Prüfung im Rahmen der registergerichtlichen Eintragung bzw. bei Maßnahmen nach §§ 392, 395 FamFG ist für eigene registergerichtliche Wertungen in Bezug auf die Zulässigkeit einer von § 6 Abs. 1 VAG geschützten Bezeichnung kein Raum. Bestehen Zweifel an der Zulässigkeit, ist unter Aussetzung des registergerichtlichen Verfahrens eine Entscheidung der BaFin nach § 6 VAG herbeizuführen. Das Registergericht ist an die Entscheidung **gebunden**,[66] unabhängig davon, ob sie positiv oder negativ ausfällt.[67] Zwar bestimmt § 6 Abs. 4 VAG von seinem Wortlaut her lediglich, dass gegen Bezeichnungen, deren Gebrauch unzulässig sind, von Seiten des Registergerichts vorzugehen ist. Eine Vorschrift, die eine ausdrückliche Bindung anderer Behörden an die aufsichtsbehördliche Feststellung der Aufsichtspflicht begründet, besteht ebenso wenig. Das scheint der Grund zu sein, dass mitunter eine umfassende Bindungswirkung für die Registergerichte verneint wird.[68] Der Zusammenhang der Nor- 31

---

[62] Vgl. § 4 VAG Rn. 10.
[63] Vgl. § 4 VAG Rn. 10.
[64] Vgl. zu einer parallelen Ausgangslage § 4 VAG Rn. 11.
[65] Vgl. hierzu auch *BayObLG* Beschl. v. 9.6.2005 – 31 Wx 8/05 Rn. 7, Rpfleger 2005, 608.
[66] So auch zur früheren Rechtslage ausdrücklich BAV-Pressemitteilung NVersZ 2001, 302; *Gießmann* VW 2001, 475, 476; *Fricke* NVersZ 2001, 97, 100; *Präve* VersR 2001, 133, 140.
[67] A. M. Boos/Fischer/Schulte-Mattler/*Fischer*, § 39 Rn. 22, der für Banken dezidiert eine Bindung nur für den Fall einer rechtskräftigen Untersagungsverfügung der BaFin annimmt.
[68] So Boos/Fischer/Schulte-Mattler/*Fischer*, § 43 KWG Rn. 8 zum KWG.

men sowie deren Sinn und Zweck ergeben aber, wie bereits ausgeführt, dass eine Bindungswirkung zu bejahen ist.

32 Wenn das Gesetz registergerichtliche Maßnahmen im Falle einer unzulässigen Firmierung vorsieht und gleichzeitig der Bundesanstalt eine Entscheidungsbefugnis für Zweifelsfälle zuweist, kann hieraus nur die Schlussfolgerung gezogen werden, dass die aufsichtsbehördliche Entscheidung insoweit maßgebend ist. Anderenfalls würde die Zuweisung dieser Zuständigkeit an die Aufsicht keinen Sinn machen. Schließlich kommt hinzu, dass nur durch die Zuweisung an eine einzige Stelle die weitgehende **Einheitlichkeit** in der Anwendung von § 6 VAG sichergestellt ist, der sich der Gesetzgeber mit der Schaffung der Norm zum Bezeichnungsschutz in besonderer Weise verschrieben hat.[69]

33 Allerdings ist zu klären, in welchem Umfang eine **Bindungswirkung** eintritt. Soweit die BaFin feststellt, dass eine bestimmte Bezeichnung nach § 6 VAG nicht geführt werden darf, ist das Registergericht hieran gebunden, vorausgesetzt die Entscheidung ist bestandskräftig. Soweit die Anstalt bestandskräftig feststellt, dass eine bestimmte Bezeichnung nach § 6 VAG verwendet werden darf, tritt eine Bindungswirkung nur in Bezug auf den Bezeichnungsschutz nach § 6 VAG ein. Dem Registergericht bleiben weitergehende firmen- und wettbewerbsrechtliche Wertungen unbenommen, etwa auch wenn Bezeichnungen unter Rekurs auf Finanzdienstleistungsgeschäfte in Rede stehen.[70] Dem Registergericht bleibt lediglich verwehrt, seinerseits einen Verstoß gegen § 6 VAG annehmen zu wollen. Diese Bindung der Registergerichte ist auch unter verfassungsrechtlichen Gesichtspunkten unproblematisch. Registergerichte nehmen funktionell behördliche Aufgaben wahr. Sie sind insofern nicht mit der streitigen Gerichtsbarkeit gleichzusetzen, für die wegen Art. 19 Abs. 4 GG keine Bindung an behördliche Maßnahmen begründet werden kann.

34 Ist eine aufsichtsbehördliche Entscheidung nach § 6 VAG bestandskräftig geworden, kann das betreffende Unternehmen unter dem Gesichtspunkt des Bezeichnungsschutzes auch **keine erneute Überprüfung** im registergerichtlichen Verfahren anstrengen. Ein Widerspruch, der sich hierauf stützt, ist insoweit ebenso wie weitere Rechtsmittel unzulässig. Unberührt bleibt die Geltendmachung registerverfahrensrechtlicher Einwände oder materiell-rechtlicher Bedenken, sofern diesen allgemeine (firmen- oder wettbewerbs-)rechtliche Gründe zugrunde liegen. Hingegen können Unternehmen im registergerichtlichen Verfahren auch unmittelbar auf § 6 VAG rekurrieren, wenn gegen sie selber keine aufsichtsbehördliche Entscheidung nach § 6 VAG ergangen ist. Die Gefahr divergierender materieller Entscheidungen besteht nicht, da die BaFin in diese Verfahren gemäß § 6 Abs. 3 VAG eingebunden ist und insofern auf den notwendigen Gleichklang in der Wertung bezüglich des Bezeichnungsschutzes hinwirken kann.

35 Soweit lediglich **unlautere Werbung** vorliegt und noch kein firmenmäßiger Gebrauch einer geschützten Bezeichnung, bestehen keine Einwirkungsmöglichkeiten des Registergerichts, da dessen Befugnisse auf die Führung des Registers beschränkt bleiben. Dementsprechend stellt § 6 Abs. 4 VAG ausschließlich auf die Verwendung einer entsprechenden Bezeichnung in der Firma, dem Zusatz zur Firma oder im Unternehmensgegenstand ab, nicht aber auf eine Führung solcher Bezeichnungen zu bloßen Werbezwecken. Im Rahmen der allgemeinen Missstandsaufsicht kann die BaFin in diesen Fällen gegen eine Verwendung unzulässiger Bezeichnungen vorgehen, sofern hierdurch die Belange der Versicherten nachteilig betroffen sind, so wie dies bei anderen, die Versicherten berührenden Verstößen gegen das UWG gegeben ist. Zu berücksichtigen ist ferner, dass jede Bezeichnung, die den gesetzlichen Bezeichnungsschutz verletzt, stets auch unlauter ist (§§ 3, 3a UWG)[71] und (theoretisch) auch Schadensersatzansprüche gemäß § 823 BGB begründen kann.[72] Dabei dürfen bestimmte wettbewerbsrechtliche Verstöße, namentlich solche gegen § 3 UWG (Verbot unlauterer geschäftlicher Handlungen) auch von Mitbewerbern sowie von bestimmten Verbänden und Einrichtungen verfolgt werden (§ 8 Abs. 3 UWG).

Begriffsbestimmungen

7 Für dieses Gesetz gelten die folgenden Begriffsbestimmungen:

1. **Aufsichtsbehörde: diejenige Behörde oder diejenigen Behörden, die auf Grund der §§ 320 bis 322 dieses Gesetzes oder anderer Rechts- oder Verwaltungsvorschriften für die Beaufsichtigung der in § 1 Absatz 1 genannten Unternehmen zuständig sind.**
2. **Ausgliederung: eine Vereinbarung jeglicher Form zwischen einem Versicherungsunternehmen und einem Dienstleister, auf Grund derer der Dienstleister direkt oder durch weitere Ausgliederung einen Prozess, eine Dienstleistung oder eine Tätigkeit erbringt,**

---

69 Vgl. Gesetzesbegründung, BT-Drs. 14/4453, 65.

70 Insofern zutreffend Boos/Fischer/Schulte-Mattler/*Fischer*, KWG, 2012, § 43 Rn. 8 u. 13 zum KWG.

71 S. auch BaFin-Hinweise v. 7.9.2010 zu „Firmierungen und Unternehmensgegenstände – Bezeichnungsschutz", Ziff. I, abrufbar unter www.bafin.de.

72 Berger/ Steck/Lübbehüsen/*Köndgen*, InvG, 2010, § 3 Rn. 14 bzgl. des Bezeichnungsschutzes gemäß § 3 InvG.

die ansonsten vom Versicherungsunternehmen selbst erbracht werden würde; bei dem Dienstleister kann es sich um ein beaufsichtigtes oder nicht beaufsichtigtes Unternehmen handeln.

3. **Bedeutende Beteiligung: das direkte oder indirekte Halten von mindestens 10 Prozent des Kapitals oder der Stimmrechte eines Unternehmens oder eine andere Möglichkeit der Wahrnehmung eines maßgeblichen Einflusses auf die Geschäftsführung dieses Unternehmens; bei der Berechnung des Anteils der Stimmrechte sind § 21 Absatz 1 in Verbindung mit einer Rechtsverordnung nach Absatz 3, § 22 Absatz 1 und 2, § 22a Absatz 1 bis 3 in Verbindung mit einer Rechtsverordnung nach Absatz 6 und § 23 des Wertpapierhandelsgesetzes entsprechend anzuwenden; unberücksichtigt bleiben die Stimmrechte oder Kapitalanteile, die Wertpapierfirmen oder Kreditinstitute im Rahmen des Emissionsgeschäfts nach § 1 Absatz 1 Satz 2 Nummer 10 des Kreditwesengesetzes halten, vorausgesetzt, diese Rechte werden nicht ausgeübt oder sie werden nicht anderweitig benutzt, um in die Geschäftsführung des Emittenten einzugreifen, und sie werden innerhalb eines Jahres nach dem Zeitpunkt des Erwerbs veräußert.**
4. **Beteiligtes Unternehmen: ein Mutterunternehmen oder ein anderes Unternehmen, das eine Beteiligung hält oder mit einem anderen Unternehmen durch eine in § 271 Absatz 1 des Handelsgesetzbuchs beschriebene Beziehung verbunden ist; als Beteiligung gilt das unmittelbare oder mittelbare Halten von mindestens 20 Prozent der Stimmrechte oder des Kapitals an einem Unternehmen; für die Zwecke der Aufsicht nach den §§ 245 bis 287 gilt als Beteiligung auch das unmittelbare oder mittelbare Halten von Stimmrechten oder Kapital an einem Unternehmen, auf das nach Ansicht der Aufsichtsbehörden ein maßgeblicher Einfluss tatsächlich ausgeübt wird.**
5. **Diversifikationseffekte: eine Reduzierung des Gefährdungspotenzials von Versicherungsunternehmen und -gruppen durch die Diversifizierung ihrer Geschäftstätigkeit, die sich aus der Tatsache ergibt, dass das negative Resultat eines Risikos durch das günstigere Resultat eines anderen Risikos ausgeglichen werden kann, wenn diese Risiken nicht voll korreliert sind.**
6. **Drittstaat: jeder Staat, der nicht Mitglied- oder Vertragsstaat im Sinne der Nummer 22 ist; als Drittstaat gilt auch eine staatsähnliche Verwaltungseinheit mit selbständigen aufsichtsrechtlichen Befugnissen, soweit die Bestimmungen des Rechts der Europäischen Union über die Freizügigkeit, das Niederlassungsrecht und die Dienstleistungsfreiheit nicht anzuwenden sind.**
7. **Enge Verbindungen: eine Situation, in der mindestens zwei natürliche oder juristische Personen durch Kontrolle oder Beteiligung verbunden sind oder eine Situation, in der mindestens zwei natürliche oder juristische Personen mit derselben Person durch ein Kontrollverhältnis dauerhaft verbunden sind.**
8. **Externe Ratingagentur: eine Ratingagentur, die gemäß der Verordnung (EG) Nr. 1060/2009 des Europäischen Parlaments und des Rates vom 16. September 2009 über Ratingagenturen (ABl. L 302 vom 17.11.2009, S. 1), die zuletzt durch die Verordnung (EU) Nr. 462/2013 (ABl. L 146 vom 31.5.2013, S. 1) geändert worden ist, zugelassen oder zertifiziert ist, oder eine Zentralbank, die Ratings abgibt und von der Anwendung der genannten Verordnung ausgenommen ist.**
9. **Funktion: eine interne Kapazität innerhalb der Geschäftsorganisation zur Übernahme praktischer Aufgaben; die Geschäftsorganisation schließt die Risikomanagementfunktion, die Compliance-Funktion, die interne Revisionsfunktion und die versicherungsmathematische Funktion ein.**
10. **Gemischte Finanzholding-Gesellschaft: Mutterunternehmen, das kein beaufsichtigtes Unternehmen eines Finanzkonglomerats im Sinne des § 2 Absatz 1 des Finanzkonglomerate-Aufsichtsgesetzes ist und das zusammen mit seinen Tochterunternehmen, von denen mindestens eines ein beaufsichtigtes Unternehmen eines Finanzkonglomerats mit Sitz im Inland oder in einem anderen Mitglied- oder Vertragsstaat ist, und mit anderen Unternehmen ein Finanzkonglomerat bildet.**
11. **Gemischte Versicherungs-Holdinggesellschaft: Mutterunternehmen,**
    a) **das weder Versicherungsunternehmen, noch Versicherungsunternehmen eines Drittstaats, noch Versicherungs-Holdinggesellschaft im Sinne der Nummer 31, noch gemischte Finanzholding-Gesellschaft im Sinne der Nummer 10 ist und**
    b) **zu dessen Tochterunternehmen mindestens ein Versicherungsunternehmen zählt.**
12. **Grundlegender Spread: der Spread, der von der Europäischen Aufsichtsbehörde für das Versicherungswesen und die betriebliche Altersversorgung für jede maßgebliche Laufzeit, Kreditqualität und Kategorie der Vermögenswerte zur Berechnung der Matching-Anpassung gemäß Artikel 77e Absatz 1 Buchstabe b der Richtlinie 2009/138/EG des Europäi-**

schen Parlaments und des Rates vom 25. November 2009 betreffend die Aufnahme und Ausübung der Versicherungs- und der Rückversicherungstätigkeit (ABl. L 335 vom 17.12.2009, S. 1), die zuletzt durch die Richtlinie 2014/51/EU (ABl. L 153 vom 22.5.2014, S. 1) geändert worden ist, mindestens einmal im Quartal beschlossen und veröffentlicht wird.

13. Gruppe: ein Zusammenschluss von Unternehmen, der

a) aus einem beteiligten Unternehmen, dessen Tochterunternehmen und den Unternehmen, an denen das beteiligte Unternehmen oder dessen Tochterunternehmen eine Beteiligung halten, sowie Unternehmen, die Bestandteil einer horizontalen Unternehmensgruppe im Sinne der Nummer 15 sind, besteht oder

b) auf der Einrichtung von vertraglichen oder sonstigen starken und nachhaltigen finanziellen Beziehungen zwischen allen diesen Unternehmen beruht und zu dem Versicherungsvereine auf Gegenseitigkeit oder diesen ähnliche Vereine gehören können, sofern

aa) eines dieser Unternehmen durch zentrale Koordination einen beherrschenden Einfluss auf die Entscheidungen aller der Gruppe angehörenden Unternehmen ausübt, darunter auch auf die Finanzentscheidungen, und

bb) die Einrichtung und Auflösung dieser Beziehungen für die Zwecke dieses Titels der vorherigen Genehmigung durch die Gruppenaufsichtsbehörde bedarf;

das Unternehmen, das die zentrale Koordination ausübt, wird als Mutterunternehmen und die anderen Unternehmen werden als Tochterunternehmen betrachtet.

14. Gruppeninterne Transaktionen: Transaktionen, bei denen sich ein Versicherungsunternehmen zur Erfüllung einer Verbindlichkeit direkt oder indirekt auf andere Unternehmen innerhalb derselben Gruppe oder auf natürliche oder juristische Personen stützt, die mit den Unternehmen der Gruppe durch enge Verbindungen verbunden sind, unabhängig davon, ob dies auf vertraglicher oder nicht vertraglicher oder auf entgeltlicher oder unentgeltlicher Grundlage geschieht.

15. Horizontale Unternehmensgruppe: eine Gruppe, in der ein Unternehmen mit einem oder mehreren anderen Unternehmen in der Weise verbunden ist, dass

a) sie gemeinsam auf Grund einer Satzungsbestimmung oder eines Vertrags unter einheitlicher Leitung stehen oder

b) sich ihre Verwaltungs-, Leitungs- oder Aufsichtsorgane mehrheitlich aus denselben Personen zusammensetzen, die während des Geschäftsjahres und bis zum Ablauf der in § 290 Absatz 1 des Handelsgesetzbuchs jeweils bestimmten Zeiträume im Amt sind, unabhängig davon, ob sie einen konsolidierten Abschluss aufzustellen haben oder nicht.

16. Kontrolle: die Ausübung eines beherrschenden Einflusses im Sinne des § 290 des Handelsgesetzbuchs.

17. Konzentrationsrisiko: sämtliche mit Risiken behafteten Engagements mit einem Ausfallpotenzial, das umfangreich genug ist, um die Solvabilität oder die Finanzlage der Versicherungsunternehmen zu gefährden.

18. Kreditrisiko: das Risiko eines Verlusts oder nachteiliger Veränderungen der Finanzlage, das sich aus Fluktuationen bei der Bonität von Wertpapieremittenten, Gegenparteien und anderen Schuldnern ergibt, gegenüber denen die Versicherungsunternehmen Forderungen haben, und das in Form von Gegenparteiausfallrisiken, Spread-Risiken oder Marktrisikokonzentrationen auftritt.

19. Liquiditätsrisiko: das Risiko, dass Versicherungsunternehmen nicht in der Lage sind, Anlagen und andere Vermögenswerte zu realisieren, um ihren finanziellen Verpflichtungen bei Fälligkeit nachzukommen.

20. Marktrisiko: das Risiko eines Verlusts oder nachteiliger Veränderungen der Finanzlage, das sich direkt oder indirekt aus Schwankungen in der Höhe und in der Volatilität der Marktpreise für die Vermögenswerte, Verbindlichkeiten und Finanzinstrumente ergibt.

21. Maßgebliche risikofreie Zinskurve: die Zinskurve, die von der Europäischen Aufsichtsbehörde für das Versicherungswesen und die betriebliche Altersversorgung gemäß Artikel 77e Absatz 1 Buchstabe a der Richtlinie 2009/138/EG mindestens einmal im Quartal beschlossen und veröffentlicht wird.

22. Mitglied- oder Vertragsstaat: ein Mitgliedstaat der Europäischen Union oder ein anderer Vertragsstaat des Abkommens über den Europäischen Wirtschaftsraum.

23. Mutterunternehmen: ein Mutterunternehmen im Sinne des Artikels 1 der Richtlinie 83/349/EWG; für die Zwecke der Aufsicht nach den §§ 245 bis 287 gilt als Mutterunternehmen auch jedes Unternehmen, das nach Ansicht der Aufsichtsbehörden einen beherrschenden Einfluss tatsächlich ausübt.

24. Operationelles Risiko: das Verlustrisiko, das sich aus der Unangemessenheit oder dem Versagen von internen Prozessen, Mitarbeitern oder Systemen oder durch externe Ereignisse ergibt.

25. Qualifizierte zentrale Gegenpartei: eine zentrale Gegenpartei, die entweder nach Artikel 14 der Verordnung (EU) Nr. 648/2012 des Europäischen Parlaments und des Rates vom 4. Juli 2012 über OTC-Derivate, zentrale Gegenparteien und Transaktionsregister (ABl. L 201 vom 27.7.2012, S. 1) zugelassen oder nach Artikel 25 jener Verordnung anerkannt wurde.

26. Risikokonzentrationen: alle mit einem Ausfallrisiko behafteten Engagements der Unternehmen einer Gruppe oder eines Finanzkonglomerats im Sinne des § 1 Absatz 2 des Finanzkonglomerate-Aufsichtsgesetzes, die groß genug sind, um die Solvabilität oder die allgemeine Finanzlage eines oder mehrerer der beaufsichtigten Finanzkonglomeratsunternehmen oder beaufsichtigten Gruppenunternehmen zu gefährden, wobei die Ausfallgefahr auf einem Adressenausfallrisiko, einem Kreditrisiko, einem Anlagerisiko, einem Versicherungsrisiko, einem Marktrisiko, einem sonstigen Risiko, einer Kombination dieser Risiken oder auf Wechselwirkungen zwischen diesen Risiken beruht oder beruhen kann.

27. Risikomaß: eine mathematische Funktion, die unter einer bestimmten Wahrscheinlichkeitsverteilungsprognose einen monetären Betrag bestimmt und monoton mit dem Risikopotenzial steigt, das der Wahrscheinlichkeitsverteilungsprognose zugrunde liegt.

28. Risikominderungstechniken: sämtliche Techniken, die die Versicherungsunternehmen in die Lage versetzen, einen Teil oder die Gesamtheit ihrer Risiken auf eine andere Partei zu übertragen.

29. Tochterunternehmen: ein Tochterunternehmen im Sinne des § 290 des Handelsgesetzbuchs, einschließlich seiner eigenen Tochterunternehmen; für die Zwecke der Aufsicht nach den §§ 245 bis 287 gilt als Tochterunternehmen auch jedes Unternehmen, auf das ein Mutterunternehmen nach Ansicht der betroffenen Aufsichtsbehörden einen beherrschenden Einfluss tatsächlich ausübt.

30. Verbundenes Unternehmen: ein Tochterunternehmen oder ein anderes Unternehmen, an dem eine Beteiligung gehalten wird, oder ein Unternehmen, das Bestandteil einer horizontalen Unternehmensgruppe im Sinne der Nummer 15 ist.

31. Versicherungs-Holdinggesellschaften: Mutterunternehmen, die keine gemischte Finanzholding-Gesellschaft im Sinne der Nummer 10 sind und deren Haupttätigkeit der Erwerb und das Halten von Beteiligungen an Tochterunternehmen ist; dabei sind diese Tochterunternehmen ausschließlich oder hauptsächlich Versicherungsunternehmen oder Versicherungsunternehmen eines Drittstaats; mindestens eines dieser Tochterunternehmen ist ein Versicherungsunternehmen.

32. Versicherungstechnisches Risiko: das Risiko eines Verlusts oder einer nachteiligen Veränderung des Wertes der Versicherungsverbindlichkeiten, das sich aus einer unangemessenen Preisfestlegung und nicht angemessenen Rückstellungsannahmen ergibt.

33. Versicherungsunternehmen: Erst- oder Rückversicherungsunternehmen, die den Betrieb von Versicherungsgeschäften zum Gegenstand haben und nicht Träger der Sozialversicherung sind, wobei der Gegenstand eines Rückversicherungsunternehmens ausschließlich die Rückversicherung ist.

34. Versicherungsunternehmen eines Drittstaats: Erst- oder Rückversicherungsunternehmen, die ihren Sitz in einem Drittstaat haben und eine behördliche Zulassung gemäß Artikel 14 Absatz 1 der Richtlinie 2009/138/EG benötigen würden, wenn sie ihren Sitz in einem Staat innerhalb des Europäischen Wirtschaftsraums hätten.

35. Volatilitätsanpassung: Anpassung der maßgeblichen risikofreien Zinskurve, die von der Europäischen Aufsichtsbehörde für das Versicherungswesen und die betriebliche Altersversorgung gemäß Artikel 77e Absatz 1 Buchstabe c der Richtlinie 2009/138/EG mindestens einmal im Quartal beschlossen und veröffentlicht wird.

36. Wahrscheinlichkeitsverteilungsprognose: eine mathematische Funktion, die einer ausreichenden Reihe von einander ausschließenden zukünftigen Ereignissen eine Eintrittswahrscheinlichkeit zuweist.

I. Allgemeines. 1. Entstehungsgeschichte. Die Vorschrift ist mit dem Solva II-Umsetzungsgesetz in das VAG aufgenommen worden. Sie ist durch Art. 18 des Gesetzes vom 20.11.2015 (BGBl. I S. 2029, 2050) sowie durch den hier nicht mehr berücksichtigten Art. 4 des Finanzaufsichtsrechtsergänzungsgesetzes vom 6.6.2017 (BGBl. I S. 1495) geringfügig modifiziert worden. 1

2. Normzweck. § 7 VAG fasst zahlreiche Begriffsdefinitionen zusammen. Diese **Zusammenfassung** ist allerdings trügerisch. Die Definitionen werden immerhin alphabetisch aufgereiht. Die Auffind- 2 barkeit wird hierdurch allerdings nur bedingt gestützt, da die Begriffe sehr vielgestaltig sind. Einige Begriffe, die in § 7 VAG definiert werden, werden im VAG nur an dieser Stelle verwendet, so dass sie für die Gesetzesanwendung gar keine unmittelbare Bedeutung erlangen. Nähere Erläuterungen werden im maßgeblichen Regierungsentwurf nur zu § 7 Nr. 3, 15 und 21 VAG gegeben. Ansonsten finden sich hierzu keine weiteren Hinweise.

3 **3. Europarechtlicher Hintergrund.** Die Vorschrift enthält zahlreiche Begriffsbestimmungen, wie sie sich auch in Art. 13, 212 und 268 der Solva II-RL wiederfinden. Hinzu treten mitunter Begriffskonkretisierungen durch delegierte Rechtsakte.[1]

4 **II. Definitionen.** Auf eine Erläuterung der Definitionen im Einzelnen wird an dieser Stelle verzichtet. Nähere Erläuterungen werden, sofern geboten, vielmehr dort gegeben, wo sie kraft Sachzusammenhangs nötig sind, in aller Regel bei der Vorschrift, die im VAG zum ersten Mal den Begriff (grundlegend) verwendet. Der folgenden Übersicht ist zu entnehmen, welche Vorschrift bzw. welche Vorschriften hiermit gemeint sind. Auf eine Erläuterung von Begriffen, die im VAG selber über § 7 hinaus keine Verwendung finden, wird verzichtet, da diese für die Anwendung des Gesetzes nicht relevant sind.

- Nr. 1 (Aufsichtsbehörde): §§ 320–322 VAG,
- Nr. 2 (Ausgliederung): § 9 VAG Rn. 92 f.; § 32 VAG,
- Nr. 3 (Bedeutende Beteiligung): § 16 VAG,
- Nr. 4 (Beteiligtes Unternehmen): § 17 VAG,
- Nr. 5 (Diversifikationseffekte): § 117 VAG,
- Nr. 6 (Drittstaat): § 67 VAG,
- Nr. 7 (Enge Verbindungen): § 9 VAG Rn. 115,
- Nr. 8 (Externe Ratingagentur): § 28 VAG,
- Nr. 9 (Funktion): §§ 23, 26, 29–31 VAG,
- Nr. 10 (Gemischte Finanzholding-Gesellschaft): § 292 VAG,
- Nr. 11 (Gemischte Versicherungs-Holdinggesellschaft): § 292 VAG,
- Nr. 12 (Grundlegender Spread): § 81 VAG,
- Nr. 13 (Gruppe): § 245 VAG,
- Nr. 14 (Gruppeninterne Transaktionen): § 274 VAG,
- Nr. 15 (Horizontale Unternehmensgruppe): wird im VAG ansonsten nicht verwendet,
- Nr. 16 (Kontrolle): § 9 VAG Rn. 115; § 17 VAG,
- Nr. 17 (Konzentrationsrisiko): § 347 VAG,
- Nr. 18 (Kreditrisiko): § 97 VAG,
- Nr. 19 (Liquiditätsrisiko): wird im VAG ansonsten nicht verwendet,
- Nr. 20 (Marktrisiko): § 97 VAG,
- Nr. 21 (Maßgebliche risikofreie Zinskurve): §§ 77, 80 VAG,
- Nr. 22 (Mitglied- oder Vertragsstaat): § 57 VAG Rn. 2.
- Nr. 23 (Mutterunternehmen): § 245 VAG,
- Nr. 24 (Operationelles Risiko): § 97 VAG,
- Nr. 25 (Qualifizierte zentrale Gegenpartei): wird im VAG ansonsten nicht verwendet,
- Nr. 26 (Risikokonzentrationen): § 273 VAG,
- Nr. 27 (Risikomaß): § 118 VAG,
- Nr. 28 (Risikominderungstechniken): § 117 VAG,
- Nr. 29 (Tochterunternehmen): §§ 245, 246 VAG
- Nr. 30 (Verbundenes Unternehmen): § 245 VAG,
- Nr. 31 (Versicherungs-Holdinggesellschaften): § 1 VAG Rn. 63–65, § 293 VAG,
- Nr. 32 (Versicherungstechnisches Risiko): § 97 VAG,
- Nr. 33 (Versicherungsunternehmen): § 1 VAG Rn. 13 ff.,
- Nr. 34 (Versicherungsunternehmen eines Drittstaats): § 67 VAG,
- Nr. 35 (Volatilitätsanpassung): § 82 VAG,
- Nr. 36 (Wahrscheinlichkeitsverteilungsprognose): wird im VAG ansonsten nicht verwendet,

[1] RegE-VAG 2014, 235 (zu § 7).

Teil 2. Vorschriften für die Erstversicherung und die Rückversicherung

Kapitel 1. Geschäftstätigkeit

Abschnitt 1. Zulassung und Ausübung der Geschäftstätigkeit

Erlaubnis; Spartentrennung

8 (1) **Versicherungsunternehmen bedürfen zum Geschäftsbetrieb der Erlaubnis der Aufsichtsbehörde.**

(2) **Die Erlaubnis darf nur Aktiengesellschaften einschließlich der Europäischen Gesellschaft, Versicherungsvereinen auf Gegenseitigkeit sowie Körperschaften und Anstalten des öffentlichen Rechts erteilt werden.**

(3) **Der Ort der Hauptverwaltung muss im Inland liegen.**

(4) [1]**Ein Rückversicherungsunternehmen wird nur zum Betrieb der Rückversicherung zugelassen.** [2]**Bei Erstversicherungsunternehmen schließen die Erlaubnis zum Betrieb der Lebensversicherung im Sinne der Anlage 1 Nummer 19 bis 24 und die Erlaubnis zum Betrieb anderer Versicherungssparten einander aus; das Gleiche gilt für die Erlaubnis zum Betrieb der Krankenversicherung im Sinne des § 146 Absatz 1 und die Erlaubnis zum Betrieb anderer Versicherungssparten.**

(5) [1]**Die Aufsichtsbehörde macht die Erteilung und den Widerruf der Erlaubnis im elektronischen Informationsmedium nach § 318 Absatz 3 bekannt und meldet sie der Europäischen Aufsichtsbehörde für das Versicherungswesen und die betriebliche Altersversorgung.** [2]**Ist ein gemäß § 221 sicherungspflichtiges Versicherungsunternehmen betroffen, informiert sie zusätzlich den Sicherungsfonds.**

Übersicht

Schrifttum: *Beringer,* Das Spartentrennungsprinzip der Lebensversicherung:nach Umsetzung von Solvency II noch zeitgemäß?, 2007; *Bormann,* Organschaftliche Verflechtungen bei Kreditinstituten und Versicherungsunternehmen, 1999; *Ebers,* Die Überschussbeteiligung in der Lebensversicherung, 2001; *Reiter,* Möglichkeiten zum Ausbau der sozialrechtlichen Qualitätskontrolle des die gesetzliche Krankenversicherung substituierenden privaten Krankenversicherungsschutzes im Hinblick auf die Liberalisierung des europäischen Versicherungsmarktes, 1993; *Römer,* Der Prüfungsmaßstab bei der Mißstandsaufsicht nach § 81 VAG und der AVB-Kontrolle nach § 9 AGBG, 1996; *Schieber,* Die Aufsicht über Finanzkonglomerate, 1998; *Zimmerer,* Die Ausgliederung von Betriebsteilen im Versicherungsaufsichtsrecht, 1989.

I. Allgemeines. 1. Entstehungsgeschichte. Der 2. Teil des VAG, der die §§ 8 bis 220 umfasst, beinhaltet die zentralen Vorschriften für die Erst- und Rückversicherung. Damit werden erstmals im Gesetz die Aufsichtsnormen für die Erst- und die Rückversicherung **zusammengefasst**. Für die Rückversicherung werden – hiervon unberührt – nur noch einige wenige ergänzende Regelungen in den §§ 165–170 VAG getroffen. In Bezug auf die Erstversicherung finden sich Spezialnormen bezogen auf die Lebens-, Kranken- und sonstige Nichtlebensversicherung in den §§ 138–164 VAG. Sterbe- und Pensionskassen werden anderenorts im Gesetz geregelt, wobei beide als Lebensversicherungsunterneh- 1 men eingeordnet werden (§§ 218, 232 VAG). Pensionsfonds werden separat normiert, da sie keine Versicherungsunternehmen darstellen (§§ 236 ff. VAG). Für Sicherungsfonds finden sich schließlich ebenfalls gesonderte Normen (§§ 221 ff. VAG).

2 **Keine** expliziten aufsichtsrechtlichen **Vorgaben** bestehen mehr in Bezug auf den Satzungsinhalt (§ 9 VAG a. F.) und den Mindestinhalt von Versicherungsbedingungen (§ 10 VAG a. F.). Dasselbe gilt für Vorgaben zur Ausgestaltung von Antragsvordrucken (§ 10a Abs. 1 VAG a. F.). [1] Die Regelungen zur Versicherteninformation (§ 10a VAG a. F.) sind ohnehin bereits zum 1. Januar 2008 im Zuge der Reform des Versicherungsvertragsrechts in das VVG und die VVG-InfoV überführt worden.[2] Im VAG sind lediglich spezielle Informationspflichten im Bereich der betrieblichen Altersversorgung (§ 144 VAG) und der Krankenversicherung (§ 146 Abs. 1 Nr. 6 VAG) erhalten geblieben.

3 Im Abschnitt 1 des 2. Teils, der die §§ 8 bis 15 VAG umfasst, finden sich Vorschriften zur **Zulassung**. Außerdem werden hier Bestandsübertragungen und Umwandlungen normiert. Im Mittelpunkt stehen hinsichtlich der Zulassung die §§ 8 und 9 sowie § 11 VAG. Während die §§ 8 und 9 VAG das Erfordernis der Erlaubnis und hierzu die Vorlage eines Geschäftsplans statuieren, nennt § 11 VAG die Erlaubnisverweigerungsgründe. Die zuletzt genannte Vorschrift korrespondiert dabei mit der Generalbefugnisnorm des § 298 iVm § 294 VAG. Während diese die entscheidende Ermächtigungsgrundlage im Rahmen der laufenden Aufsicht darstellt, ist § 11 VAG grundlegend für die Zulassungsaufsicht. Beide Normen sind in materieller Hinsicht insoweit identisch, als sie die ausreichende Wahrung der Belange der Versicherten des Erstversicherers einschließlich der dauernden Erfüllbarkeit der Versicherungsverträge zum Gegenstand haben.[3]

4 **2. Normzweck.** § 8 VAG dient dem **Schutz der Versicherten**. Der Erlaubnisvorbehalt (Abs. 1) soll sicherstellen, dass Versicherungsunternehmen einer Aufsicht unterstellt sind, die ihrerseits den Versichertenschutz gewährleisten soll. Bezüglich der Rückversicherung gilt, dass deren Beaufsichtigung ebenfalls letztlich auf den Schutz der Versicherten des Erstversicherers ausgerichtet ist. Der Rechtsformzwang (Abs. 2) soll eine gewisse zusätzliche Garantie verbürgen, da nur solche Rechtsformen gewählt werden dürfen, die einen auf Dauer ausgerichteten Geschäftsbetrieb sicherstellen. Die Verankerung des Orts der Hauptverwaltung im Inland (Abs. 3) bezweckt, dem Versicherten einen Ansprechpartner in Deutschland zu sichern. Die Spartentrennungsgebote (Abs. 4) zielen auf den besonderen Schutz der Versicherten in den sensiblen Sparten der Lebens- und Krankenversicherung. Die Beschränkung der Tätigkeit eines Rückversicherers auf die Rückversicherung liegt in der Natur der Sache. Die Vorgaben zur Veröffentlichung und Information über die Erlaubniserteilung und einen möglichen Widerruf der Erlaubnis (Abs. 5) dienen der Transparenz.

5 **3. Europarechtlicher Hintergrund.** Die Vorgaben des § 8 VAG gehen im Wesentlichen zurück auf die Solva II-RL (und die entsprechenden Vorgänger-Richtlinien). Den in der Richtlinie dabei verwendeten Begriff „Zulassung" verwendet der deutsche Gesetzgeber nur in der Abschnittsüberschrift (vor § 8 VAG); er spricht ansonsten von **„Erlaubnis"**. Der Erlaubnisvorbehalt gemäß § 8 Abs. 1 VAG beruht auf Art. 14 der Solva II-RL, der Rechtsformzwang gemäß § 8 Abs. 2 VAG auf Art. 17 iVm Anhang III der Solva II-RL. Die Festlegung bezüglich des Orts der Hauptverwaltung gemäß § 8 Abs. 3 VAG resultiert aus Art. 20 der Solva II-RL.

6 Das Gebot, dass Rückversicherer gemäß § 8 Abs. 4 S. 1 VAG nur zum Betrieb der Rückversicherung zugelassen werden, rekurriert auf Art. 2 Abs. 1 UAbs. 2 der Solva II-RL. Gemeint ist hier der Fall, dass ein Unternehmen **ausschließlich** die Rückversicherung betreibt. Erst- und Rückversicherung kann allerdings – davon unberührt – auch von einem Unternehmen gleichzeitig betrieben werden. Es gibt insofern also kein Trennungsgebot.

7 Das Spartentrennungsgebot des § 8 Abs. 4 S. 2 Hs. 1 VAG bezogen auf die **Lebensversicherung** korrespondiert mit dem europarechtlichen Gebot, keinem Unternehmen mehr die gleichzeitige Zulassung für die Lebens- und Schadenversicherung einzuräumen (Art. 73 Abs. 1 Solva II-RL). Das Mitgliedstaatenwahlrecht bezüglich vorhandener Mehrbranchenversicherer (Art. 73 Abs. 2 Solva II-RL) ist in Deutschland nicht zum Tragen gekommen.[4] Lebensversicherung ist dabei umfassend zu verstehen, schließt also Tontinen- und Kapitalisierungsgeschäfte sowie Geschäfte der Verwaltung von Versorgungseinrichtungen ein.[5] Nicht zu Eigen hat sich der europäische Gesetzgeber Forderungen zur Abschaffung des Spartentrennungsgebots für die Lebensversicherung gemacht. So war unter risikotheoretischen Gesichtspunkten die Spartentrennung aufgrund neuer Solvabilitätsmaßgaben mitunter als entbehrlich angesehen. Entgegengehalten wurde dem aber, dass Restrisiken erhalten blie-

---

[1] Vgl. hierzu den Hinweis in RegE VAG 2014 2012, 136.

[2] Vgl. § 7 VVG und §§ 1 ff. VVG-InfoV sowie Art. 7 Nr. 4 des Gesetzes zur Reform des Versicherungsvertragsrechts v. 23.11.2007, BGBl. 2631, 2669.

[3] S. zur früheren Rechtslage hierzu zunächst nur *Römer*, Der Prüfungsmaßstab bei der Mißstandsaufsicht nach § 81 VAG und der AVB-Kontrolle nach § 9 AGBG, 1996, S. 11.

[4] Zum Hintergrund vgl. *Müller* Rn. 65, 483; s. a. *Präve* ZfV 1994, 227, 228.

[5] Vgl. Gesetzesbegründung, BR-Drs. 23/94, 158.

ben.[6] Hinzu kommt, dass die Risiken der Sparten unterschiedlich ausgestaltet sind und der Gesetzgeber hieran nichts zu ändern vermag.

Das Spartentrennungsgebot für die **substitutive Krankenversicherung** gemäß § 8 Abs. 4 S. 2 Hs. 2 VAG findet keine unmittelbare Entsprechung in der Solva II-RL. Im Gegenteil, die Regelung, wonach Deutschland zur Aufrechterhaltung des Spartentrennungsgebots für die Krankenversicherung berechtigt bleiben sollte,[7] ist längst aufgehoben worden.[8] Dessen ungeachtet hat der deutsche Gesetzgeber das Gebot bereits im Zuge der Umsetzung der 3. EG-Versicherungs-Richtlinien[9] ausdrücklich normiert. Hierzu war der Gesetzgeber allerdings europarechtlich befugt, denn auch die Aufhebung der Spartentrennungsvorbehalte in der Schadenversicherung vermag nichts daran zu ändern, dass die Solva II-Richtlinie (und die entsprechende Vorgänger-Richtlinie) insofern strengere Vorschriften für inländische Versicherer (sowie Drittstaaten-Versicherer und EWR-ausländische Versicherer, die nicht der Solva II-Rl unterliegen)[10] gestattet. Mit der Zielsetzung einer gegenseitigen Anerkennung ist insofern lediglich verbunden, dass für Unternehmen aus dem EWR-Ausland, die der Solva II-RL unterliegen, es mit den Regeln des jeweiligen Sitzlandes sein Bewenden haben muss.[11] In diesem Sinne hat auch die Europäische Kommission klargestellt, dass gegen ein vom Anwendungsbereich entsprechend eingeschränktes Gebot nichts einzuwenden ist.[12] 8

Für **andere Versicherungssparten** bestehen auf europäischer Ebene und daher auch in Deutschland keine Spartentrennungsgebote mehr. Die vormaligen Gebote für die Rechtsschutz-, Kredit- und Kautionsversicherung mussten aufgrund europarechtlicher Vorgaben aufgehoben worden. Für die Kredit- und Kautionsversicherung[13] bestehen keinerlei diesbezüglichen Vorgaben mehr. Für die Rechtsschutzversicherung gibt es allerdings anderweitige Maßgaben.[14] 9

Die Vorgaben zur **Veröffentlichung** gemäß § 8 Abs. 5 S. 1 VAG gehen schließlich zurück auf Art. 31 der Solva II-RL. Wenngleich dort ausdrücklich Informationen über die Erteilung und den Widerruf der Erlaubnis nicht genannt sind, ist es nachvollziehbar, derartige Informationen in erweiternder Auslegung hierzu zu zählen. Die Vorgabe eines einheitlichen Informationsmediums ergibt sich dabei aus Art. 31 Abs. 2 UAbs. 3 der Richtlinie. Die Meldung an EIOPA lässt sich mit Art. 35 der EIOPA-VO rechtfertigen. Die Information des Sicherungsfonds gemäß § 8 Abs. 5 S. 2 der Solva II-RL beruht auf rein nationaler Wertung. Da Sicherungsfonds europäisch nicht vorgegeben sind, sind dem vorhandenen Richtlinienrecht folglich auch keine Maßgaben (weder positiver noch negativer Art) zu entnehmen. 10

II. Erlaubnisvorbehalt (Abs. 1). Mit dem Erlaubnisvorbehalt von § 8 Abs. 1 VAG soll sichergestellt werden, dass die für den Betrieb des Versicherungsgeschäfts notwendigen gesetzlichen Vorgaben eingehalten werden und dies vorab behördlich geprüft wird. Die Regelung entspricht § 5 Abs. 1 und § 119 Abs. 1 VAG a. F. Liegen keine Gründe vor, die einer Erlaubnis entgegenstehen (§ 11 VAG), besteht ein **Rechtsanspruch auf Erlaubniserteilung**. Die Erlaubnis, die regelmäßig frühestens ex nunc wirkt und schriftlich erteilt wird, stellt einen begünstigenden Verwaltungsakt dar. Die Schriftform ist allerdings, anders als für die Bankaufsicht (§ 32 Abs. 1 S. 1 KWG), gesetzlich nicht vorgegeben. Daher kommt gemäß § 37 Abs. 2 VwVfG theoretisch auch eine Erlaubniserteilung in anderer Weise, namentlich elektronisch oder mündlich, in Betracht. Praktisch relevant ist dies allerdings bisher nicht geworden. Für den Versicherer dürfte zudem regelmäßig wegen der Bedeutung der Erlaubnis ein berechtigtes Interesse an einer schriftlichen Bestätigung bestehen, die er gemäß § 37 Abs. 2 S. 2 und 3 VwVfG auch unverzüglich verlangen darf. Die schriftliche Erlaubnis muss die BaFin als erteilende Behörde erkennen lassen und, sofern die Erlaubnis nicht mit Hilfe automatischer Einrichtungen erteilt wird, die nach § 37 Abs. 3 S. 1 VwVfG maßgebliche Unterschrift bzw. Namenswiedergabe enthalten. 11

Der Betrieb des Versicherungsgeschäfts ohne die erforderliche Erlaubnis ist strafbar (§ 331 Abs. 1 Nr. 1, Abs. 3 VAG). Die **zivilrechtliche Wirksamkeit** derartiger Versicherungsverträge bleibt hiervon grundsätzlich unberührt, denn § 8 Abs. 1 VAG dient dem öffentlichen Interesse (§ 294 Abs. 8 VAG, § 4 Abs. 4 FinDAG). Damit wird freilich zugleich dem Interesse desjenigen Versicherungsnehmers Rechnung getragen, der an dem Vertrag festhalten will.[15] Der Versicherungsnehmer, der hieran nicht 12

---

[6] *Beringer*, Das Spartentrennungsprinzip der Lebensversicherung:nach Umsetzung von Solvency II noch zeitgemäß?, 2007, S. 228.

[7] Art. 7 Abs. 2 lit. c der 1. EG-Schadenversicherungs-Richtlinie.

[8] Vgl. Art. 5 und 25. Erwägungsgrund der 3. EG-Schadenversicherungs-Richtlinie.

[9] Vgl. Art. 1 Abs. 2 Nr. 5 lit. b bb) des Gesetzes v. 21.7.1994, BGBl. I 1630.

[10] Vgl. § 67 Abs. 3 bzw. § 65 Abs. 2 iVm § 67 Abs. 3 VAG.

[11] Folgerichtig findet das Gebot für diese Versicherer keine Anwendung, vgl. § 62 Abs. 1 S. 2 VAG.

[12] Antwort der Kommission auf eine schriftliche Anfrage, ABl.EG Nr. C 242 v. 21.9.1992, 14; *Reiter*, Möglichkeiten zum Ausbau der sozialrechtlichen Qualitätskontrolle des die gesetzliche Krankenversicherung substituierenden privaten Krankenversicherungsschutzes im Hinblick auf die Liberalisierung des europäischen Versicherungsmarktes, 1993, S. 53; *ders.* VW 1991, 763, 765; *Rolfs*, Das Versicherungsprinzip im Sozialversicherungsrecht, 2000, S. 42; *Präve* ZfV 1994, 227, 228; s. a. Gesetzesbegründung, BR-Drs. 23/94, 159.

[13] Vgl. Art. 1 Nr. 2 der Richtlinie 87/343/EWG, ABl.EG Nr. L 185 v. 22.6.1987, 72.

[14] Vgl. die Erläuterungen zu § 164 VAG.

[15] *Armbrüster/Schilbach* r+s 2016, 109, 115 m. w. N.

(mehr) interessiert ist, kann den Vertrag mit Erfolg nach § 119 Abs. 2 BGB wegen Irrtums über eine verkehrswesentliche Eigenschaft anfechten.[16] Zudem ist § 8 Abs. 1 VAG Schutzgesetz i. S. v. § 823 Abs. 2 BGB.[17] Schließlich kann die Aufsichtsbehörde die unverzügliche Abwicklung der Geschäfte nach § 308 Abs. 1 VAG verlangen, was auch privatrechtsgestaltende Wirkung hat. Dabei sind entgegenstehende Interessen der Versicherungsnehmer an Einhaltung der getroffenen Abreden zu berücksichtigen. In einem solchen Fall bedarf es demzufolge überragender öffentlicher Interessen, um eine entsprechende Abwicklungsanordnung zu rechtfertigen.[18]

Den Unternehmen steht es frei, in der Werbung sachlich auf eine Beaufsichtigung durch die BaFin hinzuweisen.[19] Für die unter Landesaufsicht stehenden Unternehmen dürfte Entsprechendes gelten.

13 § 8 Abs. 1 VAG erlangt unmittelbare Bedeutung zunächst nur für Versicherungsunternehmen mit Sitz im **Inland**.[20] Diese bedürfen zum Geschäftsbetrieb der aufsichtsbehördlichen Erlaubnis, die entweder von der BaFin (vormals: von dem BAV) oder der jeweiligen Landesaufsichtsbehörde erteilt wird (§§ 320 ff. VAG). Versicherungsunternehmen mit Sitz im EWR-Ausland benötigen hingegen keine aufsichtsbehördlichen Erlaubnis in Deutschland (§§ 61 f., § 169 VAG). Versicherungsunternehmen aus dem EWR-Ausland, die nicht der Solva II-Richtlinie unterliegen, haben allerdings eine Erlaubnis einzuholen (§ 65 Abs. 1 VAG), ebenso Versicherungsunternehmen mit Sitz außerhalb des EWR (§ 67 Abs. 1 S. 1 VAG), es sei denn es handelt sich um einen Rückversicherer im Sinne von § 67 Abs. 1 S. 2 VAG. Für Pensionsfonds ergibt sich der Erlaubnisvorbehalt aus § 236 Abs. 4 VAG.

14 **III. Zulässige Unternehmensformen (Abs. 2).** Unternehmen, die Versicherungsgeschäfte betreiben wollen, erhalten die Erlaubnis nur dann, wenn sie bestimmte Rechtsformerfordernisse erfüllen. Diese Vorgabe gilt zunächst einmal für Unternehmen mit Sitz in Deutschland. Diese müssen Aktiengesellschaften (**AG**) bzw. Europäische Gesellschaften (**SE**), Versicherungsvereine auf Gegenseitigkeit (**VVaG**) oder Körperschaften zw. Anstalten des öffentlichen Rechts sein (§ 8 Abs. 2 VAG). Das gilt auch für Unternehmen, die ausschließlich die Rückversicherung betreiben. § 8 Abs. 2 VAG fasst insofern die Vorgaben von § 7 Abs. 1 und § 120 Abs. 1 S. 1 VAG a. F. zusammen. Für Pensionsfonds ergibt sich aus § 237 Abs. 3 Nr. 1 VAG, dass die Erlaubnis nur Aktiengesellschaften bzw. Europäische Gesellschaften und Pensionsfondsvereinen auf Gegenseitigkeit erteilt werden darf.

15 Für die **Aktiengesellschaft** ist das Aktiengesetz (AktG) maßgeblich. Danach ist die Aktiengesellschaft eine Gesellschaft mit eigener Rechtspersönlichkeit, für deren Verbindlichkeit den Gläubigern nur das Gesellschaftsvermögen haftet. Die Aktiengesellschaft hat ein in Aktien zerlegtes Grundkapital (§ 1 AktG). Die mit dem Gesetz für kleine Aktiengesellschaften und zur Deregulierung des Aktienrechts v. 2. August 1994[21] vollzogenen Erleichterungen können, sofern die entsprechenden Voraussetzungen erfüllt sind, auch Versicherungs- und Pensionsfondsaktiengesellschaften zugutekommen.[22] Dabei ist zu berücksichtigen, dass das Aktiengesetz eine „kleine AG"[23] als solche nicht kennt, vielmehr hinsichtlich bestimmter Erleichterungen auf die geringe Größe der AG abstellt, namentlich darauf, ob es sich um eine börsennotierte oder eine nicht-börsennotierte Gesellschaft handelt.[24] Die mit dem genannten Gesetz zugleich eröffnete Möglichkeit einer Einpersonengesellschaft[25] spielt im Versicherungsbereich allerdings keine Rolle.

Die **Europäische Gesellschaft (SE)** ist eine Gesellschaft, deren Kapital in Aktien zerlegt ist. Jeder Aktionär haftet dabei nur bis zur Höhe des von ihm gezeichneten Kapitals. Maßgeblich sind die EU-Verordnung Nr. 2157/2001 vom 8.10.2001[26] sowie das SE-Ausführungsgesetz (SEAG).

16 Das Recht des **VVaG** ist im VAG verankert (§§ 171 ff. VAG). Der VVaG ist danach ein rechtsfähiger Verein, der mit der Zulassung zum Geschäftsbetrieb Rechtsfähigkeit erlangt (§ 171 VAG). Es wird zwischen dem großen VVaG (§§ 171–209 VAG) und dem kleineren VVaG (§ 210 VAG) unterschieden (zu Einzelheiten vgl. die Erläuterungen zu den §§ 171 ff. VAG). Für den **Pensionsfondsverein** auf Gegenseitigkeit gelten die Vorschriften des VVaG entsprechend.[27]

---

[16] Beckmann/Matusche-Beckmann/*Lorenz* § 1 Rn. 56.

[17] So *BGH* Urt. v. 11.7.2006 – VI ZR 340/04, WM 2006, 1896 = NJW-RR 2006, 1713; *BGH* Urt. v. 7.7.2015 – VI ZR 372/14 Rn. 27, 32, VersR 2015, 1385 = NJW-RR 2015, 1144; *BGH* Urt. v. 21.4.2005 – III ZR 238/03, VersR 2005, 1394 = NJW 2005, 2703 zur Parallelvorschrift von § 32 Abs. 1 S. 1 KWG.

[18] *Hess. VGH* Urt. v. 20.5.2009 – 6 A 1040/08 Rn. 52 u. 72, WM 2009, 1889 (zu § 37 KWG).

[19] BaFin-Verlautbarung VerBaFin 09/05, S. 3.

[20] Für die einer eingeschränkten Versicherungsaufsicht unterliegenden Haftpflichtversicherungseinrichtungen der Berufsgenossenschaften gilt § 8 Abs. 1 VAG in Bezug auf die genehmigungsbedürftigen Beschlüsse der Vertreterversammlung entsprechend, vgl. § 1 Abs. 4 S. 2 Hs. 2 VAG.

[21] BGBl. 1961 I.

[22] Zur Geltung für VVaG vgl. nur Präve VersR 2001, 133, 140 f.

[23] Zu deren Vorgeschichte s. nur *Hahn* DB 1994, 1659 ff.

[24] *Hüffer*, AktG, 10. Auflage, 2012, § 3 Rn. 5.

[25] Vgl. §§ 2, 42 AktG; hierzu *Claussen* WM 1996, 609 f.; *Hoffmann-Becking* ZIP 1995, 1 ff.; *Lutter* AG 1994, 429, 430 ff.; *Blanke* BB 1994, 1505, 1506 f.

[26] ABl.EU Nr. L 294 v. 10.11.2001, 1.

[27] § 237 Abs. 3 Nr. 1 Hs. 2 VAG; vgl. die Erläuterungen dort.

Anstalten und Körperschaften des öffentlichen Rechts werden durch Landesrecht bzw. staatlichen Hoheitsakt geschaffen. Sie erlangen Rechtsfähigkeit nur innerhalb des ihnen zugewiesenen Wirkungskreises.[28] Unter Anstalt ist dabei die von einem Träger öffentlicher Verwaltung zur Erfüllung einer besonderen Verwaltungsaufgabe errichtete Verwaltungseinheit von persönlichen und sachlichen Mitteln zu verstehen, wobei im Falle des Betriebs des Versicherungsgeschäfts Rechtsfähigkeit Voraussetzung ist. Körperschaft ist ein mitgliedschaftlich verfasster, vom Wechsel der Mitglieder unabhängiger und mit Hoheitsgewalt ausgestalteter Verwaltungsträger. Nach Abschaffung der Monopol- und Pflichtanstalten stehen derartige Versicherer – Zwangsanstalten sind von vornherein aus dem Anwendungsbereich des VAG ausgenommen[29] – im freien Wettbewerb mit AG und VVaG. Insofern ist auch nichts dagegen einzuwenden, dass der deutsche Gesetzgeber die korrespondierende europäische Richtlinienvorgabe bezogen auf die öffentlich-rechtlichen Wettbewerbsversicherungsunternehmen[30] dahingehend konkretisiert hat, dass hiermit Anstalten bzw. Körperschaften des öffentlichen Rechts gemeint sind. 17

Die Beschränkung der Erlaubnisfähigkeit für das Versicherungsgeschäft auf AG (einschl. SE), VVaG und Körperschaften und Anstalten des öffentlichen Rechts ist – auch unabhängig von ihrer europarechtlichen Verankerung – **verfassungsrechtlich gerechtfertigt**. Zwar greift der Gesetzgeber mit den Vorgaben in das Recht der freien unternehmensmäßigen Organisation ein, wie es durch Art. 9 Abs. 1 sowie die Art. 12, 14 GG verbürgt ist. Die Missbrauchs- und Gefahranfälligkeit anderer Unternehmensformen, namentlich der GmbH und der Personalgesellschaften, rechtfertigt allerdings deren Ausschluss.[31] Der Versicherungssektor stellt nämlich einen „besonders sensiblen Bereich" dar,[32] der Sicherheitsvorkehrungen auch in dieser Hinsicht geradezu erzwingt. Für Pensionsfonds ist die Beschränkung auf Aktiengesellschaften (einschl. SE) und Pensionsfondsvereinen auf Gegenseitigkeit aus entsprechenden Überlegungen gerechtfertigt, wobei hier zusätzlich zu beachten ist, dass für öffentlich-rechtliche Unternehmensformen kein Bedarf gesehen wird.[33] 18

Für Unternehmen mit **Sitz im EWR-Ausland**, die der Solva II-Richtlinie unterliegen, bestehen in den jeweiligen Sitzländern der Unternehmen Beschränkungen hinsichtlich der zulässigen Unternehmensformen. Diese Regelungen beruhen ebenso wie § 8 Abs. 2 VAG auf Art. 17 iVm Anhang III der Solva II-Richtlinie. Für Unternehmen mit Sitz im EWR-Ausland, die der Solva II-Richtlinie nicht unterliegen, muss die Rechtsform ebenso wie bei Versicherern mit Sitz außerhalb des EWR eine Entsprechung in den Vorgaben des § 8 Abs. 2 VAG finden. Die Rechtsformvorgaben in den einzelnen Staaten ergeben sich aus Anhang III der Solva II-Richtlinie. 19

Die Erteilung der Erlaubnis zum Geschäftsbetrieb an Versicherungsunternehmen mit **Sitz außerhalb des EWR** ist zwar nicht an bestimmte Unternehmensformen der Sitzländer gebunden. Das Unternehmen muss jedoch nach dem Recht des Sitzlandes eigene Rechtspersönlichkeit besitzen und dort ein Versicherungsunternehmen sein (§ 69 Abs. 1 Nr. 2a VAG). Zudem ist wegen der entsprechenden Anwendbarkeit von § 8 Abs. 2 VAG (§ 67 Abs. 2 S. 1 VAG) darauf abzustellen, ob das ausländische Unternehmen eine Rechtsform aufweist, die einer der nach dieser Vorschrift zulässigen Rechtsformen ähnlich ist. Soweit nicht völkerrechtliche Bindungen bestehen, entscheidet die Aufsichtsbehörde hier nach freiem Ermessen. Ein Rechtsanspruch auf Zugang zum Markt besteht in diesen Fällen nicht. 20

IV. Sitz der Hauptverwaltung (Abs. 3). Der Ort der Hauptverwaltung für Erst- und Rückversicherer muss im **Inland** gelegen sein (§ 8 Abs. 3 VAG, vormals: § 7 Abs. 1a, § 120 Abs. 1 S. 2 VAG a. F.). Für Pensionsfonds gilt diese Vorgabe entsprechend (§ 237 Abs. 3 VAG). Die genannten Unternehmen müssen danach in Umsetzung von Art. 20 der Solva II-Richtlinie sicherstellen, dass sich die Hauptverwaltung im gleichen Mitgliedstaat befindet wie ihr satzungsmäßiger Sitz. Ist dieser im Inland belegen, ergibt sich eine Erlaubnispflicht gemäß § 8 Abs. 1 VAG. Vor diesem Hintergrund beschränkt sich die Regelung von § 8 Abs. 3 VAG auf die Festlegung des Orts der Hauptverwaltung.[34] Mit Hauptverwaltung sind dabei die Geschäftsleitung und die Verwaltung gemeint.[35] Unbenommen bleibt den Unternehmen, innerhalb des Inlands für den satzungsgemäßen Sitz auch einen anderen Ort zu wählen. Die gesetzliche Vorgabe ändert auch nichts daran, dass Ausgliederungen möglich bleiben.[36] Entscheidend ist, dass die Aufsicht stets über die notwendigen Einwirkungsmöglichkeiten verfügt,[37] was bei Beachtung der für Ausgliederungen bestehenden Maßgaben sichergestellt ist. [38] 21

---

[28] *Ehlers*, in: Achterberg/Püttner (Hrsg.), Besonderes Verwaltungsrecht, Band I, 1990, Rn. 423.
[29] Vgl. § 3 VAG Rn. 7.
[30] Art. 17 iVm Anhang III Solva II-RL.
[31] *Scholz* ZversWiss 1984, 1, 29 f.
[32] *EuGH* Urt. v. 4.12.1986 – 205/84, VersR 1986, 1225 = NJW 1987, 572.
[33] Vgl. Gesetzesbegründung, BT-Drs. 14/5150, 45 f.
[34] Vgl. Gesetzesbegründung, BR-Drs. 964/96, 37; *Präve* ZfV 1996, 58, 59.
[35] Vgl. Gesetzesbegründung, BR-Drs. 964/96, 37.
[36] Vgl. Gesetzesbegründung, BR-Drs. 946/96, 37 unter Hinweis auf „untergeordnete Verwaltungstätigkeiten, wenn sie z. B. Gegenstand einer Ausgliederung sein können".
[37] *Präve* ZfV 1996, 58, 59.
[38] Vgl. hierzu die Erläuterungen zu § 32 VAG.

22 Bei § 8 Abs. 3 VAG handelt es sich um eine Vorschrift für das Zulassungsverfahren. Auch die zugrundeliegende Richtlinienvorgabe gehört zu den Bedingungen für die Aufnahme der Versicherungstätigkeit. Das bedeutet, dass Unternehmen, die für ihre Hauptverwaltung einen ausländischen Ort wählen, keine Zulassung erhalten würden.[39] Das Unternehmen muss daher jedenfalls im Inland tätig sein.[40] Die Bedeutung der Vorschrift bleibt aber nicht hierauf beschränkt. Auch im Rahmen der **laufenden Aufsicht** ist die Einhaltung dieser Vorschrift sicherzustellen. Ein Verstoß gegen diese Regelung würde zu aufsichtsbehördlichen Maßnahmen nach § 298 Abs. 1, § 304 Abs. 3 Nr. 2 VAG führen.[41] Der hiermit zwangsläufig verbundene Ausschluss für eine identitätswahrende Sitzverlegung von Versicherungsunternehmen innerhalb des EWR ist gerechtfertigt, da nur so eine effektive Aufsicht sichergestellt werden kann.[42]

23 **V. Rückversicherung, Spartentrennung (Abs. 4).** Spartentrennungsgebote bestehen für die Lebens- und die substitutive Krankenversicherung (§ 8 Abs. 4 S. 2 VAG). Zusätzlich gibt das Gesetz auf, dass Rückversicherungsunternehmen nur zum Betrieb der Rückversicherung zugelassen werden dürfen (§ 8 Abs. 4 S. 1 VAG).

24 **1. Rückversicherung (Abs. 4 S. 1).** Die Vorgabe bezüglich der Rückversicherung (§ 8 Abs. 4 S. 1 VAG) enthielt das VAG vormals nur mittelbar dadurch, dass ein spezieller Erlaubnisvorbehalt für diese Unternehmen bestanden hat (§ 119 Abs. 1 VAG a. F.) und zugleich bestimmt worden war, dass Rückversicherer nur Rückversicherungsgeschäfte und damit verbundene Geschäfte betreiben dürfen (§ 120 Abs. 1 S. 3 VAG). § 8 Abs. 4 S. 1 VAG ändert diese Rechtslage in inhaltliche Hinsicht nicht. Mit der Vorschrift wird nur festgeschrieben, was selbstverständlich ist, nämlich, dass reine Rückversicherer nur das Rückversicherungsgeschäft betreiben (dürfen). Weitere Geschäfte sind ihnen nur im Rahmen von § 15 Abs. 2 VAG gestattet. Für **Erstversicherungsunternehmen**, die auch das Rückversicherungsgeschäft betreiben, ändert sich hierdurch nichts. Diese dürfen auch weiterhin das aktive (und passive) Rückversicherungsgeschäft praktizieren.[43]

25 **2. Lebens- und Krankenversicherung (Abs. 4 S. 2).** Die Spartentrennungsgebote für die Lebens- und Krankenversicherung[44] haben Bedeutung im Erlaubnisverfahren, aber auch im Rahmen des laufenden Geschäftsbetriebs. Deren Nichtbeachtung führt im Zulassungsverfahren zwingend zur Versagung der Erlaubnis (§ 11 Abs. 1 Nr. 4 lit. a VAG). Bedeutung erlangen die Gebote aber auch im Rahmen der **laufenden Aufsicht**. Die Spartentrennung zeitigt hier mehr oder weniger zwingende Maßgaben. Ausgangspunkt ist hierbei der Sinn und Zweck der Gebote. Für die Krankenversicherung ist dabei zu beachten, dass die Spartentrennung nur für die Krankenversicherung im Sinne des § 146 Abs. 1 VAG zum Zuge kommt, also die in § 146 Abs. 3 VAG genannten Krankenversicherungen nicht erfasst.[45] Etwas Anderes würde nur gelten, wenn die zuletzt genannten Versicherungen mit Alterungsrückstellung angeboten werden. Der in § 146 Abs. 1 enthaltene Vorbehalt („vorbehaltlich des Absatzes 3") würde dann nicht greifen. Hinzu tritt der im Falle einer Kalkulation mit Alterungsrückstellung verbundene Schutzgedanke, der dem Spartentrennungsgebot zugrunde liegt.[46]

26 **a) Zweck der Spartentrennung.** Die Spartentrennungsgebote zielen auf eine **Trennung der Vermögensmassen**.[47] Hiermit soll sichergestellt werden, dass die Leistungsfähigkeit der spartengetrennt arbeitenden Unternehmen, die Versicherungen auf mathematischer Grundlage betreiben, nicht durch besondere Risiken der aleatorisch geprägten Versicherungen anderer Versicherungssparten beeinträchtigt werden (Schutz vor Gefahren anderer Sparten). Die Versicherten werden in diesem Sinne vor den genannten Gefahren geschützt.[48] Die Lebens- und Krankenversicherung können insofern auch nicht Opfer widerstreitender Interessen eines Kompositversicherers werden.[49] Vielmehr bleibt die Lebens- bzw. Krankenversicherung einziger Bezugspunkt des jeweiligen Unternehmens, das sich insofern auch wirtschaftlich stabiler und sicherer führen lässt.[50] Zudem soll sichergestellt bleiben, dass die sich aufgrund

[39] *VG Frankfurt a. M.* Beschl. v. 7.5.2004 – 9 G 6496/03 (V), ZIP 2004, 1259 zu einer parallelen Regelung für Wertpapierfirmen.

[40] *Zens*, Die Zusammenarbeit der Versicherungsaufsichtsbehörden in der Europäischen Gemeinschaft, 2005, S. 84 f.

[41] Vgl. *Präve* ZfV 1996, 58, 59 f. zur früheren Rechtslage.

[42] *Schuster/Binder* WM 2004, 1665, 1674 f. in Bezug auf Banken.

[43] Für die Lebensversicherung wird dies im VAG sogar explizit erwähnt, vgl. § 9 Abs. 3 Nr. 6 VAG.

[44] Zur geschichtliche Entwicklung der Spartentrennung vgl. *Beringer*, Das Spartentrennungsprinzip der Lebensversicherung: nach Umsetzung von Solvency II noch zeitgemäß?, 2007, S. 61 ff.

[45] So bereits zur früheren Rechtslage *Kaulbach/Schneider* VersR 2013, 1469, 1477.

[46] So ebenfalls bereits zur früheren Rechtslage *Kaulbach/Schneider* VersR 2013, 1469, 1477.

[47] *Dreher* ZVersWiss 1988, 619, 633; *Nowak* VW 1966, 1358; *Angerer* ZfV 1983, 134, 142; *Petersen*, Versicherungsunternehmensrecht, 2003, Rn. 226.

[48] Vgl. Bericht des BT-Finanzausschusses, BT-Drs. 7/3537, 3; *Braumüller*, Versicherungsaufsichtsrecht, 1999, S. 115; *Bürkle* DB 2003, 1701, 1702 f.

[49] So ausdrücklich zur Krankenversicherung *Reiter*, Möglichkeiten zum Ausbau der sozialrechtlichen Qualitätskontrolle des die gesetzliche Krankenversicherung substituierenden privaten Krankenversicherungsschutzes im Hinblick auf die Liberalisierung des europäischen Versicherungsmarktes, 1993, S. 86.

[50] *Schieber*, Die Aufsicht über Finanzkonglomerate, 1998, S. 195.

vorsorglicher Prämienkalkulation ergebenden Gewinne im Rahmen der Überschussbeteiligung an die Versicherten zurückfließen und nicht zum Ausgleich von Verlusten anderer Unternehmen dienen müssen (Schutz vor der Gefahr einer Schmälerung der Überschussbeteiligung).

Dem Gedanken des Schutzes vor **Gefahren anderer Sparten** ist zuzustimmen. Ihn hat der Gesetzgeber pointiert zur substitutiven Krankenversicherung ausgesprochen. Danach soll die substitutive Krankenversicherung „unbeeinflusst von den Gefahren anderer Versicherungssparten" arbeiten, „die im Gegensatz zu ihr nicht auf der Grundlage gesicherter und zuverlässiger Rechnungsgrundlagen betrieben werden".[51] Im Fokus stehen dabei auch die hier zu bildenden Alterungsrückstellungen.[52] Für die Lebensversicherung kann – von letzterem Aspekt abgesehen – im Kern Ähnliches postuliert werden. Deren hohe sozialpolitische Bedeutung[53] ist eindrucksvoll auch durch deren Einbeziehung in das Regelwerk einer zusätzlichen, die gesetzliche Rentenversicherung ergänzenden Altersversorgung unterstrichen worden.[54] **27**

Der Gedanke des Schutzes vor der Gefahr einer **Schmälerung der Überschussbeteiligung** ist hingegen zu kurz gegriffen. Er mag in Zeiten fehlender spezialgesetzlicher Regelungen zur Überschussbeteiligung noch eine gewisse Berechtigung gehabt haben.[55] Mittlerweile bestehen allerdings dezidierte Rechtsvorschriften, die Mindestvoraussetzungen formulieren.[56] Vertragliche Abreden haben diese Vorgaben zwingend zu beachten. Im Übrigen greift die Kontrolle der Anteilseigner, die auf die Sicherstellung der notwendigen Zuverlässigkeit zielt.[57] Soweit argumentiert wird, jedenfalls würden weitere freiwillige Überschusszuweisungen in Frage gestellt, ist zu beachten, dass die Aufsicht grundsätzlich nur die ausreichende Wahrung der Belange der Versicherten, nicht aber deren optimale Wahrung sicherzustellen hat. Was in diesem Zusammenhang als ausreichend anzusehen ist, legen die insoweit maßgeblichen Rechtsverordnungen abschließend fest. **28**

b) Anwendungskasuistik. Hierauf basierend ergibt sich im Einzelnen folgende Anwendungskasuistik. **29**

(1) Für **Unternehmensverträge**[58] unter Beteiligung von Lebens- und Krankenversicherern ergeben sich Restriktionen, die mit den Spartentrennungsgeboten in Zusammenhang stehen. Unzulässig sind **Beherrschungsverträge**, nach denen ein Lebens- oder Krankenversicherer über einen Schadenversicherer oder einen Nicht-Versicherer (auch einen Pensionsfonds) herrscht.[59] Wird ein Lebens- oder Krankenversicherer zu einem von einem Schadenversicherer beherrschten Unternehmen, was für sich genommen grundsätzlich zulässig ist, bedarf es einer Einschränkung des Weisungsrechts des herrschenden Unternehmens, um nachteilige Weisungen für das abhängige Versicherungsunternehmen zu verhindern.[60] **Gewinnabführungsverträge** bzw. Teilgewinnabführungsverträge unter Beteiligung von Lebens- und Krankenversicherern sind nicht genehmigungsfähig, wenn diese Versicherer die empfangenden Unternehmen sind. In diesem Fall träfe den Lebens- oder Krankenversicherer die Verpflichtung zum Verlustausgleich, was mit dem Spartentrennungsgebot nicht in Übereinstimmung zu bringen wäre. Bleibt die vertragliche Übereinkunft jeweils auf (spartengetrennt arbeitende) Lebens- bzw. Krankenversicherer beschränkt, greift das Gebot allerdings nicht ein. Entscheidend ist hier, dass keine Vermischung mit anderen Risiken erfolgt. **Gewinngemeinschaften** unter Beteiligung von spartengetrennt arbeitenden Versicherungsgesellschaften sind aber dann nicht genehmigungsfähig, wenn sie eine Abführung auch von solchen Gewinnen vorsehen, die aufsichtsrechtlich den Versicherungsnehmern zugewiesen sind. Eine **Eingliederung** unter Beteiligung von Lebens- bzw. Krankenversicherern ist nicht zulässig. Diese Versicherer können weder Hauptgesellschaft noch eingegliederte Gesellschaft sein. Eine Eingliederung ist aber möglich bei Unternehmen derselben Versicherungssparte.

(2) Ein generelles Verbot der **Quersubventionierung** zu Lasten der Lebens- bzw. Krankenversicherten[61] ist dem Spartentrennungsgebot allerdings nicht zu entnehmen.[62] Der Ansicht, für die Lebensversicherung, nicht aber für die Krankenversicherung bestünden derartige Beschränkungen,[63] ist nicht zu folgen, da gleichlautende Gebote für beide Sparten bestehen. Soweit argumentiert wird, die Sparten- **30**

---

[51] Gesetzesbegründung, BR-Drs. 23/94, 159.
[52] *Kaulbach/Schneider* VersR 2013, 1469, 1477.
[53] *Müller* Rn. 65; Prölss/*R. Schmidt*, 11. Aufl., § 8 Rn. 27.
[54] Vgl. § 1 Abs. 2, § 2 Abs. 2 AltZertG.
[55] Damals bereits zweifelnd *Dreher* ZVersWiss 1988, 619, 642 f. u. 653; *ders.* DB 1992, 2605, 2610 f. sowie dies verneinend *Zimmerer*, Die Ausgliederung von Betriebsteilen im Versicherungsaufsichtsrecht, 1989, S. 150 f.
[56] *Knauth* FS Kollhosser, 2004, Bd. I, S. 203, 206 u. 217.
[57] § 16 VAG; vgl. *Bormann*, Organschaftliche Verflechtungen bei Kreditinstituten und Versicherungsunternehmen, 1999, S. 75.
[58] Vgl. § 9 VAG Rn. 50 ff.
[59] *Krauel/Klie* WM 2010, 1735, 1737.
[60] *Krauel/Klie* WM 2010, 1735, 1737.
[61] S. etwa *Uleer* PKV-Publik 1992, 18, 20; *Petersen*, Versicherungsunternehmensrecht, 2003, Rn. 233 f.; Bericht der Bundesregierung, BR-Drs. 862/02, Anlage, 5, 9, 14 f.
[62] *Fehling* Liber amicorum G. Winter, 2007, S. 171, 177 FN 33.
[63] *Dreher* ZVersWiss 1996, 499, 516.

trennung solle sicherstellen, dass der erwirtschaftete Überschuss den Versicherungsnehmern erhalten bleibt,[64] ist dem nur im Ansatz zuzustimmen. Entscheidend ist die spezialgesetzliche Ausgestaltung der diesbezüglichen Mindestvoraussetzungen in der maßgeblichen Rechtsverordnung, die der Aufsicht unter dem Gesichtspunkt der ausreichenden Wahrung der Versichertenbelange eine darüber hinausgehende Einflussnahme verwehrt. So ist auch gegen **Gewinnabführungsverträge**, die dies beachten und bei denen der Lebens- bzw. Krankenversicherer das abführende Unternehmen ist, nichts Durchgreifendes einzuwenden. Der Auffassung, neben der sog. rechtlichen Spartentrennung, wie sie in § 8 Abs. 4 S. 2 VAG verankert ist, gebe es noch eine sog. wirtschaftliche Spartentrennung,[65] die den Erhalt des erwirtschafteten Überschusses für die Versicherten verbürge,[66] kann insofern nicht beigepflichtet werden.[67] Hiervon unberührt bleiben anderweitige gesetzliche Vorkehrungen bzgl. der Geschäfte unter verbundenen Unternehmen.

31 (3) Nicht nur vertragliche, sondern auch **faktische Beherrschungsverhältnisse** sind in bestimmten Konstellationen mit den Spartentrennungsgeboten unvereinbar. Im Falle eines faktischen Beherrschungsverhältnisses besteht für das herrschende Unternehmen unter bestimmten Voraussetzungen die Pflicht zu einem Nachteilsausgleich (§ 311 AktG). Diese Pflicht lässt sich mit den Spartentrennungsgeboten nicht vereinbaren, so dass Kranken- und Lebensversicherer in einem faktischen Konzern nicht Obergesellschaft sein dürfen.[68] In einem qualifiziert faktischen Konzern, also einem faktischen Konzern mit laufender und umfassender Leitungsstruktur, können Kranken- oder Lebensversicherer ebenso wenig Obergesellschaft sein.[69] Hier träfe den Lebens- oder Krankenversicherer nämlich anderenfalls eine Verlustübernahmepflicht analog § 302 AktG.

32 (4) Problematisch sind **Beteiligungen** von Lebens- und Krankenversicherungsunternehmen an Versicherungsunternehmen anderer Versicherungssparten. Wenngleich § 8a Abs. 4 VAG dem Wortlaut nach keinen Bezug zum Beteiligungserwerb herstellt,[70] widerspricht dieser dem Schutzgedanken der Vorschrift jedenfalls dann, wenn er zur Übernahme von Risiken führt, vor denen die Spartentrennungsgebote den Geschäftsbetrieb von Lebens- bzw. Krankenversicherern bewahren wollen. Dies wird zwar nicht pauschal anzunehmen sein, kann aber ebenso wenig generell in Abrede gestellt werden. Die bloße Gefahr einer moralischen Haftung[71] genügt hingegen nicht, ebenso wenig der Hinweis auf mögliche Beeinträchtigungen der Überschussbeteiligung. Sofern das Beteiligungsgeschäft aber die Trennung der haftenden Vermögensmassen in Frage stellt,[72] ist dies mit der Spartentrennung nicht zu vereinbaren. Lebensversicherer dürfen sich allerdings an anderen Lebensversicherern und Krankenversicherer an anderen Krankenversicherern beteiligen, da hiermit keine der Spartentrennung zuwiderlaufenden Risiken verbunden sind. Für Beteiligungen an Nicht-Versicherer gelten die sich aus § 15 VAG ergebenden Maßgaben.

33 (5) Bezogen auf die **Rückversicherung** gilt, dass Erstversicherungsunternehmen grundsätzlich auch das aktive (und passive) Rückversicherungsgeschäft betreiben dürfen. Allerdings gilt aufgrund der Spartentrennungsgebote, dass Versicherte in der Lebens- und in der substitutiven Krankenversicherung vor Risiken anderer Sparten zu bewahren sind. Solche Risiken können sich auch durch ein entsprechendes, aktives Rückversicherungsgeschäft realisieren. Dagegen kann auch nicht mit Erfolg eingewandt werden, dass das VAG eine Einteilung der Risiken nach Sparten für die Rückversicherung nicht vorsehe.[73] Die Restriktion ergibt sich nämlich nicht aus den Vorgaben für die Rückversicherung selber, sondern aus dem Schutzzweck der Spartentrennungsgebote.

34 **c) Folgen der Spartentrennung.** Die Spartentrennungsgebote haben maßgeblich die Bildung der vorhandenen Konzernstrukturen in der Versicherungswirtschaft bestimmt. Hintergrund ist das Spannungsverhältnis, das zwischen den Geboten und dem Bedürfnis der Versicherungsunternehmen besteht, ihre Kunden nach Möglichkeit in allen Versicherungssparten zu betreuen. Hiermit korrespondiert das Interesse der Versicherten an „Versicherungen aus einer Hand". Dieses Spannungsverhältnis ist unter Berücksichtigung der genannten Sicherungsnotwendigkeit durch die Bildung von **Versicherungsgruppen** derart gelöst, dass (gefördert durch die Aufsichtspraxis zur Spartentrennung) ein Allbranchenangebot durch den Konzern stattfindet.[74]

---

[64] *Ebers*, Die Überschussbeteiligung in der Lebensversicherung, 2001, S. 201.
[65] *Dreher* ZVersWiss 1996, 499, 516; *Petersen*, Versicherungsunternehmensrecht, 2001, Rn. 228.
[66] *Ebers*, Die Überschussbeteiligung in der Lebensversicherung, 2001, S. 201; offen gelassen hingegen von *BVerfG* Urt. v. 26.7.2005 – 1 BvR 782/94, BVerfGE 114 = VersR 2005, 1109.
[67] S. a. *Schieber*, Die Aufsicht über Finanzkonglomerate, 1998, S. 196 f.
[68] *Bormann*, Organschaftliche Verflechtungen bei Kreditinstituten und Versicherungsunternehmen, 1999, S. 99.
[69] *Bormann*, Organschaftliche Verflechtungen bei Kreditinstituten und Versicherungsunternehmen, 1999, S. 100.
[70] *Schieber*, Die Aufsicht über Finanzkonglomerate, 1998, S. 195.
[71] *Angerer* ZfV 1983, 134, 142.
[72] *Angerer* ZfV 1983, 134, 140, 142.
[73] Bähr/*Bähr/Püttgen* § 3 Rn. 30.
[74] Kritisch *Knauth* FS Kollhosser, Bd. I, S. 203, 210 u. 217 f. und offenbar auch *Brachmann* VW 2004, 1072; zur aktuariellen Sicht *Balleer* FS Helten, 2004, S. 37, 44 ff.

d) Geltungsumfang. Die Vorgabe bezüglich der Rückversicherung und die Spartentrennungsgebote für die Lebens- und die substitutive Krankenversicherung (§ 8 Abs. 4 S. 2 VAG) gelten für inländische Versicherer (auch hinsichtlich deren Geschäft im EWR-Ausland)[75] sowie für Versicherer mit Sitz außerhalb des EWR (§ 67 Abs. 2 S. 1 u. Abs. 3 VAG). Ferner gelten sie für EWR-ausländische Versicherer, die nicht der Solva II-Richtlinie unterliegen (§ 65 Abs. 2 iVm § 67 Abs. 2 u. 3 VAG). Hingegen finden die Gebote gegenüber EWR-ausländischen Versicherern, die der Solva II-Richtlinie unterliegen, **keine Anwendung** (vgl. § 62 Abs. 1 S. 2 VAG). Infolge des insoweit maßgeblichen Sitzlandprinzips richtet sich die Zulässigkeit einer Mehrbranchentätigkeit (im Rahmen der Vorgaben des Art. 73 Abs. 1 der Solva II-Richtlinie) nach dem jeweiligen ausländischen Recht (für die ausschließlich national geprägten Pensionsfonds gibt es keine vergleichbare Problematik). 35

Für den Versicherungsnehmer ergibt sich hieraus im Ergebnis ein unterschiedliches Schutzniveau,[76] für den Versicherer kommt es zu dem, was schlagwortartig mit Inländerdiskriminierung bezeichnet wird. Die Wertung, ob in den einzelnen Staaten wenigstens ein gleichwertiges Schutzniveau gegeben ist, ist von vielen Umständen abhängig, so dass die Reduzierung auf das Spartentrennungsgebot für sich genommen naturgemäß nicht trägt. Die Inländerdiskriminierung kann wiederum auch als Maßnahme der Qualitätssicherung gewertet werden.[77] **Verfassungsrechtlich** ist gegen sie jedenfalls nichts einzuwenden. Die unterschiedliche rechtliche Ausgestaltung ist vielmehr Folge der europarechtlich vorgegebenen Zuständigkeitsverteilung. Dem deutschen Gesetzgeber steht insofern von vornherein nur eine beschränkte Kompetenz zu. In einem System der Sitzlandkontrolle reicht der Schutz des Versicherten demzufolge soweit, wie er – abgesehen von einem harmonisierten Kernbereich – von dem jeweiligen Sitzland definiert wird. Art. 3 GG greift insofern schon deshalb nicht, weil der zugrundeliegende Sachverhalt nicht an einem einheitlichen Maßstab gemessen werden kann.[78] Damit liegt auch ein sich aus der Natur der Sache ergebender Grund für mögliche Differenzierungen im Sinne der Rechtsprechung des BVerfG[79] vor. 36

Dabei hat der Gesetzgeber bezogen auf die Krankenversicherung die Geltung des Gebots auf die substitutive Krankenversicherung beschränkt.[80] Für die übrige nach Art der Lebensversicherung betriebene Krankenversicherung greift das Gebot hingegen nicht ein. Auch der Rekurs auf § 147 VAG, der eine weitgehend entsprechende Geltung von § 146 Abs. 1 VAG für die nicht substitutive, nach Art der Lebensversicherung betriebene Krankenversicherung vorsieht, hilft nicht weiter, da § 8 Abs. 4 S. 2 Hs. 2 VAG ausschließlich auf § 146 Abs. 1 VAG und eben nicht ergänzend auch auf § 147 VAG verweist. Im Übrigen gebietet der Schutzzweck der Norm eine entsprechende Beschränkung, da nur die Versicherung, die den gesetzlichen Versicherungsschutz ersetzt, Vorkehrungen der genannten Art erforderlich macht.[81] 37

VI. Veröffentlichung, Information (Abs. 5). Die Erlaubnis und der Widerruf der Erlaubnis sind von der Aufsicht zu veröffentlichen und EIOPA zu melden (§ 8 Abs. 5 S. 1 VAG). Die Veröffentlichung erfolgt unter Anknüpfung an Art. 31 der Solva II-Richtlinie zentral, d. h. sie soll unter einer einzigen elektronischen Adresse abrufbar sein (§ 318 Abs. 3 VAG). Damit wird dem Informationsbedürfnis der Öffentlichkeit entsprochen. Die Unterrichtung von **EIOPA** ist vor dem Hintergrund der Zuständigkeit von EIOPA in bestimmten Ausnahmefällen zu sehen, in denen ein unmittelbares Einschreiten von EIOPA in Betracht kommen kann.[82] Schließlich dient die Information an den Sicherungsfonds (§ 8 Abs. 5 S. 2 VAG) dessen rechtzeitiger Einbindung, namentlich um diesem Klarheit über den Kreis der ihm gegenüber verpflichteten Unternehmen – etwa in Bezug auf die Finanzierungs- (§ 226 VAG) und die sonstigen Mitwirkungspflichten (§ 228 VAG) – zu schaffen. In diesem Sinne verpflichtet sind die in § 221 VAG genannten Lebensversicherer mit Ausnahme der Pensions-[83] und Sterbekassen sowie die Krankenversicherer, vorausgesetzt die genannten Unternehmen haben im Inland oder in einem Drittstaat ihren Sitz. 38

Antrag

9 (1) **Mit dem Antrag auf Erlaubnis ist der Geschäftsplan einzureichen; er hat den Zweck und die Einrichtung des Unternehmens, das Gebiet des beabsichtigten Geschäftsbetriebs**

[75] Vgl. *Zens*, Die Zusammenarbeit der Versicherungsaufsichtsbehörden in der Europäischen Gemeinschaft, 2005, S. 111 f.
[76] Vgl. *Hetmeier* VW 1991, 1191, 1198.
[77] *Jannott* VW 1993, 748, 751; *Greisler* VW 1992, 782, 786.
[78] Im Ergebnis ebenso *Reiter*, Möglichkeiten zum Ausbau der sozialrechtlichen Qualitätskontrolle des die gesetzliche Krankenversicherung substituierenden privaten Krankenversicherungsschutzes im Hinblick auf die Liberalisierung des europäischen Versicherungsmarktes, 1993, S. 109; *ders.* VW 1991, 763, 765 f.
[79] S. nur *BVerfG* DB 2002, 557 m. w. N.
[80] Siehe auch die seinerzeit maßgebliche Gesetzesbegründung, BR-Drs. 23/94, 159.
[81] Vgl. Gesetzesbegründung, BR-Drs. 23/94, 159.
[82] Vgl. Art. 17 Abs. 6, Art. 18 Abs. 4, Art. 19 Abs. 4, Art. 35 Abs. 6 EIOPA-VO.
[83] Pensionskassen können allerdings gemäß § 221 Abs. 2 VAG betroffen sein, wenn sie freiwillig einem Sicherungsfonds beigetreten sind.

sowie die Verhältnisse darzulegen, aus denen sich die künftigen Verpflichtungen des Unternehmens als dauernd erfüllbar ergeben sollen.

(2) **Als Bestandteil des Geschäftsplans sind einzureichen:**
1. die Satzung, soweit sie sich nicht auf allgemeine Versicherungsbedingungen bezieht;
2. Angaben darüber, welche Versicherungssparten betrieben und welche Risiken einer Versicherungssparte gedeckt werden sollen; bei Unternehmen, die ausschließlich die Rückversicherung betreiben wollen, stattdessen Angaben darüber, welche Risiken im Wege der Rückversicherung gedeckt werden sollen, und über die Arten von Rückversicherungsverträgen, die das Rückversicherungsunternehmen mit den Vorversicherern zu schließen beabsichtigt;
3. die Grundzüge der Rückversicherung und Retrozession;
4. Angaben über die Basiseigenmittelbestandteile, die die absolute Grenze der Mindestkapitalanforderung bedecken sollen sowie
5. eine Schätzung der für den Aufbau der Verwaltung und des Vertreternetzes erforderlichen Aufwendungen; das Unternehmen hat nachzuweisen, dass die dafür erforderlichen Mittel (Organisationsfonds) zur Verfügung stehen; wenn die Erlaubnis zum Geschäftsbetrieb der in der Anlage 1 Nummer 18 genannten Versicherungssparte beantragt wird, Angaben über die Mittel, über die das Unternehmen verfügt, um die zugesagte Beistandsleistung zu erfüllen.

(3) **Zusätzlich hat das Versicherungsunternehmen als Bestandteil des Geschäftsplans für die ersten drei Geschäftsjahre vorzulegen:**
1. eine Plan-Bilanz und eine Plan-Gewinn-und-Verlustrechnung;
2. Schätzungen der künftigen Solvabilitätskapitalanforderung auf der Grundlage der in Nummer 1 genannten Plan-Bilanz und Plan-Gewinn-und-Verlustrechnung sowie die Berechnungsmethode, aus der sich die Schätzungen ableiten;
3. Schätzungen der künftigen Mindestkapitalanforderung auf der Grundlage der in Nummer 1 genannten Plan-Bilanz und Plan-Gewinn-und-Verlustrechnung sowie die Berechnungsmethode, aus der sich die Schätzungen ableiten;
4. Schätzungen der finanziellen Mittel, die voraussichtlich zur Bedeckung der versicherungstechnischen Rückstellungen sowie der Einhaltung der Mindestkapitalanforderung und der Solvabilitätskapitalanforderung zur Verfügung stehen;
5. für Nichtlebensversicherungen und Rückversicherungen
a) eine Übersicht über die voraussichtlichen Verwaltungskosten, insbesondere die laufenden Gemeinkosten und Provisionen, ohne die Aufwendungen für den Aufbau der Verwaltung,
b) eine Übersicht über die voraussichtlichen Beitragsaufkommen und die voraussichtliche Schadenbelastung sowie
6. für Lebensversicherungen einen Plan, aus dem die Schätzungen der Einnahmen und Ausgaben bei Erstversicherungsgeschäften wie auch im aktiven und passiven Rückversicherungsgeschäft im Einzelnen hervorgehen.

(4) **Zusätzlich sind einzureichen:**
1. Angaben über Art und Umfang der Geschäftsorganisation einschließlich
a) der Angaben, die für die Beurteilung der in § 24 genannten Voraussetzungen wesentlich sind; dies gilt für Geschäftsleiter, andere Personen, die das Unternehmen tatsächlich leiten, die Mitglieder des Aufsichtsrats, den Verantwortlichen Aktuar sowie für die weiteren Personen, die für andere Schlüsselaufgaben verantwortlich sind,
b) der Angaben zu Unternehmensverträgen der in den §§ 291 und 292 des Aktiengesetzes bezeichneten Art und
c) der Angaben zu Verträgen über die Ausgliederung wichtiger Funktionen oder Tätigkeiten;
2. sofern an dem Versicherungsunternehmen bedeutende Beteiligungen gehalten werden,
a) die Angabe der Inhaber und der Höhe der Beteiligungen,
b) Angaben zu den Tatsachen, die für die Beurteilung der in § 16 genannten Anforderungen erforderlich sind,
c) sofern die Inhaber der bedeutenden Beteiligungen Jahresabschlüsse aufzustellen haben: die Jahresabschlüsse der letzten drei Geschäftsjahre nebst Prüfungsberichten von unabhängigen Abschlussprüfern, sofern solche zu erstellen sind, und
d) sofern diese Inhaber einem Konzern angehören: die Angabe der Konzernstruktur und, sofern solche Abschlüsse aufzustellen sind, die konsolidierten Konzernabschlüsse der letzten drei Geschäftsjahre nebst Prüfungsberichten von unabhängigen Abschlussprü-

fern, sofern solche Prüfungsberichte zu erstellen sind und der Herausgabe an den Antragsteller nach deutschem Recht keine Hindernisse entgegenstehen;

3. Angaben zu den Tatsachen, die auf eine enge Verbindung zwischen dem Versicherungsunternehmen und anderen natürlichen Personen oder Unternehmen hinweisen;

4. für Pflichtversicherungen die allgemeinen Versicherungsbedingungen;

5. für die Krankenversicherung im Sinne des § 146 Absatz 1

a) die Grundsätze für die Berechnung der Prämien und der versicherungstechnischen Rückstellungen im Sinne der §§ 341e bis 341h des Handelsgesetzbuchs einschließlich der verwendeten Rechnungsgrundlagen, mathematischen Formeln, kalkulatorischen Herleitungen und statistischen Nachweise und

b) die allgemeinen Versicherungsbedingungen sowie

6. bei Deckung der in der Anlage 1 Nummer 10 Buchstabe a genannten Risiken die Angabe von Namen und Anschriften der gemäß § 163 zu bestellenden Schadenregulierungsbeauftragten.

(5) [1] **Außer bei Anträgen auf Erteilung der Erlaubnis zum Betrieb von Versicherungsgeschäften als Sterbekasse oder als eine der in § 1 Absatz 4 genannten Einrichtungen hat die Aufsichtsbehörde vor Erteilung der Erlaubnis die zuständigen Stellen der anderen Mitglied- oder Vertragsstaaten anzuhören, wenn das Unternehmen**

1. Tochter- oder Schwesterunternehmen eines Versicherungsunternehmens, eines CRR-Kreditinstituts im Sinne des § 1 Absatz 3d Satz 1 des Kreditwesengesetzes, eines E-Geld-Instituts im Sinne des § 1 Absatz 3d Satz 6 des Kreditwesengesetzes oder eines Wertpapierhandelsunternehmens im Sinne des § 1 Absatz 3d Satz 4 des Kreditwesengesetzes ist und wenn das Mutterunternehmen oder das andere Schwesterunternehmen bereits in einem anderen Mitglied- oder Vertragsstaat zugelassen ist oder

2. durch dieselben natürlichen Personen oder Unternehmen kontrolliert wird, die ein Versicherungsunternehmen, CRR-Kreditinstitut, E-Geld-Institut oder Wertpapierhandelsunternehmen mit Sitz in einem anderen Mitglied- oder Vertragsstaat kontrollieren.

[2] **Zuständig sind die Behörden der Mitglied- oder Vertragsstaaten, in denen das Mutterunternehmen, das Schwesterunternehmen oder das kontrollierende Unternehmen seine Hauptniederlassung hat oder die kontrollierenden Personen ihren gewöhnlichen Aufenthalt haben.** [3] **Schwesterunternehmen im Sinne des Satzes 1 Nummer 1 sind Unternehmen, die ein gemeinsames Mutterunternehmen haben.** [4] **Die Anhörung erstreckt sich insbesondere auf die Angaben, die für die Beurteilung der Zuverlässigkeit und fachlichen Eignung der in § 24 genannten Personen sowie für die Beurteilung der Zuverlässigkeit der Inhaber einer bedeutenden Beteiligung an Unternehmen derselben Gruppe im Sinne des Satzes 1 mit Sitz in dem betreffenden Mitglied- oder Vertragsstaat erforderlich sind sowie auf die Angaben zu den Eigenmitteln.**

Übersicht

Schrifttum: *Barton*, Funktionsausgliederungsverträge im Versicherungsunternehmen, 2010; *Bormann*, Organschaftliche Verflechtungen bei Kreditinstituten und Versicherungsunternehmen, 1999; *Fuchs*, Zivilrechtliche (Bindungs-) Wirkung „Geschäftsplanmäßiger Erklärungern" vor und nach dem Dritten Gesetz zur Durchführung versicherungsrechtlicher Richtlinien des Rates der Europäischen Gemeinschaften, 2005; *Görg*, Der VVaG-Gleichordnungskonzern und seine Umstrukturierung in einen VVaG-Unterordnungskonzern, 2003; *Golz*, Ausgewählte Fragen der Umsetzung der dritten Versicherungsrichtlinien, 1993; *Grossfeld*, Der Versicherungsverein auf Gegenseitigkeit im System der Unternehmensformen, 1985; *Hirschmann*, Anteilseignerkontrolle im Versicherungs- und Kreditwirtschaftsrecht, 2000; *Hohlfeld*, Auswirkungen der Deregulierung aus aufsichtsbehördlicher Sicht, 1996; *Horak*, Outsourcing bei Versicherungsunternehmen, 2011; *Kagelmacher*, Dienstleistungsverträge und Funktionsausgliederungen im Versicherungsaufsichtsrecht, 1989; *Martiensen*, Fusionen von Versicherungsvereinen auf Gegenseitigkeit, 2006; *Müller-Wiedenhorn*, Versicherungsvereine auf Gegenseitigkeit im Unternehmensverbund, 1993; *Neumann*, Die Aufsicht über Finanzkonglomerate, 1998; *Schaaf*, Risikomanagement und Compliance in Versicherungsunternehmen – aufsichtsrechtliche Anforderungen und Organverantwortung, 2010; *Schieber*, Die Aufsicht über Finanzkonglomerate, 1998; *Zimmerer*, Die Ausgliederung von Betriebsteilen im Versicherungsaufsichtsrecht, 1989; *Zischka*, Bundesversicherungsaufsichtsamt, 1997.

1 **I. Allgemeines. 1. Entstehungsgeschichte.** § 9 VAG entspricht § 5 Abs. 2 bis 5, § 119 Abs. 2 und 3 sowie § 5a VAG a. F., versehen allerdings mit teils deutlichen **Modifikationen**. Diese beruhen ausweislich der maßgeblichen Gesetzesbegründung insbesondere auf einer Angleichung an die maßgeblichen europäischen Richtlinienbestimmungen.[1] Dazu zählt auch die vom Gesetzgeber nunmehr vorgenommene Zusammenfassung der bisher getrennt normierten Vorgaben für die Erst- und Rückversicherung, denn § 9 VAG gilt für beide.[2] Hiervon abgesehen hat der Gesetzgeber nunmehr die frühere Verordnungsermächtigung gemäß § 5 Abs. 6 VAG a. F. gestrichen, von der – ungeachtet entsprechender Anläufe[3] und ungeachtet einer Parallelregelung im Bankensektor[4] – kein wirksamer Gebrauch gemacht worden war.

2 Im Einzelnen ergeben sich – unter Berücksichtigung des eben Gesagten – gegenüber dem früheren Recht folgende grobe **Entsprechungen**:
– § 9 Abs. 1 VAG korrespondiert mit § 5 Abs. 2 und § 119 Abs. 2 VAG a. F.,
– § 9 Abs. 2 VAG mit § 5 Abs. 3 und § 119 Abs. 2 VAG a. F.,
– § 9 Abs. 3 VAG mit § 5 Abs. 4 S. 3 und 4 sowie § 119 Abs. 3 S. 3 und 4 VAG a. F.,
– § 9 Abs. 4 VAG mit § 5 Abs. 5 und § 119 Abs. 2 VAG a. F.,
– § 9 Abs. 5 mit § 5a VAG a. F.

Hinzu treten noch folgende Spezialnormen:
– § 9 Abs. 2 Nr. 3 VAG korrespondiert mit § 5 Abs. 5 Nr. 2 und § 119 Abs. 2 Nr. 7 VAG a. F.,
– § 9 Abs. 2 Nr. 4 VAG mit § 5 Abs. 4 S. 1 und 2 sowie § 119 Abs. 3 S. 1 und 2 VAG a. F.,
– § 9 Abs. 4 Nr. 5 VAG mit § 5 Abs. 5 Nr. 3 u. 4 sowie § 119 Abs. 2 VAG a. F.
– § 9 Abs. 4 Nr. 1 lit. c VAG mit § 5 Abs. 3 Nr. 4 und § 119 Abs. 2 Nr. 6 VAG a. F.,
– § 9 Abs. 4 Nr. 2 VAG mit § 5 Abs. 5 Nr. 6 und § 119 Abs. 2 S. 1 Nr. 10 VAG a. F.,
– § 9 Abs. 4 Nr. 1 lit. b mit § 5 Abs. 3 Nr. 3 und § 119 Abs. 2 Nr. 5 VAG a. F.,
– § 9 Abs. 4 Nr. 1 lit. c mit § 5 Abs. 3 Nr. 4 und § 119 Abs. 2 Nr. 6 VAG a. F.[5]

3 **2. Normzweck.** § 9 Abs. 1 bis 4 VAG dient der Sicherstellung der Unterlagen, die die Aufsicht zur Entscheidung über die Erlaubniserteilung benötigt. Dabei ist zwischen zusätzlich genehmigungsbedürftigen Unterlagen, zusammengefasst im sog. **Geschäftsplan** (§ 9 Abs. 2 u. 3 VAG), und sonstigen Unterlagen (§ 9 Abs. 4 VAG) zu unterscheiden. Hintergrund dieser Differenzierung ist die besondere Bedeutung der zuerst genannten Unterlagen. § 9 Abs. 5 VAG stellt in bestimmten Fallkonstellationen die notwendige Einbindung EWR-ausländischer Aufsichtsbehörden sicher.

4 **3. Europarechtlicher Hintergrund.** § 9 VAG beruht auf Art. 18, 23 und 26 der **Solva II-RL**. Für den in der Richtlinie verwendeten Begriff „Tätigkeitsplan" benutzt der deutsche Gesetzgeber dabei den Begriff „Geschäftsplan", wie er dies für Erstversicherer stets praktiziert hat.[6] Nur bei Rückversicherern hat er zuvor den europäischen Begriff „Tätigkeitsplan" verwendet.[7]

5 Geschäfts- und Tätigkeitsplan meinen eine Zusammenfassung von Unterlagen, die im Erlaubnisverfahren der Aufsicht vorzulegen sind. Im Falle einer Geschäftserweiterung bedarf es der Vorlage eines

[1] RegE VAG 2014, 235 (zu § 9).
[2] § 9 VAG gehört zu Teil 2 des Gesetzes, das Vorschriften für die Erst- und die Rückversicherung enthält.
[3] Vgl. Prölss/*Präve*, 12. Aufl., § 5 Rn. 131.
[4] Vgl. §§ 1 ff. AnzV.
[5] Auf Entsprechungen zwischen altem und neuem Recht geht auch RegE-VAG 2014, 235 f. ein, allerdings teils lückenhaft (namentlich in Bezug auf die Rückversicherung).
[6] § 5 Abs. 2 bis 4 VAG a. F.
[7] § 119 Abs. 2 VAG a. F.

entsprechend geändert Plans. Allerdings lässt sich der Geschäftsplanbegriff des VAG nicht einfach mit dem **Tätigkeitsplanbegriff** der Solva II- Richtlinie gleichsetzen. Zum einen ergibt sich aus der Richtlinie nicht zwingend, dass ein Tätigkeitsplan, wie dies das VAG für den Geschäftsplan vorsieht, genehmigungsbedürftig ist.[8] Allerdings ist auch kein Hinderungsgrund ersichtlich, ein derartiges Erfordernis national zu verankern, da die Richtlinie insofern kein entsprechendes Genehmigungsverbot wie für AVB und Tarife enthält.[9] Die besondere Herausstellung des Tätigkeitsplans in der Richtlinie legt vielmehr die Möglichkeit einer Genehmigungsbedürftigkeit besonders nahe, da anderenfalls kein Unterschied zu den übrigen Nachweisen im Rahmen der Zulassung ersichtlich ist. Zum anderen stimmen Tätigkeits- und Geschäftsplan hinsichtlich ihrer Inhalte nicht vollständig überein. So werden unterschiedliche Formulierungen verwendet, was keinen Bedenken begegnet, denn die Richtlinienumsetzung erzwingt keine wörtliche Übernahme. Die Bestandteile des Geschäftsplans gehen bezüglich der Satzung auch über die des Tätigkeitsplans hinaus. Dies ist europarechtlich aber ebenso unproblematisch, da die maßgebliche Solva II-RL eine entsprechende Öffnungsklausel enthält.[10]

Versicherungsbedingungen, Tarife und Druckstücke stellen nach Vorgabe des Richtlinienrechts[11] keine Bestandteile des Geschäftsplans dar. Das gilt allerdings nur im Anwendungsbereich der Solva II-RL, also im Grundsatz nicht für Pensions- und Sterbekassen, so dass gegen entsprechende Genehmigungserfordernisse des VAG[12] nichts einzuwenden ist.

6 **II. Antrag (Abs. 1 Hs. 1).** Das Erlaubnisverfahren setzt einen **Antrag** voraus (§ 9 Abs. 1 Hs. 1 VAG). Damit ist die Einleitung eines Verfahrens von Amts wegen grundsätzlich ausgeschlossen. Allerdings kann die Behörde bei einem schon tätigen Unternehmen, das nicht zugelassen ist, Maßnahmen nach § 298 VAG ergreifen. § 22 S. 2 Nr. 2 VwVfG, wonach die Behörde, sofern dies gesetzlich vorgesehen ist, nur auf Antrag tätig werden darf, wird insofern im VAG durch die ausdrücklich vorgesehene Möglichkeit ergänzt, auch nach § 298 VAG vorgehen zu können. § 22 VwVfG schließt eine derartige spezialgesetzliche Wertung nicht aus.[13] Zu beachten ist zudem, dass die Entscheidung, ob ein Unternehmen überhaupt der Aufsicht unterliegt, die Aufsichtsbehörde nach § 4 VAG von Amts wegen zu treffen hat.

7 Der Erlaubnisantrag ist an die nach den §§ 320 ff. VAG zuständige **Aufsichtsbehörde** zu richten und muss einen Geschäftsplan und weitere Unterlagen enthalten.[14] Der Antrag kann jederzeit zurückgenommen oder geändert werden. Er muss nicht schriftlich gestellt werden, da insofern keine entsprechende gesetzliche Vorgabe besteht. Aus dem Antrag selber muss aber zweifelsfrei erkennbar sein, dass die zur Vertretung des Unternehmens Berechtigten Urheber des Antrags sind. In der Praxis ist daher ein schriftlicher Antrag die Regel, zumal die übrigen im Erlaubnisverfahren vorzulegenden Unterlagen eine entsprechende Fixierung notwendig machen. In Betracht kommt auch die Übermittlung elektronischer Dokumente, soweit die Aufsicht hierfür einen Zugang eröffnet (§ 3a Abs. 1 VwVfG).[15] Das ist bei der BaFin mit der Bekanntgabe einer E-Mail-Anschrift geschehen (poststelle@bafin.de). Sämtliche im Erlaubnisverfahren vorzulegenden Unterlagen können daher auch auf diese Weise vorgelegt werden, sofern nur die Urheberschaft zweifelsfrei festgestellt werden kann (ggf. Signierung der Mail). Dabei ist zu berücksichtigen, dass die Identität bei E-Mails wertungsmäßig grundsätzlich keine anderen Fragen aufwirft als sie sich bei Abgabe schriftlicher Erklärungen stellen.[16] Die BaFin hat, sofern die übermittelte Unterlage zur Bearbeitung nicht geeignet ist, dies unverzüglich zu reklamieren (§ 3a Abs. 3 S. 1 VwVfG).

8 **III. Geschäftsplan. 1. Inhalt (Abs. 1 Hs. 1 und 2).** Mit dem Antrag ist der Geschäftsplan vorzulegen (§ 9 Abs. 1 Hs. 1 VAG). Der Geschäftsplan ist ein Zentralbegriff des deutschen Versicherungsaufsichtsrechts. Er stellt die **„Verfassung"** des Versicherungsunternehmens dar, wie dies *R. Schmidt*[17] einst auf den Punkt gebracht hat. Mit dem Geschäftsplan werden die für den Versicherungsbetrieb maßgeblichen Unterlagen bezeichnet, die der zusätzlichen aufsichtsbehördlichen Genehmigung bedürfen. Damit entfaltet sich über den Geschäftsplan in besonderer Weise die aufsichtsbehördliche Kontroll- und Leitfunktion. Die Inhalte des Geschäftsplans werden in § 9 Abs. 1 Hs. 2 VAG schlagwortartig mit Zweck, Einrichtung und Gebiet des Unternehmens sowie Darstellung der Erfüllbarkeit der künftigen Verpflichtungen bezeichnet. Die Konkretisierung erfolgt in den § 9 Abs. 2 und 3 VAG. Sie ist als abschließend zu verstehen. § 9 Abs. 1 Hs. 2 VAG hat insofern nur beschreibenden Charakter.

---

8 Vgl. hierzu Rn. 9 f.
9 Art. 21 Solva II-RL.
10 Art. 21 Abs. 4 Solva II-RL.
11 Art. 21 Abs. 1 UAbs. 1 Solva II-RL.
12 § 219 Abs. 3 Nr. 1, § 234 Abs. 3 Nr. 1 VAG.
13 BVerwGE 11, 18, 21; *Kopp/Ramsauer*, VwVfG, 13. Aufl., München, 2012, § 22 Rn. 35.
14 Hinweise der Aufsicht für die Zulassung von Versicherungsunternehmen enthalten auf www.bafin.de abrufbare Merkblätter.
15 Vgl. hierzu Gesetzesbegründung, BR-Drs. 343/02, 6.
16 *Mankowski* NJW 2002, 2822, 2852 u. 2827 f.
17 Prölss/*R. Schmidt*, 11. Aufl., 1996, § 5 Rn. 9.

9 Dass der Geschäftsplan seinerseits **genehmigungsbedürftig** ist, erschließt sich allerdings nicht ohne weiteres. Ausdrücklich angeordnet ist dies in § 9 VAG nicht. Auch die zugrundeliegende Vorschrift des Art. 23 der Solva II-RL verschweigt sich hierzu. Die Genehmigungsbedürftigkeit erschließt sich allerdings aus der Vorschrift des § 12 Abs. 1 und 2 VAG, derzufolge bestimmte Änderungen des Geschäftsplans einem Genehmigungsvorbehalt unterstellt werden. Es ließe sich schwer rechtfertigen, für den laufenden Geschäftsbetrieb Derartiges vorzusehen, hiervon aber im Zulassungsverfahren absehen zu wollen. Denknotwendig setzen die Genehmigungserfordernisse des § 12 Abs. 1 und 2 VAG daher eine entsprechende vorherige Genehmigung voraus. Dass § 12 VAG dies auf einige wenige Bestandteile des Geschäftsplans beschränkt, erklärt sich aus der Bedeutung dieser Geschäftsplanbestandteile. Dass ein Teil des Geschäftsplans hiervon nicht erfasst wird, steht auch mit der Art der entsprechenden Angaben in Zusammenhang, die von ihrer Natur her auf die Zulassungsphase beschränkt bleiben (wie die Schätzungen gemäß § 9 Abs. 2 Nr. 5 und Abs. 3 VAG und die Vorkehrung gemäß § 9 Abs. 2 Nr. 4 VAG). Dass vormals der Geschäftsplan eines Erstversicherers genehmigungsbedürftig war, entsprach jedenfalls einhelliger Ansicht.

10 Hätte der Gesetzgeber hieran etwas ändern wollen, hätte er dies zum Ausdruck bringen müssen. Das Festhalten an dem Begriff „Geschäftsplan“ lässt daher nur den Schluss zu, dass bewusst weiterhin eine vom **„Tätigkeitsplan“** abweichende Terminologie gewählt worden ist. Etwas anderes ergibt sich auch nicht aus dem Umstand, dass der frühere „Tätigkeitsplan“, den der Rücksicherer vorzulegen hatte, nach allgemeinem Verständnis keiner Genehmigung bedurfte,[18] denn das hat der Gesetzgeber nun dahingehend korrigiert, dass er auch für Rückversicherer die Vorlage eines „Geschäftsplans“ vorschreibt. Entscheidend bleibt zudem der besondere Stellenwert der Angaben, die der Versicherer insofern zu machen hat. Sie werden vom Gesetzgeber auch klar abgegrenzt von den übrigen Angaben im Zulassungsverfahren.[19] Diese Aufteilung würde sinnlos werden, wenn dem Geschäftsplan nicht ein anderer, nämlich der bisherige Stellenwert zugewiesen würde. Im Ergebnis ist in dem Erlaubnisvorbehalt des § 8 Abs. 1 VAG im Zusammenwirken mit § 9 Abs. 1 bis 3 VAG und unter Berücksichtigung von § 12 Abs. 1 und 2 VAG das gesonderte Genehmigungserfordernis für den Geschäftsplan enthalten.[20]

11 Die Genehmigungsbedürftigkeit des Geschäftsplans gilt somit für Erst- und **Rückversicherer** gleichermaßen. So sind auch die Rückversicherer in das allgemeine Genehmigungsverfahren einbezogen. Unterschiede gibt es partiell bezüglich der Genehmigungsbedürftigkeit von späteren Änderungen (vgl. § 12 VAG).

12 Verstöße gegen den aufsichtsbehördlich genehmigten Geschäftsplan zeitigen aufsichtsrechtliche **Folgen**. So kann die Aufsichtsbehörde namentlich nach § 298 VAG einschreiten, wenn die rechtlichen oder finanziellen Grundlagen des Geschäftsplans missachtet werden.[21] Zudem können ungenehmigte Änderungen des Geschäftsplans als Ordnungswidrigkeiten geahndet werden.[22] Zivilrechtliche Folgen treten dabei im Regelfall nicht ein.

13 Im Rahmen von § 9 VAG ist zwischen den Unterlagen zu unterscheiden, die Bestandteil des genehmigungspflichtigen Geschäftsplans sind (§ 9 Abs. 2 u. 3 VAG), und sonstigen Unterlagen, die im Erlaubnisverfahren zusätzlich einzureichen sind (§ 9 Abs. 4 VAG). Letztere ergänzen zwar den Geschäftsplan, sind aber nicht als Geschäftsplaninhalte anzusehen. Das bedeutet, dass insoweit kein Genehmigungs-, sondern nur ein Anzeigeerfordernis besteht.

14 **Geschäftsplanmäßige Erklärungen** sind ebenfalls keine Bestandteile des Geschäftsplans. Die Aufzählung der Geschäftsplanbestandteile in § 9 Abs. 2 u. 3 VAG ist abschließend zu verstehen. Vor Erlass des Dritten Durchführungsgesetzes/EWG zum VAG[23] konnten derartige Erklärungen der Versicherungsunternehmen, mit denen sich diese gegenüber der Aufsicht zu einem bestimmten Verhalten verpflichtet haben, durch entsprechende Erklärung und Genehmigung zum Bestandteil des Geschäftsplans gemacht werden.[24] Hiermit wurde erreicht, dass den Unternehmen eine einseitige Lossagung von diesen Erklärungen verunmöglicht wurde. Zu diesem Zeitpunkt waren die Bestandteile des Geschäftsplans allerdings noch nicht abschließend definiert.[25] Den Unternehmen bleibt zwar die Abgabe von ergänzenden Erklärungen zum Geschäftsplan unbenommen.[26] Diese haben für die Betreffenden aber keine bindende Wirkung mehr, da sie von der Aufsicht weder genehmigt noch genehmigend zur Kenntnis genommen werden können, um sie zu Geschäftsplanbestandteilen zu machen.[27]

[18] Bähr/*Geiger* § 22 Rn. 32.
[19] Vgl. einerseits § 9 Abs. 2 u. 3 VAG und andererseits § 9 Abs. 4 VAG.
[20] Vgl. *Präve* FS 100 Jahre Hamburger Verein, 2016, 789, 790 f.
[21] Vgl. § 294 Abs. 3 u. 4 jeweils aE VAG, wobei Absatz 4 redaktionell fehlerhaft den „Geschäftsbetrieb“ und nicht den „Geschäftsplan“ in Bezug nimmt.
[22] Vgl. § 332 Abs. 1 Nr. 1 VAG.
[23] BGBl. 1994 I 1630.
[24] Sog. geschäftsplanmäßige Erklärungen; grundlegend und zusammenfassend hierzu *Glauber* VersR 1993, 12 f. mwN.
[25] Vgl. Gesetzesbegründung, BR-Drs. 23/94, 141.
[26] BAV-Verlautbarung VerBAV 1994, 286, 287.
[27] *Hohlfeld*, Auswirkungen der Deregulierung aus aufsichtsbehördlicher Sicht, 1996, S. 30; *Golz*, Ausgewählte Fragen der Umsetzung der dritten Versicherungsrichtlinien, 1993, S. 8–10; *Zischka*, Bundesversicherungsaufsichtsamt, 1997, Rn. 265; *Präve* ZfV 1994, 168, 176.

Das bedeutet allerdings nicht, dass die Inhalte ehemaliger geschäftsplanmäßiger Erklärungen automatisch obsolet geworden sind. Zum einen können sich für den **Altbestand** nach wie vor unmittelbare Bindungen ergeben, etwa in der Lebensversicherung, wo die genehmigten Geschäftspläne aufgrund ausdrücklicher gesetzlicher Anordnung weitergelten.[28] Aber auch in anderen Versicherungssparten ist von einer andauernden Bindung beim Altbestand auszugehen,[29] solange Unternehmen und Aufsicht nicht eine anderweitige Verfahrensweise getroffen haben.[30] Die Gesetzesänderung im Zuge des Dritten Durchführungsgesetzes entfaltete nämlich nur Wirkung für die Zukunft. Zum anderen besteht eine inhaltliche Bindung auch darüber hinaus für den Neubestand, sofern sich die in den Erklärungen niedergelegten Grundsätze zwingend aus gesetzlichen Regelungen, etwa dem VAG und dem VVG, ergeben. Allerdings steht dann keine Geschäftsplanbindung mehr im Raum, sondern eine unmittelbare Gesetzesbindung.[31] 15

2. Einzelne Bestandteile des Geschäftsplans (Abs. 2 u. 3). Bestandteile des Geschäftsplans sind die Satzung des Unternehmens (a), Angaben über Versicherungssparten und –risiken (b), die Grundzüge der Rückversicherung (c), Angaben über Basiseigenmittelbestandteile (d), den Organisationsfonds (e), Angaben über Mittel für Beistandsleistungen (f) und Planrechnungen sowie Schätzungen zur künftigen Finanzausstattung (g). Dass die Bestandteile des Geschäftsplans zwei unterschiedlichen Absätzen des § 9 VAG zu entnehmen sind, ändert nichts an deren Gleichrangigkeit, was bereits der Wortlaut („als Bestandteil des Geschäftsplans") klarstellt. Der Gesetzgeber ist insoweit erkennbar der Regelung des Art. 23 der **Solva II-RL** gefolgt, die die Vorgaben ebenfalls in zwei Absätzen verankert hat. Der einzige Unterschied liegt darin, dass § 9 Abs. 3 VAG diejenigen Angaben mit Schätzcharakter für die ersten drei Geschäftsjahre (ausschließlich mit Bezug zur finanziellen Ausstattung des Unternehmens) enthält, während § 9 Abs. 2 VAG bis auf eine Ausnahme Angaben ohne Schätzcharakter zum Gegenstand hat. 16

a) Satzung (Abs. 2 Nr. 1). Zu den Bestandteilen des Geschäftsplans gehört die **Satzung** (§ 9 Abs. 2 Nr. 1 VAG), also die Verfassung des Unternehmens.[32] Das gilt für alle Unternehmensformen, also auch für öffentlich-rechtliche Unternehmen. In Verbindung mit § 12 Abs. 1 VAG sind grundsätzlich auch Satzungsänderungen während des laufenden Geschäftsbetriebs genehmigungspflichtig. Hiervon sind jedoch zwei Ausnahmen zu machen: Von vornherein nicht zum Geschäftsplan gehören AVB-Inhalte (§ 9 Abs. 2 Nr. 1 Hs. 2 VAG). Ferner sind Satzungsänderungen, die eine Kapitalerhöhung zum Gegenstand haben, nur anzeige- und nicht auch genehmigungspflichtig (§ 12 Abs. 1 S. 3 VAG). 17

Mit dem Ausschluss von **AVB-Inhalten** aus der Genehmigungspflicht hat der deutsche Gesetzgeber der europarechtlich vorgegebenen Abschaffung der Bedingungsgenehmigung Rechnung getragen, wenngleich die Sonderregelung zur Zulässigkeit von Satzungsgenehmigungen[33] auch eine anderweitige Festlegung gerechtfertigt hätte.[34] Bedeutung erlangt der Ausschluss bei VVaG und öffentlich-rechtlichen Versicherungsunternehmen, bei denen AVB auch in der Satzung enthalten sein können.[35] Das gilt namentlich auch für AVB-Änderungsvorbehalte (§ 197 Abs. 3 S. 2 VAG), die insofern einen Doppelcharakter besitzen, als sie sowohl das vereins- als auch das versicherungsrechtliche Verhältnis betreffen.[36] Die aufsichtsrechtliche Wertung, wonach derartige Bestimmungen nicht zum Geschäftsplan zu zählen sind, verunmöglicht der Aufsicht, entsprechende Bestimmungen noch zu genehmigen.[37] Alleine die vereinsrechtliche Komponente derartiger Bestimmungen kann aufgrund der klaren gesetzlichen Vorgabe keine anderweitige Verfahrensweise rechtfertigen. Der Gesetzgeber hat sich dabei von der Vorstellung leiten lassen, Bestimmungen, die AVB-Charakter haben, generell von Genehmigungserfordernissen zu befreien. 18

Geschäftsplanänderungen, die eine **Kapitalerhöhung** zum Gegenstand haben, sind lediglich anzeigepflichtig. Der Gesetzgeber verweist darauf, dass es hier keiner Genehmigungspflicht bedarf, da eine 19

[28] Vgl. § 336 VAG.

[29] Zur Sachversicherung: BAV-Verlautbarung VerBAV 1994, 356 ff.; zur Haftpflicht, Unfall- und Kraftfahrtversicherung: BAV-Verlautbarung VerBAV 1995, 119, 120 f.

[30] BAV-Verlautbarung VerBAV 1994, 286, 287; zum AGB-Charakter geschäftsplanmäßiger Erklärungen vgl. *Fuchs*, Zivilrechtliche (Bindungs-)Wirkung „Geschäftsplanmäßiger Erklärungen" vor und nach dem Dritten Gesetz zur Durchführung versicherungsrechtlicher Richtlinien des Rates der Europäischen Gemeinschaften, 2005, S. 73, 75 u. 78; *Präve*, in: von Westphalen, Vertragsrecht und AGB-Klauselwerke, 2016, Stichwort: Allgemeine Versicherungsbedingungen, Rn. 278 jeweils mwN.

[31] Vgl. BAV-Verlautbarung VerBAV 1994, 356.

[32] Zu den notwendigen Satzungsinhalten vgl. für Aktiengesellschaften § 23 Abs. 3–5 AktG, für SE Art. 46–48, 50 der Verordnung über das SE-Statut und für VVaG §§ 174, 176, 178, 179, 182–184, 192–194 VAG. Die allgemeine Bestimmung von § 9 VAG a. F. zum Satzungsinhalt von Versicherungsunternehmen ist ersatzlos entfallen, vgl. RegE-VAG 2014, 229.

[33] Art. 21 Abs. 4 Solva II-RL.

[34] *Präve* ZfV 1994, 168, 173.

[35] Vgl. § 10 Abs. 2 VAG a. F.

[36] *BGH* VersR 1997, 1517, 1518 f.; *Römer*, in: Symposium der ARGE Versicherungsrecht im DAV, 2005, S. 50; *Präve*, in: von Westphalen, Vertragsrecht und Klauselwerke, 2016, Stichwort: Allgemeine Versicherungsbedingungen, Rn. 107.

[37] BAV-Verlautbarung GB BAV 1998 A S. 55.

Kapitalerhöhung die Belange der Versicherten nicht beeinträchtigen kann.[38] Dem ist beizupflichten. Soweit zusätzlich geltend gemacht wird, entsprechende Satzungsänderungen sollten daher nicht durch ein Genehmigungsverfahren „erschwert" werden, ist allerdings zu bemerken, dass nennenswerte zusätzliche Zeitverzögerungen auch in der Vergangenheit nicht eingetreten sind. Dieses Argument hat sich der Gesetzgeber auch für sonstige Genehmigungsvorbehalte mit Recht nicht zu Eigen gemacht.

20 Das Genehmigungserfordernis für Satzungen und Satzungsänderungen berechtigt die Aufsicht bei Erstversicherern auch im Rahmen von § 11 Abs. 1 Nr. 4 lit. a VAG zur Kontrolle und Einflussnahme. Sie hat also auch insofern sicherzustellen, dass die **Belange der Versicherten** ausreichend gewahrt sind, nicht mehr und nicht weniger. Der Hinweis, bestimmte Satzungsinhalte seien „unerwünscht",[39] genügt nicht. Hiermit alleine kann etwa nicht die satzungsmäßige Festschreibung einer grundsätzlichen Teilnahme des Vorstands an Sitzungen des Aufsichtsrats unterbunden werden. Entscheidend ist, dass dem insoweit maßgeblichen Gesetz (§ 109 Abs. 1 AktG) keine derartige Restriktion entnommen werden kann. Vielmehr geht das Gesetz selber davon aus, dass der Vorstand an Aufsichtsratssitzungen teilnehmen kann. Auch aus § 105 Abs. 1 AktG, der die Inkompatibilität der Mitgliedschaft in Aufsichtsrat und Vorstand betrifft, kann nichts Gegenteiliges gefolgert werden. Sofern im Ausnahmefall, etwa bei der Beratung von Schadenersatzansprüchen gegenüber dem Vorstand, unzulässige Einflussnahmen zu befürchten sind, kommt ein Ausschluss der Vorstandsmitglieder von der Aufsichtsratssitzung in Betracht, was freilich auch durch die Satzung nicht ausgeschlossen werden darf. Eine derartige Ausnahmekonstellation rechtfertigt für sich genommen aber nicht das von der Aufsicht zeitweilig intendierte generelle Verbot einer Sitzungsteilnahme.[40]

21 **b) Angaben über Versicherungssparten und -risiken (Abs. 2 Nr. 2).** Die Angaben über die zu betreibenden Versicherungssparten und -risiken (§ 9 Abs. 2 Nr. 2 **Hs. 1** VAG) rekurrieren auf Anlage 1 zum VAG. Es bedarf dabei **aussagekräftiger Produktangaben**. AVB und Tarife selber müssen hierzu nicht vorgelegt werden, Ausnahmen bestehen insofern für Sterbekassen und regulierte Pensionskassen[41] und bezogen nur auf die AVB auch für die übrigen Pensionskassen.[42] Der Rekurs auf Anlage 1 zum VAG bedarf stets dann der Konkretisierung, wenn anderenfalls offenbleiben würde, welche Risiken im Einzelnen gedeckt werden sollen. Das gilt namentlich für Risiken gemäß Anlage 1 Nr. 13 („alle sonstigen Haftpflichtfälle") und Nr. 16 lit. k („sonstige finanzielle Verluste") zum VAG. Hier erzwingt § 9 Abs. 2 Nr. 2 Hs. 1 VAG stets eine weitergehende Angabe, da anderenfalls die Aufsicht die im Genehmigungsverfahren notwendige Prüfung gar nicht vornehmen könnte. Im Übrigen haben Unternehmen, die nur einen Teilbereich der entsprechenden Sparte decken wollen, auch dies hinreichend deutlich zum Ausdruck zu bringen.[43]

22 Daran vermag sich auch nichts dadurch zu ändern, dass bereits mit Gesetz vom 21.12.2000[44] der bis dahin notwendige **Zusatz entfallen** ist, dass die Angaben über Sparten und Risiken die Mitteilung der Bezeichnung und des Gegenstandes des Versicherungsschutzes umfassen müssen.[45] Hintergrund dieses mit dem Dritten Durchführungsgesetzes/EWG zum VAG eingefügten Zusatzes war die Sicherstellung ausreichender Produktangaben. Mit der Mitteilung sollten die Unternehmen zu einer Konkretisierung der Risiken veranlasst werden.[46] In der Praxis hat diese Vorgabe zu Unklarheiten geführt. Namentlich stellte sich die Frage, ob die Mitteilung selber einen Genehmigungsbestandteil bildet[47] oder nicht.[48] Von diesen Unebenheiten in der Praxis abgesehen begegnete die zusätzliche Maßgabe auch europarechtlichen Bedenken. Derartige Mitteilungspflichten sind nämlich mit dem Europarecht nicht zu vereinbaren.[49] Die Streichung bedeutet aber keinen Verzicht auf aussagekräftige Angaben.

22a Eine Besonderheit besteht bei **Altersvorsorge-** (sog. Riesterverträgen, benannt nach dem früheren Bundesarbeitsminister) **und Basisrentenverträgen** der Lebensversicherer (sog. Rürupverträgen, benannt nach einem Gutachter), die einer Zertifizierung durch das BZSt bedürfen.[50] Derartige Verträge werden besonders steuerlich gefördert. Die Zertifizierung stellt einen Verwaltungsakt dar.[51] Als Grund-

[38] Gesetzesbegründung, BR-Drs. 23/94, 189.
[39] So BAV-Verlautbarung VerBAV 1990, 556.
[40] So noch BAV-Verlautbarung VerBAV 2002, 67; mittlerweile relativiert durch BaFin-Verlautbarung VerBaFin 2002, 248.
[41] § 219 Abs. 3 Nr. 1, § 233 Abs. 1 S. 4 VAG.
[42] § 234 Abs. 3 Nr. VAG.
[43] Vgl. Gesetzesbegründung, BT-Drs. 14/4453, 67.
[44] BGBl. I 1857.
[45] Art. 1 Nr. 3 des Gesetzes.
[46] Gesetzesbegründung, BR-Drs. 23/94, 142 f.
[47] So noch BAV-Verlautbarung VerBAV 1999, 307.
[48] So BAV-Verlautbarung VerBAV 2000, 171 und Gesetzesbegründung, BT-Drs. 14/4453, 66 f.
[49] Vgl. *EuGH* VersR 2000, 1089, 1090; *Präve* ZfV 1994, 168, 174; angedeutet auch in der Gesetzesbegründung, BR-Drs. 23/94, 66 f. Die Streichung der Maßgabe war daher allgemein begrüßt worden; vgl. *Fricke* NVersZ 2001, 97, 99; *Präve* VersR 2001, 133, 137.
[50] § 1 Abs. 3, § 2 Abs. 3, §§ 5, 5a AltZertG.
[51] Vgl. Gesetzesbegründung, BT-Drs. 14/5150, 41; *Präve* VW 2001, 796, 805.

lagenbescheid im Sinne von § 171 Abs. 10 AO[52] ist sie eine verfahrensrechtlich verselbständigte, inhaltlich vorrangige Entscheidung über Besteuerungsgrundlagen dar, die für andere Entscheidungen im Besteuerungsverfahren bindend ist.

Die **Zertifizierungsvorgabe** ist im Hinblick auf Art. 21 Abs. 1 UAbs. 1 der Solva II-RL nicht unproblematisch. Danach sind Genehmigungserfordernisse für Versicherungsbedingungen unzulässig. Aber genau diese sind Gegenstand des Zertifizierungsverfahrens. Zu sehen ist allerdings der besondere sozialpolitisch und steuerlich motivierte Hintergrund der Regelung. Altersvorsorge- und Basisrentenverträge sollen nämlich der Sicherstellung eines adäquaten Versorgungsniveaus im Zeichen sinkender Geburtenraten und einer steigenden Lebenserwartung dienen. Die Stärkung der Privatvorsorge soll zugleich ein weiteres Absinken des gesetzlichen Rentenniveaus auffangen Eine steuerliche Förderung, mit der die Privatvorsorge gestützt werden soll, kommt dabei folgerichtig nur für solche Verträge in Betracht, die gewisse Kriterien erfüllen.[53] Der Gesetzgeber begründet den Zertifizierungsbedarf demgemäß mit „der für den Einzelnen nur schwer überschaubaren Zahl von Sparformen".[54] Im Vordergrund stehen somit nicht aufsichtliche Fragestellungen, die den Kern der Regelungen der Solva II-RL bilden. Ziel der Richtlinie ist nämlich die Vollendung des europäischen Binnenmarkts vor allem mittels einer Harmonisierung aufsichtsrechtlicher Regelungen. Weder das Steuer- noch das Sozialrecht soll hierdurch vereinheitlicht werden. Vor diesem Hintergrund erscheint es als vertretbar, das Zertifizierungserfordernis nicht als Verstoß gegen die Solva II-RL zu werten.

Bei Pensionsfonds sind die maßgebenden **Pensionspläne** einzureichen, was sich aus § 237 Abs. 3 Nr. 2 VAG ergibt.[55] Bei diesen handelt es sich um die im Rahmen des Geschäftsplans ausgestalteten Bedingungen zur planmäßigen Leistungserbringung im Versorgungsfall. Sie umfassen Festlegungen zum Kreis der Versorgungsberechtigten, die Leistungsarten und -voraussetzungen, die Leistungshöhe, die Zahlweise der Leistungen, das Finanzierungsverfahren, die Berechnungsgrundsätze und die Kapitalanlage. 23

Versicherer, die ausschließlich die **Rückversicherung** betreiben, haben Angaben über Risiken und Arten der beabsichtigten Verträge zu machen (§ 9 Abs. 2 Nr. 2 **Hs. 2** VAG). Auch hier gilt, dass die Angaben so beschaffen sein müssen, dass sie der Aufsicht ein Bild von der Tätigkeit vermitteln. Nötig ist der Ausweis der Versicherungssparten (Anlage 1 zum VAG), für die Rückversicherung angeboten werden soll, ggf. mit entsprechenden Einschränkungen. Insofern gilt nichts wesentlich Anderes als für Erstversicherer, die ebenso Angaben über die Risiken zu erstatten haben. Darüber hinaus ist vom Rückversicherer anzugeben, ob eine proportionale Rückversicherung (Summenrückversicherung)[56] oder/und eine nicht proportionale Rückversicherung (Schadenrückversicherung)[57] erfolgen soll. 24

c) Grundzüge der Rückversicherung (Abs. 2 Nr. 3). Der Erstversicherer hat Angaben über Grundzüge der beabsichtigten Rückversicherung zu machen, der Rückversicherer über Grundzüge der Retrozession, also der Rückversicherung des Rückversicherers[58] (§ 9 Abs. 2 Nr. 3 VAG). Die Angaben müssen so aussagekräftig sein, dass sich die Aufsicht ein Bild von dem geplanten Rückversicherungsschutz[59] bzw. der geplanten Retrozession verschaffen kann. Wichtig ist insbesondere, in welchem Umfang Risiken vom Erst- bzw. vom Rückversicherer abgegeben werden. Der Erstversicherer hat hierzu auch den ausgewählten **Rückversicherer** zu **benennen**. Entsprechendes gilt für den Rückversicherer im Falle der Retrozession. Die Dokumentation dieser Prüfung muss dabei ebensowenig vorgelegt werden wie die Rückversicherungs- bzw. Retrozessionsverträge selber.[60] Anders als nach dem früheren Recht[61] sind die Angaben Bestandteil des genehmigungsbedürftigen Geschäftsplans. Sie sind zudem bezüglich ihres Wortlauts an die Solva II-RL angeglichen worden.[62] 25

d) Angaben über Basiseigenmittelbestandteile (Abs. 2 Nr. 4). Anzugeben sind die Basiseigenmittelbestandteile, die die absolute Grenze der **Mindestkapitalanforderung** bedecken sollen (§ 9 Abs. 2 Nr. 4 VAG). Gemeint sind damit der Überschuss sowie die nachrangigen Verbindlichkeiten im Sinne von § 89 Abs. 3 VAG. Die Grenze der Mindestkapitalanforderung folgt aus § 122 VAG und der auf dieser Vorschrift fußenden Rechtsverordnung. Für das Zulassungsverfahren bedeutet dies zunächst, dass so viele Basiseigenmittel vorhanden sein müssen, dass die Versicherten keinem unannehmbaren Risikoniveau ausgesetzt sind, so wie dies in der erwähnten Rechtsverordnung konkretisiert wird. Es 26

---

52 Vgl. § 82 Abs. 1 S. 2 EStG.
53 *Becker* JZ 2004, 846, 849.
54 Gesetzesbegründung BT-Drs. 14/5150, 38 f.
55 Vgl. Gesetzesbegründung, BT-Drs. 14/5150, 45.
56 *Cannawurf/Schwepcke*, in: Lüer/Schwepcke, Rückversicherungsrecht, 2013, § 8 Rn. 271 f.
57 *Cannawurf/Schwepcke*, in: Lüer/Schwepcke, Rückversicherungsrecht, 2013, § 8 Rn. 273 f.
58 *Cannawurf/Schwepcke*, in: Lüer/Schwepcke, Rückversicherungsrecht, 2013, § 8 Rn. 3 u. 7.
59 Zu Anforderungen bzgl. der Rückversicherung von Pensionskassen vgl BaFin-Verlautbarung VerBaFin 04/04, 3 f.
60 Anders noch zum alten Recht *Radunski*, in: H. Müller/Golz/Washausen-Richte/Trommeshauser, 100 Jahre materielle Versicherungsaufsicht, 2001, S. 317, 323.
61 § 5 Abs. 5 Nr. 2, § 119 Abs. 2 S. 2 Nr. 7 VAG a. F.
62 RegE-VAG 2014, 236 (zu § 9 Abs. 2).

genügt m. a. W. zu diesem Zeitpunkt die Einhaltung der Mindestkapitalanforderung. Nach Aufnahme des Geschäftsbetriebs muss das Unternehmen dann aber hierüber hinausgehend über anrechnungsfähige Eigenmittel in Höhe der Solvabilitätskapitalanforderung verfügen (§ 89 Abs. 1 S. 1, § 96 f. VAG).[63] Für kleine Versicherungsunternehmen im Sinne von § 211 VAG sind korrespondierende Angaben über die Eigenmittelbestandteile zu machen (§ 212 Abs. 3 Nr. 1 VAG).

27 **e) Organisationsfonds (Abs. 2 Nr. 5 Hs. 1 u. 2).** Einzureichen ist ferner eine Schätzung der für den Aufbau der Verwaltung und des Vertreternetzes erforderlichen Aufwendungen und der Nachweis eines Organisationsfonds (§ 9 Abs. 2 Nr. 5 HS 1 u. 2 VAG) Die Vorschrift erfordert ausführliche Darlegungen. Der Organisationsfonds stellt bei Versicherungsaktiengesellschaften eine **offene Rücklage**,[64] bei VVaG einen Teil des Gründungsstocks dar.[65] Bei der Gründung einer AG wird der Organisationsfonds regelmäßig aus Mitteln aufgebracht, die von den Aktionären neben der Einlage auf die Aktien unter ausdrücklichem Verzicht auf Rückzahlung, Tilgung und Gewinnbeteiligung eingezahlt werden müssen. Die Zweckbindung („Aufbau der Verwaltung und des Vertreternetzes") hat zur Folge, dass dann, wenn der Zweck im konkreten Fall erreicht ist, von der Aufsichtsbehörde eine Neubildung bzw. Auffüllung nicht verlangt werden kann. Das neu gegründete Versicherungsunternehmen soll insofern eine „verlorene Starthilfe" erhalten. Weil bei fast allen Versicherern auch nach der Phase des Unternehmensaufbaus Perioden des besonderen Mittelbedarfs für den Ausbau des Außen- und Innendienstes auftreten, wird die Zweckbindung im Regelfall eine Rückgabe der Mittel des Organisationsfonds (z. B. an die Aktionäre) ausschließen, so dass sich auch eine vorherige Vereinbarung zur Rückgabe erübrigen dürfte.

28 Allerdings ist im Regelfall nicht nur ein Organisationsfonds zu stellen, sondern die Gründer haben sich auch zu verpflichten, mögliche **Fehlbeträge** des neuen Versicherers in den ersten Geschäftsjahren auszugleichen. Soweit der Gründer ein anderes Versicherungsunternehmen ist, erscheint dies im Hinblick auf das sich aus § 15 VAG ergebende Verbot harter Patronatserklärungen[66] als nicht völlig unproblematisch. Die zeitliche Limitierung sowie die Versicherteninteressen bei dem neuen Unternehmen streiten allerdings für diese Verfahrensweise. Zudem ist von vornherein auf eine ausreichende Dotierung des Organisationsfonds zu achten, so dass die Gefahr einer Inanspruchnahme aus der Verpflichtungserklärung als eher gering einzustufen ist.

Anders als nach dem früheren Recht[67] sind die Angaben gemäß § 9 Abs. 2 Nr. 5 HS 1 u. 2 VAG Bestandteil des genehmigungsbedürftigen Geschäftsplans.

29 **f) Angaben über Mittel für Beistandsleistungen (Abs. 2 Nr. 5 HS 3).** Für die in Anlage Teil A Nr. 18 genannte Sparte sind auch Angaben über die Mittel zu machen, über die das Unternehmen zur Erfüllung der zugesagten **Beistandsleistungen** verfügt (§ 9 Abs. 2 Nr. 5 Hs. 3 VAG). Diese Vorgabe betrifft nur Erstversicherer. Anders als nach früherem Recht[68] sind die Angaben gemäß § 9 Abs. 2 Nr. 5 Hs. 3 VAG Bestandteil des genehmigungsbedürftigen Geschäftsplans.

30 **g) Planrechnungen und Schätzungen (Abs. 3).** Um die finanzielle Situation des Unternehmens beurteilen zu können, sind für **die ersten drei Geschäftsjahre** bestimmte Planrechnungen und Schätzungen vorzulegen (§ 9 Abs. 3 VAG). Die Vorgaben sind Folge der mit der Umsetzung der Solva II-RL verbundenen grundsätzlichen Neuausrichtung der Solvabilitätsanforderungen.[69] Lediglich die Vorgabe des § 9 Abs. 3 Nr. 1, 5 u. 6 VAG findet eine gewisse Entsprechung im früheren Recht.[70] Die genannten Angaben sind verständlicherweise mit großen Unsicherheiten behaftet, da sie Prognosecharakter haben. Der erkennbare Sinn der diesbezüglichen aufsichtsrechtlichen Erfordernisse ist die Sicherstellung einer ausreichenden finanziellen Grundlage für den angestrebten Geschäftsbetrieb. Den Unsicherheiten kann daher nur durch eine generalisierende Betrachtungsweise Rechnung getragen werden.

31 **aa) Planrechnungen (Abs. 3 Nr. 1).** Gefordert ist gemäß § 9 Abs. 3 Nr. 1 VAG unter Anknüpfung an die Solva II-RL eine **Bilanzprognose**.[71] Mit der Plan-Bilanz-[72] und Plan-Gewinn-und-Verlustrechung ist dabei im Kern nichts wesentlich Anderes gemeint, was im früheren Gesetzestext[73] mit Schätzungen über Aufwendungen, Beiträge und die Liquiditätslage bezeichnet worden ist.[74] Diese Anforderungen haben damit einen unmittelbaren Berührungspunkt mit dem Erfordernis, eine gesonderte Schät-

[63] Vgl. RegE VAG 2014 S. 236 (zu § 9 Abs. 2 VAG).
[64] *Mudrack/Suppes*, Erstes Durchführungsgesetz/EWG zum VAG, 1976, S. 21.
[65] § 178 Abs. 1 S. 1 VAG.
[66] Vgl. § 15 VAG Rn 26.
[67] § 5 Abs. 5 Nr. 3, § 119 Abs. 2 S. 2 Nr. 8 VAG a. F.
[68] § 5 Abs. 5 Nr. 4 VAG a. F.
[69] Grundlegend *Dreher* ZVersWiss 2012, 381, 383 ff.
[70] § 5 Abs. 4 S. 3 u. 4, § 119 Abs. 3 S. 3 u. 4 VAG a. F.
[71] So die Begrifflichkeit in Art. 23 Abs. 2 lit. a der Solva II-RL, auf die der Gesetzgeber in der Begründung ausdrücklich Bezug nimmt, vgl. RegE-VAG 2014 S. 236 (zu § 9 Abs. 3 VAG).
[72] Hinter dem Wort „Bilanz" fehlt im Gesetzestext ein Bindestrich.
[73] §§ 5 Abs. 4 S. 3 u. 4 sowie § 119 Abs. 3 S. 3 u. 4 VAG a. F.
[74] Auf § 5 Abs. 4 S. 3 und 4 VAG a. F. verweist auch RegE-VAG, S. 236 (zu § 9 Abs. 3 VAG).

zung der Aufwendungen für den Aufbau der Verwaltung und des Vertreternetzes vorzunehmen und hierfür einen Organisationsfonds zur Verfügung zu stellen (§ 9 Abs. 2 Nr. 5 Hs. 1 u. 2 VAG).

bb) Solvabilitätskapitalanforderung (Abs. 3 Nr. 2). Da das Unternehmen den Geschäftsbetrieb im Zulassungsverfahren noch nicht aufgenommen hat, ist es nicht möglich, die Solvabilitätskapitalanforderung gemäß §§ 96, 97 VAG zu ermitteln und im Detail zu berechnen. Daher genügt es gemäß § 9 Abs. 3 Nr. 2 VAG zu diesem Zeitpunkt lediglich entsprechende **Schätzungen** vorzunehmen.[75] Diese fußen auf den Planrechnungen gemäß § 9 Abs. 3 Nr. 1 VAG. Für die Aufsicht müssen die Schätzungen nachvollziehbar sein, weshalb auch die entsprechende Berechnungsmethode offenzulegen ist. 32

cc) Mindestkapitalanforderung (Abs. 3 Nr. 3). Für die Mindestkapitalanforderung im Sinne von § 122 VAG iVm der auf sie fußenden Rechtsverordnung gilt das zur Solvabilitätskapitalanforderung Gesagte entsprechend (vgl. vorherige Rn.), was sich aus § 9 Abs. 3 Nr. 3 VAG ergibt. 33

dd) Finanzielle Mittel (Abs. 3 Nr. 4). Ferner bedarf es gemäß § 9 Abs. 3 Nr. 4 VAG einer **Schätzung** der finanziellen Mittel zur Bedeckung der versicherungstechnischen Rückstellungen[76] sowie zur Einhaltung der Solvabilitätskapital- (§§ 96, 97 VAG) und der Mindestkapitalanforderung (§ 122 VAG iVm der korrespondierenden Rechtsverordnung). 34

ee) Kosten- und Beitragsschätzungen (Abs. 5 u. 6). Schließlich fordert das Gesetz bestimmte Kosten- und Beitragsschätzungen. Dabei wird zwischen der Nichtlebens- und Rückversicherung auf der einen Seite (§ 9 Abs. 3 Nr. 5 VAG) und der Lebensversicherung auf der anderen Seite (§ 9 Abs. 3 Nr. 6 VAG) differenziert. Zur Nichtlebensversicherung (**Abs. 5 lit. a**) gehören die Schaden- und Unfall- sowie die Krankenversicherung. Nötig sind hier Einschätzungen zu den voraussichtlichen Verwaltungskosten, allerdings ohne die Kosten für den Aufbau der Verwaltung. Diesbezügliche Schätzungen sind bereits gemäß § 9 Abs. 2 Nr. 5 VAG geschuldet. Das Gesetz nennt beispielhaft laufende Gemeinkosten und Aufwendungen für Provisionen. Gemeint sind letztlich aber sämtliche Verwaltungskosten mit Ausnahme der erwähnten Aufbaukosten. Darüber hinaus soll das Beitragsaufkommen und die Schadenbelastung abgeschätzt werden (**Abs. 5 lit. b**). Für Lebensversicherungen sind Schätzungen zu den Einnahmen und Ausgaben zu machen, korrespondierend für das aktive und passive Rückversicherungsgeschäft (**Abs. 6**). Eine Spezifizierung etwa in Bezug auf die Kosten ist – anders als für die Nichtlebens- und Rückversicherung – merkwürdigerweise (auch gemäß Art. 23 Abs. 2 lit. f der Solva II-RL) nicht verlangt. Zu beachten ist, dass für Versicherer, die ausschließlich das Rückversicherungsgeschäft betreiben, die Vorgaben des § 9 Abs. 5 und nicht die des § 9 Abs. 6 VAG einschlägig sind. Zu sehen ist darüber hinaus der Kontext zur Vorgabe des § 9 Abs. 3 Nr. 1 VAG, die bereits ähnliche Einschätzungen erzwingt. Festzuhalten ist daher, dass Doppelangaben nicht gemacht werden müssen, also insoweit auf die Angaben im Rahmen der Planrechnungen Bezug genommen werden kann. 35

IV. Sonstige Unterlagen (Abs. 4). Im Zulassungsverfahren hat der Versicherer nicht nur einen Geschäftsplan einzureichen, sondern auch **weitere Unterlagen**, die abschließend § 9 Abs. 4 VAG nennt. Zu ihnen zählen Angaben über Art und Umfang der Geschäftsorganisation (Nr. 1), bedeutende Beteiligungen (Nr. 2), enge Unternehmensverbindungen (Nr. 3), die AVB der Pflichtversicherungen (Nr. 4), Berechnungsgrundsätze und AVB für die Krankenversicherung (Nr. 5) sowie Angaben über den Schadenregulierungsbeauftragten. 36

1. Angaben über Art und Umfang der Geschäftsorganisation (Abs. 4 Nr. 1). Ein Kernelement des VAG sind umfassende Vorgaben für die Geschäftsorganisation, wie sie die §§ 23 ff. des Gesetzes enthalten. Das frühere Recht enthielt bereits einzelne diesbezügliche Vorgaben. Erst mit Umsetzung der Solva II-RL ist jedoch ein umfassender Kanon an Maßgaben für die Ausgestaltung der Geschäftsorganisation geschaffen worden. Zusammengefasst wird insofern von **Governance-Vorschriften** gesprochen,[77] wie dies – recht kusorisch unter Bezugnahme auf die Solva II-RL – auch in der maßgeblichen Gesetzesbegründung anklingt..[78] Die Governance-Vorgaben sind dabei Folge eines prinzipienbasierten Aufsichtsansatzes, mit dem die Eigenverantwortung der Unternehmen gestärkt werden sollte, wenngleich hier Zweifel bezüglich der tatsächlichen Verankerung dieses Aufsichtsansatzes im VAG verbleiben.[79] Die Governance-Vorgaben erfassen jedenfalls auch das Zulassungsverfahren, wobei die diesbezüglichen expressis verbis genannten Anforderungen überwiegend bereits im früheren Recht verankert waren. Neu ist die Erweiterung des Kreises von Personen, an die aufsichtsrechtliche Anforderungen gestellt werden (Stichwort: alle Personen mit Schlüsselaufgaben). Für Erstversicherer ist zudem 37

[75] RegE VAG 2014 S. 236 (zu § 9 Abs. 2 VAG).

[76] Zu deren Berechnung vgl. nur § 75 VAG. Für kleine Versicherungsunternehmen ist das HGB heranzuziehen, vgl. § 212 Abs. 3 Nr. 2 VAG.

[77] Grundlegend *Bürkle* WM 2012, 878, 881 ff.

[78] RegE VAG 2014 S. 228, so auch schon RegE VAG 2012 S. 135.

[79] Zur Diskussion über den Umfang der Prinzipienbasiertheit des Aufsichtsrechts s. nur *Eilert* ZVersWiss 2012, 621 ff.

auch neu, dass die Angaben zu den Unternehmensverträgen und zur Ausgliederung (vormals: Funktionsausgliederung) nicht mehr Bestandteil des genehmigungspflichtigen Geschäftsplans sind.[80]

38 **a) Darstellung des Governance-Systems.** § 9 Abs. 4 Nr. 1 VAG macht Angaben über **Art und Umfang** der Geschäftsorganisation notwendig. Eine Spezifizierung der Anforderungen erfolgt nur bezüglich der Personen mit Schlüsselaufgaben, der Unternehmensverträge und der Ausgliederung (lit. a bis c). Bereits die Wortwahl „einschließlich" legt nahe, dass es hiermit nicht sein Bewenden haben kann. Die Wortwahl („Art und Umfang") ist andererseits wenig prägnant. Anzuknüpfen ist insofern an Art. 18 Abs. 1 lit. g der Solva II-RL. Danach sind Nachweise zu erbringen, dass das Unternehmen zur Einhaltung des Governance-Systems in der Lage sein wird. Die Vorgaben für das Governance-System finden sich in den Art. 41–50 der Solva II-RL. Erfasst werden hiervon neben den auch in § 9 Abs. 4 Nr. 1 lit. a bis c VAG ausdrücklich bezeichneten Anforderungen allgemeine Maßgaben, wie sie Art. 41 der Solva II-RL und § 23 VAG enthalten. Hinzu treten Vorgaben für das Risikomanagement, die interne Kontrolle (Compliance), die interne Revision und die versicherungsmathematische Funktion, die in der von den Unternehmen zusätzlich zu beachtenden Delegierten Verordnung 2015/35 der EU-Kommission[81] weiter spezifiziert werden.[82] In der Delegierten Verordnung[83] und in § 25 VAG finden sich ferner Maßgaben zur Vergütung.

39 Vor diesem Hintergrund ist es unabweisbar, dass im Zulassungsverfahren zu der Governance insgesamt Angaben gemacht werden. Das kann in der Weise geschehen, dass eine **Übersicht** über die insofern beabsichtigten Vorkehrungen erstellt wird. Ziel sollte es sein, die Aufsicht zur Beurteilung des geplanten Governance-Systems zu befähigen. Ausformulierte interne Leitlinien, wie sie § 23 Abs. 3 VAG (basierend auf Art. 41 Abs. 3 der Solva II-RL) vorsehen, und weitere Dokumentationen müssen noch nicht vorliegen. Umgekehrt genügt aber auch nicht eine bloße allgemeine Zusicherung, dass solche erstellt werden. Vielmehr muss plausibel gemacht werden, welche Maßnahmen im Einzelnen im Rahmen der Governance (einschl. Organisationsstruktur, Risikomanagement, Notfallplänen, Ausrichtung der Vergütung, internes Kontrollsystem und Revision, versicherungsmathematische Funktion) geplant sind. Es empfiehlt sich, zu jeder der in den §§ 23–32 VAG enthaltenen Maßgaben unter Berücksichtigung der Rechtsverordnung basierend auf § 34 VAG Stellung zu nehmen. Darüber hinaus sind die Angaben gemäß § 9 Abs. 4 Nr. 1 lit. a bis c VAG einzureichen.

40 **b) Angaben über Personen mit Schlüsselaufgaben (Abs. 4 Nr. 1 lit. a).** Gemäß § 9 Abs. 4 Nr. 1 lit. a VAG sind Angaben über Personen mit **Schlüsselaufgaben** (§ 24 VAG) zu machen. Betroffen hiervon sind der gesetzlichen Vorgabe zufolge Geschäftsleiter, andere leitende Personen, Aufsichtsratsmitglieder, der Verantwortliche Aktuar und weitere Personen mit Schlüsselaufgaben. Diese Vorgabe ist Folge der im Gesetz an anderer Stelle vorgegebenen Eignungsanforderungen für diese Personen.[84] Die Hauptregelung stellt § 24 VAG dar, einbezogen werden im Rahmen von § 9 VAG aber auch §§ 141, 156 VAG (bezogen auf den Verantwortlichen Aktuar). Das Gesetz ist allerdings in sich nicht vollständig konsistent. So sind die Qualifikationsanforderungen für Personen mit Schlüsselaufgaben, wozu auch Personen mit Leitungsaufgaben zu rechnen sind, in § 24 VAG enthalten. Nur beiläufig erwähnt werden in § 24 VAG Aufsichtsratsmitglieder, nämlich in Bezug auf Einrichtungen der betrieblichen Altersversorgung (§ 24 Abs. 1 S. 5 VAG). Die Anforderungen an den Verantwortlichen Aktuar sind wiederum nicht § 24 VAG, sondern § 141 VAG zu entnehmen. Es ist insofern offenkundig von einer Sonderregelung auszugehen, ohne dass dies in § 24 selber zum Ausdruck kommt, auf den allerdings § 9 VAG ausschließlich verweist.

41 Gravierender als diese Ungereimtheiten ist allerdings der Umstand, dass der Personenkreis, an den Qualifikations- und hierauf fußend aufsichtsrechtliche Anzeigeerfordernisse gestellt werden, **nur zum Teil** klar **bestimmt** bzw. bestimmbar ist. Das ist zwar aufgrund der ebenfalls recht unbestimmten Vorgabe des Art. 42 der Solva II-RL erklärbar, vermag aber eine ins Belieben gestellte Erweiterung dieses Personenkreises nicht zu rechtfertigen. Vielmehr obliegt es dem Gesetzgeber, die Richtlinienvorgabe in eine konkrete gesetzliche Regelung zum überführen. Zu berücksichtigen ist dabei auch die verfassungsrechtliche Relevanz. Bei den Vorgaben zur Qualifikation samt aufsichtsrechtlicher Überprüfung handelt es sich nämlich um Regelungen der Berufsausübungsfreiheit im Sinne von § 12 Abs. 1 S. 2 GG, die Vorgaben durch Gesetz oder aufgrund eines Gesetzes erzwingen. Vorliegend erfolgt im Grundsatz die Vorgabe durch das Gesetz. Dieser Vorgabe wird aber nur dann auch ausreichend entsprochen, wenn insofern dem aus dem Rechtsstaatsprinzip des Art. 20 GG folgenden Bestimmtheitsgebot[85] ausreichend Rechnung getragen wird, maW der betroffene Personenkreis bestimmt bzw. zumindest bestimmbar ist.

---

[80] Vormals § 5 Abs. 3 Nr. 3 u. 4 VAG a. F.
[81] ABl. EU 2015 L 12, 1.
[82] Art. 258 ff.
[83] Art. 275.
[84] Zur Eignung s. a. EIOPA Explanatory Text BoS-14/253 zu LL Governance, LL 14 bis 16, Ziff. 1.42 bis 1.49. Zur LL 14 Ziff. 1.47 hat die BaFin „not comply" erklärt.
[85] Vgl. zu diesen Anforderungen *Grzeszick*, in: Maunz/Dürig, GG, Bd. III, Art. 20 VII Rn. 60.

42 **aa) Eingrenzung des Personenkreises.** Zu dem Personenkreis, für den Anzeigeerfordernisse bestehen, gehören die **Geschäftsleiter** (§ 24 Abs. 2 S. 1 u. 2 VAG). Diese müssen zuverlässig und fachlich geeignet sein. Unklar ist hingegen die Einbeziehung von solchen Personen, die neben den Geschäftsleitern für das Unternehmen wesentliche Entscheidungen zu treffen haben sollen (§ 24 Abs. 2 S. 1 VAG). Diesbezüglich enthält das Gesetz keine Legaldefinition. Auch der Gesetzesbegründung lässt sich insofern nichts Konkretes entnehmen. Danach soll es sich um Personen **unterhalb der Ebene der Geschäftsleitung** handeln, die erheblichen Einfluss auf Unternehmensentscheidungen haben. Die Begründung lässt allerdings zugleich offen, ob es solche Personen überhaupt gibt und verweist auf Einzelfallentscheidungen.[86] Dies mag zwar als Ausfluss eines prinzipienbasierten Aufsichtssystems interpretiert werden, das den Unternehmen Einschätzungsspielräume belässt.[87] Gegen derartige Ausgestaltungen mag im Kern auch nichts auszusetzen sein, da gerade das Aufsichtsrecht auf generell-abstrakte Regelungen und die Verwendung unbestimmter Rechtsbegriffe angewiesen ist.[88]

43 Eine derartige Verfahrensweise hat allerdings dort eine Grenze, wo **verfassungsrechtliche Anforderungen** an die Bestimmtheit einer Norm in besonderer Weise zu beachten sind. Das ist bei Grundrechtseingriffen wie den subjektiven Zulassungsvoraussetzungen bei der Berufswahlfreiheit gegeben, die vorliegend in Rede stehen (Anknüpfung an Eigenschaften von Personen) und die den Anknüpfungspunkt für die Anzeigeerfordernisse des § 9 Abs. 4 Nr. 1 lit. a VAG bilden. Hier bedarf es als Mindestvoraussetzung jedenfalls einer klaren Festlegung des Personenkreises, damit sich dieser überhaupt auf die entsprechenden Voraussetzungen einstellen kann.[89] Hinzu kommt, dass ohnehin Geschäftsleiter die Letztverantwortung für alle wesentlichen Entscheidungen zu tragen haben, [90] so dass pauschale weitergehende Regulierungen, wie vorliegend, für eine Ebene unterhalb der Geschäftsleiterebene einer Rechtfertigung harren[91] und daher als unverhältnismäßig anzusehen sein dürften. Für das Zulassungsverfahren bedeutet dies, dass die Vorgabe für nicht näher im Gesetz bezeichnete Personen, die wesentliche Entscheidungen zu treffen haben, verfassungsrechtlich nicht haltbar ist. Das gilt – entgegen der Auffassung der BaFin – namentlich für sog Ausgliederungsbeauftragte, die weder im VAG noch in der Solva II-RL expressis verbis erwähnt werden.

44 Klärungsbedarf besteht auch in Bezug auf **Aufsichtsratsmitglieder**. Diese werden in § 9 Abs. 4 Nr. 1 lit. a und § 11 Abs. 1 Nr. 2 VAG expressis verbis erwähnt, in der Vorschrift des § 24 VAG, auf den §§ 9, 11 VAG insofern Bezug nehmen, allerdings nur am Rande.[92] Ausweislich der Gesetzesbegründung soll es sich bei ihnen um Personen mit anderen Schlüsselaufgaben handeln.[93] Auch aus der Solva II-RL lässt sich dies ableiten, da diese das „Aufsichtsorgan" ebenso im Fokus hat,[94] wenngleich es bei den Qualifikations- und Anzeigeanforderungen nicht ausdrücklich angesprochen wird. Soweit man dem folgt, fällt allerdings auf, dass auch die Qualifikationsanforderungen für Aufsichtsratsmitglieder dem VAG nur rudimentär zu entnehmen sind. Die allgemeine gesetzliche Vorgabe sieht entsprechende fachliche Kenntnisse und Erfahrungen vor, der Gesetzesbegründung zufolge soll nur auf Sachkunde abgestellt werden, wie dies in § 7a Abs. 4 VAG a. F. klar und eindeutig formuliert worden war.[95] Letzteres wäre auch sachgerecht und verhältnismäßig (§ 296 Abs. 1 VAG). Im Ergebnis wird davon auszugehen sein, dass im Zulassungsverfahren Angaben über Aufsichtsratsmitglieder zu machen sind, da zumindest §§ 9, 11 VAG insofern eindeutig sind. Ziel ist hierbei die Überprüfung der Zuverlässigkeit und Sachkunde.[96] Die Anforderungen von § 100 Abs. 5 AktG für Aktiengesellschaften, soweit sie hierüber hinausgehen, bleiben dabei unberücksichtigt, da es insoweit an einer entsprechenden Erstreckung des Aufsichtsrechtes auf das gesellschaftsrechtliche Anforderungsprofil fehlt.[97]

45 In Bezug auf den **Verantwortlichen Aktuar** enthält das Gesetz klare Vorgaben in §§ 9, 141, 156 VAG. Die bloße Bezugnahme des § 9 auf § 24 VAG ist allerdings insofern ergänzungsbedürftig, da die Qualifikationsanforderungen nicht § 24, sondern §§ 141, 156 VAG zu entnehmen sind. An dem Anzeigeerfordernis als solchem ändert dies nichts.

46 **Personen mit anderen Schlüsselaufgaben**, für die Angaben hinsichtlich ihrer Eignung zu machen sind, werden weder in § 9 Abs. 4 Nr. 1 lit. a noch in § 24 VAG näher definiert. Der Gesetzgeber übernimmt hier insofern lediglich die Begrifflichkeit des Art. 42 der Solva II-RL. Unter Anknüpfung an die Solva II-RL verweist die Gesetzesbegründung wiederum auf **vier Schlüsselfunktionen** im

---

86 RegE VAG S. 241 (zu § 24 Abs. 2 VAG).
87 *Eilert* ZVersWiss 2012, 621, 627.
88 Vgl. nur Bähr/*Schenke* § 1 Rn. 6.
89 Vgl. *Grzeszick*, in: Maunz/Dürig, GG, Bd. III, Art. 20 VII Rn. 66.
90 Vgl. hiermit korrespondierend § 76 Abs. 1 AktG, § 188 Abs. 1 S. 2 VAG.
91 Vgl. zu den Anforderungen nach Art. 12 Abs. 1 GG *Scholz*, in: Maunz/Dürig, GG, Stand: Juli 2014, Art. 12 Rn. 335 u. 341; s. a. *Hersch* VersR 2016, 145, 152.
92 Insofern bereits im Vorfeld mit Recht kritisch *Bürkle* ZVersWiss 2012, 493, 516 (Ziff. 6).
93 RegE VAG S. 240 (zu § 24 Abs. 1 VAG).
94 Art. 40 Solva II-RL.
95 RegE VAG S. 240 (zu § 24 Abs. 1 VAG); dem folgend auch BaFin-Auslegungsentscheidung vom 30.12.2015 zur Prüfung der fachlichen Eignung und Zuverlässigkeit, Rn. 41.
96 Weitergehend *Hersch* VersR 2016, 145, 153.
97 S. hierzu bezogen auf die allgemeine Missstandsaufsicht *Hersch* VersR 2017, 257, 265 f.

Unternehmen, nämlich Risikomanagement,[98] Compliance,[99] interne Revision[100] und Versicherungsmathematik.[101] Die Herausstellung dieser Funktionen in der Solva II-RL legt nahe, Schlüsselaufgaben auf diese Schlüsselfunktionen zu beziehen. Es handelt sich hier nämlich um Aufgaben, denen eine besondere Bedeutung zugeschrieben wird, was eine Schlüsselaufgabe auszeichnet. Dieses Verständnis ist im Kern auch der Gesetzesbegründung zu § 24 VAG zu entnehmen, die auf diese Funktionen Bezug nimmt.[102] Erneut erweist sich die hinreichende Bestimmtheit der Vorgabe als Problem. Immerhin sind dem VAG aber umfassende Regelungen zu den vier Funktionen zu entnehmen.[103] Diese stehen zudem im erkennbaren Zusammenhang mit § 24 VAG. Ähnlich verhält es sich mit der diesen Bestimmungen zugrundeliegenden Solva II-RL, die im Anschluss an die Vorgabe bezüglich von Schlüsselaufgaben[104] die Funktionen im Detail aufführt.[105] Vor diesem Hintergrund bestehen auch keine durchgreifenden verfassungsrechtlichen Bedenken gegen ein entsprechendes Verständnis.

47 Der Gesetzesbegründung zufolge soll der Kreis von Schlüsselaufgaben erweiterbar sein. Dies soll von den „Gegebenheiten des jeweiligen Unternehmens" abhängig[106] und Ausdruck der Prinzipienbasiertheit der Aufsicht sein.[107] Dem ist nicht zu folgen. Die von Art. 12 Abs. 1 GG geschützte Berufswahlfreiheit erfordert, wie oben bereits ausgeführt,[108] insofern hinreichend detaillierte gesetzliche Vorgaben. Ein Verweis auf unternehmenseigene Bewertungen ist hiermit unvereinbar. Es kann in diesem Zusammenhang offen bleiben, ob das Aufsichtsrecht überhaupt prinzipienbasiert angelegt ist oder nicht. Eine Grenze würde diese Prinzipienbasiertheit aber jedenfalls im grundrechtlich geschützten Bereich finden müssen. **Erweiterbar ist der Kanon** von Schlüsselfunktionen und damit auch von Schlüsselaufgaben also **nicht**. Sofern Unternehmen ihren Geschäftsbereich so einrichten sollten, dass sie den gesetzlich regulierten Schlüsselfunktionen weitere hinzufügen, ändert dies nichts daran, dass nur den vom Gesetz expressis verbis genannten Funktionen aufsichtsrechtliche Qualifikations- und dem folgend grundsätzlich auch Anzeigeanforderungen unterliegen. So gibt es namentlich keine aufsichtsrechtlich vorgegebene Funktion Recht und damit auch keine diesbezüglich begründbaren Qualifikations- und Anzeigeerfordernisse.[109]

48 Klärungsbedürftig bleibt, ob bezüglich der Schlüsselaufgaben für alle hiermit betrauten Personen ein aufsichtsrechtliches Anzeigeerfordernis besteht oder nur für die jeweils leitende Person. Der Gesetzesbegründung zufolge soll das Anzeigeerfordernis **nur** für **die jeweils leitende Person** bestehen.[110] Das findet eine Stütze im Wortlaut des § 9 Abs. 4 Nr. 1 lit. a VAG, wonach Angaben nur für Personen zu machen sind, die für Schlüsselaufgaben „verantwortlich" sind. Das deckt sich auch mit der Vorgabe des Art. 42 Abs. 2 der Solva II-RL, die ebenso auf das „Verantwortlich"-Sein (engl. „are responsible") abstellt. Schließlich wird dies von Erwägungsgrund 34 untermauert, demzufolge zwar für alle Personen, die Schlüsselfunktionen wahrnehmen, Qualifikationsanforderungen bestehen, Meldepflichten aber nur für die „Inhaber" von Schlüsselfunktionen bestehen.[111]

49 **bb) Einzureichende Unterlagen.** Die im Zulassungsverfahren notwendigen Angaben gegenüber der Aufsicht sollen diese befähigen, die **Einhaltung der Eignungsvoraussetzungen** für den fraglichen Personenkreis zu überprüfen. Entsprechende Vorgaben bestanden bereits nach früherem Recht für Geschäftsleiter, den Verantwortlichen Aktuar und Aufsichtsratsmitglieder (§§ 5 Abs. 5 Nr. 5, 7 und 9 VAG). Für Geschäftsleiter, Aufsichtsratsmitglieder und sonstige Personen mit Schlüsselfunktionen sind grundsätzlich folgende Unterlagen nötig:

- Lebenslauf,
- persönliche Erklärung mit Angaben zur Zuverlässigkeit,
- Führungszeugnis (entsprechender Nachweis bei ausländischen Staatsangehörigen),
- Auszug aus dem Gewerbezentralregister (sofern vormals eine selbständige Tätigkeit ausgeübt worden ist; entsprechende Unterlage bei ausländischen Staatsangehörigen),
- Nachweise über die Teilnahme an Fortbildungen.[112]

---

[98] Art. 44 Abs. 4, Solva II-RL.
[99] Art. 46 Abs. 1 UAbs. 2 Solva II-RL.
[100] Art. 47 Abs. 1 UAbs. 1 Solva II-RL.
[101] Art. 48 Abs. 1 Solva II-RL.
[102] RegE VAG S. 240 (zu § 24 VAG).
[103] §§ 26 f., 29–31 VAG.
[104] Art. 42 Solva II-RL.
[105] Art. 44–48 Solva II-RL.
[106] RegE VAG S. 240 (zu § 24 Abs. 1 VAG).
[107] *Eilert* ZVersWiss 2012, 621, 627.
[108] Vgl. Rn. 43.
[109] So auch *Dreher* FS E. Lorenz, 2014, 130 f.
[110] RegE VAG S. 240 (zu § 24).
[111] Siehe hierzu auch *Hersch* VersR 2016, 145, 150 f.; sowie BaFin-Rundschreiben 2/2017 (MaGo), Rn. 81.
[112] Vgl. BaFin-Verlautbarung vom 13.10.2015 zur Anzeigepflicht für verantwortliche Inhaber von Schlüsselfunktionen und verantwortliche Inhaber von anderen Schlüsselaufgaben, Ziff. V; BaFin-Auslegungsentscheidung vom 30.12.2015 zur Prüfung der fachlichen Eignung und Zuverlässigkeit, Rn. 40; BaFin-Merkblatt vom 23.11.2016 zur Anzeige von Geschäftsleitern, Mitgliedern von Verwaltungs- oder Aufsichtsorganen und Verantwortlichen Personen für Schlüsselfunktionen/Schlüsselaufgaben samt beigefügter Checkliste für die einzureichenden Unterlagen.

Bei Geschäftsleitern ist zusätzlich eine Ressortverteilung einzureichen.[113]

Sofern der Versicherungsaufsicht entsprechende Unterlagen im Rahmen einer früheren korrespondierenden Tätigkeit vorgelegt worden sind, ist eine erneute Vorlage nötig, es sei denn, die Aufsicht verzichtet hierauf.

c) Unternehmensverträge (Abs. 4 Nr. 1 lit. b). Zu den im Zulassungsverfahren einzureichenden Unterlagen gehören ferner Angaben zu Unternehmensverträgen im Sinne von §§ 291, 191 AktG. Anders als nach dem früheren Recht für Erstversicherer[114] sind sie aber nicht mehr Bestandteil des Geschäftsplans. In der Solva II-RL finden sich keine korrespondierenden Vorgaben. Die Regelung des § 9 Abs. 4 Nr. 1 lit. b VAG dient aber dem in der Richtlinie als Hauptziel herausgestellten Schutz der Versicherten[115] und ist dabei in besonderer Weise auf die Einhaltung des europarechtlich vorgegebenen Spartentrennungsgebots[116] ausgerichtet. Dabei ist zusätzlich das auch in der Solva II-RL enthaltene **präventive** Aufsichtselement zu bedenken.[117] Für Rückversicherer gilt dies in entsprechender Ableitung. Insofern bestehen europarechtlich auch keine Hinderungsgründe für derartige Vorgaben. 50

aa) Gegenstand der Vorlage. In Abweichung vom früheren Recht[118] sind „Angaben zu Unternehmensverträgen" gefordert, während zuvor die Unternehmensverträge selber vorzulegen waren. Theoretisch wäre es somit möglich, statt der Verträge deren Inhalte zu referieren, was allerdings wenig praktikabel erscheint, da – wie noch darzustellen sein wird – die Aufsicht auf das gesamte Vertragswerk angewiesen ist, um die mit dem Vorlageerfordernis bezweckte Prüfung vornehmen zu können. Darüber hinaus dürfte die Neuformulierung auch nicht überbewertet werden. Im laufenden Geschäftsbetrieb hält der Gesetzgeber nämlich an der **Vorlage dieser Verträge** bei Erstversicherern fest (hier zwecks Genehmigung). Das erfasst auch Änderungen,[119] so dass im Rückschluss dem Anzeigeerfordernis für das Zulassungsverfahren im Ergebnis kein anderes Verständnis entnommen werden kann, da eine Genehmigung von Änderungen eines bisher gar nicht vorgelegten Vertrags nicht möglich sein dürfte. Anders als für den laufenden Geschäftsbetrieb vorgesehen, erfasst die Vorlagepflicht bzgl. der Unternehmensverträge Erst- und Rückversicherer (auch bei letzteren in Anknüpfung an das frühere Recht)[120] gleichermaßen, da § 9 Abs. 4 VAG insoweit keine Einschränkungen enthält. 51

bb) Vertragsarten und -kautelen. § 9 Abs. 4 Nr. 1 lit. b VAG bezieht sich auf Unternehmensverträge im Sinne von **§§ 291, 292 AktG**. Diese Rechtsvorschriften lauten: 52

§ 291 Beherrschungsvertrag – Gewinnabführungsvertrag

(1) Unternehmensverträge sind Verträge, durch die eine Aktiengesellschaft oder Kommanditgesellschaft auf Aktien die Leitung ihrer Gesellschaft einem anderen Unternehmen unterstellt (Beherrschungsvertrag) oder sich verpflichtet, ihren ganzen Gewinn an ein anderes Unternehmen abzuführen (Gewinnabführungsvertrag). Als Vertrag über die Abführung des ganzen Gewinns gilt auch ein Vertrag, durch den eine Aktiengesellschaft oder Kommanditgesellschaft auf Aktien es übernimmt, ihr Unternehmen für Rechnung eines anderen Unternehmens zu führen.

(2) Stellen sich Unternehmen, die voneinander nicht abhängig sind, durch Vertrag unter einheitliche Leitung, ohne daß dadurch eines von ihnen von einem anderen vertragschließenden Unternehmen abhängig wird, so ist dieser Vertrag kein Beherrschungsvertrag.

(3) Leistungen der Gesellschaft auf Grund eines Beherrschungs- oder eines Gewinnabführungsvertrags gelten nicht als Verstoß gegen die §§ 57, 58 und 60.

§ 292 Andere Unternehmensverträge

(1) Unternehmensverträge sind ferner Verträge, durch die eine Aktiengesellschaft oder Kommanditgesellschaft auf Aktien

1. sich verpflichtet, ihren Gewinn oder den Gewinn einzelner ihrer Betriebe ganz oder zum Teil mit dem Gewinn anderer Unternehmen oder einzelner Betriebe anderer Unternehmen zur Aufteilung eines gemeinschaftlichen Gewinns zusammenzulegen (Gewinngemeinschaft),
2. sich verpflichtet, einen Teil ihres Gewinns oder den Gewinn einzelner ihrer Betriebe ganz oder zum Teil an einen anderen abzuführen (Teilgewinnabführungsvertrag),
3. den Betrieb ihres Unternehmens einem anderen verpachtet oder sonst überläßt (Betriebspachtvertrag, Betriebsüberlassungsvertrag).

(2) Ein Vertrag über eine Gewinnbeteiligung mit Mitgliedern von Vorstand und Aufsichtsrat oder mit einzelnen Arbeitnehmern der Gesellschaft sowie eine Abrede über eine Gewinnbeteiligung im Rahmen von Verträgen des laufenden Geschäftsverkehrs oder Lizenzverträgen ist kein Teilgewinnabführungsvertrag.

---

[113] BaFin-Auslegungsentscheidung vom 30.12.2015 zur Prüfung der fachlichen Eignung und Zuverlässigkeit, Rn. 40.
[114] § 5 Abs. 3 Nr. 3 VAG a. F.
[115] Art. 27 Solva II-RL.
[116] Art. 73 Abs. 1 RL.
[117] Art. 34 Abs. 1 Solva II-RL.
[118] § 5 Abs. 3 Nr. 3, § 119 Abs. 2 Nr. 5 VAG a. F.
[119] § 12 Abs. 1 S. 1 VAG.
[120] § 119 Abs. 2 Nr. 5 VAG a. F.

(3) Ein Betriebspacht- oder Betriebsüberlassungsvertrag und der Beschluß, durch den die Hauptversammlung dem Vertrag zugestimmt hat, sind nicht deshalb nichtig, weil der Vertrag gegen die §§ 57, 58 und 60 verstößt. Satz 1 schließt die Anfechtung des Beschlusses wegen dieses Verstoßes nicht aus.

Damit werden folgende Unternehmensverträge aufsichtsrechtlich erfasst:

(1) Beherrschungsverträge,
(2) Gewinnabführungsverträge,
(3) Teilgewinnabführungsverträge,
(4) Gewinngemeinschaften und
(5) Betriebspacht- und -überlassungsverträge.

53 Verträge, mit denen mehrere Versicherungsvereine auf Gegenseitigkeit unter einheitliche Leitung gestellt werden, werden von § 9 Abs. 4 Nr. 1 lit. b VAG nicht erfasst.[121] Auch Bestandsübertragungs- und Funktionsausgliederungsverträge stellen **keine Unternehmensverträge** in diesem Sinne dar. Für sie bestehen anderweitige aufsichtsrechtliche Vorgaben.[122] Für die Anwendung von § 9 Abs. 4 Nr. 1 lit. b VAG kommt es darauf an, dass zumindest ein Erst- bzw. ein Rückversicherungsunternehmen an dem Unternehmensvertrag beteiligt ist. Bei dem Versicherer muss es sich nicht zwingend um eine Versicherungsaktiengesellschaft handeln. Auch VVaG, öffentlich-rechtliche Versicherungsunternehmen und SE haben entsprechende Verträge vorzulegen, was der Wortlaut,[123] aber auch der Sinn und Zweck der Vorschrift gebieten, denn die Relevanz der Verträge für den Geschäftsbetrieb ist unabhängig von der jeweiligen Unternehmensform gegeben. Bei Beteiligung ausländischer Unternehmen ist darauf zu achten, dass die Wirksamkeit der Aufsicht gewahrt bleibt und vertragliche Verpflichtungen auch praktisch durchsetzbar sind.[124] Das ist jedenfalls bei Versicherern mit Sitz im EWR-Ausland, die der Solva II-RL unterliegen, stets gewährleistet.[125]

54 Die Verträge werden mit der Eintragung in das **Handelsregister** wirksam.[126] Soweit sie im Rahmen des Zulassungsverfahrens vorgelegt werden, ist allerdings nur noch bei VVaG mit dem Erfordernis der Vorlage der entsprechenden Genehmigungsurkunde beim Registergericht[127] sichergestellt, dass ohne die Erteilung der Zulassung die Verträge nicht wirksam werden können, für Aktiengesellschaft ist das korrespondierende Erfordernis[128] aus Vereinfachungsgründen[129] entfallen. Werden solche Verträge allerdings während des laufenden Geschäftsbetriebs geschlossen, besteht auch insofern kein derartiges Erfordernis.

55 In der Praxis spielen Unternehmensverträge nach § 292 AktG so gut wie keine Rolle,[130] während Beherrschungs- und Gewinnabführungsverträge nicht zuletzt aus **steuerlichen Gründen** bedeutsam sind. Im KWG gibt es keine vergleichbare Reglementierung. Die Bankenaufsicht bleibt insoweit darauf verwiesen, im Rahmen ihrer allgemeinen Missstandsaufsicht (§ 6 Abs. 3 KWG) die notwendige Kontrolle von Unternehmensverträgen zu praktizieren.[131]

Im Einzelnen ist zu den verschiedenen Unternehmensverträgen Folgendes festzuhalten:

56 (1) Ein **Beherrschungsvertrag** ist ein Vertrag, durch den sich ein Unternehmen der Leitung eines anderen unterstellt.[132] Diese Unternehmen bilden dann einen sog Vertragskonzern.[133] Ein solcher Konzern kann auch durch Eingliederung[134] konstituiert werden. Alle anderen Konzerne sind hingegen faktische Konzerne, die entweder auf einem sonstigen Unternehmensvertrag oder auf tatsächlichen Verhältnissen beruhen.[135] Für einen Beherrschungsvertrag ist entscheidend, dass der Vorstand der abhängigen Gesellschaft die Leitungsbefugnis an das herrschende Unternehmen abgibt. Diese Unterstellung findet namentlich in dem Weisungsrecht des herrschenden Unternehmens seinen Ausdruck.[136] Das Weisungsrecht muss allerdings in dem Vertrag nicht ausdrücklich festgelegt werden, es darf aber ebenso wenig ausgeschlossen sein. Entscheidend ist lediglich, dass der Vertrag die notwendige Unterstellung unter fremde Leitung vorsieht, wobei unerheblich ist, in welchem Umfang dies geschieht. Auch ein Vertrag, durch den eine Gesellschaft ihre Leitung nur hinsichtlich bestimmter Funktionen auf ein

---

[121] *Martiensen*, Fusionen von Versicherungsvereinen auf Gegenseitigkeit, 2006, S. 362.
[122] Für Bestandsübertragungsverträge: § 13 VAG; für Funktionsausgliederungsverträge: § 9 Abs. 4 Nr. 1 lit. c VAG.
[123] „Verträge der in... bezeichneten Art"; vgl. Gesetzesbegründung, BT-Drs. 9/1493, 19 f.
[124] Vgl. BAV-Verlautbarung GB BAV 1967, 34; *Dreher* ZVersWiss 1988, 619, 651 u. 652; *Bormann*, Organschaftliche Verflechtungen bei Kreditinstituten und Versicherungsunternehmen, 1999, S. 76 f.
[125] *Bormann*, Organschaftliche Verflechtungen bei Kreditinstituten und Versicherungsunternehmen, 1999, S. 76 f
[126] § 294 Abs. 2 AktG.
[127] § 186 Abs. 1 Nr. 1 VAG.
[128] § 37 Abs. 4 Nr. 5 AktG a. F.
[129] *Hüffer*, Aktiengesetz, 10. Aufl., 2012, § 37 Rn. 14.
[130] *Dreher* ZVersWiss 1988, 619, 623; *Nowak* VW 1966, 1358, 1360.
[131] Vgl. im einzelnen *Miederhoff* WM 2001, 2041, 2049 ff.
[132] § 291 Abs. 1 S. 1 Hs. 1 AktG.
[133] § 18 Abs. 1 S. 1 u. 2 AktG; vgl. *Hüffer*, Aktiengesetz, 10. Aufl., 2012, § 18 Rn. 3.
[134] Vgl. Rn. 64 f.
[135] *Hüffer*, Aktiengesetz, 10. Aufl., 2012, § 18 Rn. 3.
[136] § 308 Abs. 1 AktG.

anderes Unternehmen überträgt (sog Teilbeherrschungsvertrag), wird von § 291 AktG erfasst,[137] da der Gesetzgeber derartige Festlegungen den Parteien überlässt.

57 Wegen **§ 304 AktG** ist in dem Vertrag stets eine Bestimmung über Ausgleichsleistungen des herrschenden Unternehmens zu treffen, da anderenfalls der Vertrag nichtig ist.[138] Ob der Vertrag ansonsten einer weiteren Ausgestaltung bedarf, ist streitig, nach zutreffender Ansicht aber nicht notwendig, da eine derartige Ausgestaltungspflicht aus den aktienrechtlichen Vorschriften nicht ableitbar ist. Allerdings sind weitere vertragliche Regelungen unschädlich, solange sie nur nicht zwingenden aktienrechtlichen Bestimmungen widersprechen.[139] Der Abschluss eines Beherrschungsvertrags führt dazu, dass das herrschende Unternehmen den während der Vertragsdauer entstehenden Jahresfehlbetrag des abhängigen Unternehmens auszugleichen hat.[140] Diese Pflicht zur sog Verlustübernahme wird als Ausgleich für die Außerkraftsetzung der Kapitalerhaltungsregeln nach § 291 Abs. 3 AktG gesehen;[141] sie ist zugleich Korrelat für die umfassenden Eingriffsrechte des herrschenden Unternehmens. Die Verlustausgleichspflicht bildet den entscheidenden aufsichtsrechtlichen Anknüpfungspunkt. Mit ihr verbinden sich Haftungsrisiken, vor denen namentlich Versicherungsnehmer spartengetrennt arbeitender Unternehmen zu schützen sind.

58 (2) Mit einem **Gewinnabführungsvertrag** verpflichtet sich ein Unternehmen, seinen ganzen Gewinn an ein anderes Unternehmen abzuführen.[142] Dabei ist es zulässig, dem Vertrag rückwirkende Kraft für das Geschäftsjahr beizumessen, in dem er wirksam wird.[143] Der Gewinnabführungsvertrag muss Bestimmungen zur Ausgleichspflicht enthalten.[144] Da der Vertrag vor allem steuerlich bedeutsam ist, werden darüber hinaus regelmäßig weitere Abreden getroffen. Mit einem Gewinnabführungsvertrag lässt sich nämlich – sofern auch eine finanzielle Eingliederung gegeben ist – eine steuerliche Organschaft begründen.[145] Diese ermöglicht es, das Einkommen der Organgesellschaft dem Organträger zuzurechnen und bei ihm zusammen mit dem eigenen Einkommen zur Besteuerung heranzuziehen. Damit wird der Grundsatz der Individualbesteuerung durchbrochen[146] und es eröffnet sich namentlich die Möglichkeit der steuerlichen Nutzung ansonsten nicht abzugsfähiger Aufwendungen der jeweiligen Muttergesellschaft.[147] Dies wird allgemein nicht als Steuervergünstigung, sondern als angemessene steuerliche Folge der wirtschaftlichen Verflechtung von Konzerngesellschaften angesehen.[148] Entsprechendes gilt für eine gewerbesteuerliche Organschaft.[149]

59 Früher war stets eine organisatorische und wirtschaftliche Eingliederung Voraussetzung für die Begründung einer steuerlichen **Organschaft**,[150] was namentlich den Abschluss eines Beherrschungsvertrags bzw. eine Eingliederung nach §§ 319 ff. AktG erforderte.[151] Die finanzielle, wirtschaftliche und organisatorische Eingliederung ist jetzt nur noch für die umsatzsteuerliche Organschaft notwendig,[152] der – einem BMF-Erlass gemäß – aufsichtsrechtliche Beschränkungen wiederum nicht entgegen stehen sollen.[153] Die frühere Regelung des KStG, wonach Organschaften nicht begründet werden dürfen, wenn Organgesellschaften Lebens- oder Krankenversicherer sind,[154] ist mittlerweile wieder aufgehoben worden.[155] Sie war verfassungsrechtlich nicht haltbar.[156]

60 Ein Gewinnabführungsvertrag muss nicht zwangsläufig mit einem Beherrschungsvertrag einhergehen.[157] Wird kein Beherrschungs-, sondern nur ein Gewinnabführungsvertrag geschlossen, fehlt es allerdings an der rechtlichen Leitungsmacht. **Weisungsrechte** bestehen in diesem Fall nicht. Das empfangende Unternehmen hat allerdings wiederum Verluste des abführenden Unternehmens auszugleichen.[158] Außerdem kann eine Verpflichtung zur Kompensation von Nachteilen bestehen, die durch

---

137 *Hüffer*, Aktiengesetz, 10. Aufl., 2012, § 291 Rn. 15.
138 § 304 Abs. 3 S. 1 AktG.
139 *BGH* Urt. v. 5.4.1993 – II ZR 238/91, NJW 1993, 1976, 1977 = BeckRS 9998, 166035.
140 Vgl. § 302 Abs. 1 AktG.
141 *Hüffer*, Aktiengesetz, 10. Aufl., 2012, § 302 Rn. 3.
142 § 291 Abs. 1 S. 1 Hs. 2 AktG.
143 *BGH* Urt. v. 5.4.1993 – II ZR 238/91, NJW 1993, 1976, 1979 = BeckRS 9998, 166035.
144 § 304 AktG.
145 § 14 KStG; vgl. *Miederhoff* WM 2001, 2041, 2045; *Freshfields Bruckhaus Deringer*, Unternehmenssteuerreform, NJW-Beilage 51/2000, S. 14.
146 *Krebs* BB 2001, 2029.
147 *Miederhoff* WM 2001, 2041, 2045.
148 *Hey* FR 2001, 1279 f.
149 § 2 Abs. 2 S. 2 GewStG.
150 *Krebühl* DStR 2002, 1241, 1242.
151 Vgl. *Miederhoff* WM 2001, 2041, 2045.
152 § 2 Abs. 2 Nr. 2 UStG; vgl. *Miederhoff* WM 2001, 2041, 2046.
153 BMF-Schreiben v. 5.5.2014, IV D 2 – S 7105/11/10001 Ziff. III Nr. 3 bzgl. der Änderung von Abschnitt 2.8 Abs. 10 des Umsatzsteuererlasses v. 1.10.10.
154 § 14 Abs. 2 KStG a. F.
155 *Olbling*, in: Streck, Körperschaftsteuergesetz, 8. Aufl., 2014, § 14 Rn. 13.
156 Prölss/*Präve* 12. Aufl., 2005 § 5 Rn. 37.
157 *Hüffer*, Aktiengesetz, 10. Aufl., 2012,§ 291 Rn. 24.
158 § 302 Abs. 1 AktG; vgl. *Hüffer*, Aktiengesetz, 10. Aufl., 2012, § 302 Rn. 10.

Einflussnahme des herrschenden Unternehmens entstehen.[159] Auch insoweit sind Gewinnabführungsverträge insbesondere unter Beteiligung spartengetrennt arbeitender Unternehmen nicht unproblematisch.

61 (3) Mit einem **Teilgewinnabführungsvertrag** verpflichtet sich ein Unternehmen, einen Teil seines Gewinns oder den Gewinn einzelner seiner Betriebe ganz oder teilweise an einen anderen abzuführen.[160] Der andere muss dabei kein Unternehmen sein.[161] Eine Verpflichtung des empfangenden Unternehmens zur Verlustübernahme besteht nicht, da § 302 AktG auf einen solchen Vertrag keine Anwendung findet. Erfasst ein Teilgewinnabführungsvertrag allerdings nahezu den gesamten Gewinn der abhängigen Gesellschaft, so ist § 302 AktG entsprechend anzuwenden. Die praktische Bedeutung von Teilgewinnabführungsverträgen ist äußerst gering, weil diese Verträge nicht mehr als Grundlage einer steuerlichen Organschaft anerkannt werden.[162]

62 (4) Eine **Gewinngemeinschaft** ist gegeben, wenn sich ein Unternehmen verpflichtet, seinen Gewinn oder den Gewinn einzelner seiner Betriebe ganz oder teilweise mit dem Gewinn anderer Unternehmen zur Aufteilung eines gemeinschaftlichen Gewinns zusammenzulegen.[163] Ziel ist also die Bildung eines gemeinsamen Gewinns und dessen Aufteilung unter den Beteiligten.[164] Auch die Gewinngemeinschaft kann eine steuerliche Organschaft nicht begründen,[165] so dass sie praktisch nicht bedeutsam ist.[166]

63 (5) Ein **Betriebspachtvertrag** ist ein Vertrag, durch den sich ein Unternehmen verpflichtet, einem anderen die Nutzung des Betriebs zu gewähren. Bei einem **Betriebsüberlassungsvertrag** führt der Übernehmer dabei den Betrieb im Namen der verpachtenden Gesellschaft.[167]

64 (6) Nicht ausdrücklich in § 9 Abs. 4 Nr. 1 lit. b VAG genannt ist die **Eingliederung** nach §§ 319 ff. AktG, die zu einem umfassenden Weisungsrecht der Hauptgesellschaft gegenüber der eingegliederten Gesellschaft führt,[168] das über das Weisungsrecht im Rahmen eines Beherrschungsvertrags hinausgeht. Daher ist eine solche Eingliederung als ein maius gegenüber den Unternehmensverträgen ebenfalls anzeigebedürftig.[169]

65 Eine Eingliederung ist **möglich** bei einer hundertprozentigen Tochtergesellschaft[170] und durch Mehrheitsbeschluss.[171] In beiden Fallkonstellationen bilden die beteiligten Unternehmen einen Vertragskonzern.[172] Wenngleich das Gesetz dies ausdrücklich nur in Bezug auf § 319 AktG ausgesprochen hat, gilt für § 320 AktG nichts anderes, da es sich hierbei lediglich um einen besonderen Fall des Grundtatbestands von § 319 AktG handelt. Das eingegliederte Unternehmen büßt seine wirtschaftliche Eigenständigkeit weitgehend ein, wenngleich es seine Rechtspersönlichkeit behält. So kann sich die Hauptgesellschaft das Vermögen der eingegliederten Gesellschaft umfassend zunutze machen.[173] Im Gegenzug ist die Hauptgesellschaft zum Ausgleich von Verlusten des eingegliederten Unternehmens verpflichtet.[174] Daher stellen sich auch hier Fragen im Hinblick auf das Spartentrennungsgebot.

66 **cc) Aufsichtsrechtlicher Kontext. (1) Grundsätzliche Ausrichtung.** Hinsichtlich des aufsichtsrechtlichen Kontextes ist zwischen Erst- und Rückversicherern zu unterscheiden. Dabei kommt den Anzeigeerfordernissen bzgl. der Unternehmensverträge für Erstversicherer besondere Bedeutung bei. Hier können Unternehmensverträge die Belange der Versicherten und insbesondere die Erfüllbarkeit der Versicherungsverträge der Erstversicherer unmittelbar berühren.[175] Grundlegender Maßstab für die korrespondierende aufsichtsrechtliche Beurteilung ist im Zulassungsverfahren § 11 Abs. 1 Nr. 1 VAG und während des laufenden Geschäftsbetriebs § 298 Abs. 1 iVm § 294 Abs. 2 S. 2 VAG, was auch europarechtlich fundiert ist. Danach hat die Aufsicht auf die ausreichende Wahrung der **Belange der Versicherten** des Erstversicherers zu achten. Hinsichtlich der Rückversicherer ist insofern lediglich eine mittelbare Betroffenheit der Versicherten des Erstversicherers denkbar, was etwa gegeben wäre, wenn vom Rückversicherer geschlossene Unternehmensverträge insofern entsprechende Wirkungen hätten.

---

[159] § 311 Abs. 1 AktG.
[160] § 292 Abs. 1 Nr. 2 AktG.
[161] *Hüffer*, Aktiengesetz, 10. Aufl., 2012, § 292 Rn. 12.
[162] § 14 KStG.
[163] § 292 Abs. 1 Nr. 1 AktG.
[164] *Hüffer*, Aktiengesetz, 10. Aufl., 2012, § 292 Rn. 4.
[165] § 14 KStG.
[166] *Hüffer*, Aktiengesetz, 10. Aufl., 2012, § 292 Rn. 4.
[167] § 292 Abs. 1 Nr. 3 AktG; vgl. *Hüffer*, Aktiengesetz, 10. Aufl., 2012, § 292 Rn. 19.
[168] § 323 Abs. 1 AktG.
[169] Zur vormaligen Rechtslage s. a. *Schaaf*, Risikomanagement und Compliance in Versicherungsunternehmen – aufsichtsrechtliche Anforderungen und Organverantwortung, 2010, S. 296.
[170] § 319 AktG.
[171] § 320 AktG.
[172] § 18 Abs. 1 S. 1 u. 2 AktG.
[173] *Grunewald*, in: Kropff/Semler, Münchener Kommentar zum Aktiengesetz, 2. Aufl., 2000, Vor § 319 Rn. 3 u. 6.
[174] § 324 Abs. 3 AktG.
[175] *Dreher* DB 1992, 2605, 2606.

Generell kann die konkrete finanzielle Lage der beteiligten Erst- und Rückversicherungsunternehmen im Einzelfall dem Abschluss eines Unternehmensvertrags entgegenstehen.[176] Eine verallgemeinerungsfähige Grundlage ist hieraus aber nicht ableitbar.[177] Die für den Fall einer Beteiligung eines Erstversicherers an einem Nicht-Versicherer vorgesehene Interventionsmöglichkeit der Aufsicht stellt keinen geeigneten Anknüpfungspunkt für eine Beurteilung auch von Unternehmensverträgen dar. Die insoweit maßgebliche Vorschrift des § 302 VAG gestattet einen aufsichtsbehördlichen Eingriff nämlich nur im Falle der Gefährdung des Versicherers und ist insofern an die Erfüllung einer engeren Voraussetzung geknüpft.[178] Generell zu berücksichtigen ist, dass die **Verantwortlichkeit des Vorstands** eines Versicherers nicht vollständig auf ein herrschendes Unternehmen verlagert werden kann.[179] Bei Beteiligung von Nicht-Versicherern ist dabei der mögliche Einfluss Außenstehender in besonderer Weise zu beachten. Zudem kann das Verbot versicherungsfremder Geschäfte (§ 15 VAG) Bedeutung erlangen, wenn Erst- und Rückversicherer durch geeignete Vertragsabreden im Ergebnis Geschäfte betreiben, die ihnen ansonsten verwehrt sind.[180] 67

Eine besondere Ausprägung des genannten zentralen Aufsichtsgrundsatzes stellen die **Spartentrennungsgebote** des § 8 Abs. 4 S. 2 VAG für die Lebensversicherung und die substitutive Krankenversicherung dar, dem auch für die Ausgestaltung von Unternehmensverträgen bei Erstversicherern entscheidende Bedeutung zukommt.[181] Diese Verträge können nämlich zur Übernahme von Risiken führen, die mit der Spartentrennung nicht vereinbar wäre.[182] Soweit in der Vergangenheit dabei auch auf eine sog wirtschaftliche Spartentrennung abgestellt worden ist, ist festzuhalten, dass es hierfür keine hinreichende rechtliche Grundlage gibt, so dass dieser Gesichtspunkt auch bei der Beurteilung von Unternehmensverträgen unberücksichtigt gelassen werden kann.[183] 68

Hierauf basierend ergibt sich folgende aufsichtsrechtliche Bewertung von Unternehmensverträgen:

(2) Beherrschungsverträge. Beherrschungsverträge zwischen Unternehmen derselben Versicherungssparte (also auch zwischen zwei Lebensversicherern oder zwischen zwei Krankenversicherern) sind **zulässig.**[184] Hier besteht aufgrund spezialgesetzlicher Vorgaben, die in der Personenversicherung auch für die Kalkulation bestehen,[185] keine nennenswerte Gefahr einer Verlustübernahme oder nachteiliger Weisungen.[186] Dasselbe gilt für Beherrschungsverträge zwischen einem Lebens- und einem Krankenversicherer.[187] Der Einwand, die Spartentrennung sei auch unternehmensbezogen zu verstehen und erlaube daher auch keine Verträge zwischen spartengetrennt arbeitenden Versicherern derselben Sparte,[188] greift nicht. Mit dem Spartentrennungsgebot soll lediglich eine Vermischung mit anderen Risiken unterbunden werden. Voraussetzung ist allerdings stets, dass die betreffenden Lebens- bzw. Krankenversicherer spartengetrennt arbeiten, was im Falle der Beteiligung ausländischer Versicherer einer gesonderten Abklärung bedarf. 69

Nicht genehmigungsfähig sind Verträge, nach denen ein Lebens- oder Krankenversicherer über einen Schadenversicherer oder einen Nicht-Versicherer (auch einen Pensionsfonds) herrscht.[189] Hier besteht die Gefahr der Verlustübernahme, die mit der ausreichenden Wahrung der Belange der Lebens- bzw. Krankenversicherten nicht in Einklang zu bringen ist.[190] Soweit in Bezug auf die Krankenversicherung vereinzelt Gegenteiliges postuliert worden ist,[191] ist auf die Fortgeltung des Spartentrennungsgebots auch für diese Sparte zu verweisen. Bei Beteiligung eines Lebens- oder Krankenversicherers mit 70

---

[176] *Dreher* ZVersWiss 1988, 619, 652; *Nowak* VW 1966, 1358, 1365; *Bormann*, Organschaftliche Verflechtungen bei Kreditinstituten und Versicherungsunternehmen, 1999, S. 75.

[177] *Dreher* ZVersWiss 1988, 619, 643 f.; *ders.* DB 1992, 2605, 2611.

[178] *Dreher* ZVersWiss 1988, 619, 648 u. 653.

[179] § 32 VAG; s. a. BAV-Verlautbarung VerBAV 2001, 118.

[180] *Dreher* ZVersWiss 1988, 619, 650 f., 652; unklar *Schaaf*, Risikomanagement und Compliance in Versicherungsunternehmen – aufsichtsrechtliche Anforderungen und Organverantwortung, 2010, S. 296 f.

[181] *Bormann*, Organschaftliche Verflechtungen bei Kreditinstituten und Versicherungsunternehmen, 1999, S. 74.

[182] Grundlegend BAV-Verlautbarung GB BAV 1966, 23.

[183] In diese Richtung gehend auch *Dreher* DB 1992, 2605, 2609.

[184] *Miederhoff* WM 2001, 2041, 2048; *Bormann*, Organschaftliche Verflechtungen bei Kreditinstituten und Versicherungsunternehmen, 1999,S. 74; Bähr/*Wilm* § 19 Rn. 30.

[185] §§ 138, 146 Abs. 1 Nr. 1 VAG und Rechtsverordnung gemäß § 160 VAG.

[186] Mit Vorbehalt dessen ungeachtet Bähr/*Wilm* § 19 Rn. 30, wonach eine theoretische Gefährdungslage bestehen könnte.

[187] BAV-Verlautbarung GB BAV 1967, 34; 1966, 23; in diese Richtung weisend auch *Nowak* VW 1966, 1358, 1365.

[188] *Dreher* ZVersWiss 1988, 619, 635; *Bormann*, Organschaftliche Verflechtungen bei Kreditinstituten und Versicherungsunternehmen, 1999, S. 74.

[189] Vgl. BAV-Verlautbarung GB BAV 1966, 23; *Nowak* VW 1966, 1358, 1363 f.; *Angerer* ZfV 1983, 134, 142; *Dreher* ZVersWiss 1988, 619, 633 f. u. 653; *Miederhoff* WM 2001, 2041, 2048; *Bormann*, Organschaftliche Verflechtungen bei Kreditinstituten und Versicherungsunternehmen, 1999, S. 74; *Ebers*, Die Überschussbeteiligung in der Lebensversicherung, 2001, S. 206; *Schaaf*, Risikomanagement und Compliance in Versicherungsunternehmen – aufsichtsrechtliche Anforderungen und Organverantwortung, 2010, S. 294 f.

[190] *Schaaf*, Risikomanagement und Compliance in Versicherungsunternehmen – aufsichtsrechtliche Anforderungen und Organverantwortung, 2010, S. 295; Bähr/*Wilm* § 19 Rn. 31; kritisch *Spindler*, Unternehmensorganisationspflichten, 2001, S. 244.

[191] *Dreher* DB 1992, 2605, 2608 f.

Sitz im EWR-Ausland ist entscheidend, ob das jeweilige Aufsichtsrecht des Sitzlands eine derartige Vertragsabrede zulässt.[192]

71 Wird ein Lebens- oder Krankenversicherer zu einem von einem Schadenversicherer beherrschten Unternehmen, was für sich genommen grundsätzlich zulässig ist,[193] bedarf es einer **Einschränkung des Weisungsrechts** des herrschenden Unternehmens, um die Verantwortlichkeit des Vorstands (namentlich bezogen auch auf das Risikomanagement) zu wahren[194] und nachteilige Weisungen für das abhängige Versicherungsunternehmen zu verhindern.[195] Ein derartiger Vorbehalt ist auch aktienrechtlich zulässig.[196] Er ist notwendig, weil die Verlustgefahr hier eine ungleich größer ist. Die Aufsicht hat eine Weisungsbeschränkung in der Vergangenheit allerdings auch in dem Fall für notwendig angesehen, in dem entsprechende Verträge zwischen einem Kranken- und einem Lebensversicherer geschlossen werden.[197]

72 Beherrschungsverträge, an denen ausschließlich Versicherer außerhalb der Lebens- oder Krankenversicherung oder Pensionsfonds beteiligt sind, begegnen im Grundsatz **keine**n aufsichtsrechtlichen **Bedenken**.[198] Die aus Gründen der Spartentrennung hergeleitete Notwendigkeit, eine Verlustübernahme zu unterbinden, greift hier nicht. Dessen ungeachtet verlangt die Aufsicht eine das Weisungsrecht beschränkende Klausel. Weder für die Kredit- und Kautions- noch für die Rechtsschutzversicherung bestehen in diesem Kontext noch Besonderheiten. Solange für die Kredit- und Kautionsversicherung ebenfalls ein Spartentrennungsgebot bestanden hat, wurden Beherrschungsverträge unter Beteiligung derartiger Versicherer als unzulässig angesehen. Begründet wurde dies mit der besonderen Anfälligkeit dieser Versicherer für konjunkturelle Schwankungen, vor denen andere Versicherer geschützt werden sollten. Mit Wegfall der entsprechenden Gebote und der Etablierung von Vorschriften zur finanziellen Ausstattung der Unternehmen sind diese Überlegungen gegenstandslos geworden.[199] Auch bezüglich der Rechtsschutzversicherung, bei der vormals wegen der Kollusionsgefahr mit dem gleichzeitigen Betrieb der Haftpflichtversicherung eine Spartentrennung vorgeschrieben war, sind unter Beachtung von § 164 VAG keine Interessenkonflikte mehr ersichtlich.[200] Im Falle der Beteiligung von Rückversicherungsunternehmen besteht diesbezüglich ebenso kein Grund für besondere Maßgaben.[201] Allerdings wäre zur Unterbindung einer kumulierten Risikolage darauf zu achten, dass der Rückversicherer nicht nur für das abhängige Unternehmen tätig wird und selber ausreichend retrozediert.

73 Beherrschungsverträge mit einem **VVaG** bzw. einem PensionsfondsVaG als beherrschtem Unternehmen sind grundsätzlich **nicht genehmigungsfähig**.[202] § 291 Abs. 1 S. 1 AktG sieht eine derartige Beherrschung nur für Aktiengesellschaften und Kommanditgesellschaften auf Aktien vor.[203] Auch wenn eine analoge Anwendung dieser Vorschrift auf andere Unternehmen nicht von vornherein ausgeschlossen ist, würden solche Verträge, mit denen sich ein VVaG bzw. ein PensionsfondsVaG einer Leitung von außen unterstellt, dem Gegenseitigkeitsprinzip zuwiderlaufen.[204] Die Wahrung dieses Prinzips würde es nämlich erforderlich machen, das Weisungsrecht nicht nur einzuschränken, sondern praktisch gänzlich auszuschließen, so dass im Ergebnis kein „stark abgeschwächter Beherrschungsvertrag",[205] sondern in Ermangelung des entscheidenden Vertragselements[206] überhaupt keine Beherrschung mehr darstellbar wäre.[207]

74 **Öffentlich-rechtliche Unternehmen** können sich durch Beherrschungsverträge fremder Leitung unterstellen. Soweit dies vereinzelt unter Hinweis auf die öffentlich-rechtliche Aufgabenstellung ver-

---

192 *Bormann*, Organschaftliche Verflechtungen bei Kreditinstituten und Versicherungsunternehmen, 1999, S. 76.

193 *Dreher* ZVersWiss 1988, 619, 634 u. 653; *Miederhoff* WM 2001, 2041, 2048; *Bormann*, Organschaftliche Verflechtungen bei Kreditinstituten und Versicherungsunternehmen, 1999, S. 74; *Ebers*, Die Überschussbeteiligung in der Lebensversicherung, 2001, S. 206; *Schaaf*, Risikomanagement und Compliance in Versicherungsunternehmen – aufsichtsrechtliche Anforderungen und Organverantwortung, 2010, S. 295; Bähr/*Wilm* § 19 Rn. 31.

194 Vgl. BAV-Verlautbarung VerBAV 2001, 118; jedenfalls aus Gründen der Klarstellung sinnvoll: *Dreher* ZVersWiss 1988, 619, 645–647; *Bormann*, Organschaftliche Verflechtungen bei Kreditinstituten und Versicherungsunternehmen, 1999, S. 75.

195 *Nowak* VW 1966, 1358, 1365; *Krauel/Lie* WM 2010, 1735, 1737.

196 Vgl. § 308 Abs. 1 S. 2 AktG.

197 BAV-Verlautbarung GB BAV 1967, 34.

198 *Dreher* ZVersWiss 1988, 619, 653; *Nowak* VW 1966, 1358, 1365; *Bormann*, Organschaftliche Verflechtungen bei Kreditinstituten und Versicherungsunternehmen, 1999, S. 74; *Schaaf*, Risikomanagement und Compliance in Versicherungsunternehmen – aufsichtsrechtliche Anforderungen und Organverantwortung, 2010, S. 295.

199 *Dreher* ZVersWiss 1988, 619, 638 f. u. 653; *ders.* DB 1992, 2605, 2607 u. 2609; Bähr/*Wilm* § 19 Rn. 32.

200 *Dreher* ZVersWiss 1988, 619, 638 f.; *ders.* DB 1992, 2605, 2607 f.

201 Jedenfalls insofern zutreffend Bähr/*Wilm* § 19 Rn. 33.

202 *Schaaf*, Risikomanagement und Compliance in Versicherungsunternehmen – aufsichtsrechtliche Anforderungen und Organverantwortung, 2010, S. 294.

203 Vgl. *Müller-Wiedenhorn*, Versicherungsvereine auf Gegenseitigkeit im Unternehmensverbund, 1993, S. 139.

204 *Raiser* VW 1977, 1272, 1276; *Grossfeld*, Der Versicherungsverein auf Gegenseitigkeit im System der Unternehmensformen, 1985, S. 29; s. a. *Müller-Wiedenhorn*, Versicherungsvereine auf Gegenseitigkeit im Unternehmensverbund, 1993, S. 183 f.

205 *Schirmer*, in: Dieter Farny und die Versicherungswissenschaft, 1994, S. 391, 405.

206 Vgl. § 308 Abs. 1 AktG.

207 *Müller-Wiedenhorn*, Versicherungsvereine auf Gegenseitigkeit im Unternehmensverbund, 1993, S. 190 f.

neint wird,[208] ist dem insoweit beizupflichten, als staatliche Einflussnahme – auch als Ausfluss des Demokratieprinzips[209] – sichergestellt bleiben muss. Dies rechtfertigt aber nicht das Verdikt der generellen Unzulässigkeit. Sofern das herrschende Unternehmen seinerseits der Erfüllung öffentlicher Aufgaben verpflichtet ist und eine parlamentarische Kontrolle gewahrt bleibt, ist gegen eine entsprechende Vertragskonstellation nichts einzuwenden.[210] Öffentlich-rechtliche Unternehmen können auch herrschende Unternehmen sein.

Besonderheiten bestehen bei der Beteiligung von **Nicht-Versicherungsunternehmen**. Beherrscht 75 ein Versicherer ein derartiges Unternehmen, könnte er mit Hilfe des Weisungsrechts unternehmerische Funktionen bei einem abhängigen Nicht-Versicherer übernehmen, obwohl ihm der Betrieb solcher Geschäfte verwehrt ist (§ 15 VAG). Derartige Verträge sind daher unzulässig, da sie die entscheidende Grundlage für eine entsprechende Handhabung legen würden.[211] Hierdurch würde das Verbot versicherungsfremder Geschäfte ausgehöhlt. Auf den tatsächlich praktizierten Umfang der Leitungsmacht[212] kommt es nicht an. Sofern allerdings das beherrschte Unternehmen Geschäfte betreibt, die in unmittelbarem Zusammenhang mit dem Versicherungsgeschäft stehen, greift § 15 VAG nicht ein.[213] Zu beachten ist allerdings auch in diesem Fall die Verlustübernahmepflicht,[214] die im Falle eines herrschenden Lebens- oder Krankenversicherers letztlich einer Durchbrechung des Spartentrennungsgebots gleichkommen würde. Das Gesagte gilt entsprechend, wenn das beherrschte Unternehmen ein Pensionsfonds ist. Dieser weist zwar versicherungsähnliche Elemente auf. Das ändert aber nichts daran, dass der Pensionsfonds aufgrund seiner besonderen rechtlichen Ausgestaltung im Verhältnis zum Versicherungsunternehmen als wesensverschieden anzusehen ist.

Schließen Versicherer Beherrschungsverträge mit einem **herrschenden Nicht-Versicherer** (etwa 76 einer Holdinggesellschaft), ist darauf zu achten, dass zur Verhinderung einer Einflussnahme Außenstehender das Weisungsrecht entsprechend eingeschränkt wird,[215] sei es auch nur zum Zweck der Klarstellung.[216] Das herrschende Unternehmen muss sich danach verpflichten, sich aller Weisungen zu enthalten, deren Befolgung bei objektiver Beurteilung für die Belange der Versicherten oder für die dauernde Erfüllbarkeit der Versicherungsverträge nachteilig oder mit aufsichtsbehördlichen Grundsätzen unvereinbar ist.[217] Es sind dabei keine Gründe ersichtlich, zwischen Holdinggesellschaften und sonstigen Nicht-Versicherern differenzieren zu wollen.[218] Soweit die Versicherungsaufsicht vormals den Abschluss von Beherrschungsverträgen mit einem Nicht-Versicherer als „unerwünscht" erklärt hat,[219] darf dies als überholt angesehen werden.[220] Sofern Pensionsfonds beteiligt sind, ist eine Einschränkung des Weisungsrechts ebenso notwendig, auch wenn Pensionsfonds der Versicherungsaufsicht unterstellt sind.

Schließlich ist bei Beherrschungsverträgen noch generell zu beachten, dass die Verantwortlichkeit der 77 Geschäftsleiter eines Versicherers nicht vollständig auf ein herrschendes Unternehmen verlagert werden kann. Die **Leitungsbefugnis** darf insofern nicht vollständig aufgegeben werden.[221] Namentlich muss das Risikomanagement (§ 91 Abs. 2 AktG) auch einem beherrschten Versicherer erhalten bleiben.[222]

(3) Gewinnabführungsverträge. Gewinnabführungsverträge unter Beteiligung von **Lebens- und** 78 **Krankenversicherer**n sind aufsichtsrechtlich nicht zulässig, wenn diese Versicherer die empfangenden Unternehmen sind. In diesem Fall träfe den Lebens- oder Krankenversicherer die Verpflichtung zum Verlustausgleich,[223] was mit dem Spartentrennungsgebot nicht in Übereinstimmung zu bringen wäre.[224] Bleibt die vertragliche Übereinkunft jeweils auf (spartengetrennt arbeitende) Lebens- bzw. Kranken-

---

[208] *LAG Berlin* Beschl. v. 27.10.1995 – 6 TaBV 1/95, AG 1996, 140, 142 = BeckRS 1995 30453903 zur Berliner Landesbank.

[209] Vgl. *BVerfG* Beschl. v. 24.5.1995 – 2 BvF 1/92, DVBl 1995, 1291, 1292 = NVwZ 1996, 574.

[210] *Neumann/Rux* DB 1996, 1659, 1662.

[211] *Dreher* ZVersWiss 1988, 619, 651 u. 653; *ders.* DB 1992, 2605, 2612; *Schieber*, Die Aufsicht über Finanzkonglomerate, 1998, S. 218; *H. Müller*, in: Gies/H. Müller/Kunze, Möglichkeiten und Grenzen von Allfinanzkonzepten, 1990, S. 20, 30; *Bormann*, Organschaftliche Verflechtungen bei Kreditinstituten und Versicherungsunternehmen, 1999, S. 67; *Schaaf*, Risikomanagement und Compliance in Versicherungsunternehmen – aufsichtsrechtliche Anforderungen und Organverantwortung, 2010, S. 295; Bähr/*Wilm* § 19 Rn. 39 f.; *Angerer* ZfV 1983, 134, 138 f.

[212] *Miederhoff* WM 2001, 2041, 2047; *Neumann*, Die Aufsicht über Finanzkonglomerate, 1998, S. 79.

[213] *Dreher* DB 1992, 2605, 2612; *Schieber*, Die Aufsicht über Finanzkonglomerate, 1998, S. 217; *H. Müller*, in: Gies/H. Müller/Kunze, Möglichkeiten und Grenzen von Allfinanzkonzepten, 1990, S. 30 f.

[214] *Miederhoff* WM 2001, 2041, 2047.

[215] *Neumann*, Die Aufsicht über Finanzkonglomerate, 1998, S. 79 f; Bähr/*Wilm* § 19 Rn. 37.

[216] *Dreher* ZVersWiss 1988, 619, 650 u. 652; *ders.* DB 1992, 2605, 2611; *Miederhoff* WM 2001, 2041, 2048; *Schieber*, Die Aufsicht über Finanzkonglomerate, 1998, S. 234 f.; *H. Müller*, in: Gies/H. Müller/Kunze, Möglichkeiten und Grenzen von Allfinanzkonzepten, 1990, S. 33.

[217] BAV-Verlautbarungen GB BAV 1966, 23 f.; 1981, 30.

[218] Vgl. hierzu *Schieber*, Die Aufsicht über Finanzkonglomerate, 1998, S. 222 ff.

[219] GB BAV 1972, 31.

[220] Im Ergebnis ebenso *Dreher* DB 1992, 2605, 2611.

[221] Bähr/*Wilm* § 19 Rn. 29.

[222] BAV-Verlautbarung VerBAV 2001, 118.

[223] *Miederhoff* WM 2001, 2041, 2048.

[224] BAV-Verlautbarung GB BAV 1966, 23; Bericht der Bundesregierung, BR-Drs. 862/02, Anlage S. 6, 14; *Nowak* VW 1966, 1358, 1364 f.; *Angerer* ZfV 1983, 134, 142.

versicherer beschränkt, greift das Gebot allerdings nicht ein. Zwar könnte hier argumentiert werden, dass die Spartentrennung nicht nur sparten-, sondern auch unternehmensbezogen zu sehen ist.[225] Entscheidend bleibt jedoch, dass keine Vermischung mit anderen Risiken erfolgt.

79 Ist der Lebens- oder Krankenversicherer **abführendes Unternehmen**, tritt keine Gefährdung durch Verlustausgleichspflichten ein. Das empfangende Unternehmen ist vielmehr seinerseits verpflichtet, einen möglichen, bei dem anderen Unternehmen eintretenden Verlust auszugleichen. Dabei spielt es keine Rolle, ob es sich hierbei um einen Versicherer oder einen Nicht-Versicherer, etwa auch einen Pensionsfonds, handelt. Die Auffassung, dass die Gefahr bestünde, dass den Versicherten mehr Mittel entzogen würden als durch die bloße Dividendenzahlung, was negative Auswirkungen auf die Überschussbeteiligung hätte, überzeugt nicht. Diese Meinung ist vor Inkrafttreten der maßgeblichen Rechtsverordnungen zur Überschussbeteiligung in der Lebens- und Krankenversicherung[226] von der Aufsicht vertreten[227] und mittlerweile aufgegeben worden. Mit den genannten Rechtsverordnungen wird hinreichend sichergestellt, dass keine unangemessene Schmälerung der Überschussbeteiligung erfolgt.[228] Auch ansonsten ist eine Beeinträchtigung von Versicherteninteressen[229] nicht ersichtlich. In dem Gewinnabführungsvertrag sollte freilich deutlich zum Ausdruck kommen, dass als Gewinn nur das abgeführt werden darf, was nach Abzug der gesetzlich vorgeschriebenen Zuführung verbleibt. Darüber hinaus verlangt die Versicherungsaufsicht, dass dem abführenden Unternehmen vertraglich die Befugnis einzuräumen ist, im erforderlichen Umfang freie Rücklagen zu bilden. Schließlich müssen solche Verträge aufgrund entsprechenden Verlangens der Aufsicht kündbar sein. Die Aufsicht genehmigt die Verträge im Übrigen nur befristet.[230] Überlegungen, derartige Verträge aus Gründen der Deckung des staatlichen Finanzbedarfs generell aufsichtsrechtlich zu unterbinden,[231] sind nicht weiter verfolgt worden. Dies wäre auch verfassungsrechtlich nicht haltbar gewesen.[232]

80 Gewinnabführungsverträge im Bereich der **Schaden- und Unfallversicherung** begegnen keinen grundsätzlichen Bedenken.[233] Das gilt nach Abschaffung des entsprechenden Spartentrennungsgebots auch für die Rechtsschutzversicherung. Selbst die Verpflichtung zur Verlustübernahme führt hier zu keiner Risikolage, die eine Versagung der Genehmigung rechtfertigen würde.[234] So sind keine Nachteile zu gewärtigen, wie sie sich für Lebens- und Krankenversicherte ergeben könnten. Im Rahmen der Finanzaufsicht verfügt die Aufsicht über hinreichende Mechanismen, um allgemeine Gefährdungslagen zu erkennen und ihnen zu begegnen. Für die Beteiligung von Rückversicherungsunternehmen bestehen ebenfalls keine besonderen Maßgaben.

81 Bei Beteiligung von **VVaG** und PensionsfondsVaG ist zu beachten, dass diese Unternehmen sich nicht verpflichten dürfen, ihren Gewinn an ein anderes Unternehmen abzuführen. § 291 Abs. 1 S. 1 AktG eröffnet lediglich Aktiengesellschaften und Kommanditgesellschaften auf Aktien eine solche Möglichkeit.[235] Auch soweit eine analoge Anwendung auf andere Unternehmen nicht von vornherein ausgeschlossen ist, kann dies nicht für VVaG gelten. VVaG dürfen schon deshalb keine Gewinne an andere Unternehmen abführen, weil diese in Gestalt des Bilanzüberschusses ausschließlich den Vereinsmitgliedern zustehen.[236] Entsprechendes gilt für PensionsfondsVaG.[237]

82 Bei Beteiligung von **Nicht-Versicherungsunternehmen** bestehen keine Besonderheiten. Soweit mitunter Gewinnabführungsverträge mit Nicht-Versicherern als untergeordneten Unternehmen generell für unzulässig angesehen werden,[238] ist weder vorgetragen noch ersichtlich, worauf diese Bewertung fußen soll. Namentlich kann keine Parallele zur Bewertung von Beherrschungsverträgen gezogen werden, die, sofern der Versicherer das herrschende Unternehmen ist, wegen § 15 VAG unzulässig sind. Die mit derartigen Verträgen verbundene Leitungsmacht, die zur Annahme eines unzulässigen Betriebs versicherungsfremder Geschäfte führt, besteht im Falle eines Gewinnabführungsvertrags nicht.[239] Ent-

---

[225] *Dreher* ZVersWiss 1988, 619, 635.

[226] Vgl. § 145 Abs. 2 u. 3, § 160 S. 1 Nr. 5 u. 6 VAG.

[227] BAV-Verlautbarung GB BAV 1972, 31.

[228] So bereits zu den Vorgänger-Verordnungen BAV-Verlautbarungen GB BAV 2000 A S. 55; 1998 A S. 50, 51; Bericht der Bundesregierung, BR-Drs. 862/02, Anlage S. 6 f., 14; *Bürkle* DB 2003, 1701, 1703; zu Auswirkungen bezüglich der Rechnungslegung vgl. BAFin-Verlautbarung VerBAFin 2002, 167; s. a. *Schieber*, Die Aufsicht über Finanzkonglomerate, 1998, S. 222 u. 232 f.

[229] *Dreher* ZVersWiss 1988, 619, 636 u. 653; *ders.* DB 1992, 2605, 2608 u. 2610; *Zimmerer*, Die Ausgliederung von Betriebsteilen im Versicherungsaufsichtsrecht, 1989, S. 150 f.; *Ebers*, Die Überschussbeteiligung in der Lebensversicherung, 2001, S. 206; *Spindler*, Unternehmensorganisationspflichten, 2001, S. 244.

[230] BAV-Verlautbarungen GB BAV 2000 A S. 55, 1998 A S. 50, 51; kritisch hierzu *Bürkle* VersR 2003, 833, 834 ff.

[231] Vgl. *Prinz* FR 2002, 66, 69.

[232] Vgl. nur zu der entsprechenden steuerrechtlichen Vorschrift *Schnittker/Hartmann* BB 2002, 277, 281.

[233] So schon *Nowak* VW 1966, 1358, 1365.

[234] A. M. offenbar *Miederhoff* WM 2001, 2041, 2048.

[235] *Weigel* VersR 1993, 777, 783; *Müller-Wiedenhorn*, Versicherungsvereine auf Gegenseitigkeit im Unternehmensverbund, 1993, S. 139.

[236] § 194 VAG; vgl. *Peiner* VW 1992, 920, 922; *Schirmer*, in: Dieter Farny und die Versicherungswissenschaft, 1994, S. 405; *Müller-Wiedenhorn*, Versicherungsvereine auf Gegenseitigkeit im Unternehmensverbund, 1993, S. 182 f.

[237] § 237 Abs. 1 S. 1 iVm § 212 Abs. 1 VAG.

[238] *H. Müller*, in: Gies/H. Müller/Kunze, Möglichkeiten und Grenzen von Allfinanzkonzepten, 1990, S. 30.

[239] *Dreher* DB 1992, 2605, 2612; *ders.* ZVersWiss 1988, 619, 651; *Nowak* VW 1966, 1358, 1360.

scheidend bleiben daher auch hier die eben dargestellten Grundsätze. Danach ist insbesondere die Verlautbarung der Versicherungsaufsicht, wonach Gewinnabführungsverträge zwischen abführungspflichtigen Lebensversicherern und Nicht-Versicherern generell unzulässig sind,[240] als überholt anzusehen.

(4) Teilgewinnabführungsverträge. Für Teilgewinnabführungsverträge, die eine Abführung nahezu des gesamten Gewinns vorsehen, gilt wegen der in diesem Fall auch hier ausnahmsweise eintretenden Verpflichtung zum Verlustausgleich das zu Gewinnabführungsverträgen Gesagte entsprechend. Im Übrigen ist zu beachten, dass **unentgeltliche** Teilgewinnabführungsverträge grundsätzlich nicht genehmigungsfähig sind. Sofern hierdurch ein Vertragspartner begünstigt wird, der an der abführenden Gesellschaft beteiligt ist, sind derartige Abreden nichtig. Ist der Vertragspartner an der Gesellschaft nicht beteiligt, werden Fragen zur strafrechtlichen und persönlichen Haftung des Vorstands berührt. Handelt es sich bei dem abführenden Unternehmen um einen Versicherer, dem keine vollwertige Gegenleistung gewährt wird, ist zudem die Gefahrenlage für den Versicherer zu sehen, die auch die dauernde Erfüllbarkeit der Versicherungsverträge berührt. Daher sind solche Vertragsabreden aufsichtsrechtlich unzulässig. 83

(5) Gewinngemeinschaften. Da bei Gewinngemeinschaften keine Verlustübernahmepflicht besteht, bestehen in dieser Hinsicht **grundsätzlich keine** aufsichtsrechtlichen **Vorbehalte**. Gewinngemeinschaften unter Beteiligung von spartengetrennt arbeitenden Versicherungsgesellschaften sind aber dann nicht genehmigungsfähig, wenn sie eine Abführung auch von solchen Gewinnen vorsehen, die aufsichtsrechtlich den Versicherungsnehmern zugewiesen sind. Darüber hinaus wäre eine Gewinngemeinschaft stets auch dann aufsichtsrechtlich unzulässig, wenn – unbeschadet möglicher zivilrechtlicher Folgen wie Nichtigkeit bzw. Ausgleich der Kapitalschmälerung – bei der Gewinnverteilung der vorgesehene Gewinnanteil eines Versicherers nicht dessen Beitrag zu dem vergemeinschafteten Gewinn entspricht. 84

(6) Betriebspacht- und -überlassungsverträge. Betriebspacht- und -überlassungsverträge können materiell Beherrschungsverträge sein.[241] In diesem Fall gilt das zu Beherrschungsverträgen Gesagte entsprechend. Ansonsten ist zu beachten, dass einem Versicherer die Überlassung oder Pachtung eines Nicht-Versicherers verwehrt bleiben muss, da der Versicherer anderenfalls versicherungsfremde Geschäfte betreiben würde (**§ 15 VAG**). Im umgekehrten Fall müssen vertraglich Vorkehrungen getroffen werden, dass keine Betriebsführung erfolgt, die die Belange der Versicherten gefährdet. Hat eine abhängige Gesellschaft den Betrieb ihres Unternehmens dem herrschenden Unternehmen verpachtet oder sonst überlassen, ist in den auch bei Beherrschungsverträgen problematischen Fallkonstellationen[242] darauf zu achten, dass keine unzureichende Gegenleistung vereinbart wird, denn in diesem Fall würde sonst für das herrschende Unternehmen eine Verlustübernahmepflicht gemäß § 302 Abs. 2 AktG bestehen.[243] 85

(7) Eingliederung. Spartengetrennt arbeitende Versicherer können weder Hauptgesellschaft noch eingegliederte Gesellschaft sein. Als Hauptgesellschaft kann weder ein Lebens- oder Krankenversicherer fungieren, da diesen anderenfalls die **Verpflichtung zur Verlustübernahme** treffen würde.[244] Als eingegliederte Gesellschaft würden die Versicherer ihre wirtschaftliche Selbständigkeit verlieren, da anders als bei Beherrschungsverträgen eine Beschränkung von Weisungsrechten hier nicht möglich ist. Eine Eingliederung ist aber möglich bei Unternehmen derselben Versicherungssparte. 86

Einer Beteiligung von **Nichtversicherungsunternehmen** (einschließlich Pensionsfonds) stehen allgemeine aufsichtsrechtliche Grundsätze entgegen. Bei Eingliederung eines Versicherungsunternehmens in ein Nichtversicherungsunternehmen würde jenes seine wirtschaftliche Selbständigkeit verlieren. Hinzu kommt, dass – abgesehen von Pensionsfonds – der Nichtversicherer keiner Versicherungsaufsicht unterliegt, weshalb für den eingegliederten Versicherer eine wirksame Aufsicht nicht sichergestellt werden kann. Die Eingliederung eines Nichtversicherers (auch eines Pensionsfonds) in einen Versicherer würde wiederum der Vorschrift des § 15 VAG zuwiderlaufen,[245] da Versicherer danach keine versicherungsfremde Geschäfte betreiben dürfen. Sofern an einer Eingliederung nur Schaden- und Unfallversicherer bzw. nur Rückversicherer beteiligt sind, bestehen keine grundsätzlichen Hinderungsgründe.[246] 87

Die an der Eingliederung beteiligten Unternehmen müssen **zwingend Aktiengesellschaften** sein, wie sich aus dem nicht weiter auslegungsfähigen Wortlaut von § 319 Abs. 1 und § 320 Abs. 1 AktG 88

---

[240] GB BAV 1972, 31.
[241] *Miederhoff* WM 2001, 2041, 2044.
[242] Vgl. Rn. 69 ff.
[243] *Dreher* ZVersWiss 1988, 619, 634.
[244] *Nowak* VW 1966, 1358, 1364 f.
[245] *Bormann*, Organschaftliche Verflechtungen bei Kreditinstituten und Versicherungsunternehmen, 1999, S. 67.
[246] *Nowak* VW 1966, 1358, 1365.

ergibt. Öffentlich-rechtliche Unternehmen[247] und VVaG bzw. PensionsfondsVaG[248] können also von vornherein andere Gesellschaften weder eingliedern noch können sie selber eingegliedert werden.

89 **d) Ausgliederungsverträge (Abs. 4 Nr. 1 lit. c).** Aufsichtsrechtlich gefordert sind auch Angaben zu Verträgen über die Ausgliederung wichtiger Funktionen und Tätigkeiten. Anders als nach dem früheren Recht für Erstversicherer[249] und insoweit in Übereinstimmung mit der früheren Vorgabe für Rückversicherer[250] sind sie bzw. die entsprechenden Angaben **nicht** mehr **Bestandteil des Geschäftsplans**. Die Vorlagepflicht findet eine Entsprechung in der Solva II-RL, die eine entsprechend rechtzeitige Einbindung der Aufsicht gebietet.[251]

90 Ausgliederungen, die heute oftmals – so auch in der Solva II-RL[252] – mit dem Begriff **Outsourcing**[253] belegt werden,[254] sind aus einer Vielzahl von Gründen angezeigt. Im Vordergrund stehen dabei Kostenersparnisse,[255] die sich namentlich durch eine Konzentration auf das Kerngeschäft[256] und eine Umwandlung von Personal- in Sachkosten ergeben.[257] Hinzu kommen organisatorische Erleichterungen sowie die Möglichkeit, das Know-how spezialisierter Dienstleister zu nutzen[258] bzw. Bereiche abzudecken, die (etwa bei kleineren Gesellschaften) mit eigenen Kapazitäten gar nicht oder nicht adäquat betreut werden können.[259] Besondere Bedeutung erlangt dies im Bereich der Vermögensverwaltung, die nicht selten von sog Asset Management Gesellschaften wahrgenommen werden.[260] Auch im Bereich der betrieblichen Altersversorgung können sich in besonderer Weise Ausgliederungen empfehlen.[261] Im Ergebnis können Ausgliederungen zu Kosten- und Qualitätsverbesserungen beitragen und damit die Wettbewerbsfähigkeit stärken. Andererseits müssen die Risiken derartiger Ausgliederungen gesehen werden. So stellen sich Fragen zur unternehmenseigenen Kontrolle der ordnungsgemäßen Führung der Geschäfte, zum Verlust eigenen Know-hows des ausgliedernden Unternehmens,[262] zu möglichen Abhängigkeiten[263] und hierauf fußenden zusätzlichen Risikolagen[264] (wie dem operationellen Risiko, dem Risiko von Reputationsverlusten und bei Mehrfachmandatierungen dem Konzentrationsrisiko), schließlich zur Sicherstellung einer wirksamen Aufsicht.[265] Im einem weiten Sinne tangieren Ausgliederungen auch das Verbot versicherungsfremder Geschäfte (§ 15 VAG) sowie die Spartentrennungsgebote (§ 8 Abs. 4 S. 2 VAG). Ausgliederungen tragen nämlich bei einer Beteiligung von Nicht-Versicherern zu einer Verquickung von Versicherungsgeschäften mit anderen Geschäften bei und lassen damit auch die Spartentrennung nicht unberührt.[266] Allerdings lässt sich aus sämtlichen Überlegungen, die in diese Richtung gehen, keine generelle Unzulässigkeit von Ausgliederungen folgern.[267] Vielmehr bilden sie lediglich den Hintergrund für die Notwendigkeit entsprechender aufsichtsrechtlicher Reglementierung. Die notwendige Grundlage bilden insofern die Vorgaben des § 32 VAG.

---

[247] *LAG Berlin* Beschl. v. 27.10.1995 – 6 TaBV 1/95, AG 1996, 140, 142 = BeckRS 1995 30453903.
[248] *Müller-Wiedenhorn*, Versicherungsvereine auf Gegenseitigkeit im Unternehmensverbund, 1993, S. 139.
[249] § 5 Abs. 3 Nr. 4 VAG a. F.
[250] § 119 Abs. 2 S. 2 Nr. 6 VAG a. F.
[251] Art. 18 Abs. 1 lit. g iVm Art. 49 Abs. 3 Solva II-RL. S. auch EIOPA Explanatory Text BoS-14/253 zu LL Governance, LL 64 u. Ziff. 2.309 u. 2.312.
[252] Vgl. Art. 13 Nr. 28, Art. 38 u. 49 Solva II-RL.
[253] Zur Begrifflichkeit siehe *v. Fürstenwerth/Weiß*, Versicherungsalphabet, 10. Aufl., 2001, Stichwort: Outsourcing; *Müthlein/Heck*, Outsourcing und Datenschutz, 3. Aufl., 2006, S. 7; *Michaels/Langheid* VW 2004, 800.
[254] Ausgliederung und Outsourcing werden demgemäß auch synonym verstanden, vgl. BaFin-Auslegungsentscheidung vom 21.12.2015 zum Outsourcing bei Versicherungsunternehmen, Ziff. 8.
[255] Vgl. *Barton*, Funktionsausgliederungsverträge im Versicherungsunternehmen, 2010, S. 37 f. u. 52; *Loff* WM 2009, 780, 781; Studie „Outsourcing Strategical for Substainable Competitive Advantage" von A. T. Kearney und dem Center for Strartegic Supply Research, FAZ v. 17.10.2005, S. 22; Umfrage von Cap Genini und Exigen in der deutschen Versicherungswirtschaft, FAZ v. 31.10.2005, S. 15.
[256] *Rau/Walther* VW 2003, 945; *Barton*, Funktionsausgliederungsverträge im Versicherungsunternehmen, 2010, S. 48 f.; *Loff* WM 2009, 780, 781; s. a. BaFin-Auslegungsentscheidung vom 21.12.2015 zum Outsourcing bei Versicherungsunternehmen, Ziff. 33.
[257] *Hennrichs* WM 2000, 1561 u. 1564.
[258] *Eyles* WM 2000, 1217; s. a. BaFin-Auslegungsentscheidung vom 21.12.2015 zum Outsourcing bei Versicherungsunternehmen, Ziff. 33.
[259] *Hennrichs* WM 2000, 1561.
[260] *U. Müller* ZVersWiss 2000, 65, 69.
[261] *Weschenfelder/Lahr* VW 2003, 466; *Rau/Walther* VW 2003, 945, 947.
[262] *Barton*, Funktionsausgliederungsverträge im Versicherungsunternehmen, 2010, S. 53.
[263] *Barton*, Funktionsausgliederungsverträge im Versicherungsunternehmen, 2010, S. 59.
[264] *Barton*, Funktionsausgliederungsverträge im Versicherungsunternehmen, 2010, S. 62; *Loff* WM 2009, 780, 781.
[265] *Hennrichs* WM 2000, 1561; *Eyles* WM 2000, 1217; *Kagelmacher*, Dienstleistungsverträge und Funktionsausgliederungen im Versicherungsaufsichtsrecht, 1989, S. 113 ff.; *Müthlein/Heck*, Outsourcing und Datenschutz, 3. Aufl., 2006, S. 10 f.
[266] *Kagelmacher*, Dienstleistungsverträge und Funktionsausgliederungen im Versicherungsaufsichtsrecht, 1989, S. 113 f.
[267] So im Ergebnis bezüglich der Spartentrennungsgebote auch *Horak*, Outsourcing bei Versicherungsunternehmen, 2011, S. 155–157.

aa) Gegenstand der Vorlage. In Abweichung vom früheren Recht für Erstversicherer[268] sind gegenüber der Aufsicht „Angaben zu Verträgen über die Ausgliederung wichtiger Funktionen oder Tätigkeiten" nötig. Zuvor waren Erstversicherer hingegen bereits dem Wortlaut der Vorschrift gemäß zur Vorlage der Funktionsausgliederungsverträge verpflichtet. Der Gesetzgeber hat insofern die Rechtslage hinsichtlich der Erst- und Rückversicherung vereinheitlicht und insofern an die für Rückversicherer angeglichen, für die vormals nur eine „Übersicht" über entsprechende Verträge geschuldet war.[269] Theoretisch wäre es somit wie bei den Unternehmensverträgen gemäß §§ 291, 292 AktG möglich, statt der Verträge deren wesentlichen Inhalte wiederzugeben, was allerdings wenig praktikabel erscheint, da die Aufsicht das komplette Vertragswerk benötigt, um die mit dem Vorlageerfordernis bezweckte Überwachungsfunktion erfüllen zu können. Die Vorlagepflicht erfasst Erst- und Rückversicherer gleichermaßen. Das gilt auch in Bezug auf die Vorlagepflicht während des laufenden Geschäftsbetriebs.[270] Hinzu tritt eine pauschale Auskunftspflicht für sämtliche Ausgliederungsverträge, von der die Aufsicht Gebrauch machen kann.[271] Für das Zulassungsverfahren ist unter Berücksichtigung dieser Ausgestaltung festzuhalten, dass es für Versicherer keinen Sinn macht, auf die **Vorlage der Verträge** selber verzichten zu wollen und nur allgemeine Angaben über sie zu machen, wenn die Aufsicht während des laufenden Geschäftsbetriebs ohne Weiteres auf die Verträge zugreifen kann. Erst mit der Vorlage der entsprechenden Verträge wird daher dem aufsichtsrechtlichen Erfordernis entsprochen. Das wird schließlich untermauert durch die ganzheitliche Betrachtung einer ordnungsgemäßen Geschäftsorganisation, die im Reflex eine korrespondierende aufsichtsbehördliche Begleitung notwendig macht. Die internen Festlegungen bezüglich der Outsourcing-Politik, die Art. 274 Abs. 1 der Delegierten Verordnung 2015/35 der EU-Kommission[272] gebieten,[273] müssen allerdings nicht per se vorgelegt werden. 91

bb) Begriff der Ausgliederung. Die Vorlagepflicht bezieht sich auf Ausgliederungsverträge. **Ausgliederung** erfasst dabei in Anknüpfung an § 7 Nr. 2 VAG – insoweit Art. 13 Nr. 28 der Solva II-RL folgend[274] – sowohl die unmittelbare Übertragung auf einen Dienstleister, der Versicherer oder Nichtversicherer sein darf, als auch die Weiterübertragung. Weiterreichend als das frühere Recht[275] werden aber nicht nur Funktionen, sondern auch Tätigkeiten erfasst. Auch dies findet in der Solva II-RL eine Entsprechung.[276] Eine Einschränkung besteht allerdings insofern, als die Anzeigepflicht wiederum nur wichtigen Ausgliederungen gilt. Für diese Verträge bestehen zudem besondere Anforderungen, wie sie der Regelung des § 32 Abs. 3 VAG zu entnehmen sind.[277] Die Solva II-RL stellt insofern auf kritische und wichtige Funktionen bzw. Tätigkeiten ab, was der deutsche Gesetzgeber auf wichtige Funktionen bzw. Tätigkeiten verkürzt hat. Im Rahmen der Auslegung ist allerdings der Richtlinienvorgabe insofern Rechnung zu tragen, dass wichtig immer auch kritische Auslagerungen sind, also solche, die in besonderer Weise risikobehaftet sind. 92

Welche Funktionen und Tätigkeiten ausgegliedert werden sollen, obliegt der eigenverantwortlichen **Entscheidung des Versicherers**. Ihm wird hierzu eine adäquate Risikobewertung abverlangt, die sicherstellen soll, dass durch Ausgliederungen keine Friktionen entstehen, die Versicherteninteressen bzw. eine wirksame Beaufsichtigung beeinträchtigen. Das bedarf eingehender Bewertung, Festlegung klarer Verantwortlichkeiten und fortlaufender Überwachung, was Notfallpläne einschließt.[278] Grundsätzlich können alle Funktionen und Tätigkeiten ausgegliedert werden.[279] Auch kann der Dienstleister, auf den die Funktion oder Tätigkeit ausgegliedert wird, die Aufgabe delegieren, soweit dies der mit dem Versicherer geschlossene Ausgliederungsvertrag zulässt.[280] 93

cc) Vertragliche Grundlage. Die Ausgliederung bedarf einer vertraglichen Grundlage. Das bedeutet, dass eine **verbindliche Vereinbarung** getroffen werden muss, die rechtlich durchsetzbar ist.[281] Bei dieser Vereinbarung handelt es sich um einen Dienstvertrag mit Geschäftsbesorgungscharakter im 94

---

[268] § 5 Abs. 3 Nr. 3, § 119 Abs. 2 Nr. 5 VAG a. F.

[269] § 119 Abs. 2 S. 2 Nr. 6 VAG a. F.; s. a. RegE VAG S. 236 (zu § 9 Abs. 4).

[270] § 47 Nr. 8 u. 9 VAG.

[271] § 305 Abs. 1 Nr. 1 VAG.

[272] ABl. EU 2015 L 12, 1.

[273] S. hierzu auch BaFin-Auslegungsentscheidung vom 21.12.2015 zum Outsourcing bei Versicherungsunternehmen, Ziff. 53 ff. (einschl. Due Diligence Prozess).

[274] S. a. Art. 274 Abs. 4 lit. k der Delegierten Verordnung der EU-Kommission 2015/35, ABl. EU 2015 L 12, 1.

[275] § 5 Abs. 3 Nr. 4, § 119 Abs. 2 S. 2 Nr. 6 VAG a. F.; insoweit zu verkürzt die Aussage in RegE VAG S. 236 (zu § 9 Abs. 4) zur Rückversicherung.

[276] Art. 38, 49 Solva II-Richtlinie.

[277] RegE VAG S. 246 (zu § 32 VAG).

[278] So bereits BaFin-Rundschreiben 3/2009 (MaRisk VA), Ziff. 8.2. u. 8.3.; s. a. mit weiterführenden Hinweisen *Loff* WM 2009, 780, 783 f.

[279] EIOPA Explanatory Text BoS-14/253 zu LL Governance, Ziff. 2.285 zu LL 60. Vgl. aber auch Rn. 101.

[280] EIOPA Explanatory Text BoS-14/253 zu LL Governance, Ziff. 2.286 zu LL 60.

[281] *Kagelmacher*, Dienstleistungsverträge und Funktionsausgliederungen im Versicherungsaufsichtsrecht, 1989, S. 141.

Sinne von § 675 BGB.[282] Im VAG ist kein dezidiertes Schriftformerfordernis für derartige Vereinbarungen vorgesehen.[283] Ein solches ergibt sich aber für kritische bzw. wichtige Ausgliederungen aus der DVO 2015/35 der EU-Kommission[284] und zwar sowohl für die Vereinbarung[285] als auch für die „Outsourcing-Politik".[286] Unbeschadet dessen wurden und werden Ausgliederungsverträge regelmäßig schriftlich geschlossen, zumal auch anders der aufsichtsrechtlichen Vorlagepflicht kaum entsprochen werden kann.[287] Hinzu kommt, dass die Versicherungsaufsicht zur Sicherstellung einer wirksamen Aufsicht auch in der Vergangenheit stets gewisse schriftliche Abreden verlangt hat.[288] Die Vorgaben der DVO tragen insofern universellen Charakter und sind daher für alle Ausgliederungen heranzuziehen.

95 **dd) Beteiligte Unternehmen.** Die Übertragung der Funktion bzw. Tätigkeit setzt eine gewisse **organisatorische Verselbständigung** voraus. Das bedeutet, dass die Funktion bzw. Tätigkeit, die übertragen wird, nicht untrennbar mit der Struktur des ausgliedernden Unternehmens verknüpft bleiben darf. Dazu genügt allerdings nicht eine bloße räumliche Verselbständigung, die im Übrigen selber keine zwingende Voraussetzung ist. Notwendig ist eine klare Herauslösung der Funktion bzw. Tätigkeit aus dem Versicherer.[289]

96 Eine Ausgliederung im Sinne des VAG setzt ferner voraus, dass es sich bei dem ausgliedernden Unternehmen um eine Gesellschaft handelt, die zum Geschäftsbetrieb der Erlaubnis bedarf. Das Unternehmen, das die Funktion übernehmen soll, muss grundsätzlich von einem Rechtsträger betrieben werden, der sich von dem des ausgliedernden Versicherers unterscheidet.[290] Das ist auch bei verbundenen Unternehmen, konzerneigenen Gemeinschaftseinrichtungen sowie anderen Konzernunternehmen anzunehmen, vorausgesetzt, es erfolgt tatsächlich eine Übernahme entsprechender Funktionen oder Tätigkeiten.[291] Rechtlich unselbständige Zweigstellen des Versicherers erfüllen diese Voraussetzungen allerdings grundsätzlich nicht.[292] Unerheblich ist, ob es sich bei dem übernehmenden Unternehmen um einen Versicherer oder einen **Nicht-Versicherer** handelt. So muss der Dienstleister auch nicht seinerseits der Aufsicht unterliegen.[293] Auch natürliche Personen kommen als Dienstleister in Betracht, vorausgesetzt sie stehen in keinem Anstellungsverhältnis zu dem ausgliedernden Versicherer. Auf die Kaufmannseigenschaft kommt es nach alledem ebenso wenig an wie auf die Rechtsform oder Rechtsfähigkeit. In Betracht kommt auch eine Subdelegation an einen weiteren Dienstleister.[294]

97 **ee) Dauerhaftigkeit.** Die Ausgliederung einer Funktion bzw. einer Tätigkeit setzt eine **gewisse Dauerhaftigkeit** voraus. Nur dann kann von einer wirklichen Ausgliederung gesprochen werden, mit der Risiken einhergehen, die einer besonderen aufsichtsrechtlichen Begleitung bedarf. Die Dauerhaftigkeit ist zu verneinen, wenn eine Funktion oder Tätigkeit nur vorübergehend oder kurzfristig delegiert wird. Derartige Maßnahmen sind als Zwischenschritte denkbar im Zuge von Unternehmens- oder Konzernumstrukturierungen.[295] In Betracht kann dies auch bei neugegründeten Versicherungsunternehmen kommen, wenn diese zunächst noch nicht alle Funktionen oder Tätigkeiten selber erfüllen.[296] Schließlich ist an eine einzelfallbezogene Einschaltung externer Experten zu denken.[297] In allen diesen Fällen bestehen besondere Umstände, die es rechtfertigen, entsprechende Verträge von den besonderen aufsichtsrechtlichen Vorgaben freizustellen. Das bedeutet aber keine vollständige Aufsichtsfreiheit. Im Rahmen der allgemeinen Missstandsaufsicht kann die Versicherungsaufsicht vielmehr auch gegen derartige Abreden vorgehen.

---

[282] *Kagelmacher,* Dienstleistungsverträge und Funktionsausgliederungen im Versicherungsaufsichtsrecht, 1989, S. 135.
[283] § 7 Nr. 2 VAG erfasst Vereinbarungen „jeglicher Form".
[284] ABl. EU 2015 L 12, 1.
[285] Art. 274 Abs. 3 lit. c, Abs. 4.
[286] Art. 274 Abs. 1.
[287] *Freiling/Schliemann/Bopp/Gehringer* VW 2006, 1306, 1307; s. a. BaFin-Auslegungsentscheidung vom 21.12.2015 zum Outsourcing bei Versicherungsunternehmen, Ziff. 24.
[288] BAV-Rundschreiben VerBAV 1976, 211.
[289] So bereits zum früheren Recht bezogen auf Funktionsausgliederungen *Kagelmacher,* Dienstleistungsverträge und Funktionsausgliederungen im Versicherungsaufsichtsrecht, 1989, S. 131 f.
[290] *Kagelmacher,* Dienstleistungsverträge und Funktionsausgliederungen im Versicherungsaufsichtsrecht, 1989, S. 131.
[291] *Kagelmacher,* Dienstleistungsverträge und Funktionsausgliederungen im Versicherungsaufsichtsrecht, 1989, S. 131, 139.
[292] *Zimmerer,* Die Ausgliederung von Betriebsteilen im Versicherungsaufsichtsrecht, 1989, S. 28.
[293] Vgl. § 7 Nr. 2 VAG.
[294] BaFin-Auslegungsentscheidung vom 21.12.2015 zum Outsourcing bei Versicherungsunternehmen, Ziff. 56.
[295] Korinek/G. Saria/S. Saria/*S. Saria* § 109 Rn. 8.
[296] Vgl. *Kagelmacher,* Dienstleistungsverträge und Funktionsausgliederungen im Versicherungsaufsichtsrecht, 1989, S. 140.
[297] *Eyles* WM 2000, 1217, 1220; Korinek/G. Saria/S. Saria/*S. Saria* § 109 Rn. 8.

98 Die erforderliche Dauerhaftigkeit ist jedenfalls bei Verträgen gegeben, die für **mehr als ein Jahr** geschlossen werden,[298] auch wenn eine vorherige Kündigung zulässig ist. Im Hinblick auf die besondere Bedeutung von Ausgliederungsverträgen, die Strukturen des Unternehmens unmittelbar tangieren, ist es nicht vertretbar, längere Zeiten,[299] als nicht dauerhaft anzusehen. Wird ein Vertrag für ein Jahr oder eine kürzere Zeit, aber mit Verlängerungsklausel geschlossen, steht dieser einem auf unbestimmte Zeit, also auf Dauer geschlossenen Vertrag gleich. Die Verankerung einer Verlängerungsmöglichkeit zeigt, dass von vornherein keine Befristung beabsichtigt ist. Folgt einem kurzfristigen Vertrag ohne Verlängerungsklausel ein neuer, im Wesentlichen inhaltsgleicher Vertrag oder wird dieser Vertrag nachträglich verlängert, ist ebenfalls von der notwendigen Dauerhaftigkeit auszugehen.[300] Soweit mitunter die Ansicht vertreten wird, eine zeitliche Grenze sei nicht zielführend, vielmehr seien an die Dauer an einer Ausgliederung um so geringere Anforderungen zu stellen, je wesentlicher der ausgelagerte Teil sei,[301] ist dem in dieser Pauschalität nicht beizupflichten. Die Erheblichkeit und die Dauerhaftigkeit sind grundsätzlich zwei unabhängig voneinander stehende Kriterien. Der gegenteiligen Auffassung ist nur insofern beizutreten, als im Ausnahmefall auch bei einer Laufzeit von weniger als einem Jahr die Dauerhaftigkeit bejaht werden kann, nämlich dann, wenn Gegenstand der Ausgliederung den Kern einer Schlüsselfunktion oder einer anderen wichtigen Funktion bildet und mit der Ausgliederung für das Unternehmen besondere Risiken verbunden sind, die über den unterjährigen Zeitraum hinweg Bedeutung erlangen können.

99 **ff) Räumlicher Kontext.** Wenngleich sich das Gesetz zu dem räumlichen Kontext einer Ausgliederung verschweigt, kann hieraus noch nicht der Schluss gezogen werden, jede **grenzüberschreitende Ausgliederung** sei aufsichtsrechtlich unproblematisch. Vielmehr wird es regelmäßig darauf ankommen, dass eine wirksame Aufsicht möglich bleibt.[302] Unproblematisch sind demzufolge Ausgliederungen auf EWR-ausländische Versicherer, die ihrerseits einer vergleichbaren Versicherungsaufsicht unterliegen, mit denen die deutsche Aufsicht nach Maßgabe europäischen Richtlinienrechts zusammenarbeitet.[303] Gegen eine derartige Ausgliederung kann auch nicht mit Erfolg eingewandt werden, hiermit werde das Gebot verletzt, dass der Ort der Hauptverwaltung im Inland gelegen sein muss. Die entsprechende Vorschrift des § 8 Abs. 3 VAG lässt nämlich die Möglichkeit einer Ausgliederung unberührt.[304] Handelt es sich um einen Nicht-Versicherer oder um ein Unternehmen, das außerhalb des EWR seinen Sitz hat, wird im Einzelfall zu prüfen sein, ob die Wirksamkeit der Aufsicht gewahrt werden kann. Entgegen der Gesetzesbegründung zum früheren Recht[305] wird dies jedenfalls nicht stets von vornherein zu verneinen sein. Vielmehr geht Art. 50 Abs. 1 lit. d der Solva II-Richtlinie von einer grundsätzlichen Zulässigkeit einer derartigen Ausgliederung aus.[306]

100 **gg) Funktionen.** Mit dem Begriff der Funktionen hat der Gesetzgeber ein Terminus der betriebswirtschaftlichen Organisationslehre gewählt. Funktion meint dabei **betriebliche Verrichtung** und damit einen Teil der Betriebsaufgabe bzw. des Betriebsziels.[307] Erfasst werden die Schlüsselfunktionen Risikomanagement, Compliance, interne Revision und Versicherungsmathematik. Weitere Funktionen stellen regelmäßig der Vertrieb, die Bestandsverwaltung, die Leistungsbearbeitung, das Rechnungswesen, die Vermögensanlage und die Vermögensverwaltung dar.[308] Zwar werden diese im Gesetz nicht mehr explizit genannt. Ein Rückgriff auf die frühere Bestimmung zur Funktionsausgliederung ist hiermit zur Konkretisierung der Vorgabe aber nicht blockiert. Da anders als nach dem früheren Recht keine weitere Begrenzung vorgegeben ist, können noch weitere Funktionen in Betracht kommen.[309] Dazu ist auch die EDV, soweit sie sich auf Versicherungstätigkeiten bezieht, zu rechnen.[310] Nicht erfasst werden die

---

[298] *Gabel/Steinhauer* VersR 2010, 177, 180; *Horak*, Outsourcing bei Versicherungsunternehmen, 2011, S. 47 u. 49; *Waclawik*, in: Halm/Engelbrecht/Krahe, Handbuch des Fachanwalts Versicherungsrecht, 5. Aufl., 2015, 5. Kapitel Rn. 182.

[299] Etwa drei Jahre, so *Kagelmacher*, Dienstleistungsverträge und Funktionsausgliederungen im Versicherungsaufsichtsrecht, 1989, S. 140.

[300] *Kagelmacher*, Dienstleistungsverträge und Funktionsausgliederungen im Versicherungsaufsichtsrecht, 1989, S. 141; *Zimmerer*, Die Ausgliederung von Betriebsteilen im Versicherungsaufsichtsrecht, 1989, S. 34; *v. Puskas* VW 1984, 432, 434.

[301] *Dreher/Ballmaier* VersR 2014, 8, 9.

[302] Vgl. Art. 49 Abs. 2 lit. c Solva II-RL; so bereits zum früheren Recht BAV-Verlautbarung GB BAV 1992, 41 f.

[303] So bereits zum früheren Recht Gesetzesbegründung, BR-Drs. 23/94, 144; *Golz*, Ausgewählte Fragen der Umsetzung der dritten Versicherungsrichtlinien, 1993, S. 10.

[304] Vgl. bereits zum früheren Recht Gesetzesbegründung, BR-Drs. 946/96, 37 aE; etwas anders akzentuiert von *Zeides*, Die rechtliche Behandlung der Zweigniederlassungen ausländischer Versicherungsunternehmen in Deutschland, 2004, S. 108.

[305] BR-Drs. 23/94, 144 f.

[306] Hierzu BaFin-Rundschreiben 2/2017 (VA) – MaGo, Rn. 246; s. a. BaFin-Auslegungsentscheidung vom 21.12.2015 zum Outsourcing bei Versicherungsunternehmen, Ziff. 57 für den Fall eines Sub-Dienstleisters.

[307] *Kagelmacher*, Dienstleistungsverträge und Funktionsausgliederungen im Versicherungsaufsichtsrecht, 1989, S. 107 f.

[308] S. a. BaFin-Rundschreiben 2/2017 (VA) – MaGo, Rn. 257.

[309] Vgl. hierzu EIOPA Explanatory Text BoS-14/253 zu LL Governance, Ziff. 2.291 zu LL 60.

[310] BaFin-Rundschreiben 2/2017 (VA) – MaGo, Rn. 257.

Personalverwaltung, die allgemeine Verwaltung und Sozialeinrichtungen.[311] Hier fehlt es an dem unmittelbaren Bezug zum Versicherungsgeschäft.[312] Einen gesetzlich gesondert geregelten Fall stellen die Geschäfte der Verwaltung von Versorgungseinrichtungen dar,[313] wenn die Versorgungseinrichtung ein Versicherungsunternehmen ist.[314]

101 Eine Funktionsausgliederung ist nicht schrankenlos möglich. Besonders bei den Schlüsselfunktionen ist grundsätzlich Vorsicht geboten,[315] wenngleich auch hier eine vollständige Auslagerung in Betracht kommt.[316] Allerdings sind von vornherein bestimmte Entscheidungen **nicht ausgliederungsfähig.**[317] Hierzu gehört die Leitungsaufgabe des Vorstands.[318] Entscheidungen über die Unternehmenspolitik dürfen daher nicht verlagert werden.[319] Dies umfasst die Unternehmensplanung, -organisation und -kontrolle. So kann etwa die Einrichtung des Risikomanagements[320] – auch bei einem Pensionsfonds[321] – nicht derart verschoben werden, dass hiermit die entsprechende Leitungsaufgabe des Versicherervorstands negiert wird.[322] Der Versicherer muss sich daher die Entscheidung vorbehalten, wie das Überwachungssystem eingerichtet und durchgeführt werden soll.[323] Auch bleibt er zu stichprobenartigen Überprüfungen verpflichtet.[324] Zu benennen ist zudem eine Person, die die Verantwortung für die ausgelagerte Schlüsselfunktion trägt.[325] Entsprechendes kann im Einzelfall auch für die Auslagerung anderer wichtiger Funktionen in Betracht kommen.[326] Strategische Grundentscheidungen und Koordinierungsaufgaben müssen stets beim Versicherer verbleiben.[327] Nicht ausgliederbar sind ferner in der Kredit- und Kautionsversicherung Entscheidungen über die Krediterteilung und Bürgschaftsübernahme[328] und – spartenübergreifend – in der Vermögensanlage Geschäfte von außergewöhnlicher Tragweite.[329]

102 Eine Funktionsausgliederung setzt per se – anders als nach § 5 Abs. 3 Nr. 4 und § 119 Abs. 2 S. 2 Nr. 6 VAG a. F. – nicht mehr zwingend voraus, dass die jeweilige Funktion ganz oder zu einem wesentlichen Teil übertragen wird (sog Wesentlichkeitserfordernis). Es genügt vielmehr, dass auch nur Teile einer Funktion ausgegliedert werden, wobei die Abgrenzung zur Ausgliederung von Tätigkeiten dann fließend werden, was aber wegen der insoweit gleichlautenden aufsichtsrechtlichen Anforderungen für eine Ausgliederung keine Relevanz hat. Im Hinblick auf das mit der aufsichtsrechtlichen Kontrolle von Ausgliederungen bezweckte Ziel, die Versicherten zu schützen (§ 294 Abs. 1 VAG), so wie dies Art. 49 Abs. 2 der Solva II-RL für die Ausgliederung wichtiger Funktionen näher spezifiziert, ist eine gewisse **Erheblichkeit**schwelle indiziert, die es zur Annahme einer Ausgliederung zu überschreiten gilt. Entsprechendes ist zudem aus § 296 Abs. 1 VAG ableitbar, wonach die Aufsicht generell Art, Umfang und Komplexität der Risiken angemessen zu berücksichtigen hat.[330] Insofern kann bei Ausglie-

---

311 *Michaels/Langheid* VW 2004, 800, 801; s. a. Korinek/G. Saria/S. Saria/*S. Saria* § 109 Rn. 7.

312 Vgl. *Eyles* WM 2000, 1217, 1229 zum Parallelfall des KWG.

313 Anlage 1 Nr. 24 zum VAG.

314 Vgl. § 1 Rn. 79 ff.

315 Bähr/*Bürkle* § 9 Rn. 62.

316 Vgl. BaFin-Rundschreiben 2/2017 (VA) – MaGo, Rn. 424 ff.; BaFin-Auslegungsentscheidung vom 1.1.2016 zu den allgemeinen Governance-Anforderungen an Versicherungsunternehmen, Rn. 137; *Horak*, Outsourcing bei Versicherungsunternehmen, 2011, S. 353. Das gilt namentlich auch für die interne Revision, so bereits BaFin-Rundschreiben 3/2009 (MaRisk VA), Ziff. 7.4.1, s. hierzu auch *Gabel/Steinhauer* VersR 2010, 177, 182 sowie *Dreher/Schaaf* VersR 2008, 1765, 1770 f. u. 1774.

317 Zu weiteren Maßgaben vgl. EIOPA Explanatory Text -BoS-14/253 DE zu LL Governance, LL 60 Ziff. 1.113 u. 1.117.

318 § 76 Abs. 1 AktG, § 188 Abs. 1 S. 2 VAG; vgl. BaFin-Auslegungsentscheidung vom 21.12.2015 zum Outsourcing bei Versicherungsunternehmen, Ziff. 10; BaFin-Rundschreiben 3/2009 (MaRisk VA), Ziff.8.2.; *Horak*, Outsourcing bei Versicherungsunternehmen, 2011, S. 353; *Loff* WM 2009, 780, 782.

319 So bereits BAV-Verlautbarung VerBAV 2001, 118.

320 § 26 f. VAG, § 91 Abs. 2 AktG.

321 Vgl. *Engländer/Slota* VW 2003, 311, 312.

322 BaFin-Rundschreiben 2/2017 (VA) – MaGo, Rn. 245; so im Ergebnis auch *Dreher/Schaaf* VersR 2008, 1765, 1771 u. 1774.

323 BaFin-Rundschreiben 2/2017 (VA) – MaGo, Rn. 243; so bereits BaFin-Rundschreiben 3/2009 (MA Risk VA), S. 10 (zu Ziff. 6).

324 So bereits BAV-Verlautbarung VerBAV 2001, 118.

325 Vgl. EIOPA Explanatory Text BoS-14/253 DE zu LL Governance, LL 14 Ziff. 1.46 u. 147; BaFin-Auslegungsentscheidung vom 1.1.2016 zu den allgemeinen Governance-Anforderungen an Versicherungsunternehmen, Rn. 138; BaFin-Auslegungsentscheidung vom 21.12.2015 zum Outsourcing bei Versicherungsunternehmen, Ziff. 40. Verbunden ist dies mit der Maßgabe der BaFin, dass diese Person nicht zwingend im Unternehmen tätig sein muss, sondern unter bestimmten Voraussetzungen auch in einem anderen Unternehmen derselben Gruppe beschäftigt sein kann, vgl. BaFin-Auslegungsentscheidung vom 1.1.2016 zu den allgemeinen Governance-Anforderungen an Versicherungsunternehmen, Rn. 139 f.

326 Vgl. BaFin-Auslegungsentscheidung vom 21.12.2015 zum Outsourcing bei Versicherungsunternehmen, Ziff. 40.

327 *Michaels/Langheid* VW 2004, 800, 804; *U. Müller* ZVersWiss 2000, 65, 82 f.; speziell zu den Kautelen bei einer Übertragung des Risikomanagements für die Vermögensanlage vgl. BaFin-Rundschreiben 15/2005 (VA) v. 20.8.2005, unter A. IX. 3. und *Freiling/Schliemann/Bopp/Gehringer* VW 2006, 1309 f.

328 BAV-Verlautbarungen VerBAV 1996, 135 f.; 2001, 118.

329 *U. Müller* ZVersWiss 2000, 65, 83.

330 Insoweit Art. 29 Abs. 3 Solva II-RL folgend, s. speziell zu Ausgliederungen auch *Gabel/Steinhauer* VersR 2010, 177, 180.

derungen auch an vormalige Differenzierungen angeknüpft werden. Danach werden unternehmerische Betätigungen erfasst, hingegen nicht bloße Hilfstätigkeiten. Anhaltspunkte für den Übergang unternehmerischer Funktionen können die Qualifikation des Personals im ausgegliederten Unternehmen, aber auch quantitative Gesichtspunkte[331] wie etwa das Auftragsvolumen sein.[332] Auch das Verhältnis des ausgegliederten Bereichs zum Gesamtumfang einer Funktion kann Indizwirkung haben.[333]

Entscheidend bleibt jedoch eine funktionsbezogene Betrachtung, von der auch nicht deshalb Abstand 103 genommen werden kann, weil mit ihr eine gewisse Rechtsunsicherheit verbunden sein mag.[334] Eine Übertragung der Funktion Vertrieb ist danach nur zu bejahen, wenn namentlich auch die Absatzplanung und -steuerung mitübertragen wird.[335] Dafür genügt es, wenn sachlich selbständige Teilaufgaben übergehen (sog **Unterfunktionen**), etwa der Vertrieb bestimmter Versicherungsarten oder -sparten[336] oder der Vertrieb in einer bestimmten Region,[337] vorausgesetzt die Region bzw. die Versicherungsart oder –sparte ist ihrerseits für das Unternehmen nicht von völlig untergeordneter Bedeutung. Wird das Prämieninkasso als wesentlicher Teil der Bestandsverwaltung von einem anderen Unternehmen übernommen, liegt ebenfalls eine Funktionsausgliederung vor.[338] Wird bei einer Mitversicherung die Leistungsbearbeitung auf den führenden Versicherer delegiert, ist ebenfalls grundsätzlich eine Funktionsausgliederung anzunehmen. Daran vermag sich jedenfalls nichts dadurch zu ändern, wenn unternehmerische Entscheidungen im Übrigen bei den Mitversicherern verbleiben.[339] Übernehmen Hilfspersonen, die ein anderes Unternehmen stellt, bestimmte Tätigkeiten, unterliegen dabei aber im Einzelfall den sachlichen Weisungen des Versicherers (sog **Hilfsfunktionen**), ist hiervon hingegen nicht auszugehen.[340] So stellen etwa fachliche Beratungsleistungen für die oben genannten Funktionen grundsätzlich keine Ausgliederung dar.[341]

Eine bloße Funktionsausgliederung ist allerdings nicht per se mit dem Übergang eines Betriebs oder 104 Betriebsteils nach **§ 613a BGB** gleichzusetzen.[342] Während im Falle einer Funktionsausgliederung lediglich eine Unternehmensfunktion verlagert wird, erfordert ein Betriebsübergang den Übergang einer wirtschaftlichen Einheit. Irritationen, die sich an der Definition des Betriebsübergangs im Zusammenhang mit einer Entscheidung des EuGH[343] zeitweilig entzündet hatten – mit dem Ergebnis die Übertragung einer betrieblichen Teilfunktion für einen Betriebsübergang ausreichen lassen zu wollen,[344] sind überwunden.[345] Der EuGH hat klargestellt, dass ein Betriebsübergang nur gegeben ist, wenn eine auf Dauer angelegte wirtschaftliche Einheit übergeht. Diese ist nur gegeben bei einer organisierten Gesamtheit von Personen und Sachen zur Ausübung einer wirtschaftlichen Tätigkeit mit eigener Zielsetzung.[346] Verträge, durch welche mehrere Versicherungsvereine auf Gegenseitigkeit unter einheitliche Leitung gestellt werden, stellen per se noch keine Funktionsausgliederungen dar.[347]

Werden **alle Funktionen** im Bereich des Delegierbaren ausgegliedert, liegt ebenfalls ein Fall der 105 Funktionsausgliederung vor. Der Versicherer betreibt das Versicherungsgeschäft dann nur noch formal selber. Es liegt auf der Hand, dass dies aufsichtsrechtlich einer besonderen Begleitung bedarf. So darf eine derartige Funktionsausgliederung im Ergebnis nicht dazu führen, dass der Geschäftsbetrieb faktisch nicht mehr von dem betreffenden Versicherer ausgeübt wird[348] bzw. werden kann.[349] Bei

[331] *Zimmerer,* Die Ausgliederung von Betriebsteilen im Versicherungsaufsichtsrecht, 1989, S. 30–32.
[332] *Kagelmacher,* Dienstleistungsverträge und Funktionsausgliederungen im Versicherungsaufsichtsrecht, 1989, S. 130.
[333] *Kagelmacher,* Dienstleistungsverträge und Funktionsausgliederungen im Versicherungsaufsichtsrecht, 1989, S. 131; s. a. BaFin-Auslegungsentscheidung vom 21.12.2015 zum Outsourcing bei Versicherungsunternehmen, Ziff. 21.
[334] *Barton,* Funktionsausgliederungsverträge im Versicherungsunternehmen, 2010, S. 14.
[335] Vgl. Gesetzesbegründung zum früheren Recht, BT-Drs. 9/1493, 20.
[336] *Kagelmacher,* Dienstleistungsverträge und Funktionsausgliederungen im Versicherungsaufsichtsrecht, 1989, S. 128 f.
[337] *Kagelmacher,* Dienstleistungsverträge und Funktionsausgliederungen im Versicherungsaufsichtsrecht, 1989, S. 130.
[338] *Zimmerer,* Die Ausgliederung von Betriebsteilen im Versicherungsaufsichtsrecht, 1989, S. 105 u. 123.
[339] A. M. *Ballmaier* ZVersWiss 2012, 629, 638 u. 641 f.
[340] Vgl. Gesetzesbegründung zum früheren Recht, BT-Drs. 9/1493, 20; *Kagelmacher,* Dienstleistungsverträge und Funktionsausgliederungen im Versicherungsaufsichtsrecht, 1989, S. 128.
[341] EIOPA Explanatory Text BoS-14/253 zu LL Governance, Ziff. 2.289 zu LL 60; BaFin-Auslegungsentscheidung vom 21.12.2015 zum Outsourcing bei Versicherungsunternehmen, Ziff. 18 f. (verbunden mit einem gewissen Vorbehalt).
[342] *Baeck/Lingemann* NJW 1997, 2492, 2494; *v. Westphalen* WM 1999, 1810, 1812; zu deren arbeitsrechtlichen Folgen vgl. *Gaul/Otto* DB 2002, 634 ff.
[343] *EuGH* Urt. v. 14.4.1994 – Rs. C – 392/92, NJW 1994, 2343 f.
[344] *Schiefer* MDR 1995, 330; *Junker* NJW 1994, 2527, 2528; *Waas* EuZW 1994, 528, 529 f.; *Ziemons* ZIP 1995, 987, 995; *Zwanziger* DB 1995, 1331; *Baeck/Lingemann* NJW 1997, 2492.
[345] *Heinze* DB 1997, 677, 678; *Baeck/Lingemann* NJW 1997, 2492, 2494.
[346] *EuGH* Urt. v. 10.12.1998 – verb. Rs. C-173-96 u. C-247-96, NJW 1999, 1697, 1698; Urt. v. 11.3.1997 – Rs. C-13/95, NJW 1997, 2039, 2040.
[347] *Martiensen,* Fusionen von Versicherungsvereinen auf Gegenseitigkeit, 2006, S. 362 f.; s. a. *Görg,* Der VVaG-Gleichordnungskonzern und seine Umstrukturierung in einen VVaG-Unterordnungskonzern, 2003, S. 16.
[348] Vgl. *Eyles* WM 2000, 1217, 1224 zum Parallelfall im KWG.
[349] Korinek/G. Saria/S. Saria/*S. Saria* § 109 Rn. 32.

Ausgliederung auf ein Maklerunternehmen und gleichzeitiger personeller Verflechtung zwischen Versicherer und Makler sind allerdings gewisse aufsichtsbehördliche Maßgaben unausweichlich.[350] Wird der gesamte Betrieb oder ein Teilbetrieb übertragen, liegt keine bloße Ausgliederung mehr vor. In diesem Fall kommt als übernehmende Gesellschaft nur ein anderer Versicherer in Betracht, der seinerseits über eine entsprechende aufsichtsbehördliche Zulassung verfügen muss.[351] Das VAG hält hierfür die Möglichkeit einer Bestandsübertragung nach § 13 VAG offen. Kein Fall der Funktionsausgliederung liegt ferner im Falle einer Abspaltung oder Ausgliederung nach dem Umwandlungsgesetz vor.[352] Hier greift § 14 VAG ein. Schließlich stellt die Beteiligung an Versicherungspools keine Funktionsausgliederung dar.

106 **hh) Tätigkeiten.** Die Anzeigepflicht betrifft aber nicht nur Funktionen, sondern auch Tätigkeiten. Der Begriff „Tätigkeiten" ist dabei als Oberbegriff zu den in § 7 Nr. 2 VAG[353] genannten Begrifflichkeiten „Prozess", „Dienstleistung" und „Tätigkeit" zu verstehen. Gemeint sind hiermit **Versicherungs-** bzw. Rückversicherungs**tätigkeiten**, wie sie in Art. 38 Abs. 1 und Art. 49 Abs. 1 der Solva II-RL angesprochen werden. Mit der Verwendung des bloßen Begriffs „Tätigkeit" in Art. 49 Abs. 2 und 3 der Solva II-RL ist insofern keine inhaltliche Abweichung verbunden. Vielmehr erfolgt hier nur eine sprachlich bedingte Verkürzung. Entsprechendes gilt für die Vorschrift des § 9 Abs. 4 Nr. 1 lit. c VAG, der insofern verkürzt die Begrifflichkeit des § 32 VAG wiedergibt. Das ergibt sich auch aus dem Sinn der Anzeigepflicht, die die Aufsicht zur Abwehr von Gefahren befähigen soll, die mit einer Ausgliederung für die Versicherten verbunden sein mögen. Derartige Gefahren können aber nur dort entstehen, wo ein Versicherungsbezug vorhanden ist, also bei Versicherungs- bzw. Rückversicherungstätigkeiten.[354] Im Übrigen gilt das zu Funktionen Gesagte entsprechend, namentlich zur aufsichtsrechtlichen Ausklammerung von Hilfsfunktionen.[355]

107 In Anknüpfung hieran werden auch bloße **Hilfstätigkeiten** nicht erfasst. Die Beauftragung selbständiger Versicherungsvertreter mit der Versicherungsvermittlung begründet daher keine Ausgliederung,[356] es sei denn, der Vermittler darf im Namen und für Rechnung des Versicherers Versicherungsverträge abschließen oder Schäden regulieren.[357] Die Wahrnehmung sonstiger unselbstständiger Teilaufgaben lässt im Regelfall nur den Schluss auf eine Hilfstätigkeit zu.[358] Das gilt etwa bei reinen Beratungsleistungen wie der Beauftragung eines externen Experten mit der Lösung von Einzelfallproblemen oder der Heranziehung anwaltlichen Rats für bestimmte Fallkonstellationen,[359] aber auch bei der Erstellung eines Vertragswerks und der Durchführung eines Prozesses durch Dritte oder bei Asset Management Gesellschaften, sofern diese ausschließlich Beratungsaufgaben in Bezug auf die Vermögensverwaltung übernehmen.[360] Entsprechendes ist selbst dann anzunehmen, wenn eine Beratungsfirma zu einem Kernbereich des Unternehmens ein eigenes Konzept erarbeitet, das der Versicherer ohne jegliche Änderungen übernehmen will.[361] Keine Tätigkeiten im Sinne von § 9 Abs. 4 Nr. 1 lit. c VAG stellen Auslagerungen etwa beim Gebäudemanagement, bei Caterings-,[362] Reinigungs- und Gärtnerdiensten sowie beim Fuhrparkmanagement und bei Reisebuchungen dar. Auch Maßnahmen der Beschaffung von Standardgütern wie etwa Büromöbeln werden nicht erfasst.[363] Hingegen kann eine Delegation der zentralen Meldepflicht von Art. 9 der EU-Verordnung über OTC-Derivate, zentrale Gegenparteien und Transaktionsregister (EMIR)[364] eine Auslagerung darstellen, wenn auf diese Weise ein Dritter verpflichtet werden soll, also ein von der Verordnung selber nicht Erfasster. Die Erbringung von Daten-

---

350 Vgl. BAV-Mitteilung VerBAV 2000, 207, 208.
351 Vgl. *Kagelmacher,* Dienstleistungsverträge und Funktionsausgliederungen im Versicherungsaufsichtsrecht, 1989, S. 127.
352 Vgl. *Eyles* WM 2000, 1217, 1221.
353 Insoweit Art. 13 Nr. 28 Solva II-RL folgend.
354 *Dreher/Ballmaier* VersR 2014, 8, 13; *Saria,* VersR 2016, 1081, 1083 (speziell bezogen auf Beistandsleistungen); weitergehend BaFin-Auslegungsentscheidung vom 21.12.2015 zum Outsourcing bei Versicherungsunternehmen, Ziff. 15 mit einem allerdings recht theoretischen Beispiel.
355 BaFin-Auslegungsentscheidung vom 21.12.2015 zum Outsourcing bei Versicherungsunternehmen, Ziff. 36; s. a. Rn. 102 f.
356 EIOPA Explanatory Text BoS-14/253 zu LL Governance, Ziff. 2.294 zu LL 61; vgl. auch Gesetzesbegründung zum früheren Recht, BT-Drs. 9/1493, 20; *Michaels/Langheid* VW 2004, 800, 801.
357 EIOPA Explanatory Text BoS-14/253 zu LL Governance, LL 61 und Ziff. 2.293; BaFin-Rundschreiben 2/2017 (VA) – MaGo, Rn. 281; BaFin-Auslegungsentscheidung vom 21.12.2015 zum Outsourcing bei Versicherungsunternehmen, Ziff. 37 f.
358 Vgl. *Kagelmacher,* Dienstleistungsverträge und Funktionsausgliederungen im Versicherungsaufsichtsrecht, 1989, S. 129.
359 BaFin Rundschreiben 2/2017 (VA) – MaGo, Rn. 240.
360 *U. Müller* ZVersWiss 2000, 65, 74.
361 *Kagelmacher,* Dienstleistungsverträge und Funktionsausgliederungen im Versicherungsaufsichtsrecht, 1989, S. 132; *Michaels/Langheid* VW 2004, 800, 801.
362 S. hierzu der Vorbehalt in BaFin-Rundschreiben 2/2017 (VA) – MaGo, Rn. 238.
363 S. hierzu auch EIOPA Explanatory Text BoS-14/253 zu LL Governance, Ziff. 2.292 zu LL 60.
364 ABl. EU 2012 L 201, 1.

speicherdiensten und entsprechender Systemwartung wird wegen der überragenden Bedeutung der EDV für jeden Versicherer hingegen als keine Hilfstätigkeit mehr angesehen.[365]

Die Übernahme der Aufgabe des **Geldwäschebeauftragten** durch einen Externen, wie dies etwa innerhalb von Unternehmensgruppen auch von der Versicherungsaufsicht bisher akzeptiert worden ist,[366] stellt zwar keine Funktionsausgliederung dar, da es sich bei der Tätigkeit des Geldwäschebeauftragten lediglich um eine wesentliche Hilfsfunktion handelt.[367] Allerdings kommt dieser Tätigkeit eine gewisse Bedeutung zu, so dass sie im Rahmen der Governance nicht vernachlässigt werden kann. Daher begründet sie aufsichtsrechtlich eine Ausgliederung. Das gilt auch für die Bestellung eines externen **Datenschutzbeauftragten**. Zu beachten ist hier allerdings, dass die Anforderungen des § 4f BDSG Vorrang vor weitergehenden aufsichtsrechtlichen Maßgaben einzuräumen ist. Das gilt namentlich für die Weisungsfreiheit in Bezug auf die fachliche Verantwortlichkeit des Datenschutzbeauftragten.[368] Soweit hiergegen eingewandt wird, die Tätigkeit habe keinen Versicherungsbezug,[369] ist dem nicht zu folgen. Vielmehr ist der Schutzbedarf personenbezogener Daten von Versicherten im Rahmen der Governance nicht zu vernachlässigen.[370] Dem steht auch nicht entgegen, dass der Versicherungsaufsicht grundsätzlich keine datenschutzrechtliche Kompetenz zusteht, diese vielmehr beim jeweiligen Landesdatenschutzbeauftragten (entscheidend ist hierfür der Sitz des Versicherers) liegt. Die Governance ist nämlich unbeschadet der jeweiligen behördlichen Zuständigkeitsverteilung ganzheitlich ausgerichtet, da sie insgesamt eine solide Unternehmensleitung gewährleisten soll.[371] Auf die organisatorische Selbständigkeit des übertragenen Arbeitsbereichs im ausgliedernden Unternehmen kommt es regelmäßig nicht an.[372] 108

ii) Wichtigkeit. Die Wichtigkeit der auszugliedernden Funktion ist für die Schlüsselfunktionen und die vormals ausdrücklich im Gesetz genannten Funktionen (§ 5 Abs. 3 Nr. 4, § 119 Abs. 2 S. 2 Nr. 6 VAG a. F.) stets anzunehmen.[373] Für die übrigen Funktionen und Tätigkeiten bemisst sie sich nach der mit einer entsprechenden Auslagerung verbundenen **Gefahr** für das betreffende Unternehmen. Heranzuziehen sind insofern die Bestimmungen des Art. 49 Abs. 2 der Solva II-RL und des hierauf beruhenden § 32 Abs. 3 VAG. Danach soll unterbunden werden 109
– eine wesentliche Beeinträchtigung der Qualität der Geschäftsorganisation,
– eine übermäßige Steigerung des operationellen Risikos, also des Verlustrisikos durch interne oder externe Ereignisse (Art. 13 Nr. 33 der Solva II-RL, § 7 Nr. 24 VAG),
– eine Beeinträchtigung der Überwachungsaufgabe der Aufsicht sowie
– eine Gefährdung der Dienstleistung für die Versicherungsnehmer.

Diese Gefahrenabwehr ist in Korrelation mit dem Ziel der Aufsicht zu sehen, nämlich den Schutz der Versicherten zu erreichen.[374] Dieses Ziel kann aber nur dann nennenswert tangiert sein, wenn der entsprechenden Funktion oder Versicherungstätigkeit ein gewisser Stellenwert zuzumessen ist. Eine gewisse Abschichtung folgt allerdings – wie erläutert –[375] bereits durch das Kriterium der Erheblichkeit der Funktion bzw. Tätigkeit. Unter Bezug auf die Vorgabe der Solva II-RL[376] ist wichtig in Auslegung des VAG jedenfalls auch eine „kritische" Auslagerung (im VAG nicht dezidiert erwähnt), also eine solche, die in besonderer Weise risikobehaftet ist. Insofern kann insgesamt auf die beispielhafte Aufzählung in den Erläuterungen zu den Begriffen „Funktionen" und „Tätigkeiten" verwiesen werden.[377]

2. Angaben bei bedeutenden Beteiligungen (Abs. 4 Nr. 2). Im Falle von bedeutenden Beteiligungen an Versicherern (§ 7 Nr. 3 VAG) sind bereits im Zulassungsverfahren bestimmte Angaben zu machen (§ 9 Abs. 4 Nr. 2 VAG). Hiermit wird Art. 24 der Solva II-RL Rechnung getragen. Die Regelung entspricht § 5 Abs. 5 Nr. 6 und § 119 Abs. 2 S. 2 Nr. 10 VAG a. F.[378] Über die bedeutenden Beteiligungen sind im Zulassungsverfahren folgende Angaben zu machen: 110

---

365 EIOPA Explanatory Text BoS-14/253 zu LL Governance, Ziff. 2.291 zu LL 60; anders noch *Spindler*, in: Hoeren/Spindler, Versicherungen im Internet – Rechtliche Rahmenbedingungen, 2002, S. 99, 235; *v. Puskas* VW 1984, 432, 434.

366 BAV-Verlautbarung VerBAV 1998, 135.

367 *Findeisen* WM 2000, 1234, 1238.

368 § 4f Abs. 3 S. 2 BDSG.

369 *Kähler* ZfV 2015, 149, 150 f.

370 *Decker* (VersR 2013, 287, 289) weist zutreffend allgemein auf das Vertrauen der Versicherten auf eine ordnungsgemäße Bestandsverwaltung des Versicherers hin.

371 § 32 Abs. 1 S. 2 VAG.

372 *Kagelmacher*, Dienstleistungsverträge und Funktionsausgliederungen im Versicherungsaufsichtsrecht, 1989, S. 129.

373 BaFin-Auslegungsentscheidung vom 21.12.2015 zum Outsourcing bei Versicherungsunternehmen, Ziff. 25 f.

374 Art. 27 Solva II-RL, § 294 Abs. 1 VAG.

375 Vgl. Rn. 102 f. u. 107 f.

376 Art. 49 Abs. 2 u. 3 Solva II-RL.

377 Vgl. Rn. 100 ff. u. 106 ff.

378 Vgl. RegE VAG 2014 S. 236 (zu § 9 Abs. 4 VAG) Lediglich der Vorbehalt gemäß § 9 Abs. 4 Nr. 2 lit. d VAG bezüglich der Herausgabe von Prüfungsberichten bestand vormals expressis verbis nur für Rückversicherer.

111 **(1) Inhaber und Höhe der Beteiligung (Abs. 4 Nr. 2 lit. a)** Hierzu zählen Angaben über die Person des Inhabers, Art und Höhe der Beteiligung, ggf. Rechtsform des Inhabers.[379]

112 **(2) Tatsachen, die für die Beurteilung der Eignung des Beteiligungsinhabers erforderlich sind (Abs. 4 Nr. 2 lit. b):** Die aufsichtsrechtlichen Anforderungen an Inhaber bedeutender Beteiligungen sind **§ 16 VAG** (unter Einbeziehung von § 11 Abs. 1 Nr. 3 und § 18 Abs. 1 Nr. 1, 5 u. 6 VAG) zu entnehmen. Im Zulassungsverfahren sind demgemäß nähere Angaben über die Person des Inhabers bzw. im Falle einer juristischen Person oder Personenhandelsgesellschaft über die gesetzlichen Vertreter bzw. persönlich haftenden Gesellschafter zu machen (Namen, ggf. Geburtsname, Anschrift, Staatsangehörigkeit, Geburtsort). Die Genannten müssen zudem eine Erklärung abgeben, ob gegen sie ein Straf-, ein einschlägiges Ordnungswidrigkeitenverfahren oder ein Verfahren zur Abgabe einer eidesstattlichen Versicherung anhängig ist bzw. war. Darüber hinaus kann die Aufsicht weitere Unterlagen (Lebenslauf, Nachweis über eine behördliche Zuverlässigkeitsprüfung, Auszug aus dem Gewerbezentralregister und Führungszeugnis – im Falle ausländischer Inhaber korrespondierende Nachweise –,[380] Gesellschaftsvertrag,) verlangen.[381] Sofern der Aufsicht entsprechende Unterlagen bereits vorliegen, sei es, weil es sich bei den Beteiligungsinhabern selber um Versicherer handelt, sei es, weil im Zuge anderer Beteiligungsverhältnisse Entsprechendes bereits offenbart worden ist, genügt ein entsprechender Hinweis auf frühere Meldungen.[382] Doppelangaben sind also entbehrlich.

113 (3) Jahresabschlüsse der letzten drei Geschäftsjahre zuzüglich Prüfungsberichte (jeweils sofern gegeben; § 9 Abs. 4 Nr. 2 **lit. c** VAG).

(4) Konzernstruktur (sofern der Beteiligungsinhaber einem Konzern angehört) und konsolidierte Konzernabschlüsse der letzten drei Geschäftsjahre zuzüglich Prüfungsberichte (jeweils sofern gegeben; § 9 Abs. 4 Nr. 2 **lit. d** VAG)

114 Die Versicherungsaufsicht wünscht aus Gründen der Übersichtlichkeit auch einen **Konzernspiegel**.[383] Die Verpflichtungen treffen das antragstellende Unternehmen, das auch im laufenden Geschäftsbetrieb Mitteilungspflichten zu erfüllen hat (§ 47 Nr. 5 u. 7 VAG). Hiervon unberührt bleibt, dass Anzeigepflichten auch für den Inhaber der Beteiligung bestehen (§ 17 VAG). Die Versicherungsaufsicht hat Formblätter entwickelt, mit denen die entsprechenden Meldungen erstattet werden können.[384] Zwingend ist deren Verwendung aber nicht.[385] Ihr Einsatz dient lediglich der Erleichterung und Vereinfachung des Verfahrens.[386] Die Vorlagepflicht bezüglich der Prüfungsberichte entfällt, wenn der Versicherer diese seinerseits nicht verlangen darf.

115 **3. Angaben über enge Unternehmensverbindungen (Abs. 4 Nr. 3).** Die Angabepflicht bzgl. enger Unternehmensverbindungen beruht auf Art. 19 der Solva II-RL und entspricht auch dem früheren Recht.[387] Anzugeben sind die Tatsachen, die auf eine enge Unternehmensverbindung hinweisen.[388] Die Versicherungsaufsicht hat für die Mitteilung ein Formblatt entwickelt, dessen sich die Unternehmen zwecks Vereinfachung des Meldeverfahrens bedienen können.[389] Auch entsprechende Änderungen im laufenden Geschäftsbetrieb sind anzeigepflichtig (§ 47 Nr. 6 VAG). § 7 Nr. 7 VAG bestimmt – basierend auf Art. 13 Nr. 17 der Solva II-RL, wann eine derartige enge Verbindung anzunehmen ist. Danach ist Voraussetzung eine Verbindung des Versicherers mit einer natürlichen oder einer anderen juristischen Person. Die kann sich durch eine entsprechende Beteiligung oder Kontrolle ergeben. Als **Beteiligung** gilt dabei in Anknüpfung an § 7 Nr. 4 VAG[390] das Halten von mindestens 20 % des Kapitals, der Stimmrechte oder (bei VVaG) des Gründungsstocks. **Kontrolle** setzt gemäß § 7 Nr. 16 VAG[391] einen beherrschen Einfluss voraus, wie er in § 290 HGB im Verhältnis zwischen einem Mutter- und einem Tochterunternehmen beschrieben wird. Dem ist der Fall gleichgestellt, wenn der Versicherer und eine weitere Person mit einer dritten Person durch ein Kontrollverhältnis dauerhaft verbunden sind. Aufsichtsrechtlich berücksichtigt wird damit auch die Verbindung mit einem Schwesterunternehmen, also eines Unternehmens, das mit dem Versicherer ein gemeinsames Mutterunternehmen hat. Gegenüber der Aufsicht ist hierauf basierend anzugeben, welcher Tatbestand (Beteiligung von 20 %, Mutter-, Tochter- oder Schwesterunternehmen) konkret vorliegt.

---

[379] Vgl. vormaliges BAV-Rundschreiben R 4/98, VerBAV 1998, 203 unter I 1.
[380] Vgl. hierzu Anhang 2 des BaFin-Merkblatts zur Inhaberkontrolle v. 27.11.2015.
[381] Vgl. vormaliges BAV-Rundschreiben R 4/98, VerBAV 1998, 203 unter I 2 u. 3.
[382] Vgl. vormaliges BAV-Rundschreiben R 4/98, VerBAV 1998, 203 unter I 6; *Mönnig*, Die aufsichtsbehördliche Überwachung der Inhaber bedeutender Beteiligungen an Versicherungsunternehmen, 2001, S. 144 f.
[383] Vgl. vormaliges BAV-Rundschreiben R 4/98, VerBAV 1998, 203 unter I 1 4.
[384] Vgl. Anlagen zum vormaligen BAV-Rundschreiben R 4/98, VerBAV 1998, 203.
[385] *Hirschmann*, Anteilseignerkontrolle im Versicherungs- und Kreditwirtschaftsrecht, 2000, S. 137.
[386] Vgl. die einleitenden Bemerkungen zum vormaligen BAV-Rundschreiben R 4/98, VerBAV 1998, 203.
[387] § 5 Abs. 5 Nr. 6a, § 119 Abs. 2 S. 2 Nr. 11 VAG a. F.
[388] *Fricke* VersR 2002, 1078, 1080.
[389] Vgl. Anlage 3 zum vormaligen BAV-Rundschreiben R 4/98, VerBAV 1998, 203.
[390] Vgl. Art. 13 Nr. 20 Solva II-RL.
[391] Vgl. Art. 13 Nr. 18 Solva-RL.

116 **4. AVB für Pflichtversicherungen (Abs. 4 Nr. 4).** Vorlagepflichten in Bezug auf Allgemeine Versicherungsbedingungen (AVB) bestehen für Pflichtversicherungen (§ 9 Abs. 4 Nr. 4 VAG).[392] Damit macht der deutsche Gesetzgeber von dem entsprechenden **Mitgliedstaatenwahlrecht** des Art. 181 Abs. 2 der Solva II-RL Gebrauch. Beschränkt ist dies auf die Nichtlebensversicherung, da nur hier die genannte Richtlinie eine solche Verfahrensweise eröffnet.

117 Bei den **AVB** handelt es sich dabei um die Allgemeinen Geschäftsbedingungen (AGB) der Versicherer. Maßgeblich ist die Begriffsdefinition von § 305 Abs. 1 S. 1 u. 2 BGB, wonach Allgemeine Geschäftsbedingungen alle für eine Vielzahl von Verträgen vorformulierte Vertragsbedingungen sind, die eine Vertragspartei der anderen Vertragspartei bei Abschluss eines Vertrags stellt. Auf die Bezeichnung der Bedingungen kommt es danach nicht an. Namentlich ist irrelevant, ob die Vertragsbedingungen als „Allgemeine" oder „Besondere Versicherungsbedingungen" ausgegeben werden. Dasselbe gilt für „Sonderbedingungen" oder „Zusatzbedingungen". Auch „Klauseln" stellen regelmäßig AGB dar.[393]

118 Keine AVB stellen hingegen Vertragsbedingungen dar, die zwischen den Vertragsparteien im Einzelnen **ausgehandelt** sind (§ 305 Abs. 1 S. 3 BGB). Bei sogenannten Individualklauseln, für die im Falle von Verbraucherverträgen bestimmte AGB-rechtliche Vorschriften Anwendung finden (§ 310 Abs. 3 Nr. 2 BGB), ist zu bedenken, dass diese eben nur im Einzelfall bedeutsam sind. Bei ihnen handelt es sich nämlich um vorformulierte Vertragsbedingungen, die nur zur einmaligen Verwendung bestimmt sind. Sie fallen damit nicht in den Schutzbereich des VAG, da dieses Gesetz stets auf die Gesamtbelange der Versicherten und nicht auf die Interessen des einzelnen Versicherten zielt.[394] Daher werden derartige Individualklauseln auch von der Vorlagepflicht nicht erfasst.[395]

119 Mit Pflichtversicherungen sind die Versicherungen gemeint, zu deren Abschluss eine gesetzliche (nicht etwa eine bloße vertragliche oder sonstige) Verpflichtung besteht. Die Vorlagepflicht für AVB ist aus guten Gründen auf diese Versicherungen beschränkt. Hier stellt sich nämlich die Frage, ob die Bedingungen dem gesetzlich vorgegebenen **Zweck** entsprechen. Hierzu genügt es allerdings nicht, wenn die Aufsicht lediglich entsprechende Mängel feststellt.[396] Sie hat sie vielmehr auch abzustellen. Darauf zielt auch die entsprechende Anzeigepflicht während des laufenden Geschäftsbetriebs (§ 47 Nr. 13 VAG).

120 **5. Mathematische Grundsätze und AVB für die Krankenversicherung (Abs. 4 Nr. 5).** Für die substitutive Krankenversicherung (§ 146 VAG) sind die Grundsätze für die Berechnung der Prämien und Rückstellungen sowie die AVB vorzulegen (§ 9 Abs. 4 Nr. 5 VAG). Eine **nicht-substitutive** Krankenversicherung bleibt, auch wenn sie nach Art der Lebensversicherung betrieben wird (§ 147 VAG), außer Betracht, was sich aus dem Sinnzusammenhang der Vorlagepflicht, dem Wortlaut der entsprechenden gesetzlichen Regelung (keine Bezugnahme von § 9 Abs. 4 Nr. 5 auf § 147 VAG) und schließlich auch aus der entsprechenden europarechtlichen Vorgabe[397] ergibt.

121 **a) Mathematische Grundsätze.** Die Grundsätze für die Berechnung der Prämien und versicherungstechnischen Rückstellungen gemäß § 341e bis § 341h HGB (§ 9 Abs. 4 Nr. 5 **lit. a** VAG) umfassen die Rechnungsgrundlagen, mathematischen Formeln, kalkulatorischen Herleitungen und Nachweise. Entsprechendes gilt im Falle der Verwendung neuer oder geänderter Grundsätze während des laufenden Geschäftsbetriebs (§ 158 Abs. 1 Nr. 2 VAG). Die Vorgaben entsprechen § 5 Abs. 5 Nr. 1a und § 13d Nr. 8 VAG a. F. Dass die kalkulatorischen **Herleitungen und Nachweise** ebenfalls vorzulegen sind, ist durch Gesetz v. 21.12.2000[398] ausdrücklich festgeschrieben worden, während die generelle Vorlagepflicht bereits mit dem Dritten Durchführungsgesetz/EWG zum VAG eingeführt worden ist.[399] Die Ergänzung hat dabei nur klarstellenden Charakter.[400] Erst die Herleitungen und Nachweise, bei denen es sich um das statistische Material zur Ermittlung der Rechnungsgrundlagen handelt, befähigt die Aufsicht nämlich zu einer Einschätzung, ob den Belangen der Versicherten ausreichend Rechnung getragen wird.[401]

122 Die Vorlagepflicht steht in Übereinstimmung mit der **Solva II-RL**, die den Mitgliedstaaten die Möglichkeit eröffnet, eine vorherige Mitteilung der technischen Grundlage für die Beitragsberechnung vorzusehen.[402] Die Richtlinie gestattet allerdings nur eine entsprechende Vorlage in Bezug auf die Prämienberechnung. Der deutsche Gesetzgeber hat dessen ungeachtet auch die Vorlage der

[392] Vormals § 5 Abs. 5 Nr. 1 VAG a. F.
[393] Zu dem Ganzen vgl. frühere Gesetzesbegründung, BR-Drs. 23/94, 146 sowie *Präve*, in: von Westphalen, Vertragsrecht und AGB-Klauselwerke, 2016, Stichwort: Allgemeine Versicherungsbedingungen, Rn. 262 ff. mwN.
[394] § 11 Abs. 1 Nr. 4 lit. a, § 294 Abs. 1 VAG; vgl. nur *Präve*, in: H. Müller/Golz/Washausen-Richter/Trommeshauser, 100 Jahre materielle Versicherungsaufsicht in Deutschland, Bonn, 2001, S. 201, 205.
[395] Siehe auch vormalige Gesetzesbegründung, BR-Drs. 23/94, 146.
[396] So auch die vormalige Gesetzesbegründung, BR-Drs. 23/94, 146.
[397] Art. 206 Abs. 2 Solva II-RL eröffnet nur ein entsprechend eingeschränktes Wahlrecht.
[398] Art. 1 Nr. 3 lit. b Doppelbuchstabe aa; BGBl. I 1857.
[399] Art. 1 Nr. 2 lit. c Doppelbuchstabe bb des Gesetzes v. 21.7.1994, BGBl. I 1630.
[400] Vgl. Gesetzesbegründung, BT-Drs. 14/4453, 67 f.; *Präve* VersR 2001, 133, 137; *Fricke* NVersZ 2001, 97, 99.
[401] *BVerwG* Urt. v. 4.5.1999 – 1 A 2/97, VersR 1999, 1001, 1002–1004 = NVwZ 1999, 991.
[402] Art. 206 Abs. 2 lit. a Solva II-RL.

Grundsätze für die Berechnung der versicherungstechnischen Rückstellungen zur Pflicht gemacht und dies damit begründet, dass ein Betrieb der Krankenversicherung nach Art der Lebensversicherung ohne eine versicherungsmathematische Berechnungsmethode nicht möglich sei.[403] Zwingend ist diese Begründung allerdings kaum, da die Notwendigkeit einer solchen Methode nichts über das Erfordernis einer korrespondierenden Vorlage sagt. Im Übrigen ist auch das BVerwG in einer Entscheidung zur Vorlage der Herleitungen und Nachweise erkennbar nur von der Überprüfung der Prämienberechnung ausgegangen, ohne etwas zur Einbeziehung der Rückstellungsberechnung zu sagen.[404] Andererseits ist nicht ersichtlich, weshalb insofern zwischen der Lebens- und Krankenversicherung ein signifikanter Unterschied bestehen soll, denn in der Lebensversicherung erlaubt die Richtlinie ausdrücklich die Übermittlung auch der Berechnungsgrundsätze für versicherungstechnische Rückstellungen (hier allerdings nur außerhalb des Zulassungsverfahrens).[405] Daher erscheint es immerhin vertretbar, die globale Bezugnahme in der Solva II-RL so zu konkretisieren, wie dies im VAG zum Ausdruck kommt.

123 **b) AVB.** In der substitutiven Krankenversicherung sind zudem die AVB[406] vorzulegen (§ 9 Abs. 4 Nr. 5 **lit. b** VAG). Auch für den laufenden Geschäftsbetrieb besteht eine korrespondierende Pflicht (§ 158 Abs. 1 Nr. 1 VAG). Das frühere Recht enthielt entsprechende Maßgaben (§ 5 Abs. 5 Nr. 1, § 13d Nr. 7 VAG a. F.). Die Aufsicht wird insofern befähigt, sicherzustellen, dass eine substitutive Krankenversicherung ihrer **Zweckbestimmung** entspricht, nämlich einen vollständigen oder teilweisen Ersatz für die gesetzliche Krankenversicherung zu leisten.[407] Hierzu genügt es allerdings nicht, wenn die Aufsicht lediglich entsprechende Mängel feststellt.[408] Sie hat sie vielmehr auch abzustellen, wobei allerdings die nicht sehr konturfeste Richtlinien-Erwägung zur substitutiven Krankenversicherung zu berücksichtigen ist, dass eine Überprüfung der entsprechenden AVB keine Vorbedingung für den Vertrieb des Produkts sein soll.[409] Das kann die Aufsicht allerdings nicht hindern, im Einzelfall auch eine Zulassung zu verweigern, wenn der beabsichtigte Geschäftsbetrieb ausschließlich auf den Vertrieb eines unzulässigen Produkts in dem genannten Segment zielt.[410] Die Vorlagepflichten selber sind europarechtlich unbedenklich. Für die substitutive Krankenversicherung darf gemäß Art. 206 Abs. 1 lit. b der Solva II-RL die vorherige Mitteilung der AVB vorgesehen werden. Von diesem Wahlrecht hat Deutschland Gebrauch gemacht.[411]

124 **6. Schadenregulierungsbeauftragte (Abs. 4 Nr. 6).** Im Falle der **Kraftfahrzeughaftpflichtversicherung** (Anlage 1 Nr. 10 lit. a VAG) hat der Versicherer den Namen und die Anschrift der Schadenregulierungsbeauftragten (§ 163 VAG)[412] mitzuteilen. Damit wird Art. 18 Abs. 1 lit. h der Solva II-RL Rechnung getragen. Die Umsetzung erfolgte beruhend auf früherem Richtlinienrecht durch Art. 2 Nr. 2 des Gesetzes zur Änderung des Pflichtversicherungsgesetzes und anderer versicherungsrechtlicher Vorschriften v. 10.7.2002[413] und war vormals in § 5 Abs. 5 Nr. 8 VAG a. F. enthalten. Die Bestimmung dient der Sicherstellung der aufsichtsbehördlichen Überprüfung.[414] Die mangelnde Bestellung von Schadenregulierungsbeauftragten führt zwingend zur Versagung der Erlaubnis,[415] mangelnde Angaben können zur Versagung führen (§ 11 Abs. 2 S. 3 VAG).

125 **V. Anhörung anderer zuständiger Stellen (Abs. 5).** Die Vorschrift gibt der Aufsicht in bestimmten Fallkonstellationen die Anhörung anderer zuständiger Stellen im EWR auf. Sie beruht auf Art. 26 der **Solva II-RL** und entspricht im Wesentlichen § 5a VAG a. F.[416]

126 Es handelt sich um eine **Anhörungspflicht (S. 1)**. Anhörung bedeutet dabei, der anderen Stelle die Gelegenheit zur Stellungnahme zu geben. Ob diese hiervon Gebrauch macht, ist dabei ihr überlassen. Die Anhörung hat vor Erteilung der Erlaubnis zu erfolgen, was bedeutet, dass der anderen Stelle Zeit für eine Stellungnahme einzuräumen ist. Die Wirksamkeit der Erlaubnis wird von einer unterbliebenen Erlaubnis nicht berührt, da mit der Anhörungspflicht lediglich intern zwischen den beteiligten Behörden die Sicherung weiterer Informationen bezweckt ist. Von vornherein nicht betroffen sind Erlaubnisverfahren für Sterbekassen (§ 218 VAG) und Haftpflichtversicherungseinrichtungen der Berufsgenossenschaften (§ 1 Abs. 4 VAG), da hier regelmäßig aufgrund des ausschließlich auf das Inland fokussierten Geschäftsbetriebs kein Erkenntnisgewinn für die Aufsicht zu erwarten ist.

[403] Gesetzesbegründung, BR-Drs. 23/94, 148.
[404] *BVerwG* Urt. v. 4.5.1999 – 1 A 2/97, VersR 1999, 1001, 1003 f. = NVwZ 1999, 991.
[405] Art. 21 Abs. 1 UAbs. 2 Solva II-RL.
[406] Vgl. hierzu Rn. 117 f.
[407] So zutreffend die vormalige Gesetzesbegründung, BR-Drs. 23/94, 145.
[408] So auch die vormalige Gesetzesbegründung, BR-Drs. 23/94, 146.
[409] 84. Erwägungsgrund der Solva II-Richtlinie.
[410] § 11 Abs. 1 Nr. 4 lit. a VAG.
[411] Vgl. Gesetzesbegründung, BR-Drs. 23/94, 145 f.; *Sahmer* ZfV 1996, 483.
[412] Zu deren Aufgaben vgl. § 163 VAG Rn. 7.
[413] BGBl. I 2586.
[414] Gesetzesbegründung, BT-Drs. 14/8770, 17.
[415] Vgl. § 163 VAG Rn. 5.
[416] RegE VAG 2014 S. 236 (zu § 9 Abs. 5).

Eine Anhörung hat ansonsten in den folgenden **zwei Fällen** zu erfolgen: 127
(1) Das antragstellende Unternehmen ist Tochter- oder Schwesterunternehmen bestimmter anderer Gesellschaften und das Mutter- oder Schwesterunternehmen ist im EWR zum Geschäftsbetrieb zugelassen (**S. 1 Nr. 1**). Bei den anderen Gesellschaften muss es sich um einen Versicherer (§ 7 Nr. 33 VAG), ein CRR-Kreditinstitut (§ 1 Abs. 3d S. 1 KWG), ein E-Geld-Institut (§ 1 Abs. 3d S. 6 KWG) oder ein Wertpapierhandelsunternehmen (§ 1 Abs. 3d S. 4 KWG) handeln. Tochterunternehmen ist gemäß § 7 Nr. 29 VAG ein Tochterunternehmen im Sinne des § 290 HGB, eigene Tochterunternehmen werden dabei miterfasst. Schwesterunternehmen ist gemäß **S. 3** ein Unternehmen, das mit einem anderen Unternehmen ein gemeinsames Mutterunternehmen hat. Mutterunternehmen ist schließlich gemäß § 7 Nr. 23 VAG ein Unternehmen im Sinne von Art. 1 der Richtlinie 83/349/EWG.

(2) Das antragstellende Unternehmen wird durch dieselben natürlichen Personen oder Unternehmen kontrolliert (dh beherrscht im Sinne von § 290 HGB), die einen Versicherer, ein CRR-Kreditinstitut, ein E-Geld-Institut oder ein Wertpapierhandelsunternehmen mit Sitz im EWR-Ausland kontrollieren (**S. 1 Nr. 2**).

Zuständige Stelle ist diejenige Aufsichtsbehörde,[417] in dessen Land das Mutterunternehmen, das Schwesterunternehmen oder das kontrollierende Unternehmen seinen Sitz oder die kontrollierende natürliche Person ihren gewöhnlichen Aufenthalt hat (**S. 2**). Der Hintergrund dieser Vorgabe erhellt sich in der Regelung von **S. 4**, der zufolge sich die Aufsicht vornehmlich ergänzende Informationen über leitende Personen bzw. Personen mit Schlüsselaufgaben (§ 24 VAG) und Inhaber bedeutender Beteiligungen (§ 16 VAG) derselben Gruppe sowie Hinweise zur Eigenmittelausstattung (§ 89 VAG) erhofft. Auch andere, die Zulassung berührende Informationen können bei Bedarf so abgerufen werden. Letztlich dient die Regelung damit einer effektiven Zusammenarbeit der Aufsichtsbehörden im EWR, um vorhandene Erkenntnisquellen im gesamten EWR nutzen zu können. 128

Umfang der Erlaubnis

10 (1) [1]**Die Aufsichtsbehörde erteilt die Erlaubnis unbefristet, wenn sich nicht aus dem Geschäftsplan etwas anderes ergibt.** [2]**Die Erlaubnis gilt für das Gebiet aller Mitglied- oder Vertragsstaaten.**

(2) [1]**Unternehmen, die nur die Erstversicherung oder die Erst- und Rückversicherung betreiben wollen, wird die Erlaubnis für jede der in der Anlage 1 genannten Versicherungssparten gesondert erteilt.** [2]**Sie bezieht sich jeweils auf die ganze Sparte, es sei denn, dass das Unternehmen nach seinem Geschäftsplan nur einen Teil der Risiken dieser Versicherungssparte decken will.** [3]**Die Erlaubnis kann auch für mehrere Versicherungssparten gemeinsam unter den in der Anlage 2 genannten Bezeichnungen erteilt werden.**

(3) [1]**Unternehmen, die ausschließlich die Rückversicherung betreiben wollen, wird die Erlaubnis für die Schaden- und Unfall-Rückversicherung einschließlich der Personen-Rückversicherung, soweit sie nicht Lebens-Rückversicherung ist (Nichtlebens-Rückversicherung), die Lebens-Rückversicherung oder für alle Arten der Rückversicherung erteilt.** [2]**Die Erlaubnis wird für alle Arten der Rückversicherung erteilt, wenn sich nicht aus Antrag oder Geschäftsplan etwas anderes ergibt.**

(4) [1]**Eine für eine oder mehrere Sparten erteilte Erlaubnis umfasst auch die Deckung zusätzlicher Risiken aus anderen Versicherungssparten, wenn diese Risiken im Zusammenhang mit einem Risiko einer betriebenen Versicherungssparte stehen, denselben Gegenstand betreffen und durch denselben Vertrag gedeckt werden.** [2]**Risiken, die unter die in der Anlage 1 Nummer 14, 15 und 17 genannten Versicherungssparten fallen, werden nicht als zusätzliche Risiken von der Erlaubnis zum Betrieb anderer Sparten umfasst.** [3]**Risiken, die unter die in der Anlage 1 Nummer 17 genannte Versicherungssparte fallen, werden jedoch unter den Voraussetzungen des Satzes 1 von der Erlaubnis für andere Sparten umfasst, wenn sie sich auf Streitigkeiten oder Ansprüche beziehen, die aus dem Einsatz von Schiffen auf See entstehen oder mit deren Einsatz verbunden sind, oder wenn die Erlaubnis zum Betrieb der in der Anlage 1 Nummer 18 Buchstabe a genannten Sparte erteilt wird.**

I. Allgemeines. 1. Entstehungsgeschichte. § 10 VAG entspricht im Wesentlichen den vormaligen Regelungen von § 6 Abs. 1 bis 4 und § 120 Abs. 2 u. 3 VAG a. F.[1] Für Erst- und Rückversicherer wird – in Änderung des früheren Rechts – eine zusammenfassende Regelung für den Erlaubnisumfang getroffen. Durchbrochen wird dies lediglich mit § 10 Abs. 3 VAG, der eine Spezialregelung nur für die Rückversicherung enthält. 1

[417] Vgl. Art. 26 Abs. 1 Solva II-RL.
[1] RegE VAG 2014 S. 236 (zu § 10 VAG).

2 **2. Normzweck.** Im Zentrum von § 10 VAG steht die Verankerung des **Single-licence-**Prinzips, wonach Erst- und Rückversicherern die Erlaubnis zum Geschäftsbetrieb für den gesamten Europäischen Wirtschaftsraum (EWR: Staaten der EU sowie Island, Liechtenstein und Norwegen) von der zuständigen Sitzlandbehörde erteilt wird. Hierbei handelt es sich um einen Eckpfeiler der europäischen Regulierung. Darüber hinaus präzisiert § 10 VAG auch den Erlaubnisumfang in zeitlicher und gegenständlicher Hinsicht, damit auch insofern Klarheit in Bezug auf die Grenzen der Erlaubnis bestehen, was Bedeutung für die strafrechtliche Sanktionierung (§ 331 Abs. 1 Nr. 1 VAG) erlangt. § 10 VAG zielt insofern auf die Herstellung von Rechtssicherheit.

3 **3. Europarechtlicher Hintergrund.** Mit § 10 VAG werden die Art. 15 und 16 der **Solva II-Richtlinie** umgesetzt.

4 **II. Zeitliche und räumliche Geltung der Erlaubnis (Abs. 1).** Grundsätzlich gilt, dass die Erlaubnis weder zeitlich noch (bezogen auf den EWR) räumlich begrenzt ist. Eine **Befristung** kommt allerdings in Betracht, wenn das betreffende Unternehmen sie begehrt (§ 10 Abs. 1 **S. 1** VAG). Dann kommt der allgemeine Grundsatz des deutschen Verwaltungsrechts zum Zuge, dass niemandem mehr bewilligt werden darf, als er beantragt hat (sog Verbot der aufgedrängten Erlaubnis). Ergibt sich also aus den Antragsunterlagen, dass ein Unternehmen in einem bestimmten Umfang nur zeitlich begrenzt tätig werden will, ist dies bei der Erteilung der Erlaubnis zu berücksichtigen (§ 36 Abs. 2 Nr. 1 VwVfG). Ergibt sich, wie dies nahezu regelmäßig anzunehmen sein wird, kein entsprechender Wille des Unternehmens, gilt, dass die Erlaubnis zeitlich unbeschränkt gilt.

5 Das Verbot der aufgedrängten Erlaubnis kommt allerdings hinsichtlich der räumlichen Geltung der Erlaubnis nicht zum Zuge. Auch wenn das Unternehmen seinen Antrag insofern entsprechend beschränkt, hat die Aufsicht die Erlaubnis für sämtliche Mitglied- und Vetragsstaaten (§ 7 Nr. 22 VAG), also für den **gesamten EWR** zu erteilen (§ 10 Abs. 1 **S. 2** VAG; sog Europäischer Pass). Diese Verfahrensweise ist europarechtlich vorgegeben,[2] so dass auch der deutsche Gesetzgeber, anders als bei einer möglichen zeitlichen Beschränkung (für diese gibt es kein entgegenstehendes Richtlinienrecht), zu einer entsprechenden Festschreibung verpflichtet ist.[3] Die Erlaubnis ist dabei kein supranationaler Akt der Gemeinschaft, sondern entfaltet seine Wirkung aufgrund von § 10 VAG. Sie wird daher mitunter als „transnationaler Verwaltungsakt" eingestuft.[4] Für Erstversicherer bedeutet das aber noch nicht, dass eine derartige Erlaubnis unmittelbar den Betrieb des Versicherungsgeschäftes in allen Staaten des EWR gestatten würde. Dies setzt vielmehr eine vorherige Anmeldung nach Maßgabe der § 58 bzw. § 59 VAG voraus. Auch satzungsmäßig müssen hierzu die notwendigen Festlegungen getroffen sein.[5] Hieraus ergibt sich, dass weder in zeitlicher noch in räumlicher Hinsicht ein Tätigwerden erzwungen wird. Sofern ein Erst- oder Rückversicherer auch in Drittstaaten tätigen werden will, sind die entsprechenden Genehmigungsanträge nach § 12 VAG zu stellen.[6] Im Falle von Sterbekassen ist § 10 Abs. 1 S. 2 VAG einschränkend dahingehend auszulegen, dass die Erlaubnis nur für Deutschland erteilt wird.[7] Für Pensionskassen und Pensionsfonds bestehen keine derartigen Besonderheiten mehr.[8] Wenngleich die Solva II-Richtlinie auf sie keine Anwendung findet,[9] eröffnet das VAG[10] in Umsetzung der Pensionsfondsrichtlinie[11] eine vergleichbare Möglichkeit grenzüberschreitender Tätigkeit im EWR.[12]

6 **III. Spartenbezug der Erlaubnis (Abs. 2).** Die Erlaubnis wird bei Erstversicherern (die Rückversicherungstätigkeit ggf. einschließend) nicht für den Betrieb des Versicherungsgeschäfts global erteilt, sondern **für jede Versicherungssparte gesondert** (§ 10 Abs. 2 **S. 1** VAG),[13] was allerdings die Zusammenfassung in einem Dokument nicht hindert. Maßgebend ist die in der Anlage 1 zum VAG enthaltene Einteilung. Diese ist ihrerseits europaweit harmonisiert.[14] Damit korrespondiert die Erlaubnis mit den fach- und damit zwangsläufig auch spartenbezogenen Unterlagen, die im Zulassungsverfahren vorzulegen sind. Die Erlaubnis muss allerdings nicht zwingend eine gesamte Versicherungssparte umfassen. Das Unternehmen hat es vielmehr in der Hand, seinen Erlaubnisantrag auf einen Teil der Risiken einer Sparte zu beschränken. Anders als bei einer räumlichen Begrenzung des Geschäftsbetriebs kommt bei seiner gegenständlichen Einschränkung der Grundsatz des Verbots der aufgedrängten Erlaubnis voll

[2] Art. 15 Abs. 1 der Solva II-RL.
[3] Vgl. vormalige Gesetzesbegründung, BR-Drs. 23/94, 151 f.
[4] *Zens*, Die Zusammenarbeit der Versicherungsaufsichtsbehörden in der Europäischen Gemeinschaft, 2005, S. 81; *Royla*, Grenzüberschreitende Finanzmarktaufsicht in der EG, 2000, S. 63.
[5] Vgl. Gesetzesbegründung, BR-Drs. 23/94, 152.
[6] Vgl. speziell zu Rückversicherern auch RegE VAG 2014 S. 236 (zu § 10 VAG).
[7] Der Inlandsbezug bei Sterbekassen ergibt sich aus § 218 Abs. 1 VAG.
[8] Vgl. zum früheren Recht nur Prölss/*Präve* 12. Aufl. 2005, § 6 Rn. 3 f.
[9] Vgl. zu Pensionskassen nur Bähr/*Laars* § 31 Rn. 82.
[10] §§ 241 ff. VAG.
[11] ABl. EU 2003 L 235, 10.
[12] Art. 20 der Richtlinie.
[13] Die Vorschrift folgt insofern Art. 15 Abs. 2 UAbs. 1 und 2 der Solva II-RL.
[14] Anhang I und II der Solva II-RL.

zum Zuge. In diesem Fall wird eine dem Antrag entsprechend eingeschränkte Erlaubnis erteilt (§ 10 Abs. 2 **S. 2** VAG).[15] Die Erlaubnis kann für mehrere Sparten zusammengefasst erteilt werden (§ 10 Abs. 2 **S. 3** VAG). Maßgebend sind in diesem Fall die in Anlage 2 zum VAG enthaltenen Bezeichnungen. Damit wird von einer Option Gebrauch gemacht, die das europäische Richtlinienrecht für den Bereich der Nichtlebensversicherung eröffnet.[16] Für die Lebensversicherung gibt es keine entsprechende Möglichkeit.

IV. Erlaubnis für Rückversicherer (Abs. 3). Für Rückversicherer wird in Anknüpfung an Art. 15 Abs. 5 der Solva II-Richtlinie die Erlaubnis für die Nichtlebensrückversicherung (diese umfasst auch die Krankenversicherung), die Lebensrückversicherung oder alle Arten der Rückversicherung erteilt (§ 10 Abs. 3 **S. 1** VAG). Maßgeblich ist insofern der jeweilige **Antrag**. Soweit sich aus ihm und dem Geschäftsplan nichts Einschränkendes ergibt, wird die Erlaubnis für alle Arten der Rückversicherung erteilt (§ 10 Abs. 3 **S. 2** VAG). Die Vorgabe von § 10 Abs. 3 VAG gilt nur für Unternehmen, die ausschließlich die Rückversicherung betreiben. Für Erstversicherer, die zusätzlich Rückversicherungsgeschäft tätigen, findet die Regelung keine Anwendung. Hier ergibt sich aufgrund des Spartentrennungsgebots des § 8 Abs. 4 S. 2 VAG eine korrespondierende Begrenzung. 7

V. Deckung von Zusatzrisiken (Abs. 4). Die spartenbezogene Erlaubnis kann auch bestimmte **Risiken anderer Sparten** umfassen. Voraussetzung ist, dass diese Risiken mit dem der betriebenen Sparte im Zusammenhang stehen, denselben Gegenstand betreffen und durch denselben Vertrag gedeckt werden (§ 10 Abs. 4 **S. 1** VAG). Danach kann sich etwa ein Versicherer im Rahmen einer Kfz-Haftpflichtversicherung vertraglich zu einer Direktregulierung verpflichten, also zu einer Schadenabwicklung unmittelbar gegenüber dem Geschädigten.[17] Hingegen kommt eine Zuordnung des Krankheitsrisikos zur Sparte Unfall nicht in Betracht.[18] Der Grundsatz ist im europäischen Richtlinienrecht nur für die Nichtlebensversicherung ausgesprochen,[19] im VAG aber nicht entsprechend eingeschränkt worden. Die Aufsicht rekurriert daher mitunter auch in der Lebensversicherung auf diese Regelung.[20] Letztlich trägt die Regelung einem praktischen Bedürfnis Rechnung, berücksichtigt man, dass die Abgrenzung der einzelnen Sparten zueinander nicht immer trennscharf möglich ist und der gewählten Einteilung etwas Künstlich-Gegriffenes anhaftet. Zu beachten ist allerdings, dass angesichts der Spartentrennungsgebote für die Lebens- und substitutive Krankenversicherung (§ 8 Abs. 4 S. 2 VAG) die Bestimmung dort ihre Grenze finden muss, wo sie diesen Geboten zuwiderläuft. In der Lebens- und substitutiven Krankenversicherung wird daher darauf zu achten sein, dass keine Vermischung mit Risiken anderer Sparten erfolgt. § 10 Abs. 4 S. 1 VAG ist daher in diesen Fällen entsprechend einschränkend auszulegen. 8

Das Gesetz präzisiert (in Übereinstimmung mit Art. 16 Abs. 2 der Solva II-Richtlinie) für bestimmte Sparten, in welchem Umfang **Zusatzrisiken** als von der Erlaubnis gedeckt bzw. nicht gedeckt anzusehen sind. So können Risiken, die zu den Sparten gemäß Anlage 1 Nr. 14, 15 und 17 zum VAG (Kredit-, Kautions- und Rechtsschutzversicherung) zu rechnen sind, nicht als Zusatzrisiken anderer Sparten klassifiziert werden (§ 10 Abs. 4 **S. 2** VAG). Das gilt für die Kredit- und Kautionsversicherung ausnahmslos, für die Rechtsschutzversicherung bestehen zwei Ausnahmen. So können Risiken, die sich auf Streitigkeiten oder Ansprüche aus dem Einsatz von Schiffen auf See beziehen, auch von der Erlaubnis für andere Sparten[21] umfasst werden. Das der Rechtsschutzversicherung zuzurechnende Risiko in Bezug auf Beistandsleistungen auf Reisen oder während der Abwesenheit vom Wohnort kann als zusätzliches Risiko von der Sparte gemäß Anlage 1 Nr. 18 lit. a VAG gedeckt werden (§ 10 Abs. 4 **S. 3** VAG). 9

Für **Pensionsfonds** kommt den in § 10 Abs. 2 bis 4 VAG enthaltenen Bestimmungen keine weitere Bedeutung zu. Pensionsfondsgeschäfte stellen eine gesonderte Sparte im Sinne des VAG dar (Anlage 1 Nr. 25 zum VAG). Sie werden von spezialisierten Unternehmen betrieben, die daneben kein weiteres Geschäft, namentlich auch kein Versicherungsgeschäft, zum Gegenstand haben. Allenfalls könnte § 10 Abs. 2 S. 2 VAG, der die Erteilung einer auf bestimmte Risiken beschränkte Erlaubnis gestattet, im Einzelfall zum Zuge kommen. § 10 Abs. 4 VAG findet auf Pensionsfonds ohnehin keine Anwendung (§ 237 Abs. 1 S. 2 VAG). 10

---

15 Art. 15 Abs. 2 UAbs. 1 S. 2 Solva II-RL.
16 Art. 15 Abs. 3 Solva II-RL.
17 *Schirmer* VersR 2003, 401, 405.
18 BaFin-Verlautbarung VerBaFin 2002, 195.
19 Art. 16 Solva II-RL.
20 BaFin-Verlautbarung VerBaFin 2002, 195 zur Sportinvaliditätsversicherung; BAV-Verlautbarung GB BAV 1990, 62, 63 zur Dread-Disease-Versicherung; zur Einordnung der Dread-Disease-Versicherung s. a. *Präve* ZVersWiss 1998, 355, 356 ff.
21 Gemeint ist hiermit allerdings gemäß Art. 16 Abs. 2 UAbs. 2 lit. b Solva II-RL nur die Sparte Nr. 18 der Anlage 1 zum VAG (Beistandsleistungen).

Versagung und Beschränkung der Erlaubnis

11 **(1) Die Aufsichtsbehörde versagt die Erlaubnis, wenn**

1. nach dem Geschäftsplan und den nach § 9 Absatz 2 bis 4 vorgelegten Unterlagen die Verpflichtungen aus den Versicherungen nicht genügend als dauernd erfüllbar dargetan sind,

2. Tatsachen vorliegen, die die Annahme rechtfertigen, dass die Geschäftsleiter oder die Mitglieder des Aufsichtsrats die Voraussetzungen des § 24 nicht erfüllen, oder

3. Tatsachen vorliegen, die die Annahme rechtfertigen, dass der Inhaber einer bedeutenden Beteiligung an dem Versicherungsunternehmen oder, wenn der Inhaber eine juristische Person ist, auch ein gesetzlicher oder satzungsmäßiger Vertreter oder, wenn der Inhaber eine Personenhandelsgesellschaft ist, auch ein Gesellschafter des Inhabers, nicht zuverlässig ist oder aus anderen Gründen nicht den im Interesse einer soliden und umsichtigen Leitung des Unternehmens zu stellenden Ansprüchen genügt; dies gilt im Zweifel auch dann, wenn Tatsachen die Annahme rechtfertigen, dass er die von ihm aufgebrachten Mittel für den Erwerb der bedeutenden Beteiligung durch eine Handlung erbracht hat, die objektiv einen Straftatbestand erfüllt,

4. bei Erstversicherungsunternehmen über einen der in den Nummern 1 bis 3 genannten Fälle hinaus auch, wenn

a) nach dem Geschäftsplan und den nach § 9 Absatz 2 bis 4 vorgelegten Unterlagen die Belange der Versicherten nicht ausreichend gewahrt sind,

b) im Fall der Erteilung der Erlaubnis das Versicherungsunternehmen Tochterunternehmen einer Versicherungs-Holdinggesellschaft oder einer gemischten Finanzholding-Gesellschaft wird und Tatsachen die Annahme rechtfertigen, dass eine Person, die die Versicherungs-Holdinggesellschaft oder die gemischte Finanzholding-Gesellschaft tatsächlich leitet, nicht zuverlässig ist oder nicht die zur Führung der Geschäfte der Versicherungs-Holdinggesellschaft oder der gemischten Finanzholding-Gesellschaft erforderliche fachliche Eignung besitzt oder

c) im Fall des Betriebs der Krankenversicherung Tatsachen vorliegen, die die Annahme rechtfertigen, dass das Unternehmen Tarife einführen wird, die im Sinne des § 204 des Versicherungsvertragsgesetzes einen gleichartigen Versicherungsschutz gewähren wie die Tarife eines anderen mit ihm konzernmäßig verbundenen Versicherungsunternehmens, sofern durch die Einführung solcher Tarife die Belange der Versicherten nicht ausreichend gewahrt werden.

(2) [1]Die Erlaubnis kann versagt werden, wenn Tatsachen die Annahme rechtfertigen, dass eine wirksame Aufsicht über das Versicherungsunternehmen beeinträchtigt wird. [2]Dies ist insbesondere der Fall, wenn

1. das Versicherungsunternehmen mit anderen Personen oder Unternehmen in einen Unternehmensverbund eingebunden ist oder in einer engen Verbindung zu einem solchen steht und dieser durch die Struktur des Beteiligungsgeflechts oder durch mangelhafte wirtschaftliche Transparenz eine wirksame Aufsicht über das Versicherungsunternehmen beeinträchtigt,

2. eine wirksame Aufsicht über das Versicherungsunternehmen auf Grund der für Personen oder Unternehmen nach Nummer 1 geltenden Rechts- oder Verwaltungsvorschriften eines Drittstaats beeinträchtigt wird oder

3. eine wirksame Aufsicht über das Versicherungsunternehmen dadurch beeinträchtigt wird, dass Personen oder Unternehmen nach Nummer 1 im Staat ihres Sitzes oder ihrer Hauptverwaltung nicht wirksam beaufsichtigt werden oder die für die Aufsicht über diese Personen oder Unternehmen zuständige Behörde nicht zu einer befriedigenden Zusammenarbeit mit der Aufsichtsbehörde bereit ist.

[3]Die Erlaubnis kann ferner versagt werden, wenn entgegen § 9 Absatz 4 der Antrag keine ausreichenden Angaben oder Unterlagen enthält.

(3) Aus anderen als den in den Absätzen 1 und 2 genannten Gründen darf die Erlaubnis nicht versagt werden.

Übersicht

Schrifttum: *Bähr*, Das Generalklausel- und Aufsichtssystem des VAG im Strukturwandel, 2000; *Bormann*, Organschaftliche Verflechtungen bei Kreditinstituten und Versicherungsunternehmen, 1999; *Eberhardt*, Die Missbrauchsaufsicht des Bundesaufsichtsamtes für das Versicherungswesen, 1997; *Ehlers*, Ziele der Wirtschaftsaufsicht, 1997; *Göbelsmann*, Zur Parallelität von Kontrolle und Kontrollmaßstäben bei AVB, 1988; *Gratias*, Staatshaftung für fehlerhafte Banken- und Versicherungsaufsicht im Europäischen Binnenmarkt, 1999; *Hirschmann*, Anteilseignerkontrolle im Versicherungs- und Kreditwirtschaftsrecht, 2000; *Krause*, Nationale Versicherungskultur, 2004; *Martiensen*, Fusionen von Versicherungsvereinen auf Gegenseitigkeit, 2006; *Mönnig*, Die aufsichtsbehördliche Überwachung der Inhaber bedeutender Beteiligungen an Versicherungsunternehmen, 2001; *Neumann*, Die Aufsicht über Finanzkonglomerate, 1998; *Römer*, Der Prüfungsmaßstab bei der Missstandsaufsicht nach § 81 VAG und der AVB-Kontrolle nach § 9 AGBG, 1996; *Schneider*, Versicherungsschutz gegen Erpressungen, 2003; *Spindler*, Unternehmensorganisationspflichten, 2001; *Vespermann*, Staatshaftung im Versicherungswesen, 1996; *Zischka*, Bundesversicherungsaufsichtsamt, 1997.

I. Allgemeines. 1. Entstehungsgeschichte. Die heutige Fassung des § 11 VAG korrespondiert mit §§ 8, 121 VAG a. F.[1] Allerdings sind gewisse **Modifizierungen** vorgenommen worden. Für Erst- und Rückversicherer ist mit § 11 VAG eine gemeinsame Rechtsgrundlage für die Versagungsgründe der Erlaubnis geschaffen worden. Die Überschrift zu der Norm ist insofern fehlerhaft, als sie auch auf die Beschränkung der Erlaubnis verweist. § 11 VAG enthält allerdings in Abweichung von § 8 Abs. 3 VAG a. F. keine diesbezügliche Vorschrift mehr. Das gilt im Übrigen auch für die in § 8 Abs. 3 VAG a. F. geregelte Aussetzung der Erlaubnis. Der Wegfall dieser Tatbestände erklärt sich aus der Streichung der entsprechenden Richtlinienvorgaben.[2] Daneben treten noch redaktionelle Anpassungen und Normverschiebungen innerhalb des VAG.[3] 1

2. Normzweck. Bei der Regelung des § 11 VAG handelt es sich um eine der **Kernvorschrift**en des VAG. Sie steht in unmittelbarem Zusammenhang mit §§ 1, 8 VAG und findet hinsichtlich der laufenden Aufsicht eine Entsprechung in § 298 VAG, die als die Kardinalnorm des Gesetzes anzusehen ist. § 11 enthält (für Rückversicherer) drei bzw. (für Erstversicherer) sechs absolute (§ 11 Abs. 1 S. 1 Nr. 1 bis 4 VAG) und zwei relative, dh von Ermessensentscheidungen der Aufsicht abhängige Versagungsgründe (§ 11 Abs. 2 VAG). Bezugspunkt der Vorschrift sind der Geschäftsplan sowie die übrigen Unterlagen, die im Zulassungsverfahren vorzulegen sind (vgl. § 9 VAG). 2

Die Erlaubnis (Konzession, Zulassung) zum Geschäftsbetrieb ist ein **begünstigender** gestaltender **Verwaltungsakt** (nach § 35 VwVfG),[4] der das generelle Gewerbeverbot des § 8 Abs. 1 VAG beseitigt und – auch gegenüber der Aufsichtsbehörde – ein subjektives öffentliches Recht auf Ausübung des Versicherungsgewerbes im Rahmen der allgemeinen Gesetze und des VAG (sowie seiner Nebengesetze) schafft. Der Umfang, in dem von dem Erlaubnisvorbehalt gegenüber dem generellen Verbot in § 8 VAG Gebrauch gemacht wird, ergibt sich aus dem genehmigten Geschäftsplan. Damit der Umfang der erteilten Erlaubnis jederzeit feststellbar ist, sollte daher auf den genehmigten Geschäftsplan in der Zulassung verwiesen werden. Jede Abweichung von dem genehmigten Geschäftsplan verstößt gegen das – insoweit nicht aufgehobene – generelle Verbot (und muss daher nach § 12 VAG erlaubt, dh der Umfang der Erlaubnis muss ausgedehnt werden). 3

Die Erteilung der Erlaubnis liegt nicht im Ermessen der Aufsichtsbehörde; sie ist ein **gebundener Verwaltungsakt**. Das antragstellende Unternehmen hat, wenn kein gesetzlicher Versagungsgrund gegeben ist, ein subjektives öffentliches Recht auf Zulassung, das durch Ablehnung verletzt wird. Insofern wird auch von einem präventiven Verbot mit Erlaubnisvorbehalt gesprochen,[5] mit dem die grundrechtlich geschützte Gewerbe- und Berufsfreiheit ausreichend Rechnung getragen wird. Bei den in § 11 VAG genannten materiellen Kriterien handelt es sich dabei um unbestimmte Rechtsbegriffe, die der vollen gerichtlichen Nachprüfung unterliegen. 4

Die Erlaubnis kann mit **Nebenbestimmungen** nach § 36 VwVfG versehen werden.[6] Hierzu zählen grundsätzlich die Befristung, die Bedingung, der Vorbehalt des Widerrufs, die Auflage und der Vorbehalt 5

---

[1] RegE VAG 2014 S. 236 (zu § 11 VAG).
[2] RegE VAG 2014 S. 236 (zu § 11 VAG).
[3] RegE VAG 2014 S. 236 (zu § 11 VAG).
[4] Vgl. Gesetzesbegründung, BR-Drs. 23/94, 161.
[5] *Bähr*, Das Generalklausel- und Aufsichtssystem des VAG im Strukturwandel, 2000, S. 92; Bähr/*Kaulbach* § 2 Rn. 1.
[6] § 310 Abs. 1 VAG.

der nachträglichen Änderung einer Auflage. Die vormaligen Vorschriften von § 8 Abs. 2 und § 120 Abs. 4 VAG a. F., die ausdrücklich nur die Erteilung von Auflagen bzw. Auflagen und Bedingungen zum Gegenstand hatten, sind durch Art. 1 Nr. 4 des Gesetzes v. 23.12.2007[7] sowie das Gesetz v. 1.4.2015[8] aufgehoben worden. Zur Begründung wurde ausgeführt, sie seien obsolet.[9] Zu beachten ist allerdings § 10 Abs. 1 S. 1 VAG, der eine generelle Befristung ausschließt. Auch darf die Nebenbestimmung dem Zweck der Erlaubnis nicht zuwiderlaufen (§ 36 Abs. 3 VwVfG). Das bedeutet, dass die Nebenbestimmung dem Zweck der Erlaubnis dienen muss. Der bloße Verweis auf irgendeinen legitimen Verwaltungszweck reicht nicht aus. Sachlich ist eine Zulassung, die mit nicht beantragten Nebenbestimmungen versehen ist, als Ablehnung des Antrags zu werten. Das antragstellende Unternehmen kann gegen die Entscheidung die vorgesehenen Rechtsbehelfe geltend machen.

6 **3. Europarechtlicher Hintergrund.** § 11 VAG beruht im Wesentlichen auf europarechtlichen Vorgaben. Zwar enthält Art. 25 der **Solva II-Richtlinie** lediglich eine sehr allgemeine Vorschrift zur Verweigerung der Zulassung, der durch Vorschriften des VwVfG und der VwGO entsprochen wird.[10] Die Ausgestaltung im VAG geht hierüber hinaus und korrespondiert weitgehend mit den Vorgaben, die mit dem Erfordernis bestimmter Angaben im Zulassungsverfahren in Zusammenhang stehen.[11] Eine rein nationale Besonderheit stellt die Regelung des § 11 Abs. 1 Nr. 4 lit. c VAG dar, die eine vertragsrechtliche Norm aufsichtsrechtlich flankiert und nicht unproblematisch ist.

7 **II. Versagungsgründe.** Prüfungsgegenstand im Zulassungsverfahren sind der vorgelegte Geschäftsplan sowie die zusätzlichen Unterlagen (§ 9 VAG). Das gilt nicht nur im Rahmen von § 11 Abs. 1 S. 1 Nr. 1 u. 4 VAG, wenngleich nur diese Regelungen ausdrücklich hierauf verweisen. Auch darüber hinaus kann kein anderer Bezugspunkt in Betracht kommen, denn der Geschäftsplan und die weiteren in § 9 VAG genannten Unterlagen bilden die eigentliche Grundlage für den Geschäftsbetrieb. Die **Prüfungskompetenz** der Aufsicht zielt darauf ab, sicherzustellen, dass – auf diesen Unterlagen basierend – kein Versagungsgrund gemäß § 11 Abs. 1 und 2 VAG gegeben ist.

1. Absolute Versagungsgründe (Abs. 1). Die absoluten Versagungsgründe werden in § 11 Abs. 1 VAG genannt.

8 **a) Dauernde Erfüllbarkeit der Verpflichtungen (Abs. 1 Nr. 1).** Eigentlich wird vom Versagungstatbestand der nicht ausreichenden Wahrung der Belange der Versicherten gemäß § 11 Abs. 1 Nr. 4 lit. a VAG der Tatbestand der fehlenden dauernden Erfüllbarkeit der Verpflichtungen aus den Versicherungen gemäß § 11 Abs. 1 Nr. 1 VAG bereits mitumfasst. Dass dessen ungeachtet die nicht ausreichende dauernde Erfüllbarkeit der Verpflichtungen als **gesonderter Versagungsgrund** genannt wird, erklärt sich aus der Tatsache, dass für Rückversicherer die Belange der Versicherten anders als für Erstversicherer[12] keine unmittelbare Bezugsgröße bilden. Dass die Erfüllbarkeit der Verpflichtungen als erster Tatbestand genannt wird, steht ferner im Zusammenhang mit der besonderen Bedeutung der Finanzaufsicht. Der Abwehr der Insolvenzgefahr ist die Aufsicht nämlich in besonderer Weise verschrieben,[13] da eine Insolvenz dem Geschäftsbetrieb die Grundlage entziehen und damit Versicherten den versprochenen Schutz nehmen würde. Das gilt für Erst- und Rückversicherer gleichermaßen. Bezüglich der Rückversicherer ist dabei auf die mittelbare Gefahr für die Versicherten des rückversicherten Erstversicherers zu verweisen. Zu verweisen ist schließlich darauf, dass mit dem Tatbestand von § 11 Abs. 1 Nr. 1 VAG ein „tragendes Prinzip der Individualversicherung"[14] auch im aufsichtsrechtlichen Zulassungsverfahren gesetzlich verankert wird.

9 Zur Konkretisierung des Tatbestands von § 11 Abs. 1 Nr. 1 VAG kann auf die für die laufende Aufsicht bestehende Regelung des **§ 294 Abs. 4 VAG** zurückgegriffen werden. Die dauernde Erfüllbarkeit der Verträge muss dabei jederzeit und für sämtliche Verpflichtungen aus den Verträgen gewährleistet sein.[15] Für die private Pflegepflichtversicherung wird dieser Grundsatz zusätzlich in § 110 Abs. 1 Hs. 1 SGB XI festgeschrieben. Während die in § 294 Abs. 4 VAG angeführte Bildung ausreichender versicherungstechnischer Rückstellungen und die Anlage in entsprechenden geeigneten Vermögenswerten im wesentlichen Bedeutung erst nach Aufnahme des Geschäftsbetriebs erlangt, ist die Sicherstellung der Solvabilität und der langfristigen Risikotragfähigkeit sowie die sonstige Absicherung der finanziellen Grundlagen des Geschäftsbetriebs bereits eine Aufgabe im Rahmen der Zulassungsaufsicht.

[7] BGBl. I 3248.
[8] BGBl. I 434.
[9] Gesetzesbegründung, BR-Drs. 599/07, 18; RegE VAG 2014 S. 236 (zu § 11 VAG).
[10] §§ 39, 41 VwVfG, §§ 42, 43, 75 VwGO.
[11] Vgl. hierzu § 9 VAG Rn. 4 f.
[12] Vgl. § 11 Abs. 1 Nr. 4 lit. a, § 294 Abs. 2 S. 2 VAG.
[13] *Sanio* VW 2002, 1831, 1832; *H. Müller* ZVersWiss 1999, 297, 315 f.; *Kaulbach*, in: H. Müller/Golz/Washausen-Richter/Trommeshauser, (Hrsg.), 100 Jahre materielle Versicherungsaufsicht in Deutschland, S. 178; *Michaels*, in: H. Müller/Golz/Washausen-Richter/Trommeshauser [Hrsg.], 100 Jahre materielle Versicherungsaufsicht in Deutschland, 2001, S. 537, 544 u. 546 f.
[14] *Boetius* VersR 2016, 428, 430.
[15] *Boetius* VersR 2001, 661, 674.

Auch die Einhaltung kaufmännischer Grundsätze kann dabei bereits eine Rolle spielen. Dabei ist zu berücksichtigen, dass dem Versagungstatbestand der mangelnden dauernden Erfüllbarkeit ein prognostisches Element innewohnt.

b) Eignung der Geschäftsleiter und Aufsichtsratsmitglieder (Abs. 1 Nr. 2). Ein zwingender Erlaubnisversagungsgrund ist gemäß § 11 Abs. 1 Nr. 2 VAG die mangelnde Eignung der Geschäftsleiter und der Aufsichtsratsmitglieder des Versicherers. Damit wird Art. 42 der Solva II-Richtlinie bzgl. der Geschäftsleiter und Aufsichtsratsmitglieder Rechnung getragen. Die Anforderungen, die diese Personen zu erfüllen haben, ergeben sich aus **§ 24 VAG**. Danach müssen sie zuverlässig und fachlich geeignet sein, für Aufsichtsräte reicht Sachkunde.[16] Hierzu müssen im Erlaubnisverfahren Tatsachen vorliegen, aus denen sich Entsprechendes ergibt. Die Beweislast trägt die Aufsicht. Bei Erstversicherern bestehen gemäß § 11 Abs. 1 Nr. 4 lit. b VAG zusätzliche Anforderungen bzgl. der Leiter einer Versicherungs-Holding- bzw. einer gemischten Finanzholding-Gesellschaft, wenn der Versicherer Tochterunternehmen einer solchen Gesellschaft ist. 10

c) Eignung der Inhaber bedeutender Beteiligungen (Abs. 1 Nr. 3). Ein weiterer zwingender Versagungsgrund ist – basierend auf Art. 59, 61 der Solva II- Richtlinie – die mangelnde Eignung der Inhaber bedeutender Beteiligungen[17] gemäß **§ 11 Abs. 1 Nr. 3 VAG**. Ist diese eine juristische Person, ist auf deren gesetzlicher oder satzungsmäßiger Vertreter und die Gesellschafter (einer Personenhandelsgesellschaft) abzustellen. Betroffen sind Versicherungsaktiengesellschaften und Versicherungsvereine auf Gegenseitigkeit, aber auch öffentlich-rechtliche Versicherungsunternehmen,[18] wenngleich eine Anteilseignerkontrolle bei den zuletzt genannten Unternehmen keinen Sinn macht und daher auch nicht praktiziert wird.[19] 11

Die Kontrolle der Inhaber bedeutender Beteiligungen (verkürzt: die **Aktionärskontrolle**) zielt vorrangig auf die Bekämpfung der organisierten Kriminalität einschließlich Geldwäsche.[20] Mit der Wahrung der Belange der Versicherten des Erstversicherers lassen sich die entsprechenden Bestimmungen nur insoweit rechtfertigen, als das Regelwerk der Funktionsfähigkeit der Versicherungswirtschaft dient.[21] So sollen schädliche Einflüsse ferngehalten werden, die auch Versicherteninteressen gefährden können.[22]

Der Anteilseigner muss demgemäß **zuverlässig** sein. Der Begriff der Zuverlässigkeit ist im Grundsatz gewerberechtlich zu verstehen.[23] Im Falle eines Anteilseigners ist allerdings nicht per se auf den Betrieb eines Gewerbes abzustellen (s. a. Hirschmann, aaO, S. 87). Vielmehr ist entscheidend, dass ein Anteilseigner immer dann unzuverlässig ist, wenn er keine Gewähr dafür bietet, dass er in Zukunft keinen schädlichen Einfluss auf das Versicherungsunternehmen ausübt.[24] Notwendig ist somit eine Prognose,[25] die allerdings auf Tatsachen, nicht auf bloße Vermutungen zu stützen ist.[26] So stellt die Nationalität eines Beteiligungsinteressenten für sich genommen keinen relevanten Umstand dar.[27] Tatsachen, die auf eine Unzuverlässigkeit schließen lassen, sind Straf- und Ordnungswidrigkeitenverfahren, sofern diese für die Anteilseignerschaft relevant sind. Das ist regelmäßig bei schweren Straftaten, namentlich Vermögensdelikten,[28] und in Fällen der Geldwäsche sowie der Bildung krimineller Vereinigungen anzunehmen. Auch sonstige Straftaten, die im Zusammenhang mit Geldwäsche und organisierter Kriminalität stehen, gehören hierzu.[29] Relevante Ordnungswidrigkeiten können Verstöße gegen Pflichten aus dem VAG, 12

---

[16] Vgl. § 9 VAG Rn. 42 u. 44; § 24 Rn. 15 ff.

[17] Zur Definition der bedeutenden Beteiligung s. § 7 Nr. 4 VAG. Vgl. § 16 VAG Rn. 28 ff.

[18] *Hirschmann*, Anteilseignerkontrolle im Versicherungs- und Kreditwirtschaftsrecht, 2000, S. 19, 83.

[19] Eine Ausnahme besteht bei einer stillen Beteiligung an einem derartigen Versicherer, vgl. *Hirschmann*, Anteilseignerkontrolle im Versicherungs- und Kreditwirtschaftsrecht, 2000, S. 32 f.

[20] Vgl. Gesetzesbegründungen, BR-Drs. 23/94, 154; BT-Drs. 14/8017, 71 sowie Gesetzesbegründung zum KWG, BT-Drs. 13/9874, 138; *Bormann*, Organschaftliche Verflechtungen bei Kreditinstituten und Versicherungsunternehmen, 1999, S. 32 f., 60; *Weber-Rey/Krecek* NVersZ 2000, 105, 106; *Winter* VersR 2000, 1453, 1458; Bähr/*Deckers* § 30 Rn. 2.

[21] Gesetzesbegründung, BT-Drs. 14/8017, 71; *Präve* ZfV 1994, 199, 200; *Weber-Rey/Krecek* NVersZ 2000, 105.

[22] *Mönnig*, Die aufsichtsbehördliche Überwachung der Inhaber bedeutender Beteiligungen an Versicherungsunternehmen, 2001, S. 24; *Post*, in: H. Müller/Golz/Washausen-Richter/Trommeshauser (Hrsg.), 100 Jahre materielle Versicherungsaufsicht, 2001, S. 361; s. a. Gesetzesbegründung zum KWG, BT-Drs. 13/9874, 138.

[23] *Mönnig*, Die aufsichtsbehördliche Überwachung der Inhaber bedeutender Beteiligungen an Versicherungsunternehmen, 2001, S. 109; *Post*, in: H. Müller/Golz/Washausen-Richter/Trommeshauser (Hrsg.), 100 Jahre materielle Versicherungsaufsicht, 2001, S. 363; *Bormann*, Organschaftliche Verflechtungen bei Kreditinstituten und Versicherungsunternehmen, 1999, S. 44; *Winter* VersR 2000, 1453, 1458.

[24] Vgl. *Mönnig*, Die aufsichtsrechtliche Überwachung der Inhaber bedeutender Beteiligungen an Versicherungsunternehmen, 2001, S. 111; *Winter* FS Schirmer, 2005, 639, 644.

[25] *Hirschmann*, Anteilseignerkontrolle im Versicherungs- und Kreditwirtschaftsrecht, 2000, S. 104.

[26] *Mönnig*, Die aufsichtsrechtliche Überwachung der Inhaber bedeutender Beteiligungen an Versicherungsunternehmen, 2001, S. 112; *Winter* FS Schirmer, 2005, 639, 645.

[27] *Winter* VersR 2000, 1453, 1458.

[28] *Bormann*, Organschaftliche Verflechtungen bei Kreditinstituten und Versicherungsunternehmen, 1999, S. 46. 61; *Hirschmann*, Anteilseignerkontrolle im Versicherungs- und Kreditwirtschaftsrecht, 2000, S. 104; *Winter* FS Schirmer, 2005, 639, 645.

[29] *Mönnig*, Die aufsichtsrechtliche Überwachung der Inhaber bedeutender Beteiligungen an Versicherungsunternehmen, 2001, S. 119.

dem KWG, dem WpHG, dem AktG und dem GwG sein. Auch nicht bußgeldbewehrte Rechtsverstöße können bedeutsam sein, etwa eine Verletzung der den Aktionären auferlegten Treuepflichten.[30] Bedeutung können ferner frühere Gewerbeuntersagungen, Insolvenzverfahren und Verfahren zur Abgabe einer eidesstattlichen Versicherung gemäß § 807 ZPO erlangen.[31] In allen Fällen ist allerdings zu fordern, dass die Verfahren bzw. Verstöße nicht nur einschlägig sind, ihnen vielmehr auch ein entsprechendes Gewicht zukommt. Das ist bei einem wegen Selbstanzeige eingestellten Steuerstrafverfahren im Regelfall zu verneinen.[32] Zu beachten sind darüber hinaus gesetzliche Tilgungsfristen, wie sie die §§ 45 ff. BZRG (fünf bis zwanzig Jahre) und § 153 GewO (drei bzw. fünf Jahre) enthalten.[33] Taten, die getilgt worden sind oder getilgt hätten werden müssen, dürfen grundsätzlich nicht mehr herangezogen werden.[34] Unterliegt ein Anteilseigner dem Einfluss eines unzuverlässigen Dritten, so ist auch von der Unzuverlässigkeit des Anteilseigners selbst auszugehen, etwa bei Strohmannverhältnissen.[35] Hingegen kann die bloße mangelhafte wirtschaftliche Plausibilität der Beteiligung für sich genommen nicht das Verdikt der Unzuverlässigkeit stützen.[36] Neben ethisch verwerfbarem Verhalten können auch Umstände, die die betreffende Person nicht beeinflussen kann, zur Annahme der Unzuverlässigkeit führen. Das ist beispielsweise anzunehmen bei körperlichen oder geistigen Defekten wie manifesten krankhaften Störungen und gravierenden persönlichen Schwächen.[37]

13 Darüber hinaus muss der Anteilseigner auch den **sonstigen** im Interesse einer soliden Leitung des Unternehmens zu stellenden **Anforderungen** genügen. Sofern sich juristische Personen engagieren, haben diese die ggf. bestehenden spezialgesetzlichen Vorgaben zu erfüllen. Darüber hinaus kann Sachkunde aber nicht gefordert werden.[38] Das gilt auch in Bezug auf Kenntnisse in Versicherungsgeschäften bzw. korrespondierende Führungseigenschaften, da die Geschäftsführung in jedem Fall dem Vorstand des jeweiligen Versicherers vorbehalten bleibt.[39] Im Übrigen steht jedermann im Grundsatz – auch unter verfassungsrechtlichen Gesichtspunkten – eine bloße Betätigung am Aktienmarkt frei.[40] Ist im Einzelfall ausnahmsweise eine besondere Sachkunde notwendig, kann der Aktionär Berater hinzuziehen.[41] Zu beachten ist allerdings, dass der Anteilseigner darlegen muss, dass er über angemessene Pläne für die Geschäfte verfügt und die Belange der Versicherten ausreichend gewahrt sind. Insofern ist die Vorschrift des § 18 Abs. 1 Nr. 1 Hs. 2 VAG[42] auch bereits im Zulassungsverfahren heranzuzuziehen. Zur Konkretisierung der allgemeinen Anforderungen des § 11 Abs. 1 Nr. 3 Hs. 1 VAG kann darüber hinaus auch auf die Tatbestände des § 18 Abs. 1 Nr. 5 u. 6 VAG rekurriert werden, denen Konkretisierungen der allgemeinen Anforderungen zu entnehmen sind.

14 Zur Versagung der Erlaubnis müssen Tatsachen vorliegen, die eine entsprechende Annahme rechtfertigen. Mit dem Abstellen auf „Tatsachen, die die Annahme rechtfertigen", dass der Inhaber einer bedeutenden Beteiligung Ansprüchen nicht genügt, verbindet der Gesetzgeber das Ziel, der Aufsicht gewisse **Beweiserleichterungen** zu verschaffen. So soll die Aufsicht nur Tatsachen nachweisen, die die Annahme einer Unzuverlässigkeit des Anteilseigners nahe legen.[43] Bloße Vermutungen reichen allerdings nicht aus.[44] Insofern bleibt die Aufsicht auch beweisbelastet. Etwas anderes gilt für eine fehlende Darlegung der maßgeblichen geschäftlichen Pläne im Sinne von § 18 Abs. 1 Nr. 1 Hs. 2 VAG sowie für den Fall, dass Tatsachen die Annahme rechtfertigen, dass die Mittel für den Beteiligungserwerb aus einer

---

[30] *Mönnig*, Die aufsichtsrechtliche Überwachung der Inhaber bedeutender Beteiligungen an Versicherungsunternehmen, 2001, S. 120–122; *Bormann*, Organschaftliche Verflechtungen bei Kreditinstituten und Versicherungsunternehmen, 1999, S. 47 f., 60 f.

[31] *Mönnig*, Die aufsichtsrechtliche Überwachung der Inhaber bedeutender Beteiligungen an Versicherungsunternehmen, 2001, S. 124; zur Bedeutung wirtschaftlicher Leistungsfähigkeit für die Zuverlässigkeitsprüfung s. a. *BVerwG* Urt. v. 27.6.1961 – I C 34/60, NJW 1961, 1834; *Bormann*, Organschaftliche Verflechtungen bei Kreditinstituten und Versicherungsunternehmen, 1999, S. 48 f. und – sehr restriktiv – *Hirschmann*, Anteilseignerkontrolle im Versicherungs- und Kreditwirtschaftsrecht, 2000,S. 107.

[32] *Winter* VersR 2000, 1453, 1458.

[33] Vgl. *Mönnig*, Die aufsichtsrechtliche Überwachung der Inhaber bedeutender Beteiligungen an Versicherungsunternehmen, 2001, S. 118 f.

[34] Vgl. die Verwertungsverbote des § 51 Abs. 1 BZRG und des § 153 Abs. 5 S. 1GewO.

[35] *Hirschmann*, Anteilseignerkontrolle im Versicherungs- und Kreditwirtschaftsrecht, 2000, S. 109 f.

[36] *Hirschmann*, Anteilseignerkontrolle im Versicherungs- und Kreditwirtschaftsrecht, 2000, S. 111 f.

[37] *Mönnig*, Die aufsichtsrechtliche Überwachung der Inhaber bedeutender Beteiligungen an Versicherungsunternehmen, 2001, S. 129.

[38] *Neumann*, Die Aufsicht über Finanzkonglomerate, 1998, S. 197 f.; *Post*, in: H. Müller/Golz/Washausen-Richter/Trommeshauser (Hrsg.), 100 Jahre materielle Versicherungsaufsicht, 2001, S. 363; *Hirschmann*, Anteilseignerkontrolle im Versicherungs- und Kreditwirtschaftsrecht, 2000, S. 102 f.; *Winter* FS Schirmer, 2005, 639, 646 f.; *ders.*, S. 270.

[39] *Mönnig*, Die aufsichtsrechtliche Überwachung der Inhaber bedeutender Beteiligungen an Versicherungsunternehmen, 2001, S. 133 f., 143; *Post*, in: H. Müller/Golz/Washausen-Richter/Trommeshauser (Hrsg.), 100 Jahre materielle Versicherungsaufsicht, 2001, S. 363; *Weber-Rey/Krecek* NVersZ 2000, 105, 107.

[40] *Mönnig*, Die aufsichtsrechtliche Überwachung der Inhaber bedeutender Beteiligungen an Versicherungsunternehmen, 2001, S. 127; *Neumann*, Die Aufsicht über Finanzkonglomerate, 1998, S. 197 f.

[41] *Hirschmann*, Anteilseignerkontrolle im Versicherungs- und Kreditwirtschaftsrecht, 2000, S. 103.

[42] Vgl. insofern § 18 VAG Rn. 18 ff.

[43] Vormalige Gesetzesbegründung, BT-Drs. 534/00, 70; *Präve* VersR 2001, 133, 135.

[44] Zu den rechtsstaatlichen Bedenken gegen Verdachtsermächtigungen s. nur *Fricke* NVersZ 2001, 97, 98.

Straftat herrühren (§ 11 Abs. 1 Nr. 3 **Hs. 2** VAG).[45] Dabei ist unerheblich, wer die Straftat begangen hat.[46] Notwendig ist allerdings, dass sowohl der objektive als auch der subjektive Straftatbestand erfüllt worden ist.[47] Die gesetzliche Aussage, der Straftatbestand müsse „objektiv" erfüllt sein, steht dem nicht entgegen. Vielmehr wird hiermit lediglich zum Ausdruck gebracht, dass es auf möglicherweise abweichende Vorstellungen der Beteiligten nicht ankommt.

d) Weitere Versagungsgründe für Erstversicherer (Abs. 1 Nr. 4). Für Erstversicherer bestehen darüber hinaus drei weitere absolute Versagungsgründe.

15 **aa) Wahrung der Belange der Versicherten (Abs. 1 Nr. 4 lit. a). Zentraler Versagungstatbestand** für Erstversicherer ist – unter Rekurs auf Art. 27 der Solva II-Richtlinie – die nicht ausreichende Wahrung der Belange der Versicherten (§ 11 Abs. 1 Nr. 4 lit. a VAG). Er findet für die laufende Aufsicht eine Entsprechung in § 298 Abs. 1 iVm § 294 Abs. 2 S. 2 VAG. Eine nähere Konkretisierung enthält § 294 Abs. 3 VAG. Danach hat die Aufsicht die ordnungsgemäße Durchführung des Versicherungsgeschäfts sicherzustellen. Hierzu gehört die Einhaltung der aufsichtsrechtlichen, der das Versicherungsverhältnis betreffenden und aller sonstigen die Versicherten betreffenden Vorschriften sowie der rechtlichen Grundlagen des Geschäftsplans. Diese Kriterien sind auch bei der Anwendung von § 11 Abs. 1 Nr. 4 lit. a VAG heranzuziehen.[48] Im Zulassungsverfahren wird die Aufgabenstellung dabei durch den Prüfungsgegenstand beschränkt, nämlich auf die nach § 9 Abs. 2 bis 4 VAG vorgelegten Unterlagen, die den Geschäftsplan und zusätzliche Unterlagen umfassen.[49]

16 **(1) Bezugspunkt.** Zu beachten ist, dass der Aufsicht nicht obliegt, die Versichertenbelange optimal wahrzunehmen (sog **Optimierungsverbot**).[50] Sie hat lediglich auf eine ausreichende Wahrung der genannten Belange zu achten, was auch verfassungsrechtlich nicht zu beanstanden ist.[51] Insofern besteht auch eine unmittelbare Parallele zu § 298 Abs. 1 iVm „ 294 Abs. 2 S. 2 Hs. 2 VAG einerseits und § 307 BGB andererseits,[52] ohne dass hiermit eine vollständige Identität behauptet werden soll.[53] In allen Fällen sollen jedenfalls unangemessene Benachteiligungen abgewehrt werden. Damit kann wiederum – begrenzt auf den Prüfungsgegenstand im Zulassungsverfahren – die AGB-rechtliche Rechtsprechung einen unmittelbaren Bezugspunkt auch für die aufsichtsrechtliche Kontrolle darstellen.[54] Das hat zur Konsequenz, dass der Aufsicht nicht die Abwehr jedweder Benachteiligung der Versicherten zukommt. Vielmehr ist eine umfassende Abwägung der Interessen aller Beteiligten, also auch der des jeweils betroffenen Versicherers, vorzunehmen. Es muss eine Benachteiligung von einigem Gewicht vorliegen. Geringfügige und unwesentliche Benachteiligungen sind von der Versicherungsaufsicht hinzunehmen. Dies korrespondiert auch bezüglich des kollektiven Schutzes von Verbrauchern mit § 4 Abs. 1a S. 3 FinDAG.[55] Theoretisch kann auch für eine aufsichtsbehördliche Bewertung im Zulassungsverfahren dem Aspekt der Finanzstabilität,[56] der allerdings kein selbständiges Aufsichtsziel darstellt,[57] Bedeutung zuwachsen. Das würde allerdings entsprechende Implikationen für die Finanzmärkte voraussetzen, die

---

[45] Vgl. Gesetzesbegründung zur Parallelvorschrift von § 2b Abs. 1a S. 1 Nr. 1 KWG a. F., BT-Drs. 14/8017, 115; in der Bezugnahme klarer als die Gesetzesbegründung zu § 8 VAG a. F., BT-Drs. 14/8017, 143.

[46] Vgl. Gesetzesbegründung zur Parallelvorschrift von § 2b Abs. 1a S. 1 Nr. 1 KWG a. F., BT-Drs. 14/8017, 115.

[47] A. A. *Fricke* VersR 2002, 1978, 1981: nur der objektive Straftatbestand.

[48] *Spindler*, Unternehmensorganisationspflichten, 2001, S. 238.

[49] Der Verweis auf den Geschäftsplan und die nach § 9 Abs. 2 bis 4 vorgelegten Unterlagen ist insofern zu einem Teil redundant.

[50] Vgl. VG Frankfurt a. M., Urt. v. 1.7.2015 – 7 K 315/14.F, VersR 2017, 405; *Bürkle* VersR 2017, 408, 409; *Ehlers*, Ziele der Wirtschaftsaufsicht, 1997, S. 53; *Bähr*, Das Generalklausel- und Aufsichtssystem des VAG im Strukturwandel, 2000, S. 103; *Spindler*, Unternehmensorganisationspflichten, 2001, S. 248 f.; s. a. Einl. Rn. 143 ff. u. 146 ff.

[51] *BVerfG* Urt. v. 26.7.2005 – 1 BvR 782/94, BVerfGE 114, 1 = VersR 2005, 1109, 1120 u. 1122 und *Eilert* VersR 2009, 709, 711 jeweils in Abgrenzung zur Ausgestaltung des aufsichtsbehördlichen Prüfauftrags bei Bestandsübertragungen (§ 13 Abs. 1 S. 2 Hs. 1 VAG); undeutlich *Lensing* VuR 2006, 105, 107 u. 132 f.; *Bäuerle* VuR 2005, 401, 404 f.; zu dem Ganzen s. a. *Heiss*, in: Albrecht/Bartels/Heiss (Hrsg.), Das Urteil des Bundesverfassungsgerichts vom 26. Juli 2005 (1 BvR 80/95), 2006, S. 7, 31 f.

[52] *BVerwG* Urt. v. 14.10.1980 – 1 A 12/78, VersR 1981, 221, 223; *Rittner* VersR 1982, 205–207; *Dreher*, Die Versicherung als Rechtsprodukt, 1991, S. 215 f.; *Göbelsmann*, Zur Parallelität von Kontrolle und Kontrollmaßstäben bei AVB, 1988, S. 71; *Kaulbach*, in: H. Müller/Golz/Washausen-Richter/Trommeshauser (Hrsg.), 100 Jahre materielle Versicherungsaufsicht in Deutschland, 2001, S. 169 f.; *Zischka*, Bundesversicherungsaufsichtsamt, 1997, Rn. 488 u. 492.

[53] Nur insofern zur früheren Rechtslage zutreffend *Eberhardt*, Die Missbrauchsaufsicht des Bundesaufsichtsamtes für das Versicherungswesen, 1997, S. 78.

[54] So bereits zur früheren Rechtslage *Römer*, Der Prüfungsmaßstab bei der Missstandsaufsicht nach § 81 VAG und der AVB-Kontrolle nach § 9 AGBG, 1996, S. 20; *ders.*, in: Die rechtliche und versicherungstechnische Handhabung von Versicherungsprodukten nach der Deregulierung – Schriftenreihe Versicherungsforum Heft 25 –,1997, S. 1, 5; *Ebers*, Die Überschussbeteiligung in der Lebensversicherung, 2001, S. 126; kritisch *Bähr*, Das Generalklausel- und Aufsichtssystem des VAG im Strukturwandel, 2000, S. 119, 148–150, 156–158.

[55] Hierzu Gesetzentwurf der Bundesregierung, BT-Drs. 18/3994, 36 f. (zu § 4 FinDAG).

[56] § 294 Abs. 2 S. 3 u. 4 VAG basierend auf Art. 28 Solva II-RL.

[57] RegE VAG 2014 S. 289 (zu § 294 Abs. 2 VAG): kein Nebenziel; anders akzentuiert *Bürkle* WM 2012, 878, 879 („Sekundärziel"); s. a. Erwägungsgrund 16 der Solva II-RL. Die Besonderheit im Versicherungssektor übergehend *Heun* JZ 2012, 235, 236 f. („Hauptfunktion") und Antwort der Bundesregierung BT-Drs. 18/4642, 46 f.

im Regelfall bei einer Entscheidung über die Erteilung einer Zulassung kaum vorstellbar sind. Zu beachten ist davon unbeschadet jedenfalls das Primat des Versichertenschutzes,[58] der den Schutz von Verbrauchern miteinschließt.

17 Mit **Versicherten** sind die aus den Versicherungsverhältnissen Berechtigten gemeint,[59] wie sie – unter Anknüpfung an Art. 27 der Solva II-Richtlinie – auch in § 294 Abs. 1 VAG mit Versicherungsnehmern und Begünstigten angesprochen sind. Dazu zählen Versicherungsnehmer, versicherte Personen, Bezugsberechtigte, geschädigte Dritte und Hypothekengläubiger mit unmittelbaren Ansprüchen sowie Rechtsnachfolger der Versicherten und bloße Versicherungsinteressen. Auch die Mitglieder eines VVaG gehören hierzu.[60] Hier ist zu berücksichtigen, dass sich das Mitgliedschafts- und das Versicherungsverhältnis im Regelfall gar nicht voneinander trennen lässt.[61] Bezugspunkt ist nicht die Interessenlage des einzelnen Versicherten. Vielmehr zielt die aufsichtsrechtliche Kontrolle, die, wie § 294 Abs. 8 VAG und § 4 Abs. 4 FinDAG klarstellen, nur im öffentlichen Interesse erfolgt, auf die **Gesamtheit der Versicherten**.[62] Gefragt ist somit eine kollektive Sichtweise.[63] Spiegelbildlich hierzu zielt auch § 4 Abs. 1a FinDAG auf den Schutz der kollektiven Verbraucherinteressen und beschreibt hiermit einen wesentlichen Teilausschnitt auch für die Versicherungsaufsicht, die auf den Schutz aller Versicherten zielt.[64] Nur in diesem Rahmen[65] wird auch dem Individualrechtsschutz des genannten Personenkreises Rechnung getragen.[66] Dies darf aber nicht mit der Kontrolle zugunsten des einzelnen Versicherten verwechselt werden,[67] dem – wie auch jedem anderen Verbraucher bzw. Kunden – im Streitfall der Rechtsweg offen steht.[68] Auch eine ausschließliche Fixierung auf eine bestimmte Gruppe von Versicherten mit gleichlaufender Interessenlage verbietet sich insofern.[69] Der Verweis auf den Zivilrechtsweg ist allerdings kein überzeugendes Argument, mit dem sich rechtfertigen ließe, dass die Aufsicht nur noch im Ausnahmefall bei Verletzung zivilrechtlicher Vorschriften intervenieren darf.[70] Das Gegenteil ist richtig. So darf die Aufsicht namentlich intervenieren, wenn Entscheidungen des BGH nicht beachtet werden.[71] Die Aufsicht darf aber auch einschreiten, wenn ein entsprechendes zivilrechtliches Verfahren nicht durchgeführt worden ist und auch nicht zu erwarten ist.[72] Rechtliche oder anderweitige Interessen von sonstigen Personen, etwa Mitwettbewerbern, bilden von vornherein keinen zulässigen Grund für eine aufsichtsrechtliche Kontrolle. So darf die Aufsicht einem Versicherer nicht die Zulassung verweigern, weil hiermit wettbewerbliche oder sonstige Auswirkungen für andere Marktteilnehmer verbunden sind. Soweit nicht spezialgesetzliche Regelungen etwas Anderes gebieten, sind auch die Belange

---

[58] So treffend *Bürkle* WM 2012, 878, 879.

[59] *Schneider*, Versicherungsschutz gegen Erpressungen, 2003, S. 15.

[60] *Biewer*, Die Umwandlung eines Versicherungsvereins auf Gegenseitigkeit in eine Aktiengesellschaft, 1998, S. 142; s. a. *Hübner*, in: Peiner (Hrsg.), Grundlagen des Versicherungsvereins auf Gegenseitigkeit, 1995, S. 158, 166 f.; *Armbrüster*, in: Bürkle (Hrsg.), Rechtliche Rahmenbedingungen für Versicherungsvereine auf Gegenseitigkeit, 2008, S. 29, 34.

[61] *BVerfG* Urt. v. 26.7.2005 – 1 BvR 782/94, BVerfGE 114, 1 = VersR 2005, 1109, 1123; *Hoppmann*, Vorstandskontrolle im Versicherungsverein auf Gegenseitigkeit, 2000, S. 109; anders *Martiensen*, Fusionen von Versicherungsvereinen auf Gegenseitigkeit, 2006, S. 309–311.

[62] *BVerwG* Urt. v. 14.12.1995 – BVerwG 1 A 4.95 (1 PKH 26.95), VerBAV 1996, 70 f.; *VG Frankfurt a.M.* Urt. v. 28.3.2011 – 9 K 566/10.F Rn. 23, NJW 2011, 2747; *VG Frankfurt a.M.* Urt. v. 19.5.2004 – 1 E 1184/04, VersR 2004, 1397 = BeckRS 9998, 05071; *Ehlers*, Ziele der Wirtschaftsaufsicht, 1997, S. 53; *Winter* VersR 2005, 145, 151; *ders.* VersR 2000, 1453, 1455; *Abrahams/Lorsch*, in: H. Müller/Golz/Washausen-Richter/Trommeshauser (Hrsg.), 100 Jahre materielle Versicherungsaufsicht in Deutschland, 2001, S. 413, 417; a. M. *Rohlfing* WM 2005, 311, 316 u. 319 und wohl auch *Pott* EwiR § 4 FinDAG 1/05, 219, 220.

[63] *Looschelders* ZVersWiss 2015, 481, 482 f.; *ders.* FS 100 Jahre Hamburger Verein, 2016, S. 209, 220.

[64] Vgl. hierzu Gesetzentwurf der Bundesregierung, BT-Drs. 18/3994, 37 (zu § 4 FinDAG); *Hufeld* VuR 2015, 401 f.

[65] Zu restriktiv *Winter* ZVersWiss 2005, 105, 107 u. 132 f.

[66] Die korrespondierende Beschränkung im deutschen Bankenaufsichtsrecht ist vom EuGH und vom BGH bestätigt worden, vgl. *EuGH* Urt. v. 12.10.2004 – C – 222/02, NJW 2004, 3479, 3480 f. = NVwZ 2005, 201, basierend auf dem Vorlagebeschluss des *BGH* Beschl. v. 16.5.2002 – III ZR 48/01, VersR 2002, 1005, 1010 f. = NJW 2002, 2464; *BGH* Urt. v. 20.1.2005 – III ZR 48/01, BGHZ 162, 49 = JZ 2005, 724, 726 ff.; s. a. *BGH* Urt. v. 21.4.2005 – III ZR 238/03, WM 2005, 1217, 1218 = NJW 2005, 2703; *BGH* Urt. v. 2.6.2005 – III ZR 365/03, VersR 2005, 1434, 1435 = NJW-RR 2005, 1406; die Verfassungs- und Europarechtskonformität hingegen verneinend *Schenke* FS E. Lorenz 60. Geburtstag, 1994, 473, 513 f.; *ders./Ruthig* NJW 1994, 2324, 2327, 2328 f.; *Gratias*, Staatshaftung für fehlerhafte Banken- und Versicherungsaufsicht im Europäischen Binnenmarkt, 1999, S. 94, 109 f., 186; jedenfalls die Verfassungsmäßigkeit verneinend auch *Vespermann*, Staatshaftung im Versicherungswesen, 1996, S. 136; insofern kritisch ferner *Bürkle*, Der Sonderbeauftragte der Bundesanstalt für Finanzdienstleistungsaufsicht im Versicherungssektor, 2013, S. 444; *von Danwitz* JZ 2005, 729, 730 f.; *Ruffert* NJW 2009, 2093, 2095 (bezogen auf § 4 Abs. 4 FinDAG); die Verfassungsmäßigkeit hingegen bestätigend *Häde* EuZW 2005, 39, 40 f.; *Grote* VersR 2005, 103, 104; *Fricke* VersR 2007, 300, 301.

[67] Vgl. *H. Müller* VB 2000, 3, 6; *Dreher* VersR 2013, 401, 409; s. hierzu auch bezogen auf § 4 Abs. 1a FinDAG Gesetzentwurf der Bundesregierung, BT-Drs. 18/3994, 37 (zu § 4 FinDAG).

[68] *Barbey* VersR 1985, 101, 105 f.

[69] Vgl. *Schwartze* VersR 2006, 1331.

[70] Vgl. auch § 4 Abs. 1a FinDAG; in diesem Sinne aber *Bähr*, Das Generalklausel- und Aufsichtssystem des VAG im Strukturwandel, 2000, S. 159; s. a. *VG Frankfurt a.M.* Urt. v. 1.6.2006 – 1 E 4837/05,VersR 2007, 337, 338 = BeckRS 2011, 50525; unklar *Eilert* VersR 2009, 709, 711.

[71] Gesetzentwurf der Bundesregierung, BT-Drs. 18/3994, 36 (zu § 4 FinDAG).

[72] *BVerwG* Urt. v. 25.6.1998 – 1 A 6/96,VersR 1998, 1137, 1138 = NJW 1998, 3216; s. ferner Gesetzentwurf der Bundesregierung, BT-Drs. 18/3994, 36 (zu § 4 FinDAG).

der Versicherten anderer Gesellschaften kein Gesichtspunkt, der die Verweigerung einer Zulassung trägt. Hier sind – abgesehen vom Fall des § 11 Abs. 1 Nr. 4 lit. c VAG – nur die Belange der künftigen Versicherten des antragstellenden Unternehmens entscheidend.[73]

Das Gesagte gilt entsprechend auch für **Pensionsfonds**. Hier treten allerdings an die Stelle der Versicherten die Belange der Versorgungsanwärter und Versorgungsempfänger, so wie dies das Gesetz – verallgemeinerungsfähig – in Bezug auf § 294 Abs. 2 u. 3 VAG klarstellt.[74]

(2) Aufsichtsrechtliche Vorschriften. Bei den aufsichtsrechtlichen Vorschriften handelt es sich **vorrangig** um **Zulassungsvorschriften**, die das VAG enthält. Zu ihnen zählen die Spartentrennungsgebote, auch wenn diese – anders als nach dem früheren Recht[75] – nicht mehr expressis verbis als eigenständiger Versagungsgrund genannt werden. Weitere Einwirkungsmöglichkeiten der Aufsicht bestehen ferner im Falle von Unternehmens- und Funktionsausgliederungsverträgen, die auch Gegenstand des Zulassungsverfahrens sein können.[76] Ferner kann dem Verbot versicherungsfremder Geschäfte (§ 15 VAG) Bedeutung zuwachsen, ebenso der Verpflichtung zur Benennung von Schadenregulierungsbeauftragten in der Kraftfahrzeug-Haftpflichtversicherung (§ 9 Abs. 4 Nr. 6 VAG). Auch der Eignung der in § 9 Abs. 4 Nr. 1 lit. a VAG genannten Personen ist im Rahmen der ausreichenden Wahrung der Belange der Versicherten Rechnung zu tragen. Zu möglichen Treuhändern sind im Zulassungsverfahren hingegen noch keine Angaben zu machen, so dass in Ermangelung eines entsprechenden Prüfungsgegenstands die diesbezüglichen Bestimmungen (§§ 142, 157 VAG) irrelevant sind. 18

Bedeutsam können auch europäische Regelungen und Maßnahmen sein. Dazu zählen **Delegierte Verordnungen** basierend auf der Solva II-Richtlinie sowie Leitlinien, Empfehlungen, Warnungen sowie Verbote und Beschlüsse von **EIOPA.**[77] Dabei ist zu beachten, dass Delegierte Verordnungen bzw. Maßnahmen von EIOPA keine Regelungen enthalten dürfen, die in der Solva II-Richtlinie und im übrigen Unionsrecht – namentlich auch unter Beachtung von Art. 114 AEUV[78] – keine hinreichende Grundlage finden.[79] Gemäß Art. 10 Abs. 1 UAbs. 2 der EIOPA-VO[80] wird der Inhalt von technischen Regulierungsstandards durch die Gesetzgebungsakte begrenzt, auf denen sie beruhen. Leitlinien und Empfehlungen sollen wiederum gemäß Art. 16 Abs. 1 der EIOPA-Verordnung eine kohärente Anwendung des Unionsrechts und kohärente Aufsichtspraktiken gewährleisten, was im Ergebnis bedeutet, dass mit ihnen nicht neues EU-Recht gesetzt werden darf.[81] Leitlinien und Empfehlungen kommt dabei grundsätzlich nur Bedeutung für die der deutschen Aufsicht unterstehenden Unternehmen zu, wenn die BaFin der Leitlinie oder Empfehlung nachkommt. Warnungen bzw. Verbote von bestimmten Finanztätigkeiten müssen den Vorgaben von Art. 9 Abs. 3 bzw. 5 der EIOPA-Verordnung entsprechen. Beschlüsse kommen ohnehin nur in bestimmten Krisenfällen in Betracht.[82] Auf eine Wahrung der Belange der Versicherten kann sich die Aufsicht folglich nur dann mit Erfolg stützen, wenn diese Vorgaben beachtet werden. Ein Rekurs auf entsprechende Maßnahmen von EIOPA findet unter dieser Prämisse mit der Vorgabe von Art. 34 Abs. 1 der Solva II-Richtlinie eine Grundlage, wonach der Aufsicht auch die Durchsetzung von Verwaltungsvorschriften obliegt.

(3) Vertragsrechtliche und sonstige Vorschriften. Vorschriften wie das **VVG**, das **PflVG** und das **BGB** (einschließlich der AGB-rechtlichen Bestimmungen der §§ 305 ff.) sowie das **AGG** können und dürfen nur insoweit eine Rolle spielen, als bereits im Zulassungsverfahren entsprechende Unterlagen vorzulegen bzw. Angaben zu machen sind. Dass eine zivilrechtliche Vorschrift selber Sanktionen vorzieht, etwa Nichtigkeit, hindert nicht die Annahme, die Vorschrift auch als aufsichtsrechtlich relevant anzusehen.[83] Unbeachtlich ist ferner, ob bereits eine gesicherte Literaturmeinung besteht bzw. ob – im Rahmen der laufenden Aufsicht – eine größere Zahl von Beschwerden bei der Aufsicht vorliegt.[84] 19

---

[73] *Kirsten*, Der Tarif- und Versichererwechsel des Versicherungsnehmers in der privaten Krankenversicherung, 2005, S. 195; *Präve* ZfV 1997, 354.

[74] § 237 Abs. 3 Nr. 10 VAG.

[75] § 8 Abs. 1a VAG a. F.

[76] § 9 Abs. 4 Nr. 1 lit. b u. c VAG.

[77] Bzgl. der Befugnisse von EIOPA und der übrigen europäischen Aufsichtsbehörden s. nur *Wymeersch* ZGR 2011, 443, 461 ff.

[78] Vgl. hierzu *EuGH* Urt. v. 22.1.2014 – C 270/12, VersR 2014, 441 = JZ 2014, 244, 248 f. (Rn. 105, 108 u. 113 f.) bezogen auf die ESMA.

[79] Zu den bestehenden Befugnisgrenzen europäischer Aufsichtsbehörden vgl. *EuGH* Urt. v. 22.1.2014 – C 270/12, VersR 2014, 441 = JZ 2014, 244, 246 (Rn. 44 f. u. 53) bezogen auf die ESMA.

[80] ABl. EU 2010 L 331, 48.

[81] *Bürkle* VersR 2014, 529, 531; *Sasserath-Albertt/Hartig* VersR 2012, 524, 532; s. a. *Ohler* ZVersWiss 2012, 431, 432; *Sasserath-Alberti* EuZW 2012, 641, 642.

[82] Art. 8 Abs. 2 lit. e u f. der EIOPA-Verordnung.

[83] *BVerwG* Urt. v. 25.6.1998 – 1 A 6/96, BVerwGE 107, 101 = VersR 1998, 1137 f. zu § 307 BGB; a. M. *Schneider*, Versicherungsschutz gegen Erpressungen, 2003, S. 13 zu § 138 BGB und Art. 6 EGBGB. Das findet auch mit Art. 34 Abs. 1 Solva II-RL eine hinreichende europäische Grundlage. Vgl. hierzu auch *Gal/Sehrbrock*, Die Umsetzung der Solvency II-Richtlinie durch die 10. VAG-Novelle, 2013, S. 55 (zu einer früheren Entwurffassung des VAG).

[84] *BVerwG* Urt. v. 21.3.2007 – 6 C 26/06, VersR 2007, 1253, 1254 = NJW 2007, 2871; *Buchholz* VersR 2008, 27, 28 f.; a. M. *Grote/Finkel* VersR 2007, 339, 340.

20 Aus dem **ordre public** (Art. 6 EGBGB) folgen Restriktionen für den Betrieb der Lösegeldversicherung.[85] Die Auffassung, eine derartige Versicherung fördere stets die Gefahr des erpresserischen Menschenraubs und verstoße daher automatisch gegen den ordre public,[86] ist zu rigide.[87] Sie wird auch von der Aufsicht, nicht zuletzt wegen anderweitiger Erfahrungen im Ausland,[88] nicht mehr vertreten. Allerdings ist zu beachten, dass gewisse Vorkehrungen getroffen werden müssen. Dazu zählen namentlich Maßgaben zur Geheimhaltung sowie zur Einschaltung der Polizei.[89] Eine Geldstrafen- oder Bußgeldversicherung widerspricht dem ordre public insofern, als der Präventionszweck, der mit einer Geldstrafen- oder Bußgeldbewehrung verbunden ist, in Frage gestellt wäre.

21 Eine **AGB-Kontrolle** steht der Zulassungsaufsicht in den Fällen der substitutiven Krankenversicherung und der Pflichtversicherungen zu, für die entsprechende Vorlagepflichten bezüglich der AVB bestehen.[90] Dies ist auch europarechtlich zulässig. Die Option für entsprechende Vorlagepflichten in der Solva II-Richtlinie,[91] von der der deutsche Gesetzgeber Gebrauch gemacht hat, kann nur dahingehend verstanden werden, dass insoweit auch eine aufsichtsbehördliche Kontrolle erfolgen soll, da anderenfalls die Vorlage eines Sinns beraubt ist, auch wenn jedenfalls für die Krankenversicherung die Solva II-Richtlinie festlegt, dass die AVB-Kontrolle grundsätzlich keine Vorbedingung für den Produktvertrieb sein soll.[92] Sofern sich bei dieser Kontrolle entsprechende Mängel ergeben, gilt hier – wie auch bei sonstigen Umständen, die zur Annahme eines Versagungstatbestands führen –, dass die Erlaubnis nicht erteilt werden kann. Für regulierte Pensions- und Sterbekassen bestehen gar Genehmigungspflichten bezüglich der AGB.[93]

22 Darüber hinaus gibt es und darf es aber keine aufsichtsbehördliche AGB-Kontrolle im Zulassungsverfahren geben,[94] wohl aber eine **anlassbezogene nachträgliche Kontrolle** im Rahmen der laufenden Aufsicht.[95] Damit ergibt sich eine Doppelspurigkeit der Kontrolle, ggf. bestehend aus zivil- und verwaltungsgerichtlicher Überprüfung, was weder einen Fremdkörper in der Rechtsordnung noch einen Störfaktor in der Wirtschaftsordnung darstellt.[96] Die aufsichtsrechtliche Kontrolle ist auch nicht beschränkt auf Fälle offenkundigen Missbrauchs[97] oder einer schwerwiegenden generellen Gefährdung von Versicherteninteressen.[98] Ein sogenanntes Subsidiaritätsprinzip, das der Aufsicht nur insofern unter einschränkenden Voraussetzungen ein Eingriffsrecht zugesteht,[99] besteht jedenfalls nicht.[100] Lediglich faktisch ist es immer wieder zu gewissen Einschränkungen gekommen, die vor allem mit Kapazitätsengpässen sowie wiederholten Umstrukturierungen der Aufsicht, aber auch mit anderen thematischen Schwerpunkten in Zusammenhang standen.[101] Der Grundsatz der Markttransparenz, dem die Aufsichtsbehörde vor vollzogener Deregulierung verschrieben war, bildet keinen Bezugspunkt für eine aufsichtsrechtliche Kontrolle mehr.[102] Mangelnde Markttransparenz ist vielmehr gewollte Folge der den Versicherungsmarkt beherrschenden Anbieter- und Produktfreiheiten.

---

[85] Zuzuordnen der Anlage 1 Nr. 16 lit. k zum VAG; vgl. BAV-Rundschreiben R 3/98, VerBAV 1998, 182.

[86] So noch BAV-Verlautbarung GB BAV 1981, 31.

[87] *Schneider*, Versicherungsschutz gegen Erpressungen, 2003, S. 32 f.

[88] Vgl. hierzu *Schlicht* VP 1997, 11.

[89] Vgl. im Einzelnen BAV-Rundschreiben R 3/98, VerBAV 1998, 182 sowie BaFin-Verlautbarung BaFin-Journal 03/08, S. 3; *Schneider*, Versicherungsschutz gegen Erpressungen, 2003, S. 255 ff., 279 ff.; s. a. BAV-Verlautbarung VerBAV 1996, 292; *Knospe* VW 1998, 285.

[90] Vgl. § 9 Abs. 4 Nr. 4 und 5 lit. b VAG.

[91] Art. 181 Abs. 2, Art. 206 Abs. 1 lit. b Solva II-RL.

[92] 84. Erwägungsgrund der Solva II-RL.

[93] § 219 Abs. 3 Nr. 1, § 234 Abs. 3 Nr. 1 VAG.

[94] Vgl. Art. 21 Abs. 1 UAbs. 1 Solva II-RL.

[95] *BVerwG* Urt. v. 25.6.1998 – 1 A 6/96, VersR 1998, 1137, 1138 f.; *Präve* NVersZ 1998, 49, 53; *ders.*, in: von Westphalen, Vertragsrecht und AGB-Klauselwerke, 35. Ergänzung, Februar 2014, Stichwort: Allgemeine Versicherungsbedingungen Rn. 373 f.

[96] *Präve*, in: von Westphalen, Vertragsrecht und AGB-Klauselwerke, 35. Ergänzung, Februar 2014, Stichwort: Allgemeine Versicherungsbedingungen Rn. 375; *Dreher*, in: 50 Jahre BGH. Festgabe aus der Wissenschaft, Band II, 2000, S. 713, 721 u. 730.

[97] *BVerwG* Urt. v. 25.6.1998 – 1 A 6/96, BVerwGE 107, 101 = VersR 1998, 1137, 1138; s. hierzu auch bezogen auf den Verbraucherschutz § 4 Abs. 1a FinDAG und Gesetzentwurf der Bundesregierung, BT-Drs. 18/3994, 36 f. (zu § 4 FinDAG).

[98] A. M. offenbar *Dreher/Burkhart*, FS 100 Jahre Hamburger Verein, 2016, S. 105, 127 f.

[99] *Bähr*, Das Generalklausel- und Aufsichtssystem des VAG im Strukturwandel, 2000, S. 158 f., 328 f.; *ders.* VW 2001, 2016, 2020; *Winter* ZVersWiss 2005, 105, 126 f.; *ders.* VersR 2000, 1453, 1463; *ders.* FS E. Lorenz 70. Geburtstag, 2004, 941, 951, 960 f.; *Martiensen*, Fusionen von Versicherungsvereinen auf Gegenseitigkeit, 2006, S. 78; *Schwartze* VersR 2006, 1331; *Grote/Finkel* VersR 2007, 339; in diese Richtung neigend auch *Kaulbach*, in: H. Müller/Golz/Washausen-Richter/Trommeshauser (Hrsg.), 100 Jahre materielle Versicherungsaufsicht in Deutschland, 2001, S. 178.

[100] Vgl. bzgl. des Schutzes der Verbraucher auch § 4 Abs. 1a FinDAG und Gesetzentwurf der Bundesregierung, BT-Drs. 18/3994, 36 f. (zu § 4 FinDAG) sowie *Ehlers*, Ziele der Wirtschaftsaufsicht, 1997, S. 56.

[101] Vgl. nur *H. Müller* VP 1999, 115, 118; *ders.* ZVersWiss 1999, 297, 316; *Präve*, in: H. Müller/Golz/Washausen-Richter/Trommeshauser (Hrsg.), 100 Jahre materielle Versicherungsaufsicht in Deutschland, 2001, S. 201, 218; s. aber auch BAV-Mitteilung VerBAV 1999, 310.

[102] *H. Müller*, Versicherungsbinnenmarkt, 1995, Rn. 807; *Zischka*, Bundesversicherungsaufsichtsamt, 1997, Rn. 235; *Präve* SVZ 1995, 297, 298 f. u. 301.

22a Zu **sonstigen** die Versicherten betreffenden **Vorschriften** zählen namentlich solche, die für die Satzung einschlägig sind, sofern hiermit auch sichergestellt werden soll, dass die Versichertenbelange nicht beeinträchtigt werden, z. B. durch Regelungen zur Vorbeugung von Interessenkonflikten.[103]

23 **(4) Geschäftsplannotwendigkeiten.** Relevant können ferner Umstände werden, die sich aus der Vorlage des Geschäftsplans[104] ergeben.

24 **(5) Sonstige Umstände.** Schließlich können sich aus dem Erfordernis der **ordnungsgemäßen Durchführung des Geschäftsbetriebs** weitere Anforderungen ergeben. Diese Vorgabe findet eine hinreichende Entsprechung in der Solva II-Richtlinie insofern, als die Aufsicht auch auf eine ordnungsgemäße Funktionsweise des Versicherungsgeschäfts hinzuwirken hat.[105] Diese Vorgabe ist insofern auch immanenter Bestandteil der allgemeinen Befugnisnorm der Solva II-Richtlinie, die auf die Einhaltung der Rechts- und Verwaltungsvorschriften abstellt.[106] Aus Letzterer lässt sich daher kein Ausschluss entsprechender Aspekte ableiten,[107] sicherlich aber eine hiermit verbundene starke Verrechtlichung.[108] Kritisch wird dies nur, wenn – wie dies EIOPA offen als zumindest ihre Aufsichtsstrategie bekundet[109] – eine Abwendung von dem Ansatz einer rechtlichen Steuerung erfolgt, indem diese kurzerhand als legalistisch gebrandmarkt wird. Zur ordnungsgemäßen Durchführung des Versicherungsgeschäfts zählt jedenfalls unter Anknüpfung an § 294 Abs. 3 VAG unter anderem, dass der Versicherer zu gewährleisten hat, das Risiko, das er übernommen hat, auch tatsächlich zu tragen und die Versicherungsleistung in dem ihrem Zweck entsprechenden engen zeitlichen Zusammenhang mit dem Versicherungsfall zu erbringen. Diese Voraussetzung erfüllt eine Krebsversicherung nicht, da hier – trotz fortschreitender medizinischer Erkenntnisse und dem weiteren Ausbau von Therapieansätzen – nicht sichergestellt ist, dass eine bestehende Krebserkrankung in unmittelbarem zeitlichen Zusammenhang mit dem Versicherungsfall regelmäßig auch als solche festgestellt und einem zur Geltendmachung der Versicherungsleistung Berechtigten bekannt wird.[110] Entsprechendes gilt für eine selbstständige Dread Disease-Versicherung, die diese und weitere schwere Erkrankungen umfasst.[111] Sie wäre – anders als die der Lebensversicherung zugeordnete unselbständige Dread Disease-Versicherung[112] – der Krankenversicherung zuzurechnen.[113] Allerdings dürfte eine solche Versicherung regelmäßig den zur Krebsversicherung genannten Anforderungen nicht entsprechen.[114] Dafür ist es auch unerheblich, dass die Dread-Disease-Versicherung als Summenversicherung ausgestaltet ist.[115] Auch Erfahrungen aus dem Ausland[116] vermögen nichts an dieser grundsätzlichen Bewertung zu ändern. Zu beachten ist zusätzlich, dass der Versicherer durch den Abschluss einer Versicherung nicht gezwungen werden darf, sich selbst zusätzlichen Gesundheitsgefahren (etwa durch Eröffnung der Diagnose einer schweren Erkrankung) auszusetzen.[117] Diese Gefahr ist aber sowohl in der Krebs- als auch in der Dread Disease-Versicherung virulent.

25 Der bloße aufsichtsbehördliche Hinweis, eine bestimmte Regelung oder ein Verhalten sei **„unerwünscht"**,[118] vermag allerdings aufsichtsbehördliche Eingriffe nicht zu rechtfertigen. In diesem Sinne besteht auch kein generelles Verbot einer Teilnahme von Vorstandsmitgliedern an Aufsichtsratssitzungen. Entscheidend ist, dass dem insoweit maßgeblichen Gesetz[119] keine derartige Restriktion entnommen werden kann. Vielmehr geht das Gesetz selber davon aus, dass der Vorstand an Aufsichtsratssitzungen teilnehmen kann.[120] Auch aus § 105 Abs. 1 AktG, der die Inkompatibilität der Mitgliedschaft in Aufsichtsrat und Vorstand betrifft, kann nichts Gegenteiliges gefolgert werden. Sofern im Ausnahmefall, etwa bei der Beratung von Schadenersatzansprüchen gegenüber dem Vorstand, unzulässige Einflussnahmen zu befürchten sind, kommt ein Ausschluss der Vorstandsmitglieder von der Aufsichtsratssitzung in Betracht.[121] Eine derartige Ausnahmekonstellation rechtfertigt für sich genommen aber nicht das

---

103 S. hierzu etwa VG Frankfurt a. M., Urt. v. 1.7.2015 – 7 K 315/14.F, VersR 2017, 405 f.; VGH Kassel, Beschl. v. 1.7.2016 – 6 A 1590/15.Z, VersR 2017, 405, 406 ff.; differenzierend *Bürkle* VersR 2017, 408 f.

104 § 9 Abs. 2 VAG.

105 Art. 29 Abs. 1 Solva II-RL.

106 Art. 34 Abs. 1 Solva II-RL.

107 So aber *Dreher* VersR 2013, 401, 403 f.; *Bürkle* VersR 2011, 1469, 1474 f. u. 1477 f.

108 Insofern treffend *Dreher* VersR 2011, 825, 832.

109 EIOPA´s Strategy toward a comprehensive risk-based and preventive framework for conduct of business supervision, EIOPA-16/015 v. 11.1.16, Ziff. 4.1.

110 *BVerwG* Urt. v. 23.4.1985 – 1 A 11.81, VersR 1985, 954 = VerBAV 1985, 358, 361.

111 Zur Produktausgestaltung s. im Einzelnen *Krause* VW 1998, 529 ff.; *Schattschneider/Wittkamp* VW 1997, 220 ff.

112 GB BAV 1990, 62, 63.

113 *Präve* ZVersWiss 1998, 355, 363; *Fahr* NVersZ 1999, 20, 22; a. M. wohl *Winter* ZVersWiss 1991, 203, 214.

114 *Präve* ZVersWiss 1998, 355, 364 ff.; offen gelassen von *Krause*, Nationale Versicherungskultur, 2004, S. 268.

115 A. A. *Fahr* NVersZ 1999, 20 f.

116 Vgl. nur *Krause* VW 1998, 433 ff.; *Ernest* VW 1990, 736 ff.

117 *BVerwG* Urt. v. 23.4.1985 – 1 A 11.81, VersR 1985, 954 = VerBAV 1985, 358, 360 u. 363.

118 So etwa BAV-Verlautbarung VerBAV 1990, 556.

119 § 109 Abs. 1 AktG.

120 *Schneider* ZIP 2002, 873.

121 *Vetter* VersR 2002, 951, 953.

generelle Verbot einer Sitzungsteilnahme.[122] Es verhält sich vielmehr so, dass eine regelmäßige Teilnahme von Vorstandsmitgliedern an den Sitzungen des Aufsichtsrats nicht nur rechtlich zulässig ist,[123] sondern auch guter Corporate Governance entspricht.[124]

26 **(6) Europa- und verfassungsrechtliche Aspekte.** Gegen den Versagungstatbestand der nicht ausreichenden Wahrung der Belange der Versicherten lässt sich weder aus europa- noch aus verfassungsrechtlichen Gesichtspunkten etwas Entscheidendes einwenden. Die zu § 81 VAG a. F. geführte Diskussion, die um entsprechende Vorhaltungen kreist,[125] geht im Hinblick auf die europarechtlichen Anforderungen schon insoweit ins Leere, als der Versagungsgrund als **Reflex** auf die europarechtliche Vorgabe bezüglich der allgemeinen Kontrollbefugnis der Aufsicht (Art. 27 der Solva II-Richtlinie) zu verstehen ist. Auch verfassungsrechtlich ist § 11 VAG unproblematisch.[126] Die höchstrichterliche Rechtsprechung hat insofern bisher auch keinen Anlass zu Vorbehalten gegen die Parallelvorschrift des § 81 VAG a. F. bzw. zu einer einschränkenden Auslegung[127] gesehen.[128] Soweit gegen den Tatbestand aufgrund seiner Unbestimmtheit entsprechende Bedenken geltend gemacht werden,[129] kann auch dies nicht überzeugen. Der Gebrauch unbestimmter Rechtsbegriffe ist nichts Atypisches[130] und für die Führung einer wirksamen Aufsicht auch unverzichtbar.[131] Das **Optimierungsverbot** stellt zudem eine hinreichende Beschränkung dar.[132] Schließlich unterliegt die Frage, ob die Belange der Versicherten ausreichend gewahrt sind, in vollem Umfang der gerichtlichen Prüfung.[133]

27 **bb) Eignung der Geschäftsleiter bei Finanzkonglomeraten (Abs. 1 Nr. lit. b).** Ein weiterer Versagungsgrund ist die mangelnde Eignung von Geschäftsleitern in einem Finanzkonglomerat, sofern der Versicherer Tochterunternehmen eines entsprechenden Unternehmens ist (§ 11 Abs. 1 Nr. 4 lit. b VAG). Gemeint sind in Übereinstimmung mit der bisherigen Rechtslage[134] die Leiter einer Versicherungs-Holdinggesellschaft (§ 7 Nr. 31 VAG) bzw. einer gemischten Finanzholding-Gesellschaft (§ 7 Nr. 10 VAG). Damit wird den Vorgaben der sog. **Finanzkonglomerate-Richtlinie**[135] Rechnung getragen, die entsprechende Eignungsvoraussetzungen enthalten.[136] Im Hinblick auf die Eignungsvoraussetzungen ist § 24 VAG entsprechend anzuwenden.[137] Danach müssen die Geschäftsleiter zuverlässig und fachlich geeignet sein. Während für die Zuverlässigkeit dieselben Kriterien wie für einen Versicherervorstand herangezogen werden können, richtet sich die fachliche Eignung nach den Kenntnissen im Geschäft einer entsprechenden Finanzbranche und korrespondierender Leitungserfahrung.[138]

28 **cc) Beeinträchtigung des Tarifwechselrechts in der Krankenversicherung (Abs. 1 Nr. 4 lit. c).** Der Versagungsgrund des § 11 Abs. 1 Nr. 4 lit. c VAG beruht auf **rein nationalen Wertungen**. Er zielt darauf ab, eine Beeinträchtigung des Tarifwechselrechts in der Krankenversicherung nach § 204 VVG durch Gründung von Tochterunternehmen (§ 7 Nr. 29 VAG) innerhalb eines Konzerns zu unterbinden.[139] Die Regelung ist durch Art. 7 Nr. 2 des Gesetzes v. 23.11.2007[140] in das VAG eingefügt worden. Letztlich kann die Bestimmung als Ausfluss des Ziels gesehen werden, die Belange der Versicherten zu wahren (§ 11 Abs. 1 Nr. 4 lit. a VAG). Allerdings sollen hiermit nicht die Versicherten des antragstellenden Versicherers, sondern die eines anderen (bereits vorhandenen) Versicherers im Konzernverbund geschützt werden, was nicht unproblematisch ist.

---

[122] So noch BAV-Verlautbarung VerBAV 2002, 67; mittlerweile relativiert durch BaFin-Verlautbarung VerBaFin 2002, 248; GB BaFin 2002, 102.

[123] *Hörst* NVersZ 2002, 390, 391 ff.

[124] *Schneider* ZIP 2002, 873, 876; *Vetter* VersR 2002, 951, 952; s. a. *Cromme* ZKW 2002, 502, 503 f.

[125] Vgl. die Nachweise bei *H. Müller*, in: H. Müller/Golz/Washausen-Richter/Trommeshauser, 100 Jahre materielle Versicherungsaufsicht in Deutschland, 2001, S. 155, 159 f. und *Präve* NVersZ 2001, 11.

[126] *BVerwG* Urt. v. 24.5.1960 – IC 45/57, VersR 1961, 145.

[127] Vgl. *Winter* VersR 2005, 145, 160.

[128] Vgl. nur *BVerwG* Urt. v. 6.12.1999 – 1 A 4/97, VersR 2000, 705 f.; *BVerwG* Urt. v. 5.3.1999 – 1 A 1/97, VersR 1999, 743, 744; *BVerwG* Urt. v. 25.6.1998 – 1 A 6/96, VersR 1998, 1137 f. = NJW 1998, 3216.

[129] *Dreher* VersR 1993, 1443, 1452; *Römer*, Der Prüfungsmaßstab bei der Missstandsaufsicht nach § 81 VAG und der AVB-Kontrolle nach § 9 AGBG, 1996, S. 7; *Vespermann/Niewerth* VersR 1996, 1186, 1191 f.; *Büchner*, Der Referentenentwurf eines Dritten Durchführungsgesetzes/EWG zum VAG auf dem Prüfstand, 1993, S. 9.

[130] Vgl. *Bähr*, Das Generalklausel- und Aufsichtssystem des VAG im Strukturwandel, 2000, S. 227 f.

[131] Vgl. *Präve* ZfV 1994, 199, 209.

[132] S. a. *Eberhardt*, Die Missbrauchsaufsicht des Bundesaufsichtsamtes für das Versicherungswesen, 1997, S. 140.

[133] Bähr/*Schenke* § 1 Rn. 6.

[134] § 8 Abs. 1 S. 1 Nr. 2a VAG a. F., eingefügt durch Art. 2 Nr. 5 des Gesetzes v. 21.12.2004, BGBl. I 3610.

[135] ABl.EU Nr. L 35 v. 11.2.2003, 1.

[136] Art. 13, Art. 28 Abs. 4 der Richtlinie (mit letzterer Bestimmung wird Art. 10b in die Versicherungsgruppenrichtlinie eingefügt).

[137] Vgl. § 293 Abs. 1 S, 1 VAG.

[138] So ausdrücklich bezogen auf die gemischte Finanzholding-Gesellschaft die Gesetzesbegründung, BR-Drs. 433/04, 101 f. (zu § 7a VAG a. F.).

[139] So die Gesetzesbegründung BT-Drs. 16/3945, 121 (zu § 8 VAG); zum Hintergrund siehe *H. Müller*, in: Die Privatversicherung im Wandel, 2002, S. 19, 36.

[140] BGBl. I 2631.

Bezugspunkt im Erlaubnisverfahren können nämlich nur **die (künftigen) Versicherten** des antragstellenden Unternehmens sein. Daran vermag auch ein Konzernverbund nichts zu ändern. Hierüber setzt sich der Gesetzgeber allerdings ausdrücklich hinweg. Insofern bestehen sowohl verfassungs- als auch europarechtliche Zweifel. Europarechtlich ist eine Korrelation zur maßgeblichen Solva II-Richtlinie nicht begründbar. Und verfassungsrechtlich lässt sich der mit einer Versagung der Erlaubnis verbundene Eingriff in grundrechtliche Positionen (Art. 12, 14 GG) nicht rechtfertigen, da der Schutz auf Personen außerhalb des betroffenen Unternehmens zielt. Unbeschadet dessen darf die Aufsicht die Erlaubnis jedenfalls nur verweigern, wenn Tatsachen vorliegen, die die Annahme einer entsprechenden Umgehung der Vorschrift des § 204 VVG hinreichend rechtfertigen.[141] Die bloße Gründung eines weiteren Krankenversicherers innerhalb eines Konzerns begründet diese Annahme noch nicht, zumal hiermit eine Neuausrichtung in vertrieblicher Hinsicht oder aber in der Änderung der Annahme- und Leistungspolitik verbunden sein kann.[142] Nötig ist jedenfalls eine korrespondierende Tarifstruktur, die sich aus den Zulassungsunterlagen ergeben muss. Eine Beeinträchtigung des Tarifwechselrechts ist aber auch dann nicht ohne Weiteres anzunehmen. Sie ist namentlich nicht gegeben, wenn adäquate andere Wechselmöglichkeiten bei dem anderen Krankenversicherer vorhanden sind. Die bloße Schließung einzelner Tarifen dieses Versicherers begründet somit noch keinen hinreichenden Tatbestand, um eine Beeinträchtigung des Tarifwechselrechts im aufsichtsrechtlichen Sinne festzustellen. Eine Unterdeckung im Tarif des neuen Versicherers begründet wiederum noch keinen Versagungstatbestand im Sinne von § 11 Abs. 1 Nr. 4 lit. c VAG,[143] allerdings einen im Sinne von § 11 Abs. 1 Nr. 1 VAG. 29

2. Relative Versagungsgründe (Abs. 2). Die relativen Versagungsgründe enthält § 11 Abs. 2 VAG.

a) Sicherstellung einer wirksamen Aufsicht (Abs. 2 S. 1 u. 2). Ein Versagungsgrund kann in der Beeinträchtigung einer wirksamen Aufsicht bestehen (§ 11 Abs. 2 **S. 1** VAG). Damit soll die Aufsicht befähigt werden, auf **intransparente Unternehmensverflechtungen** sowie Defizite im Zusammenhang mit Einwirkungen aus dem Ausland reagieren zu können. Hinsichtlich der Verflechtungen kommt eine gesellschaftsrechtliche, aber auch eine bloße faktische Absicherung in Betracht.[144] Der Aufsicht kommt hier eine Ermessensentscheidung zu, was bedeutet, dass auch bei Vorliegen des Tatbestands aufgrund besonderer Umstände (etwa beschränkte Bedeutung des Unternehmens, mit dem der Versicherer verbunden ist) von einer Versagung der Erlaubnis Abstand genommen werden kann.[145] Anders als vor Inkrafttreten des Gesetzes v. 21.12.2000[146] kommt es aber nicht mehr auf die Unmöglichkeit einer wirksamen Aufsichtsführung an, sondern nur noch auf deren Beeinträchtigung an. Die Aufsicht muss – auch bei Strohmännerkonstruktionen, mit denen die Bankenaufsicht offenkundig negative Erfahrungen gesammelt hat[147] – die Tatsachen nachweisen, die eine diesbezügliche Annahme rechtfertigen.[148] Die Beeinträchtigung muss also nicht definitiv festgestellt werden. 30

Bei den in § 11 Abs. 2 **S. 2** VAG genannten Fällen handelt es sich um **Regelbeispiele**. **Nr. 1** erfasst Fälle struktureller wie wirtschaftlicher Intransparenz.[149] Soweit es hierbei auf eine Verbindung mit einem anderen Unternehmen in einem Unternehmensverbund ankommt, ist die Legaldefinition des § 7 Nr. 30 („Verbundenes Unternehmen") heranzuziehen,[150] für Verbindungen mit natürlichen Personen in einem Unternehmensverbund ist Korrespondierendes zu fordern. Im Falle einer engen Verbindung, ist die Legaldefinition des § 7 Nr. 7 VAG maßgeblich.[151] **Nr. 2 und 3** zielen auf Beeinträchtigungen infolge unzureichender ausländischer Vorschriften bzw. unzulänglicher ausländischer Aufsichtsmechanismen. Gemäß Nr. 2 ist dies auf Drittstaaten beschränkt, Nr. 3 enthält eine derartige Beschränkung nicht, so dass diese Regelung theoretisch auch innerhalb des EWR Bedeutung erlangen könnte. 31

Insgesamt haftet den Regelungen, die auf die Sicherstellung einer wirksamen Aufsicht abzielen und vormals in § 8 Abs. 1 S. 2 u. 3 und § 121 Abs. 2 S. 1 und 2 VAG a. F. enthalten waren, etwas **Experimentelles** an. Der Gesetzgeber ist erkennbar bemüht, die Bestimmungen im Lichte der Erfahrungen ständig fortzuentwickeln. Er rekurriert insofern auf Erfahrungen aus dem Bankenbereich, die unmittelbar auch auf den Versicherungssektor erstreckt werden. Die Entwicklung darf nach wie vor als noch nicht abgeschlossen angesehen werden. Das Bestreben nach möglichst handhabbaren Vorschriften, 32

---

[141] Zur verfassungsrechtlichen Unbedenklichkeit von § 204 VVG vgl. *BVerfG* Urt. v. 10.6.2009 – 1 BvR 706/08 Rn. 201 ff., VersR 2009, 957 = NJW 2009, 2033.

[142] Instruktiv Langheid/Wandt/*Boetius* § 204 VVG Rn. 38–40. Der Schlussfolgerung, derartige Gründe seien per se ausreichend, um eine Erlaubnisversagung abzuwehren, kann in dieser Allgemeinheit allerdings nicht beigepflichtet werden. Vielmehr ist auch insofern eine umfassende Interessenbewertung vorzunehmen, berücksichtigt man, dass derartige „weiche" Kriterien schwer feststellbar sind und – hiervon unberührt – ohne Weiteres in Fortfall geraten können.

[143] A. M. Langheid/Wandt/*Boetius* § 204 VVG Rn. 37.

[144] Gesetzesbegründung, BT-Drs. 534/00, 71.

[145] Vgl. *Präve* ZfV 1996, 58.

[146] BGBl. I 1857.

[147] S. hierzu die Erläuterungen in der Gesetzesbegründung, BT-Drs. 534/00.

[148] Vgl. auch Gesetzesbegründung, BT-Drs. 534/00, 70.

[149] Gesetzesbegründung, BT-Drs. 534/00, 71; *Präve* VersR 2001, 133, 135.

[150] Vgl. § 245 Rn. 30 f.

[151] Vgl. § 9 Rn. 115.

die Umgehungen ausschließen, führt allerdings, wie die Regelbeispiele des § 11 Abs. 1 S. 2 VAG zeigen, zu sehr weit gefassten Tatbeständen, für die nur noch schwer feste Konturen zu ziehen sind.[152] Der Gesetzgeber folgt insofern zwar europäischen Vorgaben, wie sie Art. 19 der Solva II-Richtlinie enthält. Die bloße Übernahme dieser Vorgaben ohne nähere Konkretisierung wirft Fragen zur Beeinträchtigung von Grundrechten auf nationaler und europäischer Ebene auf.[153] Der mit der Versagung einer Erlaubnis verbundene Eingriff in die Gewerbefreiheit erfordert insofern zumindest Korrekturen auf der Ebene der Verwaltung. Sie ist daher zumindest verpflichtet, die Grundrechte der Betroffenen bei Ausübung des ihr vom Gesetzeber eingeräumten Ermessens angemessen zu berücksichtigen.[154]

33 **b) Sicherstellung ausreichender Unterlagen (Abs. 2 S. 3).** Der Versagungsgrund, dass im Zulassungsverfahren keine ausreichenden Angaben gemacht bzw. keine ausreichenden Unterlagen vorgelegt worden sind (§ 11 Abs. 2 **S. 3** VAG), ist als **Auffangtatbestand** zu verstehen. Er entspricht § 8 Abs. 1 S. 5 und § 121 Abs. 1 S. 3 VAG a. F. Im Regelfall wird das antragstellende Unternehmen nämlich um vollständige und aussagekräftige Angaben und Unterlagen bemüht sein. Auch die Aufsicht wird ihrerseits darauf hinwirken. Liegen hingegen inhaltliche Unzulänglichkeiten vor, werden diese an den übrigen Versagungstatbeständen zu messen sein. Der Versagungstatbestand bezieht sich allerdings nur auf Unterlagen nach § 9 Abs. 4 VAG. Für die Unterlagen nach § 9 Abs. 2 und 3 VAG greift die Vorschrift nicht ein. Offenbar geht der Gesetzgeber davon aus, dass hier keine Kalamitäten auftreten. Im Rahmen der Unterlagen von § 9 Abs. 4 VAG kann dies hingegen namentlich bedeutsam werden, wenn die Vorlagen von Angaben Dritter, etwa der Anteilseigner, abhängen. In solchen Fällen muss es aber nicht zwingend zur Versagung der Erlaubnis kommen. Vielmehr hat die Aufsicht dann eine Ermessensentscheidung zu treffen, bei der sie – auch unter verfassungsrechtlichem Blickwinkel[155] – die vorhandene Kooperationsbereitschaft des Unternehmens zu bewerten hat.[156] Sind allerdings die entsprechenden Angaben bzw. Unterlagen für eine wirksame Aufsicht unentbehrlich, wird nichts anderes übrig bleiben, als die Erlaubnis zu versagen.

34 **3. Sperre für weitere Versagungsgründe (Abs. 3).** Die Versagungsgründe des § 11 Abs. 1 u. 2 VAG sind als **abschließend** zu verstehen. Die Erlaubnis darf also nicht aus anderen Gründen versagt werden, wie § 11 Abs. 3 VAG klarstellt.[157] Damit scheidet jeglicher Rekurs auf andere rechtliche oder tatsächliche Gegebenheiten aus. Auch § 298 VAG ist insofern nicht heranzuziehen.[158] Dafür besteht auch keine Notwendigkeit, da eine inhaltliche Parallelität zwischen § 11 und § 298 VAG besteht. Auch für den allgemeinen Grundsatz dolo petit, qui petit, quod statim redditurus est,[159] ist insofern kein Raum. Danach soll nichts verlangt werden können, was umgehend zurückzugewähren ist. Mit der Festlegung in § 11 Abs. 3 VAG wird zugleich zum Ausdruck gebracht, dass die Zulassung nicht von einer Bedürfnisprüfung abhängig gemacht werden darf. Die Unzulässigkeit einer derartigen Prüfung der Marktverhältnisse im Rahmen des Erlaubnisverfahrens ergibt sich zudem unmittelbar aus dem Verfassungs- (Art. 12 GG)[160] und dem Europarecht.[161]

Änderungen des Geschäftsplans und von Unternehmensverträgen

12 (1) [1]**Jede Änderung der in § 9 Absatz 2 Nummer 1 und 2 genannten Bestandteile des Geschäftsplans eines Erstversicherungsunternehmens, jede Erweiterung des Gebiets seines Geschäftsbetriebs und Unternehmensverträge eines Erstversicherungsunternehmens im Sinne des § 9 Absatz 4 Nummer 1 Buchstabe b und deren Änderung dürfen erst in Kraft gesetzt werden, wenn sie von der Aufsichtsbehörde genehmigt worden sind.** [2]**Dasselbe gilt für jede Ausdehnung des Geschäftsbetriebs eines Rückversicherungsunternehmens auf ein Gebiet außerhalb der Mitglied- oder Vertragsstaaten oder auf andere Arten der Rückversicherung.** [3]**Satz 1 gilt nicht für Satzungsänderungen, die eine Kapitalerhöhung zum Gegenstand haben.** [4]**§ 11 ist entsprechend anzuwenden.**

(2) **Soll der Geschäftsbetrieb auf andere Versicherungssparten oder auf andere Arten der Rückversicherung ausgedehnt werden, so sind hierfür die Nachweise entsprechend § 9 Absatz 2 bis 4 vorzulegen.**

[152] Zu einer möglichen Konkretisierung vgl. *Spindler*, Unternehmensorganisationspflichten, 2001, S. 247.
[153] Zu nicht minder bedenklichen Entwicklungen im Börsenrecht vgl. *Christoph* WM 2004, 1856, 1858 ff.
[154] Vgl. etwa *Hirschmann*, Anteilseignerkontrolle im Versicherungs- und Kreditwirtschaftsrecht, 2000, S. 164 f.
[155] Zur Problematik s. *Bormann*, Organschaftliche Verflechtungen bei Kreditinstituten und Versicherungsunternehmen, 1999, S. 41 ff.; *Neumann*, Die Aufsicht über Finanzkonglomerate, 1998, S. 196 f.; *Präve* ZfV 1994, 199, 200.
[156] Vgl. Gesetzesbegründung, BR-Drs. 23/94, 158; *Mönnig*, Die aufsichtsrechtliche Überwachung der Inhaber bedeutender Beteiligungen an Versicherungsunternehmen, 2001, S. 178 f., 180.
[157] Vgl. Gesetzesbegründung, BR-Drs. 23/94, 161.
[158] *Zischka*, Bundesversicherungsaufsichtsamt, 1997, Rn. 301 (bezogen auf die frühere Rechtslage).
[159] *Zischka*, Bundesversicherungsaufsichtsamt, 1997, Rn. 297, 301.
[160] Vgl. Gesetzesbegründung, BR-Drs. 23/94, 158.
[161] Art. 22 Solva II-RL.

(3) Soll der Geschäftsbetrieb auf ein Gebiet außerhalb der Mitglied- oder Vertragsstaaten ausgedehnt werden, ist

1. anzugeben, welche Versicherungszweige und -arten oder Arten der Rückversicherung betrieben werden sollen, und

2. nachzuweisen, dass das Versicherungsunternehmen

a) auch nach der beabsichtigten Ausdehnung des Gebiets des Geschäftsbetriebs die Vorschriften über die Kapitalausstattung in den Mitglied- oder Vertragsstaaten erfüllt und

b) im Falle der Errichtung einer Niederlassung in einem Gebiet außerhalb der Mitglied- und Vertragsstaaten eine dort erforderliche Erlaubnis zum Geschäftsbetrieb erhalten hat oder eine solche Erlaubnis nicht erforderlich ist.

Übersicht

I. Allgemeines. 1. Entstehungsgeschichte. Die Vorschrift korrespondiert mit § 13 und § 121a Abs. 3 VAG a. F., allerdings bzgl. der Rückversicherung in missglückter Weise. Die Neuregelung des § 12 VAG wird zugleich mit bestimmten **Änderungen** verbunden, die u. a. mit einem geänderten Geschäftsplanbegriff[1] in Zusammenhang stehen.[2] Eine redaktionelle Berichtigung von § 12 Abs. 3 Nr. 2 lit. b VAG gegenüber dem Regierungsentwurf hat dabei der BT-Finanzausschusses vorgenommen.[3] 1

2. Normzweck. Die Vorschrift ergänzt die §§ 8 und 10 VAG. So bestehen nicht nur zum Zeitpunkt der Zulassung des Unternehmens zum Geschäftsbetrieb Genehmigungserfordernisse. Vielmehr existieren solche auch im **laufenden Geschäftsbetrieb**. Das ist folgerichtig und auch geboten. Den Unternehmen kann es nämlich nicht freigestellt werden, nach erteilter Erlaubnis einseitig deren Grundlagen zu verändern. Dem Änderungsbedarf, der sich im laufenden Geschäftsbetrieb aus den unterschiedlichsten Gründen ergeben mag (externe Gründe: Änderung der Gesetzgebung und Rechtsprechung, Änderung anderer Rahmenbedingungen; interne Gründe: Änderung der Unternehmensstrategie und bestimmter Unternehmensziele), kann daher im Grundsatz nur durch Mitwirkung der Aufsicht Rechnung getragen werden. Dies erfasst sowohl Änderungen bereits genehmigter Geschäftsplanbestandteile als auch die Erweiterung des Geschäftsplans um neue Bestandteile. § 12 VAG findet von vornherein nur auf die Unternehmen Anwendung, für die korrespondierende Zulassungserfordernisse bestehen,[4] wobei die Vorschrift letztlich bedeutsam nur für Erstversicherer ist. 2

3. Europarechtlicher Hintergrund. Für die Genehmigungsbedürftigkeit der Satzung und von Unternehmensverträgen der Erstversicherer gibt es in der Solva II-Richtlinie keine Vorgaben. Dasselbe gilt für das Genehmigungserfordernis in Bezug auf Tätigkeiten in Drittstaaten. Die Reglementierung bzgl. der Genehmigungserfordernisse für einzelne Sparten bzw. Risiken (§ 11 Abs. 1 S. 1 VAG) findet eine gewisse Stütze in Art. 23 Abs. 1 lit. a bzw. folgt (in Bezug auf § 11 Abs. 2 VAG) Art. 18 Abs. 2 der Solva II-Richtlinie. Letztlich findet § 12 VAG eine Rechtfertigung im **Schutz der Versicherten**, wie er in Art. 27 der Solva II-Richtlinie verbunden mit der Vorgabe einer entsprechenden Mandatierung der Aufsicht verankert ist. 3

II. Genehmigungserfordernis für Änderungen im Geschäftsbetrieb. Eine Genehmigungspflicht besteht nach § 12 Abs. 1 S. 1 VAG für bestimmte Änderungen des Geschäftsplans, allerdings nur für Erstversicherer und auch insofern nur in Bezug auf die Satzung (§ 9 Abs. 2 Nr. 1 VAG)[5] sowie die Angabe der Sparten und Risiken (§ 9 Abs. 2 Nr. 2 VAG).[6] Genehmigungserfordernisse bestehen für Erstversicherer ferner bei einer Ausdehnung des Geschäftsgebiets und beim Abschluss bzw. einer Änderung von Unternehmensverträgen (§ 12 Abs. 1 S. 1 VAG). Die Einbeziehung der Rückversicherer in Teile dieser Regulierung muss als fehlerhaft angesehen werden. 4

[1] Vgl. § 9 VAG Rn. 8 ff.
[2] Vgl. RegE-VAG 2014, 237 (zu § 12 VAG).
[3] BT-Drs. 18/3900, 47 u. 445 (zu § 12 VAG).
[4] Vgl. § 9 VAG Rn. 13.
[5] Vgl. § 9 VAG Rn. 17 ff.
[6] Vgl. § 9 VAG Rn. 21 ff.

5 Mit **Änderungen** sind jegliche Abweichungen gemeint, unabhängig davon, ob sie auf externen oder auf internen Gründen beruhen. Es kommt auch nicht darauf an, ob die Änderung überhaupt geeignet ist, Versichertenbelange zu berühren oder nicht. Dieses zu prüfen, wird gerade der Aufsicht überantwortet. Einzig offenkundige Schreibfehler oder sonstige offenkundige redaktionelle Ungereimtheiten können insofern von der Genehmigungspflicht nach § 12 VAG ausgenommen werden. Genehmigungsmaßstab ist § 11 VAG, der für Änderungen entsprechend gilt (§ 12 **Abs. 1 S. 4** VAG). Die entsprechende Anwendung bleibt dabei auf § 11 Abs. 1 Nr. 1 u. Nr. 4 lit. a VAG sowie § 11 Abs. 2 S. 3 VAG beschränkt, da die übrigen Tatbestände des § 11 VAG von entsprechenden Änderungen nicht tangiert sein können. Eine Genehmigung der Änderung kommt danach nicht in Betracht, wenn die Verpflichtungen aus den Versicherungen nicht genügend als dauernd erfüllbar dargetan oder die Belange der Versicherten nicht ausreichend gewahrt sind. Unzureichende Unterlagen können ebenfalls zu einer Verweigerung der Genehmigung führen. § 12 VAG ist Ausfluss des öffentlichen Interesses und dient nicht dem Schutz der individuellen Interessen des einzelnen Versicherten.[7]

6 Genehmigungsverfahren nach § 12 VAG setzen einen entsprechenden **Antrag** des jeweiligen Unternehmens voraus, dem die erforderlichen Unterlagen beizufügen sind. Es gilt das zum Erlaubnisverfahren nach § 9 VAG Gesagte entsprechend.[8] Geschäftsplanänderungen, die ohne die notwendige aufsichtsbehördliche Genehmigung umgesetzt werden, stellen einen Missstand dar, der die Aufsicht zu einem Einschreiten nach § 298 Abs. 1 u. 2 iVm § 294 Abs. 3 u. 4 VAG berechtigt, was einschließt, dass die Aufsicht das betreffende Unternehmen zu einer entsprechenden Antragstellung veranlassen kann. Dasselbe gilt für eine Verletzung von Genehmigungspflichten außerhalb von Geschäftsplanänderungen. Die Verletzung von § 12 Abs. 1 S. 1 u. 2 VAG erfüllt zudem den Ordnungswidrigkeitentatbestand des § 322 Abs. 1 Nr. 1 VAG. Zivilrechtlich ist eine fehlende Genehmigung hingegen grundsätzlich unerheblich. Insbesondere sind entsprechende Geschäfte nicht nach § 134 BGB nichtig.[9]

7 **1. Satzung (Abs. 1 S. 1 u. 3).** Genehmigungsbedürftig sind Änderungen der Satzung eines Erstversicherers (§ 12 Abs. 1 S. 1 VAG), es sei denn, sie beziehen sich auf AVB (§ 9 Abs. 2 Nr. 1 VAG) oder haben eine Kapitalerhöhung zum Gegenstand (§ 12 Abs. 1 S. 3 VAG). Die Genehmigung der Satzungsänderung ist Voraussetzung für die Eintragung der Änderung in das Handelsregister (§ 181 Abs. 1 AktG, § 196 Abs. 1 VAG). Die erste Ausnahme von dem Genehmigungserfordernis (**AVB-Änderungen**) ist Folge entsprechender europarechtlicher Vorgaben.[10] Die zweite Ausnahme (**Kapitalerhöhungen**) beruht auf der Erwägung, dass ein behördliches Genehmigungsverfahren entbehrlich ist, da eine Kapitalerhöhung die Belange der Versicherten nicht negativ berühren kann. Mit Kapitalerhöhung ist dabei die Erhöhung des Grundkapitals bei AG und des Stammkapitals bei öffentlich-rechtlichen Unternehmen gemeint, nicht aber die Erhöhung des Gründungsstocks bei VVaG.[11] Zu beachten ist die Anzeigepflicht gemäß § 47 Nr. 3 VAG. Für Rückversicherer besteht bzgl. von Änderungen der Satzung keine Genehmigungs-, sondern nur eine Anzeigepflicht gemäß § 47 Nr. 4 VAG.

8 **2. Sparten und Risiken (Abs. 1 S. 1 u. 2, Abs. 2).** Eine **Erweiterung** oder **Modifizierung** der Angaben über Versicherungssparten und –risiken ist bei einem Erstversicherer ebenfalls genehmigungsbedürftig. Bei einer Ausdehnung auf andere Versicherungssparten sind Angaben gemäß § 9 Abs. 2 bis 4 VAG zu machen (§ 12 Abs. 2 VAG). Auch die Deckung neuer Risiken innerhalb einer Versicherungssparte[12] begründet ein Genehmigungserfordernis. Das gilt nicht, wenn der genehmigte Geschäftsplan bereits Angaben enthält, die innerhalb einer Sparte sämtliche Risiken umfasst. Die bloße Änderung und Erweiterung von AVB und Tarifen vermag für sich genommen kein erneutes Genehmigungserfordernis zu begründen – zu Ausnahmen sogleich –, solange hiermit nicht die Übernahme neuer Risiken verbunden ist. Unberührt hiervon bleiben mögliche Anzeigepflichten nach § 47 Nr. 13 und § 158 Abs. 1 Nr. 1 VAG.

9 Für **Rückversicherer** besteht bei einer Änderung bzgl. der Risiken und Vertragsarten lediglich eine Anzeigepflicht gemäß § 47 Nr 4 VAG. Dass § 12 Abs. 1 S. 2 VAG insofern eine Genehmigungspflicht zu beinhalten scheint, muss als redaktioneller Fehler angesehen werden.[13] Dasselbe gilt in Bezug auf § 12 Abs. 2 VAG, wonach entsprechende Nachweise für andere Arten der Rückversicherung gefordert werden. Dieses Erfordernis kann bereits § 47 Nr. 4 VAG entnommen werden.

10 Geänderte bzw. neue **AVB** und **Tarife** sind nur noch in wenigen Ausnahmefällen genehmigungspflichtig. Das gilt für Sterbekassen[14] (für Pensionskassen sind lediglich Änderungen von AVB anzeigebe-

---

7 *BVerwG* VerBAV 1996, 70 f.
8 Vgl. die Erläuterung unter § 9 Rn. 6 f.
9 *Winter* VersR 2000, 1453, 1460.
10 Art. 21 Abs. 1 UAbs. 1 Solva II-RL.
11 Vgl. Gesetzesbegründung, BR-Drs. 23/94, 189.
12 Vgl. § 9 VAG Rn. 21 f.
13 Vgl. Rn. 12.
14 § 219 Abs. 3 Nr. 1, § 234 Abs. 3 Nr. 1 VAG; s. a. GB BaFin 2002, 147.

dürftig, um sie wirksam werden zu lassen)[15] sowie für den Altbestand von Lebensversicherern (§ 336 VAG).[16] Im Übrigen bestehen für Änderungen der AVB und Tarife keine Genehmigungserfordernisse mehr. Dasselbe gilt für Pensionspläne der Pensionsfonds. Diese sind zwar – anders als die AVB und Tarife – Bestandteil des genehmigungspflichtigen Geschäftsplans (§ 237 Abs. 3 Nr. 2 VAG). Änderungen unterliegen aber keinem Genehmigungserfordernis. Die Wirksamkeit der Änderungen wird vielmehr an eine Vorlage gegenüber der Aufsicht geknüpft (§ 237 Abs. 3 Nr. 3 VAG). Geänderte oder neue Pensionspläne werden danach erst drei Monate nach der Vorlage wirksam bzw. wenn zuvor die Unbedenklichkeit festgestellt worden ist.

3. Ausdehnung des Geschäftsgebiets (Abs. 1 S. 1 u. 2, Abs. 3). Genehmigungspflichtig ist eine Ausdehnung des Geschäftsbetriebs auf ein Gebiet außerhalb der Mitglied- und Vertragsstaaten, also auf Staaten **außerhalb** des **EWR**. Bloße Erweiterungen **innerhalb** des **EWR** werden von der Erlaubnis nach § 10 Abs. 1 S. 2 VAG bereits umfasst und lösen nur noch bestimmte Anzeigepflichten nach §§ 58, 59 VAG aus. Hingegen unterliegt jede darüber hinausgehende Erweiterung des Geschäftsgebiets einer andersgelagerten Kontrolle. Anzugeben sind hier die Sparten und Risiken, die in diesen Staaten betrieben werden sollen. Ferner ist der Nachweis zu führen, dass das Unternehmen auch künftig die Vorschriften über die Kapitalausstattung erfüllt und die notwendige Erlaubnis der ausländischen Behörde erhalten hat (§ 12 Abs. 3 VAG). Für Pensionskassen sowie Pensionsfonds sind bei Aktivitäten im EWR-Ausland besondere Vorgaben gemäß §§ 241, 242 VAG zu beachten, für Sterbekassen kommt von vornherein nur eine Inlandstätigkeit in Betracht.[17] 11

Für **Rückversicherer** gilt bei einer Erweiterung des Geschäftsgebiets nur ein Anzeigeerfordernis gemäß § 47 Nr. 4 VAG. Dies steht allerdings im Kontrast zu dem gleichzeitig vorgesehenen Genehmigungserfordernis gemäß § 12 Abs. 1 S. 2 iVm Abs. 3 VAG. Dem Gesetzgeber ist hier offenkundig ein Versehen unterlaufen, denn für Rückversicherer sollte sich an der vormaligen Rechtslage nichts ändern. Danach waren entsprechende Angaben der Aufsicht lediglich anzuzeigen (§ 119 Abs. 2 Nr. 2, § 121a Abs. 3 VAG a. F.). Diesem Anliegen wird durch § 47 Nr. 4 VAG, wie auch die Gesetzesbegründung belegt, voll entsprochen.[18] Auch dem Bericht des BT-Finanzausschusses ist (trotz eines Missverständnisses zur Geltung von § 12 Abs. 3 VAG für Rückversicherer) zu entnehmen, dass keine Verschärfungen geplant waren. Da das Gesetz gegensätzliche Regelungen enthält, andererseits aber der Wille der Gesetzgebers klar zum Ausdruck gebracht worden ist, nämlich die Erhaltung des Status Quo, findet § 12 Abs. 1 S. 2 (iVm Abs. 3) VAG keine Anwendung, da diese Regelung offenkundig fehlerhaft ist. 12

4. Unternehmensverträge (Abs. 1 S. 1). Geänderte oder neue Unternehmensverträge eines Erstversicherers i. S. v. §§ 291, 292 AktG, also Beherrschungs, Gewinnabführungs-, Teilgewinnabführungs-, Betriebspacht- und –überlassungsverträge, Gewinngemeinschaften sowie Eingliederungen[19] stehen unter **Genehmigungsvorbehalt**. Für Rückversicherer gilt eine Anzeigeerfordernis gemäß § 47 Nr. 4 VAG. Von § 12 VAG nicht erfasst werden sowohl für Erst- als auch für Rückversicherer Funktionsausgliederungsverträge. Für sie bestehen gesonderte Anzeigepflichten gemäß § 47 Nr. 8 u. 9 VAG. 13

Bestandsübertragungen

13 (1) [1]**Jeder Vertrag, durch den der Versicherungsbestand eines Erstversicherungsunternehmens ganz oder teilweise auf ein anderes Versicherungsunternehmen übertragen werden soll, bedarf der Genehmigung der Aufsichtsbehörden, die für die beteiligten Unternehmen zuständig sind.** [2]**Die Genehmigung ist zu erteilen, wenn die Belange der Versicherten gewahrt sind und die Verpflichtungen aus den Versicherungen als dauernd erfüllbar dargetan sind; § 9 Absatz 5 über die Anhörung der zuständigen Stellen eines anderen Mitglied- oder Vertragsstaats und § 8 Absatz 4 sind entsprechend anzuwenden.**

(2) [1]**Überträgt ein inländisches Erstversicherungsunternehmen einen Bestand an Versicherungsverträgen, die es nach § 61 durch eine Niederlassung oder im Dienstleistungsverkehr abgeschlossen hat, ganz oder teilweise auf ein Versicherungsunternehmen mit Sitz in einem Mitglied- oder Vertragsstaat, ist abweichend von Absatz 1 Satz 1 lediglich die Genehmigung der für das übertragende Versicherungsunternehmen zuständigen Aufsichtsbehörde erforderlich.** [2]**Die Genehmigung wird erteilt, wenn die Voraussetzungen des Absatzes 1 Satz 2 vorliegen und wenn**

1. durch eine Bescheinigung der Aufsichtsbehörde des Sitzstaats des übernehmenden Versicherungsunternehmens der Nachweis geführt wird, dass dieses nach der Übertragung

---

[15] § 234 Abs. 3 Nr. 2 VAG.
[16] Vgl. § 336 Rn. 5 ff.
[17] Vgl. § 218 Abs. 1 VAG.
[18] RegE-VAG 2014, 253 (zu § 47 Nr. 4).
[19] Zu der Einbeziehung der zuletzt Genannten vgl. § 9 Rn. 64 f.

ausreichende anrechnungsfähige Eigenmittel zur Einhaltung der Solvabilitätskapitalanforderung hat,

2. die Aufsichtsbehörden der Mitglied- oder Vertragsstaaten, in denen die Risiken des Versicherungsbestandes belegen sind, zustimmen und

3. bei Übertragung des Versicherungsbestandes einer Niederlassung die Aufsichtsbehörde dieses Mitglied- oder Vertragsstaats angehört worden ist.

[3]Die Sätze 1 und 2 Nummer 1 gelten auch für die Übertragung eines im Inland erworbenen Versicherungsbestandes. [4]In den Fällen der Sätze 1 und 3 ist Absatz 5 entsprechend anzuwenden; die Absätze 3 und 4 bleiben unberührt.

(3) **Verlieren durch die Bestandsübertragung Mitglieder eines Versicherungsvereins auf Gegenseitigkeit ganz oder zum Teil ihre Rechte als Vereinsmitglied, darf die Genehmigung nur erteilt werden, wenn der Bestandsübertragungsvertrag ein angemessenes Entgelt vorsieht, es sei denn, das übernehmende Versicherungsunternehmen ist ebenfalls ein Versicherungsverein auf Gegenseitigkeit und die von der Bestandsübertragung betroffenen Mitglieder des übertragenden Vereins werden Mitglieder des übernehmenden Vereins.**

(4) **[1]Sind Versicherungsverhältnisse mit Überschussbeteiligung betroffen, darf die Übertragung nur genehmigt werden, wenn der Wert der Überschussbeteiligung der Versicherten des übertragenden und des übernehmenden Versicherungsunternehmens nach der Übertragung nicht niedriger ist als vorher. [2]Dabei sind die Aktiva und Passiva des übertragenden Versicherungsunternehmens unter der Annahme, die betroffenen Versicherungsverhältnisse würden bei diesem Versicherungsunternehmen fortgesetzt, und die Aktiva und Passiva des übernehmenden Versicherungsunternehmens unter der Annahme, dass es die Versicherungsverhältnisse entsprechend dem Vertrag übernimmt, dessen Genehmigung beantragt wird, zu ihrem beizulegenden Zeitwert zu vergleichen, soweit sie Einfluss auf die Überschussbeteiligung haben können.**

(5) **Die Rechte und Pflichten des übertragenden Versicherungsunternehmens aus den Versicherungsverträgen gehen mit der Bestandsübertragung auch im Verhältnis zu den Versicherungsnehmern auf das übernehmende Versicherungsunternehmen über; § 415 des Bürgerlichen Gesetzbuchs ist nicht anzuwenden.**

(6) **Der Bestandsübertragungsvertrag bedarf der Schriftform; § 311b Absatz 3 des Bürgerlichen Gesetzbuchs ist nicht anzuwenden.**

(7) **[1]Die Genehmigung der Bestandsübertragung ist im Bundesanzeiger zu veröffentlichen. [2]Sobald die Bestandsübertragung wirksam geworden ist, hat das übernehmende Versicherungsunternehmen die Versicherungsnehmer über Anlass, Ausgestaltung und Folgen der Bestandsübertragung zu informieren, insbesondere über einen mit der Bestandsübertragung verbundenen Wechsel der für die Rechts- oder Finanzaufsicht zuständigen Behörde und eine Änderung hinsichtlich eines Anspruchs gegen eine Sicherungseinrichtung im Fall der Insolvenz des Versicherers. [3]Ändert sich die für die Finanzaufsicht zuständige Behörde, so kann der Versicherungsnehmer den Vertrag innerhalb eines Monats nach Zugang der Mitteilung des Versicherers mit sofortiger Wirkung kündigen. [4]Der Versicherer hat den Versicherungsnehmer in der Mitteilung auf das Kündigungsrecht hinzuweisen.**

Übersicht

Schrifttum: *Baumann,* Die Kapitallebensversicherung mit Überschussbeteiligung als partiarisches Versicherungsverhältnis und ihre Bedeutung bei der Umstrukturierung von Versicherungsgruppen, 1993; *Benkel,* Der Versicherungsverein auf Gegenseitigkeit, 2002; *Bornschlegl,* Die Bestandsübertragung nach dem VAG, 2014; *Gerner,* Demutualisierung eines VVaG, 2003; *Görg,* Der VVaG-Gleichordnungskonzern und seine Umstrukturierung in einen VVaG-Unterordnungskonzern, 2003; *Himstedt,* Protektor Lebensversicherungs-AG: Erfahrungen im Fall Mannheimer, 2004; *Kirsten,* Der Tarif- und Versichererwechsel des Versicherungsnehmers in der privaten Krankenversicherung, 2005; *Müller-Magdeburg,* Die Bestandsübertragung nach § 14 VAG, 1996; *Müller-Wiedenhorn,* Versicherungsvereine auf Gegenseitigkeit im Unternehmensverbund, 1993; *Schenke,* Verfassungsrechtliche Probleme des Privatversicherungsrechts, 2003; *Schmid,* Bestandsübertragung und Umwandlung von Versicherungsunternehmen, 2010; *Seemayer,* Grenzüberschreitende Übertragung von Erst- und Rückversicherungsbeständen im Spannungsfeld von Zivil- und Aufsichtsrecht, 2016; *Theis,* Die Europäische Gegenseitigkeitsgesellschaft, 2005; *Thode,* Veräußerung öffentlich-rechtlicher Versicherungsunternehmen in der Bundesrepublik Deutschland, 1994; *Zens,* Die Zusammenarbeit der Versicherungsaufsichtsbehörden in der Europäischen Gemeinschaft, 2005.

I. Allgemeines. 1. Entstehungsgeschichte. § 13 VAG entspricht § 14 VAG a. F. Mit dem Solva II-Umsetzungsgesetz hat allerdings in die Regelung zusätzlich ein **Sonderkündigungsrecht** des Versicherungsnehmers (§ 13 Abs. 7 VAG) Aufnahme gefunden.[1] Zudem wurde wegen der Einbeziehung der Rückversicherung in die Zulassungsvorschriften ausdrücklich klargestellt, dass die Regelung zur Bestandsübertragung – wie bisher – nur für Erstversicherer gilt.[2] Gegenüber der Vorauflage am bedeutendsten ist allerdings die Umsetzung des Urteils des BVerfG vom 26.7.2005[3] durch Art. 1 Nr. 7 des Gesetzes v. 23.12.2007.[4] Mit dem Gesetz sind wesentliche Änderungen der Vorschrift vorgenommen worden. 1

2. Normzweck. Seit 1901 besteht eine Regelung, die den Versicherungsunternehmen die Möglichkeit einer Bestandsübertragung eröffnet. Diese kann **Sanierungs**-, aber auch anderen Zwecken, etwa einer **Umstrukturierung** von Unternehmen und Unternehmensgruppen dienen. Die Bestandsübertragung steht dabei neben den durch das Umwandlungsgesetz eingeräumten Optionen einer Verschmelzung, Spaltung, Vermögensübertragung und einem Formwechsel.[5] 2

3. Europarechtlicher Hintergrund. § 13 VAG findet nur teilweise eine unmittelbare Entsprechung im Europarecht. Die **Solva II-Richtlinie** enthält lediglich eine Regelung für eine Übertragung von Beständen, die aus im Niederlassungs- und Dienstleistungsverkehr erworbenen Verträgen bestehen.[6] Die hiermit korrespondierenden Vorschriften finden sich in § 13 Abs. 2, § 63 und § 166 VAG. Die Vorgabe der Solva II-Richtlinie bestätigt allerdings mittelbar auch eine entsprechende Regulierung anderer Bestandsübertragungen, wie sie mit § 13 VAG erfolgt ist. 3

II. Tatbestand der Bestandsübertragung (Abs. 1 S. 1, Abs 6). § 13 VAG greift nur ein, wenn die Übertragung eines Versicherungsbestands (§ 13 Abs. 1 S. 1 VAG) in Rede steht.

1. Definition der Bestandsübertragung. Ein Versicherungsbestand stellt eine **Gesamtheit** von Versicherungsverträgen dar, über die ein Versicherungsunternehmen verfügt. Dabei ist es unerheblich, ob das betreffende Unternehmen diese Verträge selber abgeschlossen hat oder diese seinerseits etwa von einem anderen Unternehmen übernommen hat. Im Falle der Bestandsübertragung ist es dabei möglich, entweder diesen Gesamtbestand an Versicherungsverträgen zu übertragen oder einen Teilbestand hiervon.[7] Ein Teilbestand muss dabei nach objektiven versicherungstechnischen bzw. versicherungsvertrag- 4

[1] RegE-VAG 2014, 237 (zu § 13 Abs. 7 VAG).
[2] RegE-VAG 2014, 237 (zu § 13 Abs. 1 bis 6 VAG). Für Rückversicherer besteht mit § 166 VAG eine Spezialvorschrift.
[3] *BVerfG* Urt. v. 26.7.2005 – 1 BvR 782/94 u. 957/96, VersR 2005, 1109 = JuS 2005. 1026.
[4] BGBl. 3248.
[5] § 1 Abs. 1 UmwG; vgl. *Entzian/Schleifenbaum* ZVersWiss 1996, 521, 541 f. u. *Koerfer* in: Semler/Stengel, Umwandlungsgesetz, 3. Aufl., 2012, Anh. § 119 A Rn. 7.
[6] Art. 39 Solva II-RL.
[7] Vgl. § 13 Abs. 1 S. 1 VAG: „ganz oder teilweise"; s. ferner *Hasselbach* VersR 2010, 429, 430.

lichen Merkmalen abgegrenzt werden können,[8] für einen Rückversicherungsbestand (eines Erstversicherers) kann Abweichendes gelten, solange hierdurch nicht die Belange der Erstversicherten beeinträchtigt werden.[9] Auch Mitversicherungsanteile können Bestandteil einer Bestandsübertragung sein,[10] ebenso nur noch abzuwickelnde Verträge.[11] Handelt es sich hingegen um einzelne Verträge, die übertragen werden sollen, greift in Ermangelung eines Versicherungsbestands § 13 VAG nicht ein.[12] Teile von Verträgen können grundsätzlich nicht nach § 13 VAG übertragen werden.[13] Eine Ausnahme besteht nur im Falle von § 339 VAG. Sowohl bei einer Gesamt- als auch bei einer Teilbestandsübertragung handelt es sich nicht um eine Übertragung einzelner Rechte und Pflichten, sondern um eine Übertragung vollständiger Verträge. Diese bleiben als Ganze erhalten und können daher auch nicht nur teilweise übertragen werden (Ausnahme: § 339 VAG).[14] Eines besonderen Verfügungsgeschäftes bedarf es nicht. Vielmehr ist der Bestandsübertragungsvertrag selbst verfügender Natur.[15] Das gilt allerdings nur in Bezug auf die in Rede stehenden Versicherungsverträge. Erfasst wird hiervon grundsätzlich sowohl das Erst- als auch das aktive Rückversicherungsgeschäft (des Erstversicherers).[16]

5 Der Versicherungsbestand kann allerdings nicht isoliert, sondern nur mit den auf ihn entfallenden **Aktiva und Passiva**, also den entsprechenden versicherungstechnischen Rückstellungen und die sie bedeckenden Kapitalanlagen, übertragen werden.[17] Diese sind im Bestandsübernahmevertrag genau zu bezeichnen.[18] Sie gehen aber nicht allein aufgrund des Bestandsübertragungsvertrags über.[19] Notwendig ist insofern eine Einzelübertragung, da der Bestandsübertragungsvertrag in dieser Hinsicht nur verpflichtend wirkt.[20] Entscheidend ist, dass zum Schutz der Versicherungsnehmer der Status quo aufrechtzuerhalten ist. Soweit mitunter seit einiger Zeit postuliert wird, dies könne auch auf andere Weise geschehen,[21] bleibt völlig offen, was hiermit gemeint sein soll.

6 **2. Zwecke der Bestandsübertragung.** § 13 VAG greift **in allen Fällen** einer Bestandsübertragung ein, unabhängig davon, zu welchen Zwecken sie vorgenommen wird.[22] Der Wortlaut enthält keine Beschränkungen. Auch der Sinn und Zweck gebietet keine Einschränkungen.[23] Mit § 13 VAG wird den Unternehmen allgemein die Möglichkeit eröffnet, den Geschäftsbetrieb geänderten Voraussetzungen

[8] *Müller-Wiedenhorn*, Versicherungsvereine auf Gegenseitigkeit im Unternehmensverbund, 1993, S. 104; *Bornschlegl*, Die Bestandsübertragung nach dem VAG, 2014, S. 49; *Schmid*, Bestandsübertragung und Umwandlung von Versicherungsunternehmen, 2010, S. 154; *Seemayer*, Grenzüberschreitende Übertragung von Erst- und Rückversicherungsbeständen im Spannungsfeld von Zivil- und Aufsichtsrecht, 2016, S. 8 f. u. 10; Bähr/*Rüdt* § 14 Rn. 13–15; a. M. *Hasselbach/Komp* VersR 2005, 1651, 1653 f., die allerdings auch eine „Abgrenzung" des Teilbestands fordern.

[9] In diese Richtung weisend auch *Bornschlegl*, Die Bestandsübertragung nach dem VAG, 2014, S. 49.

[10] Bähr/*Rüdt* § 14 Rn. 16.

[11] So auch für die österreichische Rechtslage ausdrücklich *Bartl*, in: Korinek/G. Saria/S. Saria, VAG, 2016, 3 28 Rn. 11.

[12] Vgl. *Müller*, Rn. 787; *Müller-Magdeburg*, Die Bestandsübertragung nach § 14 VAG, 1996,S. 13, 51; *Bornschlegl*, Die Bestandsübertragung nach dem VAG, 2014, S. 40 u. 181; *Seemayer*, Grenzüberschreitende Übertragung von Erst- und Rückversicherungsbeständen im Spannungsfeld von Zivil- und Aufsichtsrecht, 2016, S. 109; Bähr/*Rüdt* § 14 Rn. 18.

[13] Vgl. Gesetzesbegründung BT-Drs. 9/1493, 36 (zu Nr. 56).

[14] *Bornschlegl*, Die Bestandsübertragung nach dem VAG, 2014, S. 49 f.

[15] *Scholz* VersR 1997, 1070, 1071.

[16] *Bornschlegl*, Die Bestandsübertragung nach dem VAG, 2014, S. 487; *Koerfer* in: Semler/Stengel, Umwandlungsgesetz, 3. Aufl., 2012, Anh. § 119 A Rn. 27. Vgl. zu den beteiligten Unternehmen im Sinne von § 13 VAG die Erläuterung unter Rn. 8 ff.

[17] *Scholz* VersR 1997, 1070, 1071; *Diehl* VersR 2000, 268, 269 f.; *Müller-Wiedenhorn*, Versicherungsvereine auf Gegenseitigkeit im Unternehmensverbund, 1993, S. 105; *Müller-Magdeburg*, Die Bestandsübertragung nach § 14 VAG, 1996, S. 13 f., 15; *Ebert* VersR 2003, 1211, 1213; in diese Richtung weisend auch *Schmid*, Bestandsübertragung und Umwandlung von Versicherungsunternehmen, 2010, S. 155; *Koerfer* in: Semler/Stengel, Umwandlungsgesetz, 3. Aufl., 2012, Anh. § 119 A Rn. 36; a. M. ausdrücklich *Schmid*, Bestandsübertragung und Umwandlung von Versicherungsunternehmen, 2010, S. 274 f.; *Seemayer*, Grenzüberschreitende Übertragung von Erst- und Rückversicherungsbeständen im Spannungsfeld von Zivil- und Aufsichtsrecht, 2016, S. 124 f.; Bähr/*Rüdt* § 14 Rn. 62.

[18] *Seemayer*, Grenzüberschreitende Übertragung von Erst- und Rückversicherungsbeständen im Spannungsfeld von Zivil- und Aufsichtsrecht, 2016, S. 111 f. u. 113; unklar *Bornschlegl*, Die Bestandsübertragung nach dem VAG, 2014, S. 37 u. 192 einerseits und S. 193 andererseits.

[19] *Dreher/Lange* VersR 2012, 378, 379; *Bornschlegl*, Die Bestandsübertragung nach dem VAG, 2014, S. 484; *Schmid*, Bestandsübertragung und Umwandlung von Versicherungsunternehmen, 2010, S. 268; *Hasselbach* VersR 2010, 429, 430 f.

[20] *Scholz* VersR 1997, 1070, 1071;*Hasselbach/Komp* VersR 2005, 1651, 1654; *Koerfer* in: Semler/Stengel, Umwandlungsgesetz, 3. Aufl., 2012, Anh. § 119 A Rn. 47; *Seemayer*, Grenzüberschreitende Übertragung von Erst- und Rückversicherungsbeständen im Spannungsfeld von Zivil- und Aufsichtsrecht, 2016, S. 124; insofern ebenfalls zutreffend *Bornschlegl*, Die Bestandsübertragung nach dem VAG, 2014, S. 87 und *Lüttringhaus* VersR 2008, 1036, 1037.

[21] *Dreher/Lange* r+s 2012, 378, 380; Bähr/*Rüdt* § 14 Rn. 56 ff.; *Schmid*, Bestandsübertragung und Umwandlung von Versicherungsunternehmen, 2010, Rn. 544; *Hasselbach* VersR 2010, 429, 432.

[22] *BVerfG* Urt. v. 26.7.2005 – 1 BvR 782/94, VersR 2005, 1109 = JuS 2005. 1026; *Zens*, Die Zusammenarbeit der Versicherungsaufsichtsbehörden in der Europäischen Gemeinschaft, 2005, S. 351 f.; *Bälz/Kuntz* VersR 2005, 310; *Baller/Sauer* VW 2006, 719; *Müller-Wiedenhorn*, Versicherungsvereine auf Gegenseitigkeit im Unternehmensverbund, 1993, S. 112; *Gerner*, Demutualisierung eines VVaG, 2003, S. 147; *Schenke*, Verfassungsrechtliche Probleme des Privatversicherungsrechts, 2003, S. 50 u. 81; *Koerfer* in: Semler/Stengel, Umwandlungsgesetz, 3. Aufl., 2012, Anh. § 119 A Rn. 2.

[23] *Bornschlegl*, Die Bestandsübertragung nach dem VAG, 2014, S. 14 f.

anzupassen. Diese können ihren Grund in dem Unternehmen bzw. der Unternehmensgruppe haben, zu der die Gesellschaft gehört.[24] Sie können aber auch auf externen Gründen beruhen. Bestandsübertragungen können vor diesem Hintergrund etwa vorgenommen werden, um notleidende oder nicht mehr ausgleichsfähige Bestände zu sanieren bzw. Unternehmen zu liquidieren. So ist etwa Geschäftszweck der Protektor Lebensversicherungs-AG die Sanierung von Beständen notleidender Lebensversicherer. Sanierungsmittel ist hierbei namentlich die Bestandsübertragung.[25] Für den Bereich der privaten Krankenversicherung gibt es mit der Medicator AG eine entsprechende Auffanggesellschaft.[26] Mit der Schaffung gesetzlicher Sicherungseinrichtungen für die Lebens- und die substitutive Krankenversicherung sind diese Gesellschaften auch mit dieser Aufgabe beliehen worden.[27] Entscheidend ist, dass auch hier ein Übergang der Vertragsverhältnisse mit der Bestandsübertragung erfolgt, die allerdings zuvor angeordnet werden muss und auf die § 13 VAG keine Anwendung findet.[28] Bestandsübertragungen können aber auch der Umstrukturierung von Unternehmen[29] und Unternehmensgruppen bzw. der Konzernbildung dienen.[30]

Eine Beschränkung auf reine **Sanierungsfälle** lässt sich auch nicht aus der Entstehungsgeschichte des 7
§ 13 VAG ableiten.[31] Auch von einem gesetzgeberischen Regelfall[32] kann diesbezüglich nicht gesprochen werden. Der historische Gesetzgeber hat zu erkennen gegeben, dass ihm vornehmlich eine wirksame Aufsicht wichtig ist, um einen angemessenen Versichertenschutz sicherzustellen. Gleichzeitig sollten die Versicherungsunternehmen aber nicht „in ihrer Bewegungsfreiheit" in unzulässiger Weise eingeengt werden.[33] Das VAG hat daher von Anfang an eine Bestandsübertragung von einer aufsichtsbehördlichen Genehmigung abhängig gemacht.[34] Das Faktum, dass § 13 VAG bzw. die Vorgängervorschrift vor allem dann herangezogen worden ist und wird, wenn eine Sanierung erfolgen soll, vermag an dieser rechtlichen Ausgangslage nichts zu ändern. Auch in den über 110 Jahren des Bestehens der Regelung hat der Gesetzgeber keine Veranlassung gesehen, den Anwendungsbereich einzuschränken, und das in Kenntnis der Tatsache, dass Unternehmen auch aus anderen Gründen als zum Zwecke der Sanierung Bestandsübertragungen vorgenommen haben. Das gilt auch in Kenntnis des Umstandes, dass die Versicherten selber an einer Bestandsübertragung nicht unmittelbar beteiligt werden.

3. Beteiligte Unternehmen. § 13 VAG gilt nur für Erstversicherungsunternehmen[35] sowie für 8
Pensionsfonds.[36] Für Rückversicherer und ausländische Versicherer bestehen mit § 166 VAG bzw. mit den §§ 63, 73 VAG Spezialregelungen. Rückversicherungsbestände eines Erstversicherungsunternehmens werden hingegen von der Vorschrift erfasst.[37] Da Bestandsübertragungsverträge der Genehmigung der Aufsicht bedürfen, ist weitere Voraussetzung von § 13 VAG, dass die betreffenden Unternehmen einer **laufenden Aufsicht** unterstehen. Das ist zu verneinen für die in § 3 VAG genannten Einrichtungen sowie für von der Aufsicht nach § 5 VAG freigestellte Unternehmen.[38] Auf Zusatzversorgungskassen des öffentlichen Dienstes (§ 1 Abs. 3 VAG) und Haftpflichtversicherungseinrichtungen der Berufsgenossenschaften (§ 1 Abs. 4 VAG) findet § 13 VAG aber Anwendung. Auch wenn sich ein Unternehmen in Liquidation befindet und abgewickelt wird, ist § 13 VAG anwendbar, da auch dann noch eine Aufsicht besteht.[39] Dasselbe gilt für ein sich im Run-Off befindliches Versicherungsunternehmen.[40] Sind allerdings Versicherungsverhältnisse bereits erloschen, wie dies im Falle der Insolvenz des Versicherers nach § 16 VVG bzw. § 316 VAG gegeben ist, scheidet in Ermangelung eines geeigneten Vertragsgegenstandes

[24] Siehe. hierzu etwa *Schaumlöffel* BaFin-Journal März 2014, S. 16, 18 (zum sog. Run-Off).
[25] Vgl. hierzu GB BaFin 2002, 122; *Horsch* VW 2003, 1960, 1961 f.; zu Einzelheiten über Protektor vgl. *Himstedt* Protektor Lebensversicherungs-AG: Erfahrungen im Fall Mannheimer, 2004, S. 10 ff.; zur Geschichte von Unternehmenskrisen vgl. *Koch* VW 2003, 1228 ff.
[26] *Horsch* VW 2003, 1960, 1961.
[27] Vgl. § 224 VAG und die auf dieser Vorschrift beruhenden Rechtsverordnungen.
[28] Vgl. § 222 Abs. 2 VAG; vgl. Gesetzesbegründung BT-Drs. 15/3418 und Entschließung des Bundestags BT-Drs. 15/1762; zur ökonomischen Sicht vgl. *Horsch* ZVersWiss 2004, 373, 395 f.??erste Klammer).
[29] Vgl. *Nowak* FS Erich R. Prölss 1967, S. 251 f.; *Hasselbach/Komp* VersR 2005, 1651, 1652.
[30] *BVerwG* Urt. v. 12.12.1995 – 1 A 1/92, VersR 1996, 569, 570; *BVerwG* Urt. v. 11.1.1994 – 1 A 72/89, VersR 1994, 541 = NJW 1994, 2561; *Müller*, Rn. 786; *Benkel*, Der Versicherungsverein auf Gegenseitigkeit, 2002, S. 308; *Theis*, Die Europäische Gegenseitigkeitsgesellschaft, 2005, S. 134; *Groepper* NVersZ 1998, 103, 106; a. M. de lege ferenda *Mudrack* BB-Beilage Heft 26/1989, S. 26, 30.
[31] *Benkel*, Der Versicherungsverein auf Gegenseitigkeit, 2002, S. 312.
[32] *Hasselbach/Komp* VersR 2005, 1651, 1659.
[33] Vgl. Motive zum VAG, Neudruck, 1963, S. 28.
[34] Vgl. § 14 VAG (1901), in: Motive zum VAG, Neudruck, 1963, S. 250.
[35] § 13 Abs. 1 Satz 1 u. 2 und § 339 VAG; s. a. RegE-VAG 2014 S. 237 (zu § 13 Abs. 1–6 VAG).
[36] § 237 Abs. 1 Satz 1 VAG; für letztere gilt allerdings gemäß § 237 Abs. 1 S. 2 VAG die Regelung von § 13 Abs. 2 VAG nicht.
[37] *Bornschlegl*, Die Bestandsübertragung nach dem VAG, 2014, S. 163.
[38] A. M. bzgl freigestellter Unternehmen *Bornschlegl*, Die Bestandsübertragung nach dem VAG, 2014, S. 135. Der Hinweis Bornschlegls auf die auch hier gebotene Wahrung der Versichertenbelange geht allerdings fehl, da die Freistellung gemäß § 5 Abs. 1 S. 1 VAG gerade voraussetzt, dass eine Aufsicht zur Wahrung der Versichertenbelange nicht erforderlich erscheint.
[39] *Bornschlegl*, Die Bestandsübertragung nach dem VAG, 2014, S. 147.
[40] *Bornschlegl*, Die Bestandsübertragung nach dem VAG, 2014, S. 147.

eine Bestandsübertragung aus.[41] § 13 VAG gilt nicht für Versicherungs-Holdinggesellschaften, gemischte Finanzholding-Gesellschaften[42] und Versicherungs-Zweckgesellschaften.[43]

9 Das übertragende und das übernehmende Unternehmen müssen **beide Erstversicherungsunternehmen bzw.** beide **Pensionsfonds** sein, die der laufenden Aufsicht unterliegen. Für das übernehmende Unternehmen bedeutet dies, dass es spätestens mit der Bestandsübertragung zu einem Erstversicherungsunternehmen bzw. Pensionsfonds werden muss,[44] also dann über eine entsprechende aufsichtsbehördliche Zulassung verfügen muss.[45] Sofern das übernehmende Unternehmen zwar zum Geschäftsbetrieb zugelassen ist, aber noch über keine Erlaubnis für den Betrieb der Sparte oder der Risiken verfügt, die in dem zu übernehmenden Bestand begründet sind, wird diese mit der Genehmigung nach § 13 VAG verbunden.[46] Das übernehmende Unternehmen kann konzernmäßig oder anderweitig mit dem übertragenden Unternehmen verbunden sein.[47] Entscheidend ist nur, dass es sich um eine selbständige juristische Person handelt, die nicht mit dem übertragenden Unternehmen identisch sein darf.[48]

10 Eine Übertragung auf einen im **Ausland** ansässigen Rechtsträger – außerhalb der Fälle von § 13 Abs. 2, §§ 63, 73 VAG – ist problematisch, da hier regelmäßig die Belange der Versicherten nachteilig betroffen sein dürften. Dafür reicht es nicht aus, dass eine wirksame Aufsicht im Ausland sichergestellt ist, was bei Drittstaaten ohnehin Schwierigkeiten bereitet.[49] Entscheidend ist vielmehr, dass Versicherte dann zur Geltendmachung ihrer Ansprüche grenzüberschreitend agieren müssten, was für sie im Regelfall nicht zumutbar sein dürfte. Die ausdrückliche gesetzliche Fixierung der genannten Ausnahmetatbestände spricht ebenfalls dafür, dass der Gesetzgeber im Übrigen – auch in Ermangelung entsprechender europäischer Richtlinienvorgaben bzw. Abkommen – derartige Transaktionen im Grundsatz nicht zulassen wollte. Wenngleich § 13 Abs. 1 S. 1 VAG keine diesbezügliche Einschränkung enthält,[50] ergibt der Gesamtzusammenhang und der Sinn der Regelungen eine ebensolche.

11 **4. Notwendigkeit und Inhalt des Vertrags.** Die beteiligten Unternehmen schließen zum Zwecke der Bestandsübertragung einen Vertrag. Dieser enthält Elemente einer Schuldübernahme[51] und Forderungszession. Der Bestandsübertragungsvertrag wird dessen ungeachtet allgemein als **Vertrag sui generis** angesehen.[52] Es obliegt der Entscheidung der Gesellschaften, eine entsprechende Vereinbarung zu treffen; die Aufsicht kann eine Bestandsübertragung nicht anordnen (eine Ausnahme besteht bei einer Übertragung auf eine gesetzliche Sicherungseinrichtung).[53] Sie kann allenfalls im Hintergrund mitwirken, um etwa für einen notleidenden Bestand ein übernahmebereites Unternehmen zu finden. Unter bestimmten Voraussetzungen kann sie einen Sonderbeauftragten einsetzen, der seinerseits an die Stelle der handelnden Unternehmensorgane treten kann.[54] Der Vertrag hat den Bestand, der übertragen wird, genau zu bezeichnen. Das gilt nicht nur bezüglich der in Rede stehenden Versicherungsverträge, sondern auch für die entsprechenden versicherungstechnischen Rückstellungen und die sie bedeckenden Kapitalanlagen, die mitübertragen werden.[55] Der Vertrag muss insofern eine Verpflichtung zur Einzelübertragung dieser Bedeckungswerte enthalten. Festzulegen ist der Zeitpunkt, zu dem die Bestandsübertragung geschehen soll. Im internen Verhältnis kann auch ein zurückliegender Zeitpunkt gewählt werden.[56] Der Vertrag muss im Falle eines übertragenden VVaG des Weiteren Regelungen zur Abfindung der bisherigen Vereinsmitglieder enthalten, sofern diese ihre Mitgliedschaft einbüßen.[57]

---

[41] *Bornschlegl,* Die Bestandsübertragung nach dem VAG, 2014, S. 134.
[42] § 293 Abs. 1 VAG.
[43] § 168 Abs. 2 VAG.
[44] *BVerwG* Urt. v. 30.1.1990 – 1 A 36/86, VersR 1990, 473 = NJW 1990, 1804; *Müller-Wiedenhorn,* Versicherungsvereine auf Gegenseitigkeit im Unternehmensverbund, 1993, S. 106; *Hasselbach/Komp* VersR 2005, 1651, 1652; *Bornschlegl,* Die Bestandsübertragung nach dem VAG, 2014, S. 140.
[45] *Benkel,* Der Versicherungsverein auf Gegenseitigkeit, 2002, S. 309.
[46] *Müller-Magdeburg,* Die Bestandsübertragung nach § 14 VAG, 1996, S. 233; *Hasselbach/Komp* VersR 2005, 1651, 1652.
[47] *Benkel,* Der Versicherungsverein auf Gegenseitigkeit, 2002, S. 312; *Müller-Wiedenhorn,* Versicherungsvereine auf Gegenseitigkeit im Unternehmensverbund, 1993, S. 107 ff.; *Theis,* Die Europäische Gegenseitigkeitsgesellschaft, 2005, S. 133; *Schenke,* Verfassungsrechtliche Probleme des Privatversicherungsrechts, 2003, S. 51.
[48] *BVerwG* Urt. v. 30.1.1990 – 1 A 36/86, VersR 1990, 473 = NJW 1990, 1804; *Schmid,* Bestandsübertragung und Umwandlung von Versicherungsunternehmen, 2010, S. 151.
[49] Darauf verweisen *Hasselbach/Komp* VersR 2005, 1651, 1652.
[50] *Hasselbach/Komp* VersR 2005, 1651, 1652.
[51] *Scholz* VersR 1997, 1070, 1071; *Müller-Wiedenhorn,* Versicherungsvereine auf Gegenseitigkeit im Unternehmensverbund, 1993, S. 104.
[52] *Bälz/Kuntz* VersR 2005, 310; *Seemayer,* Grenzüberschreitende Übertragung von Erst- und Rückversicherungsbeständen im Spannungsfeld von Zivil- und Aufsichtsrecht, 2016, S. 102; *Theis,* Die Europäische Gegenseitigkeitsgesellschaft, 2005, S. 133.
[53] § 222 Abs. 2 VAG.
[54] § 307 VAG.
[55] *Scholz* VersR 1997, 1070, 1071; *Weber-Rey/Krecek* NVersZ 2000, 105, 108 f.; *Diehl* VersR 2000, 268, 269; *Koerfer* in: Semler/Stengel, Umwandlungsgesetz, 3. Aufl., 2012, Anh. § 119 A Rn. 46 f.
[56] *Hasselbach/Komp* VersR 2005, 1651, 1655.
[57] Vgl.§ 13 Abs. 3 VAG; s. a. *Benkel,* Der Versicherungsverein auf Gegenseitigkeit, 2002, S. 309.

Ein Bestandsübertragungsvertrag unterscheidet sich somit von einem bloßen Verwaltungsvertrag darin, dass der letztere nur auf die Verwaltung zielt, nicht aber auch auf eine Übertragung der Versicherungsverhältnisse selber. Die **Abgrenzung** der Bestandsübertragung i. S. v. § 13 VAG zu den im Umwandlungsgesetz ausdrücklich geregelten Umwandlungsformen ist hingegen nicht immer trennscharf zu treffen. Das gilt insbesondere für die Abspaltung (§ 123 Abs. 2 UmwG) und die Vermögensübertragung (§ 174 Abs. 2 UmwG). Insoweit kommt es unter Berücksichtigung des eben Gesagten auf die Bezeichnung des Vertrags an. Da die Bestandsübertragung gleichberechtigt neben den Umwandlungsformen des UmwG steht, ist eine derartige Verfahrensweise auch grundsätzlich unproblematisch. 12

In Ermangelung entsprechender gesetzlicher Vorgaben ist weder ein Bestandsübertragungsbericht zu erstellen noch eine Bestandsübertragungsprüfung vorzunehmen. Für eine analoge Anwendung entsprechender Vorschriften des **UmwG** (§§ 8, 9 ff., 127, 192)[58] ist kein Raum, denn der Gesetzgeber hat in Kenntnis des UmwG von derartigen zusätzlichen Maßgaben Abstand genommen. 13

5. Form des Vertrags (Abs. 6). Der Bestandsübertragungsvertrag bedarf der Schriftform (§ 13 Abs. 6 **Hs. 1** VAG). Es genügt die einfache **Schriftform.**[59] Danach muss der gesamte Vertragsinhalt durch die Unterschriften beider Vertragspartner (jeweils vertreten durch den Vorstand) gedeckt sein. Werden mehrere gleichlautende Urkunden aufgenommen, reicht es aus, wenn jede Partei die für den anderen Teil bestimmte Urkunde unterzeichnet. Die Schriftform kann durch notarielle Beurkundung (einschl. gerichtlichen Vergleich) ersetzt werden.[60] Zulässig ist zudem die elektronische Form,[61] was erforderlich macht, dass die Vertragsparteien jeweils ein gleichlautendes Dokument elektronisch signieren.[62] Möglich ist auch, dass das eine Dokument elektronisch erstellt wird und das andere schriftlich. 14

§ 311b Abs. 3 BGB[63] findet keine Anwendung (§ 13 Abs. 6 VAG). Das dient der Klarstellung, da eine Vermögensübertragung, die mit einer Bestandsübertragung verbunden sein kann, ansonsten notariell beurkundet werden müsste. Die Tatsache, dass das Gesetz nicht ausdrücklich auch § 311b Abs. 1 BGB aufführt, demzufolge ein Vertrag zur Übertragung von Grundstücken der notariellen Beurkundung bedarf, könnte den Schluss erlauben, dass es insoweit – anders als im Falle der Vermögensübertragung – bei dem Erfordernis der notariellen Beurkundung bleibt.[64] Die Nennung von § 311b Abs. 3 BGB hat allerdings, wie gesagt, nur deklaratorische Bedeutung, so dass sie noch keinen Umkehrschluss rechtfertigt. Bedenkt man zudem, dass § 13 Abs. 6 VAG der Vereinfachung und Beschleunigung von Bestandsübertragungsverträgen dienen soll, ist davon auszugehen, dass die einfache Schriftform für sämtliche Abreden genügt, die Gegenstand eines Bestandsübertragungsvertrags bilden, also etwa auch für die Verpflichtung zur Übertragung von Grundstücken, die der Bedeckung der Passiva dienen.[65] Die Spezialvorschrift des § 13 Abs. 6 VAG verdrängt insofern – unbeschadet des Halbsatzes 2 – sämtliche Vorschriften, die anderweitige Formerfordernisse beinhalten (etwa auch § 15 Abs. 3 GmbHG).[66] Allerdings ist zu beachten, dass diese Wirkung nur das entsprechende Verpflichtungsgeschäft erfasst. Unberührt bleiben Erfordernisse, die für das dingliche Vollzugsgeschäft (etwa nach § 925 BGB, § 29 GBO) bestehen.[67] 15

6. Zustimmungserfordernisse für bestimmte Unternehmensorgane. Der Bestandsübertragungsvertrag wird von den **Vorständen** der beteiligten Unternehmen geschlossen.[68] Zu beachten ist jedoch eine Einbindung weiterer Unternehmensorgane (Hauptversammlung bzw. oberste Vertretung, Aufsichtsrat), soweit dies gesetzlich oder satzungsmäßig geboten ist. 16

Bei Aktiengesellschaften ist im Falle von Bestandsübertragungen grundsätzlich die Zustimmung der **Hauptversammlung** des übertragenden und des übernehmenden Unternehmens notwendig.[69] Dies ergibt sich bereits aus dem Umstand, dass es sich bei derartigen Transaktionen jedenfalls dann, wenn sich 17

---

[58] *Koerfer* in: Semler/Stengel, Umwandlungsgesetz, 3. Aufl , 2012, Anh. § 119 A Rn. 12 f.; *Schmid*, Bestandsübertragung und Umwandlung von Versicherungsunternehmen, 2010, S. 165 u. 168.

[59] § 126 Abs. 2 BGB; vgl. *Scholz* VersR 1997, 1070, 1071; *Benkel*, Der Versicherungsverein auf Gegenseitigkeit, 2002, S. 308; *Hasselbach/ Komp* VersR 2005, 1651, 1653.

[60] § 126 Abs. 4 BGB.

[61] § 126 Abs. 3 BGB.

[62] § 126a Abs. 2 iVm Abs. 1 BGB.

[63] Das Gesetz nahm noch bis zum Inkrafttreten des Gesetzes v. 10.12.2003, BGBl. I 2478, auf § 311 BGB a. F. Bezug, obwohl dessen Inhalt durch Art. 1 Nr. 13 des Gesetzes zur Modernisierung des Schuldrechts v. 26.11.2001, BGBl. I 3138, in § 311b Abs. 3 BGB überführt worden war.

[64] *Benkel*, Der Versicherungsverein auf Gegenseitigkeit, 2002, S. 308.

[65] *Müller-Magdeburg*, Die Bestandsübertragung nach § 14 VAG, 1996, S. 31; *Entzian/Schleifenbaum* ZVersWiss 1996, 521, 530; *Gerner*, Demutualisierung eines VVaG, 2003, S. 154; *Ebert* VersR 2003, 1211, 1213; *Koerfer* in: Semler/ Stengel, Umwandlungsgesetz, 3. Aufl., 2012, Anh. § 119 A Rn. 48; a. M. *Hasselbach/ Komp* VersR 2005, 1651, 1653; *Bornschlegl*, Die Bestandsübertragung nach dem VAG, 2014, S. 220 u. 489; *Schmid*, Bestandsübertragung und Umwandlung von Versicherungsunternehmen, 2010, S. 158; Bähr/*Rüdt* § 14 Rn. 70.

[66] A. M. *Seemayer*, Grenzüberschreitende Übertragung von Erst- und Rückversicherungsbeständen im Spannungsfeld von Zivil- und Aufsichtsrecht, 2016, S. 149.

[67] S. a. *Hasselbach/Komp* VersR 2005, 1651, 1653.

[68] *Gerner*, Demutualisierung eines VVaG, 2003, S. 151.

[69] *Schmid*, Bestandsübertragung und Umwandlung von Versicherungsunternehmen, 2010, S. 174; a. M. Bähr/ *Rüdt* § 14 Rn. 26.

nicht nur auf einen kleinen Bestand oder eine untergeordnete Sparte beziehen, um wichtige Geschäfte handelt, die Aktionärsinteressen berühren.[70] Insofern ist auch eine Gleichstellung mit anderen Tatbeständen geboten, für die gesetzlich entsprechende Mitwirkungsrechte der Hauptversammlung vorgesehen sind.[71] Berührt wird hiervon nur das Innenverhältnis, nicht hingegen die Außenvertretungsmacht des Vorstands.[72] Notwendig ist eine Dreiviertel-Mehrheit des vertretenen Grundkapitals.[73] Ist mit einer Bestandsübertragung eine Satzungsänderung oder eine Änderung der Kapitalverhältnisse verbunden, ist bereits deswegen eine Zustimmung der Hauptversammlung notwendig.[74] Dasselbe gilt für eine Bestandsübertragung, die eine Übertragung des gesamten Vermögens umfasst.[75] Zu beachten sind ferner Satzungsbestimmungen, die eine entsprechende Einbindung auch des Aufsichtsrats vorsehen.[76]

18 Ist das übertragende Unternehmen ein Versicherungsverein auf Gegenseitigkeit, bedarf der Bestandsübertragungsvertrag nach § 200 S. 1 VAG der Zustimmung der **obersten Vertretung** dieses Unternehmens. Entsprechendes gilt für Pensionsfondsvereine auf Gegenseitigkeit.[77] Der Beschluss bedarf einer Mehrheit von drei Vierteln der abgegebenen Stimmen, soweit die Satzung nicht andere Mehrheiten vorsieht.[78] Ist ein Versicherungsverein auf Gegenseitigkeit oder ein Pensionsfondsverein auf Gegenseitigkeit die übernehmende Gesellschaft, kann sich ein korrespondierendes Zustimmungserfordernis aus der Satzung ergeben. Führt die Bestandsübernahme zur Aufnahme einer neuen Sparte, ergibt sich ein entsprechendes Zustimmungserfordernis der obersten Vertretung aus § 195 Abs. 4 VAG, im Falle einer Satzungsänderung aus § 195 Abs. 1 VAG. Darüber hinaus ist eine entsprechende Anwendung von § 200 VAG in Bezug auf das übernehmende Unternehmen geboten,[79] soweit eine Bestandsübertragung in die Rechte der Vereinsmitglieder eingreift.[80] Schließlich kann satzungsmäßig eine Beteiligung auch des Aufsichtsrats vorgesehen sein.[81]

19 Für **öffentlich-rechtliche Unternehmen** sind ggf. landesrechtliche Vorschriften zu beachten, die eine Einbindung der entsprechenden Organe gebieten (*Scholz* VersR 1997, 1070, 1071). Im Übrigen gilt das zu den Aktiengesellschaften und Versicherungsvereinen auf Gegenseitigkeit Gesagte entsprechend.

20 An die Stelle der genannten Unternehmensorgane (einschl. Vorstand) kann unter den Voraussetzungen des § 307 VAG ein von der Versicherungsaufsicht eingesetzter **Sonderbeauftragter** treten. In diesem Fall kommt es insoweit auf die Zustimmung des Sonderbeauftragten an.[82] Die Zustimmung ist privatrechtliche Wirksamkeitsvoraussetzung (§ 185 BGB); es reicht auch eine nachträgliche Zustimmung aus (§ 184 BGB).

21 **7. Sonstige Erfordernisse.** Bestandsübertragungen können auch **kartellrechtlich** relevant sein. Das ist anzunehmen, wenn die beteiligten Unternehmen gewisse Umsatzgrenzen überschreiten (§ 35 Abs. 1 GWB; Art. 1 der EG-Fusionskontrollverordnung, ABl. EU Nr. L 24 v. 29.1.2004, S. 1). Zu beachten sind in diesem Fall bestimmte Anmelde- und Anzeigepflichten gegenüber dem Bundeskartellamt (§ 39 GWB) bzw. der Europäischen Kommission (Art. 4 der EG-Fusionskontrollverordnung). Eine aufsichtsbehördliche Genehmigung kommt in diesen Fällen nur unter dem Vorbehalt entsprechender Anzeigen in Betracht. Sofern mit einer Bestandsübertragung eine Betriebsänderung einhergeht, ist der **Betriebsrat** nach § 111 BetrVG zu beteiligen.[83] Wenn eine Bestandsübertragung wesentliche Arbeitnehmerinteressen berührt, ist der Wirtschaftsausschuss gemäß § 106 Abs. 2, 3 Nr. 10 BetrVG zu informieren.[84]

22 **III. Aufsichtsbehördliche Genehmigung (Abs. 1 S. 1 u. 2, Abs. 2 bis 5).** Der Bestandsübertragungsvertrag bedarf der aufsichtsbehördlichen Genehmigung (§ 13 Abs. 1 S. 1 VAG). Hiermit wird sichergestellt, dass die **Belange der Versicherten** gewahrt werden, was besondere Bedeutung dadurch

[70] Vgl. nur *BGH* Urt. v. 26.4.2004 – II ZR 155/02, BGHZ 159, 30 = NJW 2004, 1860, 1863 f.; *Scholz* VersR 1997, 1070, 1071; *Entzian/Schleifenbaum* ZVersWiss 1996, 521, 532 f.; *Koerfer* in: Semler/Stengel, Umwandlungsgesetz, 3. Aufl., 2012, Anh. § 119 A Rn. 53; einschränkend *Hasselbach/Komp* VersR 2005, 1651, 1656.

[71] So bei Auflösung, Eingliederung, Verschmelzung und Vermögensübertragung, § 119 Abs. 1 Nr. 8, §§ 179a, 319, 320 AktG und §§ 13, 178 ff. UmwG; vgl. auch *Müller-Magdeburg* Die Bestandsübertragung nach § 14 VAG, 1996, S. 27.

[72] *BGH* Urt. v. 26.4.2004 – II ZR 155/02, BGHZ 159, 30 = NJW 2004, 1860, 1863.

[73] *BGH* Urt. v. 26.4.2004 – II ZR 155/02, BGHZ 159, 30 = NJW 2004, 1860, 1864.

[74] § 119 Abs. 1 Nr. 5 u. 6, § 179 AktG; vgl. *Scholz* VersR 1997, 1070, 1071; *Hasselbach/ Komp* VersR 2005, 1651, 1656; nur für das übernehmende Unternehmen hierauf abstellend *Gerner*, Demutualisierung eines VVaG, 2003, S. 152 ff.

[75] § 179a AktG.

[76] § 111 Abs. 4 S. 2 bis 5 AktG.

[77] § 237 Abs. 3 Nr. 1 VAG.

[78] § 200 S. 2 VAG.

[79] *Benkel*, Der Versicherungsverein auf Gegenseitigkeit, 2002, S. 311; *Hoppmann*, Vorstandskontrolle im Versicherungsverein auf Gegenseitigkeit, 2000, S. 236 f.

[80] Vgl. hierzu *BGH* Urt. v. 25.2.1982 – II ZR 174/80, BGHZ 83, 122, bzgl. der Aktionäre einer AG.

[81] § 189 Abs. 3 S. 1 VAG iVm § 111 Abs. 4 S. 2 bis 5 AktG; vgl. *Gerner*, Demutualisierung eines VVaG, 2003, S. 152.

[82] *Müller-Magdeburg*, Die Bestandsübertragung nach § 14 VAG, 1996, S. 29.

[83] *Hasselbach/Komp* VersR 2005, 1651, 1657; Bähr/*Rüdt* § 14 Rn. 39 f.

[84] *Hasselbach/Komp* VersR 2005, 1651, 1657; Bähr/*Rüdt* § 14 Rn. 38.

erlangt, dass die betroffenen Versicherten weder der Transaktion zustimmen müssen noch über ein generelles anlassbezogenes Kündigungsrecht verfügen.[85] Der Genehmigungsmaßstab ist bei der Bestandsübertragung ein strenger als er ansonsten im Gesetz für aufsichtsbehördliche Maßnahmen verankert ist.

1. Antrag der Unternehmen. Die Genehmigung setzt einen **Antrag** sowohl des übertragenden als auch des übernehmenden Unternehmens voraus. Das eine Unternehmen kann dabei mit Vollmacht des anderen handeln.[86] Dem Antrag muss der Bestandsübertragungsvertrag sowie eine Erklärung beigefügt werden, dass keine Nebenabreden getroffen worden sind.[87] Der Antrag kann jederzeit zurückgenommen oder geändert werden. Da der Bestandsübertragungsvertrag als Anlage des Antrags schriftlich zu schließen sind, kommt auch für den Antrag praktisch keine andere Form in Betracht. Theoretisch könnte der Antrag freilich auch in anderer Form gestellt werden. Aus ihnen muss sich aber zweifelsfrei erkennen lassen, dass die zur Vertretung des Unternehmens Berechtigten Urheber des Antrags sind. Der Antrag nach § 13 VAG kann zugleich eine Geschäftsplanänderung nach § 12 Abs. 1 S. 1 VAG zum Gegenstand haben.[88] 23

2. Behördliche Zuständigkeit (Abs. 1 S. 1). Es ist die Genehmigung der Aufsichtsbehörden einzuholen, die für die beteiligten Unternehmen zuständig sind (§ 13 Abs. 1 S. 1 VAG). Dabei richtet sich die Zuständigkeit inländischer Behörden (BaFin, Landesaufsichtsbehörden) nach **§§ 320–323 VAG**. Werden die beteiligten Versicherer von unterschiedlichen Aufsichtsbehörden beaufsichtigt, sind Genehmigungen von beiden Behörden einzuholen. Im Falle von Transaktionen mit ausländischer Berührung bestehen Maßgaben hinsichtlich der Beteiligung ausländischer Behörden.[89] 24

3. Prüfungsmaßstab (Abs. 1 S. 2). Genehmigungsvoraussetzung ist die Feststellung, dass die Belange der Versicherten gewahrt sind. Zudem ist darzulegen, dass die Erfüllbarkeit der Verpflichtungen aus den Versicherungsverträgen gegeben ist (§ 13 Abs. 1 S. 2 Hs. 1 VAG) Auch die Einhaltung der Spartentrennung im Sinne von § 8 Abs. 4 S. 2 VAG muss sichergestellt sein. In bestimmten Fallkonstellationen sind ausländische Behörden miteinzubeziehen (§ 13 Abs. 1 S. 2 Hs. 2). Liegen die Genehmigungsvoraussetzungen nicht vor, ist die Genehmigung zu **versagen**. Im Einzelnen ergibt sich hieraus Folgendes: 25

a) Wahrung der Versichertenbelange (Abs. 1 S. 2 Hs. 1). Abweichend von der aufsichtsbehördlichen Befugnis, die – negativ formuliert – ein aufsichtsbehördliches Tätigwerden im Falle der nicht ausreichenden Wahrung der Belange der Versicherten ermöglicht,[90] ist für den Fall einer Bestandsübertragung – positiv formuliert – Voraussetzung, dass die **Belange der Versicherten gewahrt** werden. Damit hat der Gesetzgeber einer Vorgabe des BVerfG Rechnung getragen.[91] Das bedeutet, dass die Aufsicht ihrerseits eine positive Feststellung treffen muss, ehe sie eine Genehmigung nach § 13 VAG erteilen darf. Soweit bei einem Erstversicherer auch der Rückversicherungsbestand übertragen soll, bilden die (mittelbaren) Belange der Erstversicherten den Genehmigungsmaßstab.[92] 26

Auffällig ist in Bezug auf die Wortwahl von § 13 Abs. 1 S. 2 Hs. 1 VAG, dass die bloß ausreichende Wahrung der Versichertenbelange offenbar nicht genügt. Allerdings könnte diesem Verständnis der Hinweis des Gesetzgebers entgegenstehen, dass bezüglich der Belange der Versicherten auf die vormalige Aufsichtspraxis und die höchstrichterliche Rechtsprechung zurückgegriffen werden könne.[93] Dieser Verweis könnte den Schluss erlauben, dass jedenfalls nach dem Willen des Gesetzgebers im Grundsatz nichts gegenüber der allgemeinen Zielsetzung der Aufsicht – § 294 Abs. 2 S. 2 Hs. 2 VAG einbeziehend – Abweichendes gelten soll. Dem ist in dieser Generalität nicht zu folgen. Der veränderte Aufsichtsmaßstab ist Ausfluss verfassungsgerichtlicher Vorgaben, in deren Zentrum die **Wahrung des Grundrechtsschutzes** steht. Sie ist daher in diesem Kontext auszulegen. Vor diesem Hintergrund kann der Hinweis in der Gesetzesbegründung auch so verstanden werden, dass die Rechtsbegrifflichkeit der „Wahrung der Belange der Versicherten" für sich genommen festere Konturen über die jahreslange Praxis und Rechtsprechung angenommen hat. Für dieses Verständnis spricht einiges, denn die unbestimmte Rechtsbegrifflichkeit hat hierdurch sowie durch die § 294 Abs. 3 VAG (vormals: § 81 Abs. 1 27

[85] Treffend formuliert *Koerfer* in: Semler/Stengel, Umwandlungsgesetz, 3. Aufl., 2012, Anh. § 119 A Rn. 22, dass die Zustimmung der Aufsicht die (praktisch nicht zu erhaltende) Zustimmung der Versicherungsnehmer ersetzt.

[86] *Müller-Magdeburg,* Die Bestandsübertragung nach § 14 VAG, 1996, S. 202; *Hasselbach/ Komp* VersR 2005, 1651, 1658; *Koerfer* in: Semler/Stengel, Umwandlungsgesetz, 3. Aufl., 2012, Anh. § 119 A Rn. 58; *Seemayer,* Grenzüberschreitende Übertragung von Erst- und Rückversicherungsbeständen im Spannungsfeld von Zivil- und Aufsichtsrecht, 2016, S. 192.

[87] *Müller-Magdeburg,* Die Bestandsübertragung nach § 14 VAG, 1996, S. 202.

[88] *Müller-Magdeburg,* Die Bestandsübertragung nach § 14 VAG, 1996, S. 202.

[89] § 13 Abs. 2, §§ 63, 73, 166 VAG. Zu § 13 Abs. 2 VAG vgl. Rn. 36 f.

[90] § 8 Abs. 1 Nr. 4 lit. a VAG.

[91] *BVerfG* Urt. v. 26.7.2005 – 1 BvR 782/94, VersR 2005, 1109 = JuS 2005, 1026; vgl. Gesetzentwurf der Bundesregierung BR-Drs. 599/07, 19 (zu § 14 Abs. 1 VAG).

[92] *Bornschlegl,* Die Bestandsübertragung nach dem VAG, 2014, S. 163 u. 487.

[93] Gesetzentwurf der Bundesregierung BR-Drs. 599/07, 19 (zu § 14 Abs. 1 VAG).

S. 4 VAG) eine Konkretisierung erhalten, die Vorhaltungen wegen des verfassungsrechtlichen Bestimmtheitsgebots gegenstandslos werden lassen.[94] Im Ergebnis bedeutet dies, dass im Rahmen von § 13 VAG aber ein veränderter Maßstab gilt, der zwar im Kern auf die Konkretisierung der Begrifflichkeit rekurriert, in einem wesentlichen Punkt allerdings hiervon abweicht.

28 So **gilt** in Bezug auf § 13 VAG das **Optimierungsverbot nicht**, durch das sich das Aufsichtsrecht sonst auszeichnet.[95] Das darf allerdings nicht dahingehend verstanden werden, dass ausschließlich auf die Rechtspositionen der Versicherten abzustellen wäre. Sicherzustellen ist allerdings ohne jegliche Abstriche deren Grundrechtsschutz. Eine vollständige Ausblendung der Interessen der betroffenen Versicherer bedeutet dies aber nicht. Vielmehr ist insoweit zu bedenken, dass die aufsichtsbehördliche Genehmigung ein Surrogat für die Zustimmung jedes einzelnen Versicherten darstellt, die § 13 Abs. 5 Hs. 2 VAG ausdrücklich ausschließt. Würde dieser Ausschluss nicht bestehen, käme ein ausschließlicher Fokus auf die Versicherteninteressen ebenso wenig in Betracht, vielmehr wäre hier ein Interessenausgleich durch eine angemessene vertragliche Absprache die Zielrichtung. Das muss dann aber auch gelten, wenn an die Stelle der Versicherten die Aufsicht tritt. Ein noch strengerer Maßstab ließe sich auch insoweit nicht vertreten, berücksichtigt man insofern namentlich die Grundrechtspositionen der Versicherer. Das heißt, dass auch für die Bestandsübertragung an die entsprechende allgemeine aufsichtsrechtliche Kasuistik angeknüpft werden kann.[96] Nähere Maßgaben enthalten allerdings hier § 13 Abs. 3 u. 4 VAG. Zudem ist die grundsätzliche Nichtgeltung des Optimierungsverbots zu bedenken.

29 Das Abstellen auf die Wahrung der Versichertenbelange gewährleistet, dass Unternehmen bei Bestandsübertragungen nicht die Interessen der Versicherten ausblenden bzw. diese anderen Interessen einfach unterordnen können. Zu berücksichtigen sind dabei neben den im Fokus stehenden Versicherten, deren Verträge auf einen anderen Versicherer übergehen, **auch** die Versicherten, die **beim übertragenden Versicherer** verbleiben sowie die, die bereits Vertragsverhältnisse beim übernehmenden Versicherer unterhalten.[97] Der Wortlaut von § 13 Abs. 1 S. 2 VAG ist insoweit offen. Allerdings dürfte dies nur in Grenzfällen bedeutsam werden. Belange der Aktionäre hat die Aufsicht allerdings nicht zu wahren.[98]

30 Die Einbindung der Aufsicht, die aufgrund dezidierter gesetzlicher Vorgaben[99] auf die Versichertenbelange zu achten hat, verbürgt insofern den gebotenen **Interessenausgleich** im eben beschriebenen Sinne.[100] Der Ausrichtung auf die Versicherteninteressen kommt dabei besondere Bedeutung zu, da die Versicherten an der Bestandsübertragung nicht beteiligt sind.[101] Verfassungsrechtliche Bedenken, die in Bezug auf die vormalige Fassung der Vorschrift geltend gemacht worden sind,[102] bestehen nach deren Neufassung nicht mehr. § 13 VAG garantiert die Sicherstellung eines möglichen Eigentumsschutzes der Versicherten i. S. v. Art. 14 Abs. 1 GG.[103] Dass betroffene Versicherungsnehmer ihrerseits nicht unmittelbar an einer Bestandsübertragung beteiligt werden und namentlich grundsätzlich – außer im Falle des § 13 Abs. 7 S. 3 VAG – über kein Kündigungsrecht verfügen,[104] vermag hieran nichts zu ändern.[105] Es obliegt insofern der Versicherungsaufsicht, für eine entsprechende Berücksichtigung der Versichertenbelange Sorge zu tragen.[106] Eine Bedürfnisprüfung findet bezüglich der Bestandsübertragung allerdings nicht statt.[107]

31 Die Versicherten dürfen aufgrund der Bestandsübertragung **nicht schlechter gestellt** werden als sie ohne die Übertragung stehen würden.[108] Das bedeutet, dass gesetzliche oder vertragliche Ansprüche der Versicherten (ggf. einschließlich Überschussbeteiligung)[109] als Folge einer Bestandsübertragung gewahrt bleiben müssen.[110] Es geht insofern um den Schutz der bestehenden Lage vor der Bestandsübertragung – auch der finanziellen[111] – und nicht um deren Verbesserung.[112] Dabei macht es aber keinen Unterschied,

---

[94] Bähr/*Schenke* § 1 Rn. 6.
[95] § 11 Rn. 16.
[96] § 11 Rn. 15 ff.
[97] *Schmid*, Bestandsübertragung und Umwandlung von Versicherungsunternehmen, 2010, S. 618 f.
[98] A. M. *Schmid*, Bestandsübertragung und Umwandlung von Versicherungsunternehmen, 2010, S. 620.
[99] *BVerfG* Urt. v. 26.7.2005 – 1 BvR 782/94, VersR 2005, 1109 = JuS 2005, 1026.
[100] Vgl. *Schenke*, Verfassungsrechtliche Probleme des Privatversicherungsrechts, 2003, S. 45.
[101] *Schenke* VersR 2006, 871, 875.
[102] *BVerfG* Urt. v. 26.7.2005 – 1 BvR 782/94, VersR 2005, 1109 = JuS 2005, 1026; für unbedenklich hielt auch die Vorfassung ausdrücklich *Schenke* VersR 2006, 871, 875 f.
[103] S. hierzu bereits *BVerfG* Beschl. v. 11.7.1990 – 1 BvR 570/90, VersR 1991, 757 = NJW 1991, 1167.
[104] Vgl. hierzu *Bryde* VersWissStud [4. Bd.], S. 63, 71 f.
[105] *Schenke*, Verfassungsrechtliche Probleme des Privatversicherungsrechts, 2003, S. 43 ff.
[106] *Groepper* NVersZ 1998, 103, 106.
[107] Prölss/*R. Schmidt*, 11. Aufl., § 14 Rn. 29.
[108] *BVerfG* Urt. v. 26.7.2005 – 1 BvR 782/94, VersR 2005, 1109 = JuS 2005, 1026; zuvor mit leicht modifizierten Anforderungen *BVerwG* Urt. v. 12.12.1995 – 1 A 1/92, VersR 1996, 569; *BVerwG* Urt. v. 11.1.1994 – 1 A 72/89, VersR 1994, 541 = NJW 1994, 2561.
[109] Vgl. die Konkretisierung in § 13 Abs. 4 VAG; hierzu Rn. 44 ff.
[110] *BVerfG* Beschl. v. 11.7.1990 – 1 BvR 570/90, VersR 1991, 757.
[111] *Bornschlegl,* Die Bestandsübertragung nach dem VAG, 2014, S. 255 f.
[112] *BVerwG* Urt. v. 12.12.1995 – 1 A 1/92, VersR 1996, 569; *BVerwG* Urt. v. 11.1.1994 – 1 A 72/89, VersR 1994, 541 = NJW 1994, 2561; *Groepper* NVersZ 1998, 103, 107; *Bornschlegl,* Die Bestandsübertragung nach dem VAG, 2014, S. 255 f.

zu welchen Zwecken die Bestandsübertragung erfolgt. Die Aufsicht hat vielmehr stets sicherzustellen, dass die Versichertenbelange berücksichtigt werden. Auch wenn die Bestandsübertragung aus anderen Gründen als zur Sanierung notleidender Bestände erfolgt, ist nicht ein Mehr an behördlicher Kontrolle geboten. Der Ansicht, die in Fällen von Umstrukturierungen verlangt, dass die Aufsicht „Vertreter der Interessen des Versicherungsnehmers" sein soll,[113] ist im Hinblick auf den gebotenen Grundrechtsschutz nachvollziehbar, kann aber nicht bedeuten, dass auf Individualinteressen und nicht auf die Interessen der Gesamtheit der Versicherten abzustellen ist.[114] Alles andere würde praktisch Unmögliches verlangen, die Regelung würde leerlaufen. Hiermit würde zudem verkannt, dass die Aufsicht – wie dargestellt – andere Interessen nicht vollständig ausblenden darf.[115] Demgemäß geht auch das BVerfG von einem Abwägungsprozess der Aufsicht aus, in den – so das BVerfG – die Versichertenbelange „umfassend festgestellt und ungeschmälert" einzubringen sind.[116]

Eine Bestandsübertragung kann sich daher nicht nur isoliert auf einen Versicherungsbestand beziehen, **32** sondern muss sicherstellen, dass auch das hiermit verknüpfte **Sicherungsvermögen** übertragen wird.[117] Das muss nicht die Übertragung des gesamten Vermögens bedeuten, berücksichtigt man, dass ein allgemeines Teilhabe- oder Anwartschaftsrecht am freien Vermögen der Unternehmen nicht besteht. Daher ist auch gegen Bestandsübertragungsverträge nichts einzuwenden, denen zufolge derartige Vermögenswerte etwa in der Kraftfahrzeug-Haftpflichtversicherung und der Unfallversicherung mit Prämienrückgewähr nicht mitübertragen werden.[118] Sicherzustellen ist aber stets, dass die auf den Bestand entfallenden Passiva und Aktiva, also die entsprechenden versicherungstechnischen Rückstellungen und die sie bedeckenden Kapitalanlagen, mitübertragen werden.[119]

b) Dauernde Erfüllbarkeit der Verpflichtungen (Abs. 1 S. 2 Hs. 1). Nötig ist der Nachweis, **33** dass die Verpflichtungen aus den Versicherungsverträgen dauernd erfüllbar sind (§ 13 Abs. 1 S. 2 Hs. 1 VAG). Heranzuziehen sind hierfür die in **§ 294 Abs. 4 VAG** genannten Kriterien. Die übernehmende Gesellschaft[120] muss demgemäß darlegen, dass es auch nach der Übertragung über Eigenmittel in ausreichender Höhe verfügt.[121] Hierzu bedarf es der Erstellung und Vorlage einer konsolidierten Bilanz auf der hypothetischen Basis der bereits durchgeführten Bestandsübertragung,[122] um festzustellen, ob das Unternehmen auch die mit der Bestandsübernahme veränderten Solvabilitätsanforderungen erfüllt.[123] Das hat besondere Bedeutung im Falle einer Bestandsübertragung aus Sanierungsgründen, wenn die dem Versicherungsbestand zuzuordnenden versicherungstechnischen Rückstellungen und Beitragsüberträge der übertragenden Gesellschaft nicht ausreichen. Das übernehmende Unternehmen muss insofern diese Defizite ausgleichen können.[124] Ggf. kann auch eine Bildung getrennter Sicherungsvermögen in Betracht gezogen werden.[125] Eine Solvabilitätsunterdeckung ist nicht hinnehmbar.[126] Der Hinweis auf eine bevorstehende Mittelzufuhr etwa durch Auflösung von Bewertungsreserven vermag einen mangelnden Nachweis nicht zu kompensieren.[127] Zu berücksichtigen sind ggf. auch Weiterungen für Versicherte des übertragenden und des übernehmenden Versicherers, deren Verträge nicht Gegenstand der Bestandsübertragung sind.[128]

c) Spartentrennung (Abs. 1 S. 2 Hs. 2). Gemäß § 13 Abs. 1 S. 2 Hs. 2 iVm § 8 Abs. 4 S. 2 **34** VAG[129] ist die Beachtung der Spartentrennungsgrundsätze **Genehmigungsvoraussetzung**. So ist eine Bestandsübertragung zwischen einem Lebensversicherer und einem Nicht-Lebensversicherer ebenso wenig möglich wie zwischen einem Krankenversicherer und einem Nicht-Krankenversicherer, soweit es sich um Verträge handelt, die der substitutiven Krankenversicherung zuzurechnen sind. Das gilt auch für den Fall, dass eine Übertragung entsprechender Versicherungsbestände auf einen ausländischen Kompositversicherer in Rede steht. Hingegen wäre eine Übertragung deutscher Kompositbestände auf

---

[113] *Bryde* VersWissStud [4. Bd.], S. 63, 73; in diese Richtung gehend auch *Baumann*, Die Kapitallebensversicherung mit Überschussbeteiligung als partiarisches Versicherungsverhältnis und ihre Bedeutung bei der Umstrukturierung von Versicherungsgruppen, 1993, S. 85 f.

[114] So auch *BVerfG* VersR 2005, 1109, 1125.

[115] A. M. *Donath* VersR 1994, 965, 967; *Schünemann* VersWissStud [4. Bd.], S. 43, 48.

[116] *BVerfG* Urt. v. 26.7.2005 – 1 BvR 782/94, VersR 2005, 1109 = JuS 2005, 1026.

[117] A. M. *Bornschlegl,* Die Bestandsübertragung nach dem VAG, 2014, S. 488.

[118] *BVerfG* Beschl. v. 11.7.1990 – 1 BvR 570/90, VersR 1991, 757 = NJW 1991, 1167, *BVerwG* Urt. v. 30.1.1990 – 1 A 36/86, VersR 1990, 473 = NJW 1990. 1804.

[119] *Görg,* Der VVaG-Gleichordnungskonzern und seine Umstrukturierung in einen VVaG-Unterordnungskonzern, 2003, S. 70; a. M. *Bornschlegl,* Die Bestandsübertragung nach dem VAG, 2014, S. 290.

[120] *Bornschlegl,* Die Bestandsübertragung nach dem VAG, 2014, S. 272.

[121] *Bornschlegl,* Die Bestandsübertragung nach dem VAG, 2014, S. 275.

[122] *Weber-Rey/Krecek* NVersZ 2000, 105, 109.

[123] Vgl. noch zur früheren Rechtslage *Diehl* VersR 2000, 268, 269.

[124] *Benkel,* Der Versicherungsverein auf Gegenseitigkeit, 2002, S. 314.

[125] Vgl. § 125 Abs. 6 VAG; s. hierzu *Schmid,* Bestandsübertragung und Umwandlung von Versicherungsunternehmen, 2010, S. 222 f.

[126] *Diehl* VersR 2000, 268, 269.

[127] A. M. *Benkel,* Der Versicherungsverein auf Gegenseitigkeit, 2002, S. 315.

[128] *Schmid,* Bestandsübertragung und Umwandlung von Versicherungsunternehmen, 2010, S. 218 f.

[129] Der Verweis auf § 8 Abs. 4 VAG erfasst nur den Fall des Satzes 2, da § 13 VAG für Rückversicherer nicht gilt.

ausländische Lebens- bzw. Krankenversicherer unter diesem Blickwinkel eigentlich unschädlich, zu beachten sind aber die allgemeinen Kautelen für einen solchen Fall.[130] Bestandsübertragungen zwischen Pensionsfonds und Versicherer verbieten sich, da der Gesetzgeber entsprechende Geschäfte Gesellschaften mit unterschiedlichen Geschäftszwecken zugewiesen hat.

35 **d) Anhörung ausländischer Behörden (Abs. 1 S. 2 Hs. 2).** Unter den Voraussetzungen von § 9 Abs. 5 VAG ist gemäß § 13 Abs. 1 S. 2 Hs. 2 VAG bei Einbindung des Erstversicherers in ein **Finanzkonglomerat** die jeweils zuständige ausländische Aufsichtsbehörde anzuhören.[131]

36 **e) Spezialfall: Auslandsbezug (Abs. 2).** Mit § 13 Abs. 2 VAG wird der Fall geregelt, wenn der **Versicherungsbestand** eines inländischen Erstversicherers **aus dem EWR-Ausland** übertragen werden soll. Wird dieser Bestand auf ein anderes Unternehmen innerhalb des EWR übertragen, bedarf dies nur der Genehmigung der Aufsichtsbehörde, die für das übertragende Unternehmen zuständig ist (§ 13 Abs. 2 S. 1 VAG Ob der entsprechende Bestand von einer Niederlassung oder im Dienstleistungsverkehr abgeschlossen worden ist, wie dies der Wortlaut von § 13 Abs. 2 S. 1 VAG nahelegt, ist irrelevant. Falsch ist die Bezugnahme auf § 61. Gemeint ist § 57, wie dies mit Art. 4 Nr. 4 des Finanzaufsichtsrechtergänzungsgesetzes vom 6.6.2017 (BGBl. I S. 1495) mittlerweile richtiggestellt worden ist. Entscheidend ist dass die Verträge einer Niederlassung oder dem Dienstleistungsverkehr zuzuordnen sind. Ob sie von dem Versicherer dort selber begründet worden sind oder durch Transaktionen in den Bestand gelangt sind, muss schon deshalb unberücksichtigt bleiben, da sich dieses in der Praxis kaum feststellen lässt und im Ergebnis auch keinen Unterschied machen kann. Die Maßgaben, die allesamt auf Art. 39 der Solva II-Richtlinie beruhen, besagen dreierlei:

37 Das übernehmende Unternehmen muss nach der Übertragung **ausreichende** anrechnungsfähige **Eigenmittel** zur Einhaltung der Solvabilitätskapitalanforderung besitzen, wozu eine entsprechende Bescheinigung der zuständigen Aufsichtsbehörde vorzulegen ist (§ 13 Abs. 2 S. 2 Nr. 1 VAG) Es müssen die Aufsichtsbehörden zustimmen, in denen die Risiken des Bestandes belegen sind (§ 13 Abs. 2 S. 2 Nr. 2 VAG). Eine bedingte Zustimmung genügt nicht.[132] Die Belegenheit ist im Falle von Dienstleistungsgeschäft anhand von § 57 Abs. 3 S. 2 VAG festzustellen.[133] Wird der Bestand einer Niederlassung übertragen, muss schließlich die Aufsichtsbehörde dieses Staates angehört werden (§ 13 Abs. 2 S. 2 Nr. 2 VAG), das heißt, dieser Behörde muss Gelegenheit zur Stellungnahme gegeben werden. Liegen diese Voraussetzungen vor und bestehen keine Versagungsgründe, ist die Genehmigung zu erteilen. Weist die Zustimmung einer ausländischen Behörde offensichtliche Mängel auf, ist die deutsche Aufsichtsbehörde als Genehmigungsbehörde zu ihrer Überprüfung verpflichtet.[134] Fehlt die Zustimmung, kann sie von ihr nicht ersetzt werden.[135] Die deutsche Aufsicht muss in diesem Fall die Genehmigung verweigern.

38 Wird ein im Inland erworbener Versicherungsbestand auf ein **EWR-ausländisches Unternehmen** übertragen, gilt, dass ebenfalls nur die Genehmigung der Behörde einzuholen ist, die für das übertragende Unternehmen zuständig ist. Das übernehmende Unternehmen muss zudem den notwendigen Solvabilitätsnachweis führen (§ 13 Abs. 2 S. 3 VAG). Dieser Fall ist in der Solva II-Richtlinie nicht ausdrücklich geregelt. Der deutsche Gesetzgeber hat aber entsprechenden Regelungsbedarf angenommen.[136] Die Rechtswirkungen der Genehmigungen sind in den genannten Fällen dieselben wie in den übrigen Fällen des § 13 VAG, was § 13 Abs. 2 S. 4 VAG klarstellt.[137] Zu beachten sind bei einer derartigen Genehmigung auch die besonderen Anforderungen von § 13 Abs. 3 u. 4 VAG, was durch die Formulierung, diese Vorschriften blieben unberührt, zum Ausdruck gebracht wird.

39 **f) Spezialfall: VVaG (Abs. 3).** Wird der Bestand eines Versicherungsvereins auf Gegenseitigkeit bzw. eines Pensionsfondsvereins auf Gegenseitigkeit übertragen, sind hinsichtlich **mitgliedschaftlicher Rechte** Vorkehrungen zu treffen. Nötig ist danach eine Kompensation für den durch eine Bestandsübertragung bedingten Verlust von Mitgliedschaftsrechten. Diese kann in einem Entgelt oder in der Neubegründung von Mitgliedschaften bei dem übernehmenden Versicherer (der dann ein VVaG sein muss) bestehen.

40 Damit wird Anforderungen des BVerfG – basierend auf der Eigentumsgarantie der Mitgliedschaft in einem VVaG[138] – Rechnung getragen, wonach Voraussetzung einer Genehmigung im zuerst genannten Fall die Festsetzung des den ausscheidenden Vereinsmitgliedern zu gewährenden **Entgelts** ist. Dabei muss das Entgelt einen vollen Ausgleich für den Verlust der Mitgliedschaft sicherstellen.[139] Die Ent-

[130] Vgl.§ 13 VAG Rn. 8 ff.
[131] Vgl. zu den entsprechenden Voraussetzungen § 9 VAG Rn. 125 ff.
[132] *Zens,* Die Zusammenarbeit der Versicherungsaufsichtsbehörden in der Europäischen Gemeinschaft, 2005, S. 365.
[133] Vgl. vormalige Gesetzesbegründung, BR-Drs. 23/94, 203.
[134] *Bälz/Kuntz* VersR 2005, 310, 316.
[135] *Bälz/Kuntz* VersR 2005, 310, 314.
[136] Gesetzesbegründung, BR-Drs. 23/94, 204.
[137] Vgl. Gesetzesbegründung, BR-Drs. 23/94, 204.
[138] *BVerfG* Urt. v. 26.7.2005 – 1 BvR 782/94, VersR 2005, 1109 = JuS 2005, 1026.
[139] *BVerfG* Urt. v. 26.7.2005 – 1 BvR 782/94, VersR 2005, 1109 = JuS 2005, 1026.

geltbemessung ist hierauf basierend Gegenstand der Genehmigung. § 200 S. 3 u. 4 sowie § 201 VAG enthalten ergänzend Maßgaben über die nähere Ausgestaltung des Entgelts sowie die notwendige Einbindung der obersten Vertretung. Damit wird zugleich die ebenfalls vom BVerfG für erforderlich gehaltene Entscheidung über mögliche Rechtsbehelfe[140] getroffen. Die Höhe des im Bestandsübertragungsvertrag festgelegten Entgelts kann somit nur zusammen mit der Genehmigung dieses Vertrags im Verwaltungsrechtsweg angefochten werden. Der individuelle Ausgleichsanspruch eines einzelnen Vereinsmitglieds ist hingegen ggf. im Zivilrechtsweg zu überprüfen.[141]

Wird ein Bestand des Vereins übertragen und verliert der Versicherungsnehmer ganz oder teilweise seine korrespondierenden Rechte, ist – sofern der Versicherungsnehmer nicht Mitglied des übernehmenden Versicherers (eines VVaG) wird – eine angemessene **Entschädigung** zu gewähren.[142] Das gilt unabhängig davon, wie groß dieser Bestand ist.[143] Die vor dem 26.7.2005[144] maßgebliche Rechtslage, die darauf abgestellt hat, dass der Teilbestand nahezu den gesamten Bestand ausmachte,[145] ist insofern obsolet. Besondere Bedeutung hat dies bezüglich vermögensrechtlicher Ansprüche in der Lebensversicherung, insbesondere bezüglich eines Anspruchs auf Überschussbeteiligung.[146] Der für die Entschädigung maßgebende Unternehmenswert ist nach dem Ertragswertverfahren zu ermitteln,[147] wobei der Substanzwert zum Vergleich heranzuziehen ist.[148] Die Aufsicht hat dabei zu prüfen, ob die entsprechenden Bemessungsgrundlagen zu angemessenen Ergebnissen führen, was gegeben ist, wenn das Entgelt der Summe aller Barabfindungsansprüche der ausscheidenden Mitglieder entspricht.[149] Im Ergebnis muss die so ermittelte Entgelthöhe feststehen.[150] Für die vor dem 26.7.2005 abgeschlossenen Versicherungsverträge[151] brauchte die Aufsicht allerdings noch nicht festzustellen, ob die Entschädigung in jeder Hinsicht angemessen ist.[152] Auch kamen zu diesem Zeitpunkt noch als Entschädigung auch eine Gewährung von Aktien der übernehmenden Aktiengesellschaft oder eine Entgeltleistung im Rahmen des Versicherungsvertrages in Betracht.[153] § 13 Abs. 3 iVm § 201 Abs. 1 S. 1 VAG erfordert hingegen zwingend eine Barabfindung.[154] 41

Etwas Abweichendes kann gelten, wenn die Mitgliedschaftsrechte am bisherigen Vereinsvermögen bestehen bleiben, was im Falle einer Teilbestandsübertragung möglich ist.[155] Eine derartige **Restmitgliedschaft**, die gemäß § 176 S. 3 VAG möglich ist, schließt zwar nicht per se eine weitergehende Entschädigung aus,[156] sie kann jedoch derart ausgestaltet sein, dass im Ergebnis nichts mehr zu entschädigen ist.[157] Erfolgt die Bestandsübertragung aus Sanierungszwecken, dürfte sich im Regelfall eine weitere Entschädigung mangels Masse erübrigen.[158] Im Falle der Übertragung des gesamten Versicherungsbestands sind keine weitere Maßgaben zu treffen, da der Verein wegen Verlustes sämtlicher Mitglieder aufgelöst wird[159] und diese das nach Berichtigung der Schulden verbleibende Vereinsvermögen erhalten.[160] Auch eine Übertragung auf eine 100%ige Tochtergesellschaft ist möglich.[161] 42

Auf **öffentlich-rechtliche Unternehmen** lassen sich die eben dargestellten Grundsätze nicht ohne weiteres übertragen. Zwar stehen auch hier Ansprüche aus dem Versicherungsverhältnis unter ver- 43

---

[140] *BVerfG* Urt. v. 26.7.2005 – 1 BvR 782/94, VersR 2005, 1109 = JuS 2005, 1026.

[141] Gesetzentwurf der Bundesregierung, BR-Drs. 599/07, 20 (zu § 14 Abs. 3 VAG) u. 23 (zu § 44 VAG).

[142] Kritisch in Bezug auf Teilbestandsübertragungen *Koerfer* in: Semler/Stengel, Umwandlungsgesetz, 3. Aufl., 2012, Anh. § 119 A Rn. 19. Der Rekurs auf § 151 S. 1 UmwG überzeugt allerdings aufgrund der anderweitigen Ausgestaltung einer Bestandsübertragung nicht.

[143] Gesetzentwurf der Bundesregierung, BR-Drs. 599/07, 24 (zu § 44a VAG).

[144] *BVerfG* Urt. v. 26.7.2005 – 1 BvR 782/94, VersR 2005, 1109 = JuS 2005, 1026.

[145] Prölss/*Präve*, 12. Aufl., 2005, § 14 VAG Rn. 28.

[146] Hierauf fixiert *Biewer*, Die Umwandlung eines Versicherungsvereins auf Gegenseitigkeit in eine Aktiengesellschaft, 1998, S. 105 f.; s. hierzu im Einzelnen nachfolgende Rn. 44 ff.

[147] *Hübner*, in: Dieter Farny und die Versicherungswissenschaft, 1994, S. 239, 252 ff.; *Stuirbrink/Geib/Axer* WPg 1991, 68, 69 ff.; *Müller-Wiedenhorn*, Versicherungsvereine auf Gegenseitigkeit im Unternehmensverbund, 1993, S. 130; *Bornschiegl*, Die Bestandsübertragung nach dem VAG, 2014, S. 377; kritisch *Mudrack* BB-Beilage Heft 32/1991, S. 10, 12 f.; *Baumann* VersR 1992, 905, 912 ff.

[148] *Bornschlegl*, Die Bestandsübertragung nach dem VAG, 2014, S. 377 f.; *Benkel*, Der Versicherungsverein auf Gegenseitigkeit, 2002, S. 313 f.

[149] *Bornschlegl*, Die Bestandsübertragung nach dem VAG, 2014, S. 385 u. 387.

[150] *BVerfG* Urt. v. 26.7.2005 – 1 BvR 782/94, VersR 2005, 1109 = JuS 2005, 1026.

[151] Vgl. *BVerfG* Urt. v. 26.7.2005 – 1 BvR 782/94, VersR 2005, 1109 = JuS 2005, 1026.

[152] *BVerwG* Urt. v. 12.12.1995 – 1 A 1/92, VersR 1996, 569.

[153] *Müller-Wiedenhorn*, Versicherungsvereine auf Gegenseitigkeit im Unternehmensverbund, 1993, S. 132; *Gerner*, Demutualisierung eines VVaG, 2003, S. 159.

[154] Gesetzentwurf der Bundesregierung, BR-Drs. 599/07, 24 (zu § 44a VAG).

[155] *BVerwG* Urt. v. 21.12.1993 – 1 A 35/91, VersR 1994, 797 = NJW 1994, 2559.

[156] *BVerwG* Urt. v. 21.12.1993 – 1 A 35/91, VersR 1994, 797 = NJW 1994. 2559.

[157] *Diehl* VersR 2000, 268, 273.

[158] *Gerner*, Demutualisierung eines VVaG, 2003, S. 157; Bähr/*Wilm* § 20 Rn. 168 f.

[159] *Benkel*, Der Versicherungsverein auf Gegenseitigkeit, 2002, S. 313.

[160] § 205 Abs. 2 VAG.

[161] A. M. *Koerfer* in: Semler/Stengel, Umwandlungsgesetz, 3. Aufl., 2012, Anh. § 119 A Rn. 20 unter Hinweis auf die Möglichkeit des Formwechsels nach dem UmwG. Allerdings steht die Bestandsübertragung den Unternehmen alternativ hierzu zur Verfügung.

fassungsrechtlichem Schutz.[162] Diesem kann aber durch eine unveränderte Fortführung der zugrunde liegenden Verträge durch ein neues Unternehmen Rechnung getragen werden.[163] Eine analoge Anwendung der Vorschriften über Versicherungsvereine auf Gegenseitigkeit in Bezug auf mögliche weitergehende Mitgliedschaftsrechte kommt hier nur in Betracht, wenn eine entsprechende landesgesetzliche Ausgestaltung gegeben ist,[164] was im Regelfall nicht gegeben sein dürfte.[165] Ansonsten steht dem staatlichen Träger die Verfügungsbefugnis über das Unternehmen und auch ein möglicher Verkaufserlös oder anderweitiger Vermögenszuwachs zu.[166]

44 **g) Spezialfall: Überschussbeteiligung (Abs. 4).** Werden Versicherungsverträge mit Überschussbeteiligung übertragen, konkretisiert § 13 Abs. 4 VAG die Genehmigungsvoraussetzungen, die ansonsten aus § 13 Abs. 1 S. 2 Hs. 1 VAG abzuleiten sind.[167] Betroffen ist hiervon nicht nur die **Lebensversicherung**, die Gegenstand der verfassungsgerichtlichen Prüfung im Jahre 2005[168] und hierauf folgend Anlass einer entsprechenden neuen gesetzlichen Regulierung[169] gewesen ist. Der Gesetzgeber hat mit Recht eine vergleichbare Lage für alle Versicherungen angenommen, die einen Anspruch auf Überschussbeteiligung einschließen. Erfasst werden somit namentlich auch entsprechende Abreden in der **Kranken- und Unfallversicherung**.[170] Derartige Rechtspositionen unterliegen als „werdendes Eigentum" nach Maßgabe des BVerfG dem Eigentumsschutz.[171]

45 Der **Wert** der Überschussbeteiligung darf nach der Übertragung **nicht niedriger** sein als vorher (§ 13 Abs. 4 S. 1 VAG). Allerdings sind nicht nur die Belange der Versicherten des übertragenden Versicherers Gegenstand der aufsichtsbehördlichen Bewertung, sondern auch die Belange der Versicherten des übernehmenden Versicherers.[172] Dem folgend ist ein fiktiver Vergleich[173] auf der Basis von Zeitwerten zwischen den Aktiva und Passiva der beiden betroffenen Unternehmen vorzunehmen. Heranzuziehen sind aber nur die Aktiva und Passiva, die Einfluss auf die Überschussbeteiligung haben können (§ 13 Abs. 4 S. 2 VAG). Ergeben sich hierbei Diskrepanzen, muss dies noch keinen zwingenden Grund zur Versagung der Erlaubnis bilden. Die Aufsicht kann namentlich – als milderes Mittel – auch die getrennte Führung der Versicherungsbestände bzw. der entsprechenden Anlagebestände beim übernehmenden Versicherer verlangen.[174] Im Hinblick auf die Bewertung der Aufstellung ist der Aufsicht – hiervon unberührt – ein gewisser Beurteilungsspielraum einzuräumen. Die Aufsicht muss insofern in die Lage versetzt werden, einerseits den gebotenen Grundrechtsschutz für die Versicherten zu gewährleisten, andererseits aber Bestandsübertragungen in Bezug auf Verträge mit Überschussbeteiligung nicht durch überzogene Bewertungen faktisch unmöglich zu machen.

46 Die Vorgabe entspricht der verfassungsgerichtlichen Maßgabe, dass die Versicherten aufgrund der Bestandsübertragung nicht schlechter gestellt werden dürfen als sie ohner die Übertragung stehen würden.[175] Die von der Aufsicht zu treffende Bewertung hat insofern ein stark **prognostisches Element**, denn die Entwicklung in der Zukunft ist auch für sie nicht absehbar. Es kommt daher nur darauf an, dass von der Anlage der Übertragung her keine Einschränkungen in Bezug auf das Ziel des Bestandsschutzes zum Zeitpunkt der Bestandsübertragung bestehen.

47 Das übertragende Unternehmen darf auch **keine** überschussrelevanten **Vermögenswerte zurückbehalten**.[176] Vielmehr müssen die für das Versicherungsverhältnis maßgebenden Überschussquellen

---

[162] Art. 14 Abs. 1 S. 1 GG; vgl. *BVerfG* Urt. v. 30.6.1994 – 1 BvR 719/94 u. a., VersR 1994, 841 = NJW 1995, 514.
[163] *BVerfG* Urt. v. 30.6.1994 – 1 BvR 719/94 u. a., VersR 1994, 841 = NJW 1995, 514; *BayVerfGH* Entsch. v. 23.7.1997 – Vf.14-VII-95, NJWE-VHR 1997, 2.
[164] *Thode* VersR 1995, 915, 917 f.; *ders.* VersR 1994, 844.
[165] Vgl. nur Gesetzesbegründung, BT-Drs. V/3165, 21; *Thode*, Veräußerung öffentlich-rechtlicher Versicherungsunternehmen in der Bundesrepublik Deutschland, 1994, S. 171, 268; verneinend für die Hamburger Feuerkasse *BVerfG* Urt. v. 30.6.1994 – 1 BvR 719/94 u. a., VersR 1994, 841 = NJW 1995, 514; *LG Hamburg* Urt. v. 29.7.1994 – 1 U 146/94, VersR 1995, 915, 917; im Ergebnis ebenso verneinend für die Versicherungsanstalten der Bayerischen Versicherungskammer *BayVerfGH* Entsch. v. 23.7.1997 – Vf.14-VII-95, NJWE-VHR 1997, 2.
[166] *BayVerfGH* Entsch. v. 23.7.1997 – Vf.14-VII-95, NJWE-VHR 1997, 2, 4; *Thode* VersR 1994, 844.
[167] Vgl. Rn. 26 ff.
[168] *BVerfG* Urt. v. 26.7.2005 – 1 BvR 782/94, VersR 2005, 1109 = JuS 2005, 1026.
[169] Gesetz v. 23.12.2007, BGBl. I 3248.
[170] Gesetzentwurf der Bundesregierung, BR-Drs. 599/07, 20 (zu § 14 Abs 4 VAG); *Bornschlegl*, Die Bestandsübertragung nach dem VAG, 2014, S. 319; *Koerfer* in: Semler/Stengel, Umwandlungsgesetz, 3. Aufl., 2012, Anh. § 119 A Rn. 42.
[171] *BVerfG* Urt. v. 26.7.2005 – 1 BvR 782/94, VersR 2005, 1109 = JuS 2005, 1026; *BVerfG* Urt. v. 26.7.2005 – 1 BvR 80/95, VersR 2005, 1127 = NJW 2005, 2376.
[172] Gesetzentwurf der Bundesregierung, BR-Drs. 599/07, 21 (zu § 14 Abs. 4 VAG); *Schmid*, Bestandsübertragung und Umwandlung von Versicherungsunternehmen, 2010, S. 229.
[173] Vgl. Gesetzentwurf der Bundesregierung, BR-Drs. 599/07, 22 (zu § 14 Abs. 4 VAG).
[174] Gesetzentwurf der Bundesregierung, BR-Drs. 599/07, 22 f. (zu § 14 Abs. 4 VAG); *Bornschlegl*, Die Bestandsübertragung nach dem VAG, 2014, S. 336.
[175] *BVerfG* Urt. v. 26.7.2005 – 1 BvR 782/94, VersR 2005, 1109 = JuS 2005, 1026; zuvor mit leicht modifizierten Anforderungen *BVerwG* Urt v. 12.12.1995 – 1 A 1/92, VersR 1996, 569; *BVerwG* Urt. v. 11.1.1994 – 1 A 72/89, VersR 1994, 541, 542.
[176] *Bornschlegl*, Die Bestandsübertragung nach dem VAG, 2014, S. 334 f. u. 336; differenzierend *Bähr/Rüdt* § 14 Rn. 83 f.

erhalten bleiben und den Versicherten im gleichen Umfang zugute kommen wie ohne die Bestandsübertragung.[177] Darauf zielt § 13 Abs. 4 VAG ab. Bei einer Veräußerung entsprechender Vermögenswerte ist der korrespondierende Veräußerungserlös den Versicherten entsprechend gutzubringen. Für die vor dem 26.7.2005 abgeschlossenen Versicherungsverträge galten noch geringere Anforderungen.[178] So war es jedenfalls unproblematisch, wenn ein geringer Vermögensanteil zurückbehalten worden war und die übertragende Gesellschaft insofern korrespondierende Verpflichtungen behielt.[179] Wurden zudem weitergehende Vorkehrungen getroffen, die für den Fall einer Realisierung der in diesen Vermögenswerten enthaltenen Bewertungsreserven eine Beteiligung der Versicherten nach wie vor erlaubten, waren auch vorhandene Ansprüche auf Überschussbeteiligung angemessen berücksichtigt. Das war gegeben, wenn sich das übertragende Unternehmen gegenüber der Versicherungsaufsicht verpflichtete, die betroffenen Versicherungsnehmer insofern weiterhin an entsprechenden Überschüssen teilhaben zu lassen. Hierdurch wurden die Versicherten im Wesentlichen so gestellt, wie sie ohne die Bestandsübertragung ständen.[180]

h) Belange der Beschäftigten. Die Wahrung der sozialen Belange der Beschäftigten des übertragenden Unternehmens obliegt der Aufsicht **nicht**. Durch Art. 1 Nr. 15 lit. a des Dritten Durchführungsgesetzes/EWG zum VAG v. 21.7.1994[181] ist diese Maßgabe aufgehoben worden, da diese Belange zwischenzeitlich ausreichenden Schutz durch das Arbeitsrecht[182] erfahren haben.[183] Dem Bestreben des Bundesrats, es wegen Zweifelsfällen bei der Maßgabe zu belassen,[184] ist die damalige Bundesregierung mit Erfolg entgegengetreten.[185] Damit ist klar, dass die Aufsicht die Genehmigung nicht unter Hinweis auf eine mangelnde Berücksichtigung von Beschäftigten-Belangen versagen kann. **48**

4. Formale Anforderungen und Verfahren. Die einzelnen Versicherten sind **keine Verfahrensbeteiligten** im Sinne von § 13 VwVfG, so dass ihnen auch keine entsprechende Rechtsstellung im Verwaltungsverfahren[186] zukommt.[187] Auch eine Hinzuziehung nach § 13 Abs. 2 VwVfG scheidet aus, da eine Bestandsübertragung gemäß § 13 Abs. 5 Hs. 2 VAG von keiner Zustimmung des einzelnen Versicherten abhängt. Eine Anhörung der Versicherten nach § 28 VwVfG ist aus diesem Grunde ebenso wenig notwendig, zumal deren Belange gerade von der Aufsicht selber wahrgenommen werden.[188] **49**

Für die **Genehmigung**, die ein begünstigender Verwaltungsakt ist,[189] ist die Schriftform nicht vorgesehen. In der Praxis wird die Genehmigung aber regelmäßig schriftlich erteilt. Seit Inkrafttreten des Gesetzes v. 21.8.2002[190] kommt zudem auch der Erlass eines elektronischen Verwaltungsakts in Betracht,[191] wobei die inhaltlichen Anforderungen an diesen denen an schriftliche Verwaltungsakte entsprechen.[192] Die Genehmigung kann mit Nebenbestimmungen versehen werden. In Betracht kommen etwa Vorbehalte in Bezug auf Anmeldungen nach § 39 GWB[193] sowie Auflagen.[194] Sofern die gesetzlichen Voraussetzungen erfüllt sind, haben die Unternehmen einen Rechtsanspruch auf Genehmigung, was im Gesetz durch die Formulierung des § 13 Abs. 1 S. 2 VAG zum Ausdruck gebracht wird. Eine Rücknahme oder ein Widerruf der Genehmigung kommt nur nach Maßgabe von §§ 48, 49 VwVfG in Betracht.[195] **50**

5. Rechtsmittel. Gegen eine abschlägige Bescheidung des Antrags auf Genehmigung eines Bestandsübertragungsvertrags können die betroffenen Unternehmen **Widerspruch** einlegen und dann Ver- **51**

[177] *BVerfG* VersR 2005, 1109, 1119; s. a. Gesetzentwurf der Bundesregierung, BR-Dr. 599/07, S. 22 (zu § 14 Abs. 4 VAG.

[178] *BVerfG* Urt. v. 26.7.2005 – 1 BvR 782/94, VersR 2005, 1109, 1126.

[179] *BVerwG* Urt. v. 11.1.1994 – 1 A 72/89, VersR 1994, 541 = NJW 1994, 2561.

[180] *BVerwG* Urt. v. 11.1.1994 – 1 A 72/89, VersR 1994, 541 = NJW 1994, 2561.; *Dageförde* NJW 1994, 2528, 2530; *Präve* ZfV 1992, 334, 341 f.; a. M. *Mudrack* BB-Beilage Heft 26/1989, S. 26, 29 f.; *ders.* VersWissStud [Heft 2], S. 241, 245 ff.; *Donath* VersR 1994, 965, 966 f.; *Weber*, Die Rechtsstellung des Versicherten bei der Bestandsübertragung, 1994, S. 75; kritisch auch *Baumann* JZ 1995, 446, 452 f.; *ders.*, Die Kapitallebensversicherung mit Überschussbeteiligung als partiarisches Versicherungsverhältnis und ihre Bedeutung bei der Umstrukturierung von Versicherungsgruppen, 1193, S. 60 f.; *Entzian/Schleifenbaum* ZVersWiss 1996, 521, 540.

[181] BGBl. I 1630.

[182] Vgl. insbesondere §§ 111 ff. BetrVG.

[183] Vgl. Gesetzesbegründung, BR-Drs. 23/94, 202.

[184] Stellungnahme des Bundesrates, BT-Drs. 12/6959, Anlage 2, 117.

[185] Gegenäußerung der Bundesregierung, BT-Drs. 12/6959, Anlage 3, 134.

[186] Etwa Akteneinsichtsrecht nach § 29 VwVfG.

[187] *Bornschlegl*, Die Bestandsübertragung nach dem VAG, 2014, S. 237.

[188] *Präve* VW 2005, 566, 568 f.

[189] § 48 Abs. 1 S. 2 VwVfG; vgl. *Bornschlegl*, Die Bestandsübertragung nach dem VAG, 2014, S. 120 f.

[190] BGBl. I 3322.

[191] Vgl. § 37 Abs. 2 S. 1 VwVfG; hierzu Gesetzesbegründung, BR-Drs. 343/02, 75.

[192] § 37 Abs. 3 VwVfG.

[193] Bähr/*Rüdt* § 14 Rn. 95.

[194] § 310 VAG u. § 36 VAG; s. a. RegE-VAG 2014, 19 (zu § 13 Abs. 1).

[195] Vgl. hierzu *Bornschlegl*, Die Bestandsübertragung nach dem VAG, 2014, S. 120 ff.

pflichtungsklage erheben.[196] Voraussetzung ist allerdings, dass beide Unternehmen entsprechende Rechtsmittel einlegen. Gegen die Verweigerung der Genehmigung der deutschen Aufsicht wegen fehlender Zustimmung einer anderen Aufsichtsbehörde i. S. v. § 13 Abs. 2 S. 2 Nr. 2 VAG steht der Rechtsweg in dem jeweiligen Land offen, in dem die andere Behörde ihren Sitz hat. Ein deutsches Gericht kann eine ausländische Behörde nämlich nicht zur Erteilung der Zustimmung zwingen. Die Rechtsweggarantie von Art. 19 Abs. 4 S. 1 GG bleibt hierdurch gewahrt.[197]

52 **Rechtsmittel** gegen die Genehmigung können von Versicherten sowie von Mitgliedern eines Versicherungsvereins auf Gegenseitigkeit bzw. eines Pensionsfondsvereins auf Gegenseitigkeit eingelegt werden.[198] Die Genehmigung greift nämlich rechtsgestaltend in die Versicherungs- und Mitgliedschaftsrechte ein.[199] Die Auffassung, dessen ungeachtet seien Versicherte nicht klagebefugt,[200] lässt sich nicht aufrechterhalten. Das wäre nur anzunehmen, wenn subjektive Rechte unter keinen Umständen verletzt sein könnten. Das Aufdrängen eines anderen Unternehmens als Vertragspartner berührt aber regelmäßig entsprechende Interessen,[201] sei es durch eine mögliche Beeinträchtigung des Rechts auf Überschussbeteiligung,[202] sei es durch sonstige mögliche negative Folgen, etwa wenn das übernehmende Unternehmen wirtschaftlich schwächer ist[203] oder das inländische Solvenzsystem nach Vollzug der Bestandsübertragung wegfällt. Letztere Sorge hat den Gesetzgeber demgemäß auch zur Einräumung eines Sonderkündigungsrechts gemäß § 13 Abs. 7 S. 3 VAG veranlasst.[204] Bei einem Versicherungsverein bzw. Pensionsfondsverein auf Gegenseitigkeit können zudem Mitgliedschaftsrechte nachteilig berührt sein.[205]

Arbeitnehmer können hingegen keine Rechtsmittel einlegen,[206] da sie nicht vom Schutzbereich des § 13 VAG erfasst werden. Das gilt auch für sonstige Dritte.

53 **6. Rechtsfolgen der Genehmigung (Abs. 5).** Mit Rechtskraft der aufsichtsbehördlichen Genehmigung (bzw. der ein Widerspruchs- oder Gerichtsverfahren beendenden Entscheidung) wird der Bestandsübertragungsvertrag **wirksam.**[207] Sind wegen unterschiedlicher aufsichtsbehördlicher Zuständigkeiten für die beteiligten Unternehmen Genehmigungen zweier Aufsichtsbehörden einzuholen, wird der Vertrag erst mit Zugang auch der zweiten Genehmigung wirksam. Folgende Rechtsfolgen treten ein:

54 **a) Für die Versicherungs- und Mitgliedschaftsverhältnisse.** Mit Eintritt der Rechtswirksamkeit des Vertrags geht der Versicherungsbestand auf das übernehmende Unternehmen über,[208] allerdings nur soweit dieser von der Genehmigung erfasst wird.[209] Das betrifft alle **Rechte und Pflichten** des übertragenden Unternehmens aus den Versicherungsverträgen (§ 13 **Abs. 5 Hs. 1** VAG)[210] und gilt somit namentlich für Forderungen auf die Prämie (einschl. Nebengebühren), für die Herausgabe nicht geschuldeter Entschädigungen, alle Gestaltungsrechte (Rücktritts-, Anfechtungs- und Kündigungsrechte) sowie das Rückgriffsrecht nach § 86 VVG.[211] Das übernehmende Unternehmen ist zu den Versicherungsleistungen (einschl. Aufwendungsersatz) sowie zum Schadenersatz wegen möglicher mit dem Bestand verknüpfter Anspruchsgrundlagen (auch gegenüber Dritten wie etwa Rechtsnachfolgern des Versicherungsnehmers, Bezugsberechtigten, Hypothekengläubigern und geschädigten Dritten) verpflichtet. Anzeigen und Erklärungen sind künftig an das übernehmende Unternehmen zu richten.[212] In laufenden Prozessen tritt allerdings kein Parteiwechsel kraft Gesetzes ein.[213] Einer Zustimmung der Versicherungsnehmer bedarf es für den Übergang des Versicherungsverhältnisses nicht, § 415 BGB findet keine Anwendung (§ 13 **Abs. 5 Hs. 2** VAG). Auch bedarf es keiner Einwilligung jedes Ver-

---

196 Im Falle eines Bescheids durch die BaFin: vor dem VG Frankfurt a. M., vgl. § 1 Abs. 3 S. 1 FinDAG; zu verwaltungsprozessualen Grundlagen im Falle von Maßnahmen der BaFin vgl. *Fricke* NVersZ 2002, 337, 342 f.

197 *Bälz/Kuntz* VersR 2005, 310, 318.

198 *Bornschlegl,* Die Bestandsübertragung nach dem VAG, 2014, S. 479.

199 Vgl. nur *BVerfG* Urt. v. 26.7.2005 – 1 BvR 782/94, VersR 2005, 1109 = JuS 2005, 1026.

200 *Benkel,* Der Versicherungsverein auf Gegenseitigkeit, 2002, S. 316; Prölss/*R. Schmidt,* 11. Aufl., § 14 Rn. 30.

201 *Müller-Wiedenhorn,* Versicherungsvereine auf Gegenseitigkeit im Unternehmensverbund, 1993, S. 134.

202 *BVerwG* Urt. v. 11.1.1994 – 1 A 72/89, VersR 1994, 541 = NJW 1994, 2561.

203 *BVerwG* Urt. v. 30.1.1990 – 1 A 36/86, VersR 1990, 473 = NJW 1990, 1804.

204 RegE-VAG 2014, 237 (zu § 13 Abs. 7 VAG).

205 *Müller-Wiedenhorn,* Versicherungsvereine auf Gegenseitigkeit im Unternehmensverbund, 1993, S. 134; s. a. Gesetzentwurf der Bundesregierung, BR-Drs. 599/07, 23 (zu § 44 VAG).

206 *Benkel,* Der Versicherungsverein auf Gegenseitigkeit, 2002, S. 316; *Bornschlegl,* Die Bestandsübertragung nach dem VAG, 2014, S. 480.

207 BAV-Verlautbarung VerBAV 2001, 251; *Benkel,* Der Versicherungsverein auf Gegenseitigkeit, 2002, S. 309; a. M. *Bornschlegl,* Die Bestandsübertragung nach dem VAG, 2014, S. 298, der insofern im Wesentlichen auf die bloße Bekanntgabe des Verwaltungsakts abstellt.

208 *Benkel,* Der Versicherungsverein auf Gegenseitigkeit, 2002, S. 309.

209 Vgl. BAV-Verlautbarung VerBAV 2001, 251; *Bornschlegl,* Die Bestandsübertragung nach dem VAG, 2014, S. 128.

210 Vgl. *Nowak* FS Erich R. Prölss 1967, S. 257.

211 *Bornschlegl,* Die Bestandsübertragung nach dem VAG, 2014, S. 278 f.

212 *Müller-Magdeburg,* Die Bestandsübertragung nach § 14 VAG, 1996, S. 238 f.; *Hasselbach/Komp* VersR 2005, 1651, 1658.

213 *Hasselbach/Komp* VersR 2005, 1651, 1658.

sicherungsnehmers nach **§ 4a BDSG**,[214] da die mit einer Bestandsübertragung verbundene Datenübermittlung ihre auf § 13 VAG gestützte Rechtfertigung durch die aufsichtsbehördliche Genehmigung erfährt. Schließlich wird mit dem Übergang auch kein neues Vertragsverhältnis begründet.[215]

Dieser Ausschluss ist verfassungsrechtlich nicht nur im Falle von Bestandsübertragungen aus Sanierungsgründen gerechtfertigt,[216] sondern auch in allen anderen Fällen, sofern mit einem im Einzelnen ausgestalteten aufsichtsbehördlichen Genehmigungsvorbehalt ein **ausreichendes Korrektiv** vorhanden ist, das den notwendigen Grundrechtsschutz für den Versicherungsnehmer verbürgt.[217] Dabei ist auch zu berücksichtigen, dass alles andere nicht hinnehmbare praktische Probleme aufwerfen würde.[218] Würde eine Bestandsübertragung nämlich von der Zustimmung jedes einzelnen Versicherungsnehmers abhängen, wäre diese praktisch entwertet,[219] obwohl hierfür auch unabhängig von Sanierungsfällen ein Bedürfnis bestehen kann, das mit den Interessen der Gesamtheit der Versicherten korrespondiert. Ob der Gesetzgeber dem Versicherungsnehmer ein Kündigungsrecht bei Bestandsübertragungen (außerhalb von Sanierungsfällen) einräumen soll,[220] obliegt dem Gesetzgeber, der hierfür nur im Falle eines durch die Bestandsübertragung bedingten Wechsels der Aufsichtsbehörde Veranlassung gesehen hat (§ 13 Abs. 7 S. 3 VAG). Verfassungsrechtlich gefordert ist eine derartige Maßgabe nicht.[221] Zu berücksichtigen ist dabei auch, dass der Versicherungsnehmer ohnehin über ordentliche Kündigungsrechte verfügt,[222] die eine Beendigung von Verträgen in angemessener Zeit erlaubt. Zudem stellt ein Lösungsrecht für den Versicherten in der Lebens- und Krankenversicherung kaum ein angemessenes Korrektiv dar, da dessen Ausübung (in der Lebensversicherung wegen der Ausgestaltung der Rückkaufswerte) mit Verlusten einhergehen kann und die Frage eines künftigen Versicherungsschutzes (wegen einer veränderten Risikolage infolge höheren Alters und ggf. eines veränderten Gesundheitszustandes)[223] offen lässt. 55

Das außerordentliche Kündigungsrecht des Versicherungsnehmers wegen Unsicherwerden des übertragenden Versicherers, das sich aus **§ 314 Abs. 1 BGB** ergibt,[224] entfällt, sobald die aufsichtsbehördliche Genehmigung und damit auch der Bestandsübertragungsvertrag rechtskräftig geworden ist.[225] Bietet das übernehmende Unternehmen seinerseits Grund für eine derartige Kündigung, was praktisch ausgeschlossen werden kann, bleibt sie unberührt. Die Bestandsübertragung selber stellt keinen wichtigen Grund zur Kündigung des Versicherungsnehmers gemäß § 314 Abs. 1 BGB dar.[226] Bei Wechsel der zuständigen Aufsichtsbehörde verfügt der Versicherungsnehmer allerdings über ein Sonderkündigungsrecht gemäß § 13 Abs. 7 S. 3 VAG.[227] Den übernehmenden Versicherer berechtigt der Bestandsübertragungsvertrag nicht zu einseitigen Vertragsanpassungen.[228] 56

Mit Übergang eines Krankenversicherungsvertrages nach § 13 VAG wird dem Versicherungsnehmer de lege lata die Möglichkeit eines Wechsels in Tarife des übernehmenden Unternehmens nach § 204 VVG eröffnet. Diese Rechtsfolge erscheint vor dem Hintergrund, dass aus Sanierungs-, Wettbewerbs- oder anderen Gründen eine Bestandsübertragung geboten sein mag, als eine Beschwer, die kontraproduktive Wirkung haben kann. Es ist daher de lege ferenda erwogen worden, den Anwendungsbereich von **§ 204 VVG** (vormals § 178 f VVG a. F.) dahingehend einzuschränken, dass ein Wechsel innerhalb eines bestimmten Zeitraums (fünf Jahre) nach Wirksamwerden einer Bestandsübertragung ausgeschlossen bleibt.[229] Der Gesetzgeber hat diese Anregung aber nicht aufgegriffen, so dass de lege lata kein Raum für die Annahme eines insoweit eingeschränkten Anwendungsbereichs von § 204 VVG besteht.[230] 57

Erfolgt in der Kraftfahrzeug-Haftpflichtversicherung eine Bestandsübertragung zur Vermeidung einer Insolvenz, darf der übernehmende Versicherer eine Umstellung der Verträge vom Beginn der nächsten Versicherungsverträge vornehmen (**§ 15 PflVG**). Hierzu hat er dem Versicherungsnehmer eine hiermit 58

---

214 *Bornschlegl*, Die Bestandsübertragung nach dem VAG, 2014, S. 222 f. u. 489; Bähr/ *Rüdt* § 14 Rn. 96 f.
215 *Armbrüster/Schreier* VersR 2015, 1053, 1061.
216 *BVerfG* Urt. v. 26.7.2005 – 1 BvR 782/94, VersR 2005, 1109 = JuS 2005, 1026; *Bryde* VersWissStud [4. Bd.], S. 63, 72.
217 *BVerfG* Urt. v. 26.7.2005 – 1 BvR 782/94, VersR 2005, 1109 = JuS 2005, 1026.
218 *Braumüller*, Versicherungsaufsichtsrecht, 1999, S. 224.
219 Vgl. *BVerfG* Urt. v. 26.7.2005 – 1 BvR 782/94, VersR 2005, 1109 = JuS 2005, 1026; *Schenke* VersR 2006, 871, 875; *Müller*, Rn. 786; *Knappmann* VersR 2005, 2892, 2894; s. a. RegE-VAG 2014, 237 (zu § 13 Abs. 7 VAG) mit paralleler Argumentation gegen ein generelles Sonderkündigungsrecht.
220 So *H. Müller*, in: Reformbedarf im Versicherungsrecht, 1999, S. 1, 15.
221 Vgl. auch *Müller-Magdeburg*, Die Bestandsübertragung nach § 14 VAG, 1996, S. 250.
222 § 11 Abs. 4, §§ 168, 205 VVG.
223 S. a. BVerfG Urt. v. 26.7.2005 – 1 BvR 782/94, VersR 2005, 1109 = JuS 2005, 1026.
224 Prölss/Martin/*Armbrüster* § 16 VVG Rn. 10.
225 *Benkel*, Der Versicherungsverein auf Gegenseitigkeit, 2002, S. 310; *Müller-Magdeburg*, Die Bestandsübertragung nach § 14 VAG, 1996, S. 250; *Hasselbach/ Komp* VersR 2005, 1651, 1658; Prölss/Martin/*Armbrüster* § 16 VVG Rn. 11.
226 *Bornschlegl*, Die Bestandsübertragung nach dem VAG, 2014, S. 286.
227 Vgl. Rn. 70 f.
228 *Schmid*, Bestandsübertragung und Umwandlung von Versicherungsunternehmen, 2010, S. 271.
229 Vgl. Abschlussbericht der Kommission zur Reform des Versicherungsvertragsrechts vom 19.4.2004, 2004, S. 414; *Niederleithinger* VersR 2006, 437, 447.
230 A. M. *Kirsten*, Der Tarif- und Versichererwechsel des Versicherungsnehmers in der privaten Krankenversicherung, 2005, S. 111 f.).

einhergehende Tarifänderung spätestens einen Monat vor Inkrafttreten mitzuteilen und ihn schriftlich über sein Kündigungsrecht zu belehren. Die Vertragsumstellung bedarf keiner aufsichtsbehördlichen Genehmigung und muss daher auch nicht zum Gegenstand des Bestandsübertragungsvertrags gemacht werden. Die Regelung des § 15 PflVG trägt Ausnahmecharakter und kann auf andere Versicherungszweige – auch nicht im Analogieschluss – übertragen werden. Im Hinblick auf die Rechtsfolge und den Umstand, dass die Versicherten selber nicht an einer Bestandsübertragung beteiligt werden, ist eine Vertragsumstellung, wie sie § 15 PflVG vorsieht, nur hinnehmbar, wenn sie auf einer entsprechenden gesetzgeberischen Entscheidung beruht. Dem übernehmenden Versicherer bleibt allerdings eine Änderungskündigung unbenommen, sofern eine solche nicht (wie etwa in der Lebens- und Krankenversicherung) ausgeschlossen ist.

59 Mit **Übergang** der Versicherungsverhältnisse auf das übernehmende Unternehmen erlöschen bei dem übertragenden Unternehmen, sofern es sich hierbei um einen Versicherungsverein auf Gegenseitigkeit bzw. einen Pensionsfondsverein auf Gegenseitigkeit handelt, die Mitgliedschaftsverhältnisse, es sei denn, es wird eine Restmitgliedschaft aufrechterhalten. Letzteres kommt nur für den Fall einer Teilbestandsübertragung in Betracht und setzt entsprechende satzungsmäßige Regelungen voraus.[231]

60 **b) Für die Arbeitsverhältnisse.** Gemäß **§ 613a BGB** tritt das übernehmende Unternehmen in die Rechte und Pflichten aus den zum Zeitpunkt der Bestandsübertragung bestehenden Arbeitsverhältnissen bei dem übertragenden Unternehmen ein, wenn ein Betriebsübergang im Sinne von § 613a BGB vorliegt. § 613a BGB kann insofern grundsätzlich auch im Falle einer Bestandsübertragung eingreifen.[232] Betrieb ist dabei als eine organisatorische Einheit zu verstehen, innerhalb derer durch sachliche und immaterielle Mittel bestimmte arbeitstechnische Zwecke fortgesetzt verfolgt werden. Ein Betriebsteil, dessen Übergang korrespondierende arbeitsvertragliche Konsequenzen begründet, ist ein Anteil von Betriebsmitteln eines Betriebs mit bestehendem Zusammenhang der Organisation und einem Teilzweck.[233] Notwendig ist eine wirtschaftliche Einheit (organisierte Gesamtheit von Personen und Sachen) zur Ausübung einer wirtschaftlichen Tätigkeit mit eigener Zielsetzung, egal welcher Größe.[234] Zur Feststellung eines Betriebsübergangs ist eine Gesamtbetrachtung aller Umstände vorzunehmen.[235] Zu berücksichtigen sind die Art des betreffenden Unternehmens, die Übertragung der betrieblichen Infrastruktur sowie die Übertragung von Aktiva und Passiva. Im Falle einer Übertragung des gesamten Versichertenbestandes eines Unternehmens wird – unbeschadet hiervon[236] – im Regelfall ein Betriebsübergang gegeben sein.[237] Eine Teilbestandsübertragung kann ebenfalls einen Betriebs- bzw. einen Betriebsteilübergang begründen. Abzustellen ist auf die Umstände des Einzelfalls. Liegt ein Betriebsübergang vor, können die übergegangenen Arbeitsverhältnisse nicht wegen dieses Übergangs gekündigt werden. Das Recht zur Kündigung aus anderen Gründen bleibt unberührt.[238]

61 **c) Für die Agentur-, Dienstverträge, Hilfs- und Nebengeschäfte.** Agenturverträge verbleiben beim übertragenden Unternehmen. Soweit sie nach Entzug des entsprechenden Versicherungsbestandes gegenstandslos werden, erlöschen sie. Die übernehmende Gesellschaft kann allerdings zur Bestandsbetreuung und -sicherung mit den Betroffenen eine Übernahme vereinbaren. Dienstverträge bleiben von der Bestandsübertragung **unberührt**. Dasselbe gilt für alle Hilfsgeschäfte, auch wenn sie sich auf den übergegangenen Versicherungsbestand beziehen.[239] Das umfasst auch Rückversicherungsverträge, die das entsprechende Erstversicherungsgeschäft absichern.[240] Die Aktiva, die der Sicherung der technischen Reserven dienen, müssen einzeln übertragen werden.[241] Bei der Kautionsversicherung ist allerdings zu beachten, dass sich der Versicherer hier zur Übernahme von Bürgschaften und Garantien verpflichtet. Die Bereitstellung dieser Sicherheiten ist somit Versicherungsleistung, weshalb im Falle einer Bestandsübertragung auch diese übergehen.

62 **d) Für die beteiligten Unternehmen.** Im Falle der Übertragung des gesamten Versicherungsbestands eines **Versicherungsvereins auf Gegenseitigkeit** bzw. eines Pensionsfondsvereins auf Gegen-

---

[231] Vgl. *BVerwG* VersR 1994, 797 f.
[232] *Thode* VersR 1994, 793; *Görg*, Der VVaG-Gleichordnungskonzern und seine Umstrukturierung in einen VVaG-Unterordnungskonzern, 2003, S. 74; Bähr/*Rüdt* § 14 Rn. 107 u. 108.
[233] *BAG* Urt. v. 26.8.1999 – 8 AZR 718/98, NJW 2000, 1589.
[234] *EuGH* Urt. v. 10.12.1998 – C-173-96 u. C-247-96, NJW 1999, 1697; *BAG* Urt. v. 22.5.1997 – 8 AZR 101/96, ZIP 1997, 1555.
[235] *EuGH* Urt. v. 19.5.1992 – Rs. C-29/91, NZA 1994, 207, 208; *EUGH* BB 1996, 1065; *Baller/Sauer* VW 2006, 719, 720 ff.
[236] *Baller/Sauer* VW 2006, 719, 720.
[237] *Thode* VersR 1994, 793 f.
[238] § 613a Abs. 4 BGB.
[239] *Müller-Magdeburg*, Die Bestandsübertragung nach § 14 VAG, 1996, S. 239; *Bornschlegl*, Die Bestandsübertragung nach dem VAG, 2014, S. 292 f.; *Hasselbach/Komp* VersR 2005, 1651, 1654.
[240] *Hasselbach/Komp* VersR 2005, 1651, 1654; *Bornschlegl*, Die Bestandsübertragung nach dem VAG, 2014, 292.
[241] Vgl. *Weber-Rey/Krecek* NVersZ 2000, 105, 109; *Müller-Magdeburg*, Die Bestandsübertragung nach § 14 VAG, 1996, S. 239.

seitigkeit wird der Verein aufgelöst.[242] Ohne jegliche Versicherungstätigkeit kann ein Verein nämlich nicht als solcher fortbestehen.[243] Anders verhält es sich bei einer **Aktiengesellschaft**, die in einem solchen Fall (nach Maßgabe der §§ 262 AktG) aufgelöst und abgewickelt werden kann, aber nicht muss. So kommt für eine Aktiengesellschaft, anders als für einen Versicherungsverein auf Gegenseitigkeit, auch die Festlegung eines neuen Gesellschaftszwecks in Betracht. In Fällen der Teilbestandsübertragung bleiben die Unternehmen, egal welche Rechtsform sie aufweisen, bestehen, ggf. mit einem eingeschränkten Geschäftszweck. Soweit kein Versicherungsgeschäft mehr getätigt wird, scheiden die Unternehmen aus der Aufsicht aus.[244] Die Wiederaufnahme des Versicherungsgeschäfts setzt eine erneute Erlaubnis voraus. Gegenüber dem Registergericht ergeben sich Meldepflichten bei einer Änderung der Firma (zwingend ist die Streichung von Bezugnahmen auf Versicherungsgeschäfte, wenn solche nicht mehr getätigt werden)[245] bzw. bei deren Erlöschen (§ 31 HGB). Ein unzulässiger Firmengebrauch kann nach § 37 HGB unterbunden werden. Anpassungsbedarf kann auch für die Satzung bestehen.

e) Für die Besteuerung. Steuerlich gelten für Bestandsübertragungen grundsätzlich die Bestimmungen des **UmwStG**, da die Bestandsübertragung auch eine Umwandlung im Sinne des UmwG darstellt (§ 1 Abs. 2 UmwG).[246] 63

f) Für eine mögliche sonstige Haftung im Falle der Insolvenz des übertragenden Unternehmens. Im Falle einer Übertragung notleidender Versicherungsbestände ergibt sich grundsätzlich für das übernehmende Unternehmen **keine zusätzliche Haftung**, wenn das übertragende Unternehmen insolvent wird. Eine derartige Haftung hat die frühe Vorschrift des § 419 BGB begründet. Diese sah im Fall einer Vermögensübernahme vor, dass Gläubiger unbeschadet der Fortdauer der Haftung des bisherigen Schuldners Ansprüche auch gegen den Übernehmer geltend machen können. Diese Vorschrift ist im Zuge der Insolvenzrechtsreform mit Ablauf des 31. Dezember 1998 außer Kraft getreten[247] und findet insofern für Verträge, die seitdem geschlossen werden, keine Anwendung mehr. Der Gesetzgeber sah nämlich in der Mithaftung des Vermögensnehmers eine Überbewertung des Gläubigerschutzes. Namentlich erfolgte die Streichung der Vorschrift auch, weil sie die außergerichtliche Sanierung von Unternehmen durch Übertragung auf einen neuen Unternehmensträger behinderte.[248] 64

Zu beachten sind allerdings **Anfechtungsrechte** der Gläubiger. So können Rechtshandlungen, die vor Öffnung des Insolvenzverfahrens vorgenommen worden sind und die Insolvenzgläubiger benachteiligen, vom Insolvenzverwalter nach Maßgabe der §§ 129 ff. InsO angefochten werden. Die Anfechtbarkeit knüpft dabei zum einen an die Art des Erwerbs, z. B. unentgeltlich, oder an seine Motivation, z. B. vorsätzliche Benachteiligung, an. Die Anfechtung hat einen obligatorischen Rückgewähranspruch nach § 143 Abs. 1 InsO zur Folge. Die Vorschriften der §§ 134, 138 BGB mit der Folge einer Rückabwicklung nach den §§ 812 ff. BGB sind hingegen neben diesen Regelungen nur dann anwendbar, wenn das Rechtsgeschäft besondere über die Benachteiligung der Gläubiger hinausgehende Umstände aufweist. Daneben können Ansprüche aus unerlaubter Handlung (§§ 823, 826 BGB) gegebenenfalls in Verbindung mit einer Haftung wegen Insolvenzverschleppung in Betracht kommen. Auch dies setzt jedoch besondere Umstände voraus. Schließlich ist noch eine Einzelanfechtung von Gläubigern nach Maßgabe des Anfechtungsgesetzes (§§ 1 ff. AnfG) möglich. 65

Entscheidend ist, ob im Falle einer aufsichtsbehördlich genehmigten Bestandsübertragung überhaupt noch Raum für Anfechtungs- und sonstige Rechte bleibt. Dafür könnte sprechen, dass den entsprechenden Rechtsvorschriften unmittelbar keine Beschränkungen zu entnehmen sind. So stellen etwa die §§ 129 ff. InsO auf Rechtshandlungen ab, die per se auch Übertragungen von Beständen (samt Vermögenswerten) erfassen. Dagegen spricht allerdings, dass mit § 13 VAG auch im Hinblick auf die Sanierung notleidender Versicherer eine **spezialgesetzliche Regelung** geschaffen worden ist, die entwertet würde, wenn daneben ein übernehmendes Unternehmen der Gefahr einer zusätzlichen Haftung ausgesetzt ist. Das wird zusätzlich durch die gesetzgeberische Intention gestützt, die zur Abschaffung von § 419 BGB geführt hat, nämlich eine Sanierung notleidender Unternehmen nicht zu erschweren. 66

Vor diesem Hintergrund spricht daher einiges dafür, dass § 13 VAG dahingehend zu interpretieren ist, dass **jedenfalls im Falle der Sanierung** von Versicherungsbeständen dem Interesse der Versicherten an einer Aufrechterhaltung ihrer vertraglichen und gesetzlichen Ansprüche Vorrang vor anderen Ansprüchen eingeräumt wird. Dies gilt zumindest insoweit, als entsprechende Transaktionen nicht auf eine vorsätzliche oder sittenwidrige Benachteiligung von Gläubigern zielen, wogegen schon das aufsichtsbehördliche Genehmigungserfordernis schützen dürfte. Zu berücksichtigen ist dabei, dass Voraussetzung 67

---

[242] *Benkel,* Der Versicherungsverein auf Gegenseitigkeit, 2002, S. 313; *Entzian/Schleifenbaum* ZVersWiss 1996, 521, 528; *Gerner,* Demutualisierung eines VVaG, 2003, S. 156; *Ebert* VersR 2003, 1211, 1214 f.; *Präve* ZfV 1991, 494, 496.
[243] *BGH* Urt. v. 26.6.1995 – II ZR 282/93, VersR 1995, 945 = NJW-RR 1995, 1237.
[244] *Müller-Magdeburg,* Die Bestandsübertragung nach § 14 VAG, 1996, S. 230.
[245] *Müller-Magdeburg,* Die Bestandsübertragung nach § 14 VAG, 1996, S. 23.
[246] *Benkel,* Der Versicherungsverein auf Gegenseitigkeit, 2002, S. 316; *Entzian/Schleifenbaum* ZVersWiss 1996, 521, 543; *Gerner,* Demutualisierung eines VVaG, 2003, S. 166 ff.
[247] Vgl. Art. 33 Nr. 16, Art. 110 Abs. 1 EGInsO v. 5.10.1994, BGBl. I 2911.
[248] Vgl. Gesetzesbegründung, BT-Drs. 12/3803, 77.

einer Bestandsübertragung in aufsichtsrechtlicher Hinsicht, wie dargelegt, auch die Übertragung der notwendigen Passiva und Aktiva ist, so dass ohne sie eine Bestandsübertragung gar nicht genehmigungsfähig wäre. Die Transaktion dieser Vermögenswerte, die aufsichtsrechtlich zwingend ist, kann nun aber ihrerseits nicht dadurch relativiert werden, dass dem übernehmenden Unternehmen gegenüber anderweitige Ansprüche mit Erfolg geltend gemacht werden. Vielmehr bleiben mögliche Gläubiger dann auf das unter Umständen noch beim insolventen Unternehmen vorhandene Vermögen verwiesen. Nur so lässt sich sicherstellen, dass keine gesetzgeberischen Wertungswidersprüche auftreten.

68 **IV. Mitteilungspflichten, Sonderkündigungsrecht (Abs. 7).** Die Genehmigung der Bestandsübertragung begründet Mitteilungspflichten gegenüber der Allgemeinheit und auch gegenüber den betroffenen Versicherungsnehmern. Die Genehmigung ist – durch die zuständige Aufsichtsbehörde[249] – im **Bundesanzeiger** zu veröffentlichen (§ 13 **Abs. 7 S. 1** VAG). Zugleich sind die betroffenen Versicherungsnehmer (natürliche und juristische Personen)[250] vom übernehmenden Versicherer zu unterrichten (§ 13 **Abs. 7 S. 2** VAG); eine allgemeine vorvertragliche Information über die bloße Möglichkeit einer Bestandsübertragung ist hingegen nicht erforderlich.[251] Die **Information** muss Anlass, Ausgestaltung und Folgen der Bestandsübertragung beinhalten. Der Bestandsübertragungsvertrag muss – anders als im Falle von § 182 UmwG bei der Vermögensübertragung – nicht im Wortlaut wiedergegeben werden.[252] Hingegen ist ein möglicher Wechsel der Aufsichtsbehörde und ein hiermit verbundener Wechsel im Insolvenzschutz (Wegfall oder Änderung bzgl. einer Sicherungseinrichtung, wie sie in Deutschland in § 221 VAG vorgesehen ist) aufzuführen. Die Information bzgl. des Insolvenzschutzes kann entfallen, wenn weder zuvor noch nach Vollzug der Bestandsübertragung ein Insolvenzschutz (möglich in der Schaden- und Unfallversicherung) besteht, da sich in diesem Fall für den Versicherungsnehmer nichts ändert. Die Information ist – insofern in Anlehnung an § 182 S. 1 UmwG – in Textform zu übermitteln,[253] da ihr Inhalt eine anderweitige Art der Übermittlung nicht gestattet (etwa telefonisch oder mündlich) und Betroffenen auch unmittelbar zugehen muss. Die Mitteilungen haben nur deklaratorische Bedeutung.[254] Die Rechtswirkungen der Genehmigung treten hiervon unabhängig ein.[255] Soweit die übernehmende Gesellschaft ein Versicherungsverein auf Gegenseitigkeit oder ein Pensionsfondsverein auf Gegenseitigkeit ist, ist über Verpflichtungen zu informieren, die mit einer eventuellen Mitgliedschaft, die konkludent oder ausdrücklich begründet werden kann,[256] verbunden sind.[257]

69 Eine Verletzung der Informationspflicht gemäß § 13 Abs. 7 S. 2 VAG kann **Schadenersatzansprüche** nach sich ziehen.[258] Die aufsichtsrechtliche Einkleidung der Vorschrift steht dem nicht entgegen,[259] weil es sich bei § 13 Abs. 7 S. 2 VAG in materieller Hinsicht um eine privatrechtliche Norm handelt.[260] § 6 Abs. 1 Nr. 1 VVG-InfoV, wonach jede Änderung der Anschrift des Versicherers mitzuteilen ist, wird von § 13 Abs. 7 S. 2 VAG absorbiert.[261] Eine Beratungspflicht des Versicherers gemäß § 6 Abs. 1 S. 1, Abs. 4 S. 1 VVG wird durch eine Bestandsübertragung nicht begründet.[262] Das gilt auch in Bezug auf mögliche „günstigere Tarife" beim übernehmenden Versicherer,[263] es sei denn, der Versicherungsnehmer tritt in Vertragsverhandlungen ein. Mit § 13 Abs. 7 S. 1 u. 2 VAG hat der Gesetzgeber eine von § 41 VwVfG abweichende Regelung getroffen. Ein Rekurs auf diese Vorschrift verbietet sich insofern.[264]

70 Ändert sich die Zuständigkeit der Aufsichtsbehörde, begründet dieser Wechsel ein **Sonderkündigungsrecht** des Versicherungsnehmers (§ 13 **Abs. 7 S. 3** VAG). Dieses gründet in der mit dem Zuständigkeitswechsel verbundenen Änderung der aufsichtsrechtlichen Absicherung v. a. in finanzieller Hinsicht. Mit der Zuständigkeitsänderung verbunden ist nämlich die Geltung ausländischen Aufsichtsrechts, das zwar im Wesentlichen harmonisiertes Recht darstellt. Insbesondere in Bezug auf einen zusätzlichen Insolvenzschutz durch Sicherungseinrichtungen gilt dies aber nicht.[265] Von der in der Solva II-Richtlinie eingeräumten Möglichkeit, ein Kündigungsrecht vorzusehen,[266] hat der Gesetzgeber

[249] *Bornschlegl,* Die Bestandsübertragung nach dem VAG, 2014, S. 301.
[250] *Bornschlegl,* Die Bestandsübertragung nach dem VAG, 2014, S. 306 f.
[251] Eine solche wird vereinzelt de lege ferenda gefordert, vgl. *Schenke* VersR 2006, 871, 875.
[252] *Bornschlegl,* Die Bestandsübertragung nach dem VAG, 2014, S. 308.
[253] *Bornschlegl,* Die Bestandsübertragung nach dem VAG, 2014, S. 309 f.; a. M. *Rollin* VersR 2013, 143, 146.
[254] *Schmid,* Bestandsübertragung und Umwandlung von Versicherungsunternehmen, 2010, S. 280.
[255] Arg. § 17 Abs. 7 S. 2 VAG: „Sobald die Bestandsübertragung wirksam geworden ist, …".
[256] Missverständlich *Schrage* ZfV 1992, 86, 87 f., der insofern auf die Versicherungsnehmerschaft abstellt.
[257] *Benkel,* Der Versicherungsverein auf Gegenseitigkeit, 2002, S. 312
[258] *Schmid,* Bestandsübertragung und Umwandlung von Versicherungsunternehmen, 2010, S. 280 f.
[259] A. A. *Bornschlegl,* Die Bestandsübertragung nach dem VAG, 2014, S. 310 f.
[260] Vgl. nur die ähnliche Problematik zu § 10a VAG a. F., hierzu Prölss/*Präve,* 12. Aufl., 2005, § 10a VAG Rn. 85 ff.
[261] Im Ergebnis ebenso *Bornschlegl,* Die Bestandsübertragung nach dem VAG, 2014, S. 311 f.; a. M. Bähr/ *Rüdt* § 14 Rn. 94.
[262] *Bornschlegl,* Die Bestandsübertragung nach dem VAG, 2014, S. 313.
[263] A. M. *Bornschlegl,* Die Bestandsübertragung nach dem VAG, 2014, S. 313.
[264] Zutreffend in Bezug auf § 13 Abs. 7 S. 1 VAG *Bornschlegl,* Die Bestandsübertragung nach dem VAG, 2014, S. 305.
[265] RegE-VAG 2014, 237 (zu § 13 Abs. 7 VAG).
[266] Art. 39 Abs 6 UAbs. 3 VAG (bezogen auf grenzüberschreitende Bestandsübertragungen im EWR).

insofern nur sehr eingeschränkt Gebrauch gemacht. Die Kündigungsfrist beträgt ein Monat. Der Fristablauf ist an den Zugang der Mitteilung gebunden.

Auf das Kündigungsrecht ist der Versicherungsnehmer in der Mitteilung hinzuweisen (§ 13 **Abs. 7 S. 4** VAG). Der **Hinweis** muss so ausgestaltet sein, dass ihn der Versicherungsnehmer ohne weiteres wahrnehmen kann. Nur dann ist sichergestellt, dass der Versicherungsnehmer bei Bedarf von seinem Recht auch Gebrauch machen kann. Auch wenn das VAG insofern als Aufsichtsgesetz keine weitergehenden Anforderungen enthält, spricht hieran anknüpfend einiges dafür, den Hinweis unter entsprechender Anwendung von § 8 Abs. 2 Nr. 2 VVG auszugestalten, also die Frist, den Fristbeginn, den Namen und die Anschrift des Erklärungsempfängers sowie die Rechtsfolgen aufzuführen. Heranzuziehen ist auch die Regelung des § 8 Abs. 1 S. 2 VVG, wonach zur Fristwahrung die rechtzeitige Absendung genügt. Zwar gilt grundsätzlich, dass – sofern wie hier keine anderweitige gesetzliche Regelung getroffen worden ist – maßgeblich der Zugang beim Erklärungsempfänger ist. Der Gesetzgeber hat allerdings das Sonderkündigungsrecht sehr lückenhaft ausgestaltet, so dass Raum für eine analoge Anwendung von § 8 VVG bleibt. Es ist nämlich nicht ersichtlich, weshalb bei einem vom Gesetzgeber als so gravierend angesehenen Wechsel der Behördenzuständigkeit abweichende Voraussetzungen gelten sollten als im Falle der sonstigen vertragsrechtlichen Ausgestaltung von vergleichbaren Rechtsbehelfen. Unterbleibt der (entsprechend gestaltete) Hinweis oder die Mitteilung, beginnt die Frist nicht zu laufen. Werden diese Voraussetzungen vom Versicherer über Einzelfälle hinweg verletzt, liegt zugleich ein aufsichtsrechtlicher Missstand vor, der die Aufsicht zu einem Einschreiten gemäß § 298 Abs. 1 iVm § 294 Abs. 2 u. 3 VAG befugt. 71

Umwandlungen

14 (1) [1]**Jede Umwandlung eines Erstversicherungsunternehmens nach den §§ 1 und 122a des Umwandlungsgesetzes bedarf der Genehmigung der Aufsichtsbehörde.** [2]**§ 13 Absatz 1 Satz 2 und Absatz 2, 4 und 5 ist entsprechend anzuwenden.**

(2) **Die Aufsichtsbehörde kann die Genehmigung auch versagen, wenn die Vorschriften über die Umwandlung nicht beachtet worden sind.**

Übersicht

I. Allgemeines. 1. Entstehungsgeschichte. Die Bestimmung zur Genehmigungsbedürftigkeit von Umwandlungen ist durch Art. 8 Nr. 1 des Gesetzes zur Bereinigung des Umwandlungsrechts (UmwBerG) v. 28.10.1994[1] in das VAG eingefügt worden. Hiermit wird jede Umwandlung eines Erstversicherungsunternehmens unter den Vorbehalt einer aufsichtsbehördlichen Genehmigung gestellt. § 14 VAG entspricht im Wesentlichen § 14a VAG a. F.[2] 1

2. Normzweck. Eine Umwandlung kann die **Belange der Versicherten** unmittelbar berühren. Das Genehmigungserfordernis soll sicherstellen, dass insofern keine nachteiligen Wirkungen eintreten. 2

3. Europarechtlicher Hintergrund. Die Vorgabe des § 14 VAG beruht überwiegend auf rein nationalen Wertungen. Sie ist allerdings im Zusammenhang mit der Genehmigungsbedürftigkeit einer Bestandsübertragung zu sehen (§ 13 VAG), die teilweise in der Solva II-Richtlinie eine Entsprechung findet.[3] Die Einbeziehung EWR-ausländischer Unternehmen im Genehmigungsverfahren nach § 14 Abs. 1 S. 2 iVm § 13 Abs. 2 VAG steht in Zusammenhang mit Art. 12 Abs. 2 S. 1 lit. a, S. 2 der Finanzkonglomerate-Richtlinie.[4] 3

II. Anwendungsbereich, Arten der Umwandlung (Abs. 1 S. 1). § 14 VAG gilt nur für Umwandlungen von **Erstversicherern** (§ 14 Abs. 1 S. 1 VAG). Voraussetzung ist, dass diese einer laufenden Aufsicht nach dem VAG unterstellt sind.[5] Auch auf Pensionsfonds findet § 14 VAG Anwendung,[6] wobei 4

---

[1] BGBl. I 3210.

[2] RegE VAG 2014, 237 (zu § 14 VAG).

[3] Vgl. § 13 VAG Rn. 3.

[4] ABl. EU 2003 L 35, 1.

[5] Vgl. insofern die Erläuterung unter § 13 Rn. 8, die hier entsprechend gilt. Zum Nachfolgenden grundlegend *Entzian/Schleifenbaum* ZVersWiss 1996, 521, 523 ff.

[6] § 237 Abs. 1 S. 1 VAG.

allerdings zu berücksichtigen ist, dass diese selber nicht ausdrücklich im Umwandlungsgesetz Aufnahme gefunden haben. Soweit es sich bei Pensionsfonds um Aktiengesellschaften handelt, sind diese aber insoweit Versicherungsaktiengesellschaften gleichgestellt. Für Pensionsfondsvereine auf Gegenseitigkeit ist im Hinblick auf § 237 Abs. 3 Nr. 1 VAG eine Parallelwertung wie für Versicherungsvereine auf Gegenseitigkeit indiziert. Für Rückversicherer besteht mit § 166 Abs. 3 VAG eine gesonderte Vorgabe. Für Unternehmen gemäß § 1 Abs. 3 u. 4 VAG gilt § 14 VAG nicht.[7] Dasselbe gilt für Versicherungs-Holdinggesellschaften, gemischte Finanzholding-Gesellschaften[8] und Versicherungs-Zweckgesellschaften.[9]

5 Von § 14 VAG werden **alle Umwandlungen** erfasst. Namentlich kommt es auch nicht darauf an, ob hierbei Versicherungsverträge auf einen anderen Rechtsträger übergehen.[10] § 14 VAG enthält bereits im Wortlaut keine derartige Beschränkung. Zu berücksichtigen ist zudem, dass der Aufsicht die Wahrung von Versichertenbelangen insgesamt, also auch unabhängig von entsprechenden Transaktionen obliegt. Das Umwandlungsgesetz, auf das § 14 VAG Bezug nimmt, sieht folgende Umwandlungsformen vor: Verschmelzung, Spaltung (Auf-, Abspaltung, Ausgliederung), Vermögensübertragung und Formwechsel.[11] Daneben steht die Möglichkeit einer Bestandsübertragung nach § 13 VAG.[12]

6 Bei der **Verschmelzung** geht das Vermögen eines Rechtsträgers, der dadurch erlischt, auf einen anderen Rechtsträger über. Den Anteilsinhabern bzw. Mitgliedern des übertragenden Rechtsträgers sind Anteile bzw. Mitgliedschaften am übernehmenden Rechtsträger zu gewähren (§ 2 UmwG). Versicherungs-Aktiengesellschaften können untereinander verschmolzen werden (§§ 60 ff. UmwG),[13] ebenso Versicherungsvereine auf Gegenseitigkeit (§§ 109 ff. UmwG). Die Aufnahme eines Versicherungsvereins auf Gegenseitigkeit durch eine Versicherungsaktiengesellschaft ist möglich (§ 109 S. 2 UmwG), nicht hingegen die Aufnahme einer Versicherungsaktiengesellschaft durch einen Versicherungsverein auf Gegenseitigkeit.[14]

7 Es gibt drei Arten der **Spaltung**. Bei der Aufspaltung überträgt ein Rechtsträger sein Vermögen auf einen anderen Rechtsträger. Der übertragende Rechtsträger erlischt, ohne liquidiert zu werden. Die Anteilsinhaber bzw. Mitglieder des übertragenden Rechtsträgers erhalten Anteile bzw. Mitgliedschaften an dem anderen Rechtsträger (§ 123 Abs. 1 UmwG). Bei der Abspaltung wird nur ein Teil des Vermögens übertragen. Der übertragende Rechtsträger bleibt bestehen. Dessen Anteilsinhabern bzw. Mitgliedern sind Anteile bzw. Mitgliedschaften an dem übernehmenden Rechtsträger zu gewähren (§ 123 Abs. 2 UmwG). Schließlich kann ein Rechtsträger eine Ausgliederung vornehmen, wobei sich diese wiederum auf ein Teil des Vermögens bezieht. Auch hier ist eine Gegenleistung in Form von Anteilen oder Mitgliedschaften zu erbringen (§ 123 Abs. 3 UmwG). Besonderheiten bestehen im Falle eines Versicherungsvereins auf Gegenseitigkeit, der eine Ausgliederung nur auf eine GmbH unternehmen darf, wobei hiervon Versicherungsverträge nicht erfasst werden dürfen.[15]

8 Bei der **Vermögensübertragung** wird das ganze oder ein Teil des Vermögens eines Rechtsträgers auf einen anderen Rechtsträger gegen Gewährung einer Gegenleistung übertragen. Die Gegenleistung besteht nicht in Anteilen bzw. Mitgliedschaften am übernehmenden Rechtsträger. Bei einer Vollübertragung erlischt der übertragende Rechtsträger (§ 174 UmwG). Die Möglichkeit einer Vermögensübertragung ist für sämtliche Versicherer zulässig, allerdings nur unter solchen, die unterschiedliche Rechtsformen aufweisen.[16]

9 Beim **Formwechsel** erhält ein Rechtsträger eine andere Rechtsform (§ 190 UmwG). Diese Möglichkeit ist für alle Versicherungsunternehmen (Aktiengesellschaften, Versicherungsvereine auf Gegenseitigkeit, öffentlich-rechtliche Unternehmen) eröffnet (§ 191 Abs. 1 Nr. 2, 5 und 6 UmwG).

10 Das **Umwandlungsgesetz** enthält für Umwandlungen detaillierte Vorgaben (formaler und inhaltlicher Art) und legt auch deren Rechtsfolgen (in Gestalt von Gegenleistungen für Vermögensverluste) im Einzelnen fest. Obwohl mit diesem Gesetz auch für Versicherer dezidierte Regelungen geschaffen wurden, sind diese praktisch nicht sehr relevant geworden. Das steht zum einen mit den strengen Formvorschriften (§ 6 UmwG), inhaltlichen Vorgaben (§§ 5, 126 UmwG), etwa, anders als bei Bestandsübertragungen, auch in Bezug auf Arbeitnehmerinteressen sowie vorgelagerten Publizitätspflichten (vgl. etwa § 111 f. UmwG) in Zusammenhang, die den Unternehmen eine Bestandsübertragung als vorzugswürdig erscheinen lassen.[17] Das gilt namentlich für die Abspaltung, die Ausgliederung, die

---

[7] Vgl. § 1 Abs. 3 S. 1 u. Abs. 4 S. 1 VAG.
[8] § 293 Abs. 1 VAG.
[9] § 168 Abs. 2 VAG.
[10] *Schmid*, Bestandsübertragung und Umwandlung von Versicherungsunternehmen, 2010, S. 433 f.
[11] §§ 1, 122a UmwG: Zu den Grundzügen vgl. nur *Neye* DB 1994, 2069, 2070 f.
[12] Vgl. *Entzian/Schleifenbaum* ZVersWiss 1996, 521, 541.
[13] Zur Verfassungsmäßigkeit der Regelungen vgl. *BVerfG* ZIP 2007, 1600, 1601 f.
[14] Vgl. *Entzian/Schleifenbaum* ZVersWiss 1996, 521, 523.
[15] § 151 UmwG; vgl. hierzu *Entzian/Schleifenbaum* ZVersWiss 1996, 521, 524 f.
[16] § 175 Nr. 2 UmwG; vgl. *Entzian/Schleifenbaum* ZVersWiss 1996, 521, 525.
[17] *Entzian/Schleifenbaum* ZVersWiss 1996, 521, 530 u. 541 f.; *Gerner*, Demutualisierung eines VVaG, 2003, S. 189 f.; *Hasselbach/Komp* VersR 2005, 1651, 1659.

Vermögensübertragung und den Formwechsel, die sich auch durch eine Bestandsübertragung erreichen lassen.[18] Zum anderen sprechen nicht selten steuerliche Erwägungen gegen Umwandlungen nach dem UmwG.[19] Zu beachten sind bei Umwandlungen auch in besonderer Weise kartellrechtliche Kautelen.[20]

III. Aufsichtsbehördliche Genehmigung (Abs. 1 S. 1 u. 2, Abs. 2). Die Umwandlung ist wie eine Bestandsübertragung von einer aufsichtsbehördlichen Genehmigung und damit von entsprechenden Anträgen der beteiligten Unternehmen[21] abhängig (§ 14 **Abs. 1 S. 1** VAG). Die Genehmigung ist dabei auch hier **Wirksamkeitsvoraussetzung**,[22] wobei für sämtliche beteiligten Versicherer bzw. Pensionsfonds entsprechende Genehmigungen zu erteilen sind. Die Genehmigung kann mit Nebenbestimmungen verbunden werden.[23] Es gelten die Bestimmungen des § 13 Abs. 1 S. 2 VAG entsprechend (§ 14 **Abs. 1 S. 2** VAG). Wie bei der Bestandsübertragung müssen somit die Belange der Versicherten gewahrt, die dauernde Erfüllbarkeit der Verpflichtung dargetan und die Spartentrennungsgebote (§ 8 Abs. 4 S. 2 VAG)[24] eingehalten werden. Daneben finden auch § 13 Abs. 2, 4 u. 5 VAG entsprechend Anwendung. Es gilt insofern das zu § 13 VAG Gesagte entsprechend.[25] 11

Die Einbeziehung anderer Aufsichtsbehörden (nach § 14 Abs. 1 S. 2 iVm § 13 Abs. 2 VAG) geht dabei auf die Umsetzung der **Finanzkonglomerate-Richtlinie** zurück, die im Falle der Einbindung des Erstversicherers in ein grenzüberschreitendes Finanzkonglomerat Konsultationen mit den anderen zuständigen Behörden vorsieht.[26] In allen anderen Fällen sind in Ermangelung entsprechender europäischer Regelungen allerdings keine weiteren Konsultationen nötig, da diese ins Leere laufen würden.[27] Die Nichtgeltung von § 13 Abs. 3 VAG findet eine Erklärung in den Sicherungsmechanismen, die insofern das UmwG selber bereithält. Der Übergang der Vertragsverhältnisse richtet sich nicht, wie § 14 Abs. 1 S. 2 VAG durch die entsprechende Bezugnahme nahelegt, nach § 13 Abs. 5 VAG, sondern ergibt sich aus den jeweiligen Regelungen des UmwG selber (Stichwort: Gesamtrechtsnachfolge).[28] 12

§ 14 VAG enthält keine ausdrückliche Veröffentlichungspflicht in Bezug auf die Genehmigung. Entgegen einer anderslautenden Literaturmeinung[29] ist es auch nicht geboten, insofern § 13 Abs. 7 S. 1 VAG entsprechend anzuwenden. Dem steht schon § 14 Abs. 1 S. 2 VAG entgegen.[30] Ferner ist zu berücksichtigen, dass die **Veröffentlichungspflicht** anderweitig gesetzlich geregelt ist. Sie ergibt sich regelmäßig aus dem UmwG (vgl. etwa §§ 119, 187 UmwG), so dass es eines Rückgriffs auf das VAG gar nicht bedarf. In Bezug auf die Rechtsmittel gegen die Ablehnung bzw. die Erteilung einer Genehmigung gilt das zu § 13 VAG Gesagte entsprechend.[31] 13

Eine Versagung der Genehmigung kommt ferner in Betracht, wenn die Vorschriften über die Umwandlung, also das UmwG und begleitende Regelungen, nicht beachtet worden sind (§ 14 **Abs. 2** VAG). Dabei ist zu beachten, dass die **umwandlungsrechtlichen Bestimmungen**, die sich auf die Rechtsfolgen einer Umwandlung richten, zugleich den Genehmigungsrahmen für eine Berücksichtigung von Mitglieder- und Versicherteninteressen konkretisieren. Das gilt etwa für eine Entschädigung von Mitgliedern eines Versicherungsvereins auf Gegenseitigkeit[32] und deren Beteiligung am Grundkapital der Aktiengesellschaft nach einem Formwechsel[33] sowie für eine Berücksichtigung des Rechts auf Überschussbeteiligung der Versicherten.[34] Insofern ist allerdings zu beachten, dass der Aufsicht – auch unter verfassungsrechtlichen Gesichtspunkten[35] – so wie im Rahmen von § 14 Abs. 1 S. 2 VAG kein Ermessen einzuräumen ist. § 14 Abs. 2 VAG ist demgemäß einschränkend auszulegen.[36] Der 14

[18] *Entzian/Schleifenbaum* ZVersWiss 1996, 521, 541 f.

[19] *Diehl* VersR 2000, 268, 270, 272 f.

[20] §§ 35 ff. GWB; vgl. *Martiensen*, Fusionen von Versicherungsvereinen auf Gegenseitigkeit, 2006, S. 243.

[21] *Martiensen*, Fusionen von Versicherungsvereinen auf Gegenseitigkeit, 2006, S. 242.

[22] *Martiensen*, Fusionen von Versicherungsvereinen auf Gegenseitigkeit, 2006, S. 242; *Schmid*, Bestandsübertragung und Umwandlung von Versicherungsunternehmen, 2010, S. 441.

[23] § 310 Abs. 1 VAG.

[24] *Martiensen*, Fusionen von Versicherungsvereinen auf Gegenseitigkeit, 2006, S. 285.

[25] Vgl. § 13 VAG Rn. 25 ff.

[26] Vgl. Art. 2 Nr. 3 u. 8 des Gesetzentwurfs der Bundesregierung, BR-Drs. 433/04, 36 f., 38; zu dem Regelungskomplex s. a. *Lüttringhaus* VersR 2008. 1036, 1041 f.

[27] *Zens*, Die Zusammenarbeit der Versicherungsaufsichtsbehörden in der Europäischen Gemeinschaft, 2005, S. 354–356.

[28] Siehe auch *Martiensen*, Fusionen von Versicherungsvereinen auf Gegenseitigkeit, 2006, S. 255.

[29] *Martiensen*, Fusionen von Versicherungsvereinen auf Gegenseitigkeit, 2006, S. 248.

[30] Damit bestehen im Falle einer Umwandlung auch keine Informationspflichten gemäß § 13 Abs. 7 S. 2 VAG und kein Sonderkündigungsrecht des Versicherungsnehmers gemäß § 13 Abs. 7 S. 3 VAG. Es hat insoweit sein Bewenden mit den umwandlungsrechtlichen Vorschriften.

[31] Vgl. § 13 VAG Rn. 51; s. a. *Martiensen*, Fusionen von Versicherungsvereinen auf Gegenseitigkeit, 2006, S. 250 f., 268 f. u. 271.

[32] *Benkel*, Der Versicherungsverein auf Gegenseitigkeit, 2002, S. 305; *Martiensen*, Fusionen von Versicherungsvereinen auf Gegenseitigkeit, 2006, S. 316 f.

[33] *Benkel*, Der Versicherungsverein auf Gegenseitigkeit, 2002, S. 290 f.

[34] *Entzian/Schleifenbaum* ZVersWiss 1996, 521, 539.

[35] Vgl. nur § 13 VAG Rn. 26 ff., 39 ff. u. 44 ff. unter Hinweis auf Rechtsprechung des BVerfG, die sich auf Bestandsübertragungen bezieht, aber auch auf Umwandlungen übertragbar ist.

[36] *Schmid*, Bestandsübertragung und Umwandlung von Versicherungsunternehmen, 2010, S. 964.

Versagungstatbestand des § 14 Abs. 2 VAG kann dabei auch in Betracht kommen, wenn Vorschriften verletzt werden, die nicht unmittelbar Versichertenbelange berühren.[37] Hierdurch wird sichergestellt, dass sich aufsichts- und umwandlungsrechtlichen Beurteilungen nicht auseinander entwickeln. So darf die Aufsicht etwa auch prüfen, ob ein Umwandlungsbeschluss den vorgeschriebenen Inhalt aufweist und mit der erforderlichen Mehrheit getroffen worden ist[38] und ob der Verschmelzungsbericht ordnungsgemäß erstellt wurde.[39]

15 Gegen eine Erstreckung der behördlichen Prüfungskompetenz auch auf die Einhaltung umwandlungsrechtlicher Vorschriften werden unterschiedliche Vorbehalte geltend gemacht. Bezweifelt wird zunächst die Bestimmtheit von § 14 Abs. 2 VAG bzw. von der entsprechenden Vorgängervorschrift.[40] Dabei ist der Verweis für sich genommen klar, da er auf ohne Weiteres feststellbare Rechtsvorschriften zielt. Soweit in Bezug auf VVaG die von der herrschenden Meinung befürwortete Einheit von Mitgliedschaft und Versicherungsverhältnis in Frage gestellt und auf verwaltungsprozessuale Kautelen verwiesen wird,[41] werden hiermit keine neuen Aspekte vorgetragen. Zu berücksichtigen ist dabei auch, dass sich sogar das BVerfG die Einheitstheorie zu Eigen gemacht hat.[42] Dass hiermit Verwerfungen im Verhältnis zur Rechtslage bei Aktiengesellschaften einhergehen,[43] ist nicht ersichtlich, da § 14 Abs. 2 VAG rechtsformneutral ausgestaltet ist. Ein **Widerspruch zur Gesamtkonzeption** des Umwandlungsrechts[44] ist ebenso **nicht gegeben**. Dass hiermit unnötige Bürokratie verbunden wäre,[45] erscheint als übertrieben. Eine mögliche Überlastung der Aufsicht[46] ist ebenso wenig ersichtlich. Arbeitsrechtliche Fragestellungen sind nicht Gegenstand der aufsichtsbehördlichen Prüfung.[47]

Versicherungsfremde Geschäfte

15 (1) [1]**Erstversicherungsunternehmen dürfen neben Versicherungsgeschäften nur solche Geschäfte betreiben, die mit Versicherungsgeschäften in unmittelbarem Zusammenhang stehen.** [2]**Bei Termingeschäften und Geschäften mit Optionen und ähnlichen Finanzinstrumenten ist ein solcher Zusammenhang anzunehmen, wenn sie der Absicherung gegen Kurs- oder Zinsänderungsrisiken bei vorhandenen Vermögenswerten oder dem späteren Erwerb von Wertpapieren dienen sollen oder wenn aus vorhandenen Wertpapieren ein zusätzlicher Ertrag erzielt werden soll, ohne dass bei Erfüllung von Lieferverpflichtungen eine Unterdeckung des Sicherungsvermögens eintreten kann.** [3]**Bei einer Aufnahme von Fremdmitteln besteht regelmäßig kein unmittelbarer Zusammenhang im Sinne des Satzes 1.** [4]**Bei einem anderen Geschäft ist ein solcher Zusammenhang nur anzunehmen, wenn es nicht mit einem zusätzlichen finanziellen Risiko verbunden ist.**

(2) [1]**Rückversicherungsunternehmen dürfen nur Rückversicherungsgeschäfte sowie damit verbundene Geschäfte und Dienstleistungen betreiben.** [2]**Als mit einem Rückversicherungsgeschäft verbundenes Geschäft gelten auch die Funktion und die Tätigkeiten als Holdinggesellschaft in Bezug auf Unternehmen der Finanzbranche im Sinne des § 2 Absatz 3 des Finanzkonglomerate-Aufsichtsgesetzes.**

(3) **Vermittlungstätigkeiten, die nach Artikel 2 Nummer 3 und 4 der Richtlinie 2002/92/EG des Europäischen Parlaments und des Rates vom 9. Dezember 2002 über Versicherungsvermittlung (ABl. L 9 vom 15.1.2003, S. 3) nicht als Versicherungs- und Rückversicherungsvermittlung gelten, gehören zum Geschäftsbetrieb eines Versicherungsunternehmens.**

Übersicht

[37] *Gerner*, Demutualisierung eines VVaG, 2003, S. 177; so wohl auch Bähr/*Rüdt* § 14 Rn. 139; a. M. *Koerfer* in: Semler/ Stengel, Umwandlungsgesetz, 3. Aufl., 2012, Anh. § 119 B Rn. 96 f.
[38] *Benkel*, Der Versicherungsverein auf Gegenseitigkeit, 2002, S. 290; a. M. *Schmid*, Bestandsübertragung und Umwandlung von Versicherungsunternehmen, 2010, S. 434 f.
[39] *Schmid*, Bestandsübertragung und Umwandlung von Versicherungsunternehmen, 2010, S. 970.
[40] *Martiensen*, Fusionen von Versicherungsvereinen auf Gegenseitigkeit, 2006, S. 291.
[41] *Martiensen*, Fusionen von Versicherungsvereinen auf Gegenseitigkeit, 2006, S. 311 f.
[42] *BVerfG* Urt. v. 26.7.2005 – 1 BvR 782/94, VersR 2005, 1109 = JuS 2005, 1026.
[43] *Martiensen*, Fusionen von Versicherungsvereinen auf Gegenseitigkeit, 2006, S. 313.
[44] *Martiensen*, Fusionen von Versicherungsvereinen auf Gegenseitigkeit, 2006, S. 313 f.
[45] *Martiensen*, Fusionen von Versicherungsvereinen auf Gegenseitigkeit, 2006, S. 314.
[46] *Martiensen*, Fusionen von Versicherungsvereinen auf Gegenseitigkeit, 2006, S. 314.
[47] *Martiensen*, Fusionen von Versicherungsvereinen auf Gegenseitigkeit, 2006, S. 287.

Schrifttum: *Bormann*, Organschaftliche Verflechtungen bei Kreditinstituten und Versicherungsunternehmen, 1999; *Entzian*, Versicherungsfremde Geschäfte, 1999; *Kagelmacher*, Dienstleistungsverträge und Funktionsausgliederungen im Versicherungsaufsichtsrecht, 1989; *Kaiser*, Finanzintermediation durch Banken und Versicherungen, 2006, *Laudage*, Aufsicht über strukturierte Aufsichtskonzepte, 2009; *Leuering*, Der Erwerb von Beteiligungen durch Versicherungsunternehmen an Unternehmen anderer Wirtschaftszweige, 1997; *Neumann*, Die Aufsicht über Finanzkonglomerate, 1998; *Schieber*, Die Aufsicht über Finanzkonglomerate, 1998; *Roth*, Ökonomische Analyse des Versicherungsaufsichtsrechts bezüglich des Einsatzes derivativer Finanzinstrumente, 2002.

I. Allgemeines. 1. Entstehungsgeschichte. Die Regelung des § 15 VAG entspricht § 7 Abs. 2 u. 3 VAG und § 120 Abs. 1 S. 3 u. 4 VAG a. F. Vorgenommen wurde lediglich eine Folgeänderung in Bezug auf die Terminologie „Sicherungsvermögen".[1] Die Zusammenfassung der Vorschriften zur Erst- und Rückversicherung in einer Vorschrift hat dabei die unterschiedliche Regulierung von Erst-und Rückversicherung unberührt gelassen.[2] Gegenüber der Vorauflage dieses Kommentars hat es dabei zwei wesentliche Gesetzesänderungen gegeben. Zum einen wurde durch Gesetz v. 28.5.2007[3] die Rückversicherung entsprechend reglementiert und eine Klarstellung zur erlaubten Vermittlungstätigkeit in das VAG aufgenommen.[4] Zum anderen wurde durch Gesetz v. 29.7.2009[5] das Verbot zur Aufnahme von Fremdmitteln ausdrücklich im Gesetz verankert.[6] 1

2. Normzweck. Die Vorschrift dient dem **Schutz der Erstversicherten**. Diese sollen vor finanziellen Risiken bewahrt werden, die sich aus der Ausübung versicherungsfremde Tätigkeiten für die Versicherer ergeben. Es ist vor diesem Hintergrund auch konsequent, dass das Verbot für Erstversicherer strikter gefasst ist als für Rückversicherer, da diese nur mittelbar Gefahren für Erstversicherte heraufbeschwören können. 2

3. Europarechtlicher Hintergrund. Die Zweistufigkeit des Verbots, unterschieden zwischen Erst- und Rückversicherung, findet sich auch in Art. 18 Abs. 1 lit. a u. b der **Solva II-Richtlinie**. Das Verbot ist hier als Zulassungsbedingung ausgestaltet. Danach muss der Gesellschaftszweck auf die Versicherungstätigkeit und (für Erstversicherer) auf solche Geschäfte beschränkt bleiben, die hiermit unmittelbar in Zusammenhang stehen bzw. (für Rückversicherer) auf die mit der Rückversicherung verbundenen Geschäfte. 3

II. Einordnung des Verbots. Zur Bedeutung und **Reichweite des Verbots** versicherungsfremder Geschäfte – zur Vereinfachung wird die abweichende Diktion für Rückversicherer hier insofern nicht zusätzlich genannt – gibt es eine weit verzweigte Diskussion.[7] Klar ist, dass das Versicherungsgeschäft nur von Versicherungsunternehmen betrieben werden darf, was allerdings nicht nur aus § 15 VAG,[8] sondern auch aus weiteren aufsichtsrechtlichen Vorschriften folgt, namentlich aus § 1 Abs. 1 Nr. 1 und § 8 Abs. 1 VAG. Nicht-Versicherungsunternehmen ist damit der Betrieb des Versicherungsgeschäfts grundsätzlich verwehrt. Umgekehrt dürfen Versicherungsunternehmen, und das ergibt sich wiederum aus § 15 VAG, nur Versicherungs- und damit in Zusammenhang stehende, aber keine versicherungsfremden Geschäfte betreiben. Hieran knüpfen sich unterschiedliche Vorstellungen über das Ausmaß des Verbots an. Auf der einen Seite steht die Auffassung, den Vorgaben sei ein umfassendes Verbot versicherungsfremder Geschäfte zu entnehmen,[9] auf der anderen Seite werden die Bestimmungen als bloße Zulassungsvoraussetzungen verstanden, die die Versicherungsunternehmen bei der Festlegung des Gesellschaftszwecks zu beachten haben.[10] 4

Letztere Auffassung findet eine gewisse Bestätigung durch den Standort der Regelungen. Sowohl in der Solvency II-Richtlinie als auch im VAG findet sich die Bestimmung in dem Abschnitt der Vorschriften bezüglich der Erlaubnis zum Geschäftsbetrieb,[11] wobei in Bezug auf das VAG mittlerweile der entsprechende Gesetzesabschnitt die Überschrift „Zulassung und Ausübung der Geschäftstätigkeit" trägt, 5

[1] RegE VAG 2014, 237 (zu § 15 Abs. 1 u. 3 VAG).
[2] RegE VAG 2014, 237 (zu § 15 Abs. 2 VAG).
[3] BGBl. I 923.
[4] Art. 1 Nr. 7 lit. b u. Nr. 41 lit. a bb des Gesetzes.
[5] BGBl. I 2305.
[6] Art. 2 Nr. 4 des Gesetzes.
[7] Zur Umsetzung in anderen EU-Staaten vgl. *Entzian*, Versicherungsfremde Geschäfte, 1999, S. 163 ff.
[8] *Kagelmacher*, Dienstleistungsverträge und Funktionsausgliederungen im Versicherungsaufsichtsrecht, 1989, S. 112.
[9] *OLG Hamburg* Urt. v. 15.2.2000 – 9 U 174/98, VerBAV 2000, 163; *LG Hamburg* Urt. v. 23.7.1998 – 322 O 261/97, VerBAV 1998, 327; *Bormann*, Organschaftliche Verflechtungen bei Kreditinstituten und Versicherungsunternehmen, 1999, S. 66.
[10] *Rittner* VersR 1994, 5, 10.
[11] *LG Düsseldorf* Urt. v. 15.9.1995 – 40 O 226/94, ZIP 1995, 1985.

was per se bereits Spielraum für eine entsprechend erweiternde Interpretation zulässt. Maßgeblich bleiben aber der Wortlaut und der Sinn und Zweck der Vorschrift. Der Wortlaut von § 15 VAG ist weit gefasst. Danach kann es keinem Zweifel unterliegen, dass den Versicherungsunternehmen **generell** versicherungsfremde Geschäfte **untersagt** sind.[12] Ob dies auch richtlinienkonform ist, lässt sich erst nach Bestimmung des Sinns der Richtlinienvorgaben sagen. Eine Verkürzung dahingehend, dass das Betreiben versicherungsfremder Geschäfte nur einer Zulassung entgegensteht, kann allerdings auch den Richtlinien nicht entnommen werden. Diese sind vielmehr dahingehend zu verstehen, dass ein solches Tätigwerden auch im Rahmen der laufenden Aufsicht unterbunden werden muss. Jedes andere Verständnis würde die Frage aufwerfen, worin der Sinn einer Regelung bestehen würde, die im Zulassungsstadium Versicherern derartige Tätigkeiten verwehrt, sie ihnen aber nach erteilter Zulassung freistellt.[13] Auch der EuGH sieht daher in den Richtlinienbestimmungen ein Verbot verankert, versicherungsfremde Geschäfte auszuüben.[14] Dies wird im Ansatz auch von denen gesehen, die die Richtlinie im Grundsatz anders verstehen. Von dieser Seite wird immerhin eingeräumt, dass § 15 VAG bzw. die entsprechende Vorgängerregelung auch im Rahmen der laufenden Aufsicht „einen gewissen, weiteren Anhalt" bietet,[15] so dass mitunter nicht ganz zu Unrecht darauf hingewiesen wird, dass der Streit praktisch von keiner großen Bedeutung ist.[16]

6 Im Ergebnis bedeutet dies, dass § 15 VAG sowohl im Rahmen der Zulassungs- als auch der laufenden Aufsicht Bedeutung erlangt.[17] Versicherungsfremde Geschäfte stehen danach nicht nur einer Zulassung entgegen. Sie stellen auch einen **Missstand** dar, der die Aufsicht zu einem Einschreiten nach § 298 VAG berechtigt. Dabei liegt sowohl ein Verstoß gegen § 15 VAG als auch gegen den genehmigten Geschäftsplan vor, zu der die Satzung mit der Festlegung des Unternehmensgegenstands gehört.[18] Hierauf basierend kommt auch ein Widerruf der Erlaubnis nach § 304 Abs. 3 Nr. 1 VAG in Betracht.[19] Zudem können sich im Einzelfall Fragen zur Eignung der insoweit verantwortlichen Vorstandsmitglieder stellen,[20] der Versicherungsaufsicht obliegt dabei allerdings nicht die Erteilung eines Verweises.[21] § 15 VAG kommt allerdings nicht zum Zuge gegenüber Versicherern, die für den Geschäftsbetrieb in Deutschland keiner inländischen Zulassung bedürfen, also für EWR-ausländische Erst- und Rückversicherer.[22] Für diese ergibt sich – gestützt auf Richtlinienrecht – eine entsprechende Restriktion aus dem jeweiligen Sitzlandrecht. Insgesamt gesehen kann von einem aufsichtsrechtlichen Verbot versicherungsfremder Geschäfte gesprochen werden. Dabei ist die europarechtliche Vorgabe so genau und unbedingt formuliert, dass auch eine unmittelbare Berufung auf die Richtlinie möglich ist.[23]

7 Diese Vorgabe bedeutet aber nicht, dass es sich bei der auf ihm fußenden Vorschrift des § 15 VAG um ein gesetzliches Verbot im Sinne von **§ 134 BGB** handelt. Dies wäre grundsätzlich nur anzunehmen, wenn das Verbot nicht nur für eine der Parteien gilt.[24] § 15 VAG richtet sich aber lediglich an den Versicherer. Nur ihm sind aus Risikogründen versicherungsfremde Geschäfte verwehrt. Es sind auch keine darüber hinausgehenden Gründe ersichtlich, weshalb etwa zur effektiven Durchsetzung des Verbots Abweichendes gelten muss.[25] Vielmehr reicht das aufsichtsrechtliche Instrumentarium aus, um eine Durchsetzung der Vorschrift sicherzustellen.[26] Es ließe sich zudem mit der ratio des Verbots nicht in Einklang bringen, wenn dem zu schützenden Versicherungsnehmer durch die Rechtsfolge der Nichtig-

[12] *Entzian*, in: Verantwortlichkeit im Wirtschaftsrecht, 2002, S. 65, 67.

[13] *Schieber*, Die Aufsicht über Finanzkonglomerate, 1998, S. 200; *Entzian*, Versicherungsfremde Geschäfte, 1999, S. 8; *Winter*, S. 306; *Meyer-Riem*, in: Liber amicorum für G. Winter, 2007, S. 271, 273; Bähr/*Eilert* § 5 Rn. 11 f.; *Präve* ZfV 1996, 58, 60.

[14] *EuGH* Urt. v. 21.9.2000 – C-109/99, VersR 2001, 313; *EuGH* Urt. v. 20.4.1999 – C-241/97, VersR 1999, 1089 = WM 2000, 738.

[15] *Rittner* VersR 1994, 5, 10.

[16] *Heinrich* VersR 1997, 1169; *Schieber*, Die Aufsicht über Finanzkonglomerate, 1998, S. 200; *Wolf* WM 2003, 1058, 1059.

[17] *Neumann*, Die Aufsicht über Finanzkonglomerate, 1998, S. 163 f.; *Wolf* WM 2003, 1058, 1059.

[18] BAV-Beschlusskammer VerBAV 1996, 284, 286; *Entzian*, Versicherungsfremde Geschäfte, 1999, S. 177; *Leuering*, Der Erwerb von Beteiligungen durch Versicherungsunternehmen an Unternehmen anderer Wirtschaftszweige, 1997, S. 95, 122, 125 f.; ersteres bejahend *Neumann*, Die Aufsicht über Finanzkonglomerate, 1998, S. 164 f. und letzteres bejahend *Heinrich* VersR 1997, 1169, 1171; *Schieber*, Die Aufsicht über Finanzkonglomerate, 1998, S. 200.

[19] *Leuering*, Der Erwerb von Beteiligungen durch Versicherungsunternehmen an Unternehmen anderer Wirtschaftszweige, 1997, S. 95 f.

[20] *Kaulbach* NVersZ 2000, 415, 416.

[21] *BVerwG* Urt. v. 6.12.1999 – 1 A 5/98, VersR 2000, 707.

[22] Vgl. §§ 62, 169 Abs. 3 VAG.

[23] *EuGH* Urt. v. 21.9.2000 – C-109/99, VersR 2001, 313.

[24] *BGH* Urt. v. 17.6.2004 – III ZR 271/03, VersR 2004, 1029 = NJW-RR 2004, 1545; *OLG Hamm* Urt. v. 10.12.2009 – I-2 U 111/09, VersR 2010, 609.

[25] *OLG Hamm* Urt. v. 10.12.2009 – I-2 U 111/09, VersR 2010, 609; a. M. OLG Hamburg Urt. v. 15.2.2000 – 9 U 174/98, VerBAV 2000, 163; zum allgemeinen Ausgangspunkt s. a. *BGH* Urt. v. 17.6.2004 – III ZR 271/03, VersR 2004, 1029 = NJW-RR 2004, 1545.

[26] *Entzian*, Versicherungsfremde Geschäfte, 1999, S. 10 f., 177; *ders.*, in: Verantwortlichkeit im Wirtschaftsrecht, 2002, S. 71; so im Ergebnis auch *Neumann*, Die Aufsicht über Finanzkonglomerate, 1998, S. 161, 164; *Winter*, S. 309.

keit Erfüllungsansprüche vorenthalten blieben.[27] Insofern handelt es sich bei der Vorschrift von § 15 VAG um ein rein aufsichtsrechtliches Verbot.[28]

Weder in verfassungs- noch in europarechtlicher Hinsicht bestehen gegen das Verbot versicherungsfremder Geschäfte durchgreifende Bedenken. Soweit vereinzelt die Auffassung vertreten wird, das Verbot sei in der absoluten Form nicht erforderlich, um die Erfüllbarkeit der Verträge zu gewährleisten,[29] wird übersehen, dass die Versichertenbelange bereits durch die Vermischung von Versicherungs- mit anderen Risiken tangiert sind, in Bezug auf die Rückversicherung sind entsprechende mittelbare Implikationen zu berücksichtigen. Der **Eingriff** in die Freiheit der Berufsausübung (Art. 12 GG) ist insofern durch sachgerechte und vernünftige Erwägungen des Gemeinwohls **gerechtfertigt**.[30] Ein Eingriff in das Eigentumsrecht (Art. 14 GG) ist von vornherein nicht ersichtlich, da die Substanz des Gewerbebetriebs unberührt bleibt.[31] Schließlich entspricht § 15 VAG, wie bereits ausgeführt, den Vorgaben europäischen Richtlinienrechts[32] und ist insofern auch nicht zu unbestimmt. Ferner bestehen keine durchgreifenden Bedenken wegen anderweitiger Regularien im Kreditwesen.[33] Ein Verstoß gegen europäische Grundrechtsstandards[34] ist weder dargelegt noch ersichtlich. 8

III. Vorgaben für Erstversicherer (Abs. 1). 1. Betrieb von Geschäften, unmittelbarer Zusammenhang mit Versicherungsgeschäften (Abs. 1 S. 1 u. 4). Erstversicherern sind gemäß § 15 Abs. 1 S. 1 VAG neben Versicherungsgeschäften nur solche Geschäfte erlaubt, die mit diesen in unmittelbarem Zusammenhang stehen. Die Bestimmung des Anwendungsbereichs der Vorschrift gestaltet sich allerdings in mehrfacher Hinsicht als schwierig. Zum einen enthält weder die Solva II-Richtlinie noch das VAG eine Definition des Versicherungsgeschäfts.[35] **Anhaltspunkte** finden sich lediglich in Anlage 1 zum VAG bzw. in den Anhängen I und II zur Solva II-Richtlinie, die Listen der Versicherungssparten enthalten. Zum anderen nimmt das VAG lediglich in Bezug auf den Einsatz derivativer Finanzinstrumente (§ 15 Abs. 1 S. 2 VAG) und in Bezug auf das Verbot der Aufnahme von Fremdmitteln (§ 15 Abs. 1 S. 3 VAG) eine Konkretisierung vor, die allerdings nicht generalisierungsfähig ist. Immerhin findet sich seit dem Inkrafttreten des Gesetzes v. 20.7.2009[36] im Gesetz (§ 15 Abs. 1 S. 4 VAG) auch der ausdrückliche Hinweis, Geschäfte, die mit einem zusätzlichen finanziellen Risiko verbunden seien, seien untersagt. Damit wird die gesetzliche Vorgabe ein Stück weit konkreter.[37] 9

Maßgeblich für die Bestimmung eines unmittelbaren Zusammenhangs ist grundsätzlich die **Verkehrsauffassung**.[38] Diese unterliegt einem ständigen Wandel, der durch die Europäisierung und Globalisierung der Märkte weiter beschleunigt worden ist. Mitunter wird insofern auf die Erfordernisse einer Allfinanz und in diesem Zusammenhang auch auf den Stellenwert der unternehmerischen Gestaltungsfreiheit verwiesen, die eine Einschränkung des Anwendungsbereichs von § 15 VAG (bzw. der Vorgängervorschrift) erzwängen[39] bzw. eine Abschaffung der Vorschrift als wünschenswert erscheinen lassen sollen.[40] Zu trennen ist allerdings, ob dies de lege lata oder de lege ferenda gemeint ist. Letzteres würde jedenfalls zunächst eine Änderung von europäischem Richtlinienrecht erfordern. Ersteres findet dort seine Grenze, wo Wortlaut sowie Sinn und Zweck der Bestimmungen entgegenstehen. Ein Ermessen der Aufsicht eröffnet § 15 VAG nicht.[41] Die Annahme bzw. Verneinung eines unmittelbaren Zusammenhangs unterliegt insofern der vollen gerichtlichen Nachprüfung. 10

Ausgangspunkt ist die **Abwehr von Gefahren**, die mit versicherungsfremden Geschäften einhergehen.[42] So sollen die Versicherten vor den finanziellen Risiken bewahrt werden, die sich aus der 11

---

[27] *OLG Hamm* Urt. v. 25.9.2002 – 20 U 63/02, VersR 2003, 446; *LG Berlin* Urt. v. 14.8.2001 – 7 O 144/01, VersR 2002, 1227; *Armbrüster/Schilbach* r+s 2016, 109, 114; a. M. *LG Hamburg* Urt. v. 23.7.1998 – 322 O 261/97, VerBAV 1998, 327.

[28] *Entzian*, Versicherungsfremde Geschäfte, 1999, S. 9, 11; *Michael/Kaulbach* VersR 2010, 1161, 1163; Bähr/*Eilert* § 5 Rn. 21; *Laudage*, Aufsicht über strukturierte Rückversicherungskonzepte, 2009, S. 88; *Bruns*, Privatversicherungsrecht, 2015, § 33 Rn. 10.

[29] *Entzian*, Versicherungsfremde Geschäfte, 1999, S. 178; *Winter*, S. 306.

[30] BAV-Beschlusskammer VerBAV 1996, 284, 288; *Meyer-Riem*, in: Liber amicorum für G. Winter, 2007, S. 271, 272.

[31] BAV-Beschlusskammer VerBAV 1996, 284, 288; s. a. *Scholz* ZVersWiss 1984, 1, 30.

[32] So bereits zum früheren Recht BAV-Beschlusskammer VerBAV 1996, 284, 288 f.; *Kaulbach* VersR 1997, 286.

[33] A. A. *Entzian*, in: Verantwortlichkeit im Wirtschaftsrecht, 2002, S. 70, 74.

[34] *Entzian*, in: Verantwortlichkeit im Wirtschaftsrecht, 2002, S. 75.

[35] *Schieber*, Die Aufsicht über Finanzkonglomerate, 1998, S. 198.

[36] BGBl. I 2305.

[37] Gesetzentwurf der Bundesregierung, BT-Drs. 16/12783, 18 (zu § 7 Abs. 2 VAG).

[38] *Bormann*, Organschaftliche Verflechtungen bei Kreditinstituten und Versicherungsunternehmen, 1999, S. 66.

[39] *Neumann*, Die Aufsicht über Finanzkonglomerate, 1998, S. 228; *Entzian*, Versicherungsfremde Geschäfte, 1999, S. 178 f.; in diese Richtung gehend auch *Laudage*, Aufsicht über strukturierte Aufsichtskonzepte, 2009, S. 82; anders hingegen *H. Müller*, in: Die Privatversicherung im Wandel, 2002, S. 19, 38 f.

[40] *Entzian*, Versicherungsfremde Geschäfte, 1999, S. 179 f.; *Meyer-Riem*, in: Liber amicorum für G. Winter, 2007, S. 271, 279; so auch für die Schweiz *Raaflaub* SVZ 1999, 4, 5; s. a. *Frick* RiW 2004, 216, 218 u. 221.

[41] *Neumann*, Die Aufsicht über Finanzkonglomerate, 1998, S. 165.

[42] *Neumann*, Die Aufsicht über Finanzkonglomerate, 1998, S. 226; *Leuering*, Der Erwerb von Beteiligungen durch Versicherungsunternehmen an Unternehmen anderer Wirtschaftszweige, 1997, S. 123, *Entzian*, in: Verantwortlichkeit im Wirtschaftsrecht, 2002, S. 72; *Wolf* WM 2003, 1058, 1060; *Präve* FS Schirmer, 2005, S. 489, 493.

Ausübung derartiger Tätigkeiten für die Versicherer ergeben,[43] so wie dies § 15 Abs. 1 S. 4 VAG ausdrücklich herausstellt.[44] Vor diesem Hintergrund kann es für den Betrieb derartiger Geschäfte nicht darauf ankommen, ob eine gewisse Planmäßigkeit gegeben ist[45] oder ob ihnen etwas Einmaliges anhaftet. Auch Geschäfte, die lediglich ein einziges Mal getätigt werden, können Risiken bergen, vor deren die Vorschrift des § 15 Abs. 1 VAG schützen will.[46] Ob ein Betrieb im Sinne der Vorschrift vorliegt, bleibt somit der Wertung im Einzelfall überantwortet. Allerdings ist andererseits auch zu berücksichtigen, dass das zusätzliche finanzielle Risiko, vor dem § 15 Abs. 1 VAG schützen soll, messbar ist, sich m. a. W. von den auch mit dem Versicherungsgeschäft verbundenen Risiken klar abheben muss. Einer Bedrohung der Solvabilität[47] bedarf es hierzu aber nicht. § 15 Abs. 1 VAG zielt vielmehr auf einen vorgelagerten Schutz. Die bloße Annahme des Versicherers, er orientierte sich am Wohl der Versicherten,[48] genügt nicht. Hierauf basierend ergibt sich bezüglich des notwendigen unmittelbaren Zusammenhangs mit Versicherungsgeschäften folgende Anwendungskasuistik:

12 **Bankgeschäfte** dürfen von Versicherungsunternehmen nicht unmittelbar betrieben werden,[49] was auch als Folge fundamentaler Unterschiede zwischen Banken und Versicherungen[50] verstanden werden kann. Dass dies in wegen Allfinanzentwicklungen nicht sachgerecht sei,[51] kann jedenfalls de lege lata nicht mit Erfolg eingewandt werden. Allerdings sind sog. Kapitalisierungsgeschäfte erlaubt, wenn sie von Lebensversicherungsunternehmen betrieben werden.[52]

13 Zulässig sind auch sog. **Beitragsdepots,** auf die Lebensversicherte ihre Beiträge im Voraus einzahlen.[53] Die Depots dürfen allerdings den Barwert der künftigen Beiträge, abgezinst mit dem gültigen Depotzins, nicht übersteigen und nur gleichzeitig mit dem Versicherungsvertrag gekündigt werden, um den notwendigen Zusammenhang zum Versicherungsgeschäft zu wahren.[54] Auch darf für die Einzahlungen auf das Depot keine höhere Verzinsung als für die Prämienzahlung garantiert werden.[55] Gegen die Gewährung von **Mitarbeiterdarlehen** im Rahmen arbeitsvertraglicher Absprachen ist im Grundsatz nichts einzuwenden, solange sie sich in einem vertretbaren Rahmen halten. Entsprechendes gilt für Darlehen, die Versicherungsvertretern zum Aufbau einer Vertriebsstruktur gewährt werden.[56] Zulässig sind des Weiteren sog. Policendarlehen der Lebensversicherer, da diese unmittelbar mit dem Lebensversicherungsvertrag verknüpft sind.[57]

14 Ist der Versicherer in einen Unterordnungskonzern eingegliedert, an dessen Spitze eine nicht der Versicherungsaufsicht unterliegende **Holding**gesellschaft steht, bestehen gegen deren versicherungsfremde Geschäfte keine Bedenken.[58] Auch bloße **Beteiligungen** an anderen Versicherern oder branchenfremden Unternehmen sind nicht versicherungsfremd.[59] Hinsichtlich der Beteiligung an Geschäftsbanken gilt nichts Abweichendes, auch wenn die Versicherungsaufsicht hier – anders als etwa bei Beteiligungen an Kapitalanlagegesellschaften oder Bausparkassen – zur Zurückhaltung rät.[60] Selbst 100% ige Beteiligungen stellen per se noch keinen Betrieb versicherungsfremder Geschäfte dar.[61] Gegen sie lässt sich auch nicht mit Erfolg einwenden, hiermit würde das Verbot versicherungsfremder Geschäfte

---

[43] *EuGH* Urt. v. 21.9.2000 – C-109/99, VersR 2001, 313; *EuGH* Urt. v. 20.4.1999 – C-241/97, VersR 1999, 1089 = WM 2000, 738 zu den europäischen Richtlinienbestimmungen; BAV-Beschlusskammer VerBAV 1996, 284, 287; *Schoenfeldt/Kalis* VersR 2001, 1325, 1328; *Schieber*, Die Aufsicht über Finanzkonglomerate, 1998, S. 270; *H. Müller*, in: Die Privatversicherung im Wandel, 2002, S. 19, 31 f.; *Michael/Kaulbach* VersR 2010, 1161, 1162; Bähr/*Eilert* § 5 Rn. 42 u. 44; ebenso *Flütsch* SJZ 1988, 257, 264 zum Schweizer Recht.

[44] Der Hinweis, das Verbot diene auch dem kollektiven Funktionsschutz (so Bähr/*Eilert* § 5 Rn. 43 f.), vermag keine weiterreichenden Eingriffe zu rechtfertigen als die, die sich aus dem Unterbinden zusätzlicher finanzieller Risiken ergeben. Zudem findet die generelle Ansicht, das Aufsichtsrecht diene auch dem Funktionsschutz, weder in der Solva II-Richtlinie noch im VAG eine Entsprechung, vgl. Art. 27 u. 28 Solva II-RL und § 294 VAG. Vgl. zu letzterem auch § 1 VAG Rn. 9.

[45] So aber *Entzian*, Versicherungsfremde Geschäfte,1999, S. 89; *Winter*, S. 307.

[46] Bähr/*Eilert* § 5 Rn. 51 f.

[47] *Klimke* r+s 2015, 217, 221.

[48] *Laudage*, Aufsicht über strukturierte Rückversicherungskonzepte, 2009, S. 89.

[49] *Kaulbach* VersR 1997, 286; Bähr/*Eilert* § 5 Rn. 56.

[50] *Kaiser*, Finanzintermediation durch Banken und Versicherungen, 2006, S. 214 f.

[51] *Neumann*, Die Aufsicht über Finanzkonglomerate, 1998, S. 227.

[52] § 1 Abs. 2 S. 1 u. 2 VAG iVm Anlage 1 Nr. 23 zum VAG.

[53] *Entzian*, Versicherungsfremde Geschäfte, 1999, S. 139.

[54] BAV-Verlautbarung GB BAV 1996 A S. 44; *Entzian*, Versicherungsfremde Geschäfte, 1999, S. 141.

[55] BAV-Verlautbarung GB BAV 1996 A S. 44; a. M. *Entzian*, Versicherungsfremde Geschäfte, 1999, S. 139.

[56] *LG Dortmund* Urt. v. 29.4.2009 – 7 O 13/09, VersR 2010, 609.

[57] *Benkel/Hirschberg*, Lebens- und Berufsunfähigkeitsversicherung, 2. Aufl., 2011, § 5 ALB 1986 Rn. 9–12.

[58] *Entzian*, Versicherungsfremde Geschäfte, 1999, S. 105.

[59] *Entzian*, Versicherungsfremde Geschäfte, 1999, S. 106; *ders.*, in: Verantwortlichkeit im Wirtschaftsrecht, 2002, S. 75; *Wolf* WM 2003, 1058, 1061; *Winter*, S. 324; Bähr/*Eilert* § 5 Rn. 64; einschränkend *Baran* VR 4/2008, 13, 18.

[60] *H. Müller*, in: Gies/H. Müller/Kuntze, Möglichkeiten und Grenzen von Allfinanzkonzepten, 1990, S. 20, 31; *Angerer* ZfV 1983, 134, 140.

[61] *H. Müller*, in: Gies/H. Müller/Kuntze, Möglichkeiten und Grenzen von Allfinanzkonzepten, 1990, S. 20, 30; Bähr/ *Eilert* § 5 Rn. 64.

umgangen.[62] Das Betreiben versicherungsfremder Geschäfte erfordert nämlich mehr als die Bereitstellung von Kapital.[63] Im Übrigen ist auch nicht ersichtlich, dass durch bloße Beteiligungen bereits per se Gefährdungslagen geschaffen werden, die § 15 Abs. 1 VAG zuwiderlaufen würden.[64] Das bloße Risiko einer möglichen moralischen Haftung genügt jedenfalls nicht.[65]

Versicherungsunternehmen dürfen daher auch Vermögensanlage- bzw. Vermögensverwaltungsgesellschaften (sog. **Asset Management** Gesellschaften)[66] gründen bzw. sich an ihnen beteiligen.[67] Ihnen bleibt es im Grundsatz auch unbenommen, über **Tochtergesellschaften** weitere Dienstleistungen anzubieten, die als versicherungsfremd einzustufen sind.[68] Entscheidend ist, dass diese Gesellschaften, sofern sie ihre Geschäftstätigkeit nicht im Versicherungssektor ausüben, die finanziellen Risiken auf ihr eigenes Vermögen beschränken.[69] Versicherungsunternehmen sind folglich nicht daran gehindert, etwa im Rahmen ihrer freien Mittel eine Beteiligung an einer derartigen Gesellschaft zu halten.[70] Das VAG enthält im Übrigen ausreichende Korrektive jenseits eines pauschalen Verbots. So sind für den Fall, dass die Beteiligung aus dem Sicherungsvermögen Vermögen finanziert wird, die Vorgaben der §§ 125 ff. VAG und der auf § 131 VAG fußenden Rechtsverordnung zu beachten. Im Übrigen kann die Aufsicht dem Versicherer die Fortsetzung der Beteiligung an einem aufsichtsfreien Unternehmen unter bestimmten Voraussetzungen untersagen (§ 302 VAG). Diese Bestimmungen schließen freilich eine Anwendbarkeit von § 15 Abs. 1 VAG per se nicht aus.[71] Betätigen sich Versicherer beispielsweise als persönlich haftende Gesellschafter an OHG, KG oder an BGB-Gesellschaften bzw. als Korrespondenzreeder an Partenreedereien, geht dies über eine reine Beteiligung hinaus, so dass das Verbot versicherungsfremder Geschäfte eingreift.[72] Das gilt auch, wenn ein Vorstandsmitglied des Versicherers die Mitgeschäftsführung einer Tochtergesellschaft übernimmt und diese versicherungsfremden Geschäfte tätigt.[73] Die Übernahme eines entsprechenden Aufsichtsratsmandats begründet hingegen nicht den Tatbestand des Betriebs versicherungsfremder Geschäfte, da über den Aufsichtsrat kein vergleichbarer Einfluss ausgeübt werden kann.[74] Möglich sind hier aber aufsichtsbehördliche Maßnahmen nach § 302 Abs. 1 iVm Abs. 2 VAG. 15

Im Übrigen stellen **Vermögensanlagen,** die nach §§ 124 ff. VAG erlaubt sind, generell keine versicherungsfremden Geschäfte dar.[75] Das gilt namentlich auch für Darlehensvergaben im Rahmen von § 125 Abs. 1 S. 2 Nr. 1 VAG, was Bedeutung auch für sog. Konsortialfinanzierungen erlangen kann.[76] 16

Unzulässig ist der Abschluss eines **Beherrschungsvertrags** mit einem Nicht-Versicherer,[77] ebenso die Eingliederung eines Nicht-Versicherers in einen Versicherer.[78] Entsprechendes gilt im Falle einer qualifiziert faktischen Unternehmensverbindung. Ein Gewinnabführungsvertrag unter Beteiligung eines Nicht-Versicherers begegnet im Hinblick auf § 15 Abs. 1 VAG keinen Bedenken.[79] 17

Zulässig ist – unter Beachtung des Spartentrennungsgrundsatzes – die **Übernahme von Funktionen** anderer Versicherungsunternehmen,[80] aber auch die Ausgliederung von Funktionen auf Nicht-Versicherer.[81] 18

---

[62] So aber BAV-Verlautbarung VerBAV 1994, 126; *LG Düsseldorf* Urt. v. 14.3.1994 – 32 O 158/92, ZIP 1994, 628; vgl. *Schoenfeldt/Kalis* VersR 2001, 1325, 1330.

[63] *Angerer* ZfV 1983, 134, 138.

[64] *Entzian*, Versicherungsfremde Geschäfte, 1999, S. 119.

[65] *Entzian*, Versicherungsfremde Geschäfte, 1999, S. 128; *Wolf* WM 2003, 1058, 1062; Bähr/ *Eilert* § 5 Rn. 67.

[66] Vgl. *U. Müller* ZVersWiss 2000, 65 ff..

[67] *Neumann*, Die Aufsicht über Finanzkonglomerate, 1998, S. 153 f.

[68] *OLG Hamm* Urt. v. 10.12.2009 – I 2 U 111/09, VersR 2010, 609; *Neumann*, Die Aufsicht über Finanzkonglomerate, 1998, S. 226 f.

[69] *Wolf* WM 2003, 1058, 1060.

[70] Vgl. *EuGH* Urt. v. 21.9.2000 – C-109/99, VersR 2001, 313; *EuGH* Urt. v. 20.4.1999 – C-241/97, VersR 1999, 1089 = WM 2000, 738, 742; *Angerer* ZfV 1983, 134, 144.

[71] *Leuering*, Der Erwerb von Beteiligungen durch Versicherungsunternehmen an Unternehmen anderer Wirtschaftszweige, 1997, S. 145 f.; a. M. *Entzian*, Versicherungsfremde Geschäfte, 1999, S. 120; jeweils zur früheren Rechtslage

[72] *H. Müller*, in: Gies/H. Müller/Kuntze, Möglichkeiten und Grenzen von Allfinanzkonzepten, 1990, S. 20, 30; *Angerer* ZfV 1983, 134, 138 f.; *Leuering*, Der Erwerb von Beteiligungen durch Versicherungsunternehmen an Unternehmen anderer Wirtschaftszweige, 1997, S. 123; speziell zur Beteiligung an Partenreedereien s. a. BAV-Verlautbarung GB BAV 1968, 27.

[73] Insofern zutreffend *LG Düsseldorf* Urt. v. 14.3.1994 – 32 O 158/92, ZIP 1994, 628, 631 zum Fall Arag/ Garmenbeck.

[74] *Bormann*, Organschaftliche Verflechtungen bei Kreditinstituten und Versicherungsunternehmen, 1999, S. 179.

[75] *Schieber*, Die Aufsicht über Finanzkonglomerate, 1998, S. 199; *Winter*, S. 320 jeweils zur früheren Rechtslage.

[76] Hierzu speziell *Grunert/Püttgen* WM 2014, 1316, 1317 f. (bezogen noch auf die frühere Rechtslage).

[77] *Dreher* DB 1992, 2605, 2612; *Kaulbach* VersR 1997, 286, 287; *Bormann*, Organschaftliche Verflechtungen bei Kreditinstituten und Versicherungsunternehmen, 1999, S. 67; a. M. *Winter*, S. 357.

[78] *Bormann*, Organschaftliche Verflechtungen bei Kreditinstituten und Versicherungsunternehmen, 1999, S. 67

[79] *Dreher* DB 1992, 2605, 2612; *Leuering*, Der Erwerb von Beteiligungen durch Versicherungsunternehmen an Unternehmen anderer Wirtschaftszweige, 1997,S. 123; *Winter*, S. 360; vgl. hierzu insgesamt § 9 VAG Rn. 52 ff.

[80] *Entzian*, Versicherungsfremde Geschäfte, 1999, S. 86.

[81] So im Ergebnis auch *Kagelmacher*, Dienstleistungsverträge und Funktionsausgliederungen im Versicherungsaufsichtsrecht, 1989, S. 112 f.; vgl. im Einzelnen § 9 VAG Rn. 89 ff.

19 Der Betrieb von Versicherungsgeschäften einer **Sparte,** für die keine Zulassung erteilt worden ist, wird von § 15 Abs. 1 VAG nicht erfasst.

20 Die Versicherungsleistung muss nicht notwendig in Geld-, sie kann auch in **Naturalersatz** bestehen.[82] Darf der private Krankenversicherer in vertragsrechtlicher Hinsicht Heilbehandlungen selber zum Vertragsgegenstand machen, wäre dies auch aufsichtsrechtlich als Versicherungsgeschäft zu werten.[83] Dasselbe gilt für die Besorgung von Dienstleistungen eines Rechtsanwalts durch den Rechtsschutzversicherer.[84]

21 Auch eine **Direktregulierung,** also die Schadenabwicklung durch den eigenen Versicherer des Geschädigten mit anschließendem Regress gegen den Versicherer des Schädigers, ist kein versicherungsfremdes Geschäft und kann daher Gegenstand einer entsprechenden Vertragsabrede des Versicherers sein.[85]

22 Gegen die Überlassung von **Telematik-Komponenten** in der Kraftfahrzeugversicherung sind keine durchgreifenden Einwände in Bezug auf das Verbot versicherungsfremder Geschäfte zu erheben.[86] Dabei handelt es sich um Geräte, die der Aufzeichnung des Fahrverhaltens und auch der Absetzung eines Notrufs dienen. Unbeschadet der generellen Zulässigkeit der hiermit einhergehenden umfassenden Datenerhebung ist in aufsichtsrechtlicher Hinsicht auf den engen Zusammenhang mit entsprechenden Vertragsabreden hinzuweisen. Die Überlassung entsprechender Gerätschaften ist integraler Bestandteil des Versicherungsvertrags. So bemisst sich die Prämie nach dem jeweils ermittelten Fahrverhalten des Versicherten. Soweit hiermit auch weitere Zwecke verbunden sein mögen, wie etwa das Auffinden des Autos, ist darauf zu achten, dass ein hinreichender Zusammenhang mit dem Versicherungsvertrag gewahrt bleibt bzw. derartige Weiterungen nur von untergeordneter Bedeutung sind. Dass sich Ansprüche wegen Mängel der überlassenen Gerätschaften ergeben können, begründet zwar ein zusätzliches finanzielles Risiko. Dieses ist aber der Versicherungsabrede in der Ausgestaltung von Telematik-Tarifen immanent. Letztlich sind die hiermit verbundenen (finanziellen) Risiken aufsichtsrechtlich vernachlässigbar. Entsprechendes gilt für die nach Art der Lebensversicherung betriebene Krankenversicherung, soweit es hier zum Einsatz sog. Wearables und Gesundheitsapps kommt.[87]

23 Das **Nicht-Versicherungsgeschäft** ist Versicherern ansonsten verwehrt, wenn es seinerseits nicht in einem Zusammenhang mit dem Versicherungsgeschäft steht. So dürfen Versicherer grundsätzlich nicht die Verwaltung von Immobilien anderer Unternehmen übernehmen. Im Einzelfall wurde hiervon eine Ausnahme gemacht, wenn der Versicherer von Regressansprüchen Dritter wegen nichtvorsätzlicher Schlechterfüllung derartiger Verwaltungsarbeiten freigestellt worden ist.[88] Lebensversicherer dürfen keine Verträge schließen, bei denen eine dem Versicherungsnehmer unbekannte Person als Versicherter eingesetzt und darüber hinaus vereinbart wird, dass im Falle des Todes des Versicherten der Vertrag mit einer anderen versicherten Person fortgesetzt wird (sog. Optima-Geschäfte).[89] Der Gesetzgeber geht davon aus, dass mit solchen Geschäften Risiken verbunden sind, die nicht mit den anders gelagerten Risiken des Versicherungsgeschäfts vermischt werden sollen. Insofern gibt es auch keine Kategorie von „versicherungsähnlichen Geschäften",[90] die Versicherungsunternehmen zulässigerweise betreiben dürfen. Die Auffassung, eine konkrete Gefährdung der Solvabilität sei auch in derartigen Fällen im Einzelnen darzutun, um deren Unzulässigkeit zu begründen,[91] entbehrt der Rechtfertigung und lässt sich angesichts der auch europarechtlich begründeten Notwendigkeit des Versichertenschutzes letztlich auch nicht verfassungsrechtlich herleiten.[92] So sollen die Versicherten mit dem Verbot generell vor zusätzlichen finanziellen Risiken bewahrt werden, wie dies § 15 Abs. 1 S. 4 VAG ausdrücklich klarstellt. Schließlich spricht gegen diese Sichtweise, dass sie letztlich nicht plausibel machen kann, weshalb es überhaupt des Verbots versicherungsfremder Geschäfte bedarf, denn im Falle einer Gefährdung der Solvabilität kann die Aufsicht auch ohne Rekurs auf § 15 Abs. 1 VAG eingreifen.[93] Hingegen handelt es sich bei einer sog. Terminfixversicherung um eine Lebensversicherung mit festem Auszahlungstermin, der § 15 Abs. 1 VAG nicht entgegensteht.[94]

---

[82] *Entzian*, Versicherungsfremde Geschäfte, 1999, S. 145 f.
[83] *Schoenfeldt/Kalis* VersR 2001, 1325, 1332.
[84] *Werber* VersR 2006, 1010, 1015.
[85] *Schirmer* VersR 2003, 401, 405; *Diehl* DAR 2001, 552, 555.
[86] *Klimke* r+s 2015, 217, 221 f.; *Armbrüster/Greis* ZfV 2015, 457, 459.
[87] Zu deren Einordnung bzgl. des Gleichbehandlungsgrundsatzes vgl. § 146 VAG Rn. 25.
[88] BAV-Verlautbarung GB BAV 1992, 41.
[89] *OLG Hamburg* Urt. v. 15.2.2000 – 9 U 174/98, VerBAV 2000, 163; *LG Hamburg* Urt. v. 23.7.1998 – 322 O 261/97, VerBAV 1998, 327; *Kaulbach* NVersZ 2000, 415, 416.
[90] *Entzian*, Versicherungsfremde Geschäfte, 1999, S. 86 f.
[91] *Entzian*, Versicherungsfremde Geschäfte, 1999, S. 161 f.
[92] A. M. *Entzian*, Versicherungsfremde Geschäfte, 1999, S. 178 f.
[93] Vgl. insoweit zutreffend *Kaulbach* VersR 1997, 286, 287.
[94] *OLG Hamm* Urt. v. 25.9.2002 – 20 U 63/02, VersR 2003, 446; *LG Berlin* Urt. v. 14.8.2001 – 7 O 144/01, VersR 2002, 1227.

Hilfs- und Nebengeschäfte stehen auch Versicherungsunternehmen offen,[95] etwa zur Stützung wichtiger Unternehmensbereiche und -funktionen;[96] das gilt auch für entsprechende Geschäfte, die für den Versicherungsbetrieb anderer Unternehmen erbracht werden.[97] 24

Bei Patronatserklärungen, also Erklärungen, die ein Versicherer als Muttergesellschaft gegenüber dem Kreditgeber seiner Tochtergesellschaft abgibt, um ein Verhalten in Aussicht zu stellen, mit dem die Aussichten auf Rückzahlung des Kredits verbessert werden,[98] ist zwischen sog. weichen und harten Erklärungen zu differenzieren. Sog. **weiche Patronatserklärungen**, die keine rechtlichen Verpflichtungen zur finanziellen Ausstattung einer Tochtergesellschaft begründen,[99] sind zulässig. Hier besteht keine Gefahr, dass Versicherer zu Leistungen verpflichtet werden, die den Schutzbereich von § 15 Abs. 1 VAG tangieren. Die bloße Gefahr einer moralischen Haftung[100] reicht nicht aus, um derartige Erklärungen für unzulässig zu erklären.[101] Diese Gefahr, die im Falle von Tochtergesellschaften auch ansonsten besteht,[102] wird alleine durch die Abgabe einer weichen Patronatserklärung noch nicht spürbar erhöht. Eine Rechtsverpflichtung wird nicht eingegangen. Auch kann in einer weichen Patronatserklärung für sich genommen noch kein Tatbestand gesehen werden, der eine Vertrauenshaftung begründen könnte. Dazu fehlt regelmäßig ein rechtswirksamer Bindungswille.[103] Etwas anderes wäre allenfalls anzunehmen, wenn mit der Erklärung im Einzelfall der unzutreffende Eindruck hervorgerufen würde, die Tochtergesellschaft sei solvent.[104] Eine solche Erklärung wäre freilich mit § 15 Abs. 1 VAG wiederum unvereinbar. Das alleine kann aber das Verdikt der Unzulässigkeit jeglicher weichen Patronatserklärung nicht rechtfertigen.[105] Dabei ist auch zu berücksichtigen, dass die Versicherungsaufsicht im Rahmen der Finanzaufsicht über ausreichende Kompetenzen verfügt, um der Realisierung entsprechender Gefahr wirksam zu begegnen.[106] 25

Harte Patronatserklärungen, mit denen Verpflichtungen zur finanziellen Ausstattung einer Tochtergesellschaft und damit einklagbare Zahlungsverbindlichkeiten begründet werden,[107] sind hingegen problematisch. Die Belange der Versicherten sind hier insbesondere tangiert, wenn der Versicherer zur Befriedigung der Patronatsgläubiger auf das Sicherungsvermögen zurückgreifen muss. Daher ist eine Patronatserklärung von vornherein unzulässig, deren Garantiesumme den Betrag des Sicherungsvermögens übersteigt.[108] Aber auch darüber hinaus besteht ein erhöhtes Risiko, vor dem § 15 Abs. 1 VAG die Versicherten schützen soll.[109] So geht der Versicherer gegenüber dem Kreditgeber eine unmittelbare Verpflichtung ein, seine Tochtergesellschaft mit den nötigen Mitteln für die Zahlung auszustatten.[110] Kommt er dieser Verpflichtung nicht nach, haftet er im Falle der Uneinbringlichkeit der gesicherten Forderung auf Schadensersatz wegen Nichterfüllung.[111] Namentlich hat er im Falle der Insolvenz der Tochtergesellschaft wie ein Bürge einzustehen.[112] Der Versicherer und seine Tochtergesellschaft haften insofern nebeneinander und nicht nur nacheinander.[113] Im Ergebnis werden damit Risiken eingegangen, die vom Versicherer selber gar nicht gesteuert werden können. 26

Auf die Anzahl abgegebener Patronatserklärungen[114] kommt es dabei nicht entscheidend an. Harte Patronatserklärungen als bloße Maßnahmen der Beteiligungsverwaltung[115] zu rechtfertigen bzw. sie als bloße Hilfsgeschäfte einzuordnen,[116] überzeugt nicht, da eben auch aus Beteiligungen Gefahren erwachsen können, denen versicherungsaufsichtsrechtlich zu begegnen ist. Auf die **Umstände des Einzelfalls**, 27

---

[95] *Entzian*, Versicherungsfremde Geschäfte, 1999, S. 84.
[96] *Michael/ Kaulbach* VersR 2010, 1161, 1162 f.; *LG Dortmund* Urt. v. 29.4.2009 – 7 O 13/09, VersR 2010, 609.
[97] *Entzian*, Versicherungsfremde Geschäfte, 1999, S. 85.
[98] Vgl. nur *Michalski* WM 1994, 1229 f.; *Schneider* ZIP 1989, 619 ff..
[99] *von Rosenberg/Kruse* BB 2003, 641; *Michalski* WM 1994, 1229, 1230.
[100] BAV-Beschlusskammer VerBAV 1996, 284, 287; BAV-Verlautbarung VerBAV 1994, 126; *Schieber*, Die Aufsicht über Finanzkonglomerate, 1998, S. 270 f.; s. a. *LG Düsseldorf* 14.3.1994 – 32 O 158/92, ZIP 1994, 628.
[101] *Wolf* WM 2003, 1058, 1062.
[102] Vgl. *Angerer* ZfV 1983, 134, 136; *Leuering*, Der Erwerb von Beteiligungen durch Versicherungsunternehmen an Unternehmen anderer Wirtschaftszweige, 1997, S. 156 ff.
[103] *OLG Karlsruhe* Urt. v., 24.11.1992 – 22 U 72/92, AG 1993, 89 = NJW-RR 1993, 804; a. M. zumindest teilweise *Saenger/Merkelbach* WM 2007, 2309, 2310 ff.
[104] *Habersack* ZIP 1996, 257, 263.
[105] So auch Bähr/*Eilert* § 5 Rn. 75 f.
[106] § 298 Abs. 1 iVm § 294 Abs. 4 VAG; vgl. *Entzian*, Versicherungsfremde Geschäfte, 1999, S. 143 f.; *Kaulbach* VersR 1997, 286, 287.
[107] BAV-Beschlusskammer VerBAV 1996, 284, 287; *von Rosenberg/Kruse* BB 2003, 641; *Wittig* WM 2003, 1981, 1982 u. 1984; *Habersack* ZIP 1996, 257, 258.
[108] *Entzian*, Versicherungsfremde Geschäfte, 1999, S. 145 (bezogen auf das vormals gebundene Vermögen).
[109] *Wolf* WM 2003, 1058, 1062; Bähr/*Eilert* § 5 Rn. 72.
[110] *LG München* I Urt. v. 2.3.1998 – 11 HKO 20623/97, ZIP 1998, 1956; *von Bernuth* ZIP 1999, 1501, 1502; *Michalski* WM 1994, 1229, 1238.
[111] *OLG Karlsruhe* Urt. v. 24.11.1992 – 22 U 72/92, AG 1993, 89, 90; *von Bernuth* ZIP 1999, 1501, 1502.
[112] *Habersack* ZIP 1996, 257, 258.
[113] *BGH* Urt. v. 30.1.1992 – IX ZR 112/91, WM 1992, 501; *OLG Stuttgart* Urt. v. 21.2.1985 – 7 U 202/84, WM 1985, 455.
[114] *Kaulbach* VersR 1997, 286, 287.
[115] *Kaulbach* VersR 1997, 286, 287; *Neumann*, Die Aufsicht über Finanzkonglomerate, 1998, S. 166 f.
[116] *Winter*, S. 318.

namentlich den Nachweis einer besonderen Gefahr für die Solvabilität,[117] kommt es bei harten Patronatserklärungen im Ergebnis ebenfalls nicht an. Von dem Gesagten wird von Seiten der Aufsicht allerdings dann eine Ausnahme gemacht, wenn ein Versicherer als Gründer eines anderen Versicherers auftritt. Der Gründer hat dann nicht nur einen Organisationsfonds zu stellen, sondern sich im Regelfall auch zu verpflichten, mögliche Fehlbeträge des neuen Versicherers in den ersten Geschäftsjahren auszugleichen. Die zeitliche Limitierung sowie die Versicherteninteressen bei dem neuen Unternehmen streiten für diese Verfahrensweise. Zudem ist von vornherein auf eine ausreichende Dotierung des Organisationsfonds zu achten, so dass die Gefahr einer Inanspruchnahme aus der Verpflichtungserklärung als eher gering einzustufen ist.

28 Für **Bürgschaften** und **Freistellungserklärungen** gilt das zu harten Patronatserklärungen Gesagte entsprechend.[118] Die Übernahme von Bürgschaften und Garantien im Rahmen der Kautionsversicherung ist zulässig, da dies das Wesen dieser Versicherungssparte[119] ausmacht.

29 Die Bearbeitung von Beihilfeanträgen von privat krankenversicherten Beamten durch den eigenen Versicherer ist aufsichtsrechtlich als zulässiges Nebengeschäft zu werten, da dieser Tätigkeit derselbe Lebenssachverhalt wie dem Versicherungsgeschäft zugrunde liegt. Auch die Übernahme der Verwaltung des Vermögens bei einer fondsgebundenen Lebensversicherung begegnet keinen Bedenken, solange sie mit dem Versicherungsgeschäft des jeweiligen Versicherers verknüpft bleibt. In Betracht kommen darüber hinaus Beratungs- und Informationsleistungen für die Versicherten.[120] Bedeutung erlangt dies namentlich in der privaten Krankenversicherung, wo Unternehmen sich sog. **Managed-Care**-Konzepte verschrieben haben.[121] Im Hinblick auf § 15 Abs. 1 VAG bestehen gegen derartige zusätzliche Leistungen keine Bedenken, sofern diese im Ergebnis auf eine Schadenbegrenzung bzw. -unterbindung zielen[122] und nur den eigenen Versicherungsnehmern angeboten werden. Werden derartige Leistungen auch für Dritte erbracht, ist dies im Hinblick auf § 15 Abs. 1 VAG jedenfalls immer dann bedenklich, wenn hieraus zusätzliche Haftungsrisiken resultieren.[123] Bei der Kreditversicherung ist die Kreditprüfung essentieller Bestandteil des Versicherungsgeschäfts und stellt daher auch kein versicherungsfremdes Geschäft dar.[124]

30 Für **Pensionsfonds** gilt das Verbot und damit das oben Ausgeführte entsprechend.[125] Zu beachten ist dabei allerdings, dass Pensionsfonds nur Altersversorgungsleistungen im Sinne von § 236 VAG erbringen dürfen. Insofern bestehen auch unmittelbare Parallelen zum Geschäft der Lebensversicherer. Darüber hinaus bleibt aber den Pensionsfonds das Versicherungsgeschäft ebenso verschlossen wie umgekehrt Versicherungsunternehmen – außerhalb der Sparte gemäß Anlage 1 Nr. 24 zum VAG – das Pensionsfondsgeschäft.

31 **2. Einsatz derivativer Finanzinstrumente (Abs. 1 S. 2).** Eine Konkretisierung des Verbots versicherungsfremder Geschäfte enthält § 15 Abs. 1 S. 2 VAG bzgl. des Einsatzes derivativer Finanzinstrumente. Danach ist bei Termingeschäften und Geschäften mit Optionen und ähnlichen Finanzinstrumenten ein unmittelbarer Zusammenhang mit Versicherungsgeschäften nur anzunehmen, wenn diese der Absicherung gegen Kurs- oder Zinsänderungsrisiken, dem späteren Erwerb von Wertpapieren oder der Erzielung eines zusätzlichen Ertrags dienen, ohne dass eine Unterdeckung des Sicherungsvermögens eintreten kann. Flankiert wird diese Regelung von einem zusätzlich im Gesetz festgeschriebenen Anlagegrundsatz (**§ 124 Abs. 1 Nr. 5 VAG**), demzufolge derivative Finanzinstrumente nur zur Verringerung von Risiken oder zur Erleichterung einer effizienten Portfolioverwaltung eingesetzt werden dürfen.[126] In negativer Abgrenzung wird hierzu ferner vorgegeben, dass Arbitragegeschäfte und Leerverkäufe unzulässig sind.[127]

32 Die Bestimmung zu Termingeschäften, Geschäften mit Optionen und ähnlichen Finanzinstrumenten (kurz: derivativen Finanzinstrumenten), die jetzt in § 15 Abs. 1 S. 2 VAG und vormals in § 7 Abs. 2 S. 2 VAG a. F. enthalten war, ist durch Gesetz v. 17.12.1990[128] in das VAG eingefügt worden. Sie soll der **Klarstellung** dienen, unter welchen Voraussetzungen bei derivativen Finanzinstrumenten ein unmittel-

---

[117] *Neumann*, Die Aufsicht über Finanzkonglomerate, 1998, S. 168; *Winter*, S. 326.
[118] BAV-Verlautbarung GB BAV 1990, 57 f.
[119] Anlage 1 Nr. 15 zum VAG.
[120] Vgl. *Entzian*, Versicherungsfremde Geschäfte, 1999, S. 85 Fn. 308.
[121] Vgl. *Boetius*, in: Aktuelle Fragen in der Versicherungswirtschaft, 1999, S. 135, 141 ff.; so auch allgemein in der Schadenversicherung vgl. *Köhne/Rosenbaum* VW 2004, 1222, 1224.
[122] *Schoenfeldt/Kalis* VersR 2001, 1325, 1328; *Entzian*, Versicherungsfremde Geschäfte, 1999, S. 85.
[123] *Entzian*, Versicherungsfremde Geschäfte, 1999, S. 147.
[124] *Meyer-Riem*, in: Liber amicorum für G. Winter, 2007, S. 271, 277 f.
[125] § 237 Abs. 1 VAG; sog. Verbot pensionsfondsfremder Geschäfte.
[126] Vgl. EIOPA-Leitlinien zum Governance-System EIOPA-BoS-14/253 DE, Leitlinie 34 Ziff. 1.75 bis 1.77; BaFin-Auslegungsentscheidung vom 1.1.2016 zum Grundsatz der unternehmerischen Vorsicht (Prudent Person Principle, PPP), Rn. 65.
[127] BaFin-Auslegungsentscheidung vom 1.1.2016 zum Grundsatz der unternehmerischen Vorsicht (Prudent Person Principle, PPP), Rn. 66.
[128] Art. 1 Nr. 1 des Gesetzes, BGBl. I 2864.

barer Zusammenhang mit dem Versicherungsgeschäft anzunehmen ist.[129] Die gesetzliche Festschreibung des entsprechenden Anlagegrundsatzes in § 124 Abs. 1 Nr. 5 VAG geht in seiner jetzigen Ausgestaltung auf das Solva II-Umsetzungsgesetz zurück[130] Hiermit erfolgt eine weitergehende Konkretisierung, die – gemäß Gesetzesbegründung – auf gefestigter Verwaltungspraxis beruht.[131]

Dabei ist die grundsätzliche Neuausrichtung der Aufsicht im Zuge der Umsetzung der Solvency II-Richtlinie zu bedenken, die vorrangig auf die individuelle Risikosituation der Unternehmen abstellt und hierauf basierend den Unternehmen an Stelle starrer gesetzlicher Vorgaben namentlich auch eigene Maßgaben für die Kapitalanlage abverlangt. Hieraus ergibt sich, dass ein generelles Verbot des Einsatzes bestimmter derivativer Instrumente einen gewissen Fremdkörper bildet. Allerdings macht der Gesetzgeber mit der Maßgabe von § 15 Abs. 1 S. 2 und § 124 Abs. 1 Nr. 5 VAG deutlich, dass er nicht von vornherein auf entsprechende Einschränkungen trotz des andersgelagerten Solvency II-Reglement verzichten will. Das ist insofern auch gerechtfertigt, weil das Verbot versicherungsfremder Geschäfte von vornherein auf eine Unterbindung zusätzlicher finanzieller Risiken zielt, wie sie sich eben auch aus dem Einsatz von Derivaten ergeben können. Zu sehen ist dabei auch der Kontext zum Risikomanagement im Sinne von § 26 VAG. In Bezug auf das Verbot versicherungsfremder Geschäfte sind insofern die Maßgaben in der **Verlautbarung der BaFin** zum Einsatz von Inflations-Swaps[132] maßstabsbildend (Risikoanalyse, Erstellung interner Richtlinien, Dokumentation, laufende Überprüfung, Beteiligung bestimmter Unternehmensorgane). 33

Den Erfahrungen der Versicherungsaufsicht zufolge steht die Absicherung vorhandener Kapitalanlagen im Mittelpunkt.[133] Namentlich ist eine **Risikoreduktion** in Bezug auf Kursrisiken intendiert.[134] Die Auffassung, es handele sich bei den in Frage stehenden Finanzinstrumenten um immaterielle Vermögenswerte[135] ist dabei bilanzrechtlich geprägt. Zu beachten ist allerdings auch, dass diese Finanzinstrumente eine wirtschaftliche Rechtsposition verkörpern und zudem handelbare Güter darstellen.[136] Derivative Finanzinstrumente bergen Risiken und Chancen. Auf der einen Seite steht der relativ geringe Kapitaleinsatz, auf der anderen Seite eine produktimmanente totale Verlustgefahr.[137] Betont wird der Stellenwert von Derivaten im Kontext eines verlässlichen Risikomanagements, vorausgesetzt Derivate werden angesichts erhöhter Gefahrenpotentiale (auch zur Absicherung gegen fallende Zinsen und Kreditrisiken[138] richtig angewendet.[139] Bedeutung haben bestimmte Derivate erlangt, mit deren Hilfe Auswege aus einer Niedrigzinsphase gesucht werden.[140] 34

Im Einzelnen ergeben sich **drei Gruppen** von zulässigen derivativen Finanzinstrumenten, nämlich Absicherungs-, Erwerbsvorbereitungs- und Ertragsvermehrungsgeschäfte. 35

Die Versicherungsaufsicht hat diese Geschäfte weitergehend konkretisiert. Maßgebend ist insoweit das BAV-Rundschreiben R 3/2000.[141] Dessen Anlage 1 nennt die zum Zeitpunkt des Erlasses des Rundschreibens für zulässig erachteten Finanzinstrumente. Dabei handelt es sich um folgende:

I. Absicherungsgeschäfte
1. Aktivseite
   - Kauf einer Verkaufsoption (Long Put)
   - Verkauf von Futures
   - Zins-, Währungs- und kombinierte Zins-Währungs-Swaps
   - Kauf eines Floors
   - Verkauf eines Forward Rate Agreements
   - Kauf einer Option, in einen Swap als Festzinsempfänger (Long-Receiver-Swaption) oder Festzinszahler (Long-Payer-Swaption) einzutreten
   - Tausch der Wertentwicklung einer Aktie gegen die eines Zinsträgers (Equity-Zins-Swap)
2. Passivseite
   - Kauf einer Kaufoption (Long Call)

---

[129] Gesetzesbegründung, BT-Drs. 11/8321, 11 f.; *Knauth*, in: Schwebler/Knauth/Simmert, Einsatz von Finanzinnovationen in der Versicherungswirtschaft, 1993, S. 1, 4; *Angermayer/Dietz/Scharpf* VW 1996, 107; *Faber-Graw*, in: H. Müller/Golz/Washausen-Richter/Trommeshauser [Hrsg.], 100 Jahre materielle Versicherungsaufsicht in Deutschland, 2001, S. 295; *Bormann*, Organschaftliche Verflechtungen bei Kreditinstituten und Versicherungsunternehmen, 1999, S. 66.

[130] Art. 1 § 124 des Gesetzes v. 1.4.2015, BGBl. I 434.

[131] RegE-VAG 2014, 267 (zu § 124 Abs. 1 VAG).

[132] BaFin-Verlautbarung zum Einsatz von Inflations-Swaps v. 13.7.2012.

[133] Vgl. *Faber-Graw*, in: H. Müller/Golz/Washausen-Richter/Trommeshauser [Hrsg.], 100 Jahre materielle Versicherungsaufsicht in Deutschland, 2001, S. 295, 303.

[134] *Roth*, Ökonomische Anlayse des Versicherungsaufsichtsrechts bezüglich des Einsatzes derivativer Finanzinstrumente, 2002, S. 108 f.

[135] Gesetzesbegründung, BT-Drs. 11/8321, 11; *Faber-Graw*, in: H. Müller/Golz/Washausen-Richter/Trommeshauser, 100 Jahre materielle Versicherungsaufsicht in Deutschland, 2001, S. 295.

[136] *Knauth*, in: Schwebler/Knauth/Simmert, Einsatz von Finanzinnovationen in der Versicherungswirtschaft, 1993, S. 1, 5 f.

[137] *Steffen* FS Farny, 1994, 135 u. 143.

[138] Vgl. hierzu BaFin-Verlautbarung VerBaFin 2005, 3.

[139] *Roth*, Ökonomische Analyse des Versicherungsaufsichtsrechts bezüglich des Einsatzes derivativer Finanzinstrumente, 2002, S. 130, 280 f.

[140] Hierzu BaFin-Verlautbarung zur Erhöhung der Quoten für Vorkäufe v. 22.10.2013 unter II.

[141] VerBAV 2001, 3; s. a. Bähr/*Eilert* § 5 Rn. 102 ff. und § 10 MindZV.

- Kauf von Futures
- Währungs- und kombinierte Zins-Währungs-Swaps
- Kauf von Caps

II. Erwerbsvorbereitungsgeschäfte
1. Kauf einer Kaufoption (Long Call)
2. Kauf von Zins-, Aktien- oder Währungs-Futures
3. Verkauf einer Verkaufsoption (Short Put)

III. Ertragsvermehrungsgeschäfte
1. Verkauf von Kaufoptionen (Short Call)
2. Zins-, Währungs- und kombinierte Zins-Währungs-Swaps
3. Verkauf einer Option, in einen Swap als Festzinsempfänger (Short-Receiver-Swaption) oder Festzinszahler (Short-Payer-Swaption) einzutreten
4. Tausch der Wertentwicklung einer Aktie gegen die einer anderen Aktie (Equity-Equity-Swap)
5. Verkauf von Caps

36 Der Aufstellung der Versicherungsaufsicht kommt lediglich **deklaratorische Bedeutung** zu. Die Zulässigkeit einzelner Finanzinstrumente bemisst sich somit im Zweifelsfall nicht nach dieser Liste, sondern stets nach § 15 Abs. 1 S. 2 bzw. § 124 Abs. 1 Nr. 5 VAG. Insofern ist die Übersicht auch nicht als abschließend zu verstehen.[142] Sie bietet allerdings den Unternehmen eine Orientierungsgrundlage. Das Rundschreiben begründet zugleich eine gewisse Selbstbindung der Versicherungsaufsicht. Zu beachten ist allerdings, dass die Aufstellung unter einem Änderungsvorbehalt steht. Hiermit soll auf Entwicklungen an den Finanzmärkten möglichst rasch reagiert werden können. Entsprechende Änderungen sollen von der Aufsicht bekannt gemacht werden.[143] Eine grundsätzliche Überarbeitung oder gar eine jährliche Anpassung, wie sie offenbar zunächst in Aussicht genommen worden ist,[144] ist aber bisher nicht erfolgt. In einem Merkblatt der BaFin vom 16.10.2015 zum Berichtswesen ist allerdings davon die Rede, dass das Rundschreiben R 3/2000 für die von der Solva II-Richtlinie erfassten Unternehmen entfalle.[145] Dies muss allerdings im Kontext mit einem geänderten Berichtswesen gesehen werden, das den eigentlichen Gegenstand des Merkblatts bildet. Zu berücksichtigen sind dabei zudem die gesetzlichen Maßgaben des VAG zu Derivaten. Vor diesem Hintergrund kann der Hinweis im Merkblatt nur so verstanden werden, dass lediglich die das Berichtswesen erfassenden Festlegungen des Rundschreibens für die von der Solva II-Richtlinie erfassten Unternehmen gegenstandslos geworden sind. Hiervon unberührt sind noch zwei wichtige erweiternde Verlautbarungen erfolgt. So ist eine Verlautbarung herausgegeben worden, mit der mit der – unter bestimmten Voraussetzungen – auch der Einsatz von **Receiver Forward Swaps, Long Receiver Swaptions** und **Credit Default Swaps** für zulässig angesehen wird.[146] Hinzu tritt eine weitere Verlautbarung, die den Unternehmen den Einsatz von **Inflations-Swaps** auch zur Absicherung der Passivseite – verbunden mit gewissen Maßgaben insbesondere zur Ausgestaltung des Risikomanagements – gestattet.[147] Hinzu tritt die BaFin-Auslegungsentscheidung vom 1.1.2016 zum Grundsatz der unternehmerischen Vorsicht (Prudent Person Principle, PPP), die eine Bewertung samt Dokumentation zusätzlicher Risiken beim Einsatz von Derivaten zu Absicherungszwecken gebietet.[148] Insgesamt sind diese Verlautbarungen, die neben der Aufstellung Vorgaben hinsichtlich des zulässigen Umfangs und der Abwicklung entsprechender Geschäfte enthalten, als Ausfluss eines Abwägungsprozesses zwischen Sicherheitsbelangen auf der einen Seite[149] und der Eröffnung ausreichenden Spielraums für die Unternehmen auf der anderen Seite zu werten.[150]

37 Das vorherige BAV-Rundschreiben R 7/95[151] ist mit Rundschreiben R 3/2000 aufgehoben worden. Auch die diesem Rundschreiben vorausgegangenen Grundsätze des Gesamtverbands der Deutschen Versicherungswirtschaft aus dem Jahre 1992,[152] die unter Beteiligung der Versicherungsaufsicht eine erste Konkretisierung mit dem Ziel einer Selbstbeschränkung versuchten,[153] sind mittlerweile gegenstandslos.

---

142 Vgl. BAV-Rundschreiben R 3/2000, VerBAV 2001, 3 unter A II 2; *Wehling* VW 2000, 1754, 1755.

143 Vgl. BAV-Rundschreiben R 3/2000, VerBAV 2001, 3 unter A II 2.

144 *Wehling* VW 2000, 1754, 1755.

145 Vgl. Ziff. 2.6 des BaFin-Merkblatts v. 16.10.2015 (aktualisiert am 19.1.2016) zum Berichtswesen für Erst- und Rückversicherungsunternehmen, Versicherungsgruppen und Pensionsfonds.

146 BaFin-Verlautbarung VerBaFin 11/2005, S. 3 ff.; hierzu *Krüger/Husch/Varain* VW 2006, 180 f.

147 BaFin-Verlautbarung zum Einsatz von Inflations-Swaps v. 13.7.2012, unter II. u. III.

148 BaFin-Auslegungsentscheidung vom 1.1.2016 zum Grundsatz der unternehmerischen Vorsicht (Prudent Person Principle, PPP), Rn. 71.

149 Zu negativen Erfahrungen in der Vergangenheit s. nur *Pohl* WM 1995, 957, 964; *Faber-Graw,* in: H. Müller/Golz/Washausen-Richter/Trommeshauser, 100 Jahre materielle Versicherungsaufsicht in Deutschland, 2001, S. 295, 305; *Roth,* Ökonomische Analyse des Versicherungsaufsichtsrechts bezüglich des Einsatzes derivativer Finanzinstrumente, 2002, S. 120 f.

150 Vgl. *Wehling* VW 2000, 1754; *Schradin* VR 1996, 21.

151 VerBAV 1996, 5.

152 Abgedruckt in: Schwebler/Knauth/Simmert, Einsatz von Finanzinnovationen in der Versicherungswirtschaft, 1993, S. 33 ff.

153 *Knauth,* in: Schwebler/Knauth/Simmert, Einsatz von Finanzinnovationen in der Versicherungswirtschaft, 1993, S. 1, 15 f.; *Faber-Graw,* in: H. Müller/Golz/Washausen-Richter/Trommeshauser, 100 Jahre materielle Versicherungsaufsicht in Deutschland, 2001, S. 295, 296 f.; *Bader* BetrAV 1994, 159, 160.

Hingegen ist das BAV-Rundschreiben R 3/99[154] zu sog. **strukturierten Produkten** in Bezug auf das Verbot versicherungsfremder Geschäfte weiterhin maßgeblich.[155] Bei strukturierten Produkten handelt es sich um die Verknüpfung eines Kassainstruments mit derivativen Finanzinstrumenten.[156] Diese haben weitergehende Anforderungen zu erfüllen.[157] Zu ihnen zählen aber nicht **Kreditderivate** bzw. Kassainstrumente mit eingebetteten Kreditderivaten (namentlich Asset-Backed-Securities und Credit-Linked-Notes). Hintergrund ist die mit ihnen verbundene Übernahme von Kreditrisiken, die nur bei Kreditversicherern keinen Bedenken begegnen und darüber hinaus nur dann hinnehmbar ist, wenn das Kreditrisiko nicht von wesentlicher Bedeutung ist.[158] Strukturierte Produkte können im Übrigen nur zur Erwerbsvorbereitung und Ertragsvermehrung eingesetzt werden.[159]

Bei **Absicherungsgeschäften** werden derivative Finanzinstrumente dazu genutzt, den Bestand von aktivierten Vermögensgegenständen gegenüber Kurs- oder Zinsänderungsrisiken abzusichern. Hinsichtlich des Umfangs der durch diese Instrumente abgesicherten Bilanzpositionen bestehen Beschränkungen.[160] Indexgeschäfte werden unter bestimmten Voraussetzungen als Absicherungsgeschäfte bewertet.[161] **38**

Mit **Erwerbsvorbereitungsgeschäften** verschaffen sich Versicherer die Möglichkeit, zu einem in der Zukunft liegenden Zeitpunkt bestimmte Wertpapiere zu erwerben. Hierzu zählen auch sog. Vorkäufe, die dem Ausgleich unterjähriger Liquiditätsschwankungen, der Vermeidung von Marktstörungen bei hohem Anlagebedarf sowie der Verstetigung der Anlage dienen. Für derartige Geschäfte bestehen bestimmte Maßgaben, u. a. in zeitlicher und gegenständlicher Hinsicht.[162] Für den Kauf und Verkauf einer Kaufoption bestehen ebenfalls Einschränkungen. Insgesamt sind Erwerbsvorbereitungsgeschäfte nur in einem bestimmten Umfang zulässig.[163] Indexgeschäfte und kombinierte Strategien sind mit gewissen Maßgaben auch als Erwerbsvorbereitungsgeschäfte zulässig.[164] **39**

Ertragsvermehrungsgeschäfte sind gegeben, wenn der Einsatz derivativer Finanzinstrumente darauf zielt, aus dem vorhandenen Wertpapierbestand Zusatzerträge zu erzielen. Auch hier bestehen wiederum Vorgaben bezüglich des Umfangs.[165] **40**

Kombinierte Strategien, die verschiedene Geschäftsarten miteinander verbinden, sind im Grundsatz ebenso zulässig. Allerdings sind hierbei gewisse Maßgaben zu beachten. So dürfen hierdurch keine zusätzlichen wirtschaftlichen Risiken für das Versicherungsunternehmen entstehen.[166] **41**

Über den dargestellten Rahmen hinaus ist der Einsatz von derivativen Finanzinstrumenten **unzulässig.**[167] Ausgeschlossen ist danach der Einsatz entsprechender Finanzinstrumente zu reinen **Spekulationszwecken,**[168] was im Einzelfall Abgrenzungsfragen zu Geschäften, die dem späteren Erwerb oder dem Verkauf von Wertpapieren dienen, aufwerfen kann.[169] Geschäfte mit derivativen Finanzinstrumenten, die lediglich den Aufbau reiner Handelspositionen bezwecken, sind Versicherungsunternehmen untersagt (**Arbitragegeschäfte;** vgl. § 124 Abs. 1 Nr. 5 VAG).[170] Dasselbe gilt für Geschäfte, bei denen entsprechende Wertpapierbestände nicht vorhanden sind bzw. bei Erwerbsvorbereitungsgeschäften nicht aufgebaut werden (sog. **Leergeschäfte;** vgl. § 124 Abs. 1 Nr. 5 VAG).[171] Als Underlying für Ertragsvorbereitungs- und Ertragsvermehrungsgeschäfte scheiden alle Papiere aus, bei denen es sich nicht um **42**

[154] VerBAV 1999, 258.

[155] Zu kleineren Änderungen vgl. BAV-Rundschreiben R 3/2000 unter C; R 1/2002 unter D. S. ferner Bähr/*Eilert* § 5 Rn. 106 ff.

[156] *Krüger* VW 1999, 1354.

[157] BAV-Rundschreiben R 3/99 VerBAV 1999, 258 unter B; BaFin-Auslegungsentscheidung vom 1.1.2016 zum Grundsatz der unternehmerischen Vorsicht (Prudent Person Principle, PPP), Rn. 56 f.; *Krüger* VW 1999, 1354, 156 f.

[158] BAV-Rundschreiben R 1/2002, VerBAV 2002, 128 unter A I.

[159] BAV-Rundschreiben R 3/99 VerBAV 1999, 258 unter A II 1.

[160] BAV-Rundschreiben R 3/2000, VerBAV 2001, 3 unter A II 3a; BaFin-Verlautbarung VerBaFin 11/2005, S. 3, 4 f. u. 7.

[161] BAV-Rundschreiben R 3/2000, VerBAV 2001, 3 unter A II 5.

[162] BaFin-Verlautbarung zur Erhöhung von Quoten für Vorkäufe v. 22.10.2013 unter II.; BAV-Rundschreiben R 3/2000, VerBAV 2001, 3 unter A I 3; BaFin-Verlautbarung VerBaFin 11/2005, S. 3, 6; *Wehling* VW 2000, 1754 f.

[163] BAV-Rundschreiben R 3/2000, VerBAV 2001, 3 unter A II 3b; BaFin-Verlautbarung 11/2005, S. 3, 6; *Wehling* VW 2000, 1754, 1755.

[164] BAV-Rundschreiben R 3/2000, aaO unter A II 4 u. 5; *Wehling* VW 2000, 1754, 1755.

[165] BAV-Rundschreiben R 3/2000, VerBAV 2001, 3 unter A II 3c; *Wehling* VW 2000, 1754, 1755.

[166] BAV-Rundschreiben R 3/2000, VerBAV 2001, 3 unter A II 4.

[167] Gesetzesbegründung, BT-Drs. 11/8321, 12.

[168] *Angermayer/Dietz/Scharpf* VW 1996, 107, 108; *R. Schmidt* VersR 1994, 885, 887.

[169] *Knauth,* in: Schwebler/Knauth/Simmert, Einsatz von Finanzinnovationen in der Versicherungswirtschaft, 1993, S. 1, 21–23.

[170] S. ferner BAV-Rundschreiben R 3/2000, VerBAV 2001, 3 unter A II 3; *Knauth,* in: Schwebler/Knauth/Simmert, Einsatz von Finanzinnovationen in der Versicherungswirtschaft, 1993, S. 1, 24; *Faber-Graw,* in: H. Müller/Golz/Washausen-Richter/Trommeshauser, 100 Jahre materielle Versicherungsaufsicht in Deutschland, 2001, S. 295, 298; *Angermayer/Dietz/Scharpf* VW 1996, 107, 112.

[171] S. ferner BAV-Rundschreiben R 3/2000, VerBAV 2001, 3 unter A II 3; *Knauth,* in: Schwebler/Knauth/Simmert, Einsatz von Finanzinnovationen in der Versicherungswirtschaft, 1993, S. 1, 21; *Faber-Graw,* in: H. Müller/Golz/Washausen-Richter/Trommeshauser [Hrsg.], 100 Jahre materielle Versicherungsaufsicht in Deutschland, 2001, S. 295, 298; *Angermayer/Dietz/Scharpf* VW 1996, 107, 112.

Wertpapiere handelt, insbesondere **Namenspapiere.** Der insoweit eindeutige Wortlaut von § 15 Abs. 1 S. 2 VAG ist nicht weiter auslegungsfähig. Unzulässig sind des Weiteren **Catswaps,** bei denen feste Zahlungen des Anlegers gegen variable Zahlungen des Zedenten, deren Wert vom Eintreten des Versicherungsfalls abhängig ist, über Swaps oder Optionen getauscht werden. Dasselbe gilt für **Catoptionen,** bei denen dem Käufer eine Auszahlung zugesichert wird, wenn ein Index ein bestimmtes Niveau überschreitet. **Contingent-Capital Instrumente** können nur eingesetzt werden, wenn die Investoren beim Eintritt eines auslösenden Faktors verpflichtet werden, Aktien des Versicherers zu erwerben. Die Ausgabe von **Catbonds**-Anleihen zur Refinanzierung bestimmter Risiken ist grundsätzlich möglich.

43 **3. Kreditaufnahmeverbot (Abs. 1 S. 3).** Mit Art. 2 Nr. 4 des Gesetzes v. 29.7.2009[172] ist das Verbot versicherungsfremder Geschäfte um ein Kreditaufnahmeverbot ergänzt worden, wie es nunmehr in § 15 Abs. 1 S. 3 VAG enthalten ist. Vormals sprach vieles dafür, dass ein derartiges Verbot dem Gesetz nicht zu entnehmen ist.[173] Allerdings hat die Aufsicht hier auch in der Vergangenheit eine abweichende Position eingenommen.[174] Diese hat sich der Gesetzgeber mit der Klarstellung zu Eigen gemacht.[175] Hiervon unberührt bleiben allerdings, wie die Gesetzesbegründung ausdrücklich herausstellt,[176] kurzfristige Liquiditätshilfen (einschl. der Inanspruchnahme kurzfristiger Überziehungskredite). Zu beachten ist darüber hinaus, dass das VAG selber nach § 89 VAG bestimmte Formen von Fremdkapital sogar als Eigenmittel zulässt.[177] Das Kreditaufnahmeverbot **gilt** somit – auch unter Berücksichtigung der europarechtlichen Ausgangslage[178] – **nicht absolut.** Es ist im Hinblick auf den Gesetzeszweck, nämlich der Abwehr zusätzlicher finanzieller Risiken, entsprechend einzugrenzen. In diese Bewertung ist auch eine gewisse Sozialadäquanz einzubeziehen, sodass zeitlich und vom Umfang her begrenzte Fremdmittelaufnahmen grundsätzlich nicht von dem generellen Verbot erfasst werden.

44 **IV. Vorgaben für Rückversicherer (Abs. 2).** Für Rückversicherer, also für Versicherer, die ausschließlich die Rückversicherung betreiben (§ 7 Nr. 33 VAG), besteht ein **modifiziertes Verbot** versicherungsfremder Geschäfte. Sie dürfen neben Rückversicherungsgeschäften nur hiermit verbundene Geschäfte und Dienstleistungen betreiben (§ 15 Abs. 2 **S. 1** VAG). Damit folgt das VAG der insofern auch in der Solva II-Richtlinie differenzierten Regulierung von Erst- und Rückversicherung.[179] Für Erstversicherer, die auch das (aktive) Rückversicherungsgeschäft betreiben, bleibt es wegen der potentiell anderen Gefahrenlage grundsätzlich bei der Vorgabe von § 15 Abs. 1 VAG.[180] Der ausdrücklichen Erwähnung von „Dienstleistungen" in § 15 Abs. 2 S. 1 VAG kommt wiederum keine eigenständige Bedeutung zu, da Dienstleistungen auch immer Geschäfte im aufsichtsrechtlichen Sinne darstellen. Auch Art. 18 Abs. 1 lit. b enthält diesen Zusatz nicht.

45 Ein **unmittelbarer Zusammenhang** mit dem (Rück-)Versicherungsgeschäft ist, anders als bei Erstversicherern, **nicht notwendig.** Es kommt somit lediglich darauf an, dass die zusätzlichen Geschäfte mit dem Rückversicherungsgeschäft (mittel- oder unmittelbar) verbunden sind. Das ist jedenfalls dann als gegeben anzusehen, wenn sich die Geschäfte zu einer rechtlich oder wirtschaftlich-tatsächlichen Einheit ergänzen. Das ist insbesondere anzunehmen, wenn Rückversicherer Beratungs- und Dienstleistungstätigkeiten für Erstversicherer übernehmen,[181] wie namentlich in versicherungsmathematischer, statistischer oder risikoorientierter Hinsicht.[182] Dies wird allerdings auch Erstversicherern bzgl. ihres aktiven Rückversicherungsgeschäfts zugestanden werden müssen, wenngleich § 15 Abs. 2 VAG insofern nicht einschlägig ist. Darüber hinaus sind Rückversicherern Geschäfte, die Erstversicherer tätigen dürfen, korrespondierend zum Rückversicherungsgeschäft entsprechend gestattet.[183] Ein Zusammenhang ist – basierend auf § 15 Abs. 2 **S. 2** VAG – des Weiteren zu bejahen bei Tätigkeiten von Rückversicherern als Holdinggesellschaften in Bezug auf Unternehmen der Finanzbranche im Sinne von § 2 Abs. 3 FKAG, wie dies auch Art. 18 Abs. 1 lit. b der Solva II-Richtlinie vorsieht. Das gilt allerdings nur für Versicherer, die ausschließlich die Rückversicherung betreiben.

46 Für den Einsatz derivater Finanzinstrumente ist – in Ermangelung von Festlegungen, wie sie § 15 Abs. 1 S. 2 VAG für Erstversicherer enthalten – lediglich die Vorschrift von § 165 Abs. 2 VAG zu

---

172 BGBl. I 2305.

173 *Entzian,* Versicherungsfremde Geschäfte, 1999, S. 137 f.; *Winter,* S. 317; *Kaulbach* VersR 1997, 286 f.; Prölss/*Präve,* 12. Aufl., 2005, § 7 VAG Rn. 28.

174 BaFin-Verlautbarung VerBaFin 04/04, S. 3; BAV-Verlautbarungen VerBAV 1995, 215; 1988, 248; GB BAV 1990, 57, 58.

175 Gesetzentwurf der Bundesregierung, BT-Drs. 16/12783, 18 (zu § 7 Abs. 2 VAG).

176 Gesetzentwurf der Bundesregierung, BT-Drs. 16/12783, 18 (zu § 7 Abs. 2 VAG); Bähr/*Eilert* § 5 Rn. 62.

177 Vgl. nur § 89 Abs. 3 Nr. 2 VAG (nachrangige Verbindlichkeiten); s. a. BaFin-Verlautbarungen zur Fremdmittelaufnahme v. 17.11.2010 und zur Vorbereitung auf Solvency II v. 26.6.2014 (Rn. 19) sowie *Hasse* VersR 2010, 18, 25.

178 Vgl. Einl. Rn. 103 f.

179 Gesetzentwurf der Bundesregierung BT-Drs. 16/1937, 61 (zu § 120 VAG).

180 Zu Ausnahmen vgl. nachfolgende Rn. 45.

181 Gesetzentwurf der Bundesregierung BT-Drs. 16/1937, 61 (zu § 120 VAG); *Weber-Rey/Baltzer* WM 2007, 2184, 2187.

182 Vgl. 13. Erwägungsgrund Solva II-RL.

183 Vgl. § 15 Rn. 11 ff.

beachten, der allerdings ebenfalls Einschränkungen zu entnehmen sind.[184] Ein Kreditaufnahmeverbot, wie es § 15 Abs. 1 S. 3 VAG für Erstversicherer enthält, besteht für Rückversicherer in Ermangelung einer korrespondierenden Vorgabe nicht. Unproblematisch sind daher auch Finanzrückversicherungsgeschäfte,[185] die Elemente einer Kreditaufnahme enthalten.[186] Auch Finanzrückversicherungsverträgen ohne hinreichenden Risikotransfer im Sinne von § 167 Abs. 1 S. 2 Hs. 2 VAG sind nicht per se unzulässig.[187] Das wäre nur anzunehmen, wenn mit ihnen **besondere finanzielle Risiken** verbunden wären, was eine entsprechende Einzelfallprüfung erforderlich machen würde. Verwehrt bleibt Rückversicherern aber von einer möglichen Holdingfunktion im Sinne von § 15 Abs. 2 S. 2 VAG unabhängiges Bankengeschäft.

V. Vermittlertätigkeiten (Abs. 3). Erst- und Rückversicherern sind auch Vermittlungstätigkeiten erlaubt. § 15 Abs. 3 VAG[188] schließt hierin auch solche Tätigkeiten ein, die im Sinne der EU-Versicherungsvermittlungs-Richtlinie nicht als Vermittlungstätigkeit gelten.[189] Gemeint sind hiermit **Vermittlertätigkeiten**, die unter der Verantwortung eines Versicherungsunternehmens bzw. losgelöst von der Vermittlung ausgeübt werden. Zudem soll ausweislich der maßgeblichen Gesetzesbegründung[190] eine Überkreuzvermittlung, d. h. die Vermittlung von Rückversicherungsverträgen durch Erstversicherer und die Vermittlung von Erstversicherungsverträgen durch Rückversicherer zulässig sein. Die Vermittlung von Versicherungsverträgen begegnet im Ergebnis somit keinen Bedenken.[191] Entsprechendes gilt für die Vermittlung von Bausparverträgen[192] sowie die Vermittlung von Anteilen an Investmentvermögen.[193] Derartige Tätigkeiten sind in der Satzung auszuweisen. 47

Seit einiger Zeit erwägt die Aufsicht, die **Vermittlung von Anteilen an Investmentvermögen** aufgrund eines geänderten rechtlichen Umfelds für nicht mehr zulässig anzusehen. Sie verweist dabei insbesondere auf einen strengeren Haftungsmaßstab der Gerichte und sieht hierauf basierend zusätzliche finanzielle Risiken, vor denen das Verbot versicherungsfremder Geschäfte schützen soll.[194] Dem kann nicht gefolgt werden, da tatsächlich kein erhöhtes Risiko durch die Vermittlungstätigkeit begründet wird. Die Vermittlung derartiger Geschäfte erfolgt regelmäßig im Rahmen von § 2 Abs. 6 Nr. 8 KWG im Auftrag einer Kapitalverwaltungsgesellschaft, die auch die Haftung trifft.[195] Im Innenverhältnis wird der Versicherer zudem regelmäßig von einer eigenen Haftung freigestellt. Entsprechendes gilt bezüglich einer Vermittlertätigkeit im Rahmen von § 2 Abs. 10 KWG. Hier trifft die Haftung, wie § 2 Abs. 10 KWG ausdrücklich bestimmt, das CRR-Kreditinstitut bzw. das Wertpapierhandelsunternehmen. Das Versicherungsunternehmen wird im Innenverhältnis auch hier von einer Haftung freigestellt. 48

Für die **Vermittlung von Leasing-Geschäften** gilt hingegen, dass kein Zusammenhang mit Versicherungsgeschäften zu erkennen ist.[196] Dasselbe ist grundsätzlich für die Vermittlung sonstiger Finanzgeschäfte anzunehmen.[197] 49

Immobiliar-Verbraucherdarlehen; Verordnungsermächtigung

15a (1) **Für die Vergabe von Immobiliar-Verbraucherdarlehen gilt § 18a Absatz 1 bis 10 des Kreditwesengesetzes entsprechend.**

(2) [1]**Das Bundesministerium der Finanzen wird ermächtigt, durch Rechtsverordnung mit Zustimmung des Bundesrates nähere Bestimmungen über die nach Absatz 1 in Verbindung mit § 18a Absatz 6 des Kreditwesengesetzes erforderlichen Kenntnisse und Fähigkeiten der mit der Vergabe von Immobiliar-Verbraucherdarlehen befassten internen und externen Mitarbeiter zu erlassen.** [2]**Das Bundesministerium der Finanzen kann die Ermächtigung nach Satz 1 durch Rechtsverordnung mit Zustimmung des Bundesrates auf die Bundesanstalt übertragen.**

---

[184] Vgl. Erläuterung zu § 165 VAG.
[185] § 167 VAG.
[186] Vgl. *Farny* VW 2005, 1808, 1811.
[187] Vgl. hierzu auch *Dreher/Lange* WM 2009, 193, 195.
[188] Die korrespondierende Vorgängervorschrift des § 7 Abs. 3 VAG a. F. geht zurück auf Art. 1 Nr. 7 lit. b des Gesetzes v. 28.5.2007 (BGBl. I 923). Zugrunde liegt eine entsprechende Beschlussempfehlung des BT-Finanzausschusses, BT-Drs. 16/4191, 51 f. (zu § 7 Abs. 3 VAG).
[189] Art. 2 Nr. 3 u. 4 der Richtlinie, ABl.EG 2003 L 9, 3.
[190] Beschlussempfehlung und Bericht des BT-Finanzausschusses, BT-Drs. 16/4191, 52 (zu § 7 Abs. 3 VAG).
[191] BAV-Verlautbarung VerBAV 1991, 302; *Entzian*, Versicherungsfremde Geschäfte., 1999, S. 87; *Weber-Rey/Baltzer* WM 2007, 2184, 2187.
[192] BAV-Verlautbarung VerBAV 1991, 302; *Entzian*, Versicherungsfremde Geschäfte, 1999, S. 87.
[193] BAV-Verlautbarungen VerBAV 1994, 286, 287; 1993, 154; 1991, 302 f.; GB BAV 1991, 47 f.; *Entzian*, Versicherungsfremde Geschäfte, 1999, S. 87 f.
[194] BaFin-Konsultation 05/2013, Gz. VA 52-I 5005-2013/0002.
[195] § 36 Abs. 4 KAGB.
[196] BAV-Verlautbarung GB BAV 1980, 28.
[197] BAV-Verlautbarung VerBAV 1991, 302, 303.

Übersicht

1 **I. Allgemeines. 1. Entstehungsgeschichte.** Die Vorschrift ist durch Art. 15 Nr. 2 des Gesetzes zur Umsetzung der Wohnimmobilienkreditrichtlinie v. 11.3.2016[1] in das VAG eingefügt worden.

2 **2. Normzweck.** Mit § 15a VAG werden aufsichtsrechtliche Vorgaben für die Vergabe von Immobiliar-Verbraucherdarlehen geschaffen. Zu diesem Zweck wird § 18a Abs. 1 bis 10 KWG für entsprechend anwendbar erklärt. Zudem wird eine Verordnungsermächtigung in das VAG aufgenommen, um nähere Anforderungen für Mitarbeiter zu treffen, die mit der Vergabe entsprechender Darlehen befasst sind.[2]

3 **3. Europarechtlicher Hintergrund.** § 15a VAG dient der Umsetzung von Art. 4, 7, 9, 18 bis 20 der Wohnimmobilienkreditrichtlinie.[3]

4 **II. Prüfung der Kreditwürdigkeit (Abs. 1). 1. Gegenstand der Vorschrift.** § 15a Abs. 1 VAG erklärt § 18 Abs. 1 bis 10 KWG für die Vergabe von **Immobiliar-Verbraucherdarlehen** für entsprechend anwendbar. Damit wird die bankaufsichtsrechtliche Regulierung auf den Versicherungssektor erstreckt. Gegenstand von § 18 Abs. 1 bis 10 KWG ist die Prüfung der Kreditwürdigkeit vor Abschluss von Verbraucherdarlehen und vor Gewährung von entgeltlichen Finanzierungshilfen. Korrespondierende zivilrechtliche Vorgaben bestehen gemäß §§ 505a ff. BGB.[4] Der deutsche Gesetzgeber wählt in Umsetzung der Wohnimmobilienkreditrichtlinie damit einen doppelten Ansatz, indem die zivil- von der aufsichtsrechtlichen Regulierung begleitet wird. Dabei schafft der Gesetzgeber eine Doppelregulierung,[5] indem er sowohl im BGB als auch im VAG dezidierte Vorgaben aufnimmt und es nicht etwa mit einem Verweis des VAG bzw. KWG auf das BGB sein Bewenden lässt. Den daneben bestehenden Leitlinien der **EBA**[6] kommt für den Versicherungssektor keine unmittelbare Bedeutung zu. Sie sind ausschließlich auf den Bankensektor bezogen. Entgegen der Empfehlung des Bundesrats[7] ist auch eine Bezugnahme von § 18a KWG auf diese Leitlinien unterblieben,[8] so dass sie auch nicht auf diesem Wege über das VAG unmittelbare Bedeutung erlangen könnten.

5 § 15a VAG erfasst **Erst- und Rückversicherer**, soweit diese Immobiliar-Verbraucherdarlehen vergeben. Der in der Gesetzesbegründung enthaltene Hinweis, wonach § 15a VAG auch für **Pensionsfonds** gilt,[9] erschließt sich erst über § 237 VAG, da Teil 2 des VAG, in dem § 15a VAG enthalten ist, unmittelbar nur auf Erst- und Rückversicherer zielt.

6 Anders als beim KWG schafft das VAG ausdrücklich aufsichtsrechtliche Vorgaben nur für die Vergabe von Immobiliar-Verbraucherdarlehen, was sich aus der Überschrift der Vorschrift und ihrem Wortlaut ergibt. Soweit etwa Lebensversicherer ihren Versicherungsnehmern **Policendarlehen** vergeben, die regelmäßig Allgemein-Verbraucherdarlehensverträge darstellen,[10] verbleibt es bei den Vorgaben des BGB. Der Gesetzgeber dürfte dies schlicht übersehen haben, was aufgrund der Doppelregulierung aber im Ergebnis keine Regulierungslücken reißt, da in diesen Fällen ein aufsichtsrechtliches Einwirken gestützt auf § 298 Abs. 1 S. 1 u. 2 iVm § 294 Abs. 3 VAG möglich ist. Die Vorschriften des BGB gehören zu den Regelungen, deren Einhaltung die Aufsicht bezogen auf Versicherte überwacht.

7 **2. Entsprechende Anwendbarkeit des KWG. § 18a Abs. 1–10 KWG** kommt im Versicherungssektor nur dann zum Zuge, wenn eine Vergabe von Immobiliar-Verbraucherdarlehen erfolgt. Ein Immobiliar-Verbraucherdarlehensvertrag liegt vor, wenn ein entgeltlicher Darlehensvertrag zwischen einem Versicherer als Darlehensgeber und einem Verbraucher als Darlehensnehmer geschlossen wird, der entweder durch ein Grundpfandrecht oder eine Reallast besichert oder für den Erwerb oder die Erhaltung des Eigentums an Grundstücken, an bestehenden oder zu errichtenden Gebäuden oder für

[1] BGBl. I 396
[2] Gesetzesbegründung, BT-Drs. 18/5922, 137 U (zu Art. 12 Nr. 2).
[3] ABl.EU Nr. 2014 L 60, 34.
[4] Hierzu ausführlich *König* WM 2017, 269 ff.
[5] Kritisch zu diesem Ansatz *von Klitzing/Seiffert* WM 2016, 774.
[6] EBA/GL/2015/11 u. 12.
[7] BR-Drs. 359/15, 32 f. (Nr. 34).
[8] Vgl. Gegenäußerung der Bundesregierung, BT-Drs. 18/6286, 32 f. (zu Nr. 34).
[9] Gesetzesbegründung, BT-Drs. 18/5922, 137 (zu Art. 12 Nr. 2).
[10] Vgl. nur *Benkel/Hirschberg*, Lebens- und Berufsunfähigkeitsversicherung, 2. Aufl., 2011, § 5 ALB 1986 Rn. 12 (noch mit der vormaligen Diktion des Darlehensvertrags).

den Erwerb oder die Erhaltung von grundstücksgleichen Rechten bestimmt ist (**§ 491 Abs. 3 S. 1 BGB**). Der deutsche Gesetzgeber geht mit diesen Vorgaben über die Wohnimmobilienkreditrichtlinie hinaus da er die dort enthaltene Beschränkung auf Sicherheiten oder Rechte an „Wohnimmobilien" nicht in das deutsche Recht übernimmt.[11] Für den Versicherungssektor bedeutsam sind grundpfandrechtlich gesicherte Immobiliar-Verbraucherdarlehen (sog. **Realkredite**). In Bezug auf Policendarlehen kann zwar nicht grundsätzlich ausgeschlossen werden, dass diese auch den Erwerb oder die Erhaltung von Immobilien zum Ziel haben können. Derartige Darlehen werden allerdings regelmäßig ohne Nachfrage und Kenntnis von ihrem Zweck gewährt. Insofern ist es allenfalls theoretisch vorstellbar, sie im Ausnahmefall nicht als Allgemein-Verbraucherdarlehensvertrag, sondern als Immobiliar-Verbraucherdarlehensvertrag zu werten.

§ 18a Abs. 1–10 KWG enthält folgende Regelungen:

§ 18a KWG Verbraucherdarlehen und entgeltliche Finanzierungshilfen; Verordnungsermächtigung (Auszug; Stand: 9.6.2017)[12]

(1) [1] Die Kreditinstitute prüfen vor Abschluss eines Verbraucherdarlehensvertrags die Kreditwürdigkeit des Darlehensnehmers. [2] Das Kreditinstitut darf den Verbraucherdarlehensvertrag nur abschließen, wenn aus der Kreditwürdigkeitsprüfung hervorgeht, dass bei einem Allgemein-Verbraucherdarlehensvertrag keine erheblichen Zweifel an der Kreditwürdigkeit bestehen und dass es bei einem Immobiliar-Verbraucherdarlehensvertrag wahrscheinlich ist, dass der Darlehensnehmer seinen Verpflichtungen, die im Zusammenhang mit dem Darlehensvertrag stehen, vertragsgemäß nachkommen wird.

(2) Wird der Nettodarlehensbetrag nach Abschluss des Darlehensvertrags deutlich erhöht, so ist die Kreditwürdigkeit auf aktualisierter Grundlage neu zu prüfen, es sei denn, der Erhöhungsbetrag des Nettodarlehens wurde bereits in die ursprüngliche Kreditwürdigkeitsprüfung einbezogen.

(3) [1] Grundlage für die Kreditwürdigkeitsprüfung können Auskünfte des Darlehensnehmers und erforderlichenfalls Auskünfte von Stellen sein, die geschäftsmäßig personenbezogene Daten, die zur Bewertung der Kreditwürdigkeit von Verbrauchern genutzt werden dürfen, zum Zwecke der Übermittlung erheben, speichern, verändern oder nutzen. [2] Das Kreditinstitut ist verpflichtet, die Informationen in angemessener Weise zu überprüfen, soweit erforderlich auch durch Einsichtnahme in unabhängig nachprüfbare Unterlagen.

(4) [1] Bei Immobiliar-Verbraucherdarlehensverträgen hat das Kreditinstitut die Kreditwürdigkeit des Darlehensnehmers auf der Grundlage notwendiger, ausreichender und angemessener Informationen zu Einkommen, Ausgaben sowie zu anderen finanziellen und wirtschaftlichen Umständen des Darlehensnehmers eingehend zu prüfen. [2] Dabei hat das Kreditinstitut die Faktoren angemessen zu berücksichtigen, die für die Einschätzung relevant sind, ob der Darlehensnehmer seinen Verpflichtungen aus dem Darlehensvertrag voraussichtlich nachkommen kann. [3] Die Kreditwürdigkeitsprüfung darf nicht hauptsächlich darauf gestützt werden, dass in den Fällen des § 491 Absatz 3 Satz 1 Nummer 1 des Bürgerlichen Gesetzbuchs der Wert des Grundstücks oder in den Fällen des § 491 Absatz 3 Satz 1 Nummer 2 des Bürgerlichen Gesetzbuchs der Wert des Grundstücks, grundstücksgleichen Rechts oder Gebäudes voraussichtlich zunimmt oder den Darlehensbetrag übersteigt.

(5) Das Kreditinstitut ist verpflichtet, die Verfahren und Angaben, auf die sich die Kreditwürdigkeitsprüfung stützt, nach Maßgabe von § 25a Absatz 1 Satz 6 Nummer 2 zu dokumentieren und die Dokumentation aufzubewahren.

(6) Die mit der Vergabe von Immobiliar-Verbraucherdarlehen befassten internen und externen Mitarbeiter müssen über angemessene Kenntnisse und Fähigkeiten in Bezug auf das Gestalten, Anbieten, Vermitteln, Abschließen von Immobiliar-Verbraucherdarlehensverträgen oder das Erbringen von Beratungsleistungen in Bezug auf diese Verträge verfügen und ihre Kenntnisse und Fähigkeiten auf aktuellem Stand halten.

(7) [1] Kreditinstitute, die grundpfandrechtlich oder durch eine Reallast besicherte Immobiliar-Verbraucherdarlehen vergeben, haben

1. bei der Bewertung der Immobilie zuverlässige Standards zu verwenden und
2. sicherzustellen, dass interne und externe Gutachter, die Immobilienbewertungen für sie vornehmen, fachlich kompetent und so unabhängig vom Darlehensvergabeprozess sind, dass sie eine objektive Bewertung vornehmen können.

[2] Das Kreditinstitut ist verpflichtet, Bewertungen für Immobilien, die als Sicherheit für Immobiliar-Verbraucherdarlehen dienen, nach Maßgabe von § 25a Absatz 1 Satz 6 Nummer 2 auf einem dauerhaften Datenträger zu dokumentieren und die Dokumentation aufzubewahren.

(8) Soweit Kreditinstitute Beratungsleistungen gemäß § 511 des Bürgerlichen Gesetzbuchs zu Immobiliar-Verbraucherdarlehen oder Nebenleistungen gewähren, vermitteln oder erbringen, sind Informationen über die Umstände des Verbrauchers, von ihm angegebene konkrete Bedürfnisse und realistische Annahmen bezüglich der Risiken für die Situation des Verbrauchers während der Laufzeit des Darlehensvertrags zugrunde zu legen.

(9) Die Bestimmungen zum Schutz personenbezogener Daten bleiben unberührt.

(10) Die Absätze 1 bis 9 gelten auch für die jeweils entsprechenden entgeltlichen Finanzierungshilfen.

§ 18a **Abs. 1** KWG beinhaltet die aufsichtsrechtliche Vorgabe einer Prüfung der Kreditwürdigkeit des Darlehensnehmers. Danach muss es wahrscheinlich sein, dass der Darlehensnehmer seinen Verpflichtungen, die im Zusammenhang mit dem Darlehensvertrag stehen, vertragsgemäß nachkommen wird. Die Kreditwürdigkeitsprüfung zielt auf den Schutz des Verbrauchers, liegt aber zugleich auch **8**

[11] Vgl. Gesetzesbegründung, BT-Drs. 18/5922, 77.

[12] Nicht berücksichtigt sind hier die Änderungen durch Art. 1 Nr. 5 des Finanzaufsichtsrechtergänzungsgesetzes vom 6.6.2017 (BGBl. I S. 1495); vgl. hierzu die Erläuterungen unter Rn. 11, 15 f.

im öffentlichen Interesse.[13] Hinzu tritt das Interesse des Darlehensgebers an einem Risikocontrolling.[14] Die aufsichtsrechtliche Kreditwürdigkeitsprüfung entspricht die zivilrechtliche, die sich aus § 505a Abs. 1 BGB ergibt. Dem darlehensgewährenden Unternehmen ist es damit **verboten**, bei einem negativen Ergebnis der Kreditwürdigkeitsprüfung einen entsprechenden Vertrag abzuschließen.[15] Weder § 505a BGB noch § 18a Abs. 1 KWG stellen dabei ein gesetzliches Verbot im Sinne von § 134 BGB dar.[16] Die zivilrechtlichen Folgen eines Verstoßes ergeben sich vielmehr abschließend aus § 505d BGB.

9 § 18a **Abs. 2** KWG enthält eine Maßgabe für den Fall, dass der Nettodarlehensbetrag nach Abschluss des Darlehensvertrags noch deutlich erhöht wird. In diesem Fall ist eine **erneute Prüfung** der Kreditwürdigkeit nötig, sofern der Erhöhungsbetrag nicht in die bisherige Überprüfung einbezogen worden ist. Damit wiederholt das KWG die Bestimmung des § 505a Abs. 2 BGB.

10 § 18a **Abs. 3** S. 1 KWG bezeichnet die **Grundlage** für die Kreditwürdigkeitsprüfung. Diese können, so wie dies auch § 505b Abs. 1 BGB vorsieht, Auskünfte des Darlehensnehmers sein oder gegebenenfalls Auskünfte von Dritten, soweit diese über entsprechende Daten zur Bewertung der Kreditwürdigkeit verfügen und diese auch entsprechend nutzen dürfen. § 18a Abs. 3 S. 2 KWG ergänzt dies um eine entsprechende aufsichtsrechtliche Pflicht zur Informationsüberprüfung.

11 § 18a **Abs. 4** KWG spezifiziert für die Immobiliar-Verbraucherdarlehen die Anforderungen an die Kreditwürdigkeitsprüfung. Dies geschieht in der Weise, dass § 505b Abs. 2 BGB wörtlich übernommen wird. Nötig ist hier gemäß Satz 1 eine **„eingehende" Überprüfung**. Dafür sind gemäß Satz 2 alle relevanten Umstände angemessen zu berücksichtigen, damit sichergestellt ist, dass der Verbraucher während der Laufzeit des Kredits fällige Rückzahlungen auch leisten kann.[17] Schließlich stellt Satz 3 klar, dass alleine eine werthaltige Sicherheit oder mit dem Darlehen erworbene immobilienbezogene Werte die Kreditwürdigkeit für sich nicht begründen können. So genügt es nicht, auf die Möglichkeit zu verweisen, dass der Wert der belasteten oder erworbenen Immobilie die Kreditsumme übersteigen könnte oder der Wert in Zukunft steigen könnte.[18] Durch Art. 1 Nr. 5 lit. a des Finanzaufsichtsrechtsergänzungsgesetzes vom 6.6.2017 (BGBl. I S. 1495) ist eine weitere Maßgabe für die relevante Prüfungsgrundlage getroffen worden. Danach darf sich die Prüfung nicht hauptsächlich auf bestimmte Annahmen zum Wert der Wohnimmobilie stützen, es sei denn der Darlehensvertrag dient zum Bau oder zur Renovierung der Wohnimmobilie.

12 § 18a **Abs. 5** KWG enthält eine Verpflichtung zur **Dokumentation** und Aufbewahrung. Eine solche ergibt sich bereits aus § 505b Abs. 4 BGB. Danach müssen die maßgeblichen Unterlagen so lange aufbewahrt werden, wie etwaige Ansprüche, die sich aus einer unzureichenden Kreditwürdigkeitsprüfung ergeben können, geltend gemacht werden können. Aufgrund des Verweises von § 18a Abs. 5 auf § 25a Abs. 1 S. 6 Nr. 2 KWG sind erforderliche Aufzeichnungen mindestens fünf Jahre aufzubewahren. Hinsichtlich des Datenträgers sowie des Beginns der Aufbewahrungsfrist findet § 257 Abs. 3 u. 5 HGB Anwendung. Darüber hinaus zu beachten sind die besonderen Aufbewahrungsfristen des § 257 Abs. 4 HGB, die für bestimmte Unterlagen sechs bzw. zehn Jahre betragen. Wird die Dokumentations- und Aufbewahrungspflicht verletzt, ergeben sich in zivilrechtlicher Hinsicht Beweiserleichterungen.[19] In aufsichtsrechtlicher Hinsicht können Verstöße einen Missstand darstellen, der zu einem Einschreiten gemäß § 298 Abs. 1 S. 1 u. 2 iVm § 294 Abs. 3 VAG berechtigt. Dem Verweis auf § 25a KWG kommt darüber hinaus aber für den Versicherungssektor keine weitere Bedeutung zu, da die allgemeinen Vorgaben für eine ordnungsgemäße Geschäftsorganisation mit den §§ 23 ff. VAG eine gesonderte Regelung gefunden haben.

13 § 18a **Abs. 6** KWG regelt die Anforderungen an interne und externe **Mitarbeiter**, die mit der Vergabe von Immobiliar-Verbraucherdarlehen befasst sind. Diese müssen über entsprechende Kenntnisse und Fähigkeiten verfügen und diese auch auf aktuellem Stand halten. Zu beachten ist hier insbesondere § 34i GewO, demzufolge Immobiliar- Darlehensvermittler einer besonderen Erlaubnis der zuständigen Behörde bedürfen.

14 § 18a **Abs. 7** KWG erlangt Bedeutung für die Vergabe von Immobiliar-Verbraucherdarlehen, die grundpfandrechtlich oder durch ein Reallast besichert sind. Hier besteht gemäß S. 1 Nr. 1 die Maßgabe, bei der Bewertung von **Immobilien** zuverlässige Standards zu verwenden. Gutachter, die Immobilienbewertungen für das Unternehmen vornehmen, müssen gemäß S. 1 Nr. 2 kompetent und hinreichend unabhängig vom Darlehensvergabeprozess sein. Schließlich ist auch hier sicherzustellen, dass entsprechende Bewertungen dokumentiert und aufbewahrt werden, wie dies Satz 2 vorsieht. Damit werden die zivilrechtlichen Vorgaben des § 505c BGB in das Aufsichtsrecht übernommen. Allerdings verpflichtet § 505c Nr. 1 BGB dem Wortlaut gemäß nur zur Einhaltung von Bewertungsstandards bei Wohn-

---

[13] Gesetzesbegründung, BT-Drs. 18/5922, 16 f.
[14] *Klitzing/Seiffert* WM 2016, 774, 779.
[15] Gesetzesbegründung, BT-Drs. 18/5922, 97 (zu § 505a BGB) u. 135 (zu § 18a KWG).
[16] Gesetzesbegründung, BT-Drs. 18/5922, 97 (zu § 505a BGB) u. 135 (zu § 18a KWG).
[17] Gesetzesbegründung, BT-Drs. 18/5922, 98 f. (zu § 505b BGB).
[18] Gesetzesbegründung, BT-Drs. 18/5922, 99 (zu § 505b BGB) u. 135 (zu § 18a KWG).
[19] Gesetzesbegründung, BT-Drs. 18/5922, 99 f. (zu § 505b BGB).

immobilien. Hier geht § 18a Abs. 7 S. 1 Nr. 1 KWG weiter und erfasst alle Immobilien. Das ist im Hinblick auf den Grundansatz des Gesetzgebers jedenfalls konsequent, der eine entsprechende Differenzierung wegen Abgrenzungsschwierigkeiten gerade nicht gewollt hat und insoweit über die entsprechende Festlegung der Wohnimmobilien-Richtlinie hinausgegangen ist.[20]

§ 18a **Abs. 8** KWG enthält Wohlverhaltensregelungen, wenn Unternehmen Beratungsleistungen im Rahmen der Vergabe von Immobiliar-Verbraucherdarlehen erbringen.[21] Maßgeblich sind insofern **§ 511 BGB** und **Art. 247 § 18 EGBGB**. Der Beratung vorgeschaltet ist danach die Ermittlung des Bedarfs unter Berücksichtigung der Risiken, die der Darlehensnehmer eingehen würde. Die Vorgaben greifen ein, sobald Geschäfte im Zusammenhang mit einem Immobiliar-Verbraucherdarlehen stehen. Mit Art. 1 Nr. 5 lit. b des Finanzaufsichtsrechtsergänzungsgesetzes vom 6.6.2017 (BGBl. I S. 1495) ist noch eine zusätzliche Maßgabe zur Genehmigung von Koppelungsgeschäften für Immobiliar-Verbraucherdarlehensverträge aufgenommen worden. 15

Im Einzelnen gilt Folgendes: Das Unternehmen schuldet zunächst bestimmte vorvertragliche **Informationen**, die es dem Darlehensnehmer zu geben hat. Dazu gehört eine Mitteilung über das Entgelt für Beratungsleistungen sowie Angaben, auf Basis welcher Produktpalette eine Empfehlung ausgesprochen wird. Diese Informationen sind dem Darlehensnehmer auf einem dauerhaften Datenträger zu übermitteln. Das Unternehmen hat sich sodann über den **Bedarf** des Darlehensnehmers, seine persönliche und finanzielle Situation sowie über seine Präferenzen zu informieren. Auf dieser Basis und unter Berücksichtigung einzugehender Risiken hat das Unternehmen eine Prüfung geeigneter Produkte vorzunehmen. Die Beratung schließt mit einer **Empfehlung** oder gegebenenfalls einem Hinweis, dass keine Empfehlung ausgesprochen werden kann. Empfehlung bzw. Hinweis sind wiederum dem Darlehensnehmer auf einem dauerhaften Datenträger zur Verfügung zu stellen. Diese Spezifizierung ergibt sich nur rudimentär unmittelbar aus § 18a Abs. 8 KWG. Sie folgt im Wesentlichen aus § 511 BGB, der seinerseits auf Art. 247 § 18 EGBGB verweist. 16

§ 18a **Abs. 9** KWG gebietet die Einhaltung datenschutzrechtlicher Vorgaben. Gemeint sind hiermit die Regelungen des **Bundesdatenschutzgesetz**es. Der Vorschrift kommt insofern lediglich klarstellende Bedeutung zu. Dabei ist zu berücksichtigen, dass der Darlehensnehmer aufgrund gesetzlicher Vorschriften angehalten ist, besonders sensible personenbezogene Daten preiszugeben.[22] Das rechtfertigt es, dass diese Daten grundsätzlich nur für den Zweck der Kreditwürdigkeitsprüfung herangezogen werden dürfen. Sollen die Daten für andere Zwecke verwendet werden ist hierfür grundsätzlich eine Einwilligung des Darlehensnehmers nötig. Ob, wie die Gesetzesbegründung nahelegt, in Ausnahmefällen auf eine solche Einwilligung verzichtet werden kann,[23] erscheint fraglich. Das kann grundsätzlich nur angenommen werden, wenn zumindest ein hinreichender Zusammenhang mit der Kreditwürdigkeitsprüfung besteht, beispielsweise in Bezug auf die in der Gesetzesbegründung ausdrücklich angesprochenen möglichen späteren Streitigkeiten im Zusammenhang mit dem Abschluss des Darlehens. 17

§ 18a **Abs. 10** erstreckt die Geltung von § 18a Abs. 1 bis 9 KWG auf die jeweils entsprechenden **entgeltlichen Finanzierungshilfen** (§ 506 BGB). Da § 18a KWG gemäß § 15a Abs. 1 VAG für den Versicherungssektor nur für die Vergabe von Immobiliar-Verbraucherdarlehen gilt, kommt § 18a Abs. 10 KWG nur insoweit Bedeutung zu. Das ist bei entgeltlichen Finanzierungshilfen anzunehmen, die Immobilien-Verbraucherdarlehen entsprechen. Hiervon unberührt bleibt die unmittelbare Anwendung sämtlicher zivilrechtlicher Vorschriften. Im Rahmen des Finanzaufsichtsrechtsergänzungsgesetzes vom 6.6.2017 ist durch Art. 1 Nr. 5 lit. c (BGBl. I S. 1495) § 18a KWG modifiziert worden. U. a. ist mit § 18a Abs. 10a KWG eine Verordnungsermächtigung geschaffen worden, die die Festlegung von Leitlinien für die Kreditwürdigkeitsprüfung erlaubt. Diese Leitlinien werden gemäß Art. 4 Nr. 5 des Gesetzes für Versicherer maßgeblich, die der Bundesaufsicht unterliegen. 18

III. Verordnungsermächtigung (Abs. 2). § 15a Abs. 2 VAG enthält eine Verordnungsermächtigung für das BMF, das danach nähere Bestimmungen über die Kenntnisse und Fähigkeiten der Mitarbeiter erlassen darf, die mit der Vergabe von Immobiliar-Verbraucherdarlehen befasst sind (Satz 1). Diese Ermächtigung kann auf die BaFin übertragen werden (Satz 2). Die Verordnung selber sowie eine eventuelle Übertragungsverordnung bedürfen der Zustimmung des Bundesrates.[24] Die Vorgabe des § 15a Abs. 2 VAG führt dazu, dass für den Versicherungssektor eine gesonderte Rechtsverordnung (BGBl. 2016 I S. 2765) erlassen worden ist.[25] Lediglich von der Ermächtigung zur Übertragung an die BaFin ist (bisher) kein Gebrauch gemacht worden. 19

---

[20] Vgl. Gesetzesbegründung, BT-Drs. 18/5922, 77.
[21] Gesetzesbegründung, BT-Drs. 18/5922, 136 (zu § 18a KWG).
[22] Vgl. Gesetzesbegründung, BT-Drs. 18/5922, 136 (zu § 18a KWG).
[23] Gesetzesbegründung, BT-Drs. 18/5922, 136 (zu § 18a KWG).
[24] Vgl. BR-Drs. 586/16.
[25] Zum Hintergrund vgl. Gesetzesbegründung, BT-Drs. 18/5922, 137 (zu Art. 12 Nr. 2).

Abschnitt 2. Bedeutende Beteiligungen

Inhaber bedeutender Beteiligungen

16 **[1]Die Inhaber einer bedeutenden Beteiligung im Sinne des § 7 Nummer 3 am Versicherungsunternehmen müssen den Ansprüchen genügen, die im Interesse einer soliden und umsichtigen Leitung des Unternehmens zu stellen sind; insbesondere müssen sie zuverlässig sein. [2]Wird die Beteiligung von juristischen Personen oder Personenhandelsgesellschaften gehalten, gilt das Gleiche für diejenigen natürlichen Personen, die nach Gesetz, Satzung oder Gesellschaftsvertrag zur Führung der Geschäfte und zur Vertretung berufen sind, sowie für die persönlich haftenden Gesellschafter.**

Übersicht

Schrifttum – Allgemein: Bähr/*Deckers* § 30; Baumbach/Hopt/*Merkt*, HGB, 37. Aufl. 2016, § 290 Rn. 7, 9; BeckOK FamFG/*Munzig*, FamFG, Stand 1.12.2016, § 375 Rn. 83; BeckOK HGB/*v. Kanitz/Hoffmann*, HGB, Stand 1.8.2016, § 290 Rn. 5; Boos/Fischer/Schulte-Mattler/*Fischer*, § 33 Rn. 39, 65; Boos/Fischer/Schulte-Mattler/*Schäfer*, § 1 Rn. 212, § 2c; *Dreher*, Die aufsichtsbehördliche Kontrolle der Inhaber von Schlüsselfunktionen nach Solvency II und künftigen VAG, VersR 2012,1061; FKBP/*Kaulbach*, § 7a; FKBP/*Bähr*, § 104; *Fricke*, Die VAG-Novelle 2002, VersR 2002, 1078; *ders.*, Die VAG-Novelle 2004, VersR 2005, 161; *Grote/Schaaf*, Zum Referentenentwurf der 10. VAG-Novelle zur Umsetzung der Solvency-II-Richtlinie in deutsches Recht – eine erste Analyse, VersR 2012, 17; *Habermann*, Mitteilungs- und Bekanntmachungspflichten im Zusammenhang mit Konzernumstrukturierungsmaßnahmen im Versicherungsbereich, VersR 1998, 801; *Hasselbach/Förster*, Private-Equity-Investitionen in Versicherungsunternehmen unter besonderer Berücksichtigung des § 104 VAG, VersR 2007, 1159; *Hirschmann*, Anteilseignerkontrolle im Versicherungs- und Kreditwirtschaftsrecht, Diss. 2000; Hüffer/Koch/*Koch*, AktG, 12. Aufl. 2016, § 18 AktG Rn. 17; *Köhler/Bornkamm*, UWG, 30. Aufl., 2012; *Laars*, §§ 104, 111f; Langheid/Wandt/*Grote*, AufsichtsR, Rn. 156 ff.; *Mönnig*, Die aufsichtsbehördliche Überwachung der Inhaber bedeutender Beteiligungen an Versicherungsunternehmen, Diss. 2001; MüKoAktG/*Bayer*, § 22 WpHG Rn. 4 ff., § 18 AktG Rn. 44; MüKoBGB/*Armbrüster*, § 121; MüKoHGB/*Busse von Colbe*, 3. Aufl. 2013, § 290 Rn. 13; *Präve*, Die VAG-Novelle 2000/2001, VersR 2001, 133; *Tusch*, Die ausdrückliche „Nichtuntersagung" durch die BaFin im Inhaberkontrollverfahren nach § 2c KWG und § 104 VAG, WM 2013, 633; *Weber-Rey/Krecek*, Aufsichtsrechtliche Apekte der Übernahme von Versicherungsunternehmen, NVersZ 2000, 105; *Winter*, § 5; *ders.*, Die versicherungsaufsichtsrechtliche Aktionärskontrolle – kritische Überlegungen zu ihrer Reichweite, FS H. Schirmer, 2005, S. 639 ff.; *ders.*, Öffentliches Übernahmeangebot bei Versicherungsunternehmen, VersR 2000, 1453

1 **I. Allgemeines. 1. Entstehungsgeschichte.** Eine Aufsicht über Inhaber von bedeutenden Beteiligungen an Versicherungsunternehmen – das sind grundsätzlich nach der Begriffsbestimmung in § 7 Nr. 3 VAG direkt oder indirekt gehaltene Beteiligungen „von mindestens 10 Prozent des Kapitals oder der Stimmrechte eines Unternehmens"[1] – existiert in Deutschland seit 1994. Regelungen über eine aufsichtsbehördliche Inhaberkontrolle wurden seinerzeit in den §§ 7a Abs. 2, 104 VAG a. F. mit dem **Dritten Durchführungsgesetz/EWG zum VAG** vom 21.7.1994[2] zur Umsetzung der Dritten Richtlinie Schadenversicherung[3] (Art. 8, 15 Abs. 1, 2 und 4) und der Dritten Richtlinie Lebensversicherung[4] (Art. 7, 14 Abs. 1, 2 und 4) geschaffen.[5] Flankiert wurde die aufsichtsbehördliche Inhaberkontrolle

[1] Zur Definition siehe Rn. 16 ff.
[2] BGBl. I 1630, 3134.
[3] RL 92/49/EWG v. 18.6.1992, ABl. EG 1992 L 228, 1.
[4] RL 92/96/EWG v. 10.11.1992, ABl. EG 1992 L 360, 1.
[5] *Mönnig* S. 4; s. dort zu den Ursprüngen und zur Entstehung der Inhaberkontrolle die anschauliche Darstellung unter S. 4 ff.; Langheid/Wandt/*Grote* AufsichtsR Rn. 156.

damals ebenso wie heute durch eine Gruppenaufsicht (§§ 104a VAG ff. a. F. = §§ 245 ff. VAG)[6] und eine Aufsicht über Versicherungs-Holdinggesellschaften (§ 1a VAG a. F. = § 293 VAG)[7].

§ 16 VAG entspricht inhaltlich unverändert dem bisherigen § 7a Abs. 2 S. 1 und 2 VAG a. F.[8] Der Wortlaut dieser Vorschriften hat sich mit Ausnahme einer syntaktischen Modifikation im heutigen § 16 VAG nicht geändert. Die Vorschrift legt grundlegend die aufsichtsrechtlichen Anforderungen in persönlicher Hinsicht fest, die an Inhaber bedeutender Beteiligungen zu stellen sind. Diese müssen „den Ansprüchen genügen, die im Interesse einer soliden und umsichtigen Leitung des Unternehmens zu stellen sind; insbesondere müssen sie zuverlässig sein". 2

Im Wege der Neustrukturierung des VAG 2016 wurde die Regelung dieser persönlichen Qualifikationserfordernisse unmittelbar den weiteren Bestimmungen zur Inhaberkontrolle, die bislang in § 104 VAG a. F. geregelt waren und die heute in den §§ 17 bis 22 VAG geregelt sind, vorangestellt. Diese Regelungen entsprechen ebenfalls im Wesentlichen inhaltlich unverändert den bisherigen Regelungen. Beibehalten geblieben ist auch eine Verordnungsermächtigung zugunsten des Bundesministeriums der Finanzen in § 22 VAG (vormals § 104 Abs. 6 VAG a. F.), um insbesondere Verfahrensvorschriften außerhalb des VAG in einer sog. **Inhaberkontrollverordnung**[9] regeln zu können. 3

Im Unterschied zu § 16 VAG, in dem es allein um die Inhaber bedeutender Beteiligungen geht, regelte § 7a VAG a. F. zusätzlich noch die heute in § 24 VAG normierten Anforderungen an die Geschäftsleiter und Mitglieder des Aufsichtsrats eines Versicherungsunternehmens. Insoweit schuf der Reformgesetzgeber mit dem neuen Abschnitt „Bedeutende Beteiligungen" ein klarer strukturiertes Regelungsgefüge.[10] 4

Die §§ 16 ff. VAG umfassen in inhaltlicher Hinsicht sowohl die **laufende Inhaberkontrolle** als auch die Aufsicht über **potenzielle Erwerber** bedeutender Beteiligungen an Versicherungsunternehmen. Nicht Teil dieser Regelungen sind aber nach wie vor die Vorschriften zur Prüfung von Inhabern bedeutender Beteiligungen im Rahmen des Erlaubnisverfahrens zum Geschäftsbetrieb, die sinnvollerweise weiterhin in den Zulassungsregeln des 1. Abschnitts verortet sind. Dabei handelt es sich um die Bestimmungen zum Antragsverfahren gemäß § 9 Abs. 4 Nr. 2 VAG (§ 5 Abs. 5 Nr. 6 VAG a. F.) sowie zur Erlaubnisversagung nach § 11 Abs. 1 Nr. 3 VAG (vormals § 8 Abs. 1 Nr. 2 VAG a. F.). Für den Begriff der bedeutenden Beteiligung verweist § 16 VAG nunmehr auf die zentrale Vorschrift zu den Begriffsbestimmungen (§ 7 Nr. 3 VAG). Bisher war die Legaldefinition im unmittelbaren Anschluss an die Qualifikationserfordernisse in § 7a Abs. 2 S. 3 VAG a. F. geregelt. 5

2. Normzweck. Als Ausgangspunkt für die Inhaberkontrolle legt § 16 VAG die von der Aufsichtsbehörde zu überprüfenden persönlichen Anforderungen fest, die der Inhaber einer bedeutenden Beteiligung erfüllen muss. Soweit es sich bei dem Inhaber um eine juristische Person handelt, ist insoweit gemäß § 16 S. 2 VAG auch auf „diejenigen natürlichen Personen (abzustellen), die nach Gesetz, Satzung oder Gesellschaftsvertrag zur Führung der Geschäfte und zur Vertretung berufen sind, sowie" auf „die persönlich haftenden Gesellschafter". Insoweit erfolgt also eine Durchschau (auch sog. **Look-through-Prinzip**) durch die gesamte Beteiligungskette einschließlich aller natürlichen Personen, die entweder Geschäftsführungs- oder Vertretungsbefugnisse für eine juristische Person haben, die eine bedeutende Beteiligung halten oder die hinter der juristischen Person als persönlich haftender Gesellschafter stehen. Denn bezüglich all dieser Personen geht der Gesetzgeber davon aus, dass sie potentiell in der Lage sind, auf die Geschicke des Versicherungsunternehmens Einfluss zu nehmen.[11] Diese Einflussnahmemöglichkeit wird u. a. in § 18 Abs. 1 Nr. 2 VAG ausdrücklich angesprochen. 6

Darüber hinaus sind aber auch die natürlichen Personen am Ende einer Beteiligungskette in den Blick zu nehmen, die mittelbar eine bedeutende Beteiligung halten. Handelt es sich z. B. am Ende einer Kette von Inhabern bedeutender Beteiligungen bei der letzten juristischen Person um eine Aktiengesellschaft, gelten für alle Aktionäre, die mindestens 10 % der stimmberechtigten Aktien an dieser Aktiengesellschaft halten, die §§ 16 ff. VAG gleichermaßen. 7

Die Gesetzesbegründung zum Vierten Finanzmarktförderungsgesetz[12] benennt konkret **zwei Funktionen** der Inhaberkontrolle, die durch die Einhaltung dieser persönlichen Voraussetzungen sichergestellt werden sollen. Zum einen sollen Versicherungsunternehmen und letztlich die Versicherten frühzeitig davor geschützt werden, dass unzuverlässige Inhaber die wirtschaftliche Existenz der Unternehmen und damit die Erfüllbarkeit der Versicherungsverträge durch die Verfolgung sachfremder 8

[6] Siehe dazu: § 245 Rn. 4 ff.
[7] Siehe dazu: § 293 Rn. 16.
[8] Begr. VAG-RegE 2014, BT-Drs. 18/2956, 238.
[9] Verordnung über die Anzeigen nach § 2c des Kreditwesengesetzes und § 104 des Versicherungsaufsichtsgesetzes (InhKontrollV) vom 20.3.2009, BGBl. I 562.
[10] *Grote/Schaaf* VersR 2012, 17, 19.
[11] Siehe dazu im Einzelnen unter Rn. 22 ff.
[12] Vom 21.6.2002, BGBl. I 2010.

Interessen gefährden.[13] Die Inhaberkontrolle kann insoweit als eine Art „Frühwarnsystem"[14] begriffen werden, das drohende Funktionsstörungen im Geschäftsbetrieb des Versicherungsunternehmens anzeigt, um diese letztlich zu verhindern.[15] Zum anderen zielt das Aufsichtsmittel auf den Schutz der Unternehmen vor der Einspeisung inkriminierter Gelder (Anlagebetrug, Geldwäsche oder andere Formen der organisierten Kriminalität).[16] Damit dienen die Vorschriften der §§ 16 ff. VAG auch der **Integrität des Finanzsystems**.[17] Gleichwohl kommt der Inhaberkontrolle im Versicherungssektor weiterhin wegen der Langfristigkeit des Versicherungsgeschäfts keine so große praktische Bedeutung zu wie im Bankenbereich.[18] Für die Kreditwirtschaft besteht nicht nur eine höhere Anfälligkeit für entsprechende kriminelle Bestrebungen, teilweise sind auch die Beteiligungsstrukturen anders gelagert.[19] Dennoch haben die Versicherungsunternehmen und Inhaber bedeutender Beteiligungen ebenso wie die Aufsichtsbehörde insbesondere im Zusammenhang mit dem Erwerb oder der Erhöhung bedeutender Beteiligungen einen hohen administrativen Aufwand zu erfüllen. Auf diese Weise können auch gesellschaftsrechtlich einfache Umstrukturierungen in einem Konzern mit viel Verwaltungsaufwand verbunden sein oder Transaktionen von Konzernen, die hauptsächlich nicht im Versicherungsbereich operativ tätig sind und die aber ein Versicherungsunternehmen als Konzernunternehmen haben, durch die versicherungsaufsichtsbehördliche Prüfung zeitlich beeinflusst werden. So hat die **Beteiligungsrichtlinie**[20] gleichermaßen für den Banken- und den Versicherungsbereich[21] umfassende Verfahrensregeln und Kriterien für die aufsichtsrechtliche Beurteilung eingeführt, die bei Änderungen der Beteiligungsstrukturen zu beachten sind.[22]

9 **3. Europarechtlicher Hintergrund.** Nach der amtlichen Begründung dient § 16 VAG der Umsetzung von Art. 59 Abs. 1 **Solva II-RL**,[23, 24] der unter lit. a vorsieht, dass die nationalen Aufsichtsbehörden interessierte Erwerber von qualifizierten Beteiligungen unter anderem auf das Kriterium der Zuverlässigkeit zu prüfen haben. Auch diesbezüglich entspricht der europarechtliche Hintergrund dem bisherigen in Art. 8 (Schaden) bzw. Art. 7 (Leben) der Dritten Versicherungsrichtlinien bzw. neben den weiteren Vorschriften der Solva II-RL zur Inhaberkontrolle auch weitgehend den Vorgaben der bereits angesprochenen **Beteiligungs-RL**,[25] die bereits durch Gesetz vom 12.3.2009[26] in nationales Recht umgesetzt wurde. Die früheren drei europäischen Aufsichtskomitees CESR, CEBS und CEIOPS haben die darin für die Inhaber bedeutender Beteiligungen an Versicherungsunternehmen und Kreditinstituten festgelegten persönlichen Qualifikationsanforderungen in gemeinsamen Leitlinien konkretisiert.[27] Eine überarbeitete Fassung der Joint Guidelines ist von den ESAs (ESMA, EBA und EIOPA) am 20.12.2016 veröffentlicht worden.[28]

10 Im Unterschied zu Art. 59 Abs. 1 lit. a Solva II-RL knüpft zwar § 16 VAG nicht an einen beabsichtigten Erwerb einer bedeutenden Beteiligung an. Genau genommen statuiert die Vorschrift vielmehr eine Rahmenregelung für die Inhaber einer bereits bestehenden bedeutenden Beteiligung. Allerdings geht aus den europäischen Richtlinien hervor, dass die in § 16 VAG aufgestellten Anforderungen die Basis für jedwede aufsichtsbehördliche Eingriffe darstellen. Dies zeigt sich in den auf § 16 VAG oder die darin enthaltenden Kriterien verweisenden Vorschriften, die ihrerseits auf europarechtlichen Vorgaben beruhen.[29] So sind die vom Inhaber notwendigerweise zu erfüllenden Qualifikationsmerkmale im Erlaubnisverfahren (§§ 9, 11 VAG), im Erwerbs- bzw. Erhöhungsverfahren (§§ 17, 18 VAG) sowie im Rahmen der laufenden Beaufsichtigung (§§ 19, 20 VAG) zwingend zu beachten.

---

[13] Begr. RegE BT-Drs. 14/8017, 71; ähnlich im Ansatz schon Begr. RegE Drittes Durchführungsgesetz/EWG zum VAG, BT-Drs. 12/6959, 52; kritisch *Winter* FS H. Schirmer, 2005, 639, 640, der von grundsätzlich nur begrenzten Einwirkungsmöglichkeiten eines Inhabers bedeutender Beteiligungen auf ein Versicherungsunternehmen ausgeht.

[14] *Mönnig* S. 17.

[15] Vgl. FKBP/*Bähr* § 104 Rn. 5.

[16] Begr. RegE BT-Drs. 14/8017, 71; zu dieser Zweckrichtung auch schon Begr. RegE Drittes Durchführungsgesetz/EWG zum VAG, BT-Drs. 12/6959, 52, 53, 90; vgl. zur kriminalpolizeilichen Ausrichtung der Vorschrift instruktiv *Mönnig* S. 14 ff.

[17] So FKBP/*Kaulbach* § 7a Rn. 14.

[18] S. schon *Präve* VersR 2001, 133, 135; zu Zweck und Bedeutung der Parallelvorschriften im KWG vgl. Boos/Fischer/Schulte-Mattler/*Schäfer* § 2c KWG Rn. 1 ff.

[19] Vgl. *Mönnig* S. 26.

[20] RL 2007/44/EG v. 5.9.2007, ABl. EU 2007 L 247, 1.

[21] Vgl. 1. und 2. Erwägungsgrund der Beteiligungs-RL.

[22] Vgl. hierzu § 17 Rn. 12 ff. und § 18 Rn. 12 ff.

[23] RL 2009/138/EG v. 25.11.2009, ABl. EU 2009 L 335, 1 in der Fassung der sog. Omnibus II-RL 2014/51/EU v. 16.4.2014, ABl. EU 2014 L 153, 1.

[24] Begr. RegE VAG 2014, BT-Drs. 18/2956, 238.

[25] Vgl. 74. Erwägungsgrund Solva II-RL.

[26] Gesetz zur Umsetzung der Beteiligungsrichtlinie, BGBl. 2009 I 470.

[27] „Guidelines for the prudential assessment of acquisitions and increases in holdings in the financial sector required by Directive 2007/44/EC" v. 18.12.2008 (CEBS/2008/214 CEIOPS-3L3–19/08 CESR/08–543b).

[28] JC/GL/2016/01. Die Joint Guidelines sollen ab dem 1. Oktober 2017 Anwendung finden.

[29] S. dazu die Nachweise bei den jeweiligen Vorschriften.

II. Anwendungsbereich. 1. Beteiligungsobjekt. § 16 VAG gilt für Inhaber einer bedeutenden Beteiligung an einem **Versicherungsunternehmen**, unabhängig davon, ob es sich um ein Erst- oder um ein Rückversicherungsunternehmen handelt (§ 7 Nr. 33 VAG). Ebenfalls irrelevant ist die Unternehmensform des Versicherungsunternehmens. Allerdings betrifft die Norm in erster Linie Versicherungsaktiengesellschaften.[30] Bei Versicherungsvereinen auf Gegenseitigkeit und bei öffentlich-rechtlichen Versicherungsunternehmen, die ebenfalls als Beteiligungsunternehmen in Betracht kommen,[31] ist die Inhaberkontrolle dagegen kaum Gegenstand praktischer Anwendung.[32] Bei öffentlich-rechtlichen Unternehmen wird die Aufsicht allenfalls bei Mischformen in den Beteiligungsverhältnissen oder bei Vorliegen einer stillen Beteiligung in Betracht kommen.[33] 11

Im Gegensatz zu den Vorschriften der § 9 Abs. 4 Nr. 2 VAG und § 11 Abs. 1 Nr. 3 VAG, die Bestimmungen zur Inhaberkontrolle bei der Zulassung des Versicherungsunternehmens zum Geschäftsbetrieb enthalten, regeln die §§ 16 ff. VAG die Aufsicht über bedeutende Beteiligungen an einem bereits zum Geschäftsbetrieb zugelassenen Unternehmen. 12

Entsprechende Anwendung findet § 16 VAG auf Versicherungs-Zweckgesellschaften (§ 168 Abs. 2 VAG), auf Versicherungs-Holdinggesellschaften und gemischte Finanzholding-Gesellschaften (§ 293 Abs. 1 S. 1 VAG) sowie auf Pensionsfonds (§ 237 Abs. 1 i. V. m. § 212 VAG). 13

2. Beteiligungssubjekt. Inhaber einer bedeutenden Beteiligung kann sowohl eine natürliche als auch eine juristische Person sein (arg. e. § 16 S. 2 VAG). 14

Wo die Person ihren (Wohn-)Sitz hat, ist unerheblich. Die Inhaberkontrolle erstreckt sich also auch auf Personen, die außerhalb Deutschlands und außerhalb eines EU-/EWR-Mitgliedsstaates sitzen. Soweit sich Ausländer der aufsichtsbehördlichen Inhaberkontrolle entziehen wollten, weil sie z. B. deutsche Gesetze für auf sich selbst bezogen unanwendbar halten, führte dies schlicht dazu, dass die BaFin die Inhaberschaft gemäß § 18 Abs. 1 VAG und eine Ausübung der Stimmrechte gemäß § 19 Abs. 1 VAG untersagt. Insoweit müssen etwaige Eigentumsrechte eines Inhabers, auch die des eine Beteiligung veräußernden Inhabers, hinter das Aufsichtsrecht zurücktreten, da der vom VAG beabsichtigte Schutz der Versicherten auch verfassungsrechtlich vorrangig ist. 15

3. Beteiligungsumfang. Wann eine bedeutende Beteiligung vorliegt, bestimmt § 7 Nr. 3 Hs. 1 VAG. Der **Begriff** wird **legal definiert** als „*das direkte oder indirekte Halten von mindestens 10 Prozent des Kapitals oder der Stimmrechte eines Unternehmens oder eine andere Möglichkeit der Wahrnehmung eines maßgeblichen Einflusses auf die Geschäftsführung dieses Unternehmens*“. Die Definition im neuen VAG ist zwecks Vereinheitlichung der Begriffsbestimmungen in der europäischen Finanzaufsicht an die bankenrechtliche Parallelvorschrift des § 1 Abs. 9 KWG angepasst worden, der auf die Definition in Art. 4 Abs. 1 Nr. 36 der Verordnung (EU) Nr. 575/2013 verweist.[34] Obgleich die europäischen Richtlinien und Verordnungen von „qualifizierten“ Beteiligungen sprechen, hält der nationale Gesetzgeber an dem ursprünglich eingeführten Begriff der „bedeutenden“ Beteiligungen[35] fest. Beide Begriffe sind aber synonym. 16

a) Beteiligung ab 10 %. Hinsichtlich der **10 %-Schwelle** ist irrelevant, auf welchem Wege dieser Wert erreicht wird. Es spielt beispielsweise keine Rolle, ob dieser Anteil direkt oder indirekt gehalten oder erst durch ein Zusammenwirken mit einem Dritten erreicht wird. Anders als noch § 7a Abs. 2 S. 3 VAG a. F. sieht die Neufassung der Vorschrift von einer Aufzählung relevanter Beispielsfälle ab. Bei Versicherungsvereinen auf Gegenseitigkeit beziehen sich die zu berechnenden Anteile jeweils auf den Gründungsstock.[36] 17

Welche **Berechnungs- und Zurechnungsvorschriften** zu beachten sind, richtet sich nach § 7 Nr. 3 Hs. 2 VAG, der auf die maßgeblichen Regelungen des WpHG und KWG und dazu ergangener Rechtsverordnungen verweist. Nach wie vor ist es nicht möglich, dass Beteiligungen auf mehrere Personen (Strohmänner) so verteilt werden, dass sie jeweils den Schwellenwert des § 7 Nr. 3 VAG unterschreiten.[37] Es kommt auf die faktische Fähigkeit an, das Gewicht von 10 % „in einer Stimme“ geltend zu machen.[38] 18

Namentlich sieht § 7 Nr. 3 Hs. 2 VAG vor, dass bei der Berechnung des Anteils der Stimmrechte § 21 Abs. 1 i. V. m. einer Rechtsverordnung nach Absatz 3, § 22 Abs. 1 und 2, § 22a Abs. 1 bis 3 i. V. m. einer Rechtsverordnung nach Absatz 6 und § 23 des WpHG entsprechend anzuwenden sind. Voraussetzung für die Zurechnung von Anteilen ist das Vorliegen eines Zurechnungsgrundes gemäß § 22 Abs. 1 oder 2 WpHG. Beispielsweise werden einem Unternehmen gemäß § 22 Abs. 1 S. 1 Nr. 1, S. 3 WpHG die Stimmrechtsanteile voll zugerechnet, die einem Tochterunternehmen gehören. Nach 19

30 Langheid/Wandt/*Grote* AufsichtsR Rn. 156.
31 *Hirschmann* S. 19, 32.
32 Langheid/Wandt/*Grote* AufsichtsR Rn. 156; zu VVaG vgl. *Mönnig* S. 24.
33 Vgl. *Hirschmann* S. 83.
34 Begr. VAG-RegE 2014, BT-Drs. 18/2956, 235.
35 Begr. RegE Drittes Durchführungsgesetz/EWG zum VAG, BT-Drs. 12/6959, 53.
36 FKBP/*Bähr* § 7a Rn. 21; Begr. RegE Drittes Durchführungsgesetz/EWG zum VAG, BT-Drs. 12/6959, 53.
37 Begr. VAG-RegE 2014, BT-Drs. 18/2956, 235.
38 Langheid/Wandt/*Grote* AufsichtsR Rn. 158; FKBP/*Kaulbach* § 7a Rn. 22.

der Legaldefinition des § 7 Nr. 29 VAG ist Tochterunternehmen zunächst ein Unternehmen i. S. d. § 290 HGB. Für die Zwecke der Gruppenaufsicht gilt als Tochterunternehmen ferner ein Unternehmen, auf das ein Mutterunternehmen nach Ansicht der betroffenen Aufsichtsbehörden einen beherrschenden Einfluss tatsächlich ausübt.[39] Trotz Streichung des Einschubs „ob im Eigen- oder Fremdinteresse" in § 7a Abs. 2 S. 3 VAG a. F., der ohnehin lediglich klarstellende Funktion hatte,[40] wird der treuhänderisch gehaltene Anteilsbesitz weiterhin sowohl dem Treuhänder als auch dem Treugeber zugerechnet.[41] Entsprechend § 22a Abs. 2 und 3 WpHG gelten bestimmte Wertpapierdienstleistungsunternehmen und Kapitalverwaltungsgesellschaften nicht als Tochterunternehmen im Sinne der Berechnungsvorschriften.

20 Im Einzelnen sieht § 22 Abs. 1 WpHG vor, dass eigenen Stimmrechten die Stimmrechte aus Aktien gleichstehen,

1. die einem Tochterunternehmen des Meldepflichtigen gehören,
2. die einem Dritten gehören und von ihm für Rechnung des Meldepflichtigen gehalten werden,
3. die der Meldepflichtige einem Dritten als Sicherheit übertragen hat, es sei denn, der Dritte ist zur Ausübung der Stimmrechte aus diesen Aktien befugt und bekundet die Absicht, die Stimmrechte unabhängig von den Weisungen des Meldepflichtigen auszuüben,
4. an denen zugunsten des Meldepflichtigen ein Nießbrauch bestellt ist,
5. die der Meldepflichtige durch eine Willenserklärung erwerben kann,
6. die dem Meldepflichtigen anvertraut sind oder aus denen er die Stimmrechte als Bevollmächtigter ausüben kann, sofern er die Stimmrechte aus diesen Aktien nach eigenem Ermessen ausüben kann, wenn keine besonderen Weisungen des Aktionärs vorliegen,
7. aus denen der Meldepflichtige die Stimmrechte ausüben kann auf Grund einer Vereinbarung, die eine zeitweilige Übertragung der Stimmrechte ohne die damit verbundenen Aktien gegen Gegenleistung vorsieht,
8. die bei dem Meldepflichtigen als Sicherheit verwahrt werden, sofern der Meldepflichtige die Stimmrechte hält und die Absicht bekundet, diese Stimmrechte auszuüben.

21 Nach § 22 Abs. 2 WpHG werden dem Unternehmen unter bestimmten Voraussetzungen auch die Stimmrechte eines Dritten zugerechnet, mit dem das Unternehmen oder sein Tochterunternehmen sein Verhalten in Bezug auf diesen Emittenten auf Grund einer Vereinbarung oder in sonstiger Weise abstimmt. Darüber hinaus erfolgt gemäß § 22 Abs. 1 S. 2 WpHG ggf. eine **Kettenzurechnung** von Anteilen, die dem Unternehmen, dessen Anteile nach § 22 Abs. 1 S. 1 Nr. 2 – 8 WpHG zugerechnet werden, selbst zugerechnet wurden.[42] Diese Regelungen des WpHG, auf die in § 7 Nr. 3 Hs. 2 VAG verwiesen wird, setzen Art. 63 Solva II-RL um.[43]

22 Mit diesen Regelungen zur Berechnung der Höhe einer Beteiligung soll letztlich eine Durchschau über alle Beteiligungsverhältnisse erreicht werden, die irgendwie miteinander in Verbindung stehen. So sollen die tatsächlichen Inhaber bedeutender Beteiligungen ermittelt und im Rahmen einer Beteiligungskette alle Inhaber beaufsichtigt werden, die tatsächlich Einfluss auf ein Versicherungsunternehmen ausüben können. Dabei ist es für die Aufsicht insbesondere von Bedeutung, auch das „letzte Glied" in der Beteiligungskette zu ermitteln. Demgemäß regelt der entsprechend anwendbare § 21 WpHG Mitteilungspflichten des Meldepflichtigen gegenüber der BaFin.

23 In Ergänzung zu § 23 WpHG, der für bestimmte Fälle die Nichtberücksichtigung von Stimmrechten regelt, sieht § 7 Nr. 3 VAG a. E. mit Blick auf die vorgenannte Zielrichtung der Inhaberkontrolle **Ausnahmen** der Zurechnung von Beteiligungen vor. Danach sind bestimmte Stimmrechte bzw. Kapitalanteile bei der Berechnung nicht zu berücksichtigen. Die Norm betrifft die Stimmrechte oder Kapitalanteile, die Wertpapierfirmen oder Kreditinstitute im Rahmen des **Emissionsgeschäfts** nach § 1 Abs. 1 S. 2 Nr. 10 KWG halten. Voraussetzung für die Nichtberücksichtigung ist, dass diese Rechte nicht ausgeübt oder sie nicht anderweitig dazu verwendet werden, in die Geschäftsführung des Unternehmens einzugreifen, und dass sie innerhalb eines Jahres nach dem Zeitpunkt des Erwerbs veräußert werden. Nach der Legaldefinition des § 1 Abs. 1 S. 2 Nr. 10 KWG handelt es sich bei einem Emissionsgeschäft um die Übernahme von Finanzinstrumenten für eigenes Risiko zur Platzierung oder die Übernahme gleichwertiger Garantien. Unter einer Wertpapierfirma ist nach Art. 4 Abs. 1 Nr. 1 der Finanzmarktrichtlinie[44] jede juristische Person zu verstehen, die im Rahmen ihrer üblichen beruflichen oder gewerblichen Tätigkeit gewerbsmäßig eine oder mehrere Wertpapierdienstleistungen für Dritte erbringt und/oder eine oder mehrere Anlagetätigkeiten ausübt. Der Begriff des Kreditinstituts wird in § 1 Abs. 1 S. 1 KWG als Unternehmen definiert, das Bankgeschäfte gewerbsmäßig oder in einem Umfang betreibt, der einen in kaufmännischer Weise eingerichteten Geschäftsbetrieb erfordert.

[39] Zum Begriff des Tochterunternehmens vgl. die Kommentierung bei §§ 245, 246.
[40] Begr. RegE Viertes Finanzmarktförderungsgesetz, BT-Drs. 14/8017, 142.
[41] Begr. VAG-RegE 2014, BT-Drs. 18/2956, 235.
[42] Nähere Erläuterungen und Beispiele für derartige Zurechnungsverhältnisse finden sich bei MüKoAktG/*Bayer* § 22 WpHG Rn. 4 ff.
[43] Begr. VAG-RegE 2014, BT-Drs. 18/2956, 235.
[44] RL 2004/39/EG v. 21.4.2004, ABl. EU 2004 L 145/1.

24 **b) Maßgeblicher Einfluss.** Eine bedeutende Beteiligung an einem Unternehmen kann sich im Einzelfall auch unabhängig von einer Beteiligung ab der 10%-Schwelle ergeben, wenn eine Person – ggf. auch unabhängig von irgendeiner Beteiligung[45] – in einer anderen Art und Weise die „Möglichkeit der Wahrnehmung eines **maßgeblichen Einflusses auf die Geschäftsführung**" hat.

25 Der Begriff des maßgeblichen Einflusses korrespondiert mit der Vorschrift des § 311 HGB,[46] die allerdings keine entsprechende Legaldefinition vorhält und auch in Bezug auf die Vermutungsregel in § 311 Abs. 1 S. 2 HGB nicht aussagekräftig ist. Nach dieser Vorschrift wird ein maßgeblicher Einfluss widerlegbar vermutet, wenn ein Unternehmen bei einem anderen Unternehmen mindestens 20% der Stimmrechte der Gesellschafter innehat. Dieser Fall wird jedoch bereits von dem niedrigeren Schwellenwert von 10% in § 7 Nr. 3 VAG absorbiert.[47] Aus diesem Grund ist stets eine einzelfallbezogene Gesamtbetrachtung vorzunehmen.[48] Ein maßgeblicher Einfluss kann z. B. bei personeller Verflechtung, finanzieller oder technologischer Abhängigkeit bestehen[49] und ist jedenfalls gegeben, wenn ein Beherrschungsvertrag i. S. d. § 291 Abs. 1 AktG vorliegt.[50] Beim Versicherungsverein auf Gegenseitigkeit führt die Einräumung eines Rechts zur Teilnahme an der Vereinsverwaltung gemäß § 178 Abs. 1 S. 2 VAG zur Annahme eines maßgeblichen Einflusses.[51]

26 Eine tatsächliche Ausübung der Einflussnahmemöglichkeit ist gemäß dem eindeutigen Wortlaut des § 7 Nr. 3 VAG – anders als nach § 311 HGB – nicht erforderlich. Die bloße Möglichkeit der Einflussnahme genügt.

27 Aus alledem ergibt sich, dass möglichst alle Anteilseigner erfasst werden sollen, von denen grundsätzlich eine Gefährdung der Belange der Versicherten eines Versicherungsunternehmens ausgehen könnte. Erst wenn keine Möglichkeit zur rechtlichen oder tatsächlichen Einflussnahme mehr besteht, liegt keine nach dem VAG zu kontrollierende Inhaberschaft einer bedeutenden Beteiligung vor.[52]

28 **III. Eignung der Inhaber bedeutender Beteiligungen (S. 1). 1. Allgemeines.** Gemäß § 16 S. 1 VAG müssen die Inhaber bedeutender Beteiligungen „den Ansprüchen genügen, die im Interesse einer soliden und umsichtigen Leitung des Unternehmens zu stellen sind; insbesondere müssen sie zuverlässig sein."

29 Die Vorschrift ist – mit Ausnahme des Bezuges zur Zuverlässigkeit – unbestimmt gehalten. Da zuverlässig nur eine natürliche Person sein kann, ordnet § 16 S. 2 VAG für den Fall, dass es sich bei dem Inhaber der bedeutenden Beteiligung um eine juristische Person oder um eine Personenhandelsgesellschaft handelt, dementsprechend an, dass dann bezüglich der Eignung der Inhaber der bedeutenden Beteiligung auf „diejenigen natürlichen Personen (abzustellen ist), die nach Gesetz, Satzung oder Gesellschaftsvertrag zur Führung der Geschäfte und zur Vertretung berufen sind, sowie" auf „die persönlich haftenden Gesellschafter". Dementsprechend ist auch das allgemeine Eignungskriterium „den Ansprüchen genügen, die im Interesse einer soliden und umsichtigen Leitung des Unternehmens zu stellen sind" bezogen auf natürliche Personen näher auszulegen.

30 **2. Eignungskriterien.** Aus dem Wortlaut des § 16 S. 1, letzter Hs. VAG („insbesondere") ergibt sich im Umkehrschluss, dass es neben dem Eignungskriterium „Zuverlässigkeit" noch weitere Kriterien geben muss. Neben dem Kriterium der „Zuverlässigkeit" darf es also auch kein weiteres Kriterium geben, das dafür spricht, dass der Inhaber „aus anderen Gründen nicht den im Interesse einer soliden und umsichtigen Führung des Versicherungsunternehmens zu stellenden Ansprüchen" genügt. Dabei sind diese weiteren Kriterien nicht etwa eigenständige oder sogar gegensätzliche Begriffe im Verhältnis zum Kriterium der „Zuverlässigkeit".[53] Vielmehr bilden die weiteren Kriterien einen Auffangtatbestand für den Fall, dass die „Unzuverlässigkeit" den Inhalt der Bestimmungen in den Dritten Richtlinien Schaden und Leben nicht voll erfasst.[54] Die Zuverlässigkeit als konkretisierendes Regelbeispiel[55] steht somit im Zentrum der Qualifikationsanforderungen nach § 16 VAG.

---

[45] Boos/Fischer/Schulte-Mattler/*Schäfer* § 1 KWG Rn. 212 zur bankenrechtlichen Parallelvorschrift des § 1 Abs. 9 KWG.

[46] Begr. RegE Drittes Durchführungsgesetz/EWG zum VAG, BT-Drs. 12/6959, 53.

[47] *Mönnig* S. 106.

[48] Das Erfordernis einer Einzelfallbetrachtung betont auch die BaFin in ihrem Merkblatt zur Inhaberkontrolle v. 27.11.2015 unter IV.4.

[49] Boos/Fischer/Schulte-Mattler/*Schäfer* § 1 KWG Rn. 212 zur bankenrechtlichen Parallelvorschrift des § 1 Abs. 9 KWG.

[50] FKBP/*Kaulbach* § 7a Rn. 23.

[51] So auch FKBP/*Kaulbach* § 7a Rn. 23; Langheid/Wandt/*Grote* AufsichtsR Rn. 159. Weitere Anhaltspunkte für das Vorliegen eines maßgeblichen Einflusses listet die BaFin in ihrem Merkblatt zur Inhaberkontrolle v. 27.11.2015 unter IV.4 auf.

[52] *Mönnig* S. 29 f.

[53] So auch *Hirschmann* S. 118 f.

[54] Begr. RegE Drittes Durchführungsgesetz/EWG zum VAG, BT-Drs. 12/6959, 52; Beschlussempfehlung und Bericht des Finanzausschusses zum 3. FMFG, BT-Drs. 13/9874, 139 zu § 2b KWG.

[55] Bähr/*Deckers* § 30 Rn. 29.

31 **a) Zuverlässigkeit.** Auch bei dem Kriterium der **Zuverlässigkeit** handelt es sich um einen ausfüllungsbedürftigen unbestimmten Rechtsbegriff.[56] Im Grundsatz ist von einem gewerberechtlichen Verständnis des Begriffs in Anlehnung an den Zuverlässigkeitsbegriff des § 35 GewO auszugehen.[57] Mangels Ausübung eines Gewerbes durch den Inhaber einer bedeutenden Beteiligung geht es jedoch hier um eine „inhaberbezogene" Zuverlässigkeit.[58]

32 Zuverlässigkeit ist dementsprechend zunächst stets zu vermuten und nur dann nicht anzunehmen, wenn der Inhaber keine Gewähr dafür bietet, in Zukunft keinen schädlichen Einfluss auf das Versicherungsunternehmen auszuüben oder es nicht zum Zwecke rechtswidriger Taten, wie z. B. Geldwäsche oder Steuerhinterziehung, zu missbrauchen.[59] Kann der Inhaber der bedeutenden Beteiligung z. B. die Gewähr für Letzteres nicht bieten, weil er einschlägig vorbestraft ist, genügt er nicht den Ansprüchen, die im Interesse einer soliden und umsichtigen Leitung eines Unternehmens zu stellen sind.[60]

33 In diesem Fall ermöglichen die §§ 16 ff. VAG einen Eingriff der Inhaberaufsicht, deren Funktion es ist, eine Beeinträchtigung der Integrität des Finanzsystems zu verhindern und die Belange der Versicherten zu schützen.[61]

34 Obgleich der Reformgesetzgeber des VAG 2016 die Regelung zu den Qualifikationserfordernissen an Geschäftsleiter und Aufsichtsräte nunmehr an anderer Stelle, nämlich in § 24 VAG, verortet hat,[62] gelten für die Prüfung der Zuverlässigkeit eines Inhabers einer bedeutenden Beteiligung weiterhin grundsätzlich die gleichen Maßstäbe. Dabei ist allerdings auch die Fortentwicklung des Prüfungsmaßstabs unter **Solvency II** zu berücksichtigen. So umfasst der neueingeführte Begriff der „Schlüsselaufgaben" in § 24 VAG außerhalb von Geschäftsleitung und Aufsichtsrat weitere Personen innerhalb eines Unternehmens, für die grundsätzlich ein einheitlicher Maßstab bei der Beurteilung der Zuverlässigkeit anzusetzen ist.[63] Art. 273 Abs. 4 **Solva II-VO**[64] fasst die Anforderungen an die Zuverlässigkeit der Inhaber von Schlüsselaufgaben so zusammen, dass die Beurteilung grundsätzlich eine umfassende Bewertung der Redlichkeit sowie der Solidität der Person auf der Grundlage von Nachweisen, die ihren Charakter, ihr persönliches Verhalten und ihr Geschäftsgebaren betreffen, einschließlich relevanter strafrechtlicher, finanzieller und aufsichtlicher Aspekte umfasst. Entsprechendes gilt im Rahmen der Inhaberaufsicht.

35 Bei der Prüfung der Zuverlässigkeit ist eine **Prognose** vorzunehmen.[65] Die am Einzelfall vorzunehmende Bewertung ist dabei stets auf **Tatsachen**, nicht auf bloß vage Vermutungen zu stützen.[66] Eine Unzuverlässigkeit kann sich aus Tatsachen ergeben, die in der nahen Vergangenheit (in der Regel mit Blick auf gesetzliche Tilgungsfristen von bestimmten Registereinträgen[67] die letzten drei bis fünf Jahre) eingetreten sind, beispielsweise im Hinblick auf ein Geschäftsgebaren.[68] Die Aufsichtsbehörde hat zu beurteilen, ob diese Tatsachen auf eine Unzuverlässigkeit in der Zukunft schließen lassen.[69] Im Rahmen der Zuverlässigkeitsprüfung sind Zweifel hinsichtlich fehlender Zuverlässigkeit von der Aufsichtsbehörde nachzuweisen.[70] Denn im Ausgangspunkt gilt für alle Menschen eine Vermutung vorliegender Zuverlässigkeit.[71]

36 § 16 VAG trifft dabei keine Aussage darüber, welche Tatsachen gegen die Zuverlässigkeit des Inhabers einer bedeutenden Beteiligung sprechen. Auch die Zulassungsvorschrift des § 9 Abs. 4 Nr. 2 lit. b VAG hilft nicht weiter, der ohne nähere Erläuterung die Einreichung von Angaben verlangt, die für die Beurteilung der in § 16 VAG genannten Anforderungen erforderlich sind. Welche Tatsachen über die Zuverlässigkeit eines Inhabers einer bedeutenden Beteiligung Aufschluss geben, lässt sich jedoch mit

---

56 Bähr/*Deckers* § 30 Rn. 29.

57 Begr. RegE Drittes Durchführungsgesetz/EWG zum VAG, BT-Drs. 12/6959, 51; Bähr/*Deckers* § 30 Rn. 30; *Mönnig* S. 109.

58 *Mönnig* S. 111; s. a. BT-Drs. 15/3976, 34 („Die herkömmliche, auf dem allgemeinen Gewerberecht beruhende Auslegung dieses Begriffs [Zuverlässigkeit] ist für diesen Fall wenig passend.")

59 Vgl. *Mönnig* S. 111; FKBP/*Kaulbach* § 7a Rn. 16.

60 Begr. RegE Drittes Durchführungsgesetz/EWG zum VAG, BT-Drs. 12/6959, 52.

61 Vgl. Bähr/*Deckers* § 30 Rn. 37; *Mönnig* S. 18.

62 Bisher waren die Qualifikationserfordernisse gebündelt in § 7a VAG a. F. normiert.

63 Vgl. Begr. VAG-RegE 2014, BT-Drs. 18/2956, 240; EIOPA Explanatory Text 2.57 BoS-14/253 zu LL Governance, LL 12; BaFin, Merkblatt zur fachlichen Eignung und Zuverlässigkeit von Personen, die für Schlüsselfunktionen verantwortlich oder für Schlüsselfunktionen tätig sind, gemäß VAG, v. 23.11.2016, S. 13; s. zu dieser Problematik aber auch *Dreher*, VersR 2012,1061,1069 sowie ausführlich § 24 Rn. 101 ff.

64 Delegierte Verordnung (EU) 2015/35 v. 10.10.2014, ABl. EU 2015 L 12, 1.

65 *Hirschmann* S. 104.

66 Die in §§ 18 Abs. 1, 20 VAG enthaltenen Ermächtigungsgrundlagen fordern ausdrücklich das Vorliegen von Tatsachen; s. auch *Mönnig* S. 210.

67 Siehe dazu Rn. 41.

68 Vgl. 8. Erwägungsgrund der Beteiligungs-RL.

69 *VG Frankfurt a. M.* Urt. v. 21.2.2008 – 1 E 5580/06, WM 2008, 782 zu § 2b KWG (heute § 2c KWG).

70 Vgl. Bähr/*Deckers* § 30 Rn. 36.

71 FKBP/*Kaulbach* § 7a Rn. 16; s. auch „Guidelines for the prudential assessment of acquisitions and increases in holdings in the financial sector" v. 18.12.2008 der früheren Aufsichtsbehörden CEBS, CEIOPS und CESR, unter Ziff. II. 25.

Blick auf die im Anzeigeverfahren nach § 17 Abs. 1 VAG i. V. m. den Vorgaben der InhKontrollV[72] einzureichenden Unterlagen konkretisieren. Die daraus zu entnehmende Wertung lässt sich aufgrund der einheitlichen Verwendung des Zuverlässigkeitsbegriffs in den §§ 16 ff. VAG auch für bereits bestehende bedeutende Beteiligungen heranziehen.

§ 9 InhKontrollV sieht im Einzelnen vor, welche Angaben im Rahmen der Anzeige eines beabsichtigten Erwerbs oder einer geplanten Erhöhung einer bedeutenden Beteiligung nach § 17 Abs. 1 Nr. 1 VAG erforderlich sind, damit die Aufsichtsbehörde die Zuverlässigkeit des Anzeigepflichtigen überprüfen kann. Einzureichen ist danach eine Erklärung zur Zuverlässigkeit, die vordergründig Angaben zu **Straf- und Ordnungswidrigkeitsverfahren** enthält. Darüber hinaus folgt aus § 9 Abs. 4 und 5 InhKontrollV die Pflicht zur Vorlage eines Führungszeugnisses und eines Auszugs aus dem Gewerbezentralregister.[73] 37

Wie im Rahmen der Zuverlässigkeitsprüfung bei Inhabern von Schlüsselaufgaben, verbietet sich bei den Inhabern einer bedeutenden Beteiligung ein Automatismus dahingehend, dass jedwede Rechtsverletzungen stets auf eine Unzuverlässigkeit schließen lassen.[74] Bei der gewerberechtlichen Zuverlässigkeit sind vielmehr alle im **Einzelfall** bestehenden Umstände und Informationen zu berücksichtigen, so dass sich insbesondere eine schematische Prüfung verbietet.[75] Es kommt nicht nur auf die Schwere und Häufigkeit der Verstöße, sondern insbesondere auf deren **Relevanz** in Bezug auf die Inhaberschaft der bedeutenden Beteiligung an dem Versicherungsunternehmen an.[76] 38

Insoweit stellt sich die Frage, ob je nach Höhe der bedeutenden Beteiligung und somit je nach Möglichkeit der Einflussnahme im Einzelfall eine **unterschiedliche Bewertung** von Verstößen – auch im Vergleich mit den hohen Anforderungen an die Geschäftsleiter des Versicherungsunternehmens – vorzunehmen ist.[77] Dafür könnte sprechen, dass § 17 Abs. 1 Nr. 2 VAG weitere Anzeigepflichten normiert, wenn bei einer bedeutenden Beteiligung bestimmte Schwellenwerte oberhalb von 10 % erreicht oder überschritten werden. Trotz dieses systematischen Arguments ist dies zu verneinen. Die europäischen Aufsichtsbehörden sprechen sich insofern richtigerweise für einen **einheitlichen Maßstab** aus.[78] Denn ab der Mindestschwelle von 10 % geht der Gesetzgeber von einer potentiellen Einflussnahmemöglichkeit des Inhabers einer bedeutenden Beteiligung aus, so dass die Höhe der Beteiligung oberhalb von 10 % letztlich für die Zuverlässigkeitsprüfung unerheblich bleiben muss. Es ist also kein Grund erkennbar, warum z. B. der mit einer Vorstrafe wegen Untreue verbundene Vorwurf fehlender Zuverlässigkeit bei einer Person abhängig davon unterschiedlich zum Tragen kommen soll, wie hoch eine Beteiligung ist, über die Einfluss ausgeübt werden kann. Die weiteren Anzeigepflichten in § 17 Abs. 1 Nr. 2 VAG bei Erreichen bzw. Überschreiten weiterer Schwellenwerte oberhalb von 10 % dienen insbesondere dazu, die Aufsichtsbehörde über damit verbundene gesellschaftsrechtliche Auswirkungen zu informieren und ihr weitere Eingriffstatbestände zur Verfügung zu stellen.[79] 39

Von gleicher Relevanz für die Zuverlässigkeitsprüfung sind im Regelfall also **schwere Straftaten**, insbesondere Vermögens- und Bilanzdelikte, sowie Fälle der Geldwäsche und der Bildung krimineller Vereinigungen.[80] Relevant können aber auch Ordnungswidrigkeiten im Zusammenhang mit Verstößen gegen Pflichten aus dem VAG, dem KWG, dem WpHG, dem AktG und dem GwG sein. Auch nicht bußgeldbewehrte Rechtsverstöße können Bedeutung erlangen, etwa eine Verletzung der den Aktionären auferlegten Treuepflichten.[81] Frühere Gewerbeuntersagungen und Insolvenzverfahren können ebenfalls relevant sein.[82] In allen Fällen ist zu fordern, dass den Verfahren bzw. Verstößen ein entsprechendes **Gewicht** zukommt. Das ist bei einem wegen Selbstanzeige eingestellten Steuerstrafverfahren möglicherweise zu verneinen.[83] 40

---

[72] InhKontrollV v. 20.3.2009, BGBl. I 562. Seit dem 2.8.2016 liegt ein Referentenentwurf des BMF vor, auf dessen Grundlage die InhKontrollV an das neue VAG angepasst werden soll. Danach sind nur redaktionelle Änderungen mit Blick auf die neue Nummerierung der Vorschriften zur Inhaberkontrolle geplant.

[73] Eingeführt durch die Zweite Verordnung zur Änderung der InhKontrollV v. 6.11.2015, mit Wirkung vom 21.11.2015, BGBl. I 1947.

[74] Vgl. in Bezug auf die Inhaber von Schlüsselaufgaben EIOPA-Explanatory Text 2.55 BoS-14/253 zu LL Governance, LL 12.

[75] Bähr/*Deckers* § 30 Rn. 30.

[76] Bähr/*Deckers* § 30 Rn. 30.

[77] Zur alten Rechtslage dafür Bähr/*Deckers* § 30 Rn. 35, 40; in diesem Sinne zum KWG auch Boos/Fischer/Schulte-Mattler/*Fischer* § 33 KWG Rn. 65.

[78] Joint Guidelines on the prudential assessment of acquisitions and increases of qualifying holdings in the financial sector, JC/GL/2016/01, Ziff. 10.2.

[79] S. dazu § 17 Rn. 33, 37.

[80] S. auch Joint Guidelines on the prudential assessment of acquisitions and increases of qualifying holdings in the financial sector, JC/GL/2016/01, Ziff. 10.13.

[81] *Mönnig* S. 120, 122.

[82] *Mönnig* S. 124.

[83] *Winter* VersR 2000, 1453, 1458, hält dies für einen Regelfall. Dagegen spricht aber, dass auch zu berücksichtigen ist, warum die Selbstanzeige erfolgt ist und wie schwer die Steuerstraftat wiegt. Denn eine Steuerstraftat bringt zum Ausdruck, dass gesetzliche Vorgaben zur Sicherung eigener Vorteile missachtet werden.

41 Darüber hinaus sind die **gesetzlichen Tilgungsfristen** zu beachten, wie sie in §§ 45 ff. BZRG (§ 46 BZRG: fünf bis zwanzig Jahre) und § 153 GewO (drei bis fünf Jahre) enthalten sind. So bleiben solche Verfahren unberücksichtigt, bei denen eine Eintragung im Bundes- und Gewerbezentralregister getilgt wurde oder hätte getilgt werden müssen. Dies folgt auch aus den Verwertungsverboten nach § 51 Abs. 1 BZRG und § 153 Abs. 6 S. 1 GewO (Ausnahme: § 153 Abs. 6 S. 2 GewO).[84]

42 Ob der **Rechtsverstoß im In- oder Ausland** begangen wurde, ist dagegen grundsätzlich unerheblich. Allein ein Rechtsverstoß in einem sog. Unrechtsstaat kann außen vor bleiben, wenn nachgewiesen wird, dass der in einem solchen Staat festgestellte Rechtsverstoß tatsächlich nicht erfolgte oder politisch motiviert war.

43 Die BaFin soll aufgrund der mitzuteilenden Tatsachen in die Lage versetzt werden, fehlende Zuverlässigkeit zu prüfen. Insoweit kann der Mitteilungspflichtige nicht selbst entscheiden, was er mitteilt, auch wenn er sich z. B. im Ausland ungerecht behandelt gefühlt hat. Allerdings ist bei im Ausland begangenen Rechtsverstößen dann das in der Verurteilung zum Ausdruck kommende Unrechtsurteil kritisch zu würdigen und den Umständen des Einzelfalles genaues Augenmerk zu schenken sowie zu prüfen, ob in dem Staat rechtsstaatliche Grundsätze beachtet werden. Einen Automatismus, dass der, der im Ausland gegen einschlägige Normen verstoßen hat, unzuverlässig ist, kann es wie bei im Inland begangenen Rechtsverstößen also erst recht nicht geben.

44 Neben Rechtsverstößen können auch **weitere Umstände**, die Zweifel an der Integrität einer Person begründen, zur Annahme der Unzuverlässigkeit führen.[85] So kann im Hinblick auf die nicht nachvollziehbare Beschaffung von Finanzmitteln[86] oder eine mangelnde wirtschaftliche Plausibilität der Investition[87] Unzuverlässigkeit anzunehmen sein. Des Weiteren können von der Person nicht beeinflussbare Umstände eine Rolle spielen, beispielsweise bei körperlichen oder geistigen Defekten, wie manifesten krankhaften Störungen und gravierenden persönlichen Schwächen.[88]

45 **b) Sonstige Anforderungen.** Das gegenüber dem Zuverlässigkeitskriterium allgemeinere Merkmal[89] „den **im Interesse einer soliden und umsichtigen Leitung des Versicherungsunternehmens** zu stellenden Ansprüchen genügend" hat dagegen einen geringen eigenständigen Anwendungsbereich.[90] Das wird auch schon daran deutlich, dass der Gesetzgeber bei dem Inhalt der Anzeige nach § 17 Abs. 1 Nr. 1 VAG Unterlagen zur Zuverlässigkeit ausdrücklich hervorhebt und ansonsten auf Unterlagen bezüglich der Untersagungsgründe nach § 18 Abs. 1 VAG verweist, zu denen auch die sonstigen Anforderungen nach § 16 S. 1 VAG gehören.

46 Das VAG kennt zwei besondere Fälle, in denen ein Inhaber einer bedeutenden Beteiligung im Zweifel „den im Interesse einer soliden und umsichtigen Leitung des Versicherungsunternehmens zu stellenden Ansprüchen" nicht genügt. Diese Fälle sind bemerkenswerterweise nicht in § 16 S. 1 VAG geregelt, sondern zum einen in § 11 Abs. 1 Nr. 3 Hs. 2 VAG und zum anderen in § 18 Abs. 1 Nr. 1 VAG. Warum der Gesetzgeber diesen unübersichtlichen Aufbau gewählt hat, ist nicht erkennbar. Darüber hinaus lassen sich auch aus anderen Normen des VAG Fälle ableiten, die für die Auslegung der sonstigen Anforderungen, die an Inhaber einer bedeutenden Beteiligung über die Zuverlässigkeit hinaus zu stellen sind, von Bedeutung sind.

47 § 11 Abs. 1 Nr. 3 Hs. 2 VAG normiert den Zweifelsfall, dass „Tatsachen die Annahme rechtfertigen, dass er [= der Inhaber der bedeutenden Beteiligung] die von ihm aufgebrachten Mittel für den Erwerb der bedeutenden Beteiligung durch eine Handlung erbracht hat, die objektiv einen Straftatbestand erfüllt". § 18 Abs. 1 Nr. 1 VAG kennt dagegen den Zweifelsfall, dass „der Erwerber der bedeutenden Beteiligung nicht darlegen kann, dass er über angemessene geschäftliche Pläne für die Fortsetzung und die Entwicklung der Geschäfte des Versicherungsunternehmens verfügt und die Belange der Versicherten oder die berechtigten Interessen der Vorversicherer ausreichend gewahrt sind".

48 Der erste Zweifelsfall dient nicht nur der Verhinderung von Geldwäsche.[91] Er soll vor allem unabhängig davon, ob dem Erwerber hinsichtlich der aufgebrachten Mittel für den Erwerb der bedeutenden Beteiligung subjektiv eine Straftat vorzuwerfen ist, verhindern, dass eine Person **finanzielle Mittel**, die **objektiv aus einer Straftat** stammen, zum Erwerb einer bedeutenden Beteiligung verwenden kann. Dabei ist über den Wortlaut des § 11 Abs. 1 Nr. 3 Hs. 2 VAG hinaus auch ein **Unterlassen** erfasst, da kein Grund dafür erkennbar ist, warum der Gesetzgeber hier nur Handlungen im Sinne eines aktiven Tuns erfassen wollte.

---

[84] So ausdrücklich in Bezug auf Strafverfahren § 9 Abs. 2 InhKontrollV.

[85] In Bezug auf die Inhaber von Schlüsselaufgaben im Unternehmen vgl. EIOPA Explanatory Text BoS-14/253 2.54 zu LL Governance, LL 12.

[86] Begr. RegE VAG-Änderungsgesetz 2000, BT-Drs. 14/4453, 29 zu § 8 VAG a. F.; *VG Frankfurt a. M.* Urt. v. 21.2.2008 – 1 E 5580/06, WM 2008, 782 zu § 2b KWG (heute § 2c KWG); Bähr/*Deckers* § 30 Rn. 34.

[87] Begr. RegE VAG-Änderungsgesetz 2000, BT-Drs. 14/4453, 29 zu § 8 VAG a. F.

[88] Boos/Fischer/Schulte-Mattler/*Fischer* § 33 KWG Rn. 39 zum Bankenaufsichtsrecht.

[89] Bähr/*Deckers* § 30 Rn. 37.

[90] *Winter* § 5 S. 271 ist zur alten Rechtslage der Auffassung, das Merkmal trete gänzlich hinter das Zuverlässigkeitskriterium zurück; in diesem Sinne auch *Hirschmann* S. 119.

[91] Vgl. Begr. RegE BT-Drs. 14/8017, 143, 144. Siehe dazu auch: § 18 Abs. 1 Nr. 5 VAG.

Mit dem zweiten Zweifelsfall wird von einem Inhaber einer bedeutenden Beteiligung verlangt, dass er konkrete Pläne hat, was er mit der bedeutenden Beteiligung erreichen will. Dabei müssen diese Pläne die Interessen der Versicherten und der Vorversicherer ausreichend wahren. Die Aufnahme der Interessen der Vorversicherer zeigt, dass der Gesetzgeber vermeiden möchte, dass ein Inhaber einer bedeutenden Beteiligung ein Versicherungsunternehmen zu einem **wettbewerbswidrigen Verhalten** einsetzt. Auf diesem Weg gelangen die Wettbewerbsrichtlinien der Versicherungswirtschaft[92] mittelbar auch in den Fokus des Aufsichtsrechts im Rahmen der Inhaberaufsicht. 49

Eine **fehlende Finanzkraft** des Inhabers wird von dem zweiten Zweifelsfall nicht (mehr)[93] erfasst. Allerdings greift in diesem Fall der Untersagungsgrund des § 18 Abs. 1 Nr. 6 VAG.[94] Dieser Untersagungsgrund ist daher als dritter Beispielsfall zu beachten, wenn es um die Frage geht, ob ein Inhaber einer bedeutenden Beteiligung „den im Interesse einer soliden und umsichtigen Leitung des Versicherungsunternehmens zu stellenden Ansprüchen" genügt. Danach muss ein Inhaber einer bedeutenden Beteiligung über eine solche finanzielle Solidität verfügen, dass er in der Lage ist, ein Unternehmen auch in Krisenzeiten finanziell, insbesondere bei Liquiditätsengpässen, zu unterstützen. Soweit die BaFin vor der Begründung der Inhaberschaft einer bedeutenden Beteiligung die Erklärung des künftigen Inhabers verlangt, in finanziellen Engpässen des Unternehmens ggf. auch Kapital nachzuschießen, soll damit sichergestellt werden, dass der Inhaber seine Beteiligung **im Interesse der Langfristigkeit des Versicherungsgeschäfts** ebenfalls als langfristig begreift. Eine rechtlich verbindliche **Nachschusspflicht** kann daraus aber **nicht** abgeleitet werden. Denn § 54 AktG sieht eine Verpflichtung der Aktionäre zur Leistung von Einlagen über den Ausgabebetrag der Aktien z. B. nicht vor. Zudem wurde ein entsprechender Regelungsvorschlag, der im Rahmen der VAG-Novelle 2004 diskutiert wurde, nicht Gesetz.[95] 50

Die **Beteiligungs-RL** fordert darüber hinaus, dass der Inhaber einer bedeutenden Beteiligung auch eine „*personal competence*" aufweisen muss, welche die Aufsichtsbehörde bei der Beurteilung eines beabsichtigten Erwerbs oder einer Erhöhung einer bedeutenden Beteiligung nach § 18 Abs. 1 Nr. 1 VAG – unter anderem anhand von Lebenslauf und Arbeitszeugnissen –[96] zu überprüfen hat.[97] Der deutsche Gesetzgeber hat diesen Begriff in der amtlichen Begründung zwar mit „**fachlicher Eignung**" übersetzt.[98] Inhaltlich sind die Anforderungen an Anteilseigner allerdings nicht gleichzusetzen mit der fachlichen Eignung von Inhabern von Schlüsselaufgaben, wie sie § 24 Abs. 1 VAG verlangt.[99] Dieses Verständnis zeigt sich schon darin, dass Art. 42 Solva II-RL in der englischen Originalfassung in dieser Hinsicht den von der Beteiligungs-RL abweichenden Begriff „*fit*" wählt. Ferner konkretisieren die unter Solvency II gemeinsam erarbeiteten Leitlinien der ESAs den Begriff der „*personal competence*" als „*management competence" and „technical competence*",[100] wobei vordergründig auf die Erfahrung im Managementbereich abgestellt wird. Die Anforderungen nach § 24 Abs. 1 VAG gehen darüber hinaus. So können von den Anteilseignern nicht generell Kenntnisse in Versicherungsgeschäften bzw. korrespondierende Führungseigenschaften gefordert werden,[101] da die Geschäftsführung in jedem Fall dem Vorstand des jeweiligen Versicherers vorbehalten bleibt.[102] Es ist also unerheblich, in welcher Branche ein Inhaber seine entsprechende Kenntnis für die erforderliche „*personal competence*" erworben hat.[103] Der deutsche Gesetzgeber hat daher zu Recht davon abgesehen, auch in § 16 VAG von fachlicher Eignung zu sprechen, da dies nur unnötige Diskussionen hinsichtlich einer Vergleichbarkeit zu § 24 Abs. 1 VAG ausgelöst hätte. Die „*personal competence*" ist von ihm also zutreffend mit „solide und umsichtige Leitung des Versicherungsunternehmens" übersetzt worden. 51

Gegebenenfalls können darüber hinaus auch **Proportionalitätsgesichtspunkte** zu einem unterschiedlich hohen Anforderungsprofil von Inhabern bedeutender Beteiligungen und Inhabern von Schlüsselaufgaben jedenfalls insoweit führen.[104] 52

[92] Abgedruckt z. B. bei Köhler/Bornkamm, UWG, 30. Aufl., 2012.
[93] Ursprünglich war das Finanzkraftkriterium im Ansatz als Teil des Untersagungsgrundes des § 104 Abs. 1a S. 1 Nr. 1 VAG a. F. (§ 18 Abs. 1 Nr. 1 VAG) eingeführt worden, vgl. VAG-Änderungsgesetz v. 15.12.2004, BGBl. I 3416.
[94] Vgl. Begr. RegE zum Gesetz zur Umsetzung der Beteiligungs-RL, BT-Drs. 16/10536, 22.
[95] BR-Drucks. 322/04, S. 36.
[96] Vgl. § 10 InhKontrollV.
[97] Vgl. 8. Erwägungsgrund der Beteiligungs-RL; Begr. RegE zum Gesetz zur Umsetzung der Beteiligungs-RL, BT-Drs. 16/10536, 16.
[98] Begr. RegE zum Gesetz zur Umsetzung der Beteiligungs-RL, BT-Drs. 16/10536, 16.
[99] So schon zur alten Rechtslage im Hinblick auf Geschäftsleiter FKBP/*Kaulbach* § 7a Rn. 16.
[100] JC/GL/2016/01 unter Ziff. 10.23 ff.; s. auch schon die zur Beteiligungs-RL ergangenen „Guidelines for the prudential assessment of acquisitions and increases in holdings in the financial sector required by Directive 2007/44/EC" der früheren Aufsichtsbehörden CESR, CEBS und CEIOPS v. 18.12.2008 unter Rn. 39 ff.
[101] So zur alten Rechtslage *Hirschmann* S. 102 f.; *Winter* § 5 S. 269.
[102] *Mönnig* S. 133 f., 143; *Weber-Rey/Krecek* NVersZ 2000, 105, 107.
[103] *Weber-Rey/Krecek* NVersZ 2000, 105, 107.
[104] Joint Guidelines on the prudential assessment of acquisitions and increases of qualifying holdings in the financial sector, JC/GL/2016/01, Ziff. 10.3.

53 **IV. Juristische Person oder Personenhandelsgesellschaft (S. 2).** § 16 S. 2 VAG betrifft den Fall, dass es sich bei dem Inhaber der bedeutenden Beteiligung um eine **juristische Person** (z. B. Aktiengesellschaften, KGaA, GmbH, rechtsfähige Vereine, Versicherungsvereine auf Gegenseitigkeit, Bund, Länder, Gemeinden) oder eine **Personenhandelsgesellschaft** (OHG, KG, EWIV) handelt. Das Merkmal der Zuverlässigkeit ist auf diese als solche nicht anwendbar.[105] Die Vorschrift stellt daher klar, dass die nach § 16 S. 1 VAG aufgestellten Anforderungen in diesem Fall für die zur Führung der Geschäfte und zur Vertretung berufenen natürlichen Personen bzw. für die persönlich haftenden Gesellschafter gelten. Bei mehrköpfigen Gremien haben sämtliche dieser Personen den gesetzlichen Ansprüchen zu genügen.

54 Ist eine Person unzuverlässig, ist dies nur dann hinnehmbar, wenn Vorkehrungen getroffen sind, dass diese Person keinen schädlichen Einfluss auf das Unternehmen ausüben kann.[106]

55 Diese Anforderungen führen in der Praxis gerade bei großen Beteiligungsketten zu einem nicht zu unterschätzenden Dokumentationsaufwand. Hier kann es notwendig werden, dass die Beteiligungskette zunächst nur von beiden Enden aus betrachtet wird und somit die erste und die letzte juristische Person in einer Beteiligungskette näher hinsichtlich der maßgeblichen natürlichen Personen geprüft wird. Wenn sich dort keine Auffälligkeiten ergeben und sichergestellt ist, dass juristische Personen in der Beteiligungskette z. B. aufgrund entsprechender gesellschaftsrechtlicher Verträge keinen Einfluss auf das Versicherungsunternehmen nehmen können, kann auf eine Dokumentation hinsichtlich aller in den Blick zu nehmenden natürlichen Personen ggf. auch verzichtet werden.

56 **V. Verhältnis zu anderen Regelungen des VAG.** Im Zusammenspiel mit der Legaldefinition der bedeutenden Beteiligung in § 7 Nr. 3 VAG bilden die in § 16 VAG niedergelegten Anforderungen den **zentralen Anknüpfungspunkt** für die Beaufsichtigung über Inhaber bedeutender Beteiligungen an Versicherungsunternehmen.[107] Sowohl im Zulassungsverfahren (§§ 9 Abs. 4 Nr. 2 lit. b und 11 Abs. 1 Nr. 3 VAG) als auch im Rahmen der laufenden Aufsicht (§§ 19, 20 VAG) wird auf § 16 VAG in irgendeiner Weise Bezug genommen. So spielen Inhaber einer bedeutenden Beteiligung z. B. im Rahmen der Prüfung, ob ein Versagungsgrund der Erteilung einer Erlaubnis zum Betrieb des Versicherungsgeschäfts entgegensteht, gemäß § 11 Abs. 1 Nr. 3 VAG eine Rolle. Dementsprechend können Inhaber einer bedeutenden Beteiligung auch den Widerruf einer Erlaubnis gemäß § 304 Abs. 3 Nr. 1 rechtfertigen. Darüber hinaus wird ein Erwerbs- oder Erhöhungsverlangen nach §§ 17, 18 VAG daraufhin untersucht, ob der Bewerber den in § 16 VAG normierten Ansprüchen genügt.

Anzeige bedeutender Beteiligungen

17 (1) **Jede natürliche oder juristische Person und jede Personenhandelsgesellschaft hat der Aufsichtsbehörde unverzüglich schriftlich anzuzeigen, wenn sie beabsichtigt,**

1. allein oder im Zusammenwirken mit anderen Personen oder Unternehmen eine bedeutende Beteiligung an einem Versicherungsunternehmen zu erwerben (interessierter Erwerber); in der Anzeige hat der interessierte Erwerber die für die Höhe der Beteiligung und die für die Begründung des maßgeblichen Einflusses, die Beurteilung seiner Zuverlässigkeit und die Prüfung der weiteren Untersagungsgründe nach § 18 Absatz 1 wesentlichen Unterlagen vorzulegen und Tatsachen sowie die Personen und Unternehmen anzugeben, von denen er die entsprechenden Anteile erwerben will; ist der interessierte Erwerber eine juristische Person oder Personenhandelsgesellschaft, hat er in der Anzeige die für die Beurteilung der Zuverlässigkeit seiner gesetzlichen oder satzungsmäßigen Vertreter oder persönlich haftenden Gesellschafter wesentlichen Tatsachen anzugeben;

2. allein oder im Zusammenwirken mit anderen Personen oder Unternehmen den Betrag der bedeutenden Beteiligung so zu erhöhen, dass die Schwelle von 20 Prozent, 30 Prozent oder 50 Prozent der Stimmrechte oder des Nennkapitals erreicht oder überschritten wird oder dass über das Versicherungsunternehmen Kontrolle im Sinne des § 7 Nummer 16 ausgeübt wird oder

3. eine bedeutende Beteiligung an einem Versicherungsunternehmen aufzugeben oder den Betrag der bedeutenden Beteiligung unter die Schwelle von 20 Prozent, 30 Prozent oder 50 Prozent der Stimmrechte oder des Kapitals abzusenken oder die Beteiligung so zu verändern, dass über das Versicherungsunternehmen keine Kontrolle ausgeübt wird; dabei hat sie die verbleibende Höhe der Beteiligung anzugeben; die Aufsichtsbehörde kann eine Frist setzen, innerhalb derer ihr die Person oder Personenhandelsgesellschaft, welche die Anzeige erstattet hat, den Vollzug oder den Nichtvollzug der beabsichtigten Absenkung oder Veränderung anzuzeigen hat.

---

[105] S. schon Begr. RegE Drittes Durchführungsgesetz/EWG zum VAG, BT-Drs. 12/6959, 51.
[106] *Hirschmann* S. 94.
[107] So zu § 7 Abs. 2 VAG a. F. *Mönnig* S. 23.

(2) **Der Inhaber einer bedeutenden Beteiligung hat der Aufsichtsbehörde jeden neu bestellten gesetzlichen oder satzungsmäßigen Vertreter und jeden neuen persönlich haftenden Gesellschafter mit den für die Beurteilung von dessen Zuverlässigkeit wesentlichen Tatsachen unverzüglich schriftlich anzuzeigen.**

(3) **Die Aufsichtsbehörde hat den Eingang einer vollständigen Anzeige nach Absatz 1 Nummer 1 oder 2 unverzüglich, spätestens jedoch innerhalb von zwei Arbeitstagen nach deren Zugang, schriftlich gegenüber dem Anzeigepflichtigen zu bestätigen.**

(4) [1]**Die Aufsichtsbehörde hat die Anzeige nach Absatz 1 Nummer 1 oder 2 innerhalb von 60 Arbeitstagen ab dem Datum des Schreibens, mit dem sie den Eingang der vollständigen Anzeige schriftlich bestätigt hat (Beurteilungszeitraum), zu beurteilen.** [2]**In der Bestätigung nach Absatz 3 hat die Aufsichtsbehörde dem Anzeigepflichtigen den Tag mitzuteilen, an dem der Beurteilungszeitraum endet.** [3]**Bis zum 50. Arbeitstag innerhalb des Beurteilungszeitraums kann die Aufsichtsbehörde weitere Informationen anfordern, die für den Abschluss der Beurteilung notwendig sind.** [4]**Die Anforderung ergeht schriftlich unter Angabe der zusätzlich benötigten Informationen.** [5]**Die Aufsichtsbehörde hat den Eingang der weiteren Informationen innerhalb von zwei Arbeitstagen nach deren Zugang schriftlich gegenüber dem Anzeigepflichtigen zu bestätigen.** [6]**Der Beurteilungszeitraum ist vom Zeitpunkt der Anforderung der weiteren Informationen bis zu deren Eingang bei der Aufsichtsbehörde gehemmt.** [7]**Der Beurteilungszeitraum beträgt im Fall der Hemmung nach Satz 6 höchstens 80 Arbeitstage.** [8]**Die Aufsichtsbehörde kann Ergänzungen oder Klarstellungen zu diesen Informationen anfordern; dies führt nicht zu einer erneuten Hemmung des Beurteilungszeitraums.** [9]**Abweichend von Satz 7 kann der Beurteilungszeitraum im Fall einer Hemmung auf höchstens 90 Arbeitstage ausgedehnt werden, wenn der Anzeigepflichtige**

1. außerhalb des Europäischen Wirtschaftsraums ansässig ist oder beaufsichtigt wird oder

2. eine natürliche Person oder ein Unternehmen ist, die oder das nicht der Beaufsichtigung nach einer der folgenden Richtlinien unterliegt:

a) 2009/65/EG des Europäischen Parlaments und des Rates vom 13. Juli 2009 zur Koordinierung der Rechts- und Verwaltungsvorschriften betreffend bestimmte Organismen für gemeinsame Anlagen in Wertpapieren (OGAW) (ABl. L 302 vom 17.11.2009, S. 32),

b) 2004/39/EG des Europäischen Parlaments und des Rates vom 21. April 2004 über Märkte für Finanzinstrumente, zur Änderung der Richtlinien 85/611/EWG und 93/6/EWG des Rates und der Richtlinie 2000/12/EG des Europäischen Parlaments und des Rates und zur Aufhebung der Richtlinie 93/22/EWG des Rates (ABl. L 145 vom 30.4.2004, S. 1, L 45 vom 16.2.2005, S. 18),

c) 2006/48/EG des Europäischen Parlaments und des Rates vom 14. Juni 2006 über die Aufnahme und Ausübung der Tätigkeit der Kreditinstitute (ABl. L 177 vom 30.6.2006, S. 1) oder

d) 2009/138/EG.

Übersicht

Schrifttum: Siehe die Angaben bei § 16.

I. Allgemeines. 1. Entstehungsgeschichte. § 17 VAG vereint die bisher in § 104 Abs. 1, 1a und 3 VAG a. F. enthaltenen Regelungen zu den Anzeigepflichten bezogen auf eine Inhaberschaft einer 1 bedeutenden Beteiligung an Versicherungsunternehmen ohne inhaltliche Änderungen in einer Vorschrift.[1] In formaler Hinsicht hat der Reformgesetzgeber die einzelnen Bestimmungen neu strukturiert, was überwiegend[2] zu einer besseren Lesbarkeit der Vorschrift führt.

2 § 104 VAG a. F. ist durch das Dritte Durchführungsgesetz/EWG zum VAG vom 21.7.1994[3] zur Umsetzung der Dritten Richtlinie Schadenversicherung[4] (Art. 15 Abs. 1, 2 und 4) und der Dritten Richtlinie Lebensversicherung[5] (Art. 14 Abs. 1, 2 und 4) in das VAG eingefügt und seitdem mehrfach modifiziert worden. Bei der Umsetzung orientierte sich der Gesetzgeber in Aufbau und Inhalt des § 104 VAG a. F. eng an der bankenrechtlichen Parallelvorschrift des damaligen § 2b KWG (heute § 2c KWG). Die genannten Bestimmungen zum Anzeige- und Beurteilungsverfahren, die sich heute in § 17 VAG finden, haben insbesondere durch das VAG-Änderungsgesetz vom 21.12.2000[6] und das Vierte Finanzmarktförderungsgesetz vom 21.6.2002[7] Änderungen erfahren. Vor der Kodifizierung des VAG 2016 sind die Verfahrensregelungen zuletzt maßgeblich durch das Gesetz vom 12.3.2009[8] zur Umsetzung der Beteiligungs-RL[9] modifiziert und ergänzt worden. Insbesondere legte das Umsetzungsgesetz Einzelheiten zum Beurteilungszeitraum bei Vorliegen einer Erwerbs- oder Erhöhungsanzeige fest (§ 17 Abs. 4 VAG), um die Verfahren zu beschleunigen sowie deren Dauer kalkulierbarer zu machen. Weiterhin wurden – insoweit klarstellend –[10] das Schriftformerfordernis für jede Absichtsanzeige (§ 17 Abs. 1 VAG) sowie die Pflicht der Aufsichtsbehörde zur unverzüglichen schriftlichen Eingangsbestätigung (§ 17 Abs. 3 VAG) eingeführt. Die Beteiligungs-RL bezweckte mit der Einführung der detaillierten Vorgaben in Bezug auf (künftige) Inhaber bedeutender Beteiligungen ein transparentes Beurteilungsverfahren und eine stärkere Harmonisierung der Aufsichtspraxis innerhalb der EU.[11] Zugleich sollten die neuen Regeln einheitlich für die Banken- und Versicherungsaufsicht gelten.[12] Die Beteiligungs-RL beruht auf einem Prüfauftrag der EU-Finanzminister an die EU-Kommission, wonach diese mögliche Hindernisse für grenzüberschreitende Fusionen und Übernahmen im Bankensektor untersuchen sollte.[13] Die Solva II-RL[14] hat die Vorgaben der Beteiligungs-RL übernommen und so für die Bereiche Versicherung und Rückversicherung kodifiziert.[15]

3 Die in § 17 VAG normierten Anzeigepflichten sind in der „Verordnung über die Anzeigen nach § 2c des Kreditwesengesetzes und § 104 des Versicherungsaufsichtsgesetzes (a. F.)" (InhKontrollV) vom 20.3.2009[16] konkretisiert. Flankierend hierzu hat die BaFin im Juli 2009 ein Merkblatt mit weitergehenden Erläuterungen zu den Verfahren und Anzeigen veröffentlicht, das sie in der Zwischenzeit anlässlich einer umfassenden Änderung der InhKontrollV[17] unter dem 27.11.2015 aktualisiert hat.[18] All diese Regelungen sind trotz Inkrafttretens des neuen VAG zum 1.1.2016 bislang unverändert geblieben, obwohl die bisherige Rechtsgrundlage für den Erlass der InhKontrollV in § 104 Abs. 6 VAG a. F. mit dem neuen VAG entfallen und durch § 22 S. 1 und 3 VAG ersetzt worden ist.[19]

4 **2. Normzweck.** Die Vorschrift des § 17 VAG ergänzt die diesbezüglichen Anzeigepflichten des Versicherungsunternehmens nach § 47 Nr. 5 VAG. Damit sind Veränderungen in der Zusammensetzung der Inhaber bedeutender Beteiligungen – wie schon bisher – sowohl von den Unternehmen gemäß § 47 Nr. 5 VAG als auch von den Erwerbern bzw. Inhabern bedeutender Beteiligungen nach § 17 VAG mitzuteilen. Durch diese sog. **dreifache Informationsverpflichtung**, die auf Art. 15 bzw. Art. 14 der

---

[1] Begr. VAG-RegE 2014, BT-Drs. 18/2956, 238.

[2] Eine Ausnahme ist lediglich bezüglich § 17 Abs. 1 Nr. 1 Hs. 2 VAG zu machen. Hier wäre es für die Lesbarkeit besser gewesen, statt „und Tatsachen sowie die Personen und Unternehmen anzugeben" zu schreiben „und Tatsachen anzugeben sowie die Personen und Unternehmen zu benennen".

[3] BGBl. I 1630, 3134.

[4] RL 92/49/EWG, v. 18.6.1992, ABl. EG 1992 L 228, 1.

[5] RL 92/96/EWG, v. 10.11.1992, ABl. EG 1992 L 360, 1.

[6] BGBl. I 1857.

[7] BGBl. I 2010.

[8] Gesetz zur Umsetzung der Beteiligungsrichtlinie, BGBl. 2009 I 470.

[9] RL 2007/44/EG v. 5.9.2007, ABl. EU 2007 L 247, 1.

[10] Begr. RegE Gesetz zur Umsetzung der Beteiligungs-RL, BT-Drs. 16/10536, 21.

[11] Vgl. 3. und 6. Erwägungsgrund der Beteiligungs-RL.

[12] Vgl. 1. und 2. Erwägungsgrund der Beteiligungs-RL.

[13] Begr. RegE Gesetz zur Umsetzung der Beteiligungs-RL, BT-Drs. 16/10536, 1.

[14] RL 2009/138/EG v. 25.11.2009, ABl. EU 2009 L 335, 1, geändert durch die RL 2014/51/EU v. 16.4.2014, ABl. EU 2014 L 153, 1 (Omnibus II).

[15] Vgl. 74. Erwägungsgrund der Solva II-RL.

[16] BGBl. I 562.

[17] Zweite Verordnung zur Änderung der Inhaberkontrollverordnung v. 6.11.2015, BGBl. I 1947.

[18] Merkblatt zur Inhaberkontrolle in der Fassung v. 27.11.2015, abrufbar auf der Homepage der BaFin unter www.bafin.de.

[19] Seit dem 2.8.2016 liegt ein Referentenentwurf des BMF vor, auf dessen Grundlage die InhKontrollV an das neue VAG angepasst werden soll. Danach sind nur redaktionelle Änderungen mit Blick auf die neue Nummerierung der Vorschriften zur Inhaberkontrolle geplant. – Auf eine umfassende Kommentierung der InhKontrollV muss im Rahmen dieses Kommentars aus Platzgründen verzichtet werden.

Dritten Versicherungsrichtlinien[20] zurückgeht, wird hinreichend sichergestellt, dass die Aufsichtsbehörde von derartigen Veränderungen Kenntnis erlangt.[21]

Da die Informationspflichten zulasten von Erwerber und Inhaber bedeutender Beteiligungen unter gleichen Voraussetzungen bestehen, empfiehlt es sich, dass beide ihre jeweilige Erwerbs- bzw. Veräußerungsabsicht zum selben Zeitpunkt der BaFin anzeigen. **5**

Bezüglich des Zeitpunkts ist Folgendes zu beachten: Zweck der Informationspflicht nach § 17 VAG schon im Zeitpunkt der **Absicht**[22] eines Erwerbs oder einer Erhöhung/Verringerung einer bedeutenden Beteiligung ist die Ermöglichung einer möglichst frühen aufsichtlichen Prüfung, ob sich aus der künftigen neuen Zusammensetzung des Eigentümerkreises **Gefahren für die Funktionsfähigkeit** des jeweiligen Versicherungsunternehmens und für die **Belange der Versicherten** ergeben.[23] So soll der Einflussnahme auf das Unternehmen ggf. frühzeitig entgegengewirkt werden können.[24] Insoweit wird die Gefahrenschwelle im Sinne einer abstrakten Gefahr auf einen Zeitpunkt vorverlagert, in dem ein schädlicher Einsatz der Inhaberschaft noch nicht konkret zu befürchten steht.[25] **6**

Diesem Zweck der Anzeigepflicht ist das Bedürfnis von Veräußerer und Erwerber gegenüberzustellen, zunächst die Verhandlungen über die Veräußerung einer Beteiligung möglichst weit voranzutreiben, so dass aus deren Sicht die Anzeige gegenüber der Aufsichtsbehörde zur Erlangung der erforderlichen Zustimmung der Behörde oftmals der letzte Schritt sein soll. Denn erst mit Abschluss der Verhandlungen über die Konditionen der Veräußerung kann die Veräußerungs- bzw. Erwerbsabsicht konkretisiert werden, was oftmals noch einen Beschluss der jeweils zuständigen Gremien auf beiden Seiten erfordert. Die Fassung dieser Beschlüsse vor Unterzeichnung der Verträge ist aber auch der späteste mögliche Zeitpunkt, zu dem die Anzeige abgesetzt werden muss. **7**

3. Europarechtlicher Hintergrund. § 17 VAG setzt die Bestimmungen der Art. 57 und 58 Solva II-RL um. Die Solva II-RL übernimmt insoweit die Vorgaben der Beteiligungs-RL.[26] **8**

Darüber hinaus finden sich auf europäischer Ebene in gemeinsamen Leitlinien der ESAs (EBA, ESMA und EIOPA) Konkretisierungen zur Anzeige bedeutender Beteiligungen.[27] **9**

4. Anwendungsbereich. § 17 VAG gilt unmittelbar für Erst- und Rückversicherungsunternehmen[28] und kraft Verweisung auch für Versicherungs-Holdinggesellschaften und gemischte Finanzholding-Gesellschaften[29] sowie Pensionsfonds.[30] **10**

Für Versicherungs-Zweckgesellschaften belässt es der Gesetzgeber dagegen hinsichtlich der Inhaber von bedeutenden Beteiligungen in § 168 Abs. 2 VAG bei einem Verweis auf die Anwendbarkeit der Regelungen in den §§ 16 und 47 Nr. 5 VAG. Hier muss also nur die Versicherungs-Zweckgesellschaft eine Inhaberschaft einer bedeutenden Beteiligung bzw. deren Wechsel anzeigen, nicht aber Erwerber und Veräußerer. **11**

II. Anzeige- und Nachweispflichten (Abs. 1). 1. Allgemeine Voraussetzungen. § 17 Abs. 1 VAG legt einleitend allgemeine Voraussetzungen für die nachfolgend aufgelisteten speziellen Anzeigetatbestände fest. **12**

Im Hinblick auf den **Adressatenkreis** der Anzeigepflichten normiert § 17 Abs. 1 VAG, dass jede natürliche oder juristische Person und jede Personenhandelsgesellschaft, die eine Absicht im Sinne der Nr. 1 bis 3 verfolgt, anzeigepflichtig ist. § 104 Abs. 1 S. 1 VAG a. F. war insoweit offener formuliert („*Wer beabsichtigt*,…"), ohne dass sich durch die konkretere Formulierung des § 17 Abs. 1 VAG inhaltlich etwas Wesentliches ändert. **13**

Von der neuen Regelung nicht mehr erfasst ist zwar die BGB-Gesellschaft, die bisher zu den anzeigepflichtigen Unternehmen gerechnet wurde.[31] Das ist allerdings unerheblich, da schon § 104 Abs. 1 S. 4 VAG a. F. (§ 17 Abs. 1 Nr. 1 Hs. 3 VAG) im Hinblick auf die Zuverlässigkeit lediglich die Vertreter von **14**

[20] S. Rn. 2.
[21] Begr. RegE Drittes Durchführungsgesetz/EWG zum VAG, BT-Drs. 12/6959, 89.
[22] S. dazu Rn. 24.
[23] Begr. RegE Drittes Durchführungsgesetz/EWG zum VAG, BT-Drs. 12/6959, 89.
[24] FKBP/*Bähr* § 104 Rn. 5.
[25] Dieser Systematik folgt auch der Erlaubnisversagungsgrund des § 11 Abs. 1 Nr. 3 VAG, vgl. Bähr/*Deckers* § 30 Rn. 4.
[26] So allgemein zu den Vorgaben der Beteiligungs-RL: 74. Erwägungsgrund Solva II-RL; zur Umsetzung der Beteiligungs-RL s. Rn. 2.
[27] „Joint Guidelines on the prudential assessment of acquisitions and increases of qualifying holdings in the financial sector" v. 20.12.2016 (JC/GL/2016/01). Die Leitlinien sollen die von den früheren Aufsichtskomitees CESR, CEBS und CEIOPS herausgegebenen „Guidelines for the prudential assessment of acquisitions and increases in holdings in the financial sector required by Directive 2007/44/EC" v. 18.12.2008 (CEBS/2008/214 CEIOPS-3L3–19/08 CESR/08–543b) weitestgehend ablösen.
[28] Dies folgt aus der Legaldefinition des Begriffs „Versicherungsunternehmen" in § 7 Nr. 33 VAG.
[29] § 293 Abs. 1 S. 1 VAG.
[30] § 237 Abs. 1 i. V. m. § 212 VAG.
[31] Bejahend in Bezug auf § 104 VAG a. F.: Begr. RegE Gesetz zur Umsetzung der Beteiligungs-RL, BT-Drs. 16/10536, 21; BaFin, Merkblatt zur Inhaberkontrolle v. 27.11.2015, unter II.1.; FKBP/*Bähr* § 104 Rn. 13; *Laars* § 104 Rn. 4.

juristischen Personen und persönlich haftenden Gesellschaftern von Personenhandelsgesellschaften betraf und somit bezogen auf BGB-Gesellschaften immer noch die gleichen Personen anzeigepflichtig sind. Auch § 7a Abs. 2 S. 2 VAG a. F. (§ 16 S. 2 VAG) richtete sich insoweit ausdrücklich nur an diesen Personenkreis. Demzufolge ist die Konkretisierung in § 17 Abs. 1 VAG mit Blick auf eine Vereinheitlichung der Inhaberkontrollvorschriften konsequent. Zudem wird so der nach wie vor nicht klar konturierten Rechtsform der BGB-Gesellschaft hinreichend Rechnung getragen, indem nunmehr klar ist, dass diese selbst nicht anzeigepflichtig ist. Jeder einzelne BGB-Gesellschafter bleibt aber auf Grund des Gesamthandsrechtsverhältnisses bezüglich der gesamten Beteiligung, die von den BGB-Gesellschaftern gemeinschaftlich gehalten wird, anzeigepflichtig.

15 Eine Anzeige nach § 17 Abs. 1 VAG bedarf der **Schriftform**. Dieses Formerfordernis findet seinen Grund darin, dass der Erklärende die Anzeige selbst abgeben und verantworten soll. Es überrascht aber angesichts des immer mehr zunehmenden elektronischen Rechtsverkehrs dennoch, zumal auch die BaFin diesem andernorts offen gegenübersteht. Daher ist de lege ferenda zu fordern, dass dieses Schriftformerfordernis im Sinne einer Vereinfachung der Verwaltungsvorgänge (bei anzeigepflichtigen juristischen Personen kann schon das Einholen der erforderlichen Unterschriften zu einem zusätzlichen Zeitaufwand führen) in ein Textformerfordernis geändert wird und die BaFin nur in solchen Fällen Schriftform verlangen darf, in denen sie Zweifel an der Urheberschaft der Anzeige hat.

16 Die auf Grundlage des § 104 Abs. 6 VAG a. F.[32] erlassene InhKontrollV[33] bestimmt im Einzelnen, mittels welcher Formulare und Anlagen die Anzeige bei der Aufsichtsbehörde einzureichen ist.[34] Die InhKontrollV diente der weiteren Umsetzung der Beteiligungs-RL,[35] die detaillierte Regelungen zum aufsichtsbehördlichen Beurteilungsverfahren und eine abschließende, verbindliche Festlegung der vom interessierten Erwerber beizubringenden Informationen forderte.[36] Der in der InhKontrollV enthaltene Katalog fußt auf den „Guidelines for the prudential assessment of acquisitions and increases in holdings in the financial sector required by Directive 2007/44/EC" der früheren drei europäischen Aufsichtskomitees CESR, CEBS und CEIOPS.[37] Mit diesen sehr detaillierten Vorgaben soll erreicht werden, dass für alle Beteiligten klar ist, welche Unterlagen beizubringen sind. Sie führen aber auf der anderen Seite auch zu einem sehr hohen Dokumentationsaufwand sowie zu Zweifelsfragen, die dem Umfang geschuldet sind, so dass es sich in Einzelfällen anzeigen kann, die tatsächlich beizubringenden Unterlagen mit der BaFin abzustimmen.

17 § 17 Abs. 1 VAG normiert ferner, dass jede Anzeige im Sinne der Vorschrift **unverzüglich** zu erfolgen hat. Für die Auslegung des Begriffs „unverzüglich" können die Grundsätze des § 121 Abs. 1 BGB zugrunde gelegt werden, wonach die Anzeige ohne schuldhaftes Zögern zu übermitteln ist. Dementsprechend darf der Anzeigepflichtige nicht länger zuwarten, sobald ihm die Anzeige **möglich** und **zumutbar** ist.[38] Soweit mit der Anzeige bis zur Beschlussfassung der zuständigen Gremien auf Erwerber- und Veräußererseite gewartet wird, sollte die Anzeige dann binnen Tagesfrist abgegeben werden. Die unverzügliche Anzeige soll gewährleisten, dass die Aufsichtsbehörde die Angaben innerhalb des vorgegebenen Beurteilungszeitraums (§ 17 Abs. 4 VAG) überprüfen kann. Damit wird allerdings nicht verhindert, dass die Behörde insoweit vor vollendete Tatsachen gestellt wird, als dass die Veräußerung zwischen den Parteien grundsätzlich ausverhandelt ist und nur noch die Zustimmung der Behörde erforderlich ist, um die Veräußerung abschließen zu können.[39]

18 **2. Anzeigepflichtige Tatbestände und Inhalt der Anzeige (Abs. 1 Nr. 1–3). a) Erwerb einer bedeutenden Beteiligung (Abs. 1 Nr. 1).** § 17 Abs. 1 Nr. 1 VAG regelt die Anzeigepflicht für den Fall des beabsichtigten Erwerbs einer bedeutenden Beteiligung an einem Versicherungsunternehmen. Gemäß der Legaldefinition in § 17 Abs. 1 Nr. 1 Hs. 1 VAG ist „interessierter Erwerber", wer beabsichtigt, eine bedeutende Beteiligung entweder allein oder im Zusammenwirken mit anderen Personen oder Unternehmen zu erwerben.

19 Wegen des in § 7 Nr. 3 VAG legal definierten Begriffs der bedeutenden Beteiligung wird auf die Ausführungen bei § 16 VAG verwiesen.[40]

20 Unter einem Zusammenwirken ist insbesondere ein vertraglich oder faktisch abgestimmtes Handeln zu verstehen.[41] In diesem Fall trifft die Anzeigepflicht jeden der agierenden Erwerber, auch wenn der Einzelne lediglich eine Beteiligung unter 10 % erwerben möchte, die isoliert betrachtet nicht anzeige-

[32] Die Vorschrift entspricht im Wesentlichen unverändert § 22 VAG.
[33] Verordnung über die Anzeigen nach § 2c des Kreditwesengesetzes und § 104 des Versicherungsaufsichtsgesetzes v. 20.3.2009, BGBl. I 562.
[34] Vgl. dazu näher die Ausführungen bei den einzelnen Tatbeständen.
[35] RL 2007/44/EG v. 5.9.2007, ABl. EU 2007 L 247, 1.
[36] Vgl. Art. 15b Abs. 4 der RL 92/49/EWG und 2002/83/EG sowie Art. 19a Abs. 4 der RL 2005/68/EG; Begr. RegE Gesetz zur Umsetzung der Beteiligungs-RL, BT-Drs. 16/10536, 23.
[37] BaFin, Merkblatt zur Inhaberkontrolle v. 27.11.2015 unter I.1.
[38] Für das Zivilrecht vgl. MüKoBGB/*Armbrüster* § 121 BGB Rn. 7.
[39] Vgl. zum Tatbestand der Erwerbsabsicht insoweit auch FKBP/*Bähr* § 104 Rn. 14.
[40] S. § 16 Rn. 16 ff.
[41] Vgl. BaFin, Merkblatt zur Inhaberkontrolle v. 27.11.2015, unter II.1.

pflichtig wäre. Dann kommt auch eine **gemeinschaftliche Anzeige** in Betracht.[42] Zu beachten ist allerdings, dass für sich genommen jede Person/jedes Unternehmen die in den Anzeigeformularen geforderten Angaben – bspw. im Hinblick auf die Zuverlässigkeit – zu machen sowie die notwendigen Unterschriften zu leisten und die maßgeblichen Unterlagen einzureichen hat. Bei einer Vielzahl von Anzeigepflichtigen empfiehlt es sich, einen Verfahrensbevollmächtigten zu bestimmen, der Empfangsvollmacht i. S. v. § 3 InhKontrollV hat und der die Anzeigen koordiniert sowie der BaFin als einheitlicher Ansprechpartner zur Verfügung steht. So kann eine zügige Bearbeitung des Vorgangs aus Sicht der Anzeigepflichtigen sichergestellt werden.

21 Der Begriff des Erwerbs ist dem Normzweck nach weit auszulegen.[43] Erfasst ist jedenfalls jeder **rechtsgeschäftliche Erwerb**, also auch eine Schenkung.[44] Dabei muss der Beschenkte die Anzeige vor Annahme der Schenkung absetzen, während der Schenkende seine Anzeige hier als Veräußerer ausnahmsweise nicht zeitgleich zum Erwerber, sondern früher, nämlich vor Abgabe des Schenkungsversprechens, abgeben muss.

22 Aber auch ein Erwerb durch **Erbschaft** ist anzeigepflichtig, auch wenn insoweit naturgemäß nicht die Erwerbsabsicht, sondern nur der vollzogene Erwerb angezeigt werden kann.

23 Die Anzeigepflicht nach § 17 Abs. 1 Nr. 1 VAG besteht auch, wenn der Erwerber bereits Anteile besitzt, diese aber ohne den beabsichtigten zusätzlichen Erwerb nicht als bedeutende Beteiligung anzusehen sind.[45]

24 In zeitlicher Hinsicht ist die Anzeige schon im Zeitpunkt der **Erwerbsabsicht**, und somit jedenfalls vor der Realisierung des Erwerbs abzugeben.[46] Die insofern vorgelagerte Anzeigeverpflichtung bezweckt, dass die BaFin entsprechend ihrer Aufgabe als Gefahrenabwehrbehörde die Möglichkeit erhält, bei drohender Beeinträchtigung von Versicherteninteressen **präventiv** eingreifen zu können.[47] Das Tatbestandsmerkmal der Erwerbsabsicht verlangt, dass der Anzeigepflichtige über eine **konkrete und substantielle Vorstellung** hinsichtlich des geplanten Erwerbs verfügt. Es muss aus subjektiver Sicht hinreichend wahrscheinlich sein, dass der Beteiligungserwerb auch durchgeführt wird.[48] Eine absolute Sicherheit ist demgegenüber nicht erforderlich.[49] Mit Blick auf das einschlägige Anzeigeformular nach der InhKontrollV,[50] welches unter anderem eine konkrete Darstellung der geplanten Beteiligungshöhe am Zielunternehmen[51] sowie Angaben zu den Erwerbsinteressen und zur Finanzlage erfragt, erscheint es sachgerecht, zumindest das Feststehen der Rahmenbedingungen des Vorhabens im Sinne eines Ausverhandelns der Veräußerung zu fordern, um überhaupt die Möglichkeit einer abschließenden Beurteilung seitens der Aufsichtsbehörde zu gewährleisten. Als Beispiele nennt die BaFin „belastbare Prognosen" zu Beteiligungshöhe und Finanzierung des Erwerbs.[52] Demgemäß ist der Beginn über Verhandlungen über einen Erwerb einer bedeutenden Beteiligung noch nicht anzuzeigen, da zu diesem Zeitpunkt noch nicht feststeht, ob die Verhandlungen erfolgreich sein werden. Nach Abschluss der Verhandlungen durch Zustimmung der jeweils zuständigen Gremien muss die Anzeige aber noch vor dem sog. Signing und dann auch spätestens binnen Tagesfrist[53] nach dem Zustimmungsbeschluss der Gremien erfolgen. Bei juristischen Personen oder Personenhandelsgesellschaften ist also zu fordern, dass die geschäftsführenden bzw. die im Übrigen zuständigen Organe des interessierten Erwerbers über die wesentlichen Bedingungen nach Abschluss der Verhandlungen bereits Beschluss über den Erwerb bzw. die Veräußerung der bedeutenden Beteiligung zu den ausverhandelten Konditionen gefasst haben.[54]

25 Der **Inhalt der Anzeige** bestimmt sich nach § 17 Abs. 1 Nr. 1 Hs. 2 VAG. Danach sind unter Angabe der entsprechenden Tatsachen die Unterlagen vorzulegen, die zur Höhe der Beteiligung und für die Begründung des maßgeblichen Einflusses, die Beurteilung der Zuverlässigkeit und der weiteren Untersagungsgründe nach § 18 Abs. 1 VAG wesentlich sind. Dabei konkretisieren die §§ 6–16 InhKontrollV, welche Unterlagen im Einzelnen seitens des interessierten Erwerbers einzureichen und welche Auskünfte zu erteilen sind. Diese beziehen sich sowohl auf den Erwerber (u. a. Identitäts-/Existenznachweis, Erklärung zur Zuverlässigkeit, Lebenslauf des Anzeigepflichtigen bei natürlicher Person bzw. von Vertretern oder persönlich haftenden Gesellschaftern bei juristischer Person oder Personenhandelsgesellschaft, Darstellung der wirtschaftlichen Verhältnisse) als auch auf den geplanten

42 So FKBP/*Bähr* § 104 Rn. 13.
43 Bähr/*Deckers* § 30 Rn. 67; BaFin, Merkblatt zur Inhaberkontrolle v. 27.11.2015, unter II.1.
44 Vgl. FKBP/*Bähr* § 104 Rn. 10.
45 *Mönnig* S. 189.
46 *Weber-Rey/Krecek* NVersZ 2000, 105, 107; *Mönnig* S. 190.
47 S. allgemein zum Normzweck Rn. 4 ff.; FKBP/*Bähr* § 104 Rn. 8.
48 *Mönnig* S. 190.
49 So auch FKBP/*Bähr* § 104 Rn. 14.
50 Das Formular „Erwerb-Erhöhung" ist der InhKontrollV als Anlage beigefügt (vgl. § 6 Abs. 1 S. 1 InhKontrollV).
51 § 1 InhKontrollV versteht unter Zielunternehmen das Unternehmen bzw. Gesellschaft, an dem oder an der eine bedeutende Beteiligung erworben, eine bestehende bedeutende Beteiligung verändert oder eine bedeutende Beteiligung aufgegeben werden soll.
52 Merkblatt zur Inhaberkontrolle v. 27.11.2015, unter II.2.
53 S. o. unter Rn. 17.
54 FKBP/*Bähr* § 104 Rn. 14.

Erwerb (z. B. Finanzierung des Erwerbs, Darstellung strategischer Ziele, Offenlegung sämtlicher Vereinbarungen betreffend den Erwerb). Der erhebliche Umfang der abgefragten Informationen und Unterlagen beruht darauf, dass diese als Grundlage für die anschließende Beurteilung der Aufsichtsbehörde dienen.

26 Im Hinblick auf die zu prüfende **Zuverlässigkeit** sind die einzureichenden Unterlagen durch Verordnung v. 6.11.2015[55] um die Pflicht zur Vorlage eines Führungszeugnisses und eines Auszugs aus dem Gewerbezentralregister erweitert worden (§ 9 Abs. 4, 5 InhKontrollV). Damit wird der seit 2013 geübten Verwaltungspraxis der BaFin entsprochen.[56] Weiterhin stellt § 10 Abs. 2 S. 4 InhKontrollV nunmehr klar, dass dem Lebenslauf etwaig vorhandene Arbeitszeugnisse beizufügen sind.

27 Für die Beurteilung der Zuverlässigkeit kommt es bei juristischen Personen oder Personenhandelsgesellschaften auf die Vertreter oder persönlich haftenden Gesellschafter an (§ 18 Abs. 1 Nr. 1 VAG). Demgemäß bestimmt § 17 Abs. 1 Nr. 1 Hs. 3 VAG, dass in diesem Fall die auf diese Personen bezogenen wesentlichen Tatsachen anzugeben sind.

28 Die **Beweislast** für Tatsachen, die eine Unzuverlässigkeit des Anzeigepflichtigen begründen sollen, liegt bei der Aufsichtsbehörde.

29 In seiner Absichtsanzeige hat der interessierte Erwerber weiterhin die Personen und Unternehmen anzugeben, von denen die Anteile erworben werden sollen. Auf diese Weise können ggf. Rückschlüsse auf die etwaige aufsichtsrechtliche Bedenklichkeit des beabsichtigten Beteiligungserwerbs gezogen werden.[57]

30 Geht es um den Erwerb eines Versicherungskonzerns, sind im Rahmen der Anzeige alle einzelnen Versicherungsunternehmen des Konzerns aufzulisten.[58] Eine separate Anzeige für jedes Unternehmen fordert § 17 Abs. 1 Nr. 1 VAG ausweislich des verwendeten Plurals („*die…Unternehmen*") hingegen nicht.

31 Dagegen ist bei einem Erwerb durch eine Konzerngesellschaft nicht nur diese anzeigepflichtig, sondern jede oberhalb dieser Konzerngesellschaft stehende Obergesellschaft sowie jeder Aktionär, der für sich genommen eine bedeutende Beteiligung durch die anderen Gesellschaften indirekt vermittelt bekommt.

32 **b) Erhöhung einer bedeutenden Beteiligung (Abs. 1 Nr. 2).** § 17 Abs. 1 Nr. 2 VAG schreibt in Umsetzung von Art. 57 Abs. 1 Alt. 2 Solva II-RL vor, dass in zwei Fällen auch die beabsichtigte **Erhöhung** einer bereits bestehenden bedeutenden Beteiligung anzuzeigen ist. Demnach besteht eine Anzeigepflicht einerseits dann, wenn durch die Erhöhung bestimmte Schwellenwerte (20 %, 30 % oder 50 % der Stimmrechte oder des Nennkapitals) erreicht oder überschritten werden, und andererseits dann, wenn die Erhöhung zur Folge hat, dass über das Zielunternehmen eine Kontrolle im Sinne des § 7 Nr. 16 VAG ausgeübt wird.

33 Die durch das Erreichen der genannten **Schwellenwerte** ausgelöste erneute Anzeigepflicht dient dazu, der Aufsichtsbehörde bei qualitativen Veränderungen der bedeutenden Beteiligung eine nochmalige Kontrollmöglichkeit einzuräumen.[59] Hält ein Unternehmen mindestens 20 % der Stimmrechte oder des Kapitals, besteht die qualitative Veränderung der Beteiligung insbesondere darin, dass das Unternehmen gemäß § 7 Nr. 4 Hs. 2 VAG den Status als **beteiligtes Unternehmen** erlangt. Die nächste meldepflichtige Stufe von 30 % beruht auf dem Gesetz zur Umsetzung der Beteiligungs-RL (zuvor 33 %).[60] Die Bedeutung des Schwellenwertes von 50 % folgt insbesondere aus der Einflussmöglichkeit eines Inhabers einer solchen bedeutenden Beteiligung bei Beschlüssen, die einer einfachen Stimmenmehrheit bedürfen. Gemäß § 133 Abs. 1 AktG ist einfache Stimmenmehrheit grundsätzlich für die Beschlüsse der Hauptversammlung vorgesehen.

34 In Anbetracht dessen, dass das Gesetz vielfach eine Dreiviertelmehrheit fordert (z. B. Beschluss einer Satzungsänderung gemäß § 179 Abs. 2 S. 1 AktG), wäre es aufgrund der damit verbundenen Machtstellung des Inhabers nicht abwegig, zusätzlich eine Schwelle bei 75 % anzusiedeln.[61] Dieses Erfordernis sieht der Gesetzgeber aber nicht, da ihm eine letztmalige Kontrolle bei Überschreiten der 50 %-Grenze zu recht ausreichend erscheint.

35 Im Hinblick auf den zweiten Erhöhungstatbestand bedeutet **Kontrolle** gemäß der Legaldefinition in § 7 Nr. 16 VAG die Ausübung eines beherrschenden Einflusses im Sinne des § 290 HGB. Eine Definition des Begriffs des beherrschenden Einflusses findet sich weder im Gesetzestext des § 290 HGB noch in der zugehörigen amtlichen Begründung.[62] Jedoch heißt es in der Beschlussempfehlung des

[55] Zweite Verordnung zur Änderung der InhKontrollV, mit Wirkung vom 21.11.2015, BGBl. I 1947.
[56] Begr. RefE der BaFin zur 2. ÄnderungsVO InhKontrollV, S. 8.
[57] Vgl. auch Beschlussempfehlung und Bericht des Finanzausschusses zum 3. Finanzmarktförderungsgesetz (BGBl. 1998 I 529); BT-Drs. 13/9874, 139 zur bankenrechtlichen Parallelvorschrift § 2b Abs. 1 KWG (heute § 2c KWG).
[58] FKBP/*Bähr* § 104 Rn. 11.
[59] Eine rein quantitative Erhöhung müsste keine erneute Anzeigepflicht auslösen, vgl. *Mönnig* S. 194.
[60] BGBl. 2009 I 470. – Die vorgegebenen Schwellen sollten auf Gemeinschaftsebene so weit wie möglich harmonisiert werden (vgl. 6. Erwägungsgrund der Beteiligungs-RL).
[61] So schon *Mönnig* S. 195.
[62] MüKoHGB/*Busse von Colbe* § 290 HGB Rn. 13.

Rechtsausschusses zum BilMoG[63]: „Beherrschender Einfluss ist zu bejahen, wenn ein Unternehmen die Möglichkeit hat, die Finanz- und Geschäftspolitik eines anderen Unternehmens dauerhaft zu bestimmen, um aus dessen Tätigkeit Nutzen zu ziehen."[64] Eine tatsächliche Einflussnahme ist hierbei nicht erforderlich.[65] § 290 Abs. 2 HGB enthält vier typisierende – nicht abschließende –[66] Tatbestände, bei deren Vorliegen ein beherrschender Einfluss unwiderleglich vermutet wird. Danach greift die Vermutung, wenn ein Mutterunternehmen die Mehrheit der Stimmrechte der Gesellschafter innehat (Nr. 1),[67] ihm das Recht zur Bestellung oder Abberufung der Mehrheit des Verwaltungs- oder Leitungs- oder Aufsichtsorgans bei gleichzeitiger Gesellschafterstellung zusteht (Nr. 2), ein Beherrschungsvertrag oder eine Satzungsbestimmung das Recht auf Ausübung eines beherrschenden Einflusses vorsehen (Nr. 3) oder wenn das Mutterunternehmen bei wirtschaftlicher Betrachtung die Mehrheit der Risiken und Chancen einer Zweckgesellschaft trägt (Nr. 4). Bei Vorliegen eines **Beherrschungsvertrages** wird nach § 18 Abs. 1 S. 2 AktG unwiderlegbar vermutet, dass eine einheitliche Leitung des herrschenden Unternehmens besteht (Konzernvermutung).[68]

Im Unterschied zu § 7 Nr. 16 VAG umfasste die Legaldefinition des Begriffs „Kontrolle" in § 7a Abs. 2 S. 9 VAG a. F. – wie auch Art. 13 Solva II-RL – neben dem Verhältnis zwischen Mutter- und Tochterunternehmen ausdrücklich auch ein gleichartiges Verhältnis zwischen einer natürlichen oder juristischen Person und einem Unternehmen. **36**

Die Anzeige ermöglicht die aufsichtliche Prüfung, ob die beabsichtigte Erhöhung der bedeutenden Beteiligung **Anlass zur Untersagung** nach § 18 VAG gibt. Der Inhalt der Absichtsanzeige bestimmt sich wie im Fall des Beteiligungserwerbs nach den §§ 6 – 16 InhKontrollV. Da der Anzeigepflichtige bereits Inhaber einer bedeutenden Beteiligung ist, braucht er seine Identität oder Existenz gemäß § 16 Abs. 1 S. 3 InhKontrollV aber nicht erneut nachzuweisen. Unter den Voraussetzungen des § 16 Abs. 1 S. 1 InhKontrollV ist zudem die erneute Vorlage der weiteren Unterlagen und Erklärungen nicht notwendig. Es ist der Aufsichtsbehörde jedoch unbenommen, die Informationen gemäß § 17 Abs. 4 S. 3–9 VAG nachzufordern. **37**

In Abweichung von den Bestimmungen der Solva II-RL und der Beteiligungs-RL, die auch denjenigen als „interessierten Erwerber" bezeichnen, der die Erhöhung einer Beteiligung beabsichtigt, verwendet das nationale Recht diese Bezeichnung nur im Rahmen des § 17 Abs. 1 Nr. 1 VAG. Die Personen, die ihre bedeutende Beteiligung erhöhen, werden demgegenüber nicht als Erwerber, sondern als Inhaber bedeutender Beteiligungen angesehen.[69] Das VAG behält insoweit den mit dem Umsetzungsgesetz zur Beteiligungs-RL eingeführten, aber den europäischen Richtlinien unbekannten Begriff des „Anzeigepflichtigen" bei, der sowohl den interessierten Erwerber nach § 17 Abs. 1 Nr. 1 VAG als auch den Inhaber einer bedeutenden Beteiligung nach § 17 Abs. 1 Nr. 2 VAG umfasst.[70] **38**

c) Aufgabe oder Verringerung einer bedeutenden Beteiligung (Abs. 1 Nr. 3). Gemäß § 17 Abs. 1 Nr. 3 Hs. 1 VAG hat der Inhaber einer bedeutenden Beteiligung der Aufsichtsbehörde oftmals korrespondierend zur Anzeigepflicht des Erwerbers die Absicht anzuzeigen, die bedeutende Beteiligung wieder **aufzugeben** oder den Betrag unter einen der angegebenen Schwellenwerte (20 %, 30 % oder 50 % der Stimmrechte oder des Kapitals) **abzusenken** oder die Beteiligung qualitativ so zu **verändern** (z. B. durch Aufgabe der Leitungsmacht oder durch Entherrschungsvertrag), dass über das Versicherungsunternehmen keine Kontrolle ausgeübt wird. Somit ist auch die spiegelbildliche Situation zu den Tatbeständen Beteiligungserwerb und -erhöhung anzeigepflichtig. **39**

Durch die beabsichtigte **Aufgabe der bedeutenden Beteiligung** werden die Gefahren, die für die Versicherten mit einer solchen Beteiligung verbunden sein können, aufgrund des Abbaus von Einflussmöglichkeiten vollständig beseitigt.[71] Eine beabsichtigte Aufgabe der bedeutenden Beteiligung bezogen auf die Schwellenwerte soll die BaFin über die damit einhergehenden gesellschaftsrechtlichen Veränderungen informieren. **40**

Demgemäß genügt im Gegensatz zur Erwerbs- und Erhöhungsanzeige, die zwecks präventiver Eingriffsmöglichkeit der Aufsichtsbehörde spezielle Nachweispflichten erfordern, lediglich eine bloße Anzeige. Dieser sind allerdings ggf. erforderliche Erläuterungen der Angaben sowie die Erklärung, auf wen die Kapital- oder Stimmrechtsanteile übertragen werden, beizufügen. § 18 InhKontrollV und die **41**

---

[63] Bilanzrechtsmodernisierungsgesetz v. 25.5.2009, BGBl. I 1102.

[64] BT-Drs. 16/12407, 89.

[65] BT-Drs. 16/12407, 89; BeckOK HGB/v. *Kanitz/Hoffmann* § 290 HGB Rn. 5; Baumbach/Hopt/*Merkt* § 290 HGB Rn. 7.

[66] Baumbach/Hopt/*Merkt* § 290 HGB Rn. 9; MüKoHGB/*Busse von Colbe* § 290 HGB Rn. 13.

[67] Dieser Fall wird bereits mit der Anzeigepflicht bezüglich einer Beteiligung ab einer Schwelle von mindestens 50 % abgedeckt.

[68] MüKoAktG/*Bayer* § 18 AktG Rn. 44; Hüffer/Koch/*Koch* § 18 AktG Rn. 17.

[69] So noch explizit der Wortlaut in § 104 Abs. 1 S. 6 VAG a. F.; vgl. Begr. RegE Gesetz zur Umsetzung der Beteiligungs-RL, BT-Drs. 16/10536, 21.

[70] Vgl. §§ 18 Abs. 1 und 3, 21 VAG; Begr. RegE Gesetz zur Umsetzung der Beteiligungs-RL, BT-Drs. 16/10536, 21; *Laars* § 104 Rn. 4; FKBP/*Bähr* § 104 Rn. 23.

[71] *Mönnig* S. 234.

dazugehörige Anlage geben das zu verwendende Anzeigeformular vor. § 17 Abs. 1 Nr. 3 Hs. 2 VAG stellt klar, dass in der Absichtsanzeige die verbleibende Höhe der Beteiligung mit anzugeben ist.

42 Ist die Anzeige erfolgt, kann die Aufsichtsbehörde nach § 17 Abs. 1 Nr. 3 Hs. 3 VAG von dem Anzeigenden verlangen, dass er innerhalb einer bestimmten **Frist** den **Vollzug oder Nichtvollzug** der beabsichtigten Absenkung oder Veränderung anzuzeigen hat. Eine entsprechende Befugnis hinsichtlich des Erwerbs oder der Erhöhung der Beteiligung räumt auch § 18 Abs. 3 S. 4 VAG der Aufsichtsbehörde ein. Einer solchen Befugnisnorm hätte es nicht bedurft. Dies zeigt sich auch daran, dass nur das Versäumen der in § 18 VAG geregelten Frist über § 19 Abs. 1 Nr. 3 VAG sanktioniert wird.[72]

43 Derjenige, der vom bisherigen Inhaber die bedeutende Beteiligung (teilweise) erwerben möchte, ist ggf. seinerseits gemäß § 17 Abs. 1 Nr. 1, 2 VAG anzeigepflichtig. Besteht zusätzlich eine Meldepflicht des Unternehmens gemäß § 47 Nr. 5 VAG, ist die Kenntnisnahme der Aufsichtsbehörde von den geänderten Beteiligungsverhältnissen ausreichend gewährleistet.

44 **III. Anzeige- und Nachweispflicht bei neuen Vertretern oder neuen persönlich haftenden Gesellschaftern (Abs. 2).** § 17 Abs. 2 VAG regelt eine besondere Anzeigeverpflichtung für Inhaber bedeutender Beteiligungen, bei denen es sich um juristische Personen oder Personenhandelsgesellschaften handelt. Danach ist der Aufsichtsbehörde unverzüglich schriftlich anzuzeigen, wenn während des Bestehens einer bedeutenden Beteiligung ein neuer Vertreter oder persönlich haftender Gesellschafter bestellt wird. Die Anzeige hat unter Angabe der für die Beurteilung von dessen Zuverlässigkeit wesentlichen Tatsachen zu erfolgen. § 18 InhKontrollV bestimmt, welche Unterlagen und Erklärungen insoweit einzureichen sind.

45 Im Rahmen des § 17 VAG nimmt die Anzeigepflicht nach Abs. 2 eine Sonderstellung ein. Während die übrigen Bestimmungen der Vorschrift die Absicht eines Erwerbs bzw. einer Veräußerung, einer Erhöhung oder Verringerung einer bedeutenden Beteiligung betreffen, geht es bei § 17 Abs. 2 VAG nicht um eine Veränderung des Beteiligungsverhältnisses, sondern um eine bei dem Inhaber selbst eingetretene Veränderung, namentlich um einen personellen Wechsel auf Vertretungsebene. Die Vorschrift betrifft ferner das Stadium *nach* einer vollzogenen Erwerbs-/Erhöhungsabsicht und zielt somit auf die **laufende Inhaberkontrolle**, die inhaltlich grundsätzlich den Vorschriften der §§ 19, 20 VAG zuzuordnen ist. Allerdings ist aufgrund der Neustrukturierung der Inhabervorschriften darin keine Systemwidrigkeit zu erblicken.[73] Denn die neuen Regelungen folgen dem System, alle Anzeigepflichten, die mit bedeutenden Beteiligungen verbunden sind, ausnahmslos in einer einzigen Vorschrift zu regeln. Außerdem greift § 20 VAG auf § 16 VAG zurück, dessen S. 2 die Anforderungen an die Vertreter der Inhaber bedeutender Beteiligungen aufstellt und insoweit mit der Anzeigepflicht nach § 17 Abs. 2 VAG korrespondiert.

46 Die Anzeigepflicht ist letztlich notwendige Konsequenz der Regelung aus § 16 S. 2 VAG. Denn nur so kann die Aufsichtsbehörde die handelnden natürlichen Personen im Blick behalten und bei einem aus ihrer Sicht bedenklichen Wechsel einschreiten. Dabei darf aber nicht übersehen werden, dass die Erfüllung solcher Anzeigepflichten ein entsprechendes **Informationsmanagement** bei der juristischen Person voraussetzt, die Inhaber einer bedeutenden Beteiligung ist.

47 **IV. Eingangsbestätigung der Aufsichtsbehörde (Abs. 3).** Liegt der Aufsichtsbehörde eine vollständige Anzeige gemäß § 17 Abs. 1 Nr. 1 oder 2 VAG vor, hat sie den Eingang **schriftlich** gegenüber dem Anzeigepflichtigen zu bestätigen. Erst durch das Bestätigungsschreiben wird der Beginn des Beurteilungszeitraums nach § 17 Abs. 4 VAG ausgelöst. Die Bestätigung ist **unverzüglich**, spätestens jedoch innerhalb von zwei Arbeitstagen nach dem Zugang der Anzeige zu übermitteln. Unter Arbeitstagen sind im Rahmen des § 17 VAG die Wochentage Montag bis Freitag mit Ausnahme der gesetzlichen Feiertage zu verstehen.[74] Ausgenommen sind auch die landesgesetzlichen Feiertage des Landes NRW, da die BaFin ihren Sitz auch in Bonn hat und dort die Versicherungsaufsicht im Wesentlichen verortet ist.[75]

48 Das Merkmal der **Vollständigkeit** ist gemäß § 6 Abs. 2 S. 1 InhKontrollV erfüllt, wenn der Aufsichtsbehörde sämtliche gemäß §§ 6 ff. InhKontrollV erforderlichen Unterlagen einschließlich des ausgefüllten Anzeigeformulars vorliegen. Die Aufsichtsbehörde ist befugt, den Anzeigepflichtigen auf fehlende Anlagen und Informationen hinzuweisen.[76] Reicht der Anzeigepflichtige erforderliche Anlagen nach, gilt die Anzeige gemäß § 6 Abs. 2 S. 3 InhKontrollV erst als vollständig, wenn auch diese Unterlagen bei der BaFin eintreffen. Im Fall des Zusammenwirkens mehrerer Personen oder Unternehmen müssen im Einzelfall die notwendigen Unterlagen aller Beteiligten vorliegen, um eine abschließende Beurteilung des Erwerbstatbestands zu ermöglichen.[77]

---

[72] Zur Dauer der Frist siehe § 18 Rn. 63.
[73] Zur Kritik in Bezug auf § 104 VAG a. F. vgl. *Mönnig* S. 193.
[74] Begr. RegE Gesetz zur Umsetzung der Beteiligungs-RL, BT-Drs. 16/10536, 21.
[75] Vgl. BaFin, Merkblatt zur Inhaberkontrolle v. 27.11.2015, unter V.1.c.
[76] Dies ist im Einzelfall ggf. sogar zu fordern, bevor eine Untersagung nach § 18 Abs. 2 VAG in Betracht kommt, vgl. § 18 Rn. 44.
[77] BaFin, Merkblatt zur Inhaberkontrolle v. 27.11.2015, unter V.1.b.

Ob die Unterlagen vollständig sind, kann auch eine **Bewertungsfrage** sein. Dadurch wird es der Aufsichtsbehörde ermöglicht, den Beginn der Frist für den Beurteilungszeitraum nach hinten zu verschieben. Denn letztlich ist die Frage, ob die Unterlagen vollständig sind, in zeitlicher Sicht kaum justiziabel und der Anzeigepflichtige gut darin beraten, die Anforderungen der Aufsichtsbehörde zügig zu erfüllen, um das von ihm beabsichtigte Geschäft voranzutreiben. Ansonsten stößt das gesetzgeberische Ziel, das mit der Einführung der Fristen verbunden war, nämlich die Prüfung der Aufsichtsbehörde zeitlich zu reglementieren, schnell an seine Grenzen. In der Praxis sind solche Bestrebungen der Aufsichtsbehörde bislang aber nicht zu beobachten. 49

V. Beurteilungszeitraum und Anforderung weiterer Informationen (Abs. 4). § 17 Abs. 4 VAG trifft verfahrenstechnische Vorgaben zu dem Zeitraum, innerhalb dessen die Aufsichtsbehörde eine vollständige Anzeige nach § 17 Abs. 1 Nr. 1 und 2 VAG zu beurteilen hat. 50

1. Beurteilungszeitraum (Abs. 4 S. 1 und 2). Der Begriff des Beurteilungszeitraums wird in § 17 Abs. 4 S. 1 VAG legal definiert. Danach hat die Aufsichtsbehörde eine Anzeige nach § 17 Abs. 1 Nr. 1 und 2 VAG **innerhalb von 60 Arbeitstagen** nach Eingang der vollständigen Unterlagen und der entsprechenden Bestätigung gegenüber dem Anzeigepflichtigen, die gemäß § 17 Abs. 3 VAG spätestens zwei Tage nach dem Eingang zu erteilen ist, zu beurteilen. Die Frist selbst beginnt nach § 17 Abs. 3 VAG „ab dem Datum des Bestätigungsschreibens". Mit diesem Fristbeginn werden Probleme hinsichtlich der Fristberechnung vermieden, die sich stellten, wenn es – wie sonst oftmals der Fall – auf den Zugang des Schreibens ankäme. 51

Gegenstand der Beurteilung nach § 17 Abs. 4 S. 1 VAG ist die Prüfung, ob Gründe vorliegen, die eine Untersagung des Erwerbs bzw. der Erhöhung nach § 18 VAG rechtfertigen. Die konkreten Prüfkriterien ergeben sich abschließend aus § 18 Abs. 1 und 2 VAG.[78] 52

§ 17 Abs. 4 S. 2 VAG bestimmt, dass die Aufsichtsbehörde dem Anzeigepflichtigen in der Bestätigung nach § 17 Abs. 3 VAG das Ende des Beurteilungszeitraums mitzuteilen hat. Die Festlegung der Frist dient der **Klarheit und Vorhersehbarkeit** des Beurteilungsverfahrens[79] und somit letztlich dem Schutz des Anzeigepflichtigen. Insbesondere ist § 17 Abs. 4 S. 2 VAG im Zusammenhang mit § 18 Abs. 3 S. 2 VAG zu lesen. Nach letztgenannter Vorschrift kann im Fall des Ausbleibens einer Untersagung innerhalb des Beurteilungszeitraums der Erwerb oder die Erhöhung vollzogen werden.[80] Findet weder eine Untersagung noch eine den Beurteilungszeitraum hemmende Anforderung weiterer Informationen nach § 17 Abs. 3 S. 3 – 9 VAG statt, kann dementsprechend der Anzeigepflichtige anhand des in der Bestätigung mitgeteilten Datums ablesen, wann aus aufsichtsrechtlicher Sicht der Erwerb oder die Erhöhung durchgeführt werden kann. 53

2. Anforderung weiterer Informationen (Abs. 4 S. 3–9). Nach § 17 Abs. 4 S. 3 VAG kann die Aufsichtsbehörde bis zum 50. Arbeitstag der laufenden Beurteilungsfrist bei dem Anzeigepflichtigen **weitere Informationen** anfordern, die sie für den Abschluss der Beurteilung benötigt. Diese zusätzlichen Informationen sind von den Angaben zu unterscheiden, die bereits vollständig bei Erstattung der Anzeige vorliegen müssen.[81] Die Einholung weiterer Auskünfte dient der Ergänzung und Vertiefung der zuvor eingereichten Informationen. Auch das zeigt, dass über die Vollständigkeit der einzureichenden Unterlagen, deren Eingang bei der BaFin Voraussetzung für den Beginn des Beurteilungszeitraums ist, trefflich gestritten werden kann. 54

Gemäß § 17 Abs. 4 S. 4 VAG hat die behördliche Anforderung **schriftlich** unter konkreter Angabe der zusätzlich benötigten Informationen zu erfolgen. Mit Erhalt muss die Aufsichtsbehörde den Eingang der Auskünfte wieder innerhalb von zwei Arbeitstagen schriftlich gegenüber dem Anzeigepflichtigen bestätigen, § 17 Abs. 4 S. 5 VAG. Diese vergleichsweise kurze Frist soll verhindern, dass das Beurteilungsverfahren seitens der Aufsichtsbehörde verzögert wird. 55

Die Einholung weiterer Informationen führt zu einer **Hemmung** des Beurteilungszeitraums, die mit dem Zeitpunkt der Anforderung beginnt und bis zum Eingang der Auskünfte bei der Aufsichtsbehörde andauert, § 17 Abs. 4 S. 6 VAG. Um im Fall der Hemmung gleichwohl einen vorhersehbaren Abschluss des Verfahrens zu gewährleisten, beschränkt § 17 Abs. 4 S. 7 VAG die Dauer des Beurteilungsverfahrens insgesamt auf **maximal 80 Arbeitstage**.[82] Dadurch, dass die Anforderung der zusätzlichen Informationen die einzige Möglichkeit einer Unterbrechung des Beurteilungszeitraums darstellt, wird dem Zweck des vorab festgelegten Beurteilungszeitraums Rechnung getragen, für ein transparentes und vorhersehbares Verfahren zu sorgen.[83] Allerdings ist zu bedauern, dass die Aufsichtsbehörde – anders noch als betreffend das Ende des ersten Beurteilungszeitraums – in diesen Fällen das Ende nicht gegenüber dem 56

---

[78] Zu den Untersagungstatbeständen s. ausführlich § 18 Rn. 15 ff.
[79] Vgl. 7. Erwägungsgrund der Beteiligungs-RL 2007/44/EG v. 5.9.2007, ABl. EU 2007, L 247, 1.
[80] Kritisch zu diesem Untersagungsvorbehalt *Tusch* WM 2013, 633.
[81] BaFin, Merkblatt zur Inhaberkontrolle v. 27.11.2015, unter V.1.c.
[82] Zu den Ausnahmen s. Rn. 58.
[83] Vgl. 7. Erwägungsgrund der Beteiligungs-RL 2007/44/EG.

Anzeigepflichtigen mitteilen muss. Das kann zu Rechtsunsicherheiten führen, die hier gerade mit Blick auf das Fehlen einer Untersagung zu verhindern gewesen wären.

57 § 17 Abs. 4 S. 8 VAG gewährt der Aufsichtsbehörde die Möglichkeit, zu den zusätzlich eingeholten Informationen Ergänzungen oder **Klarstellungen** anzufordern. Dieser Vorgang löst indes keine erneute Hemmung des Beurteilungszeitraums aus.

58 Nach § 17 Abs. 4 S. 9 VAG ist es im Fall einer Hemmung unter bestimmten Bedingungen **ausnahmsweise** zulässig, den Beurteilungszeitraum abweichend von S. 7 der Vorschrift auf höchstens **90 Arbeitstage** zu erweitern. Voraussetzung ist, dass der Anzeigepflichtige entweder außerhalb des Europäischen Wirtschaftsraums ansässig ist oder beaufsichtigt wird (Nr. 1) oder er nicht der Beaufsichtigung nach den in Nr. 2 lit. a – d aufgeführten europäischen Richtlinien unterliegt. Durch die Aufnahme der Solva II-RL in diesen Katalog (lit. d) werden die Vorgaben des Art. 58 Abs. 3 lit. b Solva II-RL umgesetzt.

59 Die BaFin kann den Beurteilungszeitraum ausschöpfen und ist nicht verpflichtet, eine bereits vorher mit positivem Ergebnis beendete Prüfung dem Anzeigepflichtigen mitzuteilen. Gleichwohl zeigt die Praxis, dass die BaFin gerade auch bei branchenübergreifenden Transaktionen bereit ist, den Beurteilungszeitraum nicht auszuschöpfen und ihr positives Ergebnis alsbald mitzuteilen.

VI. Verhältnis zu anderen Regelungen des VAG und zu Parallelvorschriften im KWG.

60 Kommt die Aufsichtsbehörde im Beurteilungszeitraum zu dem Schluss, dass die Angaben nach § 17 Abs. 1 Nr. 1 und 2 VAG oder die zusätzlich nach § 17 Abs. 4 S. 3 VAG angeforderten Informationen formell oder materiell unvollständig oder materiell unrichtig sind, kann sie unter Ausübung ihres pflichtgemäßen Ermessens den beabsichtigten Erwerb oder die Erhöhung der Beteiligung nach § 18 Abs. 2 VAG **untersagen**.[84] Eine Nichtbeachtung der in § 17 Abs. 1 Nr. 1 und 2 VAG aufgeführten Verpflichtungen kann zudem die scharfe Sanktion der **Stimmrechtsuntersagung** nach § 19 Abs. 1 Nr. 2 VAG auslösen oder – als noch eingriffsintensivere Konsequenz – die Aufsichtsbehörde dazu veranlassen, einen **Treuhänder** mit der Veräußerung der Anteile zu beauftragen und ein Verfügungsverbot zulasten des Inhabers anzuordnen.[85]

61 Ferner erfüllt die vorsätzliche oder fahrlässige Verletzung der Anzeigepflichten nach § 17 Abs. 1 und 2 VAG den **Bußgeldtatbestand** des § 332 Abs. 3 Nr. 1 VAG.[86] Dabei kann an der Sanktionierbarkeit der Anzeigepflichten mit Blick auf die oben aufgezeigten Unbestimmtheiten in § 17 Abs. 1 und 2 VAG – gerade mit Blick auf die Vollständigkeit der einzureichenden Unterlagen – durchaus gezweifelt werden.

62 Bei einer Verletzung der Anzeigepflicht nach § 17 Abs. 1 Nr. 3 VAG sind spezielle aufsichtsrechtliche Sanktionen gegenüber dem Veräußerer gesetzlich nicht vorgesehen und in Anbetracht der Verringerung der Gefährdungslage auch nicht erforderlich.[87]

63 Gemäß § 305 Abs. 2 Nr. 3 VAG stehen der Aufsichtsbehörde bei einer Anzeige nach § 17 Abs. 1 Nr. 1 VAG gegenüber dem Anzeigenden die **Auskunftsrechte** des § 305 Abs. 1 Nr. 1 VAG zu. Zudem hat die Aufsichtsbehörde unter den Voraussetzungen des § 306 Abs. 2 S. 1 Nr. 3, S. 3 VAG gegenüber dem interessierten Erwerber oder einem Inhaber einer bedeutenden Beteiligung die **Prüfungs- und Teilnahmerechte** nach § 306 Abs. 1 Nr. 1, 3–5 VAG.

64 Wird das Versicherungsunternehmen durch den Erwerb Tochterunternehmen eines Unternehmens mit Sitz in einem **Drittstaat**, hat die Aufsichtsbehörde gemäß § 330 Abs. 1 Nr. 7 VAG der **Europäischen Kommission** auf deren Verlangen die nach § 17 VAG angezeigte Absicht des Beteiligungserwerbs zu melden, soweit die Voraussetzungen gemäß § 330 Abs. 2 VAG erfüllt sind (kein mit EU-Verhältnissen vergleichbarer effektiver Marktzugang/keine Inländerbehandlung).[88]

65 Wie eingangs dargelegt,[89] lehnen sich die §§ 16 ff. VAG eng an die Parallelvorschrift des § 2c KWG im **Bankenaufsichtsrecht** an. Die mit § 17 VAG vergleichbaren Regelungen sind in § 2c Abs. 1, 1a und 3 KWG enthalten.

Untersagung oder Beschränkung einer bedeutenden Beteiligung

18 (1) **Die Aufsichtsbehörde kann innerhalb des Beurteilungszeitraums den beabsichtigten Erwerb der bedeutenden Beteiligung oder deren Erhöhung untersagen, wenn Tatsachen die Annahme rechtfertigen, dass**

[84] Vgl. dazu § 18 Rn. 41.

[85] Die Aufsichtsbehörde hat hierbei allerdings eine strenge Verhältnismäßigkeitsprüfung vorzunehmen, vgl. § 19 Rn. 21.

[86] Zu weiteren Einzelheiten s. § 332 Rn. 53.

[87] Bähr/*Deckers* § 30 Rn. 91; *Winter* § 5 S. 283; *Habermann* VersR 1998, 801, 810; so auch ausdrücklich zur Aufgabe einer bedeutenden Beteiligung *VGH Kassel* Beschl. v. 13.6.2003 – 6 TG 951/03, VersR 2003, 1153.

[88] Näheres dazu in der Kommentierung zu § 330.

[89] S. Rn. 2.

1. **der Anzeigepflichtige oder, wenn es sich bei dem Anzeigepflichtigen um eine juristische Person handelt, ein gesetzlicher oder satzungsmäßiger Vertreter oder, wenn es sich um eine Personenhandelsgesellschaft handelt, ein Gesellschafter nicht zuverlässig ist oder aus anderen Gründen nicht den Ansprüchen genügt, die im Interesse einer soliden und umsichtigen Leitung des Versicherungsunternehmens zu stellen sind; dies ist auch der Fall, wenn der Erwerber der bedeutenden Beteiligung nicht darlegen kann, dass er über angemessene geschäftliche Pläne für die Fortsetzung und die Entwicklung der Geschäfte des Versicherungsunternehmens verfügt und die Belange der Versicherten oder die berechtigten Interessen der Vorversicherer ausreichend gewahrt sind; ferner gilt § 11 Absatz 1 Nummer 3 zweiter Halbsatz entsprechend;**
2. **das Versicherungsunternehmen nicht in der Lage ist oder bleiben wird, den Aufsichtsanforderungen zu genügen oder dass das Versicherungsunternehmen durch die Begründung oder Erhöhung der Beteiligung mit dem Inhaber der bedeutenden Beteiligung in einen Unternehmensverbund eingebunden würde, der durch die Struktur des Beteiligungsgeflechts oder durch mangelhafte wirtschaftliche Transparenz eine wirksame Aufsicht über das Versicherungsunternehmen oder einen wirksamen Austausch von Informationen zwischen den zuständigen Stellen oder die Festlegung der Aufteilung der Zuständigkeiten zwischen diesen Stellen beeinträchtigen kann;**
3. **das Versicherungsunternehmen durch die Begründung oder Erhöhung der bedeutenden Beteiligung Tochterunternehmen eines Versicherungsunternehmens eines Drittstaats würde, das im Staat seines Sitzes oder seiner Hauptverwaltung nicht wirksam beaufsichtigt wird oder dessen zuständige Aufsichtsstelle zu einer befriedigenden Zusammenarbeit nicht bereit ist;**
4. **der künftige Geschäftsleiter nicht zuverlässig oder nicht fachlich geeignet ist;**
5. **im Zusammenhang mit dem beabsichtigten Erwerb oder der Erhöhung der Beteiligung Geldwäsche oder Terrorismusfinanzierung im Sinne des Artikels 1 der Richtlinie 2005/60/EG des Europäischen Parlaments und des Rates vom 26. Oktober 2005 zur Verhinderung der Nutzung des Finanzsystems zum Zwecke der Geldwäsche und der Terrorismusfinanzierung (ABl. L 309 vom 25.11.2005, S. 15) stattfindet, stattgefunden hat, diese Straftaten versucht wurden oder der beabsichtigte Erwerb oder die Erhöhung das Risiko eines solchen Verhaltens vergrößern könnte oder**
6. **der Anzeigepflichtige nicht über die notwendige finanzielle Solidität verfügt, insbesondere in Bezug auf die Art der tatsächlichen und geplanten Geschäfte des Versicherungsunternehmens; dies ist insbesondere dann der Fall, wenn der Anzeigepflichtige auf Grund seiner Kapitalausstattung oder Vermögenssituation nicht den besonderen Anforderungen des Versicherungsunternehmens gerecht werden kann, die sich aus dessen Kapitalausstattung oder liquiden Mitteln ergeben, um die dauernde Erfüllbarkeit der Verpflichtungen aus den Versicherungsverträgen zu gewährleisten oder um Liquiditätsengpässe zu vermeiden.**

(2) **Die Aufsichtsbehörde kann den Erwerb oder die Erhöhung der Beteiligung auch untersagen, wenn die Angaben nach § 17 Absatz 1 Nummer 1 und 2 oder die zusätzlich nach § 17 Absatz 4 Satz 3 angeforderten Informationen unvollständig oder nicht richtig sind; die Aufsichtsbehörde darf weder Vorbedingungen an die Höhe der zu erwerbenden Beteiligung oder der beabsichtigten Erhöhung der Beteiligung stellen, noch darf sie bei ihrer Prüfung auf die wirtschaftlichen Bedürfnisse des Marktes abstellen.**

(3) [1]**Entscheidet die Aufsichtsbehörde nach Abschluss der Beurteilung, den Erwerb oder die Erhöhung der Beteiligung zu untersagen, teilt sie dem Anzeigepflichtigen die Entscheidung innerhalb von zwei Arbeitstagen und unter Einhaltung des Beurteilungszeitraums schriftlich unter Angabe der Gründe mit.** [2]**Bemerkungen und Vorbehalte der für den Anzeigepflichtigen zuständigen Behörde sind in der Entscheidung wiederzugeben; die Untersagung darf nur auf Grund der in den Absätzen 1 und 2 genannten Gründe erfolgen.** [3]**Wird der Erwerb oder die Erhöhung der Beteiligung nicht innerhalb des Beurteilungszeitraums schriftlich untersagt, kann der Erwerb oder die Erhöhung vollzogen werden; die Rechte der Aufsichtsbehörde nach § 20 bleiben davon unberührt.** [4]**Wird der Erwerb oder die Erhöhung der Beteiligung nicht untersagt, kann die Aufsichtsbehörde eine Frist festsetzen, nach deren Ablauf der Anzeigepflichtige ihr den Vollzug oder den Nichtvollzug des beabsichtigten Erwerbs oder der Erhöhung unverzüglich anzuzeigen hat.**

Übersicht

Schrifttum: Siehe die Angaben bei § 16.

1 **I. Allgemeines. 1. Entstehungsgeschichte.** Die Vorschrift des § 18 VAG entspricht inhaltlich unverändert § 104 Abs. 1b VAG a. F.[1] Die in § 104 VAG a. F. statuierten Regelungen zu Inhabern bedeutender Beteiligungen sind grundlegend mit dem Dritten Durchführungsgesetz/EWG zum VAG vom 21.7.1994[2] zur Umsetzung der Dritten Richtlinie Schadenversicherung[3] (Art. 15 Abs. 1, 2 und 4) und der Dritten Richtlinie Lebensversicherung[4] (Art. 14 Abs. 1, 2 und 4) eingeführt worden. Beide Richtlinien sahen vor, dass die zuständigen Behörden Einspruch gegen einen beabsichtigten Erwerb oder eine Erhöhung von „qualifizierten Beteiligungen"[5] erheben können, wenn sie nicht davon überzeugt sind, dass der interessierte Erwerber den im Interesse einer soliden und umsichtigen Führung des Versicherungsunternehmens zu stellenden Ansprüchen genügt.[6] Demgemäß eröffnete die erste Fassung des § 104 VAG a. F. der Aufsichtsbehörde für diesen Fall die heute in § 18 Abs. 1 Nr. 1 VAG geregelte Möglichkeit, einen Erwerb oder eine Erhöhung von bedeutenden Beteiligungen in diesen Fällen zu untersagen. Gleichzeitig wurde die weitere Versagungsoption für den Fall begründet, dass durch die künftige Unternehmensverbindung oder die neuen Beteiligungsstrukturen eine wirksame Aufsicht unmöglich würde. Dieser Grund findet sich heute in modifizierter Form in § 18 Abs. 1 Nr. 2 VAG wieder.

2 Mit dem VAG-Änderungsgesetz vom 21.12.2000[7] hat der Gesetzgeber dem Aufsichtsmittel der Untersagung durch die Schaffung eines eigenen Absatzes innerhalb des § 104 VAG a. F.[8] sowie die Einfügung eines weiteren Tatbestandes (heute § 18 Abs. 1 Nr. 3 VAG) neues Gewicht beigemessen. Das Änderungsgesetz vom 15.12.2004[9] nahm sodann, u. a. zwecks Anpassung an internationale Standards,[10] Ansätze des Kriteriums der fehlenden finanziellen Solidität des Erwerbers in den Katalog auf, das heute in § 18 Abs. 1 Nr. 6 VAG (damals § 104 Abs. 1a S. 1 Nr. 1 VAG a. F.) niedergelegt ist.

3 Vor der Neufassung des VAG zum 1.1.2016 änderte sich die Regelung zuletzt maßgeblich durch Gesetz vom 12.3.2009[11] zur Umsetzung der **Beteiligungs-RL**.[12] Im Zuge dessen wurde der Tatbestand um die weiteren Untersagungsgründe erweitert, die sich heute in § 18 Abs. 1 Nr. 4 – 6 und Abs. 2 VAG wiederfinden. Zudem fanden die Verfahrensregeln Eingang in das Gesetz, die heute in § 18 Abs. 3 VAG übernommen worden sind. Die Beteiligungs-RL bezweckte die Einführung detaillierterer Kriterien für das aufsichtsrechtliche Beurteilungsverfahren, um innerhalb der EU eine stärkere Harmonisierung der Aufsichtspraxis zu erreichen.[13] Zugleich sollten die neuen Vorgaben einheitlich für die Banken- und Versicherungsaufsicht gelten.[14] Der deutsche Gesetzgeber passte § 104 Abs. 1b VAG a. F. somit in sprachlicher Hinsicht noch näher der Parallelregelung des § 2c KWG (vormals § 2b KWG a. F.) im

[1] S. a. Begr. VAG-RegE 2014, BT-Drs. 18/2956, 238.
[2] BGBl. I 1630, 3134.
[3] RL 92/49/EWG v. 18.6.1992, ABl. EG 1992 L 228, 1.
[4] RL 92/96/EWG v. 10.11.1992, ABl. EG 1992 L 360, 1.
[5] Der Begriff der „qualifizierten" Beteiligung entspricht dem der „bedeutenden" Beteiligung in § 7 Nr. 3 VAG; vgl. Begr. RegE Drittes Durchführungsgesetz/EWG zum VAG, BT-Drs. 12/6959, 53 zur alten Rechtslage.
[6] S. Art. 15 Abs. 1 UAbs. 2 RL 92/49/EWG und Art. 14 Abs. 1 UAbs. 2 RL 92/96/EWG.
[7] BGBl. I 1857.
[8] Zunächst als § 104 Abs. 1a VAG a. F.; durch das Gesetz zur Umsetzung der Beteiligungs-RL (BGBl. 2009 I 470) ist der Katalog in einen neuen § 104 Abs. 1b VAG a. F. verschoben worden.
[9] BGBl. I 3416.
[10] So zum ursprünglichen Gesetzentwurf Begr. RegE BT-Drs. 15/3418, 22 unter Hinweis auf die sog. Insurance Core Principles der IAIS, die in Nr. 8 vorsahen, dass der Inhaber in der Lage sein muss, gegenüber dem Versicherungsunternehmen weitere finanzielle Unterstützung zu leisten.
[11] BGBl. I 470.
[12] RL 2007/44/EG v. 5.9.2007, ABl. EU 2007 L 247, 1.
[13] Vgl. 3. und 6. Erwägungsgrundder Beteiligungs-RL.
[14] Vgl. 1. und 2. Erwägungsgrundder Beteiligungs-RL.

Bankensektor an[15] und fügte die neuen Untersagungstatbestände gleichermaßen in den Aufbau beider Vorschriften ein.

4 Bereits durch das Vierte Finanzmarktförderungsgesetz vom 21.6.2002[16] wurden im Bereich der Anteilseignerkontrolle die Vorschriften des VAG mit den Vorschriften des KWG erstmals angeglichen, um eine sich abzeichnende Aufsichtsarbitrage zu verhindern.[17]

5 Im Gegensatz zu § 104 Abs. 4 VAG a. F. kennt § 18 VAG keine vorläufige Beschränkung des Erwerbs einer bedeutenden Beteiligung mehr.

6 **2. Normzweck.** Durch die weitreichenden Untersagungsgründe des § 18 VAG soll insbesondere eine Umgehung der ursprünglich bei Erstzulassung des Unternehmens bestehenden strengen Prüfungsbedingungen durch einen nachträglichen Erwerb einer bedeutenden Beteiligung verhindert werden.[18] Denn bereits bei der Erstzulassung wird geprüft, wer sich bedeutend an einem Versicherungsunternehmen beteiligen möchte. Wenn eine nachträgliche Veränderung der Eigentümerstrukturen an einem Versicherungsunternehmen ohne aufsichtsbehördliche Genehmigung möglich wäre, könnte die aufsichtsbehördliche Erlaubnisprüfung leicht umgangen werden.

7 Dabei sind die Eingriffe in die verfassungsrechtlich geschützten Eigentumsrechte von Erwerber und Veräußerer immens. Sie stellen dennoch **keine verfassungswidrigen Eingriffe** dar, da der Schutz der Versicherten und deren Eigentumsrechte überwiegen und da § 19 VAG für bestimmte Fälle mit der Übertragung der Stimmrechte einer bedeutenden Beteiligung auf einen Treuhänder auch ein milderes Mittel vorsieht.

8 Die Untersagungsgründe lassen sich in **zwei Gruppen** unterscheiden. Die erste Gruppe betrifft Gründe, die in der Person des Inhabers einer bedeutenden Beteiligung liegen. Dazu gehören die Nrn. 1, 5 und 6 des § 18 Abs. 1 VAG. Zur zweiten Gruppe gehören die Nr. 2–4, bei denen nicht der Inhaber selbst im Vordergrund steht, sondern die zwischen ihm und dem Versicherungsunternehmen zu begründende Beteiligungskette sowie die Auswirkungen der Inhaberschaft auf das Versicherungsunternehmen. So soll u. a. auch der nachträglichen Verlagerung der Konzernzugehörigkeit eines Versicherungsunternehmens zu einem in einen Drittstaat sitzenden Konzern entgegengewirkt werden können. Dies jedenfalls dann, wenn dort eine effektive Aufsicht nicht gewährleistet ist (§ 18 Abs. 1 Nr. 3 VAG).

9 Die in § 18 VAG normierten Kriterien für eine Untersagung eines beabsichtigten Erwerbs oder einer Erhöhung sowie die weiteren Regelungen zur aufsichtsrechtlichen Beurteilung des Anzeigepflichtigen dienen ferner dazu, für die nötige **Rechtssicherheit** sowie für Klarheit und Vorhersehbarkeit des Beurteilungsprozesses und des Ergebnisses zu sorgen.[19]

10 **3. Europarechtlicher Hintergrund.** § 18 VAG dient der Umsetzung von Art. 59 **Solva II-RL,**[20] der neben weiteren Anforderungen an das aufsichtsbehördliche Beurteilungsverfahren die Gründe regelt, unter welchen die Aufsichtsbehörde den beabsichtigten Erwerb verhindern kann.

11 Den grundlegenden Rechtsrahmen für die Kriterien und das Verfahren der aufsichtsrechtlichen Beurteilung bildete die Beteiligungs-RL, deren entsprechenden Bestimmungen in die Art. 57–63 Solva II-RL übernommen wurden.[21] Die Kommission hat in Art. 58 Abs. 8 Solva II-RL Durchführungsmaßnahmen zur weiteren Spezifizierung der Bewertungskriterien angekündigt, um künftigen Entwicklungen Rechnung zu tragen. Um die nötige Rechtssicherheit zu schaffen und eine noch stärkere Harmonisierung der Aufsichtspraxis im Hinblick auf die einzelnen Verfahrensabläufe und Beurteilungskriterien über die gesamte Finanzbranche zu erreichen, haben die Europäischen Aufsichtsbehörden (ESAs) ESMA, EBA und EIOPA neue Leitlinien zur Konkretisierung dieser Bestimmungen – unter einheitlicher Geltung für die Banken- und Versicherungsaufsicht – entwickelt.[22]

12 **II. Voraussetzungen der Untersagung (Abs. 1 und 2). 1. Allgemeines.** Nach den Vorgaben des Art. 59 Abs. 1 Solva II-RL haben die nationalen Aufsichtsbehörden die Eignung und die finanzielle Solidität des interessierten Erwerbers einer qualifizierten Beteiligung im Hinblick auf fünf Kriterien zu prüfen, auf deren Grundlage es ihnen gestattet ist, gegen den beabsichtigten Erwerb „Einspruch zu erheben". Diese Kriterien finden sich negativ formuliert als Untersagungstatbestände in § 18 Abs. 1 VAG wieder. Zusätzlich wird nach Art. 59 Abs. 2 Solva II-RL ein aufsichtsbehördliches Einschreiten

---

[15] Begr. RegE BT-Drs. 16/10536, 22.

[16] Gesetz zur weiteren Fortentwicklung des Finanzplatzes Deutschland (Viertes Finanzmarktförderungsgesetz), BGBl. 2010 I 2316.

[17] Begr. RegE BT-Drs. 14/8017, 71.

[18] Vgl. 3. Erwägungsgrund der Beteiligungs-RL.

[19] Vgl. 2. Erwägungsgrund der Beteiligungs-RL.

[20] RL 2009/138/EG v. 25.11.2009, ABl. EU 2009 L 335, 1 in der Fassung der sog. Omnibus II-RL 2014/51/EU v. 16.4.2014, ABl. EU 2014 L 153, 1.

[21] Vgl. 74. Erwägungsgrund der Solva II-RL.

[22] Joint Guidelines on the prudential assessment of acquisitions and increases of qualifying holdings in the financial sector, v. 20.12.2016, JC/GL/2016/01. Mit den Leitlinien werden die von den früheren Aufsichtskomitees CESR, CEBS und CEIOPS erarbeiteten „Guidelines for the prudential assessment of acquisitions and increases" v. 18.12.2008 aktualisiert.

für den in § 18 Abs. 2 VAG kodifizierten Fall gestattet, dass die im Rahmen des Erwerbsverfahrens vorzulegenden Informationen unvollständig oder unrichtig sind. Die Ausschließlichkeit der in § 18 Abs. 1 und 2 VAG geregelten Untersagungsgründe stellt auch § 18 Abs. 3 S. 2 Hs. 2 VAG klar.

13 Als aufsichtsbehördliches Eingriffsinstrument hat der Gesetzgeber auch unter Solvency II das seit Einführung der Inhaberkontrolle tradierte Mittel der Untersagung gewählt, das sich nur begrifflich von dem in den Richtlinien vorgegebenen „Einspruch" unterscheidet.[23]

14 Die in § 18 Abs. 1 und 2 VAG geregelten Voraussetzungen für eine Untersagung betreffen sowohl den Erwerb einer bedeutenden Beteiligung i. S. d. § 17 Abs. 1 Nr. 1 VAG als auch deren Erhöhung auf die maßgeblichen Schwellenwerte gemäß § 17 Abs. 1 Nr. 2 VAG. Der **Katalog der Untersagungsgründe** ist gemäß § 18 Abs. 3 S. 2, Hs. 2 VAG **abschließend** geregelt.[24]

15 **2. Untersagungstatbestände (Abs. 1 Nr. 1–6).** Die Aufsichtsbehörde kann die Untersagung ohne weiteren Nachweis auf einen der in § 18 Abs. 1 VAG genannten Tatbestände stützen, soweit für die Annahme des Untersagungsgrundes konkrete Tatsachen vorliegen. Bloße Verdachtsmomente genügen nicht.[25] Die **Beweislast** für das Vorliegen der Tatsachen trägt die Aufsichtsbehörde.[26]

16 **a) Gründe in der Person des Anzeigepflichtigen (Abs. 1 Nr. 1). aa) Unzuverlässigkeit oder fehlende Eignung aus anderen Gründen (Nr. 1 Hs. 1 und 2).** Lassen Tatsachen auf die Unzuverlässigkeit des Anzeigepflichtigen (und/oder bei juristischen Personen der gesetzlichen oder satzungsmäßigen Vertreter oder bei Personengesellschaften eines Gesellschafters) schließen oder ist anzunehmen, dass die Person aus anderen Gründen nicht den Ansprüchen genügt, die im Interesse einer soliden und umsichtigen Leitung des Versicherungsunternehmens zu stellen sind, rechtfertigt dies auf Tatbestandsebene die Untersagung der Übernahme oder Erhöhung einer bedeutenden Beteiligung.

17 Der Begriff der **Zuverlässigkeit** (Alt. 1) entspricht dem in § 16 VAG.[27] Der Anzeigepflichtige muss die dafür erforderlichen Unterlagen vorlegen; dazu gehören u. a. Personalien, Führungszeugnis und ein Auszug aus dem Gewerbezentralregister. Die Einzelheiten regelt die InhKontrollV, die auf Grundlage des § 104 Abs. 6 VAG a. F. erlassen wurde.[28]

18 Die Anforderungen, die **im Interesse einer soliden und umsichtigen Leitung des Versicherungsunternehmens** zu stellen sind (Alt. 2), entsprechen auch denen, die nach § 16 VAG zu fordern sind.[29] § 18 Abs. 1 Nr. 1 Hs. 2 VAG nennt insoweit beispielhaft einen Zweifelsfall, wonach der Erwerber dann diesen Anforderungen nicht genügt, wenn er nicht darlegen kann, dass er „über angemessene geschäftliche Pläne für die Fortsetzung und die Entwicklung der Geschäfte des Versicherungsunternehmens verfügt und die Belange der Versicherten oder die berechtigten Interessen der Vorversicherer ausreichend gewahrt sind".[30] Dieser Beispielsfall soll die notwendige Trennschärfe zu dem Untersagungsgrund der fehlenden Solidität gemäß § 18 Abs. 1 Nr. 6 VAG verdeutlichen, die nicht in der Person des Erwerbers einer bedeutenden Beteiligung begründet ist, sondern in deren finanziellen Verhältnissen.[31]

19 Abgesehen davon, dass der Wortlaut von § 18 Abs. 1 Nr. 1 Hs. 2 VAG eine **Angemessenheit** der Geschäftspläne fordert, werden keine weiteren materiellen Anforderungen in Bezug auf diese Pläne gestellt. Der Anzeigepflichtige ist demnach in den Grenzen der Angemessenheit grundsätzlich in der Zielsetzung frei, solange die Ziele auf die Fortführung und Entwicklung oder bezogen auf sog. Run-Off-Plattformen auf die geordnete Abwicklung des Geschäfts gerichtet und die genannten Interessen gewahrt sind.[32] Im Vordergrund steht auch hier die **Wahrung der Belange der Versicherten** als ein Hauptzweck des gesamten Versicherungsaufsichtsrechts (§ 294 Abs. 2 S. 1 VAG).

20 Entscheidend ist, dass der Anzeigepflichtige ein schlüssiges, der Erfüllbarkeit der Versicherungsverträge Rechnung tragendes Erwerbskonzept vorweisen kann.[33] Mit dieser Anforderung soll erreicht werden, dass der Erwerber sich seiner Ziele besinnt und dass er diese nachvollziehbar formuliert.

21 Nicht per se ausgeschlossen ist, auch eine geplante Abwicklung des Unternehmens als „Fortführung" der Geschäfte anzusehen, sofern sich die Zerschlagung als zulässiges Verhalten des Anteilseigners darstellt.[34] Dies ist insbesondere bei den bereits angesprochenen Run-Off-Plattformen der Fall. Auch dann kann sich ein Erwerbskonzept also unter Berücksichtigung der Versicherteninteressen als schlüssig dar-

[23] Vgl. *Tusch* WM 2013, 633, 634.
[24] Vgl. auch Begr. RegE Gesetz zur Umsetzung der Beteiligungs-RL BT-Drs. 16/10536, S. 22.
[25] *Mönnig* S. 112; *Winter* FS Schirmer, 2005, 639, 645.
[26] Vgl. FKBP/*Bähr* § 104 Rn. 36.
[27] Vgl. zu den Anforderungen an die Zuverlässigkeit ausführlich § 16 VAG Rn. 31 ff.
[28] Verordnung über die Anzeigen nach § 2c des Kreditwesengesetzes und § 104 des Versicherungsaufsichtsgesetzes v. 20.3.2009, BGBl. I 562, 688; im VAG 2016 ist die Verordnungsermächtigung in § 22 VAG normiert.
[29] Vgl. zu den entsprechenden Anforderungen ausführlich § 16 VAG Rn. 45 ff.
[30] S. dazu § 16 Rn. 47 sowie zu dem Verhältnis der beiden Tatbestandsalternativen untereinander § 16 Rn. 45 ff.
[31] S. Begr. RegE zum Gesetz zur Umsetzung der Beteiligungs-RL, BT-Drs. 16/10536, 22.
[32] Vgl. *Hasselbach/Förster* VersR 2007, 1159.
[33] Vgl. auch Bähr/*Deckers* § 30 Rn. 38.
[34] Vgl. *Hasselbach/Förster* VersR 2007, 1159, 1162; Bähr/*Deckers* § 30 Rn. 38; a. A. *Fricke* VersR 2005, 161, 170.

stellen.[35] Die Aufsichtsbehörde wird allerdings in den Fällen, in denen die bedeutende Beteiligung zu reinen Spekulations- und Zerschlagungszwecken erworben werden soll, besonders kritisch die Pläne des Erwerbers zu prüfen haben und sog. Heuschrecken von bedeutenden Beteiligungen fernzuhalten haben.[36]

Der potenzielle Anteilseigner kann den durch die Aufsichtsbehörde geführten Beweis der Umstände, die auf seine Unzuverlässigkeit schließen lassen, erschüttern oder Tatsachen nachweisen, die die Annahme seiner Zuverlässigkeit rechtfertigen.[37] Im Zweifel haben die Gerichte zu entscheiden. 22

bb) Durch strafbare Handlung erlangte Mittel für den Erwerb (Nr. 1 Hs. 3). Der beabsichtigte Erwerb einer bedeutenden Beteiligung kann über den Verweis in § 18 Abs. 1 Nr. 1 Hs. 3 VAG auf § 11 Abs. 1 Nr. 3 Hs. 2 VAG auch versagt werden, wenn dessen Voraussetzungen[38] vorliegen. Danach genügt der Erwerber im Zweifel auch dann nicht den im Interesse einer soliden und umsichtigen Leitung des Unternehmens zu stellenden Ansprüchen, wenn er die für den Erwerb aufgebrachten Mittel durch eine strafbare Handlung erbracht hat. Nach dem Wortlaut der Vorschrift muss die Handlung nur **objektiv** einen **Straftatbestand** erfüllen. Auf die Erfüllung des subjektiven Tatbestands durch den Erwerber oder den Handelnden kommt es somit nicht an. Dieser Umstand wird zum Teil für rechtsstaatlich bedenklich gehalten, da insbesondere bei geforderter überschießender Innentendenz (z. B. Zueignungsabsicht bei Diebstahl) der Unwert einer Tat gerade auch aus subjektiven Merkmalen hergeleitet wird.[39] Das überzeugt jedoch nicht, da der Gesetzgeber so erreichen will, dass nicht erst der Verdacht aufkommt, dass die Früchte einer Straftat eingesetzt werden könnten, um sich an einem Versicherungsunternehmen beteiligen zu können. Zudem ist über den Wortlaut hinaus zu verlangen, dass neben einer Handlung auch ein Unterlassen ausreicht.[40] 23

Die in § 11 Abs. 1 Nr. 3 Hs. 2 VAG erfolgte Konkretisierung der an den Anzeigepflichtigen zu stellenden Anforderungen ist durch das Vierte Finanzmarktförderungsgesetz[41] zur Bekämpfung der internationalen Geldwäsche in die Vorschrift eingefügt worden.[42] Dies diente einem Gleichlauf mit der Erlaubnisversagung im heutigen § 11 VAG und einer Angleichung an die Parallelregelung im Bankensektor, die sich heute in § 2c KWG (vormals § 2b KWG) findet. 24

b) Gefährdung einer wirksamen Aufsicht (Abs. 1 Nr. 2). § 18 Abs. 1 Nr. 2 VAG berechtigt die Aufsichtsbehörde zunächst zu einer Untersagung des beabsichtigten Erwerbs, wenn Tatsachen die Annahme rechtfertigen, dass das Versicherungsunternehmen, an dem eine bedeutende Beteiligung erworben werden soll, nach dem Erwerb nicht in der Lage ist oder bleiben wird, den **Aufsichtsanforderungen** zu genügen. Hier werden also die potentiellen Auswirkungen auf das Versicherungsunternehmen angesprochen, die von einem Erwerber einer bedeutenden Beteiligung ausgehen können. 25

Im Unterschied zu § 104 VAG a. F. nimmt die Vorschrift dabei nicht mehr beispielhaft Bezug auf bestimmte europäische Richtlinien. Denn dies ist unter Solvency II nicht mehr notwendig, da diese Richtlinien alle in der Solva II-RL aufgegangen sind. Klar ist somit, dass ein Versicherungsunternehmen insbesondere den Anforderungen der Solva II-RL genügen muss. Dies hebt Art. 59 Abs. 1 lit. d Solva II-RL unter der weiteren Bezugnahme auf die Finanzkonglomeraterichtlinie[43] explizit hervor. 26

Als weitere Fallgruppe nennt § 18 Abs. 1 Nr. 2 VAG die Gefährdung der Aufsicht durch **Gruppenstrukturen**. Hier wird die Beteiligungskette angesprochen, die den Inhaber einer bedeutenden Beteiligung am Ende einer solchen Beteiligungskette mit dem Versicherungsunternehmen verbindet. Eine Untersagung kommt danach in Betracht, wenn das Versicherungsunternehmen über den Inhaber der bedeutenden Beteiligung in einem Unternehmensverbund eingebunden werden würde, der durch die Struktur des Beteiligungsgeflechts oder durch mangelhafte wirtschaftliche Transparenz eine wirksame Aufsicht über das Versicherungsunternehmen oder einen wirksamen Austausch von Informationen zwischen den zuständigen Stellen oder die Festlegung der Aufteilung der Zuständigkeiten dieser Stellen beeinträchtigen kann.[44] Die Einbindung in die undurchsichtige Konzernstruktur kann gesellschaftsrechtlicher oder faktischer Form sein.[45] 27

---

[35] *Hasselbach/Förster* VersR 2007, 1159, 1162.

[36] Bähr/*Deckers* § 30 Rn. 38; vgl. auch Beschlussempfehlung und Bericht des Finanzausschusses BT-Drs. 15/3976, 34, wonach bei einem für die Versicherungsnehmer *nachteiligen* Zerschlagungskonzept ein Eingreifen der Aufsichtsbehörde ermöglicht werden soll.

[37] Begr. RegE zum Gesetz zur Änderung des VAG, BT-Drs. 14/4453, 29 zu § 8 VAG a. F.

[38] S. dazu ausführlich unter § 11 Rn. 14 und § 16 Rn. 46 ff.

[39] Vgl. *Fricke* VersR 2002, 1078; anders aber *Präve* § 11 Rn. 14.

[40] S. dazu § 16 Rn. 48.

[41] Gesetz zur weiteren Fortentwicklung des Finanzplatzes Deutschland (Viertes Finanzmarktförderungsgesetz) v. 21.6.2002, BGBl. 2010 I 2316.

[42] Vgl. Begr. RegE BT-Drs. 14/8017, 143, 144.

[43] RL 2002/87/EG v. 16.12.2002, L 35/1.

[44] S. im Einzelnen zu dieser Fallgruppe § 11 Rn. 30 ff.

[45] Begr. Reg-E VAG-Änderungsgesetz 2000, BT-Drs. 14/4453, 30 zu § 8 VAG a. F.; Bähr/*Deckers* § 30 Rn. 44.

28 Bei Zweifeln an einer wirksamen Aufsicht aufgrund einer der genannten Fallgruppen muss die Aufsichtsbehörde eine Beeinträchtigung als solche nicht nachweisen.[46] Vielmehr genügt der Nachweis von Tatsachen, die zu einer Annahme der Beeinträchtigung führen.[47]

29 Die Vorschrift entspricht dem Versagungsgrund des § 11 Abs. 2 S. 1 Nr. 1 VAG.

30 **c) Fehlende oder unkooperative Aufsicht in Drittstaat (Abs. 1 Nr. 3).** Ein Untersagungsgrund liegt weiterhin vor, wenn das Versicherungsunternehmen über den Inhaber einer bedeutenden Beteiligung am Ende einer Beteiligungskette Tochterunternehmen eines Versicherungsunternehmens eines Drittstaats würde, das dort keiner wirksamen Aufsicht unterliegt oder dessen zuständige Aufsichtsstelle zu einer befriedigenden Zusammenarbeit nicht bereit ist. Denn hier befürchtet der Gesetzgeber, dass aus deutscher Sicht aufsichtswidrige Praktiken des Versicherungsunternehmens eines Drittstaats über die Konzernverbundenheit auch Einzug in den Geschäftsbetrieb des in Deutschland sitzenden Versicherers halten könnten.

31 Dieser durch die VAG-Novelle 2000[48] eingefügte Tatbestand findet keine explizite Entsprechung in dem Kriterienkatalog des Art. 59 Abs. 1 Solva II-RL, so dass sich die Frage stellen könnte, ob dieser Untersagungsgrund mit Blick auf die durch die Solva II-RL erreichte Vollharmonisierung des Aufsichtsrechts[49] europarechtskonform ist. Er ist jedoch im weiteren Sinne von dem Schutzzweck des Art. 59 Abs. 1 lit. d Solva II-RL erfasst, nach dem der Beteiligungserwerb auch darauf hin zu prüfen ist, ob durch den Erwerb die Ausübung einer wirksamen Beaufsichtigung gewährleistet bleibt und ob ein wirksamer Informationsaustausch zwischen den Aufsichtsbehörden möglich wird. Daher steht die Europarechtskonformität dieses Untersagungsgrundes nicht in Zweifel.

32 Die Vorschrift entspricht dem Versagungsgrund des § 11 Abs. 2 S. 1 Nr. 3 VAG.

d) Unzuverlässigkeit oder fehlende fachliche Eignung des Geschäftsleiters (Abs. 1 Nr. 4).

33 Der Erwerb oder die Erhöhung einer bedeutenden Beteiligung kann zudem untersagt werden, wenn anzunehmen ist, dass diejenige Person, welche der Erwerber als künftigen Geschäftsleiter einzusetzen beabsichtigt, nicht zuverlässig oder nicht fachlich geeignet ist. Dabei bleibt nach dem Wortlaut unklar, welcher Geschäftsleiter gemeint ist – der des Erwerbers, wenn er eine juristische Person ist oder der des Versicherungsunternehmens, an dem der Erwerber eine bedeutende Beteiligung erwerben möchte. Eine systematische Auslegung ergibt aber, dass Letzteres gemeint ist.

34 Das wirft wiederum die Frage nach dem sachlichen Grund auf, warum es eines solchen Untersagungsgrundes überhaupt bedarf. Denn die Bestellung eines solchen Geschäftsleiters könnte die Aufsichtsbehörde doch ohnehin verhindern. Dies reicht dem Gesetzgeber aber nicht aus, da der Erwerber, der solche Personen als Geschäftsleiter in Aussicht nimmt, schon aus diesem Grunde nicht als Erwerber einer bedeutenden Beteiligung in Betracht kommt.

35 Im Hinblick auf die **Zuverlässigkeit** des Geschäftsleiters gelten dementsprechend die Anforderungen gemäß § 24 Abs. 1 S. 1 VAG in Umsetzung von Art. 42 Abs. 1 Solva II-RL.[50] Im Einzelnen legen Art. 273 Solva II-VO und ergänzend die EIOPA-LL Governance die Anforderungen an das Kriterium der Zuverlässigkeit fest.[51]

36 Die Person, die infolge des beabsichtigten Erwerbs die Geschäfte des Versicherungsunternehmens leiten wird, muss zudem für diese Aufgabe **fachlich geeignet** sein. Mit dieser Anforderung geht das VAG nicht über die Vorgaben der Solva II-RL hinaus. Zwar stellt Art. 59 Abs. 1 lit. b Solva II-RL statt auf den Begriff der fachlichen Eignung allein auf die Erfahrung („experience") des Geschäftsleiters ab. Es wäre jedoch sachlich nicht gerechtfertigt, insoweit geringere Maßstäbe anzusetzen als im Rahmen der Beurteilung eines jeden Geschäftsleiters i. S. von Art. 42 Abs. 1 Solva II-RL. Danach sind neben der Erfahrung auch die Berufsqualifikationen und Kenntnisse einer Person zu beachten. In ihrer Gesamtheit werden diese drei Faktoren von dem Oberbegriff der fachlichen Qualifikation („fit") umfasst, für den das VAG ausweislich der Legaldefinition in § 24 Abs. 1 S. 2 VAG die fachliche Eignung versteht. Welche Anforderungen an die fachliche Eignung eines Geschäftsleiters zu stellen sind, bestimmt § 24 Abs. 1 S. 2 – 5 VAG. Insbesondere wird neben angemessenen theoretischen und praktischen Kenntnissen in Versicherungsgeschäften eine ausreichende – in der Regel mindestens dreijährige – Leitungserfahrung vorausgesetzt.[52]

37 **e) Geldwäsche oder Terrorismusfinanzierung (Abs. 1 Nr. 5).** Ein weiterer Untersagungsgrund liegt vor, wenn Tatsachen die Annahme rechtfertigen, dass im Zusammenhang mit dem Beteiligungserwerb oder der -erhöhung **Geldwäsche oder Terrorismusfinanzierung** i. S. d. Art. 1 der Richtlinie

---

[46] Die Beweiserleichterung ist mit dem VAG-Änderungsgesetz v. 21.12.2000, BGBl. I 1857, in das Gesetz eingeführt worden.
[47] Bähr/*Deckers* § 30 Rn. 45.
[48] BGBl. I 1857.
[49] S. dazu Einl. Rn. 88 ff.
[50] Vgl. ESAs Joint Guidelines on the prudential assessment of acquisitions and increases of qualifying holdings in the financial sector, JC/GL/2016/01, Ziff. 11.4.
[51] S. die Ausführungen bei § 24 VAG.
[52] S. ausführlich die Kommentierung zu § 24 VAG.

2005/60/EG[53] stattfindet, stattgefunden hat, diese Straftaten versucht wurden oder der Erwerb bzw. die Erhöhung das Risiko eines solchen Verhaltens vergrößern könnte.

Dieser durch das Gesetz zur Umsetzung der Beteiligungs-RL[54] aufgenommene Tatbestand spiegelt einen vorrangigen Zweck der Inhaberkontrolle, die organisierte Kriminalität einschließlich Geldwäsche zu bekämpfen, wider.[55] **38**

Unter den Untersagungstatbestand des § 18 Abs. 1 Nr. 5 VAG fallen auch die Fälle, in denen der Verdacht besteht, dass der Erwerber gegenwärtig oder in der Vergangenheit an einer (versuchten) Geldwäsche beteiligt ist oder war, ganz unabhängig davon, ob ein direkter oder indirekter Zusammenhang mit dem vorliegenden Erwerb gegeben ist.[56] Denn in diesem Fall könnte der Erwerb oder die Erhöhung das Risiko eines solchen Verhaltens vergrößern. **39**

f) Fehlende finanzielle Solidität (Abs. 1 Nr. 6). Schließlich kann die Aufsichtsbehörde den Erwerb oder die Erhöhung ablehnen, wenn aufgrund von Tatsachen anzunehmen ist, dass der Anzeigepflichtige nicht über die **notwendige finanzielle Solidität** verfügt, insbesondere in Bezug auf die Art der tatsächlichen und geplanten Geschäfte des Versicherungsunternehmens, an dem der Erwerb beabsichtigt ist. Als Regelbeispiel für fehlende finanzielle Solidität nennt § 18 Abs. 1 Nr. 6 VAG den Fall, dass der Anzeigepflichtige aufgrund seiner Kapitalausstattung oder Vermögenssituation nicht den besonderen Anforderungen des Versicherungsunternehmens gerecht werden kann, die sich aus dessen Kapitalausstattung oder liquiden Mitteln ergeben, um die dauernde Erfüllbarkeit der Verpflichtungen aus den Versicherungsverträgen zu gewährleisten oder um Liquiditätsengpässe zu vermeiden. Nach der Gesetzesbegründung muss der Anzeigepflichtige in der Lage sein, insbesondere in Krisenfällen oder zur Vermeidung solcher mit Blick auf die tatsächlichen oder geplanten Geschäfte dem Versicherungsunternehmen Eigenmittel oder Liquidität zur Verfügung zu stellen.[57] Er muss aber nur dazu in der Lage sein und sich nicht auch dazu verpflichten.[58] **40**

3. Unvollständige oder unrichtige Anzeige (Abs. 2). Gemäß **§ 18 Abs. 2 Hs. 1 VAG** kann die Aufsichtsbehörde den Erwerb oder die Erhöhung der Beteiligung auch dann untersagen, wenn die Angaben nach § 17 Abs. 1 Nr. 1 und 2 VAG oder die gemäß § 17 Abs. 4 S. 3 VAG zusätzlich angeforderten Informationen formal unvollständig oder materiell fehlerhaft bzw. unvollständig sind. Auf diesem Weg wird die unvollständige oder unrichtige Anzeige nach § 17 Abs. 1 Nr. 1 und 2 VAG nicht nur über § 332 Abs. 3 Nr. 1 VAG ordnungswidrigkeitenrechtlich sanktioniert,[59] sondern sie hat auch Auswirkungen auf den Erwerbs- oder Veräußerungsvorgang als solchen. Neben der in § 18 VAG geregelten Sanktion ist darüber hinaus gemäß § 19 Abs. 1 Nr. 2 VAG auch eine Untersagung der Ausübung der Stimmrechte oder die Verhängung eines Verfügungsverbotes in diesen Fällen möglich.[60] **41**

Dabei fällt auf, dass § 18 Abs. 2 Hs. 1 VAG auch die gemäß § 17 Abs. 4 S. 3 VAG zusätzlich angeforderten Informationen anspricht, während diese bei § 332 Abs. 3 Nr. 1 VAG und in § 19 Abs. 1 Nr. 2 VAG keine Rolle spielen. Ersteres erscheint indes unerheblich, da auch die zusätzlich angeforderten Informationen Teil der Anzeige sind. Dem könnte jedoch entgegengehalten werden, dass bei zusätzlich angeforderten Informationen die Ordnungswidrigkeit vom Tatbestand her bereits erfüllt ist. Denn das zusätzliche Informationsbedürfnis indiziert die Unvollständigkeit der ursprünglichen Anzeige. Das ist aber zu kurz gesprungen. Denn die Aufsichtsbehörde muss die **Vollständigkeit der Anzeige** vorher gemäß § 17 Abs. 4 S. 1 VAG bestätigen, so dass sich ein zusätzliches Informationsbedürfnis erst nach Auswertung der vollständigen Anzeige ergeben kann. Somit ist festzuhalten, dass ordnungswidrigkeitenrechtlich nur die ursprüngliche Anzeige vom Tatbestand her erfasst wird, nicht aber die zusätzlich angeforderten Informationen. Das überzeugt wiederum nicht zwingend. Denn der Unrechtsgehalt ist in beiden Fällen zumindest gleich. Gleichwohl will die gesetzgeberische Ungleichbehandlung nur die unvollständige oder unrichtige ursprüngliche Anzeige auch ordnungswidrigkeitenrechtlich sanktionieren, da so die Vornahme der Anzeige als solche abgesichert werden soll. Für unrichtige oder unvollständige zusätzlich angeforderte Informationen bedarf es einer solchen Sanktionierung nicht. Hier genügt die Schaffung eines Untersagungsgrundes bzw. – wenn der Verstoß erst später entdeckt wird – das Mittel einer Untersagung der Ausübung der Stimmrechte oder die Anordnung eines Verfügungsverbotes nach § 19 Abs. 1 Nr. 2 VAG. Allerdings ist de lege ferenda zu fordern, dass der Tatbestand des § 19 Abs. 1 Nr. 2 VAG noch um den Fall der erst verspätet entdeckten Unrichtigkeit oder Unvoll- **42**

[53] Richtlinie zur Verhinderung der Nutzung des Finanzsystems zum Zwecke der Geldwäsche und der Terrorismusfinanzierung v. 26.10.2005, ABl. EU 2005 L 309, 15.
[54] Gesetz v. 12.3.2009, BGBl. I 470.
[55] Zu dieser Zweckrichtung vgl. Gesetzesbegründungen, BR-Dr. 23/94, 154; BT-Dr. 14/8017, 71 sowie Gesetzesbegründung zum KWG, BT-Dr. 13/9874, 138.
[56] Vgl. Joint Guidelines on the prudential assessment of acquisitions and increases of qualifying holdings in the financial sector, JC/GL/2016/01, Ziff. 14.1.
[57] Begr. RegE Gesetz zur Umsetzung der Beteiligungs-RL, BT-Drs. 16/10536, 22.
[58] S. dazu bereits § 16 Rn. 50.
[59] S. dazu § 332 Rn. 53.
[60] S. dazu § 19 Rn. 20.

ständigkeit zusätzlich angeforderter Informationen erweitert wird, damit die aufsichtsrechtlichen Sanktionen vor und nach dem Erwerb einer bedeutenden Beteiligung gleich sind.

43 Für alle Tatbestände gilt gleichermaßen, dass die Erfüllung des Tatbestandes wegen dessen **Unbestimmtheit** (z. B. wann ist eine Anzeige vollständig?) oftmals schwer zu beurteilen ist.[61] Dies kann dazu führen, dass ein Gericht sowohl keine Ordnungswidrigkeit als auch keinen Untersagungsgrund feststellt. Auch divergierende Entscheidungen des Strafgerichts einerseits und des Verwaltungsgerichts andererseits sind hier denkbar. Dabei können auch die Zivilgerichte involviert sein, wenn ein unvollständiger Antrag dazu führt, dass die Veräußerung der bedeutenden Beteiligung daran scheitert und die andere Partei daraus Schadenersatzansprüche für sich ableiten möchte. Dann wären sogar divergierende Entscheidungen dreier Bundesgerichte denkbar.

44 Nicht geregelt, aber grundsätzlich zur **Wahrung des Verhältnismäßigkeitsgrundsatzes** zu verlangen ist, dass die Aufsichtsbehörde im Einzelfall bei einer Unvollständigkeit der erforderlichen Anlagen den Anzeigenden zunächst zur Vervollständigung der Unterlagen auffordern muss, bevor sie eine Untersagung verfügen kann.[62] Dies deckt sich mit § 6 Abs. 2 S. 2 InhKontrollV, der dem Anzeigepflichtigen ein Recht zum unverzüglichen Nachreichen von Anlagen zur Anzeige in begründeten Fällen ausdrücklich einräumt. Das muss sich dann auch auf den Bußgeldtatbestand des § 332 Abs. 3 Nr. 1 VAG oder auf § 19 Abs. 1 Nr. 2 VAG entsprechend auswirken.

45 Als nicht richtig gelten die Angaben gemäß § 7 Abs. 3 S. 2 InhKontrollV auch dann, wenn sich während des Beurteilungszeitraums nach § 17 Abs. 4 VAG die in der Absichtsanzeige noch richtig angegebenen **Umstände verändern**, aber der Anzeigepflichtige die Aufsichtsbehörde hierüber nicht oder erst zu spät informiert. Das Einreichen der aktualisierten Unterlagen erfolgt nach § 7 Abs. 3 S. 2 InhKontrollV zu spät, wenn der BaFin nicht mehr fünf Arbeitstage bis zum Ablauf des Beurteilungszeitraums zur Prüfung der betroffenen Dokumente zur Verfügung stehen.

46 **§ 18 Abs. 2 Hs. 2 VAG** stellt klar, dass die Aufsichtsbehörde weder **Vorbedingungen** an die Höhe der zu erwerbenden Beteiligung oder beabsichtigten Erhöhung der Beteiligung stellen noch sie bei ihrer Prüfung auf die **wirtschaftlichen Bedürfnisse des Marktes** abstellen darf. Diese Vorschrift beruht auf dem durch die Beteiligungs-RL eingeführten Art. 15b Abs. 3 der Versicherungsrichtlinien und setzt nunmehr Art. 59 Abs. 3 Solva II-RL um.

47 Vom Standort her passt sie weniger zu § 18 Abs. 2 VAG und mehr in § 17 Abs. 4 VAG, so dass de lege ferenda eine Verschiebung dieser Vorschrift zu fordern ist.

48 Sie ist im Übrigen auch eher **deklaratorisch**, da ein entsprechender Untersagungsgrund in § 18 VAG ohnehin nicht enthalten ist. Allerdings darf dabei nicht außer Acht bleiben, dass die Aufsichtsbehörde faktisch bei einer Anhebung einer bedeutenden Beteiligung hinsichtlich der Schwellen des § 17 Abs. 1 Nr. 2 VAG auch eine Entscheidung über die Höhe der Beteiligung trifft.

49 **4. Rechtsfolge.** Es steht grundsätzlich im Ermessen der Aufsichtsbehörde („kann"), die Beteiligung zu untersagen, wenn die Voraussetzungen gemäß § 18 Abs. 1 oder Abs. 2 VAG vorliegen. Zwar ist das **Entschließungsermessen** der Aufsichtsbehörde in diesen Fällen regelmäßig auf Null reduziert, d. h. bei Vorliegen der Tatbestandsvoraussetzungen ist die Aufsichtsbehörde zu einem Einschreiten verpflichtet. Es besteht jedoch grundsätzlich ein **Auswahlermessen**, das die Aufsichtsbehörde bei der Wahl der Aufsichtsmittel pflichtgemäß auszuüben hat.[63] Denkbar ist es, durch Vereinbarungen mit dem Erwerber weniger einschneidende Maßnahmen als die Untersagung des Erwerbs zu erlassen, beispielsweise das unter Wahrung des Verhältnismäßigkeitsgrundsatzes und sich auch aus § 19 Abs. 1 Nr. 2 VAG ergebende **Anfordern von fehlenden Unterlagen**[64] oder die **Erteilung von Auflagen** wie die zeitnahe Beseitigung eines Untersagungsgrundes. Die Übertragung der Stimmrechte auf einen Treuhänder ist in diesem Zusammenhang ein gesetzlich vorgegebenes anderes Aufsichtsmittel, das immer in Betracht zu ziehen ist, wenn die Voraussetzungen des § 19 Abs. 1 VAG[65] zugleich erfüllt sind.[66]

50 Die Untersagung kann aber auch bei Vorliegen des Tatbestands nach § 18 Abs. 2 VAG als zu scharfes Mittel erscheinen, wenn die Anzeigepflichten nach § 17 VAG in nur **unwesentlichem Maße missachtet** wurden.[67] Gerade im Hinblick auf die Informationspflichten ist zu berücksichtigen, dass die Aufsichtsbehörde und der Anzeigepflichtige während des Beurteilungszeitraums in Kontakt und Austausch treten sollen, wobei die Zusammenarbeit nach Auffassung des Richtliniengebers „im Zeichen einer echten Bereitschaft zur gegenseitigen Unterstützung" stehen soll.[68] Dadurch könne z. B. vermieden werden, dass unvorhergesehene Informationsanforderungen eingehen oder Informationen erst in einem weit fortgeschrittenen Stadium des Beurteilungszeitraums vorgelegt werden.[69] So ist es auch zu

[61] S. dazu § 17 Rn. 49, 61.
[62] Zum Merkmal der Vollständigkeit der Absichtsanzeige s. § 17 Rn. 48 f.
[63] *Winter* VersR 2000, 1453, 1459.
[64] S. dazu Rn. 44.
[65] S. dazu § 19 Rn. 23.
[66] FKBP/*Bähr* § 104 Rn. 37; Bähr/*Deckers* § 30 Rn. 87.
[67] *Mönnig* S. 204.
[68] 7. Erwägungsgrund der Beteiligungs-RL.
[69] 7. Erwägungsgrund der Beteiligungs-RL.

empfehlen, die im Rahmen der Anzeige erforderlichen Unterlagen portionsweise zu übermitteln, damit sie von der Aufsichtsbehörde auch portionsweise geprüft werden können. Allerdings ist dabei stets auch der Beginn des Beurteilungszeitraums nach § 17 Abs. 4 VAG im Blick zu behalten, der erst dann eintritt, wenn die Unterlagen aus Sicht der Aufsichtsbehörde vollständig vorliegen.

Demgegenüber ist in Fällen der **Unzuverlässigkeit** eines Anteilsinhabers (§ 18 Abs. 1 Nr. 1 VAG) **51** auch das Auswahlermessen der Aufsichtsbehörde regelmäßig **auf Null reduziert**, so dass die Aufsichtsbehörde den Erwerb oder die Erhöhung der Beteiligung untersagen muss.[70] Denn bereits im Zulassungsverfahren liegt bei fehlender Zuverlässigkeit des Inhabers einer bedeutenden Beteiligung ein Versagungsgrund gemäß § 11 Abs. 1 Nr. 3 VAG vor.

Nach der Vorstellung der europäischen Aufsichtsbehörden „sollte" das Instrument der Untersagung **52** zudem gewählt werden, wenn der vom Inhaber beabsichtigte **künftige Geschäftsleiter** nicht zuverlässig oder nicht fachlich geeignet ist, wenn also der Tatbestand des § 18 Abs. 1 Nr. 4 VAG erfüllt ist.[71] Das erscheint jedoch nicht zwingend, da die Aufsichtsbehörde die Bestellung des Geschäftsleiters verhindern kann und es daher auch im Rahmen des Auswahlermessens in Betracht kommt, dem Inhaber zunächst den **Vorschlag einer anderen Person** aufzuerlegen.

Europarechtlich ist ein solches Vorgehen allerdings mit Blick auf die durch die Solva II-RL angestrebte Vollharmonisierung des Aufsichtsrechts **nicht unproblematisch**, soweit es um andere Aufsichtsmittel wie die des § 19 VAG und das sich dort aus § 19 Abs. 1 Nr. 2 VAG ergebende Gebot der Fristsetzung zur Nachholung einer versäumten Anzeige nach § 17 Abs. 1 Nr. 1 und 2 VAG geht. Zwar hatte der EuGH vor Inkrafttreten der Solva II-RL noch entschieden, dass Rechtsvorschriften eines **EU-Mitgliedstaats**, die die Aufsichtsbehörde bei Vorliegen eines Untersagungsgrundes nicht nur zur Untersagung, sondern auch dazu ermächtigen, die Genehmigung des beabsichtigten Erwerbs einzuschränken oder mit **Auflagen** zu verbinden, nicht der Dritten Richtlinie Schadenversicherung in der Fassung der Beteiligungsrichtlinie widersprechen, sofern die Rechte des Erwerbers nach der Richtlinie gewahrt bleiben.[72] Denn Art. 15a Abs. 7 der Richtlinie verbiete es den Mitgliedstaaten lediglich, strengere Anforderungen an die Genehmigung eines Erwerbs oder einer Erhöhung als die Richtlinien zu stellen. Im Umkehrschluss sei die Genehmigung unter Auflagen als weniger strenge Maßnahme zulässig, sofern dabei die Kriterien des Art. 15b Abs. 1 der Richtlinie beachtet werden.[73] Allerdings dürfe die Behörde grundsätzlich auch dann immer sofort eine Untersagung aussprechen. Mit Blick auf die von der Beteiligungs-RL geforderte enge Zusammenarbeit mit dem Anzeigepflichtigen habe die Behörde aber mit größtmöglicher Sorgfalt zu prüfen, ob nicht stattdessen eine Genehmigung unter Einschränkungen oder Auflagen, beispielsweise bei entsprechenden Zusagen des interessierten Erwerbers, als hinreichende Maßnahme in Betracht kommt.[74] Es darf aber nicht übersehen werden, dass ein solches Verfahren mit Blick auf die Vollharmonisierung des Aufsichtsrechts nach Umsetzung der Solva II-RL zukünftig anders ausgehen könnte. Daher ist de lege ferenda zu fordern, dass den Mitgliedsstaaten eine Regelung zum Auswahlermessen europarechtlich vorgegeben wird, die auch das Ergreifen anderer, milderer Aufsichtsmittel anstelle einer Untersagung nach § 18 VAG oder einer Übertragung der Stimmrechte auf einen Treuhänder nach § 19 VAG erlaubt. Dann sind auch die eingangs[75] angesprochenen verfassungsrechtlichen Angriffspunkte gegen diese Norm geringer.

III. Mitteilung und Verfahren der Untersagung (Abs. 3). Entscheidet die Aufsichtsbehörde, die **54** Beteiligung oder deren Erhöhung zu untersagen, hat sie dem Anzeigepflichtigen das Ergebnis ihrer Beurteilung gemäß § 18 Abs. 3 S. 1 VAG **schriftlich unter Angabe der Gründe** mitzuteilen. Dies muss **innerhalb von zwei Arbeitstagen** (Montag bis Freitag, mit Ausnahme der gesetzlichen Feiertage)[76] und unter Einhaltung des Beurteilungszeitraums nach § 17 Abs. 4 VAG[77] geschehen. Für Letzteres genügt aber nicht der Zeitpunkt der Absendung des Schreibens,[78] da mit Ablauf des Beurteilungszeitraums gemäß § 18 Abs. 3 S. 3 Hs. 1 VAG der Erwerb vollzogen werden kann. Ein erst danach dem

[70] Bähr/*Deckers* § 30 Rn. 87; FKBP/*Bähr* § 104 Rn. 37; *Mönnig* S. 204; *Weber-Rey/Krecek* NVersZ 2000, 105, 107 f.; *Winter* § 5 S. 283 m. w. N.

[71] Joint Guidelines on the prudential assessment of acquisitions and increases of qualifying holdings in the financial sector, JC/GL/2016/01, Ziff. 11.3: „geeignet und integer"; in diesem Sinne schon die Leitlinien der drei früheren Aufsichtskommitees CESR, CEBS und CEIOPS, Guidelines for the prudential assessment of acquisitions and increase of holdings in the financial sector required by Directive 2007/44/EC, CEIOPS-3L3–10-08, Rn. 54.

[72] Vgl. *EuGH* Urt. v. 25.6.2015 – C-18/14, VersR 2016, 29, Rn. 34 in Bezug auf eine entsprechende niederländische Bestimmung. In der Sache wurde ein Beteiligungserwerb unter der Auflage einer bestimmten Zusammensetzung des Aufsichtsrates zugelassen. Ob diese Auflage erforderlich war, hat das nationale Gericht zu prüfen.

[73] *EuGH* Urt. v. 25.6.2015 – C-18/14, VersR 2016, 29, Rn. 29 f.

[74] *EuGH* Urt. v. 25.6.2015 – C-18/14, VersR 2016, 29, Rn. 39 unter Hinweis auf den 7. Erwägungsgrund der Beteiligungs-RL.

[75] S. Rn. 7.

[76] Begr. RegE Gesetz zur Umsetzung der Beteiligungs-RL, BT-Drs. 16/10536, 22; ebenfalls nicht mitzuzählen sind die gesetzlichen Feiertage in Nordrhein-Westfalen, da die BaFin in Bonn ihren Sitz hat, vgl. BaFin, Merkblatt zur Inhaberkontrolle v. 27.11.2015, unter V.1.c.

[77] S. hierzu ausführlich § 17 Rn. 50 ff.

[78] Darauf weist die BaFin hin, vgl. Merkblatt zur Inhaberkontrolle v. 27.11.2015 unter V.1 f.

Erwerber zugehendes Schreiben käme also zu spät. Folglich verkürzt § 18 Abs. 3 S. 1 VAG den Beurteilungszeitraum für die Aufsichtsbehörde faktisch um zwei Arbeitstage. Anders ist der Konflikt zwischen den nicht vollständig aufeinander abgestimmten Regelungen nicht sachgerecht zu lösen.

55 Gemäß **§ 18 Abs. 3 S. 2 Hs. 1 VAG** muss die Aufsichtsbehörde neben den Ablehnungsgründen auch etwaig ergangene **Vorbehalte oder Bemerkungen** solcher Aufsichtsbehörden mitteilen, die den Erwerber **auf anderem Gebiet** überwachen. Eine entsprechende Pflicht ist auch in § 21 Abs. 2 S. 3 VAG geregelt. Angesprochen sind in § 18 Abs. 3 S. 2 Hs. 1 VAG also vor allem die in § 21 VAG genannten Behörden. Daraus folgt bereits im Umkehrschluss, dass die Aufsichtsbehörde während des Beurteilungszeitraums in Kontakt mit solchen Aufsichtsbehörden treten muss. Das ist für die in § 21 VAG genannten Behörden auch ausdrücklich angeordnet, gilt aber aufgrund des weiten Wortlauts auch für andere Behörden, die den Erwerber in anderer Hinsicht beaufsichtigen. Denn auch auf diesem Weg kann die Aufsichtsbehörde Tatsachenkenntnis erhalten, die für die Prüfung des Erwerbers einer bedeutenden Beteiligung von Relevanz sind. Allerdings darf die Aufsichtsbehörde solche Tatsachen nur nach einer eigenständig vorzunehmenden Wertung berücksichtigen.

56 **§ 18 Abs. 3 S. 2 Hs. 2 VAG** bestimmt ausdrücklich, dass die Untersagung des beabsichtigten Vorhabens nur auf Grund der in den **Absätzen 1 und 2 genannten Gründe** erfolgen darf.[79]

57 Teilt die Aufsichtsbehörde eine Untersagung nicht mit, kann der Erwerb oder die Erhöhung der Beteiligung gemäß § 18 Abs. 3 S. 3 Hs. 1 VAG mit Ablauf des Beurteilungszeitraums **vollzogen** werden. Nach Verstreichen der in Satz 1 genannten Frist muss der Anzeigepflichtige eine Untersagung seitens der Behörde somit nicht mehr befürchten, wobei der Aufsichtsbehörde allerdings die Rechte nach § 20 VAG nicht verloren gehen (§ 18 Abs. 3 S. 3 Hs. 2 VAG).

58 Der Erwerb einer bedeutenden Beteiligung steht folglich nur unter einem **Untersagungsvorbehalt** und nicht unter einem Erlaubnisvorbehalt.[80]

59 Das Gesetz verpflichtet die Aufsichtsbehörde allerdings nicht dazu, den Anzeigenden zu informieren, wenn sie eine Untersagung *nicht* beabsichtigt. Gleichsam verbieten die Vorschriften eine derartige Mitteilung aber auch nicht und sie ergeht in der Praxis auch.[81] Dementsprechend ist den Erwägungsgründen der Beteiligungs-RL zu entnehmen, dass die Aufsichtsbehörde zumindest auf Ersuchen des Erwerbers hin diesen auch von einer **positiven Beurteilung** in Kenntnis setzen sollte.[82]

60 Es besteht ggf. auch ein praktisches Bedürfnis, den Erwerber schon vor Ablauf des Beurteilungszeitraums über den positiven Ausgang der Prüfung zu informieren. Zwar hindert das Gesetz den Anzeigepflichtigen nicht daran, den beabsichtigten Erwerb oder die Erhöhung unabhängig von einer Mitteilung durch die Aufsichtsbehörde (auch schon während des Beurteilungszeitraums) zu vollziehen.[83] Regelmäßig wird jedoch in den Verträgen über den Erwerb einer bedeutenden Beteiligung auf die Zustimmung der Aufsichtsbehörde abgestellt, bevor der Erwerb vollzogen wird.[84]

61 In dem Fall einer positiven behördlichen Entscheidung widerspricht eine vorzeitige Mitteilung auch nicht dem Zweck des Beurteilungszeitraums, der u. a. darin besteht, dass die Aufsichtsbehörde ausreichend Zeit für eine Prüfung hat, so dass der Anzeigepflichtige vor übereilten negativen behördlichen Entscheidungen geschützt wird. Wenn eine Prüfung aber abgeschlossen wurde, besteht für die Aufsichtsbehörde kein Grund, dem Anzeigepflichtigen das Ergebnis länger vorzuenthalten.

62 **§ 18 Abs. 3 S. 3 Hs. 2 VAG** stellt klar, dass der Aufsichtsbehörde nach Ablauf des Beurteilungszeitraums ohne Untersagungsverfügung die Maßnahmen der **laufenden Aufsicht nach § 20 VAG** zur Verfügung stehen. Das ist an sich selbstverständlich. Nicht selbstverständlich ist die Auslegung dieser Norm dahingehend, ob die Maßnahme der laufenden Aufsicht eine geänderte Tatsachenlage verlangt oder ob die Aufsichtsbehörde Übersehenes noch nachträglich aufgreifen darf. Für Letzteres wird auf die Aufgabenwahrnehmung im Rahmen der hier erforderlichen Gefahrenabwehr abgestellt.[85] Das Vertrauen auf den Fortbestand einer die Versichertenbelange gefährdenden Position trete hinter dem Schutzzweck des Aufsichtsrechts, die Belange der Versicherten zu schützen, zurück. Letzteres ist aber dennoch aus Gründen des Verfassungsrechts zu verneinen. Zwar tritt das Eigentumsrecht des Erwerbers hinter den Rechten der Versicherten zurück. Jedoch muss der Erwerber nach Ablauf des Beurteilungszeitraums **Rechtssicherheit** haben. Denn die Aufsichtsbehörde hatte schließlich genügend Zeit, während des Beurteilungszeitraums die ihr bekannten Tatsachen zu prüfen. Anderenfalls würde der Sinn und Zweck des § 17 Abs. 4 VAG unterlaufen. Für einen Eingriff auf Grundlage des § 20 VAG ist es also Voraussetzung, dass sich die Aufsichtsbehörde auf Umstände stützt, von denen sie innerhalb des Beurteilungszeitraums **noch keine Kenntnis** erhalten hat. Das folgt auch daraus, dass in dem Fall, in dem die Aufsichtsbehörde erst nachträglich von einem Verstoß gegen die Anzeigepflichten aus § 17 Abs. 1 Nr. 1 und 2 VAG erfährt, sie nur die Sanktionsmöglichkeiten nach § 19 Abs. 1 Nr. 2 VAG hat.

---

79 S. dazu bereits Rn. 14.
80 *Tusch* WM 2013, 633, 634.
81 S. dazu § 17 Rn. 59.
82 Vgl. 5. Erwägungsgrund der Beteiligungs-RL.
83 FKBP/*Bähr* § 104 Rn. 40.
84 So auch *Tusch* WM 2013, 633, 635.
85 So: *Mönnig* S. 210.

Im Fall der Nichtuntersagung kann die Aufsichtsbehörde dem Anzeigepflichtigen nach **§ 18 Abs. 3 S. 4 VAG** eine **Frist** setzen, nach deren Ablauf der Vollzug oder Nichtvollzug des beabsichtigten Erwerbs oder der Erhöhung unverzüglich anzuzeigen ist.[86] Diese Frist sollte **in der Regel einen Monat** betragen, da innerhalb dieser Zeit mit einem Vollzug zu rechnen ist. Sie sollte auf begründeten Antrag auch verlängerbar sein, aber nicht unbegrenzt. Denn es ist für ein Versicherungsunternehmen und somit auch für die Belange der dort Versicherten nicht zuträglich, wenn es einen langen Schwebezustand über den Verkauf einer bedeutenden Beteiligung gibt. **63**

Mit der Fristsetzung wird sichergestellt, dass die Aufsichtsbehörde zeitnah **Klarheit** über die Beteiligungsverhältnisse im beaufsichtigten Unternehmen erlangt. **64**

IV. Verhältnis zu anderen Regelungen des VAG und zu Parallelvorschriften im KWG. Handelt der Anzeigepflichtige einer auf Grundlage von § 18 Abs. 1 oder Abs. 2 Hs. 1 VAG erlassenen Untersagungsanordnung zuwider, kann die BaFin die Aufsichtsmittel nach § 19 Abs. 1 Nr. 3 VAG ergreifen. Zudem droht gemäß § 332 Abs. 3 Nr. 2 lit. a, Abs. 5 VAG ein **Bußgeld** von bis zu zweihunderttausend Euro. Im Übrigen regelt § 310 Abs. 2 VAG, dass Widerspruch und Anfechtungsklage gegen eine Entscheidung der Aufsichtsbehörde nach § 18 Abs. 1 oder 2 VAG **keine aufschiebende Wirkung** haben. **65**

Befolgt der Anzeigepflichtige die Anordnung nach § 18 Abs. 3 S. 4 VAG vorsätzlich oder fahrlässig nicht, begeht er gemäß § 332 Abs. 3 Nr. 2 lit. a VAG ebenfalls eine **Ordnungswidrigkeit**. Die Aufsichtsbehörde kann auch hier – unter Ausübung von pflichtgemäßem Ermessen – die Maßnahmen nach § 19 Abs. 1 Nr. 3 VAG ergreifen.[87] **66**

Eine mit § 18 VAG vergleichbare Regelung findet sich im **Bankenaufsichtsrecht** in § 2c Abs. 1b KWG. **67**

Untersagung der Ausübung der Stimmrechte

19 **(1) Die Aufsichtsbehörde kann dem Inhaber einer bedeutenden Beteiligung sowie den von ihm kontrollierten Unternehmen die Ausübung der Stimmrechte untersagen und anordnen, dass über die Anteile nur mit ihrer Zustimmung verfügt werden darf, wenn**

1. die Voraussetzungen für eine Untersagungsverfügung nach § 18 Absatz 1 oder 2 vorliegen,
2. der Inhaber der bedeutenden Beteiligung seiner Pflicht nach § 17 Absatz 1 Nummer 1 oder 2 zur vorherigen Unterrichtung der Aufsichtsbehörde nicht nachgekommen ist und diese Unterrichtung innerhalb einer von der Aufsichtsbehörde gesetzten Frist nicht nachgeholt hat oder
3. die Beteiligung nicht innerhalb der gemäß § 18 Absatz 3 Satz 4 festgesetzten Frist oder trotz einer vollziehbaren Untersagung nach § 18 Absatz 1 oder 2 erworben oder erhöht worden ist.

(2) [1]Im Fall einer Untersagung nach Absatz 1 hat das Gericht am Sitz des Versicherungsunternehmens auf Antrag der Aufsichtsbehörde, des Versicherungsunternehmens oder eines an diesem Beteiligten einen Treuhänder zu bestellen, auf den es die Ausübung der Stimmrechte überträgt. [2]Der Treuhänder hat bei der Ausübung der Stimmrechte den Interessen einer soliden und umsichtigen Leitung des Versicherungsunternehmens Rechnung zu tragen. [3]Über die Maßnahmen nach Absatz 1 hinaus kann die Aufsichtsbehörde den Treuhänder mit der Veräußerung der Anteile, soweit sie eine bedeutende Beteiligung begründen, beauftragen, wenn der Inhaber der bedeutenden Beteiligung der Aufsichtsbehörde nicht innerhalb einer von dieser bestimmten angemessenen Frist einen zuverlässigen Erwerber nachweist; die Inhaber der Anteile haben bei der Veräußerung in dem erforderlichen Umfang mitzuwirken. [4]Sind die Voraussetzungen des Absatzes 1 entfallen, hat die Aufsichtsbehörde den Widerruf der Bestellung des Treuhänders zu beantragen. [5]Der Treuhänder hat Anspruch auf Ersatz angemessener Auslagen und auf Vergütung für seine Tätigkeit. [6]Das Gericht setzt auf Antrag des Treuhänders die Auslagen und die Vergütung fest; die Rechtsbeschwerde gegen die Vergütungsfestsetzung ist ausgeschlossen. [7]Für die Kosten, die durch die Bestellung des Treuhänders entstehen, und für die diesem zu gewährenden Auslagen und die Vergütung haften das Versicherungsunternehmen und der betroffene Inhaber einer bedeutenden Beteiligung als Gesamtschuldner. [8]Der Bund schießt die Auslagen und die Vergütung vor.

---

[86] Eine solche Frist kann die Aufsichtsbehörde auch nach § 17 Abs. 1 Nr. 3 Hs. 3 VAG hinsichtlich der Absenkung oder Veränderung des Betrags der bedeutenden Beteiligung setzen – siehe dazu § 17 Rn. 42.
[87] Vgl. dazu § 19 Rn. 22.

Übersicht

Schrifttum: Siehe die Angaben bei § 16.

1 **I. Allgemeines. 1. Entstehungsgeschichte.** § 19 VAG entspricht inhaltlich unverändert § 104 Abs. 2 S. 2 – 10 VAG a. F.[1]

2 Bereits die ursprüngliche Fassung des § 104 VAG a. F.[2] sah vor, dass die Aufsichtsbehörde dem Inhaber einer bedeutenden Beteiligung bei bestimmten Verstößen die Ausübung seiner Stimmrechte untersagen konnte. Durch das VAG-Änderungsgesetz vom 21.12.2000[3] ist die Bestimmung sowohl auf Tatbestandsebene als auch auf Rechtsfolgenseite umfassend modifiziert worden. Der Eingriffstatbestand wurde u. a. an die ebenfalls durch dieses Änderungsgesetz eingefügten, heute in § 18 VAG geregelten Untersagungsgründe angepasst und entspricht inhaltlich weitgehend dem Katalog im heutigen § 19 Abs. 1 VAG. Weiterhin sind neben der Stimmrechtsuntersagung die Verfügungsbeschränkung sowie die eingeschränkte Möglichkeit der Beauftragung eines Treuhänders zur Veräußerung der Anteile in den Fällen des heutigen § 19 Abs. 1 Nr. 1 und 3 VAG eingefügt worden.

3 Mit dem Vierten Finanzmarktförderungsgesetz vom 21.6.2002[4] hat eine Erweiterung der letztgenannten Maßnahme dahin stattgefunden, dass die Beauftragung des Treuhänders auch im Fall des heutigen § 19 Abs. 1 Nr. 2 VAG möglich sein sollte – also dann, wenn der Inhaber der bedeutenden Beteiligung den Anzeigepflichten bei einem beabsichtigten Erwerb oder einer Erhöhung (heute § 17 VAG) nicht nachgekommen ist. Damit wurde die Regelung an die **bankenrechtliche Parallelvorschrift** des damaligen § 2b KWG (heute § 2c KWG) angepasst.[5]

4 Durch Gesetz vom 12.3.2009[6] zur Umsetzung der Beteiligungs-RL[7] fand eine umfassende Änderung des § 104 VAG a. F. statt. Im Hinblick auf die Aufsichtsmaßnahmen der Untersagung und Beschränkung der Stimmrechtsausübung erfolgten indes lediglich redaktionelle Anpassungen, die insbesondere auf der Erweiterung der Versagungsgründe in § 104 Abs. 1b VAG a. F. (heute § 18 Abs. 1 VAG) beruhten.

5 Das VAG 2016 hat die einzelnen Bestimmungen des § 104 VAG a. F. weitgehend inhaltlich unverändert in die §§ 16 ff. VAG übertragen und damit die Art. 57 – 62 Solva-II RL[8] umgesetzt.

6 **2. Normzweck.** § 19 VAG betrifft Personen oder Unternehmen, die bereits über eine bedeutende Beteiligung verfügen. Die Vorschrift regelt somit zusammen mit insbesondere § 20 VAG die **laufende Inhaberaufsicht**.

7 Die in § 19 VAG normierten Eingriffsrechte dienen dazu, Verstöße von Anteilseignern gegen die §§ 17 und 18 VAG zu ahnden. Zunächst stehen sie der Aufsichtsbehörde zur Verfügung, wenn die **Voraussetzungen für eine Untersagungsverfügung** nach § 18 Abs. 1 oder 2 VAG vorliegen. Dieser Rückschluss ist konsequent. Denn hätte der Erwerb oder die Erhöhung einer bedeutenden Beteiligung *vor* dem Vollzug versagt werden können, muss *nach* dem Vollzug bei erst dann[9] vorliegenden gleichen

[1] Begr. VAG-RegE 2014, BT-Drs. 18/2956, 238.

[2] § 104 VAG a. F. ist durch das Dritte Durchführungsgesetz/EWG zum VAG v. 21.7.1994 (BGBl. I 1630, 3134) in das VAG eingefügt worden. Dies diente der Umsetzung der Dritten Versicherungsrichtlinien Schaden (Art. 15 RL 92/49/EWG, ABl. EG 1992 L 228, 1) und Leben (Art. 14 RL 92/96/EWG, ABl. EG 1992 L 360, 1).

[3] BGBl. 1857.

[4] BGBl. I 2010.

[5] BT-Drs. 14/8017, 144.

[6] BGBl. I 470.

[7] RL 2007/44/EG v. 5.9.2007, ABl. EU 2007 L 247, 1.

[8] RL 2009/138/EG v. 25.11.2009, ABl. EU 2009 L 335, 1, geändert durch die RL 2014/51/EU v. 16.4.2014, ABl. EU 2014 L 153, 1 (Omnibus II).

[9] Zur Frage, ob es hier einer geänderten Tatsachengrundlage bedarf oder ob auch bei der Prüfung des Erwerbs Übersehenes nachträglich sanktioniert werden kann, s. Rn. 18 und § 18 Rn. 62.

Voraussetzungen die Untersagung der Stimmrechte oder die Anordnung von Verfügungsbeschränkungen möglich sein.[10]

Darüber hinaus kann die Aufsichtsbehörde nachträglich den Inhaber einer bedeutenden Beteiligung sanktionieren, der seine **Anzeigepflichten** nach § 17 Abs. 1 Nr. 1 oder 2 VAG, eine Untersagungsverfügung nach § 18 Abs. 1 oder 2 VAG oder die Frist nach § 18 Abs. 3 S. 4 VAG missachtet hat. Dies ist vor dem Hintergrund zweckmäßig, dass diese Pflichtverletzungen ohne die Aufsichtsmaßnahmen in § 19 VAG – abgesehen von der Bußgeldbewehrung nach § 332 Abs. 3 VAG – sanktionsfrei wären, wobei der Tatbestand des § 19 Abs. 1 Nr. 2 VAG mit dem Bußgeldtatbestand identisch ist.[11] 8

3. Europarechtlicher Hintergrund. § 19 VAG setzt Art. 62 Solva II-RL um. Die darin geregelten Vorgaben haben ihren Ursprung in den Dritten Richtlinien Lebensversicherung (Art. 14 Abs. 4)[12] und Schadenversicherung (Art. 15 Abs. 4).[13] Die Solva II-RL und somit auch die Bestimmungen zu den bedeutenden Beteiligungen dienen insbesondere der Harmonisierung des europäischen Aufsichtsrechts.[14] 9

II. Untersagung der Ausübung der Stimmrechte oder Beschränkung der freien Verfügbarkeit über die Beteiligung (Abs. 1). 1. Allgemeines. Bei Vorliegen einer der in § 19 Abs. 1 Nr. 1 – 3 VAG geregelten Voraussetzungen kann die Aufsichtsbehörde dem Inhaber einer bedeutenden Beteiligung sowie den von ihm kontrollierten Unternehmen die Ausübung der Stimmrechte untersagen und anordnen, dass über die Anteile nur mit ihrer Zustimmung verfügt werden darf. 10

Mit der Befugnis gegenüber den von einem Inhaber einer bedeutenden Beteiligung kontrollierten Unternehmen werden nicht die Unternehmen einer Beteiligungskette angesprochen, die selbst Inhaber einer bedeutenden Beteiligung sind, sondern nur die, bei denen das nicht der Fall ist. Denn für erstere bedarf es einer eigenen Befugnisnorm nicht. Für die übrigen Unternehmen ist die Befugnisnorm dagegen von Bedeutung, weil ansonsten die Inhaberaufsicht leicht umgangen werden könnte, wenn ein Inhaber einer bedeutenden Beteiligung einen nicht bedeutenden Teil seiner Beteiligung auf ein von ihm kontrolliertes Unternehmen übertragen und über dieses Einfluss auf das Versicherungsunternehmen ausüben könnte. 11

Die **Beweislast** für das Vorliegen der darzulegenden Tatsachen trägt die Aufsichtsbehörde. 12

Im Rahmen der anzuordnenden Maßnahmen hat die Aufsichtsbehörde grundsätzlich **Ermessen** („kann").[15] Dabei ist eine **strenge Verhältnismäßigkeitsprüfung** erforderlich, da mit jeder Maßnahme nach § 19 VAG ein schwerer Eingriff in die Eigentümerstellung des Inhabers der bedeutenden Beteiligung (Art. 14 GG) verbunden ist.[16] Beide Maßnahmen sind – wie sich aus dem Wortlaut des § 19 Abs. 1 VAG ergibt („und") – auch kumulativ möglich. 13

Hinsichtlich der Ermessensausübung geht der Gesetzgeber davon aus, dass diese Maßnahmen letztlich nicht verhindern, dass die Rechtshandlungen des Inhabers **dennoch wirksam** bleiben, wenn er entgegen der Untersagung seine Anteile verkauft oder sein Stimmrecht ausübt.[17] Dies ist zutreffend, wobei für den Anteilsverkauf z. B. darauf hinzuweisen ist, dass es sich bei § 19 Abs. 1 VAG sicher nicht um ein gesetzliches Verbot handelt, da sich die Maßnahmen nur gegen eine Partei richten. Gleichwohl ist das kritisch zu hinterfragen, damit der Aufsichtsbehörde nicht nur aufsichtsrechtliche Mittel zur Verfügung stehen. Daher ist **zu fordern**, dass die aufsichtsrechtlichen Maßnahmen **auch zivilrechtliche Wirkung** haben. Dies könnte über die Anordnung eines behördlichen Veräußerungsverbots im Sinne von § 136 BGB erreicht werden. Zudem sind auch Stimmrechtsausschlüsse dem Gesellschaftsrecht nicht fremd (vgl. § 136 Abs. 1 AktG). Es wäre daher möglich, Versicherungsunternehmen eine Erlaubnis zum Geschäftsbetrieb nur dann zu erteilen, wenn sie in ihrer Satzung eine Regelung aufnehmen, wonach Stimmrechte bei einer entsprechenden aufsichtsbehördlichen Anordnung nach § 19 Abs. 1 VAG unberücksichtigt bleiben. Dies könnte auch kraft Gesetzes angeordnet werden. 14

2. Vorliegen der Voraussetzungen für eine Untersagungsverfügung nach § 18 Abs. 1 und 2 VAG (Abs. 1 Nr. 1). Gemäß § 19 Abs. 1 Nr. 1 VAG kann die Aufsichtsbehörde dem Inhaber einer bedeutenden Beteiligung die Ausübung der Stimmrechte untersagen und/oder Verfügungsbeschränkungen anordnen, wenn die Voraussetzungen einer Untersagungsverfügung nach § 18 Abs. 1 oder 2 VAG gegeben sind.[18] In Bezug auf den Katalog des § 18 Abs. 1 VAG ist das Vorliegen von tatbestandsbegründenden Tatsachen erforderlich, vage Vermutungen der Aufsichtsbehörde genügen nicht. 15

---

[10] Begr. RegE VAG-Änderungsgesetz, BT-Drs. 14/4453, 38.
[11] S. dazu § 18 Rn. 41 und § 332 Rn. 53.
[12] RL 92/96/EWG, ABl. EG 1992 L 360, 1.
[13] RL 92/49/EWG, ABl. EG 1992 L 228, 1.
[14] Vgl. 74. Erwägungsgrund der Solva II-RL; zu Entstehungsgeschichte der Inhaberkontrollvorschriften vgl. näher unter § 16 Rn. 1 ff.
[15] Ob unter bestimmten Voraussetzungen eine Ermessensreduktion auf Null anzunehmen ist, wird sogleich im Rahmen der einzelnen Tatbestände untersucht.
[16] *Laars* § 104 Rn. 11; *Winter* FS H. Schirmer, 2005, 639, 650.
[17] Begr. RegE VAG-Änderungsgesetz, BT-Drs. 14/4453, 39.
[18] Zu den Untersagungstatbeständen s. § 18 Rn. 49.

16 Bestehen tatsachengestützt Zweifel im Hinblick auf die **Zuverlässigkeit** eines Anteilsinhabers (§ 18 Abs. 1 Nr. 1 VAG), kommt **unter Umständen** auch das Aufsichtsinstrument nach **§ 20 VAG als vorrangige Maßnahme** in Betracht. Danach kann die Aufsichtsbehörde von dem Inhaber der bedeutenden Beteiligung die Vorlage der Unterlagen gemäß § 9 Abs. 4 Nr. 2 lit. c und d VAG verlangen.[19] Aus Gründen des Verhältnismäßigkeitsprinzips ist jedenfalls zu fordern, dass die Aufsichtsbehörde dem Anteilseigner zunächst die Gelegenheit einräumt, seine **Zuverlässigkeit nachzuweisen**.[20]

17 Eine Stimmrechtsuntersagung kommt erst in Betracht, wenn der Inhaber der bedeutenden Beteiligung die Zweifel der Aufsichtsbehörde nicht ausräumen kann.

18 Wichtig ist allerdings, dass es sich im Vergleich zu den bei Erwerb der Beteiligung bekannten Tatsachen um **geänderte Tatsachen** handeln muss. Denn das ist aus Gründen des Verfassungsrechts zu verlangen. Zwar tritt das Eigentumsrecht des Erwerbers hinter den Rechten der Versicherten zurück. Jedoch muss der Erwerber nach Ablauf des Beurteilungszeitraums Rechtssicherheit haben. Denn die Aufsichtsbehörde hatte schließlich genügend Zeit, während des Beurteilungszeitraums die ihr bekannten Tatsachen zu prüfen. Anderenfalls würde der Sinn und Zweck des § 17 Abs. 4 VAG unterlaufen. Für einen Eingriff auf Grundlage des § 19 VAG ist es also ebenso wie für einen Eingriff auf der Grundlage des § 20 VAG Voraussetzung, dass sich die Aufsichtsbehörde auf Umstände stützt, von denen sie innerhalb des Beurteilungszeitraums noch keine Kenntnis erhalten hat. Das folgt auch daraus, dass in dem Fall, in dem die Aufsichtsbehörde erst nachträglich von einem Verstoß gegen die Anzeigepflichten aus § 17 Abs. 1 Nr. 1 und 2 VAG erfährt, sie nur die Sanktionsmöglichkeiten nach § 19 Abs. 1 Nr. 2 VAG hat.[21]

19 Das **Ermessen** der Aufsichtsbehörde wird im Fall **fehlender Zuverlässigkeit** dann **auf Null reduziert** sein, so dass die Aufsichtsbehörde gegenüber dem Inhaber der bedeutenden Beteiligung einschreiten muss.[22] Denn fehlende Zuverlässigkeit begründet bereits im Zulassungsverfahren einen Grund für die Versagung der Geschäftsbetriebserlaubnis nach § 11 Abs. 1 Nr. 3 VAG.[23] Demgegenüber ist eine derartige Ermessenreduzierung nicht bei Vorliegen der anderen Untersagungsgründe des § 18 Abs. 1 und 2 VAG zwingend anzunehmen. Gerade bei dem Untersagungsgrund nach § 18 Abs. 2 VAG hat die Aufsichtsbehörde bei einer unvollständigen oder unrichtigen Anzeige nach § 17 VAG unter Berücksichtigung der Schwere des Verstoßes zu entscheiden, ob und welche Maßnahmen sie im Einzelfall ergreift.[24]

20 **3. Verletzung einer Anzeigepflicht nach § 17 Abs. 1 Nr. 1 oder 2 VAG (Abs. 1 Nr. 2).** Auf der Grundlage von § 19 Abs. 1 Nr. 2 VAG kann die Stimmrechtsausübung oder Verfügung über die Anteile weiterhin untersagt werden, wenn der Inhaber der bedeutenden Beteiligung seinen Anzeigepflichten nach § 17 Abs. 1 Nr. 1 oder 2 VAG nicht nachgekommen ist. Voraussetzung ist jedoch, dass ihm die Aufsichtsbehörde eine **Frist** gesetzt hat, um die Anzeige nachzuholen. Diese Frist sollte kurz bemessen werden und **nicht länger als zwei Wochen** betragen, wobei sie auf begründeten Antrag verlängerbar sein sollte.

21 Die Möglichkeit eines aufsichtsrechtlichen Eingriffs wegen der Nichtbeachtung der Anzeigepflichten ist grundsätzlich vor dem Hintergrund gerechtfertigt, dass die Aufsichtsbehörde mangels vorheriger Anzeige des Beteiligungserwerbs oder der -erhöhung an der gesetzlich vorgesehenen Möglichkeit gehindert worden ist, die neuen Beteiligungsverhältnisse während des Beurteilungszeitraums nach § 17 Abs. 4 VAG präventiv zu kontrollieren. Jedoch hat die Aufsichtsbehörde angesichts der **Schärfe der Sanktion** nach § 19 Abs. 1 VAG im Rahmen ihrer Ermessensentscheidung abzuwägen, ob die Wahl des Eingriffsmittels verhältnismäßig ist.[25]

22 **4. Verstoß gegen Anordnungen der Aufsichtsbehörde (Abs. 1 Nr. 3).** Der Aufsichtsbehörde stehen die Eingriffsrechte gemäß § 19 Abs. 1 Nr. 3 VAG schließlich auch dann zu, wenn die bedeutende Beteiligung nicht innerhalb der gemäß § 18 Abs. 3 S. 4 VAG behördlich festgesetzten Frist[26] erworben oder erhöht worden ist. Gleiches gilt, wenn der Erwerb oder die Erhöhung entgegen einer vollziehbaren Untersagungsverfügung nach § 18 Abs. 1 oder 2 VAG durchgeführt worden ist. Der vollzogene Erwerb oder die Erhöhung der bedeutenden Beteiligung bleibt trotz der Untersagungsverfügung wirksam, da Verfügungsbeschränkungen für diesen Fall vom Gesetz nicht vorgesehen sind.[27]

23 **III. Bestellung eines Treuhänders (Abs. 2). 1. Voraussetzungen (Abs. 2 S. 1).** Untersagt die Aufsichtsbehörde dem Inhaber einer bedeutenden Beteiligung nach § 19 Abs. 1 VAG die Ausübung der

---

[19] Zu der Vorlagepflicht s. ausführlich die Kommentierung bei § 20 Rn. 9 ff.
[20] So auch *Laars* § 104 Rn. 11; FKBP/*Bähr* § 104 Rn. 46.
[21] S. dazu auch § 18 Rn. 49.
[22] FKBP/*Bähr* § 104 Rn. 46.
[23] *Weber-Rey/Krecek* NVersZ 2000, 105, 108.
[24] Zu den vergleichbaren Ermessensüberlegungen bei § 18 VAG s. dort unter Rn. 50.
[25] Vgl. FKBP/*Bähr* § 104 Rn. 46; zu den weiteren möglichen Konsequenzen bei der Verletzung von Anzeigepflichten vgl. § 17 Rn. 60 ff.
[26] Auf die sich aus § 17 Abs. 1 Nr. 3 Hs. 3 VAG ergebende Frist kommt es hier also nicht an; s. dazu § 17 Rn. 42. Zur Dauer der Frist s. § 18 Rn. 63.
[27] Begr. RegE VAG-Änderungsgesetz, BT-Drs. 14/4453, 39.

Stimmrechte, hat das Gericht am Sitz des Versicherungsunternehmens gemäß § 19 Abs. 2 S. 1 VAG auf Antrag der Aufsichtsbehörde, des Versicherungsunternehmens oder eines an diesem Beteiligten einen **Treuhänder** zu bestellen, auf den es die Ausübung der Stimmrechte überträgt. Das ist erforderlich, damit die Stimmrechte einerseits nicht verfallen und da ansonsten ggf. erforderliche Beschlüsse gesellschaftsrechtlich nicht getroffen werden könnten.

Das Verfahren nach § 19 Abs. 2 S. 1 – 6 VAG zählt als **unternehmensrechtliches Verfahren** gemäß § 375 Nr. 13 FamFG zu den Angelegenheiten der Freiwilligen Gerichtsbarkeit. Nach § 402 Abs. 1 FamFG ist die gerichtliche Entscheidung mit der Beschwerde anfechtbar. In erster Instanz sind gemäß § 23a Abs. 1 S. 1 Nr. 2, Abs. 2 Nr. 4 GVG sachlich grundsätzlich die **Amtsgerichte** zuständig. Örtlich zuständig ist gemäß § 19 Abs. 2 S. 1 VAG das Gericht am Sitz des Versicherungsunternehmens. **24**

Nach dem Gesetzeswortlaut sind die beiden **einzigen Voraussetzungen** für die Treuhänderbestellung durch das zuständige Gericht ein **Antrag** eines der genannten Antragsberechtigten sowie das Vorliegen einer **Untersagung** nach § 19 Abs. 1 VAG. Die Untersagungsverfügung muss nicht formal rechtskräftig, sondern lediglich vollziehbar sein.[28] So wird ein rasches Handeln zwecks Beseitigung von Gefahren für das Unternehmen ermöglicht. **25**

Das Amtsgericht beschließt nur über die Auswahl der Person, die für das Amt des Treuhänders in Betracht kommt. In Bezug auf das „Ob" der Bestellung steht dem Amtsgericht hingegen nach dem eindeutigen Wortlaut der Vorschrift („*hat das Gericht (…) einen Treuhänder zu bestellen*") kein Entscheidungsspielraum zu.[29] **26**

2. Anforderungen an den Treuhänder (Abs. 2 S. 2). § 19 Abs. 2 S. 2 – 8 VAG sehen Einzelheiten zu den Rechten und Pflichten des Treuhänders vor. Zunächst stellt § 19 Abs. 2 S. 2 VAG klar, dass der Treuhänder bei der Ausübung der Stimmrechte wie ein Inhaber einer bedeutenden Beteiligung nach § 16 VAG den **Interessen einer soliden und umsichtigen Leitung** des Unternehmens Rechnung tragen muss.[30] Zuverlässigkeit des Treuhänders wird dabei nicht ausdrücklich gesetzlich vorgegeben, ist aber gleichwohl vom Amtsgericht bei der Auswahl der Person zu gewährleisten. **27**

Bei der Ausübung der Tätigkeit gilt für den Treuhänder der allgemeine Sorgfaltsmaßstab des § 276 BGB, so dass eine Haftung bereits bei **einfacher Fahrlässigkeit** besteht. Aus diesem Grund ist der Abschluss einer **Haftpflichtversicherung** ratsam. Die Gesetzesbegründung geht davon aus, dass die Interessen des Beteiligungsinhabers und des Versicherungsunternehmens bei pflichtgemäßer Betrachtung in der Regel gleichgelagert seien.[31] **28**

3. Veräußerung der Anteile (Abs. 2 S. 3). Nach § 19 Abs. 2 S. 3 VAG besteht für die Aufsichtsbehörde über die Maßnahmen nach Abs. 1 hinaus die Möglichkeit, den Treuhänder mit der **Veräußerung der Anteile** zu beauftragen, soweit diese die Schwelle einer bedeutenden Beteiligung überschreiten. Voraussetzung für diesen weitreichenden Eingriff in die Grundrechte des Anteilsinhabers ist jedoch, dass dieser zuvor die Gelegenheit erhalten hat, innerhalb einer von der Aufsichtsbehörde bestimmten **Frist**[32] selbst einen zuverlässigen Erwerber nachzuweisen. Erbringt der Inhaber einen solchen Nachweis, ist die Aufsichtsbehörde gehalten, der Veräußerung an diesen Interessenten zuzustimmen. Wird der Nachweis hingegen nicht erbracht, ist die Maßnahme nach § 19 Abs. 2 S. 3 VAG ggf. erforderlich, um den Einfluss eines unzuverlässigen Anteilseigners auf das Versicherungsunternehmen endgültig wirksam auszuschließen.[33] Dazu ist die Stimmrechtsübertragung nach § 19 Abs. 2 S. 1 VAG im Zweifel nicht ausreichend. Denn der tatsächliche Einfluss über die wirtschaftliche Macht des Inhabers bedeutender Beteiligungen kann auch ohne Stimmrechte wirksam werden.[34] **29**

Die Beauftragung mit der Veräußerung der Anteile ist aufgrund der hohen Eingriffsintensität allerdings **„ultima ratio"**.[35] Die Aufsichtsbehörde hat daher im Rahmen der strengen Verhältnismäßigkeitsprüfung sorgfältig zu überprüfen, ob gegenüber dem Veräußerungsauftrag ein milderes Aufsichtsmittel in Betracht kommt und ob der Einsatz dieses scharfen Instruments angemessen ist. Die Frage nach der Angemessenheit des gewählten Mittels wird sich insbesondere im – ggf. nur in formaler Hinsicht relevanten – Fall der Missachtung von Anzeigepflichten gemäß § 19 Abs. 1 Nr. 2 VAG stellen.[36] **30**

Vor diesem Hintergrund ist auch die gegenüber dem Inhaber zu setzende Frist zur Veräußerung der Anteile großzügig zu bemessen, da es in der Regel in wenigen Wochen nicht zu schaffen sein wird, einen Erwerber zu finden und mit ihm auch einig zu werden. Daher ist eine **Frist von einem Jahr angemessen**, die ggf. auch verlängert werden kann, wenn der Inhaber bis zum Ablauf der Frist nachweisen kann, dass er sich ernsthaft um einen Erwerber bemüht und mit diesem auch schon grund- **31**

[28] Zu § 2c Abs. 2 KWG *OLG Frankfurt a. M.* Beschl. v. 16.6.2014 – 20 W 63/14, NZG 2015, 68.
[29] Zur Parallelvorschrift des § 2c Abs. 2 KWG im Bankenaufsichtsrecht vgl. *OLG Frankfurt a. M.* Beschl. v. 16.6.2014 – 20 W 63/14, NZG 2015, 68, 69; BeckOK FamFG/*Munzig* § 375 Rn. 83.
[30] Zu diesen Voraussetzungen vgl. § 16 Rn. 45 ff.
[31] Begr. RegE Drittes Durchführungsgesetz/EWG zum VAG, BT-Drs. 12/6959, 90.
[32] Zur Dauer der Frist s. Rn. 31.
[33] *Laars* § 104 Rn. 12; *Winter* § 5 S. 286.
[34] Begr. RegE VAG-Änderungsgesetz 2000, BT-Drs. 14/4453, 39.
[35] FKBP/*Bähr* § 104 Rn. 50.
[36] *Winter* § 5 S. 282; *Fricke* VersR 2002, 1078, 1082.

sätzlich einig ist. Allerdings sollte auch hier ein wesentlich längerer Zeitraum eines Schwebezustandes im Interesse der Belange der Versicherten vermieden werden.

32 Liegen die Voraussetzungen für die Beauftragung nach § 19 Abs. 2 S. 3 VAG vor, hat die Aufsichtsbehörde nach pflichtgemäßem **Ermessen** zu bestimmen, inwieweit die bedeutende Beteiligung zu veräußern ist, um so den schädlichen Einfluss zu beseitigen. Eine Anordnung zu Veräußerung der Beteiligung insgesamt kommt nach dem klaren Wortlaut der Norm nicht in Betracht. Eine 9,99 % Beteiligung wird die betreffende Person oder das betreffende Unternehmen immer behalten können, da eine solche Beteiligung erlaubnisfrei erworben werden kann.[37]

33 Die Inhaber der Anteile haben gemäß § 19 Abs. 2 S. 3 Hs. 2 VAG bei der Veräußerung in dem erforderlichen Umfang **mitzuwirken**. Welche Rechtsfolge eintritt, wenn die Inhaber nicht mitwirken, bleibt offen. Hier wird nur mit Mitteln des Verwaltungszwangs eine Lösung gefunden werden können.

34 **4. Widerruf (Abs. 2 S. 4).** Stellt die Aufsichtsbehörde den Wegfall der Voraussetzungen nach § 19 Abs. 1 VAG fest, ist sie nach § 19 Abs. 2 S. 4 VAG im Sinne einer gebundenen Entscheidung verpflichtet, den **Widerruf** der Treuhänderbestellung bei Gericht zu beantragen.

35 Für eine zuvor angeordnete Verfügungsbeschränkung nach § 19 Abs. 1 VAG enthält § 19 VAG keine korrespondierende Regelung. Hier ist § 19 Abs. 2 S. 4 VAG entsprechend anzuwenden, um die Regelungslücke zu schließen.

36 Unabhängig davon hat das Gericht die Bestellung zu widerrufen, wenn der Widerruf von demjenigen beantragt wird, der die Treuhänderschaft nach § 19 Abs. 2 S. 1 VAG beantragt hat. Das Gericht kann diesem Antrag nur dann nicht stattgeben, wenn ein anderer Antragsberechtigter die Aufrechterhaltung der Bestellung zu recht beantragt.

37 **5. Kosten und Vergütung (Abs. 2 S. 5–8).** § 19 Abs. 2 S. 5 VAG legt fest, dass der Treuhänder Anspruch auf Ersatz angemessener **Auslagen** und auf **Vergütung** für seine Tätigkeit hat. Zu den angemessenen Auslagen zählen auch die Kosten einer etwaig abgeschlossenen Haftpflichtversicherung. Gemäß § 19 Abs. 2 S. 6 Hs. 1 VAG setzt das zuständige Gericht – im unternehmensrechtlichen Verfahren nach § 375 Nr. 13 FamFG – auf Antrag des Treuhänders die Auslagen und die Vergütung fest. Der Festsetzungsbeschluss kann gemäß § 19 Abs. 2 S. 6 Hs. 2 VAG nicht mit der Rechtsbeschwerde angefochten werden. Daraus folgt, dass in erster Instanz die Beschwerde, danach aber nicht die Rechtsbeschwerde statthaft ist.

38 Für die **Kosten der Treuhänderbestellung** sowie für dessen Auslagen und Vergütung haften das Versicherungsunternehmen und der betroffene Inhaber einer bedeutenden Beteiligung gemäß § 19 Abs. 2 S. 7 VAG als **Gesamtschuldner** (§ 421 BGB). Im Innenverhältnis ist der Inhaber der bedeutenden Beteiligung jedoch allein verantwortlich.

39 Gleichwohl ist die gesamtschuldnerische Haftung des Versicherungsunternehmens **verfehlt**. Denn es ist kein Grund dafür ersichtlich, warum ein Versicherungsunternehmen für „Fehler" von Inhabern bedeutender Beteiligungen vorrangig einstehen soll. Mit den Zielen des Aufsichtsrechts wäre es besser vereinbar gewesen, die Aufsichtsbehörde dem Inhaber als Gesamtschuldner zur Seite zu stellen. Denn dann hätten diese Kosten, wenn sie beim Inhaber nicht im Rahmen des Gesamtschuldnerausgleichs regressiert werden können, auf alle Versicherungsunternehmen verteilt werden können. Denn schließlich profitieren alle Versicherungsunternehmen von dieser Inhaberaufsicht. Im Hinblick auf die Auslagen und Vergütung sieht § 19 Abs. 2 S. 8 VAG dementsprechend auch die **Vorschusszahlung** durch den Bund vor.

40 **IV. Verhältnis zu anderen Regelungen des VAG und zu Parallelvorschriften im KWG.** Ein vorsätzlicher oder fahrlässiger Verstoß gegen eine vollziehbare Anordnung nach § 19 Abs. 1 VAG ist gemäß § 332 Abs. 3 Nr. 2 lit. a VAG **bußgeldbewehrt**.

41 Eine mit § 19 VAG vergleichbare Regelung findet sich im **Bankenaufsichtsrecht** in § 2c Abs. 2 KWG.

Prüfung des Inhabers

20 Sofern Tatsachen Anlass zu Zweifeln geben, dass der Inhaber einer bedeutenden Beteiligung den in § 16 genannten Anforderungen genügt oder dass die Verbindung mit anderen Personen oder Unternehmen wegen der Struktur des Beteiligungsgeflechts oder mangelhafter wirtschaftlicher Transparenz eine wirksame Aufsicht über das Versicherungsunternehmen möglich macht, kann die Aufsichtsbehörde anordnen, dass der Inhaber die in § 9 Absatz 4 Nummer 2 Buchstabe c und d genannten Unterlagen vorzulegen und auf seine Kosten durch einen von der Aufsichtsbehörde zu bestimmenden Wirtschaftsprüfer prüfen zu lassen hat.

[37] Siehe dazu anders aber: Begr. RegE VAG-Änderungsgesetz 2000, BT-Drs. 14/4453, 39; *Laars* § 104 Rn. 12.

Übersicht

Schrifttum: Siehe die Angaben bei § 16.

1 **I. Allgemeines. 1. Entstehungsgeschichte.** § 20 VAG übernimmt inhaltlich unverändert die Regelung des § 104 Abs. 2 S. 1 VAG a. F.[1]

2 Im Vergleich mit der Ursprungsfassung der Vorgängervorschrift aus dem Jahr 1994[2] hat lediglich der Tatbestand inhaltliche Änderungen erfahren. Die 2. Tatbestandalternative richtete sich ursprünglich nach Tatsachen, die Anlass zu Zweifeln geben, dass die „Struktur der Unternehmensverbindung (§ 15 des Aktiengesetzes)" eine wirksame Aufsicht über das Versicherungsunternehmen möglich macht. Das heutige Gewand erhielt die Regelung durch das VAG-Änderungsgesetz vom 21.12.2000[3], das die vorgenannten Begriffe durch die Wörter „Verbindung mit anderen Personen oder Unternehmen wegen der Struktur des Beteiligungsgeflechts oder mangelhafter wirtschaftlicher Transparenz" ersetzte.

3 Im Hinblick auf die Rechtsfolgen ist die ursprüngliche Vorschrift in formaler Hinsicht dadurch geändert worden, dass der Reformgesetzgeber des VAG 2016 die bisherige Verweiskette in § 104 Abs. 2 S. 1 VAG a. F. gekürzt und die Anordnung der Überprüfung durch einen Wirtschaftsprüfer direkt in die Vorschrift aufgenommen hat. § 20 VAG verweist nunmehr unmittelbar auf die im Zulassungsverfahren nach § 9 VAG vorzulegenden Unterlagen.

4 **2. Normzweck.** Die in § 20 VAG normierten Aufklärungsbefugnisse bieten der Aufsichtsbehörde die Möglichkeit, bestehende bedeutende Beteiligungen mit dem **Ziel der Gefahrenabwehr** fortlaufend zu überprüfen. Zum einen sollen schädliche Einflüsse eines unzuverlässigen Beteiligungsinhabers auf das – bereits zugelassene – Versicherungsunternehmen verhindert werden. Zum anderen ermöglicht § 20 VAG die Prüfung, ob eine wirksame Aufsicht über das Versicherungsunternehmen aufgrund der Beteiligungsstruktur oder wegen wirtschaftlicher Intransparenz gefährdet ist. Beide Zielrichtungen korrespondieren mit den Versagungsgründen im Zulassungsverfahren (§ 11 Abs. 1 Nr. 3, Abs. 2 Nr. 1 VAG) sowie im Verfahren zur Beurteilung eines beabsichtigten Erwerbs oder einer Erhöhung bedeutender Beteiligungen (§ 18 Abs. 1 Nr. 1 und 2 VAG).

5 **3. Europarechtlicher Hintergrund.** Die Vorschrift des § 20 VAG beruht nicht unmittelbar auf einer ausdrücklichen Vorgabe der Solva II-RL. Damit ist § 20 VAG der Diskussion ausgesetzt, ob diese Regelung mit Blick auf die durch die Solva II-RL herbeigeführte Vollharmonisierung europarechtskonform ist.

6 Bei dieser Diskussion ist zunächst zu bedenken, dass bereits § 104 Abs. 2 S. 1 VAG a. F. in seiner konkreten Ausgestaltung keine explizite Bestimmung der Dritten europäischen Versicherungsrichtlinien umsetzte, zu deren Durchführung die Regeln zur Inhaberkontrolle grundlegend in das VAG eingeführt wurden.[4] Die Regelungen in Art. 15 Abs. 4 bzw. Art. 14 Abs. 4 der Richlinien sahen aber allgemein vor, dass die Aufsichtsbehörde „erforderliche Maßnahmen" trifft, falls sich der von dem Inhaber der bedeutenden Beteiligung ausgeübte Einfluss zum Schaden einer umsichtigen und soliden Geschäftsführung des Versicherungsunternehmens auswirken könnte. Als Beispiele nannten die Richtlinien Anordnungen und Sanktionen gegen die Geschäftsleiter sowie die Untersagung von Stimmrechten, die heute in § 19 VAG geregelt ist. Damit bestehen im Ergebnis keine europarechtlichen Bedenken.

7 **II. Tatbestand.** Ein aufsichtliches Handeln auf Grundlage des § 20 VAG erfordert auf Tatbestandsebene zunächst eine **Änderung der bei Erwerb mitgeteilten Tatsachen.**[5] Diese neuen Tatsachen müssen weiter daran zweifeln lassen, dass entweder der Inhaber einer bedeutenden Beteiligung die an ihn zu stellenden Anforderungen nach § 16 VAG nicht mehr erfüllt oder dass die Verbindung mit anderen Personen oder Unternehmen wegen der Struktur des Beteiligungsgeflechts oder mangelhafter

[1] Begr. VAG-RegE 2014, BT-Drs. 18/2956, 238.

[2] § 104 VAG a. F. ist durch das Dritte Durchführungsgesetz/EWG zum VAG vom 21.7.1994 (BGBl. I 1630, 3134) in das VAG eingefügt worden.

[3] Gesetz zur Änderung des VAG, BGBl. 2000 I 1857.

[4] Die Schaffung des § 104 VAG a. F. diente der Umsetzung der Dritten Richtlinie Schadenversicherung (Art. 15 RL 92/49/EWG, L 228, 1) und der Dritten Richtlinie Lebensversicherung (Art. 14 RL 92/96/EWG, L 360, 1).

[5] S. dazu bereits § 18 Rn. 62. **A. A.** *Mönnig* S. 210.

wirtschaftlicher Transparenz eine wirksame Aufsicht über das Versicherungsunternehmen nicht mehr möglich macht.[6]

8 Unerheblich ist die **Herkunft der Informationen**, auf denen sich die Zweifel gründen.[7]

9 **III. Rechtsfolge.** Bei Vorliegen der zweifelbegründenden Tatsachen steht es im **Ermessen** der Aufsichtsbehörde („kann"), gemäß § 20 i. V. m. § 9 Abs. 4 Nr. 2 lit. c VAG anzuordnen, dass der Inhaber der bedeutenden Beteiligung die **Jahresabschlüsse** der letzten drei Geschäftsjahre **nebst Prüfungsberichten** von unabhängigen Abschlussprüfern vorzulegen hat, sofern solche zu erstellen sind. Gehört der zu kontrollierende Inhaber einem Konzern an, kann die Aufsichtsbehörde unter den Voraussetzungen des § 9 Abs. 4 Nr. 2 lit. d VAG zudem die Offenlegung der Konzernstruktur und die konsolidierten Konzernabschlüsse der letzten drei Geschäftsjahre nebst Prüfungsberichten von unabhängigen Abschlussprüfern verlangen. Vor dem Erwerb oder der Erhöhung einer bedeutenden Beteiligung gehört die Vorlage der Jahres- und Konzernabschlüsse gemäß § 22 VAG i. V. m. § 13 InhKontrollV auch zu den Anzeigepflichten des interessierten Erwerbers oder Anteilseigners.

10 Darüber hinaus kann die Aufsichtsbehörde anordnen, die vorgelegten Unterlagen auf Kosten des Inhabers der bedeutenden Beteiligung prüfen zu lassen. Dabei hat sie das Recht, den **Wirtschaftsprüfer** zu bestimmen. Dieses Aufsichtsinstrument steht ihr nach § 22 VAG i. V. m. § 13 Abs. 5 InhKontrollV bereits im Anzeigeverfahren bei Beteiligungserwerb oder -erhöhung zu, wenn die vorgelegten Unterlagen nicht schlüssig sind oder Anhaltspunkte bestehen, dass diese Unterlagen die geschäftlichen Verhältnisse des Anzeigepflichtigen nicht zutreffend darstellen, und wenn es sich bei dem Zielunternehmen um ein Versicherungsunternehmen, einen Pensionsfonds oder eine Versicherungs-Holdinggesellschaft handelt.

11 Dieses Recht der Aufsichtsbehörde ist dem Grunde nach gerechtfertigt. **Nicht gerechtfertigt** ist es aber, dem Inhaber einen Wirtschaftsprüfer einseitig vorzugeben und ihn dessen **Kostenvorstellungen** zu unterwerfen. Hier muss die Aufsichtsbehörde vielmehr selbst prüfen und für diese Prüfung sollte eine gesetzlich festgesetzte Gebühr fällig werden.

12 Nur so können im Übrigen auch weitere **Wertungswidersprüche** im Vergleich zur Kostentragungspflicht des Treuhänders nach § 19 Abs. 2 VAG verhindert werden, für dessen Vergütung im Vorschusswege der Bund und ansonsten vorrangig das Versicherungsunternehmen haftet.[8] Denn der Wirtschaftsprüfer wird insoweit vom Gesetz nicht geschützt.

13 Anhand der angeforderten Unterlagen erhält die Aufsichtsbehörde Informationen über Veränderungen im Bereich der Anteilseigner, die sie zum Schutz der Versicherungsnehmer und der Begünstigten von Versicherungsleistungen (§ 294 Abs. 1 VAG) überwachen kann.

14 **IV. Verhältnis zu anderen Regelungen des VAG.** Weigert sich der Inhaber einer bedeutenden Beteiligung, der Nachweispflicht nach § 20 i. V. m. § 9 Abs. 4 Nr. 2 lit. c und d VAG nachzukommen, oder beurteilt die Aufsichtsbehörde die Nachweiserbringung als nicht ausreichend, sieht das Gesetz keine weitere Sachaufklärung von Amts wegen vor. Vielmehr ist in diesem Fall von einem Eingeständnis der Unzuverlässigkeit des Anteilseigners auszugehen.[9] Damit liegen tatbestandlich die Voraussetzungen für eine Untersagungsverfügung nach § 18 Abs. 1 Nr. 1 VAG vor, wodurch die Eingriffsrechte nach § 19 Abs. 1 Nr. 1, Abs. 2 VAG ausgelöst werden. Die Aufsichtsbehörde trägt danach die **Beweislast** für das Vorliegen der entsprechenden Tatsachen.

15 Ferner ergeben sich in diesem Fall die speziellen Aufsichtsmaßnahmen aus § 306 Abs. 1 S. 1 Nr. 4 und 5, Abs. 2 S. 1 Nr. 4, S. 3 VAG. Die Rechte gemäß §§ 305 Abs. 1 und 306 Abs. 1 Nr. 1 und 3 VAG stehen der Aufsichtsbehörde gemäß Abs. 2 dieser Vorschriften generell gegenüber den Inhabern von bedeutenden Beteiligungen zu.[10]

Zusammenarbeit mit den zuständigen Behörden in anderen Mitglied- oder Vertragsstaaten

21 (1) **Bei der Beurteilung des Erwerbs arbeitet die Aufsichtsbehörde mit den zuständigen Behörden in den anderen Mitglied- oder Vertragsstaaten eng zusammen, wenn der Anzeigepflichtige**

1. ein CRR-Kreditinstitut, ein E-Geld-Institut oder ein Wertpapierhandelsunternehmen, ein Versicherungsunternehmen oder eine Verwaltungsgesellschaft im Sinne des Artikels 2 Absatz 1 Buchstabe b der Richtlinie 2009/65/EG ist, das oder die in einem anderen Mitgliedstaat oder anderen Sektor als dem, in dem der Erwerb beabsichtigt wird, zugelassen ist,

---

[6] Für die Anforderungen nach § 18 VAG vgl. dort Rn. 62; zur zweiten Tatbestandsalternative s. § 11 Rn. 30 ff. sowie § 18 Rn. 27.
[7] *Mönnig* S. 210.
[8] Zur Kritik an dieser Regelung s. § 19 Rn. 39.
[9] Begr. RegE VAG Drittes Durchführungsgesetz/EWG zum VAG, BT-Drs. 12/6959, 90.
[10] S. dazu § 305 Rn. 30 und § 306 Rn. 46 ff.

2. ein Mutterunternehmen eines CRR-Kreditinstituts, eines E-Geld-Instituts oder eines Wertpapierhandelsunternehmens, eines Versicherungsunternehmens oder einer Verwaltungsgesellschaft im Sinne des Artikels 2 Absatz 1 Buchstabe b der Richtlinie 2009/65/EG ist, das oder die in einem anderen Mitgliedstaat oder anderen Sektor als dem, in dem der Erwerb beabsichtigt wird, zugelassen ist, oder
3. eine natürliche oder juristische Person ist, die ein CRR-Kreditinstitut, ein E-Geld-Institut oder ein Wertpapierhandelsunternehmen, ein Versicherungsunternehmen oder eine Verwaltungsgesellschaft im Sinne des Artikels 2 Absatz 1 Buchstabe b der Richtlinie 2009/65/EG kontrolliert, das oder die in einem anderen Mitgliedstaat oder anderen Sektor als dem, in dem der Erwerb beabsichtigt wird, zugelassen ist.

(2) [1]**Die zuständigen Behörden tauschen untereinander unverzüglich die Informationen aus, die für die Beurteilung wesentlich oder relevant sind.** [2]**Dabei teilen die zuständigen Behörden einander alle einschlägigen Informationen auf Anfrage mit und übermitteln alle wesentlichen Informationen von sich aus.** [3]**In der Entscheidung der zuständigen Behörde, die das Versicherungsunternehmen zugelassen hat, an dem der Erwerb beabsichtigt wird, sind alle Bemerkungen oder Vorbehalte seitens der für den interessierten Erwerber zuständigen Behörde zu vermerken.**

Übersicht

Schrifttum: Siehe die Angaben bei § 16.

1 **I. Allgemeines. 1. Entstehungsgeschichte.** § 21 VAG geht im Wesentlichen unverändert aus dem bisherigen § 111f Abs. 5 VAG a. F. hervor, der durch Gesetz vom 12.3.2009[1] zur Umsetzung der **Beteiligungs-RL**[2] in das VAG eingefügt wurde.

2 Im Wege der Neufassung des VAG zum 1.1.2016 ist die Bezeichnung der sog. OGAW-Richtlinie[3] in § 21 Abs. 1 Nr. 1 – 3 VAG an die aktuelle Rechtslage angepasst worden.[4] In struktureller Hinsicht ist in der neuen Vorschrift keine Verweisung mehr auf die mit dem Beurteilungsverfahren befassten Vorschriften notwendig, wie dies noch in § 111f Abs. 5 VAG a. F. der Fall war, als diese Regelungen in einem anderen Abschnitt verortet waren.[5]

3 Schon vor der VAG-Novelle 2016 hat die Norm keine wesentlichen Änderungen erfahren. Lediglich durch das CRD IV-Umsetzungsgesetz vom 28.8.2013[6] wurde in § 111f Abs. 5 VAG a. F. der Begriff **„CRR-Kreditinstitut"** eingeführt, der das Wort „Einlagenkreditinstitut" ersetzte. Diese Änderung beruhte auf der grundlegenden Neugestaltung des Bankenaufsichtsrechts in der EU anlässlich der Finanzmarktkrise 2008.[7] Unter CRR-Kreditinstituten sind seither die Institute zu verstehen, die dem Anwendungsbereich der Verordnung (EU) Nr. 575/2013 unterliegen.[8]

4 **2. Normzweck.** § 21 VAG dient dazu, insbesondere in Fällen eines **grenzüberschreitenden Beteiligungserwerbs** eine zuverlässige Beurteilung eines Anzeigepflichtigen nach §§ 17 Abs. 4, 18 VAG zu gewährleisten, soweit dieser durch eine andere der in § 21 VAG genannten Aufsichtsbehörden überwacht wird. Denn so wird gewährleistet, dass mehrere beteiligte Aufsichtsbehörden miteinander in

[1] BGBl. I 470.
[2] RL 2007/44/EG v. 5.9.2007, ABl. EU 2007 L 247, 1.
[3] RL 2009/65/EG zur Koordinierung der Rechts- und Verwaltungsvorschriften betreffend bestimmte Organismen für gemeinsame Anlagen in Wertpapieren (OGAW) v. 13.7.2009, ABl. EU 2009 L 302, 32.
[4] Die RL 85/611/EWG ist in Form der RL 2009/65/EG neugefasst worden, vgl. Art. 117 und 1. Erwägungsgrund der OGAW-Richtlinie.
[5] § 111f Abs. 5 VAG a. F. verwies insoweit auf § 104 Abs. 1a und 1b VAG a. F. (heute § 17 Abs. 4 und § 18 VAG).
[6] Gesetz zur Umsetzung der Richtlinie 2013/36/EU über den Zugang zur Tätigkeit von Kreditinstituten und die Beaufsichtigung von Kreditinstituten und Wertpapierfirmen und zur Anpassung des Aufsichtsrechts an die Verordnung (EU) Nr. 575/2013 über Aufsichtsanforderungen an Kreditinstitute und Wertpapierfirmen, m. W. v. 1.1.2014, BGBl. I 3395.
[7] Begr. RegE zum CRD IV-Umsetzungsgesetz, BT-Drs. 17/10974, 1.
[8] Begr. RegE zum CRD IV-Umsetzungsgesetz, BT-Drs. 17/10974, 2.

Kontakt treten und vorhandene Informationen austauschen dürfen. Dabei obliegt es stets der entscheidenden Behörde, die ihr mitgeteilten Tatsachen selbständig zu bewerten.[9]

5 Der Regelungsinhalt geht – wie eingangs erwähnt – auf die Beteiligungs-RL zurück, die im Hinblick auf den Erwerb bedeutender Beteiligungen zum vordergründigen Ziel hatte, eine weitgehende **Harmonisierung des aufsichtsrechtlichen Beurteilungsverfahrens** in der EU zu erreichen.[10] Demgemäß erachtete der Richtliniengeber zugleich eine enge Zusammenarbeit zwischen den zuständigen Behörden für unerlässlich, wenn der interessierte Erwerber einer bedeutenden Beteiligung in einem anderen Mitgliedstaat als das Zielunternehmen zugelassen ist und dort beaufsichtigt wird.[11] Es sei zwar sachgerecht, wenn die endgültige Entscheidung über die Beurteilung bei der für das Zielunternehmen zuständigen Aufsichtsbehörde liegt. Gleichwohl sollte die Stellungnahme der Behörde des anderen Mitgliedstaats insbesondere hinsichtlich der Beurteilungskriterien, die den interessierten Erwerber unmittelbar betreffen, vollständig berücksichtigt werden.[12]

6 **3. Europarechtlicher Hintergrund.** § 21 VAG setzt Art. 60 Solva II-RL um.[13] Die darin geregelten Vorgaben entsprechen dem durch die Beteiligungs-RL eingeführten Art. 15c der Dritten Richtlinie Schadenversicherung[14] und der Dritten Richtlinie Lebensversicherung[15] sowie Art. 20 der RL 2005/68/EG, die durch § 111f Abs. 5 VAG a. F. umgesetzt wurden. Die Solva II-RL hat die Verfahrensbestimmungen der Beteiligungs-RL für die Bereiche Versicherung und Rückversicherung übernommen.[16]

7 **II. Voraussetzungen der Zusammenarbeit (Abs. 1). 1. Allgemeines.** § 21 Abs. 1 VAG normiert, unter welchen Voraussetzungen eine enge Zusammenarbeit der zuständigen Behörden mehrerer Mitglieds- oder Vertragsstaaten bei der aufsichtsrechtlichen Beurteilung nach §§ 17 Abs. 4, 18 VAG zu fordern ist. Die in § 21 Abs. 1 Nr. 1–3 VAG aufgeführten Tatbestände unterscheiden nach der **Art der behördlichen Zulassung**, über die der Anzeigepflichtige in einem anderen EU-Mitgliedstaat oder einem anderen Sektor verfügt.

8 Im Hinblick auf die **sachlichen Voraussetzungen** stellt der Wortlaut der Vorschrift indes nicht klar heraus, ob die behördliche Zusammenarbeit nur notwendig ist, wenn es um die Beurteilung eines beabsichtigten Erwerbs nach § 17 Abs. 1 Nr. 1 VAG geht, oder ob Gleiches auch im Fall der geplanten Beteiligungserhöhung i. S. d. § 17 Abs. 1 Nr. 2 VAG gelten soll. Zwar spricht § 21 Abs. 1 VAG durchgängig nur von „Erwerb", während beispielsweise in § 18 VAG zusätzlich die Erhöhung genannt wird. Auch wählt § 21 Abs. 2 VAG explizit die Bezeichnung „interessierter Erwerber", deren Legaldefinition in § 17 Abs. 1 Nr. 1 VAG ausschließlich den Erwerb, nicht auch die Erhöhung erfasst. Gleichwohl deutet der in § 21 Abs. 1 VAG gleichzeitig verwendete Begriff des „Anzeigepflichtigen" darauf hin, dass auch derjenige, der eine bereits bestehende bedeutende Beteiligung auf bestimmte Schwellenwerte erhöhen möchte, gemeint ist.[17] Denn während die Beteiligungs-RL grundsätzlich auch denjenigen als interessierten Erwerber bezeichnet, der eine bereits bestehende bedeutende Beteiligung erhöht,[18] hat der deutsche Gesetzgeber im VAG den Begriff des Anzeigepflichtigen eingeführt, wenn beide Sachverhalte erfasst sein sollen.[19]

9 Nach dem Sinn und Zweck der Vorschrift, eine zuverlässige und lückenlose Prüfung der Eignung eines Bewerbers zu gewährleisten, ist die Zusammenarbeit also auch in den Fällen der beabsichtigten **Beteiligungserhöhung** zu fordern. Denn seit der Zulassung des Unternehmens und dem erstmaligen Erwerb einer bedeutenden Beteiligung können sich die Eignungsvoraussetzungen des Anteilseigners in relevantem Maße verändert haben.

10 **2. Beaufsichtigtes Unternehmen (Abs. 1 Nr. 1).** Die Pflicht zur engen Zusammenarbeit der Behörden ergibt sich gemäß § 21 Abs. 1 Nr. 1 VAG zunächst, wenn es sich bei dem Anzeigepflichtigen um ein zugelassenes CRR-Kreditinstitut, ein E-Geld-Institut oder ein Wertpapierhandelsunternehmen, ein Versicherungsunternehmen oder eine Verwaltungsgesellschaft i. S. d. Art. 2 Abs. 1 lit. b RL 2009/65/EG handelt. Verwaltungsgesellschaften sind gemäß Legaldefinition in Art. 2 Abs. 1 lit. b RL 2009/65/EG Gesellschaften, deren reguläre Geschäftstätigkeit in der Verwaltung von in der Form eines Investmentfonds oder einer Investmentgesellschaft konstituierten OGAW besteht (gemeinsame Portfolioverwaltung von OGAW). Die Abkürzung „OGAW" steht für Organismen für gemeinsame Anlagen in Wertpapieren.

---

9 S. dazu bereits § 18 Rn. 55.
10 Vgl. 6. und 13. Erwägungsgrund der Beteiligungs-RL. Dieses Ziel verfolgt auch die Solva II-RL, vgl. 75. Erwägungsgrund.
11 Vgl. 10. Erwägungsgrund der Beteiligungs-RL.
12 Vgl. 10. Erwägungsgrund der Beteiligungs-RL.
13 Begr. VAG-RegE 2014, BT-Drs. 18/2956, 238.
14 RL 92/49/EWG, L 228, 1.
15 RL 2002/83/EG, L 345/1.
16 Vgl. 74. Erwägungsgrund der Solva II-RL.
17 Davon geht zur alten Rechtslage wohl auch *Laars* § 111f Rn. 2 aus.
18 Art. 15 der RL 92/49/EWG und RL 2002/83/EG in der Fassung der Beteiligungs-RL, ABl. EU 2007 L 247, 3, 6.
19 Vgl. Begr. RegE Gesetz zur Umsetzung der Beteiligungs-RL, BT-Drs. 16/10536, 21.

3. Mutterunternehmen (Abs. 1 Nr. 2). Eine enge Zusammenarbeit der Behörden wird nach § 21 Abs. 1 Nr. 2 VAG zudem gefordert, wenn der Erwerber ein **Mutterunternehmen** eines in einem anderen Mitgliedstaat oder Sektor zugelassenen CRR-Kreditinstituts, E-Geld-Instituts oder Wertpapierhandelsunternehmens, Versicherungsunternehmens oder einer zugelassenen Verwaltungsgesellschaft i. S. d. Art. 2 Abs. 1 lit. b RL 2009/65/EG ist. 11

4. Kontrolle ausübendes Unternehmen (Abs. 1 Nr. 3). § 21 Abs. 1 Nr. 3 VAG sieht eine enge behördliche Zusammenarbeit schließlich auch dann vor, wenn es sich bei dem Erwerber um eine natürliche oder juristische Person handelt, die ein CRR-Kreditinstitut, ein E-Geld-Institut oder ein Wertpapierhandelsunternehmen, ein Versicherungsunternehmen oder eine Verwaltungsgesellschaft i. S. d. Art. 2 Abs. 1 lit. b RL 2009/65/EG kontrolliert, das oder die in einem anderen Mitgliedstaat oder Sektor zugelassen ist. Der Begriff der **Kontrolle** wird in § 7 Nr. 16 VAG als die Ausübung eines beherrschenden Einflusses i. S. d. § 290 HGB definiert.[20] 12

III. Informationsaustausch (Abs. 2). § 21 Abs. 2 VAG regelt die nähere Ausgestaltung der engen Zusammenarbeit zwischen den zuständigen Behörden. Im Vordergrund steht hierbei gemäß § 21 Abs. 2 S. 1 VAG der **unverzügliche** Austausch von Informationen, die für die Beurteilung wesentlich oder relevant sind. Unter Heranziehung der zivilrechtlichen Grundsätze (§ 121 BGB) bedeutet „unverzüglich", dass der gegenseitige Austausch ohne schuldhaftes Zögern erfolgen muss. Ein zügiges Handeln ist notwendig, da der zur Verfügung stehende Zeitraum für die aufsichtsbehördliche Beurteilung gemäß § 17 Abs. 4 VAG grundsätzlich nur 60 Tage beträgt. 13

Nach § 21 Abs. 2 S. 2 VAG sind die einschlägigen Informationen gegenseitig auf Anfrage mitzuteilen, während jede Behörde die **wesentlichen Informationen** von sich aus zu übermitteln hat. Unter Bezugnahme auf Satz 1 der Vorschrift kommt es für das Merkmal „wesentlich" darauf an, ob die Informationen im Rahmen der Beurteilung von entscheidender Bedeutung sind. Angesichts der bereits durch die Beteiligungs-RL angestoßenen Harmonisierung der Beurteilungskriterien und des -verfahrens ist zu erwarten, dass zwischen den Aufsichtsbehörden der Mitgliedstaaten ein Konsens darüber besteht, welche Daten allgemein ungefragt zu übermitteln sind.[21] Im Übrigen hat jede Aufsichtsbehörde im Einzelfall über die Qualität einer bestimmten Information zu befinden. 14

§ 21 Abs. 2 S. 3 VAG sieht vor, dass die für das Zielunternehmen zuständige Aufsichtsbehörde verpflichtet ist, in der abschließenden Entscheidung über den Erwerb alle **Bemerkungen und Vorbehalte** der konsultierten Behörde zu vermerken. Eine entsprechende Regelung findet sich auch in § 18 Abs. 3 S. 2 Hs. 1 VAG für die Entscheidung über die Untersagung. 15

IV. Verhältnis zu Parallelvorschriften im KWG. Im **Bankenaufsichtsrecht** regelt § 8 Abs. 3 S. 2–9 KWG die behördliche Zusammenarbeit bei der Beurteilung eines beabsichtigten Erwerbs einer bedeutenden Beteiligung. 16

Verordnungsermächtigung

22 **[1]Das Bundesministerium der Finanzen wird ermächtigt, durch Rechtsverordnung Vorschriften über Art, Umfang, Zeitpunkt und Form der gemäß § 17 Absatz 1 und 2 einzureichenden Angaben zu erlassen, soweit dies zur Erfüllung der Aufgaben der Aufsichtsbehörde erforderlich ist. [2]Für Versicherungsunternehmen, die nicht der Aufsicht der Aufsichtsbehörden der Länder unterliegen, kann in der Rechtsverordnung vorgesehen werden, dass interessierte Erwerber allgemein oder im Einzelfall die in § 9 Absatz 4 Nummer 2 Buchstabe c und d genannten Unterlagen vorzulegen haben und auf ihre Kosten durch einen von der Aufsichtsbehörde zu bestimmenden Wirtschaftsprüfer prüfen zu lassen haben. [3]Die Ermächtigung kann durch Rechtsverordnung auf die Bundesanstalt übertragen werden. [4]Rechtsverordnungen nach den Sätzen 1 bis 3 bedürfen nicht der Zustimmung des Bundesrates.**

Übersicht

Schrifttum: Siehe die Angaben bei § 16.

---

[20] S. dazu näher unter § 17 Rn. 35 f.

[21] Vgl. Art. 15b Abs. 4 der RL 92/49/EWG und 2002/83/EG sowie Art. 19a Abs. 4 der RL 2005/ 68/EG.

1 **I. Allgemeines. 1. Entstehungsgeschichte.** Die Bestimmungen in § 22 S. 1, 3 und 4 VAG entsprechen inhaltlich unverändert dem bisherigen § 104 Abs. 6 S. 1, 2 und 4 VAG a. F. § 22 S. 2 VAG übernimmt im Wesentlichen die Vorschrift des § 104 Abs. 1 S. 3 VAG a. F.

2 Der umfangreiche § 104 VAG a. F. ist durch das Dritte Durchführungsgesetz/EWG zum VAG vom 21.7.1994[1] zur Umsetzung der Dritten Richtlinie Schadenversicherung[2] (Art. 15 Abs. 1, 2 und 4) und der Dritten Richtlinie Lebensversicherung[3] (Art. 14 Abs. 1, 2 und 4) in das VAG eingefügt worden. Im Hinblick auf eine Verordnungsermächtigung, wie sie ursprünglich in § 104 Abs. 6 VAG a. F. geschaffen wurde, enthielten die europäischen Richtlinien seinerzeit allerdings keine Vorgaben. Vielmehr orientierte sich der deutsche Gesetzgeber insoweit eng an den bankenrechtlichen Vorschriften des damaligen § 2b KWG (heute § 2c KWG) und § 24 Abs. 4 KWG.[4]

3 Auf der Grundlage des § 104 Abs. 6 VAG a. F. hat die BaFin die „Verordnung über die Anzeigen nach § 2c des Kreditwesengesetzes und § 104 des Versicherungsaufsichtsgesetzes (a. F.)" (**InhKontrollV**) vom 20.3.2009[5] erlassen. Dadurch wurde das Rundschreiben der BaFin zur Aktionärskontrolle (R 4/98)[6] im Hinblick auf die Hinweise zu § 104 VAG a. F. abgelöst, die samt den beigefügten Formblättern mangels Verordnungscharakter des Schreibens keine Bindungswirkung entfaltet hatten.[7]

4 Die InhKontrollV diente der weiteren Umsetzung der **Beteiligungs-RL**,[8] die detaillierte Regelungen zum aufsichtsbehördlichen Beurteilungsverfahren und eine abschließende, verbindliche Festlegung der vom interessierten Erwerber beizubringenden Informationen forderte.[9] Durch das Gesetz zur Umsetzung der Beteiligungs-RL ist die Verordnungsermächtigung zwecks Angleichung an § 24 Abs. 4 KWG dahin erweitert worden, dass nicht nur Art, Umfang und Zeitpunkt, sondern zusätzlich die Form der einzureichenden Angaben Gegenstand der Rechtsverordnung sein sollte.[10]

5 Seit dem 2.8.2016 liegt ein Referentenentwurf des Bundesministeriums für Finanzen (BMF) vor, auf dessen Grundlage die InhKontrollV an das neue VAG angepasst werden soll. Danach sind nur redaktionelle Änderungen mit Blick auf die neue Nummerierung der Vorschriften zur Inhaberkontrolle geplant.

6 **2. Normzweck.** § 104 Abs. 6 VAG a. F. wurde im Jahr 1994 mit dem Ziel eingeführt, dass Einzelheiten zu den Informationen, die für die aufsichtsrechtliche Beurteilung der an Inhaber bedeutender Beteiligungen zu stellenden Anforderungen benötigt werden, in einer Rechtsverordnung normiert werden können.[11] Etwa fünfzehn Jahre später bestätigten die umfangreichen Vorgaben der Beteiligungs-RL das praktische Bedürfnis, die neuen zahlreichen Bedingungen und Formalitäten für (künftige) Inhaber bedeutender Beteiligungen außerhalb des VAG festzulegen. Die nähere Regelung der Anzeige- und Nachweispflichten nach § 17 Abs. 1 und 2 VAG in einer eigens geschaffenen Rechtsverordnung führt somit insbesondere zu einer **Entlastung** der §§ 16 ff. VAG.

7 **Belastet** werden aber die Anzeigepflichtigen, die sehr umfangreiche Unterlagen vorlegen müssen. Diese Unterlagen sind zudem gemäß § 2 Abs. 3 S. 1 InhKontrollV in amtlich beglaubigter Form zu übersetzen, wenn sie nicht in deutscher Sprache vorliegen und wenn die Aufsichtsbehörde nicht ausnahmsweise darauf verzichtet. Gleichwohl schafft die InhKontrollV auch zugunsten der Anzeigepflichtigen mehr Klarheit, welche Unterlagen einer Anzeige beizufügen sind.[12]

8 **3. Europarechtlicher Hintergrund.** § 22 VAG setzt keine konkrete Regelung der Solva II-RL um. Allerdings fordert Art. 59 Abs. 4 Solva II-RL von den Mitgliedstaaten die Veröffentlichung einer „Liste" mit den für die Beurteilung des geplanten Beteiligungserwerbs erforderlichen Informationen, die bislang nicht vollharmonisiert ist. Daher bestehen mit Blick auf § 22 VAG und die InhKontrollV auch keine europarechtlichen Bedenken.

9 Art. 59 Abs. 4 Solva II-RL entspricht den Vorgaben der Beteiligungs-RL, zu deren Umsetzung die InhKontrollV auf Grundlage der bereits bestehenden Ermächtigungsgrundlage in § 104 Abs. 6 VAG a. F. erlassen wurde. Durch Verordnung vom 6.11.2015[13] sind anlässlich geänderter europäischer Rahmenbe-

[1] BGBl. I 1630, 3134.
[2] RL 92/49/EWG v. 18.6.1992, ABl. EG 1992 L 228, 1.
[3] RL 92/96/EWG v. 10.11.1992, ABl. EG 1992 L 360, 1.
[4] Begr. RegE Drittes Durchführungsgesetz/EWG zum VAG, BT-Drs. 12/6959, 91.
[5] BGBl. I 562.
[6] Rundschreiben 4/98: Hinweise zur Kontrolle von Inhabern einer bedeutenden Beteiligung am Versicherungsunternehmen (Aktionärskontrolle), v. 11.8.1998, VerBAV 10/98, 203.
[7] Die InhKontrollV hat Punkt II Nr. 2 des R 4/98 ersetzt, die übrigen Teile des Rundschreibens gelten fort, vgl. BaFin, Merkblatt zur Inhaberkontrolle v. 27.11.2015 unter I.
[8] RL 2007/44/EG v. 5.9.2007, ABl. EU 2007 L 247, 1.
[9] Vgl. Art. 15b Abs. 4 der RL 92/49/EWG und 2002/83/EG sowie Art. 19a Abs. 4 der RL 2005/ 68/EG; Begr. RegE Gesetz zur Umsetzung der Beteiligungs-RL, BT-Drs. 16/10536, 23.
[10] Begr. RegE Gesetz zur Umsetzung der Beteiligungs-RL, BT-Drs. 16/10536, 11, 23.
[11] Begr. RegE Drittes Durchführungsgesetz/EWG zum VAG, BT-Drs. 12/6959, 91.
[12] Zu den dennoch verbleibenden Unsicherheiten bezüglich der Vollständigkeit einer Anzeige s. u. a. § 17 Rn. 49.
[13] Zweite Verordnung zur Änderung der Inhaberkontrollverordnung, m. W. v. 21.11.2015, BGBl. I 1947.

dingungen infolge der Finanzmarktkrise im Jahr 2008 entsprechende Anpassungen in der InhKontrollV notwendig geworden.[14]

II. Verordnungsermächtigung (S. 1–4). § 22 S. 1 VAG ermächtigt das Bundesministerium für Finanzen zum Erlass einer Rechtsverordnung mit Vorschriften über Art, Umfang, Zeitpunkt und Form der gemäß § 17 Abs. 1 und 2 VAG einzureichenden Angaben, soweit dies zur Erfüllung der aufsichtsbehördlichen Aufgaben erforderlich ist. 10

§ 22 S. 2 VAG enthält eine **Spezialregelung** für Versicherungsunternehmen, die nicht der Aufsicht der Aufsichtsbehörden der Länder unterliegen.[15] Für sie kann die Rechtsverordnung vorsehen, dass interessierte Erwerber (§ 17 Abs. 1 Nr. 1 VAG) allgemein oder im Einzelfall die in § 9 Abs. 4 Nr. 2 lit. c und d VAG aufgeführten Unterlagen vorzulegen und auf ihre Kosten durch einen **Wirtschaftsprüfer** prüfen zu lassen haben.[16] Der Wirtschaftsprüfer ist in diesem Fall von der Aufsichtsbehörde zu bestimmen. Die amtliche Begründung zu § 22 VAG stellt klar, dass in der Rechtsverordnung selbst eine Einzelfallentscheidung nicht getroffen werden kann.[17] Es seien hierbei nur die Voraussetzungen für eine etwaige Vorlage- und Prüfungspflicht aufzustellen, beispielsweise eine entsprechende Entscheidung der Aufsichtsbehörde.[18] 11

Die – noch aufgrund des § 104 Abs. 6 VAG a. F. erlassene – Inhaberkontrollverordnung regelt zunächst in § 13 Abs. 2–4 InhKontrollV **generell die Pflicht zur Vorlage** der vorgenannten Unterlagen durch den Anzeigepflichtigen. Sind die Unterlagen nicht schlüssig oder bestehen Anhaltspunkte, dass sie die geschäftlichen Verhältnisse des Anzeigepflichtigen nicht zutreffend darstellen, kann die Aufsichtsbehörde gemäß § 22 VAG i. V. m. § 13 Abs. 5 InhKontrollV unter Ausübung pflichtgemäßen Ermessens anordnen, dass die Unterlagen auf Kosten des Anzeigepflichtigen durch einen von ihr zu bestimmenden Wirtschaftsprüfer zu prüfen sind. Voraussetzung ist dabei, dass es sich bei dem Zielunternehmen um ein Versicherungsunternehmen, einen Pensionsfonds oder eine Versicherungs-Holdinggesellschaft handelt. 12

Inhaltlich entspricht die Vorlage- und Prüfungspflicht weitgehend dem Gegenstand einer Anordnung nach § 20 VAG, welche die Aufsichtsbehörde im Rahmen der laufenden Beaufsichtigung gegenüber Inhabern bedeutender Beteiligungen treffen kann.[19] 13

Gemäß **§ 22 S. 3 VAG** kann die Ermächtigung zum Erlass der Verordnung nach Satz 1 auf die BaFin übertragen werden. Von dieser **Subdelegationsbefugnis** hat das BMF im Rahmen von § 104 Abs. 6 VAG a. F. – nach der im Jahr 1994 geltenden Rechtslage noch gegenüber dem BAV[20] – Gebrauch gemacht.[21] Gemäß § 1a BaFinBefugV hat die BaFin die Rechtsverordnung im Benehmen mit den Aufsichtsbehörden der Länder zu erlassen. 14

§ 22 S. 4 VAG sieht vor, dass Rechtsverordnungen nach § 22 S. 1–3 VAG nicht der Zustimmung des Bundesrates bedürfen. 15

III. Verhältnis zu Parallelvorschriften im KWG. Im **Bankenaufsichtsrecht** ist eine vergleichbare Verordnungsermächtigung in §§ 2c, 24 Abs. 4 KWG geregelt. 16

Abschnitt 3. Geschäftsorganisation

Allgemeine Anforderungen an die Geschäftsorganisation

23 (1) [1] **Versicherungsunternehmen müssen über eine Geschäftsorganisation verfügen, die wirksam und ordnungsgemäß ist und die der Art, dem Umfang und der Komplexität ihrer Tätigkeiten angemessen ist.** [2] **Die Geschäftsorganisation muss neben der Einhaltung der von den Versicherungsunternehmen zu beachtenden Gesetze, Verordnungen und aufsichtsbehördlichen Anforderungen eine solide und umsichtige Leitung des Unternehmens gewährleisten.** [3] **Dazu gehören neben der Einhaltung der Anforderungen dieses Abschnitts insbesondere eine angemessene, transparente Organisationsstruktur mit einer klaren Zuweisung und einer angemessenen Trennung der Zuständigkeiten sowie ein wirksames unternehmensinternes Kommunikationssystem.**

[14] Vgl. Begr. RefE der BaFin zur 2. ÄnderungsVO InhKontrollV, S. 1. Zu den Auswirkungen der Verordnung auf die von dem Anzeigepflichtigen beizubringenden Informationen vgl. unter § 17 Rn. 26.

[15] §§ 104 Abs. 1 S. 3 VAG a. F. sah für den Fall des beabsichtigten Beteiligungserwerbs ebenfalls die Möglichkeit vor, in einer Rechtsverordnung allgemein oder als Einzelfallentscheidung eine entsprechende Vorlage- und Prüfungspflicht zu regeln. Im Unterschied zu § 22 S. 2 VAG beschränkte § 104 Abs. 1 S. 3 VAG a. F. diese Möglichkeit jedoch nicht auf unter Bundesaufsicht stehende Versicherungsunternehmen.

[16] Vgl. zu den Unterlagen gemäß § 9 Abs. 4 Nr. 2 lit. c und d VAG die Ausführungen bei § 20 Rn. 9. – Zur Kritik an der vergleichbaren Kostenregelung in § 20 VAG s. § 20 Rn. 11 f.

[17] Begr. VAG-RegE 2014, BT-Drs. 18/2956, 238.

[18] Begr. VAG-RegE 2014, BT-Drs. 18/2956, 238.

[19] Vgl. hierzu § 20 Rn. 9 f.

[20] Verordnung v. 7.9.1994, BGBl. 1994 I 2398.

[21] § 1a BaFinBefugV, eingefügt durch VO v. 14.5.2007, BGBl. I 993.

(2) **Der Vorstand sorgt dafür, dass die Geschäftsorganisation regelmäßig intern überprüft wird.**

(3) [1]**Die Unternehmen müssen schriftliche interne Leitlinien aufstellen; deren Umsetzung ist sicherzustellen.** [2]**Die Leitlinien müssen mindestens Vorgaben zum Risikomanagement, zum internen Kontrollsystem, zur internen Revision und, soweit relevant, zur Ausgliederung von Funktionen und Tätigkeiten machen.** [3]**Sie unterliegen der vorherigen Zustimmung durch den Vorstand und sind mindestens einmal jährlich zu überprüfen sowie bei wesentlichen Änderungen der Bereiche oder Systeme, auf die sie sich beziehen, entsprechend anzupassen.**

(4) **Die Unternehmen haben angemessene Vorkehrungen, einschließlich der Entwicklung von Notfallplänen, zu treffen, um die Kontinuität und Ordnungsmäßigkeit ihrer Tätigkeiten zu gewährleisten.**

(5) [1]**Die aufbau- und ablauforganisatorischen Regelungen sowie das interne Kontrollsystem sind für Dritte nachvollziehbar zu dokumentieren.** [2]**Die Dokumentation ist sechs Jahre aufzubewahren; § 257 Absatz 3 und 5 des Handelsgesetzbuchs ist entsprechend anzuwenden.**

(6) **Die Unternehmen haben einen Prozess vorzusehen, der es den Mitarbeitern unter Wahrung der Vertraulichkeit ihrer Identität ermöglicht, potenzielle oder tatsächliche Verstöße**

1. gegen dieses Gesetz,
2. gegen auf Grund dieses Gesetzes erlassene Rechtsverordnungen,
3. gegen die Verordnung (EU) Nr. 596/2014 des Europäischen Parlaments und des Rates vom 16. April 2014 über Marktmissbrauch (Marktmissbrauchsverordnung) und zur Aufhebung der Richtlinie 2003/6/EG des Europäischen Parlaments und des Rates und der Richtlinien 2003/124/EG, 2003/125/EG und 2004/72/EG der Kommission (ABl. L 173 vom 12.6.2014, S. 1),
4. gegen die Verordnung (EU) Nr. 1286/2014 des Europäischen Parlaments und des Rates vom 26. November 2014 über Basisinformationsblätter für verpackte Anlageprodukte für Kleinanleger und Versicherungsanlageprodukte (PRIIP) (ABl. L 352 vom 9.12.2014, S. 1, L 358 vom 13.12.2014, S. 50) in der jeweils geltenden Fassung

sowie etwaige strafbare Handlungen innerhalb des Unternehmens an eine geeignete Stelle zu melden.

Übersicht

Schrifttum: *Ballmaier*, Das Outsourcing von Risikomanagement, Compliance und interner Revision nach Solvency II, 2017 (im Druck); *Binder*, Organisationspflichten und das Finanzdienstleistungs-Unternehmensrecht: Bestandsaufnahme, Probleme, Konsequenzen, ZGR 2015, S. 667 ff.; *Bürkle*, Auswirkungen der Unternehmensaufsicht nach dem KWG auf organisatorische Pflichten von Versicherungsunternehmen, WM 2005, S. 1496 ff.; *Bürkle*, Die rechtliche Dimension von Solvency II, VersR 2007, S. 1595 ff.; *Bürkle*, Europarechtliche Vorgaben für die interne Governance im Versicherungssektor, WM 2012, S. 878 ff.; *Bürkle*, Aufsichtsbehördliche Anforderungen als Compliance-Maßstab?, in: Düsseldorfer Vorträge zum Versicherungsrecht 2015, 2016, S. 37 ff.; *Bürkle*, Auswirkungen aufsichtsbehördlicher Anforderungen nach § 23 Abs. 1 S. 2 VAG 2016 auf die Compliance in Versicherungsunternehmen, VersR 2016, S. 2 ff.; *Dreher*, Die ordnungsgemäße Geschäftsorganisation der Versicherungsgruppe nach Solvency II und VAG 2016, WM 2015, S. 649 ff.; *Dreher*, Vorsicht oder Umsicht als versicherungsaufsichtsrechtliche Pflicht der Unternehmensorgane?, WM 2017, 1825 ff.; *Gödeke*, Das (neue) Governance-System nach Solvency II, VersR 2010, S. 10 ff.; *Grote/Schaaf*, Zum Referentenentwurf der 10. VAG-Novelle zur Umsetzung der Solvency-II-Richtlinie in deutsches Recht, VersR 2012, S. 17 ff.; *Hasse*, Auswirkungen des Gesetzes zur Stärkung der Finanzmarkt- und Versicherungsaufsicht auf die Corporate Governance von Versicherungsunternehmen, VersR 2010, S. 18 ff.; *Korinek*, Der Weg zu Solvency II – Governance, Schlüsselfunktionen, Versicherungsrundschau 1–2/2015, S. 37 ff.; *Korus*, Governance-Systeme nach Solvency II, 2016; *Leyens/Schmidt*, Corporate Governance durch Aktien-, Bankaufsichts- und Versicherungsaufsichtsrecht, AG 2013, S. 533 ff.; *Louven/Raapke*, Aktuelle Entwicklungen in der Corporate Governance von Versicherungsunternehmen, VersR 2012, S. 257 ff.; *Ludwig*, Branchenspezifische Wirtschaftsaufsicht und Corporate Governance – Auswirkungen der Banken- und Versicherungsaufsicht auf den gesellschafts- und kapitalmarktrechtlichen Ordnungsrahmen, 2012; *Lütgerath*, Die Vorgaben zur ordnungsgemäßen Geschäftsorganisation im Bankaufsichtsrecht, 2016; *Merkelbach/Reinartz*, Gesamtverantwortung des Vorstands: Vier-Augen-Prinzip gemäß Solvency II als neue Kategorie zwischen Leitung und Geschäftsführung?, KSzW 2016, 249 ff.; *S. Saria*, Solvency II: Die Finanzmarktaufsicht kontrolliert die Effizienz und die Effektivität des Managements, Versicherungsrundschau 4/2015, S. 10 ff.; *Schaaf*, Risikomanagement und Compliance im Versicherungsunternehmen – aufsichtsrechtliche Anforderungen und Organverantwortung, 2010; *Sedlak*, Bankenaufsicht über Geschäftsorganisation, 2013.

1 **I. Allgemeines. 1. Entstehungsgeschichte.** § 23 VAG führt **teilweise § 64a VAG a. F.** fort.[1] Mit dieser Vorschrift hatte der deutsche Gesetzgeber die Forderung der Solva II-RL nach einer „ordnungsgemäßen Geschäftsorganisation“ mit Wirkung ab dem 1. Januar 2008 vorweggenommen.[2] Die BaFin hatte die damals neuen Standards durch das inzwischen aufgehobene Rundschreiben 3/2009 (VA) Aufsichtsrechtliche Mindestanforderungen an das Risikomanagement (MaRisk VA) ergänzt. Der Normgehalt von § 23 VAG sowie der folgenden Vorschriften beruht jedoch **überwiegend** auf der Pflicht, **die Solva II-RL in deutsches Recht umzusetzen**, auch wenn die Gesetzesbegründung im Abschnitt zur Geschäftsorganisation nur „inhaltlich eine Verfeinerung des bisherigen § 64a VAG a. F.“ sehen will.[3] § 23 Abs. 5 VAG soll dagegen unabhängig davon „die bisherige Regelung aus § 64a Abs. 3 VAG a. F. aufrecht erhalten“.[4]

2 § 23 Abs. 1 bis 5 VAG blieb im **Gesetzgebungsverfahren** in der Fassung des RegE **unverändert**.

3 § 23 VAG wurde durch das **Erste Finanzmarktnovellierungsgesetz (1. FiMaNoG) um Abs. 6 erweitert**.[5] Nach Art. 17 Abs. 1 1. FiMaNoG trat Art. 7 FiMaNoG mit der Einfügung von § 23 Abs. 6 Nr. 1 bis 3 VAG am 2.7.2016 in Kraft. § 23 Abs. 6 Nr. 4 VAG, dessen Einführung auf Art. 8 1. FiMaNoG beruht, trat dagegen nach Art. 17 Abs. 2 1. FiMaNoG erst am 31.12.2016 in Kraft. Mit § 23 Abs. 6 VAG setzt der Gesetzgeber Art. 32 Abs. 3 VO (EU) Nr. 596/2014, sog. Marktmissbrauchs-VO, um. Art. 2 Nr. 4 IDD-Umsetzungsgesetz[6] hat § 23 VAG um die neuen Absätze 1a–1d ergänzt. Sie haben das **unternehmensinterne Produktfreigabeverfahren** zum Gegenstand und treten am 23.2.2018 in Kraft.

4 Auch die in § 23 VAG geregelte Geschäftsorganisation betreffend hatte die **BaFin** am 1. Januar 2016 eine **„Auslegungsentscheidung zu den allgemeinen Governance-Anforderungen an Versicherungsunternehmen“** veröffentlicht. In ihr waren – wie in den EIOPA-LL Governance – allgemeine und spezielle Themen der Geschäftsorganisation angesprochen. Dabei übernahm die BaFin oft, aber ohne dies offenzulegen, zusätzliche Anforderungen an die Geschäftsorganisation, die sich systemwidrig nur in den Erläuterungen zu den EIOPA-LL Governance finden.[7] Mit dem am 1.2.2017 in Kraft getretenen Rundschreiben 2/2017 **„Mindestanforderungen an die Geschäftsorganisation von Versicherungsunternehmen (MaGo)“**, hat die BaFin neben fünf anderen AE auch die AE zu den allgemeinen Governance-Anforderungen an Versicherungsunternehmen aufgehoben.

5 **2. Normzweck.** § 23 Abs. 1 bis 5 VAG bildet die zentrale Eingangsnorm für die Regelungen zum Governance-System von Versicherungsunternehmen. Damit folgt die Norm ihrem europäischen Pendant des Art. 41 Solva II-RL. Dessen **Normzweck** liegt daher auch § 23 VAG zugrunde. **EG 29 Solva II-RL** sieht diesen darin, die Risiken eines Versicherungsunternehmens nicht nur quantitativ durch Solvenzkapitalanforderungen, sondern auch qualitativ durch Governance-Anforderungen zu bewältigen. Denn „manche Risiken werden (…) nur durch Governance-Anforderungen hinreichend angesprochen. Ein wirksames Governance-System ist daher sowohl für das angemessene Management eines Versicherungsunternehmens als auch für das Regulierungssystem unerlässlich.“

6 Der **deutsche Gesetzgeber** bestimmt vor diesem Hintergrund den Normzweck des gesamten 3. Abschnitts des VAG zur Geschäftsorganisation in teilweiser Wiederholung von EG 29 Solva II-RL wie folgt: „(…) zusätzliche Anforderungen an die Geschäftsorganisation (Governance) [scil.: sind] notwendig, die sicherstellen, dass das Unternehmen in geeigneter Weise aufgestellt ist, um alle seine Risiken zu erkennen und aktiv zu bewältigen. Ein wirksames Governance-System ist daher sowohl für die angemessene Führung eines Versicherungsunternehmens als auch für das Regulierungssystem unerlässlich.“[8]

7 Mit der späteren **Ergänzung von § 23 VAG um Abs. 6** wollte der Gesetzgeber europarechtlichen Vorgaben nachkommen. Wie schon im KWG sollten auch in allen anderen Gesetzen zur Beaufsichtigung von Finanzdienstleistungsunternehmen, also außer im VAG auch im KAGB und im BörsenG,

[1] Vgl. ausf. zu dieser Regelung *Dreher* VersR 2008, 998 ff.; *Dreher/Schaaf* WM 2008, 1765 ff.; *dies.* VersR 2009, 1151 ff.; *Schaaf* 2010; *Louven/Raapke* VersR 2012, 257, 261 ff.; FKBP/*Kaulbach* § 64a Rn. 8 ff.

[2] Neuntes Gesetz zur Änderung des Versicherungsaufsichtsgesetzes, BGBl. 2007 I, 3248 und dazu RegE BT-Drs. 16/6518, 1, 10, 15; vgl. zur Entwicklungsgeschichte der versicherungsaufsichtsrechtlichen Vorgaben zur Geschäftsorganisation ausf. *Binder* ZGR 2015, 667, 678 f., 685 f., 694 f.

[3] Begr. VAG-RegE 2014, BT-Drs. 18/2956, 238.

[4] Begr. VAG-RegE 2014, BT-Drs. 18/2956, 238.

[5] BGBl. 2016 I 1514, 1537.

[6] BGBl. 2017 I 2789, 2795; vgl. Einl. Rn. 71.

[7] Vgl. EIOPA Explanatory Text BoS-14/253 zu LL Governance.

[8] Begr. VAG-RegE 2014, BT-Drs. 18/2956, 238.

Regelungen zur **Einrichtung eines unternehmenseigenen Hinweisgebersystems für anonyme Meldungen zu Gesetzesverstößen von Mitarbeitern** durch die betroffenen Unternehmen verankert werden.

3. Europarechtlicher Hintergrund. Mit **§ 23 Abs. 1-5** VAG setzt der Gesetzgeber Art. 41 Solva II-RL um.[9] Art. 41 Solva II-RL ist die Einleitungsvorschrift zu dem Kapitel IV. Abschnitt 2 **„Governance-System" der Solva II-RL**. Er trägt die programmatische Überschrift „Allgemeine Governance-Anforderungen". § 23 Abs. 5 VAG geht allerdings über das in Art. 41 Solva II-RL Geforderte bewusst hinaus, um die frühere nationale Rechtslage „aufrecht zu erhalten".[10] 8

Auf **Level 2** enthalten vor allem EG 93 ff., Art. 258 bis 275 **Solva II-VO** für Einzelunternehmen und Art. 351 bis 353 Solva II-VO für Gruppen mit zentralisiertem Risikomanagement Konkretisierungen der Governance-Anforderungen nach der Solva II-RL. Art. 294 Solva II-VO rundet dies ab mit einer ausführlichen Regelung zu dem Bericht über Solvabilität und Finanzlage, soweit es um das Governance-System geht. 9

Weiteren Aufschluss zu Governance-Anforderungen wollen die **EIOPA-Leitlinien zum Governance-System**[11] geben. Insbesondere die Leitlinien 1 bis 8, 65 und 66 betreffen allgemeine Governance-Anforderungen. Der EIOPA-Final Report on Public Consultation Nr. 14/017 on Guidelines on system of governance vom 28. Januar 2015 enthält darüber hinaus einen **„explanatory text" zu den Governance-Leitlinien** im Umfang von 60 Seiten.[12] 10

Den europarechtlichen Hintergrund des nachträglich eingefügten **§ 23 Abs. 6 VAG** bilden für Nr. 3 die Verordnung (EU) Nr. 596/2014, d. h. Art. 32 Abs. 3 **Marktmissbrauchsverordnung**, und für Nr. 4 die Verordnung (EU) Nr. 1286/2014, d. h. Art. 28 Abs. 4 **PRIIP-Verordnung**.[13] 11

II. Geschäftsorganisation (Abs. 1). 1. Geschäftsorganisation und Governance. a) Begriff. Das **VAG** hält in § 23 an dem **Begriff der Geschäftsorganisation** fest, der im deutschen Versicherungs- und Bankaufsichtsrecht überkommen ist. Gleichzeitig und damit in vermeidbarer **Uneinheitlichkeit** verwendet der Gesetzgeber aber auch den **Begriff der Governance**. Dies gilt für § 45 Abs. 5 Nr. 8 VAG, die Überschrift zu § 275, § 278 und § 284 Abs. 2 VAG.[14] In der Begründung zum RegE-VAG 2014 setzt der Gesetzgeber diesen Begriff mit dem der Geschäftsorganisation ausdrücklich gleich.[15] 12

Nur ein solches **identisches Verständnis von Geschäftsorganisation und Governance** bringt das VAG und damit auch § 23 VAG in Übereinstimmung mit den europarechtlichen Vorgaben. Denn die Solva II-RL und die Solva II-VO kennen ausschließlich den Begriff der Governance bzw. des Governance-Systems oder der Governance-Anforderungen. 13

Inhaltlich wird der Begriff der Governance oft zusätzlich mit dem Wort „gut" versehen. So spricht z. B. EG 93 Solva II-VO davon, dass **„gute Governance** Voraussetzung für eine effiziente und solide Führung von Versicherungs- und Rückversicherungsunternehmen (scil.: ist) und zu den Kernelementen des Regulierungsrahmens" gehört. Der guten Governance im Sinne des europäischen Versicherungsaufsichtsrechts entspricht die Abbreviatur der **ordnungsgemäßen Geschäftsorganisation** im deutschen Versicherungsaufsichtsrecht. Beide Wendungen führen zu identischen Anforderungen und meinen jeweils das Vorhandensein einer den **rechtlichen Anforderungen entsprechenden Unternehmensführung**. Dass neben die **rechtlichen** Anforderungen zusätzlich weitreichende, aber nicht standardisierte und nicht anerkannt verallgemeinerungsfähige **betriebswirtschaftliche** Anforderungen treten und sowohl rechtliche als auch betriebswirtschaftliche Anforderungen erfüllt sein müssen, um von einer guten Unternehmensführung zu sprechen, versteht sich von selbst. In diesem Sinne ist das Governance-System, das in der **Säulenstruktur von Solvency II** zusammen mit der allgemeinen Versicherungsaufsicht die zweite Säule bildet, eng mit den Anforderungen an die Kapitalausstattung in der ersten Säule und an die Berichterstattung in der dritten Säule verflochten. Ohne eine ordnungsgemäße Geschäftsorganisation lassen sich die aufsichtsrechtlichen Anforderungen der anderen Säulen nicht erfüllen und umgekehrt. 14

Eine ordnungsgemäße Geschäftsorganisation setzt unter anderem eine entsprechende **Aufbau- und Ablauforganisation** voraus. Sie ist z. B. in § 23 Abs. 5 S. 1 VAG angesprochen. Das Verständnis dieser Begriffe im Versicherungsaufsichtsrecht entspricht dem in der allgemeinen betriebswirtschaftlichen Organisationstheorie. Das Versicherungsaufsichtsrecht prägt dieses Verständnis allerdings mit zwingenden Vorgaben zur Geschäftsorganisation.[16] Bei der Aufbauorganisation geht es um die institutionelle 15

[9] Begr. VAG-RegE 2014, BT-Drs. 18/2956, 238.
[10] Siehe oben Rn. 1.
[11] EIOPA BoS-14/253 DE.
[12] Vgl. dazu Einl. Rn. 64.
[13] Der Zeitpunkt des Inkrafttretens der PRIIP-VO wurde durch VO (EU) 2016/2340 ABl. EU 2016 L 354, 35 von 1.1.2017 auf 1.1.2018 verschoben.
[14] Ebenso die Begriffsverwendung in Begr. RegE-VAG 2014, BT-Drs. 18/2956, 238.
[15] Begr. RegE-VAG 2014, BT-Drs. 18/2956, 228 und 238; ebenso MaGo Nr. 5.
[16] Vgl. dazu §§ 23 ff. VAG; § 64a VAG a. F. und die früheren MaRisk VA vom 22.1.2009 enthielten bei 7.2 detailreiche Angaben zur Aufbau- und Ablauforganisation; vgl. dazu *Dreher* VersR 2008, 998, 1003 ff. und *Schaaf* S. 72 ff.

Organisation eines Versicherungsunternehmens, d. h. um die Festlegung eines Organisationsrahmens. Ihn bilden unternehmensindividuelle Vorgaben vor allem zu Organisationseinheiten und ihnen zugeordnete Stellen, Aufgaben, Zuständigkeiten, Befugnissen und Berichtswesen. In diesem strukturellen Rahmen wirkt dann die Ablauforganisation. Sie hat Arbeits- und Informationsprozesse zum Gegenstand.

16 **b) System.** Die **versicherungsaufsichtsrechtlichen Vorgaben** beziehen sich auf den Begriff des **Governance-Systems**. Während die europarechtlichen Regelungen diesen Begriff durchgehend verwenden, hat er im VAG mit § 45 Abs. 5 Nr. 8 nur Ausnahmecharakter. Der gesamte Abschnitt zur Geschäftsorganisation mit §§ 23 ff. VAG soll aber die Regelungen des Abschnitts zum Governance-System in Art. 41 ff. Solva II-RL umsetzen, die das Kapitel IX zum Governance-System mit Art. 258 ff. Solva II-VO ergänzt.

17 Das versicherungsaufsichtsrechtliche System erschließt sich leichter vor dem Hintergrund und im Vergleich mit dem **allgemeinen Governance-System**, wie es das deutsche Gesellschaftsrecht der Aktiengesellschaft in den zentralen Bereichen des Internen Kontrollsystems (IKS) und des Risikomanagementsystems (RMS) kennt. Dieses durch § 107 Abs. 3 AktG vorgegebene allgemeine Governance-System lässt sich **grafisch wie folgt** darstellen:[17]

Allgemeines Governance-System

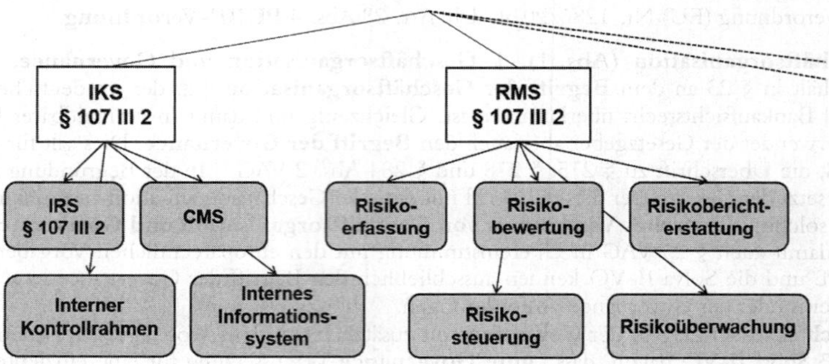

18 Aufgrund aufsichtsrechtlicher Vorgaben unterscheidet sich das **versicherungsaufsichtsrechtliche Governance-System** von dem allgemeinen Governance-System. Ersteres kennzeichnet insbesondere die Gleichstufigkeit von Risikomanagementsystem (einschließlich der Risikomanagementfunktion) und Internem Kontrollsystem (einschließlich Compliancefunktion) sowie der beiden anderen Schlüsselfunktionen interne Revision und Versicherungsmathematik. Diese Systematik folgt ohne weiteres aus Art. 44 bis 48 Solva II-RL. Art. 13 Nr. 29 der Richtlinie und ihm folgend § 7 Nr. 9 VAG beschreiben lediglich die Zugehörigkeit der vier Schlüsselfunktionen zum Governance-System. Ihre hierarchische Einordnung in dieses System folgt dagegen aus Art. 44 bis 48 Solva II-RL. Im Unterschied zu der deutschen versicherungsaufsichtsrechtlichen Rechtslage bis zum 31.12.2015 nach § 64a Abs. 1 S. 4 Nr. 3, Abs. 7 Nr. 3 VAG a. F., die das RMS als Zentralbegriff kannte, stellt das IKS im Solvency II-System keinen Teil des RMS mehr dar.[18]

19 Vor dem Hintergrund ergibt sich folgende **grafische Darstellung des versicherungsaufsichtsrechtlichen Governance-Systems** im Sinne von EG 29 f., Art. 13 Nr. 29, Art. 41 ff. Solva II-RL, Art. 258 ff. Solva II-VO und §§ 23 ff. VAG:[19]

---

[17] Vgl. ausf. dazu *Dreher/Hoffmann* ZGR 2016, 445, 465 ff., 487.

[18] So ausdrücklich auch Begr. VAG-RegE 2014, BT-Drs. 18/2956, 239.

[19] Soweit *Bürkle* WM 2012, 878, 881 eine „Governance-Architektur" mit den zwei Untergliederungen „Governance-System" – bestehend aus IKS sowie RMS – und „Governance-Funktionen" – bestehend aus den vier Schlüsselfunktionen – bildet, findet dies im Solvency II-System keine Grundlage, so schon *Heukamp* Das neue Versicherungsaufsichtsrecht nach Solvency II, 2016, § 3 Rn. 6 Fn. 10. Sehr unbefriedigend die Arbeit von *Korus* zum Thema „Governance-Systeme nach Solvency II" mit – auf der Grundlage einer defizitären Erfassung von Material und Literatur – zum Teil unzutreffenden Ausgangspunkten und einer inhaltlich und formal nicht überzeugenden, zum Teil widersprüchlichen und mit den Vorgaben des europäischen Versicherungsaufsichtsrechts nicht übereinstimmenden „Architektur des Governance-Systems" in den drei Ebenen „Aktivitätsbereiche", „Rollen und Zuständigkeiten" sowie „grundlegende Bausteine", nämlich „Governance-Funktionen und Governance-Prozesse".

Versicherungsaufsichtsrechtliches Governance-System

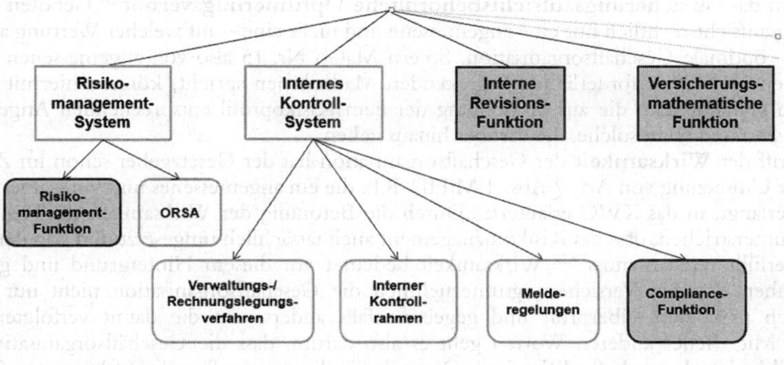

Wesentlich in diesem Zusammenhang ist, dass der nachfolgend anzusprechende **Grundsatz der unternehmerischen (Organisations-)Freiheit** nicht nur für § 23 VAG, sondern – wie der VAG-Gesetzgeber betont – „bei der Anwendung aller Vorschriften dieses Abschnitts besonders zu beachten" ist. Mithin gilt er **für die §§ 23 bis 33 VAG insgesamt.** 20

c) Unternehmerische Freiheit bei der Geschäftsorganisation. Bei der Ausgestaltung der Geschäftsorganisation geht es um Zuständigkeiten, Prozesse und Abläufe in einem Versicherungsunternehmen. Für sie gilt im Ausgangspunkt der **Grundsatz der unternehmerischen (Organisations-) Freiheit.**[20] Die **Solva II-RL** geht daher pars pro toto für die Regelungen zu den Unternehmensfunktionen in EG 31 davon aus, dass die Unternehmen „frei darüber entscheiden" können, „sofern in dieser Richtlinie nichts anderes bestimmt ist". Der Gesetzgeber des **VAG** hat dies mit folgenden Worten aufgegriffen: „Sofern sich aus dem Gesetz oder den delegierten Rechtsakten nicht etwas anderes ergibt, sind die Unternehmen frei in ihrer Entscheidung, wie sie eine Funktion in der Praxis organisieren."[21] 21

Die rechtlichen Regeln zur Geschäftsorganisation kennen entsprechend dem Grundsatz der Prinzipienorientierung des Aufsichtsrechts[22] zahlreiche **unbestimmte Rechtsbegriffe**. Dies gilt z. B. für das Erfordernis einer „wirksamen", „ordnungsgemäßen" oder „angemessenen" Geschäftsorganisation. Die Begriffe sind von den Normadressaten unternehmensbezogen zu konkretisieren. Dabei betonen Art. 41 Abs. 2 Solva II-RL und § 23 Abs. 1 VAG mit dem Zentralbegriff der Angemessenheit den **Grundsatz der Verhältnismäßigkeit**. Die Begründung zu § 23 Abs. 1 VAG fasst dies wie folgt: „Absatz 1 betont die Beachtung des Proportionalitätsgrundsatzes bei der Gestaltung der Geschäftsorganisation. Er ist bei der Anwendung aller Vorschriften dieses Abschnitts besonders zu beachten. Unternehmen sind in den Entscheidungen zu ihrer Organisation weitgehend frei, müssen aber die Einhaltung dieses Grundsatzes und der anderen genannten Ziele einer angemessenen Geschäftsorganisation sicherstellen. Außerdem sind die in diesem Gesetz vorgenommenen Zuständigkeitszuweisungen zu beachten."[23] 22

2. Materielle Anforderungen an die Geschäftsorganisation. a) Angemessen, wirksam und ordnungsgemäß (Abs. 1 S. 1). Mit § 23 Abs. 1 S. 1 VAG beginnend stellt der Gesetzgeber eine Reihe von materiellen Anforderungen an die Geschäftsorganisation. Nach S. 1 muss sie sowohl **„wirksam und ordnungsgemäß"** als auch „der Art, dem Umfang und der Komplexität ihrer Tätigkeiten (scil.: der Versicherungsunternehmen) **angemessen**" sein. 23

Das Kriterium der **Angemessenheit** entspricht in etwa der im Solvency II-System verbreiteten Formulierung für die Geltung des **Grundsatzes der Proportionalität oder der Verhältnismäßigkeit**, wie er allgemein in Art. 29 Abs. 3 und EG 18 S. 2 Solva II-RL sowie in § 296 VAG zum Ausdruck kommt. 24

Nach diesem Grundsatz lässt sich im Einzelfall durch Abstufungen in Umfang und Intensität der Anforderungen bei **kleineren Versicherungsunternehmen**[24] der stärkeren Einbindung des Vorstands in das operative Tagesgeschäft, der Größe und der Komplexität des Geschäfts sowie den begrenzten finanziellen und personellen Ressourcen Rechnung tragen.[25] Während sich für kleinere Versicherungsunternehmen so aus dem Proportionalitätsgrundsatz eine **Übermaßgrenze** ergibt, bildet eine ordnungsgemäße Geschäftsorganisation letztlich zugleich eine **Untermaßgrenze**. Die daraus folgenden Mindestanforderungen begrenzen daher auch die Anwendung des Proportionalitätsgrundsatzes. 25

[20] Vgl. dazu ausf. Einl. Rn. 139 ff. und z. B. *Dreher* VersR 2012, 933, 939 sowie *Bürkle* VersR 2016, 2, 6.
[21] VAG-RegE 2014, BT-Drs. 18/2956, 238.
[22] Vgl. dazu Einl. Rn. 105 ff.
[23] Begr. VAG-RegE 2014, BT-Drs. 18/2956, 239.
[24] Damit sind nicht „Kleine Versicherungsunternehmen" i. S. v. § 211 VAG gemeint, für die aber der Proportionalitätsgrundsatz erst recht – und z. T. schon in § 212 VAG zum Ausdruck kommend – gilt.
[25] So schon zu § 64a Abs. 5 VAG a. F. *Dreher* VersR 2008, 998, 1006 f. und *Schaaf* S. 161 ff.

26 Für **große Versicherungsunternehmen** kann der Proportionalitätsgrundsatz ebenfalls Bedeutung haben. Hier geht es außer um eine unternehmensindividuelle Angemessenheit der Geschäftsorganisation vor allem um das **versicherungsaufsichtsbehördliche Optimierungsverbot**.[26] Geboten ist nämlich versicherungsaufsichtsrechtlich nur eine angemessene und nicht eine – auf welcher Wertung auch immer beruhende – optimale Geschäftsorganisation. Sofern MaGo Nr. 15 also von angemessenen Strukturen und Prozessen und von erforderlichen begleitenden Maßnahmen spricht, können hiermit nur solche Maßnahmen gemeint sein, die zur Herstellung der dem Risikoprofil entsprechenden Angemessenheit erforderlich sind und nicht solche, die darüber hinaus gehen.

27 Den Begriff der **Wirksamkeit** der Geschäftsorganisation hat der Gesetzgeber schon im Zusammenhang mit der Umsetzung von Art. 7 Abs. 1 MiFID-RL, die ein angemessenes und wirksames Risikomanagement verlangt, in das KWG erläutert: „Durch die Betonung der Wirksamkeit des Risikomanagements wird unterstrichen, dass das Risikomanagement auch tatsächlich umgesetzt und von den Instituten mit Leben erfüllt werden muss."[27] Wirksamkeit bedeutet vor diesem Hintergrund und gemäß dem Wortsinn daher, dass ein Versicherungsunternehmen die Geschäftsorganisation nicht nur einrichtet, sondern auch praktiziert, überprüft und gegebenenfalls ändert, um die damit verfolgten Ziele zu erreichen.[28] Mit wieder anderen Worten geht es also darum, dass die Geschäftsorganisation **sowohl funktionsfähig ist als auch funktioniert**. Dies gilt für die unmittelbar darauf bezogene Zielbestimmung in § 23 Abs. 1 S. 2 VAG, aber auch für die übergeordneten Unternehmens- und – soweit vorhanden – Gruppenziele.

28 **„Ordnungsgemäß"** bildet den Zentralbegriff des VAG für die Anforderungen an die Geschäftsorganisation. Dies entspricht der Begriffsverwendung im VAG a. F. und auch den Begrifflichkeiten des Bankaufsichtsrechts mit § 25a KWG.[29] Die Solva II-RL kennt den auch im Folgenden als Abbreviatur für die materiellen Anforderungen an die Geschäftsorganisation verwendeten Begriff der Ordnungsmäßigkeit nur in dem speziellen Zusammenhang des Art. 246 Abs. 2 lit. b.

29 Bei den Attributen, mit denen das europäische und das deutsche Versicherungsaufsichtsrecht die Anforderungen an die Geschäftsorganisation kennzeichnen, herrscht eine verwirrende und nicht weiterführende **Begriffsvielfalt**.[30] Die Solva II-RL kennt für die Geschäftsorganisation nur die Begriffe der Angemessenheit und Wirksamkeit. Die Untermischung weiterer Begriffe oder deren Verwendung in wechselnden Kombinationen im VAG – vgl. nur §§ 30 Abs. 1, 58 Abs. 2 S. 1 VAG – führt jedenfalls nicht zu anderen, d. h. zusätzlichen oder modifizierten, Anforderungen an die Geschäftsorganisation. Die in **§ 23 Abs. 1 S. 1 VAG** verwendete **Begriffstrias** ist im Ergebnis dahingehend zu verstehen, dass eine Geschäftsorganisation wirksam im Sinne von **effektiv** und angemessen im Sinne von **verhältnismäßig** sein muss. Ist dies der Fall, ist die Geschäftsorganisation **zugleich ordnungsgemäß**.

30 **b) Legalitätspflicht (Abs. 1 S. 2 Hs. 1). aa) Grundlagen.** Die Geschäftsorganisation muss nach § 23 Abs. 1 S. 2 Hs. 1 VAG weiter gewährleisten, dass die „von den Versicherungsunternehmen zu beachtenden Gesetze, Verordnungen und aufsichtsbehördlichen Anforderungen" eingehalten werden. Diese Vorgabe an die Geschäftsorganisation lässt sich zusammenfassend als **Verpflichtung auf das Legalitätsprinzip** bezeichnen.

31 Art. 40 Solva II-RL postuliert „die **letztendliche Verantwortung" der Unternehmensorgane** von Versicherungsunternehmen „für die Einhaltung der gemäß dieser Richtlinie erlassenen Rechts- und Verwaltungsvorschriften". Darin liegt zum einen eine Ausschnittsregelung, indem sie sich nur auf Solvency II-Umsetzungsrecht bezieht. Zum anderen hat die Anordnung lediglich deklaratorischen Charakter. Denn jedes Mitglied jedes Unternehmensorgans ist – wie nachfolgend auszuführen ist – ohnehin schon de lege lata auf das Legalitätsprinzip verpflichtet. Der deutsche Gesetzgeber konnte für die Richtlinienvorgabe daher von einer eigenen Umsetzungsnorm absehen.[31]

32 **bb) Gesetze und Verordnungen.** Die Beachtung von **Gesetzen sowie Verordnungen** – dazu zählt auch die unmittelbar geltende Solva II-VO – und damit die Einhaltung des Legalitätsprinzips gehört, wie zuvor ausgeführt, ohnehin zu den Pflichten jedes Organmitglieds – und dies auch ohne besonderen Zusammenhang mit der Geschäftsorganisation. Denn jedes Organmitglied hat bei der Leitung der Gesellschaft gemäß § 76 Abs. 1 AktG nach dem allgemeinen Legalitätsprinzip im Rahmen seiner Sorgfaltspflichten nach §§ 93 Abs. 1, 116 AktG die auch für andere Rechtsformen von Ver-

[26] Vgl. dazu ausf. Einl. Rn. 146 ff.
[27] Begr. RegE Finanzmarkt-Richtlinie-UmsetzungsG, BT-Drs. 16/4028, 95.
[28] So schon *Bürkle* WM 2012, 878, 881.
[29] Vgl. dazu z. B. *Dreher* WM 2015, 649, 655 ff.; *Bürkle* WM 2005, 1496 ff.; *Leyens/Schmidt* AG 2013, 533 ff.; *Sedlak* Bankenaufsicht über Geschäftsorganisation, 2013; *Paetzmann/Schöning* (Hrsg.) Corporate Governance von Kreditinstituten, 2014; zur systematisierenden Entwicklung der Organisationspflichten *Binder* ZGR 2015, 667, 672 ff. und schon *ders.* ZGR 2013, 760 ff. sowie *Lütgerath*, S. 91 ff.
[30] Ausf. schon *Dreher* WM 2015, 649, 653, 657.
[31] So auch *Ballmaier* 4. Teil B. I. 3. und schon *Dreher* WM 2016, 1317, 1319.

sicherungsunternehmen als die AG gelten, für ein gesetzmäßiges Handeln des Unternehmens zu sorgen und sich selbst rechtmäßig zu verhalten.[32]

Zu diesen Gesetzen gehört insbesondere das **Aktiengesetz** als das allgemeine Gesellschaftsrecht, das auch für die Versicherungs-AG und zu großen Teilen den VVaG gilt. So entspricht etwa die bei Versicherungsunternehmen noch immer beobachtbare Praxis, entgegen § 118 Abs. 3 S. 1 AktG Hauptversammlungen von 100%-Tochtergesellschaften ohne die Aufsichtsratsmitglieder – zum Teil sogar ohne Vorstandsmitglieder – abzuhalten, nicht dem Legalitätsprinzip. Von Seiten der Praxis vorgebrachte Zeit- und Kostengründe offenbaren ein à la carte-Verständnis des Legalitätsprinzips. Hinzu kommt, dass hinter der Anwesenheitspflicht von Aufsichtsratsmitgliedern bei Hauptversammlungen Rechtsgründe stehen, das Versicherungsaufsichtsrecht im Rahmen der Fit-and-proper-Aufsicht nach § 24 VAG Legalitätsdefizite erfasst und bei den Organmitgliedern eine ausreichende zeitliche Verfügbarkeit voraussetzt. 33

cc) „Aufsichtsbehördliche Anforderungen". (1) Verwaltungsakte der BaFin. Fraglich ist allerdings, welche Verbindlichkeit die in der Begründung zu § 23 Abs. 1 VAG ebenfalls angeführten „**aufsichtsbehördlichen Anforderungen**" für die Normadressaten des § 23 Abs. 1 VAG haben. Soweit es dabei um **Verwaltungsakte** geht, steht deren grundsätzliche **Verbindlichkeit** für die Betroffenen ebenso wie die von Gesetzen oder Verordnungen außer Frage. 34

(2) Leitlinien und Empfehlungen von EIOPA. Die Begründung zu § 23 Abs. 1 VAG gibt mit folgenden Worten **eine extrem weite Definition** der „aufsichtsbehördlichen Anforderungen": „Zu den aufsichtsbehördlichen Anforderungen, deren Beachtung sicherzustellen ist, gehören nicht nur aufsichtsbehördliche Anordnungen wie Verwaltungsakte und Sammelverfügungen, sondern insbesondere auch **Leitlinien der Europäischen Aufsichtsbehörde** für das Versicherungswesen und die betriebliche Altersversorgung sowie **Grundsätze und Auslegungen**, zu deren Einhaltung sich die Aufsichtsbehörde verpflichtet hat."[33] 35

EIOPA kann nach Art. 8 Abs. 2 lit. c in Verbindung mit Art. 16 EIOPA-VO **Leitlinien und Empfehlungen** herausgeben. Sie sind zwar nach Art. 16 Abs. 2 der Verordnung an „die zuständigen Behörden und Finanzinstitute" gerichtet. Primär verpflichtet sind daraus ausweislich EG 25, 28 und Art. 16 EIOPA-VO die **nationalen Aufsichtsbehörden**. Nur für die Nichtbefolgung durch nationale Aufsichtsbehörden, nicht aber für eine solche durch Versicherungsunternehmen besteht daher eine Veröffentlichungsbefugnis von EIOPA.[34] 36

Versicherungsunternehmen selbst müssen nach Art. 16 Abs. 3 UAbs. 4 EIOPA-VO nur unter bestimmten Voraussetzungen erklären, ob sie EIOPA-Leitlinien oder EIOPA-Empfehlungen nachkommen. Und nur nach Art. 17 Abs. 6 UAbs. 1, 18 Abs. 4, 19 Abs. 4, 21 Abs. 4 EIOPA-VO kann EIOPA Maßnahmen gegen ein Versicherungsunternehmen ergreifen. Vor allem aber hindert schon die EU-primärrechtliche Lage jede Verbindlichkeitswirkung von Empfehlungen und Leitlinien. Für Erstere ordnet nämlich Art. 288 Abs. 5 AEUV ausdrücklich die Unverbindlichkeit an. Und für Letztere fehlt es schon im Hinblick auf das unionsrechtliche Prinzip der begrenzten Einzelermächtigung und das Fehlen einer solchen Handlungsform im Primärrecht an entsprechenden Rechtswirkungen.[35] EIOPA selbst betont z. B. in EIOPA-LL Governance unter 1.1., dass es sich dabei um „an die zuständigen nationalen Behörden gerichtete Leitlinien" handelt. **Leitlinien sowie Empfehlungen von EIOPA** sind daher im Verhältnis zu den Versicherungsunternehmen **unverbindlich**.[36] 37

Gerade, aber nicht nur im Zusammenhang mit den EIOPA-LL Governance kommt noch ein grundlegendes, praktisch bedeutsames **Fehlverständnis der Aufgabe von EIOPA** hinzu. Leitlinien sind Mittel, um die unter anderem in Art. 71 Solva II-RL als Ziel vorgegebene „aufsichtliche Konvergenz" in den Mitgliedstaaten zu erreichen. Sie sollen daher die Anwendung der nationalen Umsetzungsgesetze zu der Solva II-RL und der Solva II-VO „leiten". **Leitlinien müssen** daher die jeweiligen **Rechtsgrundlagen zu den einzelnen Leitlinien benennen**, um die nationalen Aufsichtsbehörden und mittelbar – im Rahmen der versicherungsaufsichtsrechtlich vielfach erforderlichen Selbsteinschätzung – die Normadressaten leiten zu können. Eine solche Orientierung bieten aber z. B. die EIOPA-LL Governance nicht. In dem meist wortlautidentischen Entwurf vom Oktober 2013 waren die einschlägi- 38

[32] Vgl. dazu z. B. *BGH* Urt. v. 20.9.2011 – II ZR 234/09 Tz. 18, NZG 2011, 1271; *Dreher* FS Konzen, 2006, 85, 92 ff.; *Thole* ZHR 173 (2009), 504 ff.; *Verse* ZHR 175 (2011), 401, 403 ff.; *Rieger* Die aktienrechtliche Legalitätspflicht des Vorstands, 2012; *Holle* Legalitätskontrolle im Kapitalgesellschafts- und Konzernrecht, 2014.

[33] Begr. VAG-RegE 2014, BT-Drs. 18/2956, 239.

[34] Vgl. dazu *Sasserath-Alberti/Hartig* VersR 2012, 524, 530 f.

[35] Vgl. z. B. *Gurlit* ZHR 177 (2013), 862, 875.

[36] So die ganz h. M., vgl. z. B. *Bürkle* VersR 2016, 2, 4; *Dreher* VersR 2012, 933, 936; *Sasserath-Alberti/Hartig* VersR 2012, 524, 530, 535; *Wandt/Gal* in: Dreher/Wandt 2013, S. 147, 166 f.; *Gal* ZVersWiss 2013, 325; *Weber-Rey/Horak* WM 2013, 721, 724; *Wörner*, Rechtlich weiche Verhaltenssteuerungsformen Europäischer Agenturen als Bewährungsprobe der Rechtsunion, 2017, S. 159 ff. und zu den ESMA-Leitlinien *Frank* ZBB 2015, 213, 215 f. sowie allgemein *Gurlit* ZHR 177 (2013), 862, 876; a. A. z. B. *Korinek* Versicherungsrundschau 1–2/2015, 37, 38 (im Original zusätzlich mit Fettdruck): „Leitlinien enthalten verpflichtende Auslegungen nationalen Rechts!". Vgl. zum Ganzen auch die Kommentierung zu Art. 16 EIOPA-VO.

gen Rechtsgrundlagen noch jeweils angeführt. Diese Verweise sind in der endgültigen Fassung der Leitlinien fast sämtlich bewusst gestrichen, obwohl es um die Auslegung und Anwendung des europäischen Versicherungsaufsichtsrechts und damit konkreter Regelungen geht. Schon zur (Selbst-)Kontrolle von EIOPA ist dringend geboten, dass die Leitlinien an konkrete Rechtsregeln anknüpfen. Das gegenwärtige Leitliniensystem belegt dagegen eine Tendenz zu einer schleichenden, für Nicht-Experten kaum erkennbaren Selbstbegründung einer Kompetenz-Kompetenz durch EIOPA. Das Beispiel der Leitlinie 9 und 10 zum Vergütungsrecht zeigt dies deutlich. Denn dazu könnte EIOPA keine Norm in der Solva II-RL anführen, weil es eine solche nicht gibt.[37] In der absichtlichen Tilgung der konkreten primär- oder sekundärrechtlichen Vorschriften, auf denen EIOPA-LL beruhen sollen, kommt also das Fehlverständnis von EIOPA zu dem Verhältnis des europäischen Gesetzgebers als Rechtssetzer und der europäischen Aufsichtsbehörde als Rechtsanwender zum Ausdruck.

39 **Rechtswirkungen** entfalten Empfehlungen und Leitlinien von EIOPA nur in zwei Richtungen: **zum einen innerhalb des Systems der Aufsichtsbehörden**, d. h. im Verhältnis von EIOPA zu nationalen Aufsichtsbehörden. Und dies auch nur im Rahmen der rechtlichen Vorgaben der EIOPA-VO. Die Rechtswirkungen von Empfehlungen und Leitlinien erschöpfen sich aber auch dann darin, dass jene nach Art. 16 Abs. 3 EIOPA-VO die Befolgung oder – dann mit Begründung – die Nichtbefolgung erklären müssen. Rechtsfolge davon ist wiederum die Veröffentlichung des „non comply" durch EIOPA, nicht aber eine gleichwohl eintretende Verbindlichkeit. § 329 Abs. 1 S. 2 VAG geht infolgedessen zutreffend davon aus, dass die BaFin die Empfehlungen und Leitlinien von EIOPA nur „soweit wie möglich berücksichtigt". Im Ergebnis haben daher weder Empfehlungen noch Leitlinien von EIOPA gegenüber nationalen Versicherungsaufsichtsbehörden per se eine bindende Rechtswirkung.

40 **Zum anderen** können Empfehlungen und Leitlinien von EIOPA **Rechtswirkungen auch im Verhältnis von Aufsichtsbehörden zu Versicherungsunternehmen** haben. Dabei geht es um die **Selbstbindung** der Versicherungsaufsichtsbehörden durch den Erlass von Leitlinien bzw. entsprechenden comply-Erklärungen nach Art. 16 Abs. 3 UAbs. 2 EIOPA-VO. Daraus und auf der Grundlage des rechtlich gebotenen Vertrauensschutzes der Versicherungsunternehmen sowie einer rechtlichen Selbstbindung der Aufsichtsbehörde ergibt sich für Versicherungsunternehmen, die Empfehlungen oder Leitlinien von EIOPA befolgen, ein sogenannter safe harbour.[38] Versicherungsunternehmen, die die unverbindlichen EIOPA-Leitlinien befolgen, sind daher nicht Adressaten aufsichtsrechtlicher Maßnahmen. In diesem Sinne, aber auch nur in diesem Sinne, ist die verbreitete Annahme, EIOPA-Leitlinien hätten **faktische Bindungswirkung**, gerechtfertigt.

41 Dagegen suggeriert der in der Literatur ebenfalls verwendete Begriff der **Befolgungsobliegenheit**[39] im Verhältnis zu EIOPA-Leitlinien, dass es im Ergebnis doch um eine Rechtspflicht, wenn auch von minderer Zwangsintensität im Sinne eines Verschuldens gegenüber sich selbst gehe. Dies verkennt, dass der Vorstand eines Versicherungsunternehmens zunächst prüfen muss, ob die Befolgung einer EIOPA-Leitlinie im Unternehmensinteresse liegt oder nicht. Eine monokausale Befolgungsobliegenheit, deren Einhaltung Teil des auch nach § 23 Abs. 1 S. 2 Hs. 1 VAG geltenden Legalitätsprinzips wäre, gibt es rechtlich nicht.[40]

42 **(3) Grundsätze und Auslegungsentscheidungen der BaFin.** Zu den aufsichtsbehördlichen Anforderungen im Sinne von § 23 Abs. 1 S. 2 VAG zählt die Gesetzesbegründung – wie bereits ausgeführt – ausdrücklich auch „**Grundsätze und Auslegungen**, zu deren Einhaltung sich die Aufsichtsbehörde verpflichtet hat." Damit sind z. B. die seit 1.1.2016 an die Stelle der früheren Rundschreiben getretenen[41] und auf § 318 Abs. 2 S. 1 Nr. 2 VAG gründenden „**Auslegungsentscheidungen" und MaGo der BaFin** in Bezug genommen. So sollen z. B. die MaGo nach Nr. 3 und 4 einen „Anwendungsbereich" haben, in den fast alle, im Einzelnen näher bezeichneten Versicherungsunternehmen und -gruppen fallen. Mit anderen Worten geht die BaFin davon aus, dass die Betroffenen in Übereinstimmung mit diesen Vorgaben handeln. Die gewollte Verbindlichkeit kommt nach dem Motto „nomen est omen" bereits in den Bezeichnungen als „Entscheidung" oder „Mindestanforderung" zum Ausdruck. Leider fehlt dann aber bei den einzelnen Auslegungen in der Regel ein Verweis auf den jeweils ausgelegten konkreten Gesetzes- oder Verordnungs-Tatbestand bzw. die jeweils einschlägigen Tatbestandsmerkmale.

43 Auf Grund des **Vertrauensschutzes der Versicherungsunternehmen als Adressaten** und der mit der Veröffentlichung von Verlautbarungen als norminterpretierenden Verwaltungsvorschriften verbun-

---

[37] Vgl. ausf. die Erläuterungen zu § 25 VAG.

[38] Ausf. am Beispiel der ESMA-Leitlinien *Frank* ZBB 2015, 213, 217 ff.

[39] Vgl. *Frank* ZBB 2015, 213, 220; ausf. *ders.* Die Rechtswirkungen der Leitlinien und Empfehlungen der Europäischen Wertpapier- und Marktaufsichtsbehörde, 2012, S. 172 ff.

[40] A. A. *Armbrüster* r+s 2015, 425, 429, der von den „aufsichtsbehördlichen Anforderungen" nach § 23 Abs. 1 S. 2 VAG „auch diejenigen der EIOPA erfasst" ansieht und daher nicht nur eine Befolgungsobliegenheit, sondern sogar eine Befolgungspflicht im Sinne des Legalitätsprinzips postuliert.

[41] A. A. *Gurlit* ZHR 177 (2013), 862, 893, die bei Auslegungsentscheidungen anders als bei Rundschreiben einen konkreten Fallbezug annimmt.

denen **Selbstbindung der BaFin**[42] würden sie die in der Begründung zu § 23 Abs. 1 S. 2 Hs. 1 VAG genannten **Kriterien für „aufsichtsbehördliche Anforderungen" erfüllen**. Konsequent hätten die Mitglieder der Unternehmensorgane, insbesondere die Mitglieder des Vorstands eines Versicherungsunternehmens, auch die Einhaltung sämtlicher Solvency II-bezogener BaFin-Auslegungsentscheidungen und ähnlicher BaFin-Verlautbarungen zu gewährleisten. Diese Pflicht würde als Konkretisierung des Legalitätsprinzips und damit der organschaftlichen Sorgfaltspflicht nach §§ 93, 116 AktG zugleich **haftungsrelevant**.[43]

Soweit ersichtlich bejaht entgegen der allgemeinen Rechtsauffassung nur eine einzelne Literaturstimme eine solche Pflichtigkeit der Mitglieder von Unternehmensorganen gegenüber BaFin-Rundschreiben wie den zum 1.1.2016 aufgehobenen MaRisk VA.[44] Eine solche These war und ist – jetzt sub specie § 23 Abs. 1 S. 2 Hs. 1 VAG bezogen z. B. auf die neuen Auslegungsentscheidungen der BaFin (AE) und die MaGo – abzulehnen und wurde inzwischen selbst in einer Gesetzesbegründung zum Bankaufsichtsrecht abgelehnt.[45] **BaFin-Verlautbarungen** sind für Versicherungsunternehmen **unverbindliche Meinungsäußerungen**. Der VGH Kassel hatte schon zu dem Rundschreiben MaIR ausdrücklich ausgeführt, dass „es sich lediglich um die Kundgabe einer Rechtsauffassung der Beklagten handelt."[46] Die BaFin-Verlautbarungen binden die Versicherungsunternehmen nicht. Sie haben auch sonst im Außenverhältnis – jenseits der Begründung von Vertrauensschutz – keine Rechtswirkungen.[47] Sie sind in den Worten des BVerfG „Gegenstand, nicht jedoch Maßstab gerichtlicher Kontrolle".[48] Sie zählen daher entgegen der Gesetzesbegründung auch nicht zu den „aufsichtsbehördlichen Anforderungen" im Sinne von § 23 Abs. 1 S. 2 Hs. 1 VAG.[49] **44**

In der **Praxis des Versicherungsaufsichtsrechts** haben aufsichtsbehördliche Anforderungen z. B. in Form von EIOPA-LL und BaFin-AE oder MaGo trotz ihrer rechtlichen Unverbindlichkeit eine **übergroße faktische Bedeutung**. Denn die Aufsichtsadressaten spüren den aufsichtlichen Befolgungsdruck und haben – außer in Grenzfällen – keinen Anreiz, die rechtlichen Grenzen aufsichtsbehördlichen Handelns zu klären und dabei zudem den favor iudicis bei den Aufsichtsbehörden zu verlieren. Dies resultiert regelmäßig in vorauseilenden Gehorsam gegenüber allen aufsichtsbehördlichen Anforderungen selbst bei überschießenden Tendenzen und einer aufsichtlichen Ersatzgesetzgebung. Unverkennbar ist daher seit längerem eine Tendenz zu einem „**selbst geschaffenen Recht der Aufsichtsbehörden**".[50] Pars pro toto steht dafür die folgende Angabe in der BaFin-Konsultation 04/2016 zu dem Merkblatt zur fachlichen Eignung und Zuverlässigkeit von Mitgliedern von Verwaltungs- und Aufsichtsorganen gemäß VAG bei I. 3. c.: „Rechtsgrundlagen: Technischer Anhang zu den EIOPA-Leitlinien zum Governance-System". **45**

c) „Solide und umsichtige Leitung des Unternehmens" (Abs. 1 S. 2 Hs. 2). aa) Vorsicht und Umsicht. § 23 Abs. 1 S. 2 Hs. 2 VAG fordert weiter, dass die Geschäftsorganisation eine **solide und umsichtige** Leitung des Unternehmens gewährleistet. Dies nimmt die Forderung in Art. 41 Abs. 1 UAbs. 1 und Art. 42 Abs. 1 lit. a Solva II-RL auf, dass das Governance-System „ein solides und vorsichtiges Management des Geschäfts gewährleistet". Die Ersetzung des Begriffs „vorsichtig" durch den Begriff „umsichtig" bei der Umsetzung der Richtlinienvorgaben ist rechtlich zutreffend. Denn die Solva II-RL und die Solva II-VO benutzen an zahlreichen Stellen statt der Wendung „**solide und vorsichtig**" selbst die Wendung „solide und umsichtig" in Bezug auf die Unternehmensleitung. Dies gilt etwa für Art. 24 Abs. 1 UAbs. 2, Art. 59 Abs. 1 Hs. 1, Art. 62 Abs. 1 S. 1 und Art 236 lit. b **46**

[42] Vgl. dazu schon Einl. Rn. 82 und z. B. *Dreher/Häußler* ZGR 2011, 471, 506 ff. und ausf. *Fekonja* BaFin-Verlautbarungen, 2014, S. 167 ff.

[43] Die grundsätzlich fehlende Haftungsrelevanz der aufsichtsbehördlichen Auslegungen gilt in beiden Richtungen. Die Befolgung einer unverbindlichen Rechtsansicht der Aufsichtsbehörde allein kann daher ein Organmitglied eines Versicherungsunternehmens haftungsrechtlich auch nicht entlasten, vgl. *Dreher/Häußler* ZGR 2011, 471, 497 f., wonach die Beachtung aufsichtsbehördlicher Rechtsansichten aber einen versicherungsaufsichtsrechtlichen safe harbour bildet, wenn die zuständigen Organe ihre Entscheidungen unternehmensspezifisch und in Würdigung der Unverbindlichkeit der aufsichtsbehördlichen Auslegungen treffen. Ausf., aber versicherungsunspezifisch zu safe harbors als Regulierungsinstrument *Augschill* „Safe harbor"-Regelungen 2016, S. 172 ff.

[44] *Michael* FG König, 2014, S. 269, 273 ff.; *ders.* Düsseldorfer Verträge zum Versicherungsrecht, 2012, S. 1, 9 und schon *ders.* VersR 2010, 141 ff.

[45] Vgl. Begr. RegE Abwicklungsmechanismusgesetz (AbwMechG) § 25a KWG BT-Drs. 18/5009, 73: „Die nähere Konkretisierung dieser gesetzlichen Anforderungen erfolgt bislang durch die MaRisk (BA). Die MaRisk haben als Rundschreiben jedoch keinen Rechtsnormcharakter. Sie können daher direkt weder als Grundlage für Verwaltungsakte noch für die Verhängung von Bußgeldern herangezogen werden."

[46] *VGH Kassel* WM 2007, 392, 393; ebenso *VG Frankfurt a. M.* VersR 2012, 358, 360: „bloße Meinungsäußerung einer Verwaltung"; ähnlich österr. Verwaltungsgerichtshof vom 30.1.2015 – VwGH Ra 2014/02/0116 zu „FMA – Mindeststandards für die interne Revision".

[47] So z. B. schon *Dreher/Schaaf* VersR 2009, 1151; *Dreher/Häußler* ZGR 2011, 471, 496 ff.; *Bürkle* VersR 2009, 866, 868; *Armbrüster* VersR 2009, 1293, 1297; *Wolf* VersR 2013, 678, 684; *Leyens/Schmidt* AG 2013, 533, 535; *Leyens* AcP 215 (2015), 611, 635; *Bührle* Unternehmerische Gestaltungsfreiheit versus aufsichtsrechtliche Regulierung 2016, S. 102 ff.

[48] *BVerfG* Beschl. v. 31.5.1988 – 1 BvR 520/83, BVerfGE 78, 214 sowie ausf. *Gurlit* ZHR 177 (2013), 862, 895 ff.

[49] Ausf. *Bürkle* VersR 2016, 2, 5 ff.

[50] Näher Einl. Rn. 82.

Solva II-RL. Hinzu kommt, dass sich das europäische Recht in anderen Amtssprachen mit z. B. den Worten „prudent management" oder „gestion saine et prudente" eindeutig auf ein umsichtiges und nicht auf ein vorsichtiges Verhalten bezieht. Das in Art. 41 Abs. 1 UAbs. 1 Solva II-RL verwendete Vorsichtskriterium ist im Ergebnis also gleichbedeutend mit dem Kriterium der Umsicht. Und eine umsichtige Leitung des Versicherungsunternehmens gehört ohnehin zu den gesellschaftsrechtlichen Sorgfaltspflichten der Unternehmensorgane. Die solide und umsichtige Leitung eines Versicherungsunternehmens bedeutet daher **nichts anderes als die Erfüllung der Pflicht** nach § 93 Abs. 1 S. 1 AktG, das Unternehmen mit der „**Sorgfalt eines ordentlichen und gewissenhaften Geschäftsleiters**" zu leiten.

47 **bb) Kein allgemeines Vorsichtsprinzip mit Ausstrahlung auf die Organhaftung.** Vor dem Hintergrund **strahlt § 23 Abs. 1 S. 2 Hs. 2 VAG** entgegen abweichenden Literaturstimmen[51] mit der Forderung nach einer soliden und umsichtigen Leitung eines Versicherungsunternehmens **nicht modifizierend auf die gesellschaftsrechtlichen Anforderungen an die Sorgfalt bei der Leitung eines Versicherungsunternehmens** aus.[52] Die auch für andere Rechtsformen eines Versicherungsunternehmens geltenden §§ 76 Abs. 1, 93 Abs. 1, 116 AktG verlangen vom Vorstand, die Gesellschaft „unter eigener Verantwortung zu leiten", und von allen Organmitgliedern, bei der Tätigkeit „die Sorgfalt eines ordentlichen und gewissenhaften" Organmitglieds anzuwenden. Ein **besonderes Vorsichtsprinzip gilt für die Leitung der Gesellschaft und die Aufsicht über sie nicht**. Es folgt entsprechend dem zuvor zu der europarechtlichen Begriffswelt Ausgeführten auch nicht aus den Solvency II-Vorgaben, die teilweise, aber nur in der deutschen Sprachfassung und in gleichzeitiger Verwendung des Terminus „umsichtig", den Begriff der „Vorsicht" zu einer Governance-Anforderung erklären.

48 **cc) Kein spezielles Vorsichtsprinzip bei besonderen versicherungsaufsichtsrechtlichen Anforderungen an die Geschäftsorganisation.** Die **allgemeine Sorgfaltspflicht** nach §§ 93 Abs. 1 S. 1, 116 S. 1 AktG mit dem Kriterium der „Sorgfalt eines ordentlichen und gewissenhaften Geschäftsleiters" bleibt für Mitglieder von Vorständen und infolge der „sinngemäßen Anwendung" für Mitglieder von Aufsichtsräten bei Versicherungsunternehmen von der teilweisen Bezugnahme auf das Kriterium der Vorsicht im europäischen Versicherungsaufsichtsrecht also **unberührt**. Neben die beiden Kriterien „ordentlich" und „gewissenhaft" tritt nicht ein drittes Kriterium im Sinne eines auch „vorsichtigen" Geschäftsleiters.

49 Fraglich ist, ob dies auch gilt, wenn das VAG ausdrücklich ein **vorsichtiges Geschäftsgebaren in Einzeltatbeständen** von dem Vorstand eines Versicherungsunternehmens fordert. Dies ist z. B. der Fall nach § 75 Abs. 1 S. 2 VAG bei der Bildung von Rückstellungen, nach § 90 Abs. 3 S. 1 VAG bei der Bestimmung ergänzender Eigenmittel und vor allem für die am „Prinzip der unternehmerischen Vorsicht" auszurichtende Kapitalanlage nach § 124 Abs. 1 S. 1 VAG. Bei allen diesen Regelungen, die Vorgaben der Solva II-RL umsetzen, zeigt ein Vergleich mit anderen Sprachfassungen der Richtlinie ebenfalls, dass dort das entsprechende Wort für „Umsicht" und nicht für „Vorsicht" verwendet ist. Dies und die – wie bereits ausgeführt – in sich nicht stringente Verwendung des Wortes „Vorsicht" in der deutschen Sprachfassung der Richtlinie sowie der Solva II-VO zeigen, dass der Begriff auch in speziellen VAG-Regelungen **im Sinne der „Umsicht" zu verstehen** ist.

50 Die einzelnen **speziellen** versicherungsaufsichtsrechtlichen **Anforderungen** an die Geschäftsorganisation, wie sie vor allem in §§ 23 ff. VAG und Art. 258 ff. Solva II-VO enthalten sind, **konkretisieren** also zwar mit ihren Tatbestandsmerkmalen die **Sorgfaltspflicht eines ordentlichen und gewissenhaften Vorstands- oder Aufsichtsratsmitglieds von Versicherungsunternehmen**. Nur insofern strahlt das Versicherungsaufsichtsrecht auf das allgemeine Gesellschaftsrecht aus und modifiziert die dort geltenden Anforderungen im Sinne des Vorrangs des lex specialis.[53] Auf den Sorgfaltsmaßstab bei der Erfüllung des jeweiligen Tatbestands wirkt sich der darin enthaltene Begriff der Vorsicht allerdings nicht anforderungserhöhend aus. Daher bleibt es auch im Fall von speziellen aufsichtsrechtlichen Tatbeständen bei der generellen Anforderung einer umsichtigen Leitung des Unternehmens.

51 Sofern es zu einem konkreten Organhaftungsfall kommt, ist daher immer zu prüfen, ob das Handeln des betreffenden Organmitglieds der durch das Versicherungsaufsichtsrecht geprägten Pflichtenlage entsprochen hat. Das Versicherungsaufsichtsrecht kennt selbst in Bereichen, die das allgemeine Gesell-

[51] *Bürkle* WM 2012, 878, 881; *Bürkle* VersR 2013, 792, 799; *Bornhorst/Bauernfeind* ZfV 2015, 593; *Heukamp* Das neue Versicherungsaufsichtsrecht nach Solvency II, 2016, § 3 Rn. 13.

[52] Vgl. ausf. *Dreher* WM 2017, 1825 ff. und schon *Dreher* VersR 2012, 1061, 1063 und zu dem Verhältnis von Aufsichts- und Gesellschaftsrecht allgemein *Dreher* ZGR 2010, 496 ff.

[53] Vgl. dazu z. B. *Dreher* ZGR 2010, 496 ff.; *Dreher/Häußler* ZGR 2011, 471, 487 ff.; *Armbrüster* VersR 2009, 1293 ff.; *ders.* ZVersWiss 2011, 639 ff.; *ders.* KSzW 1/2013, 10 ff.; *Bürkle* WM 2012, 878, 881; *Ludwig* Branchenspezifische Wirtschaftsaufsicht und Corporate Governance 2012, S. 234 ff.; *Louven/Raapke* VersR 2012, 257, 263 f.; *Leyens/Schmidt* AG 2013, 533, 536, 538; *Bornhorst/Bauernfeind* ZfV 2015, 593 ff.; *Thaten* Die Ausstrahlung des Aufsichts- auf das Aktienrecht am Beispiel der Corporate Governance von Banken und Versicherungen 2016; *Rudkowski* Transparenzpflichten zur Kontrolle von Finanzdienstleistungsunternehmen 2016, S. 215 ff.; AKEIÜ der Schmalenbach-Gesellschaft für Betriebswirtschaft e. V. DB 2016, 1118 ff.; *Bührle* Unternehmerische Gestaltungsfreiheit versus aufsichtsrechtliche Regulierung 2016, S. 43 ff., 72 ff.

schaftsrecht der unternehmerischen Entscheidung und damit der Business Judgement Rule nach § 93 Abs. 1 S. 2 AktG überlässt, **konkrete Rechtsbindungen**. Daher kann es bei einer solchen Prüfung auch darum gehen, ob die **Business Judgement Rule** überhaupt anwendbar ist.[54] Umgekehrt bedarf das in versicherungsaufsichtsrechtlichen Tatbeständen des VAG verbreitete Merkmal der Vorsicht einer auf Anhieb nicht erkennbaren richtlinienkonformen Auslegung im Sinne des Begriffs der Umsicht, die eine Haftungsverschärfung verhindert.

d) „Einhaltung der Anforderungen dieses Abschnitts" (Abs. 1 S. 3 Satzteil 1). Zu einer soliden und umsichtigen Leitung des Versicherungsunternehmens gehört nach § 23 Abs. 1 S. 3 Satzteil 1 VAG „die Einhaltung der Anforderungen dieses Abschnitts". In Bezug genommen ist damit Abschnitt 3 mit §§ 23 bis 34 VAG, d. h. sämtliche gesetzlichen Anforderungen an die Geschäftsorganisation. Dabei handelt es sich um Pflichten, die ohnehin qua lege den Vorstand eines Versicherungsunternehmens treffen. Die Legalitätspflicht umfasst nämlich ohne weiteres auch die im VAG enthaltenen gesetzlichen Vorgaben, auf die sich Abs. 1 S. 3 Satzteil 1 bezieht. Der Normgehalt der Regelung geht daher nicht über eine **deklaratorische, umschreibende Wiederholung des Legalitätsprinzips in Bezug auf die Geschäftsorganisation** hinaus. Der Gesetzgeber hat damit allerdings die Vorgabe in Art. 41 Abs. 1 UAbs. 2 S. 2 Solva II-RL umgesetzt. 52

e) „Angemessene, transparente Organisationsstruktur" (Abs. 1 S. 3 Satzteil 2). Zu einer soliden und umsichtigen Leitung eines Versicherungsunternehmens gehört nach § 23 Abs. 1 S. 3 Satzteil 2 VAG „insbesondere eine angemessene, transparente Organisationsstruktur". Der Gesetzgeber **betont**, damit zwar einerseits das **strukturelle Element der Geschäftsorganisation**, verdeutlicht aber andererseits den nicht abschließenden Charakter der hier genannten Anforderungen. Die Formulierung ist bis auf die Ersetzung des Wortes „zumindest" durch das Wort „insbesondere" dem Wortlaut von Art. 41 Abs. 1 UAbs. 2 Solvency II-RL entnommen. 53

Die für alle Normadressaten zwingende Vorgabe in Art. 258 Abs. 1 lit. b **Solva II-VO** enthält in teilweiser Wiederholung und unbestimmter Abgrenzung zu einigen Artikeln der Solva II-Richtlinie folgende im Vergleich **ausführlichere Regelung** zu den einzuhaltenden Anforderungen: „Schaffung, Umsetzung und dauerhafte Gewährleistung wirksamer Entscheidungsprozesse sowie eine Organisationsstruktur, die die Berichtslinien klar definiert, Aufgaben und Zuständigkeiten zuweist und Art, Umfang und Komplexität der mit den Geschäftstätigkeiten des Unternehmens verbundenen Risiken berücksichtigt". 54

Die Vielzahl unbestimmter Rechtsbegriffe im Zusammenhang mit den Anforderungen an die Organisationsstruktur in den genannten Regelungen ist zunächst Ausdruck des **prinzipienorientierten Ansatzes**. Sodann und vor allem gibt sie der **unternehmerischen Organisationsfreiheit**, die im Rahmen der Geschäftsorganisation jenseits zwingender Vorgaben prägend ist,[55] Raum. 55

Unabhängig davon enthält **EIOPA-LL 2 Governance** einzelne Anforderungen an die **Aufbau- und Ablauforganisation eines Versicherungsunternehmens**, die Teil der durch § 23 Abs. 1 S. 3 Satzteil 2 VAG geforderten angemessenen, transparenten Organisationsstruktur sein soll. Dabei geht es um in der Unternehmenspraxis ohnehin übliche Selbstverständlichkeiten wie die Unterstützung der Geschäftstätigkeit durch die Aufbau- und Ablauforganisation sowie die Notwendigkeit, diese im Zeitablauf anzupassen.[56] 56

Im Detaillierungsgrad weit darüber hinaus gehen die **BaFin-Mindestanforderungen an die Geschäftsorganisation von Versicherungsunternehmen (MaGo) mit insgesamt 298 Erläuterungen**. Sie beziehen sich in Nr. 26 bis 42 auf die **Aufbau- und Ablauforganisation**. Dabei geht es einerseits um Aufsichtsprosa wie in Nr. 37 zum tone at the top. Andererseits und vor allem enthalten die Anforderungen zu den Solvency II-Vorschriften und damit auch zur VAG-Umsetzungsgesetzgebung eine angesichts der Prinzipienorientierung des europäischen Versicherungsaufsichtsrechts erstaunliche Fülle von Detailregelungen. 57

f) „Klare Zuweisung und angemessene Trennung der Zuständigkeiten" (Abs. 1 S. 3 Satzteil 2). aa) Zuweisung von Zuständigkeiten. Die Forderung von § 23 Abs. 1 S. 3 VAG nach einer **„klaren Zuweisung und angemessenen Trennung der Zuständigkeiten**" bezieht sich auf die „angemessene, transparente Organisationsstruktur" als Teil einer wirksamen, ordnungsgemäßen und angemessenen Geschäftsorganisation. Sie geht im Wortlaut auf Art. 41 Abs. 1 UAbs. 2 Solva II-RL zurück. 58

Die **klare Zuweisung von Zuständigkeiten** ist als materielle Anforderung **selbsterklärend**. Die übliche Geschäftsverteilung innerhalb von Versicherungsunternehmen verwirklicht diese Anforderung an eine ordnungsgemäße Geschäftsorganisation. Die einschlägige **EIOPA-LL 5 Governance** wieder- 59

[54] Vgl. dazu *Dreher/Häußler* ZGR 2011, 471, 487 ff.; *Bürkle* VersR 2013, 792 ff.; *Armbrüster* KSzW 1/2013, 10 ff.; *Louven/Ernst* VersR 2014, 151, 155 ff.; *Dengler* WM 2014, 2032, 2037 ff.; *Faßbender* NZG 2015, 504 ff.; *Ott* ZGR 2017, 149, 168 ff.

[55] Siehe oben Rn. 21 ff.

[56] Vgl. dazu auch § 23 Abs. 2 VAG.

holt daher mit folgenden Worten lediglich ohnehin im Rahmen einer ordnungsgemäßen Geschäftsorganisation Selbstverständliches: „Das Unternehmen sollte sicherstellen, dass die Aufgaben und Zuständigkeiten in Einklang mit der Politik des Unternehmens zugewiesen, abgegrenzt und koordiniert sowie in den Beschreibungen der Aufgaben und Zuständigkeiten wiedergegeben werden. Das Unternehmen sollte sicherstellen, dass alle wichtigen Pflichten berücksichtigt und unnötige Überschneidungen vermieden werden. Eine effiziente Zusammenarbeit zwischen dem Personal sollte gefördert werden." Soweit das **BaFin Geschäftsleiter-Merkblatt** vom 23.11.2016 bei I.5. von den Versicherungsunternehmen pauschal verlangt, „sowohl nach der Bestellung als auch nach dem Ausscheiden eines Geschäftsleiters eine aktuelle Übersicht über die Ressortverteilung in der Geschäftsleitung des Unternehmens vorzulegen", gibt es dafür keine Rechtsgrundlage; entgegen dem BaFin-Merkblatt gilt das insbesondere für § 23 Abs. 1 VAG.

60 **bb) Trennung von Zuständigkeiten – Funktionstrennung, Funktionsunabhängigkeit und Vermeidung potentieller Interessenkonflikte.** Die Forderung nach einer angemessenen Trennung der Zuständigkeiten impliziert rechtlich vor allem Folgefragen nach **potentiellen Interessenkonflikten** bzw. nach **Funktionstrennung** sowie **Funktionsunabhängigkeit**.[57] Der Grundsatz der Funktionstrennung betrifft insbesondere die Frage der Zusammenlegung mehrerer Schlüsselfunktionen. Bei ihm geht es also um die Frage der **Übertragbarkeit einer Aufgabe**. Normative Grundlagen sind außer § 23 Abs. 1 S. 3 VAG in Umsetzung von Art. 41 Abs. 1 UAbs. 2 Solva II-RL die Art. 258 Abs. 1 lit. g, 268 Abs. 1 S. 1 Solva II-VO sowie speziell für die interne Revision auch Art. 271 Abs. 1 und 2 Solva II-VO. Der Grundsatz der Funktionsunabhängigkeit betrifft dagegen die Frage der Wahrnehmung einer Schlüsselfunktion. Dabei geht es also um die Frage der **Ausübung einer übertragenen Aufgabe**. Normative Grundlagen des Grundsatzes der Funktionsunabhängigkeit sind die Anforderungen an eine ordnungsgemäße Geschäftsorganisation in § 23 Abs. 1 VAG und die ausdrückliche Hervorhebung der Unabhängigkeit bei der Risikocontrollingfunktion (URCF) in § 26 Abs. 8 S. 1 VAG[58] sowie bei der internen Revisionsfunktion in § 30 Abs. 2 S. 1 VAG. Hinzu kommen die Vorgaben für die Ausübung einer Aufgabe für alle Aufgabenträger in Versicherungsunternehmen nach Art. 258 Abs. 5 Solva II-VO und speziell für Schlüsselfunktionen nach Art. 268 Abs. 1 S. 1 Solva II-VO, der zugleich ausdrücklich den Grundsatz der Funktionsunabhängigkeit vorgibt.

61 Die Gesetzesbegründung zum Abschnitt Geschäftsorganisation im VAG verweist in dem Zusammenhang darauf, „dass die Richtlinie von einer völligen Unabhängigkeit der internen Revision von allen operativen Tätigkeiten ausgeht und eine angemessene Trennung von Zuständigkeiten im Rahmen der allgemeinen Anforderungen an die Geschäftsorganisation zwingend verlangt".[59] Im Zusammenhang mit der Zuweisung von Aufgaben kennt Art. 258 Abs. 1 lit. g Solva II-VO folgende Anforderung: „Gewährleistung, dass die Zuweisung mehrerer Aufgaben an Einzelpersonen und Organisationseinheiten die betreffenden Mitarbeiter nicht daran hindert oder zu hindern droht, eine bestimmte Funktion auf verlässliche redliche und objektive Weise auszuüben". Auch diese Regelung zeigt, dass das Gebot der **Funktionstrennung** nicht nur **einzelne Mitarbeiter**, sondern auch **Organisationseinheiten als Ganze** betreffen kann.

62 Die „**Funktion**" **definiert** Art. 13 Nr. 29 Solva II-RL – ebenso § 7 Nr. 9 VAG – wie folgt: „Eine interne Kapazität innerhalb des Governance-Systems zur Übernahme praktischer Aufgaben; das Governance-System schließt die Risikomanagementfunktion, die Compliance-Funktion, die interne Revisionsfunktion und die versicherungsmathematische Funktion mit ein". Die Funktionen sollen also die **vier Schlüsselfunktionen sowie gegebenenfalls weitere Einheiten** umfassen. Daran knüpft Art. 268 Solva II-VO an und fordert in Abs. 1 S. 1 Folgendes: „Versicherungs- und Rückversicherungsunternehmen integrieren die Funktionen und die entsprechenden Berichtslinien in die Organisationsstruktur, und zwar auf einer Weise, die sicherstellt, dass jede Funktion frei von Einflüssen ist, die sie daran hindern könnten, ihre Aufgaben objektiv, fair und unabhängig wahrzunehmen." Innerhalb dieser Anforderungstrias, die wie viele europarechtliche Regelungen pleonastisch angelegt ist, bildet der Begriff der **Unabhängigkeit** den **Oberbegriff**. Denn er umfasst ein objektives und faires Handeln.

63 Unter **Unabhängigkeit** in diesem Sinne ist aber nicht eine völlige Selbständigkeit oder Unverbundenheit mit anderen Funktionen zu verstehen. Art. 268 Abs. 1 S. 2 Solva II-VO geht vielmehr davon aus, „jede Funktion (…) arbeitet bei der Erfüllung ihrer Aufgaben gegebenenfalls mit anderen Funktionen zusammen." Funktionsunabhängigkeit bedeutet daher im Sinne von **Prozessunabhängigkeit** einerseits, dass eine Funktion jenseits der grundsätzlichen Weisungsgebundenheit im Verhältnis zum Vorstand **frei von Weisungen Dritter tätig** ist, **und** andererseits, dass bei der Wahrnehmung einer Funktion (**potentielle**) **Interessenkonflikte zu vermeiden oder zu bewältigen**

[57] Vgl. dazu ausf. auch § 26 VAG Rn. 125 ff.
[58] Vgl. auch die in Nr. 146 ff. MaGo in Teilen zu detailliert beschriebenen Aufgabenzuweisungen an die URCF.
[59] Begr. VAG-RegE 2014, BT-Drs. 18/2956, 238.

sind.[60] Denn dies ist ein wesentliches Anliegen des europäischen Versicherungsaufsichtsrechts.[61] Es durchzieht ausdrücklich alle Bereiche der speziellen Governance-Anforderungen, wie die Beispiele des Vergütungsrechts mit Art. 275 Abs. 1 lit. a Solva II-VO und des Outsourcing mit Art. 274 Abs. 3 lit. b Solva II-VO zeigen. Vor allem und darüber hinaus kommt dieses Anliegen in den allgemeinen Governance-Anforderungen zum Ausdruck. Nach Art. 258 Abs. 5 Solva II-RL „sorgen Versicherungs- und Rückversicherungsunternehmen dafür, dass wirksame Prozesse und Verfahren zur Vermeidung von Interessenkonflikten zur Verfügung stehen und dass potentielle Quellen von Interessenkonflikten ermittelt und Verfahren eingeführt werden, um sicherzustellen, dass die an der Umsetzung der Unternehmensstrategien und -politiken beteiligten Personen erkennen, wo Interessenkonflikte entstehen könnten und wie im Falle solcher Konflikte vorzugehen ist." Demgemäß gewährleistet nach EG 99 S. 1 Solva II-VO eine unvoreingenommene und unbeeinflusste Wahrnehmung der Aufgaben einer Funktion deren Unabhängigkeit. Da Funktionen – wie im Aufsichtsrecht die Schlüsselfunktionen – rechtlich grundsätzlich zu trennen sind,[62] berühren sich die Grundsätze der Funktionstrennung und der Funktionsunabhängigkeit in der Vermeidung und Bewältigung von Interessenkonflikten. Nr. 29 und 30 MaGo erörtern das Thema Interessenkonflikte daher sub specie der Trennung von Zuständigkeiten.

Ein **praktisch bedeutsames Beispiel** für das Bestehen von potentiellen Interessenkonflikten im Rahmen der Trennung von Zuständigkeiten bei der Geschäftsorganisation und deren Bewältigung bildet die **ständige Teilnahme der Mitglieder des Vorstands eines Versicherungsunternehmens bei den Aufsichtsratssitzungen**. Teilweise begründen die Satzungen oder Geschäftsordnungen von Vorstand und/oder Aufsichtsrat von Versicherungsunternehmen sogar ein ausdrückliches Teilnahmerecht. Die Versicherungsaufsichtsbehörde hatte zunächst eine Änderung solcher Satzungsbestimmungen im Hinblick auf die Überwachungsaufgabe des Aufsichtsrats verlangt.[63] Daran wollte sie später zwar „nicht mehr festhalten", gleichzeitig „aber weiterhin kein unbeschränkbares Teilnahmerecht von Vorstandsmitgliedern an Aufsichtsratssitzungen" zulassen. Sie hält es daher „für wünschenswert, wenn bei jeder Aufsichtsratssitzung eine „vorstandsfreie Zeit" eingeführt wird, in der die Aufsichtsratsmitglieder unbeeinflusst von den Vorstandsmitgliedern diskutieren könnten, ohne Misstrauen der Vorstandsmitglieder zu erregen".[64] Das Verlangen nach einer institutionalisierten Möglichkeit des Aufsichtsrats zu vorstandsfreien Aufsichtsratsberatungen entspricht **gesellschaftsrechtlichen Anforderungen** an die Corporate Governance.[65] Denn die ständige Teilnahme Dritter bei allen Beratungen des Aufsichtsrats kann die Freiheit der Willensbildung beeinträchtigen, im Extremfall sogar aufheben.[66] Umgekehrt ist eine sogar nur zeitweise ständige Teilnahme Dritter an Sitzungen des Vorstands einer Gesellschaft selbst bei entsprechenden Geschäftsordnungsregelungen unzulässig.[67] Für den Aufsichtsrat muss es daher auch bei – wie üblich – grundsätzlich ständiger Präsenz des Vorstands während der Sitzungen die institutionalisierte Möglichkeit zu vorstandsfreien Beratungen geben. Eine bloße Ad-hoc-Regelung kann je nach der außerrechtlichen „Kräfteverteilung" und aufgrund der verbreiteten, von der BaFin zu Recht angeführten Befürchtung Veranlassung zu Misstrauen geben, die entsprechende Entschließungsfreiheit des Aufsichtsrats faktisch beseitigen und genügt daher nicht. **64**

Ein **weiteres praktisch wichtiges Beispiel** liegt in **ständigen gemeinsamen Sitzungen der Aufsichtsräte mehrerer Gesellschaften eines Versicherungskonzerns**. Eine solche Praxis ist aktienrechtlich gemäß § 109 Abs. 1 S. 1 AktG nach allgemeiner Ansicht unzulässig.[68] Dies gilt auch dann, wenn die Aufsichtsräte personengleich besetzt sind. Der Rechtsverstoß und die darin zugleich liegende Verletzung der Geheimhaltungspflicht des § 116 S. 2 AktG führen weiter zu einem Verstoß der jeweiligen Versicherungsgesellschaft gegen § 23 VAG. Vor dem Hintergrund können ständige gemeinsame Sitzungen mehrerer Aufsichtsräte von Konzerngesellschaften für alle daran beteiligten Aufsichtsratsmitglieder zu erheblichen Konsequenzen gesellschafts-, versicherungsaufsichts-, straf- und D&O-versicherungsrechtlicher Natur führen. Hinzu kommen gegebenenfalls zusätzliche, ebenfalls einschneidende Rechtsfolgen für die Versicherungsgesellschaften selbst und deren Vorstandsmitglieder. **65**

[60] So schon *Dreher* ZGR 2010, 496, 537 f.; *Böhmer* Das Gebot der angemessenen Trennung von Zuständigkeiten und Funktionen im Governance-System von Versicherungsunternehmen 2015, S. 154 ff. postuliert – auch ohne Anführung der vorstehend genannten, zeitlich weit vorhergehenden Literaturansicht zu der Relevanz von Interessenkonflikten – ein artifiziell anmutendes siebenfach gegliedertes „System von Trennungsstufen"; auch MaGo Nr. 30, 78, 99, 102, 123, 125, 127, 269, 271 z. B. sehen das Ziel einer Zuständigkeitstrennung in der Vermeidung potentieller Interessenkonflikte. Zu der nicht gegebenen Weisungsfreiheit im Verhältnis zum Vorstand eines Versicherungsunternehmens vgl. § 26 VAG Rn. 127.

[61] Vgl. dazu im Zusammenhang mit der Funktionsunabhängigkeit EG 99 S. 1 Solva II-VO.

[62] Vgl. *Dreher* ZGR 2010, 496, 536 ff. und schon *ders.* VersR 2008, 998, 1003 f.

[63] VerBaFin 2002, 67.

[64] VerBaFin 2002, 248 und dazu *Dreher/Häußler* ZGR 2011, 471, 500.

[65] Vgl. auch Nr. 3.6. Abs. 2 DCGK.

[66] Vgl. näher zu der Teilnahme Dritter an Aufsichtsratssitzungen *Dreher* FS Lutter, 2000, 357, 367 ff. und zur Teilnahme der BaFin die Erläuterungen zu § 306 Abs. 1 S. 1 Nr. 4 VAG.

[67] Vgl. z. B. *Kort* in: Fleischer (Hrsg.) Handbuch des Vorstandsrechts 2006, § 3 Rn. 62.

[68] Vgl. z. B. *Kindl* Die Teilnahme an der Aufsichtsratssitzung 1993, S. 15; *Schneider* FS Konzen, 2006, 881 ff.; *Schnorbus/Ganzer* AG 2013, 445 ff. und aus österreichischer Sicht *S. Saria* Versicherungsrundschau 10/2016, 28, 32 f.

Rechtlich unproblematisch sind dagegen allein im Einzelfall aus verfahrensökonomischen Gründen gemeinsame Sitzungen mehrerer Aufsichtsräte aus Anlass der Befassung mit einem jede Gesellschaft in gleicher Weise betreffenden Thema. Die Beschlussfassung erfolgt nicht in solchen gemeinsamen Aufsichtsratssitzungen, sondern durch die Aufsichtsräte jeder Gesellschaft getrennt. Dass bei dem Vorgehen Informationen an Nicht-Aufsichtsratsmitglieder gelangen können, die sich allein auf einzelne daran beteiligte Gesellschaften beziehen, schadet im Hinblick auf die sachliche Rechtfertigung und die Art der Durchführung derartiger Sitzungen nicht. Gemeinsame Sitzungen der zumindest teilweise personengleich besetzten Aufsichtsräte mehrerer Konzerngesellschaften kommen vor dem Hintergrund zum Beispiel aus Anlass von Bilanzbesprechungen mit dem Wirtschaftsprüfer, der Befassung mit der Vergütung in mehreren Gesellschaften tätiger Vorstandsmitglieder oder der Selbstevaluation der Aufsichtsräte in Betracht.

66 Der Grundsatz der Funktionstrennung bezieht sich auf die vier Governance-Funktionen nach § 7 Nr. 9 VAG. Darin liegt zugleich auch seine Grenze. Dies hat Bedeutung für die **Zuständigkeitsverteilung im Vorstand** eines Versicherungsunternehmens. Der Grundsatz der **Funktionstrennung** setzt sich hier schon seinem Wortlaut nach **nicht** fort.[69] Ein Vorstandsmitglied kann daher die Ressortzuständigkeit für mehrere oder sogar alle Schlüsselfunktionen haben, wenn es dafür fachlich geeignet ist.[70] Die Unanwendbarkeit des Grundsatzes der Funktionstrennung auf der Ebene des Vorstands folgt zusätzlich gesellschaftsrechtlich aus der Gesamtleitung und Gesamtverantwortung einer Gesellschaft durch den Vorstand. Im Fall der Ausgliederung von Schlüsselfunktionen hält die BaFin daher die Übertragung der Aufgabe des bzw. der Ausgliederungsbeauftragten an Mitglieder des Vorstands auch versicherungsaufsichtsrechtlich für zulässig.[71]

67 Der Grundsatz der Funktionstrennung bedeutet weiter nicht, dass jede Schlüsselfunktion organisatorisch-institutionell verselbstständigt sein muss. Mit anderen Worten ist die **Verbindung mehrerer Schlüsselfunktionen rechtlich zulässig**. Für die Aufgabenzuweisung in Versicherungsunternehmen allgemein geht schon Art. 258 Abs. 1 lit. g Solva II-VO von der Möglichkeit der „Zuweisung mehrerer Aufgaben an Einzelpersonen und Organisationseinheiten" aus. Speziell für Schlüsselfunktionen stellt Art. 268 Abs. 1 Solva II-VO ausschließlich inhaltliche Anforderungen an deren Tätigkeiten, steht also einer Zusammenlegung nicht generell entgegen. Im Gegenteil lässt Art. 271 Abs. 1 und 2 Solva II-VO eine solche Verbindung unter bestimmten Voraussetzungen sogar für die besonders sensible interne Revisionsfunktion zu. Nach EG 32 Solva II-RL „sollte es mit Ausnahme der internen Revisionsfunktion in kleineren und weniger komplexen Unternehmen möglich sein, dass mehr als eine Funktion von einer Person oder einer organisatorischen Einheit ausgeführt werden." Diese Aussage, die in Bezug auf die interne Revisionsfunktion durch Art. 271 Solva II-VO konkretisiert ist, bezieht sich zwar nur auf bestimmte Unternehmen. Abgesehen davon, dass das Kriterium der Komplexität unabhängig von der Unternehmensgröße ist, beseitigt sie aber schon aufgrund ihrer fehlenden Rechtsverbindlichkeit und aufgrund der Einleitungsworte „Darüber hinaus" den Grundsatz der unternehmerischen (Organisations-)Freiheit nicht, den der vorhergehende EG 31 Solva II-RL gerade für die Schlüsselfunktionen betont.[72] Danach und nach dem Grundsatz der Proportionalität haben die Versicherungsunternehmen ein breites Organisations- und Gestaltungsermessen, dem der Grundsatz der Funktionstrennung nicht entgegensteht. Vor dem Hintergrund hält auch Nr. 83 MaGo die gleichzeitige interne Verantwortlichkeit für mehrere Schlüsselfunktionen durch eine Person grundsätzlich für zulässig.[73]

68 **g) „Wirksames unternehmensinternes Kommunikationssystem" (Abs. 1 S. 3 Satzteil 3).** § 23 Abs. 1 S. 3 Satzteil 3 **VAG** fordert als Teil einer ordnungsgemäßen Geschäftsorganisation schließlich noch ein **„wirksames unternehmensinternes Kommunikationssystem"**. Dies dient der Umsetzung von Art. 41 Abs. 1 UAbs. 2 S. 1 **Solva II-RL**, die „ein wirksames System der Gewährleistung der Übermittlung von Informationen" verlangt. Die **Solva II-VO** konkretisiert die Anforderungen vierfach: In Art. 258 Abs. 1 lit. a mit der „Schaffung, Umsetzung und dauerhaften Gewährleistung einer wirksamen (…) **internen Berichterstattung und Weitergabe von Informationen** auf allen relevanten Ebenen des Unternehmens"; in Art. 258 Abs. 1 lit. h mit der „Einrichtung von **Informationssystemen**, die vollständige, zuverlässige, klare, kohärente, zeitnahe und relevante Informationen über die Geschäftstätigkeiten, die eingegangenen Verpflichtungen und die Risiken, denen das Unternehmen ausgesetzt ist, liefern"; in Art. 258 Abs. 1 lit. j mit der „Gewährleistung der **Sicherheit, Integrität und Vertraulichkeit von Informationen** unter Berücksichtigung der Art der betreffenden Informationen"; und in Art. 258 Abs. 1 lit. k mit der „Einführung klarer **Berichtslinien**, die die unmittelbare Weitergabe von Informationen an alle Personen, die sie benötigen, gewährleisten, und zwar auf eine Art

[69] A. A., aber rechtlich nicht haltbar, Nr. 29 MaGo.

[70] So auch *Schaaf* S. 181 f.; *Grote/Schaaf* VersR 2012, 17, 21; *Krämer* in: Dreher/Wandt 2012, S. 5, 17 f.; *Heukamp* § 3 Rn. 26. Zur Frage der Verbindung von Inhaberschaft einer Schlüsselfunktion und Mitgliedschaft im Vorstand eines Versicherungsunternehmens vgl. die Erläuterungen zu § 24 Abs. 3 S. 3 VAG bei Rn. 144 ff.

[71] Vgl. § 32 VAG Rn. 125; zu Vorstandsmitgliedern als Inhaber von Schlüsselfunktionen vgl. § 24 VAG Rn. 144 ff.

[72] Vgl. dazu Einl. Rn. 139 ff.

[73] Zu den Besonderheiten der internen Revisionsfunktion vgl. § 30 VAG Rn. 18 ff.

und Weise, die es ihnen ermöglicht, die Bedeutung der Informationen im Hinblick auf ihre jeweiligen Zuständigkeitsbereiche zu erkennen".

Im Ergebnis **fordern die einschlägigen Regelungen also ein in jeder Hinsicht nahezu perfektes unternehmensinternes Informationssystem**, zu der auch die von § 29 Abs. 1 VAG geforderte „angemessene unternehmensinterne Berichterstattung auf allen Unternehmensebenen" gehört.[74] Es muss eine wirksame, dauerhaft effektive, vollständige, zuverlässige, klare, kohärente, zeitnahe und – auch für die Informationsempfänger erkennbare – relevanzorientierte, sichere, integre und vertrauliche Informationsverbreitung im Unternehmen gewährleisten. Diese wörtliche Übernahme und Zusammenstellung der aufsichtsrechtlichen Vorgaben an interne Informationssysteme belegt nicht nur die Gefahr der **Redundanz** eines prinzipienorientierten Ansatzes mit zahlreichen unterschiedlichen Regelgebern und einer blumig-uneinheitlichen Begriffswelt, wie sie im Solvency II-Regime inzwischen ständig zu Tage tritt. Das Übermaß allgemein gefasster Anforderungen und die überschießende semantische Fantasie der Regelsetzer verdecken vielmehr auch, dass sich die detaillierten Anforderungen im Kern auf das **zentrale Kriterium** der **Wirksamkeit und Angemessenheit** zurückführen lassen. Wie nämlich bereits anhand des Kriteriums der Wirksamkeit und Angemessenheit der Geschäftsorganisation als Ganze auszuführen war,[75] ist damit ein **funktionsfähiges und tatsächlich funktionierendes sowie den Verhältnissen des jeweiligen Unternehmens angepasstes System** gemeint. Dies gilt ohne weiteres auch für ein unternehmensinternes Informations- oder Kommunikationssystem. 69

h) Zwei-Personen-Prinzip bei der Geschäftsleitung (Art. 258 Abs. 4 Solva II-VO; §§ 33 Abs. 1, 188 Abs. 1 S. 1 VAG). Im Rahmen der „allgemeinen Governance-Anforderungen" müssen nach Art. 258 Abs. 4 Solva II-VO „Versicherungs- und Rückversicherungsunternehmen gewährleisten, dass die **tatsächliche Leitung des Unternehmens mindestens zwei Personen** obliegt." § 33 Abs. 1 VAG verweist für Versicherungsaktiengesellschaften auf die entsprechende Anwendung von § 188 Abs. 1 S. 1 VAG. Nach dieser Vorschrift besteht **der Vorstand aus mindestens zwei Personen**. Ziel dieser Regelungen ist es, im Vorfeld der Überwachung des Vorstandshandelns durch den Aufsichtsrat bereits auf der Ebene des Vorstands eine Binnenkontrolle zu gewährleisten.[76] Auf diese Weise beugt das Versicherungsaufsichtsrecht den Gefahren von dolosen Handlungen, unerkannter Geschäftsunfähigkeit[77] oder sonstiger Unzuverlässigkeit i. S. v. § 24 Abs. 1 VAG und infolge von Abwesenheiten eines Vorstandsmitglieds eventuell eintretender, vorübergehender Handlungsunfähigkeit des Unternehmens vor. 70

EG 94 Solva II-VO fordert die Geltung eines Vier-Augen-Prinzips mit den folgenden Worten aber auch **über die Ebene der Geschäftsleitung hinaus**: „Ein zentraler Grundsatz guter Governance besteht darin, dass keine Einzelperson ohne eine wie auch immer geartete Kontrolle Entscheidungen treffen können sollte. Aus diesem Grund sollte jede für das Unternehmen bedeutsame Entscheidung vorab stets von mindestens einer anderen Person geprüft werden." Zwar bezieht sich EG 94 auf eine in der Unternehmenspraxis übliche und durch die handelsrechtlichen Vertretungsbefugnisse auch rechtlich abgesicherte Vorgehensweise. Die allgemeine Geltung eines von dem **Zwei-Personen-Prinzip** bei der Geschäftsleitung zu unterscheidenden **Vier-Augen-Prinzips** im Sinne einer **Rechtspflicht** zu einem solchen Vorgehen für „jede für das Unternehmen bedeutsame Entscheidung" folgt daraus aber schon angesichts des unbestimmten Rechtsbegriffs der Bedeutsamkeit **nicht**. Vielmehr gehört es ohnehin zu einer ordnungsgemäßen Geschäftsorganisation, dass die Vertretungsbefugnisse in einem Versicherungsunternehmen im Hinblick auf bestimmte wichtige Entscheidungen unternehmensspezifisch durch Erteilung entsprechender Vollmachten, Berechtigungen und interne Zuständigkeitsordnungen geregelt sind. Zudem kann ein Erwägungsgrund eines europarechtlichen Rechtsakts ohnehin keine Rechte und Pflichten begründen. Erwägungsgründe bilden nämlich nur Auslegungstopoi, nicht Rechtsquellen.[78] 71

EIOPA-LL 3 Governance greift das Thema von EG 94 Solva II-VO mit folgenden Worten auf: „Das Unternehmen sollte sicherstellen, dass an jeder wesentlichen Entscheidung des Unternehmens mindestens zwei Personen, die das Unternehmen tatsächlich leiten, beteiligt sind, bevor die betreffende Entscheidung umgesetzt wird." Die „Personen, die das Unternehmen tatsächlich leiten", definiert die Leitlinie in Punkt 1.2.1. ähnlich wie § 24 Abs. 2 S. 1 VAG. Erfasst sind neben den Geschäftsleitern auch solche Personen, die für das Unternehmen wesentliche Entscheidungen treffen. 72

Auf dieser Grundlage entwickelt dann die **MaGo** in Nr. 68 bis 70 ein **fein ziseliertes, aber hypertrophes System**. Danach kommt das Vier-Augen-Prinzip im Hinblick auf deren Entscheidungsbefugnisse „etwa bei der **zweiten Führungsebene** in Betracht", wenn ein Versicherungsunternehmen, dem dazu „die erste Einschätzung obliegt", Personen auf dieser Ebene „zu den tatsächlichen leitenden Personen" zählt. Dies steht schon im Widerspruch zu dem gesellschaftsrechtlichen Dogma, dass nur der 73

[74] Vgl. dazu ausf. § 29 VAG Rn. 51 ff.

[75] Siehe oben Rn. 23 ff.

[76] Vgl. näher z. B. *Ludwig* Branchenspezifische Wirtschaftsaufsicht und Corporate Governance 2012, S. 255 f.

[77] Vgl. zu diesen, häufiger als gedacht auftretenden Fällen *Dreher* DB 1991, 533 ff. mit zahlreichen Beispielen aus der Rechtsprechung betreffend Nichtversicherungsunternehmen.

[78] Vgl. z. B. *EuGH* Urt. v. 19.11.2009 – Rs. C-402/07 u. a. Tz. 42 m. w. N., Slg. 2009, I-10923 – Sturgeon; *Köndgen* in: Riesenhuber (Hrsg.), Europäische Methodenlehre, 3. Aufl. 2015, § 6 Rn. 49, 51.

Vorstand einer Gesellschaft diese leitet. Nr. 70 MaGo fordert von den Versicherungsunternehmen, dass sie eigenverantwortlich festlegen, „welche **Entscheidungen** mit Blick auf das Geschäftsmodell und das individuelle Risikoprofil als **wesentlich** einzustufen sind." Trotz der Betonung der Eigenverantwortlichkeit der Unternehmen definiert Nr. 70 MaGo sodann solche Entscheidungen als wesentlich, „die erhebliche Auswirkungen auf das Unternehmen haben werden oder haben können oder gemessen am regulären Geschäftsbetrieb außergewöhnlich sind." Auch diese Thesen zeugen nicht von gesellschaftsrechtlicher Sachkunde. Sie führen im Ergebnis gleichwohl nicht zu einem zusätzlichen Pflichtenprogramm für ein Versicherungsunternehmen. Die eigenverantwortliche Festlegung eines Katalogs von Entscheidungen, für die der Vorstand in Gesamtverantwortung zuständig ist, findet sich nämlich bereits jetzt in jeder Vorstands-Geschäftsordnung. Und zusätzlich decken sich die „wesentlichen Entscheidungen" i. S. d. MaGo mit den Leitungsentscheidungen im Sinne des Gesellschaftsrechts, für die der Vorstand die nicht delegierbare Gesamtverantwortung trägt.[79]

74 Nach Nr. 97 der BaFin-Auslegungsentscheidung zu den allgemeinen Governance-Anforderungen, die zum 1.2.2017 durch die MaGo ersetzt wurde, sollte von der Einhaltung des Vier-Augen-Prinzips dann „regelmäßig auszugehen" sein, wenn zwei das Unternehmen tatsächlich leitende Personen „nach einer entsprechenden **Diskussion auf Augenhöhe** zu einem **einvernehmlichen Ergebnis** gelangt sind, auf dessen Basis die wesentliche Entscheidung getroffen wird." Dies hätte z. B. zu der – im Ergebnis zu verneinenden – Frage geführt, ob das nach der BaFin ansonsten gegebene, unzulässige „Durchwinken einer vorgegebenen Entscheidung" – auch mit entsprechenden haftungsrechtlichen Folgen – nur dann ausgeschlossen ist, wenn ein Versicherungsunternehmen eine Dokumentation über eine solche Beteiligung „auf Augenhöhe", eine erfolgte „Diskussion" und ein „einvernehmliches Ergebnis" erstellt und im maßgeblichen Haftungszeitraum dauerhaft sichert.

75 Das Regelungs- bzw. Verlautbarungssystem führt im Ergebnis zu einer **Abkopplung der EIOPA- und BaFin-Regeln von dem eigentlich von der Solva II-VO und dem VAG-Gesetzgeber Gewollten**. Art. 258 Abs. 4 Solva II-VO und §§ 33 Abs. 1, 188 Abs. 1 S. 1 VAG verpflichten die Unternehmen auf der Ebene des Vorstands bzw. der tatsächlichen Geschäftsleitung zu einer Aufgabenzuweisung an mindestens zwei Personen. EIOPA und BaFin ersetzen dieses Zwei-Personen-Prinzip für die Geschäftsleitung aber durch ein Vier-Augen-Prinzip für alle wesentlichen Entscheidungen. Und nach der BaFin soll dieses Vier-Augen-Prinzip in bestimmten Fällen am Ende sogar noch bis zur zweiten Führungsebene hinab gelten. Damit ist den Versicherungsunternehmen die aus dem Grundsatz der unternehmerischen Organisationsfreiheit folgende Möglichkeit genommen, jenseits des Vorstands oder der tatsächlichen Geschäftsleitung die Bewältigung von Interessenkonflikten, die Grundanliegen der Regeln der Solva II-VO zur Geschäftsorganisation ist und die speziell in Art. 258 Abs. 4 Solva II-VO zum Ausdruck kommt, durch andere, unternehmensindividuelle, aber gleichwertige aufbauorganisatorische Maßnahmen herbeizuführen.[80]

76 Eine solche „Auslegung", würde sie von Gerichten nicht als unbeachtliche Meinungsäußerung gesehen, sondern als Mindeststandard akzeptiert, hätte nicht nur **erhebliche praktische Folgewirkungen**, sondern ebenso **erhebliche haftungsrechtliche Folgen** für alle Betroffenen. In den EIOPA- und BaFin-Verlautbarungen bleibt die Frage einer Rückführung der detaillierten Anforderungen auf konkrete Rechtquellen aber generell ausgespart. Unverkennbar ist damit auf der Ebene von EIOPA eine schleichende **Tendenz zur Selbstbegründung von Kompetenzen**.[81] Auffällig ist in diesem Zusammenhang, dass in den vielfach wortgleichen endgültigen EIOPA-LL Governance im Verhältnis zu den EIOPA-LL Governance vom 31. Oktober 2013, den sogenannten Vorbereitungsleitlinien,[82] die bis zum 31.12.2015 galten, die Bezugnahmen auf die konkreten Rechtsgrundlagen in der Solvency II-RL gestrichen wurden, obwohl die Governance-Leitlinien deren Auslegung und Anwendung zum Gegenstand haben.[83]

77 Weit im Vorfeld von Gerichtsentscheidungen stellt sich zudem das Problem, dass die **Aufsichtsbehörden** ihre Aufsichtsbefugnisse entsprechend ihren eigenen Verlautbarungen ausüben und **von den Versicherungsunternehmen deren Befolgung erwarten**. Gerade über die Fit-and-proper-Aufsicht nach § 24 VAG können derartige überschießende Verlautbarungen daher eine erhebliche faktische Bedeutung erlangen. Die aufsichtsbehördlichen Verlautbarungen führen nämlich **auf Seiten der Versicherungsunternehmen** regelmäßig zu einem reflexartigen **vorauseilenden Gehorsam**.[84] Die stattdessen für generell überschießende oder für zu den Gegebenheiten des einzelnen Unternehmens nicht passende Vorgaben notwendige **Abweichungskultur** kann sich vor diesem Hintergrund kaum entwickeln. Auf der Ebene der EIOPA-LL Governance und der BaFin-AE bzw. MaGo besteht daher eine **Tendenz zur Re-Regulierung**. Sie führt angesichts des **Fehlens empirisch gefestigter, verallgemeinerungsfähiger sowie betriebswirtschaftlich anerkannter Organisationsstandards** zu

[79] Siehe unten Rn. 82 ff.; ebenso jetzt auch *Merkelbach/Reinartz* KSzW 2016, 249, 252.
[80] So zu Recht *Ballmaier* 4. Teil B. III.
[81] Ausf. *Dreher* WM 2015, 649, 651 f., 654 f.
[82] EIOPA-CP-13/08 DE.
[83] Vgl. ausf. oben Rn. 38.
[84] Vgl. z. B. *Gurlit* ZHR 177 (2013), 862, 893 und *Binder* ZGR 2015, 667, 707.

Über- und Fehlsteuerungen[85] und beseitigt tendenziell zugleich die unternehmerische Organisationsfreiheit im Bereich der Geschäftsorganisation entgegen den Festlegungen im europäischen und deutschen Versicherungsaufsichtsrecht.

III. Regelmäßige interne Überprüfung der Geschäftsorganisation (Abs. 2). 1. Regelungskaskade. Nach **§ 23 Abs. 2 VAG** „sorgt der Vorstand dafür, dass die Geschäftsorganisation regelmäßig intern überprüft wird." Art. 41 Abs. 1 UAbs. 3 **Solva II-RL** nimmt dagegen nicht direkt den Vorstand in die Pflicht, sondern legt nur fest, „dass das Governance-System einer regelmäßigen internen Überprüfung" unterliegt. Etwas ausführlicher gibt Art. 258 Abs. 6 **Solva II-VO** ebenfalls ohne Bezugnahme auf den Vorstand Folgendes vor: „Versicherungs- und Rückversicherungsunternehmen überwachen die Angemessenheit und Wirksamkeit ihres Governance-Systems, unterziehen das System regelmäßig einer Bewertung und treffen geeignete Maßnahmen zur Behebung etwaiger Mängel." 78

Noch ausführlicher verhält sich **EIOPA-LL 6 Governance** zum Thema: „Interne Überprüfung des Governance-Systems: „1.32. Das Verwaltungs-, Management- oder Aufsichtsorgan des Unternehmens sollte den Umfang und die Häufigkeit der internen Überprüfungen des Governance-Systems festlegen, wobei die Wesensart, der Umfang und die Komplexität der Geschäftstätigkeit auf der Ebene des Einzelunternehmens und auf Gruppenebene sowie die Struktur der Gruppe zu berücksichtigen sind. 1.33. Das Unternehmen sollte sicherstellen, dass Umfang, Ergebnisse und Schlussfolgerungen der Überprüfung ordnungsgemäß dokumentiert und an das Verwaltungs-, Management- oder Aufsichtsorgan des Unternehmens berichtet werden. Geeignete Rückkopplungsschleifen sind erforderlich, um die Durchführung und Dokumentation von Folgemaßnahmen sicherzustellen." 79

Am Ende der Regelungskaskade steht Abschnitt 8.2 **MaGo**. Die Verlautbarungen stehen unter der Überschrift „Interne Überprüfung des Governance-Systems". Statt an der Geschäftsorganisation als Begrifflichkeit von § 23 Abs. 2 VAG orientieren sie sich also an der des Governance-Systems im europäischen Versicherungsaufsichtsrecht. Davon abgesehen thematisieren die MaGo vor allem das Ziel, die Grundlage, den Rhythmus, die Dokumentation und den Abschluss einer internen Überprüfung des Governance-Systems. 80

2. Regelmäßige interne Überprüfung der Geschäftsorganisation als Teil der Sorgfaltspflichten der Organmitglieder. Die **wiederkehrende Überprüfung** der Geschäftsorganisation gehört ohnehin zu den **Sorgfaltspflichten** eines ordentlichen und gewissenhaften Geschäftsleiters im Sinne von § 93 Abs. 1 AktG. Gleiches gilt für die Überwachungspflicht des Aufsichtsrats nach §§ 93, 116 AktG. Wenn der Aufsichtsrat einen Prüfungsausschuss bildet,[86] obliegt diesem eine Wirksamkeitsprüfung der in § 107 Abs. 3 S. 2 AktG genannten Systeme und Prozesse, die weite Teile der Geschäftsorganisation umfassen.[87] 81

3. Vorstandsverantwortung und Delegationsfähigkeit. Fraglich ist allerdings die in § 23 Abs. 2 VAG angesprochene **Rolle des Vorstands bei dem Überprüfungsprozess**. Die Begründung zu der Regelung geht davon aus, „dass die ordnungsgemäße, wirksame Geschäftsorganisation und die Sicherstellung ihrer regelmäßigen Überprüfung der nicht delegierbaren Verantwortung des Vorstands unterliegen. Die Sorge für die Überprüfung der Geschäftsorganisation umfasst die Befassung mit den Ergebnissen der Überprüfung und die Entscheidung über etwaige Maßnahmen, die aufgrund dieser Ergebnisse zu treffen sind."[88] 82

Unter einer **nicht delegierbaren Verantwortung des Vorstands** ist ein Kernbereich höchstpersönlich wahrzunehmender Planungs- und Entscheidungsverantwortung zu verstehen. Dies folgt aus gesellschaftsrechtlichen Grundsätzen sub specie der den Vorstand einer AG als Organ treffenden Pflicht zur Leitung der Gesellschaft.[89] Hinzu kommen als Pflichtaufgaben alle Aufgaben, die dem Vorstand im Sinne sogenannter gesetzlicher Pflichtaufgaben qua lege zugewiesen sind. Zwar sind solche gesetzlichen Pflichtaufgaben grundsätzlich delegationsfeindlich. Dies bedeutet aber nur, dass keine vollständige Zuständigkeitsübertragung erfolgen kann. 83

Zuständig für die Leitung der Gesellschaft ist das Organ insgesamt. Diese **Gesamtverantwortung**, die auch Nr. 2, 21 und 43 MaGo betonen, begründet im Sinne einer Mindestanforderung die Pflicht jedes Vorstandsmitglieds, auf die Erfüllung und Sicherstellung der dem Gesamtvorstand auferlegten Pflichten hinzuwirken.[90] Zwar muss sich also jeder Geschäftsleiter derartigen Pflichten höchstpersönlich widmen. Die **höchstpersönliche Planungsverantwortung** umfasst inhaltlich aber nur die Richtlinien der Unternehmensplanung. Ebenso fordert die **höchstpersönliche Entscheidungsverantwortung** 84

[85] Vgl. ausf. *Binder* ZGR 2015, 667, 701 ff.

[86] Zu der Frage der zwingenden Bildung eines Prüfungsausschusses bei Unternehmen von öffentlichem Interesse, zu denen Versicherungsunternehmen gehören, vgl. *Hoffmann* NZG 2016, 441 ff.

[87] Vgl. dazu ausführlich *Dreher/Hoffmann* ZGR 2016, 445 ff.

[88] Begr. VAG-RegE 2014, BT-Drs. 18/2956, 239.

[89] Ausführlich dazu und zum Folgenden *Dreher* FS Hopt, 2010, 517 ff.

[90] Vgl. dazu und zur horizontalen Delegation aus versicherungsaufsichtsrechtlicher Sicht *Dreher* ZVersWiss 2011, 381, 404; *Schaaf* S. 167 ff.; *Louven/Raapke* VersR 2012, 257, 269; *Faust* Die vorstandsinterne Delegation von Aufgaben des Risikomanagements einer Versicherungsaktiengesellschaft nach § 64a VAG 2013.

ausschließlich, dass der Vorstand die wesentlichen Grundstrukturen für einen Bereich selbst festlegt. Nur in diesem Sinne trifft daher den Vorstand eine im vorliegenden Zusammenhang fragliche **Organisationsverantwortung** ebenso wie eine in anderem Zusammenhang erhebliche Finanz- und Informationsverantwortung. Bezogen auf die Verantwortlichkeit des Vorstands für die Geschäftsorganisation bedeutet dies, dass er selbst die wesentlichen organisatorischen Grundstrukturen der Geschäftsorganisation einschließlich des auf sie bezogenen Berichts- und Kontrollsystems festlegen sowie bei Änderungsbedarf anpassen muss.[91]

85 Schon infolge des Umfangs und der Intensität der Pflichtaufgaben eines Vorstands ist gesellschaftsrechtlich allgemein anerkannt, dass ein Geschäftsleiter diese nicht tatsächlich alle selbst erfüllen kann und muss. Eine teilweise **Verlagerung der Pflichterfüllung auf Dritte** ist daher möglich. Dies gilt sowohl für eine **interne** als auch für eine **externe Delegation** im Sinne der in § 32 VAG angesprochenen Ausgliederung. Die Grenze bildet die Leitungsverantwortung des Vorstands, also die bereits angeführte höchstpersönlich auszuübende Planungs- und Entscheidungsverantwortung. Soweit es um höchstpersönliche Pflichten des Vorstands geht, bezieht sich die Delegationsfeindlichkeit daher nur auf diese Planungs- und Entscheidungsverantwortung. In dem Sinne sind daher auch delegierbare Elemente einer grundsätzlich nicht delegierbaren Pflicht anerkannt. Konkret bedeutet dies, dass der Vorstand z. B. die Vorbereitung und die Durchführung seiner Planungen und Entscheidungen auf nachgeordnete Mitarbeiter delegieren kann. Dem entsprach schon das Verständnis des früheren § 64a Abs. 1 S. 2 VAG, der ebenfalls ausdrücklich die Verantwortung des Vorstands für die ordnungsgemäße Geschäftsorganisation betonte.[92] Die Frage, welche konkreten Bestandteile einer grundsätzlich nicht delegierbaren Pflicht delegierbar oder delegationsfeindlich sind, ist abhängig nicht nur von der Art und Bedeutung der Pflicht, sondern auch von der Größe der Gesellschaft und dem Umfang der die betreffenden Vorstandsmitglieder deshalb treffenden Pflichtaufgaben.

86 Auch im Fall einer zulässigen Teildelegation im Bereich von höchstpersönlichen Pflichtaufgaben bleibt die **persönliche Verantwortung des Vorstands** erhalten. Aufgrund der besonderen Bedeutung, die Pflichtaufgaben für den Vorstand haben, trifft ihn sogar eine gesteigerte **Ausführungsverantwortung**, wenn er die Aufgaben selbst erfüllt. Delegiert er die delegierbaren Teile einer solchen Aufgabe, tritt an die Stelle der eigenen Ausführungsverantwortung eine entsprechend gesteigerte **Gewährleistungsverantwortung** im Hinblick auf die Tätigkeit der Delegatare. Sie trifft allerdings die **Gesellschaft** und nicht das Mitglied eines Vorstands, das nach § 93 Abs. 2 AktG nur für eigenes Verschulden haftet. Bei den einzelnen **Vorstandsmitgliedern** gilt anstelle der eigenen Verantwortung bei der Aufgabenausführung eine **Verantwortlichkeit für die sorgfältige Auswahl, Einweisung und Überwachung** der Delegatare. Diese **Pflichtentrias** oder – pars pro toto – **Überwachungsverantwortung**, teilweise auch als Organisationspflicht bezeichnet, trifft das Mitglied eines Vorstands grundsätzlich höchstpersönlich.

87 Soweit es um die Aufsicht über Delegatare – z. B. dem Vorstand nachgeordnete Mitarbeiter – geht, kann ein Vorstandsmitglied bzw. der Gesamtvorstand die **Pflichtentrias an Dritte delegieren** und sich auf eine **Meta-Überwachung** beschränken. Für die Delegation dieser Sekundärpflicht gilt dann wiederum die Pflichtentrias. Im Ergebnis trifft ein Vorstandsmitglied bzw. den Gesamtvorstand dann eine sogenannte **Oberaufsichtspflicht** oder Aufsichtspflicht zweiten Grades. Diese nachgelagerte Aufsichtspflicht ist selbst insgesamt **delegationsfeindlich**.

88 Die Forderung in der Begründung zu § 23 Abs. 2 VAG, „dass die ordnungsgemäße, wirksame Geschäftsorganisation und die Sicherstellung ihrer regelmäßigen Überprüfung der nicht delegierbaren Verantwortung des Vorstands unterliegen", ist vor diesem Hintergrund und mit dem zuvor ausgeführten Verständnis von Pflichtaufgaben des Vorstands sowie ihrer Delegationsfähigkeit zu sehen. In diesem Sinne weist § 23 Abs. 2 VAG dem Vorstand eines Versicherungsunternehmens zwar die grundsätzliche **Planungs- und Entscheidungsverantwortung** in Bezug auf die Geschäftsorganisation und ihre fortwährende Überprüfung als höchstpersönliche Pflichtaufgabe zu. § 23 Abs. 2 VAG **hindert aber nicht die Delegation von Vor- und Nachbereitungshandlungen** an nachgeordnete Mitarbeiter mit der Folge, dass den Vorstand dann eine entsprechende Überwachungsverantwortung trifft. Bei der ebenfalls möglichen Delegation dieser Überwachungsverantwortung gilt entsprechendes im Rahmen der an ihre Stelle tretende Meta-Überwachung, die dann die Vorstandsmitglieder als höchstpersönliche Pflicht trifft.

89 **4. Anforderungen bei der regelmäßigen internen Überprüfung der Geschäftsorganisation. a) Einzelanforderungen und Proportionalität.** Wie sich aus der Regelungskaskade als Ausdruck ohnehin im Rahmen einer ordnungsgemäßen Geschäftsorganisation geltender Grundsätze ergibt, sind für ein ordnungsgemäßes und angemessenes Vorgehen **einzelne Anforderungen zu beachten**. Sie gelten in Umfang und Intensität abhängig vom **Proportionalitätsprinzip**, das EIOPA-LL 6 Gover-

[91] Darüber hinaus erwähnt Nr. 21 MaGo die Gesamtverantwortung der Geschäftsleitung zur (Weiter-)Entwicklung einer – begrifflich überaus unbestimmten – Risikokultur.

[92] Vgl. *Dreher/Schaaf* WM 2008, 1766, 1768 ff.; a. A. *Armbrüster* VersR 2009, 1293, 1298 ff.

nance Nr. 1.32. in diesem Zusammenhang – wie auch § 23 Abs. 1 S. 1 VAG allgemein für die Geschäftsorganisation – betont.

b) Überprüfungsverfahren. Soweit es um das **Überprüfungsverfahren** selbst geht, ist festzulegen, in welchem **Rhythmus** die interne Überprüfung erfolgt. Nr. 43 MaGo verlangt hierfür keinen Mindestturnus, sondern stellt es der Einschätzung der gesamten Geschäftsleitung gemäß dem jeweiligen Risikoprofil anheim. Als Richtwert eignet sich die Parallele zu der in § 23 Abs. 3 S. 3 Satzteil 2 VAG vorgeschriebenen jährlichen Überprüfung, der Rhythmus kann unter Berücksichtigung des Proportionalitätsprinzips hiervon jedoch abweichen. Eine zusätzliche Verpflichtung zu außerordentlichen Überprüfungen aus besonderen Anlässen gemäß Nr. 46 MaGo, z. B. bei einer Bestandsübertragung oder einer Umwandlung, ist angemessen. Unangemessen wäre es allerdings, wenn sämtliche der überaus zahlreichen und in ihrer Bedeutung durchaus unterschiedlichen Teile einer Geschäftsorganisation in einem einheitlichen Rhythmus zu überprüfen wären. Der genannte Jährlichkeitsmaßstab bezieht sich daher nur auf die Prüfung als solche, nicht auf die Erfassung aller prüfbaren Elemente einer Geschäftsorganisation. Die regelmäßige Bewertung der gesamten Geschäftsorganisation ist gemäß MaGo Nr. 42 jedoch in einem „Prüfplan etc." sicherzustellen. Ebenso sind die (Einzel-)Prüfergebnisse im Sinne der Gesamtverantwortung von der „gesamten Geschäftsleitung" zu „erkennen und die resultierenden Umsetzungen (scil.: zu) steuern". 90

Sodann sind für das Überprüfungsverfahren – z. B. in den unternehmensinternen Governance-Leitlinien – der **Ablauf** und die **Zuständigkeiten** festzulegen, bis der Vorstand sich selbst mit der Angelegenheit befasst. Der Vorstand nimmt nämlich nicht selbst die Überprüfung vor, sondern bestimmt im Sinne der Planungsverantwortung nur das Prüfungsverfahren und die inhaltlichen Anforderungen an die Überprüfung sowie im Sinne der Entscheidungsverantwortung eventuelle Maßnahmen, die aus den ihm berichteten Prüfungsergebnissen abzuleiten sind. Naheliegender Weise kommt für erforderliche Vorbereitungs- und Prüfungshandlungen eine Zuständigkeit der internen Revisionsfunktion in Betracht. Die interne Überprüfung nach § 23 Abs. 2 VAG ist aber im Gegensatz zu der nach § 30 Abs. 1 VAG keine geborene Aufgabe der internen Revision. Der Vorstand kann und – schon infolge des Wirtschaftlichkeitsgrundsatzes – muss auch auf andere Schlüsselfunktionen und Abteilungen zurückgreifen, um eine effektive und effiziente interne Überprüfung i. S. v. § 23 Abs. 2 VAG sicherzustellen. Soweit bereits Erkenntnisse vorliegen, würde eine Wiederholung entsprechender Überprüfungen unwirtschaftliche Doppelarbeit bedeuten. 91

Nr. 43 und 45 MaGo konkretisieren **die Befassung des Vorstands** mit den Ergebnissen der internen Überprüfung dahingehend, dass er die Geschäftsorganisation bewertet und gegebenenfalls für kurzfristige Änderungen sorgt. Dabei bezieht der Vorstand auch Erkenntnisse ein, die die vier Schlüsselfunktionen bei der Durchführung ihrer eigenen Aufgaben gewinnen. Besonders betont Nr. 44 folgendes: „Die Geschäftsleitung bewertet insbesondere, ob die Risikostrategie und die Steuerung des Unternehmens aufeinander abgestimmt und zur Geschäftsstrategie konsistent sind und ob die Geschäftsorganisation die Ziele der Geschäfts- und Risikostrategie unterstützt." 92

Am Ende jedes Überprüfungsverfahrens steht die **Dokumentation**. Sie bezieht sich auf die Prüfungsergebnisse, die dem Vorstand vorliegen, auf die Bewertung dieser Ergebnisse durch den Vorstand und auf daraus abgeleitete Maßnahmen. Nr. 43 a. E. MaGo erfasst allerdings nur die beiden letzten Themen. 93

c) Inhaltliche Anforderungen an die interne Überprüfung. Außer auf den Überprüfungsprozess beziehen sich die rechtlichen Anforderungen vor allem auf den **Inhalt** der internen Überprüfung. In materieller Hinsicht bedarf es dazu keiner gesonderten Festlegung. Die inhaltlichen **Kriterien für die Prüfung der Geschäftsorganisation** ergeben sich insbesondere aus § 23 Abs. 1 VAG, daneben aus anderen versicherungsaufsichtsrechtlichen Regelungen sowie aus dem allgemeinen Gesellschaftsrecht. 94

Die inhaltliche Breite von Themen der Geschäftsorganisation verlangt indessen nach einer Festlegung der konkreten **Prüfungsgegenstände**. Dies lässt sich mit Anforderungen an die **Intensität der Prüfungstätigkeiten** – ebenfalls je nach Bedeutung und Risikoneigung – der in einem bestimmten Rhythmus zu prüfenden Elemente einer Geschäftsorganisation verbinden. 95

Inhaltlich mündet jedes interne Überprüfungsverfahren in eine **Ergebnisfeststellung**. Sie geht dahin, dass der Vorstand eines Versicherungsunternehmens entweder die Ordnungsgemäßheit der Geschäftsorganisation oder einen Anpassungsbedarf und dazu einzuschlagende Maßnahmen einschließlich einer entsprechenden Zeitbestimmung feststellt. Soweit der Vorstand bei der Umsetzung dieser Maßnahmen nicht selbst die Ausführungsverantwortung übernimmt, sie also stattdessen delegiert, bleibt er im Sinne der Überwachungsverantwortung – direkt oder auf der Metaebene – für die Umsetzung verantwortlich. 96

d) Interne Überprüfung durch den Vorstand nach § 23 Abs. 2 VAG und interne Überprüfung durch die interne Revision nach § 30 Abs. 1 VAG. Zwar hat auch die **interne Revision** nach § 30 Abs. 1 VAG „die **gesamte Geschäftsorganisation** und insbesondere das interne Kontrollsystem auf dessen Angemessenheit und Wirksamkeit" **zu prüfen**. Dabei handelt es sich aber um eine nach 97

Zuständigkeit und Durchführung **getrennte Aufgabe**.[93] Allerdings ist es gerade im Hinblick auf die Geltung des Proportionalitätsprinzips ebenso naheliegend wie sachgerecht und daher in Nr. 45 MaGo vorgesehen, dass sich der Vorstand eines Versicherungsunternehmens auf Tätigkeiten und Feststellungen unter anderem der internen Revision im Rahmen der eigenen Befassung mit der internen Prüfung der Geschäftsorganisation stützt. Eine autonome Doppelprüfung der Geschäftsorganisation im Verhältnis zu derjenigen durch die interne Revision ist daher durch § 23 Abs. 2 VAG nicht veranlasst.

98 **IV. Unternehmensleitlinien (Abs. 3). 1. Regelungskaskade.** Auch zu den sogenannten **Unternehmensleitlinien** finden sich zahlreiche Regelungstexte: Nach § 23 Abs. 3 S. 1 **VAG** „müssen die Unternehmen schriftliche interne Leitlinien aufstellen" und deren Umsetzung sicherstellen. Satz 2 der Vorschrift nennt die Themen, die die Unternehmensleitlinien mindestens abdecken müssen. Nach S. 3 hat der Vorstand die Unternehmensleitlinien zu verabschieden, sie einmal jährlich zu überprüfen und bei Änderungsbedarf anzupassen. Damit ist Art. 41 Abs. 3 **Solva II-RL** durch den deutschen Gesetzgeber umgesetzt. Auf der Ebene der **Solva II-VO** trifft Art. 258 Abs. 2 eine allgemeine Regelung zu Unternehmensleitlinien.[94] Danach müssen Leitlinien „in den Bereichen Risikomanagement, interne Kontrolle, interne Revision und gegebenenfalls Outsourcing die jeweiligen Zuständigkeiten, Ziele, Prozesse und Berichtsverfahren klar darlegen, die allesamt mit der allgemeinen Geschäftsstrategie des Unternehmens in Einklang stehen müssen." Weiter finden sich in der Solva II-VO zahlreiche Einzelregelungen zu Unternehmensleitlinien. Sie begründen entweder die Notwendigkeit solcher Leitlinien oder geben deren Inhalt bzw. Verwendung vor. Die **EIOPA-LL Governance** adressieren Unternehmensleitlinien sehr ausführlich, nämlich vor allem in Leitlinien 7, 9, 13, 18 bis 26, 31, 41, 52 f. und 63. Gleiches gilt für die **MaGo** mit Nr. 47 bis 63. Im Ergebnis ist die Verpflichtung zur Aufstellung unternehmensinterner Leitlinien aber kein Novum des Solvency II-Regimes. Sie ist in Deutschland als versicherungsaufsichtsrechtliches Thema nämlich schon aus der Zeit davor unter Geltung von § 64a Abs. 1 S. 4 Nr. 2 VAG a. F. in Verbindung mit den früheren MaRisk VA bekannt.[95]

99 **2. Begriff und Ziel der Unternehmensleitlinien (Abs. 3 S. 1 Hs. 1).** § 23 Abs. 3 S. 1 Hs. 1 VAG begründet die Rechtspflicht der Versicherungsunternehmen, Unternehmensleitlinien aufzustellen. Eine **Definition** solcher Leitlinien gibt das Gesetz nicht. Die einzige materielle Anforderung im Gesetz ist die **Schriftlichkeit**. Weitere Anhaltspunkte liefert die Gesetzesbegründung. Danach geht es – ähnlich zu den Vorgaben in Art. 258 Abs. 2 Solva II-VO – um „**Zielfestlegung**, **Aufgaben**, **Berichtspflichten und wie vorzugehen ist**". Mit Unternehmensleitlinien sind – so die Gesetzesbegründung weiter – „die verschiedenen **Strategien** des Unternehmens für das Tagesgeschäft" zu **konkretisieren**. Sie sollen „damit ihre Umsetzung ermöglichen".[96]

100 Das **Ziel** von Unternehmensleitlinien ist es, Prozesse und Abläufe zu etablieren und dabei Verantwortlichkeiten, Zuständigkeiten, Befugnisse sowie Aufgaben zu verteilen und abzugrenzen. Dadurch und aufgrund der Compliancepflichtigkeit auch unternehmensinterner Richtlinien[97] ist zugleich gesichert, dass die Organmitglieder und Mitarbeiter eines Versicherungsunternehmens entsprechend diesen Vorgaben handeln. Unternehmensleitlinien sind damit Prozeduralisierungsinstrumente.[98] Dabei erfüllen sie zwei Funktionen: Zum einen transformieren sie die konkreten versicherungsaufsichtsrechtlichen Vorgaben in Innenrecht der Versicherungsunternehmen. Zum anderen sind sie in den vom Versicherungsaufsichtsrecht nicht exakt vorgegebenen Bereichen der sichtbare Ausdruck geronnener aufsichtsrechtlicher Prinzipienorientierung.[99]

101 **3. Erstellungs- und Umsetzungszwang bei Unternehmensleitlinien (Abs. 3 S. 1).** § 23 Abs. 3 S. 1 VAG verpflichtet die Versicherungsunternehmen, Unternehmensleitlinien aufzustellen und die Umsetzung sicherzustellen. Die Regelung enthält daher eine **Rechtspflicht**. Allerdings bestimmt sie ihre **sachliche Reichweite** selbst **nicht abschließend**. S. 1 enthält nämlich nur thematische Mindestvorgaben für Unternehmensleitlinien.

102 Die Begründung zu § 23 Abs. 3 S. 3 VAG führt dazu folgendes an: „Die Notwendigkeit ergibt sich teilweise aus anderen Regelungen der Richtlinie, kann aber auch daraus folgen, dass anders ein ordnungsgemäßer Ablauf eines bestimmten Bereichs nicht sichergestellt werden kann."[100] Schon der Verweis auf die Solva II-RL ist allerdings unzutreffend. Denn sie richtet sich nur an die Mitglied-

---

[93] Wie hier *Heukamp* § 3 Rn. 16; a. A. wohl *Bürkle* WM 2012, 878, 881 f., der die Durchführung der Prüfung von vornherein als der internen Revision überlassen ansieht; vgl. weiter § 30 VAG Rn. 35 ff.

[94] Der frühere Wortlaut sprach noch unzutreffend von „Strategien", wurde aber im Jahr 2016 berichtigt.

[95] Vgl. *Dreher* VersR 2008, 998, 1002.

[96] Begr. zu § 23 Abs. 3 VAG-RegE 2014, BT-Drs. 18/2956, 239; vgl. auch MaGo Nr. 50 ff.

[97] Dazu näher *Dreher* VersR 2013, 929, 939; *Ballmaier* 4. Teil B. IV.; MaGo Nr. 63 fordert zur Sicherstellung der Einhaltung von Unternehmensleitlinien „interne Kontrollen". Damit kann nur die ohnehin erfolgende Kontrolle insbesondere durch die Compliance- und die interne Revisionsfunktion gemeint sein.

[98] So schon *Dreher* VersR 2012, 1061, 1065 und allgemein zur Prozessorientierung des Versicherungsaufsichtsrechts *Dreher* ZVersWiss 2011, 381, 412 f.

[99] Vgl. *Ballmaier* 4. Teil B. IV.

[100] Begr. VAG-RegE 2014, BT-Drs. 18/2956, 239.

staaten und erzeugt für die Versicherungsunternehmen keine **Rechtspflichten**. Solche können sich daher nur **aus der Solva II-VO oder aus dem VAG** selbst ergeben. Sie enthalten in der Tat einzelne Vorgaben zur Erstellung von Unternehmensleitlinien für in § 23 Abs. 3 S. 2 VAG nicht angesprochene Themen.

Der Großteil der Themen, für die die Versicherungsaufsichtsbehörden von Versicherungsunternehmen die Erstellung und Umsetzung von Unternehmensleitlinien erwarten, ist dagegen nur in den **EIOPA**-LL Governance und in den **MaGo** angesprochen. Eine Rechtspflicht zur Erstellung solcher Unternehmensleitlinien besteht daher nicht, wenn nicht das in der Gesetzesbegründung genannte Kriterium zu bejahen ist, dass ohne eine solche Unternehmensleitlinie „ein ordnungsgemäßer Ablauf eines bestimmten Bereichs nicht sichergestellt werden kann." Dies gilt etwa für Unternehmensleitlinien zu Fit-and-proper-Anforderungen. Derartige Unternehmensleitlinien sind notwendige Bestandteile einer ordnungsgemäßen und wirksamen Geschäftsorganisation. **103**

Unternehmensleitlinien zur **Ausgliederung** im Sinne von § 32 VAG – zum Teil auch Outsourcing genannt – sind schon nach dem Gesetzeswortlaut optional. Dies gilt in dem Sinne, dass sie nur vorliegen müssen, wenn es bei einem Versicherungsunternehmen tatsächlich Ausgliederungssachverhalte gibt. **104**

4. Thematische Gegenstände von Unternehmensleitlinien. a) Regelungskonzept. In **§ 23 Abs. 3 S. 2 VAG** findet sich entsprechend der Vorgabe in der Solva II-RL nur eine beispielhafte Aufzählung im Sinne einer **Mindestregelung** zur Erstellung von Unternehmensleitlinien. Mit der Regelungskaskade sind aber noch zahlreiche weitere Themen angesprochen, die nach dem VAG und der Solva II-VO Gegenstände von Unternehmensleitlinien sein müssen oder – so die EIOPA-LL Governance und die MaGo – sein sollen. **105**

b) Themenkatalog und Umsetzung. Die Vielzahl von Regelungen, die sich auf Unternehmensleitlinien beziehen, ergibt zusammengefasst folgendes Bild, zu welchen **Themen** Unternehmensleitlinien nach VAG, Solva II-VO oder aufsichtsbehördlichen Verlautbarungen erforderlich sind. Hinzugefügt ist, auf welcher Regelungsebene die einzelnen Themen angesprochen sind. **106**

(1) Risikomanagement – einschließlich Kapitalanlage – und ORSA: §§ 23 Abs. 3 S. 2, 26 Abs. 4 und 5 S. 2 VAG; Art. 212 Abs. 2, 258, Abs. 2, 259 Abs. 1 lit. a und c, 261 Abs. 1, 261a Abs. 3 Solva II-VO; EIOPA-LL 18-26 Governance und zur Kapitalanlage auch LL 27 bis 35.
(2) IKS: §§ 23 Abs. 3 S. 2, 29 Abs. 4, 45 Abs. 5 Nr. 7 VAG; Art. 258 Abs. 2 Solva II-VO.
(3) Compliance: Art. 270 Abs. 1 Solva II-VO.
(4) Interne Revision: § 23 Abs. 3 S. 2 VAG; Art. 258 Abs. 2 Solva II-VO; EIOPA-LL 42 Governance.
(5) Ausgliederung:[101] § 23 Abs. 3 S. 2 VAG; Art. 258 Abs. 2, 274 Abs. 1 S. 1 Solva II-VO; EIOPA-LL 63 Governance.
(6) Notfallplanung: § 23 Abs. 4 VAG; Art. 258 Abs. 3 Solva II-VO; EIOPA-LL 8 und 63 Nr. 1.116. lit. d Governance.
(7) Berichtswesen: § 29 Abs. 4 VAG.
(8) Solvenzkapitalanforderungen, insbesondere internes Modell: § 111 Abs. 2 bis 4 VAG; Art. 209 Abs. 3 lit. a und c, 224 lit. d, 226 lit. i, 230 Abs. 2 lit. c [hier in Form einer „schriftlichen Darstellung"]; 244 Abs. 1 lit. b Solva II-VO; EIOPA-LL 52 und 53 Governance.
(9) Kreditrisiken bei Anlagen in Verbriefungspositionen: Art. 256 Abs. 3 lit. e, Abs. 4, Abs. 7 Solva II-VO.
(10) Vergütung:[102] Art. 258 Abs. 1 lit. l Solva II-VO; EIPOA-LL 9 Governance.
(11) Zweckgesellschaften: Art. 324 Abs. 2 lit. a Solva II-VO.
(12) Kleine Versicherungsunternehmen im Sinne von § 211 VAG und Sterbekassen im Sinne von § 218 VAG: §§ 212 Abs. 3 Nr. 6, 219 Abs. 1 VAG.
(13) Allgemeine Governance-Leitlinie: EIOPA-LL 7 Nr. 1.34. Governance; MaGo Nr. 47-63.
(14) Schlüsselfunktionen:[103]
– Allgemein: EIOPA-LL 7 Nr. 1.35. Governance,
– Risikomanagementfunktion: vgl. bei 1.,
– Interne Revisionsfunktion: vgl. bei 4.,
– Compliance-Funktion als Teil des IKS: vgl. bei 3.,
– Versicherungsmathematische Funktion: vgl. bei 20. zu einer Ausschnittsregelung.
(15) Gruppenleitlinien: EIOPA-LL 7 Nr. 1.36., LL 46 Nr. 1.94. und LL 65 Nr. 1.118. Governance; MaGo Nr. 22 bis 25, 48, 67, 80, 227-229, 274-280.
(16) Fit-and-proper: Art. 273 Abs. 1 Solva II-VO; EIOPA-LL 13 Governance.

---

[101] Dazu ausf. § 32 VAG Rn. 63 ff.

[102] Zur Regelung der Vergütung des Dienstleisters im Fall einer Ausgliederung in Unternehmensleitlinien vgl. *Ballmaier* 5. Teil C. II. 3. j) und zur Vergütung des Dienstleisterpersonals § 32 Rn. 117 sowie 66 und 128. Ausf. zu den Vergütungsleitlinien auf Einzelunternehmensebene § 25 Rn. 145 ff. und auf Gruppenebene § 25 Rn. 166 ff.

[103] Zu den Unternehmensleitlinien für die Schlüsselfunktionen näher *Dreher* VersR 2012, 1061, 1065.

(17) Rückversicherung: EIOPA-LL 22 Governance als Teil der Risikomanagement-Leitlinie und EIOPA-LL 46 Nr. 1.94 Governance.
(18) ALM: EIOPA-LL 24 Governance als Teil der Risikomanagement-Leitlinien.
(19) Kapitalmanagement (Management der Eigenmittel):[104] EIOPA-LL 36 Governance; MaGo Nr. 210-215.[105]
(20) Datenqualitätsstandards: EIOPA-LL 48 f., 52 Nr. 1.101. lit. b, 53 Governance; vgl. auch § 31 Abs. 1 S. 2 Nr. 3 VAG.
(21) Berichtsverfahren als Teil jeder Unternehmensleitlinie: EIOPA-LL 7 Nr. 1.34. S. 2 lit. c Governance.
(22) Geldwäsche- und Terrorismusfinanzierungs-Prävention: § 53 Abs. 1 S. 1 VAG.[106]

107 Die vielen Themen, die entsprechend vorstehender Aufzählung kraft gesetzlicher Anordnung oder aufsichtsbehördlichen Wünschen in Unternehmensleitlinien angesprochen sein sollten, bewirken **keinen Zwang zu Unternehmensleitlinien in Form voluminöser Handbücher**. Unternehmensleitlinien sind – nomen est omen – auf das jeweilige Unternehmen und die Wesensart, den Umfang und die Komplexität der mit seiner Tätigkeit einhergehenden Risiken bezogen, wie sich schon aus § 23 Abs. 1 S. 1 VAG für die gesamte Geschäftsorganisation ergibt. Es gibt daher keine Blaupausen von Unternehmensleitlinien, die für alle Unternehmen angemessen wären. Viele Unternehmensleitlinien lassen sich daher auch auf wenigen Seiten Text formulieren.

108 Auch besteht **kein Zwang, für alle vorgenannten Themen jeweils eigene Unternehmensleitlinien zu erstellen.** Es obliegt vielmehr der freien Entscheidung jedes Versicherungsunternehmens, einzelne, sachlich verbundene Themen in Unternehmensleitlinien zusammen zu fassen oder dafür getrennte Leitlinien zu erstellen. Einige der Unternehmensleitlinien, die in der Aufzählung angeführt sind, bilden nach EIOPA von vorneherein „Sub-Leitlinien". Dies gilt für die ORSA-Leitlinie als Teil der Risikomanagement-Leitlinie (oben 1.), für die Leitlinie zum Berichtswesen nach § 29 Abs. 4 VAG (oben 7.) als Teil der allgemeinen Governance-Leitlinie (oben 13.) oder der IKS-Leitlinie (oben 2.) und für die Leitlinie zu Modelländerungen nach § 111 Abs. 2 VAG als Teil der Leitlinie zu den Solvenzkapitalanforderungen (oben 8.).[107]

109 **c) Allgemeine Governance-Leitlinie.** Zahlreiche Anforderungen, die EIOPA und BaFin an die Unternehmensleitlinien generell und speziell an deren Zusammenspiel stellen, sprechen dafür, entweder eine im vorhergehenden Abschnitt unter 13. genannte **allgemeine Governance-Leitlinie** zu erstellen oder deren möglichen Inhalt mit einer anderen Unternehmensleitlinie – zum Beispiel mit einer Unternehmensleitlinie zu den Schlüsselfunktionen allgemein – zu kombinieren.

110 Die **MaGo** enthalten mit Nr. 47-63 zwar einige, zum Teil essayistisch anmutende allgemeine Ausführungen zu Unternehmensleitlinien. Vieles davon erschöpft sich allerdings in Selbstverständlichkeiten oder ist redundant im Verhältnis zu den vorhergehenden Regelungsebenen. So geht die BaFin in Nr. 58 MaGo davon aus, dass die schriftlichen Leitlinien des Governance-Systems „mindestens einmal jährlich vollständig überprüft werden", obwohl dies bereits ausdrücklich in § 23 Abs. 3 S. 3 Satzteil 2 VAG normiert ist. Mit einzelnen Anforderungen geht die BaFin allerdings über das rechtlich Geforderte und sachlich Angemessene auch hinaus. Dies gilt zum Beispiel für die Ausführungen zur Änderung von Unternehmensleitlinien. Nach Nr. 48 S. 1 MaGo ist dafür in der Regel die gesamte Geschäftsleitung zuständig, wenn es nicht um „geringfügige" Änderungen geht. Vor dem Hintergrund fordert Nr. 48 S. 2 MaGo weiter, „von Unternehmen ist daher im Vorfeld festzulegen, welche Änderungen in den schriftlichen Leitlinien als geringfügig einzuschätzen sind." Eine solche allgemeine Geringfügigkeitsschwelle lässt sich aber im Hinblick auf den vor allem qualitativ und nicht quantitativ ausgerichteten Inhalt der Unternehmensleitlinien weder festlegen noch abschließend beschreiben. Unangemessen erscheint weiter zum Beispiel die generelle, von der BaFin postulierte Vorstandspflicht nach Nr. 62 MaGo, dass Entscheidungen des Vorstands zu einer Änderung von Unternehmensleitlinien „nachvollziehbar zu begründen und einschließlich der Begründung zu dokumentieren" sind.[108] Die sehr hohe Zahl von Themen für Unternehmensleitlinien und der Umfang, den das Versicherungsaufsichtsrecht fordert, werden in der Praxis jedes Jahr zu einer Vielzahl von einzelnen Anpassungen führen. Diese Änderungen sind entweder selbsterklärend oder Teil der Ausübung der Entscheidungsverantwortung des Vorstands im Rahmen der unternehmerischen Organisationsfreiheit. Dafür ist weder rechtlich noch sachlich eine dokumentierte, nachvollziehbare Begründung im Einzelfall zu fordern.

---

[104] Vgl. zu dem Begriff Art. 297 Solva II-VO.
[105] Zu der in Nr. 215 MaGo geforderten Festlegung zur Ermittlung strategischer Beteiligungen vgl. *Dreher* WM 2016, 1317 ff. und 1369 ff.
[106] Vgl. näher § 53 VAG Rn. 24.
[107] Vgl. EIOPA Explanatory Text BoS-14/253 zu LL 7 Nr. 2.26. Governance und speziell zu den ORSA-Leitlinien auch EIOPA-LL Governance Einleitung Nr. 1.9.
[108] Die BaFin übernimmt damit die ihrerseits unzulässige Forderung aus EIOPA Explanatory Text BoS-14/253 LL 7 Nr. 2.27. Governance.

Eine allgemeine Governance-Leitlinie könnte – in den Worten von EIOPA-LL 7 Governance – „alle als Bestandteil des Governance-Systems erforderlichen Leitlinien miteinander (…) abstimmen." Dies würde konkret bedeuten, in einer allgemeinen Governance-Leitlinie folgende **Themen** anzusprechen: **111**

– Aufsichtsratsverantwortung[109] für Vergütungs- und Fit-and-proper-Unternehmensleitlinien, soweit es um Mitglieder des Vorstands geht und Hinweis auf spezielle Zuständigkeiten der Hauptversammlung bzw. obersten Vertretung oder Trägerversammlung für Anforderungen an und Vergütung von Aufsichtsratsmitgliedern,[110]
– Vorstandsverantwortung für grundsätzlich alle anderen Leitlinien-Themen,
– Auflistung sämtlicher vorhandener Unternehmensleitlinien mit Bezug zur Geschäftsorganisation,
– Verbindlichkeit für alle Adressaten,
– Compliance-Relevanz,
– Auftreten und Bewältigung potentieller Interessenkonflikte,
– Schnittstellen und Abgrenzungen,
– Verhältnis zu anderem Unternehmensinnenrecht und mitarbeiterrelevanten Unternehmensverlautbarungen,
– Informations- und Berichtswesen,
– Dokumentationsanforderungen,
– Änderung von Unternehmensleitlinien (Zuständigkeit, Rhythmus, Verfahren, außerordentlicher Änderungsbedarf),
– Bekanntmachung von Unternehmensleitlinien,
– Gruppenthemen bei Einbindung des Versicherungsunternehmens in eine Versicherungsgruppe.

d) Spezielle Unternehmensleitlinien. Einzelheiten zu dem jeweiligen Thema, zu dem ein Versicherungsunternehmen eine eigene Unternehmensleitlinie erstellen muss oder will, sind Gegenstand der **speziellen Unternehmensleitlinien**. Soweit sich dabei zeigt, dass Themen und Anforderungen auch Gegenstand anderer spezieller Unternehmensleitlinien sind, bildet dies ein Indiz dafür, sie in einer allgemeinen Governance-Leitlinie quasi „vor die Klammer zu ziehen". Dazu gehören aber u. a. nicht die folgenden Themen von speziellen Unternehmensleitlinien, da sie sich zwar in allen solchen Leitlinien finden, aber jeweils auf das spezielle Sachthema bezogen sind: **112**

– Ziel der Unternehmensleitlinie,
– Bezugnahme auf die allgemeine Governance-Leitlinie des Versicherungsunternehmens,
– sachlicher Anwendungsbereich,
– persönlicher Anwendungsbereich,
– u. U. zeitlicher Anwendungsbereich,
– Aufgaben und Zuständigkeiten,
– Schnittstellen und Abgrenzungen,
– Verfahren bei der Leitlinienumsetzung und -anwendung,
– Informations- und Berichtswesen.

5. Verabschiedung von Unternehmensleitlinien durch den Vorstand (Abs. 3 S. 3 Satzteil 1). **113**
a) Vorstands- und Aufsichtsratszuständigkeit. § 23 Abs. 3 S. 3 Satzteil 1 VAG verlangt für Unternehmensleitlinien eine „vorherige Zustimmung durch den Vorstand". Mit dieser Formulierung folgt der Gesetzgeber der Vorgabe in Art. 41 Abs. 3 UAbs. 2 S. 2 Solvency II-RL. Sie soll angesichts der Bedeutung von Unternehmensleitlinien die **besondere Verantwortung des Vorstands für Unternehmensleitlinien** vor Augen führen. Daher erhebt es sie zu einer geschriebenen Leitungsaufgabe.

Die **Verabschiedung von Unternehmensleitlinien ausschließlich durch den Vorstand**, die der deutsche Gesetzgeber fordert, ist allerdings **gesellschaftsrechtlich nicht haltbar**. Die Solva II-RL spricht im Hinblick auf die unterschiedlichen Organisationsverfassungen der Gesellschaften in den Mitgliedstaaten nämlich treffend nur vom Verwaltungs- Management- und Aufsichtsorgan. Wie u. a. aus der Definition dieser Wendung in Art. 1 Nr. 43 Solva II-VO folgt, sind damit in einem dualistischen System – also bei der deutschen AG, dem VVaG oder dem öffentlich-rechtlichen Versicherungsunternehmen sowie der dualistisch organisierten Versicherungs-SE – „je nach Festlegung in der maßgeblichen nationalen Rechtsvorschrift" der Vorstand, der Aufsichtsrat oder beide Organe, bzw. falls das Versicherungsaufsichtsrecht keine Regelung trifft, „das Leitungsorgan", das heißt der Vorstand, gemeint. Bei der Zuständigkeitsbegründung in § 23 Abs. 3 S. 3 Satzteil 1 VAG hat der Gesetzgeber allerdings die aktienrechtliche Lage verkannt.[111] Sie ist zwingend und geht dahin, dass für **Vorstandsangelegenheiten** – zum Beispiel **Vergütung**[112] und **Eignungsanforderungen**[113] – der Aufsichtsrat und für Aufsichtsratsangelegenheiten die Hauptversammlung bzw. das ihr entsprechende Organ grundsätzlich zu- **114**

[109] Zu unverbindlichen Hauptversammlungsbeschlüssen zur Vorstandsvergütung vgl. § 120 Abs. 4 AktG.
[110] Vgl. *Dreher* VersR 2012, 1061, 1065.
[111] Vgl. schon *Dreher* VersR 2012, 1061, 1065.
[112] Vgl. näher die Erläuterungen zu § 25 VAG.
[113] Vgl. näher die Erläuterungen zu § 24 VAG.

ständig sind. Daraus folgt, dass die Fit-and-proper- sowie die Vergütungsleitlinien, soweit sie den Vorstand betreffen, zwingend der Aufsichtsrat der jeweiligen Gesellschaft zu verabschieden hat.

115 Soweit es um die **Vergütung** der **Aufsichtsratsmitglieder** geht, ist für die Festlegung grundsätzlich die Haupt-, Abgeordneten- oder Trägerversammlung eines Versicherungsunternehmens zuständig. Da diese aber außerhalb von Vergütungsleitlinien erfolgt und die Vergütungsleitlinien selbst nur die Vergütungsstruktur des Aufsichtsrats beschreibend wiedergeben, wie sie die entsprechenden Beschlüsse der zuständigen Gremien begründen, kann der Vorstand einen entsprechenden deskriptiven Abschnitt zur Vergütung des Aufsichtsrats in eine Vergütungsleitlinie aufnehmen. Dies gilt aber nicht für die Festlegung der Vergütungsstruktur des Vorstands, die typischerweise in den Vergütungsleitlinien erfolgt. Sie bleibt nach § 87 AktG schon aufgrund des Selbstbindungscharakters der Leitlinien der Beschlussfassung des Aufsichtsrats vorbehalten.

116 Die **Fit-and-proper-Anforderungen** für **Aufsichtsratsmitglieder** sind vor allem durch das europäische Versicherungsaufsichtsrecht, § 24 VAG – so jedenfalls, wenn auch zu Unrecht, die Versicherungsaufsichtsbehörden – und § 100 AktG vorgegeben. Eine Fit-and-proper-Unternehmensleitlinie, die sich in einer deskriptiven Wiedergabe solcher Eignungsvoraussetzungen erschöpft, kann in einer durch den Vorstand eines Versicherungsunternehmens verabschiedeten Unternehmensleitlinie erfolgen. Sobald die Leitlinie aber konstitutiv Festlegungen enthalten soll, ist der Vorstand entgegen § 23 Abs. 3 S. 3 Satzteil 1 VAG nicht zuständig.

117 **b) Gruppenleitlinien.** Im Fall von **Gruppenleitlinien** ist jenseits der Beschränkungen der Vorstandszuständigkeit entsprechend dem zuvor Ausgeführten zusätzlich noch eine weitere gesellschaftsrechtlich begründete Einschränkung zu beachten. Der **Vorstand des obersten gruppenangehörigen Unternehmens** ist rechtlich schon nach §§ 76, 311 AktG, aber auch versicherungsaufsichtsrechtlich infolge der Befassungspflicht jedes Vorstands mit den in seinem Unternehmen geltenden Leitlinien, **nicht zuständig,** durch Unternehmensleitlinien mit gruppenweiter Geltung **inhaltliche Vorgaben für die Leitung der anderen Gruppenunternehmen** zu machen.[114] Dies gilt gesellschaftsrechtlich teilweise auch im Vertragskonzern[115] aufgrund des begrenzten Weisungsrechts des herrschenden Unternehmens im Sinne von § 308 AktG gegenüber Mitarbeitern des abhängigen Unternehmens und im mehrstufigen Konzern gegenüber Enkelgesellschaften, die keinen Beherrschungsvertrag mit ihrer Muttergesellschaft abgeschlossen haben. Selbst in den Fällen, in denen das Konzernrecht eine Weisungs- und Folgepflicht zulässt, bleibt aber die versicherungsaufsichtsrechtliche Befassungspflicht des Vorstands jeder einzelnen Gesellschaft mit den Unternehmensleitlinien bestehen.[116] Gruppenleitlinien sind daher auf allgemeine Vorgaben zu beschränken oder von den Vorständen der gruppenangehörigen Gesellschaften – soweit rechtlich zulässig – jeweils einzeln als für ihre Gesellschaft maßgeblich zu verabschieden.[117]

118 **c) „Zustimmung" durch den Vorstand.** Wenn § 23 Abs. 3 S. 3 VAG schließlich noch von einer **„Zustimmung durch den Vorstand"** – oder wie § 29 Abs. 4 VAG sogar von einer „Genehmigung durch den Vorstand" – bei Unternehmensleitlinien ausgeht, ist damit im Hinblick auf die gesellschaftsrechtliche Zuständigkeitsordnung eine Verabschiedung im Sinne einer konstitutiven Beschlussfassung zu verstehen. Nach § 76 AktG ist der Vorstand und nur der Vorstand für die Leitung eines Versicherungsunternehmens zuständig. Er trägt damit ohnehin die (Letzt-)Verantwortung auch für „seine" Unternehmensleitlinien, die das Versicherungsaufsichtsrecht mit dem Zustimmungserfordernis noch einmal verdeutlicht.[118]

119 **d) Delegation von leitlinienbezogener Tätigkeit durch den Vorstand.** Jenseits der eigenen Beschlussfassung zu der Erarbeitung, zu der Einführung oder im Rahmen der jährlichen bzw. anlassbezogenen Prüfung auf wesentliche Änderungen von Unternehmensleitlinien **kann der Vorstand bestimmte, mit Unternehmensleitlinien verbundene Tätigkeiten delegieren.**[119] Dies gilt für vorbereitende Tätigkeiten im Sinne der Ausarbeitung von Unternehmensleitlinien oder der internen Prüfung von Unternehmensleitlinien auf Änderungsbedarf und für die konkrete Implementierung von Unternehmensleitlinien in die Geschäftsorganisation des Unternehmens. Dem entsprechen die unterschiedlichen Normadressaten in § 23 VAG mit Abs. 3 S. 1 „Unternehmen" und Abs. 3 S. 3 „Vorstand". Entsprechendes gilt auch für eine Delegation an Externe im Sinne des Outsourcing nach § 32 VAG.[120]

120 **6. Beibehaltungs- oder Änderungsentscheidung (Abs. 3 S. 3 Satzteile 2 und 3).** § 23 Abs. 3 S. 3 VAG geht davon aus, dass Unternehmensleitlinien zumindest einmal jährlich zu überprüfen und bei „wesentlichen Änderungen" der Bereiche, für die sie gelten, zu ändern sind. Wenn der **Vorstand** eines

[114] Vgl. schon *Dreher* VersR 2012, 1061, 1065.
[115] So auch ohne Begründung MaGo Nr. 48.
[116] So auch *S. Saria* Versicherungsrundschau 4/2015, 10, 11.
[117] Vgl. ausf. zum Ganzen *Dreher* WM 2015, 649, 657 ff.
[118] So schon *Dreher* VersR 2012, 1061, 1065.
[119] Vgl. dazu oben Rn. 82 ff.
[120] Vgl. *Ballmaier* 5. Teil II. 1. c) bb).

Versicherungsunternehmens für die Verabschiedung von Unternehmensleitlinien zuständig ist, gilt dies entsprechend für **wesentliche Änderungen**.

Allerdings sind **Bezugspunkte** wesentlicher Änderungen nach § 23 Abs. 3 S. 3 VAG nicht solche der Unternehmensleitlinien, sondern solche „der Bereiche oder Systeme, auf die sie sich beziehen". Insofern beschreibt die Regelung nur den potentiellen Anlass für Änderungen von Unternehmensleitlinien. Ob diese Änderungen selbst wesentlich sind, unterliegt der Beurteilung des Vorstands in Wahrnehmung der ihm übertragenen Änderungszuständigkeit. Denn sie bezieht sich nur auf wesentliche Änderungen, sofern das Unternehmen im Vorfeld abstrakt festgelegt hat, in welchen Fällen es sich um unwesentliche bzw. geringfügige Änderungen handelt.[121] Rechtlich und sachlich nicht tragbar ist die dazu erhobene, konkret gemeinte Forderung der BaFin, die Versicherungsunternehmen „sollten im Vorfeld festlegen, welche Änderungen in den schriftlichen Leitlinien als geringfügig einzuschätzen sind."[122] 121

V. Notfallplanung (Abs. 4). 1. Regelungskaskade. Die Bedeutung der Versicherungswirtschaft für die Volkswirtschaft sowie die Versicherungsnehmer bzw. Versicherten einerseits und die ständige Gefährdung einer **kontinuierlichen Aufrechterhaltung des Geschäftsbetriebs** durch innere oder äußere Extremsituationen anderseits führen zu versicherungsaufsichtsrechtlichen Anforderungen an Vorkehrungen gegen die Verwirklichung einer solchen Gefahr. **§ 23 Abs. 4 VAG** verlangt daher von den Versicherungsunternehmen „angemessene Vorkehrungen, einschließlich der Entwicklung von Notfallplänen". Dies entspricht wörtlich Art. 41 Abs. 4 S. 1 Solva II-RL. Die Umsetzung der zusätzlichen Regelungen in S. 2 der Richtlinie, dass das Versicherungsunternehmen dazu „auf geeignete und verhältnismäßige Systeme, Ressourcen und Verfahren" zurückgreift, ist im Hinblick auf deren Charakter als europäische Aufsichtsprosa und als ohnehin geltend Selbstverständlichkeit zurecht unterblieben. 122

Art. 258 Abs. 3 **Solva II-VO** enthält zu den Notfallplänen folgende Regelungen: „Versicherungs- und Rückversicherungsunternehmen sorgen für die Schaffung, Umsetzung und dauerhafte Gewährleistung einer Notfallplanung, die bei einer Störung ihrer Systeme und Verfahren sicherstellen soll, dass wesentliche Daten und Funktionen erhalten bleiben und Versicherungs- und Rückversicherungstätigkeiten fortgeführt werden oder – sollte dies nicht möglich sein – die entsprechenden Daten und Funktionen zeitnah wieder hergestellt und die Versicherungs- und Rückversicherungstätigkeiten wieder aufgenommen werden." 123

Verhältnismäßig kurz geht **EIOPA-LL 8 Governance** ebenfalls auf das Thema der Notfallplanung ein: „Das Unternehmen sollte für Bereiche, in denen es sich für gefährdet erachtet, diejenigen Risiken ermitteln, die durch Notfallpläne abgedeckt werden sollen, und diese Notfallpläne regelmäßig überprüfen, aktualisieren und erproben." Wo EIOPA eine Nummer braucht, äußern sich schließlich die **MaGo** in sechs Nummern, nämlich in Nr. 293 bis 298 zu Notfallplänen. 124

2. Ziel der Notfallplanung. Nach § 23 Abs. 4 VAG ist Ziel der Notfallplanung, „die Kontinuität und Ordnungsgemäßheit ihrer (scil.: der Versicherungsunternehmen) Tätigkeiten zu gewährleisten." Dies könnte unzutreffend dahin verstanden werden, dass auch in einem Notfall ein Vollbetrieb und nicht nur ein – jedenfalls partieller – **Notfallbetrieb** des Versicherungsunternehmens möglich sein soll. Art. 258 Abs. 3 Solva II-VO, der rechtshierarchisch den Vorrang vor dem VAG hat, sieht das Ziel der Notfallplanung dagegen darin, sicherzustellen, „das wesentliche Daten und Funktionen erhalten bleiben und Versicherungs- und Rückversicherungstätigkeiten fortgeführt werden". Vor dem Hintergrund ist **Ziel jeder Notfallplanung** nicht die Aufrechterhaltung des Vollbetriebs, sondern die Möglichkeit, überhaupt Versicherungstätigkeiten zu erbringen und die dafür „wesentlichen Daten und Funktionen" zu gewährleisten. 125

Bezugspunkt jeder Notfallplanung sind daher nur „**Versicherungs- und Rückversicherungstätigkeiten**", also der Kernbereich der Tätigkeit eines Versicherungsunternehmens. Dazu gehören z. B. nicht bloße Vorbereitungs- oder Hilfstätigkeiten wie eine vorübergehend nicht funktionsfähige Marketingabteilung oder die Kantine eines Versicherungsunternehmens. Die Solva II-VO anerkennt aber realitätsgerecht, dass Situationen eintreten können, in denen sich selbst dieses Ziel nicht erreichen lässt. Für derartige Unterbrechungen in der Tätigkeit eines Versicherungsunternehmens gilt das **Ersatzziel**, „die entsprechenden **Daten und Funktionen zeitnah**" **wiederherstellen** und Versicherungstätigkeiten wieder aufnehmen zu können. 126

Aus dem Ziel der Notfallplanung ist auch der **versicherungsaufsichtsrechtliche Notfallbegriff** abzuleiten. Sein erster Bezugspunkt ist eine Beeinträchtigung der Versicherungstätigkeit als solche oder von „wesentlichen Daten und Funktionen" mit Versicherungsbezug. Aus der Zielbestimmung, die „Kontinuität" der Versicherungstätigkeit zu gewährleisten, folgt sodann der zweite Bezugspunkt, nämlich der der Dauer. Kurzfristige, punktuelle Störungen oder Ausfälle – z. B. bestimmter Systeme wie in 127

---

[121] So auch EIOPA Explanatory Text BoS-14/253 zu LL 7 Nr. 2.23. Governance; MaGo Nr. 47.
[122] Siehe oben Rn. 111 ff.

der IT – sind nämlich wiederkehrende Phänomene eines jeden versicherungswirtschaftlichen Normalbetriebs. Sie werden daher auch im Rahmen des Normalbetriebs behoben.[123]

128 Im Versicherungsaufsichtsrecht nicht ausdrücklich angesprochen, aber als selbstverständlich vorausgesetzt ist schließlich, dass jede Notfallplanung auch das **Ziel der Schadenabwehr** verfolgt. Mitarbeiter und materielle sowie immaterielle Güter eines Versicherungsunternehmens sind durch die Notfallplanung zu schützen. Schäden sind abzuwehren oder zumindest zu mindern.

129 **3. „Angemessene Vorkehrungen" und „Notfallpläne". a) Risikoanalyse.** Ausgangspunkt jeder Notfallplanung ist eine notfallbezogene Gefährdungs- oder Risikoanalyse. In sie sind Risikoszenarien einzustellen und zu bewerten, die sich kurz-, mittel- oder langfristig realisieren könnten. Daraus ergibt sich das **Gefährdungspotential** sowohl im Sinne von betroffenen Unternehmensbereichen bzw. -funktionen als auch im Hinblick auf Eintrittswahrscheinlichkeiten. Im Mittelpunkt solcher Analysen stehen sicher Ausfälle von IT-Systemen und bestimmten Personals. Sogenannte man-made-Störungen sind ebenso zu berücksichtigen wie die Auswirkungen von Elementargewalten. Besondere Beachtung verdienen Kumulrisiken und Kettenreaktionen.

130 **b) Risikobewältigung.** Jede Risikoanalyse mündet in die versicherungsaufsichtsrechtlich geforderten Vorkehrungen, um den Risikoeintritt zu verhindern oder andernfalls eintretende Folgen zu bewältigen. Dies bedeutet zunächst, dass Versicherungsunternehmen – sofern möglich und angemessen – den **Normalbetrieb** mit dem Ziel **verändern**, dass ein Risikoeintritt verhindert oder erschwert wird. Für den Fall eines Risikoeintritts sind sodann **Notfallpläne** aufzustellen, unter Umständen zu erproben[124] und im Zeitablauf anzupassen. Auch dafür gilt das Angemessenheitskriterium.

131 Als **konkrete Vorsorgemaßnahmen** kommen z. B. eine Priorisierung von Aufgaben und Ressourcen für den Notfall, eine vertragliche Reservierung externer Kapazitäten ebenfalls für den Notfall oder eine schon vorsorglich erfolgende Doppelung von Systemen und Einrichtungen – z. B. Datenübertragungswege und Datenspeicher – in Betracht. In Folge des Angemessenheitskriteriums sind aufwendige und kostenintensive Maßnahmen aber nur veranlasst, wenn sie im Hinblick auf ihre generelle Bedeutung und unternehmensindividuelle Umstände sowie eine entsprechende Eintrittswahrscheinlichkeit angemessen sind. Dies kann in Verbindung mit dem Ziel der Notfallplanung dazu führen, dass bestimmte, besonders wichtige Systeme zu doppeln sind, andere dagegen nicht.

132 Nur als Teil anderer Unternehmensleitlinien oder als selbstständige Notfall-Leitlinien kann die Notfallplanung den Mitarbeitern bekannt gemacht, präsent gehalten und bei Eintritt eines Notfalls verfügbar sein. Zu den „Vorkehrungen" gehört daher auch die Erstellung **notfallbezogener Unternehmensleitlinien** im Sinne von § 23 Abs. 3 VAG.[125] Dies folgt im Übrigen schon begrifflich aus dem Wort „Notfallplan".

133 **4. Zuständigkeit für die Notfallplanung.** In Übereinstimmung mit der Solva II-RL verpflichtet § 23 Abs. 4 VAG „die Unternehmen" zur Notfallplanung. Gleiches gilt für die Solva II-VO. Anders als z. B. § 23 Abs. 2 und Abs. 3 S. 3 VAG ist der **Vorstand** eines Versicherungsunternehmens nach den gesetzlichen Regelungen zur Notfallplanung also **nicht selbst Normadressat**.

134 Die **MaGo** Nr. 294 lautet wie folgt: „Verantwortlich für die Notfallplanung ist die Geschäftsleitung." Dies entspricht § 23 Abs. 2 VAG, wonach die Geschäftsorganisation als Ganze Pflichtaufgabe des Vorstands ist. Daraus folgt aber nicht, dass dem Vorstand jeder Teil der Geschäftsorganisation als eine Pflichtaufgabe zugewiesen ist. Das folgt schon aus den unterschiedlichen Normadressaten „Vorstand" oder „Unternehmen" bei den Einzelpflichten zur ordnungsgemäßen Geschäftsorganisation in § 23 VAG. Zwar wird sich der Vorstand eines Versicherungsunternehmens daher gelegentlich auch mit den Grundzügen der Notfallplanung befassen und befassen müssen. Die besonderen Anforderungen an Vorstands-Pflichtaufgaben und deren Delegation mit der Geltung der höchstpersönlichen Überwachungsverantwortung bei einer vertikalen internen oder einer externen Delegation[126] der Notfallplanung gelten in diesem Bereich aber nicht. Dies hat Bedeutung unter anderem für die laufende Unternehmenspraxis zur Organisation einer solchen ordnungsgemäßen Geschäftsorganisation und für alle Haftungsfragen im Zusammenhang mit Notfallplanung und Notfallfolgen.

135 **VI. Dokumentation (Abs. 5). 1. Regelungskaskade.** Dokumentationen sind Teile einer ordnungsgemäßen Geschäftsorganisation. **§ 23 Abs. 5 VAG** sieht daher Dokumentationspflichten zur Geschäftsorganisation vor und gestaltet sie inhaltlich aus. Nach der Gesetzesbegründung wird damit „die bisherige Rechtslage aus § 64a Abs. 3 VAG a. F. aufrecht erhalten".[127] Die **Solva II-RL** enthält keine allgemeinen Dokumentationspflichten für das Governance-System. Sie kennt nur eine themenbezogene Dokumentationspflicht. Diese bezieht sich mit differenzierten Vorgaben auf die Dokumentation eines internen Modells und seiner Änderungen durch die Risikomanagement-Funktion nach Art. 44 Abs. 5

[123] Vgl. *Schaaf* S. 79 m. w. N.
[124] Vgl. z. B. MaGo Nr. 295 „Testläufe und Übungen".
[125] Vgl. dazu *Schaaf* S. 79 f.
[126] Vgl. oben Rn. 85 f.
[127] Begr. VAG RegE 2014, BT-Drs. 18/2956, 239.

lit. c und Art. 125 Solva II-RL. Eine allgemeine Dokumentationspflicht zur Geschäftsorganisation findet sich aber in Art. 258 Abs. 1 lit. i **Solva II-VO**. Danach sind Versicherungsunternehmen verpflichtet, „angemessene, ordnungsgemäße Aufzeichnungen über Geschäftstätigkeiten und interne Organisation des Unternehmens" zu führen. Zum Beispiel Art. 263 lit. c, 265 und 267 Abs. 2 der Verordnung ergänzen dies um spezielle Dokumentationspflichten für alternative Bewertungsmethoden, die Bewertung der versicherungstechnischen Rückstellungen und die Politiken sowie Verfahren für den Bewertungsprozess. Die **EIOPA-LL 4 Governance** fordert darüber hinaus, „die auf der Ebene des Verwaltungs-, Managements- oder Aufsichtsorgans getroffenen Entscheidungen sowie die Art und Weise, wie Informationen aus dem Risikomanagementsystem berücksichtigt werden, in angemessener Weise (scil.: zu) dokumentieren."

2. Ziel der Dokumentationspflichten. Dokumentation ist kein Selbstzweck. Sie ermöglicht erst die Offenlegung und Kenntnisnahme von Regeln, Entscheidungen oder sonstigen Maßnahmen durch die Adressaten. Die Maßnahmen werden damit zugleich compliance- und aufsichtsfähig, d. h. befolg-, nachvollzieh- und kontrollierbar. Eine angemessene, **ordnungsgemäße Dokumentation** ist damit **Grundlage jeder ordnungsgemäßen Geschäftsorganisation**. Zugleich wirkt sie mit entsprechenden Festlegungen einerseits zuständigkeits- und verantwortungsbegründend, andererseits umgekehrt aber auch haftungs- und verantwortungsentlastend. 136

Im Zentrum der versicherungsaufsichtsrechtlichen Dokumentationspflichten stehen risikobezogene Maßnahmen. Damit entspricht auch § 23 Abs. 5 VAG dem risikoorientierten Ansatz von Solvency II. Die neue **Prozessorientierung der Versicherungsaufsicht im Solvency II-System**,[128] die eine intensive aufsichtsbehördliche Befassung mit unternehmensinternen Prozessen bedeutet, führt in den Versicherungsunternehmen notwendig zu einer Prozeduralisierung, die wiederum mit einer **Formalisierung** unter anderem von Prozessen verbunden ist. Einen konkreten Niederschlag findet dies in den umfangreichen versicherungsaufsichtsrechtlichen Dokumentationspflichten und -anforderungen. 137

Der darin liegenden **Übermaßgefahr** ist mit dem Grundsatz der Proportionalität zu begegnen. Er gilt mit den (deskriptiven) Verweisen auf die Angemessenheit in § 23 Abs. 1 S. 1 VAG und in Art. 258 Abs. 1 lit. i Solva II-VO generell für Anforderungen an die Geschäftsorganisation und damit auch an deren Dokumentation. 138

3. Sachlicher Anwendungsbereich (Abs. 5 S. 1 Hs. 1; Art. 258 Abs. 1 lit. i Solva II-VO). 139
a) Grundsatz. Nach Art. 258 Abs. 1 lit. i Solva II-VO, der auch im Verhältnis zu § 23 Abs. 5 VAG vorrangigen Vorschrift, bezieht sich die Dokumentationspflicht auf „angemessene, ordnungsgemäße Aufzeichnungen über Geschäftstätigkeiten und interne Organisation des Unternehmens." In diesem Ansatz kommt sowohl die **Prinzipienorientierung** des Versicherungsaufsichtsrechts als auch der Grundsatz der **Proportionalität** zutreffend zum Ausdruck. Die Dokumentation wesentlicher Vorgänge und Entscheidungen ist nämlich Teil jeder ordnungsgemäßen Geschäftsorganisation.

Die **notwendige Begrenzung** solcher, nur im Ansatz auf alle Geschäftstätigkeiten und die gesamte Organisation eines Versicherungsunternehmens bezogener Dokumentationspflichten folgt aus den Vorgaben der Angemessenheit und Ordnungsmäßigkeit. Sie sind im Rahmen der unternehmerischen Organisationsfreiheit einerseits und der generellen Standards einer ordentlichen und gewissenhaften Geschäftsleitung sowie einzelner gesetzlich zwingender Regelungen unternehmensindividuell zu konkretisieren. Gleichwohl halten es der deutsche Gesetzgeber, EIOPA und BaFin für erforderlich, teils elaborierte zusätzliche Anforderungen an den sachlichen Anwendungsbereich solcher Dokumentationspflichten und die Art und Weise der Dokumentation zu stellen. Um sie geht es im Folgenden. 140

b) „Aufbau- und ablauforganisatorische Regelungen". Die Dokumentationspflicht erfasst nach § 23 Abs. 5 S. 1 Hs. 1 VAG zunächst „aufbau- und ablauforganisatorische Regelungen". Art. 258 Abs. 1 lit. i Solva II-VO schließt dies mit den Dokumentationspflichten in Bezug auf die **„interne Organisation"** des Unternehmens ein. Das Verständnis der Begriffe Aufbau- und Ablauforganisation folgt dem bei den Grundlagen der ordnungsgemäßen Geschäftsorganisation Ausgeführten.[129] 141

Ebenfalls dazu gehört nach der Begründung zu § 23 Abs. 5 VAG die **Risikostrategie**. Sie „ist weiterhin zu dokumentieren, obwohl in Bezug auf sie eine Dokumentationspflicht nicht mehr ausdrücklich formuliert wird: Strategien legen fest, was wie erreicht werden soll und gehören wie interne Leitlinien, Prozesse und Verfahren zu den aufbau- und ablauforganisatorischen Regelungen."[130] Diese Dokumentationspflicht betrifft die Risikostrategie und die Vorgaben dazu insbesondere in §§ 26 Abs. 1 S. 2 und Abs. 2, 27 Abs. 1 VAG. 142

Im Übrigen geht es bei der Dokumentation der Aufbau- und Ablauforganisation außer um Unternehmensleitlinien vor allem um die Dokumentation von **Strategien** allgemein, **Organigrammen**, **Stellenbeschreibungen**, **Arbeitsanweisungen**, **Kompetenzregelungen** sowie um das sogenannte **Beleg- und Formularwesen**. 143

---

[128] Näher *Dreher* ZVersWiss 2012, 381, 412 f.; *ders.* VersR 2012, 1061, 1065.
[129] Vgl. oben Rn. 15.
[130] Begr. zu § 23 Abs. 5 RegE-VAG 2014, BT-Drs. 18/2956, S. 239 f.

144 Die **MaGo** Nr. 38 betrifft die Dokumentation der Aufbau- und Ablauforganisation. Diese „ist zu pflegen und stets auf aktuellem Stand vorzuhalten. Vorgängerversionen sind mindestens sechs Jahre aufzubewahren."

145 **c) „Internes Kontrollsystem".** § 23 Abs. 5 S. 1 VAG bezieht die Dokumentationspflicht ausdrücklich auf das IKS, obwohl es dabei weitgehend um aufbau- und ablauforganisatorische Themen geht. Das **IKS ist Teil des Governance-Systems**[131] und in § 29 VAG bzw. Art. 266 Solva II-VO ausführlich geregelt. Teil des IKS ist die Compliance-Funktion, für die zusätzlich Art. 270 Solva II-VO gilt. Die Vielzahl der IKS-relevanten, in § 29 VAG genannten Bestandteile zeigt, dass bei der Dokumentationspflicht das Angemessenheitserfordernis sowie die Pflicht nur zur Dokumentation des Systems besondere Beachtung verdienen.

146 **d) Interne Revision (EIOPA-LL 44 Governance).** Nach EIOPA-LL 44 Governance „sollte" ein Versicherungsunternehmen „Aufzeichnungen über seine Arbeit führen, um eine Bewertung der Wirksamkeit der Arbeit der Funktion der internen Revision zu ermöglichen und die Prüfungen in einer Weise dokumentieren, die eine Rückverfolgung der vorgenommenen Prüfungen und der ermittelten Feststellungen erlauben." Bei dieser Leitlinie handelt es sich um eine **deskriptive, dokumentationsbezogene Ausschnittsregelung**. § 30 VAG und Art. 271 Solva II-VO, die die interne Revision und ihre Tätigkeiten normieren, gehen in dem Zusammenhang ohnehin von „Feststellungen" bzw. „Empfehlungen" sowie Berichten und damit von dokumentationspflichtigen Vorgängen aus. Den Revisionsberichten vorgelagert ist zudem die Revisionsplanung. EIOPA-LL 44 Governance hat daher keinen über das ohnehin im Rahmen einer ordnungsgemäßen Geschäftsorganisation und von § 30 VAG bzw. Art. 271 Solva II-VO Gebotene hinausgehenden Erkenntniswert.

147 **e) Beschlüsse von Unternehmensorganen (EIOPA-LL 4 Governance).** EIOPA-LL 4 Governance lautet wie folgt: „Das Unternehmen sollte die auf der Ebene des Verwaltungs-, Management- oder Aufsichtsorgans getroffenen Entscheidungen sowie die Art und Weise, wie die Informationen aus dem Risikomanagement berücksichtigt werden, in angemessener Weise dokumentieren". Auch dabei handelt es sich lediglich um eine ausschnitthafte Deskription der Dokumentationspflichten im Rahmen der allgemeinen Governance-Anforderungen. Organbeschlüsse werden bisher schon im Rahmen der **Protokolle der Vorstands- und Aufsichtsratssitzungen**, aber auch der Hauptversammlungs-, Abgeordneten- oder Trägerversammlungen dokumentiert. Dies gilt entgegen Leitlinie 4 nicht nur für risikomanagementbezogene, sondern auch für alle anderen Beschlüsse.

148 Die „Art und Weise, wie **Informationen aus dem Risikomanagementsystem berücksichtigt** werden", ist in solchen Protokollen ebenfalls dokumentiert. Die Protokolle beziehen sich nämlich auch auf die Beschlussvorlagen und Sitzungsunterlagen sowie auf die gegebenenfalls dazu erfolgte Diskussion in den jeweiligen Gremien.

149 Die **MaGo** Nr. 71 bis 74 enthalten zu der Dokumentation von Vorstandsbeschlüssen äußerst detaillierte Anforderungen. Für Entscheidungen des Vorstands mit Bezug zur Risikomanagementfunktion soll die Dokumentation – konkret also das jeweilige Vorstandsprotokoll oder die Unterlagen zu einem Umlaufbeschluss – nach Nr. 71 die Angabe enthalten, „wie Informationen aus dem Risikomanagement berücksichtigt werden". Nach Nr. 72 kann „ein Mindestniveau der Ausgestaltung der Dokumentation nicht pauschal vorgegeben werden. Umfang und Detailtiefe der Dokumentation von Entscheidungen der Geschäftsleitung sind vom Zweck der Dokumentation und von den mit der jeweiligen Entscheidung verbundenen Risiken abhängig. Daher ist die Ausgestaltung der Dokumentation im Einzelfall aufgrund einer ganzheitlichen Betrachtung unter den Gesichtspunkten Selbstkontrolle und Nutzen festzulegen." Die Dokumentation ist nach Nr. 73 „ausreichend, wenn sie so vollständig und exakt und mit den wesentlichen Hintergrundinformationen (z. B. Formeln, Parameter, Entscheidungen, deren wesentlichen Begründungen) angereichert ist, dass eine fachkundige Person die Entscheidung inhaltlich nachvollziehen und gegebenenfalls unter bestimmten Aspekten überprüfen kann."

150 Die am Ende rechtlich – auch im Verhältnis zu § 23 Abs. 5 VAG – allein maßgebliche Vorschrift des Art. 258 Abs. 1 lit. i Solva II-VO, die „angemessene ordnungsgemäße Aufzeichnungen" als Prinzip vorgibt, wird so pars pro toto mitsamt der **Prinzipienorientierung** des Versicherungsaufsichtsrechts und des in ihm geltenden **Proportionalitätsgrundsatzes** auf dem Altar aufsichtsbehördlicher Verlautbarungen geopfert.[132]

151 **Zutreffender Kern** der Dokumentationsanforderungen insbesondere zu risikobezogenen Beschlüssen von Unternehmensorganen ist die neue **Risiko- und Prozessorientierung unter Solvency II** mit den zahlreichen qualitativ formulierten aufsichtsrechtlichen Anforderungen. Sie zwingt die zuständigen **Unternehmensorgane** zu einer – inhaltlich und zeitlich je nach Bedeutung eines Themas abgestuften – **intensiven Befassung** mit zahlreichen Themen.[133] Das dafür geltende Verfahrensinnenrecht der

[131] Siehe oben Rn. 16 ff.

[132] Die Dokumentationsanforderungen der MaRisk BA AT 6 der BaFin leiden im Verhältnis zu den Dokumentationsanforderungen in den MaGo geradezu unter verbaler Magersucht.

[133] Siehe oben Rn. 135 f.

Unternehmen – also z. B. Vorstands- und Aufsichtsratsgeschäftsordnungen – und die die Befassung der Unternehmensorgane mit den maßgebliche Fragen dokumentierenden Feststellungen einschließlich der dabei herangezogenen schriftlichen Unterlagen und mündlichen Informationen – also z. B. Vorstands- und Aufsichtsratsprotokolle – sind für die Versicherungsaufsichtsbehörden die ersten und zugleich sachlich besonders einschlägige Quellen, wenn sie sich konkret mit der internen Governance eines Versicherungsunternehmens z. B. im Rahmen eines **aufsichtlichen Überprüfungsverfahrens** beschäftigen. Denn sie erlauben, die organisatorischen Abläufe, die Vorbereitung von Entscheidungsprozessen, die Findung von Entscheidungen und ihre Dokumentation aufsichtlich zu bewerten sowie mit allgemein geltenden Anforderungen an eine ordnungsgemäße Geschäftsorganisation abzugleichen.[134]

4. Dokumentationsmodalitäten. a) Angemessenheit, Ordnungsmäßigkeit (Art. 258 Abs. 1 lit. i Solva II-VO). Wie bereits angeführt, enthält Art. 258 Abs. 1 lit. i **Solva II-VO** als vorrangige und zentrale Regelung des versicherungsaufsichtsrechtlichen Dokumentationsrechts die prinzipienorientierte Anforderung „angemessener ordnungsgemäßer Aufzeichnungen“.[135] 152

Proportionalität bedeutet zwar nicht, dass auf eine Dokumentation wesentlicher Vorgänge der Geschäftsorganisation verzichtet werden kann. Daraus folgt aber zum Beispiel, dass in geeigneten Fällen **Verweise auf vorhandene Unterlagen** möglich sind, anstatt neue gesamthafte Unterlagen zu erstellen.[136] 153

b) „Für Dritte nachvollziehbar“ (Abs. 5 S. 1 Hs. 2). § 23 Abs. 5 S. 1 Hs. 2 VAG erhebt speziell für die Dokumentation der Aufbau- und Ablauforganisation sowie des IKS die Forderung, dass die Dokumentation **„für Dritte nachvollziehbar“** sein muss. MaGo Nr. 38 geht für die Dokumentation der Aufbau- und Ablauforganisation von der „Pflege“ der Dokumentation und der Vorhaltung der Dokumentation stets „auf aktuellem Stand“ aus. Dies alles gilt aber auch ohne aufsichtsbehördliche Verlautbarung nicht nur im Bereich der Aufbau- und Ablauforganisation, sondern im Rahmen einer ordnungsgemäßen Geschäftsorganisation und unter Anwendung des Proportionalitätsgrundsatzes generell. Bei den Dokumentationsanforderungen zu Entscheidungen des Vorstands geht Nr. 73 MaGo ebenfalls auf den Dokumentationsstandard ein und sieht ihn hier in der Perspektive einer „fachkundigen Person“. 154

Nachvollziehbarkeit für fachkundige Dritte bedeutet bei **Vorstands- und Aufsichtsratsprotokollen** nicht, dass ein Wortprotokoll zu erstellen wäre. Ebenso wenig ist erforderlich, die Urheber einzelner Wortbeiträge zu nennen, auch wenn die Praxis aus haftungsrechtlichen Erwägungen teilweise so verfährt. Notwendig ist bei einem Ergebnisprotokoll aber, dass es die Themen von Fragen oder Diskussionen, gegebenenfalls den Verlauf einer Debatte und den Umfang sowie die Intensität einer Diskussion im Gremium erkennen lässt. Dann sind die Voraussetzungen des § 107 Abs. 2 S. 2 AktG, wonach das Protokoll „den wesentlichen Inhalt der Verhandlungen und die Beschlüsse des Aufsichtsrats anzugeben“ hat, eingehalten. 155

c) Dokumentationszeitraum (Abs. 5 S. 2). Nach § 23 Abs. 5 S. 2 VAG ist die Dokumentation **„sechs Jahre aufzubewahren“**. Für den Fristbeginn gilt § 257 Abs. 5 HGB entsprechend. Diese Vorschrift bezieht sich auf den „Schluss des Kalenderjahrs, in dem“ der betreffende Vorgang abgeschlossen ist. Damit endet die Aufbewahrungsfrist mit dem Ablauf des sechsten Kalenderjahres nach Fristbeginn. 156

Das Bankaufsichtsrecht fordert in § 25a Abs. 1 S. 6 Nr. 2 **KWG** für die Dokumentation bei Kreditinstituten lediglich eine **fünfjährige Aufbewahrungsfrist**. Die MaRisk BA AT 6 sehen „vorbehaltlich gesetzlicher Regelungen“ sogar nur eine Aufbewahrungsfrist von „grundsätzlich zwei Jahren“ vor. Schon mit Blick darauf erscheint die generelle sechsjährige Frist des Versicherungsaufsichtsrechts unverhältnismäßig.[137] 157

§ 25a Abs. 1 S. 6 Nr. 2 KWG verweist wie § 23 Abs. 5 VAG auf § 257 Abs. 3 und 5 HGB. Allerdings bleibt nach dem KWG anders als nach dem VAG **§ 257 Abs. 4 HGB mit der zehnjährigen Aufbewahrungspflicht** für Unterlagen im Sinne von § 257 Abs. 1 Nr. 1 und 4 HGB ausdrücklich „unberührt“. Daraus lässt sich aber nicht ableiten, dass diese Vorschrift für Versicherungsunternehmen nicht ebenfalls unberührt bleibt, § 23 Abs. 5 S. 2 Hs. 2 VAG mithin die zehnjährige Frist durch eine sechsjährige Frist ersetzen würde. Die VAG-Regelung bezieht sich in Abs. 5 S. 2 nämlich schon nach ihrem systematischen Zusammenhang nur auf die Dokumentation im Sinne von Abs. 5 S. 1, d. h. auf die Dokumentation von Aufbau- und Ablauforganisation sowie IKS. Im Übrigen bleibt es bei § 257 HGB oder anderen gesetzlichen Aufbewahrungsregelungen wie § 147 AO. Dies verdeutlicht noch einmal die Verfehltheit der Ausschnittsregelung im sachlichen Anwendungsbereich von § 23 Abs. 5 S. 1 VAG. 158

---

[134] Vgl. dazu aus der Sicht der österreichischen FMA *Saria* Versicherungsrundschau 4/2015, 10 f.
[135] Vgl oben Rn. 139.
[136] So auch MaGo Nr. 74.
[137] Vgl. näher *Schaaf* S. 70.

159 Die Frist von 6 Jahren gilt auch für **Vorgängerversionen** von Unterlagen zur Aufbau- und Ablauforganisation. Dies folgt schon aus der Dokumentationsanforderung selbst, ist in Nr. 38 MaGo aber noch einmal ausdrücklich angeführt.

160 **d) Elektronische Dokumentation (Abs. 5 S. 2 Hs. 2).** § 23 Abs. 5 S. 2 Hs. 2 VAG verweist auch auf die entsprechende Geltung von **§ 257 Abs. 3 HGB**. Die dortigen Regelungen, die eine elektronische Dokumentation auf **Datenträgern** ermöglichen, gelten also auch für die Dokumentation von Aufbau- und Ablauforganisation sowie IKS. Jenseits des sachlichen Anwendungsbereichs von § 23 Abs. 5 S. 1 VAG gilt § 257 Abs. 3 HGB für die dort genannten Unterlagen direkt.

161 **VII. Unternehmenseigenes Hinweisgebersystem (Abs. 6). 1. Regelungsgegenstand.** Mit dem 1. FiMaNoG hat der Gesetzgeber § 23 VAG nachträglich um Abs. 6 erweitert.[138] Damit wird die **Existenz eines unternehmenseigenen Hinweisgebersystems, d. h. eines internen Whistleblowing, Teil der allgemeinen Anforderungen an die Geschäftsorganisation**. Sachlich naheliegender wäre die Zuordnung eines solchen Systems speziell zu dem internen Kontrollsystem nach § 29 VAG gewesen. Vielfach sind solche Whistleblower-Hotlines nämlich mit der Compliance-Funktion verknüpft.[139]

162 Unternehmenseigene Hinweisgebersysteme sind **von externen Hinweisgebersystemen zu unterscheiden**. Bei den Letztgenannten geht es darum, ob und unter welchen Voraussetzungen sowie Grenzen Mitarbeiter von Unternehmen Dritte – in der Regel Behörden, aber auch die Öffentlichkeit – vertraulich auf Rechtsverstöße in Unternehmen aufmerksam machen dürfen oder sogar müssen.[140] Parallel zu der Einführung des internen Whistleblowing auch bei Versicherungsunternehmen hat das 1. FiMaNoG **§ 4d FinDAG** geschaffen, wonach die **BaFin** ein – aus der Sicht der Versicherungsunternehmen – **externes Hinweisgebersystem** errichtet.[141] Es dient nach § 4d Abs. 1 FinDAG „zur Annahme von Meldungen über potentielle oder tatsächliche Verstöße gegen Gesetze, Rechtsverordnungen, Allgemeinverfügungen und sonstige Vorschriften sowie Verordnungen und Richtlinien der Europäischen Union, bei denen es die Aufgabe der Bundesanstalt ist, deren Einhaltung durch die von ihr beaufsichtigten Unternehmen und Personen sicherzustellen oder Verstöße dagegen zu ahnden." Nach § 4d Abs. 3 FinDAG wahrt die BaFin grundsätzlich die Identität von Hinweisgebern. § 4d Abs. 6 FinDAG schützt Hinweisgeber zudem vor arbeits-, straf- oder schadenersatzrechtlichen Konsequenzen, wenn sie Meldungen nicht vorsätzlich oder grob fahrlässig abgeben.

163 Hinweisgebersysteme stehen **in Konflikt mit dem Schutz von Geschäftsgeheimnissen**. Es bedarf einer Abwägung zwischen dem Schutz von Hinweisgebern und dem Schutz von Geschäftsgeheimnissen. Sie erfolgt künftig durch Art. 5 Richtlinie des EP und des Rates über den Schutz vertraulichen Know-hows und vertraulicher Geschäftsinformationen (Geschäftsgeheimnisse) vor rechtswidrigem Erwerb sowie rechtswidriger Nutzung und Offenlegung.[142] Sie ist innerhalb von zwei Jahren gerechnet ab 20 Tagen nach der Veröffentlichung im Amtsblatt am 15.6.2016 in nationales Recht umzusetzen.

164 **Europäische Vorgaben** waren Anlass für die Einfügung von § 23 Abs. 6 Nr. 3 und 4 VAG.[143] Ohne diese Einschränkung kenntlich zu machen, verweist die Begründung für den gesamten Abs. 6 von § 23 VAG, der im Regelungsgegenstand weit über die europäischen Vorgaben hinausreicht, auf die Notwendigkeit, derartige Vorgaben „umzusetzen".[144]

165 **2. Potenzielle oder tatsächliche Verstöße und etwaige strafbare Handlungen.** § 23 Abs. 6 **Nr. 3** VAG beruht auf einer Regelung der **Marktmissbrauchs-VO**. Sie hat den Rechtscharakter einer unmittelbar in allen EU-Mitgliedstaaten geltenden Verordnung. Art. 32 Abs. 3 Marktmissbrauchs-VO enthält aber eine an die Mitgliedstaaten gerichtete Verpflichtung, ihrerseits „Arbeitgeber, die in Bereichen tätig sind, die durch Finanzdienstleistungsregulierung geregelt werden, (scil.: zu verpflichten,) angemessene interne Verfahren einzurichten, über die ihre Mitarbeiter Verstöße gegen diese Verordnung melden können."

166 Die **PRIIP-VO**, die am 1.1.2018 in Kraft tritt, führt ihrer Rechtsnatur nach ebenfalls nicht zu mitgliedstaatlichen Umsetzungspflichten. Art. 28 Abs. 4 PRIIP-VO enthält allerdings folgende Mitgliedstaatenoption: „Die Mitgliedstaaten können von Arbeitgebern, die Tätigkeiten ausüben, welche im Hinblick auf Finanzdienstleistungen reguliert sind, verlangen, dass sie geeignete Verfahren einrichten, damit ihre Mitarbeiter tatsächliche oder mögliche Verstöße intern über einen spezifischen, unabhängigen und autonomen Kanal melden können." Von dieser Option hat der deutsche Gesetzgeber mit § 23 Abs. 6 **Nr. 4** VAG Gebrauch gemacht. Der RegE des 1. FiMaNoG enthält keine Angaben zu den

---

[138] Siehe oben Rn. 7.

[139] Vgl. z. B. *Maume/Haffke* ZIP 2016, 199 ff.

[140] Vgl. ausf. dazu *Rudkowski* Transparenzpflichten zur Kontrolle von Finanzdienstleistungsunternehmen 2016, S. 202 ff.

[141] Vgl. dazu BaFin Journal 7/2016, S. 33 ff.

[142] Richtlinie (EU) 2016/943, ABl. EU 2016 L 157, 1 ff. Der Richtlinienentwurf findet sich unter COM (2013) 813 final.

[143] Siehe oben Rn. 11.

[144] Den Begriff der Umsetzung verwendet die Begründung RegE 1. FiMaNoG, BT-Drs. 18/7482, 75.

Gründen für die Ausübung der Option.[145] Gleiches gilt für den unterschiedlichen Regelungsansatz mit der dynamischen Verweisung auf die PRIIP-VO, nicht aber auf die Marktmissbrauchs-VO.[146]

§ 23 Abs. 6 **Nr. 1 und 2** VAG erstreckt die Verpflichtung zu der Einrichtung eines unternehmenseigenen Hinweisgebersystems auch auf **Verstöße gegen das VAG und gegen die aufgrund des VAG erlassenen Rechtsverordnungen.** 167

Schließlich erweitert § 23 Abs. 6 VAG mit dem **letzten Satzteil** den sachlichen Anwendungsbereich eines unternehmenseigenen Hinweisgebersystems noch auf **„etwaige strafbare Handlungen"**. Mit dieser Regelung verlässt das VAG den sachlichen Anwendungsbereich der Meldungen im Übrigen, die auf Finanzdienstleistungsrechts- oder versicherungsaufsichtsrechtsrelevante Themen Bezug nehmen. Soweit es also um Straftatbestände geht, gibt es keine solche Einschränkungen für zulässige Meldungen. 168

Vor dem Hintergrund der generellen Öffnung eines Hinweisgebersystems für Meldungen zu „etwaigen strafbaren Handlungen" können davon Meldungen, die rechtlich aus der ex post-Subsumption **Ordnungswidrigkeiten** betreffen, nicht ausgeschlossen sein. Dafür sprechen unter anderem die fehlende Unterscheidung entsprechender Tatbestände im europäischen Recht, die zum Teil schmale und im Zeitablauf wechselhafte Wertungsgrenze zwischen beiden Bereichen, die fehlende Notwendigkeit einer rechtlich einwandfreien Subsumption durch die meldeberechtigten Mitarbeiter, die oft nicht gegebene zweifelsfreie Subsumption unter Straf- oder Ordnungswidrigkeitenrecht durch die geeignete Stelle und vor allem das Telos von § 23 Abs. 6 VAG. 169

Jenseits der in § 23 Abs. 6 VAG explizit genannten meldefähigen Sachverhalte stellt sich die Frage, ob **Verstöße, die nicht finanzdienstleistungsrechts- oder versicherungsaufsichtsrechtsrelevante Rechtsvorschriften oder das Unternehmensinnenrecht betreffen**, ebenfalls meldefähig sind. Schon der Wortlaut von § 23 Abs. 6 VAG erfasst Meldungen zu derartigen Verstößen nicht. Vom Gesetzgeber war eine Erstreckung auf sie offensichtlich nicht gewollt. Allein eine systematische Betrachtung des unternehmensinternen Kontrollsystems und der Compliance als dessen Teil spricht bei Versicherungsunternehmen dafür, solche Verstöße in ein unternehmenseigenes Hinweisgebersystem einzubeziehen. Denn die versicherungsaufsichtsrechtliche Compliance erfasst auch Verstöße gegen nicht versicherungsaufsichtsbezogenes Recht und gegen Unternehmensinnenrecht. Die Aufgabe der versicherungsaufsichtsrechtlichen Compliance betrifft die Einhaltung der rechtlichen Anforderungen an ein Versicherungsunternehmen insgesamt.[147] Die Erweiterung eines unternehmenseigenen Hinweisgebersystems auf Verstöße gegen andere, nicht in § 23 Abs. 6 VAG genannte Vorschriften des Unternehmensaußen- und des Unternehmensinnenrechts stellt daher eine **zwar sinnvolle, aber nicht zwingende Entscheidung des Vorstands eines Versicherungsunternehmens** dar. 170

3. Hinweisgebersystem. a) Prozess. § 23 Abs. 6 VAG fordert von den Versicherungsunternehmen, „einen **Prozess** vorzusehen", der den Mitarbeitern für bestimmte Rechtsverstöße vertrauliche Meldungen an eine geeignete Stelle ermöglicht. Die Einrichtung eines solchen **unternehmenseigenen Hinweisgebersystems** führt zu zahlreichen Rechtsfragen vor allem des Gesellschafts-, Arbeits-, Betriebsverfassungs-, Datenschutz- und Strafrechts. Daneben und keinesfalls nachrangig stellen sich zahlreiche Fragen tatsächlicher Art, nämlich wie der Prozess am besten unternehmensspezifisch und praktikabel auszugestalten ist.[148] 171

b) Geeignete Stelle. § 23 Abs. 6 VAG geht davon aus, dass Mitarbeiter die Möglichkeit haben müssen, ihre Hinweise „innerhalb des Unternehmens an eine geeignete Stelle zu melden". Die geeignete Stelle selbst kann ein Versicherungsunternehmen aber – wie die Gesetzesbegründung zutreffend ausführt – **„sowohl innerhalb als auch außerhalb des Instituts** einrichten".[149] 172

Als **geeignete Stellen außerhalb eines Versicherungsunternehmens** kommen vor allem Rechtsanwälte und andere beruflich zur Verschwiegenheit verpflichtete Personen in Betracht. Auftragnehmer können aber **sowohl natürliche als auch juristische Personen** sein. Dies folgt auch aus der Begründung zu § 23 Abs. 6 VAG, die lediglich von „einer Stelle außerhalb des Instituts" spricht.[150] Kriterien für die Entscheidung über die Einrichtung eines Hinweisgebersystems außerhalb eines Versicherungsunternehmens, das gleichwohl das unternehmenseigene Hinweisgebersystem im Sinne von § 23 Abs. 6 VAG bleibt, sind unter anderem die Sicherstellung der Vertraulichkeit der Hinweise von Mitarbeitern,[151] die mit einem solchen System verbundenen Kosten und die Unternehmensgröße. Dabei spielt ins- 173

[145] RegE 1. FiMaNoG, BT-Drs. 18/7482, 76.
[146] Vgl. auch § 308a VAG Rn. 6 zu dem versehentlichen statischen dortigen Verweis auf die PRIIP-VO.
[147] Ausf. *Dreher* VersR 2013, 929, 937 ff. und die Erläuterungen zu § 29 VAG.
[148] Vgl. zum Ganzen z. B. *Baur/Holle* AG 2017, 379 ff.; *Maume/Haffke* ZIP 2016, 199 ff.; *Buchert* in: Hauschka/Moosmayer/Lösler (Hrsg.) Corporate Compliance, 3. Aufl. 2015, § 42; *Draf* in: Bürkle (Hrsg.) Compliance in Versicherungsunternehmen, 2. Aufl. 2015, § 14 Rn. 47 ff.; *Fleischer/Schmolke* NZG 2012, 361 ff.; *dies.* WM 2012, 1013 ff.
[149] RegE 1. FiMaNoG, BT-Drs. 18/7482, 75.
[150] RegE 1. FiMaNoG, BT-Drs. 18/7482, 75.
[151] Die Vertraulichkeit ist bei einem externen Anwalt als Empfänger von Hinweisen allerdings nach *LG Bochum* Urt. v. 16.3.2016 – II-6 Qs 1/16, VersR 2017, 672 ff. m. Anm. *Bürkle* – vgl. zu dem Urteil auch *Szesny* CCZ 2017, 25 ff. – auch wegen des von dem Gericht verneinten Beschlagnahmeschutzes der von Hinweisgebern überlassenen Unterlagen nicht vollständig gewährleistet.

besondere die Zahl meldeberechtigter Mitarbeiter eine Rolle. In Betracht kommt vor dem Hintergrund aus Kosten- und Effizienzgründen auch die Schaffung einer gemeinsamen Einrichtung durch mehrere Versicherungsunternehmen.

174 Bei der Beauftragung einer externen Einrichtung oder Person als geeignete Stelle, handelt es sich rechtlich schon aufgrund der nach deutschem Recht spezifisch versicherungsaufsichtsrechtlichen Grundlage des unternehmenseigenen Hinweisgebersystems um eine **Ausgliederung im Sinne von § 32 VAG**. Die Begründung zu § 23 Abs. 6 VAG geht – wenn auch in von § 32 VAG abweichender Terminologie – von Folgendem aus: „Beauftragt das Institut eine Stelle außerhalb des Instituts, so gelten die allgemeinen Anforderungen des Gesetzes zur Auslagerung."[152]

c) Mitarbeiter. Nach § 23 Abs. 6 VAG sind **„Mitarbeiter" eines Versicherungsunternehmens meldeberechtigt**. Dies betrifft zunächst alle in Voll- oder Teilzeit beschäftigten Personen. Keine Rolle spielt, ob die Beschäftigung zeitlich begrenzt oder unbefristet ist.

175 Nicht erfasst sind dagegen **ausgeschiedene Mitarbeiter**. Gerade sie können aber oft wertvolle Hinweise auf Rechtsverstöße liefern, da sie sich nicht mehr durch psychologische Hemmnisse aus einem bestehenden Beschäftigungsverhältnis an Meldungen gehindert sehen oder entsprechende Informationen aus Kontakten zu noch aktiven Mitarbeitern haben. Versicherungsunternehmen sind daher gut beraten, ihr unternehmenseigenes Hinweisgebersystem für ehemalige Mitarbeiter zu öffnen.

176 Zu den Mitarbeitern eines Versicherungsunternehmens gehören ohne weiteres angestellte Vertriebsmitarbeiter. **Selbstständige Versicherungsvermittler** sind zwar nicht Mitarbeiter eines Versicherungsunternehmens. Für sie gilt aber das zu ausgeschiedenen Mitarbeitern Ausgeführte.

177 **Mitarbeiter eines Dienstleisters**, die aufgrund einer **Ausgliederung** von Funktionen oder Tätigkeiten nach § 32 VAG für ein Versicherungsunternehmen tätig sind, gehören zu den Mitarbeitern im Sinne von § 26 Abs. 6 VAG. Sub specie der versicherungsaufsichtsrechtlich zulässigen Ausgliederung führt § 26 Abs. 6 VAG nämlich zu einem **funktionalen Mitarbeiterbegriff**. Ob eine Person eine Funktion oder Tätigkeit für ein Versicherungsunternehmen innerhalb desselben oder außerhalb ausführt, ändert nach dem in § 32 Abs. 1 VAG verankerten Verantwortlichkeitsprinzips nichts an der notwendigen Erfüllung aufsichtsrechtlicher Anforderungen durch das Versicherungsunternehmen. Dies gilt auch für ein unternehmenseigenes Hinweisgebersystem. Entsprechende Meldungen müssen daher gemäß dem funktionalen Mitarbeiterbegriff auch durch Mitarbeiter eines Dienstleisters im Sinne von § 32 VAG möglich sein. Nur dies entspricht der Parallele zu Meldungen von Mitarbeitern eines Dienstleisters an das externe Hinweisgebersystem der BaFin nach dem ebenfalls durch das 1. FiMaNoG eingeführten § 4d Abs. 7 FinDAG.

178 **d) Vertraulichkeit.** § 23 Abs. 6 VAG fordert schließlich ein System, das Meldungen von Mitarbeitern „unter **Wahrung der Vertraulichkeit ihrer Identität** ermöglicht". Erfolgen Meldungen an eine unternehmensinterne Stelle, erscheint die Wahrung der Vertraulichkeit umso weniger gesichert, desto kleiner das Versicherungsunternehmen ist. Muss die Vertraulichkeit als gefährdet gelten, kommt nur eine Ausgliederung der geeigneten Stelle in Betracht.

179 Die Begründung zu § 23 Abs. 6 VAG fordert auch für den Fall der Ausgliederung[153] einerseits „die Vertraulichkeit der Identität der berichtenden Mitarbeiter". Andererseits sollen auch dann „die allgemeinen Anforderungen dieses Gesetzes zur Auslegung" gelten. Beides zusammen erscheint widersprüchlich im Hinblick auf die **Informations- und Auskunftsrechte eines Versicherungsunternehmens** gegenüber seinem Dienstleister nach § 32 VAG. Aufgrund einer **teleologischen Reduktion von § 32 VAG** darf ein Versicherungsunternehmen daher mit einem Dienstleister z. B. nicht im Sinne von § 32 Abs. 2 S. 2 Nr. 2 VAG ein Zugriffsrecht auf „alle Daten" vertraglich vereinbaren oder einen solchen Zugriff tatsächlich nehmen, soweit es um Meldedaten im Sinne von § 23 Abs. 6 VAG geht.

180 **VIII. Verhältnis zu anderen Regelungen. 1. Antrag auf Zulassung zum Geschäftsbetrieb (§ 9 Abs. 4 Nr. 1 VAG).** Nach § 9 Abs. 4 Nr. 1 VAG muss ein Unternehmen zusätzlich zu dem Geschäftsplan sowie den dazu gehörenden Unterlagen mit dem **Antrag auf Zulassung zum Geschäftsbetrieb als Versicherungsunternehmen** bei der Aufsichtsbehörde bestimmte Angaben zu „Art und Umfang der Geschäftsorganisation" einreichen.

181 **2. Ausgliederung (§ 32 Abs. 3 VAG).** Im Rahmen der aufsichtsrechtlichen Beurteilung einer **Ausgliederung** ist nach § 32 Abs. 3 VAG „sicherzustellen, dass wesentliche Beeinträchtigungen der Qualität der Geschäftsorganisation (...) vermieden werden."

182 **3. Externe Offenlegung (§ 40 Abs. 2 S. 3 Nr. 1 VAG).** Der **Solvabilitäts- und Finanzbericht** (SFCR) muss nach § 40 Abs. 2 S. 3 Nr. 1 VAG auch eine Beschreibung der „Geschäftsorganisation unter Bewertung ihrer Angemessenheit für das Risikoprofil des Unternehmens" enthalten.

---

[152] RegE 1. FiMaNoG, BT-Drs. 18/7482, 75.
[153] Vgl. dazu auch oben Rn. 174 mit Fn. 151.

4. Internes Modell (§§ 115 Abs. 1, 116 Abs. 1 VAG). Sofern ein Versicherungsunternehmen ein **Internes Modell** nutzt, muss es „**in der Geschäftsorganisation eine wichtige Rolle** spielen." 183

5. Kleine Versicherungsunternehmen (§§ 211, 212 VAG). § 211 Abs. 1 VAG listet die Versicherungsunternehmen auf, die **kleine Versicherungsunternehmen** sind. Auf solche Unternehmen sind nach § 212 Abs. 2 VAG zahlreiche Vorschriften nicht anwendbar. Dazu gehören nach Abs. 2 Nr. 1 „von den Vorschriften über die Geschäftsorganisation § 26 Abs. 3, 4 und 6 bis 8, die §§ 27, 28 Absatz 1 und § 29 Absatz 2 bis 4 sowie die §§ 30 und 31" VAG. Nach Abs. 3 gelten einige Vorschriften nur mit besonderen Maßgaben. Davon erfasst sind nach Nr. 3 die Unterlagen, die im Rahmen des Zulassungsantrags vorzulegen sind, und nach Nr. 6 die Unternehmensleitlinien. 184

6. Sterbekassen (§§ 218, 219 VAG). Sterbekassen sind ausweislich § 218 VAG Lebensversicherungsunternehmen mit einem besonderen Geschäftsmodell. Für sie gelten nach § 219 Abs. 1 VAG grundsätzlich die für kleine Versicherungsunternehmen geltenden Vorschriften. Davon erfasst sind auch die Regelungen zur Geschäftsorganisation in § 212 Abs. 3 Nr. 1 und Abs. 3 Nr. 6 VAG. 185

7. Versicherungsgruppen (§§ 275 ff. VAG; Art. 351 Solva II-VO). §§ 275 ff. VAG und Art. 351 Solva II-VO enthalten die Vorschriften zur Geschäftsorganisation für Gruppen. Nach § 275 Abs. 1 S. 1 VAG gelten die **Regelungen zur Geschäftsorganisation auf Einzelunternehmensebene grundsätzlich entsprechend.**[154] Die Aufsichtsbehörde ist nach § 281 Abs. 1 Nr. 4 VAG unter anderem auch für „die Beurteilung der Geschäftsorganisation" von beteiligten Unternehmen zuständig. 186

8. Aufsicht über die Geschäftsorganisation (§ 294 VAG). Nach § 294 Abs. 4 VAG ist eine ordnungsgemäße Geschäftsorganisation ausdrücklich **Aufsichtsgegenstand**. Zusätzlich umfasst das aufsichtliche Überprüfungsverfahren nach Abs. 5 „die Bewertung der qualitativen Anforderungen hinsichtlich der Geschäftsorganisation". 187

9. Kapitalaufschlag (§ 301 VAG). Falls die Geschäftsorganisation eines Versicherungsunternehmens erheblich von den (...) festgelegten Standards abweicht" und dies bestimmte, in § 301 Abs. 1 Nr. 3 VAG festgelegte Folgen hat, kann die Aufsichtsbehörde einen **Kapitalaufschlag** für das Versicherungsunternehmen festsetzen. 188

10. Finanzkonglomerate (§ 25 FKAG). Auch **Finanzkonglomerate** müssen nach § 25 Abs. 1 S. 1 FKAG über eine ordnungsgemäße Geschäftsorganisation verfügen. Dafür gelten einige Regelungen des VAG und des KWG entsprechend. 189

11. Bankaufsichtsrecht (§§ 25a, 25c KWG). Im Sinne einer **Differenzialdiagnose** sind auch bei der **Auslegung und Anwendung des Versicherungsaufsichtsrechts** die ausführlichen Regelungen zur Geschäftsorganisation von Kreditinstituten vor allem in §§ 25a, 25c KWG von Interesse.[155] 190

Anforderungen an Personen, die das Unternehmen tatsächlich leiten oder andere Schlüsselaufgaben wahrnehmen

24 (1) [1] **Personen, die ein Versicherungsunternehmen tatsächlich leiten oder andere Schlüsselaufgaben wahrnehmen, müssen zuverlässig und fachlich geeignet sein.** [2] **Fachliche Eignung setzt berufliche Qualifikationen, Kenntnisse und Erfahrungen voraus, die eine solide und umsichtige Leitung des Unternehmens gewährleisten.** [3] **Dies erfordert angemessene theoretische und praktische Kenntnisse in Versicherungsgeschäften sowie im Fall der Wahrnehmung von Leitungsaufgaben ausreichende Leitungserfahrung.** [4] **Eine ausreichende Leitungserfahrung ist in der Regel anzunehmen, wenn eine dreijährige leitende Tätigkeit bei einem Versicherungsunternehmen von vergleichbarer Größe und Geschäftsart nachgewiesen wird.** [5] **Bei Einrichtungen der betrieblichen Altersversorgung sind die Besonderheiten im Hinblick auf eine Besetzung des Aufsichtsrats durch Vertreter der Arbeitgeber und der Arbeitnehmer der Trägerunternehmen zu berücksichtigen.**

(2) [1] **Personen, die das Unternehmen tatsächlich leiten, sind neben den Geschäftsleitern solche, die für das Unternehmen wesentliche Entscheidungen zu treffen befugt sind.** [2] **Geschäftsleiter sind diejenigen natürlichen Personen, die nach Gesetz oder Satzung oder als Hauptbevollmächtigte einer Niederlassung in einem Mitglied- oder Vertragsstaat zur Führung der Geschäfte und zur Vertretung des Versicherungsunternehmens berufen sind.**

(3) [1] **Zum Geschäftsleiter kann nicht bestellt werden, wer bereits bei zwei Versicherungsunternehmen, Pensionsfonds, Versicherungs-Holdinggesellschaften oder Versicherungs-Zweckgesellschaften als Geschäftsleiter tätig ist.** [2] **Wenn es sich um Unternehmen derselben Versicherungs- oder Unternehmensgruppe handelt, kann die Aufsichtsbehörde mehr Man-**

[154] Vgl. ausf. *Dreher* WM 2015, 649 ff.
[155] Vgl. dazu z. B. oben Rn. 27 f. und 157 f. sowie ausf. *Dreher* WM 2015, 649, 655.

date zulassen. [3]Die Bestellung als Geschäftsleiter hindert nicht die Ausübung einer Funktion im Sinne des § 7 Satz 1 Nummer 9.

(4) [1]**Wer Geschäftsleiter eines Unternehmens war, kann nicht zum Mitglied des Verwaltungs- oder Aufsichtsorgans dieses Unternehmens bestellt werden, wenn bereits zwei ehemalige Geschäftsleiter des Unternehmens Mitglied des Verwaltungs- oder Aufsichtsorgans sind. [2]Zum Mitglied des Verwaltungs- oder Aufsichtsorgans kann auch nicht bestellt werden, wer bereits fünf Kontrollmandate bei Unternehmen ausübt, die unter der Aufsicht der Bundesanstalt stehen; Mandate bei Unternehmen derselben Versicherungs- oder Unternehmensgruppe bleiben dabei außer Betracht.**

Übersicht

Schrifttum: *Bähr*, Die Überwachung von Geschäftsleitern von Versicherungsunternehmen durch die BaFin, in: FS 100 Jahre Stuttgarter Lebensversicherung a. G., 2008, S. 69 ff.; *Bürkle*, Aufsichtsbehördliche Sachkundeanforderungen für Aufsichtsratsmitglieder in Versicherungsunternehmen, VersR 2010, 1005 ff.; *Bürkle*, Neues Aufsichtsrecht für Aufsichtsräte durch den Regierungsentwurf zum 10. VAG-Änderungsgesetz ZVersWiss 2012, 493 ff.; *Bürkle*, Die Neuregelungen zur Abschlussprüfung bei Versicherungsunternehmen aus Sicht des Aufsichtsrats, VersR 2016, 1145 ff.; *Dreher*, Die Kontrolle der Geschäftsleiter von Versicherungsunternehmen, ZVersWiss Supplement Jahrestagung 2006, 375 ff.; *Dreher*, Die Qualifikation der Aufsichtsratsmitglieder, in: FS Boujong, 1996, 71 ff.; *Dreher*, Ausstrahlungen des Aufsichtsrechts auf das Aktienrecht, ZGR 2010, 496, 507 ff.; *Dreher*, Begriff und Inhaber der Schlüsselfunktionen nach Solvency II und VAG 2012, VersR 2012, 933 ff.; *Dreher*, Die aufsichtsbehördliche Kontrolle der Inhaber von Schlüsselfunktionen nach Solvency II und künftigem VAG, VersR 2012, 1061 ff.; *Dreher*, Das „senior management“ der Versicherungsunternehmen und das künftige Versicherungsaufsichtsrecht, VersR 2013, 35 ff.; *Dreher*, Die Gesamtqualifikation des Aufsichtsrats in: FS Hoffmann/Becking, 2013, S. 319 ff.; *Dreher/Lange*, Die Qualifikation der Aufsichtsratsmitglieder von Versicherungsunternehmen nach VAG und Solvency II, ZVersWiss 2011, 211 ff.; *Finesi*, Suitability of Bank Directors in Europe: Just a Matter of Being 'Fit & Proper'?, ECFR 2015, 45 ff.; *Grote/Schüssler*, Strategisches Denken erwünscht, VW 2014, 100 ff.; *Hasse*, Auswirkungen des Gesetzes zur Stärkung der Finanzmarkt- und Versicherungsaufsicht auf die Corporate Governance von Versicherungsunternehmen, VersR 2010, 18 ff.; *Hersch*, Aufsichtsrechtliche Anforderungen an die Geschäftsleiter und Aufsichtsräte von Versicherungsunternehmen, 2015; *Hersch*, Aufsichtsrechtliche Anforderungen an die Geschäftsleiter und Aufsichtsräte von Versicherungsunternehmen nach dem Gesetz zur Modernisierung der Finanzaufsicht über Versicherungen, VersR 2016, 145 ff.; *Hersch*, Neue Anforderungen an die Aufsichtsräte von Versicherungsunternehmen durch das Abschlussprüferreformgesetz, VersR 2017, 257 ff.; *Kaulbach*, Geschäftsleitereignung, ZfV 2016, 124 ff.; *Korinek*, Der Weg zu Solvency II – Governance, Schlüsselfunktionen, Versicherungsrundschau 1–2/2015, 37 ff.; *Krauel/Broichhausen*, Zu den Qualifikationsanforderungen an Aufsichtsräte in Versicherungsunternehmen vor dem Hintergrund von Solvency II, VersR 2012, 823 ff.; *Kunz*, Die Geschäftsleiterkontrolle im Versicherungsaufsichtsrecht, ZVersWiss Supplement Jahrestagung 2006, S. 249 ff.; *Louven/Ernst*, Fit, Proper and „Compliant“: Gesteigerte Sorgfaltsanforderungen an Vorstände und Aufsichtsräte in der Versicherungswirtschaft, VersR 2014, 151 ff.; *Louven/Raapke*, Aktuelle Entwicklungen in der Corporate Governance von Versicherungsunternehmen, VersR 2012, 257 ff.; *Mutter/Kruchen*, Wie viele Ämter dürfen Aufsichtsräte haben?, VersR 2011, 48 f.; *Nodoushani*, Das neue Anforderungsprofil für Aufsichtsräte von Unternehmen von öffentlichem Interesse, AG 2016, 381 ff.; *Plagemann*, Die zeitliche Verfügbarkeit von Organmitgliedern von Banken und Finanzdienstleistungsinstituten, WM 2014, 2345 ff.; *Pohlmann*, Aufsichtsrechtliche Anforderungen an Schlüsselfunktionsträger in Versicherungsunternehmen, in: Düsseldorfer Vorträge zum Versicherungsrecht 2012, S. 29 ff.; *S. Saria*, Die Rolle des Aufsichtsrats nach Solvency II, Versicherungsrundschau 10/2016, 28 ff.; *Schilha*, Neues Anforderungsprofil, mehr

Aufgaben und erweiterte Haftung für den Aufsichtsrat nach Inkrafttreten der Abschlussprüfungsreform, ZIP 2016, 1316 ff.; *Thaten*, Die Ausstrahlung des Aufsichts- auf das Aktienrecht am Beispiel der Corporate Governance von Banken und Versicherungen, 2016; *Wolf*, Zur Aufgabenverteilung zwischen den Governance-Funktionen von Versicherungsunternehmen nach der Solvency-II-Richtlinie – Überlegungen am Beispiel der Funktionen Compliance, Risikomanagement und Interne Revision, VersR 2013, 678 ff.; *Wolf*, Persönlich zuverlässig und fachlich qualifiziert, VW 2014, 62 ff.

I. Allgemeines. 1. Entstehungsgeschichte. Bis zum Jahr 1994 forderte § 8 Abs. 1 Nr. 1 VAG damaliger Fassung, dass Unternehmen, die die Erlaubnis zum Geschäftsbetrieb beantragen, diese „nur versagt werden darf, wenn 1. Inhaber und Geschäftsleiter nicht ehrbar oder fachlich nicht genügend vorgebildet sind oder die für den Betrieb der Unternehmung, noch sonst erforderlichen Eigenschaften und Erfahrungen nicht besitzen". Grundlage dieser Regelung war ein Mitgliedstaatenwahlrecht in Art. 8 Abs. 3 1. Schaden- und 1. Lebensversicherungsrichtlinie für Regelungen zur fachlichen Eignung. 1

Die 3. Schaden- und Lebensversicherungs-Richtlinien führten **ab dem Jahr 1994** zu einem neuen Art. 8 Abs. 1 UAbs. 1 lit. e der 1. Schaden- und Lebensversicherungs-Richtlinie. Danach musste ein Versicherungsunternehmen „wirklich von Personen geleitet werden, die die erforderliche Zuverlässigkeit und die notwendige fachliche Qualifikation bzw. Berufserfahrung besitzen." Infolge dessen überführte der deutsche Gesetzgeber mit dem Dritten Durchführungsgesetz/EWG zum VAG die sogenannte Fit-and-proper-Aufsicht mit dem damaligen **§ 7a VAG** nach bankaufsichtsrechtlichem Vorbild in „eine selbständige Vorschrift mit ausführlichem Inhalt und zeitgemäßer Sprache".[1] 2

Bis zum Jahr 2009 bezog sich die Fit-and-proper-Kontrolle nur auf Geschäftsleiter von Versicherungsunternehmen. Am 1.8.**2009** trat dann das **Gesetz zur Stärkung der Finanzmarkt- und der Versicherungsaufsicht** in Kraft.[2] Es dehnte unter ausdrücklicher Berufung auf Erfahrungen in der „Finanzmarktkrise" den früheren § 7a VAG in zweifacher Weise aus: Zum einen den persönlichen Anwendungsbereich durch **Einbeziehung von Aufsichtsratsmitgliedern** in die Fit-and-proper-Aufsicht und zum anderen den sachlichen Anwendungsbereich durch eine **Begrenzung der Zahl von Mandaten** sowohl bei Vorstands- als auch bei Aufsichtsratsmitgliedern. 3

Im Zuge von **Solvency II** hat der deutsche Gesetzgeber das Fit-and-proper-Thema mit **§ 24 VAG** in Umsetzung entsprechender Richtlinienvorgaben bzw. teilweise erheblich über sie hinausgehend **neu geregelt**. Die Begründung zu § 24 VAG verweist darauf, die Vorschrift „integriert konkretisierende Regelungen des § 7a Abs. 1 VAG a. F."[3] Mit § 24 Abs. 3 S. 3 VAG ist im neuen VAG 2016 schließlich noch eine Klarstellung zu der Inhaberschaft von Schlüsselfunktionen durch Vorstandsmitglieder erfolgt. 4

Zu § 24 Abs. 1 und 2 hatte die **BaFin** am 30.12.2015 die „**Auslegungsentscheidung** zur Prüfung der fachlichen Eignung und Zuverlässigkeit" vorgelegt. An deren Stelle sind drei „**Merkblätter**" zur Fit-and-proper-Aufsicht über Geschäftsleiter, Verwaltungs- oder Aufsichtsorgane und Personen, die für Schlüsselfunktionen verantwortlich oder in ihnen tätig sind, vom 23.11.2016 getreten. 5

2. Normzweck. Ziel von § 24 VAG ist nach der Begründung die Umsetzung von Art. 42 Abs. 1 Solva II-RL und die Weiterführung einiger Regelungen des § 7a VAG a. F.[4] Dahinter stehen mit dem Solvency II-System dessen allgemeine Regelungsziele.[5] Hinzu kommen die mit den konkreten Regelungen verbundenen Ziele. Sie sind, wie schon die zuvor angeführte Entwicklungsgeschichte des früheren § 7a VAG zeigt, durch die **Erfahrungen aus der Finanzkrise** geprägt. Sowohl die Fit-and-proper-Aufsicht als auch die Mandatsbegrenzung sollen daher eine „ordentliche Wahrnehmung" der jeweiligen Funktion gewährleisten. Hintergrund sind die schon damals so gesehenen „ständig steigenden Anforderungen" an Organmitglieder und das Erfordernis einer „angemessenen Kontrolle des Managements durch sachkundige Aufsichtsräte", die zudem „ausreichend Zeit für die Wahrnehmung ihrer Mandate" haben sollen.[6] 6

Die **Einbeziehung zahlreicher weiterer Personen**, die in einem Versicherungsunternehmen tätig sind, in die Fit-and-proper-Aufsicht beruht dagegen allein auf den europarechtlichen Solvency II-Vorgaben. 7

§ 24 Abs. 3 S. 3 VAG geht auf den BT-Finanzausschuss im Gesetzgebungsverfahren zu dem VAG-RegE 2014 zurück. Die Regelung soll klarstellen, dass auch **Vorstandsmitglieder Inhaber von Schlüsselfunktionen** sein können. 8

3. Europarechtlicher Hintergrund. Art. 42 Solva II-RL betrifft – in Parallele zu entsprechenden Regelungen für Kreditinstitute in der CRD IV-Richtlinie –[7] bei Versicherungsunternehmen „Anforderungen an die fachliche Qualifikation und die persönliche Zuverlässigkeit von Personen, die das 9

[1] Vgl. Begr. zu § 7a RegE, BT-Drs. 12/6959, 52.
[2] BGBl. 2009 I, 2305; RegE, BT-Drs. 16/12783, 18.; vgl. ausf. zu dem Gesetz *Hasse*, VersR 2010, 18 ff. und *Bürkle* VersR 2010, 1005 ff.
[3] Begr. VAG-RegE 2014, BT-Drs. 18/2956, 240.
[4] VAG-RegE 2014, BT-Drs. 18/2956, 240.
[5] Vgl. Einl. Rn. 6 ff.
[6] Vgl. Begr. zu § 7a VAG, RegE Gesetz zur Stärkung der Finanzmarkt- und der Versicherungsaufsicht, BT-Drs. 16/12783, 18 f.
[7] Vgl. dazu z. B. *Finesi* ECFR 2015, 45 ff.

Unternehmen tatsächlich leiten oder andere Schlüsselaufgaben innehaben". Bezogen auf „Personen, die Schlüsselfunktionen wahrnehmen", bringt **EG 34 Solva II-RL** den Regelungswillen des europäischen Gesetzgebers dahingehend zum Ausdruck, dass diese Personen „fachlich qualifiziert und zuverlässig" sein sollen. **EG 35 Solva II-RL** ergänzt diese Anforderungen dadurch, dass „bei der Bewertung des geforderten Kompetenzniveaus die fachliche Qualifikation und die Berufserfahrung derjenigen, die das Unternehmen tatsächlich leiten oder andere Schlüsselfunktionen innehaben, als zusätzliche Faktoren berücksichtigt werden" sollen.

10 Die Folgeregelung in **Art. 43 Solva II-RL** betrifft **Nachweise zur Zuverlässigkeit** sowie zur Insolvenzfreiheit und deren Anerkennung bzw. Ersetzung durch andere Erklärungen in den Mitgliedstaaten der EU. Der deutschen Gesetzgeber hat Art. 43 Solva II-RL bewusst **nicht im VAG umgesetzt**. Dafür findet sich in dem VAG-RegE 2014 folgende Begründung: „In der allgemeinen Verwaltungspraxis der Aufsichtsbehörde, nach der die Vorlage eines Auszuges aus dem Bundeszentralregister erforderlich ist, wenn jemand als Geschäftsleiter oder Mitglied des Aufsichtsrats bestellt werden soll, wird die Regelung seit jeher sinngemäß beachtet." Ein solcher Verweis auf eine „allgemeine Verwaltungspraxis" einer Aufsichtsbehörde ist untauglich. Der EuGH hat mehrfach entschieden, dass eine ständige Verwaltungspraxis zur Umsetzung einer EU-Richtlinie schon deshalb nicht genügt, weil die Praxis leicht geändert werden könnte.[8] Die Hinweise auf die „erforderlichen Unterlagen" in I. 3. des BaFin-Merkblatts zur fachlichen Eignung und Zuverlässigkeit von Geschäftsleitern gemäß VAG bzw. des BaFin-Merkblatts zur fachlichen Eignung und Zuverlässigkeit von Personen, die für Schlüsselfunktionen verantwortlich oder für Schlüsselfunktionen tätig sind, gemäß VAG vom 23.11.2016 lassen hierbei keine andere Sichtweise zu. Derartige Verlautbarungen geben lediglich die Rechtsauffassungen der Behörde wieder und entfalten insoweit nur eine dem Gleichbehandlungsgrundsatz folgende Selbstbindung.[9] Soweit das nationale Recht dem Inhalt einer Richtlinienregelung nicht bereits entspricht, bedarf es also eines ergebnisbezogenen Umsetzungsakts auf Gesetzes- oder Verordnungsebene.[10] Daher ist die ausdrückliche **Nichtumsetzung von Art. 43 Solva II-RL im VAG als solche europarechtswidrig**. Hinzu kommt eine Beschränkung der Arbeitnehmerfreizügigkeit nach Art. 45 AEUV, wenn eine Person aus dem EU-/EWR-Ausland zu einem Versicherungsunternehmen mit Sitz in Deutschland wechseln will und ein Zuverlässigkeitsnachweis, der im bisherigen Heimatstaat ausgestellt ist, im Inland infolge der Nichtumsetzung von Art. 43 Solva II-RL nicht oder nur mit Verzögerung anerkannt wird.[11]

11 **Fit-and-proper-Regelungen** enthält außer der Solva II-RL auch die **Solva II-VO**. Die Regelungen der Solva II-VO wirken unmittelbar und gehen § 24 VAG vor. Die Anliegen, die der europäische Gesetzgeber mit diesen Regelungen verfolgt, erschließen sich aus EG 99 und 100 Solva II-VO.

12 Zahlreiche Regelungen zur Fit-and-proper-Aufsicht finden sich in **Art. 258 Solva II-VO** unter der Überschrift „Allgemeine Governance-Anforderungen". In Bezug auf die Mitglieder von Aufsichtsräten von Versicherungsunternehmen kann Art. 258 Solva II-VO aber ebensowenig wie Art. 273 Abs. 3 Solva II-VO den Anwendungsbereich der Fit-and-proper-Aufsicht nach der Solva II-RL erweitern. Er ergibt sich aus dem Regelungssystem der Art. 42, 248 Abs. 1 lit. d, 257 Solva II-RL.[12] Art. 258 Abs. 1 lit. c Solva II-VO fordert zunächst eine bestimmte **Gesamtqualifikation** des **VMAO** i. S. v. Art. 1 Nr. 43 Solva II-VO eines Versicherungsunternehmens. Die Mitglieder des Vorstands, der damit nur gemeint sein kann, müssen nämlich „in ihrer Gesamtheit über die Qualifikationen, Kompetenzen, Fähigkeiten und Berufserfahrung in den relevanten Geschäftsbereichen verfügen, die erforderlich sind, um das Unternehmen effektiv und professionell zu leiten und zu überwachen." Sodann verlangt Art. 258 Abs. 1 lit. d Solva II-VO eine bestimmte **Individualqualifikation** der Mitglieder des VMAO. Danach muss gewährleistet sein, dass „jedes einzelne Mitglied des Verwaltungs-, Management- oder Aufsichtsorgans über die Qualifikationen, Kompetenzen, Fähigkeiten und Berufserfahrung verfügt, die es zur Erfüllung der ihm übertragenen Aufgaben benötigt". Art. 258 Abs. 1 lit. e Solva II-VO erstreckt im Verhältnis dazu abgesenkte Anforderungen an die individuelle Qualifikation schließlich auch noch auf sonstige „**Mitarbeiter**" eines Versicherungsunternehmens. Es darf nur solche Mitarbeiter beschäftigen, „die über die Fähigkeiten, Kenntnisse und Fachkunde verfügen, die zur ordnungsgemäßen Erfüllung der ihnen übertragenen Aufgaben erforderlich sind".

13 **Art. 273 Solva II-VO** enthält zusätzlich **spezielle „Anforderungen an die fachliche Qualifikation und die persönliche Zuverlässigkeit"**. Dies gilt nach Abs. 1 ausschließlich für „Personen, die das Unternehmen tatsächlich leiten oder andere Schlüsselfunktionen innehaben", nach Absätzen 2 und 3 für ihre fachliche Qualifikation und nach Abs. 4 für ihre persönliche Zuverlässigkeit.

---

[8] *EuGH* Urt. v. 2.5.1996 – C-311/95 Tz. 7, Slg. 1996 I, 2433 – Kommission/Griechenland und ausf. *Dreher* EuZW 1997, 522 ff. sowie zu der ebenfalls untauglichen Richtlinienumsetzung durch normkonkretisierende Verwaltungsvorschriften *EuGH* EuZW 1991, 440 – Kommission/Deutschland; *BVerwG* Urt. v. 15.12.2011 – 2 C 41/10 Tz. 21, NVwZ 2012, 641.

[9] Vgl. Einl. Rn. 78 ff., 82.

[10] So schon *Dreher* EuZW 1997, 522, 523.

[11] So schon *Dreher* VersR 2012, 1061, 1068.

[12] Siehe unten Rn. 48 ff.

Zu der **Beschränkung von Mehrfachmandaten** für Vorstands- und Aufsichtsratsmitglieder durch § 24 Abs. 3 und 4 VAG ist ein **europarechtlicher Hintergrund nicht ersichtlich**. Der deutsche Gesetzgeber wollte mit dem Gesetz zur Stärkung der Finanzmarkt- und der Versicherungsaufsicht von 2009 autonom „im Lichte der Finanzmarktkrise" eine „Verbesserung der Eingriffsbefugnisse der Finanzmarkt- und Versicherungsaufsicht" herbeiführen.[13] **14**

II. Fit-and-proper-Aufsicht (Abs. 1 und 2). 1. Fit-and-proper-Anforderungen an Personen, die ein Versicherungsunternehmen leiten oder andere Schlüsselaufgaben wahrnehmen (Abs. 1 S. 1, Art. 275 Abs. 1 Solva II-VO). a) Persönlicher Anwendungsbereich. aa) Geschäftsleiter (Abs. 2 Sätze 1 und 2). Normadressaten der Fit-and-proper-Aufsicht sind nach § 24 Abs. 2 S. 1 VAG zunächst die **Geschäftsleiter**. Sie sind legaldefiniert in § 24 Abs. 2 S. 2 VAG. Geschäftsleiter im versicherungsaufsichtsrechtlichen Sinn sind danach die **Mitglieder des Vorstands** einer Versicherungs-AG, einer dualistisch strukturierten Versicherungs-SE, eines VVaG oder eines öffentlich-rechtlichen Versicherungsunternehmens. **15**

§ 24 Abs. 2 S. 2 VAG zählt zu den Geschäftsleitern auch die vertretungs- und geschäftsführungsbefugten **Hauptbevollmächtigten** der Niederlassung eines **deutschen Versicherungsunternehmens** in der **EU** oder in dem **EWR**. Art. 146 Abs. 1 UAbs. 1 Solva II-RL verweist für die Hauptbevollmächtigten ausdrücklich auf Art. 42 Solva II-RL. Nach § 58 Abs. 2 S. 1 VAG soll die BaFin im Rahmen der Finanzaufsicht bei der beabsichtigten Errichtung der Niederlassung „die Erfüllung der in § 24 Abs. 1 genannten Voraussetzungen durch den Hauptbevollmächtigten und die für die Niederlassung zuständigen Geschäftsleiter" prüfen. **16**

Nach §§ 62 Abs. 1 S. 2 Nr. 6, 303 Abs. 2 Nr. 1, 24 VAG könnte die BaFin die Abberufung des **Hauptbevollmächtigten der Niederlassung eines EU-/EWR-ausländischen Versicherungsunternehmens in Deutschland** verlangen und diesem die Ausübung der Tätigkeit untersagen, wenn er die Voraussetzungen des § 24 VAG nicht erfüllt. § 62 Abs. 1 S. 2 Nr. 6 VAG gehört zu dem Bereich der Rechtsaufsicht. Die Regelung steht in Widerspruch dazu, dass nach Art. 146 Abs. 1 UAbs. 1 Solva II-RL die Aufsichtsbehörde des Herkunftsstaats im Rahmen der Finanzaufsicht nach Art. 30 Solva II-RL die Fit-and-proper-Aufsicht über Hauptbevollmächtigte ausübt. Die BaFin kann daher nicht zusätzlich dieselbe Aufgabe im Rahmen der Rechtsaufsicht bei Niederlassungen EU-/EWR-ausländischer Versicherungsunternehmen in Deutschland wahrnehmen. Die §§ 62, 303, 24 VAG sind also unanwendbar, indem und soweit sie gegen die vorrangige europarechtliche Zuständigkeitsverteilung bei der Aufsicht über Zweigniederlassungen verstoßen. Das BaFin-Merkblatt zur fachlichen Eignung und Zuverlässigkeit von Geschäftsleitern gemäß VAG vom 23.11.2016 bei I. 2. rechnet daher nur Hauptbevollmächtigte von Unternehmen aus anderen Mitglieds- oder Vertragsstaaten, die nicht den Versicherungs-Richtlinien unterliegen, zu den Geschäftsleitern i. S. v. § 24 Abs. 2 VAG. **17**

Nach Art. 162 Abs. 2 lit. d und i Solva II-RL bzw. § 68 Abs. 2 S. 2 VAG gelten für den **Hauptbevollmächtigten der Niederlassung eines Unternehmens** aus einem **Drittstaat** in Deutschland die Fit-and-proper-Anforderungen. **EIOPA-LL 31** für die Beaufsichtigung von Zweigniederlassungen von Versicherungsunternehmen aus Drittländern[14] fordert, „die Aufsichtsbehörde des Aufnahmelandes sollte sicherstellen", dass ihr das Versicherungsunternehmen aus dem Drittland alle notwendigen Informationen zur Verfügung stellt, damit sie die fachliche Qualifikation und die persönliche Zuverlässigkeit der in Leitlinie 31 genannten Personen bewerten kann. Leitlinie 31 betrifft außer dem Hauptbevollmächtigten selbst „jegliche Personen, die die Geschäfte einer Zweigniederlassung tatsächlich führen oder beeinflussen könnten; und die Personen, die für Schlüsselfunktionen in Bezug auf die Tätigkeiten der Zweigniederlassung verantwortlich sind." **18**

§ 59 Abs. 1 S. 3 Nr. 2 VAG und I. 2. BaFin-Merkblatt zur fachlichen Eignung und Zuverlässigkeit von Geschäftsleitern gemäß VAG v. 23.11.2016 wollen auch die **Vertreter für die Schadenregulierung** den Geschäftsleitern zuordnen. § 24 Abs. 1 VAG soll für sie entsprechend gelten, obwohl sie das jeweils vertretene Versicherungsunternehmen gerade nicht leiten. Die Regelung ist **europarechtswidrig.**[15] **19**

bb) Tatsächlich leitende Personen (Abs. 1 S. 1, Abs. 2 S. 1). (1) Grundlagen. Seinem persönlichen Anwendungsbereich nach erfasst § 24 Abs. 1 S. 1 VAG auch „Personen, die ein Versicherungsunternehmen tatsächlich leiten". Zu diesen Personen zählt § 24 Abs. 2 S. 1 VAG außer den Geschäftsleitern „solche, die **für das Unternehmen wesentliche Entscheidungen** zu **treffen** befugt sind." **20**

Der **VAG-RegE 2014** versteht darunter „Personen, die unterhalb der Ebene der Geschäftsleitung auf Unternehmensentscheidungen erheblichen Einfluss haben. Ob es in einem Unternehmen solche nachgelagerten Führungsebenen gibt und welche Personen ihr zuzuordnen sind, unterliegt der Beurteilung im Einzelfall."[16] **21**

---

[13] RegE BT-Drs. 16/12783, 1.
[14] EIOPA-BoS-15/110 DE.
[15] So auch schon *Pohlmann*, S. 55.
[16] BT-Drs. 18/2956, 241.

22 Die **Solva II-RL**, die den Begriff der Personen, die ein Versicherungsunternehmen „tatsächlich leiten", in EG 35 sowie in Art. 26 Abs. 3, 42 Abs. 1 und 2, 44 Abs. 1 UAbs. 2 verwendet, erläutert ihn nicht näher. Aus der Gegenüberstellung von tatsächlicher Unternehmensleitung und Inhaberschaft einer Schlüsselfunktion geht aber hervor, dass die Inhaber der Schlüsselfunktionen nicht zu den tatsächlich leitenden Personen gehören.

23 Eine Definition enthält auch die **Solva II-VO** nicht, die in EG 99, 100 und Art. 273 Abs. 1, 275 Abs. 1 ebenfalls auf den Begriff Bezug nimmt. Aus den Regelungen der Solva II-VO folgt jedoch zunächst eine Bestätigung der Ableitung des Ergebnisses aus der Solva II-RL, da auch die Solva II-VO die zuvor angeführte begriffliche Gegenüberstellung enthält. Sodann und vor allem ergibt sich aus Art. 275 Abs. 1 lit. c Solva II-VO aber weiter die Unhaltbarkeit von § 24 Abs. 2 S. 1 VAG. Die Solva II-VO unterscheidet nämlich von den Personen, „die das Unternehmen tatsächlich leiten", andere „Mitarbeiterkategorien", „deren Tätigkeiten das Risikoprofil des Unternehmens maßgeblich beeinflussen". Personen, die i. S. v. § 24 Abs. 2 S. 1 VAG „für das Unternehmen wesentliche Entscheidungen zu treffen befugt sind", können daher nicht schon deshalb das Unternehmen tatsächlich leiten.

24 Die **EIOPA-LL Governance** geht in Nr. 1.21. von folgender Definition aus: „Zu den Personen, die das Unternehmen tatsächlich leiten, zählen die Mitglieder des Verwaltungs-, Management- oder Aufsichtsorgans unter Berücksichtigung des nationalen Rechts sowie die Mitglieder der Geschäftsleitung. Zu Letzteren zählen vom Unternehmen beschäftigte Personen, die für die Entscheidungsfindung auf hoher Ebene sowie die Umsetzung der entwickelten Strategien und der vom Verwaltungs-, Management- oder Aufsichtsorgan genehmigten Politik zuständig sind."

25 Vor dem Hintergrund ist fraglich, ob es Personen jenseits der Geschäftsleiter gibt, die ein Unternehmen tatsächlich leiten. Dafür ist eine **Auslegung des Rechtsbegriffs tatsächlich leitender Personen** notwendig. Zentrales Kriterium ist dabei der Begriff der **Unternehmensleitung**. Eine Vereinheitlichung des gesellschaftsrechtlichen Leitungsbegriffs ist weder durch europäisches Gesellschaftsrecht allgemein noch für Versicherungsunternehmen durch europäisches Versicherungsaufsichtsrecht speziell erfolgt. Die grundsätzlich stattfindende autonome europarechtliche Auslegung des Begriffs der tatsächlichen Leitung führt allerdings schon deshalb in das nationale Gesellschaftsrecht zurück, weil die Gesellschaftsrechte durch zahlreiche gesellschaftsrechtliche Richtlinien europäisiert sind. Jenseits dieser Harmonisierungstätigkeit will einerseits der europäische Gesetzgeber die nationalen Gesellschaftsrechte bisher nicht vereinheitlichen und dies gilt gerade für die Struktur der Aktiengesellschaft, wie die Aufgabe des Projekts einer fünften gesellschaftsrechtlichen Richtlinie, der sogenannten Strukturrichtlinie, zeigt.[17] Andererseits bildet das Gesellschaftsrecht zwingendes Recht. Es ist daher bei der Tätigkeit von Versicherungsunternehmen einschließlich der grundlegenden Strukturprinzipien von diesen ebenso zwingend schon nach dem Legalitätsprinzip zu beachten. Auch im Rahmen von § 24 VAG gilt infolge dessen das schon zu der Verwendung des Begriffs der Leitung eines Versicherungsunternehmens im Sinne von § 23 Abs. 1 S. 2 Hs. 2 VAG Ausgeführte:[18] Die Leitung einer Gesellschaft ist **Aufgabe des Vorstands** eines Versicherungsunternehmens. Sie besteht in der Wahrnehmung eines Kernbereichs höchstpersönlicher, d. h. delegationsunfähiger Planungs- und Entscheidungsverantwortung sowie gesetzlicher Pflichtaufgaben.

26 **(2) Mitglieder des Verwaltungsrats und geschäftsführende Direktoren einer monistischen Versicherungs-SE.** Zwar gibt es in Deutschland Versicherungsunternehmen, die die nach § 8 Abs. 2 VAG zulässige Rechtsform der SE haben.[19] Sie weisen allerdings sämtlich eine dualistische Struktur mit Vorstand und Aufsichtsrat auf. Sofern ein Versicherungsunternehmen das monistische System nach §§ 20 ff. SEAG i. V. m. Art. 38 lit. b SE-VO wählt, treten an die Stelle der §§ 76 bis 116 AktG einerseits die §§ 20 bis 49 SEAG und andererseits ein **Verwaltungsrat sowie geschäftsführende Direktoren**. Die Aufgabe der Leitung des Unternehmens ist in der monistischen SE anders geregelt als in der Aktiengesellschaft oder den weiteren, für Versicherungsunternehmen zugelassenen Rechtsformen. Verwaltungsratsmitglieder haben zum Teil eine andere Rechtsstellung als Vorstandsmitglieder. Geschäftsführende Direktoren übernehmen insbesondere im Hinblick auf die grundsätzliche Vertretung der SE nach § 41 SEAG typische Geschäftsleiterfunktionen. Im Ergebnis zählen beide Personengruppen daher zu den Personen, die ein Unternehmen tatsächlich leiten.[20]

27 **(3) Faktische Vorstandstätigkeit.** Gesellschaftsrechtlich anerkannt ist, dass auf Personen, die ohne Bestellungsakt, d. h. rein tatsächlich, wie ein Vorstandsmitglied handeln, als sogenannte **faktische Organmitglieder** die Grundsätze, die für das Organmitglied gelten, anwendbar sind.[21] Dabei geht es allerdings regelmäßig um die Rechtsfolgen solcher Tätigkeit, insbesondere um Haftungsfragen. Kein

---

[17] Vgl. ausf. zum Ganzen z. B. *Kort* in: Großkommentar AktG, 5. Aufl. 2015, Vor § 76 Rn. 75 ff.
[18] Ausf. § 23 VAG Rn. 82 ff.
[19] Vgl. dazu *Kordges* in: Düsseldorfer Vorträge zum Versicherungsrecht 2012, S. 83 ff.
[20] Vgl. ausf. ebenso *Hersch* VersR 2016, 145, 148 f.
[21] Vgl. statt vieler z. B. *Koch* in Hüffer, AktG, 12. Aufl. 2016, § 93 Rn. 38 f.; *Schürnbrand* Organschaft im Recht der privaten Verbände 2007, S. 294 ff., jeweils m. z. N.

Versicherungsunternehmen dürfte es zulassen, dass nicht ordnungsgemäß bestellte Personen wie ein Organmitglied tätig werden. Im Rahmen der Fit-and-proper-Aufsicht nach § 24 VAG sind faktische Vorstandsmitglieder daher kaum erheblich, die die Voraussetzungen einer tatsächlichen Leitung des Unternehmens erfüllen.

(4) Aufsichtsratsmitglieder. In den dualistischen gesellschaftsrechtlichen Systemen leitet nach der Rechtsprechung und nach nahezu einhelliger Ansicht in der Literatur ausschließlich der Vorstand das Unternehmen. Der Aufsichtsrat überwacht die Geschäftsleitung im Sinne einer vergangenheitsbezogenen Kontrolle und berät den Vorstand zukunftsbezogen. Dies gilt auch bei beaufsichtigten Versicherungsunternehmen.[22] **Leitungsaufgaben hat der Aufsichtsrat** eines Versicherungsunternehmens daher **nicht**.[23] **28**

(5) Senior Management. Fraglich ist, ob die in der **Begründung zu § 24 VAG-RegE 2014** angeführten „Personen unterhalb der Ebene der Geschäftsleitung" ein Versicherungsunternehmen tatsächlich leiten, weil sie „auf Unternehmensentscheidungen erheblichen Einfluss haben". Der RegE geht dazu zwar von einer Einzelfallbetrachtung aus, **verkennt** mit seinem Ansatz aber **die Rechtslage** im Hinblick sowohl auf das europäische Versicherungsaufsichtsrecht als auch auf das Gesellschaftsrecht. **29**

Nach dem **Gesellschaftsrecht** gibt es unterhalb des Vorstands eines Unternehmens keine Personen, die das Unternehmen leiten. Selbst die Erteilung einer Generalvollmacht, also die weitest gehende Einräumung von Rechten, darf nicht organverdrängend wirken[24] und bleibt eine rechtsgeschäftliche Vertretung.[25] **30**

Das europäische **Versicherungsaufsichtsrecht** ergibt ebenfalls keinen Anhaltspunkt für die Einbeziehung des Senior Management allgemein in die Fit-and-proper-Aufsicht.[26] Nr. 1.21. EIOPA-LL Governance will zu den Personen, die ein Unternehmen tatsächlich leiten, wie die Begründung des VAG-RegE 2014 „vom Unternehmen beschäftigte Personen" unterhalb der Geschäftsleitung zählen. Darin liegt jedoch lediglich eine rechtlich unzulässige Erweiterung der persönlichen Normadressaten der Fit-and-proper-Aufsicht nach Art. 42 Solva II-RL bzw. Art. 258 Abs. 1 lit. c und d, 273 Solva II-VO. Sie alle erfassen das Senior Management nicht.[27] **31**

cc) Personen, die „andere Schlüsselaufgaben wahrnehmen" (Abs. 1 S. 1). (1) Grundlagen. § 24 Abs. 1 S. 1 VAG bezieht auch „Personen, die (…) **andere Schlüsselaufgaben wahrnehmen**", als Normadressaten in seinen Anwendungsbereich ein. Anders zum Beispiel als bei den Geschäftsleitern definiert das VAG den Personenkreis der Träger anderer Schlüsselaufgaben nicht. **32**

Zu dem **Begriff der Schlüsselaufgaben** führt die Gesetzesbegründung aus,[28] dass der Begriff der Schlüsselfunktionen aus der Solva II-RL im VAG durch den der Schlüsselaufgaben ersetzt wird. Grund hierfür sei, dass Art. 42 Solva II-RL den Begriff der Schlüsselfunktionen „als Oberbegriff für Personen, die das Unternehmen tatsächlich leiten oder andere Schlüsselfunktionen innehaben", benutze, während außerhalb von Art. 42 Solva II-RL der Begriff der Schlüsselfunktionen nur die vier ausdrücklich als solche bezeichneten Funktionen erfasse. § 24 VAG solle daher mit dem Begriff der Schlüsselaufgaben die „Schlüsselfunktionen im weiten Sinne" erfassen. Mit anderen – und verständlicheren – Worten meine § 24 VAG mit dem Begriff der Schlüsselaufgaben sowohl die Inhaber der vier Schlüsselfunktionen als auch Personen, die das Unternehmen tatsächlich leiten. Nachdem der letztgenannte Personenkreis bereits im vorhergehenden Abschnitt der Erläuterungen zu dem persönlichen Anwendungsbereich von § 24 Abs. 1 S. 1 VAG angesprochen wurde, geht es im vorliegenden Zusammenhang also nur noch um die **zusätzliche Einbeziehung der Inhaber der vier Schlüsselfunktionen in den persönlichen Anwendungsbereich der Fit-and-proper-Aufsicht**. **33**

Die Begründung zu der im VAG verwendeten Terminologie ist schon im Hinblick auf die insoweit verfehlte deutsche Sprachfassung der Solva II-RL offensichtlich nicht haltbar. Art. 42 Solva II-RL in deutscher Sprache benutzt den Begriff der Schlüsselfunktionen nämlich nicht. Vielmehr findet sich dort ausschließlich der Begriff der Schlüsselaufgaben. Eine vergleichende **Auslegung der Sprachfassungen der Solva II-RL** ergibt, dass eine inhaltliche Divergenz zwischen den Begriffen der Schlüsselaufgaben und der Schlüsselfunktionen nicht besteht. Die Solva II-RL betont entsprechend ihrem Telos in der Mehrzahl der Sprachfassungen **einheitlich sowie systematisch stimmig die Schlüsselfunktionen**. Europarechtlich besteht eine Identität von Schlüsselaufgaben und Schlüsselfunktionen. Der Begriff der **34**

---

[22] Ausf. und m. z. N. *Dreher/Häußler* ZGR 2011, 471, 474 ff.

[23] Ebenso *EuGH* Urt. v. 25.6.2015 – C-18/14 Tz. 54, VersR 2016, 29 = EuZW 2015, 645 und aus der Literatur z. B. *Bürkle* FS E. Lorenz 2014, 101 f.; *Hersch* VersR 2016, 145, 147 f. sowie *Heukamp* § 3 Rn. 106; a. A. aufgrund eines (zu) weiten Verständnisses der Leitung eines Unternehmens *Pohlmann*, S. 37 ff., 70

[24] Ebenso *Pohlmann*, S. 36; a. A. *Bürkle* WM 2012, 878, 882.

[25] Vgl. z. B. *Wiesner* in: Münchener Handbuch Gesellschaftsrecht, Bd. 4, 4. Aufl. 2015, § 23 Rn. 28.

[26] Ausf. *Dreher* VersR 2013, 35 f.

[27] Ausf. *Dreher* VersR 2013, 35 ff.; im Ergebnis ebenso *Hersch* VersR 2016, 145, 148.

[28] VAG-RegE 2014, BT-Drs. 18/2956, 240.

Schlüsselaufgaben in § 24 Abs. 1 S. 1 VAG hat daher gegenüber dem der Schlüsselfunktionen keine eigenständige rechtliche Bedeutung.[29]

35 Hinzu kommt, dass bei der Bestimmung des Normadressatenkreises der Fit-and-proper-Aufsicht eine **besondere Grundrechtssensibilität geboten** ist.[30] Die Fit-and-proper-Aufsicht über eine Person kann für sie mit erheblichen negativen Folgen verbunden sein. Dies gilt insbesondere für die Berufszulassung oder -ausübung und damit Art. 12 GG, aber auch für die Unternehmerfreiheit und damit Art. 2 GG bzw. Art. 16 GRCh.[31] Dafür stehen beispielhaft auch die Eingriffsbefugnisse der BaFin gegenüber solchen Personen nach § 303 VAG. Dies ist erst recht bei einem weiten Verständnis des persönlichen Anwendungsbereichs von § 24 Abs. 1 S. 1 VAG zu berücksichtigen.

36 **(2) Inhaber von Schlüsselfunktionen.** Die Normadressateneigenschaft nach § 24 Abs. 1 S. 1 VAG im vorliegend fraglichen Sinn ergibt sich aufgrund einer Auslegung der entsprechenden Regelungen der Solva II-RL und der Solva II-VO nach Wortlaut, Telos sowie Systematik.[32] Sie führt dazu, dass das europäische Versicherungsaufsichtsrecht **unterscheidet** zwischen **Personen**, die eine **Schlüsselfunktion „innehaben" bzw.** – in anderen Worten dasselbe meinend – **dafür „verantwortlich"** sind, einerseits und solchen Personen, die Aufgaben im Rahmen einer Schlüsselfunktion **„wahrnehmen"**, anderseits. Zu Letzteren zählen – wie auch alle sonstigen Mitarbeiter – die unterhalb des oder der Inhaber einer Schlüsselfunktion in ihr inhaltlich tätigen Unternehmensmitarbeiter.

37 Nur Personen, die eine „andere", mit der tatsächlichen Leitung des Unternehmens vergleichbare Aufgabe haben, weisen die **für eine behördliche Fit-and-proper-Aufsicht erforderliche Wertigkeit** auf. Denn nur dieses Kriterium hebt sie aus dem Kreis aller Unternehmensmitarbeiter heraus und bringt sie schon nach dem Wortlaut, aber auch nach dem Telos und der Systematik des europäischen Versicherungsaufsichtsrechts in den persönlichen Anwendungsbereich der Fit-and-proper-Aufsicht. Für eine solche aufsichtsrechtliche Gleichstellung ist es daher erforderlich, dass Personen nach ihrer hierarchischen Stellung und nach ihren Aufgaben sowie Befugnissen eine herausgehobene Position haben. Solche Personen sind **ausschließlich die Inhaber von Schlüsselfunktionen.**[33]

38 Im Ergebnis kennt das Versicherungsaufsichtsrecht also eine **zweistufige Qualifikationsstruktur**: auf der 1. Stufe die **Organmitglieder einschließlich** den Geschäftsleitern **gleichgestellten Personen sowie** die **Inhaber von Schlüsselfunktionen** und auf der 2. Stufe **alle sonstigen Mitarbeiter** eines Versicherungsunternehmens, insbesondere die den Inhabern der Schlüsselfunktionen nachgeordneten Mitarbeiter, die bei der Erfüllung der Aufgaben der Schlüsselfunktion inhaltlich tätig sind.[34]

39 Auf der **2. Stufe** geht es also um Mitarbeiter, die fachlich-sachlich mit der Erfüllung der konkreten Aufgaben einer Schlüsselfunktion befasst sind. **Nicht betroffen** von den Fit-and-proper-Anforderungen auf der 2. Stufe sind daher alle Mitarbeiter, deren Tätigkeiten die spezifischen Aufgaben einer Schlüsselfunktion nicht konkret inhaltlich beeinflussen können. Dies gilt für Mitarbeiter, die mit **Hilfs- und Nebenarbeiten** befasst sind. Dazu gehören etwa Sekretariats-, Post- und Botentätigkeiten.

40 Entgegen schon dem Wortlaut der europarechtlichen Rechtsgrundlagen unterstellt jedoch die Begründung zu **§ 24 VAG-RegE 2014** in krudem Sprachgebrauch der Solva II-RL apodiktisch eine dort nicht vorfindliche **Unterscheidung von Personen, die eine Schlüsselfunktion innehaben, und Personen, die für sie verantwortlich sind**. Letztere sollen „eine Teilmenge der Personen (scil.: bilden), die Schlüsselfunktionen innehaben, d. h. der Personen, die mit der Wahrnehmung der Schlüsselfunktionen betraut sind."[35] Mit den sehr verqueren Worten in der Gesetzesbegründung sollen also alle Mitarbeiter einer Schlüsselfunktion deren Inhaber sein, während verantwortlich „immer nur eine Person" sein könne. Aus semantischen Gründen – so die Gesetzesbegründung weiter – sei in § 24 Abs. 1 S. 1 VAG dann aber doch für alle in einer Schlüsselfunktion tätigen Mitarbeiter nicht der Begriff „innehaben", sondern „wahrnehmen" gewählt. Ebenfalls ohne jede Grundlage im europäischen Versicherungsaufsichtsrecht postuliert die Begründung zu § 24 VAG ferner, dass alle Unternehmensmitarbeiter, die eine Schlüsselfunktion „wahrnehmen", also sämtliche in einer Schlüsselfunktion tätigen Mitarbeiter, die Qualifikationsanforderungen des § 24 Abs. 1 S. 1 VAG erfüllen müssten. Die Anzeigepflicht gegenüber den Aufsichtsbehörden nach § 47 Nr. 1 VAG beziehe sich dagegen nur auf die eine

[29] Ausf. und m. z. N. *Dreher* VersR 2012, 933, 934 f.; zustimmend *Pohlmann*, S. 56 und *Heukamp* § 3 Rn. 105 Fn. 265.

[30] Vgl. schon *Dreher* ZVersWiss Supplement Jahrestagung 2006, 375, 410; *ders.* VersR 2012, 933, 936; *Bürkle*, ZVersWiss 2012, 493, 512; *Hersch* VersR 2016, 145, 151; *Ballmaier* Das Outsourcing von Risikomanagement, Compliance und interner Revision nach Solvency II 2017, 2. Teil A. I. (im Druck)

[31] Vgl. näher Einl. Rn. 139.

[32] Vgl. ausf. *Dreher* VersR 2012, 933, 936 ff.

[33] Ausf. zum Ganzen *Dreher* VersR 2012, 933, 936 ff.

[34] Ausf. *Dreher* VersR 2012, 1061 ff.; zustimmend *Pohlmann*, S. 45 f., *Wolf* VW 2014, 62, 63 und *Bürkle*, FS 100 Jahre Hamburger Seminar für Versicherungswissenschaft, 2016, S. 693, 705.

[35] Semantisch übertroffen wird diese Äußerung in der Gesetzesbegründung nur noch von der zirkulär-absurden Definition in Nr. 1.21. EIOPA-LL-Governance: „*Inhaber* von Schlüsselfunktionen sind die für eine Schlüsselfunktion verantwortlichen Personen im Gegensatz zu Personen, die eine Schlüsselfunktion *innehaben*, ausführen oder wahrnehmen" (Hervorhebung nur hier), die einen Gegensatz zwischen den „Inhabern" einer Schlüsselfunktion und den Personen, die eine Schlüsselfunktion „innehaben", sehen zu können glaubt.

Person, die für eine Schüsselfunktion verantwortlich sei.[36] Alle diese Ausführungen in der Begründung zu § 24 Abs. 1 VAG sind **rechtlich nicht haltbar. Sie können daher die Auslegung und Anwendung von § 24 Abs. 1 VAG nicht leiten**. Sie widersprechen dem Wortlaut, dem Telos und der Systematik des europäischen Versicherungsaufsichtsrechts. Es unterscheidet bei der Fit-and-proper-Aufsicht – wie bereits ausgeführt – deutlich zwischen Personen, die ein Versicherungsunternehmen leiten oder eine andere herausgehobene Stellung haben, und allen anderen, ihnen nachgeordneten Mitarbeitern.

Das **BaFin-Merkblatt** zur fachlichen Eignung und Zuverlässigkeit von Personen, die für Schlüsselfunktionen verantwortlich oder für Schlüsselfunktionen tätig sind, gemäß VAG vom 23.11.2016 kann bereits mangels entsprechender Rechtsqualität **keine verbindliche Auslegung** der europarechtlichen Regeln vermitteln und bleibt auch inhaltlich unbestimmt. In I. 2. heißt es, dass für jede Schlüsselfunktion „**eine natürliche Person als Verantwortliche Person anzuzeigen** ist". Es wird mithin zwischen der „(Intern) Verantwortlichen Person" und den „**weiteren Personen**" die für die Schlüsselfunktion tätig sind, differenziert, wobei die Gesellschaft nur zu der Anzeige der Bestellungsabsicht von Verantwortlichen Personen verpflichtet ist. Die Begriffswahl deckt sich mit der in Nr. 81 MaGo. Während die Gesetzesbegründung zu § 24 VAG die eine Schlüsselfunktion „wahrnehmenden" Unternehmensmitarbeiter uneingeschränkt den Anforderungen des § 24 Abs. 1 S. 1 VAG unterwirft,[37] hängen die fachlichen Eignungskriterien einer „weiteren Person" nach II. 1. b) des Merkblatts von den „jeweiligen Verantwortlichkeiten, Tätigkeiten und Zuständigkeiten" ab. Sofern das Unternehmen eine **Stellvertretung** der Verantwortlichen Person benannt hat, muss diese „entsprechend qualifiziert sein". Insofern beschreibt die BaFin für die weiteren in einer Schlüsselfunktion tätigen Personen einen – dem Proportionalitätsprinzip entsprechenden – **dynamischen Eignungsbegriff**. Dennoch ist eine, wenn auch abgesenkte Fit-and-proper-Aufsicht für die weiteren Personen der Schlüsselfunktionen grundsätzlich europarechtswidrig und verfassungsrechtlich nicht zu rechtfertigen.[38] 41

Als **Inhaber von Schlüsselfunktionen** kommen **nur natürliche Personen** in Betracht.[39] Juristische Personen und Personenvereinigungen scheiden schon deshalb aus, weil die mit der Inhaberschaft verbundenen Rechtsfolgen auf sie nicht sämtlich ohne weiteres anwendbar wären.[40] 42

Die **Zahl der Schlüsselfunktionen** ist nach dem europäischen Versicherungsaufsichtsrecht **abschließend auf die vier Governance-Funktionen begrenzt**.[41] EG 33 Solva II-RL bezieht sich ebenso wie der materielle Richtlinientext nur auf diese Schlüsselfunktionen. Anhaltspunkte für die mögliche Existenz weiterer Schlüsselfunktionen ergeben sich daraus nicht. Gleiches gilt für die Solva II-VO. Wenn Richtlinie und Verordnung übereinstimmend die Wendung „Personen, die das Unternehmen tatsächlich leiten oder eine andere Schlüsselfunktion innehaben," benutzen, wollen sie damit zum Ausdruck bringen, dass nur die Schlüsselfunktionen, d. h. die in ihnen allein angesprochenen vier Schlüsselfunktionen, die besonders hohe Wertigkeit haben, die eine Gleichstellung in der Fit-and-proper-Aufsicht der Inhaber dieser Schlüsselfunktion mit den Geschäftsleitern rechtfertigt. Losgelöst von diesen zwingenden europarechtlichen Vorgaben äußert sich allerdings die **Begründung zu § 24 Abs. 1 VAG-RegE 2014** auch dazu freirechtlich gegenteilig: „Abhängig von den Gegebenheiten des jeweiligen Unternehmens können aber **weitere Bereiche** als Schlüsselaufgaben angesehen werden, wenn sie für den Geschäftsbetrieb des Unternehmens von erheblicher Bedeutung sind." Gleichermaßen subsumiert die BaFin in der Einleitung des Merkblatts zur fachlichen Eignung und Zuverlässigkeit von Personen, die für Schlüsselfunktionen verantwortlich oder für Schlüsselfunktionen tätig sind, gemäß VAG vom 23.11.2016 derartige Schlüsselaufgaben unter den Begriff der „Schlüsselfunktionen".[42] Auch dafür finden sich **im europäischen Versicherungsaufsichtsrecht keine Anhaltspunkte**. Würde man der These folgen, müsste es in jedem Versicherungsunternehmen etliche weitere Schlüsselfunktionen geben, ohne dass der europäische Gesetzgeber sie in Kenntnis dieser Umstände den abschließend aufgeführten Governance-Funktionen zugeordnet hätte. Denn von erheblicher Bedeutung für den Geschäftsbetrieb jedes Versicherungsunternehmens sind zum Beispiel der Leiter der Rechtsabteilung, der Leiter der Abteilung Geldwäscheprävention und -bekämpfung sowie entsprechende leitende Personen in den Bereichen Kapitalanlage, IT, Datenschutz, Rechnungslegung und Vertrieb. 43

[36] Begr. VAG-RegE 2014, BT-Drs. 18/2956, 240; vgl. auch BaFin-Merkblatt zur fachlichen Eignung und Zuverlässigkeit von Personen, die für Schlüsselfunktionen verantwortlich oder für Schlüsselfunktionen tätig sind, gemäß VAG v. 23.11.2016, I. 2. Widersprüchlich auch § 303 Abs. 1 und 2 VAG mit dem Tatbestandsmerkmal „für andere Schlüsselaufgaben in einem Versicherungsunternehmen verantwortlich".

[37] Vgl. oben Rn. 40.

[38] Vgl. oben Rn. 35; für Ausnahmefälle vgl. unten Rn. 46.

[39] So auch Nr. 81 MaGo.

[40] Ausf. *Dreher* VersR 2012, 933, 938.

[41] Ausf. *Dreher* VersR 2012, 933, 935 f.; zustimmend *Pohlmann*, S. 46 f.

[42] Die fachlichen Anforderungen richten sich jedoch nur an die „Verantwortliche Person" einer der vier Governance-Funktionen, vgl. II. 1. a) des BaFin-Merkblatts zur fachlichen Eignung und Zuverlässigkeit von Personen, die für Schlüsselfunktionen verantwortlich oder für Schlüsselfunktionen tätig sind v. 23.11.2016.

44 Demgegenüber ist die **Zahl der Inhaber einer Schlüsselfunktion** nach dem europäischen Versicherungsaufsichtsrecht **nicht auf eine Person beschränkt**. Maßgeblich ist die Zuständigkeit von Personen in der Unternehmensorganisation für die Leitung einer Schlüsselfunktion. Dabei gilt eine institutionelle und eine funktionale Betrachtung. Sie führt im Ergebnis dazu, dass sowohl **der Leiter einer Schlüsselfunktion** als auch **dessen Stellvertreter** Inhaber der Schlüsselfunktion sind.[43] Dem entspricht der **parallele Eignungsmaßstab** gemäß II. 1. b) des BaFin-Merkblatts zur fachlichen Eignung und Zuverlässigkeit von Personen, die für Schlüsselfunktionen verantwortlich oder für Schlüsselfunktionen tätig sind, vom 23.11.2016. Soweit es um die Leitung einer Schlüsselfunktion geht, kommen bei einer dezentralen Organisation auch **mehrere Personen als Inhaber einer Schlüsselfunktion** in Betracht.[44] Wenn die Gesetzesbegründung zu § 24 VAG davon ausgeht, es könne „immer nur eine Person" für eine Schlüsselfunktion verantwortlich, d. h. ihr Inhaber sein,[45] entspricht dies weder den europarechtlichen Vorgaben noch den Bedürfnissen der Praxis bei einer dezentralen Organisation von Schlüsselfunktionen.

45 Umso mehr ist überraschend, dass Nr. 81 **MaGo** es ohne Verweis auf eine Rechtsgrundlage für „nicht zulässig" erklärt, „diese Verantwortung ganz oder teilweise mehreren natürlichen Personen zuzuordnen". Dies steht auch in Widerspruch zu Angaben aus der **öFMA**. Danach soll es zwar „für jede Governance-Funktion grundsätzlich nur einen Leiter geben, doch wird – dem Meinungsaustausch bei EIOPA entsprechend – für die versicherungsmathematische Funktion ausnahmsweise die Aufteilung auf zwei Personen (Leitung Leben, Leitung Nicht-Leben) als zulässig erachtet".[46]

46 Nur in eng begrenzten **Ausnahmefällen**, nämlich der zuvor angeführten dezentralen Organisation einer Schlüsselfunktion in einem sehr großen Unternehmen, können den Inhabern, also den Leitern von Schlüsselfunktionen und deren Stellvertretern **nachgeordnete Mitarbeiter** ebenfalls **zu den Inhabern** von Schlüsselfunktionen **zählen**. Voraussetzung ist, dass sie nach einer Einzelfallbetrachtung ihrer konkreten Aufgaben, ihrer Entscheidungszuständigkeit, ihrer Stellung aufgrund der Organisation der Schlüsselfunktion und der Größe eines Versicherungsunternehmens mit zahlreichen Hierarchieebenen und Delegationsnotwendigkeiten ebenfalls zu einem kleinen Kreis besonders herausgehobener Personen im Sinne des Begriffs der Inhaber von Schlüsselfunktionen gehören. In den unternehmensinternen Leitlinien zu den Schlüsselfunktionen müssen die Versicherungsunternehmen aufgrund einer **Selbsteinschätzung**[47] festlegen, ob es solche zusätzlichen, besonders herausgehobenen Personen in den vier Schlüsselfunktionen gibt und welche Mitarbeiter derartige Positionen bekleiden.[48]

47 **(3) Die den Inhabern der Schlüsselfunktionen nachgeordneten Mitarbeiter.** Von den Inhabern der Schlüsselfunktion sind die ihnen **nachgeordneten Mitarbeiter** zu unterscheiden. Auch wenn sie in einer Schlüsselfunktion inhaltlich tätig sind, unterliegen sie grundsätzlich nicht der Anzeigepflicht und den materiellen Fit-and-proper-Kriterien des § 24 Abs. 1 VAG.[49] Für sie gelten – wie für alle sonstigen Mitarbeiter eines Versicherungsunternehmens – im Sinne der zuvor ausgeführten zweistufigen Qualifikationsstruktur gegenüber dem Inhaber einer Schlüsselfunktion **abgesenkte allgemeine Qualifikationskriterien gemäß Art. 258 Abs. 1 lit. e Solva II-VO.**[50]

48 **(4) Aufsichtsratsmitglieder.** Zu den Personen, die im Sinne von § 24 Abs. 1 S. 1 VAG andere Schlüsselaufgaben wahrnehmen, sollen **nach der Gesetzesbegründung** auch die **Mitglieder des Aufsichtsrats** eines Versicherungsunternehmens gehören.[51] Damit sollte die bis dahin in Deutschland geltende Regelung des § 7a Abs. 4 VAG fortgeführt werden.

49 Die **europäischen versicherungsaufsichtsrechtlichen Vorgaben klammern** die **Aufsichtsratsmitglieder** dagegen grundsätzlich **aus**. Die Solva II-RL kennt eine Fit-and-proper-Aufsicht für Aufsichtsratsmitglieder nach Art. 248 Abs. 1 lit. d **nur** bei beteiligten Unternehmen **im Rahmen der Gruppenaufsicht**, nicht aber nach Art. 42 Solva II-RL. Art. 257 Solva II-RL ordnet speziell für die (gemischten) Versicherungsholdinggesellschaften zwar die entsprechende Geltung von Art. 42 Solva II-RL an. Dies gilt allerdings nur für „Personen, die die Geschäfte tatsächlich führen".[52] Art. 273 Solva II-VO bezieht sich für die Konkretisierung der Fit-and-proper-Aufsicht auf diese Vorgaben der Solva II-RL, geht also nicht darüber hinaus. Die ganz herrschende Meinung in der Literatur ist infolge dessen

[43] Ausf. zum Ganzen *Dreher* VersR 2012, 933, 938 ff.
[44] Vgl. unten Rn. 46 sowie näher *Dreher* VersR 2012, 933, 940 f.; dem folgend *Hersch* VersR 2016, 145, 150 f.
[45] BT-Drs. 18/2956, 240; vgl. auch I. 2. BaFin-Merkblatt zur fachlichen Eignung und Zuverlässigkeit im Rahmen von Schlüsselfunktionen v. 23.11.2016.
[46] *Korinek* in: ders./G. Saria/S. Saria (Hrsg.) öVAG, 3. Lfg. 2016, § 113 Rn. 12 Fn. 14.
[47] Vgl. zu der neuen versicherungsaufsichtsrechtlichen Bedeutung einer solchen Selbsteinschätzung ausf. Einl. Rn. 107 und 141.
[48] Ausf. *Dreher* VersR 2012, 933, 940; zustimmend *Hersch* VersR 2016, 145, 151 f.
[49] Vgl. oben Rn. 39 ff.
[50] Siehe oben Rn. 38.
[51] Begr. zu § 24 Abs. 1 VAG-RegE 2014, BT-Drs. 18/2956, 240.
[52] Gleichwohl beziehen §§ 1 Nr. 2, 7 Nr. 31, 293 Abs. 1 VAG i. V. m. § 24 VAG auch Aufsichtsratsmitglieder solcher Gesellschaften in die Fit-and-proper-Aufsicht ein.

der Ansicht, dass eine allgemeine Fit-and-proper-Aufsicht nach § 24 Abs. 1 VAG über Mitglieder von Aufsichtsräten von Versicherungsunternehmen aus dem europäischen Versicherungsaufsichtsrecht nicht herzuleiten ist.[53]

In der **Literatur** wird **nur ganz vereinzelt** vertreten, die Mitglieder der **Aufsichtsräte** von Versicherungsunternehmen unterlägen nach europäischem Versicherungsaufsichtsrecht allgemein einer Fit-and-proper-Aufsicht. Eine **erste solche Ansicht** leitet dies aus dem Wortlaut eines frühen Entwurfs der Solva II-VO ab.[54] Zwar forderte Art. 249 SG 1 Abs. 1 lit. d, die Entwurfsfassung des heutigen Art. 258 Abs. 1 lit. d Solva II-VO, zunächst eine Fit-and-proper-Aufsicht über jedes Mitglied des „administrative, management and supervisory body", des sog. VMAO als Abkürzung für Verwaltungs-, Management- oder Aufsichtsorgan. Allerdings wurde – was diese Ansicht übersieht –[55] der Text schon der Entwurfsfassung später ausdrücklich in dem entscheidenden Detail dahingehend geändert, dass das früher vorhandene Wort „and" durch das Wort „or" ersetzt wurde. Der europäische Gesetzgeber wollte also schon im Entwurf der Solva II-VO nicht von dem fast die ganze Verordnung prägenden Grundsatz der Erfassung des VMAO als solches durch die Formulierung „or", ohne damit zugleich konkrete Organe und deren Mitglieder zu bezeichnen, abweichen. Weiter übersieht – auch – diese Ansicht, dass die Entwurfsfassung, ebenso wie heute Art. 258 Solva II-VO, ausdrücklich auf der Ermächtigung, Art. 41 Abs. 1 bis 4 Solva II-RL zu konkretisieren, beruht. Die gleichwohl erfolgende Bezugnahme auf die Fit-and-proper-Aufsicht in Art. 258 Solva II-VO erfolgt gemäß der Überschrift „Allgemeine Governance-Anforderungen" daher nicht im Sinne der Schaffung neuen, über Art. 41 Abs. 1 bis 4 Solva II-RL hinausgehenden europäischen Versicherungsaufsichtsrechts. Der Konkretisierung des Art. 42 Solva II-RL zur Fit-and-proper-Aufsicht dient nämlich – ebenso ausdrücklich schon in dem Entwurf noch als Art. 263 SG 11 bezeichnet – Art. 273 Solva II-VO. Und auch diese Regelung folgt wegen der unterschiedlichen gesellschaftsrechtlichen Systeme in den Mitgliedstaaten dem Grundsatz der Benennung des VMAO allgemein mit „oder". Zudem geht Art. 273 Abs. 3 Solva II-VO von „den einzelnen Mitgliedern jeweils übertragenen Aufgaben" aus, was mit der Gleichheit der Aufsichtsratsmitglieder in Rechten und Pflichten, d. h. auch Aufgaben, unvereinbar ist. 50

Eine **zweite Einzelansicht** in der Literatur anerkennt zwar, dass „sich die Mitglieder des Aufsichtsrats nicht ohne Weiteres in die Systematik der europarechtlichen und nationalen Rechtsgrundlagen einordnen lassen", kommt aber – wenn auch mit erheblichen Selbstzweifeln durch Formulierungen wie „wohl", „nicht ausdrücklich", „zumindest" und „nicht völlig" – zu der Ansicht, der europäische Gesetzgeber hatte „die dualistische Organstruktur des deutschen Gesellschaftsrechts nicht vor Augen".[56] Diese Ansicht will damit den Weg zu einer Fit-and-proper-Aufsicht allein nach § 24 Abs. 1 VAG und losgelöst von jeder europarechtlichen Vorgabe eröffnen.[57] Sie scheitert allerdings schon daran, dass die Solva II-RL und die Solva II-VO in den in Kraft getretenen Fassungen das VMAO jeweils in voller Kenntnis der Unterschiede zwischen monistischem und dualistischem Modell ansprechen. Dies zeigt sich nicht nur speziell in dem bereits zuvor angesprochenen Wechsel von „and" zu „or" in den Entwurfsfassungen der vorliegend fraglichen Regelung, sondern vor allem allgemein in der ausdrücklichen Thematisierung der gesellschaftsrechtlichen Differenzierung durch Art. 1 Nr. 43 Solva II-VO.[58] 51

Eine **letzte vereinzelte Ansicht** will die Zulässigkeit einer Fit-and-proper-Aufsicht über alle Aufsichtsratsmitglieder von Versicherungsunternehmen sogar aus dem europäischen Versicherungsaufsichtsrecht ableiten.[59] Diese aus zahlreichen Gründen rechtlich nicht tragfähige Ansicht sieht den Aufsichtsrat „grundsätzlich als Adressat all jener Verhaltensanordnungen", die an das VMAO anknüpfen. Zur Begründung verweist sie zunächst auf Art. 34 Abs. 2, 40, 41 Abs. 3 Solva II-RL.[60] Damit übersieht die Ansicht bereits die Funktionen der genannten Regelungen der Solva II-RL. Art. 34 Abs. 2 Solva II-RL betrifft allgemein Maßnahmen der Aufsichtsbehörden, schafft aber keine Aufsichtszuständigkeit und Normadressateneigenschaft. Diese folgen im Bereich der Fit-and-proper-Aufsicht allein aus anderen Vorschriften der Solva II-RL. Und Art. 40, 41 Abs. 3 Solva II-RL richten sich aufgrund ihres Inhalts in einem dualistischen System von vornherein an den Vorstand und nicht an den Aufsichtsrat. Hinzu kommen weiter – wie bereits zuvor angeführt – der Wechsel im Wortlaut des heutigen Art. 258 Solva II-VO und der systematische Zusammenhang dieser Regelung allein mit Art. 41 Solva II-RL. Sodann verweist die vorliegend fragliche Ansicht ausdrücklich auf die Gesetzgebungsgeschichte des heutigen Art. 273 Solva II-VO. Um deren Irrelevanz zu belegen, reicht schon der Hinweis, dass die Gesetzgebungsgeschichte bei der Auslegung des Europarechts generell allenfalls 52

[53] Ausf. *Dreher/Lange* ZVersWiss 2011, 211, 220 ff.; *Dreher/Lange* VersR 2011, 825, 833; *Dreher* VersR 2012, 933, 937 f.; *Grote/Schaaf* VersR 2012, 17, 22; *Grote/Schüssler* VW 2014, 100, 103 f.; *Bürkle* ZVersWiss 2012, 493, 495 ff., 506 ff.; *Wolf* VW 2014, 62, 63.

[54] So *Krauel/Broichhausen* VersR 2012, 823, 824.

[55] Vgl. außerdem schon *Dreher* VersR 2012, 933, 937.

[56] So *Hersch* VersR 2016, 145, 151.

[57] So auch *Heukamp* § 3 Rn. 106, der die europarechtliche Ausgangsfrage ausschließlich anhand des VAG-Textes beantworten will.

[58] Vgl. dazu ausf. unten Rn. 84.

[59] So *S. Saria* Versicherungsrundschau 10/2016, 28, 29, 37.

[60] So *S. Saria* Versicherungsrundschau 10/2016, 28, 29 Fn. 6.

eine geringe Bedeutung hat und sie immer dann vollständig unerheblich bleibt, wenn sie – wie im vorliegenden Fall, bei dem es um interne, unveröffentlichte Vorentwürfe der Solva II-VO geht – für Außenstehende nicht zugänglich ist.[61] Unabhängig von diesem ohnehin durchschlagenden Hinweis auf die Rechtsprechung des EuGH zu der Bedeutung der historischen Auslegung im Europarecht und die ihr folgende europarechtliche Methodenlehre in der Literatur ist aber auch die inhaltliche Ableitung aus der Außenstehenden verborgenen historischen Entwicklung des Art. 273 Solva II-VO nicht haltbar. Behauptet wird zunächst Folgendes: „Obwohl in Art. 42 Abs. 1 RRL noch allgemein von Personen, die das Unternehmen tatsächlich leiten oder andere Schlüsselaufgaben innehaben, die Rede ist, stellte der Entwurf für die delegierte Verordnung klar, dass unter diese Kategorie auch Aufsichtsratsmitglieder in dualistischen Systemen fallen, da sie aus Sicht des Governance-Systems „andere Schlüsselaufgaben", und zwar die Überwachung der Geschäftsleitung innehaben." Dies ergebe sich aus Art. 263 SG 11 Abs. 2 und 3 des Entwurfs der Solva II-VO v. 31.10.2011.[62] Während Abs. 2 von Art. 263 SG 11 von vornherein keinen Bezug zu der angeblichen Klarstellung hat, ist dessen Abs. 3 heute bis auf die hier ebenfalls erfolgte und zentrale Änderung des Wortlauts von „und" in „oder" bei dem VMAO identisch mit Art. 273 Abs. 3 Solva II-VO. Die kumulative Anführung der Mitglieder aller Unternehmensorgane ist daher auch in der Gesetz gewordenen Fassung von Art. 263 SG 11 Abs. 3 bewusst entfallen. Dieses Entfallen der – in der Solva II-VO also entgegen der Behauptung tatsächlich nicht enthaltenen – „Klarstellung" soll aber, so die Behauptung weiter, „nur" erfolgt sein, „um diese Konkretisierung im Einklang mit Art. 1 Z 43 L2-VO (EU) 2015/35 den nationalen Gesetzgebern zu überlassen."[63] Diese These wird weder begründet noch lässt sie sich begründen. Entsprechend dem vorstehend Ausgeführten enthalten weder die Solva II-RL noch die Solva II-VO an irgendeiner Stelle einen Regelungswillen dahingehend, die Mitglieder der Aufsichtsräte sämtlicher Versicherungsunternehmen einer Fit-and-proper-Aufsicht zu unterwerfen. Hinzu kommt, dass Art. 273 Abs. 3 Solva II-VO den Art. 42 Solva II-RL konkretisiert, ihn aber nicht erweitert. Auch EG 99 f. Solva II-VO, die für die Auslegung des Art. 273 Solva II-VO maßgeblich sind, enthalten keinen solchen Regelungswillen. Art. 42 Solva II-RL spricht demgemäß in der deutschen Sprachfassung nur von Personen, die Schlüsselaufgaben innehaben, nicht aber von dem VMAO. Ein Vergleich der Sprachfassungen mit anderssprachlichen Richtlinienfassungen ergibt, dass das VMAO bewusst nicht genannt ist. Der Begriff „Schlüsselaufgabe" in der deutschen Sprachfassung hätte zutreffend mit dem Wort „Schlüsselfunktionen" übersetzt werden müssen.[64] Umgekehrt ist es dagegen im Fall von Art. 248 Abs. 1 lit. d Solva II-RL, der Art. 42 Solva II-RL ausdrücklich für die Mitglieder des VMAO in Bezug nimmt. Im Ergebnis übersieht diese, aber auch jede andere Literaturansicht, die aus der Solva II-VO eine allgemeine Fit-and-proper-Aufsicht über Mitglieder von Aufsichtsräten ableiten will, daher zugleich die Grenzen, die der EuGH der delegierten Rechtsetzung nach Art. 290 AEUV zieht.[65] Danach darf eine delegierte Verordnung, die wie die Solva II-VO einen Basisrechtsakt ergänzen soll, diesen lediglich „konkretisieren" in dem Sinn, dass die EU-Kommission nicht wesentliche Elemente des Basisrechtsakts ausarbeitet. Die Einführung einer in Art. 42 Solva II-RL nicht vorgesehenen Fit-and-proper-Aufsicht über alle Aufsichtsratsmitglieder von Versicherungsunternehmen gehört dazu nicht.

53 Allerdings kommt es in Betracht, Fit-and-proper-Anforderungen an Mitglieder von Aufsichtsräten **gesellschaftsrechtlich zu begründen**. In diesem Sinne haben besondere Qualifikationsanforderungen an die Mitglieder von Finanzdienstleistungsunternehmen in Deutschland Tradition. Die Zulässigkeit einer solchen Fit-and-proper-Aufsicht ergibt sich dann aber nicht aus der verfehlten Annahme, Aufsichtsratsmitglieder würden in einem Versicherungsunternehmen Schlüsselaufgaben im Sinne des Versicherungsaufsichtsrechts wahrnehmen, sondern muss aus dem im Solvency II-System unberührt bleibenden Gesellschaftsrecht in Form spezieller Anforderungen an Gesellschaften folgen, die Finanzdienstleistungsunternehmen darstellen.[66] Dass § 24 Abs. 1 S. 1 VAG für die Fit-and-proper-Aufsicht über Aufsichtsratsmitglieder eine solche zulässige Rechtsgrundlage bilden kann, obwohl sie sie nach der ausschließlich auf die Schaffung spezifischen Versicherungsaufsichtsrechts gerichteten Gesetzesbegründung nicht bilden soll, ist zu verneinen, bedarf aber ebenso noch der gerichtlichen Klärung wie die bejahendenfalls sich daraus ergebenden Rechtsfolgen und behördlichen Zuständigkeiten.

---

[61] Die die vorliegend angeführte Ansicht vertretende Autorin *Saria* ist Mitarbeiterin der öFMA.

[62] So *S. Saria* Versicherungsrundschau 10/2016, 28, 37 mit Fn. 78.

[63] So *S. Saria* Versicherungsrundschau 10/2016, 28, 37; dabei interpretiert die Autorin die Historie von Änderungen der Solva II-VO widersprüchlich: Während sie an einer Stelle – a. a. O., 29 – das Entfallen einer Regelung auf einen entsprechenden Regelungswillen des Gesetzgebers zurückführt, ignoriert sie das Entfallen einer Regelung an anderer Stelle – a. a. O., 37 – zielgerichtet unter Verweis darauf, sie sei lediglich aus – zudem nicht erläuterten – „Konsistenzgründen" erfolgt und um die Konkretisierung den nationalen Gesetzgebern zu überlassen.

[64] Vgl. ausf. oben Rn. 34. Speziell im Zusammenhang mit der Ermächtigung in Art. 50 Abs. 2 Solva II-RL zur Konkretisierung der Fit-and-proper-Aufsicht geht – was *S. Saria* ebenfalls übersieht – auch das impact assessment der Kommissionsdienststellen zu der Solva II-VO von 2014 ausdrücklich davon aus, die Solva II-RL betreffe „persons who effectively run an insurance undertaking or have other key functions".

[65] Vgl. ausf. Einl. Rn. 52.

[66] *Dreher* VersR 2012, 933, 938.

b) Sachlicher Anwendungsbereich. aa) Fachliche Eignung (Abs. 1 Sätze 1 bis 5; Art. 258 Abs. 1 lit. d und Art. 273 Abs. 2, 3 Solva II-VO). (1) Grundlagen. Art. 258 Abs. 1 lit. d Solva II-VO fordert, „dass **jedes einzelne Mitglied des Verwaltungs-, Management- oder Aufsichtsorgans** über die Qualifikationen, Kompetenzen, Fähigkeiten und Berufserfahrung verfügt, die es zur Erfüllung der ihm übertragenen Aufgaben benötigt". **Art. 273 Abs. 3 Solva II-VO** konkretisiert die allgemeinen Vorgaben zu der **Individualqualifikation** wie folgt: „Bei der Beurteilung, ob Mitglieder des Verwaltungs-, Management- oder Aufsichtsorgans fachlich qualifiziert sind, werden die den einzelnen Mitgliedern jeweils übertragenen Aufgaben berücksichtigt, um eine angemessene Vielfalt der Qualifikationen, Kenntnisse und einschlägigen Erfahrung zu gewährleisten und sicherzustellen, dass das Unternehmen professionell geführt und überwacht wird." 54

Obwohl die Solva II-VO diese Anforderungen ausdrücklich auf die Mitglieder des sogenannten VMAO, die nach dem Regelungssystem der Art. 42, 248 Abs. 1 lit. d, 257 Solva II-RL von der Fit-and-proper-Aufsicht erfasst sind, beschränkt, fordert Nr. 1.42. **EIOPA-LL 11 Governance** – unzulässiger Weise – dasselbe für alle „Personen, die das Unternehmen tatsächlich leiten oder andere Schlüsselfunktionen innehaben". Die Anforderungen von Art. 258 Abs. 1 lit. d, 273 Abs. 3 Solva II-VO beziehen sich nur auf die Geschäftsleiter bzw., soweit nach einer von der hier Vertretenen abweichenden Ansicht auch Aufsichtsratsmitglieder von der europarechtlichen Fit-and-proper-Aufsicht erfasst sind, auch auf Aufsichtsratsmitglieder. 55

Für „alle Personen, die das Unternehmen tatsächlich leiten oder andere Schlüsselaufgaben innehaben," definiert Art. 42 Abs. 1 lit. a Solva II-RL die „fachliche Qualifikation" wie folgt: „jederzeit den folgenden Anforderungen genügen: a) ihre Berufsqualifikationen, Kenntnisse und Erfahrungen reichen aus, um ein solides und vorsichtiges Management zu gewährleisten". **Art. 273 Abs. 2 Solva II-VO** konkretisiert dies unter Ersetzung des Begriffs Schlüsselaufgaben durch den der Schlüsselfunktionen in Abs. 1 über folgendes Anforderungsprofil: „Die Beurteilung, ob eine Person fachlich qualifiziert ist, umfasst eine Bewertung ihrer beruflichen und formalen Qualifikationen, Kenntnisse und einschlägigen Erfahrung im Versicherungssektor, anderen Finanzsektoren oder anderen Unternehmen, wobei die der betreffenden Personen jeweils übertragenen Aufgaben und, soweit relevant, die Qualifikationen der Person auf den Gebieten Versicherung, Finanzen, Rechnungslegung, Versicherungsmathematik und Management zu berücksichtigen sind."[67] 56

§ 24 Abs. 1 Sätze 2 bis 5 VAG kann sich also **nur innerhalb dieses europarechtlich vorgegebenen Rahmens** bewegen. Dies ist, wie insbesondere die Forderung in § 24 Abs. 1 Sätze 3 und 4 VAG nach einer bestimmten Leitungserfahrung zeigt, nicht immer der Fall. Im Gesetzgebungsverfahren hatte die Bundesregierung ausschnittsweise lediglich erkannt, dass „die gesetzlichen Anforderungen an die Qualifikation von Personen, die Schlüsselaufgaben wahrnehmen, in Rechtsakten der Europäischen Kommission geregelt sein wird. Die Regelung im Versicherungsaufsichtsgesetz ist zur Umsetzung der Solvabilität II-Richtlinie notwendig, wird jedoch in der Praxis **praktisch keine eigenständige Bedeutung** haben."[68] 57

Jenseits der versicherungsaufsichtsrechtlichen Anforderungen sind bei Organmitgliedern auch die **allgemeinen gesellschaftsrechtlichen Anforderungen an die fachliche Eignung** zu beachten. Dies gilt zum Beispiel für §§ 100 Abs. 5, 107 Abs. 4 AktG in Bezug auf den Aufsichtsrat.[69] Danach muss bei Versicherungsunternehmen „mindestens ein Mitglied des Aufsichtsrats über Sachverstand auf den Gebieten Rechnungslegung oder Abschlussprüfung verfügen; die Mitglieder müssen in ihrer Gesamtheit mit dem Sektor, in dem die Gesellschaft tätig ist, vertraut sein."[70] 58

Gesellschaftsrechtlicher Natur ist auch die Frage, ob und in welchem Umfang ein Unternehmen **in der Hauptversammlung Auskünfte über die berufliche Qualifikation von Organmitgliedern** geben muss. Das OLG Düsseldorf hat sie außer im Fall von konkreten Anhaltspunkten für eine mangelnde fachliche Eignung sehr restriktiv beantwortet.[71] Dies wird der Bedeutung der Entlastungs- und Wahlentscheidungen des obersten Organs und insbesondere der rechtlichen Regelung zahlreicher Qualifikationsanforderungen, deren Erfüllung z. B. vor der Wahl von Aufsichtsratsmitgliedern sichergestellt sein muss, nicht gerecht. 59

(2) Berufliche Qualifikationen, Kenntnisse und Erfahrungen (Abs. 1 Sätze 2 und 3). Die **Anforderungstrias** nach § 24 Abs. 1 Sätze 2 und 3 VAG i. S. v. „berufliche Qualifikationen, Kenntnisse und Erfahrungen" soll „eine **solide und umsichtige Leitung des Unternehmens** gewährleisten". Damit ist ein schon in § 23 Abs. 1 S. 2 VAG genanntes Kriterium in Bezug genommen, für das 60

---

[67] Die Merkblätter der BaFin zur fachlichen Eignung und Zuverlässigkeit von Geschäftsleitern, von Mitgliedern von Verwaltungs- und Aufsichtsorganen und von Personen, die für Schlüsselfunktionen verantwortlich oder tätig sind, gemäß VAG v. 23.11.2016 konkretisieren Art. 273 Abs. 2 Solva II-VO.

[68] Gegenäußerung der BReg zu der Stellungnahme des BR zu § 24 Abs. 1 VAG, BT-Drs. 18/3252, 7.

[69] Zu einer vergleichenden Gegenüberstellung der Anforderungen und zur Frage der Ausstrahlungswirkung des Aufsichtsrechts auf die allgemeinen Qualifikationsanforderungen an Aufsichtsratsmitglieder im Gesellschaftsrecht vgl. *Thaten*, S. 262 ff.

[70] Vgl. zu der Vertrautheit mit dem Sektor unten Rn. 86.

[71] *OLG Düsseldorf* Urt. v. 22.11.2012 – 6 U 18/12, AG 2013, 759.

hier nichts anderes gilt als dort.[72] Im Übrigen ist die Anforderungstrias denkbar weit formuliert. Sie erfasst berufliche sowie formale Qualifikationen einerseits und Wissen sowie Erfahrung andererseits.

61 Die Anforderungstrias nach § 24 Abs. 1 S. 2 VAG ist in S. 3 hinsichtlich sowohl des Anforderungsprofils als auch des Anforderungsniveaus spezifiziert. Abweichend von der früheren Rechtslage geht es bei dem **Anforderungsniveau** nicht mehr um ausreichende, sondern um „angemessene" Kenntnisse. Lediglich bei der nach § 24 Abs. 1 Sätze 3 und 4 VAG geforderten Leitungserfahrung senkt der Gesetzgeber – möglicherweise wegen eigener Bedenken im Hinblick auf einen Verstoß gegen europäisches Versicherungsaufsichtsrecht durch diese Forderung – das Anforderungsniveau auf „ausreichend" ab. Das **Anforderungsprofil** selbst soll sich dagegen bei allen Betroffenen wie nach § 7a Abs. 1 S. 2 VAG a. F. auf „theoretische und praktische Kenntnisse in Versicherungsgeschäften" erstrecken. Wie die Begründung zu § 24 Abs. 1 VAG zutreffend ausführt, richten sich die Anforderungen an die fachliche Eignung aber immer nach den konkreten Aufgaben und Zuständigkeiten unter Berücksichtigung von Art, Umfang und Komplexität der Risiken des Versicherungsunternehmens.[73] Daraus und aus dem rechtlich vorrangigen Anforderungsprofil von Art. 258 Abs. 1 lit. d, 273 Abs. 3 Solva II-VO folgt auch, dass nicht jeder Betroffene zwingend „praktische Kenntnisse in Versicherungsgeschäften" haben muss.

62 Die **Anforderungen** an die fachliche Eignung von Geschäftsleitern und Inhabern von Schlüsselfunktionen **steigen im Solvency II-System** gegenüber dem früheren Solvency I-Regime erheblich.[74] Grund hierfür ist die Neuausrichtung des Versicherungsaufsichtsrechts auf Prinzipienorientierung, Risikoorientierung, Proportionalität, Materialität und unternehmerische (Organisations-)Freiheit.[75] Sie überträgt den handelnden Personen in weiten Bereichen eine wesentlich größere Handlungsverantwortung. Dafür steht die vielfache Notwendigkeit einer unternehmensinternen Selbsteinschätzung statt der Befolgung starrer und zudem auch noch quantitativ angelegter Regeln.[76] Beispiele bilden die Kapitalanlagefreiheit nach § 124 VAG statt Geltung der früheren Anlageverordnung und die regelmäßige Vornahme des früher nicht erforderlichen ORSA nach § 27 VAG.

63 Eine **personelle Differenzierung innerhalb der Geschäftsleitung bei der fachlichen Eignung** ist schon aufgrund unterschiedlicher Vorstandszuständigkeiten **erforderlich**.[77] Spezielle Zuständigkeiten fordern spezielle Kenntnisse und Erfahrungen wie die Beispiele Versicherungsbetrieb, Versicherungsvertrieb, IT, Kapitalanlage, Rechnungslegung und Risikomanagement zeigen. Das „Ob" und das „Wieweit" solcher personeller Differenzierungen ist abhängig unter anderem von dem Unternehmensgegenstand, von der Größe eines Unternehmens[78] und der Größe des Leitungsorgans. Je marktferner ein Vorstand aufgrund der Größe des Versicherungsunternehmens ist, umso wichtiger sind z. B. strategisch-konzeptionelle Kompetenzen seiner Mitglieder. Nach Ansicht der BaFin erfordert das Geschäft der Kredit- und Kautionsversicherung „eine langjährige und große Erfahrung in der Kreditprüfung", wobei auch hier eine personelle Differenzierung möglich sein muss.[79] Gerechtfertigt wird dies – in europarechtlich unzulässiger Weise, da weder aus der Solva II-RL noch aus der Solva II-VO ableitbar – unter Verweis auf das Rundschreiben 1/96 des BAV vom 22.5.1996 und den dort beschriebenen, diesem Geschäftsmodell immanenten Kumulrisiken, die sich antizyklisch zum Konjunkturverlauf verhalten.[80]

64 Die **Grenze** der personellen Differenzierung innerhalb der Geschäftsleitung im Hinblick auf die fachliche Eignung bildet der **Grundsatz der Gesamtverantwortung**. Dazu gehört bei einer Ressortverteilung auch eine im Gesellschaftsrecht seit langem anerkannte[81] Aufsichts- und Überwachungspflicht[82] gegenüber den anderen Vorstandsmitgliedern.[83] Aus dieser Pflicht folgt aber entgegen dem VG Frankfurt in Sachen Bruderhilfe[84] gerade nicht, dass ein Geschäftsleiter übergreifend zur Leitung aller Vorstandsresorts fachlich geeignet sein muss. Ebenso wenig folgt aus dem Grundsatz der Gesamtverantwortung oder aus einer angeblich völlig herausgehobenen Stellung des Risikomanagements und der Compliance, dass jedes einzelne Mitglied des Vorstands eines Versicherungsunternehmens die Solvency

---

[72] Vgl. § 23 VAG Rn. 46 ff.

[73] VAG-RegE 2014, BT-Drs. 18/2956, 240.

[74] So schon *Dreher* ZVersWiss 2012, 381, 407 f. zu den solvenzbezogenen Eignungsanforderungen; zustimmend *Hersch* VersR 2016, 145, 153.

[75] Vgl. zu allem ausführlich die Einleitung.

[76] Vgl. dazu Einl. Rn. 107 und 141.

[77] Ausf. schon *Dreher* ZVersWiss Supplement Jahrestagung 2006, 375, 398 ff.

[78] Vgl. dazu näher *Dreher* ZVersWiss Supplement Jahrestagung 2006, 375, 395.

[79] BaFin-Merkblatt zur fachlichen Eignung und Zuverlässigkeit von Geschäftsleitern gemäß VAG v. 23.11.2016, II. 1. c).

[80] Vgl. BAV-Rundschreiben v. 22.5.1996, VerBAV 1996, 135 f.

[81] Z. B. näher *Dreher* ZGR 1992, 22, 50 f.; BGHZ 133, 370, 376 f. = AG 1997, 37; *Fleischer* NZG 2003, 449 ff.

[82] Nach öBVwG Entscheidung v. 11.7.2014 – W107 2000432-1, ZFR 2015, 71 sind beide Vorstandsmitglieder eines Wertpapierdienstleistungsunternehmens zu sanktionieren, wenn ein Vorstandsmitglied tätig ist, ohne das fitness-Kriterium im Sinne von ausreichender Erfahrung zu erfüllen.

[83] Überschießend *VG Frankfurt* Urt. v. 8.7.2004 – 1 E 7363/03, VersR 2005, 57 – Bruderhilfe und dazu ablehnend *Dreher* ZVersWiss Supplement Jahrestagung 2006, 375, 377 f., 399 f.; ausf. *ders.* AG 2006, 213, 215 ff.; *ders.* ZGR 2010, 496, 526 f., 531 f.; *Wolf* VersR 2005, 1042, 1044 ff.; *Habersack* WM 2005, 2360, 2363 f.; *Bürkle* WM 2005, 1496 ff.; *Fricke* VersR 2006, 188 ff.

[84] Vgl. *VG Frankfurt* Urt. v. 8.7.2004 – 1 E 7363/03, VersR 2005, 57.

II-Anforderungen in diesem Bereich so beherrschen muss, dass es selbst entsprechende Systeme auf ihre Angemessenheit hin beurteilen könnte.[85]

EIOPA-LL 56 Governance, die im Abschnitt zur „Bewertung von Vermögenswerten und Verbindlichkeiten, ausgenommen versicherungstechnische Rückstellungen" steht, fordert von den Mitgliedern des VMAO und anderen Personen, die das Unternehmen tatsächlich leiten, **fachliche Eignung** in Bezug auch auf **Bewertungsfragen** als Voraussetzung für ein ordnungsgemäßes **Risikomanagement**. Danach „sollten" die betreffenden Personen „ein Gesamtverständnis der Bewertungskonzepte und der mit dem Bewertungsprozess verbundenen Unsicherheiten nachweisen können, das eine ordnungsgemäße Überwachung des Risikomanagementprozesses im Zusammenhang mit der Bewertung ermöglicht." 65

Die **MaGo** wollen im Abschnitt 8 zu den „Allgemeinen Governance-Anforderungen" zusätzlich explizite berufliche Qualifikationserfordernisse regeln. Für die interne Überprüfung des Governance-Systems nach § 23 Abs. 2 VAG „muss" nach Nr. 44 „jeder Geschäftsleiter zumindest die wesentlichen Risiken verstehen, denen das Unternehmen ausgesetzt ist."[86] Und nach Nr. 39, der die Versicherungsgruppe betrifft, „muss die Geschäftsleitung des für die Erfüllung der Governance-Anforderungen auf Gruppenebene zuständigen Unternehmens über eine angemessene Kenntnis der internen Organisation der Gruppe, der Geschäftsmodelle der verschiedenen Unternehmen, der Verbindungen und Beziehungen zwischen ihnen und der aus der Gruppenstruktur resultierenden Risiken verfügen." 66

Schon seit langem, im Versicherungsbinnenmarkt aber mit zunehmender Bedeutung ist fraglich, ob zu den Anforderungen an die fachliche Eignung auch das **Beherrschen der deutschen Sprache** gehört. Gegen solche Forderungen[87] spricht schon das maßgebliche Kriterium der Fit-and-proper-Aufsicht, nämlich Kenntnisse und Erfahrungen in der Sache, d. h. zu der übernommenen Tätigkeit, das die Fähigkeit zur Umsetzung, d. h. mit Hilfe von Sprachmittlern in der deutschen Sprache zu kommunizieren, einschließt. Für Organe größerer Unternehmen in Deutschland ist Englisch als Arbeitssprache schon seit längerem üblich.[88] Maßgeblich ist im Ergebnis also nicht die Kenntnis der deutschen Sprache als solche, sondern sind die Kenntnis – und Erfüllung – der Anforderungen an die fachliche Eignung sowie die Fähigkeit und die tatsächliche Möglichkeit, im Außenverhältnis – unter Umständen mit Hilfe Dritter – in deutscher Sprache zu kommunizieren.[89] Das BaFin-Merkblatt zur fachlichen Eignung und Zuverlässigkeit von Geschäftsleitern gemäß VAG vom 23.11.2016 spricht in II. 1. c) von „erforderlichen Sprachkenntnissen" für das entsprechende Geschäftsmodell und verneint insofern spezifische Sprachkompetenzen als starres Eignungskriterium. Vielmehr erscheint der Sprachraum maßgeblich, auf den das Geschäftsmodell abzielt, wobei eine eher internationale Ausrichtung ausreichende Englischkenntnisse und eine eher nationale Ausrichtung ausreichende Deutschkenntnisse von Geschäftsleitern verlangt. Auch hier kommt es wohl in erster Linie auf die Sicherstellung der Kommunikation an, sodass nach Sinn und Zweck des Erfordernisses die Kommunikationsfähigkeit unter Hinzuziehung eines Dritten (z. B. eines Dolmetschers) hinreichend sein muss. 67

Vor dem Hintergrund der pauschalen Forderung nach fachlicher Eignung der Normadressaten des § 24 Abs. 1 Sätze 1 bis 3 VAG stellt sich die Frage nach **personellen Differenzierungen zwischen Geschäftsleitern einerseits und sonstigen Normadressaten andererseits**. Im Zentrum der Fit-and-proper-Anforderungen stehen nämlich die Geschäftsleiter. 68

Fraglich ist daher zunächst, ob für **Inhaber von Schlüsselfunktionen** abweichende Maßstäbe gelten. Die Frage ist im Hinblick darauf zu bejahen, dass nur der Vorstand das Versicherungsunternehmen leitet und dass nur Mitglieder des Vorstands eine Gesamtverantwortung haben, nach der sie auf die Erfüllung und Sicherstellung der dem Gesamtvorstand auferlegten Pflichten hinzuwirken[90] und die zuvor angeführte beschränkte Aufsichts- sowie Überwachungspflicht gegenüber anderen Vorstandsmitgliedern auszuüben haben. Die Inhaber von Schlüsselfunktionen sind dagegen ausschließlich für die ordnungsgemäße Erledigung der ihnen zukommenden Aufgaben verantwortlich. Dies begrenzt die Anforderungen an die fachliche Eignung in der Breite, erhöht sie aber zugleich in der Tiefe. 69

Dabei ist insbesondere fraglich, welche Vorbildung die Inhaberschaft einer Schlüsselfunktion voraussetzt. Zuzustimmen ist der These, dass die fachliche Eignung „in der Regel dann anzunehmen sein (wird), wenn ein **einschlägiges Studium** abgeschlossen wurde und eine entsprechende einschlägige Berufserfahrung nachgewiesen wird (...). Das betrifft beim Risikomanagement vor allem betriebswirtschaftliche, bei der versicherungsmathematischen Funktion vor allem mathematische und der Complian- 70

[85] So schon *Dreher/Schaaf* WM 2008, 1765, 1766 ff. und *Bürkle* VersR 2009, 866, 871; a. A. *Hersch*, S. 155 ff. und bezogen auf das Risikomanagement RegE 9. Gesetz zur Änderung des VAG BT-Drs. 16/6518, 16.

[86] Die Verwendung des Wortes „zumindest" befremdet, da ein Verständnis unwesentlicher Risiken nicht zur fachlichen Eignung zählen kann.

[87] So z. B. noch *Präve* Vorafl. § 7a VAG a. F. Rn. 21.

[88] Vgl. schon *Dreher* FS Lutter 2000, 357 ff.

[89] So schon *Dreher* ZVersWiss Supplement Jahrestagung 2006, 375, 397 f.; *ders.* VersR 2012, 1061, 1064. Unklar dagegen BaFin-Merkblatt zur fachlichen Eignung und Zuverlässigkeit von Geschäftsleitern nach VAG v. 23.11.2016 bei II. 1. c.: „Die fachliche Eignung schließt die je nach Geschäftsmodell des Unternehmens erforderlichen Sprachkenntnisse ein."

[90] Vgl. § 23 VAG Rn. 82 ff.

ce-Funktion vor allem rechtliche Kenntnisse."[91] Konsequent geht § 120 Abs. 3 S. 2 öVAG davon aus, dass die fachliche Eignung bei Inhabern von Schlüsselfunktionen „dann anzunehmen (scil.: ist), wenn ein einschlägiges Studium abgeschlossen wurde" und Berufserfahrung vorliegt.

71 Für den **Inhaber der Compliance-Funktion** z. B. sind eine abgeschlossene, d. h. **volljuristische** – oder gleichwertige – **Ausbildung**,[92] Kenntnisse im Versicherungsaufsichtsrecht,[93] im Versicherungsvertragsrecht und in den Rechtsgebieten, in denen das Versicherungsunternehmen besonderen Compliance-Risiken ausgesetzt ist, zu fordern. Außerdem müssen die eigenen Kenntnisse in den übrigen Rechtsbereichen zumindest eine Risikosicht in der Weise ermöglichen, dass zusätzlicher Beratungsbedarf durch Dritte erkannt und die entsprechende Beratung erbracht wird. Derartige Kenntnisse sind bei einem Volljuristen als Inhaber der versicherungsaufsichtsrechtlichen Compliance-Funktionen grundsätzlich zu vermuten. Hinzukommen muss weiter ein Verständnis für den Betrieb von Versicherungsgeschäften generell und das Geschäftsmodell des konkreten Versicherungsunternehmens sowie der Geschäftsabläufe in ihm. Infolge der zahlreichen Schnittstellen zu den anderen Schlüsselfunktionen ist schließlich noch ein Grundverständnis der Tätigkeit dieser Bereiche zu fordern.[94]

72 Sofern es weiter um **Aufsichtsratsmitglieder** geht, gilt – die Anwendbarkeit der Fit-and-proper-Regeln hier nur unterstellt – grundsätzlich die gleiche Rechtslage in Bezug auf Pflichten, Umfang und Gegenstand wie bei Inhabern von Schlüsselfunktionen.[95] Die von einem durchschnittlichen Aufsichtsratsmitglied erwartbaren Kenntnisse dürfen **hinter** den Anforderungen an die **fachliche Eignung von Vorstandsmitgliedern** schon deshalb **zurückbleiben**, weil anderenfalls die Zusammensetzung des Aufsichtsrats diejenige des Vorstands spiegeln müsste und die im Aufsichtsrat gewollte Diversität und Heterogenität des Wissens sowie der Erfahrungen nicht mehr gewährleistet wäre. Die Kompensation für dieses Anforderungsprofil bildet die erforderliche Gesamtqualifikation des Aufsichtsrats auf der Grundlage vertiefter, bereichsspezifischer Einzelqualifikationen der Aufsichtsratsmitglieder. Das einzelne Organmitglied muss somit nicht über „ausreichende theoretische und praktische Kenntnisse aller Geschäftsbereiche verfügen", wie es die BaFin unter Außerachtlassung der Rechtslage von ihm verlangt.[96]

73 Auch aus der Ergänzung der komplementären Einzelqualifikationen zu der erforderlichen Gesamtqualifikation des Aufsichtsrats wird zugleich deutlich, dass die jeweils **geforderte Individualqualifikation der** einzelnen **Aufsichtsratsmitglieder hinsichtlich fachlicher Eignung und zeitlicher Verfügbarkeit ständig steigt**. Ursachen sind einerseits ein heute, nach der Finanzkrise, anderes Bewusstsein für die wichtige Rolle von professionell agierenden Aufsichtsräten in der Corporate Governance eines Unternehmens. Anderseits resultiert jede neue oder differenzierte Anforderung an eine sorgfältige Unternehmensleitung durch den Vorstand eines Versicherungsunternehmens in eine entsprechende Verschärfung der aktienrechtlichen Überwachungspflicht des Aufsichtsrats und seiner eigenen Haftung.[97] Diese Pflichtenintensivierung betrifft sowohl die vergangenheitsbezogene Kontrolle als auch die zukunftsbezogene Beratung des Vorstands durch den Aufsichtsrat.[98] In der **Praxis** ist leider zu beobachten, dass im Verhältnis von tatsächlich vorhandener und rechtlich geforderter Aufsichtsratsqualifikation vielfach eine **große Erwartungslücke** besteht. Sie zu schließen – auch im Weg einer Erhöhung der bisher vielfach nicht angemessenen Vergütung, die die Gewinnung geeigneter Aufsichtsratsmitglieder erleichtert –,[99] stellt eine vordringliche und bleibende Aufgabe für die betroffenen Versicherungsunternehmen im Vorfeld eines Beschlussvorschlags zur Wahl von Aufsichtsratsmitgliedern nach § 124 Abs. 3 S. 1 AktG und für die BaFin im Rahmen einer wesentlich aktivistischeren Fit-and-proper-Aufsicht als bisher üblich[100] dar.

74 Nach dem Wortlaut von § 24 Abs. 1 S. 1 VAG gelten – die Anwendbarkeit auf Aufsichtsratsmitglieder hier nur unterstellt – für Aufsichtsratsmitglieder aber grundsätzlich die gleichen Anforderungen wie für Vorstandsmitglieder. Die **Begründung** des **VAG-RegE 2014** geht unter Berufung auf das Proportionalitätsprinzip gleichwohl davon aus, dass trotz Aufgabe der differenzierten Anforderungen des

---

[91] *Korinek* Versicherungsrundschau 1–2/2015, 37, 40 (Hervorhebung nur hier).

[92] So schon *Dreher* VersR 2013, 929, 937; ebenso *Bürkle* FS 100 Jahre Hamburger Seminar für Versicherungswissenschaft 2016, 693, 705.

[93] Strenger *Bürkle* in: Düsseldorfer Vorträge zum Versicherungsrecht 2010, S. 1, 15; *ders.* in: Bürkle (Hrsg.) Compliance in Versicherungsunternehmen, 2. Aufl. 2015, § 2 Rn. 98.

[94] So schon *Dreher* VersR 2013, 929, 936 f.; ebenso *Bürkle* in: ders (Hrsg.) Compliance in Versicherungsunternehmen, 2. Aufl. 2015, § 2 Rn. 98.

[95] So schon *Dreher* ZVersWiss 2012, 381, 409 zu den solvenzbezogenen Eignungsanforderungen an Aufsichtsratsmitglieder.

[96] Vgl. BaFin-Merkblatt zur fachlichen Eignung und Zuverlässigkeit von Mitgliedern von Verwaltungs- und Aufsichtsorganen gemäß VAG v. 23.11.2016, II. 1.

[97] Vgl. z. B. *BGH* Urt. v. 6.11.2012 – II ZR 111/12, NZG 2013, 339 – *Piëch*: „Zu der Überwachungspflicht des Aufsichtsrats gehört es, dass er sich über erhebliche Risiken, die der Vorstand mit Geschäften eingeht, kundig macht und ihr Ausmaß unabhängig vom Vorstand selbständig einschätzt."

[98] Ausf. *Dreher/Häußler* ZGR 2011, 471, 487.

[99] Vgl. zu diesem Defizit die Erläuterungen bei § 25 VAG.

[100] Dies sollte, jedenfalls in Fällen einer nicht offensichtlich gegebenen fachlichen Eignung, aufsichtliche ex ante-Gespräche einschließen. Denn deren Vorfeldwirkung würde weit über die einer eingreifenden Aufsicht hinausgehen.

VAG a. F. im neuen VAG **für Aufsichtsratsmitglieder „keine geänderten Anforderungen"** gelten.[101] Daran ist lediglich zutreffend, dass die Beurteilung der fachlichen Eignung eine Einzelfallbeurteilung darstellt. Der gesetzliche Maßstab „berufliche Qualifikationen, Kenntnisse und Erfahrungen" bildet aber den gemeinsamen Ausgangspunkt des autonom und einheitlich europarechtlich zu verstehenden Qualifikationsbegriffs. Vor dem Hintergrund reichen unter Geltung des neuen VAG anders als zuvor theoretische Kenntnisse aus Fortbildungsveranstaltungen allein auch bei Aufsichtsratsmitgliedern nicht mehr aus.[102]

Bei II. des **BaFin**-Merkblatts zur fachlichen Eignung und Zuverlässigkeit von Mitgliedern von Verwaltungs- und Aufsichtsorganen v. 23.11.2016 heißt es explizit, dass der vorherige Begriff der „erforderlichen Sachkunde"[103] durch den Begriff der „fachlichen Eignung" ersetzt wurde. Und obwohl, wie zuvor dargelegt, allein theoretische Kenntnisse aus Fortbildungsveranstaltungen nicht ausreichend sind, geht das Merkblatt bei I. 3. b) (2) und II. 1. e) noch davon aus, die **fachliche Eignung** eines Aufsichtsratsmitglieds könne „in der Regel **auch durch Fortbildung** erworben werden" werden. In Widerspruch dazu legt es im Grundsatzteil bei II. ausdrücklich dar, dass das Proportionalitätsprinzip nicht das „Ob" der Anforderungen betrifft. 75

(3) Leitungserfahrung (Abs. 1 Sätze 3 und 4). Mit § 24 Abs. 1 Sätze 3 und 4 VAG will der Gesetzgeber den zuvor geltenden **§ 7a Abs. 1 Sätze 2 und 3 VAG a. F.** in Bezug auf das Erfordernis der Leitungserfahrung **in das Solvency II-System hinüberretten**. Eine wesentliche Änderung ist allerdings dadurch erfolgt, dass sich § 24 Abs. 1 S. 4 VAG nur auf die in S. 3 genannte Leitungserfahrung bezieht, während § 7a Abs. 1 S. 3 VAG a. F. die gesamten Anforderungen an die fachliche Eignung des S. 2 in Bezug nahm. Daraus war bisher grundsätzlich eine Qualifikationsvermutung abzuleiten.[104] 76

§ 24 Abs. 1 **S. 3** VAG zählt zu den Erfahrungen, die einen Bestandteil der fachlichen Eignung bilden, „im Fall der Wahrnehmung von Leitungsaufgaben ausreichende **Leitungserfahrung**". Die Forderung nach Leitungserfahrung ist wie zahlreiche andere Anforderungen in § 24 Abs. 1 Sätze 3 und 4 VAG **europarechtswidrig.**[105] Denn die vollharmonisierende Solva II-RL kennt nicht das Erfordernis der „Leitungserfahrung", sondern in Art. 42 Abs. 1 lit. a nur das der „Erfahrungen" bzw. in EG 35 das der „Berufserfahrung". Gleiches gilt in Bezug auf die Mitglieder des VMAO nach Art. 258 Abs. 1 lit. c und d, 273 Abs. 2 und 3 Solva II-VO für die „Berufserfahrung" bzw. „einschlägigen Erfahrungen". Die Forderungen nach einer spezifischen Leitungserfahrung in § 24 Abs. 1 Sätze 3 und 4 VAG ist daher europarechtlich unzulässig. 77

Unabhängig davon sind gleich **drei Tatbestandselemente in § 24 Abs. 1 S. 4 VAG** ebenfalls **europarechtswidrig**. Die Vorschrift enthält eine widerlegliche Vermutung[106] für die nach S. 3 erforderliche „ausreichende Leitungserfahrung". Da schon das zusätzliche Tatbestandsmerkmal Leitungserfahrung selbst dem europäischen Versicherungsaufsichtsrecht unbekannt ist, gilt gleiches auch für die Vermutung. Im Einzelnen ist die in S. 4 enthaltene **Anforderungstrias** einer **dreijährigen Leitungserfahrung**, von Leitungserfahrung **ausschließlich bei Versicherungsunternehmen** und von Leitungserfahrung bei einem **Unternehmen vergleichbarer Größe und Geschäftsart mit dem europäischen Versicherungsaufsichtsrecht nicht zu vereinbaren**. Die BaFin geht davon aus, dass „es sich nicht zwingend um Versicherungsunternehmen handeln [muss]", beschreibt insofern jedoch lediglich den atypischen Fall der Regelvermutung.[107] Die Solva II-Regelungen kennen diese Anforderungen im Rahmen der Fit-and-proper-Aufsicht sämtlich nicht. In Bezug auf die Forderung des VAG nach Leitungserfahrung ausschließlich bei Versicherungsunternehmen enthalten sie sogar das ausdrückliche Gegenteil. Art. 273 Abs. 2 Solva II-VO lässt nämlich – und ohne Bezugnahme auf das in § 24 Abs. 1 Sätze 3 und 4 VAG enthaltene Leitungskriterium – „einschlägige Erfahrungen im Versicherungssektor, anderen Finanzsektoren oder anderen Unternehmen" genügen. 78

Die Fortführung des früheren deutschen Versicherungsaufsichtsrechts in § 24 Abs. 1 Sätze 3 und 4 VAG ist aber nicht nur europarechtswidrig. Sie führt vielmehr auch in ihren **Praxisfolgen zu einer Zweckverfehlung**. Der Branchenwechsel von Personen, unter Umständen verbunden mit einer – wie im Bankbereich üblich – auf ein Jahr beschränkten Einarbeitungszeit vor der Übernahme einer Vorstandsposition, käme ebenso wie ein Aufstieg von Personen aus einem kleineren zu einem relativ größeren Unternehmen kaum mehr in Betracht.[108] 79

[101] VAG-RegE 2014, BT-Drs. 18/2956, 240.
[102] Ebenso *Hersch* VersR 2016, 145, 153.
[103] Vgl. zu diesem Kriterium ausf. *Hasse* VersR 2010, 18, 23 f.; *Bürkle* VersR 2010, 1005 ff.; *Louven/Raapke* VersR 2012, 257, 259; *Hersch*, S. 203 ff.
[104] *Dreher* ZVersWiss Supplement Jahrestagung 2006, 375, 396. Für eine Fortgeltung der Vermutung *Kaulbach* ZfV 2016, 124, 126, der jedoch die geänderte Bezugnahme in § 24 Abs. 1 S. 4 VAG im Verhältnis zur Vorgängerregelung übersieht.
[105] Ausf. *Dreher* VersR 2012, 1061, 1064.
[106] Vgl. schon Begr. zu § 7a Abs. 1 S. 3 VAG a. F., BT-Drs. 12/6959, 52; *VG Frankfurt* VersR 2005, 57, 58 – Bruderhilfe; *Dreher* ZVersWiss Supplement Jahrestagung 2006, 375, 396, 401.
[107] Vgl. BaFin-Merkblatt zur fachlichen Eignung und Zuverlässigkeit von Geschäftsleitern nach VAG v. 23.11.2016, II. 1. d).
[108] So schon *Dreher* VersR 2012, 1061, 1064.

80 Im **Ergebnis** kommt es daher nicht darauf an, ob einschlägige Erfahrungen von einer Person in Deutschland oder im Ausland, in der Finanzbranche oder außerhalb, als Mitglied eines Unternehmensorgans oder außerhalb gesammelt wurden. Maßgeblich ist allein, ob die betreffende Person in einer einzelfallbezogenen Gesamtschau die nach dem europäischen Versicherungsaufsichtsrecht allein zulässigen Kriterien der notwendigen beruflichen Qualifikation, der Kenntnisse und der Erfahrungen erfüllt, die eine solide und umsichtige Tätigkeit gewährleisten.

81 **(4) Einrichtungen der betrieblichen Altersversorgung (Abs. 1 S. 5).** Nach § 24 Abs. 1 S. 5 VAG sind bei Einrichtungen der betrieblichen Altersversorgung (EbAV) „die Besonderheiten im Hinblick auf eine Besetzung des Aufsichtsrats durch Vertreter der Arbeitgeber und der Arbeitnehmer der Trägerunternehmen zu berücksichtigen." Einrichtungen der betrieblichen Altersversorgung sind Pensionskassen nach §§ 232 ff. VAG und Pensionsfonds nach §§ 236 ff. VAG. Deren **Aufsichtsräte** sind in der Regel aufgrund von Satzungsrecht **paritätisch besetzt**. Hintergrund sind „Sozialpartnerschaften" von Arbeitgebern und Arbeitnehmern der Trägerunternehmen oder unternehmens- bzw. konzernintern geschaffene, der Mitbestimmung nach § 87 Abs. 1 Nr. 8 BetrVG unterliegende „Sozialeinrichtungen". Gesetzliche Regelungen, die eine bestimmte Besetzung des Aufsichtsrats bei Einrichtungen der betrieblichen Altersversorgung vorschreiben, gibt es nicht. Bei der Einführung des heutigen § 24 Abs. 1 S. 5 VAG als dem damaligen § 7a Abs. 4 S. 2 VAG a. F. im Jahr 2009[109] sollte „klargestellt werden, dass die insoweit bisher geübte Praxis von der Neuregelung nicht berührt wird".[110]

82 Die „Berücksichtigung" dieser „Besonderheiten" kann allerdings nur im Rahmen der nach dem VAG anzuwendenden Vorschriften erfolgen. Gemäß §§ 234, 237 VAG gelten für die Einrichtungen der betrieblichen Altersversorgung „die nach den §§ 212 bis 216 auf kleine Versicherungsunternehmen anwendbaren Vorschriften entsprechend", soweit diese Lebensversicherungsunternehmen betreffen und keine abweichenden Regelungen vorhanden sind. Zu § 24 VAG gibt es eine solche abweichende Regelung nicht. Nach § 212 Abs. 2 Nr. 1, Abs. 3 Nr. 7 VAG gilt **§ 24 VAG** mit der Maßgabe, dass sich dessen Abs. 1 S. 1 „nur auf Geschäftsleiter und Mitglieder des Aufsichtsrats bezieht". Zwar handelt es sich bei § 24 VAG nicht um eine Vorschrift, die Lebensversicherungsunternehmen betrifft. Der VAG-Gesetzgeber will aber ausweislich der Begründung zu §§ 234, 237 VAG die Pensionskassen und Pensionsfonds, für die die Solva II-RL nicht gilt, den kleinen Versicherungsunternehmen, die Lebensversicherungsunternehmen sind, gleichstellen.[111] Dabei hat er mit § 24 Abs. 1 S. 5 VAG die schon zuvor über § 7a Abs. 4 S. 2 VAG a. F. geltende Privilegierung von EbAV bei der Fit-and-proper-Aufsicht fortgeführt.

83 Hintergrund jenseits des Versicherungsaufsichtsrechts ist Art. 9 Abs. 1 lit. b **RL 2003/41/EG** des EP und des Rates über die Tätigkeiten und die Beaufsichtigung von Einrichtungen der betrieblichen Altersversorgung.[112] Danach stellt jeder Mitgliedstaat sicher, dass „die Einrichtung tatsächlich von zuverlässigen Personen geführt wird, die selbst über die fachliche Qualifikation und Berufserfahrung verfügen müssen (…)". Während diese Richtlinie für sämtliche EbAV gilt, sind Pensionskassen und Pensionsfonds durch die **Solva II-Regelungen** aufgrund von EG 138 und Art. 9 Nr. 2, 303 Solva II-RL nicht erfasst.

(5) Gesamtqualifikation von Vorstand und Aufsichtsrat (Art. 258 Abs. 1 lit. c Solva II-VO).

84 § 24 Abs. 1 S. 1 VAG bezieht die Anforderungen an die fachliche Eignung ausschließlich auf einzelne Personen. Die Regelung bestimmt damit über die Individualqualifikation. Davon zu unterscheiden ist die **Gesamtqualifikation**. Sie bezieht sich auf ein Gremium aus mehreren Personen. Versicherungsaufsichtsrechtliche Ansatzpunkte dafür sind die **Organe Vorstand und Aufsichtsrat**, im **europäischen Sprachgebrauch** also das Verwaltungs-, Management- oder Aufsichtsorgan (**VMAO**).[113] Das VMAO ist nach Art. 1 Nr. 43 Solva II-VO in einem dualistischen System „je nach Festlegung in der maßgeblichen nationalen Rechtsvorschrift das Management- oder das Aufsichtsorgan oder beide Organe oder für den Fall, dass die maßgebliche nationale Rechtsvorschrift kein Organ nennt, das Leitungsorgan". Da der deutsche Gesetzgeber nach der Begründung zum VAG in die Fit-and-proper-Aufsicht sowohl den Vorstand als auch – wenn auch, wie ausführlich dargelegt, zu Unrecht – den Aufsichtsrat einbeziehen will, betrifft die Frage der Gesamtqualifikation aus dieser Sicht beide Organe.

85 Nach Art. 258 Abs. 1 lit. c Solva II-VO müssen Versicherungsunternehmen gewährleisten, „dass die **Mitglieder des VMAO in ihrer Gesamtheit**" die näher ausgeführten fachlichen Eignungsanforderun-

---

[109] Gesetz zur Stärkung der Finanzmarkt- und Versicherungsaufsicht, BGBl. 2009 I, 2305. Der RegE BT-Drs. 16/12783 enthielt die Regelung noch nicht. Sie geht auf den BT-Finanzausschuss zurück, vgl. BT-Drs. 16/13684, 31 f.; vgl. zu § 7a Abs. 4 S. 2 VAG a. F. *Hersch*, S. 244 ff.

[110] Begr. BT-Finanzausschuss, BT-Drs. 16/13684, 32.

[111] Vgl. VAG-RegE 2014 BT-Drs. 18/2956, 279 f.; vgl. zu den Wirkungen des Betriebsrentenstärkungsgesetzes – dazu Einl. Rn. 71 – auf die Qualifikationsanforderungen für Aufsichtsratsmitglieder von EbAV *Bürkle* BB 2017, 712, 715 f.

[112] ABl. EU 2003 Nr. L 235, 10 ff. mit späteren Änderungen. Die sog. EbAV II-Richtlinie (EU) 2016/2341 ABl. EU 2016 Nr. L 354, 37 ff. ist von den Mitgliedstaaten bis zum 13.1.2019 umzusetzen. Art. 22 der Richtlinie regelt die Fit-and-proper-Anforderungen.

[113] Vgl. dazu schon *Dreher* VersR 2012, 933, 937 f.

gen erfüllen. Aufgrund der unmittelbaren Geltung der Regelung in allen Mitgliedstaaten ist daher auch eine **Aufsicht durch die BaFin** über die Gesamtqualifikation von Vorstand und – je nach dazu vertretener Ansicht – Aufsichtsrat erforderlich.[114] Art. 258 Abs. 1 lit. c Solva II-VO ist als unmittelbar geltendes Recht im Rahmen des Legalitätsprinzips von Vorstand und Aufsichtsrat wie jede andere versicherungsaufsichtsrechtliche Regelung zu beachten. Erfolgt dies nicht, hat die BaFin nach §§ 294 Abs. 2 S. 2 und Abs. 3, 298 VAG die Befugnis, den Rechtsverstoß abzustellen.

Anforderungen an die Gesamtqualifikation des Aufsichtsrats enthält seit kurzem auch das Aktiengesetz. Bei Unternehmen von öffentlichem Interesse, zu denen Versicherungsunternehmen gehören, müssen nach **§ 100 Abs. 5 Halbsatz 2 AktG**[115] „die Mitglieder (scil.: des Aufsichtsrats) in ihrer Gesamtheit **mit dem Sektor**, in dem die Gesellschaft tätig ist, **vertraut** sein."[116] 86

Die **inhaltlichen Anforderungen an die Gesamtqualifikation** der Organe ergeben sich also sowohl aus dem allgemeinen Gesellschaftsrecht als auch aus dem Versicherungsaufsichtsrecht.[117] Danach muss jedes Organ so zusammengesetzt sein, dass es die insgesamt für die ordnungsgemäße Erfüllung seiner Aufgaben erforderliche Qualifikation aufweist. Auch wenn in arbeitsteilig tätigen Kollegialorganen eine gegenseitige Qualifikationszurechnung erfolgt, ergibt die Summe dieser Individualqualifikationen nicht notwendig die rechtlich gebotene Gesamtqualifikation. 87

Nr. 1.43. **EIOPA-LL** 11 Governance bezieht sich ausdrücklich auf das Erfordernis der Gesamtqualifikation. Danach müssen „die Mitglieder eines **VMAO** in ihrer Gesamtheit über angemessene Qualifikationen, Erfahrungen und Kenntnisse in zumindest folgenden Bereichen verfügen: 88

a) Versicherungs- und Finanzmärkte;
b) Geschäftsstrategie und Geschäftsmodell;
c) Governance-System;
d) Finanzanalyse und versicherungsmathematische Analyse; und
e) regulatorischer Rahmen und regulatorische Anforderungen."

Die fünf Themenfelder, die die EIOPA-LL 11 Governance benennt, erläutern Nr. 2.46. bis 2.50. EIOPA Explanatory Text BoS-14/253. Auf EIOPA-LL 11 verweist auch Abschnitt II.1. **BaFin-**Merkblatt zur fachlichen Eignung und Zuverlässigkeit von **Geschäftsleitern** v. 23.11.2016.

Das am 23.11.2016 bekanntgemachte BaFin-Merkblatt zur fachlichen Eignung und Zuverlässigkeit von Mitgliedern von Verwaltungs- und Aufsichtsorganen gemäß VAG benennt bei III. einzelne **„Kenntnisse im Gremium"**, die unabhängig von der Individualqualifikation vorhanden sein müssen: „Hierzu gehören in jedem Fall die Bereiche **Kapitalanlage**, **Versicherungstechnik** und **Rechnungslegung**". Die BaFin verlangt die Darlegung der abgedeckten Themenfelder sowohl bei jeder Neubestellung eines Organmitglieds als auch im Rahmen eines **„jährlichen Entwicklungsplans"** im Wege der Selbsteinschätzung. Bei dem „jährlichen Entwicklungsplan" handelt es sich um ein jährlich zu erstellendes Dokument, in dem sich „alle Mitglieder mit dem Status quo auseinander[setzen] und überlegen, in welchen Themenfeldern sie sich einzeln und im Gremium weiterentwickeln wollen". Dies könne durch „gezielte Seminare", die Gründung eines Ausschusses oder die Durchführung eines Workshops angegangen werden.[118] Ungeachtet dieser eher pädagogisch als aufsichtsrechtlich anmutenden unbestimmten Vorgabe, müssen sich die Versicherungsunternehmen künftig also zwingend und zurecht mit der Frage der Gesamtqualifikation von Vorstand sowie Aufsichtsrat befassen. Nach dem BaFin-Merkblatt sollen sie das Ergebnis sogar **schriftlich gegenüber der BaFin** – tabellarisch mit kenntnisbezogenen, fünfstufigen Skalenwerten von A (= fundierte Kenntnisse) bis E (= keine bis geringe Kenntnisse) – **dokumentieren**. 89

bb) Persönliche Zuverlässigkeit (Abs. 1 S. 1, Art. 273 Abs. 4 Solva II-VO). (1) Grundlagen. Die versicherungsaufsichtsrechtliche Anforderung der persönlichen Zuverlässigkeit richtet **§ 24 Abs. 1 S. 1 VAG** ebenfalls an „Personen, die ein Versicherungsunternehmen tatsächlich leiten oder andere Schlüsselaufgaben wahrnehmen" und damit an den zuvor schon ausführlich thematisierten Personenkreis. Im Gegensatz zu diesem Tatbestandsmerkmal definiert oder umschreibt das VAG das Tatbestandsmerkmal der Zuverlässigkeit nicht. 90

Hintergrund der Forderung nach persönlicher Zuverlässigkeit ist Art. 42 Abs. 1 lit. b **Solva II-RL**, wonach bestimmte Personen in Versicherungsunternehmen „zuverlässig und integer („persönliche Zuverlässigkeit")" sein müssen. Die zusätzliche Regelung in Art. 43 Solva II-RL zu den Zuverlässigkeitsnachweisen hat der deutsche Gesetzgeber zu Unrecht nicht umgesetzt.[119] 91

[114] *Hersch* VersR 2016, 145, 166 beschränkt sich auf die Ausführung, eine solche Aufsicht wäre „an sich" geboten, und meint – schon im Hinblick auf die Geltung des Legalitätsprinzips – zu Unrecht, es fehle dafür aber eine Eingriffsermächtigung der BaFin.

[115] Eingeführt durch das AReG BGBl. 2016 I, 1142 ff.

[116] Vgl. dazu *Nodoushani* AG 2016, 381, 384 ff.; *Behme/Zickgraf* AG 2016, R132, R133 f.; *Schilha* ZIP 2016, 1316, 1320 ff.; *Bürkle* VersR 2016, 1145, 1147 f.; *Hersch* VersR 2017, 257, 261 ff.

[117] Vgl. ausf. *Dreher* FS Hoffmann-Becking 2013, 313 ff. und schon *Dreher/Lange* ZVersWiss 2011, 211, 225 ff.

[118] Vgl. BaFin-Merkblatt zur fachlichen Eignung und Zuverlässigkeit von Mitgliedern von Verwaltungs- und Aufsichtsorganen v. 23.11.2016, III. 2.

[119] Siehe oben Rn. 10.

92 Die **Solva II-VO**, die die persönliche Zuverlässigkeit in EG 99 und Art. 273 Abs. 1 benennt, führt dazu zunächst in EG 100 Folgendes aus: „Um den Leumund der Personen, die das Unternehmen tatsächlich leiten oder eine andere Schlüsselfunktion innehaben, beurteilen zu können, sollte das frühere Verhalten dieser Personen im Hinblick darauf überprüft werden, ob sie möglicherweise nicht in der Lage sind, ihren Pflichten im Einklang mit den geltenden Regeln, Vorschriften und Leitlinien nachzukommen. Informationen über das frühere Verhalten können Auszüge aus Strafregistern oder Finanzunterlagen sein. Das frühere Geschäftsgebaren einer Person könnte Hinweise auf deren Integrität liefern." Sodann normiert Art. 273 Abs. 4 Solva II-VO das Kriterium der persönlichen Zuverlässigkeit mit unmittelbarer Geltung auch für alle deutschen Versicherungsunternehmen im Anwendungsbereich von Art. 42 Abs. 1 Solva II-RL wie folgt: „Die Beurteilung, ob eine Person zuverlässig ist, umfasst eine Bewertung ihrer Redlichkeit sowie der Solidität ihrer finanziellen Verhältnisnisse auf der Grundlage von Nachweisen, die ihren Charakter, ihr persönliches Verhalten und ihr Geschäftsgebaren betreffen, einschließlich etwaiger strafrechtlicher, finanzieller und aufsichtlicher Aspekte, die für die Zwecke der Bewertung relevant sind."

93 Bei den europarechtlichen Grundlagen der Zuverlässigkeitsaufsicht steht zwar der Begriff der Zuverlässigkeit im Zentrum. Gleichwohl finden sich aber auch andere Begriffe wie „integer" in Art. 42 Abs. 1 lit. b Solva II-RL, „Redlichkeit" und „Charakter" in Art. 273 Abs. 4 Solva II-VO oder „Leumund" in EG 100 Solva II-VO. Alle diese Begriffe gehören – wie schon die Legaldefinition in Art. 42 Abs. 1 lit. b Solva II-RL zeigt – zu dem **Oberbegriff der persönlichen Zuverlässigkeit**.[120] Dieser Begriff ist der rechtlich allein Maßgebliche. Ausschließlich er ist daher auch in § 24 Abs. 1 S. 1 VAG zu Recht verwendet.

94 Ein **Element der persönlichen Zuverlässigkeit** von Organmitgliedern bildet die **ausreichende zeitliche Verfügbarkeit**. Es gewinnt vor dem Hintergrund des gewachsenen Bewusstseins für eine angemessene Corporate Governance und ständig steigende Anforderungen an die fachliche Eignung von Organmitgliedern zu Recht zunehmende Bedeutung.[121] Im **Bankaufsichtsrecht** ist die Verpflichtung der Organmitglieder, ihren Tätigkeiten „ausreichend Zeit (scil.: zu) widmen", in §§ 2d Abs. 1, 25c Abs. 1 S. 1, 25d Abs. 1 S. 1 KWG aufgrund des CRD IV-Umsetzungsgesetzes[122] seit dem 1.1.2014 sogar neben der Verpflichtung auf fachliche Eignung und Zuverlässigkeit in einem eigenen Tatbestandsmerkmal verselbständigt. §§ 25c Abs. 3 Nr. 3, 25d Abs. 6 S. 2 KWG fordern von den Organmitgliedern darüber hinaus, dass sie ganz bestimmten, gesetzlich benannten Tätigkeiten „ausreichend Zeit widmen".[123]

95 Im **Versicherungsaufsichtsrecht** gibt es auf europäischer oder nationaler Ebene bisher keine entsprechenden Regelungen. Der deutsche Gesetzgeber hat die quantitativen, europarechtswidrigen Mandatsbegrenzungen in § 24 Abs. 3 Sätze 1 und 2, Abs. 4 VAG damit begründet, die Organmitglieder sollten „ausreichend Zeit für die Wahrnehmung ihrer Mandate" haben.[124]

96 Das europäische Versicherungsaufsichtsrecht verfolgt dasselbe Ziel dagegen über **qualitative Anforderungen**.[125] Anders als die EIOPA-LL Governance äußert sich die BaFin im Merkblatt zur fachlichen Eignung und Zuverlässigkeit von Geschäftsleitern bzw. von Mitgliedern von Verwaltungs- und Aufsichtsorganen gemäß VAG zum Thema der zeitlichen Verfügbarkeit. Unter Verweis auf die Eigenverantwortung des Organmitglieds verlangt sie sowohl eine ausreichende zeitliche Verfügbarkeit als auch die tatsächliche Aufwendung der erforderlichen Zeit zur Mandatswahrnehmung.[126]

97 Ein weiteres und ebenso wichtiges Element der persönlichen Zuverlässigkeit liegt in der **Abwesenheit oder Bewältigung von Interessenkonflikten**. Auch es hat erst im Laufe der Zeit die ihm zukommende Beachtung gefunden. Art. 258 Abs. 5 **Solva II-VO** geht im Zusammenhang mit den allgemeinen Governance-Anforderungen davon aus, dass in Versicherungsunternehmen „wirksame Prozesse und Verfahren zur Vermeidung von Interessenkonflikten zur Verfügung stehen und dass potentielle Quellen von Interessenkonflikten ermittelt und Verfahren eingeführt werden, um sicherzustellen, dass die an der Umsetzung der Unternehmensstrategien und -politiken[127] beteiligten Personen erkennen, wo Interessenkonflikte entstehen könnten und wie im Falle solcher Konflikte vorzugehen ist." Während sich die **EIOPA**-LL Governance zu den Themen selbst nicht äußern, geht Nr. 2.56. EIOPA Explanatory Text BoS-14/253 zu LL12 Governance betreffend „Anforderungen an die persönliche Zuverlässigkeit" – in der BaFin-Übersetzung – von Folgendem aus: „Von sämtlichen Personen wird erwartet, dass sie weitestmöglich Tätigkeiten meiden, durch die Interessenkonflikte oder der Anschein von Interessenkonflikten entstehen könnte." Unter zutreffender Außerachtlassung der versicherungsaufsichtsrechtlichen

[120] So schon *Dreher* VersR 2012, 1061, 1067.
[121] Vgl. nur für Aufsichtsratsmitglieder Ziff. 5.4.5 DCKG.
[122] BGBl. 2013 I, 3395.
[123] Vgl. zum Ganzen z. B. *Plagemann* WM 2014, 2345 ff.
[124] Siehe oben Rn. 6.
[125] Siehe oben Rn. 54 ff.
[126] Vgl. BaFin-Merkblatt zur fachlichen Eignung und Zuverlässigkeit von Geschäftsleitern bzw. Mitgliedern von Verwaltungs- und Aufsichtsorganen v. 23.11.2016, jeweils unter II. 4.
[127] Gemeint sind die unternehmensinternen Leitlinien.

Erfassung des bloßen „Anscheins" von Interessenkonflikten beziehen sich die drei **BaFin**-Merkblätter zur fachlichen Eignung und Zuverlässigkeit vom 23.11.2016 jeweils näher auf das Vorliegen und die Bewältigung von tatsächlichen Interessenkonflikten.[128] Solche Konflikte seien gegeben, „wenn persönliche Umstände oder die eigene wirtschaftliche Tätigkeit geeignet sind", die betreffende Person „in der Unabhängigkeit" ihrer Tätigkeit und ihrer Verpflichtungen zu „beeinträchtigen". Interessenkonflikte können z. B. aus Angehörigkeitsverhältnissen, aus Geschäftsbeziehungen zu dem Versicherungsunternehmen oder aus eigener wirtschaftlicher Tätigkeit – z. B. einer gleichzeitigen Vermittlertätigkeit – folgen. Ist dies der Fall, sind die Konflikte „frühzeitig offenzulegen" und ist zu „dokumentieren", welche Konflikte bestehen sowie „auf welche Art und Weise mit ihnen umgegangen wird". Praktische Bedeutung hat insbesondere der Fall, dass Vertreter großer Vertriebsunternehmen Mitglieder im Aufsichtsrat eines Versicherungsunternehmens sind.

(2) Autonomer und einheitlicher europarechtlicher Zuverlässigkeitsbegriff. In der Regel wird für die Auslegung des versicherungsaufsichtsrechtlichen Zuverlässigkeitsbegriffs im VAG auf diejenige des gewerberechtlichen **Zuverlässigkeitsbegriffs in § 35 GewO** verwiesen.[129] Dies war nur solange rechtlich im Ansatz möglich, als sich ein autonomes und einheitliches europarechtliches Verständnis des europarechtlichen Begriffs der Zuverlässigkeit noch nicht entwickelt hatte.[130] **Mit den Solvency II-Regelungen** zur Zuverlässigkeit hat der europäische Gesetzgeber jetzt aber den Begriff der Zuverlässigkeit selbst konturiert. Damit hat er die Grundlage für ein – wie bei jedem europarechtlichen Rechtsbegriff nach der Methodenlehre zwingendes –[131] **autonomes und einheitliches europarechtliches Verständnis** geschaffen.[132] Zwar gibt Art. 42 Abs. 1 lit. b Solva II-RL selbst nur wenige Anhaltspunkte für das **autonome und einheitliche Verständnis des Zuverlässigkeitsbegriffs**. Solche Ansatzpunkte folgen aber unter ausdrücklicher Bezugnahme auf Art. 42 Solva II-RL in Art. 273 Abs. 1 Solva II-VO aus **EG 100 und Art. 273 Abs. 4 Solva II-VO**. Daraus ergibt sich – wie nachfolgend jeweils näher auszuführen ist – vor allem, dass im Rahmen der Beurteilung, ob eine Person zuverlässig ist, eine personelle Zuverlässigkeitsdifferenzierung erfolgt, dass es um sowohl eine vergangenheits- als auch gegenwartsbezogene Beurteilung geht, dass die Beurteilung auf der Grundlage objektivierbarer Feststellungen zu dem Verhalten und dem „Geschäftsgebaren" einer Person beruht und dass es nur auf Umstände ankommt, „die für die Zwecke der Bewertung relevant sind". 98

Den damit maßgeblichen **Zweck der Zuverlässigkeitsaufsicht** sieht EG 100 Solva II-VO darin zu beurteilen, ob Personen „möglicherweise nicht in der Lage sind, ihren Pflichten in Einklang mit den geltenden Regeln, Vorschriften und Leitlinien nachzukommen." Dies verdeutlicht zugleich den **prognostischen Charakter der Zuverlässigkeitsaufsicht**. 99

Im **Ergebnis** geht es bei der versicherungsaufsichtsrechtlichen Zuverlässigkeit um die Prognose, ob eine Person auf der Grundlage ihres bisherigen Verhaltens und der gegenwärtigen sowie absehbaren Umstände die ihr in einem Versicherungsunternehmen übertragenen Aufgaben und Befugnisse pflichtgemäß wahrnehmen wird. 100

(3) Personelle Zuverlässigkeitsdifferenzierung. Die **Gesetzesbegründung** zu § 24 Abs. 1 S. 1 VAG geht davon aus, es „gelten in Bezug auf die persönliche Zuverlässigkeit **für alle Personen** im Anwendungsbereich des § 24 **die gleichen Anforderungen**, unabhängig vom individuellen Risikoprofil des Unternehmens."[133] Eine Begründung dafür, warum bei der Zuverlässigkeitsaufsicht nach § 24 Abs. 1 S. 1 VAG anders als bei der Aufsicht über die fachliche Eignung für alle erfassten Personen eine Einheitsbetrachtung gelten soll, gibt der deutsche Gesetzgeber nicht.[134] Eine solche Einheitsbetrachtung aller Personen ist **weder sachlich überzeugend noch rechtlich zulässig.**[135] 101

In sachlicher Hinsicht **fehlt einer einheitlichen Zuverlässigkeitsaufsicht die gemeinsame Wertungsbasis**. Je unmittelbarer und je größer der Einfluss einer Person auf das Verhalten eines Unternehmens ist, desto höhere Zuverlässigkeitsanforderungen sind gerechtfertigt. Die Zuverlässigkeitsaufsicht über Vorstandsmitglieder muss daher ein anderes Gewicht haben als die z. B. über Aufsichtsratsmit- 102

[128] Vgl. II. 3. des jeweiligen Merkblatts.

[129] Vgl. pars pro toto zuletzt *Hersch* VersR 2016, 145, 152 und noch dazu unter Hinweis auf nicht entgegenstehende Äußerungen in dem VAG-RegE 2014.

[130] Ausf. *Dreher* ZVersWiss Supplement Jahrestagung 2006, 375, 385; zustimmend *Pohlmann*, S. 72.

[131] Vgl. z. B. nur *Riesenhuber* in: ders. (Hrsg.) Europäische Methodenlehre 3. Aufl. 2015, § 10 Rn. 4 ff.; *Martens* Methodenlehre des Unionsrechts 2013, S. 335 ff.

[132] So schon *Dreher* VersR 2012, 1061, 1068.

[133] VAG-RegE 2014 BT-Drs. 18/2956, 240.

[134] Eine Einheitsbetrachtung fordert zwar auch 2.57. EIOPA Explanatory Text BoS-14/253 zu LL-Governance unter Berufung gerade auf das Proportionalitätsprinzip. Wenn aber schon ein solcher – nicht vorhandener – Level 3-Text, d. h. eine EIOPA-Leitlinie, im Hinblick auf abweichendes Richtlinien- und Verordnungsrecht unzulässig wäre, gilt dies erst recht für eine bloße Aussage in einem EIOPA-Erläuterungstext, so schon *Dreher* VersR 2012, 1063, 1068 f.

[135] So schon ausf. *Dreher* VersR 2012, 1061, 1068 f.; zustimmend *Pohlmann*, S. 74. Im Ergebnis ebenso Nr. 2.58. EIOPA Explanatory Text BoS-14/253 zu LL12 Governance.

glieder.[136] Aber auch im Horizontalverhältnis ist z. B. zwischen einzelnen Vorstandsmitgliedern zu differenzieren. Ein früherer Verstoß gegen Insiderrecht hat bei einem Vorstandsmitglied, das für Kapitalanlagen zuständig ist, eine vollständig andere Bedeutung als z. B. bei einem Vertriebsvorstand.

103 In rechtlicher Hinsicht ist eine **einheitliche Zuverlässigkeitsaufsicht schon nicht mit EG 100 und Art. 273 Abs. 4 Solva II-VO zu vereinbaren.** Sie beziehen sich jeweils spezifisch auf „eine Person" sowie ihr Vorverhalten. Und auch die Einzelkriterien können nur personenbezogen erfüllt sein. Dies gilt sowohl für die Gegenstände der Bewertung als auch für „die Zwecke der Bewertung" im Sinne von Art. 273 Abs. 4 Solva II-VO. Sie lassen sich immer nur im Hinblick auf eine konkrete, von der betreffenden Person ausgeübte Tätigkeit, d. h. zwingend **funktional bestimmen.**

104 Im **Ergebnis** ist daher auch bei der Zuverlässigkeitsaufsicht eine **personelle Zuverlässigkeitsdifferenzierung** im Sinne einer Gesamtschau des Verhaltens und der Situation einer konkreten Person im Hinblick auf eine von ihr angestrebte oder übernommene Tätigkeit erforderlich.[137]

105 **(4) Vergangenheits- und Gegenwartsbezug der Zuverlässigkeitsaufsicht.** Der autonome und einheitliche Zuverlässigkeitsbegriff des Art. 273 Abs. 4 Solva II-VO hat **sowohl Vergangenheits- als auch Gegenwartsbezug.** Dies folgt aus den einzelnen Tatbestandsmerkmalen der Regelung und EG 100 Solva II-VO als maßgeblichem Auslegungskriterium. „Nachweise" für (un-)zuverlässigkeitsbegründendes „Verhalten und (…) Geschäftsgebaren" können sich nur auf ein vergangenes Verhalten oder einen vergangenen Zustand beziehen. Geht es allerdings bei einer Person um die „Solidität ihrer finanziellen Verhältnisse" im Sinne von Art. 273 Abs. 4 Solva II-VO – also z. B. um ein laufendes Insolvenzverfahren oder um den Schuldenstand einer Person –, sind die entsprechenden Nachweise und die darauf gründende Zuverlässigkeitsbeurteilung gegenwartsbezogen.

106 **(5) Aufsichts- und Unternehmensbezug der Zuverlässigkeitsaufsicht.** Wie zuvor festgestellt, liegt der **Zweck der Zuverlässigkeitsaufsicht** nach dem europäischen Versicherungsaufsichtsrecht darin, ein gegenwärtig und künftig pflichtgemäßes Verhalten einer Person in Bezug auf die ihr von einem Versicherungsunternehmen übertragenen Aufgaben und Befugnisse zu gewährleisten. Schon daraus folgt der **berufs- und unternehmensbezogene Charakter der Zuverlässigkeitsaufsicht**. Er ergibt sich weiter auch aus der **Grundrechtsrelevanz** dieser Aufsicht. Deutsche und europäische Grundrechte wie das Persönlichkeitsrecht mit dem Schutz der Privatsphäre und des sozialen Geltungsanspruchs jeder Person, das Recht auf informationelle Selbstbestimmung und das Recht der Berufsfreiheit stehen in einem Spannungsfeld zu der Zuverlässigkeitsaufsicht.

107 Die immanenten Grenzen jeder Zuverlässigkeitsaufsicht sind daher nicht erst erreicht, wenn ein Beurteilungsverfahren die betreffende Person gegenüber der Aufsichtsbehörde zu einer „gläsernen Person" machen würde. **Grundsätzlich geschützt** ist vielmehr der **private Lebensbereich** als solcher.

108 Nur sofern und soweit der private Lebensbereich einer Person auf die Beurteilung ihrer **berufs- und unternehmensbezogenen Zuverlässigkeit ausstrahlt**, kann er auch deren Gegenstand sein. Dies ist in zweifacher Weise möglich:[138] Zum einen über eine Prüfung objektiviert und formalisiert zugänglicher Feststellungen. Als Beispiel dafür stehen **Auszüge aus öffentlichen Registern**, z. B. zu Vorstrafen. In dem Zusammenhang kann das weitgehend noch unbekannte Europäische Führungszeugnis von Bedeutung sein, für das in Deutschland das Bundesamt für Justiz (BfJ) zuständig ist. Es wird auf Antrag in Deutschland lebenden Staatsangehörigen anderer EU-Mitgliedstaaten erteilt und gibt Auskunft auch darüber, ob die Person in ihrem Heimatstaat vorbestraft ist. Und zum anderen über berufs- und unternehmensbezogene **Feststellungen zu dem privaten Lebensbereich**. Dafür stehen als Beispiele der Eintritt der Privatinsolvenz oder der Schuldenstatus einer Person, bei der die „Solidität ihrer finanziellen Verhältnisse" von besonderer berufs- und unternehmensbezogener Bedeutung ist. Die Feststellung solcher im Privatbereich wurzelnder Tatsachen mit berufs- und unternehmensbezogener Ausstrahlungswirkung erfolgt außer durch Heranziehung von Registerauskünften schon nach dem Grundsatz der Verhältnismäßigkeit am besten im Wege der Selbstauskunft über – auch elektronisch bearbeitbare – Fragebögen.

109 Im Einzelnen[139] geht es vor dem Hintergrund zunächst um den Berufs- und Unternehmensbezug von **Straftaten.**[140] Die Verurteilung wegen bestimmter Straftaten führt schon nach § 76 Abs. 3 S. 2

[136] Zu weitgehend daher *Tillmann/Struck* DStR 2013, 1191, die auch bei Aufsichtsratsmitgliedern im Fall einer Verurteilung wegen eines privaten Steuerstrafdelikts pauschal von einer versicherungsaufsichtsrechtlichen Unzuverlässigkeit auszugehen und damit weder die Funktion – z. B. Aufsichtsratsvorsitz – noch die Tätigkeit – z. B. Mitgliedschaft im Prüfungsausschuss – gewichten.

[137] Nicht überzeugend aber *Sandmann* CCZ 2015, 70, 75, der für Inhaber der Compliance-Funktion im Hinblick auf deren Aufgabe, eine Compliance-Kultur zu schaffen, die Anwendung eines höheren Maßstabs an die persönliche Zuverlässigkeit fordert als bei den Inhabern anderer Schlüsselfunktion.

[138] Vgl. näher schon *Dreher* VersR 2012, 1061, 1068.

[139] Ausf. zum Ganzen, wenn auch noch primär sub specie der gewerberechtlichen Zuverlässigkeit *Dreher* ZVersWiss Supplement Jahrestagung 2006, 375, 388 ff. und – allerdings auf der im Jahr 2014 unzutreffenden Grundlage der GewO – *Hersch*, S. 52 ff.

[140] Die Regelung ist nach *OLG München* Beschl. v. 26.4.2016 – 31 Wx 117/16, ZIP 2016, 1872 verfassungsgemäß.

Nr. 3 AktG zum Ausschluss von Vorstandsämtern. Im Übrigen sind problematisch nur Straftaten, die nicht in beruflicher Eigenschaft begangen wurden. Art. 273 Abs. 4 Solva II-VO nennt „etwaige strafrechtliche (…) Aspekte, die für die Zwecke der Bewertung relevant sind." Grundsätzlich, aber abhängig von den konkreten Aufgaben und Befugnissen einer Person kann jedes strafrechtliche Verhalten in deren Privatbereich berufs- und unternehmensbezogen auf die Zuverlässigkeit ausstrahlen. Verkehrsdelikte bilden dabei sicher eine Ausnahme vom Grundsatz, während gerade Bilanz- und Steuerdelikte den Grundsatz belegen. Die Erläuterungen zu den EIOPA-LL Governance wollen dagegen zwischen von vorneherein „relevanten Straftaten" und solchen Straftaten unterscheiden, die nur unter Umständen Zweifel an der Zuverlässigkeit einer Person zulassen.[141] Zudem sei dem erstgenannten Bereich pauschal auch das gesamte Verbraucherschutzrecht zuzuordnen, obwohl die Versicherungsaufsichtsbehörden keine Behörden zur Durchsetzung eines individuellen Verbraucherschutzes sind.[142] Zu weit geht EIOPA ferner auch darin, dass sie entgegen der Unschuldsvermutung[143] z. B. auch laufende Ermittlungsverfahren pauschal in die Beurteilung einbeziehen will.[144]

Auch bei **Ordnungswidrigkeiten**, die im Privatbereich begangen wurden, ist entsprechend zu differenzieren. Zum einen kennt das europäische Recht die im deutschen Recht vorhandene Differenzierung zwischen Ordnungswidrigkeiten und Straftaten nicht in gleicher Weise. Zum anderen ist – wie die Beispiele der Steuer- und Verkehrsdelikte zeigen – die Grenze zwischen beiden Bereichen fließend und gibt es auch bei den Ordnungswidrigkeiten solche mit grundsätzlichem Berufs- und Unternehmensbezug – d. h. z. B. generell Kartellrechtsverstöße[145] und für Personen, die im Risikomanagementbereich eines Versicherungsunternehmens tätig sind, Steuerdelikte – und solche ohne einen grundsätzlichen Bezug – d. h. z. B. Verkehrsdelikte –.[146] 110

Soweit es um die **Verletzung zivilrechtlicher Pflichten** – z. B. der Vertragstreue – im Privatbereich geht, fehlt im Regelfall ein Berufs- und Unternehmensbezug. 111

Einen solchen Berufs- und Unternehmensbezug haben dagegen aufgrund ihrer Ausstrahlungswirkung **persönliche Schwächen**. Dazu gehören z. B. Trunksucht, Drogensucht oder Geistesschwäche bzw. Geisteskrankheit.[147] Betreute i. S. v. § 1903 BGB können schon nach § 76 Abs. 3 S. 2 Nr. 1 AktG nicht Mitglied des Vorstands einer Gesellschaft sein. 112

(6) Feststellung der Zuverlässigkeit. Die Feststellung der Zuverlässigkeit einer Person ergibt sich nach Art. 274 Abs. 4 Solva II-VO aus einer „**Bewertung** (…) auf der Grundlage von **Nachweisen**". „Informationen über das frühere Verhalten" geben nach EG 100 S. 2 Solva II-VO vor allem „Auszüge aus Strafregistern oder Finanzunterlagen". Im Zusammenhang mit Nachweisen für zuverlässigkeitsbegründende Umstände ist noch einmal auf die Europarechtswidrigkeit der ausdrücklich gewollten Nichtumsetzung von Art. 43 Solva II-RL im VAG hinzuweisen.[148] 113

Für die Prognose der Zuverlässigkeit, die sich aus einer solchen Bewertung ergibt, können **nur Tatsachen, nicht Spekulationen** maßgeblich sein. Dies folgt aus der Grundrechtsrelevanz der Zuverlässigkeitsaufsicht. Konsequent stellt der Gesetzgeber in § 303 Abs. 2 Nr. 1 VAG für die Eingriffsbefugnis der BaFin in Form eines Abberufungsverlangens auf das Vorliegen von Tatsachen ab. Die Zuverlässigkeitsaufsicht ist daher auf objektive oder objektivierbare Feststellungen angewiesen. Sie können sich vor allem aus Registereintragungen, aus behördlichen oder gerichtlichen Verfahren, aus Selbstauskünften, aus Arbeitszeugnissen oder aus Befragungen z. B. von Mitarbeitern und Vorgesetzten ergeben. 114

Auf der Grundlage solcher berufs- und unternehmensbezogener Feststellungen zu einer Person erfolgt dann die **prognostische Beurteilung** der Zuverlässigkeit. In dem Zusammenhang ist ein Rückschluss von vergangenem Verhalten auf gegenwärtige und künftige Zuverlässigkeit von Bedeutung.[149] Dabei verbieten sich monokausale Ableitungen ebenso wie ein Unzuverlässigkeitsautomatismus aufgrund früheren Verhaltens.[150] Maßgeblich sind vielmehr die **Umstände des Einzelfalls** in einer **Gesamtschau.** 115

Jede Bewertung bedeutet zugleich eine implizite – und auch notwendige – **Gewichtung**. Kriterien dafür sind u. a. die Schwere und Dauer eines vergangenen Verhaltens, die Stellung einer Institution in 116

---

[141] 2.51.f. EIOPA Explanatory Text BoS-14/253 zu LL Governance.
[142] Vgl. ausf. Einl. Rn. 23 ff.
[143] So schon *Dreher* VersR 2012, 1061, 1067; dem folgend *Wolf* VW 2014, 62.
[144] Vgl. EIOPA Explanatory Text BoS-14/253 bei 2.54.
[145] So schon *Dreher* VersR 2004, 1, 4 f.
[146] Völlig unverhältnismäßig daher der dauerhafte Ausschluss eines leitenden Angestellten des Vermögensverwalters BlackRock von verantwortlichen Positionen bei einem in Großbritannien registrierten Finanzdienstleistungsunternehmen durch die Finanzaufsichtsbehörde FCA wegen jahrelangen Schwarzfahrens mit der Eisenbahn, vgl. den Bericht in FAZ Nr. 292 v. 16.12.2014, S. 20.
[147] Zu derartigen Fällen bei Geschäftsleitern außerhalb von Versicherungsunternehmen, die die Rechtsprechung in erstaunlich großer Zahl beschäftigt haben, vgl. schon *Dreher* DB 1991, 533 ff. und exemplarisch z. B. *BGH* Urt. v. 5.5.1969 – II ZR 263/67, BGHZ 52, 61 für das Vorstandsmitglied einer Sparkasse.
[148] Siehe oben Rn. 9.
[149] Vgl. dazu näher *Dreher* VersR 2012, 1061, 1068; *ders.* ZVersWiss Supplement Jahrestagung 2006, 375, 405 f.
[150] Ebenso 2.55. EIOPA Explanatory Text BoS-14/253 zu LL Governance.

der Hierarchie der Rechtsordnung, die relevante Feststellungen getroffen hat, die Länge der seither vergangenen Zeit[151] und Umstände, die wie ein **fehlerfreies Nachverhalten** auf eine erfolgte Selbstreinigung der betreffenden Person schließen lassen.[152]

117 **cc) Fit-and-proper-Sonderregeln.** In drei Fällen kennt das Versicherungsaufsichtsrecht Sonderregeln zu Fit-and-proper-Anforderungen in bestimmten Bereichen. Dies gilt zunächst für die **versicherungsmathematische Funktion**. Nach Art. 48 Abs. 2 Solva II-RL und in dessen Umsetzung § 31 Abs. 3 VAG wird die „Funktion von Personen wahrgenommen", für die besondere Anforderungen an die fachliche Eignung bestehen.

118 Sodann fordert Art. 274 Abs. 5 lit. c Solva II-VO, im Fall einer **Ausgliederung**, „dass alle Mitarbeiter des Dienstleisters, die an der Ausübung der ausgelagerten Funktionen und Tätigkeiten mitwirken werden, ausreichend qualifiziert und zuverlässig sind." Da die Solva II-VO unmittelbar gilt, bedurfte dies keiner Umsetzung in § 32 VAG.

119 Schließlich müssen nach § 15a Abs. 2 S. 1 VAG „interne und externe Mitarbeiter", die mit der **Vergabe von Immobiliar-Verbraucherdarlehen** befasst sind, bestimmte Sachkundeanforderungen erfüllen. Einzelheiten dazu regelt seit dem 7.12.2016 eine Verordnung des BMF auf der Grundlage von § 15a Abs. 2 S. 2 VAG.[153]

120 **dd) Maßgeblicher Zeitpunkt für die Fit-and-proper-Aufsicht (Art. 273 Abs. 1 Solva II-VO).** § 24 Abs. 1 VAG bestimmt den maßgeblichen Zeitpunkt für das Vorliegen der Fit-and-proper-Anforderungen nicht. Art. 42 Abs. 1 Solva II-RL und Art. 273 Abs. 1 Solva II-VO verlangen, dass die betroffenen Personen „jederzeit" den Anforderungen genügen. Daraus folgt, dass die Anforderungen sowohl **bei Übernahme** einer betreffenden **Tätigkeit** als auch danach dauerhaft **während ihrer Ausübung** gegeben sein müssen.[154] Die früher von der BaFin vertretene, aber rechtlich unvertretbare Ansicht, das Anforderungsprofil könne auch noch nach Übernahme der betreffenden Tätigkeit erworben werden, hat sie inzwischen aufgegeben.[155]

121 **ee) Gerichtliche Kontrolle der Zuverlässigkeitsaufsicht.** Nach einer aufsichtsbehördlichen Feststellung zur fachlichen Eignung oder Zuverlässigkeit einer Person unterliegt diese der **vollen gerichtlichen Kontrolle**.[156] Zwar geht es um prognostische Bewertungen und Beurteilungen. Sie beruhen allerdings auf unbestimmten Rechtsbegriffen, die für die Aufsichtsbehörden keinen eigenen kontrollfreien Beurteilungsspielraum eröffnen.

122 Im Zusammenhang mit der gerichtlichen Kontrolle hat die Frage nach dem **maßgeblichen Zeitpunkt der Zuverlässigkeitsfeststellung im behördlichen Widerspruchs- oder gerichtlichen Anfechtungsverfahren** gegen aufsichtsbehördliche Verwaltungsakte eine erhebliche praktische Bedeutung. Sie betrifft das nationale Verwaltungsverfahrens- oder Verwaltungsprozessrecht. Im Ergebnis ist für eine aufsichtsbehördliche Beanstandung der Erfüllung der Fit-and-proper-Kriterien der Zeitpunkt der letzten behördlichen Entscheidung und somit des Widerspruchsbescheids maßgeblich.[157] Bei einem **Verwaltungsakt mit Dauerwirkung** hingegen, wie im Falle eines Abberufungsverlangens nach § 303 Abs. 2 Nr. 1 VAG, ist der Zeitpunkt der **letzten mündlichen Verhandlung vor dem Tatsachengericht** entscheidend,[158] so dass in geeigneten Fällen eine Heilung zuvor bestehender Eignungs- und Zuverlässigkeitsdefizite möglich ist.

123 **2. Fit-and-proper-Anforderungen an Mitarbeiter von Versicherungsunternehmen außerhalb des persönlichen Anwendungsbereichs von § 24 Abs. 1 VAG (Art. 258 Abs. 1 lit. e Solva II-VO). a) Grundlagen.** Entsprechend der zuvor bei den Ausführungen zu den Inhabern von Schlüsselfunktionen dargelegten zweistufigen Qualifikationsstruktur des Versicherungsaufsichtsrechts erfasst § 24 Abs. 1 S. 1 VAG ausschließlich Organmitglieder einschließlich der den Geschäftsleitern gleichgestellten Personen und die Inhaber der Schlüsselfunktionen. Jenseits dieses Personenkreises geht es um die **sonstigen Mitarbeiter eines Versicherungsunternehmens**, insbesondere um die den Inhabern von Schlüsselfunktionen nachgeordneten Mitarbeiter. Für sie gelten nach Art. 258 Abs. 1 lit. e Solva II-VO **im Verhältnis abgesenkte Qualifikationskriterien**.

[151] EIOPA-LL 12 Governance geht davon aus, „dass die Dauer der Vorwerfbarkeit der strafbaren Handlung oder des sonstigen Verstoßes im Einklang mit nationalem Recht beurteilt wird."

[152] Vgl. dazu sub specie der Wiedererlangung der gewerberechtlichen Zuverlässigkeit z. B. VGH München NJW 2011, 2822.

[153] Vgl. die VersImmoDarlSachkV (BGBl. 2016 I, 2765) und den Entwurf in BR-Drs. 586/16 v. 11.10.2016.

[154] Ausf. *Dreher* VersR 2012, 1061, 1066; *Dreher/Lange* ZVersWiss 2011, 211, 219.

[155] So das BaFin-Merkblatt zur fachlichen Eignung und Zuverlässigkeit von Mitgliedern von Verwaltungs- und Aufsichtsorganen gemäß VAG v. 23.11.2016 bei II. 1. e); anders noch Nr. 25 der durch die Merkblätter ersetzten BaFin „AE zur Prüfung der fachlichen Eignung und Zuverlässigkeit" v. 30.12.2015, wonach eine „Einarbeitungszeit möglich ist."

[156] So schon *Dreher* ZVersWiss Supplement Jahrestagung 2006, 375, 410 f.

[157] Vgl. § 303 Rn. 28.

[158] Ausf. *Dreher* ZVersWiss Supplement Jahrestagung 2006, 375, 411 f. sowie danach sub specie des gewerberechtlichen Zuverlässigkeitsbegriffs z. B. VGH München NJW 2011, 2822.

Wenn die **Begründung zu § 24 Abs. 1 VAG** speziell für die Schlüsselfunktionen davon ausgeht, „den Qualifikationsanforderungen unterliegen sämtliche Personen, die in Bezug auf als Schlüsselaufgaben identifizierte Aufgaben tätig sind",[159] ist dies als unverbindliche, überschießende Stellungnahme zu § 24 Abs. 1 VAG vor dem Hintergrund des Europarechts **rechtlich belanglos.**[160] 124

Speziell für die den Inhabern der Schlüsselfunktionen nachgeordneten Mitarbeiter fordert **EG 34 Solva II-RL**, dass sie „fachlich qualifiziert und zuverlässig sind". **Art. 258 Abs. 1 lit. e Solva II-VO** erstreckt diese Anforderungen mit folgenden Worten auf alle sonstigen Mitarbeiter eines Versicherungsunternehmens: „Beschäftigung von Mitarbeitern, die über die Fähigkeiten, Kenntnisse und Fachkunde verfügen, die zur ordnungsgemäßen Erfüllung der ihnen übertragenen Aufgaben erforderlich sind". 125

Nr. 1.45. d. **EIOPA-LL 13 Governance**, geht dagegen sogar davon aus, dass Versicherungsunternehmen in ihren unternehmensinternen Fit-and-proper-Leitlinien „eine Beschreibung des Verfahrens für die Beurteilung der Fähigkeiten, Kenntnisse, Fachkunde und persönlichen Zuverlässigkeit anderer, nicht den Vorgaben von Artikel 42 Solvabilität II unterliegender Mitarbeiter" aufnehmen. 126

Anders als EIOPA-LL 13 Governance und insoweit zutreffend beschränkt II. 2. b) **BaFin-Merkblatt** zur fachlichen Eignung und Zuverlässigkeit von Personen, die für Schlüsselfunktionen verantwortlich oder für Schlüsselfunktionen tätig sind, gemäß VAG vom 23.11.2016 Anforderungen an die Zuverlässigkeit auf „weitere Personen" in den Schlüsselfunktionen, d. h. auf die den Inhabern von Schlüsselfunktionen nachgeordneten, inhaltlich tätigen Mitarbeiter.[161] 127

b) Fachliche Eignung. Für die Personen in ihrem persönlichen Anwendungsbereich fordern Art. 42 Solva II-RL bzw. § 24 Abs. 1 S. 1 VAG ein bestimmtes Qualifikationsniveau. Schon daraus folgt, dass die Personen auf der zweiten Stufe der zweistufigen Qualifikationsstruktur nicht dasselbe Niveau an fachlicher Eignung haben müssen, wie die Person auf der ersten Stufe. Maßgeblich sind daher für alle sonstigen Unternehmensmitarbeiter **abgesenkte Anforderungen an die fachliche Eignung**. Sie richten sich ebenfalls **nach den jeweils übertragenen Aufgaben und Befugnissen**. Dies folgt schon aus dem Wortlaut und dem Telos von Art. 258 Abs. 1 lit. e Solva II-VO. Die Anforderungen an die fachliche Eignung dienen auch bei den sonstigen Mitarbeitern eines Versicherungsunternehmens nämlich „zur ordnungsgemäßen Erfüllung der ihnen übertragenen Aufgaben". Gleiches gilt nach Art. 268 Abs. 2 Satzteil 2 Solva II-VO für die danach erforderliche „Fachkunde". 128

c) Persönliche Zuverlässigkeit. Das Kriterium der persönlichen Zuverlässigkeit für sonstige Mitarbeiter von Versicherungsunternehmen ist im europäischen Versicherungsaufsichtsrecht lediglich in EG 34 S. 1 Solva II-RL genannt. Die Richtlinie beschränkt sich hier aber ausdrücklich auf **Mitarbeiter in den Schlüsselfunktionen, die den Inhabern nachgeordnet sind**. In ihrem materiellen Teil kommt die Richtlinie auf dieses Thema nicht zurück. Art. 258 Abs. 1 lit. e Solva II-VO regelt ausschließlich Anforderungen an die fachliche Eignung sonstiger Mitarbeiter. 129

Besondere Zuverlässigkeitsanforderungen an die Mitarbeiter in den Schlüsselfunktionen, die den Inhabern nachgeordnet sind, kommen vor dem Hintergrund dieses defizitären Normgehalts **allenfalls bei einer sehr großzügigen teleologischen richtlinienkonformen Auslegung und Anwendung** des Tatbestandsmerkmals der „ordnungsgemäßen Erfüllung" der Aufgaben in Art. 258 Abs. 1 lit. e Solva II-VO in Bezug auf die in EG 34 S. 1 Solva II-RL genannten, den Inhabern von Schlüsselfunktionen nachgeordneten Mitarbeiter in Betracht. 130

EIOPA-LL 13 Governance will das Erfordernis der persönlichen Zuverlässigkeit dagegen sogar auf alle sonstigen, nicht von Art. 42 Solva II-RL erfassten Personen in einem Versicherungsunternehmen erstrecken. [162] Die weit überschießende Forderung ist **rechtlich unhaltbar**. Sie ist im Hinblick auf Gegenstand und Folgen einer solchen allgemeinen Zuverlässigkeitsaufsicht einerseits grundrechtsblind. Andererseits ist sie im Hinblick auf das zuvor genannte Regelungsgefüge mit dem europäischen Versicherungsaufsichtsrecht nicht zu vereinbaren.[163] 131

III. Geschäftsleitermehrfachmandate (Abs. 3 Sätze 1 und 2). 1. Nationale Governance-Anforderungen im Solvency II-System. Wie bereits bei dem Thema des europarechtlichen Hintergrunds von § 24 VAG ausgeführt, beruht die Regel zur **Mandatsbegrenzung in § 24 Abs. 3 Sätze 1 sowie 2 und Abs. 4 VAG** auf einer autonomen Entscheidung des deutschen Gesetzgebers.[164] Bei der Umsetzung der Solva II-RL hat der Gesetzgeber die früheren Regelungen von § 7a Abs. 1 Sätze 5 und 6 VAG a. F. in § 24 Abs. 3 VAG und von § 7a Abs. 4 Sätze 3 und 4 VAG a. F. in § 24 Abs. 4 VAG ohne jede Begründung fortgeführt.[165] Das VAG enthielt Mandatsbegrenzungsregelungen, die in der Solva II-RL nicht vorgesehen sind. Für die Frage der Zulässigkeit solcher Regeln entscheidend sind der grund- 132

[159] Begründung VAG-RegE 2014 BT-Drs. 18/2956, 240.
[160] So schon *Dreher* VersR 2012, 1061, 1066 f.
[161] Vgl. zu der Abgrenzung oben Rn. 36, 38 f., 47.
[162] Vgl. auch EIOPA Explanatory Text BoS-14/253 zu LL Governance bei 2.58.: „proper considerations are relevant for all employees of an undertaking."
[163] So schon *Dreher* VersR 2012, 1061, 1069.
[164] Siehe oben Rn. 14.
[165] Vgl. Begr. VAG-RegE 2014 BT-Drs. 18/2956, 241.

sätzlich vollharmonisierende Charakter der Solva II-RL[166] und fehlende Öffnungsklauseln bzw. Mitgliedstaatenoptionen zu dem Thema Mandatsbegrenzungen. Vor dem Hintergrund sind die Regelungen **europarechtlich unzulässig.**[167]

133 Zulässig sind zwar Mandatsbegrenzungen durch **allgemeines Gesellschaftsrecht**. § 100 Abs. 2 AktG enthält eine solche allgemeine Grenze für Aufsichtsratsmitglieder. § 24 Abs. 3 Sätze 1 sowie 2 und Abs. 4 VAG gehören jedoch nicht zum allgemeinen Gesellschaftsrecht. Sie verschärfen vielmehr die allgemeine gesellschaftsrechtliche Regelung für Aufsichtsratsmitglieder bzw. begründen für Vorstandsmitglieder eine solche Regelung neu. Dabei handelt es sich um **spezifisches Versicherungsaufsichtsrecht**.[168] Dem Gesetzgeber ging es nämlich „im Lichte der Finanzmarktkrise" der Jahre 2008/2009 um die Schaffung von Eingriffsbefugnissen der BaFin gegen Finanzdienstleistungsunternehmen im Hinblick auf „die Verschärfung der qualitativen Anforderungen an die Mitglieder von Kontrollgremien". Unter Berufung auf die „hohe Bedeutung, die unter staatlicher Aufsicht stehende Unternehmen der Finanzbranche für die Finanzmarktstabilität haben", hielt es der Gesetzgeber ausdrücklich für „erforderlich, die Anzahl der Mandate über die Beschränkung des § 100 Abs. 2 AktG hinaus weiter zu begrenzen."[169]

134 Die autonome Einführung der Mandatsbegrenzungen in § 7a Abs. 2 VAG a. F., die § 24 Abs. 3 Sätze 1 sowie 2 und Abs. 4 VAG unverändert in das Solvency II-System, das solche Begrenzungen nicht kennt, transportieren, hatte der deutsche Gesetzgeber auch damit begründet, sie dienen einer „**ordentlichen Wahrnehmung der Geschäftsleiterfunktion**" bzw. der Sicherstellung, dass den Aufsichtsratsmitgliedern „ausreichend **Zeit für die Wahrnehmung** ihrer **Mandate** und damit für eine verantwortliche Aufgabenwahrnehmung verbleibt."[170]

135 Von Organmitgliedern eine **sorgfältige, ordnungsgemäße Wahrnehmung ihrer Aufgaben** zu fordern, ist auch Gegenstand der Qualifikationsanforderungen von Art. 42 Solva II-RL und Art. 258 Abs. 1 lit. c sowie d, 273 Solva II-VO.[171] Eine pflichtgemäße Aufgabenwahrnehmung umfasst ohne weiteres die Anforderungen, die dafür notwendige Zeit zu haben und auf die Aufgabe zu verwenden. Alles andere wäre Übernahmeverschulden. In dem Sinne gehört die Governance-Anforderung nach ausreichend zeitlicher Verfügbarkeit von Organmitgliedern zu den allgemeinen, von den Solvency II-Regelungen gedeckten Anforderungen an die fachliche Qualifikation und persönliche Zuverlässigkeit nach § 24 Abs. 1 S. 1 VAG, aber auch an eine ordnungsgemäße Geschäftsorganisation nach § 23 Abs. 1 S. 1 VAG.[172] Gleiches gilt für das Ziel, **mögliche Interessenkonflikte aufgrund von Mehrfachmandaten in Vorständen und Aufsichtsräten zu vermeiden**. Dies ist Teil der Anforderungen an die persönliche Zuverlässigkeit.[173] Zugleich ist die Bewältigung von Interessenkonflikten ebenfalls Teil der allgemeinen Governance-Anforderungen gemäß Art. 258 Abs. 5 Solva II-VO.[174]

136 **§ 24 Abs. 3 Sätze 1 sowie 2 und Abs. 4 VAG** geht über die allgemeinen qualitativen Anforderungen der Solva II-RL und der Solva II-VO hinaus und postuliert **konkrete quantitative Anforderungen**. Damit verlässt die zusätzliche VAG-Regelung das Solvency II-System. Schon zu dem Entwurf des Gesetzes zur Stärkung der Finanzmarkt- und der Versicherungsaufsicht mit dem damals neuen § 7a VAG a. F. hatte der Bundesrat die Frage gestellt, warum „eine nationale Regulierung" erfolgen soll, obwohl eine europäische Harmonisierung ansteht.[175] Die Bundesregierung hat in ihrer Antwort darauf verwiesen, es sei „angezeigt, das deutsche Instrumentarium der Finanzmarktaufsicht frühzeitig zu verbessern".[176] Diesen **deutschen Sonderweg** geht das neue VAG entgegen den zwischenzeitlich in Kraft getretenen Solva II-RL und Solva II-VO durch Beibehaltung der quantitativen Anforderungen weiter. Schon infolge des **Vorrangs des Europarechts** und der **unmittelbaren Geltung der Solva II-VO** ergeben sich daher im Ergebnis die Grenzen der Zulässigkeit von Mehrfachmandaten unabhängig von § 24 Abs. 3 Sätze 1 sowie 2 und Abs. 4 VAG rechtlich nur aus den allgemeinen qualitativen Anforderungen der Solva II-VO und den Vorgaben der Solva II-RL im Hinblick auf die ordnungsgemäße Wahrnehmung von Mandaten in den Unternehmen, die der Versicherungsaufsicht unterliegen.

137 **2. Begrenzung auf zwei Vorstandsmandate (Abs. 3 S. 1).** „Wer bereits bei zwei Versicherungsunternehmen, Pensionsfonds, Versicherungs-Holdinggesellschaften oder Versicherungs-Zweckgesellschaften als Geschäftsleiter tätig ist", kann nach Abs. 3 S. 1 grundsätzlich, d. h. mit Ausnahme der Gruppensachverhalte i. S. v. § 24 Abs. 3 S. 2 VAG, nicht zum Geschäftsleiter eines solchen Unternehmens bestellt werden. **Hintergrund** ist das zuvor genannte, in der Solva II-RL und der Solva II-VO

[166] Vgl. Einl. Rn. 83 ff.
[167] Vgl. allg. zu dieser Folgerung aus dem Grundsatz der Vollharmonisierung durch Solvency II Einl. Rn. 103 ff.
[168] Siehe oben Rn. 14.
[169] RegE Gesetz zur Stärkung der Finanzmarkt- und der Versicherungsaufsicht BT-Drs. 16/12783, 1, 18.
[170] Begr. RegE § 7a Gesetz zur Stärkung der Finanzmarkt- und der Versicherungsaufsicht BT-Drs. 16/12783, 18 f.
[171] Siehe oben Rn. 9 ff., 54 ff.
[172] Vgl. dazu § 23 VAG Rn. 23 ff.
[173] So zutreffend z. B. Nr. 2.56. EIOPA Explanatory Text BoS-14/253 zu LL 12 Governance; vgl. zu Interessenkonflikten durch Mehrfachmandate sub specie der Zuverlässigkeitsanforderungen noch nach § 7a VAG a. F. ausf. *Hersch*, S. 84 ff., 266 f.
[174] Vgl. § 23 VAG Rn. 63.
[175] Stellungnahme des Bundesrates BT-Drs. 16/13113, 1.
[176] Antwort der Bundesregierung BT-Drs. 16/13113, 3.

aber im Gegensatz zum VAG nur allgemein qualitativ und nicht starr-quantitativ konkretisierte Ziel, dass die Organmitglieder ihren Aufgaben ausreichend Zeit widmen und nicht in Interessenkonflikte geraten sollen.[177]

Der **sachliche Anwendungsbereich** ist **auf die in § 24 Abs. 3 S. 1 VAG genannten Unternehmen begrenzt**. Die zusätzliche Übernahme von Vorstandsmandaten in anderen, auch von der BaFin beaufsichtigten Gesellschaften ist durch sie daher nicht begrenzt. Dies folgt schon aus dem Umkehrschluss zu § 24 Abs. 4 S. 2 VAG mit der dortigen Bezugnahme auf Unternehmen „unter der Aufsicht der Bundesanstalt".[178] Gemessen an dem Regelungsanliegen des deutschen Gesetzgebers liegt darin eine **Zweckverfehlung**.[179] Sie belegt auch in der Sache die Verfehltheit des deutschrechtlichen quantitativen Ansatzes insgesamt und die Überlegenheit des ohnehin vorrangigen allgemein qualitativen Ansatzes der Solvency II-Regelungen. 138

Die Fit-and-proper-Anforderungen der unmittelbar geltenden **Solva II-VO** wirken sich aufgrund des Anwendungsvorrangs konsequent selbst in dem Bereich aus, in dem § 24 Abs. 3 S. 1 VAG Mehrfachmandate verbietet. Dem Unternehmen und den Betroffenen steht der Einwand offen, eine ordnungsgemäße Ausübung von Mandaten sei es aufgrund der Umstände des Einzelfalls sowohl im Hinblick auf die zusätzliche Verfügbarkeit als auch auf die Abwesenheit von Interessenkonflikten **möglich**. 139

3. Mehrfachmandate in Versicherungs- oder Unternehmensgruppen (Abs. 3 S. 2). § 24 Abs. 3 S. 2 VAG gibt den Aufsichtsbehörden die **Möglichkeit, von der starren quantitativen Grenze in S. 1 abzuweichen**. Die Aufsichtsbehörde kann danach „mehr Mandate zulassen". Voraussetzung ist, dass „es sich um Unternehmen derselben Versicherungs- oder Unternehmensgruppe handelt". 140

Anders als § 104i Abs. 2 S. 3 VAG a. F. kennt das neue VAG als Definition **nicht mehr** den **Begriff der Versicherungsgruppe**,[180] sondern den der Gruppe. Er ist in § 7 Nr. 13 VAG definiert. Der Begriff der Versicherungsgruppe taucht lediglich in §§ 34 Abs. 2 S. 2, 350 VAG auf. Die Solva II-RL verwendet den Begriff allerdings mehrfach, so z. B. schon in EG 3 und Art. 1 Nr. 2 Solva II-RL, ohne ihn allerdings zu definieren. Gleiches gilt für die vielfache Verwendung des Begriffs durch die Solva II-VO. Dies gilt z. B. schon für die Aufnahme des Begriffs in die Definition eines anderen Begriffs in Art. 1 Nr. 42 Solva II-VO. Aus der Gesamtheit dieser europäischen Regelungen lässt sich aber schließen, dass der europäische Gesetzgeber nicht zwischen dem Begriff der Versicherungsgruppe und dem der Gruppe, die er in Art. 212 Abs. 1 lit. c Solva II-RL definiert, unterscheiden will. Auch wenn der deutsche Gesetzgeber in § 24 Abs. 3 S. 2 VAG den Begriff der Versicherungsgruppe unreflektiert aus § 7a VAG a. F. fortgeführt hat, geht es dabei – die Zulässigkeit der Regelung hier nur unterstellt – um die **Gruppe im versicherungsaufsichtsrechtlichen Sinn**. 141

Aufgrund der unreflektierten Übernahme des früheren § 7a VAG in § 24 Abs. 3 S. 2 VAG findet sich darin neben dem Begriff der Versicherungsgruppe auch noch der **Begriff der Unternehmensgruppe**. Aus der Begründung zu § 7a Abs. 1 S. 6 VAG a. F. ergibt sich, dass es dem deutschen Gesetzgeber im Jahr 2009 um die Ermöglichung von Mehrfachmandaten unter **Einbeziehung von rechtlich selbständigen Einrichtungen der betrieblichen Altersversorgung** ging. Nach der Gesetzesbegründung sollte „es möglich sein, dass eine Person Vorstand sämtlicher Versorgungseinrichtungen des Konzerns bzw. der Unternehmensgruppe ist."[181] Beaufsichtigte Einrichtungen der betrieblichen Altersversorgung unterfallen den für sie geltenden Regelungen, wie sich auch aus EG 138 Art. 9 Nr. 2, 303 Solva II-RL ergibt. 142

Eine **Zulassung** im Sinne von § 24 Abs. 3 S. 2 VAG bedeutet eine **Genehmigung durch die BaFin**.[182] Die Entscheidung ist eine **Ermessensentscheidung**. Für sie gilt daher insbesondere § 297 VAG. In dem „Merkblatt zur fachlichen Eignung und Zuverlässigkeit von Geschäftsleitern gemäß VAG" vom 23.11.2016 legt die BaFin unter III. 4. ausführlich dar, welches für sie die Kriterien bei der Ausübung ihres Ermessens sind. Nach Abschnitt III. 3. des Merkblatts muss „jedes betroffene Unternehmen" einen **Antrag** auf Genehmigung stellen, wobei eine Vertretung durch das Mutterunternehmen einer Gruppe möglich ist. Jedoch „erfolgt keine Gesamtgenehmigung gegenüber der Gruppe", sondern jeweils eine Einzelgenehmigung gegenüber den Unternehmen.[183] 143

---

[177] Interessenkonflikte infolge von Doppel- und Mehrfachmandaten können auch im Zusammenhang mit dem Versicherungskonzernrecht erheblich sein, vgl. *Dreher* FS E. Lorenz 1994, 175 ff.; *Hersch*, S. 84 ff. und 263 ff.

[178] So schon *Hasse* VersR 2010, 18, 20 und sodann *Louven/Raabke* VersR 2012, 257, 258 sowie *Hersch*, S. 274; a. A. BaFin-Merkblatt zur fachlichen Eignung und Zuverlässigkeit von Geschäftsleitern gemäß VAG v. 23.11.2016 bei III. 1.: „Von der Regelung sind Mandate bei Unternehmen mit Sitz im Inland sowie inländische Zweigniederlassungen von Unternehmen mit Sitz in einem Drittstaat (…) erfasst."

[179] So schon *Hasse* VersR 2010, 18, 20; *Hersch*, S. 275.

[180] Er stammte noch aus der Versicherungsgruppenrichtlinie ABl. EG 1998 L330, 1 ff., die in der Solva II-RL konsolidiert ist.

[181] Beschlussempfehlung und Bericht des Finanzausschusses zu § 7a Abs. 1 VAG a. F. BT-Drs. 16/13684, 31; vgl. dazu *Hersch*, S. 275 f., 285 f. und zu den EbAV schon oben Rn. 81 ff.

[182] So schon *Hasse* VersR 2010, 18, 20; dem folgend *Hersch*, S. 277.

[183] Vgl. ausf. zu dem Antrag und dem Verfahren, allerdings noch auf der Grundlage von § 7a VAG a. F. und einem früheren BaFin-Merkblatt, *Hersch*, S. 278 ff.

144 **IV. Vorstandsmitglieder als Inhaber von Schlüsselfunktionen (Abs. 3 S. 3).** Nach § 24 Abs. 3 S. 3 VAG hindert „die Bestellung als Geschäftsleiter nicht die Ausübung einer Funktion im Sinne des § 7 S. 1 Nummer 9." In den Regierungsentwürfen zu dem VAG 2012 und dem VAG 2014 war dieser Satz noch nicht enthalten. Er geht zurück auf den BT-Finanzausschuss im Gesetzgebungsverfahren zum VAG-RegE 2014: „Durch die Ergänzung wird klargestellt", dass „die Mitgliedschaft einer Person in einem Verwaltungs- oder Aufsichtsorgan des Unternehmens mit der Wahrnehmung einer Funktion vereinbar ist."[184] Mit anderen Worten **kann ein Vorstandsmitglied Inhaber einer Schlüsselfunktion sein.**[185] Der BT-Finanzausschuss wollte diese – im Ergebnis zu pauschale – Klarstellung treffen, weil er in der Solva II-VO die Frage nicht als geregelt sah.

145 Im Hinblick auf die Letztverantwortung des Vorstands auch für die Schlüsselfunktionen nach Art. 268 Abs. 1 S. 2 Solva II-VO und den Auftrag der Schlüsselfunktionen, für den Vorstand Aufgaben zu erfüllen und an ihn aus eigener Wahrnehmung zu berichten, steht die Übernahme der Inhaberschaft einer Schlüsselfunktion durch ein Vorstandsmitglied unter dem **Vorbehalt des Proportionalitätsprinzips.** In größeren Versicherungsunternehmen wäre eine solche Doppelrolle mit der nach § 23 Abs. 1 S. 3 VAG gebotenen „angemessenen, transparenten Organisationsstruktur mit einer klaren Zuweisung und einer angemessenen Trennung der Zuständigkeiten" nicht zu vereinbaren.[186]

146 Soweit der BT-Finanzausschuss in seinem Bericht auch auf „die Mitgliedschaft in einem (...) Aufsichtsorgan" verweist, geht dies weiter als der Gesetzeswortlaut. Er betrifft nur bestellte „Geschäftsleiter". **Aufsichtsratsmitglieder**, die nicht Arbeitnehmervertreter sind, könnten ohnehin aus Rechtsgründen nicht zum Inhaber einer Schlüsselfunktion bestellt werden. Denn damit würden sie in ein Dienst- oder Arbeitsverhältnis zur Gesellschaft treten. Auch jenseits der Inkompatibilitätsgrenzen von § 105 AktG für Aufsichtsmitglieder würde ein solches Vorgehen unter anderem zu erheblichen Interessenkonflikten infolge eines entsprechenden „Angebots" des Vorstands an ein Aufsichtsratsmitglied und zu der Unvereinbarkeit der Stellung des Aufsichtsratsmitglieds als Anteilseignervertreter führen.

147 Trotz § 24 Abs. 3 S. 3 VAG kann nach Nr. 82 **MaGo** „ein **Geschäftsleiter nur im Einzelfall zugleich intern verantwortliche Person für eine Schlüsselfunktion** sein, insbesondere wenn diese Gestaltung dem **Risikoprofil** des Unternehmens **angemessen** ist." Damit soll gewährleistet werden, dass der Geschäftsleiter alle seine Aufgaben „verlässlich, redlich und objektiv" ausüben kann, und trägt somit den Anforderungen der Art. 258 Abs. 1 lit. g, 268 Abs. 1 S. 1 Solva II-VO Rechnung. Diese Regel-Ausnahme-Konzeption steht jedoch in Widerspruch zu der BaFin-Ansicht, dass ein Vorstandsmitglied bei Ausgliederung von Schlüsselfunktionen – ungeachtet des Risikoprofils – Ausgliederungsbeauftragter sein kann.[187]

148 **V. Aufsichtsratsmehrfachmandate (Abs. 4). 1. Nationale Governance-Anforderungen im Solvency II-System.** Für die Regelung des VAG in **§ 24 Abs. 4** gilt das bereits zu § 24 Abs. 3 Sätze 1 sowie 2 VAG Ausgeführte ebenfalls.[188] Der deutsche Gesetzgeber ist durch die vollharmonisierende Solva II-RL gesperrt, im Bereich der Governance zusätzliche versicherungsaufsichtsrechtliche Regelungen zu erlassen. § 24 Abs. 4 VAG ist daher **europarechtlich unzulässig.**

149 Die Regelung ist aber auch **sachlich überflüssig**. Das Regelungsanliegen des § 24 Abs. 4 VAG verfolgen nämlich schon die allgemeinen, qualitativ ausgerichteten Kriterien der Fit-and-proper-Aufsicht nach den unmittelbar geltenden Art. 258, 273 Solva II-VO. Statt der starren quantitativen Beschränkungen in § 24 Abs. 4 VAG geltend daher rechtlich nur diese Kriterien.

150 **2. Begrenzung der Zahl ehemaliger Vorstandsmitglieder in Aufsichtsräten (Abs. 4 S. 1).** § 24 Abs. 4 S. 1 VAG lässt **maximal zwei ehemalige Vorstandsmitglieder eines Unternehmens in dessen Aufsichtsrat** zu. Anlass für die Regelung war eine noch heute vorhandene Klausel in Ziff. 5.4.2 DCGK. Sie gilt allerdings nur für börsennotierte Unternehmen. § 24 Abs. 4 S. 1 VAG erfasst dagegen alle Versicherungsunternehmen unabhängig von einer solchen Börsennotierung. Eine Begründung für die **spezifisch versicherungsaufsichtsrechtliche Verbreiterung des persönlichen Anwendungsbereichs des DCGK** findet sich nicht.[189] Dies überrascht auch deshalb, weil VVaG, auf die der DCGK nicht anwendbar ist, sich auf ihn zum Teil im Wege der Selbstbindung verpflichten.[190]

---

[184] Beschlussempfehlung und Bericht BT-Drs. 18/3900, 60 und 419.

[185] Davon zu unterscheiden ist die Frage, ob ein Vorstandsmitglied für mehrere Schlüsselfunktionen die Ressortzuständigkeit haben kann, vgl. dazu § 23 VAG Rn. 66.

[186] So schon *Dreher* VersR 2012, 933, 941.

[187] Vgl. Nr. 270 MaGo; siehe § 32 VAG Rn. 126.

[188] Siehe oben Rn. 132.

[189] Vgl. RegE zur Stärkung der Finanzmarkt- und der Versicherungsaufsicht BT-Drs. 16/12783, 18; *Hersch*, S. 316 hält die Regelung – ohne Problematisierung der europarechtlichen Zulässigkeit – für sachlich verfehlt, da sie dem Gewinn kompetenter Aufsichtsratsmitglieder entgegenstehe. Diese Kritik verfängt allerdings im Hinblick auf die Notwendigkeit einer unabhängigen, nicht durch eigene Vortätigkeiten im Vorstand eines Unternehmens bei der Mehrzahl von Aufsichtsratsmitgliedern beeinflussten Kontroll- und Beratungstätigkeit grundsätzlich nicht.

[190] Vgl. dazu die Erläuterungen zu § 33 VAG.

Die europarechtliche Sperre für Regelungen durch den deutschen Gesetzgeber[191] gilt zusätzlich und rechtlich unabhängig von der gesellschaftsrechtlichen **Sperre nach § 100 Abs. 2 S. 1 Nr. 4 AktG**. Danach kann nicht Mitglied des Aufsichtsrats sein, „wer in den letzten zwei Jahren Vorstandsmitglied derselben börsennotierten Gesellschaft war, es sei denn, seine Wahl erfolgt auf Vorschlag von Aktionären, die mehr als 25 Prozent der Stimmrechte an der Gesellschaft halten."[192] Entsprechend dem Telos der Norm[193] verweist die BaFin in ihrem Merkblatt zur fachlichen Eignung und Zuverlässigkeit von Geschäftsleitern gemäß VAG v. 23.11.2016 bei III. 4. auf die sich bereits aus systematischen Gründen ergebende Nichtanwendbarkeit der Ausnahme in Abs. 4 S. 2 Hs. 2 auf eine Mehrzahl gruppeninterner Geschäftsleitermandate. 151

Die in Abs. 4 S. 1 in Bezug genommenen **Unternehmen** können nur Unternehmen sein, die der Aufsicht nach dem VAG unterliegen. Andere Unternehmen sind nicht Normadressaten der Regelung. Gegen sie hätte die BaFin daher auch keine Eingriffsbefugnisse. Auch wenn in Abs. 4 S. 1 das Tatbestandsmerkmal „unter der Aufsicht der Bundesanstalt" von Abs. 4 S. 2 Hs. 1 fehlt, ergibt sich seine grundsätzliche Geltung im Rahmen von Abs. 4 S. 1 aus dem systematischen Zusammenhang und dem Telos der Regelung. Anders als dort geht es aber hier – und insofern ist der gemeinsame Ausgangspunkt dann verlassen – nur um Unternehmen, die Normadressaten des VAG sind. Die früheren Geschäftsleiter können daher auch nur Personen sein, die Vorstandsmitglieder in einem der Versicherungsaufsicht unterfallenden Unternehmen waren. Für Kreditinstitute z.B. gelten gemäß § 25d Abs. 3 S. 1 Nr. 2, Abs. 3a Nr. 2 KWG nämlich eigene Inkompatibilitätsregeln. 152

Mit dem **Tatbestandsmerkmal „Verwaltungs- oder Aufsichtsorgan"** sind die Aufsichtsräte bzw. bei öffentlich-rechtlichen Versicherungsunternehmen Verwaltungsräte von beaufsichtigten Unternehmen gemeint.[194] Im Hinblick auf die Gleichstellung der Verwaltungsräte öffentlich-rechtlicher Versicherungsunternehmen mit Aufsichtsräten durch § 33 Abs. 2 S. 1 VAG ist die doppelte Begriffsverwendung in § 24 Abs. 4 S. 1 VAG zwar rechtlich unschädlich, aber überflüssig. 153

Anders als § 100 Abs. 2 S. 1 Nr. 4 AktG kennt § 24 Abs. 4 S. 1 VAG im Fall eines zulässigen Wechsels von Vorstandsmitgliedern in den Aufsichtsrat **keine Karenzzeit**. Umgekehrt ist es im Fall der Unzulässigkeit der Übernahme eines Mandats aber auch unerheblich, wie lange die betreffende Person schon nicht mehr im Vorstand des Unternehmens war.[195] 154

3. Begrenzung auf fünf Aufsichtsratsmandate in beaufsichtigten Unternehmen (Abs. 4 S. 2). Nach § 24 Abs. 4 S. 2 Hs. 1 VAG beträgt die **Höchstzahl an Aufsichtsratsmandaten bei unter Aufsicht der BaFin stehenden Unternehmen fünf**. Weitere Mandate innerhalb einer Versicherungsgruppe zählen dabei nach § 24 Abs. 4 S. 2 Hs. 2 VAG nicht mit. Damit wollte der deutsche Gesetzgeber in einem **spezifisch aufsichtsrechtlichen Ansatz**[196] über die entsprechende allgemeine gesellschaftsrechtliche Regelung in **§ 100 Abs. 2 S. 1 Nr. 1 AktG hinausgehen**. Unter bestimmten Voraussetzungen zählen auch nach § 100 Abs. 2 S. 2 AktG Konzernmandate nicht mit. 155

Das **Tatbestandsmerkmal „Kontrollmandate"** bezeichnet in ungenauem Sprachgebrauch die Mitgliedschaft in dem Aufsichts- oder Verwaltungsrat eines beaufsichtigten Unternehmens. 156

Die ausdrücklich vorgesehene Erfassung von Mandaten bei Unternehmen, „die **unter der Aufsicht der Bundesanstalt** stehen", erweitert den Kreis der Inkompatibilitätsmandate. Zu diesen zählen nämlich außer Mandaten bei Unternehmen, für die die Versicherungsaufsicht gilt, auch Aufsichtsratsmandate bei allen anderen Unternehmen, die die BaFin beaufsichtigt. Dies betrifft die Aufsicht nach dem KWG, dem WpHG und dem KAGB. 157

§ 24 Abs. 4 S. 2 Hs. 2 VAG **privilegiert „Mandate bei Unternehmen derselben Versicherungs- oder Unternehmensgruppe"**. Die Gesetzesbegründung verweist für die Privilegierung auf das Telos der Mandatsbegrenzung und eine entsprechende Regelung im DCGK. Mandate in Gruppenunternehmen sollen sich arbeitssparender und mit weniger Interessenkonflikten wahrnehmen lassen.[197] 158

Auch wenn es um die Wahrnehmung eines Aufsichtsratsmandats und zusätzlicher Aufsichtsratsmandate in Unternehmen einer davon getrennten Gruppe geht, liegt die **Höchstzahl der Aufsichtsratsmandate** nach dem Wortlaut von Abs. 4 S. 2 Hs. 1 und dem Telos der Regelung **bei fünf**. Daran 159

---

[191] Siehe oben Rn. 148 f.

[192] Vgl. dazu auch Ziff. 5.4.4 DCGK.

[193] Vgl. hierzu nur die Begründung zur ablehnenden Beschlussempfehlung des Rechtsausschusses BT-Drs. 16/13433, 11.

[194] Ausf. *Hersch*, S. 300 f.

[195] Vgl. das BaFin Merkblatt zur fachlichen Eignung und Zuverlässigkeit von Mitgliedern von Verwaltungs- oder Aufsichtsorganen gemäß VAG v. 23.11.2016 bei II. 6. b.

[196] Vgl. Begr. zu § 7a Abs. 4 S. 4 VAG a. F. RegE eines Gesetzes zur Stärkung der Finanzmarkt- und der Versicherungsaufsicht BT-Drs. 16/12783, 18 f.: „Aufgrund der hohen Bedeutung, die unter staatlicher Aufsicht stehende Unternehmen der Finanzbranche für die Finanzmarktstabilität haben, ist es erforderlich, die Anzahl der Mandate über die Beschränkung des § 100 Abs. 2 AktG hinaus weiter zu begrenzen. Die Beschränkung der Anzahl der Mandate ist angemessen, um sicherzustellen, dass den Mitgliedern ausreichend Zeit für die Wahrnehmung ihrer Mandate und damit für eine verantwortliche Aufgabenwahrnehmung verbleibt." Wie hier *Mutter/Kruchen* VersR 2011, 48, 49.

[197] Beschlussempfehlung und Bericht des BT-Finanzausschuss zu § 7a Abs. 4 VAG a. F. BT-Drs. 16/13684, 32.

scheitern Versuche, in Abs. 4 S. 2 Hs. 2 sämtliche Mandate bei beaufsichtigten Unternehmen einer Gruppe herauszurechnen,[198] um im Ergebnis zu einer Höchstzahl von fünf zulässigen Aufsichtsratsmandaten jenseits der Aufsichtsratsmandate bei den Gruppenunternehmen zu kommen.

160 Die Privilegierung nach Abs. 4 S. 2 Hs. 2 kann **nicht kumulativ mit** einer Privilegierung nach einem **anderen Aufsichtsgesetz**, z. B. nach dem KWG, in Anspruch genommen werden. Dies gilt auch, wenn einer Gruppe z. B. sowohl Versicherungsunternehmen als auch Kreditinstitute angehören.[199]

161 Schließlich will die **BaFin** eine **Versteinerung von Altmandaten**, d. h. vor Einführung des § 7a Abs. 4 S. 4 VAG a. F. übernommenen Aufsichtsratsmandaten, **zulassen.**[200] Die Fortführung derartiger Aufsichtsratsmandate soll pauschal zulässig sein. Dies widerspricht dem Telos und dem Wortlaut der einschlägigen Fit-and-proper-Regelungen der Solva II-VO, die keinen Bestandsschutz kennen.

162 **VI. Verhältnis zu anderen Vorschriften.** Im Rahmen der **Zulassungsaufsicht** sind nach **§ 9 Abs. 4 Nr. 1 lit. a VAG** auch „Angaben, die für die Beurteilung der in § 24 genannten Voraussetzungen wesentlich sind", einzureichen. Erfüllen die Geschäftsleiter oder die Mitglieder des Aufsichtsrats die Voraussetzungen des § 24 VAG nicht, ist die Erlaubnis nach **§ 11 Abs. 1 Nr. 2 VAG** zu versagen.

163 Zu den unternehmensinternen Leitlinien, die Versicherungsunternehmen nach **§ 23 Abs. 3 S. 1 VAG** erstellen müssen, gehören auch **unternehmensinterne Fit-and-proper-Leitlinien.**[201]

164 Nach **§ 47 Nr. 1 und 2 VAG** haben Versicherungsunternehmen der BaFin unverzüglich die – zum Teil sogar nur vorgesehene, insoweit ist das Erfordernis aber europarechtswidrig –[202] **Bestellung** oder das **Ausscheiden** bestimmter Personen im persönlichen Anwendungsbereich des § 24 Abs. 1 S. 1 VAG unter Bezugnahme auf die Qualifikationsanforderungen **anzuzeigen.**[203] Nicht anzuzeigen ist also die **Wiederbestellung**, die z. B. im Zusammenhang mit der Verlängerung des Dienstvertrags eines Vorstandsmitglieds erfolgt.

165 Nach **§ 164 Abs. 3 S. 1 VAG** soll § 24 Abs. 1 VAG für die **Geschäftsleiter** eines **Schadenabwicklungsunternehmens** „entsprechend" gelten. Bei der Übertragung der Schadenabwicklung nach § 164 Abs. 1 S. 2 VAG handelt es sich um eine Ausgliederung im Sinne von § 32 VAG auf ein Nicht-Versicherungsunternehmen. Das europäische Versicherungsaufsichtsrecht sieht für den Fall der Ausgliederung eine solche Regelung nicht vor. Sie ist daher **europarechtswidrig**.

166 Die Befugnisse der **BaFin** zur **Abberufung** von Personen, die den Anforderungen von § 24 VAG nicht entsprechen, ergeben sich aus **§ 303 VAG**.

167 **Auf § 24 VAG verweisen** ferner **zahlreiche weitere Vorschriften**. Dies gilt für §§ 9 Abs. 5 S. 4, 53 Abs. 5 S. 5, 58 Abs. 2 S. 1, 210 Abs. 2 S. 1, 212 Abs. 3 Nr. 7 und 293 Abs. 3 Nr. 1 VAG.

Vergütung

25 (1) **Die Vergütungssysteme für Geschäftsleiter, Mitarbeiter und Aufsichtsratsmitglieder von Versicherungsunternehmen müssen angemessen, transparent und auf eine nachhaltige Entwicklung des Unternehmens ausgerichtet sein.**

(2) **Versicherungsunternehmen dürfen Geschäftsleitern und Aufsichtsratsmitgliedern Vergütungen für andere Tätigkeiten, die sie für das jeweilige Unternehmen erbringen, nur gewähren, soweit dies mit ihren Aufgaben als Organmitglieder vereinbar ist.**

(3) [1]**Übergeordnete Unternehmen einer Gruppe haben sicherzustellen, dass die Vergütungssysteme für Geschäftsleiter, Mitarbeiter und Aufsichtsratsmitglieder innerhalb der gesamten Gruppe angemessen, transparent und auf eine nachhaltige Entwicklung ausgerichtet sind.** [2]**Übergeordnetes Unternehmen einer Gruppe im Sinne dieses Absatzes ist das an der Spitze der Gruppe stehende Unternehmen, das entweder selbst Versicherungsunternehmen oder Versicherungs-Holdinggesellschaft ist.**

(4) [1]**Unter den Voraussetzungen des § 134 Absatz 1 soll die Aufsichtsbehörde anordnen, dass das Versicherungsunternehmen den Jahresgesamtbetrag, den es für die variable Vergütung aller Geschäftsleiter und Mitarbeiter vorsieht (Gesamtbetrag der variablen Vergütungen), auf einen bestimmten Anteil des Jahresergebnisses beschränkt oder vollständig streicht.** [2]**Unter den Voraussetzungen des § 134 Absatz 1 soll die Aufsichtsbehörde ferner die Auszah-**

[198] So *Hersch*, S. 306 f.

[199] So zutreffend das BaFin Merkblatt zur fachlichen Eignung und Zuverlässigkeit von Mitgliedern von Verwaltungs- oder Aufsichtsorganen gemäß VAG bei II. 6. c).

[200] So das BaFin-Merkblatt zur fachlichen Eignung und Zuverlässigkeit von Mitgliedern von Verwaltungs- oder Aufsichtsorganen gemäß VAG bei II. 6. e).

[201] Vgl. § 23 VAG Rn. 98 ff., EIOPA-LL 13 Governance.

[202] Vgl. Einl. Rn. 104 und *Dreher* VersR 2012, 1061, 1069; immerhin auf den Widerspruch zur Solva II-RL hinweisend *Hersch* VersR 2016, 145, 146.

[203] Vgl. dazu die drei BaFin-Merkblätter zur fachlichen Eignung und Zuverlässigkeit gemäß VAG v. 23.11.2016.

lung variabler Vergütungsbestandteile untersagen oder auf einen bestimmten Anteil des Jahresergebnisses beschränken. [3] Die Versicherungsunternehmen müssen der Anordnungs-, Untersagungs- und Beschränkungsbefugnis der Sätze 1 und 2 in entsprechenden vertraglichen Vereinbarungen mit ihren Geschäftsleitern, Mitarbeitern und Aufsichtsratsmitgliedern Rechnung tragen. [4] Soweit vertragliche Vereinbarungen über die Gewährung einer variablen Vergütung einer Anordnung, Untersagung oder Beschränkung nach Satz 1 oder 2 entgegenstehen, können aus ihnen keine Rechte hergeleitet werden.

(5) **Die Absätze 1, 3 und 4 gelten nicht, soweit die Vergütung durch Tarifvertrag oder in seinem Geltungsbereich durch Vereinbarung der Arbeitsvertragsparteien über die Anwendung der tarifvertraglichen Regelungen oder in einer Betriebs- oder Dienstvereinbarung auf Grund eines Tarifvertrags vereinbart ist.**

(6) **Für den Abschluss oder die Vermittlung von Immobiliar-Verbraucherdarlehensverträgen darf die Struktur der Vergütung der Vermittler deren Fähigkeit nicht beeinträchtigen, im besten Interesse des Verbrauchers zu handeln, insbesondere darf sie nicht an Absatzziele gekoppelt sein.**

Übersicht

Schrifttum: *Annuß,* Risikomanagement und Vergütungspolitik – Die Institutsvergütungsverordnung aus arbeitsrechtlicher Sicht, NZA-Beilage 2014, 121–127; *ders./Sammet,* Anforderungen an Vergütungssysteme in Versicherungsunternehmen, BB 2011, 115–119; *Annuß/Früh/Hasse* (Hrsg.), InstitutsVergV und VersVergV, 2016; *Armbrüster,* Die neue Vergütungsverordnung – erste Antworten für die Praxis, VW 2011, 401–402; *ders.,* Neue Vorgaben zur Managervergütung im Versicherungssektor, VersR 2011, 1–13; *ders.,* Auswirkungen der Neuregelungen im Versicherungsaufsichtsrecht auf das Gesellschaftsrecht, insbesondere Geschäftsleiterhaftung und Managementvergütung, ZVersWiss 2011, 639–654; *ders.,* Aufsichtsrecht überlagert Aktienrecht, KSzW 1/2013, 10–18; *Bartel/Bilobrik/Zopf,* Auslegungshilfe zu den Anforderungen an Vergütungssysteme in der Versicherungswirtschaft gemäß der VersVergV, BB 2011, 1269–1277; *Bürkle,* Europarechtliche Vorgaben für die interne Governance im Versicherungssektor, WM 2012, 878–886; *Christopher,* Der Vergütungsbeauftragte in bedeutenden Instituten – eine Bestandsaufnahme, BKR 2015, 14–18; *Diller/Arnold,* Vergütungsverordnung für Banken und Versicherungen: Pflicht zum Mobbing?, ZIP 2011, 837–845; *Doetsch,* Vergütungsmodelle für Vorstände und Aufsichtsräte rechtskonform und praxistauglich gestalten, in: Hölscher/Altenhain (Hrsg.), Handbuch Aufsichts- und Verwaltungsräte in Kreditinstituten, 2013, S. 441–463; *Dreher,* Vergütung, Versorgung und Absicherung von Vorstandsmitgliedern in der Aktiengesellschaft, in: RWS-Forum Gesellschaftsrecht 2003, S. 203–246; *ders.,* Überformung des Aktienrechts durch die Rechtsprechung von Straf- und Verwaltungsgerichten?, AG 2006, 213–223; *ders.,* Managervergütung im Visier des Versicherungsaufsichtsrechts, VW 2010, 1508–1511; *Dreher/Gerigk,* Vergütungsanforderungen nach VAG und Solvency II, in: Dreher/Wandt (Hrsg.), Solvency II in der Rechtsanwendung 2016, S. 35–52; *Dreher,* Manndeckung oder rote Karten? – LVRG, Überschussbeteiligung, variable Vorstandsvergütung und BaFin-Genehmigung eigenmittelbezogener Übergangsmaßnahmen, ZfV 2016, 209–210; *Ehren/Gros,* Anforderungen an eine angemessene Vorstandsvergütung aus Sicht der Praxis, Der Konzern 2010, 412–423; *Fleischer,* Das Gesetz zur Angemessenheit der Vorstandsvergütung (VorstAG), NZG 2009, 801–806; *GDV,* Auslegungshilfe zu den Anforderungen an Vergütungssysteme in der Versicherungswirtschaft, Stand Februar 2011; *Gerdes-Renken,* Die Umsetzung aufsichtsrechtlicher Anforderungen an Vergütungssysteme in Instituten und Versicherungsunternehmen aus Sicht des Arbeits- und Dienstvertragsrechts, 2014; *Götz/Friese,* Vorstandsvergütung im Dax und MDAX 2014, CF 2015, 306–315; *Grund/Schöps,* Die versicherungsaufsichtsrechtlichen Regelungen für Vergütungssysteme, in: Dreher/Wandt (Hrsg.), Solvency II in der Rechtsanwendung 2016, S. 3–16; *Hemeling,* Vergütungsfragen nach VAG und Solvency II aus Sicht der Unternehmenspraxis, in: Dreher/Wandt (Hrsg.), Solvency II in der Rechtsanwendung 2016, S. 17–34; *Heuchemer/Kloft,* Neue Anforderungen über die aufsichtsrechtlichen Anforderungen an Vergütungssysteme von Instituten (Instituts-Vergütungsverordnung), WM 2010, 2241–2248; *Ihrig/Wandt/Wittgens,* Die angemessene Vorstandsvergütung drei Jahre nach Inkrafttreten des VorstAG, ZIP 2012 Beilage Heft 40, 1–31; *Insam/Hinrichs/Hörtz,* InstitutsVergV 2014: Alte und neue Fallstricke in der Ausgestaltung der Vergütung von Kredit- und Finanzdienstleistungsunternehmen, WM 2014, 1415–1421; *dies.,* Vergütungssysteme nach der Instituts-Vergütungsverordnung, DB 2012, 1568–1572; *Krauel/Broichhausen,* Auswirkungen von Solvency II auf die Vergütungsstrukturen im Versicherungssektor, VersR 2015, 1189–1196; *Löw/Glück,* Anforderungen an die variable Vergütung nach der Institutsvergütungsverordnung, BKR 2015, 186–193; *dies.,* Sound Remuneration Policies – Die neuen EBA-Guidelines und ihre Konsequenzen für die Vergütungssysteme bei Banken, BKR 2016, 265–272; *Mujan,* Neue Anforderungen an Boni in Fonds- und Portfolioverwaltungen – Institutsvergütungsverordnung 2.0?, BB 2013, 1653–1659; *Obal,* Konformität der deutschen Umsetzung von Solvency II für die Vergütungsgestaltung von Organmitgliedern und Mitarbeitern von Versicherungsunternehmen, ZVersWiss 2015, 411–426; *Riesenfelder/Johler,* Vergleich der „EBA GL on remuneration policies and practices related to the sale and provision of retail banking products and services" mit den „EBA GL on sound remuneration policies", ZFR 2016, 410 ff.; *Sammet,* Versicherungs-Vergütungsverordnung, 2013; *S. Saria,* Solvency II-konforme Gestaltung von Vergütungen, Versicherungsrundschau 4/2017, S. 34 ff.; *Schmotz/Crasselt,* Wie soll über Organvergütung berichtet werden? – Aktuelle Diskussionspunkte im Lichte historischer Entwicklungen, WPg 2015, 877–885; *Schröder,* Managergehälter als Gegenstand europäischer und staatlicher Regulierung, JZ 2016, 556–566; *Simon/Koschker,* Vergütungssysteme auf dem Prüfstand – Neue aufsichtsrechtliche Anforderungen für Banken und Versicherungen, BB 2011, 120–126; *Suchan/Winter,* Rechtliche und betriebswirtschaftliche Überlegungen zur Festsetzung angemessener Vorstandsbezüge nach Inkrafttreten des VorstAG, DB 2009, 2531-2339; *Thaten,* Die Ausstrahlung des Aufsichts- auf das Aktienrecht am Beispiel der Corporate Governance von Banken und Versicherungen; *Tusch,* Solvency II: Verschärfte aufsichtsrechtliche Vergütungsanforderungen für kleinere Versicherungsunternehmen, ZfV 2015, 48–49; *Wolf*, Neue Vorschriften zur Vergütung: Das Ende der Gratifikation, VW 2010, 506–508; *Wolf*, Neues Ungemach für die Vergütungssysteme, VW 9/2016, 66 ff.; *Zöbeley*, Vergütungsvorgaben in Banken und Versicherungen, 2014.

I. Allgemeines. 1. Entstehungsgeschichte. Eine Ursache der sog. **Finanzmarktkrise** der Jahre 2007 bis 2009 war die Übernahme von extremen Risiken durch Finanzmarktakteure.[1] Die in der Folgezeit durch den Gesetzgeber getroffenen Maßnahmen im Bereich der Vergütungspolitik knüpften hieran an und richteten sie völlig neu aus. **Die seither geltenden Parameter für die Vergütung** sollen Fehlanreizen entgegenwirken. Ziel ist eine umfassende, d. h. branchenübergreifende Reform der Vergütungsrechte der Finanzdienstleistungsunternehmen, in welche sich die Neuregelungen des Versicherungsaufsichtsrechts einfügen. 1

§ 25 VAG beruht in den Absätzen 1 bis 5 auf dem **Gesetz zur Modernisierung der Finanzaufsicht über Versicherungen** vom 1.4.2015.[2] Die Vorgängerregelung in § 64b VAG a. F. war schon im Zuge des Gesetzes über die aufsichtsrechtlichen Anforderungen an die Vergütungssysteme von Instituten und Versicherungsunternehmen (VergAnfG) 2010 eingefügt worden.[3] 2

§ 25 Abs. 6 VAG hat Art. 15 Gesetz zur Umsetzung der Wohnimmobilienkreditrichtlinie und zur Änderung handelsrechtlicher Vorschriften vom 11.3.2016[4] in das noch neue VAG gebracht. 3

Bereits im Jahr 2004 hatte die **EU-Kommission** im Rahmen einer Empfehlung einen Handlungsbedarf bei **Kapitalgesellschaften** für den Bereich der **Vergütung** festgestellt.[5] Sie konstatierte zwar, dass „Form, Struktur und Höhe der Vergütung" Sache der Gesellschaft und ihrer Aktionäre seien.[6] Zugleich stellte sie jedoch fest, dass die Vergütung einer der zentralen Bereiche ist, in denen geschäftsführende Direktoren bzw. Vorstandsmitglieder vor einem Interessenkonflikt stehen können.[7] Des Weiteren forderte die Kommission, dass Aktionäre die Möglichkeit haben sollen, das Vergütungskonzept der Gesellschaft beurteilen zu können.[8] Die Vergütungspolitik sollte danach Gegenstand eines eigenen Tagesordnungspunktes der Jahreshauptversammlung sein.[9] 4

Einen Anstoß für weitere Reformen gaben der damalige EU-Kommissionspräsident José Manuel Barroso und die von ihm im Jahre 2008 ins Leben gerufene **Expertengruppe** um Jacques **de Larosière**. Sie sollte Empfehlungen zur künftigen Regulierung und Beaufsichtigung der europäischen Finanzmärkte erarbeiten.[10] Die Veröffentlichung des Berichts fiel auf den 2.2.2009 noch während der Finanzkrise und stellte einen umfassenden Handlungsbedarf fest.[11] Dem Bericht zufolge trugen die Vergütungs- und Anreizstrukturen innerhalb der Finanzinstitute zur „exzessiven Risikoübernahme bei".[12] Die „größten Schwachstellen" sah die Gruppe bei der Unternehmensführung.[13] Der Bericht schloss mit einer Vielzahl von Verbesserungsvorschlägen und Empfehlungen.[14] In makroökonomischer Hinsicht erkannte die Gruppe ferner Handlungsbedarf auch auf globaler Ebene und zugleich die Notwendigkeit einer Zusammenarbeit mit IWF, FSB, Baseler Ausschuss und den G20. Als gänzlich neu sollte sich in der Folgezeit „nur" die starke Orientierung der Vergütungsparameter an dem spezifischen Risikoprofil des jeweiligen Unternehmens erweisen.[15] 5

Zur Vermeidung von Fehlentwicklungen im Bereich der **Kreditinstitute** erstellte ferner der Rat für Finanzstabilität (**Financial Stability Board – FSB**) Prinzipien für solide Vergütungspraktiken („Principles for Sound Compensation Practices" vom 2.4.2009) und darauf aufbauend konkrete Standards für solide Vergütungspraktiken („Principles for Sound Compensation Practices", April 2009; „Implementation Standards" vom 25.9.2009; Konsultationsdokument „Supplementary Guidance" v. 20.6.2017) in der Finanzbranche, die die Gruppe der 20 wichtigsten Industrie- und Schwellenländer (**G 20**) gebilligt hat. Diese Prinzipien hat der damalige Ausschuss der europäischen Aufsichtsbehörden für das Bankwesen (CEBS) am 10.12.2010 durch Leitlinien zur Vergütungspolitik und Vergütungspraxis konkretisiert.[16] In ihrem Zentrum stand die Idee, die Vergütungsstruktur stärker und nachhaltig auf den langfristigen Erfolg des Instituts auszurichten und dabei die eingegangenen Risiken angemessen zu berücksichtigen. Die 6

---

[1] Vgl. Begr. RegE VergAnfG; BT-Drs. 17/1291, 9. So auch bereits Begr. RegE VorstAG, BT-Drs. 16/12278, 5.
[2] BGBl. 2015 I, 434.
[3] BGBl. 2010 I, 950.
[4] BGBl. 2016 I, 418 f.
[5] Empfehlung der Kommission v. 14.12.2004, 2004/913/EG; Ergänzung der Empfehlungen 2004/913/EG und 2005/162/EG durch die Empfehlung 2009/385/EG v. 30.4.2009, ABl. EU 2009 Nr. L 120, 28.
[6] Empfehlung der Kommission 2004/913/EG, Erwägungsgrund (2).
[7] Empfehlung der Kommission 2004/913/EG, Erwägungsgrund (2).
[8] Empfehlung der Kommission 2004/913/EG, Erwägungsgrund (5) und (6).
[9] Empfehlung der Kommission 2004/913/EG, Erwägungsgrund (7).
[10] De Larosière-Gruppe, Report of the High-Level Group on Financial Supervision in the EU v. 25.2.2009.
[11] Vgl. einleitend hierzu de Larosière Bericht (Fn. 10), S. 4.
[12] Vgl. de Larosière Bericht (Fn. 10), S. 11.
[13] De Larosière Bericht (Fn. 10), S. 11.
[14] De Larosière Bericht (Fn. 10), S. 36.
[15] Siehe dazu auch bei Normzweck von § 25 VAG unten Rn. 14.
[16] CEBS, High-level principles for Remuneration Policies v. 20.4.2009; CEBS, Guidelines on Remuneration Policies and Practices v. 10.12.2010.

folgenden Reformen beruhen auf diesen Standards und fanden darüber hinaus durch die Änderung der CRD III-Richtlinie unmittelbar Eingang in das europäische Aufsichtsrecht.[17]

7 Von einem nicht weniger grundlegenden – wenngleich auch rechtlich unverbindlichen – Charakter war das **Grünbuch der Kommission zur Corporate Governance in Finanzinstituten und Vergütungspolitik**.[18] Die Kommission nahm die unzureichende Umsetzung der genannten Empfehlungen zum Anlass, um eine grundlegende Verbesserung der Corporate Governance allgemein herbeizuführen.[19]

8 Im Zuge dieser Entwicklung veröffentlichte CEBS (jetzt European Banking Authority, EBA) am 10.12.2010 konkrete **Leitlinien** zur Vergütungspolitik und Vergütungspraxis.[20] Weitere Leitlinien zur Vergütung,[21] die seit dem 1.1.2017 anzuwenden sind, und eine Stellungnahme (*Opinion*) zu der Anwendung des Proportionalitätsprinzips[22] in Bezug auf die Vergütungspolitik veröffentlichte die **EBA** schließlich am 21.12.2015.[23] Für Versicherungsunternehmen existieren gleichfalls Leitlinien zur Vergütung durch **CEIOPS** (jetzt EIOPA) aus dem Jahr 2009.[24] Des Weiteren veröffentlichte die **ESMA** 2013 Leitlinien für eine solide Vergütungspolitik unter Berücksichtigung der AIFM Richtlinie.[25] Diese Richtlinie enthält in Art. 13 und dem zugehörigen Anhang II „Vergütungspolitik" die maßgeblichen Regelungen für die Vergütung von Kapitalverwaltungsgesellschaften. Zudem veröffentlichte die ESMA Leitlinien[26] zu Vergütungsgrundsätzen und -verfahren mit Blick auf die MiFID.[27]

9 Parallel hierzu kam es auch immer wieder auf nationaler Ebene zu neuen Entwicklungen. Dies gilt zunächst für das **Gesetz zur Errichtung eines Finanzmarktstabilisierungsfonds (FMStFG)** vom 17.10.2008[28] sowie für die entsprechende Verordnung zur Durchführung des Finanzmarktstabilisierungsfondsgesetzes (FMStFV).[29] Betroffen sind hiervon solche Institute, die Stabilisierungsmaßnahmen nach § 7 FMStFG in Anspruch nehmen. § 5 Abs. 2 Nr. 4 lit. a FMStFG sieht eine Obergrenze von 500.000 EUR für die monetäre Jahresvergütung von Organmitgliedern und Geschäftsleitern vor.

10 Ein weiterer Schritt erfolgte mit dem Inkrafttreten des **Gesetzes zur Angemessenheit der Vorstandsvergütung (VorstAG)**[30] am 1.8.2009. Dessen Anwendungsbereich beschränkt sich jedoch auf Aktiengesellschaften. Nach dem neugefassten § 87 Abs. 1 AktG müssen die durch den Aufsichtsrat festgelegten Gesamtbezüge des einzelnen Vorstandsmitglieds in einem angemessenen Verhältnis zu seinen Aufgaben und Leistungen sowie zur Lage der Gesellschaft stehen. Darüber hinaus muss die Vergütungsstruktur auf eine nachhaltige Unternehmensentwicklung ausgerichtet sein.

11 Zeitgleich arbeitete die Bundesregierung daran, die **FSB-Prinzipien für den Banken- und Versicherungsbereich** umzusetzen (sog. dreistufiges Maßnahmenpaket). Die erste Stufe bestand in der Folgezeit aus einer freiwilligen Selbstverpflichtung acht großer Banken und drei großer Versicherungsunternehmen. Als zweiten Schritt veröffentlichte die **BaFin** am 21.12.2009 die **Rundschreiben** 22/2009 (BA) und **23/2009 (VA)**. Letzteres stellte – wie schon die Rundschreiben zu den MaRisk – ohne gesetzliche Ermächtigung[31] neue Anforderungen an Vergütungssysteme im Versicherungsbereich auf. Mit Veröffentlichung dieser Rundschreiben wurden das Rundschreiben 1/78 sowie die Unternummer 1 von Punkt 7.2.2.2 der MaRisk VA[32] zu Vergütungsfragen aufgehoben und durch Regelungen des Rundschreibens 23/2009 (VA) ersetzt. Die neue Regelung differenzierte nach Normadressatengruppen in allgemeine (§ 3) und besondere Vorschriften (§ 4). Den dritten und letzten Schritt bildete das – bereits einleitend erwähnte – **Gesetz über die aufsichtsrechtlichen Anforderungen an die Vergütungssysteme von Instituten und Versicherungsunternehmen (VergAnfG)**[33] vom 27.7.2010.

---

[17] So die Richtlinie 2010/76/EU zur Änderung der Richtlinien 2006/48/EG und 2006/49/EG im Hinblick auf die Eigenkapitalanforderungen für Handelsbuch und Wiederverbriefung und im Hinblick auf die aufsichtsrechtliche Überprüfung der Vergütungspolitik (CRD III-RL).

[18] Europäische Kommission, Grünbuch Corporate Governance in Finanzinstituten und Vergütungspolitik v. 2.6.2010.

[19] Grünbuch (Fn. 18), S. 11.

[20] CEBS, Guidelines on Remuneration Policies and Practices v. 10.12.2010.

[21] EBA, Guidelines on sound remuneration policies, GL/2015/22 v. 21.12.2015; dt. Fassung v. 27.6.2016.

[22] EBA, Opinion of the European Banking Authority on the Application of the principle of proportionality to the remuneration provisions in Directive 2013/36/EU, Op/2015/25 v. 21.12.2015.

[23] Vgl. dazu *Löw/Glück* BKR 2016, 265 ff.; *Riesenfelder/Johler* ZFR 2016, 410 ff.

[24] CEIOPS' Advice for Level 2 Implementing Measures on Solvency II: Remuneration Issues, CEIOPS-DOC-51/09.

[25] ESMA, Leitlinien für solide Vergütungspolitiken unter Berücksichtigung der AIFMD, ESMA/2013/232 v. 2.7.2013.

[26] ESMA, Guidelines on remuneration policies and practices, ESMA/2013/606 v. 3.6.2013.

[27] Richtlinie 2004/39/EG v. 21.4.2004 über Märkte für Finanzinstrumente, zur Änderung der Richtlinie 85/611/EWG und 93/6/EWG und der Richtlinie 2000/12/EG zur Aufhebung der Richtlinie 93/22/EWG.

[28] BGBl. 2008 I, 1982 ff.

[29] Elektronischer Bundesanzeiger v. 20.10.2008, AT123, V1.

[30] BGBl. 2009 I, 2509 ff.

[31] Vgl. *Dreher* FAZ Nr. 216 v. 17.9.2009 S. 22: „Die BaFin geriert sich als Ersatzgesetzgeber".

[32] R 3/2009.

[33] BGBl. 2010 I, 950 ff. und dazu RegE BT-Drs. 17/1291, teilweise wird das Gesetz mit VergSystG bezeichnet; ausf. zu der Neuregelung *Dreher* VW 2010, 1508 ff.; *Armbrüster* VersR 2011, 1 ff.; *ders.* VW 2011, 401 ff.

Dadurch wurde in das VAG § 64b VAG a. F. eingefügt.[34] Die Vorschrift ergänzte die in § 64a VAG a. F. geregelten Anforderungen an das Risikomanagement von Versicherungsunternehmen um die Anforderung angemessener und transparenter Vergütungssysteme, die auf eine nachhaltige Entwicklung des Unternehmens ausgerichtet sind. Zugleich wurde das Bundesministerium der Finanzen in § 64b Abs. 5 VAG a. F. dazu ermächtigt, nähere Einzelheiten durch eine Verordnung zu erlassen.

Hierauf basierend wurde schließlich die früher geltende **Verordnung über die aufsichtsrechtlichen Anforderungen an Vergütungssysteme von Versicherungsunternehmen**[35] **(VersVergV)**[36] vom 13.12.2010 erlassen. Sie entsprach materiell weitgehend dem Rundschreiben 23/2009 (VA) der BaFin, das zugleich aufgehoben wurde. Die VersVergV von 2010 ist ihrerseits durch eine Verordnung vom 16.12.2015 zum 1.1.2016 aufgehoben worden.[37] 12

Zum 18.4.2016 wurde eine **Neufassung der VersVergV** erlassen.[38] Am 20.12.2016 hat die **BaFin** zudem eine **„Auslegungsentscheidung** zu Aspekten der Vergütung im Rahmen der Vorgaben des Art. 275 DVO (EU) 2015/35" veröffentlicht. 13

2. Normzweck. a) Regelungsziele. Für die Bestimmung des Normzwecks sind die Vorgaben in der Solva II-RL in Form von **Haupt- und Nebenzielen** maßgeblich. Mit ihnen verfolgt der europäische Gesetzgeber unterschiedliche Ziele.[39] Zugleich steht die Anwendung der einzelnen Regelungen unter dem Vorbehalt des Proportionalitätsprinzips.[40] 14

b) Vergütungsrecht und Solvency II-Ziele. Art. 27 Solva II-RL nennt als rechtspolitisches und normatives **Hauptziel** den Schutz der Versicherungsnehmer und der Begünstigten von Versicherungsleistungen. Hierzu sollen die Mitgliedstaaten sicherstellen, dass die Aufsichtsbehörden mit den notwendigen Mitteln ausgestattet sind, über das entsprechende Fachwissen sowie einschlägige Kapazitäten und das entsprechende Mandat verfügen. 15

Dem untergeordnet führt Art. 28 Solva II-RL zwei **Nebenziele** an: Finanzmarktstabilität sowie – in Zeiten außergewöhnlicher Bewegungen auf den Finanzmärkten – die Berücksichtigung prozyklischer Effekte. Diese Nebenziele dürfen gemäß EG 16 Solva II-RL das Hauptziel nicht „beeinträchtigen". An dieser Stelle sind auch „faire und stabile Märkte" als weiteres Ziel genannt, das jedoch weder in Art. 28 Solva II-RL noch an anderer Stelle des verfügenden Teils der Richtlinie normiert ist. Die Begründung des Gesetzgebers zur Vorgängerregelung in § 64b VAG a. F., welche noch im Schwerpunkt das Ziel der Finanzstabilität insgesamt verfolgte,[41] prägt infolgedessen nicht mehr den Normzweck. Die Finanzstabilität ist nur noch ein weiteres, untergeordnetes Ziel. 16

Speziell zu der **Solva II-VO** erläutert EG 102 der Verordnung die Beweggründe des Gesetzgebers für die ausführliche Regelung zu Vergütungspolitik und zu Vergütungspraktiken in Art. 275 Solva II-VO. Sie will danach verhindern, dass die Vergütungspolitik und Vergütungspraktiken „ein wirksames Risikomanagement untergraben" oder „eine übermäßige Risikobereitschaft fördern". 17

c) Vergütungsrecht und Anreizstrukturen. Der Gesetzgeber hat im Laufe der Zeit die konkreten Vergütungsparameter immer wieder ergänzt und verändert, jedoch ist zumindest die Funktionsweise der Vergütungsregelungen davon unberührt geblieben. Damit sind das **Prinzipal-Agent-Verhältnis** und die **Anreizstrukturen** als grundlegende Themen des Unternehmensrechts angesprochen.[42] 18

Auf nationaler und internationaler Ebene ist man sich darüber einig, dass Fehlverhalten auch auf eine verfehlte Anreizstruktur durch Vergütungssysteme zurückzuführen sein kann. Die Vergütungsregelungen insgesamt sollen deshalb einer verfehlten Vergütungspolitik entgegenwirken. Entscheidend ist der Zusammenhang zwischen der konkreten Ausgestaltung der Vergütung und den dadurch hervorgerufenen Fehlanreizen für die betroffenen Personengruppen. Die in der Vergangenheit gängige Vergütungspolitik, die auf kurzfristige Parameter ausgerichtet war und einseitige Erfolge belohnte, ohne Misserfolge ausreichend zu sanktionieren, setzte nach verbreiteter Ansicht Fehlanreize, indem sie drohte, den **langfristigen und nachhaltigen Unternehmenserfolg** aus dem Blick zu verlieren. Diese Kritik nehmen die neuen Vergütungsparameter der Angemessenheit, Transparenz und Nach- 19

---

[34] Gleiches gilt mit § 25a Abs. 1 Nr. 4 KWG für den Bankenbereich.

[35] Für den Bankenbereich mit der Institutsvergütungsverordnung (InstitutsVergV; BGBl. 2010 I, 1374 ff.); ersetzt zunächst durch die InstitutsVergV (BGBl. 2013 I, 4270) und sodann geändert mit Wirkung vom 4.8.2017 (BGBl. 2017 I, 3042).

[36] BGBl. 2010 I, 1379 ff.

[37] Art. 1 Nr. 14 VO zur Aufhebung von Verordnungen nach dem VAG (BGBl. 2015 I, 2345).

[38] Versicherungsvergütungsverordnung (VersVergV; BGBl. 2016 I, 763 ff. mit späterer Änderung BGBl. 2017 I, 3023).

[39] Vgl. dazu Einl. Rn. 6 ff.

[40] Vgl. zu dem Verhältnismäßigkeitsgrundsatz Einl. Rn. 124 ff. und die Erläuterungen zu § 296 VAG.

[41] Begr. RegE VergAnfG, BT-Drs. 17/129, 9; so auch bereits Begr. RegE VorstAG, BT-Drs. 16/12 278, 5.

[42] Vgl. dazu z. B. *Rittner/Dreher* Europäisches und deutsches Wirtschaftsrecht, 3. Aufl. 2008, § 8 Rn. 6, § 9 Rn. 77; *Thomas* Die Haftungsfreistellung von Organmitgliedern 2010, S. 119 ff. und *Arnold* Die Steuerung des Vorstandshandelns 2007, § 4.

haltigkeit auf. Sie suchen eine insbesondere an der nachhaltigen Entwicklung des Unternehmens orientierte Lösung.[43]

20 **d) Vermittlung von Immobiliar-Verbraucherdarlehensverträgen.** Unverantwortliches Handeln von Marktteilnehmern vor und in der Finanzkrise hat die Grundlagen des Finanzsystems untergraben und zu mangelndem Vertrauen in die Märkte geführt. Die Verbraucher sind hiervon in besonderem Maße betroffen. Die Regelung in **Abs. 6** soll ihnen die Gewissheit geben, dass Vermittler von Immobiliar-Verbraucherdarlehensverträgen die zur Verfügung stehenden Informationen und realistische Annahmen über die während der Laufzeit eines angebotenen Darlehensvertrags verbundenen Risiken zugrunde legen. Vermittler sollen deshalb die **Interessen der Verbraucher in den Vordergrund stellen** und nicht aufgrund etwaiger Fehlanreize der eigenen Vergütungsstruktur zum Abschluss oder zur Vermittlung unpassender Verträge an Verbraucher verleitet werden. Die Regelung in Abs. 6 fügt sich vor diesem Hintergrund in die dem § 25 VAG insgesamt zugrundeliegende Anreizproblematik ein und versucht **Interessenkonflikten vorzubeugen**.

21 **3. Europarechtlicher Hintergrund.** Gemäß der **Gesetzesbegründung** soll § 25 Abs. 1 bis 5 VAG den Inhalt des bisherigen § 64b VAG a. F. übernehmen.[44]

22 Die **Solva II-RL** selbst adressiert an keiner Stelle die Thematik der Vergütung. Nur auf den unteren Regelungsebenen finden sich hierzu Vorgaben. Die Befugnis zum Erlass vergütungsbezogener Regelungen in der **Solva II-VO** leitet die EU-Kommission apodiktisch daraus ab, das Art. 41 Abs. 3, 50 Abs. 1 Solva II-RL eine weite Rechtssetzungsermächtigung enthielten „including a non-exhaustive list of written policies: on this basis, the Delegated Acts can therefore require a remuneration policy."[45] Dies und die darauf beruhende Schaffung von Art. 275 Solva II-VO begegnen **erheblichen rechtlichen Bedenken**.[46] Sie beruhen darauf, dass Art. 290 Abs. 1 AEUV die Kommission nur zur „Ergänzung" – so auch ausweislich ihres Titels die Solva II-VO – „nicht wesentlicher Vorschriften" legitimiert. Nach dem Primärrecht gilt daher: „Die wesentlichen Aspekte eines Bereichs sind dem Gesetzgebungsakt vorbehalten und eine Befugnisübertragung ist für sie deshalb ausgeschlossen."[47] Gesetzgebungsakt im Sinne von Art. 290 Abs. 1 AEUV ist aber allein die Solva II-RL. Die Solva II-VO ist demgegenüber nach dieser Regelung nur ein „Rechtsakt ohne Gesetzescharakter", was allein die Befugnisübertragung auf die Kommission rechtfertigt. Hinzu kommt der unaufgelöste und mangels Kompetenz der EU-Kommission – sowie von EIOPA – zur Schaffung von versicherungsaufsichtsrechtlichen Vergütungsregelungen unauflösbare Widerspruch, dass sich die EU-Kommission einerseits mangels Ermächtigung in der Solva II-RL ausdrücklich als nicht ermächtigt zum Erlass von Vergütungs-Caps ansieht,[48] andererseits aber ebenfalls ohne Ermächtigung durch die Solva II-RL in Art. 275 Solva II-VO eine Flut vergütungsrechtlicher Regelungen erlassen hat, deren Umfang und Eingriffsintensität weit über die von Vergütungs-Caps hinausgeht.[49]

23 **Zentrale Vorschrift** auf der zweiten Regelungsebene ist **Art. 275 Solva II-VO**. Die Vergütungsthematik als solche fügt sich hiernach in den übergeordneten Bereich der allgemeinen Governanceanforderungen ein. Art. 275 Solva II-VO, der seinerseits auf Art. 258 Solva-II VO und auf das damit verbundene Schriftlichkeitserfordernis verweist, enthält zahlreiche Regelungen, die im Rahmen der Festlegung der Vergütungsgrundsätze und ihrer Umsetzung einzuhalten sind.[50] Art. 275 Solva II-VO und die vergütungsbezogene Regelung in Art. 258 Abs. 1 lit. l Solva II-VO wurden durch die Berichtigungs-VO (EU) 2016/2283 in etlichen Passagen begrifflich modifiziert.[51]

24 Zusätzliche Voraussetzungen enthalten die **EIOPA-Leitlinien** auf der dritten Regelungsebene. Sie waren als Leitlinien für die Vorbereitungsphase bis zum Inkrafttreten des Solvency II-Rechts am

[43] Siehe hierzu auch die Begr. RegE VergAnfG, BT-Drs. 17/1291, 9. So auch bereits Begr. RegE VorstAG, BT-Drs. 16/12278, 5.

[44] Begr. VAG-RegE 2014, BT-Drs. 18/2956, 241.

[45] Commission Staff Working Document, Impact Assessment SWD(2014) 309 final v. 10.10.2014 zu dem Entwurf der Solva II-VO, bei 5.4.

[46] Gleiches gilt für Art. 258 Abs. 2 lit. l Solva II-VO.

[47] Schon vor dieser primärrechtlichen Verankerung des Wesentlichkeitsvorbehalts hatte der EuGH Urt. v. 6.12.2005 – Rs. C-66/04 Rn. 49, Slg. 2005, I-10553 – Vereinigtes Königreich GB und Nordirland / EP und Rat einen engen unionsrechtlichen Wesentlichkeitsvorbehalt mit folgenden Worten begründet: „(…) der Gemeinschaftsgesetzgeber im Einzelnen die Modalitäten festlegt, nach denen die Entscheidungen in jedem Abschnitt eines solchen Zulassungsverfahrens getroffen werden müssen, und er die Befugnisse, die der Kommission als der Instanz zustehen, die die endgültige Entscheidung zu treffen hat, genau bestimmt und eingrenzt."

[48] Vgl. dazu unten Rn. 50.

[49] Dies alles übersehend und auch sonst nur mit unklarer oder nicht tragfähiger Begründung a. A. *Obal* ZVersWiss 2015, 411, 416 f.; wie hier dagegen z. B. *Bürkle* Compliance-Berater 2015, 158, 161; *ders.* FS 100 Jahre Hamburger Seminar für Versicherungswissenschaft 2016, 693, 706 ff.; *Krauel/Broichhausen* VersR 2015, 1189 1192, die zudem darauf hinweisen, dass schon CEIOPS als Vorgängerin von EIOPA Zweifel an der Ermächtigungsgrundlage für Solva II-Vergütungsregelungen geäußert hatte; *Tusch* ZfV 2015, 48; *Hasse* in: Annuß/Früh/Hasse B Vorbem. Rn. 5 „in der Tat zweifelhaft" und Art. 258, 275 Solvency II-VO Rn. 5.

[50] Im Einzelnen dazu sogleich unter Rn. 27 ff.

[51] Vgl. DVO (EU) ABl. EU 2016 L 346, 111 ff. Nr. 45 und Nr. 73 bis 82.

1.1.2016 gedacht und ebenfalls im Kontext der Governanceanforderungen verortet. Die endgültigen Leitlinien[52] haben bis auf einige wenige Änderungen die Vorbereitungsrichtlinien in sich aufgenommen.

Zu den **EIOPA**-Leitlinien gibt es darüber hinaus **Erläuterungstexte**.[53] Sie sind zwar kein Teil der Leitlinien, sollen jedoch zu deren Erläuterung dienen. Problematisch ist, dass sie nicht bei einer klarstellenden Funktion stehenbleiben, sondern mitunter weitergehende Pflichten statuieren. 25

Nach der Gesetzesbegründung soll § 25 Abs. 6 VAG den Art. 7 Abs. 2 und 4 der **Wohnimmobilienkreditrichtlinie (WohnKreRL) umsetzen**.[54] Die europäischen Regelungen zur Kreditvergabe an Verbraucher gehen auf eine Initiative der G20 zurück, die den Rat für Finanzstabilität mit der Aufgabe betrauten, Grundsätze für verlässliche Kreditvergabestandards im Zusammenhang mit Wohnimmobilien festzulegen. Neben Regelungen zu Obergrenzen für das Verhältnis zwischen Kredithöhe und Objektwert, Kredithöhe und Einkommen oder Schulden sowie Einkommen und ähnlichen Kennziffern wollte der Unionsgesetzgeber auch das Vertrauen der Verbraucher in die Finanzmärkte, insbesondere in dem Bereich der Kreditvergabe stärken. Ein dafür zentraler Aspekt sind geeignete Verfahren zur Vermeidung oder Bewältigung von Interessenkonflikten auf Seiten der Vermittler solcher Kredite. Die Art und Weise der Vergütung sowie die Gewährleistung einer Beratung im besten Interesse der Verbraucher sind – wie ganz unabhängig von der WohnKreRL auch aus Art. 275 Abs. 1 lit. a Solva II-VO und der EIOPA-LL folgt –[55] in diesem Zusammenhang von besonderer Bedeutung. 26

II. Vergütungssystem (Abs. 1 bis 5). 1. Begriff des Vergütungssystems. Auf den Begriff des Vergütungssystems geht sowohl die Solva II-RL als auch die Solva II-VO nicht näher ein. Er ist in Art. 275 Abs. 2 lit. a **Solva II-VO**[56] vielmehr vorausgesetzt. Mehrfach sind die Begriffe „Vergütungsleitlinien" und „Vergütungspraktiken" sowie an einer Stelle der Begriff „Bonuspolitik" in Art. 275 Solva II-VO genannt. Der Begriff der Vergütungspraktiken ist jedoch gleichfalls nicht konkretisiert. Hingegen enthielt schon § 2 Nr. 3 VersVergV a. F.[57] eine Legaldefinition des Begriffs „Vergütungssystem", die – abgesehen von ihrem persönlichen Anwendungsbereich – inhaltsgleich mit derjenigen aus § 2 Abs. 2 InstitutsVergV war. § 2 Nr. 3 VersVergV von 2016 führt die Definition unverändert fort. Hiernach umfasst ein Vergütungssystem „alle unternehmensinternen Regelungen zur Vergütung sowie deren tatsächliche Umsetzung und Anwendung durch die Unternehmen". 27

Der Begriff Vergütungssystem ist auch **gesellschaftsrechtlich** bisher nicht konturiert. Anders als § 87 Abs. 1 S. 2 AktG, der auf die „Vergütungsstruktur" abstellt, erwähnt § 120 Abs. 4 AktG den Begriff des Vergütungssystems zumindest. Hierunter sind vor allem, aber nicht nur Grundsätze zur Aufteilung der Gesamtvergütung in Festgehalt und variable Bestandteile sowie die nähere Beschreibung der anreizorientierten Vergütungselemente zu verstehen.[58] 28

Ziff. 4.2.2 **DCGK** geht – bezogen auf die Vorstandsvergütung – ebenfalls von einem weiten, aber undefinierten Begriff des „Vergütungssystems" aus. Wie § 87 AktG bezieht sich sodann Ziff. 4.2.2 DCGK in UAbs. 2 S. 2 auf den Begriff der „Vergütungsstruktur". Hier wie dort ist dieser Begriff nach verbreiteter Ansicht im Sinne einer Aufteilung der Gesamtbezüge in feste und variable Teile zu verstehen.[59] 29

Im **Ergebnis** ist der **Begriff des „Vergütungssystems"** also dahingehend zu verstehen, dass er alle allgemeinen vergütungsbezogenen Regelungen eines Unternehmens, die Gegenstand der **Vergütungsleitlinien** sind, im Sinne einer „**Vergütungspolitik**" und alle Maßnahmen zu deren Ausführung im Sinne von „**Vergütungspraktiken**" umfasst. Dieses Verständnis folgt aus Art. 275 Abs. 1 lit. d Solva II-VO, der im Zusammenhang mit einer Überwachungspflicht selbst von der Notwendigkeit „der Umsetzung der Vergütungsleitlinien" spricht. Ebenso geht schon lit. a davon aus, dass Vergütungsleitlinien „geschaffen" und in Vergütungspraktiken „umgesetzt" werden. Schließlich bezieht sich auch lit. f auf eine „Umsetzung" der Vergütungsleitlinien und die „Funktionsweise" der Vergütungspraktiken. Die gesellschaftsrechtliche Terminologie der „Vergütungsstruktur" fügt sich vor dem Hintergrund in die aufsichtsrechtliche Begrifflichkeit des „Vergütungssystems" ein. Denn sie bildet einen Ausschnitt der Vergütungspolitik ab. All dies deckt sich mit den Definitionen in § 2 Abs. 2 InstitutsVergV und § 2 Nr. 3 VersVergV. 30

---

[52] EIOPA-Leitlinien zum Governance-System, EIOPA-BoS-14/253 DE.
[53] EIOPA-Final Report on Consultation No. 14/017 v. 28.1.2015, EIOPA-BoS-14/253, 44 bis 108; siehe hierzu ausführlich Einl. Rn. 64 und unten Rn. 41 sowie 65.
[54] Vgl. Begr. RegE Gesetz zur Umsetzung der Wohnimmobilienkreditrichtlinie zu Art. 12 Nr. 3, BT-Drs. 18/5922, 137 und dazu *Rosenkranz* NJW 2016, 1473 ff. sowie Richtlinie 2014/17/EU des EP und des Rates vom 4.2.2014 über Wohnimmobilienkreditverträge für Verbraucher, ABl. EU 2014 L 60, 34 ff.
[55] Siehe hierzu Rn. 62.
[56] Text i. d. F. der durch DVO (EU) 2016/2283 ABl. EU 2016 Nr. L 346, 111 ff. erfolgten Berichtigung.
[57] Aufgehoben zum 1.1.2016.
[58] Vgl. z. B. Hüffer/*Koch* AktG, 12. Aufl. 2016, § 120 AktG Rn. 21. m.w. N.
[59] Vgl. z. B. *Fuhrmann* in: ders./Linnertz/A. Pohlmann (Hrsg.), DCGK, 2016, Ziffer 4 Rn. 144 m.w. N.

31 **2. Begriff der Vergütung. a) Weiter Vergütungsbegriff.** Den Begriff der Vergütung setzt die Solva II-VO ebenfalls bereits voraus. Neben der nationalen Definition in § 2 Nr. 2 VersVergV respektive § 2 Abs. 1 und 3 InstitutsVergV steht diejenige der Leitlinien der EBA für die Bankenaufsicht. Danach umfasst der Begriff „**alle Formen fixer und variabler Vergütung**, einschließlich monetäre und nichtmonetäre Bezahlungen und Vorteile."[60]

32 **b) Vergütungsbestandteile.** Den variablen und fixen Vergütungselementen und insbesondere deren Relation zueinander kommt eine besondere Bedeutung zu. Zentral ist in diesem Kontext Art. 275 Abs. 2 lit. a Solva II-VO. Er sieht vor, dass wenn ein Vergütungssystem sowohl feste als auch variable Vergütungsbestandteile umfasst, diese in einem **ausgewogenen Verhältnis zueinander** stehen müssen, sodass der feste bzw. garantierte Bestandteil einen ausreichend hohen Anteil der Gesamtvergütung ausmacht. So soll vermieden werden, dass die Betroffenen ihr Verhalten zu sehr auf die variablen Vergütungsbestandteile ausrichten. Darüber hinaus soll dem Unternehmen eine „völlig flexible Bonuspolitik" ermöglicht werden. Dies schließt rechtlich zulässig die **Möglichkeit** ein, überhaupt **keine variablen Vergütungsbestandteile** vorzusehen.[61]

33 **c) Feste Vergütung.** Eine Definition der festen Vergütung enthält Art. 275 Solva II-VO nicht. § 2 Nr. 6 VersVergV definiert die fixe Vergütung als den „Teil der Vergütung, der nicht variabel ist." Im Umkehrschluss aus der entsprechenden Definition der variablen Vergütung in § 2 Nr. 4 VersVergV führt dies dazu, dass der Teil der Vergütung, dessen Gewährung und Höhe nicht im Ermessen des Unternehmens steht oder nicht von dem Eintritt einer Bedingung abhängig ist, die feste Vergütung ausmacht. Davon geht auch der europäische Gesetzgeber aus. Art. 275 Abs. 2 lit. a Solva II-VO sieht in dem festen Bestandteil durch die Formulierung „bzw." zugleich einen „garantierten" Bestandteil. Den festen Bestandteil der Vergütung bildet daher der Vergütungsteil, der in jedem Fall gewährt wird und damit **nicht im Ermessen der Gesellschaft** steht **oder nicht von** dem Eintritt einer **Bedingung abhängig** ist.

34 **d) Variable Vergütung. aa) Allgemeines.** Die in Art. 275 Abs. 1 lit. c Solva II-VO erwähnten „spezifischen Vereinbarungen" müssen bei den dort genannten Personengruppen den in **Art. 275 Abs. 2 Solva II-VO** genannten Grundsätzen entsprechen. Sie bilden den **Besonderen Teil der Vergütungsvorgaben**. Der überwiegende Teil der Grundsätze betrifft die variable Vergütungskomponente: Sechs von acht Grundsätzen beziehen sich konkret auf die variable Vergütung. Hintergrund ist, dass darin das größte Gefahrenpotential einer Vergütungspraxis liegt.

35 Die Entscheidung über die verzögerte Auszahlung bedeutet ein Leistungsbestimmungsrecht des Unternehmens i. S. v. § 315 BGB. Dafür bedarf es eines oder mehrere **Kriterien** zur Bestimmung.

36 **bb) Zeitabhängigkeit.** Variable Vergütungsbestandteile lassen sich in **lang- und kurzfristige Bestandteile** einteilen. Die kurzfristigen Bestandteile werden i. d. R. in Form eines Jahresbonus ausbezahlt. Die Praxis bedient sich für die Bemessung der Vergütung einer Vielzahl an Kennzahlen. Allein für den DAX-Bereich lassen sich insgesamt 96 Kennzahlen für die Bemessung von Vergütungen empirisch feststellen.[62]

37 **cc) Zielabhängigkeit.** Voraussetzung jeder variablen Vergütung ist die Verknüpfung mit bestimmten Kriterien. Diese Kriterien sind Teil der dienstvertraglichen Regelungen zwischen einem Mitarbeiter bzw. Vorstandsmitglied einerseits und einem (Versicherungs-)Unternehmen andererseits. Dabei sind sowohl **qualitative und quantitative Ziele** als auch **Individual- und Unternehmensziele** zu unterscheiden. Letztere können die Gestalt von **Gruppenzielen** haben. Qualitative Ziele – etwa Kunden- oder Mitarbeiterzufriedenheit – sind aufgrund ihrer fehlenden objektiven Messbarkeit zum Teil auch als **weiche Ziele** bezeichnet. Eine rein auf quantitative Ziele ausgerichtete Vereinbarung wird den Anliegen des Vergütungsrechts ebenso wenig gerecht wie eine rein auf Individualziele ausgerichtete Vereinbarung.

38 Für ziel- und damit ergebnisabhängige variable Vergütungen ist der Begriff der **Tantieme** verbreitet. Unabhängig davon, ob eine Tantieme maßgeblich auf die Erreichung bestimmter Unternehmensziele ausgerichtet ist, handelt es sich bei einer zielorientierten variablen Vergütung immer um eine leistungsbezogene Vergütung i. S. v. Art. 275 Abs. 2 lit. b Solva II-VO. Indem jeder Unternehmensmitarbeiter auf seine Weise zum Unternehmenserfolg beiträgt, ist aber **jede Vergütung leistungsbezogen**, d. h. eine feste Vergütung ebenso wie eine variable Vergütung.

39 Die Kriterien, nach denen sich eine Tantieme bemisst, sind vom Aufsichtsrat für jedes einzelne Vorstandsmitglied und vom Vorstand für die tantiemeberechtigten Mitarbeiter festzulegen. Bei **quantitativen Zielkriterien** geht es regelmäßig um **unternehmensbezogene Kennzahlen**. Kriterien, die die Praxis verwendet, sind z. B. nach bestimmten betriebswirtschaftlichen „Formeln" berechnete – z. B.

[60] EBA/GL/2015/22, 22.

[61] Siehe ausf. unten Rn. 72.

[62] Vgl. zu einer umfassenden empirischen Untersuchung der Vergütung im DAX und MDAX *Götz/Friese* CF 2015, 306, 310. Im Schnitt wird für die individuelle Bemessung auf 3,2 Kennzahlen zurückgegriffen.

gewinnbezogene – Zahlen,[63] die Solvabilitätsquote, die Combined Ratio, näher definierte Neugeschäfts- und Stornoquoten, der Verwaltungsaufwand, der Deckungsbeitrag, das Jahresergebnis eines Konzerns, das Cross-Selling in der Unternehmensgruppe oder das Risikokapital und seine Änderung. Häufig sind solche Kennzahlen kombiniert mit Benchmark-Kennziffern wie den entsprechenden Kennzahlen in einem definierten Markt oder einer Gruppe vergleichbarer Unternehmen.

Qualitative Zielkriterien sind immer zugleich **nichtfinanzielle Kriterien**. Praktische Beispiele 40 solcher Kriterien liegen in Teamfähigkeit und Teambildung, Besetzung bestimmter Stellen, Innovationstätigkeit, Nachwuchsförderung, Vorbildfunktion, Mitarbeiterzufriedenheit, Leadership, Ranking des Unternehmens als attraktiver Arbeitgeber und nicht zuletzt der Fortschritt oder die Beendigung bestimmter Projekte sowie die Fortschreibung und die Verwirklichung der Unternehmensstrategie.

Die Erläuterung Nr. 2.37 in **EIOPA**-Final Report on Consultation No. 14/017 zu Leitlinie 9 41 betreffend die Vergütungspolitik fordert für variable Vergütungen, die an die Leistung eines Einzelnen anknüpfen, ein „Set von **Kriterien**, das die Beachtung von Risikomanagement und Compliance einschließt." Da Art. 275 Solva II-VO solche Vorgaben nicht kennt, bedarf es der Aufnahme derartiger Individualziele in Zielvereinbarungen nicht. Sie wäre sachlich und rechtlich zudem verfehlt, da die Compliance aufgrund der Legalitätsbindung ohnehin Pflicht jeder Person ist, die für ein Unternehmen tätig ist, und das Inaussichtstellen von zusätzlichen Vergütungsteilen für eine solche Compliance falsche Verhaltensanreize – auch im Verhältnis zu nicht entsprechend „belohnten" Mitarbeitern – setzt. Speziell für Mitarbeiter in der Compliance-Funktion sind dagegen compliancebezogene Individualziele, die über die für jeden Mitarbeiter geltende Pflicht zur Beachtung der Compliance hinausgehen, rechtlich zulässig.

Von den Jahrestantiemen zu unterscheiden sind die **Ermessenstantiemen** oder auch appreciation 42 awards. Dabei handelt es sich um die ex post-Gewährung eines Sonderbonus für außerordentliche Leistungen. Derartige Boni sind meist nur bei Vorstandsmitgliedern und auch hier in der Praxis sehr selten zu finden. Dienstvertragsrechtlich geht es um ein einseitiges Leistungsbestimmungsrecht i. S. v. § 315 BGB,[64] das der Aufsichtsrat nach pflichtgemäßem Ermessen gegenüber einem Vorstandsmitglied ausübt. **Gesellschaftsrechtlich** ist die Gewährung einer Ermessenstantieme zulässig, wenn sie – einschließlich des erforderlichen Leistungskriteriums – im Dienstvertrag geregelt ist.[65] Art. 275 Abs. 2 lit. a Solva II-VO geht davon aus, es müsse den Unternehmen möglich sein, „eine völlig flexible Bonuspolitik anzuwenden". **Aufsichtsrechtlich** sind Ermessenstantiemen daher nicht per se unzulässig. Ihre Verankerung im Vergütungssystem und ihre tatsächliche Gewährung sind allerdings erheblich – und zu Recht – erschwert dadurch, dass auch für sie die Regeln einzuhalten sind, die für variable Vergütungen gelten. Dies betrifft z. B. die Forderung nach Transparenz, nach einem aufgeschobenen Teil und nach einer Abwärtskorrekturmöglichkeit.

Keine variable Vergütung ist dagegen eine sog. **garantierte oder feste Tantieme**. Dabei handelt es 43 sich um die Zusage, einen bestimmten Prozentsatz der höchstmöglichen variablen Vergütung unabhängig von der Erreichung der vereinbarten Ziele in jedem Fall zu bezahlen. Eine solche Zusage führt rechtlich zur Qualifizierung der Vergütung als Festvergütung. Folge hiervon ist, dass das für variable Vergütungen geltende Vergütungsrecht auf diesen Teil einer Tantieme unanwendbar ist.

dd) Aktienoptionspläne. Bei Aktiengesellschaften kann eine **variable Vergütung** auch **aktienbasiert** erfolgen. Solche Aktienoptionspläne (stock options) knüpfen an die Werthaltigkeit der Aktien 44 des Unternehmens an. Bei börsennotierten Unternehmen sind solche Pläne durchaus verbreitet. Sie dienen im Wesentlichen dazu, die erbrachte Leistung an dem Unternehmenserfolg zu messen und zusätzliche Anreize zur Berücksichtigung des Shareholder Value zu schaffen. Bei der Aktiengesellschaft besteht eine Zuständigkeit der Hauptversammlung nach § 193 Abs. 2 Nr. 4 AktG. Danach beträgt die Haltefrist mindestens vier Jahre, um einer zu kurzfristigen Orientierung entgegen zu wirken. Gleichwohl können stock options zu sog. windfall profits führen, bei denen der Betroffene von einer allgemeinen oder außerordentlichen Marktentwicklung profitiert, anstatt für eine eigene Leistung belohnt zu werden. Dem kann ein Benchmarking begegnen, bei welchem etwa die Kursentwicklung im Verhältnis zu einem allgemeinen Index oder Branchenindex als Erfolgszielbestimmung gewählt ist.

3. Vergütungsparameter. a) Angemessenheit. aa) Allgemeines. Der deutsche Gesetzgeber hat 45 den Wortlaut von **§ 25 Abs. 1 VAG** im Verhältnis zur Vorgängernorm § 64b Abs. 1 VAG a. F. insbesondere mit Blick auf die Anforderungen der Angemessenheit, Transparenz und Nachhaltigkeit

[63] Zu Kriterien der wertorientierten Unternehmenssteuerung wie Discounted Cash Flow (DCF), Economic Value Added (EVA) oder Return on Risk Adjusted Capital (RORAC) vgl. ausf. z. B. *Rohlfs/Brandes/Kaiser/Pütz* Risikomanagement im Versicherungsunternehmen 2016, S. 51 ff., 252 ff.; *Nguyen/Romeike* Versicherungswirtschaftslehre 2013, S. 493 ff.; *Hübel* Aufsichtsrechtliche Eigenmittelanforderungen an Kompositversicherungsunternehmen unter Solvency II nach dem Standardmodell 2013, S. 27 ff.; *Schradin* in: Langheid/Wandt (Hrsg.) MüKo-VVG, 2. Aufl. 2017, Band 3, Versicherungsbetriebslehre Rn. 44 f.

[64] Vgl. zur Leistungsbestimmung nach billigem Ermessen bei Boni von Unternehmensmitarbeitern BAG Urt. v. 3.8.2016 – 10 AZR 710/14, WM 2016, 2119.

[65] Vgl. *Dreher* AG 2006, 213, 218; *Fleischer/Bauer* ZIP 2015, 1901, 1905; *BGH* Urt. v. 21.12.2005 – 3 StR 470/04, BGHSt 50, 331 = ZIP 2006, 72 = NJW 2006, 522 – Mannesmann.

unverändert gelassen. Der Begriff der Angemessenheit taucht in den vergütungsspezifischen Regelungen der **Art. 258 und 275 Solva II-VO** allerdings an keiner Stelle auf. Den dortigen Anforderungen an die Vergütungsleitlinien und Vergütungspraktiken versucht § 25 Abs. 1 VAG zwar durch den Gebrauch eben jener unbestimmten Rechtsbegriffe Rechnung zu tragen. Mit Blick auf die unmittelbare Geltung der Solva II-VO sind die nationalen Regelungsaktivitäten zur Vergütung allerdings ebenso verwunderlich wie sie zu Fragen nach ihrer Europarechtskonformität[66] im Allgemeinen und nach ihrer Notwendigkeit im Besonderen führen.

46 Unabhängig von der terminologischen Abweichung von den europarechtlichen Regeln durch den Begriff der **Angemessenheit** in § 25 Abs. 1 VAG ist dieses Vorgehen im Ergebnis rechtlich nicht zu beanstanden. Der Gesetzgeber knüpft damit nicht nur an die Vorfassung der VAG-Regelung, sondern – wie schon diese – vor allem an den **Zentralbegriff des deutschen Vergütungsrechts** in §§ 87, 113 AktG an. Da die Angemessenheit ihrerseits Bezugspunkte benötigt und sich solche, insbesondere mit dem Risikobezug und dem Unternehmensbezug nach Art. 275 Solva II-VO, aus dem europäischen Vergütungsrecht ergeben, führt eine so verstandene Begriffsverwendung des deutschen Gesetzgebers nicht zu einer Abweichung von den europäischen Vorgaben. Auch die Erläuterung Nr. 2.38 im EIOPA-Final Report on Consultation No. 14/017 zu Leitlinie 9 betreffend die Vergütungsleitlinien nennt demgemäß als Kriterium für ihre Überwachung in einem Unternehmen das der Angemessenheit.

47 Die Begriffe der Angemessenheit, Nachhaltigkeit und Transparenz sind im Lichte des Normzwecks[67] auszulegen, um so den – zudem vollharmonisierenden –[68] **europarechtlichen Vorgaben** zu genügen. Zu fragen ist also, inwieweit es sich in concreto (noch) um eine europarechtskonforme Konkretisierung handelt, (schon) um eine Regelung, die europarechtswidrig ist, oder aber um eine „nur" redundante, narrative Regelung. Dies ist für jede nationale Vergütungsregelung gesondert zu prüfen.[69]

48 Im Ergebnis unterscheidet sich das Kriterium der Angemessenheit in § 25 Abs. 1 VAG nicht von dem in § 87 Abs. 1 AktG. Auf die Auslegung und Anwendung des Kriteriums nach dieser Regelung[70] lässt sich daher im Rahmen der **Angemessenheitsprüfung** nach § 25 Abs. 1 VAG zurückgreifen. Dies gilt insbesondere für die dabei besonders wichtigen **horizontalen und vertikalen Vergütungsvergleiche**.[71]

49 Ein noch ungelöstes Problem liegt in der Anwendung des Vergütungsrechts auf Gruppenebene[72] speziell auf **Asset Management-Gesellschaften.**[73] Die dort üblichen Vergütungsgestaltungen[74] passen nicht in das System von Vergütungsleitlinien und Vergütungspraktiken, die Art. 275 Solva II-VO und § 25 VAG – insbesondere hinsichtlich Vergütungshöhe und Angemessenheit – im Auge haben. Dies gilt erst recht, wenn es um Vermögensanlagegesellschaften im angloamerikanischen Rechtsraum geht.

50 **bb) Höchstgrenze.** Weder das europäische noch das deutsche Versicherungsaufsichtsrecht kennt eine **allgemeine Höchstgrenze** für die jährliche Vergütung bestimmter Personen in Versicherungsunternehmen. Die **EU-Kommission** hat sich sogar mangels entsprechender Vorgaben in der Solva II-RL **ausdrücklich nicht als ermächtigt angesehen**, sog. **caps** zur quantitativen Begrenzung von Vergütungen in der Solva II-VO zu **normieren.**[75] Darin liegt – wie bereits ausgeführt –[76] ein fundamentaler Widerspruch zum Erlass von Art. 275 Solva II-VO durch die EU-Kommission ohne Ermächtigungsgrundlage in der Solva II-RL. Die EU-Kommission hat in ihrem Impact Assessment[77] folgendes festgestellt: „Regarding remuneration, since the Directive is silent on this issue, **the Commission could** decide to **act** on other elements of the system of governance but **not on remuneration**. However the objective to promote sound and transparent remuneration practices only emerged after the Directive was completed in 2009, and was clearly announced in the Recommendation of 2009 and Green paper on corporate governance in financial institutions and remuneration policies of 2010, mentioned in the previous section. The issue of remuneration has since been tackled in legislation for other financial sectors, and the Green paper of 2010, in particular, called for similar legislative action in

[66] Siehe hierzu jeweils die Ausführungen im Rahmen der Einzelerläuterungen.

[67] Siehe oben Rn. 14 ff.

[68] So auch *Grund/Schöps* in: Dreher/Wandt 2016, S. 3, 15: „auf dem Gebiet der Vergütung ist davon auszugehen, dass eine Vollharmonisierung angestrebt ist".

[69] Zwar stellt sich die Frage für alle Vorschriften, insbesondere aber bei Generalklauseln aufgrund ihres gesteigerten Grads an Ausfüllungsbedürftigkeit.

[70] Siehe unten Rn. 206 ff.

[71] Dazu ausf. *Hasse* in: Annuß/Früh/Hasse, B § 25 VAG Rn. 32 f.

[72] Vgl. unten Rn. 159 ff.

[73] Vgl. unten Rn. 171 und § 32 VAG Rn. 117.

[74] So soll *Bill Gross* bei Pimco LLC als Tochtergesellschaft der Allianz SE nach Presseberichten – vgl. z. B. *Jost* Die Welt online v. 15.11.2014: „So begründet die Allianz Bill Gross' Mega-Gehalt" – im Jahr 2013 Bezüge von insgesamt 290 Mio $ und sein Co-Chef *El-Erian* von insgesamt 230 Mio $ erhalten haben. Von dem Anlagevolumen von damals mehr als 1 Billion $ entfielen wohl ca. ¾ auf den Versicherten zurechenbare Gelder.

[75] Commission Staff Working Document, Impact Assessment SWD(2014) 309 final v. 10.10.2014 zu dem Entwurf der Solva II-VO bei 5.4.: „the Delegated Acts for Solvency II therefore cannot go as far as CRD IV in imposing quantitative limits on remuneration, since this would require a specific empowerment in the Directive".

[76] Siehe oben Rn. 22.

[77] SWD(2014) 309 final v. 10.10.2014 bei 3.4, 23 (Hervorhebungen nur hier).

the insurance sector. Almost four years have elapsed since then, due to the delays in concluding the Omnibus II directive, therefore the Delegated Acts are the appropriate instrument to act on remuneration in the insurance sector". Im Ergebnis beansprucht die Kommission also eine Regelungszuständigkeit für Vergütungsrecht bei Versicherungsunternehmen ohne jede Rechtsgrundlage ausschließlich deshalb, weil Vergütungsregelungen im Finanzdienstleistungssektor Gegenstand der politischen Agenda sind.

Im Bereich der **Kreditinstitute**[78] gibt es seit der Einführung von § 10 Abs. 2b FMStFG eine Jahresobergrenze i. H. v. 500.000 EUR. Davon betroffen sind solche Unternehmen, die u. a. Stabilisierungsmaßnahmen nach § 7 FMStFG in Anspruch genommen haben. Weitergehend gilt im Anwendungsbereich des KWG ein sog. cap nach § 25a Abs. 5 S. 1 KWG: Die variable Vergütung darf 100 % der fixen Vergütung für jeden einzelnen Mitarbeiter oder Geschäftsleiter nicht überschreiten. Dies steht jedoch zur Disposition der Anteilseigner, die nach § 25a Abs. 5 S. 5 KWG mittels eines Beschlusses die Grenze auf 200 % erhöhen können.[79] 51

In seinem Anwendungsbereich sollte nach Ziff. 4.2.3 Abs. 2 S. 6 **DCGK** eine „betragsmäßige Höchstgrenze" gelten. Während für ein solches unternehmensindividuelles und personenbezogenes cap in den davon regelmäßig allein betroffenen Vorstandsverträgen gute Gründe sprechen, gilt das Gegenteil für ein gesetzlich zwingendes Vergütungscap.[80] 52

b) Nachhaltigkeit. Über den **unbestimmten Rechtsbegriff** der Nachhaltigkeit in § 25 Abs. 1 VAG schweigt sich das VAG ebenfalls aus. Art. 275 Solva II-VO verwendet ihn noch nicht einmal. Fraglich ist, ob „nachhaltig" in einem rein zeitlichen Sinn als Gegensatz zu „kurzfristig" und folglich als Synonym für „längerfristig" zu verstehen ist.[81] Ein solches Verständnis könnte § 87 Abs. 1 S. 2 und 3 AktG nahelegen, der insoweit unmittelbar nur für börsennotierte Gesellschaften gilt. Dort wird in S. 2 eine „nachhaltige" Ausrichtung gefordert. Im anschließenden S. 3 wird gefolgert, dass „daher" eine mehrjährige Bemessungsgrundlage maßgeblich sei. Auf der Grundlage eines solchen Verständnisses würde § 25 Abs. 1 VAG die Anforderungen aus Art. 275 Abs. 1 lit. a Solva II-VO aufgreifen. Danach müssen die Vergütungsleitlinien und die Vergütungspraxis u. a. im Einklang mit „den langfristigen Interessen und der langfristigen Leistung des Unternehmens geschaffen" werden. Dies würde zu einem rein zeitbezogenen, d. h. quantitativen Verständnis des Begriffs führen. 53

Im Ergebnis sind die Begriffe nachhaltig und lang- bzw. längerfristig nicht deckungsgleich. Dies deutet die Gesetzesbegründung zum VersAnfG mit der Forderung an, „den langfristigen und nachhaltigen Unternehmenserfolg" nicht „aus dem Blick zu verlieren".[82] Darin liegt nicht lediglich eine Doppelung ohne inhaltliche Differenzierung. Vielmehr hat der Begriff der **Langfristigkeit** einen allein zeitlich-**quantitativen** und der der **Nachhaltigkeit** einen **qualitativen Charakter** einschließlich einer zeitlichen Komponente. Konkret geht es im Rahmen der Nachhaltigkeit also um Vermeidung von Fehlanreizen bei der Risikoorientierung und -neigung,[83] um dauerhaftes Wachstum und Rentabilität sowie um mittel- und langfristige Existenzsicherung. Auch die zutreffende Auslegung von § 87 Abs. 1 S. 2 und 3 AktG basiert auf einem solchen Verständnis.[84] Art. 275 Abs. 1 lit. a Solva II-VO geht dagegen im Wortlaut nur von einer „langfristigen" Ausrichtung bei den Vergütungsleitlinien aus. Dies deckt sich mit dem makroökonomischen Nebenziel der Finanzmarktstabilität.[85] Bei der Nachhaltigkeit kommt es also zwar nicht darauf an, ob der Empfänger kurzfristige oder langfristige Zielvorgaben erhält oder ob sich diese an kurzfristigen oder langfristigen Parametern orientieren. Nachhaltig ist eine Vergütung, wenn der kurzfristige Erfolg nicht auf Kosten der Substanz des Unternehmens erzielt wird. Ihm darf die Grundlage für das weitere Wirtschaften nicht entzogen werden.[86] Da nur eine nachhaltige Vergütungspolitik „klar, transparent und wirksam" i. S. d. Art. 275 Abs. 1 lit. e Solva II-VO ist sowie umgekehrt das Gleiche gilt, ergibt sich mit einem solchen Vergütungsparameter im Ergebnis aber **kein Widerspruch zu Art. 275 Solva II-VO.** 54

[78] Vgl. dazu ausf. *Schröder* JZ 2016, 556 ff.

[79] Den zugrundeliegenden Art. 94 Abs. 1 lit. g CRD IV-RL (RiLi 2013/36/EU) hatte das Vereinigte Königreich vor dem EuGH als europarechtswidrig beanstandet. Die Klage wurde kurz nach einem entgegengesetzten Schlussantrag von GA Jääiskinen v. 20.11.2014, Rs. C-507/13, zurückgenommen.

[80] Vgl. ausf. schon *Dreher* in RWS-Forum Gesellschaftsrecht 2003, S. 203, 213 ff.

[81] So *Hasse* in: Annuß/Früh/Hasse, B § 25 VAG Rn. 27; *Sammet*, S. 44.

[82] Begr. RegE VergAnfG, BT-Drs. 17/1291, 9 l. Spalte zweiter Absatz.

[83] Nicht auf eine nachhaltige Entwicklung des Unternehmens gerichtet sind daher den LVRG-Vorgaben widersprechende, überhöhte Provisionszahlungen an Vermittler oder eine unternehmensindividuell unangemessen hohe Überschussbeteiligung; derartiges Verhalten muss sich daher auf die variable Vorstandsvergütung auswirken, vgl. *Dreher* ZfV 2016, 209 f.

[84] Vgl. dazu und zu dem Verständnis der Nachhaltigkeit in Ziff. 4.2.3 UAbs. 2 DCGK, das dem des Begriffs im AktG folgen soll, z. B. *Fuhrmann* in: ders./Linnertz/A. Pohlmann (Hrsg.), DCKG, 2016, Ziffer 4 Rn. 185 f., 191; zu der Nachhaltigkeit der Vergütung im Bankaufsichtsrecht vgl. *Glasow* in: Bauer/Schuster (Hrsg.) Nachhaltigkeit im Bankensektor 2016, S. 105, 116 ff.; Zu neuen europäischen Regelungsvorhaben mit Bezug auf nichtfinanzielle Nachhaltigkeitskriterien im allgemeinen Gesellschaftsrecht vgl. *Velte* NZG 2016, 294 ff. m. w. N.

[85] Siehe oben Rn. 16.

[86] Vgl. *Sammet*, S. 40.

55 **c) Klarheit, Transparenz und Wirksamkeit (Art. 275 Abs. 1 lit. e Solva II-VO). aa) Transparenz und Klarheit.** Anders als das Angemessenheitserfordernis ist in Art. 275 Solva II-VO das der **Transparenz** explizit genannt. Konkret fordert Art. 275 Abs. 1 lit. e Solva II-VO, dass es einer „transparenten […] Governance in Bezug auf die Vergütung" bedarf. Darüber hinaus sieht Art. 275 Abs. 1 lit. g Solva II-VO vor, dass die Vergütungsleitlinien allen Personalangehörigen des Unternehmens offengelegt werden.[87]

56 Dem Wortsinn nach bedeutet die Forderung nach einer „transparenten" Vergütungsgovernance, dass diese erkennbar und damit auch verständlich ist. Anders als lit. g, wonach die Offenlegung für „alle Personalangehörigen" gilt, verfolgt die Regelung in lit. e einen spezifisch aufsichtsrechtlichen Zweck. Einerseits verpflichtet sie die Unternehmensorgane auf eine entsprechende Vergütungsgovernance und andererseits ermöglicht sie der Versicherungsaufsichtsbehörde eine wirksame Beaufsichtigung.[88] Von lit. e gefordert ist daher nur, die Leitlinien der Vergütung in dem betreffenden Unternehmen, d. h. die **allgemeine Vergütungspolitik**, erkennen und bewerten zu können, nicht aber die konkrete Vergütungsstruktur.

57 Die **konkreten Vergütungspraktiken** sind systematisch getrennt durch Art. 275 Abs. 2 Solva II-VO erfasst. Denn nur dieser Regelungsteil nimmt Bezug auf die „spezifischen Vereinbarungen" i. S. v. Abs. 1 lit. c.

58 Darüber hinaus sollen die Betroffenen durch das Erfordernis der **Klarheit** darüber informiert werden, auf welchen allgemeinen Grundlagen die eigene Vergütung beruht und welche die maßgeblichen Vergütungsparameter sind. Auf diese Weise ist zugleich das Kriterium der **Wirksamkeit** erfüllt. Eine klare, transparente Vergütungsgovernance führt nämlich zu entsprechenden Verhaltensanreizen für die Unternehmensmitarbeiter. Schon unter der früheren VersVergV wurde das Transparenzerfordernis überwiegend in dem Sinn interpretiert.[89] De lege lata kommt dies im Zusammenspiel von Art. 275 Abs. 1 lit. e und lit. g Solva II-VO deutlich zum Ausdruck.

59 **bb) Vergütungspolitik und Vergütungspraktiken.** Die in Art. 275 Abs. 1 Solva II-VO enthaltenen Vergütungsgrundsätze korrespondieren mit dem in Art. 258 Abs. 1 lit. l Solva II-VO aufgestellten Erfordernis **schriftlich fixierter Vergütungsleitlinien**, d. h. der Forderung nach Vergütungsleitlinien i. S. v. § 23 Abs. 3 VAG. Die Grundsätze sind allgemein gefasst und zielen auf die Vergütungspolitik insgesamt ab. Sie müssen nach Art. 275 Abs. 1 lit. a Solva II-VO „im Einklang mit der Geschäfts- und Risikomanagementstrategie des Unternehmens, seinem Risikoprofil, seinen Zielen, seinen Risikomanagementpraktiken sowie den langfristigen Interessen und der langfristigen Leistung des Unternehmens als Ganzes" stehen. Diese Anforderung erläutert EIOPA LL Governance 9 Nr. 2.35 lit. b Explanatory Text BoS-14/253. Danach muss sich die Vergütungspolitik insgesamt auch nach der Risikopolitik und den das Risiko des Unternehmens betreffenden Toleranzschwellen richten.

60 In den Vorgaben für die Vergütungsleitlinien und die Vergütungspraktiken kommen die Risikoausrichtung und der Proportionalitätsgedanke gleichermaßen zum Ausdruck. Die Vergütungsleitlinien und die Vergütungspraktiken müssen daher das **spezifische Risikoprofil** eines Versicherungsunternehmens widerspiegeln. Maßgeblich ist also der individuelle Risikozuschnitt des Unternehmens. Die Vergütungsgrundsätze tragen dadurch den Besonderheiten des Risikozuschnitts des Unternehmens Rechnung und unterscheiden sich von Vergütungssystemen anderer Unternehmen mit divergierendem Risikozuschnitt. Konsequent, aber tautologisch fordert Art. 275 Abs. 1 lit. b Solva II-VO des Weiteren, dass die Vergütungsleitlinien „ein solides und wirksames Risikomanagement" fördern und nicht „zur Übernahme von Risiken, die die Risikotoleranzschwellen des Unternehmens übersteigen", ermutigen.

61 Art. 275 Abs. 1 lit. c Solva II-VO schreibt ferner vor, dass die Vergütungsleitlinien „für das Unternehmen als Ganzes" gelten und **„spezifische Vereinbarungen"** vorzusehen haben. Sie müssen den „Aufgaben und der Leistung" der betroffenen Personengruppen Rechnung tragen. Was konkret Inhalt der „spezifischen Vereinbarungen" sein soll, ergibt sich aus Art. 275 Abs. 2 Solva II-VO.

62 **cc) Interessenkonflikte.** Nach Art. 275 Abs. 1 lit. a Solva II-VO sind im Rahmen der Vergütungspolitik „Maßnahmen zur Vermeidung von Interessenkonflikten" zu treffen. Leitlinie 9 Nr. 2.35 (c) Explanatory Text BoS-14/253 zu EIOPA LL-Governance (BaFin-Übersetzung) bestimmt den **Personenkreis**, bei dem vor allem Interessenkonflikte entstehen können:

„i. für die einzelnen Personen, die die Vergütungspolitik festlegen und die Vergütungspolitik und Vergütungsverträge genehmigen und überprüfen;
ii. für die Mitarbeiter, die für den Vertrieb oder den Abschluss erheblicher neuer Geschäfte vergütet werden, die das Risikoprofil des Unternehmens berühren könnten;
iii. für Vermögensverwalter."

---

[87] Vgl. zu den entsprechenden bankaufsichtsrechtlichen Regelungen § 13 InstitutsVergV und die Auslegungshilfe der BaFin zur InstitutsVergV v. 1.1.2014.
[88] Zu der Vergütungspublizität für Dritte vgl. unten Rn. 199 ff.
[89] Vgl. z. B. *Sammet*, S. 72.

dd) Überwachung. Art. 275 Abs. 1 lit. d Solva II-VO schreibt vor, dass mit der Entscheidung über die Vergütung „für diejenigen Mitarbeiterkategorien, deren Tätigkeiten das Risikoprofil des Unternehmens maßgeblich beeinflussen", zugleich auch die Verantwortung „für die **Überwachung der Umsetzung der Vergütungsleitlinien**" einhergeht. In einem allgemeineren Sinne fordert sodann Art. 275 Abs. 1 lit. e Solva II-VO – wie bereits ausgeführt – die „Überwachung der Vergütungsleitlinien" im Rahmen „einer klaren, transparenten und wirksamen Governance in Bezug auf die Vergütung". Schließlich soll der optionale Vergütungsausschuss nach Art. 275 Abs. 1 lit. f Solva II-VO dem zuständigen Organ „Unterstützung bei der Überwachung der Vergütungsleitlinien und Vergütungspraktiken" leisten. 63

In dem deutschen dualistischen System bestehen derartige Überwachungspflichten ohnehin bereits de lege lata aufgrund des Legalitätsprinzips. Sie sind dem jeweils zuständigen Organ, also dem **Aufsichtsrat** im Verhältnis zu Mitgliedern des Vorstands und dem **Vorstand** im Verhältnis zu ihm nachgeordneten Mitarbeitern, zugeordnet. Soweit Art. 258 Abs. 6 Solva II-VO von den Versicherungsunternehmen eine regelmäßige Überwachung der „Angemessenheit und Wirksamkeit ihres Governance-Systems" verlangt und damit auch das Vergütungssystem einschließt, folgen daraus keine zusätzlichen Anforderungen. 64

Die Erläuterung Nr. 2.38 **EIOPA**-Final Report on Consultation No. 14/017 zu Leitlinie 9 betreffend die Vergütungspolitik fordert eine Überwachung daraufhin, ob Vergütungen angemessen sind, „alle" gegenwärtigen und künftigen Risiken sowie Unsicherheiten berücksichtigt sind, die Vergütungspolitik nicht durch Aktivitäten von Mitarbeitern unterlaufen wird und die Vergütungspolitik die Solvabilität, das Risikoprofil und die langfristigen Ziele des Unternehmens widerspiegelt. Soweit diese Forderungen nicht unrealistisch-überschießend sind, wie diejenige nach Berücksichtigung aller Risiken, erschöpfen sie sich in einer teilweisen Wiederholung des Normgehalts von Art. 275 Solva II-VO. 65

d) Leistungsbezug. Art. 275 Solva II-VO enthält mehrfach den **Begriff der Leistung**. Eine Entsprechung in § 25 VAG fehlt. Ein Leistungsbezug im Zusammenhang mit der Vergütung findet sich hingegen in § 87 Abs. 1 S. 1 AktG. Hintergrund ist, dass beide Regelungsbereiche durch Prinzipien und Standards des FSB geprägt sind. 66

Gemäß Art. 275 Abs. 2 lit. b Solva II-VO soll, sofern die „variable Vergütung leistungsbezogen" ist, der Gesamtbetrag der Vergütung „auf einer Kombination aus der Bewertung der **Leistung des Einzelnen** sowie des betreffenden **Geschäftsbereichs** einerseits und dem Gesamtergebnis des **Unternehmens** oder der **Gruppe**, der das Unternehmen angehört, andererseits" beruhen.[90] Das soll verhindern, dass nur ein kleiner Ausschnitt aus der Gesamtleistung Grundlage für die Vergütung der Betroffenen ist. Die eigene Vergütung soll nicht durch ein Verhalten übermäßig gesteigert werden, das lediglich für den eigenen, unmittelbaren Zuständigkeitsbereich förderlich, für andere Bereiche hingegen nachteilig ist. 67

Die Feststellung der Leistung soll gemäß Leitlinie 9 Nr. 2.37 Explanatory Text BoS-14/253 zu **EIOPA**-LL Governance anhand einer Reihe von **Kriterien** erfolgen. Insbesondere soll dabei berücksichtigt werden, inwieweit der Betroffene den Vorgaben des Risikomanagements und der Compliance entsprochen hat. Dass derartige Forderungen nicht nur rechtlich ohne Grundlage, sondern auch sachlich verfehlt sind, wurde bereits zuvor ausgeführt.[91] 68

Missverständlich ist die konditionale Formulierung von Art. 275 Abs. 2 lit. b Solva II-VO. Den Fall, dass eine variable Vergütung nicht leistungsbezogen ist, gibt es nämlich nicht. **Jede variable oder fixe Vergütung** muss einen **Leistungsbezug haben.**[92] Reine Ermessenstantiemen, d. h. eine fehlende Verankerung im Dienstvertrag und/oder ein fehlendes, leistungsbezogenes Kriterium für deren Gewährung, sind – in den Worten des BGH im Mannesmann-Urteil – Ausdruck einer „Gutsherrenart" und daher rechtlich unzulässig.[93] 69

Fraglich ist, inwieweit sich die Beurteilung einer Leistung und damit die Zahlung einer variablen Vergütung stets an der genannten **Anforderungstrias** – Leistung des Einzelnen, seines Geschäftsbereichs und Gesamtergebnis des Unternehmens oder der Gruppe – zu orientieren hat. Konkret geht es z. B. darum, ob es nicht etwa möglich ist, ausschließlich auf den individuellen Erfolgsbeitrag einer Person abzustellen. Vor dem Hintergrund der bisherigen Ausführungen zu dem zwingenden Leistungsbezug einer jeden variablen Vergütungskomponente und insbesondere auch mit Blick auf den Wortlaut von Art. 275 Abs. 2 lit. b Solva II-VO ist eine ausschließlich an Individualziele geknüpfte variable Vergütung unzulässig. Telos der Vorschrift ist, die „Abkopplung" individueller Leistungen insbesondere von dem Unternehmensergebnis zu vermeiden. Des Weiteren wird nur eine solche Auslegung dem Parameter der Nachhaltigkeit gerecht. Jenseits dessen erscheint es sachgerecht, in geeigneten Fällen von der Anforderungstrias abweichen zu können. Ein Beispiel dafür bietet die variable Vergütung der Inhaber der 70

[90] Vgl. in Bezug auf § 4 Abs. 3 Nr. 1 Hs. 1 VersVergV a. F. *Zöbeley*, S. 299 ff.
[91] Siehe oben Rn. 41.
[92] Siehe oben Rn. 38.
[93] Siehe oben Rn. 42.

Schlüsselfunktionen. Sie soll nach Art. 275 Abs. 2 lit. h Solva II-VO „unabhängig von der Leistung der ihrer Kontrolle unterstehenden operativen Einheiten und Bereiche" sein.[94]

71 **e) Reine Festvergütung.** Umstritten ist die rechtliche Zulässigkeit einer reinen Festvergütung, auch Fixvergütung genannt. **Aktienrechtlich** ist die Frage in Bezug auf Vorstandsmitglieder nach § 87 AktG zu bejahen.[95]

72 **Versicherungsaufsichtsrechtlich** wurde vor Geltung der Solva II-Regelungen auf der Grundlage von § 4 Abs. 2 S. 1 VersVergV a. F. die Zulässigkeit reiner Festvergütungen in den davon erfassten Unternehmen verneint, in allen anderen hingegen in analoger Anwendung von § 87 AktG bejaht.[96] Zwar ist jede Vergütung leistungsorientiert.[97] Allerdings bildet nur eine an Individualzielen orientierte Vergütung die individuelle Leistung als solche ab. Einen rechtlichen Zwang zur Verwendung (auch) solcher Ziele gibt es jedoch nicht. Für Mitarbeiter der Schlüsselfunktionen ist die Verwendung bestimmter Ziele nach Art. 275 Abs. 2 lit. h Solva II-VO sogar unzulässig. Schon nach dem Wortlaut und der Regelungssystematik von Art. 275 Solva II-VO besteht daher **keine Notwendigkeit**, einen **variablen Vergütungsteil vorzusehen**.[98] Art. 275 Abs. 2 lit. a Solva II-VO ermöglicht den Unternehmen sogar eine „völlig flexible Bonuspolitik (…), einschließlich der Möglichkeit, überhaupt keine variablen Vergütungsbestandteile zu zahlen". Auch daraus folgt die Möglichkeit einer reinen Fixvergütung. Vereinzelt wird diese Regelung dennoch nur als Möglichkeit zur Reduzierung einer vorab bereits vereinbarten variablen Vergütung „auf Null" verstanden.[99] Lit. a sei eine spezifische Regelung zur ex post Anpassung der Vergütung, d. h. in concreto zur Anpassung des variablen Teils. Die These übersieht neben dem zuvor Ausgeführten auch, dass der Gesetzgeber die Herabsetzung der variablen Vergütung, u. U. auf den Wert „Null", in Art. 275 Abs. 2 lit. e Solva II-VO speziell geregelt hat.

73 **f) Aufgeschobene Vergütungskomponente (Art. 275 Abs. 2 lit. c Solva II-VO).** Nach Art. 275 Abs. 2 lit. c Solva II-VO muss im Sinne einer sog. **deferred compensation** ein **„wesentlicher Teil des variablen Vergütungsbestandteils"** – unabhängig von der Form, in der er gezahlt wird – „eine flexible, aufgeschobene Komponente enthalten, die der Art und dem Zeithorizont der Geschäftstätigkeiten des Unternehmens Rechnung trägt; der Zeitaufschub muss mindestens drei Jahre betragen und der Zeitraum muss ordnungsgemäß auf die Art des Geschäfts, die Risiken und die Tätigkeiten der betreffenden Mitarbeiter abgestimmt sein." Darin liegt zum einen der – untaugliche – Versuch, durch die Vermeidung eines verhältnismäßig zu großen Anteils der jährlich auszubezahlenden variablen Vergütungskomponente einer Ausuferung der Gesamtvergütung vorzubeugen und damit mittelbar einen Cap einzufügen. Zum anderen und vor allem dient der Zeitaufschub einer angemessenen und damit nachhaltigen Vergütung. Schließlich verlagert die Regelung einen Teil des Insolvenzrisikos für den betroffenen Zeitraum auf die von ihr erfassten Personen.

74 Soweit es nicht um Organmitglieder, Hauptbevollmächtigte und Schlüsselfunktionsinhaber, sondern um sonstige **Mitarbeiter** eines beaufsichtigten Unternehmens geht, ist der **persönliche Anwendungsbereich** von Art. 275 Abs. 1 lit. c, Abs. 2 Solva II-VO zu klären. Er ist in zutreffender europarechtlicher Auslegung unter Ausklammerung der Mitarbeiter im Übrigen – und entgegen der auf alle Mitarbeiter bezogenen Formulierung in § 25 Abs. 1 VAG – auf sog. Risk-Taker begrenzt.[100] Denn nur für sie fordert Art. 275 Abs. 1 lit. c, Abs. 2 Solva II-VO bei variablen Vergütungen „spezifische Vereinbarungen" mit einer „aufgeschobenen Komponente". Diejenigen Mitarbeiter, die nur eine relativ **geringe variable Vergütung** erhalten, sind daher schon faktisch **regelmäßig nicht tatbestandliche Adressaten** der Forderung nach einer aufgeschobenen Vergütungskomponente.

75 Von großer praktischer Relevanz ist in diesem Kontext die Frage nach der **Konkretisierung des Begriffs „wesentlich"** in Art. 275 Abs. 2 lit. c Solva II-VO. Methodisch nicht möglich ist es, weiterhin in Anlehnung an § 4 Abs. 3 Nr. 3 VersVergV an dem Wert von 40 % festzuhalten.[101] Gleiches gilt für eine Auslegung des autonom europarechtlich auszulegenden Begriffs „wesentlich" anhand anderer Normen wie § 271 HGB.[102] Angesichts der Prinzipienorientierung der Regelung und der

[94] Vgl. dazu *Hemeling* in: Dreher/Wandt 2016, S. 17, 29 f.

[95] Vgl. z. B. MüKoAktG *Spindler*, 4. Aufl. 2014, § 87 Rn. 48; *Lingemann* BB 2009, 1918, 1919; *Suchan/Winter* DB 2009, 2531, 2533.

[96] Vgl. z. B. *Armbrüster* VersR 2011, 1, 4; *Doetsch*, S. 450; *Sammet*, S. 144; *Zöbeley*, S. 285 f.

[97] Siehe oben Rn. 38.

[98] Ebenso *Hasse* in: Annuß/Früh/Hasse B Art. 258, 275 Solvency II-VO Rn. 29; *Hemeling* in: Dreher/Wandt 2016, S. 17, 23; so jetzt auch BaFin AE Aspekte der Vergütung v. 20.12.2016 bei 3.

[99] *Krauel/Broichhausen* VersR 2015, 1194.

[100] Ausf. unten Rn. 134 ff.

[101] Auf Art. 275 Solva II-VO sowie auf die Parallelregelung im Bankaufsichtsrecht beruft sich aber *S. Saria* Versicherungsrundschau 4/2017, 34, 38 für 40 % oder „ein etwas niedrigerer Anteil" als Orientierungshilfe. Zu einer 40 %-Wesentlichkeitsschwelle kommt unter fehlerhaften Annahmen für das Solvency II-Vergütungsrecht auch die Bank of England – Prudential Regulation Authority Consultation Paper CP 13/16 Solvency II: Remuneration Requirements (April 2016), S. 11; dazu ablehnend auch *Hasse* in: Annuß/Früh/Hasse B Art. 258, 275 Solvency II-VO Rn. 31 und 32a.

[102] So dennoch *Hasse* in: Annuß/Früh/Hasse B Art. 258, 275 Solvency II-VO Rn. 31 mit dem Ergebnis einer Wesentlichkeit „ab 20 %".

Geltung des Proportionalitätsgrundsatzes bei ihrer Anwendung ist trotz Maßgeblichkeit der Umstände des Einzelfalls ein variabler Vergütungsteil von **20 % bis 30 % grundsätzlich als „wesentlicher Teil"** anzusehen. Wesentlich strengere Grundsätze hierzu, die zudem in Widerspruch zu § 4 Abs. 3 Nr. 3 VersVergV sogar für „bedeutende Unternehmen" stehen, enthält die **BaFin-AE** Aspekte der Vergütung v. 20.12.2016 bei 4.: Danach „sieht es der Geschäftsbereich Versicherungsaufsicht als angemessen an, den „wesentlichen Teil" der variablen Vergütung bei Personengruppen **unterhalb des Vorstands** mit **mindestens 40 %** und für Personen auf **Vorstandsebene** auf **mindestens 60 %** der variablen Vergütung zu beziffern." Je nach „Stellung", „Aufgaben", „Tätigkeiten", „Höhe der variablen Vergütung" und Risikoneigung der Tätigkeit einer Person soll sich die Untergrenze des zurückzubehaltenden Teils der variablen Vergütung noch erhöhen.

Eine sinnvolle und teleologisch stimmige Anwendung der Regelungen in der Solva II-VO zu aufgeschobenen Vergütungskomponenten bedarf im Hinblick auf vielfach übliche geringe variable Vergütungen für tatbestandlich erfasste Mitarbeiter oder Organmitglieder von Versicherungsunternehmen entgegen einzelnen Forderungen aus der Praxis keiner gesetzlichen Änderung. Ein solches Ergebnis folgt nämlich aus einer **teleologischen Reduktion des Begriffs „eines wesentlichen Teils"** schon im Hinblick auf die variable Vergütung selbst. Eine teleologische Reduktion ist im Europarecht methodisch grundsätzlich anerkannt.[103] Das Telos des Vergütungsrechts liegt in dem Schutz der Versicherungsnehmer und der Begünstigten aus den Versicherungsverträgen sowie der Finanzstabilität durch eine Begrenzung der Risikoorientierung oder der Interessenkonflikte bei der Festlegung von Vergütungen.[104] Dann sind aber **absolut oder relativ geringe variable Vergütungen nicht variable Vergütungen i. S. v. Art. 275 Abs. 2 lit. c Solva II-VO**, bei denen ein wesentlicher Teil zu einer fehlenden Risikoorientierung oder zu der Eingehung von Interessenkonflikten führen kann. Denn solche Vergütungen können nicht zu falschen Anreizstrukturen führen. Der Einwand fehlender Rechtssicherheit trifft eine solche Lösung nicht. Denn das damit bewältigte Problem der Auslegung des Kriteriums der Wesentlichkeit hinsichtlich des „Ob" einer aufgeschobenen Vergütungskomponente stellt sich aufgrund der Prinzipienorientierung des Kriteriums per se. Notwendig ist daher eine **unternehmensbezogene Einzelfallbetrachtung**. Vor dem Hintergrund der bekannten Vergütungsempirie[105] und der Tatsache, dass es bei der teleologischen Reduktion im Hinblick auf die Höhe der betreffenden variablen Vergütung in der Regel weder um Vorstandsmitglieder noch sonst um exponierte Unternehmensmitarbeiter geht, liegt ein **Annäherungswert** im Sinne einer durch eine unternehmensindividuelle Betrachtung zu korrigierenden Faustformel in dem Bereich von jährlichen **Gesamtvergütungen** aus fester und variabler Vergütung **bis zu ca. 200.000 EUR** bei einem **variablen Vergütungsanteil von bis zu ca. 20 %** dieser Summe.[106] Ist bereits die variable Vergütung selbst unwesentlich i. S. v. Art. 275 Solva II-VO, kann ein Teil davon erst recht nicht wesentlich sein. **76**

Für die **Bankenaufsicht** hatte die **BaFin** in ihrer Auslegungshilfe vom 1.1.2014 zu § 20 Abs. 1 bis 3 InstitutsVergV a. F. auf der Grundlage von § 18 Abs. 1 InstitutsVergV a. F. folgende safe harbour-Regelung geschaffen: „Zur Vermeidung eines unverhältnismäßig hohen administrativen Aufwandes wird derzeit geduldet, dass die Anforderungen an den aufgeschobenen Teil einer variablen Vergütung von Mitarbeitern nicht eingehalten werden, wenn die gesamte variable Vergütung (…) einen jährlichen Betrag von 50.000 EUR unterschreitet." Die InstitutsVergV v. 25.7.2017 regelt dies in § 18 Abs. 1 jetzt ausdrücklich. Für die **Versicherungsaufsicht** geht die BaFin von einer **Freigrenze von 35.000 Euro „oder"** – d. h. ausdrücklich alternativ –[107] **20 % der Festvergütung** aus.[108] Die Freigrenze orientiert sich am Zielerwartungswert, d. h. an dem Maximalbetrag einer variablen Vergütung bei Zielerfüllung von 100 %, nicht an dem tatsächlich verdienten variablen Vergütungsbestandteil. Ist die Freigrenze durch den wesentlichen Teil der variablen Vergütung überschritten, ist der gesamte wesentliche Teil und nicht nur der überschießende Teil im Sinne einer aufgeschobenen Vergütungskomponente gestreckt auszuzahlen. Dies führt für die Anwendung des Art. 275 Abs. 2 lit. c Solva II-VO nach Nr. 4 und 5 BaFin-AE zu folgendem **Prüfungsschema**: **77**

---

[103] Vgl. z. B. GA Stix-Hackl, Schlussanträge zu Rs. C-26/03 v. 23.9.2004 Rn. 52 – Stadt Halle und *Dreher*, in: Immenga/Mestmäcker (Hrsg.), Wettbewerbsrecht, Band 2, 5. Aufl. 2014, § 99 GWB Rn. 111; *Leible/Domröse* in: Riesenhuber (Hrsg.), Europäische Methodenlehre, 3. Aufl. 2015, § 8 Rn. 35.

[104] Vgl. insbesondere EG 102 Solva II-VO und oben Rn. 15 f.

[105] Vgl. AGV, Flexible Personalstatistik 2014, wonach nur 1,1 % aller Mitarbeiter in der Versicherungswirtschaft, die Anspruch auf eine variable Vergütung haben, einen Betrag von mehr als 50.000 EUR an jährlicher variabler Vergütung erhalten.

[106] Auch die 40 %-Schwelle für aufgeschobene Vergütungsbestandteile bei bedeutenden Unternehmen i. S. v. § 4 Abs. 3 Nr. 3 VersVergV zeigt, dass die hier vorgeschlagene 20 %-Schwelle proportional zu den zugrundeliegenden Vergütungssachverhalten ist.

[107] Vgl. dann aber sogleich beim Prüfungsschema.

[108] Vgl. BaFin AE Aspekte der Vergütung v. 20.12.2016 bei 5.; vgl. auch *Grund/Schöps* in: Dreher/Wandt 2016, S. 3, 7; die Bezugnahme in Nr. 5 auf die Fest- statt auf die Gesamtvergütung widerspricht sowohl der in der Praxis üblichen Vergütungssystematik als auch der Vermeidung von Anreizen zur Erhöhung der (Fest-)Vergütung. Für eine Schwelle von „25 % des fixen Jahresgehalts oder 30.000 EUR (Brutto)" *S. Saria* Versicherungsrundschau 4/2017, 34, 40.

- Erster Schritt in Form der **Bestimmung des wesentlichen Teils** der variablen Vergütung: Anwendung der 60 %- bzw. 40 %-Grenze nach Nr. 4 BaFin-AE.
- Zweiter Schritt in Form der **Bestimmung der „Freigrenze"**, d. h. der Grenze für die Nichtanwendung des Art. 275 Abs. 2 lit. c Solva II-VO:
  Die Freigrenze liegt nach dem Wortlaut von Nr. 5 BaFin-AE bei „35.000,- € oder 20 % des festen Vergütungsbestandteils". Die BaFin versteht das Wort „oder" dabei allerdings nicht im Wortsinne der Alternativität, sondern – jenseits der Grenzen der allgemein anerkannten Auslegungsmethoden – entgegen dem Wortlaut kumulativ.[109]
- Dritter Schritt in Form
  - entweder der **vollständigen Auszahlung der gesamten variablen Vergütung zum Fälligkeitszeitpunkt** in dem Fall, dass der wesentliche Teil innerhalb der Freigrenze bleibt,
  - oder der **gestreckten Auszahlung des gesamten wesentlichen Teils der variablen Vergütung** (nur) in dem Fall, dass dieser wesentliche Teil die Freigrenze überschreitet.
  - Nr. 5 Abs. 3 S. 1 BaFin-AE[110] spricht in Bezug auf das Überschreiten der Freigrenze zwar davon, dass „der *vereinbarte* variable Vergütungsbestandteil" die Freigrenze überschreitet. Dies ist aber im Sinne von „überschreitet der wesentliche Teil der vereinbarten variablen Vergütung" zu verstehen. Das folgt aus dem Sinn und Zweck der BaFin-AE, Art. 275 Abs. 2 lit. c Solva II-VO zu interpretieren und aus der Unvereinbarkeit eines anderen Verständnisses von Nr. 5 Abs. 3 BaFin-AE mit dem vorangehenden Wortlaut und dem System der BaFin-AE. In Nr. 5 geht es – so schon die Überschrift zu Nr. 5 – um eine „Freigrenze für die Zurückbehaltung des wesentlichen Teils der variablen Vergütung" und im vorhergehenden Absatz ebenso konsequent ausschließlich darum, ob der wesentliche Teil die Freigrenze überschreitet.

78 Der Schaffung einer Freigrenze durch die BaFin im Bereich der **Versicherungsaufsicht** steht allerding schon die **fehlende Ermächtigung** im Gesetzesrecht entgegen, die § 18 Abs. 1 InstitutsVergV a. F. für die Bankenaufsicht enthielt. Hinzu kommt angesichts der Berufung auf das Proportionalitätsprinzip als Begründung für die „Korrektur" der Solva II-VO der **Widerspruch zu** dem versicherungsaufsichtsrechtlichen **BaFin-Dogma**, dass die Proportionalität nur das „Wie" und nicht das „Ob" einer Rechtspflicht erfasst.[111]

79 Diese Probleme stellen sich bei der hier vorgeschlagenen **teleologischen Reduktion des Begriffs „eines wesentlichen Teils"** nicht. Hinzu kommt, dass eine unternehmensindividuelle Lösung dem Grundsatz der **Selbsteinschätzung**, der aus der Prinzipienorientierung des Versicherungsaufsichtsrechts folgt,[112] entspricht. Zudem korreliert der vorstehend genannte Annäherungswert von ca. 20 % einer variablen Vergütung mit dem Telos der versicherungsaufsichtsrechtlichen Vergütungsregeln: Die Schwellen von ca. 20 % bei einer Gesamtvergütung von ca. 200.000 EUR erlauben eine **flexible, telosbezogene Handhabung**. Ein solches Vorgehen fordert auch die Betonung des Proportionalitätsprinzips in Art. 275 Abs. 3 Solva II-VO. Die Schwellen sind schließlich, wie der bankaufsichtsrechtliche Wert von 50.000 EUR für variable Vergütungen in bedeutenden Kreditinstituten und die regelmäßig erheblich niedrigeren Mitarbeiter-Boni in Versicherungsunternehmen zeigen, den grundsätzlich niedrigeren Vergütungen, aber auch Einflüssen auf das Gesamtrisikoprofil bei den betroffenen Mitarbeitern eines Versicherungsunternehmens angemessen.

80 Sofern variable Vergütungsbestandteile nur verzögert ausgezahlt werden dürfen, kann an die Stelle einer aufgeschobenen Zahlung **nicht** eine vorzeitige Auszahlung und ein mit der betroffenen Person vereinbarter **Rückzahlungsanspruch i. V. m. einer Aufrechnungsvereinbarung** treten.[113] Ein solches Vorgehen steht in deutlichem Widerspruch zu dem in Art. 275 Abs. 2 lit. c Solva II-VO zum Ausdruck gekommenen – „Zahlung", „Zeitaufschub" – Willen des Gesetzgebers. Es würde daher nicht eine Ersatzlösung, sondern eine unzulässige Umgehung des Gesetzes darstellen.

81 Die Praxis nimmt die **Dreijahresfrist** nach Art. 275 Abs. 2 lit. c Solva II-VO als Regelfrist, obwohl der Gesetzgeber von einer Mindestfrist ausgeht. Bei der Bestimmung der Frist geht es anders als nach Art. 275 Abs. 2 lit. e Hs. 1 Solva II-VO nicht nur um die Verhältnisse des Unternehmens, sondern auch um die „Tätigkeiten der betreffenden Mitarbeiter." Die aufgeschobene wesentliche Vergütungskomponente wird über einen Zeitraum von mindestens drei Jahren zurückbehalten und dann ausbezahlt, wenn nicht eine Abwärtskorrektur nach lit. e veranlasst ist. Der jeweilige Dreijahresmindestzeitraum beginnt mit dem Folgejahr des Jahres, in dem der andere, nicht aufgeschobene Teil einer variablen Jahresvergütung ausgezahlt wird.

---

[109] Vgl. ausf. *Grund/Schöps* in: Dreher/Wandt 2016, S. 3, 7 f.
[110] Ebenso *Grund/Schöps* in: Dreher/Wandt 2016, S. 3, 7 f.
[111] Vgl. Einl. Rn. 132; EBA/Op/2015/25 v. 21.12.2015 Rn. 39 fordert für das Bankaufsichtsrecht eine Änderung der CRD IV-RL zur Ausklammerung geringer variabler Vergütungen aus dem Aufschubgebot, obwohl die EBA selbst – vgl. Schreiben v. 8.1.2015 an die Kommission – eine solche Ausnahme bereits aufgrund des Proportionalitätsprinzips für möglich hält.
[112] Vgl. Einl. Rn. 107.
[113] Ebenso *Hasse* in: Annuß/Früh/Hasse B Art. 258, 275 Solvency II-VO Rn. 32.

Abschlagszahlungen innerhalb der Dreijahresfrist kommen nicht in Betracht, da sie einen bereits erworbenen und fälligen Vergütungsanspruch voraussetzen.[114] 82

Ein **Vorschuss** betrifft dagegen einen noch nicht fälligen Vergütungsanspruch. Gegen eine laufende Vorschussregelung sprechen daher die bereits zu einer Auszahlungsregelung mit Rückzahlungsanspruch und Aufrechnungsvereinbarung genannten Gründe. Der einmaligen Zahlung eines im Einzelfall aus wichtigem Grund vereinbarten Vorschusses auf erst künftig entstehende Vergütungsansprüche stehen sie indessen nicht entgegen. 83

Art. 275 Abs. 2 lit. c Solva II-VO geht davon aus, „der Zeitaufschub muss mindestens drei Jahre betragen". Wie schon nach § 4 Abs. 3 Nr. 3 VersVergV a. F. darf der aufgeschobene Teil der variablen Vergütung also nicht vor Ablauf der Dreijahresfrist ausbezahlt werden. Anders als in dem Bereich der Bankaufsicht nach Art. 94 Abs. 1 lit. m UAbs. 2 S. 1 CRD IV-RL[115] und § 20 Abs. 1 S. 1 Instituts-VergV kommt bei Versicherungsunternehmen eine **über den Dreijahreszeitraum gestreckte Auszahlung**, d. h. eine Auszahlung auf pro rata-Basis, **nicht** in Betracht. 84

Auch im Fall des **vorzeitigen Ausscheidens einer Person** aus dem Versicherungsunternehmen kommt eine **Abkürzung** des Dreijahreszeitraums **nicht** in Betracht.[116] Zum einen könnten sich vor dem Ausscheiden gesetzte Ursachen für vergütungsrelevante Fehlentwicklungen erst in der Zeit nach dem Ausscheiden realisieren. Und zum anderen würde durch ein solches Vorgehen die von Art. 275 Solva II-VO geforderte Möglichkeit einer Abwärtskorrektur am Ende des Dreijahreszeitraums ausgehebelt. 85

Eine Auszahlung ist **zusätzlich** unter den Vorbehalt einer **Verfallsklausel** zu stellen, um die nachfolgend anzusprechende Forderung von Art. 275 Abs. 2 lit. e Solva II-VO nach einer „**Abwärtskorrektur** für Exponierungen gegenüber aktuellen und künftigen Risiken" zu erfüllen. 86

g) Abwärtskorrektur (Art. 275 Abs. 2 lit. e Solva II-VO). Für die „Bewertung der Leistung des Einzelnen" sind nach Art. 275 Abs. 2 lit. d Solva II-VO „sowohl finanzielle als auch nichtfinanzielle Kriterien heranzuziehen". Ist für Normadressaten des Art. 275 Abs. 1 lit. c, Abs. 2 Solva II-VO bei Erreichen bestimmter Ziele eine variable Vergütung vereinbart, ist gemäß Art. 275 Abs. 2 lit. e Solva II-VO „bei der Messung der Leistung, die die Grundlage der variablen Vergütung bildet, (…) eine **Abwärtskorrektur für Exponierungen gegenüber aktuellen und künftigen Risiken**" vorzunehmen. Die gebotene Prüfung einer Abwärtskorrektur bedeutet also von der grundsätzlichen Zielerreichung – egal ob es um Individualziele oder um Unternehmensziele geht – und damit dem grundsätzlichen Eintritt der Voraussetzungen für die Zahlung einer variablen Vergütung – egal ob sofort oder bei einer aufgeschobenen Vergütungskomponente am Ende des Dreijahreszeitraums – ausgehend eine **abschließende Beurteilung** dahingehend, ob die **Auszahlung** der fraglichen variablen Vergütung **tatsächlich im Unternehmensinteresse angemessen** ist.[117] Sowohl das Risikoprofil des Unternehmens als auch die Kapitalkosten sind dabei nach lit. e zu berücksichtigen. Dies soll eine gewisse **Flexibilität** ermöglichen, um auf unvorhergesehene Entwicklungen reagieren zu können, enthebt die Praxis aber nicht der Aufgabe, in die Vergütungsvereinbarungen bestimmte Kriterien aufzunehmen. 87

Schon im Hinblick auf die erforderliche Transparenz und Wirksamkeit der Vergütungspolitik muss die aufsichtsrechtlich geforderte Möglichkeit zu einer Abwärtskorrektur vertraglich in **Verfallsklauseln** – im europäischen Bankaufsichtsrecht auch **Malusvereinbarungen** genannt – konkretisiert werden. 88

Sie betreffen **zwei unterschiedliche Sachverhalte**: Zum einen die Entscheidung über eine Abwärtskorrektur im Zusammenhang mit der Feststellung der Zielerreichung als Voraussetzung für die dann gegebenenfalls erfolgende Auszahlung des überwiegenden Teils einer variablen Vergütung. Und zum anderen die Entscheidung über die Auszahlung eines wesentlichen, für drei Jahre zurückbehaltenen Teils der variablen Vergütung am Ende des Dreijahreszeitraums. Jede Klausel zur Abwärtskorrektur bedeutet die Vereinbarung eines **Leistungsbestimmungsrechts** der durch die zuständigen Organe vertretenen Gesellschaft i. S. v. § 315 BGB. **Vor** einer solchen **Entscheidung besteht kein Anspruch** der grundsätzlich vergütungsberechtigten Person auf den jeweiligen Teil der variablen Vergütung. 89

Soweit es zunächst um eine **Abwärtskorrektur bei aufgeschobenen variablen Vergütungsteilen am Ende der Dreijahresperiode** geht, ist zu fragen, ob sich Risiken in der fraglichen Zeit realisiert haben. Diese Zeit ist im Fall der Entscheidung über die Auszahlung aufgeschobener Vergütungskomponenten der gesamte Dreijahreszeitraum, um der Langfristbetrachtung i. S. v. Art. 275 Abs. 1 lit. a Solva II-VO bzw. der Nachhaltigkeitsbetrachtung i. S. v. § 25 Abs. 1 VAG zu genügen. 90

[114] Vgl. BAG BB 1987, 1743.

[115] Richtlinie 2013/36/EU ABl. EU 2013 Nr. L176, 338 ff.; für eine pro-rata-Auszahlung auch im Versicherungsaufsichtsrecht *S. Saria* Versicherungsrundschau 4/2017, 34, 39.

[116] Ebenso *Hemeling* in: Dreher/Wandt 2016, S. 17, 30 f.

[117] Vgl. die insoweit passende Formulierung in Art. 94 Abs. 1 lit. n UAbs. 1 Richtlinie 2013/36/EU (CRD IV-RL): „die variable Vergütung einschließlich des zurückbehaltenen Anteils wird nur dann ausgezahlt oder zu einem festen Anspruch, wenn sie angesichts der Finanzlage des Instituts als Ganzem tragbar ist und angesichts des Ergebnisses des Instituts, der betreffenden Abteilung und der betreffenden Person gerechtfertigt ist."; Umsetzung jetzt mit § 20 Abs. 4 Nr. 3 i. V. m. § 19 InstitutsVergV.

91 Als **Kriterien** kommen zunächst **quantitative Größen** in Betracht, die während jedes Jahres in dem Dreijahreszeitraum erreicht sein müssen. Dabei kann es sich z. B. um Bestandsgrößen, marktbezogene Parameter oder um Finanzkennzahlen handeln. Alternativ oder kumulativ – d. h. in jedem Fall zwingend – kommt die Vereinbarung eines **qualitativen** Kriteriums – vor allem im Sinne der Kriterien „Unternehmensinteresse" oder als Ausschnitt davon „Nachhaltigkeit" – in Betracht. Danach ist jede Auszahlungsentscheidung mit einer qualitativen Betrachtung dahingehend verknüpft, ob der Auszahlung nicht ein **überwiegendes Unternehmensinteresse** im Hinblick auf die „Art und den Zeithorizont der Geschäftstätigkeiten des Unternehmens" bzw. „auf die Art des Geschäfts, die Risiken und die Tätigkeiten der betreffenden Mitarbeiter" – so jeweils Art. 275 Abs. 2 lit. c Solva II-VO – entgegensteht. Eine solche qualitative Betrachtung ist in jeder Hinsicht sachlich sinnvoll. Einerseits ermöglicht nur sie eine situationsadäquate Entscheidung und verhindert eine im Einzelfall nicht angemessene Bindung der Entscheidung an Feststellungen aufgrund einer vor drei Jahren ex ante allein quantitativ ausgerichteten, aber aus der ex post-Sicht verfehlten Parametrisierung.[118] Als Beispiel für die Verfehltheit der Ergebnisse solcher rein quantitativ ausgerichteter „Nachhaltigkeits"-Regelungen dient der VW-Fall mit den Rechtsansprüchen ehemaliger oder zu der Zeit der Aufdeckung des Skandals noch amtierender Mitglieder des Vorstands in den Jahren 2016 ff. auf die variable Vergütung für die auch wesentlich davor liegende Zeit der Verstöße gegen zahlreiche Vorschriften während des sog. „Diesel-Gate". Andererseits verlangt sie aber ein größeres Maß an Begründungstiefe und Dokumentation.

92 Sodann ist eine **Abwärtskorrektur bei der Entscheidung über die Auszahlung des überwiegenden Teils einer variablen Vergütung nach dem Ende eines Vergütungsjahres** auf der Grundlage erreichter Ziele zu prüfen. In diesem Fall gibt es nur einen relativ kurzen Zeitraum, in dem bis zu der Entscheidung neue Entwicklungen aufgetreten sein können. Eine zusätzliche, nach der Feststellung der Zielerreichung greifende quantitative Parametrisierung erscheint mit Blick auf Aufwand und Ertrag im Regelfall unangemessen. In Betracht kommt daher vor allem das **qualitative Kriterium des Unternehmensinteresses**. Es kann u. U. im vorstehend ausgeführten Sinn durch Verweise z. B. auf die finanzielle und risikobezogene Lage der Gesellschaft und eventuell künftig konkret drohende Änderungen angereichert werden.

93 In keinem Fall darf die **Schwelle für eine Abwärtskorrektur** oder das Ergebnis einer qualitativen Abwägungsentscheidung inhaltlich so angelegt sein oder im tatsächlichen Ergebnis so ausfallen, dass die **Aufsichtsbehörde** aus denselben Gründen bereits kapitalbezogene Maßnahmen – z. B. einen Kapitalaufschlag nach § 301 VAG – oder direkte Eingriffe in Vergütungsleistungen nach § 25 Abs. 4 VAG veranlassen könnte.

94 Anders als das Bankaufsichtsrecht kennt das Versicherungsaufsichtsrecht keine Regelung zu **Rückforderungsvereinbarungen**. Solche sog. **Clawback-Klauseln** müssen daher selbst für Fälle nicht vereinbart werden, in denen sich nach Auszahlung einer variablen Vergütung herausstellt, dass der Betroffene für erhebliche Verluste mitverantwortlich ist, oder die maßgeblichen Eignungs- und Verhaltensstandards nicht erfüllt hat.[119] Das gesetzlich vorgesehene, versicherungsaufsichtsrechtliche Korrektiv liegt in der Möglichkeit der Abwärtskorrektur bis auf Null bei den aufgeschobenen variablen Vergütungsteilen.

95 Unabhängig vom Versicherungsaufsichtsrecht ist eine **gesellschaftsrechtlich mögliche Abwärtskorrektur für Bezüge von Vorstandsmitgliedern**. Nach § 87 Abs. 2 AktG „soll der Aufsichtsrat (…) die Bezüge auf die angemessene Höhe herabsetzen", wenn sich „die Lage der Gesellschaft nach der Festsetzung" verschlechtert, so dass die Weitergewährung „unbillig für die Gesellschaft wäre". Dies gilt nach § 87 Abs. 2 S. 1 AktG für alle Bestandteile der laufenden Vergütung und nach S. 2 innerhalb der ersten drei Jahre nach Ausscheiden aus der Gesellschaft auch für Versorgungsbezüge.[120]

96 **4. Arbeitsrechtliche Implikationen (Abs. 5). a) Allgemeines.** Von großer praktischer Relevanz ist die Frage, inwieweit **Vergütungsregelungen in neuen oder bestehenden Verträgen** an die veränderten aufsichtsrechtlichen Vorgaben anzupassen sind.[121] Das Solvency II-Regelungswerk gibt hierüber keinerlei unmittelbaren Aufschluss. Eine Übergangsfrist oder -regelung ist ebenfalls nicht vorgesehen. Daher sind grundsätzlich auch Dienst- oder Arbeitsverträge betroffen, die bereits vor Inkrafttreten der Solva II-RL rechtswirksam waren.

97 **b) Neue Verträge.** Vergleichsweise unproblematisch sind die Fälle sog. Neu-Verträge, d. h. solcher Verträge, die nach dem 1.1.2016 geschlossen wurden. Ihre Vergütungsregelungen **müssen den versicherungsaufsichtsrechtlichen Vorgaben genügen**. Zu EIOPA-LL Governance Nr. 9 „Geltungsbereich der Vergütungsleitlinie" geht EIOPA Explanatory Text BoS-14/253 zu LL Governance in Nr. 2.33. – in der BaFin-Übersetzung – von folgendem aus: „Beschränkungen durch **tarifvertragliche**

[118] Eine solche qualitative, am Unternehmensinteresse ausgerichtete Abwärtskorrektur fordert daher auch das Bankaufsichtsrecht, siehe oben Rn. 87; *Hasse* in: Annuß/Früh/Hasse B Art. 258, 275 Solvency II-VO Rn. 36 ff. will dagegen allein auf messbare, d. h. quantitative Kriterien abstellen, womit er das Grundproblem nicht bewältigt.

[119] So die Beispiele in Art. 94 Abs. 1 lit. n UAbs. 3 CRD IV-RL; vgl. zum Clawback § 20 Abs. 6 InstitutsVergV.

[120] Vgl. zu Anwendungspraxis zuletzt *BGH* v. 17.10.2015 – II ZR 296/14.

[121] Vgl. hierzu z. B. *Diller/Arnold* ZIP 2011, 837 ff.; *Kuhn* CCZ 2017, 171 ff.

Regelungen, gesetzlich festgelegte Lohnfortzahlungen **und andere nationale Rechtsvorschriften** wie etwa Abfindungszahlungen müssen so aufgebaut sein, dass sie die Grundsätze und Leistungskriterien widerspiegeln, die für die Vergütung des einzelnen Mitarbeiters während seines gesamten Tätigkeitszeitraums im Unternehmen angewandt wurden. Auf diese Weise werden sie besser mit den Zielen und der Umsetzung anderer Aspekte der Vergütungspolitik in Einklang gebracht und eine Belohnung von Versagen wird vermieden."[122]

Wenn ein Unternehmen bei Vertragsschluss seine Vergütungspolitik noch nicht (vollständig) umgestellt hat, stellt sich die Frage eines **Änderungsvorbehalts**. Damit kann es zu gegebener Zeit flexibel auf die neuen Anforderungen reagieren, ohne zugleich den typischen Problemen bei der Anpassung bestehender Verträge ohne Vorbehalt zu begegnen. Jeder Änderungsvorbehalt muss den dafür durch das BAG entwickelten Grundsätzen genügen. In der Regel handelt es sich dabei um vorformulierte Arbeitsbedingungen, sodass §§ 305 ff. BGB gelten.[123] Das BAG folgt einer strengen zweistufigen Prüfung. Auf einer ersten Stufe prüft das Gericht im Rahmen einer Angemessenheitskontrolle, ob der Vorbehalt wirksam vereinbart wurde. Es hält nur solche Klauseln für mit dem Transparenzgebot aus § 307 Abs. 1 S. 2 BGB vereinbar, die sowohl die Angemessenheit als auch die Zumutbarkeit selbst erkennen lassen. Dazu sind Voraussetzungen und Umfang der vorbehaltenen Änderungen zu konkretisieren. Die Ausübung des Änderungsrechts darf nur bei Vorliegen genau definierter Gründe zulässig sein. Schon der Verstoß gegen das Transparenzgebot kann zur Unwirksamkeit der Klausel führen.[124] Auf der zweiten Stufe ist die Ausübung des Änderungsvorbehalts nach § 315 BGB zu überprüfen. Sie muss im Einzelfall billigem Ermessen entsprechen. 98

c) Bestehende Verträge. aa) Die Hinwirkungspflicht. Unabhängig von der individual- oder kollektivvertraglichen Grundlage bereits bestehender Vergütungsregelungen stellt sich bei bestehenden Verträgen das **Problem**, ob mit dem versicherungsaufsichtsrechtlichen Vergütungsrecht unvereinbare Vergütungsregelungen unwirksam oder nichtig sind oder ob lediglich eine Pflicht des Versicherungsunternehmens besteht, darauf hinzuwirken, dass das Vergütungsrecht tatsächlich umgesetzt wird. 99

Bereits im Zuge des Erlasses der VersVergV a. F. und der InstitutsVergV a. F. hatten die Verordnungsgeber das Problem erkannt.[125] Im Falle entgegenstehender[126] Regelungen geht heute **§ 6 VersVergV**[127] ebenfalls von einer Hinwirkungspflicht aus, auch wenn die Vorschrift nach § 1 Abs. 2 VersVergV im Anwendungsbereich des Art. 275 Solva II-VO nicht gilt. Geklärt ist damit, dass die VersVergV nicht unmittelbar auf die bestehenden Verträge einwirkt. Daher liegt in der VersVergV kein Verbotsgesetz i. S. v. § 134 BGB, aus welchem sich die Nichtigkeit einer Vergütungsvereinbarung ergeben würde. 100

Anzeichen dafür, dass **Art. 275 Solva II-VO** unmittelbar auf bestehende Verträge einwirken wollte, bestehen nicht. Zwar hat eine Verordnung in den Mitgliedstaaten unmittelbare Geltung. Daraus abzuleiten, dass sie damit zugleich unmittelbar auf bestehende Verträge einwirkt und entgegenstehende Regelungen unwirksam sind, wäre indes zirkulär. Denn die Art und Weise, in welcher eine neue Verordnung auf bestehende Verträge einwirkt, ist von ihrer Geltung zu trennen. Eine bloße Hinwirkungspflicht könnte nämlich ebenfalls Folge der unmittelbaren Wirkung einer Verordnung sein. Die Annahme der Unwirksamkeit oder Nichtigkeit entgegenstehender vertraglicher Regelungen würde darüber hinaus mit elementaren Grundsätzen der Privatautonomie (*pacta sunt servanda*) kollidieren. Schließlich sind trotz zahlreicher materiell-rechtlicher Unterschiede zwischen der VersVergV – auch wenn sie im Anwendungsbereich des Art. 275 Solva II-VO nicht gilt – und Art. 275 Solva II-VO, die jeweiligen Normzwecke ähnlich. Beiden geht es darum, Anreize zur Eingehung schädlicher Risiken und Interessenkonflikte zu vermeiden. Vor diesem Hintergrund bedeutet Art. 275 Solva II-VO **für bestehende Verträge** eine **Hinwirkungspflicht**. Versicherungsunternehmen müssen Altverträge soweit wie möglich dem neuen Vergütungsrecht anpassen. Dies gilt für Versuche, bestehende Verträge einvernehmlich zu ändern, erst recht aber für Gelegenheiten wie Vertragsverlängerungen oder im Zusammenhang mit anderen Vertragsänderungen. Für diese Lösung spricht im Ergebnis auch ein Vergleich mit dem Bankaufsichtsrecht, in dem aufgrund vergleichbarer europarechtlicher Vorgaben ebenfalls nur eine Hinwirkungspflicht besteht. 101

bb) Individualvertragliche Regelungen. Für die Vergütung des Vorstands ist der Aufsichtsrat zuständig. **Adressaten der Hinwirkungspflicht** sind infolge der unmittelbaren Geltung von Art. 275 Solva II-VO aber **auch betroffene Vorstandsmitglieder** in eigener Sache. Daraus und aus der 102

[122] *Hasse* in: Annuß/Früh/Hasse Teil B Art. 258, 275 Solvency II-VO Rn. 22 verkennt, dass es EIOPA mit dieser Erläuterung nicht nur um den Sonderfall der Abfindungszahlungen, sondern generell um „tarifvertragliche Regelungen (…) und andere nationale Rechtsvorschriften" geht.

[123] *BAG* Urt. v. 12.1.2005 – 5 AZR 364/04, NZA 2005, 465; *BAG* Urt. v. 11.10.2006 – 5 AZR 721/05, NZA 2007, 87; *BAG* Urt. v. 21.3.2012 – 5 AZR 651/10, NZA 2012, 616; vgl. auch *Diller/Arnold* ZIP 2011, 837, 842 m. w. N.

[124] *BAG* Urt. v. 6.8.2013 – 9 AZR 442/12, NZA 2013, 1361.

[125] *Dreher* VW 2010, 1508, 1510; *Diller/Arnold* ZIP 2011, 837 ff.; *Mujan* BB 2013, 1653 ff.

[126] Sofern eine Regelung unklar vertraglich geregelt ist, stellt sich das Problem, inwieweit auch in diesem Fall von einer Hinwirkungspflicht auszugehen ist; dazu *Diller/Arnold* ZIP 2011, 837, 839; *Dreher* VW 2010,1508, 1510.

[127] Von einer Hinwirkungspflicht ebenfalls ausgehend § 14 InstitutsVergV.

organschaftlichen Treuepflicht zum Versicherungsunternehmen folgt für sie eine eigene Verantwortlichkeit, im Rahmen einer Abwägung mit den fraglichen Eigeninteressen, dem Grundsatz pacta sunt servanda, der in der Regel überschaubaren Restlaufzeit des Dienstvertrags und den selbst von den nachgeordneten Unternehmensmitarbeitern geforderten Anpassungen an das neue Vergütungsrecht an der Anpassung des eigenen Dienstvertrags mitzuwirken.[128]

103 Sofern die jeweiligen Verträge ein Kündigungsrecht vorsehen, kommt im Extremfall völlig unangemessener Abweichungen als **ultima ratio** die **Androhung einer Kündigung durch den Aufsichtsrat** in Betracht. Vorstandsmitglieder sind gemäß § 14 Abs. 1 Nr. 1 KSchG vom allgemeinen Kündigungsschutz ausgenommen. Im Regelfall besteht aber schon im Hinblick auf die Verhältnismäßigkeit und die begrenzte Laufzeit von Vorstandsverträgen weder ein Anlass noch eine Rechtspflicht, eine Kündigung anzudrohen.

104 Unter der Annahme einer Hinwirkungspflicht, die nur „soweit rechtlich zulässig"[129] zu einer Anpassung bestehender Regelungen führen soll, greifen auch die allgemeinen zivilrechtlichen Grundsätze zur **Störung der Geschäftsgrundlage** nach § 313 BGB nicht.[130] Im Falle eines **Änderungsvorbehalts** ist davon auszugehen, dass insoweit jedenfalls eine Pflicht zur Anpassung besteht. Dies gilt gleichermaßen auch für Freiwilligkeitsvorbehalte und **Ermessensboni**.[131]

105 Bei Personen, für die das KSchG gilt, ließe sich eine Anpassung entgegenstehender Vergütungsregelungen grundsätzlich durch eine **Änderungskündigung** nach § 2 KSchG bewirken. Eine Hinwirkungspflicht stellt jedoch keinen ausreichenden Grund für eine Änderungskündigung dar. Die vom Arbeitgeber angebotene Vertragsänderung kann zwar grundsätzlich auch in einer Absenkung oder Erhöhung der Vergütung bestehen. Die Anforderungen an eine wirksame Änderungskündigung sind in diesen Fällen jedoch sehr hoch. Eine solche betriebsbedingte Kündigung kann wirksam sein, wenn sich der Arbeitgeber bei einem anerkennenswerten Anlass darauf beschränkt, lediglich solche Änderungen vorzuschlagen, die der Arbeitnehmer billigerweise hinnehmen muss. Dies ist nach dem Verhältnismäßigkeitsgrundsatz zu entscheiden.[132] Da eine geforderte Entgeltänderung jedoch einen schwerwiegenden Eingriff in das vereinbarte Gefüge von Leistung und Gegenleistung darstellen würde, fehlt es bereits an den von § 2 KSchG vorausgesetzten dringenden betrieblichen Gründen.[133]

106 Das Schrifttum vertritt mit Blick auf § 6 VersVergV a. F. bzw. § 10 InstitutsVergV zum Teil die Ansicht, dass es auf diesen Grundlagen nicht nur zulässig, sondern geboten sei, Vertragsverbesserungen wie Gehaltserhöhungen etc. von einer verordnungskonformen Umstellung des betreffenden Vertrages abhängig zu machen.[134] Gegen eine solche monokausale **Verknüpfung von** ohnehin anstehenden **Vertragsänderungen mit Anpassungen an** neue versicherungsaufsichtsrechtliche **Vergütungsregelungen** spricht aber schon die Rechtsnatur des europarechtlich Gebotenen. Dabei handelt es sich nämlich um eine Hinwirkungspflicht und nicht um einen Hinwirkungszwang. In Verbindung mit dem Grundsatz der Verhältnismäßigkeit[135] und der arbeitsrechtlichen allgemeinen Fürsorgepflicht des Arbeitsgebers aus dem Dienst- oder Arbeitsverhältnis,[136] die auch die Vermögensinteressen umfasst, führt dies im Ergebnis zu einem Koppelungsverbot im Sinne einer verabsolutierten Verknüpfung jeder Änderung des Dienst- oder Arbeitsvertrags mit der Durchsetzung vergütungsrechtlicher Anliegen des Versicherungsunternehmens.

107 **cc) Betriebsvereinbarungen.** Für den Fall von Betriebsvereinbarungen stellt sich zunächst die Frage, ob diese aus dem **Anwendungsbereich der Vergütungsregelungen** ausgenommen sind. § 6 VersVergV, der im Anwendungsbereich von Art. 275 Solva II-VO nicht gilt, umfasst Betriebsvereinbarungen nicht. Schon die geänderte Fassung von § 14 InstitutsVergV[137] sah Betriebs- und Dienstvereinbarungen ausdrücklich auch von der Hinwirkungspflicht als umfasst an.[138] Obwohl eine solche Regelung für den Versicherungsbereich nicht existiert, wurde unter Geltung der VersVergV a. F. eine Hinwirkungspflicht zur Anpassung auch von Betriebsvereinbarungen vertreten, die sich unmittelbar aus § 80 BetrVG ergäbe.[139] **§ 25 Abs. 5 VAG** klammert heute „Betriebs- oder Dienstvereinbarungen auf Grund eines Tarifvertrags" aus seinem Anwendungsbereich aus.

108 Sodann stellt sich die Frage, ob aus Art. 275 Solva II-VO auch für den Bereich der Betriebsvereinbarungen eine **Hinwirkungspflicht** folgt. Soweit den Anforderungen des Art. 275 Solva II-VO entgegenstehende Regelungen in Betriebsvereinbarungen existieren, ergibt sich aus den zuvor angeführ-

[128] So i. E. auch *Diller/Arnold* ZIP 2011, 837, 844 aus Anlass der Korrektur der früheren VersVergV.
[129] So § 6 VersVergV.
[130] So schon zur VersVerg V a. F. und zur InstitutsVergV a. F. *Diller/Arnold* ZIP 2011, 837, 841.
[131] *Diller/Arnold* ZIP 2011, 837, 842; für den Bereich der AIFM-RL auch *Mujan*, BB 2013, 1653, 1657; *Klebeck/Kolbe* BB 2014, 707, 713.
[132] BAG NZA 2008, 1182; BAG ZIP 2006, 1272 (LS) = NZA 2996, 587; BAG NZA 2006, 92.
[133] *Diller/Arnold* ZIP 2011, 837, 842; *Mujan* BB 2013, 1653, 1657; *Klebeck/Kolbe* BB 2014, 707, 713.
[134] Vgl. *Diller/Arnold* ZIP 2011, 837, 842.
[135] Zur Geltung im Arbeitsrecht z. B. BAG BB 1992, 211.
[136] Vgl. z. B. BAG BB 1997, 2433.
[137] Neufassung zum 1.1.2014.
[138] Eingeschlossen sind betriebliche Übungen, die mit der Verordnung nicht vereinbar sind.
[139] So z. B. *Diller/Arnold* ZIP 2011, 837, 840; *Sammet*, S. 316; *Gerdes-Renken* S. 238 f.

ten Gründen auch hier eine Hinwirkungspflicht. Der Arbeitgeber muss also mit dem Betriebsrat Verhandlungen über eine Neufassung aufnehmen. Auch bei einer Betriebsvereinbarung kann dies nur im Extremfall dazu führen, dass das Versicherungsunternehmen sie unter Einhaltung der Kündigungsfrist kündigen muss.

dd) Tarifvertragliche Vereinbarungen. § 25 Abs. 5 VAG nimmt Vergütungsvereinbarungen, die ihre Grundlage in Tarifverträgen haben, **aus dem Anwendungsbereich** der Vergütungsregelungen aus. Eine vergleichbare Regelung besteht mit § 1 Abs. 4 VersVergV und im Bereich des Bankaufsichtsrechts mit § 25a Abs. 1 S. 3 Nr. 6 KWG und § 1 Abs. 4 Nr. 3 InstitutsVergV.[140] Eine solche Ausnahme für tarifvertraglich geregelte Vergütungsvereinbarungen kennt Art. 275 Solva II-VO zwar nicht. Sie entspricht aber der Funktion von Tarifverträgen, die den sozialpolitischen Zielen der Union nach Art. 151 ff AEUV dienen[141] sowie die in Art. 11 EMRK garantierte Tarifautonomie verwirklichen.[142] Wollte man die gegenteilige Ansicht vertreten, würde sich zudem die Frage der Vereinbarkeit mit Art. 9 GG stellen.[143] Die Erläuterungen zu den EIOPA-LL Governance sprechen das Thema in Nr. 2.33. zwar an.[144] Dabei kommt EIOPA aber zu Unrecht in dem gegenteiligen Sinn zu einer Erweiterung der Vergütungsanforderungen auf tarifvertragliche Regelungen. 109

5. Hedging- und Versicherungsverbot (Art. 275 Abs. 2 lit. g Solva II-VO). Art. 275 Abs. 2 lit. g Solva II-VO enthält zunächst ein Hedging-Verbot. Hiernach dürfen die Personen, die das Vergütungsrecht erfasst, keine **persönlichen Hedging-Strategien** verfolgen. Sodann dürfen die Betroffenen auch nicht auf **vergütungs- und haftungsbezogene Versicherungen** zurückgreifen, die die in Vergütungsregelungen verankerten Risikoanpassungseffekte unterlaufen würden. Das Regelungsziel liegt im **Umgehungsschutz**. Die aufsichtsrechtlichen Anforderungen an die Vergütungsleitlinien sollen nicht privatautonom durch Verträge mit Dritten umgangen werden, um so dem „Ausfallrisiko" einzelner Vergütungsbestandteile – z. B. einer späteren Abwärtskorrektur nach Art. 275 Abs. 2 lit. c und e Solva II-VO – entgegenzuwirken. 110

Fraglich ist, ob die **D&O-Versicherung** – insbesondere in den Formen der Selbstbehaltsversicherung und der Individualpolice eines Organmitglieds – zu den verbotenen „vergütungs- und haftungsbezogenen Versicherungen" zählt. Immerhin ist der Selbstbehalt nach § 93 Abs. 2 S. 3 AktG im Jahr 2009 auch vor dem Hintergrund der Finanzkrise der Jahre 2008/2009 eingeführt und mit dem Ziel der Verhaltenssteuerung begründet worden. Ein im Gesetzgebungsverfahren angedachtes Verbot der Selbstbehaltsversicherung ist nicht Gesetz geworden.[145] Und die rechtliche Zulässigkeit einer Individualversicherung statt oder zusätzlich zu einer D&O-Gruppenversicherung steht schon aufgrund der rechtlichen Anerkennung der D&O-Versicherung als solcher durch § 93 Abs. 2 S. 3 Halbsatz 1 AktG außer Zweifel. Dem entspricht die Rechtslage in anderen Mitgliedstaaten der EU. Eine europäische Verordnung zum Aufsichtsrecht kann daher die Existenz der D&O-Versicherung nicht in Frage stellen, solange sie das Thema speziell dieser Versicherung nicht einmal anspricht. Hinzu kommt vor allem, dass die D&O-Versicherung in welcher Form auch immer die in den „Vergütungsregelungen verankerten Risikoanpassungseffekte" nicht unterläuft. Sie ist zwar haftungs-, aber nicht vergütungsrelevant. Und selbst soweit § 93 Abs. 2 S. 3 Hs. 2 AktG Bezug auf die feste jährliche Vergütung nimmt, geht es lediglich um eine Berechnungsmethode, nicht aber um den Wegfall oder die Minderung von Risikoanpassungseffekten.[146] 111

6. Altersversorgung und Übergangsgeld. Die meisten **Anstellungsverträge** von Vorstandsmitgliedern enthalten eine Pensionszusage mit einer Versorgung für das Alter und den Invaliditätsfall sowie für Hinterbliebene. Viele Verträge sehen außerdem die Zahlung eines Übergangsgeldes für den Fall des vorzeitigen Ausscheidens bzw. der Nichtverlängerung des Vertrages vor, sei es in Form einer laufenden Zahlung oder einer einmaligen Überbrückungsleistung. 112

Als Durchführungsform für die **Altersversorgung** wird in der Regel die Direktzusage gewählt (vgl. § 1 Abs. 1 BetrAVG), manchmal auch die Direktversicherung (vgl. § 1b Abs. 2 BetrAVG). **Übergangsleistungen** werden praktisch ausschließlich in Form einer Direktzusage vereinbart. Nach § 17 Abs. 1 S. 2 BetrAVG und § 87 Abs. 1 S. 4 AktG besteht an deren Zulässigkeit kein Zweifel.[147] 113

---

[140] Vgl. weiter ebenso § 10 Abs. 2c FMStG, § 45 Abs. 2 S. 1 Nr. 6 KWG, § 4 Abs. 5 Restrukturierungsfondsgesetz.

[141] Wobei die EU nach Art. 153 Abs. 5 AEUV gerade keine Kompetenz für europäisches Tarifvertragsrecht hat.

[142] A. A. *Hasse* in: Annuß/Früh/Hasse B Art. 258, 275 Solvency II-VO Rn. 22, der Art. 275 Solva II-VO über das Proportionalitätsprinzip einschränken will.

[143] Vgl. dazu *Mujan* BB 2013, 1653, 1657.

[144] Siehe oben Rn. 97; vgl. zu LL 9 2.33. auch EIOPA Q&A on Regulation, No. 1139 veröffentlicht auf der Website von EIOPA am 12.5.2017.

[145] Vgl. näher *Thomas* Die Haftungsfreistellung von Organmitgliedern 2010, S. 201 ff.

[146] Im Ergebnis ebenso, aber mit anderer Herleitung *Hasse* in: Annuß/Früh/Hasse B Art. 258, 275 Solvency II-VO Rn. 42 f.

[147] Allgemein hierzu auch *Bauer/Baeck/Medem* NZG 2010, 721 ff.

114 Soweit eine konkrete **Leistung** aufgrund einer **ermessensunabhängigen** Regelung gewährt wird, fällt sie nicht unter den Vergütungsbegriff nach § 2 Nr. 2 VersVergV, auch wenn diese Definition den Anwendungsbereich des Art. 275 Solva II-VO nicht beeinflussen kann. Eine solche betriebliche Altersversorgung[148] setzt insbesondere eine Leistung zu einem bestimmten Versorgungszweck voraus. Sie dient demnach der Alters-, Invaliditäts- oder Hinterbliebenenversorgung.[149] Der Versorgungszweck unterscheidet die Leistung von anderen Leistungen des Unternehmens. Anlass dazu, von dieser Einordnung unter dem neuen Vergütungsrecht abzugehen, besteht nicht.

115 **Ermessensabhängige Leistungen** zur Altersversorgung fielen in den Anwendungsbereich der VersVergV a. F. [150] und fallen ebenso in denjenigen von § 2 Nr. 2 VersVergV. Sie umfassen sämtliche finanzielle Leistungen sowie Leistungen von Dritten zur Altersversorgung, die im Hinblick auf die berufliche Tätigkeit und auf eine konkret bevorstehende Beendigung des Beschäftigungsverhältnisses beim Unternehmen vereinbart werden.[151] § 4 Abs. 5 und 6 VersVergV, die allerdings im Anwendungsbereich von Art. 275 Solva II-VO nicht gelten, differenzieren zwischen ermessensabhängigen Leistungen, die aufgrund eines ruhestandsbedingten Ausscheidens, und ebensolchen Leistungen, die anlässlich eines nicht ruhestandsbedingten Ausscheidens gewährt werden. Naturgemäß galt schon zur gleichlautenden VersVergV a. F. in Bezug auf nicht ruhestandsbedingte Leistungen ein strengerer Maßstab.[152] Konsequent war die ermessensabhängige Leistung zur Altersvorsorge zugleich ein Teil der variablen Vergütung.[153] So verhält es sich auch nach § 2 Nr. 2 VersVergV n. F. Eine solche Auslegung steht in Einklang mit den Schutzzwecken der Vergütungsregelungen nach Art. 275 Solva II-VO. Denn nur eine ermessensunabhängige Leistung birgt unter Risikoaspekten keine besondere Gefahr von Fehlanreizen. Sie ist in jedem Fall vorab fest zugesagt.[154]

116 **Übergangsgelder**, die nach dem Ende des Dienstverhältnisses für eine Übergangszeit gezahlt werden, etwa bis zum Antritt einer neuen Stelle, dem Eintritt in den Ruhestand oder eine festbestimmte Zeit, **unterfallen nicht dem BetrAVG**. Dies gilt selbst dann, wenn sie als Ruhegehalt bezeichnet werden und sich der Höhe nach an einer in Aussicht gestellten Betriebsrente orientieren. Erst wenn solche Leistungen auch nach Eintritt in den Ruhestand, Invalidität oder Tod (bei der Hinterbliebenenversorgung) gewährt werden, fallen sie ab dann in den Anwendungsbereich des Gesetzes.[155] In der Praxis sind mit der zunehmenden Verbreitung von beitragsorientiert gestalteten Versorgungszusagen Übergangsgelder bei Vorstandsverträgen weitgehend verschwunden.[156] **Versicherungsaufsichtsrechtlich** handelt es sich bei der Zusage und Gewährung von Übergangsgeldern für die Zeit vor einem Versorgungsfall um Vergütungsleistungen.

117 **7. Abfindungszahlungen (Art. 275 Abs. 2 lit. f Solva II-VO).** Abfindungszahlungen müssen gemäß **Art. 275 Abs. 2 lit. f Solva II-VO** „der während des gesamten Tätigkeitszeitraums erbrachten Leistung entsprechen". Darüber hinaus müssen sie so ausgestaltet sein, dass „Versagen nicht belohnt wird." Art. 275 Abs. 2 lit. f Solva II-VO betrifft damit alle Vereinbarungen, die Abfindungsregelungen enthalten. Dies gilt unabhängig von dem Zeitpunkt, zu dem sie geschlossen werden. Erfasst sind also Abfindungsregelungen sowohl in einem **Dienstvertrag** als auch in einer **Aufhebungsvereinbarung.**

118 Leitlinie 9 Nr. 2.34. Explanatory Text BoS-14/253 zu EIOPA-LL Governance (BaFin-Übersetzung) konkretisiert die Anforderung. Danach kommt es für die Feststellung, inwieweit ein „Versagen" vorgelegen hat, auf eine **Gesamtbeurteilung der individuellen Leistung** und „nicht nur auf die Leistung einer bestimmten Geschäftseinheit oder eines bestimmten Unternehmens" an. „Das gilt auch für Fälle, in denen das Unternehmen tatsächlich oder wahrscheinlich mit einer schwierigen oder außerordentlichen Lage konfrontiert ist, die dessen finanzielle Leistungsfähigkeit berühren könnte."

119 Hinsichtlich der **Höhe** einer Abfindungszahlung geht Nr. 2.33. des zuvor angeführten Textes von einer Regelung aus, die die Prinzipien und Bemessungsgrundlagen für die Vergütung des Abfindungsberechtigen über den **gesamten Zeitraum** seiner **Tätigkeit** in einem Unternehmen reflektiert.

120 **8. Persönlicher Anwendungsbereich (Art. 275 Abs. 1 Solva II-VO). a) Allgemeines. Art. 275 Solva II-VO** hat hinsichtlich der Adressaten der Vergütungsregelungen eine **zweistufige Grundstruktur**. Die Regelungen in Abs. 1 betreffen die Festlegung und Anwendung der Vergütungspolitik allgemein. Sie erfassen in den Worten von Art. 275 Abs. 1 lit. c und g Solva II-VO „das Unternehmen als Ganzes" und „alle Personalangehörigen des Unternehmens". Die besonderen Vergütungsanforderungen in Abs. 2 knüpfen an die Regelung in Art. 275 Abs. 1 lit. c Solva II-VO und konkret an „spezifische Vereinbarungen" an. Im Ausgangspunkt gelten die Vergütungsleitlinien für das

[148] Vgl. die Legaldefinition in § 1 Abs. 1 BetrAVG.
[149] Vgl. *Steinmeyer* in: Erfurter Kommentar zum Arbeitsrecht, 16. Aufl. 2016, § 1 Rn. 2.
[150] Begründung des Entwurfs zur VersVergV a. F., „B. Besonderer Teil, Zu § 2".
[151] Begründung des Entwurfs zur VersVergV a. F., „B. Besonderer Teil, Zu § 2".
[152] Ausführlich hierzu *Sammet*, S. 222 ff.
[153] Vgl. § 2 Nr. 4 VersVergV a. F.
[154] Vgl. zur InstitutsVergV und § 87 AktG *Doetsch*, S. 453, der von einer analogen Anwendung des § 3 Abs. 4 S. 2 InstitutsVergV ausgeht.
[155] *BAG* Urt. v. 3.11.1998 – 3 AZR 454/97, NZA 1999, 594.
[156] Vgl. *Doetsch*, S. 454.

gesamte Unternehmen und damit **für alle Unternehmensmitarbeiter bzw. Organmitglieder**. Hinzu kommen sodann **für bestimmte Gruppen von Personen** zusätzliche, sehr detaillierte Vergütungsregelungen. Davon betroffen sind nach Art. 275 Abs. 1 lit. c, Abs. 2 Solva II-VO Organmitglieder, „Personen, die das Unternehmen tatsächlich leiten oder andere Schlüsselfunktionen innehaben, sowie andere Mitarbeiterkategorien, deren Tätigkeiten das Risikoprofil des Unternehmens maßgeblich beeinflussen".

§ 25 Abs. 1 VAG verweist dagegen in einem **pauschalen Ansatz** auf die „Vergütungssysteme für Geschäftsleiter, Mitarbeiter und Aufsichtsratsmitglieder von Versicherungsunternehmen". Dieser Ansatz ist im Verhältnis zum vorrangigen europäischen Vergütungsrecht mit der gleichrangigen Einbeziehung aller Mitarbeiter überschießend. Auf sich daraus ergebende Rechtsfolgen ist im Folgenden bei den betroffenen Personengruppen zurückkommen. Sie waren auch schon Gegenstand der Ausführungen zu der aufgeschobenen Vergütungskomponente.[157] 121

b) Vorstandsmitglieder. Die Formulierung Verwaltungs-, Management- und Aufsichtsorgan (VMAO) in Art. 275 Solva II-VO knüpft daran an, dass in der EU Versicherungsgesellschaften unterschiedlicher Rechtsform und damit Organisationsstruktur tätig sind. Welche Organbezeichnung konkret einschlägig ist, hängt von dem jeweiligen nationalen Recht ab. Art. 1 Nr. 43 Solva II-VO verweist für **dualistische Gesellschaftsrechtsstrukturen** ausdrücklich auf eine Festlegung durch das nationale Recht. In Abgrenzung zu den ebenfalls erfassten Personen, die tatsächlich leiten (Geschäftsleiter), handelt es sich hierbei um die organschaftliche Geschäftsleitung. Ebenfalls fällt hierunter der Verwaltungsrat einer – in Deutschland zwar möglichen, aber noch nicht vorhandenen – monistischen Versicherungs-SE, der gem. § 22 Abs. 1 des Gesetzes zur Ausführung der Verordnung über das Statut der Europäischen Gesellschaft (SEAG) die Versicherungs-SE leitet, die Grundlinien ihrer Tätigkeit bestimmt und deren Umsetzung überwacht.[158] 122

c) Aufsichtsratsmitglieder. Art. 275 Abs. 1 lit. c Solva II-VO enthält i. V. m. § 25 Abs. 1 VAG Vorgaben grundsätzlich auch für die Vergütung des Aufsichtsrats.[159] Dies schließt die „spezifischen Vereinbarungen" nach Art. 275 Abs. 2 Solva II-VO ein. Die Vergütung der Aufsichtsratsmitglieder ergibt sich nach deutschem Recht jedoch nicht aus einem solchen Konsens, sondern nach § 113 Abs. 1 S. 2 AktG – u. U. i. V. m. § 189 Abs. 3 und 4 VAG – aus der Satzung oder einem Beschluss der Haupt-, Träger- oder Abgeordnetenversammlung. Hinzu kommt, dass auch die einzelnen Regelungen der Solva II-VO für Aufsichtsratsmitglieder nicht passen. Dies gilt für z. B. die Forderung in Art. 275 Abs. 2 lit. b Solva II-VO nach der Berücksichtigung individueller Erfolgsbeiträge. Nach Art. 275 Abs. 3 Solva II-VO muss die Vergütungspolitik allerdings „der internen Organisation" Rechnung tragen. Dies erlaubt es, die in Deutschland – trotz § 189 Abs. 4 VAG auch bei VVaG – nahezu allein **üblichen festen Vergütungen** von Aufsichtsratsmitgliedern und die Methode ihrer Festlegung beizubehalten. Gleiches gilt für die Vorgaben zur Aufsichtsratsvergütung in § 25 Abs. 1 VAG, die Wiederholungen der grundsätzlichen Vergütungsparameter der Solva II-VO sind, und in § 25 Abs. 2 VAG, die lediglich die gesellschaftsrechtlich ohnehin geltende Rechtslage festschreiben. 123

Das **grundsätzliche Problem der Einbeziehung der Aufsichtsratsvergütung** in Art. 275 Solva II-VO und § 25 VAG ist noch **ungelöst**. Es besteht darin, dass Art. 275 Abs. 1, 258 Abs. 1 lit. l Solva II-VO die „Einführung schriftlich fixierter Vergütungsleitlinien' fordern und diese ausdrücklich „für das Unternehmen als Ganzes" gelten. Ebenso fordert § 25 Abs. 1 VAG ein „Vergütungssystem für (…) Aufsichtsratsmitglieder". Schon aus gesellschaftsrechtlichen Gründen können aber weder der Aufsichtsrat selbst noch der Vorstand die Grundsätze der Vergütungspolitik in Bezug auf den Aufsichtsrat festlegen. Die Haupt-, Träger- oder Abgeordnetenversammlungen sind zu einer solchen autonomen Festlegung bisher vielfach nicht geeignet und aufgrund der konkreten Gremienstruktur bisher ebenso oft auch nicht in der Lage.[160] Die bisher übliche allein numerische Festsetzung der Vergütung von Aufsichtsratsmitgliedern ohne eigene inhaltliche Befassung und Gestaltung durch das jeweilige oberste Organ eines Versicherungsunternehmens – z. B. nach § 113 Abs. 1 S. 2 AktG und Ziff. 5.4.6 DCGK – erfüllt die vergütungsrechtlichen Anforderungen des Versicherungsaufsichtsrechts also nicht. Das sog. say on pay nach § 120 Abs. 4 AktG betrifft lediglich börsennotierte Versicherungsunternehmen und dort nur die Vorstands-, d. h. nicht die Aufsichtsratsvergütung. Die Tatsache, dass die meisten Mitglieder von Aufsichtsräten ausschließlich eine Festvergütung erhalten, bildet ebenfalls keinen Einwand. Zwar ist die Aufteilung von fester und variabler Vergütung ein besonders wichtiges Element des Vergütungssystems. Es erschöpft sich darin aber – wie pars pro toto § 2 Nr. 3 VersVergV zeigt – nicht.[161] Versicherungsaufsichtsrechtlich ist daher das jeweilige oberste Organ eines Versicherungsunternehmens mit der Festlegung der Vergütung der Mitglieder des Aufsichts- oder Verwaltungsrats vor dem Hintergrund der an sie versicherungsaufsichtsrechtlich gestellten Anforderungen inhaltlich zu befassen. Ist es dazu – z. B. zu 124

[157] Siehe oben Rn. 74.
[158] Vgl. zu Versicherungs-SE ausf. *Kordges* in: Düsseldorfer Verträge zum Versicherungsrecht 2013, S. 83 ff.
[159] A. A. *Hasse* in: Annuß/Früh/Hasse B Art. 258, 275 Solvency II-VO Rn. 16.
[160] Vgl. *Dreher/Gerigk* in Dreher/Wandt 2016, S. 35, 47; *Thaten* S. 29 f.
[161] Vgl. schon oben Rn. 27 ff. zum Begriff des Vergütungssystems.

einem Horizontalvergleich und Benchmarking – selbst nicht in der Lage, muss es sachverständige Hilfe in Anspruch nehmen.

125 Die Verwirklichung des **europäischen Vergütungsaufsichtsrechts**, nämlich die Verankerung eines Risikobezugs und die Vermeidung von Interessenkonflikten als die maßgeblichen Kriterien für die Vergütungspolitik nach Art. 275 Abs. 1 lit. a Solva II-VO, **verlangt** allerdings eine **Korrektur** der **bei vielen Versicherungsunternehmen** bisher noch **unangemessen niedrigen Aufsichtsratsvergütungen**.[162] Außer bei einigen wenigen, zumeist größeren und börsennotierten Gesellschaften finden sich bei Gesellschaften mit komplexen Geschäftsmodellen, tausenden von Mitarbeitern und Kapitalanlagen von vielen Milliarden Euro oft Jahresvergütungen von 10.000 bis 20.000 EUR für Aufsichtsratsmitglieder.[163] Bei kleinen und mittleren Gesellschaften sind sogar Beträge von 3.000 bis 5.000 EUR verbreitet. Die Tätigkeit selbst in Prüfungsausschüssen, die nach dem Inkrafttreten des AReG im Jahr 2016[164] noch einmal anspruchsvoller und damit sanktionsgeneigter ist, wird in manchen Gesellschaften sogar überhaupt nicht, in der Mehrzahl der Fälle eher gering vergütet. Bei vielen Gesellschaften korrespondiert die Vergütungshöhe bei Aufsichtsratsmitgliedern daher überhaupt nicht mit den zwingenden gesetzlichen Anforderungen an Qualifikation, Zeiteinsatz, Verantwortung und Risikoübernahme. Unter anderem mit Risikoneigung und Zeiteinsatz sind aber die wesentlichen Kriterien des aufsichtsrechtlichen Vergütungsrechts angesprochen.

126 Hinzu kommt, dass sich die **Schere zwischen Vorstands- und Aufsichtsratsvergütungen immer mehr geöffnet** hat und weiter öffnet. Denn für die feste Vorstandsvergütung gibt es fast immer zumindest einen jährlichen Anpassungsfaktor, während die Änderung der Aufsichtsratsvergütung einen Beschluss des obersten Gremiums, z. B. der Abgeordnetenversammlung, erfordert, der regelmäßig nur in großen Abständen und dann nicht in gleichem Umfang erfolgt.

127 Mit anderen Worten stellt sich für etliche Versicherungsunternehmen im Zuge der Überprüfung ihrer Vergütungspolitik bezogen auf den Aufsichtsrat die **Untermaßfrage**. Denn ebenso wie es im Hinblick auf das Angemessenheitserfordernis von Vergütungen ein Übermaß gibt, existiert nach dem begrifflichen Vorbild des Verfassungsrechts auch ein Untermaß.[165] Und ebenso wie im Verfassungsrecht das Untermaßverbot die Effektivität staatlicher Schutzpflichten gewährleistet, kann nur ein vergütungsrechtliches Untermaßverbot in Bezug auf die Vergütungshöhe gewährleisten, dass die mit dem Vergütungsrecht verfolgten Regelungszwecke nicht verfehlt werden. Dies gilt insbesondere für Fehlanreize bei der Auswahl von potentiellen Aufsichtsratsmitgliedern durch die zuständigen Organe[166] im Sinne eines Auswahlverschuldens und bei der Bereitschaft solcher Personen zur Übernahme eines Aufsichtsratsmandats im Sinne eines Übernahmeverschuldens. Soweit in der Praxis zur Rechtfertigung unangemessen niedriger Vergütungen gegenüber Aufsichtsräten auf Vergütungsstudien und Benchmarks verwiesen wird, beruhen derartige Feststellungen auf einer unzulässigen In-sich-Betrachtung der Versicherungsbranche und sind daher schon im Ausgangspunkt zirkulär.

128 **d) Personen, die das Unternehmen tatsächlich leiten.** Art. 275 Abs. 1 lit. c Solva II-VO adressiert nach den Organmitgliedern „Personen, die das Unternehmen tatsächlich leiten". § 25 Abs. 1 VAG erfasst dagegen pauschal nur Geschäftsleiter und bleibt damit hinter den europarechtlichen Vorgaben zurück. In Bezug genommen ist damit nämlich § 24 Abs. 2 VAG, der den Begriff der Geschäftsleiter konkretisiert. Geschäftsleiter gehören zwar i. S. v. § 24 Abs. 2 S. 1 VAG zu den Personen, die das Unternehmen tatsächlich leiten.[167] Dazu zählen nach dem VAG aber auch weitere Personen. Sie sind als **tatsächliche Leitungspersonen** zwar bei den Fit-and-proper-Anforderungen des § 24 Abs. 2 S. 1 VAG, nicht aber bei den Vergütungsanforderungen des § 25 Abs. 1 VAG genannt.

129 **§ 25 Abs. 1 VAG erfasst** daher in seinem persönlichen Anwendungsbereich einen **Teilbereich** der Personen, nämlich diejenigen, die das Unternehmen tatsächlich leiten, **nicht**. Dies gilt vor allem für die geschäftsführenden Direktoren einer monistischen SE, da diese nicht unter den Begriff der Geschäftsleiter i. S. v. § 24 Abs. 2 S. 1 VAG fallen.[168]

130 Vor dem Hintergrund der **unmittelbaren Wirkung des Art. 275 Abs. 1 lit. c Solva II-VO** kommt es im Ergebnis allerdings nur auf dessen persönlichen Anwendungsbereich an.[169] Im Rahmen des Art. 275 Abs. 1 lit. c Solva II-VO müssen tatsächlich leitende Personen aufgrund der Gleichstellung

[162] Vgl. zur parallelen Situation bei Kreditinstituten Handelsblatt online v. 8.7.2016: „Felix Hufeld – BaFin-Chef fordert mehr Geld für Banken-Aufsichtsräte".

[163] Betroffen hiervon sind insbesondere, aber keineswegs nur, VVaG und öffentliche Versicherungsunternehmen.

[164] Abschlussprüfungsreformgesetz, BGBl. I. 2016 I, 1142. mit RegE BT-Drs. 18/7219 und dazu sowie zur Tätigkeit von Aufsichtsratsmitgliedern in Prüfungsausschüssen ausf. *Dreher/Hoffmann*, ZGR 2016, 445 ff.; *Bürkle* VersR 2016, 1145 ff.

[165] Vgl. z. B. *BVerfG* Urt. v. 28.5.1993 – 2 BvF 2/90 u. a., BVerfGE 88, 203; *Isensee* in: HStR V, 3. Aufl. 2007, § 111 Rn. 165 f.; *Canaris* AcP 184 (1984), 201, 228.

[166] Z. B. den Wahlvorschlag des Aufsichtsrates nach § 124 Abs. 3 S. 1 AktG.

[167] Vgl. den Wortlaut von § 24 Abs. 2 S. 1 VAG: „Personen, die das Unternehmen tatsächlich leiten, *sind neben* Geschäftsleitern" (Hervorhebung nur hier).

[168] Auf der Grundlage von § 24 Abs. 2 S. 1 VAG sind sie zwar als Personen anzusehen, die das Unternehmen tatsächlich leiten. Diese Gruppe ist jedoch in § 25 Abs. 1 VAG nicht erfasst.

[169] Vgl. im Einzelnen § 24 VAG Rn. 15 ff.

mit den Organmitgliedern eine besonders herausgehobene Stellung haben. Dies gilt nur für die Leitungspersonen in der monistischen Versicherungs-SE.

e) Inhaber von Schlüsselfunktionen. Schlüsselfunktionen bilden den Ansatzpunkt für zahlreiche versicherungsaufsichtsrechtliche Regelungen.[170] Neben der Frage nach ihrer Vergütung stellen sich weitere im Hinblick z. B. auf die Fit-and-proper-Anforderungen sowie die aufsichtsbehördliche Kontrolle solcher Personen.[171] Als Schlüsselfunktionen gelten die **vier Governance-Funktionen** Risikomanagementfunktion, Compliance-Funktion, interne Revisionsfunktion und versicherungsmathematische Funktion.[172] Der Wortlaut von Art. 275 Abs. 1 lit. c Solva II-VO bezieht sich ausschließlich auf Inhaber von Schlüsselfunktionen. Dies führt zu der allgemeinen Frage, ob es neben den vier Governance-Funktionen weitere Schlüsselfunktionen gibt.[173] Für Art. 275 Abs. 1 lit. c Solva II-VO stellt sich diese Frage nicht. Abs. 2 lit. h beschränkt den Anwendungsbereich nämlich ausdrücklich auf die Schlüsselfunktionen i. S. v. Art. 269 bis 272 Solva II-VO und damit auf die vier Governance-Funktionen. 131

Der **variable Teil der Vergütung** der Inhaber einer Schlüsselfunktion i. S. d. vier Governance-Funktionen muss nach Art. 275 Abs. 2 lit. h Solva II-VO „unabhängig von der Leistung der ihrer Kontrolle unterstehenden operativen Einheiten und Bereiche" sein. Dies soll Interessenkonflikten bei den Betroffenen vorbeugen. **Maßgebliche Bemessungsgrößen** für ihre Vergütung sind daher zunächst auf das **gesamte Versicherungsunternehmen bezogene Kennzahlen**. Dabei sollten im Sinne der Nachhaltigkeit substanzbezogene Ziele deutlichen Vorrang vor ertragsbezogenen Zielen haben. Zwar umfasst die „Kontrolle" durch Risikomanagement, interne Revision und Compliance grundsätzlich das gesamte Versicherungsunternehmen. Konkrete Interessenkonflikte bei den Betroffenen, die die Regelung vermeiden will, sind aber bei Heranziehung der vorstehend genannten Vergütungskriterien nicht mehr vorstellbar. Hinzu kommt, dass lit. h auf die Kontrolle von „operativen Einheiten und Bereichen", nicht aber auf die des Unternehmens als Ganzes Bezug nimmt. 132

Für die vergütungserhebliche Vereinbarung von **Individualzielen** mit Inhabern von Schlüsselfunktionen bleibt sodann gleichwohl noch Raum. Dies gilt für alle Kriterien, die nicht mit der „Leistung" – so lit. h – der kontrollierten operativen Einheiten und Bereiche verknüpft sind. In Betracht kommen außengerichtet zusätzliche, nicht kontrollierende Aktivitäten wie allgemeine Informations- und Schulungsmaßnahmen oder Maßnahmen im Innenbereich der jeweiligen Schlüsselfunktion wie Mitarbeiterführung und -entwicklung. 133

f) Unterscheidung von Mitarbeitern allgemein und Risk-Takern speziell. In Bezug auf Mitarbeiter ist der Adressatenkreis des **§ 25 Abs. 1 und 3 VAG** im Vergleich zur Vorgängerregelung unverändert allgemein geblieben ist. Nach Art. 275 Abs. 1 lit. c und d Solva II-VO gelten die Anforderungen zur Vergütungspolitik außer für Organmitglieder und Personen, die das Unternehmen tatsächlich leiten oder Schlüsselfunktionen innehaben, nur für „Personen (…) anderer Mitarbeiterkategorien, deren Tätigkeiten das Risikoprofil des Unternehmens maßgeblich beeinflussen". § 25 Abs. 1 und 3 VAG enthält daher im persönlichen Anwendungsbereich in Bezug auf Unternehmensmitarbeiter als Adressaten eine **überschießende Regelung**.[174] Sie geht mit der **undifferenzierten Einbeziehung sämtlicher Mitarbeiter** unzulässiger Weise über den rechtshierarchisch vorrangigen Art. 275 Solva II-VO hinaus und ist deshalb **europarechtswidrig**. 134

Nur eine solche, am Risikobezug einer Tätigkeit in einem Versicherungsunternehmen orientierte Auslegung des Vergütungsrechts entspricht auch dem **Telos**. Und nur sie kann den Eingriff in die **Organisationsfreiheit** der Unternehmen,[175] die EG 31 Solva II-RL und speziell für die Vergütungsvereinbarungen Art. 275 Abs. 3 Solva II-VO Solva II-RL betonen, rechtfertigen. 135

Hinzu kommt die **Grundrechtsrelevanz des Vergütungsrechts**. Aufsichtsrechtliches Vergütungsrecht greift nämlich in privatrechtliche Vergütungsvereinbarungen ein. Diese sind aber „als Bestandteil der allgemeinen Handlungsfreiheit" nach Art. 2 Abs. 1 GG grundrechtlich geschützt, wie der Gesetzgeber im Zusammenhang mit der Einfügung von § 81b Abs. 1a VAG a. F., heute § 25 Abs. 4 VAG, hervorgehoben hat. Ein Eingriff in die vergütungsbezogene **Vertragsfreiheit** – gleiches gilt im Fall von Eingriffen in kollektivrechtliche Vergütungsvereinbarungen aufgrund der **Koalitionsfreiheit** nach Art. 9 GG – bedarf daher einer Rechtfertigung, die im Hinblick auf die Vergütungsstruktur und Vergütungshöhe für alle Mitarbeiter von Versicherungsunternehmen jenseits der in § 25 Abs. 1 VAG speziell genannten Normadressaten nicht ersichtlich ist. 136

Dasselbe Ergebnis folgt aus der **Regelungssystematik** in **Art. 275 Abs. 1 und 2 Solva II-VO**. In Abs. 2 lit. h erfasst sie nämlich zwar die in Schlüsselfunktionen „tätigen Mitarbeiter". Diese Regelung bezieht sich nach dem Einleitungssatz des Abs. 2 i. V. m. Abs. 1 lit. c nur auf Personen, für die Art. 275 137

---

[170] Vgl. zu Begriff und Inhaber der Schlüsselfunktionen *Dreher* VersR 2012, 933 ff.
[171] Ausf. *Dreher* VersR 2012, 1061 ff.
[172] Vgl. Erwägungsgründe 30 und 33 Solva II-RL; § 7 Nr. 9 VAG.
[173] Vgl. dazu § 24 VAG Rn. 43.
[174] So i. E. auch *Hasse* in: Annuß/Früh/Hasse, B § 25 VAG Rn. 18.
[175] Vgl. dazu ausf. Einl. Rn. 139 ff.

Solva II-VO „spezifische Vereinbarungen" fordert. Abs. 1 lit. c nimmt dafür nur Bezug auf Personen, die „Schlüsselfunktionen innehaben". Da Abs. 2 lit. h ausdrücklich nur für „spezifische Vereinbarungen gemäß Abs. 1 Buchstabe c" gilt und dort nur Inhaber von Schlüsselfunktionen als Normadressaten genannt sind, kann noch nicht einmal dieser Regelungsteil sich auf sämtliche Mitarbeiter in Schlüsselfunktionen erstrecken.

138 Im **Ergebnis** folgt daraus, dass Art. 275 Abs. 1 lit. c Halbsatz 2 und Abs. 2 Solva II-VO, die sich auf **„spezifische Vereinbarungen"** beziehen, nur auf die dort **genannten Personenkreise** anwendbar sind. Die undifferenzierte Erstreckung des gesamten Vergütungsrechts auf alle Mitarbeiter nach § 25 Abs. 1 und 3 VAG verstößt hiergegen. Das Europarecht spricht die **Gesamtheit der Mitarbeiter** nur in Art. 275 Abs. 1 lit. a, b, c Halbsatz 1, e, f, g und Abs. 3 Solva II-VO an. Dies bedeutet vor allem zunächst, dass es „für das Unternehmen als Ganzes" Vergütungsleitlinien und Vergütungspraktiken geben muss. Sodann ist dabei auf die Ziele, Interessen, Strategie sowie Risikosituation des jeweiligen Unternehmens abzustellen. Und schließlich gelten dafür die Kriterien der Klarheit, Transparenz und Wirksamkeit. Nur in diesem Sinn sind Mitarbeiter eines Versicherungsunternehmens jenseits der in Art. 275 Abs. 1 lit. c Halbsatz 2 und Abs. 2 Solva II-VO speziell adressierten Unternehmensangehörigen Normadressaten des europäischen Vergütungsrechts.

139 **Risk-Taker** gehörten bereits **nach alter Rechtslage** zu den Adressaten der (besonderen) Vergütungsregelungen.[176] Auch mussten die Unternehmen auf der Grundlage einer eigenen Risikoanalyse nach § 4 Abs. 1 S. 2 VersVergV a. F., den die neue VersVergV außerhalb des Anwendungsbereichs von Art. 275 Solva II-VO unverändert übernimmt, diejenigen Personen, die das Risikoprofil wesentlich beeinflussen, feststellen. Die Begründung zur VersVergV a. F. führte aus, dass solche Personen, die unmittelbar oder aktiv Risiken im Sinne einer Bilanzverantwortung eingehen, typischerweise als Risikoträger einzustufen seien. Hierzu gehörten auch strategische Risiken. Kontrollfunktionen sollten in der Regel davon ausgenommen sein. Eine Gegenausnahme läge hingegen beim Verantwortlichen Aktuar und beim Leiter Risikomanagement.[177] Darüber hinaus sollen solche Personen mit hoher Wahrscheinlichkeit einen wesentlichen Einfluss auf das Gesamtprofil des Unternehmens haben, die den Vorsitz in wichtigen Ausschüssen führen. Des Weiteren ging die Begründung davon aus, dass Mitarbeiter, die eine mindestens vergleichbare Vergütung erhalten wie ein bereits von dem Unternehmen identifizierter Mitarbeiter, dessen Tätigkeit einen wesentlichen Einfluss auf das Gesamtprofil hat, wahrscheinlich ebenfalls einen wesentlichen Einfluss auf das Gesamtrisikoprofil haben.

140 Wenngleich **Art. 275 Abs. 1 lit. c Solva II-VO** von einem „maßgeblichen" und nicht wie § 4 Abs. 1 S. 1 VersVergV von einem „wesentlichen" Einfluss der **Risk-Taker** spricht, liegt darin kein Unterschied. Die Unternehmen müssen anhand ihres individuellen Risikoprofils diejenigen **Personen** ermitteln, denen ein **entsprechender Einfluss** zukommt. In einem ersten Schritt sind daher diejenigen Personen festzustellen, deren Tätigkeit überhaupt Einfluss auf das Risikoprofil hat. In einem zweiten Schritt müssen die Unternehmen eine Eingrenzung auf solche Personengruppen vornehmen, die das Risikoprofil „maßgeblich" beeinflussen. Die Feststellung der Maßgeblichkeit des Einflusses muss sich sowohl an dem Ziel der Solva II-RL als auch differentialdiagnostisch an dem Verhältnis zu anderen Personenkreisen orientieren.[178] Vor dem Hintergrund kommen abhängig von den Umständen des Einzelfalls – soweit nicht bereits aufgrund entsprechender Tätigkeiten als Inhaber der Schlüsselfunktionen von Art. 275 Abs. 2 Solva II-VO erfasst – z. B. die Leiter der Rechtsabteilung, der Rechnungslegung, der Unternehmenskommunikation, der Kapitalanlage, der Produktentwicklung, des Underwriting und der passiven Rückversicherung, der IT und der Schadenabwicklung als Risk-Taker im versicherungsaufsichtsrechtlichen Sinn in Betracht.[179] Keine Bedeutung hat in dem Zusammenhang die – ohnehin europarechtswidrige – Einbeziehung von „Personen, die für das Unternehmen wesentliche Entscheidungen zu treffen befugt sind", in die Fit-and-proper-Aufsicht durch § 24 Abs. 2 S. 1 VAG.

141 **g) Selbständige Versicherungsvertreter.** Eine Form des selbständigen Handelsvertreters i. S. v. § 84 HGB ist der in § 92 HGB und § 59 Abs. 2 VVG normierte sowie definierte Versicherungsvertreter. Gemäß der Legaldefinition in § 92 Abs. 1 HGB ist Versicherungsvertreter, wer als Handelsvertreter damit betraut ist, Versicherungsverträge zu vermitteln oder abzuschließen. Der Versicherungsvertreter ist von dem Versicherungsunternehmen mit dem Abschluss bzw. der Vermittlung von Versicherungsverträgen **ständig betraut**. Er ist darüber hinaus **selbständig**. Ansonsten handelt es sich um einen Arbeitnehmer, dessen Rechtsverhältnis sich nach den Vorschriften über Handlungsgehilfen gemäß den §§ 59 ff. HGB richtet. Maßgeblich ist das Merkmal der Selbständigkeit i. S. v. § 84 HGB.[180]

---

[176] § 4 Abs. 1 S. 1 VersVergV a. F. und allgemein *Armbrüster* VersR 2011, 1 ff.; *Heuchemer/Kloft* WM 2010, 224 ff.

[177] Begründung des Entwurfs zur VersVergV a. F., „Allgemeiner Teil".

[178] Vgl. zur Parallele im Bankaufsichtsrecht die voluminösen Kriterienkataloge in Delegierte VO (EU) Nr. 604/2014, ABl. EU 2014 Nr. L 167, 30 ff. und Beschluss (EU) 2015/2218 EZB, ABl. EU 2015 Nr. L 314, 66 ff.

[179] *S. Saria* Versicherungsrundschau 4/2015, 10,12 sieht aus der Perspektive der österreichischen FMA „als risk owner (…) Produktentwicklung, Vertrieb, Schadenabwicklung, IT und Kapitalanlage".

[180] Vgl. z. B. *von Hoyningen-Huene* in: MüKo-HGB, 3. Aufl. 2010, § 92 Rn. 5a m. w. N.

Außerhalb des Anwendungsbereichs von Art. 275 Solva II-VO sind deshalb die Handelsvertreter durch § 2 Nr. 7 **VersVergV** von deren persönlichem Anwendungsbereich ausgenommen. Grundlage ist allerdings eine gesetzliche Fiktion – „gelten nicht als" –, die an den Oberbegriff „Mitarbeiter" anknüpft, der für Art. 275 Abs. 2 lit. c Solva II-VO irrelevant ist. **142**

Selbständige Versicherungsvertreter könnten allenfalls als Risk-Taker in den persönlichen Anwendungsbereich des Vergütungsrechts kommen.[181] Aber auch dies ist nicht der Fall. Art. 275 Abs. 1 lit. c **Solva II-VO** stellt auf die Risk-Taker-Eigenschaft von „Mitarbeiterkategorien" und deren „Tätigkeiten" ab. Selbständige Versicherungsvertreter erfüllen als Gruppe nie die Anforderungen an Risk-Taker. Hinzu kommt, dass Art. 275 Abs. 1 lit. a Solva II-VO zwar „die Vergütungsleitlinien und Vergütungspraktiken" eines Versicherungsunternehmens insgesamt betrifft und nicht an die (Un-)Selbständigkeit eines Vergütungsempfängers anknüpft, Art. 275 Abs. 1 lit. c Solva II-VO für die gesteigerten Vergütungsanforderungen aber die Mitarbeitereigenschaft von erfassten Personen fordert. Dies ist bei selbständig Tätigen Versicherungsvertretern nicht gegeben. **143**

h) Angestellter Versicherungsaußendienst. Der angestellte Außendienst ist in den europäischen und deutschen Vergütungsregelungen nicht ausdrücklich angesprochen. Erfolgreiche angestellte Außendienstmitarbeiter können durchaus erhebliche variable Vergütungen beziehen. Vergütungsrechtlich sind Mitarbeiter des angestellten Außendienstes nur dann von den besonderen Anforderungen des Art. 275 Abs 1 lit. c und Abs. 2 Solva II-VO erfasst, wenn es sich dabei um sog. Risk-Taker handelt. Dass solche Mitarbeiter „das Risikoprofil des Unternehmens maßgeblich beeinflussen", bildet **allenfalls einen seltenen Ausnahmefall**. Das größte denkbare Risiko für ein Versicherungsunternehmen ist in dem Zusammenhang das Wegbrechen des Vertriebs. Im Gegensatz zu einem Maklervertrieb stellt das plötzliche Wegbrechen der angestellten Vertriebsmitarbeiter allerdings – auch empirisch gesehen – kein besonderes Risiko dar. Zudem kommt es dabei auf die angestellten Mitarbeiter insgesamt, d. h. in den Worten der Solva II-VO als „Mitarbeiterkategorie", und nicht auf die einzelnen, besonders erfolgreichen Mitarbeiter aus dieser Kategorie an. **144**

9. Vergütungsleitlinien auf Einzelunternehmensebene. a) Rechtsgrundlage. Die **Solva II-RL** spricht das Thema Vergütung nicht an. Sie begründet daher auch keine Pflicht der Unternehmen, Vergütungsleitlinien vorzulegen. Erst die **Solva II-VO** nominiert eine Pflicht, Vergütungsleitlinien zu erstellen[182] und offenzulegen. Dies begegnet der schon zur Frage des europarechtlichen Hintergrunds des Vergütungsrechts geäußerten Kritik[183] an der Kompetenzüberschreitung durch die Kommission durch die eigenständige Regelung „wesentlicher Aspekte" in der nach dem europäischen Primärrecht nur zur „Ergänzung" der Solva II-RL in „nicht wesentlichen" Fragen gedachten Durchführungsverordnung. Im vorliegenden Zusammenhang davon betroffen sind Vergütungsleitlinien sowohl auf Einzelunternehmensebene als auch erst recht auf der Ebene von Unternehmensgruppen. **145**

Dessen ungeachtet verlangt die EU-Kommission in Art. 258 Abs. 1 lit. l Solva II-VO unter der Überschrift „Allgemeine Governance-Anforderungen" die „**Einführung schriftlich fixierter Vergütungsleitlinien**". Damit nimmt die Regelung zugleich Bezug auf Art. 275 Solva II-VO, der den Inhalt der Vergütungsleitlinien und Elemente der Vergütungspolitik regelt. Schriftliche Fixierungen im Bereich der Vergütungsleitlinien und der Vergütungsansprüche von Organmitgliedern fordern außerdem Art. 294 Abs. 1 lit. c und 308 Abs. 1 lit. c Solva II-VO im Rahmen der internen und externen Berichterstattung. **146**

Die **allgemeine Rechtsgrundlage für Unternehmensleitlinien**, die sich jedoch gerade nicht auf die Vergütungsleitlinien bezieht, liegt in Art. 41 Abs. 3 Solva II-RL. Diese Vorgabe ist mit § 23 Abs. 3 VAG umgesetzt. Auch die Zuweisung der Zuständigkeit zur Verabschiedung von Unternehmensleitlinien durch den Vorstand nach § 23 Abs. 3 VAG zeigt, dass der Gesetzgeber sich nicht auf Vergütungsleitlinien bezieht. Denn für Leitlinien zur Vergütung des Vorstands ist allein der Aufsichtsrat zuständig. **147**

b) Gestaltung. Dem Unternehmen stehen für die Erstellung von Vergütungsleitlinien **zwei Wege** offen: Entweder **einheitliche** Leitlinien für alle erfassten Personen oder **getrennte** Leitlinien für die Organe – insbesondere den Vorstand – einerseits und die Personen unterhalb des Vorstands andererseits. Für ein getrenntes Vorgehen spricht die Zuständigkeitsverteilung zwischen Vorstand und Aufsichtsrat. Für ein einheitliches Vorgehen – unter Wahrung der jeweiligen Zuständigkeit – spricht die dadurch erleichterte Transparenz und (partielle) Offenlegung i. S. v. Art. 275 Abs. 1 lit. g Solva II-VO gegenüber „allen Personalangehörigen des Unternehmens". In diesem Fall empfiehlt sich die Bildung eines Allgemeinen Teils zu übergreifenden Angaben – u. U. einschließlich von Gruppenaspekten – und eines Besonderen Teils mit Vergütungsleitlinien zu den einzelnen erfassten Personengruppen. **148**

[181] So i. E. auch *Hasse* in: Annuß/Früh/Hasse, B Art. 258, 275 Solvency II-VO Rn. 23 und § 25 VAG Rn. 19, der dies aber aus der Geltung der IDD herleitet.
[182] So auch *Hasse* in: Annuß/Früh/Hasse, B. Art. 258, 275 Solvency II-VO Rn. 10.
[183] Siehe oben Rn. 22.

149 **c) Form.** Art. 258 Abs. 1 lit. l Solva II-VO verlangt „**schriftlich fixierte Vergütungsleitlinien**". Als europarechtliche Regelung ist sie unabhängig von deutschen Vorschriften zu Schrift- und Textform, z. B. §§ 126,126b BGB, auszulegen. Maßgeblich ist vielmehr der Regelungszweck, den das europäische Versicherungsaufsichtsrecht mit dem Erfordernis „schriftlich festgelegt", das in Art. 41 Abs. 3 Solva II-RL – umgesetzt in § 23 Abs. 3 S. 1 VAG – gleich zweimal enthalten ist, verfolgt. Hinzu kommen die speziell für die Vergütungsleitlinien in Art. 275 Solva II-VO betonten Themen der Transparenz und der Offenlegung gegenüber den Unternehmensmitarbeitern.

150 Vor dem Hintergrund geht es bei der Form von Vergütungsleitlinien zum einen um eine Verhaltenslenkung der Organe, sich konkret mit den Einzelheiten des Vergütungssystems schon deshalb zu befassen, weil dieses in einem **von den zuständigen Organen zu verantwortenden Text** seinen Niederschlag finden muss. Zum anderen können nur in Textform gegossene Vergütungsleitlinien Transparenzwirkung entfalten und den Mitarbeitern offengelegt werden. Erforderlich, aber auch ausreichend ist daher im Ergebnis eine Fassung der Vergütungsleitlinien in Textform, die dauerhaft zugänglich und von Dritten nicht abänderbar ist. Schon aus Gründen der Organisation der Gremienarbeit und ihrer **Dokumentation** würde dies in der Praxis zugleich zu schriftlich verkörperten Vergütungsleitlinien führen.

151 **d) Inhalt.** Der Charakter von Vergütungsleitlinien als schriftliche Fixierung der Vergütungspolitik bestimmt ihren Inhalt. Sie schaffen Transparenz in Bezug auf das Vergütungssystem des Unternehmens, d. h. auf die für es geltenden Regelungen und ihre Anwendung. Da es bei Vergütungsleitlinien wie bei allen Leitlinien um **unternehmensbezogene Leitlinien** geht und die Ausfüllung der zahlreichen unbestimmten Rechtsbegriffe im Vergütungsrecht Sache der jeweils zuständigen Unternehmensorgane ist, verbietet sich die Erstellung von Vergütungsleitlinien nach bestimmten Schemata oder Beraterblaupausen.

152 Gleichwohl lassen sich bestimmte Themen nennen, die **typischerweise Gegenstände** von Vergütungsleitlinien sind. Dazu gehören unter anderem die Folgenden:

- Ziele und Gegenstand (Vergütung als Teil des Governance-Systems),
- persönlicher Anwendungsbereich,
- sachlicher Anwendungsbereich,
- zeitlicher Anwendungsbereich,
- Vergütungsstruktur,
- Vergütungsparameter,
- Vergütungspraktiken,
- Änderung,
- Offenlegung.

153 Entsprechend ihrem Charakter als allgemeine Beschreibung der Vergütungspolitik lassen Vergütungsleitlinien **keine Rückschlüsse auf individuelle Vergütungen** zu. Transparenz schaffen sie dagegen im Hinblick z. B. auf die Struktur, die Bestimmungsgrößen, die Auszahlung von Vergütungen und ihre Bestandteile. Vergütungsleitlinien nehmen daher vor allem die **Einzelthemen des Art. 275 Solva II-VO** auf und spiegeln sie in allgemeiner Form unternehmensbezogen wider.

154 Die durchaus häufigen **arbeitnehmerlosen Gesellschaften** benötigen ebenfalls Vergütungsleitlinien. Sie beziehen sich im persönlichen Anwendungsbereich allerdings nur auf die Organe und die Vergütung von Personen, die bei Dienstleistern tätig sind, was Gegenstand des Ausgliederungsrechts ist.[184] Mitarbeitervergütungen sind bei arbeitnehmerlosen Gesellschaften schon deshalb kein Thema, weil nicht derartige Gesellschaften die Arbeitgeberfunktion ausüben, sondern die jeweilige Anstellungskörperschaft, mit der die arbeitnehmerlose Gesellschaft einen Dienstleistungsvertrag hat, im Rahmen dessen Arbeitnehmer für sie tätig werden.

155 **10. Andere Tätigkeiten (Abs. 2).** Nach § 25 Abs. 2 VAG dürfen Versicherungsunternehmen „Geschäftsleitern und Aufsichtsratsmitgliedern **Vergütungen für andere Tätigkeiten**, die sie für das jeweilige Unternehmen erbringen, nur gewähren, soweit dies mit ihren Aufgaben als Organmitglieder vereinbar ist." Die Regelung ist inhaltsgleich mit der Vorgängerregelung in § 64b VAG a. F.

156 Wie aus dem Verweis auf die Eigenschaft als Organmitglied hervorgeht, versteht § 25 Abs. 2 VAG den **Begriff des Geschäftsleiters** anders als § 24 Abs. 2 S. 2 VAG, wo auch Hauptbevollmächtigte Geschäftsleiter sein sollen.

157 Was konkret eine andere Tätigkeit in diesem Kontext meint, führt das Gesetz nicht weiter aus. Gemeint sein können jedoch nur solche Tätigkeiten, die Geschäftsleiter und Aufsichtsratsmitglieder nicht ohnehin bereits schon aufgrund ihrer organschaftlichen Stellung wahrnehmen (müssen). In der Gesetzesbegründung zu § 64b VAG a. F. heißt es, dass den Betroffenen insbesondere keine Vergütungen im Zusammenhang mit der Vermittlung von Versicherungsverträgen gewährt werden dürfen.[185] Darüber hinaus sei es grundsätzlich unzulässig, dass ein Geschäftsleiter mit dem von ihm geleiteten Unternehmen

[184] Vgl. dazu oben Rn. 49 und unten Rn. 170 sowie § 32 VAG Rn. 117.
[185] Begr. RegE VergAnfG, BT-Drs. 17/1291, 12.

einen Agenturvertrag schließt. Art. 275 Solva II-VO bietet für § 25 Abs. 2 VAG ebenso keine normative Grundlage wie die Solva II-RL. § 25 Abs. 2 VAG ist infolgedessen nicht nur **rechtlich unzulässig**, sondern als versicherungsaufsichtsrechtliche Sonderregelung auch **sachlich überflüssig**. Das Normziel verwirklichen nämlich schon das allgemeine Gesellschaftsrecht mit §§ 87, 114 AktG sowie ergänzend vertragliche Wettbewerbsverbote und die Solva II-VO mit den gegen Interessenkonflikte gerichteten Regelungen.[186]

Vor dem Hintergrund der Gesetzesbegründung zu der Vorgängernorm von § 25 Abs. 2 VAG versucht der nationale Gesetzgeber, durch die Regelung **Interessenkonflikten entgegenzuwirken**. Andere Tätigkeiten in diesem Sinne sollen deshalb keine Verhaltensanreize setzen, die die bereits bestehenden konterkarieren. Eine andere Tätigkeit ist nach der Regelung nicht per se verboten, jedoch nur zulässig, soweit ihre Wahrnehmung mit den Aufgaben als Organmitglied vereinbar ist. Die Regelung adressiert insbesondere die in der Praxis zum Teil verbreiteten Verträge zwischen der Gesellschaft und einzelnen Aufsichtsratsmitgliedern.[187] Das Telos besteht darin, eine sachwidrige Beeinflussung von Organmitgliedern zu vermeiden, die durch eine zusätzliche vertragliche Bindung entsteht.[188] Während es außerhalb der Versicherungswirtschaft dabei vor allem um Verträge über Beratungsleistungen durch Aufsichtsratsmitglieder geht, betrifft das Thema im Bereich der Versicherungswirtschaft insbesondere Verträge eines Versicherungsunternehmens über **Vermittlungsleistungen in Bezug auf Versicherungsverträge** Dritter und die Honorierung dafür. Daraus können sich erhebliche Interessenkonflikte ergeben, die für den Ausschluss solcher Tätigkeiten bei Vorstandsmitgliedern und für eine sehr restriktive Haltung bei entsprechenden Tätigkeiten von Aufsichtsratsmitgliedern sprechen.[189] 158

11. Übergeordnete Unternehmen einer Gruppe (Abs. 3). a) Regelungsgegenstand und Regelungsziel. § 25 Abs. 3 S. 1 VAG erweitert den sachlichen Anwendungsbereich der Vergütungsanforderungen i. S. v. Abs. 1: „Übergeordnete Unternehmen einer Gruppe haben sicherzustellen, dass die Vergütungssysteme (…) innerhalb der gesamten Gruppe angemessen, transparent und auf eine nachhaltige Entwicklung ausgerichtet sind." **S. 2** gibt – als Definitionsnorm rechtssystematisch deplatziert – Aufschluss darüber, was ein übergeordnetes Unternehmen einer Gruppe ist, nämlich „das an der Spitze der Gruppe stehende Unternehmen, das entweder selbst Versicherungsunternehmen oder Versicherungs-Holdinggesellschaft ist." 159

Die Gesetzesbegründung sieht in der Regelung eine Fortführung „des bisherigen § 64b VAG".[190] Ebenso schlicht fällt auch die damalige Angabe zum **Regelungszweck** aus: Die Vorschrift „erweitert die Anforderungen des Absatzes 1 auf Versicherungsgruppen und Finanzkonglomerate".[191] Dies sei „angesichts der mit unangemessenen Vergütungssystemen verbundenen Risiken erforderlich".[192] Weiteren Erkenntnisgewinn liefert auch die Begründung zu § 275 Abs. 1 S. 1 VAG betreffend die ordnungsgemäße Geschäftsorganisation der Versicherungsgruppe nicht. Sie beschränkt sich auf die Angabe, „die Vorschrift setzt Artikel 246 der Richtlinie um",[193] demzufolge alle Anforderungen auf Ebene der Einzelunternehmen, somit auch die in den §§ 23 bis 34 VAG wiedergegebenen oder ergänzten Anforderungen der Solva II-RL, „auf Gruppenebene entsprechend" gelten. 160

Aufschluss über **Anforderungen** an die **Vergütung in der Gruppe** bietet – auch insoweit rechtssystematisch verunglückt – § 34 Abs. 2 S. 3 VAG im Zusammenhang mit einer Ermächtigung zum Erlass einer Verordnung betreffend die Vergütungssysteme. Hiernach sind die Größe einer Gruppe sowie Art, Umfang, Komplexität, Risikogehalt und Internationalität ihrer Geschäftstätigkeiten maßgebliche Faktoren für die Ausrichtung der Vergütung. 161

Art. 275 Solva II-VO erwähnt die Gruppe dagegen nur an einer einzigen Stelle: im Kontext der besonderen Voraussetzungen für die variable Vergütung nach Abs. 2 lit. b. Hiernach kann die Leistung der Gruppe, der das Unternehmen angehört, Grundlage für eine variable Vergütung sein. 162

b) EIOPA-Leitlinien. Ohne einen weiteren Anknüpfungspunkt im EU-Primär- oder Sekundärrecht sind Vorgaben für die **Vergütungspolitik in einer Gruppe** erstmals in den EIOPA-Leitlinien zur Governance aufgetaucht.[194] Leitlinie 9 Nr. 1.39. EIOPA-LL Governance fordert die Annahme und Umsetzung einer Vergütungspolitik für die gesamte Gruppe, und erweitert damit zugleich den Adressatenkreis der Regelungen. Die Vergütungspolitik sollte der Komplexität und den Strukturen der Gruppe Rechnung tragen, um eine kohärente Politik für die Gruppe insgesamt festzulegen, zu entwickeln und umzusetzen. Maßgeblich seien weiter die Risikomanagementstrategien der Gruppe. Die Anforderungen 163

[186] Vgl. z. B. oben Rn. 62.
[187] Vgl. dazu z. B. *Habersack* in: MüKo-AktG, 4. Aufl. 2014, § 114 AktG Rn. 1 ff. m. w. N.
[188] Vgl. z. B. *BGH* Urt. v. 10.7.2012 – II ZR 48/11, BGHZ 194, 15 = NJW 2012, 3235 und *Doetsch*, S. 459.
[189] *Hasse* in: Annuß/Früh/Hasse, B § 25 VAG ist in Rn. 14 großzügiger bei Aufsichtsratsmitgliedern und in Rn. 35 wie hier restriktiv bei Vorstandsmitgliedern.
[190] Begr. VAG-RegE 2014, BT-Drs. 18/2956, 241.
[191] Ausf. zu den Finanzkonglomeraten *Hasse* in: Annuß/Früh/Hasse, B § 25 VAG Rn. 37 ff.
[192] Begr. RegE VergAnfG, BT-Drs. 17/1299, 10.
[193] Begr. VAG-RegE 2014, BT-Drs. 18/2956, 286.
[194] EIOPA-BoS-14/253 DE.

gehen über die in § 34 Abs. 2 S. 3 VAG enthaltenen Parameter nicht hinaus, indem – was auch für das Einzelunternehmen gilt – die Vergütung dem jeweiligen Gruppenzuschnitt entsprechen muss.

164 Für eine Gruppe stellt weiter Leitlinie 9 Nr. 1.40. EIOPA-LL Governance besondere Anforderungen an die **Vergütungsüberwachung**. Nach Nr. 1.40. lit. a müssen die jeweiligen Unternehmen sicherstellen, dass eine „globale Kohärenz der Vergütungsleitlinien der Gruppe gewährleistet ist". Dazu müssen die Einzelunternehmen sicherstellen und überprüfen, dass bzw. ob die Vergütungsleitlinien „den rechtlichen Anforderungen an Unternehmen, die zur Gruppe gehören, entsprechen". Infolge der Neigung von EIOPA-Leitlinien zu Tautologien sollen nach Nr. 1.40. lit. b die Unternehmen ferner gewährleisten, „dass alle Unternehmen, die zur Gruppe gehören, den Vergütungsanforderungen entsprechen". Nach Nr. 1.40. lit. c sollen die Unternehmen schließlich noch ein gruppenweites Risikomanagement haben, welches die wesentlichen vergütungsbezogenen Risiken der Gruppe erfasst.

165 **c) Rechtsgrundlagenloses Gruppenvergütungsaufsichtsrecht.** Regelungen zur Vergütung auf Gruppenebene[195] haben keine Rechtsgrundlage im EU-Primär- oder Sekundärrecht. Die EU-Kommission rechtfertigt ihre gruppenbezogenen Vergütungsanforderungen ebenso wie EIOPA damit, dass Art. 41 und 50 Solva II-RL das Governance-System allgemein, wenn auch ohne Bezug zu dem Thema der Vergütung, sowie die Zuständigkeit der EU-Kommission zum Erlass entsprechender Durchführungsverordnungen nennen.[196] Davon habe die Kommission für die Vergütung auf Einzelunternehmensebene gemäß Art. 275 Solva II-VO Gebrauch gemacht hat und Art. 246 Abs. 1 UAbs. 1 Solva II-RL fordere die „entsprechende" Geltung der in Art. 41 Solvency II-RL „festgelegten Anforderungen" auf Gruppenebene. Ein solches „Ermächtigungs-Pingpong" zwischen dem Primärrecht und dem Sekundärrecht soll aber nur die **fehlende Kompetenz zu einem Gruppenvergütungsaufsichtsrecht** auf europäischer Ebene und damit auch zur „Umsetzung" auf nationaler Ebene verdecken. Seine Akzeptanz würde zugleich die vorbehaltslose Anerkennung einer allgemeinen Kompetenz-Kompetenz von EIOPA zum Erlass ermächtigungsloser Leitlinien bedeuten. Unabhängig davon ist die These mit der Rechtsprechung des EuGH zu den Grenzen der delegierten Rechtsetzung nach Art. 290 AEUV[197] schon auf den ersten Blick unvereinbar. Hinzu kommt das widersprüchliche Eingeständnis der EU-Kommission, zu bestimmten Vergütungsregelungen im Versicherungsbereich durch die Solva II-RL nicht ermächtigt zu sein, während sie ebenfalls ohne Ermächtigung Art. 275 Solva II-VO geschaffen hat.[198] Und schließlich sieht der Entwurf zur Änderung der bankaufsichtsrechtlichen CRF IV-RL-COM (2016) 854 final bei 15. a) – vor, die hier derzeit gegebene Rechtsgrundlage für das Gruppenvergütungsrecht in Art. 92 Abs. 1 CRD IV-RL zu streichen.

166 **d) Vergütungsleitlinien auf Gruppenebene.** Will man die Etablierung eines Gruppenvergütungsrechts trotz der – wie vorstehend ausgeführt – fehlenden Rechtsgrundlagen als grundsätzlich rechtlich zulässig ansehen, folgt daraus über Art. 246 Abs. 1 UAbs. 1 Solva II-RL bzw. § 275 Abs. 1 S. 1 VAG i. V. m. § 245 Abs. 1 S. 2 VAG auch die Notwendigkeit, **Vergütungsleitlinien auf Gruppenebene** zu erstellen. Hinsichtlich **Gestaltung und Form** solcher Gruppenleitlinien ist dafür im Grundsatz auf die Ausführungen zu Vergütungsleitlinien auf Einzelunternehmensebene zu verweisen.[199]

167 Der **Inhalt** von Gruppenvergütungsleitlinien unterscheidet sich von dem der Vergütungsleitlinien auf Einzelunternehmensebene erheblich. Dies gilt vor allem für den **persönlichen und sachlichen Anwendungsbereich**. Zwar sind alle gruppenangehörigen Unternehmen i. S. v. § 245 Abs. 2 VAG zu erfassen. Dabei kommt es aber schon über die Einbeziehung z. B. von Servicegesellschaften, Auslandsgesellschaften oder Vermögensanlagegesellschaften[200] zu einer großen Heterogenität, die sehr differenzierte Leitlinien bedingt. Gleiches gilt für die Mitarbeiterkategorien, die sich bei solchen Gesellschaften finden. Solche Kategorien in Gruppenleitlinien und die Einstufung von Personen in sie können nur schwer die Mitarbeiterstruktur in sachlich und/oder rechtlich heterogen gelagerten Gruppensachverhalten reflektieren.

168 Genauer Prüfung bedarf weiter der Grad an **Verbindlichkeit**, die Vergütungsleitlinien auf Gruppenebene haben können. In einer Gruppe kann das „oberste" Gruppenunternehmen i. S. v. §§ 247 f. VAG bzw. das „an der Spitze einer Gruppe stehende Unternehmen" i. S. v. § 246 Abs. 4 VAG eine **gruppenweite Vergütungspolitik** und damit auch gruppenweit geltende Vergütungsleitlinien nämlich **nicht dekretieren**. Der Grad an Verbindlichkeit von vergütungsbezogenen Vorgaben durch Gruppenvergütungsleitlinien hängt vor allem von gesellschaftsrechtlichen Einflussmöglichkeiten ab. Die Geschäftsleitung jedes gruppenangehörigen Unternehmens, auf das nicht das oberste Gruppenunternehmen einen bestimmenden Einfluss in Form von Weisungsrechten hat, ist nämlich – wie es § 76 Abs. 1 AktG pars pro toto formuliert – in eigener Verantwortung für die Vergütungspolitik in Bezug auf Mitarbeiter

[195] Ausf. zum Gruppenorganisationsrecht *Dreher* WM 2015, 649 ff.; *Dreher/Ballmaier* ZGR 2014, 753 ff.
[196] Siehe oben Rn. 22.
[197] Vgl. ausf. Einl. Rn. 52.
[198] So schon *Dreher* WM 2015, 649, 654 f.; siehe oben Rn. 22 und Rn. 50; für „zumindest unsicher" hält auch *Hemeling* in: Dreher/Wandt 2016, S. 17, 20 die Rechtsgrundlage des Gruppenvergütungsrechts.
[199] Siehe oben Rn. 148 ff.; vgl. auch § 23 VAG Rn. 117.
[200] Zu der Frage der Vergütungshöhe in solchen Gesellschaften siehe oben Rn. 49.

zuständig. Gleiches gilt für die Vergütungspolitik in Bezug auf die Vorstandsmitglieder für den jeweiligen Aufsichts- oder Verwaltungsrat.[201]

e) Versicherungsgruppen und Versicherungsvergütungsverordnung. Der nationale Gesetzgeber sieht sich trotz der unmittelbar geltenden Vorgaben in der Solva II-VO weiterhin dazu ermächtigt, Regelungen zur Vergütung (auch) auf Gruppenebene in der VersVergV zu erlassen.[202] Nach § 1 Abs. 3 S. 1 VersVergV müssen (1) Unternehmen mit einer Bilanzsumme von mindestens 45 Milliarden Euro und Unternehmen, (2) die einer Versicherungsgruppe oder (3) einem nach § 11 des Finanzkonglomerate-Aufsichtsgesetzes festgestellten Finanzkonglomerat mit einer Bilanzsumme von mindestens 45 Milliarden Euro angehören, auf der Grundlage einer Risikoanalyse eigenverantwortlich feststellen, ob sie bedeutend sind. Ist dies so, fallen sie nach § 1 Abs. 2 S. 2 VersVergV in den Anwendungsbereich der VersVergV. Materiellrechtlich haben gemäß **§ 5 Abs. 1 VersVergV** übergeordnete Unternehmen einer Versicherungsgruppe und übergeordnete Unternehmen eines Finanzkonglomerats „sicherzustellen, dass die Vergütungssysteme für Geschäftsleiter und Geschäftsleiterinnen, für Mitarbeiter und Mitarbeiterinnen sowie für Aufsichtsratsmitglieder innerhalb der gesamten Gruppe oder des gesamten Konglomerats angemessen, transparent und auf eine nachhaltige Entwicklung ausgerichtet sind". 169

Die Erweiterung auf Unternehmen als Teil einer Versicherungsgruppe in **§ 5 Abs. 2 VersVergV** führt dazu, dass es zu einer **parallelen Anwendung** von § 5 VersVergV und **Art. 275 Solva II-VO** kommen kann.[203] Die **VersVergV** wurde daher so **geändert**, dass Unternehmen freiwillig für die Anwendung von Art. 275 Solva II-VO optieren können.[204] In diesem Fall gelten §§ 3, 4 und 6 VersVergV für sie nicht. Im Ergebnis ermöglicht die Regelung die gruppenweite Anwendung von Art. 275 Solva II-VO. 170

Noch ungeklärt ist die Frage, ob die **VersVergV** auch **auf gruppeninterne Dienstleister**, wie etwa Asset Management-Gesellschaften,[205] Vertriebs- oder IT-Dienstleister **Anwendung findet**, für die weder § 25a KWG noch § 25 VAG bzw. Art. 275 Solva II-VO gelten. Weder das europäische noch das deutsche Versicherungsaufsichtsrecht erstrecken die Vergütungsregelung in § 25 VAG bzw. Art. 275 Solva II-VO für den Fall der Ausgliederung auf entsprechendes Personal eines Dienstleisters.[206] Im Ausgangspunkt ist das Personal nur mittelbar über EG 102 Solva II-VO erfasst. Fielen auch die Dienstleister in den Anwendungsbereich der Vergütungsregelungen nach § 5 VersVergV, würde das zu einer widersprüchlichen Erfassung von Dienstleistern in einer Gruppe und solchen, die außerhalb einer Gruppe stehen, damit aber nicht von den Regelungen der VersVergV erfasst wären, führen. Ist mit der hier vertretenen Auffassung davon auszugehen, dass das Versicherungsunternehmen aktiv durch entsprechende Vorgaben im Ausgliederungsvertrag den Dienstleister verpflichten muss, durch Entlohnung seiner Mitarbeiter keine Anreize für das übermäßige Eingehen von Risiken zu setzen, ist nicht ersichtlich, warum einerseits dies für nicht-gruppenangehörige Dienstleister nicht gelten und anderseits § 5 VersVergV gruppeninterne Dienstleister überhaupt erfassen sollte.[207] 171

12. Anordnungen (Abs. 4). a) Regelungsgegenstand und Regelungsziel. § 25 Abs. 4 VAG entspricht mit Ausnahme von S. 3 weitestgehend § 81b Abs. 1a VAG a. F. Bei einer Unterschreitung oder einer drohenden Unterschreitung der Solvabilitätskapitalanforderung kann die **Aufsichtsbehörde** die **Auszahlung** variabler Vergütungsbestandteile **untersagen** oder den dafür zur Verfügung stehenden Gesamtbetrag auf einen bestimmten Anteil des Jahresergebnisses **beschränken**. 172

Das **Ziel** der Regelung besteht in der Sicherung der Eigenmittel des Unternehmens und damit auch seiner Liquidität.[208] Daher hat der Gesetzgeber in ihr schon bei der Einführung im Jahr 2010 „das erforderliche Mittel einer angemessenen Krisenbekämpfung" gesehen.[209] 173

§ 25 Abs. 4 VAG enthält einen **Eingriff** in die vergütungsbezogene, nach Art. 2 Abs. 1 GG geschützte allgemeine Handlungsfreiheit. Er ist **gerechtfertigt** und verhältnismäßig. Wie der Gesetzgeber zutreffend angeführt hat, wird das „höchste volkswirtschaftliche Schutzgut – Erhalt eines funktionierenden Kredit- und Versicherungswesen – gesichert und/oder vor der Funktionsunfähigkeit bewahrt."[210] 174

---

[201] Vgl. zum Ganzen ausf. *Dreher* WM 2015, 649 ff. und § 23 VAG Rn. 117.
[202] Vgl. auch § 34 VAG Rn. 18.
[203] Vgl. dazu ausf. *Wolf* VW 9/2016, 66 ff. und die Erläuterungen zu § 34 VAG sowie zu der VersVergV.
[204] Vgl. den RefE des BMF v. 2.8.2016 zur Änderung der VersVergV, der in die geänderte VersVergV BGBl. 2017 I, 3023 gemündet ist.
[205] Vgl. zu den Vergütungssystemen in Kapitalverwaltungsgesellschaften § 37 KAGB. Im vorliegenden Zusammenhang geht es allerdings um die Ausgliederung der Kapitalanlagetätigkeit durch Versicherungsunternehmen auf gruppeneigene Kapitalverwaltungsgesellschaften.
[206] Ebenso *Wolf* VW 9/2016, 66, 68.
[207] Vgl. § 32 VAG Rn. 117.
[208] Begr. RegE VergAnfG, BT-Drs. 17/1291, 13 i. V. m. S. 11 zu § 81b Abs. 1a VAG a. F.; vgl. dazu auch *Sammet*, S. 320.
[209] Vgl. Begr. RegE VergAnfG, BT-Drs. 17/1291, 10.
[210] Vgl. Begr. RegE VergAnfG, BT-Drs. 17/1291, 10.

175 **b) Aufsichtsbehördliche Anordnungen.** Die Eingriffsbefugnisse der **Aufsichtsbehörde** sind in **Sätzen 1 und 2** geregelt. Sie setzen jeweils voraus, dass die Solvabilitätskapitalanforderung nach § 134 Abs. 1 VAG[211] entweder nicht mehr bedeckt ist oder dieser Fall innerhalb der nächsten drei Monate einzutreten droht.[212]

176 Macht die Aufsichtsbehörde von ihrer Befugnis Gebrauch, so entfällt nach § 25 Abs. 4 **S. 4** VAG zeitweilig die Durchsetzbarkeit der Rechte der Betroffenen aus ihren Arbeits- oder Dienstverträgen, die der Untersagung oder Beschränkung entgegenstehen. § 25 Abs. 4 VAG erfasst ein mehrpoliges Verhältnis. Zwar ist die Aufsichtsbehörde bei einer Anordnung gegenüber einem Unternehmen tätig. Es bliebe aufgrund des bestehenden Vertrags gegenüber dem **Vergütungsempfänger** jedoch zur Auszahlung verpflichtet. Zivilrechtlich verhielte sich das Unternehmen im Falle der Nichtauszahlung nämlich pflichtwidrig. Vorbehaltlich einer Fristsetzung bestünde daher ein Schadenersatzanspruch gegen das Unternehmen.[213] Diesem Dilemma begegnet S. 4 dadurch, dass aus vertraglichen Vereinbarungen, die der Anordnung entgegenstehen, „keine Rechte hergeleitet" werden können. Deshalb hat, wie der Gesetzgeber klargestellt hat, ein Eingriff der Aufsichtsbehörde „privatrechtsgestaltende Wirkung".[214]

177 Nach **S. 3** „müssen" die Versicherungsunternehmen den Eingriffsbefugnissen in Vergütungsvereinbarungen „Rechnung tragen". Für die **Unternehmen** besteht also eine entsprechende Umsetzungspflicht. Sie ist jedoch nur gegenüber Vorstandsmitgliedern und Mitarbeitern erfüllbar. Bei Aufsichtsratsmitgliedern fehlt ein vertragsrechtlicher Anknüpfungspunkt.[215]

178 **13. Ausnahmen (Abs. 5).** Abs. 5 ist inhaltsgleich mit der Vorgängerregelung in § 64b Abs. 6 VAG a. F. und versucht, tarifvertragliche Regelungen sowie Betriebs- und Dienstvereinbarungen auf tarifvertraglicher Grundlage vom Anwendungsbereich des § 25 VAG auszunehmen. Sie unterliegen dem besonderen Schutz des **Art. 9 Abs. 3 GG**. Aus Gründen des Sachzusammenhangs ist dies im Rahmen der Ausführungen zu den arbeitsrechtlichen Themen angesprochen.[216]

179 **14. Vergütungsausschuss (Art. 275 Abs. 1 lit. f Solva II-VO). a) Regelungsgegenstand und Regelungsziel.** Nach Art. 275 Abs. 1 lit. f **Solva II-VO** kann durch den Vorstand eines Versicherungsunternehmens ein „unabhängiger Vergütungsausschuss", sog. „**remuneration committee**", zur „regelmäßigen Unterstützung bei der Überwachung der Vergütungsleitlinien und Vergütungspraktiken sowie ihrer Umsetzung und Funktionsweise" eingesetzt werden.

180 Anders als für Aufsichtsräte von Kreditinstituten nach § 25d Abs. 12 S. 1 KWG[217] ist die Einrichtung eines solchen Ausschusses auf Vorstandsebene nach dem Wortlaut von Art. 275 Abs. 1 lit. f Solva II-VO – „soweit es (…) angemessen erscheint" – in das **Ermessen der Unternehmen** gestellt.[218] Wenngleich die entsprechende Regelung in § 4 Abs. 7 VersVergV a. F. zum Vergütungsausschuss auf Vorstandsebene oder unterhalb von ihr, die die neue VersVergV außerhalb des Anwendungsbereichs von Art. 275 Solva II-VO wortgleich fortführt, ebenfalls eine „Soll"-Vorschrift war, wurde sie zum Teil, aber zu Unrecht als eine „Muss"-Vorschrift verstanden.[219] Bei der Entscheidung über die Einsetzung eines Vergütungsausschusses sind nach der Solva II-VO im Sinne des Proportionalitätsgedankens die „Größe und interne Organisation" des Unternehmens zu berücksichtigen.

181 Da der Aufsichts- oder Verwaltungsrat für die Vorstandsvergütung und der Vorstand für die Mitarbeitervergütung rechtlich zuständig sind, **passt** Art. 275 Abs. 1 lit. f Solva II-VO **für das deutsche dualistische Unternehmensorganisationsrecht nicht**. An die Stelle eines Vergütungsausschusses müssten hier – sofern von den Organen, was nicht vorstellbar ist, gewollt – zwei Ausschüsse oder – so wohl allein praktisch vorstellbar – ein Vergütungsausschuss nur des Aufsichts- oder Verwaltungsrats treten. Für die Mitarbeitervergütung in Unternehmen mit mehr als 2.000 Arbeitnehmern erheblich ist zudem die mitbestimmungsrechtliche Etablierung eines **Arbeitsdirektors** mit speziellen Zuständigkeiten auf Vorstandsebene. Ein praktisches Bedürfnis für einen Vergütungsausschuss auf der Ebene des Vorstands ist bei einem Versicherungsunternehmen nicht zu erkennen.[220]

---

[211] Vgl. dazu die Erläuterungen zu § 134 VAG.

[212] Zu der Frage einer Auszahlungssperre bzw. -beschränkung im Falle einer aufgeschobenen Vergütungskomponente und zwischenzeitlicher Wiederbedeckung der Solvabilitätskapitalanforderung vgl. *Dreher* ZVersWiss 2012, 381, 410.

[213] Falls kein Fall der (rechtlichen) Unmöglichkeit anzunehmen ist, ergäbe sich ein solcher Anspruch aus §§ 280 Abs. 1, 3 i. V. m. 281 Abs. 1 Fall 1 BGB.

[214] Begr. RegE VergAnfG, BT-Drs. 17/1291, 12; vgl. auch *Bartel/Bilobrk/Zopf* BB 2011, 1276, 1296; *Sammet*, S. 322.

[215] Siehe oben Rn. 124.

[216] Vgl. oben Rn. 107 ff.

[217] Vgl. dazu *Bronnert-Härle* Aufsichtsratsausschüsse als neue Akteure der internen Corporate Governance von Banken – Auswirkungen des § 25d KWG auf den Aufsichtsrat einer Bank-AG, 2016.

[218] A. A., aber ohne Begründung *S. Saria* Versicherungsrundschau 10/2016, 28, 30.

[219] Vgl. etwa *Simon/Koschker* BB 2011, 120, 125; ebenso zu § 4 Abs. 7 VersVergV 2016 *Hasse* in: Annuß/Früh/Hasse, B § 4 VersVergV Rn. 25.

[220] Ebenso *Hasse* in: Annuß/Früh/Hasse, B Art. 258, 275 Solvency II-VO Rn. 25; a. A. *S. Saria* Versicherungsrundschau 10/2016, 28, 30 in Verkennung des vorstehend Ausgeführten.

b) EIOPA-Leitlinie. EIOPA widmet dem Vergütungsausschuss eine eigene Leitlinie und erläutert sie ausführlich. Leitlinie 10 S. 1 **EIOPA-LL Governance** fordert, dass die Zusammensetzung des Ausschusses eine sachkundige und unabhängige Bewertung der Vergütungspolitik und ihrer Überwachung ermöglichen soll. Für den Fall, dass es keinen solchen Vergütungsausschuss gibt, soll – so S. 2 – das Verwaltungs-, Management- und Aufsichtsorgan die Aufgaben des Vergütungsausschusses „in einer Weise übernehmen, in der Interessenkonflikte vermieden werden". 182

Nach Leitlinie 10 **Nr. 2.39. Explanatory Text** BoS-14/253 zu EIOPA-LL Governance bestimmt sich das Ob eines Vergütungsausschusses nach einer Vielzahl von Faktoren, insbesondere Größe, Art und Umfang des Unternehmens, seine interne Organisation und die daraus resultierende Komplexität der Vergütungspolitik in Verbindung mit dem individuellen Risikoprofil des Unternehmens. 183

Leitlinie 10 **Nr. 2.40. Explanatory Text** BoS-14/253 zu EIOPA-LL Governance will sicherstellen, dass der Ausschuss respektive das zuständige Organ in der Lage ist, die Beratungsaufgabe bezüglich Struktur und Aufrechterhaltung einer effektiven Vergütungspolitik wahrzunehmen. Die Erläuterung geht dazu – ohne Angabe einer Rechtsgrundlage – von einem umfassenden Informationsbeschaffungsrecht aus, welches Zugang zu allen relevanten Daten und Informationen ermöglichen soll. 184

Nr. 2.41. Explanatory Text BoS-14/253 zu EIOPA-LL Governance führt **Grundlagen und Aufgaben** eines Vergütungsausschusses **beispielhaft** auf: 185

- Unterstützung bei der Ausgestaltung der Vergütungspolitik nach lit. a.
- Nach lit. b bereitet der Ausschuss oder das zuständige Organ Entscheidungen hinsichtlich der Vergütung vor.
- Lit. c fordert eine regelmäßige Überprüfung, inwieweit die gewählte Vergütungspolitik auch unter veränderten Bedingungen für das Unternehmen als (noch) geeignet erscheint. Dies begründet implizit eine Anpassungspflicht der Vergütungspolitik an sich verändernde Umstände des Unternehmens.
- Nach lit. d sind mögliche Interessenkonflikte rechtzeitig zu ermitteln und zugleich Maßnahmen zu ihrer Regelung zu entwickeln.
- Schließlich verlangt lit. e, dass das Verwaltungs-, Management- und Aufsichtsorgan mit angemessenen Informationen bezüglich der Leistungsfähigkeit der Vergütungspolitik durch den Ausschuss oder das zuständige Organ versorgt wird.

15. Vermittlung von Immobiliar-Verbraucherdarlehensverträgen (Abs. 6). a) Allgemeines. Der Unionsgesetzgeber verweist in EG 35 der WohnKreRL[221] als **Ziel der WohnKreRL** auch darauf, dass „unlautere Verkaufspraktiken eingeschränkt werden sollen und gewährleistet werden soll, dass die Art der Vergütung des Personals kein Hindernis für die Einhaltung der Verpflichtung, die Interessen des Verbrauchers zu berücksichtigen, darstellt". **§ 25 Abs. 6 VAG** greift den Wortlaut von Art. 7 Abs. 4 a. E. WohnKreRL auf. In materiellrechtlicher Hinsicht übernimmt er die Vorgaben in Bezug auf die Struktur der Vergütung. Sie soll die Fähigkeit der Vermittler nicht beeinträchtigen, im besten Interesse des Verbrauchers zu handeln. Die nationale Regelung **bleibt** jedoch im Hinblick auf sowohl die Zielsetzung als auch die materiellen Anforderungen **hinter den Richtlinienvorgaben zurück**. Sie bedarf deshalb einer richtlinienkonformen Auslegung. 186

§ 25 Abs. 6 VAG betrifft die Vergütung selbständiger Vermittler von Immobiliar-Verbraucherdarlehensverträgen. Art. 7 Abs. 4 WohnKreRL geht davon aus, dass die **Vermittler** dabei **„Beratungsdienstleistungen erbringen"**. § 25 Abs. 6 VAG enthält keine Bezugnahme auf solche Dienstleistungen, sondern nur auf „den Abschluss oder die Vermittlung" der Darlehensverträge. Art. 7 Abs. 1 WohnKreRL differenziert aber ausdrücklich zwischen mehreren Tätigkeiten der Vermittler. Die Bezugnahme auf Beratungsdienstleistungen in Abs. 4 führt diese Differenzierung fort. Sie ist daher in richtlinienkonformer Auslegung auch in § 25 Abs. 6 VAG hineinzulesen.[222] Für die Vermittlung von Immobiliar-Verbraucherdarlehensverträgen, die rechtlich zulässig, zum Beispiel aufgrund eines Verzichts, ohne Beratungsdienstleistungen erfolgt, gilt § 25 Abs. 6 VAG also nicht. 187

b) Art, Weise und Struktur der Vergütung (Art. 7 Abs. 2, 4 WohnKreRL). Art. 7 Abs. 2 WohnKreRL fordert, „dass die Art und Weise, wie Kreditgeber ihr Personal und die Kreditvermittler vergüten, und die Art und Weise, wie Kreditvermittler ihr Personal und ihre benannten Vertreter vergüten, nicht der Einhaltung der in Absatz 1 vorgesehenen Verpflichtung entgegensteht." Abs. 1 geht unter anderem davon aus, dass der Vermittler „unter Berücksichtigung der Interessen der Verbraucher ehrlich, redlich, transparent und professionell handelt." Bei der Verwendung der Begriffe **„Art"** und **„Weise"** in Art. 7 Abs. 2 WohnKreRL handelt es sich nicht um eine bloße Doppelung. Gemäß Art. 7 Abs. 2 WohnKreRL müssen die Mitgliedstaaten vielmehr sicherstellen, dass die Vergütung der Einhaltung der in Abs. 1 vorgesehenen Verpflichtung nicht entgegensteht. Das kann sowohl die Art als auch die Weise der Vermittlervergütung betreffen. 188

[221] Vgl. zur Richtlinie oben Rn. 26.
[222] Der von *Hasse* in: Annuß/Früh/Hasse, B § 25 VAG Rn. 74 befürwortenden teleologischen Reduktion bedarf es daher nicht.

189 Die Begriffe „**Art**" und „**Struktur**" der Vergütung in Art. 7 Abs. 2 WohnKreRL sind **Synonyme**. Sie führen insbesondere zu Fragen nach der **Zusammensetzung der Vergütung** und sprechen etwa das Verhältnis von variablen zu fixen Vergütungsbestandteilen an. Weitergehende Angaben hierzu enthält die WohnKreRL nicht. § 25 Abs. 6 VAG konkretisiert die Anforderungen an die Struktur der Vermittlungsvergütung ebenfalls nicht. Nach der Gesetzesbegründung sollen „die Vorgaben der Wohnimmobilienkreditrichtlinie für die Vergütung der Mitarbeiter bereits durch die bestehenden Regelungen des § 25 abgedeckt" werden,[223] so dass § 25 Abs. 6 VAG nur die Vergütung selbständiger Vermittler betrifft. Die Struktur ihrer Vergütung muss daher ebenfalls angemessen, transparent und nachhaltig sein. Die WohnKreRL und § 25 Abs. 6 VAG enthalten bezüglich der Art bzw. der Struktur der Vermittlungsvergütung offensichtlich bewusst keine konkreten Vorgaben. Die detaillierten Regelungen von Art. 275 Solva II-VO gelten in diesem Bereich mangels persönlicher Normadressateneigenschaft nicht. Anderenfalls hätte darauf schon die WohnKreRL selbst verweisen müssen.

190 Der Unionsgesetzgeber spricht mit der Bezugnahme auf die „**Weise**" der Vergütung in Art. 7 Abs. 2 WohnKreRL ersichtlich ein über Fragen der Art bzw. der Struktur der Vergütung hinausreichendes Thema an. Dabei geht es um die konkrete Umsetzung der Vergütungsziele durch die **Modalitäten**, die **für die Auszahlung einer Vergütung**, die die Anforderungen der Vergütungsstruktur erfüllt, gelten. Fraglich ist also z. B., ob auch für die Auszahlung von Vermittlungsvergütungen eine aufgeschobene Vergütungskomponente vorzusehen ist. Bei dieser Konkretisierungsaufgabe bleibt § 25 Abs. 6 VAG seltsam unbestimmt und überlässt sie den betroffenen Unternehmen. In – so allerdings auch schon die umzusetzende Richtlinie – richtlinienkonformer Auslegung müssen sie dabei vor allem die in § 25 Abs. 6 VAG nicht genannten, so z. B. die Transparenz, Regelungsziele von Art. 7 Abs. 1 WohnKreRL beachten, auf die dessen Abs. 2 verweist.

191 Für eine primärrechtskonforme Umsetzung der Vorgaben aus Art. 7 Abs. 2 WohnKreRL durch § 25 Abs. 6 VAG spricht nicht, dass die Vorgaben aufgrund des Richtliniencharakters nur hinsichtlich des Ziels „Verbraucherschutz" im konkreten Kontext verbindlich und deshalb vollständig umgesetzt seien. Zum einen hat der nationale Gesetzgeber die vier Zielkriterien in Art. 7 Abs. 1 WohnKreRL nicht umgesetzt. Zum anderen legt eine **Richtlinie** Ergebnisse fest, d. h. sie **definiert** einen **Rechtszustand**, der von den Mitgliedstaaten herzustellen und beizubehalten ist. Dazu gehören im vorliegenden Fall auch Vorgaben zu den Zahlungsmodalitäten, die die WohnKreRL durch den Begriff „Weise" zum Ausdruck bringt. Auf der Grundlage dieses Verständnisses besteht das Ziel nicht nur im Verbraucherschutz allgemein, sondern im Verbraucherschutz auf der Grundlage von sowohl strukturellen Vorgaben („Art"/ „Struktur") als auch von Vorgaben für die Zahlungsmodalitäten („Weise"). Eine richtlinienkonforme Auslegung des Begriffs der „Struktur" in § 25 Abs. 6 VAG ist im Hinblick auf Vorgaben zu Zahlungsmodalitäten deshalb erforderlich.

192 Vergütungsregelungen müssen nach Art. 7 Abs. 4 S. 1 WohnKreRL, der „die Struktur der Vergütung" mit einem Handeln der Vermittler „im besten Interesse des Verbrauchers" verknüpft, und nach § 25 Abs. 6 VAG Interessenkonflikten vorbeugen. Die **Kopplung der Vergütung an Absatzziele** ist deshalb durch Art. 7 Abs. 4 S. 1 WohnKreRL und § 25 Abs. 6 VAG **untersagt**.

193 **III. Verhältnis zu anderen Normen. 1. § 34 Abs. 2 VAG und Versicherungsvergütungsverordnung.** Die VersVergV a. F. ist durch eine Verordnung vom 16.12.2015 **zum 1.1.2016** aufgehoben worden.[224] Die **neue Fassung der VersVergV**[225] ist weitestgehend inhaltsgleich mit ihrer Vorgängerregelung. Vom Anwendungsbereich grundsätzlich ausgenommen sind lediglich diejenigen Unternehmen, die in den Anwendungsbereich der Solva II-RL fallen. Fragen in Bezug auf den Anwendungsbereich sind insbesondere[226] in den Erläuterungen zu § 34 VAG angesprochen.

194 **2. Vergütungspublizität. a) Allgemeines.** Die dritte Säule des Solvency II-Regimes bilden **Publizitätspflichten**, die – wie bereits ausgeführt –[227] gegenüber den **Mitarbeitern** eines Unternehmens, gegenüber den **Aufsichtsbehörden** und gegenüber der **Öffentlichkeit** zu erfüllen sind. Dabei stellt die Offenlegungspflicht gegenüber der Öffentlichkeit im Verhältnis zu der alten Rechtslage eine erhebliche Neuerung dar. Dies gilt nicht nur für die Pflicht als solche, sondern auch für ihren Umfang.

195 **b) Veröffentlichungspflicht gegenüber der Aufsichtsbehörde.** Die Pflicht zur Veröffentlichung gegenüber der Aufsichtsbehörde, die **regelmäßige aufsichtliche Berichterstattung** in einem sog. **Regular Supervisory Report, RSR**,[228] ergibt sich aus Art. 35 Solva II-RL, umgesetzt mit § 43 VAG. Danach sind den Aufsichtsbehörden diejenigen Informationen zu übermitteln, die für die Zwecke der Beaufsichtigung erforderlich sind. Hierunter fallen nach Art. 35 Abs. 1a Solva II-RL alle Information

[223] Begr. zu § 25 Abs. 6 RegE Gesetz zur Umsetzung der Wohnimmobilienkreditrichtlinie BT-Drs. 18/5922, 137.
[224] Art. 1 Nr. 14 VO zur Aufhebung von Verordnungen nach dem VAG, BGBl. 2015 I, 2345.
[225] Siehe oben Rn. 13.
[226] Zum Problem der gruppenweiten Anwendung siehe oben Rn. 169 f.
[227] Vgl. zur Gruppenvergütung schon oben Rn. 169 ff.
[228] Vgl. ausf. *Dreher* ZVersWiss 2009, 187 ff. und die Erläuterungen zu § 43 VAG.

über das Governance-System eines Unternehmens, die zugleich für das aufsichtliche Überprüfungsverfahren i. S. v. Art. 36 Solva II-RL notwendig sind.

196 Eine Pflicht zur Veröffentlichung für den Bereich der **Vergütung** ergibt sich – entgegen der vorliegend vertretenen Ansicht –[229] allenfalls aus dem Charakter der Vergütungspolitik als Bestandteil des Governance-Systems in Art. 258 Solva II-VO. Wie durch den Begriff „erforderlich" in Art. 35 Abs. 1 S. 1 Solva II-RL zum Ausdruck kommt, genügt es deshalb nicht, dass die Informationen zu Aufsichtszwecken lediglich nützlich wären. Eine Konkretisierung der Erforderlichkeit muss auch anhand des Verhältnismäßigkeitsgrundsatzes erfolgen.[230] Der deutsche Gesetzgeber interpretiert die Richtlinienvorgabe zurückhaltend, indem er stattdessen nur von „benötigen" spricht.

197 Die regelmäßige aufsichtliche Berichterstattung ist in Art. 304 ff. Solva II-VO geregelt. **Art. 308 Solva II-VO** adressiert die Thematik des Governance-Systems insgesamt und schreibt in Abs. 1 lit. c zunächst vor, dass der regelmäßige Bericht Angaben zu Vergütungsansprüchen der Mitglieder der Verwaltungs-, Management- und Aufsichtsorgane im Berichtszeitraum enthalten muss. Dies gilt sodann auch für einen „Vergleich mit den im vorangegangenen Berichtszeitraum gemeldeten Informationen und Gründe für etwaige wesentliche Veränderungen". Weiter ist gemäß Leitlinie 18 **EIOPA-LL Disclosure**[231] im regelmäßigen aufsichtlichen Bericht anzugeben, „inwieweit die Vergütungspolitik und -praktiken des Unternehmens mit einem gesunden und wirksamen Risikomanagement übereinstimmen und es fördern sowie übermäßige Risikobereitschaft vermeiden."

198 Außer durch das überall geltende Proportionalitätsprinzip erfolgt eine Begrenzung des Umfangs der Informationspflicht gegenüber der Aufsichtsbehörde auch durch den **Grundsatz der Materialität**.[232] Denn Art. 305 Solva II-VO bestimmt den Wesentlichkeitsgrundsatz speziell für den aufsichtlichen Bericht. Danach sind „Informationen dann als wesentlich zu betrachten, wenn fehlende oder fehlerhafte Angaben den Entscheidungsprozess oder das Urteil der Aufsichtsbehörden beeinflussen könnten."

199 **c) Veröffentlichungspflicht gegenüber der Öffentlichkeit.** Eine weitere Veröffentlichungspflicht der Versicherungsunternehmen ergibt sich aus Art. 51 Solva II-RL, der den **Bericht über die Solvabilität und Finanzlage** zum Inhalt hat, sog. **Solvency and Financial Condition Report, SFCR**.[233] Der nationale Gesetzgeber hat die Vorschrift mit § 40 VAG umgesetzt. Die hier normierte Pflicht, die inhaltlich ebenfalls an die Veröffentlichung von Informationen des Governance-Systems anknüpft, besteht gegenüber der Öffentlichkeit. Dabei handelt es sich um eine jährliche Berichtspflicht, die nach Art. 54 Solva II-RL bzw. § 42 VAG eine unterjährige Aktualisierungspflicht einschließt.[234] Konkretisiert sind die Vorgaben der Richtlinie bezüglich des SFCR in Art. 290 ff. Solva II-VO.

200 Für den Bereich der **Vergütung** ergibt sich der Inhalt der Veröffentlichung aus Art. 294 Abs. 1 lit. c Solva II-VO. Die Veröffentlichung muss Angaben zu Vergütungsleitlinien und zu Vergütungspraktiken in Bezug auf das Verwaltungs-, Management- oder Aufsichtsorgan enthalten. Dies schließt Informationen über die „Grundsätze der Vergütungsleitlinien mit einer Erläuterung der relativen Bedeutung fester und variabler Vergütungsbestandteile" (lit. i) und „Informationen über individuelle und kollektive Erfolgskriterien, an die etwaige Ansprüche auf Aktienoptionen, Aktien und variable Vergütungsbestandteile geknüpft sind" (lit. ii), ein. Des Weiteren ist hiervon eine „Beschreibung der Hauptcharakteristika von Zusatzrenten- oder Vorruhestandsregelungen für die Mitglieder des Verwaltungs-, Management- oder Aufsichtsorgans und anderer Inhaber von Schlüsselfunktionen" umfasst (lit. iii).

201 Davon unberührt[235] bestehen für den Bereich der Vergütung auch **handelsrechtliche Veröffentlichungspflichten.**[236] Nach § 341a Abs. 1 S. 1 HGB haben alle Erst- und Rückversicherungsunternehmen unabhängig von ihrer Rechtsform einen Jahresabschluss mit Anhang und einen Lagebericht nach den für große Kapitalgesellschaften maßgeblichen §§ 264 bis 289 HGB aufzustellen.[237] Jahresabschluss und Lagebericht sind gemäß § 341l Abs. 1 S. 1 HGB i. V. m. § 325 Abs. 2 HGB beim Betreiber des elektronischen Bundesanzeigers in elektronischer Form einzureichen und unverzüglich nach der Einreichung in demselben bekannt zu machen. Im Anhang zum Jahresabschluss sind nach § 285 Nr. 9 HGB detaillierte Angaben zur Vergütung u. a. der Mitglieder des Vorstands und des Aufsichtsrats zu machen. Die hier normierte Vergütungspublizität orientiert sich im Schwerpunkt an der Veröffentlichung der für die Tätigkeit im Geschäftsjahr gewährten Gesamtbezüge. Detailliert ist anzugeben, welche Formen der Vergütung unter den Begriff der Gesamtbezüge fallen. Ebenfalls sind bei börsennotierten Aktiengesellschaften zusätzlich unter Namensnennung die Bezüge jedes einzelnen Vorstandsmitglieds, aufgeteilt nach erfolgsunabhängigen und erfolgsbezogenen Komponenten sowie Komponenten mit langfristiger Anreizwirkung gesondert anzugeben. Schließlich besteht auch eine Pflicht

---

229 Siehe oben Rn. 22.
230 Vgl. dazu ausf. die Erläuterungen zu § 296 VAG.
231 EIOPA-LL über die Berichterstattung und die Veröffentlichung, EIOPA-BoS-15/109 DE, 12.
232 Vgl. dazu ausf. Einl. Rn. 133 ff.
233 Vgl. dazu ausf. *Dreher/Schaaf* in: Dreher/Wandt 2009, S. 129 ff. und die Erläuterungen zu § 40 VAG.
234 Vgl. auch Erwägungsgrund 38 Solva II-RL.
235 So ausdrücklich zu § 25a KWG Begr. RegE VergAnfG, BT-Drs. 17/1291, 11.
236 Vgl. zur historischen Entwicklung der Berichtspflicht *Schmotz/Crasselt* WPg 2015, 877 ff.
237 Vgl. hierzu ausführlich *Dreher/Schaaf* in: Dreher/Wandt 2009, S. 129, 157 ff.

zur Veröffentlichung der Grundzüge des Vergütungssystems im Lagebericht nach § 289 Abs. 2 Nr. 4 HGB.[238]

202 Eine Pflicht zur Offenlegung der Gesamtvergütung fordert in entsprechender Form auch der **DCGK** in Ziff. 4.2.4.

203 Unter Bezugnahme auf die handelsrechtlichen Publizitätspflichten verabschiedete das **Deutsche Rechnungslegungs Standards Committee e. V.** (**DRSC**) im Jahr 2007 den – zuletzt am 22.9.2017 geänderten – **DRS 17.**[239] Als Standard konkretisiert er die im Rahmen des Vorstandsvergütungs-Offenlegungsgesetzes (VorstOG) vom 2.8.2005 und im Rahmen des VorstAG vom 31.7.2009 erweiterten Vorschriften zur Berichterstattung über die Vergütung von Organmitgliedern im Einzel- und Konzernabschluss.

204 **3. § 87 AktG. a) Allgemeines.** Der Gesetzgeber hat mit dem am 5. August 2009 in Kraft getretenen **Gesetz zur Angemessenheit der Vorstandsvergütung** (**VorstAG**) auf nationaler Ebene bereits erste Konsequenzen aus der sog. Finanzmarktkrise der Jahre 2008/2009 hinsichtlich der Vergütungspraktiken von Unternehmen gezogen und das System der Vorstandsvergütung im Aktienrecht neu geregelt. Die branchenübergreifenden Regelungen stehen neben den Anforderungen an Vergütungssysteme im Banken- und Versicherungssektor.

205 Das VorstAG sieht davon ab, konkrete inhaltliche Vorgaben zur **Vorstandsvergütung** und eine Vergütungshöchstgrenze zu kodifizieren. Stattdessen greift es mit **unbestimmten Rechtsbegriffen** auf ausfüllungsbedürftige Generalklauseln wie „angemessen", „üblich", „nachhaltig" und „unbillig" zurück. Damit zielt es auf ein Verfahren zur Festlegung der Vergütung, auf dessen Ergebnis und auf die Transparenz des Ergebnisses ab.[240] Eine Entscheidung des Aufsichtsrats über die Vorstandsvergütung ist trotz der Verrechtlichung dem Charakter nach einer unternehmerischen Entscheidung i. S. v. § 93 Abs. 1 S. 2 AktG vergleichbar.[241] Die Entscheidung über die Vergütung ist eine Entscheidung unter Unsicherheit mit Prognosecharakter, so dass dem Aufsichtsrat ein Beurteilungsspielraum bleibt, der nur eingeschränkt gerichtlich überprüfbar ist.[242] Die unbestimmten Rechtsbegriffe geben dem Aufsichtsrat dabei Leitlinien zur Orientierung an die Hand. Für die Festsetzung einer „unangemessenen Vergütung" haften die Mitglieder nach § 116 S. 3 AktG.

206 **b) Vergütungsparameter.** Da sowohl das Versicherungsaufsichtsrecht als auch das Kapitalgesellschaftsrecht den **Begriff der Angemessenheit** verwenden, liegt eine einheitliche Auslegung nahe. Maßgeblich kommt es jedoch auf die jeweiligen **Normzwecke** an.[243] Aus **kapitalgesellschaftsrechtlicher Sicht** entscheidend ist der Umstand, dass die Regelung zur Vergütung das Kompetenzgefüge der Organe der Gesellschaft betrifft. Wie auch § 120 Abs. 4 AktG mit dem Votum der Hauptversammlung zum Vergütungssystem zeigt, geht es verbandsrechtlich außer um den Schutz des Gesellschaftsvermögens selbst vor allem um *checks and balances* und den Prinzipal-Agent-Konflikt. Der Schutzweck umfasst darüber hinaus Aktionäre und Gläubiger gleichermaßen. Statt der Finanzstabilität im Allgemeinen steht die einzelne Gesellschaft und deren Stabilität im Zentrum der Betrachtung. Danach muss die Gesamtvergütung in einem angemessenen Verhältnis zu den Aufgaben und den (persönlichen) Leistungen eines Vorstandsmitglieds sowie der wirtschaftlichen Lage der Gesellschaft – unter Berücksichtigung sowohl der aktuellen als auch der Zukunftsaussichten – stehen. Auch darf sie die übliche Vergütung nicht ohne besondere Gründe übersteigen.[244] Die Prüfung der Angemessenheit führt zu einem **horizontalen und vertikalen Vergütungsvergleich**. Ein angemessenes Verhältnis der Bezüge zur Lage der Gesellschaft und die Üblichkeit der Vergütung sind nicht explizit **aufsichtsrechtliche Parameter**. Sie sind aber von dem allgemeinen Begriff der Angemessenheit in § 25 Abs. 1 VAG ohne weiteres umfasst. Hinzu kommen hier Nachhaltigkeit und Transparenz als weitere Orientierungspunkte.

207 Sowohl VorstAG als auch VergAnfG knüpften an die „Lehren" aus der „Finanzkrise" und einer „verfehlten Vergütungspolitik" an und sahen deshalb die „Finanzstabilität" insgesamt gefährdet. Mangels einer wohl auch nicht möglichen allgemeinen Präzisierung des **Begriffs der Leistung** spielt vor allem das Nachhaltigkeitserfordernis eine wichtige Rolle. Auf dessen Grundlage darf sich das Leistungsverständnis nicht nur etwa an einer kurzfristigen Steigerung des Aktienkurses orientieren. Gesellschaftsrechtlich führt die Bestimmung des Leistungsbegriffs überwiegend zu einer erfolgsbezogenen Betrach-

[238] Ursprünglich eingeführt in § 289 Abs. 2 Nr. 5 HGB durch das Gesetz über die Offenlegung der Vorstandsvergütungen (VorstOG) v. 3.9.2005, RegE BT-Drs. 15/5577, 1.

[239] DRS 17 wurde am 7.12.2007 vom DSR verabschiedet und vom BMJ am 5.6.2008 im Bundesanzeiger bekannt gemacht.

[240] Aus Sicht der Praxis und im Überblick zum VorstAG vgl. z. B. *Ehren/Gros* Der Konzern 2010, 412 ff.

[241] Vgl. schon *BGH* Urt. v. 21.12.2005 – 3 StR 470/04, BGHSt 50, 331 = ZIP 2006, 72 = NJW 2006, 522 – Mannesmann; zur Vereinbarkeit mit der aktienrechtlichen Treuepflicht vgl. z. B. MüKo-AktG *Spindler*, 4. Aufl. 2014, § 87 Rn. 38 m. w. N.

[242] Vgl. näher *Dreher/Häußler* ZGR 2011, 471, 489 ff.

[243] Vgl. ausf. zu einer gegenüberstellenden Schutzzweckbetrachtung *Thaten*, S. 307 f.

[244] Vgl. ausf. z. B. *Ihrig/Wandt/Wittgens* ZIP 2012 Beilage Heft 40 und schon *Dreher* in: RWS-Forum Gesellschaftsrecht 2003, S. 203 ff.

tung.[245] Dies deckt sich damit, dass es Art. 275 Abs. 2 lit. b Solva II-VO im Rahmen der variablen Vergütung bei der Bewertung der Leistung auf das „Gesamtergebnis" des Unternehmens oder der Gruppe, der das Unternehmen angehört, ankommt. Ergänzend stellt Art. 275 Abs. 2 lit. d Solva II-VO klar, dass für die individuelle Leistungsbestimmung auch „nichtfinanzielle" Kriterien heranzuziehen sind.

Die Vielzahl der unbestimmten Rechtsbegriffe für die Bemessung von Vergütungen sowohl im Aktienrecht als auch im Aufsichtsrecht erlaubt eine **einzelfallbezogene Ausgestaltung der Vergütung**. Dabei geht es im Kapitalgesellschaftsrecht primär um die Berücksichtigung der Interessen der Aktionäre, im Aufsichtsrecht außer um die Vermeidung von Interessenkonflikten primär um Fehlentwicklungen im Hinblick auf die Risikoneigung des Unternehmens und deren Rückwirkung auf die Finanzstabilität allgemein. Gesellschaftsrechtlich ist damit regelmäßig die Ausweitung der Aktionärsrechte angesprochen.[246] Im Aufsichtsrecht steht dagegen, soweit es nicht um Allgemeininteressen geht, der Schutz der Versicherten als Hauptziel der Solva II-RL im Vordergrund. 208

c) Problem der Doppelzuständigkeit. Die Frage nach dem Verhältnis von aufsichtsrechtlichen zu gesellschaftsrechtlichen Normen führt zu derjenigen nach einer Doppelzuständigkeit für Aufsichtspflichten durch den Aufsichtsrat und die BaFin[247] in dem Bereich der Vergütungspolitik. Hintergrund ist die gelegentlich anzutreffende Vorstellung, dass im Überschneidungsbereich die versicherungsaufsichtsrechtliche Tätigkeit der BaFin die Überwachungspflicht des Aufsichtsrats ersetze und erübrige. Dies ist jedoch – auch unter dem Einfluss des Solvency II-Regimes – nicht der Fall. Sowohl das **Gesellschaftsrecht** als auch das **Aufsichtsrecht** kennen **voneinander unabhängig** konkrete Anforderungen, die von den Normadressaten und den zur Durchsetzung berufenen Behörden ebenso unabhängig zu beachten oder durchzusetzen sind. 209

4. § 25a KWG und InstitutsVergV. a) Allgemeines. Mit **§ 25a Abs. 1 Nr. 6 KWG** besteht eine § 25 VAG entsprechende Norm im Bereich des Bankaufsichtsrechts. Auch hier gelten im Rahmen des für eine ordnungsgemäße Geschäftsorganisation erforderlichen Risikomanagement der Vergütungspolitik die Parameter der Angemessenheit, Nachhaltigkeit und Transparenz. Ebenso wie die VersVergV a. F. konkretisiert die **InstitutsVergV** die Anforderungen an das Vergütungssystem für Institute im Sinne des § 1 Abs. 1b KWG und § 53 Abs. 1 KWG.[248] 210

Die InstitutsVergV legt nähere **Einzelheiten** insbesondere zur Ausgestaltung, Überwachung sowie Fortentwicklung der Vergütungssysteme, der Ausgestaltung der Vergütungsparameter, der Leistungszeiträume, der Offenlegung der Ausgestaltung der Vergütungssysteme sowie der Zusammensetzung der Vergütung fest.[249] Sie setzt u. a. die vergütungsbezogenen Regelungen der CRD IV-RL[250] um und entspricht materiell weitgehend dem BaFin Rundschreiben 22/2009 (BA), welches mit Inkrafttreten der InstitutsVergV aufgehoben und durch eine Auslegungshilfe der BaFin zur InstitutsVergV, zuletzt vom 1.1.2014, ersetzt wurde.[251] Des Weiteren hat die EBA am 21.12.2015 Leitlinien für die Vergütungspolitik veröffentlich, die seit dem 1. Januar 2017 gelten.[252] 211

Im Gleichlauf mit der VersVergV differenziert die InstitutsVergV in Abhängigkeit von der Bilanzsumme ebenfalls zwischen **bedeutenden und nicht-bedeutenden Instituten** und entsprechend zwischen allgemeinen und besonderen Vorschriften, § 17 InstitutsVergV. Eine solche **Differenzierung** z. B. anhand der Bilanzsumme gibt es im Solvency II-Regime für den Bereich der Vergütung nicht. Art. 275 Solva II-VO bestimmt lediglich den persönlichen Anwendungsbereich und die materiellen Anforderungen, wobei Tatbestands- und Rechtsfolgenseite unter dem Vorbehalt des Proportionalitätsgrundsatzes stehen. Eine Differenzierung in der Geltung von Regelungen anhand der Unternehmensgröße folgt daraus aber nicht.[253] 212

Wie Art. 275 Solva II-VO differenzieren die **EBA-Leitlinien** zwischen verschiedenen Personengruppen, die jeweils ein unterschiedliches Risikoprofil aufweisen.[254] Des Weiteren betonen sie, dass die Vergütungspolitik insgesamt mit einem effektiven Risikomanagement vereinbar sein und dieses fördern muss.[255] 213

---

245 Vgl. zu einem Gesamtüberblick *Suchan/ Winter* DB 2009, 2531 ff.

246 Vgl. dazu z. B. *Dreher* in: RWS-Forum Gesellschaftsrecht 2003, S. 203, 223 ff.; *Lutter* ZIP 2003, 737ff; Hüffer/ *Koch* AktG, 12. Aufl. 2016, § 87 AktG Rn. 3; MüKo-AktG *Spindler*, 4. Aufl. 2014, § 87 AktG Rn. 41 und zuletzt Art. 9a und 9b Aktionärsrechte-RL i. d. F. Richtlinie (EU) 2017/828 des EP und des Rates ABl. EU 2017 L 132, 1 ff.

247 Ausf. *Dreher/Häußler* ZGR 2011, 471, 483 ff.

248 BGBl. 2017 I, 3042 ff.; vgl. zu der vorhergehenden Fassung in BGBl. 2013 I, 4270 ff. m. spät. Änd. z. B. *Löw/ Glück* BKR 2015, 186, 193 und ausf. *Früh/Annuß/Schmid* in: Annuß/Früh/Hasse, A.

249 Vgl. Begr. RegE VergAnfG, BT-Drs. 17/1291, 10.

250 Ursprüngliche Regelungen zur Vergütung in RL 2010/76/EU zur Änderung der Richtlinien 2006/48/EC und 2006/49/EC, schließlich geändert durch RL 2013/36/EU v. 26.6.2013, ABl. EU 2013 Nr. L 176, 338.

251 BaFin, Rundschreiben 22/2009 v. 21.12.2009, BA 54–FR 2444-2009/0001.

252 Siehe oben Rn. 8.

253 So auch *Wandt/ Sehrbrock* in: Dreher/Wandt 2012, S. 38.

254 EBA/GL/2015/22, 9 Rn. 12.

255 EBA/GL/2015/22, 9 Rn. 13.

214 **b) Vergütungsparameter.** Zwischen der **InstitutsVergV und Art. 275 Solva II-VO** bestehen hinsichtlich der Vergütungsparameter **Parallelen**. Dies gilt z. B. für die **Angemessenheit** der Vergütung. Die InstitutsVergV greift die Formulierung in § 25a Abs. 1 Nr. 6 KWG auf und konkretisiert sie inhaltlich. Nach § 5 Abs. 1 InstitutsVergV ist u. a. von der Angemessenheit der Vergütungssysteme auszugehen, wenn – so Nr. 1 – „Anreize […], unverhältnismäßig hohe Risiken einzugehen, vermieden werden". Des Weiteren wird nach Abs. 3 die Unverhältnismäßigkeit vermutet, wenn u. a. „eine signifikante Abhängigkeit […] von der variablen Vergütung besteht". Art. 275 Abs. 1 lit. b Solva II-VO bestimmt dazu, dass „die Vergütungsleitlinien […] nicht zur Übernahme von Risiken (ermutigen sollen), die die Risikotoleranzschwellen des Unternehmens übersteigen". Und Art. 275 Abs. 2 lit. a Solva II-VO spricht die Frage der Abhängigkeit dadurch an, „dass Mitarbeiter (nicht) zu sehr auf die variable Vergütung angewiesen" sein sollen.

215 Annähernd wortgleich sind zudem die Fassungen zum **Verhältnis der variablen und fixen Vergütungsbestandteile** in § 6 Abs. 1 InstitutsVergV respektive Art. 275 Abs. 2 lit. a Solva II-VO. Art. 275 Solva II-VO ersetzt dabei das Wort „angemessen" durch die Worte „ausgewogenes Verhältnis".

216 Weniger konkret ist hingegen in Art. 275 Abs. 2 lit. c Solva II-VO der Umfang desjenigen Vergütungsbestandteils festgesetzt, welcher erst nach einem **Zurückbehaltungszeitraum** ausbezahlt werden darf. Insoweit gehen beide Regelungen zwar von einem dreijährigen Zurückbehaltungszeitraum als Mindestvoraussetzung aus. § 20 InstitutsVergV fordert dabei je nach betroffenem Personenkreis einen 60 bis 40%igen, Art. 275 Abs. 2 lit. c Solva II-VO hingegen einen „wesentlichen" Anteil. § 20 InstitutsVergV erlaubt dagegen anders als Art. 275 Abs. 2 lit. c Solva II-VO eine gestreckte Auszahlung.

217 **5. Vergütungsfragen bei Outsourcing.** Fragen der Vergütung stellen sich schließlich auch beim Outsourcing nach § 32 VAG. Sie betreffen die **Vergütung des Dienstleisters sowie der in ihm tätigen Personen**. Diese Fragen sind vorliegend in den Erläuterungen zu § 32 VAG und im Rahmen der gruppenweiten Anwendung von Art. 275 Solva II-VO angesprochen.[256]

218 **6. Vergütungsfragen bei Finanzkonglomeraten.** Ebenso wie bei Versicherungsunternehmen auf Solo- oder Gruppenebene gibt es auch bei Finanzkonglomeraten Rechtsfragen der Vergütung. Sie sind vor allem in **§ 25 Abs. 1 S. 4 FKAG** angesprochen. Erläuterungen dazu finden sich bei dieser Vorschrift.[257]

Risikomanagement

26 (1) [1] **Versicherungsunternehmen müssen über ein wirksames Risikomanagementsystem verfügen, das gut in die Organisationsstruktur und die Entscheidungsprozesse des Unternehmens integriert ist und dabei die Informationsbedürfnisse der Personen, die das Unternehmen tatsächlich leiten oder andere Schlüsselfunktionen innehaben, durch eine angemessene interne Berichterstattung gebührend berücksichtigt.** [2] **Das Risikomanagementsystem muss die Strategien, Prozesse und internen Meldeverfahren umfassen, die erforderlich sind, um Risiken, denen das Unternehmen tatsächlich oder möglicherweise ausgesetzt ist, zu identifizieren, zu bewerten, zu überwachen und zu steuern sowie aussagefähig über diese Risiken zu berichten.** [3] **Es muss einzeln und auf aggregierter Basis eine kontinuierliche Risikosteuerung unter Berücksichtigung der zwischen den Risiken bestehenden Interdependenzen ermöglichen.** [4] **Auf Verlangen der Aufsichtsbehörde haben die Versicherungsunternehmen einen Sanierungsplan (allgemeiner Sanierungsplan) aufzustellen.** [5] **Der allgemeine Sanierungsplan muss Szenarien beschreiben, die zu einer Gefährdung des Unternehmens führen können, und darlegen, mit welchen Maßnahmen diesen begegnet werden soll.**

(2) **Zu den zu entwickelnden Strategien zählt insbesondere eine auf die Steuerung des Unternehmens abgestimmte Risikostrategie, die Art, Umfang und Komplexität des betriebenen Geschäfts und der mit ihm verbundenen Risiken berücksichtigt.**

(3) **Wenn Versicherungsunternehmen die Matching-Anpassung gemäß § 80 oder die Volatilitätsanpassung gemäß § 82 anwenden, erstellen sie einen Liquiditätsplan, der die eingehenden und ausgehenden Zahlungsströme in Bezug auf die Vermögenswerte und Verbindlichkeiten projiziert, die diesen Anpassungen unterliegen.**

(4) **Wird die Volatilitätsanpassung gemäß § 82 angewendet, umfassen die schriftlich festgelegten Leitlinien für das Risikomanagement gemäß § 23 Absatz 3 Leitlinien für die Kriterien zur Anwendung der Volatilitätsanpassung.**

---

[256] Siehe oben Rn. 170 und schon Rn. 49 sowie ausf. § 32 VAG Rn. 117.
[257] Vgl. auch *Hasse* in: Annuß/Früh/Hasse, B § 25 VAG Rn. 37 ff.

(5) [1]Das Risikomanagementsystem hat sämtliche Risiken des Versicherungsunternehmens zu umfassen und insbesondere die folgenden Bereiche abzudecken:
1. die Zeichnung von Versicherungsrisiken und die Bildung von Rückstellungen,
2. das Aktiv-Passiv-Management,
3. die Kapitalanlagen, insbesondere Derivate und Instrumente von vergleichbarer Komplexität,
4. die Steuerung des Liquiditäts- und des Konzentrationsrisikos,
5. die Steuerung operationeller Risiken und
6. die Rückversicherung und andere Risikominderungstechniken.

[2]Die innerbetrieblichen Leitlinien zum Risikomanagement müssen mindestens Vorgaben zu den genannten Bereichen machen.

(6) In Bezug auf das Kapitalanlagerisiko müssen Versicherungsunternehmen nachweisen, dass sie die Anforderungen des § 124 einhalten.

(7) [1]In Bezug auf das Aktiv-Passiv-Management bewerten die Versicherungsunternehmen regelmäßig
1. die Sensitivität ihrer versicherungstechnischen Rückstellungen und anrechenbaren Eigenmittel in Bezug auf die Annahmen, die der Extrapolation der maßgeblichen risikofreien Zinskurve gemäß § 7 Nummer 21 zugrunde liegen;
2. wenn die Matching-Anpassung gemäß § 80 angewendet wird:
a) die Sensitivität ihrer versicherungstechnischen Rückstellungen und anrechenbaren Eigenmittel in Bezug auf die Annahmen, die der Berechnung der Matching-Anpassung zugrunde liegen, einschließlich der Berechnung des grundlegenden Spreads gemäß § 81 Nummer 2, und die potenziellen Auswirkungen von Zwangsverkäufen von Vermögenswerten auf ihre anrechenbaren Eigenmittel;
b) die Sensitivität ihrer versicherungstechnischen Rückstellungen und anrechenbaren Eigenmittel in Bezug auf Änderungen der Zusammensetzung des zugeordneten Vermögensportfolios;
c) die Auswirkung einer Verringerung der Matching-Anpassung auf null;
3. wenn die Volatilitätsanpassung gemäß § 82 angewendet wird:
a) die Sensitivität ihrer versicherungstechnischen Rückstellungen und anrechenbaren Eigenmittel in Bezug auf die Annahmen, die der Berechnung der Volatilitätsanpassung zugrunde liegen, und die potenziellen Auswirkungen einer erzwungenen Veräußerung von Vermögenswerten auf ihre anrechenbaren Eigenmittel,
b) die Auswirkung einer Verringerung der Volatilitätsanpassung auf null.

[2]Die Versicherungsunternehmen übermitteln die in Satz 1 genannten Bewertungen der Aufsichtsbehörde jährlich im Rahmen der gemäß § 43 zu übermittelnden Informationen. [3]Falls eine Reduzierung der Matching-Anpassung oder der Volatilitätsanpassung auf null zur Nichteinhaltung der Solvabilitätskapitalanforderung führen würde, legt das Unternehmen darüber hinaus eine Analyse der Maßnahmen vor, die es in einer derartigen Situation anwenden könnte, um die anrechnungsfähigen Eigenmittel in der zur Einhaltung der Solvabilitätskapitalanforderung erforderlichen Höhe wieder aufzubringen oder das Risikoprofil zu senken, sodass die Einhaltung der Solvabilitätskapitalanforderung wiederhergestellt ist.

(8) [1]Die Versicherungsunternehmen müssen eine unabhängige Risikocontrollingfunktion einrichten, die so strukturiert ist, dass sie die Umsetzung des Risikomanagementsystems maßgeblich befördert. [2]Bei Versicherungsunternehmen, die ein internes Modell verwenden, hat die Risikocontrollingfunktion zusätzlich die Aufgabe, das interne Modell zu entwickeln, umzusetzen, zu testen, zu validieren und einschließlich späterer Änderungen zu dokumentieren. [3]Darüber hinaus analysiert sie die Leistungsfähigkeit des internen Modells und berichtet dem Vorstand in zusammengefasster Form über diese Analyse, gibt ihm Anregungen zur Verbesserung des Modells und hält ihn über Korrekturmaßnahmen für festgestellte Schwächen oder Mängel auf dem Laufenden.

Übersicht

Schrifttum: *Albrecht/Huggenberger,* Finanzrisikomanagement, 2015; *Ballmaier,* Das Outsourcing von Risikomanagement, Compliance und interner Revision nach Solvency II, 2017 (im Druck); *Baums,* Risiko und Risikosteuerung im Aktienrecht, ZGR 2011, 218 ff.; *Berenbrok,* Risikomanagement im Aktienrecht – Mit bank- und versicherungsaufsichtsrechtlichen sowie betriebswirtschaftlichen Grundlagen, 2016; *Bürkle,* Die rechtlichen Auswirkungen der MaRisk VA auf die Geschäftsorganisation von Versicherungsunternehmen, VersR 2009, 866 ff.; *DIIR* (Hrsg.), Risikotragfähigkeit und Limitierung in Versicherungsunternehmen, 2012; *DIIR* (Hrsg.), Prüfung des Asset Liability Managements, 2015; *Dreher,* Das Risikomanagement nach § 64a VAG und Solvency II, VersR 2008, 998 ff.; *Dreher/Schaaf,* Versicherungsunternehmensrecht und Risikomanagement – Gesamtverantwortung der Geschäftsleitung, Outsourcing des Risikomanagements und konzernweites versicherungsaufsichtsrechtliches Risikomanagement, WM 2008, 1765 ff.; *Dreher/Schaaf,* Inhalt und Organisation des Risiko- sowie des Revisionsberichts, VersR 2009, 1151 ff.; *Dreher,* Ausstrahlungen des Aufsichtsrechts auf das Aktienrecht, ZGR 2010, 496 ff.; *Dreher,* Die Vorstandsverantwortung im Geflecht von Risikomanagement, Compliance und interner Revision, in: FS Hüffer, 2010, S. 161 ff.; *Dreher/Häußler,* Die Aufsicht über Versicherungsunternehmen durch die BaFin und die Überwachungsaufgabe des Aufsichtsrats, ZGR 2011, 471 ff.; *Dreher,* Solvenzanforderungen in der Versicherungsaufsicht nach Solvency II und künftigem VAG, ZVersWiss 2012, 381 ff.; *Dreher,* Die Zusammenlegung von Rechtsabteilung und Compliance-Funktion bei Versicherungsunternehmen im Solvency II-System in: FS E. Lorenz, 2014, S. 119 ff.; *Dreher/Ballmaier,* Solvency II und Gruppenaufsicht, ZGR 2014, 753 ff.; *Dreher,* Die ordnungsgemäße Geschäftsorganisation der Versicherungsgruppe nach Solvency II und VAG 2016, WM 2015, 649 ff.; *Dreher/Hoffmann,* Die Wirksamkeitsprüfung durch den Prüfungsausschuss nach § 107 Abs. 3 S. 2 AktG – internes Kontrollsystem, Risikomanagementsystem und Governance-System, ZGR 2016, 445 ff.; *Duverne/Hele,* How the Insurance Industry Manages Risk, in: Hufeld/Koijen/Thimann, The Economics, Regulation und Systemic Risk of Insurance Markets, 2017, S. 55 ff.; *Ehrmann,* Risikomanagement in Unternehmen – Mit Basel III, 2. Aufl. 2012; *Faber-Graw,* Solvency II und die Mindestanforderungen an das Risikomanagement der Versicherungsunternehmen (MaRisk VA), Der Aktuar 2007, 162 ff.; *Farny,* Versicherungsbetriebslehre, 5. Aufl. 2011; *Faust,* Die vorstandsinterne Delegation von Aufgaben des Risikomanagements einer Versicherungsaktiengesellschaft nach § 64a VAG, 2013; *Gründl/Perlett (Hrsg.),* Solvency II & Risikomanagement, 2005; *Hübel,* Aufsichtsrechtliche Eigenmittelanforderungen an Kompositversicherungsunternehmen unter Solvency II nach dem Standardmodell, 2013; *Hull,* Risikomanagement – Banken, Versicherungen und andere Finanzinstitutionen, 3. Aufl. 2014; *Jacobus,* Die Vorstandspflicht zum Risikomanagement, 2014; *Korherr,* Risikomanagement, in: Weinberger (Hrsg.), Aufsichts- und Bilanzierungsrecht der Versicherungen, 2016, S. 7 ff.; *Korinek,* Der Weg zu Solvency II – Governance, Schlüsselfunktionen, Versicherungsrundschau 1–2/2015, 37 ff.; *Kort,* Risikomanagement nach dem Bilanzrechtsmodernisierungsgesetz, ZGR 2010, 440 ff.; *Korte/Romeike,* MaRisk VA erfolgreich umsetzen, 2009; *Krämer,* Anforderungen an das Risikomanagement von Erst- und Rückversicherungsunternehmen, in: Bähr (Hrsg.), Handbuch des Versicherungsaufsichtsrechts, 2011, § 10; *Möbius/Pallenberg,* Risikomanagement in Versicherungsunternehmen, 3. Aufl. 2016; *Mülbert/Wilhelm,* Risikomanagement und Compliance im Finanzmarktrecht – Entwicklung der aufsichtsrechtlichen Anforderungen, ZHR 178 (2014), 502 ff.; *Müller-Reichart/Petry/Kopitzki/Krenzer,* Adäquanz und Konsistenz des Risikomanagements in Versicherungsunternehmen auf Basis aufsichtsrechtlicher Mindestanforderungen, 2012; *Nguyen,* Handbuch der wert- und risikoorientierten Steuerung von Versicherungsunternehmen, 2008; *Nguyen/Romeike,* Versicherungswirtschaftslehre, 2013; *Rittmann,* Neuausrichtung der Versicherungsaufsicht im Rahmen von Solvency II – Implikationen und Ansatzpunkte für die Gestaltung des Risikomanagements in Versicherungsunternehmen, 2009;

Romeike (Hrsg.), Rechtliche Grundlagen des Risikomanagements, 2008; *Romeike/Müller-Reichart*, Risikomanagement in Versicherungsunternehmen, 2. Aufl. 2008; *Rohlfs/Brandes/Kaiser/Pütz*, Risikomanagement im Versicherungsunternehmen, 2016; *Schaaf*, Die Überwachung des versicherungsaufsichtsrechtlichen Risikomanagements durch den Aufsichtsrat, ZVersWiss 2009, 613 ff.; *Schaaf*, Risikomanagement und Compliance in Versicherungsunternehmen – aufsichtsrechtliche Anforderungen und Organverantwortung, 2010; *Schradin*, in: Langheid/Wandt (Hrsg.), Münchener Kommentar zum VVG, Band 1, 2010, S. 471 ff. (Versicherungsbetriebslehre); *Thaten*, Die Ausstrahlung des Aufsichtsrechts auf das Aktienrecht am Beispiel der Corporate Governance von Banken und Versicherungen, 2016; *Vanini*, Risikomanagement, 2012; *Widmann*, Das Risikomanagement als Funktionselement der Corporate Governance der Aktiengesellschaft, 2010; *Withus*, IDW EPS 981: Übertragung der Prüfungssystematik zu Compliance auf Risikomanagementsysteme, BB 2016, 1387 ff.; *Wohlmannstetter*, Risikomanagement nach dem BilMoG, ZGR 2010, 472 ff.; *Wolf*, Zur Aufgabenverteilung zwischen den Governance-Funktionen von Versicherungsunternehmen nach der Solvency-II-Richtlinie, VersR 2013, 678 ff.; *Wolf/Runzheimer*, Risikomanagement und KonTraG, 5. Aufl. 2009.

I. Allgemeines. 1. Entstehungsgeschichte. Schon § 64a Abs. 1 S. 3 und 4 Nr. 1 bis 3 sowie Abs. 3 und Abs. 7 VAG a. F. enthielt zahlreiche Regelungen zum Risikomanagement. Sie sind auch im Vorgriff auf die Solvency II-Regelungen erfolgt.[1] **§ 26 VAG** hat **zuvor geltende Regelungen des VAG teilweise übernommen.** Dies gilt für Abs. 2 und den früheren § 64a Abs. 1 Nr. 1, Abs. 7 Nr. 1 VAG a. F. zu der Entwicklung einer Risikostrategie. **Zum größten Teil** beruht § 26 VAG aber auf der **Umsetzung von Art. 44 Solva II-RL.**[2] 1

Eine **Sonderstellung** nimmt **§ 26 Abs. 1 S. 4 und 5 VAG** mit den Regelungen zu dem **allgemeinen Sanierungsplan** ein. Dieser Plan ist von dem Sanierungsplan nach § 134 Abs. 2 VAG bei Unterschreiten der Solvabilitätskapitalanforderung, der auf der Solva II-RL beruht, streng zu unterscheiden. § 26 Abs. 1 S. 4 und 5 VAG **führt eine bisherige Regelung** in § 64d Abs. 1 VAG a. F. **wortgleich fort.**[3] Sie war im Jahr 2014 durch Art. 1 Nr. 5 LVRG in das VAG aufgenommen worden.[4] Gleiches gilt für die Fortführung der Ermächtigung des BMF nach § 64d Abs. 2 VAG a. F. durch § 34 Abs. 1 VAG, nähere Bestimmungen über den Inhalt der allgemeinen Sanierungspläne zu erlassen. 2

§ 26 VAG blieb **im Gesetzgebungsverfahren** zu dem Gesetz zur Modernisierung der Finanzaufsicht über Versicherungen gegenüber der Fassung des RegE **unverändert**. 3

Am 1.2.2017 trat das **BaFin**-Rundschreiben 2/2017 **„Mindestanforderungen an die Geschäftsorganisation von Versicherungsunternehmen (MaGo)"** in Kraft. Es enthält in Abschnitt 9.5 sieben Randnummern zu der unabhängigen Risikocontrollingfunktion (URCF) und in Abschnitt 10 längere Ausführungen zu dem Thema Risikomanagementsystem. Mit Veröffentlichung dieser endgültigen Fassung der MaGo wurde die BaFin-AE zum Risikomanagement im Versicherungsunternehmen vom 1.1.2016 – neben fünf weiteren Auslegungsentscheidungen – wieder aufgehoben.[5] 4

2. Normzweck. Nach der äußerst knappen Begründung zu § 26 VAG dient „die Vorschrift der **Umsetzung von Artikel 44 der Richtlinie**".[6] Damit folgt das VAG der Risikoorientierung des Versicherungsaufsichtsrechts im Solvency II-System.[7] 5

Die kurze Begründung zu § 26 VAG verschleiert allerdings, dass der Normzweck im Hinblick auf die Regelung zu den **allgemeinen Sanierungsplänen** nach § 26 Abs. 1 S. 4 und 5 VAG **nicht** in der **Umsetzung der Solva II-RL**, sondern in der ausschließlich national gewollten **Fortführung bereits zuvor geltender VAG-Regelungen** liegt. 6

Die **Befugnis der BaFin, von Versicherungsunternehmen** nach § 26 Abs. 1 S. 4 und 5 VAG einen **allgemeinen Sanierungsplan zu fordern**, hat der deutsche Gesetzgeber bei der Einführung der Regelung in das frühere VAG durch Art. 1 Nr. 5 LVRG wie folgt begründet: „Die **Finanzmarktkrise** hat gezeigt, dass sich Unternehmen frühzeitig damit auseinandersetzen müssen, welche unternehmensspezifischen Maßnahmen ergriffen werden können und sollen, um bei Fehlentwicklungen kurzfristig reagieren zu können."[8] 7

Diese Regelung des § 64d Abs. 1 VAG a. F. zu den allgemeinen Sanierungsplänen hat der Gesetzgeber ohne Begründung in das Umsetzungsrecht zu der Solva II-RL überführt. Dies ist nicht nur **europarechtlich unzulässig,**[9] sondern auch **sachlich verfehlt**. Die Solva II-RL und die Solva II-VO haben mit zahlreichen Vorgaben an unternehmensspezifische Sanierungs- und Finanzierungspläne umfassend auf die Finanzmarktkrise reagiert.[10] Für § 26 Abs. 1 S. 4 und 5 VAG ist daher auch ihrem materiellen Gehalt nach keinen Raum. Die Beibehaltung der Regelung bildet eine teleologische Zweckverfehlung und ein weiteres Beispiel für begründungsloses nationales Gold-Plating.[11] 8

---

[1] Ausf. *Dreher* VersR 2008, 998 ff. und umfassend *Schaaf*, S. 51 ff., 59 ff.
[2] Begr. VAG-RegE 2014 BT-Drs. 18/2956, 241 f.
[3] Begr. VAG-RegE 2014 BT-Drs. 18/2956, 241 f.; *Heukamp* § 3 Rn. 34 geht dagegen zu Unrecht von einer Neuregelung aus.
[4] BGBl. 2014 I, 1330 ff. und RegE LVRG BT-Drs. 18/1772, 23.
[5] Vgl. Nr. 11 MaGo.
[6] Begr. VAG-RegE 2014 BT-Drs. 18/2956, 241.
[7] Vgl. ausf. Einl. Rn. 113 ff.
[8] Begr. zu § 64d Abs. 1 VAG a. F. RegE LVRG BT-Drs. 18/1772, 23.
[9] Siehe unten Rn. 12.
[10] Vgl. dazu unten Rn. 12.
[11] Vgl. ausf. Einl. Rn. 103 f.

9 **3. Europarechtlicher Hintergrund.** Den europarechtlichen Hintergrund von § 26 VAG bildet **Art. 44 Solva II-RL**, der die Überschrift „**Risikomanagement**" trägt. Sachlich zugehörig ist Art. 45 Solva II-RL, der die unternehmenseigene Risiko- und Solvabilitätsbeurteilung (ORSA) betrifft und mit § 27 VAG ebenfalls in einer eigenen Vorschrift umgesetzt ist.

10 Der lange und insbesondere durch die Omnibus II-Richtlinie[12] ergänzte Text von Art. 44 Solva II-RL steht im Zentrum der **Risikoorientierung des europäischen Versicherungsaufsichtsrechts.**[13] Sie prägt das Solvency II-System entscheidend mit. Die Solva II-RL selbst betont in ihren Erwägungsgründen 15, 67 und 68 ausdrücklich diesen risikobasierten bzw. risikoorientierten Ansatz.

11 Nicht in § 26 VAG erkennbar, aber auch in praktischer Hinsicht äußerst wichtig ist die **Ausformung der rechtlichen Anforderungen an ein Risikomanagementsystem** insbesondere durch Art. 259 ff. **Solva II-VO**. Vor allem daraus ergibt sich nämlich z. B. die Geltung des Wesentlichkeitsgrundsatzes (Materialität) für das Risikomanagementsystem.[14]

12 Entsprechend seiner Sonderrolle bei der Entstehungsgeschichte und dem Normzweck hat § 26 Abs. 1 S. 4 und 5 VAG eine solche Rolle auch sub specie des europarechtlichen Versicherungsaufsichtsrechts. Den **allgemeinen Sanierungsplan kennt das europäische Versicherungsaufsichtsrecht** nämlich **nicht**. Die Begründung zu § 26 VAG verweist daher zu Unrecht darauf, „die Vorschrift dient der Umsetzung von Artikel 44 der Richtlinie".[15] Ein allgemeiner Sanierungsplan ist im europäischen Versicherungsaufsichtsrecht weder in Art. 44 Solva II-RL noch an anderer Stelle angesprochen. Es fordert vielmehr u. a. in Art. 54 Abs. 1 S. 2 lit. b, 138 Abs. 2, 142 Solva II-RL ausschließlich Sanierungs- und Finanzierungspläne in bestimmten Fällen der Nichteinhaltung von Solvenzkapitalanforderungen. Dies ist u. a. in §§ 42 Abs. 1 S. 2 Nr. 2, 134 Abs. 2, 136 VAG umgesetzt. Die wortgleiche Fortführung des früheren § 64d Abs. 1 VAG a. F., die als rein nationale Regelung auf das LVRG zurückgeht,[16] ist schon aufgrund des vollharmonisierenden Charakters der Solva II-RL[17] **europarechtlich unzulässig**. Sie bildet ein weiteres Beispiel für das nationale Gold-Plating im VAG im Verhältnis zu den rechtlichen Vorgaben des Solvency II-Systems.[18]

13 **II. Risikomanagementsystem, RMS (Abs. 1 S. 1 bis 3, Abs. 2, Abs. 5 S. 1). 1. Begriff des Risikomanagementsystems (Abs. 1 S. 1 Hs. 1).** Nach § 26 Abs. 1 S. 1 Hs. 1 VAG „müssen" Versicherungsunternehmen „über ein wirksames Risikomanagementsystem verfügen". Der Begriff des **Risikomanagementsystems** ist der **Zentralbegriff in §§ 26, 27 VAG**. Ein einheitliches Verständnis des allgemeinen Begriffs Risikomanagementsystem gibt es schon für die nichtbeaufsichtigten Gesellschaften nicht. In der **Betriebswirtschaftslehre** finden sich zahlreiche Konzepte und Modelle. Sie unterscheiden sich im Einzelnen, weisen in der Tendenz aber viele Gemeinsamkeiten auf.[19] Eine Teildisziplin der betriebswirtschaftlichen Risikomanagement-Lehre bildet das Risikomanagement für Versicherungsunternehmen.[20] Aus betriebswirtschaftlicher Sicht kann ein Risikomanagementsystem als Instrument der Unternehmenssteuerung **mit anderen Systemen der Unternehmensführung kombiniert** oder in diese integriert werden. Dafür eignet sich besonders das Konzept der **Balanced Scorecard**. Dabei handelt es sich um ein Managementsystem, das die Verwirklichung der Unternehmensstrategie in der Unternehmensorganisation abbildet.[21]

14 Die **Rechtswissenschaft** befasst sich erst allmählich eingehender mit dem Begriff und den Anforderungen an ein Risikomanagement.[22] Ansatzpunkte bilden die risikomanagementbezogenen Regelungen des allgemeinen Gesellschafts- und Handelsrechts in §§ 91 Abs. 2, 107 Abs. 3 S. 2, 171 Abs. 1 S. 2 AktG, in §§ 289, 315, 317 Abs. 4 HGB und die Vorgabe von Ziff. 4.1.4 DCGK. Im Zentrum der rechtswissenschaftlichen Erörterungen steht dabei – zu Unrecht – noch immer fast ausschließlich nur die **Grundfrage**, ob § 91 Abs. 2 AktG lediglich ein beschränktes, auf die Früherkennung bestandsgefährdender Entwicklungen der Aktiengesellschaft ausgerichtetes oder ein weit darüber hinausgehendes,

[12] Vgl. Einl. Rn. 49.
[13] Vgl. ausf. Einl. Rn. 113 ff.
[14] Siehe unten Rn. 48 ff.
[15] Begr. VAG-RegE 2014 BT-Drs. 18/2956, 241.
[16] Siehe oben Rn. 2.
[17] Vgl. Einl. Rn. 87 ff.
[18] Vgl. dazu Einl. Rn. 103 f.
[19] Vgl. statt vieler z. B. *Vanini*, S. 39 ff.; *Wolf/Runzheimer*, S. 30 ff.; *Gleißner*, Grundlagen des Risikomanagements im Unternehmen 2008, S. 31 f.; *Bitz*, Risikomanagement nach KonTraG 2000, S. 16 ff.; *Wohlmannstetter* ZGR 2010, 472 ff. und *Diederichs/Fricke/Macke* DB 2011, 1461 ff.
[20] Vgl. dazu z. B. *Duverne/Hele*, S. 55 ff.; *Rohlfs/Brandes/Kaiser/Pütz*, S. 71 ff.; *Albrecht/Huggenberger*, S. 5 ff.; *Möbius/Pallenberg*; *Nguyen/Romeike*, S. 28 ff.; *Nguyen*, S. 20 ff.; *Müller-Reichart/Petry/Kopitzki/Krenzer*, *Romeike/Müller-Reichart*; *Gründl/Perlett*; *Hull*.
[21] Vgl. dazu z. B. *Romeike* in: Romeike/Müller-Reichart, S. 397 ff.; *Ehrmann*, S. 187 ff.; *Nguyen*, S. 233 ff.
[22] Vgl. *Dreher* FS Hüffer, 161 ff.; *Dreher/Hoffmann* ZGR 2016, 445, 465 ff., 482 ff.; *Widmann*, S. 39 ff.; *Jacobus*, S. 24 ff., 195 ff.; *Krasberg* Der Prüfungsausschuss des Aufsichtsrats einer Aktiengesellschaft nach dem BilMoG 2010, S. 168 ff.; *Kort* ZGR 2010, 440 ff.; die Beiträge verschiedener Verfasser in: Romeike; *Lammers* Der Prüfungsausschuss des Aufsichtsrats nach dem Sarbanes-Oxley Act und dem BilMoG 2011, S. 275 f.; *Thaten*, S. 226 ff.; *Mülbert/Wilhelm* ZHR 178 (2014), 502, 505 ff.; *Berenbrok*, S. 145 ff. und aus spezifisch vertragsrechtlicher Sicht schon *Henssler* Risiko als Vertragsgegenstand m. Bespr. durch *Dreher* AcP 194 (1994), 605 ff.

umfassendes Risikomanagementsystem fordert. Die ganz herrschende gesellschaftsrechtliche Meinung vertritt schon aufgrund des eindeutigen Gesetzeswortlauts die erstgenannte Ansicht,[23] während einige wenige Stimmen in der Literatur aufgrund vor allem von § 289 Abs. 5 HGB und § 107 Abs. 3 S. 2 AktG davon ausgehen, auch in der unbeaufsichtigten Normal-AG sei ein umfassendes Risikomanagementsystem gefordert.[24] Vielleicht aufgrund des erheblichen betriebswirtschaftlichen und abschlussprüfungsrechtlichen Einschlags wendet sich die Rechtswissenschaft **Einzelfragen des Risikomanagementsystems** in der Normal-AG wie den rechtlichen Anforderungen an die Wirksamkeitsprüfung des Risikomanagementsystems durch den Aufsichtsrat[25] erst allmählich zu. Gleiches gilt aufgrund des schwierigen Zugangs zu den spezifischen Aufsichtsrechten für die Frage, ob und in welcher Weise aufsichtsrechtliche Anforderungen an das Risikomanagement auf das Recht der Normal-AG ausstrahlen können.[26]

Soweit es um das **spezifisch versicherungsaufsichtsrechtliche Risikomanagementsystem**[27] geht, sind dessen Ziel und Gegenstand vor allem durch die Regelungen des Art. 44 Abs. 1 Solva II-RL und der Solva II-VO sowie in Umsetzung von Art. 44 Solva II-RL durch § 26 VAG rechtlich vorgegeben sowie inhaltlich konturiert. Im Verhältnis zu den zahlreichen betriebswirtschaftlichen Modellen und Risikomanagement-Standards von Organisationen wie dem IDW sind die versicherungsaufsichtsrechtlichen Vorgaben zum RMS **methodenneutral**.[28] 15

Das versicherungsaufsichtsrechtliche Risikomanagementsystem ist ein **wesentlicher Teil des Governance-Systems** von Versicherungsunternehmen. Dieses umfasst außer dem Risikomanagementsystem mit der URCF noch das interne Kontrollsystem mit der Compliance-Funktion, die interne Revisionsfunktion und die versicherungsmathematische Funktion.[29] 16

Ein bedeutendes Element des versicherungsaufsichtsrechtlichen Risikomanagementsystems bilden zunächst – wie schon im allgemeinen, versicherungsunspezifischen Governance-System nach § 107 Abs. 3 S. 2 AktG vorausgesetzt –[30] bestimmte **risikobezogene Tätigkeiten**. Dabei geht es um die Risikoerfassung, Risikobewertung, Risikoüberwachung, Risikosteuerung und Risikoberichterstattung. Alle diese Tätigkeiten sind daher in § 26 Abs. 1 S. 2 Hs. 2 VAG in Übereinstimmung mit der Solva II-RL hervorgehoben. Hinzu kommen als weitere wichtige Elemente des versicherungsaufsichtsrechtlichen Risikomanagementsystems – und insoweit abweichend von den allgemeinen gesellschaftsrechtlichen Anforderungen an ein solches System – die Einrichtung einer spezifisch versicherungsaufsichtsrechtlich geregelten **unabhängigen Risikocontrollingfunktion** (**URCF**) und die regelmäßige oder unverzügliche Durchführung des **ORSA** im Sinne von § 27 VAG. 17

2. Wirksamkeit des Risikomanagementsystems (Abs. 1 S. 1 Hs. 1). Nach Abs. 1 S. 1 Hs. 1 muss das Risikomanagementsystem entsprechend der Vorgabe in Art. 44 Abs. 1 UAbs. 1 Solva II-RL „**wirksam**" sein.[31] Davon geht auch Art. 259 Abs. 1 lit. d Solva II-VO aus. EG 95 Solva II-VO setzt ebenso, aber in anderen Worten ein „ordnungsgemäß funktionierendes Risikomanagementsystem" voraus. Mit dem Begriff der Wirksamkeit verwendet das VAG einen schon im Zusammenhang mit den Anforderungen an die Geschäftsorganisation allgemein in § 23 Abs. 1 S. 1 VAG benutzten Begriff. Das dazu unter Bezugnahme auf die europarechtliche Begriffsverwendung sub specie des Risikomanagements gefundene Auslegungsergebnis[32] gilt im vorliegenden Zusammenhang erst recht. Danach bedeutet das Wirksamkeitserfordernis, dass ein Versicherungsunternehmen ein System, hier das Risikomanagementsystem, **nicht nur etabliert, sondern auch praktiziert, überprüft und gegebenenfalls ändert**, um die mit ihm verfolgten Ziele zu erreichen. Wirksamkeit des Risikomanagementsystems meint daher im Ergebnis nichts anderes, als dass dieses effektiv ist.[33] Art. 259 Abs. 1 Solva II-VO als zentrale Regelung zum Risikomanagementsystem auf Ebene 2 fasst dies mit anderen Worten zutreffend in den Anforderungen zusammen, dass Versicherungsunternehmen „für die Schaffung, Umsetzung und dauerhafte Gewährleistung eines Risikomanagementsystems" sorgen. 18

[23] Vgl. z. B. *Dreher* FS Hüffer 161, 162 ff.; *ders.* ZGR 2010, 496, 529; *Widmann*, S. 56 ff.; *Jacobus*, S. 192; *Thaten*, S. 227, jeweils m. w. N.

[24] So vor allem *Hommelhoff/Mattheus* BB 2007, 2787, 2788, *Lösler* WM 2008, 1098, 1099; *Spindler* WM 2008, 905, 906; *ders.* FS Hüffer 2009, 985 ff.; *Berenbrok*, S. 173 ff.

[25] Vgl. dazu ausf. *Dreher/Hoffmann* ZGR 2016, 445 ff.

[26] Vgl. dazu ausf. *Dreher* ZGR 2010, 496, 523 ff., 529 ff.; *Widmann*, S. 93 ff.; *Thaten*, S. 216 ff.; *AKEIÜ* DB 2016, 1118, 1121 ff.

[27] Vgl. dazu ausf. bisher vor allem *Ballmaier*, 4. Teil C. I.; *Schaaf*, S. 59 ff.; *Krämer*, § 10; *Bürkle* VersR 2009, 809 ff.; *Dreher/Schaaf* VersR 2009, 1151 ff.; *dies.* WM 2008, 1765 ff.; *Dreher* VersR 2008, 998 ff.; *Berenbrok*, S. 85 ff., 100 ff. befasst sich trotz eines auch auf die Versicherungsaufsicht bezogenen Untertitels fast ausschließlich mit dem bankaufsichtsrechtlichen RMS.

[28] Vgl. ausf. unten Rn. 139 ff.

[29] Vgl. die grafische Darstellung des versicherungsaufsichtsrechtlichen Governance-Systems bei § 23 VAG Rn. 19.

[30] Vgl. die grafische Darstellung des allgemeinen Governance-Systems bei § 23 VAG Rn. 17 und ausführlich dazu *Dreher/Hoffmann* ZGR 2016, 445, 465 ff., 487 sowie schon *Dreher* FS Hüffer, 161, 162 ff., 173 f.

[31] Vgl. ebenso allgemein, aber ohne damit ein umfassendes Risikomanagementsystem vorauszusetzen § 107 Abs. 3 S. 2 AktG und dazu *Dreher/Hoffmann* ZGR 2016, 445, 487 ff.

[32] Vgl. § 23 VAG Rn. 27 m. w. N.

[33] Vgl. § 23 VAG Rn. 29.

19 In diesem Rahmen gilt bei der Ausgestaltung des Risikomanagementsystems als Teil des versicherungsaufsichtsrechtlichen Governance-Systems der **Grundsatz der unternehmerischen (Organisations-)Freiheit**.[34]

20 Zwar spricht § 26 VAG den **Grundsatz der Verhältnismäßigkeit** ausdrücklich nur in Abs. 2 in Bezug auf die Risikostrategie an. Dennoch gilt dieser Grundsatz als allgemeiner und ebenso wichtiger wie übergreifender Grundsatz des Versicherungsaufsichtsrechts[35] auch für die Einrichtung und Durchführung des Risikomanagementsystems. Davon geht schon EG 1 Solva II-VO aus. Die Untermaßgrenze für die Anwendung des Grundsatzes der Verhältnismäßigkeit bildet dabei aber immer das Wirksamkeitsgebot nach § 26 Abs. 1 S. 1 Hs. 1 VAG.

21 **3. Risikomanagementsystem und Geschäftsorganisation (Abs. 1 S. 1 Hs. 2).** Nach Abs. 1 S. 1 Hs. 2 soll das Risikomanagementsystem „gut **in die Organisationsstruktur und die Entscheidungsprozesse** des Unternehmens **integriert**" sein und „dabei die Informationsbedürfnisse der Personen, die das Unternehmen tatsächlich leiten oder andere Schlüsselfunktionen innehaben, durch eine angemessene interne Berichterstattung gebührend" berücksichtigen. Die Forderung nach einer Integration des Risikomanagementsystems in die Geschäftsorganisation entspricht den Vorgaben von Art. 44 Abs. 1 UAbs. 1 Solva II-RL.

22 Der deutsche Gesetzgeber hat allerdings in **Abs. 1 S. 1 Hs. 2** die notwendige Integration des Risikomanagementsystems in die Geschäftsorganisation **über Art. 44 Abs. 1 UAbs. 1 Solva II-RL hinausgehend** damit verbunden, dass er sie mit den „Informationsbedürfnissen" des erfassten Personenkreises und der Forderung nach einer „angemessenen internen Berichterstattung" verknüpft hat.[36] Die Begründung zu der Regelung legt lediglich im Sinne einer In-sich-Betrachtung Folgendes dar: „Ein unternehmensinternes Berichtssystem (scil.: ist) nur angemessen, wenn es sicherstellt, dass die Personen, die in besonderem Maße bei ihrer Entscheidungsfindung auf Informationen aus dem Risikomanagementsystem angewiesen sind, ihrem erhöhten Informationsbedürfnis gemäß unterrichtet werden. Dazu müssen die Risikomanagement-Informationen verlässlich sein und zeitnah und vollständig an die jeweils erforderlichen Adressaten weitergeleitet werden."[37]

23 Darin und in den Anforderungen von Abs. 1 S. 1 Hs. 2 liegt eine Wiederholung der für eine ordnungsgemäße Geschäftsorganisation nach § 23 Abs. 1 S. 3 VAG ohnehin geltenden Anforderungen. Sie betreffen nämlich auch „ein wirksames unternehmensinternes Kommunikationssystem".[38] Dies entspricht sowohl Art. 41 Abs. 1 UAbs. 2 S. 1 Solva II-RL als auch Art. 258 Abs. 1 Solva II-VO, der die Anforderungen an ein solches Kommunikationssystem mehrfach konkretisiert. Allerdings regelt **Art. 259 Abs. 2 Solva II-VO**, die zentrale Vorschrift zum Risikomanagementsystem auf Ebene 2, das in § 26 Abs. 1 S. 1 Hs. 2 VAG angesprochene Thema mit **anderen Akzenten**: Danach stellen Versicherungsunternehmen „sicher, dass diejenigen Personen, die das Unternehmen tatsächlich leiten oder andere Schlüsselfunktionen innehaben, in ihren Entscheidungsprozessen den im Rahmen des Risikomanagementsystems übermittelten Informationen Rechnung tragen." Während § 26 Abs. 1 S. 1 Hs. 2 VAG voraussetzungsbezogen auf das Informationsbedürfnis bestimmter Personen im Risikomanagementsystem abhebt, geht es nach Art. 259 Abs. 2 Solva II-VO ergebnisbezogen um Rechtspflichten der Versicherungsunternehmen in Bezug auf diese Personen bei der Durchführung des Risikomanagementsystems. Die ausschnitthafte, überflüssige Regelung zur unternehmensinternen Berichterstattung in **§ 26 Abs. 1 S. 1 Hs. 2 VAG verdeckt diese Zusammenhänge**. Die Aufmerksamkeit der Rechtsanwender gilt in der Praxis sicher – zu Unrecht – gleichwohl oft statt dem unmittelbar und vorrangig anwendbaren Art. 259 Solva II-VO der Ausschnittsregelung zur unternehmensinternen Berichterstattung in § 26 Abs. 1 S. 1 Hs. 2 VAG.

24 **4. Gegenstand und Ziel des Risikomanagementsystems (Abs. 1 S. 2). a) Allgemeines.** § 26 Abs. 1 S. 2 VAG legt den **Gegenstand des Risikomanagementsystems** fest. Andere Teile der Vorschrift ergänzen diese Festlegungen.

25 Das versicherungsaufsichtsrechtliche Risikomanagementsystem hat nach § 26 VAG gegenständlich eine **dreigliedrige Struktur**: Abs. 1 S. 2 Hs. 1 – ergänzt durch Abs. 2 – betrifft die „Strategien, Prozesse und internen Meldeverfahren", also die **Instrumente** des Risikomanagementsystems. Sodann regeln Abs. 1 S. 2 Hs. 2 i. V. m. Abs. 2 und Abs. 5 S. 1 die betroffenen **Risiken**. Und schließlich benennt Abs. 1 S. 2 Hs. 2 fünffach gegliedert die bereits angeführten **risikobezogenen Tätigkeiten**.

26 **b) „Strategien, Prozesse und interne Meldeverfahren" (Abs. 1 S. 2 Hs. 1, Abs. 2).** Zu den drei **risikobezogenen Instrumenten** als wesentlichen Teilen eines Risikomanagementsystems äußert sich die Gesetzesbegründung nicht. Der Gesetzeswortlaut übernimmt nur den Wortlaut von Art. 44 Abs. 1 UAbs. 1 Solva II-RL, der ebenfalls „Strategien, Prozesse und Meldeverfahren" benennt. Hier

[34] Vgl. dazu ausf. Einl. Rn. 139 ff. und § 23 VAG Rn. 20 f.
[35] Vgl. ausf. Einl. Rn. 124 ff. und § 23 VAG Rn. 22.
[36] Kritisch auch *Ballmaier*, 4. Teil C. III. 1. a).
[37] Begr. VAG-RegE 2014 BT-Drs. 18/2956, 241.
[38] Vgl. dazu § 23 VAG Rn. 68 ff.

wie dort ist die Regelung **prinzipienorientiert** angelegt,[39] wie das Wort „erforderlich“ zeigt. Die Versicherungsunternehmen müssen daher im Rahmen der unternehmerischen (Organisations-)Freiheit und der Selbsteinschätzung ein ihren Verhältnissen angemessenes Risikomanagementsystem einrichten und praktizieren. Dabei sind allerdings die zwingenden, unmittelbar anwendbaren **Vorgaben zum Risikomanagementsystem in Art. 259 ff. Solva II-VO** einzuhalten.

Wozu die Instrumente des Risikomanagementsystems dienen, ergibt sich aus Abs. 1 S. 2 Hs. 2, 27 wiederum in Übereinstimmung mit Art. 44 Abs. 1 UAbs. 1 Solva II-RL: Sie haben den **Zweck**, die unternehmensbezogenen Risiken zu erfassen, zu bewerten, zu überwachen, insbesondere zu steuern und zu berichten.

Abs. 2 geht davon aus, dass ein Versicherungsunternehmen **„Strategien“** haben muss. Eine Definiti- 28 on des allgemeinen Begriffs der Strategie gibt die Begründung zu § 23 Abs. 5 VAG: „Strategien legen fest, was wie erreicht werden soll“.[40] Nach Abs. 1 S. 2 Hs. 1 muss auch ein Risikomanagementsystem „Strategien umfassen“. Nach Abs. 2 zählt „zu den zu entwickelnden Strategien insbesondere eine auf die Steuerung des Unternehmens abgestimmte **Risikostrategie**, die Art, Umfang und Komplexität des betriebenen Geschäfts und der mit ihm verbundenen Risiken berücksichtigt.“ Die Gesetzesbegründung zu § 26 Abs. 2 VAG lautet wie folgt: „Absatz 2 beruht auf § 64a Absatz 1 Nummer 1 und Absatz 7 Nummer 1 VAG a. F. Der Wortlaut ist prinzipienorientiert gefasst und daher nicht mit dem Wortlaut der bisherigen Regelung identisch; er erfasst aber alle Elemente, die nach Auslegung der bisherigen Regelung zur Risikostrategie gehören.“ Diese Begründung richtet sich selbst. Zunächst sollen „alle Elemente“ zur Auslegung eines Begriffs im früheren VAG weiter gelten, auch wenn der Wortlaut selbst sich im neuen VAG aufgrund eines zuvor nicht geltenden Prinzips mit erheblichen rechtlichen Folgen geändert hat. Dass dies mit den Grundsätzen weder der autonomen Auslegung des Unionsrechts noch der Vollharmonisierung des Versicherungsaufsichtsrechts zu vereinbaren ist, liegt auf der Hand.

Zutreffend ist aber die Forderung in § 26 Abs. 2 VAG, dass im Rahmen eines Risikomanagement- 29 systems eine **Risikostrategie zu entwickeln** ist, die mit der Steuerung des Unternehmens korrelieren muss und dass dabei auch der Grundsatz der Verhältnismäßigkeit gilt. Der europäische Gesetzgeber fordert dies ebenfalls, allerdings nicht in Art. 44 Solva II-RL, sondern – außer speziell im Zusammenhang mit Modellen nach Art. 226 lit. e Solva II-VO – in **Art. 259 Abs. 1 lit. a und c Solva II-VO**. Nach lit. a umfasst ein Risikomanagementsystem „eine klar definierte Risikomanagementstrategie, die im Einklang mit der allgemeinen Geschäftsstrategie des Unternehmens steht; Ziel und Hauptgrundsätze der Strategie, die genehmigten Risikotoleranzschwellen und die Zuweisung von Zuständigkeiten in allen Tätigkeitsbereichen des Unternehmens werden dokumentiert“.

Die **Risikostrategie** steht daher **im Zentrum jedes Risikomanagementsystems**.[41] Ihr Ziel ist die 30 Risikovermeidung oder die Risikobewältigung durch Risikosteuerung. Die Festlegung und Durchsetzung der Risikostrategie als Teil der Gesamtstrategie eines Versicherungsunternehmens ist **Vorstandsaufgabe**. Die Umsetzung einer solchen Risikostrategie kann dagegen im Rahmen der versicherungsaufsichtsrechtlichen Anforderungen weitgehend auf nachgeordnete Stabs- oder operativ tätige Einheiten bzw. Mitarbeiter delegiert werden. Eine wertorientierte Unternehmensleitung setzt nach dem Versicherungsaufsichtsrecht eine Risikostrategie als Teil eines umfassend angelegten Risikomanagementsystems voraus.

Nr. 21, 155 **MaGo** stellen die Vorstandsaufgabe Entwicklung einer Risikostrategie in den größeren 31 Zusammenhang der **Risikokultur** in einem Versicherungsunternehmen. Danach ist der Vorstand insgesamt für eine angemessene, im Unternehmen gelebte Risikokultur verantwortlich. Teil dieser auch als „gemeinsame Risikosprache“ bezeichneten Risikokultur sei die Risikostrategie. Ohne Definition verwenden auch **IAIS** Insurance Core Principles 8.1.4 und 8.4[42] den Begriff der Risikokultur. Eine Begriffsbestimmung findet sich dagegen wie folgt in **FSB** Guidance on Supervisory Interaction with Financial Institutions on Risk Culture – A Framework for Assessing Risk Culture: „the institution's norms, attitudes and behaviours related to risk awareness, risk taking and risk management“.[43] Zugleich führen die FSB Guidance vier Kriterien für die Prüfung der Angemessenheit der Risikokultur an. In ähnlicher Weise geht der **IDW EPS 981**[44] mit der Definition der Risikokultur in Nr. 30 und der Nennung von 6 Merkmalen, die die Risikokultur betreffen, in A 19 vor.[45]

Teil der Risikostrategie ist ein **Risikotragfähigkeitskonzept**.[46] Die Festlegung eines solchen Kon- 32 zepts durch den Vorstand eines Versicherungsunternehmens ist schon deshalb erforderlich, um den

---

[39] Vgl. dazu ausf. Einl. Rn. 105 ff.

[40] Begr. VAG-RegE 2014 BT-Drs. 18/2956, 239 f.

[41] Vgl. näher zur Risikostrategie z. B. *Schaaf*, S. 60 ff.; *Krämer*, § 10 Rn. 37 ff.; *Dreher* VersR 2008, 998, 1002 f.; *Rohlfs/Brandes/Kaiser/Pütz*, S. 49 ff.; *Möbius/Pallenberg*, S. 42 ff.; *Vanini*, S. 113 ff.; *Rittmann*, S. 89 ff.; *Korte/Romeike*, S. 45 ff.

[42] Fassung vom November 2015.

[43] FSB Guidance vom 7.4.2014, S. 1.

[44] Entwurf eines IDW Prüfungsstandards: Grundsätze ordnungsgemäßer Prüfung von RMS v. 3.3.2016.

[45] Vgl. zur Prüfung der Risikokultur auch A 53.

[46] Vgl. ausf. zum Risikotragfähigkeitskonzept z. B. *Rohlfs/Brandes/Kaiser/Pütz*, S. 50, 55 ff., 310 ff.; *Krämer*, § 10 Rn. 68 ff.; *Dreher* VersR 2008, 998, 1004; *Schaaf*, S. 84 ff.; *DIIR* Risikotragfähigkeit, S. 17 ff., 63 ff.; *Gehringer/Fröhler* in: Bürkle (Hrsg.) Compliance in Versicherungsunternehmen, 2. Aufl. 2015, § 9 Rn. 22 ff.; *Korte/Romeike*, S. 69 ff.

aufsichtsrechtlichen Solvenzkapitalanforderungen durch Vorhalten von ausreichend Risikokapital zu genügen. Denn diese Anforderungen ergeben sich aus den Risiken, die ein Versicherungsunternehmen übernimmt. Aus der Gesamtrisikotragfähigkeit eines Versicherungsunternehmens sind dann die für einzelne Risiken geltenden **Risikotoleranzschwellen** – so die Bezeichnung in Art. 259 Abs. 1 lit. a und c Solva II-VO – oder Limits abzuleiten. Daraus ergibt sich ein **Limitsystem**, das ständiger Beobachtung und gegebenenfalls Anpassung bedarf. Es bestimmt zugleich den Rahmen für die jeweilige Geschäftstätigkeit und begrenzt den **Risikoappetit** des Unternehmens in Bezug auf die operativ tätigen Einheiten.

33 Unter dem z. B. auch in EIOPA-LL 17 Governance gebrauchten **Begriff des Risikoappetits** versteht die betriebswirtschaftliche Risikomanagementlehre den „Risikoumfang, den eine Organisation für die Erzielung einer bestimmten Rendite zu übernehmen bereit ist. Der Risikoappetit eines Unternehmens wird aus den Unternehmensstrategien und den Unternehmenszielen abgeleitet und durch die Risikoneigung des Managements beeinflusst. Er ist der Maßstab für die Allokation von Risikodeckungskapital auf die Geschäftsaktivitäten und -einheiten eines Unternehmens."[47] Die BaFin beschreibt den Begriff des Risikoappetits wie folgt: „Die Geschäftsleitung trifft mit der Festlegung des Risikoappetits eine bewusste Entscheidung darüber, in welchem Umfang das Institut bereit ist, Risiken einzugehen, um seine strategischen Ziele zu erreichen. Das Institut hat den Risikoappetit für alle wesentlichen Risiken festzulegen. Damit ist der Risikoappetit Teil der Risikostrategie."[48]

34 Zu dem **Risikotragfähigkeitskonzept** und dem **Limitsystem** hatte der RegE 9. VAG-Änderungsgesetz anlässlich der Schaffung von § 64a Abs. 1 S. 4 Nr. 3 VAG a. F. Folgendes ausgeführt:[49] „Das (...) Risikotragfähigkeitskonzept gibt für jedes Unternehmen individuell insbesondere wieder, mit welchen Methoden die unternehmensinternen Kapitalziele abgeleitet werden, welche Verluste über welche Planungshorizonte das Unternehmen höchstens eingehen will, wie sich die vorhandenen Eigenmittel zur Verlustdeckung zusammensetzen und wie sich deren Auskömmlichkeit und Verzinsung aufgrund der getroffenen Steuerungsmaßnahmen beim Vergleich mit den Kapitalzielen darstellen. Das im Zusammenhang mit dem Risikotragfähigkeitskonzept festzulegende Limitsystem muss einerseits aufzeigen, wie viel Risiko die Einheiten des Unternehmens eingehen dürfen und andererseits geeignet sein, die Umsetzung des vom Unternehmen gewählten Risikotragfähigkeitskonzepts zu unterstützen." Diese Aussagen gelten aufgrund ihres allgemeinen Charakters im Grundsatz auch für die beiden Elemente des Risikomanagementsystems nach dem neuen VAG.

35 Anders als § 64a Abs. 3 VAG a. F. enthält das neue VAG die Pflicht, die **Risikostrategie** zu **dokumentieren**, nicht mehr ausdrücklich. Eine solche Pflicht folgt aber mittelbar schon aus § 23 Abs. 5 VAG[50] und direkt aus Art. 258 Abs. 1 lit. i, 259 Abs. 1 lit. a und c, 261a Abs. 1 lit. a Solva II-VO.[51]

36 Im Zusammenhang mit den unternehmensinternen Risikomanagement-Leitlinien geht Art. 259 Abs. 1 lit. c Solva II-VO auf die **Umsetzung der Risikostrategie** ein. Dazu gehört zunächst, „die wesentlichen Risiken, denen ein Unternehmen ausgesetzt ist, zu definieren und „nach Art des Risikos" zu kategorisieren. Sodann sind „für jede einzelne Risikoart" die „Risikotoleranzschwellen" festzulegen.[52] Außer der Umsetzung der Risikostrategie sollen mit diesen Maßnahmen „Kontrollmechanismen gefördert werden". In dem Zusammenhang betont Art. 259 Solva II-VO den Grundsatz der Verhältnismäßigkeit.

37 Zu den in § 26 Abs. 2 VAG neben den Strategien angesprochenen **„Prozessen und internen Meldeverfahren"** fordert Art. 259 Abs. 1 Solva II-VO zunächst in lit. b „ein klar definiertes Verfahren für Entscheidungsprozesse". Nach lit. d umfasst ein Risikomanagementsystem weiter „Berichtsverfahren und Prozesse, die gewährleisten, dass Informationen über die wesentlichen Risiken, denen das Unternehmen ausgesetzt ist, und die Wirksamkeit des Risikomanagementsystems aktiv überwacht und analysiert werden und dass gegebenenfalls erforderliche Änderungen des Systems vorgenommen werden." Im Übrigen bezieht sich § 26 Abs. 1 S. 2 VAG mit dem Terminus „Prozesse" vor allem auf die darin genannten fünf risikobezogenen Tätigkeiten.

38 Zu den Ergebnissen von Prozessen, die in ein Risikomanagementsystem einfließen, gehören nach Art. 259 Abs. 3 Solva II-VO „gegebenenfalls" auch „die Ergebnisse von **Stresstests** und **Szenarioanalysen** für alle relevanten Risiken des Unternehmens". Gleiches gilt nach Art. 261a Abs. 2 Solva II-VO speziell bei qualifizierten Infrastrukturinvestitionen. Szenarioanalysen definiert Art. 1 Nr. 2 Solva II-VO als „die Analyse der Auswirkungen einer Kombination widriger Ereignisse". Zu den unternehmensinternen Stresstests nehmen MaGo in Rn. 160, 196 ff. Stellung.

---

[47] So z. B. *Vanini*, S. 116.

[48] *BaFinJournal* 8/2015, S. 22 mit Bezug auf die Bankaufsicht, aber auf die Versicherungsaufsicht ohne weiteres übertragbar.

[49] RegE BT-Drs. 16/6518, 16.

[50] So zutreffend auch Begr. VAG-RegE 2014 BT-Drs. 18/2956, 239.

[51] Vgl. § 23 VAG Rn. 135, 142.

[52] Art. 259 Abs. 1 lit. a und c Solva II-VO geht von „genehmigten Risikotoleranzschwellen" aus, was sich nur auf die Letztverantwortung des Vorstands beziehen kann.

Maßgeblicher Entscheidungsträger (auch) bei dem Thema Risikomanagementsystem ist der **Vorstand**. Ihn trifft nach §§ 76 Abs. 1, 93 AktG im Rahmen seiner Gesamtverantwortung die Rechtspflicht zu einer sorgfältigen Unternehmensleitung, die das Versicherungsaufsichtsrecht durch die Verpflichtung des Vorstands auf das Legalitätsprinzip deklaratorisch bestätigt.[53] Zu dieser Leitungspflicht gehört es, dafür zu sorgen, dass ein Risikomanagementsystem besteht, aufrechterhalten bleibt und angewendet wird, das für das konkrete Versicherungsunternehmen erforderlich, geeignet und angemessen ist.[54] In diesem Rahmen ist der Vorstand in Gesamtverantwortung[55] selbst zuständig, die Risikostrategie, die Risikotragfähigkeit, die Wesentlichkeitsschwellen und ein Limitsystem festzulegen sowie die Risiken entsprechend den Unternehmenszielen und dem Unternehmenszweck zu steuern bzw. eine solche Steuerung durch nachgeordnete Mitarbeiter nach entsprechenden eigenen Vorgaben zu überwachen. 39

Jenseits dieser Gesamtverantwortung des Vorstands für das Risikomanagementsystem ist eine **Delegation** von Vorbereitungs- und Durchführungstätigkeiten zu dem Risikomanagementsystem eines Versicherungsunternehmens sowohl horizontal innerhalb des Vorstands als auch vertikal auf dem Vorstand nachgeordnete Mitarbeiter versicherungsaufsichtsrechtlich und gesellschaftsrechtlich zulässig.[56] Die extrem weit gehende These des VG Frankfurt in seinem Bruderhilfe-Urteil,[57] dass bei einer vorstandsinternen Delegation jedes Vorstandsmitglied ressortübergreifend zur Leitung anderer Vorstandsressorts, insbesondere aber zur Übernahme des Risikomanagementsystems fachlich geeignet sein und die anderen Mitglieder entsprechend intensiv in ihrer Ressorttätigkeit überwachen muss, ist heute als verwaltungsgerichtliche Fehlinterpretation des Gesellschafts- und Aufsichtsrechts überholt.[58] 40

In Übereinstimmung mit den Grundsätzen, die nach allgemeinem Gesellschaftsrecht gelten, betont auch **EIOPA-LL 17 Governance** die „Verantwortlichkeit" des VMAO „für die Gewährleistung der Wirksamkeit des Risikomanagementsystems (…), indem es den Risikoappetit des Unternehmens und die allgemeinen Risikotoleranzschwellen festlegt und die wichtigsten Risikomanagementstrategien und -leitlinien beschließt." 41

Eine Gesamtverantwortung des Vorstands für das Risikomanagementsystem postulieren ebenfalls Nr. 21, 151 ff. **MaGo**. Trotz dieser Gesamtverantwortung des Vorstands für das Risikomanagementsystem „muss" es nach Nr. 158 „wegen seiner Bedeutung in der Regel einem Geschäftsleiter zugeordnet werden." Auch wenn für eine solche Regel eine Rechtsgrundlage nicht ersichtlich ist, entspricht sie doch sowohl einem grundsätzlich sinnvollen Vorgehen als auch dem in der Praxis daher allgemeinen Üblichen. 42

Mit der Einrichtung und Anwendung des Risikomanagementsystems eines Versicherungsunternehmens muss sich aber auch dessen **Aufsichtsrat** befassen. Dies gilt schon aufgrund seiner allgemeinen Überwachungs- und Beratungsaufgabe. Während sie sich in einem Versicherungsunternehmen ohnehin auf ein umfassendes, über die allgemeinen Anforderungen nach § 91 Abs. 2 AktG hinausgehendes Risikomanagementsystem beziehen, hat der BGH erst vor kurzem selbst für die Normal-AG im sogenannten Piëch-Beschluss die Risikobezogenheit der Überwachungspflicht des Aufsichtsrats mit folgenden Worten betont: „Zu der Überwachungspflicht des Aufsichtsrats gehört es, dass er sich über erhebliche Risiken, die der Vorstand mit Geschäften eingeht, kundig macht und ihr Ausmaß unabhängig vom Vorstand selbständig abschätzt."[59] Erst recht gilt dies allerdings im Hinblick auf die Prüfungspflicht des Aufsichtsrats zur Wirksamkeit des Risikomanagementsystems nach § 107 Abs. 3 S. 2 AktG. Unabhängig davon, ob der Aufsichtsrat einen Prüfungsausschuss einsetzt oder dessen Aufgaben selbst übernimmt, gehört es danach zu seinen Aufgaben, sich mit „der **Wirksamkeit** (…) des Risikomanagementsystems" zu befassen.[60] Während schon in der Normal-AG eine solche risikobezogene Überwachungspflicht besteht, sind ihr Umfang und ihr Gegenstand im Hinblick auf die versicherungsaufsichtsrechtlichen Anforderungen für die Aufsichtsräte von Versicherungsunternehmen erheblich größer. Von einer das Risikomanagementsystem erfassenden Überwachungspflicht des Aufsichtsrats geht daher auch Nr. 152 MaGo aus. Sie bezieht sich allerdings zu Unrecht nur darauf, ob der Vorstand „ein angemessenes und wirksames Risikomanagementsystem eingerichtet hat." 43

---

[53] Siehe § 23 VAG Rn. 30 ff.

[54] So auch Begr. VAG-RegE 2014 BT Dr. 18/2956, 239 zur Geschäftsorganisation, zu der ein Risikomanagementsystem gehört.

[55] Vgl. ausf. zur Gesamtverantwortung in Bezug auf das Risikomanagement schon *Dreher/Schaaf* WM 2008, 1765 ff.; *Schaaf*, S. 167 ff.

[56] Ausf. zur Delegation von Aufgaben des Risikomanagements schon *Dreher/Schaaf* WM 2008, 1765, 1768 ff.; *Schaaf*, S. 179 ff.; *Dreher* ZGR 2010, 496, 526 ff.; *Faust*, S. 97 ff.; *Baums* ZGR 2011, 218, 266 ff. und allgemein zur Delegationsfähigkeit § 23 VAG Rn. 82 ff.

[57] *VG Frankfurt* VersR 2005, 57.

[58] Vgl. dazu ausf. § 24 VAG Rn. 64.

[59] *BGH* Beschl. v. 6.11.2012 – II ZR 111/12, NZG 2013, 339.

[60] Vgl. dazu ausf. *Dreher/Hoffmann* ZGR 2016, 445 ff.; *Hoffmann* NZG 2016, 441 ff.; *Bürkle* VersR 2016, 1145, 1149; *Schaaf* ZVersWiss 2009, 613 ff.; *Schaaf*, S. 190 ff.

44 Der **Umgang des Vorstands mit dem Risikomanagementsystem** unterliegt nach EIOPA-LL Governance und BaFin-Verlautbarungen umfangreichen **Dokumentationspflichten**. Sie beziehen sich nicht nur auf die Risikostrategie, sondern auch auf Entscheidungen in Bezug zur URCF.[61]

45 Vor besondere gesellschafts- und versicherungsaufsichtsrechtliche Probleme stellt die Forderung nach einem **konzern- oder gruppenbezogenen Risikomanagementsystem**.[62] Hier erheben sich im Hinblick auf das Gruppenaufsichtsrecht zahlreiche Fragen. § 275 Abs. 1 S. 2 VAG fordert, dass „das Risikomanagementsystem (…) aller in die Gruppenaufsicht (…) einbezogenen Unternehmen so umzusetzen" ist, dass es „auf der Ebene der Gruppe gesteuert und kontrolliert werden" kann. Damit eröffnet sich ein bisher unbewältigter Gegensatz zwischen dem Sollen nach der versicherungsaufsichtsrechtlichen Gruppenaufsicht und dem Können nach dem Gesellschafts- sowie Konzernrecht.

46 **c) Risiken (Abs. 1 S. 2 Hs. 2, Abs. 2, Abs. 5 S. 1). aa) Weiter Risikobegriff und Wesentlichkeitsgrundsatz. Risiken** sind im allgemeinen, aber auch im rechtlichen Sprachgebrauch der mögliche Eintritt eines nachteiligen Ereignisses. Nach betriebswirtschaftlichem Verständnis bedeutet ein Risiko die voraussichtliche Abweichung von einem angestrebten Ziel.[63] Nach Abs. 1 S. 2 Hs. 2 sind Gegenstände des Risikomanagementsystems die „Risiken, denen das Unternehmen tatsächlich oder möglicherweise ausgesetzt ist". Abs. 2 benennt als zu erfassende Risiken die mit dem betriebenen Geschäft „verbundenen Risiken". Abs. 5 S. 1 fordert schließlich, dass „das Risikomanagement sämtliche Risiken des Versicherungsunternehmens zu umfassen" und „insbesondere" fünf ausdrücklich angeführte Risikobereiche „abzudecken" hat.

47 Im Ergebnis gilt für das Risikomanagement also ein **weiter Risikobegriff**. Dies entspricht den Vorgaben in Art. 44 Abs. 1 UAbs. 1 und Abs. 2 Solva II-RL. Abs. 2 der Richtlinie verknüpft die in einem Risikomanagementsystem erfassten Risiken zwar mit den Risiken, die in die Berechnung der Solvenzkapitalanforderung einzubeziehen sind, ergänzt dies aber um die Forderung nach Berücksichtigung von „Risiken, die bei dieser Berechnung nicht vollständig erfasst werden."[64] Derartige „zusätzliche" Risiken sind unternehmensindividuell zu bestimmen. Das Solvency II-System beruht damit auf einer **holistischen Risikobetrachtung**, also einer gesamthaften Risikosicht und einer Verzahnung der einzelnen Elemente des Risikomanagements.[65]

48 Art. 44 **Solva II-RL** selbst enthält keine Bezugnahme auf den Wesentlichkeitsgrundsatz (Materialität). Eine solche **Begrenzung des Risikomanagementsystems auf wesentliche Risiken** ergibt sich nämlich bereits übergreifend aus Art. 41 Abs. 5 UAbs. 1 Solva II-RL[66] im Zusammenhang mit dem Ziel und den Mitteln aufsichtsbehördlicher Tätigkeit. Dabei geht es nur um „Risiken (…), die von diesen Unternehmen festgestellt werden und die ihre **finanzielle Solidität gefährden könnten**." Für unwesentliche Risiken gilt dies nicht.

49 Die **Solva II-VO** konkretisiert die Geltung des Grundsatzes der Wesentlichkeit für das Risikomanagement. Nach Art. 259 Abs. 1 lit. c und d Solva II-VO beziehen sich bedeutende Teile des Risikomanagementsystems, nämlich die unternehmensinternen „Leitlinien" und „Berichtsverfahren und Prozesse", ausdrücklich nur auf wesentliche Risiken. Unter anderem weil die Leitlinien nach Art. 258 Abs. 2 Solva II-VO[67] das gesamte Risikomanagementsystem betreffen, gilt der Wesentlichkeitsgrundsatz für das Risikomanagementsystem insgesamt.[68]

50 Die **Wesentlichkeit als inhärente Grenze** des Risikomanagementsystems ist **aus § 26 VAG nicht erkennbar**. Sie ist aber aufgrund des unmittelbar und mit Vorrang anwendbaren Art. 259 Solva II-VO geltendes Recht. Gleichzeitig hat sie im Hinblick auf die Forderung in § 26 Abs. 1 S. 2 Hs. 1 VAG nach der Erfassung der tatsächlichen oder auch nur möglichen Risiken und in § 26 Abs. 5 S. 1 VAG sogar „sämtlicher Risiken" eine auch praktisch erhebliche Bedeutung. Pars pro toto spricht daher Art. 259 Abs. 3 Solva II-VO im Zusammenhang mit Stresstests und Szenarioanalysen als Teil des Risikomanagementsystems nicht von sämtlichen, sondern nur von „allen relevanten Risiken des Unternehmens".

51 Nach Nr. 17 **MaGo** beziehen sich „einzelne Anforderungen nicht auf sämtliche, sondern nur auf wesentliche Risiken".[69] Dabei bleibt offen, ob mit den „Anforderungen" diejenigen der MaGo oder diejenigen nach dem VAG und der Solva II-VO gemeint sind. Weiter ergibt sich daraus gerade nicht, dass für das Risikomanagement insgesamt nach der Solva II-VO der Wesentlichkeitsgrundsatz gilt.

---

[61] Vgl. ausf. § 23 VAG Rn. 145, 148 ff.

[62] Vgl. schon *Dreher* VersR 2008, 1151, 1160 ff.; *Dreher/Schaaf* WM 2008, 1765, 1772 f.; *Dreher/Ballmaier* ZGR 2014, 753 ff., 795 ff.; *Ballmaier*, 7. Teil A. III.; *Hemeling/Lange* VersR 2014, 1283 ff.; *Dreher* WM 2015, 649 ff.; *Schaaf*, S. 271 ff.; *Mülbert/Wilhelm* ZHR 187 (2014), 502, 530 ff.; *Ballmaier*, 7. Teil A. III.; *Berenbrok*, S. 134 ff.

[63] Vgl. zum Risikobegriff aus versicherungsbetriebswirtschaftlicher Perspektive z. B. *Farny*, S. 25 ff.; *Schradin*, Rn. 6 ff.; *Nguyen/Romeike*, S. 3 ff. und 19 ff.; *Rohlfs/Brandes/Kaiser/Pütz*, S. 4 ff.; *Albrecht/Huggenberger*, S. 1 ff. und aus rechtswissenschaftlicher Perspektive z. B. *Baums* ZGR 2011, 218, 222; *Ballmaier*, 7. Teil C. I.

[64] Zutreffend daher Begründung zu § 26 Abs. 5 VAG-RegE 2014 BT-Drs. 18/2956, 241.

[65] So schon *Dreher*, VersR 2008, 998, 1000 f.; ausf. Einl. Rn. 114 f.

[66] So schon *Dreher* ZGR 2010, 496, 533 und zuvor für die MaRisk VA *Dreher* VersR 2008, 998, 1003.

[67] Das dort früher verwendete Wort „Strategien" beruhte auf einem Übersetzungsfehler, vgl. § 23 VAG Rn. 98 Fn. 93.

[68] Vgl. schon Einl. Rn. 136.

[69] So auch schon § 64a Abs. 1 S. 4 Nr. 2c) VAG a. F.

Nr. 18 MaGo fordert für die besonders bedeutenden Risikokategorien versicherungstechnisches Risiko, Marktrisiko, Kreditrisiko, Liquiditätsrisiko und operationelles Risiko zwingend die Vorgabe einer unternehmensinternen Wesentlichkeitsgrenze, während dies andere Risiken nicht betrifft. Nach Nr. 19 MaGo „dürfen sich" die Wesentlichkeitsgrenzen „nicht ausschließlich an den Auswirkungen im Rahmen der Rechnungslegung oder den Auswirkungen von Rechtsverstößen orientieren".

Eine **allgemeine Wesentlichkeitsschwelle** kennt das Versicherungsaufsichtsrecht nicht – und dies zu Recht. Hängt die konkrete Wesentlichkeit einer Risikoart oder eines bestimmten Risikos doch in erheblichem Umfang von unternehmensindividuellen Umständen ab. Je höher z. B. die Risikotragfähigkeit und die Eigenmittelausstattung eines Versicherungsunternehmens ist und je stabiler sie zusätzlich ist, umso höher kann die unternehmensindividuelle Bestimmung der Wesentlichkeitsschwellen für bestimmte Risikoarten ausfallen. 52

Abschnitt 5.1. MaRisk VA der BaFin, die zum 1.1.2016 aufgehoben wurden, hatte die Wesentlichkeitsschwelle allgemein wie folgt definiert: „Alle von der Geschäftsleitung identifizierten Risiken, die sich **nachhaltig negativ auf die Wirtschafts-, Finanz- oder Ertragslage des Unternehmens auswirken** können, werden als wesentlich erachtet." 53

Für den ORSA nach § 27 VAG legen Nr. 87 und 88 **BaFin-AE ORSA** v. 1.1.2016 folgendes fest: „Es gibt bisher keine spezielle Definition des Begriffs „materielle Risiken". Materialität wird lediglich an verschiedenen Stellen in anderem Zusammenhang definiert. Obwohl die Materialitätsgrenze unternehmensspezifisch festgelegt werden muss, bedeutet die fehlende Definition keineswegs, dass die Unternehmen bei der Auslegung, was grundsätzlich unter materiellen Risiken zu verstehen ist, frei sind. Insbesondere geht Materialität im Sinne des ORSA aufgrund der durchgängig vorausschauenden Betrachtung über Wesentlichkeit im Sinne der MaRisk (VA) hinaus. Für die Bewertung der Risiken im Rahmen der Beurteilung des Gesamtsolvabilitätsbedarfs ist es nicht relevant, wie Risiken nach der Standardformel bewertet werden. Es sind die nach Einschätzung des Unternehmens „tatsächlichen" Risiken zugrunde zu legen, die unter Umständen wesentlich höher sein können als nach der Standardformel angenommen." 54

Nr. 17 **MaGo** fordert Wesentlichkeitsgrenzen „zur Bestimmung aller wesentlichen Risiken anhand geeigneter und nachvollziehbarer Kriterien", die dem Risikoprofil des jeweiligen Versicherungsunternehmens angemessen sind. 55

Die **Solva II-RL** und die **Solva II-VO** sind im Hinblick auf die Risikobetrachtung durchsetzt von dem Kriterium der Auswirkungen. Soweit dieser Begriff nicht offen verwendet wird, geht es – wie in Art. 83 Abs. 2 lit. b, 226 lit. d, 242 Abs. 4, 246 lit. c, 264 Abs. 2 und 377 Abs. 1 Solva II-VO – um „wesentlich nachteilige", „wesentliche" oder „signifikante Auswirkungen". Vor dem Hintergrund lässt sich eine generalisierende Wesentlichkeitsschwelle in Bezug auf das RMS weiterhin im Sinne der zuvor wiedergegebenen Definition der früheren MaRisk VA bestimmen. **Maßgeblich** ist allerdings versicherungsaufsichtsrechtlich nicht eine solche allgemeine Schwelle, sondern sind die in Bezug auf die einzelnen Risikoarten **unternehmensindividuell festgelegten Wesentlichkeitsschwellen oder als wesentlich eingestufte Risikokategorien**. Bei diesen Festlegungen sind nicht nur die einzelnen Risikoarten oder Risiken, sondern auch **Kumul- und Korrelationseffekte** zwischen ihnen zu beachten. Nur dies entspricht der gebotenen holistischen Risikobetrachtung. Maßgeblich ist also immer die Risikolage insgesamt. 56

In einem RMS hat der **Wesentlichkeitsgrundsatz** vor dem Hintergrund also **zwei Bedeutungen**. Zunächst betrifft er die Frage, **welche Risiken** für ein Versicherungsunternehmen als solche **überhaupt wesentlich** sind. Die Antwort darauf geht von der Risikoidentifizierung und der Risikoklassifizierung aus. Dabei sind diejenigen Risiken, die bei der Basis-Solvabilitätskapitalanforderung nach §§ 96 ff. und Anlage 3 VAG zu berücksichtigen und damit bereits aufsichtsrechtlich klassifiziert sind, per se wesentliche Risiken. Dies betrifft die in § 97 Abs. 3 S. 1 VAG genannten sechs Risikoarten. Das Reputationsrisiko und das strategische Risiko gehen nach § 97 Abs. 3 S. 3 VAG nicht in die Berechnung des Basis-SCR ein. Aber auch diese Risiken können sich nachhaltig negativ auf ein Versicherungsunternehmen auswirken. Sie lassen sich daher höchstens in speziell gelagerten Ausnahmefällen aus einem RMS ausblenden. 57

Sodann geht es bei dem Grundsatz der Wesentlichkeit darum, zu den einzelnen im 1. Schritt als grundsätzlich wesentlich identifizierten und kategorisierten **Risikoarten** in einem 2. Schritt unternehmensindividuell jeweils **konkrete Wesentlichkeitsschwellen** – Nr. 17 MaGo spricht von Wesentlichkeitsgrenzen – quantitativ bzw. qualitativ festzulegen. Dies resultiert in eine **Wesentlichkeitsklassifizierung**, die zu dokumentieren ist. Weiter ist sie in den Worten von Nr. 17 MaGo „fortlaufend" im Hinblick auf ihre Angemessenheit im Verhältnis zum Risikoprofil zu prüfen und gegebenenfalls anzupassen. Dies folgt aus der zuvor ausgeführten Maßgeblichkeit der unternehmensindividuellen Umstände, die sich laufend ändern können, für die Bestimmung der Wesentlichkeitsschwellen. 58

Die Festlegung konkreter Wesentlichkeitsschwellen für die einzelnen Risikoarten oder -kategorien bestimmt darüber, ob einzelne tatsächliche oder mögliche Risiken einer Kategorie in das Risikomanagementsystem einfließen. Die Festlegung derartiger Wesentlichkeitsschwellen bildet daher ebenfalls ein maßgebliches Element in der Ausgestaltung und für die nachfolgende Anwendung eines Risikomanage- 59 mentsystems. Infolgedessen ist sie als Leitungsaufgabe ebenso Teil der **Gesamtverantwortung des Vorstands** wie die regelmäßige Überprüfung und gegebenenfalls Anpassung der Schwellen. Die Umsetzung der Wesentlichkeitsschwellen in der Durchführung eines Risikomanagementsystems gehört dagegen zu den delegationsfähigen Geschäftsführungsaufgaben.[70]

60 **bb) Regelbeispielskatalog (Abs. 5 S. 1).** Abs. 5 S. 1 enthält mit dem Wort „insbesondere" einen **Regelbeispielskatalog von fünf Risikobereichen**, die das Risikomanagementsystem in jedem Fall abdecken muss. Die Begründung zu Abs. 5 S. 2 verweist im Zusammenhang mit den unternehmensinternen Risikomanagementleitlinien zu Recht darauf, dass die Erfassung weiterer Risikobereiche „von der individuellen Risikosituation eines Unternehmens" abhängt. Allein dies entspricht der Prinzipienorientierung des Risikomanagements im VAG und im Solvency II-System.

61 **Nr. 1** betrifft „**Versicherungsrisiken**" und **Rückstellungsbildung**. Art. 44 Abs. 2 UAbs. 2 lit. a Solva II-RL benennt ersteres als „Risikoübernahme". Damit ist die Definition des versicherungstechnischen Risikos in § 7 Nr. 32 VAG bzw. Art. 13 Nr. 30 Solva II-RL in Bezug genommen. Für die Zwecke der Berechnung der versicherungstechnischen Rückstellungen fordert Art. 259 Abs. 4 Solva II-VO, „dass die internen Risikomanagementmethoden sich nicht ausschließlich oder automatisch auf externe Ratings stützen dürfen." Selbst bei Heranziehung von Ratings zugelassener Ratingagenturen oder im Fall eines nicht vorhandenen solchen Ratings besteht für die Versicherungsunternehmen die „Verpflichtung, zusätzlich andere relevante Informationen heranzuziehen." Dies deckt sich mit dem Normgehalt von Art. 44 Abs. 4a Solva II-RL, der durch § 28 VAG umgesetzt ist,[71] sachlich aber dem Risikomanagement zugehört. Weiter konkretisiert Art. 260 Abs. 1 lit. a Solva II-VO den Bereich der Risikoübernahme und Rückstellungsbildung. Danach gehören dazu „vom Versicherungs- oder Rückversicherungsunternehmen zu treffende Maßnahmen zur Bewertung und zum Management des Risikos eines Verlustes oder einer nachteiligen Veränderung des Wertes von Versicherungs- oder Rückversicherungsverbindlichkeiten" aufgrund „unangemessener Annahmen in Bezug auf Preisfestlegung und Rückstellungsbildung". Weiter geht es um die Erfüllung der Standards, die für die „Hinlänglichkeit und Qualität der relevanten Daten" gelten. Ferner ist auch die „Angemessenheit der Schadensregulierungsverfahren" als Thema angesprochen. Und schließlich regelt Art. 260 Solva II-VO in Absätzen 2 bis 4 noch drei Einzelfragen des Risikomanagementsystems zu den versicherungstechnischen Rückstellungen. In Absätzen 2 und 3 geht es um den „erwarteten Gewinn aus künftigen Prämien" bzw. um den „bei künftigen Prämien einkalkulierten erwarteten Gewinn", der seinerseits in Art. 1 Nr. 46 Solva II-VO definiert ist. Abs. 4 lässt eine gegenseitige Aufrechnung zwischen verlustträchtigen Verträgen und gewinnträchtigen Verträgen nur innerhalb einer homogenen Risikogruppe zu, die schon in Abs. 3 angesprochen ist.

62 **Nr. 2** betrifft das „**Aktiv-Passiv-Management**" bzw. „**Asset-Liability-Management**" (**ALM**). Es ist entsprechend Art. 44 Abs. 2a Solva II-RL in § 26 Abs. 7 VAG ausführlich geregelt und in den Erläuterungen zu diesem Absatz angesprochen. Art. 260 Abs. 1 lit. b Solva II-VO konkretisiert auch für das Aktiv-Passiv-Management die einzelnen Bereiche in fünf Kategorien. Hinzu kommt Art. 261a Abs. 4 Solva II-VO bei qualifizierten Infrastrukturinvestitionen. EIOPA-LL 24 Governance und Nr. 169 ff. MaGo äußern sich ausführlich zu dem Risikomanagement in Bezug auf das ALM.

63 **Nr. 3** betrifft das **Kapitalanlagerisiko**, „insbesondere Derivate[72] und Instrumente von vergleichbarer Komplexität". Betroffen davon ist vor allem das Kreditrisiko im Sinne von § 7 Nr. 18 VAG bzw. Art. 13 Nr. 32 Solva II-RL und das Marktrisiko im Sinne von § 7 Nr. 20 VAG bzw. Art. 13 Nr. 31 Solva II-RL. Zu dem Kapitalanlagerisiko fordert § 26 Abs. 6 VAG zusätzlich und in Übereinstimmung mit Art. 44 Abs. 3 Solva II-RL, dass Versicherungsunternehmen „nachweisen" müssen, „dass sie die Anforderungen des § 124 einhalten". Den Bereich des Anlagerisikomanagements konkretisiert Art. 260 Abs. 1 lit. c Solva II-VO wie den des ALM in fünffacher Weise. EIOPA-LL 25 Governance und Nr. 174 ff. MaGo äußern sich näher zu dem Risikomanagement für das Anlagerisiko. Nr. 180 MaGo fordert „seitens der Geschäftsleitung nur ein sehr allgemeines Verständnis der wesentlichen Methoden" zur „Identifikation, Bewertung, Überwachung und Steuerung der Kapitalanlagerisiken". Soweit damit ausdrücklich auch der „zuständige Geschäftsleiter", also der sog. Kapitalanlagevorstand, angesprochen ist, bleibt diese Anforderung hinter der schon nach allgemeinem Gesellschaftsrecht erwartbaren Sachkunde zurück. Zugleich verlagern die MaGo damit die Verantwortung zu sehr auf „die zuständigen Führungsebenen unterhalb der Geschäftsleitung bis zur zuständigen operativen Ebene".

64 **Nr. 4** betrifft das **Liquiditätsrisiko** und das **Konzentrationsrisiko**, mithin die in § 7 Nr. 19 und Nr. 17 VAG bzw. in Art. 13 Nr. 34 und Nr. 35 Solva II-RL definierten Risiken.[73] Art. 260 Abs. 1 lit. d

[70] Ähnlich Nr. 17, 20 MaGo.

[71] Vgl. § 28 VAG Rn. 2 f., 6 f. und 25 f., auch mit dem Hinweis, dass die Wendung „zusätzlich zu den Anforderungen von Artikel 44 Absatz 4a der Richtlinie 2009/138/EG" auf einem Übersetzungsfehler beruht.

[72] Vgl. dazu *Ballmaier*, 4. Teil C. II. 2. b) dd) und ausf. zum Einsatz von Derivaten zur Risikominderung *Rohlfs/Brandes/Kaiser/Pütz*, S. 273 ff.; *Ehrmann*, S. 140 ff.

[73] Zum Gesellschafts- und Bankaufsichtsrecht vgl. *Brandt* Die Steuerung von Liquiditätsrisiken im Aktienrecht und Bankaufsichtsrecht 2016, S. 73 ff., 163 ff.

Solva II-VO konkretisiert das Liquiditätsrisikomanagement. Gefordert sind „Maßnahmen zur Berücksichtigung sowohl kurzfristiger als auch langfristiger Liquiditätsrisiken", die „Angemessenheit der Zusammensetzung der Vermögenswerte hinsichtlich Art, Laufzeit und Liquidität mit Blick auf die Erfüllung der Verpflichtungen des Unternehmens bei Fälligkeit" und ein „Plan zur Handhabung von Änderungen bei den erwarteten ein- und ausgehenden Zahlungsströmen". Nach lit. e umfasst das Konzentrationsrisikomanagement „vom Versicherungs- oder Rückversicherungsunternehmen zu treffende Maßnahmen, die darauf abzielen, relevante Quellen von Konzentrationsrisiken zu identifizieren und sicherzustellen, dass sich Risikokonzentrationen innerhalb festgelegter Grenzen bewegen, sowie Maßnahmen zur Analyse möglicher Gefahren einer Ansteckung zwischen konzentrierten Risiken". Zu dem Risikomanagement für das Liquiditätsrisiko äußern sich näher EIOPA-LL 26 Governance und Nr. 188 ff. MaGo.

Nr. 5 betrifft das **operationelle Risiko**. Es ist in § 7 Nr. 24 VAG bzw. Art. 13 Nr. 33 Solva II-RL definiert. Das operationelle Risiko umfasst nach Art. 101 Abs. 4 UAbs. 2 Solva II-RL – bzw. § 97 Abs. 3 S. 2 und 3 VAG – auch **„Rechtsrisiken"**, „schließt aber Risiken, die sich aus strategischen Entscheidungen ergeben, ebenso aus wie **Reputationsrisiken**."[74] Nach Art. 260 Abs 1 lit. f Solva II-VO gehören zu dem Management des operationellen Risikos von Versicherungsunternehmen „zu treffende Maßnahmen, durch die eine Zuweisung klarer Zuständigkeiten für die regelmäßige Ermittlung, Dokumentation und Überwachung relevanter Exponierungen gegenüber operationellen Risiken erfolgt". EIOPA-LL 21 Governance und Nr. 161 ff. MaGo äußern sich ebenfalls näher zu dem Risikomanagement für das operationelle Risiko. 65

Nr. 6 betrifft die **Rückversicherung** und andere **Risikominderungstechniken**. Die Rückversicherung ist in Art. 13 Nr. 7 lit. a Solva II-RL, nicht aber ebenso in § 7 Nr. 33 VAG definiert. Andere Risikominderungstechniken definiert das VAG dagegen in § 7 Nr. 28 in Übereinstimmung mit Art. 13 Nr. 36 Solva II-RL. Konkrete Anforderungen an das Management der Rückversicherung und andere Techniken zur Minderung von Versicherungsrisiken enthält Art. 260 Abs. 1 lit. g Solva II-VO. Danach geht es um 66

„i) vom Versicherungs- oder Rückversicherungsunternehmen zu treffende Maßnahmen, um die Auswahl geeigneter Rückversicherungen und anderer Risikominderungstechniken sicherzustellen;
ii) vom Versicherungs- oder Rückversicherungsunternehmen zu treffende Maßnahmen, die darauf abzielen, zu bewerten, welche Arten von Risikominderungstechniken angesichts der Art der angenommenen Risiken geeignet sind und inwieweit das Unternehmen in der Lage ist, die mit diesen Techniken verbundenen Risiken zu managen und zu steuern;
iii) vom Versicherungs- oder Rückversicherungsunternehmen vorgenommene eigene Bewertung des mit den Risikominderungstechniken verbundenen Kreditrisikos."

Die in Nr. 6 benannte Risiken betrifft schließlich noch EIOPA-LL 22 Governance.

Die **Strategie- und Reputationsrisiken** sind in § 26 Abs. 5 S. 1 Nr. 1 bis 6 VAG nicht angesprochen. Ihnen gilt EIOPA-LL 23 Governance. Beide Risikokategorien gehören nach Art. 101 Abs. 4 UAbs. 2 Solva II-RL ausdrücklich nicht zum operationellen Risiko.[75] 67

d) Risikobezogene Tätigkeiten (Abs. 1 S. 2 Hs. 2). aa) Allgemeines. § 26 Abs. 1 S. 2 Hs. 2 VAG benennt **fünf risikobezogene Tätigkeiten**, die Gegenstand der Strategien, Prozesse und internen Meldeverfahren eines Risikomanagementsystems sind. Damit folgt das VAG Art. 44 Abs. 1 UAbs. 1 Solva II-RL. Die Richtlinie bezieht jedoch sämtliche Tätigkeiten darauf, sie „kontinuierlich auf Einzelbasis und aggregierter Basis sowie (scil.: unter Berücksichtigung) ihrer Interdependenzen" auszuüben.[76] § 26 Abs. 1 VAG hat diese Kriterien daher zu Unrecht aus S. 2 Hs. 2 heraus in S. 3 verlagert und allein auf die Risikosteuerung bezogen. 68

Die fünf risikobezogenen Tätigkeiten werden üblicherweise begrifflich unter das Stichwort **Risikoprozess** oder **Risikokontrollprozess** rubriziert. Sie waren schon unter Geltung des § 64a VAG a. F. Teil des Risikomanagementsystems.[77] Unabhängig davon geht es bei ihnen nicht um Spezifika eines versicherungsaufsichtsrechtlichen Risikomanagementsystems. Sie sind vielmehr Gegenstand eines Risikomanagementsystems als solches und daher auch Teil der allgemeinen gesellschaftsrechtlichen Anforderungen an ein Risikomanagementsystem.[78] Das Risikomanagementsystem ist wiederum Teil des allgemeinen Governance-Systems.[79] Das versicherungsaufsichtsrechtliche Governance-System nimmt die 69

[74] Vgl. ausf. zu Reputationsrisiken z. B. *Kaiser/Merl* (Hrsg.) Reputational Risk Management in Financial Institutions 2014; *Sieler* Reputationsrisikomanagement in: *Hilz-Ward/Everling* (Hrsg.) Risk Performance Management 2009, S. 63 ff. und aus gesellschafts- sowie kapitalmarktrechtlicher Sicht *Fleischer* DB 2017, 2015, 2019 ff.; *Klöhn/Schmolke* NZG 2015, 689 ff.; *Forstmoser* in: Liber amicorum Wattner 2008, S. 197 ff.

[75] Vgl. schon Rn. 65.

[76] Vgl. näher zur Aggregation von Einzelrisiken zum Gesamtrisiko z. B. *Rohlfs/Brandes/Kaiser/Pütz*, S. 231 ff.; *Ehrmann*, S. 133 f.

[77] Vgl. ausf. z. B. *Schaaf*, S. 86 ff. und *Gehringer/Fröhler* in: Bürkle (Hrsg.) Compliance im Versicherungsunternehmen, 2. Aufl. 2015, § 9 Rn. 35 ff.

[78] Vgl. *Dreher* FS Hüffer, 163, 173 und ausf. *Dreher/Hoffmann* ZGR 2016, 445, 482 ff.

[79] Siehe oben Rn. 16.

risikobezogenen Tätigkeiten aus dem allgemeinen, versicherungsunspezifischen Governance-System von Gesellschaften in sich auf, ergänzt sie um spezifisch versicherungsaufsichtsrechtliche Anforderungen und modifiziert damit zugleich das allgemeine Governance-System im Sinne eines dadurch abweichend strukturierten versicherungsaufsichtsrechtlichen Governance-Systems.[80]

70 Auf untergesetzlicher Ebene sind die risikobezogenen Tätigkeiten vor allem durch **EIOPA-LL 17 bis 26 Governance**, die Erläuterungen dazu in EIOPA Explanatory Text BoS-14/253 zu LL Governance[81] und durch die Abschnitte 9.5 zur URCF sowie 10 zum Risikomanagementsystem der **MaGo** geprägt. Hinzu kommen weitere Anforderungen durch **BaFin-Rundschreiben**, die nach Nr. 10 MaGo unberührt bleiben. Dies gilt vor allem für R 10/2014 (VA) zur Zusammenarbeit mit Versicherungsvermittlern – Risikomanagement im Vertrieb nebst Sammelverfügung v. 10.12.2015, für R 3/2016 (VA) zum Treuhänder zur Überwachung des Sicherungsvermögens und für R 3/2013 (VA) zu Mindestanforderungen an die Beschwerdebearbeitung durch die Versicherungsunternehmen nebst Sammelverfügung v. 20.9.2013.

71 **bb) Risikoerfassung.** § 26 Abs. 1 S. 2 Hs. 1 VAG fordert zunächst, die „Risiken, denen das Unternehmen tatsächlich oder möglicherweise ausgesetzt ist, zu identifizieren".[82] Wenn Art. 44 Abs. 1 UAbs. 1 Solva II-RL von „**erkennen**" spricht, handelt es sich um eine Tautologie zu den Begriffen „**identifizieren**" oder „**erfassen**".

72 Art. 259 Abs. 1 lit. c Solva II-VO geht davon aus, „dass die wesentlichen Risiken, denen das Unternehmen ausgesetzt ist, **definiert** und nach Art des Risikos **kategorisiert** werden". Ein solches Vorgehen ist unerlässlich, um die aktuell oder potentiell wesentlichen Risiken zu erfassen. Denn nur wenn die Risiken zuvor entsprechend definiert und in Risikoarten kategorisiert sowie im Sinne von Art. 259 Abs. 1 lit. c Solva II-VO Risikotoleranzschwellen für jede einzelne Risikoart festgelegt sind, lassen sich risikobezogene Tätigkeiten für die – so Art. 259 Abs. 3 Solva II-VO – „relevanten Risiken" ausüben, zu deren Beginn die Erfassung im Sinne einer Feststellung oder Erhebung dieser Risiken erfolgt.

73 **cc) Risikobewertung.** Nach der Erfassung der relevanten Risiken geht es bei den risikobezogenen Tätigkeiten um die Risikobewertung. Ohne Unterschied in der Sache verwendet Art. 44 Abs. 1 UAbs. 1 Solva II-RL statt des Wortes „**bewerten**" den Begriff „**messen**". Art. 269 Abs. 1 lit. e Solva II-VO geht dagegen von dem Begriff der „Bewertung" von Risiken aus.

74 Bei der Risikobewertung geht es darum, **messbare** Risiken zu **quantifizieren** bzw. **nicht messbare** Risiken **qualitativ** einzuschätzen. Betroffen sind jeweils die Eintrittswahrscheinlichkeit, die Auswirkungen eines möglichen Risikoeintritts und insbesondere die damit verbundenen Schadenhöhen.[83] Sofern sich dabei im ersten Schritt nicht erfasste Risiken zeigen, ist das Risikoportfolio um entsprechende Risikoarten zu ergänzen.

75 Teil der Risikobewertung ist es auch, den Ursachen und den **Interdependenzen** der Risiken nachzugehen und diese offenzulegen. § 26 Abs. 1 S. 3 VAG bezieht die Forderung nach der Berücksichtigung von Interdependenzen entgegen Art. 44 Abs. 1 UAbs. 1 Solva II-RL dagegen zu Unrecht nur auf die Risikosteuerung.[84]

76 **dd) Risikoüberwachung.** Außer dem Begriff der **Risikoüberwachung**, dem das Versicherungsaufsichtsrecht folgt, ist in der Literatur zum Risikomanagement auch der der **Risikokontrolle** verbreitet. In der Aufzählung von § 26 Abs. 1 S. 1 Hs. 2 VAG und Art. 44 Abs. 1 UAbs. 1 Solva II-RL kommt die Risikoüberwachung vor der **Risikosteuerung**. Diese Reihenfolge entspricht nicht dem zutreffenden und üblichen Verständnis eines Risikomanagementsystems. In ihm erfolgt nach der Risikobewertung die Risikosteuerung und erst danach die Risikoüberwachung.[85]

77 Gegenstand der Risikoüberwachung ist es, die zur Risikosteuerung ergriffenen **Maßnahmen** kontinuierlich auf ihre Wirksamkeit zu **kontrollieren**. In dem Zusammenhang geht es daher auch um die Koordinierung der Prozesse der Risikoüberwachung in zeitlicher und sachlicher Hinsicht. Ziel ist eine ganzheitliche Überwachung der Risikosituation des Versicherungsunternehmens. Konkrete Maßnahmen der Risikoüberwachung bilden die fortlaufende Führung von **Risikotabellen** zu allen als wesentlich eingestuften Risikokategorien und eine mindestens jährlich erfolgende **Risikoinventur**.

78 **ee) Risikosteuerung.** Die **Risikosteuerung** bzw. das – so auch Art. 44 Abs. 1 UAbs. 1 Solva II-RL – „**managen**" der Risiken eines Versicherungsunternehmens steht im Zentrum der risikobezogenen

[80] Siehe oben Rn. 15 f.
[81] Vgl. dazu Einl. Rn. 63 f.
[82] Vgl. dazu ausf. z. B. *Rohlfs/Brandes/Kaiser/Pütz*, S. 95 ff.; *Ehrmann*, S. 79 ff.
[83] Vgl. zum Ganzen z. B. *Rohlfs/Brandes/Kaiser/Pütz*, S. 129 ff.; *Schaaf*, S. 92 ff.; *Ehrmann*, S. 126 ff.; *Wolf/Runzheimer*, S. 57 ff.; *Jakobus*, S. 195; *Vanini*, S. 44; *Bachmann* in: Kremer/Lutter/v. Werder (Hrsg.) Kommentar zum DCGK, 6. Aufl. 2016, Rn. 865 f.
[84] Siehe oben Rn. 68.
[85] Vgl. statt vieler *Möbius/Pallenberg*, S. 41; *Dreher/Hoffmann* ZGR 2016, 445, 486.

Tätigkeiten eines Risikomanagementsystems.[86] Sie ist – wie sub specie der Tätigkeit der Risikoüberwachung zuvor ausgeführt – entgegen der Reihenfolge in § 26 Abs. 1 S. 1 Hs. 2 VAG der Risikoüberwachung vorgelagert.

Bei der Risikosteuerung geht es um konkrete **Maßnahmen**, um Risiken in deren Kenntnis zu übernehmen, zu vermeiden, zu begrenzen oder auf Dritte zu übertragen. Die Entwicklung und Durchsetzung einer Risikostrategie – zum Teil auch als Risikomanagementstrategie bezeichnet –, nach der die Risikosteuerung erfolgt, bildet eine nicht delegierbare Leitungsaufgabe des Vorstands. Teil dieser strategischen Tätigkeit ist nicht nur die Einpassung der Risikostrategie in die Gesamtstrategie des Versicherungsunternehmens, sondern auch die Festlegung der Risikotragfähigkeit und der einzelnen Risikotoleranzschwellen im Sinne der Zuweisung von Risikolimits.[87] 79

Die Risikosteuerung ist grundsätzlich **Vorstandsaufgabe**. Sie ist allerdings im Rahmen der rechtlich zulässigen Delegation von Geschäftsführungsaufgaben auf die dem Vorstand nachgeordneten Einheiten oder Mitarbeiter vertikal bzw. horizontal innerhalb des Vorstands delegierbar.[88] 80

Grundlage für die Maßnahmen zur Risikosteuerung ist die **Risikoberichterstattung**. Ihr müssen die Entscheidungsträger nach Art. 259 Abs. 2 Solva II-VO „in ihren Entscheidungsprozessen (…) Rechnung tragen". 81

Nach **§ 26 Abs. 1 S. 3 VAG** muss das Risikomanagementsystem „einzeln und auf aggregierter Basis eine kontinuierliche Risikosteuerung unter Berücksichtigung der zwischen den Risiken bestehenden Interdependenzen ermöglichen." Diese Feststellung ist bezogen auf die Risikosteuerung ebenso zutreffend, wie sie in ihrer **ausschließlichen Bezugnahme auf die Risikosteuerung verfehlt** ist.[89] 82

ff) Risikoberichterstattung. Als letzte risikobezogene Tätigkeit nennen § 26 Abs. 1 S. 1 Hs. 2 VAG und Art. 44 Abs. 1 UAbs. 1 Solva II-RL die unternehmensinterne **Risikoberichterstattung**.[90] Die zum Teil auch als **Risiko-Reporting** bezeichnete Risikoberichterstattung bildet einen kontinuierlich verlaufenden Prozess. Die Entscheidungsträger in einem Versicherungsunternehmen müssen, wie Art. 259 Abs. 2 Solva II-VO zu Recht fordert, „in ihren Entscheidungsprozessen den im Rahmen des Risikomanagementsystems übermittelten Informationen Rechnung tragen." Die Risikoberichterstattung ist daher z. B. Voraussetzung, aber auch Folge der Risikosteuerung und Risikoüberwachung. 83

Sichtbarer Ausdruck der Risikoberichterstattung ist der **Risikobericht**. Er richtet sich intern primär an den Vorstand als das Gremium, das die Gesamtverantwortung für das Risikomanagementsystem hat. Da die Risikoberichterstattung nach Art. 269 Abs. 1 lit. d Solva II-VO eine herausgehobene und näher konkretisierte Aufgabe der unabhängigen Risikocontrollingfunktion bildet, ist der Risikobericht im Zusammenhang damit vertieft angesprochen.[91] 84

Die in § 26 Abs. 1 S. 1 Hs. 2 VAG vorgesehene Risikoberichterstattung erfolgt unternehmensintern. **Unternehmensextern** angelegt ist die Risikoberichterstattung gegenüber der **Aufsichtsbehörde** im RSR nach Art. 304 ff. Solva II-VO und ergänzend §§ 43 ff. VAG. Hinzu kommen die risikobezogenen Berichte an die **Allgemeinheit**. Versicherungsaufsichtsrechtlich gilt dies für den SFCR nach Art. 290 ff. Solva II-VO sowie §§ 40 ff. VAG und bilanzrechtlich für die Pflichtangaben im Lagebericht zu den „Risikomanagementzielen und -methoden" nach § 289 Abs. 2 S. 1 Nr. 1a HGB, zu den „wesentlichen Merkmalen des Risikomanagementsystems im Hinblick auf den Rechnungslegungsprozess" bei kapitalorientierten Kapitalgesellschaften im Sinne des § 264d HGB nach § 289 Abs. 5 HGB – beide Angaben sind in der Praxis in der Regel in einem einheitlichen Risikobericht enthalten –[92] sowie zusätzlich für die Angaben im Konzern- und Risikobericht als Inhalt des Konzernlageberichts nach § 315 Abs. 1 S. 5 und 6 HGB.[93] 85

III. Allgemeiner Sanierungsplan (Abs. 1 S. 4 und 5). § 26 Abs. 1 S. 4 und 5 VAG bildet eine **europarechtswidrige**[94] und **sachlich verfehlte**[95] **Fortführung einer früheren VAG-Regelung**.[96] Angesichts der zahlreichen Regelungen zu Sanierungs- und Finanzierungsplänen im europäischen Versicherungsaufsichtsrecht und ihm folgend z. B. in §§ 42 Abs. 1 S. 2 Nr. 2, 134 Abs. 2, 135 Abs. 2, 136, 270, 303 Abs. 1 Nr. 2 VAG ist für die Regelung kein praktisches Bedürfnis ersichtlich. 86

Dem entspricht, dass die nach § 34 Abs. 1 VAG vorgesehene inhaltliche Konkretisierung des allgemeinen Sanierungsplans durch eine **Rechtsverordnung** bisher nicht erfolgt ist. Im Hinblick auf verfassungs- und europarechtliche Defizite des § 34 Abs. 1 VAG sollte mit einer solchen Verordnung auch künftig nicht zu rechnen sein. 87

[86] Vgl. dazu ausf. z. B. *Rohlfs/Brandes/Kaiser/Pütz*, S. 75 f., 257 ff. und schon *Schaaf*, S. 95 ff.
[87] Siehe oben Rn. 32 ff.
[88] Vgl. oben Rn. 39 ff. und ausf. § 23 VAG Rn. 82 ff.
[89] Vgl. dazu schon oben Rn. 68.
[90] Vgl. dazu z. B. *Rohlfs/Brandes/Kaiser/Pütz*, S. 76, 315 ff.
[91] Siehe unten Rn. 153 ff.
[92] Diese Verbindung ist rechtlich zulässig, vgl. Begr. RegE BilMoG BT-Drs. 16/10067, 77.
[93] Vgl. dazu und zum DRS 20 z. B. *Pauli/Albrecht* DB 2014, 1195 ff.
[94] Siehe oben Rn. 12.
[95] Siehe oben Rn. 8.
[96] Siehe oben Rn. 2.

88 **Abs. 1 S. 5** erklärt **Stressszenarien** zu einem Teil eines allgemeinen Sanierungsplans.[97] Auch dies belegt die sachliche Verfehltheit der Beibehaltung der Regelung. Die Solva II-RL und die Solva II-VO enthalten im Zusammenhang mit den Kapitalanforderungen und damit auch mit den von ihnen unter bestimmten Voraussetzungen geforderten Sanierungs- sowie Finanzierungsplänen zahlreiche Regelungen zu Szenarioanalysen. Aus diesem Grund ist der Begriff sogar in Art. 1 Nr. 2 Solva II-VO als „Analyse der Auswirkungen einer Kombination widriger Ereignisse" legal definiert. Und speziell im Zusammenhang mit dem Risikomanagementsystem fordert ausdrücklich schon Art. 259 Abs. 3 Solva II-VO, allerdings im Unterschied zu der Mussregelung in § 26 Abs. 1 S. 5 VAG betreffend den allgemeinen Sanierungsplan, gegebenenfalls die Einbeziehung der „Ergebnisse von Stresstests und Szenarioanalysen für alle relevanten Risiken des Unternehmens".

89 **IV. Liquiditätsplan (Abs. 3).** Art. 44 Abs. 2 UAbs. 4 Solva II-RL fordert einen bestimmten **Liquiditätsplan**, wenn Versicherungsunternehmen die Matching-Anpassung oder die Volatilitätsanpassung nutzen. § 26 Abs. 3 VAG setzt diese Vorgabe nahezu wörtlich um. Lediglich das in der Richtlinie verwendete Wort „Cashflows" ist durch den Begriff „Zahlungsströme" ersetzt.

90 Einzelheiten zu der **Matching-Anpassung** ergeben sich aus §§ 80, 81 VAG und zu der **Volatilitätsanpassung** aus § 82 VAG, die in § 26 Abs. 3 VAG jeweils in Bezug genommen sind. In beiden Fällen geht es darum, unpassende Folgen der sog. maßgeblichen risikofreien Zinskurve im Sinne von § 7 Nr. 21 VAG, sog. Risk Free Rate (RFR),[98] für die Höhe der Eigenmittel von Versicherungsunternehmen zu korrigieren.

91 § 26 Abs. 3 VAG ist nur vor dem Hintergrund der Erwägungsgründe 31 und 32 Omnibus II-Richtlinie, d. h. der Richtlinie Nr. 2014/51/EU,[99] verständlich. Diese Richtlinie hat nämlich die Solva II-RL um den vorliegend fraglichen Unterabsatz ergänzt. In EG 31 Omnibus II-Richtlinie geht es um den **Liquiditätsplan bei Nutzung der Matching-Anpassung**, die die BaFin nach § 80 Abs. 1 S. 1 VAG genehmigen muss. Die Anpassung erlaubt Versicherungsunternehmen, bei bestimmten nicht liquiden Vermögenswerten unter näher definierten Voraussetzungen das Risiko von Spreadschwankungen, d. h. das **Spreadrisiko** als Teil des Marktrisikos i. S. v. § 104 Abs. 2 S. 1 Nr. 4 VAG – in vereinfachenden Worten: Aufschlag auf den risikofreien Zinssatz für das Ausfallrisiko bei Bonitätsverschlechterungen –,[100] bei der Berechnung der notwendigen Eigenmittel durch eine Anpassung der maßgeblichen risikofreien Zinskurve für diese Vermögenswerte auszuklammern. Denn die Berücksichtigung solcher Schwankungen ist nur bei liquiden Vermögenswerten bzw. schwebenden Verbindlichkeiten veranlasst. Voraussetzungen sind nach EG 31 Omnibus II-RL, Art. 44 Abs. 2 UAbs. 4, 77b, 77c Solva II-RL, Art. 52 ff. Solva II-VO und §§ 26 Abs. 3, 80 VAG u. a., dass es um Vermögenswerte mit ähnlichen Zahlungsstrom-Eigenschaften geht, dass die Vermögenswerte bis zur Endfälligkeit gehalten werden – so dass die Versicherungsunternehmen gemäß EG 31 S. 1 Omnibus II-RL „in Bezug auf diese Vermögenswerte nicht dem Risiko von Spreadschwankungen ausgesetzt" sind –, dass das Vermögensportfolio ein Portfolio von (Rück-)Versicherungsverpflichtungen bedeckt und dass die beiden Portfolios im Sinne von § 80 Abs. 1 S. 2 Nr. 2 VAG „getrennt von den anderen Aktivitäten des Unternehmens identifiziert, organisiert und verwaltet" werden sowie dass die Zahlungsströme beider Portfolios grundsätzlich kongruent sind. Im Ergebnis geht es also insbesondere darum, dass – so EG 31 S. 4 – „der Cashflow der Vermögenswerte und der Verbindlichkeiten aufeinander abgestimmt sein (Matching)" sollen. § 26 Abs. 3 VAG fordert für den Fall, dass ein Versicherungsunternehmen die Matching-Anpassung nutzt, einen Liquiditätsplan, aus dem sich „die eingehenden und ausgehenden Zahlungsströme in Bezug auf die Vermögenswerte und Verbindlichkeiten" ergeben, „die diesen Anpassungen unterliegen".

92 Für den Fall, dass eine **Matching-Anpassung** erfolgt, gelten nach § 26 VAG **weitere Rechtsfolgen** nach Abs. 7 S. 1 Nr. 2 im Hinblick auf die Bewertung bestimmter Sachverhalte und nach Abs. 7 S. 3 für den Fall, dass bei einer Reduzierung der Anpassung auf Null die Solvabilitätskapitalanforderung nicht eingehalten würde.

93 Ein **Liquiditätsplan** ist ebenfalls in dem Fall erforderlich, dass Versicherungsunternehmen eine **Volatilitätsanpassung anwenden**. Dies kommt nach § 82 Abs. 2 VAG nur alternativ, nicht kumulativ zu einer Matching-Anpassung in Betracht. Rechtlich maßgeblich sind EG 32 Omnibus II-RL, Art. 44 Abs. 2 UAbs. 4, 77d Solva II-RL, Art. 49 ff. Solva II-VO und §§ 1 Nr. 35, 26 Abs. 3, 82 VAG. Ziel ist es, der **Langfristigkeit von Versicherungsverpflichtungen** im Hinblick auf in der Zwischenzeit häufige und zum Teil erhebliche Volatilitäten in den Vermögenswerten der versicherungstechnischen Rückstellungen Rechnung zu tragen. EG 32 S. 1 Omnibus II-RL geht daher davon aus, dass „ein prozyklisches Anlageverhalten" der Versicherungsunternehmen und „die Auswirkungen übertriebener Anleihe-Spreads" in einer Wechselwirkung stehen. Während Ersteres „zu vermeiden" ist, ist Letzteres „zu mindern". Versicherungsunternehmen können daher nach § 82 VAG i. V. m. Art. 49 ff. Solva II-

[97] Vgl. zu unternehmensindividuellen Stresstests auch MaGo mit Abschnitt 10.3.
[98] Vgl. dazu Einl. Rn. 121.
[99] Vgl. Einl. Rn. 49.
[100] Vgl. Art. 175 ff. Solva II-VO und z. B. öFMA Handbuch Versicherungsaufsicht – VAG 2016, S. 134 f.

VO mit Genehmigung der BaFin unter bestimmten Voraussetzungen eine Volatilitätsanpassung vornehmen. Für bestimmte, repräsentative „Referenzportfolios" können sie damit bei der Ermittlung des besten Schätzwerts i. S. v. §§ 76 Abs. 1 S. 1 Nr. 1, 77 VAG die maßgebliche risikofreie Zinskurve entsprechend den versicherungsaufsichtsrechtlichen Vorgaben mit entlastender Wirkung für die Höhe der Eigenmittel anpassen. Diese Vorgaben folgen aus der quartalsweise von EIOPA auf der Grundlage von Art. 77e Abs. 1 lit. c Solva II-RL beschlossenen und veröffentlichten Volatilitätsanpassung der maßgeblichen risikofreien Zinskurve.

Wendet ein Versicherungsunternehmen die **Volatilitätsanpassung** an, treffen es nach § 26 VAG **weitere Rechtsfolgen**. Dies gilt gemäß Abs. 4 für den Regelungsgehalt der unternehmensinternen Risikomanagementleitlinien, nach Abs. 7 S. 1 Nr. 3 für die Bewertung bestimmter Sachverhalte und nach Abs. 7 S. 3 für den Fall, dass bei einer Reduzierung der Anpassung auf Null die Solvabilitätskapitalanforderung nicht eingehalten würde. 94

V. Unternehmensinterne Risikomanagementleitlinien (Abs. 4, Abs. 5 S. 2). 1. Erforderlichkeit. § 23 Abs. 3 VAG regelt allgemein unternehmensinterne Leitlinien.[101] Schon nach dessen Abs. 2 S. 2 müssen in einem Versicherungsunternehmen derartige **Leitlinien für das Risikomanagement** existieren. Davon gehen auch §§ 26 Abs. 4 und 5 S. 2 VAG aus. Dies entspricht Art. 41 Abs. 3 UAbs. 1, 44 Abs. 2 UAbs. 3 Solva II-RL mit einem Verweis auf „die schriftlich festgelegten Leitlinien zum Risikomanagement". Dementsprechend finden sich auch in Art. 212 Abs. 2, 259 Abs. 1 lit. a und c, 261 Abs. 1 Solva II-VO entsprechende Vorgaben. 95

2. Inhalt. Aus den Regelungen, die unternehmensinterne Risikomanagementleitlinien für erforderlich erklären, folgt zugleich ihr notwendiger **Mindestinhalt**. Pars pro toto „stellt" die Begründung zu § 26 Abs. 5 S. 2 VAG „klar, dass es nicht ohne weiteres ausreicht, wenn ein Unternehmen die in (scil.: § 26 Abs. 5) S. 1 genannten Bereiche in seiner Risikomanagement-Leitlinie abdeckt, sondern dies lediglich die Minimalforderung darstellt. Inwieweit es erforderlich ist, den Umfang der Risikomanagement-Leitlinie auf weitere Bereiche und Risiken auszudehnen, hängt von der individuellen Risikosituation eines Unternehmens ab."[102] 96

Nach **§ 26 Abs. 4 VAG** müssen die Risikomanagementleitlinien zunächst im Fall der Anwendung der Volatilitätsanpassung nach §§ 82, 26 Abs. 3 VAG „Leitlinien für die **Kriterien** zur Anwendung der **Volatilitätsanpassung**" enthalten. Dies entspricht Art. 44 Abs. 2a UAbs. 3 Solva II-RL. 97

Sodann benennt **§ 26 Abs. 5 S. 2 VAG** insgesamt **fünf** in S. 1 aufgeführte, vorliegend bereits im Zusammenhang mit der Erfassung der Risiken in Abs. 1 angesprochene **Risikobereiche**. „Mindestens" zu ihnen hat ein Versicherungsunternehmen in den unternehmensinternen Risikomanagementleitlinien „Vorgaben" zu machen. 98

Weiter geht **Art. 212 Abs. 2 Solva II-VO** davon aus, dass die unternehmensinternen Risikomanagementleitlinien eines Versicherungsunternehmens, das eine **Risikoübertragung über Kapitalmarktinstrumente** nutzt, dazu Regelungen treffen. Denn nur dann kann „die Risikominderungstechnik im Einklang mit den schriftlichen Leitlinien zum Risikomanagement" stehen. Und **Art. 261a Abs. 3 Solva II-VO** fordert für Unternehmen, die wesentliche qualifizierte **Infrastrukturinvestitionen** halten, Bestimmungen in den Risikomanagementleitlinien, „die eine aktive Überwachung dieser Investitionen während der Bauphase und eine Maximierung des im Falle einer Abwicklung aus diesen Investitionen wiedergewonnenen Betrags vorsehen." 99

Ferner „werden" nach **Art. 259 Abs. 1 lit. a Solva II-VO** „eine klar definierte **Risikomanagementstrategie**" einschließlich ihrer „Ziele und Hauptgrundsätze", der „genehmigten Risikotoleranzschwellen" und der „Zuweisung von Zuständigkeiten in allen Tätigkeitsbereichen des Unternehmens dokumentiert". Zumindest Teile dieser Dokumentation finden sich aus Sachgründen in den unternehmensinternen Risikomanagementleitlinien. 100

Zentral für den Inhalt von unternehmensinternen Risikomanagementleitlinien ist **Art. 259 Abs. 1 lit. c Solva II-VO**. Danach sollen sie „effektiv gewährleisten, dass die **wesentlichen Risiken**, denen das Unternehmen ausgesetzt ist, definiert und nach Art des Risikos kategorisiert werden. Hinzu kommen müssen „die genehmigten Risikotoleranzschwellen für jede einzelne Risikoart". 101

Sofern Versicherungsunternehmen „im Bereich der **Kreditvergabe** tätig werden", müssen sie schließlich nach Art. 261 Abs. 1 Solva II-VO über unternehmensinterne Risikomanagementleitlinien „verfügen", die dazu in lit. a bis d aufgeführte Vorgaben „gewährleisten". 102

Außer diesen normativen finden sich in größerer Zahl noch **aufsichtsbehördliche Vorgaben** zu den unternehmensinternen Risikomanagementleitlinien. Dies gilt zunächst für die **EIOPA-LL 18 bis 26 Governance**. LL 18 benennt folgenden **Mindestinhalt**: 103

- lit. a: Definition von Risikokategorien und Festlegung von Methoden zur Messung der Risiken,
- lit. b: Darlegung, wie das Unternehmen die einzelnen Risikokategorien managt und gegebenenfalls aggregiert,

[101] Vgl. dazu § 23 VAG Rn. 98 ff.
[102] Begr. VAG-RegE 2014 BT-Drs. 18/2956, 241.

– lit. c: Beschreibung des Zusammenhangs mit der Beurteilung des Gesamtsolvabilitätsbedarfs in Einklang mit dem ORSA, den Kapitalanforderungen und den Risikotoleranzschwellen,
– lit. d: Definition von Risikotoleranzschwellen,
– lit. e: Beschreibung der Häufigkeit und des Inhalts von regelmäßigen Stresstests sowie der Umstände, die Ad-hoc-Stresstests auslösen.

104 EIOPA-Leitlinie 19 Governance fordert bestimmte Angaben zur **unabhängigen Risikocontrollingfunktion (URCF)** und Leitlinien 20 bis 22 sowie 24 bis 26 betreffen Einzelheiten zu den in § 26 Abs. 5 S. 1 VAG genannten **Risikobereichen**. Hinzu kommt noch EIOPA-Leitlinie 23 Governance mit der Forderung, dass ein Versicherungsunternehmen in Bezug auf **Strategie- und Reputationsrisiken** bestimmte Risiken „steuern, überwachen und melden" sollte.

105 Die **MaGo** enthalten in der Tradition der früheren MaRisk VA **sehr ausführliche Darlegungen zu den unternehmensinternen Risikomanagementleitlinien**: Einem kürzeren Abschnitt 10.2 zu den Risikomanagementleitlinien allgemein folgen vier längere Abschnitte zu einzelnen, in § 26 Abs. 5 S. 1 VAG aufgeführten Risiken. Dabei wird nicht erkennbar, welches die Gründe dafür sind, dass nur Teile der in § 26 Abs. 5 S. 1 VAG benannten Risiken kommentiert werden und warum es dieser Darlegungen neben den ausführlichen Anmerkungen in den EIOPA-LL Governance sowie deren Erläuterung durch den EIOPA Explanatory Text BoS-14/253 zu LL Governance[103] überhaupt bedarf. Der risikobezogene Teil der MaGo enthält schließlich noch einen Abschnitt 10.3 und zusätzlich Rn. 160 zu den unternehmensindividuellen Stresstests.

106 **VI. Kapitalanlagerisiko (Abs. 6).** Mit dem **Kapitalanlagerisiko** bezieht sich **§ 26 Abs. 6 VAG** zunächst auf das bereits in Abs. 5 S. 1 Nr. 3 genannte Risiko.[104] Im Rahmen des Risikomanagements müssen Versicherungsunternehmen nach § 26 Abs. 6 VAG „in Bezug auf das Kapitalanlagerisiko nachweisen, dass sie die Anforderungen des **§ 124 einhalten**". Diese Forderung deckt sich mit der nach Art. 260 Abs. 1 lit. c i Solva II-VO. Die Begründung zu § 26 Abs. 6 VAG verweist zur Umsetzung auf Art. 44 Abs. 3 Solva II-RL und darauf, dass sich die Solva II-RL in Titel I Kapitel 6 Abschnitt 6, d. h. mit Art. 132 bis 135 Solva II-RL, im Übrigen nur an die Mitgliedstaaten richte. Daher komme nur ein Verweis auf den Grundsatz der unternehmerischen Vorsicht in Betracht.[105]

107 Jenseits der Einzelregelungen in § 124 VAG ist für die Anwendung (auch) von § 26 Abs. 6 VAG zentral, dass der Grundsatz der unternehmerischen Vorsicht entgegen teilweise abweichenden Literaturansichten **nicht im Sinne eines allgemeinen Vorsichtsprinzips zu interpretieren** ist, das auf die Sorgfaltspflicht der Unternehmensorgane und deren Haftung ausstrahlt.[106] Der Begriff der „Vorsicht" ist nämlich – wie auch § 23 Abs. 1 S. 2 Hs. 2 VAG zeigt – im Sinne von „Umsicht" zu verstehen. Die im europäischen und deutschen Versicherungsaufsichtsrecht enthaltenen Verweise auf den Begriff decken sich mit den Anforderungen an die Sorgfalt eines ordentlichen und gewissenhaften Organmitglieds. Dies gilt auch für Vorsichtsgebote in Einzeltatbeständen wie § 124 VAG.[107]

108 Auf welche Weise die Versicherungsunternehmen **nachweisen** müssen, dass sie § 124 VAG befolgen, ergibt sich aus § 26 Abs. 6 VAG nicht direkt. Art. 260 Abs. 1 lit. c i Solva II-VO fordert, dass die Versicherungsunternehmen „Maßnahmen" zur Einhaltung des Grundsatzes der unternehmerischen Vorsicht „treffen" müssen. Im Ergebnis setzt ein Nachweis also voraus, dass entsprechende Maßnahmen ergriffen und dokumentiert wurden und dadurch auf Verlangen der BaFin nachweisbar sind. Die Regelungen für dies alles sollten entweder die unternehmensinternen Risikomanagementleitlinien oder die unternehmensinternen Kapitalanlage-Leitlinien enthalten.

109 **VII. Aktiv-Passiv-Management, ALM (Abs. 7). § 26 Abs. 7 VAG** trifft eine ausführliche Regelung zum **Aktiv-Passiv-Management**, auch **Asset-Liability-Management (ALM)** genannt. Dies dient der Umsetzung von Art. 44 Abs. 2a Solva II-RL, der fast vollständig wörtlich mit § 26 Abs. 7 übereinstimmt.

110 Das **ALM** ist begrifflich ein **Instrument der Unternehmensführung**. Es ist seinem Ziel nach darauf gerichtet, die Aktivseite der Bilanz, d. h. die assets – z. B. in Form von Kapitalanlagen –, und die Passivseite der Bilanz, d. h. die liabilities – z. B. in Form von versicherungstechnischen Rückstellungen –, so zu steuern, dass bestimmte Unternehmensziele erreicht werden. Risiken, auf die sich das ALM bezieht, sind daher nur solche, die aus dem **Zusammenwirken von Aktiv- und Passivseite** der Bilanz entstehen. Dazu gehören insbesondere das Zins- und das Liquiditätsrisiko.

111 Vor allem im Bereich der Lebens- und Rentenversicherung mit der langfristigen Risikoübernahme ist ein möglichst ausgewogenes Verhältnis von assets und liabilities wichtig. Denn je ausgeglichener das

[103] Nach Nr. 175 MaGo „haben" die Risikomanagementleitlinien für das Anlagerisiko „zumindest die in der Leitlinie 25 der EIOPA-Leitlinien zum Governance-System aufgeführten Punkte zu erfassen." Darin liegt mit dem behaupteten verpflichtenden Verweis sogar auf den Explanatory Text eine deutliche rechtliche Grenzüberschreitung durch die MaGo; vgl. zu der Bedeutung solcher Explanatory Texts Einl. Rn. 64.
[104] Siehe oben Rn. 63.
[105] Begr. VAG-RegE 2014 BT-Drs. 18/2956, 242.
[106] Vgl. ausf. zum Ganzen § 23 VAG Rn. 46 ff.
[107] Vgl. § 23 VAG Rn. 49.

Verhältnis ist, umso weniger Risiken bestehen im Hinblick auf **Eigenmittelanforderungen.**[108] Nr. 169 MaGo definiert das ALM „als die koordinierte Steuerung des Risikos aus Schwankungen des wirtschaftlichen Wertes von Aktiva und Passiva." Weiter weist die BaFin zutreffend darauf hin, dass es nicht nur um diese „ökonomische Sichtweise", sondern entsprechend der unternehmensindividuellen ALM-Zielsetzung auch um eine „bilanzielle Sichtweise zu Buchwerten" gehen kann.

Den Hintergrund für Probleme bei den Eigenmittelanforderungen bildet die Gefahr eines sog. **112** **duration mismatch**, auch **duration gap** genannt.[109] Es bedeutet ein Auseinanderfallen der durchschnittlichen Laufzeiten von Vermögensanlagen im Verhältnis zu den durchschnittlichen Laufzeiten von Verpflichtungen. Gegenstand eines ALM sind neben der Fristigkeit (Duration) aber auch Risiken aus unabgestimmten Zahlungsströmen oder Währungen.[110]

Je größer ein duration mismatch ist, umso mehr steigen die **Eigenmittelanforderungen**. Dies ist **113** u. a. auf das **Kreditrisiko**,[111] d. h. eine über dem Erwartungswert liegende Ausfallrate der Assets, und das **Marktrisiko** zurückzuführen. Dazu gehört das **Zinsrisiko**, auch Zinsänderungsrisiko genannt.[112] Es umfasst zunächst das Zinssenkungsrisiko, d. h. das Wiederanlagerisiko bei den Assets. Sodann betrifft es das Zinserhöhungsrisiko, d. h. das infolge höherer Marktzinsen steigende Stornorisiko. In dem Fall liegt der Rückkaufswert eines Vertrags nach dem Zinsanstieg höher als der Marktwert der bedeckenden Assets.

Aufgrund der **unternehmensindividuellen ALM-Zielsetzung** muss das ALM „nicht zwangsläu- **114** fig" – so Nr. 170 MaGo – zu einem Ausgleich der beiden Bereiche im Hinblick auf die entsprechenden Risiken führen. Ein Versicherungsunternehmen kann vielmehr „im Einklang mit seiner Risikostrategie und den daraus abgeleiteten Limiten" auch „bewusst diesbezügliche Inkongruenzen zulassen".

Zu beachten ist bei einem ALM aber, dass **Versicherungsunternehmen** anders als Kreditinstitute **115** nicht nur auf der Aktiv-, sondern **auch auf der Passivseite ein Verlustrisiko** tragen. Zwar basieren die versicherungstechnischen Rückstellungen auf vorsichtigen Schätzungen. Gleichwohl kann sich auch hier ein versicherungstechnisches Risiko realisieren, wenn z. B. Versicherte länger als kalkuliert leben und sich dadurch das Langlebigkeitsrisiko in der Rentenversicherung realisiert.

Mit Hilfe eines ALM lassen sich ein duration mismatch und daraus folgende **Risiken erkennen** sowie **116** im Rahmen der unternehmensindividuellen Möglichkeiten vor allem auch **steuern**. Das ALM ist daher Gegenstand insbesondere des versicherungswirtschaftlichen Risikomanagements und damit Gegenstand der Betriebswirtschaftslehre.[113]

Das **ALM** ist in mehrfacher Hinsicht aber auch **Gegenstand rechtlicher Regelungen**. Dies gilt **117** zunächst für die Verpflichtung nach § 26 Abs. 5 S. 1 Nr. 2 VAG, ein Aktiv-Passiv-Management im Rahmen des Risikomanagementsystems zu betreiben. Sodann verlangt **§ 26 Abs. 7 S. 1 VAG** regelmäßige ALM-Bewertungen in dreifacher Hinsicht. Diese Bewertungen sind nach **S. 2** der BaFin jährlich im Rahmen der für Aufsichtszwecke beizubringenden Informationen nach § 43 VAG, dem Regular Supervisory Reporting (RSR), zu übermitteln. **S. 3** fordert von den Versicherungsunternehmen schließlich im Fall erheblicher Auswirkungen der Bewertungen auf die Einhaltung der Solvenzkapitalanforderung die zuvor bereits sub specie § 26 Abs. 3 VAG angesprochene Analyse der „Maßnahmen". Dabei geht es darum, wie die bei einer hypothetischen Reduzierung der Matching- oder Volatilitätsanpassung auf Null verfehlte Solvenzkapitalanforderung durch Aufbringung anrechnungsfähiger Eigenmittel in der erforderlichen Höhe oder durch Senkung des Risikoprofils doch eingehalten werden könnte.

Zu den rechtlichen Anforderungen an das ALM durch § 27 Abs. 7 VAG kommen die rechtlichen **118** Anforderungen nach **Art. 260 Abs. 1 lit. b Solva II-VO** hinzu. Dabei geht es um die Berücksichtigung von in fünf Bereiche gegliederten Inkongruenzen, Abhängigkeiten, Risikopositionen und Ausgleichsmaßnahmen innerhalb des ALM. **Art. 261a Abs. 4 Solva II-VO** ergänzt dies um Vorgaben für Unternehmen, „die qualifizierte Infrastrukturinvestitionen in Anleihen oder Darlehen halten".

EIOPA-LL 24 Governance wiederholt diese Regelungen teilweise, fügt ihnen allerdings vor allem **119** weitere hinzu. Dies ist schon im Hinblick auf den Detaillierungsgrad des Art. 260 Abs. 1 lit. b Solva II-VO und die Kompetenzverteilung zwischen Verordnungsgeber und Richtlinien- bzw. Verordnungsinterpret erstaunlich.

---

[108] Im Übrigen hat das Risikomanagementsystem auch jenseits des ALM einen erheblichen Solvenzbezug z. B. dadurch, dass die Versicherungsaufsichtsbehörde bei einem unzureichenden Risikomanagementsystem nach § 301 VAG einen Kapitalaufschlag festsetzen kann, vgl. dazu schon *Dreher* VersR 2008, 998, 1001 sowie die Erläuterungen zu § 301 VAG.

[109] Vgl. dazu z. B. *Dreher* ZVersWiss 2012, 381, 407; *Nguyen*, S. 441.

[110] Vgl. zum Währungsrisiko im ALM z. B. *Kruschitz/Knapp* in: Korinek/G. Saria/S. Saria (Hrsg.) öVAG, 5. Lieferung 2016, § 179 Rn. 26.

[111] Vgl. dazu ausf. z. B. *Rohlfs/Brandes/Kaiser/Pütz*, S. 210 ff.

[112] Vgl. dazu ausf. z. B. *Rohlfs/Brandes/Kaiser/Pütz*, S. 200 ff.; *Albrecht/Huggenberger*, S. 433 ff.

[113] Vgl. z. B. *Farny*, S. 880 ff.; *Jost* in: Romeike/Müller-Reichart, S. 283; *Möbius/Pallenberg*, S. 197 ff.; *Leitermann* in: Gründl/Perlet, S. 300 ff.; *Rohlfs/Brandes/Kaiser/Pütz*, S. 284 f. sowie aus anderer Perspektive z. B. *Dreher* ZVersWiss 2012, 381, 407 und *DIIR* ALM, S. 13 ff.

120 Abschnitt 10.2.2. **MaGo** ist mit sehr zahlreichen Einzelregelungen ebenfalls dem ALM gewidmet. Sie beziehen sich jenseits der bereits angeführten Themen vor allem auf den **ALM-Prozess**. Ein „wirksamer ALM-Prozess" ist nach Nr. 171 MaGo „im Rahmen des ALM einzurichten" und „muss geeignet sein, die Aktiv- und Passiv-Positionen des Unternehmens zu überwachen und zu steuern, um sicherzustellen, dass die Vermögensanlagen den Verbindlichkeiten und dem Risikoprofil des Unternehmens angemessen sind." Weiter enthält die BaFin-MaGo in Rn. 172 insgesamt 13 detaillierte Vorgaben zu dem ALM-Prozess, die die Erinnerung an die Prinzipienorientierung als Ausgangspunkt des neuen Versicherungsaufsichtsrechts verblassen lassen.

121 **VIII. Unabhängige Risikocontrollingfunktion, URCF (Abs. 8). 1. Begriff.** § 26 Abs. 8 VAG benennt im Zusammenhang mit dem Risikomanagementsystem eine **„unabhängige Risikocontrollingfunktion"** (**URCF**). Die Regelung soll Art. 44 Abs. 4 Solva II-RL umsetzen. Dort ist, wie schon in der Definition der Funktion in Art. 13 Nr. 29 Solva II-RL, der Begriff der „Risikomanagementfunktion" verwendet. Der VAG-Gesetzgeber übernimmt diesen Begriff mit folgender Begründung nicht: „Anstelle des Begriffs „Risikomanagementfunktion" aus der Richtlinie verwendet dieses Gesetz den inzwischen etablierten und auch in § 64a Abs. 7 VAG a. F. verwendeten Begriff „unabhängige Risikocontrollingfunktion". Dieser hat seinerzeit in Kenntnis des vorgesehenen englischen Richtlinienbegriffs in Abstimmung mit und auf Initiative der Versicherungswirtschaft Eingang in die Verwaltungspraxis gefunden."[114]

122 Der **Begriff der „Funktion"** ist in Art. 13 Nr. 29 Solva II-RL definiert. Dem folgt § 7 Nr. 9 VAG. Danach ist eine Funktion „eine interne Kapazität innerhalb der Geschäftsorganisation zur Übernahme praktischer Aufgaben". In Widerspruch zu § 26 Abs. 8 VAG und der zuvor wiedergegebenen Begründung zur Begriffsverwendung zählt § 7 Nr. 9 VAG ausdrücklich die **„Risikomanagementfunktion"** zu den vier sogenannten Governance-Funktionen. Nr. 144 MaGo geht davon aus, „beide Begriffe sind synonym zu verstehen".

123 **2. Erforderlichkeit (Abs. 8 S. 1).** Versicherungsunternehmen **„müssen"** nach Abs. 8 S. 1 eine **URCF einrichten**. Dies entspricht Art. 44 Abs. 4 Solva II-RL. Danach „schaffen" die Versicherungsunternehmen eine Funktion Risikomanagement. Nach Art. 41 Abs. 1 UAbs. 2 S. 2 Solva II-RL gehört die Einhaltung der Anforderungen von Art. 44 Solva II-RL zu den Voraussetzungen für ein wirksames Governance-System.[115] Die Frage des „Ob" einer solchen Funktion ist daher bereits durch das europäische Versicherungsaufsichtsrecht entschieden.

124 Angesichts der versicherungsaufsichtsrechtlichen Erforderlichkeit einer eigenen Risikomanagementfunktion kommt es auf die streitige **allgemeine gesellschaftsrechtliche Frage**, ob es in jeder Aktiengesellschaft einer solchen Funktion bedarf, nicht mehr an. Diese Frage ist für das allgemeine Gesellschaftsrecht dahingehend zu beantworten, dass zumindest bei einer komplexeren Geschäftstätigkeit und Organisation, bei größeren Unternehmen also immer, für das Risikomanagement eine eigene administrative Kapazität, d. h. eine Funktion Risikomanagement, erforderlich ist. Im Übrigen ist sie hinsichtlich des „Ob" und generell hinsichtlich des „Wie" Gegenstand der organschaftlichen Sorgfaltspflicht.[116]

125 **3. Stellung. a) Unabhängigkeit (Abs. 8 S. 1).** Abs. 8 S. 1 geht von einer **„unabhängigen Risikocontrollingfunktion"** aus. Diese Anforderung kennt die Solva II-RL nur in Art. 47 Abs. 2 in Bezug auf die interne Revision. Art. 268 Abs. 1 S. 1 Solva II-VO sieht aber vor, „dass jede Funktion" in bestimmter Weise „unabhängig" ist.[117]

126 Die versicherungsaufsichtsrechtliche Unabhängigkeit einer Funktion im Sinne der **Prozessunabhängigkeit** bedeutet zunächst die **Abwesenheit, Vermeidung oder Bewältigung von Interessenkonflikten.**[118] Mitarbeiter von Versicherungsunternehmen sollen ihre Aufgaben für eine Funktion frei von Interessenkonflikten wahrnehmen können. Die Verantwortlichkeit für den Aufbau von Risikopositionen und für deren unabhängige Überwachung sowie Kontrolle soll daher grundsätzlich voneinander unabhängig sein. Dass dies nicht dogmatisch zu verstehen ist, folgt schon aus den Grundsätzen der Prinzipienorientierung im Hinblick auf die bloße Vorgabe der Unabhängigkeit, der Proportionalität, die generell für das Versicherungsaufsichtsrecht gilt, und der unternehmerischen (Organisations-)Freiheit, die nach EG 31 S. 1 Solva II-RL gerade die Ausgestaltung der Schlüsselfunktionen betrifft.[119] Insbesondere für kleinere und mittlere Versicherungsunternehmen folgt daraus, dass bei der konkreten Gestaltung der URCF einschließlich der Integration in die Geschäftsorganisation ausreichend Freiräume für unternehmensindividuelle Bedürfnisse bestehen.

---

[114] VAG-RegE 2014 BT-Drs. 18/2956, 242.

[115] Unverständlich daher die Kritik von *Rudkowski* Transparenzpflichten zur Kontrolle von Finanzdienstleistungsunternehmen 2016, S. 53 f. an dem Zwang zur Einrichtung einer URCF durch § 26 Abs. 8 VAG.

[116] So jeweils m. w. N. *Dreher/Hoffmann* ZGR 2016, 445, 483 f.; *Dreher* ZGR 2010, 496, 536 f.; *ders.* FS Hüffer, 161, 167.

[117] Vgl. ausf. § 23 VAG Rn. 60 ff.

[118] Ausf. § 23 VAG Rn. 63.

[119] Vgl. zu allen drei Grundsätzen ausführlich die Einl. Rn. 105 ff., 124 ff., 139 ff.

Zu der unabhängigen Stellung einer Schlüsselfunktion gehört es sodann auch, dass sie – d. h. konkret der oder die Inhaber der Schlüsselfunktion – bei der Erfüllung ihrer Aufgaben **nur Weisungen des Vorstands** eines Versicherungsunternehmens unterworfen ist. **Weisungen Dritter** sind **mit der Unabhängigkeit nicht zu vereinbaren.**[120] Dass auch Inhaber von Schlüsselfunktionen im Verhältnis zum Vorstand eines Versicherungsunternehmens grundsätzlich weisungsgebunden sind, folgt schon aus der gesellschafts- und versicherungsaufsichtsrechtlichen Letztverantwortung des Vorstands für die Leitung der Gesellschaft. Die versicherungsaufsichtsrechtlich erforderliche Zustimmung des Vorstands zu dem Revisionsplan der internen Revisionsfunktion und zu dem Compliance-Plan der Compliance-Funktion sind pars pro toto sichtbarer Ausdruck dieser Zuständigkeitsordnung. Ebenso sehr versteht es sich aber, dass die Wahrnehmung von aufgabenbezogenen Weisungsrechten durch den Vorstand gegenüber dem Inhaber einer Schlüsselfunktion einer besonderen Zurückhaltung bedarf und daher in der Praxis kaum vorkommen dürfte. Dies folgt auch aus dem eigenen Interesse des Vorstands, eine ungeschminkte Berichterstattung über eine grundsätzlich eigenverantwortliche Tätigkeit aus einer Schlüsselfunktion zu erhalten. Gleichwohl ausnahmsweise erfolgende Weisungen sind nach § 23 Abs. 5 VAG zu dokumentieren[121] und damit auch bei einer versicherungsaufsichtsrechtlichen Prüfung transparent. 127

Die **Gesetzesbegründung zur Unabhängigkeit der URCF** ist ungewöhnlich ausführlich. Sie lautet wie folgt: „Die Risikocontrollingfunktion ist dann unabhängig, wenn sie nicht für das Eingehen von Risiken oder die Steuerung von Risiken auf operativer Ebene verantwortlich zeichnet (Prozessunabhängigkeit). Im Gegensatz zur Internen Revision, bei der die gesamte Funktion als solche einer strikten Unabhängigkeitsanforderung unterliegt und diese Funktion daher ohne jede Abstufung unabhängig von operativen Tätigkeiten auszugestalten ist, bemessen sich die Anforderungen an die Risikocontrollingfunktion nach dem Grundsatz der Proportionalität. Dabei müssen die jeweiligen Personen bezogen auf die Aufgaben, die sie im Rahmen der Ausübung der Risikocontrollingfunktion wahrzunehmen haben, soweit als möglich prozessunabhängig sein. Dies kann bei entsprechender Komplexität und Risikoträchtigkeit des Geschäftes auch eine ebenso strikte Unabhängigkeit der Funktion wie die der Internen Revision erforderlich machen. Die geforderte Unabhängigkeit schließt dabei eine Zusammenarbeit mit den operativen Bereichen (Einforderung von Zuarbeiten und Einbeziehen von Fachwissen) nicht aus. Bei der Implementierung der Risikocontrollingfunktion im Unternehmen sind neben der Einrichtung einer separaten Stabsstelle auch integrierte Ansätze denkbar, soweit hierdurch die Prozessunabhängigkeit in angemessener Weise gewahrt ist.“[122] 128

Aus der Begründung zu Abs. 8 S. 1 folgt zunächst, dass sie einerseits die bereits angeführte **Prozessunabhängigkeit** zum zentralen Kriterium der Unabhängigkeit erklärt. Andererseits hält sie aber **Durchbrechungen** aufgrund des Proportionalitätsgrundsatzes für möglich. Bei solchen Durchbrechungen muss der Grundsatz der Prozessunabhängigkeit entsprechend den unternehmensindividuellen Gegebenheiten nur „soweit als möglich“ eingehalten sein. 129

Weiter kommen bei der **Integration der URCF in die Geschäftsorganisation** aufgrund der unternehmensindividuellen Umstände verschiedene Organisationsmodelle in Betracht:[123] nämlich sowohl im Sinne einer **zentralen** Organisation eine eigene Stabsabteilung als auch im Sinne einer **dezentralen** Organisation eine in die operativ tätigen Einheiten integrierte Aufbauorganisation.[124] Bei einer dezentral integrierten Organisation der Schlüsselfunktionen lassen sich Interessenkonflikte, soweit sie bestehen, auf andere Weise lösen. Dies gilt etwa ex ante für die Fortschreibung eines Vier-Augen-Prinzips, für bestimmte Berichtslinien und für zusätzliche Begutachtungen wichtiger Ergebnisse durch interne oder externe sachverständige Dritte[125] oder ex post für bestimmte Nachprüfungen und Fragenkataloge. Nr. 78 MaGo betont für den Fall, dass eine Schlüsselfunktion integriert organisiert ist, zur Vermeidung von Interessenkonflikten die Notwendigkeit „einer eindeutigen und transparenten Aufgabendefinition und Aufgabenzuweisung“ in den unternehmensinternen Leitlinien. 130

b) Funktionstrennung. Eine „Organisationsstruktur mit einer klaren Zuweisung und einer angemessenen Trennung der Zuständigkeiten“ fordert schon § 23 Abs. 1 S. 3 Satzteil 2 VAG. Dies entspricht Art. 41 Abs. 1 UAbs. 2 Solva II-RL. Daraus sowie aus anderen Rechtsgrundlagen des Solvency II-Systems folgt der Grundsatz der **Funktionstrennung**. Er und der Grundsatz der **Funktionsunabhängigkeit** sind zu unterscheiden. Während Ersterer die **Übertragbarkeit einer Aufgabe** betrifft, geht es bei Letzterem um die **Ausübung einer übertragenen Aufgabe**. Die nach dem Grundsatz der Funktionstrennung bestehenden **Anforderungen** an die Organisation und Ausgestaltung von Schlüsselfunktionen gelten daher auch für die URCF. Betroffen davon sind vor allem die Fragen der Zusammenlegung mit anderen Schüsselfunktionen und der Vermeidung sowie Bewältigung von Interes- 131

[120] Vgl. § 23 VAG Rn. 63 und z. B. *Wolf* VersR 2016, 678, 683.
[121] Vgl. § 23 VAG Rn. 135 ff. allgemein und unten Rn. 147 f. zur URCF.
[122] VAG-RegE 2014 BT-Drs. 18/2956, 242.
[123] Ebenso Nr. 77 MaGo: „auch dezentrale oder integrierte Gestaltungen“.
[124] Vgl. zu dieser Organisationsfrage der Schlüsselfunktion näher *Dreher* VersR 2012, 933, 939, 941; ebenso im Ansatz *Wolf* VersR 2013, 678, 683 f., der allerdings in der Durchführung mit der Begrenzung der Funktionstätigkeiten auf von vornherein festgelegte „Risikobereiche“ hinter dem rechtlich Geforderten zurückbleibt.
[125] Vgl. *Dreher* FS E. Lorenz, 119, 133.

senkonflikten, womit zugleich der Überschneidungsbereich zum Grundsatz der Funktionsunabhängigkeit angesprochen ist.[126]

132 **c) Funktionsschnittstellen.** Sind die vier Schüsselfunktionen getrennt eingerichtet, gibt es zwischen ihnen zahlreiche **Schnittstellen.**[127] Dabei geht es zunächst um die **Zusammenarbeit** der Funktionen und um die Vermeidung von Doppel- oder Mehrfacharbeiten. Sodann stellt sich entsprechend der jeweiligen Aufgabe aber auch die Frage einer **gegenseitigen Kontrolle**.

133 Zusammenarbeit einerseits und gegenseitige Kontrolle andererseits sind nur auf Augenhöhe möglich. Die **vier Schlüsselfunktionen** sind daher **hierarchisch gleichrangig.**[128] Sofern es Abstimmungsprobleme zwischen ihnen gibt, führen die Eskalationsstufen zunächst zu den Inhabern der Schlüsselfunktionen und sodann direkt zu dem Vorstand eines Versicherungsunternehmens, d. h. primär zu den sachlich zuständigen Mitgliedern des Vorstands und erforderlichenfalls sekundär zu dem Gesamtvorstand.[129]

134 Die **Zusammenarbeit der vier Schlüsselfunktionen** ist allgemein in Art. 268 Abs. 1 S. 2 Solva II-VO angesprochen: „Jede Funktion (…) arbeitet bei der Erfüllung ihrer Aufgaben gegebenenfalls mit anderen Funktionen zusammen." Speziell für die URCF geht Art. 269 Abs. 1 lit. a Solva II-VO von einer „Unterstützung (…) anderer Funktionen bei der effektiven Handhabung des Risikomanagementsystems" aus. Hinzu kommt nach Art. 269 Abs. 2 lit. c Solva II-VO eine „enge Zusammenarbeit mit der versicherungsmathematischen Funktion". Zu dieser Zusammenarbeit von URCF und versicherungsmathematischer Funktion – insbesondere im Fall der Verwendung eines internen Modells – enthalten Nr. 2.92 ff. EIOPA Explanatory Text BoS-14/253 zu EIOPA LL 19 Governance ausführliche Erläuterungen. Schließlich geht auch § 31 Abs. 2 S. 2 VAG in der Regelung zur versicherungsmathematischen Funktion davon aus, diese „trägt zur wirksamen Umsetzung des Risikomanagementsystems (…) bei".

135 Über die Zusammenarbeit an den eigentlichen Schnittstellen zwischen den Aufgabenbereichen von Schlüsselfunktionen hinaus kommt unter Wahrung der „klaren Zuweisung von Aufgaben und einer angemessenen Trennung von Zuständigkeiten" im Sinne von § 23 Abs. 1 S. 3 VAG auch eine gegenseitige Entlastung durch die **Erledigung von Aufgaben durch eine Schlüsselfunktion für eine andere Schlüsselfunktion** in Betracht. Dass es dabei nicht um die jeweilige Kernaufgabe einer anderen, getrennten organisatorischen Einheit gehen kann, bedarf ebenso wenig einer Vertiefung wie die bestehen bleibende Verantwortlichkeit der beauftragenden Schlüsselfunktion und deren durch den Vorgang ausgelöste zusätzliche Kontrollpflicht. Möglich sind im Ergebnis funktionsübergreifende Dienstleistungen in Bereichen, in denen eine Schlüsselfunktion besonderes Know-how besitzt, das von einer anderen Schlüsselfunktion genutzt wird, um es dort nicht unnötig dauerhaft zu doppeln, oder weil es nur vorübergehend benötigt wird. Dies betrifft z. B. Ermittlungen der internen Revisionsfunktion für die Compliance-Funktion oder die Zurverfügungstellung von versicherungsmathematischem Know-how durch die versicherungsmathematische Funktion für die URCF. Mit der Ausklammerung von Kernaufgaben bei der Zusammenarbeit von Schlüsselfunktionen ist zugleich die **dauernde Übernahme** von Teiltätigkeiten einer Schlüsselfunktion durch ein andere **ausgeschlossen**, sofern nicht das Proportionalitätsprinzip eine Abweichung zulässt. Denn bei einer dauernden Übernahme wäre die der anderen Schlüsselfunktionen übertragene Aufgabenerledigung entkernt. In Betracht kommt daher grundsätzlich nur eine punktuelle und nicht eine generelle Aufgabenübertragung. Dies gilt zum Beispiel für die Übertragung von Prüfungshandlungen durch die Compliance-Funktion oder die interne Revisionsfunktion.[130]

136 Auch wenn die Zusammenarbeit von Schlüsselfunktionen eine enge Abstimmung in Planung und Durchführung gemeinsamer Aktivitäten bedeutet, hat sie **nicht das Ziel „einer konsistenten und widerspruchsfreien Berichterstattung an die Geschäftsleitung** und mögliche weitere Berichtsadressaten".[131] Dagegen spricht u. a. zunächst die versicherungsaufsichtsrechtlich geforderte Unabhängigkeit in der wirksamen Aufgabenwahrnehmung, wenn getrennte Schlüsselfunktionen eingerichtet werden oder – wie bei der internen Revisionsfunktion – werden müssen. Sodann geht es versicherungsaufsichtsrechtlich für den Vorstand als dem Hauptadressaten der Berichterstattung durch die Schlüsselfunktionen um ein originäres Bild der Einschätzung durch die jeweilige Funktion. Die Zwischen-

[126] Vgl. ausf. zum Ganzen § 23 VAG Rn. 60 ff.

[127] Vgl. dazu z. B. *Korinek* Versicherungsrundschau 1–2/2015, 37, 39 f. und ausf. *Wolf* VersR 2013, 678 ff. sowie zum Verhältnis von interner Revisionsfunktion und Compliance-Funktion *Bürkle* CCZ 2012, 220, 224 ff.

[128] Ebenso z. B. schon *Bürkle* WM 2012, 878, 884; *Wolf* VersR 2013, 678, 681 und jetzt auch Nr. 76 MaGo: „stehen gleichrangig und gleichberechtigt nebeneinander".

[129] So auch Nr. 76 MaGo.

[130] Ebenso schon *Bürkle* CCZ 2012, 220, 226; a. A. *Wolf* VersR 2013, 678, 683 ff.

[131] So aber *Bürkle* CCZ 2012, 220, 225, jedenfalls für die Zusammenarbeit von Compliance-Funktion und interner Revisionsfunktion; tendenziell wie Bürkle auch *Wolf* VersR 2013, 678, 683, 685, der zusätzlich vorschlägt, einer einzigen Funktion die „Primärzuständigkeit" für bestimmte Sachverhalte – z. B. „Aufklärung von Rechtsverstößen durch die interne Revision" – zuzuweisen, die dann „die Informationssammlung im Unternehmen sowie die Berichterstattung gegenüber den Leitungsorganen" übernimmt.

schaltung eines Filters im Sinne eines gemeinsamen Schlüsselfunktionsverständnisses zu einem bestimmten Thema ist versicherungsaufsichtsrechtlich weder vorgesehen noch gewollt noch zulässig. Im Gegenteil fordert EG 99 S. 1 Solva II-VO, dass jede Schlüsselfunktion ihre „Erkenntnisse dem VMAO direkt zur Kenntnis bringen kann".[132] Weiter bestünde die naheliegende Gefahr, dass eine solche abgestimmte Berichterstattung in „weichgespülte", Meinungsdivergenzen ausklammernde oder in Kompromissformeln kleidende Berichte münden würde. Ferner ist nicht vorstellbar, wie tatsächlich eine gegenseitige Kontrolle der Schlüsselfunktionen funktionieren soll, wenn am Ende eine „konsistente und widerspruchsfreie Berichterstattung" an den Vorstand stehen soll. Und schließlich erfüllt ein Vorstand, dem Widersprüche in der Beurteilung bestimmter Sachverhalte durch Schlüsselfunktionen nicht zugemutet werden könnten, selbst nicht die Anforderungen an die fachliche Eignung.

Unabhängig von Kooperationsregelungen in den unternehmensinternen Leitlinien zu den Schlüssel- 137
funktionen bedarf die **Veranlassung einer anderen Schlüsselfunktion**, Aufgaben für eine Schlüsselfunktion zu erledigen, sofern es nicht nur um untergeordnete punktuelle Nebentätigkeiten oder Auskünfte geht, je nach Intensität der Heranziehung der anderen Schlüsselfunktion für eigene Aufgaben der **zumindest informatorischen Einbindung der sachlich zuständigen Vorstandsmitglieder** bzw. des entsprechenden Vorstandsmitglieds.[133] Dies folgt schon aus der Möglichkeit einer Zuständigkeitsverteilung im Vorstand mit Ressorts, die für unterschiedliche Schlüsselfunktionen zuständig sind. Es gilt in gleicher Weise aber auch für Schlüsselfunktionen, die einem einzigen Vorstandsressort zugeordnet sind zur Wahrung der Verantwortlichkeit des Vorstandsmitglieds und zum Ausschluss von do-ut-des-Praktiken.

Die Aufgaben der vier Schlüsselfunktionen führen im Sinne eines Systems von checks and balances 138
dazu, dass **einzelne Schlüsselfunktionen andere Schlüsselfunktionen** in ihrer Aufgabenwahrnehmung **kontrollieren**.[134] Dies gilt vor allem für die Compliance-Funktion, die die Rechtsrisiken insgesamt zu erfassen und auf ihre Vermeidung hinzuwirken hat. Betroffen davon sind auch rechtliche Risiken im Bereich der URCF. Dazu gehört ganz allgemein eine Organisation und ein Handeln der URCF in Einklang mit den dafür geltenden Vorschriften. Ebenso ist die Tätigkeit der internen Revisionsfunktion nicht gegenständlich beschränkt. In ihrem Fokus stehen daher grundsätzlich auch die drei anderen Schlüsselfunktionen. Und da z. B. die Nichterfüllung von Aufgaben durch andere Funktionen ein Risiko bildet, bestehen aus der Sicht der URCF insoweit ebenfalls Wechselwirkungen.

4. Aufgaben. a) Methodenneutralität des RMS. In den Tätigkeitskreisen aller Schlüsselfunktio- 139
nen, also auch dem der URCF, gibt es **Standards, Best Practices oder Modelle von Fachgremien**.[135] Dazu gehören z. B. allgemein das Institut der Wirtschaftsprüfer in Deutschland e. V. (IDW) und dessen „Versicherungsfachausschuss" (VFA), speziell im Bereich des IKS und des RMS das Committee of Sponsoring Organizations of the Treadway Commission (COSO),[136] im Bereich der internen Revisionsfunktion das Deutsche Institut für Interne Revision e. V. (DIIR) und dessen Arbeitskreis „Interne Revision in der Versicherungswirtschaft",[137] im Bereich der Compliancefunktion z. B. die OECD, die IAIS und der GDV[138] und im Bereich der versicherungsmathematischen Funktion die Deutsche Aktuarvereinigung e. V. (DAV). Alle diese und weitere Fachgremien erarbeiten sog. Standards, Best Practices oder Modelle, die in der Regel rein betriebswirtschaftlich oder abschlussprüfer- bzw. berufsorientiert angelegt sind. Beispiele aus dem Bereich des RMS bilden das Enterprise Risk Management Framework (COSO-ERM),[139] die Norm ISO 31 000: 2009[140] oder der bis 3.9.2016 konsultierte Entwurf eines IDW-Prüfungsstandards: Grundsätze ordnungsgemäßer Prüfung von Risikomanagementsystemen (IDW EPS 981).[141]

Schon nach **allgemeinem Gesellschaftsrecht** sind derartige Standards für den Vorstand eines Unter- 140
nehmens bei dessen Leitung oder für den Aufsichtsrat bei der Überwachung rechtlich nicht verbindlich.

---

[132] Darin liegt entgegen *Wolf* VersR 2013, 678, 685 nicht nur die (begrenzte) Möglichkeit, gegebenenfalls von dem Bericht einer anderen Schlüsselfunktion mit „Primärzuständigkeit" für die Berichterstattung ausnahmsweise abzuweichen.

[133] A. A. z. B. *Wolf* VersR 2013, 678, 684, nach dem die Funktionen sich „wechselseitig Aufgaben übertragen können" und z. B. die Compliance-Funktion die interne Revisionsfunktion direkt „mit der Untersuchung bestimmter Vorfälle von Rechtsverstößen im Unternehmen" beauftragen können soll.

[134] Vgl. schon *Dreher* ZGR 2010, 496, 537; *ders.* FS Hüffer, 161, 174 f.

[135] Vgl. zur Standardsetzung in der EU *Delimatsis*, Standardisation in Services – European Ambitions and Sectoral Realities, E. L. Rev. 2016, 513 ff.

[136] Vgl. dazu z. B. *Dreher/Hoffmann* ZGR 2016, 445, 492 f. m. w. N. und zu anderen RMS-Standards ausf. z. B. *Pauthner/Stephan* in: Hauschka/Moosmayer/Lösler (Hrsg.) Corporate Compliance, 3. Aufl. 2016, § 16 Rn. 68 f.

[137] Vgl. zu den Standards für die interne Revision z. B. *Obermayr* in: Hauschka/Moosmayer/Lösler (Hrsg.) Corporate Compliance, 3. Aufl. 2016, § 44 Rn. 32 ff.; *Peemöller* BB 2016, 2410 ff.

[138] Vgl. zu den Standards für die Compliancefunktion z. B. *Bürkle* in: Hauschka/Moosmayer/Lösler (Hrsg.) Corporate Compliance, 3. Aufl. 2016, § 49 Rn. 66 f.

[139] Vgl. dazu z. B. *Dreher/Hoffmann* ZGR 2016, 445, 493; *Naumann/Siegel* ZHR 181 (2017), 273, 288 ff. und *Rohlfs/Brandes/Kaiser/Pütz*, S. 78 ff.

[140] Vgl. *Pauthner/Stephan* in: Hauschka/Moosmayer/Lösler (Hrsg.) Corporate Compliance, 3. Aufl. 2016, § 16 Rn. 68.

[141] Vgl. dazu *Withus* BB 2016, 1387 ff.

Ihnen fehlt jede demokratische Legitimation bereits im Hinblick auf die mit ihnen verbundene Grundrechtsrelevanz. Sie haben daher lediglich Anregungscharakter und sind – ihre fachliche Bedeutung vorausgesetzt – bei der Entscheidung über die Ausgestaltung eines Governance-Systems Teil der angemessenen Informationsgrundlage.[142]

141 Das **Versicherungsaufsichtsrecht** weicht davon nicht ab. Zum einen setzen sich zwingende gesellschaftsrechtliche Rechtsgrundsätze auch hier fort. Zum anderen sind nach den entsprechenden aufsichtsbehördlichen Rechtsgrundlagen und der Rechtsprechung selbst Verlautbarungen von EIOPA und BaFin für die Versicherungsunternehmen rechtlich nicht bindend.[143]

142 Im **Ergebnis** dürfen sich die Schlüsselfunktionen bei ihrer Tätigkeit – bzw. der Vorstand bei der vorgelagerten Grundsatzentscheidung für die Gestaltung des RMS – daher nicht ohne eigene wertende Prüfung einer solchen Übernahme an bestimmten, rechtlich unverbindlichen Standards privater Normungs- oder Fachgremien orientieren. Maßgebend sind allein die Aufgaben und Anforderungen des Versicherungsaufsichtsrechts[144] sowie – soweit nicht durch dieses überlagert – des allgemeinen Gesellschaftsrechts. Diese Anforderungen sind in den betriebswirtschaftlichen oder berufsständischen Standards regelmäßig nicht oder nicht ausreichend berücksichtigt.[145] Hinzu kommt, dass das Level Playing Field des europäischen Versicherungsaufsichtsrechts die Heranziehung nationaler Standards ohnehin verbietet und für Standards von Fachgremien auf europäischer Ebene, soweit sie überhaupt existieren, die gleichen rechtlichen Einwände wie gegen rein nationale private Standards durchschlagen. Die Tätigkeit jeder Schlüsselfunktion muss daher außer dem rechtlich Vorgeschriebenen den unternehmensindividuellen Gegebenheiten entsprechen. Gegenüber den vielfach empfohlenen, aber rechtlich unverbindlichen Standards, Best Practices und Modellen von privaten Fach- oder Berufsgremien gilt versicherungsaufsichtsrechtlich der Grundsatz der **Methodenneutralität**.[146]

143 **b) Erleichterung der Umsetzung des Risikomanagementsystems (Abs. 8 S. 1).** Nach Art. 44 Abs. 4 Solva II-RL muss die URCF „so strukturiert sein, dass sie die Umsetzung des Risikomanagementsystems erleichtert". In § 26 Abs. 8 S. 1 VAG liest sich dies – sprachlich gestelzt – so: „dass sie die **Umsetzung des Risikomanagementsystems maßgeblich befördert**".

144 Dass der **Wortlaut der Umsetzungsregelung** weiter geht als der der Solva II-RL,[147] dürfte nicht auf einer überschießenden Regelungsabsicht beruhen. Vielmehr liegt darin ein in der VAG-Umsetzungsgesetzgebung vielfach zum Ausdruck kommender undifferenzierter, z. T. sogar gleichgültiger legislatorischer Umgang mit dem Europarecht. Maßgeblich im Sinne einer **richtlinienkonformen Auslegung** ist aber ohnehin ausschließlich die europarechtlich vorgesehene Aufgabe einer Erleichterung der Umsetzung des Risikomanagementsystems.

145 Die **MaGo**[148] äußern sich ausführlich zu der zentralen Aufgabe der URCF. Nach Nr. 150 „nimmt" die URCF „die operative Durchführung des Risikomanagements wahr". Nr. 156 S. 2 sieht die URCF daher „als **zentrale Stelle für das operative Risikomanagement**". Ihre „Aufgaben sowie die Stellung und Befugnisse" sind nach Nr. 159 in den unternehmensinternen Leitlinien zum Risikomanagement zu benennen.

146 **c) Unterstützung bei der effektiven Handhabung des Risikomanagementsystems (Art. 269 Abs. 1 lit. a Solva II-VO).** Während § 26 Abs. 8 S. 1 VAG die Aufgabe der URCF auf die Erleichterung der Umsetzung des Risikomanagements insgesamt bezieht, fordert Art. 269 Abs. 1 lit. a Solva II-VO, dass die URCF den **Vorstand und „andere Funktionen"**, d. h. andere Schlüsselfunktionen, bei der effektiven Handhabung des Risikomanagementsystems **unterstützt**.

147 Nr. 150 **MaGo** geht für die URCF vor dem Hintergrund mit folgenden Worten von etwas Selbstverständlichem aus: „Die URCF weist die gesamte Geschäftsleitung aktiv zumindest auf wesentliche Mängel bzw. Verbesserungspotentiale des Risikomanagementsystems hin. Sie hilft der gesamten Geschäftsleitung fortlaufend, Mängel abzustellen und das Risikomanagementsystem weiter zu entwickeln." Umgekehrt „muss" nach Nr. 156 „die gesamte Geschäftsleitung bzw. der zuständige Geschäftsleiter bei eigenen Entscheidungen die Informationen aus dem Risikomanagementsystem angemessen berücksichtigen."

148 Die **Unterstützungsaufgabe** der URCF fasst Nr. 146 **MaGo** wie folgt zusammen:

„Die URCF unterstützt die gesamte Geschäftsleitung, gegebenenfalls den zuständigen Geschäftsleiter sowie andere Funktionen bei der effektiven Handhabung des Risikomanagementsystems. In diesem Zusammenhang hat die URCF insbesondere:

---

[142] Ausf. und m. w. N. *Dreher/Hoffmann* ZGR 2016, 445, 452 ff., 492ff und schon *Dreher/Häußler* ZGR 2011, 471, 491.

[143] Vgl. ausf. Einl. Rn. 66 und 82 sowie § 23 VAG Rn. 35 ff. und 42 ff.

[144] Vgl. z. B. zu einem Verweis auf die IRFS und damit auf Standards Art. 75 Abs. 3 lit. a Solva II-RL.

[145] Vgl. pars pro toto zu dem COSO-ERM und zu den IDW PS *Dreher/Hoffmann* ZGR 2016, 445, 492 ff.

[146] Vgl. schon oben Rn. 15 und speziell zum Anlagerisiko Nr. 180 MaGo; ebenso die früheren MaRisk BA, vgl. *Binder* ZGR 2007, 745, 749 f. und *Berenbrok*, S. 97 f.

[147] So kritisch schon *Wolf* VersR 2013, 678, 680.

[148] Vgl. Abschnitt 9.5 mit Nr. 145 ff.

a) regelmäßig zu bewerten, ob die Risikostrategie konsistent zur Geschäftsstrategie ist,
b) regelmäßig zu bewerten, ob die schriftlichen Leitlinien zum Risikomanagementsystem angemessen sind,
c) das Risikobewusstsein der vom Risikomanagementsystem betroffenen Mitarbeiter zu befördern,
d) regelmäßig die Methoden und Prozesse zur Risikobewertung und -überwachung zu bewerten und sie gegebenenfalls weiterzuentwickeln,
e) Limite vorzuschlagen und
f) geplante Strategien unter Risikoaspekten zu beurteilen."

d) Überwachung des Risikomanagementsystems (Art. 269 Abs. 1 lit. b Solva II-VO). Nach Art. 269 Abs. 1 lit. b Solva II-VO „umfasst" die URCF auch „die Aufgabe: **Überwachung des Risikomanagementsystems**". Die URCF ist damit sowohl Teil des Risikomanagementsystems als auch dieses selbst Gegenstand ihrer Überwachung. Im Ergebnis bedeutet die Überwachungsaufgabe, dass die URCF für ein angemessenes und wirksames Risikomanagementsystem sorgen muss. 149

Die Aufgabe der URCF bei der Überwachung des RMS sieht Nr. 147 **MaGo** wie folgt: 150

„Die URCF überwacht das Risikomanagementsystem. In diesem Zusammenhang hat die URCF insbesondere:
a) Prozesse und Verfahren zur Überwachung des Risikomanagementsystems zu entwickeln und
b) die Angemessenheit des Risikomanagementsystems fortlaufend zu überwachen."

e) Überwachung des allgemeinen Risikoprofils des Unternehmens als Ganzes (Art. 269 Abs. 1 lit. c Solva II-VO). Die „**Überwachung des allgemeinen Risikoprofils des Unternehmens als Ganzes**" zählt nach Art. 269 Abs. 1 lit. c Solva II-VO ebenfalls ausdrücklich zu der Aufgabe der URCF. Das allgemeine Risikoprofil bezeichnet die **Risikoexposition** eines Versicherungsunternehmens. Es ist oft Gegenstand einer sog. Risk Map, Risikomatrix oder **Risikolandkarte**.[149] In ihr werden die Risiken unternehmensindividuell identifiziert, kategorisiert, analysiert und anhand Eintrittswahrscheinlichkeit sowie Schadensausmaß quantifiziert. 151

Nr. 148 **MaGo** schreibt der URCF im Rahmen der Überwachung des Gesamtrisikoprofils folgende Aufgaben zu: 152

„Die URCF überwacht das Gesamtrisikoprofil des Unternehmens. In diesem Zusammenhang hat die URCF insbesondere:
a) die Risiken mindestens auf aggregierter Ebene zu identifizieren, zu bewerten und zu analysieren,
b) die gegebenenfalls von den Geschäftsbereichen vorgenommenen Risikobewertungen zu validieren,
c) die Maßnahmen zur Risikobegrenzung zu überwachen,
d) die Limite sowie die Risiken auf aggregierter Ebene zu überwachen und
e) die Durchführung und Dokumentation der unternehmenseigenen Risiko- und Solvabilitätsbeurteilung zu koordinieren."

f) Berichterstattung (Art. 269 Abs. 1 lit. d Solva II-VO). In Umsetzung von Art. 44 Abs. 1 UAbs. 1 Solva II-RL ist schon gemäß § 26 Abs. 1 S. 1 Hs. 2 VAG eine „angemessene interne Berichterstattung" Teil eines Risikomanagementsystems.[150] Dies konkretisiert Art. 269 Abs. 1 lit. d Solva II-VO. Danach gehört zu der **Risikoberichterstattung** eine „detaillierte Berichterstattung über Risikoexponierungen und Beratung des Verwaltungs-, Management- oder Aufsichtsorgans in Fragen des Risikomanagements, unter anderem in strategischen Belangen, die die Unternehmensstrategie, Fusionen und Übernahmen oder größere Projekte und Investitionen betreffen". 153

Nach der im Hinblick auf das ohnehin zwingende Gesellschaftsrecht deklaratorischen Aussage in Art. 268 Abs. 1 S. 2 Solva II-VO „untersteht" jede Funktion „letztlich der Verantwortung" des Vorstands eines Versicherungsunternehmens und „ist diesem gegenüber berichtspflichtig". Die URCF hat daher gegenüber dem Vorstand eines Versicherungsunternehmens eine **umfassende Berichtspflicht**. Von der Berichtspflicht umfasst ist die „unverzügliche" Berichtspflicht jeder Funktion gegenüber dem Vorstand „über jedes in ihrem Zuständigkeitsbereich auftretende größere Problem" nach Art. 268 Abs. 3 Solva II-VO. Dies betrifft die Ad-hoc-Berichte, die gegebenenfalls zusätzlich zu den regelmäßigen Berichten abzugeben sind. 154

Ohne eigenen Mehrwert wiederholt **EIOPA-LL 19 Governance** lediglich die Berichtspflicht der URCF gegenüber dem Vorstand. 155

Nach **Nr. 149 MaGo** berichtet die URCF „der gesamten Geschäftsleitung mindestens über wesentliche Risikoexponierungen, das Gesamtrisikoprofil sowie die Angemessenheit des Risikomanagementsystems und berät die Geschäftsleitung in Fragen des Risikomanagements." 156

Die zusätzliche Nennung der **Beratungspflicht** „unter anderem in strategischen Belangen" durch Art. 269 Abs. 1 lit. d Solva II-VO steht pars pro toto für die zu der Berichtspflicht hinzukommende Beratungspflicht der URCF. 157

---

[149] Vgl. z. B. *Müller-Reichart/Romeike* in: dies., S. 56.
[150] Siehe oben Rn. 83 ff.

158 Das wichtigste Mittel zur Erfüllung der Berichtspflichten der URCF gegenüber dem Vorstand ist der interne **Risikobericht**.[151] Dieser versicherungsaufsichtsrechtliche interne Risikobericht ist von dem externen Risikobericht nach § 289 Abs. 5 HGB im Rahmen der handelsrechtlichen Unternehmenspublizität zu unterscheiden.[152] Der versicherungsaufsichtsrechtliche Risikobericht erfolgt als Regelbericht mindestens jährlich, in vielen größeren Versicherungsunternehmen – u. U. in abgekürzter Form – aber vierteljährlich. Hinzu kommen Ad-hoc-Risikoberichte aus besonderem Anlass gemäß Art. 268 Abs. 3 Solva II-VO.

159 Bei dem Risikobericht handelt es sich um einen **Bericht an den Vorstand**, also **nicht** um einen **Bericht des Vorstands**. Sein Ziel ist, dass der Vorstand, der für die wesentlichen Aufgaben des Risikomanagements gesamtverantwortlich ist, die entscheidenden Risikoinformationen erhält. Im Zusammenhang mit der erstmaligen Begründung der Pflicht, Risikoberichte an den Vorstand zu geben, hatte die Gesetzesbegründung zu § 64a Abs. 1 S. 4 Nr. 3 VAG a. F. den **Inhalt** von Risikoberichten wie folgt beschrieben: „Risikoberichte haben Auskunft darüber zu geben, inwieweit und mit welchen Mitteln (z. B. Budgets, Steuerungsmechanismen, Kennzahlen) die Vorgaben des Risikomanagements erreicht worden sind. Insbesondere ist darzustellen, inwieweit die vom Unternehmen gewählten Ziele des Risikomanagements gesteuert worden sind und die zur Zielerreichung eingesetzten Maßnahmen sich ausgewirkt haben. Damit ermöglichen Risikoberichte eine Einschätzung der Sensibilität des Unternehmens gegenüber Änderungen des Umfeldes sowie eine realistische Beurteilung der aus derartigen Änderungen erwachsenden neuen Risikosituation. Aufgrund der Informationen aus der Risikoberichterstattung können gegebenenfalls eine Änderung der Geschäftspolitik oder geeignete Korrekturmaßnahmen, z. B. zur Risikominderung, eingeleitet werden."[153] Inhalte eines Risikoberichts sind daher außer den zuvor angegebenen Themen alle Elemente eines Risikomanagementsystems. Neben einer Bewertung der Gesamtrisikolage gilt dies für die Risikolandkarte, die Risikotragfähigkeit, die Limitauslastung, die Einschätzung der erfassten Risiken sowie die Beurteilung der Risikolage im Hinblick auf besonders exponierte Einzelrisiken, Kumulrisiken und Risikokorrelationen.

160 Die nach dem früheren § 55c VAG a. F. noch bestehende **Verpflichtung, Risikoberichte der BaFin vorzulegen**, besteht unter dem neuen VAG **nicht** mehr.

161 **g) Ermittlung und Bewertung sich abzeichnender Risiken (Art. 269 Abs. 1 lit. e Solva II-VO).** Als Aufgabe der URCF benennt Art. 269 Abs. 1 lit. e Solva II-VO auch die **„Ermittlung und Bewertung sich abzeichnender Risiken**". Die Aufgabe hat einen prospektiven Charakter. Damit erfüllt sie aufgabenbezogen eine Frühwarnfunktion. Sie mahnt die URCF, nicht nur schon eingetretene Risiken, sondern ebenso sich erst noch entwickelnde Risiken zu berücksichtigen. Da dies aber ohnehin Gegenstand jedes wirksamen Risikomanagementsystems ist, erschöpft sich der Normgehalt von lit. e in einer Warnfunktion.

162 **h) Interne Modelle (Abs. 8 S. 2 und 3, Art. 269 Abs. 2 Solva II-VO). Spezielle Aufgaben** sind der URCF übertragen, sofern ein Versicherungsunternehmen ein **internes Modell** nutzt. Nach § 26 Abs. 8 S. 2 und 3 VAG hat die URCF „zusätzlich die Aufgabe, das interne Modell zu entwickeln, umzusetzen, zu testen, zu validieren und einschließlich späterer Änderungen zu dokumentieren. Darüber hinaus analysiert sie die Leistungsfähigkeit des internen Modells und berichtet dem Vorstand in zusammengefasster Form über diese Analyse, gibt ihm Anregungen zur Verbesserung des Modells und hält ihn über Korrekturmaßnahmen für festgestellte Schwächen oder Mängeln auf dem Laufenden." Diese gesetzlichen Vorgaben sprechen in ihrer Klarheit und dem konkret Gebotenen für sich. Zudem betonen §§ 111 Abs. 3 S. 3, 118 Abs. 1 VAG die Anforderungen an das Risikomanagementsystem bei Versicherungsunternehmen, die ein internes Modell nutzen.

163 § 26 Abs. 8 S. 2 und 3 VAG dient der Umsetzung von Art. 44 Abs. 5 Solva II-RL. Im Hinblick auf das Umsetzungserfordernis überrascht es, dass Art. 269 Abs. 2 lit. a Solva II-VO von der URCF ebenfalls die Erfüllung der „Anforderungen gemäß Artikel 44 Absatz 5 der Richtlinie 2008/138/EG" fordert. Die **Doppelung der Richtlinienvorgabe** schadet zwar der Transparenz und damit Akzeptanz des Solvency II-Systems, ist aber im Ergebnis materiellrechtlich ohne Bedeutung.

164 Schließlich ist nach Art. 269 Abs. 2 lit. b Solva II-VO der URCF noch eine **„enge Zusammenarbeit mit den Nutzern der Ergebnisse des internen Modells**" geboten. Darin kommt letztlich ebenfalls nur eine ohnehin geltende rechtliche Selbstverständlichkeit zum Ausdruck.

165 Speziell die Verwendung eines internen Modells führt dazu, dass die URCF im Sinne der entsprechenden Vorgabe in Art. 269 Abs. 2 lit. c Solva II-VO besonders eng mit der **versicherungsmathematischen Funktion zusammenarbeiten** muss. Dazu bieten Nummer 2.92 ff. EIOPA Explanatory Text BoS-14/253 zu EIOPA-LL 19 Governance ausführliche Erläuterungen.

---

[151] Vgl. schon oben Rn. 84 und ausf. zu Inhalt und Organisation des Risikoberichts – noch unter Geltung der MaRisk VA – *Dreher/Schaaf* VersR 2009, 1151 ff.; *Schaaf*, S. 102 ff.

[152] Siehe oben Rn. 85.

[153] RegE 9. VAG-Novelle BT-Drs. 16/6518, 16.

5. Befugnisse (Art. 268 Abs. 2 Solva II-VO). a) Kommunikation mit Unternehmensmitarbeitern. Nach Art. 268 Abs. 2 Solva II-VO können „die Personen, die eine der Funktionen wahrnehmen, **aus eigener Initiative mit jedem Personalangehörigen kommunizieren**". Dies bedeutet, dass die entsprechenden Personen auch ohne eine ausdrückliche Ermächtigung durch den Vorstand oder den Inhaber der Schlüsselfunktion mit allen Unternehmensmitarbeitern in Kontakt treten können. 166

Die entsprechenden Befugnisse haben also alle Personen, die eine Funktion **„wahrnehmen"**. Damit sind die Differenzierungen im Rahmen der Fit-and-proper-Aufsicht zwischen Personen, die eine Schlüsselfunktion innehaben bzw. für sie verantwortlich sind, einerseits und Personen, die Aufgaben im Rahmen einer Schlüsselfunktion wahrnehmen, andererseits in Bezug genommen. Zu dem letztgenannten Personenkreis zählen auch alle Mitarbeiter einer Schlüsselfunktion, die in ihr dem Inhaber nachgeordnet inhaltlich tätig sind.[154] 167

Der Begriff **Personalangehörige** ist im Sinne von Unternehmensmitarbeiter zu verstehen. Erfasst sind alle dem Vorstand nachgeordneten Mitarbeiter. Dies folgt schon aus einem Vergleich mit der Regelung in anderen Amtssprachen, aus der expliziten differenzierten Verwendung des zusätzlichen Begriffs VMAO in der Solva II-VO, aus der Letztverantwortung des Vorstands für die Schlüsselfunktionen und aus der Berichtspflicht der Schlüsselfunktionen gegenüber dem Vorstand, die eine entsprechende Kommunikation einschließt. 168

b) Zugang zu Informationen. Weiter gibt Art. 268 Abs. 2 Solva II-VO den Mitarbeitern einer Schlüsselfunktion „einen **uneingeschränkten Zugang** zu allen für die Ausübung ihrer Zuständigkeiten benötigten einschlägigen **Informationen**". Diese Befugnis stärkt die unternehmensinterne Stellung der Mitarbeiter von Schlüsselfunktionen, auch wenn sie sich ohnehin aus den Anforderungen an eine wirksame Geschäftsorganisation im Sinne von § 23 Abs. 1 S. 1 VAG ergibt. 169

IX. Verhältnis zu anderen Regelungen. Ein enger Zusammenhang besteht zwischen § 26 VAG und dem **ORSA** nach **§ 27 VAG**. Denn „zum Risikomanagementsystem gehört eine unternehmenseigene Risiko- und Solvabilitätsbeurteilung", wie aus § 27 Abs. 1 VAG hervorgeht. 170

Gleiches gilt für die Sonderregel in **§ 28 VAG**, mit der ein übermäßiges Vertrauen auf **externe Ratingagenturen** im Rahmen des Risikomanagements verhindert werden soll. 171

Nach **§ 32 Abs. 4 VAG** muss ein Versicherungsunternehmen, das Funktionen oder Tätigkeiten **ausgliedert**, diese gleichwohl „in sein Risikomanagement einbeziehen". 172

§§ 52, 53 Abs. 1 S. 1 VAG forderten in der vor dem 26.6.2017 geltenden Fassung von beteiligten Versicherungsunternehmen zusätzlich zu den Maßnahmen nach § 9 Abs. 1 S. 2 GwG „ein angemessenes **Risikomanagement** sowie Verfahren und Grundsätze zur Verhinderung von **Geldwäsche und Terrorismusfinanzierung**". Die Zuordnung zum RMS statt zum IKS und insbesondere zur Compliance nach § 29 VAG war sachlich und rechtlich verfehlt.[155] 173

Für **kleine Versicherungsunternehmen** gelten nach § 212 VAG die Regeln des § 26 VAG zum Teil nicht, zum Teil modifiziert. 174

Vor schwierige versicherungsaufsichtsrechtliche und gesellschafts- sowie konzernrechtliche Fragen stellt weiter die Anforderung des **§ 275 Abs. 1 S. 2 VAG** nach einem einheitlichen **Risikomanagement auf Ebene einer Versicherungsgruppe**.[156] 175

Einen erheblichen Bezug hat das Risikomanagement zu der Solvenzkapitalanforderung. Bei bestimmten **Mängeln im Risikomanagementsystem** eines Versicherungsunternehmens kann die BaFin nämlich nach **§ 301 VAG** einen **Kapitalaufschlag** festsetzen.[157] 176

Risiko- und Solvabilitätsbeurteilung

27 (1) [1] **Zum Risikomanagementsystem gehört eine unternehmenseigene Risiko- und Solvabilitätsbeurteilung, die Versicherungsunternehmen regelmäßig sowie im Fall wesentlicher Änderungen in ihrem Risikoprofil unverzüglich vorzunehmen haben.** [2] **Die Risiko- und Solvabilitätsbeurteilung muss fester Bestandteil der Geschäftsstrategie des Unternehmens sein und kontinuierlich in die strategischen Entscheidungen einfließen.** [3] **Die Versicherungsunternehmen informieren die Aufsichtsbehörde innerhalb von 14 Tagen nach Abschluss jeder durchgeführten Risiko- und Solvabilitätsbeurteilung über das Ergebnis.**

(2) **Die Risiko- und Solvabilitätsbeurteilung umfasst mindestens**

1. **eine eigenständige Bewertung des Solvabilitätsbedarfs unter Berücksichtigung des spezifischen Risikoprofils, der festgelegten Risikotoleranzlimite und der Geschäftsstrategie des Unternehmens,**

---

[154] Ausf. § 24 VAG Rn. 36 f., 47.
[155] Vgl. ausf. § 53 VAG Rn. 14 f.
[156] Siehe oben Rn. 45.
[157] Vgl. dazu schon *Dreher* VersR 2008, 998, 1001 und ausf. die Erläuterungen zu § 301 VAG.

2. eine Beurteilung der jederzeitigen Erfüllbarkeit der aufsichtsrechtlichen Eigenmittelanforderungen, der Anforderungen an die versicherungstechnischen Rückstellungen in der Solvabilitätsübersicht und der Risikotragfähigkeit sowie
3. eine Beurteilung der Wesentlichkeit von Abweichungen des Risikoprofils des Unternehmens von den Annahmen, die der Berechnung der Solvabilitätskapitalanforderung mit der Standardformel oder mit dem internen Modell zugrunde liegen.

(3) [1] **Die Unternehmen müssen für die Beurteilung nach Absatz 2 Nummer 1 über Prozesse verfügen, die der Art, dem Umfang und der Komplexität ihrer Risiken angemessen sind und es ihnen erlauben, alle Risiken, denen sie kurz- und langfristig ausgesetzt sind oder ausgesetzt sein könnten, ordnungsgemäß zu identifizieren und zu beurteilen.** [2] **Dazu gehört insbesondere die selbständige Durchführung von Stresstests und Szenarioanalysen.**

(4) **Die Versicherungsunternehmen sind für die von ihnen zur Bewertung des Solvabilitätsbedarfs nach Absatz 2 Nummer 1 verwendeten Methoden darlegungspflichtig.**

(5) **Sofern ein internes Modell verwendet wird, hat die Bewertung in den in Absatz 2 Nummer 3 genannten Fällen zusammen mit der Rekalibrierung zu erfolgen, mit der die Ergebnisse des internen Modells auf das Risikomaß und die Kalibrierung der Solvabilitätskapitalanforderung überführt werden.**

(6) [1] **Unternehmen, die langfristige Garantien geben, müssen als Teil der Beurteilung nach Absatz 2 Nummer 2 auch die langfristige Risikotragfähigkeit des Unternehmens berücksichtigen.** [2] **Wenn die Versicherungsunternehmen die Matching-Anpassung gemäß § 80, die Volatilitätsanpassung gemäß § 82 oder die Übergangsmaßnahmen gemäß den §§ 351 und 352 anwenden, ist die Einhaltung der Kapitalanforderungen gemäß Absatz 2 Nummer 2 mit und ohne Berücksichtigung dieser Anpassungen und Übergangsmaßnahmen zu bewerten.**

Übersicht

Schrifttum: *Barazon*, ORSA: Die Erfassung sämtlicher Risiken des Versicherungsunternehmens, Versicherungsrundschau 12/2015, 20; *Brinkmann/Bruhns*, Own Risk and Solvency Assessment als Zentrum aller Aktivitäten, VW 2011, 411; *Dreher/Ballmaier*, Die unternehmenseigene Risiko- und Solvabilitätsbeurteilung (ORSA) nach Solvency II und VAG 2012, VersR 2012, 129; *Gillessen/Prossner/Spengler*, Wann ist eine Abweichung für die Aufsicht signifikant?, VW 2012, 434; *Korte/Romeike*, Motivationsaspekte zur Entwicklung eines Internen Modells, VW 2011, 607; *Montalvo*, EIOPA möchte unnötige Komplexität vermeiden, VW 2012, 130; *Rief/Bender*, „Orsa – das Herz von Solvency II", VW 2011, 1493.

I. Allgemeines. 1. Entstehungsgeschichte. Die **unternehmenseigene Risiko- und Solvabilitätsbeurteilung (ORSA)** nach § 27 VAG hat keinen Vorgänger im VAG a. F. Allerdings sollten Versicherungsunternehmen bereits nach § 64a Abs. 1 S. 4 Nr. 3 lit. a VAG a. F. ein die Risikostrategie berücksichtigendes Risikotragfähigkeitskonzept als Teil des angemessenen Risikomanagements erstellen. Der Ansatz einer eigenen Gegenüberstellung der Risikolage und der Eigenmittel ist insofern nicht neu. Mit Abs. 6 S. 1 hat der Gesetzgeber § 64a Abs. 7 Nr. 1 lit. a VAG a. F., 2014 eingeführt durch Art. 1 Nr. 4 lit. a Lebensversicherungsreformgesetz,[1] übernommen. Art. 4 Nr. 6 Finanzaufsichtsrechtergänzungsgesetz[2] hat mit Wirkung vom 10.6.2017 den Text von § 27 Nr. 6 S. 2 VAG durch die Streichung des Wortes „die" nach dem Wort „Wenn" geändert. 1

§ 28 VAG-RegE 2012, der die unternehmenseigene Risiko- und Solvabilitätsbeurteilung ursprünglich regeln sollte, **und § 27 VAG unterscheiden sich** stellenweise. Die im VAG-RegE 2012 nicht enthaltene Regelung des Abs. 6 S. 2 ist der Einführung von Art. 45 Abs. 2a Solva II-Richtlinie durch Art. 2 Abs. 11 Richtlinie 2014/51/EU (Omnibus II-Richtlinie) geschuldet. § 27 Abs. 1 S. 3 VAG, den § 28 VAG-RegE 2012 nicht vorsah, wiederholt den Anwendungsvorrang genießenden Art. 312 Abs. 1 lit. b Solva II-VO. Der ORSA umfasst gem. Abs. 2 Nr. 2 nicht nur die Beurteilung der jederzeitigen Erfüllbarkeit der Anforderungen an die technischen Rückstellungen in der Solvabilitätsübersicht, sondern auch „der Risikotragfähigkeit". Abs. 3 S. 1 nimmt, anders als § 28 Abs. 3 VAG-RegE 2012, in seinen Anforderungen an die internen Prozesse ausdrücklich Bezug auf „die Beurteilung nach Absatz 2 Nummer 1". 2

2. Regelungszweck. Die Einführung einer unternehmenseigenen Bewertung der Risikolage und des Solvabilitätsbedarfs hat zwei Ziele. Zum einen soll der ORSA den **Unternehmen** ein realistisches Bild ihrer Risiko- und Solvabilitätslage vermitteln, das in die **strategischen Entscheidungen** einfließt und angemessen berücksichtigt wird. Zum anderen sind die ORSA-Ergebnisse wichtige **Informationsquellen für die Aufsichtsbehörden.**[3] Unternehmen und Behörden erhalten durch den ORSA Kenntnisse über die Risikolage eines Unternehmens und seiner Fähigkeit, mit Risiken umzugehen sowie künftigen Veränderungen standzuhalten, über den Gesamtsolvabilitätsbedarf und darüber, ob die verwendete Standardformel bzw. das interne Modell das Risikoprofil ausreichend abbilden.[4] Der ORSA erweist sich somit als **Kernstück des Risikomanagement,**[5] an das zahlreiche Elemente aller drei Säulen des Solvency II-Systems anknüpfen.[6] 3

[1] BGBl. 2014 I, 1330.
[2] Vgl. dazu Einl. Rn. 71.
[3] Begr. VAG-RegE 2014, BT-Drs. 18/2956, 242.
[4] Begr. VAG-RegE 2014, BT-Drs. 18/2956, 242, bezogen auf die Aufsichtsbehörden.
[5] *Heukamp* S. 76; *Rief/Bender* VW 2011, 1493: „Potenzial, zu einem zentralen Instrument der Aufsicht zu werden".
[6] Vgl. *Brinkmann/Bruhns* VW 2011, 411, 413: „Klammer um die drei Säulen von Solvency II".

4 **3. Europarechtlicher Hintergrund.** § 27 VAG dient der Umsetzung von **Art. 45 Solva II-RL.** Die International Association of Insurance Supervisors (IAIS) betont in ihren Aufsichtsprinzipien (Insurance Core Principles) die herausragende Rolle eines Mechanismus der eigenen Feststellung der Risikolage für eine solide Einschätzung der Solvabilität.[7] Die unternehmenseigene Risiko- und Solvabilitätsbeurteilung ist daher kein europarechtliches Unikum, sondern, in unterschiedlichen Ausprägungen, zunehmend ein **weltweites Instrument der Versicherungsaufsicht**.

5 Die Pflicht, unternehmenseigene Verfahren und Mechanismen zu installieren, mittels derer Unternehmen die Höhe, Zusammensetzung und Verteilung des Eigenkapitals zur zukünftigen Risikoabdeckung bewerten, ist dem **Europarecht** nicht neu. Bereits Art. 123 RL 2006/48/EG (Bankenrichtlinie) sah dies für Institute vor (Internal Capital Adequacy Assessment Process, ICAAP). Art. 45 Solva II-Richtlinie erfuhr mit Abs. 2a eine Ergänzung auf Grund von Art. 2 Abs. 11 Richtlinie 2014/51/EU (Omnibus II-Richtlinie). Ansonsten blieb die ursprüngliche Fassung der Norm unverändert. Der ORSA-Prozess ist gem. Art. 36 Abs. 2 lit. a Solva II-RL, umgesetzt in § 294 Abs. 5 VAG, in das aufsichtliche Überprüfungsverfahren einzubeziehen. Art. 246 Abs. 4 Solva II-RL regelt den ORSA auf Gruppenebene. Die Transformation in deutsches Recht nimmt § 275 Abs. 3, 4 VAG vor.

6 Die **Solva II-VO** spricht den ORSA vor allem im Kontext des aufsichtlichen Berichts und des Berichts über die Solvabilitäts- und Finanzlage an. So enthält letzterer nach Art. 294 Abs. 4 Solva II-VO Vorgaben für zu veröffentlichende Informationen bezüglich des ORSA. Der Inhalt des aufsichtlichen Berichts richtet sich auf Solo-Ebene nach Art. 304 Abs. 1 lit. c, 306, 308 Abs. 4 Solva II-VO, wobei die Frist zur Übermittlung der Informationen nach einem durchgeführten ORSA gemäß Art. 312 Abs. 1 lit. b Solva II-VO zwei Wochen beträgt. Der aufsichtliche Bericht der Gruppe ist entsprechend auszugestalten und enthält nach Art. 372 Abs. 1, 2 lit. b ii Solva II-VO zusätzlich Angaben zum Gruppen-ORSA. Die Übermittlungsfrist beträgt gem. Art. 373 Solva II-VO auch hier zwei Wochen. Details zum ORSA-Prozess an sich hält die Solva II-VO nur in Art. 262 bezüglich der Ermittlung des Gesamtsolvabilitätsbedarfs bereit. Die Ergebnisse des ORSA sind gem. Art. 233 Abs. 2 Solva II-VO qualitative Indikatoren bei der Überprüfung des internen Modells auf seine Bedeckung aller wesentlichen quantifizierbaren Risiken.

7 **II. Vornahme einer unternehmenseigenen Risiko- und Solvabilitätsbeurteilung (Abs. 1). 1. Betroffene Unternehmen.** Den ORSA müssen grundsätzlich alle **Erst- und Rückversicherungsunternehmen** i. S. v. § 7 Nr. 33, 34 VAG vornehmen. Erst- und Rückversicherungsunternehmen, die vor dem 1. Januar 2016 ihre letzten Versicherungsverträge abgeschlossen haben und ihren Versicherungsbestand nur noch mit dem Ziel der Einstellung des Geschäftsbetriebs verwalten, sind aber bei Erfüllung der weiteren Tatbestandsvoraussetzungen des § 343 VAG von der ORSA-Pflicht entbunden. Gleiches gilt für Rückversicherungsunternehmen in Abwicklung i. S. d. § 165 VAG. Ausgenommen von § 27 VAG sind **kleine Versicherungsunternehmen** gem. § 212 Abs. 2 Nr. 1 VAG sowie **Sterbekassen** (§ 219 VAG i. V. m. § 212 Abs. 2 Nr. 1 VAG) und **Pensionskassen** (§ 234 Abs. 1 VAG i. V. m. § 212 Abs. 2 Nr. 1 VAG). Auf **Versicherungszweckgesellschaften** sind gem. § 168 Abs. 2 VAG die Vorgaben des § 27 VAG nicht anzuwenden. Auf Gruppenebene hat das **oberste Mutterunternehmen** nach § 275 Abs. 3 VAG einen gruppenweiten ORSA auszuführen, was aber die Tochterunternehmen nicht von ihrer Verpflichtung nach § 27 VAG entbindet.

8 **2. Unternehmenseigene Risiko- und Solvabilitätsbeurteilung (Abs. 1 S. 1 Hs. 1). a) ORSA als Teil des Risikomanagementsystems.** Abs. 1 S. 1 beruht auf Art. 45 Abs. 1 UAbs. 1 Solva II-Richtlinie. Systematisch gehört die unternehmenseigene Risiko- und Solvabilitätsbeurteilung demnach zum **Risikomanagementsystem**. Der Gesetzgeber regelt die Materie wie die Solva II-RL selbst der Übersicht halber und zugleich die Wichtigkeit des ORSA betonend in einer eigenen Vorschrift, nämlich in § 27 VAG.

9 Die unternehmenseigene Risiko- und Solvabilitätsbeurteilung ist zu **definieren** als die **Gesamtheit aller Prozesse**, um kurz- oder langfristige Risiken zu identifizieren, einzuschätzen, zu überwachen, zu berichten sowie zu managen und um die eigenen Kapitalbedürfnisse quantitativ festzulegen sowie sie zu erfüllen.[8] Sie ist quasi ein „Spiegel", der den Unternehmen „hilft, Risiken besser zu verstehen und entsprechend zu reagieren".[9]

10 ORSA ist das entscheidende Verbindungsstück zwischen Risikomanagement und quantitativen Anforderungen und muss gem. § 27 Abs. 3 S. 1 VAG grundsätzlich **„alle Risiken"**, d. h. auch diejenigen Risiken abdecken, die nicht von der Standardformel bzw. dem internen Modell erfasst werden. Nach den Grundsätzen der Proportionalität und der Materialität sind aber nicht schlechthin alle Risiken gemeint, sondern nur wesentliche.[10] Das befreit die Unternehmen nicht davon, im

[7] IAIS, Insurance Core Principles, Stand: November 2015, ICP 16, Nr. 16.0.3 ff.

[8] Vgl. CEIOPS, Issues Paper on Own Risk and Solvability Assessment, 2008, Nr. 9 und ähnlich Art. 45 Abs. 2 Solva II-RL.

[9] *Montalvo* VW 2012, 130.

[10] *Dreher/Ballmaier* VersR 2012, 133; vgl. zur Erfassung aller wesentlichen Risiken im Übrigen unten Rn. 51 und 74.

Vorfeld auch Risiken zu identifizieren, die wenigstens potentiell als wesentlich einzustufen sind. Ein Unternehmen muss für die Zwecke der unternehmenseigenen Beurteilung kein internes Modell verwenden.[11] Im ORSA ist jedoch zwingend das Ergebnis eines verwendeten internen Teil- oder Vollmodells zu nutzen, wobei daneben auch andere Methoden treten können.[12] Der ORSA bedeutet nicht nur die Beurteilung der Risikolage und des Solvabilitätsbedarfs an sich, sondern alle mit ihnen zusammenhängenden Maßnahmen innerhalb der Unternehmen. Er ist folglich ein **fortlaufender Prozess**, der periodisch oder bei wesentlicher Änderung der Risikosituation ad hoc ein Ergebnis bereitstellten muss.

Der ORSA setzt sich aus verschiedenen **Komponenten** zusammen. Zu unterscheiden ist hierbei zwischen dem **Ergebnis des ORSA** und dem ständigen **ORSA-Prozess**, den die **drei Elemente** des Katalogs von Abs. 2 erfassen. Der Prozess umfasst die Dokumentation in Form der unternehmensinternen Leitlinien, der schriftlichen Darstellung des ORSA-Prozesses, der internen Berichterstattung und der Berichterstattung gegenüber der Aufsichtsbehörde. Teil des ORSA ist aber auch die Erfassung der ihn ermöglichenden Informationen bezüglich Risikoprofil und Solvabilitätslage sowie ihre Weitergabe, so dass der ORSA im Prinzip alle Teile eines Unternehmens in Anspruch nimmt.[13] Ausgerichtet ist der Prozess nach § 27 Abs. 2 VAG „mindestens" auf die Ermittlung des Gesamtsolvabilitätsbedarfs, die Sicherstellung der Erfüllung der Vorgaben für die Solvabilität und die versicherungstechnischen Rückstellungen sowie die Feststellung, ob die Standardformel bzw. das interne Modell die Risikolage des Unternehmens ausreichend darstellt. 11

Bei der Wahl der **Methoden** haben die Unternehmen weitgehend freie Hand.[14] Sie müssen allerdings dem Risikoprofil des Unternehmens gewachsen sein.[15] Das ist dem Grundsatz der **Proportionalität** geschuldet, der allerdings hier nur bezüglich der Frage Anwendung findet, wie eine Vorgabe zu erfüllen ist. Er kann nicht von der Pflicht an sich befreien.[16] Die BaFin betont, dass der ORSA nicht die Entwicklung eines internen Modells erfordert. Ausschlaggebend ist das Risikoprofil des Unternehmens, das „einfache Ansätze" angemessen sein lassen kann.[17] Auch die **Frequenz** des ORSA hängt von der individuellen Risikolage des Unternehmens ab.[18] Die Aufsichtsbehörden erwarten aber mindestens eine jährliche ORSA-Beurteilung.[19] 12

Nach § 115 Abs. 1 Nr. 2, Abs. 3 VAG müssen die Unternehmen nachweisen, dass das **interne Modell** bei der Beurteilung der Risiko- und Solvabilitätslage eine wesentliche Rolle spielt. Damit ist aber nicht gemeint, dass sich der ORSA in dem Durchlauf des internen Modells erschöpft. Die unternehmenseigene Solvabilitäts- und Risikobeurteilung schließt z. B. darüber hinaus die Einschätzung der Wechselwirkungen zwischen den Risiken ein, die das Modell erfasst, und solchen, die es außen vor lässt.[20] Zudem soll eine Beurteilung erfolgen, ob und inwieweit im Fall der Nutzung eines internen Teilmodells ausgeschlossene wesentliche Risiken und Geschäftslinien eine Auswirkung auf die Solvabilitätslage hätten.[21] Die Unternehmen sollen die Risiken erkennen, die das interne Modell nicht abbildet, und die eine Veränderung des internen Modells nahelegen würden.[22] 13

b) Rolle des Vorstands. aa) Rolle im ORSA-Prozess. Der Vorstand übernimmt bei der unternehmenseigenen Bewertung der Risikolage, der Solvabilität und der versicherungstechnischen Rückstellungen eine **aktive Rolle**.[23] Das betrifft vor allem die **Steuerung** des Prozesses und die **Hinterfragung** seiner Ergebnisse.[24] Er beschließt gemäß § 23 Abs. 3 S. 3 VAG die unternehmensinternen **Leitlinien** zum ORSA. Der ORSA-Bewertung kommt die Aufgabe zu, dem Vorstand ein klares Bild von der Risikolage des Unternehmens und ihrem Zusammenhang mit den Kapitalanforderungen und 14

[11] Begr. VAG-RegE 2014, BT-Drs. 18/2956, 243.
[12] Begr. VAG-RegE 2014, BT-Drs. 18/2956, 243.
[13] Nr. 2.1. EIOPA Explanatory Text on Guidelines on own risk and solvency assessment, EIOPA-BoS-14/259 spricht vom Erfordernis eines „input from across the whole undertaking".
[14] Begr. VAG-RegE 2014, BT-Drs. 18/2956, 243. Ausdrücklich bezüglich der Ermittlung des Gesamtsolvabilitätsbedarfs Nr. 9 BaFin AE v. 23.12.2015 „Auslegungsentscheidungen: ORSA", Nr. 2.5. EIOPA Explanatory Text on Guidelines on own risk and solvency assessment, EIOPA-BoS-14/259.
[15] Begr. VAG-RegE 2014, BT-Drs. 18/2956, 243; Nr. 7 BaFin AE v. 23.12.2015 „Auslegungsentscheidungen: ORSA".
[16] Nr. 6 BaFin AE v. 23.12.2015 „Auslegungsentscheidungen: ORSA".
[17] Nr. 8 BaFin AE v. 23.12.2015 „Auslegungsentscheidungen: ORSA".
[18] Nr. 12 BaFin AE v. 23.12.2015 „Auslegungsentscheidungen: ORSA".
[19] Leitlinie 14 EIOPA-LL ORSA; Nr. 22 BaFin AE v. 23.12.2015 „Auslegungsentscheidungen: ORSA".
[20] Nr. 2.57. lit. b EIOPA Explanatory Text on Guidelines on own risk and solvency assessment, EIOPA-BoS-14/259.
[21] Nr. 2.57. lit. a EIOPA Explanatory Text on Guidelines on own risk and solvency assessment, EIOPA-BoS-14/259.
[22] Nr. 2.57. lit. c EIOPA Explanatory Text on Guidelines on own risk and solvency assessment, EIOPA-BoS-14/259.
[23] Begr. VAG-RegE 2014, BT-Drs. 18/2956, 243; Leitlinie 2 EIOPA-LL ORSA; Nr. 32 BaFin AE v. 23.12.2015 „Auslegungsentscheidungen: ORSA".
[24] Leitlinie 2 EIOPA-LL ORSA; Nr. 29 BaFin AE v. 23.12.2015 „Auslegungsentscheidungen: ORSA".

Risikominderungstechniken zu vermitteln.[25] Die Beurteilung hat nach § 27 Abs. 1 S. 2 VAG in die strategischen Entscheidungen des Vorstands und die Geschäftsstrategie einzufließen.

15 Der Vorstand ist **gesamtverantwortlich** für seine aktive Rolle im ORSA.[26] Eine Delegation auf einzelne Ressorts ist nur in dem Umfang zulässig, wie es jedem einzelnen Vorstandsmitglied möglich bleibt, die Risiken des Unternehmens und den daraus resultierenden Kapitalbedarf zu verstehen.[27] Gleiches gilt für die vertikale und externe Delegation der ORSA-Aufgaben.[28] Neben diese Grenzen treten für Ausgliederungssachverhalte die Vorgaben des § 32 VAG.

16 Der Vorstand prüft als Teil des ORSA die Angemessenheit der Annahmen hinter der Standardformel bzw. hinter dem internen Modell.[29] Der Vorstand muss zudem die Risikoidentifikation und die Beurteilung der Risiken hinterfragen.[30] Das setzt voraus, dass er ein **Verständnis** von den Annahmen hat, die den Solvabilitätsanforderungen und dem Risikoprofil des Unternehmens zugrunde liegen. Falls der Vorstand ein oberstes beteiligtes Unternehmen leitet, gilt dies entsprechend für die Versicherungsgruppe.[31] Der Vorstand muss sich zudem der Risiken bewusst sein, die mit der aktuellen Berechnung der versicherungstechnischen Rückstellungen zusammenhängen.[32]

17 **bb) Berücksichtigung des Ergebnisses in der Geschäftsleitung.** Einerseits ist der Vorstand für den Prozess der unternehmenseigenen Risiko- und Solvabilitätsbeurteilung verantwortlich. Andererseits lenkt das Ergebnis ihn in seiner Verantwortlichkeit für das Unternehmen. Die Ergebnisse sind nicht nur passiv entgegenzunehmen, sondern sie sind **Gegenstand einer kritischen Auseinandersetzung** mit möglichen Zukunftsszenarien.[33] Der Vorstand hat die Pflicht, das ORSA-Ergebnis kritisch zu hinterfragen, was er zudem ausreichend dokumentieren sollte.[34] Die Ergebnisse fließen gem. § 27 Abs. 1 S. 2 VAG in die Geschäftsstrategie und strategischen Entscheidungen ein.[35]

18 **3. Dokumentation. a) Überblick.** Der ORSA-Prozess und dessen Ergebnis sind zu dokumentieren. Die Dokumentation setzt sich zusammen aus den **Leitlinien** für die unternehmenseigene Beurteilung, der **Aufzeichnung** eines jeden ORSA-Prozesses, einem **internen Bericht** und schließlich dem – u. U. deckungsgleichen – **aufsichtlichen ORSA-Bericht**.[36]

19 Daneben enthalten der **reguläre aufsichtliche Bericht (RSR)** nach Art. 308 Abs. 4 Solva II-VO und der **Solvabilitäts- und Finanzbericht (SFCR)** gemäß Art. 294 Abs. 4 Solva II-VO Angaben zur unternehmenseigenen Beurteilung der Risiko- und Solvabilitätslage als Teil der Angaben zur Geschäftsorganisation.[37] Der Unterschied zum ORSA-Bericht besteht darin, dass Gegenstand der Berichterstattung nicht ein konkreter ORSA ist, sondern die allgemeinen Rahmenbedingungen der internen Beurteilung, wie die Dokumentationsvorschriften oder die Beschreibung der Durchführung.

20 **EIOPA** führt zur Dokumentation des ORSA grundsätzlich aus, dass sie nicht unbedingt voraussetzt, extra für die unternehmenseigene Beurteilung neue oder nur aus sich heraus verständliche Dokumente zu verfassen. Es könne unter Umständen ausreichen, auf bereits existierendes Material zu verweisen.[38] Verweise auf andere Dokumente sind aber nur dann möglich, wenn die verschiedenen Zwecke der Dokumentationspflichten dem nicht entgegenstehen. So sind Bezugnahmen auf andere Schriftstücke in dem internen Bericht und dem aufsichtlichen ORSA-Bericht unzulässig, da die Berichte aus sich selbst heraus verständlich sein sollen.[39] Der regelmäßige aufsichtliche Bericht und der Solvabilitäts- und Finanzbericht dürfen aus dem gleichen Grund ebenso keine Verweise enthalten.[40]

21 **b) Aufzeichnung des ORSA-Prozesses.** Die Dokumentation des ORSA-Prozesses, die für jeden ORSA vorgesehen ist, ist so zu verfassen, dass ein **sachkundiger Dritter** ihn nachvollziehen und

[25] Nr. 2.10. EIOPA Explanatory Text on Guidelines on own risk and solvency assessment, EIOPA-BoS-14/259.
[26] Begr. VAG-RegE 2014, BT-Drs. 18/2956, 243; Nr. 28 BaFin AE v. 23.12.2015 „Auslegungsentscheidungen: ORSA".
[27] Nr. 28 BaFin AE v. 23.12.2015 „Auslegungsentscheidungen: ORSA".
[28] Nr. 28 BaFin AE v. 23.12.2015 „Auslegungsentscheidungen: ORSA".
[29] Nr. 2.12. EIOPA Explanatory Text on Guidelines on own risk and solvency assessment, EIOPA-BoS-14/259; Nr. 29 BaFin AE v. 23.12.2015 „Auslegungsentscheidungen: ORSA".
[30] Nr. 2.11. EIOPA Explanatory Text on Guidelines on own risk and solvency assessment, EIOPA-BoS-14/259; Nr. 29 BaFin AE v. 23.12.2015 „Auslegungsentscheidungen: ORSA".
[31] Nr. 34 BaFin AE v. 23.12.2015 „Auslegungsentscheidungen: ORSA".
[32] Nr. 32 BaFin AE v. 23.12.2015 „Auslegungsentscheidungen: ORSA".
[33] Nr. 29 BaFin AE v. 23.12.2015 „Auslegungsentscheidungen: ORSA".
[34] Nr. 31 BaFin AE v. 23.12.2015 „Auslegungsentscheidungen: ORSA".
[35] Hierzu ausführlich unten Rn. 37 ff.
[36] Leitlinie 3 EIOPA-LL ORSA; Nr. 41 BaFin AE v. 23.12.2015 „Auslegungsentscheidungen: ORSA".
[37] Ein guter Überblick über die Dokumentation ergibt sich aus den Schaubildern in öFMA, Leitfaden – Unternehmenseigene Risiko- und Solvabilitätsbeurteilung, 2. Ausgabe Oktober 2015, S. 40 ff.
[38] Nr. 2.14. EIOPA Explanatory Text on Guidelines on own risk and solvency assessment, EIOPA-BoS-14/259.
[39] Nr. 41 BaFin AE v. 23.12.2015 „Auslegungsentscheidungen: ORSA".
[40] Nr. 42 BaFin AE v. 23.12.2015 „Auslegungsentscheidungen: ORSA".

beurteilen kann.[41] Es gelten für sie die allgemeinen Aufbewahrungsfristen.[42] Sie bezieht sich auf den **gesamten ORSA-Prozess** und damit zum Beispiel auch auf die Durchführung, Resultate und Schlussfolgerungen bezüglich der jederzeitigen Einhaltung der Solvabilitätsanforderungen und der versicherungstechnischen Rückstellungen.[43] Der Prozess umfasst Angaben dazu, wie die Beurteilung zustande gekommen ist und aus welchem Datenmaterial sie resultiert.[44] **Bezugnahmen** auf bereits vorhandenes Material sind grundsätzlich möglich, solange dieses für die Dauer der Aufbewahrungsfristen identifizierbar und abrufbar ist.[45] Die Dokumentation enthält die Beschreibung der Annahmen des Unternehmens, die der Beurteilung der Signifikanz einer Abweichung des Risikoprofils zugrunde liegen, welche Feststellungen es aus welchen Gründen getroffen hat und welches Resultat eine eventuell durchgeführte Quantifizierung hatte.[46] Sollte das Unternehmen der Meinung sein, gewisse Risiken wären unterschätzt, gibt es hierfür Gründe an, um eine eventuell erfolgende Verrechnung mit überschätzten Risiken zu rechtfertigen.[47]

Untersucht das Unternehmen, welche Folgen **avisierte strategische Entscheidungen** haben werden, soll es nach Ansicht der BaFin auch diesen Vorgang unter Angaben zum Prozess und zum Ergebnis sowie den Schlussfolgerungen dokumentieren.[48] Das ist fragwürdig, weil hier schon keine Pflicht zur Vornahme eines (Teil-)ORSA vorliegt. 22

Die europäische Versicherungsaufsichtsbehörde legt in Nr. 2.18. **EIOPA** Explanatory Text on Guidelines on own risk and solvency assessment eine **umfangreiche Liste weiterer Pflichtinhalte** vor. 23

c) Leitlinien. ORSA-Leitlinien sind systematisch gesehen **Teil der Risikomanagementleitlinien** (§ 23 Abs. 3 S. 2 VAG). Sie können als in sich geschlossener Teil derselben oder als separates Dokument erstellt werden, müssen aber in ihrer Gesamtheit in einem Schriftstück fixiert sein.[49] 24

Die nach § 23 Abs. 3 S. 3 VAG vom Vorstand zu beschließenden Leitlinien zur unternehmenseigenen Risiko- und Solvabilitätsbeurteilung enthalten die **Soll-Angaben** zu den Prozessen und Verfahren, insbesondere Meldeverfahren, für die Durchführung des ORSA, zur Verbindung zwischen Risikoprofil, Toleranzlimits und Gesamtsolvabilität sowie zu den Bewertungsmethoden, die Anwendung finden sollen.[50] Daneben legen sie die Zuständigkeiten und die Art der (Revers-)Stresstests und Sensitivitätsanalysen fest.[51] In die Leitlinien aufzunehmen sind des Weiteren die Modalitäten und Frequenz der Analysen, die Qualitätsstandards der Daten,[52] die Frequenz des regulären ORSA mitsamt einer Begründung unter Berücksichtigung der Risikolage und der Volatilität des Gesamtsolvabilitätsbedarfs in Bezug zur Kapitallage des Unternehmens.[53] Die Leitlinien definieren zudem die Auslöser für den anlassbezogenen ORSA.[54] Die Unternehmen prüfen die Leitlinien gem. § 23 Abs. 3 S. 3 VAG einmal jährlich, was sie zu dokumentieren haben. 25

d) Interner ORSA-Bericht. Nach Abnahme des ORSA durch den Vorstand kommuniziert das Unternehmen die Ergebnisse und Konsequenzen aus dem ORSA an die relevanten internen Stellen.[55] Der interne Bericht hält die **wichtigen Informationen** sowohl für den Vorstand als auch für andere unternehmenseigene Bereiche vor.[56] Er ist von dem Vorstand als Ergebnis des ORSA per Beschlussfassung oder durch Unterschrift aller Vorstandsmitglieder abzunehmen.[57] Die Adressaten neben dem Vorstand sind alle Stellen, die nach der individuellen Geschäftsorganisation die ORSA-Informationen benötigen.[58] Das können einzelne Mitarbeiter, aber auch Ausschüsse, Schlüsselfunktionen und vor allem der Aufsichtsrat sein.[59] Aufsichtsrechtliche Vorgaben zu Inhalt, Umfang und Aufbau gibt es für den Bericht nur in geringem Umfang.[60] Der **Detaillierungsgrad** richtet sich danach, ob die Adressaten 26

[41] Nr. 2.17. EIOPA Explanatory Text on Guidelines on own risk and solvency assessment, EIOPA-BoS-14/259; Nr. 51 BaFin AE v. 23.12.2015 „Auslegungsentscheidungen: ORSA".

[42] Nr. 51 BaFin AE v. 23.12.2015 „Auslegungsentscheidungen: ORSA".

[43] Nr. 53 BaFin AE v. 23.12.2015 „Auslegungsentscheidungen: ORSA".

[44] Nr. 49 BaFin AE v. 23.12.2015 „Auslegungsentscheidungen: ORSA".

[45] Nr. 50 BaFin AE v. 23.12.2015 „Auslegungsentscheidungen: ORSA".

[46] Nr. 54 BaFin AE v. 23.12.2015 „Auslegungsentscheidungen: ORSA".

[47] Nr. 55 BaFin AE v. 23.12.2015 „Auslegungsentscheidungen: ORSA"; zur Verrechnung vgl. unten Rn. 31 und 67.

[48] Nr. 52 BaFin AE v. 23.12.2015 „Auslegungsentscheidungen: ORSA".

[49] Nr. 47 BaFin AE v. 23.12.2015 „Auslegungsentscheidungen: ORSA".

[50] Leitlinie 4 EIOPA-LL ORSA; Nr. 44, 45 BaFin AE v. 23.12.2015 „Auslegungsentscheidungen: ORSA".

[51] Nr. 44 BaFin AE v. 23.12.2015 „Auslegungsentscheidungen: ORSA".

[52] Hier ist laut Nr. 46 BaFin AE v. 23.12.2015 „Auslegungsentscheidungen: ORSA" ein Verweis auf die allgemeinen, im Unternehmen geltenden Datenstandards zulässig, wobei die Unternehmen aber auch bezüglich der Prognosedaten angemessene Qualitätsstandards statuieren sollen.

[53] Leitlinie 4 ORSA-LL ORSA, Nr. 45 BaFin AE v. 23.12.2015 „Auslegungsentscheidungen: ORSA".

[54] Leitlinie 4 EIOPA-LL ORSA; Nr. 45 Nr. 45 BaFin AE v. 23.12.2015 „Auslegungsentscheidungen: ORSA".

[55] Leitlinie 6 EIOPA-LL ORSA.

[56] Nr. 56 BaFin AE v. 23.12.2015 „Auslegungsentscheidungen: ORSA".

[57] Nr. 58 BaFin AE v. 23.12.2015 „Auslegungsentscheidungen: ORSA".

[58] Nr. 60 BaFin AE v. 23.12.2015 „Auslegungsentscheidungen: ORSA".

[59] Nr. 61 BaFin AE v. 23.12.2015 „Auslegungsentscheidungen: ORSA".

[60] Nr. 57 BaFin AE v. 23.12.2015 „Auslegungsentscheidungen: ORSA".

dem Bericht ausreichende Erkenntnisse für die notwendigen weiteren Schritte entnehmen können.[61] EIOPA schlägt vor, den internen Report auch als Bericht an die Aufsichtsbehörden zu verwenden, falls er den hierfür ausreichenden Informationsgehalt aufweist.[62]

27 e) **Aufsichtlicher ORSA-Bericht.** Der national in § 27 Abs. 1 S. 3 VAG und auf europäischer Ebene in Art. 45 Abs. 6 Solva II-RL vorgeschriebene aufsichtliche Bericht **informiert die Behörde** über Durchführung, Ergebnisse und Konsequenzen eines jeden ORSA sowie über die Methoden und Annahmen, die der unternehmenseigenen Beurteilung zugrunde liegen.[63] Details zum Inhalt des Berichts sieht **Art. 306 Solva II-VO** vor. Für Aufbau und Inhalt besteht im Übrigen laut BaFin ein weitgehender Freiraum der Unternehmen. Sie behält sich allerdings vor, gegebenenfalls Nachbesserungen zu verlangen.[64] Der Bericht als eigenständiges Dokument muss **aus sich heraus verständlich** sein, was Bezugnahmen auf andere, nicht beigefügte Dokumente ausschließt.[65] Die Detailtiefe und der Umfang des Berichts richten sich nach dem Risikoprofil des Unternehmens und dem Erklärungsbedarf von Ergebnissen und Schlussfolgerungen. Dies ist **aus der Sicht des Berichtsempfängers**, also der Aufsichtsbehörde, zu beurteilen.[66] Daher weist die BaFin darauf hin, dass der interne und der aufsichtliche Bericht zwar identisch sein können, aber nicht immer sein müssen.[67] Die Berichterstattung nach einem ad hoc-ORSA geht schwerpunktmäßig auf die Gründe für die wesentlichen Änderungen im Risikoprofil und die Schlussfolgerungen für das weitere Handeln der Unternehmen ein.[68]

28 **Inhaltlich** meldet der aufsichtliche Bericht gem. Art. 306 lit. a Solva II-VO die qualitativen und quantitativen Ergebnisse des ORSA und die aus ihm gezogenen Schlussfolgerungen. Laut Buchstabe b gibt das Unternehmen zudem die Methoden und wichtigsten Annahmen des ORSA an. Der Bericht enthält gem. Art. 306 lit. c Solva II-VO Angaben zum Gesamtsolvabilitätsbedarf und einen Vergleich zwischen diesem, den gesetzlichen Kapitalanforderungen und den Eigenmitteln. Zudem macht das Unternehmen gemäß Buchstabe d qualitative Angaben zur Nichtberücksichtigung nicht quantifizierbarer Risiken in der Berechnung der Solvenzkapitalanforderung. Bei der Feststellung signifikanter Abweichungen quantifiziert es den Umfang der Nichtberücksichtigung.

29 Die BaFin verlangt in dem Bericht die **Beurteilung** des Gesamtsolvabilitätsbedarfs, der jederzeitigen Einhaltung der gesetzlichen Kapitalanforderungen und der Anforderungen an die versicherungstechnischen Rückstellungen sowie der daraus gezogenen **Konsequenzen** für das Kapitalmanagement, die strategische Ausrichtung und die Produktentwicklung.[69] Der Bericht über den **Gesamtsolvabilitätsbedarf** soll auch allgemeine qualitative Aussagen darüber enthalten, ob und inwiefern das Unternehmen Abweichungen seiner Prognosen in der Realität erwartet, und wie stark dies davon abhängt, dass bestimmte Annahmen sich als verfehlt erweisen.[70] Die Zukunftsperspektive ist laut BaFin für jedes Jahr gesondert darzustellen.[71]

30 Die Darstellungen zur **jederzeitigen Erfüllbarkeit der Kapitalanforderungen und zu den versicherungstechnischen Rückstellungen** umfassen laut BaFin die zur Anwendung gebrachten Methoden mitsamt Stresstests und Szenarioanalysen, die Ergebnisse sowie die Erwartungen, wie sich das rechtliche und wirtschaftliche Umfeld entwickeln wird, und welchen Einfluss die eigene Planung auf die Solvabilität sowie die versicherungstechnischen Rückstellungen haben wird.[72] Bei den Ausführungen zu letzteren erwartet die BaFin Angaben zu den konkreten Risiken, die in die Berechnung einfließen. Auch die „Datenleitlinie" und die Maßnahmen des Managements sind in dem Zusammenhang zu thematisieren.[73] Falls sich im Bereich Kapitalanforderungen und Rückstellungen Probleme abzeichnen, sind die geplanten Gegenmaßnahmen zu erläutern.[74]

31 Der Bericht soll zudem Ausführungen dazu enthalten, ob **die der Standardformel bzw. dem internen Modell zugrunde liegenden Annahmen** wesentlich von dem Risikoprofil des Unternehmens abweichen. Die BaFin erwartet wenigstens qualitative Angaben dazu, ob Abweichungen festgestellt wurden und wie sich diese auf das Solvabilitätskapital auswirken würden, und zwar auch dann, wenn diese Abweichungen nicht wesentlich sind.[75] Bezüglich der zugrunde liegenden Annahmen, die nach Einschätzung des Unternehmens zu seinem Risikoprofil passen, soll es erklären, warum es

[61] Nr. 2.19. EIOPA Explanatory Text on Guidelines on own risk and solvency assessment, EIOPA-BoS-14/259.
[62] Nr. 2.20. EIOPA Explanatory Text on Guidelines on own risk and solvency assessment, EIOPA-BoS-14/259.
[63] Nr. 62 BaFin AE v. 23.12.2015 „Auslegungsentscheidungen: ORSA".
[64] Nr. 64 BaFin AE v. 23.12.2015 „Auslegungsentscheidungen: ORSA".
[65] Nr. 63 BaFin AE v. 23.12.2015 „Auslegungsentscheidungen: ORSA".
[66] Nr. 65 f., 69 BaFin AE v. 23.12.2015 „Auslegungsentscheidungen: ORSA".
[67] Nr. 67 BaFin AE v. 23.12.2015 „Auslegungsentscheidungen: ORSA".
[68] Nr. 70 BaFin AE v. 23.12.2015 „Auslegungsentscheidungen: ORSA".
[69] Nr. 71 ff. BaFin AE v. 23.12.2015 „Auslegungsentscheidungen: ORSA".
[70] Nr. 72 BaFin AE v. 23.12.2015 „Auslegungsentscheidungen: ORSA".
[71] Nr. 72 BaFin AE v. 23.12.2015 „Auslegungsentscheidungen: ORSA".
[72] Nr. 71 BaFin AE v. 23.12.2015 „Auslegungsentscheidungen: ORSA".
[73] Nr. 74 BaFin AE v. 23.12.2015 „Auslegungsentscheidungen: ORSA".
[74] Nr. 75 BaFin AE v. 23.12.2015 „Auslegungsentscheidungen: ORSA".
[75] Nr. 76 BaFin AE v. 23.12.2015 „Auslegungsentscheidungen: ORSA".

dieser Meinung ist.[76] Die Methoden und eine Anwendung des Proportionalitätsprinzips sind zu erläutern.[77] Hat das Unternehmen eine **signifikante Abweichung** erkannt, teilt sie dies der Behörde quantitativ mit, wobei es Erwägungen anstellt bezüglich der Zusammensetzung der Divergenzen und ihren Auswirkungen auf die Wesentlichkeit aller Abweichungen.[78] Es sollte in dem Zusammenhang auch die avisierten **Abhilfemaßnahmen** darstellen.[79] Bedient sich ein Unternehmen der Möglichkeit einer **Gegenrechnung** überschätzter Risiken nach Art 283 Abs. 7 Solva II-VO, erläutert es sie und das Vorliegen der Tatbestandsvoraussetzungen.[80] Das Versicherungsunternehmen soll laut BaFin auch Angaben machen zu den zusätzlichen Risiken, die es als nicht als relevant für die Solvabilitätskapitalanforderung ansieht.[81]

f) Angaben zum ORSA in dem regulären aufsichtlichen Bericht (RSR) und in dem Bericht über die Solvabilitäts- und Finanzlage (SFCR). In dem **regelmäßigen aufsichtlichen Bericht** sind Angaben zu machen zur Art und Weise der Durchführung des ORSA, zur internen Dokumentation und zur Überprüfung der unternehmenseigenen Beurteilung. Daneben beschreibt das Unternehmen die Modalitäten der Einbeziehung des ORSA in die Entscheidungsprozesse des Unternehmens. Beide Vorgaben sind **Art. 308 Abs. 4 Solva II-VO** zu entnehmen. Somit ergeben sich teilweise Überschneidungen mit dem aufsichtlichen ORSA-Bericht. Der reguläre narrative aufsichtliche Bericht soll aber aus sich heraus verständlich sein, so dass Bezugnahmen auf den ORSA-Bericht unzulässig sind.[82] Auch die **Zusammenfassung** des regulären aufsichtlichen Berichts enthält gem. Art. 304 Abs. 2 S. 2 Solva II-VO Informationen zur unternehmenseigenen Beurteilung der Risiko- und Solvabilitätslage. 32

Der an die Öffentlichkeit gerichtete **Bericht über die Solvabilitäts- und Finanzlage** enthält gem. **Art. 294 Abs. 4 Solva II-VO** Angaben zur Beschreibung des ORSA-Verfahrens und zu seiner Einbeziehung in die Organisationsstruktur und Entscheidungsprozesse des Unternehmens, eine Erklärung darüber, wie oft die unternehmenseigene Beurteilung der Risiko- und der Solvabilitätslage überprüft und vom Vorstand gebilligt wird, sowie eine Auskunft darüber, wie das Unternehmen vor dem Hintergrund seines Risikoprofils seinen Gesamtsolvabilitätsbedarf bestimmt und wie das Zusammenspiel zwischen Kapitalmanagement und Risikomanagementsystem ausgestaltet ist. Bezugnahmen auf andere Dokumente verbieten sich hier naturgemäß. 33

4. Regelmäßige und unverzügliche Risiko- und Solvabilitätsbeurteilung (Abs. 1 S. 1 Hs. 2). a) Regelmäßige Vornahme. Die unternehmenseigene Risiko- und Solvabilitätsbeurteilung erfolgt gem. § 27 Abs. 1 S. 1 VAG in Übereinstimmung mit Art. 45 Abs. 5 Solva II-RL periodisch. Ein für alle Unternehmen verbindliches Zeitintervall bestimmen weder die Solva II-RL noch das VAG oder die Solva II-VO, so dass dem **Proportionalitätsprinzip** eine wichtige Rolle zukommt. Dabei sind unter anderem erheblich das Risikoprofil des Unternehmens sowie die Volatilität des Kapitalbedarfs in Relation zur Kapitalausstattung.[83] Das Unternehmen soll die Wahl der Frequenz begründen.[84] Sowohl EIOPA als auch die BaFin verlangen, **zumindest einmal im Jahr** eine interne Risiko- und Solvabilitätsbeurteilung durchzuführen.[85] Abzudecken sind alle im Katalog von Abs. 2 genannten Gegenstände. 34

Der **Zeitpunkt** des regelmäßigen ORSA liegt in der Hand der Versicherungsunternehmen, wobei sie aber nachweisen sollen, dass er sinnvoll in die unternehmerischen Planungsprozesse integriert worden ist.[86] Auch muss der Zeitpunkt nicht auf den Bilanzstichtag fallen.[87] EIOPA verlangt aber, dass das Referenzdatum identisch ist mit demjenigen der Berechnung der Solvabilitätskapitalanforderung. Ausnahmen sollen möglich sein.[88] Das wäre zwar Best Practice, aber diese Vorgabe ist § 27 VAG und den einschlägigen europäischen Vorschriften weder direkt noch indirekt entnehmbar. Daher ist die BaFin hier zutreffend vorsichtiger und verlangt lediglich, dass die letzte Berechnung der Solvabilitätskapitalanforderung zum ORSA-Stichtag „noch relevant" ist für das Risikoprofil des Versicherungsunternehmens.[89] Der ORSA muss so geplant sein, dass er auf einer **möglichst aktuellen Datenbasis** fußt.[90] Ansonsten sind die Unternehmen nicht in der Lage, wie in § 27 Abs. 3 S. 1 VAG vorgeschrieben, die Risiken „ordnungsgemäß zu identifizieren und zu beurteilen". 35

---

[76] Nr. 76 BaFin AE v. 23.12.2015 „Auslegungsentscheidungen: ORSA".
[77] Nr. 77 BaFin AE v. 23.12.2015 „Auslegungsentscheidungen: ORSA".
[78] Nr. 78 BaFin AE v. 23.12.2015 „Auslegungsentscheidungen: ORSA".
[79] Nr. 81 BaFin AE v. 23.12.2015 „Auslegungsentscheidungen: ORSA".
[80] Nr. 79 BaFin AE v. 23.12.2015 „Auslegungsentscheidungen: ORSA".
[81] Nr. 80 BaFin AE v. 23.12.2015 „Auslegungsentscheidungen: ORSA".
[82] Nr. 42 BaFin AE v. 23.12.2015 „Auslegungsentscheidungen: ORSA".
[83] Nr. 22 BaFin AE v. 23.12.2015 „Auslegungsentscheidungen: ORSA".
[84] Nr. 22 BaFin AE v. 23.12.2015 „Auslegungsentscheidungen: ORSA".
[85] Leitlinie 14 EIOPA-LL ORSA; Nr. 22 BaFin AE v. 23.12.2015 „Auslegungsentscheidungen: ORSA".
[86] Nr. 17 BaFin AE v. 23.12.2015 „Auslegungsentscheidungen: ORSA".
[87] Nr. 18 BaFin AE v. 23.12.2015 „Auslegungsentscheidungen: ORSA".
[88] Nr. 2.63. EIOPA Explanatory Text on Guidelines on own risk and solvency assessment, EIOPA-BoS-14/259; Nr. 29 BaFin AE v. 23.12.2015 „Auslegungsentscheidungen: ORSA".
[89] Nr. 20 BaFin AE v. 23.12.2015 „Auslegungsentscheidungen: ORSA".
[90] Nr. 19 BaFin AE v. 23.12.2015 „Auslegungsentscheidungen: ORSA".

36 **b) Unverzügliche Vornahme.** Im Fall einer **wesentlichen Änderung im Risikoprofil** muss das Unternehmen gem. § 27 Abs. 1 S. 1 VAG, der auf Art. 45 Abs. 5 Solva II-RL basiert, einen anlassbezogenen ORSA durchführen. Ein Unternehmen hat als Teil des Risikomanagement Vorkehrungen zu treffen, um eine solche Veränderung erkennen und als wesentlich einstufen zu können.[91] Dabei sollen die Unternehmen laut EIOPA die Erfahrungen aus vergangenen Stresstests und Szenarioanalysen heranziehen.[92] Eine signifikante Veränderung kann auch auf Grund externer Faktoren erfolgen.[93] Beispiele für potentiell wichtige Umwälzungen sind: das Betreten eines neuen Geschäftsfelds, größere Abänderungen der genehmigten Risikotoleranzlimite bzw. von Rückversicherungsarrangements, Veränderungen des internen Modells, Bestandsübertragungen oder größere Umstellungen bei der Zusammensetzung der Anlagegegenstände.[94] **Wesentlich** ist der Wandel der Risikolage, wenn der Kapitalbedarf in der Folge „nicht unerheblich beeinflusst" wird,[95] oder mit anderen Worten, wenn aus einer objektiven ex-ante-Sicht begründete Zweifel daran bestehen, dass die letzte unternehmenseigene Risiko- und Solvabilitätsbeurteilung ihre Aufgabe noch erfüllt.[96] Die Unternehmen führen die anlassbezogene unternehmenseigene Risiko- und Solvabilitätsbeurteilung **unverzüglich** durch, d. h. ohne schuldhaftes Zögern. Die Aufsichtsbehörden sehen schon **geplante Änderungen** der Geschäftsstrategie oder wesentliche Entscheidungen als mögliche Auslöser für einen ad hoc-ORSA, wobei Vereinfachungen möglich sein sollen.[97]

37 **5. Bestandteil der Geschäftsstrategie und kontinuierliches Einfließen in die wesentlichen Entscheidungen (Abs. 1 S. 2).** Das **Ergebnis des ORSA** fließt in alle wesentlichen Entscheidungen des Vorstands ein und ist integraler Bestandteil der Geschäftsstrategie. Dies schreibt auch Art. 45 Abs. 4 Solva II-RL vor. Umgekehrt ist die Geschäftsstrategie wesentlicher Faktor für die unternehmenseigene Risiko- und Solvabilitätsbeurteilung.[98] Geschäftsstrategie und ORSA beeinflussen sich so gegenseitig und können nicht abstrakt voneinander gesehen werden. Als allumfassende Einschätzung der gegenwärtigen und erwarteten zukünftigen Risikolage und des Kapitalbedarfs ist das ORSA-Ergebnis ein **Fixpunkt** für die Ausrichtung der Unternehmensstrategie und dient der realistischen Einschätzung der Chancen und Risiken der grundlegenden Ausrichtung des Unternehmens und ihrer Veränderung.

38 Der ORSA muss **integraler Bestandteil der Geschäftsstrategie** sein. Unter einer **Geschäftsstrategie** bzw. Unternehmensstrategie ist das langfristige und grundsätzliche Verhalten eines Unternehmens, seine Ziele zu erreichen,[99] und die Setzung dieser Ziele zu verstehen. Integraler Bestandteil ist die unternehmenseigene Risiko- und Solvabilitätsbeurteilung, wenn der Vorstand sie bei seiner Strategieausrichtung **berücksichtigt**.[100] Damit ist auch das potentielle Spannungsfeld aufgelöst, das zum gesellschaftsrechtlichen Grundsatz der Leitungsbefugnis des Vorstands nach **§ 76 AktG** bestehen könnte. Die Festlegung der Geschäftsstrategie ist als Leitungsaufgabe nicht delegierbar. Sie entzieht sich als von der Unternehmerfreiheit (Art. 16 GRCh bzw. Art. 12 Abs. 1 GG) geschützt zudem einer aufsichtsrechtlichen Überprüfung.[101] Der ORSA entfaltet demnach **keine unmittelbare Lenkungsfunktion**, sondern soll dem Vorstand eine Orientierung für seine Möglichkeiten und Grenzen bei der Geschäftsstrategie bieten.[102] Die Aufsichtsbehörden untersuchen zwar im Rahmen des aufsichtlichen Überprüfungsverfahrens nach § 294 Abs. 5 VAG, ob die interne Beurteilung integraler Bestandteil der Geschäftsstrategie ist. Das läuft aber im Ergebnis nur auf die Feststellung hinaus, ob der Vorstand den ORSA bei seinen langfristigen und grundlegenden Planungen berücksichtigt hat.[103]

39 Der ORSA fließt kontinuierlich in die **wesentlichen Entscheidungen** des Vorstands ein. Auch hier ist eine Heranziehung und Berücksichtigung gemeint. Unter teleologischen Aspekten sind Entscheidungen als wesentlich einzustufen, wenn sie mit **wesentlichen Risiken** behaftet sind. So berücksichtigt der Vorstand die Ergebnisse des ORSA und ggf. andere Erkenntnisse aus dem ORSA-Prozess zumindest in seiner Kapitalanlage, in seiner Geschäftsplanung und in seiner Produktentwicklung bzw. -gestaltung.[104]

---

[91] Nr. 23 BaFin AE v. 23.12.2015 „Auslegungsentscheidungen: ORSA".
[92] Nr. 2.64. EIOPA Explanatory Text on Guidelines on own risk and solvency assessment, EIOPA-BoS-14/259.
[93] Begr. VAG-RegE 2014, BT-Drs. 18/2956, 243; Nr. 2.65. EIOPA Explanatory Text on Guidelines on own risk and solvency assessment, EIOPA-BoS-14/259.
[94] Nr. 2.65. EIOPA Explanatory Text on Guidelines on own risk and solvency assessment, EIOPA-BoS-14/259.
[95] Nr. 23 BaFin AE v. 23.12.2015 „Auslegungsentscheidungen: ORSA".
[96] *Dreher/Ballmaier* VersR 2012, 130.
[97] Nr. 2.60. EIOPA Explanatory Text on Guidelines on own risk and solvency assessment, EIOPA-BoS-14/259; Nr. 37 BaFin AE v. 23.12.2015 „Auslegungsentscheidungen: ORSA"; Nr. 39 BaFin AE v. 23.12.2015 „Auslegungsentscheidungen: ORSA"; vgl. hierzu unten Rn. 40.
[98] Nr. 2.60. EIOPA Explanatory Text on Guidelines on own risk and solvency assessment, EIOPA-BoS-14/259; Nr. 37 BaFin AE v. 23.12.2015 „Auslegungsentscheidungen: ORSA".
[99] *Farny* Versicherungsbetriebslehre, 5. Aufl. 2011, S. 511 ff.
[100] Leitlinie 13 EIOPA-LL ORSA; Nr. 38 BaFin AE v. 23.12.2015 „Auslegungsentscheidungen: ORSA".
[101] *Dreher/Ballmaier* VersR 2012, 136; ausf. Einl. Rn. 139 ff.
[102] *Dreher/Ballmaier* VersR 2012, 136.
[103] *Dreher/Ballmaier* VersR 2012, 136.
[104] Leitlinie 13 EIOPA-LL ORSA; Nr. 38 BaFin AE v. 23.12.2015 „Auslegungsentscheidungen: ORSA".

Die BaFin betont an anderer Stelle, dass die Unternehmen eigenverantwortlich festzulegen haben, welche Risiken sie als wesentlich ansehen.[105]

Die BaFin erläutert, dass, wenn „die Auswirkungen strategischer oder wichtiger **Entscheidungen im ORSA ‚getestet'** werden sollen", dies nicht notwendig impliziere, „vor jeder entsprechenden Entscheidung einen vollständigen ORSA durchzuführen." Es reiche in den Fällen, in denen kein reguläres oder ad hoc-ORSA vorzunehmen sei, aus „zu prüfen, an welcher Stelle sich durch die Entscheidungen Auswirkungen für den ORSA ergeben" würden und wie sich das Ergebnis des Gesamtsolvabilitätsbedarfs und der aufsichtsrechtlichen Anforderungen ändern würden.[106] Sie geht damit wohl von der Pflicht aus, in anderen als den in § 27 Abs. 1 S. 2 VAG beschriebenen Fällen – reguläres ORSA und ORSA auf Grund einer wesentlichen Veränderung der Risikolage – einen ORSA durchzuführen, wovon sie dann Ausnahmen zulassen würde.[107] Eine solche Pflicht zu einem **prophylaktischen (Teil-) ORSA** folgt nicht aus § 27 VAG bzw. Art. 45 Solva II-RL. Das hat auch Relevanz für die Äußerung der BaFin, die Unternehmen müssten „bei ihren strategischen Planungen sicherstellen, dass der sich aus strategischen Entscheidungen ergebende aufsichtsrechtliche Kapitalbedarf im Rahmen des ORSA ermittelt" worden sei.[108] § 27 Abs. 1 S. 2 VAG sieht jedoch einen anlassbezogenen ORSA eindeutig nur dann vor, wenn sich die Risikolage geändert hat, nicht bereits dann, wenn dies in Planung ist. 40

6. Information der Aufsichtsbehörden (Abs. 1 S. 3). Die Aufsichtsbehörden sind innerhalb von 14 Tagen nach Durchführung einer **jeden**, d. h. einer periodischen oder anlassbezogenen, unternehmenseigenen Risiko- und Solvabilitätsbeurteilung von dem Ergebnis in Kenntnis zu setzen. Die Berichtspflicht setzt Art. 45 Abs. 6 Solva II-RL um. Die Frist ist Art. 312 Abs. 1 lit. b Solva II-VO bzw. für den Gruppen-ORSA Art. 373 Solva II-VO entnommen, wonach die Ergebnisse des ORSA innerhalb von zwei Wochen mitzuteilen sind. Aufgrund des Anwendungsvorrangs der Solva II-VO hat § 27 Abs. 1 S. 3 VAG lediglich deklaratorischen Charakter. Die Frist beginnt mit der Abnahme des internen ORSA-Berichts durch den Vorstand, die bei Vorliegen des Ergebnisses zügig zu erfolgen hat.[109] 41

III. Gegenstand der unternehmenseigenen Risiko- und Solvabilitätsbeurteilung (Abs. 2). 1. Bewertung des Gesamtsolvabilitätsbedarfs (Abs. 2 Nr. 1). a) Allgemeines. Nach § 27 Abs. 2 S. 1 VAG müssen Versicherungsunternehmen eine eigenständige Bewertung des Solvabilitätsbedarfs unter Berücksichtigung des spezifischen Risikoprofils, der festgelegten Risikotoleranzlimite und der Geschäftsstrategie des Unternehmens vornehmen. Die Regelung beruht auf Art. 45 Abs. 1 UAbs. 2 lit. a Solva II-RL, der zwar nicht ganz wörtlich übernommen, aber dennoch vollständig umgesetzt ist. Dabei geht es um die Beurteilung, welchen **Bedarf ein Versicherungsunternehmen an Kapital und anderen Mitteln**, wie bspw. Minderungstechniken, hat, **um den gegenwärtigen und voraussichtlichen materiellen Risiken zu begegnen**,[110] unabhängig von ihrer Quantifizierbarkeit und ihrer Abdeckung durch die Standardformel bzw. ein internes Modell.[111] Die unternehmenseigene Beurteilung fragt auch danach, ob das Unternehmen ausreichende finanzielle Möglichkeiten hat bzw. ob es realistische Pläne gibt, neues Kapital zu erschließen, wobei dies die Qualität und Volatilität der Eigenmittel einschließt.[112] 42

Der Gesamtsolvabilitätsbedarf hat viele Gemeinsamkeiten mit dem **Risikotragfähigkeitskonzept** nach § 64a Abs. 1 S. 4 Nr. 3 lit. a VAG a. F. und ist insoweit kein aufsichtsrechtliches Novum. Der Gesamtsolvabilitätsbedarf ist, wie Art. 45 Abs. 7 Solva II-RL klarstellt, **keine zusätzliche Solvabilitätskapitalanforderung**,[113] und er hat keine Auswirkung auf die Berechnung der Solvabilitätskapitalanforderung. Der erhöhte Gesamtsolvabilitätsbedarf dient auch nicht automatisch als Grundlage für einen Kapitalaufschlag nach § 301 VAG.[114] Eine **Verbindung zu den Solvabilitätskapitalanforderungen** besteht aber dennoch. Denn aufgrund der mehrjährigen Perspektive des ORSA setzt er den Vorstand davon in Kenntnis, ob der aufsichtsrechtliche Kapitalbedarf steigen oder fallen wird. Er meldet zudem eventuell bestehenden **Handlungsbedarf** an und lotet **Grenzen von Gestaltungsspielräumen** 43

[105] Vgl. § 26 VAG Rn. 51.
[106] Nr. 39 BaFin AE v. 23.12.2015 „Auslegungsentscheidungen: ORSA".
[107] Vgl. auch Nr. 2.60. EIOPA Explanatory Text on Guidelines on own risk and solvency assessment, EIOPA-BoS-14/259: „Any strategic or other major decisions that may materially affect the risk or own funds' position of the undertaking need to be considered through the ORSA before such a decision is taken. This does not necessarily imply a full performance of the ORSA" sowie öFMA, Leitfaden – Unternehmenseigene Risiko- und Solvabilitätsbeurteilung, 2. Ausgabe Oktober 2015, S. 8, wonach vor strategischen oder wesentlichen Entscheidungen „eine Stellungnahme der Risikomanagement-Funktion anzufordern" und „dokumentiert mit einer Gesamtsolvabilitätsbedarfsbewertung zu verbinden" ist.
[108] Nr. 40 BaFin AE v. 23.12.2015 „Auslegungsentscheidungen: ORSA".
[109] Begr. VAG-RegE 2014, BT-Drs. 18/2956, 243; Nr. 59 BaFin AE v. 23.12.2015 „Auslegungsentscheidungen: ORSA".
[110] Nr. 82 BaFin AE v. 23.12.2015 „Auslegungsentscheidungen: ORSA".
[111] Nr. 2.21. EIOPA Explanatory Text on Guidelines on own risk and solvency assessment, EIOPA-BoS-14/259; Nr. 85 BaFin AE v. 23.12.2015 „Auslegungsentscheidungen: ORSA".
[112] Nr. 2.27. EIOPA Explanatory Text on Guidelines on own risk and solvency assessment, EIOPA-BoS-14/259.
[113] EG 36 Solva II-Richtlinie; Begr. VAG-RegE 2014, BT-Drs. 18/2956, 242.
[114] Begr. VAG-RegE 2014, BT-Drs. 18/2956, 243.

aus. Die Unternehmen sollen laut BaFin einen Gesamtsolvabilitätsbedarf, der oberhalb der Solvabilitätskapitalanforderung liegt, berücksichtigen. Eine nicht ausreichende Deckung des Gesamtsolvabilitätsbedarfs hat für sich gesehen nicht die Folgen wie das Unterschreiten der Solvabilitätskapitalanforderung. Die BaFin schreibt ihr aber eine **Indizwirkung für unzureichendes Management** zu.[115] Vor dem Hintergrund dieser indirekten Steuerung der Geschäftsleitung sind konkrete aufsichtsrechtliche Anforderungen an die Ermittlung und die Beurteilung des Gesamtsolvabilitätsbedarfs vorsichtig handzuhaben. Im Grunde handelt es sich bei der Ermittlung des Gesamtsolvabilitätsbedarfs um eine „**ureigene Beurteilung**" des Unternehmens, weshalb die BaFin „naturgemäß keine aufsichtsrechtlichen Vorgaben oder Hilfestellungen dazu geben" will, „wie diese Beurteilung im Einzelnen vorzunehmen ist."[116]

44 Im **Unterschied zu den Eigenmittelanforderungen** aus der Standardformel geht es bei der Ermittlung des Gesamtsolvabilitätsbedarfs um eine unternehmensindividuelle Risikobetrachtung und nicht nur um die Erfassung standardisierter, quantifizierbarer Risiken. Das Unternehmen ist zudem in der Wahl des Konfidenzniveaus, des Zeithorizonts und anderer Parameter der Berechnungsmethode frei. Der Gesamtsolvabilitätsbedarf ist Input für wesentliche Entscheidungen des Vorstands, die Solvabilitätskapitalanforderung aber ist unbedingt zu erfüllende aufsichtsrechtliche Vorgabe.[117]

45 **b) Durchführung. aa) Überblick.** Die **Arbeitsschritte** lassen sich – rechtlich allerdings nicht zwingend – untergliedern in diejenigen, die bereits unter § 64a VAG a. F. sinnvollerweise vorzunehmen waren.[118] So ist zunächst eine unternehmensweite **Risikoidentifikation** vorzunehmen, die alle wesentlichen oder potentiell wesentlichen Risiken sammelt, um diese dann zu ordnen bzw. zu kategorisieren. Die **Risikoanalyse** ergibt, welche der gefundenen Risiken wesentlich sind. Erst danach erfolgen die eigentliche **Risikobeurteilung** und im Anschluss Überlegungen zur **Risikosteuerung**.[119]

46 Die abzudeckenden Themenbereiche einer Ermittlung des Gesamtsolvabilitätsbedarfs ergeben sich aus ihrer Zielsetzung. Rechtsverbindliche Angaben im Detail macht **Art. 262 Solva II-VO**, wonach die Ermittlung vorausschauend ist. Elemente sind gem. Art. 262 Abs. 1 Solva II-VO erstens die tatsächlichen und potentiellen Risiken unter Berücksichtigung möglicher zukünftiger Veränderungen des **Risikoprofils**, die ihren Grund in der Geschäftsstrategie des Unternehmens, im wirtschaftlichen oder im finanziellen Umfeld haben, einschließlich operationeller Risiken. Zweitens ist Baustein die Bewertung der **Art und Qualität der Eigenmittelbestandteile** oder anderer zur Deckung der Risiken geeigneter Ressourcen. Bei der Bewertung berücksichtigen die Unternehmen gem. Art. 262 Abs. 2 Solva II-VO die Zeiträume, die im Hinblick auf die für das Unternehmen langfristig bestehenden Risiken relevant sind, die dem Geschäfts- und Risikoprofil des Unternehmens angemessenen Bewertungs- und Erfassungsgrundlagen, die internen Kontroll- und Risikomanagementsysteme des Unternehmens sowie die genehmigten Risikotoleranzlimite.

47 Die Beurteilung des Gesamtsolvabilitätsbedarfs erfasst **alle materiellen Risiken**.[120] Betroffen sind vor allem solche, die von Anlagewerten und Verbindlichkeiten ausgehen. Das Unternehmen stellt Erwägungen an zum Management, seinen Systemen und Kontrollen, inklusive der Möglichkeiten von Risikominderungstechniken, um der Risikolage zu begegnen.[121] Es schätzt die Qualität von Prozessen ein, insbesondere der Geschäftsorganisation, überprüft diese auf ihre Fehleranfälligkeit und ermittelt so die Risiken, die resultieren können.[122] Es stellt das Zusammenspiel von Geschäftsplanung und Gesamtsolvabilitätsbedarf dar.[123] Das umfasst auch Erwägungen zu Maßnahmen des Managements in ungünstigen Umständen und ihre Folgen für das Unternehmen, insbesondere solche finanzieller Art.[124] Das Unternehmen identifiziert mögliche zukünftige Szenarien, spricht potentielle externe Stressfaktoren an und nutzt durchgehend eine konsistente Bewertungsgrundlage.[125] Die Wahl der **Methoden** ist grundsätzlich frei. Sie müssen allerdings dem Risikoprofil und den individuellen Verhältnissen des Unternehmens angemessen sein.

---

[115] Nr. 91 BaFin AE v. 23.12.2015 „Auslegungsentscheidungen: ORSA".

[116] Nr. 82 BaFin AE v. 23.12.2015 „Auslegungsentscheidungen: ORSA"; vgl. auch die Begr. VAG-RegE 2014, BT-Drs. 18/2956, 243, wonach Vorgaben zur Methode nicht in der Solva II-RL vorgegeben seien.

[117] öFMA, Leitfaden – Unternehmenseigene Risiko- und Solvabilitätsbeurteilung, 2. Ausgabe Oktober 2015, S. 16, mit informativer Übersicht über die Unterschiede.

[118] Vgl. hierzu *Schaaf* S. 86 ff.

[119] Diese Aufgliederung der Arbeitsschritte ist übernommen von öFMA, Leitfaden – Unternehmenseigene Risiko- und Solvabilitätsbeurteilung, 2. Ausgabe Oktober 2015, S. 19 ff.

[120] Vgl. unten Rn. 51 ff., 74.

[121] Nr. 2.29. lit. a, b EIOPA Explanatory Text on Guidelines on own risk and solvency assessment, EIOPA-BoS-14/259.

[122] Nr. 2.29. lit. c EIOPA Explanatory Text on Guidelines on own risk and solvency assessment, EIOPA-BoS-14/259.

[123] Nr. 2.29. lit. a EIOPA Explanatory Text on Guidelines on own risk and solvency assessment, EIOPA-BoS-14/259.

[124] Nr. 2.30. EIOPA Explanatory Text on Guidelines on own risk and solvency assessment, EIOPA-BoS-14/259.

[125] Nr. 2.29. lit. b bis g EIOPA Explanatory Text on Guidelines on own risk and solvency assessment, EIOPA-BoS-14/259.

Einzubeziehen sind auch **externe Risikofaktoren.**[126] Die Beurteilung kann zudem andere Steuerungsimpulse berücksichtigen, z. B. steuerrechtliche oder handelsrechtliche Vorgaben.[127] Die **Granularität** der Beurteilung soll sich danach ausrichten, ob das Versicherungsunternehmen auch bei seiner Berechnung der Solvabilitätskapitalanforderungen Sub-Module bemüht. Ist das der Fall, so spielen diese „ggf." auch eine Rolle bei der Ermittlung des Gesamtsolvabilitätsbedarfs.[128] 48

bb) Orientierung an Standardformel oder internem Modell. Nutzer der **Standardformel** können diese als Ausgangspunkt für die Ermittlung des Gesamtsolvabilitätsbedarfs verwenden, falls das tatsächliche Risikoprofil ihre Heranziehung nachweisbar zulässt.[129] Das ist durch einen Vergleich mit den der Standardformel zugrundeliegenden Annahmen festzustellen, der gemäß § 27 Abs. 2 Nr. 3 VAG ohnehin als Teil des ORSA auszuführen ist.[130] Der ORSA begründet demnach nicht die Pflicht zu der Entwicklung eines internen Modells durch die Hintertür.[131] Ändert das Unternehmen für die Zwecke des ORSA Parameter der Standardformel, erwartet die BaFin hierfür eine Begründung.[132] 49

Kommt im Unternehmen ein **internes Modell** zum Einsatz, so ist es Ausgangspunkt für die unternehmenseigene Risiko- und Solvabilitätsbeurteilung.[133] EIOPA hält den regulär durchzuführenden Modellvalidierungsprozess nach Art. 124 Solva II-RL, umgesetzt in § 120 VAG, nicht immer für ausreichend, um die Zwecke des ORSA zu erreichen. Die Unternehmen sollen dann weitere Stresstests und Szenarioanalysen anstellen.[134] Zu beachten ist das Verhältnis von Risiken in- und außerhalb des Modells sowie die Identifikation von Risiken, die eine Anpassung des internen Modells notwendig machen könnten.[135] Um aufsichtsrechtliche Redundanzen zu vermeiden, können die Unternehmen im Rahmen des ORSA grundsätzlich auf Erklärungen verweisen, die sie bereits im Rahmen der Aufsicht über das interne Modell getätigt haben, allerdings sind Erläuterungen nötig, falls andere Ansatz- und Bewertungsgrundsätze im Rahmen des ORSA Anwendung finden.[136] 50

cc) Quantifizierung der materiellen Risiken. Die Unternehmen beurteilen nach § 27 Abs. 2 Nr. 1 i. V. m. Abs. 3 S. 1 VAG „alle Risiken". Vor dem Hintergrund des Materialitätsprinzips fließen aber nur die **materiellen Risiken** ein, denen das Unternehmen ausgesetzt ist. Das erfordert dennoch in einem ersten Schritt eine weitgehende Erfassung von Risiken, die erst in einem zweiten Schritt auf ihre Wesentlichkeit hin zu untersuchen sind.[137] Wann ein Risiko materiell ist, müssen die Unternehmen im Hinblick auf ihre individuellen Verhältnisse eigenständig festlegen. Die unternehmenseigene Definition ist aufsichtsrechtlich voll überprüfbar. Auch sind Gruppenrisiken, die auf die einzelnen Unternehmen durchschlagen können, zu berücksichtigen.[138] Ob Risiken von der Standardformel bzw. dem internen Modell abgedeckt sind, ist irrelevant. Auch bei der Frage, wie einzelne Risiken zu bewerten sind, orientieren sich die Unternehmen nicht an der Standardformel bzw. dem internen Modell.[139] 51

Die Ermittlung des Gesamtsolvabilitätsbedarfs erfordert eine umfassende **Quantifizierung** des Kapitalbedarfs.[140] Nicht ausreichend ist die Aussage von Nutzern eines internen Modells, der Gesamtsolvabilitätsbedarf weiche nicht wesentlich von der Solvabilitätskapitalanforderung ab.[141] Auch nur unzuverlässig quantifizierbare („nicht-quantifizierbare") Risiken wie das Reputationsrisiko sind einzubeziehen.[142] Die Versicherungsunternehmen sind aber in der Methode der Beurteilung frei. So können laut EIOPA z. B. sowohl Quantifizierungen, die auf quantitativen Methoden oder Schätzwerten basieren, als auch wertende Betrachtungen Anwendung finden.[143] 52

---

[126] Nr. 2.38. EIOPA Explanatory Text on Guidelines on own risk and solvency assessment, EIOPA-BoS-14/259.
[127] Begr. VAG-RegE 2014, BT-Drs. 18/2956, 244.
[128] Nr. 90 BaFin AE v. 23.12.2015 „Auslegungsentscheidungen: ORSA".
[129] Nr. 2.32. EIOPA Explanatory Text on Guidelines on own risk and solvency assessment, EIOPA-BoS-14/259; Nr. 83 BaFin AE v. 23.12.2015 „Auslegungsentscheidungen: ORSA".
[130] Die Annahmen finden sich in: EIOPA, The underlying assumptions in the standard formula for the Solvency Capital Requirement calculation, EIOPA-14-322, vgl. auch CEIOPS, Solvency II Calibration Paper, CEIOPS-SEC-40-10, 2010.
[131] Begr. VAG-RegE 2014, BT-Drs. 18/2956, 243.
[132] Nr. 84 BaFin AE v. 23.12.2015 „Auslegungsentscheidungen: ORSA".
[133] Vgl. hierzu auch § 115 Abs. 1 Nr. 2 VAG, wonach das interne Modell bei der Beurteilung nach § 27 VAG eine wichtige Rolle spielen soll, und die Begr. VAG-RegE 2014, BT-Drs. 18/2956, 243.
[134] Nr. 2.31. EIOPA Explanatory Text on Guidelines on own risk and solvency assessment, EIOPA-BoS-14/259.
[135] Nr. 2.57. lit. b, c EIOPA Explanatory Text on Guidelines on own risk and solvency assessment, EIOPA-BoS-14/259.
[136] Nr. 2.33. EIOPA Explanatory Text on Guidelines on own risk and solvency assessment, EIOPA-BoS-14/259.
[137] Nr. 86 BaFin AE v. 23.12.2015 „Auslegungsentscheidungen: ORSA" und zur Geltung des Wesentlichkeitsgrundsatzes Einleitung Rn. 136.
[138] Nr. 2.22. EIOPA Explanatory Text on Guidelines on own risk and solvency assessment, EIOPA-BoS-14/259; Nr. 85 BaFin AE v. 23.12.2015 „Auslegungsentscheidungen: ORSA".
[139] Nr. 88 BaFin AE v. 23.12.2015 „Auslegungsentscheidungen: ORSA".
[140] Begr. VAG-RegE 2014, BT-Drs. 18/2956, 243.
[141] Nr. 92 BaFin AE v. 23.12.2015 „Auslegungsentscheidungen: ORSA".
[142] Nr. 2.21., 2.28. EIOPA Explanatory Text on Guidelines on own risk and solvency assessment, EIOPA-BoS-14/259; Nr. 85 BaFin AE v. 23.12.2015 „Auslegungsentscheidungen: ORSA"; vgl. zum Reputationsrisiko § 26 VAG Rn. 65.
[143] Nr. 2.21. EIOPA Explanatory Text on Guidelines on own risk and solvency assessment, EIOPA-BoS-14/259.

53 **Risikominderungstechniken** spielen bei der Ermittlung des Gesamtkapitalbedarfs eine wichtige Rolle. Wenn ein Unternehmen wesentliche Risiken festgestellt hat, entscheidet es, ob es dem Risiko mit einer Kapitaldeckung oder mithilfe einer Risikobegrenzung begegnen will.[144] Das setzt eine Einschätzung der Effektivität einzelner Minderungstechniken voraus.[145] Falls die Wahl auf die Kapitaldeckung fällt, sind die Risiken auf den Grad ihrer Wichtigkeit einzuschätzen und ist das zur Deckung benötigte Kapital zu bestimmen.[146] Sollen Risikominderungstechniken eingesetzt werden, sind die fraglichen Risiken den jeweiligen Risikominderungstechniken zuzuordnen. Die Vorgehensweise ist zu begründen.[147]

54 **dd) Prognosezeitraum.** Die Beurteilung des Gesamtsolvabilitätsbedarfs ist gem. Art. 262 Solva II-VO **vorausschauend**. Ein wesentlicher Unterschied des Gesamtsolvabilitätsbedarfs im Vergleich zu der Berechnung der Solvabilitätskapitalanforderung ist die Einbeziehung aller wesentlichen Risiken, die sich aus einer **mehrjährigen Perspektive** ergeben,[148] die **mittelfristig** Risiken erfassen soll.[149] Abzudecken ist mindestens der normale Planungszeitraum eines Unternehmens,[150] den die BaFin in der Regel auf **drei bis fünf Jahre** beziffert.[151] Die Unternehmen sollen nach Art. 262 Abs. 2 lit. a Solva II-VO und Art. 45 Abs. 2 S. 1 Solva II-RL auch **langfristige** Risiken berücksichtigen. Das sind Risiken, die „sich erst auf längere Sicht" erschlössen, indem ihre ersten Auswirkungen für den Planungszeitraum eingeschätzt werden.[152] Beispiele sind geplante Markteintritte, Wiederveranlagungsrisiken oder zu erwartende Änderungen des regulatorischen Umfelds.[153] Die Prognosen sollen die Geschäftsstrategie, gegebenenfalls ihre Änderungen,[154] und mögliche Änderungen des Risikoprofils berücksichtigen.[155] Dabei können die Versicherungsunternehmen zum Beispiel versuchen, Prognosen zur Wirtschaftsbilanz und zur Geschäftsplanung anzustellen und aufeinander abzustimmen.[156]

55 **ee) Ansatz- und Bewertungsgrundsätze.** Für die Ermittlung des Gesamtsolvabilitätsbedarfs existieren **keine aufsichtsrechtlichen Vorgaben** zu den Ansatz- und Bewertungsgrundsätzen von Vermögenswerten und Verbindlichkeiten. Sowohl die BaFin als auch EIOPA erwähnen aber, dass bei Grundsätzen, die von Solvency II abweichen, die Unternehmen dies rechtfertigen und darlegen sollten, dass diese eine bessere Beurteilung des unternehmensspezifischen Risikoprofils, der Risikotoleranzschwellen und der Geschäftsstrategie gewährleisten.[157] Zudem sollen die Unternehmen bei abweichenden Grundsätzen quantifizieren, wie sich dies auf die Ermittlung des Gesamtsolvabilitätsbedarfs auswirkt.[158] Zu berücksichtigen sind hier alle Bilanzeffekte sowie Diversifikationseffekte.[159] Indes ergeben sich diese Vorgaben weder aus der Solva II-RL noch aus der Solva II-VO.

56 **2. Jederzeitige Erfüllbarkeit der Eigenmittelanforderungen, der Anforderungen an die versicherungstechnischen Rückstellungen und der Risikotragfähigkeit (Abs. 2 Nr. 2). a) Allgemeines.** Versicherungsunternehmen beurteilen die jederzeitige Erfüllbarkeit der aufsichtsrechtlichen Eigenmittelanforderungen und der Anforderungen an die versicherungstechnischen Rückstellungen in der **Solvabilitätsübersicht** nach § 74 Abs. 1 S. 1 VAG sowie der **Risikotragfähigkeit**. Die Vorschrift setzt Art. 45 Abs. 1 UAbs. 2 lit. b Solva II-RL um, der allerdings ausdrücklich weder auf die Solvabilitätsübersicht noch auf die Risikotragfähigkeit Bezug nimmt. Die Risikotragfähigkeit nannte auch § 28 VAG-RegE 2012 an der entsprechenden Stelle noch nicht als Prüfungsgegenstand. Der Verweis auf die Risikotragfähigkeit und die Solvabilitätsübersicht ist aber mit der europäischen Vorgabe vereinbar. Die Risikotragfähigkeit beschreibt das Vermögen eines Unternehmens, bei einer gegebenen Risikolage die Kapitalanforderungen zu erfüllen. Voraussetzung für die Beurteilung ist die Solvabilitätsübersicht, die neben der Bilanz für die Rechnungslegung zu bilden ist und die notwendigen Eigenmittel feststellt.[160]

144 Nr. 2.24. EIOPA Explanatory Text on Guidelines on own risk and solvency assessment, EIOPA-BoS-14/259.
145 Nr. 2.23. EIOPA Explanatory Text on Guidelines on own risk and solvency assessment, EIOPA-BoS-14/259.
146 Nr. 2.25. EIOPA Explanatory Text on Guidelines on own risk and solvency assessment, EIOPA-BoS-14/259.
147 Nr. 2.26. EIOPA Explanatory Text on Guidelines on own risk and solvency assessment, EIOPA-BoS-14/259.
148 Nr. 2.28. EIOPA Explanatory Text on Guidelines on own risk and solvency assessment, EIOPA-BoS-14/259.
149 Begr. VAG-RegE 2014, BT-Drs. 18/2956, 243; Nr. 2.35. EIOPA Explanatory Text on Guidelines on own risk and solvency assessment, EIOPA-BoS-14/259.
150 Nr. 2.36. EIOPA Explanatory Text on Guidelines on own risk and solvency assessment, EIOPA-BoS-14/259.
151 Nr. 89 BaFin AE v. 23.12.2015 „Auslegungsentscheidungen: ORSA".
152 Begr. VAG-RegE 2014, BT-Drs. 18/2956, 243; Nr. 89 BaFin AE v. 23.12.2015 „Auslegungsentscheidungen: ORSA".
153 öFMA, Leitfaden – Unternehmenseigene Risiko- und Solvabilitätsbeurteilung, 2. Ausgabe Oktober 2015, S. 15.
154 Nr. 2.37. EIOPA Explanatory Text on Guidelines on own risk and solvency assessment, EIOPA-BoS-14/259.
155 Begr. VAG-RegE 2014, BT-Drs. 18/2956, 243; Nr. 2.36. EIOPA Explanatory Text on Guidelines on own risk and solvency assessment, EIOPA-BoS-14/259.
156 Nr. 2.35. EIOPA Explanatory Text on Guidelines on own risk and solvency assessment, EIOPA-BoS-14/259.
157 Nr. 94 BaFin AE v. 23.12.2015 „Auslegungsentscheidungen: ORSA"; Leitlinie 9 EIOPA-LL ORSA.
158 Nr. 96 BaFin AE v. 23.12.2015 „Auslegungsentscheidungen: ORSA".
159 Nr. 2.39. EIOPA Explanatory Text on Guidelines on own risk and solvency assessment, EIOPA-BoS-14/259.
160 Begr. VAG-RegE 2014, BT-Drs 18/2956, 257.

b) Jederzeitige Einhaltung der aufsichtsrechtlichen Kapitalanforderungen. Die unternehmenseigene Beurteilung der Risiko- und Solvabilitätslage umfasst die laufende Bewertung, ob das Unternehmen jederzeit die **Mindest- und die Solvabilitätskapitalanforderungen** erfüllen kann.[161] Die Bewertung ist ein **kontinuierlicher Prozess**.[162] Untersuchen sollen die Unternehmen wenigstens die möglichen zukünftigen Änderungen des Risikoprofils, die Quantität und Qualität der Eigenmittel, die Zusammensetzung der Eigenmittel sowie diesbezügliche potentielle Veränderungen.[163] **57**

Die Beurteilung erfolgt aus einer **vorausschauenden Perspektive**,[164] die mindestens dem geschäftlichen Planungszeitraum entspricht.[165] Die BaFin erwartet eine Mindestabdeckung von drei bis fünf Jahren.[166] Die Zukunftsausrichtung spielt umso mehr eine wichtige Rolle, als einer bereits eingetretenen oder innerhalb von drei Monaten absehbaren Unterschreitung der Kapitalanforderungen innerhalb relativ kurzer Fristen abzuhelfen ist.[167] Entsprechend und zu Recht erwartet die BaFin eine **aktive Gegensteuerung**, wenn die Beurteilung eine künftige Unterschreitung der Kapitalanforderungen nahelegt.[168] **58**

EIOPA fordert von den Versicherungsunternehmen bei der Beurteilung zumindest Erwägungen bezüglich des **Kapitalmanagements**, inklusive Ausgabe, Rücknahme oder Rückzahlung von Kapitalinstrumenten, Dividenden oder anderen geleisteten Zahlungen sowie zu Einforderungen ergänzender Eigenmittel.[169] Daneben sollen die Unternehmen Überlegungen zum **Zusammenspiel von Kapitalmanagement und Risikoprofil** sowie zu dessen erwarteten und gestressten Entwicklungen und dazu, wie sich die Duration der Eigenmittelbestandteile zu derjenigen der Versicherungsverbindlichkeiten und zukünftigen Eigenmittelbedürfnisse verhält, vornehmen.[170] **59**

Teil der Beurteilung einer jederzeitigen Erfüllung ist nicht die bloße Feststellung, ob die vorhersehbaren Eigenmittel das Risikoprofil angemessen bedienen werden. In dem Prozess sind vielmehr auch Erwägungen zu treffen, wie einer sich abzeichnenden Nichterfüllung abgeholfen werden kann. Das schließt **Notfallplanungen** und unter Umständen **Überlegungen zur Aufnahme neuer Eigenmittel** mit ein.[171] In der Wahl der Methoden sind die Versicherungsunternehmen grundsätzlich frei. Allerdings gelten die **Ansatz- und Bewertungsmaßstäbe von Solvency II** für Vermögenswerte und Verbindlichkeiten.[172] Zudem sind Stresstests und Szenarioanalysen verbindlich vorgeschrieben.[173] Welcher Art sie sein müssen, ist den Versicherungsunternehmen überlassen. Wesentliche Änderungen des Risikoprofils und ihre Auswirkungen auf die Solvabilitätskapitalanforderungen sind zu ermitteln.[174] Insofern kann auf die Ermittlung des Gesamtsolvabilitätsbedarfs zurückgegriffen werden, bei dem ebenso Veränderungen des Risikoprofils zu prognostizieren sind. **60**

Die **Höhe, Zusammensetzung und Qualität der Eigenmittel** ist prospektiv einzuschätzen. Insbesondere zu beachtende Faktoren sind ihre Zusammensetzung aus Basiseigenmitteln und ergänzenden Eigenmitteln,[175] ihre Qualität und ihre Höhe, die durch Fälligkeitstermin, Rücknahmen und Rückzahlungen beeinflusst werden, sowie der Umstand, dass Stresssituationen einen Einfluss auf die Eigenmittel haben.[176] Das Versicherungsunternehmen berücksichtigt daneben die Einstufung der Eigenmittel in die Tiers und ihre verlustabsorbierende Kapazität.[177] **61**

---

[161] Begr. VAG-RegE 2014, BT-Drs. 18/2956, 244.
[162] Begr. VAG-RegE 2014, BT-Drs. 18/2956, 244.
[163] Leitlinie 10 EIOPA-LL ORSA. Instruktiv die Übersicht in öFMA, Leitfaden – Unternehmenseigene Risiko- und Solvabilitätsbeurteilung, 2. Ausgabe Oktober 2015, S. 24 f.
[164] Siehe oben Rn. 54 und Nr. 102 BaFin AE v. 23.12.2015 „Auslegungsentscheidungen: ORSA".
[165] Nr. 2.43. EIOPA Explanatory Text on Guidelines on own risk and solvency assessment, EIOPA-BoS-14/259.
[166] Nr. 103 BaFin AE v. 23.12.2015 „Auslegungsentscheidungen: ORSA".
[167] Nr. 99, 100 BaFin AE v. 23.12.2015 „Auslegungsentscheidungen: ORSA"; vgl. Art. 138 Abs. 3 Solva II-RL (Unterschreitung des SCR: 6 Monate, verlängerbar auf 9 Monate und unter ganz außergewöhnlichen Umständen gem. Art. 138 Abs. 4 Solva II-RL auf 7 Jahre) sowie Art. 139 Abs. 2 Solva II-RL (Unterschreitung des MCR: 3 Monate), beide umgesetzt in §§ 134 Abs. 3, 135 Abs. 2 VAG.
[168] Nr. 101 BaFin AE v. 23.12.2015 „Auslegungsentscheidungen: ORSA".
[169] Nr. 2.46. lit. a EIOPA Explanatory Text on Guidelines on own risk and solvency assessment, EIOPA-BoS-14/259.
[170] Nr. 2.46. lit. b bis d EIOPA Explanatory Text on Guidelines on own risk and solvency assessment, EIOPA-BoS-14/259.
[171] Nr. 2.44 f. EIOPA Explanatory Text on Guidelines on own risk and solvency assessment, EIOPA-BoS-14/259; Nr. 104, 106 BaFin AE v. 23.12.2015 „Auslegungsentscheidungen: ORSA", mit Beispielen für Schlüsselfaktoren, die bei der Eigenmittelbewertung und -beschaffung eine Rolle spielen; Nr. 2.47. EIOPA Explanatory Text on Guidelines on own risk and solvency assessment, EIOPA-BoS-14/259.
[172] Nr. 2.40. EIOPA Explanatory Text on Guidelines on own risk and solvency assessment, EIOPA-BoS-14/259; Nr. 105 BaFin AE v. 23.12.2015 „Auslegungsentscheidungen: ORSA".
[173] Nr. 2.42. EIOPA Explanatory Text on Guidelines on own risk and solvency assessment, EIOPA-BoS-14/259.
[174] Nr. 2.41. EIOPA Explanatory Text on Guidelines on own risk and solvency assessment, EIOPA-BoS-14/259; Nr. 102 BaFin AE v. 23.12.2015 „Auslegungsentscheidungen: ORSA".
[175] Nr. 106 BaFin AE v. 23.12.2015 „Auslegungsentscheidungen: ORSA"; Nr. 2.45 EIOPA Explanatory Text on Guidelines on own risk and solvency assessment, EIOPA-BoS-14/259.
[176] Nr. 102 BaFin AE v. 23.12.2015 „Auslegungsentscheidungen: ORSA".
[177] Nr. 2.45. EIOPA Explanatory Text on Guidelines on own risk and solvency assessment, EIOPA-BoS-14/259.

62 Verwendet das Versicherungsunternehmen die **Matching-Anpassung** nach § 80 VAG oder die **Übergangsmaßnahmen** gem. §§ 351, 352 VAG, so ist die jederzeitige Bedeckung der Kapitalanforderungen nach § 27 Abs. 6 S. 2 VAG mit und ohne Berücksichtigung derselben zu beurteilen.[178]

63 **c) Jederzeitige Erfüllbarkeit der Anforderungen an die versicherungstechnischen Rückstellungen.** Die jederzeitige Erfüllbarkeit der Anforderungen an die versicherungstechnischen Rückstellungen nach §§ 75 ff. VAG ist ein **laufender Prozess**,[179] der entsprechende Verfahren voraussetzt.[180] Erforderlich ist eine Einbeziehung der **versicherungsmathematischen Funktion** i. S. v. § 31 Abs. 1 VAG. Sie muss die Risiken offenlegen, die Ungewissheiten in ihren Berechnungen zeitigen.[181] Zudem sind die Unternehmen angehalten, Prozesse für eine regelmäßige Überprüfung der Berechnung zu installieren.[182] Ihre Einschätzung muss in Übereinstimmung mit dem entsprechenden Bericht an die Geschäftsleitung nach Art. 272 Abs. 8 Solva II-VO sein.[183]

64 **3. Wesentliche Abweichungen von den Annahmen, die der Berechnung der Solvabilitätskapitalanforderung zugrunde liegen (Abs. 2 Nr. 3). a) Allgemeines.** Die Regelung basiert auf Art. 45 Abs. 1 UAbs. 2 lit. c Solva II-RL, ohne ihrem Wortlaut durchgehend zu folgen. In der Sache ist das aber unschädlich. Statt wie die Richtlinie von einer „Signifikanz" einer Abweichung spricht sie von ihrer „Wesentlichkeit". Auch im Übrigen fasst sie den in der Richtlinie umständlich formulierten Regelungsgehalt treffend zusammen, indem sie einen **Vergleich** mit den „Annahmen, die der Berechnung der Solvabilitätskapitalanforderung mit der Standardformel oder mit dem internen Modell zugrunde liegen", festschreibt.

65 Ein Unternehmen muss im Rahmen des ORSA einschätzen, ob die für die Berechnung der Kapitalanforderungen genutzte Standardformel bzw. das interne Modell zu seinem Risikoprofil passt.[184] Hierfür vergleicht es die materiellen Risiken, denen es ausgesetzt ist, mit den Annahmen, die der Standardformel bzw. dem internen Modell zugrunde liegen. **Unterschiede** zwischen tatsächlicher Risikolage und den Annahmen, die der Standardformel zu Grunde liegen, ergeben sich zum einen dadurch, dass letztere nicht alle wesentlichen Risiken abdeckt. Eine Divergenz kann aber auch eine Über- bzw. Unterschätzung von Risiken in der Standardformel hervorrufen.[185] Die von der Standardformel vorausgesetzten Umstände hat EIOPA bereits veröffentlicht.[186] Sie erläutern allerdings nicht alle Annahmen, die zu Grunde liegen. EIOPA betont, die Beurteilung bezüglich wesentlicher Abweichungen diene weder der Überprüfung der Angemessenheit der Standardformel noch ihrer Kalibrierung.[187] Richtig daran ist, dass sie vor allem helfen soll, die eigene Risikolage und die Standardformel bzw. das interne Modell in Verbindung zueinander zu setzen. Auch soll der Prozess das **Verständnis der Annahmen der Standardformel bzw. des internen Modells** fördern.[188] Zudem können bei einer wesentlichen Abweichung auch andere Maßnahmen getroffen werden, um ihr abzuhelfen.[189] Naheliegend ist in diesem Fall dennoch eine neue Kalibrierung der Standardformel oder die Entwicklung eines (Teil-)Modells. Auf dem Prüfstand ist neben der Risikolage eben auch die Standardformel bzw. das interne Modell im Hinblick darauf, ob sie bzw. es ausreichend ist.[190]

66 Ein wesentliches, in der Standardformel nicht berücksichtigtes Risiko folgt zum **Beispiel** aus Anlagen in **Staatsanleihen** durch Versicherungsunternehmen, die das SCR nach der Standardformel berechnen. Denn sie erfasst Länderrisiken nur im Zins- und Fremdwährungs-, nicht aber im Spread-[191] und Konzentrationsrisiko.[192] Diese Risiken sind in der Standardformel mit Null „unterlegt", d. h. angesetzt.

---

[178] Vgl. hierzu unten Rn. 82.

[179] Begr. VAG-RegE 2014, BT-Drs. 18/2956, 244.

[180] Nr. 2.48. EIOPA Explanatory Text on Guidelines on own risk and solvency assessment, EIOPA-BoS-14/259; Nr. 107 BaFin AE v. 23.12.2015 „Auslegungsentscheidungen: ORSA".

[181] Leitlinie 11 EIOPA-LL ORSA.

[182] Nr. 2.49. EIOPA Explanatory Text on Guidelines on own risk and solvency assessment, EIOPA-BoS-14/259.

[183] Nr. 2.49. EIOPA Explanatory Text on Guidelines on own risk and solvency assessment, EIOPA-BoS-14/259; Nr. 108 BaFin AE v. 23.12.2015 „Auslegungsentscheidungen: ORSA".

[184] Begr. VAG-RegE 2014, BT-Drs. 18/2956, 244; Nr. 110 BaFin AE v. 23.12.2015 „Auslegungsentscheidungen: ORSA".

[185] Nr. 2.53. EIOPA Explanatory Text on Guidelines on own risk and solvency assessment, EIOPA-BoS-14/259, EIOPA-BoS-14/259.

[186] EIOPA, The underlying assumptions in the standard formula for the Solvency Capital Requirement calculation, EIOPA-14-322; vgl. auch CEIOPS, Solvency II Calibration Paper, CEIOPS-SEC-40-10, 2010.

[187] Nr. 1.2 The underlying assumptions in the standard formula for the Solvency Capital Requirement calculation, EIOPA-14-322.

[188] Nr. 1.2 The underlying assumptions in the standard formula for the Solvency Capital Requirement calculation, EIOPA-14-322; Nr. 2.50. EIOPA Explanatory Text on Guidelines on own risk and solvency assessment, EIOPA-BoS-14/259.

[189] Zu diesen vgl. Nr. 2.54. EIOPA Explanatory Text on Guidelines on own risk and solvency assessment, EIOPA-BoS-14/259.

[190] So auch *Korte/Romeike* VW 2011, 607.

[191] Vgl. Art. 180 Solva II-VO.

[192] Vgl. Art. 187 Solva II-VO.

Die BaFin fordert im Rahmen des ORSA eine unternehmenseigene Bewertung der Risiken aus Staatsanleihen[193] sowie eine Plausibilisierung externer Staatenratings durch eigene Kreditrisikobewertungen i. S. v. § 28 Abs. 2 VAG. Dazu – so die BaFin sub specie des Grundsatzes der Verhältnismäßigkeit nach § 296 VAG pauschal viel zu weitgehend – „bietet es sich an, volkswirtschaftliche Kennzahlen aufzubereiten und zu vergleichen. Das Unternehmen hat sich einen Überblick über den Staatshaushalt zu verschaffen. Der Blick auf das Defizit und die Schuldenquote eines Staats reicht jedoch nicht aus. Weitere Kriterien können beispielsweise Garantien oder Bürgschaften sein, denen der Staat ausgesetzt ist. Auch eine Analyse der Stabilität der Regierung und des Rechts- und Finanzsystems sowie der Verpflichtungen, die mit Mitgliedschaften in internationalen Organisationen verbunden sind, kann sinnvoll sein."[194]

b) Wesentliche Abweichung. Die Methode der Beurteilung, ob eine wesentliche Abweichung vorliegt, ist von Art. 45 Solva II-RL nicht vorgegeben und somit grundsätzlich „gestaltbar".[195] Abzustellen ist bei der Beurteilung nicht auf einzelne Risiken, sondern darauf, ob die tatsächlichen Risiken **insgesamt wesentlich** von den berechneten abweichen.[196] Die BaFin sieht es als möglich an, unter den Voraussetzungen von Art. 283 Abs. 7 Solva II-VO Abweichungen, die aus einer Überschätzung der Risiken resultieren, und Abweichungen, die auf Grund von Unterschätzungen entstehen, miteinander zu **verrechnen** und so gegebenenfalls in der maßgeblichen Gesamtbetrachtung eine wesentliche Abweichung zu vermeiden.[197] 67

Zunächst analysiert das Unternehmen das Risikoprofil und schätzt **qualitativ** ein, ob eine wesentliche Abweichung von den zugrunde liegenden Annahmen der Standardformel bzw. des internen Modells vorliegen könnte.[198] Die Analyse umfasst eine Einstufung der Risiken (Risikoranking).[199] Erst, wenn eine wesentliche Abweichung naheliegt, erfolgt ihre **Quantifizierung**.[200] Wie EIOPA zutreffend betont, ist es nicht mit einem einfachen Vergleich des Gesamtsolvabilitätsbedarfs und der Solvabilitätskapitalanforderung getan. Der Gesamtsolvabilitätsbedarf kann z. B. anderen Ansatz- und Bewertungsmaßstäbe folgen. Zudem liegt dem Gesamtsolvabilitätsbedarf ein längerer Zeithorizont zugrunde und er erfasst – anders als die Standardformel – alle materiellen Risiken. Auch kann das Unternehmen bei der Ermittlung des Gesamtsolvabilitätsbedarfs auf einem anderen Konfidenzniveau operieren.[201] 68

Kommt das Versicherungsunternehmen bei der qualitativen Einschätzung zu dem Schluss, dass eine Abweichung unwesentlich ist, soll es dies dennoch **begründen**.[202] Für die Einschätzung erwartet EIOPA zudem die Erstellung eines Risikorankings, eine Analyse der Sensitivität der Standardformel in Bezug auf Änderungen des Risikoprofils,[203] eine Einschätzung der Sensibilität der Solvabilitätskapitalanforderung bezüglich der Haupt-Parameter sowie Erwägungen zur Angemessenheit der Parameter der Standardformel. Hinzu kommen ggf. eine Erklärung, warum die Beschaffenheit der Risiken Vereinfachungen rechtfertigt, und eine Analyse, wie die Ergebnisse der Standardformel in Entscheidungsprozesse einfließen.[204] 69

Wesentlich ist eine Abweichung „spätestens", wenn einer der Schwellenwerte von **Art. 279 Solva II-VO**, der eigentlich die Voraussetzungen für Kapitalaufschläge konkretisiert, überschritten wurde,[205] dessen Wertungen auf die Wesentlichkeitsbeurteilung übertragbar sind.[206] Demnach gelten Abweichungen von 10 % widerleglich als wesentlich. Eine Widerlegung der Wesentlichkeitsvermutung ist unter Heranziehung der Wertungen des Art. 276 Solva II-VO möglich. Eine Abweichung von 15 % und mehr ist unwiderleglich wesentlich. Unabhängig hiervon ist den Unternehmen zu empfehlen, eigene Schwel- 70

[193] So schon Bundesregierung Antwort auf eine Kleine Anfrage BT-Drs. 17/8225 v. 19.12.2011, 10; vgl. Nr. 26 ff. BaFin AE v. 7.4.2017 „Behandlung von Staatenrisiken unter Solvency-II im Rahmen des Grundsatzes der unternehmerischen Vorsicht, im ORSA und im Rahmen der eigenen Kreditrisikobeurteilung".

[194] BaFinJournal 7/2016, S. 36, 38; ausf. Rn. 28 i. V. m. Rn. 17 f. BaFin AE v. 7.4.2017 „Behandlung von Staatenrisiken unter Solvency II".

[195] *Gillessen/Prossner/Spengler* VW 2012, 434.

[196] Nr. 112 BaFin AE v. 23.12.2015 „Auslegungsentscheidungen: ORSA".

[197] Nr. 117, 122 BaFin AE v. 23.12.2015 „Auslegungsentscheidungen: ORSA"; Nr. 34 BaFin AE v. 7.4.2017 „Behandlung von Staatenrisiken unter Solvency II"; vgl. auch oben Rn. 21 und 31.

[198] Leitlinie 12 EIOPA-LL ORSA; Nr. 118 Nr. 117, 122 BaFin AE v. 23.12.2015 „Auslegungsentscheidungen: ORSA".

[199] Nr. 2.53. lit. a EIOPA Explanatory Text on Guidelines on own risk and solvency assessment, EIOPA-BoS-14/259; Nr. 123 BaFin AE v. 23.12.2015 „Auslegungsentscheidungen: ORSA".

[200] Leitlinie 12 EIOPA-LL ORSA; Nr. 119 BaFin AE v. 23.12.2015 „Auslegungsentscheidungen: ORSA". Die Begr. VAG-RegE 2014, BT-Drs. 18/2956, 244, spricht davon, dass „gegebenenfalls eine Quantifizierung erforderlich" sein könne.

[201] Nr. 2.55. EIOPA Explanatory Text on Guidelines on own risk and solvency assessment, EIOPA-BoS-14/259.

[202] Nr. 2.53. lit. a EIOPA Explanatory Text on Guidelines on own risk and solvency assessment, EIOPA-BoS-14/259; Nr. 120 BaFin AE v. 23.12.2015 „Auslegungsentscheidungen: ORSA".

[203] Nr. 124 BaFin AE v. 23.12.2015 „Auslegungsentscheidungen: ORSA".

[204] Nr. 2.53. EIOPA Explanatory Text on Guidelines on own risk and solvency assessment, EIOPA-BoS-14/259. Zum letzten Punkt vgl. auch Nr. 124 BaFin AE v. 23.12.2015 „Auslegungsentscheidungen: ORSA".

[205] Nr. 113 BaFin AE v. 23.12.2015 „Auslegungsentscheidungen: ORSA"; Nr. 33 BaFin AE v. 7.4.2017 „Behandlung von Staatenrisiken unter Solvency II".

[206] *Dreher/Ballmaier* VersR 2012, 129, 139.

lenwerte festzulegen.[207] Das gilt schon im Hinblick darauf, dass EIOPA bislang nicht ausdrücklich auf Art. 279 Solva II-VO Bezug genommen hat. Die österreichische FMA sieht ein Indiz für eine signifikante Abweichung bereits in einem Unterschied von 10 % auf Risikomodulebene und 5 % auf Ebene der Solvabilitätskapitalanforderung.

71 **c) Folgen der Beurteilung.** Sind Abweichungen zu erkennen, so ist es ratsam, ihre Art zu ermitteln. Beispielsweise bietet sich eine Einteilung der Abweichungen in erklärbare und bislang noch nicht erklärbare an.[208] Eine wesentliche Abweichung endet nicht per se in einer Erhöhung der Solvabilitätskapitalanforderung.[209] Die Unternehmen müssen im Fall einer wesentlichen Abweichung Maßnahmen ergreifen, die die tatsächlichen und die berechneten Risiken wieder näher angleichen. Die Aufsichtsbehörde kann das Unternehmen nach § 96 Abs. 2 VAG auffordern, ein **internes (Teil-)Modell** einzuführen. Ist diese Aufforderung unangemessen oder erfolglos bzw. ist das interne Modell noch im Entwicklungsstadium, kann die Aufsichtsbehörde unter den Voraussetzungen des § 301 VAG i. V. m. Art. 276, 279 ff. Solva II-VO einen **Kapitalaufschlag** anordnen. Werkzeuge der Versicherungsunternehmen, um der Abweichung abzuhelfen, sind zum Beispiel die Angleichung des Risikoprofils an die Annahmen der Standardformel, eine allgemeine Einschränkung des Risikoappetits, die Anpassung der Standardformel an die Eigenheiten der Unternehmen oder die Entwicklung eines internen Modells bzw. internen Teilmodells.[210]

72 **IV. Angemessene Prozesse zur Identifikation und Beurteilung (Abs. 3). 1. Angemessene Prozesse (Abs. 3 S. 1).** Die Versicherungsunternehmen halten Prozesse vor, die ihrer Risikolage entsprechen, und die Identifikation sowie die Bewertung der kurz- und langfristigen Risiken ermöglichen. Das sieht Art. 45 Abs. 2 S. 1 Solva II-RL vor. Auch an dieser Stelle verkürzt der deutsche Gesetzgeber zulässigerweise die in der Richtlinie länger gehaltene Formulierung, ohne dass ein Umsetzungsdefizit vorliegt. Das Erfordernis der genannten Prozesse ergibt sich im Grundsatz bereits aus § 26 Abs. 1 S. 2 VAG, wonach das Risikomanagementsystem über Strategien, Prozesse und Meldeverfahren verfügen muss, um tatsächliche oder hypothetische Risiken zu erkennen, zu bewerten, zu überwachen und über sie Bericht zu erstatten. Allerdings ist § 27 Abs. 3 S. 1 VAG insofern als Konkretisierung der allgemeinen Vorgabe in § 26 Abs. 1 S. 2 VAG zu verstehen, als auch ein **langfristiger Zeithorizont** vorgeschrieben ist.[211] Zudem betont Abs. 3 S. 1 an dieser Stelle noch einmal das **Proportionalitätsprinzip**.

73 Zwar nennt § 27 Abs. 3 S. 1 VAG, anders als § 26 Abs. 1 S. 2 VAG, nur **Prozesse**, nicht aber auch Meldeverfahren. Gemeint ist in der Sache aber das Gleiche. Die ORSA-Durchführung fordert eine aktive Mitarbeit in allen Bereichen des Unternehmens, denen materielle Risiken entspringen können, und setzt ein Meldewesen voraus, das in den ORSA-Leitlinien festzulegen ist. Die Prozesse sind der Art, dem Umfang und der Komplexität der Risiken entsprechend auszugestalten. Das ist eine Betonung des dem gesamten VAG zugrunde liegenden **Proportionalitätsprinzips**, das seinen ausdrücklichen Niederschlag in § 296 Abs. 1 VAG gefunden hat. Die Angemessenheit beurteilt sich demnach unternehmensindividuell. Auch für die Ausgestaltung des ORSA sind daher Überlegungen notwendig unter anderem zu dem Produktangebot, der Volatilität der Mittel, den avisierten und abgedeckten Märkten sowie der Abhängigkeit von Gruppenentwicklungen. Die Prozesse sind an Veränderungen des Risikoprofils anzugleichen.[212] Daher unterliegen sie selbst und das Risikoprofil einer internen Überwachung sowie Überprüfung durch die Risikomanagementfunktion nach Art. 269 Abs. 1 lit. b, c Solva II-VO.[213]

74 Die Unternehmen müssen – wie schon zu § 27 Abs. 2 Nr. 1 VAG ausgeführt – im Ausgangspunkt **alle Risiken** identifizieren und beurteilen, d. h. sowohl solche, die von der Standardformel und dem internen Modell erfasst sind, als auch nicht von diesen abgedeckte. Wegen des Materialitätsgrundsatzes gilt das aber nur für **wesentliche Risiken**. Die Identifikation erfordert bereits im Vorfeld eine Einschätzung, ob ein Risiko wesentlich sein könnte, so dass auch unwesentliche Risiken eine Rolle spielen. Die Definition der Wesentlichkeit eines Risikos legen die Unternehmen eigenverantwortlich in ihren Leitlinien zum Risikomanagement fest. Sie unterliegt aber einer vollen aufsichtsrechtlichen Kontrolle durch die Aufsichtsbehörden. Erst wenn ein Risiko als wesentlich eingestuft wurde, ist es zu beurteilen. Im Zusammenhang mit dem Gesamtsolvabilitätsbedarf bedeutet dies eine qualitative und wenn möglich eine quantitative Einschätzung. Risiken, die nicht durch mathematische Modelle quantifizierbar sind,

[207] *Gillessen/Prossner/Spengler* VW 2012, 437.
[208] Hierzu *Gillessen/Prossner/Spengler* VW 2012, 437.
[209] Nr. 115 BaFin AE v. 23.12.2015 „Auslegungsentscheidungen: ORSA".
[210] Nr. 2.54. EIOPA Explanatory Text on Guidelines on own risk and solvency assessment, EIOPA-BoS-14/259.
[211] Diesen Aspekt betont auch die Begr. VAG-RegE 2014, BT-Drs. 18/2956, 244.
[212] Nr. 14 f. BaFin-MaGo.
[213] Vgl. zur Überprüfung der Angemessenheit der Prozesse im Übrigen die Erläuterungen zu § 23 Abs. 2 und Art. 259 Abs. 1 lit. d Solva II-VO, wonach die Versicherungsunternehmen Berichtsverfahren und Prozesse installieren, „die gewährleisten, dass Informationen über die wesentlichen Risiken, denen das Unternehmens ausgesetzt ist, und die Wirksamkeit des Risikomanagementsystems aktiv überwacht und analysiert werden und dass gegebenenfalls erforderliche Änderungen des Systems vorgenommen werden".

können gegebenenfalls kompatibel zu der Standardformel bzw. dem internen Modell bewertet werden, indem auf Experteneinschätzungen oder Risikoassessments zurückgegriffen wird.[214]

Zu beurteilen sind tatsächliche und potentielle Risiken, denen das Unternehmen im maßgeblichen **Prognosezeitraum** ausgesetzt ist oder sein könnte.[215] Die auch langfristige Perspektive sichert die Rolle der Beurteilung des Gesamtsolvabilitätsbedarfs bei der Entwicklung einer Geschäftsstrategie oder dem Fällen einer wesentlichen Entscheidung i. S. v. § 27 Abs. 1 S. 2 VAG ab und ermöglicht den Aufsichtsbehörden einen ersten Ausblick auf die weitere Entwicklung des Unternehmens. Risiken, denen es **ausgesetzt sein könnte**, ermittelt das Unternehmen zum Beispiel anhand der Stresstests und der Szenarioanalysen. 75

2. Stresstests und Szenarioanalysen (Abs. 3 S. 2). Teil der Prozesse zur Beurteilung des Gesamtsolvabilitätsbedarfs nach § 27 Abs. 2 Nr. 1 VAG sind selbständig durchzuführende Stresstests und Szenarioanalysen. Art. 45 Solva II-RL sieht solche nicht ausdrücklich vor. Nach Art. 259 Abs. 3 Solva II-VO sind „gegebenenfalls" – im Sinne von „wo angemessen" – Stresstests und Szenarioanalysen in das Risikomanagementsystem einzubeziehen. § 27 Abs. 3 S. 2 VAG macht diese Einschränkung nicht. Der Gesetzgeber geht davon aus, dass Stresstests und Szenarioanalysen i. S. v. Art. 1 Nr. 2 Solva II-VO **immer angebracht** sind für die Beurteilung des Gesamtsolvabilitätsbedarfs. 76

Die Stresstests und Szenarioanalysen sind **selbständig** durchzuführen. Das drücke – so die Gesetzesbegründung – aus, dass beaufsichtigte Unternehmen „auch ohne aufsichtsrechtliche Vorgaben über zu verwendende Szenarien derartige Tests und Analysen vorzunehmen haben."[216] Zudem bringt § 27 Abs. 3 S. 2 VAG an dieser Stelle zum Ausdruck, dass die Unternehmen selbst festlegen können, welche Analysen und Tests sie für richtig erachten und in welchem Umfang sie diese Instrumente einsetzen wollen.[217] Die Unternehmen haben somit freie Hand bei der Wahl der Methode des Stresstests. Sie sind dazu nach Abs. 4 darlegungspflichtig. 77

Für die unternehmensinterne Bewertung der Risiken aus **Staatsanleihen** geht die BaFin davon aus, dass Stresstests erfolgen: „Die Unternehmen sind gehalten, unterschiedliche Szenarien zu simulieren, beispielsweise den Ausfall eines oder mehrerer Staaten."[218] 78

V. Darlegungspflicht (Abs. 4). Versicherungsunternehmen sind bezüglich ihrer Methodenwahl für die Beurteilung des Gesamtsolvabilitätsbedarfs **darlegungspflichtig**. § 27 Abs. 4 VAG setzt Art. 45 Abs. 2 S. 2 Solva II-RL um. Weil die Methoden für die Ermittlung des Gesamtsolvabilitätsbedarfs nicht von den Methoden zur Risikomessung zu trennen sind, gilt die Darlegungspflicht auch dafür.[219] Die Darlegungspflicht umfasst zunächst die **Angabe der verwendeten Methoden** gegenüber der Aufsichtsbehörde.[220] Darüber hinaus soll sie gegebenenfalls die Angemessenheit der Methode **rechtfertigen.**[221] Maßstab ist nicht, ob die fraglichen Methoden am besten geeignet sind für die Ermittlung des Gesamtsolvabilitätsbedarfs, sondern ob sie hierfür **ausreichend** sind. Die Darlegungspflicht dient daneben der **Selbstvergewisserung** der Unternehmen bezüglich der Wahl der richtigen Methoden. 79

VI. Bewertung der Abweichungen mit der Rekalibrierung des internen Modells (Abs. 5). Nutzer eines internen Modells führen die Bewertung, ob das Risikoprofil wesentlich von den dem Modell zugrunde liegenden Annahmen abweicht, zusammen mit der Rekalibrierung aus, mit der die Ergebnisse des internen Modells auf das Risikomaß und die Kalibrierung der Solvabilitätskapitalanforderung überführt werden. Die Regelung basiert auf **Art. 45 Abs. 3 Solva II-RL**. Eine Rekalibrierung erfolgt – ohne dass das VAG diesen Terminus an der fraglichen Stelle verwendet – gem. § 120 Abs. 1 VAG im Rahmen des **Modellvalidierungsprozesses**. Er umfasst die Kontrolle des Leistungsvermögens des internen Modells, die Überprüfung der kontinuierlichen Angemessenheit seiner Spezifikation und den Abgleich von Modellergebnissen und Erfahrungswerten. 80

VII. Beurteilung der jederzeitigen Erfüllbarkeit der Kapitalanforderungen und der Anforderungen an die versicherungstechnischen Rückstellungen bei langfristigen Garantien (Abs. 6). 1. Berücksichtigung in der Risikotragfähigkeit (Abs. 6 S. 1). Unternehmen, die **langfristige Garantien** abgeben, müssen bei der Beurteilung der jederzeitigen Einhaltung der Kapitalanforderungen und der Vorgaben für versicherungstechnische Rückstellungen die **langfristige Risikotragfähigkeit** des Unternehmens berücksichtigen. Die Regierungsbegründung weist darauf hin, dass 81

---

[214] *Viewers* in: Gründl/Kraft Solvency II – Eine Einführung, 2. Aufl. 2016, S. 105.

[215] Vgl. oben Rn. 54 und 58. Eine beispielhafte Risikokategorisierung findet sich bei *Viewers* in: Gründl/Kraft Solvency II – Eine Einführung, 2. Aufl. 2016, S. 103.

[216] Begr. VAG-RegE 2014, BT-Drs. 18/2956, 244 mit dem beachtlichen Hinweis auf den Fall des Fehlens aufsichtsrechtlicher Vorgaben, um diese dann aber doch zu machen.

[217] Begr. VAG-RegE 2014, BT-Drs. 18/2956, 244.

[218] Vgl. BaFinJournal 7/2016, S. 36, 37; Nr. 28 BaFin AE v. 7.4.2017 „Behandlung von Staatenrisiken unter Solvency II" und zu der Einbeziehung von Risiken aus Staatsanleihen schon oben Rn. 66.

[219] Begr. VAG-RegE 2014, BT-Drs. 18/2956, 244.

[220] Begr. VAG-RegE 2014, BT-Drs. 18/2956, 244.

[221] Begr. VAG-RegE 2014, BT-Drs. 18/2956, 244.

somit § 64a Abs. 7 Nr. 1 VAG a. F. übernommen werde,[222] wonach Unternehmen, die langfristige Garantien geben, „als Teil der Risikostrategie auch die langfristige Risikotragfähigkeit des Unternehmens darstellen" mussten. Diese Regelung führte das Lebensversicherungsreformgesetz durch Art. 1 Nr. 4 lit. a ein.[223] Die Änderung sollte für Unternehmen die Pflicht begründen, langfristige Garantien „in jedem Fall im Rahmen ihrer Risikostrategie ausdrücklich" zu berücksichtigen.[224]

82 **2. Bewertung mit und ohne Berücksichtigung der Matching-Anpassung, der Volatilitätsanpassung und der Übergangsmaßnahmen (Abs. 6 S. 2).** Die Beurteilung nach § 27 Abs. 2 S. 2 VAG erfolgt im Fall der Nutzung der Matching-Anpassung nach § 80 VAG, der Volatilitätsanpassung nach § 82 VAG oder der Übergangsmaßnahmen der §§ 351, 352 VAG **mit und ohne Berücksichtigung** dieser Instrumente. Auf europäischer Ebene sieht dies Art. 45 Abs. 2a Solva II-RL vor, eingeführt durch Art. 2 Abs. 11 Richtlinie 2014/51/EU (Omnibus II-Richtlinie). Die fraglichen Regelungen sollen eine künstliche Volatilität in den Eigenmitteln vermeiden.[225] Nutzt ein Unternehmen die Matching-Anpassung bzw. die Volatilitätsanpassung und zusätzlich die Übergangsmaßnahmen der §§ 351, 352 VAG, muss es dennoch nur zwei Betrachtungen vornehmen. Es reicht aus, die Beurteilung nach § 27 Abs. 2 S. 2 VAG mit der Kombination der Instrumente derjenigen ohne sie gegenüberzustellen.

83 **VIII. Gruppendimensionaler ORSA. 1. Überblick.** Nach § 275 Abs. 3 S. 1 VAG muss ein beteiligtes Versicherungsunternehmen, eine Versicherungs-Holdinggesellschaft bzw. eine gemischte Finanzholdinggesellschaft **eine unternehmenseigene Risiko- und Solvabilitätsbeurteilung auf Gruppenebene** – d. h. die Gruppe als wirtschaftlich einheitliche Entität betrachtend – durchführen. Zuständig für die Überprüfung derselben ist gem. § 281 Abs. 1 Nr. 5 VAG die zuständige Gruppenaufsichtsbehörde i. S. v. § 279 VAG. Den Bericht an die Aufsichtsbehörde über diese und die auf Solo-Ebene durchgeführten Beurteilungen kann ein betroffenes Unternehmen nach Art. 275 Abs. 4 S. 1 VAG **in einem einzigen Bericht** darstellen, sofern die Beurteilungen auf Gruppenebene und auf Ebene der gruppenangehörigen Unternehmen zeitgleich durchgeführt werden und die Aufsichtsbehörde ihre Zustimmung erteilt hat. Das entbindet die gruppenangehörigen Unternehmen aber gem. § 275 Abs. 4 S. 3 VAG nicht von ihrer Verpflichtung nach § 27 VAG. Die Regelungen setzen Art. 246 Abs. 4 Solva II-RL um. Ziel des gruppenweiten ORSA ist eine realistische Einschätzung der weiteren Entwicklung der Gruppe, die der faktischen wirtschaftlichen Einheit der ihr zugehörigen Unternehmen gerecht wird. Besonders im Fokus steht die Frage nach dem **Risikoprofil** und der **Beschaffenheit der Gruppenstruktur.**[226]

84 **2. Risiko- und Solvabilitätsbeurteilung entsprechend § 27 VAG (§ 275 Abs. 3 S. 1 VAG). a) Grundsatz.** Da der gruppendimensionale ORSA gem. § 275 Abs. 3 S. 1 VAG „entsprechend § 27" auszugestalten und vorzunehmen ist, sind im Grundsatz alle Ausführungen zur unternehmenseigenen Risiko- und Solvabilitätsbeurteilung von der Solo-Ebene auf die Gruppenebene übertragbar. Das gilt für die Durchführung des ORSA, die mit ihm zusammenhängenden Prozesse, die Rolle der Geschäftsleitung des beurteilenden Unternehmens sowie seinen Gegenstand und seine Dokumentation. Gleichwohl führen Gruppensachverhalte zu Besonderheiten, die der ORSA zu berücksichtigen hat, und die ihn sowie seine Dokumentation modifizieren. Das ist insbesondere seiner **erhöhten Komplexität** aufgrund der Einbeziehung der Gruppenunternehmen und ihrer jeweiligen Abhängigkeiten und Wechselwirkungen geschuldet.

85 **b) Beurteilendes Unternehmen und zu beurteilende Unternehmen.** Die Beurteilung vorzunehmen hat das beteiligte Versicherungsunternehmen, die Versicherungsholdinggesellschaft oder die gemischte Finanzholdinggesellschaft. Gemeint ist **in der Regel das oberste Mutterunternehmen** i. S. v. § 247 VAG. EIOPA behält sich vor, in bestimmten Fällen die Gruppe aufzufordern, ein anderes Unternehmen als verantwortlich für die gruppenspezifischen Vorgaben festzulegen, falls es die aufsichtsrechtlichen Vorgaben besser umsetzen könne.[227] Dies überrascht, da die von EIOPA vorgesehene Konzeption eines „verantwortlichen Unternehmens" sich als nicht weiterführend erwies und nach eigener Darstellung eigentlich verworfen werden sollte.[228]

86 Die erforderlichen **Informationen** sammeln die Einzelunternehmen ein und übermitteln sie an die zuständige Stelle im beurteilenden Unternehmen. Die Zulässigkeit ergibt sich aus **§ 276 Abs. 1 VAG,** der es den in die Gruppenaufsicht einbezogenen Unternehmen erlaubt, für die Zwecke der Erfüllung

[222] Begr. VAG-RegE 2014, BT-Drs. 18/2956, 245.
[223] Gesetz zur Absicherung stabiler und fairer Leistungen für Lebensversicherte (Lebensversicherungsreformgesetz – LVRG) vom 1.8.2014, BGBl. I, 1330.
[224] Begr. LVRG-RegE, BT-Drs. 18/1772, 23.
[225] Begr. VAG-RegE 2014, BT-Drs. 18/2956, 258.
[226] Leitlinie 15 EIOPA-LL ORSA.
[227] Nr. 2.314. EIOPA Explanatory Text on Guidelines on system of governance, EIOPA-BoS-14/253.
[228] Feedback Statement Nr. 2.19. lit. b EIOPA Final Report on Public Consultation No. 14/017 on Guidelines on system of governance, EIOPA-BoS-14/253.

aufsichtsrechtlicher Vorgaben Informationen auszutauschen. Zudem gewährt § 276 Abs. 2 VAG dem obersten beteiligten Unternehmen ein Auskunftsrecht.

Sinn und Zweck des gruppenweiten ORSA gebieten die Abdeckung **aller für die Gruppe materiellen Risiken, die von Gruppenunternehmen stammen.**[229] Das erstreckt sich auf Risiken regulierter und nicht regulierter Versicherungsunternehmen, inklusive Captives, ebenso wie auf Risiken anderer regulierter oder nicht regulierter Unternehmen – unabhängig davon, ob sie ihren Sitz im EWR oder in einem Drittland haben.[230] EIOPA betont aber insbesondere bezüglich der Abdeckung von Risiken nichtbeaufsichtigter Unternehmen den Proportionalitätsgrundsatz und führt aus, dass manche dieser Unternehmen eine wichtige Rolle für die Strategieausrichtung der Gruppe spielten, während andere von nur ganz untergeordneter Bedeutung seien.[231] 87

c) Gruppenweite Ermittlung des Gesamtsolvabilitätsbedarfs. Zu erfassen sind alle Risiken, die **für die Gruppe materiell** sind. Auch hier gilt, dass nicht nur die von der Standardformel bzw. dem internen Modell abgedeckten Risiken zu beachten sind, sondern darüber hinaus unter anderem auch nicht quantifizierbare.[232] Eine eigene Rolle spielen die **individuellen Besonderheiten der Gruppe und die gruppenspezifischen Risiken.**[233] Zu berücksichtigen sind die Wechselwirkungen der gruppenspezifischen Risiken und die Auswirkungen auf den Gesamtsolvabilitätsbedarf.[234] Das beteiligte Versicherungsunternehmen, die Versicherungs-Holdinggesellschaft bzw. die gemischte Finanz-Holdinggesellschaft berücksichtigen auch, dass manche Risiken sich auf Gruppenebene verstärken können.[235] 88

Gruppenspezifische Risiken sind zum Beispiel Ansteckungsrisiken, Risikokonzentrationen, Risiken aus Intragruppentransaktionen oder operationelle Risiken, die der Komplexität der Gruppenstruktur geschuldet sind.[236] Der ORSA schätzt auch die Wechselwirkungen der Risiken des obersten Unternehmens mit den Risiken der anderen Unternehmen ab.[237] Teil der Beurteilung des Gesamtsolvabilitätsbedarfs ist die Überprüfung, ob die angenommenen **Diversifikationseffekte** im Vergleich zu dem tatsächlichen Risikoprofil und Gesamtsolvabilitätsbedarf der Gruppe angemessen sind.[238] Diese Einschätzung kann aber als eigenständiger Teil des ORSA bzw. bei der Beurteilung entsprechend § 27 Abs. 2 Nr. 2 oder Nr. 3 VAG erfolgen.[239] Die Ermittlung des gruppenweiten Gesamtsolvabilitätsbedarfs beachtet daneben, ob und inwieweit die **individuellen Strategien** der Gruppenunternehmen aufeinander und mit der Gruppenstrategie abgestimmt sind.[240] 89

Der gruppendimensionale ORSA macht gruppenspezifische Überlegungen zu den **Eigenmitteln** notwendig. Zu denken ist hier an geplante Kapitalübertragungen innerhalb der Gruppe, an eine Einschätzung der Fungibilität, der Abrufbarkeit und der Übertragbarkeit von Kapital und an die Identifikation potentieller Quellen für neue Mittel. Gegenstand der Beurteilung ist zudem, ob die Notwendigkeit besteht, zusätzliche Mittel einzusammeln. Diese Fragen sind Gegenstand der Aufzeichnung des ORSA-Prozesses.[241] Die BaFin verlangt zudem in dem aufsichtlichen ORSA-Bericht Angaben zu diesen Themen.[242] 90

d) Kontinuierliche Einhaltung der Kapitalanforderung. Der gruppenweite ORSA überprüft auch die Einhaltung der regulatorischen Kapitalanforderung an die Gruppe (§ 250 VAG). Gegenstand ist lediglich die Solvabilitätskapitalanforderung, da es auf Gruppenebene keine Mindestkapitalanforderung (§ 122 VAG) gibt. Das den ORSA durchführende Unternehmen identifiziert hier die **Eigenmittel** innerhalb der Gruppe sowie deren Verfügbarkeit, Übertragbarkeit und Fungibilität.[243] Es berücksichtigt spezifische Risiken, denen die Gruppe als solche ausgesetzt sein könnte, die Abstimmung der Einzelstrategien mit der Gruppenstrategie sowie geplante, wesentliche Eigenmitteltransfers innerhalb der Gruppe.[244] Die Fragen sind Gegenstand der Dokumentation des ORSA.[245] Auch der aufsichtliche 91

[229] Zum Gruppenbegriff vgl. die Erläuterungen zu § 7 Nr. 13 VAG und zu §§ 245 ff. VAG.
[230] Leitlinie 15 EIOPA-LL, Nr. 2.68 ff. EIOPA Explanatory Text on Guidelines on own risk and solvency assessment, EIOPA-BoS-14/259; Nr. 127 BaFin AE v. 23.12.2015 „Auslegungsentscheidungen: ORSA".
[231] Nr. 2.74. EIOPA Explanatory Text on Guidelines on own risk and solvency assessment, EIOPA-BoS-14/259.
[232] Nr. 2.79. EIOPA Explanatory Text on Guidelines on own risk and solvency assessment, EIOPA-BoS-14/259.
[233] Nr. 131 BaFin AE v. 23.12.2015 „Auslegungsentscheidungen: ORSA".
[234] Leitlinie 17 EIOPA-LL ORSA; Nr. 131 BaFin AE v. 23.12.2015 „Auslegungsentscheidungen: ORSA".
[235] Leitlinie 17 EIOPA-LL ORSA.
[236] Nr. 2.81. EIOPA Explanatory Text on Guidelines on own risk and solvency assessment, EIOPA-BoS-14/259; Nr. 132 BaFin AE v. 23.12.2015 „Auslegungsentscheidungen: ORSA".
[237] Nr. 2.80. EIOPA Explanatory Text on Guidelines on own risk and solvency assessment, EIOPA-BoS-14/259.
[238] Nr. 2.82. EIOPA Explanatory Text on Guidelines on own risk and solvency assessment, EIOPA-BoS-14/259; Nr. 133 BaFin AE v. 23.12.2015 „Auslegungsentscheidungen: ORSA".
[239] Nr. 2.82. EIOPA Explanatory Text on Guidelines on own risk and solvency assessment, EIOPA-BoS-14/259.
[240] Leitlinie 17 lit. d EIOPA-LL ORSA.
[241] Leitlinie 17 lit. a bis c EIOPA-LL ORSA.
[242] Nr. 137 BaFin AE v. 23.12.2015 „Auslegungsentscheidungen: ORSA".
[243] Leitlinie 18 EIOPA-LL ORSA; Nr. 137 BaFin AE v. 23.12.2015 „Auslegungsentscheidungen: ORSA".
[244] Leitlinie 18 EIOPA-LL.
[245] Leitlinie 18 EIOPA-LL.

ORSA-Bericht enthält die entsprechenden Erwägungen.[246] EIOPA erwartet zudem, dass in den Leitlinien zum Gruppen-ORSA verschiedene Stresstests und Szenarioanalysen oder andere Analysen enthalten sind.[247] Für die Berücksichtigung von **Drittlandsunternehmen** fordert die BaFin, das beurteilende Unternehmen solle Annahmen dazu treffen, ob das dort geltende Solvabilitätssystem als mit Solvency II äquivalent eingestuft wird (Art. 172 Abs. 4 Solva II-RL, Art. 378 Solva II-VO bzw. Art. 227 Abs. 3 Solva II-RL, Art. 379 Solva II-VO),[248] und bürdet so den Gruppen eine Prüfung auf, für die sie eigentlich nicht zuständig sind.

92 **e) Wesentliche Abweichung von den Annahmen, die der Standardformel oder dem internen Modell zugrunde liegen.** Ob das **Risikoprofil der Gruppe** von den Annahmen, die der Standardformel oder dem internen Modell zugrunde liegen, wesentlich abweicht, ist ebenfalls Gegenstand der gruppeneigenen Beurteilung der Risiko- und Solvabilitätslage. Einzubeziehen sind die Risiken von Drittlandsunternehmen.[249] Das beurteilende Unternehmen stellt fest, **welche Unternehmen im Einzelnen** eine wesentliche Abweichung hervorrufen und erwägt, wie dieser Abweichung begegnet werden kann, was zu dokumentieren ist in der **Aufzeichnung des ORSA**.[250] Auch in dem **aufsichtlichen Bericht** macht das beurteilende Unternehmen Angaben dazu, welche Unternehmen das gruppenweite Risikoprofil von den Grundannahmen wesentlich abweichen lassen.[251]

93 **f) Dokumentation und Berichte.** Was die gruppenweiten **ORSA-Leitlinien**, die **Aufzeichnung des ORSA-Prozesses** und den **internen ORSA-Bericht** angeht, greifen im Grundsatz dieselben Vorgaben wie auf Ebene der Einzelversicherungsunternehmen.[252]

94 Nach Art. 372 Abs. 1 S. 1 Solva II-VO umfasst der regelmäßige **aufsichtliche Bericht über die Gruppe** die bereits oben dargestellten Elemente, die der Bericht auf Solo-Ebene enthält.[253] Daneben treten aber nach Art. 372 Abs. 2 lit. b ii Solva II-VO Informationen über die Tochterunternehmen, deren Risiken der gruppendimensionale ORSA berücksichtigt. Der Bericht ist gem. Art. 373, 312 Abs. 1 lit. b Solva II-VO innerhalb von zwei Wochen nach Durchführung des ORSA an die zuständige Gruppenaufsichtsbehörde zu übermitteln. Besonderheiten bestehen bei einem einzigen ORSA-Dokument i. S. v. § 275 Abs. 4 VAG.[254]

95 Der **Bericht über die Solvabilitäts- und Finanzlage der Gruppe** enthält gemäß der Verweisung des Art. 359 S. 1 Solva II-VO zunächst die in Art. 294 Abs. 4 Solva II-VO genannten Angaben zum gruppenweiten ORSA. Weiter fordert er nach Art. 359 S. 2 lit. b ii Solva II-VO gegebenenfalls die Erklärung, dass von der Möglichkeit des ORSA-Berichts in einem einzigen Dokument gemäß § 275 Abs. 4 VAG Gebrauch gemacht wurde.

96 **3. Darlegung der Differenz zwischen konsolidierter Solvabilitätskapitalanforderung und Summe der einzelnen Solvabilitätskapitalanforderungen (§ 275 Abs. 3 S. 2 VAG).** Das beurteilende Unternehmen legt nach § 275 Abs. 3 S. 2 VAG, der Art. 246 Abs. 4 UAbs. 2 Solva II-RL umsetzt, bei der Berechnung nach der Konsolidierungsmethode die Differenz zwischen der Summe der Solvabilitätskapitalanforderungen der einzelnen Unternehmen und der konsolidierten Solvabilitätskapitalanforderung der Gruppe nachvollziehbar dar. Die Solvabilität der Gruppe ermittelt sich gemäß § 252 Abs. 1 VAG in der Regel auf Grund der **Konsolidierungsmethode** nach § 261 VAG. Die Solva II-RL spricht insoweit in Artikel 239 von der Standardmethode. Die Gruppenaufsichtsbehörde kann aber nach § 252 Abs. 2 VAG die Abzugs- und Aggregationsmethode nach § 265 VAG oder eine Kombination der beiden Methoden als für die Gruppe verbindlich festlegen. Nach der Standardmethode ist die **Gruppensolvabilität** die Differenz zwischen den auf Grundlage des konsolidierten Abschlusses errechneten anrechnungsfähigen Eigenmitteln und der auf Grundlage des konsolidierten Abschlusses errechneten **Gruppensolvabilitätskapitalanforderung**, was sich aus § 261 Abs. 1 S. 2 VAG ergibt. Die **Differenz** von konsolidierter Solvabilitätskapitalanforderung und der Summe der einzelnen Solvabilitätskapitalanforderungen ergibt sich daraus, dass erstere sich gem. § 261 Abs. 3 S. 1 VAG mindestens zusammensetzt aus der Mindestkapitalanforderung des beteiligten Versicherungsunternehmens nach § 122 VAG und den Anteilen an den Mindestkapitalanforderungen der verbundenen Unternehmen, die der jeweiligen Beteiligung entsprechen.

97 **4. Darstellung der Ergebnisse in einem Bericht (§ 275 Abs. 4 VAG). a) Zusammenfassung in einem Bericht (§ 275 Abs. 4 S. 1, 2 VAG).** In Umsetzung von Art. 246 Abs. 4 UAbs. 3 Solva II-RL können das beteiligte Versicherungsunternehmen, die Versicherungs-Holdinggesellschaft oder die

[246] Nr. 137 BaFin AE v. 23.12.2015 „Auslegungsentscheidungen: ORSA".
[247] Nr. 2.83. EIOPA Explanatory Text on Guidelines on own risk and solvency assessment, EIOPA-BoS-14/259.
[248] Nr. 135 BaFin AE v. 23.12.2015 „Auslegungsentscheidungen: ORSA".
[249] Nr. 138 BaFin AE v. 23.12.2015 „Auslegungsentscheidungen: ORSA".
[250] Nr. 139 BaFin AE v. 23.12.2015 „Auslegungsentscheidungen: ORSA".
[251] Nr. 140 BaFin AE v. 23.12.2015 „Auslegungsentscheidungen: ORSA".
[252] Vgl. oben Rn. 18 ff.
[253] Vgl. oben Rn. 32 f.
[254] Vgl. unten Rn. 97.

gemischte Finanz-Holdinggesellschaft nach Zustimmung der zuständigen Gruppenaufsichtsbehörde das Ergebnis des gruppenweiten ORSA zusammen mit den Ergebnissen der auf Solo-Ebene durchgeführten unternehmenseigenen Risiko- und Solvabilitätsbeurteilungen in **einem einzigen, einheitlichen Dokument** darstellen. Voraussetzung ist, dass die einzelnen Beurteilungen gleichzeitig durchgeführt werden. Das Dokument muss dabei nicht alle gruppenangehörigen Versicherungsunternehmen enthalten. Die betroffenen Unternehmen müssen dann selbständig den Berichtspflichten nachkommen.[255] Das einheitliche Dokument legt den Schwerpunkt auf die wesentlichen Gruppenteile, muss aber den ORSA jedes einzelnen Unternehmens darstellen.[256]

Die **Sprache** des Berichts richtet sich nach der Amtssprache des Mitgliedstaats, dessen Behörde zuständige Gruppenaufsichtsbehörde (§ 279 VAG) ist. 98

Der einheitliche **Bericht** ist gem. § 275 Abs. 4 S. 2 VAG nicht nur der Gruppenaufsichtsbehörde, sondern zudem **allen Aufsichtsbehörden mitzuteilen**, die gruppenangehörige Versicherungsunternehmen auf Solo-Ebene überwachen. 99

b) Zustimmung der Gruppenaufsichtsbehörde (§ 275 Abs. 4 S. 1, 3 VAG). Der einheitliche Bericht bedarf der **Zustimmung** der zuständigen Gruppenaufsichtsbehörde nach § 279 VAG, die vor ihrer Erteilung nach § 275 Abs. 4 S. 3 VAG die Mitglieder des Aufsichtskollegiums i. S. v. § 283 VAG anhört und deren Auffassungen Rechnung trägt.[257] 100

Der **Antrag** auf Zustimmung soll laut EIOPA mindestens folgende Bestandteile haben: eine Liste der von dem Dokument erfassten gruppenangehörigen Versicherungsunternehmen inklusive einer Begründung, warum die Wahl auf sie fiel. Dazu enthält der Antrag eine Beschreibung, wie die Geschäftsvorgaben auf Ebene dieser Unternehmen erfüllt werden, insbesondere im Hinblick auf die Rolle der Geschäftsleitung im ORSA-Prozess und in Bezug auf die ORSA-Ergebnisse. Das beantragende Unternehmen gibt an, wie der einheitliche Bericht aufgebaut sein soll, um den Mitgliedern des Aufsichtskollegiums die individuelle Prüfung der Unternehmen auf Solo-Ebene zu ermöglichen. Der Antrag enthält zudem Informationen zu nötigen Übersetzungen, insbesondere, was deren Zeitpunkt und Inhalt angeht.[258] Insgesamt sollte das beantragende Unternehmen Erwägungen dazu treffen, wie **Struktur und Inhalt des Berichts** eine Beaufsichtigung der gruppenangehörigen Unternehmen auch auf der individuellen Ebene gewährleisten und sowohl die Bedürfnisse des Gruppenaufsehers als auch diejenigen der für die Einzelaufsicht zuständigen Behörden erfüllen kann.[259] 101

IX. Verhältnis zu anderen Regelungen. Versicherungsunternehmen dürfen gem. **§ 124 Abs. 1 Nr. 1 VAG** nur in solche **Anlagegegenstände** investieren, die sie im Rahmen des ORSA hinreichend berücksichtigen können. 102

Nutzer von **internen Modellen** stellen nach **§ 115 Abs. 1 Nr. 2 VAG** sicher, dass das Modell eine wichtige Rolle spielt bei der unternehmenseigenen Risiko- und Solvabilitätsbeurteilung, wofür sie nach § 115 Abs. 3 VAG die Beweislast tragen. Nach **§ 120 VAG** halten Nutzer eines internen Modells einen regelmäßigen Modellvalidierungsprozess vor, dessen Ziele sich teilweise mit § 27 VAG überschneiden. Hier wie dort geht es auch um die Überprüfung, ob das genutzte interne Modell in Anbetracht des tatsächlichen Risikoprofils zu einer angemessenen Kapitalanforderung führt. 103

Der **gruppenweite ORSA** richtet sich nach **§ 275 Abs. 3, 4 VAG.** 104

Für **Finanzkonglomerate** gelten §§ 27, 275 VAG gem. **§ 25 Abs. 1 S. 2, 3 FKAG**[260] entsprechend. 105

Externe Ratings

28 (1) **Damit ein übermäßiges Vertrauen auf externe Ratingagenturen vermieden wird, überprüfen die Versicherungsunternehmen bei der Nutzung externer Ratings für die Berechnung der versicherungstechnischen Rückstellungen und der Solvabilitätskapitalanforderung im Rahmen ihres Risikomanagements die Angemessenheit dieser externen Ratings, indem sie soweit praktisch möglich zusätzliche Bewertungen vornehmen, um eine automatische Abhängigkeit von externen Ratings zu verhindern.**

(2) **Die in den Geltungsbereich der Verordnung (EG) Nr. 1060/2009 einbezogenen Unternehmen, die der Aufsicht nach diesem Gesetz unterliegen, haben die sich aus dieser Verordnung in der jeweils geltenden Fassung ergebenden Pflichten einzuhalten.**

---

255 Nr. 141 BaFin AE v. 23.12.2015 „Auslegungsentscheidungen: ORSA".
256 Nr. 2.84. EIOPA Explanatory Text on Guidelines on own risk and solvency assessment, EIOPA-BoS-14/259.
257 Die Regelung beruht auf Art. 246 Abs. 4 UAbs. 4 Solva II-RL.
258 Leitlinie 19 EIOPA-LL ORSA.
259 Nr. 2.85. EIOPA Explanatory Text on Guidelines on own risk and solvency assessment, EIOPA-BoS-14/259.
260 Gesetz zur zusätzlichen Aufsicht über beaufsichtigte Unternehmen eines Finanzkonglomerats (Finanzkonglomerate-Aufsichtsgesetz – FKAG) v. 27.6.2013, BGBl. I 1862; vgl. die Kommentierung des FKAG in diesem Band.

Übersicht

Schrifttum: *Dreher/Ballmaier*, Die Nutzung externer Ratings durch Versicherungsunternehmen, WM 2015, S. 1357 ff.; *Gonzalez/Rudschuck/Schwarzbach/von der Schulenburg* (Hrsg.), Kapitalanlagen und ihr Rating – die Assekuranz zwischen Regulierung und Niedrigzinsphase, 2016; *Lanfermann*, Transparenz durch Ratings – Unternehmens- und Produktratings deutscher Nicht-Lebensversicherer, 1998; *Schroeter*, Ratings – Bonitätsbeurteilungen durch Dritte im System des Finanzmarkt-, Gesellschafts- und Vertragsrechts, 2014.

1 **I. Allgemeines. 1. Entstehungsgeschichte.** § 28 VAG tritt funktionell **teilweise an die Stelle von § 64c VAG a.F.**,[1] der in Abs. 1 die sektorale Zuständigkeit der BaFin bzw. der Landesaufsichtsbehörden für die Überwachung der Anforderungen aus der VO (EG) Nr. 1060/2009 über Ratingagenturen (CRA-Verordnung) festlegte (nunmehr § 295 VAG) und in Abs. 2 ebenso wie jetzt § 28 Abs. 2 VAG klarstellte, dass die davon betroffenen Versicherungsunternehmen die CRA-VO in der jeweils geltenden Fassung einzuhalten haben.

2 **§ 28 Abs. 1 VAG setzt** darüber hinaus **Art. 44 Abs. 4a UAbs. 1 Solva II-RL um,**[2] eingeführt durch Art. 2 Nr. 10 lit. c der Richtlinie 2014/51/EU (Omnibus II). Obgleich Abs. 1 seinem Inhalt nach dem **Risikomanagement** nach § 26 VAG zuzuordnen ist, entschied sich der Gesetzgeber, die Thematik in einem eigenen Paragraphen zu regeln.[3]

3 **2. Normzweck.** § 28 VAG betrifft nicht das Rating von Versicherungsunternehmen und Versicherungsprodukten,[4] sondern den Gebrauch externer Ratings bei der Bewertung von Kapitalanlageprodukten durch Versicherungsunternehmen. Die Norm vereint § 64c Abs. 2 VAG a. F. und den Regelungsgehalt von Art. 44 Abs. 4a UAbs. 1 Solva II-RL und verfolgt zweierlei Zwecke: **Abs. 1** soll einem blinden und automatischen Vertrauen auf Ratings vorbeugen und damit zugleich die Abhängigkeit der Versicherungsunternehmen bei der Kapitalanlage von den Ratingagenturen aufheben oder zumindest begrenzen. [5] Denn Ratings sind fehleranfällig. Sie können wegen Interessenkonflikten unangemessen positiv ausfallen,[6] was eine **objektive Risikobeurteilung** der Unternehmen vereitelt.[7] Gleiches gilt für eine fehlerhafte, weil nicht auf objektivierten Kriterien beruhende Ratingmethodik.[8] Abs. 1 fordert daher von den Versicherungsunternehmen, die Ratings im Rahmen des Risikomanagements auf ihre Verlässlichkeit hin zu beurteilen, um Ausfallrisiken in Zukunft besser einschätzen zu können.

4 **Abs. 2** hat mit seinem dynamischen Rechtsanwendungsbefehl, wie schon § 64c Abs. 2 VAG a. F., wegen des europarechtlichen Anwendungsvorrangs der VO (EG) Nr. 1060/2009 im Ergebnis lediglich eine **deklaratorische Funktion.**

5 **3. Europarechtlicher Hintergrund.** Zu verorten sind ratingbezogene Vorgaben zunächst im **Grundsatz der unternehmerischen Vorsicht** bei der Kapitalanlage gemäß Art. 132 Abs. 1 Solva II-RL, umgesetzt in § 124 Abs. 1 VAG. Danach dürfen Versicherungsunternehmen nur in Anlagen investieren, deren Risiken sie „angemessen erkennen, messen, überwachen, managen, steuern" und in ihre Berichterstattung und in den ORSA-Prozess einbinden können. Nr. 1.64. EIOPA-LL Governance erläutert zum Grundsatz der unternehmerischen Vorsicht, die Unternehmen sollten sich **nicht alleine auf Informationen Dritter** verlassen, insbesondere sollten sie eigene Risikoindikatoren erarbeiten, die zu ihrem Anlagerisikomanagement und ihrer Geschäftsstrategie passen. Abs. 2 enthält einen dyna-

[1] § 64c VAG a. F. wurde eingeführt durch Art. 4 des Gesetzes zur Verringerung der Abhängigkeit von Ratings, BGBl. v. 10.12.2014 I 2085.

[2] RegE VAG 2014 BT-Drs. 18/2956, 245.

[3] RegE VAG 2014 BT-Drs. 18/2956, 245.

[4] Vgl. dazu *Lanfermann*.

[5] Vgl. zur Parallele im Bankaufsichtsrecht *Bauernfeind* WM 2015, 1743 ff.; *ders.* BKR 2017, 187 ff. und *Schroeter* S. 100 ff.

[6] Das gilt insbesondere für Ratings von Emissionen, die deren Emittent selbst bezahlt, vgl. *Berger/Ryborz* WM 2014, 2241, 2242 und *Schroeter* S. 36 ff. Zu diesen und weiteren Fehleranfälligkeiten *Möllers/Wecker* ZRP 2012, 106 sowie zu den Interessenkonflikten und deren Vermeidung auch *Möllers* JZ 2009, 861, 864.

[7] *Berger/Ryborz* WM 2014, 2241, 2241; *Deipenbrock* WM 2011, 1829.

[8] Vgl. *Baier* Aktiva in der Versicherungsbilanz 2014, S. 184 f. und allgemein zur Ratingmethodik z. B. *Büschgen/Everling* (Hrsg.), Handbuch Rating, 2. Aufl. 2007; *Bender* und *Friedrich* in: Gonzalez/Rudschuck/Schwarzbach/von der Schulenburg S. 53 ff. und S. 93 ff.; *Schroeter* S. 14 ff.

mischen Verweis in die jeweils geltende Fassung der europäischen **VO (EG) Nr. 1060/2009**, die nicht nur Vorgaben für die Zulassung und Tätigkeit von Ratingagenturen enthält, sondern auch partiell die Nutzung von Ratings durch Versicherungsunternehmen regelt.

Vorgaben zur Nutzung von Ratings knüpfen sodann aber auch direkt an die Geschäftsorganisation eines Unternehmens an. Die Unternehmen prüfen nach Art. 44 Abs. 4a UAbs. 1 Solva II-RL „bei der Nutzung externer Ratings für die Berechnung der versicherungstechnischen Rückstellungen und der Solvenzkapitalanforderung im Rahmen ihres Risikomanagements" die Angemessenheit von externen Ratings, „indem sie soweit praktisch möglich **zusätzliche Bewertungen** vornehmen". Diese Vorgabe transferiert § 28 Abs. 1 VAG in nationales Recht. 6

Daneben bestimmt Art. 259 Abs. 4 S. 1 Solva II-VO, dass „für die Zwecke der Berechnung der versicherungstechnischen Rückstellungen und der Solvenzkapitalanforderung die internen Risikomanagementmethoden sich **nicht ausschließlich oder automatisch auf externe Ratings stützen** dürfen." Wenn die Berechnungen auf externen Ratings basieren oder daher rühren, dass eine Risikoexponierung nicht bewertet wurde, müssen die Unternehmen dennoch nach Art. 259 Abs. 4 S. 2 Solva II-VO zusätzlich andere relevante Informationen heranziehen.[9] 7

In dem **regelmäßigen aufsichtlichen Bericht** zur Geschäftsorganisation müssen die Versicherungsunternehmen nach Art. 308 Abs. 3 lit. e Solva II-VO Angaben zur Prüfung der Eignung von Ratings externer Agenturen machen. Dabei müssen sie auch Auskunft geben über Art und Umfang der Heranziehung von externen Bonitätsbeurteilungen. 8

Für die einheitliche Rechtsanwendung von Art. 44 Abs. 4a Solva II-RL hat die Kommission aufgrund von Art. 44 Abs. 4a UAbs. 4 Solva II-RL einen technischen Durchführungsstandard erlassen. Die **Durchführungsverordnung (EU) Nr. 2015/2015** der Kommission vom 11.11.2015 zur Festlegung technischer Durchführungsstandards für die Verfahren zur Bewertung externer Ratings im Einklang mit der Richtlinie 2009/138/EG des Europäischen Parlaments und des Rates[10] enthält Vorgaben zu entsprechenden unternehmensinternen Leitlinien, zur Rolle der Risikomanagementfunktion, zur Qualität der Daten, die zur Bewertung herangezogen werden, zur periodischen internen Überprüfung der zusätzlichen Bewertung und zur Dokumentation. 9

Zudem regeln **Art. 3 bis 6 Solva II-VO** detailliert, welche Art von Ratings die Versicherungsunternehmen unter welchen Modalitäten bei der Berechnung der Solvenzkapitalanforderung nach der Standardformel nutzen dürfen. Die systematische Stellung in Titel I, Kapitel I der Solva II-VO spricht zwar auf den ersten Blick dafür, dass manche der Regelungen auch für die Ratingnutzung im Rahmen von internen Modellen gelten. Aufgrund von deren Besonderheiten ist das im Ergebnis aber abzulehnen.[11] Zudem ergingen die fraglichen Normen auf Grund von Art. 111 Abs. 1 lit. n Solva II-RL, der nur von Durchführungsbestimmungen für die Nutzung von Ratings im Rahmen von Berechnungen „gemäß der Standardformel" spricht. 10

II. Überprüfung der Angemessenheit externer Ratings (Abs. 1). 1. Überprüfung bei der Berechnung versicherungstechnischer Rückstellungen und der Solvabilitätskapitalanforderung nach Abs. 1. Ziel der Regelung ist die Vermeidung übermäßigen Vertrauens auf externe Ratingagenturen.[12] Eine **externe Ratingagentur** oder **ECAJ** definiert Art. 13 Nr. 40 Solva II-RL bzw. § 7 Nr. 8 VAG als „eine Ratingagentur, die gemäß der Verordnung (EG) Nr. 1060/2009 des Europäischen Parlaments und des Rates vom 16.9.2009 über Ratingagenturen,[13] die zuletzt durch die Verordnung (EU) Nr. 462/2013[14] geändert worden ist, zugelassen oder zertifiziert ist, oder eine Zentralbank, die Ratings abgibt und von der Anwendung der genannten Verordnung ausgenommen ist." 11

Das **Rating** ist legaldefiniert in Art. 3 Abs. 1 lit. a VO (EG) Nr. 1060/2009 als „ein Bonitätsurteil in Bezug auf ein Unternehmen, einen Schuldtitel oder eine finanzielle Verbindlichkeit, eine Schuldverschreibung, eine Vorzugsaktie oder ein anderes Finanzinstrument oder den Emittenten derartiger Schuldtitel, finanzieller Verbindlichkeiten, Schuldverschreibungen, Vorzugsaktien oder anderer Finanzinstrumente, das anhand eines festgelegten und definierten Einstufungsverfahrens für Ratingkategorien abgegeben wird". 12

Die Unternehmenspraxis zieht regelmäßig **Ratings mehrerer Ratingagenturen** für Kapitalanlagebestände heran. Unterscheiden sich deren Bonitätsbewertungen für dieselbe Anlage, erfolgt eine Zuordnung grundsätzlich nach dem second best-Prinzip. Von den beiden besten externen Bewertungen wird also nur die schlechtere Bonitätsbewertung berücksichtigt. Seit dem 1.12.2016 hat die **ESMA** auf ihrer Webseite die **Europäische Ratingplattform** (ERP, European Rating Platform) freigegeben. Sie 13

[9] Vgl. zu diesen Vorgaben ausf. die Erläuterungen unten Rn. 25 f. sowie den Bericht der Kommission v. 19.10.2016 COM (2016) 664 final.

[10] ABl. EU 2015 L 295, 16 f.

[11] Ausf. *Dreher/Ballmaier* WM 2015, 1357, 1364 f.

[12] Beispiele sind Fitch, Moody's und Standard & Poor's.

[13] ABl. EU 2009 L 302, 1.

[14] ABl. EU 2013 L 146, 1.

bietet Anlegern kostenfreien Zugang zu Ratinginformationen von registrierten und zertifizierten Ratingagenturen.

14 Ratings dürfen bei der Berechnung der Solvabilitätskapitalanforderung nach der Standardformel gem. Art. 4 Abs. 1 Solva II-VO nur verwendet werden, wenn sie von einer nach Maßgabe der VO (EG) Nr. 1060/2009 **anerkannten und registrierten externen Ratingagentur (ECAI)** abgegeben oder nach den Regeln der VO (EG) Nr. 1060/2009 übernommen wurden.[15]

15 Das **Vertrauen auf eine Ratingagentur** ist dann **übermäßig, wenn** ein **automatischer Rückgriff** auf ihre Bonitätsbeurteilungen erfolgt. Das automatische Stützen auf Ratings ist auch Tatbestandsmerkmal von Art. 5a Abs. 1 VO (EG) Nr. 1060/2009. Die europäischen Aufsichtsbehörden verstehen hierunter jedes Handeln oder Unterlassen, das auf einem Rating basiert, ohne dass weitere Ermessenserwägungen angestellt wurden.[16] Mit § 28 Abs. 1 VAG ist nunmehr die Prüfung der Angemessenheit eines Ratings nach Maßgabe der Durchführungsverordnung (EU) Nr. 2015/2015 ein Pflichtbestandteil solcher Erwägungen.

16 Betroffen von Abs. 1 sind nur Ratings, die Unternehmen für die Berechnung der **Solvabilitätskapitalanforderung** und der **versicherungstechnischen Rückstellungen** nutzen. Für die **übrigen Zwecke** gilt aber Art. 5a Abs. 1 VO (EG) Nr. 1060/2009, wonach Versicherungsunternehmen bei marktüblichen Ratings stets eigene Kreditrisikobewertungen vornehmen müssen und sich nicht automatisch auf Ratings stützen dürfen. Die BaFin hält in diesen Fällen wenigstens eine Plausibilisierung für angebracht.[17] Ein wesentlicher Unterschied ergibt sich in der Prozeduralisierung gemäß der Durchführungsverordnung (EU) Nr. 2015/2015, die nur für die Fälle nach Abs. 1 vorgeschrieben ist.

17 Die zusätzlichen Bewertungen nach Abs. 1 sind nur **„soweit praktisch möglich"** durchzuführen. Gemeint ist mit dieser missglückten Formulierung nicht, dass die Unternehmen sich darauf berufen können, lediglich solche Bewertungen durchführen zu müssen, die ihre Kapazitäten zurzeit zulassen. Vielmehr handelt es sich ausweislich EG 2 Satz 2 Solva II-VO um einen **Ausfluss des Proportionalitätsgrundsatzes**, der – so die BaFin, aber zu Unrecht – nur dort Anwendung finden soll, wo es – wie im vorliegenden Zusammenhang – allein um die Art und Weise, also das „Wie" der Erfüllung von aufsichtsrechtlichen Anforderungen geht. Anknüpfungspunkt für die Ausnahme ist demnach nicht, ob das Unternehmen die Ressourcen für die zusätzlichen Bewertungen hat. Maßgeblich ist – wie EG 2 S. 2 Solva II-VO mit dem Verweis nur auf „größere oder komplexere Risiken" zeigt – die Bedeutung der fraglichen Kapitalanlage für die Risikolage des Versicherungsunternehmens. Bildet sie eine vernachlässigbare Größe, kann von der zusätzlichen Bewertung abgesehen werden. Die Bagatellgrenze sollte in den Leitlinien zum Risikomanagement festgehalten werden.

18 Mangelt es einem Versicherungsunternehmen an Know-how oder Ressourcen für zusätzliche eigene Bewertungen, kann es die Aufgabe z. B. an ein Kreditinstitut übertragen. Versicherungsaufsichtsrechtlich liegt darin eine **Ausgliederung** i. S. v. § 32 VAG. Eine solche zusätzliche Bewertung im Wege der Ausgliederung kann sich aber aus anderen Gründen auch empfehlen im Fall eines besonders hohen Exposure.

19 Die Leitlinien zum Risikomanagement müssen das **Verhältnis von externen und internen Bewertungen** festlegen. Üblich ist die Gleichstellung der zusätzlichen Bewertungen mit den externen Bewertungen.

20 Den Fall, dass bei den externen Bewertungen Ratingverschlechterungen von zwei oder mehr Notches erfolgen oder ein Rating in den Non-investment-Grade- Bereich übergeht, regeln für Zwecke des Jahresabschlusses **Leitlinien des IDW-Versicherungsfachausschusses (VFA)** vom 5.11.2009, die mit der BaFin abgestimmt sein sollen. Danach ist in den genannten Fällen ein außerplanmäßiger Abschreibungsbedarf widerlegbar zu vermuten. Dies gilt nur dann nicht, wenn bei Vorliegen mehrerer aktueller Ratings „nur eine einzelne oder eine Mindestzahl der Ratingagenturen von einem solchermaßen erhöhten Kreditrisiko ausgeht." Diese Vorgaben dürften auch für die Zwecke des § 28 VAG entsprechend gelten.

21 **2. Die Durchführungsverordnung (EU) Nr. 2015/2015.** Die Überprüfung der Angemessenheit von Ratings richtet sich nach der **Durchführungsverordnung (EU) Nr. 2015/2015**. Diese zusätzlichen Bewertungen sollen gem. EG 1 DVO (EU) Nr. 2015/2015 eine „wichtige Rolle" im Rahmen des Risikomanagementsystems spielen. Die **unternehmensinternen Leitlinien zum Risikomanagement** regeln sub specie der zusätzlichen Bewertungen nach Art. 1 DVO (EU) Nr. 2015/2015 ihren Umfang und ihre Häufigkeit sowie die Art und Weise, in der sie durchzuführen sind, einschließlich der ihnen zugrundeliegenden Annahmen. Zudem sind die zusätzlichen Bewertungen ihrerseits gemäß

[15] Vgl. oben Rn. 11 und unten Rn. 27.

[16] EBA/EIOPA/ESMA „Final report on mechanistic references to credit ratings in the ESAs' guidelines and recommendations" v. 6.2.2014, S. 8 und Joint Committee of the ESAs JC 2016 71 v. 20.12.2016 „Final Report – Good Supervisory Practices for Reducing Mechanistic Reliance on Credit Ratings".

[17] BaFin „Hinweise zur Verwendung externer Ratings und zur Durchführung eigener Kreditrisikobewertungen" v. 23.10.2013 i. d. F. v. 24.4.2014, I. 2 und zu Staatenratings Nr. 36 f. BaFin AE v. 7.4.2017 „Behandlung von Staatenrisiken unter Solvency II". Vgl. auch GDV, Unverbindliche Umsetzungshinweise zur Durchführung unternehmensinterner Kreditrisikobewertungen v. April 2014 und dazu *Friedrich* in Gonzalez/Rudschuck/Schwarzbach/von der Schulenburg S. 93, 102 ff.

Art. 4 VO einer regelmäßigen Überprüfung zu unterziehen. Die Häufigkeit und die Bedingungen für eine ad hoc-Überprüfung sind ebenfalls in den Leitlinien festzulegen.

Die **Risikomanagementfunktion** berücksichtigt nach Art. 2 DVO (EU) Nr. 2015/2015 bei der Berechnung der versicherungstechnischen Rückstellungen und der Solvabilitätskapitalanforderung die Ergebnisse der zusätzlichen Bewertungen. Die Unternehmen stellen sicher, dass die Risikomanagementfunktion die zusätzlichen Bewertungen im Einklang mit den unternehmensinternen Leitlinien vornimmt. Die zusätzlichen Bewertungen müssen gem. Art. 3 DVO (EU) Nr. 2015/2015 auf **Informationen** aus „zuverlässigen und aktuellen Quellen" fußen. 22

Die Versicherungsunternehmen haben nach Art. 4 Abs. 1 DVO (EU) Nr. 2015/2015 ihre zusätzlichen Bewertungen mindestens einmal pro Jahr einer **regelmäßigen Überprüfung** zu unterziehen. **Ad hoc-Überprüfungen** sind gem. Art. 4 Abs. 2 DVO (EU) Nr. 2015/2015 vorzunehmen, wenn die Annahmen, auf denen die zusätzlichen Bewertungen basieren, nicht mehr zutreffen oder wenn andere Ereignisse, die in den unternehmensinternen Leitlinien festzuhalten sind, eingetreten sind. 23

Die Unternehmen **dokumentieren** gem. Art. 5 DVO (EU) Nr. 2015/2015 die Art und Weise, in der sie die Bewertungen durchführen, sowie deren Ergebnisse. Außerdem halten sie dokumentativ fest, in welchem Grad sie die Ergebnisse der zusätzlichen Bewertungen bei der Berechnung der Solvenzanforderungen und der technischen Rückstellungen berücksichtigen. 24

3. Die Erweiterung durch Art. 259 Abs. 4 Solva II-VO. Art. 259 Abs. 4 S. 1 Solva II-VO lautet wie folgt: „**Zusätzlich** zu den Anforderungen von Artikel 44 Abs. 4a der Richtlinie 2009/138/ EG gilt für die Zwecke der Berechnung der versicherungstechnischen Rückstellungen und der Solvenzkapitalanforderung, dass die internen Risikomanagementmethoden sich nicht ausschließlich oder automatisch auf externe Ratings stützen dürfen." Das ist allerdings keine „zusätzliche" Anforderung, sondern lediglich eine Wiederholung von Art. 44 Abs. 4a UAbs. 1 Solva II-RL. Darin liegt, wie EG 2 S. 1 Solva II-VO und ein Vergleich der deutschen Sprachfassung mit anderen Sprachfassungen zeigt, ein Übersetzungsfehler. Zum Ausdruck gebracht werden soll eigentlich, dass **auch außerhalb der Berechnungen** der versicherungstechnischen Rückstellungen und der Solvenzkapitalanforderung im Risikomanagement Entscheidungen nicht allein aufgrund von Ratings getroffen werden dürfen.[18] Sind Vermögensanlagen marktüblich geratet, ergibt sich dies auch aus Art. 5a VO (EG) Nr. 1060/2009, allerdings ohne eine ausdrückliche Zuweisung an das Risikomanagement. 25

Art. 259 Abs. 4 S. 2 Solva II-VO betont die Notwendigkeit, bei der Berechnung der Solvenzkapitalanforderung und der versicherungstechnischen Rückstellungen neben externen Ratings durch eine ECAI **andere Informationsquellen** zu erschließen. Das betrifft auch Fälle, in denen eine Risikoexponierung nicht bewertet wurde. 26

III. Verweis auf die Verordnung (EG) Nr. 1060/2009 (Abs. 2). Unternehmen, die der Aufsicht nach dem VAG unterliegen, müssen auch die **Vorgaben** der jeweiligen Fassung der **VO (EG) Nr. 1060/2009 (CRA-VO) einhalten**. Der Verweis betrifft zunächst Art. 4 Abs. 1 CRA-VO, wonach die Unternehmen grundsätzlich[19] nur Ratings von registrierten Ratingagenturen, die ihren Sitz oder eine Niederlassung **in der EU**[20] haben,[21] nutzen dürfen. Daneben müssen die Versicherungsunternehmen nach Art. 5a Abs. 1 CRA-VO „eigene Kreditrisikobewertungen vornehmen und dürfen sich bei der Bewertung der Bonität eines Unternehmens oder eines Finanzinstruments nicht ausschließlich oder automatisch auf Ratings stützen."[22] Das gilt für marktübliche Ratings.[23] Zudem weist die BaFin in diesem Zusammenhang besonders auf Art. 8b (Informationen zu strukturierten Finanzinstrumenten), Art. 8c (Doppeltes Rating strukturierter Finanzinstrumente) sowie Art. 8d (Inanspruchnahme mehrerer Ratingagenturen) der CRA-VO hin.[24] Die vorsätzliche oder leichtfertige Nichtbeachtung von Art. 4 27

[18] Ausf. *Dreher/Ballmaier* WM 2015, 1357, 1364 unter Hinweis auf die englische Fassung der Solva II-VO: „In addition to the requirements set out in Article 44(4a) of Directive 2009/138/EC for the purposes of the calculation of technical provisions and the Solvency Capital Requirement, internal risk management methodologies shall not rely solely or automatically on external credit assessments."

[19] Zu den Ausnahmen vgl. 5 CRA-Verordnung.

[20] Außereuropäische Ratingagenturen müssen daher eine in der EU registrierte Niederlassung oder Tochtergesellschaft haben und jedes verwendete Rating muss von dieser Niederlassung oder Tochtergesellschaft stammen, darf also nicht von der außereuropäischen Muttergesellschaft erstellt sein. Die ESMA hält auf ihrer Website eine Liste der zugelassenen Ratingagenturen vor.

[21] Zur Aufsicht der EU über Ratingagenturen vgl. den Sonderbericht Nr. 22/2015 des Europäischen Rechnungshofs, veröffentlicht auf dessen Homepage und Hinweis darauf in ABl. EU 2016 C 40, 4.

[22] Vgl. hierzu BaFin „Hinweise zur Verwendung externer Ratings und zur Durchführung eigener Kreditrisikobewertungen" v. 23.10.2013 i. d. F. v. 24.4.2014 und dazu *Ockenga* in: Gonzalez/Rudschuck/Schwarzbach/von der Schulenburg S. 11, 23 ff.; zu Staatenrisiken vgl. Nr. 36 f. BaFin AE v. 7.4.2017 „Behandlung von Staatenrisiken unter Solvency II".

[23] BaFin „Hinweise zur Verwendung externer Ratings und zur Durchführung eigener Kreditrisikobewertungen" v. 23.10.2013 i. d. F. v. 24.4.2014, I. 1. a.

[24] BaFin „Hinweise zur Verwendung externer Ratings und zur Durchführung eigener Kreditrisikobewertungen" v. 23.10.2013 i. d. F. v. 24.4.2014, III. Zu diesen Regelungen *Roth* GWR 2014, 317, 318; *Blaurock* EuZW 2013, 608, 609 f.

Abs. 1 UAbs. 1, 5a Abs. 1, 8c Abs. 1, 2 bzw. 8d Abs. 1 S. 2 VO (EG) 1060/2009 durch eine Person, die für ein aufsichtspflichtiges Unternehmen handelt, ist gem. § 332 Abs. 4 VAG eine **Ordnungswidrigkeit**.

28 Der **Abschlussprüfer** untersucht nach **§ 35 Abs. 1 S. 1 Nr. 4 VAG** bei der Prüfung des Jahresabschlusses, ob das Versicherungsunternehmen die Anforderungen von Art. 4 Abs. 1 UAbs. 1 und Art. 5a Abs. 1 sowie Art. 8b bis 8d VO (EG) 1060/2009 in der jeweils geltenden Fassung erfüllt.

29 **IV. Verhältnis zu anderen Regelungen.** Gegenstand des **regelmäßigen aufsichtlichen Berichts** zur Geschäftsorganisation sind nach **Art. 308 Abs. 3 lit. e Solva II-VO** Informationen über die Prüfung der Geeignetheit von Ratings externer Agenturen sowie über Art und Umfang solcher Ratingnutzung.

30 Die Zulässigkeit sowie die Art und Weise der Nutzung von Ratings durch Versicherungsunternehmen bei der Berechnung der Solvenzkapitalanforderung nach der Standardformel setzen **Art. 3–6 Solva II-VO** fest.[25] Systematisch gehören diese ratingbezogenen Vorschriften aber nicht zur zusätzlichen internen Bewertung von Ratings nach Abs. 1.

31 Ebenso nicht dem Regelungsthema von § 28 VAG zuzurechnen ist **Art. 109a Solva II-RL**, wonach der Gemeinsame Ausschuss der europäischen Aufsichtsbehörden für die Berechnung der Solvenzkapitalanforderung nach der Standardformel einen technischen Durchführungsstandard zur Zuweisung von Ratings externer Ratingagenturen zu einer **objektiven Skala von Bonitätsstufen** ausarbeitet.[26] Dies hat inzwischen zu einem entsprechenden **TDS** nach Art. 111 Abs. 1 lit. n Solva II-RL geführt.[27]

32 Gleiches gilt für **§ 81 Nr. 4 VAG**, wonach bei der Berechnung einer Matching-Anpassung im Sinne von § 80 VAG für jede Währung externe Ratings im Einklang mit Abschnitt II der Solva II-VO zu nutzen sind.

33 In engem Zusammenhang mit § 28 Abs. 2 VAG steht **§ 35 Abs. 1 S. 1 Nr. 4 VAG**. Danach hat der **Abschlussprüfer** bei der Prüfung des Jahresabschlusses – wie zuvor ausgeführt –[28] festzustellen, ob das Versicherungsunternehmen bestimmte Anforderungen der VO (EU) Nr. 1060/2009[29] erfüllt hat. Das Ergebnis der Feststellungen ist in den Prüfungsbericht aufzunehmen.

34 Schließlich erklärt **§ 295 VAG** in Fortführung von § 64c Abs. 1 VAG a. F. die BaFin für beaufsichtigte Unternehmen zu der zuständigen Aufsichtsbehörde i. S. d. CRA-VO.

35 Die Frage der Einholung zusätzlicher Informationen und der Plausibilisierung von Ratings spielt in der **gesellschaftsrechtlichen Business Judgement Rule** nach § 93 Abs. 1 S. 2 AktG eine Rolle. Voraussetzung dafür, dass bei einer unternehmerischen Entscheidung keine Pflichtverletzung vorliegt, ist, dass das Vorstandsmitglied annehmen durfte, „auf der Grundlage angemessener Information zum Wohle der Gesellschaft zu handeln." Eine Entscheidung allein auf der Grundlage von Ratings entspricht dem nicht. Die Ratingagentur muss die erforderliche Expertise und Zuverlässigkeit vorweisen; zudem sind ihre Ratings vom Vorstand einer Plausibilitätskontrolle zu unterziehen.[30]

Internes Kontrollsystem

29 **(1) Versicherungsunternehmen müssen über ein wirksames internes Kontrollsystem verfügen, das mindestens Verwaltungs- und Rechnungslegungsverfahren, einen internen Kontrollrahmen, eine angemessene unternehmensinterne Berichterstattung auf allen Unternehmensebenen sowie eine Funktion zur Überwachung der Einhaltung der Anforderungen (Compliance-Funktion) umfasst.**

(2) [1] **Zu den Aufgaben der Compliance-Funktion gehört die Beratung des Vorstands in Bezug auf die Einhaltung der Gesetze und Verwaltungsvorschriften, die für den Betrieb des Versicherungsgeschäfts gelten.** [2] **Außerdem hat die Compliance-Funktion die möglichen Auswirkungen von Änderungen des Rechtsumfeldes für das Unternehmen zu beurteilen und das mit der Verletzung der rechtlichen Vorgaben verbundene Risiko (Compliance-Risiko) zu identifizieren und zu beurteilen.**

---

25 Ausf. *Dreher/Ballmaier* WM 2015, 1357 ff.

26 Entwurf auf der Website von EIOPA und des Joint Committee als „Joint Committee Draft ITS on the allocation of credit assessments of ECAIs to an objective scale of credit quality steps under Article 109a (1) of the Solvency II Directive" JC/CP/2015/001 v. 6.3.2015. Zu dem abweichenden Vorhaben der EU-Kommission betreffend den ITS-Entwurf vgl. die Stellungnahme des Joint Committee ESAs 2016 041 v. 11.5.2016.

27 DVO (EU) 2016/1800 ABl. EU 2016 L 275, 19 ff.

28 Siehe oben Rn. 28.

29 Die unterschiedliche Bezeichnung EU hier, EG dort erfolgt im VAG selbst.

30 Vgl. näher *Dreher/Ballmaier* WM 2015, 1358 ff. und *Schroeter* S. 400 ff. sowie allg. *BGH* Urt. v. 28.4.2015 – II ZR 63/14, WM 2015, 1197 und *BGH* Urt. v. 20.9.2011 – II ZR 234/09, AG 2011, 876 – ISION zur Einholung von externem Rechtsrat; speziell zu der Bedeutung externen Rechtsrats im Versicherungsaufsichtsrecht vgl. *Dreher* WM 2016, 1317, 1320 f.

(3) **Versicherungsunternehmen müssen über angemessene Systeme und Strukturen verfügen, um die in den §§ 40 bis 42 genannten Anforderungen erfüllen und die Informationen bereitstellen zu können, die den Aufsichtsbehörden nach diesem Gesetz zu übermitteln sind.**

(4) **Die Unternehmen legen in vom Vorstand genehmigten schriftlichen internen Leitlinien fest, wie die kontinuierliche Angemessenheit der zu veröffentlichenden und der zu übermittelnden Informationen zu gewährleisten ist.**

Übersicht

Schrifttum – IKS allgemein: *Brinkmann/Klaas/Schwebke*, Im Endspurt: Baustellen im Governance System, VW 2015, 66 ff.; *Bungartz*, Handbuch Interne Kontrollsysteme (IKS), 2010; *Dreher/Hoffmann*, Die Wirksamkeitsprüfung durch den Prüfungsausschuss nach § 107 Abs. 3 S. 2 AktG – Internes Kontrollsystem, Risikomanagementsystem und Governancesystem, ZGR 2016, 445 ff.; *IDW* (Hrsg.), WP-Handbuch 2014 Band II, 14. Aufl.; *Peyer*, Das interne

Kontrollsystem als Aufgabe des Verwaltungsrats und der Revisionsstelle, 2009; *Schaaf*, Risikomanagement und Compliance in Versicherungsunternehmen – Aufsichtsrechtliche Anforderungen und Organverantwortung, 2010; *Weber/Iseli*, Das Interne Kontrollsystem im Aktien- und Versicherungsaufsichtsrecht, HAVE 2008, 19 ff.; *Wirth*, Internes Kontrollsystem (IKS) bei KMU, 2014; *K. Wolf*, Interne Kontroll- und Risikomanagementsysteme in der Unternehmenspraxis – Status quo und Möglichkeiten einer Integration zu einem ganzheitlichen Kontroll- und Risikomanagement, WPg 2010, 867 ff.

Compliance-Funktion: *Altenhain*, Strafrechtliche Regelungen für die Arbeit des Vorstandes, in: Looschelders, Michael (Hrsg.), Strafrechtliche Rahmenbedingungen der Compliance in Versicherungsunternehmen, 2015, S. 1 ff.; *Bachmann*, Anmerkung zu LG München I vom 10.12.2013 – Neubürger, ZIP 2014, 579 ff.; *Ballmaier*, Das Outsourcing von Risikomanagement, Compliance und interner Revision nach Solvency II, 2017 (im Druck); *Bay/Hastenrath*, Compliance-Management-Systeme, 2014; *Bürkle*, Die Umsetzung der europäischen Compliance-Vorgaben im österreichischen und deutschen VAG 2016, ZVersWiss 2016, 511 ff.; *Bürkle*, Die Vorgaben der Solvabilität-II-Verordnung für die Compliance-Funktion, in: FS 100 Jahre Hamburger Seminar für Versicherungswissenschaft 2016, S. 693 ff.; *Bürkle*, Aufsichtsbehördliche Anforderungen als Compliance-Maßstab?, in: Düsseldorfer Vorträge zum Versicherungsrecht 2015, 2016, S. 37 ff.; *Bürkle* (Hrsg.), Compliance in Versicherungsunternehmen, 2. Aufl. 2015; *Bürkle/Hauschka* (Hrsg.), Der Compliance Officer, 2015; *Bürkle*, Compliance als Aufgabe des Vorstands der AG – Die Sicht des LG München I, CCZ 2015, 52 ff.; *Bürkle*, Compliance und Revision im Versicherungssektor nach Solvency II, CCZ 2012, 220 ff.; *Bürkle*, Compliance in (deutschen) Versicherungsunternehmen, Versicherungsrundschau 1–2/2012, 45 ff.; *Bürkle*, Vorgaben der Richtlinie Solvabilität II für die Compliance in Versicherungsunternehmen, in: Düsseldorfer Vorträge zum Versicherungsrecht 2010, 2011, S. 1 ff.; *Bürkle*, Grenzen der strafrechtlichen Garantenstellung des Compliance-Officers, CCZ 2010, 4 ff.; *Bürkle*, Die Compliance-Praxis im Finanzdienstleistungssektor nach Solvency II, CCZ 2008, 50 ff.; *Bürkle*, Corporate Compliance als Standard guter Unternehmensführung des Deutschen Corporate Governance Kodex, BB 2007, 1797 ff.; *Bürkle*, Corporate Compliance – Pflicht oder Kür für den Vorstand der AG?, BB 2005, 565 ff.; *Dreher/Hoffmann*, Die Wirksamkeitsprüfung durch den Prüfungsausschuss nach § 107 Abs. 3 S. 2 AktG – Internes Kontrollsystem, Risikomanagementsystem und Governancesystem, ZGR 2016, 445 ff.; *Dreher*, Die Zusammenlegung von Rechtsabteilung und Compliance-Funktion bei Versicherungsunternehmen im Solvency II-System, in: FS E. Lorenz, 2014, S. 119 ff.; *Dreher*, Begriff, Aufgaben und Rechtsnatur der versicherungsaufsichtsrechtlichen Compliance nach Solvency II, VersR 2013, 929 ff.; *Dreher/Ballmaier*, Die unternehmenseigene Risiko- und Solvabilitätsbeurteilung (ORSA) nach Solvency II und VAG 2012, VersR 2012, 129 ff.; *Dreher/Häußler*, Die Aufsicht über Versicherungsunternehmen durch die BaFin und die Überwachungsaufgabe des Aufsichtsrats, ZGR 2011, 471 ff.; *Dreher*, Risikobereich und Haftung: Kartellrecht, in: Krieger/Schneider (Hrsg.), Handbuch Managerhaftung, 3. Aufl. 2017, § 35; *Dreher*, Die Vorstandsverantwortung im Geflecht von Risikomanagement, Compliance und interner Revision in: FS Hüffer, 2010, S. 161 ff.; *Dreher*, Das Risikomanagement nach § 64a VAG und Solvency II, VersR 2008, 998 ff.; *Dreher*, Kartellrechtscompliance in der Versicherungswirtschaft, VersR 2004, 1 ff.; *Dreher*, Kartellrechtscompliance, ZWeR 2004, 75 ff.; *Fleischer*, Aktienrechtliche Compliance-Pflichten im Praxistest: Das Siemens/Neubürger-Urteil des LG München I, NZG 2014, 321 ff.; Fleischer, Corporate Compliance im aktienrechtlichen Unternehmensverbund, CCZ 2008, 1 ff.; *GDV*, Hilfestellung zur Compliance-Organisation unter Solvency II, November 2015; *GDV*, Compliance im Erst- und Rückversicherungsunternehmen – Ein Leitfaden für die Praxis, Oktober 2014; *Moosmayer/Lösler/Hauschka* (Hrsg.), Corporate Compliance, 3. Aufl. 2016; *Hemeling*, Compliance im Erst- und Rückversicherungsunternehmen, CCZ 2010, 21 ff. (= GDV, Compliance im Erst- und Rückversicherungsunternehmen, November 2009); *Hemeling*, Organisationspflichten des Vorstands zwischen Rechtspflicht und Opportunität, ZHR 175 (2011), 368 ff.; *Hüffer*, Compliance im Innen- und Außenrecht der Unternehmen, in: FS G. H. Roth, 2011, S. 299 ff.; *Koch*, Compliance-Pflichten im Unternehmensverbund?, WM 2009, 1013 ff.; *Korinek*, Der Weg zu Solvency II – Governance, Schlüsselfunktionen, Versicherungsrundschau 1–2/2015, 37 ff.; Korinek/Schadler-Liebl, Versicherungsaufsichtsrechtliche Compliance nach Solvency II, Versicherungsrundschau 9/2011, 30 ff.; *Kort*, Verhaltensstandardisierung durch Corporate Compliance, NZG 2008, 81 ff.; *KPMG* (Hrsg.), Das wirksame Compliance-Management-System, 2014; *Michael*, Maßstäbe und Proportionalität der Compliance im Versicherungsaufsichtsrecht, in: Düsseldorfer Vorträge zum Versicherungsrecht 2012, 2013, S. 1 ff.; *Moosmayer*, Compliance, 2. Aufl. 2012; *Nietsch*, Compliance-Risikomanagement als Aufgabe der Unternehmensleitung, ZHR 180 (2016), 733 ff.; *Raum*, Strafrechtliche Pflichten von Compliance-Beauftragten, CCZ 2012, 197 f.; *Reese/Ronge*, Aufgaben und Charakter der Compliance-Funktion im Versicherungsunternehmen unter besonderer Berücksichtigung von Solvency II, VersR 2011, 1217 ff.; *Reichert/Ott*, Non Compliance in der AG – Vorstandspflichten im Zusammenhang mit Vermeidung, Aufklärung und Sanktionierung von Rechtsverstößen, ZIP 2009, 2173 ff.; *Ransiek*, Zur strafrechtlichen Verantwortung des Compliance Officers, AG 2010, 147 ff.; *Rönnau/Schneider*, Der Compliance-Beauftragte als strafrechtlicher Garant, ZIP 2010, 53 ff.; *Sandmann*, Die Compliance-Funktion unter Solvency II – Ein Überblick, CCZ 2015, 70 ff.; *S. Saria*, Compliance nach Solvency II, Versicherungsrundschau 11/2011, 21 ff.; *Sawatzki*, Rechtsbeobachtung als Aufgabe der Compliance-Funktion unter Solvency II, VersR 2016, 1410 ff.; *Schaaf*, Risikomanagement und Compliance in Versicherungsunternehmen – Aufsichtsrechtliche Anforderungen und Organverantwortung, 2010, *Schneider*, Compliance im Konzern, NZG 2009, 1321 ff.; *Spindler*, Compliance in der multinationalen Bankengruppe, WM 2008, 905 ff.; *Thaten*, Die Ausstrahlung des Aufsichts- auf das Aktienrecht am Beispiel der Corporate Governance von Banken und Versicherungen, 2016; *Verse*, Compliance im Konzern, ZHR 175 (2011), 401 ff.; *Wolf*, Zur Aufgabenverteilung zwischen den Governance-Funktionen von Versicherungsunternehmen nach der Solvency-II-Richtlinie – Überlegungen am Beispiel der Funktionen Compliance, Risikomanagement und interne Revision, VersR 2013, 678 ff.

1 **I. Allgemeines. 1. Entstehungsgeschichte.** Im Zuge der **Umsetzung der Solva II-RL** enthält das VAG mit § 29 für Versicherungsunternehmen **erstmalig** die Verpflichtung, über ein **IKS** verfügen zu müssen. Der frühere § 64a Abs. 1 S. 4 Nr. 3 VAG a. F. forderte zwar auch schon „die Einrichtung eines geeigneten internen Steuerungs- und Kontrollsystems". Er hatte unter diesem Begriff allerdings ausschließlich Elemente verstanden, die heute als Teil des RMS in § 26 VAG geregelt sind.

2 Die **Gesetzesbegründung** zum Abschnitt Geschäftsorganisation im VAG geht vor dem Hintergrund davon aus, es „werden die Regelungen des § 64a VAG a. F. grundsätzlich nicht geändert, sondern nur ergänzt. Eine Ausnahme stellt die bislang vorgenommene Einstufung des internen Kontrollsystems als Teil des Risikomanagements dar. Im Unterschied zu § 64a VAG a. F. trifft die Richtlinie keine Aussage

in Bezug auf das Verhältnis des Risikomanagementsystems zum internen Kontrollsystem. Diese Neutralität wird hier übernommen."[1] Unzutreffend an diesen Ausführungen ist nicht nur das implizite Verständnis, es gehe bei dem neuen VAG möglichst um die Fortschreibung des alten VAG, sondern auch die Annahme, die Solva II-RL schweige zum Verhältnis von RMS und IKS.[2] Denn dieses Verhältnis ist nach dem System und dem Telos der Solva II-RL das der Gleichrangigkeit.

2. Normzweck. § 29 Abs. 1 VAG verpflichtet die Versicherungsunternehmen, ein **IKS** einzurichten. Ein solches System wird heute aus der Sicht der Unternehmensbetriebslehre als **selbstverständlicher Teil jedes Governance-Systems** angesehen. Es gewährleistet – so Art. 266 Solva II-VO zusammenfassend – die Rechtmäßigkeit, die Wirksamkeit und die Effizienz der Geschäftstätigkeit eines Versicherungsunternehmens. Die betriebswirtschaftliche Begründetheit eines IKS überführt § 29 Abs. 1 VAG in eine rechtliche Notwendigkeit. Dies gilt unabhängig von den Fragen, die das Versicherungsaufsichtsrecht anders als das allgemeine Gesellschaftsrecht beantwortet,[3] welche einzelnen Teile dem IKS zugeordnet sind und welche Stellung das IKS als Element eines Governance-Systems hat. In der Sache ergänzt das IKS die anderen Elemente des versicherungsaufsichtsrechtlichen Governance-Systems, nämlich das RMS und die interne Revisionsfunktion sowie die versicherungsmathematische Funktion um darin nicht enthaltene, übergreifende und als selbstverständlich vorausgesetzte Teile wie ein Informations- und Berichtssystem und um die zusätzliche Kontrollfunktion in Form der Compliance-Funktion nach **§ 29 Abs. 2 VAG.** 3

Der Normzweck von **§ 29 Abs. 3 und 4 VAG** bezieht sich auf den SFCR nach §§ 40 ff. VAG und den RSR nach §§ 43 ff. VAG. Er liegt daher ebenfalls in Umsetzung von Vorgaben der Solva II-RL darin, durch rechtliche Anforderungen an die Versicherungsunternehmen zu gewährleisten, dass unternehmensintern „Systeme", „Strukturen" und „Leitlinien" vorhanden sind. Diese wiederum sollen sicherstellen, dass die Versicherungsunternehmen die aufsichtsrechtlichen Anforderungen erfüllen (können). 4

3. Europarechtlicher Hintergrund. § 29 Abs. 1 und 2 VAG setzen Art. 46 Solva II-RL um. Die europarechtlichen Anforderungen an ein IKS sind in EG 96, Art. 258 Abs. 2 und insbesondere in Art. 266, 267, 269, 270 Solva II-VO konkretisiert.[4] Die EIOPA-LL Governance zum Thema IKS fallen mit nur zwei Leitlinien, nämlich Nr. 38 und Nr. 39, im Verhältnis zu den Leitlinien, die andere Themenbereiche des Governance-Systems betreffen, ungewöhnlich kurz aus. Zur Compliance-Funktion äußert sich EIOPA darin überhaupt nicht, da ihrer derzeitigen Ansicht nach Art. 46 Solva II-RL und Art. 270 Solva II-VO deren Aufgaben ausreichend beschreiben.[5] 5

Die europarechtlichen Anforderungen, die **§ 29 Abs. 3 und 4 VAG** umsetzen, sind in Art. 55 Abs. 1 und 35 Abs. 3 Solva II-RL enthalten. 6

II. IKS (Abs. 1). 1. Begriff und Ziel. § 29 Abs. 1 VAG geht von der Existenz eines **„internen Kontrollsystems"** (**IKS**) in Versicherungsunternehmen aus. Dieses System bildet nach dem deutschen und europäischen Versicherungsaufsichtsrecht ebenso wie das RMS, die interne Revision und die versicherungsmathematische Funktion ein **Element des versicherungsaufsichtsrechtlichen Governance-Systems.**[6] Das IKS umfasst nach § 29 Abs. 1 VAG **mindestens vier Bestandteile**: Verwaltungs- und Rechnungslegungsverfahren, einen internen Kontrollrahmen, eine angemessene unternehmensinterne Berichterstattung auf allen Unternehmensebenen sowie eine Compliance-Funktion. Diese Bestandteile sind die **Mittel**, mit denen das Ziel des IKS verfolgt wird. Das **IKS** selbst ist daher **zu definieren** als die Gesamtheit der Grundsätze, Verfahren und Regelungen, um die IKS-Ziele der Rechtmäßigkeit, Zweckmäßigkeit und Wirtschaftlichkeit der Geschäftstätigkeit des Versicherungsunternehmens zu erreichen. 7

Mit diesen vier Mindestbestandteilen unterscheidet sich das versicherungsaufsichtsrechtliche IKS von dem **IKS der nicht beaufsichtigten Unternehmen**. Nach allgemeinem Gesellschaftsrecht sind nämlich funktional-essentielle Bestandteile eines IKS ein IRS, ein CMS, ein interner Kontrollrahmen und ein internes Informationssystem.[7] Im Bereich der Versicherungsunternehmen ist die interne Revision dagegen aus dem IKS ausgegliedert und bildet ein ihr gleichrangiges Element des Governance-Systems. Zusätzlich hat der Gesetzgeber noch „Verwaltungs- und Rechnungslegungsverfahren" zu einem zwingenden Bestandteil des versicherungsaufsichtsrechtlichen IKS erklärt. 8

Nach Art. 266 Solva II-VO ist es **Ziel des IKS**, „die Einhaltung der geltenden Rechts- und Verwaltungsvorschriften durch das Versicherungs- und Rückversicherungsunternehmen, die Wirksam- 9

[1] VAG-RegE 2014 BT-Drs. 16/2958, 239.
[2] Vgl. dazu unten Rn. 3, 6, 75 ff. und allgemein zur Stellung von IKS und RMS im Governance-System § 23 VAG Rn. 18 f.
[3] Vgl. dazu § 23 VAG Rn. 16 ff.
[4] Vgl. dazu ausf. *Bürkle* FS 100 Jahre Hamburger Seminar für Versicherungswissenschaft 2016, 693, 696 ff.
[5] Vgl. Nr. 2.15. (S. 11) EIOPA-BoS-14/253 Final Report on Consultation Nr. 14/017 on Guidelines on system of governance.
[6] Vgl. ausf. § 23 VAG Rn. 18 ff.
[7] Vgl. § 23 VAG Rn. 17 ff. und ausf. *Dreher/Hoffmann* ZGR 2016, 445, 471 ff.

keit und Effizienz der Geschäftstätigkeit des Unternehmens im Hinblick auf seine Ziele sowie die Verfügbarkeit und Verlässlichkeit finanzieller und nichtfinanzieller Informationen"[8] zu gewährleisten. Das IKS sichert mithin die Ordnungsgemäßheit des Geschäftsbetriebs, d. h. die Wirksamkeit und die Angemessenheit, i. S. v. § 23 Abs. 1 S. 1 VAG.[9] Die „Grundsätze, Verfahren und Maßnahmen", die ein IKS umfasst,[10] bewirken angemessene und wirksame Rechnungslegungsverfahren, Betriebsabläufe, Berichterstattung sowie Regelbeachtung. Insgesamt ist es vor dem Hintergrund Aufgabe des IKS, sei es bei nicht beaufsichtigten oder sei es bei beaufsichtigten Unternehmen, die **Rechtmäßigkeit, Zweckmäßigkeit und Wirtschaftlichkeit der gesamten Geschäftstätigkeit** des Unternehmens zu gewährleisten.[11]

10 Teilweise[12] wird das IKS durch das Modell der **„Three Lines of Defense"** – z. T. auch als 3 LoD-System bezeichnet – veranschaulicht. Dies ist schon deshalb rechtlich unzutreffend und steht in Widerspruch zum Governance-System der Solvency II-Regelungen,[13] weil die interne Revision, die dabei die sog. dritte Verteidigungslinie bilden soll, durch die Hintereinanderschaltung der drei Verteidigungslinien hierarchisiert wird. Tatsächlich und rechtlich ist sie aber gleichrangig zu den anderen Schlüsselfunktionen.

11 **2. Erforderlichkeit.** Nach § 29 Abs. 1 VAG „müssen" Versicherungsunternehmen über ein IKS verfügen. Die Einrichtung des IKS ist damit **zwingend**. Ebenso zwingend ist konsequent, dass jedes IKS die Anforderungen nach § 29 VAG und vor allem nach dem europäischen Versicherungsaufsichtsrecht erfüllen muss.

12 **3. Wirksamkeit.** Wie bei allen Elementen des versicherungsaufsichtsrechtlichen Governance-Systems fordert der Gesetzgeber auch für das IKS, dass es „wirksam" ist. Diese Formulierung in § 29 Abs. 1 VAG entspricht der Vorgabe in Art. 46 Abs. 1 UAbs. 1 Solva II-RL und schon derjenigen in Art. 41 Abs. 1 UAbs. 1 Solva II-RL zur Wirksamkeit des Governance-Systems insgesamt. Letztere findet sich umgesetzt in § 23 Abs. 1 S. 1 VAG. Die dazu getroffenen Feststellungen[14] gelten konsequent auch für das Wirksamkeitserfordernis beim IKS als Element des Governance-Systems. Danach geht es bei dem Kriterium der Wirksamkeit darum, dass ein System nicht nur eingerichtet ist, sondern auch praktiziert, überprüft und gegebenenfalls geändert wird, um die damit verfolgten Ziele zu erreichen. Im Ergebnis soll das System – hier also das IKS – nicht nur **funktionsfähig** sein, sondern auch **funktionieren**.

13 **4. Grundlagen. a) Methodenneutralität des IKS.** Aus betriebswirtschaftlicher und rechtlicher Sicht kann ein IKS in gegenständlicher und organisatorischer Hinsicht unterschiedlich strukturiert sein. Das eine, **allgemein anerkannte IKS** mit einem festen Bestand von Mitteln und Struktur, um die IKS-Ziele zu erreichen, **gibt es nicht**.[15]

14 Die Betriebswirtschaftslehre und die allgemeine Unternehmenspraxis orientieren sich bei der Ausgestaltung eines IKS vielfach an bestimmten **Standards von privaten Wirtschafts- oder Berufsvereinigungen**. Besondere Bedeutung hat dabei neben dem **IDW PS 261 n.F.**[16] – aus den USA kommend – der Standard von **COSO** „Internal Control – Integrated Framework" erlangt.[17] Er wird in der allgemeinen, versicherungsunspezifischen Unternehmenspraxis sehr oft übernommen oder bildet zumindest den Ausgangspunkt für unternehmensindividuelle IKS-Lösungen. Grundlage dieser Standards ist das sog. COSO I-Modell aus dem Jahr 2004, zu dem die früheren MaRisk VA gewisse Überschneidungen aufwiesen. Dieser Standard wurde entsprechend einem inzwischen vielfach gewandelten Umfeld weiterentwickelt. Daneben gibt es noch das COSO – Enterprise Risk Management Framework, sog. COSO-ERM oder COSO II-Modell, das ebenfalls auf dem COSO I-Modell aufbaut, einen besonderen Akzent aber in der Zusammenführung von IKS und RMS hat.

15 Wie bereits anhand der **Standards, best practices oder Modelle von Berufs- und Fachvereinigungen** zum RMS nach § 26 VAG ausgeführt,[18] bilden derartige, rechtlich unverbindliche Standards schon nach **allgemeinem Gesellschaftsrecht** lediglich einen Teil der angemessenen Informationsgrundlage bei der Entscheidung des Vorstands über die Gestaltung eines Elements des Governance-Systems. Erst recht fehlt ihnen aber jede Bindungswirkung auch nach dem **Versicherungsaufsichts-**

---

[8] Text i. d. F. der durch DVO (EU) 2016/2283 ABl. EU 2016 Nr. L 346, 111 ff. erfolgten Berichtigung.

[9] Vgl. zu diesem Begriff § 23 VAG Rn. 23 ff.

[10] Vgl. zur Herkunft dieser Begriffstrias aus der Begründung zum IKS-Erfordernis nach § 289 Abs. 5 HGB *Dreher/Hoffmann* ZGR 2016, 445, 471.

[11] Ausf. *Dreher/Hoffmann* ZGR 2016, 445, 472.

[12] So z. B. *Pelzer* in: Gründl/Kraft (Hrsg.) Solvency II – Eine Einführung 2. Aufl. 2016, S. 131 f.; allg. Wiss. Beirat des DIIR e. V. WPg 2017, 682 ff.

[13] Vgl. unten Rn. 74 und ausf. § 30 VAG Rn. 33.

[14] Vgl. § 23 VAG Rn. 23 ff., 27.

[15] Vgl. z. B. *Peyer*, S. 10 ff. zu dem „uneinheitlichen betriebswirtschaftlichen Verständnis" des IKS; *Wirth*, S. 3 ff.

[16] Vgl. dazu z. B. *Dreher/Hoffmann* ZGR 2016, 445, 471, 473, 476 ff., 494.

[17] Vgl. dazu schon § 26 VAG Rn. 139 und ausf. zu den COSO-Standards z. B. *Dreher/Hoffmann* ZGR 2016 445, 492 f.; *Bungartz*, S. 37 ff., 445 ff.; *IDW*, O 65; *AKEU/AKEIÜ* DB 2009, 1279, 1281 f.; *Wirth*, S. 188 ff.; *Dierks/Sandmann/Herre* CCZ 2013, 164 ff.

[18] Vgl. § 26 VAG Rn. 139 ff.

recht. Im Gegenteil schränkt dieses mit seinen inhaltlichen Vorgaben an die Elemente des Governance-Systems, konkret daher auch an das IKS, die Gestaltungsfreiheit des Vorstands noch weiter ein. Ohnehin sind die allgemeinen gesellschaftsrechtlichen und erst recht die versicherungsaufsichtsrechtlichen Anforderungen an ein Governance-System in den einschlägigen betriebswirtschaftlichen oder berufsständischen Standards regelmäßig nicht oder nicht ausreichend berücksichtigt. Daher gilt versicherungsaufsichtsrechtlich für die Einrichtung und Tätigkeit eines IKS der Grundsatz der **Methodenneutralität**.[19]

Vor dem Hintergrund kommt eine pauschale Übernahme z. B. der COSO-Modelle als Grundlage des IKS eines Versicherungsunternehmens nicht in Betracht.[20] Das **COSO II-Modell** lässt sich aufgrund der Integration von RMS und IKS ohnehin **nicht übernehmen**. Beide Systeme müssen versicherungsaufsichtsrechtlich getrennt sein,[21] während für die nicht versicherungsaufsichtsrechtlich gebundenen Unternehmen in der Praxis vielfach ein ganzheitliches Kontroll- und Risikomanagementsystem für vorzugswürdig gehalten wird.[22] Eine Verbindung von RMS und IKS würde bei Versicherungsunternehmen aber nicht nur mit dem Governance-System kollidieren, sondern auch die Gefahr einer Kontrollerschwerung, einer Zuständigkeitsverwischung, von Kontrolllücken oder sonstiger Defizite bedeuten.[23] Da die Solvency II-Regelungen von einem jeweils eigenständigen Element RMS und IKS in einem Governance-System ausgehen, wäre bei einer Übernahme des COSO II-Modells die – so § 23 Abs. 1 S. 3 VAG – „transparente Organisationsstruktur mit einer klaren Zuweisung und einer angemessenen Trennung der Zuständigkeiten" nicht gegeben. 16

Soweit es um das **COSO I-Modell** geht, **kann** dieses zwar einen **Ausgangspunkt** für die Gestaltung des IKS eines Versicherungsunternehmens **bilden**. Aber auch hier stehen zahlreiche Modellparameter einer pauschalen Übernahme entgegen. Dies gilt vor allem für die hier ebenfalls, wenn auch nicht so umfassend wie im COSO II-Modell bestehende Verknüpfung mit Bestandteilen des RMS. Im Übrigen setzt jede Implementierung des COSO I-Modells durch ein Versicherungsunternehmen voraus, dass dabei alle Anforderungen des europäischen und deutschen Versicherungsaufsichtsrecht zu dem IKS erfüllt werden und aufsichtsrechtlich nicht geforderte, aber unternehmensindividuell zusätzlich inkorporierte IKS-Bestandteile nicht mit den sonstigen Elementen des versicherungsaufsichtsrechtlichen Governance-Systems in Konflikt geraten. 17

Lediglich eine Informationsgrundlage bei der Gestaltung des IKS eines Versicherungsunternehmens können vor dem Hintergrund der versicherungsaufsichtsrechtlich gebotenen unternehmensbezogenen Individualisierung auch **spezifisch versicherungsorientierte Standards** bilden.[24] Dies gilt vor allem für die im November 2015 aktualisierten **„Insurance Core Principles"** (**ICP**) der **International Association of Insurance Supervisors** (**IAIS**). Sie bieten in Abschnitt 8.2. Leitlinien für das IKS eines Versicherungsunternehmens. 18

b) IKS-Mindestinhalte und unternehmerische (Organisations-)Freiheit. Aus versicherungsaufsichtsrechtlicher Sicht besteht ein IKS inhaltlich mindestens aus den **vier Bestandteilen** Verwaltungs- und Rechnungslegungsverfahren, interner Kontrollrahmen, angemessene unternehmensinterne Berichterstattung auf allen Unternehmensebenen, d. h. einem entsprechenden Informations- und Berichtsystem, sowie Compliance-Funktion. Indem Art. 46 Abs. 1 UAbs. 2 Solva II-RL und ihm folgend § 29 Abs. 1 VAG eine **Mindestregelung** enthalten, kann ein Versicherungsunternehmen das IKS unternehmensindividuell um andere Bestandteile erweitern. Voraussetzung ist, dass es dadurch nicht zu Beeinträchtigungen des versicherungsaufsichtsrechtlich vorgegebenen Governance-Systems – sei es in Form des IKS, sei es in Form von anderen Elementen – kommt. 19

In der Praxis erfolgt eine Erweiterung des IKS vor allem durch eine von § 29 Abs. 1 VAG nicht geforderte **Risikoanalyse**. In den versicherungsunspezifischen IKS-Standards geht dies zurück auf die Vermischung von RMS und IKS. Zwingend, wenn auch anders fundiert ist eine Risikoanalyse zwar auch im versicherungsaufsichtsrechtlichen IKS. Dies folgt aus dem Risikobezug der Kontrolltätigkeiten im versicherungsaufsichtsrechtlichen IKS.[25] Die Risikoanalyse nach den Standards von COSO oder IDW PS 261 n. F. geht dagegen inhaltlich weiter, da sie alle Geschäftsprozesse erfasst und nicht nur ex ante-Voraussetzung zur Identifizierung und Bewertung risikoreicher Geschäftsvorfälle ist, die im IKS besonderer Aufmerksamkeit bedürfen. Vielmehr geht es bei diesen Modellen oder im Fall einer auto- 20

[19] Vgl. zu diesem Grundsatz ausf. schon § 26 VAG Rn. 15, 139 ff.

[20] Ebenso *Bürkle* CCZ 2012, 220, 221; für eine zwingende Trennung von RMS und IKS im Solvency II-System auch *Brinkmann/Klaas/Schwebcke* VW 2015, 66, 67; ebenso im Ausgangspunkt nach Art. 22, 27 Schweizerisches VAG grundsätzlich auch in der Schweiz, vgl. *Weber/Iseli* HAVE 2008, 19, 20, 23 und *Besson/Frigo* in: Hsu/Stupp (Hrsg.) VAG 2013, Art. 22 Rn. 21 ff.; a. A. für Solvency II, aber durch die Solva II-VO überholt, noch *Schaaf*, S. 83 f.

[21] Diese sachliche Trennung der Elemente des Governance-Systems ist nicht gleichbedeutend mit dem Grundsatz der Funktionstrennung, da eine Verbindung der Inhaberschaft z. B. von interner Revisionsfunktion und URCF unter bestimmten Voraussetzungen zulässig ist, vgl. § 23 VAG Rn. 67.

[22] So z. B. *K. Wolf* WPg 2010, 867 ff. m. w. N.

[23] Diese Gefahr besteht aber auch unabhängig vom Versicherungsaufsichtsrecht. Ihre Realisierung ist vom Aufsichtsrat einer Aktiengesellschaft nach § 107 Abs. 3 S. 2 AktG zu verhindern, vgl. *Dreher/Hoffmann* ZGR 2016, 445, 493.

[24] Ebenso – auch für die entsprechenden OECD-Standards – *Bürkle* WM 2012, 878, 884.

[25] Siehe unten Rn. 42, 48 und speziell zur Compliance-Funktion Rn. 75 ff., 102 ff.

nom unternehmensintern veranlassten weitergehenden Risikoanalyse zusätzlich um eine dauerhafte und systematische ex post-Analyse der kontrollierten Geschäftsprozesse auf Risiken für die Erreichung der Unternehmensziele generell oder der IKS-Ziele speziell. Ob ein Versicherungsunternehmen diesen zusätzlichen Weg geht und gehen kann, ist rechtstatsächlich eine Frage der Verhältnismäßigkeit und der Gefahr der Doppelung von RMS-Tätigkeiten, versicherungsaufsichtsrechtlich dagegen eine Frage der ausreichenden Trennung von IKS und RMS.

21 Jenseits der zwingenden versicherungsaufsichtsrechtlichen Regelungen gilt auch für die Ausgestaltung des IKS der versicherungsaufsichtsrechtliche Grundsatz der **unternehmerischen (Organisations-) Freiheit**.[26] Ob ein Versicherungsunternehmen dem IKS also innerhalb der versicherungsaufsichtsrechtlich gezogenen Grenzen weitere Tätigkeiten zuweist oder nicht, ist ebenso ihm überlassen wie die konkrete unternehmensinterne Umsetzung der Mindestvorgaben zum IKS selbst. Begrenzend wirken dabei die versicherungsaufsichtsrechtlichen Vorgaben z. B. in Form des Wirksamkeitserfordernisses[27] und des Angemessenheitserfordernisses, die allgemeine materielle Kriterien für die Gestaltung der Geschäftsorganisation bilden.[28] Nr. 230 MaGo betont für die unternehmensinterne Implementierung des IKS ebenfalls den Grundsatz der Organisationsfreiheit, aber auch dass es „angemessen in die Strukturen und Prozesse der Aufbau- und Ablauforganisation eingebunden sein" muss.

22 **c) IKS als Vorstands- und Aufsichtsratsaufgabe.** Die Gestaltung und die unternehmensinterne Implementierung des **IKS sind Vorstandsaufgaben**. Der Vorstand muss die Entscheidungen in **Gesamtverantwortung** treffen.[29] Die konkrete Umsetzung der Leitungsentscheidungen zum IKS und die zahlreichen, dabei zu treffenden Einzelentscheidungen kann der Vorstand aber auf nachgeordnete Mitarbeiter **delegieren**. Die Sach- und Rechtslage ist hier nicht anders als bei der Geschäftsorganisation allgemein[30] und bei den anderen Elementen des Governance-Systems, z. B. bei der Einführung des RMS.[31] Die dortigen Ausführungen gelten daher auch im vorliegenden IKS-Zusammenhang. Danach muss der Vorstand im Rahmen seiner Leitungspflicht dafür sorgen, dass ein IKS besteht, aufrechterhalten bleibt und angewendet wird, das für das Versicherungsunternehmen erforderlich, geeignet und angemessen ist.

23 Aufsehen hat im Zusammenhang mit der Vorstandsverantwortung für interne Kontrollen das **Neubürger-Urteil des LG München I** zur zivilrechtlichen **Haftung des Vorstands für Compliance-Fehler** erregt.[32] In diesem Urteil hat das Gericht auf einer unzulässigen ex post-Betrachtung beruhend eine sehr weitgehende Vorstandsverantwortung für Compliance-Maßnahmen postuliert.

24 Weiter stellt sich gerade im Hinblick auf die umfangreichen **Unternehmensorganisationspflichten** und damit die Compliance-Letztverantwortung des Vorstands nach Solvency II eine auch praktisch bedeutsame und noch offene Frage: Kann in einer Verletzung des Versicherungsaufsichtsrechts eine **strafrechtliche Untreue** nach § 266 StGB durch den Vorstand eines Versicherungsunternehmens liegen, wenn es kausal bedingt zu einer Vermögensgefährdung des Versicherungsunternehmens kommt?[33]

25 Der **Aufsichtsrat** eines Versicherungsunternehmens ist ebenfalls mit dem IKS befasst. Sein Prüfungsausschuss oder im Fall der Wahrnehmung von dessen Aufgaben durch den Gesamtaufsichtsrat hat nach § 107 Abs. 3 S. 2 AktG die Wirksamkeit des IKS zu überwachen.[34]

26 **d) Ausgliederung.** Sub specie der Ausgliederung stellen sich auch bei dem IKS **zwei Fragen**: zunächst diejenige nach der Ausgliederungsfähigkeit des IKS und sodann die Frage der Einbeziehung anderer, ausgegliederter Tätigkeiten in ein unternehmensinternes IKS.

27 Soweit es um die **Ausgliederungsfähigkeit des IKS** geht, steht dem entgegen, dass das IKS einen Teil des „lebenden Organismus Versicherungsunternehmen" darstellt. Das IKS bildet nämlich nicht lediglich eine bestimmte Tätigkeit oder eine bestimmte Unternehmensfunktion. Es ist vielmehr selbst Teil der Unternehmensstruktur oder Geschäftsorganisation, d. h. des Governance-Systems. Kein Versicherungsunternehmen ist z. B. ohne ein unternehmensinternes Kommunikationssystem oder – so die Solva II-RL vereinfachend – „Melderegelungen" denkbar. Das IKS ist daher als Ganzes **nicht ausgliederungsfähig**,[35] wohl **aber** grundsätzlich die **Compliance-Funktion** als dessen Bestandteil. Denn hier gilt nichts anderes als bei der Ausgliederungsfähigkeit der sonstigen Schlüsselfunktionen. Einerseits steht ihrer Ausgliederung die versicherungsaufsichtsrechtliche Erforderlichkeit nicht entgegen, andererseits

---

[26] Ausf. Einl. Rn. 139 ff. und § 23 VAG Rn. 21 f.

[27] Siehe oben Rn. 12.

[28] Vgl. § 23 VAG Rn. 23 ff.

[29] So auch Nr. 21 MaGo.

[30] Vgl. dazu § 23 VAG Rn. 82 ff.

[31] Vgl. ausf. § 26 VAG Rn. 30 f., 39 ff.

[32] *LG München I* Urt. v. 10.12.2013 – 5 HK O 1387/10, ZIP 2014, 572 = AG 2014, 332 und dazu z. B. *Bürkle* CCZ 2015, 52 ff.; *Bachmann* ZIP 2014, 579 ff.; *Fleischer* NZG 2014, 321 ff.

[33] Vgl. tendenziell bejahend *Altenhain* in: Looschelders/Michael (Hrsg.), S. 1 ff. und dazu die Besprechung von *Bürkle* VersR 2016, 1096.

[34] Vgl. ausf. *Dreher/Hoffmann* ZGR 2016, 445 ff.

[35] Im Fall arbeitnehmerloser Versicherungsunternehmen gibt es zwar ein IKS, es wird aber außer durch den Vorstand des Unternehmens durch – in der Regel konzerninterne – Dienstleister umgesetzt.

kommt eine solche Ausgliederung schon wegen des Know-how-Verlusts, der mediatisierenden Wirkung der Funktionstätigkeit und der dadurch eintretenden Abhängigkeit von Dienstleistern nur bei Versicherungsunternehmen in Betracht, bei denen eine eigene Schlüsselfunktion als Kapazität innerhalb des Unternehmens unangemessen wäre.

Die Frage nach der **Einbeziehung** i. S. v. § 32 VAG **ausgegliederter Tätigkeiten in das IKS** beantwortet sich nach dem ausgliederungsrechtlichen Verantwortlichkeitsprinzip des § 32 Abs. 1 VAG. Es bedeutet auch, dass ausgegliederte Tätigkeiten im Sinne einer Zurechnungsfunktion dem Versicherungsunternehmen zugerechnet werden.[36] Für Tätigkeiten oder Funktionen, die ein Versicherungsunternehmen ausgliedert, bleibt das Versicherungsunternehmen also im Rahmen der aufsichtsrechtlichen Pflichtenlage nach § 32 VAG IKS-verantwortlich. Dies dürfte auch das Verständnis der apodiktisch formulierten Nr. 231 MaGo sein. Danach berücksichtigt „das interne Kontrollsystem gegebenenfalls auch ausgegliederte Bereiche und Prozesse." 28

e) IKS-Beauftragter. Das IKS ist ein komplexes Element des Governance-Systems und umfasst mindestens vier Bestandteile. Es ist eingebunden in die Aufbau- und Ablauforganisation eines Versicherungsunternehmens und betrifft die gesamte Geschäftstätigkeit. Vor dem Hintergrund besteht im Bereich des IKS sowie im Verhältnis von IKS zu anderen Unternehmensbereichen ein unabweisbares **Bedürfnis nach Koordination und Führung**. Diese Aufgabe ist rechtlich nicht zwingend, aber praktisch sehr naheliegend einem unternehmensinternen **IKS-Beauftragten** oder – in einer anderen Bezeichnung – einem IKS-Verantwortlichen zu übertragen. 29

Die Schaffung eines unternehmensinternen IKS-Beauftragten dient der Vereinfachung der Geschäftsorganisation. Sie beruht auf der unternehmerischen (Organisations-)Freiheit im Versicherungsaufsichtsrecht.[37] Ein IKS-Beauftragter ist daher **kein Unternehmensbeauftragter mit öffentlich-rechtlicher Rechts- und Pflichtenstellung**[38] wie z. B. der Geldwäschebeauftragte nach § 53 Abs. 3 VAG. Nicht nur im Verhältnis zu den Inhabern der Schlüsselfunktionen,[39] die ebenfalls keine solche Stellung haben, sondern auch im Verhältnis zu einem IKS-Beauftragten trägt der Vorstand die Letztverantwortung für die interne Überprüfung der Geschäftstätigkeit des Versicherungsunternehmens. 30

Für die Übernahme der Aufgabe eines IKS-Beauftragten bietet sich zunächst der **Inhaber der Compliance-Funktion** an. Die Compliance-Funktion ist ohnehin ein wesentlicher Bestandteil des IKS und hat einen Schwerpunkt im Bereich der Überwachung. Hinzu kommt, dass der Inhaber der Compliance-Funktion als Inhaber einer der vier Schlüsselfunktionen eine herausgehobene Stellung im Unternehmen besitzt. Dies erleichtert auch die Durchsetzung der IKS-Belange im Unternehmen. Schließlich ergibt sich bei einer solchen Gestaltung der Geschäftsorganisation auch kein Doppelaufwand und Abstimmungsbedarf. Scheidet aber z. B. aufgrund der Unternehmensgröße oder sonstiger unternehmensindividueller Gegebenheiten der Inhaber der Compliance-Funktion als IKS-Beauftragter aus, kommt – sofern er nicht zugleich Inhaber der Compliance-Funktion ist – der **Leiter der Rechtsabteilung** für diese Aufgabe in Betracht. Dies folgt schon aus dem erheblichen rechtlichen Einschlag jedes IKS. Dagegen kann der **Inhaber der internen Revisionsfunktion** die Aufgabe eines IKS-Beauftragten **nicht** übernehmen. Denn dann wäre er entgegen den versicherungsaufsichtsrechtlichen Vorgaben nach § 30 Abs. 2 VAG und der Solva II-VO nicht mehr unabhängig von operativen Tätigkeiten, sondern prozessnah und prozessbegleitend tätig. 31

f) Dokumentation. Nach § 23 Abs. 5 S. 1 VAG ist auch das **IKS „für Dritte nachvollziehbar zu dokumentieren"**. Die Dokumentation ist nach S. 2 „sechs Jahre lang aufzubewahren".[40] Aus der Formulierung in **§ 23 Abs. 5 VAG** ergibt sich die Dokumentations- und Aufbewahrungsfrist **nur für das IKS** selbst, d. h. **als System**. Die Umsetzung dieses Systems durch **konkrete Verfahrenshandlungen und Prozesse** nicht-struktureller Art ist daher nicht durch § 23 Abs. 5 VAG, sondern durch die allgemeine Dokumentationspflicht nach **Art. 258 Abs. 1 lit. i Solva II-VO** erfasst. Sie fordert für die Geschäftstätigkeit insgesamt „angemessene, ordnungsgemäße Aufzeichnungen".[41] Die Sechsjahresfrist nach § 23 Abs. 5 S. 2 VAG gilt daher nicht für die Dokumentation der konkreten IKS-Verfahrenshandlungen- und Prozesse. Dafür ist unternehmensintern eine angemessene Aufbewahrungsfrist festzulegen, deren Obergrenze bei drei Jahren liegen dürfte. 32

g) Überwachung des IKS. EIOPA geht davon aus, dass Versicherungsunternehmen im Rahmen des IKS nicht nur eine umfangreiche Kontrolltätigkeit, sondern auch eine Überwachung der IKS-Tätigkeiten vorsehen.[42] Und Nr. 235 MaGo fordert, „die **Angemessenheit und Wirksamkeit der internen Kontrollen** sind mit Hilfe angemessener Verfahren fortlaufend zu überwachen". Eine solche 33

[36] Ausf. § 32 VAG Rn. 40 ff.
[37] Siehe oben Rn. 21.
[38] Vgl. dazu allg. *Rittner/Dreher* Europäisches und Deutsches Wirtschaftsrecht, 3. Aufl. 2008, § 12 Rn. 15 ff., 27 ff. und zur Stellung des versicherungsaufsichtsrechtlichen Inhabers der Compliance-Funktion unten Rn. 65 ff. und 120 ff.
[39] Vgl. dazu § 24 VAG Rn. 36 ff.
[40] Vgl. zu den Einzelheiten § 23 VAG Rn. 135 ff. und insbesondere Rn. 145.
[41] Vgl. § 23 VAG Rn. 135, 139 f.
[42] Vgl. nur Nr. 2.169. EIOPA Explanatory Text BoS-14/253 zu LL 38 Governance.

Prüfung ist aber schon von der regelmäßigen internen Prüfung der Geschäftsorganisation nach § 23 Abs. 2 VAG umfasst.[43]

34 Hinzu kommt, dass die **interne Revision** nach § 30 Abs. 1 VAG „insbesondere" das IKS überprüft.

35 Jenseits dieser speziell angeordneten Überprüfungshandlungen liegt in der allgemeinen Forderung nach Überprüfung des IKS lediglich ein Hinweis auf die **Selbstkontrolle**, die durch die Unternehmensmitarbeiter **bei der Ausführung der Kontrolltätigkeiten** erfolgt. Eine zusätzliche Zweitkontrolle ist mit der Überwachung nicht gefordert. Dies wäre nicht nur unverhältnismäßig, sondern auch von den versicherungsaufsichtsrechtlichen Anforderungen nicht gedeckt. Auch Nr. 2.181. EIOPA Explanatory Text BoS-14/253 zu LL 39 Governance geht (in der BaFin-Übersetzung) daher von Folgendem aus: „Die regelmäßige Überwachung findet im Rahmen der normalen Geschäftstätigkeit statt und umfasst laufende Managementtätigkeiten und Maßnahmen, die von allen Mitarbeitern bei der Wahrnehmung ihrer Aufgaben ausgeführt werden." Nicht unterdrücken konnte EIOPA in der vorangehenden Nr. 2.180. allerdings die angesichts des Charakters jeder Überwachungsmaßnahme gegebene Selbstverständlichkeit, „die Überwachungsmechanismen umfassen Verfahren zur Aufdeckung von Mängeln".

36 **5. Mittel. a) Verwaltungs- und Rechnungslegungsverfahren.** Einen ersten zwingenden Bestandteil des versicherungsaufsichtsrechtlichen IKS bilden **Verwaltungs- und Rechnungslegungsverfahren**. Diese Begriffe sind weder in der Solva II-Richtlinie noch in der Solva II-VO erläutert. Sie wiederholen die Begriffe lediglich im Zusammenhang mit Anforderungen zu den Zweckgesellschaften in Art. 211 Abs. 2 lit. e Solva II-RL und Art. 324 Abs. 2 lit. a Solva II-VO sowie an die Gruppen-Governance in Art. 246 Abs. 2 lit. a Solva II-RL.

37 Nach dem Wortlaut und dem Telos von Art. 46 Solva II-RL bzw. § 29 Abs. 1 VAG – Begriff: „Verwaltungsverfahren" – sowie der Solvency II-Systematik – Begriff: „Verwaltungsorgan" – und nach dem Regelungsgehalt von Art. 267 Solva II-VO zur internen Kontrolle der Bewertungen i. S. v. Art. 75 Solva II-RL geht es bei **Verwaltungsverfahren** um die Verfahren innerhalb eines Versicherungsunternehmens, die einen zuverlässigen Geschäftsbetrieb sichern. Dies sind diejenigen Teile der Geschäftsorganisation, die nicht durch andere Bestandteile des IKS wie durch den internen Kontrollrahmen und durch unternehmensinterne Berichterstattung oder durch Regelungen außerhalb des IKS erfasst sind. Im Ergebnis sind damit vor allem wesentliche Teile der unternehmensinternen Aufbau- und Ablauforganisation[44] betroffen. Der Sache nach geht es also um den grundsätzlichen Organisationsrahmen und die Abläufe in ihm. Das Ziel dieser Verfahren ist die Ordnungsgemäßheit des Geschäftsbetriebs.

38 Gleiches gilt für die in § 29 Abs. 1 VAG ebenfalls genannten **Rechnungslegungsverfahren**. Auch hier geht es um die Ordnungsgemäßheit des Organisationsrahmens und der Abläufe in ihm.[45] Der Begriff der Rechnungslegung ist im Sinne der **bilanziellen Rechnungslegung** und nicht im Sinne der aufsichtsrechtlichen Rechnungslegung zur Erstellung der Solvabilitätsübersicht nach § 74 Abs. 1 VAG, die auch Marktwert- oder ökonomische Bilanz genannt wird,[46] zu verstehen. Dies folgt schon aus dem entsprechend belegten Begriff der Rechnungslegung, seiner gleichartigen Verwendung auch in anderen Amtssprachen von Art. 46 Solva II-RL und vor allem aus dem System des europäischen Versicherungsaufsichtsrechts. Die Solva II-RL – vgl. z. B. EG 7, 23, 46, 54 und Art. 68 Abs. 1 lit. b iii, 72 Abs. 1, 73 Abs. 3, 75 Abs. 3 lit. a und b – und die Solva II-VO – vgl. z. B. EG 6, 7 und Art. 9, 10 Abs. 4, 13 Abs. 5, 14 Abs. 1 – verwenden den Begriff der Rechnungslegung sehr häufig und beziehen sich damit jeweils ausschließlich auf die bilanzielle Rechnungslegung. Hinzu kommt, dass sie – so z. B. in Art. 211 Abs. 2, 246 Abs. 2 Solva II-RL und in Art. 324 Abs. 2 Solva II-VO – zwischen den Rechnungslegungs- und den Solvabilitätsanforderungen begrifflich differenzieren. Schließlich belegt dasselbe Ergebnis auch die zusätzlich zur Regelung des IKS in Art. 266 Solva II-VO erfolgende Einbeziehung der Bewertung der Vermögenswerte und Verbindlichkeiten in die interne Kontrolle durch Art. 267 Solva II-VO.

39 Mithin geht es bei dem Rechnungslegungsverfahren um die Verfahren für die Bilanzierung nach **HGB** und der Verordnung über die Rechnungslegung von Versicherungsunternehmen (**RechVersV**). Hinzu kommen bei kapitalmarktorientierten Versicherungsunternehmen i. S. v. § 264d HGB die Verfahren zur Aufstellung eines Abschlusses nach **IFRS** und bei Versicherungsunternehmen, die an einer US-amerikanischen Börse gelistet sind, die Verfahren zur Aufstellung eines Abschlusses nach **US-GAAP**. Diesem prozeduralen Zugang zu der Rechnungslegung durch Betonung von wirksamen „Rechnungslegungsverfahren" als Bestandteil des IKS entspricht das allgemeine Gesellschaftsrecht mit §§ 107 Abs. 3 S. 2, 171 Abs. 1 S. 2 AktG und das Handelsbilanzrecht mit § 289 Abs. 5 HGB, die jeweils auch auf den „Rechnungslegungsprozess" abstellen.

40 **b) Interner Kontrollrahmen. aa) Allgemeines.** Ein interner Kontrollrahmen bildet den zweiten Bestandteil des versicherungsaufsichtsrechtlichen IKS. Nach **EG 96 Solva II-VO** sollten Versicherungs-

[43] Vgl. dazu § 23 VAG Rn. 78 ff.
[44] Vgl. dazu § 23 VAG Rn. 15 und 141 ff.
[45] Zu Einzelheiten einer internen Kontrolle der Rechnungslegung vgl. z. B. *Bungartz*, S. 124 ff., 224 ff., 380 ff.
[46] Vgl. Einl. Rn. 115.

unternehmen „über **angemessene interne Kontrollen** verfügen, um zu gewährleisten, dass alle mit operativen und kontrollbezogenen Aufgaben betrauten Personen den Unternehmenszielen und den geltenden Rechts- und Verwaltungsvorschriften entsprechend handeln." Diese internen Kontrollen setzen einen Rahmen voraus, nach und in dem sie erfolgen. Um die Ziele zu erreichen, erfolgen die Kontrollen gemäß einem **internen Kontrollrahmen**. Nach Nr. 232 MaGo legen die Versicherungsunternehmen darin „die Grundsätze, Verfahren und Maßnahmen zu den internen Kontrollen fest."

EIOPA Explanatory Text BoS-14/253 zu LL 38 Governance geht in Nr. 2.169. (BaFin-Übersetzung) dazu davon aus, dass interne Kontrollen 41

„die folgenden Aspekte verbinden:

a) internes Kontrollumfeld;
b) interne Kontrolltätigkeit;
c) Kommunikation;
d) Überwachung."

Interessanterweise **deckt sich diese Auflistung von EIOPA** bis auf einem Punkt **mit** den Komponenten des IKS nach dem **COSO-Rahmenwerk**. Dort geht es aber zusätzlich in einer fünften Schicht des sog. COSO-Würfels noch um Risikobeurteilungen („Risk Assessment") im Hinblick auf die Unternehmensziele oder auf daraus abgeleitete Einzelziele.[47] Die Integration einer solchen **Risikoanalyse** im COSO-Modell entspricht der dortigen Vermischung von RMS und IKS. Sie ist versicherungsaufsichtsrechtlich unzulässig.[48] Versicherungsunternehmen können aber im Hinblick auf bloße Mindestvorgaben zum IKS in § 29 Abs. 1 VAG das unternehmensinterne IKS um eine zusätzliche Risikoanalyse erweitern, solange dies nicht zur Aufhebung der gebotenen klaren Trennung von IKS und RMS führt.[49] 42

Eine erhebliche Vorfeldwirkung in Bezug auf die Ziele, die das IKS mit den eigentlichen Kontrolltätigkeiten verfolgt, kann ein interner Kontrollrahmen durch **organisatorisch-strukturelle Maßnahmen** erzielen. Dazu gehören z. B. die Bestimmung von Zuständigkeiten und Verantwortlichkeiten, die Schaffung entsprechender unternehmensinterner Leitlinien – z. B. in Form von Zeichnungsrichtlinien –, Funktionstrennungen in der Aufbauorganisation und zusätzliche – auch automatisierte – Plausibilitätsprüfungen bestimmter Arbeitsabläufe. 43

bb) Internes Kontrollumfeld. Nach Nr. 1.81. **EIOPA-LL 38 Governance**, die mit „internes Kontrollumfeld" überschrieben ist, „sollte" jedes Versicherungsunternehmen „die Bedeutung der Durchführung angemessener interner Kontrollen fördern, indem es dafür Sorge trägt, dass sich alle Mitarbeiter ihrer Rolle im internen Kontrollsystem bewusst sind." 44

Das unternehmensinterne Kontrollumfeld ist damit ein **Thema der Unternehmenskultur**. Das Kontrollumfeld setzt sich aus weichen Faktoren zusammen. Dabei geht es um die handelnden Personen, ihre Kenntnisse, Einstellungen und Verhaltensweisen, soweit sie sich auf das IKS beziehen, und um eine angemessene Fehlerkultur. Nr. 2.170. EIOPA Explanatory Text (BaFin-Übersetzung) geht deshalb im Ausgangspunkt zutreffend von Folgendem aus: „Eine hohe Integrität ist ein wesentlicher Bestandteil des Kontrollumfelds." Mit den unternehmensinternen Vorgaben – allgemein durch Leitlinien oder im Einzelfall – darf ein Unternehmen keine Anreize setzen, dass Mitarbeiter davon abweichen. Sie müssen sich – so EIOPA weiter – des IKS daher „nicht nur voll bewusst" sein, sondern „auch verstehen, welche Rolle sie darin spielen." 45

Für den **Vorstand**, der auch beim IKS die Letztverantwortung trägt,[50] bedeutet die Wahrung der Integrität des IKS einen entsprechenden **Tone at the Top** in IKS-Angelegenheiten. Dies gilt nicht nur für formale Entschiedenheit – z. B. in Bezug auf die Verabschiedung und Implementierung der IKS-Leitlinien –, sondern vor allem auch für glaubwürdige eigene materielle Bekenntnisse zum Stellenwert des IKS und deren Vermittlung an die Mitarbeiter des Versicherungsunternehmens. 46

cc) Interne Kontrolltätigkeiten. Der interne Kontrollrahmen bestimmt im Sinne eines **Kontrollkonzepts** auch Einzelheiten der unternehmensinternen **Kontrolltätigkeiten**. Dabei handelt es sich um alle Tätigkeiten, mit denen das Versicherungsunternehmen die **Einhaltung der externen und internen Anforderungen an die Geschäftstätigkeit** sichert. Die Tätigkeit der versicherungsaufsichtsrechtlichen Compliance-Funktion nach § 29 Abs. 1 und 2 VAG bildet innerhalb des vorgegebenen Kontrollrahmens eine gesetzlich besonders herausgehobene Kontrolltätigkeit. Nach Nr. 2.173. EIOPA Explanatory Text BoS-14/253 geht es insgesamt um „interne Kontrollen auf unterschiedlichen Ebenen der Aufbau- und Ablauforganisation, für unterschiedliche Zeiträume und gegebenenfalls mit unterschiedlichem Detaillierungsgrad." 47

Kontrollen haben keinen Selbstzweck. Die Mitarbeiter akzeptieren sie im Sinn einer entsprechenden IKS-Kultur auch nur dann oder bejahen sie sogar aus innerer Überzeugung, wenn sie angemessen sind. 48

[47] Vgl. den Überblick z. B. in *IDW*, O Rn. 73 ff.
[48] Vgl. oben Rn. 15 ff.
[49] Vgl. oben Rn. 20.
[50] Siehe oben Rn. 22.

Die unternehmensinternen Kontrolltätigkeiten müssen daher eine sachlich stimmige Grenze haben. Diese liegt vor allem in ihrem **Risikobezug**. Entsprechend EIOPA-LL 38 S. 2 Governance „sollten die Kontrolltätigkeiten den aus den zu kontrollierenden Tätigkeiten und Prozessen resultierenden Risiken angemessen sein."[51] Voraussetzung für die Ausrichtung der Kontrolltätigkeiten am Kriterium des Risikobezugs ist also eine **Risikoanalyse** der Geschäftsprozesse im IKS. Ein Risiko kann auch im Bestehen von Interessenkonflikten liegen. Nr. 2.176. EIOPA Explanatory Text BoS-14/253 verweist daher darauf, dass interne Kontrollen „etwaige Bereiche potenzieller Interessenkonflikte" identifizieren sollen.

49 Rein **tatsächlich** können die internen **Kontrolltätigkeiten** nach Nr. 2.174. EIOPA Explanatory Text BoS-14/253 (BaFin-Übersetzung) Folgendes umfassen: „Zustimmungen, Genehmigungen, Verifizierungen, Abgleiche, Managementüberprüfungen und andere geeignete Maßnahmen, die auf jeden Geschäftsbereich und jede Geschäftseinheit anwendbar sind, physische Kontrollen, Prüfung der Einhaltung der vereinbarten Exponierungsgrenzen und Grundsätze oder Anweisungen für die Ausübung der Tätigkeit sowie Nachverfolgungsverfahren bei Nicht-Einhaltung." Nr. 2.175. ergänzt dies durch den Verweis auf „geltende Datenschutzanforderungen", „angemessene Sicherheitskontrollen" und „Zugangskontrollen zu Hardware, Systemen und Daten". Einen wesentlichen, auch die Gestaltung jedes IKS in der Praxis prägenden Punkt erwähnt EIOPA dagegen nicht: „fraud".[52] Interne Kontrollsysteme haben regelmäßig einen erheblichen Fokus auf der Bekämpfung deliktischer Handlungen, insbesondere betrügerischer Verhaltensweisen. Nicht benannt sind weiter in den EIOPA-Texten die in der Praxis ebenfalls wichtigen Wohlverhaltensregelungen, die z. B. die Annahme oder Vergabe von Geschenken bzw. Einladungen betreffen.

50 Die **zutreffende Bewertung der Vermögenswerte und Verbindlichkeiten** eines Versicherungsunternehmens gemäß Art. 75 Solva II-RL – umgesetzt vor allem in § 74 VAG – hat der europäische Gesetzgeber mit **Art. 267 Solva II-VO** ebenfalls zum Gegenstand der internen Kontrolle erhoben. Sie soll „sicherstellen, dass die (…) Schätzungen zuverlässig und (…) angemessen sind". Dazu enthält Art. 267 Solva II-VO zahlreiche detaillierte Anforderungen, die sich explizit auch auf „interne Kontrollverfahren" beziehen.

51 **c) Angemessene unternehmensinterne Berichterstattung. aa) Allgemeines.** § 29 Abs. 1 VAG nennt als dritten verpflichtenden Bestandteil des IKS eine „angemessene unternehmensinterne Berichterstattung auf allen Unternehmensebenen". Damit setzt der Gesetzgeber Art. 46 Abs. 1 UAbs. 2 Solva II-RL um, der „angemessene Melderegelungen auf allen Unternehmensebenen" verlangt. Rechtlich zwingend ist die Einrichtung eines **unternehmensinternen Informations- und Kommunikationssystems**, für das § 29 Abs. 1 VAG den Begriff der unternehmensinternen Berichterstattung verwendet, im Rahmen eines IKS aber ohnehin. Dies folgt schon allgemein gesellschaftsrechtlich aus der Verpflichtung des Vorstands nach § 93 Abs. 1 S. 2 AktG, unternehmerische Entscheidungen „auf der Grundlage angemessener Informationen" zu treffen, und aus seiner Letztverantwortung für die Geschäftstätigkeit des Unternehmens.[53]

52 Zu „Überwachung und Berichterstattung" innerhalb des IKS fordert **EIOPA-LL 39 Governance**, dass Versicherungsunternehmen „einwandfrei feststellen, dass die Überwachungs- und Berichterstattungsmechanismen innerhalb des internen Kontrollsystems das Verwaltungs-, Management- oder Aufsichtsorgan mit den für die Entscheidungsprozesse relevanten Informationen versorgen." Daran ist zutreffend, dass vertikal letztlich der Vorstand der Adressat der unternehmensinternen Berichterstattung in einem IKS ist. Er kommuniziert über das unternehmensinterne Informations- und Kommunikationssystem seinerseits vertikal, d. h. downstream. Bei der unternehmensinternen Berichterstattung geht es allerdings zusätzlich auch horizontal um die gegenseitige Information der einzelnen Unternehmensbereiche und -mitarbeiter.[54] Dies folgt versicherungsaufsichtsrechtlich u. a. aus Art. 258 Abs. 1 lit. a, h, j und k, 266 und 268 Solva II-VO.

53 Eine **unternehmensinterne Berichterstattung** ist nicht nur **Gegenstand** des IKS i. S. v. § 29 Abs. 1 VAG, sondern auch **zahlreicher weiterer Normen**. Dies gilt vor allem für die Vorschriften des VAG und der Solva II-VO zu den vier Schlüsselfunktionen – einschließlich der zum IKS nach § 29 VAG gehörenden Compliance-Funktion. Pars pro toto steht dafür die Risikoberichterstattung durch die URCF nach § 26 Abs. 1 S. 1 Hs. 2 VAG und Art. 258 Abs. 2, 269 Abs. 1 lit. d Solva II-VO.[55]

54 **bb) Verhältnis zu dem „wirksamen unternehmensinternen Kommunikationssystem" nach § 23 Abs. 1 S. 3 VAG.** Während § 29 Abs. 1 VAG von einer „angemessenen unternehmensinternen Berichterstattung auf allen Unternehmensebenen" als Teil des IKS ausgeht, fordert schon § 23 Abs. 1 S. 3 VAG ein „wirksames unternehmensinternes Kommunikationssystem". Das Verhältnis dieser beiden Regelungen ist nach Maßgabe des europarechtlichen Hintergrunds dahingehend zu bestimmen, dass

[51] Ebenso Nr. 232 S. 2 und Nr. 233 MaGo.
[52] Vgl. ausf. dazu z. B. *Bungartz*, S. 307 ff.
[53] Näher *Dreher/Hoffmann* ZGR 2016, 445, 480 f.
[54] Vgl. *Dreher/Hoffmann* ZGR 2016, 445, 480.
[55] Vgl. dazu ausf. § 26 VAG Rn. 83 ff., 153 ff.

§ 23 Abs. 1 S. 3 VAG die Existenz eines solchen **unternehmensinternen Informations- und Berichtssystems** zu den allgemeinen Anforderungen an ein Governance-System[56] rechnet und es mit § 29 Abs. 1 VAG zugleich **dem IKS zuordnet**. Denn nur so und nicht bei einer Trennung der Anforderungen in den beiden Regelungen ist das unternehmensinterne Informations- und Berichtssystem sachlich und rechtlich zutreffend systematisiert. Dies zeigen schon die Zurechnung unternehmensinterner Informations- und Kommunikationssysteme zum IKS in der BWL und in der Unternehmenspraxis,[57] aber auch die jeweiligen Ausführungen von EIOPA[58] bzw. der BaFin in den MaGo[59] zu der unternehmensinternen Information und Berichterstattung im IKS.

Die **Zuordnung** des unternehmensinternen Informations- und Kommunikationssystems zu dem IKS **entspricht** vor allem dem rechtlichen **Regelungssystem von Solvency II**: Art. 41 Abs. 1 UAbs. 2 S. 1 Solva II-RL und in dessen Umsetzung § 23 Abs. 1 S. 3 VAG gehen von der Existenz eines – so die Richtlinie – „wirksamen Systems der Übermittlung von Informationen" aus. Art. 46 Abs. 1 UAbs. 2 Solva II-RL und in dessen Umsetzung § 29 Abs. 1 VAG sehen als Bestandteil des IKS – so die Richtlinie – „angemessene Melderegelungen auf allen Ebenen". Art. 258 Abs. 1 lit. h, j und k Solva II-VO konkretisieren die Anforderungen an ein unternehmensinternes Informations- und Berichtssystem inhaltlich, während Art. 266 Solva II-VO es sachlich dem IKS zuordnet. Wenn Art. 266 Solva II-VO für das IKS nämlich davon ausgeht, dass es auch die „Verfügbarkeit und Verlässlichkeit finanzieller und nicht finanzieller Informationen" zum Gegenstand hat, so ist damit die Existenz eines solchen unternehmensinternen Informations- und Berichtssystems gemeint. Es umfasst mehr als – so Art. 46 Abs. 1 UAbs. 2 Solva II-RL begrifflich verkürzend – bloße „Melderegelungen". Dies bringen Art. 258 und 266 Solva II-VO konkretisierend zum Ausdruck. Die Zuordnung des schon in § 23 Abs. 1 VAG genannten unternehmensinternen Informations- und Berichtssystems zum IKS hat ihre Parallelen z. B. in der Zuordnung des in § 23 Abs. 1 VAG angeführten Legalitätsprinzips[60] zu der Compliance-Funktion nach § 29 Abs. 2 VAG und in der zusätzlichen Zuordnung der in § 23 Abs. 1 VAG genannten Berichterstattung zu der URCF nach § 26 Abs. 1 S. 2, 8 VAG, soweit es um die risikoorientierte Berichterstattung geht.[61] 55

cc) Anforderungen an die unternehmensinterne Berichterstattung. Die inhaltlichen Anforderungen an die unternehmensinterne Berichterstattung sind zunächst diejenigen nach § 23 Abs. 1 S. 3 Satzteil 3 VAG und vor allem nach Art. 258 Solva II-VO im Sinne der allgemeinen Governance-Anforderungen an ein wirksames unternehmensinternes Kommunikationssystem. Schon danach ist ein **nahezu perfektes unternehmensinternes Informationssystem** gefordert.[62] Demgegenüber scheinen die Anforderungen einer Versorgung der Unternehmensorgane z. B. nach EIOPA-LL 39 Governance mit „den für die Entscheidungsprozesse relevanten Informationen" und nach MaGo mit „allen notwendigen" (Nr. 234) Informationen[63] fast schon von verbaler Zurückhaltung geprägt. 56

Teil der Berichterstattung an den Vorstand ist außer der Berichterstattung über die internen Kontrollen auch eine **Berichterstattung zu der Überwachung der internen Kontrollen**.[64] Darin liegt – wie schon in der Überwachung selbst – keine zusätzliche IKS-Anforderung, die über die bestehenden versicherungsaufsichtsrechtlichen Kontrollaufgaben hinausgehen würde.[65] 57

Weitere Details zu der unternehmensinternen Berichterstattung enthält **EIOPA Explanatory** Text BoS-14/253 zu LL 39 Governance. Mit folgenden redundanten Anforderungen ersetzt EIOPA (BaFin-Übersetzung) auch hier die Prinzipienorientierung durch Aufsichts-Klein-Klein: „Nr. 2.178. Qualitätsberichte, rechtzeitige Berichterstattung, Exaktheit, Vollständigkeit und Verbesserungsvorschläge werden angeregt." Und Nr. 2.179.: „Die internen Kommunikationslinien müssen zur Meldung negativer Neuigkeiten anregen – insbesondere gegenüber Vorgesetzten, um zu vermeiden, dass Mitarbeiter negative Informationen zurückhalten – und verkürzte Wege über Berichtslinien hinweg zulassen, falls die Situation dies erfordert". 58

d) Compliance-Funktion. Als vierten Bestandteil umfasst das IKS nach § 29 Abs. 1 VAG zwingend „eine **Funktion zur Überwachung der Einhaltung der Anforderungen (Compliance-Funk-** 59

---

[56] Vgl. zu der versicherungsaufsichtsrechtlichen Identität von Governance-System und Geschäftsorganisation § 23 VAG Rn. 13.

[57] Vgl. z. B. *Bungartz*, S. 54 f., 76 f.; *IDW*, O Rn. 91 ff.

[58] Vgl. EIOPA-LL 38 und 39 sowie EIOPA Explanatory Text BoS-14/253 LL 39 Governance, die in Nr. 2.169. und Nr. 2.179. das Thema „Kommunikation" und „interne Kommunikationslinien" ohne weiteres als Bestandteil des IKS sehen.

[59] Vgl. Nr. 234 MaGo, wonach in einem IKS „Informations- und Kommunikationssysteme einzurichten" sind, die die zuständigen Personen mit „allen notwendigen Informationen" versorgen.

[60] Vgl. § 23 VAG Rn. 30 ff.

[61] Im Ergebnis wie hier, wenn auch ohne Problematisierung sub specie von Art. 46 Solva II-RL *Heukamp* § 3 Rn. 57.

[62] Vgl. ausf. § 23 VAG Rn. 68 ff.

[63] Ähnlich auch Nr. 28 MaGo.

[64] Vgl. Nr. 236 MaGo.

[65] Siehe oben Rn. 33.

tion)". Einzelne Teilaufgaben der Compliance-Funktion jenseits dieser Zentralaufgabe normiert zusätzlich § 29 Abs. 2 VAG. Die Compliance-Funktion ist damit zwar einerseits Teil des IKS eines Versicherungsunternehmens, andererseits hat sie aber eine herausgehobene Stellung, da sie zugleich Schlüsselfunktion im Sinne des Versicherungsaufsichtsrechts ist. Die Einzelheiten zu ihrer Stellung, Aufgabe und Tätigkeit sind daher nachfolgend sub specie § 29 Abs. 2 VAG abzuhandeln.

60 **III. Compliance-Funktion (Abs. 1 und 2, Art. 270 Solva II-VO). 1. Begriff der versicherungsaufsichtsrechtlichen Compliance.** Die versicherungsaufsichtsrechtliche Compliance ist zu definieren als die **Einhaltung der rechtlichen Anforderungen durch Versicherungsunternehmen auf der Grundlage dafür geeigneter und angemessener organisatorischer Maßnahmen**.[66] Dieser **materielle Compliance-Begriff** geht von dem Ziel der versicherungsaufsichtsrechtlichen Compliance aus. Es liegt nach Art. 266 Solva II-VO in der „Einhaltung der geltenden Rechts- und Verwaltungsvorschriften" bzw. nach Art. 46 Abs. 1 UAbs. 2 Solva II-RL und § 29 Abs. 1 VAG in der „Einhaltung der Anforderungen". Auch die Eingangsvorschrift zur Geschäftsorganisation im VAG, nämlich § 23 Abs. 1 S. 2 VAG, betont bereits Sinn und Zweck der Geschäftsorganisation. Sie sieht sie im Sinne einer Legalitätspflicht in der „Einhaltung der von den Versicherungsunternehmen zu beachtenden Gesetze, Verordnungen und aufsichtsbehördlichen Anforderungen".[67]

61 Der vorliegend verwendete materielle Begriff der versicherungsaufsichtsrechtlichen Compliance unterscheidet sich von einem vor Erlass der Solvency II-Regelungen vielfach gebrauchten und seither unbesehen tradierten **organisationsrechtlichen Compliance-Begriff**. Danach bedeutet Compliance „die Summe der organisatorischen Vorkehrungen, die ein Unternehmen trifft, um ständig und wirksam ein rechtskonformes Verhalten des Unternehmens sowie der für das Unternehmen handelnden Personen zu gewährleisten."[68] Vor dem Hintergrund wird die versicherungsaufsichtsrechtliche Compliance dem Unternehmensorganisationsrecht zugeordnet.[69] Die Solvency II-Regelungen und ihnen folgend § 29 VAG sehen die versicherungsaufsichtsrechtliche Compliance zwar organisatorisch als Teil des Governance-Systems. Complianceprägend ist aber nicht diese Zuordnung zu der Compliance-Organisation, sondern das mit der Verpflichtung auf eine Compliance verfolgte Ziel. Die entsprechenden Vorschriften sind daher nicht unternehmensorganisations-, sondern primär aufgaben- und befugnisbezogen, d. h. materiellrechtlich angelegt und zu verstehen.[70] Versicherungsaufsichtsrechtlich geboten ist im Ergebnis eine Compliance-Organisation nur als Mittel zum Zweck, dass ein Versicherungsunternehmen die rechtlichen Anforderungen einhält.[71]

62 § 29 VAG verwendet ausweislich der Begründung zu dem VAG-RegE 2014 „wie bereits in § 33 WpHG" den Begriff der Compliance-Funktion „mangels geeignetem deutschen Äquivalent". Im Hinblick darauf, dass eine Funktion i. S. v. § 7 Nr. 9 VAG nicht nur von einer, sondern von mehreren Personen ausgeübt werden kann, wird – so die Begründung weiter – „dem Begriff „Compliance-Funktion" gegenüber dem Begriff „**Compliance-Beauftragten**" der Vorzug gegeben."[72] Diese Begründung ist in mehrfacher Hinsicht verfehlt.[73] Zunächst gibt es in der deutschen Sprache den Plural auch für den Begriff des Beauftragten. Sodann nutzen §§ 33 Abs. 1 S. 2 Nr. 1 und 5, 34d Abs. 3 S. 1 WpHG als Oberbegriff ebenfalls den Begriff der Compliance-Funktion. Und schließlich verbietet es sich im Hinblick auf die Rechtsnatur der Compliance-Funktion auch begrifflich, sie in die Nähe der öffentlich-rechtlichen Unternehmensbeauftragten zu rücken.[74]

63 **2. Erforderlichkeit.** Versicherungsunternehmen „**müssen**" nach § 29 Abs. 1 VAG über eine Compliance-Funktion verfügen. Dies entspricht Art. 46 Abs. 1 UAbs. 2 Solva II-RL.[75] Art. 46 Abs. 2 Solva II-RL thematisiert sodann zusätzlich die bereits in Abs. 1 benannte Zentralaufgabe der „Überwachung der Einhaltung der Anforderungen" durch explizit benannte – „zählt auch", „ebenfalls" – Teilaufgaben. Das Ob und das Wie der Compliance-Funktion sind daher in diesem Sinne bereits durch das Versicherungsaufsichtsrecht entschieden.

---

[66] Vgl. auch mit ausführlicher Herleitung *Dreher* VersR 2013, 929, 934.

[67] Vgl. dazu § 23 VAG Rn. 30 ff.

[68] So die Formulierung von *Bürkle* in: Bürkle (Hrsg.), § 1 Rn. 6 und schon öfter zuvor, z. B. *Bürkle* in: Düsseldorfer Vorträge zum Versicherungsrecht 2010, S. 1, 2 sowie *Bürkle* CCZ 2012, 220. Einem organisationsrechtlichen Ansatz folgen z. B. auch *Reese/Ronge* VersR 2011, 1217, 1220 f. und im allgemeinen Gesellschaftsrecht z. B. *Spindler* WM 2008, 905; *Reichert/Ott* ZIP 2009, 2173 und *Kort* NZG 2008, 81.

[69] So ausdrücklich *Bürkle* in: Düsseldorfer Vorträge zum Versicherungsrecht 2010, S. 1, 2.

[70] So im Ergebnis auch *Hemeling* CCZ 2010, 21 ff. = *GDV* Leitfaden Compliance im Erst- und Rückversicherungsunternehmen 2009, S. 6.

[71] Vgl. weiter *Dreher* VersR 2013, 929, 934.

[72] VAG-RegE 2014 BT-Drs. 18/2956, 245.

[73] Vgl. schon *Dreher* VersR 2013, 929, 943.

[74] Vgl. unten Rn. 67.

[75] Eine Ausnahme gilt nach Art. 29 Abs. 4 Solva II-RL und § 212 Abs. 3 Nr. 9 VAG für kleine Versicherungsunternehmen i. S. v. § 211 VAG.

Auf die **allgemeine gesellschaftsrechtliche Frage**, ob der Vorstand einer Aktiengesellschaft zur Compliance verpflichtet ist und ob er auch eine Compliance-Organisation schaffen muss, kommt es angesichts dieser versicherungsaufsichtsrechtlichen Vorgaben zur Compliance-Funktion nicht mehr an. Unabhängig davon ist die erste Teilfrage nach dem **Bestehen einer Compliance-Pflicht** zu bejahen. Dies folgt schon aus der legalitätsbezogenen Leitungsaufgabe des Vorstands einer AG. Umstritten ist aber noch, ob die Rechtsgrundlage für die Compliance-Pflicht des Vorstands aus § 91 Abs. 2 AktG mit der Pflicht zur Einführung eines Risikofrüherkennungssystems oder aus der allgemeinen Leitungsverantwortung der §§ 76 Abs. 1, 93 Abs. 1 AktG herzuleiten ist. Dies hat aufgrund von §§ 317 Abs. 4, 321 Abs. 4 HGB zur Einbeziehung nur des § 91 Abs. 2 AktG in die Abschlussprüfung erhebliche rechtliche Bedeutung.[76] Die zweite gesellschaftsrechtliche Teilfrage nach der **Verpflichtung** des Vorstands in der unbeaufsichtigten AG, eine Compliance-Funktion und damit eine Compliance-Organisation im Sinne eines **Compliance-Management-Systems (CMS)** zu schaffen, ist umstritten. Nach vorliegend vertretener Ansicht kann eine solche Pflicht ebenfalls aus § 91 Abs. 2 AktG folgen. Dabei hat der Vorstand im Rahmen des Erforderlichen und Zumutbaren ein breites Gestaltungsermessen.[77] 64

3. Grundlagen. a) Rechtsnatur: gesetzlich vorgeschriebene und ausgestaltete Unternehmensfunktion. Die Rechtsnatur der Compliance-Funktion bestimmt zugleich über ihre Stellung im Versicherungsunternehmen. Im Ergebnis ist die Compliance-Funktion eine **gesetzlich vorgeschriebene und ausgestaltete Unternehmensfunktion.**[78] Die Zugehörigkeit zu den Unternehmensfunktionen folgt schon aus der entsprechenden Anordnung in § 7 Nr. 9 VAG bzw. Art. 13 Nr. 29 Solva II-RL bzw. § 29 Abs. 1 VAG und Art. 46 Abs. 1 UAbs. 2 Solva II-RL. Wie zuvor ausgeführt, ist die Compliance-Funktion in § 29 Abs. 1 VAG gesetzlich vorgeschrieben und in § 29 Abs. 1 und 2 VAG sowie den dem VAG vorrangigen Compliance-Regelungen der Art. 266, 270 Solva II-VO gesetzlich ausgestaltet. 65

Anders als andere Personen, die in einem oder für ein Versicherungsunternehmen Kontroll- oder Überwachungstätigkeiten ausüben, ist der **Inhaber der Compliance-Funktion nicht verlängerter Arm der Versicherungsaufsichtsbehörde**. Im Gegensatz zu dem Inhaber der Compliance-Funktion hat der Abschlussprüfer nach § 35 Abs. 4 VAG in bestimmten Fällen eine Anzeigepflicht in Bezug auf das geprüfte Versicherungsunternehmen gegenüber der BaFin. Dazu gehört nach Nr. 1 auch „eine Verletzung der Rechts- und Verwaltungsvorschriften", die die Zulassung und Tätigkeitsausübung von Versicherungsunternehmen betreffen. Bei Streitigkeiten zwischen einem Versicherungsunternehmen und dem Sicherungstreuhänder „über seine Obliegenheiten" gilt nach § 128 Abs. 6 VAG, dass die Aufsichtsbehörde „entscheidet". Solche Regelungen gibt es für das Verhältnis von Inhaber der Compliance-Funktion und Vorstand eines Versicherungsunternehmens schon im Hinblick auf die Letztverantwortung des Vorstands für die Legalitätspflicht nicht. Und der verantwortliche Aktuar in der Lebensversicherung hat nach § 141 Abs. 5 Nr. 3 VAG „sofort die Aufsichtsbehörde zu unterrichten", wenn der Vorstand seiner Beanstandung nicht unverzüglich abhilft. Für den Inhaber der Compliance-Funktion gilt dagegen weder eine solche Informationspflicht gegenüber der Aufsichtsbehörde noch eine andere gesetzliche Regelung, die seine Tätigkeit auf die Versicherungsaufsichtsbehörde hin ausrichtet. Er ist vielmehr wie alle Inhaber von Schlüsselfunktionen im Verhältnis zum Vorstand des Versicherungsunternehmens letztlich weisungsabhängig.[79] Umgekehrt beschränkt sich die Befugnis der BaFin in Bezug auf den Inhaber der Compliance-Funktion und seine Tätigkeit auf die Einhaltung der Anzeigepflicht des Versicherungsunternehmens nach § 47 Nr. 1 VAG nach seiner Bestellung[80] und auf die Fit-and-proper-Aufsicht.[81] 66

Erst recht ist der Inhaber der Compliance-Funktion daher auch **nicht öffentlich-rechtlicher Unternehmensbeauftragter**. Derartige Unternehmensbeauftragte haben aufgrund besonderer gesetzlicher Anordnungen unternehmensintern und behördenbezogen eine besondere, öffentlich-rechtlich geprägte Stellung. Ihnen sind typischerweise besondere, im Allgemeininteresse liegende Aufgaben, entsprechende Befugnisse und auch bestimmte Rechte zugewiesen.[82] Zum Beispiel in Form des Geldwäschebeauftragten nach § 53 Abs. 3 VAG kennt auch das Versicherungsaufsichtsrecht einen solchen 67

---

[76] Vgl. zum Ganzen *Dreher* FS Hüffer, 161, 168 ff. und *Dreher/Hoffmann* ZGR 2016, 445, 475 f., 478 f., jew. mit zahlreichen Nachweisen sowie bejahend zur Compliance-Pflicht aus der Rechtsprechung zuletzt LG München I – Neubürger, siehe oben Rn. 23.

[77] Vgl. dazu jew. mit zahlreichen Nachweisen *Dreher* FS Hüffer, 161, 172 f.; *Dreher* VersR 2013, 929, 939; *Dreher/Hoffmann* ZGR 2016, 445, 479; *Thaten*, S. 205 ff.

[78] Vgl. ausf. zum Ganzen schon *Dreher* VersR 2013, 929, 942 f.; *Nietsch* ZHR 180 (2016), 733, 754 sieht in § 29 Abs. 2 VAG zu Unrecht eine Tendenz der Verdrängung des Leitungsorgans durch Verselbständigung der Compliance-Funktion.

[79] Vgl. § 26 VAG Rn. 127.

[80] Vgl. zur europarechtswidrigen Ausweitung dieser Pflicht in § 47 Nr. 1 VAG die Einl. Rn. 104.

[81] Vgl. dazu § 24 VAG Rn. 36 ff.

[82] Vgl. ausf. *Rittner/Dreher* Europäisches und deutsches Wirtschaftsrecht 3. Aufl. 2008, § 12; *Dreher* in: FS Claussen 1997, 69 ff., jew. mit zahlreichen Nachweisen.

hoheitlich geprägten Unternehmensbeauftragten.[83] Für den Inhaber der Compliance-Funktion gilt dies alles wie auch für die Inhaber der anderen Schlüsselfunktionen nicht.[84]

68 **b) Wirksamkeit.** Für die Compliance-Funktion gilt wie für die anderen Schlüsselfunktionen, dass sie „wirksam" sein muss. Für die interne Revisionsfunktion folgt dies aus § 30 Abs. 1 VAG und für die versicherungsmathematische Funktion aus § 31 Abs. 1 S. 1 VAG. Dasselbe ergibt sich für die Compliance-Funktion aus der Wirksamkeitsanforderung für das IKS insgesamt in § 29 Abs. 1 VAG[85] in Parallele zum Wirksamkeitserfordernis in § 26 Abs. 1 S. 1 VAG für das RMS und damit auch für die URCF nach § 26 Abs. 8 VAG. Wie bei allen Elementen des Governance-Systems und damit bei allen Schlüsselfunktionen bedeutet Wirksamkeit **die Funktionsfähigkeit und das Funktionieren** der Compliance-Funktion.[86] Jenseits der zwingenden aufsichtsrechtlichen Vorgaben gilt für die konkrete Ausgestaltung der Compliance-Funktion der Grundsatz der unternehmerischen (Organisations-)Freiheit in Verbindung mit dem Grundsatz der Verhältnismäßigkeit.[87]

69 **c) Funktionsunabhängigkeit.** Für die Compliance-Funktion kennt das VAG wie für die versicherungsmathematische Funktion, aber anders als für die URCF nach § 26 Abs. 8 VAG und für die interne Revisionsfunktion nach § 30 Abs. 2 S. 1 VAG, kein ausdrückliches Unabhängigkeitserfordernis. Gleichwohl gilt der **Grundsatz der Funktionsunabhängigkeit** im Ausgangspunkt für alle Schlüsselfunktionen und damit **auch für die Compliance-Funktion** in gleicher Weise.[88] Dies folgt aus den normativen Grundlagen der Funktionsunabhängigkeit, die nach Art. 268 Abs. 1 S. 1 Solva II-VO für alle Schlüsselfunktionen gilt und zusätzlich Teil einer ordnungsgemäßen Geschäftsorganisation ist.[89] Der Grundsatz der Funktionsunabhängigkeit betrifft die Frage, wie eine übertragene Aufgabe auszuüben ist. Kern der Funktionsunabhängigkeit ist daher bei der Compliance-Funktion wie bei den anderen Schlüsselfunktionen, dass die Aufgabenträger **frei von Weisungen Dritter** handeln[90] und **Interessenkonflikte zu vermeiden oder zu bewältigen** sind.[91]

70 **d) Funktionstrennung.** Bei der Funktionstrennung geht es um die Frage der Übertragbarkeit einer Aufgabe. Bestimmte Tätigkeiten innerhalb eines Versicherungsunternehmens sollen in getrennten Einheiten oder von unterschiedlichen Personen ausgeübt werden. Nach § 23 Abs. 1 S. 3 VAG und Art. 258 Abs. 1 lit. g, 268 Abs. 1 S. 1 Solva II-VO **gilt der Grundsatz der Funktionstrennung** grundsätzlich für alle Schlüsselfunktionen[92] und somit **auch für die Compliance-Funktion**. Nach diesem Grundsatz sind die Schlüsselfunktionen zu trennen, auch wenn dies unter bestimmten Voraussetzungen nicht die Zusammenlegung einzelner Schlüsselfunktionen hindert.[93] Grundsätzlich muss ein Versicherungsunternehmen daher eine **organisatorisch-institutionell verselbständigte Compliance-Funktion** haben.

71 **e) Funktionsschnittstellen. aa) Allgemeines.** Die Trennung der Schlüsselfunktionen und ihre hierarchische Gleichrangigkeit[94] führen dazu, dass es **zwischen den einzelnen Schlüsselfunktionen zahlreiche Schnittstellen** gibt. Dies gilt auch für das Verhältnis der Compliance-Funktion zu den drei anderen Schlüsselfunktionen. Dies bedeutet, dass die Schlüsselfunktionen **zusammenarbeiten**, sich **gegenseitig entlasten** durch die Übernahme einzelner Tätigkeiten, aber sich entsprechend ihren Aufgaben auch **gegenseitig kontrollieren**. Für alle diese Fragen gilt bei den Schnittstellen der Compliance-Funktion zu den übrigen Schlüsselfunktionen allgemein nichts anderes als zuvor sub specie der URCF ausgeführt.[95]

72 **bb) Verhältnis zu der internen Revisionsfunktion.** Die interne Revisionsfunktion nach § 30 VAG hat die Aufgabe, die gesamte Geschäftstätigkeit im Sinne einer ex post-Prüfung auf Zweckmäßigkeit, Wirtschaftlichkeit und Rechtmäßigkeit zu prüfen.[96] Der **Überschneidungsbereich zu der Auf-**

[83] Vgl. ausf. § 53 VAG Rn. 43 ff.

[84] Ausf. *Dreher* VersR 2013, 929, 942 f.; *Dreher* VersR 2012, 1063, 1071; wie hier *Bürkle* CCZ 2012, 220, 223; a. A. mit der unzutreffenden und unzutreffend aus dem WpHG sowie den MaComp hergeleiteten Annahme, der Inhaber der Compliance-Funktion nach dem VAG „hat Ansprechpartner für die Behörde zu sein, soweit es um die interne rechtliche Kontrolle des Unternehmens geht und verdrängt damit teilweise die Geschäftsleitung als Ansprechpartner, nämlich immer so weit, als es nicht unmittelbar um die Geschäftsführung geht" *Rudkowski* Transparenzpflichten zur Kontrolle von Finanzdienstleistungsunternehmen 2016, S. 67.

[85] Vgl. dazu oben Rn. 12.

[86] Vgl. § 23 VAG Rn. 27 ff. und § 26 VAG Rn. 18.

[87] Vgl. zur Parallele des RMS mit der URCF § 26 VAG Rn. 19 f. m. w. N.

[88] Besondere versicherungsaufsichtsrechtliche Anforderungen bestehen nur in Bezug auf die Unabhängigkeit der internen Revisionsfunktion, vgl. § 30 VAG Rn. 14 ff.

[89] Vgl. ausf. § 23 VAG Rn. 60.

[90] Vgl. § 26 VAG Rn. 127.

[91] Vgl. ausf. § 23 VAG Rn. 63 und § 26 VAG Rn. 126, 129 f. am Beispiel der URCF.

[92] Vgl. § 23 VAG Rn. 60.

[93] Vgl. ausf. § 23 VAG Rn. 60 ff. und 67.

[94] Vgl. § 26 VAG Rn. 133.

[95] Vgl. § 26 VAG Rn. 132 ff. und speziell zur Berufung auf Prüfungsergebnisse einer anderen Schlüsselfunktion § 30 VAG Rn. 28.

[96] § 30 VAG Rn. 27.

gabe der Compliance-Funktion liegt damit auf der Hand. Aufgrund des Verbots der Selbstprüfung kann eine andere Schlüsselfunktion die interne Revisionsfunktion nicht für Tätigkeiten heranziehen, die in das Prüfungsuniversum der internen Revision fallen.[97]

Für das Wertpapieraufsichtsrecht hat das **öBVwG** aus dem Grundsatz der Funktionstrennung und des Selbstprüfungsverbots gefolgert, dass Stichproben der internen Revision oder des Abschlussprüfers im Rahmen einer ihnen obliegenden Prüfungsaufgabe die Prüfung durch die Compliance-Funktion nicht ersetzen können.[98] Bei einer – versicherungsaufsichtsrechtlich zulässigen – Heranziehung der internen Revision durch die Compliance-Funktion würde konsequent das Gegenteil gelten. 73

Ein **wesentlicher Unterschied** von Compliance-Funktion zu interner Revisionsfunktion besteht im **Prüfungsansatz**: Die interne Revision prüft nachgelagert und punktuell, während die Compliance-Funktion „prozessbegleitend bzw. prozessnah und kontinuierlich" überwachend tätig ist.[99] Das deshalb vielfach verwendete Bild der **Three Lines of Defense** ist zwar in Bezug auf die nachgelagerte Prüfung und die interne Revisionsfunktion für die Praxis vereinfachend-anschaulich, erweckt aber im Hinblick auf die versicherungsaufsichtsrechtliche Gleichrangigkeit aller Schlüsselfunktionen den **unzutreffenden Eindruck einer Hierarchisierung.**[100] 74

cc) Verhältnis zu der URCF. Wie alle Schlüsselfunktionen ist die **Compliance-Funktion risikoorientiert** tätig.[101] Aber auch die URCF hat nach § 26 Abs. 5 S. 1 VAG „sämtliche Risiken des Versicherungsunternehmens zu umfassen". Zwar sind damit nur wesentliche Risiken gemeint.[102] Zu ihnen gehört aber nach S. 1 Nr. 5 „insbesondere" das operationelle Risiko. Es ist in § 7 Nr. 24 VAG definiert und umfasst nach Art. 101 Abs. 4 UAbs. 2 Solva II-RL bzw. § 97 Abs. 3 S. 2 VAG auch Rechtsrisiken.[103] Vor dem Hintergrund ist das Compliance-Risiko, das § 29 Abs. 2 VAG als „das mit der Verletzung der rechtlichen Vorgaben verbundene Risiko" definiert, im Ausgangspunkt auch Gegenstand der Tätigkeit der URCF. Dies gilt nach Art. 101 Abs. 4 UAbs. 2 Solva II-RL bzw. § 97 Abs. 3 S. 3 VAG allerdings nicht für mit Risiken verbundene Reputationsrisiken, die qua lege nicht Teil des operationellen Risikos sein sollen. Insofern sind die Tätigkeiten von Compliance-Funktion und URCF komplementär. 75

Zwischen der Compliance-Funktion und der URCF gibt es daher im Ausgangspunkt einen **erheblichen Überschneidungsbereich**. Ein besonders eindrückliches Beispiel bilden die versicherungsaufsichtsrechtlichen Anforderungen an den ORSA, die sowohl im Fokus der URCF als auch der Compliance-Funktion stehen.[104] Verweise auf angeblich unterschiedliche „Perspektiven" – „wirtschaftlich" bei der URCF und „juristisch" bei der Compliance-Funktion –[105] oder auf eine angeblich unterschiedliche „Zielrichtung" – „Risikosteuerung" bei der URCF und „Unternehmensorganisation und -abläufe" bei der Compliance-Funktion –[106] oder auf einen angeblich unterschiedlichen Risikobezug – „alle Risiken im Zusammenhang mit der Versicherungstätigkeit als solche" bei der URCF und „Einhaltung der gesetzlichen Anforderungen im Allgemeinen" bei der Compliance-Funktion –[107] sind mehr oder weniger inhaltsleere Abgrenzungsversuche und lösen die Überschneidungen zwischen der Compliance-Funktion und der URCF nicht auf. 76

Das Solvency II-System zeigt, dass die Überwachung des eigentlichen **Compliance-Risikos** im Sinne der Überwachung von Verletzungen rechtlicher Vorgaben und ihrer Vermeidung **primär der Compliance-Funktion zugewiesen** ist. Dies folgt zunächst aus der Definition des operationellen Risikos in Art. 13 Nr. 33 Solva II-RL bzw. § 7 Nr. 24 VAG. Es betrifft das „Verlustrisiko" auch aus der Nichteinhaltung des Legalitätsprinzips. Dementsprechend geht es beim RMS nach Art. 44 Solva II-RL bzw. § 26 VAG sodann zwar um die Erfassung, Bewertung, Überwachung und Steuerung sowie Berichterstattung zu den wesentlichen Rechtsrisiken. Im Vordergrund steht dabei aber die Vermeidung von Verlusten aus solchen Risiken. Die zentrale Aufgabe der Compliance-Funktion ist nach Art. 46 Abs. 1 UAbs. 2 Solva II-RL bzw. § 29 Abs. 1 VAG aber die „Überwachung der Einhaltung der Anforderungen". Im Zentrum ihrer Tätigkeit steht daher die **Wahrung des Legalitätsprinzips per se** und damit bereits die Vermeidung jeder Verletzung von externen und internen rechtlichen Anforderungen unabhängig von sich daraus ergebenden Verlusten. 77

Das Compliance-Risiko im Sinne der Nichteinhaltung rechtlicher Anforderungen als Gegenstand der Tätigkeit der Compliance-Funktion ist daher weiter als das Compliance-Risiko im Sinne des Verlustrisikos aus Rechtsverletzungen als Gegenstand der Tätigkeit der URCF. Die gegenseitige Kontrolle der 78

[97] Vgl. näher § 30 VAG Rn. 29.
[98] *öBVwG* vom 22.4.2014 – Az. W172 2000400-1, W172 2000403-1, ZFR 2015, 39 f.
[99] So schon *Bürkle* CCZ 2012, 220, 224.
[100] Vgl. schon oben Rn. 10 und § 26 VAG Rn. 133.
[101] Ausf. unten Rn. 102 ff.
[102] Vgl. § 26 VAG Rn. 46 ff.
[103] Vgl. näher § 26 VAG Rn. 65.
[104] Vgl. *Dreher/Ballmaier* VersR 2012, 129, 134 f.
[105] So *Korinek* Versicherungsrundschau 1–2/2015, 37, 39.
[106] So *Wolf* VersR 2013, 678, 680.
[107] So *Heukamp* § 3 Rn. 67.

hierarchisch gleichrangigen Schlüsselfunktionen bedeutet im Verhältnis von Compliance-Funktion und URCF, dass eine fehlerhafte Compliance-Funktion aus der Sicht der URCF ein operationelles Risiko im Sinne einer potentiellen Verlustquelle darstellt, eine fehlerhafte URCF aus der Sicht der Compliance-Funktion aber nur dann, wenn die Fehler auf der Verletzung von Innen- oder Außenrecht beruhen. Vor dem Hintergrund bedarf es **im Verhältnis von Compliance-Funktion und URCF** einer **engen Zusammenarbeit** i. S. v. Art. 268 Abs. 1 S. 2 Solva II-VO.[108] Ziel ist die Vermeidung von Doppelarbeit bei gleichzeitiger Wahrung der Funktionstrennung. Die **URCF**, aus deren Sicht Rechtsrisiken nur einen kleinen Ausschnitt ihres Prüfungsuniversums bilden, kann daher, aber muss nicht bei der Erfassung von Rechtsrisiken **auf den Feststellungen der Compliance-Funktion zu Rechtsrisiken aufbauen**. Der Grundsatz der Funktionstrennung und der eigenständigen Aufgabenwahrnehmung ist dabei gewahrt, wenn die URCF diese Feststellungen zum Vorliegen von Rechtsrisiken selbst plausibilisiert, eventuelle Rechtsrisiken aus eigener Sicht bewertet und sich im Rahmen der wechselseitigen Kontrollen in regelmäßigen Abständen davon überzeugt, dass mit der Tätigkeit der Compliance-Funktion als solche kein operationelles Risiko verbunden ist. Umgekehrt kann die Compliance-Funktion auf Feststellungen aus Prüfungen anderer Schlüsselfunktionen wie der URCF aufbauen. Nr. 87 S. 5 MaGo bringt dies pars pro toto für die Kontrolle der Einhaltung unternehmensinterner Vorgaben wie folgt zum Ausdruck: „Soweit andere Stellen prüfen, ob diese internen Vorgaben ihrerseits eingehalten werden, muss die Compliance-Funktion mindestens Art, Umfang und Ergebnisse der Prüfung kennen und unter Compliance-Gesichtspunkten bewerten."

79 **dd) Verhältnis zu der Rechtsabteilung.** Die Rechtsabteilung eines Versicherungsunternehmens blendet das Solvency II-System zwar zu Unrecht bei den Schlüsselfunktionen aus. Auch sie bildet allerdings eine Unternehmensfunktion. Im Verhältnis zur Compliance-Funktion stellt sich bei Versicherungsunternehmen die auch praktisch erhebliche versicherungsaufsichtsrechtliche Frage, ob der **Leiter der Rechtsabteilung zugleich Inhaber der Compliance-Funktion** sein kann. Der Grundsatz der Funktionstrennung gilt nur im Verhältnis von Schlüsselfunktionen untereinander.[109] Daher und aus einer Vielzahl weiterer Gründe, insbesondere dem Gleichlauf der rechtlichen Handlungsgebote für die Tätigkeiten sowohl einer Rechtsabteilung als auch einer Compliance-Funktion, ist ihre Verbindung versicherungsaufsichtsrechtlich zulässig. Im Hinblick auf den Grundsatz der Proportionalität kann sie sogar geboten sein.[110] Wenn Nr. 213 S. 5 MaGo zur Prüfung einer bestimmten Frage des Kapitalmanagements nach Versicherungsaufsichts- und Vertragsrecht darauf verweist, „die Prüfung kann insbesondere durch die eigene Rechtsabteilung oder die Compliance-Funktion erfolgen", liegt darin implizit eine aufsichtsbehördliche Bestätigung des Gleichlaufs der Handlungsgebote und damit im Ergebnis der Möglichkeit der Verbindung beider Funktionen.

80 **f) Befugnisse.** Wie alle Schlüsselfunktionen hat auch die Compliance-Funktion die Befugnisse nach **Art. 268 Abs. 2 Solva II-VO**. Sie betreffen die **Kommunikation mit allen Unternehmensmitarbeitern** aus eigener Initiative und den **uneingeschränkten Zugang zu allen einschlägigen Informationen**.[111] Die Zuordnung weiterer Befugnisse zu dem Inhaber der Compliance-Funktion bleibt im Rahmen der unternehmerischen (Organisations-)Freiheit im Versicherungsaufsichtsrecht und der versicherungsaufsichtsrechtlichen Vorgaben den einzelnen Versicherungsunternehmen überlassen.

81 **g) Inhaber der Compliance-Funktion.** Den Inhaber der Compliance-Funktion, der oft auch als **Compliance Officer** bezeichnet wird,[112] betreffen einige versicherungsaufsichtsrechtliche Vorgaben. Zunächst unterliegt er der **Fit-and-proper-Aufsicht** der BaFin nach § 24 VAG.[113] Aufgrund der hohen Anforderungen an den Inhaber der Compliance-Funktion ist als fachliche Eignung grundsätzlich eine abgeschlossene, d. h. **volljuristische Ausbildung** erforderlich.[114]

82 Sodann ist schon die **Absicht eines Versicherungsunternehmens** und nicht erst deren Vollzug, eine Person als **Inhaber der Compliance-Funktion zu bestellen**, nach § 47 Nr. 1 VAG, der allerdings mit Art. 42 Abs. 2 Solva II-RL unvereinbar ist, der **BaFin anzuzeigen**.[115]

83 Schließlich unterliegt der Inhaber der Compliance-Funktion unter bestimmten Voraussetzungen **aufsichtsbehördlichen Eingriffen** wie einem Abberufungsverlangen der BaFin nach § 303 Abs. 2 VAG.[116]

---

108 *Bürkle* in: Düsseldorfer Vorträge zum Versicherungsrecht 2010, S. 1, 18 f. fordert dagegen eine angesichts des jeweiligen Aufgabenbereichs nicht mögliche strikte „Trennung".

109 Vgl. ausf. § 30 VAG Rn. 18 ff.

110 Vgl. ausf. zum Ganzen *Dreher* FS E. Lorenz, 119 ff.; im Ergebnis ebenso *Sandmann* CCZ 2015, 70, 73; *Reese/Ronge* VersR 2011, 1217, 1232; *Hemeling* CCZ 2010, 21, 23; *Bürkle* CCZ 2008, 50, 53 und schon *Dreher* VersR 2008, 998, 1004.

111 Vgl. dazu näher § 26 VAG Rn. 166 ff.

112 Vgl. zu dessen Stellung, Rechten und Pflichten ausf. *Bürkle* in: Bürkle/Hauschka (Hrsg.), § 1 und § 13; *Bürkle* in: Hauschka/Moosmayer/Lösler (Hrsg.), § 36.

113 Vgl. ausf. § 24 VAG Rn. 36 ff., 56 f., 69 ff.

114 Ausf. § 24 VAG Rn. 71.

115 Vgl. Einl. Rn. 104.

116 Vgl. ausf. zum Ganzen *Bürkle* in: Bürkle/Hauschka (Hrsg.), § 13 Rn. 84 ff.

h) Unternehmensinterne Compliance-Leitlinien. Nach § 23 Abs. 3 S. 2, 29 Abs. 4 VAG und damit auch den entsprechenden Vorgaben in der Solva II-RL bedarf es bei jedem Versicherungsunternehmen unternehmensinterner IKS-Leitlinien. Obwohl davon die Compliance-Funktion umfasst ist, geht Art. 270 Abs. 1 S. 1 Solva II-VO davon aus, dass die Compliance-Funktion „**Compliance-Leitlinien**" ausarbeitet.[117] 84

Anders als bei den Risikomanagementleitlinien[118] gibt es für den **Inhalt** der Compliance-Leitlinien nur eine kurze Regelung in Art. 270 Abs. 1 S. 2 Solva II-VO. Danach „werden Zuständigkeiten, Befugnisse und Berichtspflichten[119] der Compliance-Funktion festgelegt." Dies entspricht den allgemeinen Anforderungen an den Inhalt von unternehmensinternen Leitlinien,[120] die auch für Compliance-Leitlinien gelten. Inhalt und Ausformung der unternehmensinternen Compliance-Leitlinien[121] sind daher im Rahmen dieser versicherungsaufsichtsrechtlichen Vorgaben zu einem großen Teil der Gestaltungsmacht der Versicherungsunternehmen überlassen.[122] Dabei ist es nach Art. 270 Abs. 1 S. 1 Solva II-VO i. V. m. § 23 Abs. 3 S. 3 VAG Aufgabe der Compliance-Funktion, zur Verabschiedung durch den Vorstand einen Entwurf der unternehmensinternen Compliance-Leitlinien zu erarbeiten und für deren jährliche Überprüfung zu sorgen. Themen aller Compliance-Leitlinien sind dabei immer die Instrumente der Compliance-Tätigkeit, die sich begrifflich in der Trias von Instruktion, präventiver Kontrolle – einschließlich Beratung – und repressiver Sanktionierung zusammenfassen lassen.[123] Gleiches gilt für die Schnittstellen zu den anderen Schlüsselfunktionen. 85

i) Compliance-Plan. Art. 270 Abs. 1 S. 1 und 3 Solva II-VO weist der Compliance-Funktion weiter die Aufgabe zu, einen **Compliance-Plan** auszuarbeiten. Darin „werden die geplanten Tätigkeiten der Compliance-Funktion dargelegt, wobei alle relevanten Tätigkeitsbereiche der Versicherungs- und Rückversicherungsunternehmen sowie ihr Compliance-Risiko berücksichtigt werden." Nr. 94 **MaGo** führt in Wiederholung von Art. 270 Abs. 1 S. 1 Solva II-VO aus, dass der Compliance-Plan „alle relevanten Geschäftsbereiche" berücksichtigt. Zu der „Auswahl der Aktivitäten" ist zutreffend das Kriterium der Risikoorientierung angeführt.[124] Hinzu kommt die ebenfalls selbstverständliche Pflicht, „die Aktualität des Compliance-Planes regelmäßig zu überprüfen". 86

Anders als bei der internen Revisionsfunktion nach Art. 271 Abs. 3 S. 1 lit. a Solva II-VO gibt es versicherungsaufsichtsrechtlich bei der Compliance-Funktion **keinen mehrjährigen Compliance-Plan**. Eine solche mehrjährige Planung kann aber insbesondere bei großen Unternehmen und einem entsprechenden Überwachungsuniversum auf freiwilliger Grundlage sinnvoll sein. 87

Der **Planungshorizont** für den Compliance-Plan ist, wie bei Planungen von Überwachungsmaßnahmen üblich, grundsätzlich ein **Jahreszeitraum.** 88

Vor dem Hintergrund hat die **Compliance-Funktion einen erheblichen Freiraum** in der Planung ihrer Tätigkeit, der aber durch das Kriterium des Risikobezugs und innerhalb der **Risikoorientierung** durch den **Wesentlichkeitsgrundsatz** versicherungsaufsichtsrechtlich zielgerichtet gelenkt wird. 89

Zuständig für die **Verabschiedung des Compliance-Plans** ist der **Vorstand**. Dies folgt schon aus der unternehmensinternen Rollenverteilung. Nach ihr arbeitet die Compliance-Funktion gemäß Art. 270 Abs. 1 S. 1 Solva II-VO einen Compliance-Plan aus und der Vorstand hat gemäß Art. 40 Solva II-RL die „letztendliche Verantwortung für die Einhaltung der gemäß dieser Richtlinie erlassenen Rechts- und Verwaltungsvorschriften durch das betreffende Unternehmen". Art. 268 Abs. 1 S. 2 Solva II-VO bekräftigt dies wie folgt ausdrücklich für die Schlüsselfunktionen und damit auch für die Compliance-Funktion: „Jede Funktion untersteht letztlich der Verantwortung des VMAO". Dies alles wiederholt nur deklaratorisch gesellschaftsrechtlich ohnehin zwingende Vorgaben. 90

j) Compliance-Bericht. Wie alle anderen Schlüsselfunktionen ist auch die Compliance-Funktion nach Art. 268 Abs. 1 S. 2 Solva II-VO dem VMAO, in concreto also dem Vorstand, „berichtspflichtig". Diese Berichtspflicht erfüllt die Compliance-Funktion durch die Vorlage des zumindest **jährlichen Compliance-Berichts**. Hinzu kommt gegebenenfalls eine Compliance-bezogene **Ad-hoc-Berichterstattung**, zu der die Compliance-Funktion nach Art. 268 Abs. 3 Solva II-VO „zu jedem in ihrem Zuständigkeitsbereich auftretenden größeren Problem" verpflichtet ist. 91

Nach Nr. 95 S. 1 **MaGo** „berichtet" die Compliance-Funktion „der gesamten Geschäftsleitung regelmäßig über aktuelle Compliance-Themen. Dazu erstellt sie in angemessenen Zeitabständen, mindestens jährlich, einen Bericht." Den Inhalt des Compliance-Berichts sieht Nr. 96 MaGo wie folgt: 92

117 So in Ersetzung des Begriffs „Compliance-Politik" die berichtigende DVO (EU) 2016/2282 ABl. EU 2016 Nr. L 346, 111 ff.
118 Vgl. dazu § 26 VAG Rn. 96 ff.
119 Wesentlich sind auch Berichtsrechte der Compliance-Funktion, d. h. entsprechende Informationspflichten anderer Funktionen oder des Vorstands gegenüber der Compliance-Funktion, vgl. Nr. 1.34. EIOPA-LL 38 Governance.
120 Vgl. § 23 VAG Rn. 99 ff., 107, 111 f.
121 Speziell dazu *GDV* Hilfestellung zur Compliance-Organisation unter Solvency II, S. 7 ff.
122 So schon *Dreher* VersR 2013, 929, 933.
123 Vgl. dazu z. B. *Dreher* VersR 2004, 1, 5 ff.; *Dreher* ZWeR 2004, 75, 93 ff.; *Dreher* in: Krieger/Schneider (Hrsg.), § 35 Rn. 62 ff.; *Moosmayer* Compliance, S. 33 ff.; *Bürkle* in: Bürkle (Hrsg.), § 2 Rn. 34.
124 Vgl. dazu unten Rn. 102 ff.

„Der Bericht erläutert zumindest die wesentlichen Compliance-Risiken und die diese Risiken mindernden Maßnahmen und gibt der Geschäftsleitung einen Überblick über die Angemessenheit und Wirksamkeit der implementierten Verfahren zur Einhaltung der externen Anforderungen."

93 **Inhalt und Form** der Compliance-Berichte richten sich nach ihrer Funktion. Für Ad-hoc-Berichte können daher reduzierte Anforderungen gelten. Die Jahresberichte jedenfalls müssen inhaltlich umfassend und formal aussagekräftig sein. Vor dem Hintergrund ist der Entscheidung des öBVwG zu dem bankaufsichtsrechtlichen Compliance-Jahresbericht[125] auch für das Versicherungsaufsichtsrecht zuzustimmen, dass diesen Anforderungen eine Power-Point-Präsentation nicht entspricht.

94 **k) Dokumentationspflicht.** Zu einer ordnungsgemäßen Geschäftsorganisation gehört nach Art. 258 Abs. 1 lit. i Solva II-VO und § 23 Abs. 5 VAG auch die Dokumentation der Tätigkeiten und Organisation. Über die Compliance-Leitlinien, den Compliance-Plan und die Compliance-Berichte hinaus muss daher auch die Compliance-Funktion **Aufzeichnungen über wesentliche Tätigkeiten und Entscheidungen** führen. Dafür gelten die allgemeinen versicherungsaufsichtsrechtlichen Anforderungen an die Dokumentationspflichten.[126]

95 **l) Compliance und Strafrecht. Compliance und Strafrecht** haben **etliche Berührungspunkte**. Dazu muss es im vorliegenden Zusammenhang genügen, Themen zu benennen und weiterführende Hinweise zu geben.

96 Eine erhebliche Unruhe bei Compliance-Beauftragten hat unabhängig vom Versicherungsaufsichtsrecht ein strafrechtliches Urteil des BGH aus dem Jahr 2009 zur **strafrechtlichen Garantenstellung des Compliance Officers** in Unternehmen ausgelöst.[127] Der BGH hat für den Leiter der Innenrevision einer wirtschaftlich tätigen Anstalt des öffentlichen Rechts die Verurteilung zu einer Geldstrafe aufrechterhalten und dabei eine Garantenpflicht bejaht, betrügerische Abrechnungen abzuwehren. In diesem Zusammenhang verweist er ausdrücklich auf „Compliance Officers" und den von diesen „übernommenen Aufgabenbereich". Zwar hat er eine Garantenstellung des Leiters der internen Revision als „zweifelhaft" bezeichnet, eine solche des Compliance Officers aufgrund der Aufgabe, Rechtsverstöße – und damit insbesondere auch Straftaten aus dem Unternehmen heraus – zu verhindern, grundsätzlich bejaht.

97 Hinzu kommt die bereits sub specie des IKS und damit auch der Compliance-Verantwortung des Vorstands angesprochene Frage einer möglichen **strafrechtlichen Untreue bei Verletzung von versicherungsaufsichtsrechtlichen Unternehmensorganisationspflichten**.[128]

98 **m) Compliance in Versicherungsgruppen.** Eine noch **ungeklärte Frage** ist, wie eine **übergreifende Compliance** auf der Ebene einer **Versicherungsgruppe** erfolgen kann. § 275 Abs. 1 S. 2 VAG bezieht sich nämlich ausdrücklich auf das IKS nach § 29 VAG und damit auch auf die Compliance-Funktion. Dies gilt ebenso für EIOPA-LL 38 Governance mit der Betonung der gruppeninternen Umsetzung des IKS insgesamt.

99 Eine gruppenweite Compliance stößt allerdings auf dieselben **Divergenzen von versicherungsaufsichtsrechtlichem Sollen und gesellschafts- bzw. konzernrechtlichem Können** wie die Forderung nach einem RMS auf Gruppenebene.[129] Zu diesen versicherungsaufsichtsrechtlichen Fragen kommen zahlreiche weitere hinzu, die sich auch im Rahmen der intensiven Debatte um eine konzernweite Compliance bei Unternehmen außerhalb der Versicherungswirtschaft stellen.[130]

100 **4. Rechtsrahmen der Aufgabenerfüllung. a) Hierarchisierung der Aufgaben der Compliance-Funktion.** Art. 46 Abs. 1 UAbs. 2 Solva II-RL – ebenso § 29 Abs. 1 VAG – kennt **nur eine zentrale Aufgabe der Compliance-Funktion**, nämlich die „Überwachung der Einhaltung der Anforderungen", d. h. die **allgemeine rechtliche Überwachung**. Erst in Abs. 2 nennt die Richtlinie beispielhaft konkretisierend drei Teilaufgaben mit den Worten „zur Compliance-Funktion zählt auch" bzw. „umfasst ebenfalls". § 29 VAG vollzieht dies ebenfalls in einem eigenen Abs. 2 mit folgenden Worten nach: „Zu den Aufgaben der Compliance-Funktion gehört" bzw. „außerdem hat die Compliance-Funktion".[131] Art. 46 Solva II-RL und ihm folgend § 29 VAG **hierarchisieren** also schon nach ihrem Wortlaut die Aufgaben der Compliance-Funktion in die zentrale Aufgabe der allgemeinen rechtlichen Überwachung und die drei exemplarisch genannten Aufgabenteile **Vorstandsberatung, Beur-**

[125] *öBVwG* Entsch. v. 1.3.2016 – W172 2017198-1/12E, ZFR 2016, 508.
[126] Vgl. dazu § 23 VAG Rn. 135 ff.
[127] BGH Urt. v. 17.7.2009 – 5 StR 394/08 Rn. 25, VersR 2010, 483 = NJW 2009, 3173 – Berliner Stadtreinigung; vgl. dazu z. B. *Bürkle* CCZ 2010, 4 ff.; *Ransiek* AG 2010, 147 ff.; *Rönnau/Schneider* ZIP 2010, 53 ff.; *Raum* CCZ 2012, 197 ff.
[128] Siehe oben Rn. 24.
[129] Vgl. dazu mit zahlreichen Nachweisen § 26 VAG Rn. 45 und speziell zu Compliance *Schaaf*, S. 271 ff.; *Mutter/Kruchen* in: Bürkle (Hrsg.) Compliance in Versicherungsunternehmen, § 3; *Sandmann* CCZ 2015, 70, 75 f.
[130] Vgl. z. B. *Dreher* ZWeR 2004, 75, 101 ff.; *Fleischer* CCZ 2008, 1 ff.; *Schneider* NZG 2009, 1321 ff.; *Koch* WM 2009, 1013 ff.; *Verse* ZHR 175 (2011), 401 ff.
[131] Vgl. auch VAG-RegE 2014 BT-Drs. 18/2956, 245 zu § 29: „Die Compliance-Funktion hat nach Absatz 2 neben der sich aus Absatz 1 ergebenden Überwachungsaufgabe auch (…)".

teilung von Rechtsänderungsrisiken und Beurteilung des Compliance-Risikos. Art. 270 Abs. 2 Solva II-VO nennt über die zuvor bereits angesprochenen Aufgaben der Compliance-Funktion zur Vorlage von Compliance-Leitlinien sowie von Compliance-Plänen und zur Compliance-Berichterstattung nach Art. 270 Abs. 1 und 268 Solva II-VO hinaus[132] sub specie der Teilaufgabe Beurteilung des Compliance-Risikos noch „die Bewertung der Angemessenheit der vom Versicherungs- oder Rückversicherungsunternehmen getroffenen Maßnahmen zur Verhinderung einer Non-Compliance". Dies entspricht dem nicht erschöpfenden Regelungscharakter der IKS-Aufgaben nach Art. 46 Abs. 1 UAbs. 2 Solva II-RL, der in dem Wort „zumindest" zum Ausdruck kommt.[133]

Diese **Hierarchisierung** der Aufgaben der Compliance-Funktion schon nach dem Wortlaut von Art. 46 Solva II-RL und § 29 VAG hat bisher keine ausreichende Beachtung gefunden, obwohl sie für die Tätigkeit der versicherungsaufsichtsrechtlichen Compliance-Funktion auch **erhebliche praktische Bedeutung** z. B. im Hinblick auf eine Aufgabenpriorisierung hat.[134] Stattdessen tradiert die Literatur unkritisch eine frühe, unterschiedslose Benennung von „vier Teilfunktionen" der Compliance-Funktion.[135] 101

b) Risikoorientierung der Aufgaben. Für die Aktivitäten der Compliance-Funktion gilt das Kriterium der **Risikoorientierung.**[136] Sie liegt den Solvency II-Regelungen und dem VAG insgesamt zugrunde.[137] Die Risikoorientierung ist daher Gegenstand des gesamten Governance-Systems einschließlich z. B. der Regelungen zur Fit-and-proper-Aufsicht[138] und zur Vergütung.[139] Sie gilt auch für das IKS insgesamt[140] und alle Schlüsselfunktionen. § 29 Abs. 2 S. 2 VAG weist der Compliance-Funktion daher als Teil ihrer Aufgabe ausdrücklich die Identifizierung und Beurteilung des Compliance-Risikos zu. Nr. 94 S. 3 MaGo geht vor dem Hintergrund zutreffend davon aus, dass die Compliance-Funktion ihre Aktivitäten auf der Grundlage eines Compliance-Plans vornimmt und „die Auswahl der Aktivitäten risikoorientiert" erfolgt. Eine ordnungsgemäße Umsetzung der Risikoorientierung bei der Wahrnehmung der Compliance-Aufgabe setzt daher eine **Risikoanalyse** voraus.[141] 102

Für die Compliance-Funktion bedeutet die Risikoorientierung zunächst, dass bereits die **Organisation, Ausgestaltung und Ausstattung der Compliance-Funktion selbst risikoorientiert** erfolgen muss. Die strukturell-organisatorischen Maßnahmen zu der Compliance-Funktion müssen der Risikoexponiertheit des Versicherungsunternehmens im Hinblick auf Compliance-Risiken entsprechen. 103

Sodann müssen aber auch – in Übereinstimmung mit der zuvor angeführten MaGo – die konkreten Aktivitäten der Compliance-Funktion risikoorientiert erfolgen. Dies bedeutet, dass die Compliance-Funktion einen **risikoorientierten Compliance-Plan** vorlegt, **risikoorientiert prüft** und **risikoorientiert beobachtet, bewertet, berichtet und berät.** 104

c) Keine Aufgabenkonkretisierung durch den Wesentlichkeitsgrundsatz. Der Grundsatz der **Wesentlichkeit** oder der **Materialität** gehört zu den versicherungsaufsichtsrechtlichen Grundsätzen im Solvency II-System. Seine Reichweite ist allerdings dadurch beschränkt, dass er nach der Solva II-RL und der Solva II-VO nur punktuell aufgrund bestimmter versicherungsaufsichtsrechtlicher Tatbestände und nicht generell gilt. Daher bildet er **keine versicherungsaufsichtsrechtliche Querschnittsklausel.**[142] 105

Anders als z. B. für das RMS enthält die Solva II-VO in Bezug auf das IKS insgesamt in Art. 266 und auf die Compliance-Funktion in Art. 270 keinen Verweis auf den Wesentlichkeitsgrundsatz. Er beschränkt daher die Aufgabe der Compliance-Funktion nicht generell, sondern nur **punktuell.**[143] Voraussetzung ist, dass das Versicherungsaufsichtsrecht die Wesentlichkeit zum Tatbestand einer versicherungsaufsichtsrechtlichen Pflicht erklärt[144] und es zu Pflichtverletzungen kommt oder kommen kann. In 106

---

[132] Vgl. oben Rn. 84 f., 86 f. und 91 f.

[133] Der Wortlaut von Art. 46 Solva II-RL in anderen Sprachfassungen bestätigt den Mindestregelungscharakter, vgl. *Dreher* VersR 2013, 929, 935; dennoch a. A. *Bürkle* in Bürkle (Hrsg.): Compliance in Versicherungsunternehmen, § 2 Rn. 118.

[134] Vgl. *Dreher* VersR 2013, 929, 935; *Bürkle* in: Bürkle (Hrsg.) Compliance in Versicherungsunternehmen, § 2 Rn. 116.

[135] Die Benennung von „vier Teilfunktionen" geht zurück auf vielfache entsprechende Veröffentlichungen von *Bürkle*, vgl. z. B. *Bürkle* in: Bürkle (Hrsg.) Compliance in Versicherungsunternehmen, § 2 Rn. 100 ff., 119 ff.; *Bürkle* in: Düsseldorfer Vorträge zum Versicherungsrecht 2010, S. 1, 16; *Bürkle* CCZ 2012, 220, 222; *Bürkle* Versicherungsrundschau 1–2/2012, 45, 49; dem folgend z. B. *Korinek/Schadler-Liebl* Versicherungsrundschau 9/2011, 30, 32 ff.; *Wolf* VersR 2013, 678, 680.

[136] Vgl. schon *Dreher* VersR 2013, 929, 936.

[137] Vgl. ausf. Einl. Rn. 113 ff.

[138] Vgl. § 24 VAG Rn. 23 ff., 62.

[139] Vgl. § 25 VAG Rn. 17 und 59 f.

[140] Vgl. oben Rn. 20 und 48.

[141] So auch *Bürkle* in: Bürkle (Hrsg.) Compliance in Versicherungsunternehmen, § 2 Rn. 114 im Zusammenhang mit der Beurteilung des Compliance-Risikos durch die Compliance-Funktion und allgemein schon *Schaaf*, S. 135 ff. sowie ohne Bezug zur Versicherungswirtschaft *Moosmayer*, S. 25 ff.

[142] Vgl. ausf. Einl. Rn. 135.

[143] Vgl. schon Einl. Rn. 135 und ausf. *Dreher* VersR 2013, 929, 935 f.

[144] Vgl. z. B. Einl. Rn. 133 ff.

einem solchen Fall liegt auch ein Compliance-Risiko nur vor, wenn bei der – u. U. lediglich potentiellen – Pflichtverletzung das Wesentlichkeitskriterium des entsprechenden Tatbestands erfüllt ist.

107 Obwohl also der Wesentlichkeitsgrundsatz die Aktivitäten der Compliance-Funktion nicht generell begrenzt, wird er immer wieder in diesem Sinne angeführt. Als Beispiel dienen Nr. 88 S. 1 und 89 S. 3 MaGo, die im Compliance-Bereich nur auf „wesentliche Risiken" abstellen wollen. Dies beruht wie bei entsprechenden Äußerungen in der Literatur[145] auf einer fehlenden Trennung des Wesentlichkeits- und des Verhältnismäßigkeitsgrundsatzes.[146] Dabei wird auch übersehen, dass eine solche **Überdehnung des Wesentlichkeitsgrundsatzes nicht nur rechtlich unzulässig, sondern auch tatsächlich unnötig** ist. Denn eine sachgerechte Eingrenzung der Aktivitäten der Compliance-Funktion ergibt sich unproblematisch außer aus dem bereits angeführten Grundsatz der Risikoorientierung aus dem im Folgenden anzusprechenden, rechtlich eigenständigen Grundsatz der Verhältnismäßigkeit. Dies gilt gerade für die Beispiele, die Praktiker aus der Versicherungswirtschaft[147] oft perhorreszieren. Danach solle sich die Compliance-Funktion im Hinblick auf eine angeblich uneingeschränkte Geltung des Legalitätsprinzips wohl auch noch z. B. um Hygienevorschriften in der Kantine kümmern müssen.[148]

108 **d) Aufgabenkonkretisierung durch den Verhältnismäßigkeitsgrundsatz.** Zwar bietet der Wesentlichkeitsgrundsatz keinen Anhalt zu einer allgemeinen **sachgerechten Eingrenzung der Aufgaben der Compliance-Funktion**. Diesem Zweck dient aber der **Grundsatz der Verhältnismäßigkeit oder Proportionalität**. Er bildet nämlich eine versicherungsaufsichtsrechtliche Querschnittsklausel.[149] Sie gilt infolgedessen ohne weiteres auch für die Aktivitäten der Compliance-Funktion.[150]

109 Nach § 23 Abs. 1 S. 1 VAG und Art. 41 Abs. 2 Solva II-RL muss das Governance-System eines Versicherungsunternehmens insgesamt der Art, dem Umfang und der Komplexität seiner Tätigkeiten angemessen sein. Dies gilt auch für die Compliance-Funktion und ihre Tätigkeiten. Konkrete Folge der Geltung des Grundsatzes der Verhältnismäßigkeit für die Compliance-Funktion ist daher, dass deren **Aktivitäten in sachlicher, räumlicher und zeitlicher Hinsicht unternehmensindividuell anhand der Kriterien Eignung, Erforderlichkeit und Angemessenheit zu konkretisieren** sind. Dies bedeutet, dass sie in Breite und Tiefe nicht nur dem Grundsatz der Risikoorientierung, sondern auch dem Grundsatz der Verhältnismäßigkeit genügen müssen. Infolgedessen sind sie entsprechend zu hierarchisieren oder mit anderen Worten zu priorisieren und bei einem entsprechenden Teilrisikoprofil – so auch Nr. 233 BaFin-MaGo für das IKS insgesamt – zu intensivieren oder zurückzunehmen.[151]

110 **e) Aufgabenerfüllung und Compliance-Fachstandards.** Wie zu den Aktivitäten aller Schlüsselfunktionen gibt es auch zu denjenigen einer Compliance-Funktion **rechtlich unverbindliche Standards, Best Practices oder Modelle von Fachgremien**.[152] Für die Praxis der Versicherungsunternehmen von besonderem Interesse ist dabei der Leitfaden des GDV vom Oktober 2014 zu „Compliance im Erst- und Rückversicherungsunternehmen".[153]

111 Für derartige Fachstandards gelten bei der Compliance-Funktion aus rechtlicher Sicht die schon zu Fachstandards für das IKS allgemein[154] und für die URCF[155] ausführlich dargelegten Grundsätze. Dazu gehört aus aufsichts- und gesellschaftsrechtlicher Sicht vor allem der Grundsatz der **Methodenneutralität**. Standards von Fachgremien zählen danach lediglich bei Grundlagenentscheidungen zur Compliance aus allgemeiner gesellschaftsrechtlicher Sicht im Falle entsprechender Branchenbedeutung zu den Grundlagen angemessener Informationen. Allerdings reflektieren derartige Standards die rechtlichen sowie insbesondere die versicherungsaufsichtsrechtlichen Anforderungen regelmäßig nicht[156] und verbietet sich schon aufgrund der Europäisierung des Versicherungsaufsichtsrechts die Bindung an rein nationale Fachstandards. Hinzu kommt die fehlende Individualisierung in Bezug auf das jeweilige Versicherungsunternehmen.[157] Aus versicherungsaufsichtsrechtlicher Sicht haben derartige Standards daher **lediglich Anregungscharakter**.

---

[145] So z. B. *Reese/Ronge* VersR 2011, 1217, 1221.
[146] Vgl. pars pro toto *S. Saria* Versicherungsrundschau 11/2011, 21, 24: „Wesentlichkeitsgrundsatz, der (…) als Ausprägung des Verhältnismäßigkeitsgrundsatzes Anspruch auf Allgemeingeltung erhebt."
[147] Vgl. z. B. *Hemeling* ZHR 175 (2011), S. 368, 369 ff.
[148] Vgl. dazu schon *Dreher* VersR 2013, 929, 935 f.
[149] Vgl. ausf. Einl. Rn. 124 ff.
[150] Ausf. *Dreher* VersR 2013, 929, 936.
[151] *Dreher* VersR 2013, 929, 936; *Bürkle* in: Bürkle (Hrsg.) Compliance in Versicherungsunternehmen, § 2 Rn. 103.
[152] Vgl. dazu die Übersicht z. B. bei *Bürkle* in: Bürkle (Hrsg.) Compliance in Versicherungsunternehmen, § 2 Rn. 20 ff.
[153] Vgl. z. B. aber auch *KPMG* (Hrsg.) Das wirksame Compliance- Management-System 2014 und *Bay/Hastenrath* Compliance-Management-Systeme 2014.
[154] Siehe oben Rn. 13 ff.
[155] Vgl. § 26 VAG Rn. 15 und 139 ff.
[156] Vgl. speziell zu Compliance-Standards *Dreher/Hoffmann* ZGR 2016, 445, 452, 454, 463, 467 ff., 494.
[157] So auch *Bürkle* in: Bürkle (Hrsg.) Compliance in Versicherungsunternehmen, § 2 Rn. 22.

5. Allgemeine rechtliche Überwachung als Zentralaufgabe der Compliance-Funktion (Abs. 1). a) Rechtliche Anforderungen als Überwachungsgegenstand. Wie zuvor ausgeführt, hierarchisiert das Versicherungsaufsichtsrecht die Aufgaben der Compliance-Funktion in dem Sinn, dass sie eine Zentralaufgabe hat, nämlich die der allgemeinen rechtlichen Überwachung.[158] Ihr **Gegenstand** ist die **Überwachung der rechtlichen Anforderungen generell**. Auch wenn das Versicherungsaufsichtsrecht dabei einen besonders hohen Stellenwert hat, ist die Überwachungsaufgabe **nicht auf das Versicherungsaufsichtsrecht beschränkt**. Vielmehr geht es um die Einhaltung der rechtlichen Anforderungen an ein Versicherungsunternehmen insgesamt.[159] 112

Das **Ergebnis** der gegenständlich grundsätzlich nicht beschränkten Überwachungsaufgabe der Compliance-Funktion im Hinblick auf rechtliche Anforderungen **folgt aus dem Wortlaut der Solva II-RL und der Solva II-VO**: Art. 46 Abs. 1 UAbs. 2 Solva II-RL, die zentrale Regelung zur Aufgabe der Compliance-Funktion, enthält in den Richtlinienfassungen anderer Amtssprachen wie in der deutschsprachigen Fassung keine gegenständliche Beschränkung. Weiter wird die Benennung der drei exemplarischen Teilaufgaben der Compliance-Funktion in Art. 46 Abs. 2 S. 1 Solva II-RL eingeleitet durch die Worte „zählt auch", was einer Beschränkung der Überwachungsaufgabe auf das Versicherungsaufsichtsrecht ebenso entgegensteht.[160] Gleiches gilt für die Fortführung der Teilaufgaben in Abs. 2 S. 2 mit den Worten „umfasst ebenfalls". Sodann spricht Abs. 2 S. 2 ohne jede gegenständliche Beschränkung von dem „Rechtsumfeld" und den „rechtlichen Vorgaben". Ferner folgt das Ergebnis auch aus der rechtlichen Regelung des IKS insgesamt und stehen ihm die Formulierungen weder der Teilaufgabe der Vorstandsberatung in Art. 46 Abs. 2 S. 1 Solva II-RL noch der Letztverantwortung des Vorstands nach Art. 40 Solva II-RL entgegen.[161] Im Gegenteil fordert Art. 266 Solva II-VO für das IKS und damit für die Compliance-Funktion als dessen wesentliches Element ausdrücklich, dass es „die Einhaltung der geltenden Rechts- und Verwaltungsvorschriften" durch Versicherungs- und Rückversicherungsunternehmen gewährleistet. Ebenso benennt Art. 270 Abs. 2 Solva II-VO als Teilaufgabe der Compliance-Funktion „die Bewertung der Angemessenheit der vom Versicherungs- oder Rückversicherungsunternehmen getroffenen Maßnahmen zur Verhinderung einer Non-Compliance", ohne dies gegenständlich zu begrenzen. 113

Der Ausgangspunkt der Solva II-RL und der Solva II-VO, dass alle kontrollfähigen rechtlichen Anforderungen auch kontrollpflichtig sind, bedeutet **keine Überforderung der Compliance-Funktion**. Dafür sorgen die **Grundsätze der Risikoorientierung und der Verhältnismäßigkeit**.[162] Sie ermöglichen eine zielgerichtete Fokussierung der Aktivitäten der Compliance-Funktion. Damit stehen sie der in der Praxis zunächst vielfach befürchteten Hypertrophie der versicherungsaufsichtsrechtlichen Compliance bei einer Einbeziehung aller rechtlichen Anforderungen[163] entgegen. 114

In der Literatur wird vertreten, dass Rechtsnormen, die auf europäischer oder deutscher Ebene nicht formell und materiell rechtmäßig, also z. B. überschießend sind, nicht zu dem **compliancerelevanten Rechtsumfeld** zählen.[164] Die Ausklammerung solcher, von einer Compliance-Funktion für rechtswidrig gehaltener Vorschriften aus dem Aufgabenfeld der allgemeinen rechtlichen Überwachung durch die Compliance-Funktion erscheint aber nicht ratsam: Daraus ergäbe sich wegen des vor einer endgültigen gerichtlichen Verwerfung einer Norm als rechtswidrig – z. B. wegen ihres überschießenden Charakters bei der Umsetzung von Europarecht – bestehen bleibenden Befolgungsgebots ein hohes Compliance- und damit auch Haftungsrisiko. Die Verwerfungskompetenz liegt nämlich ausschließlich bei den zuständigen Gerichten, im Falle europarechtlich unzulässigen Sekundär- oder Tertiärrechts sogar ausschließlich bei dem EuGH. 115

Nr. 88 S. 2 **MaGo** stellt mit Bezug auf die Risikoorientierung der Tätigkeiten der Compliance-Funktion darauf ab, dass die Überwachung „zumindest die für den Betrieb des Versicherungsgeschäfts geltenden Gesetze, Verordnungen und aufsichtsbehördlichen Anordnungen" umfasst. Diese ohnehin unverbindliche Formulierung ist im Ergebnis nicht nur insgesamt offen, sondern weist z. B. mit dem Gesellschaftsrecht, dem UWG und dem GWB sowie dem Zivil- und dem Versicherungsvertragsrecht schon selbst weit über den Bereich des Versicherungsaufsichtsrechts hinaus. Und vor allem definiert Nr. 86 als Einleitungssatz zur Compliance-Funktion die „externen Anforderungen" als die „zu beachtenden Gesetze und Verordnungen, aufsichtsbehördlichen Anforderungen sowie sonstigen externen Vorgaben und Standards". Zumindest die nicht näher charakterisierten „Standards" haben allerdings 116

---

158 Siehe oben Rn. 100.

159 Ausf. *Dreher* VersR 2013, 929, 937 ff.; *Dreher* FS E. Lorenz, 119, 122; im Ergebnis ebenso z. B. *Heukamp* § 3 Rn. 64; *Ballmaier*, 4. Teil D. III. 1. a); *Korinek/Schadler-Liebl* Versicherungsrundschau 9/2011, 30, 34; *S. Saria* Versicherungsrundschau 11/2011, 21, 29; *Reese/Ronge* VersR 2011, 1217, 1224 und schon *Schaaf*, S. 20, 131 f.; a. A. *Bürkle* Düsseldorfer Vorträge zum Versicherungsrecht 2010, S. 1, 5, 14; *Bürkle* Versicherungsrundschau 1–2/2012, 45, 48; *Bürkle* in: Bürkle (Hrsg.) Compliance in Versicherungsunternehmen, § 2 Rn. 119.

160 Vgl. in dem Sinne auch die Begründung zu § 29 VAG-RegE 2014 BT-Drs. 18/2956, 245: „Die Compliance-Funktion hat nach Absatz 2 neben der sich aus Absatz 1 ergebenden Überwachungsaufgabe auch (…)."

161 Vgl. mit ausf. Begründung *Dreher* VersR 2013, 929, 937 f.

162 Siehe oben Rn. 102 ff., 108 ff.

163 Siehe oben Rn. 107.

164 So *Bürkle* FS 100 Jahre Hamburger Seminar für Versicherungswissenschaft 2016, 693, 698.

keine Rechtsverbindlichkeit und damit entgegen der BaFin auch keine Compliancerelevanz. Nach Nr. 92 S. 2 gehören zu dem Compliance-Risiko „alle Risiken, die aus der Nichteinhaltung externer Anforderungen resultieren". Eine gegenständliche Eingrenzung erfolgt also auch hier nicht.

117 Die **Frage der Reichweite** der allgemein-rechtlichen Überwachung durch die Compliance-Funktion ist **in vielen Zusammenhängen rechtlich erheblich**. Dies gilt außer für die Grundfrage nach der Aufgabenstellung der Compliance-Funktion z. B. für die Abgrenzung der versicherungsaufsichtsrechtlichen Compliance zu der gesellschaftsrechtlich erforderlichen Compliance, für die versicherungsaufsichtsrechtliche Compliance-Verantwortung des Vorstands und die entsprechende Überwachungsaufgabe des Aufsichtsrats, für die entsprechende Fit-and-proper-Aufsicht über die Organmitglieder und den Inhaber der Compliance-Funktion, für die Reichweite der Prüfung der Compliance-Funktion durch die URCF und die interne Revisionsfunktion sowie vor allem auch für die Reichweite der aufsichtsbehördlichen Überwachungsaufgabe in Bezug auf Compliance-Themen.[165]

118 Der **Begriff der Überwachung** ist bei der Zentralaufgabe der Compliance-Funktion wie beim Überwachungsbegriff des allgemeinen Gesellschaftsrechts[166] im Sinne einer auch in die Zukunft gerichteten Überwachung zu verstehen. Dies folgt allgemein aus dem „prospektiven Ansatz" der Beaufsichtigung nach Art. 29 Abs. 1 Solva II-RL – einer zu Unrecht im VAG nicht umgesetzten Regelung – und speziell bezogen auf die Compliance-Funktion aus den zukunftsgerichteten Teilaufgaben der Beratung und der Beurteilung von Rechtsänderungsrisiken. Überwachung bedeutet daher **nicht nur reaktiv-repressive Kontrolle**, sondern auch **präventiv-risikovermeidende Beobachtung und Bewertung**.

119 **b) Innenrecht als Überwachungsgegenstand.** Im allgemeinen Gesellschaftsrecht gibt es eine Ansicht, die nur staatlich gesetztes Recht für compliancefähig hält.[167] Obwohl diese Ansicht vereinzelt geblieben ist, geht die Begründung zu § 29 VAG für die versicherungsaufsichtsrechtliche Compliance von Folgendem aus: „Die Überwachungsaufgabe bezieht sich nicht auf die Einhaltung interner Vorgaben; diese Aufgabe ist der internen Revision zugewiesen. Zur Überwachung gehört aber, zu prüfen, ob die internen Vorgaben die Einhaltung der rechtlichen Vorgaben sicherstellen."[168] Damit würde das Innenrecht eines Versicherungsunternehmens z. B. in Form unternehmensinterner Leitlinien, Geschäftsordnungen, Richtlinien und Anweisungen weitgehend aus dem Aufgabenbereich der Compliance-Funktion herausgenommen. Bei dem Innenrecht der Unternehmen handelt es sich aber ebenfalls um rechtserhebliche Vorgaben. Dies zeigen schon ihre haftungsrechtlichen und arbeitsrechtlichen Implikationen in Bezug auf Organmitglieder und Mitarbeiter von Versicherungsunternehmen. **Aufgabe der Compliance-Funktion** ist es daher nach wohl allgemeiner Ansicht zur versicherungsaufsichtsrechtlichen Compliance, auch die **Einhaltung des Innenrechts der Versicherungsunternehmen zu überwachen.**[169]

120 **c) Allgemein-rechtliche Überwachung und sondergesetzliche Compliance.** Für bestimmte Aufgaben installiert der Gesetzgeber in Unternehmen sog. **Unternehmensbeauftragte**, die auch eine öffentlich-rechtliche Rechts- und Pflichtenstellung haben. Zwar ist der Inhaber der Compliance-Funktion kein solcher Unternehmensbeauftragter und hat die Compliance-Funktion lediglich die Rechtsnatur einer gesetzlich vorgeschriebenen sowie ausgestalteten Unternehmensfunktion.[170] Zum Beispiel mit dem **Geldwäschebeauftragten** nach §§ 2 Abs. 1 Nr. 4, 9 Abs. 2 Nr. 1 GwG i. V. m. § 53 Abs. 3 VAG und dem **Datenschutzbeauftragten** nach §§ 4f, 4g BDSG kümmern sich um die Einhaltung bestimmter rechtlicher Anforderungen aber auch in Versicherungsunternehmen derartige Unternehmensbeauftragte. Dies führt zu der Frage nach ihrem **Verhältnis zu der Compliance-Funktion** bei der Wahrnehmung der jeweiligen Aufgaben.

121 Eine **vereinzelt gebliebene Literaturansicht** will Rechtsbereiche, in denen Unternehmensbeauftragte tätig sind, von vorneherein **aus dem Aufgabenbereich der versicherungsaufsichtsrechtlichen Compliance-Funktion ausklammern.**[171] Dies **widerspricht** allerdings dem **Wortlaut, Ziel und System der versicherungsaufsichtsrechtlichen Compliance** nach der Solva II-RL und der

---

[165] Vgl. schon *Dreher* VersR 2013, 929, 939.

[166] Vgl. *BGH* Urt. v. 25.3.1991 – II ZR 188/89, BGHZ 114, 127 und – mit Versicherungsbezug – *Dreher/Häußler* ZGR 2011, 471, 474 f. zur Überwachungsaufgabe des Aufsichtsrats.

[167] *Hüffer* FS H. G. Roth, 299, 302 f.; anders z. B. schon Nr. 4.1.3 DCGK seit Juli 2007 sowie für das allgemeine Gesellschaftsrecht die ganz herrschende Meinung, z. B. *Dreher* FS Hüffer, 161, 174; *Dreher/Hoffmann* ZGR 2016, 455, 481 f.

[168] VAG-RegE 2014 BT-Drs. 18/2956, 245.

[169] Vgl. *Dreher* VersR 2013, 929, 939; *S. Saria* Versicherungsrundschau 11/2011, 21, 31; *Korinek/Schadler-Liebl* Versicherungsrundschau 9/2011, 30, 32; *Bürkle* in: Düsseldorfer Vorträge zum Versicherungsrecht 2010, S. 1, 14 und *Bürkle* in: Bürkle (Hrsg.) Compliance in Versicherungsunternehmen, § 2 Rn. 106, der sich mit der ausdrücklichen Einbeziehung der „internen Vorgaben" zugleich in Widerspruch zu seiner Ansicht setzt, bei den externen Vorgaben gehe es nur um solche aufsichtsrechtlicher Natur; die internen Vorgaben gehen nämlich weit über aufsichtsrechtliche Themen hinaus, wie schon die Beispiele kartellrechtlicher Compliance-Richtlinien und sog. Wohlverhaltensrichtlinien betreffend Geschenke und Einladungen zeigen.

[170] Vgl. oben Rn. 65 ff.

[171] *S. Saria* Versicherungsrundschau 11/2011, 21,34.

Solva II-VO. Sie enthalten, wie zuvor ausgeführt,[172] nämlich keine gegenständliche Eingrenzung und verfolgen das Ziel einer risikoorientierten sowie verhältnismäßigen Überwachung der rechtlichen Anforderungen an das Versicherungsunternehmen durch die Compliance-Funktion. Die Tatsache, dass der Gesetzgeber für einen Rechtsbereich hoheitlich geprägte Unternehmensbeauftragte in privatrechtlichen Versicherungsunternehmen installiert, zeigt gerade, dass es sich bei den Bereichen um – aus Compliance-Sicht – Hochrisikobereiche handelt. Sie aus dem Aufgabenbereich der Compliance-Funktion generell auszugliedern, wäre daher ziel- und systemwidrig.[173] Speziell für den Geldwäschebeauftragten kommt noch hinzu, dass dessen Tätigkeit mit §§ 52 ff. VAG im VAG normiert ist. Die Aufgabe der Compliance-Funktion, die rechtlichen Anforderungen zu überwachen, umfasst daher die Rechtsbereiche, in denen Unternehmensbeauftragte tätig sind. Auch nach Nr. 89 S. 2 MaGo führen „gesetzlich vorgeschriebene Unternehmensbeauftragte jedoch nicht dazu, dass die betreffenden Rechtsbereiche vollständig aus der System- und Organisationsverantwortung der Compliance-Funktion herausfallen."

Sofern **Unternehmensbeauftragte selbständig**, d. h. nicht in einer der Schlüsselfunktionen integriert **tätig** sind, kann sich die **Aufgabe der Compliance-Funktion** aufgrund einer unternehmensindividuellen Bewertung nach den Kriterien der Risikoorientierung und der Verhältnismäßigkeit grundsätzlich darauf beschränken, ob ein Unternehmensbeauftragter wie gesetzlich vorgesehen installiert ist, ob er den gesetzlichen Anforderungen entspricht und ihnen entsprechend tatsächlich tätig ist. Eine Doppelung der einzelnen Aktivitäten des Unternehmensbeauftragten ist danach also nicht erforderlich, soweit die entsprechende Plausibilisierungstätigkeit durch die Compliance-Funktion dazu keinen Anlass gibt. Dies folgt im Hinblick auf den Geldwäschebeauftragten auch aus der Vorprägung des Grundsatzes der Verhältnismäßigkeit durch §§ 35 Abs. 5 und 53 Abs. 4 VAG. Danach müssen der Abschlussprüfer und die interne Revision die Einhaltung seiner Pflichten jährlich prüfen. Soweit Nr. 89 S. 3 MaGo davon ausgeht, die Compliance-Funktion müsse bei Unternehmensbeauftragten „mindestens überwachen, ob die Unternehmensbeauftragten ihre gesetzlich vorgeschriebenen Aufgaben wahrnehmen", bleibt dies zu Unrecht hinter den vorstehend genannten Aufgaben der Compliance-Funktion im Verhältnis zu Unternehmensbeauftragten zurück. 122

Aus Gründen der Verhältnismäßigkeit oder aus anderen unternehmensinternen Überlegungen heraus kann es sich aber auch anbieten, die **Tätigkeit eines Unternehmensbeauftragten in** eine **Schlüsselfunktion** zu **integrieren**. In Bezug auf die Tätigkeit des Geldwäschebeauftragten scheidet die interne Revisionsfunktion dafür allerdings schon deshalb aus, weil sie die Erfüllung seiner Pflichten nach § 53 Abs. 4 VAG jährlich prüfen muss.[174] Für die Tätigkeit des Datenschutzbeauftragten kann aufgrund der Aufgabenstellung der internen Revisionsfunktion und ansonsten eintretender Interessenkonflikte nichts anderes gelten. 123

Unter anderem für die Tätigkeit des Geldwäschebeauftragten bietet es sich dagegen an, sie **mit** derjenigen der **Compliance-Funktion zusammenzulegen**.[175] Aufgrund der hierarchischen Stellung des Geldwäschebeauftragten in einem Versicherungsunternehmen nach § 53 Abs. 3 S. 1 VAG als „der Geschäftsleitung unmittelbar nachgeordnet" kann aber nur der Inhaber der Compliance-Funktion selbst – die Erfüllung aller anderen Voraussetzungen unterstellt – zugleich Geldwäschebeauftragter sein.[176] 124

6. Vorstandsberatung als Teilaufgabe (Abs. 2 S. 1). „Zu den Aufgaben der Compliance-Funktion gehört" nach § 29 Abs. 2 S. 1 VAG „die **Beratung des Vorstands** in Bezug auf die Einhaltung der Gesetze und Verwaltungsvorschriften, die für den Betrieb des Versicherungsgeschäfts gelten." Die Formulierung hierarchisiert diese Aufgabe in Übereinstimmung mit Art. 46 Solva II-RL im Verhältnis zu der zentralen Aufgabe der Compliance-Funktion, die in der allgemeinen rechtlichen Überwachung liegt.[177] Sie bildet daher nur einen ersten, explizit genannten **Teil der Gesamtaufgabe der Compliance-Funktion**. Damit konkretisiert der Gesetzgeber die allgemeine Compliance-Aufgabe, stellt ihr aber nicht eine gleichrangige Aufgabe gegenüber. 125

Im Ergebnis ist **Gegenstand der Vorstandsberatung** durch die Compliance-Funktion der Gegenstandsbereich der allgemeinen rechtlichen Überwachung, der sich darin spiegelt. Zwar bezieht sich die Vorstandsberatung nach Art. 46 Abs. 2 Solva II-RL „auf die Einhaltung der in Übereinstimmung mit dieser Richtlinie erlassenen Rechts- und Verwaltungsvorschriften". Schon § 29 Abs. 2 S. 1 VAG verbreitert dies mit der Bezugnahme auf Rechtsvorschriften, „die für den Betrieb des Versicherungsgeschäfts gelten":[178] Denn für den Betrieb des Versicherungsgeschäfts gelten außer den Vorschriften, die spezifisch ausschließlich das Versicherungsgeschäft betreffen, noch zahlreiche andere versicherungsunspezifische Vorschriften. Vor allem aber folgt dies aus der Formulierung „zählt auch" in Art. 46 Abs. 2 S. 1 126

[172] Siehe oben Rn. 100 ff.
[173] Vgl. weiter *Dreher* VersR 2013, 929, 940 mit dem zusätzlichen Einwand, dass ansonsten nicht einmal die Existenz eines gesetzlich vorgeschriebenen Unternehmensbeauftragten compliancefähig wäre.
[174] Vgl. § 53 VAG Rn. 44; *Gehrke* in: Bürkle (Hrsg.) Compliance in Versicherungsunternehmen, § 12 Rn. 189.
[175] So schon *Bürkle* BB 2007, 1797, 1798; *Bürkle* BB 2005, 565; vgl. auch § 53 VAG Rn. 44 und Rn. 14 f. zu der nicht zu vereinbarenden Zuordnung des Geldwäschebeauftragten zum RMS.
[176] Vgl. § 53 VAG Rn. 45.
[177] Vgl. oben Rn. 100.
[178] Nr. 90 S. 1 MaGo erschöpft sich in der Wiederholung dieser Aussage.

Solva II-RL. Darin liegt nämlich keine abschließende Benennung der Beratungsaufgabe der Compliance-Funktion im Hinblick auf die Adressaten und die Beratungsgegenstände. Der Solva II-RL geht es mit der Betonung des Versicherungsaufsichtsrechts in Art. 46 Abs. 2 S. 1 ebenso wie in Art. 40 Solva II-RL als Parallele naturgemäß primär um das Versicherungsaufsichtsrecht, das in ihrem Zentrum steht.[179] Es steht aber nur pars pro toto für die gesamthafte Beratungsaufgabe.[180]

127 Die Compliance-Funktion hat daher eine **Beratungsaufgabe** nicht nur gegenüber dem Vorstand, sondern **gegenüber allen Unternehmensmitarbeitern**, die im Aufgabenfeld der Compliance-Funktion tätig sind.[181] Nr. 90 S. 2 MaGo geht in Bezug auf die Beratung der Mitarbeiter durch die Compliance-Funktion von Folgendem aus: „Die Compliance-Funktion kann die Geschäftsleitung unter anderem dabei unterstützen, der Mitarbeiterschaft die Compliance-Themen bewusst zu machen und darauf hinzuwirken, dass diese in der täglichen Arbeit beachtet werden."

128 Für den Vorstand, aber auch für die Mitarbeiter eines Versicherungsunternehmens kann die **Beratung** durch die Compliance-Funktion **sowohl haftungsbegründend als auch haftungsentlastend** sein. Dies gilt vor allem im Hinblick auf die Letztverantwortung des Vorstands für das Legalitätsprinzip und die angemessene Information im Rahmen eines Business Judgement nach § 93 Abs. 1 S. 2 AktG.[182]

129 **7. Beurteilung von Rechtsänderungsrisiken als Teilaufgabe (Abs. 2 S. 2).** Eine zweite Teilaufgabe der Compliance-Funktion in Konkretisierung der Zentralaufgabe der allgemeinen rechtlichen Überwachung benennt § 29 Abs. 2 S. 2 VAG in Übereinstimmung mit Art. 46 S. 1 UAbs. 2 S. 2 Solva II-RL wie folgt: „Außerdem hat die Compliance-Funktion die möglichen Auswirkungen von Änderungen des Rechtsumfeldes für das Unternehmen zu beurteilen". Damit knüpft der Gesetzgeber zutreffend an den in die Zukunft gerichteten Überwachungsbegriff an,[183] der eine **vorausschauende Überwachung durch Beobachtung und Bewertung** umfasst. Auch bei dieser anspruchsvollen Teilaufgabe[184] setzt sich die Zentralaufgabe der allgemeinen rechtlichen Überwachung gegenständlich fort, so dass die Teilaufgabe nicht nur Änderungen des versicherungsaufsichtsrechtlichen Rechtsumfelds betrifft.[185]

130 Nr. 91 **MaGo** fordert für die Beurteilung von Rechtsänderungsrisiken durch die Compliance-Funktion Folgendes: „Dafür muss sie Entwicklungen des Rechtsumfeldes frühzeitig beobachten und analysieren. Die gesamte Geschäftsleitung ist so zeitnah über die Folgen wesentlicher Änderungen des Rechtsumfeldes zu informieren, dass sie entsprechende Vorkehrungen und Maßnahmen ergreifen kann."

131 **8. Beurteilung des Compliance-Risikos als Teilaufgabe (Abs. 2 S. 2, Art. 270 Abs. 2 Solva II-VO).** Eine letzte Teilaufgabe der Compliance-Funktion in ausschnitthafter Konkretisierung der allgemeinen rechtlichen Überwachungsaufgabe sieht § 29 Abs. 2 S. 2 VAG in der Identifizierung und Beurteilung des „mit der Verletzung der rechtlichen Vorgaben verbundenen Risikos (**Compliance-Risiko**)". Auch hierin folgt die Regelung Art. 46 Abs. 2 UAbs. 2 Solva II-RL.

132 **Art. 270 Abs. 2 Solva II-VO** zählt dazu auch die „**Bewertung der Angemessenheit** der vom Versicherungs- oder Rückversicherungsunternehmen getroffenen Maßnahmen zur Verhinderung einer Non-Compliance." Dieses Compliance-Assessment **verlagert die Betrachtung des Compliance-Risikos nach vorne**. Maßgeblich sind danach nämlich schon die Maßnahmen zur Vermeidung einer Non-Compliance und nicht erst ihre Folgen im Sinne einer Risikobetrachtung. Aus praktischer Sicht empfiehlt sich für die Angemessenheitsbewertung ein mehrstufiges Verfahren etwa der folgenden Art:[186] Identifizierung von Bereichen mit wesentlichen Non-Compliancerisiken, Gegenüberstellung der dafür geltenden Kontrollmaßnahmen, Bewertung der Eignung dieser Kontrollmaßnahmen zur Reduzierung des Compliance-Bruttorisikos und Bewertung der Angemessenheit des verbleibenden Compliance-Nettorisikos unter Einbeziehung von Verbesserungsvorschlägen der Compliance-Funktion. Auch die Angemessenheitsbewertung durch die Compliance-Funktion ist Gegenstand der regelmäßigen oder Adhoc-Berichterstattung durch die Compliance-Funktion.

133 Nr. 92 S. 2 **MaGo** zählt zum Compliance-Risiko „alle Risiken, die aus der Nichteinhaltung externer Anforderungen resultieren". Nach Nr. 93 MaGo erfolgt „die Identifikation und Beurteilung der Com-

[179] Ausf. *Dreher* VersR 2013, 929, 937.

[180] A. A. *Bürkle* in: Bürkle (Hrsg.) Compliance in Versicherungsunternehmen, § 2 Rn. 107, nach dem die Beratungsaufgabe „nur das Aufsichtsrecht" umfassen soll.

[181] *Dreher* VersR 2013, 929, 941; *Korinek/Schadler-Liebl* Versicherungsrundschau 9/2011, 30, 33; a. A. *Bürkle* in: Bürkle (Hrsg.) Compliance in Versicherungsunternehmen, § 2 Rn. 107, der aber die unternehmensinterne Zuweisung einer Beratungsaufgabe gegenüber Mitarbeitern für zulässig hält.

[182] Vgl. *Bürkle* in: Bürkle (Hrsg.) Compliance in Versicherungsunternehmen, § 2 Rn. 110 und *Dreher* VersR 2013, 929, 940 f.

[183] Vgl. dazu oben Rn. 118.

[184] Vgl. zu einem Beispiel *Dreher* VersR 2013, 929, 941 und zu möglichen Einzeltätigkeiten *Bürkle* in: Bürkle (Hrsg.) Compliance in Versicherungsunternehmen, § 2 Rn. 112 sowie *Sawatzki* VersR 2016, 1410 ff.

[185] A. A. konsequent *Bürkle* in: Bürkle (Hrsg.) Compliance in Versicherungsunternehmen, § 2 Rn. 111.

[186] Vgl. näher *Bürkle* FS 100 Jahre Hamburger Seminar für Versicherungswissenschaft 2016, 693, 711.

pliance-Risiken unter Risikogesichtspunkten in regelmäßigen Abständen durch die Compliance-Funktion."

134 Das **Compliance-Risiko** hatte Nr. 3.156 CEIOPS-Guidelines on the System of Governance[187] wie folgt **definiert**: „as the risk of legal or regulatory sanctions, material financial loss or loss to reputation an undertaking may suffer as a result of not complying with laws, regulations and administrative provisions as applicable to its activities." Auch wenn die EIOPA-LL Governance eine solche Definition nicht kennen, kann auf sie als Ausgangspunkt der Beurteilung des Risikos hinter dem Risiko in dem Sinne zurückgegriffen werden, dass die Solva II-RL das Compliance-Risiko nur allgemein als das Risiko aus „der Nicht-Einhaltung der rechtlichen Vorgaben" definiert, während die CEIOPS-Definition die Folgen konkret benennt. Das Compliance-Risiko betrifft im Wesentlichen das operationelle Risiko, wie auch aus der Definition in Art. 13 Nr. 33 Solva II-RL bzw. § 7 Nr. 24 VAG folgt. Gleichzeitig bildet das Standard-Modell dieses Risiko nach Art. 107 Abs. 2 und 3 Solva II-RL bzw. § 107 Abs. 2 und 3 VAG nur pauschal ab. Neben anderen Kompensationsmaßnahmen[188] dient als Kompensation dafür auch die Teilaufgabe Beurteilung des Compliance-Risikos nach Art. 46 Abs. 2 UAbs. 2 Solva II-RL bzw. § 29 Abs. 2 S. 2 VAG.[189]

135 Wie bereits im Zusammenhang mit der Risikoorientierung der versicherungsaufsichtsrechtlichen Compliance insgesamt ausgeführt,[190] setzt eine ordnungsgemäße Aufgabenwahrnehmung durch die Compliance-Funktion eine **Risikoanalyse** voraus. Dies gilt in besonderer Weise für die Identifizierung und Beurteilung des Compliance-Risikos.

136 **IV. Systeme und Strukturen zur Erfüllung der versicherungsaufsichtsrechtlichen externen Berichtspflichten (Abs. 3).** Jedes Versicherungsunternehmen hat im Versicherungsaufsichtsrecht festgelegte externe **Berichtspflichten gegenüber der Öffentlichkeit** in Form des Berichts über Solvabilität und Finanzlage (Solvency and Financial Condition Report, SFCR) nach §§ 40 ff. VAG sowie Art. 290 ff. Solva II-VO und in Form der regulären **aufsichtlichen Berichterstattung** (Regular Supervisory Reporting, RSR) nach §§ 43 ff. VAG sowie Art. 304 ff. Solva II-VO.[191]

137 § 29 Abs. 3 VAG verpflichtet die Versicherungsunternehmen, „über **Systeme und Strukturen** zu verfügen, um die (…) Anforderungen (scil.: für das SFCR) erfüllen und die Informationen (scil.: für das RSR) bereitstellen zu können". Dies entspricht Art. 55 Abs. 1 Solva II-RL für den SFCR und Art. 35 Abs. 5 Solvency II-RL für den RSR. Die Differenzierung zwischen dem Verlangen nach „angemessenen" in der erstgenannten und nach „zweckmäßigen" Systemen und Strukturen in der zweitgenannten Regelung sowie dem Verzicht auf jede dieser Kategorisierung in § 29 Abs. 3 VAG spielt schon wegen der allgemeinen Geltung des Proportionalitätsprinzips im Versicherungsaufsichtsrecht im Ergebnis keine Rolle.

138 Die Systeme und Strukturen gehören zum IKS. Dabei geht es um Berichterstattung. Daher sind sie **Teil des** schon nach § 29 Abs. 1 VAG i. V. m. § 23 Abs. 1 S. 3 VAG geforderten **unternehmensinternen Informations- und Kommunikationssystems**.[192]

V. Unternehmensinterne RSR- und SFCR-Leitlinien (Abs. 4, Art. 258 Abs. 2 Solva II-VO).

139 **Art. 35 Abs. 5 bzw. 55 Abs. 1 Solva II-RL** fordern „schriftlich festgelegte Leitlinien (…), um die kontinuierliche Relevanz der übermittelten Informationen zu gewährleisten" (RSR) bzw. „zur Sicherstellung der kontinuierlichen Angemessenheit der gemäß (scil.: den Solva II-Regelungen zu dem SFCR) veröffentlichten Informationen". § 29 Abs. 4 VAG setzt diese Forderung nach **unternehmensinternen RSR- und SFCR-Leitlinien** in das nationale Recht um.

140 In Bezug sowohl auf den RSR als auch auf den SFRC geht es nach dem Wortlaut der Solva II-RL um eine **ex post-Bewertung**.[193] **§ 29 Abs. 4 VAG** fordert dagegen eine ex ante-Bewertung. Die Regelung ist daher **richtlinienkonform** dahingehend **auszulegen**, dass sich die unternehmensinternen Leitlinien auf eine ex post-Sicht beziehen müssen.

141 Die **„kontinuierliche" Sicherstellung der Angemessenheit** der veröffentlichten Informationen erfolgt vor allem durch die Überprüfung der „Wesentlichkeit" der Informationen, die nach Art. 291, 305 Solva II-VO aus der Sicht der Adressaten des SFCR und des RSR zu beurteilen ist. Unangemessen ist daher sowohl das Fehlen wesentlicher Informationen in einer Veröffentlichung als auch die Veröffentlichung unwesentlicher Informationen.

142 Nach Art. 258 Abs. 2 Solva II-VO und § 23 Abs. 3 S. 2 VAG muss ein Versicherungsunternehmen über unternehmensinterne IKS-Leitlinien verfügen.[194] Die in § 29 Abs. 4 VAG geforderten RSR- und

[187] Entwurf vom Dezember 2010.
[188] Vgl. *Dreher* VersR 2013, 929, 942.
[189] Ebenso *S. Saria* Versicherungsrundschau 11/2011, 21, 24; *Bürkle* in: Bürkle (Hrsg.) Compliance in Versicherungsunternehmen, § 2 Rn. 115.
[190] Siehe oben Rn. 102.
[191] Vgl. dazu die Erläuterungen bei den entsprechenden VAG-Vorschriften.
[192] Vgl. dazu oben Rn. 51 ff.
[193] Dem gleichen die Regelungen der entsprechenden Vorschriften in anderen Amtssprachen.
[194] Vgl. ausf. § 23 VAG Rn. 106 ff.

SFCR-Leitlinien sind daher sinnvollerweise **in** diese unternehmensinternen **IKS-Leitlinien zu integrieren**.

143 **VI. Verhältnis zu anderen Regelungen.** Nach **§ 30 Abs. 1 VAG** überprüft die **interne Revisionsfunktion** „insbesondere das interne Kontrollsystem" auf Angemessenheit und Wirksamkeit.

144 Von den **Berichterstattungspflichten gegenüber der BaFin** kann die Behörde Versicherungsunternehmen nach **§ 45 VAG** unter bestimmten Voraussetzungen befreien. Dabei berücksichtigt die Behörde nach § 45 Abs. 5 Nr. 7 VAG auch die Systeme und Strukturen sowie Leitlinien i. S. v. § 29 Abs. 3 und 4 VAG.

145 Für **kleine Versicherungsunternehmen** gelten bestimmte Teile des IKS i. S. v. § 29 VAG nach **§ 212 Abs. 2 Nr. 1, Abs. 3 Nr. 9 VAG** nicht oder modifiziert.

146 Mehrere Regelungen zur **Gruppenaufsicht**, nämlich **§§ 275 Abs. 1 S. 2, 277 Abs. 1 S. 2 und 281 Abs. 1 Nr. 3 VAG** beziehen sich auf das IKS nach § 29 VAG.

Interne Revision

30

(1) Versicherungsunternehmen müssen über eine wirksame interne Revision verfügen, welche die gesamte Geschäftsorganisation und insbesondere das interne Kontrollsystem auf deren Angemessenheit und Wirksamkeit überprüft.

(2) [1]**Die interne Revision muss objektiv und unabhängig von anderen operativen Tätigkeiten sein.** [2]**Sie berichtet ihre Prüfungsergebnisse und Empfehlungen direkt an den Vorstand.** [3]**Der Vorstand beschließt, welche Maßnahmen auf Grund der Feststellungen der Revisionsberichte zu ergreifen sind und stellt die Umsetzung dieser Maßnahmen sicher.**

Übersicht

Schrifttum: *Amling/Bantleon* (Hrsg.), Praxis der internen Revision, 2012; *Ballmaier*, Das Outsourcing von Risikomanagement, Compliance und interner Revision nach Solvency II, 2017 (im Druck); *Breuer/Nikitina*, Einrichtung und Überwachung der internen Revision, DB 2015, 537 ff.; *Bürkle*, Compliance und Revision im Versicherungssektor nach Solvency II, CCZ 2012, 220 ff.; *Büsselberg/Kasi/Schalk/Bennemann*, Die veränderten Anforderungen an die Interne Revision, in: Bennemann/Oehlenberg/Stahl (Hrsg.), Handbuch Solvency II, 2011, S. 101 ff.; *Dreher*, Direktkontakte des Aufsichtsrats in der Aktiengesellschaft zu dem Vorstand nachgeordneten Mitarbeitern, in: FS Ulmer, 2003, S. 87 ff.; *Dreher*, Das Risikomanagement nach § 64a VAG und Solvency II, VersR 2008, 998 ff.; *Dreher/Schaaf*, Inhalt und Organisation des Risiko- sowie des Revisionsberichts, VersR 2009, 1151 ff.; *Dreher*, Die Vorstandsverantwortung im Geflecht von Risikomanagement, Compliance und interner Revision, in: FS Hüffer, 2010, S. 161 ff.; *Dreher*, Ausstrahlungen des Aufsichtsrechts auf das Aktienrecht, ZGR 2010, 496 ff.; *Dreher/Hoffmann*, Die Wirksamkeitsprüfung durch den Prüfungsausschuss nach § 107 Abs. 3 S. 2 AktG – Internes Kontrollsystem, Risikomanagementsystem und Governancesystem, ZGR 2016, 445 ff.; *Hauser/Wöhry*, Die interne Revision im risikoorientierten Ansatz von Solvency II, Versicherungsrundschau 5/2010, 22 ff.; *Hülsberg/Knake*, Prüfung der Wirksamkeit der Internen

Revision durch den Aufsichtsrat, DB 2015, 545 ff.; *A. Kießling/E. Kießling*, Kontrolle durch Interne Revision in Kreditinstituten, WM 2003, 513 ff.; *Korinek*, Der Weg zu Solvency II – Governance, Schlüsselfunktionen, Versicherungsrundschau 1–2/2015, 37 ff.; *Knapp*, Interne Revision und Corporate Governance, 2. Aufl. 2009; *Kursatz/Gebert*, Schnittstellen bei der Zusammenarbeit zwischen Interner Revision und Abschlussprüfer, DB 2014, 1749 ff.; *Louven*, Interne (Compliance-)Untersuchungen bei Versicherungen, in: Düsseldorfer Vorträge zum Versicherungsrecht 2015, 2016, S. 63 ff.; *Obermayr*, in: Hauschka/Moosmayer/Lösler (Hrsg.), Corporate Compliance, 3. Aufl. 2016, § 44: Revision; *Peemöller*, Grundsätze ordnungsmäßiger Prüfung von Internen Revisionssystemen: einheitlicher Standardentwurf von IDW und DIIR, BB 2016, 2410 ff.; *Peemöller/Kregel*, Grundlagen der Internen Revision, 2. Aufl. 2014, *Reese/Ronge*, Aufgaben und Struktur der Compliance-Funktion im Versicherungsunternehmen unter besonderer Berücksichtigung von Solvency II, VersR 2011, 1217 ff.; *Velte*, Direktzugriff des Aufsichtsrats auf die Interne Revision – Ausnahme- oder Regelfall?, NZG 2011, 1401 ff.; *Wolf*, Zur Aufgabenverteilung zwischen den Governance-Funktionen von Versicherungsunternehmen nach der Solvency-II-Richtlinie – Überlegungen am Beispiel der Funktionen Compliance, Risikomanagement und interne Revision, VersR 2013, 678 ff.

I. Allgemeines. 1. Entstehungsgeschichte. § 30 VAG tritt als Regelung zur internen Revision an die Stelle des früheren § 64a Abs. 1 Nr. 4, Abs. 7 Nr. 4 VAG a. F. Der RegE zu § 30 Abs. 2 S. 1 VAG ging noch dahin, dass die interne Revision „objektiv und unabhängig von anderen betrieblichen Funktionen sein" muss.[1] Im **Gesetzgebungsverfahren** äußerte der Bundesrat Bedenken gegen diese Formulierung.[2] Daraufhin wurde der Wortlaut auf Vorschlag des BT-Finanzausschusses dahingehend verändert, dass sich die Unabhängigkeit auf „andere operative Tätigkeiten" bezieht.[3] **1**

2. Normzweck. § 30 VAG dient der **Umsetzung von Art. 47 Solva II-RL.**[4] Die Notwendigkeit einer internen Revision als Teil einer ordnungsgemäßen Geschäftsorganisation ist allerdings kein Spezifikum des Solvency II-Systems. Die angemessene Einrichtung einer internen Revision bildet nämlich seit Langem einen Teil des allgemeinen Governance-Systems.[5] Sie war daher als solche bereits im VAG a. F. geregelt.[6] Soweit es nicht um Versicherungsunternehmen geht, folgt die Notwendigkeit einer internen Revision schon aus § 91 Abs. 2 AktG im Zusammenhang mit der Etablierung eines Risikofrüherkennungssystems.[7] **2**

3. Europarechtlicher Hintergrund. Nach **Art. 47 Solva II-RL** „müssen" Versicherungsunternehmen „über eine wirksame interne Funktion auf dem Gebiet der internen Revision verfügen". Dazu enthält Art. 47 Solva II-RL weitere Einzelheiten. Auch EG 32 Solva II-RL äußert sich zu der Unabhängigkeit der internen Revision. Eine ausführliche Konkretisierung der Anforderungen von Art. 47 Solva II-RL enthält **Art. 271 Solva II-VO**. **3**

II. Begriff. Art. 47 Solva II-RL spricht zunächst von einer „**internen Funktion auf dem Gebiet der internen Revision**" und sodann nur noch von der „internen Revision". EG 32 Solva II-RL benennt die interne Revision als „interne Revisionsfunktion". Von einer solchen „Funktion der internen Revision" geht auch Art. 271 Solva II-VO aus. § 30 VAG benutzt dagegen anders als bei den drei übrigen Schlüsselfunktionen, wo jeweils die Funktionseigenschaft betont ist, lediglich die Worte „interne Revision". In der Definition der Funktionen nach § 7 Nr. 9 VAG ist die interne Revision dagegen ebenfalls ausdrücklich als „interne Revisionsfunktion" benannt. Sie im Übrigen lediglich als interne Revision zu bezeichnen, ist als Abbreviatur allgemein üblich. Dass auch § 30 VAG diese Kurzform verwendet, ist der traditionellen Begriffsbildung „interne Revision" in Deutschland geschuldet.[8] **4**

III. Erforderlichkeit (Abs. 1). Nach § 30 Abs. 1 VAG „müssen" Versicherungsunternehmen über eine interne Revision verfügen. Dies entspricht Art. 47 Abs. 1 UAbs. 1 Solva II-RL. Die Existenz dieser Schlüsselfunktion ist für ein Versicherungsunternehmen daher **zwingend**. Die konkreten Anforderungen, die für ihre Organisation gelten, bilden dagegen ein davon zu unterscheidendes Thema, das nachfolgend vor allem zu der Frage der Funktionstrennung und der Funktionsunabhängigkeit führt. **5**

Die Erforderlichkeit einer internen Revisionsfunktion steht wie bei den anderen Schlüsselfunktionen ihrer **Ausgliederung nach § 32 VAG** nicht entgegen. Dabei sind allerdings außer den für eine Ausgliederung versicherungsaufsichtsrechtlich geltenden Anforderungen vor allem etliche geschäftspolitische Umstände wie z. B. ein dauerhafter Know-how-Verlust und Abhängigkeiten vom Dienstleister zu berücksichtigen.[9] **6**

IV. Stellung. 1. Grundlagen. Die Stellung und die daraus folgenden Aufgaben der internen Revision sind in erheblichem Umfang **rechtsgeprägt**. Dies gilt nicht nur für § 30 **VAG**, sondern auch für **7**

[1] VAG-RegE 2014 BT-Drs. 18/2956, 42.
[2] BR-Drs. 430/14 (Beschluss), 4 und 7.
[3] BT-Finanzausschuss Beschlussempfehlung und Bericht BT-Drs. 18/3900, 68 und Begründung S. 419.
[4] VAG-RegE 2014 BT-Drs. 18/2956, 245.
[5] Vgl. § 23 VAG Rn. 16 ff.
[6] Siehe oben Rn. 1.
[7] Vgl. *Dreher* FS Hüffer, 161, 167 f.; *Dreher/Hoffmann* ZGR 2016, 445, 474, jew. m. w. N., auch zu einer abweichenden Meinung.
[8] Anders z. B. § 119 öVAG: Interne Revisions-Funktion.
[9] Vgl. ausf. zur Ausgliederung der internen Revision *Ballmaier*, 5. Teil A. I. 2. c) und IV.

Qualifikationsanforderungen an den Inhaber der internen Revisionsfunktion und darin tätige Mitarbeiter u. a. nach § 24 VAG sowie für die Frage der Ausgliederung der internen Revision nach § 32 VAG.

8 § 30 VAG trifft keine abschließende Regelung zur internen Revision. Unmittelbar anwendbar und im Verhältnis zu § 30 VAG vorrangig ist nämlich die ausführliche Regelung zur internen Revision in **Art. 271 Solva II-VO**.

9 Hinzu kommen auf der europäischen **Ebene 3** die **EIOPA-LL 40 bis 45 Governance**. Wie auch bei den anderen Themen der Governance-LL finden sich zur internen Revision sehr ausführliche Erläuterungen in Nr. 2.182. bis 2.209. EIOPA Explanatory Text BoS-14/253 zu LL Governance.[10]

10 Auch die **MaGo** äußern sich in Abschnitt 9.4 noch in 10 Nummern zu der internen Revision.

11 Im System der Schlüsselfunktionen ist die interne Revisionsfunktion anders als die URCF und die Compliance-Funktion nicht in ein übergreifendes Element des versicherungsaufsichtsrechtlichen Governance-Systems eingebunden. Während die URCF nämlich Teil des RMS und die Compliance-Funktion Teil des IKS ist, steht die interne Revision selbständig neben diesen Elementen des Governance-Systems.[11] Folge hiervon ist, dass die **interne Revision nicht zugleich Subjekt und Objekt eines solchen Teilsystems** sein kann. Andernfalls müsste sie sich im Rahmen ihrer Tätigkeit selbst prüfen.[12] An die Stelle einer Selbstprüfung der internen Revision kann – und sollte – in regelmäßigen Abständen eine externe Prüfung der Funktionsfähigkeit der internen Revision treten.

12 Die interne Revision ist eine Schüsselfunktion, ihr **Inhaber** ist **kein** mit besonderen öffentlich-rechtlichen Rechten und Pflichten versehener **Unternehmensbeauftragter.**[13] Nur in dem Zusammenhang ist die nachfolgend wiedergegebene Passage in lit. b EIOPA-LL 42 Governance zu verstehen, die die **Information der Aufsichtsbehörde durch den Inhaber der internen Revisionsfunktion** betrifft. Dazu führt Nr. 2.197. EIOPA Explanatory Text BoS-14/253 zu LL Governance in der BaFin-Übersetzung Folgendes aus: „Die Richtlinie sieht nicht vor, dass die Aufsichtsbehörde über die Prüfungsergebnisse zu unterrichten ist; sollte das nationale Recht dies jedoch vorschreiben oder das Unternehmen beschließen, dies zu gestatten, müssen die einschlägigen internen Regeln Bestandteil der Leitlinien zur internen Revision sein." In Deutschland besteht rechtlich **keine solche Informationspflicht** – und auch kein entsprechendes Informationsrecht – des Inhabers der internen Revision gegenüber der BaFin. Ein solches Recht bzw. eine solche Pflicht, die zuständige Aufsichtsbehörde zu informieren, gibt es ausschließlich bei einigen wenigen Unternehmensbeauftragten. Dies gilt z. B. nach § 4g Abs. 1 S. 2 BDSG. Entgegen manchen Literaturstimmen dürfen diese explizit gesetzlich geregelten Fälle noch nicht einmal bei den Unternehmensbeauftragten, bei denen eine solche Regelung fehlt, im Sinne eines „Notwehrrechts" gegenüber unternehmensinternen Widerständen interpretiert werden.[14] Dies gilt daher erst recht bei den Inhabern der versicherungsaufsichtsrechtlichen Schlüsselfunktionen.[15]

13 Stellung und Tätigkeit der internen Revision sind schließlich nach § 23 Abs. 3 S. 2 **Gegenstand unternehmensinterner Leitlinien.**[16] Nach EIOPA-LL 42 Governance sollen die Leitlinien für die interne Revision

„zumindest die folgenden Bereiche abdecken:

a) die allgemeinen Bedingungen, unter denen die interne Revision in Anspruch genommen werden kann, um eine Stellungnahme abzugeben, Unterstützung zu gewähren oder andere Sonderaufgaben zu übernehmen;
b) gegebenenfalls interne Verfahrensvorschriften, welche die für die interne Revision zuständige Person vor einer Unterrichtung der Aufsichtsbehörde zu befolgen hat; und
c) wo angemessen, die Kriterien für die Personalrotation."

Eine ausführliche Orientierung zur Erstellung unternehmensinterner Leitlinien für die interne Revision bietet die GDV-Veröffentlichung „Solvency II: Orientierungshilfe für die unternehmensindividuelle Ausgestaltung der Leitlinie der Internen Revision"[17]

14 **2. Funktionsunabhängigkeit (Abs. 2 S. 1).** Nach § 30 Abs. 2 S. 1 VAG „muss" die interne Revision **„objektiv und unabhängig von anderen operativen Tätigkeiten** sein." Damit stellt sich hier in besonderer Weise die Frage der Funktionsunabhängigkeit, d. h. der unbeeinflussten Tätigkeit der

[10] Vgl. dazu Einl. Rn. 63 f.
[11] Vgl. näher zum versicherungsaufsichtsrechtlichen Governance-System § 23 VAG Rn. 12 ff., 19.
[12] So schon *Bürkle* CCZ 2012, 220, 224.
[13] Vgl. zu der Rechtsfigur des Unternehmensbeauftragten §§ 29 Rn. 65 ff. und 120 ff. sowie allgemein ausf. *Rittner/Dreher*, Europäisches und deutsches Wirtschaftsrecht, 3. Aufl. 2008, § 12 und speziell zur versicherungsaufsichtsrechtlichen Abgrenzung der Inhaber von Schlüsselfunktionen von Unternehmensbeauftragten *Dreher* VersR 2012, 1063, 1071 sowie ausf. *ders.* VersR 2013, 929, 942 f.
[14] Ausf. *Dreher* FS Claussen 1997, 69, 83 ff.; *Rittner/Dreher* Europäisches und deutsches Wirtschaftsrecht, 3. Aufl. 2008, § 12 Rn. 34.
[15] So schon *Dreher* VersR 2013, 929, 942 f.
[16] Vgl. näher § 23 VAG Rn. 105 ff.
[17] *GDV* Schriftenreihe Interne Revision, Bd. 3, 2015.

Schlüsselfunktion.[18] Den Hintergrund bildet Art. 47 Abs. 2 Solva II-RL, wonach die interne Revision „von anderen operativen Tätigkeiten unabhängig sein" muss. Art. 271 Abs. 1 Solva II-VO ergänzt dies wie folgt: „Die Personen, die die Funktion der internen Revision wahrnehmen, sind in keiner Weise für eine der anderen Funktionen zuständig."

Die im Wortlaut von § 30 Abs. 2 S. 1 VAG-RegE 2014 zunächst enthaltene Bezugnahme auf „betriebliche Funktionen" statt auf „**operative Tätigkeiten**" wurde im Lauf des Gesetzgebungsverfahrens korrigiert.[19] Grund war das überschießende, weil dem Grundsatz der Funktionstrennung widersprechende ursprünglich absolute Verbot einer Koppelung der internen Revision mit anderen Schüsselfunktionen. Dies widersprach nicht nur dem Proportionalitätsprinzip, sondern auch Art. 271 Abs. 2 Solva II-VO.[20] Daraufhin hat der BT-Finanzausschuss den Wortlaut von § 30 Abs. 2 S. 1 VAG dem von Art. 47 Abs. 2 Solva II-RL angepasst.[21] Die weitergehende Begründung des Regierungsentwurfs zu § 30 Abs. 2 S. 1 VAG[22] ist damit überholt. 15

Die Unabhängigkeit von allen operativen Tätigkeiten bedeutet, dass **kein Mitarbeiter der internen Revision**, der mit deren Aufgaben inhaltlich befasst ist, gleichzeitig **operativ tätig** sein darf. 16

Die Unabhängigkeit der internen Revisionsfunktion betreffen auch **EIOPA-LL 40 und 41 Governance**. Dabei geht es entsprechend den allgemeinen Anforderungen nach dem Grundsatz der Unabhängigkeit[23] sowohl um die Freiheit von Einflüssen Dritter als auch um die Vermeidung von Interessenkonflikten. Konkret fordert Leitlinie 41 daher, „dass intern beschäftigte Prüfer keine Tätigkeiten oder Funktionen prüfen, die sie zuvor in dem von der Prüfung abgedeckten Zeitraum ausgeübt haben." Nr. 2.190. EIOPA Explanatory Text BoS-14/253 zu LL 41 Governance (BaFin-Übersetzung) zählt darüber hinaus als „Maßnahmen zur Minderung des Risikos von Interessenkonflikten" auf: „Personalrotation, Zweitunterschrift, Überprüfung durch Kollegen („Peer Review") oder andere Formen von Überprüfungen." 17

3. Funktionstrennung. Der **Grundsatz der Funktionstrennung** bedeutet, dass die vier Schlüsselfunktionen in einem Versicherungsunternehmen grundsätzlich unterschiedliche organisatorische Einheiten bilden. Gleichwohl ist nach Art. 258 Abs. 1 lit. g und Art. 268 Abs. 1 Solva II-VO eine Zusammenlegung von Schlüsselfunktionen grundsätzlich möglich. Maßgeblich ist allein, dass Interessenkonflikte vermieden werden.[24] 18

Speziell für die interne Revisionsfunktion regelt **Art. 271 Abs. 1 und 2 Solva II-VO** die Funktionstrennung. Nach Abs. 1 sind „die Personen, die die Funktion der internen Revision wahrnehmen, in keiner Weise für eine der anderen Funktionen zuständig." Abs. 2 ergänzt dies „unbeschadet des Absatzes 1 und insbesondere unter Wahrung des (…) Grundsatzes der Verhältnismäßigkeit": Danach „können Personen, die die Funktion der internen Revision wahrnehmen, darüber hinaus auch andere Schlüsselfunktionen innehaben, sofern alle folgenden Bedingungen erfüllt sind". Bei den Bedingungen geht es um die Angemessenheit im Hinblick auf die den Geschäftstätigkeiten des Versicherungsunternehmens inhärenten Risiken, um mögliche Interessenkonflikte der in der internen Revision tätigen Personen und um anderenfalls entstehende Kosten des Versicherungsunternehmens, „die gemessen an seinen Verwaltungsaufwendungen insgesamt unverhältnismäßig wären". 19

Wie ein Vergleich der deutschsprachigen Fassung des Art. 271 Solva II-VO mit anderssprachigen Fassungen ergibt, ist die uneinheitliche Wortwahl „wahrnehmen" und „innehaben" in der deutschen Sprachfassung einer nicht sorgfältigen Übersetzung geschuldet. So spricht z. B. die englische Fassung an allen fünf maßgeblichen Stellen einheitlich von „carrying out" im Sinne von „wahrnehmen". Mit diesem Wort sind, wie sich schon aus den Fit-and-proper-Anforderungen nach § 24 VAG ergibt, **sämtliche Mitarbeiter einer Schlüsselfunktion** gemeint.[25] 20

EIOPA erörtert die sachlich der Funktionstrennung zugehörige Frage nach der **Verbindung der internen Revision mit anderen Schlüsselfunktionen** sub specie der Funktionsunabhängigkeit der internen Revision. Eine solche Verbindung ist gemäß dem vorstehend Ausgeführten versicherungsaufsichtsrechtlich grundsätzlich zulässig.[26] Für die interne Revisionsfunktion sehen allerdings nicht die EIOPA-LL Governance, sondern sieht nur die Erläuterung zu EIOPA-LL 40 Governance, nämlich Nr. 2.187. EIOPA Explanatory Text BoS-14/253 (in der BaFin-Übersetzung) überraschenderweise vor, dass der Inhaber der Schlüsselfunktion „in der Regel" nicht zugleich Inhaber einer anderen Schlüsselfunktion sein kann, „weil dadurch Interessenkonflikte entstehen, da die anderen Schlüsselfunktionen der Kontrolle der internen Revision unterliegen. In den Ausnahmefällen, in denen eine Verbindung anderer 21

[18] Vgl. ausf. zum Ganzen § 23 VAG Rn. 60 ff.
[19] Siehe oben Rn. 1.
[20] So schon *Dreher* Schriftliche Stellungnahme für die 28. Sitzung am 3.12.2014 des Finanzausschusses des Deutschen Bundestags zu der öffentlichen Anhörung zu dem VAG-RegE 2014, S. 3 und BRat BR-Drs. 430/14 (Beschluss), 7.
[21] BT-Drs. 18/3900, 68 und 419.
[22] BT-Drs. 18/2956, 245 und auch schon S. 238.
[23] Vgl. § 23 VAG Rn. 63.
[24] Vgl. ausf. zum Ganzen § 23 VAG Rn. 60 ff.
[25] Vgl. näher § 24 VAG Rn. 36 ff.
[26] Vgl. auch § 23 VAG Rn. 67.

Schlüsselfunktionen mit der Funktion der internen Revision zulässig ist, muss das Unternehmen der Aufsichtsbehörde auf Verlangen nachweisen können, dass diese Interessenkonflikte ordnungsgemäß geregelt sind und keine Bedenken bestehen, dass die Objektivität und Unabhängigkeit der Funktion der internen Revision beeinträchtigt ist."

22 Nach Nr. 143 **MaGo** gilt dagegen vor dem Hintergrund von Art. 271 Abs. 2 Solva II-VO zu Recht Folgendes: „Die für die Funktion der internen Revision intern verantwortliche Person kann zugleich intern verantwortliche Personen für andere Schlüsselfunktionen sein, wenn die in Artikel 271 Abs. 2 DVO genannten Bedingungen kumulativ erfüllt sind. Die Unternehmen gewährleisten, dass die betreffende Person die einzelnen Aufgaben vollständig sowie objektiv, fair und unabhängig ausübt. Je mehr Schlüsselfunktionen betroffen sind, desto genauer müssen die Unternehmen darlegen, dass diese Gestaltung ihrem Risikoprofil angemessen ist und dass die Unabhängigkeit der internen Revision nicht beeinträchtigt werden kann."

23 Im **Ergebnis** kann die interne Revision eines Versicherungsunternehmens also grundsätzlich mit anderen Schlüsselfunktionen organisatorisch-institutionell verbunden werden. Voraussetzung ist, dass dabei die drei Kriterien von Art. 271 Abs. 2 Solva II-VO eingehalten sind: Verhältnismäßigkeit in Bezug auf die mit der Geschäftstätigkeit des Versicherungsunternehmens verbundenen Risiken, Vermeidung von Interessenkonflikten und im Fall einer unterbleibenden Zusammenlegung ansonsten „insgesamt unverhältnismäßige Verwaltungsaufwendungen". Auch bei Einhaltung dieser Voraussetzungen kommt eine Zusammenlegung von interner Revision und einer oder mehrerer anderer Schlüsselfunktionen grundsätzlich aber nur bei kleineren und mittleren Versicherungsunternehmen in Betracht. Bei allen anderen Versicherungsunternehmen gebietet eine ordnungsgemäße Geschäftsorganisation im Sinne von § 23 VAG in der Regel eine selbständige und getrennte Funktion interne Revision.

24 Selbst bei einer rechtlich zulässigen Zusammenlegung von Schlüsselfunktionen **muss es** aber **immer eine interne Revisionsfunktion als solche**, d. h. eine eigenständige Funktion dafür, **geben**. Dies folgt aus EG 32 Solva II-RL i. V. m. Art. 271 Abs. 2 Solva II-VO.[27] EG 32 Solva II-RL geht als Auslegungsgrundsatz, d. h. nicht als Rechtsregel materiellrechtlicher Natur, zunächst davon aus, dass „kleinere und weniger komplexe Unternehmen" Schlüsselfunktionen zusammenlegen können, macht davon aber für die interne Revision eine Ausnahme. Art. 271 Abs. 2 Solva II-VO konkretisiert das in der Solva II-RL nicht konkret angesprochene Thema für die interne Revision dahingehend, dass eine solche Zusammenlegung unter bestimmten Voraussetzungen grundsätzlich auch für die interne Revision möglich ist. Die Zusammenlegung hat dabei aber in der Weise zu erfolgen, dass „Personen, die die Funktion der internen Revision wahrnehmen, darüber hinaus auch andere Schlüsselfunktionen" übernehmen können. Mit anderen Worten ist die Existenz einer Schlüsselfunktion interne Revision vorausgesetzt. Deren Mitarbeiter können, falls die Voraussetzungen dafür erfüllt sind, aber zugleich auch die Aufgaben anderer Schlüsselfunktionen übernehmen. Die frühere, noch auf der weitergehenden Entwurfsfassung der Solva II-VO beruhende Auffassung,[28] die interne Revisionsfunktion müsse vollständig unabhängig sein mit der Folge, dass eine Zusammenlegung von interner Revision und anderen Schlüsselfunktionen ausscheide, ist daher aufgrund der endgültigen Fassung des Art. 271 Abs. 2 Solva II-VO heute überholt.

25 Der Grundsatz der Funktionstrennung bezieht sich nur auf die vier Schlüsselfunktionen. Dies folgt aus der Verwendung des bestimmten Artikels in Art. 271 Abs. 1 Solva II-VO und aus dem ausdrücklichen Verweis auf „Schlüsselfunktionen" in Art. 271 Abs. 2 Solva II-VO. Vor dem Hintergrund kommt eine **Verbindung der internen Revision mit anderen**, nicht operativ tätigen **Unternehmenseinheiten** in Betracht. Für eine solche Aufgabenübertragung eignet sich auf Seiten der internen Revision vor allem der Inhaber der internen Revisionsfunktion. Er kann daher grundsätzlich gleichzeitig Leiter einer anderen Stabsfunktion sein. Voraussetzung ist aber auch dann, dass die Verbindung die Tätigkeit der internen Revisionsfunktion nicht beeinträchtigt. Wird dem Inhaber der internen Revisionsfunktion z. B. gleichzeitig die Leitung der Personalabteilung übertragen, könnten solche Interessenkonflikte aus der Prüfung der Tätigkeit der selbst von ihm im Unternehmen eingestellten leitenden Mitarbeiter – d. h. letztlich aus einer Selbstbeurteilung des Erfolgs der eigenen Personaleinstellungspraxis – und aus der Beurteilung der angemessenen, u. U. von ihm beeinflussten Personalstärke aller durch die interne Revision geprüften Unternehmenseinheiten folgen.

26 **4. Funktionsschnittstellen.** Wie bei den anderen Schlüsselfunktionen besteht auch bei der internen Revisionsfunktion Bedarf und Anlass zu **Zusammenarbeit** mit den anderen Schlüsselfunktionen.[29] Zusätzlich geht es bei der internen Revisionsfunktion aufgrund ihres Prüfungsauftrags in besonderer Weise um eine **gegenseitige Kontrolle**. Das zu den Funktionsschnittstellen bei der URCF als der erstgenannten Schlüsselfunktion im VAG allgemein Ausgeführte[30] gilt daher grundsätzlich auch im

[27] Vgl. ausf. schon § 23 VAG Rn. 67.
[28] So z. B. *Bürkle* in: Düsseldorfer Vorträge zum Versicherungsrecht 2010, S. 1, 10 f.; *ders.* CCZ 2012, 220, 225 und *Dreher* VersR 2012, 933, 939.
[29] Gleiches gilt für die Schnittstellen zum Abschlussprüfer, vgl. dazu versicherungsunspezifisch z. B. *Kursatz/Gebert* DB 2014, 1749 ff.
[30] Vgl. § 26 VAG Rn. 132 ff.

vorliegenden Zusammenhang.[31] Dies betrifft die hierarchische Gleichrangigkeit der vier Schlüsselfunktionen, die Regelung der Zusammenarbeit durch die Solva II-VO, die individualisierte Berichterstattung an den Vorstand, die Einschaltung einer anderen Schlüsselfunktion in die eigene Tätigkeit über den Vorstand und die Kontrollaufgabe gegenüber anderen Schlüsselfunktionen.

Im Verhältnis zu den anderen Schlüsselfunktionen wesentlich sind die in § 30 Abs. 1 VAG betonten **Prüfungskriterien** der Angemessenheit und Wirksamkeit. Darin liegt **keine Beschränkung der internen Revision auf eine Systemprüfung.**[32] Dies folgt schon aus dem Prüfungskriterium der Wirksamkeit, das weit auszulegen ist.[33] Der internen Revision geht es außer um Zweckmäßigkeit[34] und Wirtschaftlichkeit auch um Rechtmäßigkeit. Insbesondere zwischen den Aufgaben der Schlüsselfunktionen interne Revision einerseits und Compliance sowie URCF andererseits bestehen damit partiell durchaus Überschneidungen. Vor allem in diesen Bereichen geht es daher auch um die Zusammenarbeit der Schlüsselfunktionen. 27

Die interne Revision hat die Hauptaufgabe, die Abläufe und Strukturen in einem Versicherungsunternehmen zu prüfen.[35] Dies führt im Hinblick darauf, dass auch die anderen drei Schlüsselfunktionen in ihren Tätigkeitsbereichen zahlreiche Vorgänge prüfen müssen, zu der Grundfrage, inwieweit sich dabei Doppelungen vermeiden lassen bzw. die interne Revision **auf Arbeitsergebnisse aus anderen Schlüsselfunktionen zurückgreifen** kann. Im Rahmen der Erläuterungen zu **EIOPA**-LL 40 Governance, die die Unabhängigkeit der internen Revision betrifft, geht der EIOPA Explanatory Text BoS-14/253 zu LL 40 Governance bei 2.183. (BaFin-Übersetzung) vor dem Hintergrund der Prüfungsaufgabe der internen Revision von Folgendem aus: „Aus Gründen der Effizienz kann die interne Revision jedoch bei der Wahrnehmung ihrer Aufgaben die von den verschiedenen Funktionen gemeldeten Informationen verwenden." Nr. 142 **MaGo** spricht dagegen ohne weitere Konkretisierung lediglich von einer zulässigen „Kooperation der anderen Schlüsselfunktionen mit der internen Revision". Damit wiederholt sie den Grundsatz, dass nach Art. 268 Abs. 1 S. 2 Solva II-VO eine Zusammenarbeit der Schlüsselfunktionen zulässig ist. 28

Wie bereits bei der URCF ausgeführt, ist im Ergebnis die Erledigung einer Aufgabe durch eine **Schlüsselfunktion für eine andere Schlüsselfunktion** – d. h. auch für die interne Revision oder durch die interne Revision – innerhalb **bestimmter Grenzen** möglich. Dazu gehört, dass die Heranziehung nicht zu der Übernahme der Kerntätigkeit einer anderen Schlüsselfunktion führt. Und dazu gehört weiter das Verbot der generellen Übertragung von Teilen der Tätigkeit einer Schlüsselfunktion an eine andere Schlüsselfunktion.[36] Speziell bei der internen Revision kommt noch hinzu, dass ihre Heranziehung durch eine andere Schüsselfunktion für die Erledigung von deren Aufgaben bei der internen Revisionsfunktion im Ergebnis zu einer Selbstprüfung führt. Bei der Prüfung der anderen Funktionen darauf hin, ob sie angemessen und wirksam sind, müsste die interne Revision dann nämlich ihre eigenen Aktivitäten für andere Schlüsselfunktionen mitbewerten.[37] Folge davon kann nur sein, dass Gegenstand und Umfang der Heranziehung der internen Revision durch eine andere Schlüsselfunktion ex ante besonders kritisch auch auf Interessenkonflikte in dieser Hinsicht gewürdigt werden. 29

5. Wirksamkeit (Abs. 1 S. 1). Nach § 30 Abs. 1 S. 1 VAG muss die interne Revisionsfunktion „wirksam" sein. Dies deckt sich mit den Anforderungen an die Geschäftsorganisation allgemein nach § 23 Abs. 1 S. 1 VAG, an die URCF nach § 26 Abs. 1 S. 1 i. V. m. Abs. 8 VAG, an die Compliance-Funktion nach § 29 Abs. 1 VAG und an die versicherungsmathematische Funktion nach § 31 Abs. 1 S. 1 VAG. Hier wie dort geht es bei dem Kriterium der **Wirksamkeit** darum, dass die Schlüsselfunktion nicht nur eingerichtet, sondern auch praktiziert, überprüft und gegebenenfalls angepasst wird, um die ihr gestellten Aufgaben ordnungsgemäß zu erfüllen.[38] 30

V. Aufgaben (Abs. 1 und 2, Art. 271 Abs. 3 Solva II-VO). 1. Grundlagen. Nach § 30 Abs. 1 VAG „überprüft" die interne Revision „die **gesamte Geschäftsorganisation** und insbesondere das interne Kontrollsystem auf deren Angemessenheit und Wirksamkeit". Die Aufgabenbeschreibung bezieht sich auf Art. 47 Abs. 1 UAbs. 2 Solva II-RL, der in einer weitergehenden Formulierung – Abs. 2: „umfasst" – ohne inhaltliche Abweichung begrifflich statt auf die Geschäftsorganisation auf das 31

[31] Vgl. allgemein zu der Schnittstellenproblematik bei der internen Revision – unter Betonung der versicherungsaufsichtsrechtlichen Compliance-Funktion – *Bürkle* CCZ 2012, 220, 223 ff.; zum Verhältnis der internen Revision zur Compliance-Funktion auch *Reese/Ronge* VersR 2011, 1217, 1230 f.; *Korinek* Versicherungsrundschau 1–2/2015, 37, 39 f.; zum Verhältnis zur URCF und zur Prüfung des RMS durch die interne Revision *Büsselberg/Kasi/Schalk/Bennemann*, S. 111 f. sowie schon *Dreher* VersR 2008, 998, 1005 f.; *Schaaf*, S. 115 ff.; *Gehringer* in: Bürkle (Hrsg.) Compliance in Versicherungsunternehmen, 2. Aufl. 2015, § 9 Rn. 78 ff., jeweils noch auf der Grundlage von § 64a VAG a. F. sowie zur Parallelfrage im allgemeinen Gesellschaftsrecht *Dreher* FS Hüffer, 161, 175 f.

[32] So aber im Ergebnis *Heukamp* § 3 Rn. 77 und 83 f.

[33] Vgl. unten Rn. 30.

[34] Vgl. *Dreher/Hoffmann* ZGR 2016, 445, 475 m. w. N.

[35] Vgl. ausf. unten Rn. 35 ff.

[36] Vgl. § 26 VAG Rn. 132 ff.

[37] So schon *Bürkle* CCZ 2012, 220, 225.

[38] Vgl. § 23 VAG Rn. 27 und § 26 VAG Rn. 18.

„**Governance-System**" abstellt.[39] Art. 271 Abs. 3 S. 1 lit. a Solva II-VO nimmt dies mit den Worten „unter Berücksichtigung **sämtlicher Tätigkeiten** und des gesamten Governance-Systems des Versicherungs- oder Rückversicherungsunternehmens" auf. Im **Zentrum** aller Tätigkeiten der internen Revision liegt damit die **Prüfungsaufgabe**. Sie ist nicht nur in § 30 VAG, sondern vor allem in Art. 271 Abs. 3 Solva II-VO näher ausgeformt. Die Gesetzesbegründung zu § 30 Abs. 1 VAG geht davon aus, „die Vorschrift unterstreicht die Bedeutung, die der Überprüfung der Wirksamkeit und Angemessenheit des internen Kontroll- und Steuerungssystems durch die interne Revision zukommt."[40]

32 Die interne Revision hat außer der Prüfungsaufgabe auch die Aufgabe der **Beratung**. Dieser Aufgabenteil ist allerdings im Verhältnis zum Prüfungsteil **sekundär**.[41]

33 Die Aufgabe der internen Revision wird in größerem Zusammenhang insgesamt vielfach auch als die einer „**dritten Verteidigungslinie**" eines internen Kontrollsystems von „**three lines of defense**" gesehen.[42] Diese Verteidigungslinien sollen alle sicherstellen, dass die externen und internen Anforderungen an das Governance-System eingehalten werden. In einer ersten Linie stehen dabei die operativen Einheiten eines Versicherungsunternehmens, die prozessintegrierte Kontrollen vornehmen und damit Risiken vermeiden oder begrenzen. Eine zweite Linie bilden die URCF, die Compliance-Funktion sowie die versicherungsmathematische Funktion. Alle drei Schlüsselfunktionen haben auch eine Kontrollaufgabe. Die versicherungsaufsichtsrechtliche Compliance ist zwar nicht selbst operativ, aber „prozessbegleitend bzw. prozessnah" tätig. Die interne Revisionsfunktion erfüllt dagegen erst nachgelagert, punktuell sowie prozessunabhängig und bezogen auf die anderen Schlüsselfunktionen im Sinne einer dritten Linie ihre Überwachungsaufgabe.[43] Das Konzept der drei Verteidigungslinien mag für die Praxis ein anschauliches Modell bilden. Eine eigene Aussagekraft jenseits einer bildhaft-vereinfachenden Veranschaulichung hat es dagegen nicht. Im Gegenteil erweckt es mit der Hintereinanderschaltung von Compliance-Funktion und der internen Revision den **unzutreffenden Eindruck**, die Funktionen seien hierarchisiert[44] statt gleichrangig.[45]

34 Soweit es um **Standards, best practices oder Modelle von Fachvereinigungen** auf dem Gebiet der internen Revision – z. B. des Deutschen Instituts für Interne Revision e. V. (DIIR)[46] oder des Institute of Internal Auditors (IIA)[47] – geht,[48] gilt auch für die interne Revisionsfunktion das bereits zu der Berücksichtigung solcher Standards bei der Tätigkeit der URCF Ausgeführte:[49] Danach haben derartige Standards keine rechtliche Verbindlichkeit. Sie zählen aber, wenn sie in Fachkreisen allgemein anerkannt sind, zu den maßgeblichen Informationsgrundlagen bei der zwingend unternehmensindividuell angelegten Entscheidung des Vorstands für ein bestimmtes Element des Governance-Systems. Dabei gilt gegenüber Standards mit fehlender Bindungswirkung zwar der Grundsatz der **Methodenneutralität**. Die Schlüsselfunktionen werden allerdings – sofern und soweit die unternehmensindividuellen Vorgaben durch den Vorstand und die Vorgaben des Aufsichtsrechts gewahrt sind – fachlich anerkannten Standards schon im Interesse einer professionellen Berufsausübung folgen.

35 **2. Prüfungsgegenstand (Abs. 1, Art. 271 Abs. 3 S. 1 lit. a Solva II-VO). a) Gesamte Geschäftstätigkeit und -organisation.** § 30 Abs. 1 VAG sieht den Prüfungsgegenstand der internen Revision verkürzt in der gesamten Geschäftsorganisation. Art. 271 Abs. 3 S. 1 lit. a Solva II-VO verlangt dagegen die „Berücksichtigung sämtlicher Tätigkeiten und des gesamten Governance-Systems" des Versicherungsunternehmens. Das auch in Art. 47 Abs. 1 UAbs. 2 Solva II-RL genannte Governance-System deckt sich mit dem zutreffend verstandenen Begriff der Geschäftsorganisation.[50] Eine Beschränkung der Tätigkeit der internen Revision auf das Governance-System enthält Art. 47 Solva II-RL aber nicht. § 30 Abs. 1 VAG ist daher richtlinienkonform dahingehend auszulegen, dass Gegenstand der internen Revision die **gesamte Geschäftstätigkeit und -organisation eines Versicherungsunternehmens** ist.

36 Nr. 135 MaGo bezieht die Prüfungstätigkeit der internen Revision „auf die gesamte Geschäftsorganisation einschließlich **ausgegliederter Bereiche** und Prozesse". Damit ist nicht gemeint, dass die interne Revision im Fall einer Ausgliederung nach § 32 VAG Prüfungsbefugnisse bei anderen Unternehmen hat und dort Prüfungshandlungen vornehmen sollte. Vielmehr müssen die Prüfungstätigkeiten der internen Revision auch Erkenntnisse, die aus dem Dienstleistungsunternehmen stammen, umfassen.

---

[39] Vgl. zu dem Verhältnis von Geschäftsorganisation und Governance ausf. § 23 Rn. 12 ff., 16 ff.
[40] VAG-RegE 2014 BT-Drs. 18/2956, 245.
[41] Vgl. näher unten Rn. 58 ff.
[42] Vgl. dazu allg. z. B. *Obermayr*, Rn. 116 ff. und Wiss. Beirat des DIIR e. V. WPg 2017, 682 ff.
[43] So *Bürkle* CCZ 2012, 220, 224 und dem folgend *Wolf* VersR 2013, 678, 680 sowie *Korinek* Versicherungsrundschau 1–2/2015, 37, 39.
[44] Daher steht das Konzept der drei Verteidigungslinien entgegen *Wolf* VersR 2013, 678, 680 nicht „im Einklang" mit der „Konzeption" der Solva II-RL.
[45] Zur hierarchischen Gleichordnung aller Schlüsselfunktionen vgl. schon § 26 VAG Rn. 133.
[46] Vgl. *Peemöller* BB 2016, 2410 ff.
[47] Vgl. dazu z. B. *Hauser/Wöhry* Versicherungsrundschau 5/2010, 22, 29 f.
[48] Vgl. die weiterführenden Nachweise zu solchen Standards bei § 26 VAG Rn. 139.
[49] Vgl. § 26 VAG Rn. 139 ff.
[50] Siehe oben Rn. 31.

Dies entspricht der Zurechnungsfunktion im Sinne der bestehenbleibenden Verantwortlichkeit des Versicherungsunternehmens für die Einhaltung der gegebenen Rechtsbindungen nach § 32 VAG im Fall der Ausgliederung.[51]

Nicht Gegenstand der Prüfungstätigkeit der internen Revision sind die **Unternehmensorgane.** Dies folgt schon aus der hierarchischen Stellung der internen Revision als einem Instrument des Vorstands und der Weisungsabhängigkeit der internen Revision diesem gegenüber. Die Einbeziehung der Unternehmensorgane in die Prüfung würde daher zu erheblichen Interessenkonflikten führen. **Nicht ausgeschlossen** ist dagegen, dass die interne Revision auf Veranlassung eines Unternehmensorgans **im Einzelfall** Prüfungshandlungen mit **Organbezug** vornimmt. Das häufigste praktische Beispiel dürften Prüfungshandlungen auf Veranlassung des Aufsichtsrats sein, die die Organtätigkeit – z. B. die Abrechnungspraxis für Spesen und Reisetätigkeiten – im Unfrieden ausgeschiedener Vorstandsmitglieder betreffen. 37

Ist der Vorstand als Leitungsorgan nicht Prüfungsgegenstand der internen Revision, muss dies konsequent auch für die Wahrnehmung der Leitungsverantwortung durch **Entscheidungen des Vorstands zum Geschäftsmodell** des Versicherungsunternehmens gelten. Dies betrifft nicht nur die allgemeine Unternehmensstrategie, sondern in deren Konkretisierung insbesondere die Risikostrategie.[52] Bei der Festlegung solcher grundlegender Vorgaben für die Tätigkeit eines Versicherungsunternehmens handelt es sich um den Kern unternehmerischer Tätigkeit. Er bildet ein Proprium der Unternehmensorgane, das daher aufsichtsresistent ist.[53] Die Parallele dazu liegt in der **Revisionsresistenz der Leitungstätigkeit des Vorstands.** 38

Zwar besteht keine rechtliche Verpflichtung der internen Revision zu einer wiederkehrenden Selbstprüfung. Denn die interne Revisionsfunktion ist grundsätzlich nicht selbst ihr eigener Gegenstand.[54] Allerdings entspricht es Grundsätzen einer ordnungsgemäßen Geschäftsorganisation, die **Wirksamkeit der internen Revisionsfunktion** selbst von Zeit zu Zeit auf den Prüfstand zu stellen. Diese Entscheidung obliegt dem Vorstand eines Versicherungsunternehmens. Da eine Selbstprüfung ausscheidet, kommen je nach Kostensituation und Anlass für die Prüfung nur eine **Selbstprüfung mit externer Validierung**[55] oder – so vor allem – eine **externe Prüfung**[56] in Betracht. 39

b) IKS insbesondere. § 30 Abs. 1 VAG hebt aus der Geschäftsorganisation als Ganze das IKS, das in § 29 VAG geregelt ist, als Prüfungsgegenstand hervor. Dies entspricht mit der ausdrücklichen Nennung als einziges Element des Governance-Systems bei der Prüfungsaufgabe Art. 47 Abs. 1 UAbs. 2 Solva II-RL, nicht aber mit dieser ganz besonderen Betonung. Das versicherungsaufsichtsrechtliche Governance-System besteht nämlich aus vier Elementen. Die interne Revisionsfunktion und die versicherungsmathematische Funktion bilden dabei jeweils selbst ein solches Element, während das IKS – einschließlich der Compliance-Funktion – nach § 29 VAG und das RMS – einschließlich der URCF – nach § 26 VAG die beiden anderen Elemente sind.[57] Einer **Differenzierung** in der Prüfung der anderen Schlüsselfunktionen durch die interne Revision steht schon die Gleichrangigkeit aller Schlüsselfunktionen entgegen.[58] Auch sonst ist **sachlich kein Anlass** ersichtlich, die Prüfung des IKS gegenüber der des RMS zu betonen. 40

c) Sämtliche Tätigkeiten des Versicherungsunternehmens. Auch wenn § 30 Abs. 1 VAG die interne Revision nur auf die Prüfung der gesamten Geschäftsorganisation verpflichtet, ist der Bereich der Prüfungsaufgaben der internen Revision aus versicherungsaufsichtsrechtlicher Sicht darauf, wie zuvor ausgeführt,[59] nicht begrenzt. Art. 271 Abs. 3 lit. a Solva II-VO geht nämlich von einem „Revisionsprogramm (…) unter Berücksichtigung **sämtlicher Tätigkeiten** und des gesamten Governance-Systems" aus. Die Aufgaben der internen Revision betreffen daher zwar insbesondere, aber nicht nur die Geschäftsorganisation.[60] Das sog. **audit universe** der internen Revision, in deutscher Sprache als **Prüflandkarte** bezeichnet, ist also **umfassend angelegt.** 41

3. Prüfungskriterien (Abs. 1). a) Angemessenheit. Ein erstes Prüfungskriterium bildet nach § 30 Abs. 1 VAG die Angemessenheit der Geschäftsorganisation. Darin spiegelt sich zu Recht die grundlegende Anforderung an die Geschäftsorganisation nach § 23 Abs. 1 S. 1 VAG. Konsequent ist sie hier nicht anders als dort zu verstehen. Danach geht es bei der Angemessenheit darum, dass die Geschäfts- 42

[51] Vgl. § 32 VAG Rn. 40 ff., 50 ff.
[52] So zur Risikostrategie schon *Schaaf*, S. 115 f.
[53] Aus. Einl. Rn. 144.
[54] Vgl. schon oben Rn. 11.
[55] Vgl. dazu z. B. *Peemöller/Kregel*, S. 363.
[56] Vgl. dazu z. B. den gemeinsamen IDW- und DIIR-Standard IDW EPS 983 v. 7.4.2017: Grundsätze ordnungsmäßiger Prüfung des Internen Revisionssystems.
[57] Vgl. den Überblick über das versicherungsaufsichtsrechtliche Governance-System bei § 23 VAG Rn. 19.
[58] Vgl. dazu oben Rn. 33.
[59] Siehe oben Rn. 35.
[60] So im Ergebnis auch, aber mit einer Herleitung aus dem § 64a VAG a. F. und den früheren MaRisk VA *Heukamp* § 3 Rn. 77 f. und schon *Schaaf*, S. 21 unter Berufung auf die Entstehungsgeschichte von Art. 47 Solva II-RL; vgl. zum Verhältnis zu der internen Überprüfung des Governance-Systems durch den Vorstand § 23 VAG Rn. 91 und 97.

organisation für die Größe, das Geschäftsmodell und den Geschäftsumfang des jeweiligen konkreten Versicherungsunternehmens passend und damit **verhältnismäßig** sein muss.[61]

43 **b) Wirksamkeit.** Das zweite Kriterium bei der Prüfung der Geschäftsorganisation durch die interne Revision ist das der Wirksamkeit. Auch damit nimmt § 30 Abs. 1 VAG eine grundlegende Anforderung an die Geschäftsorganisation nach § 23 Abs. 1 S. 1 VAG auf. Die Wirksamkeit bedeutet, dass die Geschäftsorganisation **effektiv, also funktionsfähig und funktionierend**, sein muss.[62]

44 **4. Revisionsplanung (Art. 271 Abs. 3 S. 1 lit. a bis c Solva II-VO).** Die Tätigkeit jeder internen Revision beruht auf einer Planung. Davon geht auch Art. 271 Abs. 3 S. 1 lit. a bis c Solva II-VO aus. Lit. a bezieht sich auf einen „**Revisionsprogramm**", was aufgrund eines Textvergleichs mit anderen Amtssprachen als „Revisionsplan" zu verstehen ist. Der Plan ist ein **Mehrjahresprüfungsplan**. Er ist zu schaffen, umzusetzen und dauerhaft zu gewährleisten. In ihm werden „die in den kommenden Jahren durchzuführenden Revisionsarbeiten (…) festgelegt". Der Revisionsplan ist also **mehrjährig**.

45 Nach Art. 271 Abs. 3 S. 1 lit. c Solva II-VO ist der **Revisionsplan** dem Vorstand zu übermitteln, der ihn verabschiedet.

46 Allen Planungen der internen Revision ist nach Art. 271 Abs. 3 S. 1 lit. b Solva II-VO ein „**risikobasierter Ansatz** bei der Festlegung ihrer Prioritäten" zugrunde zu legen.[63] In diesem Risikobezug der internen Revision setzt sich die Risikoorientierung des Solvency II-Systems insgesamt fort.[64]

47 Nach **EIOPA**-LL 43 Governance sollten Versicherungsunternehmen

„sicherstellen, dass der Plan für die interne Revision:

a) auf einer methodischen Risikoanalyse beruht, bei der alle Tätigkeiten und das vollständige Governance-System sowie die erwarteten Entwicklungen von Tätigkeiten und Innovationen berücksichtigt werden, und

b) alle wesentlichen Tätigkeiten umfasst, die innerhalb eines angemessenen Zeitraums zu prüfen sind."

Der EIOPA-Explanatory Text BoS-14/253 zu LL 43 Governance (BaFin-Übersetzung) geht davon aus, dass in dem Revisionsplan die „Ziele sowie ein Überblick über die als notwendig erachteten Arbeiten (…) beschrieben" werden. Als „relativ flexibles Instrument" erstreckt er sich danach „auf die Tätigkeiten, die innerhalb eines angemessenen Zeitraums, d. h. gemäß dem Grundsatz der Prüfungszyklen, zu prüfen sind." Der Zeitraum für die konkrete Revisionsplanung, die im Ausgangspunkt auf der Grundlage des Mehrjahresprüfungsplans erfolgt, ist in der Praxis in der Regel ein Jahreszeitraum im Sinne einer Jahresrevisionsplanung. Je nach Unternehmensgröße kann zusätzlich eine Quartalsplanung erfolgen.

48 **5. Ad hoc-Prüfungen (Art. 271 Abs. 3 S. 2 Solva II-VO).** Art. 271 Abs. 3 S. 2 Solva II-VO geht davon aus, dass „die Funktion der internen Revision Prüfungen durchführen (scil.: kann), die nicht im Revisionsplan vorgesehen sind." Derartige ad hoc-Prüfungen würden ohnehin zu den Aufgaben jeder ordnungsgemäß eingerichteten internen Revisionsfunktion gehören. Sie betreffen regelmäßig **eilige und wichtige Sachverhalte**, die dem Vorstand bei der Verabschiedung des Revisionsplans noch unbekannt waren oder bisher keinen Anlass zur Einschaltung der internen Revision gaben. Für derartige **interne Untersuchungen** oder **internal investigations**, für die zum Teil auch externe Berater herangezogen werden, hat sich inzwischen eine gewisse Praxis herausgebildet.[65]

49 **6. Revisionsbericht (Abs. 2 S. 2, Art. 271 Abs. 3 S. 1 lit. d Solva II-VO).** Nach § 30 Abs. 2 S. 2 VAG berichtet die interne Revision „ihre Prüfungsergebnisse und Empfehlungen direkt an den Vorstand". Erforderlich ist also zu Regel- und ad hoc-Prüfungen ein **Revisionsbericht**.[66]

50 Für die Revisionsberichte gilt **Schriftform**. Dies folgt schon aus den Anforderungen an eine ordnungsgemäße Geschäftsorganisation im Sinne von § 23 VAG.

51 **Adressat** der Revisionsberichte ist der **Vorstand**. Eine Berichterstattung ausschließlich an das Vorstandsmitglied, das nach der Zuständigkeitsverteilung im Vorstand für die interne Revision zuständig ist, reicht nicht.[67] In der Praxis ist die interne Revision vielfach dem Vorstandsvorsitzenden zugeordnet. Dies fördert nicht nur ihre Durchsetzungskraft; er hat damit auch den direkten Zugriff auf die wichtige Informationsquelle, auch wenn der Gesamtvorstand deren Berichtsadressat ist. Zumindest für den regelmäßigen Revisionsjahresbericht empfiehlt sich, dass auch die **Inhaber der drei anderen Schlüssel-**

---

[61] Vgl. § 23 VAG Rn. 24 ff.

[62] Vgl. § 23 VAG Rn. 27 ff. und zu der Durchführung der Prüfungsaufgabe aus Sicht der internen Revision z. B. *Knapp*, S. 41 ff.; *Amling/Bantleon*, S. 25 ff.; *Peemöller/Kregel*, S. 21 ff.; *Schaaf*, S. 115 ff. zur Prüfung des RMS.

[63] Text i. d. F. der durch DVO (EU) 2016/2283 ABl. EU 2016 Nr. L 346, 111 ff. erfolgten Berichtigung; vgl. näher zur risikoorientierten Prüfungsplanung z. B. *Büsselberg/Kasi/Schalk/Bennemann*, S. 101, 104 ff.; *Hauser/Wöhry* Versicherungsrundschau 5/2010, 22, 32 ff.

[64] Vgl. dazu Einl. Rn. 113 ff.

[65] Vgl. dazu z. B. *Louven* in: Düsseldorfer Vorträge zum Versicherungsrecht 2015, S. 63 ff.; *Krug/Skoupil* NJW 2017, 2374 ff.

[66] Vgl. dazu schon *Dreher/Schaaf* VersR 2009, 1151 ff.; *Schaaf*, S. 118 ff.

[67] Ebenso Nr. 139 S. 2 MaGo.

funktionen den Bericht informatorisch **zur Kenntnis** erhalten – ebenso wie umgekehrt der Inhaber der internen Revisionsfunktion deren Berichte.

Der **Aufsichtsrat** ist ebenfalls **nicht Adressat** der Revisionsberichte. Er sollte sie allerdings **ohne Verzug zur Kenntnis** erhalten. Grundlagen dafür sind die gesellschaftsrechtliche Informationspflicht des Vorstands gegenüber dem Aufsichtsrat und die Aufgabe des Aufsichtsrats oder von dessen Prüfungsausschuss nach § 107 Abs. 3 S. 2 AktG, sich mit der Wirksamkeit auch des internen Revisionssystems zu befassen.[68] Das Bankaufsichtsrecht kennt mit § 25d Abs. 8 S. 7 KWG eine Regelung, wonach der Vorsitzende des Risikoausschusses des Aufsichtsrats, ersatzweise der Vorsitzende des Aufsichtsrats, „unmittelbar beim Leiter der Internen Revision und beim Leiter des Risikocontrollings Auskünfte einholen" kann.[69] Eine solche Regelung gibt es im Versicherungsaufsichtsrecht nicht.[70] Hier gelten daher die allgemeinen gesellschaftsrechtlichen Grundsätze für Direktkontakte des Aufsichtsrats zu dem Vorstand nachgeordneten Mitarbeitern auch für den Kontakt zu dem Inhaber der internen Revisionsfunktion.[71] 52

Den **Inhalt** des Revisionsberichts bilden nach § 30 Abs. 2 S. 2 VAG die „Prüfungsergebnisse und Empfehlungen". Die Empfehlungen basieren nach Art. 271 Abs. 3 S. 1 lit. d Solva II-VO „auf der Grundlage der Ergebnisse" der Revisionstätigkeiten. Sie haben den Charakter einer prüfungsakzessorischen Beratung.[72] Nach EIOPA-LL 45 Governance sollen Revisionsberichte „Angaben zu dem für die Abstellung von Unzulänglichkeiten vorzusehenden Zeitraum sowie zu dem Ergebnis früherer Prüfungsempfehlungen" enthalten. Gemäß Nr. 2.205. EIOPA Explanatory Text BoS-14/253 zu LL 45 Governance (BaFin-Übersetzung) soll die interne Revision auch angeben, „welche relative Bedeutung den gefundenen Mängeln oder erteilten Empfehlungen zukommt." Eine solche Einordnung entspricht dem Üblichen. Nr. 2.206. geht für den Inhalt von Revisionsberichten weiter von Folgendem aus: „Der Bericht deckt zumindest die Mängel in Bezug auf die Effizienz und Eignung des internen Kontrollsystems ab sowie die größeren Mängel in Bezug auf die Einhaltung der internen Leitlinien, Verfahren und Prozesse. Er umfasst Empfehlungen, wie Mängel zu beheben sind, und geht auch besonders darauf ein, inwieweit frühere Kritikpunkte aufgegriffen und früheren Empfehlungen Folge geleistet wurde." Schließlich fordert Nr. 2.209.: „Die Funktion der internen Revision gibt in dem Bericht auch an, wer festgestellte Mängel beheben muss, um den Prüfungsempfehlungen Folge zu leisten." Im Hinblick auf die anschließend in Nr. 2.209. angeführte Entscheidungszuständigkeit des Vorstands kann es sich bei einer solchen Angabe nur um eine Empfehlung handeln. 53

Revisionsberichte an den Vorstand erfolgen nach Art. 271 Abs. 3 S. 1 lit. d Solva II-VO „mindestens einmal **jährlich**". Hinzu kommen nach Bedarf die ad hoc-Berichte im Sinne von Art. 268 Abs. 3, 271 Abs. 3 S. 2 Solva II-VO. 54

7. Revisionsbedingte Maßnahmen des Vorstands und follow up-Prüfungen der internen Revision (Abs. 2 S. 3, Art. 271 Abs. 3 S. 1 lit. e Solva II-VO). Der Revisionsberichterstattung durch die interne Revision zeitlich nachfolgend beschließt der Vorstand gemäß § 30 Abs. 2 S. 3 VAG, „welche **Maßnahmen** aufgrund der Feststellungen der Revisionsberichte zu ergreifen sind und stellt die Umsetzung dieser Maßnahmen sicher." Nach der Gesetzesbegründung soll Abs. 2 S. 3 klarstellen, „dass die Entscheidung über Abhilfemaßnahmen bei festgestellten Mängeln nicht bei der internen Revision, sondern beim Vorstand liegt."[73] 55

Art. 271 Abs. 3 S. 1 lit. e Solva II-VO weist der internen Revision vor dem Hintergrund **follow up-Prüfungen** zu. Dabei geht es darum, ob die vom Vorstand „getroffenen Entscheidungen befolgt werden".[74] Die Ergebnisse solcher follow up-Prüfungen gehen sodann wieder in die Revisionsberichte der internen Revision an den Vorstand ein. Nr. 2.207. EIOPA Explanatory Text BoS-14/253 zu LL 45 Governance (BaFin-Übersetzung) geht dazu von Folgendem aus: „Die interne Revision entwickelt angemessene Verfahren, um die Art und Weise, wie die Empfehlungen umgesetzt werden, zu überprüfen und anschließend aufzuzeichnen und darüber Bericht zu erstatten." 56

Unabhängig von den regelmäßigen oder ad hoc-**Revisionsberichten** fordern Nr. 2.203. und 2.204. **EIOPA** Explanatory Text BoS 14/253 zu LL 45 Governance (BaFin-Übersetzung), dass die interne Revision einen **„schriftlichen Bericht über jeden Prüfungsauftrag** schnellstmöglich erstellt. Der schriftliche Bericht wird der geprüften Stelle und der Hierarchie der geprüften Stelle und gegebe- 57

[68] Vgl. dazu ausf. *Dreher/Hoffmann* ZGR 2016, 445, 473 ff.; *Hülsberg/Knake* DB 2015, 545 ff.; *Breuer/Nikitina* DB 2015, 537, 541 ff.

[69] Vgl. zu den „Erwartungen der Bankenaufsicht" an die interne Revision BaFinJournal 3/2014, S. 20 ff.

[70] Die aufgehobenen MaRisk VA sahen bei Nr. 7.2.1. unter 3) b) eine Direktinformation des Aufsichtsrats (nur) durch den Leiter der URCF vor.

[71] Vgl. ausf. *Dreher* ZGR 2010, 496, 514; *ders.* FS Ulmer, 2003, 87 ff. und allgemein zum Verhältnis von Aufsichtsrat und interner Revision *Velte* NZG 2011, 1401 ff.

[72] Vgl. unten Rn. 58 ff.

[73] VAG-RegE 2014 BT-Drs. 18/2956, 245.

[74] Vgl. dazu auch die Begründung zu § 30 Abs. 2 VAG-RegE 2014 BT-Drs. 18/2956, 246: „Bei der Überprüfung, ob die beschlossenen Maßnahmen auch tatsächlich vollständig umgesetzt werden, kann sich der Vorstand der Hilfe der internen Revision bedienen."

nenfalls dem VMAO als Executive Summary übermittelt.“ Diese Anforderungen gehen über das versicherungsaufsichtsrechtlich Geforderte hinaus. Ob, wie und an wen die interne Revision solche kurzen Abschlussberichte zu den einzelnen Prüfungshandlungen gibt, sollte jedes Versicherungsunternehmen unternehmensindividuell in den unternehmensinternen Leitlinien regeln. Dabei liegt im Hinblick auf mögliche Maßnahmen durch den Vorstand Flexibilität insbesondere bei den Adressaten der Berichte und bei der zeitlichen Abfolge ihrer Information im Unternehmensinteresse.

58 **8. Beratung.** Weder das europäische noch das deutsche Versicherungsaufsichtsrecht übertragen der internen Revision unter Verwendung dieses Begriffs eine Beratungsaufgabe. § 30 Abs. 2 S. 2 VAG geht allerdings davon aus, dass die interne Revision dem Vorstand gegenüber „**Empfehlungen**“ ausspricht. Art. 271 Abs. 3 S. 1 lit. d Solva II-VO weist der internen Revision als „Aufgabe“ Folgendes zu: „Formulierung von Empfehlungen auf der Grundlage der Ergebnisse der gemäß Buchstabe a durchgeführten Arbeiten und mindestens einmal jährlich Übermittlung eines die Ergebnisse und Empfehlungen enthaltenden schriftlichen Berichts an das Verwaltungs-, Management- oder Aufsichtsorgan“. Und lit. e sieht follow up-Prüfungen im Hinblick auf „auf der Grundlage der unter Buchstabe d genannten Empfehlungen getroffenen Entscheidungen“ des Vorstands vor. Derartige Empfehlungen haben den **Charakter einer Beratung**.

59 Die **EIOPA**-LL Governance gehen auf die Beratungsaufgabe der internen Revision nur insoweit ein, als LL 42 bei 1.88. fordert, dass die Versicherungsunternehmen in ihren unternehmensinternen Leitlinien zur internen Revision festlegen, unter welchen Bedingungen die interne Revision „in Anspruch genommen werden kann, um eine Stellungnahme abzugeben“. Damit ist sowohl die Beratungsaufgabe als auch die Anforderung von Empfehlungen durch Unternehmensmitarbeiter, die nicht Vorstandsmitglieder sind, vorausgesetzt. Nr. 2.193. EIOPA Explanatory Text BoS-14/253 zu LL 41 Governance spricht – in der BaFin-Übersetzung – im Zusammenhang mit der Einforderung solcher Stellungahmen allerdings ausdrücklich von einer „Beratungsfunktion“. Sie stelle „sogar eine **sekundäre Aufgabe** dar, die den grundlegenden Aufgaben oder der Verantwortlichkeit und Unabhängigkeit des Urteils der Funktion der internen Revision nicht entgegenstehen kann.“

60 Nr. 136 **MaGo** übernimmt diese Hierarchisierung und konkretisiert sie mit folgenden Worten: „Die Einhaltung des Prüfungsplans, also die Erfüllung der Prüffunktion, geht der Beratungsfunktion vor. Die interne Revision schränkt insofern die Beratungstätigkeit gegebenenfalls ein.“ Die Nachrangigkeit jeder Beratungsaufgabe der internen Revision, soweit sie nicht in Form prüfungsakzessorischer Stellungnahmen versicherungsaufsichtsrechtlich geboten ist, entspricht den allgemeinen rechtlichen und betriebswirtschaftlichen Anforderungen an die Tätigkeit einer internen Revisionsfunktion.[75]

61 Die Beratung durch die interne Revision[76] erfolgt nach den versicherungsaufsichtsrechtlichen Vorgaben in der Regel durch Stellungnahmen. Da diese sich ebenso regelmäßig aus Prüfungshandlungen oder -feststellungen ableiten, geht es also um eine sog. **prüfungsnahe Beratung**. Eine solche Beratungsaufgabe der internen Revision ist auch außerhalb von Versicherungsunternehmen üblich.

62 Eine **prüfungsunabhängige Beratung** durch die interne Revision ist dagegen versicherungsaufsichtsrechtlich nicht vorgesehen. Sie wäre schon aus allgemeinen Gründen nicht anzuraten. Dazu gehören die meist fehlenden unternehmensübergreifenden Problemkenntnisse, die ebenso fehlende sog. externe Expertenmacht und die Herbeiführung von Interessenkonflikten durch spätere Prüfung von Unternehmenseinheiten, die die interne Revision zuvor beraten hat. Hinzu kommen zusätzlich und mit entscheidender Wirkung spezifisch versicherungsaufsichtsrechtliche Gründe. Dies gilt vor allem für die aufsichtsrechtlich nach § 23 Abs. 1 S. 3 VAG geforderte „transparente Organisationsstruktur mit einer klaren Zuweisung und einer angemessenen Trennung der Zuständigkeiten“.

63 Soweit ein Versicherungsunternehmen eine Beratung durch die interne Revision auch im Verhältnis zu Stellen im Unternehmen jenseits des Vorstands ermöglichen will, ist das **Ob, Wie und an wen** entsprechend der insoweit zutreffenden EIOPA-LL 42 Governance in den **unternehmensinternen Leitlinien** eindeutig zu regeln. Schon im Hinblick auf die zuvor angeführte Gefahr von Interessenkonflikten bei Beratungsleistungen z. B. gegenüber operativ tätigen Einheiten dürften solche Leistungen nur bei größeren Versicherungsunternehmen zulässig sein. Denn nur dort kommt aufgrund der Personalstärke der internen Revision und einer Doppelung von Know-how in ihr eine Bewältigung dieser Gefahr durch personelle Trennung von Prüfung und Beratung in Betracht. Aber auch hier bleibt die Gefahr, dass die interne Revision durch andere Unternehmenseinheiten mit Beratungsleistungen beauftragt wird, um Prüfungshandlungen zu dem Auftragsthema und einen nachfolgenden, eventuell kritischen Bericht dazu an den Vorstand zu vermeiden.[77]

64 Versicherungsaufsichtsrechtlich ist bei der Übertragung von Beratungsaufgaben auf die interne Revision außerdem zu beachten, dass § 29 Abs. 2 S. 1 VAG „die **Beratung des Vorstands** in Bezug auf die **Einhaltung der Gesetze** und Verwaltungsvorschriften, die für den Betrieb des Versicherungsgeschäfts

[75] Vgl. z. B. *Münzenberg* in: Amling/Bantleon, S. 118.
[76] Vgl. ausf., aber versicherungsunabhängig zur Beratung als Aufgabe einer internen Revision z. B. *Peemöller/Kregel*, S. 25 ff., 121 ff.; *Amling/Bantleon*, S. 29 und *Münzenberg* in: Amling/Bantleon, S. 118.
[77] Vgl. zu diesen Gefahren *Peemöller/Kregel*, S. 121; *Bürkle* CCZ 2012, 220, 224.

gelten", ausdrücklich der **Compliance-Funktion** zuweist. Die Zuweisung derselben Aufgabe an die interne Revisionsfunktion wäre hiermit nicht zu vereinbaren.[78] Soweit die interne Revision allerdings im Rahmen von Prüfungshandlungen Feststellungen zu der Einhaltung von Außen- und Innenrecht trifft, kann – und gegebenenfalls muss – sie prüfungsakzessorisch Stellungnamen dazu, also mit anderen Worten Beratungsleistungen, wie versicherungsaufsichtsrechtlich vorgesehen erbringen. Die Zuweisung der speziellen Beratungsaufgabe an die Compliance-Funktion schließt also Beratungsleistungen durch die interne Revisionsfunktion zu diesem Thema nicht generell aus.[79]

9. Dokumentation. Nach § 23 Abs. 5 VAG und Art. 258 Abs. 1 lit. i Solva II-VO besteht für Versicherungsunternehmen die Pflicht, die **Geschäftsorganisation angemessen zu dokumentieren.**[80] Dies gilt ohne weiteres auch für die Tätigkeit der internen Revision. 65

Mit der Dokumentation der internen Revision befasst sich **EIOPA**-LL 44 Governance. Danach soll ein Unternehmen „Aufzeichnungen über seine Arbeit führen, um eine Bewertung der Wirksamkeit der Arbeit der Funktion der internen Revision zu ermöglichen und die Prüfungen in einer Weise dokumentieren, die eine Rückverfolgung der vorgenommenen Prüfungen und der ermittelten Feststellungen erlauben." Weitergehende Anforderungen enthalten Nr. 2.200. EIOPA Explanatory Text BoS-14/253 zu LL 44 Governance. Nach Nr. 2.200. und 2.202. (BaFin-Übersetzung) muss die Dokumentation „sämtliche Revisionsverfahren" umfassen und sich auch auf „Arbeitspapiere" erstrecken. Die Dokumentation muss gemäß Nr. 2.201. „nach einer genau festgelegten Methode erstellt werden. Eine solche Methode muss insbesondere eine Verifizierung, dass der Prüfungsauftrag ordnungsgemäß ausgeführt wurde, und eine Prüfung der Art und Weise erlauben, wie dieser ausgeführt wurde." 66

Die Dokumentationspflicht bezieht sich auf alle Tätigkeiten der internen Revision. Sie **umfasst** daher auch **Beratungsaufgaben** der internen Revision. 67

VI. Verhältnis zu anderen Regelungen. Der Vorstand eines Versicherungsunternehmens muss nach **§ 23 Abs. 2 VAG** für eine regelmäßige interne Überprüfung der Geschäftsorganisation sorgen. Dabei handelt es sich zwar um eine von der Prüfung durch die interne Revision nach § 30 Abs. 1 VAG getrennte Aufgabe. In sie ist die interne Revision aber regelmäßig in erheblichem Umfang einbezogen.[81] 68

Nach **§ 53 Abs. 4 VAG** muss die interne Revision „mindestens einmal jährlich die Einhaltung der Pflichten im Zusammenhang mit der Verhinderung der **Geldwäsche** und der **Terrorismusfinanzierung**" prüfen. Den Prüfungsbericht dazu muss sie dem Vorstand, dem Geldwäschebeauftragten und der BaFin zuleiten. 69

Mehrere VAG-Regelungen betreffen die **Geltung von § 30 VAG für bestimmte Unternehmen.** Nach **§ 212 Abs. 2 Nr. 1 VAG gilt** § 30 VAG für kleine Versicherungsunternehmen nicht. Pensionskassen bzw. Pensionsfonds müssen nach **§ 234 Abs. 2 S. 2 und 3 VAG** bzw. **§ 237 Abs. 2 S. 2 und 3 VAG** grundsätzlich über eine interne Revision verfügen. 70

Auf **Gruppenebene** enthält **§ 275 Abs. 1 S. 1 VAG** die Forderung nach entsprechender Geltung der Regelungen für Einzelunternehmen. Dies betrifft auch die interne Revision.[82] 71

Versicherungsmathematische Funktion

31 (1) [1]**Versicherungsunternehmen müssen über eine wirksame versicherungsmathematische Funktion verfügen.** [2]**Die Aufgabe dieser Funktion ist es, in Bezug auf die Berechnung der versicherungstechnischen Rückstellungen**

1. die Berechnung zu koordinieren,
2. die Angemessenheit der verwendeten Methoden und der zugrunde liegenden Modelle sowie der getroffenen Annahmen zu gewährleisten,
3. die Hinlänglichkeit und die Qualität der zugrunde gelegten Daten zu bewerten,
4. die besten Schätzwerte mit den Erfahrungswerten zu vergleichen,
5. den Vorstand über die Verlässlichkeit und Angemessenheit der Berechnung zu unterrichten und
6. die Berechnung in den in § 79 genannten Fällen zu überwachen.

(2) [1]**Darüber hinaus gibt die versicherungsmathematische Funktion eine Stellungnahme zur allgemeinen Zeichnungs- und Annahmepolitik und zur Angemessenheit der Rückversicherungsvereinbarungen ab.** [2]**Sie trägt zur wirksamen Umsetzung des Risikomanagement-**

[78] So schon *Bürkle* CCZ 2012, 220, 224.
[79] A. A. *Bürkle* CCZ 2012, 220, 224, der die interne Revisionsfunktion auf außerrechtliche Bewertungen der Angemessenheit und Wirksamkeit des Governance-Systems beschränken will.
[80] Vgl. § 23 VAG Rn. 135 ff.
[81] Vgl. § 23 VAG Rn. 91 und 97.
[82] Vgl. dazu *Ballmaier* 7. Teil A. III. 3.

systems, insbesondere im Hinblick auf die Entwicklung interner Modelle, und zur Risiko- und Solvabilitätsbeurteilung bei.

(3) **Wer die versicherungsmathematische Funktion ausübt, muss über Kenntnisse der Versicherungs- und der Finanzmathematik verfügen, die der Art, dem Umfang und der Komplexität der Risiken des Versicherungsunternehmens angemessen sind, und einschlägige Erfahrungen mit den maßgeblichen fachlichen und sonstigen Standards darlegen können.**

Übersicht

Schrifttum: *Korinek*, Kommentierung von §§ 113 ff. öVAG, in: Korinek/G. Saria/S. Saria (Hrsg.), Versicherungsaufsichtsgesetz, 3. Lieferung 2016.

1 **I. Allgemeines. 1. Entstehungsgeschichte.** § 31 VAG bildet im Zusammenhang mit dem Solvency II-System eine **neue Vorschrift**. Sie ist im Gesetz zur Modernisierung der Finanzaufsicht über Versicherungen erstmals normiert.[1]

2 **2. Normzweck.** Nach der Begründung zum RegE von § 31 VAG dient die Regelung der **Umsetzung von Art. 48 Solva II-RL.**[2] Ihre Existenz verdankt sie der neuen Solvenzkapitalanforderung und deren Risikoorientierung im Solvency II-System.[3] Damit bildet zugleich der Normzweck von Art. 48 Solva II-RL den europarechtlichen Hintergrund von § 31 VAG.

3 Die neuen Solvency II-Regelungen setzen eine möglichst genaue Berechnung von Kapitalanforderungen und Erfassung von Risiken voraus. Grundlagen hierfür sind versicherungsaufsichtsrechtlich vorgegebene Maßstäbe und Modelle. Ihre Anwendung erfordert in großem Umfang den Einsatz **versicherungsmathematischer Methoden**. Darauf nehmen z. B. §§ 7 Nr. 29 sowie Nr. 36, 77 Abs. 2 S. 2, 79 Abs. 2, 87 Abs. 2 VAG ausdrücklich Bezug.

4 **3. Europarechtlicher Hintergrund. Art. 48 Solva II-RL** fordert die Schaffung einer versicherungsmathematischen Funktion. Die ausführliche Regelung des **Art. 272 Solva II-VO** konkretisiert in acht Absätzen die Aufgaben und Tätigkeiten dieser Funktion. Das Hauptthema von Art. 48 Solva II-RL

[1] BGBl. 2015 I, 434 ff.; vgl. ausf. Einl. Rn. 69 ff.
[2] VAG-RegE 2014 BT-Drs. 18/2956, 246.
[3] Vgl. Einl. Rn. 113 ff.

ist es, im Sinne der generellen Risikoorientierung des neuen Ansatzes eine möglichst exakte Berechnung der versicherungstechnischen Rückstellungen herbeizuführen. Zu diesem Zweck verlangt die Richtlinie eine **ökonomische oder Marktwertbilanz**, in § 74 VAG **Solvabilitätsübersicht** genannt. Grundlage dafür ist eine **Fair Value-Betrachtung**, d. h. eine **marktkonsistente Bewertung** aller Vermögenswerte und Verbindlichkeiten eines Versicherungsunternehmens.[4] Dies erfordert auch in Bezug auf die versicherungstechnischen Rückstellungen in erheblichem Umfang den Einsatz von versicherungsmathematischen Modellen, Verfahren und Bewertungen.[5] Speziell für die „angemessenen, anwendbaren und einschlägigen versicherungsmathematischen und statistischen Techniken" bei der Berechnung der Wahrscheinlichkeitsverteilungsprognose i. S. v. Art. 121 Abs. 2 Solva II-RL enthält Art. 229 Solva II-VO eine Reihe von „Bedingungen".

II. Begriff. § 31 Abs. 1 VAG übernimmt mit dem **Begriff der versicherungsmathematischen Funktion** den in Art. 48 Abs. 2 Solva II-RL verwendeten Begriff. In anderen Amtssprachen – z. B. in der englischsprachigen – benennt die Solva II-RL die Funktion dagegen als „actuarial function". 5

Mit der Einführung der versicherungsmathematischen Funktion durch die Solva II-RL stellt sich die grundsätzliche Frage nach dem **Verhältnis von versicherungsmathematischer Funktion und Verantwortlichem Aktuar** nach dem deutschen VAG.[6] §§ 141, 156, 161 und 162 VAG verpflichten Versicherungsunternehmen, die die Lebensversicherung, die substitutive Krankenversicherung oder die Unfallversicherung mit Prämienrückgewähr bzw. die Unfall- sowie Haftpflichtversicherung mit Rentenzahlungspflicht betreiben, zur Bestellung eines Verantwortlichen Aktuars. Für ihn gelten nach den genannten Vorschriften spezielle Fit-and-proper-Anforderungen, wie dies nach § 31 Abs. 3 VAG für die Mitarbeiter der versicherungsmathematischen Funktion ebenfalls, wenn auch mit unterschiedlichem Regelungsansatz, der Fall ist. Nach der Begründung zu dem RegE-VAG 2014 zu § 31 Abs. 3 VAG[7] müssen aber ausdrücklich auch Verantwortliche Aktuare nicht „Versicherungsmathematiker (Aktuare)" sein. 6

Der verantwortliche Aktuar – so die BaFin – „nimmt eine **Schutzfunktion für die Kunden** wahr".[8] Diese tradierte Sicht entsprach den Verhältnissen unter Solvency I. Damals war der Verantwortliche Aktuar Vorposten der BaFin bei der Gewährleistung des Aufsichtsziels „dauernde Erfüllbarkeit der Verpflichtungen aus den Versicherungen und hierbei insbesondere die Bildung ausreichender versicherungstechnischer Rückstellungen" nach § 81 Abs. 1 VAG a. F. Im neuen Solvency II-System ist dieses Ziel durch zahlreiche andere Mechanismen und Funktionen – z. B. auch die neue versicherungsmathematische Funktion – gesichert.[9] Dennoch sieht das deutsche VAG den Verantwortlichen Aktuar nach wie vor als versicherungsaufsichtsrechtliches Instrument zur Sicherung der dauernden Erfüllbarkeit der Verpflichtungen aus den Versicherungsverträgen. Daher ist ihm unter anderem die Prüfung übertragen, ob die dauernde Erfüllbarkeit der Verträge gewährleistet ist und die bilanziellen versicherungstechnischen Rückstellungen nach §§ 341e bis 341h HGB (handelsrechtliche Deckungsrückstellungen) ordnungsgemäß gebildet sind. Die Person des Verantwortlichen Aktuars muss vor der Bestellung durch den Aufsichtsrat der BaFin angezeigt werden, die auch die laufende Aufsicht über seine Tätigkeit ausübt, was noch einmal bestätigt, dass es sich bei ihm nicht nur um ein bilanzrechtliches, sondern auch um ein versicherungsaufsichtsrechtliches Instrument handelt. 7

Ein **Verantwortlicher Aktuar ist der Solva II-RL und der Solva II-VO als solcher unbekannt**. Ihr Regelungsprogramm hinsichtlich der Anforderungen an die Versicherungsmathematik zielt im Kern auf die Begründung und Ausgestaltung der versicherungsmathematischen Funktion. Die „Schutzfunktion für die Kunden", die der Verantwortliche Aktuar im deutschen Versicherungsaufsichtsrecht wahrnehmen soll, ergänzt das europäische Versicherungsaufsichtsrecht lediglich. Dessen Hauptziel ist nach Art. 27 Solva II-RL und ihm folgend § 294 Abs. 1 VAG nämlich „der Schutz der Versicherungsnehmer und der Begünstigten von Versicherungsleistungen". Die Verwirklichung dieses Ziels stellt der europäische Gesetzgeber durch die Solva II-RL sicher und ermächtigt zu deren Konkretisierung die Kommission, mit der Solva II-VO Einzelheiten zu regeln. Soweit der Schutz der Versicherungsnehmer den Einsatz von versicherungsmathematischen Methoden, Modellen und Verfahren erfordert und dabei bestimmte Aufgaben zu erfüllen sind, weist sie das europäische Versicherungsaufsichtsrecht der versicherungsmathematischen Funktion zu. 8

Eine **Pflicht der versicherungsmathematischen Funktion**, in bestimmten Fällen **„den Verantwortlichen Aktuar zu konsultieren"**, wie sie die **BaFin** in Nr. 109 MaGo begründen will, zeigt die nach dem VAG in der – zum Teil rechtlich nicht akzeptablen – Interpretation der BaFin vorgesehene Aufgabenverschränkung. Gleiches gilt für Nr. 133 MaGo mit der Bestätigung, dass es **„Überschnei-** 9

[4] Vgl. näher zum Ganzen Einl. Rn. 115.

[5] Vgl. schon *Zöbisch* Solvency II: Risikoadäquanz von Standardmodellen 2009, S. 111 ff.; *Schaaf* Risikomanagement und Compliance in Versicherungsunternehmen 2010, S. 124 ff.; ebenso *Korinek* § 113 Rn. 3.

[6] Zu der Frage der personellen Verbindung von versicherungsmathematischer Funktion und Verantwortlichem Aktuar siehe ausf. unten Rn. 18, 21 f.

[7] BT-Drs. 18/2956, 246.

[8] Nr. 123 MaGo.

[9] Vgl. ausf. Einl. Rn. 113 ff.

dungen gibt, etwa in Bezug auf eine Analyse der Datenqualität", sodass der Bericht der versicherungsmathematischen Funktion „auch Erkenntnisse aus dem Bericht des Verantwortlichen Aktuars aufgreifen" kann. Hinzu kommen weitere Überschneidungen in den Tätigkeiten, so z. B. bei der Befassung mit der **Kalkulation für Produkte** in Bezug auf Rückversicherungskosten und bei dem Verhältnis von Prämienkalkulation sowie Zeichnungspolitik. Die fehlende trennscharfe Abgrenzung in Aufgaben und Tätigkeiten und der Verweis der versicherungsmathematischen Funktion auf Tätigkeiten des Verantwortlichen Aktuars lassen sich nur im Sinne einer zum Verantwortlichen Aktuar komplementären Stellung der versicherungsmathematischen Funktion nach dem VAG interpretieren.

10 Die **Beibehaltung des Verantwortlichen Aktuars** im VAG in pauschaler Fortführung der §§ 11a, 11d, 11e, 12 Abs. 2 und 3 VAG a. F. führt zu der **Frage der Vereinbarkeit mit** der **Solva II-RL.**[10] Sie ist im Ergebnis im Sinne der Vereinbarkeit **zu bejahen**. Zwar spricht die Solva II-RL den Verantwortlichen Aktuar als solchen, wie bereits erwähnt, nicht an. Art. 35 Abs. 2 lit. c Solva II-RL fordert aber, dass die nationalen Aufsichtsrechte eine Befugnis der Aufsichtsbehörden vorsehen, bei „externen Experten wie z. B. Abschlussprüfer und Versicherungsmathematiker" Informationen anfordern zu können. Wesentlich deutlicher geht Art. 68 Abs. 2 lit. c Solva II-RL davon aus, dass die Mitgliedstaaten „einen Informationsaustausch zwischen den Aufsichtsbehörden und den folgenden Stellen zulassen" können: „den unabhängigen Versicherungsmathematikern der Versicherungsunternehmen oder Rückversicherungsunternehmen, die kraft Gesetzes diesen gegenüber aufsichtsrechtliche Aufgaben wahrzunehmen haben, sowie den mit der Beaufsichtigung dieser Versicherungsmathematiker betrauten Stellen."

11 **III. Erforderlichkeit (Abs. 1 S. 1).** Die **Existenz** einer versicherungsmathematischen Funktion ist nach Abs. 1 S. 1 – „müssen" – **zwingend**. Damit ist allerdings über die Frage der Einrichtung einer eigenen Stabsstelle oder einer dezentralen Organisation oder einer Auslagerung noch nicht entschieden. Sie beantwortet sich nach den Grundsätzen der unternehmerischen Organisationsfreiheit in Verbindung mit dem Proportionalitätsgrundsatz und dem Grundsatz einer angemessenen Geschäftsorganisation.

12 Anders als andere Schlüsselfunktionen kennt das **allgemeine Gesellschaftsrecht** eine versicherungsmathematische Funktion nicht. Ihre Existenz bei Versicherungsunternehmen verdankt sie der besonderen mathematischen Prägung des Geschäftsmodells sowie seiner Risikoorientierung.

13 **IV. Stellung. 1. Grundlagen.** Die Stellung und die Aufgaben der versicherungsmathematischen Funktion sind Gegenstand **zahlreicher rechtlicher Regelungen im VAG**. Dies gilt zunächst für § 31 VAG allgemein. Soweit es um die Fit-and-proper-Anforderungen an den Inhaber der versicherungsmathematischen Funktion und der sonstigen, in ihr tätigen Mitarbeiter geht, ist auch hier grundsätzlich § 24 VAG heranzuziehen, allerdings ergänzt um § 31 Abs. 3 VAG. Für die Ausgliederung der versicherungsmathematischen Funktion ist § 32 VAG zu beachten. Und hinsichtlich der allgemeinen Grundsätze der Geschäftsorganisation, die im vorliegenden Zusammenhang vor allem die Funktionsunabhängigkeit und die Funktionstrennung betreffen, gilt § 23 VAG und das in dieser Kommentierung sub specie der im VAG zuerst genannten Schlüsselfunktion, der URCF, bei § 26 VAG Ausgeführte. Davon betroffen ist jenseits der beiden allgemeinen Grundsätze insbesondere die Problematik der Schnittstellen von Schlüsselfunktionen.

14 Außer dem VAG und mit Vorrang vor ihm erfassen **EG 98 und Art. 272 Solva II-VO** ausführlich die versicherungsmathematische Funktion.

15 Auf **Ebene 3** betreffen **EIOPA-LL 46 bis 51 Governance** die versicherungsmathematische Funktion. Hinzu kommen voluminöse Erläuterungen der Leitlinien in Nr. 2.210. bis 2.240. EIOPA Explanatory Text BoS-14/253 zu LL Governance.[11]

16 Schließlich widmen auch die **MaGo** der versicherungsmathematischen Funktion in Abschnitt 9.3 insgesamt 33 Randnummern. Mit dem Inkrafttreten der MaGo am 1.2.2017 wurde die bis dahin anwendbare BaFin-AE zur versicherungsmathematischen Funktion vom 21.12.2015 aufgehoben.

17 **2. Funktionsunabhängigkeit, Funktionstrennung und Funktionsschnittstellen.** Zu den Grundsätzen der **Funktionsunabhängigkeit**, der **Funktionstrennung** und zu der Problematik der **Schnittstellen** der versicherungsmathematischen Funktion mit anderen Schlüsselfunktionen gilt das im Rahmen von § 23 VAG allgemein und zu der URCF nach § 26 VAG als der im VAG zuerst genannten

---

[10] *Korinek* Versicherungsrundschau 1–2/2015, 37, 39 Fn. 11 geht für den österreichischen Verantwortlichen Aktuar davon aus, dass er auch im Solvency II-Regime beibehalten werden kann, da er „andere Aufgaben hat". Auf einem Scheingegensatz beruht aber die Gegenüberstellung von Verantwortlichem Aktuar als „personenbezogenes Institut" und versicherungsmathematischer Funktion als „administrative Kapazität" durch die Begründung zu § 114 öVAG in Rechtfertigung der Fortführung der aus dem bisherigen Recht bekannten Figur, vgl. den Abdruck der Gesetzesbegründung bei *Korinek* § 114 öVAG. Nr. 1.13. Konsultationspapier EIOPA-CP-14/017 vom 2.6.2014 ging ausdrücklich davon aus, dass ein Verantwortlicher Aktuar im Sinne des bisherigen deutschen und österreichischen Versicherungsaufsichtsrechts von Solvency II nicht vorgesehen ist.

[11] Vgl. dazu Einl. Rn. 64 f.

Schlüsselfunktion ergänzend Ausgeführte in Bezug auf die versicherungsmathematische Funktion entsprechend.[12]

Die Frage der **Funktionsunabhängigkeit** stellt sich allerdings bei einer **personellen Identität** von **18**
Inhaber **der versicherungsmathematischen Funktion und Verantwortlichem Aktuar**. Die Funktionsunabhängigkeit soll nämlich insbesondere den Ausschluss oder die Bewältigung von Interessenkonflikten gewährleisten.[13]

3. Wirksamkeit (Abs. 1 S. 1). Nach Abs. 1 S. 1 muss die versicherungsmathematische Funktion **19**
„wirksam" sein. Dieses Kriterium gilt nach § 23 Abs. 1 S. 1 VAG bereits für die Geschäftsorganisation als Ganze und nach den jeweils dafür einschlägigen VAG-Regelungen auch für die drei anderen Schlüsselfunktionen. Da die versicherungsmathematische Funktion einen Teil der Geschäftsorganisation bildet, wirkt die Wiederholung des Kriteriums in § 31 Abs. 1 S. 1 VAG lediglich deklaratorisch und vollzieht die Vorgabe in Art. 48 Abs. 1 Solva II-RL nach. Darin liegt lediglich ein gleichartiges Vorgehen wie bei der Wiederholung des Kriteriums bei den Schlüsselfunktionen in § 26 Abs. 1 VAG bezogen auf das Risikomanagement einschließlich der URCF und in § 29 Abs. 1 VAG bei dem IKS einschließlich der Compliance-Funktion. Im Ergebnis geht es darum, dass die versicherungsmathematische Funktion nicht nur eingerichtet, sondern auch praktiziert sowie überprüft und gegebenenfalls angepasst wird, um die ihr gestellten Anforderungen ordnungsgemäß zu erfüllen.[14]

Sowohl bei der Tätigkeit der versicherungsmathematischen Funktion als auch bei der Rezeption ihrer **20**
Ergebnisse durch den Vorstand eines Versicherungsunternehmens oder andere Adressaten besteht im Hinblick auf die tatsächliche Wirksamkeit der versicherungsmathematischen Funktion eine besondere **Gefahr der Scheingenauigkeit von Berechnungen und der Modellgläubigkeit**. Die maßgeblichen Daten, die Akkumulation technischer Prozesse und die Berechnungen auf der Grundlage mathematisch-stochastischer Modelle sind außer für Mitarbeiter in der versicherungsmathematischen Funktion und den zuständigen Ressortvorstand in der Regel nicht mehr überblickbar oder nachvollziehbar. Annahmen wie ein Konfidenzniveau von 99,5 % mit einem 200-Jahrereignis oder die Extrapolation von Zinsen nach dem Übergang der Zinsstrukturkurve zu der UFR begründen das Missverständnis, Modelle und darauf gründende Berechnungen seien verkörperte Rationalität. Dabei bildet bereits jedes Modell selbst die begrenzte menschliche Rationalität ab. Vor diesem Hintergrund ist in Bezug auf die Modelle und ihre Ergebnisse immer eine **wertende Betrachtung im Sinne eines business judgement angebracht**. Soweit es um eine solche durch den Vorstand und den Aufsichtsrat eines Versicherungsunternehmens geht, liegt in dieser unternehmerischen Einschätzung zugleich die gebotene Wahrnehmung der Unternehmerfunktion durch die Organe.[15]

4. Verbindung von versicherungsmathematischer Funktion und Verantwortlichem Aktuar.
Infolge der Zulässigkeit einer unveränderten Fortführung des Verantwortlichen Aktuars nach dem **21**
europäischen Versicherungsaufsichtsrecht[16] kommt schon im Hinblick auf den Grundsatz der Verhältnismäßigkeit die Frage auf, ob der **Inhaber** der zwingend einzurichtenden **versicherungsmathematischen Funktion gleichzeitig** zum **Verantwortlichen Aktuar** bestellt werden kann.

Die Frage nach einer solchen Vereinbarkeit der beiden Positionen ist im VAG nicht angesprochen. **22**
Nr. 123 ff. **MaGo** bejahen sie grundsätzlich. Sie verweisen aber auch auf eventuelle **Interessenkonflikte**, die im Fall einer Verbindung zu beachten und zu lösen sind. Dies gilt für die bereits angeführten Überschneidungen in Schutzfunktion, Konsultationspflicht, Tätigkeiten und Berichterstattung sowie als deren Konsequenz für die Komplementarität der versicherungsmathematischen Funktion und des Verantwortlichen Aktuars.[17]

V. Fachliche Eignung der Aufgabenträger der versicherungsmathematischen Funktion **23**
(Abs. 3). 1. Persönlicher Anwendungsbereich. „Wer die versicherungsmathematische Funktion **ausübt**, muss" nach § 31 Abs. 3 VAG über bestimmte „Kenntnisse" und „Erfahrungen" verfügen. Die persönliche Normadressateneigenschaft ergibt sich aus dem Wortlaut „ausübt" vor dem Hintergrund der anderslautenden und differenzierten unterschiedlichen Begriffsverwendungen zu Tätigkeiten in Versicherungsunternehmen nach § 24 VAG nicht.

Die Begründung zu § 31 Abs. 3 VAG spricht dagegen von den „Personen, die **Aufgaben wahr-** **24**
nehmen, die der versicherungsmathematischen Funktion zugeordnet sind, und damit die versicherungsmathematische Funktion ausüben".[18] Mit dem Sprachgebrauch bezieht sich die Begründung auf Art. 48 Abs. 2 Solva II-RL. Nach ihm wird die versicherungsmathematische Funktion „von Personen wahrgenommen", für die das spezielle Fitness-Kriterium gilt. Der Sprachgebrauch der Richtlinie in der

[12] Vgl. ausf. § 23 VAG Rn. 60 ff. und § 26 VAG Rn. 125 ff.
[13] Vgl. auch unten Rn. 22.
[14] Vgl. § 23 VAG Rn. 29 und § 26 VAG Rn. 18.
[15] Vgl. näher zum Ganzen Einl. Rn. 122 und schon *Dreher* ZVersWiss 2012, 381, 404 f., 413 f.
[16] Siehe oben Rn. 8 und 10.
[17] Siehe oben Rn. 7 ff.
[18] VAG-RegE 2014 BT-Drs. 18/2956, 246.

deutschsprachigen Fassung stimmt im Übrigen mit dem Sprachgebrauch in anderssprachigen Fassungen der Solva II-RL überein. Damit gilt auch im Rahmen der versicherungsmathematischen Funktion die sprachliche Differenzierung der Solva II-RL zwischen Personen, die eine Schlüsselfunktion „innehaben" oder dafür „verantwortlich" sind, einerseits und Personen, die Aufgaben im Rahmen einer Schlüsselfunktion „wahrnehmen", andererseits. Letztere sind alle in einer Schlüsselfunktion, d. h. vorliegend der versicherungsmathematischen Funktion, tätigen **Mitarbeiter**, deren Tätigkeiten die Erfüllung der spezifischen Aufgaben der Schlüsselfunktion inhaltlich beeinflussen können.[19]

25 Im **Ergebnis** richten sich die besonderen Anforderungen daher nicht nur an den Inhaber der versicherungsmathematischen Funktion, für den ohnehin die gesteigerten Fit-and-proper-Anforderungen auf der 1. Stufe der zweistufigen Qualifikationsstruktur gelten,[20] sondern an alle inhaltlich mit den Aufgaben der versicherungsmathematischen Funktion befassten Mitarbeiter.

26 **2. Sachlicher Anwendungsbereich.** **§ 31 Abs. 3 VAG** enthält eine **Sonderregel zu den allgemeinen Fit-and-proper-Anforderungen nach § 24 VAG**. Dabei geht es sowohl um theoretische Kenntnisse als auch um praktische Erfahrungen. Diese Anforderungen gelten daher zusätzlich zu den allgemeinen Fit-and-proper-Anforderungen nach § 24 VAG, soweit sie in der versicherungsmathematischen Funktion inhaltlich tätige Personen betreffen.[21]

27 Abs. 3 verlangt zunächst – Art. 48 Abs. 2 Solva II-RL im Wortlaut entsprechend – **„Kenntnisse der Versicherungs- und Finanzmathematik**, die der Art, dem Umfang und der Komplexität der Risiken des Versicherungsunternehmens angemessen sind." In der letztgenannten Trias liegt lediglich eine Betonung des Grundsatzes der Verhältnismäßigkeit, der versicherungsaufsichtsrechtlich ohnehin gelten würde.[22]

28 Die geforderten Kenntnisse müssen nach der Gesetzesbegründung „nicht in bestimmter Weise erworben worden sein. (…) Ebenso wenig wie beim Institut des Verantwortlichen Aktuars nach § 141 VAG müssen die Personen, die die versicherungsmathematische Funktion ausüben, Versicherungsmathematiker (Aktuare) sein."[23] Für den Inhaber der versicherungsmathematischen Funktion und – jedenfalls bei größeren Versicherungsunternehmen – für dessen Stellvertreter erscheint eine solche Zurücknahme der Fitness-Anforderungen aufgrund der großen fachlichen Kompetenz in Bezug auf versicherungsmathematische Kenntnisse und Erfahrungen, die zur Umsetzung der Solvency II-Regelungen erforderlich ist, unangemessen. Sie kommt allenfalls bei kleineren Versicherungsunternehmen im Fall der Zuhilfenahme externen Sachverstands in Betracht. Jenseits dessen kann in der Übertragung der Stellung des **Inhabers der versicherungsmathematischen Funktion** an eine Person **ohne eine formale (versicherungs-)mathematische Ausbildung** auf Seiten des Vorstands **leicht ein Auswahl- und auf Seiten der betreffenden Person ebensoleicht ein Übernahmeverschulden** liegen.[24] Für **Mitarbeiter** der versicherungsmathematischen Funktion unterhalb des Inhabers und gegebenenfalls seines Stellvertreters ist der Erwerb der theoretischen Kenntnisse dagegen auch auf anderem Weg denkbar. Dies gilt z. B. für ein im Schwerpunkt entsprechend ausgerichtetes FH-Studium oder für auf entsprechenden praktischen Erfahrungen basierende umfangreiche theoretische Fortbildungen.

29 Außer theoretischen Kenntnissen müssen Mitarbeiter der versicherungsmathematischen Funktion auch nach Abs. 3 „einschlägige **Erfahrungen mit den maßgeblichen fachlichen und sonstigen Standards** darlegen können". Diese Anforderung konkretisiert den allgemeinen Verweis auf „Erfahrungen" in § 24 Abs. 1 S. 2 VAG in dem persönlichen Anwendungsbereich des § 31 Abs. 3 VAG.

30 Die „**maßgeblichen Standards**", sind diejenigen, die für eine ordnungsgemäße Erfüllung der Aufgaben der versicherungsmathematischen Funktion erforderlich und anwendbar sind. Die jeweiligen Aufgaben der versicherungsmathematischen Funktion nach Abs. 1 S. 2, Abs. 2 S. 1 und Art. 272 Solva II-VO prägen daher den erforderlichen Erfahrungshorizont.

31 Nach Auffassung der Berufsvereinigung der aktuariell Tätigen sollen sich die maßgeblichen Standards vor allem aus **Festlegungen von Berufsvereinigungen**, d. h. sogar solchen nationaler Art, ergeben. Derartige Vereinigungen schaffen Standards zu fachlich-technischen Fragen der Berufsausübung, zur Ausbildung und Fortbildung, zu Governance-Themen und zu Standesregeln mit Bezug z. B. zu Integrität und Objektivität. Derartige Standards von privaten Berufsvereinigungen sind aber, wie das Beispiel der IDW-Standards beim Risikomanagementsystem zeigt,[25] **rechtlich unerheblich**.[26] Für ihre Verbindlichkeit fehlt jede demokratische Legitimation schon im Hinblick auf die mit ihnen verbundene Grundrechtsrelevanz. Jenseits rechtlich verbindlicher Standards ist das **Versicherungsaufsichtsrecht** also **methodenneutral**. § 31 Abs. 3 VAG ist mit dem Verweis auf die „maßgeblichen fachlichen und sonstigen Standards" daher zu unbestimmt, um eine Grundlage für rechtsförmliche aufsichtsbehördliche

[19] Vgl. ausf. § 24 VAG Rn. 36 ff., 47
[20] Vgl. § 24 VAG Rn. 38.
[21] Vgl. Begründung zu § 31 Abs. 3 VAG-RegE 2014 BT-Drs. 18/2956, 246.
[22] Vgl. Einl. Rn. 124 ff.
[23] VAG-RegE 2014 BT-Drs. 18/2956, 246.
[24] Vgl. als Parallele die hohen Anforderungen an den Inhaber der Compliance-Funktion § 24 VAG Rn. 71.
[25] Vgl. dazu ausf. und mit zahlreichen Nachw. *Dreher/Hoffmann*, ZGR 2016, 445, 452 ff., 492 ff.
[26] Vgl. ausf. § 26 VAG Rn. 139 ff.

Verfahren zu sein. Dies gilt zwar auch für fachliche Standards, die **EIOPA** selbstständig auf Ebene 3 des europäischen Versicherungsaufsichtssystems entwickelt. Dazu gehören die insgesamt 88 **EIOPA-LL zur Bewertung von versicherungstechnischen Rückstellungen**.[27] Diese, auf der Grundlage von Art. 16 Abs. 3 EIOPA-VO erlassenen Leitlinien sind für die Versicherungsunternehmen und damit auch die versicherungsmathematische Funktion grundsätzlich unverbindlich, haben aber ihnen gegenüber eine erhebliche faktische Bindungswirkung.[28] Sie können daher die für die versicherungsmathematische Funktion faktisch maßgeblichen Standards mitprägen. Ihrem Selbstverständnis nach sollen die EIOPA-LL – so Nr. 1.2. Einleitung – „die Konsistenz und Konvergenz der Berufsausübung für alle Unternehmensarten und -größen in den Mitgliedsstaaten erhöhen und Unternehmen bei der Berechnung der versicherungstechnischen Rückstellungen gemäß Solvabilität II-Richtlinie unterstützen."

In Betracht kommen daher im Sinne einer rechtlichen Bindungswirkung nur **bindende technische Durchführungsstandards (ITS) oder technische Regulierungsstandards (TRS)** auf Ebene 2.5.[29] Dies gilt z. B. für die vierteljährlichen Durchführungsverordnungen (EU) der Kommission zur Festlegung technischer Informationen für die Berechnung von versicherungstechnischen Rückstellungen und Basiseigenmitteln für Meldung mit bestimmten Stichtagen.[30] 32

VI. Aufgaben (Abs. 1 S. 2, Abs. 2, Art. 272 Solva II-VO). 1. Grundlagen. Für die versicherungsmathematische Funktion gibt es einen **Katalog gesetzlicher Pflichtaufgaben**. § 31 VAG benennt Aufgaben der versicherungsmathematischen Funktion. Sie sind zum Teil in dem vorrangigen Art. 272 Solva II-VO, der die entsprechenden Vorgaben von Art. 48 Abs. 1 Solva II-RL mit dem darin enthaltenen Aufgabenkatalog für die versicherungsmathematische Funktion konkretisiert, wesentlich näher bestimmt. Zum Teil geht Art. 272 Solva II-VO aber auch über Art. 48 Abs. 1 Solva II-RL hinaus. Dies gilt etwa für die Pflicht der versicherungsmathematischen Funktion, wie die anderen Schlüsselfunktionen einen jährlichen Bericht an den Vorstand vorzulegen, und dessen Inhaltsbeschreibung. Weitere, zum Teil sehr detaillierte Anforderungen an die Tätigkeit der versicherungsmathematischen Funktion enthalten EIOPA-LL 46 bis 51 Governance. Hinzu kommt deren ausführliche Erläuterung in EIOPA Explanatory Text BoS-14/253 zu LL Governance.[31] 33

Die Begründung zu § 31 Abs. 1 und 2 VAG geht davon aus, dass der versicherungsmathematischen Funktion über die gesetzlichen Pflichtaufgaben hinaus „**weitere Aufgaben** zugewiesen werden (scil.: können), sofern diese Aufgabenzuweisung mit dem Grundsatz angemessener Funktionstrennung und den Zuständigkeitszuweisungen vereinbar ist, die nach diesem Gesetz vorgenommen werden."[32] In diesen Ausführungen liegt zunächst lediglich eine Wiederholung des Grundsatzes der unternehmerischen (Organisations-)Freiheit, der gerade für die Organisation der Schlüsselfunktionen gilt.[33] Sofern es sodann um die Beachtung des Versicherungsaufsichtsrechts im Übrigen geht, stellt auch dies lediglich einen deklaratorischen Hinweis auf das unter anderem nach § 23 Abs. 1 S. 2 Hs. 2 VAG ohnehin geltende Legalitätsprinzip[34] dar. 34

Schließlich geht **EIOPA-LL 46 Governance** für den Fall, dass ein Versicherungsunternehmen der versicherungsmathematischen Funktion weitere Aufgaben überträgt, ebenfalls deklaratorisch davon aus, dass es „geeignete Maßnahmen zum Umgang mit potenziellen Interessenkonflikten" ergreift. 35

2. Berechnung der versicherungstechnischen Rückstellungen (Abs. 1 S. 2, Art. 272 Abs. 1 bis 5 Solva II-VO). a) Allgemeines. Die **Hauptaufgabe** der versicherungsmathematischen Funktion stellt die **Koordinierung der Berechnung der versicherungstechnischen Rückstellungen** im Sinne von §§ 75 bis 88 VAG bzw. Art. 76 bis 86 Solva II-RL dar. Diese Aufgabe ist daher auch als einzige in EG 98 Solva II-VO angesprochen. Dabei geht es, wie die Begründung zu § 31 Abs. 1 VAG klarstellt, nicht um „Aufgaben in Bezug auf die versicherungstechnischen Rückstellungen nach Handelsrecht".[35] (Auch) für deren Beurteilung nach §§ 341e bis 341h HGB hat der deutsche Gesetzgeber den Verantwortlichen Aktuar aus dem früheren VAG beibehalten.[36] 36

Die Koordinierung der Berechnung der versicherungstechnischen Rückstellungen ist der versicherungsmathematischen Funktion deshalb übertragen, weil deren Bewertung sich **nicht aus tatsächlichen Marktwerten** ableiten lässt. Der grundlegende Ansatz von Solvency II, nämlich eine marktkonsistente Bewertung (Fair Value) durch Ableitung aus tatsächlichen Märkten oder Parallelen zu Referenzportfolien (Mark-to-Market) mit dem Ergebnis einer marktnahen Bewertung der Vermögenswerte und Verbindlichkeiten, greift hier nicht. Als Ersatz dafür erfolgt ebenfalls im Sine einer Fair Value- 37

[27] EIOPA-BoS-14/166 DE.
[28] Vgl. ausf. Einl. Rn. 66 und § 23 VAG Rn. 35 ff.
[29] Vgl. dazu ausf. Einl. Rn. 53 ff.
[30] Vgl. Einl. Rn. 57.
[31] Vgl. dazu Einl. Rn. 64 f.
[32] RegE VAG BT-Drs. 18/2956, 246 und dem folgend Nr. 99 MaGo.
[33] Vgl. ausf. Einl. Rn. 139 ff. und § 23 VAG Rn. 21 f.
[34] Vgl. § 23 VAG Rn. 30 ff.
[35] VAG RegE 2014 BT-Drs. 18/2956, 246; zu den Divergenzen zwischen den jeweiligen Bewertungsgrundlagen vgl. *Dreher/Schaaf* in: Dreher/Wandt 2009, S. 129, 143 f.; *Rütten* BaFinJournal 8/2016, S. 13 ff.
[36] Siehe oben Rn. 10.

Bewertung eine Ermittlung angenäherter Marktpreise im Sinne einer **Mark-to-Model-Bewertung** anhand einer stochastischen Modellierung durch die versicherungsmathematische Funktion.[37] Der **GDV** hat dafür als Hilfestellung ein **Branchensimulationsmodell (BSM)** entwickelt, das die meisten Versicherungsunternehmen bei der Berechnung der versicherungstechnischen Rückstellungen heranziehen. Dabei müssen sie allerdings prüfen, ob die dem BSM zugrundliegenden Annahmen und Methoden die unternehmensindividuellen Gegebenheiten zutreffend erfassen.

38 **b) S. 2 Nr. 1.** Nach Abs. 1 S. 2 Nr. 1 ist es Aufgabe der versicherungsmathematischen Funktion, die **Berechnung** der versicherungstechnischen Rückstellungen **„zu koordinieren"**. Dazu ist insbesondere mit der URCF eine intensive Zusammenarbeit erforderlich.

39 **Art. 272 Abs. 1 Solva II-VO**[38] benennt für die Koordinierungsaufgabe insgesamt acht Teilaufgaben, die die versicherungsmathematische Funktion ausdrücklich „alle" wahrnehmen muss:

„(a) Sie wendet Methoden und Verfahren an, die dazu dienen, die Hinlänglichkeit der versicherungstechnischen Rückstellungen zu bewerten und zu gewährleisten, dass deren Berechnung im Einklang mit den Anforderungen der Artikel 75 bis 86 der Richtlinie 2009/138/EG erfolgt.

(b) Sie bewertet die Unsicherheiten, mit denen die bei der Berechnung der versicherungstechnischen Rückstellungen vorgenommenen Schätzungen behaftet sind.

(c) Sie gewährleistet, dass etwaigen Unzulänglichkeiten der zur Berechnung der versicherungstechnischen Rückstellungen verwendeten Daten auf angemessene Weise Rechnung getragen wird.

(d) Sie stellt sicher, dass in den in Artikel 82 der Richtlinie 2009/138/EG genannten Fällen für die Berechnung des besten Schätzwerts die am besten geeigneten Näherungswerte verwendet werden.

(e) Sie stellt sicher, dass im Hinblick auf eine angemessene Bewertung der zugrunde liegenden Risiken homogene Risikogruppen von Versicherungs- und Rückversicherungsverpflichtungen bestimmt werden.

(f) Sie berücksichtigt relevante von den Finanzmärkten bereitgestellte Informationen sowie allgemein verfügbare Daten über versicherungstechnische Risiken und gewährleistet, dass diese bei der Bewertung der versicherungstechnischen Rückstellungen berücksichtigt werden.

(g) Sie vergleicht die Berechnung der versicherungstechnischen Rückstellungen in verschiedenen Jahren und begründet etwaige wesentliche Unterschiede bei der Berechnung.

(h) Sie gewährleistet eine angemessene Bewertung der in Versicherungs- und Rückversicherungsverträgen enthaltenen Optionen und Garantien."

40 Weitere Details zu der Koordinierungsaufgabe der versicherungsmathematischen Funktion bei der Berechnung der versicherungstechnischen Rückstellungen finden sich in **EIOPA-LL 47 Governance** und in Nr. 103 bis 110 **MaGo**.

41 **c) S. 2 Nr. 2.** Abs. 1 S. 2 Nr. 2 verlangt von der versicherungsmathematischen Funktion, „die Angemessenheit der verwendeten **Methoden** und der zugrundeliegenden **Modelle** sowie der getroffenen **Annahmen** zu gewährleisten".

42 Zu der Aufgabe führt **Art. 272 Abs. 2 Solva II-VO** folgendes aus: „Die versicherungsmathematische Funktion bewertet, ob die bei der Berechnung der versicherungstechnischen Rückstellungen zugrunde gelegten Methoden und Annahmen im Lichte der der verfügbaren Daten für die jeweiligen Geschäftsbereiche des Unternehmens und angesichts der Art und Weise, wie das Unternehmen geführt wird, angemessen sind."

43 Weitere Einzelheiten zu der angemessenen Berücksichtigung der künftigen Überschussbeteiligung in den versicherungstechnischen Rückstellungen enthalten Nr. 109 und 110 **MaGo**. Darin geht es auch um eine Pflicht der versicherungsmathematischen Funktion, „den Verantwortlichen Aktuar zu konsultieren".[39]

44 **d) S. 2 Nr. 3.** Abs. 1 S. 2 Nr. 3 fordert von der versicherungsmathematischen Funktion, „die **Hinlänglichkeit und die Qualität der zugrunde gelegten Daten zu bewerten**". Die besondere Bedeutung der „Daten von guter Qualität" zur Ermittlung des besten Schätzwerts und zum Vergleich mit Erfahrungswerten nach Satz 2 Nr. 3 war von Anfang an eine der Leitplanken des Solvency II-Systems.[40]

45 **Art. 272 Solva II-VO** spricht die **Datenqualität** explizit unter anderem in Abs. 4 an. In Abs. 3, der sich sachlich ebenfalls § 31 Abs. 1 S. 2 Nr. 3 VAG zuordnen lässt, geht es um „die bei der Berechnung der versicherungstechnischen Rückstellungen verwendeten **Informationstechnologiesysteme**". Die versicherungsmathematische Funktion muss „bewerten", ob sie „die versicherungsmathematischen und statistischen Verfahren ausreichend unterstützen." **Art. 19 Solva II-VO** enthält sehr detaillierte Anforderungen dazu, unter welchen Voraussetzungen die Daten, die ein Versicherungsunternehmen bei

[37] Vgl. dazu ausf. Einl. Rn. 115, 121.

[38] Text von lit. (f) und (g) i. d. F. der durch DVO (EU) 2016/2283 ABl. EU 2016 Nr. L 346, 111 ff. erfolgten Berichtigung.

[39] Vgl. dazu schon oben Rn. 9.

[40] Vgl. die Begründung zu dem zweiten Entwurf der Solva II-RL, KOM(2008) 119 endg., 11.

der Berechnung der versicherungstechnischen Rückstellungen verwendet,[41] **vollständig, exakt und angemessen** sind. Bei einer unzulänglichen Datenqualität müssen die Versicherungsunternehmen ein in Art. 20 Solva II-VO vorgegebenes Verfahren einhalten.

Dem Thema Datenqualität widmet sich ausführlich auch **EIOPA**. Zunächst verlangt – die eigentlich wie immer nur an die Aufsichtsbehörden zu richtende – **EIOPA-LL 48 Governance**, „das Unternehmen sollte die versicherungsmathematische Funktion verpflichten, die Vereinbarkeit der bei der Berechnung der versicherungstechnischen Rückstellungen verwendeten internen und externen Daten mit den in der Solvabilität II-Richtlinie festgelegten Datenqualitätsstandards zu beurteilen. Gegebenenfalls sollte die versicherungsmathematische Funktion Empfehlungen zu internen Verfahren zur Verbesserung der Datenqualität geben, um zu gewährleisten, dass das Unternehmen in der Lage ist, die entsprechende Anforderung von Solvabilität II zu erfüllen." Sodann hat EIOPA „**Leitlinien zur Bewertung von versicherungstechnischen Rückstellungen**"[42] auf der Grundlage von Art. 16 Abs. 3 EIOPA-VO veröffentlicht.[43] Die ersten 16 der insgesamt 88 Leitlinien sind der Datenqualität gewidmet. Sie betreffen – wie auch die sodann folgenden Leitlinien – die Tätigkeit der versicherungsmathematischen Funktion im Rahmen der Berechnung der versicherungstechnischen Rückstellungen. 46

Weitere Aussagen zur Datenqualität treffen Nr. 111 bis 118 **MaGo**. Zu Überschneidungen der Tätigkeiten der versicherungsmathematischen Funktion und des Verantwortlichen Aktuars in Bezug auf die Analyse der Datenqualität nimmt zusätzlich Nr. 133 MaGo dahingehend Stellung, dass die versicherungsmathematische Funktion „Erkenntnisse aus dem Bericht des Verantwortlichen Aktuars aufgreifen" kann. Damit ist das hierarchische Verhältnis in Bezug auf die Validierung der Datenqualität nach dem europäischen Versicherungsaufsichtsrecht in rechtlich zweifelhafter Weise umgekehrt.[44] 47

e) S. 2 Nr. 4. „Die **besten Schätzwerte mit den Erfahrungswerten zu vergleichen**", ist Aufgabe der versicherungsmathematischen Funktion nach Abs. 1 S. 2 Nr. 4. 48

Diese Aufgabe konkretisiert **Art. 272 Abs. 4 Solva II-VO**[45] wie folgt: „Beim Vergleich der besten Schätzwerte mit Erfahrungswerten überprüft die versicherungsmathematische Funktion die Qualität früherer bester Schätzwerte und nutzt die bei dieser Bewertung gewonnenen Erkenntnisse im Sinne einer Verbesserung der Qualität der laufenden Berechnungen. Der Vergleich der besten Schätzwerte mit Erfahrungsdaten umfasst Vergleiche zwischen beobachteten Werten und den der Berechnung der besten Schätzwerte zugrundliegenden Werten, so dass Schlussfolgerungen gezogen werden können zur Angemessenheit, Exaktheit und Vollständigkeit der zugrunde gelegten Daten und Annahmen sowie zu den bei ihrer Berechnung angewandten Methoden." 49

Art. 272 Abs. 4 Solva II-VO betont unter anderem die Notwendigkeit der Angemessenheit, Exaktheit und Vollständigkeit der Daten. Dies entspricht der herausgehobenen Bedeutung, die die **Datenqualität** als Voraussetzung für zutreffende Berechnungen und Bewertungen besitzt. Allgemein belegt dies auch schon die Aufgabe der versicherungsmathematischen Funktion nach § 31 Abs. 1 S. 2 Nr. 3 VAG. 50

EIOPA-LL 49 Governance enthält ebenfalls noch Aussagen zum Thema Abgleich mit Erfahrungswerten. Dies gilt – wie bei allen Tätigkeiten der versicherungsmathematischen Funktion in Bezug auf die versicherungstechnischen Rückstellungen – auch für die EIOPA-LL zur Bewertung von versicherungstechnischen Rückstellungen, z. B. mit deren Leitlinie 87. 51

f) S. 2 Nr. 5. Zu den Aufgaben der versicherungsmathematischen Funktion gehört es nach Abs. 1 S. 2 Nr. 5, „den **Vorstand** über die Verlässlichkeit und Angemessenheit der Berechnung zu **unterrichten**." 52

Die Aufgaben der versicherungsmathematischen Funktion nach Nr. 5 konkretisiert **Art. 272 Solva II-VO** in Abs. 5 wie folgt: „Die dem Verwaltungs-, Management- oder Aufsichtsorgan vorgelegten Informationen über die Berechnung der versicherungstechnischen Rückstellungen enthalten mindestens eine begründete Analyse zur Verlässlichkeit und Angemessenheit ihrer Berechnung sowie zu den Quellen und zum Grad der Unsicherheit, mit denen die Schätzung der versicherungstechnischen Rückstellungen behaftet ist. Die begründete Analyse wird durch eine Sensitivitätsanalyse untermauert, in der die Sensitivität der versicherungstechnischen Rückstellungen gegenüber jedem einzelnen der größeren Risiken untersucht wird, die den von den versicherungstechnischen Rückstellungen abgedeckten Verpflichtungen zugrunde liegen. Die versicherungsmathematische Funktion äußert und erläutert klar und deutlich etwaige Bedenken hinsichtlich der Angemessenheit der versicherungstechnischen Rückstellungen." 53

---

[41] Für die Datenanforderungen bei der Berechnung unternehmensspezifischer Parameter gilt nach Art. 219 Solva II-VO entsprechendes.
[42] EIOPA-BoS-14/166 DE.
[43] Vgl. dazu oben Rn. 31.
[44] Siehe unten Rn. 74.
[45] Satz 1 i. d. F. der durch DVO (EU) 2016/2283 ABl. EU 2016 Nr. L 346, 111 ff. erfolgten Berichtigung.

54 **g) S. 2 Nr. 6.** Und schließlich hat die versicherungsmathematische Funktion nach Abs. 1 S. 2 Nr. 6 in Bezug auf die versicherungstechnischen Rückstellungen die Aufgabe, „die **Berechnung in den in § 79 genannten Fällen** zu überwachen". § 79 VAG verlangt unter der Überschrift „Allgemeine Grundsätze für die Berechnung versicherungstechnischer Rückstellungen" von Versicherungsunternehmen zunächst „interne Prozesse und Verfahren, um die Genauigkeit, Vollständigkeit und Angemessenheit der bei der Berechnung der versicherungstechnischen Rückstellungen verwendeten Daten zu gewährleisten." Stehen sodann aber „Daten von angemessener Qualität nicht in genügender Menge zur Verfügung", und das sind die von § 31 Abs. 1 S. 2 Nr. 6 VAG gemeinten „Fälle" des § 79 VAG, „können die Versicherungsunternehmen für die Berechnung des besten Schätzwerts geeignete Näherungswerte einschließlich Einzelfallanalysen verwenden."

55 **3. Stellungnahmen (Abs. 2 S. 1, Art. 272 Abs. 6 und 7 Solva II-VO). a) Grundlagen.** Zu den Aufgaben der versicherungsmathematischen Funktion zählt es nach Abs. 2 S. 1, zu **zwei Themenbereichen „Stellungnahmen"** abzugeben.

56 **Adressat** der Stellungnahme ist jeweils der **Vorstand** des Versicherungsunternehmens. Dies folgt aus Sinn und Zweck der Aufgabe ebenso wie aus der hierarchischen Stellung der Schlüsselfunktion. In beiden Fällen geht es um grundsätzliche Fragen der Unternehmenspolitik. Sie fallen in die Leitungskompetenz des Vorstands. Konsequent kann auch er nur Adressat der Stellungnahmen sein.

57 Die **Frequenz** der Stellungnahmen bestimmt sich nach ihrem Gegenstand. Da es um grundsätzliche Fragen der Unternehmenspolitik geht, ist eine **grundsätzlich jährliche** Abgabe angemessen.[46] Im Fall besonderer Vorkommnisse in der Zwischenzeit, z. B. einem vom Vorstand veranlassten plötzlichen Wechsel einer Strategie, ist allerdings eine ad hoc-Stellungnahme veranlasst. Dies folgt aus der Forderung nicht nur nach einer angemessenen, wirksamen und ordnungsgemäßen Geschäftsorganisation in § 23 Abs. 1 S. 1 VAG, sondern auch nach einer „wirksamen" versicherungsmathematischen Funktion in § 31 Abs. 1 S. 1 VAG und vor allem konkret aus Art. 268 Abs. 3 Solva II-VO. Danach berichten die Schlüsselfunktion „unverzüglich über jedes in ihrem Zuständigkeitsbereich auftretende größere Problem."

58 Die Form der Stellungnahme ist die **Schriftform.**[47] Lediglich mündliche Stellungnahmen würden weder die gewollte Eindeutigkeit vermitteln noch das Dokumentationserfordernis nach § 23 VAG erfüllen.

59 Im Hinblick auf das Telos der Regelung ist schließlich auch eine **Begründung** für jede Stellungnahme **erforderlich**. Soll die Stellungnahme doch dazu dienen, dass sich der Vorstand mit ihr und damit mit den grundlegenden Fragen der Unternehmenspolitik befasst. Vor dem Hintergrund erscheint eine Begründung in jedem Fall zwingend. Dies gilt auch in dem Fall, dass die versicherungsmathematische Funktion z. B. die Angemessenheit der Rückversicherungsvereinbarungen uneingeschränkt bejaht. Denn nur dann kann der Vorstand im Sinne eines Business Judgement seine eigene Rückversicherungspolitik anhand der Kriterien, die die Begründung zu der Stellungnahme der versicherungsmathematischer Funktion enthält, plausibilisieren. Als Beispiele dienen Angaben zur Vollständigkeit und Angemessenheit der von der versicherungsmathematischen Funktion berücksichtigten Kriterien.

60 **b) Stellungnahme zur allgemeinen Zeichnungs- und Annahmepolitik (Abs. 2 S. 1).** Aufgabe der versicherungsmathematischen Funktion ist es nach Abs. 2 S. 1 Hs. 1 erstens, eine **Stellungnahme zur allgemeinen Zeichnungs- und Annahmepolitik** abzugeben. Dieser Bereich gehört zu den grundlegenden strategischen Unternehmenspolitiken eines Versicherungsunternehmens. Er ist daher mit § 26 Abs. 5 S. 1 Nr. 1 VAG auch als Teil des Risikomanagementsystems besonders hervorgehoben.

61 **Art. 272 Abs. 6 Solva II-VO** konkretisiert die Anforderungen an die Stellungnahme in dreifacher Weise: Sie

„enthält (…) zumindest Schlussfolgerungen zu folgenden Aspekten:

(a) Hinlänglichkeit der zu verdienenden Prämien für die Bedeckung künftiger Ansprüche und Aufwendungen, insbesondere unter Berücksichtigung der zugrunde liegenden Risiken (einschließlich versicherungstechnischer Risiken) und Auswirkungen der in Versicherungs- und Rückversicherungsverträgen vorgesehenen Optionen und Garantien auf die Hinlänglichkeit der Prämien;

(b) Auswirkungen von Inflation, rechtlichen Risiken, Veränderungen der Zusammensetzung des Unternehmensportfolios und Systemen zur Anpassung der von Versicherungsnehmern zu zahlenden Prämien nach oben oder nach unten je nach Schadensverlauf (Bonus-/Malus-Systeme) oder ähnlichen Systemen, die für spezifische homogene Risikogruppen eingeführt werden;

(c) zunehmende Tendenz eines Portfolios von Versicherungsverträgen, Versicherte mit höherem Risikoprofil zu gewinnen bzw. zu halten (Anti-Selektion)."

62 **EIOPA-LL 50 Governance** geht zur Zeichnungs- und Annahmepolitik sowie zu Rückversicherungsvereinbarungen davon aus, „das Unternehmen sollte die versicherungsmathematische Funktion verpflichten, die Zusammenhänge zwischen diesen und den versicherungstechnischen Rückstellungen

[46] Ebenso Begr. VAG-RegE 2014 BT-Drs. 18/2956, 246: „regelmäßig, mindestens jährlich".
[47] So auch Begr. VAG-RegE 2014 BT-Drs. 18/2956, 246.

zu berücksichtigen, wenn sie ihre Meinung zur Zeichnungs- und Annahmepolitik und den Rückversicherungsvereinbarungen abgibt."

Die Stellungnahme zur allgemeinen Zeichnungs- und Annahmepolitik betreffen auch Nr. 119 bis 122 **MaGo**. Dabei geht es vor allem um Anforderungen an die der Stellungnahme vorgelagerten Analysen durch die versicherungsmathematische Funktion. 63

c) Stellungnahme zur Angemessenheit der Rückversicherungsvereinbarungen (Abs. 2 S. 1). Der zweite Bereich, in dem die versicherungsmathematische Funktion regelmäßig eine Stellungnahme an den Vorstand abzugeben hat, ist nach Abs. 2 S. 1 Hs. 2 die „**Angemessenheit der Rückversicherungsvereinbarungen**". Auch die Risikominderungstechniken sind Gegenstand der Unternehmensstrategie jedes Versicherungsunternehmens. § 26 Abs. 5 S. 1 Nr. 6 VAG betont sie als Element des RMS. 64

Wie die Stellungnahme zur Zeichnungspolitik konkretisiert **Art. 272 Solva II-VO** auch die zu den Rückversicherungsvereinbarungen verlangte Stellungnahme. **Abs. 7** fordert 65

„eine Analyse der Angemessenheit von Folgendem:

(a) Risikoprofil und Zeichnungspolitik des Unternehmens;
(b) Rückversicherungsanbieter unter Berücksichtigung ihrer Bonität;
(c) erwartete Bedeckung in Stressszenarien in Bezug auf die Zeichnungspolitik;
(d) Berechnung der einforderbaren Beträge aus Rückversicherungsverträgen und gegenüber Zweckgesellschaften."

Nach **EIOPA-LL 46 Nr. 1.94. Governance** sollten bestimmte Versicherungsunternehmen einer **Gruppe** „vorschreiben, dass die versicherungsmathematische Funktion eine Stellungnahme zu den Rückversicherungsleitlinien und dem Rückversicherungsprogramm für die gesamte Gruppe abgibt." Die weiteren Anforderungen nach EIOPA-LL 50 Governance sind bereits zuvor bei der Stellungnahme zur allgemeinen Zeichnungs- und Annahmepolitik wiedergegeben. 66

4. Beitrag zur wirksamen Umsetzung des Risikomanagementsystems (Abs. 2 S. 2). Nach § 31 Abs. 2 S. 2 VAG „trägt" die versicherungsmathematische Funktion „zur **wirksamen Umsetzung des Risikomanagementsystems**, insbesondere im Hinblick auf die Entwicklung interner Modelle, und zur Risiko- und Solvabilitätsbeurteilung bei." Für den Begriff der Wirksamkeit gilt das schon zur Wirksamkeit des Risikomanagementsystems sub specie § 26 Abs. 1 S. 1 VAG Ausgeführte.[48] 67

S. 2 enthält auch die Teilaufgabe der versicherungsmathematischen Funktion, zu der Entwicklung eines **internen Modells** beizutragen. Für die versicherungsmathematische Funktion eines Versicherungsunternehmens mit internem Modell finden sich in EIOPA-LL 51 Governance weitere Anforderungen. 68

5. Bericht der versicherungsmathematischen Funktion an den Vorstand (Art. 272 Abs. 8 Solva II-VO). Ebenso wie die anderen drei Schlüsselfunktionen erstellt auch die versicherungsmathematische Funktion einen **regelmäßigen Bericht an den Vorstand**. Die Pflicht dazu ebenso wie weitere Einzelheiten folgen aus Art. 272 Abs. 8 Solva II-VO. Der Bericht der versicherungsmathematischen Funktion ist unabhängig von der schriftlichen Stellungnahme nach § 31 Abs. 2 S. 1 VAG. 69

Das in Art. 272 Abs. 8 S. 1 Solva II-VO als **Adressat** genannte VMAO ist im vorliegenden Zusammenhang der **Vorstand**. Denn die Schlüsselfunktionen sind dem Aufsichtsrat nicht direkt informationspflichtig. 70

Der regelmäßige Bericht der versicherungsmathematischen Funktion nach Art. 272 Abs. 8 S. 1 Solva II-VO ist „**mindestens einmal jährlich**" und „**schriftlich**" zu erstellen. 71

Der **Inhalt des Berichts** ist von Art. 272 Abs. 8 S. 2 Solva II-VO vorgegeben: Er „dokumentiert alle von der versicherungsmathematischen Funktion wahrgenommenen Aufgaben sowie die erzielten Ergebnisse, benennt klar und deutlich etwaige Mängel und enthält Empfehlungen zur Behebung solcher Mängel." 72

Wie bei allen Funktionen besteht unabhängig von der regelmäßigen Berichtspflicht nach Art. 268 Abs. 3 Solva II-VO auch für die versicherungsmathematische Funktion die **Verpflichtung zu ad hoc-Berichten** bei jedem „in ihrem Zuständigkeitsbereich auftretenden größeren Problem". 73

Weitere Einzelheiten zu dem Bericht der versicherungsmathematischen Funktion ergeben sich aus Sicht der BaFin aus Nr. 129 bis 133 **MaGo**. Sie betreffen auch das Verhältnis zu dem Bericht des Verantwortlichen Aktuars. Dies gilt insbesondere für Nr. 133 mit der bereits angeführten[49] Bestätigung durch die BaFin, dass es „Überschneidungen" in den Tätigkeitsbereichen von versicherungsmathematischer Funktion und Verantwortlichem Aktuar gibt. Die von der BaFin daraus gezogene Konsequenz, der Bericht der versicherungsmathematischen Funktion könne „Erkenntnisse aus dem Bericht des Verantwortlichen Aktuars aufgreifen", geht auf eine Intervention der Deutschen Aktuarvereinigung e. V 74

[48] Vgl. § 26 VAG Rn. 18 ff.
[49] Siehe oben Rn. 7 ff.

zurück.[50] Eine solche Akzessorietät ist im europäischen Versicherungsaufsichtsrecht nicht nur nicht vorgesehen, sie widerspricht ihm sogar in einem Kernbereich der Zuweisung von Tätigkeiten an die versicherungsmathematische Funktion. Diese soll nämlich selbst und ausschließlich Kraft eigener Feststellungen die Qualität der Daten als eine ihrer Kernaufgaben sichern und darüber sowie über alle anderen Erkenntnisse dem Vorstand aufgrund eigener Tätigkeiten und nicht aufgrund von Dritten zu übernehmenden Ergebnissen berichten.

75 **VII. Verhältnis zu anderen Regelungen.** Die versicherungsmathematische Funktion hat eine besonders enge Beziehung zur **URCF** nach **§ 26 Abs. 8 VAG**. Sie trägt nach § 31 Abs. 2 S. 2 VAG nämlich „zur wirksamen Umsetzung des Risikomanagementsystems" bei.[51] Dies gilt auch für den **ORSA** nach **§ 27 VAG**.[52]

76 Trotz grundsätzlich divergierender Ausgangspunkte bestehen zahlreiche Verbindungen von versicherungsmathematischer Funktion und **Verantwortlichem Aktuar** nach **§§ 141, 156, 161, 162 VAG.**[53]

Ausgliederung

32 (1) **Ein Versicherungsunternehmen, das Funktionen oder Versicherungstätigkeiten ausgliedert, bleibt für die Erfüllung aller aufsichtsrechtlichen Vorschriften und Anforderungen verantwortlich.**

(2) [1]**Durch die Ausgliederung dürfen die ordnungsgemäße Ausführung der ausgegliederten Funktionen und Versicherungstätigkeiten, die Steuerungs- und Kontrollmöglichkeiten des Vorstands sowie die Prüfungs- und Kontrollrechte der Aufsichtsbehörde nicht beeinträchtigt werden.** [2]**Insbesondere hat das ausgliedernde Unternehmen hinsichtlich der von der Ausgliederung betroffenen Funktionen und Versicherungstätigkeiten sicherzustellen, dass**

1. **das Unternehmen selbst, seine Abschlussprüfer und die Aufsichtsbehörde auf alle Daten zugreifen können,**
2. **der Dienstleister mit der Aufsichtsbehörde zusammenarbeitet und**
3. **die Aufsichtsbehörde Zugangsrechte zu den Räumen des Dienstleisters erhält, die sie selbst oder durch Dritte ausüben kann.**

(3) **Bei der Ausgliederung wichtiger Funktionen und Versicherungstätigkeiten haben Versicherungsunternehmen außerdem sicherzustellen, dass wesentliche Beeinträchtigungen der Qualität der Geschäftsorganisation, eine übermäßige Steigerung des operationellen Risikos sowie eine Gefährdung der kontinuierlichen und zufriedenstellenden Dienstleistung für die Versicherungsnehmer vermieden werden.**

(4) [1]**Das ausgliedernde Versicherungsunternehmen hat sich die erforderlichen Auskunfts- und Weisungsrechte vertraglich zu sichern und die ausgegliederten Funktionen und Versicherungstätigkeiten in sein Risikomanagement einzubeziehen.** [2]**Ein Weisungsrecht ist dann nicht erforderlich, wenn im Rahmen einer steuerlichen Organschaft Funktionen auf eine Muttergesellschaft ausgegliedert werden und diese sich für die Wahrnehmung der Funktionen oder Versicherungstätigkeiten vertraglich den gleichen aufsichtsrechtlichen Anforderungen unterwirft, die für das ausgliedernde Unternehmen gelten.**

Übersicht

[50] Vgl. Stellungnahme vom 28.1.2015 zu der BaFin-Veröffentlichung zum Themenblock 7 (versicherungsmathematische Funktion) der Vorbereitungsphase Solvency II.
[51] Vgl. dazu oben Rn. 67 f.
[52] Vgl. nur § 27 VAG Rn. 63.
[53] Vgl. dazu oben Rn. 6 ff., 21, 47 und 74.

Schrifttum: *Ballmaier,* Das Outsourcing von Risikomanagement, Compliance und interner Revision nach Solvency II, 2017 (im Druck); *Bergmann,* Funktionsauslagerung bei Kreditinstituten, 2010; *Dreher,* Nicht delegierbare Geschäftsleiterpflichten, in: Festschrift für Hopt, 2010, 517 ff.; *ders.,* Unternehmensbeauftragte und Gesellschaftsrecht, in: FS Claussen, 1997, 69 ff.; *Dreher/Ballmaier,* Der Dienstleistungsvertrag bei der Auslagerung nach § 64a Abs. 4 VAG, VersR 2014, 8 ff.; *dies.,* Die Ausgliederung nach dem VAG 2016, in: Dreher/Wandt 2015, 39 ff.; *Ellenbürger/Ott/Frey/Boetius* (Hrsg.), Mindestanforderungen an das Risikomanagement (MaRisk) für Versicherungen, 2009; *Hannemann/Schneider/Weigl,* Mindestanforderungen an das Risikomanagement (MaRisk), 4. Aufl. 2013; *Faust,* Die vorstandsinterne Delegation von Aufgaben des Risikomanagements einer Versicherungsaktiengesellschaft nach § 64a VAG, 2013; *Fleischer,* Zur Leitungsaufgabe des Vorstands im Aktienrecht, ZIP 2003, 1 ff.; *ders.,* Zum Grundsatz der Gesamtverantwortung im Aktienrecht, NZG 2003, 449 ff.; *Hanten/Görke/Ketessidis* (Hrsg.), Outsourcing im Finanzsektor, 2011; *Haouache,* Unternehmensbeauftragte und Gesellschaftsrecht der AG und GmbH, 2003; *Hartung,* Datenschutz und Verschwiegenheit bei Auslagerungen durch Versicherungsunternehmen, VersR 2012, 400 ff.; *Hasse/Nuß/Sehrbrock,* Die Klassifizierung von Outsourcing-Verträgen aus rechtspraktischer Sicht, in: Dreher/Wandt 2015, 15 ff.; *Hausch,* Gruppeninterne Funktionsausgliederungsverträge und umsatzsteuerrechtliche Organschaft – ein (noch zu lösendes) Problem des Outsourcings?, VersR 2016, 827 ff. *Heukamp,* Das neue Versicherungsaufsichtsrecht nach Solvency II, 2016, 124 ff.; *Horak,* Outsourcing bei Versicherungsunternehmen, 2011; *Kagelmacher,* Dienstleistungsverträge und Funktionsausgliederungen im Versicherungsaufsichtsrecht, 1989; *Loff,* Herausforderungen bei Auslagerungssachverhalten nach den MaRisk – Durchführung der Risikoanalyse und Besonderheiten bei der Vertragsgestaltung, WM 2009, 780 ff.; *Mathews,* Aufsichtsrechtliche Aspekte des Outsourcings in: Koch (Hrsg.), Aktuelle Probleme des Versicherungsvertrags-, Versicherungsaufsichts- und Vermittlerrechts, 2013, S. 321 ff.; *Michaels/Langheid,* Funktionsausgliederungen zur Entlastung des Unternehmens, VW 2004, 800 ff.; *Nägele/Jacobs,* Rechtsfragen des Cloud Computing, ZUM 2010, 281 ff.; *Präve,* Funktionsausgliederungen aus aufsichtsrechtlicher Perspektive, in: Liber Amicorum G. Winter, 2007, 209 ff.; *G. Saria,* Beistandsleistungen und Outsourcing, VersR 2016, 1081 ff.; *S. Saria,* Grenzen der Auslagerung unter Solvency II, Versicherungsrundschau 9/2013, 27 ff.; *Schmidt,* Strafrechtliche Risiken und Reformbedarf beim Outsourcing im Versicherungssektor, VersR 2014, 161 ff.; *Seitz,* Vertragsrechtliche Aspekte und regulatorische Anforderungen für das Betreiben des Maklerinkassos insbesondere vor dem Hintergrund von Solvency II, VersR 2015, 1417 ff.; *Söbbing,* Banken und Cloud Computing, ZBB 2013, 364 ff.; *Thalhofer/Beck,* Auswirkungen von Solvency II auf das IT-Outsourcing bei Versicherungen, CR 2016, 1 ff.; *Wolf,* Der Ausgliederungsbeauftragte im zukünftigen Versicherungsaufsichtsrecht, VersR 2015, 1485 ff.; *Zerwas/Hanten,* Outsourcing bei Kredit- und Finanzdienstleistungsinstituten, WM 1998, 1110 ff.; *Zimmerer,* Die Ausgliederung von Betriebsteilen im Versicherungsaufsichtsrecht, 1989.

I. Allgemeines. 1. Entstehungsgeschichte. § 32 VAG ersetzt die außer Kraft getretenen §§ 5 Abs. 3 Nr. 4, 13a Abs. 1a, 53d, 64a Abs. 4 VAG a. F. Die Vorschrift dient der **Transformation von Art. 38, 49 Solva II-RL** in deutsches Recht. 1

§ 32 Abs. 1 VAG-RegE 2012 unterschied sich mit seiner Formulierung, wonach die Verantwortlichkeit des Unternehmens durch die Ausgliederung „unberührt" bleibe, in diesem Punkt zwar in seinem Wortlaut, nicht aber seinem Inhalt nach von der jetzigen Fassung des § 32 VAG. Allerdings sah er eine Anwendung von § 32 VAG bereits bei der Auslagerung von „Tätigkeiten" vor, was inzwischen mit der Ersetzung dieses Tatbestandsmerkmals durch den Begriff der „Versicherungstätigkeiten" in Übereinstimmung mit dem Europarecht korrigiert wurde. 2

3 § 32 VAG hält teilweise an Passagen des § 64a Abs. 4 VAG a. F. fest. An die Stelle des § 5 Abs. 3 Nr. 4 VAG a. F.[1] tritt – die **neue Regelungssystematik** übernehmend, die nach wichtigen und unwichtigen Ausgliederungen differenziert – § 9 Abs. 4 Nr. 1 lit. c VAG. Danach sind im Geschäftsplan Angaben zu Ausgliederungen wichtiger Funktionen oder Versicherungstätigkeiten zu machen.

4 Die **BaFin** thematisiert Ausgliederungsfragen in Abschnitt 13 MaGo. Die MaGo lösen u. a. die Auslegungsentscheidungen zum Outsourcing[2] sowie zu den allgemeinen Governance-Anforderungen[3] ab.[4] Speziell für die Ausgliederung von Schlüsselfunktionstätigkeiten von Bedeutung ist das Merkblatt zur fachlichen Eignung und Zuverlässigkeit im Rahmen von Schlüsselfunktionen, das die Auslegungsentscheidung zur Prüfung der fachlichen Eignung und Zuverlässigkeit ersetzt.[5]

5 **2. Normzweck.** Die Übertragung von Funktionen oder Versicherungstätigkeiten auf einen Dritten ruft **Ausgliederungsrisiken** hervor, denen § 32 VAG entgegenwirkt. Dabei berücksichtigt die Vorschrift zunächst den Umstand, dass ausgelagerte Tätigkeiten sich de facto einer Aufsicht entziehen bzw. die Aufsicht wenigstens beeinträchtigen können.[6] Dieser potentiellen **Aufsichtsferne** beugt die Regelung vor. Zudem stellt sich die Ausgliederung als eine Gefährdung der ordnungsgemäßen Geschäftsorganisation dar, die hoheitliche Maßnahmen nach sich ziehen kann. So bewirkt eine Ausgliederung spezifische Ausgliederungsrisiken, die es in das Risikomanagement einzubeziehen gilt. Ebenfalls gefährdet ist eine effiziente und ordnungsgemäße Geschäftsleitung. Ausgelagerten Tätigkeiten muss ein Versicherungsunternehmen in seiner **Geschäftsorganisation**, insbesondere in seinem Risikomanagement, ausreichend Rechnung tragen, um verlässlich wirtschaften zu können. Den nationalen aufsichtsrechtlichen Rahmen hierfür bildet § 32 VAG.[7]

6 Das **allgemeine Aktienrecht** kennt keine Regelung zur Ausgliederung. Jenseits der Delegation von Leitungsaufgaben mit höchstpersönlichem Charakter gilt eine Ausgliederung von Unternehmenstätigkeiten als grundsätzlich zulässig.[8] Vor dem Hintergrund detaillierter Regelungen zu Ausgliederungssachverhalten im Versicherungs- und Bankaufsichtsrecht stellt sich die Frage einer Ausstrahlung dieses Sonderrechts auf das allgemeine Gesellschaftsrecht[9] auch sub specie der aufsichtsrechtlichen Vorgaben zu Ausgliederungen.[10]

7 **3. Europarechtlicher Hintergrund.** § 32 VAG setzt **Art. 38 Abs. 1, 49 Abs. 1, 2 Solva II-RL** um. Unmittelbare Anwendung neben § 32 VAG findet **Art. 274 Solva II-VO**. Diese Regelung enthält nähere Vorgaben zu den auch Outsourcingleitlinien genannten unternehmensinternen Ausgliederungsleitlinien (Abs. 1), der gruppeninternen Ausgliederung (Abs. 2), der Auswahl des Dienstleisters (Abs. 3), dem Inhalt des schriftlich abzuschließenden Ausgliederungsvertrags (Abs. 4) sowie zur Geschäftsorganisation sowohl des Versicherungsunternehmens als auch des Dienstleisters (Abs. 5). Die Beweggründe für die Anforderungen nennt der europäische Gesetzgeber in EG 101 Solva II-VO.

8 **Art. 258 Abs. 2 Solva II-VO** thematisiert die Ausgliederungsleitlinien. Sie müssen mit der allgemeinen Geschäftsstrategie in Einklang stehen und die „jeweiligen Zuständigkeiten, Ziele, Prozesse und Berichtsverfahren klar" darlegen.

9 Art. 294 Abs. 8 Solva II-VO erklärt Ausgliederungen zum Gegenstand des **Solvabilitäts- und Finanzberichts** (§ 40 VAG), Art. 308 Abs. 8 Solva II-VO zum Gegenstand des **regelmäßigen aufsichtlichen Berichts** (Art. 304 Solva II-VO). Der Solvabilitäts- und Finanzbericht auf Gruppenebene enthält nach Art. 359 lit. b iii Solva II-VO Angaben zu den wesentlichen gruppeninternen Ausgliederungsverträgen. Die Dienstleister müssen gem. Art. 2 Abs. 2 Solva II-VO über den Inhalt, die Verlässlichkeit und die Grenzen von Expertenmeinungen zur Bewertung von Vermögenswerten und Verbindlichkeiten, versicherungstechnischen Rückstellungen, Eigenmitteln, Anlagevorschriften und der Einhaltung von Solvabilitätsvorgaben aufklären, wenn sie auf diesen Feldern für Versicherungsunternehmen tätig sind.

10 Nach Art. 324 Abs. 2 lit. a Solva II-VO müssen **Zweckgesellschaften**, wenn sie Ausgliederungen avisieren oder durchführen, Outsourcingleitlinien erstellen.

11 Auf Level 3 enthält Abschnitt XI der **EIOPA-LL Governance** generelle Ausführungen zum Outsourcing. Daneben finden sich, wo es der thematische Zusammenhang nahelegt, versprengt andere

[1] Vgl. dazu *Präve* FS Winter, 209 ff.
[2] BaFin AE v. 21.12.2015 „Auslegungsentscheidung zum Outsourcing bei Versicherungsunternehmen".
[3] BaFin AE v. 1.1.2016 „Auslegungsentscheidung zu den allgemeinen Governance-Anforderungen an Versicherungsunternehmen".
[4] Nr. 11 MaGo.
[5] BaFin Merkblatt zur fachlichen Eignung und Zuverlässigkeit von Personen, die für Schlüsselfunktionen verantwortlich oder für Schlüsselfunktionen tätig sind, gemäß VAG v. 23.11.2016.
[6] So bereits der RegE zu § 5 Abs. 3 Nr. 4 VAG a. F., BT-Drs. 9/1493, 20, vgl. auch *Deckers/Mehls* in: Hanten/Görke/Ketessidis, B. I. 7. Rn. 157; *Zimmerer* S. 7 f.
[7] Ebenso i. E. G. *Saria* VersR 2016, 1081, 1083.
[8] Ausf. *Dreher* FS Hopt, 517 ff., 529 ff. und § 23 VAG Rn. 82 ff.
[9] Vgl. ausf. *Dreher* ZGR 2010, 496 ff.
[10] Ausf. *Thaten* Die Ausstrahlung des Aufsichts- auf das Aktienrecht am Beispiel der Corporate Governance von Banken und Versicherungen, 2016, S. 253 ff., 319.

ausgliederungsbezogene Leitlinien der EIOPA, so zum Beispiel in den EIOPA-LL Governance in Gestalt von Leitlinie 14 zum Outsourcing von Schlüsselfunktionen und in Nr. 1.7., 1.14. in der Einleitung zu den Geschäftsorganisationsvorgaben.

II. Verantwortlichkeit des Versicherungsunternehmens für ausgegliederte Funktionen oder Versicherungstätigkeiten (Abs. 1). 1. Überblick. § 32 VAG geht es um die Aufrechterhaltung einer ordnungsgemäßen Geschäftsorganisation bei Ausgliederungen. Die Regelung **unterscheidet** dabei zwischen der **Ausgliederung** einerseits **einfacher und** andererseits **wichtiger Funktionen** sowie Versicherungstätigkeiten, folgt aber in ihrer Systematik dieser Unterscheidung nicht konsequent. Für alle Ausgliederungen gelten Abs. 1 und Abs. 2. Auch Abs. 4 soll – entgegen den europarechtlichen Vorgaben – für alle Ausgliederungsvorgänge gelten. An die Ausgliederung wichtiger Funktionen und Versicherungstätigkeiten knüpft Abs. 3 qualifizierte Anforderungen. Den Rahmen für eine Ausgliederung gibt Abs. 1 vor, den die folgenden Absätze ausfüllen und konkretisieren. Die Norm gibt sowohl Zielsetzungen (Abs. 1, Abs. 2 S. 1, Abs. 3) als auch Instrumente für deren Erreichung vor (Abs. 2 S. 2, Abs. 4). 12

Die Ausgliederung erfährt eine **Legaldefinition** in § 7 Nr. 2 VAG, dessen Vorbild Art. 13 Nr. 28 Solva II-RL ist. Flankiert wird § 32 VAG durch die ausgliederungsbedingten **Meldepflichten** nach § 47 Nr. 8, 9 VAG. Danach sind die Absicht einer Ausgliederung und die Änderung wesentlicher Umstände des Ausgliederungsverhältnisses der BaFin mitzuteilen. Diese Regelung transferiert Art. 49 Abs. 3 Solva II-RL in deutsches Recht. Daneben muss ein Unternehmen im Fall der Absicht einer Ausgliederung gemäß § 23 Abs. 3 S. 2 VAG unternehmensinterne **Ausgliederungsleitlinien** erstellen. 13

2. Normadressaten. Betroffen von der Regelung sind zunächst **Versicherungs- und Rückversicherungsunternehmen** im Anwendungsbereich der Solva II-RL. Dazu gehören auch firmeneigene Versicherungsunternehmen i. S. v. Art. 13 Nr. 2 Solva II-RL bzw. § 45 Abs. 5 Nr. 10 VAG, die sog. **Captives**. Falls ein Rückversicherungsunternehmen nach Art. 12 Solva II-RL vor dem 1.1.2016 seine Tätigkeit eingestellt hat, gilt § 32 VAG für es nicht. 14

Auf **kleine Versicherungsunternehmen** (§ 211 VAG), Sterbekassen (§ 218 VAG) sowie Pensionskassen (§ 232 VAG) ist § 32 VAG anzuwenden. Zu beachten sind hier allerdings Besonderheiten, denn diese Unternehmen unterfallen nicht zugleich der Solva II-RL. 15

Gemäß § 293 Abs. 1 S. 1 VAG sind auch **Versicherungs-Holdinggesellschaften und gemischte Finanzholding-Gesellschaften** erfasst. 16

Bei der Ausgliederung gruppendimensionaler Funktionen gilt § 32 VAG wegen § 275 Abs. 1 S. 1 VAG für das **oberste Gruppenunternehmen** entsprechend. Ein Mutterunternehmen, das das Risikomanagement und die internen Kontrollmechanismen der Tochter im Rahmen eines **zentralisierten Risikomanagements** nach § 267 Nr. 2 VAG übernommen hat, muss gemäß Art. 351 Abs. 1 lit. c Solva II-VO sicherstellen, dass die Anforderungen von Art. 49 Solva II-RL zum Outsourcing erfüllt sind. 17

Auch **arbeitnehmerlose Gesellschaften**, die eine Erledigung des operativen Geschäfts fremdbeziehen, müssen bei Vorliegen eines Ausgliederungstatbestands im Übrigen die Vorgaben des § 32 VAG beachten. Von besonderer Bedeutung ist dann die Frage, ob und inwieweit Geschäftsleiter die Aufgaben eines oder mehrerer Ausgliederungsbeauftragten wahrnehmen dürfen. 18

3. Ausgliederungstatbestand. Definiert ist die Ausgliederung in **§ 7 Nr. 2 VAG** als eine „Vereinbarung jeglicher Form zwischen einem Versicherungsunternehmen und einem Dienstleister, auf Grund derer der Dienstleister direkt oder durch weitere Ausgliederung einen Prozess, eine Dienstleistung oder eine Tätigkeit erbringt, die ansonsten vom Versicherungsunternehmen selbst erbracht werden würde; bei dem Dienstleister kann es sich um ein beaufsichtigtes oder nicht beaufsichtigtes Unternehmen handeln." Verantwortlich für die risikoorientiert vorzunehmende Beurteilung, ob eine Aufgabendelegation die Definition erfüllt, ist im Sinne einer **Selbsteinschätzung** das Versicherungsunternehmen.[11] Eine aufsichtsfreie Einschätzungsprärogative hat es nicht. Im Prinzip sind alle Funktionen und Tätigkeiten ausgliederbar.[12] 19

Die **Vereinbarung** kann schriftlich oder mündlich sein. Auf ihre Rechtswirksamkeit kommt es nicht an. Abzustellen ist auf die Tatsache der Aufgabenübertragung auf Grund einer vorherigen Absprache. An einer Vereinbarung, **„auf Grund derer"** nunmehr der Dienstleister die Tätigkeiten verrichtet, fehlt es, wenn das Gesetz die Aufgaben schon im Vorhinein einem außerhalb des Unternehmens stehenden Dritten zuschreibt. So ist die Tätigkeit des **Schadenregulierungsbeauftragten** (§ 163 VAG) keine Ausgliederung. Allerdings gilt die **Übertragung der Schadenabwicklung** in der Rechtsschutzversicherung, die neben anderen Sparten betrieben wird, auf ein anderes Unternehmen nach § 164 Abs. 1 S. 2 VAG als Ausgliederung. 20

Den **Dienstleister** definiert das VAG nicht. Aus einer teleologischen Auslegung ergibt sich, dass Dienstleister jede **außerhalb des Versicherungsunternehmens** angesiedelte Person, Stelle oder Ein- 21

[11] Nr. 248 MaGo.
[12] Zu den Ausnahmen vgl. unten Rn. 45 ff.

heit ist, die **Rechtspersönlichkeit** besitzt.[13] Vor allem als Dienstleister in Betracht kommen mithin natürliche und juristische Personen sowie Personengesellschaften. Ob der Dienstleister seinerseits ein beaufsichtigtes Unternehmen ist oder nicht, ist ausweislich des Wortlauts irrelevant. Außerhalb des Versicherungsunternehmens steht, wer nicht in dessen Organisation eingegliedert ist[14] und jenseits des Ausgliederungsvertrags nicht den Weisungen des Versicherungsunternehmens unterworfen ist. Konzernrechtlich vermittelte Weisungsrechte des Versicherungsunternehmens heben die Dienstleistereigenschaft zwar nicht auf, d. h. es besteht kein Konzernprivileg, modifizieren aber unter Umständen die Anforderungen an eine ordnungsgemäße Ausgliederung.

22 Eine **Personenidentität** von Mitarbeitern oder Organmitgliedern auf Seiten des Versicherungsunternehmens und auf Seiten des Dienstleisters ist denkbar. Ebenso schließt eine **Beteiligung** des Versicherungsunternehmens an dem Dienstleister das Vorliegen einer Ausgliederung nicht aus. Das gilt auch für alle anderen Formen der wirtschaftlichen Verflechtung. Die **räumliche Trennung** von den Fazilitäten des Versicherungsunternehmens ist weder erforderlich noch hinreichend für die Dienstleistereigenschaft.

23 Mangels eigener Rechtspersönlichkeit sind inländische und innerhalb des EWR angesiedelte ausländische **Zweigniederlassungen** von deutschen Versicherungsunternehmen keine Dienstleister für die Hauptniederlassung.[15] Sollte eine Delegation auf eine Zweigniederlassung außerhalb des EWR erfolgen, liegt ebenso keine Ausgliederung vor, auch wenn de facto die Zugriffsmöglichkeiten der BaFin auf die Zweigniederlassung, beispielsweise mangels eines behördlichen Kooperationsabkommens, eingeschränkt sein mögen. Allerdings kann die BaFin hoheitliche Maßnahmen dann unter Umständen auf das Fehlen einer ordnungsgemäßen Geschäftsorganisation nach § 23 VAG stützen.[16] Beide Fälle setzen aber voraus, dass das ausländische Recht die Zweigniederlassungen nicht als rechtlich selbständig betrachtet. Sollte das anders sein, kommt eine Ausgliederung in Betracht.

24 **Mehrfacharbeitsverhältnisse** sind mangels einer Aufgabenübertragung auf eine außerhalb des Unternehmens stehende Person keine Ausgliederungsvorgänge. Der Arbeitnehmer ist hier für den jeweiligen Arbeitgeber tätig und seine Tätigkeiten erfolgen innerhalb dessen Organisationssphäre.

25 Objekte der Ausgliederung sind **Prozesse, Dienstleistungen oder Tätigkeiten**. Die Delegation bringt in der Regel auch den Transfer von Technologie, Software, Daten oder Fachwissen mit sich. Soweit allerdings im Zuge solcher Transfers keine Aufgaben auf einen Dritten übertragen werden, mag es sich zwar um ein „Outsourcing" im weitesten betriebswirtschaftlichen Sinne handeln. Die Anwendung des § 32 VAG ist dann aber dennoch ausgeschlossen. Hier ist zu unterscheiden zwischen der Übertragung von Betriebs- und Sachmitteln, die alleine für sich keine Ausgliederung darstellt, und der Beauftragung des Dienstleisters, nunmehr Tätigkeiten für den Auftraggeber auszuführen, die eine Ausgliederung bildet.[17] Auf den Vertragstyp kommt es dabei nicht an, sondern auf den tatsächlichen Übergang von Aufgaben. Die **Bestandsübertragung** nach § 13 VAG an sich ist daher keine Ausgliederung, da die Aufgaben erst akzessorisch mit den Vertragsverhältnissen übergehen. Umgekehrt liegen Ausgliederungssachverhalte vor, wenn Versicherungsunternehmen im Sinne von sog. **shared services** zwar einen **gemeinsamen Betrieb i. S. v. § 1 Abs. 2 BetrVG** begründen, die Leistungen zwischen ihnen aber auf der vertraglichen Übertragung von ausgliederungsrelevanten Dienstleistungen oder Tätigkeiten an bestimmte Unternehmen beruhen, die diese Leistungen mit nur bei ihnen angestellten Mitarbeitern erbringen. Die versicherungsaufsichtsrechtliche Bewertung eines Sachverhalts als Ausgliederung ist nämlich von dessen betriebsverfassungsrechtlicher Bewertung als Begründung eines gemeinsamen Betriebes unabhängig.[18]

26 Es liegt nur dann eine Ausgliederung vor, wenn die übertragenen Tätigkeiten **„ansonsten vom Versicherungsunternehmen selbst erbracht"** würden. Abzustellen ist nicht darauf, ob das konkrete Versicherungsunternehmen die Tätigkeit schon einmal ausgeführt hat und sich nun ihrer begibt. Vielmehr ist entscheidend, ob sie nach Maßstab der Verkehrsanschauung typischerweise mit dem Versicherungsgeschäft einhergeht.[19] Nur die Übertragung einer solchen Tätigkeit bringt ein Ausgliederungsrisiko mit sich, das eine aufsichtsrechtliche Erfassung des Vorgangs rechtfertigt.[20] An der Stelle zeigt sich die Schnittmenge dieser Definition in § 7 Nr. 2 VAG mit dem Tatbestandsmerkmal „Versicherungstätigkeiten" in § 32 VAG. In der Rechtsanwendung kann es meist dahinstehen, ob man für

---

[13] *Horak* S. 42; *Kagelmacher* S. 131; vgl. zum Bankenaufsichtsrecht Boos/Fischer/Schulte-Mattler/*Braun/Wolfgarten* KWG § 25a Rn. 873 unter Bezugnahme auf ein früheres BAKred-Rundschreiben 11/2001.

[14] *Kagelmacher* S. 131 f.

[15] Prölss/*Präve*, 12. Aufl. 2005, § 5 Rn. 81; *Zimmerer* S. 28; *Horak* S. 42; 84 ff.

[16] *Horak* S. 86 ff.; a. A. *Zerwas/Hanten* WM 1998, 1110, 1114, die hier von einer Ausgliederung ausgehen; so auch noch Prölss/*Präve*, 12. Aufl. 2005, § 5 Rn. 81.

[17] So schon *Zimmerer* S. 29.

[18] Offengelassen von *Hasse* in: Annuß/Früh/Hasse, B § 25 VAG Rn. 16.

[19] Vgl. auch Nr. 238 MaGo; i. E. ebenso, allerdings unter Anwendung einer teleologischen Reduktion, *S. Saria* Versicherungsrundschau 9/2013, 27, 28; vgl. für den Bankensektor und sein Tatbestandsmerkmal der „sonstigen institutstypischen Leistung" *Bergmann* S. 235.

[20] *Dreher/Ballmaier* in: Dreher/Wandt 2015, S. 43 f.; *S. Saria* Versicherungsrundschau 9/2013, 27, 28; *G. Saria* VersR 2016, 1081, 1085.

versicherungsfremde Tätigkeiten bereits das Vorliegen einer Ausgliederung i. S. v. § 7 Nr. 2 VAG verneint, oder ob man erst unter Hinweis darauf, dass §§ 32, 49 Nr. 8, 9 VAG bzw. die einschlägigen Regelungen der Solva II-VO die Übertragung von Funktionen oder Versicherungstätigkeiten voraussetzen, die Anwendung der aufsichtsrechtlichen Ausgliederungsregelungen verneint.[21]

Eine Rolle kommt dem Tatbestandsmerkmal allerdings dann zu, wenn das Gesetz versicherungsnahe Tätigkeiten schon im Vorhinein nicht dem Versicherungsunternehmen, sondern einem Dritten zuschreibt. So führt der **Schadenregulierungsbeauftragte** nach § 163 VAG keine Aufgaben aus, die das Versicherungsunternehmen ohne die Vereinbarung selbst erbringen würde, denn das VAG selbst schreibt sie ihm zu. Daher liegt hier keine Ausgliederung vor. Nach § 164 Abs. 1 S. 2 VAG gilt aber die Übertragung der Schadenabwicklung in der Rechtsschutzversicherung, die neben anderen Versicherungssparten von einem Unternehmen betrieben wird, als Ausgliederung i. S. v. § 32 VAG. 27

Wann eine in der Definition implizit angesprochene hinreichende Übertragung der Aufgaben vorliegt, ist anhand des Kriteriums der **Nachhaltigkeit** zu ermitteln,[22] so dass nicht jeder Fremdbezug per se eine Ausgliederung ist. Unterkriterien sind der Grad der Herauslösung des Aufgabenbereichs aus der Geschäftsorganisation des Versicherungsunternehmens[23] sowie das Vorliegen der typischen Risiken, die mit einer Ausgliederung einhergehen. So bildet der Einsatz von Leiharbeitnehmern keinen Fall einer Ausgliederung,[24] weil diese Arbeitnehmer lediglich innerhalb der geschäftsorganisatorischen Sphäre des Unternehmens für dieses ihre Aufgaben verrichten. Die BaFin stellt vorrangig auf **Dauer und Häufigkeit** des Fremdbezugs ab und betont zutreffend, dass jeweils der Einzelfall von Bedeutung sei. Insbesondere spielt auch eine Rolle, wie substantiell die übertragene Aufgabe für das Versicherungsunternehmen ist.[25] 28

Übertragungen unterhalb eines **Zeitraums** von 6 Monaten sind mangels Dauerhaftigkeit keine Ausgliederungen im Sinne des § 32 VAG.[26] Eine dauerhafte Übertragung kann aber dann vorliegen, wenn sich ein Dienstleistungsvertrag automatisch verlängert. In der Regel zu bejahen ist eine Ausgliederung, wenn nunmehr ein Dritter Versicherungstätigkeiten gegenüber Versicherungsnehmern vornimmt, es sei denn, es besteht ein direktes Vertragsverhältnis zwischen Versicherungsnehmern und Drittem.[27] 29

Keine Ausgliederung liegt vor bei **einmaligen Einzelaufträgen**. Mangels Nachhaltigkeit der Übertragung stellen **Kauf- und Werkverträge** keinen Ausgliederungsfall dar.[28] Bei **typengemischten Verträgen** ist auf den Einzelfall abzustellen, wenn ein Dienstleistungselement vorhanden ist. Sofern es lediglich Annex zu einer anderen Hauptleistung ist, ist meist eine Ausgliederung zu verneinen.[29] Die gelegentliche Heranziehung externer Expertise ist grundsätzlich keine Ausgliederung. Das gilt zum Beispiel für die Einholung von Gutachten zu juristischen oder technischen Fragen oder für Beratungsleistungen.[30] Der **Übergang zu einer Ausgliederung** ist aber dann möglich, wenn der Dritte in einer Vielzahl von Fällen und ohne weitere nennenswerte Zwischenschritte automatisch zur Aufgabenerledigung hinzugezogen wird.[31] Falls ein Unternehmen sich zunehmend auf den Dritten verlässt, sieht auch EIOPA eine Ausgliederung als naheliegender an.[32] 30

Hinzu kommt nach Meinung der **BaFin** eine **Erheblichkeitsschwelle**, die überschritten werden müsse. Sollte die übertragene Versicherungstätigkeit zwar auf Dauer und der Dritte häufig in Anspruch genommen werden, so liege dennoch keine Ausgliederung vor, wenn der ausgelagerte Bereich „**von ganz untergeordneter Bedeutung für das Unternehmen** ist."[33] Das Überschreiten der Erheblichkeitsschwelle ist umso wahrscheinlicher, je mehr die Tätigkeiten den Kernfunktionen i. S. v. Art. 5 Abs. 3 Nr. 4 VAG a. F. oder den Schlüsselfunktionen i. S. d. § 7 Nr. 9 Hs. 2 VAG zuzuordnen sind, oder je mehr Entscheidungskompetenzen auf den Dienstleister übertragen werden. Eine Erheblichkeitsschwelle ist in der Definition nicht angelegt. Systematisch gehört sie eher zu der Erwägung, ob eine wichtige Versicherungstätigkeit vorliegt. Es ist auch unter teleologischen Gesichtspunkten nicht verständlich, warum die Anforderungen des § 32 Abs. 1 VAG, die in diesen Fällen proportional leichter zu erfüllen sind, nicht gelten sollen. 31

---

[21] Vgl. *Dreher/Ballmaier* VersR 2014, 8, 12 f.; *G. Saria* VersR 2016, 1081, 1083.
[22] *Dreher/Ballmaier* in: Dreher/Wandt 2015, S. 45; für den Bankensektor: Boos/Fischer/Schulte-Mattler/*Braun/Wolfgarten* KWG § 25a Rn. 883.
[23] *Kagelmacher* S. 131 f.
[24] *S. Saria* Versicherungsrundschau 9/2013, 27, 30.
[25] Nr. 18 ff. Vorbereitungs-LL Outsourcing; ebenso Nr. 2.289. EIOPA-LL Governance.
[26] *Dreher/Ballmaier* in: Dreher/Wandt 2015, S. 45 f. und schon *S. Saria* Versicherungsrundschau 9/2013, 27, 29.
[27] Nr. 20 Vorbereitungs-LL Outsourcing, so auch Nr. 2.287. EIOPA-LL Governance.
[28] *Hasse/Nuß/Sehrbrock* in: Dreher/Wandt 2015, S. 25.
[29] *Hasse/Nuß/Sehrbrock* in: Dreher/Wandt 2015, S. 25.
[30] Nr. 2.288. EIOPA-LL Governance.
[31] Boos/Fischer/Schulte-Mattler/*Braun/Wolfgarten* KWG § 25a Rn. 883; *Hasse/Nuß/Sehrbrock* in: Dreher/Wandt 2015, S. 26.
[32] Nr. 2.288. EIOPA-LL Governance.
[33] Nr. 23 Vorbereitungs-LL Outsourcing, ebenfalls für eine Erheblichkeitsschwelle *S. Saria* Versicherungsrundschau 9/2013, 27, 29.

32 Für die Übertragung der Schadenbearbeitung in der Rechtsschutzversicherung, die nach **§ 164 Abs. 1 S. 2 VAG** als Ausgliederung gilt, stellt § 164 Abs. 2, 3 VAG zusätzliche Anforderungen an den Dienstleister (**Schadenabwicklungsunternehmen**). Aus dem Begriff „Unternehmen" folgt, dass die Bearbeitung aufgrund des RDG nicht nur von einem Rechtsanwalt wahrgenommen werden darf. Das ergibt sich ebenso aus § 5 Abs. 1 RDG, [34] wonach es Unternehmen gestattet ist, im Zusammenhang mit ihrer Haupttätigkeit Rechtsdienstleistungen als Nebenleistungen anzubieten, solange diese zu dem Berufs- und Tätigkeitsbild gehören. Bei Ausgliederungen auf verbundene Unternehmen i. S. v. § 15 AktG ist bereits der Ausnahmetatbestand des § 2 Abs. 3 Nr. 6 RDG einschlägig.

33 **4. Funktionen und Versicherungstätigkeiten. a) Funktionen.** Eine Funktion ist nach der Legaldefinition in § 7 Nr. 9 VAG „eine interne Kapazität innerhalb der Geschäftsorganisation zur Übernahme praktischer Aufgaben; die Geschäftsorganisation schließt die Risikomanagementfunktion, die Compliance-Funktion, die interne Revisionsfunktion und die versicherungsmathematische Funktion ein". Der **Funktionsbegriff in § 32 VAG** bezieht sich aber außer auf die vier Governance-Funktionen auch auf operative Einheiten.[35] Funktion in diesem Sinne ist daher jede Stelle für die betriebliche Verrichtung von Aufgaben –[36] mit Ausnahme solcher Kapazitäten, die nicht für Versicherungstätigkeiten geschaffen wurden. Andere **Versicherungsfunktionen** sind neben diesen zum Beispiel die Kapazitäten zur Vornahme des Vertriebs, der Bestandsverwaltung, der Leistungsbearbeitung und des Rechnungswesens.[37] Im Ergebnis kann dahinstehen, ob eine Funktion oder ob Versicherungstätigkeiten Gegenstand der Ausgliederung sind, da mit der (gegebenenfalls: Teil-)Übertragung einer Funktion auch Versicherungstätigkeiten übergehen.[38] Ebenso differenziert die EIOPA-LL Geschäftsorganisation nicht nach „Funktion" oder „Versicherungstätigkeit". Das **Tatbestandsmerkmal** erweist sich somit **als weitgehend überflüssig**. Für die Auslagerung von **Schlüsselfunktionen** gelten gemäß § 32 Abs. 3 VAG besondere Anforderungen.

34 **b) Versicherungstätigkeiten.** Versicherungstätigkeiten sind solche Aktivitäten, die bislang den Inhalt von Dienstleistungsverträgen nach § 64a Abs. 4 VAG a. F. bildeten. Das sind alle Tätigkeiten, „die in einem **wirtschaftlich-funktionalen Zusammenhang mit dem Betrieb von Versicherungsgeschäften** […] stehen".[39] Die Aufsicht über versicherungsuntypische Tätigkeiten behält sich die BaFin allerdings – zu Unrecht – im Rahmen der allgemeinen Missstandsaufsicht nach § 298 VAG vor.[40]

35 Die Tätigkeiten müssen in einem **unmittelbaren Zusammenhang** mit dem Versicherungsgeschäft stehen.[41] Das folgt aus der teleologischen Erwägung, dass nur die Übertragung solcher Tätigkeiten relevant ist, die eine ordnungsgemäße Erfüllung der Versicherungsleistungen und die Fortführung des Versicherungsbetriebs gefährdet.[42] In **Zweifelsfällen** kann als Indiz angesehen werden, ob der Dienstleister die bezogene Leistung auch für Nichtversicherungsunternehmen anbietet. Das spricht für das Vorliegen einer versicherungsuntypischen Tätigkeit.[43] Wenn die betroffene Tätigkeit üblicherweise Gegenstand einer Ausbildung zum Versicherungskaufmann bzw. zur Versicherungskauffrau ist, liegt eine Versicherungstätigkeit nahe. Für eine Versicherungstätigkeit im Sinne des § 32 Abs. 1 VAG spricht weiter die **versicherungsaufsichtsrechtliche Prägung** einer Tätigkeit. Dies unterscheidet die Tätigkeit der Rechtsabteilung[44] und des Geldwäschebeauftragten[45] eines Versicherungsunternehmens von der Tätigkeit eines Datenschutzbeauftragten.

36 **IT-Tätigkeiten** (z. B. Wartungsservices, Programmierungstätigkeiten, Bereitstellung von IT-Infrastrukturen) sind quasi **akzessorisch** als Versicherungstätigkeiten anzusehen, wenn sie Versicherungstätigkeiten unmittelbar erleichtern oder ermöglichen.[46] Unter dem Schlagwort **Cloud-Computing** sind vielerlei Fallgestaltungen und Vertragsformen zusammengefasst, so dass sich ihre aufsichtsrechtliche Beurteilung sub specie der Ausgliederung nach dem Einzelfall richtet.[47] Zu untersuchen ist der konkrete Vertragsgegenstand.[48] Handelt es sich um eine sog. Private Cloud, befinden sich die IT-Strukturen also

[34] So schon Prölss/*Präve*, 12. Aufl. 2005, § 5 Rn. 81; a. A. *Michaels/Langheid* VW 2004, 800, 801; FKBP/*Kaulbach* § 5 Rn. 48.
[35] So auch *Heukamp* § 5 Rn. 134.
[36] Insofern besteht kein Unterschied zu § 5 Abs. 3 Nr. 4 VAG a. F., vgl. für den Funktionsbegriff dieser Norm *Kagelmacher* S. 107 f.
[37] *Hasse/Nuß/Sehrbrock* in: Dreher/Wandt 2015, S. 28.
[38] *Hasse/Nuß/Sehrbrock* in: Dreher/Wandt 2015, S. 28.
[39] *Dreher/Ballmaier* VersR 2014, 8, 10 ff.
[40] Nr. 238 MaGo und dazu § 298 VAG Rn. 34.
[41] *G. Saria* VersR 2016, 1081, 1085; *Hasse/Nuß/Sehrbrock* in: Dreher/Wandt 2015, S. 29.; *Dreher/Ballmaier* in: Dreher/Wandt 2015, S. 39, 44; *S. Saria* Versicherungsrundschau 9/2013, 27, 28.
[42] *Dreher/Ballmaier* VersR 2014, 8, 10 ff.
[43] *S. Saria* Versicherungsrundschau 9/2013, 27, 31.
[44] Zu der Ausgliederungsfähigkeit der Rechtsabteilung vgl. *Dreher* FS Lorenz, 2014, 119, 124.
[45] Vgl. § 53 VAG.
[46] *Dreher/Ballmaier* VersR 2014, 8, 11.
[47] Hierzu im Detail *Söbbing* ZBB 2013, 364.
[48] Überblick bei *Nägele/Jacobs* ZUM 2010, 281, 282; *Schuster/Reichl* CR 2010, 38 f.; *Thalhofer/Beck* CR 2016, S. 1 ff.

noch innerhalb der eigenen Organisation des Versicherungsunternehmens, liegt keine Ausgliederung vor. Falls das Versicherungsunternehmen per Internetzugang Software nutzt, die auf der Hardware eines Dritten installiert ist (Software as a Service, **SaaS**), liegt nur bei Versicherungsbezug der Software eine Ausgliederung vor. Dasselbe gilt für Sachverhalte, in denen ein Dritter eine Entwicklerplattform bereitstellt (Platform as a Service, **PaaS**). Bezieht das Versicherungsunternehmen ausschließlich Hardwarekapazitäten (Rechenleistung, Speichervorrat) von einem Dritten (Infrastructure as a Service, **IaaS** bzw. Data Storage as a Service, **DaaS**), ist zwar das vertragliche Hauptelement ein Mietvertrag. Das Versicherungsunternehmen hat aber selbst nicht mehr ohne weiteres Verfügungsgewalt und Überprüfungsrechte, was die Datenträger und andere Infrastruktur angeht. Daher ist auch hier entscheidendes Kriterium, ob die Infrastruktur im Zusammenhang mit Versicherungstätigkeiten genutzt wird. Die Compliance von Cloud-Maßnahmen erschweren zudem die datenschutzrechtlichen Vorschriften sowie die einschlägigen Vorschriften des BSIG.

Die Übertragung von Versicherungstätigkeiten auf **Versicherungsvermittler** ist dann keine Ausgliederung, wenn es sich dabei um eine „typische Vermittlertätigkeit" handelt,[49] für die die Richtlinie (EU) 2016/97 (Vermittlerrichtlinie, IDD) Vorgaben macht, die die BaFin und EIOPA in diesen Fällen für ausreichend halten (müssen). Eine solche typische Vermittlertätigkeit ist auch das Mitwirken bei der Verwaltung von Versicherungsverträgen,[50] worunter das **Prämieninkasso** fällt. Die Prämieneinziehung durch Vermittler ist demnach keine Ausgliederung nach § 32 VAG. Das gilt auch für den Makler, dem auf Grund von § 97 HGB eine besondere Inkassovollmacht eingeräumt werden muss.[51] Die **Schadenregulierung** durch einen Vermittler, die nach der Rechtsprechung des BGH Makler nicht ohne eine Erlaubnis nach dem RDG vornehmen dürfen,[52] namens und auf Rechnung des Versicherungsunternehmens unterfällt dagegen den versicherungsaufsichtsrechtlichen Anforderungen an eine Ausgliederung.[53] Gleiches gilt für die Übertragung von Vertragsabschlüssen auf Grund einer **Abschlussvollmacht**, die ebenfalls eine Ausgliederung darstellt und die diesbezüglichen Regeln von Solvency II zu beachten hat. 37

Weitere **Versicherungstätigkeiten** sind **beispielsweise** das Produktdesign, die Kapitalanlage durch Kapitalanlagegesellschaften, die Tätigkeit eines Geldwäschebeauftragten, die Tätigkeiten Dritter für ein Erstversicherungsunternehmen im Rahmen des sog. Fronting,[54] soweit es nicht allein um die Rückversicherung und damit verbundene Themen geht,[55] die Erbringung oder Organisation von sog. Assistance- oder Beistandsleistungen, die oft über eine Schadenregulierung hinausgehen oder unabhängig von einem konkreten Schaden erbracht werden,[56] sowie die Verwaltung und Abwicklung von Versicherungsverträgen.[57] Die Entwicklung eines internen Modells für eine Versicherungsgruppe ist nur für das oberste Mutterunternehmen versicherungstypisch in diesem Sinn. Erst wenn ein Tochterunternehmen seine Anwendung einem Dritten überträgt, liegt die Ausgliederung einer Versicherungstätigkeit vor.[58] 38

Beispiele für versicherungsuntypische Tätigkeiten sind grundsätzlich, aber abhängig von einer Beurteilung des Einzelfalls das Gebäudemanagement, Kantinentätigkeiten, Telefon-, Post- und Energieleistungen, die Beschaffung von Bürobedarf, Maßnahmen im Zusammenhang mit dem Fuhrpark, die Wartung von Computern und anderen Hilfsgeräten, aber auch der Bezug von Marktinformationsdiensten sowie von externen Ratings,[59] die Bestellung eines externen Datenschutzbeauftragten[60] und die Entwicklung sowie Kalibrierung von Katastrophenmodellen. Die Anwendung einzelner vorgenannter Leistungen kann allerdings versicherungstypisch sein.[61] Personalmaßnahmen wie Fortbildungen und Anstellungsverfahren haben für sich genommen keinen Bezug zum Versicherungsgeschäft und sind daher versicherungsuntypisch. Hiervon zu trennen ist die Frage, ob ihre Ergebnisse zur Erfüllung anderweitiger aufsichtsrechtlicher Vorgaben (zum Beispiel zur Zuverlässigkeit und fachlichen Eignung) führen. 39

5. Verantwortlichkeit des Versicherungsunternehmens für die Erfüllung aller aufsichtsrechtlichen Vorschriften und Anforderungen. Das Versicherungsunternehmen bleibt bei jeder Ausgliederung für die Erfüllung der aufsichtsrechtlichen Vorgaben und Anforderungen verantwortlich (**Ver-** 40

---

[49] Nr. 281 MaGo; Nr. 2.294. EIOPA Explanatory Text BoS-14/253 zu LL Governance.

[50] Nr. 2.294. EIOPA Explanatory Text BoS-14/253 zu LL Governance.

[51] A. A. *Seitz* VersR 2015, 417, 424.

[52] BGH Urt. v. 14.1.2016 – I ZR 107/14, VersR 2016, 1118.

[53] Nr. 282 MaGo.

[54] Vgl. dazu z. B. *Schaaf* VersR 2015, 17, 21.

[55] Dazu *Dreher/ Ballmaier* WM 2015, 1357, 1365.

[56] Vgl. zu derartigen Leistungen aus rechtstatsächlicher und versicherungsaufsichtsrechtlicher Sicht *Dreher/Hoffmann/Kling* Kartell- und Wettbewerbsrecht der Versicherungsunternehmen, 2. Aufl. 2015, § 11 Rn. 5 ff., 56 f. und aus versicherungsaufsichtsrechtlicher Sicht sub specie des Outsourcing *G. Saria* VersR 2016, 1081, 1083 ff.

[57] *Dreher/Ballmaier* VersR 2014, 8, 11.

[58] *S. Saria* Versicherungsrundschau 9/2013, 27, 32.

[59] *Dreher/Ballmaier* WM 2015, 1357, 1365.

[60] Vgl. dazu *Kähler* ZfV 2015, 149, 150; anders bei dessen gleichzeitiger Beauftragung mit versicherungsbezogenen Datenschutzaufgaben, was in der Praxis die Regel sein dürfte.

[61] *S. Saria* Versicherungsrundschau 9/2013, 27, 31.

antwortlichkeitsprinzip). Damit schreibt das VAG die Versicherungstätigkeiten immer dem Unternehmen zu, auch wenn ein Dritter sie ausführt (**Zurechnungsfunktion**).[62] Bezüglich der übertragenen Aufgaben bleibt das Unternehmen somit möglicher Adressat hoheitlicher Maßnahmen, vgl. auch Art. 34 Abs. 7 Solva II-RL. Daneben können sich die Aufsichtsbehörden u. a. nach § 299 Nr. 1 VAG an den Dienstleister wenden.

41 Eine weitere Dimension hat die Verantwortlichkeit in ihrem **Organisationsauftrag**.[63] Das Versicherungsunternehmen muss seine Geschäftsorganisation so anpassen, dass sie die versicherungsaufsichtsrechtlich angemessene Ausführung der übertragenen Tätigkeiten überwachen und steuern kann. Schließlich legt Abs. 1 die **Grenzen der Ausgliederung** fest. Die Verantwortlichkeit des Versicherungsunternehmens stellen – wie in nachfolgenden Abschnitten auszuführen ist – insbesondere das Verbot der Übertragung von Leitungsaufgaben, die Sourcing Governance, die sorgfältige Auswahl des Dienstleisters sowie der Ausgliederungsvertrag sicher.

42 **Mindestanforderungen** sind daher auch dann zu erfüllen, wenn es sich nicht um die Ausgliederung einer wichtigen Funktion oder Versicherungstätigkeit handelt. Im Lichte des **Proportionalitätsprinzips** sind sie aber umso leichter zu erfüllen, je weniger Risiken eine Ausgliederung hervorruft. Je nach Ausgliederungsgegenstand knüpfen § 32 VAG und Art. 274 Solva II-VO qualifizierte Anforderungen an eine Ausgliederung.

43 Nach § 32 Abs. 1 VAG sind Versicherungsunternehmen verantwortlich für die „Erfüllung aller **aufsichtsrechtlichen Vorschriften und Anforderungen**". Anknüpfungspunkt ist bei strenger Wortlautauslegung nur das Versicherungsaufsichtsrecht. Der erforderliche Gleichlauf mit § 294 Abs. 2 S. 2 VAG, wonach Maßstab des behördlichen Einschreitens die Einhaltung der „Gesetze, die für den Betrieb des Versicherungsgeschäfts gelten," ist, betrifft aber entsprechend den Vorgaben des europäischen Versicherungsaufsichtsrechts die Verantwortlichkeit für grundsätzlich **alle rechtlichen Anforderungen**.[64] Dies gilt ebenso für den Gleichlauf mit der Aufgabe der Compliance-Funktion nach § 29 Abs. 2 S. 1 VAG.

44 Die **vertraglichen Verpflichtungen gegenüber den Versicherungsnehmern** nennt § 32 Abs. 1 VAG nicht. Sie sind auch nicht in Art. 49 Abs. 1 Solva II-RL angesprochen, die die Verantwortlichkeit auf die „Verpflichtungen gemäß dieser Richtlinie" bezieht.[65] Allerdings spielt ihre Erfüllung reflexhaft im Rahmen der Aufsicht über eine ordnungsgemäße Geschäftsorganisation i. S. v. § 23 Abs. 1 VAG eine Rolle.

45 **6. Verbot der Ausgliederung von Leitungsaufgaben.** Eine Übertragung von Leitungsaufgaben der Geschäftsleitung auf Dritte ist ausgeschlossen.[66] Das ergibt sich zunächst aus § 76 Abs. 1 AktG, wonach der Vorstand die Leitung der Gesellschaft unter eigener Verantwortung ausübt.[67] Aber auch aus dem Verantwortlichkeitsprinzip und aus § 32 Abs. 2 S. 1 VAG, wonach die Steuerungs- und Kontrollmöglichkeiten des Vorstands erhalten bleiben müssen, ist ein **genuin versicherungsaufsichtsrechtliches Verbot** der Auslagerung von Leitungsaufgaben herzuleiten.[68]

46 **Leitungsaufgaben** sind zunächst alle Tätigkeiten, die das Gesetz oder andere rechtlich verbindliche Normen dem Vorstand ausdrücklich zuschreiben, zum Beispiel §§ 83, 90, 91, 110 Abs. 1 AktG oder §§ 23 Abs. 2, 3; 29 Abs. 4; 30 Abs. 2; 36 Abs. 1 VAG. Daneben bestehen aber auch ungeschriebene Leitungsaufgaben. Eine abschließende Erfassung ist nicht möglich. Allerdings ist ein Rückgriff auf Erkenntnisse der Betriebswirtschaftslehre üblich, nach der die wesentlichsten Planungs-, Steuerungs-, Finanz-, Informations- und Organisationstätigkeiten Leitungsaufgaben sind.[69] Nicht delegierbar sind zudem die organschaftliche Willensbildung und entsprechende Willenserklärungen.[70] Hintergrund ist, dass sich aus den fraglichen Tätigkeiten wesentliche Risiken ergeben können und sie von grundlegender Bedeutung für das Unternehmen sind.[71]

47 Vom Auslagerungsverbot nicht betroffen sind aber lediglich vorbereitende, ausführende und andere Hilfstätigkeiten, die dem Vorstand dazu dienen, den Leitungsaufgaben nachzukommen.[72] Entscheidend ist insoweit, dass der Vorstand sich die **Entscheidungsverantwortung** als höchstpersönliches Element

---

[62] *Dreher/Ballmaier* in: Dreher/Wandt 2015, S. 47 f.

[63] *Dreher/Ballmaier* in: Dreher/Wandt 2015, S. 47.

[64] Vgl. § 294 VAG Rn. 33; *Ballmaier*, 3. Teil, B. III. 1.; zu den Gesetzen, die für den Versicherungsbetrieb gelten, vgl. ausführlich schon *Dreher*, Die Konkretisierung der Mißstandsaufsicht nach § 81 VAG, 1997, S. 24 ff.

[65] A. A. *Heukamp* § 5 Rn. 143 bei Fn. 341.

[66] Vgl. ausf. zum Ganzen § 23 Rn. 83 ff. sowie *Dreher* FS Hopt, 517 ff.; Ellenbürger/Ott/Frey/Boetius/*Müller* S. 300 f.; Boos/Fischer/Schulte-Mattler/*Braun/Wolfgarten* § 25a KWG Rn. 886; Beck/Samm/Kokemoor/*Ferstl* KWG § 25a Rn. 60; Nr. 243 MaGo; *Michaels/Langheid* VW 2004, 800, 808.

[67] *Dreher* FS Hopt, 517, 523 ff.; MüKoAktG/*Spindler* § 76 Rn. 18; *Fleischer* ZIP 2003, 1, 5; *ders.* NZG 2003, 449, 450.

[68] *Dreher/Ballmaier* in: Dreher/Wandt 2015, S. 53; vgl. ausf. § 23 VAG Rn. 82 ff.

[69] *Dreher* FS Hopt, 517, 521 f.; MüKoAktG/*Spindler* § 76 Rn. 15.

[70] *Bergmann* S. 99.

[71] *Faust* S. 54.

[72] Spindler/Stilz/*Fleischer* AktG § 76 Rn. 20.

der Leitung vorbehält.[73] Der Vorstand hat bei der zulässigen Delegation solcher Hilfstätigkeiten besonderen **Auswahl-, Instruktions- und Überwachungspflichten** nachzukommen.[74] Die Entscheidungsverantwortung erstreckt sich auf wesentliche Grundzüge der Unternehmensstrategien. Über Details dürfen untergeordnete Ebenen oder Dritte bestimmen.[75]

Vor dem Hintergrund sind auch die Grenzen für **Betriebsführungsverträge** zu bestimmen. Wenn lediglich die laufende Geschäftsführung, nicht aber die grundsätzlichen Entscheidungen der Unternehmensstrategie Auslagerungsgegenstand sind, ist eine Delegation zulässig.[76] Entscheidend ist, dass die Eigentümergesellschaft „das Zentrum der unternehmerischen Aktivität bleibt."[77] 48

Entsprechendes gilt für die sog. **Totalauslagerung**. Unter diesem, leicht verfälschenden Schlagwort werden Sachverhalte zusammengefasst, in denen „die Gesamtheit der in der Einzelbetrachtung zulässigerweise ausgelagerten Bereiche die im Institut verbleibenden Bereiche an Umfang und Bedeutung deutlich übertreffen", was nach einer inzwischen aufgegebenen bankaufsichtsrechtlichen Verlautbarung unzulässig sein sollte.[78] In der Sache handelt es sich um nichts anderes als eine Ausgliederung der meisten wichtigen Funktionen, deren Zulässigkeit sich nicht anders beurteilt als diejenige anderer Auslagerungen. Solange die Entscheidungsverantwortung beibehalten und die sonstigen outsourcingbezogenen Vorgaben beachtet werden, sind solche Vorgänge ohne weiteres rechtmäßig. 49

III. Sicherstellung der ordnungsgemäßen Ausführung, der Steuerungs- und Kontrollmöglichkeiten des Vorstands sowie der aufsichtsbehördlichen Prüfungs- und Kontrollrechte (Abs. 2). 1. Sicherstellung der ordnungsgemäßen Ausführung sowie der Steuerungs- und Kontrollmöglichkeiten des Vorstands (Abs. 2 S. 1). § 32 Abs. 2 VAG gilt – wie Abs. 4 – sowohl für die einfache als auch für die wichtige Ausgliederung. Satz 1 ist Relikt des **§ 64a Abs. 4 VAG a.F.**, das seinem Gehalt nach **nicht vollständig von Art. 49 Abs. 1, 38 Abs. 1 Solva II-RL** abgedeckt ist.[79] Die Pflicht zur ordnungsgemäßen Ausführung ergibt sich bereits aus dem Organisationsauftrag in Abs. 1. Gleiches gilt für die Beibehaltung von Prüfungs- und Kontrollrechten des Vorstands. Aber ein europarechtliches Pendant zur Vorgabe, wonach die **Prüfungs- und Kontrollrechte der Aufsichtsbehörde nicht „beeinträchtigt"** werden dürfen, fehlt. Der für diese Thematik einschlägige Art. 38 Abs. 1 Solva II-RL sieht dies nicht vor. Art. 49 Abs. 2 lit. c Solva II-RL macht eine entsprechende Vorgabe ausdrücklich **nur für die Ausgliederung wichtiger** Funktionen oder Versicherungstätigkeiten. Eine gewisse Beeinträchtigung der Prüfungs- und Kontrollmöglichkeiten des Vorstands ist europarechtlich ohnehin zulässig und unvermeidlich: Die Richtlinie geht in Art. 49 Abs. 2 lit. a, b sogar für die Ausgliederung wichtiger Funktionen oder Versicherungstätigkeiten von einer Beeinträchtigung aus, die allerdings nicht wesentlich bzw. übermäßig ausfallen darf.[80] Nicht zutreffend ist daher die Annahme, die Aufsichtsbehörden und der Vorstand eines Versicherungsunternehmens müssten dieselben Möglichkeiten haben, die vor der Ausgliederung bestanden. Vor dem Hintergrund erweist sich § 32 Abs. 2 Satz 1 VAG dort, wo er über den Regelungsgehalt von Abs. 1 hinausgeht, als **europarechtswidrig**. 50

Ordnungsgemäß ausgeführt werden die Tätigkeiten, wenn der Dienstleister den **gesetzlichen und vertraglichen Verpflichtungen** nachkommt.[81] Gesetzliche Pflichten ergeben sich vor allem aus dem VAG. Je nach Ausgliederungsgegenstand kommen weitere Normen hinzu. Eine zentrale Rolle spielt vor dem Hintergrund die Einhaltung der Vorgaben von §§ 8a f. BSIG im Fall der Ausgliederung bestimmter IT-Leistungen. Maßstab für vertragliche Verpflichtungen sind vorrangig die Pflichten des Versicherungsunternehmens gegenüber den Versicherungsnehmern und Versicherten, bei deren Erfüllung der **Dienstleister Erfüllungsgehilfe** i. S. v. § 278 BGB ist. Verstößt der Dienstleister gegen den Ausgliederungsvertrag, ist das aufsichtsrechtlich erst relevant, wenn dem Versicherungsunternehmen ein Mangel zurechenbar ist. 51

Der **Vorstand** darf in seinen Prüfungs- und Kontrollmöglichkeiten gegenüber einem Dienstleister nicht zu sehr beschränkt sein. Das bezieht sich vor allem auf seine Informations- und Weisungsrechte, die vertraglich oder gesellschaftsrechtlich vermittelt sein können. Die Prüfungs- und Kontrollrechte der **Aufsichtsbehörde** bezüglich des Auslagerungsgegenstands ergeben sich zum einen aus dem Ausgliederungsvertrag, zum anderen aus der Erstreckung der Aufsicht auf den Dienstleister (§§ 299 Nr. 1; 305 Abs. 1 Nr. 1, Abs. 2 Nr. 2; 306 Abs. 1 S. 1 Nr. 1, Abs. 2 S. 1 Nr. 2 VAG). Das auslagernde Unternehmen hat bei seiner **Wahl des Dienstleisters**, insbesondere bei Auslagerungen in das Nicht-EWR-Ausland, die tatsächlichen Einwirkungsmöglichkeiten der Aufsichtsbehörde in seine Planungen einzubeziehen. 52

---

73 *Dreher* FS Hopt, 517 ff.
74 *Dreher* FS Hopt, 517, 536.
75 Spindler/Stilz/*Fleischer* AktG § 76 Rn. 20.
76 *Bergmann* S. 105; Hölters/*Weber* AktG § 76 Rn. 15.
77 Hölters/*Weber* AktG § 76 Rn. 15.
78 So Nr. 17 BAKred Rundschreiben 11/2001 (aufgehoben).
79 *Dreher/Ballmaier* in: Dreher/Wandt 2015, S. 48 f.
80 *Dreher/Ballmaier* in: Dreher/Wandt 2015, S. 49.
81 *Bergmann* S. 314; *Dreher/Ballmaier* in: Dreher/Wandt 2015, S. 50.

53 **2. Vorgaben zur Beibehaltung einer effizienten Aufsicht (Abs. 2 S. 2).** § 32 Abs. 2 Satz 2 VAG setzt Art. 38 Abs. 1 Solva II-RL um, wobei sich die Regelung in der Nummerierung nicht an ihr europarechtliches Vorbild hält. Vor dem Hintergrund der Erstreckung der Aufsicht auf Dienstleister sind die **Klauseln in Ausgliederungsverträgen** vorrangig Aufsichtserleichterungen. In allen Fällen, in denen sie relevant werden könnten, kann die Aufsichtsbehörde nämlich auch hoheitlich tätig werden. Ihren Sinn haben sie wohl nur im Hinblick auf das **Verhältnismäßigkeitsprinzip** bei der Wahl des verwaltungsrechtlichen Handelns. In der Geltendmachung vertraglicher Rechte liegt das mildere Mittel.

54 Die **Ausgliederung auf ein anderes Versicherungsunternehmen** macht die Klauseln nicht entbehrlich. Teleologische Erwägungen, wonach in diesen Fällen das Auslagerungsunternehmen ohnehin hoheitlichen Eingriffsbefugnissen unterliegt, verkennen, dass die Aufsichtsbehörde keine vertraglichen Rechte hat.

55 Die Vorgaben sind mittels des **Ausgliederungsvertrags** zu erfüllen, der im Hinblick auf die Rechte der Aufsichtsbehörde als Vertrag **zugunsten eines Dritten** auszugestalten ist. Falls daneben andere Weisungsmöglichkeiten gesellschaftsrechtlicher Art zur Verfügung stehen, können auch sie bemüht werden.

56 Das ausgliedernde Versicherungsunternehmen muss **hinsichtlich der von der Ausgliederung betroffenen Funktionen und Versicherungstätigkeiten** sicherstellen, dass es selbst, seine Abschlussprüfer und die Aufsichtsbehörde **auf alle Daten zugreifen** können (Nr. 1).[82] Eine entsprechende gesetzliche Eingriffsbefugnis hält § 305 Abs. 1 Nr. 1, Abs. 2 Nr. 2 VAG bereit.

57 Der Dienstleister muss sich daneben verpflichten, **mit der Aufsichtsbehörde zusammenzuarbeiten** (Nr. 2). Gemeint ist nicht die vertragliche Einräumung von aufsichtsrechtlichen Befugnissen. Vielmehr geht es um die Bereitschaft des Dienstleisters, einem **rechtlich begründeten Verlangen** der Aufsichtsbehörde nachzukommen.[83] Die korrespondierende hoheitliche Befugnis bildet § 299 Nr. 1 VAG.

58 Die **Aufsichtsbehörde** muss **Zugangsrechte zu den Räumen des Dienstleisters** erhalten, die sie selbst oder durch Dritte ausüben kann (Nr. 3). § 306 Abs. 1 S. 1 Nr. 1, Abs. 2 S. 1 Nr. 2 VAG ist die gesetzliche Kompetenznorm. Die Aufnahme von Dritten in Nummer 3 ist europarechtskonform, obgleich Art. 38 Abs. 1 lit. c Solva II-RL Dritte nicht nennt. Gemeint sind Personen, die im Auftrag der Aufsichtsbehörde für sie handeln.

59 **3. Sorgfältige Auswahl des Dienstleisters und Ausgliederungsvertrag bei einfachen Ausgliederungen. a) Auswahl des Dienstleisters.** Die Ausgliederung einfacher Versicherungstätigkeiten legt einen **absoluten Mindeststandard** an die Auswahl des Dienstleisters an, was sich aus dem Verantwortlichkeitsprinzip ergibt. Für wichtige Ausgliederungen gelten die Vorgaben des Art. 274 Abs. 3 Solva II-VO. Der Maßstab ist bei einfachen Ausgliederungsvorhaben nicht streng. Der Dienstleister muss lediglich in der Lage sein, Weisungen des Versicherungsunternehmens zu folgen und eine Transparenz herzustellen, die eine Überwachung durch das auslagernde Unternehmen ermöglicht. Das stellt auch einen gewissen Mindestanspruch an die Geschäftsorganisation und das Personal des Dienstleisters, der allerdings nicht jenes Niveau erreichen muss, das Art. 274 Abs. 5 lit. a Solva II-VO bei wichtigen Ausgliederungen vorschreibt. Der Dienstleister muss über die erforderlichen Erlaubnisse und Genehmigungen verfügen. Aufgrund des Proportionalitätsprinzips sollen die Versicherungsunternehmen auch prüfen, ob zusätzliche Punkte bei der Dienstleisterauswahl eine Rolle spielen sollen.[84]

60 Die BaFin fordert in dem Zusammenhang von den Unternehmen die Überprüfung des Dienstleisters auf seine **finanziellen und technischen Möglichkeiten**, seine **Kapazitäten**, die ausgegliederten Versicherungstätigkeiten auszuführen, und etwaige **Interessenkonflikte**. Außerdem muss das ausgliedernde Unternehmen einen **Kontrollrahmen** festlegen. Alle diese Punkte sind in den unternehmensinternen Ausgliederungsleitlinien abzudecken.[85]

61 **b) Ausgliederungsvertrag.** Richtet sich der Vertrag nach deutschem Recht, handelt es sich meist um einen **Dienstvertrag mit Geschäftsbesorgungscharakter** im Sinne von § 675 BGB.[86] Die Vereinbarung kann auch andere Elemente umfassen, die zu einem typengemischten Vertrag führen. Aufgrund des Verantwortlichkeitsprinzips und im Sinne einer ordnungsgemäßen Geschäftsorganisation nach § 23 Abs. 1 VAG ist er **schriftlich** zu fixieren.

62 Maßstab für die **inhaltliche Ausgestaltung** des Ausgliederungsvertrags ist, ob er, unter Berücksichtigung des erforderlichen Aufwands, eine ordnungsgemäße Geschäftsorganisation gewährleistet und

[82] Zur Frage einer möglichen Kollision in der Rechtseinräumung mit der Schweigepflicht nach § 203 Abs. 1 Nr. 6 StGB bei Ausgliederungen auf Versicherungsvermittler vgl. *Kähler* ZfV 2015, 149, 151 und allg. bei Ausgliederungen durch Versicherungsunternehmen *Schmidt* VersR 2014, 161 ff.

[83] *Ballmaier*, 5. Teil, C. II. 3. b) zum vergleichbaren Art. 274 Abs. 4 lit. a Solva II-VO.

[84] Nr. 287 MaGo. Im Jahr 2013 hat Luxemburg ein sog. PSA-Gesetz erlassen, um Ausgliederungen durch Versicherungsunternehmen zu erleichtern, indem regulierte Versicherungsdienstleister (professionnels du secteur de l'assurance) zugelassen werden, vgl. *Brückner* VW 2013, 52 f.

[85] Nr. 286 MaGo.

[86] *Kagelmacher* S. 135; BGH WM 2011, 2190 sieht die Ausgliederung der internen Revision auf eine WP-Gesellschaft als einen Vertrag i. S. v. § 627 BGB.

der Beibehaltung der Verantwortlichkeit (Abs. 1) dient. Zweckmäßige Hilfestellung, aber für einfache Ausgliederungen unverbindlich, ist der Katalog des Art. 274 Abs. 4 Solva II-VO.[87] Der Gehalt von Art. 274 Abs. 4 lit. a bis g, k, l Solva II-VO ist in den meisten Fällen ableitbar aus **§ 32 Abs. 1, Abs. 2 S. 1, Abs. 4 VAG**. Im Lichte des **Proportionalitätsprinzips** sind aber Ausnahmen denkbar. **§ 32 Abs. 2 S. 2 VAG** deckt die in Art. 274 Abs. 4 lit. h, i, j Solva II-VO genannten Inhalte ab.[88]

4. Unternehmensleitlinien zur Ausgliederung. Für alle Ausgliederungen sind Leitlinien zu erstellen; das folgt aus **§ 23 Abs. 3 S. 2 VAG** und Art. 258 Abs. 2, 274 Abs. 1 Solva II-VO. Es gelten zunächst die allgemeinen Grundsätze für die Unternehmensleitlinien i. S. v. § 23 Abs. 3 VAG. Die Leitlinien sind für **alle Stadien der Ausgliederung**, von der Anbahnung über die Durchführung bis zur Beendigung, zu entwerfen[89] und schreiben mindestens fest, wie das Versicherungsunternehmen die gesetzlichen Vorgaben einhalten will. Sie berücksichtigen die Auswirkungen der Ausgliederung auf den Geschäftsbetrieb und legen die Qualitäts- und Verfahrensstandards sowie die Berichts- und Überwachungspflichten fest. Die Leitlinien halten gem. **Art. 258 Abs. 2 Solva II-VO** die **Ziele, Prozesse und Zuständigkeiten** für den Auslagerungsvorgang fest und sollen **konsistent zur Geschäftsstrategie** sein. Daneben sollen sie das **Berichtswesen** im Zusammenhang mit der Ausgliederung regeln. 63

Die Leitlinien beschreiben auch die Voraussetzungen für eine **Weiterauslagerung**.[90] Laut EIOPA sind zusätzlich in die Leitlinien aufzunehmen: das Verfahren, um den **Ausgliederungsgegenstand** als wichtig zu identifizieren, welcher **Dienstleister** als geeignet anzusehen ist, wie oft er sich einer Beurteilung unterziehen muss, der Inhalt des **Ausgliederungsvertrags** unter Berücksichtigung von Art. 274 Abs. 4 Solva II-VO sowie bei wichtigen[91] Ausgliederungen **Notfallpläne**, einschließlich Ausstiegsszenarien bei wichtigen ausgegliederten Funktionen und Versicherungstätigkeiten.[92] Die Leitlinien sollen auch den Prozess und die Verantwortlichen für die Erstellung der Notfallpläne enthalten. 64

Die Forderung, auch bei einfachen Ausgliederungen bereits in den Leitlinien den Ausgliederungsvertrag festzuhalten, ist vor dem Hintergrund des **Proportionalitätsprinzips** überzogen. Entsprechendes gilt, sollte sich Leitlinie 63 lit. d EIOPA-LL Governance auch auf einfache Ausgliederungen beziehen, für die Entwicklung von Notfallplänen. Art. 274 Abs. 5 lit. c Solva II-VO sieht solche Pläne ausdrücklich nur für das Outsourcing von wichtigen Funktionen oder Versicherungstätigkeiten vor, und die Vorschrift ist nicht, auch nicht dem Rechtsgedanken nach,[93] auf einfache Ausgliederungen anwendbar.[94] 65

In die unternehmensinternen Leitlinien zur Vergütung oder in die Ausgliederungsleitlinien sind Angaben aufzunehmen, dass die **Vergütung des Dienstleisters** so ausgestaltet ist, dass er keine Risiken übernimmt, die mit der Risikomanagementstrategie des Versicherungsunternehmens nicht in Einklang stehen.[95] Das wird in der Regel bei einfachen Ausgliederungen auszuschließen sein, so dass sich hier Angaben erübrigen. Die Vergütung von **Mitarbeitern des Dienstleisters**, deren Tätigkeiten das Risikoprofil des Outsourcers maßgeblich beeinflussen können, müssen die Leitlinien ebenfalls ansprechen.[96] 66

5. Risikoanalyse. Für jedes Ausgliederungsvorhaben ist eine eigenverantwortliche Risikoanalyse durchzuführen,[97] der vorrangig zwei Aufgaben zukommen: Zum einen bestimmt sie, ob es sich um die **Ausgliederung einer wichtigen Funktion oder Versicherungstätigkeit** handelt.[98] Zum anderen ermittelt sie, welche Ausgliederungsrisiken entstehen und ist somit Bedingung für die rechtskonforme **Anpassung der Geschäftsorganisation**. Erst aufgrund der Risikoanalyse kann ein Versicherungsunternehmen dem **Proportionalitätsgrundsatz** gerecht werden. Bei der Risikoanalyse spielen auch die **Chancen** der Ausgliederung eine Rolle.[99] Das Outsourcing kann z. B. zur Qualitätsverbesserung und zu Kostenersparnissen führen. Das Ergebnis der Analyse ist zu **dokumentieren**. Bei sich ändernder Risikolage ist sie erneut durchzuführen.[100] 67

Für das **Verfahren** der Risikoanalyse gibt es keine aufsichtsrechtlichen Vorgaben, so dass ein Rückgriff auf das schon länger mit Risikoanalysen vertraute Bankaufsichtsrecht und seine Erkenntnisse 68

---

87 In seiner Pauschalität zu weitgehend: Nr. 255 MaGo, vgl. hierzu *Dreher/Ballmaier* in: Dreher/Wandt 2015, S. 50 f.
88 *Ballmaier*, 5. Teil, C. II. 4.; zum Inhalt der Klauseln vgl. unten Rn. 101 ff.
89 Nr. 284 MaGo; Leitlinie 63 EIOPA-LL Governance; vgl. ausf. zu den Ausgliederungs-Leitlinien *Ballmaier*, 5. Teil B. II. 1. b) bb).
90 Nr. 291 MaGo.
91 Nr. 289 MaGo; nicht eindeutig Nr. 1.116. lit. d EIOPA-LL Governance, die wohl für alle Ausgliederungen Notfallpläne vorsieht.
92 Nr. 1.116. lit. d EIOPA-LL Governance.
93 Vgl. hierzu Nr. 264 MaGo.
94 *Dreher/Ballmaier* in: Dreher/Wandt, S. 52.
95 Nr. 1.38 lit. b EIOPA-LL Governance.
96 Vgl. dazu unten Rn. 117.
97 Nr. 248 MaGo.
98 Nr. 248 MaGo.
99 Nr. 249 MaGo.
100 Nr. 251 MaGo.

besonders naheliegend ist. Die BaFin erwartet eine **systematische Auseinandersetzung** mit den Risiken.[101] Die **Intensität** der Analyse hängt von der Art, der Komplexität und dem Umfang der ausgegliederten Tätigkeiten ab.[102] Die **betroffenen Stellen** innerhalb des Unternehmens müssen bei der Analyse mitwirken,[103] wobei in der Regel die Compliance- und Rechtsabteilung, die Risikomanagementfunktion und die IT wichtige Rollen spielen.[104] Die Einschätzung des **Abschlussprüfers**, der nach § 35 Abs. 4 S. 1 Nr. 1 VAG auch die Rechtswidrigkeit einer Ausgliederung der Aufsichtsbehörde melden muss, ist ebenfalls zu berücksichtigen.[105] Die Risikoanalyse kann theoretisch sowohl **qualitativ** als auch **quantitativ** erfolgen.[106] In der Praxis ist eine qualitative Ausgestaltung weit häufiger.[107] Die **Risikokategorien** der Analyse richten sich nach dem Ausgliederungsgegenstand. Die BaFin betont die Kategorien strategisches Risiko, operationelles Risiko, Reputationsrisiko und bei Inanspruchnahme von Mehrmandantendienstleistern das Konzentrationsrisiko.[108] Besondere Beachtung verdienen Rechtsrisiken.[109]

69 Die **Kriterien** der Analyse sind abhängig vom Ausgliederungsgegenstand.[110] Aspekte sind beispielsweise die Auslagerungskosten, der Standardisierungsgrad der auszugliedernden Tätigkeiten, die Möglichkeiten der Inanspruchnahme eines anderen Dienstleisters oder der Wiedereingliederung, die Umstände betreffend den Dienstleister (Sitz, Kapazitäten, Interessenkonflikte, Personal und Geschäftsorganisation, Rechtsumfeld etc.) und die Auswirkungen auf Prozesse im Versicherungsunternehmen.[111] Eine Rolle spielt ebenso die Reputation des Dienstleisters.[112] Von Bedeutung ist auch, ob die Ausgliederung **gruppenintern** erfolgt, was risikomindernd sein kann.[113]

70 **6. Berichts- und Auskunftspflichten.** Die Ausgliederungsstrategie ist nach Art. 294 Abs. 8 Solva II-VO Teil des **Solvabilitäts- und Finanzberichts**. Der Aufsichtsbehörde steht nach § 305 Abs. 1 VAG ein **Auskunftsrecht** bezüglich des Ausgliederungsvorgangs gegenüber dem Versicherungsunternehmen zu. Auch der Dienstleister ist nach § 305 Abs. 2 Nr. 2 VAG auskunftspflichtig. Das betrifft aber in richtlinienkonformer Auslegung nur Geschäftsangelegenheiten des Dienstleisters, die mit der ordnungsmäßigen Ausführung der übertragenen Funktionen oder Versicherungstätigkeiten zusammenhängen. Dies folgt aus Art. 38 Abs. 1 lit. a, b Solva II-RL, der aufsichtsbehördliche Rechte nur in Bezug auf die outgesourcten Funktionen und Versicherungstätigkeiten fordert. Zusätzliche Melde- und Berichtspflichten bestehen bei wichtigen Ausgliederungen.[114] Besonderheiten ergeben sich auf Gruppenebene.[115]

71 **7. Weiterausgliederungen.** Weiterausgliederungen sind im Grundsatz so zu behandeln **wie Erstausgliederungen**, denn sie unterfallen ohne weiteres der Legaldefinition des § 7 Nr. 2 VAG („oder durch weitere Ausgliederung"). Eine nähere Regelung erfährt das Sub-Outsourcing in Art. 274 Abs. 4 lit. k, l **Solva II-VO**. Danach sind die Bedingungen einer Weiterverlagerung schon im Erstauslagerungsvertrag festzulegen und ist vertraglich festzuschreiben, dass die Pflichten und Zuständigkeiten des Dienstleisters gegenüber dem Outsourcer auch bei einer Weiterauslagerung bestehen bleiben.

72 Im **Erstausgliederungsvertrag** ist ein Zustimmungsvorbehalt des Vorstands eines Versicherungsunternehmens, das Erstausgliederer ist, für die Weiterauslagerung wichtiger Funktionen oder Versicherungstätigkeiten zu verankern.[116] Das Versicherungsunternehmen soll bereits in seinen Ausgliederungsleitlinien die Voraussetzungen für eine Weiterausgliederung festlegen.[117] Wichtig ist dabei der Kontrollrahmen des Sub-Dienstleisters, sollte dieser außerhalb des EWR angesiedelt sein.[118] Die Schlüsselrolle für eine ordnungsgemäße Subdelegation spielt der Erstausgliederungsvertrag, in dem ihre Rahmenbedingungen aufzunehmen sind. Naheliegend ist es, die Vorgaben in unternehmensinternen Ausgliederungsleitlinien zum Vertragsinhalt zu machen, verbunden mit der Verpflichtung, sie auch in den

[101] So ausdrücklich noch Nr. 33 BaFin AE v. 21.12.2015 „Auslegungsentscheidung zum Outsourcing bei Versicherungsunternehmen". In Nr. 258 MaGo findet sich die Forderung nicht mehr.
[102] Boos/Fischer/Schulte-Mattler/*Braun/Wolfgarten* KWG § 25a Rn. 894; Beck/Samm/Kokemoor/ *Ferstl* KWG § 25a Rn. 63; *Hannemann/Schneider/Weigl* S. 563.
[103] Nr. 250 MaGo.
[104] Beck/Samm/Kokemoor/*Ferstl* KWG § 25a Rn. 63.
[105] Für den Bankensektor Beck/Samm/Kokemoor/*Ferstl* KWG § 25a Rn. 65.
[106] Zu letzterem Ansatz für den Bankensektor *Loff* WM 2009, 780, 783.
[107] *Hannemann/Schneider/Weigl* S. 559.
[108] Nr. 249 MaGo.
[109] Boos/Fischer/Schulte-Mattler/*Braun/Wolfgarten* KWG § 25a Rn. 896.
[110] Ellenberger/Ott/Frey/Boetius/*Müller* S. 304.
[111] Ellenberger/Ott/Frey/Boetius/*Müller* S. 304 f.
[112] *Hannemann/Schneider/Weigl* S. 559.
[113] Vgl. Nr. 276 MaGo und unten Rn. 135 ff.
[114] Vgl. unten Rn. 131 ff.
[115] Vgl. unten Rn. 137.
[116] Art. 274 Abs. 4 lit. k Solva II-VO; Nr. 2.302. EIOPA Explanatory Text BoS-14/253 zu LL Governance; Nr. 291 MaGo.
[117] Nr. 2.302. EIOPA Explanatory Text BoS-14/253 zu LL Governance; Nr. 291 MaGo.
[118] Nr. 292, 246 MaGo.

Weiterauslagerungsvertrag einzubringen. Der Dienstleister muss im Weiterauslagerungsvertrag sicherstellen, dass dem Erstausgliederer und seiner Aufsichtsbehörde gegenüber dem Subdienstleister alle Rechte erhalten bleiben, die sie bereits bei der Erstauslagerung hatten. Ein drei- oder gar mehrseitiger Vertrag ist hier denkbar, aber nicht nötig.[119] Zweckmäßig, jedoch nicht rechtlich vorgeschrieben, ist die Einräumung direkter, und nicht erst durch den Dienstleister vermittelter Weisungsrechte gegenüber dem Subdienstleister.[120]

8. Sonderfall: Kleine Versicherungsunternehmen, Sterbekassen und Pensionskassen. Kleine Versicherungsunternehmen (§ 211 VAG), Sterbekassen (§ 218 VAG) und Pensionskassen (§ 232 VAG) sind **nicht** von den Vorgaben des § 32 VAG **befreit**. Allerdings finden auf sie weder die europarechtlichen Regelungen noch die EIOPA-LL noch die MaGo der BaFin Anwendung,[121] weil die genannten Unternehmen nicht in den Anwendungsbereich der Solva II-RL fallen. Europarechtliche Erwägungen erübrigen hier sich vor dem Hintergrund der **gebotenen gespaltenen Auslegung** des § 32 VAG. Weil der nationale Gesetzgeber an einigen Stellen in der Norm selbst, aber auch in der Regierungsbegründung zum neuen VAG am Grundgerüst des § 64a VAG a. F. festhalten will,[122] kann größtenteils auf die Praxis, die sich für § 64a Abs. 4 VAG a. F. herausgebildet hat, zurückgegriffen werden. Bei Angelegenheiten einer Ausgliederung von wichtigen Funktionen und Versicherungstätigkeiten ist ein Rückgriff auf die nach § 32 VAG i. V. m. dem europäischen Aufsichtsrecht geltenden Grundsätze möglich, allerdings unter besonderer Beachtung des **Proportionalitätsprinzips**. 73

9. Altfälle. Die Behandlung von Ausgliederungsvorgängen, die vor dem 1.1.2016 in Vollzug gesetzt wurden, ist im VAG nicht geregelt. Daher ist auf den intertemporalen allgemeinen Verwaltungsrechtsgrundsatz zurückzugreifen, wonach bei Fehlen einer anderweitigen Regelung für die Beurteilung eines Sachverhalts die jeweils in ihrem Zeitpunkt aktuelle Rechtslage Geltung für sich beansprucht. Dieser **unechten Rückwirkung** auf Ausgliederungen, die vor dem Stichtag vereinbart wurden, stehen auch keine verfassungsrechtlichen Bedenken entgegen. Das verfolgte Allgemeininteresse überwiegt den Vertrauensschutz hinsichtlich der Beibehaltung der Rechtslage auf Seiten der Versicherungsunternehmen. Die Grundregeln des neuen Aufsichtssystems zeichneten sich zudem schon frühzeitig ab. Bereits bestehende Auslagerungsvorgänge sind demnach **an § 32 VAG und Art. 274 Solva II-VO anzupassen.** Ist dies nicht möglich, müssen die Versicherungsunternehmen als Ultima Ratio bestehende Ausgliederungsverträge kündigen, sobald dies rechtlich möglich ist. In der Praxis dürfte die BaFin schon aus Kapazitäts- und Prioritätsgründen aber erst nach Ablauf der erforderlichen Zeit für derartige Umstellungen hoheitlich tätig werden. 74

IV. Sicherung der Weisungs- und Auskunftsrechte sowie Einbeziehung in das Risikomanagement (Abs. 4). Satz 1 von § 32 Abs. 4 VAG ist eine Konkretisierung von Abs. 1 und gilt – trotz seiner systematischen Stellung hinter Abs. 3, der nur wichtige Ausgliederungsvorgänge regelt – für alle Ausgliederungsvorgänge. Er übernimmt **§ 64a Abs. 4 S. 2 VAG a. F.** und transferiert ihn in neues Recht. Satz 1 ist, wie Abs. 2 S. 1, nicht vollständig mit dem Europarecht vereinbar. Zwar entspringt die Einräumung von Auskunfts- und Weisungsrechten dem Verantwortlichkeitsprinzip von Abs. 1 und ist insoweit von Art. 49 Abs. 1 Solva II-RL gedeckt. Anders verhält es sich mit der Vorgabe der Einbeziehung in das Risikomanagement auch bei einfachen Ausgliederungen. Art. 274 Abs. 5 lit. b Solva II-VO fordert dies nur für wichtige Ausgliederungen. Zwar soll nach der BaFin dieser Gedanke verallgemeinerungsfähig sein.[123] Indes bezieht sich Art. 274 Abs. 5 lit. b Solva II-VO explizit nicht auf den allgemeingültigen Abs. 1 des Art. 49 Solva II-RL, sondern auf dessen Abs. 2, der nur wichtige Outsourcingverhältnisse regelt. Die europarechtliche Wertung, die aus der expliziten Bezugnahme hervorgeht, hebt Satz 1 aus den Angeln.[124] Es handelt sich hier um eine **überschießende Umsetzung**, die aufgrund des Vollharmonisierungsgebots betreffend die Geschäftsorganisationsvorgaben unzulässig ist. 75

Die **Einbeziehung in das Risikomanagement** erfolgt für alle Abschnitte der Ausgliederung, von der Planung bis zur Abwicklung des Vertragsverhältnisses,[125] und ist auszurichten am Auslagerungsgegenstand, an der Quantität der übertragenen Aufgaben und am konkreten Risikogehalt der Ausgliederung, die die vorzunehmende **Risikoanalyse** ermittelt.[126] Die **Sicherung der Weisungs- und Auskunftsrechte** des Versicherungsunternehmens erfolgt im Auslagerungsvertrag. 76

Nach **Abs. 4 S. 2** sind Weisungsrechte nicht nötig, „wenn im Rahmen einer **steuerlichen Organschaft** Funktionen auf eine Muttergesellschaft ausgegliedert werden und diese sich für die Wahrneh- 77

119 Nr. 2.286. EIOPA Explanatory Text BoS-14/253 zu LL Governance geht davon aus, dass der Erstauslagerer nicht Vertragspartei wird.

120 *Ballmaier*, 5. Teil, E. III. 2.

121 Nr. 3 MaGo.

122 Begr. VAG RegE 2014, BT-Drs. 18/2956, 238, wonach der „neue Abschnitt 3 (Geschäftsorganisation)" eine „inhaltliche Verfeinerung des bisherigen § 64a VAG a. F." darstelle.

123 Nr. 255 MaGo.

124 *Dreher/Ballmaier* in: Dreher/Wandt 2015, S. 50.

125 Boos/Fischer/Schulte-Mattler/*Braun/Wolfgarten* KWG § 25a Rn. 905.

126 Vgl. hierzu bereits oben Rn. 67 ff. sowie Boos/Fischer/Schulte-Mattler/ *Braun/Wolfgarten* KWG § 25a Rn. 905.

mung der Funktionen oder Versicherungstätigkeiten vertraglich den gleichen aufsichtsrechtlichen Anforderungen unterwirft, die für das ausgliedernde Unternehmen gelten." Die **Ausnahme** ist nicht in der Solva II-RL festgelegt. Sie ist zudem **überflüssig**. Geschuldet ist sie der Befürchtung, die Einräumung von Weisungsrechten zugunsten eines Tochterunternehmens zerstöre die steuerliche Organschaft. Indes ist das nicht der Fall. Aufsichtsrechtlich bedingte Weisungsrechte gegenüber dem Organträger stehen einer steuerlichen Organschaft nicht entgegen.[127]

78 **V. Ausgliederung wichtiger Funktionen und Versicherungstätigkeiten (Abs. 3). 1. Überblick.** An die Ausgliederung wichtiger Funktionen und Versicherungstätigkeiten knüpft § 32 Abs. 3 VAG in Umsetzung von Art. 49 Abs. 2 Solva II-RL **qualifizierte Anforderungen**. Bei der Ausgliederung wichtiger Funktionen und Versicherungstätigkeiten ist vom Versicherungsunternehmen sicherzustellen, dass eine wesentliche Beeinträchtigung der Qualität der Geschäftsorganisation, eine übermäßige Steigerung des operationellen Risikos sowie eine Gefährdung der kontinuierlichen und zufriedenstellenden Dienstleistung für die Versicherungsnehmer vermieden werden. Daneben bestehen **Anzeige- und Berichtspflichten** nach § 47 Nr. 8 f. VAG.

79 Art. 274 Abs. 2 bis 5 **Solva II-VO** regelt die wichtigen Ausgliederungen detailliert. Die Regelung verdrängt weitgehend die Prinzipienorientierung von Solvency II.

80 Im Anwendungsbereich von § 32 Abs. 3 VAG ist zudem zu beachten, ob eine **Schlüsselfunktion** Ausgliederungsgegenstand ist. Dann gelten zusätzliche Anforderungen sowohl an das Versicherungsunternehmen als auch an den Dienstleister.

80a Die Ausgliederung wichtiger Funktionen oder Versicherungstätigkeiten ist immer vorab von der gesamten **Geschäftsleitung zu beschließen.**[128] Die Unternehmen sind angehalten, laufende Ausgliederungsprozesse bei **wesentlicher Sachverhaltsänderung** erneut auf ihre Wichtigkeit zu überprüfen.[129] Nach § 9 Abs. 4 Nr. 1 lit. c VAG machen die Versicherungsunternehmen in ihrem **Geschäftsplan** „Angaben zu Verträgen über die Ausgliederung wichtiger Funktionen oder Tätigkeiten".

81 **2. Wichtige Funktionen und Versicherungstätigkeiten.** Während Art. 49 Abs. 2 Solva II-RL von „kritischen oder wichtigen operativen Funktionen oder Tätigkeiten" spricht, hat der VAG-Gesetzgeber zutreffend nur **„wichtige Funktionen oder Versicherungstätigkeiten"** thematisiert. Das Tatbestandsmerkmal der Kritikhaftigkeit ist genauso überflüssig wie das der Operativität. Eine kritische, aber unwichtige Funktion oder Tätigkeit ist ebenso wenig vorstellbar wie der umgekehrte Fall. Die Art und Weise der Wichtigkeitseinschätzung ist nicht vorgegeben.

82 Die **Wichtigkeit** einer Funktion oder Versicherungstätigkeit ist eigenverantwortlich von den Unternehmen einzuschätzen. Sie beurteilt sich laut EIOPA danach, ob sie essentiell für das Versicherungsunternehmen in dem Sinne ist, dass es ohne sie unfähig wäre, seine Leistungen an die Versicherungsnehmer zu erbringen.[130] Das Kriterium der **Unverzichtbarkeit** ist ein vorrangiges, aber kein abschließendes. Denn es ist zu weit und wird, nimmt man es wörtlich, von fast allen Versicherungstätigkeiten erfüllt.[131] Es empfiehlt sich in der Praxis folgende **Strukturierung**: 1. Festlegung, ob der betroffene Bereich abstrakt gesehen unverzichtbar für das Versicherungsunternehmen ist; 2. Festlegung, ob die konkret übertragenen Aufgaben unverzichtbar sind,[132] wobei dem Proportionalitätsgrundsatz Rechnung zu tragen ist. In diesem zweiten Schritt ist dann eine **Risikoanalyse** erforderlich. Hieraus ergibt sich auch, dass für die Beurteilung von Teilauslagerungen maßgeblich ist, ob der übertragene Teil an sich wichtig ist.[133]

83 Die Unternehmen sollen die **Listen nationaler Aufsichtsbehörden** bezüglich der Wichtigkeit einzelner Funktionen oder Versicherungstätigkeiten beachten,[134] was in diametralem Gegensatz zu dem Ziel einer kohärenten Aufsichtskultur nach Art. 8 Abs. 1 lit. b EIPOA-VO steht. Die **BaFin** schätzt die folgenden Bereiche als in der Regel wichtig ein: Vertrieb, Bestandsverwaltung, Leistungsbearbeitung,[135] Rechnungswesen sowie Vermögensanlage und -verwaltung.[136] Hinzu kommen nach Ansicht von **EIOPA** das Produktdesign mitsamt der Preiskalkulation, die Versorgung mit Datenspeichern und mit der laufenden Wartung sowie Unterstützung täglich genutzter Systeme.[137] Was letztere angeht, so kann

---

[127] Umsatzsteuer-Anwendungserlass vom 10.10.2010, BStBl. I 846, in der Fassung vom 18. Dezember 2014, Nr. 2.8. (8); ausf. *Dreher/Ballmaier* in: Dreher/Wandt 2015, S. 51 f.; a. A. *Hausch* VersR 2016, 827 ff.; vgl. im Übrigen zu den Voraussetzungen der umsatzsteuerlichen Organschaft BFH Urt. v. 12.10.2016 – XI R 30/14, Der Konzern 2017, 161 ff.

[128] Nr. 254 MaGo.

[129] Nr. 259 MaGo.

[130] Leitlinie 60 EIOPA-LL Governance.

[131] Kritisch mit anderem Ansatz *Ballmaier*, 3. Teil, B. II. 2. f) bb)); in diese Richtung auch *Hasse/Nuß/Sehrbrock* in: Dreher/Wandt 2015, S. 31.

[132] *Hasse/Nuß/Sehrbrock* in: Dreher/Wandt 2015, S. 31 f.

[133] Nr. 253 MaGo.

[134] Nr. 2.290. EIOPA Explanatory Text BoS-14/253 zu LL Governance.

[135] Hier ist das Rechtsdienstleistungsgesetz zu beachten, vgl. FKBP/*Kaulbach* § 5 Rn. 48.

[136] Nr. 257 MaGo.

[137] Nr. 2.291. EIOPA Explanatory Text BoS-14/253 zu LL Governance.

das nur für solche Systeme gelten, die eine Verbindung zum Versicherungsgeschäft aufweisen. **Schlüsselfunktionen** sind laut EG 33 Solva II-RL stets wichtig. Gleiches gilt für den **ORSA-Prozess** als Teil des Risikomanagements.[138] Mit dieser abstrakten Festlegung wichtiger Bereiche ist zwar noch nicht abschließend geklärt, ob die konkrete Ausgliederung im Einzelfall wichtig ist. Sie hat aber eine starke **Indizwirkung**.[139] Eine solche kommt auch gesetzgeberischen Wertungen zu. Bei Tätigkeiten auf dem Gebiet der Verhinderung von Geldwäsche und Terrorismusfinanzierung (§§ 52 ff. VAG; GwG), des Datenschutzes (BDSG), der Nutzung von Ratings (§ 28 VAG) oder der Herstellung von Sicherheit in der Informationstechnik kritischer Infrastrukturen (§ 8a BSIG) ist die Wichtigkeit naheliegend. **Teile von Schlüsselfunktionen** sind in der Regel wichtig. Hier schlagen die Wertungen von EG 33 Solva II-RL und die exponierte Stellung der Schlüsselfunktionen im Solvency II-System mittelbar auf die einzelnen Komponenten der Schlüsselfunktionen durch.[140]

Ausschlaggebend für die Einschätzung der Wichtigkeit ist, wie im Bankensektor,[141] das Ergebnis einer **Risikoanalyse**.[142] Je höher die Ausgliederungsrisiken sind, desto naheliegender ist die Wichtigkeit des Ausgliederungsgegenstands. Unbeachtlich bei der Beurteilung der Wichtigkeit sind Überlegungen zur Auswahl des Dienstleisters, zu dessen Geschäftsorganisation und zum Inhalt des Ausgliederungsvertrags. Im Blickpunkt steht bei diesem Teil der Risikoanalyse allein der **auszugliedernde Gegenstand**, seine Rolle im Versicherungsunternehmen und die zu erwartenden negativen Auswirkungen einer unternehmensexternen oder mangelhaften Ausführung, inklusive Erwägungen dazu, ob er schnell wieder eingegliedert werden könnte. Risikomindernde Aspekte, insbesondere eine hypothetische Befolgung der Vorgaben von § 32 Abs. 3 VAG und Art. 274 Abs. 3 bis 5 Solva II-VO, sind hier außen vor zu lassen. Ansonsten drohen Zirkelschlüsse.[143] Für die **Methode** und die **Parameter** im Übrigen gilt das zuvor Ausgeführte. 84

Werden in einem Ausgliederungsvertrag **sowohl wichtige als auch unwichtige Tätigkeiten und Funktionen** übertragen, ist eine abstrakte Differenzierung nach den jeweiligen Vertragsbestandteilen vorzunehmen. Die qualifizierten aufsichtsrechtlichen Anforderungen, zum Beispiel die Anzeigepflichten, finden nur bezüglich der wichtigen Funktionen und Tätigkeiten Anwendung. Die Wichtigkeit eines Vertragsteils strahlt nicht auf den Rest des Vertrags und die durch ihn übertragenen Tätigkeiten aus. 85

Bei der **Übertragung einer Funktion auf mehrere Dienstleister** ist nach Ansicht der BaFin eine **„Gesamtschau"** ausschlaggebend.[144] Gemeint ist damit wohl, dass eine Ausgliederung auf nur einen Dienstleister fingiert wird, um dann die Wichtigkeit festzustellen. Abzustellen ist aber in diesen Fällen auf jeden einzelnen Ausgliederungsvorgang. Im Ergebnis kann es keinen Unterschied machen, ob aus verschiedenen Funktionen jeweils für sich gesehen unwichtige Teile ausgegliedert werden (dann: unstreitig nur eine Mehrzahl von einfachen Ausgliederungen) oder ob mehrere unwichtige Teile einer Funktion Ausgliederungsgegenstände sind (dann nach Meinung der BaFin: Gesamtschau und eventuell Zusammenfassung zu einer wichtigen Ausgliederung). Diese Rechtsansicht lag daher auch schon der Beurteilung der Wesentlichkeit der Übertragung einer Kernfunktion nach § 5 Abs. 3 Nr. 4 VAG a. F. zu Grunde: „Werden die in § 5 Abs. 3 Nr. 4 genannten Funktionen auf mehrere Unternehmen übertragen, greift die Vorschrift nur ein, wenn jede der übertragenen Aufgaben einen wesentlichen Teil der genannten Betriebsfunktionen darstellt."[145] Unabhängig davon ist zu prüfen, ob aufgrund des Know How- und Kontrollverlusts bei dem ausgliedernden Versicherungsunternehmen ab einem einzelnen, eigentlich unwichtigen Ausgliederungsvorgang die Schwelle der Wichtigkeit überschritten ist. 86

3. Vorgaben an die Ausgliederung wichtiger Funktionen oder Versicherungstätigkeiten. a) Vorgaben in Abs. 3. Nach § 32 Abs. 3 VAG ist eine **wesentliche Beeinträchtigung der Qualität der Geschäftsorganisation zu vermeiden**. Das VAG geht hier also, im Einklang mit Art. 49 Abs. 2 lit. a Solva II-RL, von der Zulässigkeit einer unwesentlichen Beeinträchtigung und der Inkaufnahme einer erhöhten Risikolage aus. Ordnungsgemäß ist eine Geschäftsorganisation, wenn das Unternehmen die gesetzlichen Vorgaben und betriebswirtschaftlichen Notwendigkeiten beachtet.[146] Die **Wesentlichkeitsschwelle** der Beeinträchtigung ist unter teleologischen Aspekten und mit Hilfe von Wertungen aus dem VAG selbst zu bestimmen. § 301 Abs. 1 Nr. 3 VAG sieht die Möglichkeit eines Kapitalaufschlags vor, wenn die Geschäftsorganisation erheblich von den gesetzlich vorgegebenen Standards abweicht und diese **Abweichung ein angemessenes Risikomanagement des Unternehmens** 87

[138] Nr. 2.291. lit. g EIOPA Explanatory Text BoS-14/253 zu LL Governance.
[139] Zutreffend Nr. 268 MaGo.
[140] *Ballmaier*, 3. Teil, II. 2. f) dd).
[141] Vgl. Boos/Fischer/Schulte-Mattler/*Braun/Wolfgarten* KWG § 25a Rn. 894.
[142] Nr. 248 MaGo.
[143] Zu dieser Gefahr und daher die Risikoanalyse als entscheidendes Kriterium der Wichtigkeit ablehnend *Hasse/Nuß/Sehrbrock* in: Dreher/Wandt 2015, S. 33.
[144] Nr. 283 MaGo am Beispiel der Ausgliederung des Vertragsabschlusses und der Schadenregulierung auf eine Vielzahl von Versicherungsvermittlern.
[145] Begr. RegE eines Vierzehnten Gesetzes zur Änderung des Versicherungsaufsichtsgesetzes, BT-Drs. 9/1493, 20.
[146] Vgl. zur Ordnungsgemäßheit der Geschäftsorganisation ausführlich die Erläuterungen zu § 23 Abs. 1 VAG.

vereitelt, das die Risiken erkennt, misst, überwacht, steuert und über sie berichtet. Der Maßstab ist auf Abs. 3 zu übertragen. Bedingt eine Ausgliederung einen solchen Zustand, ist sie unzulässig.

88 Die **Vermeidung einer übermäßigen Steigerung des operationellen Risikos** ist nach Abs. 3 ebenfalls Vorgabe für eine wichtige Ausgliederung. Auch hier duldet das VAG eine gewisse Risikozunahme. **Übermäßig** gesteigert ist das operationelle Risiko, wenn es ein angemessenes Risikomanagement nach § 26 VAG und insbesondere nach den unternehmensinternen Leitlinien zum operationellen Risiko nicht zulässt bzw. mit der Risiko- und Geschäftsstrategie des Unternehmens nicht mehr in Einklang zu bringen ist.

89 Schließlich ist nach Abs. 3 auch eine **Gefährdung der kontinuierlichen und zufriedenstellenden Dienstleistung für die Versicherungsnehmer** auszuschließen. Zu wahren ist hier der Status, der vor einer Ausgliederung bestand bzw. ohne sie bestehen würde. Das Unternehmen muss weiterhin in der Lage sein, seinen Kunden gegenüber mit dem Dienstleister als Erfüllungsgehilfen die **vertraglichen Pflichten zu erfüllen**. Vertragsbrüche dürfen nicht aufgrund der Ausgliederung **drohen**, d. h. signifikant wahrscheinlicher werden. Nicht per se ausgeschlossen ist eine gewisse Einbuße in der Qualität der Leistungen, solange sie sich im Rahmen des Geschuldeten bewegen. Abs. 3 ist auch hier trotz der expliziten Nennung der Versicherungsnehmer **keine Schutznorm im Sinne von § 823 Abs. 2 BGB**, weil er nicht auf den Schutz individueller Rechtsgüter abzielt. Während § 32 Abs. 2 Satz 1 VAG nur die ordnungsgemäße Ausführung von Funktionen und Versicherungstätigkeiten vorschreibt, verpflichtet Abs. 3 zur Vertragstreue, zu der das Versicherungsunternehmen aufgrund des Verantwortlichkeitsprinzips nach Abs. 1 ohnehin verpflichtet ist. Eine genaue Trennung der beiden Regelungsbereiche ist nicht möglich.

90 Die BaFin erwartet, dass die Versicherungsunternehmen im Fall der Ausgliederung von wichtigen Funktionen oder Versicherungstätigkeiten prüfen, ob sie einen **Ausgliederungsbeauftragten** einsetzen sollten.[147] Obligatorisch ist der Ausgliederungsbeauftragte bei der Ausgliederung von Schlüsselfunktionen und – nach Ansicht der BaFin möglichen – „selbst definierten Schlüsselaufgaben".

91 **b) Vorgaben in Art. 274 Abs. 2 bis 5 Solva II-VO. aa) Überblick.** Die Ausgliederung wichtiger Funktionen und Versicherungstätigkeiten regelt in Konkretisierung von Art. 49 Abs. 2 Solva II-RL neben § 32 Abs. 3 VAG die Solva II-VO in Art. 274 Abs. 2 bis 5. Während Art. 274 Abs. 3 Solva II-VO vornehmlich Vorgaben zu **Maßnahmen im Vorfeld der Ausgliederung** macht, normiert Abs. 4 den Mindestinhalt des schriftlich zu verfassenden **Ausgliederungsvertrags** und stellt Abs. 5 Anforderungen bezüglich der **Geschäftsorganisationen** sowohl des Versicherungsunternehmens als auch des Dienstleisters. Art. 274 Abs. 2 Solva II-VO schließlich betrifft **Gruppensachverhalte**.

92 Der **Sinn und Zweck** von Art. 274 Abs. 2 bis 5 Solva II-VO ist auf den ersten Blick nicht offensichtlich. Viele darin enthaltene Anforderungen gelten aufgrund von § 32 VAG **auch für einfache Ausgliederungen**. Die BaFin zählt hierzu beispielhaft die Schriftform des Ausgliederungsvertrags, die Einbeziehung der Ausgliederung in das Risikomanagement sowie das interne Kontrollsystem und die Vermeidung von durch die Ausgliederung bedingten Rechtsbrüchen. Abschließend nimmt sie jedoch zur Übertragbarkeit des Art. 274 Abs. 2 bis 5 Solva II-VO auf einfache Ausgliederungssachverhalte nicht Stellung.[148]

93 Zutreffend an den Erwägungen der BaFin ist, dass der **Umkehrschluss**, die Anforderungen von Art. 274 Abs. 2 bis 5 Solva II-VO sollten gerade nicht auf einfache Ausgliederungen Anwendung finden, **verfehlt** wäre. Art. 274 Abs. 2 Solva II-VO ist auf die Ausgliederung einfacher Funktionen und Versicherungstätigkeiten dem Sinn nach grundsätzlich übertragbar, allerdings stets unter strikter Beachtung des Proportionalitätsprinzips. Gleiches gilt für den festgelegten Mindestinhalt eines Ausgliederungsvertrags und seine Schriftform nach Art. 274 Abs. 3 lit. c, 4 Solva II-VO. Diese Vorgaben sind aus Art. 49 Abs. 1, 38 Abs. 1 Solva II-RL herleitbar. Eine rechtliche Verpflichtung zur Einhaltung aller anderen Vorgaben des Art. 274 Abs. 3 Solva II-VO bezüglich der Due Diligence wäre aber für einfache Ausgliederungen überzogen. Dies gilt unabhängig davon, dass die Beachtung einzelner Vorgaben tatsächlich sinnvoll sein kann.[149] Nicht sinngemäß anwendbar auf einfache Ausgliederungen ist Art. 274 Abs. 5 Solva II-VO. Buchstaben a und b beziehen sich ausdrücklich auf Art. 49 Abs. 2 Solva II-RL, der nur wichtige Ausgliederungen regelt. Buchstaben c und d sind für einfache Ausgliederungen überobligatorisch und nicht von Art. 49 Abs. 1 Solva II-RL gedeckt.[150]

94 **bb) Maßnahmen im Vorfeld der Ausgliederung.** Das „Verwaltungs-, Management- oder Aufsichtsorgan" – gemeint ist im deutschen Recht bei einer dualen Struktur grundsätzlich, d. h. soweit mit dem Gesellschaftsrecht vereinbar, der **Vorstand**, vgl. Art. 1 Nr. 43 Solva II-VO – muss vor der Ausgliederung die **sorgfältige Auswahl** des Dienstleisters sicherstellen. Der Katalog von Art. 274 Abs. 3 Solva II-VO geht allerdings inhaltlich darüber hinaus. Das gilt für die Vorgaben zum Ausgliederungsvertrag

[147] Nr. 268 MaGo; vgl. dazu ausf. unten Rn. 119 ff.
[148] Nr. 255 MaGo.
[149] Zur Auswahl des Dienstleisters bei einfachen Ausgliederungen vgl. Rn. 59 ff.
[150] *Ballmaier*, 5. Teil, C. II. 4.

(Buchstabe c) ebenso wie für seine Billigung (Buchstabe d) und für die Anforderung, dass keine gesetzlichen Vorschriften durch die Ausgliederung verletzt werden dürfen (Buchstabe e). Bereits vor Invollzugsetzung der Ausgliederung sind auch die Voraussetzungen von Art. 274 Abs. 5 Solva II-VO zu erfüllen.

Laut **Buchstabe a** hat der Vorstand sicherzustellen, dass der in Frage kommende Dienstleister darauf überprüft wird, ob er in der Lage ist, die übertragenen Aufgaben zu erfüllen. Hierzu benötigt er ausreichende „**Fähigkeiten, Kapazitäten und gegebenenfalls gesetzlich geforderte Genehmigungen** […], um die ihm zu übertragenden Funktionen oder Tätigkeiten unter Berücksichtigung der Ziele und des Bedarfs des Unternehmens in zufriedenstellender Weise auszuüben". Der Dienstleister bedarf aber keiner versicherungsaufsichtsrechtlichen Erlaubnis, wenn er nicht ohnehin § 8 VAG unterfällt. **95**

Nach **Buchstabe b** ist Gegenstand der sorgfältigen Auswahl zudem die Überprüfung, ob der Dienstleister alles tut, um **Interessenkonflikte**, die eine ordnungsgemäße Ausführung der übertragenen Aufgaben gefährden, zu vermeiden. Angesprochen sind hiermit eventuell vorliegende Konkurrenzsituationen des Dienstleisters zum Versicherungsunternehmen. Vor allem aber ist bei **Mehrmandantendienstleistern** zu prüfen, ob sie durch wirtschaftliche oder rechtliche Abhängigkeiten von anderen Unternehmen in der objektiven Ausführung ihrer Aufgaben gehindert sein könnten. Auch muss der Dienstleister persönlichen Interessenkonflikten seiner Mitarbeiter vorbeugen, was das Versicherungsunternehmen sicherzustellen hat. **96**

Buchstabe c sieht einen **schriftlichen Ausgliederungsvertrag** zwischen dem Versicherungsunternehmen und dem Dienstleister vor. Falls der Vertrag nicht schriftlich ist, ist er nicht nichtig, aber die Aufsichtsbehörde kann gegenüber dem Versicherungsunternehmen und dem Dienstleister die Herstellung der Schriftlichkeit anordnen. Zum **Inhalt** des Vertrags gilt das nachstehend Ausgeführte. **97**

Der Vorstand hat vor Invollzugsetzung der Ausgliederung gemäß **Buchstabe d** den **Vertrag** zu **billigen.** **98**

Buchstabe e fordert, dass infolge der Ausgliederung „**keine gesetzlichen Vorschriften**, insbesondere keine Datenschutzvorschriften, **verletzt** werden". Wie das bereits durch die Auswahl des Dienstleisters sichergestellt werden soll, ist allerdings nicht ersichtlich. Die Forderung ist daher durch die Aufnahme entsprechender Vertragsklauseln im Ausgliederungsvertrag und eine entsprechende Instruktion des Dienstleisters durch das Versicherungsunternehmen in der Praxis umzusetzen. **99**

Laut **Buchstabe f** soll der Dienstleister „hinsichtlich **Sicherheit und Vertraulichkeit** der das Versicherungs- oder Rückversicherungsunternehmen oder seine Versicherten oder Anspruchsberechtigten betreffenden Informationen denselben Vorschriften" wie das Versicherungsunternehmen unterliegen. **100**

cc) Ausgliederungsvertrag. Der schriftliche Ausgliederungsvertrag hat einen **Mindestinhalt** nach Maßgabe von Art. 274 Abs. 4 Solva II-VO. Der Katalog ist ausweislich seines Wortlauts („**insbesondere**") als nicht abschließend zu verstehen. Ob allerdings über seine detaillierten Regelungen hinaus andere Klauseln nötig sein können, ist zweifelhaft. Die frühere Bezugnahme von Art. 274 Abs. 4 Solva II-VO auf „Buchstabe b" des Art. 274 Abs. 3 Solva II-VO war ein Redaktionsversehen. Die berichtigte Textfassung nennt Buchstabe c.[151] **101**

In sinngemäßer Wiederholung von Art. 274 Abs. 3 lit. c Solva II-VO fordert Art. 274 Abs. 4 lit. a Solva II-VO die Festlegung der „Pflichten und Zuständigkeiten" beider Vertragspartner. Nach Buchstabe b muss sich der Dienstleister verpflichten, „alle geltenden Rechts- und Verwaltungsvorschriften und Leitlinien sowie die vom Versicherungs- oder Rückversicherungsunternehmen festgelegten Strategien einzuhalten" sowie mit der Aufsichtsbehörde „zusammenzuarbeiten". Diese **Complianceklausel** ist in ihrer Bezugnahme auf die behördlichen Leitlinien verfehlt. Die Leitlinien sind für die Versicherungsunternehmen grundsätzlich unverbindlich. Sie dürfen auch nicht für den Dienstleister über den Umweg des Ausgliederungsvertrags rechtsverbindlich werden, und sei es auch nur im Schuldverhältnis zu den Versicherungsunternehmen. Die **Kooperationspflicht** ist eine Klausel zugunsten Dritter und wird ergänzt durch die Buchstaben h und i. **102**

Der Dienstleister verpflichtet sich nach Buchstabe c, jede **Entwicklung zu melden**, die seine Fähigkeiten, die auf ihn übertragenen **Aufgaben effektiv und rechtskonform** auszuführen, wesentlich beschränken könnte. Eine effektive Erledigung der Aufgaben liegt dann vor, wenn die Qualität der Leistungserbringung die Einhaltung der Vorgaben des § 32 VAG bzw. Art. 274 Solva II-VO gewährleistet. Eine Minderung der Effizienz diesseits jener Schwelle ist aufsichtsrechtlich irrelevant und kann schon infolge des aufsichtsbehördlichen Optimierungsverbots nicht Gegenstand des aufsichtsrechtlich geforderten Vertragsinhalts sein. **103**

Buchstaben d und e sehen Kündigungsklauseln vor, die es dem Versicherungsunternehmen ermöglichen sollen, das Ausgliederungsverhältnis **ohne Einbußen in der Kontinuität und Qualität** der Funktionen und Versicherungstätigkeiten zu beenden. Zudem darf der Dienstleister nur nach Maßgabe **104**

---

[151] Vgl. DVO (EU) 2016/2283 ABl. EU 2016 Nr. L 346, 111 ff. bei Nr. 69.

einer **Kündigungsfrist** das Schuldverhältnis beenden, die lang genug sein muss, um den Ausgliederungsgegenstand auf einen Dritten zu übertragen oder wieder selbst einzugliedern. Das fristlose Kündigungsrecht nach § 626 BGB ist allerdings als Ausfluss der grundrechtlich geschützten Privatautonomie und Berufsfreiheit nicht ohne weiteres abdingbar. Eine entgegenstehende Regelung kann nach § 134 BGB nichtig sein.[152] Der Anwendungsvorrang der Solva II-VO vor nationalem Recht ändert daran nichts. Denn sie legt nicht die Zulässigkeit einer Kündigungsfrist fest, sondern geht von ihr aus.[153]

105 Laut Buchstabe f ist dem Versicherungsunternehmen ein Recht einzuräumen, über den Auslagerungsgegenstand und die Leistungserbringung durch den Dienstleister **unterrichtet** zu werden. Daneben sind **vertragliche allgemeine Leitlinien und Weisungsrechte** des Versicherungsunternehmens bezüglich der bei der Ausübung der übertragenen Funktionen und Versicherungstätigkeiten zu beachtenden „Aspekte" zu verankern. **Adressat** der Weisungsrechte ist der Dienstleister. Darüber hinausgehende direkte Weisungsrechte an dessen Mitarbeiter sind zwar nützlich, aber nicht aufsichtsrechtlich vorgeschrieben. Das vertragliche Weisungsrecht muss nicht so weit gehen wie das Direktionsrecht nach § 106 GewO.[154] Die Leitlinien und Weisungsrechte müssen sich nur auf die Ausführung der übertragenen Aufgaben beziehen. Weisungsrechte an eine ausgelagerte **interne Revision** können nur insoweit bestehen, als sie auch ohne Ausgliederung zulässig wären.[155] Insofern perpetuieren sich ihre i. S. v. § 30 Abs. 2 VAG weisungsfreien Räume.

106 Der Vertrag muss den Dienstleister nach Buchstabe g weiter verpflichten, „alle **vertraulichen Informationen** zu **schützen**, die das Versicherungs- oder Rückversicherungsunternehmen und seine Versicherungsnehmer, Anspruchsberechtigten, Mitarbeiter, Vertragspartner sowie alle sonstigen Personen betreffen". Vertraulich sind Informationen, die ein Gesetz als schutzwürdig einstuft, insbesondere **personenbezogene Daten**. Betroffen sind aber auch Informationen, zu deren Geheimhaltung sich das Versicherungsunternehmen gegenüber Dritten, bzw. der Dienstleister dem Versicherungsunternehmen gegenüber, vertraglich verpflichtet hat. Der **Schutz** der Daten umfasst nicht nur die **Nichtweitergabe** an Dritte, sondern setzt entsprechende organisatorische Maßnahmen, insbesondere im IT-Bereich, voraus. Die **Verfügbarkeit, Richtigkeit und Vollständigkeit** der vertraulichen Informationen ist ebenfalls vom Schutz umfasst.

107 Die Buchstaben h, i legen vertragliche Rechte zugunsten des Versicherungsunternehmens und Dritter, insbesondere der Aufsichtsbehörden gegenüber dem Dienstleister, fest. Das Versicherungsunternehmen, sein externer Abschlussprüfer und die Aufsichtsbehörden müssen zunächst einen **effektiven Zugang** zu allen Informationen betreffend den Ausgliederungsgegenstand und die Möglichkeit von Vor-Ort-Kontrollen in den **Räumlichkeiten** des Dienstleisters haben. Der Dienstleister hat daneben der Aufsichtsbehörde ein **Fragerecht** bezüglich der ausgelagerten Funktionen und Tätigkeiten einzuräumen.

108 Unklar ist die Funktion von Buchstabe j, wonach **Auskunfts- und Weisungsrechte** hinsichtlich der ausgelagerten Tätigkeiten und Funktionen zugunsten des Versicherungsunternehmens festzulegen sind. Seinen Regelungsgehalt deckt bereits Buchstabe f ab. Das wäre nur dann nicht der Fall, wenn man aus Buchstabe f keine anlassbezogenen ad hoc-Auskunfts- und Weisungsrechte herausliest, sondern diese als von Buchstabe j abgedeckt ansieht.

109 Für eventuell erlaubte **Weiterverlagerungen** sind bereits im Ausgliederungsvertrag die Bedingungen festzulegen (Buchstabe k). Außerdem ist vertraglich zu verankern, dass die im Outsourcingvertrag begründeten **Pflichten und Zuständigkeiten** des Dienstleisters auch im Fall der Weiterverlagerung bestehen bleiben (Buchstabe l).

110 **dd) Anpassung der Geschäftsorganisation von Versicherungsunternehmen und Dienstleister.** Nach Art. 274 Abs. 5 lit. a Solva II-VO muss der Outsourcer zur Prävention einer unangemessenen Verschlechterung seiner Geschäftsorganisation und eines übermäßigen operationellen Risikos sicherstellen, dass die relevanten Elemente des **Risikomanagementsystems und** des **internen Kontrollsystems des Dienstleisters** angemessen sind. Die Verordnung setzt somit voraus, dass der Dienstleister entsprechende Systeme vorhält. Die Anforderungen an sie richten sich **nicht nach §§ 26, 29 VAG**, die nur Versicherungsunternehmen adressieren. Maßgeblich sind vielmehr die gesellschaftsrechtlichen und – in ihren essentiellen Grundzügen – betriebswirtschaftlichen Konzepte von Risikomanagement und internem Kontrollsystem. Die **„relevanten Elemente" der Systeme** sind jene Komponenten, die Sicherheitsvorkehrungen bezüglich der übertragenen Aufgaben vorsehen. **Angemessen** sind sie, wenn sie dem Versicherungsunternehmen das Risikomanagement des operationellen Risikos trotz Ausgliederung ermöglichen und der Dienstleister dem Versicherungsunternehmen die Überwachung und Lenkung der ausgegliederten Tätigkeiten ermöglicht. Dies ist bereits vor dem Ausgliederungsvorgang sicherzustellen und während dessen Durchführung zu überwachen. Ausreichend sind an die Risikolage

[152] *BGH* Urt. v. 3.7.2000 – II ZR 282/98, NJW 2000, 2983.
[153] Hierzu *Ballmaier*, 5. Teil, C. II. 3. d).
[154] *Bergmann* S. 337 ff.
[155] *Ballmaier*, 5. Teil, C. II. 2. e) cc); vgl. zu einer rechtswidrigen, weil keine Weisungsbefugnis umfassenden Ausgliederung durch ein Kreditinstitut *VGH Kassel* Urt. v. 31.5.2006 – 6 UE 3256/05, WM 2007, 392.

angepasste periodische Überprüfungen seitens des Versicherungsunternehmens. Eine Änderung der Systeme durch den Dienstleister ist dem Versicherungsunternehmen aufgrund des Ausgliederungsvertrags gegebenenfalls als wesentliche Entwicklung zu melden.[156]

Gemäß Art. 274 Abs. 5 lit. b Solva II-VO muss das **Versicherungsunternehmen** den ausgelagerten Tätigkeiten und Funktionen in seinem **Risikomanagement und internen Kontrollsystem** angemessen Rechnung tragen. Die Norm bezieht sich ausdrücklich auf Art. 49 Abs. 2 lit. a, b Solva II-RL und ist daher nur auf die Ausgliederung wichtiger Versicherungstätigkeiten und Funktionen anzuwenden.[157] 111

Das Versicherungsunternehmen überprüft nach Art. 274 Abs. 5 lit. c Solva II-VO, ob der Dienstleister über **ausreichende finanzielle Mittel** verfügt, um die Ausgliederung auf angemessene und zuverlässige Weise zu erfüllen. Das ist sowohl vor als auch während der Ausgliederung zu untersuchen. Die Prüfung geht dahin, ob es – z. B. aufgrund vorgelegter Bilanzen – plausibel erscheint, dass der Dienstleister die übertragenen Tätigkeiten mit seinen finanziellen Ressourcen über die vorgesehene Vertragslaufzeit erfüllen kann. 112

Daneben muss ein ausgliederndes Versicherungsunternehmen gemäß Art. 274 Abs. 5 lit. c Solva II-VO feststellen, ob alle **Mitarbeiter des Dienstleisters**, die an der Ausübung der ausgelagerten Funktionen und Tätigkeiten mitwirken werden, **ausreichend qualifiziert und zuverlässig** sind. Damit sind zwar, außer in den nachfolgend noch anzusprechenden Fällen der Auslagerung von Schlüsselfunktionen, nicht die Qualifikation und Zuverlässigkeit im Sinne von § 24 VAG bzw. Art. 42 Solva II-RL, sondern nur die von allen Mitarbeitern eines Versicherungsunternehmens nach Art. 258 Abs. 1 lit. e Solva II-VO geforderten Qualifikationen gemeint.[158] Mit der Solva II-RL ist das Zuverlässigkeitskriterium aber aus nachstehenden Gründen nicht vereinbar. **Ausreichend qualifiziert** ist ein Mitarbeiter dann, wenn er über die Sachkunde verfügt, die ihm zugewiesenen Aufgaben ordnungsgemäß zu erledigen. **Zuverlässigkeit** liegt vor, wenn er unter Berücksichtigung seines bisherigen – vor allem – beruflichen Werdegangs Gewähr dafür bietet, seine Tätigkeit ordnungsgemäß auszuüben. **Wertungsmäßige Rückgriffe** auf den (Un-)Zuverlässigkeitsbegriff des § 35 GewO sind nur möglich, wenn sie der autonomen Auslegung des Zuverlässigkeitsbegriffs der Solva II-VO nicht widersprechen. 113

Dass auf Seiten des Versicherungsunternehmens alle Mitarbeiter über ausreichende **Fähigkeiten, Kenntnisse und Fachkunde** verfügen müssen, ergibt sich aus den Anforderungen an die Geschäftsorganisation nach Art. 41 Solva II-RL und § 23 VAG sowie aus Art. 258 Abs. 1 lit. e Solva II-VO. Vor dem Hintergrund erscheint es zwar grundsätzlich konsequent, diesen Ansatz auf das Dienstleisterpersonal zu erstrecken. Es finden sich aber im Solva II-System, außer in Art. 274 Abs. 5 lit. c Solva II-VO, an keiner Stelle Vorgaben zur **Zuverlässigkeit** von Personen, die nicht unter Art. 42 Solva II-RL fallen. Delegierte Rechtsakte dürfen zwar über den Regelungsgehalt der zu konkretisierenden Richtlinien in unwesentlichem Maß hinausgehen. Im vorliegenden Zusammenhang erfolgt die Ergänzung aber unter Umgehung der Kompetenzen von Rat und Parlament. Sie ist als wesentlich einzustufen. Darin liegt zudem ein auffälliger **Systembruch**, weil für Personal, das in dem Versicherungsunternehmen an wichtigen Funktionen und Versicherungstätigkeiten arbeitet, weniger strenge Anforderungen gelten als für Mitarbeiter des Dienstleisters.[159] Die Regelung ist daher richtlinienkonform zu reduzieren. 114

Nach Art. 274 Abs. 5 lit. c Solva II-VO stellt das Versicherungsunternehmen sicher, „dass der Dienstleister über angemessene **Notfallpläne** für den Umgang mit kritischen Situationen oder Unterbrechungen des Geschäftsbetriebs verfügt". Zudem muss der Dienstleister, unter Berücksichtigung der ausgelagerten Funktionen und Tätigkeiten, in regelmäßigen Abständen **Back up-Möglichkeiten** testen. Die Vorgaben sind ausweislich ihres Wortlauts **unternehmensdimensional** und beziehen sich nicht nur auf den Umgang mit auf den Dienstleister übertragenen Aufgaben. Weil das Versicherungsunternehmen bezüglich der ausgelagerten Funktionen und Versicherungstätigkeiten ebenso Notfallpläne vorhalten muss, erweist sich die Regelung als redundant.[160] 115

Die **Vergütung** von Inhabern von Schlüsselfunktionen oder sog. Risk Takern in Versicherungsunternehmen, d. h. von Personen, deren Tätigkeiten i. S. v. Art. 275 Abs. 1 lit. c Solva II-VO auf das Risikoprofil des Unternehmens einen wesentlichen Einfluss haben, regelt neben § 25 VAG vor allem Art. 275 Solva II-VO. 116

Weder das europäische noch das deutsche Versicherungsaufsichtsrecht erstrecken die **Vergütungsanforderungen** für den Fall der Ausgliederung auf entsprechendes **Personal eines Dienstleisters**. Auch die EIOPA-LL äußern sich lediglich zu der Vergütung des Dienstleisters selbst.[161] Nach EG 102 Solva II-VO soll das Vergütungsrecht einer soliden und umsichtigen Unternehmensführung dienen sowie einer übermäßigen Risikobereitschaft entgegen wirken. Diese Vergütungsvorgaben gelten daher unabhängig davon, ob ein Versicherungsunternehmen eine versicherungstypische Tätigkeit selbst aus- 117

156 Vgl. Art. 274 Abs. 4 lit. c Solva II-VO.

157 Zu Risikomanagement- und internem Kontrollsystem in Versicherungsunternehmen vgl. ausführlich die Kommentierungen von § 26 VAG und § 30 VAG.

158 Näher *Ballmaier*, 5. Teil, B. III. 3. b) bb)).

159 Ausf. *Dreher/Ballmaier* in: Dreher/Wandt 2015, S. 67 f. und § 24 VAG Rn. 129 ff.

160 *Ballmaier*, 5. Teil, B. III. 2. a)).

161 Siehe oben Rn. 66.

führt oder sie auf Dritte ausgliedert. Würde das Vergütungssystem eines Dienstleisters im Zusammenhang mit der Ausführung der ihm übertragenen Aufgaben dessen Personal z. B. zu einer übermäßigen Risikobereitschaft verleiten, müsste das ausgliedernde Versicherungsunternehmen den Dienstleister zu einer Änderung bringen oder notfalls den Ausgliederungsvertrag beenden. Den rechtlichen Hintergrund bilden die bestehen bleibende Verantwortlichkeit des Versicherungsunternehmens nach § 32 Abs. 1 VAG und das allgemeine Umgehungsverbot. Im Sinne der von § 23 Abs. 1 S. 2 VAG geforderten soliden und umsichtigen Leitung des Versicherungsunternehmens darf es aber nicht nur reaktiv bei einer unsachgemäßen Entlohnung durch den Dienstleister tätig werden. Es muss die Ziele des Vergütungsrechts vielmehr aktiv durch **entsprechende Vorgaben im Ausgliederungsvertrag** verfolgen.[162] Die versicherungsaufsichtsrechtlichen Vergütungsregeln gelten daher für das Dienstleisterpersonal zwar nicht entsprechend. Ein Ausgliederungsvertrag muss aber den Dienstleister verpflichten, durch Entlohnung seiner Mitarbeiter **keine Anreize für das übermäßige Eingehen von Risiken** zu setzen. Darin liegt eine insbesondere bei der Ausgliederung der Kapitalanlage auf Asset-Management-Gesellschaften nicht unerhebliche praktische Herausforderung.[163] Betroffen sind freilich nur die von der Solva II-VO angesprochenen, **besonders wichtigen Personen auf Seiten des Dienstleisters**, die die Risikosituation des Versicherungsunternehmens maßgeblich beeinflussen können. Entgegen § 25 Abs. 1 VAG sind nicht alle „Mitarbeiter" des Dienstleisters, die an den übertragenen Aufgaben mitarbeiten, betroffen. Diese Regelung ist einerseits selbst europarechtswidrig und andererseits ist das Ausgliederungsrisiko nicht übermäßig erhöht, wenn einfache Mitarbeiter nicht den Vergütungsregelungen im Ausgliederungsvertrag unterfallen. Eine den Details von § 25 VAG und Art. 275 Solva II-VO entsprechende Vereinbarung ist daher im Ergebnis weder sachlich noch rechtlich erforderlich. Wesentlich weiter gehen aber die Anforderungen nach § 5 VersVergV zu Dienstleistern in einer Versicherungsgruppe.[164]

118 **c) Ausgliederung von Schlüsselfunktionen. aa) Überblick.** Ein Sonderfall der Ausgliederung von wichtigen Funktionen oder Versicherungstätigkeiten ist die Ausgliederung von Schlüsselfunktionen, die noch einmal **weitergehenden Anforderungen** gerecht werden muss. Hier gelten grundsätzlich alle Anforderungen fort, die bereits vor der Ausgliederung bestanden. Dies ist der Vermeidung einer nicht ordnungsgemäßen Geschäftsorganisation und eines übermäßigen operationellen Risikos geschuldet. Aber nur Personal des Dienstleisters, das in entsprechender Position bei einer übertragenen Schlüsselfunktion tätig ist, muss die Anforderungen an die **Zuverlässigkeit und fachliche Eignung** nach Maßgabe des § 24 VAG erfüllen, während für das sonstige Dienstleisterpersonal erheblich abgesenkte Anforderungen gelten. Die **aufsichtsrechtlich gebotene Organisation** der übertragenen Schlüsselfunktionen ist während der Ausgliederung beizubehalten. Des Weiteren ist das **Funktionstrennungsgebot** – insbesondere für die interne Revision nach § 30 VAG – auch auf Seiten des Dienstleisters zu beachten. Um die Verantwortlichkeit des Versicherungsunternehmens sicherzustellen, ist – so die Aufsichtsbehörden ohne gesetzliche Grundlage – ein **Ausgliederungsbeauftragter** zu benennen.

bb) Ausgliederungsbeauftragte. (1) Pflicht zur Einsetzung des Ausgliederungsbeauftragten.

119 Bei jeder Ausgliederung von Schlüsselfunktionen hat ein Versicherungsunternehmen nach Ansicht der BaFin und von EIOPA die Pflicht, einen **Ausgliederungsbeauftragten** zu bestellen.[165] Die Unternehmen sollen eine „fachlich qualifizierte und persönlich zuverlässige Person innerhalb des Unternehmens benennen, die die Gesamtverantwortung für die ausgelagerte Schlüsselfunktion trägt". Diese „Person ist als **zuständige Person für die Schlüsselfunktion** nach Artikel 42 Abs. 2 von Solvabilität II zu betrachten, die der Aufsichtsbehörde mitzuteilen ist."[166] Der Beauftragte trägt „die Verantwortung dafür, dass die Ausgliederung ordnungsgemäß verläuft. Der Ausgliederungsbeauftragte muss die Leistung des Dienstleisters unabhängig und objektiv beurteilen und hinterfragen."[167]

120 Das Erfordernis eines Ausgliederungsbeauftragten ergibt sich weder aus dem VAG noch aus der Solva II-RL oder der Solva II-VO. Zwar sieht Art. 274 Abs. 5 lit. b Solva II-VO die Einbeziehung der ausgelagerten wichtigen Funktionen oder Versicherungstätigkeiten in das Risikomanagement und die interne Kontrolle vor. Das erfordert aber nicht die Benennung einer konkreten Person, die mit der Überwachung betraut ist. Das Erfordernis eines Ausgliederungsbeauftragten stellt somit einen unzulässigen **Eingriff in die aufsichts- und gesellschaftsrechtliche Zuständigkeitsordnung** dar[168] und widerspricht der in EG 31 Solva II-RL festgelegten Organisationsfreiheit der Unternehmen.[169]

121 Der Ausgliederungsbeauftragte ist **kein Unternehmensbeauftragter**.[170] Unternehmensbeauftragter ist nämlich eine Person, die aufgrund einer Rechtsnorm oder eines Verwaltungsakts dazu bestellt ist, für

[162] Ähnlich schon *Ballmaier*, 5. Teil, B. IV. 2) a) bb).
[163] Vgl. dazu auch § 25 VAG Rn. 49, 171.
[164] Vgl. dazu auch § 25 VAG Rn. 49, 171.
[165] Nr. 245, 266 ff. MaGo.
[166] Nr. 1.47. EIOPA-LL Governance.
[167] Nr. 266 f. MaGo.
[168] So schon *Dreher/Ballmaier* in: Dreher/Wandt 2015, S. 62 und auch *Wolf* VersR 2015, 1485, 1486 sowie *Bürkle* VersR 2016, 2, 3; *ders.* FS 100 Jahre Hamburger Seminar für Versicherungswissenschaft, 2016, 693, 706.
[169] Ausf. *Dreher/Ballmaier* in: Dreher/Wandt 2015, S. 62.
[170] *Dreher/Ballmaier* in: Dreher/Wandt 2015, S. 63; *Wolf* VersR 2015, 1485, 1486.

das Allgemeininteresse innerhalb eines Unternehmens tätig zu werden, wobei ihr das öffentliche Recht Pflichten und Rechte zuschreibt, um die behördliche Überwachung zu ergänzen.[171] Der Ausgliederungsbeauftragte fungiert aber nicht als verlängerter Arm der Aufsichtsbehörde. Ihm kommen auch nicht die typischen Aufgaben eines Unternehmensbeauftragten zu.[172]

(2) Rechtliche Vorgaben an den Ausgliederungsbeauftragten. Ein Ausgliederungsbeauftragter ist **verantwortlicher Inhaber der Schlüsselfunktion** und somit ihr beim Versicherungsunternehmen verbleibender Restteil. Demnach finden alle Vorschriften, die Funktionen im Allgemeinen und die fragliche Funktion im Besonderen regeln, Anwendung.[173] Zu nennen ist hier vor allem Art. 268 Solva II-VO, wonach der Grundsatz der Funktionstrennung ebenso zu beachten ist wie das uneingeschränkte Informationsrecht des Beauftragten bezüglich der ausgelagerten Tätigkeiten gegenüber dem Dienstleister und seinen Mitarbeitern sowie seine Berichtspflicht gegenüber dem Vorstand des Versicherungsunternehmens. Die entsprechenden Informationsrechte sind im Ausgliederungsvertrag festzuhalten. Die Aufgaben des Ausgliederungsbeauftragten erschöpfen sich allerdings in **rein überwachenden Tätigkeiten**. 122

Die Wahrnehmung der Position eines Ausgliederungsbeauftragten durch ein **Mitglied des Vorstands** ist grundsätzlich möglich. Dies folgt schon aus § 24 Abs. 3 Satz 3 VAG, wonach ein Vorstandsmitglied sogar Inhaber einer Schlüsselfunktion sein kann. Das betreffende Vorstandsmitglied muss fachlich geeignet sein für die Überwachung. Die Tätigkeit und seine Zuständigkeiten müssen – insbesondere im Hinblick auf Interessenkonflikte – vereinbar sein. Das Unternehmen muss – so die BaFin zu Unrecht – die Vorgaben der Funktionstrennungsregel proportional erfüllen und das Mitglied der Geschäftsleitung muss – so die BaFin zu Recht – ausreichende zeitliche Kapazitäten für die Aufgabe aufbringen können.[174] Die BaFin betont, dass Solvency II die Schlüsselfunktionen bewusst als einen starken, grundsätzlich unterhalb der Geschäftsleitung angesiedelten Teil der Geschäftsorganisation ausgestaltet, damit die Geschäftsleitung ihre Managementaufgaben erfüllt.[175] 123

Der Ausgliederungsbeauftragte kann laut **BaFin** wenigstens „ausnahmsweise" **nicht bei dem Versicherungsunternehmen angestellt sein**. Voraussetzung ist allerdings, dass die fragliche Person bei einem anderen von der BaFin beaufsichtigten gruppenangehörigen Unternehmen angestellt ist, in ihrer Eigenschaft als Ausgliederungsbeauftragter den Weisungen des Versicherungsunternehmens unterliegt und **keine Interessenkonflikte** bestehen.[176] Nicht zulässig ist es, wenn der Ausgliederungsbeauftragte nur beim Dienstleister angestellt ist.[177] Besonderer Prüfung auf Interessenkonflikte bedürfen Sachverhalte, bei denen ein Vorstand des ausgliedernden Versicherungsunternehmens gleichzeitig als Ausgliederungsbeauftragter und für das gruppenintern dienstleistende Versicherungsunternehmen tätig ist.[178] Der Ausgliederungsbeauftragte darf aber jedenfalls nicht gleichzeitig die zuständige Person bei dem Dienstleister sein.[179] Die **MaGo** stehen in **Widerspruch zu** Nr. 1.47. **EIOPA-LL Governance**,[180] die vorsieht, dass der Beauftragte „innerhalb des Unternehmens" zu benennen ist. Die BaFin hält aber „ausnahmsweise" eine weite Auslegung des Unternehmensbegriffs im oben genannten Sinne für zulässig. Es bleibt jedoch widersprüchlich, den Beauftragten einerseits als Residualfunktion des verantwortlichen Inhabers einer Schlüsselfunktion anzusehen, um für ein Versicherungsunternehmen eine Ausgliederung zu überwachen, andererseits aber eine Ausgliederung eben jenes Ausgliederungsbeauftragten für zulässig zu erklären.[181] 124

Der Beauftragte muss als verantwortliche Person für die Schlüsselfunktion **zuverlässig und fachlich geeignet** i. S. v. § 24 Abs. 1 S. 1 VAG sein.[182] Eine Erleichterung ergibt sich allerdings bezüglich der fachlichen Eignung. Da der Ausgliederungsbeauftragte lediglich in der Lage sein muss, „die Leistung und die Ergebnisse des Dienstleisters **beurteilen und hinterfragen** zu können",[183] bestehen Erleichterungen in Bezug auf die konkreten Vorgaben in dem Sinne, dass der Ausgliederungsbeauftragte (nur) „über ausreichende Kenntnisse der jeweils ausgelagerten Schlüsselfunktion verfügen (scil: muss), um seiner Überwachungsfunktion gerecht zu werden.".[184] Gemäß Art. 273 125

---

[171] Vgl. näher zu den Unternehmensbeauftragten *Rittner/Dreher* Europäisches und deutsches Wirtschaftsrecht, 3. Aufl. 2008, § 12; *Haouache* S. 23 f.; *Dreher* FS Claussen, 1997, 69 ff.

[172] *Ballmaier*, 5. Teil, B. II. 2. f).

[173] *Dreher/Ballmaier* in: Dreher/Wandt 2015, S. 63 f.; skeptisch *Wolf* VersR 2015, 1485,1486.

[174] Nr. 82, 270 MaGo; zur Unanwendbarkeit des Grundsatzes der Funktionstrennung auf Vorstandsebene und zur möglichen Verbindung von Schlüsselfunktionen vgl. § 23 VAG Rn. 66 f.

[175] Nr. 82 MaGo.

[176] Nr. 269 MaGo.

[177] Nr. 269 MaGo.

[178] Nr. 271 MaGo; kritisch dazu *Wolf* VersR 2015, 1485,1487.

[179] Nr. 271 MaGo.

[180] Darauf weist die BaFin selbst im comply and explain-Verfahren zu Leitlinie 14 Nr. 1.47. hin.

[181] *Dreher/Ballmaier* in: Dreher/Wandt 2015, S. 64 f.

[182] Nr. 1.47. EIOPA-LL Governance.

[183] Nr. 1.47. EIOPA-LL Governance.

[184] So BaFin Merkblatt zur fachlichen Eignung und Zuverlässigkeit von Personen, die für Schlüsselfunktionen verantwortlich oder für Schlüsselfunktionen tätig sind, gemäß VAG v. 23.11.2016 bei II. 1. a. (2).

Abs. 2 Solva II-VO richtet sich die fachliche Eignung nämlich auch nach den tatsächlichen Aufgaben einer fraglichen Person.[185]

126 Sollten mehrere Schlüsselfunktionen Ausgliederungsgegenstand sein, ist eine **Personalunion der verschiedenen Ausgliederungsbeauftragten** im Hinblick auf die für sie geltenden Anforderungen nicht selbstverständlich. Das gilt umso mehr, als EG 32 Solva II-RL es nur für kleinere oder weniger komplexe Unternehmen als zulässig erachtet, dass „mehr als eine Funktion von einer Person" ausgeführt wird. Allerdings kommt es im Hinblick auf die versicherungsaufsichtsrechtlich anerkannte unternehmerische Organisationsfreiheit[186] und die vor allem durch den versicherungsaufsichtsrechtlichen Spartentrennungsgrundsatz verursachte Gruppenbildung bei Versicherungsunternehmen nicht in Betracht, allein durch Anforderungen an – gesetzlich nicht vorgesehene – Ausgliederungsbeauftragte die in Deutschland seit langer Zeit anerkannten **arbeitnehmerlosen Gesellschaften in Versicherungsgruppen** für unzulässig zu erklären. Vor dem Hintergrund ist jedenfalls gruppenintern die Mehrfachwahrnehmung der Funktion eines Ausgliederungsbeauftragten durch Vorstandsmitglieder im Grundsatz rechtlich zulässig.

127 Im Ergebnis ebenfalls zulässig ist daher auch die **Mehrfachübertragung** der Stellung eines Ausgliederungsbeauftragten **durch gruppenangehörige Versicherungsunternehmen.**[187] Voraussetzung ist, dass die Beauftragung nicht zu Interessenkonflikten führt und der Beauftragte für sämtliche übertragenen Aufgaben fachlich geeignet sowie zuverlässig. ist.

128 **cc) Zuverlässigkeit und fachliche Eignung des Dienstleisterpersonals. Personal eines Dienstleisters**, das an ausgegliederten **Schlüsselfunktionen** mitarbeitet, muss grundsätzlich zuverlässig und fachlich geeignet sein.[188] Die BaFin fordert in ihrem Merkblatt zur fachlichen Eignung und Zuverlässigkeit im Rahmen von Schlüsselfunktionen eine „ausreichende Qualifikation", womit wohl fachliche Eignung sowie persönliche Zuverlässigkeit gemeint sein dürften. Der Dienstleister habe weiter einen „eigenen Prüfprozess darzulegen und dem Unternehmen eine schriftliche Bestätigung mit dem Ergebnis der Prozessprüfung auszuhändigen."[189] Aus § 24 VAG ergibt sich dies alles für Dienstleisterpersonal nicht, weil Normadressaten der Vorschrift nur Personen innerhalb eines Versicherungsunternehmens sind. Allerdings gelten besondere Anforderungen an die fachliche Eignung und die Zuverlässigkeit des Personals eines Dienstleisters, das dem in § 24 VAG genannten Personenkreis gleicht und das mit ausgegliederten wichtigen Funktionen oder Versicherungstätigkeiten befasst ist, aufgrund von Art. 274 Abs. 5 lit. c Solva II-VO und der Erwägungen, die auch für eine mittelbare Geltung der allgemeinen Vergütungsanforderungen für bestimmtes Dienstleistungspersonal sprechen.[190] Aus Art. 274 Abs. 5 lit. c Solva II-VO sind also je nach dem Gegenstand der Tätigkeit des Dienstleisterpersonals unterschiedlich weitgehende Anforderungen abzuleiten.

129 Weil an das Personal eines Dienstleisters keine strengeren Anforderungen gestellt werden können als an die entsprechenden Mitarbeiter eines Versicherungsunternehmens und Art. 274 Abs. 5 lit. c Solva II-VO die Anforderungen durch das Wort „ausreichend" herabsetzt, sind die Anforderungen bei der Ausgliederung von Schlüsselfunktionen weiter sub specie der konkret ausgegliederten Tätigkeiten einzuschränken. Zwar richten sich die Anforderungen an das Dienstleisterpersonal im Ausgangspunkt nach § 24 VAG. Betroffen davon sind aber nicht alle Personen, die an einer Schlüsselaufgabe mitarbeiten, sondern nur solche, die **tatsächlich in herausgehobener und verantwortlicher Stellung** derartige Aufgaben erfüllen. Für das andere Personal des Dienstleisters gilt ein abgesenktes Anforderungsprofil nach Art. 274 Abs. 5 lit. c Solva II-VO.

130 **dd) Funktionsbezogene Vorgaben.** Durch die Ausgliederung dürfen die Vorgaben bezüglich der Ausgestaltung einer Funktion ebenso wenig unterlaufen werden wie die Pflicht zur Funktionstrennung. Die **Schlüsselfunktionen** sind daher im Grundsatz entsprechend dem Telos der VAG-Regelungen **spiegelbildlich** beim Dienstleister so **zu organisieren**, wie es das auslagernde Unternehmen vor der Ausgliederung bewerkstelligen musste. Auch dies ergibt sich mittelbar aus § 32 Abs. 3 VAG, der das Hervorrufen übermäßiger operationeller Risiken sowie eine wesentliche Beeinträchtigung der Geschäftsorganisation verbietet. Zu beachten sind dabei die starken gesetzlichen funktionsbezogenen Wertungen der Solva II-RL, des VAG und der Solva II-VO, die eine entsprechende Anwendung dieser Vorgaben rechtfertigen, für deren Einhaltung das Versicherungsunternehmen verantwortlich ist.

131 **4. Anzeige- und Berichtspflichten. a) Anzeigepflichten.** Gem. **§ 47 Nr. 8 VAG** ist die **„Absicht, wichtige Funktionen oder Versicherungstätigkeiten** auszugliedern, unter Vorlage des Vertragsentwurfs" der Aufsichtsbehörde **unverzüglich anzuzeigen**. Die Vorschrift beruht auf

[185] So im Ergebnis auch Nr. 2.62. EIOPA Explanatory Text BoS-14/253 zu LL Governance.
[186] Vgl. dazu ausf. die Einl. Rn. 139 ff.
[187] So auch *Wolf* VersR 2015, 1485,1488.
[188] Vgl. auch Nr. 2.61. EIOPA Explanatory Text BoS-14/253 zu LL Governance.
[189] So BaFin Merkblatt zur fachlichen Eignung und Zuverlässigkeit von Personen, die für Schlüsselfunktionen verantwortlich oder für Schlüsselfunktionen tätig sind, gemäß VAG v. 23.11.2016 bei III.
[190] Siehe oben Rn. 66 und 117.

Art. 49 Abs. 3 Solva II-RL. Die Anzeige ist in deutscher Sprache zu verfassen und von einer vertretungsberechtigten Person unter Angabe ihrer Funktion zu unterschreiben. Zu nennen sind der **Umfang** der Ausgliederung, die **Beweggründe** dafür sowie der **Name des Dienstleisters**. Falls die Ausgliederung eine Schlüsselfunktion betrifft, ist zudem der Name der **verantwortlichen Person beim Dienstleister** zu melden,[191] zusätzlich zur **Person des Ausgliederungsbeauftragten**. Letztere Pflicht folgt allerdings aus § 47 Nr. 1 VAG.[192] Vor dem 1.1.2016 vorgenommene wichtige Ausgliederungen sind in einer Liste zu erfassen und der BaFin zuzusenden. Das fällt allerdings nicht unter die Anzeigepflicht und kann informell erledigt werden. Beachten sollen die Unternehmen in diesen Fällen dennoch Punkte I. bis III. der BaFin-Hinweise zur Ausgliederung vom 1.1.2016,[193] was aber nicht für das Unverzüglichkeitserfordernis gilt. Sollte eine Ausgliederung vor dem 1.1.2016 beabsichtigt, aber erst nach dem Stichtag durchgeführt worden sein, unterfällt dies nach Ansicht der BaFin § 47 Nr. 8 VAG.[194]

Unverzüglich bedeutet im vorliegenden Zusammenhang gemäß Art. 49 Abs. 3 Solva II-RL **recht-** 132
zeitig. Rechtzeitig erfolgt eine Anzeige, wenn die Aufsichtsbehörde genügend Zeit für eine Überprüfung des Vorgangs inklusive eines möglichen Gesprächs mit dem Unternehmen hat. Das kann nach Meinung von EIOPA ein Zeitraum von sechs Wochen sein.[195] Seine Dauer ist von Umfang und Komplexität des Auslagerungsvorhabens abhängig.

Während der Ausgliederung ist die Aufsichtsbehörde **unverzüglich,** d. h. ohne schuldhafte Ver- 133
zögerung, über „**eingetretene wesentliche Umstände** in Bezug auf wichtige ausgegliederte Funktionen und Versicherungstätigkeiten" zu unterrichten. **Wesentlich** sind Umstände, wenn sie aus objektiver ex ante-Sicht eine erneute Überprüfung des Ausgliederungsvorgangs auf seine Rechtmäßigkeit nahelegen. Zu nennen sind beispielsweise eine Weiterausgliederung, größere Probleme bei der Qualität der Leistungen durch den Dienstleister, die Nichtbeachtung von geltendem Recht durch den Dienstleister oder ein Wechsel des Dienstleisters sowie Vorkommnisse, die die Zufriedenheit des Versicherungsunternehmens oder seiner Kunden mit dem Dienstleister signifikant in Frage stellen.[196]

b) Berichtspflichten. Nach Art. 308 Abs. 8 Solva II-VO sind Ausgliederungen wichtiger Funk- 134
tionen oder Versicherungstätigkeiten Gegenstand des **regelmäßigen aufsichtlichen Berichts**. Anzugeben sind zunächst die Gründe für eine Ausgliederung sowie ein Nachweis geeigneter Überwachungs- und Sicherungsvorkehrungen. Zudem macht das Unternehmen danach Angaben zum Dienstleister und beschreibt die „Mechanismen", die sicherstellen, dass der Dienstleister die Voraussetzungen des Art. 274 Abs. 3 lit. a Solva II-VO erfüllt. Der Bericht enthält auch eine Liste der Personen, die beim Dienstleister für ausgelagerte Schlüsselfunktionen zuständig sind. Daneben bestehen die allgemeinen Berichtspflichten.

VI. Gruppensachverhalte. 1. Ausgliederung innerhalb der Gruppe. Üblich ist die Ausglie- 135
derung von Funktionen und Versicherungstätigkeiten innerhalb einer Gruppe. Das VAG kennt wie die Solva II-RL und die Solva II-VO **kein Gruppenprivileg**, so dass dieselben Regelungen wie für die externe Ausgliederung Anwendung finden.[197] Insbesondere gibt es bei wichtigen Ausgliederungen keine Ausnahmen von Anforderungen an die Geschäftsorganisation und das Personal des Dienstleisters. Zudem ist für die Auslagerung von Schlüsselfunktionen ein Ausgliederungsbeauftragter zu benennen. Dies gilt auch im Fall, dass das Versicherungsunternehmen eine mitarbeiterlose Gesellschaft ist. Dann stellt sich die Frage nach der Wahrnehmung dieser Position durch ein Vorstandsmitglied mit besonderer Dringlichkeit. Das ist angesichts des weiten Gruppenbegriffs und der Möglichkeit von Risikokonzentrationen nachvollziehbar.

EIOPA und die BaFin betonen die Verantwortlichkeit des Versicherungsunternehmens auch bei 136
gruppeninternen Auslagerungen.[198] **Art. 274 Abs. 2 Solva II-VO** schreibt fest, dass ein Unternehmen, das auf einen gruppeninternen Dienstleister wichtige Funktionen oder Versicherungstätigkeiten ausgliedert, „dem Umfang Rechnung trägt", in dem es den Dienstleister kontrolliert oder die Möglichkeit hat, auf ihn Einfluss zu nehmen. Das kann im Einzelfall **Erleichterungen** mit sich bringen.[199] Die Norm ist allerdings wohl so gemeint, dass im Ausgangspunkt gruppeninterne Auslagerungen nicht automatisch milderen Anforderungen unterliegen. Ebenso lehnt die BaFin es ab, Ausgliederungen in der Gruppe

---

191 Leitlinie 64 EIOPA-LL Governance.

192 BaFin Merkblatt zur fachlichen Eignung und Zuverlässigkeit von Personen, die für Schlüsselfunktionen verantwortlich oder für Schlüsselfunktionen tätig sind, gemäß VAG v. 23.11.2016 bei I. 2. b.

193 http://www.bafin.de/DE/Aufsicht/VersichererPensionsfonds/Governance/Ausgliederung/ausgliederung_node.html.

194 BaFin Hinweise zur Ausgliederung, I.

195 Nr. 2.312. EIOPA Explanatory Text BoS-14/253 zu LL Governance.

196 Nr. 2.313. EIOPA Explanatory Text BoS-14/253 zu LL Governance.

197 Nr. 274 f. MaGo.

198 Nr. 2.300. EIOPA Explanatory Text BoS-14/253 zu LL Governance, Nr. 275 MaGo.

199 Unter Berufung auf das Proportionalitätsprinzip weitergehend *Wolf* VW 2014, 62, 65.

ohne weiteres als unwichtig einzustufen.[200] Zudem warnt sie vor einem „schematischen Rückgriff auf einen gruppeninternen Dienstleister".[201]

137 Im **Solvabilitäts- und Finanzbericht** sind nach Art. 359 lit. b iii Solva II-VO Angaben zu den wesentlichen gruppeninternen Ausgliederungsverträgen zu machen. Wesentlich sind alle wichtigen Ausgliederungsvorgänge. Darüber hinaus können aus der maßgeblichen Perspektive der Gruppenaufsicht aber auch unwesentliche Vorgänge aufgrund ihrer Anzahl eine Angabe erforderlich machen.

138 Gliedern mehrere gruppenzugehörige Versicherungsunternehmen auf einen **zentralen gruppenzugehörigen Dienstleister** aus, sollen die Versicherungsunternehmen belegen, dass der gruppeninterne Dienstleister ihre jeweiligen besonderen Belange berücksichtigen kann.[202] Sind wichtige Funktionen und Versicherungstätigkeiten Ausgliederungsgegenstände, muss das oberste Gruppenunternehmen dokumentieren, welche Funktionen und Tätigkeiten welchem Versicherungsunternehmen zuzurechnen sind und sicherstellen, dass es in der Ausübung von Funktionen und Versicherungstätigkeiten durch die Ausgliederung nicht beeinträchtigt wird.[203]

139 **Erleichternde Besonderheiten** ergeben sich bei gruppeninternen Ausgliederungen im Einzelfall.[204] Der schriftliche **Vertrag** kann beispielsweise auch ohne vorangegangene förmliche Verhandlungen als Service Level Agreement abgeschlossen werden.[205] Die sorgfältige **Auswahl des Dienstleisters** darf bei Ausgliederungen innerhalb der Gruppe weniger detailliert ausfallen, vorausgesetzt, der Vorstand des auslagernden Versicherungsunternehmens kennt den Dienstleister und hat eine ausreichende Kontrolle über ihn.[206] Das Vorliegen von Interessenkonflikten ist aber in jedem Einzelfall auszuschließen.[207]

140 Ob die **Steuerungs- und Kontrollintensität** und die **Notfallplanung** des Outsourcers weniger streng erfolgen kann, wenn der Gruppenkontext das Ausgliederungsrisiko verringern kann, hängt aber vom Vorliegen entsprechender risikomindernder Faktoren ab. Zu nennen ist hier zunächst die **gruppendimensionale Geschäftsorganisation**, deren Risikomanagement gruppenweite Ausgliederungsrisiken zu erfassen und handzuhaben in der Lage ist und somit ein zusätzliches Kontrollinstrument darstellt.[208] Daneben verringert eine gruppeneinheitliche Geschäftsorganisation nach § 275 Abs. 1 S. 2 VAG das Auslagerungsrisiko, da es Inkompatibilitäten zwischen Dienstleister und Versicherungsunternehmen minimiert.[209] Das gilt besonders für das Berichtswesen, die gruppenweiten Leitlinien sowie für die Anforderungen an die Zuverlässigkeit und fachliche Eignung. Je nach Konzernierungsgrad sind auch **gesellschaftsrechtlich vermittelte Einwirkungsmöglichkeiten** des Versicherungsunternehmens risikoverringernd.[210] Das Auslagerungsrisiko ist demnach bei vertraglicher Konzernierung kleiner als im Normalfall. Die durch eine faktische Konzernierung bedingten Steuerungsmöglichkeiten allerdings senken es angesichts ihrer Indirektheit und der Zeit, die sie in der Regel in Anspruch nehmen, nicht spürbar. Zu berücksichtigende Faktoren sind weiter, wo der Dienstleister seinen Sitz hat[211] und in welchem Regulierungsumfeld er tätig ist.

141 **2. Ausgliederung gruppendimensionaler Funktionen.** Auf die Ausgliederung gruppendimensionaler Funktionen ist § 32 VAG ebenfalls anzuwenden. Verantwortlich im Sinne von § 32 Abs. 1 VAG ist das **oberste Gruppenunternehmen**, das sich daher nicht seiner Überwachungs- und Steuerungsmöglichkeiten begeben darf. Leitungsaufgaben sind demnach auch aus aufsichtsrechtlichen Gründen nicht delegierbar. Vor dem Hintergrund spielt § 276 VAG eine besondere Rolle, der – das Gesellschaftsrecht überlagernd – jeden aufsichtsrechtlich bedingten Informationsaustausch zwischen den gruppenangehörigen Unternehmen zulässt[212] und so dem obersten Gruppenunternehmen eine informationelle Grundlage für die Wahrnehmung von Gruppenverantwortung schafft.

142 Einen Sonderfall der Ausgliederung bildet das **zentralisierte Risikomanagement** nach §§ 267 ff. VAG. Voraussetzung ist nach § 267 Nr. 2 VAG unter anderem, dass „das Risikomanagement und die internen Kontrollmechanismen des Mutterunternehmens das Tochterunternehmen einschließen". Ein Einschließen ist nach Art. 351 Abs. 1 Solva II-VO gegeben, wenn das Mutterunternehmen die Risikomanagementfunktion und die Compliancefunktion des Tochterunternehmens für dieses zum Großteil ausführt und wenn das Tochterunternehmen die Vorgaben des **Art. 49 Solva II-RL zur Ausgliederung** erfüllt. Ein Verweis auf den ebenfalls die Ausgliederung regelnden Art. 38 Solva II-RL fehlt. Das ist wohl dem Umstand geschuldet, dass das oberste Mutterunternehmen selbst der Aufsicht unterliegt und die Möglichkeiten der Aufsichtsbehörden ihm gegenüber als ausreichend anzusehen sind.

---

200 Nr. 275 MaGo.
201 Nr. 279 MaGo.
202 Nr. 279 f. MaGo.
203 Leitlinie 62 EIOPA-LL Governance, Nr. 279 f. MaGo.
204 Nr. 276 MaGo.
205 Nr. 277 MaGo, Nr. 2.299. EIOPA Explanatory Text BoS-14/253 zu LL Governance.
206 Nr. 2.298. EIOPA Explanatory Text BoS-14/253 zu LL Governance.
207 Nr. 278 MaGo.
208 *Dreher/Ballmaier* in: Dreher/Wandt 2015, S. 69 f.; *Ballmaier*, 7. Teil, B. II. 1.
209 *Dreher/Ballmaier* in: Dreher/Wandt 2015, S. 69 f.; *Ballmaier*, 7. Teil, B. II. 1.
210 *Dreher/Ballmaier* in: Dreher/Wandt 2015, S. 70.
211 Nr. 2.296. EIOPA Explanatory Text BoS-14/253 zu LL Governance.
212 Ausf. *Dreher* WM 2015, 649, 655; *Dreher/Ballmaier* ZGR 2014, 753, 797 ff.

Formal gesehen ist die fehlende Bezugnahme auf Art. 38 Solva II-RL aber verfehlt. Denn die Norm gilt auch bei anderen Ausgliederungen auf Versicherungsunternehmen. Weshalb für das zentralisierte Risikomanagement eine Ausnahme bestehen soll, ist nicht nachvollziehbar.[213]

VII. Verhältnis zu anderen Regelungen. Nach **§ 164 Abs. 1 S. 2 VAG** gilt die Übertragung der Leistungsbearbeitung in der Rechtsschutzversicherung auf ein anderes Unternehmen als Ausgliederung. **143**

§ 299 Nr. 1 VAG erweitert die Aufsichtsbefugnis der BaFin bei Ausgliederungen. Sie kann „Maßnahmen nach § 298 Abs. 1 und 2 VAG auch unmittelbar gegenüber anderen Unternehmen [scil.: ergreifen], auf die ein Versicherungsunternehmen Tätigkeiten ausgegliedert hat." **144**

Die speziellen Befugnisse der BaFin im Rahmen von örtlichen Prüfungen erweitert **§ 306 Abs. 2 Satz 1 Nr. 2, Abs. 3 Sätze 1 und 3 VAG** auf Personen oder Unternehmen, die infolge einer Ausgliederung als Dienstleister tätig sind. **145**

Die Auslagerung von internen Sicherungsmaßnahmen und des Geldwäschebeauftragten zur Verhinderung von Geldwäsche und Terrorismusfinanzierung nach § 53 VAG regelt **§ 9 Abs. 3 Sätze 2 und 3 GwG**, wonach sie u. a. einem Zustimmungsvorbehalt durch die Aufsicht unterliegt. Daneben findet § 32 VAG Anwendung.[214] Auch hier bleibt der Vorstand des Versicherungsunternehmens verantwortlich. Dem Geldwäschebeauftragten sind entsprechende Weisungsrechte gegenüber Mitarbeitern des Versicherungsunternehmens, nicht aber gegenüber dessen Vorstand, einzuräumen.[215] Neben § 32 VAG ist unter datenschutzrechtlichen Gesichtspunkten das BDSG – bzw. ab 25.5.2018 die DS-GVO und das BDSG i. d. F. des DSAnpUG-EU v. 30.6.2017 – zu beachten. Eine entscheidende Rolle spielt, ob es sich lediglich um eine Auftragsdatenverarbeitung im Sinne von **§ 11 BDSG** oder um eine Funktionsausgliederung im datenschutzrechtlichen Sinn handelt, die grundsätzlich, z. B. nach **§ 28 BDSG**, zu rechtfertigen ist.[216] Pauschale Beurteilungen verbieten sich hier. Abzustellen ist immer auf den konkreten Ausgliederungsvorgang. Möglich ist auch, dass die Betroffenen nach § 33 BDSG benachrichtigt werden müssen. **146**

Eine Ausgliederung nach § 32 VAG ist jedenfalls dann kein (Teil-)Betriebsübergang i. S. v. **§ 613a BGB**, wenn der Dienstleister keine Arbeitsmittel oder Personal übernimmt.[217] In den übrigen Fällen ist danach zu fragen, ob eine wirtschaftliche Einheit unter Wahrung ihrer Identität übergeht.[218] **147**

Entsprechende Anwendung gesellschaftsrechtlicher Vorschriften

33 (1) **§ 188 Absatz 1 Satz 1 und § 195 Absatz 3 sind entsprechend auch für Versicherungsaktiengesellschaften anzuwenden.**

(2) [1] **Soweit in diesem Gesetz Vorschriften für den Vorstand oder den Aufsichtsrat getroffen sind und öffentlich-rechtliche Versicherungsunternehmen Organe mit dieser Bezeichnung nicht besitzen, tritt an die Stelle des Vorstands das entsprechende Geschäftsführungsorgan und an die Stelle des Aufsichtsrats das entsprechende Überwachungsorgan.** [2] **Für das Geschäftsführungsorgan öffentlich-rechtlicher Versicherungsunternehmen gelten die §§ 80 und 91 Absatz 2 des Aktiengesetzes entsprechend.** [3] **Für das Überwachungsorgan öffentlich-rechtlicher Versicherungsunternehmen gilt § 80 des Aktiengesetzes entsprechend.**

Übersicht

---

213 *Ballmaier*, 7. Teil, IV. 2. b).

214 Vgl. für den Bankensektor *Bergmann* S. 305.

215 *Bergmann* S. 321 f.

216 Vgl. sub specie der Ausgliederung durch Versicherungsunternehmen ausf. *Ballmaier*, 6. Teil; *Hartung* VersR 2012, 400; *Schmidt/Bischof* VW 2016, 22.

217 ErfK/*Preis* BGB, § 613a Rn. 37.

218 ErfK/*Preis* BGB, § 613a Rn. 37; zur wirtschaftlichen Einheit und deren Identitätswahrung vgl. ausführlich ErfK/*Preis* § 613a Rn. 5 ff.; *Guha* in: Hanten/Görke/Ketessidis, B. IV. 3.

Schrifttum: *Armbrüster,* Haftung der Geschäftsleiter bei Verstößen gegen § 64a VAG, VersR 2009, 1293 ff.; *Beckmann/Laumann*, Vorzeitige Beendigung aufsichtsrechtlicher Mandate in Versicherungsunternehmen, VersR 2007, 15 ff.; *Benkel*, Die freiwillige Beachtung des Deutschen Corporate Governance Kodex durch große Versicherungsvereine auf Gegenseitigkeit, FS Schneider, 2011, S. 113 ff.; *Hadding/Klatt*, Zur entsprechenden Geltung aktienrechtlicher Vorschriften beim Versicherungsverein auf Gegenseitigkeit, FS Lwowski, 2014, S. 317 ff.; *Kaulbach/Waldvogel*, Neue öffentlich-rechtliche Versicherungsunternehmen, ZfV 1991, 577 ff.; *Kordges*, Die Versicherungs-SE, in: Düsseldorfer Vorträge zum Versicherungsrecht 2012, S. 83 ff.; *Mann*, Die öffentlich-rechtliche Gesellschaft, 2002.

1 **I. Allgemeines. 1. Entstehungsgeschichte.** Die Regelung in **Abs. 1 entspricht** inhaltlich dem bisherigen **§ 156 Abs. 1 VAG a. F.**, der auf die §§ 34 Abs. 1 und 39 Abs. 3 VAG a. F. verwies. § 156 VAG a. F. beruhte auf § 20 Abs. 1 Nr. 8 Gesetz über Bausparkassen (BSpKG) v. 16.11.1972, Art. 1 Nr. 55 14. ÄnderungsG.

2 **Abs. 2 entspricht** den bisherigen **§§ 3, 156 Abs. 2 VAG a. F.** § 156 Abs. 2 VAG a. F. ist durch Art. 1 Nr. 77 des 3. DurchführungsG/EWG zum VAG v. 21.7.1994[1] in § 156 VAG a. F. aufgenommen und durch die VAG-Novelle v. 21.12.2000[2] in Form der Einfügung von § 91 Abs. 2 AktG[3] geändert worden.

3 Die **Begründung zu § 33 VAG** erschöpft sich darin, auf die der Vorschrift vorhergehenden Regelungen zu verweisen.[4]

4 **2. Normzweck.** Mit den Vorgaben in **Abs. 1** will der Gesetzgeber einen **aufsichtsrechtlichen Gleichlauf für Versicherungsunternehmen**, die in der Rechtsform eines VVaG oder einer AG organisiert sind, schaffen. Abs. 1 geht als Spezialvorschrift der aktienrechtlichen Regelung in § 76 Abs. 2 S. 1 AktG vor.

5 In **Abs. 2 S. 1** stellt der Gesetzgeber klar, dass abweichende **Bezeichnungen** für die Vertretungs- und Überwachungsorgane in öffentlich-rechtlich organisierten Versicherungsunternehmen unschädlich sind. Materiell-rechtlich von Bedeutung sind hiernach nur die Funktionen, die ein Organ wahrnimmt. Mit dem Verweis auf § 80 AktG in **Abs. 2 S. 2 und 3** erzeugt der Gesetzgeber zusätzliche **Publizität** im Stadium der Geschäftsanbahnung auch in Bezug auf öffentlich-rechtliche Versicherungsunternehmen.

6 **3. Europarechtlicher Hintergrund.** Die **Solva II-RL** enthält keine spezifischen Vorgaben, die von der jeweiligen Rechtsform eines Versicherungsunternehmens abhängen.[5] Vielmehr hat der Unionsgesetzgeber gesellschaftsrechtsformübergreifende, allgemeine Regelungen normiert. Nach Art. 17 Abs. 1 Solva II-RL müssen die Versicherungsunternehmen eine der in Anhang III der Richtlinie aufgeführten **Rechtsformen** haben. Art. 17 Abs. 2 Solva II-RL lässt es weiter zu, dass die Mitgliedstaaten **öffentlich-rechtliche Unternehmen** schaffen. Voraussetzung ist allerdings, dass diese „Versicherungsgeschäfte unter den gleichen Bedingungen wie private Unternehmen durchführen." Dagegen verstößt § 128 Abs. 1 S. 2 VAG, indem nur öffentlich-rechtliche Versicherungsunternehmen keinen Sicherungstreuhänder bestellen müssen.

7 **§ 33 VAG** hat mit seinem gesellschaftsrechtlichen Normgehalt **keinen Bezug** zu der versicherungsaufsichtsrechtlichen **Solva II-RL**. Im Gegenteil hat der Gesetzgeber, wie nachfolgend auszuführen ist, bei der Fortführung früherer VAG-Regelungen in § 33 VAG den neuen europarechtlichen Hintergrund des Solvency II-Systems übersehen.

8 § 33 VAG hat daher keinen europarechtlichen Hintergrund. Die **nationalen Gesetzgeber** haben aber die Möglichkeit, **gesellschaftsrechtliche Bestimmungen** zu treffen, die den nationalen Besonderheiten in Bezug auf die Rechtsformen für Versicherungsunternehmen im nationalen Gesellschaftsrecht gerecht werden. Davon hat der deutsche Gesetzgeber mit § 33 VAG Gebrauch machen wollen.

9 **II. Grundlagen.** Die Rechtsformen, in denen Unternehmen Versicherungsgeschäfte betreiben dürfen, sind nach § 8 Abs. 2 VAG beschränkt. Zugelassen sind nur AG, SE, VVaG und öffentlich-rechtliche Anstalten bzw. Körperschaften. Eine solche **branchenrechtliche Beschränkung auf bestimmte Unternehmensträger** gibt es in etlichen Wirtschaftsbereichen Sie beruht darauf, dass dem Gesetzgeber nur diese Unternehmensträger im Hinblick auf die gesamtwirtschaftliche Funktion der Unternehmen geeignet erscheinen.[6]

10 Eine Reaktion auf die unterschiedlichen gesellschaftsrechtlichen Strukturen der einzelnen zugelassenen Unternehmensträger liegt in der **gesetzlichen Erstreckung von gesellschaftsrechtlichen Vorschriften auf andere Unternehmensträger**. Diesen Weg wählt der Gesetzgeber mit § 33 Abs. 1 sowie Abs. 2 Sätze 2 und 3 VAG. Hinzu kommt speziell für den VVaG der vielfache Verweis auf das AktG, vor allem für die Organe nach §§ 188 ff. VAG.

---

[1] BGBl 1994 I, 1630.
[2] BGBl 2000 I, 1857.
[3] Vgl. RegE Gesetz zur Änderung des VAG BT-Drs. 14/4453, 54 zu Nr. 70.
[4] Begr. VAG-RegE 2014, BT-Drs. 18/2956, 247.
[5] Eine Ausnahme bildet die in § 64 VAG umgesetzte Regelung zu den bei Lloyd's vereinigten Einzelversicherern.
[6] Ausf. *Rittner/Dreher* Europäisches und deutsches Wirtschaftsrecht, 3. Aufl. 2008, § 8 Rn. 26 und § 9 Rn. 37 ff.

Einen anderen Weg zur Harmonisierung der gesellschaftsrechtlichen Ausgangslage oder zur Ergänzung bzw. Modifizierung einer als defizitär empfundenen gesellschaftsrechtlichen Struktur bildet die **freiwillige Selbstbindung an das Gesellschaftsrecht eines anderen Unternehmensträgers** und an dieses ergänzende Regelungen, insbesondere den Deutschen Corporate Governance Kodex (DCGK). Dies ist vor allem ein Thema des VVaG im Verhältnis zum AktG und zum DCGK.[7] 11

Eine **im VAG noch nicht bewältigte Herausforderung** stellt die **Europäische Aktiengesellschaft (SE)** dar.[8] Dies gilt insbesondere für deren monistische Ausprägung nach §§ 20 ff. SEAG, die zwar noch kein Versicherungsunternehmen als Rechtsform in Deutschland gewählt hat, im VAG aber auf dualistisch strukturierte Regelungen trifft.[9] Daran ändert auch der neue § 33 VAG nichts. 12

III. Entsprechende Anwendung von §§ 188 Abs. 1 S. 1, 195 Abs. 3 VAG auf Versicherungsaktiengesellschaften (Abs. 1). 1. Geltung des Zwei-Personen-Prinzips für den Vorstand. 13
Durch die Verweisungstechnik in Abs. 1 legt der Gesetzgeber fest, dass für Versicherungsunternehmen in der Rechtsform einer Aktiengesellschaft Vorschriften aus dem Bereich des VVaG entsprechend anwendbar sind. Der Gesetzgeber normiert hier das für den Vorstand eines VVaG nach **§ 188 Abs. 1 S. 1 VAG** geltende **Zwei-Personen-Prinzip**, oft sachlich verkürzt als Vier-Augen-Prinzip bezeichnet,[10] auch für die Versicherungsaktiengesellschaft. Er weicht damit von § 76 Abs. 2 S. 1 AktG ab, wonach der Vorstand auch aus einer Person bestehen kann. **Versicherungsaufsichtsrechtlich** ist die Regelung allerdings **überflüssig**. Nach Art. 258 Abs. 4 Solva II-VO gilt für die Geschäftsleitung ohnehin das Zwei-Personen-Prinzip. Dies gewährleistet im Vorfeld der Überwachung des Vorstands durch den Aufsichtsrat eine Binnenkontrolle im Vorstand und sichert vorübergehend die Handlungsfähigkeit des Versicherungsunternehmens beim Ausfall eines Vorstandsmitglieds.[11]

Das Zwei-Personen-Prinzip findet dagegen keine Anwendung auf **öffentlich-rechtliche Versicherungsunternehmen**. Als Begründung führte der Gesetzgeber bei erstmaliger Schaffung der Regelung das Organisationsrecht der Länder an.[12] 14

Bei der **SE mit dualistischem System** und „mit einem Grundkapital von mehr als 3 Millionen Euro hat das Leitungsorgan aus mindestens zwei Personen zu bestehen, es sei denn, die Satzung bestimmt, dass es aus einer Person bestehen soll", so § 16 S. 1 SEAG. Handelt es sich um eine Versicherungs-SE, ist die Ausnahmeregelung allerdings unanwendbar. Ihr steht als vorrangige Norm Art. 258 Abs. 4 Solva II-VO mit der Verpflichtung auf das Zwei-Personen-Prinzip bei allen Versicherungsunternehmen entgegen. 15

Für **Niederlassungen EU-/EWR-ausländischer Versicherungsunternehmen** gilt das Zwei-Personen-Prinzip nicht. Auch für Versicherungsunternehmen mit Sitz außerhalb der EU oder des EWR ist nach § 68 Abs. 2 S. 1 VAG, der auf Art. 162 Abs. 2 lit. d Solva II-RL beruht, nur ein Hauptbevollmächtigter zu bestellen. Im Bankaufsichtsrecht sind dagegen für entsprechende Zweigstellen von Drittstaatenunternehmen nach § 53 Abs. 2 Nr. 1 S. 1 KWG „mindestens zwei natürliche Personen mit Wohnsitz im Inland zu bestellen", wenn nicht eine Ausnahmeregelung nach § 53c KWG eingreift. 16

2. Ermächtigung des AG-Aufsichtsrats zur Zustimmung zu materiellen aufsichtsbehördlichen Satzungsänderungsverlangen. § 195 Abs. 3 VAG betrifft den **VVaG** und normiert Anforderungen in Bezug auf die **Änderung der Satzung**. Danach kann die oberste Vertretung „den Aufsichtsrat ermächtigen, für den Fall, dass die Aufsichtsbehörde, bevor sie den Änderungsbeschluss genehmigt, Änderungen verlangt, dem zu entsprechen." Die Regelung betrifft also nicht nur formale, sondern auch **materielle Satzungsänderungen**. Nach § 179 Abs. 1 AktG bedarf jede Satzungsänderung einer Aktiengesellschaft eines Beschlusses der Hauptversammlung. Gemäß § 179 Abs. 1 S. 2 AktG besteht zwar die Möglichkeit der Übertragung der Änderungsbefugnis auf den Aufsichtsrat. Dies setzt allerdings voraus, dass nur die Fassung betroffen ist. Im Ergebnis führt § 33 Abs. 1 VAG somit dazu, dass in entsprechender Anwendung von § 195 Abs. 3 VAG auch die Hauptversammlung einer Versicherungs-AG den Aufsichtsrat der Gesellschaft in umfassenderem Sinne ermächtigen kann, als es nach der aktienrechtlichen Regelung möglich wäre. 17

IV. Organe öffentlich-rechtlicher Versicherungsunternehmen (Abs. 2). 1. Bezeichnung von Vorstand und Aufsichtsrat (Abs. 2 S. 1). Gemäß Abs. 2 S. 1 treten, soweit Regelungen im VAG den Vorstand oder den Aufsichtsrat adressieren und öffentlich-rechtliche Versicherungsunternehmen **Organe** mit dieser **Bezeichnung** nicht besitzen, an die Stelle des Vorstands das entsprechende Geschäftsführungsorgan und an die Stelle des Aufsichtsrats das entsprechende Überwachungsorgan. Mit dieser Regelung schließt der Gesetzgeber etwaige Regelungslücken, die durch eine ausdrückliche Bezugnahme auf die Organe Vorstand und Aufsichtsrat im VAG ansonsten entstehen würden. Materiellrechtliche 18

---

[7] Vgl. näher *Benkel* FS Schneider, 113 ff.; *Hadding/Klatt* FS Lwowski, 317 ff.
[8] Vgl. ausf. § 24 VAG Rn. 26.
[9] So schon *Kordges* S. 83, 91.
[10] Vgl. ausf. § 23 VAG Rn. 70 ff.
[11] Vgl. ausf. § 23 VAG Rn. 70.
[12] Vgl. BT-Drs. 9/1493, 34.

Unterschiede – so etwa in Bezug auf den Gründungsakt – zwischen Versicherungsunternehmen der zulässigen Rechtsformen stehen also der Anwendung versicherungsaufsichtsrechtlicher Regelungen auf die Organe Vorstand und Aufsichtsrat öffentlich-rechtlicher Versicherungsunternehmen nicht entgegen.

19 Unabhängig von den Vorgängernormen des § 33 Abs. 2 VAG hatte das **BVerwG** bereits früher entschieden, dass ein **Verwaltungsakt**, den die Versicherungsaufsichtsbehörde „ohne Nennung der Namen einzelner Mitglieder ‚**an den Vorstand**' einer namentlich bezeichneten juristischen Person" adressiert, sich „erkennbar an das für die juristische Person handelnde, gesetzlich zur Vertretung bestimmte Organ (…) und damit an die juristische Person selbst" richtet.[13] Auf die exakte Bezeichnung des Leitungsorgans kommt es „bei einer an Treu und Glauben und an der Verkehrssitte orientierten Auslegung und bei verständiger Würdigung des wirklichen Willens [scil.: der Aufsichtsbehörde] (…) unter Berücksichtigung des Empfängerhorizonts" des Versicherungsunternehmens also nicht an.

20 **2. Geltung von §§ 80, 91 Abs. 2 AktG für den Vorstand (Abs. 2 S. 2). § 80 AktG** bezweckt die Publizität bestimmter Informationen über die Gesellschaft durch **Angaben auf Geschäftsbriefen**. Dritte sollen bereits im Stadium der Vertragsanbahnung über wesentliche Verhältnisse der Gesellschaft und sie leitende Personen unterrichtet werden, ohne eigene aufwändige Recherchen anstellen zu müssen.[14] Vorstandsmitglieder müssen danach unter vollständiger, nicht abgekürzter Nennung des Nachnamens und mindestens eines Vornamens aufgeführt werden.[15]

21 Die Vorgängerregelung zu § 33 Abs. 2 S. 2 VAG sollte nach der Gesetzesbegründung **Transparenz und Gleichbehandlung** bei Versicherungsunternehmen unabhängig von ihrer Rechtsform schaffen. Sie war bei öffentlich-rechtlichen Versicherungsunternehmen bis dahin nicht immer gegeben.[16]

22 Gemäß **§ 91 Abs. 2 AktG** hat der Vorstand geeignete Maßnahmen zu treffen, damit den Fortbestand der Gesellschaft gefährdende Entwicklungen früh erkannt werden. Aus Gründen der wettbewerblichen Gleichbehandlung hatte der deutsche Gesetzgeber die Verpflichtung zu der **Einrichtung eines** solchen **Risikofrüherkennungssystems** schon im Jahr 2000 auch für öffentlich-rechtliche Versicherungsunternehmen geschaffen.[17] Zur Begründung hat er angeführt, „dadurch wird sichergestellt, dass öffentlich-rechtliche Versicherungsunternehmen, die in aller Regel in derselben Weise wie die anderen Wettbewerbsversicherer dem Versicherungsnehmer gegenübertreten, vergleichbaren Kontrollmechanismen unterliegen".[18] **Im Solvency II-System** ist allerdings die Beibehaltung des Verweises auf § 91 Abs. 2 AktG durch § 33 Abs. 2 S. 2 VAG **überflüssig**. Nach **§ 26 VAG** muss nämlich jedes Versicherungsunternehmen unabhängig von seiner Rechtsform ein **umfassendes Risikomanagementsystem (RMS)** mit einer unabhängigen Risikocontrollingfunktion (URCF) vorhalten, das weit über die Anforderungen des § 91 Abs. 2 AktG hinausgeht.[19]

23 Vor dem Hintergrund der zahlreichen Verweise nach §§ 188 ff. VAG für den VVaG auf Regelungen des AktG erscheint es fraglich, ob und gegebenenfalls welche Vorschriften aus dem **AktG auch für öffentlich-rechtliche Versicherungsunternehmen** jenseits der in § 33 Abs. 2 S. 2 und 3 VAG Genannten (entsprechend) anzuwenden sind. Gegen eine Ausweitung auf Regelungen, die nicht ausdrücklich in Bezug genommen sind, könnten die differenzierten Verweisungsvorschriften zum VVaG in §§ 188 ff. VAG sprechen. Auch enthält das Satzungsrecht einzelner öffentlich-rechtlicher Körperschaften z. B. hinsichtlich der Haftung Verweise auf das AktG oder ihm nachempfundene Regelungen. Für die Haftung des Vorstands einer öffentlich-rechtlichen Sparkasse hat der BGH die wichtige Rechtsfrage der entsprechenden Anwendung von § 93 AktG trotz der gesetzlichen Regelung des Sparkassenrechts im Sparkassengesetz NRW bejaht.[20] Für den Vorstand eines öffentlich-rechtlichen Versicherungsunternehmens gilt nichts anderes.[21] Die Frage der entsprechenden Anwendung aktienrechtlicher Vorschriften auf öffentlich-rechtliche Versicherungsunternehmen[22] und ihre Organe stellt sich aber auch jenseits der Vorstandshaftung. Dies gilt für unterschiedliche Zusammenhänge und hat z. B. im Zusammenhang mit einer entsprechenden Anwendung von § 103 AktG auf die Abberufung von Aufsichts- oder Verwaltungsratsmitgliedern öffentlich-rechtlicher Versicherungsunternehmen schon Bedeutung erlangt.[23]

24 **3. Geltung von § 80 AktG für den Aufsichtsrat (Abs. 2 S. 3).** Nach § 33 Abs. 2 S. 3 VAG soll die Publizitätspflicht aus § 80 AktG auch für das Überwachungsorgan gelten. Der Verweis auf § 80 AktG insgesamt bedeutet nicht, dass wie bei Mitgliedern des Vorstands alle Mitglieder des Aufsichtsrats zu nennen sind. Dies würde entgegen dem Ziel der Schaffung gleicher Transparenzanforderungen für

[13] Vgl. *BVerwG* Urt. v. 6.12.1999 – 1 A 4/97, VersR 2000, 705 = NVersZ 2000, 214.
[14] § 80 AktG geht seinerseits auf die EG-PublizitätsRL (RL 68/151/EWG) zurück.
[15] Zu den weiteren erforderlichen Angaben vgl. die Kommentierungen zu § 80 AktG, statt vieler z. B. *Koch* in: Hüffer/Koch Aktiengesetzgesetz, 12. Aufl. 2016, § 80 Rn. 3 ff.
[16] BT-Drs. 12/6959, 98.
[17] Siehe oben Rn. 2.
[18] RegE Gesetz zur Änderung des VAG BT-Drs. 14/4453, 54 zu Nr. 70.
[19] Vgl. ausf. § 26 VAG Rn. 16 f., 121 ff.
[20] Vgl. *BGH* Hinweisbeschl. v. 15.9.2014 – II ZR 112/13, AG 2015, 240 = NZG 2015, 310.
[21] A. A. *Armbrüster* VersR 2009, 1293, 1302 f.
[22] Vgl. ausf. zur Rechtsstellung der öffentlich-rechtlichen Gesellschaften *Mann*, 2002.
[23] Vgl. dazu mit Recht bejahend *Beckmann/Laumann* VersR 2007, 15, 17 ff.

öffentlich-rechtliche Versicherungsunternehmen zu einer weitergehenden Belastung solcher Unternehmen gegenüber denjenigen anderer Rechtsformen führen. Entsprechend § 80 Abs. 1 S. 1 AktG ist daher nur der **Vorsitzende des Aufsichts- oder Verwaltungsrats anzugeben.**

V. Verhältnis zu anderen Regelungen. § 33 VAG steht in enger Verbindung zu den **gesellschaftsrechtlichen Regelungen** der Versicherungs-AG und der Versicherungs-SE sowie zu den **Errichtungsgesetzen** der öffentlich-rechtlichen Versicherungsanstalten und -körperschaften. 25

Verordnungsermächtigung

34 (1) [1]**Für Versicherungsunternehmen, die nicht der Aufsicht durch die Aufsichtsbehörden der Länder unterliegen, kann das Bundesministerium der Finanzen durch Rechtsverordnung nähere Bestimmungen über den Inhalt der allgemeinen Sanierungspläne nach § 26 Absatz 1 erlassen.** [2]**Die Ermächtigung kann durch Rechtsverordnung auf die Bundesanstalt übertragen werden.** [3]**Vor dem Erlass ist der Versicherungsbeirat zu hören.** [4]**Die Rechtsverordnungen nach den Sätzen 1 bis 3 bedürfen nicht der Zustimmung des Bundesrates.**

(2) [1]**Das Bundesministerium der Finanzen wird ermächtigt, durch Rechtsverordnung nähere Einzelheiten festzulegen zur Ausgestaltung, Überwachung, Weiterentwicklung und Transparenz der Vergütungssysteme im Sinne des § 25, einschließlich der Entscheidungsprozesse und Verantwortlichkeiten, der Zusammensetzung der Vergütung, der positiven und negativen Vergütungsparameter, der Leistungszeiträume und der Offenlegung der Ausgestaltung der Vergütungssysteme und der gezahlten Vergütungen, des Offenlegungsmediums und der Häufigkeit der Offenlegung sowie zur Zulässigkeit sonstiger Vergütungen im Sinne des § 25 Absatz 2.** [2]**Die Regelungen haben sich insbesondere an Größe und Vergütungsstruktur des Unternehmens sowie Art, Umfang, Komplexität, Risikogehalt und Internationalität der Geschäftsaktivitäten insgesamt zu orientieren.** [3]**Bei Unternehmen, die einer Versicherungsgruppe angehören, haben sich die Regelungen zusätzlich an der Größe der Gruppe sowie an Art, Umfang, Komplexität, Risikogehalt und Internationalität der Geschäftsaktivitäten der Gruppe zu orientieren.** [4]**Im Rahmen der Bestimmungen nach Satz 1 müssen die auf Offenlegung der Vergütung bezogenen handelsrechtlichen Bestimmungen nach § 341a Absatz 1 und 2 in Verbindung mit § 341l Absatz 1 Satz 1 des Handelsgesetzbuchs unberührt bleiben.** [5]**Die Ermächtigung kann durch Rechtsverordnung auf die Bundesanstalt übertragen werden.** [6]**Rechtsverordnungen nach den Sätzen 1 bis 5 bedürfen nicht der Zustimmung des Bundesrates.**

Übersicht

Schrifttum: Siehe zu Abs. 2 die Literaturangaben bei § 25 VAG.

1 **I. Allgemeines. 1. Entstehungsgeschichte. a) Sanierungsverordnung (Abs. 1).** Die Regelung in **Abs. 1** entspricht dem bisherigen § 64d Abs. 2 VAG a. F. und ermächtigt das BMF, durch Rechtsverordnung nähere Bestimmungen über den Inhalt von Sanierungsplänen zu erlassen. Inhaltlich nimmt sie Bezug auf **§ 26 Abs. 1 S. 4 VAG**, der wiederum dem bisherigen § 64d Abs. 1 VAG a. F. entspricht. Von der Ermächtigung hat das BMF bisher noch keinen Gebrauch gemacht.

2 § 64d VAG a. F. ist mit der Verordnungsermächtigung in dessen Abs. 2 durch das Gesetz zur Absicherung stabiler und fairer Leistungen für Lebensversicherte (**Lebensversicherungsreformgesetz – LVRG**) vom 1.8.2014 in das VAG eingefügt worden und am 7.8.2014 in Kraft getreten.[1]

3 **b) Versicherungsvergütungsverordnung (Abs. 2). Abs. 2** entspricht § 64b Abs. 5 VAG a. F. und ermächtigt das BMF zum Erlass einer Rechtsverordnung in Bezug auf Vergütungsregelungen i. S. v. **§ 25 VAG**. Satz 5 ermächtigt ferner das BMF zur Subdelegation auf die BaFin.

4 Die Vorgängerregelung in § 64b VAG a. F. war im Zuge des **Gesetzes über die aufsichtsrechtlichen Anforderungen an die Vergütungssysteme von Instituten und Versicherungsunternehmen** (**VergAnfG**) 2010 eingefügt worden.[2] Bereits die in der Vorgängerregelung in § 64b Abs. 5 S. 1 VAG a. F.[3] enthaltene Ermächtigung nutzte das BMF und erlies 2010 die VersVergV a. F.[4] Die auf Basis des § 64b Abs. 5 VAG a. F. erlassene VersVergV hatte das vorher veröffentlichte BaFin-Rundschreiben 23/2009 (VA) vom 21.12.2009 inhaltlich abgelöst und auf eine materiellrechtliche Grundlage gestellt.[5]

5 Infolge der Vergütungsregelungen in Art. 275 Solva II-VO bedurfte es einer Anpassung der VersVergV a. F. Das BMF hat von der Ermächtigung des Satzes 1 durch Erlass der **VersVergV vom 16.12.2015** Gebrauch gemacht. Sie gleicht inhaltlich allerdings sehr weitgehend der alten Fassung.[6] Eine Subdelegation erfolgte bisher nicht, die BaFin ist jedoch in die Arbeiten an der neuen VersVergV eingebunden gewesen. Die Zweite VO zur Änderung von Verordnungen nach dem VAG hat mit Wirkung seit 1.8.2017 eine – nachfolgend nicht mehr ausführlich berücksichtigte – **Änderung der VersVergV**[7] herbeigeführt. Durch Einfügung eines Halbsatzes in § 1 Abs. 2 S. 1 VersVergV sollte im Sinne einer Optionsregelung zugunsten der ausschließlichen Anwendbarkeit von Art. 275 Solva II-VO das Problem gelöst werden, dass in einer Versicherungsgruppe manche Unternehmen der VersVergV und manche Art. 275 Solva II-VO unterfallen. Außerdem wurde ein Verweisfehler in § 4 Abs. 1 S. 1 VersVergV korrigiert.

6 **2. Normzweck. Erläuterungen** hierzu finden sich bei § 26 VAG (Sanierungsplan) bzw. § 25 VAG (Vergütung).

7 **3. Europarechtlicher Hintergrund. a) Sanierungsverordnung (Abs. 1). Erläuterungen** zu dem fehlenden europarechtlichen Hintergrund für den allgemeinen Sanierungsplan finden sich bei § 26 VAG.

8 **b) Versicherungsvergütungsverordnung (Abs. 2).** Eine Ermächtigung des nationalen Gesetzgebers zum Erlass (zusätzlicher) Vergütungsregelungen sehen weder die Solva II-RL, die selbst keine Vergütungsregelungen enthält, noch die Solva II-VO vor. Soweit Unternehmen in den Anwendungsbereich der Solva II-RL fallen, sind mit Blick auf die unmittelbare und vorrangige Geltung der Solva II-VO sowie den Grundsatz der Vollharmonisierung[8] nationale Regelungsaktivitäten im Rahmen der VersVergV gesperrt. Vor dem Hintergrund ist die Frage nach der **Europarechtskonformität zu verneinen.**[9] Unabhängig davon greift hier der Anwendungsvorrang des Europarechts vor dem nationalen Recht.

9 Sofern dagegen die **VersVergV** in ihrem **Anwendungsbereich** nur diejenigen Unternehmen erfasst, die nicht dem Solvency II-Regime unterstehen, bleibt es dem nationalen Gesetzgeber dagegen offen, selbst Regelungen in Bezug auf den Bereich der Vergütung zu erlassen. Außerhalb des Anwendungsbereichs der Solvency II-Regelungen greift der europarechtliche Anwendungsvorrang nicht.

10 **II. Sanierungsverordnung (Abs. 1).** Das BMF kann nach Abs. 1 nähere Bestimmungen über den **Inhalt der allgemeinen Sanierungspläne** nach § 26 Abs. 1 S. 4 VAG erlassen.

11 Anders als die Ermächtigung in § 34 Abs. 2 VAG stellt diejenige im § 34 Abs. 1 S. 1 VAG lediglich auf „nähere Bestimmungen über den Inhalt" der Sanierungspläne ab. Eine **inhaltliche Konkretisie-**

---

[1] BGBl. 2014 I, 1330 ff.; RegE LVRG BT-Drs. 18/1772, 23.
[2] BGBl. 2010 I, 950 ff.
[3] Eingefügt durch das Gesetz über die aufsichtsrechtlichen Anforderungen an die Vergütungssysteme von Instituten und Versicherungsunternehmen (VergAnfG) vom 27.7.2010.
[4] Aufsichtsrechtliche Anforderungen an Vergütungssysteme von Versicherungsunternehmen (VersVergV) vom 13.12.2010.
[5] Siehe zur Entstehungsgeschichte § 25 VAG Rn. 11 f.
[6] BGBl. 2016 I, 763 ff.
[7] Vgl. Art. 2 der Zweiten VO zur Änderung von VO nach dem VAG BGBl. 2017 I, 3023.
[8] Vgl. Einl. Rn. 83 ff.
[9] Siehe zu den in § 25 VAG normierten Vergütungsparametern § 25 VAG Rn. 45 ff.

rung und Beschränkung enthält die Ermächtigungsgrundlage in Abs. 1 nicht.[10] Nach Art. 80 Abs. 1 S. 2 GG „müssen" bei einer Delegation der Rechtsetzungskompetenz aber „Inhalt, Zweck und Ausmaß der erteilten Ermächtigung im Gesetz bestimmt werden." Diesen Anforderungen entspricht die Blankettnorm des § 34 Abs. 1 VAG nicht. Sie bildet daher eine **verfassungsrechtlich unzureichende Ermächtigungsgrundlage** für eine Verordnung des BMF.

Hinzu kommt, dass das europäische Versicherungsaufsichtsrecht den in § 26 Abs. 1 S. 4 und 5 VAG angesprochenen allgemeinen Sanierungsplan nicht kennt. Infolge der Vollharmonisierung durch die Solva II-RL[11] teilt § 34 Abs. 1 VAG das Schicksal der **europarechtlichen Unzulässigkeit** des § 26 Abs. 1 S. 4 und 5 VAG als dessen akzessorische Regelung.[12] **12**

III. Versicherungsvergütungsverordnung (Abs. 2). 1. Allgemeines. Das im Rahmen des europarechtlichen Hintergrunds von § 34 VAG soeben angeführte **Problem zusätzlicher nationaler Regelungen** steht pars pro toto für das Solvency II-System und das VAG im Allgemeinen[13] sowie den Vergütungsbereich in Art. 275 Solva II-VO und § 25 VAG im Besonderen. In diesem Kontext europarechtlich unbedenklich sind nationale Regelungen, die sich nur an Unternehmen richten, die nicht in den Anwendungsbereich der Solva II-RL fallen. Aufgrund des Anwendungsvorrangs des Art. 275 Solva II-VO nur im Ergebnis unproblematisch, für den Rechtsanwender jedoch verwirrend, sind Regelungen, die keine Ausnahme in Bezug auf den Anwendungsbereich der Solva II-RL vorsehen.[14] **13**

Das **BMF** ist in § 34 Abs. 2 S. 1 VAG dazu **ermächtigt**, Regelungen in Bezug auf die „Ausgestaltung, Überwachung, Weiterentwicklung und Transparenz der Vergütungssysteme" zu erlassen. Die schließt Vorgaben hinsichtlich der „Entscheidungsprozesse und Verantwortlichkeiten, der Zusammensetzung der Vergütung, der positiven und negativen Vergütungsparameter, der Leistungszeiträume und der Offenlegung der Ausgestaltung der Vergütungssysteme und der gezahlten Vergütungen, des Offenlegungsmediums und der Häufigkeit der Offenlegung sowie zur Zulässigkeit sonstiger Vergütungen im Sinne des § 25 Abs. 2 VAG" ein. **14**

Das VAG enthält keine **Definitionen** in Bezug auf die in § 25 Abs. 1 VAG normierten Anforderungen an die Vergütungspolitik. Zwar definiert die VersVergV einzelne Begriffe und stellt zusätzliche Vorgaben für diesen Sachbereich auf.[15] Dies widerspricht aber schon dem Grundsatz autonomer Auslegung europarechtlicher Begriffe. Im Rahmen der Anwendung der VersVergV ist daher zunächst immer zu fragen, ob ihre Konkretisierungen im Rahmen von Art. 275 Solva II-VO überhaupt herangezogen werden können. **15**

2. Anwendungsbereich, § 1 VersVergV. a) Einzelunternehmen. Die **VersVergV gilt** nach § 1 Abs. 1 VersVergV grundsätzlich für Erst- und Rückversicherungsunternehmen sowie Pensionsfonds mit Sitz im Inland (Nr. 1), Versicherungs-Holdinggesellschaften im Sinne des § 7 Nummer 31 sowie Unternehmen im Sinne des § 293 Abs. 4 VAG mit Sitz im Inland (Nr. 2), Versicherungs-Zweckgesellschaften mit Sitz im Inland (Nr. 3), gemischte Finanzholding-Gesellschaften mit Sitz im Inland (Nr. 4), übergeordnete Unternehmen eines Finanzkonglomerats mit Sitz im Inland, es sei denn, es handelt sich um Institute im Sinne des § 1 Abs. 1b KWG (Nr. 5), im Inland erlaubnispflichtige Erst- und Rückversicherungsunternehmen sowie Einrichtungen der betrieblichen Altersversorgung mit Sitz in einem Drittstaat (Nr. 6) und im Inland erlaubnispflichtige Erstversicherungsunternehmen mit Sitz in einem anderen Mitgliedstaat der Europäischen Union oder einem anderen Vertragsstaat des Abkommens über den Europäischen Wirtschaftsraum, die nicht den Versicherungsrichtlinien unterfallen (Nr. 7). § 1 Abs. 2 S. 1 VersVergV nimmt aber diejenigen Unternehmen aus dem **Anwendungsbereich** der §§ 3, 4 und 6 VersVergV, die in den Anwendungsbereich von **Art. 275 Solva II-VO** fallen. **16**

Nach § 1 Abs. 3 Sätze 1 bis 7 VersVergV müssen **Unternehmen** mit einer Bilanzsumme von mindestens 45 Milliarden Euro und Unternehmen, die einer Versicherungsgruppe oder einem nach § 11 des Finanzkonglomerate-Aufsichtsgesetzes festgestellten Finanzkonglomerat mit einer Bilanzsumme von mindestens 45 Milliarden Euro angehören, auf der Grundlage einer Risikoanalyse eigenverantwortlich feststellen, ob sie **bedeutend** sind. Ist diese Frage zu bejahen, fallen sie damit in den Anwendungsbereich der VersVergV. Nach dem auch sprachlich misslungenen § 1 Abs. 2 S. 2 VersVergV gilt dies aber dann nicht, wenn auf ein solches „bedeutendes" Unternehmen Art. 275 Solva II-VO anwendbar ist. Dieses komplizierte Regelungsgefüge führt insbesondere bei gruppeneigenen Dienstleistungsunternehmen zu Problemen.[16] **17**

[10] Schon bei der Einführung der damaligen Ermächtigungsgrundlage in § 64d Abs. 2 VAG a. F. durch Art. 1 Nr. 5 RegE LVRG BT-Drs. 18/1772, 23 wurde für „die näheren Bestimmungen" zu den allgemeinen Sanierungsplänen lediglich auf die noch zu erlassende Rechtsverordnung verwiesen.

[11] Vgl. ausf. Einl. Rn. 83 ff.

[12] Vgl. die Erläuterungen zu § 26 Abs. 1 S. 4 und 5 VAG.

[13] Vgl. schon Einl. Rn. 103 ff.

[14] Siehe unten Rn. 15 und 18.

[15] Die folgenden Ausführungen beschränken sich auf eine nur überblickhafte Darstellung der Vorgaben der VersVergV. Einzelheiten enthalten die Erläuterungen zu § 25 VAG und die Kommentierung der VersVergV in diesem Band sowie diejenige von *Hasse* in: Annuß/Früh/Hasse, B VersVergV.

[16] Vgl. zur Gruppe § 25 VAG Rn. 169 f. sowie zur Ausgliederung § 32 VAG Rn. 117.

18 **b) Gruppen und Finanzkonglomerate.** Die Bestimmung des Anwendungsbereichs der VersVergV in Bezug auf Gruppen und Finanzkonglomerate erfolgt nach **§ 5 VersVergV**. Die Vorschrift soll nach § 1 Abs. 2 S. 1 VersVergV nämlich sogar für Unternehmen im Anwendungsbereich von Art. 275 Solva II-VO gelten. § 5 Abs. 1 VersVergV weitet die auf Ebene der Einzelunternehmen geltenden Anforderungen an Vergütungssysteme auf Versicherungsgruppen und Finanzkonglomerate aus. Der nationale Gesetzgeber sieht sich damit trotz europarechtlicher Vorgaben weiterhin dazu ermächtigt, Vergütungsregelungen in Bezug auf Gruppen und Finanzkonglomerate zu erlassen. Nach hier vertretener Auffassung ist dies **europarechtswidrig.**[17]

19 Unabhängig davon kann in einer Versicherungsgruppe auf manche Unternehmen Art. 275 Solva II VO anwendbar sein, während für andere nur die VersVergV gilt. Um diese **Uneinheitlichkeit des Vergütungsrechts in Versicherungsgruppen** zu vermeiden, wurde § 1 Abs. 2 S. 1 VersVergV um den letzten Satzteil ergänzt. Nach dieser **Optionslösung** können Unternehmen freiwillig für die ausschließliche Anwendung von Art. 275 Solva II-VO optieren.

20 **c) Bedeutende und nicht-bedeutende Unternehmen. Außerhalb des Anwendungsbereichs von Art. 275 Solva II-VO** haben die von § 1 Abs. 1 VersVergV erfassten Unternehmen die allgemeinen Anforderungen in **§ 3 VersVergV** zu beachten, während für Geschäftsleiter und sog. Risk-Taker bedeutender Unternehmen i. S. v. § 1 Abs. 3 VersVergV die weitergehenden Anforderungen des **§ 4 VersVergV** gelten.[18] Die VersVergV differenziert damit anhand der Bilanzsumme zwischen bedeutenden und nicht-bedeutenden Unternehmen und fordert dazu eine Selbsteinschätzung der Unternehmen i. S. v. § 1 Abs. 3 VersVergV. Eine entsprechende Differenzierung ist im Anwendungsbereich der Solva II-RL unbekannt.

21 **3. Definitionskatalog, § 2 VersVergV. a) Allgemeines.** Anders als in Bezug auf den persönlichen Anwendungsbereich der VersVergV gibt es zu dem Definitionskatalog des § 2 VersVergV keine § 1 Abs. 2 VersVergV vergleichbare Ausnahmeregelung im Hinblick auf den vorrangigen Art. 275 Solva II-VO. Die in § 2 VersVergV enthaltenen Definitionen können jedoch nicht die **autonom europarechtlich zu verstehenden Begriffe in Art. 275 Solva II-VO** prägen. Dem steht der europarechtliche Grundsatz autonomer Auslegung entgegen: Die Auslegung von Unionsrecht hat ungeachtet des nationalen Rechts- und Sprachverständnisses zu erfolgen. Die Begriffe in Art. 275 Solva II-VO bedürfen daher einer unionsrechtlichen Interpretation, die insbesondere der Verwirklichung der Hauptziele der Solva II-RL gerecht wird. Der Definitionskatalog der VersVergV kann daher entgegen dem Regelungssystem der VersVergV nur Vergütungsregelungen außerhalb des Anwendungsbereichs von Art. 275 Solva II-VO betreffen.

22 **b) Mitarbeiter.** Die VersVergV enthält Vergütungsregelungen für Geschäftsleiter, Aufsichtsratsmitglieder und Mitarbeiter. Während der Begriff des Geschäftsleiters in § 24 Abs. 2 VAG legal definiert ist, konkretisiert den **Begriff „Mitarbeiter"** nur § 2 Nr. 7 VersVergV.[19]

23 **c) Vergütung und Vergütungssystem.** Nicht jede Form der **Vergütung** unterfällt der VersVergV. Die Bestimmungen der Verordnung finden gem. § 1 Abs. 4 VersVergV keine Anwendung auf Vergütungen, die durch **Tarifvertrag** oder in dem Geltungsbereich eines solchen Vertrags durch arbeitsvertragliche Bezugnahmeklauseln oder aufgrund eines Tarifvertrages in einer Betriebs- oder Dienstvereinbarung geregelt sind. Damit sind tarifliche Gehälter, Sonderzahlungen und Zulagen dem Anwendungsbereich der Verordnung entzogen.

24 Vergütungen sind nach § 2 Nr. 2 S. 1 VersVergV „**sämtliche finanzielle Leistungen und Sachbezüge** gleich welcher Art sowie Leistungen von Dritten, die im Hinblick auf die berufliche Tätigkeit beim Unternehmen gewährt werden". In materiellrechtlicher Hinsicht führt dies nicht zu einem Unterschied im Vergleich zu dem autonom auszulegenden europarechtlichen Begriff der „Vergütung".

25 § 2 Nr. 3 VersVergV konkretisiert den Begriff des „**Vergütungssystem**". Hierunter fallen „alle unternehmensinternen Regelungen zur Vergütung sowie deren tatsächliche Umsetzung und Anwendung durch die Unternehmen". Die beiden Kriterien der Umsetzung und Anwendung bilden ebenfalls den Kern des Begriffs „Vergütungssystem" i. S. v. Art. 275 Solva II-VO.[20]

26 **4. Allgemeine Anforderungen, § 3 VersVergV.** § 3 Abs. 1 S. 2 VersVergV regelt **allgemeine Anforderungen** an die **Vergütungssysteme** von Geschäftsleitern und Mitarbeitern und enthält Prinzipien, die die Struktur der Vergütungssysteme vorgeben und deren Angemessenheit und Nachhaltigkeit sichern sollen. Beispielhaft sind nach Nr. 1 die Vergütungssysteme „auf die Erreichung der in den Strategien des Unternehmens niedergelegten Ziele" auszurichten und im Falle etwaiger Strategieänderungen „zu überprüfen und erforderlichenfalls anzupassen". Dazu gehört nach Nr. 4 auch, dass „die

[17] Siehe § 25 VAG Rn. 165. Im Ergebnis ebenso, wenn auch ohne dieses Verdikt *Wolf* VW 9/2016, 66 ff.
[18] Siehe zu den einzelnen Begriffen § 25 VAG Rn. 122 und 134 ff.
[19] Siehe zum persönlichen Anwendungsbereich des versicherungsaufsichtsrechtlichen Vergütungsrechts ausf. § 25 VAG Rn. 120 ff.
[20] Siehe ausf. § 25 VAG Rn. 27 ff.

wesentlichen Risiken und deren Zeithorizont angemessen berücksichtigt" sind. Vergleichbare Regelungen enthält Art. 275 Abs. 1 lit. a Solva II-VO.

Die Regelungen in Nr. 2 versuchen, „negative Anreize" insbesondere durch Interessenkonflikte und das Eingehen unverhältnismäßig hoher Risiken zu vermeiden. Sie stehen pars pro toto für das Telos der Vergütungsvorgaben der VersVergV insgesamt, und insoweit in Übereinstimmung mit den Vorgaben auf europäischer Ebene: [21] Die **Vergütungspolitik soll Fehlanreize vermeiden**, die insbesondere kurzfristig ausgerichtete Parameter hervorrufen. Ferner führt Nr. 2 dazu, dass sich die Vergütung der Mitarbeiter von Kontrolleinheiten nicht an Parametern ausrichten darf, die „der Überwachungsfunktion zuwiderlaufen". 27

Die Vergütungssysteme sind nach § 3 Abs. 1 S. 3 VersVergV mindestens einmal jährlich auf ihre Angemessenheit zu **überprüfen** und gegebenenfalls **anzupassen**. Aufgrund der in § 3 Abs. 1 S. 2 Nr. 1 Hs. 2 VersVergV normierten Anpassungspflicht kann auch eine unterjährige Pflicht zur Überprüfung und Anpassung bestehen. 28

Gemäß § 3 Abs. 1 S. 2 Nr. 5 Hs. 1 VersVergV ist im Rahmen der Ausgestaltung der Vergütungssysteme einzelner Organisationseinheiten auch der **Gesamterfolg des Unternehmens** angemessen zu berücksichtigen. Bei der Bestimmung dessen, was konkret unter „einzelnen Organisationseinheiten" zu verstehen ist lässt sich auf die Auslegung des Art. 275 Abs. 2 lit. b Solva II-VO zurückgreifen.[22] 29

Nach § 3 Abs. 1 S. 2 Nr. 6 VersVergV müssen die Vergütungssysteme der Mitarbeiter so ausgerichtet sein, dass „eine **qualitativ und quantitativ angemessene Personalausstattung der Kontrolleinheiten** ermöglicht wird". Nach § 2 Nr. 10 VersVergV sind „Kontrolleinheiten" „die unternehmensinternen Organisationseinheiten, die die geschäftsinitiierenden Organisationseinheiten überwachen, einschließlich der internen Revision". Die Vorgabe führt dazu, dass auch aufgrund des Gehaltsniveaus kompetente Mitarbeiter in ausreichendem Maße gewonnen werden können. Materiell-rechtlich ist damit eine Organisationspflicht normiert. 30

5. Besonderheiten für Geschäftsleiter, § 3 Abs. 1 Nr. 2, Abs. 2 VersVergV. Gemäß § 3 Abs. 2 VersVergV hat der Aufsichtsrat bei der Festsetzung der **Vergütung der Geschäftsleiter** dafür zu sorgen, dass diese in einem angemessenen Verhältnis zu den Aufgaben und Leistungen und zur Lage der Gesellschaft steht sowie die übliche Vergütung nicht ohne besondere Gründe übersteigt. 31

Variable Vergütungen sollen nach § 3 Abs. 2 S. 2 VersVergV eine **mehrjährige Bemessungsgrundlage** haben. Ferner soll der Aufsichtsrat für außerordentliche Entwicklungen eine Begrenzungsmöglichkeit vereinbaren. Die Auslegungshilfe der BaFin zu § 3 VersVergV a. F. konkretisierte das Kriterium der Mehrjährigkeit und legte fest, dass von diesem bei Vorliegen eines sachlichen Grundes abgewichen werden kann. Ob die Voraussetzung erfüllt ist, sollte einer Einzelfallprüfung unterliegen, wobei die Höhe der jeweiligen Vergütung eine besondere Rolle spielen sollte.[23] 32

Für Geschäftsleiter verlangt § 3 Abs. 1 Nr. 3 VersVergV ferner, dass die ihnen gewährte **variable Vergütung** den aus ihrer Tätigkeit resultierenden **nachhaltigen Unternehmenserfolg** darzustellen hat. Aus diesem Grund dürfe die variable Vergütung von Geschäftsleitern „insbesondere nicht maßgeblich von der Gesamtbeitragseinnahme, vom Neugeschäft oder von der Vermittlung einzelner Versicherungsverträge abhängig sein". Wann eine solche Abhängigkeit vorliegt, gibt die VersVergV nicht an. Die damalige Entwurfsbegründung zu der VersVergV a. F. sprach dagegen davon, dass die variable Vergütung „höchstens zu 30 % von den zuvor genannten Kriterien abhängen (darf), soweit sie weiterhin eine Vergütung für den aus der Arbeit sich ergebenden nachhaltigen Erfolg des Unternehmens darstellt".[24] 33

6. Unterrichtungspflicht und Transparenz, § 3 Abs. 4 VersVergV. § 3 Abs. 4 VersVergV spricht die **Transparenz der Vergütungsparameter** an. Geschäftsleiter sowie Mitarbeiter „müssen über die Ausgestaltung und Änderungen der für sie maßgeblichen Vergütungsparameter schriftlich informiert werden". Dafür reicht gemäß § 3 Abs. 4 S. 2 VersVergV eine elektronische Übermittlung aus. Im Übrigen bestehen im Vergleich zu den entsprechenden europarechtlichen Vorgaben keine Unterschiede.[25] 34

§ 3 Abs. 1 S. 1 VersVergV bildet die Grundlage für die Vergütungstransparenz. Danach müssen alle Versicherungsunternehmen **Grundsätze zu** ihren **Vergütungssystemen festlegen**. Eine Konkretisierung enthält die VersVergV nicht. Mit Art. 275 Abs. 1 lit. e Solva II-VO besteht eine entsprechende europarechtliche Regelung. 35

7. Besondere Anforderungen bei bedeutenden Unternehmen, § 4 VersVergV. Strengere Anforderungen im Hinblick auf die Ausgestaltung variabler Vergütungssysteme gelten gemäß § 4 VersVergV bei **bedeutenden Unternehmen** für Geschäftsleiter sowie für Mitarbeiter, deren Tätigkeiten 36

[21] Siehe ausf. § 25 VAG Rn. 18 ff., 62.
[22] Vgl. § 25 VAG Rn. 67 ff.
[23] Vgl. die Auslegungshilfe der BaFin zu § 3 VersVergV a. F.
[24] Entwurfsbegründung zu § 3 VersVergV a. F.
[25] Siehe § 25 VAG Rn. 55 ff.

einen wesentlichen Einfluss auf das Gesamtrisikoprofil haben, sog. Risk-Taker.[26] Die besonderen Vorgaben gleichen in materiell-rechtlicher Hinsicht tendenziell denjenigen in Art. 275 Abs. 2 Solva II-VO.

37 Nach § 4 Abs. 3 Nr. 3 VersVergV **müssen hiernach mindestens 40 Prozent der variablen Vergütung** einbehalten und dürfen nicht vor dem Ablauf eines angemessenen **Zurückbehaltungszeitraums** unter Berücksichtigung des geschäftlichen Erfolgs ausbezahlt werden. Dies führt im Vergleich zu Art. 275 Solva II-VO – ungeachtet einer teleologischen Reduktion – zu einem Wertungswiderspruch, da danach eine niedrigere Schwelle gilt.[27]

38 **8. Tarif- und arbeitsrechtliche Implikationen, § 1 Abs. 4 VersVergV.** Fragen **nach tarif- und arbeitsrechtlichen Zusammenhängen** stellen sich auch im Rahmen der VersVergV. Sie sind in § 1 Abs. 4 VersVergV angesprochen.[28]

39 **IV. Verhältnis zu anderen Regelungen.** § 34 VAG ist mit den darin enthaltenen Verordnungsermächtigungen ganz auf **§§ 25, 26 Abs. 1 Sätze 4 und 5 VAG** ausgerichtet.

Abschnitt 4. Allgemeine Berichtspflicht

Unterabschnitt 1. Abschlussprüfung

Pflichten des Abschlussprüfers

35 (1) [1]**Bei der Prüfung des Jahresabschlusses hat der Prüfer festzustellen, ob das Versicherungsunternehmen folgende Anzeigepflichten und Anforderungen erfüllt hat:**

1. die Anzeigepflichten nach § 47 Nummer 1 bis 5 und 7 bis 9, § 58 Absatz 1 und 4 und § 59 Absatz 1 und 4,
2. die Anzeigepflichten nach § 28 Absatz 5 des Finanzkonglomerate-Aufsichtsgesetzes,
3. die Anforderungen nach Artikel 4 Absatz 1, 2 und 3 Unterabsatz 2, Artikel 9 Absatz 1 bis 4 sowie Artikel 11 Absatz 1 bis 11 Unterabsatz 1 und Absatz 12 der Verordnung (EU) Nr. 648/2012 und
4. die Anforderungen nach Artikel 4 Absatz 1 Unterabsatz 1, Artikel 5a Absatz 1 sowie den Artikeln 8b bis 8d der Verordnung (EU) Nr. 1060/2009 in der jeweils geltenden Fassung.

[2]**Das Ergebnis ist in den Prüfungsbericht aufzunehmen.**

(2) **Der Prüfer prüft die Solvabilitätsübersicht auf Einzel- und auf Gruppenebene und berichtet gesondert über das Ergebnis.**

(3) **Die Prüfungspflicht nach § 317 Absatz 4 des Handelsgesetzbuchs besteht bei allen Versicherungsunternehmen, auf die § 91 Absatz 2 des Aktiengesetzes anzuwenden ist.**

(4) [1]**Der Prüfer ist verpflichtet, der Aufsichtsbehörde unverzüglich alle Tatsachen und Entscheidungen in Bezug auf das geprüfte Unternehmen zu melden, von denen er bei der Wahrnehmung seiner Aufgaben Kenntnis erlangt und die Folgendes betreffen:**

1. eine Verletzung der Rechts- und Verwaltungsvorschriften, die die Zulassungsbedingungen regeln oder auf die Ausübung der Tätigkeit der Unternehmen Anwendung finden;
2. die Beeinträchtigung der Fortsetzung der Tätigkeit des Unternehmens;
3. die Ablehnung der Bestätigung ordnungsmäßiger Rechnungslegung oder Vorbehalte;
4. die Nichtbedeckung der Solvabilitätskapitalanforderung oder
5. die Nichtbedeckung der Mindestkapitalanforderung.

[2]**Satz 1 ist entsprechend anzuwenden für Tatsachen und Entscheidungen, von denen der Prüfer in Wahrnehmung seiner Aufgaben bei einem Versicherungsunternehmen Kenntnis erlangt, das mit dem geprüften Versicherungsunternehmen eine sich aus einem Kontrollverhältnis ergebende enge Verbindung unterhält.** [3]**Mitteilungen nach den Sätzen 1 und 2 gelten nicht als Verletzung einer vertraglich oder durch Rechts- oder Verwaltungsvorschriften festgelegten Verschwiegenheitspflicht, es sei denn, sie erfolgen nicht in gutem Glauben.**

(5) [1]**Bei Versicherungsunternehmen im Sinne des § 52 hat der Prüfer auch zu prüfen, ob diese ihre Pflichten nach den §§ 53 bis 56 sowie nach dem Geldwäschegesetz erfüllt haben.** [2]**Über die Prüfung ist gesondert zu berichten.**

---

[26] Vgl. zu den letztgenannten Normadressaten § 25 VAG Rn. 139 f.
[27] Siehe § 25 VAG Rn. 75 ff.
[28] Siehe oben Rn. 23; vgl. dazu im Anwendungsbereich von Art. 275 Solva II-VO § 25 VAG Rn. 96 ff.

Übersicht

Schrifttum: IDW (Hrsg.), WP Handbuch 2012 Wirtschaftsprüfung, Rechnungslegung, Beratung, Bd. I, Abschnitt K, 14. Aufl. 2012.

I. Allgemeines. 1. Entstehungsgeschichte. § 35 VAG ist die Neufassung des § 57 VAG a. F. durch das Gesetz zur Modernisierung der Finanzaufsicht über Versicherungen v. 1.4.2015,[1] der bisher nur den Umfang der Prüfung regelte. Hinzugekommen sind die Prüfung der Solvabilitätsübersicht (Abs. 2) und die Berichtspflichten an die Aufsichtsbehörde (Abs. 4). 1

2. Normzweck. § 35 VAG regelt die Pflichten des Abschlussprüfers. Damit werden die handelsrechtlichen Prüfungspflichten des Abschlussprüfers gem. § 341k i. V. m. §§ 316 bis 324a HGB sowie gemäß der VO (EU) 537/2014 (Abschlussprüfungsverordnung) gesetzlich um aufsichtsrechtliche Prüfungs- und Berichtspflichten erweitert. Die Ausdehnung der Prüfungspflicht und der Berichterstattung soll die Durchführung der Aufsicht unterstützen und dazu beitragen, dass die Aufsichtsbehörde einheitliche Unterlagen zur Beurteilung der von den Versicherungsunternehmen durchgeführten Geschäfte erhält.[2] 2

Die gesetzlichen Erweiterungen der Abschlussprüfungen um die Prüfungen nach § 35 Abs. 1 – 3 und 5 VAG führen dazu, dass diese **Teil der gesetzlich vorgeschriebenen Abschlussprüfung** sind. Das wird gestützt durch den Wortlaut der Vorschriften und die systematische Erfassung im Gesetz unter der amtlichen Überschrift „Pflichten des Abschlussprüfers". Somit ist das Unternehmen verpflichtet, den Prüfungsauftrag entsprechend zu erweitern; ihm steht insoweit kein Entscheidungsspielraum zu. Es bedarf keiner gesonderten Beauftragung. Die Beauftragung zu den Prüfungen nach Abs. 1 – 3 und 5 erfolgt einheitlich mit der Beauftragung zur Jahresabschlussprüfung durch den Aufsichtsrat. § 111 Abs. 2 S. 3 AktG, der die Kompetenz des Aufsichtsrates zur Erteilung des Prüfungsauftrages „für den Jahres- und den Konzernabschluss" regelt, steht dem nicht entgegen; die Beauftragung des Abschlussprüfers von Versicherungsunternehmen und Banken auch zur Prüfung der aufsichtsrechtlichen Pflichten war bereits vor der Novelle des VAG 2015 Praxis. Das schließt nicht aus, dass der Abschlussprüfer bei Wahrnehmung seiner Aufgabe auf Arbeiten anderer, externer Sachverständiger zurückgreifen kann; bei der Festlegung von Art und Umfang der erforderlichen Prüfungshandlungen sind die berufsständischen Grundsätze des IDW, bspw. EPS 300, Rn. 9, A31-A44 sowie ggf. PS 880, Rn. 100–105 zu beachten. 3

§ 35 Abs. 2 VAG setzt die bisherige Praxis fort, wonach sich die Aufsichtsbehörde bei der Beurteilung der Einhaltung der Solvabilitätsvorschriften auf geprüfte Bilanzen stützen kann. Eine eigenständige, gegebenenfalls **abweichende Beurteilung durch die Aufsichtsbehörde** wird damit nicht ausgeschlossen.[3] 4

Die unverzügliche Berichtspflicht nach § 35 Abs. 4 VAG soll eine **frühzeitige Information der Aufsichtsbehörde** über drohende Gefahren und Missstände sicherstellen. 5

3. Europarechtlicher Hintergrund. Mit § 35 Abs. 4 VAG werden die zwingenden Vorgaben von Art. 72 Solva II-RL in deutsches Recht umgesetzt,[4] während die anderen Absätze zusätzliche Regelungen aus dem bisherigen § 57 Abs. 1 VAG a. F. übernehmen. 6

§ 35 Abs. 4 S. 1 und 2 VAG entsprechen inhaltlich Art. 72 Abs. 1 Solva II-RL, § 35 Abs. 4 Nr. 1 bis 4 VAG wortgleich Art. 72 Abs. 1 UAbs. 1 lit. a bis e. § 35 Abs. 4 S. 3 VAG transformiert Art. 72 Abs. 1 UAbs. 2 Solva II-RL. 7

Mit der Prüfungspflicht für die Solvabilitätsübersicht in § 35 Abs. 2 VAG folgt der deutsche Gesetzgeber der **Empfehlung der europäischen Versicherungsaufsichtsbehörde EIOPA** zur externen Prüfung des an die Öffentlichkeit gerichteten regulatorischen Berichtswesens.[5] Sie dient der Stärkung des Vertrauens der Öffentlichkeit und der Aufsicht als Adressaten dieser Information. Ziel ist es, Konsistenz und Vergleichbarkeit des regulatorischen Berichtswesens zu gewährleisten. Der Empfehlung 8

[1] BGBl. 2015 I 434.
[2] S. die entsprechende Verordnungsermächtigung in § 39 Abs. 1 Nr. 3 VAG.
[3] Vgl. Begr. VAG-RegE 2014, BT-Drs. 18/2956, 247.
[4] ABl. 2009 L 335, 1.
[5] Vgl. EIOPA Explanatory Text zu EIOPA-BoS 15/154.

zur Entlastung der Aufsichtsbehörde bei deren Überwachungstätigkeit folgt der deutsche Gesetzgeber allerdings nur in Bezug auf die Solvabilitätsübersicht. Die Art und Ausgestaltung national verankerte Prüfungspflichten in den **einzelnen Mitgliedsstaaten der Europäischen Union ist unterschiedlich** und teils umfassender als in Deutschland ausgestaltet.[6]

9 **II. Feststellungen zu Anzeigepflichten und Anforderungen (Abs. 1).** § 35 Abs. 1 VAG weitet den **Umfang der Jahresabschlussprüfung** um Feststellungen zu **Anzeigepflichten des und Anforderungen an das Versicherungsunternehmen** aus. S. 1 nennt konkrete Prüfungsgebiete – zum einen die Einhaltung der in Nr. 1 und 2 genannten Anzeigepflichten aufgrund des VAG und FKAG, zum anderen die Einhaltung der in Nr. 3 und 4 aufgelisteten Anforderungen der Verordnung (EU) Nr. 648/2012 (EMIR-VO) und der Verordnung (EU) Nr. 1060/2009 (Rating-VO) in der jeweils geltenden Fassung. § 35 Abs. 1 S. 2 VAG verpflichtet zur Aufnahme des Ergebnisses in den **Prüfungsbericht**.

10 Die Anzeigepflichten nach § 35 Abs. 1 S. 1 Nr. 1 VAG betreffen im Einzelnen:

- die Bestellung und das Ausscheiden eines Aufsichtsratsmitglieds, eines Geschäftsleiters oder der weiteren Personen, die für Schlüsselaufgaben verantwortlich sind (§ 47 Nr. 1 und 2 VAG),
- Satzungsänderungen, die eine Kapitalerhöhung zum Gegenstand haben (§ 47 Nr. 3 VAG); bei Rückversicherungsunternehmen bestimmte Änderungen des Geschäftsplans (§ 47 Nr. 4 VAG),
- die Veränderungen und den jährlichen Stand von aktiven und passiven Beteiligungsverhältnissen (§ 47 Nr. 5 und 7 VAG),
- Ausgliederungen wichtiger Funktionen oder Versicherungstätigkeiten (§ 47 Nr. 8 VAG),
- nach Vertragsschluss eingetretene wesentliche Umstände in Bezug auf wichtige ausgegliederte Funktionen und Versicherungstätigkeiten (§ 47 Nr. 9 VAG),
- die Errichtung einer Niederlassung in einem EWR-Staat (§ 58 VAG) sowie
- die Aufnahme des Dienstleistungsverkehrs in einem EWR-Staat (§ 59 VAG).

§ 42 PrüfV regelt Einzelheiten.

11 Die Anzeigepflichten nach § 35 Abs. 1 S. 1 Nr. 2 VAG betreffen **gemischte Finanzholding-Gesellschaften** i. S. d. § 7 Nr. 10 VAG, die an der Spitze eines Finanzkonglomerats stehen. Diese haben gem. § 28 Abs. 5 FKAG jährlich die konglomeratsangehörigen Unternehmen sowie unverzüglich jegliche Änderungen im Bestand konglomeratsangehöriger Unternehmen der BaFin und der Bundesbank anzuzeigen.

12 § 35 Abs. 1 S. 1 Nr. 3 VAG verlangt vom Abschlussprüfer festzustellen, ob bestimmte Anforderungen der EMIR-VO erfüllt wurden, im Einzelnen

- die **Clearingpflicht** für standardisierte OTC-Derivate (Art. 4 Abs. 1, 2 und 3 UAbs. 2 EMIR-VO),
- die **Meldepflicht** (Art. 9 Abs. 1 bis 4 EMIR-VO) sowie
- die **Risikominderungstechniken** für nicht durch eine CCP geclearte OTC-Derivatekontrakte (Art. 11 Abs. 1 bis 11 UAbs. 1 und Abs. 12 EMIR-VO).

Einzelheiten regelt § 40 PrüfV.

13 § 35 Abs. 1 S. 1 Nr. 4 VAG verlangt festzustellen, ob das Versicherungsunternehmen bestimmte Anforderungen nach der Rating-VO in der jeweils geltenden Fassung erfüllt hat, und zwar

- die Anforderungen an die **Ratingagenturen** (Art. 4 Abs. 1 UAbs. 1),
- das Verbot des übermäßigen Rückgriffs auf Ratingagenturen und die Pflicht zu eigenen Kreditrisikobewertungen (Art. 5a Abs. 1),
- die Informationen zu strukturierten Finanzinstrumenten (Art. 8b), das doppelte Rating (Art. 8c) sowie
- die Inanspruchnahme mehrerer Ratingagenturen (Art. 8d) im Zusammenhang mit der Emission von strukturierten Finanzinstrumenten.

Einzelheiten zu den Anforderungen regelt die am 23.10.2013 auf der Homepage der BaFin veröffentlichte und am 24.4.2014 geänderte Auslegungsentscheidung „Hinweise zur Verwendung externer Ratings und zur Durchführung eigener Kreditrisikobewertungen“.[7] Zur Prüfung und Berichterstattung regelt § 41 PrüfV Einzelheiten.

14 **III. Solvabilitätsübersicht (Abs. 2).** Der jährlichen Prüfungspflicht unterliegt die gemäß §§ 74 bis 88 VAG zu erstellende Solvabilitätsübersicht, und zwar auf **Einzel- und Gruppenebene**. Die Bestimmung der in den §§ 96 bis 110 VAG geregelten Solvabilitätskapitalanforderungen sowie die Ermittlung der **aufsichtsrechtlich zulässigen Eigenmittel** gemäß § 89 VAG selbst sind kein eigenständiger Gegenstand der Prüfung. Allerdings ist die in § 78 VAG definierte Risikomarge ein Bestandteil der versicherungstechnischen Rückstellungen, sodass die Solvabilitätskapitalanforderungen als wichtige Grundlage für deren Ermittlung in die Prüfung einzubeziehen sind.

[6] S. Accountancy Europe: Scope of audit of Solvency II reporting by insurance undertakings, Dezember 2016.
[7] Diese gelten auch nach Veröffentlichung der MaGo weiter. S. MaGo Rn. 10.

Ebenfalls nicht Gegenstand der Prüfung ist der **Solvabilitäts- und Finanzbericht** gemäß § 40 VAG und auch nicht die **Genehmigung interner Modelle** i. S. v. §§ 111 bis 121 VAG. Gleiches gilt für weitere Sachverhalte, die Genehmigungen durch die Aufsichtsbehörden unterliegen, z. B. für Volatilitätsanpassungen und Übergangsregelungen gemäß den §§ 351, 352 und 354 VAG. 15

Das **Institut der Wirtschaftsprüfer in Deutschland e. V. (IDW)** hat mit dem Entwurf eines IDW Prüfungsstandard EPS 580 v. 24.11.2016 die Berufsauffassung zu der Anwendung der vom IDW festgestellten Grundsätze ordnungsmäßiger Abschlussprüfung auf die Prüfungen der Solvabilitätsübersicht gemäß § 35 Abs. 2 VAG dargelegt. Die Verabschiedung als endgültiger Standard ist für 2017 vorgesehen. 16

Ziel der Prüfung nach § 35 Abs. 2 VAG ist die Abgabe eines Urteils mit **hinreichender Sicherheit** darüber, ob die Solvabilitätsübersicht in allen wesentlichen Belangen nach den zugrunde liegenden Vorschriften aus den §§ 74 bis 87 VAG, ggf. unter Berücksichtigung erteilter Genehmigungen durch die Aufsichtsbehörde, aufgestellt wurde. Zielsetzung und damit einhergehend Umfang der Prüfung entsprechen denjenigen von Jahres- bzw. Konzernabschlussprüfung. Eine „prüferische Durchsicht" reicht nach dem Wortlaut nicht aus. Hätte der Gesetzgeber lediglich eine prüferische Durchsicht gewollt, wäre dies im Wortlaut klargestellt worden, so wie dies in Bezug auf Halbjahresfinanzberichte im § 37w Abs. 5 WpHG geschehen ist: Dort wird explizit zwischen prüferischer Durchsicht einerseits und einer Prüfung andererseits unterschieden. Die Prüfungspflicht ist im § 35 Abs. 2 VAG so platziert, dass es sich um eine Pflicht des Abschlussprüfers handelt. Die Nutzer der veröffentlichten Solvabilitätsübersicht werden bei der Analyse daher davon ausgehen, dass diese einer Prüfung unterzogen wurde, bei der die Prüfungssicherheit jener einer Abschlussprüfung entspricht. Dafür spricht auch der Normzweck, nämlich dass die Prüfung der Solvabilitätsübersicht die derzeitige Praxis fortführen soll und sich die BaFin bei ihrer Arbeit auf geprüfte (testierte) Zahlen verlassen können muss. Das bedeutet, dass dabei auch der Grad an Prüfungssicherheit aufrecht erhalten werden soll, wie bei den in der Vergangenheit zugrundeliegenden Jahresabschlüssen. Eine prüferische Durchsicht ist keine, auch nicht in ihrem Umfang reduzierte Prüfung; ihre Planung und Durchführung erfolgt so, dass der Wirtschaftsprüfer nach kritischer Würdigung lediglich mit einer gewissen Sicherheit ausschließen kann, dass der Prüfungsgegenstand in wesentlichen Belangen nicht in Übereinstimmung mit den angewandten (Rechnungslegungs-) Grundsätzen erstellt worden ist. Damit lassen sich nicht die Aussagen ableiten, wie sie die PrüfV vom Prüfer verlangt, etwa zur Datenqualität in § 7 PrüfV. 17

Bei der Prüfung anzusetzender **Maßstab** sind die sich aus dem VAG, der Solva II-VO, den gemäß der Verordnung (EG) Nr. 1606/2002 von der Europäischen Kommission übernommenen internationalen Rechnungslegungsstandards, sowie die sich aus den anzuwendenden technischen Durchführungsstandards ergebenden Anforderungen. Darüber hinaus hat die EIOPA Leitlinien und Empfehlungen i. S. v. Art. 16 Verordnung (EU) 1094/2010 herausgegeben, die sich primär an die nationalen Aufsichtsbehörden und teilweise auch unmittelbar an die Versicherungsunternehmen richten. Von diesen kann abgewichen werden, wenn dies nachvollziehbar begründet und sachlich gerechtfertigt ist. 18

Bei **Anwendung der Abzugs- und Aggregationsmethode** i. S. d. § 265 VAG zur Ermittlung der Gruppensolvabilität gem. § 252 VAG muss eine Gruppensolvabilitätsübersicht nicht erstellt werden.[8] In dem Fall erübrigt sich die Prüfung; der Prüfer wird sich aber von der Erfüllung der Voraussetzungen für die Anwendung der Abzugs- und Aggregationsmethode, also die Vorlage der Genehmigung der BaFin, zu überzeugen haben. 19

Aus der einheitlichen Beauftragung kann nicht geschlossen werden, dass die Prüfung der Solvabilitätsübersicht mit der Erteilung des Bestätigungsvermerks zum Jahresabschluss abgeschlossen sein muss. Das Gesetz macht keine Vorgabe darüber, dass die zusätzlich vom Prüfer zu erbringende Leistung zeitlich im Rahmen der Jahresabschlussprüfung zu erfolgen hat. Vielmehr sieht der Gesetzeswortlaut explizit eine **gesonderte Berichterstattung** vor. Um die unterschiedlichen Fristen für die Aufstellung und Prüfung des Jahresabschlusses einerseits und der Solvabilitätsübersicht andererseits zu nutzen, bedarf es für die Prüfung der Solvabilitätsübersicht keiner gesonderten Beauftragung. Bei der Beauftragung kann es sich allerdings anbieten, die Prüfung der Solvabilitätsübersicht in einem gesonderten Abschnitt des **Auftragsbestätigungsschreibens** darzustellen, um die Bedeutung und den Umfang dieser Prüfung zu verdeutlichen. Der **Aufsichtsrat** ist somit auch Adressat des Prüfungsberichts über die Prüfung der Solvabilitätsübersicht. 20

Da der Abschlussprüfer die Solvabilitätsübersicht im Rahmen der Wahrnehmung seiner Pflichten als Abschlussprüfer nach § 35 Abs. 2 VAG prüft, unterliegt die Prüfung der Solvabilitätsübersicht der **Haftungsbegrenzung** gem. § 323 Abs. 2 HGB. Dessen Wortlaut „einer Prüfung" beschränkt sich nicht auf die Jahresabschlussprüfung. 21

IV. Risikofrüherkennungssystem gem. § 91 Abs. 2 AktG (Abs. 3). § 35 Abs. 3 VAG übernimmt die Anforderung des bisherigen § 57 Abs. 1 S. 3 VAG a. F. und dehnt den Anwendungsbereich des **§ 317 Abs. 4 HGB** auf alle die Unternehmen aus, auf die § 91 Abs. 2 AktG anzuwenden ist. 22

[8] S. Erläuterungen zum Meldebogen für die Gruppensolvabilitätsübersicht (S. 02.01 – Bilanz (Gruppe)) in VO (EU) 2015/2450.

23 § 91 Abs. 2 AktG verpflichtet den Vorstand von **Aktiengesellschaften**, ein Risikofrüherkennungssystem einzurichten. Für den Vorstand von **VVaG** gilt § 91 Abs. 2 AktG wegen § 188 Abs. 1 S. 1 VAG, für den von **öffentlich-rechtlichen Versicherungsunternehmen** wegen § 33 Abs. 2 S. 2 VAG.

24 § 317 Abs. 4 HGB verpflichtet den Abschlussprüfer im Rahmen der Prüfung zu beurteilen, ob der Vorstand die ihm nach § 91 Abs. 2 AktG obliegenden Maßnahmen in einer geeigneten Form getroffen hat und ob das danach einzurichtende Überwachungssystem seine Aufgaben erfüllen kann. Der Prüfungsgegenstand ist damit wesentlich enger definiert als das sich aus den Anforderungen an die Geschäftsorganisation ergebene **Risikomanagementsystem** (s. Erl. zu § 23 VAG).[9]

25 **V. Mitteilung bestimmter bei der Prüfung bekannt gewordener Tatsachen (Abs. 4).** Der Abschlussprüfer hat nach § 35 Abs. 4 S. 1 VAG der Aufsichtsbehörde unverzüglich u. a. die bei Durchführung der Prüfung festgestellten **Tatsachen und Entscheidungen** zu melden in Bezug auf:
– bestimmte Rechtsverstöße,
– Fortsetzung der Unternehmenstätigkeit,
– Verstöße in der Rechnungslegung,
– Nichtbedeckung der Solvabilitätskapitalanforderung oder
– Nichtbedeckung der Mindestkapitalanforderung.

26 Die Meldepflicht (vgl. Rn. 69) erstreckt sich nach § 35 Abs. 4 S. 2 VAG in entsprechender Weise auch auf Versicherungsunternehmen, die mit dem geprüften Versicherungsunternehmen eine sich aus einem **Kontrollverhältnis** ergebende enge Verbindung unterhalten.

27 Die Berichtspflicht umfasst Sachverhalte, die nicht Gegenstand der Abschlussprüfung sind, z. B. die Berechnung der Solvabilitätskapitalanforderungen oder der Mindestkapitalanforderung. Dementsprechend wird der Prüfer bei der Planung und Durchführung der Prüfung das Risiko für entsprechende Verstöße nicht berücksichtigen. Eine **Ausdehnung der Prüfungshandlungen** zur Aufklärung zweifelhafter Fälle ist nicht erforderlich.

28 Fraglich könnte sein, ob auch solche Sachverhalte zu melden sind, von denen der Prüfer weiß oder annehmen kann, dass die **BaFin bereits Kenntnis** erlangt hat: Eine derartige Sicht mag dem Gesetzeszweck entsprechen, ist aber vom Wortlaut nicht abgedeckt.[10] Auch spricht die Verwaltungspraxis bei Kreditinstituten für eine entsprechende Erwartungshaltung der BaFin.[11] Ebenso entfällt die Berichtspflicht nach dem Wortlaut nicht, wenn die Mängel **zwischenzeitlich beseitigt** wurden oder der Prüfer davon ausgehen kann, dass dies bis zum Abschluss der Prüfung erfolgt. Zumindest für solche Sachverhalte, die nicht rückwirkend korrigierbar sind, wie bspw. Gesetzesverstöße, spricht auch Sinn und Zweck der Vorschrift für eine Berichtspflicht.

29 Der Prüfer hat **„unverzüglich"**, also ohne schuldhaftes Zögern, die Aufsichtsbehörde zu informieren. Er darf nicht bis zur üblichen Berichterstattung nach Abschluss der Prüfung gem. § 321 HGB warten. Diese Berichterstattung im Prüfungsbericht befreit ebenso wenig von der Berichtspflicht wie eine Aufnahme des Sachverhalts in den Bestätigungsvermerk. Zur Auslegung von „unverzüglich" wird der Prüfer im Einzelfall abzuwägen haben zwischen der Dringlichkeit des Handlungsbedarfs der Aufsichtsbehörde und dem Zeitaufwand für eine ausreichende Informationsbeschaffung und Aufarbeitung des Sachverhalts.

30 Während sich die Prüfungspflicht hinsichtlich der Solvency II-Anforderungen auf die Solvabilitätsübersicht beschränkt (siehe III), besteht mit Blick auf die **Solvabilitätskapitalanforderung** und die Mindestkapitalanforderung indes nur eine unverzügliche Meldepflicht an die Aufsichtsbehörde bei Kenntnisnahme der Nichteinhaltung der Solvabilitäts- und/oder der Mindestkapitalanforderung (§ 35 Abs. 4 S. 1 Nr. 4 und 5 VAG). Erkennt der Prüfer eine **unzutreffende Berechnung** der Solvabilitätskapitalanforderung oder der Mindestkapitalanforderung, hat der Prüfer nach den allgemeinen Berichtspflichten nach § 321 Abs. 1 S. 3 i. V. m. § 341k Abs. 3 HGB darüber zu berichten.

31 § 35 Abs. 4 S. 2 VAG dehnt die Berichtspflicht aus auf Feststellungen der oben genannten Unrichtigkeiten, Verstöße und Tatsachen bei den **(Konzern-) Versicherungsunternehmen**, zu denen eine enge Verbindung gem. § 7 Nr. 7 i. V. m. Nr. 16 VAG besteht. Eine Berichterstattung ist – abweichend vom zugrundeliegenden Art. 72 Abs. 2 Solva II-RL – nach dem Gesetzeswortlaut nicht nur dann erforderlich, wenn der Abschlussprüfer des Versicherungsunternehmens auch dieses Unternehmen prüft. Er wäre dann regelmäßig bereits als Abschlussprüfer dieses Unternehmens berichtspflichtig. Praktische Relevanz wird die Bestimmung daher dann haben, wenn es sich um ein ausländisches, und damit von einer anderen Aufsichtsbehörde beaufsichtigtes Unternehmen handelt oder es von einem anderen Abschlussprüfer geprüft wird.

32 Die Berichtspflicht des Abschlussprüfers stellt keinen Verstoß gegen die bestehende **Verschwiegenheitspflicht** gem. § 43 WPO oder § 323 Abs. 1 S. 1 HGB dar, da § 35 Abs. 4 S. 3 VAG als lex specialis

[9] Zum Prüfungsgegenstand und -umfang siehe *Schmidt/Almeling* in: Beck'scher Bilanzkommentar, 10. Aufl. 2016, § 317 HGB Rn. 80 ff.

[10] Vgl. Ellenbürger/Hölzl in: IDW (Hrsg.) Rechnungslegung und Prüfung der Versicherungsunternehmen, 5. Aufl. 2011, Beitrag H1 Rn. 4.

[11] Vgl. Boos/Fischer/Schulte-Mattler/*Winter* § 29 KWG Rn. 58 m. w. N.

den erstgenannten Bestimmungen vorgeht. Voraussetzung dafür ist allerdings, dass der Prüfer in gutem Glauben Bericht erstattet; d. h. er darf subjektiv nicht in dem Bewusstsein handeln, Unrecht zu tun. Wenngleich eine vorherige Erörterung mit dem Mandanten empfehlenswert ist,[12] ist sie nicht zwingend erforderlich.

Die in Art. 72 Abs. 2 Solva II-RL enthaltene Befreiung von der Haftung wurde in § 35 VAG Abs. 4 nicht übernommen. 33

VI. Verhinderung von Geldwäsche und Terrorismusfinanzierung (Abs. 5). Bei § 35 Abs. 5 VAG handelt es sich um die Nachfolgevorschrift zu § 57 Abs. 1a VAG a. F. Zu prüfen ist die Einhaltung der §§ 53 bis 56 VAG bei den gemäß § 52 VAG verpflichteten Unternehmen, also **Lebensversicherungsunternehmen** und **Schaden-/Unfallversicherungsunternehmen, soweit sie die Unfallversicherung mit Beitragsrückgewähr** betreiben. 34

§ 35 Abs. 5 S. 2 VAG sieht eine **gesonderte Berichterstattung** vor. Dies kann, muss aber nicht, in einem vom Bericht über die Jahresabschlussprüfung separaten Bericht erfolgen. In der Praxis etabliert ist eine Berichterstattung in einem gesonderten Abschnitt des Berichts über die Prüfung des Jahresabschlusses. Anders als bei der Prüfung der Solvabilitätsübersicht, über die regelmäßig in einem separaten Bericht berichtet wird, ist in der Praxis die Prüfung nach Abs. 5 zum Zeitpunkt der Testatserteilung und Berichterstattung zum Jahresabschluss beendet, sodass praktische Erwägungen einer Berichterstattung in einem gesonderten Abschnitt nicht entgegen stehen. Eine Entzerrung der Prüfung und Berichterstattung in zeitlicher Hinsicht wäre aber auch von der Vorschrift abgedeckt. 35

Im Gegensatz zu anderen regulatorischen Vorgaben, macht die PrüfV keine weiteren Vorgaben zur **Berichterstattung** über die Prüfung nach Abs. 5. Die Prüfung ist darauf auszurichten, ob die Gesellschaft Regelungen und organisatorische Maßnahmen getroffen hat, um die genannten gesetzlichen Verpflichtungen zu erfüllen. Sie beinhaltet im Wesentlichen: 36

- § 9 Abs. 1 GwG i. V. m. § 53 Abs. 1 VAG: Prüfung der Gefährdungsanalyse mit dem Ziel festzustellen, ob diese Analyse bzgl. ihrer Vorgehensweise/Konzeption zur Ableitung von angemessenen internen Sicherungsmaßnahmen und Sorgfaltspflichten geeignet ist.
- § 9 Abs. 2 Nr. 1 GwG i. V. m. § 53 VAG: Darstellung und Beurteilung der Stellung und Tätigkeit des Geldwäschebeauftragten und seines Stellvertreters (analog für Konzerngeldwäschebeauftragten), einschließlich ihrer Kompetenzen, der für die ordnungsgemäße Durchführung der Aufgaben notwendigen Mittel und Verfahren sowie der dafür notwendigen Aufbauorganisation.
- Die vom Versicherer getroffenen internen Sicherungsmaßnahmen zur Verhinderung von Geldwäsche und Terrorismusfinanzierung sind darzustellen und deren Angemessenheit zu beurteilen.
- § 9 Abs. 1 und 2 Nr. 2 GwG: Im Rahmen der Berichterstattung ist auf die Vollständigkeit, Richtigkeit und Struktur der internen Grundsätze einzugehen. Dabei ist insbesondere darzustellen, inwieweit die Einhaltung der internen Vorgaben kontrolliert wird.
- §§ 3, 5 und 6 GwG i. V. m. §§ 54–56 VAG: Zur Anwendung der Sorgfaltspflichten gegenüber dem Kunden bzw. der Geschäftsbeziehung sind neben den gesetzlichen Mindestanforderungen regelmäßig die aus der Gefährdungsanalyse abgeleiteten und somit institutsspezifischen ausgestalteten Maßnahmen zu beachten. Es ist darzustellen und zu beurteilen, inwieweit der Versicherer den Sorgfaltspflichten nachgekommen ist.
- § 3 Abs. 1 Nr. 4 GwG i. V. m. § 53 Abs. 2 VAG: Darstellung der risikobasierten kontinuierlichen Überwachung der Geschäftsbeziehung eines Kunden, einschließlich dessen Produktnutzung und der damit verbundenen Zahlungsströme sowie der Maßnahmen zur risikoorientierten Aktualisierung der Kundendokumentation.
- § 11 ff. GwG i. V. m. § 53 Abs. 2 VAG: Bei Anhaltspunkten für Geldwäsche oder Terrorismusfinanzierung ist eine Verdachtsmeldung an die zuständigen Strafverfolgungsbehörden abzugeben. Zusätzlich ist eine Verdachtsmeldung dann erforderlich, soweit ein Vertragspartner keine Angaben darüber macht, dass er für einen wirtschaftlich Berechtigten handelt oder dessen Identität nicht preisgibt.

VII. Verhältnis zu anderen Regelungen des VAG, zu Parallelvorschriften im KWG sowie zu anderen Normen. Die grundsätzlichen Bestimmungen zur Abschlussprüfung gem. §§ 341k i. V. m. 317 ff. HGB bleiben von § 35 VAG unberührt. Das gilt auch für die Bestimmungen der Verordnung (EU) Nr. 537/2014. 37

Ausgehend von § 35 Abs. 2 VAG beinhaltet § 39 Abs. 1 Nr. 3 VAG die Grundlage zum Erlass der **Prüfungsberichteverordnung**. Der Ermächtigung ist das BMF mit dem Erlass der PrüfV vom 19.7.2017 nachgekommen. § 37 Abs. 2 VAG enthält die Verpflichtung zur unverzüglichen Einreichung des Prüfungsberichts an die Aufsicht durch die Versicherungsunternehmen. Die §§ 74 bis 88 VAG zur Solvabilitätsübersicht regeln den Prüfungsgegenstand für § 35 Abs. 2 VAG. 38

§ 43 PrüfV verlangt vom Abschlussprüfer eine Berichterstattung darüber, ob das Versicherungsunternehmen evtl. Anordnungen der BaFin nach **§ 4 Abs. 1 S. 3 WpHG** eingehalten hat. Der Verordnungs- 39

[12] Vgl. FKBP/*Bürkle* § 35 Rn. 46.

geber erweitert damit den Kreis der regulatorischen Vorgaben, deren Einhaltung der Abschlussprüfer zu prüfen hat, allerdings ohne dass es dafür eine explizite gesetzliche Ermächtigung gibt.

40 Entsprechend § 35 VAG regelt **§ 29 KWG** die besonderen Pflichten des Prüfers. Insbesondere mit der Prüfung, ob ein Kreditinstitut die Anforderungen an die **Ordnungsmäßigkeit der Geschäftsorganisation, einschließlich des Risikomanagements**, nach § 29 Abs. 1 i. V. m. § 25a Abs. 1 Nr. 1–3 KWG erfüllt, gehen die Prüfungspflichten bei den Kreditinstituten über die bei Versicherungsunternehmen hinaus.

41 Neben den Berichtspflichten gegenüber der Aufsichtsbehörde aus § 35 Abs. 4 VAG bestehen die **Berichtspflichten aus § 341k Abs. 3 i. V. m. § 321 Abs. 1 S. 3 HGB** bei im Rahmen der Prüfung festgestellten Unrichtigkeiten oder Verstößen gegen gesetzliche Vorschriften sowie Tatsachen, die den Bestand des geprüften Unternehmens oder Konzerns gefährden oder seine Entwicklung wesentlich beeinträchtigen können.

42 Weitestgehend deckungsgleich mit § 35 Abs. 4 Nr. 1–3 VAG sind die Berichtspflichten an die Aufsichtsbehörde gem. **Art. 12 Abs. 1 VO (EU) Nr. 537/2014**, die Versicherungsunternehmen erfasst, die als Unternehmen von öffentlichem Interesse gelten (s. § 341k Abs. 1 S. 4 HGB). Nach dieser Vorschrift besteht eine Berichtspflicht für Abschlussprüfer zu Feststellungen bei Unternehmen – **nicht nur Versicherungsunternehmen** –, die zu dem Versicherungsunternehmen eine enge Verbindung haben, allerdings nur dann, wenn sie dort ebenfalls die Abschlussprüfung durchführen. Art. 7 VO (EU) Nr. 537/2014 verpflichtet den Abschlussprüfer die Aufsichtsbehörde auch dann zu informieren, wenn ein Unternehmen von öffentlichem Interesse von ihm mitgeteilte **Unregelmäßigkeiten** nicht untersucht.

Anzeige des Abschlussprüfers gegenüber der Aufsichtsbehörde; Prüfungsauftrag

36 (1) [1]**Der Vorstand hat der Aufsichtsbehörde unverzüglich den vom Aufsichtsrat bestimmten Abschlussprüfer anzuzeigen.** [2]**Die Aufsichtsbehörde kann, wenn sie gegen den Abschlussprüfer des Jahresabschlusses Bedenken hat, verlangen, dass innerhalb einer angemessenen Frist ein anderer Abschlussprüfer bestimmt wird.** [3]**Unterbleibt das oder hat die Aufsichtsbehörde auch gegen den neuen Abschlussprüfer Bedenken, so hat sie den Abschlussprüfer selbst zu bestimmen.** [4]**In diesem Fall gilt § 318 Absatz 1 Satz 4 des Handelsgesetzbuchs mit der Maßgabe, dass die gesetzlichen Vertreter den Prüfungsauftrag unverzüglich dem von der Aufsichtsbehörde bestimmten Prüfer zu erteilen haben.**

(2) **Absatz 1 gilt nicht für Versicherungsunternehmen, die auf Grund des § 330 Absatz 1, 3 und 4 des Handelsgesetzbuchs und der auf Grund dieser Ermächtigung erlassenen Rechtsverordnung von der Verpflichtung befreit sind, den Jahresabschluss prüfen zu lassen.**

Übersicht

1 **I. Allgemeines. 1. Entstehungsgeschichte.** In § 36 Abs. 1 VAG wurde der bisherige § 58 Abs. 2 VAG a. F. durch das Gesetz zur Modernisierung der Finanzaufsicht über Versicherungen v. 1.4.2015[1] übernommen. § 58 Abs. 2 S. 1–3 VAG a. F. wurde gegenüber der Fassung in VAG 1931[2] durch § 37 Abs. 1 Nr. 10 EinfG AktG 1966[3] an die neue Rechtslage, nach der der Aufsichtsrat den Abschlussprüfer bestimmt, angepasst. § 58 Abs. 2 S. 4 VAG a. F. wurde durch Art. 4 Nr. 13 des Gesetzes zur Durchführung der Richtlinie des Rates der Europäischen Gemeinschaften über den Jahresabschluss und den konsolidierten Abschluss von Versicherungsunternehmen (Versicherungsbilanzrichtlinie-Gesetz – VersRiLiG)[4] eingefügt. In § 36 Abs. 2 VAG wurde die Regelung des § 64 VAG a. F. inhaltlich übernommen. § 64 VAG a. F. wurde durch Art. 4 Nr. 16 des Gesetzes zur Durchführung der Richtlinie des Rates der Europäischen Gemeinschaften über den Jahresabschluss und den konsolidierten Abschluss von Versicherungsunternehmen (Versicherungsbilanzrichtlinie-Gesetz – VersRiLiG)[5] mit Wirkung v.

[1] BGBl. 2015 I 434.
[2] Die Vorschrift wurde als § 55c in das VAG der Fassung vor der Neufassung 1931 durch Art. 1 Gesetz zur Änderung des Gesetzes über die privaten Versicherungsunternehmen v. 30.3.1931, RGBl. 1931 I, 102, eingefügt.
[3] BGBl. 1965 I 1185.
[4] BGBl. 1994 I 1377.
[5] BGBl. 1994, I 1377.

1.1.1995 neu gefasst. Die ursprüngliche Fassung des § 64 VAG 1931[6] bezog sich spezifisch auf kleinere Vereine.

2. Normzweck. § 36 Abs. 1 VAG erlaubt der Aufsichtsbehörde, bei Bedenken bzgl. der **fachlichen Eignung** oder der **Unabhängigkeit** des vom Aufsichtsrat bestimmten Abschlussprüfers, die Wahl eines anderen Abschlussprüfers zu verlangen oder selbst einen Abschlussprüfer zu bestimmen. Hierzu ist ihr der vom Aufsichtsrat bestimmte Abschlussprüfer unverzüglich anzuzeigen. Um ggf. den Normzweck erfüllen und kurzfristig, ohne größeren administrativen Aufwand den Abschlussprüfer neu bestimmen lassen zu können, wird bei Versicherungsunternehmen, **abweichend von Unternehmen anderer Branchen**, der Abschlussprüfer gem. § 341k Abs. 2 S. 1 HGB vom **Aufsichtsrat** und nicht von der Hauptversammlung bestimmt. 2

§ 36 Abs. 2 VAG befreit bestimmte Versicherungsunternehmen, die von der Prüfungspflicht befreit sind, um eine im Verhältnis zur Größe der Versicherungsunternehmen **unangemessene Belastung** zu vermeiden, von der Anzeigepflicht des Abschlussprüfers.[7] 3

3. Europarechtlicher Hintergrund. § 36 VAG beruht nicht auf europarechtlichen Grundlagen. 4

II. Anzeige des Abschlussprüfers gegenüber der Aufsichtsbehörde (Abs. 1). Gemäß **§ 36 Abs. 1 S. 1 VAG** hat der Vorstand eines Versicherungsunternehmens der (Bundes-)Aufsichtsbehörde **unverzüglich** den vom Aufsichtsrat bestimmten Abschlussprüfer anzuzeigen. Erst nach der Zustimmung der Aufsichtsbehörde darf die Erteilung des Prüfungsauftrags erfolgen. 5

Von einer „unverzüglichen" Anzeige ist dann auszugehen, wenn sie **vor Ablauf des zu prüfenden Geschäftsjahres** erfolgt.[8] Für Versicherungsunternehmen, die unter Landesaufsicht stehen, besteht i. d. R. die gleiche Anzeigepflicht gegenüber der zuständigen Landesaufsichtsbehörde.[9] 6

Die **Anzeige** hat neben dem **Namen** des bestimmten Abschlussprüfers und dem zu prüfenden Geschäftsjahr auch **Erklärungen** darüber zu enthalten, dass der Abschlussprüfer vom Aufsichtsrat bestimmt wurde und dass keine Tatsachen vorliegen, die den bestimmten Abschlussprüfer wegen Verstoßes gegen die Unabhängigkeitsanforderungen nach § 341k HGB i. V. m. § 319 Abs. 2 bis 5 oder § 319a HGB sowie Art. 5 VO (EU) 537/2014 ausschließen würden.[10] Die Befassung des Aufsichtsrates mit der Unabhängigkeit des Abschlussprüfers erfordert § 107 Abs. 3 AktG. 7

Die Aufsichtsbehörde kann den vom Aufsichtsrat bestimmten Abschlussprüfer aus zwei Gründen ablehnen. Erstens ist eine Ablehnung denkbar, weil die Behörde den vorgesehenen Abschlussprüfer für **fachlich ungeeignet** hält. Dabei ist zu beachten, dass der Abschlussprüfer verpflichtet ist, zusätzlich zum Jahresabschluss die Solvabilitätsübersicht zu prüfen[11] und demzufolge die fehlende fachliche Eignung auch diesbezüglich einen Ablehnungsgrund darstellen kann. Eine Ablehnung kann zweitens auch deshalb in Frage kommen, weil die Aufsichtsbehörde durch eigene Ermittlungen oder aufgrund von Hinweisen der Abschlussprüferaufsichtsstelle **Hinderungsgründe gem. §§ 319 Abs. 2–5 und 319a HGB** oder **Art. 5 VO 537/2014** über spezifische Anforderungen an die Abschlussprüfung bei Unternehmen von öffentlichem Interesse erkennt. 8

Darüber hinaus haben sich in der Vergangenheit in Einzelfällen Bedenken daraus ergeben, dass das Versicherungsunternehmen schon **wiederholt** von demselben Abschlussprüfer **geprüft** wurde.[12] Wegen der zwischenzeitlich eingeführten verpflichtenden Prüferrotation gem. Art 17 Abs. 1 UAbs. 2 sowie Abs. 7 VO (EU) 537/2014 sollte das in der Praxis keine Rolle mehr spielen. 9

Nach Ablauf **eines Monats** nach Eingang der Prüferanzeige sollte die **Unbedenklichkeit** angenommen werden dürfen; eine „Unbedenklichkeitserklärung" ist in der Verwaltungspraxis nicht mehr üblich.[13] Durch die Formulierung „Abschlussprüfer des Jahresabschlusses" in § 36 Abs. 1 S. 2 VAG wird klargestellt, dass sich das Ablehnungsrecht der Aufsichtsbehörde **nur** auf den **Prüfer des Einzelabschlusses** bezieht und keine unmittelbare Relevanz für den Konzernabschluss besitzt, zumindest dann nicht, wenn es sich bei dem Versicherungsunternehmen nicht um das den Konzernabschluss aufstellende Mutterunternehmen handelt. 10

Bei Bedenken kann die Aufsichtsbehörde gem. **§ 36 Abs. 1 S. 2 VAG** verlangen, dass der Aufsichtsrat in angemessener Frist einen anderen Abschlussprüfer bestimmt. Das Verlangen stellt einen **Verwaltungsakt** dar und ist zu begründen.[14] Der Vorstand hat den auf Verlangen der Aufsichtsbehörde vom Aufsichtsrat neuerlich bestimmten Abschlussprüfer wiederum gem. Abs. 2 S. 1 dieser anzuzeigen. Die 11

[6] Die Vorschrift wurde als § 55i in das VAG der Fassung vor der Neufassung 1931 durch Art. 1 Gesetz zur Änderung des Gesetzes über die privaten Versicherungsunternehmen v. 30.3.1931, RGBl. 1931 I, 102, eingefügt.
[7] Vgl. Begr. RechVersV v. 6.9.1994, BR-Drs. 823/94, 152.
[8] Vgl. GB des Bundesaufsichtsamtes 1959/60, 12.
[9] Vgl. z. B. § 3 der VO des Wirtschaftsministeriums über die Berichterstattung von Versicherungsunternehmen des Landes Baden-Württemberg v. 15.1.1996 (GBl. Baden-Würtemberg 1996, 82).
[10] Vgl. zur alten Rechtslage: GB 72, 29; VerBAV 1972, 222; VerBAV 1978, 190; VerBAV 1995, 10.
[11] Vgl. § 35 VAG Rn. 14 ff.
[12] Vgl. Veröffentlichungen des RAA1 1936, 39, Begr. 1931 S. 14.
[13] Vgl. VerBAV 1978, 190.
[14] Vgl. FKBP/*Kaulbach* § 58 Rn. 2.

zweite Bestimmung eines Abschlussprüfers durch den Aufsichtsrat kann zu einem **zeitlichen Problem** mit der Sollvorschrift des **§ 318 Abs. 1 S. 3 HGB** führen, die eine Bestimmung möglichst vor Ablauf des zu prüfenden Geschäftsjahres verlangt. Die **Rechtsfolgen** des **§ 318 Abs. 4 S. 1 HGB treten** aber in den Fällen **nicht ein**, in denen wegen des Ablehnungsrechtes der Aufsichtsbehörde der vorgesehene Zeitrahmen nicht eingehalten werden kann; § 36 Abs. 1 S. 2 VAG gilt insoweit als lex specialis. Die Anordnung der BaFin löst kein Auswahlverfahren gem. Art. 16 Abs. 2–5 VO (EU) 537/2014 aus.[15]

12 Lehnt die **Aufsichtsbehörde** auch den zweiten durch den Aufsichtsrat des Versicherungsunternehmens bestimmten Abschlussprüfer ab, ist sie gem. **§ 36 Abs. 1 S. 3 VAG** dazu verpflichtet, **selbst einen Abschlussprüfer zu bestimmen**. Gleiches gilt für den Fall, dass die zweite Bestimmung des Abschlussprüfers bzw. dessen Anzeige durch den Vorstand nicht in angemessener Frist erfolgt. Eine Bestimmung vor Ende des Geschäftsjahres ist aber nicht erforderlich.

13 **§ 36 Abs. 1 S. 4 VAG** bestimmt, dass auch im Fall der Bestimmung des Abschlussprüfers durch die Aufsichtsbehörde gem. § 36 Abs. 1 S. 3 VAG die Regelung des § 318 Abs. 1 S. 4 HGB gilt, die den Aufsichtsrat zur unverzüglichen Erteilung des Prüfungsauftrages an den Abschlussprüfer verpflichtet. Die **Beauftragung** kann von der Aufsichtsbehörde nach **§ 298 Abs. 1 S. 1 und S. 2 VAG** notfalls **erzwungen** werden.

14 Die **Erzwingung** stellt – wie die Interventionsmöglichkeit nach § 36 Abs. 1 S. 2 VAG – einen **Verwaltungsakt** dar, der gem. **§ 42 Abs. 2 VwGO** angegriffen werden kann. Hiernach ist eine Klage nur dann zulässig, wenn der Kläger geltend macht, durch den Verwaltungsakt oder seine Ablehnung bzw. Unterlassung in seinen Rechten verletzt zu sein (Beschwer i. S. d. § 42 Abs. 2 VwGO). Die Verletzung ihrer vertraglich zugesicherten Rechte vorausgesetzt, sind somit sowohl das Versicherungsunternehmen als auch der (abgelehnte) Abschlussprüfer zur Einlegung von Rechtsmitteln berechtigt.[16] Die gesellschaftsrechtlichen Möglichkeiten der Ablehnung eines Abschlussprüfers gem. § 318 Abs. 3 HGB bleiben unberührt.

15 **III. Befreiung von der Anzeigepflicht des Abschlussprüfers für bestimmte Versicherungsunternehmen (Abs. 2).** § 36 Abs. 2 VAG befreit bestimmte Versicherungsunternehmen von der Anzeigepflicht des Abschlussprüfers. Die in § 330 Abs. 4 HGB enthaltene Ermächtigung, **durch Verordnung Befreiungen** von der Prüfungspflicht vorzusehen, um eine „im Verhältnis zur Größe der Versicherungsunternehmen unangemessene Belastung zu vermeiden"[17] wurde **in § 61 RechVersV** umgesetzt.

16 Die Vorschrift des § 61 RechVersV sieht für bestimmte Gruppen von Versicherungsunternehmen eine **Ausnahme von der Prüfungspflicht des § 341k HGB** – und damit indirekt der gesamten Prüfungsvorschriften der §§ 316 ff. HGB – vor. Befreit sind gem. **§ 61 RechVersV** zunächst die **kleineren VVaG**, die insbesondere die in **Abs. 1 Nr. 1a und b** näher spezifizierten **Größenkriterien** nicht überschreiten. Bei Schaden-, Unfall- und Krankenversicherungsvereinen dürfen die Bruttobeiträge des letzten Geschäftsjahres 1 Mio. EUR nicht übersteigen. Im Fall von Lebensversicherungsvereinen liegt die Grenze bei 500.000 EUR, allerdings bezogen auf die letzten drei aufeinanderfolgenden Geschäftsjahre. Nach **§ 61 Abs. 1 Nr. 3 RechVersV** sind Schaden-, Unfall- und Krankenversicherungsvereine zudem auch dann von der Verpflichtung befreit, ihren Jahresabschluss i. S. d. § 341k HGB prüfen zu lassen, wenn diese ihren **gesamten Bestand bei einem anderen VVaG rückversichern** oder dieser die **Erfüllung der Verbindlichkeiten aus Versicherungsverträgen übernimmt.**

17 Darüber hinaus ist eine **Befreiung** von den handelsrechtlichen Prüfungsvorschriften unter bestimmten Voraussetzungen **auch für Versicherungsunternehmen anderer Rechtsformen** möglich. Unter den in **§ 61 Abs. 1 Nr. 2 RechVersV** definierten Voraussetzungen – wie u. a. der örtlichen Beschränkung der Tätigkeit sowie, kumulativ, Bruttobeiträge von nicht mehr als 200.000 EUR – sind **Versicherungsunternehmen, die (örtlich beschränkt) ausschließlich touristische Beistandsleistungen erbringen**, von der Prüfungspflicht nach § 341k HGB befreit. Zudem sieht **§ 61 Abs. 1 Nr. 4 RechVersV** eine Befreiung für **Pensions- und Sterbekassen** vor, wenn diese sich im Rahmen der vorgegebenen **Größenkriterien** von 7,5 Mio. EUR Bruttobeiträgen oder einer Bilanzsumme am Abschlussstichtag von nicht mehr als 125 Mio. EUR bewegen.

18 Eine aufsichtsrechtliche **Einschränkung der** sich aus § 61 RechVersV – und damit Handelsrecht – ergebenden **Befreiungstatbestände** des § 36 Abs. 2 VAG normiert **§ 234 Abs. 2. S. 1 VAG.** Dieser schreibt die **Anwendung des § 341k HGB für Pensionskassen** vor.[18]

19 Die durch § 61 RechVersV von der Prüfungspflicht nach § 341k HGB befreiten Unternehmen sind aber dennoch **nicht in vollem Umfang von der Prüfung ausgenommen**, sondern unterliegen der Prüfungspflicht, der auf der Grundlage des **§ 39 Abs. 1 Nr. 4 VAG** erlassenen Verordnung über die Prüfung des Jahresabschlusses und des Lageberichts von Versicherungsunternehmen, auf die § 341k des

[15] Siehe BaFin-Journal 8/2017, S. 6.
[16] Vgl. FKBP/*Kaulbach* § 58 VAG a. F. Rn. 2.
[17] Vgl. Begr. RechVersV v. 6.9.1994, BR-Drs. 823/94, 152.
[18] Vgl. Kommentierung zu § 234 VAG.

HGB nicht anzuwenden ist, durch einen unabhängigen Sachverständigen (**Sachverständigenprüfverordnung** – SachvPrüfV, BGBl. I 760 v. 18.4.2016).[19]

IV. Verhältnis zu anderen Regelungen des VAG sowie zu anderen Normen. § 38 VAG nimmt bestimmte, unter Landesaufsicht stehende, Versicherungsunternehmen von § 36 VAG aus. 20

Die Vorschrift des § 36 Abs. 1 VAG ist im Zusammenhang mit der Regelung des § 341k Abs. 1 S. 1 und 2 sowie des Abs. 2 HGB zu sehen. Die dort geregelten Vorschriften zur Bestimmung und Auswahl des Abschlussprüfers sowie die grundsätzliche Regelung zur Erteilung des Prüfungsauftrages durch den Vorstand sind zur Auslesung des § 36 Abs. 1 VAG heranzuziehen. 21

Hinzu treten die mit dem Abschlussprüfungsreformgesetz – AReG v. 10.5.2016 – und der VO (EU) 537/2014 verabschiedeten Bestimmungen der EU-Auditreform. Danach gelten sämtliche Versicherungsunternehmen im Sinne des Art. 2 Abs. 1 der EU-Versicherungsbilanzrichtlinie als Unternehmen von öffentlichem Interesse.[20] Zu den dort enthaltenen, überholten Verweisen siehe die Entsprechenstabelle in Anhang VII Solva II-RL. Der Anwendungsbereich ist damit in etwa deckungsgleich mit dem von Solvabilität II. Für die Bestellung des Abschlussprüfers sind insbesondere die Anforderungen an das **Auswahlverfahren** gem. Art 16 Abs. 2 bis 5 VO (EU) 537/2014,[21] die diesbezüglichen Bußgeldvorschriften des § 341n Abs. 2a Nr. 2 HGB, die über § 319 HGB hinausgehenden speziellen **Ausschlussgründe** in § 319a HGB und Art. 5 VO (EU) 537/2014 sowie die Bestimmungen zur **Prüferrotation** in Art. 17 VO (EU) 537/2014 zu beachten. 22

Die Vorschrift des § 36 Abs. 2 VAG steht in unmittelbarem Zusammenhang mit der am 8.11.1994 erlassenen **Verordnung über die Rechnungslegung von Versicherungsunternehmen (RechVersV,**[22] zuletzt geändert durch Art. 8 Abs. 14 des Gesetzes v. 17.7.2015), da alle die Versicherungsunternehmen von der Anwendung des § 36 Abs. 1 VAG befreit werden, die aufgrund von § 330 Abs. 1, 3 und 4 HGB oder der auf dieser Grundlage erlassenen Rechtsverordnung von der Verpflichtung zur Prüfung des Jahresabschlusses befreit sind. § 61 RechVersV enthält entsprechende Befreiungstatbestände. 23

Vorlage bei der Aufsichtsbehörde

37 (1) [1] **Versicherungsunternehmen haben den von den gesetzlichen Vertretern aufgestellten sowie später den festgestellten Jahresabschluss und den Lagebericht der Aufsichtsbehörde jeweils unverzüglich einzureichen.** [2] **Versicherungsunternehmen, die einen Konzernabschluss oder einen Konzernlagebericht aufstellen, haben diese Unterlagen der Aufsichtsbehörde unverzüglich einzureichen.**

(2) **Versicherungsunternehmen haben der Aufsichtsbehörde die geprüfte Solvabilitätsübersicht und den Prüfungsbericht zur Solvabilitätsübersicht (§ 35 Absatz 2) jeweils unverzüglich einzureichen.**

(3) **Versicherungsunternehmen haben in dem Geschäftsjahr, das dem Berichtsjahr folgt, jedem Versicherten auf Verlangen den Jahresabschluss und den Lagebericht zu übersenden.**

(4) **Die Bestimmungen der Absätze 1 und 3 gelten auch für einen Einzelabschluss nach § 325 Absatz 2a des Handelsgesetzbuchs.**

(5) [1] **Der Vorstand hat der Aufsichtsbehörde eine Ausfertigung des Berichts des Abschlussprüfers mit seinen Bemerkungen und denen des Aufsichtsrats unverzüglich nach der Feststellung vorzulegen.** [2] **Die Aufsichtsbehörde kann den Bericht mit dem Abschlussprüfer erörtern und, wenn nötig, Ergänzungen der Prüfung und des Berichts auf Kosten des Versicherungsunternehmens veranlassen.**

(6) **Absatz 4 gilt nicht für die in § 36 Absatz 2 genannten Unternehmen.**

Übersicht

[19] Vgl. Kommentierung zu § 39 VAG.
[20] S. § 341k Abs. 1 S. 3 HGB.
[21] Vgl. BaFin-Journal 8/2017, S. 6.
[22] BGBl. I, 3378 v. 8.11.1994.

1 **I. Allgemeines. 1. Entstehungsgeschichte.** § 37 VAG wurde im Zuge der Novellierung des VAG durch das Gesetz zur Modernisierung der Finanzaufsicht über Versicherungen v. 1.4.2015[1] in das VAG eingefügt, um die Regelungen zur Vorlage diverser Unterlagen bei der Aufsichtsbehörde an Solvabilität II anzupassen. § 37 Abs. 1 VAG entspricht § 55 Abs. 2 VAG a. F., § 37 Abs. 2 VAG erweitert als neue Vorschrift die Einreichungspflicht des Abs. 1 auf die Solvabilitätsübersicht und den zugehörigen Prüfungsbericht, § 37 Abs. 3 und 4 VAG entsprechen, bis auf die geänderte Absatznummerierung, § 55 Abs. 3 und 4 VAG a. F., § 37 Abs. 5 VAG entspricht § 59 VAG a. F. und § 37 Abs. 6 VAG entspricht inhaltlich der Bezugnahme auf § 59 VAG a. F. in § 64 VAG a. F. Schon § 55 S. 1 VAG 1901 enthielt eine § 55 Abs. 2 VAG a. F. inhaltlich entsprechende Einreichungspflicht und § 55 S. 3 VAG 1901 eine § 55 Abs. 3 VAG a. F. entsprechende Pflicht, den Versicherten die Jahresabschlussinformationen auf Verlangen mitzuteilen. Sie wurden durch Art. 4 Nr. 8 des Gesetzes zur Durchführung der Richtlinie des Rates der Europäischen Gemeinschaften über den Jahresabschluss und den konsolidierten Abschluss von Versicherungsunternehmen v. 24.6.1994 (Versicherungsbilanzrichtlinie-Gesetz, VersRiLiG)[2] geändert. § 55 Abs. 4 VAG a. F. wurde durch das Gesetz zur Einführung internationaler Rechnungslegungsstandards und zur Sicherung der Qualität der Abschlussprüfung vom 4.12.2004 (Bilanzrechtsreformgesetz, BilReG) eingefügt. § 59 VAG a. F. bestand schon in § 61 S. 6 und 7 VAG 1931.[3] Nachfolgende Änderungen erfolgten durch Art. 8 Nr. 17 des Gesetzes zur Durchführung der Vierten Richtlinie des Rates der Europäischen Gemeinschaften zur Koordinierung des Gesellschaftsrechts (Bilanzrichtlinien-Gesetz – BiRiLiG)[4] und durch Art. 4 Nr. 14 VersRiLiG. Die ursprüngliche Fassung des § 64 VAG 1931[5] bezog sich spezifisch auf kleinere Vereine. Die Änderung erfolgte durch Art. 4 Nr. 16 des Gesetzes zur Durchführung der Richtlinie des Rates der Europäischen Gemeinschaften über den Jahresabschluss und den konsolidierten Abschluss von Versicherungsunternehmen v. 24.6.1994 (Versicherungsbilanzrichtlinie-Gesetz, VersRiLiG)[6]

2 **2. Normzweck.** § 37 Abs. 1, 2 und 4 – 5 VAG regeln die Pflichten des Versicherungsunternehmens zur Vorlage von **Jahresabschluss und Lagebericht**, **Solvabilitätsübersicht** und **Bericht des Abschlussprüfers gegenüber der Aufsichtsbehörde**. Die Aufsichtsbehörde benötigt diese Unterlagen zeitnah, um ihren Aufsichtspflichten nachzukommen. Entgegen der Überschrift, die nahelegt, dass die Norm ausschließlich die Vorlagepflichten gegenüber der Aufsichtsbehörde regelt, betrifft § 37 Abs. 3 VAG darüber hinaus die Offenlegung gegenüber den Versicherten.

3 Im Zusammenhang mit der in § 35 Abs. 2 VAG neu aufgenommenen Pflicht der Prüfung der Solvabilitätsübersicht durch den Abschlussprüfer regelt § 37 Abs. 2 VAG die unverzügliche Vorlagepflicht der geprüften Solvabilitätsübersicht und des dazugehörigen Prüfungsberichts durch das Versicherungsunternehmen bei der Aufsichtsbehörde.

4 § 37 Abs. 4 VAG bestimmt, dass auch für die **befreienden Einzelabschlüsse**, die nach internationalen Rechnungslegungsstandards erstellt wurden, die Übermittlungsvorschriften an die Aufsichtsbehörde und die Versicherten gelten.

5 Die Aufsichtsbehörde wird gem. § 37 Abs. 5 S. 2 VAG dazu ermächtigt, den Bericht mit dem Abschlussprüfer zu erörtern. Die Behörde kann Ergänzungen sowohl des Berichts als auch der Prüfung selbst verlangen, falls sie dies für erforderlich hält.

6 § 37 Abs. 6 VAG erleichtert die Vorlagepflichten bestimmter Versicherungsunternehmen gem. § 36 Abs. 2 VAG, für die auch das Handelsrecht Befreiungen bei der Rechnungslegung vorsieht.

7 **3. Europarechtlicher Hintergrund.** § 37 VAG beruht nicht auf europarechtlichen Grundlagen.

8 **II. Einreichungspflicht des Jahresabschlusses sowie Lageberichts bzw. Konzernabschlusses sowie Konzernlageberichts (Abs. 1).** Der vom Vorstand aufgestellte **Jahres- bzw. Konzernabschluss** und der **Einzel- bzw. Konzernlagebericht**, sind der Aufsichtsbehörde unverzüglich nach **Aufstellung** einzureichen. Der Jahresabschluss ist nach der **Feststellung**[7] erneut mit dem Lagebericht unverzüglich einzureichen; diese Verpflichtung entfällt für den Konzernabschluss, da dieser nicht im

[1] BGBl. 2015 I 434.
[2] BGBl. 1994 I 1377.
[3] Die Vorschrift wurde als § 55f in das VAG der Fassung vor der Neufassung 1931 durch Art. 1 Gesetz zur Änderung des Gesetzes über die privaten Versicherungsunternehmen v. 30.3.1931, RGBl. 1931 I, 102, eingefügt.
[4] BGBl. I S. 2355, v. 19.12.1985.
[5] Die Vorschrift wurde als § 55i in das VAG der Fassung vor der Neufassung 1931 durch Art. 1 Gesetz zur Änderung des Gesetzes über die privaten Versicherungsunternehmen v. 30.3.1931, RGBl. 1931 I, 102, eingefügt.
[6] BGBl. 1994 I, S. 1377 v. 24.6.1994.
[7] Vgl. § 172 AktG ggf. i. V. m. 341a Abs. 4 HGB.

aktienrechtlichen Sinne festgestellt, sondern lediglich gebilligt wird.[8] Unter „**unverzüglich**" i. S. dieser Vorschrift wird in der Verwaltungspraxis ein Zeitraum von zehn Arbeitstagen angesehen. Als **aufgestellt** ist der Abschluss dann anzusehen, wenn der Vorstand sich zu diesem bekennt und er bis zum Ende der in § 264 Abs. 1 HGB vorgesehenen dreimonatigen Frist soweit fertiggestellt ist, dass er prüfungsbereit ist.[9] Damit wird die Aufsichtsbehörde in die Lage versetzt, eine möglichst zeitnahe Überprüfung des Zahlenwerks sowohl auf Ebene der Einzelunternehmen als auch auf Konzernebene durchzuführen.[10]

9 **III. Einreichungspflicht der Solvabilitätsübersicht sowie des Prüfberichts zur Solvabilitätsübersicht (Abs. 2).** Die §§ 74 ff. VAG enthalten Bestimmungen zur Solvabilitätsübersicht. § 35 Abs. 2 VAG erweitert die gesetzliche Jahresabschlussprüfung verpflichtend um eine Prüfung der Solvabilitätsübersicht durch den Abschlussprüfer, und zwar auf Einzel- und Gruppenebene. Prüfungsgegenstand und damit auch einzureichen ist die Solvabilitätsübersicht gem. Meldebogen S. 02.01.01 aus Anh. I VO (EU) 2015/2450. Der Abschlussprüfer hat über das Ergebnis seiner Prüfung gesondert zu berichten. Details zur Berichterstattung regelt die auf Grundlage von § 39 Abs. 1 S. 1 Nr. 3 vom BMF am 19.7.2012 erlassene PrüfV. § 37 Abs. 2 VAG verpflichtet die Versicherungsunternehmen zur unverzüglichen Einreichung sowohl der geprüften Solvabilitätsübersicht als auch des Prüfungsberichts.

10 Anders als § 37 Abs. 1 VAG verlangt Absatz 2 nicht bereits eine unverzügliche Einreichung der aufgestellten Solvabilitätsübersicht; es ist die **Prüfung abzuwarten**. Es spricht nichts dagegen, als „unverzüglich" zehn Arbeitstage anzusehen.[11] Der Prüfungsbericht ist nicht zwingend gemeinsam mit der geprüften Solvabilitätsübersicht einzureichen. Das ist mit der Einfügung des „jeweils" abgedeckt. Zwischen dem Abschluss der Prüfung und der Fertigstellung des Berichtes sowie der Abfassung der Bemerkungen von Vorstand und Aufsichtsrat kann ein mehrwöchiger Zeitraum liegen. Adressat des Prüfungsberichtes ist der Auftraggeber und damit der Aufsichtsrat. Anders als in § 37 Abs. 5 VAG explizit gefordert, verlangt § 37 Abs. 2 VAG nicht, dass der Vorstand mit dem Prüfungsbericht seine **Bemerkungen** und die des Aufsichtsrates einreicht. Im Hinblick auf die Auftragsvergabe durch den Aufsichtsrat empfiehlt sich das jedoch. Der Ergänzung um Bemerkungen von Vorstand und Aufsichtsrat per se widerspricht u. E. auch nicht, dass der Prüfungsbericht „unverzüglich" einzureichen ist, wie der Wortlaut des § 37 Abs. 5 S. 1 VAG belegt.

11 § 4 Abs. 1 PrüfV-E sah vor, dass Versicherungsunternehmen die Berichte zur Prüfung **spätestens** in den gleichen Fristen wie für die Veröffentlichung des Finanz- und Solvabilitätsberichts nach § 40 VAG i. V. m. § 344 Abs. 3 u. 4 VAG einreichen mussten. § 4 PrüfV-E wurde in die endgültige PrüfV nicht übernommen, so dass ein Abschluss der Prüfung nach der Veröffentlichung des SFCR zulässig ist. Im Fall negativer Prüfungsstellungen kann dann eine Änderung der veröffentlichten Solvabilitätsübersicht erforderlich sein.[12]

12 Nicht Gegenstand gesetzlich festgelegter Einreichungspflichten sind solche Berichte, die der Prüfer aufgrund **zusätzlicher Vereinbarungen** mit dem Versicherungsunternehmen, etwa über eine prüferische Durchsicht des Berichtes über die Solvabilität und Finanzlage, erstellt.

13 Verpflichtet zur Einreichung sind die **Versicherungsunternehmen,** nicht der Prüfer, anders als bei Kreditinstituten.

14 **IV. Übersendungspflicht des Jahresabschlusses sowie Lageberichts an Versicherungsnehmer (Abs. 3).** Die in **§ 37 Abs. 3 VAG** enthaltene Verpflichtung soll es den **Versicherten** ermöglichen, sich ein Bild von der **Vermögens-, Finanz- und Ertragslage** ihres Versicherungsunternehmens zu verschaffen. Der **Grund** für diese Sondervorschrift für Versicherungsunternehmen besteht darin, dass die Versicherten aufgrund des Risikos der **vorausbezahlten Prämien** ein besonderes Interesse an einer Information darüber haben, ob das Versicherungsunternehmen überhaupt dazu in der Lage ist, die **Leistungen** im **Versicherungsfall** zu erbringen. Von der Verpflichtung nicht abgedeckt sind die **Solvabilitätsübersicht** und der **Bericht über die Solvabilität und Finanzlage**. Die Verpflichtung besteht dem Wortlaut nach nur gegenüber den Versicherten; weitere **interessierte Dritte** sind nicht erfasst.

15 Eine bestimmte **Form** der Übersendung sieht das Gesetz nicht vor. In Betracht kommen die Druckfassung auf dem Postweg oder die Zusendung der elektronischen Fassung oder eines Links auf die Homepage per Email.[13] Die **Kosten** können Versicherungsunternehmen mangels eines entsprechenden gesetzlichen Verbots den die Unterlagen anfordernden Personen auferlegen. Sofern Versicherungsunternehmen prohibitive Preise fordern, stehen der Aufsichtsbehörde jedoch Eingriffsmöglichkeiten zu.

16 Versicherungsunternehmen haben hinsichtlich der **Offenlegung** unter Bezugnahme auf § 325 Abs. 2 HGB die für große Kapitalgesellschaften geltenden Vorschriften zu beachten. Lediglich Versicherungsunternehmen, die nicht unter den Anwendungsbereich der Versicherungsbilanzrichtlinie fallen, können

[8] Vgl. Beck Bil-Komm./*Küster/Schmidt* HGB, 10. Aufl. 2016, § 316 Rn. 21.
[9] Vgl. Adler/Düring/Schmaltz, HGB, 6. Aufl. 2000, § 264 Rn. 30.
[10] Vgl. BT-Drs. 12/5587, 22.
[11] Vgl. § 37 VAG Rn. 8.
[12] S. auch Kommentierung zu § 39 VAG.
[13] Vgl. FKBP/*Bürkle* § 37 Rn. 8.

aufgrund des § 330 Abs. 4 HGB i. V. m. der RechVersV von der handelsrechtlichen Offenlegungspflicht freigestellt werden. Für bestimmte VVaG, Pensions- und Sterbekassen sowie Reiseassistenz-Versicherungsunternehmen ist diese Befreiung in § 61 RechVersV geregelt. Bemerkenswerterweise werden diese Versicherungsunternehmen nicht von der Verpflichtung ausgenommen, den Versicherten den Jahresabschluss und Lagebericht zuzusenden.

17 **V. Einreichungs- und Übersendungspflicht des befreienden Einzelabschlusses nach § 325 Abs. 2a HGB (Abs. 4).** § 37 Abs. 4 VAG bestimmt die Geltung der Vorschriften der Abs. 1 und 3 zu Vorlagepflichten gegenüber der Aufsichtsbehörde und Offenlegung gegenüber den Versicherten auch bei gemäß § 325 Abs. 2a HGB nach **internationalen Rechnungslegungsstandards** aufgestellten (IFRS) Einzelabschlüssen.[14] Unternehmen, die freiwillig einen IFRS-Einzelabschluss aufstellen, dürfen diesen anstelle des HGB-Jahresabschlusses im BAnz. offenlegen bzw. nach dieser Vorschrift der BaFin vorlegen. Der IFRS-Einzelabschluss kann den HGB-Jahresabschluss wegen der daran anknüpfenden materiellen Konsequenzen (Ausschüttungsbemessung, Maßgeblichkeit für die Steuer, Überschussbeteiligung) nicht ersetzen. Daher hat der befreiende IFRS-Einzelabschluss in der Praxis der Versicherungsunternehmen bisher keine Relevanz.

18 **VI. Vorlagepflicht des Prüfungsberichtes bei der Aufsichtsbehörde (Abs. 5).** Gem. **§ 37 Abs. 5 S. 1** VAG hat der Vorstand der Aufsichtsbehörde ein Exemplar des Prüfungsberichtes zusammen mit seinen eigenen Bemerkungen und denen des Aufsichtsrates vorzulegen. Die Vorlage hat **unverzüglich nach** der **Feststellung** zu erfolgen. Die **Bemerkungen** müssen in Schriftform eingereicht werden und handschriftlich unterzeichnet sein. Eine Pflicht zum Beschluss von Bemerkungen zum Prüfungsbericht wird durch die Vorschrift indes nicht begründet.

19 Der Begriff der **Feststellung** ist i. S. d. § 321 Abs. 2 S. 1 HGB sowie des § 35 Abs. 1 S. 1 VAG auszulegen und bezieht sich auf den **Prüfungsbericht**. Gegen die Auslegung des Begriffs als Feststellung des Jahresabschlusses spricht, dass eine solche Auslegung dem Zweck der Vorschrift des § 37 Abs. 5 S. 1 VAG zuwiderliefe, nachdem die Aufsichtsbehörde den Prüfungsbericht **so schnell wie möglich** erhalten soll.[15] Die Verpflichtung der Versicherungsunternehmen zur Einreichung des festgestellten Jahresabschlusses bei der Aufsichtsbehörde ist in **§ 37 Abs. 1 S. 1 VAG** abschließend geregelt. Für Versicherungsunternehmen in der Rechtsform der AG würde sich die Unterrichtung der Aufsichtsbehörde verzögern, falls die Feststellung des Jahresabschlusses gem. **§ 173 Abs. 1 S. 1 AktG** der Hauptversammlung überlassen wird. Zudem würde sich in diesem Fall mit dem möglichen Anknüpfen der Vorlage des Prüfungsberichtes bei der Aufsichtsbehörde an die Beschlussfassung der Hauptversammlung der Ablauf nicht von dem vor der Gesetzesänderung durch das VersRiLiG vorgesehenen unterscheiden.[16] Damit kann mit dem Verweis auf eine notwendige Feststellung auch nicht geschlossen werden, dass der Bericht über die Prüfung des **Konzernabschlusses**, der nicht im aktienrechtlichen Sinne festgestellt wird, nicht einzureichen sei.

20 Fraglich könnte sein, ob § 37 Abs. 5 VAG auch den Bericht über die Prüfung der **Solvabilitätsübersicht** betrifft. Nach der hier vertretenen Auffassung ist die Prüfung der Solvabilitätsübersicht ein Bestandteil der gesetzlichen Jahresabschlussprüfung bzw. eine gesetzliche Erweiterung derselben.[17] Allerdings ist die Berichterstattung gem. dem Wortlaut des § 35 Abs. 3 VAG eine gesonderte. Auch die PrüfV spricht von gesonderten Berichten.[18] Die Vorlagepflicht des Prüfungsberichtes zur Solvabilitätsübersicht regelt § 37 Abs. 2 VAG. Das spricht gegen die Vorlagepflicht aufgrund § 37 Abs. 5 VAG. Allerdings entspräche es nicht dem Informationsbedürfnis der Aufsichtsbehörde, wenn sich die Regelungen zur Erörterung und Ergänzung gem. Satz 2 auf die Jahresabschlussprüfung gem. § 341k HGB beschränken.

21 Nach Erhalt des Prüfungsberichtes stehen der Aufsichtsbehörde gem. **§ 37 Abs. 5 S. 2 VAG** – in Abhängigkeit von der **Beurteilung des Prüfungsberichtes** durch diese – verschiedene Alternativen offen: Sie kann den Prüfungsbericht **zur Kenntnis nehmen** (dies wird i. d. R. bei Einverständnis erfolgen); sie hat aber auch die Möglichkeit, den Bericht mit dem Abschlussprüfer zu **erörtern** und, wenn nötig, **Ergänzungen** sowohl der Prüfung als auch des Prüfungsberichtes zu **veranlassen**.

22 **§ 37 Abs. 5 S. 2 VAG** stellt insofern eine **unvollkommene Rechtsnorm** dar, als sie die Aufsichtsbehörde zwar einseitig dazu ermächtigt, den Prüfungsbericht mit dem Abschlussprüfer zu erörtern, den Abschlussprüfer aber nicht zur Teilnahme an dem Gespräch verpflichtet, in dem die Erörterungen erfolgen sollen. In der Vergangenheit war auch fraglich, ob der Abschlussprüfer vor Teilnahme bzw. Mitwirkung an den **Erörterungen** von seiner gem. § 43 Abs. 1 S. 1 WPO bestehenden **Verschwiegenheitspflicht** entbunden werden musste.[19] Die eindeutige und europarechtlich vorgehende Norm des Art. 12 Abs. 2 und 3 VO (EU) 537/2014 bildet eine neue Rechtsgrundlage für einen **Dialog**

[14] Siehe im Einzelnen *Grottel* in: Beck´scher BilanzKommentar, 10. Aufl. 2016, § 325 Rn. 56 ff.
[15] Vgl. Begr. VersRiLiG, BT-Drs. 12/5587, 34.
[16] A. A. Beck`scher Versicherungsbilanz-Kommentar/*Seitz* § 341k Rn. 20.
[17] Vgl. § 35 VAG Rn. 14 ff.
[18] Vgl. § 1 Abs. 1 PrüfV.
[19] Vgl. Prölss/*Kölschbach*, 12. Aufl., § 59 Rn. 6.

zwischen Abschlussprüfer und Aufsichtsbehörde und stellt klar, dass im Informationsaustausch kein Verstoß gegen Verschwiegenheitspflichten zu sehen ist. Einen Rahmen für diesen Dialog bilden die von EIOPA gemäß Art. 16 EIOPA-VO herauszugebenden Leitlinien.[20]

23 Es stellt sich die Frage, **wann** die im Gesetzestext geforderte **Notwendigkeit** zur **Veranlassung von Ergänzungen** des Berichts oder der Prüfung durch die Aufsichtsbehörde gegeben ist. Da hierzu keine ausdrücklichen Voraussetzungen normiert wurden, ist anzunehmen, dass eine **besondere Gefahrenlage** vorliegen muss. Darüber hinaus ist fraglich, ob es zur Veranlassung von Ergänzungen eines Verwaltungsaktes bedarf.[21]

24 Sofern die veranlassten Ergänzungen auf eine Änderung des Abschlusses abzielen, handelt es sich bei den durchzuführenden ergänzenden Prüfungshandlungen um eine **Nachtragsprüfung** im handelsrechtlichen Sinne. Es gilt gem. § 341k Abs. 1 S. 1 HGB die Vorschrift des § 316 Abs. 3 HGB.[22] Die durch die ergänzende Prüfung entstehenden Kosten sind nur insoweit vom Versicherungsunternehmen zu tragen, als sich die Prüfung in dem von § 341k HGB – unter Einbezug der gesetzlichen Erweiterung in § 35 Abs. 2 VAG – vorgegebenen Rahmen bewegt. Für **darüber hinausgehende Prüfungsanforderungen** muss die Aufsichtsbehörde die Kosten übernehmen. Liegen die Mehrkosten in der Fahrlässigkeit des Abschlussprüfers begründet, steht dem Versicherungsunternehmen gegen den Abschlussprüfer ein Regressanspruch gem. § 323 Abs. 1 S. 1 und 3, Abs. 2 HGB sowie aus positiver Vertragsverletzung zu.

25 **VII. Befreiung von der Einreichungs- und Übersendungspflicht für bestimmte Versicherungsunternehmen (Abs. 6).** § 37 Abs. 6 VAG befreit die in § 36 Abs. 2 VAG genannten Unternehmen[23] dem Wortlaut nach von der Anwendung des Abs. 4. Dieser beschreibt die Einreichungs- und Übersendungspflicht für einen befreienden IFRS-Einzelabschluss nach § 325 Abs. 2a HGB. Das ergibt weder Sinn, noch entspricht es Gesetzeshistorie und -zweck: die Vorgängervorschrift, § 64 VAG a. F., gab es bereits vor der Vorgängervorschrift des § 37 Abs. 4 VAG. § 64 VAG a. F. nahm die genannten Unternehmen von der Anzeige des Abschlussprüfers (jetzt § 36 Abs. 1 VAG) und von der Vorlage des Prüfungsberichtes (jetzt § 37 Abs. 5) aus. Letzteres ist nach der Begr. VAG-RegE 2013 mit § 37 Abs. 6 VAG bezweckt.[24] Es handelt sich demnach bei dem Verweis auf Abs. 4 offenbar um ein **redaktionelles Versehen.**

26 **VIII. Verhältnis zu anderen Regelungen des VAG sowie zu anderen Normen.** § 38 VAG nimmt bestimmte, unter **Landesaufsicht** stehende Versicherungsunternehmen von § 37 VAG aus.

27 § 37 Abs. 1 VAG knüpft an § 341a Abs. 1 HGB, der für Versicherungsunternehmen eine verlängerte **Frist zur Aufstellung** von 4 Monaten für den Jahresabschluss vorgibt. Zur Feststellung siehe § 172 AktG ggf. i. V. m. § 341a Abs. 4 HGB. Die Aufstellungsfrist für den Konzernabschluss regelt § 341i Abs. 3 HGB; er ist innerhalb von 2 Monaten nach dem Ablauf der Aufstellungsfrist für den zuletzt aufzustellenden und einzubeziehenden Einzelabschluss aufzustellen, spätestens nach zwölf Monaten, bei Kapitalmarktorientierung nach vier Monaten.

28 § 37 Abs. 2 VAG setzt auf der gesetzlichen Erweiterung der Jahresabschlussprüfung gem. § 35 Abs. 2 VAG um die Prüfung der Solvabilitätsübersicht gem. §§ 74 ff. VAG auf. Die Vorschrift steht im Zusammenhang mit § 39 Abs. 1 S. 1 Nr. 5 VAG, der das BMF ermächtigt, per Verordnung u. a. die Frist für die Einreichung der Solvabilitätsübersicht bei der Aufsichtsbehörde festzulegen, wenn auch diese Ermächtigung aufgrund der existierenden europaweit geltenden Vorgaben wohl nicht zum Tragen kommt.[25] Den Inhalt und die **Frist für die Einreichung der Prüfungsberichte zur Solvabilitätsübersicht** regelt die gem. § 39 Abs. 1 S. Nr. 3 VAG erlassene PrüfV.

29 Die Rechtsgrundlagen für die befreiende Offenlegung eines **IFRS-Einzelabschlusses**, für den § 37 Abs. 4 VAG die Vorlagepflicht regelt, bilden § 325 Abs. 2a HGB sowie i. V. m. 315a Abs. 1 HGB die VO (EU) 1606/2002.

30 Die Regelung des § 37 Abs. 5 VAG steht im Zusammenhang mit § 321 Abs. 5 HGB, der seinerseits vorsieht, dass der Prüfungsbericht den gesetzlichen Vertretern bzw. – bei Erteilung des Prüfungsauftrags durch den **Aufsichtsrat**, bei AGs gem. § 111 Abs. 2 S. 3 VAG, bei VVaG i. V. m. § 189 Abs. 3 S. 1 VAG – dem Aufsichtsrat vorzulegen ist. Art. 12 Abs. 2 VO (EU) 537/2014 sowie die auf dessen Basis ergangenen Leitlinien der EIOPA regeln den Dialog zwischen Abschlussprüfer und Aufsichtsbehörde.

[20] S. EIOPA-16/858, Final Report on the proposal for Guidelines on facilitating an effective dialogue between competent authorities supervising insurance undertakings and statutory auditor(s) and the audit firm(s) carrying out the statutory audit of these undertakings.

[21] Vgl. eher verneinend: Prölss/*Mayer,* 11. Aufl. 1997, § 59 Rn. 2 sowie Goldberg/Müller/*Goldberg* § 59 VAG a. F. Rn. 1.

[22] Vgl. zum Umfang der Nachtragsprüfung auch *Adler/Düring/Schmaltz,* HGB, 6. Aufl. 2000, § 316 Rn. 67; *Küster/Schmidt* in: Beck´scher Bilanz-Kommentar, 10. Aufl. 2016, § 316 HGB Rn. 27.

[23] Siehe § 36 Rn. 15 ff.

[24] BT-Drs. 18/2956, 248.

[25] S. Kommentierung zu § 39.

Rechnungslegung und Prüfung öffentlich-rechtlicher Versicherungsunternehmen

38 (1) **Die Vorschriften des Zweiten Unterabschnitts des Vierten Abschnitts in Verbindung mit den Vorschriften des Ersten und Zweiten Abschnitts des Dritten Buchs des Handelsgesetzbuchs gelten für öffentlich-rechtliche Unternehmen, die den Betrieb von Versicherungsgeschäften zum Gegenstand haben und nicht Träger der Sozialversicherung sind, entsprechend.**

(2) **Die §§ 36 und 37 gelten nicht für nach Landesrecht errichtete und der Landesaufsicht unterliegende öffentlich-rechtliche Versicherungsunternehmen, für die zur Prüfung ihrer Jahresabschlüsse nach § 341k des Handelsgesetzbuchs zusätzliche landesrechtliche Vorschriften bestehen.**

1 **I. Allgemeines. 1. Entstehungsgeschichte.** § 38 VAG wurde im Zuge der Novellierung des VAG durch das Gesetz zur Modernisierung der Finanzaufsicht über Versicherungen v. 1.4.2015[1] in das VAG eingefügt. Dabei entspricht § 38 Abs. 1 VAG unverändert dem bisherigen § 55 Abs. 1 VAG a. F., der durch Art. 4 Nr. 8 des Gesetzes zur Durchführung der Richtlinie des Rates der Europäischen Gemeinschaften über den Jahresabschluss und den konsolidierten Abschluss von Versicherungsunternehmen v. 24.6.1994 (Versicherungsbilanzrichtlinie-Gesetz, VersRiLiG)[2] in das VAG eingefügt wurde. § 38 Abs. 2 VAG übernimmt weitgehend wortgleich § 60 VAG a. F., der durch Art. 1 des Vierzehnten Gesetzes zur Änderung des VAG[3] v. 29.3.1983 eingefügt wurde. Zwischenzeitlich war er durch Art. 4 Nr. 15 des Gesetzes zur Durchführung der Richtlinie des Rates der Europäischen Gemeinschaften über den Jahresabschluss und den konsolidierten Abschluss von Versicherungsunternehmen v. 24.6.1994 (Versicherungsbilanzrichtlinie-Gesetz, VersRiLiG)[4] geändert worden.

2 **2. Normzweck.** Die Funktion des **§ 38 Abs. 1 VAG** liegt in der **Festlegung der Rechnungslegungspflichten öffentlich-rechtlicher Versicherungsunternehmen**. Seine **Bedeutung als Kern der Regelungen zur Rechnungslegung von allen Versicherungsunternehmen** hatte bereits die Vorgängervorschrift zu § 38 Abs. 1 VAG, § 55 Abs. 1 VAG a. F., aufgrund des **VersRiLiG** durch die Ergänzung des Vierten Abschnitts des Dritten Buchs des HGB um einen Zweiten Unterabschnitt „Ergänzende Vorschriften für Versicherungsunternehmen" sowie der Ermächtigungsvorschrift des § 330 HGB um die Absätze 3 und 4 **verloren**. Mit dem VersRiLiG wurde die Richtlinie 91/674/EWG des Rates vom 19.12.1991 über den Jahresabschluss und den konsolidierten Abschluss von Versicherungsunternehmen (VersBiRiLi)[5] in deutsches Recht umgesetzt. Danach haben alle Versicherungsunternehmen, rechtsform- und größenunabhängig, einen (Konzern-)Jahresabschluss und (Konzern-)Lagebericht nach den für große Kapitalgesellschaften geltenden Vorschriften aufzustellen.[6]

3 **§ 38 Abs. 2 VAG** schreibt die **Nichtanwendbarkeit** der Regelungen der §§ 36 und 37 VAG für diejenigen öffentlich-rechtlichen Versicherungsunternehmen fest, die nach Landesrecht errichtet wurden und der Landesaufsicht unterliegen. Der **Zweck** des § 38 Abs. 2 VAG liegt damit in der Regelung des **Verhältnisses von Bundes- und Landesrecht;** die Vorschrift ergänzt **§ 1 VAG.**

4 **3. Europarechtlicher Hintergrund.** § 38 Abs. 1 VAG setzt wie bisher § 55 Abs. 1 VAG a. F. die Anforderungen der VersBiRiLi bezüglich der öffentlich-rechtlichen Versicherungsunternehmen um. § 38 Abs. 2 VAG hat keinen europarechtlichen Hintergrund.

5 **II. Rechnungslegungspflichten öffentlich-rechtlicher Versicherungsunternehmen (Abs. 1).** In § 38 Abs. 1 VAG wird die Anwendbarkeit der versicherungsspezifischen Rechnungslegungsvorschriften des HGB auf öffentlich-rechtliche Versicherungsunternehmen kodifiziert. Die Ausführungen zum Anwendungsbereich in Absatz 1 sind schon in § 341 Abs. 1 HGB geregelt und haben lediglich **unterstützenden Charakter**.

6 Der § 341 Abs. 1 S. 1 HGB stellt auf den umfassenden Begriff eines Versicherungsunternehmens i. S. d. § 1 Abs. 1 VAG ab, der unstreitig sowohl für öffentlich-rechtliche Versicherungsunternehmen als auch für VVaG gilt. Die Regierungsbegründung zu § 341 HGB[7] erläutert, dass **§ 341 Abs. 1 HGB** und insofern der **gesamte Zweite Unterabschnitt** für **alle Versicherungsunternehmen**, **unabhängig von** ihrer **Kaufmannseigenschaft**, gilt.

7 Die Erklärung der entsprechenden Anwendbarkeit von handelsrechtlichen Versicherungsvorschriften für öffentlich-rechtliche Versicherungsunternehmen in § 38 Abs. 1 VAG und für VVaG in § 172 S. 2 VAG ist lediglich als Vorsichtsmaßnahme vor dem Hintergrund zu sehen, dass einige Rechtssubjekte

[1] BGBl. 2015 I, S. 434.
[2] BGBl. 1994 I, 1377.
[3] BGBl. 1983 I, 377.
[4] BGBl. 1994 I, 1377.
[5] ABl. EG 1991 L 374, 7.
[6] Vgl. §§ 341 Abs. 1 S. 1 i. V. m. 341a Abs. 1 S. 1 HGB.
[7] Vgl. BT-Drs. 12/5587, 22.

ohne Kaufmannseigenschaft[8] nicht den Regelungen eines Spezialgesetzes für Kaufleute wie dem HGB unterworfen sein könnten. Mit der ausdrücklichen Erklärung, dass die HGB-Vorschriften für große Kapitalgesellschaften im VAG für alle Versicherungsunternehmen unabhängig von deren jeweiliger Rechtsform anzuwenden sind, wird dem Umstand angemessen Rechnung getragen, dass sowohl **öffentlich-rechtliche Versicherer** als auch **VVaG** Besonderheiten aufweisen, die lediglich durch eine entsprechende Anwendung der auf große Kapitalgesellschaften zugeschnittenen HGB-Vorschriften berücksichtigt werden können.

Unter Bezugnahme auf § 341 Abs. 1 S. 2 HGB sind **Unterstützungseinrichtungen des öffentlichen Dienstes** und **berufsständische Versorgungswerke**, die nicht unter die VersBiRiLi fallen, von den versicherungsspezifischen Rechnungslegungsvorschriften des HGB **ausgenommen**. 8

III. Prüfung öffentlich-rechtlicher Versicherungsunternehmen (Abs. 2). § 38 Abs. 2 VAG stellt eine Ergänzung zu § 1 VAG dar. Während § 1 Abs. 1 i. V. m. § 7 Nr. 33 VAG die Anwendung des VAG auf sämtliche Unternehmen vorsieht, die den Betrieb von Versicherungsgeschäften zum Gegenstand haben und nicht Träger der Sozialversicherung sind, werden in § 1 Abs. 3 S. 1 1. Hs. VAG die Zusatzversorgungseinrichtungen von diversen Vorschriften zur Rechnungslegung und Prüfung ausgenommen. Für die nach Landesrecht errichteten und unter Landesaufsicht stehenden Zusatzversorgungseinrichtungen regelt § 1 Abs. 3 S. 1 2. Hs. VAG den Vorrang des Landesrechtes vor dem Bundesrecht. Dieser soll aber – im Einklang mit dem Organisationsrecht der Länder[9] – nicht nur für die Zusatzversorgungseinrichtungen, sondern für **alle nach Landesrecht errichteten und der Landesaufsicht unterliegenden öffentlich-rechtlichen Versicherungsunternehmen** gelten, was durch § 38 Abs. 2 VAG erreicht wird. Somit gelten die Vorschriften der §§ 36 und 37 VAG bei Existenz entsprechender landesrechtlicher Bestimmungen für sämtliche in deren Anwendungsbereich fallenden Versicherungsunternehmen lediglich subsidiär. Anderenfalls wären diese Versicherungsunternehmen entweder mit doppelten Pflichten belastet, oder – bei befreiender Wirkung der Erfüllung der Pflichten gegenüber der Bundesaufsichtsbehörde – die jeweilige Landesbehörde wäre nicht in der Lage, durch Kenntnisnahme von der Bestellung des Abschlussprüfers bzw. des Prüfungsberichtes ihren aufsichtlichen Pflichten nachzukommen. 9

Unmittelbare Geltung haben die §§ 36 und 37 VAG **ausschließlich** für die der **Bundesaufsicht** unterliegenden öffentlich-rechtlichen Versicherungsunternehmen, die keine Zusatzversorgungseinrichtungen sind und nicht in den Anwendungsbereich des **§ 3 VAG** fallen. 10

IV. Verhältnis zu anderen Regelungen des VAG sowie zu anderen Normen. S. die Erl. oben. 11

Verordnungsermächtigung

39 (1) [1] **Das Bundesministerium der Finanzen wird ermächtigt, für Versicherungsunternehmen, die nicht der Aufsicht durch die Aufsichtsbehörden der Länder unterliegen, durch Rechtsverordnung Vorschriften zu erlassen über**

1. **die Buchführung, den Inhalt, die Form, die Frist und die Stückzahl des bei der Aufsichtsbehörde einzureichenden internen Berichts, bestehend aus einer für Aufsichtszwecke gegliederten Bilanz und einer nach Versicherungszweigen und Versicherungsarten gegliederten Gewinn-und-Verlustrechnung sowie besonderen Erläuterungen zur Bilanz und zur Gewinn-und-Verlustrechnung, soweit dies zur Durchführung der Aufsicht nach diesem Gesetz erforderlich ist;**
2. **den Inhalt, die Form und die Stückzahl des bei der Aufsichtsbehörde vierteljährlich einzureichenden internen Zwischenberichts, bestehend aus einer Zusammenstellung aktueller Buchhaltungs- und Bestandsdaten sowie aus Angaben über die Anzahl der Versicherungsfälle, soweit dies zur Durchführung der Aufsicht nach diesem Gesetz erforderlich ist;**
3. **den Inhalt der Prüfungsberichte nach § 35 Absatz 1 und 2 sowie § 341k des Handelsgesetzbuchs, soweit dies zur Durchführung der Aufsicht nach diesem Gesetz erforderlich ist, insbesondere, um einheitliche Unterlagen zur Beurteilung der von den Versicherungsunternehmen durchgeführten Versicherungsgeschäfte zu erhalten;**
4. **die Prüfung des Jahresabschlusses und des Lageberichts von Versicherungsunternehmen, auf die § 341k des Handelsgesetzbuchs nicht anwendbar ist, durch einen unabhängigen Sachverständigen sowie über den Inhalt und die Frist für die Einreichung eines Sachverständigenberichts, soweit dies zur Durchführung der Aufsicht nach diesem Gesetz erforderlich ist;**
5. **den Inhalt, die Form und die Stückzahl der zu erstellenden Solvabilitätsübersicht sowie über die Frist für die Einreichung bei der Aufsichtsbehörde;**

---

[8] Vgl. § 172 S. 1 VAG i. V. m. §§ 1–7 HGB.

[9] Vgl. hierzu die Begründung zum Vierzehnten Gesetz zur Änderung des Versicherungsaufsichtsgesetzes, BT-Drs. 9/1493, 26.

6. die Fristen für die Übermittlung von Informationen, die auf Grund von delegierten Rechtsakten gemäß Artikel 35 Absatz 9 und technischen Durchführungsstandards gemäß Artikel 35 Absatz 10 der Richtlinie 2009/138/EG zu übermitteln sind, und

7. die Art und Weise der Datenübermittlung, die zu verwendenden Datenformate, die einzuhaltende Datenqualität sowie über die anzugebende Unternehmenskennung.

[2] Vor dem Erlass ist der Versicherungsbeirat zu hören. [3] Die Ermächtigung kann durch Rechtsverordnung auf die Bundesanstalt übertragen werden. [4] Rechtsverordnungen nach den Sätzen 1 bis 3 bedürfen nicht der Zustimmung des Bundesrates. [5] Rechtsverordnungen nach Satz 1 Nummer 1, 3 und 4 und nach Satz 3, soweit sie die Ermächtigungen nach Satz 1 Nummer 1, 3 und 4 erfassen, ergehen im Einvernehmen mit dem Bundesministerium der Justiz und für Verbraucherschutz.

(2) **[1] Für Versicherungsunternehmen, die der Aufsicht durch die Aufsichtsbehörden der Länder unterliegen, können die Landesregierungen im Benehmen mit der Bundesanstalt durch Rechtsverordnung Vorschriften nach Absatz 1 erlassen. [2] Sie können diese Befugnis durch Rechtsverordnung der Aufsichtsbehörde des Landes übertragen.**

Übersicht

Schrifttum: *Engeländer,* Die Bedeutung der Bestandsgruppe 140 nach Anlage 1 Abschnitt D BerVersV, in: Der Aktuar, 2001; FKBP/*Kaulbach,* § 55a; Goldberg/Müller/*Goldberg,* § 55; Prölss/*Kölschbach,* 12. Aufl. 2005, § 55a; *Schlegelberger/Friedrich,* Das Recht der Gegenwart, 35. Aufl. 2009; *Sell,* Die Vorschriften über die Rechnungslegung und Prüfung der Versicherungsunternehmen, in: IDW (Hrsg.), Rechnungslegung und Prüfung der Versicherungsunternehmen, 5. Aufl. 2011, Kapitel A.

1 **I. Allgemeines. 1. Entstehungsgeschichte.** Obschon § 39 VAG in dieser Form im Zuge der Novellierung des VAG durch das Gesetz zur Modernisierung der Finanzaufsicht über Versicherungen v. 1.4.2015[1] in das VAG eingefügt wurde, sind in der Vorschrift große Teile des **§ 55a VAG a. F.,** als zentraler Ermächtigungsvorschrift zur Berichterstattung an die Aufsichtsbehörde im bisherigen VAG, enthalten: So entsprechen § 39 Abs. 1 S. 1 Nr. 1, 2 und 4 VAG inhaltlich und im Wortlaut unverändert den bisherigen § 55a Abs. 1 Nr. 1, 1a, 2 und 4 VAG a. F.

2 In § 39 Abs. 1 S. 1 Nr. 3 VAG werden die bislang in § 55a Abs. 1 S. 1 Nr. 3 VAG a. F. sowie § 57 Abs. 2 VAG a. F. enthaltenen Ermächtigungsgrundlagen zum Erlass einer Rechtsverordnung zur Ausgestaltung des **Prüfungsberichtes des Abschlussprüfers** zum handelsrechtlichen Jahresabschluss sowie seinen aufsichtsrechtlichen Prüfungspflichten zusammengeführt. Dabei werden die Inhalte des aufsichtsrechtlichen Berichtsgegenstandes insofern wesentlich erweitert, als die Verpflichtung zur Aufstellung einer Solvabilitätsübersicht und deren Einbezug in die Abschlussprüfung im Rahmen von Solvabilität II neu eingeführt wurde.[2]

3 Eine Ermächtigung zur Festlegung von Inhalten der Prüfungsberichte im Hinblick auf die Prüfung der aufsichtsrechtlichen Anzeigepflichten sowie die im Zusammenhang mit der sog. **EMIR-VO**[3] und der sog. **Rating-VO**[4] zu prüfenden Sachverhalte war bereits in § 57 Abs. 2 VAG a. F. enthalten. Während der Verordnungsgeber von der Ermächtigungsgrundlage des bisherigen § 57 Abs. 2 VAG a. F. keinen Gebrauch gemacht hat, sieht die neue **PrüfV**[5] einen eigenen Abschnitt für die Berichterstattung

[1] BGBl. 2015 I 434 v. 1.4.2015.

[2] S. hierzu auch die Kommentierungen zu § 74 VAG und § 35 VAG.

[3] VO (EU) 648/2012.

[4] VO (EU) 1060/2009.

[5] Vgl. VO über den Inhalt der Prüfungsberichte zu den Jahresabschlüssen und den Solvabilitätsübersichten von Versicherungsunternehmen (Prüfungsberichteverordnung – PrüfV) v. 19. Juli 2017, BGBl. 2017 I 4846.

über die Prüfung aufsichtsrechtlicher Inhalte vor, die neben der Solvabilitätsübersicht auch die der Prüfung unterliegenden Anforderungen aus der EMIR-VO und der Rating-VO umfasst.

4 Die Regelung aus § 55a Abs. 1 Nr. 1b VAG a. F. wurde nicht übernommen, weil die Berichterstattung über **gruppeninterne Transaktionen** auf europäischer Ebene festgelegt wird und insofern nicht mehr der Regelung auf nationaler Ebene bedarf. Auch unter Solvabilität I war die Ermächtigungsgrundlage des § 55a Abs. 1 Nr. 1b VAG a. F. indessen ungenutzt geblieben.

5 Bei den in § 39 Abs. 1 S. 1 Nr. 5 bis 7 VAG enthaltenen Ermächtigungsgrundlagen handelt es sich um **neue Vorschriften**, die zur Umsetzung von Solvabilität II geschaffen wurden.

6 Durch die wortgleiche Übernahme von § 55a Abs. 1 S. 1 VAG a. F. in § 39 Abs. 1 S. 4 VAG bedarf der Verordnungserlass auch zukünftig keiner Zustimmung des **Bundesrates**, die Ermächtigung kann infolge der Wortgleichheit von § 39 Abs. 1 S. 3 VAG und § 55a Abs. 1 S. 2 VAG a. F. auf die BaFin übertragen werden und wegen der Identität des § 39 Abs. 1 S. 2 VAG mit dem § 55a Abs. 1 S. 3 2. Hs. VAG a. F. ist auch weiterhin vor Erlass der jeweiligen Verordnungen der **Versicherungsbeirat** zu hören.

7 Auch die Regelungen in Bezug auf die der **Landesaufsicht** unterliegenden Versicherungsunternehmen bleiben gleich, da § 39 Abs. 2 VAG wörtlich dem § 55a Abs. 3 VAG a. F. entspricht.

8 **2. Normzweck.** Wie bereits aus der Überschrift hervorgeht, besteht der Zweck des § 39 VAG in der Regelung der Ermächtigung des Verordnungsgebers zum Erlass verschiedener Verordnungen. Diese betreffen zu einem Großteil die **Berichterstattung der Versicherungsunternehmen gegenüber den Aufsichtsbehörden** des Bundes und der Länder, d. h. die sog. interne Rechnungslegung, und ermöglichen, Vorgaben zu Inhalt und Form der Berichterstattung zu machen, insoweit diese nicht bereits durch europarechtliche Vorgaben festgelegt sind. Die Ermächtigung bezieht sich nicht nur auf solche Berichtspflichten, die aus Solvabilität II resultieren; vielmehr erstreckt sie sich auch weiterhin auf die Vorgaben zu aufsichtsrechtlicher Berichterstattung auf der Basis handelsrechtlicher Werte: Dabei ermächtigt § 39 Abs. 1 S. 1 Nr. 1 VAG zum Erlass einer Verordnung zur jährlichen und § 39 Abs. 1 S. 1 Nr. 2 VAG zur vierteljährlichen Berichterstattung.

9 Obwohl sich die Ermächtigung des § 39 VAG unmittelbar nur auf den **Inhalt** und die **Form** der sog. internen Rechnungslegung bezieht, regelt die Vorschrift mittelbar auch, dass eine Berichterstattung zu erfolgen hat. Dies folgt daraus, dass keine weitere Vorschrift existiert, mit der die **Berichtspflicht dem Grunde nach** eingeführt würde.[6]

10 In erster Linie für die Berichterstattung gegenüber der Öffentlichkeit maßgeblich und nur indirekt für die Berichterstattung an die Aufsichtsbehörde relevant ist die Ermächtigungsgrundlage des § 39 Abs. 1 S. 1 Nr. 3 VAG, durch die Festlegungen zur **Berichterstattung des Abschlussprüfers** über seine Prüfung von Jahresabschluss und Solvabilitätsübersicht sowie zu den weiteren aufsichtsrechtlichen Sachverhalten getroffen werden können, die einer Prüfung durch den Abschlussprüfer unterliegen. Das Gleiche gilt auch für die in § 39 Abs. 1 S. 1 Nr. 4 VAG enthaltene Ermächtigungsgrundlage, die es dem BMF bzw. der Aufsichtsbehörde ermöglicht, Inhalt und Umfang der **Sachverständigenprüfung** und der Berichterstattung hierzu für die kleineren Versicherungsunternehmen vorzugeben, die auf Basis von § 61 RechVersV von der Anwendung des § 341k HGB ausgenommen sind und deren Jahresabschlüsse nicht der Prüfungspflicht durch einen Abschlussprüfer unterliegen. Mit § 39 Abs. 1 S. 1 Nr. 4 VAG wird auch für diese Versicherungsunternehmen eine begrenzte Prüfungspflicht geschaffen und Inhalt sowie Einreichungsfrist des entsprechenden Prüfungsberichts geregelt. Zwar wurde die Befreiung von der Prüfungspflicht durch einen Abschlussprüfer für diese kleinen Versicherungsunternehmen vom Gesetzgeber normiert, um unangemessene, den Größenordnungen der Unternehmen nicht entsprechende Belastungen zu vermeiden; andererseits war es nicht gewollt, diese von jeder Prüfungspflicht und Berichterstattung zu befreien. Vielmehr wurde vor dem Hintergrund des bei Gesellschaften dieser Größenordnung nicht selten anzutreffenden Mangels an qualifiziertem Personal mit entsprechenden Fachkenntnissen die Notwendigkeit zur Gewährleistung ordnungsgemäßer Jahresabschlüsse und Lageberichte durch eine geeignete Berichterstattung gesehen.

11 Von den in § 39 Abs. 1 S. 1 Nr. 5–7 VAG enthaltenen neu im Zuge der Umsetzung der Solva II-RL hinzugekommenen Ermächtigungen, die der Umsetzung von Solvabilität II dienen, ist – wegen der inhaltlichen Dopplung der in § 39 Abs. 1 S. 1 Nr. 5 und 6 VAG enthaltenen Regelungsgegenstände zum EU-Recht[7] – vor allem die Ermächtigung des § 39 Abs. 1 S. 1 Nr. 7 VAG relevant. Sie ermöglicht eine Konkretisierung der Durchführung der Berichterstattung an die Aufsichtsbehörde durch den Erlass einer VO zu **Art und Weise der Datenübermittlung, den Datenformaten sowie der Datenqualität**.[8] Die Verordnungsermächtigung ist weit gefasst und bezieht sich nicht ausschließlich auf die Berichterstattung der in § 39 VAG vorgesehenen Inhalte bzw. die Inhalte der auf Basis von § 39 VAG

[6] Vgl. Prölss/*Kölschbach*, 12. Aufl., § 55a Rn. 9 sowie FKBP/*Kaulbach* § 55a Rn. 5.

[7] Siehe hierzu Rn 46 ff. u. 50 ff.

[8] Die anderen in § 39 Abs. 1 S. 1 Nr. 5–7 VAG enthaltenen Ermächtigungen betreffen Berichtsanforderungen und Fristen, die bereits durch DVO (EU) 2015/2450 sowie § 344 VAG bzw. Art. 308b Abs. 5–8 Solva II-RL vorgegeben sind und auf die der deutsche Gesetzgeber daher – vorbehaltlich einer Änderung dieser europarechtlicher Grundlagen – keinen Einfluss nehmen kann.

erlassenen Verordnungen, sondern ausweislich der Gesetzesbegründung auch auf die Berichtspflichten, die sich aus der Solva II-VO oder der DVO (EU) 2015/2450 ergeben.[9]

12 **3. Europarechtlicher Hintergrund.** Insoweit wie § 39 VAG Inhalte des bisherigen § 55a VAG a. F. übernimmt, fehlt es an europäischen Rechtsgrundlagen. Im Gegensatz zur externen Rechnungslegung gab es vor dem Erlass der technischen Durchführungsstandards zu Solvabilität II in Form der DVO (EU) 2015/2450 **keine europarechtlichen Grundlagen** zur **Berichterstattung an die Aufsichtsbehörde**. Allerdings sind die auf Basis der Ermächtigungsgrundlage des § 39 Abs. 1 S. 1 Nr. 1 VAG erlassene Versicherungsberichterstattungs-Verordnung (**BerVersV**) sowie die auf Basis von § 39 Abs. 1 S. 1 Nr. 3 VAG erlassene Prüfungsberichteverordnung (**PrüfV**) und die auf § 39 Abs. 1 Abs. 1 S. 1 Nr. 4 VAG gründende Sachverständigenprüfverordnung (**SachvPrüfV**) anlässlich der Novellierung des VAG zur Umsetzung der Solva II-RL auch jenseits des aus der Prüfungspflicht der Solvabilitätsübersicht resultierenden Ergänzungsbedarfs in Bezug auf die PrüfV[10] **überarbeitet** worden.

13 Die neuen, erstmals in § 39 Abs. 1 S. 1 Nr. 5–7 VAG enthaltenen Vorschriften setzen die **Solva II-RL** im VAG um: Als zugrunde liegende Vorschriften kommen Art. 35 Abs. 3 und 4 sowie Abs. 9 und 10 Solva II-RL in Frage. Mit den Art. 304 ff. Solva II-VO sowie den quantitativen Meldebögen der DVO (EU) 2015/2450 und DVO (EU) 2015/2452,[11] die unter anderem die Solvabilitätsübersicht enthalten, existieren aber schon so umfassende verbindlich anzuwendende Vorgaben auf europäischer Ebene, dass sich – vorbehaltlich von Änderungen dieser europäischen Rechtsgrundlagen – weitere VO auf nationaler Ebene erübrigen dürften.[12]

14 Die für die Berichterstattung an die Aufsichtsbehörde maßgeblichen maximalen **Einreichungsfristen**, zu deren Regelung der Verordnungsgeber in § 39 Abs. 1 S. 1 Nr. 5 und Nr. 6 VAG ebenfalls ermächtigt wird, sind bereits in § 344 Abs. 1 und 2 VAG geregelt, mit dem Art. 308b Abs. 5 und Abs. 7 Solva II-RL umgesetzt werden. Entgegen den Ausführungen der Gesetzesbegründung zu § 39 Abs. 1 S. 1 Nr. 5 und 6 VAG[13] beziehen sich die Fristen des § 344 VAG durchaus explizit auf die Einreichung durch die Versicherungsunternehmen und regeln nicht Fristen, die die Aufsichtsbehörden für ihre Berichterstattung gegenüber anderen europäischen Behörden und Institutionen wie der EIOPA oder der EZB zu beachten haben.

15 Für die in § 39 Abs. 1 S. 1 Nr. 3 VAG enthaltene Ermächtigungsgrundlage zur **Vorgabe von Berichtsinhalten und -formaten** für die Berichterstattung zur Abschlussprüfung der Solvabilitätsübersicht fehlt es an einer europäischen Rechtsgrundlage bereits insofern, als auch die Prüfungspflicht selbst nicht auf einer Richtlinienvorgabe beruht.[14] Allerdings war auch hier die Umsetzung der Solva II-RL im VAG der Anlass für eine grundlegende Überarbeitung der VO.

16 **II. Verordnungsermächtigung des Bundesministeriums der Finanzen (Abs. 1). 1. Ermächtigungsrahmen.** Trotz der heterogenen Ermächtigungsformen ist der **Ermächtigungsrahmen** des § 39 VAG **sachlich abgesteckt**. Der Verordnungsgeber kann nicht jede beliebige Form der Berichterstattung von den Versicherungsunternehmen fordern, sondern muss die in § 39 VAG vorgenommenen Definitionen berücksichtigen.

17 Zunächst wird der **Verordnungsgegenstand** durch die Begriffe „Buchführung", „Bericht", „Zwischenbericht", „Prüfungsberichte", „Prüfung des Jahresabschlusses und des Lageberichts von Versicherungsunternehmen", „Sachverständigenbericht" sowie „Datenübermittlung", „Datenformate" und „Datenqualität" **eingeschränkt**. Dabei wird der Inhalt der Berichterstattung an die Aufsichtsbehörde auf Basis handelsrechtlicher Größen dahingehend weiter konkretisiert, dass der Jahresbericht, aufbauend auf Unterlagen der externen Rechnungslegung, nur aus einer speziell gegliederten Bilanz, GuV sowie Erläuterungen bestehen darf. Der aus HGB-Daten bestehende Quartalsbericht darf dagegen nur eine Zusammenstellung aktueller Buchhaltungs- und Bestandsdaten sowie Angaben über die Anzahl der Versicherungsfälle enthalten.

18 In § 39 VAG **nicht explizit genannte Mittel der Informationsbeschaffung**, wie bspw. die in den §§ 305 f. und 309 VAG genannten, **entfallen** damit. Auch zu einer **Erweiterung der Überwachungsbefugnisse und Aufsichtsrechte** der BaFin über den in den **§§ 294–317 VAG** vorgesehenen Rahmen hinaus ist die Aufsichtsbehörde **nicht berechtigt**.

19 Jedoch lassen Begriffe wie „besondere Erläuterungen" und „Buchhaltungs- und Bestandsdaten" dem Verordnungsgeber zwangsläufig einen gewissen **Beurteilungsspielraum**. So wird insbesondere in den auf Basis von § 39 Abs. 1 S. 1 Nr. 1 VAG erlassenen technischen Nachweisungen der Versicherungsberichterstattungs-Verordnung (BerVersV) die Angabe von Teilbeträgen verlangt, die nur unter hohem

---

9 Vgl. Begr. VAG-RegE 2014, BT-Drs. 18/2956, 248.
10 Siehe Rn. 32 ff.
11 EU-Abl. L341 v. 31.12.2015, 1285.
12 Siehe hierzu ausführlicher Rn. 46 ff. u. 50 ff.
13 Siehe Begr. VAG-RegE 2014, BT-Drs. 18/2956, 300.
14 Siehe hierzu ausführlicher die Kommentierung zu § 35 VAG.

Aufwand zu ermitteln sind und weit über die im Jahresabschluss anzugebenden Informationen hinausgehen.[15]

Auch die Begriffe „Datenübermittlung", „Datenformate" und „Datenqualität" sind nur bedingt 20
selbsterklärend. So lässt sich der Begriff „**Datenqualität**" sowohl inhaltlich als auch technisch verstehen: Art. 35 Abs. 4 Solva II-RL stellt eher auf den Inhalt ab, während die Gesetzesbegründung zu § 39 Abs. 1 S. 1 Nr. 7 VAG eher das technische Verständnis nahelegt.

Darüber hinaus wird der Ermächtigungsrahmen in fast allen Fällen – Ausnahmen bilden § 39 Abs. 1 21
S. 1 Nr. 5–7 VAG – durch den unbestimmten Passus **„soweit dies zur Durchführung der Aufsicht nach diesem Gesetz erforderlich ist"** begrenzt. Wann das Erfordernis zum Erlass von zusätzlichen Vorschriften auf der Grundlage der Ermächtigungsvorschrift des § 39 VAG gegeben ist, richtet sich zwar prinzipiell nach den Aufsichtszielen,[16] die sich unter Solvabilität II nicht geändert haben. Auf dieser Grundlage aber den berechtigten Informationsbedarf einer verantwortungsvollen Aufsichtsbehörde abzugrenzen, ist im Einzelfall schwierig, wenn nicht unmöglich. Insofern hat die o. g. Begrenzung keine wirkliche Bedeutung bei der Bestimmung von Zweck und Ausmaß der Ermächtigung.[17]

Eingeschränkt wird der Beurteilungsspielraum der Aufsichtsbehörde hinsichtlich des Inhalts der von 22
ihr zu erlassenden Verordnungen aber durch die Regelungen des § 39 Abs. 1 S. 2 und Abs. 2 VAG. Letzterer sieht vor, dass die Verordnungen der Länder an eine Abstimmung mit der Aufsichtsbehörde auf Bundesebene gebunden sind. Bei Verordnungen der BaFin ist zudem zuvor der Versicherungsbeirat anzuhören.[18] Durch das auf diese Weise vorgeschriebene, abgestimmte Vorgehen beim Erlass der Verordnungen soll sowohl auf eine **sachgerechte Ausfüllung der Ermächtigungen** als auch darauf hingewirkt werden, dass die auf ihrer Grundlage erlassenen Vorschriften des Bundes und der Länder miteinander **harmonieren**.

2. Verordnungsgeber. In **§ 39 Abs. 1 S. 1 VAG** wird das **BMF** ermächtigt, für die Versicherungs- 23
unternehmen, die der **Bundesaufsicht** unterliegen, VO zu diversen Sachverhalten zu erlassen: Es darf Regelungen festlegen zur Berichterstattung der Versicherungsunternehmen an die Aufsichtsbehörde, zur Berichterstattung des Abschlussprüfers über die Prüfung der Jahresabschlüsse sowie zur Prüfung und Berichterstattung der Versicherungsunternehmen, auf die § 341k HGB nicht anwendbar ist, durch einen unabhängigen Sachverständigen.

Gemäß **§ 39 Abs. 1 S. 3 VAG** kann das BMF diese Ermächtigung auf die **BaFin** übertragen. Eine 24
unmittelbare Ermächtigung der Aufsichtsbehörde zum Erlass von Rechtsverordnungen war aufgrund des Art. 80 GG **nicht möglich**: Um aber den Besonderheiten des Versicherungsrechts und der Versicherungswirtschaft gerecht zu werden, wurde dem BMF die o. g. Subdelegationsbefugnis eingeräumt.[19]

Der Sinn einer Subdelegation auf die Aufsichtsbehörde wird noch verstärkt durch die in **§ 39 Abs. 1** 25
S. 2 VAG normierte Verpflichtung, vor dem Erlass bzw. der Änderung einer VO, den **Versicherungsbeirat** als gleichgeordnetes Organ zu hören. Die **Zustimmung** des Beirats ist **nicht erforderlich**; dieser gibt lediglich ein Urteil darüber ab, ob und inwieweit sich die Vorschriften in wirtschaftlicher Hinsicht nachteilig für die Versicherungsunternehmen auswirken können.[20] Die vor der Novellierung des VAG zur Umsetzung der Solva II-RL bestehende „Übertragungsverordnung"[21] wurde mit Art. 2 Nr. 3 Elfte VO zur Änderung der VO zur Übertragung von Befugnissen zum Erlass von Rechtsverordnungen auf die BaFin[22] aufgehoben. Auf Basis von Art. 39 Abs. 1 S. 3 VAG hat das BMF bislang noch nicht von seiner Subdelegationsbefugnis Gebrauch gemacht.

3. Versicherungsberichterstattungs-Verordnung (BerVersV). Gemäß § 39 Abs. 1 S. 1 Nr. 1 26
und Nr. 2 VAG hat das BMF die Möglichkeit, mittels Rechtsverordnung Festlegungen über die Buchführung sowie Inhalt, Form und Stückzahl der der Aufsichtsbehörde jährlich (Nr. 1) bzw. quartalsweise (Nr. 2) einzureichenden internen Berichte zu treffen. Es hat hiervon mit Erlass der Versicherungsberichterstattungs-VO (**BerVersV**) vom 19.7.2017 Gebrauch gemacht.[23] Die auf Basis der Verordnungsermächtigung des § 55a Abs. 1 S. 1 Nr. 1 und Nr. 1 lit. a VAG a. F. erlassene BerVersV a. F. vom

---

[15] Vgl. zu den Grenzen der Ermittlung dieser Teilbeträge bspw. *Engeländer* S. 14 f.

[16] Vgl. *Engeländer* S. 14.

[17] Vgl. hierzu und m. w. N. zu verfassungsrechtlichen Bedenken: FKBP/*Kaulbach* § 55a Rn. 1.

[18] Vgl. § 39 Abs. 1 S. 2 VAG sowie Rn. 25.

[19] Vgl. Goldberg/Müller/*Goldberg* § 55 Rn. 5.

[20] Vgl. Goldberg/Müller/*Goldberg* § 55 Rn. 98.

[21] Verordnung zur Übertragung der Zuständigkeit zum Erlass von Rechtsverordnungen nach § 55a Abs. 1 VAG auf das BAV v. 10.7.1986, BGBl. 1986 I, 1094; vgl. dazu auch FKBP/*Kaulbach* § 55a Rn. 13.

[22] BGBl. 2010 I 2322.

[23] Vgl. VO über die Berichterstattung von Versicherungsunternehmen gegenüber der Bundesanstalt für Finanzdienstleistungsaufsicht (Versicherungsberichterstattungs-Verordnung – BerVersV) v. 19.7.2017, BGBl. 2017 I 2858, zuletzt geändert durch Art. 7 Betriebsrentenstärkungsgesetz v. 17.8.2017, BGBl. 2017 I 3214.

11.4.2006, die zuletzt durch Art. 1 der VO vom 16.12.2013[24] geändert worden war, wurde durch Art. 2 Nr. 2 VAGVAufhV[25] zum 1.4.2016 aufgehoben.[26]

27 Die BerVersV ist gemäß § 1 Abs. 1 BerVersV für alle Versicherungsunternehmen **verpflichtend anzuwenden**, die der **Aufsicht durch die BaFin** unterliegen. Es wird nur in Bezug auf vereinzelte Berichtspflichten[27] zwischen solchen Versicherungsunternehmen unterschieden, die unter die Regelungen von Solvabilität II fallen und zusätzlich die Berichterstattungsanforderungen erfüllen müssen, die sich aus den europäischen Rechtsgrundlagen ergeben und solchen, die wegen ihrer Größe oder Art des betriebenen Geschäfts hiervon ausgenommen sind.[28] Für **kleinere Vereine** i. S. d. § 210 Abs. 1 VAG **kann** die Aufsichtsbehörde allerdings nach § 210 Abs. 3 VAG **Ausnahmen von § 39 Abs. 1 VAG** und damit u. a. auch von der Anwendung der BerVersV vorsehen.

28 Trotz der umfassenden zusätzlichen Berichtspflichten, die sich im Rahmen der regelmäßigen aufsichtlichen Berichtspflichten nach Art. 304 Solva II-VO sowie den DVO (EU) 2015/2450[29] und DVO (EU) 2015/2452[30] ergeben, entsprechen die Anforderungen der neuen BerVersV vom 19.7.2017. zu **wesentlichen Teilen** den von der **bisherigen BerVersV** geforderten Berichtspflichten.

29 Die folgenden **Änderungen** erscheinen erwähnenswert: Die formgebundenen Erläuterungen zur **währungskongruenten Bedeckung** sind nicht mehr enthalten; sie sind aufgrund des Wegfalls der entsprechenden Anforderung unter Solvabilität II überflüssig geworden. Auch die formgebundenen Erläuterungen zum **Niederlassungs- und Dienstleistungsgeschäft**, die zu **Bestandsbewegungen** sowie die zu **Gewinn- und Verlustrechnungen im Zusammenhang mit Rückversicherung** gibt es in der Neufassung der BerVersV nicht mehr; diese Angaben werden aber von der Berichterstattung anhand der quantitativen Meldebögen nach Solvabilität II in ähnlicher Form gefordert.[31]

30 Die für die **Lebensversicherung** geforderten formgebundenen Erläuterungen werden um Berichtspflichten zum **kollektiven Teil der RfB** erweitert und an zwischenzeitlich erfolgte Änderungen im Zuge des SEPA-Begleitgesetzes[32] und der RfB-VO[33] angepasst. Die formgebundenen Erläuterungen in Bezug auf die **Kapitalanlagen** wurden – trotz der umfassenden Berichtspflichten zu den Kapitalanlagen in den Meldebögen zu Solvabilität II – auch in den Fällen beibehalten, in denen dies eine Dopplung zu den sich aus den europäischen Rechtsgrundlagen ergebenden Berichtspflichten bedeutet.

31 In Bezug auf die **vierteljährliche Berichterstattung** werden die in der bisherigen BerVersV vorgesehenen Berichtspflichten unverändert in die neue BerVersV übernommen: Es sind weiterhin im Wesentlichen Angaben zur Bestandsentwicklung und zur Entwicklung der Kapitalanlagen zu berichten.

32 **4. Prüfungsberichteverordnung (PrüfV).** § 39 Abs. 1 Nr. 3 VAG ermächtigt das BMF durch Rechtsverordnung Vorschriften zu erlassen über den Inhalt der Berichte über die **Prüfung der Einhaltung der regulatorischen Vorgaben** gem. § 35 Abs. 1 VAG, über die **Prüfung der Solvabilitätsübersicht** gem. § 35 Abs. 2 VAG sowie über die **Prüfung des Jahres- bzw. Konzernabschlusses** gem. § 341k HGB. Die Verordnungsermächtigung beschränkt sich auf die Inhalte, die zur Durchführung der Aufsicht nach dem VAG erforderlich sind. Sie ergänzt die allgemeinen, handelsrechtlichen Bestimmungen zum Prüfungsbericht zum Jahresabschluss in § 321 HGB und Art. 11 der VO (EU) Nr. 537/2014 des Europäischen Parlaments und des Rates vom 16.4.2014 über spezifische Anforderungen an die Abschlussprüfung bei Unternehmen von öffentlichem Interesse und zur Aufhebung des Beschlusses 2005/909/EG der Kommission.[34] Mit dem IDW Prüfungsstandard: Grundsätze ordnungsmäßiger Berichterstattung bei Abschlussprüfungen (**IDW PS 450**) hat das IDW die Berufsauffassung dargelegt, nach der der Wirtschaftsprüfer als Abschlussprüfer des Jahresabschlusses Bericht zu erstatten hat. Diese **Anforderungen** bleiben **unberührt**.

33 Die VO dient gemäß dem ausdrücklichen Gesetzeswortlaut insbesondere dazu der Aufsichtsbehörde **einheitliche Unterlagen** zur **Beurteilung der von den Versicherungsunternehmen** durchgeführten **Versicherungsgeschäfte** zu erhalten. Damit stellt der Gesetzgeber klar, dass der Prüfungsbericht des Wirtschaftsprüfers eine **eigenständige**, ggfs. abweichende **Beurteilung** durch die **Aufsichtsbehörde nicht ausschließt**.[35] Dies betrifft nicht nur die Solvabilitätsübersicht, sondern auch die weiteren Aufgaben im Rahmen der Finanzaufsicht gem. § 294 Abs. 4 VAG, insbesondere die Bildung ausreichender versicherungstechnischer Rückstellungen.

---

[24] BGBl. 2015 I 4353.
[25] BGBl. 2015 I 2345.
[26] Begr. BerVersV-RefE S. 86.
[27] Dies betrifft die formgebundene Erläuterung der Nw 203 zum aktiven und passiven Rückversicherungsgeschäft.
[28] Die Ausnahme von Solvabilität II betrifft kleine Versicherungsunternehmen i. S. d. § 211 Abs. 1 VAG sowie Pensions- und Sterbekassen.
[29] ABl. EU 2015 L 341, 1.
[30] ABl. EU 2015 L 341, 1285.
[31] Vgl. DVO (EU) 2015/2450, die die quantitativen Meldebögen enthält.
[32] BGBl. 2013 I 610.
[33] BGBl. 2015 I 300.
[34] ABl. EU 2014 L 158, 91 f.
[35] Vgl. Begr. VAG-RegE 2014 zu § 35 Abs. 2 VAG, BT-Drs. 18/2956, 247.

Das BMF ist der Ermächtigung mit dem Erlass der **Prüfungsberichteverordnung (PrüfV)** vom 19.7.2017 nachgekommen. Die PrüfV ist gem. § 55 PrüfV am 1.8.2017 in Kraft getreten. Sie ersetzt die Prüfungsberichteverordnung vom 3.6.1998, die zuletzt im Juli 2015 geändert worden war und durch Art. 2 Nr. 1 VAGVAufhV[36] zum 1.4.2016 aufgehoben wurde. 34

Die **PrüfV** regelt im Anschluss an allgemeine Vorschriften in gesonderten Kapiteln mit insgesamt 55 Paragraphen die Berichte zur Prüfung der Solvabilitätsübersicht (Kapitel 2), die Prüfung des Jahresabschlusses und Lageberichts (Kapitel 3) und die Prüfung des Konzernabschlusses und Konzernlageberichts (Kapitel 4). 35

§ 35 Abs. 2 VAG schreibt vor, dass der Prüfer über das Ergebnis der **Prüfung der Solvabilitätsübersicht „gesondert" zu berichten** hat. Das erlaubt es, für die Prüfung der Solvabilitätsübersicht einerseits und die Jahresabschlussprüfung **gesonderte Berichte** auszufertigen und zu **abweichenden Zeitpunkten** zu erstellen. § 4 Abs. 1 S. 3 PrüfV-E sah für die Einreichung der Berichte über die Prüfung der Solvabilitätsübersicht auf Einzel- bzw. Gruppenebene noch die gleichen Fristen wie für die Veröffentlichung des SFCR nach § 40 i. V. m. § 344 Abs. 3 und 4 VAG vor. Damit sollte sichergestellt werden, dass die **im SFCR veröffentlichten Informationen** der Solvabilitätsübersicht die **tatsächlich geprüften** sind.[37] 36

Neu ist die Anforderung des § 2 Abs. 3 PrüfV, dass der Prüfer darzulegen hat wie bei der letzten Prüfung festgestellte **Mängel beseitigt** bzw. welche **Maßnahmen** zu ihrer Beseitigung **eingeleitet** worden sind. Die Aufsichtsbehörde soll so in die Lage versetzt werden, die Abarbeitung nachzuvollziehen. Die Berichterstattung betrifft auch solche Mängel, die nicht für das Testat relevant sind.[38] 37

Als allgemeiner Grundsatz der Berichterstattung gibt § 5 Abs. 3 PrüfV vor, dass sich der **Umfang der Berichterstattung** nach der **Wesentlichkeit** der jeweiligen Elemente zu richten hat. Damit stehen die Berichtsanforderungen im Einklang mit dem bei der Prüfung zu berücksichtigenden Grundsatz der Wesentlichkeit.[39] 38

Die PrüfV sieht an zahlreichen Stellen **separate Teilurteile** vor. Der Prüfer hat beispielsweise gemäß § 6 PrüfV zu beurteilen, ob sich die bei der Bewertung „ausgeübten Ermessensspielräume wesentlich auf den Überschuss der Vermögenswerte über die Verbindlichkeiten auswirken." Dieses Erfordernis entspricht der gesetzlichen Verpflichtung gemäß § 321 Abs. 2 S. 4 HGB zum Jahresabschluss. 39

Die Gewichtung der Berichtsanforderungen trägt der Tatsache Rechnung, dass es sich bei Solvabilität II um neue Anforderungen handelt und damit eine besondere Herausforderung für die Vollständigkeit, Exaktheit und Angemessenheit der Daten sowie die Prozesse und Kontrollen des Unternehmens zur ordnungsgemäßen Erstellung der Solvabilitätsübersicht bedeutet. Entsprechend fordert § 7 PrüfV zur Solvabilitätsübersicht eine Darstellung und Beurteilungen zur **Datenqualität**, wobei sich die Darstellung und Beurteilung insbesondere auf die diesbezüglichen „organisatorischen personellen und technischen Vorkehrungen"[40] zu erstrecken hat. Weitreichende Darstellungen und Beurteilungen der **Angemessenheit** fordert § 20 PrüfV zu den versicherungstechnischen Rückstellungen in der Solvabilitätsübersicht der Personenversicherung. 40

Anders als zur Konzernabschlussprüfung ist die Regelung zur **Gruppensolvabilitätsübersicht** nicht in einem gesonderten Kapitel geregelt. Dennoch ist § 21 PrüfV als Sondervorschrift zu verstehen mit der Konsequenz, dass sich die Aussagen im Bericht über die Prüfung der Gruppensolvabilitätsübersicht auf die Beachtung der Konsolidierungsvorschriften beschränken können und nicht solche Informationen zu einzelnen Posten wiederholen müssen, die der Aufsichtsbehörde bereits aufgrund der vorliegenden Berichte über die Prüfung der Solvabilitätsübersicht auf Solo-Ebene vorliegen. 41

Die Anforderungen an die Berichterstattung über die Prüfung des Jahresabschlusses sowie des Konzernabschlusses und der entsprechenden Lageberichte entsprechen im Wesentlichen denen aus der bis 2015 geltenden Prüfungsberichteverordnung. 42

Keine Vorgaben enthält die PrüfV zur Berichterstattung über die **Prüfung** der Erfüllung der **Pflichten** zur **Verhinderung von Geldwäsche und von Terrorismusfinanzierung**. Mangels Verweis auf § 35 Abs. 5 VAG fehlt es in § 39 Abs. 1 Nr. 3 VAG an der entsprechenden Verordnungsermächtigung. 43

5. Sachverständigenprüfverordnung (SachvPrüfV). § 39 Abs. 1 S. 1 Nr. 4 VAG ermächtigt das BMF, in einer VO Regelungen über die **Prüfung des Jahresabschlusses und des Lageberichts derjenigen Versicherungsunternehmen** zu treffen, die gem. § 61 RechVersV von der **Prüfungspflicht des § 341k HGB befreit** sind. Die Prüfung dieser Versicherungsunternehmen hat durch einen 44

[36] BGBl. 2015 I 2345.

[37] In die entgültige PrüfV wurde die Bestimmung nicht übernommen. Bei einem Abschluss der Prüfung erst nach der Veröffentlichung kann bei negativen Prüfungsfeststellungen eine Änderung der veröffentlichten Solvabilitätsübersicht erforderlich sein.

[38] Vgl. RefE zu § 3 Abs. 3 PrüfV.

[39] S. IDW EPS 580 Rn. 15.

[40] § 7 Abs. 1 PrüfV.

unabhängigen Sachverständigen zu erfolgen. Die Ermächtigung erstreckt sich auch auf Vorschriften über den **Inhalt und die Frist für die Einreichung des Sachverständigenberichts**.

45 Das BMF hat von seinem Recht durch Erlass der Sachverständigenprüfverordnung (SachvPrüfV) vom 18.4.2016 Gebrauch gemacht. Die neu erlassene SachvPrüfV **entspricht inhaltlich** der **Vorgängerverordnung** vom 19.4.2002,[41] die durch Art. 1 Nr. 7 VAGVAufhV[42] am 1.1.2016 aufgehoben wurde. Aufgrund der inhaltlich unveränderten Übernahme der Vorschriften aus der bisherigen SachvPrüfV wird auf die Kommentierung der Vorauflage zur SachvPrüfV verwiesen.[43]

46 **6. Ermächtigung zum Erlass einer Verordnung zur Berichterstattung der Solvabilitätsübersicht.** Die in § 39 Abs. 1 S. 1 Nr. 5 VAG enthaltene Ermächtigung zum Erlass einer VO zu **Inhalt, Form und Stückzahl** sowie der **Frist** für die **Einreichung der Solvabilitätsübersicht bei der BaFin** weist, ebenso wie die Ermächtigung des § 39 Abs. 1 S. 1 Nr. 6 VAG zu den **Fristen für die Übermittlung von Informationen** zu Solvabilität II, die aufgrund von delegierten Rechtsakten gemäß Art. 35 Abs. 9 Solva II-RL und technischen Durchführungsstandards gemäß Art. 35 Abs. 10 Solva II-RL zu übermitteln sind, eine Besonderheit auf: Im Gegensatz zu den anderen Ermächtigungen des § 39 VAG sind die hier enthaltenen Regelungsinhalte bereits größtenteils auch in anderen Regelungen des VAG oder auf Basis der europäischen Rechtsgrundlagen entstandenen Vorschriften enthalten.

47 Zwar wurde der Begriff der **Solvabilitätsübersicht** vom deutschen Gesetzgeber in § 74 VAG eingeführt und findet sich ausschließlich in den nationalen Vorschriften des **VAG** sowie den **AE der BaFin**. Es ist aber vom Sinn und Zweck der Regelungen her gesehen zwingend, dass es sich hierbei um ein Synonym zu den Bezeichnungen „Solvenzbilanz", „Solvabilitäts-Bilanz", „Solvabilität II-Bilanz" sowie „Bilanz für Solvabilitätszwecke" handelt, die sich an unterschiedlichen Stellen der EIOPA-LL sowie der dazugehörigen „Final Reports" finden. Wie die – in diesem Fall als Solvenzbilanz bezeichnete – Solvabilitätsübersicht auszusehen hat, regeln die technischen Durchführungsstandards der DVO (EU) 2015/2450, in der sie als Meldebogen S. 02.01 enthalten ist. Hier erfolgt die Festlegung der genauen Form der Solvabilitätsübersicht, also der einzelnen Posten, die diese zu enthalten hat.[44] Wie für die Formvorgaben zur externen Rechnungslegung in den Formblättern zu Bilanz und GuV, die die RechVersV vorgibt, gilt auch im Hinblick auf die Solvabilitätsübersicht Formblattstrenge, d. h. es ist nicht zulässig, von der Darstellung in Meldebogen S. 02.01 abzuweichen. **Inhalt** und **Form** der Solvabilitätsübersicht stehen insofern bereits durch zwingende europäische Vorgaben fest, so dass kein diesbezüglicher Ermessensspielraum verbleibt, den eine nationale Verordnung füllen könnte.

48 Die Solvabilitätsübersicht bildet einen **Bestandteil des Berichts über Solvabilität und Finanzlage (SFCR)** sowie – versehen mit einer zusätzlichen Spalte für die Gegenüberstellung der einzelnen Posten der Solvabilitätsübersicht mit den jeweils entsprechenden Werten des Jahres- oder Konzernabschlusses – des **regelmäßigen aufsichtlichen Berichts (RSR)** und fällt im Hinblick auf die **Einreichungsfristen** unter die Regelung des **§ 344 Abs. 1 VAG**: Demnach war die Solvabilitätsübersicht im ersten Jahr der Anwendung, d. h. zum 31.12.2016,[45] 20 Wochen nach dem Berichtsstichtag einzureichen. In den folgenden drei Jahren verkürzt sich diese Frist um je zwei Wochen pro Jahr, so dass die Solvabilitätsübersicht zum 31.12.2017 18 Wochen nach diesem Stichtag, die zum 31.12.2018 16 Wochen nach dem Stichtag und die zum 31.12.2019 schließlich 14 Wochen nach dem Stichtag einzureichen ist. Bei der Frist von 14 Wochen bleibt es dann gemäß Art. 312 Abs. 1 lit. c Solva II-VO auch nach der vierjährigen Übergangszeit. Für die konsolidierte Solvabilitätsübersicht gilt gemäß § 344 Abs. 4 VAG eine um sechs Wochen verlängerte Berichtsfrist; dies gilt gemäß Art 373 Solva II-VO auch nach dem vierjährigen Übergangszeitraum.

49 Da die Regelungen im VAG, die die Solva II-RL umsetzen, ausweislich der Gesetzesbegründung nicht über das hierzu erforderliche Maß hinausgehen sollen,[46] verbleibt als möglicher Regelungsgegenstand einer VO nach § 39 Abs. 1 S. 1 Nr. 5 VAG damit lediglich die **Stückzahl** der bei der nationalen Aufsichtsbehörde einzureichenden Solvabilitätsübersichten.

50 **7. Ermächtigung zum Erlass einer Verordnung zu den Fristen für die Berichterstattung weiterer Informationen zu Solvabilität II.** Ähnlich wie für den Regelungsgegenstand der VO-Ermächtigung des § 39 Abs. 1 S. 1 Nr. 5 VAG existieren auch für den der Ermächtigung in **§ 39 Abs. 1 S. 1 Nr. 6 VAG** bereits weitgehende Vorgaben in den europäischen Rechtsgrundlagen. Bei den Informationen, die auf Basis von Art. 35 Abs. 9 Solva II-RL erlassenen delegierten Rechtsakten der Aufsichtsbehörde einzureichen sowie denen, die auf der Grundlage von Art. 35 Abs. 10 Solva II-RL erlassenen technischen Durchführungsstandards an diese zu berichten sind, handelt es sich um die in

[41] BGBl. 2002 I 1456.
[42] BGBl. 2015 I 2345.
[43] S. Prölss/*Kölschbach*, 12. Aufl., § 55a Rn. 70 ff.
[44] § 5 Abs. 3 Prüf spricht von Elementen an Stelle von Posten.
[45] Die Frist in Art. 308b Abs. 5 Solva II-RL bzw. § 344 Abs. 1 VAG stellt jeweils auf Geschäftsjahre ab, die nach dem 30. Juni, aber vor dem 1. Januar enden, d. h. in Bezug auf die erstmalige Anwendung nach dem 30. Juni 2016, aber vor dem 1. Januar 2017 enden.
[46] Vgl. Begr. VAG-RegE 2014, BT-Drs. 18/2956, 227.

Art. 304 Solva II-VO genannten **Bestandteile aufsichtlicher Berichterstattung,** die gemäß **Art. 372 Solva II-VO** mit den in dieser Vorschrift festgelegten **zusätzlichen Angaben** auch für **die Gruppe** gelten. Dies sind:

- gemäß Art. 304 Abs. 1 lit. a Solva II-VO der veröffentlichte **Bericht über Solvabilität und Finanzlage** i. S. d. § 40 VAG
- gemäß Art. 304 Abs. 1 lit. b Solva II-VO der **regelmäßige aufsichtliche Bericht**
- gemäß Art. 304 Abs. 1 lit. c Solva II-VO der aufsichtliche **Bericht über die unternehmenseigene Risiko- und Solvabilitätsbeurteilung** i. S. d. § 27 VAG
- gemäß Art. 304 Abs. 1 lit. d Solva II-VO die **jährlichen und vierteljährlichen quantitativen Vorlagen** zur näheren Erläuterung der in SFCR und RSR enthaltenen Informationen.

Die Letztgenannten werden durch die technischen Durchführungsstandards der DVO (EU) 2015/ 51
2450 sowie der DVO (EU) 2015/2452 spezifiziert, die die **Meldebögen** enthalten, die an die Aufsichtsbehörde zu berichten und im Fall der DVO (EU) 2015/2452 auch zu veröffentlichen sind: Neben der Solvabilitätsübersicht sowie detaillierteren Aufgliederungen einzelner hierin enthaltener Posten, wie versicherungstechnische Rückstellungen oder Kapitalanlagen, sind unter anderem Informationen zu den Eigenmitteln, zu SCR und MCR sowie, in Bezug auf die zusätzliche Beaufsichtigung von Versicherungsgruppen, zur Gruppenzusammensetzung, zum Konsolidierungskreis und zu gruppeninternen Transaktionen zu nennen.

Alle diese, in den letzten zwei Rn. genannten Informationen, fallen unter die **Berichtsfristen des** 52
§ 344 VAG: § 344 Abs. 1 VAG regelt die für die jährliche Einreichung maßgeblichen Fristen, § 344 Abs. 2 VAG die Fristen für die vierteljährlichen Berichterstattungspflichten und § 344 Abs. 4 VAG legt für die Gruppenberichterstattung jeweils um sechs Wochen verlängerte Fristen fest. Aufgrund der Maßgabe, mit der Umsetzung im VAG nicht über die Regelungen der Richtlinie hinauszugehen,[47] bedarf es daher auch in diesem Fall wohl keiner zusätzlichen nationalen VO.

8. Ermächtigung zum Erlass einer Verordnung zu Datenerfordernissen. Von der in § 39 53
Abs. 1 S. 1 Nr. 7 VAG enthaltenen Ermächtigung zum Erlass einer VO zu Art und Weise der Datenübermittlung, den Datenformaten sowie der Datenqualität hat das BMF durch Erlass der **Versicherungs-Meldeverordnung (VersMeldeV)** vom 18.4.2016 Gebrauch gemacht.[48] Dabei bezieht sich die durch die Ermächtigung eingeräumte Möglichkeit, die für eine **elektronische Übermittlung von Daten** erforderlichen Parameter allgemein festzulegen, nicht ausschließlich auf die in § 39 Abs. 1 S. 1 VAG aufgeführten Berichtspflichten, sondern auf **alle aufsichtsrechtlichen Berichtspflichten**, insbesondere auch jene, die sich aus der Solva II-VO und den technischen Durchführungsstandards im Zusammenhang mit Solvabilität II ergeben.[49]

Wie in der Ermächtigungsgrundlage des § 39 Abs. 1 S. 1 Nr. 7 VAG vorgesehen, trifft die VO 54
Regelungen zur Art und Weise der Datenübermittlung, zu den von den Unternehmen zu verwendenden Datenformaten, der Datenqualität sowie zu der bei der Übermittlung quantitativer Informationen zu verwendenden Unternehmenskennung. Dabei wird in Bezug auf die Art und Weise der Datenübermittlung neben der Festlegung der für die Übermittlung maßgeblichen **Veröffentlichungsplattform** durch Bezugnahme auf die entsprechenden Regelungen der Solva II-VO bzw. der technischen Durchführungsstandards sowohl klargestellt, dass die Meldebögen der DVO (EU) 2015/2450 zu verwenden sind, als auch hinsichtlich der Fristen auf die Solva II-VO verwiesen.[50] Letztere ergeben sich indessen bereits aus Art. 308b Abs. 5 Solva II-RL und dem § 344 Abs. 1 und Abs. 4 VAG, so dass die Nennung in der VO, ebenso wie der Verweis auf die Meldebögen, nicht erforderlich gewesen wäre.

Im Zusammenhang mit der Datenqualität wird auch die **Vollständigkeit** des übermittelten Daten- 55
satzes als Qualitätsmerkmal festgeschrieben. Demnach gilt ein der BaFin übermittelter Datensatz auch dann als vollständig, wenn lediglich die aufgrund von VO (EU) 1374/2014 der EZB vom 28.11.2014 (EZB/2014/50)[51] an die Deutsche Bundesbank zu meldenden Daten nicht in dem an die BaFin übermittelten Datensatz enthalten sind.[52]

Die Regelung zur Unternehmenskennung in der VersMeldeV führt dazu, dass alle der Berichtspflicht 56
an die BaFin unterliegenden Unternehmen zur Beantragung einer sog. **„legal identity identifier"**(LEI)-Nummer verpflichtet werden. Dabei handelt es sich um eine 20stellige Nummer, die der Berichterstattung gegenüber den Aufsichtsbehörden dient und die eine eindeutige weltweite Identifizierbarkeit eines Unternehmens ermöglicht. Die LEI-Nummer ist bereits für die Berichterstattung nach der sog. EMIR-VO zu verwenden.

Über die in der Ermächtigungsgrundlage des § 39 Abs. 1 S. 1 Nr. 7 VAG genannten Inhalte hinaus 57
regelt die VersMeldeV auch die Befugnis zur **Zurückweisung von Daten** durch die BaFin. Diese darf

[47] Vgl. Begr. VAG-RegE 2014, BT-Drs. 18/2956, 227.
[48] Vgl. BGBl. 2016 I 793.
[49] Vgl. Begr. VAG-RegE 2014, BT-Drs. 18/2956, 290.
[50] Vgl. § 2 VersMeldeV.
[51] ABl. EU 2014 L 366, 36.
[52] Vgl. § 4 Abs. 3 S. 2 VersMeldeV.

gemäß § 6 VersMeldeV Datensätze zurückweisen, die entweder nicht die in der VO vorgeschriebenen Datenformate, nicht die erforderliche Datenqualität oder keine Unternehmenskennung aufweisen. Die Informationspflicht, ob ein eingereichter Datensatz ggf. zurückgewiesen wurde – und damit nach § 6 S. 2 VersMeldeV als nicht eingereicht gilt – liegt bei den Unternehmen selbst.[53]

58 **III. Verordnungsermächtigung der Landesregierungen (Abs. 2).** Mit § 39 Abs. 2 VAG wird die in § 39 Abs. 1 VAG enthaltene Ermächtigung zum Erlass von Verordnungen für die der Bundesaufsicht unterliegenden Versicherungsunternehmen auch für die der **Länderaufsicht** unterliegenden Versicherungsunternehmen äquivalent anwendbar erklärt. Verordnungsgeber sind in diesem Fall die Landesregierungen, die damit die Möglichkeit haben, für die in § 39 Abs. 1 VAG genannten Sachverhalte jeweils eigene Regelungen für die der Landesaufsicht unterliegenden Versicherungsunternehmen zu schaffen. Dabei sind sie – ebenso wie das BMF bzw. bei Subdelegation die BaFin beim Erlass von VO für die der Bundesaufsicht unterliegenden Versicherungsunternehmen – an die Vorgaben des § 39 Abs. 1 VAG, z. B. in Bezug auf die in § 39 Abs. 1 S. 1 Nr. 1 und Nr. 2 VAG genannten Definitionen, gebunden.

59 Zur Harmonisierung der Vorschriften von Bund und Ländern sind die Landesregierungen beim Erlass der VO nach § 39 Abs. 2 VAG zur **Abstimmung mit der BaFin** verpflichtet. In der Regel machen die Landesaufsichtsbehörden deshalb auch von der Möglichkeit Gebrauch, für die ihrer Aufsicht unterworfenen Versicherungsunternehmen die Regelungen des Bundes zu übernehmen.[54]

60 Äquivalent zu der in § 39 Abs. 1 S. 3 VAG geregelten Delegationsmöglichkeit des BMF an die BaFin räumt § 39 Abs. 2 S. 2 VAG den Landesregierungen die Möglichkeit ein, ihr Recht zum Verordnungserlass auf die jeweiligen Landesaufsichtsbehörden zu **subdelegieren**. In einigen Ländern (Baden-Württemberg, Hessen, Nordrhein-Westfalen und Rheinland-Pfalz) ist von dieser Subdelegationsbefugnis durch Erlass von Übertragungsverordnungen Gebrauch gemacht worden.[55] Welche Versicherungsunternehmen der Bundes- und welche der Landesaufsicht unterliegen, regeln die §§ 2–5 BAG.

61 **IV. Verhältnis zu anderen Regelungen des VAG.** Eine enge Verbindung besteht wegen § 39 Abs. 1 S. 1 Nr. 3 VAG zu § 74 VAG, der die Solvabilitätsübersicht definiert, sowie zu § 35 Abs. 2 VAG, der die Prüfungspflicht für die Solvabilitätsübersicht enthält. Auch zu § 43 VAG, der die Informationspflichten der Versicherungsunternehmen an die Aufsichtsbehörde übergreifend regelt, besteht eine Verbindung.

Unterabschnitt 2. Bericht über Solvabilität und Finanzlage

Solvabilitäts- und Finanzbericht

40 (1) [1]**Versicherungsunternehmen haben mindestens einmal jährlich, spätestens 14 Wochen nach Ende des Geschäftsjahres, einen Solvabilitäts- und Finanzbericht zu veröffentlichen.** [2]**Für den Bericht auf Gruppenebene verlängert sich die Frist um sechs Wochen.** [3]**Der Bericht ist vor der Veröffentlichung von dem Geschäftsführungsorgan zu genehmigen.** [4]**Der Bericht ist nach der Veröffentlichung unverzüglich der Aufsichtsbehörde zu übersenden.**

(2) [1]**In dem Solvabilitäts- und Finanzbericht sind wesentliche Informationen über die Solvabilitäts- und Finanzlage des Versicherungsunternehmens darzulegen.** [2]**Die Angaben in diesem Bericht müssen sich in Bezug auf den Grad ihrer Detaillierung nach der Art, dem Umfang und der Komplexität der Geschäftstätigkeit und der Risiken des Unternehmens richten sowie allgemein verständlich sein.** [3]**Dabei sind zu beschreiben:**

1. **die Geschäftstätigkeit und die Geschäftsergebnisse des Unternehmens,**
2. **die Geschäftsorganisation unter Bewertung ihrer Angemessenheit für das Risikoprofil des Unternehmens,**
3. **für jede Risikokategorie gesondert das Gefährdungspotenzial, die Risikokonzentrationen, die Risikominderungsmaßnahmen und die Risikosensitivität,**
4. **für die Vermögenswerte, versicherungstechnischen Rückstellungen und sonstigen Verbindlichkeiten gemäß der Solvabilitätsübersicht jeweils gesondert die für ihre Bewertung verwendeten Grundlagen und Methoden zusammen mit einer Erklärung der wesentlichen Unterschiede zu den Grundlagen und Methoden, die zu ihrer Bewertung im Jahresabschluss herangezogen wurden, sowie**
5. **das Kapitalmanagement unter Angabe mindestens der Struktur und des Betrags der Eigenmittel und ihrer Qualität sowie der Beträge der Solvabilitätskapitalanforderung und der Mindestkapitalanforderung.**

[53] Vgl. § 6 S. 3 VersMeldeV.
[54] Vgl. *Sell* 366 Kapitel A, Rn. 8.
[55] Vgl. *Schlegelberger/Friedrich*, S. 1938 und 2591.

(3) [1] **Kommt die in § 80 genannte Matching-Anpassung zur Anwendung, umfasst die in Absatz 2 Nummer 4 genannte Beschreibung eine Beschreibung der Matching-Anpassung, des Portfolios der Verpflichtungen und der zugeordneten Vermögenswerte, auf die die Matching-Anpassung angewendet wird, sowie eine Quantifizierung der Auswirkungen der Änderung der Matching-Anpassung auf null auf die Finanzlage eines Unternehmens.** [2] **Die in Absatz 2 Nummer 4 genannte Beschreibung enthält auch eine Erklärung darüber, ob die in § 82 genannte Volatilitätsanpassung vom Unternehmen verwendet wird, sowie eine Quantifizierung der Auswirkungen der Änderung der Volatilitätsanpassung auf null auf die Finanzlage eines Unternehmens.**

(4) [1] **Zur Beschreibung der Eigenmittel gehören**

1. **eine Analyse aller wesentlichen Veränderungen im Vergleich zum Vorjahresberichtszeitraum,**
2. **eine Erläuterung aller größeren Unterschiede in Bezug auf den Wert der Eigenmittelbestandteile im Jahresabschluss und**
3. **eine kurze Darstellung der Übertragbarkeit des Kapitals.**

[2] **Versicherungsunternehmen, die ein internes oder partielles internes Modell für die Berechnung der Solvabilitätskapitalanforderung verwenden, haben zusätzlich ausreichende Informationen zur Erläuterung der Hauptunterschiede zu geben, die zwischen den Annahmen bestehen, die der Standardformel und ihrem Modell zugrunde liegen.**

(5) **Sofern während des Berichtszeitraums eine Nichteinhaltung der Mindestkapitalanforderung oder eine wesentliche Nichteinhaltung der Solvabilitätskapitalanforderung eingetreten ist, sind**

1. **der maximale Betrag der Unterschreitung der jeweiligen Kapitalanforderung anzugeben,**
2. **die Gründe und Folgen der Nichteinhaltung zu erläutern und**
3. **die ergriffenen sowie geplanten Abhilfemaßnahmen darzustellen.**

(6) [1] **Wenn ein Kapitalaufschlag festgesetzt wurde, muss dieser gesondert angegeben werden.** [2] **Daneben muss in diesem Fall auch der Betrag ausgewiesen werden, der nach den Vorschriften über die Berechnung der Solvabilitätskapitalanforderung ermittelt wurde.** [3] **Hat das Versicherungsunternehmen auf Verlangen der Aufsichtsbehörde unternehmensspezifische Parameter bei der Berechnung der Solvabilitätskapitalanforderung zu verwenden, sind deren Auswirkungen auf die Berechnung im Einzelnen zu quantifizieren und ebenfalls gesondert auszuweisen.** [4] **In beiden Fällen ist auf die von der Aufsichtsbehörde angegebenen Gründe für die getroffene Maßnahme einzugehen.**

(7) **Sofern die Aufsichtsbehörde den Endbetrag der Solvabilitätskapitalanforderung noch prüft, muss in der Veröffentlichung nach Absatz 1 darauf hingewiesen werden.**

(8) [1] **In dem Bericht können mit Zustimmung der Aufsichtsbehörde Angaben durch Verweise auf Informationen ersetzt werden, die im Rahmen anderer allgemeiner oder aufsichtsrechtlicher Vorschriften veröffentlicht worden sind.** [2] **Die Zustimmung wird erteilt, sofern die Informationen, auf die verwiesen werden soll, nach Art und Umfang gleichwertig sind.**

Übersicht

Schrifttum: *Dreher/Schaaf*, Die Veröffentlichungspflichten von Versicherungsunternehmen gegenüber der Allgemeinheit nach Solvency II – Der Bericht über Solvabilität und Finanzlage und die Publizität nach Handels- und Kapitalmarktrecht, in Dreher/Wandt 2009, S. 129 ff.; FMA – Österreichische Finanzmarktaufsicht, Solvency II Handbuch, 2012; *Grote/Schaaf*, Zum Referentenentwurf der 10. VAG-Novelle zur Umsetzung der Solvency-II-Richtlinie in deutsches Recht – eine erste Analyse, VersR 2012, 17 ff.; *Nguyen*, Offenlegungspflichten von Versicherungsunternehmen gemäß der dritten Säule von Solvency II, WPg 2008, 651 ff.; *Rudkowski*, Transparenzpflichten zur Kontrolle von Finanzdienstleistungsunternehmen, 2016; *Thiele/Zielke*, Lösungen zur Solvabilitätsberichterstattung, ZfV 2016, 312 ff.; *Will*, Solvency II: Transparenz für Jedermann!?, VersPrax 12/2015, 8 ff.

1 **I. Allgemeines. 1. Entstehungsgeschichte.** Die Verpflichtung von Versicherungsunternehmen, einen **Solvabilitäts- und Finanzbericht** (Solvency and Financial Condition Report, **SFCR**) zu veröffentlichen, wurde durch das Solvency II-System neu in das VAG 2016 eingeführt. Zuvor waren dem VAG, von zwei speziellen Fällen abgesehen,[1] Berichtspflichten gegenüber der Öffentlichkeit unbekannt. Der SFCR ist ein wesentlicher[2] Bestandteil der **Säule III** des Solvency II-Systems, die mit verschiedenen Offenlegungspflichten zu einer Erhöhung der Transparenz beitragen soll.[3] Mit dem SFCR als Teil des narrativen Berichtswesens[4] werden die Offenlegungspflichten erheblich verändert und ausgeweitet.[5] Zum narrativen Berichtswesen zählen außerdem der regelmäßige aufsichtliche Bericht (**RSR**) und der Bericht über die unternehmenseigene Risiko- und Solvabilitätsbeurteilung (**ORSA-Bericht**). Gerade kleinere[6] und mittlere Versicherer stellen die umfangreichen Offenlegungspflichten vor eine große organisatorische und personelle Herausforderung.[7]

2 Die **Kosten**, die den Versicherern durch die neuen Berichtspflichten entstehen, sind immens. Der in der Begründung zum VAG-RegE 2014 angegebene Erfüllungsaufwand der Wirtschaft belegt dies erst bei näherer Betrachtung. Die periodischen (jährlichen) Kosten für die Veröffentlichung eines SFCR und die Übersendung an die Aufsichtsbehörde werden in der Begründung zum VAG-RegE 2014 mit

---

[1] Nach § 10a Abs. 2a Satz 1 VAG a. F. hatte ein Versicherungsunternehmen, das unterschiedliche Prämien für Frauen und Männer vorsah, „die versicherungsmathematischen und statistischen Daten zu veröffentlichen, aus denen die Berücksichtigung des Geschlechts als Faktor der Risikobewertung abgeleitet" wurde. Außerdem waren seit 2010 „bedeutende" Versicherungsunternehmen nach § 64b VAG a. F. i. V. m. § 4 Abs. 8 VersVergV a. F. verpflichtet, „in geeigneter Form einen jährlichen Vergütungsbericht zu veröffentlichen".

[2] Nach *Baran/Peschetz* Österreichisches Versicherungsaufsichtsrecht, 3. Aufl. 2015, S. 132 handelt es sich sogar um „das wesentlichste Element der dritten Säule von Solvency II".

[3] Vgl. allgemein FMA Solvency II Handbuch, S. 73, wonach es „generelles Ziel" der Säule III ist, „Markttransparenz und Marktdisziplin zu erreichen sowie speziell zum SFCR und dessen Ziel, „Transparenz zu gewährleisten", Begr. VAG-RegE 2014, BT-Drs. 18/2956, S. 249.

[4] Vgl. BaFin, Merkblatt zum Berichtswesen für Erst- und Rückversicherungsunternehmen, Versicherungsgruppen und Pensionsfonds v. 16.10.2015 (zuletzt aktualisiert am 29.3.2017), S. 15.

[5] Vgl. *Dreher/Schaaf* in Dreher/Wandt 2009, S. 133; *Heukamp* § 5 Rn. 79. *Thiele/Zielke* ZfV 2016, 312 sehen sogar die größte Veränderung, zu der das Solvency II-System insgesamt führt, in der dritten Säule, also den Pflichten zur Berichterstattung.

[6] Soweit sie der Veröffentlichungspflicht unterliegen. Zur für kleine Versicherer i. S. d. § 211 VAG geltenden Ausnahme siehe unten Rn. 14.

[7] Vgl. *Armbrüster* r+s 2015, 425, 429.

verhältnismäßig niedrigen 336.666,67 EUR angegeben.[8] Der Wert überrascht zunächst schon deshalb, weil die entsprechende Position in der Begründung zum VAG-RegE 2012 noch 528.462 EUR lautete[9] und im VAG-RegE 2014 ausgeführt wird, dieser baue auf den Berechnungen des VAG-RegE 2012 auf. Lediglich die „verwendeten Werte" seien „aktualisiert".[10] Worauf die Aktualisierung beruht, die eine Reduzierung des Betrags um mehr als ein Drittel zur Folge haben soll, bleibt offen. Unabhängig davon und entscheidend ist hervorzuheben, dass der Wert ausschließlich die „Veröffentlichung" des SFCR und dessen „Übersendung" an die Aufsichtsbehörde betrifft. Mithin geht es vor allem um das Einstellen auf der Website des Versicherungsunternehmens.[11] Anders als noch im VAG-RegE 2012 wird der Aufwand zur Erstellung des Berichts, wie insbesondere das Erfassen der nötigen Informationen, die Durchführung von Bewertungen sowie die Darstellung der Ergebnisse, im VAG-RegE 2014 nicht mehr dem SFCR zugerechnet.[12] Die insgesamt über 16 Mio. EUR, die nach dem VAG-RegE 2012 den Erfüllungsaufwand darstellen, welcher der Versicherungswirtschaft jährlich durch den SFCR entsteht, liegen indessen deutlich näher an den tatsächlichen Kosten als die Angabe im VAG-RegE 2014. Insoweit besteht nicht nur ein gesetzgeberisches Transparenzdefizit. Darüber hinaus erzeugen die hohen Kosten für die Berichterstattung einen **Widerspruch** zu dem mit dem Solvency II-Projekt verfolgten Ziel,[13] die internationale Wettbewerbsfähigkeit von EU-Versicherungs- und Rückversicherungsunternehmen zu verbessern.[14]

2. Normzweck. Die Veröffentlichung des SFCR dient in den Worten des Erwägungsgrunds 38 Solva II-RL sowie des deutschen Gesetzgebers dazu, „**Transparenz** zu gewährleisten".[15] Ergänzend wird vielfach der Abbau von Informationsasymmetrien als Ziel des SFCR genannt.[16] Der europäische Richtlinien- und der deutsche Gesetzgeber verwenden diese Formulierung indes nicht. Transparenz ist kein Selbstzweck. Sie ist ein Mittel, um die mit dem Solvency II-System verfolgten Ziele zu erreichen. Das Hauptziel der Beaufsichtigung ist der Schutz der Versicherungsnehmer und der Begünstigten von Versicherungsleistungen.[17] Diesem übergeordneten Zweck dient auch die Verpflichtung, den SFCR zu veröffentlichen.[18] Daraus folgt, dass die **Auslegung** der Normen, die den SFCR betreffen, sich nicht generell an einer höchstmöglichen Transparenz zu orientieren hat. Vielmehr sind die Transparenzanforderungen nur dann weit auszulegen, wenn die Transparenz dem Hauptziel in Gestalt des Schutzes der Versicherungsnehmer und der Begünstigten dient. 3

Steht nun der Zweck des SFCR fest, ist zu klären, an wen er sich in erster Linie richtet. Mit anderen Worten geht es um den **Primäradressaten** des SFCR. Weder § 40 VAG noch die Solva II-RL benennen konkret die Adressaten, sondern schreiben lediglich vor, dass der SFCR zu veröffentlichen ist. Hieraus wird mitunter abgeleitet, die **Öffentlichkeit** als nicht näher bestimmter Personenkreis sei auch Adressat.[19] Die Differenzierung zwischen Primär- und Sekundäradressaten sei dagegen „eine rechtspolitische und rein hypothetische Erwägung".[20] Das ist sie keineswegs. Insbesondere für die an die Informationen zu stellenden Anforderungen ist die Frage **von unmittelbarer rechtlicher Bedeutung**. Sogar das Bestehen einer Informationspflicht kann von der Adressatenfrage abhängen. Als konkretes Beispiel sei die Beurteilung der Wesentlichkeit nach Art. 291 Solva II-VO genannt.[21] Hier ist nämlich entscheidend, ob „fehlende oder fehlerhafte Angaben den Entscheidungsprozess oder das Urteil der Nutzer des Dokuments […] beeinflussen können". Nur wenn die Frage zu bejahen ist, bestehen Informationspflichten.[22] Die (abstrakte) Öffentlichkeit kann hier nicht als Nutzer angesehen werden. Maßgeblich sind vielmehr bestimmte Adressatengruppen, auf deren Verständnis der veröffentlichten Information es ankommt.[23] 4

---

[8] Begr. VAG-RegE 2014, BT-Drs. 18/2956, S. 233.

[9] Begr. VAG-RegE 2012, BT-Drs. 17/9342, S. 140.

[10] Begr. VAG-RegE 2014, BT-Drs. 18/2956, S. 231.

[11] Zu den Möglichkeiten der Veröffentlichung im Einzelnen siehe unten Rn. 17 ff.

[12] Siehe Begr. VAG-RegE 2012, BT-Drs. 17/9342, 138. Dort wurde für § 50 Abs. 2 Nr. 2–5 und Abs. 3 VAG-RegE 2012 bzw. Art. 51, 55 Solva II-RL in fünf Einzelpositionen ein Erfüllungsaufwand von je 3.284.948 EUR pro Position angegeben.

[13] Vgl. Arbeitsdokument der Kommissionsdienststellen, Begleitdokument zum Vorschlag für die Solva II-RL, Zusammenfassung der Folgenabschätzung, SEK(2007) 870.

[14] Vgl. dazu auch die Einschätzung des Finanzvorstands der Munich Re, *Schneider*, der „hinsichtlich der Kosten für die ausufernde Berichterstattung" einen Wettbewerbsnachteil gegenüber den nicht Solvency II-unterworfenen Konkurrenten sieht, FAZ v. 8.2.2014, S. 20.

[15] Begr. VAG-RegE 2014, BT-Drs. 18/2956, S. 249; ebenso schon Begr. VAG-RegE 2012, BT-Drs. 17/9342, 151.

[16] Vgl. z. B. *Grote/Schaaf* VersR 2012, 17, 23; *Dreher* VersR 2013, 401, 406.

[17] So wörtlich § 294 Abs. 1 VAG und Art. 27 Solva II-RL; siehe dazu sowie zu den Nebenzielen, die gemäß EG 16 Satz 3 Solva II-RL „jedoch das vorrangige Ziel nicht beeinträchtigen dürfen", ausf. Einl. VAG Rn. 6 ff.

[18] Vgl. *Dreher/Schaaf* in Dreher/Wandt 2009, S. 137; *Grote/Schaaf* VersR 2012, 17, 23.

[19] *Rudkowski* S. 168.

[20] *Rudkowski* S. 169.

[21] Im Einzelnen dazu unten Rn. 35 ff.

[22] Siehe die Informationspflichten z. B. nach Art. 293 Abs. 5, Art. 294 Abs. 10, Art. 295 Abs. 7 Solva II-VO.

[23] Schon deshalb gehen die Ausführungen von *Rudkowski* (S. 169) auch darin fehl, es komme nicht darauf an, dass der Informationsadressat die Informationen verstehe.

5 Die Ermittlung des Primäradressaten hat von dem Zweck des SFCR auszugehen. Zu fragen ist mithin, auf welche Weise die mit dem SFCR hergestellte Transparenz den Schutz der Versicherungsnehmer und der Begünstigten von Versicherungsleistungen gewährleisten soll. Ein vertretener Ansatz ist, dass die Transparenz dazu diene, die **Marktdisziplin** zu erhöhen.[24] Im Bankaufsichtsrecht ist die Gewährleistung umfassender Marktdisziplin erklärtes Ziel des europäischen Gesetzgebers sowohl in der CRD IV-RL als auch in der CRR-VO.[25] Dagegen **kennen weder die Solva II-RL noch die Solva II-VO den Begriff** der Marktdisziplin. Erwägungsgrund 16 Solva II-RL sieht zwar „faire und stabile Märkte" als weiteres Ziel der Versicherungsaufsicht. Zum einen handelt es sich dabei aber lediglich um ein Sekundärziel, das „das vorrangige Ziel" des Schutzes der Versicherungsnehmer und Anspruchsberechtigten „nicht beeinträchtigen" darf. Zum anderen ist die Marktfairness und -stabilität nicht gleichbedeutend mit der Marktdisziplin, sondern allgemeiner. Schon das spricht dagegen, dass die Transparenzpflichten im Solvency II-System in erster Linie der Erhöhung der Marktdisziplin dienen.

6 Um dennoch den Kapitalmarkt und nicht die Versicherungsnehmer als **Primäradressaten** des SFCR anzusehen, müsste der Schutz der Versicherungsnehmer und Anspruchsberechtigten, also das mit der Solva II-RL verfolgte Hauptziel, durch Information des Kapitalmarkts besser zu erreichen sein, als durch die Information der Versicherungsnehmer und Anspruchsberechtigten. Es ist aber nicht ersichtlich, weshalb eine solche indirekte, durch den Kapitalmarkt vermittelte Information der Versicherungsnehmer und Anspruchsberechtigten besser zu deren Schutz geeignet sein soll, als deren unmittelbare Information. Hinzu kommt, dass bereits unabhängig vom SFCR zahlreiche kapitalmarkt- und handelsrechtliche Publizitätspflichten bestehen. Wenn es lediglich um die Information des Kapitalmarkts ginge, ergäbe zudem eine Dopplung der Informationen, die – entweder durch ausführliche Wiedergabe oder durch Verweis[26] – mit dem SFCR erfolgt, keinen Sinn. Mithin sind die Primäradressaten des SFCR ausgehend vom Hauptziel der Solva II-RL **die Versicherten und die Begünstigten** von Versicherungsleistungen.[27]

7 **3. Europarechtlicher Hintergrund.** Mit § 40 VAG werden Art. 51, Art. 53 Abs. 3, Art. 55 Abs. 2 und Teile von Art. 308b Abs. 5 bis 8 Solva II-RL ins deutsche Recht umgesetzt.[28] Mit Ausnahme der letztgenannten Norm, die Übergangsmaßnahmen betrifft, sind die Artikel Bestandteil des Kapitels IV, Abschnitt 3 **„Veröffentlichung" der Solva II-RL**. Außer Art. 52 Solva II-RL, der die Übermittlung von Informationen durch die nationalen Aufsichtsbehörden an die EIOPA zum Inhalt hat und dessen Umsetzung ins deutsche Recht § 329 VAG dient, beziehen sich alle Vorschriften des Abschnitts 2 schon ihrem Titel nach auf den **„Bericht über Solvabilität und Finanzlage"**.[29]

8 Sonderregeln zum **„Bericht über Solvabilität und Finanzlage der Gruppe"** enthält Art. 256 Solva II-RL. Seine Umsetzung ins deutsche Recht erfolgt durch § 277 VAG.[30]

9 Art. 56 Solva II-RL ermächtigt die Kommission zum Erlass von Durchführungsbestimmungen. Von der Ermächtigung in UAbs. 1, „die zu veröffentlichenden Informationen und die Fristen für die jährliche Offenlegung der Informationen […] näher zu bestimmen", hat die Kommission in den **Art. 290 bis 303 Solva II-VO** Gebrauch gemacht.[31] Die Solva II-VO bestimmt detailliert die notwendigen Inhalte des SFCR. Ebenfalls von der Kommission zu erlassen, aber von der EIOPA zu entwickeln, sind technische Durchführungsstandards (TDS),[32] die nach Art. 56 UAbs. 2 Solva II-RL „einheitliche Bedingungen für die Anwendung" der Veröffentlichungsvorschriften sicherstellen sollen. Mit der knapp 200-seitigen **Durchführungsverordnung (EU) 2015/2452**[33] (im Folgenden: **TDS Verfahren SFCR**) ist dies hinsichtlich der Verfahren, Formate und Meldebögen für den SFCR geschehen.

[24] So *Eling* VW 2009, 658 ff.; *Nguyen* WPg 2008, 651 ff.; *Sehrbrock/Gal* CFL 2012, 140, 147.

[25] Siehe Erwägungsgrund 46 CRD IV-RL („Um unionsweit umfassende Marktdisziplin zu gewährleisten") und Erwägungsgrund 76 CRR-VO („Um Marktdisziplin und Finanzstabilität zu stärken"). Näher zu CRD IV-RL und CRR-VO siehe unten Rn. 140.

[26] Siehe Rn. 134 ff.

[27] Ebenso *Dreher/Schaaf* in Dreher/Wandt 2009, S. 137 f.; *Grote/Schaaf* VersR 2012, 17, 23; *Heukamp* § 5 Rn. 50 sowie zum österreichischen VAG bei Korinek/G. Saria/S. Saria/*Gruber/Sprohar-Heimlich* § 241 Rn. 5.

[28] Vgl. Begr. VAG-RegE 2014, BT-Drs. 18/2956, S. 249 f.; dort allerdings mit der unzutreffenden Nennung von Art. 53 Abs. 2 anstelle von Abs. 3 und dem fehlenden Bezug auf Art. 55 Abs. 2 Solva II-RL.

[29] Die Umsetzung von Art. 53 Abs. 1, 2 und 4 Solva II-RL ins deutsche Recht erfolgt durch § 41 VAG, von Art. 54 Abs. 1 Solva II-RL durch § 42 VAG und von Art. 55 Abs. 1 Solva II-RL durch § 29 Abs. 3 VAG. Im Einzelnen siehe die jeweilige Kommentierung.

[30] Zu den Besonderheiten des Berichts über Solvabilität und Finanzlage der Gruppe siehe daher die Kommentierung zu § 277 VAG.

[31] Für den Gruppen-SFCR enthalten Art. 256 Abs. 4, 5 Solva II-RL die Ermächtigungsgrundlage und Art. 359 ff. Solva II-VO die auf ihrer Grundlage von der Kommission erlassenen näheren Bestimmungen. Zu der Frage einer möglichen Überschreitung der Grenzen der Ermächtigungsnorm und den Konsequenzen siehe unten Rn. 118.

[32] Siehe allgemein zu Technischen Durchführungsstandards (TDS) oder – in englischer Sprache – Implementing Technical Standards (ITS) auf der Ebene 2.5 des Solvency II-Systems Einl. Rn. 54 ff.

[33] Durchführungsverordnung (EU) 2015/2452 der Kommission vom 2. Dezember 2015 zur Festlegung technischer Durchführungsstandards hinsichtlich der Verfahren, Formate und Meldebögen für den Bericht über Solvabilität und Finanzlage gemäß der Richtlinie 2009/138/EG des Europäischen Parlaments und des Rates, ABl. EU 2015 L 347, 1285.

Auf der Ebene 3 des Solvency II-Systems[34] hat die EIOPA Leitlinien über die Berichterstattung und die Veröffentlichung[35] (im Folgenden: **EIOPA-LL Berichterstattung**) erlassen.[36] Zur Erläuterung ihren eigenen, 20-seitigen EIOPA-LL Berichterstattung hat die EIOPA wiederum einen **„Explanatory Text"** verfasst.[37] Da dieser Erläuterungstext von der EIOPA nur auf Englisch veröffentlicht wurde, hat die BaFin eine Übersetzung in die deutsche Sprache veranlasst und das 18-seitige Dokument auf ihrer Homepage bereitgestellt.[38] Berücksichtigt man zudem noch das von der BaFin erstellte 30-seitige Merkblatt zum Berichtswesen,[39] existieren über 250 Seiten an Vorschriften und offiziellen, wenn auch teilweise unverbindlichen,[40] Erläuterungen zum SFCR. 10

II. Veröffentlichungspflicht (Abs. 1). 1. Verpflichtung. § 40 Abs. 1 Satz 1 VAG verpflichtet Versicherungsunternehmen, „mindestens einmal jährlich […] einen Solvabilitäts- und Finanzbericht zu veröffentlichen". Das entspricht insoweit nicht der europarechtlichen Vorgabe in Art. 51 Abs. 1 UAbs. 1 Solva II-RL, als dort „die **jährliche Veröffentlichung**" nicht als Mindestvorgabe ausgestaltet ist. Mangels dahingehenden Umsetzungsspielraums ist daher im deutschen Recht grundsätzlich ebenso davon auszugehen, dass der SFCR nur einmal jährlich veröffentlicht werden muss. Das entspricht auch der gesetzgeberischen Intention. 11

Die Begründung des VAG-RegE 2014 sieht lediglich eine **Ausnahme**, soweit eine **„Aktualisierung** nach § 42 erforderlich ist".[41] Die Pflicht zur Aktualisierung beruht wiederum auf Art. 54 Abs. 1 Solva II-RL und wurde mit § 42 VAG ins deutsche Recht umgesetzt.[42] Zwar geht weder aus der Solva II-RL noch aus dem VAG hervor, dass es für die Aktualisierung erforderlich ist, erneut einen vollständigen SFCR vorzulegen. Das folgt aber aus Art. 302 Solva II-VO, der die Versicherungsunternehmen dazu verpflichtet, unter den Voraussetzungen des Art. 54 Abs. 1 Solva II-RL „eine aktualisierte Fassung des Berichts" zu veröffentlichen. 12

Eine weitere Ausnahme, die eine Veröffentlichung vor Ablauf eines Jahres erforderlich machen kann, ist ein **Rumpfgeschäftsjahr** eines Versicherungsunternehmens beispielsweise im Zuge der Umstellung auf einen anderen regelmäßigen Abschlussstichtag. Da die Pflicht zur Veröffentlichung an den Ablauf des Geschäftsjahres anknüpft[43] und ein Rumpfgeschäftsjahr kürzer ist als 12 Monate,[44] kommt es in diesem seltenen Fall auch zu einer Veröffentlichungspflicht des SFCR in einem kürzeren Turnus als einem Jahr. 13

2. Verpflichtete. Die Pflicht, einen SFCR zu veröffentlichen, trifft gemäß § 40 Abs. 1 Satz 1 VAG Versicherungsunternehmen. Diese definiert § 7 Nr. 33 VAG als **„Erst- oder Rückversicherungsunternehmen**, die den Betrieb von Versicherungsgeschäften zum Gegenstand haben und nicht Träger der Sozialversicherung sind, wobei der Gegenstand eines Rückversicherungsunternehmens ausschließlich die Rückversicherung ist." Eine **Ausnahme** gilt nach § 212 Abs. 2 Nr. 3 VAG für **kleine Versicherungsunternehmen** im Sinne von § 211 VAG. Für diese gemäß Art. 4 Solva II-RL vom Anwendungsbereich der Solva II-RL ausgenommenen Versicherungsunternehmen gelten die §§ 40 bis 42 VAG nicht. Auch **Sterbekassen** müssen gemäß §§ 218, 219 Abs. 1 i. V. m. § 212 Abs. 2 Nr. 3 VAG keinen SFCR veröffentlichen. 14

Die Formulierung im VAG unterscheidet sich von derjenigen in der Solva II-RL. Nach Art. 51 Abs. 1 UAbs. 1 Solva II-RL gilt die Verpflichtung für „Versicherungs- und Rückversicherungsunternehmen".[45] Den Begriff des Erstversicherungsunternehmens kennt das europäische Recht, das stattdessen nur von Versicherungsunternehmen spricht, nicht. Nachfolgend wird – dem Verständnis des VAG folgend – **Versicherungsunternehmen als Oberbegriff** für Erst- und Rückversicherungsunternehmen verwendet. Er deckt sich mit der Formulierung „Versicherungs- und Rückversicherungsunternehmen" im europäischen Recht. 15

3. Form der Veröffentlichung. a) Sprache. Der SFCR ist in **deutscher Sprache** zu erstellen.[46] Zwar enthält das VAG keine ausdrückliche Regelung dieses Inhalts. Aber schon aus dem Gebot der 16

---

[34] Siehe hierzu Einl. VAG Rn. 61 ff.
[35] EIOPA-BoS-15/109.
[36] Zur fehlenden Verbindlichkeit der Leitlinien für Versicherungsunternehmen siehe § 23 Rn. 37.
[37] Enthalten im Final Report on public consultation No. 14/047 on Guidelines on reporting and public disclosure v. 30.6.2015.
[38] Verfügbar unter bafin.de.
[39] BaFin, Merkblatt zum Berichtswesen für Erst- und Rückversicherungsunternehmen, Versicherungsgruppen und Pensionsfonds v. 16.10.2015 (zuletzt aktualisiert am 29.3.2017).
[40] Siehe Fn. 36.
[41] Begr. VAG-RegE 2014, BT-Drs. 18/2956, S. 249.
[42] Siehe im Einzelnen die Kommentierung zu § 42 VAG.
[43] Siehe unten Rn. 23 ff.
[44] Das folgt aus § 240 Abs. 2 Satz 2 HGB. Siehe zu der Problematik ausführlich *Jürgenmeyer*, Zur Bestimmung des Geschäftsjahrs, 2015.
[45] Definiert werden die Begriffe in Art. 13 Nr. 1 und Nr. 4 Solva II-RL.
[46] Vgl. BaFin, Merkblatt zum Berichtswesen für Erst- und Rückversicherungsunternehmen, Versicherungsgruppen und Pensionsfonds v. 16.10.2015 (zuletzt aktualisiert am 29.3.2017), S. 22.

Allgemeinverständlichkeit[47] lässt sich ableiten, dass die deutsche Sprache zu verwenden ist. Außerdem ist gemäß § 23 Abs. 1 VwVfG die Amtssprache deutsch. Im Fall des Gruppen-SFCR[48] legt die Gruppenaufsichtsbehörde gemäß Art. 360 Abs. 1 bzw. Art. 366 Abs. 1 Solva II-VO die Sprache bzw. die Sprachen des Gruppen-SFCR fest. Ist die BaFin die zuständige Gruppenaufsichtsbehörde, muss die Veröffentlichung grundsätzlich in Deutsch erfolgen.[49] Darüber hinaus behält sich die BaFin bei grenzüberschreitend tätigen Gruppen vor, den Gruppen-SFCR zusätzlich in einer Sprache zu verlangen, „die gemeinhin von den anderen Aufsichtsbehörden verstanden wird".[50] Dies wird im Regelfall Englisch sein.

17 **b) Kommunikationsmittel.** Die „Mittel der Offenlegung" bestimmt **Art. 301 Solva II-VO**. Auf ihn verweist auch Art. 8 TDS Verfahren SFCR. Im VAG finden sich keine Regelungen hierzu. Grundsätzlich ist der SFCR nach Art. 301 Abs. 1 Solva II-VO auf der **Website des Versicherungsunternehmens** zu veröffentlichen. Das gilt allerdings nur, wenn das zur Veröffentlichung verpflichtete Versicherungsunternehmen eine Website zu seinen Geschäftstätigkeiten besitzt und unterhält. In aller Regel ist dies der Fall. Betreibt ein Versicherungsunternehmen zwar eine Website, betrifft diese aber nicht die Geschäfts-, d. h. die Versicherungstätigkeit, sondern nur beispielsweise Karrieremöglichkeiten im Unternehmen, ist das Versicherungsunternehmen weder nach Art. 301 Abs. 1 Solva II-VO verpflichtet, noch würde es ausreichen, den SFCR dort zu veröffentlichen. Der erforderliche Zusammenhang der Website mit den Geschäftstätigkeiten des Versicherungsunternehmens gewährleistet damit auch den Schutz der Adressaten, die den SFCR auf einer Website mit anderen Inhalten nicht vermuteten, selbst wenn sie von dem Versicherungsunternehmen betrieben würde.

18 Für den **Ausnahmefall**, dass ein Versicherungsunternehmen keine Website zu seinen Geschäftstätigkeiten besitzt und unterhält, sieht Art. 301 Abs. 2 Solva II-VO vor, dass die Veröffentlichung über die **Website des Unternehmensverbands**, erfolgt. Voraussetzung hierfür ist, dass das Versicherungsunternehmen einem solchen Verband angehört, dieser eine Website besitzt und unterhält sowie außerdem die Veröffentlichung auf seiner Website gestattet.

19 In beiden Fällen der Veröffentlichung über eine Website ist gemäß Art. 301 Abs. 3 Solva II-VO sicherzustellen, dass der SFCR dort „für die **Dauer von mindestens fünf Jahren** ab dem Datum der Veröffentlichung gemäß Artikel 300 Absatz 1" zur Verfügung steht. Der Verweis auf Art. 300 Abs. 1 Solva II-VO hat zur Folge, dass es für den Beginn der 5-Jahres-Frist nicht auf das tatsächliche Veröffentlichungsdatum ankommt, sondern auf den Zeitpunkt, zu dem spätestens die Veröffentlichung des SFCR zu erfolgen hat.[51]

20 Für den Fall, dass **keine Veröffentlichung auf einer Website** erfolgt, trifft Art. 301 Abs. 4 Solva II-VO eine Regelung. Nach ihr sind die Versicherungsunternehmen dann verpflichtet, „**jeder Person**, die [...] den Bericht anfordert, eine **elektronische Fassung**" des SFCR zu übermitteln. Eine Beschränkung auf bestimmte Personen – beispielsweise auf solche, die ein berechtigtes Interesse an der Übersendung haben, oder auf natürliche Personen – besteht nicht. Das folgt schon daraus, dass die grundsätzlich gebotene Veröffentlichung auf einer Website den SFCR auch für jeden verfügbar macht. Ebenso wie bei einer Veröffentlichung auf einer Website besteht die Verpflichtung für fünf Jahre. Für den Fristbeginn ist auch hier das „Datum der Veröffentlichung gemäß Art. 300 Absatz 1" maßgeblich.[52] Die Übermittlung hat gemäß Art. 301 Abs. 4 Satz 2 Solva II-VO „**innerhalb von 10 Arbeitstagen** nach dem Ersuchen" zu erfolgen.

21 **Zusätzlich** haben die Versicherungsunternehmen nach Art. 301 Abs. 5 Solva II-VO „**jedem**, der den Bericht [...] anfordert, **binnen 20 Arbeitstagen** nach der Anforderung eine **gedruckte Fassung** des Berichts" zu übersenden. Eine Beschränkung des Personenkreises besteht auch hier nicht.[53] Die für zwei Jahre ab dem spätesten Veröffentlichungszeitpunkt[54] bestehende Pflicht gilt unabhängig davon, ob der SFCR auf einer Website veröffentlicht wurde oder das Versicherungsunternehmen ihn mangels

---

[47] § 40 Abs. 2 Satz 2 VAG, siehe zur allgemeinen Verständlichkeit unten Rn. 41.

[48] Siehe hierzu § 277 VAG.

[49] Vgl. BaFin, Merkblatt zum Berichtswesen für Erst- und Rückversicherungsunternehmen, Versicherungsgruppen und Pensionsfonds v. 16.10.2015 (zuletzt aktualisiert am 29.3.2017), S. 22; welche Ausnahmen die BaFin im Sinn hat, lässt sie in dem Merkblatt offen. Selbst wenn die BaFin im Einzelfall für den Gruppen-SFCR eine andere Sprache als Deutsch festlegen sollte, bliebe aber Art. 360 Abs. 3 bzw. Art. 366 Abs. 3 Solva II-VO zu beachten.

[50] BaFin, Merkblatt zum Berichtswesen für Erst- und Rückversicherungsunternehmen, Versicherungsgruppen und Pensionsfonds v. 16.10.2015 (zuletzt aktualisiert am 29.3.2017), S. 22.

[51] In diesem Sinne auch die englische Sprachfassung, die von „at least five years after the disclosure date referred to in Article 300(1)" spricht. Zu der Ermittlung dieses Datums siehe Rn. 23 ff.

[52] Anders als in dem Fall der Veröffentlichung auf einer Website, in dem auch auf den Akt des Verfügbarmachens abgestellt werden könnte (siehe zuvor Rn. 19), ist es hier mangels einen solchen Aktes notwendig, die Frist nicht auf der Grundlage der tatsächlichen Veröffentlichung zu berechnen. Zur Berechnung siehe Rn. 23 ff.

[53] Siehe zur fehlenden Beschränkung zuvor Rn. 20. Die unterschiedliche Wortwahl in der deutschen Fassung in den Absätzen 4 und 5 („jeder Person" bzw. „jedem") hat keine Konsequenzen. In beiden Fällen ist dasselbe gemeint, wie exemplarisch die englische Sprachfassung (in beiden Fällen „to any person") und die niederländische („aan alle personen") belegen.

[54] Zur Berechnung siehe Rn. 23 ff.

Möglichkeiten hierzu nur jedem, der ihn anfordert, elektronisch übermittelt.[55] Für die Übersendung darf **kein Entgelt** verlangt werden.[56]

Weiter bestimmt Art. 301 Abs. 6 Solva II-VO, dass der SFCR sowie etwaige Aktualisierungen den **Aufsichtsbehörden in elektronischer Form** zu übermitteln ist. Die **BaFin** hat das Portal der Melde- und Veröffentlichungsplattform (**MVP Portal**) eingerichtet, über das Versicherungsunternehmen die Möglichkeit haben, unter anderem den SFCR auf elektronischem Weg als PDF Dokument einzureichen.[57] 22

4. Veröffentlichungsfrist. Im Unterschied zu der Form enthält § 40 Abs. 1 VAG in seinen Sätzen 1 und 2 Vorgaben zu der Frist, die für die Veröffentlichung des SFCR gilt. Die in § 40 Abs. 1 Satz 1 VAG genannte Frist, wonach der SFCR **„spätestens 14 Wochen nach Ende des Geschäftsjahres"** zu veröffentlichen ist, entspricht wörtlich der Regelung in Art. 300 Abs. 1 Solva II-VO.[58] Diese Norm verweist wiederum auf die in Art. 308b Abs. 6 Solva II-RL festgelegten Fristen und stellt klar, dass die 14-Wochen-Frist erst nach Ablauf des dort festgelegten Übergangszeitraums gilt. 23

Ohne dass dies in § 40 VAG deutlich wird,[59] hat der deutsche Gesetzgeber auch den **Übergangszeitraum** gesetzlich geregelt und zwar in **§ 344 Abs. 3 VAG**. § 344 VAG bestimmt allgemein, also nicht nur den SFCR betreffend, die „Fristen für Berichts- und Offenlegungspflichten". Bei der 14-Wochen-Frist nach § 40 Abs. 1 Satz 1 VAG handelt es sich somit um die **„endgültige Frist"**, die **ab dem vierten Geschäftsjahr**, in dem die Veröffentlichungspflicht besteht, gilt.[60] Die anfängliche Frist für die Veröffentlichung des ersten SFCR beträgt 20 Wochen nach dem Ende des Geschäftsjahres.[61] Spätestens ab dem Geschäftsjahr, das am oder nach dem 30. Juni 2019 endet, gilt die 14-Wochen-Frist.[62] 24

Nach § 40 Abs. 1 Satz 2 VAG ist die Frist für den **Gruppen-SFCR** sechs Wochen länger als diejenige nach Satz 1. Das entspricht der Vorgabe in Art. 362 Solva II-VO, der für den Gruppen-SFCR die Anwendung des Art. 300 Solva II-VO mit der Maßgabe bestimmt, dass dessen Fristen um **sechs Wochen verlängert** werden. Da die Regelung in § 40 Abs. 1 Satz 2 VAG ausschließlich den Gruppen-SFCR betrifft, wäre sie systematisch korrekt in § 277 VAG aufzunehmen gewesen.[63] Stattdessen regelt § 277 Abs. 1 Satz 2 VAG mit dem Verweis auf unter anderem § 40 Abs. 1 Satz 2 VAG die entsprechende Anwendung einer ohnehin nur für den Gruppen-SFCR geltenden Norm. Überdies lässt das deutsche Recht unbeachtet, dass für den Single-SFCR (§ 277 Abs. 2 VAG) die Fristverlängerung von sechs Wochen gemäß Art. 368 Solva II-VO nur für vier Jahre ab dem 1.1.2016 gilt. 25

5. Genehmigung durch das Geschäftsführungsorgan (Abs. 1 Satz 3). Nach **Art. 55 Abs. 2 Solva II-RL** darf der SFCR erst veröffentlicht werden, wenn ihn das „Verwaltungs-, Management- oder Aufsichtsorgan" genehmigt hat. Der deutsche Gesetzgeber hat die Vorgabe durch § 40 Abs. 1 Satz 3 VAG umgesetzt und sich für eine Genehmigung durch das „Geschäftsführungsorgan" entschieden. Ausgehend von der gesellschaftsrechtlichen Leitungsverantwortung des Vorstands nach § 76 AktG handelt es sich bei der „Genehmigung" um eine Verabschiedung im Sinne einer **konstitutiven Beschlussfassung durch den Vorstand** als Organ.[64] 26

Die „Genehmigung" ist zu **dokumentieren**.[65] Das liegt schon im Interesse des Versicherungsunternehmens, um Nachweisschwierigkeiten zu vermeiden. Außerdem folgt die Dokumentationspflicht als allgemeine Vorgabe zur Geschäftsorganisation aus § **23 Abs. 5 VAG**.[66] Auch Leitlinie 4 EIOPA-LL Governance fordert, dass Versicherungsunternehmen „die auf der Ebene des Verwaltungs-, Management- oder Aufsichtsorgans getroffenen Entscheidungen […] in angemessener Weise dokumentieren." 27

[55] Ebenso *Heukamp* § 5 Rn. 68; verfehlt aber FMA Solvency II Handbuch, S. 76, soweit die Zusendung eines Exemplars in Papierform nur bei fehlender Veröffentlichung auf einer Homepage für erforderlich gehalten wird.

[56] Vgl. Begr. VAG-RegE 2014, BT-Drs. 18/2956, S. 249.

[57] Siehe https://portal.mvp.bafin.de; das „Informationsblatt zum Fachverfahren Versicherungsaufsicht – Solvency II" ist ebenso wie das „Benutzerhandbuch zum MVP Portal" auf der Homepage der BaFin (bafin.de) abrufbar.

[58] Unzutreffend daher noch BaFin, Merkblatt zum Berichtswesen für Erst- und Rückversicherungsunternehmen, Versicherungsgruppen und Pensionsfonds v. 16.10.2015 (zuletzt aktualisiert am 19.1.2016), S. 8, wonach Art. 368 Solva II-VO die endgültigen Fristen regele. Art. 368 Solva II-VO betrifft nur den Gruppen-SFCR und verweist weitgehend – zu der mit § 40 Abs. 1 Satz 2 umgesetzten Ausnahme sogleich – auf Art. 300 Solva II-VO. Die am 29.3.2017 aktualisierte Fassung des Merkblatts enthält keine derartigen Ausführungen mehr.

[59] Ebenso fehlt es in der Begründung zu § 40 VAG (Begr. VAG-RegE 2014, BT-Drs. 18/2956, S. 249 f.) an einem dahingehenden Hinweis.

[60] So zu § 344 Abs. 3 VAG Begr. VAG-RegE 2014, BT-Drs. 18/2956, S. 300.

[61] Vgl. § 344 Abs. 3 Satz 1 Nr. 1, Satz 2 VAG sowie im Übrigen für die im Übergangszeitraum geltenden Fristen die Kommentierung zu § 344 VAG.

[62] Vgl. § 344 Abs. 3 Satz 1 Nr. 4 VAG; Art. 308b Abs. 6 Solva II-RL.

[63] Siehe zum Gruppen-SFCR schon oben Rn. 8.

[64] Vgl. zu der vergleichbaren Problematik in § 23 Abs. 3 Satz 3 VAG die dortige Kommentierung (Rn. 118).

[65] Vgl. zu der dahingehenden Erwartung der BaFin, Merkblatt zum Berichtswesen für Erst- und Rückversicherungsunternehmen, Versicherungsgruppen und Pensionsfonds v. 16.10.2015 (zuletzt aktualisiert am 29.3.2017), S. 3.

[66] Siehe im Einzelnen die dortige Kommentierung.

28 Außerdem sollten Versicherungsunternehmen nach **Leitlinie 31 EIOPA-LL Berichterstattung** über Vorgaben in Bezug auf „die Prozesse zur Prüfung und Genehmigung des SFCR durch das AMSB"[67] als Teil ihrer **Veröffentlichungspolitik** verfügen. Es genügt also nicht allein, die jeweilige Entscheidung über die Genehmigung zu dokumentieren. Darüber hinaus ist in den schriftlichen **internen Leitlinien** zum Berichtswesen[68] das Verfahren festzuschreiben, das jeder SFCR bis zu seiner Genehmigung durchlaufen hat. Damit ist klargestellt, dass die Genehmigung durch den Vorstand nicht nur als formaler Akt zu verstehen ist, sondern ihr auch eine **materielle Prüfung** vorausgehen muss. Anders als bei dem Risikobericht, der sich intern primär an den Vorstand richtet,[69] handelt es sich bei dem SFCR um einen **Bericht des Vorstands**.

29 Im Unterschied zur Solvabilitätsübersicht (§ 35 Abs. 2 VAG), besteht **keine Verpflichtung**, der zufolge der **Abschlussprüfer** den SFCR zu prüfen hätte. Gleichwohl kann der Abschlussprüfer mit einer prüferischen Durchsicht des Berichts beauftragt werden.[70] Unabhängig hiervon bleibt der Vorstand für die Prüfung des Berichts verantwortlich und die Genehmigung zuständig.

30 **6. Unverzügliche Übersendung an die Aufsichtsbehörde (Abs. 1 Satz 4).** Nach seiner Veröffentlichung ist der SFCR gemäß § 40 Abs. 1 Satz 4 VAG „**unverzüglich** der Aufsichtsbehörde zu übersenden". Die – rechtshierarchisch vorrangige – Regelung in Art. 300 Abs. 2 Solva II-VO weicht im Wortlaut hiervon ab. Nach ihr wird der SFCR „den Aufsichtsbehörden unterbreitet", „**sobald**" er veröffentlicht wird.[71] Das deutsche Verständnis von „unverzüglich", wie es in § 121 Abs. 1 Satz 1 BGB als „ohne schuldhaftes Zögern" definiert ist, deckt sich mit „sobald" zumindest nicht vollständig. „Ohne schuldhaftes Zögern" bedeutet nach dem BGH „innerhalb einer den Umständen des Einzelfalls angepassten Prüfungs- und Überlegungsfrist".[72] Nicht nur die von Art. 300 Abs. 2 Solva II-VO abweichende Formulierung, sondern auch der Zweck der Regelung spricht dagegen, den Versicherungsunternehmen, nachdem sie den SFCR veröffentlicht haben, noch eine Prüfungs- und Überlegungsfrist im Einzelfall zuzubilligen, bevor sie ihn der Aufsichtsbehörde übersenden. Denn die Prüfung hat vor der Veröffentlichung zu erfolgen. Mit der Veröffentlichung – entweder auf der Website oder im Wege des Bereithaltens zur Übersendung, wenn der Bericht angefordert wird –[73] liegt dem Versicherungsunternehmen die elektronische Fassung[74] des SFCR vor, die sodann direkt der Aufsichtsbehörde zugeleitet werden kann und zuzuleiten ist. Ein längerer Zeitraum als **wenige Stunden** zwischen der Veröffentlichung des SFCR und dessen Übersendung an die Aufsichtsbehörde erscheint vor diesem Hintergrund kaum vertretbar.[75]

31 Erfolgt die Veröffentlichung des SFCR auf einer Website,[76] liegt der Veröffentlichungszeitpunkt in dem Freischalten. Sobald der SFCR **über die Website abrufbar** ist, ist er der Aufsichtsbehörde zu übermitteln. Ohne die Veröffentlichung des SFCR auf einer Website[77] fehlt es an einem konkreten zeitlichen Anknüpfungspunkt für die Veröffentlichung, da das Versicherungsunternehmen den SFCR nur bereithält und auf Anforderung übermittelt. Maßgeblich ist hier – wie bei der Frage, für welchen genauen Zeitraum der SFCR zur Verfügung zu stehen hat – die Frist, bis zu deren Ende der SFCR veröffentlicht werden muss.[78] **Spätestens nach Ablauf der 14-Wochen-Frist** des § 40 Abs. 1 Satz 1 VAG[79] ist der SFCR daher der Aufsichtsbehörde zu übermitteln. Hat ein Versicherungsunternehmen den SFCR früher endgültig fertiggestellt, spricht nichts dagegen, wenn es ihn der Aufsichtsbehörde schon vor dem Fristablauf übermittelt. In jedem Fall muss die Genehmigung des SFCR durch das Geschäftsführungsorgan bereits erfolgt sein.

32 **III. Inhalt des Solvabilitäts- und Finanzberichts (Abs. 2). 1. Überblick.** Den Ausgangspunkt für den Inhalt des SFCR bildet **Art. 51 Solva II-RL**. Nach Art. 51 Abs. 1 UAbs. 1 Solva II-RL sind

---

[67] Mit AMSB ist das „Verwaltungs-, Management- oder Aufsichtsorgan des Versicherungs- oder Rückversicherungsunternehmens" gemeint, wie LL 3 EIOPA-LL Berichterstattung definiert.

[68] Siehe dazu noch Rn. 137.

[69] Siehe § 26 VAG Rn. 84.

[70] Dies empfehlend *Geib* Audit Committee Quarterly I/2016, 34, 35. Siehe auch allg. zu möglichen Aufgabenerweiterungen des Abschlussprüfers durch Solvency II aus österreichischer Sicht *Milla/Hirner* VersRdsch 6/11, 22, 27 ff. sowie *Will* VersPrax 12/2015, 8 zu Überlegungen einiger EU-Mitgliedstaaten, die Prüfung wesentlicher Teile des SFCR durch Wirtschaftsprüfer vorzuschreiben.

[71] Die englische Sprachfassung verwendet „as soon as".

[72] BGH NJW 2005, 1869; dazu sowie für die Übertragbarkeit des Begriffsverständnisses auf das gesamte Privatrecht und das öffentliche Recht siehe Palandt/*Ellenberger* § 121 BGB Rn. 3.

[73] Siehe oben Rn. 17 f. und 20.

[74] Zur Form siehe schon oben Rn. 22.

[75] Nach *Heukamp* § 5 Rn. 68 ist der SFCR sogar „[z]usammen mit der Veröffentlichung" den Aufsichtsbehörden zu übermitteln. Damit wird zwar der gebotene enge zeitliche Zusammenhang zum Ausdruck gebracht, aber zugleich die gesetzlich vorgesehene zeitliche Reihenfolge außer Acht gelassen.

[76] So der Regelfall, siehe oben Rn. 17.

[77] Siehe oben Rn. 20 zu dieser ausnahmsweise bestehenden Möglichkeit.

[78] Siehe dazu im Einzelnen oben Rn. 19, 23 ff.

[79] Zum Übergangszeitraum sowie zu der Verlängerung der Frist für den Gruppen-SFCR um sechs Wochen siehe oben Rn. 24 f.

für die Angaben im SFCR die in Art. 35 Abs. 3 Solva II-RL genannten Informationen und die in Art. 35 Abs. 4 Solva II-RL genannten Grundsätze zu berücksichtigen. Das bedeutet, dass die Informationen **qualitative oder quantitative** Elemente, **historische, aktuelle oder prospektive Elemente** sowie Daten **aus internen oder externen Quellen** umfassen bzw. jeweils eine Kombination daraus. Eine Beschränkung auf Art, Zeit oder Herkunft der Informationsbestandteile erfolgt mithin nicht. Außerdem haben die Informationen dem **Proportionalitätsgrundsatz** zu entsprechen,[80] müssen zugänglich, in allen wesentlichen Aspekten vollständig, vergleichbar, in zeitlicher Hinsicht konsistent, relevant, verlässlich und verständlich sein.[81]

Die Benennung der **Pflichtangaben** des SFCR erfolgt zunächst durch Art. 51 Abs. 1 UAbs. 2 Solva II-RL. Eine erste Präzisierung einiger erforderlicher Angaben nehmen sodann die Absätze 1a und 2 vor. Die eigentliche Konkretisierung der erforderlichen Angaben beinhalten die Art. 293 bis 297 Solva II-VO.[82] Die **Solva II-VO** ist daher für die genaue Bestimmung der nach § 40 Abs. 2 Satz 3 Nr. 1–5 VAG erforderlichen Informationsbestandteile **von zentraler Bedeutung**. So verweist auch die Begründung des RegE 2014 zu § 40 Abs. 2 und 4 VAG darauf, dass die „Kommission in den von ihr zu erlassenden delegierten Rechtsakten" eine „nähere Konkretisierung, welche Informationen unter den einzelnen Nummern offenzulegen sind", vornehmen wird.[83] Das Fehlen dieser Konkretisierung zum Zeitpunkt der Entstehung des Gesetzesentwurfs merkt man dem VAG mitunter an.[84] 33

Die notwendigen Berichtsinhalte lassen sich in drei Kategorien aufteilen, nämlich in formal-organisatorische Informationen, in Informationen der Finanzberichterstattung und in Informationen der Risikoberichterstattung.[85] Art. 51 Abs. 1 UAbs. 2 Solva II-RL sowie – in Umsetzung dieser Vorgabe – § 40 Abs. 2 Satz 3 VAG nehmen indes eine Zusammenfassung der Pflichtangaben in fünf Bereiche vor. Diese **fünf Bereiche** übernimmt auch der **Pflichtaufbau des SFCR**.[86] Aus Gründen der besseren Nachvollziehbarkeit und Übersicht orientiert sich die vorliegende Darstellung allein der gesetzlichen Systematik. Soweit § 40 VAG in den Absätzen 3 bis 7 notwendige Angaben konkretisiert und dabei von dem Pflichtaufbau nach der Solva II-VO abweicht, richtet sich die Erläuterung nach der Reihenfolge des Pflichtaufbaus. 34

2. Materialität (Abs. 2 Satz 1). Gemäß § 40 Abs. 2 Satz 1 VAG sind im SFCR „**wesentliche Informationen** über die Solvabilitäts- und Finanzlage des Versicherungsunternehmens darzulegen." Damit gilt für die zu veröffentlichenden Informationen der Materialitätsgrundsatz.[87] Eine Definition, welche Informationen wesentlich sind, enthält das VAG nicht. Den Maßstab für die Bestimmung der Wesentlichkeit liefert **Art. 291 Solva II-VO**. Hiernach sind die Informationen als wesentlich zu betrachten, „wenn fehlende oder fehlerhafte Angaben **den Entscheidungsprozess oder das Urteil** der Nutzer des Dokuments, einschließlich der Aufsichtsbehörden, **beeinflussen könnten**." 35

Obschon § 40 Abs. 2 Satz 3 VAG die notwendigen Inhalte benennt und die Art. 293 bis 297 Solva II-VO diese weiter konkretisieren, kommt der Ermittlung der wesentlichen Informationen im jeweiligen Einzelfall eine hohe Bedeutung zu. Denn zum einen hängt die Veröffentlichungspflicht in Bezug auf die einzelnen Informationsbestandteile mitunter von deren Wesentlichkeit ab.[88] Und zum anderen beschränkt sich die Veröffentlichungspflicht nicht auf die in der Solva II-VO detailliert beschriebenen Informationsbestandteile. Darüber hinaus sind „in einem separaten Abschnitt alle anderen wesentlichen Informationen", welche die jeweilige Kategorie betreffen, zu veröffentlichen.[89] Eine **abschließend-enumerative Festlegung** derjenigen Informationen, die der Veröffentlichungspflicht unterliegen, ist in der Folge **nicht möglich**.[90] 36

Die Beurteilung der Wesentlichkeit von Informationen kann nur **unternehmensindividuell** erfolgen. Anders als im Versicherungsaufsichtsrecht, existiert mit den **EBA-Leitlinien im Bankaufsichtsrecht** eine Hilfestellung zur Anwendung des Kriteriums der Wesentlichkeit in Bezug auf die Offenlegungspflichten,[91] welche die BaFin mit ihrem Rundschreiben 05/2015 (BA) zur Umsetzung der EBA-Leitlinien zur Offenlegung vollständig übernommen hat.[92] Die dortigen Erwägungen lassen sich 37

---

[80] Siehe dazu noch Rn. 39 f.

[81] Siehe beispielsweise zum Zugang Rn. 17 ff. und 134 ff., zur Wesentlichkeit Rn. 35 ff. und zur Verständlichkeit Rn. 41 ff.

[82] Zu weiteren Regelwerken unterhalb der Ebene 2 des Solveny II-Systems siehe ausführlich oben Rn. 9 f.

[83] Siehe auch Begr. VAG-RegE 2014, BT-Drs. 18/2956, S. 250.

[84] Siehe dazu noch unten Rn. 140.

[85] Vgl. dazu im Einzelnen *Dreher/Schaaf* in Dreher/Wandt 2009, S. 141.

[86] Siehe unten Rn. 46.

[87] Ausf. zum Materialitätsgrundsatz siehe Einl. Rn. 133 ff.

[88] Siehe z. B. Art. 293 Abs. 1 lit. f) und g) sowie Abs. 2 und 4 Solva II-VO.

[89] So Art. 293 Abs. 5, Art. 294 Abs. 10, Art. 295 Abs. 7, Art. 296 Abs. 5 und Art. 297 Abs. 6 Solva II-VO.

[90] Siehe zu diesem Problem im Zusammenhang mit dem Materialitätsgrundsatz ausf. Einl. VAG Rn. 138.

[91] EBA/GL/2014/14 v. 23.12.2014, Leitlinien zur Wesentlichkeit, zu Geschäftsgeheimnissen und vertraulichen Informationen sowie zur Häufigkeit der Offenlegung gemäß den Artikeln 432 Absatz 1, 432 Absatz 2 und 433 der Verordnung (EU) Nr. 575/2013, Rn. 11–14; siehe zu den EBA-Leitlinien im CRD IV-System auch unten Rn. 141.

[92] Rundschreiben 05/2015 – Umsetzung der EBA-Leitlinien zur Offenlegung, Geschäftszeichen AS 4-FR 2402-2015/0001.

grundsätzlich auf die versicherungsaufsichtsrechtliche Fragestellung übertragen. Nach den EBA-Leitlinien sollte die Wesentlichkeit sowohl bezüglich der quantitativen als auch der qualitativen Offenlegungsanforderungen regelmäßig überprüft werden.[93] Weiter sollte die Wesentlichkeit einer Information „auf einer aggregierten Basis" erfolgen, um insbesondere **kumulative Effekte** zu berücksichtigen.[94] Die nötige Unternehmensindividualität kommt unter anderem dadurch zum Ausdruck, dass die Wesentlichkeitsprüfung sich „nach den **besonderen Merkmalen, Tätigkeiten, Risiken und Risikoprofil**" eines Unternehmens zu richten hat „und nicht automatisch anhand der Größe bzw. des Umfangs der Geschäftstätigkeit" zu beurteilen ist.[95] Eine lediglich auf quantitativen Ansätzen beruhende Wesentlichkeitsprüfung genügt grundsätzlich nicht.[96] Da es sich bei der Wesentlichkeit um ein nutzerzentriertes Konzept handelt, sind die Auswirkungen der Offenlegung auf die Auffassung der Nutzer hinsichtlich des Unternehmens und dessen Risikoprofil einzubeziehen.[97]

38 Konkret ist nach den EBA-Leitlinien bei der Beurteilung der Wesentlichkeit einer Information auf folgende **Kriterien** zu achten,[98] die für die Wesentlichkeit im Sinne des SFCR grundsätzlich ebenso relevant sind: Das Geschäftsmodell eines Unternehmens (a), die Größe der jeweiligen (Teil-)Information, auf die sich die Angabe bezieht (b), der Einfluss der (Teil-)Information auf die Entwicklung der Gesamtrisikoposition oder das gesamte Risikoprofil (c), die Bedeutung der (Teil-)Information für das Verständnis der gegenwärtigen Risiken und der Solvenz des Unternehmens sowie für deren Entwicklung (d), Veränderungen der (Teil-)Information im Vergleich zum Vorjahr (e) sowie das Verhältnis der Information zu den aktuellen Entwicklungen der Risiken, den Anforderungen zur Offenlegung und den Gepflogenheiten des Marktes (f).

39 **3. Proportionalität und Allgemeinverständlichkeit (Abs. 2 Satz 2).** § 40 Abs. 2 Satz 2 VAG enthält Vorgaben zum gebotenen **Detaillierungsgrad** der Angaben im SFCR. Die Angaben müssen sich „nach der Art, dem Umfang und der Komplexität der Geschäftstätigkeit und der Risiken des Unternehmens richten". Die Vorschrift konkretisiert damit den **Proportionalitätsgrundsatz**[99] in Bezug auf die im SFCR zu veröffentlichenden Informationen.[100] Insbesondere wenn nach der Solva II-VO im SFCR allgemein „Informationen über" oder „Angaben zu" gefordert werden, ist für den Umfang und Detaillierungsgrad der zu veröffentlichenden Information der Proportionalitätsgrundsatz von besonderer Bedeutung.[101]

40 Indem sich § 40 Abs. 2 Satz 2 VAG ausdrücklich (nur) auf den Detaillierungsgrad bezieht, kann der Proportionalitätsgrundsatz, soweit er dort geregelt ist, **nicht den gänzlichen Verzicht** auf bestimmte Informationsbestandteile, wie sie insbesondere Art. 293 ff. Solva II-VO fordert, rechtfertigen. Zudem ist § 40 Abs. 2 Satz 2 VAG rechtshierarchisch nicht geeignet, die zwingenden Vorgaben der Solva II-VO zu reduzieren. Eine andere Frage ist, ob jede einzelne der nach Art. 293 ff. Solva II-VO notwendigen Informationen, welche die in Art. 51 Abs. 1 UAbs. 2 Solva II-RL bestimmten Pflichtangaben konkretisieren sollen, dem – nach Art. 51 Abs. 1 UAbs. 1 i. V. m. Art. 35 Abs. 4 lit. a) Solva II-RL auch diesbezüglich geltenden – Proportionalitätsgrundsatz[102] gerecht wird.

41 Weiter regelt § 40 Abs. 2 Satz 2 VAG, dass die Angaben im Bericht „**allgemein verständlich** sein" müssen.[103] Nach der Begründung des VAG-RegE 2014 ist hiermit eine Verständlichkeit „auch für Nichtexperten" gemeint.[104] Art. 51 Solva II-RL enthält zwar keine dahingehende ausdrückliche Bestimmung. Nach den Grundsätzen des Art. 35 Abs. 4 lit. c) Solva II-RL, die gemäß Art. 51 Abs. 1 UAbs. 1 zu berücksichtigen sind, haben die Informationen aber „verständlich" zu sein. Der Maßstab, der an die Verständlichkeit angelegt werden muss, ist anhand der Primäradressaten des SFCR zu bestimmen. Das sind die Versicherungsnehmer und Anspruchsberechtigten,[105] also in der Regel „Nichtexperten". Die Allgemeinverständlichkeit entspricht folglich den europäischen Vorgaben.[106]

---

[93] Siehe EBA/GL/2014/14 v. 23.12.2014, Rn. 12 lit. a) und b).
[94] Siehe EBA/GL/2014/14 v. 23.12.2014, Rn. 12 lit. c).
[95] Siehe EBA/GL/2014/14 v. 23.12.2014, Rn. 12 lit. g).
[96] Siehe EBA/GL/2014/14 v. 23.12.2014, Rn. 12 lit. h).
[97] Siehe EBA/GL/2014/14 v. 23.12.2014, Rn. 12 lit. e).
[98] Siehe EBA/GL/2014/14 v. 23.12.2014, Rn. 14.
[99] Allg. zum Proportionalitätsgrundsatz siehe ausf. Einl. Rn. 124 ff.
[100] *Heukamp* § 5 Rn. 52 (dort Fn. 81) sieht den Proportionalitätsgrundsatz „explizit in § 40 Abs. 2 Satz 1 VAG niedergelegt". Satz 1 enthält allerdings den Materialitätsgrundsatz, siehe oben Rn. 35.
[101] Verfehlt insoweit BaFin, Merkblatt zum Berichtswesen für Erst- und Rückversicherungsunternehmen, Versicherungsgruppen und Pensionsfonds v. 16.10.2015 (zuletzt aktualisiert am 29.3.2017), S. 16, wonach es allein auf die Wesentlichkeit nach Art. 291 Solva II-VO ankommen soll.
[102] Zum Proportionalitätsgrundsatz als Querschnittsklausel für das gesamte Versicherungsaufsichtsrecht siehe Einl. VAG Rn. 126.
[103] Vgl. mit Beispielen für die Verwendung der Formulierung der „allgemeinen Verständlichkeit" im deutschen Recht, vor allem aus dem Bereich der Produktsicherheit, *Gal/Sehrbrock*, Die Umsetzung der Solvency II-Richtlinie durch die 10. VAG-Novelle, 2013, S. 52.
[104] Begr. VAG-RegE 2014, BT-Drs. 18/2956, S. 250.
[105] Siehe oben Rn. 6.
[106] So, allerdings allgemein begründet mit den Aufsichtszielen der Solva II-RL, im Ergebnis auch *Grote/Schaaf* VersR 2012, 17, 24.

42 Fraglich ist, welche **konkreten Anforderungen** die Darstellung zu erfüllen hat, um allgemein verständlich zu sein. Vor dem Hintergrund der nach § 40 Abs. 2 Satz 3 VAG notwendigen Inhalte des SFCR ist zudem problematisch, ob es überhaupt möglich ist, diese in vollem Umfang für Nichtexperten verständlich darzustellen, ohne den SFCR in einen Grundkurs ausufern zu lassen, der sämtliche für die Versicherungswirtschaft relevanten Materien, insbesondere Betriebswirtschaftslehre, Rechtswissenschaft und Versicherungsmathematik, zum Gegenstand haben müsste.[107] Die fehlenden Kenntnisse in diesen Bereichen führen in Kombination mit der schieren Fülle der nach Art. 293 ff. Solva II-VO zwingend anzugebenden Informationen dazu, dass der vollständige SFCR kaum allgemein verständlich im o. g. Sinne sein kann.[108]

43 Dem trägt Art. 292 Abs. 1 Solva II-VO dadurch Rechnung, dass der SFCR „eine klare, knappe **Zusammenfassung**" zu enthalten hat. Die Zusammenfassung muss „**für Versicherungsnehmer und Anspruchsberechtigte verständlich**" sein. Außerdem sind nach Art. 292 Abs. 2 Solva II-VO in der Zusammenfassung wesentliche Änderungen, die in den fünf Hauptkategorien[109] während des Berichtszeitraums aufgetreten sind, herauszustellen. Sieht man von diesen speziellen Anforderungen an die Zusammenfassung ab, ist dem Gebot der Allgemeinverständlichkeit grundsätzlich dadurch genügt, dass die im SFCR enthaltenen Informationen in Inhalt und Darstellung den gesetzlichen Vorgaben entsprechen.

44 **4. Aufbau und Gestaltung (Abs. 2 Satz 3).** § 40 Abs. 2 Satz 3 Nr. 1 bis 5 VAG benennt die notwendigen Inhalte des SFCR in Umsetzung von Art. 51 Abs. 1 UAbs. 2 lit. a) bis e) Solva II-RL. In der Wortwahl weichen VAG und Solva II-RL mitunter geringfügig voneinander ab.[110] Die Reihenfolge der Inhalte entspricht im VAG derjenigen der Solva II-RL. Aus ihr ergibt sich bereits der grobe Aufbau des SFCR. Detailliertere Vorgaben zum Aufbau enthält Art. 290 Abs. 1 **Solva II-VO**, der wiederum auf den **Anhang XX** der Verordnung verweist. Die Gliederung ist damit verbindlich vorgegeben. Das Hinzufügen von im Anhang XX Solva II-VO nicht genannten Überschriften scheidet ebenso aus, wie das Weglassen von dort genannten.[111] Unterüberschriften sind zulässig, da sie keine Abweichung von der verbindlichen Struktur darstellen, sondern lediglich die Übersichtlichkeit erhöhen.[112]

45 Der Anhang XX Solva II-VO gilt sowohl für den Aufbau des SFCR als auch für den RSR. Der SFCR folgt mithin der **gleichen Struktur wie der RSR**,[113] unterscheidet sich aber von ihm hinsichtlich der zu veröffentlichenden Informationen.[114] Das gilt insbesondere für die Granularität, also die **Detailtiefe** der Informationen und die Feinheit der Untergliederung.[115] Sie bleibt beim SFCR hinter derjenigen des RSR zurück. Außerdem ist bei der Darstellung im RSR die Sachkunde der BaFin als Empfängerin des Berichts zu berücksichtigen, so dass im narrativen Teil des Berichts – anders als beim SFCR – allgemeingültige Erklärungen als bekannt vorausgesetzt werden können und daher nicht erforderlich sind.[116]

46 Folgender Aufbau gilt nach Art. 290 Abs. 1 i. V. m. Anhang XX Solva II-VO für den SFCR:

Zusammenfassung

A. **Geschäftstätigkeit und Geschäftsergebnis**[117]
A.1 Geschäftstätigkeit
A.2 Versicherungstechnische Leistung
A.3 Anlageergebnis
A.4 Entwicklung sonstiger Tätigkeiten
A.5 Sonstige Angaben

---

[107] Mit Zweifeln auch *Grote/Schaaf* VersR 2012, 17, 24 und *Will* VersPrax 12/2015, 8, 10.

[108] *Freiling* VW 2011, 1749 sieht selbst fachkundige Dritte nicht in der Lage, die quantitativen Informationen des SFCR wegen des hohen Detaillierungsgrades und der Inkonsistenz mit den Jahresabschlüssen zu verarbeiten.

[109] Siehe zu den Kategorien unten Rn. 46.

[110] Dazu im Einzelnen bei den konkreten Inhalten. So verwendet z. B. § 40 Abs. 2 Satz 3 VAG den Begriff „Geschäftsergebnisse" anstelle von „Leistungen", siehe Rn. 48.

[111] Vgl. BaFin, Merkblatt zum Berichtswesen für Erst- und Rückversicherungsunternehmen, Versicherungsgruppen und Pensionsfonds v. 16.10.2015 (zuletzt aktualisiert am 29.3.2017), S. 16.

[112] Vgl. BaFin, Merkblatt zum Berichtswesen für Erst- und Rückversicherungsunternehmen, Versicherungsgruppen und Pensionsfonds v. 16.10.2015 (zuletzt aktualisiert am 29.3.2017), S. 16.

[113] Vgl. zum RSR Art. 304 Abs. 1 lit. a) Solva II-VO.

[114] Vgl. BaFin, Merkblatt zum Berichtswesen für Erst- und Rückversicherungsunternehmen, Versicherungsgruppen und Pensionsfonds v. 16.10.2015 (zuletzt aktualisiert am 29.3.2017), S. 15.

[115] Vgl. *Probst* in Gründl/Kraft (Hrsg.), Solvency II – Eine Einführung, 2. Aufl. 2016, S. 120.

[116] Vgl. BaFin, Merkblatt zum Berichtswesen für Erst- und Rückversicherungsunternehmen, Versicherungsgruppen und Pensionsfonds v. 16.10.2015 (zuletzt aktualisiert am 29.3.2017), S. 22.

[117] Siehe zum Begriff „Geschäftsergebnis" unten Rn. 48. Die BaFin erwartet die Verwendung des Begriffs Geschäftsergebnis in der Überschrift, obschon der Anhang XX Solva II-VO nach wie vor – allerdings aufgrund eines Redaktionsversehens – von „Leistung" spricht. Vgl. BaFin, Merkblatt zum Berichtswesen für Erst- und Rückversicherungsunternehmen, Versicherungsgruppen und Pensionsfonds v. 16.10.2015 (zuletzt aktualisiert am 29.3.2017), S. 17. Konsequenterweise müsste die Überschrift zu A.2 dann aber auch „Versicherungstechnisches Ergebnis" lauten (siehe dazu unten Rn. 53). Hierzu schweigt die BaFin in ihrem Merkblatt, weshalb sich die Beibehaltung des Begriffs aus dem Anhang XX Solva II-VO empfiehlt.

B. **Governance-System**
B.1 Allgemeine Angaben zum Governance-System
B.2 Anforderungen an die fachliche Qualifikation und persönliche Zuverlässigkeit
B.3 Risikomanagementsystem einschließlich der unternehmenseigenen Risiko- und Solvabilitätsbeurteilung
B.4 Internes Kontrollsystem
B.5 Funktion der internen Revision
B.6 Versicherungsmathematische Funktion
B.7 Outsourcing
B.8 Sonstige Angaben
C. **Risikoprofil**
C.1 Versicherungstechnisches Risiko
C.2 Marktrisiko
C.3 Kreditrisiko
C.4 Liquiditätsrisiko
C.5 Operationelles Risiko
C.6 Andere wesentliche Risiken
C.7 Sonstige Angaben
D. **Bewertung für Solvabilitätszwecke**
D.1 Vermögenswerte
D.2 Versicherungstechnische Rückstellungen
D.3 Sonstige Verbindlichkeiten
D.4 Alternative Bewertungsmethoden
D.5 Sonstige Angaben
E. **Kapitalmanagement**
E.1 Eigenmittel
E.2 Solvenzkapitalanforderung und Mindestkapitalanforderung
E.3 Verwendung des durationsbasierten Untermoduls Aktienrisiko bei der Berechnung der Solvenzkapitalanforderung
E.4 Unterschiede zwischen der Standardformel und etwa verwendeten internen Modellen
E.5 Nichteinhaltung der Mindestkapitalanforderung und Nichteinhaltung der Solvenzkapitalanforderung
E.6 Sonstige Angaben

47 Nach Art. 290 Abs. 2 Solva II-VO enthält der SFCR „**narrative** quantitative und qualitative Informationen". Vor der Berichtigung der deutschen Fassung der Solva II-VO[118] forderte die Vorschrift „ausformulierte quantitative und qualitative Informationen". Mit der Korrektur des Wortlauts ist nunmehr klargestellt, dass es auf eine vollständige Ausformulierung nicht ankommt. Eine Ergänzung können „gegebenenfalls" quantitative Berichtsformate, also Tabellen, sein. Auch hier wurde der Wortlaut angepasst, indem anstelle von „Vorlagen" nun von „Berichtsformate[n]" die Rede ist.[119] **Art. 4 TDS Verfahren SFCR** bestimmt wiederum, dass Versicherungsunternehmen als Bestandteil ihres SFCR „mindestens die folgenden **Meldebögen**" zu veröffentlichen haben. Es folgen litera a) bis m) mit Verweisen auf die Meldebögen im Anhang der TDS Verfahren SFCR. In der Regel sind in diese Meldebögen bestimmte Werte einzutragen. Eine zusätzliche „Ausformulierung" sämtlicher in die Meldebögen eingetragener Informationen ist dann nicht mehr notwendig. Auf die wesentlichen Inhalte ist jedoch narrativ einzugehen. **Geldbeträge** in Zahlen sind nach Art. 2 TDS Verfahren SFCR **in tausend Einheiten** anzugeben. Für die „Umwandlung der Zahlen in tausend Einheiten" – gemeint sind wohl die Anzahl der Nachkommastellen und das Runden – sollen die Unternehmen nach dem Willen der BaFin mangels Spezifizierung „eine eigene Konvention" entwickeln, konsistent verwenden und im SFCR erläutern.[120] Fordern Vorschriften, insbesondere solche der sehr detaillierten Solva II-VO, Angaben zu Sachverhalten, ohne diese unter bestimmte Voraussetzungen zu stellen, ist nach Ansicht der BaFin eine „ausdrückliche **Negativaussage**" erforderlich.[121]

---

[118] Art. 1 Nr. 83 Delegierte Verordnung (EU) 2016/2283 der Kommission vom 22.8.2016 zur Berichtigung der deutschen Fassung der Delegierten Verordnung (EU) 2015/35 zur Ergänzung der Richtlinie 2009/138/EG des Europäischen Parlaments und des Rates betreffend die Aufnahme und Ausübung der Versicherungs- und der Rückversicherungstätigkeit (Solvabilität II), ABl. EU 2016 L 346, 111.

[119] Siehe Art. 1 Nr. 83 Delegierte Verordnung (EU) 2016/2283 der Kommission vom 22.8.2016 zur Berichtigung der deutschen Fassung der Delegierten Verordnung (EU) 2015/35 zur Ergänzung der Richtlinie 2009/138/EG des Europäischen Parlaments und des Rates betreffend die Aufnahme und Ausübung der Versicherungs- und der Rückversicherungstätigkeit (Solvabilität II), ABl. EU 2016 L 346, 111.

[120] Vgl. BaFin, Merkblatt zum Berichtswesen für Erst- und Rückversicherungsunternehmen, Versicherungsgruppen und Pensionsfonds v. 16.10.2015 (zuletzt aktualisiert am 29.3.2017), S. 17.

[121] Siehe mit Beispielen BaFin, Merkblatt zum Berichtswesen für Erst- und Rückversicherungsunternehmen, Versicherungsgruppen und Pensionsfonds v. 16.10.2015 (zuletzt aktualisiert am 29.3.2017), S. 16.

5. Geschäftstätigkeit und Geschäftsergebnisse (Abs. 2 Satz 3 Nr. 1; Art. 293 Solva II-VO). 48
Nach § 40 Abs. 2 Satz 3 Nr. 1 VAG sind „die Geschäftstätigkeit und die Geschäftsergebnisse des Unternehmens" zu beschreiben. Im Wortlaut geringfügig abweichend fordert Art. 51 Abs. 1 UAbs. 2 lit. a) Solva II-RL die „Beschreibung der Geschäftstätigkeit und der Leistungen des Unternehmens". Letztere Wortwahl griff zunächst auch **Art. 293 Solva II-VO** auf, der die zu veröffentlichenden Informationen konkretisiert. Mit der Delegierten Verordnung zur Berichtigung der deutschen Fassung der Solva II-VO wurde der Wortlaut indessen angepasst.[122] Der Begriff „Leistung" wurde durch „Geschäftsergebnis" ersetzt, was wiederum der Formulierung im VAG entspricht. Die Darstellung des Geschäftsergebnisses vermittelt den Adressaten ein Bild vom wirtschaftlichen Erfolg des Versicherungsunternehmens.[123]

Zur **Geschäftstätigkeit** hat der SFCR unter A.1 gemäß Art. 293 Abs. 1 Solva II-VO alle **folgenden Informationen** zu enthalten: 49

„(a) Name und Rechtsform des Unternehmens;
(b) Name und Kontaktdaten der für die Finanzaufsicht über das Unternehmen zuständigen Aufsichtsbehörde und gegebenenfalls Name und Kontaktdaten der für die Beaufsichtigung der Gruppe, der das Unternehmen angehört, zuständigen Aufsichtsbehörde;[124]
(c) Name und Kontaktdaten des externen Abschlussprüfers[125] des Unternehmens;
(d) Angaben zu den Haltern qualifizierter Beteiligungen an dem Unternehmen;
(e) sofern das Unternehmen einer Gruppe angehört, detaillierte Angaben zur Stellung des Unternehmens innerhalb der rechtlichen Struktur der Gruppe;
(f) wesentliche Geschäftsbereiche und wesentliche Regionen,[126] in denen es seinen Tätigkeiten nachgeht;
(g) etwaige wesentliche Geschäftsvorfälle oder sonstige Ereignisse im Berichtszeitraum, die sich erheblich auf das Unternehmen ausgewirkt haben.[127]"

Weitere – für Versicherungsunternehmen allerdings unverbindliche –[128] Vorgaben zu den Angaben über die Geschäftstätigkeit enthält **LL 1 EIOPA-LL Berichterstattung**.[129] Nach ihr „sollten Versicherungs- und Rückversicherungsunternehmen mindestens die folgenden Informationen betreffend ihre Geschäftstätigkeit darlegen: 50

a) den Namen und den Sitz der juristischen oder natürlichen Personen, die direkte oder indirekte Halter qualifizierter Beteiligungen an dem Unternehmen sind (einschließlich des direkten oder obersten Mutterunternehmens oder der natürlichen Person), einschließlich der Beteiligungsquote und, falls abweichend, des Stimmrechtsanteils;
b) eine Liste der wichtigen verbundenen Unternehmen einschließlich Name, Rechtsform, Land, Beteiligungsquote und, falls abweichend, Stimmrechtsanteil;
c) eine vereinfachte Gruppenstruktur."

Die Leitlinie 1 EIOPA-LL Berichterstattung bezieht sich nicht auf alle nach Art. 293 Abs. 1 Solva II-VO zu veröffentlichenden Informationen. Wenngleich die Leitlinie 1 (nur) die in ihr genannten Informationen als diejenigen bezeichnet, welche die Versicherungsunternehmen „mindestens" über ihre Geschäftstätigkeit darlegen „sollten", dürfen die Unternehmen **nicht hinter** den nach **Art. 293 Abs. 1 Solva II-VO** geforderten Informationen **zurückbleiben**. Das ergibt sich bereits rechtshierarchisch aus dem Vorrang der Solva II-VO von deren Geltung die EIOPA-LL nicht dispensieren können. 51

---

[122] Siehe Art. 1 Nr. 84 Delegierte Verordnung (EU) 2016/2283 der Kommission vom 22.8.2016 zur Berichtigung der deutschen Fassung der Delegierten Verordnung (EU) 2015/35 zur Ergänzung der Richtlinie 2009/138/EG des Europäischen Parlaments und des Rates betreffend die Aufnahme und Ausübung der Versicherungs- und der Rückversicherungstätigkeit (Solvabilität II), ABl. EU 2016 L 346, 111.

[123] Vgl. *Dreher/Schaaf* in Dreher/Wandt 2009, S. 142.

[124] Die relevanten Daten der BaFin werden genannt in BaFin, Merkblatt zum Berichtswesen für Erst- und Rückversicherungsunternehmen, Versicherungsgruppen und Pensionsfonds v. 16.10.2015 (zuletzt aktualisiert am 29.3.2017), S. 18.

[125] Durch Art. 1 Nr. 85 der Delegierten Verordnung (EU) 2016/2283 der Kommission vom 22. August 2016 zur Berichtigung der deutschen Fassung der Solva II-VO, ABl. EU 2016 L 346, 111, wurde der Begriff des „Prüfers" durch denjenigen des „Abschlussprüfers" ersetzt.

[126] Durch Art. 1 Nr. 86 der Delegierten Verordnung (EU) 2016/2283 der Kommission vom 22. August 2016 zur Berichtigung der deutschen Fassung der Solva II-VO, ABl. EU 2016 L 346, 111, ist nunmehr anstelle von „geografischen Gebieten" von „Regionen" die Rede.

[127] Nach dem Verständnis der BaFin, Merkblatt zum Berichtswesen für Erst- und Rückversicherungsunternehmen, Versicherungsgruppen und Pensionsfonds v. 16.10.2015 (zuletzt aktualisiert am 29.3.2017), S. 18, umfasst dies „alles, was extern oder intern passiert ist und sich erheblich auf die Ergebnisse oder Entscheidungen des Unternehmens ausgewirkt hat." Das geht indessen zu weit, da Art. 293 Abs. 1 lit. g Solva II-VO ausdrücklich nicht auf „alles", was sich erheblich ausgewirkt hat, sondern nur auf solche Geschäftsvorfälle und sonstige Ereignisse abstellt, die „wesentlich" sind. Zur Wesentlichkeit siehe oben Rn. 35 ff.

[128] Dazu siehe ausf. § 23 Rn. 37.

[129] Ähnlich BaFin, Merkblatt zum Berichtswesen für Erst- und Rückversicherungsunternehmen, Versicherungsgruppen und Pensionsfonds v. 16.10.2015 (zuletzt aktualisiert am 29.3.2017), S. 18.

52 Überdies lässt sich aus dem Inhalt der Leitlinie 1 EIOPA-LL Berichterstattung schließen, dass diese lediglich eine Konkretisierung der Art. 293 Abs. 1 lit. d) und e) Solva II-VO bezweckt. Die Leitlinie 1 EIOPA-LL Berichterstattung benennt in lit. a) die Informationen, die mindestens in Bezug auf die **Halter qualifizierter Beteiligungen** veröffentlicht werden sollen. Den Begriff der „qualifizierten Beteiligung" definiert Art. 13 Nr. 21 Solva II-RL bzw. in dessen Umsetzung § 7 Nr. 3 VAG als „das direkte oder indirekte **Halten von mindestens 10 % des Kapitals oder der Stimmrechte** eines Unternehmens oder eine andere Möglichkeit der Wahrnehmung eines maßgeblichen Einflusses auf die Geschäftsführung dieses Unternehmens". Sofern das Versicherungsunternehmen einer Gruppe angehört, konkretisieren lit. b) und c) der Leitlinie 1 EIOPA-LL Berichterstattung die detaillierten Angaben zur **Stellung des Unternehmens innerhalb** der rechtlichen Struktur **der Gruppe**.

53 Sodann sind im SFCR unter A.2 gemäß Art. 293 Abs. 2 Solva II-VO „qualitative und quantitative Informationen über **das versicherungstechnische Ergebnis** des Unternehmens im Berichtszeitraum" anzugeben.[130] Dem entspricht die deutsche Wortwahl in § 40 Abs. 2 Satz 3 Nr. 1 VAG, indem sie auf „Geschäftsergebnisse" abstellt.[131] Im Unterschied zum RSR[132] ist das versicherungstechnische Ergebnis zunächst „**auf aggregierter Ebene**", also zusammengefasst darzustellen. Überdies hat eine **Aufschlüsselung** des Ergebnisses „nach wesentlichen Geschäftsbereichen und wesentlichen geografischen Gebieten, in denen es [scil.: das Unternehmen] seinen Tätigkeiten nachgeht," zu erfolgen.[133]

54 In dieser Aufschlüsselung muss zudem eine „**Gegenüberstellung** der Informationen mit den für den **vorangegangenen Berichtszeitraum** vorgelegten und im Abschluss des Unternehmens enthaltenen Informationen" erfolgen. Nach Art. 303 Solva II-VO muss der Vergleich nur dann erfolgen, „wenn es sich beim vorangegangenen Berichtszeitraum um einen Zeitraum nach Geltungsbeginn" der Solva II-RL handelt. Vor der Korrektur des Wortlauts durch die Berichtigungsverordnung[134] war noch anstelle von „Geltungsbeginn" die Rede vom „Inkrafttreten"; das wäre gemäß Art. 311 Solva II-RL zwanzig Tage nach dem 17.12.2009. Maßgeblich kann jedoch schon nach Sinn und Zweck der Regelung allein der „Geltungsbeginn" im Sinne des Art. 309 Abs. 1 UAbs. 2 Solva II-RL sein, also der 1. Januar 2016. Nur wenn der vorangegangene Berichtszeitraum **am 1.1.2016 oder später begonnen** hat, ist folglich ein Vergleich mit ihm vorzunehmen. Ein Vergleich hat damit erstmals in dem 2018 vorzulegenden SFCR zu erfolgen.[135]

55 Anders als für den RSR, in dem nach Art. 307 Abs. 2 lit. a) Solva II-VO die Aufschlüsselung anhand der „Gewinne und Aufwendungen" vorzunehmen ist, fordert Art. 293 Abs. 2 Solva II-VO für den SFCR nur das versicherungstechnische Ergebnis selbst, also das Ergebnis aus Versicherungsgeschäften, aufzuschlüsseln. Nach den gemäß Art. 4 lit. b) und c) TDS Verfahren SFCR obligatorisch zu verwendenden **Meldebögen** ist indessen eine sehr **detaillierte Angabe** von Prämien, Forderungen und Aufwendungen notwendig. Hier stellt sich nicht nur die Frage nach der Vereinbarkeit mit den vorrangigen Normen. Darüber hinaus wird der Proportionalitätsgrundsatz, der für den im Einzelfall gebotenen Detaillierungsgrad maßgeblich ist,[136] vernachlässigt.

56 Nach den Ergebnissen aus Versicherungsgeschäften sind unter A.3 im SFCR gemäß Art. 293 Abs. 3 Solva II-VO „alle folgenden qualitativen und quantitativen Informationen über die **Anlageergebnisse**" des Versicherungsunternehmens aufzuführen:

„a) Angaben zu Erträgen aus und Aufwendungen für Anlagegeschäfte, aufgeschlüsselt nach Vermögenswertklassen,[137] sowie, soweit für eine angemessene Einschätzung der Erträge und Aufwendungen erforderlich, zu deren Zusammensetzung;
b) Informationen über direkt im Eigenkapital erfasste Gewinne und Verluste;
c) Informationen über Anlagen in Verbriefungen."

---

[130] Vor der Änderung durch Art. 1 Nr. 87 der Delegierten Verordnung (EU) 2016/2283 der Kommission vom 22. August 2016 zur Berichtigung der deutschen Fassung der Solva II-VO, ABl. EU 2016 L 346, 111 wurde noch anstelle von „das versicherungstechnische Ergebnis" die weniger treffende Formulierung „die versicherungstechnische Leistung" verwendet.

[131] In diesem Sinne sprechen auch Art. 51 Abs. 1 UAbs. 2 lit. a) Solva II-RL in der französischen und der niederländischen Fassung sowie die jeweiligen Überschriften des Art. 293 Solva II-VO von „résultats" und „resultaten".

[132] Vgl. Art. 307 Abs. 2 Solva II-VO.

[133] Die wesentlichen Geschäftsbereiche und wesentlichen geographischen Gebiete bzw. Regionen, in denen das Versicherungsunternehmen seiner Tätigkeit nachgeht, sind bereits unter A.2 gemäß Art. 293 Abs. 1 lit. f) Solva II-VO zu benennen; siehe oben Rn. 49. Zu den Geschäftsbereichen siehe Anhang I Solva II-RL.

[134] Art. 1 Nr. 103 Delegierte Verordnung (EU) 2016/2283 der Kommission vom 22.8.2016 zur Berichtigung der deutschen Fassung der Delegierten Verordnung (EU) 2015/35 zur Ergänzung der Richtlinie 2009/138/EG des Europäischen Parlaments und des Rates betreffend die Aufnahme und Ausübung der Versicherungs- und der Rückversicherungstätigkeit (Solvabilität II), ABl. EU 2016 L 346, 111.

[135] Vgl. BaFin, Merkblatt zum Berichtswesen für Erst- und Rückversicherungsunternehmen, Versicherungsgruppen und Pensionsfonds v. 16.10.2015 (zuletzt aktualisiert am 29.3.2017), S. 17.

[136] Siehe oben Rn. 39 ff.

[137] Zu den Vermögenswertklassen siehe unten Rn. 79.

Die Darstellung hat – wie auch schon die Angaben nach Art. 293 Abs. 2 Solva II-VO – eine „**Gegenüberstellung** der Informationen mit den für den vorangegangenen Berichtszeitraum vorgelegten und im Abschluss des Unternehmens enthaltenen Informationen" zu enthalten.[138]

Anschließend sind unter A.4 im SFCR gemäß Art. 293 Abs. 4 Solva II-VO die „**sonstigen wesentlichen Erträge und Aufwendungen**" des Versicherungsunternehmens im Berichtszeitraum zusammen mit einer Gegenüberstellung[139] anzugeben.[140] Nach **Leitlinie 2** EIOPA-LL Berichterstattung sollten hier Versicherungsunternehmen „im Allgemeinen die Leasingvereinbarungen in Bezug auf jede wesentliche Leasingvereinbarung, gesondert für Finanzierungs- und Operating-Leasings, beschreiben." 57

Schließlich sind noch unter A.5 im SFCR gemäß Art. 293 Abs. 5 Solva II-VO „**alle anderen wesentlichen Informationen** über Geschäftstätigkeit und Leistung des Versicherungs- oder Rückversicherungsunternehmens" anzugeben.[141] Hierunter fallen insbesondere Entwicklungen oder Ereignisse mit jeweils wesentlichen Auswirkungen, die **nach dem Berichtsstichtag**, aber vor dem Veröffentlichungsdatum eingetreten sind, soweit die Zeitspanne zwischen dem Eintritt der Entwicklung oder des Ereignisses und dem Veröffentlichungsdatum eine Aufnahme in den SFCR zulässt.[142] 58

6. Governance-System (Abs. 2 Satz 3 Nr. 2; Art. 294 Solva II-VO). Nach § 40 Abs. 2 Satz 3 Nr. 2 VAG ist „die **Geschäftsorganisation** unter Bewertung ihrer Angemessenheit für das Risikoprofil des Unternehmens" zu beschreiben.[143] Der Sache nach entspricht dies der Vorgabe in Art. 51 Abs. 1 UAbs. 2 lit. b) Solva II-RL. Die Solva II-RL kennt indes den Begriff der Geschäftsorganisation nicht und verwendet stattdessen den Begriff „**Governance-System**". Der deutsche Gesetzgeber versteht unter Geschäftsorganisation und Governance-System dasselbe.[144] **Art. 294 Solva II-VO** konkretisiert mit seinen insgesamt zehn Absätzen die zu veröffentlichenden Informationen. Außerdem beziehen sich die Leitlinien 3 und 4 EIOPA-LL Berichterstattung auf das Governance-System. 59

Unter B.1 sind im SFCR allgemeine Angaben zum Governance-System zu machen, die Art. 294 Abs. 1 Solva II-VO konkretisiert. Die nach lit. a) zu veröffentlichenden Informationen knüpfen im Wesentlichen an die materiellen Anforderungen an das Governance-System an, wie sie in § 23 Abs. 1 Satz 3 VAG umgesetzt wurden, und dienen ihrer Überprüfung. Das betrifft insbesondere die „angemessene, transparente Organisationsstruktur mit einer klaren Zuweisung und einer angemessenen Trennung der Zuständigkeiten sowie ein wirksames unternehmensinternes Kontrollsystem".[145] So ist nach Art. 294 Abs. 1 lit. a) Solva II-VO zunächst zu informieren über „die **Struktur des Verwaltungs-, Management- oder Aufsichtsorgans** des Unternehmens mit einer Beschreibung seiner Hauptaufgaben und -zuständigkeiten". Weiter zu erfolgen hat eine „Kurzdarstellung der Abgrenzung der **Zuständigkeiten** innerhalb dieser Organe, insbesondere Angaben dazu, ob innerhalb der Organe einschlägige Ausschüsse bestehen". Außerdem sind die „Hauptaufgaben und -zuständigkeiten der **Schlüsselfunktionen**" zu beschreiben.[146] Hiermit befasst sich auch **Leitlinie 3** EIOPA-LL Berichterstattung. Nach ihr sollten Versicherungsunternehmen erklären, „über welche erforderlichen Befugnisse, Ressourcen und operationale Unabhängigkeit die Inhaber von Schlüsselfunktionen verfügen, um ihre Aufgaben durchzuführen und wie sie dem Verwaltungs-, Management- oder Aufsichtsorgan des Versicherungs- oder Rückversicherungsunternehmens […] Bericht erstatten und es beraten." Eine konkrete Benennung der Inhaber von Schlüsselfunktionen ist nicht gefordert. 60

Darüber hinaus sind noch unter B.1 im SFCR gemäß Art. 294 Abs. 1 lit. b) Solva II-VO „alle **wesentlichen Änderungen** des Governance-Systems im Berichtszeitraum anzugeben". Fehlt es an wesentlichen Änderungen, hat nach Ansicht der BaFin eine „ausdrückliche Negativaussage" zu erfolgen.[147] Ebenfalls gefordert werden nach Art. 294 Abs. 1 lit. c) Solva II-VO „Angaben zu **Vergütungsleitlinien und Vergütungspraktiken**" und zwar nicht nur das Verwaltungs-, Management- oder 61

---

[138] Dabei reduziert es nicht die Informationsverpflichtung im SFCR, wenn die erforderliche Angabe kein Pendant im Abschluss des Unternehmens hat. Dies klarstellend BaFin, Merkblatt zum Berichtswesen für Erst- und Rückversicherungsunternehmen, Versicherungsgruppen und Pensionsfonds v. 16.10.2015 (zuletzt aktualisiert am 29.3.2017), S. 18.

[139] Zur Gegenüberstellung siehe zuvor Rn. 54 und 56.

[140] Dass es um „Erträge" und nicht um „Einnahmen" geht, wurde klargestellt durch Art. 1 Nr. 88 Delegierte Verordnung (EU) 2016/2283 der Kommission vom 22.8.2016 zur Berichtigung der deutschen Fassung der Delegierten Verordnung (EU) 2015/35 zur Ergänzung der Richtlinie 2009/138/EG des Europäischen Parlaments und des Rates betreffend die Aufnahme und Ausübung der Versicherungs- und der Rückversicherungstätigkeit (Solvabilität II), ABl. EU 2016 L 346, 111.

[141] Zum Materialitätsgrundsatz und der Bestimmung der Wesentlichkeit siehe oben Rn. 35 f.

[142] EIOPA-BoS-16/243 v. 21.12.2016 Tz. 6.

[143] Zu den vielfältigen Anforderungen an die Unternehmensberichterstattung über Corporate Governance unabhängig von den aufsichtsrechtlichen Vorgaben siehe *AKEIÜ* DB 2016, 395 ff.

[144] Vgl. Begr. RegE-VAG 2014, BT-Drs. 18/2956, S. 228 und 238; siehe außerdem ausf. dazu sowie zur uneinheitlichen Begriffsverwendung im VAG § 23 Rn. 12 f.

[145] Siehe dazu die Kommentierung von § 23 VAG.

[146] Zu den Schlüsselfunktionen siehe die Kommentierung von § 24 VAG.

[147] BaFin, Merkblatt zum Berichtswesen für Erst- und Rückversicherungsunternehmen, Versicherungsgruppen und Pensionsfonds v. 16.10.2015 (zuletzt aktualisiert am 29.3.2017), S. 16.

Aufsichtsorgan, sondern grundsätzlich („soweit nicht anders angegeben") alle Beschäftigten betreffend.[148] Vor der Korrektur des Wortlauts durch die Berichtigungsverordnung[149] war anstelle von Vergütungsleitlinien die Rede von Vergütungspolitik. Zu veröffentlichen sind die „Grundsätze der Vergütungsleitlinien mit einer Erläuterung der relativen Bedeutung fester und variabler Vergütungsbestandteile"[150] (i) sowie „Informationen über individuelle und kollektive Erfolgskriterien, an die etwaige Ansprüche auf Aktienoptionen, Aktien und variable Vergütungsbestandteile geknüpft sind" (ii).[151] Die „Hauptcharakteristika von Zusatzrenten- oder Vorruhestandsregelungen" sind sodann nur „für die Mitglieder des Verwaltungs-, Management- oder Aufsichtsorgans und anderer Inhaber von Schlüsselfunktionen" zu beschreiben (iii).

62 Schließlich sind noch unter B.1 gemäß Art. 294 Abs. 1 lit. d) Solva II-VO „Informationen über **wesentliche Transaktionen** im Berichtszeitraum mit Anteilseignern, Personen, die maßgeblichen Einfluss auf das Unternehmen ausüben, und Mitgliedern des Verwaltungs-, Management- oder Aufsichtsorgans" zu veröffentlichen.

63 **Art. 294 Abs. 9 Solva II-VO** fordert zudem „eine **Bewertung der Angemessenheit** des Governance-Systems des Versicherungs- oder Rückversicherungsunternehmens vor dem Hintergrund von Art, Umfang und Komplexität der seinen Geschäftstätigkeiten inhärenten Risiken." Der Aufbau des SFCR sieht für diese Bewertung **keinen eigenen Abschnitt** vor.[152] Da nur Art. 294 Abs. 1 Solva II-VO von „Informationen über das Governance-System" spricht und sich die übrigen Absätze der Vorschrift auf Themen wie z. B. das Risikomanagementsystem beziehen, wäre eine Integration der Bewertung der Angemessenheit ausschließlich in den Abschnitt B.1 zu erwägen. Allerdings betreffen sämtliche Absätze des Art. 294 Solva II-VO Informationen zum Governance-System. So ist z. B. das Risikomanagementsystem ein wesentlicher Teil des Governance-Systems.[153] Die Bewertung der Angemessenheit muss daher **auch im Hinblick auf die Governance-Teilbereiche** erfolgen, zu denen nach Art. 294 Abs. 2–8 Solva II-VO Angaben zu machen sind. Am sinnvollsten erscheint es daher, die Bewertung der Angemessenheit in die allgemeine Darstellung und in die Darstellung zu den jeweiligen Governance-Teilbereichen **in den Abschnitten B.1 bis B.7 zu integrieren**.[154]

64 Unter B.2 sind im SFCR nach Art. 294 Abs. 2 Solva II-VO bestimmte „Informationen über die Leitlinien des Versicherungs- oder Rückversicherungsunternehmens in Bezug auf **fachliche Qualifikation und persönliche Zuverlässigkeit**" anzugeben. Vor der Korrektur durch die Berichtigungsverordnung[155] war anstelle von „Leitlinien" noch die Rede von „Strategie". Die materiellen Anforderungen an Personen, die ein Versicherungsunternehmen tatsächlich leiten oder andere Schlüsselaufgaben wahrnehmen, regelt § 24 VAG.[156] Zu beschreiben sind nach Art. 294 Abs. 2 lit. a) Solva II-VO die „**spezifischen Anforderungen** des Unternehmens an Fähigkeiten, Kenntnisse und Fachkunde der Personen, die das Unternehmen tatsächlich leiten oder andere Schlüsselfunktionen innehaben", sowie nach lit. b) die „Vorgehensweise des Unternehmens bei der **Bewertung** der fachlichen Qualifikation und persönlichen Zuverlässigkeit" des genannten Personenkreises. Die BaFin stellt klar, dass hier nicht nur die „Erstbewertung" umfasst sei, sondern auch Angaben dazu verlangt werden, „wie die Bewertung im Zeitablauf aktualisiert wird".[157] Eine Benennung konkreter Personen ist nicht erforderlich.

65 Der Abschnitt B.3 des SFCR hat gemäß Art. 294 Abs. 3 Solva II-VO bestimmte Informationen über das **Risikomanagementsystem** zu enthalten.[158] Nach lit. a) ist dies zunächst „eine Beschreibung des Risikomanagementsystems, einschließlich **Strategien, Prozessen und Berichtsverfahren**, sowie der

---

[148] Zu den materiellen Vergütungsvorgaben siehe die Kommentierung von § 25 VAG.

[149] Art. 1 Nr. 89 und 90 Delegierte Verordnung (EU) 2016/2283 der Kommission vom 22.8.2016 zur Berichtigung der deutschen Fassung der Delegierten Verordnung (EU) 2015/35 zur Ergänzung der Richtlinie 2009/138/EG des Europäischen Parlaments und des Rates betreffend die Aufnahme und Ausübung der Versicherungs- und der Rückversicherungstätigkeit (Solvabilität II), ABl. EU 2016 L 346, 111.

[150] Nach BaFin, Merkblatt zum Berichtswesen für Erst- und Rückversicherungsunternehmen, Versicherungsgruppen und Pensionsfonds v. 16.10.2015 (zuletzt aktualisiert am 29.3.2017), S. 18, ist hier eine Erklärung gefordert, „warum die Anteile wie geschehen festgelegt wurden".

[151] Art. 1 Nr. 91 Delegierte Verordnung (EU) 2016/2283 der Kommission vom 22.8.2016 zur Berichtigung der deutschen Fassung der Delegierten Verordnung (EU) 2015/35 zur Ergänzung der Richtlinie 2009/138/EG des Europäischen Parlaments und des Rates betreffend die Aufnahme und Ausübung der Versicherungs- und der Rückversicherungstätigkeit (Solvabilität II), ABl. EU 2016 L 346, 111 ergänzte zur Klarstellung die Worte „etwaige Ansprüche auf" zwischen „an die" und „Aktienoptionen".

[152] Siehe oben Rn. 46.

[153] Siehe hierzu ausf. die systematische Darstellung in § 23 Rn. 16 ff.

[154] Soweit unter B.8 „sonstige Angaben" gemacht werden, könnte auch hier eine Angemessenheitsbewertung erforderlich sein.

[155] Art. 1 Nr. 92 Delegierte Verordnung (EU) 2016/2283 der Kommission vom 22.8.2016 zur Berichtigung der deutschen Fassung der Delegierten Verordnung (EU) 2015/35 zur Ergänzung der Richtlinie 2009/138/EG des Europäischen Parlaments und des Rates betreffend die Aufnahme und Ausübung der Versicherungs- und der Rückversicherungstätigkeit (Solvabilität II), ABl. EU 2016 L 346, 111.

[156] Siehe dazu die Kommentierung von § 24 VAG.

[157] BaFin, Merkblatt zum Berichtswesen für Erst- und Rückversicherungsunternehmen, Versicherungsgruppen und Pensionsfonds v. 16.10.2015 (zuletzt aktualisiert am 29.3.2017), S. 18.

[158] Zu den materiellen Vorgaben für das Risikomanagement siehe die Kommentierung von § 26 VAG.

Art und Weise, wie das Unternehmen die Risiken, denen es ausgesetzt ist oder ausgesetzt sein könnte, kontinuierlich und effektiv auf Einzelebene und auf aggregierter Ebene ermittelt, misst, überwacht, managt und darüber Bericht erstattet".[159] Weiter ist nach Art. 294 Abs. 3 lit. b) Solva II-VO zu beschreiben, „wie das Risikomanagementsystem, einschließlich der Risikomanagementfunktion, umgesetzt und in **Organisationsstruktur** und Entscheidungsprozesse des Unternehmens integriert wird".[160]

Ebenfalls noch in Abschnitt B.3 des SFCR sind gemäß Art. 294 Abs. 4 Solva II-VO bestimmte **66** Informationen über das Verfahren des Versicherungsunternehmens zur Vornahme einer **unternehmenseigenen Risiko- und Solvabilitätsbeurteilung** (ORSA) zu veröffentlichen.[161] Nach lit. a) zu beschreiben ist das **Verfahren**, „das das Unternehmen durchführt, um seiner Verpflichtung nachzukommen, im Rahmen seines Risikomanagementsystems eine unternehmenseigene Risiko- und Solvabilitätsbeurteilung vorzunehmen, einschließlich Angaben dazu, wie die unternehmenseigene Risiko- und Solvabilitätsbeurteilung in Organisationsstruktur und Entscheidungsprozesse des Unternehmens integriert wird". Außerdem abzugeben ist nach lit. b) „eine Erklärung darüber, in welchen **Intervallen** die unternehmenseigene Risiko- und Solvabilitätsbeurteilung überprüft und vom Verwaltungs-, Management- oder Aufsichtsorgan gebilligt wird" sowie nach lit. c) „eine Erklärung darüber, wie das Unternehmen vor dem Hintergrund seines Risikoprofils seinen eigenen **Sovabilitätsbedarf bestimmt** und wie sich die Interaktion zwischen seinem Kapitalmanagement und seinem Risikomanagementsystem gestaltet".

Die **Leitlinie 4** EIOPA-LL Berichterstattung betrifft Versicherungsunternehmen, die ein teilweises **67** oder vollständiges **internes Modell** zur Berechnung der Solvenzkapitalanforderung nutzen. Diese Unternehmen „sollten" zu ihrem Risikomanagementsystem „mindestens die folgenden Informationen in Bezug auf die Governance des internen Modells darlegen:

a) gegebenenfalls die verantwortlichen Rollen und besonderen Ausschüsse, ihre wichtigsten Aufgaben, Positionen und den Kompetenzbereich;
b) wie bestehende Ausschüsse mit dem AMSB interagieren, um die Anforderungen des Artikels 116 der Solvabilität II-Richtlinie zu erfüllen;[162]
c) alle wesentlichen Veränderungen der Governance des internen Modells während des Berichtszeitraums;
d) eine Beschreibung des Validierungsverfahrens (verwendet für die Überwachung der Leistung und der anhaltenden Angemessenheit des internen Modells)."

Sodann ist in Abschnitt B.4 des SFCR gemäß Art. 294 Abs. 5 lit. a) Solva II-VO das **interne** **68** **Kontrollsystem** des Versicherungsunternehmens zu beschreiben.[163] In diesem Abschnitt auch zu veröffentlichen ist gemäß Art. 294 Abs. 5 lit. b) Solva II-VO „eine Beschreibung, wie die **Compliance-Funktion** umgesetzt wird".[164] Die BaFin verlangt hier – wie auch zu den übrigen Schlüsselfunktionen – „insbesondere Angaben zur organisatorischen Einbindung der Schlüsselfunktion, deren Aufgaben, Befugnissen, Besetzung sowie zu weiteren Tätigkeiten des verantwortlichen Inhabers der Schlüsselfunktion und der (ggf.) übrigen Mitarbeiter der Schlüsselfunktion".[165]

In dem anschließenden Abschnitt B.5 ist nach Art. 294 Abs. 6 lit. a) Solva II-VO zu beschreiben, **69** „wie die Funktion der **internen Revision** innerhalb des Unternehmens umgesetzt wird".[166] Außerdem hat dieser Abschnitt nach lit. b) eine Beschreibung zu enthalten, „wie gewährleistet wird, dass die Funktion der internen Revision des Unternehmens ihre **Objektivität** und ihre **Unabhängigkeit** von den Tätigkeiten gewährleistet, deren Überprüfung ihr obliegt".[167]

Des Weiteren zu beschreiben ist in Abschnitt B.6 des SFCR gemäß Art. 294 Abs. 7 Solva II-VO, wie **70** das Versicherungsunternehmen die **versicherungsmathematische Funktion** umsetzt.[168] Im folgenden Abschnitt B.7 hat das Versicherungsunternehmen nach Art. 294 Abs. 8 Solva II-VO seine **Outsourcing-Politik** darzustellen.[169] Wenngleich die Delegierte Verordnung zur Berichtigung der deutschen Fassung der Solva II-VO im Unterschied zur „Vergütungs-Politik"[170] keine Korrektur des Wortlauts

---

[159] Vgl. dazu die Vorgaben in § 26 Abs. 1 Satz 2 VAG.
[160] Vgl. dazu die Vorgaben in § 26 Abs. 1 Satz 1 VAG.
[161] Zu den materiellen Vorgaben für die unternehmenseigene Risiko- und Solvabilitätsbeurteilung siehe die Kommentierung von § 27 VAG.
[162] Art. 116 Solva II-RL betrifft die in § 113 Abs. 1 VAG umgesetzte Verantwortung des Vorstands für den Antrag auf Verwendung des internen Modells und die Einführung von Systemen, um dessen ordnungsgemäßes Funktionieren sicherzustellen; zum AMSB siehe schon Fn. 67.
[163] Zu den materiellen Vorgaben für das interne Kontrollsystem siehe die Kommentierung von § 29 VAG.
[164] Zu den materiellen Vorgaben für die Compliance-Funktion siehe ebenfalls die Kommentierung von § 29 VAG.
[165] BaFin, Merkblatt zum Berichtswesen für Erst- und Rückversicherungsunternehmen, Versicherungsgruppen und Pensionsfonds v. 16.10.2015 (zuletzt aktualisiert am 29.3.2017), S. 19.
[166] Zu den materiellen Vorgaben für die interne Revision siehe die Kommentierung von § 30 VAG.
[167] Zur Objektivität und Unabhängigkeit der internen Revision vgl. § 30 Abs. 2 Satz 1 VAG.
[168] Zu den materiellen Vorgaben für die versicherungsmathematische Funktion siehe die Kommentierung von § 31 VAG.
[169] Zu den materiellen Vorgaben für das Outsourcing, also die Ausgliederung, siehe die Kommentierung von § 32 VAG.
[170] Siehe oben Rn. 61.

vorsieht, liegt auch hier ein Übersetzungsfehler vor. Gemeint sind die **Outsourcing-Leitlinien.**[171] Zu benennen sind außerdem die kritischen bzw. wichtigen Funktionen oder Tätigkeiten, die ausgelagert wurden sowie der Rechtsraum, „in dem die Dienstleister, die die betreffenden Funktionen oder Tätigkeiten ausüben, ansässig sind".

71 Schließlich muss der SFCR unter B.8 gemäß Art. 294 Abs. 10 Solva II-VO noch **„alle anderen wesentlichen Informationen** über das Governance-System des Versicherungs- oder Rückversicherungsunternehmens" enthalten. Hierunter fallen insbesondere Entwicklungen oder Ereignisse mit jeweils wesentlichen Auswirkungen, die **nach dem Berichtsstichtag**, aber vor dem Veröffentlichungsdatum eingetreten sind, soweit die Zeitspanne zwischen dem Eintritt der Entwicklung oder des Ereignisses und dem Veröffentlichungsdatum eine Aufnahme in den SFCR zulässt.[172]

72 **7. Risikoprofil (Abs. 2 Satz 3 Nr. 3; Art. 295 Solva II-VO).** Nach § 40 Abs. 2 Satz 3 Nr. 3 VAG sind „für jede Risikokategorie gesondert das Gefährdungspotenzial, die Risikokonzentrationen, die Risikominderungsmaßnahmen und die Risikosensitivität" zu beschreiben. Das entspricht der Vorgabe in Art. 51 Abs. 1 UAbs. 2 lit. c) Solva II-RL, weicht allerdings in zwei Fällen im Wortlaut von ihr ab. So verwendet die Solva II-RL anstelle des Begriffs „Gefährdungspotenzial" denjenigen der „Risikoexponierung" und spricht nur von „Risikominderung" statt von „Risikominderungsmaßnahmen". Art. 295 Solva II-VO konkretisiert die zu veröffentlichenden Informationen. Nach Art. 295 Abs. 1 Solva II-VO hat eine Aufschlüsselung in folgende **Risikokategorien** zu erfolgen: Versicherungstechnisches Risiko (C.1), Marktrisiko (C.2), Kreditrisiko (C.3), Liquiditätsrisiko (C.4), operationelles Risiko (C.5) und andere wesentliche Risiken (C.6).

73 Im Rahmen jeder dieser sechs Risikokategorien sind Angaben zu den vier in § 40 Abs. 2 Satz 3 Nr. 3 VAG genannten Bereichen zu machen. Das ergibt allein 24 risikobezogene Veröffentlichungspflichten.[173] Das **Gefährdungspotenzial** bzw. die Risikoexponierung umfasst gemäß Art. 295 Abs. 2 Solva II-VO auch seine „Exponierung aufgrund außerbilanzieller Positionen und der Risikoübertragung auf Zweckgesellschaften". Im SFCR zu beschreiben sind die **Maßnahmen**, „die **zur Bewertung** dieser Risiken innerhalb des Unternehmens getroffen werden, einschließlich etwaiger wesentlicher Änderungen im Berichtszeitraum" (Art. 295 Abs. 2 lit. a) Solva II-VO). Außerdem enthalten muss der SFCR „eine **Beschreibung der wesentlichen Risiken**, denen das Unternehmen ausgesetzt ist, einschließlich etwaiger wesentlicher Änderungen im Berichtszeitraum" (lit. b). Überdies erforderlich ist nach lit. c) „eine Beschreibung, wie die Vermögenswerte im Einklang mit dem in Artikel 132 der Richtlinie 2009/138/EG festgelegten **Grundsatz der unternehmerischen Vorsicht** angelegt wurden, wobei auf die in jenem Artikel erwähnten Risiken und den angemessenen Umgang mit diesen Risiken einzugehen ist." Die letztgenannte Beschreibung hat in erster Linie bei den Angaben zum Marktrisiko zu erfolgen, da sie die Vermögensanlage zum Gegenstand hat.

74 Außerdem sind nach Art. 295 Abs. 3 Solva II-VO die „wesentlichen **Risikokonzentrationen**, denen das Versicherungs- oder Rückversicherungsunternehmen ausgesetzt ist", darzustellen. Die „zur **Risikominderung** verwendeten Techniken sowie [die] Verfahren für die Überwachung der dauerhaften Wirksamkeit dieser Risikominderungstechniken" sind nach Absatz 4 im SFCR zu thematisieren. Die **Risikosensitivität** betreffend muss der SFCR nach Art. 295 Abs. 6 Solva II-VO „eine Beschreibung der verwendeten Methoden, der zugrunde gelegten Annahmen und der Ergebnisse der Stresstests und Sensitivitätsanalysen für wesentliche Risiken und Ereignisse" enthalten.

75 Speziell hinsichtlich des **Liquiditätsrisikos** (C.4) ist gemäß Art. 295 Abs. 5 Solva II-VO der „Gesamtbetrag des bei künftigen Prämien einkalkulierten erwarteten Gewinns, berechnet gemäß Artikel 260 Absatz 2" Solva II-VO, zu benennen. Leitlinie 5 EIOPA-LL Berichterstattung beschäftigt sich mit Angaben zum **versicherungstechnischen Risiko** (C.1) bei der Verwendung von **Zweckgesellschaften**. Versicherungsunternehmen sollten zu ihren „Zweckgesellschaften darlegen, ob diese gemäß Artikel 211 der Solvabilität II-Richtlinie zugelassen wurden, die darauf übertragenen Risiken feststellen und erläutern, wie das Prinzip der vollständigen Abdeckung laufend bewertet wird."

76 Schließlich sind im SFCR noch unter C.7 gemäß Art. 295 Abs. 7 Solva II-VO **„alle anderen wesentlichen Informationen** über das Risikoprofil des Versicherungs- oder Rückversicherungsunternehmens" anzugeben. Hierunter fallen insbesondere Entwicklungen oder Ereignisse mit jeweils wesentlichen Auswirkungen, die **nach dem Berichtsstichtag**, aber vor dem Veröffentlichungsdatum eingetreten sind, soweit die Zeitspanne zwischen dem Eintritt der Entwicklung oder des Ereignisses und dem Veröffentlichungsdatum eine Aufnahme in den SFCR zulässt.[174]

---

[171] Die englische Sprachfassung von Art. 41 Abs. 3 Solva II-RL spricht in Bezug auf die Leitlinien von „written policies in relation to […] outsourcing", Art. 258 Abs. 2 Solva II-VO von „policies on […] outsourcing". An vielen Stellen der deutschen Sprachfassung der Solva II-VO wurde „policy" bzw. „policies" jedoch unzutreffend mit „Politik" übersetzt.

[172] EIOPA-BoS-16/243 v. 21.12.2016 Tz. 6.

[173] Vgl. schon dazu und kritisch zum „überbordenden Umfang der risikobezogenen Veröffentlichungspflichten" *Dreher/Schaaf* in Dreher/Wandt 2009, S. 149.

[174] EIOPA-BoS-16/243 v. 21.12.2016 Tz. 6.

8. Bewertung für Solvabilitätszwecke (Abs. 2 Satz 3 Nr. 4; Art. 296 Solva II-VO). a) Grundlagen. Nach § 40 Abs. 2 Satz 3 Nr. 4 VAG sind „für die Vermögenswerte, versicherungstechnischen Rückstellungen und sonstigen Verbindlichkeiten gemäß der Solvabilitätsübersicht jeweils gesondert die für ihre **Bewertung verwendeten Grundlagen und Methoden** zusammen mit einer Erklärung der wesentlichen **Unterschiede** zu den Grundlagen und Methoden, die zu ihrer Bewertung im **Jahresabschluss** herangezogen wurden," zu beschreiben. Mit der geringfügigen Differenz, dass dort nicht von wesentlichen Unterschieden, sondern von Hauptunterschieden die Rede ist, entspricht dies der Vorgabe in Art. 51 Abs. 1 UAbs. 2 lit. d) Solva II-RL. Art. 296 Solva II-VO konkretisiert die zu veröffentlichenden Informationen. Außerdem beziehen sich die Leitlinien 6 bis 10 EIOPA-LL Berichterstattung auf die Angaben zur Bewertung für Solvabilitätszwecke. 77

Die materiellen Vorgaben zur **Solvabilitätsübersicht** enthalten die §§ 74 ff. VAG. Soweit es für die Veröffentlichungspflichten auf die Darstellung in der Solvabilitätsübersicht ankommt, ist auf die dortige Kommentierung zu verweisen. Bei der Solvabilitätsübersicht handelt es sich um eine „ökonomische Bilanz", für die „Vermögenswerte und Verbindlichkeiten fortlaufend zu Zeitwerten" zu bewerten sind.[175] Von der Bilanz im Sinne der Rechnungslegung ist die Solvabilitätsübersicht als Marktwertbilanz daher zu unterscheiden.[176] In der Folge können die Grundlagen und Methoden, auf denen die Bewertung für die Solvabilitätsübersicht beruht, von denjenigen abweichen, auf denen der Jahresabschluss beruht.[177] Das gilt vor allem für die Bewertung der versicherungstechnischen Rückstellungen. Die für die Bewertung in der Solvabilitätsübersicht maßgeblichen §§ 74 bis 87 VAG gelten nach § 341e Abs. 1 Satz 2 HGB für die handelsrechtliche Bewertung ausdrücklich nicht. Während Letztere vom Vorsichtsprinzip geprägt ist, geht die Bewertung der versicherungstechnischen Rückstellungen für die Solvabilitätsübersicht gemäß Art. 76 Abs. 2 Solva II-RL marktkonsistent vom aktuellen Veräußerungswert („fair value") aus.[178] 78

b) Vermögenswerte. Unter D.1 ist im SFCR gemäß Art. 296 Abs. 1 lit. a) Solva II-VO „getrennt für jede **wesentlich Klasse** von Vermögenswerten de[r] **Wert der Vermögenswerte**" zu veröffentlichen. Durch die Ergänzung des Wortlauts mit der Berichtigungsverordnung wurde ausdrücklich klargestellt, dass eine getrennte Darstellung nicht für jede Klasse zu erfolgen hat, sondern für wesentliche.[179] Weiter sind die „Grundlagen, Methoden und Hauptannahmen, auf die sich die Bewertung für Solvabilitätszwecke stützt", zu beschreiben. Mit der Zusammenfassung der Informationen in **Vermögenswertklassen** beschäftigt sich auch Leitlinie 6 EIOPA-LL Berichterstattung. Zunächst handelt es sich um eine Selbstverständlichkeit, dass Versicherungsunternehmen „bei der Aggregation ihrer Vermögenswerte in wesentliche Klassen zur Erläuterung der darauf angewendeten Bewertungsgrundlage die Art, die Funktion, das Risiko und die Wesentlichkeit dieser Vermögenswerte berücksichtigen". Sodann geht die Leitlinie 6 aber mit ihren Ausführungen zur Einteilung in Vermögenswertklassen über die rechtlichen Vorgaben hinaus, indem sie eine Abweichung von den Vermögenswertklassen, wie sie in der Bilanz-Vorlage des **TDS Verfahren SFCR (Anhang I)** verwendet werden, unter Rechtfertigungszwang stellt. Mag die dortige Einteilung in Vermögenswertklassen eine **nützliche Orientierung** sein, so stellt sie keine verbindliche Vorgabe der Vermögenswertklassen dar. Eine Grundlage dafür, bei Abweichungen von der Einteilung der Bilanz-Vorlage des TDS Verfahren SFCR von den Versicherungsunternehmen den Nachweis zu verlangen, dass die gewählte, „andere Präsentation klarer und relevanter wäre", besteht nicht. 79

Leitlinie 7 EIOPA-LL Berichterstattung will konkretisieren, welche „quantitativen und qualitativen Informationen" als Grundlagen, Methoden und Hauptannahmen mindestens darzulegen sind. Im Falle wesentlicher Auswirkungen auf die erfassten Beträge sollen beispielsweise bei immateriellen Vermögenswerten Informationen veröffentlicht werden, welche die Schlussfolgerung begründen, dass für diese Vermögenswerte ein aktiver Markt existiert. Außerdem befassen sich einige der genannten Angaben mit der Begründung dafür, einen inaktiven Markt anzunehmen und stattdessen eine alternative Bewertungsmethode anzuwenden.[180] Neben den immateriellen Vermögenswerten thematisiert die Leitlinie 7 die Ansatz- und Bewertungsgrundlagen für finanzielle Vermögenswerte, Finanzierungs- und Operating-Leasings, latente Steueransprüche sowie verbundene Unternehmen. Auch „alle **Veränderungen** der verwendeten Ansatz- und Bewertungsgrundlagen oder Schätzungen während des Berichtszeitraums" (lit. b) sind zu veröffentlichen, soweit sie sich wesentlich auf die erfassten Beträge auswirken würden. Als 80

---

[175] Vgl. Begr. RegE-VAG 2014, BT-Drs. 18/2956, S. 257.

[176] Vgl. *Dreher* ZVersWiss 2012, 381, 383 und Einl. VAG Rn. 115. Zum „zusätzlichen Charakter der Solvabilitätsübersicht" siehe Begr. RegE-VAG 2014, BT-Drs. 18/2956, S. 257.

[177] Vgl. *Gehringer/Kaminski/Bahnsen* WPg 2015, 958, 965; *Will* VersPrax 12/2015, 8, 10.

[178] Vgl. dazu schon *Dreher/Schaaf* in Dreher/Wandt 2009, S. 144.

[179] Art. 1 Nr. 93 Delegierte Verordnung (EU) 2016/2283 der Kommission vom 22.8.2016 zur Berichtigung der deutschen Fassung der Delegierten Verordnung (EU) 2015/35 zur Ergänzung der Richtlinie 2009/138/EG des Europäischen Parlaments und des Rates betreffend die Aufnahme und Ausübung der Versicherungs- und der Rückversicherungstätigkeit (Solvabilität II), ABl. EU 2016 L 346, 111.

[180] Zu den Angaben bezüglich alternativer Bewertungsmethoden siehe auch Rn. 95.

„Annahmen“ erfasst, sind auch solche „über die Zukunft und andere wichtige Quellen von Schätzungsunsicherheiten“ (lit. c).

81 Des Weiteren hat nach Art. 296 Abs. 1 lit. b) Solva II-VO getrennt für jede wesentliche[181] Vermögenswertklasse „eine **quantitative und qualitative Erläuterung** etwaiger **wesentlicher Unterschiede** zwischen den Grundlagen, Methoden und Hauptannahmen, auf die sich das Unternehmen bei der Bewertung für Solvabilitätszwecke stützt, und den Grundlagen, Methoden und Hauptannahmen, auf die es sich bei der Bewertung in seinem Abschluss stützt“, zu erfolgen. In einem ersten Schritt ist mithin zu prüfen, welche wesentlichen Unterschiede zwischen der Bewertung für Solvabilitätszwecke und derjenigen im Unternehmensabschluss bestehen. Für die Prüfung maßgeblich ist nicht das Ergebnis der Bewertungen, sondern deren Durchführung (Grundlagen, Methoden und Hauptannahmen). Nach der Identifikation der wesentlichen Unterschiede sind diese sodann im zweiten Schritt zu erläutern. Dabei ist auf die konkreten Unterschiede einzugehen. Allgemeine Ausführungen „über die grundsätzlichen Unterschiede zwischen Solvency-II-Prinzipien und Rechnungslegungsanforderungen“ genügen nicht.[182]

82 **c) Versicherungstechnische Rückstellungen. aa) In jedem Fall erforderliche Angaben.** Unter D.2 sind im SFCR gemäß Art. 296 Abs. 2 Solva II-VO bestimmte Informationen zur Bewertung der versicherungstechnischen Rückstellungen zu veröffentlichen. Das betrifft zunächst nach lit. a) „den **Wert der versicherungstechnischen Rückstellungen**, einschließlich des Betrags des besten Schätzwerts und der Risikomarge“.[183] Die Darstellung hat „getrennt für jeden wesentlichen Geschäftsbereich“ zu erfolgen.[184] Überdies muss sie „eine Beschreibung der Grundlagen, Methoden und Hauptannahmen, auf die sich die Bewertung für Solvabilitätszwecke stützt“, enthalten. Ausführungen sind hier sowohl hinsichtlich der versicherungstechnischen Rückstellungen als auch hinsichtlich des besten Schätzwerts und die Risikomarge erforderlich.[185] Sodann fordert Art. 296 Abs. 2 lit. b) Solva II-VO „Angaben zum **Grad der Unsicherheit**, mit dem der Wert der versicherungstechnischen Rückstellungen behaftet ist“.

83 Wie schon bei den Angaben zu den Vermögenswerten muss der SFCR auch bei den versicherungstechnischen Rückstellungen „eine **quantitative und qualitative Erläuterung** etwaiger **wesentlicher Unterschiede** zwischen den Grundlagen, Methoden und Hauptannahmen, auf die sich das Unternehmen bei der Bewertung für Solvabilitätszwecke stützt, und den Grundlagen, Methoden und Hauptannahmen, auf die es sich bei der Bewertung in seinem Abschluss stützt“, enthalten (Art. 296 Abs. 2 lit. c) Solva II-VO).[186] Die Darstellung hat getrennt für jeden wesentlichen Geschäftsbereich zu erfolgen.

84 **bb) Matching-Anpassung und Volatilitätsanpassung (Abs. 3).** Für den Fall, dass Versicherungsunternehmen eine Matching-Anpassung an die maßgebliche risikofreie Zinskurve vornehmen,[187] sind diese nach § 40 Abs. 3 Satz 1 VAG zu bestimmten weiteren Angaben im SFCR verpflichtet. Die Unternehmen haben „eine Beschreibung der **Matching-Anpassung**, des **Portfolios** der Verpflichtungen und der zugeordneten Vermögenswerte, auf die die Matching-Anpassung angewendet wird, sowie eine **Quantifizierung der Auswirkungen** der Änderung der Matching-Anpassung auf null auf die Finanzlage eines Unternehmens“ zu veröffentlichen. Das entspricht wörtlich der Regelung in Art. 51 Abs. 1a UAbs. 1 Solva II-RL, deren Umsetzung § 40 Abs. 3 VAG dient.[188] Auch die Verortung der Ausführungen im Rahmen der Angaben zur Bewertung für Solvabilitätszwecke folgt aus Art. 51 Abs. 1a UAbs. 1 Solva II-RL.

85 Art. 296 Abs. 2 lit. d) Solva II-VO wiederholt und konkretisiert die Pflichtangaben im SFCR bei der Anwendung einer Matching-Anpassung. Die diesbezüglich zu veröffentlichenden Informationen nennt die Solva II-VO bei den Angaben zu den versicherungstechnischen Rückstellungen. Die Darstellung muss somit ebenfalls im **Abschnitt D.2** des SFCR erfolgen. Im Hinblick auf die **Auswirkungen**, die eine Matching-Anpassung auf null für die Finanzlage des Versicherungsunternehmens hätte, benennt Art. 296 Abs. 2 lit. d) Solva II-VO konkret, **worauf** Auswirkungen zu quantifizieren sind. „Unter anderem“ geht es um Auswirkungen „auf die Höhe der versicherungstechnischen Rückstellungen, die Solvenzkapitalanforderung, die Mindestkapitalanforderung, die Basiseigenmittel und den Betrag der auf die Mindestkapitalanforderung und die Solvenzkapitalanforderung anrechenbaren Eigenmittel“.

86 Nach § 40 Abs. 3 Satz 2 VAG ist außerdem notwendiger Bestandteil der Informationen im SFCR zur Bewertung für Solvabilitätszwecke „eine Erklärung darüber, **ob** die in § 82 genannte **Volatilitätsanpassung** vom Unternehmen verwendet wird, sowie eine **Quantifizierung** der Auswirkungen der

---

[181] Siehe zur Wesentlichkeit schon oben Rn. 79.

[182] BaFin, Merkblatt zum Berichtswesen für Erst- und Rückversicherungsunternehmen, Versicherungsgruppen und Pensionsfonds v. 16.10.2015 (zuletzt aktualisiert am 29.3.2017), S. 19.

[183] Zu den materiellen Vorgaben für den Wert der versicherungstechnischen Rückstellungen, den besten Schätzwert und die Risikomarge siehe §§ 76–78 VAG.

[184] Zu den wesentlichen Geschäftsbereichen siehe oben Rn. 49 und 53.

[185] Vgl. *Dreher/Schaaf* in Dreher/Wandt 2009, S. 144.

[186] Siehe dazu schon oben Rn. 78 und 81.

[187] Zu den materiellen Voraussetzungen für die Vornahme einer Matching-Anpassung und zu der Genehmigungspflicht siehe § 80 VAG.

[188] Vgl. Begr. RegE-VAG 2014, BT-Drs. 18/2956, S. 250.

Änderung der Volatilitätsanpassung auf null auf die Finanzlage eines Unternehmens".[189] Sieht man von der Bezugsnorm ab – in der Solva II-RL ist die Volatilitätsanpassung in Art. 77d geregelt – entspricht diese Regelung wörtlich der Vorgabe in Art. 51 Abs. 1a UAbs. 2 Solva II-RL.

Die **Solva II-VO** wiederholt und konkretisiert hier in gleicher Weise wie bei der Matching-Anpassung die Pflichtangaben im SFCR mit ihrem Art. 296 Abs. 2 lit. e). Folglich muss die Darstellung ebenfalls in Abschnitt D.2 erfolgen. Relevant sind Auswirkungen „unter anderem auf die Höhe der versicherungstechnischen Rückstellungen, die Solvenzkapitalanforderung, die Mindestkapitalanforderung, die Basiseigenmittel und den Betrag der auf die Mindestkapitalanforderung und die Solvenzkapitalanforderung anrechenbaren Eigenmittel". 87

cc) Vorübergehende risikolose Zinskurve und vorübergehender Abzug. Der Abschnitt D.2 des SFCR muss gemäß Art. 296 Abs. 2 lit. f) Solva II-VO außerdem eine Erklärung dazu enthalten, **ob** die **vorübergehende risikolose Zinskurve** angewandt wird.[190] Wenn dies der Fall ist, sind die **Auswirkungen** zu quantifizieren, „die eine Nichtanwendung der Übergangsmaßnahme auf die Finanzlage des Unternehmens hätte, unter anderem auf die Höhe der versicherungstechnischen Rückstellungen, die Solvenzkapitalanforderung, die Mindestkapitalanforderung, die Basiseigenmittel und den Betrag der auf die Mindestkapitalanforderung und die Solvenzkapitalanforderung anrechenbaren Eigenmittel".[191] Mit Ausnahme der Konkretisierung, auf welche Auswirkungen es ankommt, enthält Art. 308c Abs. 4 lit. c) Solva II-RL eine entsprechende Vorgabe. Sie wurde mit **§ 351 Abs. 4 Nr. 3 VAG** ins deutsche Recht umgesetzt.[192] Nach der Gesetzesbegründung sind sämtliche materiellen Auswirkungen auf die finanzielle Situation des Unternehmens darzustellen. Das soll, zusätzlich zu den Auswirkungen auf die in Art. 296 Abs. 2 lit. f) Solva II-VO genannten Bereiche, auch die Auswirkungen auf die Solvenzquote umfassen.[193] 88

Des Weiteren erforderlich in Abschnitt D.2 des SFCR ist gemäß Art. 296 Abs. 2 lit. g) Solva II-VO eine Erklärung dazu, **ob** der **vorübergehende Abzug** auf die versicherungstechnischen Rückstellungen angewandt wird.[194] Wenn dies der Fall ist, sind auch hier die **Auswirkungen** zu quantifizieren, „die eine Nichtanwendung des Abzugs auf die Finanzlage des Unternehmens hätte, unter anderem auf die Höhe der versicherungstechnischen Rückstellungen, die Solvenzkapitalanforderung, die Mindestkapitalanforderung, die Basiseigenmittel und den Betrag der auf die Mindestkapitalanforderung und die Solvenzkapitalanforderung anrechenbaren Eigenmittel". Die entsprechende Vorgabe – mit Ausnahme der Konkretisierung der relevanten Auswirkungen – ist in Art. 308 Abs. 5 lit. c) Solva II-RL zu finden und wurde mit **§ 352 Abs. 5 Nr. 2 VAG** ins deutsche Recht umgesetzt.[195] Nach der Gesetzesbegründung sind „nicht nur die Auswirkungen auf die versicherungstechnischen Rückstellungen", sondern „sämtliche materiellen Auswirkungen für die finanzielle Situation des Unternehmens" darzustellen.[196] 89

Die Quantifizierung sämtlicher Auswirkungen hat durch eine Bezugnahme auf die jeweiligen **Berechnungen sowohl unter Nichtanwendung** der Übergangsmaßnahme **als auch unter deren Anwendung** andererseits zu erfolgen.[197] Dabei sollten sich die Berechnungen auf das Ende des Geschäftsjahrs beziehen.[198] Weiter sollte der SFCR alle Informationen beinhalten, die erforderlich sind, um die Auswirkungen einer **Anpassung** der jeweiligen Übergangsmaßnahme zum ersten Tag des folgenden Geschäftsjahrs einschätzen zu können, soweit die Auswirkungen wesentlich sind.[199] 90

dd) Weitere erforderliche Angaben. Schließlich sind nach Art. 296 Abs. 2 lit. h) Solva II-VO in Abschnitt D.2 des SFCR Angaben zu „den **einforderbaren Beträgen** aus Rückversicherungsverträgen und gegenüber Zweckgesellschaften" zu machen. Ebenfalls anzugeben sind die „etwaigen **wesentlichen Änderungen** der bei der Berechnung der versicherungstechnischen Rückstellungen zugrunde gelegten relevanten **Annahmen** gegenüber dem vorangegangenen Berichtszeitraum". 91

d) Sonstige Verbindlichkeiten. Unter D.3 ist im SFCR gemäß Art. 296 Abs. 3 lit. a) Solva II-VO „getrennt für jede wesentliche Klasse sonstiger Verbindlichkeiten de[r] **Wert der Verbindlichkeiten**" zu veröffentlichen. Auch hier[200] hat eine getrennte Darstellung nur für jede **wesentliche Klasse** 92

[189] Zu den materiellen Voraussetzungen für die Vornahme einer Volatilitätsanpassung und zu der Genehmigungspflicht siehe § 82 VAG.
[190] Zu den materiellen Voraussetzungen für die Vornahme einer vorübergehenden Anpassung der maßgeblichen risikofreien Zinskurve und der Genehmigungspflicht siehe § 351 VAG.
[191] Vgl. dazu auch BaFin, Merkblatt zum Berichtswesen für Erst- und Rückversicherungsunternehmen, Versicherungsgruppen und Pensionsfonds v. 16.10.2015 (zuletzt aktualisiert am 29.3.2017), S. 19 f.
[192] Vgl. Begr. RegE-VAG 2014, BT-Drs. 18/2956, S. 303 sowie die Kommentierung zu § 351 VAG.
[193] Vgl. Begr. RegE-VAG 2014, BT-Drs. 18/2956, S. 303.
[194] Zu den materiellen Voraussetzungen für die Geltendmachung eines vorübergehenden Abzugs auf die versicherungstechnischen Rückstellungen und der Genehmigungspflicht siehe § 352 VAG.
[195] Vgl. Begr. RegE-VAG 2014, BT-Drs. 18/2956, S. 303 sowie die Kommentierung zu § 352 VAG.
[196] Vgl. Begr. RegE-VAG 2014, BT-Drs. 18/2956, S. 303.
[197] EIOPA-BoS-16/243 v. 21.12.2016 Tz. 7.
[198] EIOPA-BoS-16/243 v. 21.12.2016 Tz. 7.
[199] EIOPA-BoS-16/243 v. 21.12.2016 Tz. 11.
[200] Siehe bereits oben Rn. 79.

sonstiger Verbindlichkeiten zu erfolgen, wie durch die Berichtigungsverordnung nun klargestellt wurde.[201] Weiter sind die „Grundlagen, Methoden und Hauptannahmen, auf die sich die Bewertung für Solvabilitätszwecke stützt“, zu beschreiben. Etwaige **wesentliche Unterschiede** zwischen ihnen und den Grundlagen, Methoden und Hauptannahmen, auf die sich das Unternehmen bei der Bewertung in seinem Abschluss stützt, sind auch hier getrennt für jede Klasse anderer Verbindlichkeiten gemäß Art. 296 Abs. 3 lit. b) Solva II-VO **quantitativ und qualitativ zu erläutern**.[202] Die sonstigen bzw. anderen Verbindlichkeiten sind solche, bei denen es sich nicht um versicherungstechnische Rückstellungen handelt.[203] Denn diese wurden bereits im vorangehenden Abschnitt dargestellt.[204]

93 Wie schon die Zusammenfassung in Vermögenswertklassen (Leitlinie 6) thematisieren die EIOPA-LL Berichterstattung auch die Aggregation der Verbindlichkeiten in wesentliche Klassen. Die Ausführungen hierzu in **Leitlinie 9** entsprechen denen zu der Einteilung in Vermögenswertklassen.[205] Die angegebenen Kriterien zur Bildung der Klassen von Verbindlichkeiten sind zwar zu berücksichtigen. Ein Rechtfertigungszwang im Falle einer Abweichung von der Klasseneinteilung wie in der Bilanz-Vorlage des TDS Verfahren SFCR (Anhang I) besteht aber nicht.[206]

94 Entsprechend der Leitlinie 7 zu den Vermögenswerten[207] will **Leitlinie 10** EIOPA-LL Berichterstattung konkretisieren, welche „quantitativen und qualitativen Informationen“ als Grundlagen, Methoden und Hauptannahmen mindestens darzulegen sind. Leitlinie 10 EIOPA LL-Berichterstattung betont den Wesentlichkeitsgrundsatz nicht in derselben Deutlichkeit wie Leitlinie 7. Er gilt indes hier in gleicher Weise. Konkret geht die Leitlinie 10 EIOPA LL-Berichterstattung in lit. a) auf zu veröffentlichende Bewertungsgrundlagen unter anderem bei Leasingvereinbarungen, latenten Steuerverbindlichkeiten, Abflüssen wirtschaftlichen Nutzens und Leistungen an Arbeitnehmer ein. Weiter anzugeben sind „Veränderungen der verwendeten Ansatz- und Bewertungsgrundlagen oder Schätzungen während des Berichtszeitraums“ und „Annahmen und Urteile einschließlich solcher über die Zukunft und andere wichtige Quellen von Schätzungsunsicherheiten“.[208]

95 **e) Alternative Bewertungsmethoden und sonstige Angaben.** Im Abschnitt D.4 hat der SFCR außerdem gemäß der berichtigten Fassung des Art. 296 Abs. 4 Solva II-VO „Informationen zu den in Artikel 263 genannten Bereichen“ zu enthalten.[209] Art. 263 Solva II-VO enthält wiederum materielle Vorgaben, die bei der Anwendung **alternativer Bewertungsmethoden** gelten. Für die Veröffentlichung lässt sich hieraus ableiten, dass die Vermögenswerte und die Verbindlichkeiten zu benennen sind, auf die das alternative Bewertungskonzept angewendet wird. Außerdem ist die Anwendung des Konzepts zu begründen, sind die zugrunde liegenden Annahmen zu dokumentieren und die Unsicherheiten in der Bewertung einzuschätzen. Schließlich ist darzustellen, wie die Angemessenheit der Bewertung überprüft wurde. Zugleich stellt Art. 296 Abs. 4 Solva II-VO klar, dass auch bei der Anwendung alternativer Bewertungsmethoden „den in den Absätzen 1 und 3 festgelegten Offenlegungspflichten […] Rechnung zu tragen ist“.

96 Schließlich muss der SFCR noch im Abschnitt D.5 gemäß Art. 296 Abs. 5 Solva II-VO **„alle anderen wesentlichen Informationen** zur Bewertung der Vermögenswerte und Verbindlichkeiten für Solvabilitätszwecke“ enthalten. Hierunter fallen insbesondere Entwicklungen oder Ereignisse mit jeweils wesentlichen Auswirkungen, die **nach dem Berichtsstichtag**, aber vor dem Veröffentlichungsdatum eingetreten sind, soweit die Zeitspanne zwischen dem Eintritt der Entwicklung oder des Ereignisses und dem Veröffentlichungsdatum eine Aufnahme in den SFCR zulässt.[210]

97 **9. Kapitalmanagement (Abs. 2 Satz 3 Nr. 5; Art. 297 Solva II-VO). a) Grundlagen.** Nach § 40 Abs. 2 Satz 3 Nr. 5 VAG ist das Kapitalmanagement im SFCR zu beschreiben. Mindestens anzugeben sind die Struktur, der Betrag und die Qualität der **Eigenmittel** sowie die Beträge der **Solvabilitätskapitalanforderung** und der **Mindestkapitalanforderung**. Vorgaben zur Beschreibung des Kapitalmanagements enthält die Solva II-RL in Art. 51 Abs. 1 UAbs. 2 lit. e) und Abs. 2. Durch § 40 Abs. 2 Satz 3 Nr. 5 VAG umgesetzt wurden nur Art. 51 Abs. 1 UAbs. 2 lit. e) Nr. i) und ii) Solva

---

[201] Art. 1 Nr. 94 Delegierte Verordnung (EU) 2016/2283 der Kommission vom 22.8.2016 zur Berichtigung der deutschen Fassung der Delegierten Verordnung (EU) 2015/35 zur Ergänzung der Richtlinie 2009/138/EG des Europäischen Parlaments und des Rates betreffend die Aufnahme und Ausübung der Versicherungs- und der Rückversicherungstätigkeit (Solvabilität II), ABl. EU 2016 L 346, 111.

[202] Vgl. entsprechend dazu schon Rn. 78 und 81.

[203] Mit dieser Formulierung auch Leitlinien 9 und 10 EIOPA-LL Berichterstattung.

[204] Siehe Rn. 82 ff.

[205] Siehe daher im Einzelnen oben Rn. 79.

[206] Siehe ausführlich dazu oben Rn. 79.

[207] Siehe oben Rn. 80.

[208] Siehe dazu entsprechend in Leitlinie 7 EIOPA-LL Berichterstattung schon oben Rn. 80.

[209] Vor seiner Berichtigung durch Art. 2 Nr. 7 VO (EU) 2016/467 hat Art. 296 Abs. 4 Solva II-VO fälschlich auf Art. 260 Solva II-VO verwiesen.

[210] EIOPA-BoS-16/243 v. 21.12.2016 Tz. 6.

II-RL. Die weiteren Bestimmungen des lit. e) – mit Ausnahme der Nr. iii) –[211] sowie diejenigen des Art. 51 Abs. 2 Solva II-RL sind Gegenstand von § 40 Abs. 4 bis 7 VAG.

So führt Art. 51 Abs. 2 UAbs. 1 Solva II-RL drei notwendige Informationsbestandteile des SFCR für die **Beschreibung der Eigenmittel** auf, die in § 40 Abs. 4 Satz 1 VAG übernommen wurden.[212] Soweit Versicherungsunternehmen ein **internes Modell** verwenden, sind die Hauptunterschiede zu den Annahmen, die der Standardformel zugrunde liegen, zu beschreiben. Diese Regelung in § 40 Abs. 4 Satz 2 VAG dient der Umsetzung von Art. 51 Abs. 1 UAbs. 2 lit. e) Nr. iv) Solva II-RL. Für die Fälle der **Nichteinhaltung** der Mindestkapitalanforderung und der wesentlichen Nichteinhaltung der Solvabilitätskapitalanforderung enthält § 40 Abs. 5 VAG in Umsetzung von Art. 51 Abs. 1 UAbs. 2 lit. e) Nr. v) Solva II-RL die darzustellenden Informationen. § 40 Abs. 6 VAG bestimmt die Angaben im SFCR, wenn ein **Kapitalaufschlag** festgesetzt wurde oder das Versicherungsunternehmen auf Verlangen der Aufsichtsbehörde **unternehmensspezifische Parameter** bei der Berechnung der Solvabilitätskapitalanforderung zu verwenden hat. Die Vorschrift setzt Art. 51 Abs. 2 UAbs. 2 Solva II-RL um. Der gegebenenfalls nach § 40 Abs. 7 VAG notwendige Hinweis, dass die **Aufsichtsbehörde** den Endbetrag der Solvabilitätskapitalanforderung **noch prüft**, beruht auf Art. 51 Abs. 2 UAbs. 4 Solva II-RL. 98

Der sehr umfangreiche Art. 297 **Solva II-VO** konkretisiert die zu veröffentlichenden Informationen. In einigen Punkten wiederholt die Solva II-VO lediglich die bereits in der Solva II-RL genannten und im VAG umgesetzten Informationsbestandteile. Eine Präzisierung ergibt sich dann allenfalls dadurch, dass die Solva II-VO die Angabe einem bestimmten Abschnitt zuordnet. Viele der in Art. 297 Solva II-VO aufgeführten Informationsbestandteile sind indessen weder in der Solva II-RL noch im VAG ausdrücklich enthalten. Als unmittelbar geltendes Recht sind sie jedoch gleichermaßen wie die Vorgaben in § 40 Abs. 2 Satz 3 Nr. 5, Abs. 4–7 VAG zu berücksichtigen. Auf die Angaben zum Kapitalmanagement beziehen sich überdies die Leitlinien 11 bis 13 EIOPA-LL Berichterstattung. 99

b) Beschreibung der Eigenmittel (Abs. 4 Satz 1). Art. 297 Abs. 1 Solva II-VO präzisiert in seinen insgesamt acht litera die notwendigen Informationen über die Eigenmittel des Versicherungsunternehmens. Die drei in Art. 40 Abs. 4 Satz 1 VAG genannten Inhalte sind nur ein Teil hiervon. Die Beschreibung der Eigenmittel hat in Abschnitt E.1 des SFCR zu erfolgen. Nach **Art. 40 Abs. 4 Satz 1 Nr. 1 VAG** sind alle **„wesentlichen Veränderungen** im Vergleich zum Vorjahresberichtszeitraum" zu analysieren. Dieses Erfordernis **integriert Art. 297 Abs. 1 Solva II-VO** in seine lit. a) und lit. b). Auch Leitlinie 12 lit. c) EIOPA-LL Berichterstattung befasst sich mit den wesentlichen Veränderungen der Eigenmittel. Der Wert der während des Jahres emittierten Eigenmittelbestandteile sollte danach ebenso angegeben werden wie der Wert der während des Jahres getilgten Instrumente und des Umfangs, in dem die Emission für die Tilgungsfinanzierung verwendet wurde. 100

Nach Art. 297 Abs. 1 lit. a) Solva II-VO sind im Abschnitt E.1 des SFCR zunächst Angaben „zu den vom Unternehmen beim Management seiner Eigenmittel zugrunde gelegten **Zielen, Leitlinien und Verfahren**, unter anderem zum Zeithorizont der Geschäftsplanung sowie zu wesentlichen Änderungen im Berichtszeitraum" zu machen. Wie bereits an anderer Stelle[213] wurde auch hier im Wege der Berichtigungsverordnung der Begriff der „Politiken" durch „Leitlinien" ersetzt.[214] Anschließend darzustellen sind gemäß lit. b) „Informationen zu **Struktur, Höhe und Qualität der Eigenmittel** am Ende des Berichtszeitraums und am Ende des vorangegangenen Berichtszeitraums". Die Beschreibung hat „getrennt für jede Eigenmittelklasse", also **aufgeteilt in die drei Qualitätsklassen,**[215] zu erfolgen und muss eine „Analyse der wesentlichen Änderungen innerhalb jeder einzelnen Eigenmittelklasse im Berichtszeitraum" beinhalten. Nach Leitlinie 12 lit. a) EIOPA-LL Berichterstattung sollten die in Art. 297 Abs. 1 Solva II-VO geforderten Informationen „für jeden wesentlichen Eigenmittelbestandteil" gemäß Art. 69, 72, 74, 76 und 78 Solva II-VO sowie für Posten, für die eine aufsichtliche Genehmigung gemäß Art. 79 Solva II-VO erteilt wurde, dargelegt werden. Die genannten Normen unterteilen die Eigenmittel der drei Qualitätsklassen weiter in bestimmte Bestandteile. Während die getrennte Darstellung in den drei Qualitätsklassen im SFCR zwingend erfolgen muss, ist eine weitere Aufteilung in Eigenmittelbestandteile nur vorzunehmen, wenn diese wesentlich sind. Mit dem Inhalt der Beschreibung befasst sich weiter Leitlinie 12 lit. b) EIOPA-LL Berichterstattung. So sollte der SFCR 101

---

211 Siehe unten Rn. 116.

212 Im Einzelnen siehe hierzu sogleich Rn. 100.

213 Siehe oben Rn. 61.

214 Art. 1 Nr. 95 Delegierte Verordnung (EU) 2016/2283 der Kommission vom 22.8.2016 zur Berichtigung der deutschen Fassung der Delegierten Verordnung (EU) 2015/35 zur Ergänzung der Richtlinie 2009/138/EG des Europäischen Parlaments und des Rates betreffend die Aufnahme und Ausübung der Versicherungs- und der Rückversicherungstätigkeit (Solvabilität II), ABl. EU 2016 L 346, 111.

215 Siehe dazu § 91 f. VAG und Art. 69 ff. Solva II-VO. Vor der Änderung des Wortlauts gemäß Art. 1 Nr. 96–98 Delegierte Verordnung (EU) 2016/2283 der Kommission vom 22.8.2016 zur Berichtigung der deutschen Fassung der Delegierten Verordnung (EU) 2015/35 zur Ergänzung der Richtlinie 2009/138/EG des Europäischen Parlaments und des Rates betreffend die Aufnahme und Ausübung der Versicherungs- und der Rückversicherungstätigkeit (Solvabilität II), ABl. EU 2016 L 346, 111, war anstelle von „Eigenmittelklassen" der Begriff „Tiers" verwendet werden.

„für jeden wesentlichen Eigenmittelbestandteil den Umfang [enthalten], in dem er verfügbar, untergeordnet, ist, sowie seine Laufzeit und alle anderen Eigenschaften, die für die Bewertung seiner Qualität erforderlich sind".[216] Außerdem sollte nach Leitlinie 12 lit. d) EIOPA-LL Berichterstattung „in Bezug auf nachrangige Verbindlichkeiten eine Erläuterung der Veränderung ihres Werts" erfolgen.[217]

102 Nach Art. 297 Abs. 1 lit. c) Solva II-VO hat der SFCR sodann „den **anrechnungsfähigen Betrag** der Eigenmittel zur Bedeckung der **Solvenzkapitalanforderung**, unterteilt nach Tiers" zu beschreiben.[218] Enthalten sollte diese Beschreibung nach Leitlinie 12 lit. e) EIOPA-LL Berichterstattung „eine Erläuterung aller Einschränkungen der verfügbaren Eigenmittel und der Auswirkung von Obergrenzen auf das anrechnungsfähige Tier-2-Kapital, Tier-3-Kapital und eingeschränkte Tier-1-Kapital".[219]

103 Art. 297 Abs. 1 lit. d) Solva II-VO fordert die Offenlegung von Informationen über „den **anrechnungsfähigen Betrag** der Basiseigenmittel zur Bedeckung der **Mindestkapitalanforderung**, unterteilt nach Tiers".[220] Leitlinie 12 lit. f) EIOPA-LL Berichterstattung bezieht sich auf Angaben zu dem Kapitalverlustausgleichsmechanismus, der nach Art. 71 Abs. 1 lit. e) Solva II-VO für eingezahlte nachrangige Mitgliederkonten von VVaG, für eingezahlte Vorzugsaktien und für eingezahlte nachrangige Verbindlichkeiten als Basiseigenmittelbestandteile erforderlich ist. Nach Leitlinie 12 lit. f) EIOPA-LL Berichterstattung sollten die „Einzelheiten zum Kapitalverlustausgleichsmechanismus, der verwendet wurde, […] einschließlich des Schwellenwerts und seiner Auswirkungen" angegeben werden. Zudem sollte der SFCR nach Leitlinie 12 lit. g) EIOPA-LL Berichterstattung „eine Erläuterung der Schlüsselelemente der Ausgleichsrücklage" enthalten. Gemäß dem „Explanatory text"[221] zu Leitlinie 12 (Tz. 2.50) gilt eine „Offenlegung der Posten die zu einer Verringerung der Ausgleichsrücklage führen, beispielsweise vorhersehbare Dividenden und von dem Unternehmen gehaltene eigene Anteile, […] stets als angemessen".

104 Um den Inhalt des **§ 40 Abs. 4 Satz 1 Nr. 2 VAG** geht es in Art. 297 Abs. 1 lit. e) Solva II-VO. Hiernach muss im SFCR „eine quantitative und qualitative Erläuterung **etwaiger wesentlicher Unterschiede** zwischen dem Eigenkapital laut **Unternehmensabschluss** und dem für Solvabilitätszwecke berechneten Überschuss der Vermögenswerte über die Verbindlichkeiten" erfolgen. Zutreffend stellt die Solva II-VO auch hier auf die Wesentlichkeit ab, während die Solva II-RiLi von „wichtigen" und das VAG von „größeren" Unterschieden sprechen.

105 Des Weiteren sind gemäß Art. 297 Abs. 1 lit. f) Solva II-VO „für jeden **Basiseigenmittelbestandteil**, für den die in Artikel 308b Absätze 9 und 10 der Richtlinie 2009/138/EG festgelegten Übergangsregelungen gelten", die Art und die Höhe des Eigenmittelbestandteils zu beschreiben. Die **Übergangsregelungen** der Solva II-RL, auf die die Vorschrift verweist, wurden in **§ 345 VAG** umgesetzt.[222] Die Norm sieht die Möglichkeit vor, Basiseigenmittelbestandteile in die Qualitätsklasse 1 – oder nach Absatz 2 in die Qualitätsklasse 2 – einzustufen, obwohl sie die in § 92 VAG genannten Kriterien nicht bzw. nicht vollständig erfüllen. Über die reine Beschreibung von Art und Höhe des Basiseigenmittelbestandteils, für den Übergangsregelungen gelten, geht Leitlinie 12 lit. h) EIOPA-LL Berichterstattung hinaus. So sollte der SFCR nicht nur „die Ebene, in die jeder Basiseigenmittelbestandteil klassifiziert wurde und eine Erläuterung zu den Gründen" enthalten (i.). Darüber hinaus sollte auch „das Datum des nächsten Abrufs und die Regelmäßigkeit nachfolgender Abrufzeitpunkte, oder die Tatsache, dass keine Abrufzeitpunkte bis nach dem Ende des Übergangszeitraums bestehen", angegeben werden (ii.).

106 Art. 297 Abs. 1 lit. g) Solva II-VO enthält die erforderlichen Angaben im SFCR „für jeden **wesentlichen Bestandteil der ergänzenden Eigenmittel**".[223] So ist der Bestandteil zu beschreiben und die Höhe des ergänzenden Eigenmittelbestandteils[224] anzugeben. Nach Leitlinie 12 lit. i) EIOPA-LL Berichterstattung gehören zu dieser Beschreibung „Informationen über den Typ der Vereinbarung und die Art des Basiseigenmittelbestandteils, zu dem jeder ergänzende Eigenmittelbestandteil bei Abruf oder Erfüllung werden würde, einschließlich der Ebene sowie dem Zeitpunkt der Genehmigung des Bestandteils durch die Aufsichtsbehörde und, im Falle der Genehmigung einer Methode, den Zeitraum".[225] „Sofern eine **Methode** zur Bestimmung der Höhe des betreffenden Bestandteils genehmigt

[216] So das wörtliche Zitat (einschließlich der Kommata vor und nach „untergeordnet"). Die englische Sprachfassung lautet: „for each material own fund item, the extent to which it is available, subordinated, as well as its duration and any other features that are relevant for assessing its quality".
[217] Zu nachrangigen Verbindlichkeiten als Basiseigenmittel vgl. § 89 Abs. 3 Nr. 2 VAG.
[218] Siehe zur Anrechnungsfähigkeit von Eigenmitteln § 89 Abs. 1 Satz 3 i. V. m. §§ 94, 95 VAG.
[219] Siehe zu den Obergrenzen § 94 Abs. 2 VAG.
[220] Siehe zu den Basiseigenmitteln § 89 Abs. 3 VAG.
[221] Siehe Fn. 37 und 38.
[222] Siehe zu den Anwendungsvoraussetzungen die dortige Kommentierung.
[223] Siehe zu den ergänzenden Eigenmitteln § 89 Abs. 4 VAG.
[224] Vor der Änderung durch Art. 1 Nr. 99 der Delegierten Verordnung (EU) 2016/2283 der Kommission vom 22. August 2016 zur Berichtigung der deutschen Fassung der Solva II-VO, ABl. EU 2016 L 346, 111, wurde anstelle von „des ergänzenden Eigenmittelbestandteils" die Formulierung des „des jeweiligen Betrags" verwendet.
[225] Zum Genehmigungserfordernis siehe § 90 VAG.

wurde",[226] ist diese außerdem gemäß Art. 297 Abs. 1 lit. g) Solva II-VO zu erläutern. Konkret fordert Leitlinie 12 lit. j) EIOPA-LL Berichterstattung die Darlegung, (i.) „wie die mit der Methode erlangte Bewertung sich mit der Zeit geändert hat", (ii.) „welche Inputs betreffend die Methodik die wichtigsten Treiber für diese Bewegung waren" und (iii.) „in welchem Umfang der berechnete Betrag von vergangenen Erfahrungen, einschließlich der Ergebnisse vergangener Abrufe, beeinflusst wurde". Außerdem sind nach Art. 297 Abs. 1 lit. g) Solva II-VO „die **Namen der Gegenparteien** oder der Gruppe von Gegenparteien" für die in § 89 Abs. 4 Satz 2 VAG genannten Bestandteile der ergänzenden Eigenmittel anzuführen.[227] Werden Bestandteile erst durch eine Zusammenfassung zu einem wesentlichen,[228] genügt eine Bezeichnung der Gruppe. Mangels Wesentlichkeit des einzelnen Bestandteils ist eine Individualisierung nicht erforderlich. Nach Art. 297 Abs. 1 UAbs. 2 Solva II-VO müssen außerdem die Namen der Gegenparteien nicht offengelegt werden, „sofern eine solche Offenlegung rechtlich nicht möglich oder nicht praktikabel ist oder sofern die betreffenden Gegenparteien nicht wesentlich sind." Die fehlende rechtliche Möglichkeit kann aus Geheimhaltungsvereinbarungen oder aus Datenschutzgrundsätzen folgen. Indem Art. 297 Abs. 1 UAbs. 2 Solva II-VO auf die Wesentlichkeit der Gegenparteien abstellt, wird deutlich, dass die Pflicht zur Offenlegung nicht nur an die Wesentlichkeit des Bestandteils anknüpft. Konkret kann die Wesentlichkeit einer Gegenpartei beispielsweise aus dem erhöhten Risiko eines Zahlungsausfalls folgen oder durch ihre Stellung als Schuldner auch vieler anderer Forderungen.

Schließlich ist nach Art. 297 Abs. 1 lit. h) Solva II-VO jeder von den Eigenmitteln **abgezogene** 107
Posten zu beschreiben. Auf die von Eigenmitteln abgezogenen Bestandteile bezieht sich Leitlinie 12 lit. k) EIOPA-LL Berichterstattung. Dargelegt werden sollte hiernach der gesamte Überschuss „der Vermögenswerte über die Verbindlichkeiten innerhalb von Sonderverbänden und Matching-Adjustment-Portfolios, unter Feststellung des Betrags, für den eine Anpassung bei der Bestimmung verfügbarer Eigenmittel vorgenommen wurde". Weiter sollten bei „bedeutenden Einschränkungen für Abzüge oder Belastungen von Eigenmitteln" deren Umfang und die Gründe hierfür angegeben werden. Gemäß Art. 297 Abs. 1 lit. h) Solva II-VO sind außerdem etwaige wesentliche Beschränkungen, „die sich auf die Verfügbarkeit und Übertragbarkeit von Eigenmitteln innerhalb des Unternehmens auswirken", kurz zu erläutern. Mit leicht abweichendem Schwerpunkt folgt letzteres auch aus **§ 40 Abs. 4 Satz 1 Nr. 3 VAG**, der „eine kurze Darstellung der Übertragbarkeit des Kapitals" fordert. Da auch nach der maßgeblichen Richtlinienvorgabe[229] „eine **kurze Beschreibung der Kapitalübertragbarkeit**" zu erfolgen hat, sollten die Ausführungen im SFCR generell hierzu Stellung nehmen und nicht ausschließlich die wesentlichen Beschränkungen thematisieren, wenngleich diese den Schwerpunkt bilden werden.

c) Solvenzkapitalanforderung und Mindestkapitalanforderung. aa) SCR- und MCR-Beträ- 108
ge und Hinweis bei Prüfung durch Aufsichtsbehörde (Abs. 7). Unter E.2 sind im SFCR bestimmte Informationen zur Solvenzkapitalanforderung (SCR) und Mindestkapitalanforderung (MCR) zu veröffentlichen. Anzugeben sind zunächst gemäß Art. 297 Abs. 2 lit. a) Solva II-VO die **Beträge der SCR und MCR** am Ende des Berichtszeitraums. Wird der endgültige Betrag der SCR noch von der Aufsichtsbehörde **geprüft**, ist darauf hinzuweisen. Das gibt nicht nur Art. 297 Abs. 2 lit. a) Solva II-VO vor, sondern – in Umsetzung von Art. 51 Abs. 2 UAbs. 4 Solva II-RL – auch **§ 40 Abs. 7 VAG**. Der Hinweis auf die noch ausstehende Prüfung dient nach der Gesetzesbegründung dazu, die Öffentlichkeit darauf aufmerksam zu machen, dass die Angabe nur die Unternehmensauffassung widerspiegelt.[230] Wegen des kurzen Zeitraums zwischen der Benachrichtigung der Aufsichtsbehörde über die von dem Versicherungsunternehmen ermittelte SCR und der Veröffentlichung des SFCR geht die Gesetzesbegründung weiter davon aus, dass in der Praxis „voraussichtlich die weit überwiegende Mehrheit aller Unternehmen den entsprechenden Hinweis" wird geben müssen.[231] Wenn die Aufsichtsbehörde später ausdrücklich bestätigt, den ermittelten Betrag der SCR nicht zu beanstanden, kann der Hinweis entfernt werden.[232]

bb) Aufschlüsselung des Betrags der SCR und Angaben zu Abweichungen von der Stan- 109
dardformel. Nach Art. 297 Abs. 2 lit. b) Solva II-VO ist der Betrag der SCR des Versicherungsunternehmens **nach Risikomodulen aufzuschlüsseln**, wenn das Unternehmen die Standardformel ver-

---

226 Vor der Änderung durch Art. 1 Nr. 99 der Delegierten Verordnung (EU) 2016/2283 der Kommission vom 22. August 2016 zur Berichtigung der deutschen Fassung der Solva II-VO, ABl. EU 2016 L 346, 111, lautete die Formulierung anstelle von „genehmigt wurde" noch „festgelegt wurde".

227 Art. 297 Abs. 1 lit. g) Solva II-VO verweist auf die Bestandteile nach Art. 89 Abs. 1 lit. a), b) und c) Solva II-RL. Die deutsche Umsetzungsnorm ist § 89 Abs. 4 Satz 2 VAG.

228 Das kommt beispielsweise bei einer Vielzahl kleinerer Zahlungsverpflichtungen Dritter gemäß § 89 Abs. 4 Satz 2 Nr. 4 VAG in Betracht.

229 Siehe oben Rn. 98

230 Begr. RegE-VAG 2014, BT-Drs. 18/2956, S. 250.

231 Begr. RegE-VAG 2014, BT-Drs. 18/2956, S. 250.

232 Vgl. BaFin, Merkblatt zum Berichtswesen für Erst- und Rückversicherungsunternehmen, Versicherungsgruppen und Pensionsfonds v. 16.10.2015 (zuletzt aktualisiert am 29.3.2017), S. 20.

wendet.[233] Bei Verwendung eines internen Modells hat die Aufschlüsselung **nach Risikokategorien** zu erfolgen.

110 Des Weiteren muss das Versicherungsunternehmen im SFCR gemäß Art. 297 Abs. 2 lit. c) Solva II-VO Angaben dazu machen, ob es „**vereinfachte Berechnungen** anwendet, und, falls ja, für welche Risikomodule und Untermodule der Standardformel".[234] Art. 297 Abs. 2 lit. d) Solva II-VO fordert „Angaben dazu, ob das Unternehmen **unternehmensspezifische Parameter** […] verwendet, und, falls ja, für welche Parameter der Standardformel".[235] In beiden Fällen ist lediglich darüber zu informieren, **ob** Abweichungen von der Standardformel vorgenommen werden und – falls ja – an welcher Stelle konkret. Eine Verpflichtung, die Auswirkungen der Abweichungen von der Standardformel darzustellen, besteht dagegen nicht. Das folgt aus einem Vergleich mit Art. 297 Abs. 2 lit. f) Solva II-VO und der ihm zugrunde liegenden Vorgaben in Art. 51 Abs. 2 UAbs. 2 Solva II-RL.

111 **cc) Kapitalaufschlag und Verwendung unternehmensspezifischer Parameter auf Verlangen (Abs. 6).** Art. 297 Abs. 2 lit. e) und f) Solva II-VO befassen sich mit Angaben zu Kapitalaufschlägen gemäß Art. 37 Solva II-RL und unternehmensspezifischen Parametern, die das Versicherungsunternehmen gemäß Art. 110 Solva II-RL infolge einer Aufforderung durch die Aufsichtsbehörde zu verwenden hat. Die Verwendung auf Verlangen der Aufsichtsbehörde unterscheidet diese Konstellation von derjenigen in Art. 297 Abs. 2 lit. d) Solva II-VO.[236] Schon Art. 51 Abs. 2 UAbs. 2 Solva II-RL enthält Vorgaben zu diesen Berichtsgegenständen, die in § 40 Abs. 6 VAG umgesetzt wurden. Allerdings erlaubt Art. 51 Abs. 2 UAbs. 3 Solva II-RL während eines **Übergangszeitraums bis zum 31.12.2020** den Mitgliedstaaten, von der Verpflichtung zur gesonderten Offenlegung des Kapitalaufschlags oder der Auswirkungen der unternehmensspezifischen Parameter abzusehen. Von diesem Mitgliedstaatenwahlrecht hat der deutsche Gesetzgeber mit **§ 341 VAG** Gebrauch gemacht. Bis zum 31.12.2020 müssen Versicherungsunternehmen daher im SFCR die in § 40 Abs. 6 VAG geforderten **Angaben nur in der reduzierten Form** machen, wie sie § 341 VAG vorschreibt.[237] **Zusätzlich** folgt aus Art. 297 Abs. 2 lit. e) Solva II-VO während des Übergangszeitraums, dass der SFCR eine **Erklärung** darüber enthalten muss, „dass der Mitgliedstaat, in dem das Unternehmen ansässig ist, von der in Art. 51 Abs. 2 UAbs. 3 Solva II-RL vorgesehenen Option Gebrauch macht".[238] Im SFCR ist also auf § 341 VAG und seine europarechtliche Grundlage hinzuweisen.

112 Nach § 40 Abs. 6 Satz 1 und 2 VAG ist für den Fall, dass ein **Kapitalaufschlag** festgesetzt wurde,[239] dieser gesondert anzugeben und darüber hinaus der Betrag auszuweisen, der nach den Vorschriften über die Berechnung der SCR ermittelt wurde. Der Betrag der SCR[240] ist mithin an dieser Stelle **getrennt** anzugeben in Gestalt des festgesetzten Kapitalaufschlags einerseits und des vor Festsetzung des Kapitalaufschlags ermittelten Betrags der SCR andererseits.[241]

113 Wenn ein Versicherungsunternehmen **auf Verlangen der Aufsichtsbehörde unternehmensspezifische Parameter** bei der Berechnung der SCR zu verwenden hat,[242] ist es nach § 40 Abs. 6 Satz 3 VAG verpflichtet, deren Auswirkungen im Einzelnen zu quantifizieren und gesondert auszuweisen. Die Verpflichtung gilt ausschließlich für solche unternehmensspezifische Parameter, deren Verwendung die Aufsichtsbehörde verlangt hat.[243] Die Auswirkungen sind nach der Gesetzesbegründung darzustellen, indem die Differenz zwischen einer Berechnung der SCR mit und ohne unternehmensspezifische Parameter quantifiziert wird.[244]

114 Sowohl bei einem festgesetzten Kapitalaufschlag als auch bei der Verwendung unternehmensspezifischer Parameter auf Verlangen der Aufsichtsbehörde ist nach § 40 Abs. 6 Satz 4 VAG im SFCR auf die von der Aufsichtsbehörde angegebenen **Gründe für die getroffene Maßnahme** einzugehen. Die Richtlinienvorgabe in Art. 51 Abs. 2 UAbs. 2 Solva II-RL spricht von „einer kurzgefassten Information, wie [die Maßnahmen] durch die betroffene Aufsichtsbehörde gerechtfertigt werden", während Art. 297 Abs. 2 lit. f) Solva II-VO „präzise Angaben zu der von der betreffenden Aufsichtsbehörde hierfür angeführten Begründung" fordert. Aus allen drei Formulierungen folgt, dass eine Wiedergabe der vollständigen Begründung der Aufsichtsbehörde ebenso wenig erforderlich ist, wie das Zitieren aus dem

[233] Siehe zu den Risikomodulen § 100 VAG.
[234] Siehe zu vereinfachten Berechnungen § 109 Abs. 1 VAG.
[235] Siehe zu unternehmensspezifischen Parametern § 109 Abs. 2 VAG.
[236] Siehe zuvor Rn. 110.
[237] Siehe im Einzelnen § 341 VAG.
[238] Zur Notwendigkeit einer solchen Erklärung siehe auch BaFin, Merkblatt zum Berichtswesen für Erst- und Rückversicherungsunternehmen, Versicherungsgruppen und Pensionsfonds v. 16.10.2015 (zuletzt aktualisiert am 29.3.2017), S. 20.
[239] Siehe zur Festsetzung eines Kapitalaufschlags § 301 VAG.
[240] Siehe oben Rn. 108.
[241] Vgl. Begr. RegE-VAG 2014, BT-Drs. 18/2956, S. 250.
[242] Siehe zum Verlangen der Aufsichtsbehörde, unternehmensspezifische Parameter zu verwenden, § 110 VAG.
[243] Vgl. Begr. RegE-VAG 2014, BT-Drs. 18/2956, S. 250.
[244] Begr. RegE-VAG 2014, BT-Drs. 18/2956, S. 250.

Schreiben der Aufsichtsbehörde.[245] Entscheidend ist, dass aus der Darstellung **alle** für die Aufsichtsbehörde **entscheidungsrelevanten Gründe** hervorgehen.[246]

dd) Verwendete Inputs bei der Berechnung der MCR und wesentliche Änderung von SCR und MCR. Schließlich enthält die Solva II-VO noch zwei weitere notwendige Informationen, die im E.2 des SFCR zu veröffentlichen sind. Das betrifft nach Art. 297 Abs. 2 lit. g) Solva II-VO zunächst „Angaben zu den vom Unternehmen bei der Berechnung der Mindestkapitalanforderung verwendeten **Inputs**". Außerdem darzustellen sind nach Art. 297 Abs. 2 lit. h) Solva II-VO „etwaige wesentliche Änderungen der Solvenzkapitalanforderung und der Mindestkapitalanforderung im Berichtszeitraum sowie die Gründe für die entsprechenden Änderungen". Gemeint sind **wesentliche Änderungen in der Höhe** der SCR oder der MCR. Zwar scheidet eine Generalisierung in Gestalt absoluter Werte aus. Die BaFin geht aber davon aus, dass eine Offenlegung zu erfolgen hat, wenn die Änderung der SCR gegenüber dem ersten Tag des Berichtszeitraums 15 % oder mehr beträgt. Bei einer Änderung der MCR soll der relevante Wert bei 7,5 % oder mehr liegen.[247] 115

d) Durationsbasiertes Untermodul Aktienrisiko. Die Beschreibung des Kapitalmanagements muss nach Art. 51 Abs. 1 UAbs. 2 lit. e) Nr. iii) Solva II-RL Angaben zu der „nach Artikel 304 für die Berechnung der Solvenzkapitalanforderung angewandte[n] Option" enthalten. Art. 304 Solva II-RL räumt den Mitgliedstaaten ein Wahlrecht ein, Versicherungsunternehmen, die betriebliches Altersvorsorgegeschäft betreiben oder bestimmte Altersvorsorgeleistungen erbringen, zu ermöglichen, ein in Art. 304 näher beschriebenes Untermodul des Aktienrisikos anzuwenden. Von dem **Mitgliedstaatenwahlrecht** hat Deutschland **keinen Gebrauch gemacht**. Deshalb musste auch Art. 51 Abs. 1 UAbs. 2 lit. e) Nr. iii) Solva II-RL nicht umgesetzt zu werden. Ebenso wenig muss der SFCR die in Art. 297 Abs. 3 Solva II-VO genannten Informationen zum durationsbasierten Untermodul Aktienrisiko enthalten. Denn die Feststellung, dass ein Unternehmen dieses anwendet, ist mangels rechtlicher Möglichkeit hierzu in Deutschland ausgeschlossen. Die BaFin verlangt indessen in Abschnitt E.3 die Angabe, dass Deutschland von der Option keinen Gebrauch gemacht hat.[248] 116

e) Verwendung eines internen Modells (Abs. 4 Satz 2). Nach Art. 51 Abs. 1 UAbs. 2 lit. e) Nr. iv) Solva II-RL muss die Beschreibung des Kapitalmanagements im SFCR „Informationen für das richtige Verständnis der **Hauptunterschiede zwischen den Annahmen**, die der Standardformel und jedem vom Unternehmen für die Berechnung der Solvenzkapitalanforderung verwendeten internen Modell zugrunde liegen", enthalten. Der deutsche Gesetzgeber hat diese Vorgabe mit § 40 Abs. 4 Satz 2 VAG umgesetzt. Die Angaben sind im **Abschnitt E.4** des SFCR zu veröffentlichen. 117

Art. 297 Abs. 4 Solva II-VO enthält überdies insgesamt sieben litera, welche die notwendigen Informationen für den Fall benennen, dass ein Versicherungsunternehmen zur Berechnung der SCR ein internes Modell verwendet. Die „Erläuterung [...] der Hauptunterschiede bei den in der Standardformel und im internen Modell verwendeten Methoden und Annahmen" ist nur eine der sieben in Art. 297 Abs. 4 Solva II-VO aufgezählten Angaben. Deshalb und weil beispielsweise die nach Art. 297 Abs. 4 lit. g) Solva II-VO notwendige Beschreibung der „Angemessenheit der im internen Modell verwendeten Daten"[249] kaum mit Art. 51 Abs. 1 UAbs. 2 lit. e) Nr. iv) Solva II-RL gerechtfertigt werden kann, ist äußerst **fraglich, ob** Art. 297 Abs. 4 Solva II-VO vollständig **von der Ermächtigungsnorm gedeckt** ist. Art. 56 Solva II-RL ermächtigt nämlich nur dazu, „die zu veröffentlichenden Informationen [...] näher zu bestimmen". Eine über die Konkretisierung hinausgehende **Ausweitung der Informationspflichten** sieht Art. 56 Solva II-RL dagegen nicht vor. Selbst wenn man davon ausginge, dass Art. 297 Abs. 4 Solva II-VO teilweise nicht von der Ermächtigungsnorm gedeckt und daher rechtswidrig ist, änderte dies nichts an der Wirksamkeit der Vorschrift. Denn nach ständiger Rechtsprechung des EuGH muss eine Verordnung „als rechtswirksam gelten, solange ein zuständiges Gericht sie nicht für ungültig erklärt hat".[250] Die Vorgaben von Art. 297 Abs. 4 Solva II-VO sind daher bis zu einer möglichen Entscheidung des EuGH über ihre Rechtmäßigkeit in jedem Fall zu beachten. 118

Nach Art. 297 Abs. 4 lit. a) Solva II-VO sind zunächst die **verschiedenen Zwecke** zu beschreiben, für die das Unternehmen ein internes Modell verwendet. Lit. b) fordert sodann „eine Beschreibung des Geltungsbereichs des internen Modells in Bezug auf **Geschäftsbereiche** und **Risikokategorien**". 119

---

245 Vgl. Begr. RegE-VAG 2014, BT-Drs. 18/2956, S. 250.

246 Vgl. Begr. RegE-VAG 2014, BT-Drs. 18/2956, S. 250.

247 BaFin, Merkblatt zum Berichtswesen für Erst- und Rückversicherungsunternehmen, Versicherungsgruppen und Pensionsfonds v. 16.10.2015 (zuletzt aktualisiert am 29.3.2017), S. 20.

248 BaFin, Merkblatt zum Berichtswesen für Erst- und Rückversicherungsunternehmen, Versicherungsgruppen und Pensionsfonds v. 16.10.2015 (zuletzt aktualisiert am 29.3.2017), S. 20.

249 Zu diesem Erfordernis siehe auch BaFin, Merkblatt zum Berichtswesen für Erst- und Rückversicherungsunternehmen, Versicherungsgruppen und Pensionsfonds v. 16.10.2015 (zuletzt aktualisiert am 29.3.2017), S. 20.

250 Siehe EuGH v. 13.2.1979 – Rs. 101/78 – ECLI:EU:C:1979:38 Tz. 4 – „Granaria/Hoofdproduktschap voor Akkerbouwprodukten" sowie ausf. zu der Problematik sub specie kartellrechtlicher Gruppenfreistellungsverordnungen *Hoffmann*, Versicherungsgemeinschaften nach europäischem Kartellrecht, 2015, S. 62 f. Siehe aktuell zur Nichtigkeit einer delegierten Verordnung EuGH v. 17.3.2016 – Rs. C-286/14 – ECLI:EU:C:2016:183, VersR 2017, 933 m. Anm. *Bürkle*.

Art. 297 Abs. 4 lit. c) Solva II-VO gilt nur, sofern das Versicherungsunternehmen ein internes Partialmodell verwendet. Dann ist die **Technik** zu beschreiben, „die **zur Integration des Partialmodells** in die Standardformel verwendet wird, gegebenenfalls einschließlich einer Beschreibung anderer verwendeter Techniken". Art. 297 Abs. 4 lit. d) Solva II-VO betrifft wieder sowohl das Voll- als auch das Partialmodell. Zu erfolgen hat danach „eine Beschreibung der im internen Modell für die Berechnung der Wahrscheinlichkeitsverteilungsprognose und der Solvenzkapitalanforderung verwendeten **Methoden**".[251]

120 Des Weiteren zu erläutern sind gemäß Art. 297 Abs. 4 lit. e) Solva II-VO – wie schon aus § 40 Abs. 4 Satz 2 VAG folgt – die „**Hauptunterschiede** bei den in der Standardformel und im internen Modell verwendeten **Methoden und Annahmen**". Hiermit befasst sich auch Leitlinie 13 EIOPA-LL Berichterstattung. Nach ihr sollten die Versicherungsunternehmen mindestens die Struktur des internen Modells (lit. a), die Aggregationsmethodiken und Diversifikationseffekte (lit. b) sowie die Risiken, die nicht durch die Standardformel, aber von dem internen Modell abgedeckt werden (lit. c), darlegen. Letztere „scheinen" gemäß dem „Explanatory text"[252] zu Leitlinie 13 (Tz. 2.55) sogar „von äußerster Wichtigkeit zu sein, um die ausgewiesenen quantitativen Informationen angemessen zu analysieren".

121 **Nicht erforderlich** ist es, die **hypothetische Höhe der SCR** auszuweisen, wie sie sich unter Zugrundelegung der Standardformel ergeben hätte.[253] Zwar muss nach dem Wortlaut des Art. 51 Abs. 2 UAbs. 2 Solva II-RL die Veröffentlichung „den Betrag gesondert ausweisen, der gemäß Kapitel IV Abschnitt 4 Unterabschnitte 2 und 3 berechnet wird".[254] Es geht aber nicht um den Betrag, der nach der Standardformel (Unterabschnitt 2) „und" nach dem internen Modell (Unterabschnitt 3) ermittelt wurde. Stattdessen kommt es im konkreten Fall entweder auf die Vorgaben des Unterabschnitts 2 oder des Unterabschnitts 3 an. Das Alternativverhältnis ergibt sich aus dem Gesamtzusammenhang und findet seinen Niederschlag auch im VAG und der Solva II-VO. Art. 51 Abs. 2 UAbs. 2 Solva II-RL bezieht sich allein auf die gesonderte Ausweisung von der – nach den jeweils maßgeblichen Vorschriften – berechneten SCR einerseits und der Höhe des festgesetzten Kapitalaufschlags bzw. der zu verwendenden unternehmensspezifischen Parameter andererseits.[255] § 40 Abs. 2 Satz 2 VAG als deutsche Umsetzungsvorschrift zu den erforderlichen Angaben im SFCR bei Verwendung eines internen Modells fordert daher zu Recht lediglich Informationen zur Erläuterung der Hauptunterschiede in den Annahmen zwischen Standardformel und internem Modell. Auf das konkrete Ergebnis, welches aus den Annahmen folgt, kommt es dagegen nicht an, zumal andernfalls neben der Berechnung nach dem internen Modell immer auch allein zum Zweck der Veröffentlichung im SFCR eine Berechnung nach der Standardformel erfolgen müsste. Selbst aus dem – für die Versicherungsunternehmen ohnehin unverbindlichen – „Explanatory text" zu Leitlinie 13 (Tz. 2.54), nach dem der Beschreibung „ein Vergleich (der Auswirkungen) der wesentlichen Unterschiede der Methoden […] beizufügen" ist, folgt nichts Anderes. Denn die „Auswirkungen" der Methodenunterschiede lassen sich auch abstrakt generell beschreiben und vergleichen, ohne dass eine konkrete Bezifferung erforderlich ist.

122 Gemäß Art. 297 Abs. 4 lit. f) Solva II-VO darzustellen sind das **Risikomaß** und der **Zeitraum**, die im internen Modell zugrunde gelegt wurden. Sofern diese nicht mit den in § 97 Abs. 2 VAG Genannten identisch sind,[256] muss eine Erläuterung dazu erfolgen, warum[257] die nach dem internen Modell berechnete SCR den Versicherungsnehmern und Anspruchsberechtigten ein § 97 VAG[258] **vergleichbares Schutzniveau** bietet. Schließlich hat nach Art. 297 Abs. 4 lit. g) Solva II-VO „eine Beschreibung von **Art und Angemessenheit** der im internen Modell verwendeten **Daten**" zu erfolgen.

123 **f) Nichteinhaltung der Mindestkapitalanforderung oder wesentliche Nichteinhaltung der Solvabilitätskapitalanforderung (Abs. 5).** Nach Art. 51 Abs. 1 UAbs. 2 lit. e) Nr. v) Solva II-RL ist Teil der Beschreibung des Kapitalmanagements im SFCR der „**Betrag** der Nichteinhaltung der Mindestkapitalanforderung oder einer wesentlichen Nichteinhaltung der Solvenzkapitalanforderung während des Berichtzeitraums, auch wenn zwischenzeitlich behoben, mit Erläuterung ihrer **Gründe** und ihrer **Konsequenzen** sowie gegebenenfalls ergriffener **Abhilfemaßnahmen**". Der Umsetzung dieser Vorschrift dient im deutschen Recht § 40 Abs. 5 VAG.[259] Weitere verbindliche Vorgaben enthält Art. 297 Abs. 5 Solva II-VO. Dessen lit. a) und b) befassen sich mit einer Nichteinhaltung der MCR,

---

[251] Siehe zu den Anforderungen an die Wahrscheinlichkeitsverteilungsprognose § 116 VAG.
[252] Siehe Fn. 37 und 38.
[253] So aber *Dreher/Schaaf* in Dreher/Wandt 2009, S. 146.
[254] Aus ihm leiten *Dreher/Schaaf* in Dreher/Wandt 2009, S. 146, das Erfordernis ab.
[255] Siehe dazu oben Rn. 111 ff.
[256] § 97 Abs. 2 VAG setzt Art. 101 Abs. 3 Solva II-RL um, auf den Art. 297 Abs. 4 lit. f) Solva II-VO verweist. Zu dem nach § 97 Abs. 2 VAG geltenden Risikomaß und Zeitraum siehe die dortige Kommentierung.
[257] Vor der Änderung durch Art. 1 Nr. 101 der Delegierten Verordnung (EU) 2016/2283 der Kommission vom 22. August 2016 zur Berichtigung der deutschen Fassung der Solva II-VO, ABl. EU 2016 L 346, 111, wurde anstelle von „warum" das Wort „dass" verwendet.
[258] Art. 297 Abs. 4 lit. f) Solva II-VO verweist auf Art. 101 Solva II-RL.
[259] Zu den Abweichungen von der Richtlinienvorgabe sogleich Rn. 125.

lit. c) und d) mit einer wesentlichen Nichteinhaltung der SCR. Die Angaben sind im **Abschnitt E.5** des SFCR zu veröffentlichen.

Nach Art. 297 Abs. 5 lit. a) Solva II-VO sind bei einer Nichteinhaltung der MCR „**Zeitraum und Höchstbetrag jeder Nichteinhaltung** während des Berichtszeitraums" darzustellen. Allein die Angabe des maximalen Betrags der Unterschreitung, wie sie § 40 Abs. 5 Nr. 1 VAG fordert, reicht mithin nicht aus. Die Konkretisierung[260] der Informationspflichten in Art. 297 Abs. 5 lit. a) Solva II-VO verdeutlicht, dass es im Falle mehrerer Unterschreitungen der MCR im Berichtszeitraum nicht allein auf den höchsten Betrag aller Unterschreitungen ankommt, sondern stattdessen für jede Nichteinhaltung deren Höchstbetrag anzugeben ist. Aus Art. 51 Abs. 1 UAbs. 2 lit. e) Nr. v) Solva II-RL und der Begründung zu § 40 Abs. 5 VAG[261] folgt, dass auch bereits behobene Verstöße offenzulegen sind. Art. 297 Abs. 5 lit. a) Solva II-VO fordert weiter die „**Erläuterung der Gründe und Konsequenzen**" der Nichteinhaltung. Das deckt sich mit Art. 51 Abs. 1 UAbs. 2 lit. e) Nr. v) und im Ergebnis auch mit § 40 Abs. 5 Nr. 2 VAG, der allerdings anstelle von Konsequenzen den Begriff „Folgen" verwendet. 124

Schließlich sind nach Art. 297 Abs. 5 lit. a) **Solva II-VO** in Übereinstimmung und Konkretisierung der Richtlinienvorgabe gegebenenfalls **ergriffene Abhilfemaßnahmen** darzustellen und in ihrer **Wirkung** zu erläutern.[262] **Dagegen fordert § 40 Abs. 5 Nr. 3 VAG** nicht nur die Angabe ergriffener, sondern auch **geplanter Abhilfemaßnahmen**. Das steht im Widerspruch zu der – auch in anderen Sprachfassungen –[263] eindeutigen Vorgabe in Art. 51 Abs. 1 UAbs. 2 lit. e) Nr. v) Solva II-RL, der ausschließlich auf ergriffene Abhilfemaßnahmen abstellt. Unabhängig von den anderen Sprachfassungen kann „gegebenenfalls" auch nicht dahingehend verstanden werden, dass es sich um Abhilfemaßnahmen handelt, die vielleicht schon ergriffen wurden oder noch bevorstehen – dann wäre bereits die einschränkende Formulierung nicht erforderlich. § 40 Abs. 5 Nr. 3 VAG ist daher **europarechtswidrig**, soweit nach ihm geplante Abhilfemaßnahmen im SFCR darzustellen sind. 125

Zusätzlich zum Höchstbetrag jeder Nichteinhaltung der MCR ist gemäß Art. 297 Abs. 5 lit. b) Solva II-VO „der **Betrag** der Nichteinhaltung **zum Zeitpunkt der Berichterstattung** anzugeben", wenn die Nichteinhaltung nicht (vollständig) behoben wurde. 126

Für den Fall „einer **wesentlichen Nichteinhaltung der Solvenzkapitalanforderung** während des Berichtzeitraums" fordern Art. 297 Abs. 5 lit. c) und d) Solva II-VO dieselben Angaben wie zuvor lit. a) und b) für die Nichteinhaltung der MCR. Die in § 40 Abs. 5 VAG genannten Angaben beziehen sich von vornherein auf beide Fälle. Bezüglich der offenzulegenden Informationen bei einer wesentlichen Nichteinhaltung der SCR ist daher grundsätzlich auf die vorangehenden Ausführungen zur Nichteinhaltung der MCR zu verweisen.[264] Ein wichtiger Unterschied zwischen den beiden Konstellationen liegt nicht in den Pflichtangaben, sondern in dem Tatbestand, der erfüllt sein muss, um die Informationspflicht auszulösen. Denn anders als bei der MCR wirkt **nicht jede Unterschreitung der SCR pflichtauslösend**. Stattdessen muss in jedem Einzelfall die Unterschreitung auch wesentlich sein. Obschon nach Art. 297 Abs. 5 lit. c) Solva II-VO ausdrücklich der „Zeitraum […] jeder wesentlichen Nichteinhaltung" anzugeben ist, geht die BaFin davon aus, dass nicht nur die Spanne von der Feststellung der wesentlichen Nichteinhaltung bis zur Beseitigung der wesentlichen Nichteinhaltung anzugeben ist. Vielmehr liege der Endpunkt erst in der Wiedereinhaltung der SCR.[265] 127

Zur Bestimmung der **Wesentlichkeit** gelten die allgemeinen Grundsätze.[266] Der deutsche Gesetzgeber führt hierzu lediglich aus, dass die „Festlegung, was als wesentliche Nichteinhaltung zu betrachten ist, […] der auf europäische Ebene harmonisierten aufsichtsrechtlichen Praxis überlassen" bleibe.[267] Eine solche Harmonisierung ist bislang nicht erkennbar. Die **BaFin** hat jedoch am 27.7.2016 eine **Auslegungsentscheidung** zur Unterdeckung der Solvabilitätskapitalanforderung oder der Mindestkapitalanforderung (BaFin-AE Unterdeckung) veröffentlicht. Nach Nr. 14 BaFin-AE Unterdeckung ist eine wesentliche Unterdeckung der SCR „anzunehmen, wenn die anrechnungsfähigen Eigenmittel **85 %** 128

---

260 Auch bei der geforderten Angabe des Zeitraums ist noch von einer Konkretisierung auszugehen. Zwar gibt der Wortlaut von Art. 51 Abs. 1 UAbs. 2 lit. e) Nr. v) Solva II-RL Anlass zu Zweifeln, indem er lediglich fordert, den „Betrag" anzugeben. Der Zeitraum steht aber in engem Zusammenhang hierzu, weshalb gerade noch anzunehmen ist, dass die Angaben zum „Betrag" hiermit näher bestimmt werden. Zum Erfordernis der Konkretisierung, damit die Vorschrift von der Ermächtigungsgrundlage gedeckt ist, siehe oben Rn. 118.

261 Vgl. Begr. RegE-VAG 2014, BT-Drs. 18/2956, S. 250.

262 Art. 297 Abs. 5 lit. a) Solva II-VO und – bezüglich der wesentlichen Nichteinhaltung der SCR – lit. c) ergänzen die „gegebenenfalls ergriffenen Abhilfemaßnahmen" noch mit dem redundanten Hinweis „im Einklang mit Artikel 51 Absatz 1 Buchstabe e Ziffer v der Richtlinie 2009/138/EG".

263 Die englische Sprachfassung enthält die Formulierung „with an explanation of its origin and consequences as well as any remedial measures taken", die niederländische lautet „met daarbij een toelichting op de oorzaak en gevolgen ervan, waarbij ook wordt gemeld welke corrigerende maatregelen zijn getroffen".

264 Siehe Rn. 124 bis 126.

265 BaFin, Merkblatt zum Berichtswesen für Erst- und Rückversicherungsunternehmen, Versicherungsgruppen und Pensionsfonds v. 16.10.2015 (zuletzt aktualisiert am 29.3.2017), S. 20.

266 Siehe oben Rn. 35 ff.

267 So – einschließlich des Grammatikfehlers – wörtlich Begr. VAG-RegE 2014, BT-Drs. 18/2956, S. 250.

oder weniger der Solvabilitätsanforderung" ausmachen. Diesen Wert hat sie in der Aktualisierung ihres Merkblatts zum Berichtswesen am 29.3.2017 bestätigt.[268]

129 Liegt sowohl eine Nichteinhaltung der MCR als auch eine wesentliche Nichteinhaltung der SCR vor, sind **Angaben zu beiden Kapitalanforderungen** zu machen.[269] Wenngleich im Fall einer Nichteinhaltung der MCR grundsätzlich auch eine Unterschreitung der SCR gegeben ist, muss letztere noch im Einzelfall als wesentlich qualifiziert werden, damit auch diesbezüglich Offenlegungspflichten bestehen.[270]

130 **g) Andere wesentliche Informationen.** Schließlich muss der SFCR noch unter E.6 gemäß Art. 297 Abs. 6 Solva II-VO **„alle anderen wesentlichen Informationen** über das Kapitalmanagement des Versicherungs- oder Rückversicherungsunternehmens" enthalten. Hierunter fallen insbesondere Entwicklungen oder Ereignisse mit jeweils wesentlichen Auswirkungen, die **nach dem Berichtsstichtag**, aber vor dem Veröffentlichungsdatum eingetreten sind, soweit die Zeitspanne zwischen dem Eintritt der Entwicklung oder des Ereignisses und dem Veröffentlichungsdatum eine Aufnahme in den SFCR zulässt.[271]

131 **10. Freiwillige Informationen (Art. 298 Solva II-VO).** Gemäß Art. 54 Abs. 2 Solva II-RL können die Versicherungsunternehmen „auf freiwilliger Basis alle mit ihrer Solvabilität und ihrer Finanzlage in Verbindung stehenden Informationen und Erläuterungen veröffentlichen", deren Veröffentlichung im SFCR nicht bereits nach anderen Vorschriften verpflichtend ist. Mithin kann nicht jede beliebige Information im SFCR veröffentlicht werden. Erforderlich ist ein **Zusammenhang** der Informationen **mit der Solvabilität und Finanzlage** des Unternehmens. Ein solcher Zusammenhang ist jedenfalls dann zu bejahen, wenn sich die Angabe unter einen der fünf in Art. 51 Abs. 1 UAbs. 2 Solva II-RL genannten Bereiche[272] fassen lässt. Da in diesen Bereichen allerdings ohnehin sämtliche „wesentlichen" Informationen i. S. v. Art. 291 Solva II-VO veröffentlicht werden müssen,[273] kommen für eine freiwillige Veröffentlichung letztlich nur noch solche Informationen in Betracht, die den Entscheidungsprozess des Nutzers des Dokuments nicht beeinflussen können und deshalb **nicht wesentlich** sind.

132 Nach dem Wortlaut von Art. 54 Abs. 2 Solva II-RL ist die einzige Voraussetzung, um über die Pflichtangaben hinausgehende Inhalte in dem SFCR zu veröffentlichen, dass die Informationen in Verbindung mit der Solvabilität und Finanzlage des Unternehmens stehen. Art. 298 Solva II-VO fordert zudem, dass die „zusätzlichen Informationen mit den den Aufsichtsbehörden gemäß Artikel 35 der Richtlinie zur Verfügung gestellten Informationen **kohärent** sind." Art. 7 TDS Verfahren SFCR stellt für die Bewertung der Kohärenz darauf ab, „ob die offengelegten Informationen mit den an die Aufsichtsbehörden übermittelten Informationen in vollem Umfang übereinstimmen". Es geht also darum, dass die **Informationen sich nicht widersprechen**. Ebenso wie die Pflichtangaben müssen die freiwillig veröffentlichten Informationen **wahrheitsgemäß** sein und dürfen **nicht irreführend** sein. Allein hierin liegt auch die Grenze einer möglicherweise jährlich wechselnden Auswahl der auf freiwilliger Basis zu veröffentlichenden Informationen.[274]

133 Im **VAG fehlt** zwar eine Art. 54 Abs. 2 Solva II-RL **entsprechende Vorschrift**. Auf der Grundlage der europarechtlichen Vorgaben und in Übereinstimmung mit dem Willen des deutschen Gesetzgebers,[275] der in Art. 54 Abs. 2 Solva II-RL lediglich eine nicht umsetzungsbedürftige Klarstellung sieht,[276] ist den Unternehmen aber freigestellt, weitere Informationen im SFCR unter den vorgenannten Voraussetzungen zu veröffentlichen.[277]

134 **IV. Verweismöglichkeit auf gleichwertige Informationen (Abs. 8).** Gemäß § 40 Abs. 8 Satz 1 VAG besteht die Möglichkeit, **Angaben durch Verweise** auf Informationen zu ersetzen, die im Rahmen anderer allgemeiner oder aufsichtsrechtlicher Informationen veröffentlicht worden sind. Erforderlich hierfür ist die **Zustimmung der Aufsichtsbehörde**. § 40 Abs. 8 VAG dient der Umsetzung von Art. 53 Abs. 3 Solva II-RL.[278] Nach der Richtlinienvorgabe gestatten die Aufsichtsbehörden bei Gleichwertigkeit der Informationen, „Veröffentlichungen, die im Rahmen anderer Rechts- oder Regulierungsanforderungen erfolgt sind, zu verwenden – oder sich auf sie zu beziehen." Werden bereits

[268] BaFin, Merkblatt zum Berichtswesen für Erst- und Rückversicherungsunternehmen, Versicherungsgruppen und Pensionsfonds v. 16.10.2015 (zuletzt aktualisiert am 29.3.2017), S. 20.
[269] Vgl. Begr. VAG-RegE 2014, BT-Drs. 18/2956, S. 250.
[270] Ungenau daher Begr. VAG-RegE 2014, BT-Drs. 18/2956, S. 250.
[271] EIOPA-BoS-16/243 v. 21.12.2016 Tz. 6.
[272] Siehe Rn. 34.
[273] Vgl. Rn. 58, 71, 76, 96 und 130.
[274] Strenger *Dreher/Schaaf* in Dreher/Wandt 2009, S. 136, nach denen eine jährliche Neuauswahl der zusätzlichen Informationen nicht möglich sein soll.
[275] Siehe Begr. VAG-RegE 2014, BT-Drs. 18/2956, S. 249.
[276] Begr. VAG-RegE 2014, BT-Drs. 18/2956, S. 251.
[277] In diesem Sinne auch BaFin, Merkblatt zum Berichtswesen für Erst- und Rückversicherungsunternehmen, Versicherungsgruppen und Pensionsfonds v. 16.10.2015 (zuletzt aktualisiert am 29.3.2017), S. 16. Nach Ansicht der BaFin sind etwaige freiwillige zusätzliche Informationen jeweils am Ende der Abschnitte A bis E unter „Sonstige Angaben" anzugeben.
[278] In der Begr. VAG-RegE 2014, BT-Drs. 18/2956, S. 251, wird irrtümlich Absatz 2 genannt.

anderweitig veröffentlichte Informationen dahingehend erneut verwendet, dass das Versicherungsunternehmen sie im SFCR wiederholt, ist eine Gestattung der Aufsichtsbehörde allerdings nicht erforderlich, wenn die Informationen die Anforderungen des Art. 51 Solva II-RL bzw. § 40 VAG erfüllen. Der deutsche Gesetzgeber hat daher zu Recht nur im Verweisfalle die Zustimmung der Aufsichtsbehörde zur Voraussetzung gemacht.

Die aufsichtsbehördliche Zustimmung ist nach § 40 Abs. 8 Satz 2 VAG zu erteilen, wenn „die Informationen, auf die verwiesen werden soll, nach Art und Umfang **gleichwertig** sind".[279] Um **materiell** gleichwertig zu sein, dürfen die Angaben nicht hinter den Anforderungen an die im SFCR zu veröffentlichenden Informationen zurückbleiben.[280] 135

Auch **formell** muss der Verweis gleichwertig mit der Angabe im SFCR sein und darf den Informationszugang nicht erschweren. So ist zu beachten, dass nach **Art. 6 TDS Verfahren SFCR** „die betreffenden Verweise **direkt** zu den betreffenden Informationen und nicht zu einem allgemeinen Dokument" führen müssen.[281] Mithin genügt es nicht, lediglich auf ein Dokument zu verweisen, das die zu veröffentlichende Information enthält. Erforderlich ist die konkrete Angabe der Fundstelle. Für die elektronische Fassung des SFCR[282] empfiehlt sich die Aufnahme eines Hyperlink, der zu der konkreten Information führt, wenn er angeklickt wird. Öffnet der Hyperlink nur das Gesamtdokument und erscheint nicht sofort die einschlägige Stelle, ist im SFCR auf die genaue Seitenzahl oder Gliederungsziffer zu verweisen, welche die betreffende Information enthält. Jedenfalls dürfen im Vergleich zu der Veröffentlichung direkt im SFCR keine erschwerten Bedingungen den Informationszugang behindern. Ein Verweis auf ein Dokument, das gesondert angefordert werden müsste oder nur bestimmten Adressaten in Papierform vorliegt, scheidet daher aus. In dem Ausnahmefall, dass keine Veröffentlichung des SFCR im Internet erfolgt und die elektronische Fassung nur auf Anforderung übermittelt wird,[283] könnte anstelle eines Verweises auf ein Dokument im Internet auch auf ein zugleich übermitteltes Dokument verwiesen werden. Für die gedruckte Version des SFCR kann dagegen nicht gelten, dass der Zugang zu den Dokumenten, auf die verwiesen wird, in gleicher Weise wie zum SFCR, nämlich in der übersandten Druckform, möglich sein muss. Hier genügt ein konkreter Verweis auf ein online verfügbares, also öffentlich zugängliches Dokument. Denn die gedruckte Version ist nur eine zusätzliche Möglichkeit für eine Person, den SFCR übermittelt zu bekommen.[284] Die elektronische Fassung muss unabhängig davon bereitgehalten und der Aufsichtsbehörde übermittelt werden. Daher hat sich auch die formale Gleichwertigkeit des Verweises an der elektronischen Fassung zu orientieren. 136

V. Verhältnis zu anderen Regelungen. 1. Systeme, Strukturen und interne Leitlinien (§ 29 VAG). Nach § 29 Abs. 3 VAG müssen Versicherungsunternehmen „über **angemessene Systeme und Strukturen** verfügen, um die in den §§ 40 bis 42 genannten Anforderungen erfüllen und die Informationen bereitstellen zu können, die den Aufsichtsbehörden nach diesem Gesetz zu übermitteln sind." Außerdem haben die Versicherungsunternehmen gemäß § 29 Abs. 4 VAG „in vom Vorstand genehmigten **schriftlichen internen Leitlinien** fest[zulegen], wie die kontinuierliche Angemessenheit der zu veröffentlichenden und der zu übermittelnden Informationen zu gewährleisten ist." 137

2. Versicherungsgruppen (§ 277 VAG). § 277 VAG und Art. 359 ff. Solva II-VO enthalten die Vorschriften zum Bericht über Solvabilität und Finanzlage der Gruppe (**Gruppen-SFCR**). Nach § 277 Abs. 1 Satz 2 VAG sind die §§ 40 bis 42 VAG auf den Gruppen-SFCR **entsprechend** anzuwenden. Dasselbe gilt gemäß Art. 359 Solva II-VO für die Art. 290 bis 298 Solva II-VO. Darüber hinaus gelten für den Gruppen-SFCR einige Besonderheiten.[285] Die Übermittlung des Gruppen-SFCR durch die Gruppenaufsichtsbehörde an die betroffenen Aufsichtsbehörden und an die EIOPA regelt § 284 Abs. 2 Satz 2 VAG. 138

3. Ordnungswidrigkeit (§ 332 Abs. 2 Nr. 3 VAG). Gemäß § 332 Abs. 2 Nr. 3 VAG handelt ordnungswidrig, wer „entgegen § 40 Absatz 1 Satz 1 eine Veröffentlichung nicht, nicht richtig, nicht vollständig oder nicht rechtzeitig vornimmt". Geahndet werden kann die Ordnungswidrigkeit nach § 332 Abs. 5 VAG mit einer **Geldbuße** in Höhe von **bis zu 500.000 EUR**. 139

---

[279] Siehe Begr. VAG-RegE 2014, BT-Drs. 18/2956, S. 251, wonach die Aufsichtsbehörde ausdrücklich „keinen Ermessensspielraum" besitzt.

[280] Siehe im Einzelnen zu diesen Anforderungen oben Rn. 48–130.

[281] Vgl. auch BaFin, Merkblatt zum Berichtswesen für Erst- und Rückversicherungsunternehmen, Versicherungsgruppen und Pensionsfonds v. 16.10.2015 (zuletzt aktualisiert am 29.3.2017), S. 17.

[282] Der SFCR muss in elektronischer Fassung vorliegen. Das gilt für den Regelfall einer Veröffentlichung im Internet ebenso wie für den Ausnahmefall, dass eine solche nicht erfolgt, aber eine elektronische Fassung jeder Person auf Anforderung übermittelt wird, siehe dazu oben Rn. 17 f., 20.

[283] Siehe oben Rn. 20.

[284] Auch besteht die Verpflichtung zur Übermittlung in gedruckter Form nur für zwei Jahre – im Unterschied zu fünf Jahren bei der elektronischen Fassung, siehe oben Rn. 21. Schon das belegt, dass keine Gleichbehandlung geboten ist.

[285] Beispielsweise bei der verwendeten Sprache; dazu siehe schon oben Rn. 16.

140 **4. Bankaufsichtsrecht (§ 26a KWG).** § 26a KWG regelt die Offenlegung durch die Institute. Allerdings **ergänzt** die Vorschrift ausdrücklich **nur die Transparenzanforderungen** der Verordnung über Aufsichtsanforderungen an Kreditinstitute und Wertpapierfirmen[286] (**CRR-VO**) um einige Angaben zur rechtlichen und organisatorischen Struktur, zur Unternehmensführung sowie zur länderspezifischen Offenlegung ausgewählter Wirtschaftsdaten.[287] Dagegen wiederholt § 40 VAG teilweise die Inhalte der Solva II-VO, aber bleibt im Ganzen weit hinter ihnen zurück.[288] Eine Ergänzung der Solva II-VO liegt in § 40 VAG jedenfalls nicht. Die gelungenere Regelungstechnik im KWG ist in erster Linie auf die europäischen Vorgaben zurückzuführen. Die **CRD IV-RL**[289] und die CRR-VO wurden nämlich zeitgleich erlassen, sind beides Rechtsakte des Europäischen Parlaments und des Rates und sind außerdem aufeinander abgestimmt. Dagegen ist die Solva II-VO lediglich eine Delegierte Verordnung der Kommission, die erst fünf Jahre nach der Solva II-RL erlassen wurde. Zu diesem Zeitpunkt waren außerdem die Umsetzungs(vor)arbeiten der nationalen Gesetzgeber bereits in vollem Gange und eine vollständige Berücksichtigung der Solva II-VO bis hin zu einer denkbaren Umstellung der Regelungstechnik kaum leistbar.

141 Die maßgeblichen Offenlegungsvorschriften für Institute enthält die **CRR-VO** in ihrem Teil 8 mit den **Art. 431–455**. Insbesondere beinhaltet Art. 432 Abs. 1 UAbs. 2 CRR-VO eine Art. 291 Solva II-VO sehr ähnliche Definition der Wesentlichkeit. Auf der Grundlage von Art. 432 Abs. 1 UAbs. 3 CRR-VO hat wiederum die Europäische Bankenaufsichtsbehörde (**EBA**) **Leitlinien** dazu herausgegeben, wie Institute das **Kriterium der Wesentlichkeit** in Bezug auf die Offenlegungspflichten anzuwenden haben.[290] Erhebliche Unterschiede zum SFCR bestehen bei dem nach Art. 434 CRR-VO geforderten Mittel der Offenlegung. So werden die Offenlegungsanforderungen schon als erfüllt angesehen, wenn die geforderten Angaben „bereits im Rahmen von Rechnungslegungs-, Börsen- oder sonstigen Vorschriften veröffentlicht" wurden. Eine Verbindung mit der Jahresabschlusspublizität wäre also möglich. Gleichwohl verwendet die Praxis regelmäßig einen eigenständigen Säule-3-Risikobericht.[291]

142 **5. Handels- und bilanzrechtliche Offenlegungspflichten.** Unabhängig von den aufsichtsrechtlichen Berichtspflichten gelten für Versicherungsunternehmen eine Reihe handels- und bilanzrechtlicher Offenlegungspflichten.[292] So haben alle Versicherungsunternehmen größen- und rechtsformunabhängig gemäß § 341a Abs. 1 HGB nach den für große Kapitalgesellschaften geltenden Vorschriften einen **Jahresabschluss** und einen **Lagebericht** aufzustellen und dem Abschlussprüfer zur Prüfung vorzulegen. Grundsätzlich müssen Versicherungsunternehmen nach **§ 341l HGB** den Jahresabschluss, den Lagebericht, den Konzernabschluss und den Konzernlagebericht sowie die anderen in § 325 HGB bezeichneten Unterlagen[293] **offenlegen**. Eine Ausnahme von den Offenlegungspflichten nach § 341l HGB sieht § 330 HGB i. V. m. § 61 Verordnung über die Rechnungslegung von Versicherungsunternehmen (RechVersV) für die dort benannten Fälle, insbesondere für bestimmte Versicherungsvereine auf Gegenseitigkeit, vor.

143 Versicherungsunternehmen, die kapitalmarktorientiert im Sinne von Art. 4 VO (EG) Nr. 1606/2002[294] sind, haben ihren Konzernabschluss in Übereinstimmung mit den International Financial Reporting Standards (**IFRS**) aufzustellen und zu veröffentlichen.[295] Das Unternehmen, das den Konzernabschluss aufstellt, muss in diesem Fall gemäß § 315a Abs. 1 HGB keinen Konzernabschluss nach den Vorschriften des HGB aufstellen.[296]

---

[286] Verordnung (EU) Nr. 575/2013 des Europäischen Parlaments und des Rates vom 26. Juni 2013 über Aufsichtsanforderungen an Kreditinstitute und Wertpapierfirmen und zur Änderung der Verordnung (EU) Nr. 646/2012, ABl. EU 2013 L 176, 1.

[287] Vgl. *Hillen* in: Boos/Fischer/Schulte-Mattler, KWG- und CRR-VO Kommentar, 5. Aufl. 2016, Art. 431 VO (EU) 575/2013 Rn. 2.

[288] Siehe pars pro toto nur oben Rn. 100.

[289] Richtlinie 2013/36/EU des Europäischen Parlaments und des Rates vom 26. Juni 2013 über den Zugang zur Tätigkeit von Kreditinstituten und die Beaufsichtigung von Kreditinstituten und Wertpapierfirmen, zur Änderung der Richtlinie 2002/87/EG und zur Aufhebung der Richtlinien 2006/48/EG und 2006/49/EG, ABl. EU 2013 L 176, 1.

[290] Siehe zu deren Inhalt schon oben Rn. 37 f.

[291] Vgl. *Hillen* in: Boos/Fischer/Schulte-Mattler, KWG- und CRR-VO Kommentar, 5. Aufl. 2016, Art. 434 VO (EU) 575/2013 Rn. 5.

[292] Vgl. *Dreher/Schaaf* in Dreher/Wandt 2009, S. 160; zu besonderen Publizitätspflichten bei Versicherungsunternehmen siehe auch *Ludwig*, Branchenspezifische Wirtschaftsaufsicht und Corporate Governance, 2012, S. 270 ff.

[293] Das sind unter anderem der Bericht des Aufsichtsrats und die Entsprechenserklärung zum Corporate Governance Kodex nach § 161 AktG; siehe zu den weiteren Bestandteilen *Böcking/Gros/Kölschbach* in: Ebenroth/Boujong/Joost/Strohn, Handelsgesetzbuch, 3. Aufl. 2014, § 341l Rn. 6.

[294] Verordnung (EG) Nr. 1606/2002 des Europäischen Parlaments und des Rates vom 19. Juli 2002 betreffend die Anwendung internationaler Rechnungslegungsstandards, ABl. EG 2002 L 243, 1.

[295] Zu den ähnlichen Grundsätzen und bestehenden Unterschieden bei Bewertungen nach IFRS und nach dem Solvency II-System vgl. *Schlüter/Bonin*, IFRS-Handbuch, 5. Aufl. 2016, § 40 Rn. 99 ff. sowie speziell betreffend die Prüfung der Schadenrückstellung von Schaden-/Unfallversicherern nach IFRS 4 (Entwurf ED/2013/7) und Solvency II *Wiedemann/Hehmeyer/Klem* IRZ 2015, 313.

[296] Vgl. *Küppers* in: Langheidt/Wandt, Münchener Kommentar zum VVG, 2. Aufl. 2017, Rechnungslegung und steuerliche Gewinnermittlung von Versicherungsunternehmen Rn. 174.

Neue Berichts- und Offenlegungspflichten, die nichtfinanzielle Informationen betreffen, entstehen durch die Umsetzung der **CSR-Richtlinie**[297] in das deutsche Recht. Das vom deutschen Gesetzgeber im März 2017 verabschiedete CSR-Richtlinie-Umsetzungsgesetz wurde am 18.4.2017 im Bundesgesetzblatt veröffentlicht.[298] Die neuen Regeln gelten gemäß § 341a Abs. 1a HGB auch für Versicherungsunternehmen, wenn sie bestimmte Größenkriterien erfüllen. Sie müssen im Jahresdurchschnitt mehr als 500 Arbeitnehmer beschäftigen und ihre Bilanzsumme 20 Mio. EUR oder ihre Umsatzerlöse 40 Mio. EUR übersteigen.[299] In diesem Fall haben Versicherungsunternehmen ihren **Lagebericht um eine nichtfinanzielle Erklärung zu erweitern** oder einen gesonderten nichtfinanziellen Lagebericht zu erstellen und zu veröffentlichen. Inhalt der nichtfinanziellen Erklärung sind nach § 289c HGB unter anderem eine Beschreibung des Geschäftsmodells sowie dessen Auswirkungen auf Umwelt-, Arbeitnehmer- und Sozialbelange. Überschneidungen mit Themen aus dem SFCR können sich insbesondere aus § 289c Abs. 3 Nr. 3 HGB ergeben, wonach CSR-Risiken aus der eigenen Geschäftstätigkeit des unternehmens darzustellen sind. Große kapitalmarktorientierte Versicherungsunternehmen haben außerdem Angaben zum Diversitätskonzept im Rahmen der Erklärung zur Unternehmensführung zu machen. 144

Sämtliche genannten handels- und bilanzrechtlichen Offenlegungspflichten stehen neben der Pflicht, einen SFCR zu veröffentlichen, und sind von ihr **unabhängig**. Unter den besonderen Voraussetzungen, die nach § 40 Abs. 8 VAG gelten, besteht die Möglichkeit, im SFCR auf die zur Erfüllung anderweitiger Pflichten veröffentlichten Informationen zu **verweisen**.[300] 145

6. Kapitalmarktrechtliche Offenlegungspflichten. Ebenfalls unabhängig von den aufsichtsrechtlichen Berichtspflichten gelten für Versicherungsunternehmen, die unter den in § 2 Abs. 7 WpHG definierten Begriff des Inlandsemittenten fallen, kapitalmarktrechtliche Offenlegungspflichten.[301] Das betrifft insbesondere die in § 26 Abs. 1 WpHG genannten **anlassbezogenen Publizitätspflichten**. Zudem bestehen Veröffentlichungspflichten gegenüber der Allgemeinheit im Zusammenhang mit der periodischen Finanzberichterstattung.[302] 146

Nichtveröffentlichung von Informationen

41 (1) [1]**Mit Genehmigung der Aufsichtsbehörde kann auf Angaben im Solvabilitäts- und Finanzbericht verzichtet werden; dies gilt nicht für Angaben gemäß § 40 Absatz 2 Satz 2 Nummer 5, Absatz 4 Satz 2 und Absatz 5.** [2]**In diesem Fall ist im Solvabilitäts- und Finanzbericht darzulegen, weshalb die Angaben nicht aufgenommen worden sind.**

(2) **Die Aufsichtsbehörde erteilt die Genehmigung nach Absatz 1, wenn durch die Veröffentlichung**

1. **Wettbewerber des Unternehmens einen wesentlichen ungerechtfertigten Vorteil erlangen würden oder**
2. **eine Verpflichtung des Unternehmens zur Geheimhaltung oder Vertraulichkeit gegenüber den Versicherungsnehmern oder auf Grund einer Beziehung zu anderen Gegenparteien verletzt würde.**

Übersicht

[297] Richtlinie 2014/95/EU des Europäischen Parlaments und des Rates vom 22. Oktober 2014 zur Änderung der Richtlinie 2013/34/EU im Hinblick auf die Angabe nichtfinanzieller und die Diversität betreffender Informationen durch bestimmte große Unternehmen und Gruppen, AB. EU 2014 L 330, 1. Zur CSR-Richtlinie siehe z. B. *Eufinger* EuZW 2015, 424; *Gruber,* ZFR 2015, 103.

[298] BGBl. I 2017, 802; siehe auch RegE eines Gesetzes zur Stärkung der nichtfinanziellen Berichterstattung der Unternehmen in ihren Lage- und Konzernlageberichten (CSR-Richtlinie-Umsetzungsgesetz), BT-Drs. 18/9982. Vgl. noch zum Referentenentwurf *Stawinoga/Velte* DB 2016, 841; speziell zum CSR-Richtlinie-Umsetzungsgesetz und seinen Auswirkungen auf den Versicherungssektor *Bürkle* VersR 2017, 717.

[299] Der RegE stellt hier ausdrücklich auf die Umsatzerlöse ab, wenngleich der Begriff auf Versicherungsunternehmen in dieser Form nicht passt und zahlreiche Gesetze daher Sonderregelungen vorsehen. So sind in der Zusammenschlusskontrolle nach § 38 Abs. 4 Satz 2 GWB „die Prämieneinnahmen des letzten abgeschlossenen Geschäftsjahres maßgebend". Auch die neue Vorschrift zur Bußgeldbemessung in § 341n Abs. 3b HGB enthält Ausführungen dazu, auf welchen Wert als Gesamtumsatz „anstelle des Betrags der Umsatzerlöse" abzustellen ist. In § 341a Abs. 1a HGB fehlt allerdings eine vergleichbare Bestimmung.

[300] Siehe Rn. 134 ff.

[301] Zu der seit dem 3. Juli 2016 in Art. 17 Abs. 1 UAbs. 1 der EU-Marktmissbrauchsverordnung (MAR) geregelten ad hoc-Publizität siehe § 42 Rn. 36 f. VAG.

[302] Siehe dazu ausführlich *Dreher/Schaaf* in Dreher/Wandt 2009, S. 155 ff.

Schrifttum: Siehe die Angaben bei § 40.

1 **I. Allgemeines. 1. Entstehungsgeschichte.** § 41 VAG steht in unmittelbarem Zusammenhang mit § 40 VAG, der die Veröffentlichung eines **Solvabilitäts- und Finanzbericht** (Solvency and Financial Condition Report, **SFCR**) betrifft. Die Pflicht, einen SFCR zu veröffentlichen, wurde durch das Solvency II-System neu begründet und mit § 40 VAG in das deutsche Recht umgesetzt.[1]

2 **2. Normzweck.** § 41 VAG gestattet Versicherungsunternehmen[2] in den in Absatz 2 genannten Fällen, von der Veröffentlichung grundsätzlich nach § 40 VAG erforderlicher Angaben im SFCR abzusehen. In Gestalt des Geheimnisschutzes dient § 41 VAG dem **Schutz berechtigter Interessen** des veröffentlichungspflichtigen Versicherungsunternehmens. Damit auf die Veröffentlichung einer Information verzichtet werden kann, muss entweder durch sie ein Wettbewerber einen bedeutenden ungebührlichen Vorteil erlangen oder das veröffentlichungspflichtige Versicherungsunternehmen zur Geheimhaltung der Information verpflichtet sein. In beiden Fällen muss die Aufsichtsbehörde den Verzicht auf die Information im SFCR genehmigen. Überdies ist sowohl der Umstand der Genehmigung als auch die Begründung hierfür im SFCR darzustellen. Somit ist auch in den Fällen des § 41 VAG ein **Mindestmaß an Transparenz** gewährleistet. Im Übrigen darf auf die Mindestangaben zur Beschreibung des Kapitalmanagements selbst dann nicht verzichtet werden, wenn die Voraussetzungen des § 41 Abs. 2 VAG erfüllt sind.[3]

3 **3. Europarechtlicher Hintergrund.** Europarechtliche Grundlage von § 41 VAG ist **Art. 53 Abs. 1, 2 und 4 Solva II-RL**. So haben die Aufsichtsbehörden nach Art. 53 Abs. 1 Solva II-RL Versicherungsunternehmen zu gestatten, „in den folgenden Fällen keine Informationen zu veröffentlichen: a) wenn die Wettbewerber des Unternehmens durch eine Veröffentlichung derartiger Informationen einen bedeutenden ungebührlichen Vorteil erlangen; b) wenn gegenüber den Versicherungsnehmern oder aufgrund einer Beziehung zu anderen Gegenparteien eine Verpflichtung des Unternehmens zur Geheimhaltung besteht." Absatz 2 betrifft sodann die Pflicht, im SFCR unter Angabe von Gründen anzugeben, wenn die Aufsichtsbehörden die Nichtveröffentlichung von Informationen gestatten. Nach Absatz 4 finden die Absätze 1 und 2 „auf die in Artikel 51 Absatz 1 Buchstabe e genannten Informationen keine Anwendung." Art. 51 Abs. 1 UAbs. 2 lit. e) Solva II-RL enthält die Mindestangaben zur Beschreibung des Kapitalmanagements.[4]

4 Die Nichtoffenlegung von Informationen ist außerdem Gegenstand von **Art. 299 Solva II-VO**. Nach dessen Absatz 1 sollte die Erlaubnis der Aufsichtsbehörden, „von der Veröffentlichung bestimmter Informationen abzusehen, […] nur so lange gelten, wie der Grund für die Nichtveröffentlichung fortbesteht." Deshalb müssen Versicherungsunternehmen nach Art. 299 Abs. 2 Solva II-VO auch „die Aufsichtsbehörden [informieren], sobald der Grund für eine gestattete Nichtveröffentlichung nicht länger gegeben ist." Darüber hinaus befasst sich **LL 32 EIOPA-LL Berichterstattung** mit der Nichtveröffentlichung von Informationen im SFCR. Nach ihr sollten Versicherungsunternehmen „keine vertraglichen Verpflichtungen eingehen, die sie zur Geheimhaltung oder Verschwiegenheit von Informationen verpflichten, die gemäß dem SFCR zu veröffentlichen sind."

5 **II. Genehmigungserfordernis (Abs. 1 Satz 1 Hs. 1).** Damit ein Versicherungsunternehmen von der Veröffentlichung einer grundsätzlich nach § 40 VAG bzw. nach Art. 293 ff. Solva II-VO zwingenden Angabe im SFCR absehen darf, ist gemäß § 41 Abs. 1 Satz 1 Hs. 1 VAG die **Genehmigung** der Aufsichtsbehörde, in Deutschland also der **BaFin**, erforderlich.[5] Bei der Genehmigung handelt es sich um eine **gebundene Entscheidung**, d. h. die Aufsichtsbehörde hat kein Ermessen i. S. v. § 297 VAG. Ist eine der beiden Voraussetzungen des § 41 Abs. 2 VAG erfüllt, muss die Genehmigung durch die Aufsichtsbehörde erteilt werden.[6] Das Versicherungsunternehmen muss die Umstände, die es der Aufsichtsbehörde anführt, um das Vorliegen einer der beiden Voraussetzungen zu begründen, **glaubhaft machen.**[7]

[1] Siehe daher ausführlich zur Entstehungsgeschichte des SFCR und dessen Eigenschaft als Bestandteil der Säule III des Solvency II-Systems die Kommentierung zu § 40 VAG.
[2] Siehe § 40 Rn. 15.
[3] Siehe dazu im Einzelnen Rn. 7 f.
[4] Siehe dazu im Einzelnen § 40 Rn. 97 ff.
[5] Zum Genehmigungserfordernis als Schlechterstellung von Versicherungsunternehmen gegenüber Kreditinstituten siehe unten Rn. 19 f.
[6] Vgl. Begr. RegE-VAG 2014, BT-Drs. 18/2956, S. 251.
[7] Vgl. Begr. RegE-VAG 2014, BT-Drs. 18/2956, S. 251.

Die Genehmigung ist **vor der Veröffentlichung des SFCR** einzuholen. Das ergibt sich unter anderem systematisch aus § 41 Abs. 1 Satz 2 VAG, wonach in dem Fall der Genehmigung eine Begründung für die Nichtveröffentlichung aufzunehmen ist. Die BaFin empfiehlt, den Antrag mindestens drei Monate vor dem Veröffentlichungstermin zu stellen.[8] Das kann jedoch nur gelten, soweit dem Versicherungsunternehmen die veröffentlichungspflichtige Tatsache und der Grund, warum diese nicht veröffentlicht werden soll, bereits bekannt sind. Bei Differenzen zwischen der Aufsichtsbehörde und dem Versicherungsunternehmen in der Beurteilung, ob die Voraussetzungen für eine Nichtveröffentlichung erfüllt sind, kann sich die Veröffentlichung des gesamten SFCR verzögern.[9] 6

III. Ausnahmen von der Nichtveröffentlichung (Abs. 1 Satz 1 Hs. 2). § 41 Abs. 1 Satz 1 Hs. 2 VAG nimmt Angaben gemäß § 40 Abs. 2 Satz 2 Nr. 5, Abs. 4 Satz 2 und Abs. 5 vom Anwendungsbereich der Vorschrift aus. Die dort genannten Angaben sind somit **in jedem Fall zu veröffentlichen**, selbst wenn eine der in Absatz 2 genannten Voraussetzungen erfüllt wäre. Unter die Ausnahmeregelung fallen ausdrücklich die Beschreibung des **Kapitalmanagements** (§ 40 Abs. 2 Satz 2 Nr. 5 VAG),[10] Informationen zur Erläuterung der Hauptunterschiede zwischen den Annahmen, die der Standardformel einerseits und dem **internen Modell** des Versicherungsunternehmens andererseits zugrunde gelegt wurden (§ 40 Abs. 4 Satz 2 VAG)[11] sowie die Angaben bei einer Nichteinhaltung der MCR oder einer wesentlichen Nichteinhaltung der SCR im Berichtszeitraum (§ 40 Abs. 5 VAG).[12] 7

Europarechtliche Grundlage für die Ausnahmen ist Art. 53 Abs. 4 Solva II-RL.[13] Danach finden die Vorschriften zur Nichtveröffentlichung „auf die in Artikel 51 Absatz 1 Buchstabe e genannten Informationen keine Anwendung." Entsprechend dieser Vorgabe hat der deutsche Gesetzgeber in § 41 Abs. 1 Satz 1 Hs. 2 VAG lediglich auf diejenigen Regelungen verwiesen, welche die in Art. 51 Abs. 1 UAbs. 2 lit. e) Solva II-RL ausdrücklich aufgeführten Mindestangaben enthalten. Damit stellt sich die Frage, ob **die übrigen** in § 40 VAG enthaltenen Regelungen, die zwar **Angaben zum Kapitalmanagement** darstellen, aber nicht in § 41 Abs. 1 Satz 1 Hs. 2 VAG genannt werden, in den Anwendungsbereich von § 41 VAG fallen. Das betrifft **§ 40 Abs. 4 Satz 1, Abs. 6 und Abs. 7 VAG.**[14] Die Antwort hierauf gibt die Solva II-RL. Die Inhalte finden sich dort in Art. 51 Abs. 2 Solva II-RL. Auf den ersten Blick könnte man meinen, dass die Inhalte nicht vom Anwendungsbereich des Art. 53 Abs. 1 und 2 Solva II-RL ausgenommen und somit ein möglicher Gegenstand für die Nichtveröffentlichung sind. Denn Art. 53 Abs. 4 Solva II-RL, der den Anwendungsbereich reduziert, nennt ausdrücklich nur Art. 51 Abs. 1 UAbs. 2 lit. e) Solva II-RL als Ausnahme. Bei Lichte betrachtet **konkretisieren** die Regelungen allerdings die notwendigen Informationen zur Beschreibung des Kapitalmanagements.[15] Sie stellen also einen Bestandteil der „in Art. 51 Abs. 1 UAbs. 2 lit. e) Solva II-RL genannten Informationen" dar, so dass Art. 53 Abs. 1 und 2 Solva II-RL auch auf sie keine Anwendung findet. Mithin sind sämtliche zur Beschreibung des Kapitalmanagements im Abschnitt E des SFCR erforderlichen Mindestinformationen[16] – einschließlich der in § 40 Abs. 4 Satz 1, Abs. 6 und Abs. 7 VAG sowie Art. 297 Solva II-VO genannten Angaben – **immer zu veröffentlichen.** 8

IV. Begründung (Abs. 1 Satz 2). Genehmigt die Aufsichtsbehörde den Verzicht auf bestimmte Angaben, ist gemäß § 41 Abs. 1 Satz 2 VAG im SFCR „darzulegen, weshalb die Angaben nicht aufgenommen worden sind". Die Regelung setzt **Art. 53 Abs. 2 Solva II-RL** um, nach dem die Unternehmen für den Fall, dass die Aufsichtsbehörden die Nichtveröffentlichung gestatten, „dies" im SFCR „unter **Angabe von Gründen** anzugeben" haben. Nach der deutschen Gesetzesbegründung muss das Versicherungsunternehmen „angeben, **inwieweit** es mit Genehmigung der Aufsichtsbehörde Informationen nicht veröffentlicht und welche Gründe der Veröffentlichung entgegenstehen".[17] 9

Zu veröffentlichen ist im SFCR mithin zweierlei. Zunächst muss der **Informationsbestandteil benannt** werden, der mit Genehmigung der Aufsichtsbehörde nicht veröffentlicht wurde, obschon grundsätzlich hierzu nach § 40 VAG eine Verpflichtung bestünde. Das geschieht an der Stelle, an der, ohne dass die Voraussetzungen des § 41 VAG erfüllt wären, die Angabe im SFCR zu machen wäre.[18] Sodann ist an gleicher Stelle zu begründen, weshalb keine Veröffentlichung erfolgen muss. Mit anderen 10

---

[8] BaFin, Merkblatt zum Berichtswesen für Erst- und Rückversicherungsunternehmen, Versicherungsgruppen und Pensionsfonds v. 16.10.2015 (zuletzt aktualisiert am 29.3.2017), S. 21.

[9] Vgl. *Dreher/Schaaf* in Dreher/Wandt 2009, S. 180; dagegen ist die BaFin der Ansicht, dass der gesamte SFCR, einschließlich der Information, die das Unternehmen zurückhalten will, zu veröffentlichen sind, wenn bei Ablauf der Veröffentlichungsfrist für den SFCR noch nicht über einen Antrag nach § 41 VAG entschieden wurde.

[10] Siehe im Einzelnen § 40 Rn. 97 ff.

[11] Siehe im Einzelnen § 40 Rn. 117 ff.

[12] Siehe im Einzelnen § 40 Rn. 123 ff.

[13] Die Verhältnismäßigkeit dieser Regelung infrage stellend *Dreher/Schaaf* in Dreher/Wandt 2009, S. 181.

[14] Siehe zu diesen Angaben als Teil der zwingenden Informationen zum Kapitalmanagement § 40 Rn. 100 ff., 111 ff., 108.

[15] Siehe nur Art. 51 Abs. 2 UAbs. 1 Solva II-RL: „Die in Absatz 1 Buchstabe e Ziffer i vorgenommene Beschreibung hat […] zu enthalten."

[16] Siehe dazu § 40 Rn. 97–130.

[17] Vgl. Begr. RegE-VAG 2014, BT-Drs. 18/2956, S. 251.

[18] Siehe dazu im Einzelnen § 40 Rn. 45 ff.

Worten geht es um die im konkreten Fall einschlägige Voraussetzung des § 41 Abs. 2 VAG, aufgrund derer die Aufsichtsbehörde die Genehmigung erteilt hat. Im Ausgangspunkt sind hier **dieselben Gründe** zu benennen, die das Versicherungsunternehmen auch der Aufsichtsbehörde mitgeteilt hat. Wenn die Verständlichkeit gewährleistet ist, kann die Begründung allerdings knapper ausfallen. Die Ausführungen und Dokumente, die ggf. zur Glaubhaftmachung der Aufsichtsbehörde übersandt wurden, müssen im SFCR nicht veröffentlicht werden. Außerdem ist es nicht erforderlich, die Gründe derart detailliert zu beschreiben, dass schon diese Beschreibung die Interessen des Versicherungsunternehmens im Sinne des § 41 Abs. 2 VAG gefährdet.[19]

11 **V. Voraussetzungen (Abs. 2). 1. Wesentlicher ungerechtfertigter Vorteil eines Wettbewerbers (Nr. 1).** Einer der beiden Gründe, deren alternatives Vorliegen die Nichtveröffentlichung rechtfertigen kann, besteht nach § 41 Abs. 2 Nr. 1 VAG darin, dass „Wettbewerber eines Unternehmens einen **wesentlichen ungerechtfertigten Vorteil** erlangen würden". Damit weicht der Wortlaut von Art. 53 Abs. 1 lit. a) Solva II-RL ab, der „einen **bedeutenden ungebührlichen** Vorteil" voraussetzt.[20] Der deutsche Gesetzgeber begründet seine Begriffswahl damit, dass sich der „Ausdruck ‚ungerechtfertigter Vorteil' […] an § 32 und § 293a Aktiengesetz" orientiere.[21] Inwieweit dies mit den europäischen Vorgaben vereinbar ist, thematisiert der deutsche Gesetzgeber nicht.

12 Überdies enthält § 32 AktG keine vergleichbare Formulierung. **§ 293a AktG** erlaubt allerdings im Bericht über den Unternehmensvertrag Tatsachen nicht aufzunehmen, „deren Bekanntwerden geeignet ist, einem der vertragschließenden Unternehmen oder einem verbundenen Unternehmen einen **nicht unerheblichen Nachteil** zuzufügen." Auf die Eignung einer Auskunft, der Gesellschaft „einen nicht unerheblichen Nachteil zuzufügen" stellt auch § 131 Abs. 3 Nr. 1 AktG für das Auskunftsverweigerungsrecht des Vorstands gegenüber Aktionären ab. Sowohl in § 293a AktG als auch in § 131 Abs. 3 Nr. 1 AktG geht es darum, einen angemessenen **Kompromiss** zwischen den Informationsinteressen (der Aktionäre) und dem Geheimhaltungsinteresse der Gesellschaft zu finden.[22] Ein Ausgleich zwischen den Informationsinteressen (der Öffentlichkeit)[23] und dem Geheimhaltungsinteresse des Versicherungsunternehmens ist auch Gegenstand von § 41 Abs. 2 Nr. 1 VAG. Das Kriterium des nicht unerheblichen Nachteils für das Unternehmen in § 293a AktG ist daher **spiegelbildlich** zum wesentlichen ungerechtfertigten Vorteil für Wettbewerber des Versicherungsunternehmens in § 41 Abs. 2 Nr. 1 VAG.

13 VAG und Solva II-RL fordern nach ihrem Wortlaut, dass die Wettbewerber einen Vorteil erlangen müssen, während das AktG lediglich auf die **Eignung** zur Nachteilszufügung abstellt. In der Sache ergibt sich hieraus keinen Unterschied. Denn dass Wettbewerber tatsächlich die Information zu ihrem Vorteil nutzen, steht zum Zeitpunkt der Veröffentlichung noch nicht fest. Wie in den Fällen des Aktiengesetzes kommt es daher auch nach § 41 Abs. 2 Nr. 1 VAG darauf an, dass die Information zur Vorteils- bzw. Nachteilszufügung geeignet ist. Mit dem Wortlaut ist dieses Ergebnis schon deshalb vereinbar, weil bereits die Möglichkeit der Wettbewerber, die Information zu ihren Gunsten zu nutzen, einen Vorteil darstellt.

14 Indessen lassen sich die Kriterien der Interessenabwägung für die Beantwortung der aktienrechtlichen Frage, ob der Nachteil nicht unerheblich ist, nicht auf die aufsichtsrechtliche Beurteilung der **Wesentlichkeit des Vorteils** übertragen. Denn aus dem Umstand, dass das Aktiengesetz nur auf den Nachteil der Gesellschaft abstellt, ist nach der herrschenden Meinung im Gesellschaftsrecht zu schließen, dass nur eine Abwägung zwischen Vor- und Nachteilen der Gesellschaftsinteressen zu erfolgen hat.[24] Dagegen fordert § 41 Abs. 2 Nr. 1 VAG wesentliche Vorteile von Wettbewerbern. Eine Abwägung zwischen Vor- und Nachteilen auf der Ebene der Wettbewerber kann für die Wesentlichkeit nicht maßgeblich sein. Denn die Informationen, die ein konkurrierendes Unternehmen zu veröffentlichen hat, sind grundsätzlich von Vorteil für die Wettbewerber oder allenfalls wettbewerbsneutral. Nachteile für die Wettbewerber haben die Informationen nicht. Anstelle einer Abwägung zwischen Vor- und Nachteilen ist deshalb entscheidend, ob im konkreten Fall der Vorteil, den die Wettbewerber durch die Angabe im SFCR erlangen, über dasjenige Maß hinausgeht, welches reflexhaft jeder Informationsveröffentlichung immanent ist.

15 Keine der nach § 40 VAG bzw. der Solva II-RL verpflichtenden Angaben sind generell dazu geeignet, Wettbewerbern einen wesentlichen ungerechtfertigten Vorteil zu verschaffen. Andernfalls ergäbe näm-

[19] So könnte beispielsweise eine zu detaillierte Begründung, weshalb ein bestimmter Informationsbestandteil einem – ggf. sogar konkret zu bezeichnenden – Wettbewerber einen wesentlichen ungerechtfertigten Vorteil verschaffen würde, schon zur Vorteilsverschaffung geeignet sein, weil sie eine ansonsten bestehende Unsicherheit des Wettbewerbers beseitigt. Zu der vergleichbaren (siehe dazu Rn. 12) Situation im Fall des § 131 Abs. 3 Nr. 1 AktG MüKoAktG/*Kubis* § 131 Rn. 113.

[20] Siehe oben Rn. 3.

[21] Vgl. Begr. RegE-VAG 2014, BT-Drs. 18/2956, S. 251.

[22] Vgl. MüKoAktG/*Altmeppen* § 293a Rn. 62; *Veil* in: Spindler/Stilz, Aktiengesetz, 3. Aufl. 2015, § 293a Rn. 19; Hüffer/*Koch* AktG § 293a Rn. 19.

[23] Siehe aber zu den Primäradressaten in Gestalt von Versicherten und Begünstigten von Versicherungsleistungen § 40 Rn. 4 ff.

[24] Vgl. MüKoAktG/*Kubis* § 131 Rn. 111; *Siems* in: Spindler/Stilz, Aktiengesetz, 3. Aufl. 2015, § 131 Rn. 39; Hüffer/*Koch* AktG § 131 Rn. 26.

lich die grundsätzliche Verpflichtung zur Veröffentlichung dieser Informationsbestandteile keinen Sinn. Das kommt auch durch das Tatbestandsmerkmal **ungerechtfertigt bzw. ungebührlich** zum Ausdruck. Die allgemeinen Vorteile, die miteinander im Wettbewerb stehende Versicherungsunternehmen aus der Veröffentlichung des SFCR ziehen können, fallen nicht unter § 41 Abs. 2 Nr. 1 VAG. Das gilt zum einen, weil diese gegenseitigen Vorteile für alle Versicherungsunternehmen gleichermaßen bestehen und zum anderen, weil es in der Natur der Veröffentlichung von Informationen im SFCR liegt, dass auch Wettbewerber ihren Nutzen daraus ziehen können. Mithin kann es nur darauf ankommen, dass Wettbewerber **im konkreten Einzelfall** durch die Angabe im SFCR einen Vorteil erlangen, der über die zuvor genannten allgemeinen Reflexe hinausgeht.[25] In Betracht kommen hier insbesondere Informationen im Zusammenhang mit dem Risikoprofil oder der Bewertung für Solvabilitätszwecke, wenn deren Kenntnis einen besonderen Wettbewerbsvorteil begründet.[26]

2. Geheimhaltungspflicht (Nr. 2). Der zweite Grund, der eine Rechtfertigung dafür liefert, von der Veröffentlichung bestimmter Angaben im SFCR abzusehen, liegt nach § 41 Abs. 2 Nr. 2 VAG darin, dass andernfalls „eine Verpflichtung des Unternehmens zur Geheimhaltung oder Vertraulichkeit gegenüber den Versicherungsnehmern oder auf Grund einer Beziehung zu anderen Gegenparteien verletzt würde". Das entspricht inhaltlich den Vorgaben aus Art. 53 Abs. 1 lit. b) Solva II-RL.[27] Die Verpflichtung des Unternehmens zur Geheimhaltung oder Vertraulichkeit (im Folgenden zusammenfassend: Geheimhaltungspflicht) kann dabei sowohl unmittelbar auf einer **gesetzlichen Vorgabe** als auch auf einer **vertraglichen Vereinbarung** beruhen. Weder die Solva II-RL noch § 41 VAG beschränken sich auf gesetzliche Geheimhaltungspflichten. 16

Zu weitgehend ist in ihrer Allgemeinheit daher **Leitlinie 32 EIOPA-LL Berichterstattung**, nach der Versicherungsunternehmen „keine vertraglichen Verpflichtungen eingehen [sollten], die sie zur Geheimhaltung oder Verschwiegenheit von Informationen verpflichten, die gemäß dem SFCR zu veröffentlichen sind".[28] Zwar kann § 41 Abs. 2 Nr. 2 VAG auf eine Geheimhaltungsvereinbarung, die allein oder vorrangig zu dem Zweck abgeschlossen wird, einer Veröffentlichungspflicht im SFCR zu entgehen, keine Anwendung finden. Für diesen **Umgehungstatbestand** gilt die Norm mithin infolge einer teleologischen Reduktion nicht. Im Übrigen kann es Versicherungsunternehmen aber nicht verwehrt sein, Geheimhaltungsvereinbarungen abzuschließen und unter Berufung auf § 41 Abs. 2 Nr. 2 VAG im SFCR einzuhalten. 17

Selbst die strengeren Vorgaben im deutschen Aktienrecht[29] erlauben eine Auskunftsverweigerung, wenn der Abschluss der **Geheimhaltungsvereinbarung** bzw. die Geheimhaltung als solche **erforderlich** war, um einen Nachteil von der Gesellschaft abzuwenden.[30] Mit anderen Worten kommt es aktienrechtlich darauf an, ob die Kontrahierungsfähigkeit im Wirtschaftsleben von der Wahrung der Diskretion abhängt.[31] Höhere Anforderungen stellt § 41 Abs. 2 Nr. 2 VAG keinesfalls. Im Gegenteil sieht die Vorschrift in Übereinstimmung mit der Solva II-RL sogar ausdrücklich Geheimhaltungspflichten als Rechtfertigung für die Nichtveröffentlichung vor und nimmt auch vertragliche Geheimhaltungsvereinbarungen hiervon nicht aus.[32] An die Erforderlichkeit sind daher **geringere Anforderungen** zu stellen **als im Aktienrecht**. Ein entsprechend dokumentiertes einseitiges Verlangen von Vertragspartnern muss ausreichen, damit Versicherungsunternehmen unter Berufung auf die daraufhin abgeschlossene Geheimhaltungsvereinbarung auf die Veröffentlichung bestimmter Informationen im SFCR nach § 41 Abs. 2 Nr. 2 VAG verzichten können. 18

VI. Verhältnis zu anderen Regelungen. Es lohnt, § 41 VAG mit den **bankaufsichtsrechtlichen** Regelungen zur Nichtveröffentlichung bestimmter Informationen zu vergleichen.[33] Die zentrale 19

---

[25] So im Ergebnis auch zu der vergleichbaren Situation im Bankaufsichtsrecht EBA/GL/2014/14 v. 23.12.2014, Leitlinien zur Wesentlichkeit, zu Geschäftsgeheimnissen und vertraulichen Informationen sowie zur Häufigkeit der Offenlegung gemäß den Artikeln 432 Absatz 1, 432 Absatz 2 und 433 der Verordnung (EU) Nr. 575/2013, Rn. 15 lit. b). Deshalb erschiene es im Rahmen von § 41 Abs. 2 Nr. 1 VAG auch zu weitgehend, wenn man, wie zu § 293a AktG vertreten (vgl. nur MüKoAktG/*Altmeppen* § 293a Rn. 63), bei Einzelheiten der Ertragsprognose oder bei der Aufdeckung stiller Reserven grundsätzlich die Eignung zur Gefährdung bejahen würde. Entscheidend bleibt die Einzelfallbetrachtung.

[26] Angaben zum Kapitalmanagement können zwar im Einzelfall durch Kenntniserlangung zu Vorteilen bei Wettbewerbern führen. Sie sind aber dennoch zu veröffentlichen. Siehe oben Rn. 8.

[27] Siehe oben Rn. 3.

[28] Ähnlich BaFin, Merkblatt zum Berichtswesen für Erst- und Rückversicherungsunternehmen, Versicherungsgruppen und Pensionsfonds v. 16.10.2015 (zuletzt aktualisiert am 29.3.2017), S. 21 wonach der Grund der Geheimhaltungsverpflichtung „nicht vom betroffenen Unternehmen herbeigeführt worden sein" darf.

[29] Geheimhaltungspflichten werden im Aktiengesetz nicht ausdrücklich als Auskunftsverweigerungsgrund genannt. Ein Verstoß gegen Geheimhaltungspflichten könnte aber einen nicht unerheblichen Nachteil im Sinne der §§ 131 Abs. 3 Nr. 1, 293a AktG darstellen. Zur restriktiven Handhabung vgl. MüKoAktG/*Kubis* § 131 Rn. 112; Hüffer/*Koch* AktG § 131 Rn. 26.

[30] Vgl. Hüffer/*Koch* AktG § 131 Rn. 26.

[31] Vgl. BGH NZG 2014, 423, 427; BGH NJW 2009, 2207, 2213; MüKoAktG/*Kubis* § 131 Rn. 112; *Haggeney/Hausmanns* NZG 2016, 814, 816.

[32] Siehe zuvor Rn. 16.

[33] Zu den bankaufsichtsrechtlichen Offenlegungspflichten siehe § 40 Rn. 140 f.

Norm, die erlaubt, unter bestimmten Umständen von der Offenlegung einer oder mehrerer Informationen abzusehen, ist **Art. 432 Abs. 2 CRR-VO.**[34] Den beiden Fällen in § 41 Abs. 2 VAG ähnlich, ermöglicht Art. 432 Abs. 2 CRR-VO die Nichtveröffentlichung, wenn die Angabe entweder ein Geschäftsgeheimnis darstellt oder als vertraulich einzustufen ist. Auch besteht nach Art. 432 Abs. 3 CRR-VO eine Hinweis- und Begründungspflicht, die im Kern § 41 Abs. 1 Satz 2 VAG entspricht. Der wesentliche Unterschied liegt allerdings darin, dass das Bankaufsichtsrecht **keine Genehmigung der Aufsichtsbehörde** voraussetzt, damit ein Institut von der Offenlegung einer bestimmten Information absehen darf. Stattdessen genügt ein self-assessment, also die eigene Einschätzung des Instituts. Auf der Grundlage von Art. 432 Abs. 2 UAbs. 4 CRR-VO hat wiederum die Europäische Bankenaufsichtsbehörde (**EBA**) **Leitlinien** dazu herausgegeben, wie Institute die **Kriterien des Geschäftsgeheimnisses bzw. der Vertraulichkeit** in Bezug auf die Offenlegungspflichten anzuwenden haben.[35]

20 In dem Genehmigungserfordernis liegt eine nicht unerhebliche **Schlechterstellung von Versicherungsunternehmen** gegenüber Kreditinstituten.[36] Das betrifft insbesondere die **Beweislast** für den Fall, dass die Aufsichtsbehörde zu einer anderen Einschätzung gelangt als das Unternehmen. Versicherungsunternehmen müssten nämlich im Wege einer Verpflichtungsklage gegen eine verweigerte Genehmigung zur Nichtveröffentlichung vorgehen. Dies führt im Vergleich zu der gegen das Einschreiten der Bankaufsichtsbehörde gebotenen Anfechtungsklage zu einer ungünstigeren Beweislastverteilung. Denn soweit entscheidungserheblicher Sachverhalt ungeklärt bliebe, hätte das klagende Versicherungsunternehmen die materielle Beweislast für die Umstände, die seinen Verpflichtungsanspruch auf Erteilung der Genehmigung stützen, zu tragen.[37] Auch ist die Hürde für die Aufsichtsbehörde geringer, eine Genehmigung zu verweigern als aktiv gegen eine Nichtveröffentlichung vorzugehen.[38] An einer Rechtfertigung für die Schlechterstellung von Versicherungsunternehmen gegenüber Kreditinstituten fehlt es, weshalb das Genehmigungserfordernis zumindest **unverhältnismäßig** ist.[39] Mitunter wird sogar von einem Verstoß gegen den grundrechtlich gewährleisteten Gleichheitsgrundsatz, die Berufsfreiheit und das Eigentumsgrundrecht ausgegangen.[40] Indessen sind die europäischen Vorgaben zum Genehmigungserfordernis eindeutig.

Aktualisierung des Solvabilitäts- und Finanzberichts

42 (1) [1]**Verändert eine wichtige Entwicklung die Bedeutung der im Solvabilitäts- und Finanzbericht veröffentlichten Informationen erheblich, veröffentlicht das betroffene Versicherungsunternehmen angemessene Angaben über Art und Auswirkungen der wichtigen Entwicklung.** [2]**Eine wichtige Entwicklung liegt insbesondere vor, wenn**

1. eine Nichteinhaltung der Mindestkapitalanforderung festgestellt wird und entweder die Aufsichtsbehörde der Ansicht ist, dass das betroffene Versicherungsunternehmen keinen realistischen kurzfristigen Finanzierungsplan vorlegen kann oder ein solcher Plan nicht innerhalb eines Monats nach Feststellung der Nichteinhaltung der Mindestkapitalanforderung eingereicht worden ist;

2. eine wesentliche Nichteinhaltung der Solvabilitätskapitalanforderung festgestellt wird und die Aufsichtsbehörde nicht innerhalb von zwei Monaten nach der Feststellung der Nichteinhaltung einen Sanierungsplan erhält, den sie als realistisch betrachtet.

[3]**Unverzüglich zu veröffentlichen sind in den Fällen des Satzes 2 mindestens jeweils der Betrag der Nichteinhaltung, die Erläuterung ihrer Gründe und Auswirkungen sowie ergriffene und geplante Abhilfemaßnahmen.**

(2) [1]**Eine Veröffentlichung hat auch zu erfolgen, wenn**

1. die Nichteinhaltung der Mindestkapitalanforderung nicht innerhalb von drei Monaten nach ihrer Feststellung beseitigt wurde oder

2. die wesentliche Nichteinhaltung der Solvabilitätskapitalanforderung sechs Monate nach ihrer Feststellung nicht behoben wurde.

---

[34] Verordnung (EU) Nr. 575/2013 des Europäischen Parlaments und des Rates vom 26. Juni 2013 über Aufsichtsanforderungen an Kreditinstitute und Wertpapierfirmen und zur Änderung der Verordnung (EU) Nr. 646/2012, ABl. EU 2013 L 176, 1.

[35] EBA/GL/2014/14 v. 23.12.2014, Leitlinien zur Wesentlichkeit, zu Geschäftsgeheimnissen und vertraulichen Informationen sowie zur Häufigkeit der Offenlegung gemäß den Artikeln 432 Absatz 1, 432 Absatz 2 und 433 der Verordnung (EU) Nr. 575/2013.

[36] Siehe ausführlich dazu *Dreher/Schaaf* in Dreher/Wandt 2009, S. 179 ff.; *Rudkowski* S. 175 ff.

[37] Vgl. *Dreher/Schaaf* in Dreher/Wandt 2009, S. 180 f.

[38] Vgl. *Rudkowski* S. 176.

[39] Vgl. *Dreher/Schaaf* in Dreher/Wandt 2009, S. 181.

[40] So *Rudkowski* S. 178.

[2]**In der Veröffentlichung ist anzugeben, welche Abhilfemaßnahmen bereits ergriffen wurden und welche noch geplant sind. Die Veröffentlichung ist bei Nichteinhaltung der Mindestkapitalanforderung am Ende des Dreimonats- und ansonsten am Ende des Sechsmonatszeitraums vorzunehmen.**

Übersicht

Schrifttum: Siehe die Angaben bei § 40 VAG.

I. Allgemeines. 1. Entstehungsgeschichte. § 42 VAG steht in unmittelbarem Zusammenhang mit § 40 VAG, der die Veröffentlichung eines **Solvabilitäts- und Finanzberichts** (Solvency and Financial Condition Report, **SFCR**) betrifft. Die Pflicht, einen SFCR zu veröffentlichen, wurde durch das Solvency II-System neu begründet und mit § 40 VAG in das deutsche Recht umgesetzt.[1] 1

2. Normzweck. § 42 VAG verpflichtet Versicherungsunternehmen[2] dazu, eine **Aktualisierung** des SFCR vorzunehmen, wenn sich aufgrund einer wichtigen Entwicklung die **Bedeutung** bereits im SFCR **veröffentlichter Informationen erheblich verändert**. 2

3. Europarechtlicher Hintergrund. Europarechtliche Grundlage von § 42 VAG ist **Art. 54 Abs. 1 Solva II-RL.** Nach dieser Vorschrift müssen Versicherungsunternehmen bei Eintreten einer jeden wichtigen Entwicklung „zweckmäßige Angaben zu Wesensart und Auswirkungen der wichtigen Entwicklung vor[legen]". Die Veröffentlichungspflicht setzt voraus, dass die wichtige Entwicklung „die Bedeutung der gemäß Art. 51 und Art. 53 veröffentlichten Informationen erheblich verändert". Die in Art. 54 Abs. 1 UAbs. 2 Solva II-RL benannten Regelbeispiele erfüllen diese Voraussetzungen immer. Die Regelbeispiele betreffen die Fälle einer Nichteinhaltung der MCR und einer wesentlichen Nichteinhaltung der SCR bei Fehlen eines realistischen Finanzierungs- bzw. Sanierungsplans. Anknüpfungspunkte sind damit die nach Art. 138 und 139 Solva II-RL zu erfüllenden Voraussetzungen. 3

II. Die wichtige Entwicklung als Auslöser der Aktualisierungspflicht (Abs. 1). 1. Der Grundtatbestand (Abs. 1 Satz 1). Die Tatbestandsvoraussetzung, die nach § 42 Abs. 1 Satz 1 VAG eine Veröffentlichungspflicht auslöst, ist eine **wichtige Entwicklung**, welche die Bedeutung der im SFCR veröffentlichten Informationen erheblich verändert. Mit geringfügigen und inhaltlich folgenlosen Abweichungen im Wortlaut entspricht § 42 Abs. 1 Satz 1 VAG damit der europarechtlichen, in Art. 54 Abs. 1 UAbs. 1 Solva II-RL statuierten Vorgabe.[3] 4

Damit eine Entwicklung als wichtige im Sinne von § 42 Abs. 1 Satz 1 VAG zu qualifizieren ist, muss sie **Auswirkungen auf die Bedeutung** einer im SFCR veröffentlichten Information haben, und zwar erhebliche. Die Auswirkungen können **direkter oder indirekter Natur** sein. Im Falle direkter Auswirkungen führt die wichtige Entwicklung zu einer Veränderung der veröffentlichten Information selbst. 5

[1] Siehe daher ausführlich zur Entstehungsgeschichte des SFCR und dessen Eigenschaft als Bestandteil der Säule III des Solvency-Systems die Kommentierung zu § 40 VAG.
[2] Siehe § 40 VAG Rn. 15.
[3] Siehe zum Wortlaut von Art. 54 Abs. 1 UAbs. 1 Solva II-RL zuvor Rn. 3.

Es genügt allerdings auch, wenn sich die Beurteilung einer veröffentlichten Information in Kenntnis der wichtigen Entwicklung wesentlich verändern würde, die Information selbst aber unverändert bleibt.[4]

6 Weder § 42 Abs. 1 Satz 1 VAG noch Art. 54 Abs. 1 Solva II-RL als dessen europarechtliche Grundlage konkretisieren die erforderliche **Erheblichkeit** der Veränderungen näher. Als erste Orientierung für die an die Erheblichkeit zu stellenden Anforderungen können die – nicht enumerativen[5] – Regelbeispiele herangezogen werden, die nach § 42 Abs. 1 Satz 2 VAG bzw. Art. 54 Abs. 1 UAbs. 2 Solva II-RL immer als wichtige Entwicklungen anzusehen sind.[6]

7 **2. Die Regelbeispiele (Abs. 1 Satz 2). a) Nichteinhaltung der MCR ohne realistischen kurzfristigen Finanzierungsplan (Nr. 1).** Das in § 42 Abs. 1 Satz 2 Nr. 1 VAG genannte Regelbeispiel setzt voraus, dass zwei Tatbestandsvoraussetzungen **kumulativ** erfüllt sind. **Erstens** muss „eine Nichteinhaltung der Mindestkapitalanforderung festgestellt" werden. Wer die Feststellung vornehmen muss, bestimmt § 42 VAG nicht. Materieller Anknüpfungspunkt für das Regelbeispiel ist § 135 VAG, nach dem im (tatsächlichen oder innerhalb von drei Monaten drohenden) Fall der Nichtbedeckung der MCR das Versicherungsunternehmen die Aufsichtsbehörde unverzüglich darüber zu unterrichten hat.[7] Aus § 135 Abs. 2 VAG folgt wiederum, dass es um die **Feststellung der Nichteinhaltung der MCR durch das Versicherungsunternehmen** geht.[8] Sie ist auch für § 42 Abs. 1 Satz 2 Nr. 1 VAG maßgeblich. Stellt das Versicherungsunternehmen nur die drohende Nichtbedeckung der MCR fest, fällt dies nicht unter das Regelbeispiel.

8 Die **zweite Voraussetzung** kann durch zwei alternative Sachverhalte erfüllt werden. Beide hängen mit dem Erfordernis des **realistischen kurzfristigen Finanzierungsplans** zusammen.[9] Die zweite Alternative ist dann verwirklicht, wenn das Versicherungsunternehmen tatsächlich seiner **Verpflichtung nach § 135 Abs. 2 Satz 1 VAG nicht nachgekommen** ist. Das Versicherungsunternehmen hat in diesem Fall innerhalb eines Monats nach Feststellung der Nichteinhaltung der MCR der Aufsichtsbehörde keinen realistischen kurzfristigen Finanzierungsplan zur Genehmigung vorgelegt.

9 Nach der ersten Alternative der zweiten Tatbestandsvoraussetzung genügt es jedoch bereits, wenn „die Aufsichtsbehörde der Ansicht ist, dass das betroffene Versicherungsunternehmen keinen realistischen kurzfristigen Finanzierungsplan vorlegen kann". Es kommt also allein auf die – vor Fristablauf bestehende – **Erwartung der Aufsichtsbehörde** an, das Versicherungsunternehmen werde seine Pflicht nach § 135 Abs. 2 Satz 1 VAG nicht erfüllen. Schon diese Erwartung verwirklicht das Regelbeispiel und begründet damit als wichtige Entwicklung nach § 42 Abs. 1 Satz 1 VAG die Pflicht des Versicherungsunternehmens, seinen SFCR zu aktualisieren. Wegen dieser pflichtauslösenden Folge sowie wegen des Umstands, dass dem Versicherungsunternehmen gesetzlich ein Monat Zeit gegeben wird, um den Finanzierungsplan vorzulegen, sind **hohe Anforderungen an die Begründung** der Ansicht der Aufsichtsbehörde zu stellen.

10 **b) Wesentliche Nichteinhaltung der SCR ohne realistischen Sanierungsplan (Nr. 2).** Auch das Regelbeispiel nach § 42 Abs. 1 Satz 2 Nr. 2 VAG setzt voraus, dass zwei Tatbestandsvoraussetzungen kumulativ erfüllt sind. **Erstens** muss „eine wesentliche Nichteinhaltung der Solvabilitätskapitalanforderung festgestellt" werden. Materieller Anknüpfungspunkt für das Regelbeispiel ist § 134 VAG, nach dem im (tatsächlichen oder innerhalb von drei Monaten drohenden) Fall der Nichtbedeckung der SCR das Versicherungsunternehmen die Aufsichtsbehörde unverzüglich darüber zu unterrichten hat.[10] Die Feststellung hat auch hier durch das Versicherungsunternehmen zu erfolgen.[11] Im Unterschied zu § 134 VAG erfüllt allerdings nur eine tatsächliche, **wesentliche Nichteinhaltung der SCR** die erste Tatbestandsvoraussetzung. Das entspricht § 40 Abs. 5 VAG, der bestimmte Pflichtangaben im SFCR vom Vorliegen einer wesentlichen Nichteinhaltung der SCR abhängig macht.[12]

11 **Zweitens** ist zur Verwirklichung des Regelbeispiels erforderlich, dass „die Aufsichtsbehörde nicht innerhalb von zwei Monaten nach der Feststellung der Nichteinhaltung einen Sanierungsplan erhält, den sie als realistisch betrachtet". Das Versicherungsunternehmen muss also seine **in § 134 Abs. 2 VAG statuierte Pflicht verletzt** haben.[13] Im Unterschied zu dem in § 42 Abs. 1 Satz 2 Nr. 1 VAG normierten Regelbeispiel kommt es bei der vorliegenden Nr. 2 allein darauf an, ob das Versicherungs-

[4] Vgl. Begr. VAG-RegE 2014, BT-Drs. 18/2956, S. 251.
[5] Vgl. Begr. VAG-RegE 2014, BT-Drs. 18/2956, S. 251.
[6] Hierzu sogleich Rn. 7 ff.; zu anderen wichtigen Entwicklungen und den Anforderungen an die Erheblichkeit der Veränderungen siehe anschließend Rn. 12 ff.
[7] § 135 VAG setzt Art. 139 Solva II-RL ins deutsche Recht um. Siehe im Einzelnen die Kommentierung zu § 135 VAG.
[8] Dasselbe ergibt sich aus Art. 139 Abs. 1 Solva II-RL, der lautet: „Stellen Versicherungs- oder Rückversicherungsunternehmen fest, […]".
[9] Zu dessen materiellen Voraussetzungen siehe die Kommentierung zu § 135 Abs. 2 und § 136 VAG.
[10] § 134 VAG setzt Art. 138 Solva II-RL ins deutsche Recht um. Siehe im Einzelnen die Kommentierung zu § 134 VAG.
[11] Siehe zur entsprechenden Frage sub specie der Nichteinhaltung der MCR oben Rn. 7.
[12] Siehe daher zur Bestimmung der Wesentlichkeit § 40 VAG Rn. 128.
[13] Zu dessen materiellen Voraussetzungen siehe die Kommentierung zu § 134 Abs. 2 und § 136 VAG.

unternehmen innerhalb der Frist einen realistischen Sanierungsplan vorgelegt hat. Der Tatbestand kann also erst nach Ablauf der Zwei-Monats-Frist erfüllt sein. Eine vorher möglicherweise bestehende Erwartung der Aufsichtsbehörde, dass das Versicherungsunternehmen seiner Verpflichtung nicht nachkommen werde, ist für § 42 Abs. 1 Satz 2 Nr. 2 VAG unerheblich.

3. Andere wichtige Entwicklungen. Aus der Natur der Regelbeispiele folgt, dass es auch andere Umstände geben kann, die als wichtige Entwicklung im Sinne von § 42 Abs. 1 Satz 1 VAG eine Veröffentlichungspflicht auslösen können. Indem die Regelbeispiele Konstellationen beschreiben, in denen immer von einer wichtigen Entwicklung auszugehen ist, liefern sie allerdings eine hilfreiche Orientierung für die Einordnung anderer Sachverhalte. So lässt sich beispielsweise aus ihnen schließen, dass **nicht jede Nichteinhaltung der MCR oder der SCR** eine wichtige Entwicklung darstellt. Ansonsten ergäben nämlich die zusätzlichen Umstände, welche die Regelbeispiele fordern, keinen Sinn. Umgekehrt kann aber **im Einzelfall** von einer wichtigen Entwicklung auszugehen sein, wenn die Nichteinhaltung der MCR oder der SCR äußerst gravierend und überdies zu erwarten ist, dass sie nicht in überschaubarer Zeit behoben werden kann. 12

Ausführungen zu einer weiteren möglichen wichtigen Entwicklung enthielt Nr. 241 des BaFin-Entwurfs zum Rundschreiben „Aufsichtsrechtliche Mindestanforderungen an die Geschäftsorganisation von Versicherungsunternehmen (MaGo)", Stand 15.6.2016.[14] Sie lauteten: „Festgestellte **deutliche Veränderungen des SCR und/oder der anrechnungsfähigen Eigenmittel** können als wichtige Entwicklung, die die Bedeutung der Angaben zum Kapitalmanagement erheblich verändern, eine Pflicht zur umgehenden Aktualisierung des SFCR (Solvabilitäts- und Finanzbericht) nach § 42 VAG und zur Vorlage des aktualisierten Berichts bei der Aufsichtsbehörde (§ 40 Abs. 1 Satz 1 und 3 VAG) auslösen." Der im Rahmen der Konsultation 09/2016 veröffentlichte Entwurf (Stand 19.10.2016) enthält diese Passage zwar ebenso wenig, wie die endgültige Fassung der MaGO vom 25.1.2017 (BaFin-Rundschreiben 2/2017). Unabhängig von dieser Streichung ist aber nach wie vor davon auszugehen, dass in den Umständen eine wichtige Entwicklung liegen kann. Denn sie können erhebliche Auswirkungen auf die Bedeutung von im SFCR veröffentlichten Information haben und damit die Aktualisierungspflicht nach § 42 Abs. 1 Satz 1 VAG auslösen. 13

Als andere wichtige Entwicklungen in Betracht kommen beispielsweise ein **unerwarteter Kursverfall** am Aktienmarkt oder wesentliche Änderungen **rechtlicher Rahmenbedingungen**.[15] Auch hier kann nur im Einzelfall beurteilt werden, ob die Voraussetzungen tatsächlich erfüllt sind. Denn maßgeblich sind die konkreten Auswirkungen der Entwicklungen auf die unternehmensindividuellen Angaben im SFCR. Das gilt nicht nur für die Auswirkungen auf die Bedeutung der Pflichtangaben. Auch wenn **Informationen freiwillig veröffentlicht** wurden[16] und deren Bedeutung durch eine wichtige Entwicklung verändert wird, muss eine Aktualisierung erfolgen. 14

III. Inhalt und Zeitpunkt der Veröffentlichung. 1. Die Regelungen. Sind die Tatbestandsvoraussetzungen erfüllt, haben Versicherungsunternehmen nach **§ 42 Abs. 1 Satz 1 VAG „angemessene Angaben über Art und Auswirkungen** der wichtigen Entwicklung" zu veröffentlichen. Das deckt sich inhaltlich mit der Vorgabe aus Art. 54 Abs. 1 Satz 1 Solva II-RL, obschon dort anstelle angemessener Angaben „zweckmäßige" gefordert werden und anstelle von Art der Begriff „Wesensart" verwendet wird. 15

Einen **Veröffentlichungszeitpunkt** nennt § 42 Abs. 1 Satz 1 VAG **nicht ausdrücklich**. Nach Art. 54 Abs. 1 Satz 1 Solva II-RL hat die Vorlage zweckmäßiger Angaben „bei Eintreten jeder wichtigen Entwicklung" zu erfolgen. Die Formulierung spricht für eine Veröffentlichungspflicht, sobald eine wichtige Entwicklung eintritt. Jedenfalls wird dem Versicherungsunternehmen keine Frist eingeräumt. Letztlich ist von einem Veröffentlichungszeitpunkt **so bald wie möglich** nach Eintritt der wichtigen Entwicklung auszugehen.[17] Im Einzelfall kann nämlich die Ermittlung von Art und Auswirkungen der wichtigen Entwicklung eine gewisse Zeit beanspruchen, weshalb eine sofortige Veröffentlichung nach dem Eintreten der Entwicklung nicht möglich ist. 16

Im Unterschied zu der allgemeinen Regelung in § 42 Abs. 1 Satz 1 VAG, enthält Satz 3 **konkrete Vorgaben** sowohl zum Inhalt der Veröffentlichung als auch zum Veröffentlichungszeitpunkt. Allerdings gilt **§ 42 Abs. 1 Satz 3 VAG nur**, wenn die wichtige Entwicklung durch eines der in Satz 2 genannten **Regelbeispiele** verwirklicht wurde. 17

2. Die unverzüglich zu veröffentlichenden Informationen in Bezug auf die Regelbeispiele (Abs. 1 Satz 3). Liegt eine wichtige Entwicklung in Gestalt eines Regelbeispiels nach § 42 Abs. 1 Satz 2 Nr. 1 oder 2 VAG vor,[18] haben Versicherungsunternehmen gemäß § 42 Abs. 1 Satz 3 VAG 18

[14] Siehe zu den MaGo Einl. Rn. 80.
[15] Vgl. *Dreher/Schaaf* in Dreher/Wandt 2009, S. 152.
[16] Siehe zu dieser Möglichkeit § 40 Rn. 131 ff.
[17] Siehe zu dieser in der Solva II-VO für die Veröffentlichung der aktualisierten Fassung des SFCR verwendeten Formulierung noch unten Rn. 23.
[18] Siehe dazu oben Rn. 7 ff.

unverzüglich die dort genannten Mindestinformationen zu veröffentlichen. Das sind „jeweils der **Betrag der Nichteinhaltung**, die Erläuterung ihrer **Gründe und Auswirkungen** sowie ergriffene und geplante **Abhilfemaßnahmen**". Eine Einzelfallprüfung, ob die Mindestinformationen als angemessene Angaben, deren Veröffentlichung nach § 42 Abs. 1 Satz 1 VAG geboten ist, zu qualifizieren sind, ist nicht erforderlich.[19] Denn die Pflicht, die Angaben zu veröffentlichen, folgt direkt aus § 42 Abs. 1 Satz 3 VAG.

19 Die Formulierung in § 42 Abs. 1 Satz 3 VAG legt nahe, dass die Veröffentlichung unverzüglich nach Verwirklichung eines der beiden Regelbeispiele zu erfolgen hat. Außer in den Fällen des § 42 Abs. 1 Satz 2 Nr. 1 Alt. 1 VAG, in denen die Aufsichtsbehörde ihre Ansicht zum Ausdruck bringen muss,[20] wären somit nur die Nichteinhaltung der jeweiligen Kapitalanforderung und der Ablauf der Frist zur Einreichung des Finanzierungs- bzw. Sanierungsplans erforderlich, um die unverzügliche Veröffentlichungspflicht auszulösen. Das entspricht indessen nicht der europarechtlichen Vorgabe. Nach Art. 54 Abs. 1 UAbs. 3 Satz 1 und UAbs. 4 Satz 1 Solva II-RL „fordern die Aufsichtsbehörden das betreffende Unternehmen auf, unverzüglich den Betrag der Nichteinhaltung zusammen mit […] zu veröffentlichen." In **richtlinienkonformer Auslegung** ist die **Aufforderung durch die Aufsichtsbehörde** auch nach § 42 Abs. 1 Satz 3 VAG **notwendig**, um die unverzügliche Informationspflicht auszulösen.

20 Liegt eine Aufforderung vor, hat die Veröffentlichung unverzüglich zu erfolgen. Dem Begriff „**unverzüglich**" liegt im vorliegenden Zusammenhang ein **europarechtlich autonomes Verständnis** zugrunde. Denn seine Verwendung in § 42 Abs. 1 Satz 3 VAG ist auf Art. 54 Abs. 1 UAbs. 3 Satz 1 und UAbs. 4 Satz 1 Solva II-RL zurückzuführen.[21] Die Bedeutung des Begriffs im nationalen Recht ist deshalb nicht maßgeblich. Andere Sprachfassungen der Solva II-RL verwenden Begriffe, die ihre Entsprechung im deutschen „sofort" oder „unmittelbar" finden.[22] Damit weicht das vorliegend europarechtlich autonom zu ermittelnde Begriffsverständnis von demjenigen im übrigen deutschen Recht ab.[23] Letzteres definiert in § 121 Abs. 1 Satz 1 BGB „unverzüglich" als „ohne schuldhaftes Zögern". Im Unterschied zu „sofort" ist hiermit das Handeln innerhalb einer nach den Umständen des Einzelfalls zu bemessenden Prüfungs- und Überlegungsfrist gemeint. Eine Prüfung bzw. Überlegung zum „Ob" der Veröffentlichung kommt in der vorliegenden Situation wegen der gesetzlich vorgegebenen Veröffentlichungspflicht nicht in Betracht. Auch sollten dem Versicherungsunternehmen zum Zeitpunkt der Aufforderung durch die Aufsichtsbehörde im Regelfall die zu veröffentlichenden Angaben bereits bekannt sein. Soweit keine besonderen Umstände gegeben sind, hat deshalb die Veröffentlichung unmittelbar nach der Aufforderung zu erfolgen. Da die Angaben gegebenenfalls noch veröffentlichungsreif zusammengefasst werden müssen, erscheint ein etwas längerer Zeitraum als wenige Stunden noch vertretbar.[24] Mehr als ein Arbeitstag wird aber in den wenigsten Fällen zu rechtfertigen sein.

21 **3. Die Veröffentlichung der aktualisierten Fassung des SFCR (Art. 302 Solva II-VO).** Weder die Solva II-RL noch das VAG verpflichten Versicherungsunternehmen ausdrücklich dazu, ihren SFCR zu aktualisieren und eine aktualisierte Fassung zu veröffentlichen.[25] Die Verpflichtung, eine aktualisierte Fassung des Berichts zu veröffentlichen, enthält aber **Art. 302 Solva II-VO**. Sie gilt im Ergebnis unter **denselben Voraussetzungen** wie die Veröffentlichungspflicht nach § 42 Abs. 1 VAG.[26] Zwar ist in Art. 302 Abs. 1 Solva II-VO von wichtigen Entwicklungen, „die sich erheblich auf die Bedeutung [des] Berichts über Solvabilität und Finanzlage auswirken," die Rede, während § 42 Abs. 1 VAG auf die Bedeutung der im SFCR „veröffentlichten Informationen" abstellt. Deshalb könnte man erwägen, dass für Art. 302 Abs. 1 Solva II-VO nur die Auswirkungen auf den SFCR als Ganzes maßgeblich sind und für § 42 Abs. 1 VAG schon Auswirkungen auf bestimmte in ihm veröffentlichte Informationen genügen. Weil der SFCR aber nicht „eine" Bedeutung hat, auf die sich wichtige Entwicklungen auswirken können,[27] kann es auch im Rahmen von Art. 302 Solva II-VO nur auf die Auswirkungen auf die im SFCR veröffentlichten Informationen ankommen.

22 Sind die Voraussetzungen von § 42 Abs. 1 VAG erfüllt, haben die Versicherungsunternehmen nach Art. 302 Abs. 1 Satz 1 Solva II-VO „eine **aktualisierte Fassung** des Berichts im Einklang mit Absatz 2 dieses Artikels" zu veröffentlichen. Sodann bestimmt Art. 302 Abs. 1 Satz 2 Solva II-VO, dass für die

---

[19] In aller Regel wäre die Frage aber zu bejahen.

[20] Siehe dazu oben Rn. 9.

[21] Das unterscheidet die Situation von derjenigen in § 40 Abs. 1 Satz 4 VAG. Dort wird in den europarechtlichen Vorgaben der Begriff nicht verwendet, siehe § 40 VAG Rn. 30.

[22] So lautet beispielsweise die englische Sprachfassung „immediately" und die niederländische „onmiddellijk".

[23] Vgl. nur BGH 15.3.2005 — VI ZB 74/04, NJW 2005, 1869.

[24] Im Fall des § 40 Abs. 1 Satz 4 VAG liegt dagegen der veröffentlichte SFCR bereits fertig vor, siehe § 40 VAG Rn. 30.

[25] § 42 VAG spricht lediglich in seiner amtlichen Überschrift von der „Aktualisierung des Solvabilitäts- und Finanzberichts", greift diese Formulierung im Normtext jedoch nicht mehr auf. Art. 54 Solva II-RL bleibt noch dahinter zurück, indem die amtliche Überschrift „Bericht über Solvabilität und Finanzlage: Aktualisierungen und zusätzliche freiwillige Informationen" lautet. Auch hier wird der Begriff „Aktualisierung" aber im Normtext nicht mehr verwendet.

[26] Zu den Voraussetzungen siehe oben Rn. 4 ff.

[27] Siehe § 40 Rn. 34 zu den diversen Themenbereichen der im SFCR zu veröffentlichenden Informationen.

aktualisierte Fassung Art. 290 bis 299 Solva II-VO gelten.[28] Damit hat die aktualisierte Fassung denselben **Anforderungen** zu genügen **wie die ursprüngliche Fassung des SFCR.**[29] Auf die Fristenregelung des Art. 300 Abs. 1 Solva II-VO wird nicht verwiesen, da sie an den Ablauf des Geschäftsjahres anknüpft, was für die Aktualisierungspflicht unerheblich ist. Art. 300 Abs. 2 Solva II-VO bestimmt allerdings, dass auch „eine etwaige aktualisierte Fassung" des SFCR nach ihrer Veröffentlichung **den Aufsichtsbehörden vorzulegen** ist.[30]

Art. 302 Abs. 2 Solva II-VO bestimmt den Zeitpunkt und das Mittel für die Veröffentlichung der aktualisierten Fassung des SFCR. Die Veröffentlichung hat **„so bald wie möglich nach Eintritt** der wichtigen Entwicklung"[31] und „im Einklang mit Artikel 301 dieser Verordnung" zu erfolgen. Im Unterschied zu der „unverzüglichen" Veröffentlichung[32] trägt die Formulierung „so bald wie möglich" dem Umstand Rechnung, das eine Veröffentlichung sofort nach Eintritt der wichtigen Entwicklung oftmals wegen des **Umfangs der notwendigen Überarbeitung** ausscheidet.[33] Dieser Umfang ist maßgeblich für die Bestimmung des Veröffentlichungszeitpunkts. Die Anforderungen an das **Kommunikationsmittel** sind mit Art. 301 Solva II-VO dieselben, die auch für die Veröffentlichung der ursprünglichen Fassung des SFCR gelten.[34] 23

Die Vorgaben des Art. 302 Abs. 2 Solva II-VO gelten ausdrücklich **„unbeschadet der [...] unverzüglich offenzulegenden Informationen"** nach Art. 54 Abs. 1 Solva II-RL. Daraus folgt zunächst, dass neben der Offenlegung der aktualisierten Fassung des SFCR noch die Veröffentlichung anderer Informationen geboten sein kann. Indem Art. 302 Abs. 2 Solva II-VO nicht allgemein auf die nach Art. 54 Abs. 1 Solva II-RL zu veröffentlichenden Informationen verweist, sondern lediglich auf diejenigen, deren Veröffentlichung „unverzüglich" zu erfolgen hat,[35] schränkt er die Bezugnahme unnötig ein. Denn schon rechtshierarchisch vermag die Solva II-VO nicht die zwingenden Vorgaben der Solva II-RL außer Kraft zu setzen. Die Veröffentlichung **zusätzlicher Informationen** neben der Aktualisierung des SFCR kann daher nicht nur in den Fällen der beiden Regelbeispiele geboten sein. Allerdings werden solche Konstellationen Ausnahmen bleiben.[36] Denn in der Regel lassen sich alle notwendigen angemessenen Angaben über Art und Auswirkungen einer wichtigen Entwicklung in die aktualisierte Fassung des SFCR aufnehmen. 24

Überdies stellt sich die Frage, ob Art. 302 Solva II-VO noch **von der Ermächtigungsnorm gedeckt** ist.[37] Denn Art. 54 Solva II-RL gebietet lediglich, „zweckmäßige Angaben zu Wesensart und Auswirkungen der wichtigen Entwicklung vor[zulegen]". Die Vorlage einer vollständigen aktualisierten Fassung des SFCR scheint darüber hinauszugehen. In der Sache geht es in Art. 302 Solva II-VO aber lediglich um die Form der Darstellung, welche die Solva II-VO gerade näher bestimmen soll. Bei der Aktualisierung der relevanten Informationen handelt es sich um zweckmäßige Angaben zu der Art und insbesondere zu den Auswirkungen der wichtigen Entwicklung. Die Ausgangsfrage ist daher **zu bejahen.** 25

IV. Veröffentlichungspflicht bei längerer Nichteinhaltung der MCR und bei längerer wesentlicher Nichteinhaltung der SCR (Abs. 2). 1. Die Voraussetzungen der Veröffentlichungspflicht (Abs. 2 Satz 1). Die in § 42 Abs. 2 VAG normierte Veröffentlichungspflicht knüpft inhaltlich an die Regelbeispiele einer wichtigen Entwicklung des Absatzes 1 an, ohne allerdings ausdrücklich auf sie Bezug zu nehmen. So hat nach § 42 Abs. 2 Satz 1 VAG eine Veröffentlichung „auch zu erfolgen, wenn" die in Nr. 1 oder Nr. 2 genannten Voraussetzungen erfüllt sind. § 42 Abs. 2 VAG enthält damit 26

---

[28] Bestand schon bisher darüber kein Zweifel, wurde durch die Berichtigungsverordnung klargestellt, dass es sich um Art. 290 bis 299 „dieser Verordnung" handelt. Siehe Art. 1 Nr. 102 Delegierte Verordnung (EU) 2016/2283 der Kommission vom 22.8.2016 zur Berichtigung der deutschen Fassung der Delegierten Verordnung (EU) 2015/35 zur Ergänzung der Richtlinie 2009/138/EG des Europäischen Parlaments und des Rates betreffend die Aufnahme und Ausübung der Versicherungs- und der Rückversicherungstätigkeit (Solvabilität II), ABl. EU 2016 L 346, 111.

[29] Siehe dazu im Einzelnen die Kommentierung zu § 40. Zu den nach Ansicht der BaFin erforderlichen Inhalten, insbesondere im Hinblick auf die Erkennbarkeit der durchgeführten Änderungen, vgl. BaFin, Merkblatt zum Berichtswesen für Erst- und Rückversicherungsunternehmen, Versicherungsgruppen und Pensionsfonds v. 16.10.2015 (zuletzt aktualisiert am 29.3.2017), S. 21.

[30] Siehe zu diesem Erfordernis § 40 Rn. 30.

[31] Art. 302 Abs. 2 Solva II-VO spricht von „der wichtigen Entwicklung nach Absatz 1". Im Ergebnis decken sich die Anforderungen an die wichtige Entwicklung mit denjenigen von § 42 Abs. 1 Satz 1 VAG und Art. 54 Abs. 1 UAbs. 1 Solva II-RL. Siehe dazu oben Rn. 21. Ein Verweis auf die Voraussetzungen der wichtigen Entwicklung nach Art. 54 Abs. 1 UAbs. 1 Solva II-RL wäre dennoch passender.

[32] Siehe hierzu Rn. 18 f. und 24.

[33] Das verdeutlicht auch die englische Sprachfassung, die einerseits „immediately" und andererseits von „as soon as possible" verwendet.

[34] Siehe daher § 40 Rn. 17 ff.

[35] Das sind nur bestimmte Informationen für den Fall der Verwirklichung eines der beiden Regelbeispiele, siehe oben Rn. 18 f.

[36] Sie kommen insbesondere dann in Betracht, wenn eine wichtige Entwicklung nicht zu einer unmittelbaren Veränderung von veröffentlichten Informationen führt und auch ansonsten inhaltlich keinen Niederschlag im SFCR findet, sie aber gleichwohl die Bedeutung von im SFCR veröffentlichten Informationen erheblich verändert.

[37] Siehe zu diesem Erfordernis § 40 VAG Rn. 118.

keine weiteren Regelbeispiele einer wichtigen Entwicklung, sondern statuiert für die dort genannten beiden Fälle eine **eigenständige Veröffentlichungspflicht**.[38] Sie besteht nach Nr. 1, wenn die Nichteinhaltung der MCR nicht innerhalb von drei Monaten nach ihrer Feststellung beseitigt wurde.[39] Nach Nr. 2 kommt es darauf an, dass die wesentliche Nichteinhaltung der SCR nicht innerhalb von sechs Monaten nach ihrer Feststellung behoben wurde.[40]

27 § 42 Abs. 2 VAG dient der Umsetzung von **Art. 54 Abs. 1 UAbs. 3 Satz 2 und UAbs. 4 Satz 2 Solva II-RL** in das deutsche Recht. Aus der Regelung in der Solva II-RL wird die unmittelbare Anknüpfung an die beiden Regelbeispiele einer wichtigen Entwicklung deutlich.[41] Außerdem hängt die Veröffentlichungspflicht nach der Solva II-RL von **einer weiteren Voraussetzung** ab, die **nicht in das deutsche Recht umgesetzt** wurde. So lautet Art. 54 Abs. 1 UAbs. 3 Satz 2 Solva II-RL: „Falls trotz eines ursprünglich als realistisch angesehenen kurzfristigen Finanzierungsplans die Nichteinhaltung der Mindestkapitalanforderung binnen drei Monaten nach ihrer Feststellung nicht beseitigt wurde, wird sie am Ende dieses Zeitraums […] veröffentlicht." Eine entsprechende, die wesentliche Nichteinhaltung der SCR betreffende Regelung enthält Art. 54 Abs. 1 UAbs. 4 Satz 2 Solva II-RL in Bezug auf den ursprünglich als realistisch angesehenen Sanierungsplan. Die Veröffentlichungspflicht setzt nach der Solva II-RL mithin voraus, dass **zuvor keine Pflicht zur Aktualisierung** des SFCR bestand, weil der Tatbestand der Regelbeispiele nicht erfüllt war. Letzteres war deshalb der Fall, weil ein realistischer kurzfristiger Finanzierungsplan bzw. ein realistischer Sanierungsplan vorlag.[42]

28 In **europarechtskonformer Auslegung** ist § 42 Abs. 2 VAG auf diejenigen Fälle **teleologisch zu reduzieren**, in denen das Versicherungsunternehmen nach der Feststellung der Nichteinhaltung der MCR bzw. der SCR einen kurzfristigen Finanzierungsplan bzw. einen Sanierungsplan vorgelegt und die Aufsichtsbehörde diesen Plan als realistisch angesehen hatte. Damit besteht immer dann keine Veröffentlichungspflicht nach § 42 Abs. 2 VAG, wenn das Versicherungsunternehmen bereits zuvor eine Aktualisierung des SFCR infolge der Verwirklichung eines Regelbeispiels nach § 42 Abs. 1 Satz 2 VAG vornehmen musste.

29 **Unabhängig davon** kann die fehlende Beseitigung der Nichteinhaltung der Kapitalanforderung innerhalb der gesetzlich vorgesehenen Frist eine wichtige Entwicklung darstellen, die eine **Veröffentlichungspflicht nach § 42 Abs. 1 Satz 1 VAG** auslöst. **In der Regel** wird dies aber in den Konstellationen, in denen die teleologische Reduktion von § 42 Abs. 2 VAG greift, **nicht** der Fall sein. Denn die bereits erfolgte Veröffentlichung wegen Verwirklichung eines Regelbeispiels nach § 42 Abs. 1 Satz 2 VAG geschah unter anderem gerade deshalb, weil es an einem realistischen kurzfristigen Finanzierungsplan bzw. einem Sanierungsplan fehlte. Bereits mit dieser Veröffentlichung musste davon ausgegangen werden, dass es dem Versicherungsunternehmen mangels eines entsprechenden Plans nicht gelingen wird, die Nichteinhaltung der Kapitalanforderung zu beseitigen. Realisiert sich diese Erwartung, liegt hierin im Normalfall keine Entwicklung, welche die Bedeutung der bereits veröffentlichten Informationen erheblich verändert.

30 **2. Der Inhalt der Veröffentlichung (Abs. 2 Satz 2).** Den notwendigen Inhalt einer gemäß § 42 Abs. 2 Satz 1 VAG gebotenen Veröffentlichung enthält Satz 2. Danach ist „anzugeben, welche **Abhilfemaßnahmen** bereits ergriffen wurden und welche noch geplant sind." Auch hier zeigt sich das Fehlverständnis des deutschen Gesetzgebers. Der Inhalt, den die **Solva II-RL** fordert, ist viel **umfangreicher**. So ist nach Art. 54 Abs. 1 UAbs. 3 Satz 2 Solva II-RL die Nichteinhaltung der MCR „zusammen mit einer Erläuterung ihrer Gründe und ihrer Folgen und etwaiger bereits ergriffener oder geplanter Abhilfemaßnahmen" zu veröffentlichen." Entsprechendes gilt nach Art. 54 Abs. 1 UAbs. 4 Satz 2 Solva II-RL bei einer wesentlichen Nichteinhaltung der SCR. Der deutsche Gesetzgeber scheint in § 42 Abs. 2 Satz 2 VAG auf die zusätzlichen Anforderungen deshalb zu verzichten, weil er davon ausgeht, dass eine Veröffentlichung nach § 42 Abs. 1 VAG bereits erfolgt ist und in dieser gemäß § 42 Abs. 1 Satz 3 VAG auch die Gründe und die Auswirkungen zu nennen waren. Gerade an einer solchen Veröffentlichung fehlt es aber in den Fällen des Art. 54 Abs. 1 UAbs. 3 Satz 2 bzw. UAbs. 3 Satz 2 Solva II-RL, dessen Umsetzung § 42 Abs. 2 VAG dient.[43]

31 In der unvollständigen Wiedergabe des nach Art. 54 Abs. 1 UAbs. 3 Satz 2 bzw. UAbs. 3 Satz 2 Solva II-RL erforderlichen Informationsinhalts durch § 42 Abs. 2 Satz 2 VAG liegt ein **Umsetzungsdefizit**. Mangels direkter Anwendbarkeit der Solva II-RL bleibt es für Versicherungsunternehmen gleichwohl

---

[38] Zu der Frage, ob die beiden Konstellationen zugleich die Voraussetzungen einer wichtigen Entwicklung erfüllen, siehe unten Rn. 32.

[39] Zur Verpflichtung des Versicherungsunternehmens, die Nichteinhaltung der MCR innerhalb von drei Monaten nach ihrer Feststellung zu beseitigen, siehe § 135 Abs. 2 Satz 2 VAG.

[40] Zur Verpflichtung des Versicherungsunternehmens, die Nichteinhaltung der SCR innerhalb von sechs Monaten nach ihrer Feststellung zu beseitigen, siehe § 134 Abs. 3 Satz 1 VAG.

[41] Art. 54 Abs. 1 UAbs. 3 Satz 1 und UAbs. 4 Satz 1 Solva II-RL bestimmen, welche Informationen die Versicherungsunternehmen im Falle der Verwirklichung des jeweiligen Regelbeispiels veröffentlichen müssen.

[42] Zu dessen Fehlen als Tatbestandsvoraussetzung des jeweiligen Regelbeispiels siehe oben Rn. 8 f. und 11.

[43] Siehe oben Rn. 27.

dabei, dass sie, um ihrer Verpflichtung nach § 42 Abs. 2 VAG zu genügen, **nur angeben müssen**, welche **Abhilfemaßnahmen** sie bereits ergriffen haben und welche sie noch planen.

Umfangreichere Informationspflichten könnten sich aber aus § 42 Abs. 1 Satz 1 VAG ergeben. 32 Stellen die in § 42 Abs. 2 Satz 1 Nr. 1 und 2 VAG genannten Konstellationen **zugleich** eine wichtige Entwicklung dar, wären gemäß **§ 42 Abs. 1 Satz 1 VAG** „angemessene Angaben über Art und Auswirkungen der wichtigen Entwicklung zu machen". Die Beurteilung hat daran anzusetzen, dass bei den Sachverhalten, die nach der Vornahme der teleologischen Reduktion von § 42 Abs. 2 Satz 1 Nr. 1 und 2 VAG erfasst sind, vor dem Ablauf der dort genannten Fristen noch keine Aktualisierung des SFCR erfolgen musste.[44] Weil ursprünglich ein kurzfristiger Finanzierungsplan bzw. ein Sanierungsplan vorlag und dieser als realistisch angesehen wurde, waren die Voraussetzungen der Regelbeispiele des § 42 Abs. 1 Satz 2 VAG nicht erfüllt.[45] **Spätestens mit Ablauf der Fristen** stellen eine Nichteinhaltung der MCR und eine wesentliche Nichteinhaltung der SCR aber einen Umstand dar, der die Bedeutung der in dem SFCR veröffentlichten Informationen erheblich verändert. In den in § 42 Abs. 2 Satz 1 Nr. 1 und 2 VAG genannten Konstellationen liegt daher eine **wichtige Entwicklung**, die eine Aktualisierungspflicht nach § 42 Abs. 1 Satz 1 VAG – einschließlich der im Verhältnis zu § 42 Abs. 2 Satz 2 VAG höheren Anforderungen an den Inhalt der Information –[46] auslöst.

3. Der Zeitpunkt der Veröffentlichung (Abs. 2 Satz 3). Die Veröffentlichung gemäß § 42 Abs. 2 33 VAG hat nach dessen Satz 3 bei „Nichteinhaltung der Mindestkapitalanforderung **am Ende des Dreimonats-** und **ansonsten**" – also bei einer wesentlichen Nichteinhaltung der SCR – „am Ende des **Sechsmonatszeitraums**" zu erfolgen. Der jeweilige Zeitraum beginnt mit der Feststellung der Nichteinhaltung der Kapitalanforderungen durch das Versicherungsunternehmen.[47]

V. Verhältnis zu anderen Regelungen. 1. Regelungen im VAG. Zu den relevanten anderen 34 Regelungen im VAG ist auf die Ausführungen im Rahmen von § 40 VAG zu verweisen.[48] Von besonderer Bedeutung an dieser Stelle ist, dass nach § 332 Abs. 2 Nr. 3 VAG eine Ordnungswidrigkeit nur in dem Verstoß gegen § 40 Abs. 1 Satz 1 VAG liegt. Werden Aktualisierungspflichten nach § 42 VAG verletzt, stellt dies somit **keine Ordnungswidrigkeit** dar.

2. Bankaufsichtsrecht. Die bankaufsichtsrechtlichen Regelungen weichen auch bei der Aktualisie- 35 rungspflicht[49] nicht unerheblich von denjenigen des Versicherungsaufsichtsrechts ab. Eine § 42 VAG entsprechende Aktualisierungspflicht kennt das Bankaufsichtsrecht nicht. Nach Art. 433 Abs. 3 CRR-VO[50] haben die Institute allerdings anhand bestimmter Merkmale zu prüfen, „ob es nötig ist, die erforderlichen Angaben häufiger als einmal jährlich **ganz oder teilweise** offenzulegen." Der Ansatz geht mithin nicht von einer konkret auftretenden wichtigen Entwicklung aus, sondern von zu erwartenden Veränderungen in bestimmten Angaben. Auf der Grundlage von Art. 433 Abs. 4 CRR-VO hat die Europäische Bankenaufsichtsbehörde (**EBA**) **Leitlinien** dazu herausgegeben, wie Institute die Notwendigkeit häufigerer Offenlegungen zu prüfen haben.[51]

3. Ad-hoc-Publizität. Nach Art. 17 Abs. 1 UAbs. 1 der EU-Marktmissbrauchsverordnung[52] 36 (MAR) sind bestimmte **Emittenten** dazu verpflichtet, der Öffentlichkeit Insiderinformationen, die unmittelbar diesen Emittenten betreffen, so bald wie möglich bekanntzugeben. Im Unterschied zu der Vorgängerregelung in § 15 Abs. 1 WpHG a. F.[53] ist Art. 17 Abs. 1 UAbs. 3 MAR nicht nur auf Emittenten[54] anwendbar, die für ihre Finanzinstrumente eine Zulassung zum Handel an einem geregelten Markt beantragt oder erhalten haben. Darüber gilt die Pflicht zur ad hoc-Publizität nunmehr auch für Emittenten, die für ihre Finanzinstrumente die Zulassung zum Handel auf einem multilateralen oder organisierten Handelssystem beantragt haben. Damit sind nicht nur börsennotierte Unternehmen,

[44] Siehe dazu oben Rn. 28.
[45] Zur umgekehrten Konstellation siehe oben Rn. 8 und 11.
[46] Siehe oben Rn. 15.
[47] Siehe dazu auch oben Rn. 7.
[48] Siehe dort Rn. 137 ff.
[49] Zur grundsätzlichen Veröffentlichungspflicht siehe § 40 VAG Rn. 140 ff. sowie zur Nichtveröffentlichung von Informationen § 41 VAG Rn. 19 f.
[50] Verordnung (EU) Nr. 575/2013 des Europäischen Parlaments und des Rates vom 26. Juni 2013 über Aufsichtsanforderungen an Kreditinstitute und Wertpapierfirmen und zur Änderung der Verordnung (EU) Nr. 646/2012, ABl. EU 2013 L 176, 1.
[51] EBA/GL/2014/14 v. 23.12.2014, Leitlinien zur Wesentlichkeit, zu Geschäftsgeheimnissen und vertraulichen Informationen sowie zur Häufigkeit der Offenlegung gemäß den Artikeln 432 Absatz 1, 432 Absatz 2 und 433 der Verordnung (EU) Nr. 575/2013.
[52] Verordnung (EU) Nr. 596/2014 des Europäischen Parlaments und des Rates vom 16. April 2014 über Marktmissbrauch (Marktmissbrauchsverordnung) und zur Aufhebung der Richtlinie 2003/6/EG des Europäischen Parlaments und des Rates und der Richtlinien 2003/124/EG, 2003/125/EG und 2004/72/EG der Kommission, ABl. EU 2014 L 173, 1.
[53] Sie galt bis zum Inkrafttreten der MAR am 3. Juli 2016.
[54] Den Begriff des Emittenten definiert Art. 3 Abs. 1 Nr. 21 MAR.

sondern grundsätzlich auch Freiverkehrsemittenten erfasst.[55] Handelt es sich bei einem Versicherungsunternehmen um einen Emittenten i. S. v. Art. 17 Abs. 1 MAR, unterliegt das Versicherungsunternehmen den ad hoc-Publizitätspflichten.

37 Sachlicher Auslöser der ad hoc-Publizitätspflicht ist das Vorliegen einer **Insiderinformation**. Den Begriff der Insiderinformation konkretisiert Art. 7 MAR. Nach Art. 7 Abs. 1 lit. a) MAR sind Insiderinformationen gegeben bei „nicht öffentlich bekannte[n] präzise[n] Informationen, die direkt oder indirekt einen oder mehrere Emittenten oder ein oder mehrere Finanzinstrumente betreffen und die, wenn sie öffentlich bekannt würden, geeignet wären, den Kurs dieser Finanzinstrumente oder den Kurs damit verbundener derivativer Finanzinstrumente erheblich zu beeinflussen". Es geht mithin um die **Kursrelevanz** der Informationen. Dagegen setzt die Aktualisierungspflicht nach § 42 VAG eine wichtige Entwicklung voraus, die erhebliche Auswirkungen auf die Bedeutung einer im SFCR veröffentlichten Information hat. In der wichtigen Entwicklung wird zwar vielfach – insbesondere, wenn eines der beiden Regelbeispiele aus § 42 Abs. 1 Satz 2 Nr. 1 VAG verwirklicht wird – auch eine kursrelevante Information i. S. v. Art. 7 Abs. 1 lit. a) MAR liegen. Zwingend ist dies aber nicht. Denn nicht jede erhebliche Auswirkung auf die Bedeutung einer im SFCR veröffentlichten Information ist zugleich zu einer erheblichen Kursbeeinflussung geeignet. Deshalb und wegen ihrer abweichenden Schutzrichtung steht die kapitalmarktrechtliche **ad-hoc-Publizitätspflicht neben** der aufsichtsrechtlichen **Aktualisierungspflicht** des SFCR.

Unterabschnitt 3. Für Aufsichtszwecke beizubringende Informationen

Informationspflichten; Berechnungen

43 (1) **Versicherungsunternehmen haben den Aufsichtsbehörden nach Maßgabe dieses Gesetzes diejenigen Informationen zu übermitteln, die sie zur Erfüllung ihrer Aufgaben nach diesem Gesetz (§ 294 Absatz 1) benötigen.**

(2) [1]**Die Informationen müssen vollständig, aktuell und genau sein.** [2]**Sie müssen der Art, dem Umfang und der Komplexität der Geschäftstätigkeit des betreffenden Unternehmens und insbesondere den mit dieser Geschäftstätigkeit einhergehenden Risiken Rechnung tragen.** [3]**Die Unternehmen haben die Informationen fristgerecht und in verständlicher Form bei der Aufsichtsbehörde einzureichen.**

1 **I. Allgemeines. 1. Entstehungsgeschichte.** § 43 VAG ist bei der Neufassung des VAG im Jahr 2015 durch Art. 1 des Gesetzes zur Modernisierung der Finanzaufsicht über Versicherungen[1] vom 1.4.2015 in das VAG eingefügt worden.

2 **2. Normzweck.** § 43 Abs. 1 VAG errichtet eine allgemeine gesetzliche Pflicht der Unternehmen zur Übermittlung von Informationen im Umfang des Informationsbedarfs der Aufsichtsbehörde. Hierdurch wird die Aufsichtsbehörde in die Lage versetzt, ihre gesetzlichen Aufgaben nach § 294 Abs. 1 VAG zu erfüllen. § 43 Abs. 2 VAG stellt sicher, dass die übermittelten Informationen dem Informationsbedarf soweit wie möglich genügen. Es handelt sich bei § 43 VAG um die zentrale Vorschrift für die Berichterstattung der Versicherungsunternehmen an ihre jeweils zuständigen nationalen Aufsichtsbehörden. Es wird nicht nur auf die Informationen abgestellt, für die die Übermittlungspflicht auf den nachfolgenden Regelungsebenen konkretisiert wird; vielmehr deckt die Vorschrift alle zur Durchführung der Aufsicht erforderlichen Informationen ab, also auch diejenigen, die nationale Besonderheiten sowie die nationalen Rechnungslegungsvorschriften berücksichtigen.[2]

3 **3. Europarechtlicher Hintergrund.** § 43 VAG dient der Umsetzung der Anforderungen des Art. 35 Solva II-RL. Der Gesetzgeber macht dabei von der in Art. 35 Abs. 1 S. 2 Solva II-RL vorgesehenen Möglichkeit Gebrauch, über die Mindestanforderung im Hinblick auf die Aufgaben der Aufsicht nach Art. 36 Solva II-RL hinauszugehen. § 43 Abs. 2 VAG dient insbesondere der Umsetzung der Grundsätze des Art. 35 Abs. 4 Solva II-RL.[3] Auf Basis der in Art. 35 Abs. 9 Solva II-RL enthaltenen Ermächtigung, delegierte Rechtsakte zur Spezifizierung der in Art. 35 Abs. 1–4 Solva II-RL genannten Informationen zu erlassen, hat die EU-Kommission mit Art. 304–314 Solva II-VO die Vorgaben der Solva II-RL konkretisiert. Weitere Präzisierungen, vor allem zu den quantitativen Informationen, enthält die auf der Ermächtigungsgrundlage des Art. 35 Abs. 10 Solva II-VO erlassene DVO (EU) 2015/2450, die die an die Aufsichtsbehörde zu berichtenden quantitativen Meldebögen umfasst.

4 **II. Verpflichtungsgrundlage (Abs. 1).** § 43 VAG bestimmt eine Pflicht der Versicherungsunternehmen, der Aufsichtsbehörde die benötigten Informationen zu übermitteln (**Bringschuld**) und geht insofern über die Anforderungen in Art. 34 Abs. 3 Solva II-RL hinaus. Die geforderte **Befugnis der**

[55] Siehe ausführlich hierzu *Scholz* NZG 2016, 1286 ff.
[1] BGBl. 2015 I, 434
[2] Begr RegE VAG 2014, BT-Drs. 18/2956, 251.
[3] Vgl. Begr. RegE-VAG 2014, BT-Drs. 18/2956, 251.

Aufsichtsbehörde, diese Informationen einzuholen, ergibt sich auf Basis der hier begründeten Bringschuld nach § 298 Abs. 1 VAG.[4] Diese Konstruktion erlaubt der Aufsichtsbehörde recht informell Informationen anzufordern, um dann erst, wenn sie die daraufhin bereitgestellten Informationen für unzureichend hält, Verwaltungsakte nach § 298 Abs. 1 VAG vorzunehmen, um ihren Informationsbedarf zu decken. Dies entspricht der bisher gängigen Praxis, ohne dass bisher eine solche Pflicht der Unternehmen zur Bereitstellung informell angeforderter Informationen explizit gesetzlich über die Generalnorm des § 81 VAG a. F. sowie durch die konkreten Befugnisse der Aufsichtsbehörde aufgrund von § 83 Abs. 1 VAG a. F. begründet worden wäre. Teilweise ist bisher schon ein entsprechendes Recht der Aufsichtsbehörde aus § 81 Abs. 1 und 2 S. 1 VAG a. F. gefolgert worden.[5] Soweit für die Unternehmen der dauerhafte bzw. regelmäßig aktualisierte Informationsbedarf der Aufsichtsbehörde über die in der BerVersV Solva II-VO sowie der DVO (EU) 2015/2450 enthaltenen, umfassenden Vorgaben hinaus erkennbar ist, kann § 43 VAG auch eine regelmäßige bzw. periodische Mitteilung bzw. Änderungsanzeige zur Folge haben.

Die Bezugnahme auf die **Maßgaben des Gesetzes** ist nicht beschränkt auf die schon andernorts bestimmten Informationspflichten. Vielmehr sind damit alle Informationspflichten gemeint, die sich aus den aufsichtsrechtlich geregelten Sachverhalten und den hier bestimmten Aufgaben der Aufsichtsbehörde ergeben.[6] Dies umfasst insbesondere auch alle für das deutsche Aufsichtsrecht spezifischen Sachverhalte. Andere im VAG enthaltene Vorschriften, wie z. B. § 44 VAG, betonen gegenüber § 43 VAG einzelne Informationen und ermächtigen die Aufsichtsbehörde in den jeweils genannten Einzelfällen dazu, unmittelbar durch Verwaltungsakt bestimmte Informationen anzufordern. 5

Wie häufig ein über die konkreten Regelungen zu den Berichtspflichten der Unternehmen im VAG (insbesondere §§ 39, 44 ff. VAG) sowie der Solva II-VO und der DVO (EU) 2015/2450 hinausgehendes Informationsbedürfnis der Aufsichtsbehörden entstehen wird, ist angesichts der Fülle der Vorgaben indessen fraglich. Art. 304 Solva II-VO fordert die Einreichung

- des gemäß Art. 300 Solva II-VO veröffentlichten Berichts über die Solvabilität und Finanzlage (unverzügliche Übersendung nach Veröffentlichung),[7]
- des regelmäßigen aufsichtlichen Berichts (gemäß Art. 312 Abs. 1 lit. a Solva II-VO mindestens alle drei Jahre einzureichen, ggf. auf Verlangen der Aufsichtsbehörde zum Ende jedes Geschäftsjahres),[8]
- des aufsichtlichen Berichts über die unternehmenseigene Risiko- und Solvabilitätsbeurteilung (gemäß Art. 312 Abs. 1 lit. b Solva II-VO spätestens zwei Wochen nach Abschluss der Risiko- und Solvabilitätsbeurteilung einzureichen),
- der jährlichen bzw. vierteljährlichen quantitativen Meldebögen (jährlich einzureichen 14 Wochen nach Ende des Geschäftsjahres, vierteljährlich einzureichen fünf Wochen nach Ende des Quartals).[9]

Inhaltliche Vorgaben zu den in den regelmäßigen aufsichtlichen Bericht aufzunehmenden Informationen im Hinblick auf Geschäftstätigkeit und Leistung, das Governance-System, das Risikoprofil, die Bewertung für Solvabilitätszwecke sowie das Kapitalmanagement, die jeweils von den für Zwecke der Berichterstattung im Bericht über die Solvabilität und Finanzlage geforderten abweichen bzw. darüber hinausgehen enthalten die Art. 307–311 Solva II-VO. Alle jährlich und vierteljährlich zu berichtenden quantitativen Meldebögen („Quantitative Reporting Templates" – QRTs) enthält die DVO (EU) 2015/2450, die auch im Detail regelt, welche (Rück-)Versicherungsunternehmen welche QRTs in welcher Frequenz einreichen müssen und welche der QRTs auch auf Gruppenebene zu berichten sind.

Eine Begrenzung der Pflicht zur Übermittlung von Informationen besteht damit nur in dem Rahmen der **Aufgaben der Aufsicht**, insbesondere den in § 294 VAG beschriebenen. Effektiv durchgesetzt werden kann diese Pflicht aber nur durch die Aufsichtsbefugnisse nach § 298 VAG in dem durch die §§ 296 f. VAG gesetzten Rahmen. Zwar ist die Anforderung, dass die Informationen benötigt werden, restriktiv, doch umfassen die Aufgaben der Aufsicht umfassende prophylaktische Maßnahmen zur Vermeidung von möglichen Missständen, so dass sich damit dennoch ein weitgehender Informationsbedarf begründen lässt. Der Informationsbedarf muss aber einen konkreten Zusammenhang mit einem nicht auszuschließenden Missstand erkennen lassen. Auch Reihenerhebungen, wie z. B. insbesondere in § 44 VAG vorgesehen, können damit begründet werden, z. B. um ungünstige Entwicklungen einzelner Unternehmen aus dem Vergleich mit dem Durchschnitt erkennen zu können. Für eine Informationspflicht bedarf es also keines konkreten Anlasses bei dem betreffenden Unternehmen. Aus § 43 Abs. 2 S. 2 VAG folgt, dass die Aufsichtsbehörde für die Übermittlung der Informationen, für deren Übermittlung sich ohnehin bereits Fristen in der Solva II-VO festgelegt wurden, Fristen setzen kann. 6

[4] Vgl. die analoge Situation in der alten Fassung von § 46 VAG, Goldberg/Müller/*Müller* § 150 Rn. 5.
[5] Vgl. Prölss/*Kollhosser*, 12. Aufl., § 81 Rn. 42 m. w. N.
[6] Vgl. Begr. RegE-VAG 2014, BT-Drs. 18/2956, 251.
[7] Vgl. § 40 Abs. 1 S. 4 VAG sowie Art. 300 Abs. 1 Solva II-VO zur zweiwöchigen Veröffentlichungsfrist nach Ablauf der in § 344 Abs. 3 VAG geregelten Übergangsfrist; siehe hierzu sowie zu den folgenden Bestandteilen der obigen Aufzählung jeweils auch die Kommentierungen zu § 40 VAG sowie § 344 VAG.
[8] Zur Übergangsfrist vgl. § 344 Abs. 1 VAG.
[9] Zur Übergangsfrist vgl. § 344 Abs. 1 bzw. 2 VAG.

7 **III. Gesetzliche Vorgaben für die zu übermittelnden Informationen (Abs. 2).** Die Anforderungen an die zu übermittelnden Informationen richten sich nach dem Grundsatz der **Verhältnismäßigkeit** in § 296 VAG. Damit ist die Anforderung der **Vollständigkeit** und **Genauigkeit** im Rahmen der Verfügbarkeit der Informationen für das Unternehmen selbst zu sehen. Soweit eine Vervollständigung oder Präzisierung Aufwendungen zur Informationsbeschaffung zur Folge hat, bedarf es hierfür einer entsprechenden Notwendigkeit, z. B.: Aufwändige Prognoserechnungen, wie in § 44 VAG geregelt, ließen sich aufgrund von § 43 VAG nicht ohne Weiteres rechtfertigen.

8 Die Anforderung der **Aktualität** bezieht sich auf das aktuelle Wissen des Unternehmens über die zu übermittelnde Information, nicht darauf, dass nur Informationen über aktuelle Sachverhalte zu übermitteln sind. Insbesondere sind wenigstens so aktuelle Informationen zu übermitteln, wie sie aktuell für Berichtszwecke, z. B. für die Berechnung der versicherungstechnischen Rückstellungen nach § 75 VAG, verwendet werden, soweit sich die Information auf entsprechende Sachverhalte bezieht.

9 Die Bezugnahme in § 43 Abs. 2 S. 2 VAG auf Art, Umfang und Komplexität der Geschäftstätigkeit greift entsprechende Formulierungen zur **Proportionalität**, z. B. in den §§ 23 Abs. 1, 26 Abs. 2, 34 Abs. 2, 40 Abs. 2 und 294 Abs. 5 VAG, wie auch schon in § 7a Abs. 4 VAG a. F. als Maßstab für die Intensität der aufsichtsrechtlichen Vorgaben auf. Die Betonung der mit der Geschäftstätigkeit einhergehenden Risiken entspricht den eigenständigen Bezugnahmen auf Art, Umfang und Komplexität der Risiken, z. B. in den §§ 27 Abs. 3 und 31 Abs. 3 VAG.

10 § 43 Abs. 2 S. 3 VAG bestimmt, dass die Informationen jeweils fristgerecht einzureichen sind. In Bezug auf die Informationen, für deren Berichterstattung an die Aufsichtsbehörde Fristen in den europäischen Rechtsgrundlagen oder der auf Basis von § 39 Abs. 1 S. 1 Nr. 1 VAG erlassenen BerVersV vorgegeben werden, sind diese zu beachten. In den Fällen, in denen es an einer Fristvorgabe in den Rechtsgrundlagen fehlt, ist die Fristsetzung der Aufsichtsbehörde entscheidend. Maßgebend für die Länge der Frist ist dann jeweils der Bedarf der Aufsichtsbehörde. Sie muss die Informationen dann erhalten, wenn sie sie benötigt.

11 Die Anforderung, dass die Informationen **verständlich** sein müssen, wird nicht wie in § 40 Abs. 2 VAG zu dem an die Öffentlichkeit gerichteten Solvabilitäts- und Finanzbericht von dem Adjektiv „allgemein" begleitet. Bei den an die Aufsichtsbehörde einzureichenden Informationen kann davon ausgegangen werden, dass diese besonders sachverständig ist. Der Maßstab der Verständlichkeit wird daher eher den Anforderungen in § 238 Abs. 1 S. 2 HGB entsprechen. Soll die Verarbeitung der Information bei der Aufsichtsbehörde darüber hinaus vereinfacht werden, so kann dies über die Vorgabe von bestimmten Formaten oder Formularen erreicht werden.

12 **IV. Verhältnis zu anderen Regelungen des VAG.** § 43 VAG schafft neben den spezifischen Pflichten zur Übermittlung von Informationen an die Aufsichtsbehörde wie sie sich aus §§ 17, 39, 44–47, 60, 131 ff. und 143 VAG sowie der Solva II-VO und DVO (EU) 2015/2450 ergeben, einen Rahmen, in dem der Informationsbedarf der Aufsichtsbehörde darüber hinaus gedeckt werden kann. Dies betrifft nicht nur andere Sachverhalte, sondern auch den in Bezug auf die entsprechenden Sachverhalte darüber hinausgehenden Informationsbedarf.

Prognoserechnungen

44 **[1] Die Aufsichtsbehörde kann von den beaufsichtigten Unternehmen die Durchführung von Berechnungen einschließlich Prognoserechnungen verlangen, soweit dies für die Finanzaufsicht erforderlich ist. [2] Prognoserechnungen können insbesondere Folgendes betreffen:**

1. das erwartete Geschäftsergebnis zum Ende des laufenden Geschäftsjahres oder zukünftiger Geschäftsjahre, bei Lebensversicherungsunternehmen unter Angabe der für zukünftige Geschäftsjahre bereits deklarierten oder erwarteten Überschussbeteiligung,
2. die Risikotragfähigkeit des Versicherungsunternehmens in Stresssituationen.

[3] In diesem Fall bestimmt sie die Parameter, Stichtage und Berechnungsmethoden sowie Form und Frist, in der die Prognoserechnung vorzulegen ist. [4] Die Aufsichtsbehörde gestattet den Versicherungsunternehmen die Verwendung eigener Berechnungsmethoden, soweit dies die Beurteilung des Unternehmens oder des Versicherungsmarktes insgesamt nicht erschwert. [5] Sie kann verlangen, dass dabei bestimmte Rechnungsannahmen zugrunde gelegt werden.

1 **I. Allgemeines. 1. Entstehungsgeschichte.** § 44 VAG ist bei der Neufassung des VAG im Jahr 2015 durch Art. 1 des Gesetzes zur Modernisierung der Finanzaufsicht über Versicherungen[1] vom 1.4.2015 in das VAG eingefügt worden. Er entspricht inhaltlich weitgehend § 55b VAG a. F., der durch Art. 1 Nr. 8 Siebtes Gesetz zur Änderung des Versicherungsaufsichtsgesetzes v. 29.8.2005 in das VAG

[1] BGBl. 2015 I, 434.

eingefügt wurde.[2] Nachfolgend wurde § 55b S. 1 Nr. 1 VAG a. F. durch Art. 1 Nr. 2 LVRG v. 1.8.2014 auch im Hinblick auf Prognosen für zukünftige Geschäftsjahre ausgeweitet. Bei der Neufassung des VAG wurden § 55b S. 1 Nr. 2 VAG (Prognose der Solvabilitätsspanne zum Ende des laufenden Jahres) wegen des Wegfalls der bisherigen **Solvabilitätsspanne** und § 55b S. 1 Nr. 3 VAG (Prognose der Bewertungsreserven zum Ende des laufenden Jahres) wegen der Bewertung der Kapitalanlagen zum **Zeitwert** obsolet.[3] Weiter wurde der Anwendungsbereich auf Berechnungen allgemein ausgeweitet, anstelle der zuvor genannten Prognoserechnungen.

2. Normzweck. § 44 VAG ergänzt die Auskunftsansprüche nach § 305 VAG der Aufsichtsbehörde. 2
Die Ermächtigung der Aufsichtsbehörde zur Anforderung von Berechnungen, insbesondere Prognoserechnungen, soll ihr neben der Darstellung der Vergangenheitsinformationen im Rahmen der internen Berichterstattung auf Basis des Jahresabschlusses nach § 39 VAG und des Solvabilitäts- und Finanzberichts nach § 40 VAG im Rahmen der für Aufsichtszwecke beizubringenden Informationen auch den Zugriff auf Einschätzungen der zukünftigen Entwicklung ermöglichen. Zwar enthalten Jahresabschluss und Solvabilitätsbericht durchaus auch Informationen von prognostischer Qualität, durch Verfolgung von Zeitreihen vergangener Berichte, aber auch auf Grund der in den Berechnungen der versicherungstechnischen Rückstellungen, der Solvabilitätskapitalanforderungen und auch den Marktpreisen enthaltenen Sicht der Zukunft. Eine eigentliche Prognose der Geschäftsentwicklung ist darin aber nicht enthalten.

3. Europarechtlicher Hintergrund. § 44 VAG hat keinen unmittelbaren europarechtlichen Hin- 3
tergrund, sondern dient allgemein der Erreichung der Aufsichtsziele. Er verfolgt bzgl. des prospektiven Charakters auch die Ziele des Art. 29 Abs. 1 (prospektiver Ansatz der Beaufsichtigung) und Art. 34 Abs. 3 und 4 Solva II-RL (Informationsanspruch der Aufsichtsbehörde und Verpflichtung der Unternehmen zur Entwicklung erforderlicher quantitativer Instrumente), und macht dabei auch davon Gebrauch, dass § 35 Abs. 1 Solva II-RL nur Mindestanforderungen stellt. Insbesondere geht § 44 VAG über die Anforderungen des Art. 34 Abs. 4 Solva II-RL hinaus und erübrigt damit dessen gesonderte Umsetzung.

II. Verlangen der Durchführung von Berechnungen (S. 1). Der zentrale Punkt des § 44 VAG 4
liegt in der Ermächtigung der Aufsichtsbehörde, die Unternehmen Berechnungen durchführen zu lassen, nicht in dem Anspruch, die Ergebnisse zu erhalten. Eine solche Ermächtigung, durchaus **aufwändige Berechnungen** zur Erlangung von nicht unmittelbar verfügbaren Informationen durchführen zu lassen, ist aus den ansonsten die Informationsansprüche der Aufsichtsbehörde begründenden §§ 43 und 305 VAG nicht zweifelsfrei zu entnehmen.

§ 44 S. 1 VAG begründet ein **Eingriffsermessen** der Aufsichtsbehörde.[4] Dies ist durch den Sach- 5
verhalt begründet. In der komplexen Finanzsituation der Versicherungsunternehmen, insbesondere der Lebens- und Krankenversicherer, ist eine Bedrohung der Finanzlage oft nicht ohne aufwändige Berechnungen festzustellen. Wegen des damit verbundenen, möglicherweise als unverhältnismäßig anzusehenden Aufwands wäre die Aufsichtsbehörde nicht in der Lage, ein Durchführungsverlangen bzgl. solcher Berechnungen mit einer Notwendigkeit im Rahmen der Finanzaufsicht verwaltungsrechtlich zu rechtfertigen. Aufgrund des Bestehens eines Eingriffsermessens ist eine solche Rechtfertigung des Verlangens nach § 44 VAG aber nicht erforderlich. Die Aufsichtsbehörde kann aus ihrer Erfahrung heraus in Fällen, die ihr Anlass zu Zweifeln geben, nach eigenem, pflichtgemäßem Ermessen[5] die betreffenden Maßnahmen ohne äußeren Anlass[6] ergreifen. Das Eingriffsermessen ist auf die genannten Berechnungen beschränkt. Insoweit sind die Ausführungen in § 44 VAG abschließend. Ein **Auswahlermessen** besteht bzgl. des Inhalts der geforderten Berechnungen, insbesondere bzgl. der in § 44 S. 3–5 VAG genannten Punkte. Die Art der erforderlichen Berechnung wird sich nach § 44 S. 1–2 meist schon aus dem intendierten Zweck der Berechnung ergeben.

Umfang und Inhalt des Verwaltungsaktes bestimmt sich dann entsprechend des durch § 44 VAG 6
gesteckten Rahmens. Im Unterschied zu § 43 VAG, der sich auf die Aufgaben der Aufsicht insgesamt bezieht, ist das Verlangen auf die Durchführung von Berechnungen auf die **Finanzaufsicht** (§ 294 Abs. 4 VAG) beschränkt. Nachzuweisen ist also bei Ausübung des Eingriffsermessens die Eignung für diesen Zweck. Damit sind Anforderungen zu der Berechnung im Rahmen der Rechtsaufsicht, also z. B. Nachweise über die vertragsgemäße Bestimmung von Rückkaufswerten, nicht durch § 44 VAG begründbar.

Zentral ist im Hinblick auf die Angemessenheit insbesondere eine Rücksichtnahme auf die **tech-** 7
nischen Möglichkeiten des Unternehmens. Gerade Lebens- und Krankenversicherer haben EDV-Systeme, die nach einer bestimmten, oft über Jahrzehnte gewachsenen, Logik arbeiten. Berechnungs-

[2] BGBl. 2005 I, 2546.
[3] Vgl. Begr. RegE-VAG 2014, BT-Drs. 18/2956, 252.
[4] Vgl. FKBP/*Kaulbach* § 44 Rn. 2.
[5] § 297 Abs. 1 VAG.
[6] Begr. RegE 7. Gesetz zur Änderung des VAG, BT-Drs. 15/5221, 16.

vorgaben müssen an dieser Logik ausgerichtet sein, da sie sonst einen übermäßigen Aufwand erfordern würden. Um diese unnötige Belastung zu vermeiden, sollen die Vorgaben der Aufsichtsbehörde, soweit zur Zielerreichung möglich, nach § 44 S. 4 VAG an die technischen Gegebenheiten des Unternehmens angepasst sein. Vorzugsweise bewegen sie sich im Rahmen der Berechnungen, die das Unternehmen ohnehin durchführen muss, also z. B. für den Jahresabschluss oder die Solvabilitätsübersicht.

8 Gefordert werden dürfen grundsätzlich alle **Berechnungen** im Rahmen der Finanzaufsicht. Prognoserechnungen sind hier, im Unterschied zu § 55b VAG a. F., nur beispielhaft genannt, werden aber im Rahmen der Finanzaufsicht die Hauptrolle spielen. Da mit den **Berechnungen** im Rahmen der Jahresabschlüsse bzw. im Zusammenhang mit dem Solvabilitäts- und Finanzbericht sowie dem regelmäßigen aufsichtsrechtlichen Bericht bereits Informationen zur Gegenwarts- und Vergangenheitssituation zur Verfügung stehen, müssen diese noch um zusätzliche Berechnungen ergänzt werden, um die gewünschten Beurteilungen im Hinblick auf zukünftige Zeitpunkte vornehmen zu können; es handelt sich insofern um erweiterte Berichtspflichten nach Maßgabe der Aufsichtsbehörde.[7] Die Änderung des Wortlauts der Regelung gegenüber § 55b VAG a. F. von nur „Prognoserechnungen" auf allgemein „Berechnungen" mit Nennung von „Prognoserechnungen" als Beispiel, zeigt, dass der Gesetzgeber hier eine Ausweitung des Regelungsinhalts beabsichtigt hat. Der Begriff „Berechnungen" bezieht sich ausdrücklich auf mathematische Beurteilungen auf der Grundlage vorhandener Annahmen. Davon nicht erfasst sind rein auf Einschätzungen oder Mutmaßungen basierende Pläne oder Annahmen, die keine mathematischen Beurteilungen darstellen. So kann z. B. die Anforderung einer Prognoserechnung zu den Auswirkungen des zukünftigen Neugeschäfts nicht von dem Unternehmen verlangen, nur hierfür mit dem Vertrieb Pläne über die zukünftige Akquisitionsaktivität zu entwickeln. Soweit das Unternehmen solche Pläne nicht verfügbar hat, müssten die Annahmen dazu von der Aufsichtsbehörde aufgrund des § 44 S. 5 VAG vorgegeben werden.[8] Die Entwicklung solcher Pläne oder Annahmen kann aber durchaus nach den Regeln zur Geschäftsorganisation oder dem Risikomanagement erforderlich sein. Bei den nach § 44 VAG anforderbaren Berechnungen geht es hingegen um konkrete mathematische Folgerungen aus bekannten oder gesetzten Umständen. Die Unterscheidung zwischen Berechnungen und Prognoserechnungen zeigt, dass auch Berechnungen, die keine Prognose beinhalten, also z. B. Detailberechnungen zu vergangenen Jahresabschlüssen, die angefordert werden, um ein bestimmtes Detail der aktuellen Finanzlage zu klären, unter die Regelung des § 44 VAG fallen.

9 Der Verwaltungsakt aufgrund von § 44 VAG kann sowohl für den **Einzelfall** als auch für eine Reihe von Unternehmen mit bestimmten Eigenarten **gesammelt** erfolgen.[9] Ein Einzelfall wird dann Gegenstand sein, wenn hier bestimmte Entwicklungen oder Vorkommnisse vorliegen, die die Aufsichtsbehörde zu einem diesbezüglichen Eingreifen veranlassen. Dies können z. B. ungewöhnliche Schadenhäufungen sein, aber auch das Angebot von besonders risikoreichen Vertragsgestaltungen. Entwicklungen einer Sparte, aber auch spartenübergreifend[10] der Kapitalmärkte, wie z. B. in einer Niedrigzinsphase, können Anlass sein, Berechnungen von allen betroffenen Unternehmen zu verlangen.[11] Bei Ausübung des Ermessens durch die Aufsichtsbehörde gelten die normalen Bestimmungen des Verwaltungsrechts, doch verweist die Gesetzesbegründung ausdrücklich auch im Fall solcher Sammelanforderungen auf eine damit möglicherweise verbundene unangemessene Belastung der Unternehmen.[12] Damit kann die Aufsichtsbehörde bei besonders belastenden Anforderungen Ausnahmen für Unternehmen gewähren, bei denen die Aufsichtsbehörde im Rahmen ihres Ermessens nicht eingreifen möchte.

10 **III. Prognoserechnungen (S. 2).** Bei **Prognoserechnungen** handelt es sich um den Spezialfall von Berechnungen, die Entwicklungen in der Zukunft zum Gegenstand haben. § 44 S. 2 VAG nennt Beispiele solcher Prognoserechnungen. Diese sind aber nicht abschließend, zum einen aufgrund des Wortlauts des § 44 S. 2 („insbesondere"), zum anderen da § 44 S. 1 ohnehin Berechnungen aller Art im Rahmen der Finanzaufsicht betrifft. Prognoserechnungen gab es schon vor Einführung des § 55b VAG a. F.[13] und sie sind auch Teil des Risikomanagements.[14] Bezug genommen wird aber auf die spezifisch von der Aufsichtsbehörde gewünschten Berechnungen, die sich bzgl. Art und Ausgangsparametern durchaus von den schon von den Unternehmen erstellten Prognoserechnungen unterscheiden können.[15] Prognoserechnungen ist ein Schätzrisiko immanent,[16] was für mathematische Berechnungen nicht allgemein gilt. Daher kann hier auch keine, über die sich bei üblicher Sorgfalt ergebende, hinausgehende Präzision erwartet oder verlangt werden.

---

[7] Begr. RegE 7. Gesetz zur Änderung des VAG, BT-Drs. 15/5221, 16.
[8] Vgl. Begr. RegE 7. Gesetz zur Änderung des VAG, BT-Drs. 15/5221, 16.
[9] Vgl. Begr. RegE 7. Gesetz zur Änderung des VAG, BT-Drs. 15/5221, 16.
[10] Begr. RegE 7. Gesetz zur Änderung des VAG, BT-Drs. 15/5221, 16.
[11] Vgl. z. B. *BaFin*, Jahresbericht 2014, 14, zu Prognoserechnungen in der Lebensversicherung im Rahmen der „Vollerhebung Leben", die wegen der extremen vorgebenden Annahmen auch als „Stresstest" bezeichnet werden.
[12] Begr. RegE 7. Gesetz zur Änderung des VAG, BT-Drs. 15/5221, 16.
[13] Vgl. Bähr/*Platt* § 18 Rn. 102, *Laars* § 55b a. F. Rn. 1.
[14] Begr. RegE 7. Gesetz zur Änderung des VAG, BT-Drs. 15/5221, 16.
[15] Vgl. Begr. RegE VAG 2014, BT-Drs. 18/2956, 252
[16] Begr. RegE 7. Gesetz zur Änderung des VAG, BT-Drs. 15/5221, 16.

Als Beispiel für Prognoserechnungen führt § 44 S. 2 Nr. 1 VAG Prognosen zukünftiger **Geschäftsergebnisse** auf. Da nach Solvabilität II kein Geschäftsergebnis ermittelt wird, kann hiermit nur das Geschäftsergebnis i. S. d. § 289 Abs. 1 HGB, also das im Jahresabschluss gemeint sein, zumal der Wortlaut aus der Zeit vor Solvabilität II stammt. Dies betrifft sowohl eine Prognose zum Ende des laufenden Geschäftsjahres wie auch zukünftiger Geschäftsjahre. Gerade in einem Niedrigzinsumfeld sind wegen der Bewertungsreserven im Jahresabschluss längerfristige Prognosezeiträume erforderlich.[17] Die Bezugnahme auf die Angabe der deklarierten oder erwarteten Überschussbeteiligung umfasst im Rahmen des § 44 VAG nicht nur die Angabe, sondern im ersten Schritt vor allem auch deren Berücksichtigung in den Berechnungen. Der allgemeine Begriff „Überschussbeteiligung" anstelle von „Überschussanteilen" verdeutlicht, dass damit nicht nur die Zuteilung von Überschussanteilen, sondern auch alle anderen Aspekte der Überschussbeteiligung, insbesondere die Zuführung zur Rückstellung für Beitragsrückerstattung nach § 341e Abs. 2 Nr. 2 HGB, gemeint ist. Während die Angabe von bereits erfolgten Festlegungen („Deklaration") auf klaren Fakten beruht, ist die erwartete Überschussbeteiligung, also sowohl zukünftige Zuführungen zur Rückstellung für Beitragsrückerstattung als auch Entnahmen für Zuteilungen, eine Schätzung, die nur auf Basis der Prognose der Geschäftsergebnisse erfolgen kann und zudem auch umfangreiche Berechnungen erfordert. Hinzu kommt die Notwendigkeit, Prognosen zu den zukünftigen Entscheidungen des Vorstandes nach § 139 Abs. 2 VAG und über die zukünftigen Deklarationen vorzunehmen, wie sie auch nach § 84 Abs. 1 Nr. 3 VAG im Rahmen der Solvabilitätsberechnungen zu berücksichtigen sind (**Managementregeln**). Wegen der Abhängigkeit von zukünftig noch zu treffenden Entscheidungen wird die erwartete Überschussbeteiligung hier ausdrücklich aufgeführt, denn ohne Weiteres gehören Pläne des Unternehmens – wie in Rn. 3 ausgeführt – nicht zu den von § 44 VAG erfassten Berechnungen. 11

Das zweite in der Vorschrift genannte Beispiel ist nach § 44 S. 2 Nr. 2 VAG die Prognose der zukünftigen **Risikotragfähigkeit** des Unternehmens in Stresssituationen, auch als **Stresstest** bezeichnet.[18] Die Feststellung der aktuellen Risikotragfähigkeit ist nach § 27 Abs. 2 Nr. 2 VAG Gegenstand des Risikomanagementsystems, nach § 27 Abs. 6 VAG sogar die langfristige Risikotragfähigkeit bei Abgabe langfristiger Garantien. Die Überwachung der langfristigen Sicherung der Risikotragfähigkeit gehört nach § 294 Abs. 4 VAG zu den Aufgaben der Aufsichtsbehörde. Daher ist nicht nur die erwartete zukünftige Risikotragfähigkeit von Bedeutung, sondern auch, wie sich diese bei besonders ungünstigen Entwicklungen oder Ereignissen, den sogenannten Stresssituationen,[19] entwickelt.[20] Gerade hier ist eine Vorgabe von zu berücksichtigenden Stresssituationen aufgrund von § 44 S. 5 VAG von Bedeutung. Die Aufsichtsbehörde ist wegen des Eingriffsermessens weitgehend frei, diesbezüglich die Unternehmen auszuwählen und entweder Vorgaben bzgl. der Annahmen und Methoden zu machen oder von den Unternehmen eine Auswahl zu verlangen. 12

IV. Vorgaben zu den Berechnungen (S. 3–5). § 44 S. 3–5 VAG erlauben der Aufsichtsbehörde, die genauen **Umstände der Erfüllung** des Verlangens vorzugeben. Aufgrund der Struktur und der Bezugnahme auf Prognoserechnungen gilt dies unmittelbar nur für die beiden Beispiele im Satz zuvor. Eine solche Einschränkung ergibt jedoch i. S. d. Vorschrift keinen Sinn, da für alle angeforderten Berechnungen, nicht nur Prognoserechnungen, solche Vorgaben notwendig sind, um den intendierten Erfolg der Maßnahme zu erreichen. Der Wortlaut des § 44 S. 3 VAG ist bis auf eine redaktionelle Änderung gegenüber § 55b S. 2 VAG a. F. unverändert, der sich auf den gesamten Anwendungsbereich von § 55b VAG bezog. Daher ist hier von einem **redaktionellen Fehler** auszugehen, der durch die Aufteilung des bisherigen § 55b S. 1 VAG a. F. in zwei Sätze und die Verallgemeinerung auf „Berechnungen" entstand: Demzufolge sind § 44 S. 3–5 VAG auf den gesamten Anwendungsbereich des § 44 VAG zu beziehen. Wegen der Relativierung der Verpflichtung zur Bestimmung der Annahmen in S. 3 durch das Eingriffsermessen in S. 5 kann es dahingestellt bleiben, ob durch S. 3 eine Pflicht zur Bestimmung der Annahmen begründet wird. 13

Die Vorgaben zu den einzuhaltenden **Parametern, Stichtagen, Bewertungsmethoden sowie Form und Frist** sind insbesondere zur Vergleichbarkeit von spartenweit verlangten Prognoserechnungen und Stresstests wesentlich. Obwohl die Aufzählung sehr ausführlich ist, ist sie dennoch nicht als vollständig anzusehen. Während das Verlangen einer Berechnung als Solches einem Eingriffsermessen unterliegt, sind die Details Gegenstand normaler verwaltungsrechtlicher Abwägungen und fallen damit in den Anwendungsbereich des § 298 VAG. Der Umfang der Aufzählung deutet eher darauf hin, dass der Gesetzgeber keinen Zweifel daran lassen wollte, dass die Aufsichtsbehörde Vorgaben zu allen Aspekten eines solchen Verlangens machen kann. Allerdings können weitergehende Anforderungen, 14

---

[17] Vgl. *Laars* § 55b a. F. Rn. 1f, sie werden seit 2002 erhoben.

[18] Vgl. Bähr/*Platt* § 18 Rn. 106ff.

[19] In der entsprechenden Regelung in § 55b S. 1 Nr. 4 VAG a. F. wurde der Begriff „adverse Situationen" verwendet. Im Rahmen von Solvabilität II hat sich hierfür der Begriff „Stresssituationen" oder „Stressszenarien" eingebürgert.

[20] Vgl. Begr. RegE 7. Gesetz zur Änderung des VAG, BT-Drs. 15/5221,16.

z. B. **Stellungnahmen** des Aufsichtsrates oder des Abschlussprüfers, nur im Rahmen der allgemeinen Befugnisse der Aufsichtsbehörde nach § 298 VAG gestellt werden.

15 § 44 S. 4 VAG schränkt die Ermächtigung insoweit ein, dass die Aufsichtsbehörde auf die vom jeweiligen Unternehmen verwendeten **eigenen Berechnungsmethoden** möglichst Rücksicht nehmen soll. Gemeint sind weniger die Berechnungsmethoden als vielmehr die für diese von dem Unternehmen entwickelten und demzufolge verfügbaren **technischen Verfahren**, insbesondere EDV-Programme. Solche aufwändig erststellten Programme sind nur für bestimmte Berechnungsmethoden geeignet. Schon geringe Variationen können unverhältnismäßig hohe Änderungskosten erfordern. Daher ist die Aufsichtsbehörde gehalten, ihre Anforderungen möglichst im Rahmen der technischen Möglichkeiten des Unternehmens zu halten. Wenn zur Erzielung einer Vergleichbarkeit und Gleichbehandlung bei regelmäßigen und spartenweiten Berechnungsanforderungen allerdings eine gewisse Einheitlichkeit der Berechnungsmethoden erforderlich ist, kann die Aufsichtsbehörde auch von einem Unternehmen die Anwendung von Bewertungsmethoden verlangen, die eine Änderung oder gar Neuentwicklung von Programmen erfordern. Dies kann z. B. der Fall sein, wenn das Unternehmen Verfahren verwendet, die auf die Bewertung von Finanzrisiken optimiert sind, die Aufsichtsbehörde aber eine Sensitivität im Hinblick auf versicherungstechnische Risiken untersucht haben möchte. Die Gestattung einer individuellen Abweichung von generell geforderten Bewertungsmethoden ist aber kein begünstigender Verwaltungsakt, sondern ein im Einzelfall modifizierter Verwaltungsakt.[21] Ein solcher ist auch dann gegeben, wenn die Bewertungsmethoden des Unternehmens die eigentlich intendierte Information nicht vermitteln und die Aufsichtsbehörde die Anwendung geänderter Methoden verlangt.

16 Die Ermächtigung zur Vorgabe **bestimmter Rechnungsannahmen** in § 44 S. 5 VAG ist bereits durch S. 3 mit der Bezugnahme auf die Parameter abgedeckt. Sie dient hier der Klarstellung, dass die Aufsichtsbehörde insbesondere bei Prognoserechnungen auch die Verwendung von Annahmen über die Zukunft verlangen kann, die das Unternehmen so nicht teilt. Dies kann erforderlich sein, um eine Vereinheitlichung bei spartenweiten Untersuchungen zu erreichen, um auch unerwartete Extremfälle abzudecken oder einfach, weil es einen Dissens über die Sicht der Zukunft zwischen Unternehmen und Aufsichtsbehörde gibt.

17 **V. Verhältnis zu anderen Regelungen des VAG sowie zu anderen Normen.** § 44 VAG ergänzt die Auskunftsansprüche der Aufsichtsbehörde nach § 305 VAG und den Informationsumfang nach den §§ 39 f. VAG. Nach § 281 Abs. 2 VAG ist § 44 VAG entsprechend auch auf die Gruppenaufsicht anwendbar. Die im Rahmen von Prognoserechnungen verwendeten Kriterien und Methoden sind nach § 318 Abs. 2 Nr. 2 VAG durch die BaFin zu veröffentlichen. Zuwiderhandlungen gegen vollziehbare Anordnungen nach § 44 S. 1 VAG sind nach § 332 Abs. 1 Nr. 2 lit. a VAG ordnungswidrig. § 44 VAG unterstützt die Vorgaben zu den sogenannten Stresstests der EIOPA[22] nach Art. 21 Abs. 2 lit. b, Art. 23 Abs. 1 und Art. 32 Abs. 2 VO (EU) 1094/2010.

Befreiung von Berichtspflichten

45 (1) [1] **Wenn Berichte auf Grund von delegierten Rechtsakten gemäß Artikel 35 Absatz 9 und technischen Durchführungsstandards gemäß Artikel 35 Absatz 10 der Richtlinie 2009/138/EG gegenüber der Aufsichtsbehörde häufiger als einmal pro Jahr zu erstatten sind, kann die Aufsichtsbehörde Versicherungsunternehmen ganz oder teilweise von dieser Berichtspflicht befreien, wenn**

1. die Übermittlung dieser Informationen im Verhältnis zu Art, Umfang und Komplexität der mit dem Geschäft verbundenen Risiken mit einem übermäßigen Aufwand verbunden wäre und

2. die Informationen mindestens einmal pro Jahr eingereicht werden.

[2] **Im Fall der vierteljährlichen Berichterstattung zur Berechnung der Mindestkapitalanforderung gemäß § 123 Absatz 1 Satz 1 ist eine Befreiung ausgeschlossen.** [3] **Eine Befreiung ist ferner ausgeschlossen, wenn das Versicherungsunternehmen zu einer Gruppe im Sinne des § 7 Nummer 13 gehört, es sei denn, das Unternehmen weist nach, dass eine regelmäßige unterjährige Berichterstattung nach Art, Umfang und Komplexität der mit dem Geschäft der Gruppe verbundenen Risiken nicht angemessen ist.**

(2) [1] **Die Aufsichtsbehörde kann Versicherungsunternehmen ganz oder teilweise von der regelmäßigen Berichterstattung auf Grund von delegierten Rechtsakten gemäß Artikel 35 Absatz 9 oder technischen Durchführungsstandards gemäß Artikel 35 Absatz 10 der Richtlinie 2009/138/EG befreien, wenn**

---

[21] FKBP/*Kaulbach* § 55b Rn. 3.

[22] Vgl. *EIOPA* 16/302 2016 EIOPA Insurance Stress Test Report v. 15.12.2016.

1. die Übermittlung der betreffenden Informationen in Anbetracht von Art, Umfang und Komplexität der mit dem Geschäft des Unternehmens verbundenen Risiken mit einem übermäßigen Aufwand verbunden wäre,
2. die Übermittlung der betreffenden Informationen für eine wirksame Beaufsichtigung des Unternehmens nicht erforderlich ist,
3. die Befreiung nicht der Stabilität der betroffenen Finanzsysteme in der Union zuwiderläuft und
4. das Unternehmen in der Lage ist, die Informationen auf Anforderung unverzüglich zu übermitteln.

[2] **Eine Befreiung ist ausgeschlossen, wenn das Versicherungsunternehmen zu einer Gruppe im Sinne des § 7 Nummer 13 gehört, es sei denn, das Unternehmen weist nach, dass eine regelmäßige unterjährige Berichterstattung nach Art, Umfang und Komplexität der mit dem Geschäft der Gruppe verbundenen Risiken unter Berücksichtigung des Ziels der Finanzstabilität nicht angemessen ist.**

(3) [1] **Der Anteil aller Versicherungsunternehmen innerhalb des Nichtlebensversicherungsmarktes, die von Berichtspflichten nach den Absätzen 1 und 2 befreit werden, darf jeweils einen Marktanteil von 20 Prozent nicht überschreiten.** [2] **Das Gleiche gilt für den Anteil aller Versicherungsunternehmen innerhalb des Lebensversicherungsmarktes.** [3] **Der Marktanteil ist für den Nichtlebensversicherungsmarkt auf der Basis der gebuchten Bruttoprämien und für den Lebensversicherungsmarkt auf der Basis der versicherungstechnischen Bruttorückstellungen zu ermitteln.**

(4) **Bei der Befreiung von Unternehmen berücksichtigt die Aufsichtsbehörde die Unternehmen mit den geringsten Marktanteilen vorrangig.**

(5) **Bei der Prüfung, ob der Aufwand für die Übermittlung von Informationen im Verhältnis zu Art, Umfang und Komplexität der Risiken des Unternehmens übermäßig wäre, berücksichtigt die Aufsichtsbehörde mindestens die folgenden Kriterien:**
1. das Volumen der Prämien, versicherungstechnischen Rückstellungen und Vermögenswerte des Unternehmens,
2. die Volatilität der durch das Unternehmen abgedeckten Versicherungsleistungen,
3. die Marktrisiken, die durch die Investitionen des Unternehmens entstehen,
4. die Höhe der Risikokonzentrationen,
5. die Gesamtzahl der Versicherungszweige, für die eine Zulassung erteilt wurde,
6. die potenziellen Auswirkungen der Verwaltung der Vermögenswerte des Unternehmens auf die Finanzstabilität,
7. die Systeme und Strukturen des Unternehmens zur Übermittlung von Informationen für die Zwecke der Beaufsichtigung und die in § 29 Absatz 4 genannten schriftlich festgelegten Leitlinien,
8. die Angemessenheit des Governance-Systems des Unternehmens,
9. die Höhe der Eigenmittel zur Einhaltung der Solvabilitätskapitalanforderung und der Mindestkapitalanforderung und
10. ob es sich bei dem Unternehmen um ein firmeneigenes Versicherungsunternehmen handelt, das nur Risiken abdeckt, die mit dem Industrie- oder Handelskonzern verbunden sind, zu dem es gehört.

Übersicht

1 **I. Allgemeines. 1. Entstehungsgeschichte.** § 45 VAG ist bei der Neufassung des VAG im Jahr 2015 durch Art. 1 des Gesetzes zur Modernisierung der Finanzaufsicht über Versicherungen[1] vom 1.4.2015 in das VAG eingefügt worden.

2 **2. Normzweck.** § 45 VAG regelt die Umstände, in denen es der Aufsichtsbehörde erlaubt ist, Versicherungsunternehmen ganz oder teilweise von einigen ihrer Berichtspflichten aufgrund europarechtlicher Anforderungen gegenüber der Aufsichtsbehörde zu befreien, um eine übermäßige Belastung zu vermeiden.[2] Hierbei soll die Aufsichtsbehörde diese Erleichterung insbesondere den Unternehmen mit dem geringsten Marktanteil ermöglichen, soweit die Berichtspflichten bei diesen Unternehmen dem Grundsatz der Proportionalität nicht genügen.[3] Zugleich ist der Umfang der Erleichterungen so begrenzt, dass die statistische Aussagekraft der in dem jeweiligen Markt und europaweit gesammelten Informationen durch Beschränkung auf einen kleinen Teil des Marktes nicht übermäßig eingeschränkt wird.

3 **3. Europarechtlicher Hintergrund.** Mit § 45 VAG wird der durch Art. 2 Nr. 7 lit. b der RL 2014/51/EU (Omnibus II) neu eingeführte Art. 35 Abs. 6–8 Solva II-RL umgesetzt. Dabei entspricht § 45 Abs. 1 VAG inhaltlich Art. 35 Abs. 6 der Solva II-RL. § 45 Abs. 2 setzt Art. 35 Abs. 7 UAbs. 1 und 2 Solva II-RL um, während Art. 35 Abs. 7 UAbs. 3 und 4 Solva II-RL durch § 45 Abs. 3 und 4 VAG transformiert werden. § 45 Abs. 5 VAG setzt schließlich nahezu wortgleich Art. 35 Abs. 8 Solva II-RL um.

4 Die Methoden, mit denen die Aufsichtsbehörde den Marktanteil nach § 45 Abs. 3 VAG für die Befreiung von der Berichterstattung bestimmt, werden durch die EIOPA-LL Methoden für die Bestimmung von Marktanteilen für die Berichterstattung[4] näher konkretisiert. Die BaFin sieht die Regelungen der EIOPA-LL Methoden für die Bestimmung von Marktanteilen für die Berichterstattung aber bereits mit § 45 VAG bzw. § 282 VAG umgesetzt und hat daher keine AE zu dem Thema veröffentlicht.[5]

5 **II. Verwaltungsrechtliche Einordnung der Befreiung von Berichtspflichten nach § 45 Abs. 1 und 2 VAG.** § 45 VAG regelt nur Entscheidungen der Aufsichtsbehörde und enthält keine unmittelbar für die Unternehmen geltenden Bestimmungen. Erst durch die Vornahme eines die Befreiung begründenden **Verwaltungsakts** gegenüber dem betreffenden Unternehmen nach § 45 Abs. 1 oder 2 VAG entsteht eine Wirkung auf das Unternehmen. § 45 Abs. 1 und 2 VAG gewähren der Aufsichtsbehörde ein **Auswahlermessen** bei der Befreiung bestimmter Unternehmen von den genannten Berichtspflichten. Das Auswahlermessen ist insbesondere durch die Vorgaben in § 45 Abs. 4 und 5 VAG begrenzt. Aufgrund der Zielsetzung, auch die Berichtspflichten nach dem **Grundsatz der Proportionalität** festzulegen, und der damit verbundenen Möglichkeit der Aufsichtsbehörde, im Rahmen des Auswahlermessens die Vorgaben des § 45 Abs. 4 und 5 VAG auszulegen, wirkt sich die Regelung auf das einzelne Unternehmen wie ein Eingriffsermessen aus.

6 § 45 VAG beinhaltet keinen auf Antrag eines Unternehmens vorzunehmenden begünstigenden Verwaltungsakt, obwohl der Wortlaut des § 45 Abs. 1 und 2 VAG in diese Richtung deutet. Eine **Antragsmöglichkeit** ist nicht vorgesehen. Aus § 45 Abs. 3 und 4 VAG ergibt sich, dass die Initiative formal von der Aufsichtsbehörde ausgeht. Die Aufsichtsbehörde bestimmt von sich aus die Unternehmen, die eine Erleichterung der sonst geltenden Berichtspflichten erhalten sollen. Nach LL 7 EIOPA-LL Methoden für die Bestimmung von Marktanteilen für die Berichterstattung[6] soll die Aufsichtsbehörde die betreffenden, von ihr ausgewählten Unternehmen in einem **angemessenen Zeitrahmen** über die Befreiung informieren. Da die Befreiung insbesondere der Arbeitserleichterung der betreffenden Unternehmen dienen soll, ist eine zeitnahe Information über die Befreiung, die erfolgt, bevor die Unternehmen alle Arbeiten zur Berichterstattung begonnen haben, essentiell.[7] Die befreiten Unternehmen können nachfolgend dennoch freiwillig die sonst geltenden Berichtspflichten erfüllen. Die Erleichterung durch den Entfall der Berichtspflichten beschränkt sich ohnehin, insbesondere wegen § 45 Abs. 2 Nr. 4 VAG,[8] auf das Wegfallen der „Ausarbeitung und Vorlage dieser Informationen".[9]

7 Für die beiden Befreiungstatbestände in § 45 Abs. 1 und 2 VAG gibt es grundsätzlich zwei Kriterien: Erstens muss das Unternehmen durch die Berichtspflichten, gemessen an dem **Grundsatz der Proportionalität**, übermäßig stark „belastet" sein und zum zweiten muss dies auch im **Verhältnis zum Markt** in besonderem Maße gelten. Daher kann die Ermächtigung der Aufsichtsbehörde nicht auf der

[1] BGBl. 2015 I, 434.
[2] Vgl. Erwägungsgründe 24 und 25 RL 2014/51/EU (Omnibus II).
[3] Vgl. zur Geschichte der Erleichterungsregelungen *Gründl/Kraft* S. 124.
[4] Vgl. EIOPA-BoS-15/106.
[5] S. EIOPA, Compliance Tabelle.
[6] Vgl. EIOPA-BoS-15/106.
[7] Vgl. Final Report on public consultation No. 14/044 on Guidelines on methods for determining the market shares for reporting, EIOPA-BoS-15/106, Abs. 2.1.
[8] Vgl. Rn. 20.
[9] Vgl. Erwägungsgrund 24 RL 2014/51/EU (Omnibus II).

Situation eines Unternehmens allein begründet sein, sondern muss eine Gesamtabwägung beinhalten. Letztlich geht es darum, denjenigen Unternehmen eine Erleichterung zu verschaffen, bei denen die Entstehung eines übermäßig hohen Aufwands zur Erfüllung der Anforderungen an die Berichterstattung angesichts des betriebenen Geschäfts jeweils am ehesten bejaht werden kann. Maßgeblich ist nicht nur die Belastung eines bestimmten Unternehmens selbst, sondern das Verhältnis zu den anderen Unternehmen.

Hintergrund für den relativen Charakter der Regelung ist die **statistische Aussagefähigkeit** der zu berichtenden Informationen auf dem marktweit und erst recht europaweit aggregierten Niveau. Alle angeforderten Informationen werden für statistisch wichtig gehalten, auch wenn sie vielleicht im Verhältnis zum einzelnen Unternehmen nicht unbedingt der Proportionalität genügen. Um die statistische Aussagekraft zu erhalten, dürfen nur relativ geringe Anteile am Markt davon ausgenommen werden, auch wenn dies ggf. für eine Reihe von Unternehmen bedeutet, dass die Berichtspflichten nicht dem Grundsatz der Proportionalität genügen. Dies ist der allgemein bestehende Zwiespalt zwischen Informationen, die zur Beaufsichtigung einzelner Unternehmen relevant sind, und Informationen, die zur Beurteilung des Gesamtbildes statistisch erforderlich sind.[10] 8

III. Befreiung von unterjährigen Berichtspflichten (Abs. 1). Gemäß § 45 Abs. 1 VAG ist eine Befreiung möglich im Fall von **unterjährigen Berichtspflichten**, die sich aus den aufgrund von Art. 35 Abs. 9 Solva II-RL erlassenen delegierten Rechtsakten, d. h. hier, der Solva II-VO, oder den aufgrund von Art. 35 Abs. 10 Solva II-RL erlassenen technischen Durchführungsstandards ergeben. Derzeit resultieren hiervon betroffene vierteljährliche Berichtspflichten aus Art. 304 Abs. 1 lit. d S. 1 Solva II-VO, bei denen nach Art. 304 Abs. 1 lit. d S. 2 Solva II-VO eine Befreiung von der vierteljährlichen Berichterstattung nach § 45 Abs. 1 VAG möglich ist. Dies sind quantitative, erläuternde und ergänzende Informationen zur Solvabilitäts- oder Finanzlage, z. B. verwendete Parameter oder grundlegende Basisdaten. Der genaue Inhalt der betroffenen vierteljährlichen Berichte ergibt sich aus Art. 6 und 7 DVO (EU) 2015/2450, wobei Art. 304 Abs. 3 Solva II-RL ohnehin bestimmt, dass die vierteljährlichen Berichte weniger umfassend sein können, als die jährlichen Berichte. 9

Die mögliche Befreiung von den genannten vierteljährlichen Berichtspflichten aufgrund von Art. 304 Abs. 1 lit. d S. 1 Solva II-VO betrifft alle anderen bestehenden Berichtspflichten, seien sie regelmäßig oder anlassbezogen, nach VAG oder Solva II-VO, nicht.[11] Zu den **nicht betroffenen Berichtspflichten** gehört wegen § 45 Abs. 1 S. 2 VAG auch die vierteljährliche Berichterstattung der Mindestkapitalanforderung nach § 123 Abs. 1 S. 1 VAG, die aufgrund der expliziten Nennung in S. 2 des § 45 Abs. 1 VAG von einer Befreiung stets ausgeschlossen ist. 10

Die Befreiung von den betroffenen unterjährigen Berichtspflichten kann im Rahmen des Auswahlermessens der Aufsichtsbehörde **ganz oder teilweise** erfolgen. Erlaubt die Aufsichtsbehörde eine Befreiung von den unterjährigen Berichtspflichten zur Gänze, entfallen die entsprechenden Berichte. Die Aufsichtsbehörde kann darüber hinaus nach eigenem Ermessen bestimmte unterjährige Berichtspflichten von der Befreiung ausnehmen. Dies kann auch unternehmensindividuell erfolgen. Auch hierfür ist die Basis des Auswahlermessens § 45 Abs. 1 S. 1 Nr. 1 und Abs. 3–5 VAG. 11

§ 45 Abs. 1 S. 1 Nr. 1 VAG stellt als Voraussetzung für eine Befreiung von Berichtspflichten auf die **Proportionalität** auf Ebene des betroffenen Unternehmens ab. Das VAG bezieht sich bzgl. der Proportionalität auf „Art, Umfang und Komplexität", hier bezogen auf die mit dem jeweiligen Geschäft verbundenen Risiken, an anderer Stelle, wie z. B. in § 23 Abs. 1 VAG, mit Bezugnahme auf die jeweilige Tätigkeit eines Versicherungsunternehmens.[12] Grundlage ist das Übermaßverbot. Allerdings wird das Übermaßverbot in dem speziellen Fall hier durch § 45 Abs. 3 und 4 VAG aufgrund übergeordneter statistischer Erwägungen eingeschränkt.[13] Als Maßstab für die Ausübung des Ermessens der Aufsichtsbehörde finden sich in § 45 Abs. 5 VAG Prüfungsvorgaben. 12

Die Informationen müssen bei einer Befreiung von der unterjährlichen Berichtspflicht nach § 45 Abs. 1 S. 1 Nr. 2 VAG auf jeden Fall **jährlich** eingereicht werden, grundsätzlich unabhängig davon, ob eine jährliche Berichterstattung gefordert ist oder nicht. In der Praxis ist aber aufgrund der Regelungen in Art. 9–11 sowie 13 DVO (EU) 2015/2450 im Hinblick auf die vierteljährlichen Berichtspflichten, die für eine Befreiung auf Basis von § 45 Abs. 1 VAG in Frage kommen, ohnehin eine jährliche Berichterstattung verpflichtend. Dies liegt daran, dass die in Art. 35 Abs. 6 und 7 Solva II-RL jeweils enthaltene Bedingung einer mindestens jährlichen Berichterstattung als eine der beiden für eine Befreiung notwendigen Voraussetzungen bereits in den auf Basis von Art. 35 Abs. 10 Solva II-RL erlassenen technischen Durchführungsstandards der DVO (EU) 2015/2450 umgesetzt wurde. Da der alleinige Zweck der Maßnahme auf Basis des § 45 VAG eine Erleichterung des Unternehmens von einer als übermäßig angesehenen Belastung durch Berichtspflichten ist, nicht aber ein Erkenntnisgewinn durch Jahresberichte statt unterjähriger Berichte, bleibt es den betroffenen Unternehmen unbenommen, 13

[10] Vgl. Kommentierung zu §§ 43 und 44 VAG.
[11] Art. 304 Abs. 4 Solva II-VO
[12] Vgl. Erwägungsgrund 18 Solva II-RL.
[13] Vgl. Rn. 21.

dennoch die Berichte unterjährig einzureichen, wenn sie eine vom Normalfall abweichende jährliche Berichterstattung als eher größere Belastung ansehen: Die Berichte an die Aufsichtsbehörde werden bei vielen Unternehmen weitgehend in die EDV-Systeme implementiert sein und eine Änderung der Systeme von unterjährigen auf jährliche Berichte kann aufwändiger sein, als die Beibehaltung der unterjährigen Berichte.

14 Zu einer **Gruppe nach § 7 Nr. 13 VAG** gehörende Unternehmen sind grundsätzlich von der Befreiung nach § 45 Abs. 1 VAG gemäß S. 3 ausgeschlossen. Eine Ausnahme besteht nur, wenn die Gruppe insgesamt, den Bedingungen für die Befreiung nach § 45 Abs. 1 S. 1 Nr. 1 VAG genügen würde. Hier liegt allerdings die **Beweispflicht** bei dem betreffenden Unternehmen. Da die Befreiung von den Berichtspflichten nach § 45 Abs. 1 VAG nicht auf einem Antrag des Unternehmens basiert, sondern von der Aufsichtsbehörde bestimmt wird,[14] muss ein an einer Befreiung interessiertes Unternehmen selbst die **Initiative** ergreifen und der Aufsichtsbehörde mitteilen, dass die Gruppe, zu der es gehört, die Bedingungen erfüllt. Allerdings empfiehlt LL 8 EIOPA-LL Methoden für die Bestimmung von Marktanteilen für die Berichterstattung,[15] dass die Aufsichtsbehörde zu Gruppen gehörende Unternehmen unter **Angabe einer Frist** dazu auffordert, solche Nachweise zu übermitteln. Auf der Grundlage kann die Aufsichtsbehörde das betreffende Unternehmen dann von bestimmten Berichterstattungspflichten befreien. Hiervon zu unterscheiden ist die **Befreiung der ganzen Gruppe** von der Berichterstattungspflicht nach § 282 Abs. 1 VAG.

15 **IV. Befreiung von Berichtspflichten zu bestimmten Informationen (Abs. 2).** § 45 Abs. 2 VAG ermächtigt die Aufsichtsbehörde, Unternehmen von der Pflicht zur Übermittlung bestimmter Inhalte **regelmäßiger Berichte** zu befreien, ohne Rücksicht darauf, ob sie im Rahmen einer unterjährigen oder jährlichen Berichterstattung gefordert sind. Dies betrifft die nach Art. 304 Abs. 1 und 2 Solva II-VO und den Vorgaben der Art. 6 bis 21 DVO (EU) 2015/2450 regelmäßig beizubringenden Informationen.[16] Die Befreiung kann nur diese Informationen betreffen, nicht aber andere Berichtspflichten, die z. B. nach dem VAG bestehen oder nicht-regelmäßige **ereignisbezogene Berichtspflichten**.[17] Art. 35 Abs. 7 S. 1 Solva II-RL bezieht sich insbesondere auf die „**Einzelpostenberichterstattung**". Art. 304 Abs. 1 lit. d Solva II-VO verweist auf „nach Posten aufgeschlüsselte Berichte". Gemeint sind hiermit Detailinformationen in den quantitativen Meldebögen (Quantitative Reporting Templates, QRTs), die bis auf die einzelne Kapitalanlage oder Forderung heruntergebrochen sein können.

16 Zu Sonderregelungen nach § 45 Abs. 2 S. 2 VAG für Unternehmen, die einer **Gruppe nach § 7 Nr. 13 VAG** angehören, vgl. Rn. 14.

17 Die Voraussetzungen für eine Befreiung umfassen neben der **Proportionalitätsbedingung** in § 45 Abs. 2 S. 1 Nr. 1 VAG, die der in § 45 Abs. 1 S. 1 Nr. 1 VAG entspricht,[18] **zusätzliche Anforderungen** in Abs. 2 S. 1 Nr. 2 bis 4 der Norm.

18 Informationen, die für eine **wirksame Beaufsichtigung** des Unternehmens erforderlich sind, sind nach § 45 Abs. 2 S. 1 Nr. 2 VAG prinzipiell von der Möglichkeit einer Befreiung ausgeschlossen. Sie wären ohnehin nach § 43 VAG ohne Befreiungsmöglichkeit beizubringen.

19 Eine Befreiung darf nach § 45 Abs. 2 S. 1 Nr. 3 VAG insoweit nicht erfolgen, wie die Vollständigkeit der erhobenen Daten zur Beurteilung der **Lage der betroffenen Finanzsysteme** erforderlich ist und eine Befreiung sich negativ auf deren Stabilität auswirken könnte. Hierbei ist nicht die individuelle Situation des Unternehmens maßgeblich, sondern die aggregierte Information zu statistischen Zwecken. Diese Anforderung entspricht dem Normzweck des § 46 Abs. 1 VAG.

20 Unbeachtlich der Befreiung von der Berichtspflicht, ist das befreite Unternehmen dennoch nach § 45 Abs. 2 S. 1 Nr. 4 VAG verpflichtet, dafür Sorge zu tragen, dass die betroffenen Informationen jederzeit **unverzüglich erfasst** werden können, so dass sie der Aufsichtsbehörde auf Anforderung übermittelt werden könnten. Oft werden sie ohnehin schon in der Aktualität, wie sie für die regelmäßigen Berichte benötigt würden, ständig vorliegen. Diese Bedingung ist Bestandteil des **Verwaltungsaktes**, mit dem die Befreiung von den betreffenden Berichtspflichten für ein Unternehmen ausgesprochen wird. Insbesondere diese Anforderung an die unverzügliche Übermittelbarkeit bei Anforderung bedeutet, dass die Unternehmen durch die Befreiung nur einen sehr eingeschränkten Vorteil haben: Die wesentliche Belastung liegt schließlich in der Regel nicht in der Übermittlung selbst, sondern in der Bereitstellung der Information innerhalb des Unternehmens. Allerdings lässt die Verwendung des Begriffs „unverzüglich" Raum für Interpretation. Gemeint ist laut Art. 35 Abs. 7 lit. d Solva II-RL eine Übermittlung auf „**Ad-hoc-Basis**". Die Informationen müssen also aus dem Augenblick der Anforderung heraus zur Übermittlung verfügbar sein. Die Formulierung „unverzüglich" verbietet aber ausschließlich schuldhaf-

[14] Vgl. Rn. 6.
[15] Vgl. EIOPA-BoS-15/106.
[16] Betroffen sind nicht die nur bei Erstübermittlung beizubringenden Informationen, also z. B. nach Art. 5 DVO (EU) 2015/2450.
[17] Art. 304 Abs. 4 Solva II-VO
[18] Vgl. Rn. 12.

tes Zögern bei der Übermittlung. Eine Verzögerung durch die Notwendigkeit, die Daten erst erfassen zu müssen, ist nicht notwendigerweise schuldhaft. Allerdings macht der Gesamtzusammenhang des Satzes und die europarechtliche Grundlage klar, dass ein Unternehmen schuldhaft handelt, wenn es sich nicht ständig in der Lage weiß, die Informationen im Rahmen üblicher administrativer Abläufe der Bearbeitung aufsichtlicher Anforderungen ohne einen – durch erst danach erfolgende Erfassung bewirkten Zeitverzug – zu übermitteln.

V. Begrenzung des Marktanteils für die Befreiung von Berichtspflichten (Abs. 3). Um eine aussagekräftige statistische Information über die jeweiligen nationalen Versicherungsmärkte zu erhalten, dürfen die Befreiungen nach § 45 Abs. 1 bzw. 2 VAG nur ausgesprochen werden, bis ein **Marktanteil von 20 %** erreicht ist, d. h. alle von einer Befreiung betroffenen Unternehmen dürfen insgesamt nicht mehr als 20 % des jeweiligen nationalen Marktes umfassen. Hierbei sind das Lebensversicherungsgeschäft und das übrige Versicherungsgeschäft getrennt zu betrachten. Darüber hinaus werden, sinnvollerweise zur Erreichung des Normzwecks, die unterschiedlichen Befreiungen getrennt betrachtet. 21

Der Anteil bestimmt sich für das **Nichtlebensversicherungsgeschäft** auf Basis der Bruttoprämieneinnahmen der Unternehmen im jeweiligen Kalenderjahr, als der Prämieneinnahmen vor Abzug der Prämienausgaben für das abgegebene Geschäft.[19] Die erforderlichen Werte sind ab dem dritten Jahr der Anwendung von Solvabilität II dem Meldebogen S.05.01 zu entnehmen. 22

Im **Lebensversicherungsgeschäft** wird der Anteil auf Basis der versicherungstechnischen Rückstellungen i. S. v. § 76 VAG bestimmt, wie sie nach Meldebogen S.12.01 berichtet werden.[20] Während in der Nichtlebensversicherung ggf. genommene Rückversicherung keinen Einfluss hat, ist in der Lebensversicherung die Risikomarge in der versicherungstechnischen Rückstellung durch genommene Rückversicherung ggf. gemindert.[21] 23

Die EIOPA-Methoden für die Bestimmung von Marktanteilen für die Berichterstattung enthalten weitere Erläuterungen. Hiernach bestimmt sich die **Abgrenzung eines Marktes** durch die Zuständigkeit der Aufsichtsbehörde für die Unternehmen. Maßgeblich sind nach LL 1 die Geschäfte der Unternehmen nach Art. 2 Solva II-RL. Die Bestimmung erfolgt aufgrund der letzten verfügbaren Jahresdaten. 24

VI. Vorrang für Unternehmen mit dem geringsten Marktanteil (Abs. 4). Nach § 45 Abs. 4 VAG muss die Aufsichtsbehörde bei ihrer Ermessensentscheidung Unternehmen mit dem **geringsten Marktanteil** vorrangig vor größeren Unternehmen von der Berichtspflicht befreien. Dies steht allerdings unter der Voraussetzung, dass die Bedingungen nach § 45 Abs. 1 bzw. 2 VAG für das jeweilige Unternehmen gegeben sind. Abgesehen von dieser Bedingung können ggf. auch größere Unternehmen den Vorzug erhalten. Dennoch muss die Aufsichtsbehörde bei einer großen Zahl von kleinen Unternehmen eine Auswahl treffen, bis zu welcher Größe, maximal bis zu 20 % des Marktes, sie die die Bedingungen erfüllenden Unternehmen befreit. 25

VII. Bei der Auswahl der Unternehmen zu berücksichtigende Kriterien (Abs. 5). Bei der **Prüfung der Proportionalität** der Berichtspflichten nach § 45 Abs. 1 Nr. 1 bzw. Abs. 2 Nr. 1 VAG sind die Kriterien des § 45 Abs. 5 VAG durch die Aufsichtsbehörde zu beachten. Hierbei beziehen sich § 45 Abs. 5 Nr. 1 bis 5 und Nr. 8 bis 10 VAG auf die Relevanz der möglicherweise nicht zu übermittelnden Informationen des einzelnen Unternehmens für die Beaufsichtigung, während es sich bei Nr. 6 eher um eine marktweite, statistische Relevanz handelt. 26

Das in § 45 Abs. 5 Nr. 6 VAG genannte Kriterium meint dabei ausweislich der englischen Fassung der Solva II-RL weniger die in der deutschen Fassung genannte **Verwaltung der Vermögenswerte** als vielmehr die Kapitalanlagepolitik des Unternehmens. Hier könnte auch ein kleines Unternehmen bei bestimmten Vermögenswerten einen so großen Anteil haben, dass seine Kapitalanlagepolitik in diesem Teil des Kapitalmarktes trotz seiner geringen Größe Auswirkungen auf die Finanzstabilität haben könnte. 27

VIII. Verhältnis zu anderen Regelungen des VAG. Nach § 329 Abs. 2 Nr. 3 VAG muss die deutsche Aufsichtsbehörde jährlich Informationen über den Umfang der Anwendung von § 45 VAG an die EIOPA berichten. § 282 VAG regelt die § 45 VAG entsprechenden Erleichterungen für Gruppen, und nimmt in § 282 Abs. 2 VAG direkt auf § 45 Abs. 2 VAG Bezug. 28

[19] Vgl. LL 6 EIOPA-BoS-15/106 Methoden für die Bestimmung von Marktanteilen für die Berichterstattung; zu Meldebogen S.05.01 s. Anh. I DVO (EU) 2015/2450.

[20] Vgl. LL 6 EIOPA-BoS-15/106 Methoden für die Bestimmung von Marktanteilen für die Berichterstattung; zu Meldebogen S.12.01 s. Anh. I DVO (EU) 2015/2450.

[21] Vgl. § 86 Rn. 16.

Informationspflichten gegenüber der Bundesanstalt

46 (1) [1] **Alle Unternehmen, die nach diesem Gesetz der Aufsicht unterliegen, haben der Bundesanstalt die von ihr angeforderten Zählnachweise über ihren Geschäftsbetrieb einzureichen.** [2] **Über die Art der Nachweise ist der Versicherungsbeirat zu hören.**

(2) **Öffentlich-rechtliche Versicherungsunternehmen, die nicht der Aufsicht nach diesem Gesetz unterliegen, haben der Bundesanstalt auf Anforderung die gleichen statistischen Angaben über ihren Geschäftsbetrieb einzureichen wie Versicherungsunternehmen, die der Aufsicht nach diesem Gesetz unterliegen.**

Übersicht

1 **I. Allgemeines. 1. Entstehungsgeschichte.** § 46 VAG ist bei der Neufassung des VAG im Jahr 2015 durch Art. 1 Gesetz zur Modernisierung der Finanzaufsicht über Versicherungen vom 1.4.2015[1] aus den §§ 151 und 152 VAG a. F. bis auf eine sprachliche Änderung wörtlich übernommen worden. Die Vorschriften fanden sich von 1931 bis 2005[2] in den §§ 150 und 151 VAG. Die Fassung des VAG 1931[3] wurde in dieser Zeit durch die Änderung der Bezeichnung der Behörden, die Entnahme des Verweises auf Bausparkassen[4] und die Änderung der Beaufsichtigung der öffentlich-rechtlichen Versicherungsunternehmen[5] verändert. Die Fassung von 1931 beruhte bis auf einige redaktionelle und, aufgrund geänderter Umstände, inhaltliche Änderungen auf den §§ 118 und 119 VAG 1901.[6]

2 **2. Normzweck.** § 46 VAG ermöglicht eine **einheitliche Statistik** für das gesamte Versicherungswesen im Bundesgebiet, unabhängig von der für das jeweilige Unternehmen zuständigen Aufsichtsbehörde oder von Ausnahmen von der Beaufsichtigung.[7] Die statistischen Informationen können der Beaufsichtigung wie auch allgemeinen statistischen Zwecken verschiedener Nutzer dienen.[8]

3 **3. Europarechtlicher Hintergrund.** § 46 VAG hat keinen unmittelbaren europarechtlichen Hintergrund. Auf die Erhebung von Daten für allgemeine statistische Zwecke nimmt nur Erwägungsgrund 42 Solva II-RL Bezug. Soweit aufsichtliche Zwecke im Vordergrund stehen, bestehen durch die Art. 34 Abs. 3 und 35 Abs. 1 Solva II-RL und Art. 307 Abs. 5 Solva II-VO europarechtliche Anforderungen. Deren Umsetzung dient allerdings vorrangig § 43 VAG.

4 **II. Betroffene Unternehmen.** Der Kreis der betroffenen Unternehmen nach § 46 Abs. 1 und 2 VAG ist bewusst weit gefasst, um das statistische Ziel einer bundesweiten **Erfassung aller Versicherungsgeschäfte** im weitesten Sinne ohne Rücksicht auf die verwaltungsrechtliche Einordnung zu erreichen. Es handelt sich weniger um eine Maßnahme der Beaufsichtigung der Unternehmen als vielmehr um ein Mittel zur Erfüllung der Ziele, wie sie im BStatG[9] verfolgt werden.[10]

5 I. V. m. § 1 VAG sind neben allen Versicherungsunternehmen gleich welcher Rechtsform und Sparte auch **Versicherungs-Holdinggesellschaften**, **Versicherungs-Zweckgesellschaften**, **Sicherungsfonds** und **Pensionsfonds** betroffen. Hierzu zählen auch **Rückversicherungsunternehmen** und i. V. m. § 67 VAG **Niederlassungen von Unternehmen außerhalb des EWR**. Betroffen ist i. V. m.

[1] BGBl. 2015 I, 434 v. 10.4.2015

[2] Art. 1 Nr. 33 f Siebtes Gesetz zur Änderung des Versicherungsaufsichtsgesetztes v. 29.8.2005, BGBl. 2005 I, 2546 v. 1.9.2005.

[3] RGBl. I 1931, 85 v. 12.6.1931.

[4] § 20 Abs. 1 Nr. 7 BSpKG v. 16.11.1972, BGBl. 1972 I 1972, 2097.

[5] Art. 1 Nr. 52 Vierzehntes Gesetz zur Änderung des Versicherungsaufsichtsgesetzes v. 29.3.1983, BGBl. 1983 I, 377. Zuvor konnten von den von § 151 VAG 1931 betroffenen Unternehmen auch andere Nachweise als nach § 150 VAG 1931 verlangt werden. Vgl. Begr. VAG-RegE 1982, BT-Drs. 9/1493, S. 34.

[6] RGBl. 1901, 139.

[7] Vgl. Begr. VAG-RegE 1900, Aktenstück Nr. 5, Stenographische Berichte über die Verhandlungen des Reichstags 1900, 1. Anlageband, 154 (203); Goldberg/*Müller* VAG, 1980, § 150 Rn. 1.

[8] Vgl. Bericht der 7. Kommission, Aktenstück Nr. 244, Stenographische Berichte über die Verhandlungen des Reichstags 1901, 3. Anlageband, 1707 (1779).

[9] Vgl. § 1 S. 4 f BStatG.

[10] Vgl. Begr. VAG-RegE 1900, Aktenstück Nr. 5, Stenographische Berichte über die Verhandlungen des Reichstags 1900, 1. Anlageband, 154 (203).

den §§ 57 ff. VAG außerdem auch das im Ausland getätigte Geschäft deutscher Unternehmen. Die zuständige Behörde ist, auch bei Unternehmen unter Landesaufsicht, die BaFin. Der Fokus auf die statistische Erfassung von Versicherungsgeschäften begründet, dass die Geschäfte nach Anh. 1 Nr. 22–24 VAG nur insoweit erfasst werden, wie sie von ansonsten betroffenen Unternehmen betrieben werden. Die nach § 5 Abs. 1 VAG von der laufenden Aufsicht freigestellten VVaG fallen i. V. m. § 5 Abs. 2 VAG dennoch unter § 46 Abs. 1 VAG.

Von den nach den §§ 1–3 VAG nicht beaufsichtigten Einrichtungen werden durch § 46 Abs. 2 VAG noch solche einbezogen, die **Unternehmen öffentlich-rechtlicher Rechtsform** sind und das Versicherungsgeschäft betreiben. Diese sind ein Teil der Unternehmen, die nach § 3 Abs. 1 Nr. 3 und 5–7 VAG nicht der Aufsicht nach dem VAG unterliegen, also Versorgungswerke nach Landes- oder Bundesrecht.[11] **6–7**

III. Art der Nachweise. § 46 VAG bezieht sich auf **Zählnachweise** als Konkretisierung der „statistischen Nachweise" der ursprünglichen Fassung in § 118 VAG 1901. Der Begriff „statistische Nachweisungen" wurde in der nicht-amtlichen Überschrift der entsprechenden Paragraphen noch für die Fassungen bis 2015 verwendet, obwohl er bereits mit der Neufassung des VAG 1931 in der Vorschrift selbst ersetzt wurde. Der Begriff „Zählnachweise" verdeutlicht im Unterschied zu dem ursprünglichen Begriff, dass nur die Anzahl bestimmter vorliegender Einzelfälle angefordert werden darf, die durch reines Abzählen bestimmt werden können.[12] Hierdurch unterscheidet sich § 46 VAG von § 43 VAG. Daher beschränkt sich der mit der Datenanforderung durch die BaFin verbundene Aufwand der Unternehmen auf ein reines Erfassen vorhandener Daten. Außerhalb des VAG ist der Begriff „Zählnachweis" nur als Dokumentation einer vorgenommenen Zählung eines Kassenbestandes üblich, nicht als Übermittlung des Zählergebnisses selbst wie hier. **8**

Während aufgrund von § 43 VAG ausschließlich Informationen erhoben werden dürfen, die der Erfüllung der Aufgaben der Aufsichtsbehörde dienen, ist § 46 VAG weiter gefasst. Hiernach richtet sich die Erforderlichkeit der Information neben Informationen für die Beaufsichtigung auch nach **allgemeinen statistischen Erfordernissen.**[13] Damit stehen in § 46 VAG bundesweite statistische Interessen im Vordergrund. Der Informationsbedarf der Aufsichtsbehörde für ihre eigenen Aufsichtszwecke wird nach dem Wortlaut aber nicht ausgenommen. **9**

Die Fassung von 2016 hat gegenüber allen früheren Fassungen das altertümliche Wort „erforderte" durch „**angeforderte**" ersetzt. Hierdurch ergibt sich aber unbeabsichtigt ein engerer inhaltlicher Sinn. Die alte Fassung bezog sich auch auf die Erforderlichkeit des Nachweises für den Normzweck,[14] während sich die neue Fassung nur noch auf den begründenden Verwaltungsakt der Anforderung bezieht.[15] Laut der Begr. VAG-RegE 2014[16] ist aber keine inhaltliche Änderung intendiert. Die ursprüngliche Begründung deutet eine Ermessensentscheidung der Aufsichtsbehörde an.[17] Konkret handelt es sich um einen Beurteilungsspielraum verbunden mit einem **Eingriffsermessen**. Der Beurteilungsspielraum ist im Vergleich zu den Anforderungen, wie sie nach § 9 BStatG bei Statistiken aufgrund dieses Gesetzes bestehen,[18] weitgehend. Allerdings ist er durch die Beschränkung auf Zählnachweise deutlich begrenzt und damit ebenso die Belastung der Unternehmen. Eine Pflicht der BaFin, bestimmte statistische Informationen der Öffentlichkeit zur Verfügung zu stellen, besteht über § 318 VAG hinaus nicht. Sie kann nach ihrem Ermessen solche vorsehen und dementsprechend Daten von den Unternehmen anfordern. **10**

Auf die Beifügung konkreter Vorgaben zur Veröffentlichung der Statistiken hat der Gesetzgeber bewusst verzichtet.[19] Nachweise, deren Erfassungsergebnis nicht veröffentlicht wird, sind als allein den **11**

---

[11] Vgl. FKBP/*Göertz* § 152 Rn. 1.

[12] Vgl. *Kaulbach*, VAG, Sonderdruck aus: Das Bundesrecht 1988, S. 110, der dennoch eine kostenträchtige Zusammenstellung von Daten für möglich hält. Dies kann bei Informationen der Fall sein, die nur in Papierakten erfasst sind und nur händisch zusammengestellt werden können.

[13] Vgl. Begr. VAG-RegE 1900, Aktenstück Nr. 5, Stenographische Berichte über die Verhandlungen des Reichstags 1900, 1. Anlageband, 154 (203); Bericht der 7. Kommission, Aktenstück Nr. 244, Stenographische Berichte über die Verhandlungen des Reichstags 1901, 3. Anlageband, 1707 (1779).

[14] Vgl. Begr. VAG-RegE 1900, Aktenstück Nr. 5, Stenographische Berichte über die Verhandlungen des Reichstags 1900, 1. Anlageband, 154 (203).

[15] A. A. Goldberg/Müller/*Müller* § 150 Rn. 5, der den Begriff „erforderte" sogar auf „Erforderlichkeit" begrenzt sehen wollte und daher analog zum heutigen § 43 VAG, vgl. dort Rn. 4, eine unmittelbare Verpflichtung zur Übermittlung nur durch das Gesetz sah und keine Ermächtigung zu unmittelbar wirkenden Verwaltungsakten.

[16] Begr. VAG-RegE 2014, BT-Drs. 18/2956, S. 252.

[17] Vgl. Begr. VAG-RegE 1900, Aktenstück Nr. 5, Stenographische Berichte über die Verhandlungen des Reichstags 1900, 1. Anlageband, 154 (203); Diskussion hierzu in der 7. Kommission, Bericht der 7. Kommission, Aktenstück Nr. 244, Stenographische Berichte über die Verhandlungen des Reichstags 1901, 3. Anlageband, 1707 (1779); *Könige* in: Könige/Petersen Gesetz über die privaten Versicherungsunternehmen, 3. Aufl. 1927, § 118.

[18] Vgl. *Kaulbach* in: Fahr/Kaulbach, VAG, 2. Aufl. 1997, § 150 Rn. 2.

[19] Vgl. § 35 VO v. 5.3.1896 d. Innenministerium Österreichs als Anlage 2 des RegE VAG 1900, Aktenstück Nr. 5, Stenographische Berichte über die Verhandlungen des Reichstags 1900, 1. Anlageband, 207 (213), mit ähnlichen Vorgaben wie in § 9 BStatG.

Zwecken der Aufsicht dienend anzunehmen und bedürfen insoweit einer diesbezüglichen Rechtfertigung.

12 Bei tatsächlich veröffentlichten Informationen kann angenommen werden, dass sie allgemeinen statistischen Zwecken dienen sollen. Zwar sollte ein Bedarf erkennbar sein, doch wird hier eine Überprüfung kaum möglich sein. Daher besteht als Korrektiv die Pflicht zur Anhörung des Versicherungsbeirats nach § 46 Abs. 1 S. 2 VAG.

13 Die **Gleichheit** der angeforderten statistischen Angaben seitens nicht beaufsichtigter Versicherungsunternehmen aufgrund von § 46 Abs. 2 VAG wird erst seit 1983 gefordert.[20] Bis dahin hatte die Aufsichtsbehörde die Möglichkeit, von nicht beaufsichtigten Unternehmen „bestimmte statistische Nachweise" nach Stand 1901 bzw. später „bestimmte Zählnachweise" abweichend von den von beaufsichtigten Unternehmen verlangten Nachweisen anzufordern. Hintergrund für die Änderung im Jahr 1983 war die Beobachtung, dass von dieser Möglichkeit nicht Gebrauch gemacht wurde.[21] Die Pflicht, die gleichen statistischen Angaben anzufordern, kann bei nur aufsichtlichen Zwecken dienenden Angaben gegenüber nicht beaufsichtigten Unternehmen ungerechtfertigt sein: Zählnachweise, die nur der Beaufsichtigung dienen, werden auch nur von beaufsichtigten Versicherungsunternehmen benötigt. Die Fassungen des § 46 Abs. 1 und 2 VAG verwenden seit der Änderung 1983 jedoch jeweils unterschiedliche Begriffe in den beiden Abs. der Vorschrift: Abs. 1 verbleibt bei dem Begriff „Zählnachweis", während Abs. 2 sich auf „**statistische Nachweise**" bezieht, ähnlich der Fassung von 1901. Dieser Begriffsunterschied zwischen § 46 Abs. 1 und 2 VAG kann so interpretiert werden, dass sich die in § 46 Abs. 2 VAG geforderte Identität der Nachweise nur auf statistisch motivierte Nachweise bezieht und damit nicht unbedingt alle nach § 46 Abs. 1 VAG angeforderten Zählnachweise umfasst. Dies spielt letztlich aber wegen ansonsten bestehender Informationsrechte der Aufsichtsbehörde keine Rolle.[22]

14 Die Versicherungsunternehmen haben zudem umfassende Informationspflichten gegenüber der Aufsichtsbehörde aufgrund des VAG, z. B. nach den §§ 40 Abs. 1 S. 4 und 141 Abs. 6 Nr. 2 VAG. Die danach zu übermittelnden Informationen erlauben aber aufgrund ihrer Form, z. B. Textform, nicht ohne Weiteres eine statistische Auswertung. Die Möglichkeit, Zählnachweise anzufordern, erlaubt die Verpflichtung der Unternehmen zur Darstellung der Ergebnisse in **genormten Formblättern**, die statistisch erfasst werden können. Entsprechende Vorgaben können durch Verordnung auch nach § 39 Abs. 1 Nr. 5 und 7 VAG erlassen werden. § 46 VAG schafft hier eine zusätzliche Möglichkeit der Aufsichtsbehörde, Informationen in einer statistisch geeigneten Form anzufordern. Davon unberührt sind die Unternehmen direkt dazu verpflichtet, die sich aus den technischen Durchführungstandards der DVO (EU) 2015/2450 ergebenden Meldebögen (Quantitative Reporting Templates, QRTs) zu übermitteln, bei denen es sich ebenfalls um genormte quantitative Berichtsformate handelt.

15 **IV. Anforderung der Nachweise.** Grundlage der Übermittlung von Zählnachweisen ist eine Anforderung durch die BaFin. Die Anforderung von Nachweisen aufgrund von § 46 VAG ist ein **Verwaltungsakt**, wobei das Gesetz auch eine Verordnung nicht ausschließt.[23] Nicht nur aus verwaltungsrechtlicher, sondern auch aus statistischer Sicht müssen die Datenanforderungen für statistische Untersuchungen genau beschrieben und für alle Unternehmen einheitlich sein, um zu verwertbaren Statistiken zu führen. Ein zentrales Merkmal solcher Statistiken ist ihre regelmäßige **Aktualisierung**, so dass der entsprechende Verwaltungsakt auch eine regelmäßige Vorlage bestimmen kann.

16 In der Praxis wurden die zentralen statistischen Anforderungen in die BerVersV 2006 ohne besonderen Verweis auf § 151 VAG a. F. aufgenommen und die Ergebnisse in den regelmäßigen Veröffentlichungen der Aufsichtsbehörde bekannt gemacht. Für die im Zuge der Novellierung des VAG nolvellierte BerVersV vom 19.7.2017 gilt dies gleichermaßen. Doch ist es der BaFin unbenommen, auch darüber hinaus Daten nach § 46 VAG erfassen zu lassen.

17 Den Verwaltungsakt nach § 46 VAG kann nur die **BaFin** vornehmen, nicht aber eine Landesaufsichtsbehörde oder das BMF. Da eine Einheitlichkeit der Erfassung wesentlich ist, liegt es nahe, die Informationserfassung gesammelt durch die BaFin vornehmen zu lassen, statt z. B. teilweise durch die jeweils zuständige Aufsichtsbehörde und teilweise durch das statistische Bundesamt. Hinzu kommt noch, dass die BaFin über die geeignete Fachkompetenz zur Identifikation relevanter Informationen und zur Auswertung der gesammelten Informationen verfügt.

18 Für die Anforderung ist der **Versicherungsbeirat** zu hören. Hierbei dient das dortige Fachwissen auch dazu, die Verfügbarkeit der anzufordernden Daten bei den Unternehmen und die Relevanz der sich auf dieser Basis ergebenden Statistiken festzustellen. Dies trägt dazu bei, dass die Anforderung dem Grundsatz der Verhältnismäßigkeit genügt.

---

[20] Vierzehntes Gesetz zur Änderung des Versicherungsaufsichtsgesetzes v. 29.3.1983, BGBl. 1983 I, 377

[21] Vgl. Begr. VAG-RegE 1983, BT-Drs. 9/1493, S. 34.

[22] S. zu den Informationsrechten der Aufsichtsbehörde, die unmittelbar aus VAG-Vorschriften resultieren, v. a. § 43 VAG sowie § 39 VAG und die auf dessen Basis erlassenen VO, insbesondere die BerVersV. Vgl. auch die diesbezüglichen Kommentierungen.

[23] Vgl. FKBP/*Göertz* § 151 Rn. 2.

§ 46 Abs. 2 VAG betont, dass die nicht dem VAG unterliegenden Unternehmen die Nachweise nur auf **Anforderung** einzureichen haben. Hierdurch kommt zum Ausdruck, dass diese Unternehmen nicht so unmittelbar im Kontakt zur BaFin stehen, wie beaufsichtigte Unternehmen. In der ursprünglichen Fassung des § 119 VAG 1901 bedurfte es noch einer Anordnung des damaligen Bundesrates, um diese Unternehmen zu solchen Nachweisen zu verpflichten. Die Aufsichtsbehörde kann auch gegen solche Unternehmen bei Nichterfüllung der Anforderung Zwangsmittel nach § 17 FinDAG anwenden. 19

Die umfassende Ermächtigung zur Datenerhebung der Aufsichtsbehörden hier und in ähnlichen Vorschriften im VAG bietet Anlass zu **kritischer Betrachtung**, insbesondere aus rechtsstaatlicher Sicht.[24] Doch das Versicherungsgeschäft beruht auf statistischer Basis und daher ist eine umfassende Möglichkeit zur Datenerhebung die zentrale Grundlage der Beaufsichtigung, aber auch der Geschäftstätigkeit selbst. Auf den Nutzen der Branche wurde schon bei Einführung der entsprechenden Vorschrift im Jahr 1901 verwiesen.[25] Daher kann eine Einschränkung nur prinzipienbasiert durch die allgemeinen Verwaltungsgrundsätze erfolgen. 20

V. Verhältnis zu anderen Regelungen des VAG. Das VAG enthält umfassende Verpflichtungen der Unternehmen, der Aufsichtsbehörde Informationen zur Verfügung zu stellen, z. B. §§ 39, 40 Abs. 1 S. 4 und 141 Abs. 6 Nr. 2 VAG sowie die auf Basis von § 39 VAG erlassenen VO. Die nach diesen zu übermittelnden Informationen überlappen sich teilweise, unterscheiden sich aber auch durch die Rechtsgrundlage der Übermittlung, sei es ein Verwaltungsakt oder eine Verordnung. Für einzelne Versicherungssparten gibt es Sondervorschriften, wie z. B. für die Krankenversicherung in § 159 Abs. 2 VAG. Die Informationspflichten werden durch die **Generalnormen** in den §§ 43, 46 und 305 VAG ergänzt, durch die jede für die Beaufsichtigung und für öffentliche statistische Zwecke benötigte Information zugänglich gemacht werden kann. 21

Zu beachten sind schließlich auch die auf der Grundlage der DVO (EU) 2015/2450 sowie DVO (EU) 2015/2452 zu übermittelnden Informationen, die eine Anforderung auf Basis von § 46 VAG überflüssig machen können.

Anzeigepflichten

47 Versicherungsunternehmen haben der Aufsichtsbehörde unverzüglich Folgendes anzuzeigen:

1. **die Bestellung eines Aufsichtsratsmitglieds sowie die vorgesehene Bestellung eines Geschäftsleiters und der weiteren Personen, die für Schlüsselaufgaben verantwortlich sind, unter Angabe der Tatsachen, die für die Beurteilung ihrer Qualifikation (§ 24 Absatz 1) wesentlich sind,**
2. **das Ausscheiden oder den Entzug der Befugnis zur Vertretung des Versicherungsunternehmens einer der in Nummer 1 genannten Personen, jeweils unter Angabe der Gründe, sofern diese für die Beurteilung ihrer Qualifikation (§ 24 Absatz 1) bedeutsam sind,**
3. **Satzungsänderungen, die eine Kapitalerhöhung zum Gegenstand haben,**
4. **wenn es sich um ein Rückversicherungsunternehmen handelt, jede Änderung der in § 9 Absatz 2 Nummer 1 und 2 genannten Teile des Geschäftsplans, jede Änderung des tatsächlichen Geschäftsgebietes, jede Änderung von Unternehmensverträgen der in den §§ 291 und 292 des Aktiengesetzes bezeichneten Art sowie die Absicht der Umwandlung nach den §§ 1 und 122a des Umwandlungsgesetzes, soweit sie nicht der Genehmigungspflicht nach § 166 Absatz 3 unterliegen,**
5. **den Erwerb oder die Aufgabe einer bedeutenden Beteiligung an dem eigenen Versicherungsunternehmen, das Erreichen sowie das Über- oder das Unterschreiten der Beteiligungsschwellen von 20 Prozent, 30 Prozent und 50 Prozent der Stimmrechte oder des Kapitals sowie die Tatsache, dass das Unternehmen Tochterunternehmen eines anderen Unternehmens wird, sobald das Versicherungsunternehmen von der bevorstehenden Änderung dieser Beteiligungsverhältnisse Kenntnis erlangt,**
6. **das Bestehen, die Änderung und die Beendigung einer engen Verbindung nach § 7 Nummer 7 zu einer anderen natürlichen Person oder einem anderen Unternehmen,**
7. **jährlich den Namen und die Anschrift des Inhabers einer bedeutenden Beteiligung am Versicherungsunternehmen und die Höhe dieser Beteiligung, wenn das Unternehmen hiervon Kenntnis erlangt,**
8. **die Absicht, wichtige Funktionen oder Versicherungstätigkeiten auszugliedern, unter Vorlage des Vertragsentwurfs,**
9. **nach Vertragsschluss eingetretene wesentliche Umstände in Bezug auf wichtige ausgegliederte Funktionen und Versicherungstätigkeiten,**

[24] Vgl. FKBP/*Göertz* § 151 Rn. 2.

[25] Vgl. Bericht der 7. Kommission, Aktenstück Nr. 244, Stenographische Berichte über die Verhandlungen des Reichstags 1901, 3. Anlageband, 1707 (1779).

10. die mittelbare oder unmittelbare Absicherung von Schadenrisiken oder sonstigen Risiken, sofern dies durch die Emission von Schuldtiteln oder anderer Finanzierungsmechanismen und unter Beteiligung einer ausschließlich für diese Zwecke bestehenden Gesellschaft erfolgt; dabei sind der Emissionsprospekt, die dem Risikotransfer zugrunde liegenden vertraglichen Regelungen sowie eine Aufstellung der identifizierten Risiken der Transaktion für das Versicherungsunternehmen beizufügen,

11. wenn es sich um ein Erstversicherungsunternehmen handelt, den Erwerb von Beteiligungen, bei Beteiligungen in Aktien oder sonstigen Anteilen jedoch nur, wenn die Beteiligung 10 Prozent des Nennkapitals der fremden Gesellschaft übersteigt; dabei werden Beteiligungen mehrerer zu einem Konzern im Sinne des § 18 des Aktiengesetzes gehörender Versicherungsunternehmen und des herrschenden Unternehmens an einer Gesellschaft zusammengerechnet,

12. wenn es sich um ein Erstversicherungsunternehmen handelt, Anlagen bei einem im Sinne des § 15 des Aktiengesetzes verbundenen Unternehmen und

13. bei Pflichtversicherungen die beabsichtigte Verwendung neuer oder geänderter allgemeiner Versicherungsbedingungen unter deren Beifügung.

Übersicht

1 **I. Allgemeines. 1. Entstehungsgeschichte.** § 47 VAG ist bei der Neufassung des VAG im Jahr 2015 durch Art. 1 des Gesetzes zur Modernisierung der Finanzaufsicht über Versicherungen[1] v. 1.4.2015 in das VAG eingefügt worden. Während es sich bei den § 47 Nr. 8 und 9 VAG um neue Vorschriften handelt, entsprechen die restlichen Nummern des § 47 VAG inhaltlich weitgehend den bisherigen Regelungen des VAG:[2]

2 – § 47 Nr. 1 VAG ist bis auf redaktionelle Änderungen deckungsgleich mit §§ 13d Nr. 1 und 12 VAG a. F., unter Ausdehnung des Anwendungsbereichs auf weitere Personen, die für Schlüsselaufgaben verantwortlich sind.
– § 47 Nr. 2 VAG entspricht § 13d Nr. 2 VAG a. F., unter Ausdehnung des Anwendungsbereichs auf alle unter § 47 Nr. 1 VAG genannten Personen.
– § 47 Nr. 3 VAG korrespondiert mit § 13d Nr. 3 VAG a. F.
– § 47 Nr. 4 VAG entspricht inhaltlich § 121a Abs. 3 VAG a. F. und ergänzt dessen Inhalte um eine Anzeigepflicht jeder Änderung des tatsächlichen Geschäftsgebietes.
– § 47 Nr. 5 VAG deckt sich mit § 13d Nr. 4 VAG a. F.
– § 47 Nr. 6 VAG entspricht § 13d Nr. 4a VAG a. F.
– § 47 Nr. 7 VAG stimmt mit § 13d Nr. 5 VAG a. F. überein.
– § 47 Nr. 8 und 9 VAG vereinfachen die bisherigen Vorlagepflichten in § 13 Abs. 1a VAG a. F.
– § 47 Nr. 10 VAG ist deckungsgleich mit § 13d Nr. 11 VAG a. F.
– § 47 Nr. 11 und 12 VAG entsprechen § 54 Abs. 4 Nr. 2 bzw. 3 VAG a. F., die auch in der Vorfassung nach § 121a VAG a. F. nicht für Rückversicherungsunternehmen galten.
– § 47 Nr. 13 VAG betrifft gegenüber § 13d Nr. 7 VAG a. F. nicht mehr die Krankenversicherung. Hierzu findet sich in § 158 VAG eine gesonderte Regelung.

---

[1] BGBl. 2015 I, 434
[2] Vgl. Begr. VAG-RegE 2014, BT-Drs. 18/2956, 252 f.

Die genannten §§ 13–13d Nr. 1–5 und 7 VAG a. F. wurden durch Art. 1 Nr. 14 Drittes Durchführungsgesetz/EWG zum VAG v. 21.7.1994[3] in das VAG eingefügt. Die wesentlichen nachfolgenden Änderungen erfolgten mit der Einfügung des § 13d Nr. 4a VAG a. F. durch Art. 10 Nr. 4 Gesetz v. 22.10.1997,[4] einer Änderung des § 13d Nr. 1, 2 und 4 VAG a. F. durch Art. 1 Abs. 2 Nr. 16 Gesetz v. 21.12.2000,[5] einer Änderung des § 13d Nr. 4 und 4a VAG a. F. durch Art. 16 Nr. 8 des Vierten Finanzmarktförderungsgesetzes v. 21.6.2002[6] und der Einfügung des § 13d Abs. 11 und 12 VAG a. F. durch Art. 2 Nr. 8 lit. b Gesetz v. 29.7.2009.[7] § 54 Abs. 4 Nr. 2 und 3 VAG a. F. wurden durch Art. 1 Nr. 3 Gesetz v. 20.12.1974[8] in § 54 Abs. 2 lit. b VAG eingefügt und nachfolgend durch Art. 1 Nr. 21 lit. d G. v. 21.12.2000[9] nach § 84 Abs. 4 Nr. 2 und 3 VAG a. F. verschoben. § 121a Abs. 3 VAG a. F. wurde als § 121a Abs. 2 VAG 2004 durch Art. 1 Nr. 24 Gesetz v. 15.12.2004[10] in das VAG eingefügt. Nachfolgend wurde er durch Art. 1 Nr. 42 lit. c Gesetz v. 28.5.2007[11] in den Abs. 3 verschoben und durch Art. 20 Nr. 26 JStG 2010 v. 8.12.2010[12] durch einen Ausschluss ohnehin genehmigungspflichtiger Umwandlungen konkretisiert. 3

2. Normzweck. § 47 VAG sichert die unmittelbare Information der Aufsichtsbehörde über Änderungen von spezifizierten, zentralen rechtlichen, personellen oder formalen Gegebenheiten des Unternehmens, insbesondere gegenüber den bei Zulassung zum Geschäftsbetrieb nach § 9 VAG gemachten Angaben. 4

3. Europarechtlicher Hintergrund. § 47 Nr. 1 VAG setzt Art. 42 Abs. 2 Solva II-RL um. 5
§ 47 Nr. 2 VAG setzt Art. 42 Abs. 3 Solva II-RL um.
§ 47 Nr. 5 VAG setzt Art. 57 Solva II-RL um.
§ 47 Nr. 6 VAG setzt Art. 19 S. 3 Solva II-RL um.
§ 47 Nr. 7 VAG setzt Art. 61 S. 2 Solva II-RL um.
§ 47 Nr. 8 und 9 VAG setzen Art. 49 Abs. 3 Solva II-RL um.

II. Vornahme der Anzeigen (S. 1 Hs. 1). Die Versicherungsunternehmen haben bei **Erkennen** der anzeigepflichtigen Vorgänge der Aufsichtsbehörde unverzüglich die entsprechende Anzeige zu erstatten. Alle anzeigepflichtigen Vorgänge nach § 47 VAG sind von solcher Bedeutung, dass sie, wenn sie nicht schon selbst vom zur Anzeige verpflichteten Vorstand, bzw. im Fall der Bestellung des Vorstandes des Aufsichtsrates, vorgenommen werden, doch in dessen unmittelbarem Sichtkreis stattfinden. Daher kann in der Regel davon ausgegangen werden, dass das Erkennen dieser Vorgänge zeitgleich mit ihrem Auftreten erfolgt.[13] Die Veranlassung der Anzeige wird also in der Regel zeitgleich mit dem Vorgang erfolgen können. Die Organisation des Vorstandes bzw. Aufsichtsrats muss daher sicherstellen, dass die entsprechenden Anzeigen bei diesen Vorgängen Bestandteile der Vorgangssteuerung sind. 6

Während grundsätzlich der **Vorstand anzeigepflichtig** ist, erweist sich dies wenigstens bei der vorgesehenen **Bestellung eines Geschäftsleiters** durch den Aufsichtsrat als inopportun, wenn nicht häufig unmöglich, da der Vorstand in solchen Fällen oft absichtlich und begründet nicht informiert ist. Daher ist hier der konkret für das Unternehmen handelnde **Aufsichtsrat anzeigepflichtig.**[14] Im Rahmen seiner Pflichten wird der Vorstand wie auch der Abschlussprüfer bei Kenntnisnahme des Vorgangs überprüfen, ob die Anzeige erfolgte. 7

Ein Verstoß gegen die Anzeigepflicht hat für die **zivilrechtliche Wirkung** der vorgenommenen Maßnahmen keine Folgen[15] und ist gegenüber der Vorfassung des VAG nicht mehr bußgeldbewehrt. 8

Während es für die Anzeigen keine gesetzlichen **Formvorgaben** gibt, besteht durchaus die Möglichkeit, dass die Aufsichtsbehörde zur Verwaltungsvereinfachung bestimmte Formen empfiehlt; z. B. gab es für die frühere, in § 13d Nr. 6 VAG a. F. enthaltene Angabepflicht ein von der Aufsichtsbehörde entwickeltes Mitteilungsformular.[16] Zur Sicherung der Klarheit der Anzeige und des Nachweises ihrer Vornahme empfiehlt sich eine Übermittlung in Textform.[17] 9

---

[3] Zum Gesetzgebungsverfahren vgl. Prölss/*Schmidt*, 11. Aufl. 1997, § 13d Rn. 1.
[4] BGBl. 1997 I, 2567.
[5] BGBl. 2000 I, 1857.
[6] BGBl. 2002 I, 2010.
[7] BGBl. 2009 I, 2305.
[8] BGBl. 1974 I, 3693.
[9] BGBl. 2000 I, 1857.
[10] BGBl. 2004 I, 3416.
[11] BGBl. 2007 I, 923.
[12] BGBl. 2010 I, 1768.
[13] Vgl. *BaFin*, Merkblatt zur fachlichen Eignung und Zuverlässigkeit von Personen, die für Schlüsselfunktionen verantwortlich oder für Schlüsselfunktionen tätig sind, gemäß VAG v. 23.11.2016, S. 4. Hiernach wird unter einer unverzüglichen Anzeige ein Zeitraum von zwei Wochen verstanden.
[14] Vgl. FKBP/*Kaulbach* § 13d Rn. 2; Prölss/*Präve*, 12. Aufl., § 13d Rn. 4.
[15] Prölss/*Präve*, 12. Aufl., § 13d Rn. 3.
[16] Vgl. Prölss/*Präve*, 12. Aufl., § 13d Rn. 13.
[17] Prölss/*Präve*, 12. Aufl., § 13d Rn. 5. Vgl. zu § 47 Nr. 1 VAG *BaFin*, Merkblatt zur fachlichen Eignung und Zuverlässigkeit von Personen, die für Schlüsselfunktionen verantwortlich oder für Schlüsselfunktionen tätig sind, gemäß VAG v. 23.11.2016, S. 4. Hiernach wird wegen der notwendigerweise enthaltenen Unterlagen nur eine Textform in Frage kommen.

10 **III. Bestellung von Personen mit Schlüsselaufgaben (Nr. 1).** Von § 47 Nr. 1 VAG ist die Bestellung der Aufsichtsratsmitglieder, Geschäftsleiter, also insbesondere Vorstandsmitglieder und Hauptbevollmächtigte, und alle weiteren für Schlüsselaufgaben verantwortlichen Personen betroffen. Schlüsselaufgaben i. S. d. § 47 Nr. 1 VAG umfassen, äquivalent zur Verwendung des Begriffs in § 24 VAG, neben der Unternehmensleitung und dem Aufsichtsrat sowie den in § 7 Nr. 9 VAG genannten vier Schlüsselfunktionen (Risikomanagementfunktion, Compliance Funktion, interne Revisionsfunktion und versicherungsmathematische Funktion)[18] auch weitere Schlüsselaufgaben, wenn das jeweilige VU sich – in Abhängigkeit der individuellen Geschäftstätigkeit und Organisation – für die Bestimmung derartiger weiterer Schlüsselaufgaben entschieden hat: Als weitere Schlüsselfunktionen kommen „von den Unternehmen zu identifizierende Bereiche" in Frage, „die für den Geschäftsbetrieb des Unternehmens von erheblicher Bedeutung sind."[19] Im Unterschied zu § 24 VAG, dem alle Personen unterliegen, die Schlüsselaufgaben wahrnehmen, d. h. für die „Schlüsselfunktionen" oder die jeweils als „weitere Schlüsselaufgaben" identifizierten Bereiche tätig sind, stellt die Anzeigepflicht des § 47 Nr. 1 VAG, ausweislich des Wortlauts sowie der Gesetzesbegründung,[20] ausschließlich auf die Personen ab, die für diese Bereiche jeweils verantwortlich sind. Für die Schlüsselfunktionen und weiteren Schlüsselaufgaben verantwortlich ist hiernach immer nur jeweils eine Person, deren Verantwortlichkeit durch die Anzeige dokumentiert wird. Soweit die Schlüsselaufgabe im Unternehmen erfüllt wird, wird die verantwortliche Person von der BaFin als „intern verantwortliche Person" bezeichnet.[21] Weiter erläutert die BaFin, dass, soweit die Schlüsselaufgabe **ausgegliedert** ist, eine Person im Unternehmen als Ausgliederungsbeauftragte(r) mit der Überwachung der Tätigkeit des Dienstleisters betraut werden muss, die dann als verantwortliche Person für diese Schlüsselaufgabe gilt.[22] Für die mit der Durchführung der Schlüsselaufgabe bei dem Dienstleister betraute Person gilt § 47 Nr. 1 VAG demnach nicht.

11 Zu den Personen, die für Schlüsselaufgaben verantwortlich sind, zählen nach § 9 Abs. 4 Nr. 1 lit. a VAG auch der Verantwortliche Aktuar und andere Personen, die das Unternehmen tatsächlich leiten. Im Fall des Verantwortlichen Aktuars gilt aber die Parallelvorschrift in § 141 Abs. 1 VAG.

12 Die Anzeigepflicht entsteht bei Aufsichtsratsmitgliedern bei deren Bestellung, bei allen anderen von § 47 Nr. 1 VAG betroffenen Personen schon, wenn die **Bestellung vorgesehen** ist. Der späteste auslösende Zeitpunkt ist hierbei der, bei dem die Willensbildung des Unternehmens zur Bestellung abgeschlossen ist,[23] aber bevor rechtlich bindende Schritte zu deren Vornahme getroffen werden bzw. tatsächlich eine Übernahme der Verantwortung erfolgt. Eine frühzeitig im Rahmen der Bestellung für diese Schlüsselaufgabe vorgenommene Anzeige befreit von der Anzeigepflicht zum letztmöglichen Zeitpunkt. Bei sehr früher Anzeige besteht allerdings die Möglichkeit, dass es zwischenzeitlich bis zur tatsächlichen Bestellung zu Änderungen der mitzuteilenden Tatsachen zur Beurteilung der Qualifikation kommt.[24] Nach der Anzeige sollte der Aufsichtsbehörde eine angemessene Zeit zur Prüfung zugerechnet werden, bis die Bestellung erfolgt,[25] sofern nicht ohnehin ein Hinweis der Aufsichtsbehörde abgewartet wird.[26] Die Anzeigepflicht besteht auch, wenn bei einer befristeten Bestellung eine Verlängerung erfolgt oder eine Person, die früher die Verantwortung für die nun zu besetzende Schlüsselaufgabe getragen hat, wiederbestellt werden soll.[27]

13 Der Anzeige sind die zur **Beurteilung der Qualifikation** nach § 24 Abs. 1 VAG erforderlichen Unterlagen beizufügen. Die von der BaFin herausgegebenen Merkblätter erläutern die Details der hierbei erwarteten Informationen. [28]

14 **IV. Ausscheiden von Personen mit Schlüsselaufgaben (Nr. 2).** Analog zur Bestellung der durch § 47 Nr. 1 VAG bestimmten Personen ist auch deren **Ausscheiden** oder **anderweitige Beendigung**

[18] Zu den Funktionen siehe §§ 26 Abs. 8, 29 Abs. 1 u. 2, 30 und 31 VAG sowie die jeweiligen Kommentierungen.

[19] Merkblatt zur fachlichen Eignung und Zuverlässigkeit von Personen, die für Schlüsselfunktionen verantwortlich oder für Schlüsselfunktionen tätig sind, gemäß VAG v. 23.11.2016, S. 1 sowie R 2/2015 – MaGo, Rn. 75.

[20] Vgl. Begr. VAG RegE 2014, BT-Drs. 18/2956, 240; der dort verwendete Begriff „andere Schlüsselaufgaben" stellt auf die Unterscheidung der Schlüsselfunktionen und weiteren Schlüsselaufgaben von den ebenfalls als Schlüsselaufgaben eingestuften Rollen von Aufsichtsrat und Vorstand/Geschäftsleitung ab.

[21] *BaFin*, Merkblatt zur fachlichen Eignung und Zuverlässigkeit von Personen, die für Schlüsselfunktionen verantwortlich oder für Schlüsselfunktionen tätig sind, gemäß VAG v. 23.11.2016, S. 5; s. auch R 2/2017 – MaGo, Rn. 81 ff.

[22] Vgl. *BaFin,* Merkblatt zur fachlichen Eignung und Zuverlässigkeit von Personen, die für Schlüsselfunktionen verantwortlich oder für Schlüsselfunktionen tätig sind, gemäß VAG v. 23.11.2016, S. 5 u. 16 sowie R 2/2017 – MaGo, Rn. 266 ff.

[23] *BaFin*, Merkblatt zur fachlichen Eignung und Zuverlässigkeit von Personen, die für Schlüsselfunktionen verantwortlich oder für Schlüsselfunktionen tätig sind, gemäß VAG v. 23.11.2016, S. 5.

[24] Vgl. Fahr/Kaulbach/Bähr/*Kaulbach* VAG, 5. Aufl. 2012, § 13d Rn. 3.

[25] Prölss/*Präve* VAG, 12. Aufl. 2005, § 13d Rn. 7.

[26] Vgl. Fahr/Kaulbach/Bähr/*Kaulbach* VAG, 5. Aufl. 2012, § 13d Rn. 3.

[27] Prölss/*Präve* VAG, 12. Aufl. 2005, § 13d Rn. 7.

[28] *BaFin*, Merkblatt zur fachlichen Eignung und Zuverlässigkeit von Mitgliedern von Verwaltungs- und Aufsichtsorganen gemäß VAG v. 23.11.2016; *BaFin*, Merkblatt zur fachlichen Eignung und Zuverlässigkeit von Geschäftsleitern gemäß VAG v. 23.11.2016; *BaFin*, Merkblatt zur fachlichen Eignung und Zuverlässigkeit von Personen, die für Schlüsselfunktionen verantwortlich oder für Schlüsselfunktionen tätig sind, gemäß VAG v. 23.11.2016.

der Verantwortung für die Schlüsselaufgaben der Aufsichtsbehörde anzuzeigen. Neben einem Ausscheiden oder einem Entzug der Befugnis zur Vertretung des Unternehmens bestehen auch noch andere Möglichkeiten, die davon ebenso erfasst sein sollen. So kann der Inhaber der versicherungsmathematischen Funktion, der nicht unbedingt für das Unternehmen vertretungsberechtigt sein muss, durch Versetzung im Unternehmen von der Verantwortung entbunden werden.

Bei der Zielsetzung des § 47 Nr. 2 VAG geht es neben der reinen Information der Aufsichtsbehörde über den Wechsel des Verantwortungsträgers auch um die Möglichkeit, der Aufsichtsbehörde Einsicht in eine ggf. **eingeschränkte Qualifizierung** des bisherigen Verantwortungsträgers in der letzten Zeit seiner Tätigkeit oder in andere Umstände des Unternehmens zu geben, die ggf. Anlass für weitere Feststellungen sein könnten. Daher ist nach § 47 Nr. 2 VAG die Beendigung bei deren Anzeige zu begründen, sofern dies für die Beurteilung der Qualifikation bedeutsam ist. 15

Die Anzeige erfolgt **unverzüglich** nach der Beendigung der Tätigkeit als Person mit Schlüsselaufgabe. 16

V. Kapitalerhöhung (Nr. 3). Die Satzung eines Versicherungsunternehmens ist nach § 9 Abs. 2 Nr. 1 VAG zwar Bestandteil des Geschäftsplans, doch nach § 12 Abs. 1 S. 3 VAG bedarf eine **Satzungsänderung**, die eine Kapitalerhöhung zum Gegenstand hat, nicht der Genehmigung. Dennoch ist die Aufsichtsbehörde nach § 47 Nr. 3 VAG über diese Maßnahme unverzüglich zu informieren. Auslöser der Informationspflicht ist das Wirksamwerden der Satzungsänderung durch **Eintragung** nach § 181 Abs. 3 AktG.[29] 17

VI. Änderungen bei Rückversicherungsunternehmen (Nr. 4). Rückversicherungsunternehmen haben nach § 9 Abs. 2 VAG verschiedene Informationen als Bestandteil des **Geschäftsplans** für die Zulassung zum Geschäftsbetrieb einzureichen. Änderungen des Geschäftsplans sind nach § 12 Abs. 2 VAG aber nur in sehr beschränktem Umfang nachfolgend **genehmigungspflichtig**. Um dennoch eine Information der Aufsichtsbehörde über den aktuellen Stand der ursprünglich bei Zulassung eingereichten Informationen zu ermöglichen, sind die in § 47 Nr. 4 VAG genannten Sachverhalte der Aufsichtsbehörde **anzuzeigen**. 18

Die **Anzeigepflicht** betrifft i. V. m. § 9 Abs. 2 Nr. 1 VAG Änderungen der **Satzung**, i. V. m. § 9 Abs. 2 Nr. 2 VAG Änderungen der **Art des betriebenen Geschäfts**, des **Geschäftsgebietes** und von **Unternehmensverträgen** nach den §§ 291 und 292 AktG sowie schon die **Absicht** einer **Umwandlung** nach den §§ 11 und 122a UmwG, soweit sie nach § 166 Abs. 3 VAG keiner Genehmigungspflicht unterliegt. Bis auf die letzte Änderung muss die Anzeige unverzüglich nach erfolgter Änderung vorgenommen werden. 19

VII. Änderungen bedeutender Beteiligungen (Nr. 5). Die Kenntnis über die Eigentümer eines Versicherungsunternehmens ist von vielfältiger Bedeutung für die Beaufsichtigung im Hinblick auf die Aufsichtsziele.[30] Daher sind die **Angaben zu bedeutenden Beteiligungen**,[31] wie in § 7 Nr. 3 VAG definiert, an dem Versicherungsunternehmen im Antrag auf Erlaubnis zum Geschäftsbetrieb nach § 9 Abs. 4 Nr. 2 lit. a VAG gemäß § 47 Nr. 5 VAG **laufend zu aktualisieren**. Diese Pflicht des Versicherunternehmens besteht neben der Pflicht des **interessierten Erwerbers** nach § 17 Abs. 1 VAG, die Absicht anzuzeigen, eine bedeutende Beteiligung an dem Versicherungsunternehmen zu erwerben. Der Begriff der bedeutenden Beteiligung in § 7 Nr. 3 VAG ist nicht vollständig konsistent mit dem Begriff der **Beteiligung** in § 7 Nr. 4 VAG, da er als Anteil mit der Grenze nach unten von 10 % und einem qualitativen Kriterium bzgl. der Wahrnehmung eines maßgeblichen Einflusses auf die Geschäftsführung des Versicherungsunternehmens definiert ist. Die Grenze einer Beteiligung nach § 7 Nr. 4 VAG ist 20 % und das qualitative Kriterium bezieht sich auf § 271 Abs. 1 HGB. 20

Die Anzeigepflicht betrifft nur **wesentliche Änderungen** der Eigentümerstruktur, also wenn ein neuer Eigentümer unmittelbar eine bedeutende Beteiligung erwirbt, bestehende Anteile unter der Schwelle einer bedeutenden Beteiligung zu einer bedeutenden Beteiligung ausbaut, eine bestehende bedeutende Beteiligung entsprechend unter die Schwelle mindert oder entsprechend eine der in der Vorschrift genannten weiteren Schwellen übersteigt oder unterschreitet. Damit sind neben der in § 7 Nr. 3 VAG genannten Möglichkeit der Wahrnehmung eines maßgeblichen Einflusses auf die Geschäftsführung die Schwellen von 10 % (§ 7 Nr. 3 VAG), 20 %, 30 % und 50 % der Stimmrechte oder des Kapitals zu berücksichtigen. Hinzu kommt noch die Schwelle, bei der das Unternehmen **Tochterunternehmen** nach § 7 Nr. 29 1. Hs VAG wird oder diese Eigenschaft verliert. 21

Die Anzeigepflicht des VU nach § 47 Nr. 5 VAG besteht grundsätzlich schon dann, wenn ein entsprechender Erwerb oder die Aufgabe der bedeutenden Beteiligung **bevorsteht**, nicht aber schon bei bestehender **Absicht einer Änderung** wie im Fall der Anzeigepflicht nach § 17 Abs. 1 VAG.[32] 22

---

29 Prölss/*Präve* VAG, 12. Aufl. 2005, § 13d Rn. 9.

30 Vgl. Begr. VAG-RegE 1994, BT-Drs. 12/6959, 68.

31 § 7 Nr. 4 VAG definiert eine Beteiligung als ein Anteil ab 20 % des Kapitals oder der Stimmrechte. Eine bedeutende Beteiligung nach § 7 Nr. 3 VAG besteht aber schon ab 10 %.

32 Vgl. Prölss/*Präve,* 12. Aufl., § 13d Rn. 10.

Allerdings besteht die Einschränkung, dass die Anzeigepflicht erst mit der **Erlangung der Kenntnis** hierüber entsteht. Dann ist sie aber, ohne Rücksicht darauf, ob die Änderung noch bevorsteht oder schon erfolgt ist, unverzüglich vorzunehmen. Hiermit ist keine Pflicht verbunden, sich aktiv um eine Kenntnis solcher Änderungen zu bemühen,[33] zumal dies oft schlichtweg unmöglich ist. Kenntnis erhält ein Unternehmen z. B. durch „Niederschriften über die Hauptversammlungen der Aktionäre oder über eine Gesellschafterversammlung oder auch Veröffentlichungen börsennotierter Gesellschaften".[34]

23 **VIII. Enge Verbindungen (Nr. 6).** Zweck der auf Basis des Art. 2 Abs. 2 RL 95/26/EG (heute Art. 19 S. 3 Solva II-RL) durch Art. 10 Nr. 4 Gesetz v. 22.10.1997[35] in § 13d VAG a. F. als Abs. 4a eingefügten Norm ist die Vermeidung von Beeinträchtigungen der Beaufsichtigung und der Aufsichtsziele selbst durch enge Beziehungen i. S. d. § 7 Nr. 7 VAG zwischen dem Unternehmen und Personen und Unternehmen, die ggf. aufsichtsbehördlich unterbunden werden müssen.[36] Daher ist das Bestehen solcher engen Verbindungen im Antrag auf Erlaubnis für den Geschäftsbetrieb nach § 9 Abs. 4 Nr. 3 VAG anzugeben und die **Änderung des Bestandes enger Verbindungen** ist aufgrund von § 47 Nr. 6 VAG anzeigepflichtig. Da der Begriff einer engen Verbindung und einer (bedeutenden) **Beteiligung** sich teilweise decken, kann die Änderung einer engen Verbindung auch nach den §§ 17 Abs. 1 und 47 Nr. 5, 11 und 12 VAG anzeigepflichtig sein.[37]

24 Da die Anzeigepflicht nach § 47 Nr. 6 VAG anlassbezogen konzipiert ist, ist eine Anzeigepflicht zu **bestehenden engen Verbindungen** nur dann gegeben, wenn diese gerade bekannt werden oder aber bereits bekannt sind, aber bislang noch nicht angezeigt wurden. Ausweislich der Begründung[38] bei der Einführung der Norm sollten nur Änderungen anzeigepflichtig sein und dem entspricht auch der zugrundeliegende Art. 19 S. 3 Solva II-RL.[39]

25 **IX. Jährliche Mitteilung über Passivbeteiligungen (Nr. 7).** Anzuzeigen ist nach § 47 Nr. 7 VAG jährlich der dem Unternehmen bekannte Stand der Inhaber bedeutender Beteiligungen an dem Unternehmen und deren Anteil. Die Anzeige erfolgt in Jahresfrist ohne einen bestimmten Stichtag.[40] Sie vervollständigt damit die **Anzeige der bedeutenden Beteiligungen** wie in § 7 Nr. 3 VAG definiert nach § 9 Abs. 4 Nr. 2 lit. a VAG und nach § 47 Nr. 5 VAG um den jeweils aktuellen Stand. Damit ist sichergestellt, dass die Aufsichtsbehörde auch über die Änderungen der bedeutenden Beteiligungen, die nach § 47 Nr. 5 VAG nicht unverzüglich anzeigepflichtig sind, also insbesondere Änderungen, die keine der in § 47 Nr. 5 VAG genannten Schwellen überschreiten, wenigstens innerhalb eines Jahres informiert wird. Die Anzeigepflicht besteht entsprechend dem **Kenntnisstand des Unternehmens** am gewählten Stichtag der jährlichen Anzeige. Zur Erlangung der Kenntnis vgl. Rn. 22.

26 **X. Ausgliederungen (Nr. 8 und 9).** Die bisherigen Vorlagepflichten des § 13 Abs. 1a VAG a. F. mit Fristen bis zur Wirksamkeit der vorgelegten Verträge oder Vertragsänderungen werden in § 47 Nr. 8 und 9 VAG durch **Anzeigepflichten** entsprechend Art. 49 Abs. 3 Solva II-RL ersetzt. Die Vorlagepflichten für Funktionsausgliederungsverträge in § 13 Abs. 1a VAG a. F. wurden durch Art. 1 Nr. 9 lit. a 14. ÄndG VAG v. 29.3.1983[41] in das VAG eingefügt. In Angleichung an die geänderten Anforderungen in Art. 49 Abs. 3 Solva II-RL besteht nunmehr in § 47 Nr. 8 und 9 VAG eine Anzeigepflicht bei **bestehender Absicht** einer Ausgliederung bzw. bei Eintreten wesentlicher Umstände im Verlauf danach. Zwar entfällt damit die Rolle der Vorlage bei der Aufsichtsbehörde als Voraussetzung für das Wirksamwerden eines Vertrags; das Ergebnis ist aber auch bei Anwendung der neuen Anzeigevorschriften, dass die Aufsichtsbehörde Kenntnis vom Vertrag (sogar früher als bislang) sowie nachfolgende wesentliche Änderungen der bei Vertragsanzeige gegebenen Umstände erlangt und einschreiten kann, falls sie dies für erforderlich hält.

27 Vor der bindenden Ausgliederung wichtiger Funktionen oder Versicherungstätigkeiten ist der Aufsichtsbehörde schon bei einem **Bestehen der Absicht** unverzüglich Anzeige zu erstatten. Dabei ist ein **Entwurf des beabsichtigten Vertrages** beizufügen. Nach Erstattung der Anzeige können die betreffenden Maßnahmen **ohne Fristwahrung** umgesetzt werden. Auch im Fall des § 47 Nr. 8 VAG wird wie im Fall des § 47 Nr. 13 VAG zwischen der durch einen Vertragsentwurf konkretisierten Absicht, die die unverzügliche Anzeigepflicht auslöst, und der tatsächlichen Umsetzung aus rein technischen Gründen eine gewisse Zeit liegen.

28 Das mit Solvabilität II eingeführte Konzept zur Ausgliederung unterscheidet sich von dem bisher im VAG enthaltenen erheblich: Während § 5 Abs. 3 Nr. 4 VAG a. F. konkrete Tätigkeiten bzw. Bereiche

[33] Vgl. FKBP/*Kaulbach* § 13d Rn. 9.
[34] Begr. VAG-RegE 1994, BT-Drs. 12/6959, 68.
[35] BGBl. 1997 I, 2518.
[36] Vgl. Begr. VAG-RegE, BT-Drs. 13/7143, 37.
[37] Vgl. FKBP/*Kaulbach* § 13d Rn. 8.
[38] Begr. VAG-RegE, BT-Drs. 13/7143, 37.
[39] Die englische Fassung verwendet den Ausdruck „monitor", also eine laufende Darstellung von Änderungen.
[40] Vgl. FKBP/*Kaulbach* § 13d Rn. 9.
[41] BGBl. 1983 I, 377.

aufzählt (im Einzelnen: den Vertrieb, die Bestandsverwaltung, die Leistungsbearbeitung, das Rechnungswesen, die interne Revision, die Vermögensanlage sowie die Vermögensverwaltung), bei denen „Funktionsausgliederungen" prinzipiell möglich sind, übernimmt § 32 Abs. 1 VAG nahezu wortgleich den Art. 49 Abs. 1 Solva II-RL und erklärt allgemein die Ausgliederung von „Funktionen oder Versicherungstätigkeiten" für zulässig. Zu beachten ist, dass die nach § 47 Nr. 8 und 9 VAG anzuzeigenden **„wichtigen Funktionen oder Versicherungstätigkeiten"** lediglich einen Teil der insgesamt zulässigen Ausgliederungen ausmachen, wobei sich bereits aus der für geforderten Anzeige gegenüber der Aufsichtsbehörde ergibt, dass hierunter die für den Geschäftsbetrieb des Versicherungsunternehmens bedeutsamsten Tätigkeiten gemeint sind. Das von der BaFin zur Umsetzung der diesbezüglichen EIOPA-LL Governance-System[42] herausgegebene R 2/2017 (MaGo) unterstützt dieses Verständnis der anzeigepflichtigen Ausgliederungen als Teilmenge der insgesamt zulässigen und widmet der Ausgliederung wichtiger Funktionen und Versicherungstätigkeiten einen eigenen Abschnitt: Hier werden neben den früher in § 5 Abs. 3 Nr. 4 VAG a. F. genannten Tätigkeiten und Bereichen noch die Berechnung der versicherungstechnischen Rückstellungen nach Solvabilität II und HGB sowie die Schlüsselfunktionen i. S. d. § 7 Nr. 9 VAG (d. h. neben der bereits in § 5 Abs. 3 Nr. 4 VAG a. F. aufgeführten internen Revision auch Risikomanagementfunktion, Compliance Funktion und versicherungsmathematische Funktion) und ggf. weitere, von einem VU definierte Schlüsselaufgaben genannt. Klargestellt wird aber auch, dass es in der Verantwortung des einzelnen Unternehmens liegt, festzustellen, ob eine Funktion oder Tätigkeit wichtig ist und dies zu dokumentieren.[43] In Art. 274 Solva II-VO wird spezifiziert, was bei der Ausgliederung wichtiger Funktionen, u. a. im Hinblick auf die Auswahl eines geeigneten Dienstleisters, geeignete Maßnahmen zur Gewährleistung des Durchgriffsrechts für das ausgliedernde VU sowie die zu erstellenden unternehmensinternen LL zur Handhabe der Ausgliederung, zu beachten ist.[44]

Nach § 47 Nr. 9 VAG erfordern nach Vertragsschluss eingetretene **wesentliche Umstände** der anzeigepflichtigen Ausgliederungen ebenso eine anlassbezogene Anzeige. Die Begr. VAG-RegE 2014 nennt hier als Beispiele **wesentliche Vertragsänderungen** – für reine Entgeltänderungen galten auch nach § 13 Abs. 1a S. 6 VAG a. F. erleichterte Bedingungen – und **die Nutzung bestimmter vertraglicher Rechte**, wie ein Subdelegationsrecht, aber auch **finanzielle Probleme des Dienstleisters, Vertragsstörungen** oder **Vertragsverletzungen** von nicht ganz unerheblicher Bedeutung.[45] Um aber in Relation zu § 47 Nr. 8 VAG zu bleiben, müssen die anzeigepflichtigen Umstände letztlich ähnlich wichtig für das Unternehmen sein, wie die Ausgliederung der wichtigen Funktionen oder Versicherungstätigkeiten selbst. Sie müssen also von zentraler Bedeutung für die Ausgliederung sein. 29

XI. Zweckgesellschaften (Nr. 10). Durch Art. 1 Nr. 47 Gesetz v. 28.5.2007[46] wurde mit § 121g VAG a. F., jetzt § 168 VAG, eine **Regulierung für Zweckgesellschaften** aufgenommen. Durch diese erhält die Aufsichtsbehörde aber keine Informationen zu Zweckgesellschaften mit Sitz in einem Drittstaat, bei denen sich beaufsichtigte Versicherungsunternehmen absichern.[47] Daher wurde im Jahr 2009 eine **Anzeigepflicht** über die eingesetzten Zweckgesellschaften in § 13d Nr. 11 VAG a. F., heute § 47 Nr. 10 VAG, aufgenommen.[48] Der **Umfang der betroffenen Absicherungen** ist nicht auf die in § 168 VAG definierten Zweckgesellschaften begrenzt, sondern es sollen alle durch Versicherungsunternehmen durchgeführten Risikotransfers an den Kapitalmarkt erfasst werden, also auch über Gesellschaften, die keine Zweckgesellschaften sind.[49] 30

§ 47 Nr. 10 VAG umfasst alle **Risiken**, denen ein Versicherungsunternehmen ausgesetzt ist und die es durch die beschriebenen Methoden extern absichert. Die Emission von Schuldtiteln bzw. anderen Finanzierungsmechanismen muss aber über eine **ausschließlich zu diesem Zweck bestehende Gesellschaft** erfolgen. Der die Anzeigepflicht auslösende Vorgang ist jedoch nicht die Gründung einer solchen Gesellschaft oder die Absicht solche Absicherungen vorzunehmen,[50] sondern der **Beginn der Absicherung** der eigenen Risiken durch diese Gesellschaft. 31

XII. Erwerb von Aktivbeteiligungen (Nr. 11). Für die stärker regulierten Erstversicherungsunternehmen sind auch **Änderungen der Aktivbeteiligungen**, ähnlich wie die der Passivbeteiligungen nach § 47 Nr. 5 VAG, unverzüglich anzuzeigen. Die Anzeigepflicht besteht nicht vorab, da es sich sonst faktisch um ein Genehmigungsverfahren handeln würde, wie es z. B. vor 1974 bei Grundstücken 32

[42] EIOPA-BoS-14/253.
[43] Vgl. *BaFin*, R 2/2017 – MaGo, Rn. 256–258.
[44] Die in Art. 274 Solva II-VO enthaltene Bezeichnung „kritische und wichtige operative Funktionen" ist dabei als Synonym für „wichtige Funktionen und Versicherungstätigkeiten" in der Solva II-RL und dem BaFin R 2/2017 (MaGo) aufzufassen.
[45] Vgl. Begr. VAG-RegE 2014, BT-Drs. 18/2956, 253.
[46] BGBl. 2007 I, 923.
[47] Begr. VAG-RegE 2008, BT-Drs. 16/12783, 19.
[48] Art. 2 Nr. 8 lit. b Gesetz v. 29.7.2009, BGBl. 2009 I, 2305.
[49] Begr. VAG-RegE 2008, BT-Drs. 16/12783, 19.
[50] Vgl. FKBP/*Kaulbach* § 13d Rn. 15.

vorlag.[51] Eine entsprechende Regelung fehlt in § 9 VAG, da bei Antragstellung normalerweise noch kein Beteiligungsbesitz vorhanden ist.

33 § 47 Nr. 11 VAG ist der letzte nach Einführung von Solvabilität II verbliebene Teil der **Kapitalanlagevorschriften** des § 54 VAG a. F. Die liberalisierten Kapitalanlagevorschriften finden sich jetzt in § 124 ff. VAG. Die Grenze von 10 % in § 47 Nr. 11 VAG stammt aus der Anfangszeit der Zulässigkeit von Aktien als Kapitalanlage, als Obergrenze für die genehmigungsfähige Anlage in Aktien.[52] Die Anzeigepflicht für Beteiligungen in Form von Aktien oder sonstigen Anteilen über 10 % wurde durch Art. 1 Nr. 3 Gesetz v. 20.12.1974[53] in § 54 Abs. 2 lit. b VAG eingefügt.[54] Hierbei ist festzuhalten, dass der Wortlaut der Norm und damit der Begriff der Beteiligung noch aus dem Jahr 1974 stammt, d. h. es liegt der handelsrechtliche Beteiligungsbegriff des § 271 Abs. 1 HGB zugrunde. Das Bestehen einer Beteiligung definiert sich nach HGB zunächst qualitativ als das Halten von Anteilen (jeglicher Art) an anderen Unternehmen, „die bestimmt sind, dem eigenen Geschäftsbetrieb durch Herstellung einer dauernden Verbindung zu jenen Unternehmen zu dienen." Als widerlegbare Vermutung gelten gemäß § 271 Abs. 1 S. 3 HGB „im Zweifel Anteile an einer Kapitalgesellschaft, die insgesamt 20 % des Nennkapitals dieser Gesellschaft überschreiten" als Beteiligung." Der Umfang der Anzeigepflicht entspricht damit nicht den Beteiligungen nach § 7 Nr. 4 1. Hs. VAG, sondern erfasst auch Anteile unterhalb der dort genannten 20 %-Grenze.

34 Für andere Beteiligungen als Aktien und sonstige Anteile gilt die Anzeigepflicht **ohne quantitative Schwelle**, da die qualitative Definition des § 271 Abs. 1 S. 1 HGB hier schon eine eine Anzeige begründende Bedeutung beinhaltet. Für **Aktien** und **sonstige Anteile** besteht eine Schwelle von insgesamt 10 % des Nennkapitals der nach Änderung insgesamt gehaltenen Beteiligung an einer Gesellschaft, wobei über den Konzern des Versicherungsunternehmens verteilte Beteiligungen zur Vermeidung von Umgehungen[55] zusammen zu betrachten sind.

35 Maßgeblich für den Zeitpunkt der Anzeige ist der **Zeitpunkt des Erwerbes**, nach dem unverzüglich die Anzeige erfolgen muss. Entsprechende Regelungen zur Sicherstellung dieser Anzeigen, insbesondere in der Kapitalanlageorganisation, sind damit erforderlich.

36 **XIII. Anlagen bei verbundenen Unternehmen (Nr. 12).** Die Anzeigepflichten für verbundene Unternehmen nach § 47 Nr. 12 gelten nur für Erstversicherungsunternehmen. Betroffen sind alle **Investitionen in ein verbundenes Unternehmen** nach § 15 AktG. Dies umfasst z. B. im Fall eines Kreditinstituts auch normale Einlagen im Rahmen von Bankgeschäften wie Termin- oder Tagegelder. Dies ist insofern beachtlich, als § 54 Abs. 4 S. 2 VAG a. F. noch eine Anzeige bis zum Ende des auf den Erwerb oder der Anlage folgenden Monats vorsah, was eine Sammelanzeige ermöglichte; nunmehr ist auch hierfür eine unverzügliche Anzeige gefordert.

37 **XIV. Versicherungsbedingungen von Pflichtversicherungen (Nr. 13).** Versicherungsunternehmen haben nach § 9 Abs. 4 Nr. 4 VAG in ihrem **Antrag auf Erlaubnis zum Geschäftsbetrieb** die allgemeinen Versicherungsbedingungen für Pflichtversicherungen, die sie anzubieten beabsichtigen, einzureichen. § 47 Nr. 13 VAG fordert die **Aktualisierung** dieser Angaben durch eine Anzeige bei einer beabsichtigten Verwendung neuer oder geänderter allgemeiner Versicherungsbedingungen. Die Anzeige ist unverzüglich vorzunehmen, sobald sich diese Absicht konkretisiert hat, also entsprechende unternehmensinterne Beschlüsse zur Verwendung neuer oder geänderter allgemeiner Versicherungsbedingungen gefasst sind,[56] auch wenn der konkrete Erstanwendungszeitpunkt noch nicht festgelegt ist. In der Praxis wird die technische Umsetzung eines solchen Beschlusses eine gewisse Zeit in Anspruch nehmen. Eine Wartefrist bis zum Abschluss von Verträgen mit diesen allgemeinen Versicherungsbedingungen ist nicht gefordert.

38 **XV. Verhältnis zu anderen Regelungen des VAG und des KWG.** Nach § 1 Abs. 3 VAG gilt für öffentlich-rechtliche Versicherungsunternehmen des öffentlichen Dienstes oder der Kirchen nur § 47 Nr. 12 VAG. Der Abschlussprüfer hat nach § 35 Abs. 1 Nr. 1 VAG im Zuge der Abschlussprüfung Feststellungen zur Erfüllung der Anzeigepflichten nach § 47 Nr. 1–5 und 7–9 VAG zu treffen. Nach § 168 Abs. 2 VAG gelten für Zweckgesellschaften nur § 47 Nr. 1, 2 und 5 VAG. Nach § 212 Abs. 3 Nr. 10 VAG ist von kleineren Versicherungsunternehmen nur § 47 Abs. 1 und 2 VAG anzuwenden,

---

[51] Vgl. Begr. VAG-RegE 1973, BT-Drs. 7/100, 12.

[52] Eine Erlaubnis, Aktien für den Deckungsstock (heute Sicherungsvermögen) zu erwerben, erfolgte erst durch Art. 1 Nr. 7 VAG-Novelle vom 19.7.1923, RGBl. 1923 I, 684, in § 59 Abs. 1 Nr. 5 VAG 1923. Die Aufsichtsbehörde begrenzte dabei den genehmigungsfähigen Anteil an einer Gesellschaft auf 10 % (Veröffentlichungen des RAA, 1926, 92 ff.). § 59 Abs. 1 Nr. 5 VAG 1923 wurde nachfolgend durch Art. 1 Nr. 7 lit. a G. v. 28.3.1931, RGBl. 1931 I, 102, gestrichen. Für die Nicht-Lebensversicherung blieb die Regelung weiter erhalten (Veröffentlichungen des RAA, 1927, 143; vgl. Prölss VAG, 2. Aufl. 1957, § 68 Rn. 2). Entsprechende Öffnungsregeln wurden später auch wieder für die Lebensversicherung erlassen (R 2/52, VerBAV 1952, 23).

[53] BGBl. 1974 I, 3693.

[54] Vgl. Begr. VAG-RegE 1973, BT-Drs. 7/100, 13.

[55] Vgl. Begr. VAG-RegE 1973, BT-Drs. 7/100, 13.

[56] Vgl. FKBP/*Kaulbach* § 13d Rn. 11.

wobei den vorliegenden Verhältnissen entsprechende Einschränkungen gelten. Nach § 293 Abs. 1 VAG gelten § 47 Nr. 1, 2, 5 und 7 VAG auch für bestimmte Holding-Gesellschaften. Die Anzeigen nach § 47 Nr. 6 VAG sind im Rahmen der Gruppenaufsicht unter den beteiligten Aufsichtsbehörden nach § 284 Abs. 2 VAG auszutauschen.

Entsprechende Vorschriften zu § 47 Nr. 1, 2, 5, 6, 7 und 11 VAG finden sich in § 24 Abs. 1 Nr. 1, 2, 10, 12, 13 und 15 und Abs. 1a Nr. 1, 2 und 3 KWG. 39

Abschnitt 5. Zusammenarbeit mit Versicherungsvermittlern

Qualifikation der Versicherungsvermittler

48 (1) **Versicherungsunternehmen sind verpflichtet, nur mit solchen gewerbsmäßig tätigen Versicherungsvermittlern zusammenzuarbeiten, die**

1. im Besitz einer Erlaubnis nach § 34d Absatz 1 der Gewerbeordnung sind, nach § 34d Absatz 3 der Gewerbeordnung von der Erlaubnispflicht befreit sind oder nach § 34d Absatz 4 oder 9 der Gewerbeordnung nicht der Erlaubnispflicht unterliegen und

2. bevollmächtigt sind, Vermögenswerte des Versicherungsnehmers oder für diesen bestimmte Vermögenswerte entgegenzunehmen oder, soweit nach einer Rechtsverordnung nach § 34d Absatz 8 Satz 1 Nummer 1 Buchstabe b der Gewerbeordnung erforderlich, eine Sicherheitsleistung nachweisen.

(2) **Mit gewerbsmäßig tätigen Versicherungsvermittlern, die**

1. nach § 34d Absatz 4 der Gewerbeordnung nicht der Erlaubnispflicht unterliegen oder

2. nach § 34d Absatz 3 der Gewerbeordnung von der Erlaubnispflicht befreit sind und die Tätigkeit als Versicherungsvermittler im Auftrag eines oder mehrerer Versicherungsunternehmen ausüben,

dürfen Versicherungsunternehmen nur zusammenarbeiten, wenn die Vermittler zuverlässig sind und in geordneten Vermögensverhältnissen leben (§ 34d Absatz 2 Nummer 1 und 2 der Gewerbeordnung) und die Versicherungsunternehmen sicherstellen, dass die Vermittler über die zur Vermittlung der jeweiligen Versicherung angemessene Qualifikation verfügen.

(3) **Mit gewerbsmäßig tätigen Versicherungsvermittlern aus anderen Mitglied- oder Vertragsstaaten dürfen Versicherungsunternehmen nur zusammenarbeiten, soweit die Vermittler nach den Vorschriften ihres Herkunftsstaats befugt sind, Versicherungsverträge zu vermitteln.**

(4) [1] **Auf Veranlassung eines Versicherungsvermittlers nach § 34d Absatz 4 der Gewerbeordnung haben das oder die Versicherungsunternehmen, für das oder die der Versicherungsvermittler ausschließlich tätig wird, der Registerbehörde die im Register nach § 11a Absatz 1 der Gewerbeordnung zu speichernden Angaben mitzuteilen.** [2] **Das oder die Versicherungsunternehmen hat beziehungsweise haben sicherzustellen, dass die Voraussetzungen nach § 34d Absatz 4 der Gewerbeordnung vorliegen.**

(5) **Versicherungsunternehmen sind verpflichtet, der Registerbehörde nach § 11a Absatz 1 der Gewerbeordnung unverzüglich die Beendigung der Zusammenarbeit mit einem nach § 34d Absatz 4 der Gewerbeordnung nicht der Erlaubnispflicht unterliegenden Versicherungsvermittler mitzuteilen und dessen Löschung aus dem Register zu veranlassen.**

Übersicht

Schrifttum: *Armbrüster*, Das VAG 2016 – Überblick zu den Neuregelungen, r+s 2015, 425; Bähr/*Bürkle* § 9 Rn. 92; *Baltzer*, „Gemeinsame Position für den Dialog mit der Politik", VW 17/2013, 7; *Baroch Castellví*, Die gesetzliche Regelung der Mindesthaftzeit in der Lebens- und Krankenversicherung – Allgemeines und Einzelfragen zu § 80 Abs. 5 VAG, r+s 2013, 53; Beckmann/Matusche-Beckmann/*Mönnich*, § 2 Rn. 66; *Beenken/Schiller*, Die Angemessenheit selbständiger Vergütungsvereinbarungen in der Lebensvers., r+s 2015, 529; *Beyer*, Unionsrechtliche Neuregelung der Beratungs- und Informationspflichten für Versicherungsanlageprodukte, VersR 2016, 293; *Brüss*, Gesundheit – Abschlussprovisionen für PKV-Verträge künftig begrenzt, VW 2011, 1567; *Bürkle*, Auswirkungen aufsichtsbehördlicher Anforderungen nach § 23 Abs. 1 S. 2 VAG 2016 auf die Compliance in Versicherungsunternehmen, VersR 2016, 2; Bürkle/*Schlierenkämper*, Compliance in Versicherungsunternehmen, 2. Aufl. 2015, § 11; *Doulger/Schmarbeck*, Am seidenen Faden – Regulierungsinitiativen erhöhen Veränderungsdruck auf deutschen Versicherungsvertrieb, VW 5/2014, 64; *Dreher*, Versicherungsaufsichtsrecht und Verbraucherschutz im Solvency-II- und EIOPA-System, VersR 2013, 401; *ders.*, Begriff und Inhaber der Schlüsselfunktionen nach Solvency II und VAG 2012, VersR 2012, 933; FKBP/*Kaulbach*, §§ 53d, 80, 80a; *Fleck/Herrig*, Das „neue" Beschwerdemanagement – ein Erfahrungsbericht aus der Praxis, ZfV 2015, 88; *Franz/Steiner*, Die neue gesetzliche Stornohaftung in der Lebens- und Krankenversicherung, VersR 2012, 1333; *Glotz*, Geldwäscheprävention in der Versicherungsvermittlung und Konsequenzen für die Zusammenarbeit mit Versicherungsunternehmen, VersR 2016, 369; *Grote*, Aktuelle Rechtsfragen der Lebensversicherung – vom Policenmodell bis zum Lebensversicherungsreformgesetz, Tagungsband zum 32. Münsterischen Versicherungstag am 22. November 2014, 2015; *Konwitschka*, in: Korinek/G. Saria/S. Saria, VAG (österr.), Stand Januar 2016, § 34 Rn. 2, 15; *Krämer*, Härtetest für Zusammenarbeit von Vermittlern und Versicherern, VW 12/2014, 62; *Laars*, §§ 12, 53d, Vor § 80, § 80; Langheid/Wandt/*Dörner*, Vor § 172 Rn. 1; Langheid/Wandt/*Grote*, AufsichtsR; Langheid/Wandt/*Reiff*, Vor § 59, §§ 59 ff.; Looschelders/Pohlmann/*Schäfers*, VVG, 3. Aufl. 2016, § 1 VVG-InfoV Rn. 44 f.; *Marlow/Spuhl/Grote*, Das neue VVG kompakt, 4. Aufl. 2010, Rn. 1149 ff.; *Nowak-Over*, Gesetzliche Krankenkasse als Vermittler privater Zusatzversicherung (Anm. zu BGH v. 18.10.2013 – I ZR 183/12), GRUR-Prax 2013, 473; Prölss/*Lipowsky*, 12. Aufl. 2005, § 53d; Prölss/Martin/*Dörner*, Vor § 6 GewO Rn. 1, § 34d GewO Rn. 46, 21; Prölss/Martin/*Lücke*, VVG, Vor §§ 172–177 VVG Rn. 1; Prölss/Martin/*Reiff*, § 165 Rn. 13; *ders.*, Die Umsetzung der Versicherungsvermittlerrichtlinie in das deutsche Recht, VersR 2004, 142; *ders.*, Versicherungsvermittlerrecht im Umbruch, 2006; *ders.*, Aktuelle Rechtsfragen der Versicherungsvermittlung, VersR 2015, 649; *ders.*, Anm. zu BGH v. 28.11.2013 – I ZR 7/13, VersR 2014, 497, 500; *ders.*, Das Gesetz zur Neuregelung des Versicherungsvermittlerrechts, VersR 2007, 717; Langheid/Rixecker/*Rixecker*, § 61 Rn. 2; *Sasserath-Alberti/Hartig*, EIOPA-Verordnung: Rechtliche Herausforderungen für die Praxis, VersR 2012, 524; *Schedlbauer*, Aufsicht von Lebensversicherungsprodukten und Versicherungsvermittlern in ausgewählten europäischen Ländern, 1995; *Schönleiter*, Die Versicherungsvermittlung – Neues aus Brüssel • Neues aus Berlin, r+s 2014, 53; *ders.*, Das neue Recht für Versicherungsvermittler, GewArch 2007, 265; *Schulze Schwienhorst/Neuhaus*, Das Haftungsrisiko „Ventilgeschäft", VersR 2012, 1356; *dies.*, Außendienst und Vertrieb Haftungsrisiko Ventilgeschäft, VW 2012, 628; Terbille/Höra/*Baumann*, Münchener Anwaltshandbuch Versicherungsrecht, 3. Aufl. 2013, § 4 Rn. 135; Veith/Gräfe/Gebert/*Harder*, 3. Aufl. 2016, § 20; *Werber*, Erste Betrachtungen zum Vorschlag einer neuen Vermittlerrichtlinie (IMD 2), VersR 2012, 1467; *Will*, Versicherungsvermittlung mit Ventil und § 34d GewO, NVwZ 2015, 389; *ders.*, Gewerberechtliche und wettbewerbsrechtliche Aspekte der Vermittlung privater Zusatzversicherungen durch gesetzliche Krankenkassen, GewArch 2014, 137.

1 **I. Allgemeines. 1. Entstehungsgeschichte.** § 48 VAG entspricht inhaltlich unverändert dem bisherigen § 80 Abs. 1 – 4 VAG a. F.,[1] wobei die entsprechenden fünf Absätze des § 80 VAG a. F. nunmehr fortlaufend nummeriert sind und keinen Abs. 2a mehr enthalten.[2]

2 Die in § 48 VAG enthaltenen Bestimmungen sind mit Ausnahme der Regelung in § 48 Abs. 3 VAG (vormals § 80 Abs. 2a VAG a. F.) durch das Gesetz[3] zur Neuregelung des Versicherungsvermittlerrechts mit Wirkung ab dem 22.5.2007 in Umsetzung der sog. **Versicherungsvermittler-RL**[4] in das VAG eingefügt worden. Sie regeln die Beziehung zwischen Versicherungsunternehmen und Versicherungsvermittlern in versicherungsaufsichtsrechtlicher Sicht. Danach haben Versicherungsunternehmen verschiedene Pflichten zu erfüllen, wenn sie mit gewerbsmäßig tätigen Vermittlern zusammenarbeiten wollen. **Adressat** der §§ 48 ff. VAG sind also die Versicherungsunternehmen. Die Einhaltung dieser Pflichten durch die Versicherungsunternehmen überwacht die Aufsichtsbehörde gemäß § 298 Abs. 1 VAG im Rahmen der allgemeinen Missstandsaufsicht, wobei die Norm der allgemeinen Rechtsaufsicht i. S. v. § 294 Abs. 3 VAG zuzuordnen ist[5] (arg.e. § 62 Abs. 1 S. 2 Nr. 3 VAG).

3 Bereits lange vor Inkrafttreten des § 80 VAG a. F. existierten Vorgaben zur mittelbaren Vermittleraufsicht. Das zeigt sich bereits an der Gründung der Auskunftsstelle über den Versicherungsaußendienst (**AVAD**) im Jahr 1948 und verschiedenen aufsichtsbehördlichen Vorgaben in Form von auf § 81 VAG a. F. gestützten Rundschreiben.[6] Mit Umsetzung der Versicherungsvermittler-RL sind diese aufsichtsbehördlichen Vorgaben erweitert worden und haben zum Teil auch Einzug in das VAG in §§ 80 ff. VAG a. F. gehalten. Zudem ist die versicherungsaufsichtsrechtliche mittelbare Vermittleraufsicht durch eine unmittelbare Gewerbeaufsicht mit der in § 34d GewO geregelten Erlaubnispflicht bei den Industrie- und Handelskammern sowie durch die versicherungsvertragsrechtlichen Vorgaben insbesondere in den

[1] Begr. VAG-RegE 2014, BT-Drs. 18/2956, 254.

[2] Letzteres wird sich indes am 23.2.2018 wieder ändern, wenn ein neuer Abs. 2a gem. Art. 2 des „Gesetzes zur Umsetzung der Richtlinie (EU) 2016/97 des Europäischen Parlaments und des Rates vom 20. Januar 2016 über Versicherungsvertrieb und zur Änderung weiterer Gesetze" v. 20.7.2017 (BGBl. I 2789) in Kraft tritt. Zu den mit dem Umsetzungsgesetz verbundenen weitreichenden Änderungen der §§ 48 ff. VAG s. Rn. 9, 16 ff.

[3] Gesetz vom 19.12.2006, BGBl. I 3232.

[4] RL 2002/92/EG v. 9.12.2002, ABl. EU 2003 L 9, 3 (Insurance Mediation Directive – IMD).

[5] FKBP/*Kaulbach* § 80 Rn. 1.

[6] Zur Entstehungsgeschichte der Versicherungsvermittleraufsicht s. z. B. *Schedlbauer* Aufsicht von Lebensversicherungsprodukten und Versicherungsvermittlern in ausgewählten europäischen Ländern, oder *Reiff* VersR 2004, 142.

§§ 59 ff. VVG, die auch eine schon vorher bestehende Haftung der Versicherungsvermittler mehr in den Vordergrund gerückt haben, komplettiert worden.

4 § 48 VAG steht folglich in besonders engem Zusammenhang mit dem 2007 gleichfalls eingeführten § 34d GewO, mit dem erstmals[7] Umfang und Inhalt einer **Gewerbeerlaubnispflicht** für Versicherungsvermittler (Versicherungsmakler und Versicherungsvertreter) sowie die Pflicht zur Eintragung in das Vermittlerregister nach § 11a GewO geschaffen worden sind. Bis dahin war die Tätigkeit des Versicherungsvermittelns lediglich nach § 14 GewO als Gewerbe vom Vermittler anzuzeigen.[8] Ein Berufsrecht für Versicherungsvermittler ist daher in Deutschland erst 2007 etabliert worden.

5 Auf versicherungsvertragsrechtlicher Ebene haben Versicherungsvermittler schließlich die **Beratungs- und Informationspflichten** nach §§ 60–63 VVG zu erfüllen, die auf Art. 12 und 13 der Versicherungsvermittler-RL zurückgehen.[9]

6 Weitere, beim ersten Geschäftskontakt zu beachtende Informationspflichten bestehen nach § 11 VersVermV.[10] Diese betreffen insbesondere status- und personenbezogene Angaben zur beruflichen Identifizierung des Gewerbetreibenden (Vertreter, Makler oder Berater).[11] Sie haben daher eine gewerbe- und versicherungsvertragsrechtliche Funktion.

7 Die in § 48 Abs. 3 VAG (§ 80 Abs. 2a VAG a. F.) normierten Anforderungen an die Zusammenarbeit mit Versicherungsvermittlern aus **anderen Mitglied- oder Vertragsstaaten** wurden erst rund zwei Jahre später geschaffen und beruhen auf dem im Jahr 2009 verabschiedeten Gesetz[12] zur Umsetzung der Beteiligungsrichtlinie.[13] Die Einfügung dieses Absatzes diente vorrangig der Beseitigung eines bei der Umsetzung der Versicherungsvermittler-RL aufgetretenen Redaktionsversehens.[14] Damit war das Versäumnis gemeint, dass bislang bezüglich der sich aus Art. 3 Abs. 1, 5 und 6 der Versicherungsvermittler-RL ergebenden Regelungen nicht klargestellt worden war, dass es in der EU/dem EWR für die grenzüberschreitende Zusammenarbeit mit Vermittlern auf die Registereintragung im Herkunftsmitgliedstaat ankommt (sog. Sitzlandprinzip). Dieser Zustand führte in den beiden ersten Jahren nach Umsetzung der Versicherungsvermittler-RL zu verschiedenen Rechtsfragen, die mit dieser Neuregelung obsolet wurden.

8 Die in § 48 VAG enthaltenen Bestimmungen stehen inhaltlich im Zusammenhang mit dem 2007 ebenfalls geschaffenen § 80a VAG a. F.[15] und dem erst seit 2011 mit dem Gesetz zur Novellierung des Finanzanlagenvermittler- und Vermögensanlagenrechts (FinAnlVerm- und VermAnlG) vom 6.12.2011[16] geschaffenen § 12 Abs. 7 – 9 VAG a. F.[17] In formaler Hinsicht hat der Reformgesetzgeber des VAG 2016 all diese Regelungen unter dem Abschnitt „Zusammenarbeit mit Versicherungsvermittlern" in den §§ 48–51 VAG zusammengeführt und **neu strukturiert**. So bildet § 80 Abs. 5 VAG a. F. nunmehr mit § 49 VAG eine eigenständige Vorschrift zur Stornohaftung in der Lebens- und Krankenversicherung. Daneben wurden die Regelungen des § 12 Abs. 7–9 VAG a. F. zur Vermittlung substitutiver Krankenversicherungsverträge ohne inhaltliche Änderungen zu § 50 VAG. § 51 VAG betrifft schließlich das Verfahren bei Beschwerden über Vermittler und entspricht § 80a VAG a. F. Einer Übergangsregelung, wie sie § 80b VAG a. F.[18] für die Zusammenarbeit mit Versicherungsvermittlern bis zum 1.1.2009 vorsah, bedurfte es im neuen VAG naturgemäß nicht mehr.

9 Die **BaFin** hat mit ihrem Rundschreiben 9/2007 vom 23.11.2007 Hinweise zur Anwendung der damals neuen aufsichts- und gewerberechtlichen Vermittlervorschriften herausgegeben. Das Rundschreiben 9/2007 hat die BaFin später wiederum weitgehend (hinsichtlich der Teile A bis C)[19] durch das Rundschreiben 10/2014 (VA) vom 23.12.2014 betreffend die Zusammenarbeit mit Versicherungsvermittlern und das Risikomanagement im Vertrieb ersetzt. Eine Überarbeitung dieser Rundschreiben mit Blick auf das VAG 2016 steht noch aus und wird voraussichtlich erst erfolgen, wenn die „Zweite Versicherungsvermittler-RL" (sog. IDD)[20] in deutsches Recht umgesetzt worden ist. Mit überarbeiteten Rundschreiben ist also erst 2018 zu rechnen.

---

7 Vgl. Begr. RegE Gesetz zur Neuregelung des Versicherungsvermittlerrechts, BT-Drs. 16/1935, 1; *Laars* Vor § 80 Rn. 1 zum alten Recht; Prölss/Martin/*Dörner* Vor § 6 GewO Rn. 1.

8 Langheid/Wandt/*Reiff* Vor § 59 Rn. 16.

9 Vgl. Langheid/Wandt/*Reiff* Vor § 59 Rn. 16; Begr. RegE BT-Drs. 16/1935, 22; Begr. RegE Gesetz zur Reform des Versicherungsvertragsrechts, BT-Drs. 16/3945, 77.

10 Verordnung über die Versicherungsvermittlung und -beratung (Versicherungsvermittlungsverordnung – VersVermV) v. 15.5.2007, BGBl. I 733, 1967.

11 Vgl. Langheid/Rixecker/*Rixecker* § 61 Rn. 2.

12 Gesetz vom 12.3.2009 (Art. 2), BGBl. I 470.

13 RL 2007/44/EG v. 5.9.2007, ABl. EU 2007 L 247, 1.

14 Begr. RegE Gesetz zur Umsetzung der Beteiligungs-RL, BT-Drs. 16/10536, 21.

15 S. dazu § 51 Rn. 1.

16 BGBl. I 2481.

17 S. dazu § 50 Rn 1 ff.

18 § 80b VAG a. F. hat gleichzeitig mit § 80 VAG a. F. Eingang in das VAG gefunden (BGBl. 2006 I 3232 m. W. v. 22.5.2007).

19 Vgl. BaFin Rundschreiben 10/2014 (VA) – Zusammenarbeit mit Versicherungsvermittlern, Risikomanagement im Vertrieb v. 23.12.2014 unter C.

20 Insurance Distribution Directive – Richtlinie über Versicherungsvertrieb, s. hierzu sogleich unter Rn. 15.

9a Die Umsetzung von IDD wird darüber hinaus auch die §§ 48 ff. VAG nicht unverändert lassen. Denn nach dem jetzt vorliegenden Regierungsentwurf des Umsetzungsgesetzes[21] sind neben im Wesentlichen redaktionellen Änderungen auch tiefgreifende inhaltliche Änderungen in den §§ 48 und 51 VAG geplant. Nach § 48 Abs. 2 VAG-E soll dieser Absatz zum angestellten Außendienst eines Versicherers eine Neufassung erhalten. Damit in Zusammenhang steht der nach § 48 VAG-E neue Abs. 2a zur Vertriebs-Governance. Ferner soll es einen neuen Abs. 6 in § 48 VAG geben, wonach – so die letztlich verabschiedete Gesetzesfassung – die §§ 48a bis 50 VAG auf den Rückversicherungsvertrieb und darüber hinaus die §§ 48 und 51 VAG auf den Rückversicherungsvertrieb bezogen auf in Drittstaaten belegene Risiken nicht anwendbar sind. Nach § 51 VAG-E soll dort ein neuer Satz 2 aufgenommen werden, der das dort geregelte Beschwerderecht auch Verbraucherschutzverbänden zuweist. Zum anderen sollen mit den §§ 48a bis c VAG-E Vorschriften zur Vertriebsvergütung und zur Vermeidung von Interessenkonflikten (§ 48a VAG-E), zum Sondervergütungs- und Provisionsabgabeverbot (§ 48b VAG-E) sowie zur Honorarberatung/Durchleitungsgebot (§ 48c VAG-E) neu in das VAG eingefügt werden.

10 **2. Normzweck.** § 48 VAG normiert, unter welchen Voraussetzungen ein Versicherungsunternehmen mit gewerbsmäßig tätigen Versicherungsvermittlern zusammenarbeiten darf. Da die Gewerbeaufsicht über die Versicherungsvermittler selbst den Industrie- und Handelskammern gemäß § 34d Abs. 1 S. 1 GewO zugeordnet worden ist,[22] findet auf diesem Weg also nur eine mittelbare Vermittleraufsicht durch die BaFin statt, in dem die Versicherungsunternehmen als Produktgeber für die Versicherungsvermittler überwacht werden.[23]

11 Die Zusammenarbeit mit nicht gewerbsmäßig tätigen Versicherungsvermittlern ist dagegen nicht Gegenstand der §§ 48 ff. VAG und erfolgt mittelbar „nur" im Rahmen der allgemeinen Missstandsaufsicht über Versicherungsunternehmen. Eine unmittelbare Aufsicht dieser Vermittler gibt es nicht, da sie nicht für notwendig gehalten wird.

12 Bei der Frage nach dem Normzweck von § 48 VAG ist zu berücksichtigen, dass die Regelung hinsichtlich der an die Vermittler zu stellenden Qualifikationsanforderungen unmittelbar an § 34d GewO anknüpft. Diese berufsrechtliche Vorschrift setzt Art. 4 der Versicherungsvermittler-RL um, der eine gewerbsmäßige Vermittlung von Versicherungen nur für zulässig erklärt, wenn die betreffende Person über eine angemessene Qualifikation sowie eine Berufshaftpflichtversicherung in Höhe von mindestens 1 Mio. EUR pro Schadensfall verfügt und finanziell leistungsfähig ist sowie einen guten Leumund besitzt.[24] Weiterhin ist in § 34d Abs. 7 S. 1 GewO in Umsetzung des Art. 3 Abs. 1 UAbs. 1 Versicherungsvermittler-RL die Pflicht zur Eintragung der Vermittler in ein Register geregelt. Mit diesen Maßgaben verfolgte der Richtliniengeber im Wesentlichen **zwei Ziele**: Zum einen sollte EU-weit eine **Harmonisierung** hinsichtlich der Berufszugangsvoraussetzungen und der Eintragung von Versicherungsvermittlern – also eine Harmonisierung des Vermittlermarktes[25] – erreicht werden.[26] Zum anderen stand der **Verbraucherschutz** im Vordergrund.[27] Verbraucher sollten vor unqualifizierter Beratung bei der Vermittlung von Versicherungsprodukten geschützt werden.

13 Durch das Zusammenspiel von § 48 VAG mit § 34d GewO wird diesen Zweckrichtungen gleichfalls im Rahmen der aufsichtsrechtlichen Vorschriften Rechnung getragen. § 48 VAG zielt zwar nicht auf eine unmittelbare aufsichtsrechtliche Kontrolle von Versicherungsvermittlern.[28] Durch die Aufsicht über die Versicherungsunternehmen findet jedoch eine **mittelbare Beaufsichtigung** über Versicherungsvermittler statt.[29] Diese mittelbare Beaufsichtigung ist von besonderer Bedeutung für gebundene Vermittler. Unterliegt ein Versicherungsvermittler nämlich gemäß § 34d Abs. 4 GewO nicht der Erlaubnispflicht oder ist er nach § 34d Abs. 3 GewO von dieser Pflicht befreit, überträgt § 48 VAG in den Absätzen 2, 4 und 5 bestimmte Prüf- und Meldepflichten auf das Versicherungsunternehmen. Die für die Vermittleraufsicht zuständige Aufsichtsbehörde (die Industrie- und Handelskammern) überwacht sodann ihrerseits, ob das Versicherungsunternehmen diesen Anforderungen nachkommt. Weiterhin hat die BaFin als für die Versicherungsunternehmen zuständige Aufsichtsbehörde die Einhaltung aller Verpflichtungen nach § 48 VAG zu überwachen, wobei sie besonderes Augenmerk auf die Pflichten

---

[21] Entwurf eines Gesetzes zur Umsetzung der Richtlinie (EU) 2016/97 des Europäischen Parlaments und des Rates vom 20. Januar 2016 über Versicherungsvertrieb und zur Änderung des Außenwirtschaftsgesetzes – abrufbar unter bmjv.de. Nach Redaktionsschluss ist das – im Gesetzgebungsverfahren noch verschiedentlich überarbeitete – IDD-Umsetzungsgesetz v. 20.7.2017 am 28.7.2017 im Bundesgesetzblatt verkündet worden (BGBl. I 2789). Das Gesetz ist im Wesentlichen ab dem 23.2.2018 anwendbar.

[22] Die Frage der Zuständigkeit der unmittelbaren Vermittleraufsicht war im Vorfeld der Umsetzung der Versicherungsvermittler-RL umstritten. Auch die BaFin stand damals als Aufsichtsbehörde zur Diskussion.

[23] S. ausführlich Rn. 13.

[24] Vgl. auch Begr. RegE Gesetz zur Neuregelung des Versicherungsvermittlerrechts, BT-Drs. 16/1935, 1; auch § 34d GewO unterliegt tiefgreifenden Änderungen durch die IDD-Umsetzung.

[25] So Begr. RegE Gesetz zur Neuregelung des Versicherungsvermittlerrechts, BT-Drs. 16/1935, 1.

[26] 8. Erwägungsgrund der Versicherungsvermittlerrichtlinie.

[27] 8. Erwägungsgrund der Versicherungsvermittlerrichtlinie.

[28] Prölss/Martin/*Dörner* Vor § 59 Rn. 4.

[29] *Laars* Vor § 80 Rn. 3 zum alten Recht; *Glotz* VersR 2016, 369.

aus § 48 Abs. 1 und 3 VAG legt, wonach einem Versicherungsunternehmen die Zusammenarbeit nur mit zur gewerbsmäßigen Vermittlungstätigkeit befugten Versicherungsvermittlern gestattet ist.[30] § 48 VAG dient auf diesem Weg letztlich auch dem Hauptziel des Versicherungsaufsichtsrechts, die Versicherten zu schützen (§ 294 Abs. 1 VAG). Durch die in § 48 VAG normierten Kontrollbefugnisse und Qualifikationsanforderungen werden gleichzeitig auch die Versicherungsunternehmen selbst geschützt. Denn die Zusammenarbeit mit Vermittlern birgt zwangsläufig auch Risiken für die Versicherungsunternehmen.[31]

3. Europarechtlicher Hintergrund. Wie eingangs erwähnt, hat § 48 VAG einen europarechtlichen **14**
Ursprung. Die Absätze 1 und 2 fußen im Wesentlichen auf Art. 4 der **Versicherungsvermittler-RL**, der zum einen grundlegend die an Vermittler zu stellenden beruflichen Anforderungen und zum anderen in Art. 4 Abs. 1 UAbs. 3 die Möglichkeit der Überprüfung gebundener Vermittler durch das Versicherungsunternehmen regelt. Die von § 48 Abs. 1 VAG in Bezug genommenen Ausnahmetatbestände nach § 34d Abs. 9 GewO gehen auf Art. 1 Abs. 2 Versicherungsvermittler-RL zurück. Die Bestimmungen des § 48 Abs. 3 bis 5 VAG basieren auf Art. 3 der Versicherungsvermittler-RL, in dem Einzelheiten zur Registereintragung und Registerführung niedergelegt sind. Dabei fußt § 48 Abs. 3 VAG auf Art. 3 Abs. 1, 5 und 6 der Versicherungsvermittler-RL, während § 48 Abs. 4 VAG auf Art. 3 Abs. 1 UAbs. 2 S. 2 der Versicherungsvermittler-RL beruht. Die Vorschrift des § 48 Abs. 5 VAG geht auf Art. 3 Abs. 3 UAbs. 2 der Versicherungsvermittler-RL zurück.

Nicht umgesetzt hat der deutsche Gesetzgeber hingegen die sog. „**Drittlandklausel**" des Art. 1 **15**
Abs. 3 UAbs. 1 der Versicherungsvermittler-RL (vgl. Art. 1 Abs. 6 UAbs. 1 IDD).[32] Daher fällt auch die Vermittlung von Versicherungsverträgen für nicht in der EU belegene Risiken unter das deutsche Vermittlergewerberecht.[33] Dies wird mit dem Argument begründet, dass ein deutscher Versicherungsnehmer nicht deshalb weniger schutzbedürftig bezüglich der Tätigkeit eines Versicherungsvermittlers sei, weil sein versichertes Ferienhaus nicht in Österreich oder Frankreich liegt, sondern z. B. in dem Drittstaat Schweiz.[34] Dem ist entgegenzuhalten, dass der deutsche Versicherungsnehmer sich für die Versicherung solcher in Drittstaaten belegenen Risiken oftmals eines Versicherers vor Ort bedienen muss und sich daher regelmäßig auch auf dem dortigen Vermittlermarkt bewegt. Versicherungsvermittlern mit Sitz in Deutschland steht der Versicherungsmarkt in einem Drittstaat dagegen oftmals nicht offen.

Die bisherige Versicherungsvermittler-RL ist als „**Richtlinie über Versicherungsvertrieb**" (Insu- **16**
rance Distribution Directive – **IDD**)[35] neu gefasst und am 2.2.2016 im Amtsblatt der EU veröffentlicht worden. Die IDD ist gemäß Art. 42 Abs. 1 UAbs. 1 der Richtlinie von den Mitgliedstaaten bis zum 23.2.2018 in nationales Recht umzusetzen.[36] Zukünftig sind vor diesem Hintergrund in Deutschland weitreichende Modifizierungen des nationalen Vermittlerrechts zu erwarten.[37] Die in der IDD enthaltenen Änderungen stehen auch unter dem Eindruck von **Solvency II**, da sich im EU-weiten Aufsichtssystem das Risikoprofil der Versicherungsunternehmen gegenüber dem Versicherungsnehmer geändert hat. Neben zentralen Anliegen, wie der Neuregelung der Beratungs- und Informationspflichten auch zu Versicherungsanlageprodukten,[38] liegt darin ein Grund, weshalb sich der Richtliniengeber zu einer Neufassung der ursprünglichen Richtlinie veranlasst sah.[39] Bereits am 3.7.2012 hat die EU-Kommission zu diesem Zweck einen – in der Folge viel diskutierten[40] – Vorschlag für die seinerzeit noch sogenannte

---

[30] Darüber hinaus hat das Versicherungsunternehmen künftig sicherzustellen, dass am Versicherungsvertrieb beteiligte Angestellte des Unternehmens bestimmten gesetzlich geregelten Qualifikationsanforderungen genügen. Dies sieht der am 18.1.2017 vom Bundeskabinett beschlossene RegE eines „Gesetzes zur Umsetzung der Richtlinie (EU) 2016/97 des Europäischen Parlaments und des Rates vom 20. Januar 2016 über Versicherungsvertrieb und zur Änderung des Außenwirtschaftsgesetzes" in einem neuen § 48 Abs. 2 und 2a VAG-E vor.

[31] Darauf weist auch die BaFin hin, vgl. Rundschreiben 10/2014 (VA)– Zusammenarbeit mit Versicherungsvermittlern, Risikomanagement im Vertrieb v. 23.12.2014 unter A.

[32] Vgl. *Konwitschka* in Korinek/G. Saria/S. Saria § 34 Rn. 2; *Reiff* Versicherungsvermittlerrecht im Umbruch S. 25. In Umsetzung von IDD ist die Drittlandklausel jedoch in Bezug auf den Rückversicherungsvertrieb m. W. v. 23.2.2018 durch Aufnahme eines neuen Abs. 6 umgesetzt worden (s. IDD-Umsetzungsgesetz v. 20.7.2017, BGBl. I 2789).

[33] *Reiff* Versicherungsvermittlerrecht im Umbruch S. 25.

[34] *Reiff* Versicherungsvermittlerrecht im Umbruch S. 25.

[35] RL (EU) 2016/97 v. 20.1.2016, ABl. EU 2016 L 26, 19, in Kraft seit 23.2.2016.

[36] Zu diesem Zweck hat die Bundesregierung am 18.1.2017 einen RegE „eines Gesetzes zur Umsetzung der Richtlinie (EU) 2016/97 des Europäischen Parlaments und des Rates vom 20. Januar 2016 über Versicherungsvertrieb und zur Änderung des Außenwirtschaftsgesetzes" erlassen. Der RegE ist abrufbar unter bmjv.de.

[37] So sieht der RegE zum IDD-Umsetzungsgesetz wesentliche Änderungen der GewO sowie eine Neustrukturierung der §§ 48 ff. VAG vor, die unter einer neuen Überschrift „Versicherungsvertrieb" um drei neue Vorschriften (§ 48a Vertriebsvergütung und Vermeidung von Interessenkonflikten, § 48b Sondervergütungs- und Provisionsabgabeverbot sowie § 48c Durchleitungsverbot) ergänzt werden (s. a. Rn. 9a). In § 48 VAG sollen ferner Regeln zum Direktvertrieb durch Versicherungsunternehmen aufgenommen und § 51 VAG um die Regelung einer Beschwerdeberechtigung von Verbraucherschutzverbänden ergänzt werden.

[38] Vgl. hierzu *Beyer* VersR 2016, 293.

[39] Vgl. 139. Erwägungsgrund Solva II-RL.

[40] Zu den Hauptdiskussionspunkten vgl. *Schönleiter* r+s 2014, 53, 54.

„IMD II-Richtlinie" veröffentlicht.[41] Erst knapp drei Jahre später wurde am 30.6.2015 eine im Trilogverfahren zwischen EU-Kommission, EU-Rat und EU-Parlament erzielte politische Einigung hinsichtlich einer neuen nunmehr in „IDD" umbenannten Vertriebsrichtlinie verkündet.[42]

17 Zu erwarten steht, dass die §§ 48 ff. VAG von der Umsetzung auch mittelbar über Änderungen des in der Gewerbeordnung geregelten Berufsrechts betroffen sein werden.[43] So sieht die IDD zunächst eine **Präzisierung** der Vorschriften über den Zugang zur Ausübung der Versicherungsvertriebstätigkeit vor.[44]

18 Die IDD bezweckt mit einer Mindestharmonisierung der staatlichen Vorschriften insbesondere eine Stärkung des Binnenmarktes und ein gegenüber der bisherigen Versicherungsvermittler-RL **erhöhtes Verbraucherschutzniveau.**[45] Eine zentrale Neuerung liegt in der Erweiterung des Anwendungsbereichs der Richtlinie auf **jede Form des Vertriebs**, sodass nicht nur Versicherungsmakler und -vertreter, sondern auch Versicherungsunternehmen, die Versicherungsprodukte direkt vertreiben, erfasst werden,[46] wobei den Unterschieden bei den Arten der Vertriebskanäle Rechnung zu tragen sein wird.[47] Dementsprechend sind auch die Qualifikationsanforderungen an die spezielle Tätigkeit der jeweiligen Vertreiber und an die von ihnen vertriebenen Produkte anzupassen.[48]

19 Nach Art. 10 Abs. 1 IDD haben die Mitgliedstaaten sicherzustellen, dass die Personen über die angemessenen Kenntnisse und Fertigkeiten verfügen, die sie zur ordnungsgemäßen Erfüllung ihrer Vertriebsaufgaben benötigen. Einbezogen sind ausdrücklich auch Vermittler in Nebentätigkeit – also die eingangs[49] bereits erwähnten nicht-gewerbsmäßig tätigen Versicherungsvermittler – und die bei einem Versicherungsunternehmen im Vertrieb angestellten Personen.[50]

20 Art. 10 Abs. 2 i. V. m. Anhang I der IDD konkretisiert die **Mindestanforderungen** an die beruflichen Kenntnisse und Fähigkeiten, denen die als Vertreiber oder im Vertrieb tätigen Personen genügen müssen. Dabei unterscheidet Anhang I der IDD nunmehr zwischen den Mindestkenntnissen in drei verschiedenen Produktgruppen, namentlich in den Bereichen (I.) Nichtlebensversicherung, (II.) Anlageprodukte und (III.) Lebensversicherung.

21 Neu ist ferner die in Art. 10 Abs. 2 IDD normierte ständige **Weiterbildungspflicht**. Danach müssen die Mitgliedstaaten Mechanismen zur Kontrolle und Bewertung der Kenntnisse und Fähigkeiten auf der Grundlage von mindestens 15 Stunden beruflicher Schulung oder Weiterbildung pro Jahr einrichten.[51] Für Versicherungsvermittler, die bereits nach der Versicherungsvermittler-RL im Register eingetragen sind, müssen die nationalen Bestimmungen zur Umsetzung von Art. 10 Abs. 1 IDD gemäß Art. 40 IDD eine Übergangsregelung bis zum 23.2.2019 vorsehen. Die Erfüllung dieser Weiterbildungspflichten ist in Deutschland bereits durch Ziffer 8 des Verhaltenskodex des Gesamtverbandes der Deutschen Versicherungswirtschaft für den Vertrieb von Versicherungsprodukten[52] sichergestellt.

22 Die europäische Aufsichtsbehörde **EIOPA** hat schließlich unter anderem mit dem Ziel der Unterstützung der Aufsichtsbehörden und Marktteilnehmer zur Umsetzung der IDD vorbereitende Leitlinien für die Aufsicht und Governance über den Vertrieb von Versicherungsprodukten entwickelt.[53] Diese Leitlinien markieren einen weiteren, allerdings zu kritisierenden Wendepunkt weg von der Deregulierung und der Annahme mündiger Verbraucher in der EU/dem EWR hin zu einer Wiedereinführung der aufsichtsbehördlichen Vorab-Kontrolle von Versicherungsprodukten, die vor 1994 noch als wettbewerbshindernd in der EU eingestuft und daher mit den Dritten EG-Versicherungsrichtlinien[54] abgeschafft wurde. Ebenfalls im Zusammenhang mit der Umsetzung der IDD hat EIOPA auf Anfrage der Europäischen Kommission „Technical Advice on possible delegated acts concerning the Insurance Distribution Directive"[55] mit dem zugehörigen Final Report[56] veröffentlicht. Darüber hinaus stehen derzeit „Guidelines on Complex Insurance-Based Investment Products"[57] zur Konsultation, die sich

---

[41] COM (2012) 360 final – Vorschlag für eine Richtlinie über Versicherungsvermittlung; vgl. dazu *Werber* VersR 2012, 1467 und *Schönleiter* r+s 2014, 53.

[42] EU-Kommission, Pressemitteilung IP/15/5293 v. 1.7.2015, EuZW 2015, 534.

[43] Dies ist auch dem insoweit auf weitreichende Änderungen der §§ 48 ff. VAG abzielenden RegE der Bundesregierung zu entnehmen, s. Rn. 9a.

[44] 7. Erwägungsgrund IDD.

[45] 9. und 10. Erwägungsgrund IDD.

[46] 7. Erwägungsgrund IDD. Aus der Änderung des Anwendungsbereichs rührt auch die Umbenennung der Richtlinienbezeichnung.

[47] 17. Erwägungsgrund IDD.

[48] Art. 10 Abs. 2 UAbs. 4 IDD; der Wortlaut der Versicherungsvermittler-RL stellte dies noch zur Wahl, vgl. Art. 4 Abs. 1 UAbs. 2 der RL.

[49] S. Rn. 11.

[50] 28. Erwägungsgrund IDD.

[51] Das nach Redaktionsschluss verabschiedete IDD-Umsetzungsgesetz v. 20.7.2017 (BGBl. I 2789) enthält eine entsprechende Verpflichtung in § 34d Abs. 9 S. 2 GewO.

[52] Abrufbar unter gdv.de.

[53] Die vorbereitenden L eitlinien (EIOPA-BoS-16–071) wurden am 2.6.2016 in allen EU-Amtssprachen veröffentlicht.

[54] Vgl. FKBP/*Kaulbach/Pohlmann* Vor § 1 Rn. 25.

[55] EIOPA-17/048 v. 1.2.2017, abrufbar unter eiopa.europa.eu.

[56] EIOPA-17/049 v. 1.2.2017, abrufbar unter eiopa.europa.eu.

[57] EIOPA-CP-17/001 v. 2.2.2017, abrufbar unter eiopa.europa.eu.

sicher auf den künftigen Vertrieb insbesondere von kapitalbildenden Lebensversicherungsprodukten auswirken werden, wenn sie so final veröffentlicht werden.

II. Zusammenarbeit mit gewerbsmäßigen Versicherungsvermittlern (Abs. 1). 1. Allgemeines. § 48 Abs. 1 VAG verpflichtet Versicherungsunternehmen, nur mit solchen gewerbsmäßig tätigen Versicherungsvermittlern zusammenzuarbeiten, die die Voraussetzungen der § 48 Abs. 1 Nr. 1 und 2 VAG erfüllen. **Adressat** der Vorschrift ist jedes Versicherungsunternehmen i. S. d. § 7 Nr. 33 VAG, so dass sowohl Erst- als auch Rückversicherungsunternehmen erfasst sind. 23

Den **Begriff der Versicherungsvermittlung** definiert Art. 2 Nr. 3 Abs. 1 Versicherungsvermittler-RL sehr weit als „das Anbieten, Vorschlagen oder Durchführen anderer Vorbereitungsarbeiten zum Abschließen von Versicherungsverträgen oder das Abschließen von Versicherungsverträgen oder das Mitwirken bei deren Verwaltung und Erfüllung, insbesondere im Schadensfall". 24

Diese Tätigkeiten gelten nach Art. 2 Nr. 3 Abs. 2 der Versicherungsvermittler-RL aber dann nicht als Versicherungsvermittlung, wenn sie von einem Versicherer oder einem Angestellten eines Versicherers, der unter der Verantwortung des Versicherungsunternehmens tätig wird, ausgeübt werden.[58] Das Merkmal der „Verantwortung des Versicherungsunternehmens" ist nach der Rechtsprechung des EuGH allerdings eng auszulegen und nicht als erfüllt anzusehen, wenn der Angestellte die Tätigkeiten der Versicherungsvermittlung außerhalb des Beschäftigungsverhältnisses mit dem Versicherer ausübt, auch wenn der Versicherer sein Handeln selbst insoweit beaufsichtigt.[59] In einem solchen Fall werde der Angestellte grundsätzlich selbst als Vermittler tätig, mit der Folge, dass er die beruflichen Anforderungen des Art. 4 Abs. 1 der Versicherungsvermittler-RL erfüllen muss, selbst wenn er die Vermittlertätigkeiten nur gelegentlich und nicht hauptberuflich, nach Maßgabe des in Deutschland geltenden Rechts gleichwohl aber gewerbsmäßig,[60] ausübt.[61] Der Versicherungsvermittler wird neben dem Versicherungsunternehmen als eigenständiger Finanzdienstleister begriffen.[62] 25

Eine zusätzliche Einschränkung des weiten funktionalen Begriffs der Versicherungsvermittlung enthält Art. 2 Nr. 3 Abs. 3 der Versicherungsvermittler-RL für die beiläufige Erteilung von Auskünften im Zusammenhang mit einer anderen beruflichen Tätigkeit sowie Verwaltung von Schadenfällen und Schadenregulierung. 26

Im **VAG** wird der Begriff des **Versicherungsvermittlers** ebenso wenig eigens definiert wie im UStG, das für Umsätze aus der Tätigkeit eines Versicherungsvertreters oder -maklers in § 4 Nr. 11 UStG eine Umsatzsteuerbefreiung anordnet.[63] Im Anwendungsbereich des VVG ist dagegen eine Legaldefinition in § 59 Abs. 1 VVG enthalten, wonach unter einem Versicherungsvermittler ein Versicherungsmakler oder Versicherungsvertreter zu verstehen ist. Das entspricht der Legaldefinition in § 34d Abs. 1 S. 1 GewO. Was einen Versicherungsmakler oder Versicherungsvertreter prägt, regelt sodann § 59 Abs. 2 und 3 VVG. Dieses Verständnis gilt grundsätzlich auch für das **Aufsichts- und Gewerberecht**.[64] Dabei stellt § 34d Abs. 4 Nr. 1 GewO klar, dass Versicherungsvertreter auch ist, wer für mehrere Versicherungsunternehmen tätig ist (sog. Mehrfachvertreter[65]).[66] 27

Im **Umsatzsteuerrecht** ist dagegen umstritten, wie der Begriff auszulegen und was typische Leistungen eines Versicherungsvermittlers sind. Hier spielen auch die Grundsätze der europäischen Mehrwertsteuersystem-RL[67] eine maßgebliche Rolle, wohingegen die Begrifflichkeiten aus anderen Rechtsgebieten oder die gewerberechtliche Einordnung irrelevant sein sollen.[68] 28

---

[58] Demgegenüber weitet die IDD ihren Anwendungsbereich auf das gesamte Gebiet des „Versicherungsvertriebs" aus (s. Legaldefinition des Begriffs in Art. 2 Abs. 1 Nr. 1 IDD), der auch den Direktvertrieb von Versicherungsunternehmen erfasst.

[59] *EuGH* Urt. v. 17.10.2013 – C-555/11, r+s 2014, 428.

[60] Die Richtlinienkonformität dieser Einschränkung ist umstritten, s. Rn. 35 f.

[61] *EuGH* Urt. v. 17.10.2013 – C-555/11, r+s 2014, 428.

[62] Vgl. Bürkle/*Schlierenkämper* § 11 Rn. 7.

[63] Das nach Redaktionsschluss verabschiedete IDD-Umsetzungsgesetz v. 20.7.2017 (BGBl. I 2789) enthält hingegen folgende Legaldefinition für den Begriff Versicherungsvertrieb in § 7 Nr. 34a VAG: Versicherungsvertrieb: Versicherungsvertriebstätigkeiten und Rückversicherungsvertriebstätigkeiten im Sinne des Artikels 2 Absatz 1 Nummer 1 und 2 der Richtlinie (EU) 2016/97 des Europäischen Parlaments und des Rates vom 20. Januar 2016 über Versicherungsvertrieb (Neufassung) (ABl. L 26 vom 2.2.2016, S. 19).

[64] *Franz/Steiner* VersR 2012, 1333, 1334; auch die BaFin geht von diesem Verständnis aus, vgl. das Informationsdokument der BaFin zur „Aufsicht über Versicherungsvermittler" unter dem Punkt „Was ist ein Versicherungsvermittler?", abrufbar auf der Homepage der BaFin unter www.bafin.de.

[65] S. dazu: Langheid/Wandt/*Reiff* § 59 VVG Rn. 33 ff. Dabei wird zwischen einem echten und unechten Mehrfachvertreter unterschieden. S. dazu unter Rn. 47.

[66] Eine noch eindeutigere Formulierung enthält insoweit das am 28.7.2017 verkündete (BGBl. I 2789) IDD-Umsetzungsgesetz, wo es in einem neu gefassten § 34d Abs. 1 S. 1 Nr. 1 GewO heißt: „Versicherungsvermittler ist, wer als Versicherungsvertreter eines oder mehrerer Versicherungsunternehmen…".

[67] Richtlinie 2006/112/EG des Rates vom 28. November 2006 über das gemeinsame Mehrwertsteuersystem, ABl. 2006, L 347, 1, ber. L 335, 60.

[68] Vgl. z. B. *BFH* Urt. v. 6.9.2007 – V R 50/05, VersR 2008, 1237, und BMF-Schreiben v. 9.10.2008 – IV B 9 – S 7167/10001.

29 Wenngleich § 59 VVG nicht von dem im Grundsatz weiten funktionalen Begriff der Versicherungsvermittler-RL ausgeht, sondern den Vermittlerbegriff bereits im Ausgangspunkt auf die typischen Tätigkeiten des Vermittelns und Abschließens von Versicherungen beschränkt, ist die Umsetzung der genannten Vorgaben der Versicherungsvermittler-RL **richtlinienkonform.**[69]

30 Von der Versicherungsvermittlung ist insbesondere die erlaubnisfreie Tätigkeit des sog. **Tippgebers** abzugrenzen, die ausschließlich darauf gerichtet ist, Möglichkeiten zum Abschluss von Versicherungsverträgen namhaft zu machen oder Kontakte zwischen einem potenziellen Versicherungsnehmer und einem Versicherungsvermittler oder Versicherungsunternehmen herzustellen.[70] Die Abgrenzung, die sich insbesondere im **Online-Geschäft** schwierig gestalten kann, richtet sich nach dem objektiven Erscheinungsbild der ausgeübten Tätigkeit.[71] So ist beispielsweise ein Handelsunternehmen selbst Versicherungsvermittler und nicht nur Tippgeber, wenn es im Rahmen seines Internetauftritts konkrete Versicherungsprodukte bewirbt und den Online-Abschluss von Versicherungsverträgen auf einer Internetseite eines Versicherungsvermittlers ermöglicht und wenn dabei dem Verbraucher der Wechsel des Betreibers der Internetseite verborgen bleibt.[72] Entscheidend ist, ob bereits auf ein konkretes Versicherungsprodukt hingewiesen wird.

31 „Da jedoch Tippgeber teilweise für Versicherungsunternehmen im Vertriebsprozess eine entscheidende Rolle spielen", wie es in dem Rundschreiben der BaFin 10/2014 (VA) heißt, findet auch insoweit nach den Regeln dieses Rundschreibens eine **mittelbare Tippgeberaufsicht** statt. Dabei stützt sich die BaFin zum Erlass dieses Rundschreibens auf § 64a VAG a. F. – dem heutigen § 26 VAG – sowie auf die „weitere Anforderungen im Rahmen des Risikomanagements und der Vertriebscompliance".

32 Es muss weiter um die **Vermittlung eines Versicherungsproduktes** gehen. Das sind auch solche **Versicherungen mit Anlagecharakter**, für die also nur eine Erlaubnis nach § 34d GewO und keine zusätzliche Erlaubnis als Finanzanlagevermittler nach § 34f GewO erforderlich ist. Denn der BGH hat in seinen sog. Clerical Medical-Urteilen[73] bereits entschieden, dass solche Versicherungsprodukte trotz ihres Anlagecharakters Versicherungsprodukte bleiben. Gleichzeitig hat er jedoch entschieden, dass bei solchen Produkten der Transfer des biometrischen Risikos in den Hintergrund rücke, so dass deshalb die Aufklärungspflichten für Kapitalanlagen (vermutlich auch) anzuwenden seien. Gleichwohl ist nicht in Abrede zu stellen, dass solche Produkte – da nach wie vor Versicherungsprodukte – von Versicherungsvermittlern mit einer Erlaubnis nach § 34d GewO vertrieben werden dürfen.

33 Entsprechendes gilt auch in Bezug auf die Vermittlung von **Kapitalisierungsgeschäften**, die von einem Lebensversicherer angeboten werden. Auch insoweit reicht eine Erlaubnis nach § 34d GewO aus, obwohl solche Geschäfte nach der merkmalsbezogenen Definition des BVerwG[74] zum Begriff des Versicherungsgeschäfts mangels Risikotransfers keine Versicherungsprodukte sind. Davon geht etwa explizit Art. 3 Nr. 2e) der 3. EU-Anti-Geldwäscherichtlinie aus, wenn „der Versicherungsvermittler im Zusammenhang mit der Vermittlung von Lebensversicherungen oder von Dienstleistungen mit Anlagezweck" tätig wird. Darunter werden gemeinhin Kapitalisierungsgeschäfte subsumiert. Vergleichbar hat sich auch die BaFin in ihren „Hinweise(n) zu einigen Auslegungsfragen zum Versicherungsvertragsgesetz (VVG)" vom 28.5.2008[75] bezüglich der Anwendbarkeit von § 153 VVG auf Kapitalisierungsgeschäfte geäußert. Wenn aber für Kapitalisierungsgeschäfte als Nicht-Versicherungsgeschäfte das VVG für anwendbar gehalten wird und infolgedessen auch eine Erlaubnis nach § 34d GewO für die Vermittlung solcher Produkte genügt, so ist das für **Pensionsfondsprodukte**, die ebenfalls Gegenstand des VAG und Nicht-Versicherungsgeschäfte sind, ebenso gut zu vertreten. Folglich genügt auch für die Vermittlung von Pensionsfondsprodukten eine Erlaubnis nach § 34d GewO.

34 Keine Vermittlung eines Versicherungsvertrages und somit auch ohne Vermittlererlaubnis gemäß § 34d GewO möglich, ist dagegen das **Anbieten eines Beitritts zu einem echten Gruppenversicherungsvertrag** durch den Versicherungsnehmer. Denn ein Versicherungsnehmer kann nicht zugleich auch die Rolle des Vermittlers des von ihm genommenen Vertrages übernehmen. Zudem ist in der Definition des Versicherungsvertreters in § 59 Abs. 2 VVG vom Abschluss bzw. von der Vermittlung von „Versicherungsverträgen" die Rede und nicht von der Verschaffung von Versicherungsschutz durch Beitritt zu einem Gruppenversicherungsvertrag als versicherte Person. Dies ist allerdings nicht unstreitig. Dagegen könnte mit dem Sinn und Zweck der Regelung argumentiert werden, was das LG Erfurt in diesem Zusammenhang veranlasst hat, zu entscheiden, dass die online betriebene Verschaffung von Versicherungsschutz im Rahmen von Gruppenversicherungsverträgen als erlaubnispflichtige Versicherungsvermittlungstätigkeit zu bewerten sei.[76] Daher ist einem Gruppenversicherungsnehmer vorsorglich

---

[69] S. hierzu ausführlich Langheid/Wandt/*Reiff* § 59 Rn. 5.

[70] Vgl. Begr. RegE BT-Drs. 16/1935, 17 zu § 34d Abs. 1 GewO.

[71] *BGH* Urt. v. 28.11.2013 – I ZR 7/13, VersR 2014, 497 m. Anm. *Reiff*; zur Abgrenzung vgl. ausführlich Langheid/Wandt/*Reiff* § 59 Rn. 9 ff.

[72] *BGH* Urt. v. 28.11.2013 – I ZR 7/13, VersR 2014, 497 m. Anm. *Reiff*.

[73] *BGH* Urt. v. 11.7.2012 – IV ZR 164/11 u. a., VersR 2012, 1237; s. kritisch *Grote/Schaaf* GWR 2012, 477; *dies.* GWR 2013, 482 ff.

[74] S. dazu Langheid/Wandt/*Grote* AufsichtsR Rn. 77 ff. m. w. N. auf die Rspr. des BVerwG.

[75] Geschäftszeichen VA 21 – A – 2008/0033, abrufbar unter bafin.de.

[76] *LG Erfurt* Urt. v. 24.10.2013 – 2 HK O 156/13.

zu empfehlen, eine Vermittlererlaubnis vorzuhalten, wenn er selbst den Beitritt anbieten möchte. Alternativ ist die Einbindung eines Versicherungsvermittlers in Erwägung zu ziehen. Solche Gruppenversicherungsvertragskonstruktionen sind z. B. im gewerkschaftlichen oder im Vereinsbereich zu finden, wenn eine Gewerkschaft oder ein Verein auf diesem Weg auch für seine Mitglieder günstigen Versicherungsschutz verschaffen kann. Entsprechendes gilt für echte Gruppenversicherungsverträge, die ein Arbeitgeber auch zugunsten seiner Belegschaft abschließt. Darüber hinaus findet sich diese Konstruktion noch im Bereich der **Restschuldversicherung**, wenn eine Bank einen solchen Vertrag auch im eigenen Interesse, aber auch im Interesse ihrer Kunden als Darlehensnehmer abschließt.

§ 48 VAG beschränkt sich auf die Kooperation mit Versicherungsvermittlern, die **gewerbsmäßig** 35
tätig sind. Dies korrespondiert mit § 34d GewO und § 59 VVG, die für die Annahme der Erlaubnispflicht ebenfalls Gewerbsmäßigkeit voraussetzen, wobei umstritten ist, ob dies in Einklang mit den Vorgaben der Versicherungsvermittler-RL steht..[77]

Fraglich ist, welche Anforderungen an die Erfüllung des **Begriffs der Gewerbsmäßigkeit** zu stellen 36
sind. Nach herrschender Auffassung ist unter einem Gewerbe im Sinne der GewO eine selbstständige, erlaubte, auf Dauer ausgeübte und auf Gewinnerzielungsabsicht gerichtete Tätigkeit zu verstehen, die nicht den Bereichen der Urproduktion, den Freien Berufen oder der bloßen Verwaltung eigenen Vermögens zuzurechnen ist.[78] Insbesondere mit Blick auf die Gewinnerzielungsabsicht ist dieses Begriffsverständnis in Bezug auf die Vermittlertätigkeit nach § 34d GewO jedoch zweifelhaft.[79] Denn Art. 2 Nr. 5 der Versicherungsvermittler-RL, der nach der Gesetzesbegründung auch durch das Kriterium der Gewerbsmäßigkeit umgesetzt werden sollte,[80] fordert lediglich eine Tätigkeit „gegen Vergütung" (so auch Art. 2 Abs. 1 Nr. 3 IDD). Nach dem 11. Erwägungsgrund der Versicherungsvermittler-RL kann die Gegenleistung finanzieller Art sein oder jede andere Form eines wirtschaftlichen Vorteils darstellen. Der erste Senat des BGH hat sich in einem Urteil aus dem Jahr 2013[81] für eine weite Auslegung des Begriffs der „Gegenleistung" ausgesprochen und die Erlaubnispflicht nach § 34d GewO für eine gesetzliche Krankenkasse, die Zusatzversicherungen eines privaten Krankenversicherers gegen eine Aufwandsentschädigung vermittelt, bejaht. Dabei hat der BGH – ohne dies explizit zu deklarieren – im Rahmen des § 34d GewO auf das Merkmal der Gewinnerzielungsabsicht zugunsten der bloßen Gegenleistung verzichtet.[82] Die Folge eines von dem herkömmlichen gewerberechtlichen Begriff abweichenden Verständnisses der Gewerbsmäßigkeit in § 34d GewO könnte sein, dass jeder nicht „klassisch" gewerbsmäßig handelnde Gelegenheitsvermittler unter die Vorschrift fällt, sofern er für die Vermittlung eine Gegenleistung erhält.[83] Auf ein Überschreiten der gewerberechtlichen Bagatellgrenze käme es dann nicht mehr an.[84] Gleichzeitig wäre mit dem weiten Begriffsverständnis im Rahmen der GewO eine Erweiterung des Anwendungsbereichs des § 48 VAG und der §§ 59 ff. VVG verbunden.

Damit die **Aufsicht** über die Zusammenarbeit der Versicherer mit den Vermittlern ordnungsgemäß 37
erfolgen kann, haben die Unternehmen nach Auffassung der BaFin alle Unterlagen, die für die Beurteilung der Zusammenarbeit mit den einzelnen Vermittlern bedeutsam sein können, unter Einhaltung der datenschutzrechtlichen Vorgaben des BDSG so **aufzubewahren**, dass sie jederzeit verfügbar sind.[85] Hierzu zählt die BaFin insbesondere die bei Beginn der Zusammenarbeit eingeholten Auskünfte (z. B. von Auskunfteien oder der AVAD), die Informationen darüber, welche Registereintragungen ermittelt wurden und ob eine Haftungsübernahme erklärt wurde sowie ggf. eine Dokumentation über die erfolgte Ausbildung des Vermittlers und welche Vollmachten ihm erteilt wurden. Außerdem sei festzuhalten, wann und mit welchem Ergebnis Überprüfungen des Vermittlers stattgefunden haben und welche vertraglichen Vereinbarungen geschlossen wurden.[86]

2. Voraussetzungen nach § 34d GewO (Abs. 1 Nr. 1). § 48 Abs. 1 Nr. 1 VAG normiert über 38
Verweisungen auf die Gewerbeordnung die grundlegenden Anforderungen, die in berufsrechtlicher Hinsicht an Versicherungsvermittler zu stellen sind, damit den Versicherungsunternehmen die Zusammenarbeit mit ihnen gestattet ist. Im Einzelnen verlangt die Vorschrift, dass die Versicherungsvermittler entweder eine Gewerbeerlaubnis nach § 34d Abs. 1 GewO besitzen müssen, sie von der Erlaubnispflicht nach § 34d Abs. 3 GewO befreit sind oder sie gemäß § 34d Abs. 4 oder Abs. 9 GewO der Erlaub-

---

[77] S. dazu ausführlich Langheid/Wandt/*Reiff* § 59 Rn. 22 ff. m. w. N.

[78] *BVerwG* Urt. v. 27.2.2013 – 8 C 8/12, NJW 2013, 2214 Rn. 12 m. w. N. zu Rspr. und Lit.

[79] So auch Langheid/Wandt/*Reiff* Vor § 59 Rn. 17b; *ders.* VersR 2015, 649, 653.

[80] Begr. RegE BT-Drs. 16/1935, 18.

[81] *BGH* Urt. v. 18.9.2013 – I ZR 183/12, VersR 2013, 1578 Tz. 11 = GRUR 2013, 1250 m. Anm. *Nowak-Over* GRUR-Prax 2013, 473.

[82] Vgl. *Reiff* VersR 2015, 649, 654; *Will* GewArch 2014, 137, 139, 140.

[83] *Reiff* VersR 2015, 649, 653.

[84] Veith/Gräfe/Gebert/*Harder* § 20 Rn. 164 und *Schönleiter* GewArch 2007, 265, 267 halten bei der Frage, ob der Gelegenheitsvermittler gewerblich tätig wird, das Erreichen einer gewerberechtlichen Bagatellgrenze von mehr als sechs Versicherungen pro Jahr und/oder Gesamtprovisionseinnahmen über 1.000 EUR pro Jahr für entscheidend.

[85] BaFin Rundschreiben 10/2014 (VA) – Zusammenarbeit mit Versicherungsvermittlern, Risikomanagement im Vertrieb v. 23.12.2014 unter B. IV.2.

[86] BaFin Rundschreiben 10/2014 (VA) – Zusammenarbeit mit Versicherungsvermittlern, Risikomanagement im Vertrieb v. 23.12.2014 unter B. IV.2.

nispflicht nicht unterliegen.[87] § 48 Abs. 1 VAG verpflichtet die Versicherungsunternehmen dazu, bei der Inanspruchnahme eines Vermittlers zu überprüfen, ob die vorgenannten Voraussetzungen erfüllt sind. Hierfür ist bereits die Einsichtnahme in das Vermittlerregister nach § 11a GewO zweckdienlich. Eine solche Überprüfung ist im Massengeschäft zwar nicht für jede einzelne Vermittlung zumutbar. Sie hat allerdings in regelmäßigen Abständen zu erfolgen.[88] Die Überprüfung impliziert, dass dem Versicherungsunternehmen der jeweilige Vermittler auch namentlich benannt wird, worauf sowohl das Unternehmen als auch die Vermittler zu achten haben.[89]

39 **a) Inhaber einer Gewerbeerlaubnis nach § 34d Abs. 1 GewO (Nr. 1 Alt. 1).** Nach § 34d Abs. 1 S. 1 GewO bedürfen Personen, die gewerbsmäßig als Versicherungsmakler oder -vertreter den Abschluss von Versicherungsverträgen vermitteln möchten, grundsätzlich einer **Erlaubnis** der zuständigen Industrie- und Handelskammer (IHK). In der Erlaubnis ist gemäß § 34d Abs. 1 S. 3 GewO anzugeben, ob sie einem Versicherungsmakler oder einem -vertreter erteilt wird. Eine Doppelerlaubnis ist unzulässig.[90]

40 § 34d Abs. 2 GewO (in Umsetzung von IDD künftig § 34 Abs. 5 GewO) legt fest, unter welchen Voraussetzungen die Erlaubnis zu **versagen** ist. Dafür genügt es, wenn nur einer der vier nummerisch aufgeführten Tatbestände gegeben ist:

41 Gemäß § 34d Abs. 2 Nr. 1 GewO erteilt die IHK eine Gewerbeerlaubnis nicht, wenn Tatsachen die Annahme rechtfertigen, dass der Antragsteller die für den Gewerbebetrieb erforderliche **Zuverlässigkeit** nicht besitzt. Die Beurteilung der Zuverlässigkeit einer Person im gewerberechtlichen Sinne unterliegt stets einer **Einzelfallbetrachtung**, die sich nach allen zur Verfügung stehenden Informationen richtet. Der gewerberechtliche Zuverlässigkeitsbegriff entspricht im Grundsatz dem versicherungsaufsichtsrechtlichen, z. B. i. S. v. § 24 Abs. 1 S. 1 VAG.[91] Zuverlässigkeit wird grundsätzlich als gegeben unterstellt. Unzuverlässigkeit ist dagegen in der Regel gemäß § 34d Abs. 2 Nr. 1 GewO anzunehmen, wenn die betreffende Person in den letzten fünf Jahren vor Antragstellung wegen der dort genannten **Straftaten** rechtskräftig verurteilt worden ist. Die Vorschrift nennt insoweit die Verurteilung wegen eines Verbrechens oder wegen Diebstahls, Unterschlagung, Erpressung, Betruges, Untreue, Geldwäsche, Urkundenfälschung, Hehlerei, Wuchers oder einer Insolvenzstraftat.[92] Die Behörde darf grundsätzlich von der Richtigkeit einer entsprechenden Verurteilung ausgehen und sich auf die Prüfung beschränken, ob das die Verurteilung begründende Verhalten im Zusammenhang mit den sonstigen Umständen die Annahme der Unzuverlässigkeit rechtfertigt.[93] Die gewerbliche Unzuverlässigkeit kann aber auch aus anderen Tatsachen heraus gefolgert werden, beispielsweise bei vorhandenen Steuerschulden oder der Verletzung sozialversicherungsrechtlicher Pflichten.[94]

42 Gemäß § 34d Abs. 2 Nr. 2 GewO darf der Antragsteller zudem nicht in **ungeordneten Vermögensverhältnissen** leben. Als Regelbeispiele für derartige Verhältnisse nennt die Vorschrift die Eröffnung eines Insolvenzverfahrens über das Vermögen des Antragstellers und die Eintragung in das Schuldnerverzeichnis nach § 882b ZPO im Fall der Abweisung eines Insolvenzantrags mangels Masse gemäß § 26 Abs. 2 InsO. Diese Regelung gründet auf dem Gedanken, dass der Versicherungsvermittler ggf. mit Geldern des Versicherungsnehmers in Kontakt kommen kann und deshalb im Fall von schwierigen finanziellen Verhältnissen das Missbrauchsrisiko steigt.[95] Außerdem soll der Vermittler sich nicht von eigenen Vermögensinteressen bei der Beratung leiten lassen. Auch dieses Risiko steigt, wenn keine geordneten Vermögensverhältnisse bestehen.

43 Weiterhin hat der Antragsteller den **Nachweis einer Berufshaftpflichtversicherung** zu erbringen. Das geschieht in der Regel mittels einer entsprechenden Versicherungsbestätigung.[96] Ohne einen solchen Nachweis erfüllt der Gewerbetreibende den Versagungstatbestand nach § 34d Abs. 2 Nr. 3 GewO. Die Angaben zum Geltungsbereich, zum Versicherungsumfang sowie zu den mit der Versicherung verbundenen Anzeigepflichten legt die auf Grundlage des § 34d Abs. 8 GewO erlassene **Versicherungsvermittlungsverordnung**[97] in ihren §§ 8–10 fest. Die Versicherung muss danach in der EU und dem EWR gelten. Die Mindestversicherungssumme beträgt gemäß § 9 Abs. 2 S. 1 Vers-

[87] Das IDD-Umsetzungsgesetz v. 20.7.2017 (BGBl. I 2789) enthält eine Neustrukturierung der in § 34d GewO enthaltenen Regelungen, mit der nicht zuletzt eine geänderte Absatznummerierung verbunden ist. Dies beruht auch darauf, dass künftig Regelungen über Versicherungsvermittler und Versicherungsberater in § 34d GewO zusammengefasst werden, während eine (erweiterte) Ermächtigungsgrundlage für eine Rechtsverordnung (Versicherungsvermittlungsverordnung) in § 34e GewO geregelt wird. § 48 Abs. 1 Nr. 1 VAG verweist künftig auf § 34d Abs. 6, 7 S. 1 Nr. 1 und 8 GewO.

[88] Begr. RegE BT-Drs. 16/1935, 27.

[89] Begr. RegE BT-Drs. 16/1935, 27.

[90] *LG Freiburg* Urt. v. 30.12.2015 – 12 O 86/15 KfH.

[91] S. dazu sowie zu der Entwicklung des Begriffs unter Solvency II § 24 Rn. 98.

[92] Zur Bedeutung der Geldwäscheprävention in der Versicherungsvermittlung vgl. *Glotz* VersR 2016, 369.

[93] Vgl. *VG Ansbach* Urt. v. 3.12.2014 – AN 4 K 14.00305, GewArch 2015, 132.

[94] Prölss/Martin/*Dörner* § 34d GewO Rn. 46 m. w. N.

[95] Bürkle/*Schlierenkämper* Compliance in Versicherungsunternehmen, § 11 Rn. 163.

[96] Terbille/Höra/*Baumann* § 4 Rn. 135.

[97] VersVermV v. 15.5.2007, BGBl. I 733, 1967.

VermV derzeit 1.130.000,00 EUR für jeden Versicherungsfall und 1.700.000,00 EUR für alle Versicherungsfälle eines Jahres. Diese Summen werden seit dem 15.1.2013 regelmäßig alle fünf Jahre überprüft. Sie erhöhen oder vermindern sich nach Satz 2 dieser Vorschrift prozentual entsprechend den von Eurostat veröffentlichten Änderungen des Europäischen Verbraucherpreisindexes unter Aufrundung auf den nächsthöheren Hundertbetrag.

Gemäß § 34d Abs. 2 Nr. 4 GewO ist die Erlaubnis schließlich zu versagen, wenn der Antragsteller nicht durch eine vor der zuständigen IHK erfolgreich abgelegte Prüfung einen Nachweis über seine für die Versicherungsvermittlung notwendige **Sachkunde** besitzt. Die Sachkunde muss sich auf die versicherungsfachlichen – insbesondere hinsichtlich Bedarf, Angebotsformen und Leistungsumfang – und rechtlichen Grundlagen sowie die Kundenberatung erstrecken. Die näheren Inhalte und das Verfahren für die Sachkundeprüfung sind in §§ 1 – 4a VersVermV geregelt. Gemäß § 34d Abs. 2 Nr. 4 Hs. 2 GewO ist es ausreichend, wenn der Nachweis durch eine angemessene Zahl von beim Antragsteller beschäftigten natürlichen Personen erbracht wird, denen die Aufsicht über die unmittelbar mit der Vermittlung von Versicherungen befassten Personen übertragen ist und die den Antragsteller vertreten dürfen. Bei einem Callcenter kann insoweit z. B. ein Verhältnis von 1 zu 50 noch angemessen sein, soweit die eine Person den standardisierten Prozess einer telefonischen Vermittlung durch die anderen 50 Personen angemessen überwachen kann. 44

b) Befreiung von der Erlaubnispflicht nach § 34d Abs. 3 GewO (Nr. 1 Alt. 2). Bei Vorliegen der weiteren Voraussetzungen nach § 48 Abs. 1 Nr. 2 und Abs. 2 VAG ist die Zusammenarbeit gemäß § 48 Abs. 1 Nr. 1 VAG außerdem zulässig, wenn der Versicherungsvermittler nach § 34d Abs. 3 GewO (in Umsetzung von IDD künftig Abs. 6) von der Erlaubnispflicht befreit ist. Die Ausnahmevorschrift betrifft sog. **„produktakzessorische Vermittler“**,[98] mithin Gewerbetreibende, die Versicherungen lediglich als Ergänzung der im Rahmen ihrer Haupttätigkeit gelieferten Waren oder Dienstleistungen vermitteln. Als **Beispiele** für die Produktakzessorietät nennt die Gesetzesbegründung Haftpflicht- und Kaskoversicherungen beim Kfz-Kauf sowie die Vermittlung einer Lebensversicherung bei Abschluss eines Darlehensvertrages als Sicherheit zur Bedienung des Darlehens.[99] **Nicht akzessorisch** seien hingegen die Vermittlung einer Hausratsversicherung durch ein Kreditinstitut bei Aufnahme eines Hausbaudarlehens sowie Versicherungen, die als zusätzliche Bausteine eines Finanzierungsmodells eingesetzt werden und damit bloße Anlagefunktion haben.[100] Für die Vermittlung solcher **Versicherungen mit Anlagecharakter** ist gleichwohl nur eine Erlaubnis nach § 34d GewO und keine zusätzliche Erlaubnis als Finanzanlagevermittler nach § 34f GewO erforderlich.[101] Von § 34d Abs. 3 GewO werden also die Fälle erfasst, die aufgrund der strengeren Anforderungen nicht unter die Ausnahmevorschrift des § 34d Abs. 9 GewO (in Umsetzung von IDD künftig Abs. 8) fallen.[102] 45

Voraussetzung für die Befreiung von der Erlaubnispflicht durch die zuständige IHK ist zunächst ein entsprechender **Antrag** des Versicherungsvermittlers. Des Weiteren müssen **kumulativ** die Voraussetzungen des § 34d Abs. 3 S. 1 Nr. 1–3 GewO vorliegen. Der Gewerbetreibende muss nachweisen können, dass er seine Tätigkeit als Versicherungsvermittler unmittelbar im Auftrag eines oder mehrerer Versicherungsvermittler, die ihrerseits Inhaber einer Gewerbeerlaubnis sind, oder eines oder mehrerer Versicherungsunternehmen ausübt (Nr. 1), für ihn eine Berufshaftpflichtversicherung nach Maßgabe des § 34d Abs. 2 Nr. 3 GewO[103] besteht (Nr. 2) und dass er zuverlässig sowie angemessen qualifiziert ist und nicht in ungeordneten Vermögensverhältnissen lebt (Nr. 3 Hs. 1). Als Nachweis für die letztgenannten Voraussetzungen genügt nach § 34d Abs. 3 S. 1 Nr. 3 Hs. 2 GewO die Erklärung der in Nr. 1 bezeichneten Auftraggeber, mit dem Inhalt, dass sie sich verpflichten, die Voraussetzungen entsprechend § 48 Abs. 2 VAG zu beachten und die für die Vermittlung der konkreten Versicherung angemessene Qualifikation des Antragstellers sicherzustellen, und dass ihnen derzeit nichts Gegenteiliges bekannt ist.[104] 46

c) Ausnahmen von der Erlaubnispflicht (Nr. 1 Alt. 3). aa) Ausschließlichkeitsvertreter (§ 34d Abs. 4 GewO). Vorbehaltlich der Regelungen in § 48 Abs. 1 Nr. 2 und Abs. 2 VAG steht einer Zusammenarbeit des Versicherers mit dem Versicherungsvermittler ferner nichts entgegen, wenn die Erlaubnispflicht nach § 34d Abs. 4 GewO (in Umsetzung von IDD künftig Abs. 7 S. 1 Nr. 1) entfällt, weil der Vermittler ausschließlich für ein einziges oder für mehrere Versicherungsunternehmen, deren Produkte nicht in Konkurrenz stehen, tätig ist und das bzw. die Unternehmen die uneingeschränkte Haftung aus der Vermittlertätigkeit übernommen hat bzw. haben. In diesen Fällen handelt es sich bei dem Vermittler um einen **Ausschließlichkeitsvertreter**[105] (auch Einfirmenver- 47

---

[98] Begr. RegE BT-Drs. 16/1935, 19; Veith/Gräfe/Gebert/*Harder* § 20 Rn. 185.
[99] Begr. RegE BT-Drs. 16/1935, 19.
[100] Begr. RegE BT-Drs. 16/1935, 19.
[101] S. dazu bereits Rn. 32.
[102] Begr. RegE BT-Drs. 16/1935, 19.
[103] Zu den Anforderungen an die Berufshaftpflichtversicherung vgl. Rn. 43.
[104] Um Doppelungen zu vermeiden, wird im Übrigen hinsichtlich der Voraussetzungen des § 48 Abs. 2 VAG auf Rn. 60 ff. verwiesen.
[105] Begr. RegE BT-Drs. 16/1935, 19; Prölss/Martin/*Dörner* § 34d GewO Rn. 21.

treter genannt)[106] bzw., im Fall der Tätigkeit für mehrere Unternehmen, um einen sog. **unechten Mehrfachvertreter**[107] (in der Regel „Konzernvertreter").[108] Die Versicherungsvermittler-RL verwendet den ebenfalls gebräuchlichen Begriff des „gebundenen Vermittlers".[109] In der Praxis findet die Versicherungsvermittlung überwiegend über diese Personengruppe statt.[110]

48 Die **Haftungsübernahme durch den Versicherer** ersetzt die bei Beantragung einer Gewerbeerlaubnis nach § 34d Abs. 1 GewO nachzuweisende Berufshaftpflichtversicherung und greift insbesondere bei Falschberatungen, aber z. B. auch bei Vermögensdelikten des Vermittlers ein,[111] wobei sie oftmals Regressmöglichkeiten des Versicherers gegenüber dem Versicherungsvertreter ermöglicht.

49 Die Frage, ob die Vermittlung fremder Versicherungen im Rahmen der sog. „**Ventillösung**" zu einer Befreiung nach § 34d Abs. 4 GewO führen kann, ist umstritten.[112] Eine solche in manchen Agenturverträgen vereinbarte Ventillösung gestattet es dem Versicherungsvertreter, das Risiko von einem anderen Versicherer zeichnen zu lassen, wenn „sein" Versicherer dazu nicht bereit ist und er der Vermittlung an das andere Unternehmen zustimmt.[113] Die Frage der Vereinbarkeit mit § 34d Abs. 4 GewO hat der BGH mit Urteil v. 30.1.2014[114] in Bezug auf die Vermittlung nicht konkurrierender Produkte des anderen Versicherers durch einen Ausschließlichkeitsvertreter bejaht, „sofern diese Vermittlungstätigkeit nur einen geringen Teil seiner gesamten Tätigkeit ausmacht, durch eine hinreichend bestimmt gefasste Vereinbarung mit dem auftraggebenden Versicherungsunternehmen begrenzt ist und dieses die uneingeschränkte Haftung für den Vermittler übernimmt".[115] Demgegenüber wird die Zulässigkeit der Ventillösung bei der Vermittlung von konkurrierenden Produkten mehrerer Versicherer mit der Begründung abgelehnt, dass in diesem Fall die strikte Trennung zwischen Vertreter und Makler nicht mehr gewährleistet sei.[116]

50 Die BaFin fordert für die – nur für Ausnahmefälle vorgesehene –[117] Ventillösung aufgrund des besonderen Haftungsrisikos für das auftraggebende Versicherungsunternehmen, dass im Innenverhältnis dessen Haftungsbegrenzung sichergestellt ist, beispielsweise durch eine entsprechende **Freistellungserklärung** des anderen Unternehmens.[118]

51 Auf der anderen Seite verlangt § 34d Abs. 4 Nr. 2 GewO, dass das Versicherungsunternehmen die **uneingeschränkte Haftung** aus der Vermittlertätigkeit übernimmt.[119] Dadurch entsteht zum einen die Haftungsübernahme grundsätzlich unabhängig von innervertraglichen Abreden, so dass bereits in der Anmeldung des Ausschließlichkeitsvertreters beim Versicherungsvermittlerregister eine Haftungsübernahme für die gesamte Vermittlertätigkeit entsteht.[120] Zu berücksichtigen ist zum anderen, dass der BGH – entgegen teilweise anderer Auffassung in der Literatur[121] – zutreffend davon ausgeht, dass die **Übernahme der Haftung** durch die Anmeldung des Vermittlers nicht nur die Produkte des anmeldenden Versicherers, sondern auch das sog. **Ventilgeschäft** erfasst.[122] Daher sollte auch eine Regressmöglichkeit gegenüber dem Ventilversicherer für den Fall vereinbart werden, dass dessen Unterlagen nicht den gesetzlichen Anforderungen genügen.

52 **bb) Sonderfälle (§ 34d Abs. 9 GewO).** § 34d Abs. 9 GewO (in Umsetzung von IDD künftig Abs. 8) regelt Ausnahmefälle, in denen ein Gewerbetreibender aufgrund des unbeachtlichen Umfangs der Vermittlungstätigkeit, des damit verbundenen geringen Risikos sowie der geringen Höhe der Versicherungsprämie keiner besonderen Genehmigung der IHK und keiner Registereintragung bedarf.[123] Die strengen Anforderungen der Gewerbeordnung wären in diesen Fällen der „**Annexvermitt-**

[106] Veith/Gräfe/Gebert/*Harder* § 20 Rn. 169; Langheid/Wandt/*Reiff* § 59 Rn. 33.

[107] Zum Begriff sowie zur Abgrenzung vom sog. echten Mehrfachvertreter (Agenturverträge ohne Ausschließlichkeitsklausel) s. Veith/Gräfe/Gebert/*Harder* § 20 Rn. 171; Prölss/Martin/*Dörner* § 34d GewO Rn. 21.

[108] Vgl. Langheid/Wandt/*Reiff* § 59 Rn. 34.

[109] Art. 2 Nr. 7 UAbs. 1 Versicherungsvermittler-RL; Begr. RegE BT-Drs. 16/1935, 19; *BGH* Urt. v. 30.1.2014 – I ZR 19/13, VersR 2014, 1002; so auch die IDD, vgl. 16. Erwägungsgrund.

[110] *Reiff* VersR 2015, 649, 651; *Will* NVwZ 2015, 389; Stand Oktober 2016 (Quelle: DIHK): von insgesamt 230.434 im Versicherungsvermittlerregister eingetragenen Vermittlern und Beratern handelte es sich bei 149.829 um gebundene Versicherungsvertreter (vgl. www.dihk.de).

[111] Prölss/Martin/*Dörner* § 34d GewO Rn. 26.

[112] Vgl. Übersicht zum Streitstand bei *BGH* Urt. v. 30.1.2014 – I ZR 19/13, VersR 2014, 1002 = GRUR 2014, 794.

[113] S. *Reiff* VersR 2015, 649, 651.

[114] *BGH* Urt. v. 30.1.2014 – I ZR 19/13, VersR 2014, 1002 = GRUR 2014, 794.

[115] Diesem Urteil widerspricht ausdrücklich *Will* NVwZ 2015, 389, 393.

[116] *OLG Schleswig* Urt. v. 13.7.2010 – 6 U 26/10, VersR 2011, 115.

[117] Langheid/Wandt/*Reiff* § 59 Rn. 33.

[118] BaFin Rundschreiben 10/2014 (VA) – Zusammenarbeit mit Versicherungsvermittlern, Risikomanagement im Vertrieb, unter B. I.1.e.

[119] *BGH* Urt. v. 30.1.2014 – I ZR 19/13, VersR 2014, 1002 = GRUR 2014, 794.

[120] So schon *BGH* Urt. v. 30.1.2014 – I ZR 19/13, VersR 2014, 1002 Rn. 21; vgl. auch *Schulze Schwienhorst/Neuhaus* VersR 2012, 1356, 1357 m. w. N.

[121] Prölss/Martin/*Dörner* § 34d Rn. 27; *Schulze Schwienhorst/Neuhaus*, VW 2012, 628.

[122] *BGH* Urt. v. 30.1.2014 – I ZR 19/13, VersR 2014, 1002.

[123] Begr. RegE BT-Drs. 16/1935, 20.

lung“[124] unverhältnismäßig.[125] Vorbehaltlich der Regelung in § 48 Abs. 1 Nr. 2 VAG spricht folgerichtig nichts gegen eine Zusammenarbeit des Versicherers mit einem solchen Versicherungsvermittler. Eine Überprüfung der Person durch das Versicherungsunternehmen ist, anders als bei Vermittlern nach § 34d Abs. 3 und 4 GewO, nicht erforderlich. Demgegenüber gelten auch für Vermittler nach § 34d Abs. 9 GewO die bestehenden Beratungs- und Dokumentationspflichten nach den §§ 59 ff. VVG.[126]

Zunächst ist eine Ausnahme von der Erlaubnispflicht gemäß § 34d Abs. 9 Nr. 1 GewO bei **Bagatellvermittlungen** gerechtfertigt, deren Voraussetzungen abschließend im Katalog der lit. a–f dieser Norm geregelt sind.[127] Zuvörderst darf der Gewerbetreibende die Vermittlertätigkeit nicht hauptberuflich ausüben (lit. a). Im Hinblick auf den Gegenstand der Vermittlung ist die Tätigkeit auf Verträge beschränkt, für die nur Kenntnisse des angebotenen Versicherungsschutzes erforderlich sind (lit. b) und bei denen es sich nicht um Lebens- oder Haftpflichtversicherungen handelt (lit. c). Bedingung ist weiterhin, dass die Versicherung lediglich in einer **Zusatzleistung** zur Lieferung einer Ware oder der Erbringung einer Dienstleistung besteht und sie nur bestimmte damit verbundene Risiken abdeckt, z. B. das Gepäckverlustrisiko im Rahmen einer bei dem Gewerbetreibenden gebuchten Reise (lit. d). Es liegt daher keine Bagatellvermittlung mehr vor, wenn eine Versicherung abgeschlossen wird, ohne dass eine in lit. d genannte Hauptleistung in Anspruch genommen wird.[128] Zudem darf die Höhe der jährlichen Versicherungsprämie maximal 500 EUR (lit. e) und die Gesamtlaufzeit einschließlich etwaiger Verlängerungen höchstens fünf Jahre (lit. f) betragen. Die genannten Voraussetzungen, die auf Art. 1 Abs. 2 Versicherungsvermittler-RL basieren, müssen **kumulativ** vorliegen. Nach der Gesetzesbegründung erfüllen regelmäßig nachfolgende Personengruppen den Ausnahmetatbestand nach § 34d Abs. 9 Nr. 1 GewO: 53

- Kredit-, Kreditkartenvermittler (z. B. Arbeitslosigkeitsversicherung);
- Brillenhändler (z. B. Kaskoversicherung);
- Reifenhändler (z. B. Reifenversicherung);
- Versand- und Einzelhandel (z. B. Garantieversicherung zur Verlängerung der Gewährleistung);
- Elektrohändler (z. B. Garantie- und Reparaturversicherung);
- Fahrradhändler, -hersteller (z. B. Unfall- und Diebstahlversicherung);
- Reisebüros (z. B. Reiserücktritts- und Reisekrankenversicherung).[129]

Gesetzliche Krankenkassen, die Ergänzungstarife zum gesetzlichen Krankenversicherungsschutz anbieten, fallen hingegen nicht hierunter.[130] Ebenso ist der anfangs unternommene Versuch gescheitert, Autovermieter der Kategorie der Reisebüros zuzuordnen.

§ 34d Abs. 9 Nr. 2 GewO sieht eine weitere Ausnahme von der Erlaubnispflicht für denjenigen vor, der als **Bausparkasse** oder als ein von einer Bausparkasse beauftragter Vermittler als Bestandteile der Bausparverträge Versicherungen im Rahmen eines Kollektivvertrages vermittelt, die ausschließlich der Absicherung der Darlehensrückforderungen der Bausparkasse dienen. Nach der Gesetzesbegründung liegt in diesem Fall keine Versicherungsvermittlung im eigentlichen Sinne vor; vielmehr sei die Versicherung faktisch als Teil des Darlehens zu betrachten.[131] Diese Ausnahme wird mit Blick auf die Versicherungsvermittler-RL, die eine solche Herausnahme nicht vorsieht, für europarechtswidrig gehalten.[132] Außerdem gebe es auch für Bausparer Alternativen, über die ggf. beraten werden sollte.[133] Zudem sei kein Grund dafür ersichtlich, warum Bausparkassen hier gegenüber Banken privilegiert werden sollten, bei denen solche Kollektivrestschuldversicherungen auch üblich sind. Einer Vermittlererlaubnis bedarf dagegen weder eine Bausparkasse noch eine Bank, wenn sie einem Darlehensnehmer nur den Beitritt zu einem echten Gruppenversicherungsvertrag anbietet, den sie selbst als Versicherungsnehmer auch im eigenen Interesse unterhält.[134] 54

Schließlich besteht nach § 34d Abs. 9 Nr. 3 GewO keine Erlaubnispflicht, wenn jemand als Zusatzleistung im Zusammenhang mit Darlehens- und Leasingverträgen **Restschuldversicherungen** vermittelt, deren Jahresprämie einen Betrag von 500 EUR nicht übersteigt. In diesen Fällen sei es nach der amtlichen Begründung unverhältnismäßig, den primär betroffenen Einzelhandel der Erlaubnispflicht zu 55

[124] Vgl. FKBP/*Kaulbach* § 80 Rn. 3.
[125] Vgl. Begr. RegE BT-Drs. 16/1935, 20.
[126] Vgl. Begr. RegE BT-Drs. 16/1935, 21.
[127] Das IDD-Umsetzungsgesetz v. 20.7.2017 (BGBl. I 2789) sieht in § 34d Abs. 8 Nr. 1 GewO Änderungen hinsichtlich der Regelungen zur Erlaubnisfreiheit von „Versicherungsvermittlern in Nebentätigkeit“ (Art. 1 Abs. 1 Nr. 4 IDD) vor. Unter anderem soll der Schwellenwert für die Jahresprämie von 500 auf 600 Euro erhöht werden und die Einschränkungen (keine Lebens- oder Haftpflichtversicherung, keine Begrenzung der Laufzeit auf 5 Jahre) entfallen.
[128] Prölss/Martin/*Dörner* § 34d GewO Rn. 15.
[129] Begr. RegE BT-Drs. 16/1935, 20.
[130] *BGH* Urt. v. 18.9.2013 – I ZR 183/12, VersR 2013, 1578 = GRUR 2013, 1250.
[131] Begr. RegE BT-Drs. 16/1935, 20.
[132] *Reiff* Versicherungsvermittlerrecht im Umbruch S. 25 f.; *ders* VersR 2007, 717; Prölss/Martin/*Dörner* § 34d GewO Rn. 18.
[133] *Reiff* Versicherungsvermittlerrecht im Umbruch S. 25 f.; *ders* VersR 2007, 717.
[134] S. dazu bereits oben Rn. 34.

unterwerfen, zumal es sich nicht um eine in der Versicherungsvermittler-RL erwähnte Lebensversicherung im engeren Sinne handele.[135] Auch diesbezüglich werden Zweifel an der Vereinbarung mit Europarecht geäußert, weil diese Erweiterung nicht auf entsprechenden Vorgaben der Versicherungsvermittler-RL beruhe.[136] Das ist allerdings nicht überzeugend, da Restschuldversicherungen vom Hauptrisiko oftmals Lebensversicherungen sind, in denen die Risiken Arbeitslosigkeit und Arbeitsunfähigkeit zum Teil zusätzliche Risiken des Versicherungsvertrages sind, der immer noch als Lebensversicherungsvertrag von einem Lebensversicherungsunternehmen gemäß § 10 Abs. 4 VAG angeboten werden darf.

56 **3. Bevollmächtigung zur Entgegennahme von Vermögenswerten oder Nachweis einer Sicherheitsleistung (Abs. 1 Nr. 2).** Nimmt der Versicherungsvermittler bestimmte Zahlungen entgegen, die entweder der Versicherungsnehmer im Zusammenhang mit der Vermittlung oder dem Abschluss eines Versicherungsvertrags an den Vermittler zur Weiterleitung an den Versicherer leistet (Versicherungsprämien) oder die als Leistungen des Versicherers für den Versicherungsnehmer bestimmt sind, ist zusätzlich die Regelung des § 48 Abs. 1 Nr. 2 VAG zu beachten. Danach muss der Versicherungsvermittler in diesen Fällen entweder zur Entgegennahme der Vermögenswerte bevollmächtigt sein, oder, soweit nach der VersVermV (wörtlich: „einer Rechtsverordnung nach § 34d Abs. 8 S. 1 Nr. 1 lit. b GewO")[137] erforderlich, eine Sicherheitsleistung nachweisen.

57 Die Anforderungen an eine **Bevollmächtigung durch den Versicherungsnehmer** zur Annahme von Leistungen des Versicherers regelt § 64 VVG. Danach bedarf die Bevollmächtigung des Versicherungsvermittlers einer gesonderten schriftlichen Erklärung des Versicherungsnehmers.

58 Im Hinblick auf eine **Bevollmächtigung durch das Versicherungsunternehmen** ist zunächst bezogen auf Versicherungsvertreter § 69 Abs. 2 VVG zu beachten, wonach der Versicherungsvertreter als entsprechend bevollmächtigt gilt, es sei denn, der Versicherungsnehmer kannte die entsprechende Beschränkung der Vollmacht oder er kannte sie grob fahrlässig nicht. Dabei ist eine Beschränkung der Vollmacht durch AVB gegenüber einem Versicherungsnehmer gemäß § 72 VVG unwirksam. Entsprechendes gilt gemäß § 73 VVG für den angestellten Außendienst eines Versicherers und für nicht gewerbsmäßig tätige Vermittler. Vor diesem Hintergrund hält es die BaFin für geboten, dass aus den beim Versicherer für einen Versicherungsvertreter geführten Unterlagen und in der aktuellen vertraglichen Vereinbarung erkennbar ist, ob und in welchem Umfang dem jeweiligen Vermittler Vollmachten erteilt wurden.[138]

59 Im Hinblick auf die erforderliche **Sicherheitsleistung** stellt § 48 Abs. 1 Nr. 2 VAG auf § 12 VersVermV ab. Das Versicherungsunternehmen muss sich davon überzeugen, dass der Versicherungsvermittler die dort geregelten Kundengeldsicherungsbestimmungen beachtet.[139] Nach § 12 Abs. 1 S. 1 VersVermV darf der Gewerbetreibende bei Fehlen einer entsprechenden Bevollmächtigung für das Versicherungsunternehmen Zahlungen nur annehmen, wenn er zuvor eine Sicherheit geleistet oder eine geeignete Versicherung abgeschlossen hat, die den Versicherungsnehmer dagegen schützt, dass der Gewerbetreibende die Zahlung nicht an das Versicherungsunternehmen weiterleiten kann. Die Vorschrift gilt gemäß § 12 Abs. 6 S. 1 VersVermV entsprechend, wenn es sich um Zahlungen des Versicherers an den Versicherungsnehmer handelt. Die Sicherheit kann insbesondere durch die Stellung einer **Bürgschaft**, aber auch durch andere vergleichbare Sicherheiten geleistet werden (vgl. § 12 Abs. 2 VersVermV). Nach § 12 Abs. 2 S. 2 VersVermV beschränkt sich die Auswahl der Bürgen ausschließlich auf Körperschaften des öffentlichen Rechts mit Sitz im Inland, Kreditinstitute, die im Inland zum Geschäftsbetrieb befugt sind, sowie Versicherungsunternehmen, die zum Betrieb der Kautionsversicherung im Inland befugt sind. Der Abschluss einer **Versicherung** anstelle oder neben (§ 12 Abs. 4 VersVermV) einer „klassischen" Sicherheitsleistung kommt als geeignete Besicherung insbesondere nur in Betracht, wenn die zugrunde liegenden AVB den Versicherungsnehmer aus dem Versicherungsvertrag auch in den Fällen der Insolvenz des Gewerbetreibenden unmittelbar berechtigen (§ 12 Abs. 3 Nr. 2 VersVermV) und die Anforderungen an die Mindestversicherungssumme nach § 12 Abs. 4 VersVermV eingehalten werden. Nur so wird der Versicherungsnehmer umfassend geschützt.

III. Qualifikation der Vermittler in den Fällen des § 34d Abs. 3 und 4 GewO (Abs. 2).

60 § 48 Abs. 2 VAG stellt besondere Voraussetzungen für die Zusammenarbeit mit gewerbsmäßigen Versicherungsvermittlern auf, die entweder nach § 34d Abs. 4 GewO nicht der Gewerbeerlaubnispflicht unterliegen (§ 48 Abs. 2 Nr. 1 VAG) oder nach § 34 Abs. 3 GewO von der Erlaubnispflicht befreit worden sind und die Tätigkeit als Versicherungsvermittler unmittelbar im Auftrag eines oder

[135] Vgl. Begr. RegE BT-Drs. 16/1935, 21.

[136] Die Richtlinienwidrigkeit bejahen Prölss/Martin/*Dörner* § 34d GewO Rn. 18; *Reiff* VersR 2007, 717.

[137] Nach dem IDD-Umsetzungsgesetz v. 20.7.2017 (BGBl. I 2789) wird die Verordnungsermächtigung künftig in § 34e Abs. 1 S. 1 Nr. 2 lit. b GewO geregelt.

[138] BaFin Rundschreiben 10/2014 (VA) – Zusammenarbeit mit Versicherungsvermittlern, Risikomanagement im Vertrieb, unter B. IV.6.

[139] Vgl. Begr. RegE BT-Drs. 16/1935, 27; *Laars* § 80 Rn. 1.

mehrerer Versicherungsunternehmen ausüben (§ 48 Abs. 2 Nr. 2 VAG). Mit diesen gebundenen und produktakzessorischen Vermittlern, deren persönliche und fachliche Eignung aufgrund der Erlaubnisfreiheit nicht von der IHK überprüft wird, dürfen Versicherungsunternehmen nur zusammenarbeiten, wenn

– die Vermittler zuverlässig sind und in ordnungsgemäßen Vermögensverhältnissen leben (§ 34d Abs. 2 Nr. 1 und 2 GewO) und
– die Versicherungsunternehmen sicherstellen, dass die Vermittler über die zur Vermittlung der jeweiligen Versicherung angemessene Qualifikation verfügen.[140]

Anders als im Rahmen einer Erlaubniserteilung nach § 34d Abs. 1 S. 1 GewO hat in den Fällen des § 48 Abs. 2 VAG anstelle der IHK das Versicherungsunternehmen zu überprüfen, ob der jeweilige Vermittler die genannten Voraussetzungen erfüllt.[141] Nach der Gesetzesbegründung stellt die Vorschrift insoweit das aufsichtsrechtliche Pendant zum vereinfachten Zulassungsverfahren nach § 34d Abs. 3 und 4 GewO dar.[142] Die Übertragung der Überprüfungspflicht auf das Versicherungsunternehmen im Fall eines vertraglich gebundenen Vermittlers beruht auf Art. 4 Abs. 1 UAbs. 3 i. V. m. Art. 3 Abs. 1 UAbs. 2 S. 2 Versicherungsvermittler-RL. Sie ist gerechtfertigt, weil das Versicherungsunternehmen für die Tätigkeit dieser Vermittler auch die Haftung übernommen hat. Insoweit ist davon auszugehen, dass das Versicherungsunternehmen diese Pflichten schon im eigenen Interesse erfüllt. 61

Im Hinblick auf die Anforderungen an die **Zuverlässigkeit** des zu überprüfenden Versicherungsvermittlers sind über den Verweis auf § 34d Abs. 2 Nr. 1 GewO insbesondere die dort aufgeführten Indikatoren zu berücksichtigen.[143] Ist der Vermittler eine juristische Person, gelten die Erfordernisse für jeden einzelnen Geschäftsführer/Vorstand.[144] 62

Neben der Zuverlässigkeit muss das Versicherungsunternehmen prüfen, ob der Vermittler in **geordneten Vermögensverhältnissen** lebt. Den Maßstab hierfür bildet über eine entsprechende Verweisung die Vorschrift des § 34d Abs. 2 Nr. 2 GewO,[145] auf die bereits Bezug genommen wurde.[146] 63

Die Versicherungsunternehmen sind gehalten, zwecks Überprüfung der genannten Anforderungen **geeignete Auskünfte** einzuholen,[147] und zwar vor Beginn der beabsichtigten Kooperation.[148] Im Hinblick auf die Zuverlässigkeit einer Person kommt insbesondere die Einholung eines Führungszeugnisses nach § 30 BZRG sowie ggf. eines Gewerbezentralregisterauszugs gemäß § 150 GewO in Betracht. Zur Überprüfung der Vermögensverhältnisse bietet sich die Einholung eines Auszugs aus dem Schuldnerverzeichnis nach § 882b ZPO an. Bei allen eingeholten Unterlagen ist stets auf Aktualität (nicht älter als drei Monate) zu achten.[149] 64

Hinsichtlich der zu überprüfenden **fachlichen Qualifikation** des Vermittlers verweist das Gesetz hingegen nicht auf die Gewerbeordnung. Während die IHK bei bestehender Erlaubnispflicht die Qualifikationsanforderungen von Versicherungsvermittlern im Wege einer offiziellen Sachkundeprüfung i. S. d. § 34d Abs. 2 Nr. 4 i. V. m. §§ 1 ff. VersVermV untersucht, ist im Rahmen von § 48 Abs. 2 VAG eine solche Prüfung dem Wortlaut nach nicht vorgesehen. Vielmehr muss das Versicherungsunternehmen das Vorliegen einer zur Vermittlung der jeweiligen Versicherung **„angemessenen Qualifikation"** des Gewerbetreibenden sicherstellen. Demgemäß richten sich die an einen gebundenen Vertreter zu stellenden Anforderungen nach der konkreten Tätigkeit bei „seinem" Versicherungsunternehmen. Im Unterschied zur umfassenden Sachkundeprüfung der IHK ist also eine nur ausschnittweise Qualifikation bezogen auf das Portfolio des einzelnen Anbieters erforderlich.[150] Dies trägt dem Anspruch an einen ausreichenden Verbraucherschutz dadurch Rechnung, dass bei gebundenen Vermittlern auch der Versicherungsnehmer keine Kenntnisse über das Produktangebot anderer Versicherer erwartet.[151] 65

§ 48 VAG verlangt, dass die Versicherungsunternehmen die genannten Anforderungen an den Vermittler **sicherstellen** müssen. Der Versicherer hat insoweit Sorge dafür zu tragen, dass „ihr" Ver- 66

---

[140] Künftig unterliegen diesen Anforderungen – sowie zusätzlich einer nunmehr gesetzlich normierten Fortbildungspflicht – auch die am Versicherungsvertrieb beteiligten Angestellten des Versicherers, wobei nach dem IDD-Umsetzungsgesetz v. 20.7.2017 (BGBl. I 2789) Besonderheiten für Personen i. S. d. § 24 VAG vorgesehen sind (vgl. § 48 Abs. 2 VAG in der ab dem 23.2.2018 geltenden Fassung).

[141] Langheid/Wandt/*Reiff* Vor § 59 Rn. 24; *Laars* Vor § 80 Rn. 3 zur insoweit gleichen alten Rechtslage; zu den genannten Voraussetzungen des § 34d GewO s. im Einzelnen Rn. 39 ff.

[142] Begr. RegE BT-Drs. 16/1935, 27.

[143] S. zum Kriterium der Zuverlässigkeit Rn. 41.

[144] Vgl. BaFin Rundschreiben 10/2014 (VA) unter B. I.1 a.

[145] Vgl. Begr. RegE BT-Drs. 16/1935, 28.

[146] S. Rn. 42.

[147] Begr. RegE BT-Drs. 16/1935, 27 f.

[148] BaFin Rundschreiben 10/2014 (VA) unter B. I.1.

[149] Vgl. BaFin Rundschreiben 10/2014 (VA) unter B. I.1 a.

[150] Der Ausschuss für Wirtschaft und Technologie fordert bei einem *vollen* Produktspektrum jedoch eine der IHK-Sachprüfung gleichwertige Prüfung, vgl. Beschlussempfehlung und Bericht des Ausschusses, BT-Drs. 16/3162, 10.

[151] Prölss/Martin/*Dörner* § 34d GewO Rn. 22.

sicherungsvermittler eine fachliche **Ausbildung** erhält.[152] Zudem ist das Fachwissen des Vermittlers jederzeit auf dem neuesten Stand zu halten.[153] Beispielsweise sind ergänzende Ausbildungsmaßnahmen erforderlich, wenn sich die Produktpalette des Versicherers erweitert.[154] Zur Gewährleistung dieser aufsichtsrechtlichen Anforderungen werden von den Versicherungsunternehmen hinreichende organisatorische Vorkehrungen erwartet,[155] die auch Inhalt des oben[156] bereits erwähnten GDV-Verhaltenskodex Vertrieb sind. Wird die angemessene Qualifikation durch das Vorliegen einer Berufsqualifikation i. S. d. §§ 4, 4a VersVermV (z. B. Studium der Rechtswissenschaft) nachgewiesen, ist dies durch das Versicherungsunternehmen zu dokumentieren.[157]

67 Art. 4 Abs. 5 Versicherungsvermittler-RL verlangt, dass die beruflichen Anforderungen **dauerhaft** erfüllt sein müssen. Daher hat das Versicherungsunternehmen jedenfalls bei bestehendem Anlass erneut Auskünfte über einen Vermittler einzuholen, beispielsweise im Fall von Unregelmäßigkeiten oder einer entsprechenden Aufforderung der BaFin oder einer Kundenbeschwerde.[158] Es sollte aber auch anlassunabhängig regelmäßig die eine oder andere Stichprobe genommen werden. Unregelmäßigkeiten, wie strafbare Handlungen und Fälle von Provisionserschleichung, sind zudem der BaFin zu melden.[159]

68 **IV. Vermittler aus anderen Mitglied- oder Vertragsstaaten (Abs. 3).** § 48 Abs. 3 VAG knüpft die Voraussetzungen einer zulässigen Zusammenarbeit mit Versicherungsvermittlern mit (Wohn-)Sitz in **anderen Mitglied- oder Vertragsstaaten** an das Recht des jeweiligen Herkunftsstaates. Versicherungsunternehmen dürfen demnach mit einem gewerbsmäßig tätigen Vermittler nur zusammenarbeiten, wenn er nach den Vorschriften seines Herkunftsstaates, das heißt des Mitglied- oder Vertragsstaates (§ 61 Abs. 1 VAG), zur Vermittlung von Versicherungsverträgen befugt ist. Dementsprechend findet das Sitzlandprinzip[160] auch Einzug in das Versicherungsvermittlergewerberecht, was mit Blick auf die im EUV abgesicherten Grundfreiheiten des freien Dienstleistungs- und Niederlassungsverkehrs auch richtig ist. Denn die maßgeblichen Zulassungsregeln der EU-Mitgliedstaaten werden mit den Anforderungen der GewO vergleichbar sein, da die Versicherungsvermittler-RL auch dort umzusetzen war.[161] So ist der Kundenschutz insbesondere durch die Eintragungsvoraussetzungen im Herkunftsmitgliedstaat gegeben.[162] § 48 Abs. 3 VAG hat somit auch klarstellende Funktion.[163] Aufgrund des mit der Versicherungsvermittler-RL verfolgten Ziels der „single registration"[164] muss ein Versicherungsvermittler für die Aufnahme der EU-/EWR-grenzüberschreitenden Tätigkeit lediglich im Vermittlerregister seines (Wohn-)Sitzlandes eingetragen sein.

69 Gemäß § 34d Abs. 11 GewO (vgl. in Umsetzung von IDD künftig § 34d Abs. 7 S. 1 Nr. 2 GewO) ist daher eine zusätzliche Registrierung in das deutsche Versicherungsvermittlerregister nicht erforderlich. Der Deutsche Industrie- und Handelskammertag (DIHK) e. V. führt jedoch ein internes Register über EU-/EWR-Versicherungsvermittler, die in Deutschland tätig sind.[165] Einer entsprechenden Registrierung geht ein spezielles Mitteilungsverfahren (**sog. „Notifizierungsverfahren"**) voraus, in dessen Verlauf die DIHK von dem jeweiligen Mitgliedstaat die Information erhält, dass der betreffende Vermittler die Absicht hat, im Rahmen der Niederlassungs- und Dienstleistungsfreiheit im Inland tätig zu werden. Das Notifizierungsverfahren geht auf Art. 6 der Versicherungsvermittler-RL zurück und wurde in Deutschland in § 11a Abs. 6 Nr. 3 GewO umgesetzt. Es entspricht dem Notifikationsverfahren, das ein im EU-/EWR-Ausland sitzender Versicherer durchführen muss, bevor er in der EU/dem EWR grenzüberschreitend tätig werden darf (§§ 58, 59 und 61 VAG).[166] Es soll die Behörden im Tätigkeitsland darüber in Kenntnis setzen, dass ein in einem anderen Mitglieds- oder Vertragsstaat sitzendes Unternehmen grenzüberschreitend tätig ist. Die Ausgestaltung des Verfahrens ist im sog. „Luxemburger

---

[152] BT-Drs. 16/1935, 20; vgl. auch Bähr/*Bürkle* § 9 Rn. 92 zum alten Recht.
[153] Vgl. FKBP/*Kaulbach* § 80 Rn. 6 zum alten Recht.
[154] Vgl. BaFin Rundschreiben 10/2014 (VA) unter B. I.1.d.
[155] Bähr/*Bürkle* § 9 Rn. 92; ein in Umsetzung von IDD neu geschaffener § 48 Abs. 2a VAG enthält insoweit konkrete Anforderungen (insb. Schaffung interner Leitlinien und angemessener interner Verfahren), vgl. IDD-Umsetzungsgesetz v. 20.7.2017 (BGBl. I 2789).
[156] Rn. 21.
[157] BaFin Rundschreiben 10/2014 (VA) unter B. I.1.d.
[158] BaFin Rundschreiben 10/2014 (VA) unter B. I.3; zur Beschwerdebearbeitung im Versicherungsunternehmen s. Kommentierung bei § 51 VAG.
[159] Sammelverfügung der BaFin zur Meldung von Unregelmäßigkeiten im Versicherungsaußen- und Versicherungsinnendienst v. 10.12.2015.
[160] S. dazu: § 10 Rn. 2.
[161] FKBP/*Kaulbach* § 80 Rn. 8 zur insoweit gleichen alten Rechtslage.
[162] Vgl. zum öVAG Korinek/G. Saria/S. Saria/*Konwitschka* § 34 Rn. 15.
[163] Dies lässt sich der Begründung zum Gesetz zur Umsetzung der Beteiligungsrichtlinie entnehmen, vgl. BT-Drs. 16/10536, 21.
[164] Vgl. sog. Luxemburger Protokoll unter eiopa.europa.eu (S. 4).
[165] Vgl. Merkblatt des DIHK zum „Mitteilungsverfahren für die Aufnahme einer Tätigkeit im Rahmen der Dienst- oder Niederlassungsfreiheit", S. 4; das Merkblatt ist abrufbar auf der Homepage des DIHK unter www.dihk.de.
[166] S. dazu die Ausführungen bei § 60 und § 61.

Protokoll"[167] näher geregelt.[168] Welche Staaten außer Deutschland eine entsprechende Mitteilung der Herkunftsländer fordern, geht aus dem Annex I des Luxemburger Protokolls hervor.[169]

Keine ausdrückliche Regelung trifft das VAG hingegen in Bezug auf die Zusammenarbeit mit Versicherungsvermittlern aus **Drittstaaten**. Daraus folgt, dass in dieser Konstellation die nach § 48 Abs. 1 und 2 VAG bestehenden Verpflichtungen des Versicherungsunternehmens einzuhalten sind.[170] Der in einem Drittstaat sitzende Vermittler darf in der EU/dem EWR also nur tätig werden, wenn er in einem Mitglieds- oder Vertragsstaat über eine Erlaubnis verfügt.[171] Dies ist dem Umstand geschuldet, dass die Vorgaben der EU-Richtlinien für Drittstaaten nicht gelten und daher unter Umständen in dem betreffenden Land keine vergleichbaren Zulassungsregeln für Versicherungsvermittler bestehen. 70

§ 48 VAG ist gemäß § 62 Abs. 1 S. 2 Nr. 3 VAG entsprechend anzuwenden, wenn ein **Unternehmen mit Sitz in einem anderen Mitglied- oder Vertragsstaat** im Rahmen der Geschäftstätigkeit durch eine Niederlassung oder im Dienstleistungsverkehr in Deutschland tätig ist.[172] Das ist eine richtige Klarstellung, da § 48 VAG der Rechtsaufsicht zuzuordnen ist. 71

V. Mitteilung gegenüber der Registerbehörde (Abs. 4). Versicherungsvermittler nach § 34d Abs. 1, 3 und 4 GewO sind gemäß § 34d Abs. 7 S. 1 GewO (vgl. in Umsetzung von IDD künftig Abs. 10 S. 1) verpflichtet, sich unverzüglich nach Aufnahme ihrer Tätigkeit in das Vermittlerregister eintragen zu lassen. **Ausschließlichkeitsvertreter** nach § 34d Abs. 4 GewO melden sich jedoch nicht unmittelbar bei der IHK, sondern hier schafft § 48 Abs. 4 S. 1 VAG ein alternatives Verfahren. Anstelle des Vermittlers nimmt das Versicherungsunternehmen die Mitteilung der nach § 11a Abs. 1 GewO im Vermittlerregister zu speichernden Angaben gegenüber der Registerbehörde vor. Voraussetzung ist allerdings, dass „ihr" Vertreter dies veranlasst; die Verantwortlichkeit für die Registereintragung liegt somit weiterhin beim Gewerbetreibenden selbst.[173] Die Einzelheiten der zu speichernden Angaben finden sich nicht unmittelbar in § 11a GewO, sondern sind über die Verordnungsermächtigung in § 11a Abs. 5 GewO in der VersVermV (dort § 5) geregelt. 72

Gemäß § 48 Abs. 4 S. 2 VAG haben die Versicherungsunternehmen sicherzustellen, dass die Voraussetzungen des § 34d Abs. 4 GewO vorliegen. Bei dem Versicherungsvermittler muss es sich mithin um einen ausschließlich für sie tätigen Vermittler handeln, für den sie die uneingeschränkte Haftung aus seiner Vermittlertätigkeit übernommen haben. Die Sicherstellung liegt im Interesse des betroffenen Unternehmens. Denn mit der Mitteilung an die Registerbehörde wird gemäß § 34d Abs. 7 S. 3 GewO kraft Gesetzes die **uneingeschränkte Haftung** durch das Versicherungsunternehmen für Fehlverhalten des Vermittlers begründet. 73

Die Möglichkeit der Eintragung durch das Versicherungsunternehmen bei gebundenen Versicherungsvermittlern geht auf Art. 3 Abs. 1 UAbs. 2 S. 2 Versicherungsvermittler-RL zurück. Die Regelung des § 48 Abs. 4 VAG trägt durch die Mitwirkungspflicht der Versicherungsunternehmen dazu bei, das Vermittlerregister aktuell zu halten.[174] 74

VI. Beendigung der Zusammenarbeit (Abs. 5). § 48 Abs. 5 VAG verpflichtet die Versicherungsunternehmen, der zuständigen IHK als Registerbehörde unverzüglich die Beendigung der Zusammenarbeit mit einem Ausschließlichkeitsvertreter (§ 34d Abs. 4 GewO) mitzuteilen und dessen **Löschung** aus dem Register zu veranlassen. Nach veranlasster Löschung der Vermittlerangaben erlischt gemäß § 34d Abs. 7 S. 4 GewO zugleich die uneingeschränkte Haftung durch das Versicherungsunternehmen. Das ist sachgerecht. Zwar ist auch hier vorrangig der Vermittler mitteilungspflichtig. Allerdings ist es dem voll haftenden Versicherer nicht zuzumuten, hier auf eine zeitnahe Mitteilung des Vermittlers zu warten. Denn nur mit der Löschung kann sich der Versicherer von der gesetzlichen Haftung befreien. 75

Die IHK hat den Vermittler und das Unternehmen unverzüglich über die Datenlöschung zu unterrichten, § 6 Abs. 4 VersVermV. 76

VII. Verhältnis zu anderen Regelungen des VAG und zu anderen Normen. Ein Versicherungsunternehmen, das vorsätzlich oder fahrlässig entgegen § 48 Abs. 1 oder Abs. 2 VAG mit einem Versicherungsvermittler zusammenarbeitet, begeht gemäß § 332 Abs. 3 Nr. 3 VAG eine **Ordnungswidrigkeit**, die mit einer Geldbuße bis zu 200.000 EUR geahndet werden kann (§ 332 Abs. 5 VAG).[175] 77

---

[167] Protocol relating to the Cooperation of the Competent Authorities of the Member States of the European Union in Particular Concerning the Application of Directive 2002/92/EC of the European Parliament and of the Council of 9 December 2002 on Insurance Mediation („Luxembourg Protocol"), Okt. 2008, abrufbar unter eiopa.europa.eu.

[168] Eine anschauliche Darstellung des Verfahrens findet sich im Merkblatt des DIHK zum „Mitteilungsverfahren für die Aufnahme einer Tätigkeit im Rahmen der Dienst- oder Niederlassungsfreiheit".

[169] Die Liste wird regelmäßig aktualisiert.

[170] Vgl. FKBP/*Kaulbach* § 80 Rn. 8 zum alten Recht.

[171] So auch für Versicherer mit Sitz in einem Drittstaat gemäß § 67 Abs. 1 VAG. S. dazu: § 67 Rn. 24.

[172] Vgl. auch § 62 Rn. 31.

[173] Vgl. FKBP/*Kaulbach* § 80 Rn. 9 zum alten Recht.

[174] Vgl. *Laars* § 80 Rn. 5 zum alten Recht.

[175] S. dazu § 332 Rn. 61.

78 Zugleich ist die Aufsichtsbehörde gemäß § 298 Abs. 1 S. 1 VAG befugt, gegenüber dem Unternehmen, Vorstandsmitgliedern sowie sonstigen Geschäftsleitern und den das Versicherungsunternehmen kontrollierenden Personen **Anordnungen** im Rahmen der Missstandsaufsicht zu treffen. Denn § 48 VAG ist eine „das Versicherungsverhältnis betreffende" bzw. eine sonstige „die Versicherten betreffende" Vorschrift i. S. d. § 294 Abs. 3 VAG.[176] Im Hinblick auf die nach § 48 Abs. 2 VAG geforderte angemessene Qualifikation eines **Ausschließlichkeitsvertreters** betont der Gesetzgeber die weitreichende Möglichkeit der BaFin, eine fehlende Ausbildung als Indiz für die Unzuverlässigkeit des Versicherungsunternehmens zu werten, was bis zum Entzug der Erlaubnis zum Geschäftsbetrieb führen kann.[177] Das ist bei Einzelfällen sicher unangemessen, zumal das Versicherungsunternehmen – wie oben[178] erwähnt – schon aus Haftungsgründen ein Eigeninteresse an ordentlich arbeitenden Versicherungsvertretern hat. Ein Entzug der Erlaubnis zum Geschäftsbetrieb kommt daher nur bei systematischen, flächendeckenden Unzulänglichkeiten in diesem Zusammenhang in Betracht und das auch nur, wenn zuvor das zuständige Vorstandsmitglied abberufen wurde und sich danach dennoch nichts geändert hat.

79 § 34d GewO ist eine Marktverhaltensregelung i. S. d. § 3a UWG.[179] Handelt ein Versicherungsunternehmen der Vorschrift des § 48 Abs. 1 Nr. 1 VAG zuwider und ist die Zusammenarbeit mit unqualifizierten Versicherungsvermittlern geeignet, die Interessen von **Mitbewerbern** des Versicherers spürbar zu beeinträchtigen, erfüllt daher auch der Versicherer die Voraussetzungen der §§ 3, 3a UWG.[180] Dies kann Ansprüche der Mitbewerber auf Unterlassung, Schadensersatz und Gewinnabschöpfung (§§ 8–10 UWG) auslösen.

Stornohaftung

49 (1) [1]**Die Versicherungsunternehmen müssen sicherstellen, dass zumindest im Fall der Kündigung eines Vertrags durch den Versicherungsnehmer, wenn es sich nicht um eine Kündigung gemäß § 205 Absatz 2 des Versicherungsvertragsgesetzes handelt, oder im Fall des Ruhendstellens der Leistungen gemäß § 193 Absatz 6 Satz 4 des Versicherungsvertragsgesetzes oder einer Prämienfreistellung gemäß § 165 Absatz 1 des Versicherungsvertragsgesetzes in den ersten fünf Jahren nach Vertragsschluss der Versicherungsvermittler die für die Vermittlung eines Vertrags der substitutiven Krankenversicherung oder der Lebensversicherung angefallene Provision nur bis zur Höhe des Betrags einbehält, der bei gleichmäßiger Verteilung der Provision über die ersten fünf Jahre seit Vertragsschluss bis zum Zeitpunkt der Beendigung, des Ruhendstellens oder der Prämienfreistellung angefallen wäre.** [2]**Ist die vereinbarte Prämienzahlungsdauer kürzer als fünf Jahre, so kann diese zugrunde gelegt werden.**

(2) **Eine entgegenstehende vertragliche Vereinbarung zwischen dem Versicherungsunternehmen und dem Versicherungsvermittler ist unwirksam.**

Übersicht

Schrifttum: Siehe die Angaben bei § 48.

1 **I. Allgemeines. 1. Entstehungsgeschichte.** § 49 VAG entspricht inhaltlich unverändert dem bisherigen § 80 Abs. 5 VAG a. F.[1] Die Regelung zur sog. Stornohaftung des Versicherungsvermittlers im Bereich der Lebens- und Krankenversicherung wurde durch Art. 22 des Gesetzes zur Novellierung des

[176] Vgl. Prölss/Martin/*Dörner* § 34d GewO Rn. 59 zur insoweit gleichen alten Rechtslage.

[177] BT-Drs. 16/1935, 20.

[178] Rn. 61.

[179] *BGH* Urt. v. 18.9.2013 – I ZR 183/12, VersR 2013, 1578 zu § 4 Nr. 11 UWG a. F.; s. dazu Anm. *Nowak-Over* GRUR-Prax 2013, 473; *Will* GewArch 2014, 137, 141.

[180] Vgl. Prölss/Martin/*Dörner* § 34d GewO Rn. 60 zur insoweit gleichen alten Rechtslage (§ 4 Nr. 11 UWG a. F.).

[1] Begr. VAG-RegE 2014, BT-Drs. 18/2956, 254; die Bestimmungen des bisherigen § 80 Abs. 5 VAG a. F. wurden im neuen § 49 VAG auf zwei Absätze aufgeteilt.

Finanzanlagenvermittler- und Vermögensanlagenrechts (FinAnlVerm- und VermAnlG)[2] mit Geltung ab dem 1.4.2012 in das VAG eingefügt.

Bereits vor der gesetzlichen Kodifikation wurden Stornohaftungszeiten dem Grunde nach häufig vertraglich vereinbart, wobei die Länge der Haftungszeiten je nach individueller Vertragsgestaltung variierte und ursprünglich eine dreijährige Stornohaftungszeit der Regelfall war. Mit der VVG-Reform 2008 und der Einführung eines gesetzlichen Mindestrückkaufswertes in der Lebensversicherung in § 169 Abs. 3 VVG und der dort angeordneten Verteilung der gezillmerten Abschlusskosten auf fünf Jahre wurde dann eine fünfjährige Stornohaftungszeit der Regelfall.[3] Stornohaftungszeiten wurden vertraglich vereinbart, damit die vorschüssig ausgezahlte Abschlussprovision erst nach Ablauf der Stornohaftungszeit vollständig verdient war, weil sie erst zu diesem Zeitpunkt entsprechend der Prämienkalkulation mit den bis dahin gezahlten Prämien „bezahlt" war. 2

Mit der Einführung des § 80 Abs. 5 VAG a. F. sind solche Vereinbarungen zwingend zu treffen, so dass sich diese Regelung mittelbar auf die mit Vermittlern geschlossenen Vergütungsvereinbarungen auswirkt.[4] Insoweit drängt sich angesichts des eigentlich zivilrechtlichen Regelungsgegenstandes der Norm die Frage auf, ob die vom Gesetzgeber gewählte Verortung im VAG **systematisch** sinnvoll ist.[5] So wäre beispielsweise bei einer vergleichbaren Regelung im HGB eine weitere aufsichtsrechtliche Bestimmung nicht unbedingt erforderlich gewesen. Denn die BaFin könnte auf Grundlage des § 298 Abs. 1 VAG ohne weiteres gegen einen Versicherer vorgehen, der die Stornohaftungsregeln missachtet.[6] Auf der anderen Seite ist aber zu beachten, dass die Vermittlervergütung in der Versicherungsbranche traditionell vom Versicherer gezahlt wird. Das spricht dafür, die Regelung ins VAG aufzunehmen, auch wenn es kein Aufsichtsrecht im engeren Sinne ist. 3

Das Gebot der Mindesthaftzeit hat insbesondere vor der **Lebensversicherungsreform** im Jahr 2014 für neues Aufsehen gesorgt, als in der Versicherungswirtschaft eine gesetzliche Anhebung der Haftungszeit von fünf auf zehn Jahre diskutiert wurde.[7] Wenngleich der Gesetzgeber diesem Ansinnen nicht gefolgt ist, hat das Lebensversicherungsreformgesetz (LVRG),[8] mit dem auf die Folgen des lang anhaltenden **Niedrigzinsumfeldes** reagiert wurde,[9] dennoch Auswirkungen auf die Höhe der Vermittlervergütung.[10] Das Gesetz zielt ausdrücklich auf eine Reduzierung der Abschlusskosten durch Absenkung des Höchstzillmersatzes für die bilanzielle Anrechenbarkeit ab.[11] Demgemäß haben die Versicherer ihre bisherigen Geschäfts- und Vergütungsmodelle nach und nach den Vorgaben des LVRG angepasst. Neben einer schlichten Kürzung der Abschlussvergütung[12] werden dabei unter anderem – auch ohne entsprechende gesetzliche Verpflichtung – verlängerte Stornohaftungszeiten oder eine Verteilung der gekürzten Abschlussvergütung auf die Laufzeit[13] durch Anhebung der Bestandspflegevergütung vorgeschlagen. Vorzugswürdig erscheint hierbei eine Kombination aus einer Absenkung der Abschlussvergütung verbunden mit einer gleichzeitigen teilweisen Kompensation, beispielsweise durch eine geringere Anhebung der Bestandspflegevergütung.[14] Eine isolierte Kürzung der Abschlussvergütung dürfte nicht das Mittel der Wahl sein, weil dies mangels sinkenden Beratungsbedarfs bei der Vermittlung von Lebensversicherungsverträgen eine signifikante Störung des Äquivalenzverhältnisses zwischen der Tätigkeit des Vermittlers und der dafür gezahlten Vergütung zur Folge hätte. Demgegenüber würde eine isolierte Verlängerung der Stornohaftungszeit zwar dem sog. „*Schmidt-Tobler-Effekt*"[15] begegnen. Gleich- 4

[2] Vom 6.12.2011, BGBl. I 2481.

[3] Nach *Franz/Steiner* VersR 2012, 1333 wurden regelmäßig Haftungszeiten zwischen einem und fünf Jahren vereinbart; vgl. auch *Beenken/Schiller* r+s 2015, 529, 531, die als Beispiel drei Jahre angeben.

[4] Beschlussempfehlung und Bericht des Finanzausschusses, BT-Drs. 17/7453, 78.

[5] Vgl. hierzu ausführlich *Baroch Castellví* r+s 2013, 53, 54.

[6] S. *Baroch Castellví* r+s 2013, 53, 54.

[7] Vgl. *Reiff* VersR 2015, 649, 651 unter Hinweis auf GDV Anl. 2 zur Stellungnahme eines Gesetzes zur Modernisierung der Finanzaufsicht über Versicherungen vom 7.8.2014 sowie die Meldungen bei *Doulger/Schmarbeck* VW 5/2014, 64 und *Baltzer* VW 17/2013, 7.

[8] Vom 1.8.2014, BGBl. I 1330.

[9] Begr. RegE LVRG, BT-Drs. 18/1772, 1.

[10] Vgl. hierzu *Grote* Aktuelle Rechtsfragen der Lebensversicherung – vom Policenmodell bis zum Lebensversicherungsreformgesetz, in: Tagungsband zum 32. Münsterischen Versicherungstag am 22. November 2014, 2015.

[11] Begr. RegE LVRG, BT-Drs. 18/1772, 1, 19, 20.

[12] *Reiff* VersR 2015, 649, 651; zur Anpassung der Provisionsvereinbarungen vgl. *Krämer* VW 12/2014, 62.

[13] *Beenken/Schiller* r+s 2015, 529, 532.

[14] Vgl. hierzu ausführlich *Grote* Aktuelle Rechtsfragen der Lebensversicherung – vom Policenmodell bis zum Lebensversicherungsreformgesetz, in: Tagungsband zum 32. Münsterischen Versicherungstag am 22. November 2014, 2015.

[15] Reinhard Schmidt-Tobler ist ein Mathematiker, der sich den Effekt in betrügerischer Weise zu nutzen machte, dass die gezahlte Abschlussvergütung niedriger war als der garantierte Rückkaufswert nach Ablauf der Stornohaftzeit. Dementsprechend schloss er unzählig viele Lebensversicherungsverträge auf das Leben Dritter ohne deren Zustimmung mit der Absicht ab, die Verträge nach Ablauf der Stornohaftzeit zu kündigen. Die bis dahin fälligen Prämien zahlte er mit der vorschüssig ausgezahlten Abschlussvergütung, so dass bei einer z. B. gezahlten Abschlussvergütung in Höhe von 4 % der Versicherungssumme und einem garantierten Rückkaufswert nach Ablauf der Stornohaftzeit in Höhe von 5 % ein sicherer „Gewinn" in Höhe von 1 % der Versicherungssumme verblieb. Auf diese Weise soll er Ende der 80er/ Anfang der 90er Jahre des letzten Jahrhunderts einen zwei- bis dreistelligen Millionen DM-Betrag „verdient" haben, was ihm später eine sechsjährige Haftstrafe einbrachte.

zeitig würde diese Maßnahme aus Sicht des Vermittlers jedoch aufgrund der potenziell höheren und länger möglichen Rückforderungen mit erhöhtem Rückstellungsbedarf und damit mit Einbußen in der Liquidität einhergehen.

5 **2. Normzweck.** § 49 VAG sieht für den Fall der vorzeitigen Beendigung eines Lebens- oder Krankenversicherungsvertrages durch den Versicherungsnehmer vor, dass der Versicherungsvermittler die als Vorschuss geleistete Abschlussprovision nur anteilig in Bezug zur tatsächlichen Dauer des Versicherungsvertrages einbehalten darf. Diese sog. Stornohaftung wurde in das Aufsichtsrecht aufgenommen, um zu verhindern, dass ein Versicherungsvermittler einen Anreiz erhält, Kunden in den ersten Jahren eines Versicherungsverhältnisses den Wechsel zu einer anderen Versicherung zu empfehlen, allein um dadurch zusätzliche Provisionen zu erhalten.[16] Auf derartige Abwerbungspraktiken hatten zuvor die BaFin und Verbraucherschutzverbände hingewiesen.[17] Sie waren nach den Wettbewerbsrichtlinien der Versicherungswirtschaft[18] auch wettbewerbsrechtlich zu beanstanden. Mit einer Stornohaftung wird beispielsweise der missbrauchsanfällige Sachverhalt erfasst, dass ein Handelsvertreter zu einem anderen Versicherer wechselt und seine bisherigen Kunden dorthin „mitnehmen" möchte, um durch entsprechende Umdeckungen neue Abschlussvergütungen zu erhalten.[19] Auch der „Schmidt-Tobler-Effekt" könnte ohne Stornohaftzeit noch größeren Schaden anrichten.

6 § 49 VAG stellt ausweislich der amtlichen Begründung eine Mindestregelung zum **Schutz der Versicherten**, insbesondere als Kollektiv dar.[20] Nach Auffassung der BaFin begründet die Haftungszeit ein Interesse des Vermittlers an wenig stornoanfälligen Geschäften, weil dieser die volle Abschlussvergütung erst nach Ablauf der fünf Jahre verdient hat.[21] Nach alldem steht bei § 49 VAG der **Verbraucherschutz** im Vordergrund.[22]

7 Eine Ende des Jahres 2015 von der BaFin durchgeführte Branchenumfrage ergab bei einer Marktabdeckung von etwa 80 %, dass die Versicherungsbranche die Vorgaben zur Stornohaftung ganz überwiegend umgesetzt hat.[23]

8 Neben der Stornohaftungsregel hat der Gesetzgeber mit dem FinAnlVerm- und VermAnlG[24] als Reaktion auf drastisch gestiegene Provisionen außerdem die **Provisionsdeckelung** für die substitutive Krankenversicherung in § 12 Abs. 7 – 9 VAG a. F. (heute § 50 VAG) eingeführt, um im Rahmen der Missstandsaufsicht unseriösen Geschäftspraktiken[25] umfassend entgegentreten zu können.[26]

9 Nicht von § 49 VAG erfasst ist der durchaus praxisrelevante Fall, dass ein Vermittler den Kunden eines anderen Versicherers zur Beendigung eines erst seit kurzem bestehenden Versicherungsvertrags veranlasst.[27] Hier greifen die Stornohaftungszeiten nur in Bezug auf den früheren Vermittler. Auf den Vermittler, der ggf. in missbräuchlicher Weise zum Versicherungswechsel geraten hat, wirkt sich § 49 VAG in dieser Konstellation hingegen nicht aus. Hier steht „nur" ein Verstoß gegen die Wettbewerbsrichtlinien der Versicherungswirtschaft[28] in Rede.

10 **3. Europarechtlicher Hintergrund.** § 49 VAG befindet sich in einem Regelungsabschnitt, dessen Bestimmungen ganz überwiegend aus Europarecht entstanden sind. Das Recht der Versicherungsvermittler, das hauptsächlich in Vorschriften des VAG (Aufsichtsrecht), des VVG (Vertragsrecht) sowie der GewO und VersVermV (Berufsrecht) geregelt ist, beruht im Wesentlichen auf der **Versicherungsvermittler-RL**[29] aus dem Jahr 2002, die wiederum größtenteils durch Gesetz mit Wirkung zum 22.5.2007[30] in deutsches Recht transformiert wurde.[31] Mit den Bestimmungen zur Stornohaftung (§ 49 VAG) und Provisionsbegrenzung (§ 50 VAG) hat der Gesetzgeber zusätzliche Regelungen zur Verbesserung des Verbraucherschutzes im Bereich des Vermittlerrechts geschaffen. Mit dieser dem vor-

---

[16] Beschlussempfehlung und Bericht des Finanzausschusses, BT-Drs. 17/7453, 78.
[17] Vgl. *Franz/Steiner* VersR 2012, 1333 unter Hinweis auf eine Presseerklärung der BaFin v. 9.10.2010.
[18] Stand: 1.9.2006, abgedruckt z. B. bei: Köhler/Bornkamm, UWG, 30. Aufl. 2012.
[19] Vgl. *Baroch Castellví* r+s 2013, 53, 54.
[20] Beschlussempfehlung und Bericht des Finanzausschusses, BT-Drs. 17/7453, 78.
[21] BaFin Journal 6/2015, S. 28.
[22] *Franz/Steiner* VersR 2012, 1333, 1334; so auch die Einschätzung der BaFin, die § 80 Abs. 5 VAG a. F. als eine „in hohem Maße verbraucherschützende Vorschrift" bezeichnet, vgl. Jahresbericht der BaFin 2015, S. 197, abrufbar unter www.bafin.de.
[23] Vgl. BaFin-Journal 6/2016, S. 6.
[24] Vom 6.12.2011, BGBl. I 2481.
[25] In diesem Zusammenhang wird allen voran auf Mehmet Ercan Göker und seinen seinerzeit in Kassel sitzenden Vermittler der MEG AG verwiesen, der in diesem Zusammenhang ein System entwickelte, das u. a. auf ständigen Umdeckungen von privaten Krankenversicherungsverträgen beruhte. Göker wurde dafür bislang nur zu einer Geld- und einer Bewährungsstrafe verurteilt.
[26] Vgl. BT-Drs. 17/7453, 71, 77; s. hierzu auch die Ausführungen bei § 50 VAG.
[27] *Baroch Castellví* r+s 2013, 53, 54.
[28] Stand: 1.9.2006, abgedruckt z. B. bei: Köhler/Bornkamm, UWG, 30. Aufl. 2012.
[29] RL 2002/92/EG v. 9.12.2002, ABl. EU 2003 L 9, 3 (Insurance Mediation Directive – IMD).
[30] Durch Gesetz zur Neuregelung des Versicherungsvermittlerrechts v. 19.12.2006, BGBl. I 3232.
[31] S. zur Entstehung des Vermittlerrechts auch die Ausführungen unter § 48 Rn. 1 ff.

dergründigen Ziel der Versicherungsvermittler-RL und der neuen Vertriebsrichtlinie IDD[32] entsprechenden Zweckrichtung[33] befinden sich die Bestimmungen auf europarechtlicher Linie.

Sie stehen dagegen nicht mit der Umsetzung der Solvency II-RL in Zusammenhang, so dass mit Blick auf die damit beabsichtigte Vollharmonisierung des Versicherungsaufsichtsrechts[34] ihre Europarechtskonformität hinterfragt werden kann. Dagegen kann wiederum angeführt werden, dass die Regelungen auch zivilrechtlich wirken und damit zumindest auch dem Zivilrecht zuzuordnen sind, bezüglich dessen jeder Mitglieds- und Vertragsstaat der EU/des EWR grundsätzlich frei ist, zu entscheiden, wie es ausgestaltet werden soll. 11

Es bleibt daher die weitere Entwicklung auf europäischer Ebene abzuwarten. Eine vollständige Abschaffung von Abschlussvergütungen, wie etwa teilweise im Vereinigten Königreich vorgesehen,[35] ist in Deutschland bisher nicht favorisiert. Sie würde voraussichtlich auch zu einem Beratungsengpass und zur Unterversicherung in der Bevölkerung führen. Die IDD überlässt es daher den Mitgliedstaaten, generell das Anbieten oder Annehmen von Gebühren, Provisionen oder nichtmonetären Vorteilen einer dritten Partei für die Erbringung einer Versicherungsberatungsleistung bei Versicherungsanlageprodukten zu verbieten oder einzuschränken (vgl. Art. 29 Abs. 3 IDD).[36] 12

II. Stornohaftung (Abs. 1). 1. Gebot der Sicherstellung einer Mindesthaftzeit (Abs. 1 S. 1). a) Inhalt der Norm. § 49 Abs. 1 S. 1 VAG enthält für Fälle, in denen ein Vertrag im Bereich der substitutiven Krankenversicherung oder der Lebensversicherung auf Veranlassung des Kunden in den ersten fünf Jahren nach Vertragsschluss endet oder prämienfrei gestellt wird, eine Regelung zur Beschränkung der Abschlussvergütung. Danach darf ein Versicherungsvermittler von der für die Vermittlung angefallenen Vergütung nur den Betrag einbehalten, der hypothetisch bei gleichmäßiger Verteilung der Vergütung über die ersten **fünf Jahre** seit Vertragsschluss für die prämienpflichtige Dauer des Versicherungsvertrages angefallen wäre. Den darüber hinausgehenden Anteil der vorschussweise geleisteten Vergütung muss er an den Versicherer zurückzahlen. Die Versicherungsunternehmen als **Adressaten** der Vorschrift haben nach § 49 Abs. 1 S. 1 VAG **sicherzustellen**, dass in den Vereinbarungen mit Vermittlern eine entsprechende Regelung vorhanden ist.[37] 13

Die gesetzliche Vorgabe der fünfjährigen Stornohaftzeit ist eine **Mindestregelung**. Das heißt, die Stornohaftzeit hat bei einer Prämienzahlungsdauer von mindestens fünf Jahren ihrerseits mindestens fünf Jahre (60 Monate) zu betragen.[38] Für eine kürzere Prämienlaufzeit ist § 49 Abs. 1 S. 2 VAG zu beachten.[39] Danach kommt es nur auf die Dauer der Prämienlaufzeit für die Länge der Stornohaftzeit an. Damit ist mittelbar auch die entsprechende Streitfrage zur Berechnung des gesetzlichen Mindestrückkaufswerts gemäß § 169 Abs. 3 VVG geklärt, dass die Abschlusskosten immer nur über die Prämienlaufzeit zu verteilen sind, längstens über die ersten fünf Jahre.[40] 14

b) Anwendungsbereich. § 49 VAG betrifft ganz allgemein Vereinbarungen mit „Versicherungsvermittlern". Mangels eigenständiger Bestimmung des Vermittlerbegriffs im VAG wird im Rahmen der §§ 48 ff. VAG im Grundsatz auf die Legaldefinition aus dem Versicherungsvertragsrecht zurückgegriffen.[41] Gemäß § 59 Abs. 1 VVG fallen hierunter Versicherungsvertreter und Versicherungsmakler. Von § 49 VAG sind demzufolge beide Personengruppen gleichermaßen betroffen.[42] 15

Die Norm betrifft abschließend solche Verträge, die eine **substitutive Krankenversicherung** oder eine **Lebensversicherung** zum Gegenstand haben. Im Hinblick auf die erste Fallgruppe ist der Anwendungsbereich eindeutig, da der Begriff der substitutiven Krankenversicherung in § 146 Abs. 1 VAG legal definiert ist. In Bezug auf die Lebensversicherung ist der Wortlaut in dieser Hinsicht offen. Mangels Einschränkung auf eine bestimmte Art der Lebensversicherung bezieht § 49 VAG daher nach dem Wortlaut sowohl die kapitalbildende Lebensversicherung als auch die reine Risikolebensversicherung in ihren Anwendungsbereich ein.[43] Gegen dieses weite Normverständnis streitet bereits die Gesetzesbegründung zur Vorgängerregelung des § 80 Abs. 5 VAG a. F.,[44] wonach die Frühstornorege- 16

---

[32] RL (EU) 2016/97 v. 20.1.2016, ABl. EU 2016 L 26, 19, in Kraft seit 23.2.2016; vgl. Näheres zur IDD bei § 48 Rn. 16 ff.

[33] Vgl. 8. Erwägungsgrund der Versicherungsvermittler-RL und 7. und 10. Erwägungsgrund IDD.

[34] S. dazu Einl. Rn. 83 ff.

[35] Derzeit wird dort allerdings eine partielle Lockerung des für Makler hinsichtlich der kapitalbildenden Lebensversicherung bestehenden Provisionsverbots diskutiert, vgl. Meldungen vom 25.1.2016 unter versicherungsmagazin.de.

[36] *Beyer* VersR 2016, 293, 297 sieht für entsprechende Regelungen in Deutschland unter Hinweis auf die bereits bestehenden verbraucherschützenden Vorschriften zu Recht kein Bedürfnis.

[37] Vgl. BT-Drs. 17/7453, 78.

[38] *Franz/Steiner* VersR 2012, 1333, 1344.

[39] S. Rn. 29.

[40] S. Marlow/Spuhl/*Grote* Rn. 1149 ff. m. w. N.

[41] Vgl. § 48 Rn. 27.

[42] Für eine Differenzierung nach dem Status des Vermittlers je nach Gefährdungspotenzialen plädieren *Franz/Steiner* VersR 2012, 1333, 1335.

[43] *Baroch Castellví* r+s 2013, 53, 54, 55.

[44] *Franz/Steiner* VersR 2012, 1333, 1338; *Baroch Castellví* r+s 2013, 53, 54.

lung an § 169 Abs. 3 VVG „anknüpft“.[45] Denn § 169 VVG beschränkt sich auf Verträge mit unbedingter Leistungspflicht (vgl. § 169 Abs. 1 VVG), so dass beispielsweise reine Risikolebensversicherungen aus dem Anwendungsbereich dieser Vorschrift ausgeschlossen sind. Dem steht auch nicht entgegen, dass die „Anknüpfung“ der Stornohaftungsregelung an § 169 Abs. 3 VVG sich auch auf die Wahl der Haftungszeit von fünf Jahren beziehen könnte.[46] Nach § 169 Abs. 3 VAG hat bei Lebensversicherungen der Rückkaufswert im Fall einer Kündigung mindestens dem Betrag des Deckungskapitals zu entsprechen, das sich bei gleichmäßiger Verteilung der einkalkulierten Abschluss- und Vertriebskosten auf die ersten fünf Vertragsjahre ergibt. Auch das Argument, dass bei einem beabsichtigten Gleichlauf mit § 169 VVG der Gesetzgeber eine Klarstellung spätestens im Rahmen der letzten VAG-Novelle hätte vornehmen können, verfängt nicht. Denn vom Sinn und Zweck der Regelung her sind nur die kapitalbildenden Lebensversicherungsverträge mit den dort gezahlten hohen Abschlussvergütungen besonders störanfällig. Eine derartige Unterscheidung ist im Fall des Frühstornos daher sachlich geboten, auch wenn die Pflicht des Versicherers zur Zahlung einer Abschlussvergütung gleichermaßen bei Verträgen mit bedingter oder unbedingter Leistungspflicht besteht.[47] Sie ist nur in den zuletzt genannten Fällen wesentlich höher. Dem steht allein der weitere Sinn und Zweck der Stornohaftung entgegen, generell Anreize für abschlussvergütungsmotivierte Beratungen im Bereich der Lebensversicherung zu verhindern.

17 Je nachdem, welcher Ansicht gefolgt wird, ist dann auch die **Berufsunfähigkeitsversicherung** unter den Begriff der Lebensversicherung zu fassen.[48] Zwar nimmt § 49 VAG lediglich auf eine vertragsrechtliche Vorschrift zur Lebensversicherung (§ 165 VVG) Bezug, ohne ausdrücklich § 176 VVG zu nennen, der für die Berufsunfähigkeitsversicherung auf die Anwendbarkeit der Vorschriften zur Lebensversicherung verweist. Allerdings überzeugt es nicht, sich bei der Frage nach dem aufsichtsrechtlichen Begriffsverständnis rein schematisch an der Gliederung des VVG zu orientieren, wenn bei der Lebensversicherung auch reine Risikoversicherungen erfasst werden sollten. Vor der Schaffung eines eigenständigen Kapitels für die Berufsunfähigkeitsversicherung im Zuge der VVG-Reform 2008 hat der BGH nämlich ausgesprochen, dass die Berufsunfähigkeitsversicherung der Lebensversicherung zuzurechnen ist.[49] Dabei stützte der Senat seine Begründung vornehmlich auf aufsichtsrechtliche Aspekte, wonach die Berufsunfähigkeitsversicherung der Sparte Leben (Nr. 19 der Anlage 1 zum VAG)[50] zuzuordnen ist.[51] Unterstützung findet dieses Verständnis auch durch Anlage 1 Abschnitt C Nr. 01.1.4 BerVersV[52] sowie eine entsprechende Zuordnung der BaFin.[53]

18 Wird neben dem Hauptversicherungsvertrag eine **Zusatzversicherung** abgeschlossen, für die der Vermittler eine separate Abschlussvergütung erhält, kommt es für die Anwendbarkeit des § 49 VAG auf die Zusatzversicherung darauf an, ob diese ihrerseits als substitutive Krankenversicherung oder als Lebensversicherung (entweder im Sinne der hier vertretenen engen Auslegung bezogen nur auf kapitalbildende Lebensversicherungen oder im Sinne einer weiten Auslegung unter Einschluss von Risikolebens- und Berufsunfähigkeitsversicherungen) einzuordnen ist.[54]

19 Die Stornohaftungsregelung könnte schließlich nur für Versicherungsunternehmen gelten, die dem Geltungsbereich des VAG unterliegen und die ihren Sitz in Deutschland haben. Vom Wortlaut der Norm ausgehend sind beispielsweise solche Anbieter von **Altersvorsorge- oder Basisrentenprodukten** nach dem AltZertG (vgl. §§ 1 Abs. 2 und 2 Abs. 2 AltZertG), die nicht dem VAG unterliegen, nicht gemäß § 49 VAG verpflichtet. Darin liegt eine Ungleichbehandlung von Lebensversicherungsunternehmen gegenüber den nicht dem VAG unterworfenen Anbietern, die sich insbesondere zeigt, wenn der Vermittler den Anbieter wechselt.[55] Das könnte auf den oben[56] bereits hinterfragten Standort der Norm zurückzuführen sein, so dass eine unbewusste Regelungslücke angenommen werden könnte. Dann wäre die Vorschrift als zivilrechtliche Vorgabe für die Vereinbarung von Abschlussvergütungen bezüglich solcher Produktanbieter entsprechend erweiternd auszulegen. Zumindest de lege ferenda ist eine solche Erweiterung zu fordern, die mit Umsetzung der oben[57] ebenfalls angesprochenen Zielrichtung der Versicherungsvermittler-RL und der neuen Vertriebsrichtlinie IDD ohnehin zu erwarten ist.

---

45 BT-Drs. 17/7453, 78.
46 Vgl. *Baroch Castellví* r+s 2013, 53, 54.
47 *Franz/Steiner* VersR 2012, 1333,1338.
48 So auch *Baroch Castellví* r+s 2013, 53, 55.
49 *BGH* Urt. v. 5.10.1988 – IVa ZR 317/86, NJW-RR 1989, 89 = r+s 1988, 351; Urt. v. 5.12.1990 – IV ZR 13/90, VersR 1991, 289 = r+s 1991, 214; nach Prölss/Martin/*Lücke* Vor §§ 172–177 VVG Rn. 1 folgt die Lit. der Rspr. des BGH noch heute.
50 S. dazu Anlage 1 zum VAG Rn. 141.
51 Vgl. Langheid/Wandt/*Dörner* Vor §§ 172 Rn. 1.
52 *Baroch Castellví* r+s 2013, 53, 55.
53 Vgl. Informationsbeitrag „Berufsunfähigkeitsversicherung auf einen Blick“ auf der Homepage der BaFin unter http://www.bafin.de/DE/Verbraucher/Finanzwissen/VA/BU/berufsunfaehigkeitsversicherung_artikel.html.
54 *Franz/Steiner* VersR 2012, 1333, 1338.
55 S. Beispiele bei *Baroch Castellví* r+s 2013, 53, 55.
56 S. Rn. 3.
57 S. Rn. 5 ff.

Spätestens dann ist auch geklärt, ob Versicherer mit Sitz in einem anderen Mitglieds- bzw. Vertragsstaat der EU bzw. des EWR erfasst werden. Das wäre aus versicherungsaufsichtsrechtlicher Perspektive nicht der Fall, wenn die Vorschrift dem Bereich der Finanzaufsicht zuzuordnen wäre. Das würde dann weitere Bedenken an der Vorschrift aus europarechtlicher Sicht aufwerfen.[58] Einer Zuordnung dieser Norm zur Finanzaufsicht steht jedoch entgegen, dass die Norm eben auch zivilrechtlich wirkt und den Inhalt von Vergütungsvereinbarungen zwischen Versicherer und Vermittler betrifft. Daher ist die Norm der Rechtsaufsicht zuzuordnen und als zivilrechtliche Vorschrift auch von solchen Versicherern zu beachten. Daran ändert sich auch nichts dadurch, dass diese Norm in § 62 VAG nicht genannt wird.[59] Denn dort werden keine zivilrechtlichen, sondern nur reine aufsichtsrechtliche Vorschriften aufgeführt. 20

c) Begriff der angefallenen Provision. § 49 Abs. 1 S. 1 VAG regelt die Stornohaftung im Hinblick auf die „für die Vermittlung (…) angefallene Provision". Unter dieser Provision sind laut Gesetzesbegründung die Abschlussaufwendungen gemäß § 43 Abs. 2 S. 2 Nr. 1 lit. a und b der Versicherungsunternehmens-Rechnungslegungsordnung (RechVersV)[60] („Provisionen und Courtagen") zu verstehen.[61] Von diesen Aufwendungen werden lediglich die Abschlussvergütungen erfasst, nicht zugleich die laufenden Bestandsvergütungen.[62] Letztere zählen vielmehr zu den Verwaltungsaufwendungen nach § 43 Abs. 3 Nr. 1 RechVersV. Allerdings muss für die Bestandsvergütung auch eine Bestandspflegedienstleistung durch den Vermittler erbracht werden, da die Bestandsvergütung ansonsten eine falsch bezeichnete Abschlussvergütung sein könnte und dann wiederum von § 49 VAG erfasst werden würde – u. a. mit der Folge einer mit jeder Zahlung insoweit von neuem beginnenden Stornohaftzeit. 21

d) Zur Stornohaftung führende Anlässe. § 49 Abs. 1 S. 1 VAG sieht die Stornohaftung ausdrücklich in folgenden Fällen vor: 22
- **Alt. 1: Kündigung** durch den Versicherungsnehmer (Ausnahme: die Kündigung des Krankenversicherungsvertrags erfolgt, weil der Versicherungsnehmer kraft Gesetzes kranken- oder pflegeversicherungspflichtig wird, § 205 Abs. 2 VVG),
- **Alt. 2: Ruhendstellen der Leistungen** gemäß § 193 Abs. 6 S. 4 VVG oder
- **Alt. 3: Prämienfreistellung** gemäß § 165 Abs. 1 VVG.

Hinsichtlich der Vertragsbeendigung durch **Kündigung** (Alt. 1) unterscheidet das Gesetz nicht zwischen ordentlicher und außerordentlicher Kündigung. Die Stornohaftung greift somit in beiden Fällen.[63] Die ordentliche Kündigung der Lebensversicherung durch den Versicherungsnehmer regelt § 168 VVG. In der Krankenversicherung ist die Vorschrift des § 205 VVG maßgeblich. 23

Die in § 49 Abs. 1 S. 1 VAG normierte Ausnahme für das rückwirkende Kündigungsrecht nach § 205 Abs. 2 VVG rechtfertigt sich vor dem Hintergrund, dass die Stornierung hier eindeutig nicht dem Verantwortungsbereich des Vermittlers zuzurechnen ist.[64] Der Versicherungsnehmer sieht sich vielmehr aufgrund gesetzlicher Vorschriften zur Kündigung des Vertrages veranlasst. Ein Recht zur außerordentlichen Kündigung eines Krankenversicherungs- oder Lebensversicherungsvertrags kann sich aus § 314 BGB ergeben.[65] 24

Das **Ruhendstellen der Leistungen** (Alt. 2) bezieht sich nur auf die substitutive Krankenversicherung. § 193 Abs. 6 – 10 VVG regelt die Rechtsfolgen bei einem Prämienrückstand im Rahmen der Krankheitskostenversicherung nach § 193 Abs. 3 VVG. § 193 Abs. 6 S. 4 VVG bestimmt für den Fall, dass der Prämienrückstand einschließlich der Säumniszuschläge einen Monat nach Zugang der zweiten Mahnung höher ist als der Prämienanteil für einen Monat, das Ruhen des Vertrages ab dem ersten Tag des nachfolgenden Monats. Auch hier trägt der Vermittler keine Verantwortung für die Nichtzahlung der Prämien. 25

Die **Prämienfreistellung** (Alt. 3) betrifft die der Lebensversicherung zugeordnete Regelung des § 165 Abs. 1 VVG. Gemäß Satz 1 dieser Vorschrift kann der Versicherungsnehmer jederzeit für den Schluss der laufenden Versicherungsperiode die Umwandlung der Versicherung in eine prämienfreie Versicherung verlangen, sofern die dafür vereinbarte Mindestversicherungsleistung erreicht wird. Wird hingegen die vereinbarte Mindestversicherungsleistung nicht erreicht, führt das Umwandlungsverlangen 26

---

[58] S. dazu bereits Rn. 11.

[59] Allerdings sieht Art. 2 Nr. 9 des „Gesetzes zur Umsetzung der Richtlinie (EU) 2016/97 des Europäischen Parlaments und des Rates vom 20. Januar 2016 über Versicherungsvertrieb und zur Änderung weiterer Gesetze" v. 20.7.2017 (BGBl. I 2789) ohnehin vor, dass die Vorschrift des § 49 VAG künftig in § 62 Abs. 1 S. 2 Nr. 3 VAG aufgenommen und damit der bis Ende 2015 geltende Rechtszustand (vgl. § 110a Abs. 4 Nr. 2a i. V. m. § 80 Abs. 5 VAG a. F.) mit Wirkung vom 23.2.2018 wiederhergestellt wird.

[60] Verordnung über die Rechnungslegung von Versicherungsunternehmen – RechVersV v. 8.11.1994, BGBl. I 3378.

[61] Vgl. BT-Drs. 17/7453, 78.

[62] *Franz/Steiner* VersR 2012, 1333, 1342.

[63] *Franz/Steiner* VersR 2012, 1333, 1339.

[64] *Brüss* VW 2011, 1567; die Gesetzesbegründung sieht in dem Rückfall in die gesetzliche Krankenversicherung ein Beispiel für einen von der Stornohaftung nicht erfassten Fall des „schuldlosen Untergangs des Vertrages", vgl. BT-Drs. 17/7453, 71.

[65] Vgl. z. B. *BGH* Urt. v. 7.12.2011 – IV ZR 50/11, VersR 2012, 219.

des Versicherungsnehmers nach § 165 Abs. 1 S. 2 VVG dazu, dass die Versicherung endet; der Versicherer hat den auf die Versicherung entfallenden Rückkaufswert einschließlich der Überschussanteile nach § 169 VVG zu zahlen.[66] Beide Konstellationen werden vom Wortlaut des § 49 VAG, der ohne Einschränkung auf § 165 Abs. 1 VVG verweist, erfasst. Hingegen ist auch hier eine einschränkende Auslegung geboten, so dass die Stornoregelung nicht in den Fällen greift, in denen die Prämienfreistellung aufgrund einer Kündigung durch den Versicherer nach § 166 Abs. 1 VVG ausgelöst wird.[67] Die Gesetzesbegründung fordert nämlich ausdrücklich, dass der Vertrag oder die Prämienzahlung auf „Initiative des Kunden" endet.[68] Nur darauf kann der Vermittler potentiell Einfluss nehmen. Eine fällige Prämienzahlung kann der Versicherer dagegen auch einklagen, wenn sie aussteht. Er muss also nicht kündigen, und wird oftmals auch versuchen, seinen Prämienanspruch durchzusetzen.

27 Die vertraglichen Vereinbarungen zwischen Versicherer und Vermittler können – in den Grenzen des § 49 Abs. 2 VAG – über die gesetzlich geregelten Tatbestände hinaus weitere Fälle vorsehen, bei denen eine Stornohaftungszeit bestehen soll. Dies folgt aus dem Wortlaut der Vorschrift, die insoweit eine Mindestregelung darstellt („*zumindest im Fall…*").

28 Die Stornohaftung wird nicht durch den **Eintritt des Versicherungsfalls**[69] oder einen sonstigen „schuldlosen Untergang des Vertrages" ausgelöst.[70]

29 **2. Prämienzahlungsdauer unter fünf Jahren (Abs. 1 S. 2).** Ist die vereinbarte Dauer der Prämienlaufzeit kürzer als fünf Jahre, kann diese gemäß § 49 Abs. 1 S. 2 VAG bei der Bestimmung der Höhe des Provisionsanteils nach Abs. 1 zugrunde gelegt werden. Der Wortlaut der Vorschrift räumt den Vertragsparteien einen Spielraum bei der Festlegung der Stornohaftungszeit ein („kann"). Versicherer und Vermittler können somit wählen, ob sie die Provisionsverteilung von fünf Jahren aus § 49 Abs. 1 VAG übernehmen oder ob sie einen kürzeren Zeitraum bestimmen möchten. Die zulässige Untergrenze bildet aber auch hier die Prämienzahlungsdauer.[71] Im Fall einer vereinbarten **Einmalzahlung** besteht nach diesen Grundsätzen faktisch keine Haftzeit.[72] Das ist auch nicht zu beanstanden, da die einkalkulierten Abschlusskosten mit Zahlung der Einmalprämie ausgeglichen sind. Gleiches gilt für einmalige Zuzahlungen. Hingegen ist die gesetzliche Mindesthaftzeit bei vereinbarten laufenden **Erhöhungen** zu beachten. Insbesondere kommt die Regelung für Erhöhungen innerhalb der ersten 60 Monate nicht bereits ab Vertragsbeginn,[73] sondern erst im Erhöhungszeitpunkt mit Zahlung der ersten laufenden erhöhten Prämie zur Anwendung.

30 **III. Entgegenstehende vertragliche Vereinbarung (Abs. 2).** § 49 Abs. 2 VAG erklärt eine den Bestimmungen des Abs. 1 entgegenstehende vertragliche Vereinbarung zwischen dem Versicherungsunternehmen und dem Versicherungsvermittler für **unwirksam**.[74] Dies hat zur Folge, dass das Versicherungsunternehmen das aufgrund einer solchen Vereinbarung an den Vermittler gezahlte Entgelt gemäß § 812 Abs. 1 S. 1 Var. 1 BGB nach bereicherungsrechtlichen Grundsätzen zurückverlangen kann. Diese Norm stellt daher ein Verbotsgesetz i. S. d. § 134 BGB dar, da die Unwirksamkeit einer entsprechenden Vereinbarung generell angeordnet wird.

31 Grundsätzlich möglich sind indes Abreden, die eine *längere* als die gesetzlich vorgeschriebene Stornohaftungszeit vorsehen, da solche nur den Vermittler selbst, nicht auch die Versicherten belasten. Nach der Gesetzesbegründung ist für die Gültigkeit von abweichenden Vereinbarungen lediglich Voraussetzung, dass sich diese nicht nachteilig auf die Versicherten auswirken.[75] Allerdings wird der Versicherungsvermittler insbesondere im Fall einer kürzeren Prämienlaufzeit nach § 49 Abs. 1 S. 2 VAG regelmäßig ein berechtigtes Interesse daran haben, auch die Dauer seiner Stornohaftung entsprechend einzugrenzen, was auch sachgerecht ist, da dann die einkalkulierten Abschlusskosten auch schon vorher „bezahlt" worden sind.

32 Sehen die **AGB** des Versicherers in der Vergütungsvereinbarung mit dem Versicherungsvermittler generell eine fünfjährige oder gar ein über die fünf Jahre hinausgehende Stornohaftzeit vor, ist daher im Rahmen der Inhaltskontrolle nach §§ 307 ff. BGB zu überprüfen, ob der Vermittler durch die Regelung entgegen **Treu und Glauben** unangemessen benachteiligt wird.[76] Hier könnten aber z. B. Interessen des Versicherers an einer einheitlichen Verwaltungspraxis gegen eine unangemessene Benachteiligung sprechen.

---

[66] Vgl. Prölss/Martin/*Reiff* § 165 Rn. 13.
[67] Ebenso *Baroch Castellví* r+s 2013, 53, 57.
[68] Vgl. BT-Drs. 17/7453, 78.
[69] *Baroch Castellví* r+s 2013, 53, 57.
[70] BT-Drs. 17/7453, 71.
[71] Vgl. *Franz/Steiner* VersR 2012, 1333, 1343.
[72] Vgl. *Baroch Castellví* r+s 2013, 53, 55; *Franz/Steiner* VersR 2012, 1333, 1344.
[73] So aber: *Baroch Castellví* r+s 2013, 53, 57.
[74] *Franz/Steiner* VersR 2012, 1333, 1345 halten § 80 Abs. 5 S. 3 VAG a. F. für lex specialis gegenüber § 134 BGB. *Baroch Castellví* r+s 2013, 53, 54, geht unter Hinweis auf das BGH-Urteil zum Provisionsabgabeverbot (*BGH* Urt. v. 17.6.2004 – III ZR 271/03, VersR 2004, 1029) davon aus, dass die Vereinbarung ohne die Unwirksamkeitsregelung in § 49 Abs. 2 VAG zivilrechtlich wirksam wäre.
[75] BT-Drs. 17/7453, 78.
[76] *Franz/Steiner* VersR 2012, 1333, 1344.

Im Übrigen haben die Vertragsparteien die handelsrechtlichen Vorgaben der § 92 Abs. 2 i. V. m. §§ 87 ff. HGB zu beachten, die von § 49 VAG unberührt bleiben.[77] Nicht abdingbar ist insbesondere § 87a Abs. 5 HGB. 33

IV. Verhältnis zu anderen Regelungen des VAG und zu anderen Normen. § 49 VAG ist insbesondere im Zusammenhang mit § 50 VAG zu lesen, der für die substitutive Krankenversicherung eine **Provisionsdeckelung** vorsieht, die als Reaktion auf gestiegene Provisionen und zahlreiche provisionsorientierte Versichererwechsel eingeführt wurde.[78] 34

Darüber hinaus knüpft § 49 VAG an die versicherungsvertragsrechtliche Regelung des § 169 Abs. 3 VVG an, der die Verteilung der gezillmerten Abschlusskosten in der Lebensversicherung anordnet.[79] 35

Entgelt bei der Vermittlung substitutiver Krankenversicherungsverträge

50 (1) [1]**Die Versicherungsunternehmen dürfen Versicherungsvermittlern für den Abschluss von substitutiven Krankenversicherungen in einem Geschäftsjahr keine Abschlussprovisionen oder sonstigen Vergütungen gewähren, die insgesamt 3 Prozent der Bruttobeitragssumme des Neuzugangs übersteigen.** [2]**Die Bruttobeitragssumme entspricht der über 25 Jahre hochgerechneten Erstprämie ohne den Zuschlag gemäß § 149.** [3]**Die in einem Geschäftsjahr für den Abschluss von substitutiven Krankenversicherungen an einen einzelnen Versicherungsvermittler gewährten Zahlungen und sonstigen geldwerten Vorteile dürfen 3,3 Prozent der Bruttobeitragssumme des von ihm vermittelten Geschäfts nicht übersteigen.** [4]**Die im Einzelfall für den Abschluss gewährte Abschlussprovision und eine sonstige Vergütung dürfen zusammen 3,3 Prozent der Bruttobeitragssumme des vermittelten Vertrags nicht übersteigen.**

(2) [1]**Nimmt ein Versicherungsunternehmen über den Vermittlungserfolg hinausgehende Leistungen eines Versicherungsvermittlers in Zusammenhang mit Dienst-, Werk-, Miet- oder Pachtverträgen oder sonstigen Verträgen vergleichbarer Art in Anspruch, ist das Entgelt auf den Betrag zu begrenzen, den ein ordentlicher und gewissenhafter Geschäftsleiter unter Berücksichtigung der Belange der Versicherten mit einem nicht verbundenen Unternehmen vereinbaren würde.** [2]**Verträge nach Satz 1 bedürfen der Schriftform.** [3]**Erbringt das Versicherungsunternehmen auf Grund eines solchen Vertrags einen Vorschuss, gilt dieser als sonstige Vergütung im Sinne des Absatzes 1.** [4]**Eine Vergütung von Leistungen oder ein sonstiger geldwerter Vorteil darf darüber hinaus nur dann gewährt werden, wenn die vereinbarten Leistungen bei dem Versicherungsunternehmen zu einer entsprechenden Ersparnis der Aufwendungen geführt haben.**

(3) **Eine den Vorgaben des Absatzes 1 Satz 2 bis 4 oder des Absatzes 2 entgegenstehende Vereinbarung zwischen dem Versicherungsunternehmen und dem Versicherungsvermittler ist unwirksam.**

Übersicht

[77] BT-Drs. 17/7453, 78.
[78] S. hierzu bereits Rn. 8 sowie die Ausführungen bei § 50 VAG.
[79] S. hierzu Rn. 16.

Schrifttum: Siehe die Angaben bei § 48.

1 **I. Allgemeines. 1. Entstehungsgeschichte.** § 50 VAG entspricht weitgehend unverändert den Regelungen des bisherigen § 12 Abs. 7 – 9 VAG a. F.[1] Herausgelöst aus den Bestimmungen zur substitutiven Krankenversicherung ist die Regelung zur Abschlussvergütung nunmehr systematisch richtig im Abschnitt zur Zusammenarbeit mit Versicherungsvermittlern angesiedelt. Diese systematische Veränderung ist aber nicht nur inhaltlich, sondern auch vor dem Hintergrund einer besseren Auffindbarkeit der Norm sinnvoll. Generell zu hinterfragen ist jedoch – wie schon bei § 49 VAG[2] – die Verortung dieser Norm im VAG. Alternativ käme auch hier eine Aufnahme ins HGB in Betracht.

2 Im Unterschied zur bisherigen Verweislösung in § 12 Abs. 8 VAG a. F. übernimmt § 50 Abs. 2 VAG nun unmittelbar den Text des bisherigen § 53d Abs. 1 S. 1 und Abs. 2 VAG a. F. Hintergrund ist, dass § 53d VAG a. F. ins VAG 2016 nicht mehr als eigenständige Regelung übernommen wurde.[3] Indes hat der Reformgesetzgeber darauf verzichtet, weiterhin die vormals in § 53d Abs. 1 S. 2 VAG a. F. enthaltene Pflicht zu übernehmen, einem Vermittler aufzugeben, jährlich die ihm entstehenden Aufwendungen und die Art ihrer Berechnung gegenüber dem Versicherungsunternehmen mitzuteilen. In der Gesetzesbegründung heißt es insoweit zutreffend, dass eine solche Regelung im Rahmen von Verträgen zwischen einem Versicherer und einem Vermittler in der Praxis keine Bedeutung hat.[4]

3 Die Bestimmungen des § 12 Abs. 7 – 9 VAG a. F. sind zusammen mit der Stornohaftungsregelung in § 80 Abs. 5 VAG a. F. (jetzt § 49 VAG) durch Art. 22 des Gesetzes zur Novellierung des Finanzanlagenvermittler- und Vermögensanlagenrechts[5] auf Empfehlung des Finanzausschusses[6] in das VAG aufgenommen worden. Sie sind am 1.4.2012 in Kraft getreten.

4 **2. Normzweck.** § 50 VAG dient dazu, die Höhe der Abschlussvergütungen für Vermittler im Bereich der substitutiven Krankenversicherung zu begrenzen.[7] Der Aufsichtsbehörde soll es dadurch erleichtert werden, Missstände in diesem Zusammenhang festzustellen und dagegen im Rahmen der Aufsicht vorzugehen.[8] Der Gesetzgeber hat mit der Schaffung eines dreifachen[9] „Provisionsdeckels" in der substitutiven Krankenversicherung auf einen drastischen Anstieg der Abschlussvergütungen für Vermittler in den vorherigen Jahren und häufige, vor allem provisionsgesteuerte Versichererwechsel nach Ablauf der Stornohaftung[10] reagiert. So sollte dieser Entwicklung zum **Schutz der Versichertengemeinschaft und der einzelnen Versicherungsnehmer** Einhalt geboten werden.[11] Nach der Gesetzesbegründung wird zugleich den Krankenversicherungsunternehmen eine rechtliche Grenze gesetzt, da sie selbst die aufgetretenen Missstände überwiegend nicht durch entsprechende Vereinbarungen mit den Vermittlern beseitigen konnten.[12]

5 **3. Europarechtlicher Hintergrund.** Die Vergütungsregelungen nach §§ 49 und 50 VAG beruhen derzeit allein auf einer Initiative des nationalen Gesetzgebers und nicht auf europarechtlichen Vorgaben wie der Solvency II-RL oder der Versicherungsvermittler-RL. Dies begründet **Zweifel an der Europarechtskonformität** auch dieser Regelung, die wie bei § 49 VAG zu diskutieren sind.[13]

6 Während diese Zweifel im Hinblick auf § 49 VAG mit der Umsetzung der Vertriebsrichtlinie IDD[14] entfallen können,[15] ist dies mit Blick auf § 50 VAG nicht zu erwarten. Denn die IDD räumt den Mitgliedstaaten nur die *Option* ein, Vermittlern die Annahme von Gebühren, Provisionen oder monetären bzw. nichtmonetären Vorteilen von Dritten zu untersagen oder einzuschränken (vgl. Art. 22 Abs. 3 und Art. 29 Abs. 3 IDD). Im Hinblick auf die unabhängige Vermittlung von Versicherungsanlageprodukten wurde dabei von dem Vorschlag der EU-Kommission aus dem Jahr 2012[16] abgewichen, ein

---

[1] Begr. VAG-RegE 2014, BT-Drs. 18/2956, 254.
[2] S. § 49 Rn. 3.
[3] S. Begr. VAG-RegE 2014, BT-Drs. 18/2956, 254.
[4] Vgl. Begr. VAG-RegE 2014, BT-Drs. 18/2956, 254.
[5] Vom 6.12.2011, BGBl. I 2481.
[6] Vgl. Beschlussempfehlung und Bericht des Finanzausschusses v. 25.10.2011, BT-Drs. 17/7453.
[7] *Laars* § 12 Rn. 18 zur insoweit gleichen alten Rechtslage.
[8] Vgl. BT-Drs. 17/7453, 77.
[9] S. Rn. 12.
[10] S. bereits § 49 Rn. 5 ff.
[11] Vgl. BT-Drs. 17/7453, 70 f.; Prölss/Martin/*Dörner* § 59 Rn. 29.
[12] BT-Drs. 17/7453, 71; vgl. auch *Brüss* VW 2011, 1567 unter Hinweis auf den PKV-Verband, der zwar einzelne Provisionsexzesse kritisiert, aber aus kartellrechtlichen Gründen eine interne Branchenlösung für nicht möglich gehalten habe.
[13] S. § 49 Rn. 11.
[14] RL (EU) 2016/97 v. 20.1.2016, ABl. EU 2016 L 26, 19, in Kraft seit 23.2.2016; vgl. Näheres zur IDD bei § 48 Rn. 16.
[15] S. § 49 Rn. 11 f.
[16] Art. 24 Abs. 5 lit. b COM (2012) 360 final.

striktes Provisionsannahmeverbot vorzusehen.[17] Dieser Vorschlag war auf heftige Kritik gestoßen, insbesondere da für Versicherungsmakler einzig der Weg in die Honorarberatung verblieben wäre und dies auch zu einer Unterversorgung der Bevölkerung mit notwendigem Versicherungsschutz führen könnte.[18] Das IDD-Umsetzungsgesetz[19] verankert das Provisionsabgabeverbot m. W. v. 29.7.2017 im Gesetz.[20] Dadurch werden die in der Vergangenheit geäußerten Wirksamkeitsbedenken[21] zwar beseitigt. Gleichzeitig wird das Verbot aber sehr weit gefasst, was neue Diskussionen über seine Reichweite auslösen wird. Zu hinterfragen ist hier z. B. einerseits die Ausdehnung des Kreises der möglicherweise Begünstigten über Versicherungsnehmer und versicherte Person hinaus gemäß § 48b Abs. 1 S. 1 VAG-E auf **Bezugsberechtigte**. Diese waren von dem bisherigen Verbot von Sondervergünstigungen nicht unmittelbar erfasst, sondern wurden nur als Dritte angesehen, die zur Umgehung des Verbots ggf. als „Durchlaufposten" fungierten, damit die Sondervergütung dem Versicherungsnehmer oder der versicherten Person zufließt. Der Schutzzweck des Verbots von Sondervergütungen erfordert eine solche Ausdehnung jedenfalls dann nicht, wenn er allein im Verbraucherschutz gesehen wird. Denn der Bezugsberechtigte nimmt anders als die versicherte Person, die einer Fremdversicherung gemäß § 150 VVG grundsätzlich zustimmen muss, keinen Einfluss auf den Abschluss des Vertrages. Allenfalls der Schutz des Vermittlers vor finanziellen Belastungen und die Gefahr einer Umgehung rechtfertigen dessen Aufnahme in den Anwendungsbereich, weshalb das Verbot mit Blick auf Bezugsberechtigte eher **restriktiv** ausgelegt werden sollte. Andererseits wird die **Definition der Sondervergütung** in § 48b Abs. 2 VAG zu Diskussionen führen, inwieweit z.B eine Gewinnbeteiligung des Versicherungsnehmers davon künftig erfasst wird. Insoweit wird künftig danach zu unterscheiden sein, ob die Gewinnbeteiligung Teil der Versicherungsleistung i. S. v. § 153 VVG ist, die vom Wortlaut der Norm dann nicht erfasst ist, oder ob sie außerhalb eines Versicherungsvertrages gewährt wird und damit unter das Verbot des § 48b VAG fällt.

Ob es der deutsche Gesetzgeber künftig weiterhin bei einer gesetzlichen Begrenzung der Abschluss- 7
vergütungen im Bereich der substitutiven Krankenversicherung belassen oder ob er eine Erweiterung auf weitere Sparten anstreben wird, bleibt abzuwarten. In der Versicherungswirtschaft war bereits im Jahr 2013 vorgeschlagen worden, eine Kürzung der Abschlussvergütungen auch bei der Lebensversicherung einzuführen.[22] Im Lebensversicherungsreformgesetz (**LVRG**)[23] hat der Gesetzgeber aber auf eine entsprechende Regelung verzichtet und einen anderen Weg gewählt. Die mit dem LVRG vorgegebenen Maßnahmen zielen jedoch – erklärtermaßen –[24] auch auf eine Absenkung der Abschlusskosten mit der Folge, dass damit in der Praxis unter anderem Kürzungen der Vermittlervergütungen verbunden sein sollen.[25] Beide Maßnahmen sollen aber möglicherweise nicht in genügendem Umfang zu einer Begrenzung der Abschlusskostenlast insgesamt geführt haben, da reduzierte Abschlussvergütungen durch gestiegene Bestandsvergütungen für die Vermittler zumindest teilweise kompensiert worden seien. Letzteres ist allerdings nicht nur zu kritisieren, da mit einer höheren Bestandsvergütung für die Vermittler ein Anreiz gesetzt wird, Verträge zu vermitteln, die lange Bestand haben. Das setzt zufriedene Versicherungsnehmer voraus und erreicht den vom Gesetzgeber verfolgten Zweck, häufige und unnötige Versichererwechsel allein im Vergütungsinteresse des Vermittlers zu vermeiden.

II. Begrenzung der Abschlussentgelte bei substitutiver Krankenversicherung (Abs. 1). § 50 8
VAG spricht in seiner Überschrift von „Entgelt bei der Vermittlung substitutiver Krankenversicherungsverträge" und fokussiert sich in Abs. 1 S. 1 auf „Abschlussprovisionen und sonstige Vergütungen". Dies hat dazu geführt, dass allgemein von einem „Provisionsdeckel" gesprochen wird, der mit § 50 VAG geschaffen worden sei. In diesem Zusammenhang ist einer Begriffsverwirrung insoweit vorzubeugen, als mit einer Provision die Vergütung eines Versicherungsvertreters gemeint ist, während der Versicherungsmakler eine Courtage erhält. Erfassen soll § 50 VAG beides. Darüber hinaus sollen aber auch unabhängig von der Bezeichnung des Entgelts für die Vermittlung des Abschlusses eines Versicherungsvertrages als Provision oder Courtage alle sonstigen Vergütungen, die mit der Vermittlung des Abschlusses eines Versicherungsvertrages in Zusammenhang stehen, erfasst werden, um Umgehungen des „Provisionsdeckels" zu verhindern. Daher ist der Begriff **Abschlussentgelt oder –vergütung als Oberbegriff** zu verwenden.

---

[17] S. Langheid/Wandt/*Reiff* Vor § 59 Rn. 43; *Beyer* VersR 2016, 293, 297.

[18] Vgl. Langheid/Wandt/*Reiff* Vor § 59 Rn. 43; *Werber* VersR 2012, 1467, 1470.

[19] Gesetz zur Umsetzung der Richtlinie (EU) 2016/97 des Europäischen Parlaments und des Rates vom 20. Januar 2016 über Versicherungsvertrieb und zur Änderung weiterer Gesetze v. 20.7.2017 (BGBl. I 2789).

[20] Das ursprünglich geplante Honorarannahmeverbot für Versicherungsvermittler hatte in der Branche Kritik ausgelöst, vgl. http://www.versicherungsjournal.de/vertrieb-und-marketing/idd-umsetzungsgesetz-afw-droht-mit-verfassungsklage-127890.php (krit. zu Provisionsabgabeverbot und Honorarannahmeverbot auch *Brömmelmeyer* VuR 2017, 1), und ist auf einen entsprechenden Änderungsantrag des Wirtschaftsausschusses (BT-Drs. 18/13009, 7, 57) nicht Gesetz geworden.

[21] S. Rn. 5.

[22] Vgl. *Baltzer* VW 17/2013, 7 zum entsprechenden Vorschlag des GDV.

[23] Vom 1.8.2014, BGBl. I 1330.

[24] Begr. RegE LVRG, BT-Drs. 18/1772, 1, 19, 20.

[25] S. näher § 49 Rn. 4.

9 Bezogen auf den Begriff **„Abschlussprovision"** kann hier eine Parallele zu den Regeln der Vergütung von Versicherungskaufleuten im HGB gezogen werden. Mit Blick auf die in § 92 Abs. 3 HGB i. V. m. § 87 Abs. 1 S. 1 HGB geregelte Vergütung des Versicherungsvertreters ist der Begriff der „Abschlussprovision" insoweit als „Entgelt eines Handelsvertreters, d. h. eine nach dem Umfang vergütungspflichtiger Einzelgeschäfte bemessene Zahlung als Gegenleistung für die vom Vermittler erbrachte Dienstleistung" anzusehen. Für Versicherungsvertreter ist zudem in § 92 Abs. 4 HGB geregelt, dass der Anspruch auf Provision erst entsteht, sobald die Prämie aus dem vermittelten Vertrag gezahlt wird. Mithin ist für das Vorliegen einer Abschlussprovision erforderlich, dass diese gerade für den (erfolgreichen) Abschluss eines Versicherungsvertrages gezahlt wird.

10 Unter einer **„sonstigen Vergütung"** sind dagegen alle Gegenleistungen für den Abschluss eines substitutiven Krankenversicherungsvertrages zu sehen, die nicht Abschlussprovisionen sind, gleichwohl aber mit der Abschlussvermittlung in kausalem Zusammenhang stehen. Hiervon ausgenommen sind – wie ein Vergleich mit § 50 Abs. 2 VAG zeigt – also solche Entgelte, die für eine über den Vermittlungserfolg hinausgehende Leistung gezahlt werden.

11 Ergänzend zu berücksichtigen ist noch, dass auch ein Versicherungsvermittler nicht nur im Wege einer Provision/Courtage bezahlt werden kann. Abweichend von § 87 Abs. 1 HGB ist z. B. auch eine Festvergütung oder aufwandsbezogene Vergütung denkbar. Entscheidend für die Frage, ob eine Vergütung i. S. d. § 50 Abs. 1 S. 1 VAG vorliegt, ist mithin, ob es sich um einen Ausgleich für die erfolgreiche Vermittlung eines Abschlusses eines Versicherungsvertrages handelt.

12 § 50 VAG führt einen **dreifachen „Provisionsdeckel"** ein – einmal bezogen auf die von einem Krankenversicherer einkalkulierten Abschlussentgelte (Abs. 1 S. 1), einmal bezogen auf die einem Vermittler insgesamt zufließenden Abschlussentgelte (Abs. 1 S. 3) und einmal bezogen auf die für einen einzelnen Vertrag gezahlten Abschlussentgelte (Abs. 1 S. 4).

13 **1. Begrenzung der von einem Krankenversicherungsunternehmen insgesamt einzukalkulierenden Abschlussentgelte (Abs. 1 S. 1).** § 50 Abs. 1 S. 1 VAG legt für den Bereich der substitutiven Krankenversicherung (§ 146 Abs. 1 VAG) als ersten generellen „Provisionsdeckel" die Grenze für diejenigen **Abschlussentgelte** fest, die ein Versicherungsunternehmen innerhalb eines Geschäftsjahres Vermittlern insgesamt gewähren und dementsprechend einkalkulieren darf. In der Summe dürfen die Ausgaben insgesamt **3 % der Bruttobeitragssumme** der Neuzugänge nicht übersteigen.

14 **Neuzugänge** sind die Verträge eines Kalenderjahres, die erstmals bei einem Krankenversicherungsunternehmen abgeschlossen werden. Das vorhandene Bestandsgeschäft bleibt bei dieser Betrachtung also außen vor.

15 Abschlussentgelte sind dabei vor allem Abschlussprovisionen und –courtagen. **Sonstige Vergütungen** sind jede Geld- oder Sachleistung, die mit der Vermittlung von Abschlüssen von substitutiven Krankenversicherungsverträgen in einem kausalen Zusammenhang steht und zusätzlich zur Abschlussprovision und –courtage gewährt wird. Dies können beispielsweise **Zielerreichungszahlungen** sein, die gewährt werden, wenn ein Vermittler in einem Jahr Verträge mit einer Bruttobeitragssumme oberhalb eines bestimmten Betrages vermittelt hat.[26] § 50 Abs. 2 S. 3 VAG bestimmt ferner, dass **Vorschussleistungen**, die im Zusammenhang mit einem Vertrag nach Abs. 2 S. 1 erbracht werden, als sonstige Vergütung gelten.[27]

16 **2. Bruttobeitragssumme (Abs. 1 S. 2).** Nach § 50 Abs. 1 S. 2 VAG entspricht die Bruttobeitragssumme der über 25 Jahre hochgerechneten **Erstprämie,** und zwar ohne den Prämienzuschlag gemäß § 149 VAG, mithin ohne den Zuschlag von 10 % der jährlichen gezillmerten Bruttoprämie, der für die Versicherten zwischen ihrem 21. und 60. Lebensjahr erhoben wird.[28] Ein gleichzeitig mit dem Grundtarif angebotener gesonderter Beitragsentlastungstarif, der später für eine Beitragsentlastung im Grundtarif sorgen soll, ist aber dabei zu berücksichtigen. Diese Deckelung entspricht durchschnittlichen Abschlussvergütungen von neun Monatsbeiträgen (9 / (12 × 25) = 3 Prozent).[29]

17 Vor Schaffung dieses Provisionsdeckels waren Abschlusscourtagen in Höhe von zwölf, zum Teil auch von 15 Monatsbeiträgen und mehr im freien Versicherungsvertrieb vorzufinden. Gebundene Vermittler erhielten und erhalten dagegen Abschlussprovisionen von deutlich unter neun Monatsbeiträgen. Ob mit der nunmehr vom Gesetzgeber vorgegebenen Grenze ein Betrag gefunden wurde, der den Aufwand der Abschlussvermittlung substitutiver Krankenversicherungsverträge ausreichend Rechnung trägt, kann trefflich diskutiert werden. Solche Diskussionen sind aber nicht zielführend. Denn letztlich kann jede Grenze hinterfragt werden. Bei einem beispielhaften Monatsbeitrag von 300,00 EUR scheint eine Abschlussvergütung von 2.700,00 EUR aber nicht unangemessen niedrig zu sein, auch wenn berücksichtigt wird, dass viele Vermittlungsgespräche nicht zu einem Abschluss führen.

[26] Vgl. Prölss/Martin/*Dörner* § 59 Rn. 29.
[27] S. Rn. 43.
[28] S. § 149 Rn. 4.
[29] BT-Drs. 17/7453, 77; *Laars* § 12 Rn. 18 zum alten Recht.

3. Begrenzung der Abschlussentgelte an einen einzelnen Vermittler insgesamt (Abs. 1 S. 3). § 50 Abs. 1 S. 3 VAG begrenzt als zweiten „Provisionsdeckel" die Zahlungen, die einem **einzelnen Versicherungsvermittler** für den Abschluss der von ihm vermittelten Versicherungsverträge insgesamt gewährt werden dürfen, auf 3,3 % der Bruttobeitragssumme des von ihm vermittelten Geschäfts. Auch insoweit kommt es auf die Neuzugänge eines Kalenderjahres an. Der Begriff der Bruttobeitragssumme ist wiederum durch § 50 Abs. 1 S. 2 VAG definiert, so dass diese Grenze auf ein Entgelt in Höhe von 9,9 Monatsbeiträgen hinausläuft. 18

Der Höchstbetrag nach § 50 Abs. 1 S. 1 VAG darf also bei einem einzelnen Vermittler insgesamt um **maximal 10 %** überstiegen werden. Dadurch wird klargestellt, dass eine Anrechnung etwaiger sonstiger geldwerter Vorteile, die der Vermittler im Zusammenhang mit dem Abschluss einer Krankenversicherung erhält, auf den zulässigen Höchstbetrag erfolgt.[30] Ebenso kann dem Vermittler auch für jeden von ihm vermittelten Vertrag eine Abschlussvergütung von 3,3 % der Bruttobeitragssumme gewährt werden. 19

4. Begrenzung der Abschlussentgelte für den einzelnen Vertrag (Abs. 1 S. 4). Die Grenze von 3,3 % der Bruttobeitragssumme i. S. v. § 50 Abs. 1 S. 3 VAG markiert zugleich gemäß § 50 Abs. 1 S. 4 VAG den Höchstbetrag einer Abschlussvergütung, die für jeden einzelnen vermittelten Versicherungsvertrag gewährt werden darf, und damit den dritten „Provisionsdeckel". Denn danach dürfen die im **Einzelfall** gewährten Abschlussentgelte 3,3 % der Bruttobeitragssumme des vermittelten Vertrags nicht übersteigen. Nach der amtlichen Begründung soll dadurch verhindert werden, dass im Einzelfall doch Abschlussentgelte abgerechnet werden können, die die Höhe von neun Monatsbeiträgen substantiell übersteigen.[31] 20

5. Sachlicher Anwendungsbereich – Abgrenzung von Abschlussentgelten zu anderen Vermittlungsentgelten. § 50 Abs. 1 S. 1, 3 und 4 VAG sind nur bezogen auf **Abschlussentgelte** anwendbar. Es geht also nur um solche Vergütungen, die deshalb gewährt werden, weil ein Vermittler einen Versicherungsvertrag erfolgreich vermittelt hat, oder die in einem kausalen Zusammenhang zur Abschlussvermittlung stehen.[32] Das wirft die Frage der Abgrenzung zu anderen Vermittlervergütungen auf. 21

Insoweit wird in der amtlichen Begründung zunächst klargestellt, dass **Bestandspflegevergütungen** und sonstige Vergütungen, die keinen unmittelbaren Zusammenhang mit einem konkreten Vertragsschluss haben, nicht erfasst werden.[33] Bei den nicht erfassten Zahlungen an Vermittler muss es sich also um Zahlungen handeln, die z. B. für die laufende Betreuung eines bestehenden, nicht notwendigerweise von dem betreffenden Vermittler selbst vermittelten Versicherungsvertrages gewährt werden und somit eine Bestandspflegevergütung darstellen. 22

Dies entspricht auch dem **Sinn und Zweck** der Regelung. Deren Sinn und Zweck ist es nämlich, die Anreize für Versicherungsvermittler, Versicherungsnehmern aufgrund hoher Abschlussvergütungen den – für den Versicherungsnehmer häufig mit Nachteilen verbundenen – Wechsel zu einem anderen privaten Krankenversicherer zu empfehlen, zu vermindern. Durch eine erhöhte Bestandspflegevergütung werden für den Versicherungsvermittler aber gerade Anreize gesetzt, dem Versicherungsnehmer zu empfehlen, seinen bisherigen substitutiven Krankenversicherungsvertrag weiterzuführen. 23

Gesetzliche Obergrenzen für die **Höhe einer Bestandspflegevergütung** gibt es nicht. Allerdings bedeutet dies nicht, dass die gesetzlich vorgegebene Deckelung der Abschlussentgelte nun einfach dadurch umgangen werden kann, dass die wegen der Deckelung entfallende Abschlussvergütung durch eine entsprechende Erhöhung der Bestandspflegevergütung einfach ausgeglichen wird. Ein Versicherer wird sich bei der Erhöhung einer bisher vereinbarten Bestandspflegevergütung daher immer in betriebswirtschaftlicher Hinsicht fragen müssen, was es ihm wert ist, einen Bestandskunden mit Blick auf die veränderten gesetzlichen Rahmenbedingungen im Neugeschäft zu halten. Entsprechende Überlegungen sind Versicherern auch aus anderen Sparten wie z. B. der Kraftfahrtversicherung bekannt (Stichwort: smart pricing). Diese betriebswirtschaftlichen Überlegungen geben letztlich die Obergrenze der Höhe einer Bestandspflegevergütung vor und können von Versicherer zu Versicherer unterschiedlich ausfallen. 24

Auch insoweit ist – wie bei § 49 VAG[34] – also weiter klar, dass die Bezeichnung einer Zahlung als Bestandspflegevergütung allein nicht ausreichend ist, um dem Anwendungsbereich des § 50 VAG zu entgehen. Vielmehr müssen echte Betreuungsleistungen vom Vermittler geschuldet und auch erbracht werden. In diesem Zusammenhang kann **Rückzahlungsklauseln** bezogen auf eine Bestandspflegevergütung eine wichtige Bedeutung zukommen. Knüpfen diese nämlich an Umstände an, die sich auf den Vermittlungserfolg beziehen, so deutet dies darauf hin, dass es sich in Wahrheit um eine Abschlussvergütung handelt. Anders ist es, wenn die Rückzahlungsverpflichtung nicht an den Vermittlungserfolg geknüpft ist, sondern an den – über die Vermittlung hinausgehenden – dauerhaften Erhalt des Bestandes. Denn eine solche Rückzahlungsklausel steht dem Sinn und Zweck dieser Regelungen nicht entgegen. 25

[30] BT-Drs. 17/7453, 77.
[31] BT-Drs. 17/7453, 77.
[32] S. bereits Rn. 8 ff.
[33] BT-Drs. 17/7453, 77.
[34] S. § 49 Rn. 21.

Denn dieser besteht darin, Anreize für Versicherungsvermittler zu vermindern, Versicherungsnehmern aufgrund hoher Abschlussvergütungen den – für den Versicherungsnehmer häufig mit Nachteilen verbundenen – Wechsel des Versicherers zu empfehlen.[35] Der dem Gesetzeszweck förderliche Effekt der Bestandspflegecourtage wird durch eine Rückzahlungspflicht für den Fall eines nachträglichen rückwirkenden Wegfalls des betreuten Vertrages und damit der für den Courtageanspruch maßgeblichen Beiträge nicht gemindert, sondern im Gegenteil gerade gefördert. Die Rückzahlungspflicht ist nämlich eher eine Verstärkung der Bemühungen des Vermittlers um den Erhalt der betreuten Verträge.

26 Vergütet werden darf weiter, ohne dass der Anwendungsbereich von § 50 VAG berührt wird, die Qualität des betreuten Bestands, die sich während der Dauer des Versicherungsvertrages zeigt (sog. **qualitätsorientierte Bestandspflegevergütung**). Die Höhe eines solchen Entgelts kann anhand verschiedener Kriterien bemessen werden, wie z. B. anhand des Anteils der Nichtzahler an dem betreuten Bestand oder des Anteils der Verträge mit erfolgsabhängiger Beitragsrückerstattung. Denn die Aufrechterhaltung eines solchen Bestands dient auch dem Schutz des Versichertenkollektivs, das von einem hohen Anteil solcher Verträge profitiert. Ein solches Entgelt läuft damit auch nicht dem Zweck von § 50 VAG zuwider. Bei einer solchen Ausgestaltung darf aber nur der Bestand berücksichtigt werden, der vor längerer Zeit als ein Jahr an den Versicherer vermittelt worden ist. Denn ansonsten besteht ein zu enger zeitlicher Zusammenhang mit der Vermittlung des Abschlusses des Vertrages, so dass dann eine sonstige Vergütung i. S. d. § 50 Abs. 1 S. 1 VAG vorläge.

27 Vom Anwendungsbereich des § 50 VAG erfasst wäre dementsprechend auch ein sog. **Bestandsentwicklungsbonus**, der anfällt, wenn die vermittelten Neuverträge die Zahl der beendeten Verträge (Storno) eines Jahres übersteigt. Denn insoweit besteht ein ausreichender kausaler Zusammenhang zur Abschlussvermittlung. Eine solche Zahlung hängt nämlich (auch) davon ab, dass neue Verträge vermittelt werden. Da der Bestandsentwicklungsbonus somit jedenfalls mittelbar im Zusammenhang mit der Vermittlung neuer substitutiver Krankenversicherungsverträge steht, handelt es sich bei dem Bestandsentwicklungsbonus also um eine sonstige Vergütung für den Abschluss neuer Verträge i. S. d. § 50 Abs. 1 S. 1 VAG. Dem steht auch der Sinn und Zweck der Regelung nicht entgegen. Insoweit ist zwar daran zu denken, dass mit dem Bestandsentwicklungsbonus nicht nur der Abschluss neuer Verträge vergütet wird, sondern auch das Halten des Bestands. Der Bestandsentwicklungsbonus fällt nämlich dann nicht an, wenn die Bestandsabgänge höher sind als die abgeschlossenen Neuverträge. Der Vermittler hat insoweit ein Interesse daran, jedenfalls keine Verträge zu vermitteln, die bald wieder vom Bestand abgehen. Dies ist vom Sinn und Zweck der Regelung zwar umfasst. Dies allein reicht aber nicht aus, da der Bestandsentwicklungsbonus dennoch zumindest auch eine sonstige Vergütung für die Vermittlung neuer Verträge bleibt.

28 Ebenso vom Anwendungsbereich des § 50 VAG erfasst wäre z. B. auch eine Vergütung für das Vorhalten einer **Vertriebsstruktur** beim Vermittler. Zwar wird einem Versicherer insoweit der Aufbau eigener Strukturen und damit der Aufbau eigener Kosten erspart, was auch dem Versichertenkollektiv zugutekommt. Der Aufbau einer eigenen Vertriebsstruktur eines Versicherungsvermittlers ist aber auch überhaupt erst Voraussetzung für die eigene Vermittlungstätigkeit und somit durch die Abschlussvergütung bereits abgegolten.

29 **6. Persönlicher Anwendungsbereich.** In den Anwendungsbereich des § 50 VAG fallen alle Versicherungsunternehmen, die in Deutschland substitutive Krankenversicherungsverträge vertreiben, unabhängig von ihrem Sitz. Insoweit gelten die zu § 49 VAG angeführten Überlegungen entsprechend.[36] Allerdings ist der Markt substitutiver Krankenversicherungsverträge **Versicherungsunternehmen mit Sitz in Deutschland** vorbehalten. Versicherungsunternehmen mit Sitz außerhalb Deutschlands scheitern insoweit an den Vorgaben des § 152 Abs. 1 VAG.[37]

30 Weiter fallen in den persönlichen Anwendungsbereich **Versicherungsvermittler**, die erlaubtermaßen oder auch ohne Erlaubnis substitutive Krankenversicherungsverträge vermitteln.

31 Fraglich ist indes, ob § 50 Abs. 1 VAG auch Vereinbarungen erfasst, die ein Versicherungsunternehmen mit einem **Dienstleistungsunternehmen** trifft, das weder als Versicherungsvermittler mit einer entsprechenden Erlaubnis ausgestattet und entsprechend registriert ist noch Versicherungsgeschäft vermittelt, das gleichwohl aber Dienstleistungen erbringt, die mit dem Abschluss von Versicherungsverträgen in Zusammenhang stehen, wie z. B. eine Prüfung der eingereichten Anträge auf Annahmefähigkeit oder der Betrieb eines Callcenters, das Fragen von Vermittlern hinsichtlich eines zu vermittelnden Vertrages für den Versicherer beantwortet. Nach seinem Wortlaut und vom Sinn und Zweck ist § 50 Abs. 1 VAG insoweit nicht anwendbar.

32 Etwas anderes könnte unter Umgehungsaspekten dann gelten, wenn es sich bei dem Dienstleistungsunternehmen um ein Unternehmen handelt, das mit einem Versicherungsvermittler **gesellschaftsrechtlich verbunden** ist. Denn dann könnte argumentiert werden, dass allein die „Zwischenschaltung" einer weiteren juristischen Person, die der Kontrolle eines Versicherungsvermittlers unterliegt, den

[35] BT-Drs. 17/7453, 78; s. a. Rn. 23.
[36] S. § 49 Rn. 20.
[37] S. § 152 Rn. 4 ff.

Tatbestand des § 50 Abs. 1 VAG nicht ausschließt, sondern dass die Vorschrift weiter vom Sinn und Zweck her über ihren Wortlaut hinaus anwendbar bleibt. Insoweit könnte auch von dem Versuch einer Umgehung der Regelung des § 50 Abs. 1 VAG ausgegangen werden, wenn die Vergütung zusammen mit gezahlten Abschlussprovisionen an die Vermittler, die an der Dienstleistungsgesellschaft beteiligt sind, den zulässigen Rahmen des § 50 Abs. 1 VAG überschreitet und die Zahlungen jedenfalls überwiegend an diese Vermittler als Gesellschafter des Dienstleistungsunternehmens im Rahmen einer Gewinnausschüttung des Dienstleistungsunternehmens ausgezahlt werden.

Gegen ein solch weites Verständnis von § 50 Abs. 1 VAG spricht aber, dass eine Umgehung des „Provisionsdeckels" bereits durch § 50 Abs. 2 VAG erfasst sein soll. Zwar könnte argumentiert werden, dass der Gesetzgeber damit zum Ausdruck gebracht hat, dass Umgehungstatbestände generell ausgeschlossen werden sollen. Namentlich hat er dies aber nur für den in § 50 Abs. 2 VAG geregelten Fall getan. Hinzu kommt, dass Normen des Versicherungsaufsichtsrechts zwar ebenfalls der Auslegung unterliegen, jedenfalls aber der eindeutige Wortlaut dieser Regelung einer Erweiterung des Anwendungsbereichs entgegensteht. Ferner ist zu beachten, dass die Dienstleistungsunternehmen für die übernommenen Dienstleistungen auch echten Aufwand haben und die dafür gezahlten Vergütungen eben nicht eins zu eins an die Versicherungsvermittler als Gewinn ausgeschüttet werden können, sondern allenfalls ein kleiner Teil. 33

III. Ausschluss von Umgehungstatbeständen (Abs. 2). § 50 Abs. 2 VAG dient dazu, die dort geregelten Umgehungstatbestände zu den Begrenzungen nach § 50 Abs. 1 VAG auszuschließen.[38] 34

1. Vertrag für zusätzliche Leistungen (Abs. 2 S. 1). § 50 Abs. 2 S. 1 VAG regelt für den Fall, dass Versicherungsvermittler bestimmte, über den Vermittlungserfolg hinausgehende Leistungen versprechen, die Begrenzung der Vergütung auf den Betrag, den ein **ordentlicher und gewissenhafter Geschäftsleiter** unter Berücksichtigung der Belange der Versicherten mit einem **nicht verbundenen Unternehmen** vereinbaren würde. Durch dieses Gebot wird verhindert, dass der Versicherungsvermittler auf einem Umweg Zahlungen erhält, die eigentlich der Vertragsvermittlung gelten und durch welche das nach § 50 Abs. 1 VAG vorgesehene Höchstmaß insgesamt überschritten wird. 35

Vertragsparteien müssen also – wie im Rahmen von § 50 Abs. 1 VAG – ein Versicherungsunternehmen und ein Versicherungsvermittler sein. Dienstleistungsunternehmen, die weder als Versicherungsvermittler mit einer entsprechenden Erlaubnis ausgestattet und entsprechend registriert sind noch Versicherungsgeschäft vermitteln, die gleichwohl aber Dienstleistungen erbringen, die mit dem Abschluss von Versicherungsverträgen in Zusammenhang stehen, sind auch von § 50 Abs. 2 VAG nicht erfasst.[39] 36

Die Vorschrift bezieht sich auf Leistungen im Zusammenhang mit **Dienst-, Werk,- Miet- oder Pachtverträgen**. Darüber hinaus schließt sie lediglich noch **Verträge „vergleichbarer Art"** mit ein. Bei Letzteren wird es sich um Vertragsarten handeln, die im BGB nicht speziell geregelt sind, die aber Elemente der aufgezählten Verträge aufweisen.[40] In der Regel wird es auf das gemeinsame Element der **Dauer** ankommen.[41] Als vergleichbare Verträge dürften daher **Dauerschuldverhältnisse** aller Art anzusehen sein.[42] 37

Aus dem Sinn und Zweck der Regelung insgesamt und der Begrenzung des Regelungsgegenstandes in § 50 Abs. 1 VAG auf Abschlussentgelte folgt, dass sonstige Vergütungen, die im Rahmen des Vermittlungsverhältnisses für typische Vermittlungsleistungen vom Vermittler erbracht werden, wie z. B. die Bestandspflege und die dafür zu zahlende Bestandspflegevergütung, auch von § 50 Abs. 2 VAG nicht erfasst werden. Der Dienst-, Werk,- Miet- oder Pachtvertrag oder ein sonstiger Vertrag, für den eine Vergütung gezahlt wird, muss also einen anderen Gegenstand haben. Dies kann z. B. die Durchführung einer **Produktschulung** sein, die der Vermittler dem Versicherer für sein eigenes Personal abnimmt, oder die Durchführung einer **sog. Road-Show**, mit der ein Versicherer allgemein für sein Produkt werben möchte. 38

Nach dem Wortlaut der Norm „ist" die Vergütung für eine solche Dienstleistung auf einen bestimmten Betrag zu begrenzen. Das aufsichtsrechtliche **Gebot** hat insofern unmittelbare Auswirkung auf die konkrete Vereinbarung zwischen dem Versicherungsunternehmen und dem Versicherungsvermittler. 39

Bei der **Bestimmung der Obergrenze** ist hypothetisch zu fragen, welchen Betrag ein ordentlicher und gewissenhafter Geschäftsleiter mit einem **nicht verbundenen Unternehmen** vereinbaren würde. Die Vergütung muss also einem Drittvergleich standhalten. So sollen versteckte Umgehungen der Grenzen des § 50 Abs. 1 VAG verhindert werden. Hintergrund ist, dass bei einer entsprechenden Vereinbarung keine Verbundinteressen Beachtung finden dürfen. Übertragen auf die Vereinbarung mit einem Versicherungsvermittler, mit dem möglicherweise ein langjähriger Geschäftskontakt besteht, hat die Vergütungsbemessung ebenfalls anhand objektiver Gesichtspunkte zu erfolgen. 40

---

[38] BT-Drs. 17/7453, 77.
[39] S. bereits zum persönlichen Anwendungsbereich von § 50 Abs. 1 Rn. 31 ff.
[40] Vgl. Prölss/*Lipowsky*, 12. Aufl., § 53d Rn. 3 zur alten Rechtslage.
[41] Prölss/*Lipowsky*, 12. Aufl., § 53d Rn. 3; *Laars* § 53d Rn. 1 jeweils zur alten Rechtslage.
[42] FKBP/*Kaulbach* § 53d Rn. 3; *Laars* § 53d Rn. 1 jeweils zur alten Rechtslage.

41 Die Obergrenze hat sich – der allgemeinen Aufgabe der Aufsichtsbehörde (§ 294 Abs. 2 S. 1 VAG) entsprechend – an den **Belangen der Versicherten** zu orientieren. Die Frage, welche Vergütung im konkreten Einzelfall noch als zulässig zu bewerten ist, kann durchaus schwierig sein.[43] Soweit ermittelbar, wird in erster Linie an Markt- oder Drittveräußerungspreise anzuknüpfen sein.[44]

42 **2. Schriftform des Vertrages (Abs. 2 S. 2).** Für die auf Grundlage von § 50 Abs. 2 S. 1 VAG geschlossenen Verträge sieht § 50 Abs. 2 S. 2 VAG ein **Schriftformerfordernis** vor. Dies ermöglicht es der Aufsichtsbehörde, die Einhaltung der inhaltlich an den Vertrag zu stellenden Anforderungen zu überwachen.[45] Gleichwohl ist das Schriftformerfordernis nicht mehr zeitgemäß und sollte de lege ferenda durch ein Textformerfordernis ersetzt werden.

43 **3. Anrechnung eines etwaigen Vorschusses (Abs. 2 S. 3).** § 50 Abs. 2 S. 3 VAG bestimmt, dass etwaige in Bezug auf einen nach Satz 1 geschlossenen Vertrag geleistete **Vorschusszahlungen** als sonstige Vergütung im Sinne des § 50 Abs. 1 VAG gelten. Es findet mithin eine **Anrechnung** des Vorschusses auf den zulässigen Höchstbetrag nach § 50 Abs. 1 VAG statt. Damit wird eine Umgehung der Provisionsbegrenzungen über diesen Weg wirksam ausgeschlossen. Denn ansonsten könnten Vorschüsse gezahlt werden für Dienstleistungen, die später nicht mehr erbracht werden, weil der Vorschuss letztlich eine kaschierte Abschlussvergütung sein sollte.

44 **4. Vergütung bei Ersparnis der Aufwendungen (Abs. 2 S. 4).** § 50 Abs. 2 S. 4 VAG legt schließlich fest, dass eine Vergütung von Leistungen oder ein sonstiger geldwerter Vorteil darüber hinaus nur dann gewährt werden darf, wenn die vereinbarten Leistungen bei dem Versicherungsunternehmen auch tatsächlich zu einer entsprechenden **Ersparnis der Aufwendungen** führen. Durch die Einbeziehung jedweder geldwerter Vorteile wird nach der Gesetzesbegründung auch die Schaffung neuer Anreizsysteme zur Umgehung der Provisionsbeschränkungen verhindert.[46] Der Nachweis solcher ersparter Aufwendungen ist durch entsprechende betriebswirtschaftliche Unterlagen zu erbringen.

45 **IV. Entgegenstehende Vereinbarung (Abs. 3).** Gemäß § 50 Abs. 3 VAG ist eine den Bestimmungen des „§ 50 Abs. 1 S. 2 bis 4 oder des Abs. 2" entgegenstehende vertragliche Vereinbarung zwischen dem Versicherungsunternehmen und dem Versicherungsvermittler **unwirksam**. Dies hat zur Folge, dass das Versicherungsunternehmen das aufgrund einer solchen Vereinbarung an den Vermittler gezahlte Entgelt gemäß § 812 Abs. 1 S. 1 Var. 1 BGB nach bereicherungsrechtlichen Grundsätzen zurückverlangen kann. Diese Norm stellt daher ein **Verbotsgesetz i. S. d. § 134 BGB** dar, da die Unwirksankeit einer entsprechenden Vereinbarung generell angeordnet wird. Dabei handelt es sich bei dem Verweis auf § 50 Abs. 1 S. 2 VAG um ein offenkundiges Redaktionsversehen, da richtigerweise auf § 50 Abs. 1 S. 1, 3 und 4 VAG hätte verwiesen werden müssen.

46 Zugleich macht diese Rechtsfolgenregelung deutlich, dass es sich letztlich bei § 50 VAG ebenso wie bei § 49 VAG um eine zivilrechtliche Norm handelt, die im Rahmen der Rechtsaufsicht überwacht wird. Bei Verstößen ist die Aufsichtsbehörde daher berechtigt, gegenüber dem Unternehmen Maßnahmen nach § 298 Abs. 1 VAG zu ergreifen.

47 Dementsprechend ist die Norm als auch zivilrechtliche Vorgabe grundsätzlich auch von Versicherungsunternehmen zu beachten, die ihren Sitz nicht in Deutschland haben. Faktisch betrifft sie aber nur Versicherungsunternehmen mit Sitz in Deutschland.[47]

48 Somit bleibt noch die **Reichweite des Verbotes** in § 50 Abs. 3 VAG zu klären. Zu denken ist etwa daran, dass ein Versicherungsunternehmen – vorab – durch eine Vereinbarung mit dem Vermittler darauf **verzichtet**, entsprechende **Ansprüche auf Rückzahlung** des Entgelts aus Bereicherungsrecht geltend zu machen. Eine entsprechende Vereinbarung wäre ein **Umgehungsgeschäft**, das als solches selbst gemäß § 134 BGB unwirksam ist, wenn damit gegen ein gesetzliches Verbot verstoßen wird. Ein Rechtsgeschäft ist also unwirksam, das einen verbotenen Erfolg durch die Verwendung von rechtlichen Gestaltungsmöglichkeiten zu erreichen sucht, die (scheinbar) nicht von der Verbotsnorm erfasst werden.[48] Vorliegend ergibt sich aus § 50 Abs. 3 VAG, dass gerade der Erfolg der § 50 Abs. 1 und 2 VAG entgegenstehenden Vereinbarungen zwischen Versicherungsvermittler und Versicherungsunternehmen unterbunden werden soll. Dieser Erfolg, nämlich das Unterbleiben vom Gesetzgeber nicht gewollter Zahlungen an Versicherungsvermittler, würde aber dann vereitelt, wenn der Versicherer auf die Geltendmachung der aus § 50 Abs. 3 VAG folgenden Bereicherungsansprüche verzichten würde. Eine entsprechende Vereinbarung, mit der der Versicherer auf die Geltendmachung von Ansprüchen aus Bereicherungsrecht gegenüber dem Vermittler verzichten würde, wäre daher ein unwirksames Umgehungsgeschäft.

---

[43] Vgl. zu § 53d VAG a. F. *Laars* § 53d Rn. 1.
[44] So zu § 53d VAG a. F. Prölss/*Lipowsky*, 12. Aufl., § 53d Rn. 9.
[45] Vgl. *Laars* § 53d Rn. 2 zum alten Recht.
[46] BT-Drs. 17/7453, 77.
[47] S. bereits Rn. 29.
[48] Vgl. allgemein zu Umgehungsgeschäften: Palandt/*Ellenberger* § 134 Rn. 28 m. w. N. auf die Rspr.

Versicherungsaufsichtsrechtlich hätte eine entgegenstehende Vereinbarung i. S. d. § 50 Abs. 3 VAG mit dem Vermittler für den Versicherer zur Folge, dass ein **Missstand** vorläge und die Versicherungsaufsichtsbehörde gegenüber dem Versicherer geeignete Maßnahmen nach § 298 Abs. 1 VAG ergreifen könnte, um den Missstand zu beseitigen. Eine mögliche Maßnahme der BaFin zur Beseitigung des Missstands wäre es etwa, die **Aufhebung der Vereinbarung** zu verlangen und dem Versicherer aufzugeben, die Rückforderung des zu viel gezahlten Entgelts gegenüber dem Vermittler durchzusetzen. 49

V. Verhältnis zu anderen Regelungen des VAG. Die Vorschrift steht insbesondere im Zusammenhang zu § 49 VAG, der mit vergleichbarer Zweckrichtung – insbesondere mit Blick auf einen effektiven Verbraucherschutz – für die substitutive Krankenversicherung eine **Stornohaftung** vorsieht. 50

Beschwerden über Versicherungsvermittler

51 [1]**Versicherungsunternehmen müssen Beschwerden über Versicherungsvermittler, die ihre Versicherungen vermitteln, beantworten.** [2]**Bei wiederholten Beschwerden, die für die Beurteilung der Zuverlässigkeit erheblich sein können, müssen sie die für die Erlaubniserteilung nach § 34d Absatz 1 Satz 1 der Gewerbeordnung zuständige Behörde davon in Kenntnis setzen.**

Übersicht

Schrifttum: Siehe die Angaben bei § 48.

I. Allgemeines. 1. Entstehungsgeschichte. § 51 VAG entspricht ohne inhaltliche Änderung dem bisherigen § 80a VAG a. F.[1] Die Regelung zum Beschwerdeverfahren wurde durch Gesetz mit Wirkung ab dem 22.5.2007[2] zur Umsetzung der **Versicherungsvermittlerrichtlinie**[3] in das VAG aufgenommen. Seither ist die Vorschrift nicht geändert worden.[4] 1

2. Normzweck. Die Norm dient dem **Verbraucherschutz**. Im Hinblick auf § 51 S. 1 VAG folgt dies aus der Versicherungsvermittler-RL, deren Erwägungsgrund 22 konstatiert, dass in den Mitgliedstaaten angemessene und wirksame Beschwerde- und Abhilfeverfahren zur Beilegung von Streitigkeiten zwischen Versicherungsvermittlern und Verbrauchern vorhanden sein müssen. Demgemäß fordert Art. 10 der Versicherungsvermittler-RL von den Mitgliedstaaten die Einrichtung von Verfahren, die es Kunden und anderen Betroffenen, insbesondere Verbraucherschutzverbänden, ermöglichen, Beschwerden über Versicherungs- und Rückversicherungsvermittler einzulegen. Art. 10 S. 2 der Versicherungsvermittler-RL sieht weiter vor, dass Beschwerden in jedem Fall zu beantworten sind. Diese Vorgaben wurden in § 51 S. 1 und 2 VAG umgesetzt.[5] 2

Ergänzend dazu will die Bestimmung des § 51 S. 2 VAG zum Schutz der Verbraucher sicherstellen, dass die für den Vermittler als Erlaubnisbehörde zuständigen Behörden von Sachverhalten Kenntnis erlangen, die eine Überprüfung der erteilten Erlaubnis und deren Widerruf erforderlich machen. 3

§ 51 VAG betrifft nur Beschwerden, die bei Versicherungsunternehmen eingehen. Daneben stehen dem betroffenen Kunden **weitere Beschwerdewege** offen. So kann er sich direkt an den Versiche- 4

[1] Begr. VAG-RegE 2014, BT-Drs. 18/2956, 254.
[2] Gesetz zur Neuregelung des Versicherungsvermittlerrechts v. 19.12.2006, BGBl. I 3232.
[3] RL 2002/92/EG v. 9.12.2002, ABl. EU 2003 L 9, 3 (Insurance Mediation Directive – IMD).
[4] Zu den im Zusammenhang mit der Umsetzung der neuen Vertriebsrichtlinie (RL (EU) 2016/97 – „IDD") in Erwartung stehenden Änderungen s. sogleich unter Rn. 2 und 21.
[5] In Umsetzung von Art. 14 S. 2 IDD wird nach dem „Gesetz zur Umsetzung der Richtlinie (EU) 2016/97 des Europäischen Parlaments und des Rates vom 20. Januar 2016 über Versicherungsvertrieb und zur Änderung weiterer Gesetze" v. 20.7.2017 (BGBl. I 2789) gemäß einem neuen § 51 S. 2 VAG-E das Recht zur Beschwerde künftig auch Verbraucherschutzverbänden zustehen.

rungsvermittler,[6] an die Industrie- und Handelskammern als Erlaubnisbehörden, die Verbraucherzentralen, den Versicherungsombudsmann oder an die BaFin wenden.[7]

5 **3. Europarechtlicher Hintergrund.** Wie oben[8] dargestellt, basiert die Regelung des § 51 S. 1 VAG auf Art. 10 der Versicherungsvermittler-RL. § 51 S. 2 VAG geht demgegenüber nicht unmittelbar aus dieser Richtlinie hervor, steht aber angesichts des Erwägungsgrundes 16 mit dieser in Einklang. Danach sind nämlich angemessene Sanktionen erforderlich, um u. a. gegen Vermittler vorgehen zu können, die den gemäß der Versicherungsvermittler-RL erlassenen innerstaatlichen Rechtsvorschriften nicht nachkommen. In Deutschland sind die Anforderungen an die Zuverlässigkeit eines Vermittlers in § 34d GewO umgesetzt worden.

6 Die Nachfolgerichtlinie zur Versicherungsvermittler-RL, die „**Richtlinie über Versicherungsvertrieb**" (Insurance Distribution Directive – IDD),[9] stellt im Hinblick auf die Beschwerderegelung in Art. 14 IDD an sich keine über das bisherige Richtlinienrecht hinausgehenden Forderungen. Da die IDD jedoch den Direktvertrieb von Versicherungsunternehmen in ihren Anwendungsbereich einbezieht, betrifft Art. 14 IDD nunmehr auch Beschwerden über Versicherungsunternehmen als „Versicherungsvertreiber" i. S. d. Art. 2 Abs. 1 Nr. 8 IDD.

7 Auch in vertragsrechtlicher Hinsicht müssen Versicherungsvermittler künftig wie bisher den Kunden vor dem Vertragsschluss die Verfahren offenlegen, die es den Kunden und anderen Betroffenen ermöglichen, Beschwerden über Versicherungsvermittler einzureichen. Dies sieht Art. 18 lit. a iii) IDD vor (vgl. bisher Art. 12 Abs. 1 lit. e) Versicherungsvermittler-RL). Für Versicherungsunternehmen gibt die Solva II-RL[10] entsprechende Informationspflichten in Art. 183 Abs. 1 (Nichtlebensversicherung) und Art. 185 Abs. 3 lit. l (Lebensversicherung) vor.

8 Die europäische Aufsichtsbehörde **EIOPA** hat für die nationalen Aufseher Leitlinien zur Beschwerdebearbeitung durch Versicherungsunternehmen[11] sowie zur Beschwerdebearbeitung durch Versicherungsvermittler[12] erlassen. Die erstgenannten Leitlinien erlangen angesichts ihrer Vorgaben für Versicherungsunternehmen auch im Rahmen von § 51 VAG mittelbar Bedeutung. Sie betreffen inhaltlich **drei Wirkungskreise**: die Etablierung des Beschwerdewesens in der Unternehmensorganisation, die Art und Weise der Beschwerdebearbeitung sowie die Berichterstattung an die nationale Aufsicht.[13] Mit dem **Ziel**, einen angemessenen Schutz der Versicherungsnehmer zu gewährleisten, wollen die Leitlinien im Hinblick auf die Bestimmungen zur Beschwerdebearbeitung für alle Versicherungsunternehmen ein Mindestmaß an aufsichtlicher Konvergenz erreichen.[14]

9 Als **Rechtsgrundlage** für die Leitlinien führt EIOPA Art. 16 der EIOPA-Verordnung[15] an.[16] In diesem Zusammenhang entzündete sich nach der Veröffentlichung der Beschwerde-Leitlinien der **Streit**, ob EIOPA auf dieser Grundlage über die aufsichtsrechtliche Kompetenz zum Erlass der Leitlinien verfügte. Dies wird vielfach zutreffend unter Hinweis auf insoweit fehlende Vorgaben der Solva II-RL oder anderer Rechtsakte zur Einrichtung eines internen Beschwerdemanagementsystems verneint.[17] Richtig ist, dass insbesondere Art. 16 Abs. 1 EIOPA-Verordnung nicht als Ermächtigungsgrundlage dienen konnte.[18] Denn die dort genannte Voraussetzung, „eine gemeinsame, einheitliche und kohärente Anwendung des Unionsrechts sicherzustellen", ist mangels entsprechenden Unionsrechts im Bereich des Beschwerdemanagements nicht erfüllt.[19] Die von EIOPA in Bezug genommenen Art. 183 und 185 Solva II-RL betreffen lediglich Informationspflichten gegenüber dem Versicherungsnehmer.[20]

10 Die von der **BaFin** erlassene „Sammelverfügung: Beschwerdemanagementfunktion und Beschwerdebearbeitung bei Versicherungsunternehmen" v. 20.9.2013 und das ergänzende Rundschreiben „3/2013

---

[6] Vgl. hierzu die EIOPA-Leitlinien zur Beschwerdebearbeitung durch Versicherungsvermittler, EIOPA-BoS-13/164.

[7] Zu den weiteren Beschwerdewegen s. 28.

[8] S. Rn. 2.

[9] RL (EU) 2016/97 v. 20.1.2016, ABl. EU 2016 L 26, 19; die IDD ist am 23.2.2016 in Kraft getreten und muss bis zum 23.2.2018 in nationales Recht umgesetzt werden; dem ist der Gesetzgeber nach Redaktionsschluss nachgekommen (BGBl. I 2789).

[10] RL 2009/138/EG v. 25.11.2009, ABl. EU 2009 L 335, 1, geändert durch die RL 2014/51/EU v. 16.4.2014, ABl. EU 2014 L 153, 1 (Omnibus II).

[11] Guidelines on Complaints-Handling by Insurance Undertakings, EIOPA-BoS-12/069 v. 14.6.2012, ergänzt durch einen Best Practices Report, EIOPA-BoS-12/070.

[12] EIOPA-BoS-13/164.

[13] So Bürkle/*Schlierenkämper* Compliance in Versicherungsunternehmen § 11 Rn. 238; s. auch die BaFin-Meldung EIOPA-Leitlinien zur Beschwerdebearbeitung: BaFin empfiehlt Unternehmen Bestandsaufnahme v. 8.5.2013, die Meldung ist abrufbar unter bafin.de.

[14] EIOPA-BoS-12/069 unter Einl. Ziff. 2.

[15] VO (EU) Nr. 1094/2010, ABl. EU 2010 L 331, 48.

[16] Vgl. EIOPA-BoS-12/069 unter Einl. Ziff. 1.: *„sowie unter Berücksichtigung von Erwägung 16 und Artikel 41, 46, 183 und 185"* der Solva II-RL.

[17] *Dreher* VersR 2013, 401, 408; *Sasserath-Alberti/Hartig* VersR 2012, 524, 531 f.; *Bürkle* VersR 2016, 2, 5.

[18] S. hierzu instruktiv den Beitrag von *Dreher* VersR 2013, 401, 407 ff.

[19] *Dreher* VersR 2013, 401, 407; *Sasserath-Alberti/Hartig* VersR 2012, 524, 531.

[20] *Sasserath-Alberti/Hartig* VersR 2012, 524, 532.

(VA) – Mindestanforderungen an die Beschwerdebearbeitung durch Versicherungsunternehmen“ v. 20.9.2013 dienen erklärtermaßen[21] dennoch (auch) der Umsetzung der Leitlinien zur Beschwerdebearbeitung durch Versicherungsunternehmen in die nationale Aufsichtspraxis.[22]

Auch insoweit bestehen Bedenken, ob diese Maßnahmen auf eine wirksame Rechtsgrundlage gestützt werden können. Diese Bedenken betreffen insbesondere den Punkt, dass unter A. lit. c) der **Sammelverfügung** angeordnet wird, dass „Erstversicherungsunternehmen im Sinne des § 110a VAG (a. F.)“ die darin enthaltenen Anforderungen zur Beschwerdebearbeitung umzusetzen haben. Damit sind Erstversicherungsunternehmen mit Sitz in einem anderen EU-/EWR-Mitgliedsstaat gemeint, die in Deutschland Versicherungsgeschäft über eine Niederlassung betreiben. Als Ermächtigungsgrundlagen für die Anordnung werden unter Gliederungspunkt A. der Sammelverfügung zum einen § 81 Abs. 2 S. 1 VAG a. F. i. V. m. § 64a Abs. 1 S. 1 bis 3 VAG a. F. sowie zum anderen § 81 Abs. 2 S. 1 VAG a. F. i. V. m. § 7 Abs. 2 VVG i. V. m. § 1 Abs. 1 Nr. 19 und 20 VVG-InfoV genannt. Beide Rechtsgrundlagen tragen die Anordnungen jedoch zumindest insoweit nicht, wie es um Erstversicherungsunternehmen mit Sitz in einem anderen **EU-/EWR-Mitgliedsstaat** geht. Nach § 110a Abs. 3 S. 1 Hs. 1 VAG a. F. obliegt der Bereich der Finanzaufsicht allein der Aufsichtsbehörde des Herkunftsstaates. Nur der verbleibende Bereich der allgemeinen Rechtsaufsicht obliegt nach § 110a Abs. 3 S. 1 Hs. 2 VAG a. F. auch der BaFin als Tätigkeitslandbehörde. Welche Vorschriften für die Aufsicht der BaFin gelten, regelt der Katalog § 110a Abs. 4 VAG a. F. Somit kommt § 81 Abs. 2 S. 1 VAG a. F. i. V. m. § 64a Abs. 1 S. 1 bis 3 VAG a. F. schon deshalb nicht als Ermächtigungsgrundlage in Betracht, weil § 64a VAG a. F. im Katalog des § 110a Abs. 4 VAG a. F. nicht genannt ist. Das entspricht auch der aktuellen Rechtslage mit Blick auf § 62 Abs. 1 VAG. Was den Verweis auf § 7 Abs. 2 VVG i. V. m. § 1 Abs. 1 Nr. 19 und Nr. 20 **VVG-InfoV** anbelangt, ist schließlich anzumerken, dass dieser dann ins Leere geht, wenn es sich um einen reinen Industrieversicherer handelt, der ausschließlich Großrisiken im Sinne des Art. 10 Abs. 1 S. 2 EGVVG a. F. (= § 210 Abs. 2 VVG) versichert.[23] Nach § 7 Abs. 5 S. 1 VVG sind die Absätze 1 bis 4 des § 7 VVG nicht auf Versicherungsverträge über Großrisiken anwendbar. Weiter ist in Bezug auf § 1 Abs. 1 Nr. 19 VVG-InfoV anerkannt, dass sich die dort genannten „außergerichtlichen Beschwerde- und Rechtsbehelfsverfahren“ auf formalisierte Verfahren unter Beteiligung von Personen außerhalb des Versicherers beziehen, d. h. in erster Linie auf die Möglichkeit des Versicherungsnehmers, den Versicherungsombudsmann anzurufen.[24] Ein Beschwerdeverfahren, bei dem die Beschwerdebearbeitung durch Versicherer selbst erfolgt, ist damit also nicht gemeint. Dies ergibt sich unmittelbar auch aus der Begründung zur VVG-InfoV.[25] Danach ist dem Gesetzgeber im Rahmen von § 1 Abs. 1 Nr. 19 VVG-InfoV besonders an einem Hinweis darauf gelegen, dass die Inanspruchnahme des außergerichtlichen Beschwerde- und Rechtsbehelfsverfahrens die Möglichkeit des Versicherungsnehmers, den Rechtsweg zu beschreiten, unberührt lässt. Dadurch soll etwaigen Fehlvorstellungen vorgebeugt und die Bereitschaft zur vorrangigen Inanspruchnahme außergerichtlicher Rechtsbehelfe gefördert werden. Derartige Fehlvorstellungen sind bei einem Beschwerdeverfahren, bei dem nur der Versicherer, nicht aber eine neutrale Instanz als Schlichter bzw. Richter tätig ist, von vorneherein nicht denkbar. Kein Versicherungsnehmer würde sich durch die Einlegung einer Beschwerde beim Versicherer daran gehindert sehen, seine Rechte gerichtlich durchzusetzen. Weiter trägt auch der Verweis auf § 1 Abs. 1 Nr. 20 VVG-InfoV nicht. Danach hat der Versicherer dem Versicherungsnehmer Name und Anschrift der zuständigen Aufsichtsbehörde mitzuteilen. Jedoch gilt die Vorschrift nur innerhalb des Anwendungsbereichs des § 7 Abs. 2 VVG, der bei Großrisikoverträgen von Gesetzes wegen ausgeschlossen ist (§ 7 Abs. 5 S. 1 VVG). Aber selbst wenn der Anwendungsbereich des § 7 Abs. 2 VVG i. V. m. § 1 Abs. 1 Nr. 20 VVG-InfoV eröffnet wäre, ermächtigte ein (unterstellter) Verstoß gegen diese bloße Mitteilungspflicht nicht dazu, die Einrichtung einer Beschwerdemanagementfunktion nebst Berichterstattung gegenüber der BaFin nach Maßgabe der Sammelverfügung zu verlangen. Dies wäre unverhältnismäßig. 11

Dasselbe gilt auch für das **Rundschreiben 3/2013 (VA)** – Mindestanforderungen an die Beschwerdebearbeitung durch Versicherungsunternehmen. Es bezieht sich ausweislich des Gliederungspunkts A. lit. c) ebenfalls auf „Erstversicherungsunternehmen im Sinne des § 110a VAG (a. F.)“ und stützt sich ausweislich des Gliederungspunkts B. 1. ebenfalls auf § 64a VAG a. F. sowie auf § 7 Abs. 2 VVG i. V. m. der VVG-InfoV. 12

Dementsprechend sind auch verschiedene **Widerspruchsverfahren** gegen diese Maßnahmen anhängig.[26] Im Rahmen dieser Verfahren hat die BaFin Art. 16 Abs. 3 EIOPA-Verordnung als weitere Rechtsgrundlage angeführt.[27] Auch das ändert aber nichts an der fehlenden Rechtsgrundlage. Richtig 13

---

21 Vgl. jeweils unter A.

22 Beide Dokumente sind abrufbar auf der Homepage der BaFin unter www.bafin.de; zur weiteren Grundlage zum Erlass von Verfügung und Rundschreiben s. sogleich unter Rn. 11.

23 So auch BaFin-Journal 11/2015, 21. Danach muss ein Versicherer, der ausschließlich Großrisiken versichert, keinen Beschwerdebericht vorlegen.

24 S. z. B. Looschelders/Pohlmann/*Schäfers* § 1 VVG-InfoV Rn. 44 f. sowie HK-VVG/*Baroch Castellví* § 1 VVG-InfoV Rn. 51 f.

25 Abgedruckt in VersR 2008, 183.

26 BaFin-Journal 11/2015, 22.

27 So auch bereits früher; vgl. BaFin-Journal 10/2013, S. 5.

ist, dass die nationalen Aufsichtsbehörden danach zwar alle erforderlichen Anstrengungen zu unternehmen haben, um EIOPA-Leitlinien umzusetzen. Diese Anstrengungen haben sich aber – und dies schon von Verfassungs wegen (Art. 20 Abs. 3 GG) – an den gesetzlichen Rahmen zu halten. Art. 16 Abs. 3 EIOPA-VO nimmt die nationalen Aufsichtsbehörden mithin einzig im Rahmen der ihnen eröffneten gesetzlichen Möglichkeiten in die Pflicht. Soweit die nationalen Aufsichtsbehörden qua gesetzlicher Ermächtigung in der Lage sind, die Umsetzung der EIOPA-Leitlinien zu fördern, haben sie diese gesetzlichen Möglichkeiten auszunutzen. Eine eigene Ermächtigungsgrundlage für nationales Verwaltungshandeln gibt Art. 16 Abs. 3 EIOPA-VO indes nicht.

14 Darüber hinaus entfalten **EIOPA-Leitlinien** mangels Rechtssetzungsqualität auch **keine rechtliche Bindungswirkung**.[28] Freilich wird vertreten, dass die BaFin „de facto" weitgehend an Leitlinien und Empfehlungen von EIOPA gebunden ist.[29] So liest sich auch die Gesetzesbegründung zum VAG, nach der die BaFin „wenn auch nicht de lege so doch de facto verpflichtet [ist], sich an Leitlinien der Europäischen Aufsichtsbehörde zu halten, sofern keine zwingenden Gründe – wie etwa nationale Rechtsvorschriften – entgegenstehen"[30].

15 Die Widerspruchsverfahren ruhen derzeit faktisch mit Blick auf laufende Verhandlungen auf internationaler Ebene. Zwischen den Aufsichtsbehörden verschiedener europäischer Staaten ist der Geltungsbereich der Sammelverfügung nämlich mit Blick auf den jährlich bei der BaFin einzureichenden **Beschwerdebericht strittig**. So vertreten laut BaFin die Behörden einiger Länder – etwa Liechtenstein, Luxemburg, Österreich und Polen – die Auffassung, dass die bei ihnen ansässigen Unternehmen einen Bericht über eingehende Beschwerden auch hinsichtlich der Geschäfte in Deutschland nicht an die BaFin, sondern an die Aufsichtsbehörde des jeweiligen Heimatlandes erstatten müssen (heimatlandbezogener Ansatz).[31] Die BaFin selbst vertrete demgegenüber einen marktbezogenen Ansatz, wonach die Versicherer der Behörde des Landes, in dem sie tätig sind, Sachverhalte melden müssen, die diesen Markt betreffen (Incoming-Business-Ansatz).[32] Damit dürfte sich die BaFin auf einer Linie mit der Vorstellung EIOPAs befinden. Denn in der Einleitung zu den EIOPA-Leitlinien zur Beschwerdebearbeitung findet sich der Hinweis, dass zum Zuständigkeitsbereich der für die Überwachung der Beschwerdebearbeitung zuständigen Aufsichtsbehörde auch die Fälle gehören, in denen sie die Beschwerdebearbeitung gemäß EU-Recht und nationalem Recht überwacht, wenn diese Unternehmen im Rahmen der Dienstleistungsfreiheit oder der Niederlassungsfreiheit in ihrem Zuständigkeitsbereich unternehmerisch tätig sind.[33]

16 Richtig ist eine **Kombination beider Ansätze**. Die eigentliche Beschwerdebearbeitung sollte im Tätigkeitsland erfolgen. Von dort sollte zu der zentralen Beschwerdemanagementfunktion im Sitzland berichtet und dort der Beschwerdebericht für das gesamte Unternehmen erstellt und der Sitzlandbehörde zugeleitet werden. Diese sollte dann den Teil eines Berichts, der sich auf das Tätigkeitsland bezieht, der Tätigkeitslandbehörde zur Verfügung stellen. So wird die Beschwerdebearbeitung einerseits zentralisiert und andererseits eine Zusammenarbeit der verschiedenen nationalen Aufsichtsbehörden gefördert.

17 In nationaler Sicht hat der Gesetzgeber bereits reagiert und § 51 VAG in den Katalog des § 62 Abs. 1 S. 2 Nr. 3 VAG aufgenommen und damit den Weg für eine ausreichende Ermächtigungsgrundlage geebnet.

18 Die vorstehenden Diskussionen über eine ausreichende Ermächtigungsgrundlage haben im Übrigen keinen Versicherer davon abgehalten, zwischenzeitlich ein ordnungsgemäßes Beschwerdemanagement entsprechend den EIOPA- und BaFin-Vorgaben zu etablieren,[34] dessen rechtlicher Rahmen im Folgenden dargestellt wird.

19 **II. Beschwerden über Versicherungsvermittler (S. 1). 1. Inhalt der Norm.** § 51 S. 1 VAG verpflichtet die Versicherungsunternehmen, eingehende Beschwerden über Versicherungsvermittler, die ihre Versicherungen vermitteln, zu beantworten. Dabei kommt es nicht darauf an, in welcher Funktion der Vermittler die Versicherungen des Unternehmens vermittelt.[35] Es muss sich also nicht etwa um einen Ausschließlichkeitsvertreter handeln. Ebenfalls ohne Bedeutung ist, in welchem Stadium der Vertragsverhandlungen sich der Kunde zu einer Beschwerde veranlasst sieht.[36] Es kommt auch nicht auf den **Gegenstand** der Beschwerde an. Es spielt mithin keine Rolle, ob sich die Beschwerde auf die Vermitt-

[28] *Bürkle* VersR 2016, 2, 4 f.; *Dreher* VersR 2012, 933, 936.
[29] *Armbrüster* r+s 2015, 425 unter Hinweis auf Begr. VAG-RegE 2014, BT-Drs. 18/2956, 296 zu § 329 VAG.
[30] Begr. VAG-RegE 2014, BT-Drs. 18/2956, 296 zu § 329 VAG; krit. *Dreher* Stellungnahme für den Finanzausschuss des Deutschen Bundestags zu der öffentlichen Anhörung zum VAG-RegE, abrufbar unter bundestag.de (S. 6).
[31] BaFin-Journal 11/2015, 22.
[32] BaFin-Journal 11/2015, 21.
[33] EIOPA-BoS-12/069, Einl. Ziff. 5.
[34] Vgl. BaFin Journal 11/2015, 22.
[35] FKBP/*Kaulbach* § 80a Rn. 1 zur insoweit gleichen alten Rechtslage.
[36] Vgl. FKBP/*Kaulbach* § 80a Rn. 1 zum inhaltsgleichen alten Recht.

lungstätigkeit selbst bezieht oder ob es um die Zuverlässigkeit, die geordneten Vermögensverhältnisse oder die Fachkunde des Vermittlers geht.[37]

a) Begriff der Beschwerde. Für den **Begriff der Beschwerde** findet sich im VAG keine Legaldefinition. Die europäische Aufsichtsbehörde EIOPA versteht im Rahmen ihrer Leitlinien zur Beschwerdebearbeitung unter einer Beschwerde eine „von einer Person gegenüber einem Versicherungsunternehmen geäußerte Unzufriedenheit im Hinblick auf den Versicherungsvertrag oder eine ihr gebotene Dienstleistung."[38] 20

Die BaFin hat diese sehr weite[39] Definition übernommen, wobei sie hierzu in Abweichung der EIOPA-Leitlinien *ausdrücklich* die an Versicherungsunternehmen gerichteten Beschwerden mit **Vermittlerbezug** zählt.[40] Angesichts des etablierten Vermittlerbegriffs, der im Aufsichtsrecht wie im Versicherungsvertragsrecht (§ 59 Abs. 1 VVG) sowohl Versicherungsvertreter als auch Versicherungsmakler erfasst,[41] sind dementsprechend Beschwerden über beide Personengruppen angesprochen.[42] Dies ist nicht nur aus Verbrauchersicht sinnvoll, da die Sicherstellung der Qualität des gesamten Vertriebs auch im Interesse der Versicherungsunternehmen und des Versicherungsvertriebs liegt.[43] In diesem Zusammenhang ist darauf hinzuweisen, dass das Beschwerdeverfahren im Versicherungsunternehmen auch für die **Ausrichtung des Compliance-Systems** für den Bereich Vertrieb eine Rolle spielt.[44] 21

Die Einordnung als Beschwerde richtet sich nach materiellen Aspekten. Die BaFin weist explizit darauf hin, dass die Beschwerde nicht als solche überschrieben sein muss, um als solche zu gelten.[45] Die Beschwerde sei insbesondere von der Schadenbearbeitung sowie von einfachen Ersuchen um Vertragserfüllung, Informationen oder Klärung **abzugrenzen**.[46] Die Abgrenzung kann sich jedoch im Einzelfall schwierig gestalten, beispielsweise wenn der Kunde im Rahmen einer sachlichen Nachfrage beiläufig erwähnt, mit der bisherigen Schadenregulierung unzufrieden zu sein.[47] Aus diesem Grund hilft ihm die seitens der BaFin eingeräumte Möglichkeit,[48] im Rahmen der vorgeschriebenen **internen Leitlinien zur Beschwerdebearbeitung**[49] eine unternehmensindividuelle Interpretation des Beschwerdebegriffs vorzunehmen, weiter.[50] Denn so ist es den Unternehmen möglich, für den internen Gebrauch eine praxisnahe Definition festzulegen.[51] 22

Die Auswertung der von den Unternehmen erstmals im Jahr 2015 bei der BaFin eingereichten Beschwerdeberichte[52] bezogen sich insbesondere wegen fehlender Vergleichswerte vordergründig auf die Prüfung, ob und inwiefern die Versicherungsunternehmen überhaupt ein angemessenes Beschwerdemanagement etabliert haben.[53] Laut BaFin sei im Ergebnis die Annahme bestätigt worden, dass die Versicherer – wie oben[54] bereits erwähnt – grundsätzlich eine funktionierende Beschwerdebearbeitung betreiben.[55] 23

b) Beantwortung der Beschwerde. Im Hinblick auf die vorgeschriebene **Antwort** des Versicherungsunternehmens formuliert § 51 S. 1 VAG ebenfalls keine näheren Anforderungen. 24

[37] FKBP/*Kaulbach* § 80a Rn. 1 zum alten Recht.
[38] EIOPA-LL zur Beschwerdebearbeitung durch Versicherungsunternehmen, EIOPA-BoS-12/069 DE, S. 3 f.
[39] Vgl. hierzu die Kritik des GDV, der u. a. (vergeblich) dafür plädierte, die Datenschutzbeschwerde aus dem Beschwerdebegriff auszunehmen, Stellungnahme v. 9.8.2013 zur BaFin-Konsultation 16/2013; VA 43 – I 2512 – 2013/0007, S. 5 f., abrufbar unter bafin.de.
[40] Rundschreiben 3/2013 (VA) – Mindestanforderungen an die Beschwerdebearbeitung durch Versicherungsunternehmen, unter B.1.a).
[41] S. § 48 Rn. 27.
[42] Das nach Redaktionsschluss verabschiedete IDD-Umsetzungsgesetz v. 20.7.2017 (BGBl. I 2789) sieht in § 51 S. 1 VAG eine Erweiterung des Anwendungsbereichs auf Beschwerden von Kunden über „andere Versicherungsunternehmen" vor.
[43] Vgl. Stellungnahme des GDV v. 9.8.2013 zur BaFin-Konsultation 16/2013; VA 43 – I 2512 – 2013/0007, S. 6, abrufbar unter bafin.de.
[44] Bürkle/*Schlierenkämper* Compliance in Versicherungsunternehmen § 11 Rn. 238.
[45] Rundschreiben 3/2013 (VA) – Mindestanforderungen an die Beschwerdebearbeitung durch Versicherungsunternehmen, unter B.1.a).
[46] Rundschreiben 3/2013 (VA) – Mindestanforderungen an die Beschwerdebearbeitung durch Versicherungsunternehmen, unter B.1.a).
[47] *Fleck/Herrig* ZfV 2015, 88, 89.
[48] Rundschreiben 3/2013 (VA) – Mindestanforderungen an die Beschwerdebearbeitung durch Versicherungsunternehmen, unter B.2.a).
[49] Rundschreiben 3/2013 (VA) – Mindestanforderungen an die Beschwerdebearbeitung durch Versicherungsunternehmen, unter B.2.
[50] A. A. *Fleck/Herrig* ZfV 2015, 88, 89; Stellungnahme des GDV v. 9.8.2013 zur BaFin-Konsultation 16/2013; VA 43 – I 2512 – 2013/0007, S. 4, abrufbar unter bafin.de.
[51] Vgl. auch Stellungnahme des GDV v. 9.8.2013 zur BaFin-Konsultation 16/2013; VA 43 – I 2512 – 2013/0007, S. 4, abrufbar unter bafin.de.
[52] Zum Beschwerdebericht s. Rn. 38 ff.
[53] Vgl. BaFin Journal 11/2015, 22.
[54] Rn. 18.
[55] Vgl. BaFin Journal 11/2015, 22.

24a Dies wird sich mit Inkrafttreten des IDD-Umsetzungsgesetzes[56] jedenfalls im Hinblick auf den **Adressaten der Antwort** insoweit ändern, als künftig ausdrücklich Beschwerden „von Kunden" angesprochen sind. Dies deckt sich weitgehend mit dem bisherigen Verständnis der Norm, wobei die BaFin von einem sehr **weiten Begriff des Beschwerdeführers** ausgeht. Nach ihrer Auffassung gilt als Beschwerdeführer „eine Person, die mutmaßlich einen Anspruch darauf hat, dass ein Versicherungsunternehmen ihre Beschwerde prüft, und die bereits eine Beschwerde eingereicht hat"[57]. Wann einer Person ein solcher Anspruch mutmaßlich zusteht, führt die BaFin dabei nicht aus. Sie nennt aber folgende **Beispiele**:

- ein (potentieller) Versicherungsnehmer,
- ein Versicherter,
- ein Begünstigter,
- ein geschädigter Dritter.[58]

24b Diesen Beispielen ist **zum einen** zu entnehmen, dass aus Sicht der BaFin nicht nur Berechtigte aus einem **bestehenden Versicherungsvertrag** unter den Begriff der „Anspruchsinhaber" fallen, sondern dass etwa auch **vorvertraglicher Kundenkontakt** umfasst ist. Dies ist insbesondere vor dem Hintergrund sinnvoll, dass die Beratung durch einen Vermittler häufig auf vorvertraglicher Ebene stattfindet und der Anlass zu einer Beschwerde schon während dieses Kontakts entstehen kann. Dass die BaFin bislang auch **„geschädigte Dritte"** als Beispiel für einen Beschwerdeführer angeführt hat, geht indes jedenfalls mit Blick auf das IDD-Umsetzungsgesetz und den dort verwendeten Begriff des „Kunden" künftig zu weit.

24c **Zum anderen** folgt aus der weiten Definition der BaFin, dass Beschwerdeführer sowohl **natürliche Personen** als auch **juristische Personen** sein können. In diesem Zusammenhang erlangen auch die europarechtlichen Vorgaben der **IDD** Bedeutung. So tritt in Umsetzung von Art. 14 S. 1 der IDD am 23.2.2018 ein neuer **§ 51 S. 2 VAG** in Kraft, der klarstellt, dass auch **Verbraucherschutzverbände** zu den Beschwerdeberechtigten zählen. Gemäß Art. 14 S. 2 IDD ist dem Beschwerdeführer „in jedem Fall" eine Antwort zu erteilen.

25 **Inhaltlich** wird dem Verbraucherschutzzweck allerdings nicht bereits dadurch hinreichend Rechnung getragen, dass der Versicherer den Eingang der Beschwerde bestätigt und mitteilt, diese zur Kenntnis genommen zu haben.[59] Sachgerecht ist vielmehr nur, wenn der Versicherer dem Kunden auch eine inhaltliche, möglichst abschließende Antwort erteilt.[60]

26 Vorab ist eine vollständige **Sachverhaltsaufklärung**, ggf. durch das Anstellen von Nachforschungen, erforderlich.[61] Insoweit hat sich der Versicherer laut BaFin darum zu bemühen, sämtliche relevanten Beweismittel und Informationen bezüglich der Beschwerde zusammenzutragen und zu prüfen.[62]

27 Um dem Ziel eines angemessenen Beschwerdemanagements gerecht zu werden, sollte zudem in der Antwort selbst zum Ausdruck kommen, dass eine Auseinandersetzung mit der Beschwerde stattgefunden hat. Dies erfordert insbesondere bei einer (teilweise) ablehnenden Antwort regelmäßig eine **Begründung** der Entscheidung.[63]

28 Weiterhin muss im Rahmen einer endgültigen negativen Antwort eine Art **„Rechtsbehelfsbelehrung"** erteilt werden. Der Versicherer hat auf diesem Wege zu erläutern, dass der Beschwerdeführer bspw. die Möglichkeit hat, die Beschwerde bei einer Ombudsstelle, der BaFin oder im Rahmen alternativer Streitbeilegungsverfahren aufrechtzuerhalten.[64] Dabei sollten die Angaben mit Blick auf den Verbraucherschutzgedanken des Beschwerdeverfahrens serviceorientiert sein und etwa die Postanschrift der BaFin vorhalten.[65] Demgegenüber darf der Versicherer keineswegs eine Frist setzen, innerhalb derer die Aufrechterhaltung nur möglich sein soll. Denn die Weiterverfolgung der Beschwerde kann mangels Fristgebundenheit jederzeit erfolgen.[66]

---

[56] Gesetz vom 20.7.2017 (BGBl. 2017 I 2789). Die Änderungen des § 51 VAG treten am 23.2.2018 in Kraft.
[57] BaFin Rundschreiben 3/2013 (VA), Mindestanforderungen an die Beschwerdebearbeitung durch Versicherungsunternehmen, unter B. I.b).
[58] BaFin Rundschreiben 3/2013 (VA), Mindestanforderungen an die Beschwerdebearbeitung durch Versicherungsunternehmen, unter B. I.b).
[59] So aber FKBP/*Kaulbach* § 80a Rn. 1, allerdings noch zur alten Rechtslage.
[60] Dies hält die BaFin für geboten, vgl. ihr Rundschreiben 10/2014 (VA) – Zusammenarbeit mit Versicherungsvermittlern, Risikomanagement im Vertrieb, unter B. IV.1.
[61] BaFin Rundschreiben 10/2014 (VA) – Zusammenarbeit mit Versicherungsvermittlern, Risikomanagement im Vertrieb, unter B. IV.1.
[62] BaFin Rundschreiben 3/2013 (VA), Mindestanforderungen an die Beschwerdebearbeitung durch Versicherungsunternehmen, unter B.8.a).
[63] Vgl. BaFin Rundschreiben 3/2013 (VA), Mindestanforderungen an die Beschwerdebearbeitung durch Versicherungsunternehmen, unter B.8.d); s. Beispiele bei *Fleck/Herrig* ZfV 2015, 88, 92.
[64] BaFin Rundschreiben 3/2013 (VA), Mindestanforderungen an die Beschwerdebearbeitung durch Versicherungsunternehmen, unter B.8.d).
[65] Vgl. *Fleck/Herrig* ZfV 2015, 88, 92.
[66] *Fleck/Herrig* ZfV 2015, 88, 92.

Im Rahmen des ersten Beschwerdeberichtsjahres 2015 kam die BaFin zu dem Schluss, dass die Versicherer die eingehenden Beschwerden insgesamt – das heißt nicht nur solche mit Vermittlerbezug – angemessen beantwortet haben, da nur weniger als 5 Prozent der Unternehmensbeschwerden zu Beschwerden bei der BaFin erwuchsen.[67] 29

Im Hinblick auf die **Form** der Antwort existieren ebenfalls keine zwingenden Vorgaben. Lediglich für den Fall, dass der Beschwerdeführer dies bei einer seinem Begehren nicht (vollständig) entsprechenden Entscheidung wünscht, erwartet die BaFin eine schriftliche Antwort („soll").[68] Der Versicherer hat bei der Beantwortung aber in allen Fällen stets auf eine klare, eindeutig verständliche Sprache zu achten.[69] 30

Im Fall einer entstandenen **Verzögerung** der Bearbeitung ist dem Beschwerdeführer unter Angabe der Gründe in adäquater Weise mitzuteilen, wann die Prüfung der Beschwerde voraussichtlich abgeschlossen sein wird.[70] 31

2. Beschwerdemanagementfunktion. Nach der eingangs erwähnten Sammelverfügung der BaFin haben Versicherungsunternehmen in Umsetzung der EIOPA-Leitlinien seit dem 1.1.2014 innerhalb ihrer Geschäftsorganisation eine **Beschwerdemanagementfunktion** einzurichten.[71] Allerdings hatten Unternehmen bereits zuvor weitgehend – schon aus ureigenem Interesse[72] – eine der Beschwerdemanagementfunktion entsprechende Einheit etabliert.[73] Allerdings darf nicht übersehen werden, dass die EIOPA-Leitlinien und damit auch die Vorgaben der BaFin aufgrund der detaillierten Vorgaben zum Beschwerdemanagement sehr weit in die Organisationsfreiheit der Unternehmen eingreifen,[74] was angesichts der fehlenden Rechtsgrundlage umso bedenklicher ist. 32

Die BaFin stützt die Forderung zur Einrichtung der Beschwerdemanagementfunktion zwar auch auf die entsprechenden Vorgaben der genannten EIOPA-Leitlinien zur Beschwerdebearbeitung, deren rechtliche Grundlage – wie oben erwähnt[75] – zu Recht bezweifelt wird. Insoweit macht es die Bezugnahme der BaFin auf das nach § 64a VAG a. F. vorausgesetzte, ordnungsgemäße Risikomanagement eines Unternehmens nicht leichter, die Beschwerdemanagementfunktion systematisch zuzuordnen. Mit Blick auf die Neuordnung der Geschäftsorganisation unter Solvency II nehmen die EIOPA-Leitlinien dagegen Bezug auf das **interne Kontrollsystem**, freilich ohne dies näher zu erläutern.[76] Die Hervorhebung des Wortes „zumindest" bei der Wiedergabe des Textes von Art. 46 Abs. 1 Solva II-RL zur Umschreibung des internen Kontrollsystems deutet jedoch darauf hin, dass EIOPA das Beschwerdemanagement dem Organisationsbereich der Compliance-Funktion zuordnen will, was im Ergebnis richtig ist. Denn durch die Beschwerdebearbeitung kann rechtmäßiges Verhalten sichergestellt werden. 33

Nach der Sammelverfügung der BaFin ist es **Aufgabe der Beschwerdemanagementfunktion**, alle eingehenden Beschwerden zu untersuchen sowie mögliche Interessenkonflikte zu identifizieren und diese künftig bestmöglich zu vermeiden bzw. zu managen.[77] Die Beschwerdemanagementfunktion übt insoweit **Überwachungsaufgaben** im Sinne einer internen Qualitäts- und Controllingfunktion aus.[78] In diesem Zusammenhang verlangt die BaFin, dass die Unternehmen „geeignete Vorkehrungen" treffen, um bei Beschwerden über Versicherungsvermittler personelle bzw. sachliche „Beschwerdeschwerpunkte" zu erkennen, d. h. insbesondere, ob sich Beschwerden bzgl. bestimmter Vermittler häufen bzw. ob den Beschwerden vergleichbare Sachverhalte zugrunde liegen.[79] Die Identifizierung wiederholter Verstöße ist vor allem mit Blick auf § 51 S. 2 VAG zwingend erforderlich. 34

Die **Beschwerdebearbeitung** selbst ist grundsätzlich nicht originärer Gegenstand des Aufgabenbereichs der Beschwerdefunktion.[80] Zur Vermeidung von Interessenkonflikten kann es allerdings sachdienlich und im Einzelfall sogar notwendig sein, dass die Bearbeitung nicht durch denjenigen erfolgt, der die Beschwerde selbst hervorgerufen hat, sondern dass sich ein sachlich neutraler Mitarbeiter mit der 35

---

[67] BaFin-Journal 11/2015, 22.

[68] BaFin Rundschreiben 3/2013 (VA), Mindestanforderungen an die Beschwerdebearbeitung durch Versicherungsunternehmen, unter B.8.d).

[69] BaFin Rundschreiben 3/2013 (VA), Mindestanforderungen an die Beschwerdebearbeitung durch Versicherungsunternehmen, unter B.8.b).

[70] BaFin Rundschreiben 3/2013 (VA), Mindestanforderungen an die Beschwerdebearbeitung durch Versicherungsunternehmen, unter B.8.c).

[71] BaFin Sammelverfügung: Beschwerdemanagementfunktion und Beschwerdebearbeitung bei Versicherungsunternehmen, unter A.1.

[72] *Fleck/Herrig* ZfV 2015, 88.

[73] Vgl. Stellungnahme des GDV v. 9.8.2013 zur BaFin-Konsultation 16/2013; VA 43 – I 2512 – 2013/0007, S. 3 „gängige Praxis", abrufbar unter bafin.de.

[74] In Bezug auf die Beschwerdeleitlinien der EIOPA s. ausführlich *Dreher* VersR 2013, 401, 408.

[75] S. Rn. 9 ff.

[76] EIOPA-BoS-12/069 unter Einl. 1.1.

[77] BaFin Sammelverfügung: Beschwerdemanagementfunktion und Beschwerdebearbeitung bei Versicherungsunternehmen, unter A.1.

[78] Vgl. *Fleck/Herrig* ZfV 2015, 88, 90 a. E.

[79] BaFin Rundschreiben 10/2014 (VA) – Zusammenarbeit mit Versicherungsvermittlern, Risikomanagement im Vertrieb, unter B. IV.1.

[80] Vgl. *Fleck/Herrig* ZfV 2015, 88, 90 a. E.

Beschwerde befasst.[81] Unter Hinweis auf die Erzielung von Synergieeffekten wird daher vorgeschlagen, die gesamte Bearbeitung bei der Beschwerdemanagementfunktion anzusiedeln.[82] Dabei bleibt aber außer Acht, dass dann die Verwaltungsaufwände durch die vollständige Zweitbearbeitung steigen. Daher ist es zielführend und mit rechtsstaatlichen Grundsätzen auch zu fordern, wenn der die Beschwerde hervorgerufene Mitarbeiter sich zum Vorgang äußert und dann ein neutraler Mitarbeiter auf Basis der Beschwerde und der Stellungnahme des Mitarbeiters über die Begründetheit der Beschwerde entscheidet – ggf. nach Vornahme eigener Ermittlungen, wenn Unklarheiten verbleiben.

36 **Ziel der Beschwerdemanagementfunktion** ist es laut BaFin zum einen, Risiken in dem betroffenen Bereich rechtzeitig zu erkennen. Zum anderen soll eine angemessene, transparente und zeitgerechte Beschwerdebearbeitung sichergestellt werden.[83] Darüber hinaus sollen intern festzulegende **Leitlinien** unter anderem Bearbeitungsfristen und Maßstäbe für eine rechtlich korrekte und faire Behandlung der Beschwerdeführer vorsehen.[84]

37 Im Hinblick auf die innere **Organisation der Funktion** „sollten" nach Auffassung der BaFin die Unternehmen **mindestens eine erfahrene Person** auswählen, die möglichst direkt unterhalb der Geschäftsleiterebene für die ordnungsgemäße Wahrnehmung ihrer Aufgaben im Rahmen der Beschwerdebearbeitung **verantwortlich** ist.[85] Diese detaillierte Forderung ist mit Blick auf die unternehmerische Organisationsfreiheit eines Versicherungsunternehmens zu weitgehend. Abgesehen von den unter Solvency II geltenden Vorgaben ist die Zuständigkeitsverteilung innerhalb des Unternehmens allein dem Vorstand überlassen.[86] Darüber hinaus wird je nach Unternehmensgröße und Beschwerdeaufkommen zu entscheiden sein, ob eine eigene Beschwerdeabteilung eingerichtet werden sollte oder ob es genügt, wenn die Funktionsaufgaben von einem bestimmten Mitarbeiterkreis zusätzlich neben den bisherigen Aufgaben wahrgenommen werden.[87]

38 **3. Beschwerdebericht.** Zwecks Überwachung des Beschwerdewesens durch die Aufsichtsbehörde hat das Unternehmen zudem einmal jährlich zum 1. März[88] für das vergangene Kalenderjahr einen **Beschwerdebericht** bei der BaFin einzureichen, der unter Angabe der Definitionen der Begriffe „Beschwerde" und „Beschwerdeführer" Informationen über die Anzahl der Beschwerden, deren Bearbeitungsstand und -dauer, die Beschwerdegründe mit Angabe der Fallzahlen und die Erfolgsquote enthält.[89] Dies setzt notwendigerweise eine unternehmensinterne **Registrierung** aller eingehenden Beschwerden voraus, die in einem funktionierenden Beschwerdemanagement ohnehin zu fordern ist.[90]

39 Kritisch ist allerdings der Umstand zu beurteilen, dass bei Beschwerden mit Vermittlerbezug auch die Angaben zu **Versicherungsmaklern** in den Jahresbericht des Unternehmens aufzunehmen sind, obgleich ein Versicherungsmakler grundsätzlich die Interessen des Versicherungsnehmers wahrnimmt.[91] Insoweit bestehen Bedenken mit Blick auf die Transparenz des Beschwerdeberichts, der bei Beschwerden über Versicherungsmakler nicht zwingend ein dem Versicherer zurechenbares Verhalten widerspiegelt.[92] Bei diesen Bedenken ist zu berücksichtigen, dass nur auf diese Weise ermittelt werden kann, ob ein Versicherungsmakler seinen Aufgaben gerecht wird.

40 Die BaFin erwartet darüber hinaus, dass Versicherungsunternehmen ihre „Einflussmöglichkeiten nutzen", um auch über Beschwerden Kenntnis zu erlangen, die bei ihren **gebundenen Vermittlern** eingehen.[93] Diese die Vertreter erreichenden Beschwerden seien ebenfalls in das unternehmensinterne Beschwerdesystem aufzunehmen.[94] Ziel sei es nämlich, eine umfassende Beschwerdebearbeitung zu gewährleisten. Diesem Ziel würde indes ggf. bereits durch eine Vereinbarung zwischen Versicherer und

[81] *Fleck/Herrig* ZfV 2015, 88, 91.

[82] *Fleck/Herrig* ZfV 2015, 88, 91.

[83] Vgl. BaFin Sammelverfügung: Beschwerdemanagementfunktion und Beschwerdebearbeitung bei Versicherungsunternehmen, unter A. Begründung.

[84] BaFin Rundschreiben 3/2013 (VA) – Mindestanforderungen an die Beschwerdebearbeitung durch Versicherungsunternehmen, unter B.2.b).

[85] BaFin Rundschreiben 3/2013, unter B.3; s. auch Best Practice Report, EIOPA-BoS-12/070, S. 3.

[86] S. in Bezug auf die EIOPA-Leitlinien *Dreher* VersR 2013, 401, 408.

[87] *Fleck/Herrig* ZfV 2015, 88.

[88] BaFin Sammelverfügung: Beschwerdemanagementfunktion und Beschwerdebearbeitung bei Versicherungsunternehmen, unter A.2; die Berichterstattung fand erstmalig zum 1.3.2015 statt; zu den ersten Praxiserfahrungen aus aufsichtsbehördlicher Sicht vgl. BaFin Journal 11/2015, S. 20.

[89] BaFin Sammelverfügung: Beschwerdemanagementfunktion und Beschwerdebearbeitung bei Versicherungsunternehmen unter A.2.

[90] Die BaFin stellt bestimmte Anforderungen an die Erfassung, vgl. Rundschreiben 3/2013 (VA) – Mindestanforderungen an die Beschwerdebearbeitung durch Versicherungsunternehmen, unter B.4.

[91] Stellungnahme des GDV v. 9.8.2013 zur BaFin-Konsultation 16/2013; VA 43 – I 2512 – 2013/0007, S. 6, abrufbar unter bafin.de.

[92] Stellungnahme des GDV v. 9.8.2013 zur BaFin-Konsultation 16/2013; VA 43 – I 2512 – 2013/0007, S. 2, 6, abrufbar unter bafin.de.

[93] BaFin Rundschreiben 3/2013 (VA) – Mindestanforderungen an die Beschwerdebearbeitung durch Versicherungsunternehmen, unter B.5.

[94] BaFin Rundschreiben 3/2013 (VA) – Mindestanforderungen an die Beschwerdebearbeitung durch Versicherungsunternehmen, unter B.5.

Vertreter genüge getan, wonach Letzterer die Beschwerde an das Unternehmen nur weiterleiten muss, wenn er die Bearbeitung nicht selbst zeitnah durchführen kann.[95] Generell könnte sich der gebundene Vertreter mit dem schon oben dargestellten Problem[96] konfrontiert sehen, zu entscheiden, ob die bei ihm eingehende Kundenresonanz überhaupt als „Beschwerde" im Sinne des weiten Beschwerdebegriffs einzuordnen ist. Unabhängig davon sollte der Vermittler je nach Fallgestaltung die Möglichkeit behalten, ein etwaiges Fehlverhalten selbst zu berichtigen. Von der Beschwerdebearbeitung durch die Versicherungsvermittler selbst gehen im Übrigen auch die EIOPA-Leitlinien für die Beschwerdebearbeitung durch Versicherungsvermittler aus.[97] Das sollte grundsätzlich auch genügen.

4. Meldung von Unregelmäßigkeiten. Fallen dem Versicherungsunternehmen unabhängig von dem Vorliegen einer Beschwerde im Zusammenhang mit Versicherungsvermittlern auftretende **Unregelmäßigkeiten** auf, wie beispielsweise strafbare Handlungen und Fälle von Provisionserschleichung, etwa durch Einreichung fingierter Verträge mit nicht existenten Personen,[98] sind diese ebenfalls bei der BaFin zu melden. Dies folgt aus einer entsprechenden Anordnung der Aufsichtsbehörde.[99] Auf diese Weise will die BaFin zum einen mehr über mögliche Schwachstellen im Sicherheitsnetz der Unternehmen erfahren, etwa im internen Kontrollsystem,[100] woran auch die Unternehmen selbst ein originäres Interesse haben. Zum anderen kann die BaFin auf Basis der Meldungen entscheiden, ob und inwieweit sie einschreiten muss, um die Belange der Versicherten zu wahren.[101] 41

III. Wiederholte Beschwerden (S. 2). Erhält das Versicherungsunternehmen **wiederholt**, d. h. mehr als einmal, Beschwerden über einen Versicherungsvermittler, muss es nach § 51 S. 2 VAG die zuständige Industrie- und Handelskammer (IHK) davon in Kenntnis setzen, wenn die Beschwerden für die Beurteilung der **Zuverlässigkeit** erheblich sein können.[102] Dies wird insbesondere Hinweise auf straf- oder ordnungsrechtlich relevantes Verhalten des Vermittlers betreffen. In Zweifelsfällen wird das Versicherungsunternehmen die betroffene Beschwerde nebst Antwort an die Registerbehörde weiterleiten.[103] Stellt die IHK fest, dass der Vermittler unzuverlässig ist, kann sie diesem die Gewerbeerlaubnis entziehen (§ 34d Abs. 2 Nr. 1 GewO). In der Folge verbietet § 48 Abs. 1 VAG dem Versicherungsunternehmen die Zusammenarbeit mit dem betroffenen Vermittler.[104] 42

IV. Verhältnis zu anderen Regelungen des VAG. Die Vorschrift des § 51 VAG ist gemäß § 62 Abs. 1 S. 2 Nr. 3 VAG entsprechend auf **Erstversicherungsunternehmen mit Sitz in einem anderen Mitglied- oder Vertragsstaat**, die ihren Geschäftsbetrieb über eine Niederlassung oder im Wege des Dienstleistungsverkehrs in Deutschland ausüben, anzuwenden. 43

Auch die **Sammelverfügung der BaFin** zur Beschwerdemanagementfunktion und Beschwerdebearbeitung sowie das ergänzende Rundschreiben 3/2013 richten sich ausdrücklich auch an diese Unternehmen.[105] Die Anwendbarkeit der Dokumente auf EU-EWR-Versicherer war jedoch nach alter Rechtslage – wie oben[106] ausgeführt – fragwürdig. 44

Nach deutschem Recht gehört die Überwachung der Beantwortung von Beschwerden über Versicherungsvermittler durch einen im Inland tätigen EU-/EWR-Versicherer heute zur Zuständigkeit der BaFin (§ 62 Abs. 1 Nr. 3 i. V. m. § 51 VAG). Im Hinblick auf die Vermittlerbeschwerden könnte die Berichterstattung der ausländischen Unternehmen also nach den genannten Voraussetzungen in ihren Zuständigkeitsbereich fallen. Jedoch räumt die BaFin selbst ein, dass sich die Kommunikation mit den ausländischen Unternehmen im Rahmen der ersten Berichtswelle im Jahr 2015 zum Teil als schwierig erwiesen hat, bspw. Beschwerdeberichte überhaupt nicht vorgelegt wurden.[107] Die weitere Rechtsentwicklung bleibt also abzuwarten. 45

---

[95] S. auch Stellungnahme des GDV v. 9.8.2013 zur BaFin-Konsultation 16/2013; VA 43 – I 2512 – 2013/0007, S. 7, abrufbar unter bafin.de.

[96] S. Rn. 22.

[97] Vgl. EIOPA-BoS-13/164.

[98] BaFin Journal 5/2016, S. 21

[99] Sammelverfügung zur Meldung von Unregelmäßigkeiten im Versicherungsaußen- und Versicherungsinnendienst v. 10.12.2015.

[100] So *Dilger* (BaFin-Referat für Vertriebssteuerung und Vergütungssysteme bei Versicherern), BaFin Journal 5/2016, S. 21.

[101] Vgl. *Dilger* (BaFin-Referat für Vertriebssteuerung und Vergütungssysteme bei Versicherern), BaFin Journal 5/2016, S. 21.

[102] Zu den Anforderungen an die Zuverlässigkeit vgl. die Ausführungen bei § 48 Rn. 41. In Umsetzung von IDD wird der bisherige § 51 S. 2 VAG m. W. v. 23.2.2018 zu § 51 S. 3 VAG (vgl. IDD-Umsetzungsgesetz v. 20.7.2017, BGBl. I 2789).

[103] Vgl. FKBP/*Kaulbach* § 80a Rn. 2.

[104] S. § 48 Rn. 38 ff.

[105] Vgl. jeweils unter A. c): Erstversicherungsunternehmen „im Sinne des § 110a Versicherungsaufsichtsgesetz". § 110a Abs. 1 VAG a. F. ist m. W. v. 1.1.2016 durch die weitgehend inhaltsgleiche Vorschrift des § 61 Abs. 1 VAG ersetzt worden (s. § 61 Rn. 1).

[106] S. Rn. 11.

[107] BaFin-Journal 11/2015, 21.

46 Die Sammelverfügung der BaFin zur Meldung von Unregelmäßigkeiten im Versicherungsaußen- und Versicherungsinnendienst v. 10.12.2015 findet per se auf EU-/EWR-Unternehmen keine Anwendung.[108]

Abschnitt 6. Verhinderung von Geldwäsche und von Terrorismusfinanzierung

Verpflichtete Unternehmen

52 Die Vorschriften dieses Abschnitts gelten für alle Versicherungsunternehmen, soweit sie Geschäfte im Sinne des Artikels 2 Absatz 3 der Richtlinie 2009/138/EG betreiben oder soweit sie Unfallversicherungsverträge mit Prämienrückgewähr anbieten.

Schrifttum: *Biehl*, Erweiterung des strafrechtlichen Instrumentariums zur Terrorismusbekämpfung, JR 2015, S. 561 ff.; *BMF*, Auslegungshinweise des Bundesministeriums der Finanzen zur Handhabung des Verdachtsmeldewesens (§ 11 GwG), Stand: 6.11.2014 (abrufbar unter bka.de; abgerufen am 13.6.2016); Boos/Fischer/Schulte-Mattler/*Achtelik*, §§ 25g ff. KWG; Bürkle/*Gehrke*, Compliance in Versicherungsunternehmen, 2. Aufl. 2015, § 12; *Bussmann/Vockrodt*, Geldwäsche-Compliance im Nicht-Finanzsektor: Ergebnisse aus einer Dunkelfeldstudie, CB 2016, S. 138 ff.; *Bussmann u. a.*, Dunkelfeldstudie über den Umfang der Geldwäsche in Deutschland und über die Geldwäscherisiken in einzelnen Wirtschaftssektoren (Zusammenfassung), 2015 (abrufbar unter http://bussmann.jura.uni-halle.de; abgerufen am 13.6.2016); Erbs/Kohlhaas/*Häberle*, § 1 ff. GwG; *FATF*, Money Laundering & Terrorist Financing Typologies 2004–2005, S. 41 ff. (abrufbar unter fatfgafi.org; abgerufen am 13.6.2016); *FATF*, FATF Guidance on Anti-Money Laundering and Terrorist Financing Measures and Financial Inclusion, 2011 (abrufbar unter fatf-gafi.org; abgerufen am 13.6.2016); FKBP/*Kaulbach*, § 80c ff; *Fischer*, StGB, 64. Aufl. 2017, § 261; *GDV*, Die deutsche Lebensversicherung in Zahlen 2015 (abrufbar unter gdv.de abgerufen am 13.6.2016); *GDV*, Auslegungs- und Anwendungshinweise des GDV zum Geldwäschegesetz sowie zu den geldwäscherechtlichen Bestimmungen im VAG, 3. Aufl. 2012; *Glotz*, Geldwäscheprävention in der Versicherungsvermittlung und Konsequenzen für die Zusammenarbeit mit Versicherungsunternehmen, VersR 2016, S. 369 ff.; *Herzog*, Geldwäschegesetz, 2. Aufl. 2014; *Herzog/Mühlhausen*, Geldwäschebekämpfung und Gewinnabschöpfung, 2006; *Krais*, Zu den Neuregelungen der 4. EU-Geldwäscherichtlinie, CCZ 2015, S. 251 ff.; *Kunz/Schirmer*, 4. EU-Geldwäsche-RL: Auswirkungen auf Unternehmen, Banken und Berater, BB 2015, S. 2435 ff.; *Laars*, § 80c ff; Münchener Kommentar zum StGB/*Neuheuser*, 2. Aufl. 2012, § 261 StGB; *Peschetz*, Neuerungen durch die 4. Geldwäscherichtlinie für Lebensversicherungsunternehmen, VersRdsch 2016, S. 35 ff.; *Rößler*, Auswirkungen der vierten EU-Anti-Geldwäsche-Richtlinie auf die Kreditwirtschaft; Rotsch/*Bülte*, Criminal Compliance, 1. Aufl. 2015, § 29; *Rütters/Wagner*, Der Geldwäschebeauftragte als Bezugstäter im Rahmen des § 30 OWiG, NZWiSt 2015, S. 282 ff.; Schimansky/Bunte/Lwowski/*Walther*, Bankrechts-Handbuch, 5. Aufl. 2017, § 42; Schönke/Schröder/*Hecker/Stree*, StGB, 29. Aufl. 2014, § 261 StGB; Waschbusch/Krämer/Knoll/*Baumgaertner*, Geldwäsche und Versicherungsbetrug – Zwei ernstzunehmende Probleme der Versicherungswirtschaft, ZfV 2010, S. 595; *Zentes/Glaab*, Regulatorische Auswirkungen des Vorschlags der 4. EU-Geldwäscherichtlinie, BB 2013, S. 707 ff.

1 **I. Allgemeines. 1. Entstehungsgeschichte. a) Einführung der Regelung.** Die Vorgängervorschrift § 80c VAG wurde durch Art. 4 des Gesetzes zur Ergänzung der Bekämpfung der Geldwäsche und der Terrorismusfinanzierung (**Geldwäschebekämpfungsergänzungsgesetz** – GwBekErgG) v. 13.8.2008 mit Wirkung v. 21.8.2008 eingeführt.[1]

2 **b) Änderungen.** Durch Art. 4 des Gesetzes zur Verfolgung der Vorbereitung von schweren staatsgefährdenden Gewalttaten v. 30.7.2009 (**GewVVG**) wurde mit Wirkung v. 4.8.2009 ein Abs. 2 angefügt, der eine Definition der Terrorismusfinanzierung enthielt.[2] Der Wortlaut blieb im Übrigen unverändert.

3 Durch das **VAG 2016** entfällt Abs. 2 wieder, weil er nach Auffassung der Entwurfsverfasser nur § 1 Abs. 2 GwG wiederhole und daher obsolet sei. Durch das VAG 2016 blieb die Norm jedoch **sachlich unverändert**.[3] In rechtstechnischer Hinsicht wurde der Verweis auf die Lebensversicherungs-RL 2002/83/EG durch einen Verweis auf die Solva II-RL ersetzt. Der Bundesrat hat im Gesetzgebungsverfahren zur Neufassung der Norm keine Stellung bezogen.[4]

3a Durch das Gesetz zur Umsetzung der Vierten EU-Geldwäscherichtlinie, zur Ausführung der EU-Geldtransferverordnung und zur Neuorganisation der Zentralstelle für Finanztransaktionsuntersuchungen v. 23.6.2017 (**4. EU-GwR-UG**) wurde die Vorschrift mit Wirkung v. 26.6.2017 neu gefasst. Die Regelung verweist nun zur Bestimmung des Kreises der verpflichteten Unternehmen auf § 2 Abs. 1 Nr. 7 GwG.

4 **2. Normzweck.** Nach dem **Gesetzesentwurf zu § 80c VAG a. F.** sind die erfassten Geschäfte in besonderem Maße für kriminelle Personen als Mittel der Geldwäsche oder Terrorismusfinanzierung attraktiv. Der Entwurf bezieht sich auf Feststellungen der Financial Action Task Force (FATF), wonach

[108] Vgl. Jahresbericht der BaFin 2015, S. 190, abrufbar unter bafin.de.

[1] Gesetzgebungsmaterialien zum GwBekErgG: BR-Drs. 168/08 (Gesetzentwurf), BT-Drs. 16/9038 (Gesetzentwurf), BT-Drs. 16/9631 (Beschlussempfehlung und Bericht), BT-PlPr. 16/160, 16944a-16948D (1. Beratung), BT-PlPr. 16/169, 17941D-17942A (2. und 3. Beratung), BGBl. I 1690 (Verkündung).

[2] Gesetzgebungsmaterialien zum GewVVG: BR-Drs. 59/09 (Gesetzentwurf), BT-Drs. 162428 (Gesetzentwurf), BT-Drs. 16/13145 (Beschlussempfehlung und Bericht), BT-PlPr 16/214, 23157C-23159A (1. Beratung), BT-PlPr. 16/224, 24546B-24572A (2. und 3. Beratung), BGBl. I 2437 (Verkündung).

[3] Vgl. Begr. VAG-RegE (BT-Drs. 18/2956) 2014, 254.

[4] Vgl. BT-Drs. 18/3252.

speziell diese Produkte zur Verschleierung der illegalen Herkunft von Vermögensgegenständen besonders geeignet seien.[5] Da es sich um kapitalbildende Versicherungsprodukte handele, in denen dem Begünstigten spätestens zum Ende der Laufzeit die eingezahlten Geldbeträge ausgezahlt würden, könnten diese zu Zwecken von Geldwäsche oder Terrorismusfinanzierung missbraucht werden. Zur Verhinderung dieser Risiken bedürfe es angemessener Präventionsmaßnahmen.[6] Die **Beschränkung auf** die genannten Geschäfte erklärt sich daher aus ihrer **kapitalbildenden Funktion**, also aus dem Umstand, dass der Versicherungsnehmer nach dem vertraglich vorausgesetzten Zweck die Prämie unter Umständen zurück erhält.[7] Aus der Vielfalt möglicher Geldwäscheprozesse werden beispielhaft Policen mit hohen Einmalzahlungen gegen Bargeld im Missverhältnis zu den wirtschaftlichen Verhältnissen des Versicherungsnehmers, der Ankauf von Sekundärmarktpolicen zwecks Kündigung und Auszahlung des Rückkaufwerts oder der von Anfang an geplante Rücktritt v. Vertrag mit dem Ziel einer Rückzahlung in bar sowie der Erwerb von Lebensversicherungspolicen zur persönlichen Risikovorsorge der Täter genannt.[8]

5 Die Verpflichtung von Versicherungsunternehmen, besondere Sorge für die Verhinderung von Geldwäsche zu tragen, beruht auf deren **erhöhter Anfälligkeit** für Geldwäscheprozesse,[9] insbesondere zur Verschleierung der Herkunft der Gelder und der Einschleusung in den legalen Finanzkreislauf.[10] Hierfür werden neben der Produktvielfalt und der wirtschaftlichen Bedeutung der Branche vor allem die **Vertriebsstruktur über Vermittler**, die eine direkte Überprüfung der Kunden durch den Versicherer erschwere,[11] als Gründe benannt. Vermutet wird, dass Schulungsdefizite der Versicherungsvermittler und provisionsgeleitete Vermittlung Geldwäsche begünstigen.[12] Insbesondere die Maklerpraxis, Prämien auf eigenen Konten zu sammeln und an die Versicherer weiterzuleiten, könne die Herkunft der Gelder verschleiern, sofern die Prämie beim Makler bar entrichtet werde.[13] Auch das geringe Entdeckungsrisiko bei unzureichender Geldwäsche-Compliance im Vermittlerbereich soll hierzu beitragen.[14] Im Rahmen der Dunkelfeldstudie der Universität Halle-Wittenberg berichtete nur jeder 10. befragte Vermittler über eine entsprechende aufsichtsbehördliche Prüfung.[15] Weiterhin verfügten nur 25 % der nach dem GwG verpflichteten Vermittler über einen Geldwäschebeauftragten, wobei die Zahl bei Vermittlerbüros mit unter 10 Mitarbeitern bei 13 %, mit 20 bis 99 Mitarbeitern bei 22 % und mit mehr als 99 Mitarbeitern bei 72 % liegt.[16]

6 Der Anteil der **GwG-Verdachtsmeldungen von Versicherungsunternehmen** betrug nach dem Jahresbericht der beim Bundeskriminalamt angesiedelten Zentralstelle für Verdachtsmeldungen (Financial Intelligence Unit – FIU) im Jahr 2014 0,6 % am Gesamtaufkommen der Verdachtsmeldungen (absolut: 142 Meldungen).[17] Dabei wurden **keine Verdachtsmeldungen von Versicherungsvermittlern** verzeichnet. Der Neuzugang bei der Lebensversicherung im engeren Sinne betrug im selben Jahr 5,5 Millionen Stück mit einem Beitragsvolumen von 152,9 Milliarden EUR.[18] Das Neugeschäftsvolumen der nach Einschätzung der FATF tendenziell geldwäschesensibleren Policen mit Einmalprämie[19] betrug 2014 ohne betriebliche Altersvorsorge 26,8 Milliarden EUR.[20] Die deutsche Lebensversicherung wäre nach diesen Zahlen so gut wie immun gegen Geldwäsche und Terrorismusfinanzierung, obwohl Teilbereiche Kapitalanlageprodukten sehr ähnlich sind.[21] Ob diese Einschätzung empirisch zutrifft oder Funktionsdefizite der Geldwäschekontrolle nach GwG und VAG vorliegen bedürfte der weiteren Überprüfung durch Wissenschaft, Aufsichtsbehörden und Gesetzgebung. Die gegenwärtige **Kritik der FATF** lautet jedenfalls, dass zu weite Bereiche der Versicherungsbranche einer wirksamen Geldwäschekontrolle gesetzlich entzogen würden, ohne dass zuvor belastbare empirische Feststellungen zum Geldwäscherisiko getroffen worden wären.[22]

---

[5] Vgl. BT-Drs. 16/9038, 23.
[6] Vgl. BT-Drs. 16/9038, 55.
[7] Vgl. Erbs/Kohlhaas/*Häberle* § 2 GwG Rn. 8.
[8] Vgl. *Herzog* § 2 Rn. 118; zu weiteren typischen Gestaltungen im Versicherungsbereich vgl. *FATF* Typologies S. 45–50; vgl. allgemein zum kriminalpolitischen Hintergrund Schimansky/Bunte/Lwowski/*Walther* § 42 Rn. 1 ff.; Rotsch/*Bülte* § 29 Rn. 132 ff.
[9] Vgl. *Waschbusch/Krämer/Knoll/Baumgaertner* ZfV 2010, 595; *Bussmann u. a.* Dunkelfeldstudie, S. 18.
[10] Vgl. *Herzog* § 2 Rn. 117; Herzog/Mühlhausen/*Vogt* § 2 Rn. 39.
[11] Vgl. *Herzog* § 2 Rn. 117; ausführlich *Glotz* VersR 2015, 369, 370.
[12] Vgl. Herzog/Mühlhausen/*Vogt* § 2 Rn. 39.
[13] Vgl. *Bussmann u. a.* Dunkelfeldstudie, S. 17.
[14] Vgl. *Glotz* VersR 2016, 369, der jedoch gegenwärtig eine Verschärfung der Aufsichtspraxis sieht.
[15] Vgl. *Bussmann u. a.* Dunkelfeldstudie, S. 17.
[16] Vgl. *Bussmann/Vockrodt* CB 2016, 138, 141.
[17] Vgl. *FIU,* Jahresbericht, 2014, S. 10 (abrufbar unter bka.de; abgerufen am 11.10.2016).
[18] Vgl. *GDV,* Lebensversicherung in Zahlen, S. 7.
[19] Vgl. *FATF,* Typologies, S. 45 f.
[20] Vgl. *GDV,* Lebensversicherung in Zahlen, S. 11.
[21] Vgl. allg. *Dreher/Schmidt,* Die Fondsgebundene Lebensversicherung mit begrenztem Risikotransfer als aufsichtspflichtiges Versicherungsgeschäft, WM 2008, S. 377 ff.; *Schaaf,* Aktuelle Rechtsfragen zur Feststellung des erlaubnispflichtigen Versicherungsgeschäfts und zur Spartenabgrenzung, VersR 2015, S. 17–26.
[22] Vgl. *FATF,* Guidance, 2011, S. 21.

7 Nach dem statistischen Befund der Verdachtsmeldungen stellt sich **bei Überprüfung der Gesetzgebung** die Frage, ob die besonderen Sorgfaltsanforderungen nicht zweckentsprechend sein könnten, weil sie entweder in keinem angemessenen Kosten-Nutzen-Verhältnis stehen (wenn das Geldwäscheproblem überschätzt wäre) oder nicht ausreichen, um Geldwäsche und Terrorismusfinanzierung wirksam zu bekämpfen. Als dritte Möglichkeit kommt in Betracht, dass Versicherungsprodukte gerade aufgrund der ausdifferenzierten Compliance-Regeln trotz erhöhter Grundanfälligkeit nur selten zu Geldwäschezwecken missbraucht werden können.[23] In diesem Fall wäre jedoch zu prüfen, ob nicht ein **spezifisches Compliance-Regime für Versicherungsvermittler** die bleibende Schutzlücke schließen könnte.

8 **3. Europarechtlicher Hintergrund.** Die Vorschrift dient der Umsetzung der dritten **Geldwäsche-RL**[24] sowie der Umsetzung der zugehörigen **DurchführungsRL-2006/70.**[25] Die RL-Vorgabe des Art. 2 Abs. 1 Nr. 2 Geldwäsche-RL bezieht allgemein „Finanzinstitute" in den Kreis der nach der Geldwäsche-RL verpflichteten Unternehmen ein. Zu den Finanzinstituten zählen nach Art. 3 Nr. 2 lit. b Geldwäsche-RL auch Versicherungsunternehmen, die nach der Lebensversicherungs-RL ordnungsgemäß zum Geschäftsbetrieb zugelassen sind, soweit sie Tätigkeiten ausüben, die unter jene RL fallen. Nach der Neufassung durch das VAG 2016 nimmt die Norm Bezug auf die in Art. 2 Abs. 3 Solva II-RL aufgeführten Lebensversicherungstätigkeiten. Aus Art. 3 Nr. 2 lit. f Geldwäsche-RL ergibt sich, dass auch inländische Zweigstellen von Versicherungsunternehmen mit Sitz in einem anderen Mitglieds- oder Vertragsstaat als verpflichtete Unternehmensteile anzusehen sind. Die Einbeziehung des Unfallversicherungsgeschäfts mit Prämienrückgewähr trägt Art. 4 Abs. 1 Geldwäsche-RL Rechnung, wonach die Mitgliedstaaten dafür sorgen müssen, dass die Bestimmungen der Geldwäsche-RL auf Unternehmen ausgedehnt werden, die Tätigkeiten ausüben, die besonders geeignet sind, für Zwecke der Geldwäsche und der Terrorismusfinanzierung genutzt zu werden. Die Zusatzunfallversicherung ist jedoch bereits Bestandteil des Lebensversicherungsgeschäfts nach Art. 3 Abs. 2 lit. a. iii) Solva II-RL.

9 Die bis zum 26.7.2017 umzusetzende **vierte Geldwäsche-RL**[26] hat auf den Kreis der verpflichteten Unternehmen nach § 52 VAG, trotz der weitreichenden Änderungen im Übrigen, keine Auswirkungen.[27]

10 **II. Einzelerläuterungen.** Die **Regelung** bestimmt **abschließend**, welche Versicherungsunternehmen den besonderen Geldwäscheanforderungen der §§ 53 ff. VAG unterworfen sind.[28] Fraglich erscheint nach der Neuregelung jedoch, ob mit der Bezugnahme ausschließlich auf **Lebensversicherungen nach Art. 2 Abs. 3 Solva II-RL** auch Geschäfte erfasst sind, die nach Art. 3 der Solva II-RL von der RL nicht betroffen sind. § 80c VAG nahm weitergehend Bezug auf Geschäfte, die der Lebensversicherungs-RL unterfielen. Damit waren auch die **Ausnahmetatbestände** der Art. 3, 4, 9 und 10 Lebensversicherungs-RL bei der Prüfung zu berücksichtigen, ob ein Geschäft besondere Geldwäschepflichten auslöste.[29] Die Änderung der Rechtsnormverweisung ist in rechtstechnischer Hinsicht verunglückt. Richtigerweise hätte die Bezugnahme auf Art. 3 Abs. 2 **Solva II-RL** auch auf den Anwendungsbereich der Solva II-RL allgemein Bezug nehmen müssen. Bis zur gesetzgeberischen Abhilfe ist eine am Willen des Gesetzgebers orientierte wortlautkorrigierende Auslegung erforderlich: Nach dem Willen der Entwurfsverfasser war keine sachliche Änderung gegenüber dem alten Rechtszustand beabsichtigt.[30] Auch sollte der Gleichlauf zu § 2 Abs. 1 Nr. 4 GwG, der immer noch auf die Lebensversicherungs-RL verweist, gewahrt bleiben, sodass i. E. auch die außerhalb des Art. 2 Abs. 3 Solva II-RL geregelten Ausnahmetatbestände zu berücksichtigen sind.

11 Sofern die Geldwäschebestimmungen auch für die **Unfallversicherung mit Prämienrückgewähr** gelten, sind hiervon zwar alle Versicherungsunternehmen betroffen, die entsprechende Verträge anbieten, nicht jedoch bei ihrem übrigen Geschäftsbetrieb.[31]

12 **Versicherungsvermittler** i. S. v. § 59 VVG unterfallen nicht den §§ 53 ff. VAG. Makler und Mehrfachvertreter müssen jedoch die Verpflichtungen nach dem GwG erfüllen. § 2 Abs. 1 Nr. 5 GwG erstreckt hierzu den Anwendungsbereich auch auf Versicherungsvermittler für Lebensversicherungen oder Dienstleistungen mit Anlagezweck. Ausgenommen sind produktakzessorische Vermittler i. S. v. § 34d Abs. 3 GewO sowie Ausschließlichkeits- bzw. unechte Mehrfachvertreter i. S. v. § 34d Abs. 4 GewO.[32] Die erfassten Vermittler trifft neben den für alle verpflichtete Unternehmen geltenden

---

[23] So – vorbehaltlich des Vermittlerrisikos – *Bussmann u. a.* Dunkelfeldstudie, S. 22.
[24] Vgl. RL 2005/60/EG v. 26.10.2005, ABl. EG 2005 L 309, 15.
[25] Vgl. RL 2006/70/EG v. 1.8.2006, ABl. EG 2006 L 214, 29.
[26] Vgl. RL 2015/849/EU v. 20.5.2015, ABl. EU 2015 L 141, 1.
[27] Vgl. zu den Änderungen im Übrigen *Krais* CCZ 2015, 251; *Peschetz* VR 2016, 35; *Zentes/Glaab* BB 2014, 707; *Rößler* WM 2015, 1406; *Kunz/Schirmer* BB 2015, 2435 ff.
[28] Vgl. *GDV,* Auslegungs- und Anwendungshinweise, S. 6.
[29] Vgl. *GDV,* Auslegungs- und Anwendungshinweise, S. 7.
[30] Vgl. Begr. VAG-RegE 2014, 254.
[31] Vgl. FKBP/*Kaulbach* § 80c Rn. 3.
[32] Vgl. kritisch *Glotz* VersR 2016, 369, 370 f.

Anforderungen des GwG zusätzlich eine Meldepflicht von Barzahlungen gegenüber dem Versicherungsunternehmen für das sie Prämien einziehen (§ 3 Abs. 5 GwG).

III. Verhältnis zu anderen Regelungen. 1. Verhältnis zu anderen Regelungen des VAG. Der Anwendungsbereich der Vorschriften über die Verhinderung von Geldwäsche und Terrorismusfinanzierung wird durch **§ 62 Abs. 1 S. 2 Nr. 4 VAG** auf inländische Niederlassungen mit entsprechender Geschäftstätigkeit erweitert, um – neben der Erfüllung der Verpflichtung aus Art. 3 Abs. 2 lit. f Geldwäsche-RL – diese denselben aufsichtsrechtlichen Anforderungen zu unterwerfen wie deutsche Versicherungsunternehmen.[33] Der Anwendungsbereich wird eingeschränkt durch **§ 234 Abs. 2 S. 5 VAG** und **§ 237 Abs. 1 S. 2 VAG**, nach denen Pensionskassen und Pensionsfonds nicht zu den nach § 52 VAG verpflichteten Unternehmen zählen. Nach **§ 35 Abs. 5 VAG** ist bei der Abschlussprüfung von Unternehmen nach § 52 VAG v. Abschlussprüfer auch die Erfüllung der Pflichten nach dem GwG und den §§ 53 ff. VAG zu prüfen. Ebenfalls der Geldwäschebekämpfung dienen die **§§ 16–22 VAG** betreffend die Inhaberkontrolle.[34] Direkt an §§ 52 ff. VAG knüpfen **§§ 18 Abs. 1 Nr. 5 und 11 Abs. 1 Nr. 3 VAG** an, wonach die Einbringung von Mitteln, die der Geldwäsche oder der Terrorismusfinanzierung zuzurechnen sind, in das Unternehmen die Untersagung einer Beteiligung nach § 18 Abs. 1 Nr. 5 VAG oder die Versagung der Erlaubnis zum Geschäftsbetrieb nach § 11 Abs. 1 Nr. 3 VAG rechtfertigt. Verstöße gegen Geldwäschevorschriften gleich welcher Regelungsnatur begründen einen **aufsichtsrechtlichen Missstand**, weil sich die Rechtsaufsicht auch auf Vorschriften außerhalb des Aufsichtsrechts erstreckt, die die wirtschaftliche Tätigkeit der Versicherungsunternehmen einschränken.[35] Der Verstoß gegen Geldwäschevorschriften durch das Versicherungsunternehmen berechtigt die Aufsichtsbehörde nach **§ 303 VAG** zur Verwarnung und **Abberufung** von Personen mit Schlüsselaufgaben. Zum Zwecke der Geldwäscheprüfung hat die Aufsichtsbehörde die in **§ 306 VAG** geregelten Betretungs-, Durchsuchungs- und Beschlagnahmerechte und die in **§ 305 VAG** geregelten Befragungs- und Auskunftsrechte. Bei nachhaltigen Verstößen gegen Geldwäschevorschriften kann die Aufsichtsbehörde einen Sonderbeauftragten einsetzen (**§ 293 Abs. 3 VAG). § 309 Abs. 5 Nr. 2 VAG** gestattet der Aufsichtsbehörde die Informationsweitergabe an die mit der Geldwäscheprävention betrauten Stellen. 13

2. Parallelvorschriften im KWG. Die entsprechende Parallelvorschrift ist § 25h Abs. 1 Abs. 1 S. 1 und Abs. 2 KWG. 14

3. Verhältnis zu anderen Normen. Die Parallelvorschrift des **§ 2 Abs. 1 Nr. 4 GwG** unterstellt Versicherungsunternehmen i. S. v. § 52 VAG und im Inland gelegene Zweigstellen und Zweigniederlassungen auch dem Kreis der nach dem GwG verpflichteten Unternehmen. Die verpflichteten Unternehmen müssen sowohl die allgemeinen Sorgfaltspflichten nach dem GwG als auch die besonderen Anforderungen der §§ 53 ff. VAG erfüllen,[36] wobei die VAG-Pflichten, nur soweit sie spezieller sind, vorgehen.[37] Die VAG-Pflichten regeln einen Ausschnitt der vorzuhaltenden internen Sicherungsmaßnahmen, die den Spezifika von Versicherungsunternehmen Rechnung tragen, während das GwG umfassender weitere präventive und repressive Geldwäschebekämpfungsmittel vorsieht.[38] 15

Entsprechend dieser Systematik verzichtet das VAG anders als das KWG (in § 1 Abs. 32 KWG) sowohl auf eine **Definition** des maßgeblichen **Geldwäschebegriffs** wie auch des Begriffs der **Terrorismusfinanzierung**. Für die Geldwäsche sind die Tatbestandsmerkmale des § 261 StGB maßgeblich, was sich aus dem ursprünglichen Regelungskonzept des GwG ergibt, das in einem engen funktionalen Zusammenhang mit der Einführung des § 261 StGB zu sehen ist.[39] Die rechtliche Definition der Terrorismusfinanzierung ist § 1 Abs. 2 GwG zu entnehmen.[40] 16

Alle Versicherer müssen unabhängig v. Anwendungsbereich des GwG und der §§ 53 ff. VAG dafür Sorge tragen, dass die für sie handelnden natürlichen Personen nicht gegen die **Strafvorschriften** des § 261 StGB (Geldwäsche) und die in § 2 Abs. 1 GwG zusammengefassten Terrorismusstraftaten verstoßen. Die in der allgemeinen Strafrechts-Compliance zu prüfenden praktisch relevanten Risiken liegen in der Beihilfe zur Geldwäsche bzw. zu den Terrorismusstraftaten des StGB und im Tatbestand der **leichtfertigen Geldwäsche** nach § 261 Abs. 5 StGB. Der sicherste Weg zur Vermeidung dieses Risikos dürfte die freiwillige Befolgung der allgemeinen und besonderen Sorgfaltspflichten nach GwG und §§ 53 ff. VAG auch über den eigentlichen Anwendungsbereich hinaus sein, wenngleich hier Aufwand und Nutzen sorgfältig abzuwägen sind, weil der Leichtfertigkeitsvorwurf grundsätzlich nur in Ausnahmefällen gemacht werden kann[41] und die Grundsätze zur **„neutralen Beihilfe"** durch sozialübliche, 17

[33] Vgl. Begr. VAG-RegE 2014, 255.
[34] Vgl. Erbs/Kohlhaas/*Wache/Lutz* § 17 VAG Rn. 2.
[35] Vgl. Erbs/Kohlhaas/*Wache/Lutz* § 294 VAG Rn. 4.
[36] Vgl. FKBP/*Kaulbach* Vor § 80c Rn. 2.
[37] Vgl. Bürkle/*Gehrke* § 12 Rn. 4, wonach das GwG den „Allgemeinen Teil" bilde.
[38] Vgl. *Herzog* § 2 Rn. 123.
[39] Vgl. Erbs/Kohlhaas/*Häberle* Vorbemerkungen zum GwG Rn. 3.
[40] Vgl. Begr. VAG-RegE 2014, 254.
[41] Vgl. MüKoStGB/*Neuheuser* § 261 Rn. 89.

berufstypische Handlungen Anwendung finden.[42] Im Fall der **Terrorismusfinanzierung** nach § 89c StGB ist überdies die Entgegennahme rechtlich geschuldeter Vermögenszuflüsse nicht tatbestandsmäßig.[43] Welche konkrete Schwelle zur Überschreitung des Leichtfertigkeitsvorwurfs im Rahmen der Geldwäsche führt, dürfte derzeit im Bereich der Finanzdienstleistungs-Unternehmen ungeklärt sein.[44] Im aufsichtsrechtlichen Rahmen sollte es jedoch ausreichend sein, wenn die Versicherungsunternehmen typische Verdachtsmomente für Geldwäsche oder Terrorismusfinanzierung erkennen können,[45] dies durch eine angemessene Information der für das Unternehmen handelnden Personen nachweisen und erhebliche Verdachtsfälle anzeigen.

Interne Sicherungsmaßnahmen

53 (1) [1]**Unbeschadet der in § 9 Absatz 1 und 2 des Geldwäschegesetzes aufgeführten Pflichten müssen verpflichtete Unternehmen über ein angemessenes Risikomanagement sowie Verfahren und Grundsätze zur Verhinderung von Geldwäsche und Terrorismusfinanzierung verfügen.** [2]**Sie haben angemessene geschäfts- und kundenbezogene Sicherungssysteme zu schaffen und zu aktualisieren sowie Kontrollen durchzuführen.** [3]**Hierzu gehört auch die Entwicklung geeigneter Strategien und Sicherungsmaßnahmen zur Verhinderung des Missbrauchs von neuen Versicherungsprodukten und Technologien für Zwecke der Geldwäsche und der Terrorismusfinanzierung im Sinne des § 1 Absatz 2 des Geldwäschegesetzes sowie der Begünstigung der Anonymität von Geschäftsbeziehungen oder Transaktionen.**

(2) [1]**Verpflichtete Unternehmen müssen jeden Sachverhalt, der als zweifelhaft oder ungewöhnlich anzusehen ist, untersuchen, um das Risiko der jeweiligen Geschäftsbeziehungen und Transaktionen überwachen, einschätzen und gegebenenfalls das Vorliegen eines nach § 11 Absatz 1 des Geldwäschegesetzes meldepflichtigen Sachverhalts prüfen zu können.** [2]**Nach Maßgabe des § 8 des Geldwäschegesetzes haben die verpflichteten Unternehmen über solche Sachverhalte angemessene Informationen aufzuzeichnen und aufzubewahren, um gegenüber der Aufsichtsbehörde darlegen zu können, dass diese Sachverhalte nicht darauf schließen lassen, dass eine Geldwäsche oder eine Terrorismusfinanzierung begangen oder versucht wurde oder wird.** [3]**Die verpflichteten Unternehmen dürfen personenbezogene Daten erheben, verarbeiten und nutzen, soweit dies zur Erfüllung dieser Pflichten erforderlich ist.** [4]**Sie dürfen im Einzelfall einander Informationen im Rahmen der Erfüllung ihrer Untersuchungspflicht nach Satz 1 übermitteln, wenn tatsächliche Anhaltspunkte dafür vorliegen, dass der Empfänger der Informationen diese für die Beurteilung der Frage benötigt, ob ein Sachverhalt gemäß § 11 des Geldwäschegesetzes der zuständigen Strafverfolgungsbehörde zu melden oder eine Strafanzeige gemäß § 158 der Strafprozessordnung zu erstatten ist.** [5]**Der Empfänger darf die Informationen ausschließlich verwenden, um Geldwäsche, Terrorismusfinanzierung oder sonstige strafbare Handlungen zu verhindern oder gemäß § 158 der Strafprozessordnung anzuzeigen und nur unter den durch das übermittelnde Versicherungsunternehmen vorgegebenen Bedingungen.**

(3) [1]**Verpflichtete Unternehmen haben einen der Geschäftsleitung unmittelbar nachgeordneten Geldwäschebeauftragten zu bestellen.** [2]**Dieser ist für die Durchführung der Vorschriften zur Bekämpfung und Verhinderung der Geldwäsche und der Terrorismusfinanzierung zuständig.** [3]**Er ist zudem der Ansprechpartner für die Strafverfolgungsbehörden, das Bundeskriminalamt – Zentralstelle für Verdachtsmeldungen – und die Aufsichtsbehörde.** [4]**Der Geldwäschebeauftragte hat der Geschäftsleitung direkt und unmittelbar zu berichten.** [5]**Für Versicherungsunternehmen als Mutterunternehmen gilt dies auch hinsichtlich einer Versicherungs-Holdinggesellschaft, einer gemischten Versicherungs-Holdinggesellschaft, einer gemischten Finanzholding-Gesellschaft und eines Finanzkonglomerats in Bezug auf ihre Niederlassungen und mehrheitlich in ihrem Eigentum befindliche Unternehmen, soweit diese Verpflichtete im Sinne des § 2 Absatz 1 des Geldwäschegesetzes sind.** [6]**Versicherungsunternehmen im Sinne des § 52 haben die für eine ordnungsgemäße Durchführung der Aufgaben des Geldwäschebeauftragten notwendigen Mittel und Verfahren vorzuhalten und wirksam einzusetzen.** [7]**Dem Geldwäschebeauftragten ist ungehinderter Zugang zu sämtlichen Informationen, Daten, Aufzeichnungen und Systemen zu verschaffen, die im Rahmen der Erfüllung seiner Aufgaben von Bedeutung sein können.** [8]**Ihm sind ausreichende Befugnisse zur Erfüllung seiner Funktion einzuräumen.** [9]**Seine Bestellung und Entpflichtung sind der Aufsichtsbehörde mitzuteilen.**

---

[42] Vgl. Schönke/Schröder/Hecker/*Stree* § 261 Rn. 27.
[43] Vgl. *Biehl* JR 2015, 561, 564.
[44] Vgl. *Fischer* § 261 Rn. 43; zum Stand der Rechtsprechung und zu Fallgruppen vgl. Schönke/Schröder/Hecker/*Stree* § 261 Rn. 28.
[45] Vgl. hierzu z. B. BMF Auslegungshinweise S. 4.

(4) [1] **Sofern ein verpflichtetes Unternehmen eine interne Revision vorhält, hat diese mindestens einmal jährlich die Einhaltung der Pflichten im Zusammenhang mit der Verhinderung der Geldwäsche und der Terrorismusfinanzierung zu prüfen.** [2] **Ein Bericht über das Ergebnis der Prüfung ist jeweils der Geschäftsleitung, dem Geldwäschebeauftragten sowie der Aufsichtsbehörde vorzulegen.**

(5) [1] **Soweit es sich bei den verpflichteten Unternehmen um Versicherungs-Holdinggesellschaften, gemischte Versicherungs-Holdinggesellschaften, gemischte Finanzholding-Gesellschaften oder Mutterunternehmen eines Finanzkonglomerats handelt, sind diese in Bezug auf ihre Niederlassungen und mehrheitlich in ihrem Eigentum befindliche Unternehmen, soweit diese jeweils Verträge im Sinne des § 52 anbieten, verpflichtet,**

1. gruppenweite interne Sicherungsmaßnahmen nach den Absätzen 1 bis 3 und § 9 des Geldwäschegesetzes zu treffen,

2. die Einhaltung der Sorgfaltspflichten nach den §§ 3, 5 und 6 des Geldwäschegesetzes und § 54 dieses Gesetzes sicherzustellen sowie

3. die Einhaltung der Aufzeichnungs- und Aufbewahrungspflichten nach § 8 des Geldwäschegesetzes sicherzustellen.

[2] **Soweit dies nach dem Recht des Staats, in dem die Niederlassung oder das Unternehmen ansässig ist, nicht zulässig oder tatsächlich nicht durchführbar ist, hat das übergeordnete Unternehmen oder Mutterunternehmen sicherzustellen, dass das nachgeordnete Unternehmen oder die Niederlassung in diesem Drittstaat keine Geschäftsbeziehung begründet und keine Transaktionen durchführt.** [3] **Soweit eine Geschäftsbeziehung bereits besteht, hat das übergeordnete Unternehmen oder Mutterunternehmen sicherzustellen, dass diese von dem nachgeordneten Unternehmen oder der Niederlassung ungeachtet anderer gesetzlicher oder vertraglicher Bestimmungen durch Kündigung oder auf andere Weise beendet wird.** [4] **Für den Fall, dass am ausländischen Sitz eines nachgeordneten Unternehmens oder einer Niederlassung strengere Pflichten gelten, sind dort diese strengeren Pflichten zu erfüllen.** [5] **Verantwortlich für die ordnungsgemäße Erfüllung der Pflichten nach den Sätzen 1 und 2 sind die Geschäftsleiter im Sinne des § 24 Absatz 2 Satz 2.**

(6) **Die Aufsichtsbehörde kann gegenüber einem verpflichteten Unternehmen im Einzelfall Anordnungen treffen, die geeignet und erforderlich sind, die in den Absätzen 1 bis 5 genannten Vorkehrungen zu treffen.**

Übersicht

Schrifttum: *BaFin*, Erläuterungen zu Leitlinien zum Governance-System (abrufbar unter bafin.de; abgerufen am 13.6.2016); *BaFin*, Auslegungsentscheidung zu internen Kontrollen und interner Revision in Versicherungsunternehmen (abrufbar unter bafin.de; abgerufen am 11.10.2016); *Bürkle*, Compliance in Versicherungsunternehmen: Ja, aber wie?, VW 2004, S. 830 ff.; *ders.*, Corporate Compliance – Pflicht oder Kür für den Vorstand der AG?, BB 2005, S. 565 ff.; *ders.*, Die kleinen Beben aus Brüssel, VW 2016, S. 24 f.; *ders.*, *Corporate* Compliance als Standard guter Unternehmensführung des Deutschen Corporate Governance Kodex, BB 2007, S. 1797 ff.; *Dreher*, Die ordnungsgemäße Geschäftsorganisation der Versicherungsgruppe nach Solva II und VAG 2016, WM 2015, S. 649 ff.; *ders.*, Die Zusammenlegung von Rechtsabteilung und Compliance-Funktion bei Versicherungsunternehmen im Solvency-II-System, FS E. Lorenz, 2014, S. 119 ff.; *ders.*, Begriff, Aufgaben und Rechtsnatur der versicherungsaufsichtsrechtlichen Compliance nach Solva II, VersR 2013, S. 929 ff.; *EIOPA*, Leitlinien zum Governance-System (abrufbar unter eiopa.europa.de; abgerufen am 13.6.2016); Hauschka/Moosmayer/Lösler/*Bürkle*, Corporate Compliance, 3. Aufl. 2016, § 49; *Findeisen*, Outsourcing der Funktion des Geldwäschebeauftragten und anderer wesentlicher Pflichten des Geldwäschegesetzes, WM 2000, S. 1234 ff.; *Hoeren*, Digitale Unterschriftenpads in der Versicherungswirtschaft – Die besonderen Restriktionen im Steuerrecht, Geldwäschegesetz und Lastschriftabkommen, VersR 2011, S. 834 ff.; *Müller/Starre*, Verbot der Informationsweitergabe über Verdachtsanzeigen für Institute und Unternehmen aus EU-Mitgliedstaaten und Drittstaaten – Ein Hindernis für die effektive Geldwäschebekämpfung?, VVZ 2014, S. 23 ff.; *Neuheuser*, Die Strafbarkeit des Geldwäschebeauftragten wegen Geldwäsche durch Unterlassen bei Nichtmelden eines Verdachtsfalles gemäß § 11 Abs. 1 GwG, NZWiSt 2015, S. 241 ff.; *Reese/Ronge*, Aufgaben und Struktur der Compliance-Funktion im Versicherungsunternehmen unter besonderer Berücksichtigung von Solva II, VersR 2011, S. 1217 ff.; *Rittner/Dreher*, Europäisches und deutsches Wirtschaftsrecht, 3. Aufl., § 12; *Wolf*, Der Compliance-Officer – Garant, hoheitlich Beauftragter oder Berater im Unternehmensinteresse zwischen Zivil-, Straf- und Aufsichtsrecht?, BB 2011, S. 1353 ff. S. auch die Angaben bei § 52.

1 **I. Allgemeines. 1. Entstehungsgeschichte. a) Einführung der Regelung.** Die Vorgängervorschrift § 80d VAG wurde durch Art. 4 des Gesetzes zur Ergänzung der Bekämpfung der Geldwäsche und der Terrorismusfinanzierung **Geldwäschebekämpfungsergänzungsgesetz** – GwBekErgG) v. 13.8.2008 eingeführt.[1]

2 **b) Änderungen.** Durch Art. 3 des Gesetzes zur Umsetzung der Zweiten E-Geld-RL (**EGeldRL2UmsG** v. 1.3.2011 mit Wirkung v. 9.3.2011)[2] wurde die Vorgängernorm neu gefasst. Durch Art. 3 des Gesetzes zur Optimierung der Geldwäscheprävention (**GwPrävOptG)**[3] v. 22.12.2011 wurden mit Wirkung v. 29.12.2011 in Abs. 2 S. 1 das Wort „Verdachtsfalls" durch die Wörter „nach § 11 Absatz 1 des Geldwäschegesetzes meldepflichtigen Sachverhalts" ersetzt und in Abs. 2 S. 1 das Wort „anzuzeigen" durch die Wörter „zu melden" ersetzt. Weiterhin wurde in Abs. 3 S. 2 das Wort „Verdachtsanzeigen" durch das Wort „Verdachtsmeldungen" ersetzt. Durch Art. 3 des Gesetzes zur Umsetzung der Finanzkonglomerate-RL v. 27.6.2013 (**EGRL89/2011UmsG)**[4] wurden mit Wirkung v. 4.7.2013 Abs. 3 S. 4 und Abs. 5 S. 1 neugefasst.

3 Inhaltliche Änderungen gegenüber § 80d VAG waren mit dem **VAG 2016** nicht verbunden.[5] Es erfolgten **lediglich redaktionelle Anpassungen** an die neu nummerierten Verweisungsziele.

3a Durch das Gesetz zur Umsetzung der Vierten EU-Geldwäscherichtlinie, zur Ausführung der EU-Geldtransferverordnung und zur Neuorganisation der Zentralstelle für Finanztransaktionsuntersuchungen v. 23.6.2017 (**4. EU-GwR-UG**) wurde die Vorschrift mit Wirkung v. 26.6.2017 neu gefasst. Die internen Sicherungsmaßnahmen sind nunmehr fast ausschließlich in den §§ 4 ff. GwG zu finden. § 53 VAG n. F. enthält nur noch § 53 Abs. 2 S. 3–5 und Abs. 4 S. 2 VAG a. F. entsprechende Regelungen.

4 **2. Normzweck. Allgemein** sollten durch die Anordnung interner Sicherungsmaßnahmen versicherungsaufsichtsspezifische Anforderungen an Versicherungsunternehmen gestellt werden, um Geldwäsche und Terrorismusfinanzierung verhindern zu können.[6]

5 Durch die laufenden Überwachungspflichten des **Abs. 1** sollen die Unternehmen Auffälligkeiten bei der Transaktionsabwicklung aufspüren und Risiken erkennen können, die bei Begr. der Geschäfts-

[1] Gesetzgebungsmaterialien zum GwBekErgG: S. Erläuterungen zu § 52 VAG.
[2] Gesetzgebungsmaterialien zum EGeldRL2UmsG: BR-Drs. 482/10 (Gesetzentwurf), BT-Drs. 17/3023 (Gesetzentwurf), BT-Drs. 17/4047 (Beschlussempfehlung und Bericht), BT-PlPr. 17/62, 6559C-6563C (1. Beratung), BT-PlPr. 17/78, 8668D-8672D (2. und 3. Beratung), BGBl. I 288 (Verkündung).
[3] Gesetzgebungsmaterialien zum GwPrävOptG: BR-Drs. 317/11 (Gesetzentwurf), BT-Drs. 17/6804 (Gesetzentwurf), BT-Drs. 17/7950 (Beschlussempfehlung), BT-Drs. 17/8043 (Bericht), BT-PlPr. 17/130, 15388C-15404C (1. Beratung), BT-PlPr. 17/146, 17476C-17482D (2. und 3. Beratung), BGBl. I 2959 (Verkündung).
[4] Gesetzgebungsmaterialien zum EGRL89/2011UmsG: BR-Drs. 96/13 (Gesetzentwurf), BT-Drs. 17/12602 (Gesetzentwurf), BT-Drs. 17/13245 (Beschlussempfehlung und Bericht), BT-PlPr. 17/229, 28613B-28631D (1. Beratung), BT-PlPr. 17/237, 29816A-29824A (2. und 3. Beratung), BGBl. I 1862 (Verkündung).
[5] Vgl. Begr. VAG-RegE 2014, 254.
[6] Vgl. BT-Drs. 16/9038, 55.

beziehung nicht erkennbar waren. Eine Legaldefinition der „Geschäftsbeziehung" enthält § 1 Abs. 3 GwG; die „Transaktion" ist in § 1 Abs. 4 GwG definiert. Durch die internen Sicherungsmaßnahmen soll neben der Geldwäscheprävention auch der Schutz der Verpflichteten vor ungewollter Beteiligung an Straftaten und Reputationsverlust erreicht werden.[7] Der Gesetzgeber wollte zudem klarstellen, dass die Sicherungsmaßnahmen als Teil des Risikomanagements anzusehen seien.[8] Politisch wollte er zudem in Gesetzesform vor den Gefahren des Verbergens in der Anonymität der Finanzwelt warnen und diese in das Sicherungskonzept einbinden.[9]

Durch die Untersuchungs- und Dokumentationspflicht nach **Abs. 2** in Bezug auf sämtliche ungewöhnlichen oder auffälligen Geschäftsbeziehungen und Transaktionen soll die Einhaltung der Pflichten wirksam und angemessen überwacht[10] und der Aufsichtsbehörde eine entsprechende Prüfung ermöglicht werden.[11] 6

Abs. 3 regelt das Institut des Geldwäschebeauftragten entsprechend § 9 GwG für die Versicherungsbranche. 7

Abs. 4 beschreibt die Prüfungspflichten der internen Revision im Rahmen der Geldwäsche-Compliance. 8

Dem grenzüberschreitenden Charakter von Geldwäsche und Terrorismusfinanzierung soll in **Abs. 5** dadurch Rechnung getragen werden, dass innerhalb einer Holding oder eines Finanzkonglomerates unterschiedliche Standards verhindert werden sollen, sodass Geldwäscher und Terrorismusfinanciers nicht in Staaten mit niedrigeren Präventionsstandards ausweichen können.[12] Die herrschenden Unternehmen sollen ihren beherrschenden Einfluss geltend machen, um eine gruppenweite Pflichtenbefolgung trotz grenzüberschreitender Heterogenität sicherstellen zu können.[13] 9

Abs. 6 schafft eine Anordnungsbefugnis zugunsten der Aufsichtsbehörde, um die Pflichtenbefolgung sicherzustellen.[14] 10

3. Europarechtlicher Hintergrund. Die Vorschrift dient der Umsetzung von Art. 34 Abs. 1 **Geldwäsche-RL.**[15] Abs. 2 dient zusätzlich der Umsetzung von Art. 37 Abs. 1 Geldwäsche-RL. Mit Abs. 5 werden zusätzlich Art. 31 Abs. 1 S. 2 und Abs. 3 Geldwäsche-RL umgesetzt. 11

II. Einzelerläuterungen. 1. Grundpflichten (Abs. 1). Abs. 1 S. 1 der Vorschrift legt nach Art einer **Generalklausel**[16] den nach § 52 VAG verpflichteten Unternehmen zur Verhinderung von Geldwäsche und Terrorismusfinanzierung **drei grundlegende Organisationspflichten** auf. Sie müssen über ein Risikomanagement sowie über Verfahren und Grundsätze zur Geldwäsche/Terrorismusfinanzierungsprävention verfügen. In qualitativer Hinsicht müssen die Organisationspflichten „angemessen" erfüllt werden. Klargestellt wird, dass § 9 Abs. 1 und Abs. 2 GwG durch die Norm nicht verdrängt werden. **Abs. 1 S. 2 und 3 der Vorschrift konkretisieren die Grundpflichten.** 12

a) Angemessenes Risikomanagement. Nach der **gesetzgeberischen Intention** sollte durch die gewählte Begrifflichkeit klargestellt werden, dass die Verhinderung von Geldwäsche und Terrorismusprävention Teil des allgemeinen gesetzlich vorgegebenen Risikomanagements ist.[17] Es wäre unter Zugrundelegung dieser Absicht konsequent zur näheren Bestimmung der Pflichten auf § 26 VAG zurückzugreifen. 13

Eine hauptsächliche **Zuordnung zum Risikomanagement** i. S. v. § 26 VAG ist mit der gesetzlichen **Systematik des VAG 2016** und der zugrundeliegenden Rechtsakte jedoch **nicht vereinbar**. Die entsprechende Aussage in den Gesetzgebungsmaterialien zum EGeldRL2UmsG[18] bezog sich auf § 64a VAG, der die allgemeinen Pflichten über eine ordnungsgemäße Geschäftsorganisation und das Risikomanagement in den damaligen Abs. 1 und 2 zusammenfasste. Im VAG 2016 werden jedoch die ordnungsgemäße Geschäftsorganisation in § 23 VAG und das Risikomanagement im engeren Sinne getrennt in § 26 VAG verankert. Die Einhaltung der Geldwäsche- und Terrorismusvorschriften gehört zu den allgemein v. Versicherungsunternehmen zu beachtenden Rechtsakten i. S. v. § 23 Abs. 1 S. 2 VAG und hat mit den von § 26 VAG adressierten Risiken unmittelbar nichts zu tun.[19] Es ist daher bedauerlich, dass der Gesetzgeber mit dem VAG 2016 die Begrifflichkeiten nicht klargestellt hat und auf die Verwendung des spezifischen Begriffes „Risikomanagement" nicht verzichtet hat. Das Compliance-Risiko ist lediglich insoweit Teil des Risikomanagements, als es Ausdruck des **operationellen Risikos** 14

[7] Vgl. BT-Drs. 16/9038, 56.
[8] Vgl. BT-Drs. 17/3023, 66. Dazu ausführlich unten Rn. 14.
[9] Vgl. BT-Drs. 17/3023, 66.
[10] Vgl. BT-Drs. 16/9038, 56.
[11] Vgl. BT-Drs. 17/3023, 67.
[12] Vgl. BT-Drs. 16/9038, 56.
[13] Vgl. BT-Drs. 17/3023, 67.
[14] Vgl. BT-Drs. 17/3023, 68.
[15] Vgl. RL 2005/60/EG v. 26.10.2005, ABl. EG 2005 L 309, 15.
[16] Vgl. Erbs/Kohlhaas/*Häberle* § 9 GwG Rn. 7.
[17] Vgl. BT-Drs. 17/3023, 66.
[18] Vgl. oben Rn. 5.
[19] Vgl. schon zur alten Rechtslage zutreffend FKBP/*Kaulbach* § 80d Rn. 3.

i. S. v. § 26 Abs. 5 S. 1 Nr. 5 VAG ist.[20] Aus dem Verstoß gegen §§ 52 ff. VAG erwachsen dem Unternehmen in erster Linie Rechts- und Reputationsrisiken. Zum Risikomanagement gehören nach Art. 101 Abs. 4 UAbs. 2 Solva II-RL ausdrücklich auch **Rechtsrisiken**. Diese Eigenschaft ist jedoch für die Zuordnung der nach § 53 Abs. 1 S. 1 VAG bestehenden Pflichten unergiebig, da das Risikomanagement nur das Risiko i. S. v. drohenden Kosten mangelnder Compliance für das Unternehmen in den Blick nimmt, wie sich bereits aus Art. 13 Nr. 33 Solva II-RL ergibt. Danach handelt es sich um das „das *Verlust*risiko [Hervorhebung des Verfassers], das sich aus der Unangemessenheit oder dem Versagen von internen Prozessen, Mitarbeitern oder Systemen oder durch externe Ereignisse ergibt". Die Verhinderung von Verlusten ist jedoch allenfalls mittelbares Ziel des sechsten Abschnitts des VAG, der primär zur „Verhinderung von Geldwäsche und Terrorismusfinanzierung" beitragen soll. Soweit der Verstoß gegen §§ 52 ff. VAG nicht quantifizierbare **Reputationsrisiken** birgt, bleiben diese bei der Risikobedeckung nach Art. 101 Abs. 4 UAbs. 2 Solva II-RL zudem ausdrücklich außer Betracht. Reputationsrisiken haben folglich auch in Art. 44 Solva II-RL keinen Niederschlag gefunden haben. Sie werden in Leitlinie 23 EIOPA-LL Governance nur benannt und im EIOPA Explanatory Text BoS-13/26 zu LL Governance als Teil des Risikomanagements näher, aber insgesamt stiefmütterlich behandelt. Die Verpflichtung zum Risikomanagement in Bezug auf operationelle Risiken ergibt sich schließlich bereits unmittelbar aus § 26 Abs. 5 S. 1 Nr. 5 VAG, sodass eine wiederholende Anordnung keinen regulatorischen Mehrwert brächte. Auch ist nicht anzunehmen, dass der Gesetzgeber mit der prominenten Formulierung zu Beginn der Geldwäsche-Organisationspflichten nur eine Zuordnung zu einem Nebenbereich des Risikomanagements beabsichtigte. Die abweichende Systematik im KWG, die im Kreditbereich nach wie vor die Geldwäscheprävention dem Risikomanagement zugeordnet, resultiert aus § 25h Abs. 1 S. 3 KWG.[21] Die Compliance-Funktion ist im KWG nach § 25a Abs. 1 S. 3 Nr. 3c) KWG integraler Teil des Risikomanagements. Eine Übertragung auf die andersartige Systematik des VAG ist nicht möglich.[22]

15 Der Begriff Risikomanagement in § 53 Abs. 1 VAG ist daher als ein nach Maßgabe von Art. 23, Art. 29, 30, 53 ff. VAG in Verbindung mit dem GwG zu errichtendes **angemessenes Geldwäsche/Terrorismusfinanzierungs-Compliance-Management** zu verstehen. Im Rahmen dieses Compliance-Managements geht es zwar primär um einen angemessenen Umgang (Management) mit dem Risiko der Geldwäsche und Terrorismusfinanzierung, nicht aber unmittelbar um das wirtschaftliche Risiko des Unternehmens. Nur sofern kleine Versicherungsunternehmen nach § 212 Abs. 2 Nr. 2 VAG keine Compliance-Funktion vorhalten, kommt eine ausschließliche Wahrnehmung der Aufgaben im Rahmen des Risikomanagements in Betracht.

16 Weitere auf das Compliance-Management bezogene **allgemeine Pflichten auf der Ebene des VAG** ergeben sich folglich aus § 23 Abs. 1 S. 3–Abs. 5, 29, 30 VAG. Soweit entsprechende Pflichten nicht spezieller in den §§ 53 ff. VAG geregelt sind, können die allgemeinen Geschäftsorganisationspflichten zur Ausgestaltung des Geldwäsche/Terrorismusfinanzierungs-Compliance-Managements herangezogen werden. Zur näheren Konkretisierung sind auch die allgemeinen **Governance-Anforderungen nach** Art. 258 **Solva II-VO** sowie Art. 266 (Internes Kontrollsystem) und Art. 270 (Compliance-Funktion) der Solva II-VO heranzuziehen. Ergänzend können Abschnitte I (Allgemeine Governance-Anforderungen), III (Fachliche Qualifikation und persönliche Zuverlässigkeit), VII (Interne Kontrollen), und VIII (Interne Revision) **EIOPA-LL Governance** nebst EIOPA Explanatory Text BoS-13/26 zur Bestimmung der allgemeinen Anforderungen genutzt werden.

17 Bei der Geldwäsche/Terrorismusfinanzierungs-Compliance handelt es sich aufgrund ihrer Einbindung in das allgemeine Governance- und Compliance-Regime um ein **spezifisch versicherungsaufsichtsrechtliches Institut**,[23] das nur insoweit Besonderheiten aufweist, als damit auch nicht-versicherungsrechtliche Regulierungsanforderungen erfüllt werden.

18 Folglich ist auch der Begriff der **Angemessenheit** im Sinn des allgemeinen versicherungsaufsichtsrechtlichen Verständnisses – als Querschnittsklausel der Verhältnismäßigkeit – zu verstehen, dessen rechtliche Fundierung (als „Proportionalität") sich aus der Solva II-RL ergibt.[24] Die Angemessenheit ist nicht nur gewahrt, wenn die Geschäftsorganisation gewährleistet, dass das geltende Recht zur Verhinderung von Geldwäsche und Terrorismusfinanzierung in jedem einzelnen Fall sicher eingehalten wird. Hierzu ist das Versicherungsunternehmen nach § 23 Abs. 1 S. 2 VAG dem Wortlaut nach zwar ausdrücklich verpflichtet, ein angemessener/verhältnismäßiger oder proportionaler Standard muss jedoch nach dem gesetzlichen Regelungskonzept ausreichen. Als **Mindeststandard** kann danach gelten, was aufgrund spezifischer Vorgaben ohne weiteren Spielraum umgesetzt werden muss. Jenseits dieses engen Regimes können **allgemeine Angemessenheitsfaktoren** die Compliance-Aufgabe in sachlicher, räumlicher

[20] Vgl. *Dreher* VersR 2013, 929, 942; Einl. Rn. 113.
[21] Vgl. Boos/Fischer/Schulte/Mattler/*Achtelik* § 25h Rn. 6; Herzog/*Achtelik* § 25g Rn. 6; Schimansky/Bunte/Lwowski/*Fischbeck* § 42 Rn. 384.
[22] Vgl. allgemein zu den Grenzen der Konvergenz im Aufsichtsrecht oben Einl. Rn. 16.
[23] Vgl. *Dreher* VersR 2013, 929, 939 f.
[24] Vgl. dazu Einl. Rn. 121 ff.; *Dreher* VersR 2013, 929, 934, 936 f. m. w. N.; Hauschka/Moosmayer/Lösler/*Bürkle* § 49 Rn. 84.

und zeitlicher Hinsicht beeinflussen und erlauben eine Gewichtung der Prüfungs- und Überwachungstiefe nach dem Grad des Risikoeintritts, der möglichen Folgen für die Tätigkeit des Versicherungsunternehmens und die Stabilität des Finanzsystems, nach der Unternehmens- und Kundenstruktur und nach den Ressourcen des betroffenen Unternehmens.[25] Die Geschäftsleitung kann sich in dem verbleibenden Spielraum auf das allgemeine Organisationsermessen berufen, das auch die Compliance-Organisation umfasst.[26]

Aus dem spezifisch versicherungsaufsichtsrechtlichen Verständnis des § 53 VAG ist auch zu folgern, dass sich aufsichtsrechtliche **Vorgaben** insbesondere **aus der Kreditwirtschaft** nicht zur Bestimmung versicherungsaufsichtsrechtlicher Pflichten von Versicherungsunternehmen heranziehen lassen.[27] Abgesehen von ihrer – mangels entsprechenden Anwendungsbefehls – rechtlichen Unverbindlichkeit für den Versicherungsbereich tragen sie – auch wenn sie mit § 9 Abs. 2 Nr. 2 GwG denselben rechtlichen Ausgangspunkt haben – den gravierenden Unterschieden von Banken und Versicherungen nicht hinreichend Rechnung.[28] Sofern die BaFin der Auffassung ist, sie könne die „Auslegungs- und Anwendungshinweise der Deutschen Kreditwirtschaft zur Verhinderung von Geldwäsche, Terrorismusfinanzierung und sonstigen strafbaren Handlungen"[29] auch der Aufsichtspraxis über Versicherungsunternehmen zugrunde legen, soweit sie nicht bankspezifische Pflichten beträfen,[30] ist dies problematisch sofern die Verwendung über die bloße Information und Anregung der Behörde hinausgeht. Ein mit halbamtlicher Autorität ausgestattetes, wenngleich rechtlich unverbindliches Auslegungsdokument sind jedoch die mit der Aufsichtsbehörde abgestimmten Auslegungs- und Anwendungshinweise des GDV.[31] 19

b) Verfahren und Grundsätze. Das vorzuhaltende Compliance-Management wird dahingehend durch § 53 Abs. 1 S. 1 konkretisiert, dass Verfahren und Grundsätze vorzuhalten sind. Auch insoweit gilt der Querschnittsgrundsatz, dass entsprechende Verfahren angemessen sein müssen.[32] 20

Aus dem vorbeschriebenen allgemein versicherungsaufsichtsrechtlichen Verständnis der grundlegenden Organisationspflichten des Abs. 1 können die Pflichten zur angemessenen **Verfahrensorganisation** zunächst den grundlegenden Anforderungen an die ordnungsgemäße Unternehmensorganisation entnommen werden. **Allgemeine ablauforganisatorische Anforderungen** ergeben sich aus § 23 Abs. 1 S. 3 VAG (Organisationsstruktur), § 23 Abs. 2 VAG (Überprüfungspflicht im Hinblick auf die Organisationsstruktur), § 23 Abs. 5 VAG (Dokumentationspflicht bezüglich der Organisationsstruktur und das Compliance-System).[33] Auch die Pflicht zur Schaffung einer internen Revision nach § 30 VAG kann zu den ablauforganisatorischen Anforderungen gezählt werden. Ferner sind die allgemeinen Governance-Anforderungen nach Art. 258 Solva II-DVO zu beachten.[34] Hinweise auf spezifische Vorstellungen der nationalen Aufsicht zur Ausgestaltung der Compliance-Funktion können der Auslegungsentscheidung zu internen Kontrollen und interner Revision in Versicherungsunternehmen der BaFin entnommen werden. 21

Besondere ablauforganisatorische Anforderungen ergeben sich aus den näheren Bestimmungen zur Geldwäsche/Terrorismusfinanzierungs-Verhinderung. Eine erste nähere Bestimmung nimmt **§ 53 Abs. 1 S. 2 VAG** vor. In qualitativer Hinsicht ergibt sich aus der Vorschrift, dass die Präventionsaufgabe **systematisch** und „nicht einfach so"[35] erfüllt werden muss, woraus sich eine Pflicht zur dokumentiert festen Integration der Geldwäscheprüfung in den Geschäftsprozess ergibt. In sachlicher Hinsicht erstreckt sich diese Pflicht auf Geschäfte, also in erster Linie auf die Versicherungsprodukte selbst sowie auf den Prozess des Geschäftsabschlusses und die Kunden. Sowohl Geschäftsprozesse als auch Kunden müssen systematisch auf das ihnen innewohnende Risiko überprüft werden. Es ist derzeit wohl noch nicht erforderlich besondere maschinelle Monitoring-Systeme zu entwickeln.[36] Der Gesetzgeber ging bei Einführung der Norm im Jahr 2008 davon aus, dass entsprechend geschulte Mitarbeiter die Prüfungsaufgabe gleich gut erfüllen könnten.[37] Ob diese Einschätzung sich bei der rapiden Verbesserung der Computertechnologie noch aufrechterhalten lässt erscheint zweifelhaft. Die zu schaffenden Prozesse müssen auf ihre Befolgung kontrolliert und aktualisiert werden sofern sie der Bedrohung durch Geld- 22

[25] Vgl. BT-Drs. 17/6804, 33; *Dreher* VersR 2013, 929, 936; Herzog/*Warius* § 9 Rn. 27.
[26] Vgl. Hauschka/Moosmayer/Lösler/*Bürkle* § 49 Rn. 80 und allgemein Einl. Rn. 136 ff.
[27] Zu verallgemeinernd daher Herzog/*Warius* § 9 Rn. 47 ff.
[28] Vgl. instruktiv *BaFin*, Konsultation 04/2014 Entwurf eines Rundschreibens: Rundschreiben (GW) – Hinweise zum Umfang bzw. zur Ausgestaltung diverser geldwäscherechtlicher Pflichten (abrufbar unter bafin.de; abgerufen am 11.10.2016) und die berechtigte Kritik des GDV in seiner Stellungnahme v. 30.6.2014 (abrufbar unter bafin.de; abgerufen am 11.10.2016).
[29] Abrufbar unter die-dk.de (abgerufen am 11.10.2016).
[30] Vgl. BaFin, Rundschreiben 1/2014 (GW) (abrufbar unter bafin.de; abgerufen am 13.6.2016).
[31] Vgl. *GDV*, Auslegungs- und Anwendungshinweise.
[32] Vgl. FKBP/*Kaulbach* § 80d Rn. 3.
[33] Vgl. Einl. Rn. 52 ff., 147 ff.
[34] Allgemeine Hinweise zur praktischen organisatorischen Ausgestaltung einer Criminal Compliance finden sich bei Rotsch/*Lehmann* § 3 Rn. 65 ff.
[35] FKBP/*Kaulbach* § 80d Rn. 5.
[36] Vgl. *GDV*, Auslegungs- und Anwendungshinweise, S. 33.
[37] Vgl. BT-Drs. 16/9038, 56.

wäsche und Terrorismusfinanzierung nicht mehr angemessen gerecht werden.[38] Diesen **Aktualisierungsgrundsatz** verschärft **§ 53 Abs. 1 S. 3 VAG** dahingehend, dass bei Einführung neuer Versicherungsprodukte und neuer Technologien eine Prüfung des Geldwäsche-Risikos als geeignete Sicherungsmaßnahme vorzunehmen ist. Ein Beispiel bildet die Einführung digitaler Unterschriftenpads in der Versicherungswirtschaft.[39] Künftig dürfte diese Prüfung in die nach Art. 25 der Versicherungsvertriebs-RL[40] vorzuhaltenden Verfahren für die Genehmigung jedes einzelnen Versicherungsprodukts oder jeder wesentlichen Anpassung bestehender Versicherungsprodukte zu integrieren sein.

23 **Spezielle ablauforganisatorische Anforderungen** ergeben sich aus den weiteren Vorgaben der §§ 53 ff. VAG sowie aus § 9 Abs. 2 Nr. 3 und 4 GwG. Insbesondere die Bestellung des Geldwäschebeauftragten nach § 53 Abs. 3 VAG zählt hierzu.

24 Die Pflicht zur Aufstellung von **Grundsätzen** entspricht der Verabschiedung von auf die Geldwäsche/Terrorismusfinanzierungs-Verhinderung bezogenen Leitlinien i. S. v. § 23 Abs. 3 S. 1 VAG.[41] Insoweit wird der Minimalkatalog des § 23 Abs. 3 S. 2 VAG um **Leitlinien zur Geldwäsche/Terrorismusfinanzierungs-Prävention** erweitert.[42] In verfahrensrechtlicher Hinsicht unterliegen diese Leitlinien bzw. Grundsätze der Zustimmungspflicht der Geschäftsleistung und der jährlichen bzw. anlassbezogenen Überprüfungs- und Anpassungspflicht nach § 23 Abs. 3 S. 3 VAG. Die Leitlinien müssen spezifische Grundsätze („Strategie") zur Verhinderung des Missbrauchs neuer Versicherungsprodukte und Technologien enthalten (§ 53 Abs. 1 S. 3 VAG). Erforderlich sind weiter konkrete Prozessbeschreibungen für die Geldwäschekontrolle und Verhaltensrichtlinien für Mitarbeiter, die den Besonderheiten der einzelnen Geschäfte und den Arbeitsabläufen Rechnung tragen.[43] Auch eine Beschreibung der Ausgestaltung der geschäfts- und kundenbezogenen Sicherungssysteme ist aufzunehmen.[44]

25 **c) Verweis auf Pflichten nach § 9 Abs. 1 und Abs. 2 GwG.** Der Hinweis darauf, dass die Pflichten nach § 9 Abs. 1 und Abs. 2 GwG unberührt bleiben, ist deklaratorischer Natur, da sich die Bindung an das GwG bereits aus § 2 Abs. 1 Nr. 4 GwG ergibt. Klargestellt ist damit aber, dass die Pflichten kumulativ gelten. § 9 Abs. 1 GwG regelt nur die allgemeine Verpflichtung zu angemessenen internen Sicherungsmaßnahmen. § 9 Abs. 2 Nr. 1 und 2 entsprechen § 53 Abs. 3 VAG und § 53 Abs. 1 S. 3 VAG. Über § 53 VAG hinaus geht § 9 Abs. 2 Nr. 3 VAG, der eine Pflicht zur **Unterrichtung der Beschäftigten** über Typologien und aktuelle Methoden der Geldwäsche und der Terrorismusfinanzierung und die zur Verhinderung von Geldwäsche und Terrorismusfinanzierung bestehenden Pflichten statuiert. Hier wird künftig auch die Umsetzungsgesetzgebung zu Art. 10 Abs. 2 in Verbindung mit Anhang I der Versicherungsvertriebs-RL[45] zu beachten sein, der die Unternehmen zur Beachtung von Mindestanforderungen an berufliche Kenntnisse und Fähigkeiten auf dem Gebiet der Geldwäschebekämpfung verpflichtet. Auch § 9 Abs. 2 Nr. 4 GwG findet keine Entsprechung in den §§ 53 ff. VAG. Die Unternehmen müssen danach geeignete risikoorientierte Maßnahmen zur **Prüfung der Zuverlässigkeit der Beschäftigten** anwenden.

26 **d) Adressat der Pflichten.** Pflichtenadressaten sind nicht nur die **Geschäftsleiter**, sondern auch der **Aufsichtsrat**, den im Vergleich zu den aktienrechtlichen Überwachungspflichten qualitativ und quantitativ verschärfte Aufsichtspflichten treffen.[46]

27 **2. Untersuchungs- und Dokumentationspflicht (Abs. 2). Abs. 2 S. 1** regelt die Untersuchungspflicht der Unternehmen. **S. 2** statuiert eine diesbezügliche Dokumentationspflicht. **S. 3** erlaubt den Unternehmen zur Erfüllung ihrer Untersuchungspflicht nach S. 1 personenbezogene Daten zu erheben, zu verarbeiten und zu nutzen. **S. 4** konkretisiert die Nutzungsbefugnis in Bezug auf den Informationsaustausch mit anderen verpflichteten Versicherern. **S. 5** schränkt die Nutzungsbefugnis der so übermittelten Daten auf die Zwecke der Geldwäsche/Terrorismusfinanzierungs-Bekämpfung ein.

28 **a) Untersuchungspflicht (Abs. 2 S. 1).** Die Untersuchungspflicht knüpft tatbestandlich an Sachverhalte an, die **„zweifelhaft oder ungewöhnlich"** sind. Aus dem Regelungszusammenhang folgt, dass sich die Zweifelhaftigkeit darauf beziehen muss, ob dem Sachverhalt lautere Zwecke oder Zwecke der Geldwäsche/Terrorismusfinanzierung unterliegen. Entsprechende Zweifel können sich auch aus der Ungewöhnlichkeit des Vorgangs ergeben.[47] Aus der Bezugnahme auf § 11 Abs. 1 GwG folgt, dass die

[38] Vgl. FKBP/*Kaulbach* § 80d Rn. 5.
[39] Vgl. *Hoeren* VersR 2011, 834, 835 f.
[40] RL 2016/97/EU v. 20.1.2016 über Versicherungsvertrieb, ABl. EU 2016 L 26, 19 ff., dazu allgemein Einl. Rn. 138.
[41] Vgl. ausführlich Einl. Rn. 94 ff.
[42] Vgl. allgemein zu den Unternehmensleitlinien Einl. Rn. 94 ff.
[43] Vgl. Herzog/*Warius* § 9 Rn. 30.
[44] Vgl. Herzog/*Warius* § 9 Rn. 30.
[45] Vgl. RL 2016/97/EU v. 20.1.2016 über Versicherungsvertrieb ABl. EU 2016 L 26, 19 ff., dazu allgemein Einl. Rn. 138.
[46] Vgl. *Dreher/Häussler* ZGR 2011, 471, 487.
[47] Vgl. FKBP/*Kaulbach* § 80d Rn. 9.

pflichtenauslösende Schwelle unterhalb des konkreten Geldwäscheverdachts liegen muss. Es müssen also noch keine Tatsachen vorliegen, die darauf hindeuten, dass Vermögenswerte im Zusammenhang mit Geldwäsche/Terrorismusfinanzierung stehen (§ 11 Abs. 1 S. 1 GwG). Nach der **Verwaltungspraxis der BaFin zu § 11 Abs. 1 S. 1 GwG**, die sich insoweit auf die Gesetzesbegr. berufen kann,[48] wird die Meldepflicht nach § 11 Abs. 1 S. 1 GwG ausgelöst, wenn ein Sachverhalt nach allgemeinen Erfahrungen und dem bei den Mitarbeitern vorhandenen beruflichen Erfahrungswissen unter dem Blickwinkel seiner Ungewöhnlichkeit oder Auffälligkeit im jeweiligen geschäftlichen Kontext eine Geldwäsche oder Terrorismusfinanzierung nahelegt. Erforderlich sind hinreichend aussagekräftige tatsächliche Anhaltspunkte.[49] Auch in diesem Zusammenhang ist also die Ungewöhnlichkeit oder Auffälligkeit (Zweifelhaftigkeit) der Anknüpfungspunkt für die Verdachtsmeldung. Hieraus ergibt sich folgendes **Verhältnis von § 11 Abs. 1 GwG zu § 52 Abs. 3 VAG**: Jeder Zweifel an der Lauterkeit der Geschäftsabsicht und jede potentiell geldwäscherelevante Auffälligkeit löst die Ermittlungspflicht nach § 53 Abs. 2 VAG aus. Verdichten sich nach den Untersuchungen die Zweifel zu einem Verdacht, wird die Meldepflicht nach § 11 Abs. 1 GwG ausgelöst. Maßstab für die Feststellung, ob ein Sachverhalt zweifelhaft oder ungewöhnlich ist, sind die allgemeinen Erfahrungen im Hinblick auf Geldwäsche/Terrorismusfinanzierung und das berufliche Erfahrungswissen der Mitarbeiter im jeweiligen geschäftlichen Kontext. Zweifelhaft oder ungewöhnlich kann nach der offenen Formulierung der Norm **jeder Sachverhalt** mit geschäftlichem Bezug sein, das heißt neben dem Neuabschluss auch beispielsweise Kündigungen oder Risikoänderungen, aber auch auffälliges Geschäftsgebaren von Vermittlern und standardisierte Geschäftsabläufe im Allgemeinen. Unerheblich ist dabei, auf welche Art und Weise ein Versicherungsunternehmen auf den Sachverhalt aufmerksam geworden ist.[50]

Der **Zweck der Untersuchung** ist erreicht, wenn mittels der ermittelten Tatsachen das Geldwäsche/Terrorismusfinanzierungs-Risiko der jeweiligen Geschäftsbeziehung (vgl. § 1 Abs. 3 GwG) oder Transaktion (vgl. § 1 Abs. 4 GwG) bzw. die Meldepflichtigkeit des Sachverhalts beurteilt werden kann. Nur in diesem Umfang ist das Unternehmen zur Nachforschung verpflichtet, was auf eine **Gefährdungsanalyse** hinausläuft.[51] Die Risikoeinstufung selbst ist nicht Gegenstand der Untersuchungspflicht nach § 53 Abs. 2 VAG. Sie bildet den der Untersuchung/Gefährdungsanalyse nachgelagerten Vorgang, wird von § 3 Abs. 4 S. 1 GwG allgemein vorausgesetzt[52] und bildet den Ausgangspunkt für das weitere Handeln des Verpflichteten. 29

Untersuchung und Risikoeinstufung sind demnach unterschiedliche Vorgänge Fraglich ist, ob die **Tiefe der Untersuchungen** nach § 53 Abs. 2 S. 1 VAG von dem Ergebnis einer (abstrakten) Risikoeinstufung abhängig gemacht werden kann. Zwar liegt es in der Natur der Sache, dass ein Sachverhalt desto zweifelhafter und ungewöhnlicher erscheinen muss, je stärkere Risikoanzeichen für Geldwäsche oder Terrorismusfinanzierung hervortreten. Dies betrifft aber nur das pflichtenauslösende Moment. Die Tiefe der Untersuchung ist nach § 53 Abs. 2 S. 1 VAG nur davon abhängig, dass eine (nach kriminalistischen und versicherungsfachlichen Kriterien zu treffende) Risikoeinstufung möglich wird. Insoweit legt das VAG gegenüber dem GwG, das in § 3 Abs. 4 S. 1 GwG auch den Umfang der nach § 3 Abs. 1 GwG zu ermittelnden Tatsachen v. konkreten Risiko abhängig macht, einen anderen Maßstab an. Der Frage, ob sich hieran i. E. Unterschiede knüpfen, wäre empirisch nachzugehen. Als praktisches Vorgehen empfiehlt es sich, zunächst die Prüfung nach § 3 Abs. 1, Abs. 4 GwG (ggf. modifiziert durch § 54 ff. VAG) vorzunehmen. Ergibt sich hieraus bereits eine zuverlässige Risikoeinschätzung, ist die weitere Untersuchung nach § 53 Abs. 2 VAG obsolet. Andernfalls ist der Sachverhalt nach Maßgabe des § 52 Abs. 2 VAG weiter aufzuklären. 30

b) Dokumentationspflicht (Abs. 2 S. 2). § 53 Abs. 2 S. 2 VAG erstreckt die nach § 8 GwG bestehende Dokumentationspflicht auf die unternommene Sachverhaltsaufklärung nach § 53 Abs. 2 S. 1 VAG und erweitert diese Dokumentationspflicht. 31

Die formellen Anforderungen an die Dokumentationspflicht ergeben sich aus § 8 GwG. Ebenfalls aus § 8 GwG folgt die Pflicht, zu dokumentieren, welche Daten zu den betreffenden Sachverhalten erhoben wurden. **§ 53 Abs. 2 S. 2 VAG** stellt als zusätzliches **qualitatives Kriterium** an die Art der zu dokumentierenden Informationen auf die Perspektive der Aufsichtsbehörde ab. Die Aufklärungspflicht muss so detailliert dokumentiert sein, dass (innerhalb der Aufbewahrungsfrist des § 8 Abs. 3 GwG) gegenüber der Aufsichtsbehörde dargelegt werden kann, warum sich aus dem untersuchten Sachverhalt kein konkreter Verdacht ableiten lässt. Hieraus folgt, dass die Norm in erster Linie die Funktionsfähigkeit der Aufsicht schützen soll.[53] 32

[48] Vgl. BT-Drs. 17/3023, 61.
[49] Vgl. BaFin, Rundschreiben 1/2014; vgl. entsprechend zum KWG Boos/Fischer/Schulte-Mattler/*Achtelik* § 25h Rn. 23.
[50] Vgl. BT-Drs. 17/3023, 67.
[51] Vgl. zum praktischen Aufbau einer Gefährdungsanalyse *GDV*, Auslegungs- und Anwendungshinweise, S. 41–46.
[52] Vgl. ausführlich Bürkle/*Gehrke* § 12 Rn. 34–38.
[53] Vgl. ähnlich FKBP/*Kaulbach* § 80d Rn. 14; BT-Drs. 17/3023, 67.

33 **c) Datenschutzrechtliche Erlaubnisnorm (Abs. 2 S. 3). § 52 Abs. 2 S. 3 VAG** gestattet die Erhebung, Verarbeitung und Nutzung personenbezogener Daten. Es handelt sich um eine **Erlaubnisnorm i. S. v. § 4 Abs. 1 BDSG**. Die Datenerhebung hat nach § 4 Abs. 2 BDSG grundsätzlich beim Betroffenen zu erfolgen. Erforderlich ist sein bewusstes Mitwirken an der Datenerhebung.[54] Nach Maßgabe der §§ 28, 29 BDSG können ohne Mitwirkung des Betroffenen jedoch auch allgemein zugängliche Quellen ausgewertet werden.[55] Die **Datenerhebung ohne Mitwirkung** des Betroffenen ist im Übrigen nur nach Maßgabe des § 4 Abs. 1 Nr. 2 Var. 2 BDSG zulässig,[56] wenn also die Erfüllung der Untersuchungspflicht eine Datenerhebung bei anderen Personen oder Stellen erforderlich macht und keine Anhaltspunkte dafür bestehen, dass überwiegende schutzwürdige Interessen des Betroffenen beeinträchtigt werden. An die Art der zu erhebenden Daten stellt das Gesetz keine besonderen Anforderungen. Diese müssen lediglich der Erfüllung der Aufklärungspflicht dienen können. Da insoweit die ex-ante Perspektive maßgeblich sein muss, kommt es auf die abstrakte Eignung zur Sachverhaltserhellung an. Die **Dokumentationspflicht** nach § 52 Abs. 2 S. 2 VAG ist datenschutzrechtlich ebenfalls als Erlaubnisnorm anzusehen.

34 **d) Informationsaustausch (Abs. 2 S. 4 und 5).** Die **Anwendungsbereiche** des § 12 Abs. 3 GwG und des § 53 Abs. 2 S. 4 und 5 VAG bereiten erhebliche Abgrenzungsprobleme. Es ergibt sich folgendes Schema:

(1) § 53 Abs. 2 S. 4 und S. 5 VAG erlauben die Informationsweitergabe zwischen nach § 52 VAG verpflichteten Versicherungsunternehmen ohne die Art der Information ausdrücklich einzuschränken.

(2) § 12 Abs. 1 S. 2 Nr. 2, Nr. 4 GwG gestatten die Informationsweitergabe nur in Bezug auf eine beabsichtigte oder erstattete Geldwäschemitteilung oder ein eingeleitetes Strafverfahren, jedoch in diesem Rahmen auch zwischen
– den derselben Gruppe angehörenden Instituten oder Unternehmen und
– verschiedenen verpflichteten Versicherungsunternehmen und anderen Verpflichteten in Fällen, die sich auf denselben Vertragspartner und dieselbe Transaktion beziehen.

(3) § 12 Abs. 3 GwG gestattet die Informationsweitergabe zwischen verschiedenen Verpflichteten, also beispielsweise auch zwischen verschiedenen Versicherern und Versicherern und Vermittlern nach denselben Kriterien wie § 53 Abs. 2 S. 4 und 5 VAG, jedoch mit der Einschränkung, dass es sich nicht um die Information über eine beabsichtigte oder erstattete Geldwäschemitteilung oder ein eingeleitetes Ermittlungsverfahren handeln darf.

35 Fraglich ist, ob nach diesem Befund für § 53 Abs. 2 S. 4 und S. 5 VAG überhaupt ein selbständiger Anwendungsbereich bleibt oder ob es sich um eine **überflüssige Doppelregelung zu § 12 Abs. 3 GwG** handelt. Dies hängt davon ab, ob § 53 Abs. 2 S. 4 und S. 5 VAG entsprechend § 12 Abs. 3 GwG auf den Datenaustausch von Vorfeldinformationen zu beschränken ist oder ob nach der Vorschrift auch (vorbereitete) Verdachtsmeldungen und Daten über Ermittlungsverfahren übermittelt werden dürfen. Nur im letzteren Fall bliebe der Norm ein eigenständiger, über § 12 Abs. 3 GwG hinausgehender Anwendungsbereich. Nach der Gesetzesbegr. war eine Nachbildung des § 12 Abs. 3 GwG beabsichtigt.[57] Die Bezugnahme in § 53 Abs. 2 S. 4 VAG auf die der Verdachtsmeldung vorgelagerte Untersuchungspflicht scheint nahezulegen, dass auch nur Vorfeldinformationen ausgetauscht werden sollen. Andererseits ist aus der Perspektive des Empfängers gerade der Umstand, dass ein anderes verpflichtetes Unternehmen Verdachtsmeldungen vorbereitet oder erstattet hat bzw. dass bereits Ermittlungsverfahren gegen bestimmte Personen laufen, ein wichtiges Indiz für die eigenen Untersuchungen.[58]

36 Bei **richtlinienkonformer Auslegung** muss jedoch § 53 Abs. 2 S. 4 VAG ebenso wie § 12 Abs. 3 GwG **auf den Austausch von Vorfeldinformationen beschränkt** bleiben. Art. 28 Geldwäsche-RL regelt die Weitergabe der sensiblen Daten über konkrete Verdachtsmeldungen und Ermittlungsverfahren abschließend und beschränkt diese auf die in § 12 Abs. 1 GwG geregelten Ausnahmefälle. Eine Ausnahme für den unbeschränkten Datenaustausch zwischen verpflichteten Lebensversicherern entsprechend § 53 Abs. 2 S. 4 VAG sieht die RL nicht vor. § 12 Abs. 1 GwG regelt den Austausch der sensiblen Verfahrensdaten folglich abschließend.

37 § 53 Abs. 2 S. 4 und S. 5 VAG weisen nach dem Vorstehenden denselben **Regelungsumfang und -gehalt** auf **wie § 12 Abs. 3 GwG**. § 53 Abs. 2 S. 5 VAG erstreckt die Nutzungsbefugnis der erhaltenen Informationen über § 12 Abs. 3 GwG aber auch auf die Anzeige sonstiger Straftaten. § 12 Abs. 3 GwG/§ 53 Abs. 2 S. 4 und S. 5 VAG sind nicht von der Geldwäsche-RL vorgegeben, die betreffenden Informationen werden jedoch auch nicht v. Weitergabeverbot des Art. 28 Geldwäsche-RL erfasst, sodass die Vorschriften nicht richtlinienwidrig sein dürften.[59]

---

[54] Vgl. Erbs/Kohlhaas/*Ambs* § 4 BDSG Rn. 14.
[55] Vgl. Gola/*Schumerus*, BDSG, 12. Aufl. 2015, § 4 Rn. 24.
[56] A. A. wohl FKBP/*Kaulbach* § 80d Rn. 15.
[57] Vgl. BT-Drs. 17/3023, 67.
[58] Vgl. kritisch zur ebenfalls problematischen Auslegung des § 12 Abs. 1 GwG *Müller/Starre* CCZ 2014, 23.
[59] A. A. Herzog/*Achtelik* § 12 Rn. 19.

Die Übermittlung ist nur **im Einzelfall** zulässig. Daraus folgt, dass die Bildung eines Datenpools auf gemeinsamen Servern der beteiligten Unternehmen oder auf dem Server eines EDV-Unternehmens unzulässig sein dürfte, weil hierin bereits eine einzelfallunabhängige Übermittlung liegen dürfte, selbst wenn die Daten aus dem Pool nur bei Vorliegen der weiteren tatbestandlichen Voraussetzungen abgerufen werden. Ein effektiver Datenaustausch ist damit wohl kaum möglich, aber nur der Gesetzgeber kann abhelfen. Der Einzelfallcharakter bezieht sich auf den geldwäscherelevanten Sachverhalt im Ganzen, selbst wenn dieser aus einer Mehrzahl von Geschehensteilen beruht.[60] 38

Der Informationsaustausch muss einen **auffälligen oder ungewöhnlichen Sachverhalt** betreffen. Da keine Gründe für eine sachliche Differenzierung ersichtlich sind, entspricht dieser Befund dem „zweifelhaften oder ungewöhnlichen" Sachverhalt i. S. v. § 53 Abs. 2 S. 1 VAG.[61] 39

Aus dem Umstand, dass der Gesetzgeber die tatbestandlichen Voraussetzungen des Informationsaustausches an das Merkmal knüpft, dass ein anderes Versicherungsunternehmen die Information benötigt, lässt sich **keine Rechtspflicht zur Informationsweitergabe** ableiten.[62] Die Vorschrift ist dem Wortlaut nach eindeutig als Befugnisnorm ausgestaltet. Auch die Gesetzesbegr. zu § 12 Abs. 3 GwG spricht gegen eine entsprechende Rechtspflicht. Danach sollte durch die Vorschrift nur einer seitens des Gesetzgebers als sinnvoll erachteten Praxis eine klare rechtliche Grundlage verliehen werden, um Rechtssicherheit zu schaffen.[63] Es wäre auch kaum nachvollziehbar, wenn Versicherer gezwungen wären, Wettbewerbern potentiell wettbewerbsrelevante Informationen weiterzugeben. Offenbarungspflichten bestehen insoweit nur gegenüber staatlichen Organen. Auch die Steuerungsmöglichkeit des informierenden Unternehmens bezüglich der Verwendung der Informationen nach § 53 Abs. 2 S. 5 VAG spricht deutlich gegen eine Rechtspflicht zur Übermittlung, sonst läge der Umfang der Verpflichtung vollständig in der Hand des Verpflichteten. 40

Die Informationsweitergabe setzt weiter voraus, dass der Empfänger der Information zumindest Anhaltspunkte darlegen kann, aus denen sich ergibt, dass die angeforderten Daten zur Prüfung **benötigt** werden, ob eine Geldwäsche-Verdachtsmeldung oder eine Strafanzeige zu erstatten ist. Aus dem Regelungszusammenhang ergibt sich, dass die Prüfung, ob eine Strafanzeige zu erstatten ist, sich auf Taten der Geldwäsche nach § 261 StGB und Terrorismusfinanzierung i. S. v. § 1 Abs. 2 GwG beziehen muss. Ob eine Rechtspflicht zur Strafanzeige besteht ist unerheblich. Eine Katalogtat des § 138 StGB (Nichtanzeige geplanter Straftaten) ist nicht gefordert. Aus § 13 GwG, der ansonsten überflüssig wäre, folgt, dass auch freiwillige Strafanzeigen im System des GwG berücksichtigt worden sind.[64] Die Anzeige von Straftaten der Terrorismusfinanzierung dürfte sich ohnehin aus Gründen des internen Risikomanagements zu einer Rechtspflicht verdichten, da dem Unternehmen zur Vermeidung erheblicher Reputationsrisiken keine Wahl bleibt, ob es bei zureichenden Anhaltspunkten für entsprechende Taten Strafanzeige erstattet. 41

§ 52 Abs. 2 S. 5 VAG gestattet über § 12 Abs. 3 GwG hinaus auch die **Nutzung** der erhaltenen Informationen für die Anzeige von Straftaten jeder Art, vorbehaltlich etwaiger Verwendungsbeschränkungen durch das informierende Unternehmen. Sofern der Wortlaut auf die „Verhinderung" von Straftaten abzielt, widerspricht dies S. 4 der Vorschrift, weil der Informationsaustausch nicht nur an den Verdacht einer nur vorbereiteten, sondern bereits begangenen Straftat anknüpft. In korrigierender Auslegung wird man der Anzeige bereits begangener Straftaten auch die Absicht der Verhinderung zukünftiger Taten entnehmen müssen. 42

3. Geldwäschebeauftragter (Abs. 3). a) Stellung im Unternehmen (Abs. 3 S. 1). Der Geldwäschebeauftragte ist hoheitlich geforderter Unternehmensbeauftragter,[65] dem zur Wahrung der v. Gesetzgeber als besonders schutzwürdig erachteten Belange der Geldwäscheprävention zur Ergänzung der behördlichen Kontrolle die unternehmensinterne Überwachung übertragen ist.[66] Die nach § 9 Abs. 5 S. 3 GwG bestehende Freistellungsmöglichkeit gilt aufgrund der sondergesetzlichen Anordnung nicht. 43

Im Verhältnis zur Geschäftsleitung sieht das Gesetz **Nachordnung** vor. Hieraus ergibt sich, dass die Geschäftsleitung die Aufgabe grundsätzlich nicht selbst wahrnehmen kann, aber der Geldwäschebeauftragte einem Ressort zuzuordnen ist.[67] Eine **Ausnahme** von dem Gebot der Personenverschiedenheit zur Geschäftsleitung kann sich nur dann ergeben, wenn nach dem Verhältnismäßigkeitsgrundsatz dem Unternehmen nach Größe und Struktur keine zumutbaren anderen Möglichkeiten bleiben, als dass ein Geschäftsleiter die Aufgabe selbst übernimmt, wie insbesondere bei arbeitnehmerlosen Versicherern. In diesem Fall muss sichergestellt sein, dass der betreffende Geschäftsleiter in Bezug auf die Aufgabe als Geldwäschebeauftragter fachlich geeignet ist, ausreichende zeitliche Kapazitäten für diese 44

---

[60] Vgl. i. E. ebenso FKBP/*Kaulbach* § 80d Rn. 16.
[61] Vgl. zutreffend FKBP/*Kaulbach* § 80d Rn. 18. Vgl. oben Rn. 28.
[62] A. A. FKBP/*Kaulbach* § 80d Rn. 19.
[63] Vgl. BT-Drs. 16/9038, 47.
[64] Enger FKBP/*Kaulbach* § 80d Rn. 22 f.
[65] Vgl. *Dreher* VersR 2013, 929, 939.
[66] Vgl. allg. *Rittner/Dreher* § 12 Rn. 2.
[67] Vgl. FKBP/*Kaulbach* § 80d Rn. 26; großzügiger Herzog/*Warius* § 9 Rn. 23, der dies lediglich für vermeidenswert hält.

Aufgabe hat und Interessenkonflikte vermieden werden.[68] Aus der Verpflichtung der Unternehmen aus Abs. 1 S. 1 VAG, ein Geldwäsche/Terrorismusfinanzierungs-Compliance-Management zu errichten[69] und aufgrund der Institutionalisierung der Compliance-Funktion in § 29 VAG dürfte es regelmäßig unternehmensorganisatorisch angemessen i. S. v. § 23 Abs. 1 S. 3 VAG sein, den Geldwäsche-Beauftragten der allgemeinen **Compliance-Funktion zuzuordnen.**[70] Eine Zuordnung zur internen Revision ist aufgrund der dieser zugewiesenen Überwachungsfunktion nach § 53 Abs. 4 VAG unzulässig.[71]

45 Sofern kein Compliance-Geschäftsleiter bestellt wird, ergibt sich aus der Verpflichtung, den Geldwäschebeauftragten der Geschäftsleitung **unmittelbar nachzuordnen**, dass der Geldwäschebeauftragte nicht einer der Geschäftsleitung nachgeordneten Führungsebene (etwa dem Leiter der Compliance-Abteilung) untergeordnet werden darf. Das Unmittelbarkeitsgebot ist funktional zu verstehen, sodass dieses nur in Bezug auf die Aufgabenerfüllung als Geldwäschebeauftragter, nicht jedoch in Bezug auf ggf. weitere Funktionen oder die arbeitsrechtliche Stellung des Geldwäschebeauftragten gilt.[72] Keine grundsätzlichen Bedenken bestehen, wenn der Compliance-Officer unterhalb der Geschäftsleitung zugleich Geldwäschebeauftragter ist.[73] Erforderlich ist dann jedoch eine strikte Trennung der gesellschaftsrechtlich bzw. arbeitsrechtlich zugewiesenen Stellung als Compliance-Officer und seiner öffentlich-rechtlichen Pflichtenstellung gegenüber staatlichen Stellen.[74] Die Aufgaben des Geldwäschebeauftragten dürfen bei der Übernahme weiterer Funktionen nicht beeinträchtigt werden.[75]

46 Ein erheblicher Anschein einer potentiellen **Interessenkollision** dürfte sich bei einer Verbindung von Aufgaben des operativen Versicherungsvertriebs oder derjenigen des Datenschutzbeauftragten mit der Position des Geldwäschebeauftragten ergeben.[76] Eine entsprechende Geschäftsorganisation wäre nicht angemessen i. S. v. § 23 Abs. 1 VAG. Darüber hinaus ist auch bei jeder anderen Verbindung operativer und kontrollierender Tätigkeit besondere Vorsicht angebracht.[77]

47 Der Geldwäschebeauftragte muss in fachlicher Hinsicht die **nötige Sachkunde** aufweisen.[78] Fraglich ist, ob darüber hinaus die Anforderungen an Personen, die Schlüsselaufgaben wahrnehmen, zu erfüllen sind. Dies richtet sich danach, ob die Tätigkeit des Geldwäschebeauftragten „**Schlüsselaufgabe**" i. S. v. **§ 24 Abs. 1 S. 1 VAG** ist. Eine explizite Festlegung enthalten diesbezüglich weder der VAG-RegE 2014 noch die Auslegungsentscheidung der BaFin zur Prüfung der fachlichen Eignung und Zuverlässigkeit v. 30.12.2015.[79]

48 Nach dem Gesetzentwurf werden neben der Risikocontrolling-Funktion, Compliance-Funktion, versicherungsmathematischen Funktion und der internen Revision weitere Bereiche nur dann als Schlüsselaufgaben angesehen, wenn sie für den Geschäftsbetrieb des Unternehmens von erheblicher Bedeutung sind.[80] Eine **eigenständige Schlüsselaufgabe** „Geldwäscheprävention" kommt daher **nur im Ausnahmefall** in Betracht, wenn dies nach der unternehmensinternen Risikostruktur geboten ist. Der Geldwäschebeauftrage übt nur dann eine „Leitungsaufgabe" i. S. v. § 24 Abs. 1 S. 3 VAG aus bzw. ist für eine Schlüsselaufgabe „verantwortlich" i. S. v. § 47 Nr. 1 VAG, wenn er personenidentisch mit dem Leiter der Compliance-Funktion ist.

49 Da der Geldwäschebeauftragte trotz seiner öffentlich-rechtlichen Pflichtenbindung als Unternehmensbeauftragter unabhängig von der konkreten Ausgestaltung **materiell Teil der allgemeinen Compliance-Organisation** des Unternehmens ist, nimmt er zumindest eine **Aufgabe im Zusammenhang mit einer Schlüssel*funktion*** i. S. v. Ziff. 1.21 EIOPA-LL Governance, was gleichbedeutend mit der Wahrnehmung einer Schlüssel*aufgabe* i. S. v. § 24 VAG ist.

50 I. E. gelten für den Geldwäschebeauftragten deshalb **stets** die **Anforderungen an die fachliche Eignung und Zuverlässigkeit** des **§ 24 Abs. 1 S. 1 VAG**, während **Leitungserfahrung** i. S. v. § 24 Abs. 1 S. 3 VAG **nur unter der Bedingung** erforderlich ist, dass nach den Gegebenheiten im Unternehmen die Geldwäscheprävention eine so große Bedeutung hat, dass sie eigenständige Schlüsselaufgabe ist oder Personenidentität mit einer für eine Schlüsselaufgabe verantwortlichen Person besteht.

---

[68] Vgl. entsprechend (zu den Anforderungen an Geschäftsleiter, die die Aufgabe des Ausgliederungsbeauftragen übernehmen) *BaFin* Auslegungsentscheidung zum Outsourcing bei Versicherungsunternehmen v. 21.12.2015, Rn. 43 f. (abrufbar unter bafin.de; abgerufen am 11.10.2016).

[69] Vgl. oben Rn. 14 ff.

[70] Vgl. *Bürkle* VW 2004, 830, 831; *ders.* BB 2005, 565; *ders.* BB 2007, 1797, 1798.

[71] Vgl. für den WpHG-Bereich *BaFin* Rundschreiben 4/2010 (WA) – MaComp Ziff. 1.3.3.2 – 2.

[72] Vgl. Herzog/*Warius* § 9 Rn. 18.

[73] Vgl. für den WpHG-Bereich *BaFin* Rundschreiben 4/2010 (WA) – MaComp Ziff. 1.3.3.2 – 1.

[74] Vgl. zur Unterscheidung von Compliance-Officer und Unternehmensbeauftragtem *Wolf* BB 2011, 1353, 1357.

[75] Vgl. Herzog/*Warius* § 9 Rn. 22; Schimansky/Bunte/Lwowski/*Walther* § 42 Rn. 445.

[76] Vgl. Herzog/*Warius* § 9 Rn. 25.

[77] Vgl. *Dreher* FS E. Lorenz, 2014, 119, 133.

[78] Vgl. *GDV,* Auslegungs- und Anwendungshinweise, S. 34.

[79] Vgl. BaFin, Auslegungsentscheidung zur Prüfung der fachlichen Eignung und Zuverlässigkeit (abrufbar unter bafin.de; abgerufen am 11.10.2016).

[80] Vgl. Ziff. 1.4 EIOPA-LL Governance.

Aus der Einordnung in die allgemeine Compliance Organisation folgt, dass bei der **Ausgliederung** der Funktion des Geldwäschebeauftragten § 32 VAG zu beachten ist.[81] Die Ausgliederung unterliegt zudem den von der Aufsichtsbehörde formulierten Anforderungen an die Ausgliederung von Schlüsselaufgaben.[82] Die Verantwortung der Geschäftsleitung und der Innenrevision für die internen Sicherungsmaßnahmen bleiben durch die Auslagerung unberührt.[83] **51**

b) Aufgaben des Geldwäschebeauftragten – Abs. 3 S. 2. Durch S. 2 wird klargestellt, dass dem Geldwäschebeauftragten die **Implementierung** der geldwäscherelevanten Vorschriften **und** die **laufenden Überwachungsaufgaben** in Bezug auf Geldwäsche/Terrorismusbekämpfung zugewiesen werden sind[84] und dieser nicht lediglich der Ansprechpartner der Behörden ist,[85] wie § 80d Abs. 3 S. 2 VAG a. F. suggerierte. **52**

Ob dies bedeutet, dass damit anderen Stellen (Geschäftsleitung, allgemeine Compliance-Funktion) gleichlaufende oder ergänzende Tätigkeiten verwehrt sind, scheint **fraglich**.[86] Nach dem Gesetzentwurf zum GwPrävOptG soll der Geldwäschebeauftragte die „**Alleinzuständigkeit** für die Verhinderung von Geldwäsche und Terrorismusfinanzierung"[87] haben. Unter Berücksichtigung des Schutzzwecks der Norm, der auch in der effektiven Bekämpfung der Geldwäsche/Terrorismusfinanzierung liegt, dürften jedoch einer Befassung auch anderer Organe des Unternehmens mit der Geldwäschebekämpfung jedenfalls solange keine erheblichen Gründe entgegenstehen, als die Aufgaben und Befugnisse des Geldwäschebeauftragten nicht beeinträchtigt werden. Dies setzt insbesondere voraus, dass der Geldwäschebeauftragte mit allen geldwäscherelevanten Vorgängen befasst wird, die von anderen Stellen im Unternehmen festgestellt werden.[88] Er darf nicht übergangen werden und muss das Recht haben, diese Vorgänge an sich zu ziehen und über das weitere Vorgehen zu entscheiden. Es handelt sich eher um eine „**Allzuständigkeit**"[89] als um eine Alleinzuständigkeit in Angelegenheiten der Geldwäscheprävention. **53**

Aus der Aufgabenzuweisung an den Geldwäschebeauftragten ergeben sich auch keine Einschränkungen der **Gesamtverantwortung von Geschäftsleitung und Aufsichtsrat** betreffend die Organisationspflichten des Abs. 1. Jedoch wird die Allzuständigkeit der (allgemeinen) Compliance-Funktion[90] in Bezug auf die Einhaltung der Gesetze und Verwaltungsvorschriften, die für den Betrieb des Versicherungsgeschäfts gelten (§ 29 Abs. 2 S. 1 VAG) durch die Vorschrift eingeschränkt. **54**

Der Geldwäschebeauftragte hat **drei Hauptfunktionen**, eine Kontrollfunktion zur Gefahrenabwehr, eine Initiativfunktion zur Gefahrenvorsorge und eine Informationsfunktion zur Gefahrenauflösung, ergänzt durch eine Berichtspflicht.[91] Dem Geldwäschebeauftragten obliegt damit **nach innen** die vollständige Umsetzung der nach GwG und VAG bestehenden Pflichten soweit sie nicht spezifisch und ausschließlich anderen Stellen innerhalb des Unternehmens zugewiesen sind. Sofern andere Stellen des Unternehmens mit der Umsetzung und Anwendung des Geldwäsche/Terrorismusfinanzierungs-Compliance Regimes (z. B. beim Vertrieb) befasst sind, hat er dies zu überwachen. **Gegenüber staatlichen Stellen** ist er insbesondere zur Durchführung des Verdachtsmeldeverfahrens nach § 11 GwG verpflichtet.[92] **55**

Verletzt der Geldwäschebeauftragte seine Meldepflicht gem. § 11 Abs. 1 GwG kann diese Untätigkeit die **Strafbarkeit** des Geldwäschebeauftragten durch Unterlassen begründen.[93] Der zumindest leichtfertige Verstoß gegen § 17 Abs. 1 GwG kann die Verhängung einer **Geldbuße** gegen den Träger des Versicherungsunternehmens nach §§ 9 Abs. 2 S. 1 Nr. 2, 30 Abs. 1 Nr. 5 OWiG rechtfertigen.[94] **56**

c) Funktion als Ansprechpartner der Behörden (Abs. 3 S. 3). Mit Abs. 3 S. 3 soll die Kommunikation zwischen den Strafverfolgungsbehörden, dem Bundeskriminalamt, der Aufsichtsbehörde und dem Unternehmen erleichtert werden.[95] **57**

d) Berichtswesen (Abs. 3 S. 4). Abs. 3 S. 4 enthält eine Sonderregelung für das **unternehmensinterne Berichtswesen**. Aus der Zuordnung zur Compliance-Funktion ergeben sich für das Berichts- **58**

---

[81] Vgl. (für das KWG) Schimansky/Bunte/Lwowski/*Walther* § 43 Rn. 459; allg. *Dreher/Ballmeier*, Die Ausgliederung nach dem VAG, 2016, in: Dreher/Wandt 2015.
[82] Vgl. BaFin, Auslegungsentscheidung zur Prüfung der fachlichen Eignung und Zuverlässigkeit v. 30.12.2015, Ziff. IX.
[83] Vgl. *Findeisen* WM 2000, 1239.
[84] Vgl. BT-Drs. 18/6804, 33.
[85] Vgl. Erbs/Kohlhaas/*Häberle* § 9 Rn. 6.
[86] So aber FKBP/*Kaulbach* § 80d Rn. 27.
[87] Vgl. BT-Drs. 18/6804, 33.
[88] Vgl. ähnlich *Reese/Ronge* VersR 2011, 1217, 1225.
[89] Vgl. Schimansky/Bunte/Lwowski/*Walther* § 42 Rn. 447.
[90] Vgl. *Wolf* BB 2011, 1353, 1355 f.
[91] Vgl. allg. *Rittner/Dreher* § 12 Rn. 15 ff.
[92] Vgl. zu den Aufgaben des Geldwäschebeauftragten im Einzelnen: *GDV*, Auslegungs- und Anwendungshinweise, S. 34 f.; Herzog/*Warius* § 9 Rn. 14; Herzog/*Achtelik* § KWG Rn. 26.
[93] Vgl. BGH Urt. v. 17.7.2009 – 5 StR 394/08, BGHSt 54, 44 = VersR 2010, 483; *Neuheuser* NZWiSt 2015, 241.
[94] Vgl. *Rütters/Wagner* NZWiSt 2015, 282.
[95] Vgl. BT-Drs. 17/6804, 33.

wesen folgende Konkretisierungen: Die nähere Ausgestaltung des Berichtswesens ist in den Leitlinien auszuführen (§ 29 Abs. 4 VAG). Zu berichten ist dem zuständigen Geschäftsleiter, dem die Geldwäsche/Terrorismusfinanzierungs-Compliance zugeordnet ist.[96] Über jedes größere Problem muss nach Art. 268 Abs. 3 Solva II-VO unverzüglich berichtet werden. Im Übrigen muss der regelmäßig zu erstattende Bericht jedenfalls so detailliert und zeitgerecht sein, dass dem Unternehmen die Erfüllung der aufsichtlichen Berichterstattung für den Bereich der internen Kontrolle nach Art. 304 Abs. 1 lit. b, Art. 308 Abs. 5 lit. b Solva II-VO möglich wird.

59 **e) Gruppengeldwäschebeauftragter (Abs. 3 S. 5).** S. 5 VAG sieht für die dort genannten Unternehmenskooperationen die Installierung eines **Gruppengeldwäschebeauftragten** vor. Dieser soll eine gruppenweite Strategie schaffen, umsetzen und überwachen.[97] Ausreichend ist dabei ein einziger beim Mutterunternehmen angesiedelter Geldwäschebeauftragter, der auch für die Tochterunternehmen zuständig ist. Gesellschaftsrechtlich setzt dies jedoch ausreichende **Leitungsrechte** gegenüber dem Tochterunternehmen voraus, die auch durch anlassbezogene Unternehmensverträge geschaffen werden können.[98] Für die untergeordneten Unternehmen ergibt sich eine Pflicht zur Einräumung entsprechender Befugnisse unmittelbar aus ihrer nach § 9 Abs. 1 GwG bestehenden Verpflichtung, angemessene interne Sicherungsmaßnahmen zu treffen, die durch S. 5 konkretisiert wird.

60 Aus der Bezugnahme auf § 2 Abs. 1 GwG folgt, dass sich die Tätigkeit des gruppenweiten Geldwäschebeauftragten nicht nur auf Niederlassungen und Tochterunternehmen beziehen muss, die selbst Versicherungsunternehmen sind, sondern **auch auf die weiteren in § 2 Abs. 1 GwG genannten Unternehmen** und Unternehmensteile anderer Branchen, unabhängig davon, ob diese selbst nach § 9 Abs. 2 Nr. 1 GwG zur Bestellung eines Geldwäschebeauftragten verpflichtet wären oder wie z. B. Versicherungsvermittler als eigenständige Unternehmen keinen Geldwäschebeauftragten benötigten. Der Gruppengeldwäschebeauftragte muss in diesem Fall auch für diese Unternehmensteile die Durchführung der Vorschriften zur Bekämpfung und Verhinderung der Geldwäsche und der Terrorismusfinanzierung sicherstellen, sodass sich aus S. 5 eine Erweiterung des § 9 Abs. 2 Nr. 1 GwG für Unternehmensgruppen ergibt.

61 Der der Vorschrift zugrundeliegende **Begriff der Niederlassung** und der Unternehmen im **Mehrheitsbesitz** entspricht dem in Abs. 5 in Bezug genommenen Kreis der Unternehmensbestandteile.[99] Allerdings wird der betroffene Kreis der Unternehmen im Kontext des Abs. 3 S. 5 zusätzlich durch den Verweis auf § 2 Abs. 1 GwG eingeschränkt.

62 **f) Mittelausstattung (Abs. 3 S. 6).** Nach Abs. 3 S. 6 ist die Funktion des Geldwäschebeauftragten so auszustatten, dass die Aufgaben tatsächlich erfüllt werden können. Die dem Geldwäschebeauftragten dafür bereitzustellenden **Mittel können sachlicher und personeller Natur** sein. Der Umfang wird von der Notwendigkeit zur Aufgabenerfüllung nach der konkreten Risikosituation des Unternehmens bestimmt.[100] Neben den erforderlichen sachlichen und personellen Mitteln muss dem Geldwäschebeauftragten auch genügend Zeit zur Aufgabenerfüllung zur Verfügung stehen.[101] Für den Fall der Verhinderung ist ein Stellvertreter zu benennen.[102] Der wirksame Mitteleinsatz ist Sache des Geldwäschebeauftragten.[103]

63 Das Unternehmen ist nach der gesetzlichen Formulierung verantwortlich für die zweckentsprechende Ausstattung. Bezugspunkt der Verpflichtung ist die ordnungsgemäße Durchführung der Aufgaben des Geldwäschebeauftragten. Der **Geldwäschebeauftragte ist damit selbst Personalmittel** zur Erfüllung der Aufgabe der Geldwäsche/Terrorismusfinanzierungs-Bekämpfung. Der Geldwäschebeauftragte genießt **keinen funktionsspezifischen arbeitsrechtlichen Kündigungsschutz**,[104] jedoch gilt auch für ihn das arbeitsrechtliche Maßregelverbot. Aus Abs. 3 S. 6 folgt darüber hinaus, dass dem Unternehmen jegliche Maßnahmen verwehrt sind, die einer wirksamen Aufgabenerfüllung entgegenstehen. Das Unternehmen trifft eine Pflicht zum Schutz des Geldwäschebeauftragten vor Bedrohungen oder Anfeindungen, was sich in richtlinienkonformer Auslegung eindeutig aus Art. 27 Geldwäsche-RL ergibt.

64 **g) Ungehinderte Informationsbeschaffung (Abs. 3 S. 7).** Bei Abs. 3 S. 7 handelt es sich um einen gesondert geregelten Fall der nach Abs. 3 S. 8 zur Aufgabenerfüllung einzuräumenden erforderlichen Befugnisse. Die **Ermittlungsbefugnisse** sind jedoch anders als nach Abs. 3 S. 8 nicht in quantitativer Hinsicht eingeschränkt, denn der Zugang muss „ungehindert" und nicht lediglich „ausreichend" sein. Im Unterschied zu Abs. 3 S. 8 sind die nach Abs. 3 S. 7 eingeräumten Befugnisse auch nicht von

[96] Vgl. FKBP/*Kaulbach* § 80d Rn. 29.
[97] Vgl. *Bürkle* § 12 Rn. 190; Boos/Fischer/Schulte-Mattler/*Achtelik* § 25l Rn. 6.
[98] Vgl. Herzog/*Warius* §§ 9, 12.
[99] Vgl. unten Rn. 76 ff.
[100] Vgl. *GDV*, Auslegungs- und Anwendungshinweise, S. 34.
[101] Vgl. Boos/Fischer/Schulte-Mattler/*Achtelik* § 25h Rn. 28.
[102] Vgl. Hauschka/Moosmayer/Lösler/*Diergarten* § 34 Rn. 317.
[103] Vgl. FKBP/*Kaulbach* § 80d Rn. 32.
[104] Vgl. Herzog/*Achtelik* § 25g Rn. 24.

einem Ermessensakt der Geschäftsleitung abhängig, denn es bedarf keiner „Einräumung", vielmehr „ist" dem Geldwäschebeauftragten der erforderliche Informationszugang zu verschaffen.

65 Missbraucht der Geldwäschebeauftragte die ihm eingeräumten Informationsbefugnisse zu anderen Zwecken kann dies seine fristlose Kündigung rechtfertigen.[105]

66 **h) Ausreichende Befugnisse (Abs. 3 S. 8).** Der Geldwäschebeauftragte übt seine Tätigkeit unter Vorbehalt des **Weisungsrechts der Geschäftsleitung** aus.[106] Unter diesem Vorbehalt ist er jedoch insbesondere bei der Erstattung interner oder externer Verdachtsmeldungen weisungsfrei,[107] wobei sich die grundsätzliche Weisungsfreiheit aus Sinn und Zweck der Rechtsfigur des Unternehmensbeauftragten ergibt.[108] Die Unterbindung einer erforderlichen Geldwäschemeldung würde zudem Strafgesetze verletzen. Verletzt der Geldwäschebeauftragte pflichtwidrig seine Implementierungs- und Kontrollpflichten (z. B. unterlässt er eine rechtlich gebotene Verdachtsmeldung) ist er auch innerhalb seines Aufgabenbereiches an Weisungen der Geschäftsleitung gebunden, da die Geschäftsleitung nur so die Letzt- und Gesamtverantwortung wahrnehmen kann.

67 Nach dem Gesetzesentwurf zum GwG soll der Geldwäschebeauftragte das Unternehmen nach außen **vertreten** (z. B. Verträge kündigen) und nach innen **Weisungen** in Angelegenheiten der Geldwäschebekämpfung **erteilen** können.[109] Aus dem dürren Wortlaut des Abs. 3 S. 8 lässt sich eine so umfassende Berechtigung jedoch nicht ableiten. Was generell und im Einzelfall „ausreichende Befugnisse" sind ergibt sich auch nicht aus der Geldwäsche-RL, die den Geldwäschebeauftragten nicht kennt. Die Geldwäsche-RL sieht in Art. 34 Abs. 1 nur vor, dass die Mitgliedstaaten den Verpflichteten geeignete Strategien und Verfahren für die interne Kontrolle vorschreiben müssen. Das Gesetz sieht auch an anderer Stelle keine rechtserhebliche Beeinflussung der gesellschaftsrechtlichen Zuständigkeitsordnung, insbesondere der Geschäftsführungs- und Vertretungsmacht vor.[110] **Vorbehaltlich** einer entsprechenden **Übertragung** durch die Geschäftsleitung hat der Geldwäschebeauftragte daher **keine Geschäftsführungs- oder Leitungsbefugnisse**. In welchem Maße dem Geldwäschebeauftragten entsprechende Rechte nach Abs. 3 S. 8 übertragen werden müssen, ist eine unternehmensorganisatorische Frage des Einzelfalls. Sofern dem Geldwäschebeauftragten **Vertretungsmacht** eingeräumt wird, obliegt die Ausgestaltung dem Organisationsermessen der Geschäftsleitung.[111] Dasselbe muss für ein innerbetriebliches Weisungsrecht gelten. Das bloße Einvernehmen mit der Geschäftsleitung ohne ausdrückliche Zuweisung genügt nicht für die Annahme eines Weisungsrechts.[112]

68 **i) Anzeigepflichten (Abs. 3 S. 9).** Da der Geldwäschebeauftragte eine Schlüsselaufgabe wahrnimmt,[113] richten sich die **anzuzeigenden Tatsachen nach § 24 Abs. 1 VAG**. Das Nähere ergibt sich aus der Auslegungsentscheidung der BaFin zur Prüfung der fachlichen Eignung und Zuverlässigkeit v. 30.12.2015. Die Forderung, die Entscheidung über die Abberufung zwingend zu begründen[114] ergibt sich weder aus dem Gesetz noch sind hierfür zwingende Gründe ersichtlich. Lediglich im Fall der Abberufung eines Geldwäschebeauftragten, der zugleich Verantwortung für eine Schlüsselaufgabe hat, ist gem. § 47 Nr. 2 VAG eine Begr. verlangt, jedoch auch hier nur, sofern diese für die Beurteilung der Qualifikation von Bedeutung ist.

69 **4. Prüfung durch die interne Revision (Abs. 4).** Die Allzuständigkeit des Geldwäschebeauftragten wird eingeschränkt durch die Prüfungspflicht der internen Revision. Dies ist schon deshalb gerechtfertigt, weil ein wesentlicher Bestandteil der Geldwäsche/Terrorismusfinanzierungs-Compliance durch den Geldwäschebeauftragten selbst umzusetzen ist und dieser nicht Richter in eigener Sache sein darf. Bei der vorgeschriebenen **Prüfungszuständigkeit** durch die interne Revision (§ 30 VAG) handelt es sich außerdem um eine Sondervorschrift zu § 29 Abs. 1 VAG. Die Überwachung des Geldwäschebeauftragten erfolgt nicht durch die allgemeine Compliance-Funktion, sondern durch die interne Revision.[115] Auch diese ist für die laufende Geldwäsche/Terrorismusfinanzierungs-Compliance mitverantwortlich und deshalb ungeeignet zur Überwachung.

70 Die Prüfungspflicht setzt das **Vorhandensein einer internen Revision** voraus. Sofern kleine Versicherungsunternehmen nach § 212 Abs. 2 Nr. 1 VAG keine interne Revision vorhalten, ist der Anwendungsbereich der Vorschrift nicht eröffnet.

---

105 Vgl. *LAG Köln* Urt. v. 14.5.2010 – 4 Sa 1257/09, BeckRS 2010, 72977.
106 Vgl. Schimansky/Bunte/Lwowski/*Walther* § 43 Rn. 452.
107 Vgl. Hauschka/Moosmayer/Lösler/*Diergarten* § 34 Rn. 320.
108 Vgl. *Rittner/Dreher* § 12 Rn. 22.
109 Vgl. BT-Drs. 12/2704, 19; differenzierend Schimansky/Bunte/Lwowski/*Walther* § 43 Rn. 453 (zwingende Alleinvertretungsmacht); vgl. zusammenfassend zum wenig hinterfragten Katalog angeblich erforderlicher Befugnisse Herzog/*Achtelik* § 25g Rn. 24 mwN.
110 Vgl. allg. kritisch auch *Rittner/Dreher* § 12 Rn. 26.
111 Vgl. Herzog/*Warius* § 9 Rn. 17.
112 A. A. Herzog/*Warius* § 9 Rn. 18.
113 Vgl. oben Rn. 47 ff.
114 Vgl. Herzog/*Warius* § 9 Rn. 21 mwN.
115 Vgl. *Bürkle* VW 2016, 24, 25; a. A. *BaFin* Auslegungsentscheidung v. 21.12.2015 Rn. 30.

71 Der **Prüfungsumfang** ist sachlich nicht beschränkt und umfasst daher alle Ebenen des Unternehmens, nicht nur die Stellen, die spezifisch mit der Geldwäsche-Prävention betraut sind. Der jährliche **Prüfungsturnus** muss innerhalb eines Geschäftsjahres erfolgen, ansonsten wäre dem Unternehmen eine diesbezügliche Teilberichterstattung im regelmäßigen aufsichtlichen Bericht nach Art. 308 Abs. 6 lit. a § 312 Abs. 1 lit. a Solva II-VO verwehrt.

72 Die interne Revision ist in Bezug auf die Ergebnisse der Prüfung berichtspflichtig. Hinsichtlich der **Adressaten des Berichts** enthält § 53 Abs. 4 S. 2 VAG eine Sonderregelung zu § 30 Abs. 2 S. 2 VAG, da der Bericht auch dem Geldwäschebeauftragten und der Aufsichtsbehörde vorzulegen ist.

73 Abgesehen von der Regelung des Adressatenkreises schafft § 53 Abs. 4 VAG **kein Sonderrechtsregime** für die Geldwäsche/Terrorismusfinanzierungs-Revision. Die allgemein für die Prüfungstätigkeit der internen Revision geltenden Vorschriften sind auch für diese Prüfung verbindlich. Daraus folgt, dass die Geldwäscherevision in den Revisionsprogramm/Revisionsplan nach § 271 Abs. 3 S. 1 lit. a, c) Solva II-VO aufgenommen werden muss. Bei der Prüfung der „Einhaltung" von Geldwäsche/Terrorismusfinanzierungs-Vorschriften muss das Geldwäsche/Terrorismusfinanzierungs-Compliance-Management auch auf seine Angemessenheit und Wirksamkeit geprüft werden (§ 30 Abs. 1 VAG). Die Berichtspflicht besteht gegenüber dem Vorstand als Gesamtorgan und ist diesem gegenüber direkt zu erfüllen (§ 30 Abs. 2 S. 2 VAG). Der Bericht muss „Empfehlungen" enthalten (§ 271 Abs. 3 S. 1 lit. c Solva II-VO). Diese können die Letztverantwortung des Vorstands und dessen Handlungspflicht auslösen (§ 30 Abs. 2 S. 3 VAG). Die Befolgung der „Empfehlungen" ist wiederum von der internen Revision zu überprüfen (§ 271 Abs. 3 S. 1 lit. e Solva II-VO). Schließlich müssen erforderlichenfalls Sonderprüfungen durchgeführt werden (§ 271 Abs. 3 S. 2 Solva II-VO).

74 **5. Gruppenweite Sorgfaltspflichten – Abs. 5. a) Allgemeines.** Die Vorschrift dient der Umsetzung von Art. 31 Abs. 1, Art. 34 Abs. 1 Geldwäsche-RL. Ihr Zweck ist nach dem 35. Erwägungsgrund Geldwäsche-RL die grenzüberschreitende Geldwäschebekämpfung. Unternehmen, die Zweigstellen oder Tochterunternehmen in Drittländern unterhalten, deren Geldwäschestandards unzureichend sind, sollten danach auf den Gemeinschaftsstandard verpflichtet werden, insbesondere sollten unterschiedliche Standards innerhalb derselben Gruppe vermieden werden, damit die kriminellen Aktivitäten nicht auf Zweigstellen mit niedrigeren Präventionsstandards ausweichen könnten.[116]

75 **b) Anwendungsbereich (Abs. 5 S. 1, 1. Halbsatz).** § 53 Abs. 5 S. 1 1. Halbsatz VAG schränkt den **Kreis der Verpflichteten** nach personellen und sachlichen Kriterien ein:

In **personeller Hinsicht** sind Verpflichtete der gruppenweiten Sorgfaltspflichten:

- Versicherungs-Holdinggesellschaften i. S. v. § 7 Nr. 31 VAG,
- gemischte Versicherungs-Holdinggesellschaften i. S. v. § 7 Nr. 11 VAG,
- gemischte Finanzholding-Gesellschaften i. S. v. § 7 Nr. 10 VAG und
- Mutterunternehmen eines Finanzkonglomerats i. S. v. § 2 Abs. 4 FKAG.

In **sachlicher Hinsicht** sind die genannten Unternehmen verpflichtet, wenn ihre Niederlassungen oder Tochterunternehmen im Mehrheitsbesitz Verträge anbieten, die unter § 52 VAG fallen.[117]

76 Eine Definition des für den Regelungszusammenhang **maßgeblichen Niederlassungsbegriffs** enthalten weder die Geldwäsche-RL noch ist sie den Gesetzgebungsmaterialien zu entnehmen. Die Geldwäsche-RL verwendet einheitlich den Begriff der „Zweigstelle", der aber weder im GwG noch im VAG für Versicherungsunternehmen übernommen worden ist, sondern lediglich bei den sonstigen nach dem GwG verpflichteten Finanzinstituten. Damit hat der Gesetzgeber den Begriff aus seinem ursprünglichen Regelungszusammenhang der Geldwäschegesetzgebung nach dem GwG herausgelöst und zum Ausdruck gebracht, dass ein versicherungsaufsichtsrechtlicher Niederlassungsbegriff gelten solle. Dafür spricht auch, dass den betroffenen Unternehmen damit für die Prüfung ihrer Verpflichteten-Stellung keine unterschiedlichen Maßstäbe zugemutet werden. Andererseits enthalten weder das VAG noch das FKAG spezifisch unternehmensorganisatorische Definitionen der Niederlassung. § 278 VAG sieht lediglich vor, dass „bedeutende Zweigniederlassungen" im Gruppenbericht aufzuführen sind, worunter auch Niederlassungen in Drittstaaten fallen.[118] Zumindest diese Unternehmensteile fallen daher sicher in den Anwendungsbereich des § 53 Abs. 5 VAG. Dasselbe gilt für die im regelmäßigen aufsichtlichen Bericht der Gruppe verzeichneten Niederlassungen, denn dieser bildet zumindest aus Gruppensicht ein vollständiges Verzeichnis aller Niederlassungen.[119]

77 Welche Unternehmensgliederungen darüber hinaus als Niederlassungen i. S. v. Abs. 5 zu gelten haben ist fraglich, denn die (überdies in Bezug auf die Begriffe Zweigniederlassung – Niederlassung teilidentische) Definition der Niederlassung nach § 57 Abs. 2 VAG gilt nicht für Niederlassungen in Drittstaaten. Besonderer Regelungszweck des Abs. 5 ist jedoch gerade die Einbeziehung von Drittstaatenniederlassungen, da jene anders als EU-/EWR-Niederlassungen (vgl. Art. 3 Nr. 2 lit. f Geldwäsche-

[116] Vgl. BT-Drs. 16/9038, 57.
[117] Vgl. § 52 Rn. 10 ff.
[118] Vgl. Begr. VAG-RegE 2014, 286.
[119] Vgl. Art. 372 Abs. 2 lit. a (i) Solva II-VO.

RL) ansonsten von der Geldwäsche-RL überhaupt nicht erfasst würden.[120] Aus Art. 13 Nr. 11, 12 Solva II-RL und 120. Erwägungsgrund Solva II-RL ergibt sich, dass nur Organisationseinheiten ohne eigene Rechtspersönlichkeit als Niederlassung anzusehen sind. Andererseits differenzieren weder die Geldwäsche-RL noch die Solva II-RL nebst delegierten Rechtsakten den Begriff der Zweigstelle/Zweigniederlassung in Abhängigkeit davon, ob sich diese Organisationseinheiten innerhalb oder außerhalb der Gemeinschaft befinden. Um Rechtssicherheit für die Unternehmen zu schaffen und da zwingende andere Gesichtspunkte nicht ersichtlich sind, sollte der **allgemeine versicherungsaufsichtsrechtliche Niederlassungsbegriff** gelten und eine Niederlassung für den Bereich der Geldwäscheprävention und für die Gruppenaufsicht einheitlich verstanden werden. Auf die entsprechende Kommentierung zu § 57 VAG wird daher ergänzend verwiesen.

In Abgrenzung dazu zielt der **Begriff des Unternehmens im mehrheitlichen Eigentum** ersichtlich auf Gruppenglieder mit eigener Rechtsfähigkeit ab. Die Bezeichnung ist weder an die aufsichtsrechtlichen Definitionen der gruppenweiten Kontrollrechte nach § 7 VAG noch an die allgemeinen konzernrechtlichen Einflusstatbestände angepasst. Er entstammt Art. 31, 34 Geldwäsche-RL. Maßgeblich ist nach dem Wortlaut allein das mehrheitliche Eigentum am Unternehmen. Ein „Eigentumsrecht" an „Unternehmen" gibt es nach deutschem Gesellschaftsrecht nicht, allenfalls Inhaberschaft, Anteilseigentum und Mehrheitsbesitz. Die englische Sprachfassung der Geldwäsche-RL stellt auf „majority-owned subsidiaries" ab, was sich nach angelsächsischem Rechtsverständnis auf die Mehrheit der Stimmrechtsanteile (voting shares) bezieht. Das deutsche Recht lässt weitergehend auch die nicht durch die Anteilsmehrheit vermittelte Stimmrechtsmehrheit genügen. Der **Anwendungsbereich** entspricht daher nach deutschem Recht demjenigen der **Abhängigkeitsvermutung** nach §§ 17 Abs. 2, 16 Abs. 1 AktG.[121] Die sich daraus ergebende Eingrenzung des Kreises der Verpflichteten ist der Vielfalt der (insbesondere nach deutschem Recht bestehenden) konzernrechtlichen Gestaltungsmöglichkeiten und Einflusstatbestände nicht angemessen. Es ist zweifelhaft, ob der Regelungszweck einheitlicher gruppenweiter Geldwäschestandards mit der grob gestrickten Norm erreicht werden kann.[122] Andererseits ist eine erweiternde, gesetzeskorrigierende Auslegung weder geboten noch zulässig, weil diese eine dem Gesetzgeber vorbehaltene unzulässige Belastung der verpflichteten Unternehmen bewirken würde. 78

Schließlich müssen die nachgeordneten Gruppenglieder selbst das Lebensversicherungs- oder Berufsunfallversicherungsgeschäft mit Prämienrückgewähr betreiben. Nach dem Regelungszweck ist es aber unerheblich, ob der Anwendungsbereich des § 52 VAG für die Tätigkeit der Niederlassungen im Allgemeinen eröffnet ist, da ansonsten die Tätigkeiten von Niederlassungen in Drittstaaten nicht hinreichend erfasst wären. Maßgeblich ist allein die **sachliche Qualifikation der entsprechenden Verträge**. 79

c) Pflichteninhalt (Abs. 5 S. 1, 2. Halbsatz). Die verpflichteten Unternehmen werden i. E. für die Zwecke der Geldwäschebekämpfung als Einheit mit ihren untergeordneten Unternehmen bzw. Unternehmensteilen angesehen. Sie sind unmittelbar verpflichtet, für die gesamte Gruppe interne Sicherungsmaßnahmen nach § 53 Abs. 1–3 VAG und § 9 GwG „zu treffen", das heißt als **Gruppenstandard** zu implementieren und zu überwachen. Daraus folgt, dass sie eventuell vorhandene eigene Sicherungsmaßnahmen in Niederlassungen und Tochterunternehmen beseitigen und durch den Gruppenstandard ersetzen müssen. Der Gruppenstandard kann und muss nach § 53 Abs. 1 VAG aber der spezifischen Risikosituation und dem Ortsrecht des Aufnahmestaats[123] Rechnung tragen. Vollständige Einheitlichkeit ist daher nicht gefordert. 80

Die besonderen Geschäftsorganisationspflichten für das Mutterunternehmen sind zugleich **besondere Ausprägungen der gruppenweiten Geschäftsorganisationspflichten**[124] nach § 275 Abs. 1 in Verbindung mit §§ 23 ff. VAG. Die konkrete Ausgestaltung richtet sich nach den Verweisungszielen des § 53 Abs. 5 sowie nach § 23 ff. VAG. In der Regel dürfte es bei der Implementierung gruppenweiter Sicherungsmaßnahmen erforderlich sein, den **Gruppengeldwäschebeauftragten ausdrücklich auch für die Drittstaatsniederlassungen und -Tochterunternehmen** mit den nach Aufgaben und Befugnissen nach Abs. 3 zu bestallen. Der unmittelbare Anwendungsbereich des Abs. 3 erfasst aufgrund seines Verweises auf die Stellung als Verpflichteter nach § 2 Abs. 1 GwG nämlich nur EU/EWR-Niederlassungen. 81

Die verpflichteten Unternehmen müssen kraft ihres gesellschaftsrechtlichen Einflusses zudem sicherstellen, dass die in § 53 Abs. 5 S. 1, Hs. 2 VAG enumerativ aufgezählten **Sorgfalts- und Dokumentationspflichten** in den nachgeordneten Unternehmens(teilen) so angewendet werden, **als ob sie unmittelbar auch die Drittstaatsstellen der Gruppe verpflichten würden.**[125] Bewusst nicht in den 82

[120] Vgl. 35. Erwägungsgrund, Art. 31 Abs. 1, Art. 34 Abs. 2 Geldwäsche-RL.
[121] Vgl. BT-Drs. 17/3023, 68.
[122] Besser geraten ist in dieser Hinsicht § 25l Abs. 1 S. 1 KWG, der an das kreditwirtschaftliche Gruppenmodell angepasst ist.
[123] Vgl. BT-Drs. 16/9038, 57.
[124] Vgl. dazu *Dreher* WM 2015, 654, 649 ff.
[125] Vgl. zu dem Pflichtenkatalog (auf das KWG zugeschnitten) Boos/Fischer/Schulte-Mattler/*Achtelik* § 25g Rn. 6 ff. VAG.

Katalog aufgenommen wurden die Pflichten bei der Durchführung der Identifizierung nach § 4 GwG, sodass hierfür das Ortsrecht maßgeblich ist.[126] Hinzuweisen ist darauf, dass insoweit für EU/EWR-Niederlassungen nach Art. 3 Nr. 2 lit. f Geldwäsche-RL ein Gemeinschaftsstandard sichergestellt ist.

83 **d) Undurchführbarkeit (Abs. 5 S. 2 und 3).** Abs. 5 S. 2 und S. 3 beziehen sich auf die rechtliche oder tatsächliche Durchführbarkeit der Pflichtenerfüllung nach Abs. 5 S. 1. Denkbare Beispiele für **rechtliche Unzulässigkeit** sind nach Ortsrecht entgegenstehende datenschutzrechtliche Bestimmungen oder Geheimschutzvorschriften. Denkbare Beispiele für eine **tatsächliche Undurchführbarkeit** ist die Störung der unternehmensinternen Abläufe aufgrund politischer Risiken wie mangelndem Zugang zu benötigten Informationen aufgrund von Verwaltungs- oder Infrastrukturkrisen, Bürgerkrieg oder Naturkatastrophen, die eine vollständige Einhaltung des Gruppenstandards durch die Niederlassung/das Tochterunternehmen zeitweise oder dauerhaft vereiteln. Es handelt sich um eine spezifische Ausprägung des allgemeinen, auch im aufsichtsrechtlichen Zusammenhang geltenden Grundsatzes *ultra posse nemo obligatur.*[127] Für diese Fälle werden die Primärpflichten des Mutterunternehmens durch andere Pflichten ersetzt: Es hat für eine **Einstellung von Transaktionen** (vgl. § 1 Abs. 4 GwG) zu sorgen und bereits bestehende **Geschäftsbeziehungen** (vgl. § 1 Abs. 3 GwG) **zu beenden**. Aus der Einschränkung des persönlichen Anwendungsbereichs auf solche nachgeordneten Unternehmensteile, die Produkte i. S. v. § 52 VAG anbieten sowie aus dem Grundsatz der Verhältnismäßigkeit ergibt sich, dass der Geschäftsbetrieb auch **nur insoweit** unterbunden werden muss und **Tätigkeiten**, die nicht **dem § 52 VAG unterfallen** unberührt bleiben können.

84 **e) Geltung strengeren Ortsrechts (Abs. 5 S. 4).** S. 4 statuiert einen generellen Anwendungsbefehl für strengeres Ortsrecht. Sofern sich nach dem **Ortsrecht** abweichende Standards ergeben, soll nach dem Willen des Gesetzgebers der jeweils höhere Standard maßgeblich sein,[128] wobei sich nicht erschließt warum, weil die Geldwäsche-RL nur den einheitlichen EU-Standard sicherstellen kann und will. Ein **pauschaler Anwendungsbefehl hinsichtlich fremder Rechtsordnungen** birgt die Gefahr der fehlerhaften Rechtsanwendung des Gemeinschaftsstandards, weil die Bestimmung, welcher Standard in qualitativer Hinsicht „strenger" ist, voraussetzt, dass die gestellten Pflichten feststellbar gleichgerichteter Art sind. Unklar bleibt dabei auch, welche „Pflichten" des Gemeinschaftsstandards im Einzelnen eigentlich gemeint sind. Dass das Ortsrecht (zusätzlich) zu befolgen ist, ergibt sich schon aus diesem selbst.

85 **f) Geschäftsleiterverantwortung (Abs. 5 S. 5).** Abs. 5 S. 5 betont die **Geschäftsleiterverantwortlichkeit** für die Implementierung des Gruppenstandards. Dabei wurde wohl ein Verweis auch auf S. 3 vergessen, was aber nichts an der ohnehin bestehenden Letzt- und Gesamtverantwortung von Geschäftsleitung und Aufsichtsrat ändern dürfte. Sofern man der Vorschrift nicht den Charakter einer Binsenweisheit zusprechen will,[129] dürfte ihr zumindest eine anlassbezogene Befassungspflicht des gesamten Vorstands bei Ausarbeitung des Gruppenstandards sowie eine anlassbezogene Befassungspflicht in Fällen des § 53 Abs. 5 S. 2 (und 3) zu entnehmen sein. Die Gesetzesbegr. schweigt – auch bei der Parallelstelle zum KWG – hierzu. Entsprechend der allgemeinen Systematik des VAG dürfte die Norm jedoch hinsichtlich der Vorstandsverantwortung und Delegationsfähigkeit keine von § 23 VAG abweichenden Anforderungen stellen und Rechtsfolgen zeitigen.[130]

86 **6. Anordnungsbefugnis der Aufsichtsbehörde (Abs. 6).** Die nach Abs. 6 bestehende **Anordnungsbefugnis der BaFin** ermöglicht es dieser, im Einzelfall die internen Sicherungsmaßnahmen selbst anzuordnen und durchzusetzen. Bereits die Gesetzesbegr. stellt klar, dass nur eingeschritten werden darf, wenn ein Verpflichteter die nach Abs. 1 bis 5 bestehenden Pflichten nicht oder unzureichend erfüllt.[131] Diese Prüfung ist bei dem eingeräumten **Entschließungsermessen** vorzunehmen. In diesem Rahmen hat die Aufsichtsbehörde auch zu beachten, dass ihr ein Einschreiten nur im Einzelfall gestattet ist, sodass ein Einschreiten mit branchenweiter oder unternehmensübergreifender Wirkung nicht in Betracht kommt. Das Entschließungsermessen muss für jedes betroffene Unternehmen selbständig ausgeübt werden. Das **Auswahlermessen** wird durch die Kriterien der Eignung und Erforderlichkeit – die klassischen Parameter der Verhältnismäßigkeitsprüfung – bestimmt. Der Behörde stehen die allgemeinen Aufsichtsmittel zur Verfügung. Insoweit kann auf die Kommentierung zu §§ 294 ff., insbesondere §§ 296, 297 VAG verwiesen werden; inhaltliche Abweichungen dürften mit Abs. 6 weder beabsichtigt noch sachlich zu begründen sein.

87 **III. Verhältnis zu anderen Regelungen. 1. Verhältnis zu anderen Regelungen des VAG. S. auch § 52 Rn. 13**. §§ 53–56 VAG werden von **§ 35 Abs. 5 VAG** in Bezug genommen. Danach hat der Abschlussprüfer auch zu prüfen, ob die Unternehmen ihre Pflichten zur Geldwäschebekämpfung

126 Vgl. BT-Drs. 16/9038, 56.
127 Vgl. hierzu *Dreher/Ballmeier* ZGR 2014, 786.
128 Vgl. BT-Drs. 16/9038, 57.
129 So FKBP/*Kaulbach* § 80d Rn. 43.
130 Vgl. allgemein Einl. Rn. 79 ff.
131 Vgl. BT-Drs. 17/3023, 68.

erfüllt haben und über diese Prüfung gesondert zu berichten. Gem. **§ 62 Abs. 1 Nr. 3 VAG** übt die BaFin ihre Aufsicht über EWR/EU Niederlassungen im Inland auch hinsichtlich der Einhaltung der Pflichten nach § 53 Abs. 1 bis 3 VAG sowie § 54 und § 55 VAG aus. **§ 305 Abs. 2 und § 306 Abs. 2 S. 2 VAG** erweitern die Auskunfts- und Ermittlungsbefugnisse der BaFin auch auf Versicherungsvermittler, soweit dies für die Beurteilung bedeutsam ist, ob das Versicherungsunternehmen die Pflichten nach §§ 53–56 VAG erfüllt. **Zur systematischen Einordnung in das System des VAG im Übrigen s. die Einzelerläuterungen.**[132]

2. Parallelvorschriften im KWG. Die entsprechende Parallelvorschrift zu § 53 Abs. 1–4, Abs. 6 VAG ist **§ 25h Abs. 1–4, 6 KWG**. Parallelvorschrift zu § 53 Abs. 5 ist **§ 25l KWG**. Anders als nach § 25h Abs. 5 KWG enthält das VAG keine spezielle Regelung zu Funktionsausgliederungen in Bezug auf die internen Sicherungsmaßnahmen. Auch die besonderen Anforderungen nach § 25h Abs. 5, 7–9 KWG finden keine Entsprechung im VAG. 88

3. Verhältnis zu anderen Normen. Zum allgemeinen Verhältnis der besonderen Geldwäschepflichten des VAG zum GwG s. § 52 Rn. 15. Die einzelnen Absätze des § 53 VAG nehmen jeweils spezifische Elemente des GwG in Bezug und verzahnen dieses eng mit der Norm:[133] § 53 Abs. 1 VAG verweist auf die Parallelvorschrift des **§ 9 Abs. 1, Abs. 2 GwG**[134] sowie auf die Definition der Terrorismusfinanzierung nach **§ 1 Abs. 2 GwG.;**[135] § 53 Abs. 2 verweist auf die Regelung der Geldwäscheverdachtsmeldung nach **§ 11 Abs. 1 GwG**[136] und auf die Dokumentationspflicht nach **§ 8 GwG;**[137] § 53 Abs. 3 verweist auf den Kreis der Verpflichteten nach **§ 2 Abs. 1 GwG;**[138] § 53 Abs. 5 verweist auf **§ 9 GwG, §§ 3, 5 und 6 GwG** und **§ 8 GwG.**[139] Das Verhältnis von § 53 Abs. 2 S. 4 und 5 VAG zu **§ 12 Abs. 3 GwG** ist problematisch.[140] 89

§ 53 Abs. 5 S. 1 1. Halbsatz VAG wird ausgefüllt durch die gesellschaftsrechtlichen Bezugs-Definitionen der **Unternehmenszusammenschlüsse.**[141] 90

§ 52 Abs. 2 S. 3 VAG ist Erlaubnisnorm zu **§ 4 Abs. 1 BDSG.**[142] Zum Verhältnis zu **Strafvorschriften** s. § 52 Rn. 17 und oben Rn. 55. 91

Die **vierte Geldwäsche-RL**[143] wird sich auf das System vielfältig auswirken, da die RL zusätzliche Mindestelemente der Geldwäsche/Terrorismusfinanzierungs-Compliance schafft und die Pflicht zur Einrichtung von Whistleblower-Hotlines sowie vertrauliche Kommunikationskanäle für Anfragen der Behörden statuiert. Darüber hinaus wird die Funktion des Geldwäschebeauftragen auf der Leitungs- und Führungsebene anzusiedeln sein soweit dies nach Art und Umfang der Geschäftstätigkeit angemessen ist; das Geldwäsche/Terrorismusfinanzierungs-Compliance-System muss genehmigt, überwacht und verbessert werden. Zusätzliche Anforderungen gelten künftig auch für die gruppenweite Geldwäsche/Terrorismusfinanzierungs-Compliance. Schließlich enthält die RL ausführliche Vorgaben zur Risikobewertung.[144] 92

Vereinfachte Sorgfaltspflichten

54 (1) **Soweit die Voraussetzungen des § 6 des Geldwäschegesetzes nicht vorliegen, können die Versicherungsunternehmen über § 5 des Geldwäschegesetzes hinaus vereinfachte Sorgfaltspflichten vorbehaltlich einer Risikobewertung des Versicherungsunternehmens auf Grund besonderer Umstände des Einzelfalls für folgende Fallgruppen anwenden:**

1. **bei Geschäften im Sinne des § 52, wenn die Höhe der im Laufe des Jahres zu zahlenden periodischen Prämien 1 000 Euro nicht übersteigt oder wenn bei Zahlung einer einmaligen Prämie diese nicht mehr als 2 500 Euro beträgt;**
2. **bei Versicherungspolicen für Rentenversicherungsverträge, die weder eine Rückkaufsklausel enthalten noch als Sicherheit für ein Darlehen dienen können;**
3. **bei Rentensystemen, Pensionsplänen oder vergleichbaren Systemen, die den Arbeitnehmern Altersversorgungsleistungen zur Verfügung stellen, wenn die Beiträge vom Gehalt abgezogen werden und den Begünstigten nicht gestattet ist, ihre Rechte an Dritte zu übertragen;**

---

132 Insbesondere oben Rn. 13 ff.
133 S. zu den nicht ausdrücklich in Bezug genommenen Vorschriften des GwG auch die Einzelerläuterungen.
134 Vgl. oben Rn. 25.
135 Vgl. § 52 Rn. 16.
136 Vgl. oben Rn. 28.
137 Vgl. oben Rn. 32.
138 Vgl. oben Rn. 60.
139 Vgl. oben Rn. 80.
140 Vgl. oben Rn. 34 ff.
141 Vgl. oben Rn. 75.
142 Vgl. oben Rn. 33.
143 Vgl. RL 2015/849/EU, ABl. EU 2015 L 141, 1.
144 Vgl. näher *Krais* CCZ 2015, 251–254.

4. in sonstigen Fällen, wenn

a) der Vertrag in Schriftform vorliegt,

b) die betreffenden Transaktionen abgewickelt werden über ein Konto des Kunden bei einem Kreditinstitut im Sinne des § 1 Absatz 1 des Kreditwesengesetzes mit Ausnahme der in § 2 Absatz 1 Nummer 3 bis 8 des Kreditwesengesetzes genannten Unternehmen, bei einem Kreditinstitut in einem anderen Mitgliedstaat der Europäischen Union, bei einer im Inland gelegenen Zweigstelle oder Zweigniederlassung eines Kreditinstituts mit Sitz im Ausland oder über ein in einem im Sinne des § 1 Absatz 6a des Geldwäschegesetzes gleichwertigen Drittstaat ansässiges Kreditinstitut,

c) das Produkt oder die damit zusammenhängende Transaktion nicht anonym ist und die rechtzeitige Anwendung von § 3 Absatz 2 Nummer 3 des Geldwäschegesetzes ermöglicht,

d) im Vertrag ein maximaler Schwellenwert im Sinne der Nummer 1 festgesetzt wurde und

e) die Leistungen aus dem Vertrag oder der damit zusammenhängenden Transaktion nicht zugunsten Dritter ausgezahlt werden können, außer bei Tod, Behinderung, Überschreiten einer bestimmten Altersgrenze oder in vergleichbaren Fällen, und

5. bei Produkten oder damit zusammenhängenden Transaktionen, bei denen in Finanzanlagen oder Ansprüche, wie Versicherungen oder sonstige Eventualforderungen, investiert werden kann, sofern über die in Nummer 4 genannten Voraussetzungen hinaus

a) die Leistungen aus dem Produkt oder der Transaktion nur langfristig auszahlbar sind,

b) das Produkt oder die Transaktion nicht als Sicherheit hinterlegt werden kann und

c) während der Laufzeit keine vorzeitigen Zahlungen geleistet und keine Rückkaufsklauseln in Anspruch genommen werden können und der Vertrag nicht vorzeitig gekündigt werden kann.

(2) **Absatz 1 ist nicht anzuwenden, wenn einem Versicherungsunternehmen im Hinblick auf eine konkrete Transaktion oder Geschäftsbeziehung Informationen vorliegen, die darauf schließen lassen, dass das Risiko der Geldwäsche oder der Terrorismusfinanzierung nicht gering ist.**

(3) **Verpflichtete Unternehmen haben angemessene Informationen nach Maßgabe des § 8 des Geldwäschegesetzes aufzuzeichnen und aufzubewahren, die für die Darlegung gegenüber der Aufsichtsbehörde erforderlich sind, dass die Voraussetzungen für die Anwendung vereinfachter Sorgfaltspflichten vorliegen.**

Übersicht

Schrifttum: Fülbier/Aepfelbach/*Langweg*, GwG, 5. Aufl. 2006, § 4. S. ferner die Angaben bei § 52 und § 53.

1 **I. Allgemeines. 1. Entstehungsgeschichte.** Die Vorgängernorm § 80e VAG wurde durch Art. 4 des Gesetzes zur Ergänzung der Bekämpfung der Geldwäsche und der Terrorismusfinanzierung (**Geldwäschebekämpfungsergänzungsgesetz** – GwBekErgG) v. 13.8.2008 mit Wirkung v. 21.8.2008 eingeführt.

2 Durch Art. 3 des Gesetzes zur Umsetzung der Zweiten E-Geld-RL (**EGeldRL2UmsG**) v. 1.3.2011 wurden mit Wirkung v. 9.3.2011 Abs. 3 hinzugefügt und der einleitende Satzteil von Abs. 1 S. 1 neu gefasst. Durch das **VAG 2016** blieb die Norm **sachlich unverändert**.[1] Es erfolgten lediglich Anpassungen an die geänderten Verweisungsziele.

[1] Vgl. VAG-RegE 2014, 254.

Durch das Gesetz zur Umsetzung der Vierten EU-Geldwäscherichtlinie, zur Ausführung der EU-Geldtransferverordnung und zur Neuorganisation der Zentralstelle für Finanztransaktionsuntersuchungen v. 23.6.2017 (**4. EU-GwR-UG**) wurde die Vorschrift mit Wirkung v. 26.6.2017 neu gefasst. Das System der die geldwäscherechtlichen Vorschriften ergänzenden allgemeinen Sorgfaltspflichten im VAG wurde grundlegend neu konzipiert und vereinfacht. 2a

Zum **GwBekErgG**: s. Erläuterungen zu § 52 VAG. Zum **EGeldRL2UmsG**: s. Erläuterungen zu § 53 VAG. 3

2. Normzweck. Die Norm erlaubt gegenüber dem GwG über den eigentlichen Anwendungsbereich des § 5 GwG hinaus **vereinfachte Sorgfaltspflichten für Versicherungsunternehmen**. Deren Erfüllung soll es aber dennoch ermöglichen, ungewöhnlich große Transaktionen ohne klar ersichtlichen wirtschaftlichen oder rechtmäßigen Zweck aufzudecken.[2] Abs. 1 soll bezwecken, dass in Bezug auf Geldwäsche und Terrorismusfinanzierung **typischerweise risikoarme Geschäfte** vereinfachten Sorgfaltspflichten unterfallen. Abs. 2 soll sicherstellen, dass dies nur dann zum Tragen kommt, wenn die Tatsachenlage dies rechtfertigt.[3] 4

3. Europarechtlicher Hintergrund. Die Vorschrift setzt Art. 11 der dritten **Geldwäsche-RL**[4] und Art. 3 Abs. 3 der zugehörigen **DurchführungsRL-2006/70**[5] um. Abs. 1 Nr. 1–3 entsprechen Art. 11 Abs. 5 lit. a–c) Geldwäsche-RL. Abs. 1 Nr. 4 und Nr. 5 beruhen auf den in Art. 3 Abs. 3 DurchführungsRL-2006/70/EG genannten abstrakten Kriterien für risikoarme Produkte oder Transaktionen. Die Pflicht zur Einzelfallprüfung in Abs. 1 trägt 6. Erwägungsgrund DurchführungsRL-2006/70/EG Rechnung. Abs. 2 folgt dem 10. Erwägungsgrund DurchführungsRL-2006/70/EG. 5

II. Einzelerläuterungen. Die technische Regelung des § 54 VAG nimmt lediglich eine **Bestimmung des Anwendungsbereichs** vereinfachter Sorgfaltspflichten vor und legt den Unternehmen Dokumentationspflichten auf. Damit wird der nach § 5 GwG geschaffene Bereich der vereinfachten Sorgfaltspflichten für Versicherungsunternehmen auf zusätzliche Fallgruppen erweitert. 6

1. Geltungsbereich der vereinfachten Sorgfaltspflichten (Abs. 1 und 2). a) Nichtvorliegen der Voraussetzungen des § 6 GwG. Abs. 1 verlangt zunächst die **Prüfung**, ob ein Fall erhöhten Risikos i. S. v. § 6 GwG (iVm § 56 VAG) vorliegt. § 6 Abs. 2 GwG formuliert nicht abschließende Regelbeispiele **erhöhten Risikos.**[6] Da § 54 Abs. 1 VAG ohnehin einen Vorbehalt für eine abweichende Risikobewertung, also für Fälle „erhöhten Risikos" i. S. v. § 6 Abs. 1 GwG formuliert, ist die Verweisung auf § 6 GwG nur für den **Regelbeispielkatalog** von eigenständiger Bedeutung für die praktische Prüfung.[7] 7

Nach **§ 6 Abs. 2 Nr. 1 GwG (i. V. m. § 56 Abs. 1 VAG)** ist dem Unternehmen die Anwendung eines vereinfachten Sorgfaltsmaßstabs verwehrt, sofern es sich bei dem Vertragspartner bzw. dem wirtschaftlich Berechtigten (i. S. v. § 1 Abs. 6 GwG) oder dem Bezugsberechtigten (§ 56 Abs. 1 VAG) um eine natürliche Person handelt, die als **„politisch exponierte Person"** i. S. v. RL 2006/70/EG sowie der Geldwäsche-RL nebst Durchführungsbestimmungen anzusehen ist. Die wesentlichen Definitionen dieses Personenkreises ergeben sich aus den durch § 6 Abs. 2 Nr. 1 GwG in Bezug genommenen gemeinschaftsrechtlichen Rechtsakten.[8] Zu beachten ist, dass neben dem Vertragspartner auch der in § 1 Abs. 6 GwG definierte „wirtschaftlich Berechtigte" zu ermitteln ist und es nicht darauf ankommt, ob die Person im Inland oder im Ausland ansässig ist. Über § 6 Abs. 2 Nr. 1 GwG wird den Versicherungsunternehmen eine praktisch komplexe Prüfungs- und Einstufungspflicht auferlegt, ob es sich bei dem **Vertragspartner oder wirtschaftlich Berechtigten** um politisch exponierte Personen handelt.[9] Aus § 56 Abs. 1 folgt, dass verstärkte Sorgfaltspflichten auch anzuwenden sind, wenn der **Bezugsberechtigte** als politisch exponierte Person einzustufen ist. 8

Vereinfachte Sorgfalt ist nach **§ 6 Abs. 2 Nr. 2 GwG** auch dann ausgeschlossen, wenn der Vertragspartner eine natürliche Person und zur Feststellung der Identität **nicht persönlich anwesend** ist. Praktisch bedeutsam dürfte dabei insbesondere die Aufnahme von Geschäftsbeziehungen über das Internet sein.[10] 9

Weiter statuiert **§ 6 Abs. 2 Nr. 3 GwG** einen Vorbehalt für jeden **Sachverhalt**, der als **zweifelhaft oder ungewöhnlich** anzusehen ist. Die Tatbestandsbeschreibung stimmt mit § 53 Abs. 2 S. 1 VAG überein, sodass auf die entsprechenden Ausführungen verwiesen werden kann.[11] 10

[2] Vgl. BT-Drs. 16/9038, 57.
[3] Vgl. BT-Drs. 16/9038, 57.
[4] Vgl. RL 2005/60/EG v. 26.10.2005, ABl. EG 2005 L 309, 15.
[5] Vgl. RL 2006/70 v. 1.8.2006, ABl. EG 2006 L 214, 29.
[6] Vgl. Herzog/*Achtelik* § 6 Rn. 2.
[7] Vgl. ähnlich FKBP/*Kaulbach* § 80e Rn. 1.
[8] Vgl. in Übersicht Erbs/Kohlhaas/*Häberle* § 6 GwG Rn. 4; ausführlich Herzog/*Achtelik* § 6 Rn. 4–11.
[9] Vgl. Erbs/Kohlhaas/*Häberle* § 6 GwG Rn. 4; ausführlich Herzog/*Achtelik* § 6 Rn. 13–16.
[10] Vgl. zu Einzelheiten Herzog/*Achtelik* § 6 Rn. 30–32.
[11] Vgl. § 53 Rn. 22.

11 Der Ausschlusstatbestand des **§ 6 Abs. 2 Nr. 4 GwG (i. V. m. § 56 Abs. 2 VAG)** setzt voraus, dass aufgrund einer **Anordnung der BaFin** Transaktionen oder Geschäftsbeziehungen mit Kunden in einem Staat, in dem ein erhöhtes Risiko besteht, einer verstärkten Überwachung zu unterziehen sind. Die Beschreibung der entsprechenden Hochrisikosachverhalte wäre der entsprechenden Anordnung zu entnehmen, allerdings ist von einer förmlichen Anordnung seitens der BaFin noch kein Gebrauch gemacht worden. § 56 Abs. 2 VAG regelt Dasselbe noch einmal.

12 **§ 6 Abs. 3 GwG** enthält darüber hinaus eine **Verordnungsermächtigung** zur Benennung weiterer Fälle erhöhten Risikos, von der die Bundesregierung gegenwärtig keinen Gebrauch gemacht hat. Sofern eine entsprechende VO erlassen würde, wären die dort genannten Fälle gleichfalls als Sachverhalte mit erhöhtem Risiko der Anwendung vereinfachter Sorgfaltspflichten entzogen.

13 **b) Vorbehalt hinsichtlich konkret riskanter Transaktionen oder Geschäftsbeziehungen.** Unabhängig v. Vorliegen entsprechender Anordnungen oder untergesetzlicher Rechtsakte sollten jedoch die in § 6 Abs. 2 Nr. 4 GwG in Bezug genommenen Tatsachen oder Bewertungen nationaler oder internationaler Stellen zur Bekämpfung der Geldwäsche und der Terrorismusfinanzierung für die Unternehmen einen Anlass bilden, auf solche – nicht von dem Regelbeispielkatalog erfasste – Hochrisikolagen im Rahmen der **Risikobewertung aufgrund besonderer Umstände des Einzelfalls** (§ 54 Abs. 1 VAG) die vereinfachten Sorgfaltspflichten nicht anzuwenden.[12] Der **Vorbehalt** bei konkret riskanten Transaktionen und Geschäftsbeziehungen (vgl. § 1 Abs. 3, Abs. 4 GwG) ist – äußerster gesetzgeberischer Vorsicht folgend – redundant **gesetzlich dreifach formuliert**: In § 54 Abs. 1 VAG, in § 54 Abs. 2 VAG und über die Verweisung auf § 6 Abs. 2 Nr. 3 GwG. Dadurch wird die Rechtsanwendung noch unübersichtlicher.[13] Mit der vermeintlichen Klarstellung auch in Abs. 1 wollte der Gesetzgeber betonen, dass auch bei den nach Abs. 1 strukturell risikoarmen Produkten und Sachverhaltsgestaltungen stets eine Risikobewertung des Unternehmens zu erfolgen hat, um auch im Rahmen dieser Fälle unübliche und ungewöhnliche Transaktionen erkennen zu können.[14]

14 **c) Einschlägigkeit des Fallgruppenkatalogs nach Abs. 1 Nr. 1–5.** Die Unternehmen dürfen vereinfachte Sorgfaltspflichten – neben den in § 5 GwG geregelten Fällen – **nur in den** nach Abs. 1 Nr. 1–5 ausdrücklich **beschriebenen Fallgruppen** anwenden. Der Grundgedanke ist dabei, dass gemäß einem riskobasierten Ansatz diese Fälle grundsätzlich als weniger riskant eingestuft werden.[15]

15 Die **ersten drei Fallgruppen** entstammen unmittelbar der Geldwäsche-RL: Abs. 1 Nr. 1–3 setzen Art. 11 Abs. 5 lit. a–c) Geldwäsche-RL um. Abs. 1 Nr. 1 geht dabei insoweit über die RL hinaus, als durch die Bezugnahme auf Geschäfte im Sinne des § 52 VAG klargestellt ist, dass auch entsprechende Unfallversicherungspolicen nur vereinfachten Sorgfaltsanforderungen unterliegen. Maßgeblich ist bei den Schwellenwerten jeweils die Brutto-Prämie nebst Versicherungsteuer und ggf. Ratenzahlungszuschlag.[16]

16 Die **letzten beiden Fallgruppen** (Abs. 1 Nr. 4 und 5) stellen eine Übernahme der technischen Kriterien des Art. 3 Abs. 3 DurchführungsRL-2006/70/EG dar. Dem liegt die Erwägung zu Grunde, dass aufgrund der fehlenden Möglichkeit bei diesen Produkten die fraglichen Leistungen an Dritte auszuzahlen bzw. wegen der langen Laufzeit nur ein geringes Missbrauchsrisiko besteht, wenn die Transaktionen bankmäßig abgewickelt werden und nicht im Schutz der Anonymität stattfinden.[17]

17 **2. Maß der aufzuwendenden Sorgfalt.** Die Versicherungsunternehmen haben die Art und Weise, wie sie die Sorgfaltspflichten vereinfachen, **selbst zu bestimmen und am jeweiligen Risiko auszurichten.**[18] Die Erleichterungen bedeuten jedenfalls nicht, dass die Unternehmen von ihren Pflichten entbunden wären.[19]

18 § 54 Abs. 1 dürfte zudem keine Einschränkung des in **§ 5 Abs. 1 GwG** enthaltenen **Mindestpflichtenkatalogs**[20] zu entnehmen sein, denn § 54 Abs. 1 VAG nimmt § 5 GwG nur in Bezug, um dessen Fallgruppenkatalog zu erweitern („über § 5… hinaus … für folgende Fallgruppen"). Zu erfüllen sind danach stets die Identifizierungspflicht des Versicherungsnehmers und des Bezugsberechtigten nach § 3 Abs. 1 Nr. 1, § 4 Abs. 3, Abs. 4 GwG in Verbindung mit § 55 VAG und bei laufenden Geschäftsbeziehungen (vgl. § 1 Abs. 3) eine kontinuierliche Überwachung nach § 3 Abs. 1 Nr. 4 GwG. In Bezug auf diese Sorgfaltspflichten dürfen die Unternehmen lediglich das Maß der Überprüfung der Identität und der Überwachung der Geschäftsbeziehung angemessen reduzieren.

19 Von der **Erfüllung der sonstigen in § 3 Abs. 1 GwG aufgeführten allgemeinen Sorgfaltspflichten** kann im Umkehrschluss zu § 5 Abs. 1 GwG auch überhaupt abgesehen werden, wenn die

[12] Vgl. z. B. BaFin Rundschreiben 02/2016 (GW) (abrufbar unter bafin.de; abgerufen am 11.10.2016).
[13] Vgl. die entsprechende Kritik bei Boos/Fischer/Schulte-Mattler/*Achtelik* § 25i Rn. 2.
[14] Vgl. BT-Drs. 17/3023.
[15] Vgl. 22. Erwägungsgrund Geldwäsche-RL.
[16] Vgl. Fülbier/Aepfelbach/*Langweg* § 4 Rn. 3.
[17] Vgl. 9. Erwägungsgrund RL 2006/70/EG.
[18] Vgl. BT-Drs. 16/9038, 36.
[19] Vgl. 6. Erwägungsgrund RL 2006/70/EG
[20] Vgl. dazu Erbs/Kohlhaas/*Häberle* § 5 Rn. 2; Herzog/*Achtelik* § 5 Rn. 5.; Gehrke/*Bürkle* § 12 Rn. 95.

Risikobewertung dies zulässt. Im Fall des § 3 Abs. 1 Nr. 3 GwG läuft diese Freistellung leer, da die vorgelagerte Prüfung, ob ggf. ein wirtschaftlich Berechtigter i. S. v. § 1 Abs. 6 GwG als politisch exponierte Person anzusehen ist (§ 6 Abs. 2 Nr. 1 GwG), entsprechende Feststellungen voraussetzt.

Vereinfacht werden dürfen nur „Sorgfaltspflichten". Grundsätzlich **unberührt bleiben** deshalb die zu treffenden **internen Sicherungsmaßnahmen** nach § 52 VAG **und** die weiteren nach dem GwG bestehenden **allgemeinen Handlungspflichten**, die an die Erfüllung der allgemeinen Sorgfaltspflichten anknüpfen, insbesondere die Meldepflicht nach § 11 GwG und die Anforderungen an die Dokumentation nach § 8 GwG. Hier ergeben sich Vereinfachungen lediglich mittelbar daraus, dass auf der organisatorischen Ebene dem vereinfachten Sorgfaltsmaßstab „angemessen" Rechnung getragen werden kann (vgl. § 52 Abs. 1 S. 1, S. 2 VAG). 20

3. Dokumentationspflicht (Abs. 3). Abs. 3 sieht eine spezielle **Dokumentationspflicht in Bezug auf die nach § 54 Abs. 1 VAG zu beurteilenden Vorgänge** vor, in denen das Unternehmen vereinfachte Sorgfalt walten lässt. Die näheren Modalitäten der Aufzeichnungsplicht ergeben sich aus § 8 GwG.[21] 21

III. Verhältnis zu anderen Regelungen des VAG, zu Parallelvorschriften im KWG sowie zu anderen Normen. S. auch § 52 Rn. 13. Durch **§ 53 Abs. 5 S. 1 Nr. 2 VAG** werden die Unternehmen verpflichtet, die Befolgung des § 54 VAG gruppenweit sicherzustellen. 22

Die entsprechende Parallelvorschrift ist **§ 25i KWG.** 23

§ 5 GwG stellt gegenüber § 54 VAG die Grundnorm dar, deren Anwendungsbereich von § 54 VAG erweitert wird. Ein enger Bezug besteht auch zu **§ 6 Abs. 1 GwG.**[22] § 54 Abs. 3 VAG verweist zur näheren Bestimmung der Dokumentationspflicht auf **§ 8 GwG.** § 54 Abs. 1 Nr. 4a) nimmt zur nähren Bestimmung der geforderten bankmäßigen Abwicklung auf die Definition des Kreditinstituts i. S. v. **§ 1 Abs. 1 KWG** Bezug. 24

Die **vierte Geldwäsche-RL**[23] bringt für die Unternehmen insoweit eine weitere Erleichterung, als die Anwendung vereinfachter und verstärkter Sorgfaltspflichten stärker nach geografischen Risikofaktoren (Länderlisten) ausgerichtet werden kann.[24] 25

Vereinfachungen bei der Durchführung der Identifizierung

55 (1) [1]**Die Pflicht zur Identifizierung des Versicherungsnehmers gemäß § 3 Absatz 1 Nummer 1 des Geldwäschegesetzes gilt abweichend von § 4 Absatz 3 des Geldwäschegesetzes als erfüllt, wenn ein Versicherungsnehmer dem verpflichteten Unternehmen die Befugnis eingeräumt hat, die Prämien im Wege des Lastschrifteinzugs von einem Konto des Versicherungsnehmers bei einem Kreditinstitut einzuziehen, das seinen Sitz in einem Mitgliedstaat der Europäischen Union hat.** [2]**Ist der Einzug einer Prämie von dem vom Versicherungsnehmer benannten Konto nicht möglich, hat das Versicherungsunternehmen die Identifizierung des Versicherungsnehmers nachzuholen.**

(2) **Wird in einem Versicherungsvertrag, der zur betrieblichen Altersversorgung auf Grund eines Arbeitsvertrags oder einer beruflichen Tätigkeit des Versicherten abgeschlossen wird, vereinbart, dass die Prämienzahlung über ein im Vertrag bezeichnetes Konto des Versicherungsnehmers erfolgen soll, gilt die Identifizierung des Versicherungsnehmers als erfüllt, wenn das Versicherungsunternehmen feststellt, dass die Prämienzahlung tatsächlich über das vereinbarte Konto erfolgt.**

(3) [1]**Ein verpflichtetes Unternehmen ist auch zur Identifizierung im Sinne des § 1 Absatz 1 des Geldwäschegesetzes des Bezugsberechtigten aus dem Versicherungsvertrag nach Maßgabe des § 4 Absatz 5 des Geldwäschegesetzes verpflichtet.** [2]**Sofern kein Fall vereinfachter Sorgfaltspflichten vorliegt, sind § 3 Absatz 1 Nummer 3 und § 4 Absatz 5 des Geldwäschegesetzes entsprechend auf wirtschaftlich Berechtigte des Bezugsberechtigten anzuwenden.** [3]**Abweichend von § 4 Absatz 1 des Geldwäschegesetzes darf die Überprüfung der Identität des Bezugsberechtigten und eines wirtschaftlich Berechtigten auch nach Begründung der Geschäftsbeziehung erfolgen.** [4]**In diesem Fall muss die Überprüfung spätestens zu dem Zeitpunkt abgeschlossen sein, zu dem die Auszahlung vorgenommen wird oder der Bezugsberechtigte seine Rechte aus dem Versicherungsvertrag in Anspruch zu nehmen beabsichtigt.** [5]**Die nach den vorstehenden Sätzen erhobenen Angaben und eingeholten Informationen sind von dem Versicherungsunternehmen nach Maßgabe des § 8 des Geldwäschegesetzes aufzuzeichnen und aufzubewahren.** [6]**§ 11 Absatz 1 Satz 1 des Geldwäschegesetzes ist entsprechend anzuwenden.**

[21] S. auch oben § 53 Rn. 31 ff.
[22] S. oben Rn. 7 ff.
[23] Vgl. RL 2015/849/EU, ABl. EU 2015 L 141, 1.
[24] Vgl. *Krais* CCZ 2015, 251, 254.

Schrifttum: Fülbier/Aepfelbach/*Langweg*, GwG, 5. Aufl. 2006, § 4 GwG; *Krais*, Die geldwäscherechtliche Identifizierung von Personen, die für den Vertragspartner auftreten, CCZ 2016, 185 ff. S. ferner die Angaben bei § 52 und § 53.

1 **I. Allgemeines. 1. Entstehungsgeschichte.** Die Vorgängernorm § 80f VAG wurde durch Art. 4 des Gesetzes zur Ergänzung der Bekämpfung der Geldwäsche und der Terrorismusfinanzierung (Geldwäschebekämpfungsergänzungsgesetz – **GwBekErgG**) v. 13.8.2008 mit Wirkung v. 21.8.2008 eingeführt. Dessen Vorgängernorm war § 4 GwG v. 29.10.1993[1] in der Fassung des Gesetzes zur Verbesserung der Bekämpfung der Organisierten Kriminalität v. 8.5.1998 (OrgKVerbG).[2]

2 Durch Art. 3 des Gesetzes zur Optimierung der Geldwächeprävention (**GwPrävOptG**) v. 22.11.2011 wurde mit Wirkung v. 29.11.2011 Abs. 3 neu gefasst. Durch das **VAG 2016** blieb die Norm unverändert.

2a Durch das Gesetz zur Umsetzung der Vierten EU-Geldwäscherichtlinie, zur Ausführung der EU-Geldtransferverordnung und zur Neuorganisation der Zentralstelle für Finanztransaktionsuntersuchungen v. 23.6.2017 (**4. EU-GwR-UG**) wurde die Vorschrift mit Wirkung v. 26.6.2017 neu gefasst. Die bisher in § 55 VAG enthaltenen Vereinfachungen bei der Durchführung der Identifizierung sind dadurch weggefallen. Der Pflichtenkreis richtet sich nun nach GwG. § 55 VAG n. F. regelt nun verstärkte Sorgfaltspflichten bei politisch exponierten Personen.

3 Zum **GwBekErgG**: s. Erläuterungen zu § 52 VAG. Zum **GwPrävOptG**: s. Erläuterungen zu § 53 VAG.

4 **2. Normzweck.** Die Vorschrift soll versicherungsspezifisch die Erfüllung eines Mindestmaßes an Sorgfalt auch bei der **Identifizierung** sicherstellen. Es handelt sich um eine mit § 5 Abs. 1 GwG vergleichbare Vereinfachung der Identifizierungspflicht.[3]

5 Abs. 3 dient der Klarstellung, dass auch der **Bezugsberechtigte**, der weder Vertragspartner noch wirtschaftlich Berechtigter i. S. v. § 1 Abs. 6 GwG ist, nach § 4 Abs. 5 GwG zu überprüfen ist.[4]

6 **3. Europarechtlicher Hintergrund.** Die von § 55 VAG vorgesehenen Erleichterungen bei der Identifizierung haben ihre Grundlage in Art. 9 und 11 **Geldwäsche-RL.**[5] Dem liegt die Erwägung zu Grunde, dass die wiederholte Feststellung der Identität zu Verzögerungen und Ineffizienz führen würde, wenn die Identität bereits andernorts festgestellt worden ist[6] (insbesondere bei Eröffnung des Abwicklungskontos).[7]

7 **II. Einzelerläuterungen.** Die **Grundpflicht** zur Identifizierung des Vertragspartners und weiterer Personen besteht für die Unternehmen nach §§ 3, 4 GwG.[8] Die diesbezüglichen **Vereinfachungen** des § 55 VAG bestehen dem Wortlaut nach unabhängig davon, ob nach § 54 VAG, § 5 Abs. 1 GwG vereinfachte Sorgfaltspflichten im Übrigen zulässig sind. Modifiziert wird durch § 55 nur das Maß der Identifizierung im beschriebenen Umfang und nur soweit ausdrücklich von bestimmten Vorgaben der §§ 3, 4 GwG abgewichen wird. Die Pflicht zur Identifizierung ist auch in dem Mindestpflichtenkatalog des § 5 Abs. 1 GwG enthalten, sodass auch bei Vorliegen der Voraussetzungen des § 54 Abs. 1 VAG im Übrigen stets eine Identifizierung auch nach Maßgabe des § 55 VAG durchzuführen ist.[9]

8 Regelungstechnisch widersprüchlich ist allerdings das **Verhältnis** der vereinfachten Identifizierung **zu § 55 Abs. 1 VAG, § 6 GwG**. Wenn sich ein Versicherungsunternehmen stets auf die vereinfachte Identifizierung nach § 55 VAG beschränken würde, wäre es kaum in der Lage, die komplexen Anwendungsvoraussetzungen des § 55 Abs. 1 VAG sicher feststellen zu können. Es erschiene dann ausgeschlossen, dass die Unternehmen Vereinfachungen sowohl nach § 54 als auch nach § 55 VAG in Anspruch nehmen könnten.

9 Die Frage ist praktisch jedoch nicht von Bedeutung: Kein Versicherungsunternehmen kann auf die gem. § 55 Abs. 1, Abs. 2 VAG für entbehrlich erklärten Angaben nach § 4 Abs. 3 GwG Daten des Versicherungsnehmers zur Begr. des Vertragsverhältnisses verzichten, sodass sich die **praktische Bedeutung der Vereinfachungsvorschrift des § 55 Abs. 1, Abs. 2 VAG** darin erschöpfen dürfte, dass bei der vereinfachten Identifizierung auf die Vorlage der § 4 Abs. 4 GwG genannten **weiteren Dokumente verzichtet werden kann**. Anhand der nach § 4 Abs. 3 GwG erhobenen Daten können dann auch die Anwendungsvoraussetzungen des § 55 Abs. 1 VAG beurteilt werden, sodass die Unternehmen über diesen Weg in den Genuss der Vereinfachungsvorschriften kommen können. Die Abwicklung über die

[1] Gesetzgebungsmaterialien zum GwG v. 29.10.1993: BReg-Drs. 220/92 (Gesetzentwurf).
[2] Vgl. zu § 4 GwG a. F. Fülbier/Aepfelbach/*Langweg* § 4. Gesetzgebungsmaterialien zum OrgKVerbG: BT-Drs. 13/9661 (Beschlussempfehlung Rechtsausschuss).
[3] Vgl. BT-Drs. 17/6804, 28 f.
[4] Vgl. BT-Drs. 17/6804, 40.
[5] Vgl. RL 2005/60/EG v. 26.10.2005, ABl. EG 2005 L 309, 15.
[6] Vgl. 27. Erwägungsgrund Geldwäsche-RL.
[7] Vgl. Erbs/Kohlhaas/*Häberle* § 4 GwG Rn. 8.
[8] Vgl. hierzu Erbs/Kohlhaas/*Häberle* § 3 GwG Rn. 3 ff., § 4 GwG Rn. 7 ff.
[9] Vgl. § 54 Rn. 18.

in Abs. 1, Abs. 2 bezeichneten Zahlungswege weist demzufolge lediglich die Identität auf vereinfachte Art nach.

§ 55 VAG stellt in Abs. 1 und Abs. 2 Identifizierungsvorschriften in Bezug auf den **Versicherungsnehmer** auf und in Abs. 3 in Bezug auf den **Bezugsberechtigten und andere wirtschaftlich Berechtigte** nebst **Dokumentations- und Meldepflichten** auf. Die **Regelung** ist gesetzestechnisch durch die zum 18.6.2016 in Kraft getretene Änderung des § 3 Abs. 1 Nr. 1, § 4 Abs. 3 GwG[10] **unvollständig geworden**, da § 55 keine Erleichterungen hinsichtlich der Identifizierung der neu geschaffenen Risikokategorie der „für den Vertragspartner auftretenden Person" enthält. Darunter fallen Boten oder Vertreter des Versicherungsnehmers.[11] Nicht als „für den Vertragspartner auftretende Personen" sollen allerdings Versicherungsvermittler gelten, da diese selbst nach § 2 Abs. 1 Nr. 5 GwG verpflichtet seien.[12] 10

Nach **Abs. 1 S. 1** ist in Abweichung von § 4 Abs. 3 (lies: und Abs. 4) GwG der **Nachweis der Identität des Versicherungsnehmers** (als Vertragspartner i. S. v. § 4 Abs. 3 GwG) **erbracht**, wenn der Prämieneinzug per **Lastschrift** bei einem EU Kreditinstitut erfolgt. Die Zahlung per Überweisung genügt nicht.[13] Aus Abs. 1 S. 2 ergibt sich, dass der **Prämieneinzug möglich** sein muss, entsprechende Lastschriften also nicht zurückgegeben werden. Die Unternehmen können sich nur dann auf die Vereinfachung berufen, wenn der **Inhaber des Kontos mit dem Versicherungsnehmer identisch** ist, da andernfalls eine zuverlässige Identifizierung durch eine andere Stelle (die kontoführende Bank) nicht stattgefunden hat.[14] Schlägt der Prämieneinzug fehl, ist die Identifizierung gemäß § 4 Abs. 3 und Abs. 4 GwG nach **Abs. 1 S. 2** nachzuholen. Nach dem Sinn und Zweck der Vorschrift, dürfte damit der Einzug der Erstprämie gemeint sein,[15] weil bereits mit diesem Vorgang feststeht, ob das Konto „echt" ist. Ansonsten wäre bei jeder späteren Lastschriftrückgabe (ggf. auch nach Jahren beanstandungsfreier Vertragsabwicklung) mangels Deckung eine vollständige Identifizierung nachzuholen, ohne dass Anhaltspunkte für ein geldwäscherelevantes Verhalten bestünden. **Stellt** der **Versicherungsnehmer** sein **Zahlungsverhalten** auf Dauerauftrag oder Barzahlung **um**, besteht nach erfolgter Identifizierung nur dann weiterer Handlungsbedarf, wenn nach den Kriterien des § 3 Abs. 2 Nr. 2–4 GwG geldwäscherelevante Tatsachen vorliegen.[16] Auch der **Abschluss weiterer Verträge durch denselben Versicherungsnehmer** lässt die Identifizierungspflicht nach erfolgter Identifizierung nicht erneut aufleben,[17] soweit dieselbe Geschäftsbeziehung iSd § 1 Abs. 3 GwG betroffen ist (arg. e § 3 Abs. 2 Nr. 1 GwG). Nicht dieselbe Geschäftsbeziehung dürfte jedoch betroffen sein, wenn die Risikokategorien wechseln, das heißt wenn beispielsweise ein Bezugsberechtigter durch eigene Verträge zum Versicherungsnehmer wird.[18] 11

Entsprechendes wie bei Abs. 1 nach **Abs. 2** gilt für Fälle der betrieblichen Altersversorgung im Wege der **Direktversicherung** (§ 2 Abs. 2 Nr. 1. Nr. 4 BetrAVG). Hinsichtlich der in Abs. 2 nicht genannten Vorschrift des § 4 Abs. 3 GwG ergibt sich aus dem Regelungszusammenhang, dass auch hier lediglich von § 4 Abs. 3 (und Abs. 4 GwG) abgewichen werden sollte, die weiteren für die Identifizierung maßgeblichen Vorschriften des GwG jedoch unberührt bleiben. Sofern eine Prämienzahlung über das vereinbarte Konto nicht feststellbar ist, ergibt sich (auch ohne eine Abs. 1 S. 2 vergleichbare Anordnung), dass die Pflicht nicht erfüllt ist und somit auf dem nach § 4 Abs. 3 und 4 GwG vorgesehenen Weg zu erfolgen hat. 12

Abs. 3 S. 1 stellt klar, dass die **Identität des Bezugsberechtigten** des Lebens- oder Unfallversicherungsvertrags nach § 4 Abs. 5 GwG zu überprüfen ist, auch wenn er nicht selbst der „wirtschaftlich Berechtigte" i. S. v. § 1 Abs. 6 GwG ist. Der Gesetzgeber wollte mit dem Bezugsberechtigten eine eigene Risikokategorie neben dem Vertragspartner und dem wirtschaftlich Berechtigten schaffen.[19] Nach **Abs. 3 S. 2** ist ein ggf. hinter diesem stehender tatsächlicher **wirtschaftlich Berechtigter eines Bezugsberechtigten** (beispielsweise eine Erbengemeinschaft des Bezugsberechtigten eines unwiderruflichen Bezugsrechts) ebenfalls zu überprüfen. Abs. 3 S. 2 dürfte lediglich der Verdeutlichung dienen, denn die entsprechenden Pflichten sind §§ 4 Abs. 5, 3 Abs. 1 Nr. 3 GwG auch unmittelbar zu entnehmen. Verzichtbar ist die Überprüfung des wirtschaftlich Berechtigten im Fall vereinfachter Sorgfaltspflichten nach § 54 Abs. 1 VAG. **Abs. 3 S. 3 und 4** gestatten den Unternehmen, die Identifizierung des Bezugsberechtigten und des wirtschaftlich Berechtigten – nicht des Versicherungsnehmers, für den Abs. 1 und Abs. 2, im Übrigen jedoch § 4 Abs. 1 GwG gelten – auch während der laufenden Geschäftsbeziehung (vgl. § 1 Abs. 3 GwG), jedoch vor Beginn der Auszahlungsphase, vorzunehmen. In Betreff der identifizierten Bezugsberechtigten und wirtschaftlich Berechtigten statuiert **Abs. 3 S. 5** eine 13

[10] Vgl. Art. 7 Zahlungskontengesetz (ZKG) BGBl. I 720.
[11] Vgl. näher *Krais* CCZ 2016, 185 f.
[12] Vgl. BT-Drs. 18/7204, 99.
[13] Vgl. Fülbier/Aepfelbach/*Langweg* § 4 Rn. 8.
[14] Vgl. Fülbier/Aepfelbach/*Langweg* § 4 Rn. 5.
[15] Vgl. Fülbier/Aepfelbach/*Langweg* § 4 Rn. 5.
[16] Vgl. Fülbier/Aepfelbach/*Langweg* § 4 Rn. 9.
[17] Vgl. Fülbier/Aepfelbach/*Langweg* § 4 Rn. 10.
[18] Vgl. Fülbier/Aepfelbach/*Langweg* § 4 Rn. 11.
[19] Vgl. BT-Drs. 17/6804, 40.

Dokumentationspflicht nach Maßgabe des § 8 GwG. **Abs. 3 S. 6** stellt klar, dass die Pflicht zur Erstattung einer Verdachtsmeldung nach § 11 Abs. 1 S. 1 GwG auch in Bezug auf wirtschaftlich Berechtigte von Bezugsberechtigten gilt.

14 **III. Verhältnis zu anderen Regelungen des VAG, zu Parallelvorschriften im KWG sowie zu anderen Normen.** Zum Verhältnis zu **anderen Regelungen des VAG** s. die Erläuterungen zu § 53 VAG.

15 Die entsprechende **Parallelvorschrift** ist § 25j KWG, die jedoch nur im Hinblick auf den Zeitpunkt der Identifizierung Vereinfachungen bei der Durchführung der Identifizierung gegenüber dem GwG gestattet.

16 Die Norm steht in engem Verhältnis zu den **Vorschriften des GwG** (wie erläutert): Abs. 1 und Abs. 2 stellen Sondervorschriften zu § 4 Abs. 3 und Abs. 4 GwG dar. Abs. 3 spezifiziert die Prüfungspflichten nach § 3 Abs. 1 Nr. 3, § 4 Abs. 5 GwG. Abs. 3 S. 3, S. 4 enthalten Sonderregelungen zu § 4 Abs. 1 GwG. Abs. 3 S. 5 nimmt Bezug auf § 8 GwG. Abs. 3 S. 6 erweitert den Anwendungsbereich von § 11 Abs. 1 Nr. 1 GwG.

17 Ob ein berechtigtes Identifizierungsverlangen des Unternehmens ein zivilrechtliches **Zurückbehaltungsrecht** nach § 273 BGB begründet, ist in der Rechtsprechung offengelassen worden.[20] Jedenfalls dürfte sich ein Unternehmen gegenüber einem entsprechenden Auszahlungsbegehren in solchem Fall auf die noch nicht abgeschlossene Identifizierung als gesetzliches Verfügungsverbot i. S. v. §§ 134, 135 BGB, mindestens aber auf § 242 BGB berufen können.

Verstärkte Sorgfaltspflichten

56 (1) [1] **Über § 6 Absatz 2 Nummer 1 des Geldwäschegesetzes hinaus hat ein verpflichtetes Unternehmen angemessene, risikoorientierte Verfahren anzuwenden, mit denen bestimmt werden kann, ob es sich bei dem Bezugsberechtigten oder dem wirtschaftlich Berechtigten um eine der folgenden Personen handelt:**

1. eine natürliche Person, die ein wichtiges öffentliches Amt ausübt oder ausgeübt hat,

2. ein unmittelbares Familienmitglied einer Person nach Nummer 1 oder

3. eine einer Person nach Nummer 1 bekanntermaßen nahestehende Person im Sinne des Artikels 2 der Richtlinie 2006/70/EG der Kommission vom 1. August 2006 mit Durchführungsbestimmungen für die Richtlinie 2005/60/EG des Europäischen Parlaments und des Rates hinsichtlich der Begriffsbestimmung von „politisch exponierte Personen" und der Festlegung der technischen Kriterien für vereinfachte Sorgfaltspflichten sowie für die Befreiung in Fällen, in denen nur gelegentlich oder in sehr eingeschränktem Umfang Finanzgeschäfte getätigt werden (ABl. L 214 vom 4.8.2006, S. 29).

[2] **§ 6 Absatz 2 Nummer 1 Satz 2 bis 7 des Geldwäschegesetzes ist entsprechend anzuwenden.**

(2) [1] **Liegen Tatsachen oder Bewertungen nationaler oder internationaler Stellen zur Bekämpfung der Geldwäsche und der Terrorismusfinanzierung vor, die die Annahme rechtfertigen, dass über Fälle des erhöhten Risikos im Sinne des § 6 des Geldwäschegesetzes hinaus, insbesondere im Zusammenhang mit der Einhaltung von Sorgfaltspflichten in einem Staat, ein erhöhtes Risiko besteht, kann die Bundesanstalt anordnen, dass ein Versicherungsunternehmen im Sinne des § 52**

1. eine Transaktion oder eine Geschäftsbeziehung, insbesondere die Herkunft der eingebrachten Vermögenswerte eines Kunden mit Sitz in einem solchen Staat, die im Rahmen der Geschäftsbeziehung oder der Transaktion eingesetzt werden, einer verstärkten Überwachung zu unterziehen hat und

2. zusätzliche, dem Risiko angemessene Sorgfaltspflichten und Organisationspflichten zu erfüllen hat.

[2] **Über die getroffenen Maßnahmen haben die verpflichteten Unternehmen angemessene Informationen nach Maßgabe des § 8 des Geldwäschegesetzes aufzuzeichnen und aufzubewahren.**

Schrifttum: S. die Angaben bei § 52 und § 53.

1 Die Vorgängernorm § 80g VAG wurde eingeführt durch Art. 3 des Gesetzes zur Umsetzung der Zweiten E-Geld-RL (**EGeldRL2UmsG**) v. 1.3.2011 mit Wirkung v. 9.3.2011 und bestand zunächst aus dem jetzigen Abs. 2 der Vorschrift.

[20] Vgl. *OLG Dresden* Urt. v. 16.9.2014 – 4 U 681/14, NZI 2015, 487 m. kritischer Anm. *Kaetzler* NZI 2015, 455 f.

Abs. 1 wurde eingefügt durch Art. des Gesetzes zur Optimierung der Geldwäscheprävention v. 22.11.2011 (**GwPrävOptG**) mit Wirkung v. 29.11.2011. Durch das **VAG 2016** blieb die Norm unverändert. 2

Durch das Gesetz zur Umsetzung der Vierten EU-Geldwäscherichtlinie, zur Ausführung der EU-Geldtransferverordnung und zur Neuorganisation der Zentralstelle für Finanztransaktionsuntersuchungen v. 23.6.2017 (**4. EU-GwR-UG**) wurde die Vorschrift mit Wirkung v. 26.6.2017 gestrichen. Die verstärkten Sorgfaltspflichten bei politisch exponierten Personen sind nunmehr in § 55 VAG zu finden. 2a

Zum **EGeldRL2UmsG**: s. Erläuterungen zu § 53 VAG. Zum **GwPrävOptG**: s. Erläuterungen zu § 53 VAG. 3

§ 56 Abs. 1 VAG soll klarstellen, dass der Regelungsgehalt des § 6 Abs. 2 GwG auch den wirtschaftlich Berechtigten erfasst und dieser damit den besonderen Sorgfaltspflichten bei politisch exponierten Personen unterfällt. Aufgegriffen wurde damit eine FATF-Empfehlung. 4

§ 56 Abs. 2 VAG soll strengere Sorgfaltspflichten und Aufsichtsbefugnisse für Geschäfte mit Bezug zu Staaten der sog. „Schwarzen Liste nicht kooperierender Länder und Territorien" der Financial Action Task Force (FATF) schaffen. Aufgegriffen wurde damit ebenfalls eine FATF-Empfehlung. 5

Zum **Europarechtlichen Hintergrund** s. Erläuterungen zu § 52 VAG.[1] 6

Abs. 1 paraphrasiert in ermüdender Weise den Wortlaut des § 6 Abs. 2 Nr. 1 S. 1 GwG und erklärt die übrigen Sätze des § 6 Abs. 2 Nr. 1 für entsprechend anwendbar. Ein zwingender Grund für die gleichzeitig eingeführte Doppelregelung ist nicht erkennbar. Es hätte der S. genügt, **dass § 6 Abs. 2 Nr. 1 GwG auch für den Bezugsberechtigten** eines Lebens- oder Unfallversicherungsvertrags i. S. v. § 53 VAG **gilt**, denn darin erschöpft sich der eigenständige Regelungsgehalt gegenüber § 6 Abs. 2 Nr. 1 GwG. 7

Abs. 2 S. 1 wiederholt den Regelungsgehalt des § 6 Abs. 1 Nr. 4 S. 1 GwG für Versicherungsunternehmen. Auch hier handelt es sich um eine kaum begründbare ausufernde Gesetzestechnik, die besser nur im GwG erfolgt wäre. Von der eingeräumten Anordnungsbefugnis hat die BaFin noch keinen Gebrauch gemacht. Die nach Abs. 2 S. 1 vorgeschriebene Dokumentation richtet sich nach § 8 GwG. 8

S. zunächst die entsprechenden Erläuterungen zu § 53 VAG. Die entsprechende Parallelvorschrift ist § 25k KWG. 9

Die **Vierte Geldwäsche-RL** erweitert den Kreis der Politisch Exponierten Personen und verlängert die zeitliche Geltung der diesbezüglichen Sorgfaltspflichten. 10

Abschnitt 7. Grenzüberschreitende Geschäftstätigkeit

Unterabschnitt 1. Dienstleistungsverkehr, Niederlassungen

Versicherungsgeschäfte über Niederlassungen oder im Dienstleistungsverkehr

57 **(1) Erstversicherungsunternehmen dürfen nach Maßgabe der §§ 58 und 59 das Versicherungsgeschäft in den anderen Mitglied- oder Vertragsstaaten über Niederlassungen oder im Dienstleistungsverkehr betreiben.**

(2) [1]Als Niederlassung gilt eine Agentur oder Zweigniederlassung eines Erstversicherungsunternehmens im Hoheitsgebiet eines anderen Mitglied- oder Vertragsstaats. [2]Um eine Niederlassung handelt es sich auch, wenn das Versicherungsgeschäft durch eine zwar selbständige, aber ständig damit betraute Person betrieben wird, die von einer Betriebsstätte in dem anderen Mitglied- oder Vertragsstaat aus tätig wird.

(3) [1]Dienstleistungsverkehr im Sinne dieses Gesetzes liegt vor, wenn das Erstversicherungsunternehmen mit Sitz in einem Mitglied- oder Vertragsstaat von seinem Sitz oder einer Niederlassung in einem Mitglied- oder Vertragsstaat aus Risiken deckt, die in einem anderen Mitglied- oder Vertragsstaat belegen sind, ohne dass das Unternehmen dort von einer Niederlassung Gebrauch macht. [2]Mitglied- oder Vertragsstaat, in dem das Risiko belegen ist, ist

1. bei der Versicherung von Risiken mit Bezug auf unbewegliche Sachen, insbesondere Bauwerke und Anlagen, und den darin befindlichen, durch den gleichen Vertrag gedeckten Sachen der Mitglied- oder Vertragsstaat, in dem diese Gegenstände belegen sind,
2. bei der Versicherung von Risiken mit Bezug auf Fahrzeuge aller Art, die in einem Mitglied- oder Vertragsstaat in ein amtliches oder amtlich anerkanntes Register einzutragen sind und ein Unterscheidungskennzeichen erhalten, dieser Mitglied- oder Vertragsstaat; abweichend hiervon ist bei einem Fahrzeug, das von einem Mitglied- oder Vertragsstaat in einen anderen überführt wird, während eines Zeitraums von 30 Tagen nach Abnahme des Fahrzeugs durch den Käufer der Bestimmungsmitglied- oder Bestimmungsvertragsstaat als der Mitglied- oder Vertragsstaat anzusehen, in dem das Risiko belegen ist,

[1] Vgl. § 52 Rn. 8.

3. bei der Versicherung von Reise- und Ferienrisiken in Versicherungsverträgen über eine Laufzeit von höchstens vier Monaten der Mitglied- oder Vertragsstaat, in dem der Versicherungsnehmer die zum Abschluss des Vertrags erforderlichen Rechtshandlungen vorgenommen hat, und
4. in allen anderen Fällen,
   a) wenn der Versicherungsnehmer eine natürliche Person ist, der Mitglied- oder Vertragsstaat, in dem er seinen gewöhnlichen Aufenthalt hat, und
   b) wenn der Versicherungsnehmer keine natürliche Person ist, der Mitglied- oder Vertragsstaat, in dem sich das Unternehmen, die Betriebsstätte oder die entsprechende Einrichtung befindet, auf die sich der Vertrag bezieht.

1 Die Vorschrift wird bei § 60 erläutert.

Errichtung einer Niederlassung

58 (1) [1] **Erstversicherungsunternehmen haben der Aufsichtsbehörde die beabsichtigte Errichtung einer Niederlassung unter Angabe des betreffenden Mitglied- oder Vertragsstaats anzuzeigen.** [2] **Die Anzeige muss enthalten:**
1. die Angaben und Schätzungen gemäß § 9 Absatz 2 Nummer 1 und 2 und Absatz 3 Nummer 5 und 6; sofern die Krankenversicherung im Sinne des Artikels 206 Absatz 2 der Richtlinie 2009/138/EG betrieben werden soll, zusätzlich die dem § 9 Absatz 4 Nummer 5 Buchstabe a entsprechenden Angaben,
2. Angaben über die Organisationsstruktur,
3. den Namen des vorgesehenen Hauptbevollmächtigten, der mit ausreichender Vollmacht versehen ist, um das Unternehmen Dritten gegenüber zu verpflichten und es bei Verwaltungsbehörden und vor den Gerichten des anderen Mitglied- oder Vertragsstaats zu vertreten,
4. die voraussichtliche Anschrift, welche zugleich die Geschäftsanschrift des Hauptbevollmächtigten sein muss, und
5. bei Deckung der in der Anlage 1 Nummer 10 Buchstabe a genannten Risiken über die Niederlassung eine Erklärung, wonach das Unternehmen in dem anderen Mitglied- oder Vertragsstaat Mitglied des nationalen Garantiefonds zur Entschädigung der Opfer von Unfällen, die von nicht versicherten oder nicht ermittelten Fahrzeugen verursacht werden, und des nationalen Versicherungsbüros geworden ist.

(2) [1] **Die Aufsichtsbehörde prüft hinsichtlich des Vorhabens innerhalb einer Frist von drei Monaten nach Eingang der in Absatz 1 Satz 2 bezeichneten Unterlagen neben der rechtlichen Zulässigkeit die Angemessenheit der Geschäftsorganisation und die Finanzlage des Unternehmens sowie die Erfüllung der in § 24 Absatz 1 genannten Voraussetzungen durch den Hauptbevollmächtigten und die für die Niederlassung zuständigen Geschäftsleiter.** [2] **Bei Unbedenklichkeit übersendet sie vor Ablauf der Frist der Aufsichtsbehörde des anderen Mitglied- oder Vertragsstaats**
1. diese Unterlagen und
2. eine Bescheinigung darüber, dass das Unternehmen über anrechnungsfähige Eigenmittel zur Einhaltung der Solvabilitätskapitalanforderung oder des für die betriebenen Versicherungssparten erforderlichen Mindestbetrags der Mindestkapitalanforderung verfügt, falls dieser Mindestbetrag höher ist,
und benachrichtigt hierüber das Unternehmen. [3] **Anderenfalls teilt sie dem Unternehmen vor Ablauf der Frist mit, dass und aus welchen Gründen die Zustimmung zur Errichtung der Niederlassung versagt wird.** [4] **Hat sich die finanzielle Lage des Unternehmens verschlechtert im Sinne des § 132 Absatz 2, steht dies der Ausstellung einer Bescheinigung nach Satz 2 Nummer 2 entgegen, solange die Rechte der Versicherungsnehmer gefährdet sind.**

(3) **Im Fall des Absatzes 2 Satz 2 kann die Niederlassung errichtet werden und ihre Tätigkeit aufnehmen, wenn seit Zugang der Benachrichtigung beim Unternehmen zwei Monate vergangen sind, es sei denn, dass die Aufsichtsbehörde des anderen Mitglied- oder Vertragsstaats dem Unternehmen einen früheren Zeitpunkt mitteilt.**

(4) [1] **Änderungen der nach Absatz 1 Satz 2 Nummer 1 bis 4 gemachten Angaben hat das Versicherungsunternehmen der Aufsichtsbehörde spätestens einen Monat vor der beabsichtigten Durchführung der Änderung anzuzeigen.** [2] **Im Übrigen gilt Absatz 2 entsprechend.**

1 Die Vorschrift wird bei § 60 erläutert.

Aufnahme des Dienstleistungsverkehrs

59 (1) [1] **Erstversicherungsunternehmen haben der Aufsichtsbehörde die beabsichtigte Aufnahme des Dienstleistungsverkehrs unter Angabe des betreffenden Mitglied- oder Vertragsstaats anzuzeigen. [2] Zugleich ist anzugeben, welche Versicherungssparten dort betrieben und welche Risiken einer Versicherungssparte gedeckt werden sollen; sofern die Krankenversicherung im Sinne des Artikels 206 Absatz 2 der Richtlinie 2009/138/EG betrieben werden soll, sind zusätzlich die dem § 9 Absatz 4 Nummer 5 entsprechenden Angaben zu machen. [3] Bei Deckung der in der Anlage 1 Nummer 10 Buchstabe a genannten Risiken hat die Anzeige außerdem Folgendes zu enthalten:**

1. **eine Erklärung, wonach das Unternehmen in dem anderen Mitglied- oder Vertragsstaat Mitglied des nationalen Garantiefonds zur Entschädigung der Opfer von Unfällen, die von nicht versicherten oder nicht ermittelten Fahrzeugen verursacht werden, und des nationalen Versicherungsbüros geworden ist, und**
2. **den Namen und die Geschäftsanschrift eines in dem anderen Mitglied- oder Vertragsstaat ansässigen oder niedergelassenen Vertreters (Vertreter für die Schadenregulierung), für den § 24 Absatz 1 entsprechend gilt, der**
   a) **alle erforderlichen Informationen über Schadenfälle sammelt und die dafür notwendige Geschäftsausstattung besitzt,**
   b) **über ausreichende Befugnisse verfügt, um das Unternehmen gegenüber Personen, die Schadenersatzansprüche geltend machen, gerichtlich oder außergerichtlich, insbesondere vor Verwaltungsbehörden, zu vertreten sowie diesbezüglich Vollmachten zu erteilen,**
   c) **bis zur endgültigen Befriedigung der Schadenersatzansprüche über ausreichende Befugnisse verfügt, um die diesen Ansprüchen entsprechenden Beträge auszuzahlen, und**
   d) **die Befugnis besitzt, das Unternehmen gegenüber den Behörden des anderen Mitglied- oder Vertragsstaats hinsichtlich des Bestehens und der Gültigkeit der Versicherungsverträge zu vertreten.**

(2) [1] **Die Aufsichtsbehörde prüft innerhalb einer Frist von einem Monat nach Eingang der in Absatz 1 Satz 2 und 3 bezeichneten Unterlagen die rechtliche Zulässigkeit des Vorhabens. [2] Bei Unbedenklichkeit übersendet sie vor Ablauf der Frist der Aufsichtsbehörde des anderen Mitglied- oder Vertragsstaats**

1. **diese Unterlagen,**
2. **eine Bescheinigung darüber, welche Versicherungssparten das Unternehmen betreiben und welche Risiken einer Versicherungssparte es decken darf, und**
3. **eine Bescheinigung darüber, dass das Unternehmen über anrechnungsfähige Eigenmittel zur Einhaltung der Solvabilitätskapitalanforderung oder des für die betriebenen Versicherungssparten erforderlichen Mindestbetrags der Mindestkapitalanforderung verfügt, falls dieser Mindestbetrag höher ist,**

und benachrichtigt hierüber das Unternehmen. [3] Anderenfalls teilt sie dem Unternehmen vor Ablauf der Frist mit, dass und aus welchen Gründen die Zustimmung zur Aufnahme des Erstversicherungsgeschäfts im Dienstleistungsverkehr versagt wird. [4] Es gilt als Versagung, wenn sich die Aufsichtsbehörde bis zum Ablauf der Frist nicht geäußert hat. [5] Hat sich die finanzielle Lage des Unternehmens verschlechtert im Sinne des § 132 Absatz 2, steht dies der Ausstellung einer Bescheinigung nach Satz 2 Nummer 3 entgegen, solange die Rechte der Versicherungsnehmer gefährdet sind.

(3) **Im Fall des Absatzes 2 Satz 2 kann das Unternehmen seine Tätigkeit ab dem Zugang der genannten Benachrichtigung aufnehmen.**

(4) **Die Absätze 1 bis 3 gelten auch, wenn das Unternehmen weitere Versicherungssparten betreiben oder Risiken decken oder einen anderen Vertreter für die Schadenregulierung ernennen will.**

Die Vorschrift wird bei § 60 erläutert. 1

Statistische Angaben über grenzüberschreitende Tätigkeiten

60 (1) [1] **Jedes Erstversicherungsunternehmen muss der Aufsichtsbehörde für im Rahmen der Niederlassungsfreiheit getätigte Geschäfte und getrennt davon für im Rahmen der Dienstleistungsfreiheit getätigte Geschäfte**

1. **die gebuchten Prämienbeträge,**

2. die Höhe der Erstattungsleistungen und
3. die Höhe der Provisionen

ohne Abzug der Rückversicherung sowie nach Mitgliedstaaten aufgeschlüsselt mitteilen. [2]In Bezug auf die in der Anlage 1 Nummer 10 genannte Sparte – ausgenommen der Haftung des Frachtführers – teilt das Unternehmen der Aufsichtsbehörde zudem die Häufigkeit und die durchschnittlichen Kosten der Erstattungsleistungen mit.

(2) **Die Aufsichtsbehörde teilt den Aufsichtsbehörden jedes betroffenen Mitgliedstaats auf Antrag innerhalb einer angemessenen Frist die in Absatz 1 genannten Angaben zusammengefasst mit.**

Übersicht

Schrifttum: *Geiger*, Der Schutz der Versicherten im Europäischen Binnenmarkt, 1992; *Golz*, Ausgewählte Fragen der Umsetzung der dritten Versicherungsrichtlinien, 1993; *Korinek*, Rechtsaufsicht über Versicherungsunternehmen, 2000; *Schnichels*, Reichweite der Niederlassungsfreiheit, 1995; *Schnyder*, Europäisches Banken- und Versicherungsrecht, 2005; *Wördemann*, International zwingende Normen im internationalen Privatrecht des europäischen Versicherungsvertrages, 1997; *Zeides*, Die rechtliche Behandlung der Zweigniederlassungen ausländischer Versicherungsunternehmen in Deutschland, 2004; *Zens*, Die Zusammenarbeit der Versicherungsaufsichtsbehörden in der Europäischen Gemeinschaft, 2005.

1 **I. Allgemeines. 1. Entstehungsgeschichte.** Die Regelungen zum Dienstleistungs- und Niederlassungsverkehr von Erstversicherern sind mit Umsetzung der Dritten EG-Versicherungs-Richtlinien durch Art. 1 Nr. 14 des Dritten Durchführungsgesetzes/EWG zum VAG v. 21.7.1994[1] geschaffen worden. Seitdem haben sie einige kleinere Änderungen erfahren, ehe sie im Zuge der Umsetzung der Solva II-Richtlinie durch Gesetz v. 1.4.2015[2] in den §§ 57–59 VAG zusammengefasst worden sind. Dabei entsprechen die §§ 57–59 den vormaligen Normen der §§ 13 a–c VAG a. F. § 57 VAG wurde allerdings namentlich **sprachlich überarbeitet** und um eine Definition der Niederlassung ergänzt.[3] Neu aufgenommen wurden in das Gesetz Vorgaben für statistische Meldungen (§ 60 VAG).[4]

2 **2. Normzweck.** Die Vorschriften der §§ 57–59 VAG regeln die Voraussetzungen, unter denen deutsche Erstversicherer im EWR-Ausland (das ist mit den in den Vorschriften in Bezug genommenen Mitglied- und Vertragsstaaten gemeint)[5] im Rahmen der Niederlassungs- und Dienstleistungsfreiheit tätig werden dürfen.[6] Zwar verfügen diese Unternehmen, soweit sie der Solva II-Richtlinie unterliegen,

[1] BGBl. I 1630; Fassung gemäß Beschlussempfehlung des Vermittlungsausschusses, BT-Drs. 12/7831, 1–3.
[2] BGBl. I 434.
[3] RegE-VAG 2014 254 (zu §§ 57–59 VAG).
[4] RegE-VAG 2014 255 (zu § 60 VAG).
[5] Vgl. 7 Nr. 22 VAG.
[6] Grundlegende Mitteilung der Europäischen Kommission zu Auslegungsfragen, ABl. EG 2000 C 43, 5; *Müller*, Rn. 876 ff.; *Golz*, Ausgewählte Fragen der Umsetzung der dritten Versicherungsrichtlinien, 1993, S. 25 ff.; *Präve* VersWissStud [4. Bd.], S. 85 ff.

über eine Erlaubnis für den gesamten EWR, die von der zuständigen deutschen Aufsicht erteilt wird (§ 10 Abs. 1 VAG). Von dieser Erlaubnis dürfen die Gesellschaften aber nur nach Maßgabe der §§ 57 bis 59 VAG Gebrauch machen. Hierzu haben sie bestimmte Anzeigepflichten zu erfüllen. Ein weiteres Zulassungsverfahren findet im Ausland nicht statt (sog. **single license).** Es verbleibt bei der einen Zulassung (Europäischer Pass). Die §§ 57–59 VAG dienen dazu, eine ausreichende Information sowohl der BaFin als Sitzlandbehörde[7] als auch der jeweiligen ausländischen Aufsichtsbehörde als Tätigkeitslandbehörde[8] sicherzustellen. Sie geht mit einer vereinfachten aufsichtsbehördlichen Prüfung einher.[9] Die Anmeldung ist dabei nicht auf eine (Ad hoc-)Genehmigung ausgerichtet.[10] Vielmehr ist von einem bloßen Notifikationsverfahren auszugehen.[11] Dem lässt sich auch nicht entgegenhalten, es erfolge eine aufsichtsbehördliche Prüfung, denn eine solche ist einer derartigen Notifikation immanent.[12] Die Nichteinhaltung der Bestimmungen begründet lediglich aufsichtsrechtliche Folgen. So kann die Aufsicht im Falle einer unterbliebenen oder unrichtigen Anzeige nach § 298 VAG einschreiten. Damit wird sichergestellt, dass ein Verstoß gegen die gesetzlichen Vorgaben in ausreichendem Maße, aber auch in der europarechtlich erforderlichen Weise sanktioniert werden kann. Die zivilrechtliche Wirksamkeit geschlossener Versicherungsverträge bleibt hiervon unberührt.[13] Die Vorgaben des § 60 VAG dienen schließlich statistischen Zwecken.

Die Abgrenzung zwischen Niederlassungs- und Dienstleistungsverkehr i. S. v. §§ 57 ff. VAG ist mit **3** unterschiedlichen Vorlagepflichten der Unternehmen sowie unterschiedlichen Fristsetzungen für eine Tätigkeitsaufnahme verbunden. Das Verfahren ist in beiden Fällen sehr **formalisiert**. Die Erwartungen, die der europäische Gesetzgeber mit dem Regelwerk verknüpft hat, haben sich iW allerdings nicht erfüllt. Die mangelnde Bedeutung insbesondere des Dienstleistungsverkehrs steht im Zusammenhang mit dem Grundsatz „all business is local". Das Versicherungsgeschäft erfordert nach dieser Sichtweise eine lokale Präsenz. Demgemäß konzentrieren sich ausl. Aktivitäten nicht selten auf die Übernahme bzw. Gründung eigenständiger Versicherungsunternehmen in Deutschland, die als inländische bzw. deutsche Unternehmen in vollem Umfang der deutschen Aufsicht unterliegen. Für den Niederlassungsverkehr deutscher Unternehmen ist § 58 VAG maßgeblich, für den Dienstleistungsverkehr § 59 VAG. § 60 VAG erfasst hinsichtlich der Statistik beide Fälle.

Hinsichtlich der Tätigkeit deutscher Versicherer im EWR-Ausland verfügt die BaFin über eine **4** umfassende Zuständigkeit, unabhängig davon, ob die Tätigkeit im Niederlassungs- oder ob sie im Dienstleistungsverkehr ausgeübt wird. Die **Finanzaufsicht** übt die Bundesanstalt in alleiniger Zuständigkeit aus, die **sonstige Aufsicht** wird im Zusammenwirken mit der jeweiligen ausländischen Aufsichtsbehörde wahrgenommen. Die Aufsicht im Ausland erfolgt nach Maßgabe des VAG, womit eine gemeinschaftsweite Erstreckung des Schutzniveaus des deutschen Gesetzes verbunden ist.[14] Der Zusammenarbeit der Aufsichtsbehörden kommt in zweierlei Hinsicht Bedeutung zu. Zum einen haben deutsche Versicherer bei ihrer Tätigkeit die in dem jeweiligen Staat geltenden Rechtsvorschriften des Allgemeininteresses zu beachten.[15] Damit die BaFin zur Wahrnehmung der Rechtsaufsicht befähigt wird, ist eine Mithilfe der Nachbarbehörde unverzichtbar, die mit den Rechtsvorschriften in besonderer Weise vertraut ist. Zum anderen kann dieses Zusammenwirken notwendig werden, wenn die BaFin als Sitzlandbehörde bestimmte Maßnahmen in dem jeweiligen Tätigkeitsland des Versicherers durchzusetzen hat.[16]

Die BaFin ist im Allgemeinen befugt, gegenüber den Unternehmen dieselben Maßnahmen zu treffen, **5** die auch im Falle von Missständen im Inlandsgeschäft in Betracht kommen. In Wahrnehmung der Finanzaufsicht darf sie – unter Durchbrechung des Territorialitätsprinzips[17] – namentlich die Niederlassungen deutscher Unternehmen im EWR-Ausland vor Ort einer Prüfung unterziehen. Die jeweilige **Tätigkeitslandbehörde** hat dann die ggf. erforderliche Amtshilfe zu leisten. Eine derartige Prüfungs-

---

[7] Eine Zuständigkeit von Landesaufsichtsbehörden kommt aufgrund der Zuständigkeitsregelungen nach §§ 320 ff. VAG unter Berücksichtigung der veränderten Strukturen öffentlich-rechtlicher Versicherer, vgl. *M. Surminski* ZfV 2002, 45 f., regelmäßig nicht in Betracht.

[8] *Zens*, Die Zusammenarbeit der Versicherungsaufsichtsbehörden in der Europäischen Gemeinschaft, 2005, S. 267.

[9] *Müller*, Rn. 877; zur praktischen Relevanz der Regelungen vgl. *Zens*, Die Zusammenarbeit der Versicherungsaufsichtsbehörden in der Europäischen Gemeinschaft, 2005, S. 151 f.; *Basedow*, in: Bruns/ Grobenski (Hrsg.), Die Konvergenz europäischer Versicherungsmärkte, 2005, S. 1, 5; *Präve* VW 2005, 416, 418.

[10] *Zens*, Die Zusammenarbeit der Versicherungsaufsichtsbehörden in der Europäischen Gemeinschaft, 2005, S. 90; *Schwintowski* VersR 2006, 588, 590 u. 592.

[11] Kritisch zu dieser Begrifflichkeit *Schwintowski* VersR 2006, 588, 590, 592, der sich hierbei allerdings von einer abweichenden Definition in anderen Zusammenhängen leiten lässt.

[12] Anders *Zens*, Die Zusammenarbeit der Versicherungsaufsichtsbehörden in der Europäischen Gemeinschaft, 2005, S. 90.

[13] Vgl. Mitteilung der Europäischen Kommission zu Auslegungsfragen, ABl. EG 2000 C 43, 5.

[14] *Zens*, Die Zusammenarbeit der Versicherungsaufsichtsbehörden in der Europäischen Gemeinschaft, 2005, S. 82.

[15] Vgl. Rn. 28.

[16] *Präve* VersWissStud (4. Bd.), S. 85, 93 f.; *Zens*, Die Zusammenarbeit der Versicherungsaufsichtsbehörden in der Europäischen Gemeinschaft, 2005, S. 136.

[17] *Zens*, Die Zusammenarbeit der Versicherungsaufsichtsbehörden in der Europäischen Gemeinschaft, 2005, S. 123 f.

kompetenz außerhalb deutscher Staatsgrenzen steht der BaFin im Rahmen der sonstigen Aufsicht nicht zu. Hier hat die Anstalt die jeweilige ausl. Behörde um die notwendigen Maßnahmen zu ersuchen. Die Zusammenarbeit mit den anderen Aufsichtsbehörden kann auch Bedeutung erlangen, wenn die BaFin die freie Verfügung über die Vermögenswerte eines in finanzielle Schwierigkeiten geratenen deutschen Versicherers einschränkt oder sperrt. Dann ist die jeweilige Tätigkeitslandbehörde zu ersuchen, auch die Verfügung über die in ihrem Staatsgebiet belegenen Vermögenswerte zu untersagen.[18]

6 **3. Europarechtlicher Hintergrund.** Die §§ 57–60 VAG beruhen auf der **Solva II-Richtlinie**. § 57 VAG fasst dabei den wesentlichen Regelungsgehalt der Vorschriften zusammen und enthält die maßgeblichen Definitionen. § 58 VAG dient der Umsetzung der Art. 145 f., § 59 VAG der der Art. 147–149 sowie § 60 VAG der von Art. 159 der Solva II-Richtlinie. Die zwischen den jeweils zuständigen Aufsichtsbehörden auszutauschenden Informationen werden in der EIOPA-Decision on the collaboration of the insurance supervisory authorities zusammenfassend aufgelistet.[19]

7 **II. Anwendungsbereich der §§ 57–60.** §§ 57 bis 60 VAG gelten nur für **Erstversicherungsunternehmen**. Hiervon ausgenommen sind Zusatzversorgungskassen des öffentlichen Dienstes,[20] Haftpflichtversicherungseinrichtungen der Berufsgenossenschaften,[21] kleine Versicherungsunternehmen,[22] Sterbe-[23] und Pensionskassen.[24] Für Pensionsfonds kommen die Vorschriften ebenfalls nicht zum Zuge.[25] Während kleine Versicherungsunternehmen und Sterbekassen nicht grenzüberschreitend tätig werden dürfen, ist dies Pensionskassen und Pensionsfonds nach Maßgabe gesonderter Vorschriften möglich.[26] Unternehmen, die bereits vor dem 1.7.1994 das Niederlassungs- und Dienstleistungsgeschäft im EWR-Ausland in rechtlich zulässiger Weise ausgeübt haben, mussten dieses nicht erneut anzeigen.[27] Für Änderungen haben aber auch diese Unternehmen die Vorschriften der §§ 57 ff. VAG zu beachten.

8 **III. Niederlassungsverkehr (§ 57 Abs. 1 u. 2, § 58).** Niederlassungsverkehr darf gem. **§ 57 Abs. 1** VAG nur nach Maßgabe von § 58 VAG betrieben werden. Danach bedarf die Aufnahme des Niederlassungsverkehrs einer Notifikation.

9 **1. Begriff (§ 57 Abs. 2).** Niederlassung ist **jede ständige Präsenz** eines Unternehmens im Gebiet eines anderen Staats, von dem aus Versicherungsgeschäft betrieben wird (§ 57 Abs. 2 **S. 1** VAG). Nötig ist die tatsächliche Ansiedelung in einem anderen Staat und die Ausübung einer wirklichen wirtschaftlichen Tätigkeit.[28] Ausreichend ist unter dieser Voraussetzung, wenn in dem jeweiligen Staat eine ständig mit dem Versicherungsgeschäft betraute Person agiert, mag sie bei dem Unternehmen angestellt oder selbständig sein (§ 57 Abs. 1 **S. 2** VAG). Wie diese Präsenz iE ausgestaltet ist, ist unerheblich. So muss sie nicht die Form einer Zweigniederlassung oder Agentur aufweisen, wie dies § 57 Abs. 1 S. 1 VAG zunächst nahelegt. Es genügt auch ein Büro.[29] Im Falle einer selbständigen Person ist darauf abzustellen, ob diese der Aufsicht und Leitung des Versicherers untersteht, diesen Dritten gegenüber verpflichten kann und die Tätigkeit auf Dauer ausübt.[30] Das ist bei Versicherungsvertretern stets zu bejahen,[31] auch wenn sie über keine Abschlussvollmacht verfügen,[32] bei Versicherungsmaklern – auch ohne entsprechende Klarstellungen in der Solva II-Richtlinie bzw. § 57 Abs. 2 S. 2 VAG[33] – hingegen zu verneinen,[34] es sei denn, diese haben ihrerseits entsprechende Abreden mit dem jeweiligen Versicherer getroffen.[35] Der Niederlassung kommt gegenüber dem Unternehmen keine rechtliche Autonomie zu.[36]

---

[18] Zur Bedeutung der Zusammenarbeit der Aufsichtsbehörden vgl. grundlegend *Zens*, Die Zusammenarbeit der Versicherungsaufsichtsbehörden in der Europäischen Gemeinschaft, 2005, S. 67 ff.; *H. Müller* VersWissStud [2. Bd.], S. 54, 56–60.

[19] EIOPA-BoS 17/014 v. 30.1.2017.

[20] § 1 Abs. 3 VAG.

[21] § 1 Abs. 4 VAG.

[22] § 212 Abs. 2 Nr. 4 VAG.

[23] § 218 Abs. 1 u. § 219 Abs. 1 VAG.

[24] § 241 VAG.

[25] § 242 Abs. 1 S. 2 VAG.

[26] §§ 241 f. VAG.

[27] Art. 306 Solva II-RL; vgl. *Müller*, Rn 887.

[28] *EuGH* Urt. v. 12.9.2006 – C-196/04, ZIP 2006, 1817; *Kindler* EuZW 2012, 888.

[29] Art. 145 Abs. 1 UAbs. 1 Solva II-RL; grdl. bereits *EuGH* Urt. v. 4.12.1986 – Rs 205/84, Rn. 21, VersR 1986, 1225, 1227; s. a. *Kramer*, Internationales Versicherungsvertragsrecht, 1995, S. 161 FN 549.

[30] Vgl. Mitteilung der Europäischen Kommission zu Auslegungsfragen, ABl. EG 2000 C 43, 5; ähnlich zum Bankenbereich: Mitteilung der Europäischen Kommission, ABl. EG 1997 C 209, 6.

[31] Prölss/ *R. Schmidt*, 11. Aufl., § 13a Rn. 14.

[32] A. M. *Zeides*, Die rechtliche Behandlung der Zweigniederlassungen ausländischer Versicherungsunternehmen in Deutschland, 2004, S. 105.

[33] Vgl. *Hübner*, in: Dauses [Hrsg.], Handbuch des EG-Wirtschaftsrechts, 1996, E.IV Rn. 45.

[34] *Zeides*, Die rechtliche Behandlung der Zweigniederlassungen ausländischer Versicherungsunternehmen in Deutschland, 2004, S. 105; anders offenbar *Schnichels*, Reichweite der Niederlassungsfreiheit, 1995, S. 38.

[35] Vgl. *Geiger*, Der Schutz der Versicherten im Europäischen Binnenmarkt, 1992, S. 248 f.

[36] Vgl. im Einzelnen *Zeides*, Die rechtliche Behandlung der Zweigniederlassungen ausländischer Versicherungsunternehmen in Deutschland, 2004, S. 182, 188.

Nicht jede Infrastruktur eines Versicherers im Tätigkeitsland begründet eine Niederlassung. So kann sich ein Unternehmen auch iRd Dienstleistungsverkehrs gewisser für das Versicherungsgeschäft notwendiger Infrastrukturen bedienen. Sofern nur eine Anmeldung des Dienstleistungsverkehrs vorliegt, ist in diesem Rahmen die Einschaltung inländischer Sachverständiger für die Risikoprüfung und Schadenbewertung möglich, ebenso Einrichtungen zum Prämieneinzug.[37] Auch eine ständige Einrichtung zur Entgegennahme und Weiterleitung von Schadenmeldungen sowie zur Verwaltung von Schadenunterlagen begründet für sich genommen noch keine Niederlassung. Ferner ist es den Unternehmen unbenommen, vor Ort Personen einzuschalten, die Versicherungswünsche aufnehmen und an das Unternehmen weiterleiten.[38] Festinstallierte elektronische Anlagen stellen, auch sofern diese vor Ort gewartet werden, noch keine Niederlassung dar, es sei denn, die Anlagen sind ihrerseits mit einer anderweitigen ständigen Präsenz vor Ort verbunden.[39] Diese Präzisierungen gewinnen ihre Berechtigung insbesondere vor dem Hintergrund, dass ein Rechtsmissbrauch nicht zuletzt wegen der gemeinschaftsrechtlich vorgegebenen Maßgaben für den Niederlassungs- und Dienstleistungsverkehr, also die Notwendigkeit entsprechender Anmeldungen und eines sie begleitenden aufsichtsbehördlichen Prüfverfahrens, als gering zu veranschlagen ist.[40] Auch der Schadenregulierungsvertreter i. S. v. § 59 Abs. 1 S. 3 Nr. 2 VAG bzw. der Schadenregulierungsbeauftragte i. S. v. § 163 VAG gelten nicht als Niederlassung.[41] 10

Die **Belegenheit der Risiken** ist – anders als im Dienstleistungsverkehr (§ 57 Abs. 3 VAG) – **nicht maßgeblich**. Eine Niederlassung ist auch gegeben, wenn eine mit der Versicherungsvermittlung ständig betraute Person in einem anderen EWR-Staat für ein deutsches Unternehmen tätig wird, selbst wenn die Vertragsabschlüsse nur auf im Sitzland belegene Risiken zielen. Entscheidend ist, dass der Versicherungsbetrieb auf einem anderen Staatsgebiet stattfindet.[42] Ist allerdings die im EWR-Ausland tätige Person nicht ständig mit der Vermittlung von Versicherungsgeschäften für das jeweilige Unternehmen betraut, liegt kein Niederlassungsverkehr vor. 11

2. Zeitpunkt und Form der Anzeige (§ 58 Abs. 1 S. 1). Die beabsichtigte Errichtung einer Niederlassung ist der BaFin anzuzeigen (§ 58 Abs. 1 S. 1 VAG). Das bedeutet, dass die Anzeige **vor Aufnahme** des Niederlassungsverkehrs zu erstatten ist. Unternehmensintern muss die Meinungsbildung soweit abgeschlossen sein, dass das Ob der Errichtung einer Niederlassung bejaht werden kann. Wird eine Anzeige erstattet, ohne dass ihr eine korrespondierende Absicht vorliegt, liegt keine Anzeige i. S. v. § 58 VAG vor, sodass die Aufsicht diese zurückzuweisen hat. 12

Für die Anzeige besteht kein Formerfordernis. Sie muss allerdings der Aufsicht in einer Weise zur Verfügung gestellt werden, die die notwendige Urheberschaft zweifelsfrei feststellen lässt, eine ausreichende Dokumentation verbürgt und eine Weiterleitung an die Tätigkeitslandbehörde erlaubt. Eine mündliche oder fernmündliche Anzeige scheidet daher aus, zumal der Umfang der notwendigen Angaben dies nicht zulässt. Die Anzeige kann namentlich per Post, Telefax oder Computerfax (mit entsprechender Kennung) erfolgen. In Betracht kommt auch die Übermittlung elektronischer Dokumente (§ 3a Abs. 1 VwVfG).[43] Zu beachten ist allerdings, dass wegen der Weiterleitung der Unterlagen **ein Doppel** beizufügen ist, das in der Sprache des Staates abgefasst sein muss, in dem die Niederlassungstätigkeit aufgenommen werden soll.[44] Sofern entsprechende Vereinbarungen zwischen den Aufsichtsbehörden vorliegen, kann diese Unterlage auch in einer anderen Sprache (etwa in Englisch) abgefasst werden. Dass dieses Erfordernis nicht ausdrücklich gesetzlich fixiert worden ist, ist unerheblich. Angesichts eines uneinheitlichen Sprachenraums liegt die Anforderung in der Natur der Sache begründet. Sie beschwert den Versicherer, der sich in einen anderen Sprachenraum begibt, auch nicht unbillig.[45] 13

3. Inhalt der Anzeige (§ 58 Abs. 1 S. 1 u. 2). Die Anzeige hat neben der Absicht zur Errichtung einer Niederlassung und der Angabe des betreffenden Tätigkeitslands (§ 58 Abs. 1 S. 1 VAG) weitere Angaben nach Maßgabe von § 58 Abs. 1 S. 2 VAG zu enthalten. 14

a) Angaben und Schätzungen. Zu ihnen gehören die **Satzung** (§ 58 Abs. 1 S. 2 Nr. 1 VAG iVm § 9 Abs. 2 Nr. 1 VAG) sowie die Angabe der **Versicherungssparten und -risiken** (§ 9 Abs. 2 Nr. 2 15

[37] *Zeides*, Die rechtliche Behandlung der Zweigniederlassungen ausländischer Versicherungsunternehmen in Deutschland, 2004, S. 105.

[38] Vgl. zu dem Ganzen Mitteilung der Europäischen Kommission zu Auslegungsfragen, ABl. EG 2000 C 43, 5.

[39] Vgl. Mitteilung der Europäischen Kommission zu Auslegungsfragen, ABl. EG 2000 C 43, 12; *Zeides*, Die rechtliche Behandlung der Zweigniederlassungen ausländischer Versicherungsunternehmen in Deutschland, 2004, S. 106; s. aber auch § 1 VAG Rn. 50.

[40] Vgl. Mitteilung der Europäischen Kommission zu Auslegungsfragen, ABl. EG 2000 C 43, 8.

[41] Vgl. Art. 148 Abs. 2 Buchstabe a iVm Art. 18 Abs. 1 Buchstabe h Solva II-RL. Zum Schadenregulierungsbeauftragten vgl. § 163 Abs. 5 VAG.

[42] *Präve* VersWissStud [4. Bd.], S. 85, 86.

[43] Vgl. hierzu § 9 VAG Rn. 7.

[44] Vgl. Art. 153 Solva II-RL.

[45] Vgl. *Zens*, Die Zusammenarbeit der Versicherungsaufsichtsbehörden in der Europäischen Gemeinschaft, 2005, S. 287.

VAG), die der Versicherer in dem jeweiligen Staat betreiben will. Weder die AVB noch die Tarife müssen hierzu beigefügt werden. Ferner sind (in der Nichtlebensversicherung) Übersichten über die voraussichtlichen Verwaltungskosten, das Beitragsaufkommen und die Schadenbelastung (§ 9 Abs. 3 Nr. 5 VAG) bzw. (in der Lebensversicherung) Schätzungen der Einnahmen und Ausgaben (§ 9 Abs. 3 Nr. 6 VAG) vorzulegen. Für die substitutive Krankenversicherung[46] sind die Grundsätze für die Prämien- und Rückstellungberechnung (§ 9 Abs. 4 Nr. 5 lit. a VAG) einzureichen.

16 **b) Organisationsstruktur.** Der Versicherer hat die Organisationsstruktur mitzuteilen (§ 58 Abs. 1 S. 2 Nr. 2 VAG), wie sie im Rahmen der allgemeinen Governance-Anforderungen zu erstellen ist.[47] Nötig sind hierbei klare **Zuständigkeitsfestlegungen** und ein wirksames **Kommunikationssystem.**[48]

17 **c) Hauptbevollmächtigter.** Das Unternehmen hat den vorgesehenen Hauptbevollmächtigten zu benennen (§ 58 Abs. 1 S. 2 Nr. 3 VAG), der den Anforderungen des **§ 24 VAG** genügen muss. Das bedeutet, dass er zuverlässig und fachlich geeignet und damit auch eine natürliche Person[49] sein muss, was ggf. unter Kontaktierung der jeweiligen Tätigkeitslandbehörde zu klären ist.[50] Der Hauptbevollmächtigte muss mit **ausreichenden Vollmachten** ausgestattet sein, um das Unternehmen zu vertreten. Notwendig ist Prokura (§ 48 HGB) oder Handlungsvollmacht (§ 54 HGB), die die Befugnis zur Veräußerung und Belastung von Grundstücken sowie zur Prozessführung umfassen muss.[51] Die Vollmacht hat beim Betrieb der Kraftfahrzeug-Haftpflichtversicherung auch die Befugnisse eines Schadenregulierungsvertreters gemäß § 59 Abs. 1 S. 3 Nr. 2 VAG zu umschließen[52] und, sofern hierfür keine andere Person vorgesehen ist, auch die Befugnisse eines Schadenregulierungsbeauftragten gemäß § 63 VAG. Zum Hauptbevollmächtigten kann nur eine einzige Person benannt werden.[53]

18 **d) Anschrift.** Mitzuteilen ist die voraussichtliche Anschrift der Niederlassung (§ 58 Abs. 1 S. 2 Nr. 4 VAG). Diese muss auch die **Geschäftsanschrift** des Hauptbevollmächtigten sein. Bei der Wahl des Wohnorts muss der Hauptbevollmächtigte sicherstellen, dass eine wirksame Leitung der Niederlassung sichergestellt ist.[54] Eine Residenzpflicht im Tätigkeitsland besteht aber per se nicht.[55]

19 **e) Angaben zur Kraftfahrzeug-Haftpflichtversicherung.** Im Falle des Betriebs der Kraftfahrzeug-Haftpflichtversicherung ist schließlich noch eine Erklärung notwendig, dass das Unternehmen in dem anderen Staat Mitglied des **Entschädigungsfonds** und des **Grüne-Karte-Büro**s geworden ist (§ 58 Abs. 1 S. 2 Nr. 5 VAG). Hierfür genügt eine entsprechende Erklärung des Unternehmens.

20 **4. Verfahren (§ 58 Abs. 2 u. 3).** Nach Eingang der Unterlagen prüft die Aufsicht die Zulässigkeit des beabsichtigten Niederlassungsverkehrs (§ 58 **Abs. 2 S. 1** VAG). Sie verfügt hierfür über eine Frist von höchstens **drei Monate**n, die mit Zugang der vollständigen Unterlagen zu laufen beginnt. Eine Fristverlängerung ist nicht möglich. Die Prüfung bezieht sich auf die Angemessenheit der Geschäftsorganisation, die Finanzlage des Unternehmens, die Erfüllung der Voraussetzungen des § 24 Abs. 1 VAG durch den Hauptbevollmächtigten und die für die Niederlassung zuständigen Geschäftsleiter und auf die sonstige rechtliche Zulässigkeit des Vorhabens. Zu letzterem gehört die Sicherstellung des Verbots versicherungsfremder Geschäfte, wobei insoweit auch in Bezug auf die Niederlassungstätigkeit auf § 15 Abs. 1 VAG abzustellen ist. Ausländische Usancen und Gewohnheiten müssen dabei ausgeblendet bleiben. Die Spartentrennungsgebote des § 8 Abs. 4 S. 2 VAG sind ebenso maßgebend, um Rückwirkungen auf das inländische Geschäft des Versicherers zu unterbinden[56] sowie einen gleichwertigen Schutz des ausländischen Versicherten sicherzustellen.

21 Auch **§ 164 VAG**, der für einen Kompositversicherer die Einrichtung eines Schadenabwicklungsunternehmens für die Leistungsbearbeitung in der Rechtsschutzversicherung vorschreibt, ist insofern heranzuziehen. Zwar werden auf europäischer Ebene auch anderweitige Maßnahmen zur Vermeidung von Interessenkollisionen beim Betrieb der Rechtsschutzversicherung als gleichwertig angesehen werden (eine getrennte Verwaltung und die Einschaltung eines Rechtsanwalts; vgl. Art. 200 der Solva II-

[46] Art. 206 Abs 2 der Solva II-RL findet seine Umsetzung in § 146 VAG.
[47] § 23 Abs. 1 S. 3 VAG.
[48] S. a. die vormalige Gesetzesbegründung, BR-Drs. 23/94, 192 f.
[49] *Zeides,* Die rechtliche Behandlung der Zweigniederlassungen ausländischer Versicherungsunternehmen in Deutschland, 2004, S. 127.
[50] *Zens,* Die Zusammenarbeit der Versicherungsaufsichtsbehörden in der Europäischen Gemeinschaft, 2005, S. 272.
[51] § 49 Abs. 2, § 54 Abs. 2 HGB; vgl. *Zeides,* Die rechtliche Behandlung der Zweigniederlassungen ausländischer Versicherungsunternehmen in Deutschland, 2004, S. 123–125, 180 mit fraglichen Modifizierungen.
[52] Vgl. Gesetzesbegründung, BR-Drs. 23/94, 193.
[53] Im Ergebnis ebenso *Zeides,* Die rechtliche Behandlung der Zweigniederlassungen ausländischer Versicherungsunternehmen in Deutschland, 2004, S. 126 f.
[54] Vgl. Gesetzesbegründung, BR-Drs. 23/94, 194 f.; *Präve* VersWissStud [4. Bd.], S. 85, 90.
[55] *Zens,* Die Zusammenarbeit der Versicherungsaufsichtsbehörden in der Europäischen Gemeinschaft, 2005, S. 271; a. M. *Zeides,* Die rechtliche Behandlung der Zweigniederlassungen ausländischer Versicherungsunternehmen in Deutschland, 2004, S. 128–130.
[56] *Zens,* Die Zusammenarbeit der Versicherungsaufsichtsbehörden in der Europäischen Gemeinschaft, 2005, S. 111 f.

Richtlinie). Das ändert aber nichts daran, dass vorliegend das Sitzlandrecht maßgebend ist. Es kommt daher entgegen anderslautender Auffassung[57] nicht darauf an, welche der Möglichkeiten in dem jeweiligen Tätigkeitsland vorgegeben ist.

Für anderweitige Geschäfte kann allerdings die **Rechtslage vor Ort** beachtlich sein. So können Geschäfte, die in Deutschland etwa wegen Verstoßes gegen Regelungen des BGB (einschl. AGB-rechtlicher Vorschriften) oder anderweitiger zivilrechtlicher Vorschriften unzulässig sind, nach Maßgabe des jeweiligen ausländischen Rechts zulässig sein. Dies ist von der deutschen Aufsicht zu akzeptieren, wenn entsprechende Verträge dem ausländischen Recht unterstehen. Letztlich wird eine derartige Prüfung im Verfahren nach § 58 VAG aber kaum betrieben werden können, da sie Kenntnisse ausländischen Rechts voraussetzt, über die die deutsche Aufsicht nicht ohne weiteres verfügen dürfte. 22

Für das Unternehmen bedeutet die in § 58 **Abs. 2 S. 2** VAG vorgesehene Übersendung der Unterlagen an die Tätigkeitslandbehörde noch nicht, dass damit abschließend über die Zulässigkeit des Produktangebots entschieden worden ist. Vielmehr bleibt die vorangegangene Prüfung auf die Unterlagen beschränkt, die vom Unternehmen vorgelegt worden sind. Die **Übersendung an die Tätigkeitslandbehörde** bestätigt daher lediglich deren Unbedenklichkeit aus Sicht der BaFin und hindert diese nicht, darüber hinaus auf mögliche Hinweise der Tätigkeitslandbehörde zu reagieren bzw. während des laufenden Geschäftsbetriebs die nach § 298 VAG notwendigen Maßnahmen zu treffen. Der Tätigkeitslandbehörde ist von der BaFin neben den Unterlagen auch eine Solvabilitätsbescheinigung zu übersenden, die die Tätigkeitslandbehörde darüber unterrichtet, dass ausreichende Solvabilität vorhanden ist. Zwar ist deren Einhaltung ausschließlich der BaFin als Sitzlandbehörde überantwortet. Die Bescheinigung dient insofern lediglich einer ergänzenden Information. Die BaFin hat das Unternehmen von der Übersendung zu benachrichtigen. 23

Zu einer Übersendung der Unterlagen kommt es **nicht**, wenn die BaFin innerhalb der ihr eingeräumten dreimonatigen Prüfungsfrist feststellt, dass der Niederlassungsverkehr unzulässig wäre, etwa weil der Hauptbevollmächtigte nicht den Anforderungen des § 24 Abs. 1 VAG entspricht[58] oder andere oben genannte Voraussetzungen nicht erfüllt sind. In diesem Fall ist das Unternehmen entsprechend zu bescheiden. Das schließt eine Begründung ein (§ 58 **Abs. 2 S. 3** VAG). Gegen die Weigerung der Übersendung, also die ablehnende Entscheidung über die Zulässigkeit des Niederlassungsverkehrs, bzw. die bloße Untätigkeit kann der Versicherer gerichtlich vorgehen. Im ersten Fall kommt eine Verpflichtungsklage nach § 42 Abs. 1 VwGO in Betracht, da die Weigerung als Verwaltungsakt zu bewerten ist.[59] Die Klage ist dabei auf Erlass eines gesetzlich vorgesehenen Verwaltungsakts gerichtet, der die Feststellung eines Rechtsverhältnisses zum Gegenstand hat. Im zweiten Fall ist eine Untätigkeitsklage i. S. v. § 75 VwGO möglich, wobei die hiernach maßgebliche Drei-Monats-Frist bei Ausschöpfung der in § 58 Abs. 2 S. 1 VAG genannten Frist gewahrt ist.[60] Eines Vorverfahrens nach § 68 VwGO bedarf es dann nicht. Der von § 75 VwGO vorausgesetzte Antrag liegt in der Anzeige nach § 58 VAG. 24

Die Ausstellung einer **Solvabilitätsbescheinigung** kommt nicht in Betracht, wenn Rechte der Versicherungsnehmer durch eine verschlechterte Finanzlage im Sinne von § 132 Abs. 2 VAG gefährdet sind (§ 58 **Abs. 2 S. 4** VAG).[61] 25

Das Unternehmen darf den Niederlassungsverkehr aufnehmen, wenn seit Zugang dieser Benachrichtigung **zwei Monate** vergangen sind (also, wenn die BaFin ihrerseits die ihr zustehende Frist ausgeschöpft hat, fünf Monate seit Zugang der Anzeige an die BaFin). Sofern die Tätigkeitslandbehörde dem Unternehmen einen früheren Zeitpunkt mitteilt, ist dieser maßgeblich (§ 58 **Abs. 3** VAG). Die Zwei-Monats-Frist dient dazu, dass die Tätigkeitslandbehörde der BaFin die Bedingungen mitteilen kann, die für die Ausübung der Niederlassungstätigkeit zu beachten sind.[62] Dabei handelt es sich um die Rechtsvorschriften, die im Tätigkeitsland aus Gründen des Allgemeininteresses gelten. Wenngleich die Europäische Kommission Bedenken gegen eine Praxis geltend macht, die zu einer umfassenden Auflistung solcher Vorschriften tendiert,[63] ist festzuhalten, dass alleine der Umfang der Liste noch keinen zwingenden Schluss auf eine missbräuchliche Interpretation durch die Aufsichtsbehörden erlaubt. Abzustellen ist vielmehr auf den Inhalt der einzelnen Regelungen. Gestützt auf die **Mitteilung der EU-Kommission**[64] haben die nationalen Rechtsvorschriften namentlich folgenden Maßgaben Rechnung zu tragen: 26

---

[57] *Müller*, Rn. 486; *Zens*, Die Zusammenarbeit der Versicherungsaufsichtsbehörden in der Europäischen Gemeinschaft, 2005, S. 112.

[58] *Koch*, in: H. Müller/Golz/Washausen-Richter/Trommeshauser [Hrsg.], 100 Jahre materielle Versicherungsaufsicht in Deutschland, 2001, S. 341, 356.

[59] *Müller*, Rn. 881.

[60] Vgl. Gesetzesbegründung, BR-Drs. 23/94, 195.

[61] Zu möglichen Rechtsmitteln gegen eine Verweigerung der Solvabilitätsbescheinigung gilt das unter Rn. 24 Gesagte entsprechend.

[62] Art. 146 Abs. 3 Solva II-R.

[63] Vgl. Mitteilung der Europäischen Kommission zu Auslegungsfragen, ABl. EG 2000 C 43, 5, 19; ebenso *Zens*, Die Zusammenarbeit der Versicherungsaufsichtsbehörden in der Europäischen Gemeinschaft, 2005, S. 296 f.; *Boissier* VW 2006, 630)

[64] ABl. EG 2000 C 43, 5, 20 ff.

– keine vorherige Mitteilung von AVB, soweit dies nicht in der Solva II-Richtlinie ausdrücklich vorgesehen ist.
– kein Verbot von Kapitalisierungsgeschäften.
– keine Sprachenregelung, die im Falle eines ausländischen Verbrauchers als Versicherungsnehmer zwingend die Abfassung des Vertrags in der Amtssprache des Mitgliedstaats des Risikos oder der Verpflichtung gebietet.
– keine Vorgabe von Standard- oder Mindestbedingungen für Versicherungsverträge, soweit dies nicht aus Verbraucherschutzgründen notwendig ist.
– keine Aufrechterhaltung oder Einführung einer obligatorischen Selbstbeteiligung, soweit dieser lediglich wirtschaftliche Erwägungen zugrunde liegen.
– keine Vorgabe, dass in der Lebensversicherung ausnahmslos ein Rückkaufswert und eine Gewinnbeteiligung vorzusehen sind.

Ein gesetzlich vorgegebenes Bonus/Malus-System in der Kraftfahrzeug-Haftpflichtversicherung ist entgegen dieser Mitteilung der EU-Kommission[65] nach Auffassung des EuGH zulässig, da es die Tariffreiheit der Unternehmen nur mittelbar berührt.[66] Vorgaben, die Tariferhöhungen in dieser Sparte unter bestimmten Voraussetzungen grundsätzlich unterbinden, sind hingegen nicht aufrechtzuerhalten, sofern sie nicht Bestandteil eines allgemeinen Preiskontrollsystems sind.[67]

27 Vorschriften, die europaweit harmonisiert sind, zählen von vornherein nicht zu den in Rede stehenden Rechtsvorschriften[68] und sind daher auch nicht aufzuführen. Die entsprechende Mitteilung kann entweder anlassbezogen oder generell – also vor die Klammer gezogen – erfolgen.[69] Die BaFin soll hierdurch befähigt werden, die notwendige Aufsicht bezüglich des Niederlassungsverkehrs auszuüben.[70] Die Sitzlandbehörde unterrichtet folgerichtig die betreffenden Unternehmen hierüber.[71] Einen **Anspruch auf** entsprechende **Unterrichtung** haben die Unternehmen **nicht**, da es ihnen obliegt, sich selber entsprechend sachkundig zu machen. Rechtsvorschriften, die nicht mitgeteilt worden sind, sind von den Gesellschaften dessen ungeachtet zu beachten.[72]

28 Die Unternehmen können allerdings auf Art. 49 AEUV rekurrieren (bzw. im Falle des Dienstleistungsverkehrs auf Art. 56 AEUV), flankiert von Art. 16 der GR-Charta. Maßnahmen, die geeignet sind, diese Grundfreiheiten einzuschränken, sind nur zulässig, wenn sie mit zwingenden Gründen des **Allgemeininteresses** gerechtfertigt werden können.[73] Eine Maßnahme, die im Allgemeininteresse liegt, hat allerdings nur dann Bestand, wenn sie nicht diskriminierend, sachlich geboten und im Hinblick auf das verfolgte Ziel verhältnismäßig ist.[74] Zum Allgemeininteresse gehört der Schutz der Verbraucher.[75] Daher werden Verbraucherschutzvorschriften im Regelfall den Anforderungen genügen,[76] wobei Abstufungen bezüglich der Schutzbedürftigkeit der unterschiedlichen Versicherungsnehmerkreise in Betracht zu ziehen sind. Zu beachten ist stets der Primat der Information vor einer Produktregulierung.[77] Für Großrisiken kommen Beschränkungen der Vertragsfreiheit nur unter sehr eingeschränkten Voraussetzungen in Betracht, da hier die Versicherten im Grundsatz nicht in vergleichbarem Maße schutzbedürftig sind.[78] So lässt sich hier eine Regelung, die einen Einschluss des Terror-Risikos gebietet, nicht rechtfertigen.[79] Maßnahmen, die „Verkaufsmodalitäten" beschränken oder verbieten, sind generell nicht an den Grundfreiheiten zu messen.[80] Das gilt auch für den Dienstleistungssektor.[81]

---

[65] So auch *Korinek*, Rechtsaufsicht über Versicherungsunternehmen, 2000, S. 177 f.; *Schnyder*, Europäisches Banken- und Versicherungsrecht, 2005, Rn. 128; a. M. wohl *Schünemann* VW 2000, 1655, 1659.
[66] EuGH Urt. v. 25.2.2003 – C-59/01, Rn. 35–37.
[67] EuGH, Urt. v. 25.2.2003 – C-59/01, Rn. 35–37.
[68] Vgl. Mitteilung der Europäischen Kommission zu Auslegungsfragen, ABl. EG 2000 C 43 5, 17.
[69] *Müller*, Rn. 882.
[70] Vgl. Gesetzesbegründung, BR-Drs. 23/94, 196.
[71] *Zens*, Die Zusammenarbeit der Versicherungsaufsichtsbehörden in der Europäischen Gemeinschaft, 2005, S. 274.
[72] *Zens*, Die Zusammenarbeit der Versicherungsaufsichtsbehörden in der Europäischen Gemeinschaft, 2005, S. 274.
[73] S. nur *EuGH* Urt. v. 18.5.1993 – C-126/91, NJW 1993, 3187.
[74] S. nur *EuGH* Urt. v. 25.7.1991 – C-76/90, NJW 1991, 2693; Mitteilung der Europäischen Kommission zu Auslegungsfragen, ABl. EG 2000 C 43, 5, 16 f.
[75] *EuGH* Urt. v. 18.5.1993 – C-126/91, NJW 1993, 3187.
[76] Vgl. Mitteilung der Europäischen Kommission zu Auslegungsfragen, ABl. EG 2000 C 43, 5, 26.
[77] *EFTA-Gerichtshof* Urt. v. 25.11.2005 – E-1/05, VersR 2006, 249; *Bürkle* VersR 2006, 249 f.; *Präve* FS E. Lorenz, 2004, S. 517, 524 ff.
[78] *Armbrüster* VersR 2006, 1, 14.
[79] *Armbrüster* VersR 2006, 1, 14 f. u. 17.
[80] *EuGH* Urt. v. 11.8.1995 – C-63/94, NJW 1996, 1735 f.; *EuGH* Urt. v. 24.11.1993 – C-267/91, C-268/91, NJW 1994, 121; *EuGH* Urt. v. 15.12.1993 – C-292/92, NJW 1994, 781; *EuGH* Urt. v. 29.6.1995 – C-391/92, EuZW 1995, 612 bezüglich der Warenverkehrsfreiheit.
[81] *Lorenz* VR 1995, 8, 15; *Becker* NJW 1996, 179, 180 f.; *Wördemann*, International zwingende Normen im internationalen Privatrecht des europäischen Versicherungsvertrages, 1997, S. 279 f.; *Armbrüster* VersR 2006, 1, 10 f.; *Präve*, in: von Westphalen, Vertragsrecht und AGB-Klauselwerke, 2016, Stichwort: Allgemeine Versicherungsbedingungen, Rn. 355; *ders.* NVersZ 1998, 49, 51.

5. Änderungsanzeige (§ 58 Abs. 4). Sofern während des laufenden Niederlassungsverkehrs **Änderungen** eintreten, sind diese der BaFin spätestens einen Monat vor deren beabsichtigter Durchführung unter Beachtung der unter Rn. 13 dargestellten formalen Anforderungen anzuzeigen (§ 58 Abs. 4 **S. 1** VAG). Das gilt für Änderungen der Satzung, der Versicherungssparten und -Risiken, der Berechnungsgrundsätze für die substitutive Krankenversicherung, der Organisationsstruktur, der Person des Hauptbevollmächtigten und der Anschrift. Hingegen bedarf es bezüglich der anlassbezogenen Schätzungen gemäß § 9 Abs. 3 Nr. 5 u. 6 VAG keiner ergänzender Mitteilungen mehr. Die Bezugnahme des § 58 Abs. 4 S. 1 auf Abs. 1 S. 2 Nr. 1 VAG ist entsprechend einschränkend auszulegen. Die Erklärung bezüglich der Kraftfahrzeug-Haftpflichtversicherung ist Grundvoraussetzung des Niederlassungsverkehrs und verträgt keine Modifizierung, weshalb § 58 Abs. 4 S. 1 VAG nicht auf Absatz 1 S. 2 Nr. 5 Bezug nimmt.[82] Die deutlich kürzere Frist für die Aufsicht findet ihre Rechtfertigung in der punktuellen Prüfung, die der Behörde im Vergleich zu der umfassenderen Prüfung bei erstmaliger Errichtung einer Niederlassung abverlangt wird. Für die Änderungen gilt § 58 Abs. 2 VAG entsprechend (§ 58 Abs. 4 **S. 2** VAG). Die Frist bis zur Zulässigkeit eines entsprechend geänderten Niederlassungsverkehrs reduziert sich dabei von (maximal) fünf Monaten auf einen Monat.[83] Die Untätigkeitsklage ist in diesem Fall bereits nach Ablauf eines Monats zulässig. Die Regelung des § 58 Abs. 4 S. 1 VAG gilt als besonderer Umstand, der eine Verkürzung der ansonsten maßgeblichen Drei-Monats-Frist gebietet. 29

IV. Dienstleistungsverkehr (§ 57 Abs. 1 u. 3, § 59). Für den Dienstleistungsverkehr bestehen ähnliche Vorgaben wie für den Niederlassungsverkehr. Dienstleistungsverkehr darf gemäß **§ 57 Abs. 1** VAG nur nach Maßgabe von § 59 VAG betrieben werden. Danach bedarf auch deren Aufnahme einer **Notifikation**. 30

1. Begriff (§ 57 Abs. 3). Dienstleistungsverkehr ist gegeben, wenn der deutsche Versicherer im EWR-Ausland tätig wird, **ohne** von einer **Niederlassung** Gebrauch zu machen. Dies ergibt sich aus der Vorschrift des § 57 Abs. 3 **S. 1** VAG, die eine allgemeine Definition des Dienstleistungsverkehrs enthält. Für den Dienstleistungsverkehr kommt es nicht darauf an, ob diese Tätigkeit vom Sitzland oder von der Niederlassung eines anderen Staates aus betrieben wird. Letzteres ist besonders kenntlich zu machen.[84] Liegt allerdings eine ständige Präsenz im Tätigkeitsland vor, ist kein Dienstleistungs-, sondern Niederlassungsverkehr gegeben. Dass sich ein Versicherer bestimmter Infrastrukturen im Tätigkeitsland bedient, führt allerdings noch nicht zwingend zur Annahme einer ständigen Präsenz.[85] Dem Versicherer steht es auch frei, Dienstleistungsverkehr in solchen Staaten zu betreiben, in denen das Unternehmen über Niederlassungen verfügt.[86] Ein entsprechendes Kumulverbot besteht nicht,[87] allerdings ist auf eine klare Zuordnung der Tätigkeiten zum Dienstleistungs- und Niederlassungsverkehr zu achten.[88] 31

Von Dienstleistungsverkehr ist auszugehen, wenn im Tätigkeitsland ein **Makler** eingeschaltet wird, da dieser – vorbehaltlich abweichender vertraglicher Abreden mit dem Versicherer – keine ständige Präsenz des Versicherers darstellt. Darüber hinaus ist Dienstleistungsverkehr im Grundsatz auch gegeben, wenn überhaupt keine Mittelsperson eingeschaltet wird. Dienstleistungsverkehr liegt auch beim Vertrieb über das Internet[89] sowie im Falle reiner Korrespondenzversicherungen vor, bei denen der Versicherungsinteressent den Kontakt zu dem Versicherer selber herstellt, sei es durch Briefe, E-Mails, Telefonate oder ebenfalls über das Internet, sei es durch einen Aufenthalt im Sitzland des Versicherers.[90] 32

Kein Dienstleistungsverkehr liegt vor, wenn ein deutsches Versicherungsunternehmen **Großrisiken** im Sinne von Art. 13 Nr. 27 der Solva II-Richtlinie über einen führenden Versicherer mitversichert.[91] Der führende Versicherer muss allerdings eine entsprechende Anzeige erstattet haben.[92] 33

Maßgeblich für die Annahme eines Dienstleistungsverkehrs ist die **Belegenheit des** zu versichernden **Risikos**. § 57 Abs. 3 **S. 2** VAG definiert, in welchem Staat das Risiko belegen ist und wann folglich Dienstleistungsverkehr gegeben ist. Danach ist für die Versicherung von unbeweglichen Sachen, insbesondere Grundstücken, der Staat der Belegenheit derselben maßgeblich **(Nr. 1).** Das gilt auch für mit dem Boden verbundene Bauwerke und Anlagen. Die hierin befindlichen Sachen sind nur dann von 34

[82] Vgl. Gesetzesbegründung, BR-Drs. 23/94, 196.
[83] Unklar insoweit *Zens*, Die Zusammenarbeit der Versicherungsaufsichtsbehörden in der Europäischen Gemeinschaft, 2005, S. 277.
[84] Vgl. *Zens*, Die Zusammenarbeit der Versicherungsaufsichtsbehörden in der Europäischen Gemeinschaft, 2005, S. 280 f.
[85] Vgl. Rn. 10.
[86] *Zeides*, Die rechtliche Behandlung der Zweigniederlassungen ausländischer Versicherungsunternehmen in Deutschland, 2004, S. 131 f..
[87] Vgl. Art. 15 Abs. 1 S. 2 Hs. 2 Solva II-RL; s. ferner *Müller*, Rn. 888.
[88] Mitteilung der Europäischen Kommission zu Auslegungsfragen, ABl. EG 2000 C 43, 5, 12.
[89] Vgl. Mitteilung der Europäischen Kommission zu Auslegungsfragen, ABl. EG 2000 C 43, 5, 13; *Spindler*, in: Hoeren/Spindler, Versicherungen im Internet – Rechtliche Rahmenbedingungen, 2002, S. 99, 244 f.
[90] Vgl. Gesetzesbegründung, BR-Drs. 23/94, 197. Zu einer Ausnahme vgl. § 1 VAG Rn. 49.
[91] *Müller*, Rn. 886.
[92] Vgl. Art. 190 Abs. 2 Solva II-RL.

Nr. 1 mitumfasst, wenn sie durch denselben Vertrag abgedeckt sind. Für Fahrzeuge aller Art ist auf den Staat abzustellen, in dem sie zu registrieren und mit einem Kennzeichen zu versehen sind **(Nr. 2).** Wird ein Fahrzeug überführt, ist für einen Zeitraum von 30 Tagen auf den Bestimmungsstaat abzustellen. Fahrzeuge, die keiner Registrierung unterliegen und demgemäß auch über kein Kennzeichen verfügen, werden von Nr. 2 nicht erfasst. Bei Reise- und Ferienrisiken ist der Staat maßgebend, in dem die entsprechenden Verträge geschlossen worden sind, vorausgesetzt die Verträge haben eine Laufzeit von höchstens vier Monaten **(Nr. 3).** Für die übrigen Risiken (einschl. Lebens- und Krankenversicherung) ist der Staat maßgebend, in dem der Versicherungsnehmer – soweit er eine natürliche Person ist – seinen gewöhnlichen Aufenthalt hat bzw. – soweit er keine natürliche Person ist – seine Betriebsstätte oder die entsprechende Einrichtung unterhält, auf die sich der Vertrag bezieht **(Nr. 4).** Wird ein Vertrag geschlossen, der sich auf die gewerbliche oder freiberufliche Tätigkeit einer natürlichen Person bezieht, ist auf den gewöhnlichen Aufenthalt dieser Person abzustellen.

Soweit gemäß § 57 Abs. 3 S. 2 Nr. 4 VAG auf den **gewöhnlichen Aufenthalt des Versicherungsnehmers** abgestellt wird, ist der hierfür maßgebliche Zeitpunkt der des Vertragsschlusses. Bedeutung kann diese Festlegung erlangen, wenn der Versicherungsnehmer nach Vertragsschluss einen anderen Ort für seinen gewöhnlichen Aufenthalt wählt. Auch aus der Rechtsprechung des EuGH ergibt sich für diesen Fall nichts Entgegenstehendes. Danach soll zwar jedenfalls in Bezug auf die Besteuerung der Versicherungsprämie nicht der Zeitpunkt des Vertragsschlusses, sondern der der Prämienzahlung entscheidend sein.[93] Insofern besteht hier auf den ersten Blick zwar mit der Bezugnahme auf den Ort des gewöhnlichen Aufenthalts eine ähnliche Rechtslage, so dass der Einschätzung des EuGH mittelbare Bedeutung auch in aufsichtsrechtlicher Hinsicht beigemessen werden könnte. Allerdings ist in dem vom EuGH entschiedenen Fall der Mitgliedstaat der Verpflichtung maßgebend gewesen,[94] in aufsichtsrechtlicher Hinsicht kommt es hingegen auf den Mitgliedstaat an, in dem das Risiko belegen ist.[95] Hinzu tritt der Umstand, dass aufsichtsrechtlich die Dienstleistungstätigkeit von einer entsprechenden Anzeige des Versicherers abhängig ist,[96] es also der Versicherer in der Hand haben soll, über eine mögliche Tätigkeit in anderen Staaten selber zu entscheiden. Eine Veränderung des Orts des gewöhnlichen Aufenthalts einzelner Versicherungsnehmer ist außerhalb seines Verantwortungsbereichs. Das gilt ebenso für den Fall, dass der Versicherungsnehmer einen Drittstaat als neuen Lebensschwerpunkt wählt, denn hierfür müsste der Versicherer gar eine Genehmigung einholen.[97] Theoretisch wäre es denkbar, den Versicherer bei Kenntniserlangung von dem Umstand eines entsprechenden Ortswechsels des Versicherungsnehmers insoweit für verpflichtet zu halten, den Vertrag zu kündigen. Allerdings ist eine ordentliche Kündigung des Versicherers zum Schutz der Versicherungsnehmer sowohl in der Lebens-[98] als auch in der substitutiven Krankenversicherung[99] grundsätzlich ausgeschlossen. Eine Kündigung aus wichtigem Grund lässt sich mit dem Weg des Versicherungsnehmers ebenso wenig begründen. Auch darüber hinaus ist im europäischen Kontext va das Freizügigkeitsrecht gemäß Art. 21 AEUV zu bedenken, das einer derartigen Verfahrensweise des Versicherers entgegenstehen würde.[100]

35 **2. Zeitpunkt und Form der Anzeige (§ 59 Abs. 1 S. 1).** Die Anzeige des Dienstleistungsverkehrs ist zu erstatten, sobald eine entsprechende **Absicht** des Unternehmens vorliegt (§ 59 Abs. 1 S. 1 VAG). Hierzu und zur Form der Anzeige gilt das zum Niederlassungsverkehr Gesagte entsprechend (vgl. Rn. 8).

36 **3. Inhalt der Anzeige (§ 59 Abs. 1 S. 1 bis 3).** Die Anzeige hat neben der Absicht zur Aufnahme des Dienstleistungsverkehrs und der Angabe des Tätigkeitslands (§ 59 Abs. 1 S. 1 VAG) weitere Angaben zu enthalten.

37 **a) Versicherungssparten und –Risiken.** Zu nennen sind die Versicherungssparten und -risiken, die im Dienstleistungsverkehr betrieben werden sollen (§ 59 Abs. 1 **S. 2 Hs. 1** VAG). Ebenso wie im Niederlassungsverkehr müssen hierzu weder AVB noch Tarife vorgelegt werden.

38 **b) Angaben zur substitutiven Krankenversicherung.** Für die substitutive Krankenversicherung sind die **Grundsätze der Prämien- und Rückstellungsberechnung** beizufügen (§ 59 Abs. 1 **S. 2 Hs. 2** iVm § 9 Abs. 4 Nr. 5 Buchstabe a VAG). Die Bezugnahme von § 59 VAG erfasst allerdings (fehlerhafterweise) auch die AVB der substitutiven Krankenversicherung (§ 9 Abs. 4 Nr. 5 lit. b VAG). Diese sind allerdings im Niederlassungsverkehr nicht vorzulegen und waren nach dem bisherigen Recht folgerichtig auch nicht im Dienstleistungsverkehr zu übermitteln. Da der Gesetzgeber ausdrücklich

93 EuGH Urt. v. 21.2.2013 – C 243/11, Rn. 53.
94 Vgl. EuGH Urt. v. 21.2.2013 – C 243/11, Rn. 11; s. a. Art. 13 Nr. 14 Solva II-RL.
95 Art. 13 Nr. 13 Solva II-RL.
96 Art. 147 Solva II-RL, § 59 Abs. 1 S. 1 VAG.
97 § 12 Abs. 1 S. 1 u. Abs. 3 VAG.
98 Prölss/ Martin/ *Reiff* § 166 VVG Rn. 1.
99 § 206 Abs. 1 S. 1 bis 3 VVG.
100 Im Ergebnis ebenso *Grote*, in: Looschelders/Michael (Hrsg,.), Düsseldorfer Schriften zum Versicherungsrecht, Band 22, 2014, S. 33, 50 f.

erklärt hat, § 59 VAG sei „inhaltlich unverändert", ist von einem Redaktionsversehen auszugehen. Die Differenzierung lässt sich auch sachlich nicht rechtfertigen. Einer AVB-Übermittlung bedarf es daher nicht.

c) Angaben zur Kraftfahrzeug-Haftpflichtversicherung. Für die Kraftfahrzeug-Haftpflichtversicherung (Anlage 1 Nr. 10 Buchstabe a zum VAG) ist, wie im Falle des Niederlassungsverkehrs, eine Erklärung abzugeben, dass das Unternehmen in dem anderen Staat Mitglied des **Entschädigungsfonds** und des **Grüne-Karte-Büro**s geworden ist (§ 59 Abs. 1 **S. 3 Nr. 1** VAG). Darüber hinaus ist ein Schadenregulierungsvertreter zu benennen (§ 59 Abs. 1 **S. 3 Nr. 2** VAG), was die Mitteilung des Namens und der Geschäftsanschrift in dem jeweiligen Tätigkeitsland des Versicherers[101] erforderlich macht. 39

Der **Schadenregulierungsvertreter** muss den Anforderungen des § 24 Abs. 1 VAG entsprechen und über ausreichende Befugnisse verfügen. Die entsprechende Anwendbarkeit von § 24 Abs. 1 VAG bedeutet, dass der Schadenregulierungsvertreter zuverlässig und fachlich geeignet sein muss. Im Hinblick auf den beschränkten Aufgabenbereich des Schadenregulierungsvertreters sind an seine fachliche Eignung geringere Anforderungen als an die Geschäftsleiter zu stellen.[102] Da § 24 Abs. 1 VAG nur entsprechend heranzuziehen ist, ergibt sich auch keine Verpflichtung, dass nur eine natürliche Person als Schadenregulierungsvertreter in Betracht kommt.[103] Die Funktion kann, wenn eine Niederlassung vorhanden ist, auch von dieser übernommen werden bzw. von dem Schadenregulierungsbeauftragten i. S. v. § 163 VAG. Für eine unverändert klare Zuordnung zum Niederlassungs- und Dienstleistungsgeschäft ist auch im Falle einer Übernahme der Funktion durch die Niederlassung Sorge zu tragen. 40

Der Schadenregulierungsvertreter sammelt alle Informationen über Schadenfälle (§ 59 Abs. 1 S. 3 Nr. 2 **lit. a** VAG), wozu er über die notwendige Infrastruktur verfügen muss. Seine Befugnisse umfassen die gerichtliche und außergerichtliche Vertretung des Versicherers gegenüber Personen, die Schadenersatzansprüche geltend machen (§ 59 Abs. 1 S. 3 Nr. 2 **lit. b** VAG). Hiervon eingeschlossen sind die Entgegennahme von Schadenanzeigen, Weisungen gegenüber Versicherungsnehmern sowie die Übernahme der Prozessführung.[104] Er darf hierzu auch entsprechende Vollmachten erteilen. Ferner ist er zur Anweisung der für eine Befriedigung entsprechender Ansprüche notwendigen Mittel befugt (§ 59 Abs. 1 S. 3 Nr. 2 **lit. c** VAG). Schließlich muss er das Unternehmen gegenüber den Behörden hinsichtlich der Kontrolle des Bestehens und der Gültigkeit eines Kraftfahrzeug-Haftpflichtversicherungsvertrags vertreten dürfen (§ 59 Abs. 1 S. 3 Nr. 2 **lit. d** VAG), also die notwendigen Informationen gegenüber den Zulassungsstellen sicherstellen. Allgemein wird darüber hinaus angenommen, dass der Schadenregulierungsbeauftragte gegen andere Versicherer und Personen Regresse durchführen darf, soweit sie auf einer Gesamtschuldnerschaft aus Anlass eines Schadenfalls beruhen. Auch die Durchführung der Zwangsvollstreckung und der Abschluss von Teilungs- und Regressverzichtsabkommen gehören hierzu.[105] Schließlich wird eine passive Legitimation des Schadenregulierungsvertreters in Deckungsprozessen, die von Versicherungsnehmern und mitversicherten Personen betrieben werden, befürwortet.[106] 41

4. Verfahren (§ 59 Abs. 2 u. 3). Die BaFin verfügt nach Eingang der vollständigen Unterlagen über **einen Monat** zur Prüfung des Vorhabens (§ 59 **Abs. 2 S. 1** VAG). Diese gilt der rechtlichen Zulässigkeit und meint damit nichts Anderes als im Falle des Niederlassungsverkehrs.[107] Auch wenn § 59 Abs. 2 S. 1 VAG – anders als § 58 Abs. 2 S. 1 VAG (bezogen auf den Hauptbevollmächtigten) – nicht ausdrücklich auf § 24 Abs. 1 VAG (hier bezogen auf den Schadenregulierungsvertreter) rekurriert, ist die Einhaltung dieser Vorschrift von der Prüfung mitumfasst, da sie einen Maßstab für die Zulässigkeit bildet. Im Falle der Unbedenklichkeit übersendet sie der Tätigkeitslandbehörde die Unterlagen sowie eine Bescheinigung über die Sparten und Risiken, die der Versicherer betreibt, sowie eine Solvabilitätsbescheinigung (§ 59 **Abs. 2 S. 2** VAG). Das Unternehmen ist hierüber zu **benachrichtigen**. Sofern die BaFin die Zulässigkeit als nicht gegeben ansieht, etwa weil der Schadenregulierungsbeauftragte nicht den Anforderungen des § 24 Abs. 1 VAG genügt,[108] hat sie dies dem Unternehmen samt Begründung vor Ablauf der Monatsfrist mitzuteilen (§ 59 **Abs. 2 S. 3** VAG). Das Unternehmen kann hiergegen im Wege der Verpflichtungsklage nach § 42 Abs. 1 VwGO vorgehen. Es gilt insofern das zum Niederlassungsverkehr Gesagte entsprechend.[109] Äußert sich die BaFin innerhalb dieses Zeitraums nicht, gilt 42

[101] Vgl. Gesetzesbegründung, BR-Drs. 23/94, 198.
[102] Vgl. Gesetzesbegründung, BR-Drs. 23/94, 198.
[103] *Koch*, in: H. Müller/Golz/Washausen-Richter/Trommeshauser [Hrsg.], 100 Jahre materielle Versicherungsaufsicht in Deutschland, 2001, S. 346.
[104] Vgl. *Buschbell/Krause* DAR 2000, 337, 338.
[105] *Buschbell/Krause* DAR 2000, 337, 341; *Feyock*, in: Feyock/Jacobsen/Lemor, Kraftfahrtversicherung, 3. Aufl., 2009, § 8 PfVG Rn. 28.
[106] *Buschbell/Krause* DAR 2000, 337, 340.
[107] Vgl. Rn. 20–22.
[108] *Koch*, in: H. Müller/Golz/Washausen-Richter/Trommeshauser [Hrsg.], 100 Jahre materielle Versicherungsaufsicht in Deutschland, 2001, S. 357.
[109] Vgl. Rn. 24.

dies als Versagung (§ 59 **Abs. 2 S. 4** VAG), so dass dem Unternehmen die Untätigkeitsklage nach § 75 VwGO offen steht. Die Regelung des § 59 Abs. 2 S. 4 VAG verdrängt dabei die in § 75 VwGO vorgesehene Drei-Monatsfrist.[110] Zur Verweigerung einer Solvabilitätsbescheinigung gemäß § 59 **Abs. 2 S. 5** VAG gilt das zu Rn. 25 Gesagte entsprechend. Bereits ab Zugang der Benachrichtigung darf der Versicherer die Tätigkeit aufnehmen (§ 59 **Abs. 3** VAG). Eine Prüfung und Übermittlung der Bedingungen für eine Ausübung der Geschäftstätigkeit vonseiten der Tätigkeitslandbehörde bleibt hiervon unberührt.[111] Sie kann allerdings erst **nach Tätigkeitsbeginn** erfolgen.[112]

43 **5. Änderungsanzeige (§ 59 Abs. 4).** Sofern der Versicherer weitere **Sparten bzw. Risiken** betreiben oder einen neuen Schadenregulierungsvertreter ernennen will, ist dies der BaFin anzuzeigen. In diesem Fall findet § 59 Abs. 1 bis 3 VAG entsprechend Anwendung (§ 59 Abs. 4 VAG), so dass auf das hierzu Gesagte Bezug verwiesen werden kann.

44 **V. Statistische Angaben (§ 60).** Erstversicherer haben über ihr Niederlassungs- und Dienstleistungsgeschäft jeweils bestimmte statistische Angaben der BaFin zu übermitteln und zwar nach Tätigkeitsländern geschlüsselt bezüglich des Prämienaufkommens, der Erstattungsleistungen und der Rückstellungen – ohne Abzug der Rückversicherung – (§ 60 Abs. 1 S. 1 VAG). Für die Sparte Nr. 10 der Anlage 1 zum VAG (Haftpflicht für Landfahrzeuge mit eigenem Antrieb) – mit Ausnahme der Haftung des Frachtführers – sind zusätzlich die Häufigkeit und die Durchschnittskosten der Erstattungsleistungen aufzuführen (§ 60 Abs. 1 S. 2 VAG). Zu beachten ist für die Darstellung, dass bei Nichtlebensversicherungen die Mitteilung pro Versicherungszweig gemäß Anhang V der **Solva II-Richtlinie** zu erfolgen hat, für Lebensversicherungen pro Versicherungszweig gemäß Anhang II der Solva-Richtlinie. Diese sich aus Art. 159 der Solva II-Richtlinie ergebenden Spezifikationen hat der Gesetzgeber verabsäumt in § 60 VAG aufzunehmen.[113] Die BaFin hat davon unbeschadet aber die Möglichkeit, diese Anforderungen ergänzend zu stellen. Sofern die Aufsichtsbehörden der jeweiligen Tätigkeitsländer darum ersuchen – einen Grund müssen sie hierfür nicht benennen –, übermittelt die BaFin ihnen diese Angaben (§ 60 Abs. 2 VAG). Wenn das Gesetz insofern von einer angemessenen Frist spricht, ist damit gemeint, dass dies im Rahmen der engen Zusammenarbeit mit diesen Behörden (§ 326 Abs. 1 VAG) unter Berücksichtigung des entsprechenden Verwaltungsaufwands zu erfolgen hat. Die Daten dienen statistischen Zwecken, können aber auch für Aufsichtszwecke (etwa Feststellung einer uU nicht angezeigten Tätigkeit) herangezogen werden.

Unterabschnitt 2. Unternehmen mit Sitz in einem Mitgliedstaat der Europäischen Union oder einem anderen Vertragsstaat des Abkommens über den Europäischen Wirtschaftsraum

Geschäftstätigkeit durch eine Niederlassung oder im Dienstleistungsverkehr

61 (1) [1] **Erstversicherungsunternehmen mit Sitz in einem anderen Mitglied- oder Vertragsstaat (Herkunftsstaat) mit Ausnahme der in den §§ 65 und 66 genannten Unternehmen dürfen das Versicherungsgeschäft im Inland durch eine Niederlassung oder im Dienstleistungsverkehr nur nach Maßgabe der Absätze 2 bis 4 betreiben.** [2] **§ 57 Absatz 2 und 3 gilt sinngemäß.**

(2) [1] **Will das Unternehmen seine Tätigkeit durch eine Niederlassung ausüben, hat die Aufsichtsbehörde des Herkunftsstaats der Bundesanstalt die in Artikel 145 Absatz 2 und 3 der Richtlinie 2009/138/EG bezeichneten Angaben unter Benachrichtigung des Unternehmens zu übermitteln.** [2] **Die Aufnahme der Geschäftstätigkeit der Niederlassung ist erst zulässig, wenn seit Eingang dieser Benachrichtigung zwei Monate vergangen sind.** [3] **Dies gilt nur, wenn die Bundesanstalt dem Unternehmen keinen früheren Zeitpunkt mitteilt.** [4] **Änderungen des Inhalts der in Artikel 145 Absatz 2 Buchstabe b, c oder d der Richtlinie 2009/138/EG bezeichneten Angaben teilt das Unternehmen der Bundesanstalt und der Aufsichtsbehörde seines Sitzes einen Monat vor der beabsichtigten Durchführung der Änderung mit.** [5] **Sind Erweiterungen der Geschäftstätigkeit damit verbunden, sind diese erst zulässig, wenn seit Eingang der Mitteilung des Unternehmens an die Bundesanstalt ein Monat vergangen ist.**

(3) **Die Aufnahme oder Änderung der Tätigkeit des Unternehmens im Dienstleistungsverkehr ist erst zulässig, wenn die Aufsichtsbehörde des Herkunftsstaats der Bundesanstalt die in Artikel 148 Absatz 1 und 2 der Richtlinie 2009/138/EG bezeichneten Angaben übermittelt und das Unternehmen hiervon in Kenntnis gesetzt hat.**

---

[110] Vgl. Gesetzesbegründung, BR-Drs. 23/94, 199.

[111] *Zens*, Die Zusammenarbeit der Versicherungsaufsichtsbehörden in der Europäischen Gemeinschaft, 2005, S. 281.

[112] Vgl. Gesetzesbegründung, BR-Drs. 23/94, 199.

[113] Der Hinweis in der Gesetzesbegründung, dies sei nicht nötig, da delegierte Rechtsakte unmittelbar gelten würden (vgl. RegE-VAG 2014, 255 zu § 60 VAG), geht fehl, da insoweit die umsetzungsbedürftige RL diese Anforderungen selber enthält.

(4) **Der Betrieb der Krankenversicherung im Sinne des § 146 Absatz 1 sowie von Pflichtversicherungen in den in den Absätzen 2 und 3 bezeichneten Fällen ist erst zulässig, wenn das Unternehmen der Bundesanstalt die allgemeinen Versicherungsbedingungen eingereicht hat.**

(5) [1]**Die Bundesanstalt unterrichtet die Aufsichtsbehörden der anderen Mitglied- oder Vertragsstaaten fortlaufend über solche Rechtsvorschriften, die Versicherungsunternehmen mit Sitz in diesen Staaten bei Ausübung einer Geschäftstätigkeit nach Absatz 1 zu beachten haben und deren Befolgung in Wahrnehmung der Aufsicht mit Ausnahme der Finanzaufsicht überwacht wird.** [2]**Vorschriften, die nicht gemäß Satz 1 bekannt gegeben wurden, teilt die Bundesanstalt innerhalb von zwei Monaten nach Zugang der in Absatz 2 oder 3 bezeichneten Angaben den Aufsichtsbehörden der Herkunftsstaaten mit.**

Übersicht

Schrifttum: *Armbrüster*, Das VAG 2016 – Überblick zu den Neuregelungen, r+s 2015, 425; *ders.*, Versicherung des Finanzinteresses in internationalen Versicherungsprogrammen, VersR 2008, 853; Bach/Moser/*Hütt*, Private Krankenversicherung, 4. Auflage 2009, § 195 Rn. 4; *Bähr*, Das Generalklausel- und Aufsichtssystem des VAG im Strukturwandel, 2000, S. 197; *ders.*, Die Missstandsaufsicht nach § 81 VAG unter besonderer Berücksichtigung der Problematik der Inländerdiskriminierung, VersR 2001, 1185; *ders./Püttgen*, Financial Interest Cover, VW 2008, 1078; Bähr/*Schöps*, § 7; Bähr/*Zeides*, Handbuch des Versicherungsaufsichtsrechts, 2001, § 6; *Baran*, Der europäische Binnenmarkt für Versicherungen und das Allgemeininteresse, VR 1997, 173; Beckmann/Matusche-Beckmann/*Mönnich*, § 2 Rn. 65; Beckmann/Matusche-Beckmann/*Heiss/Trümper*, § 38 Rn. 11, 42; *Boetius*, „Gegen die Wand" – Der Basistarif der Gesundheitsreform bricht Europa- und Verfassungsrecht, VersR 2007, 431; *Bornschlegl*, Die Bestandsübertragung nach dem VAG, Diss. 2014, S. 421 f.; *Braumüller*, Die Zusammenarbeit der Versicherungsaufsichtsbehörden in der EU, VR 1995, 26; Bürkle/*Bähr* § 7; *Decker*, Unterrichtungs- und Informationsrechte der deutschen Aufsichtsbehörden gegenüber europäischen Versicherungsunternehmen bei Markteintritt und Funktionsausgliederung, VersR 2013, 287; *Donhauser*, Das Versicherungsaufsichtsrecht und der europäische Binnenmarkt, in: Müller (Hrsg.), 100 Jahre materielle Versicherungsaufsicht in Deutschland: 1901–2001, 2001, S. 123 ff.; *Dreher*, Das deutsche versicherungsaufsichtsrechtliche Begünstigungsverbot und das europäische Versicherungsrecht, VersR 1997, 1; *ders.*, Die Mißstandsaufsicht über Versicherungsunternehmen nach dem VAG 1994, WM 1995, 509; *Dreher/Lange*, Die Vollharmonisierung der Versicherungsaufsicht durch Solvency II, VersR 2011, 825; *Eberhardt*, Die Missbrauchsaufsicht des Bundesaufsichtsamtes für das Versicherungswesen, Diss. 1997, S. 114; Erbs/Kohlhaas/*Wache/Lutz*, Strafrechtliche Nebengesetze, Stand: Mai 2016, § 62 VAG Rn. 4; *Fahr*, Die Umsetzung der Versicherungsrichtlinien der dritten Generation in deutsches Recht, VersR 1992, 1033; FKBP/*Bähr* § 87a Rn. 1; FKBP/*Pohlmann*, §§ 13c, 105, 110a ff.; *Fürstenwerth/Weiß*, Versicherungsalphabet, 10. Aufl. 2001, S. 415; *Geiger*, Dienstleistungsfreiheit und Allgemeininteresse im Versicherungsbinnenmarkt, VW 2000, 616; Goldberg/Müller/*Müller* § 106a; *Grote*, Die Rechtsstellung der Prämien-, Bedingungs- und Deckungsstocktreuhänder nach dem VVG und dem VAG, 2002; *ders.*, § 8a VAG – eine europarechtlich misslungene Umsetzung einer EU-Richtlinie und der schwierige Weg einer Korrektur, in: Liber amicorum für Dirk Ehlers zum 70. Geburtstag, 2015, S. 117 ff.; *ders.*, Der Wegzug des Versicherungsnehmers ins Ausland und weltweite Deckung – zivilrechtlich wirksam, aufsichts- und strafrechtlich bedenklich?, Düsseldorfer Vorträge zum Versicherungsrecht 2013, 2014, S. 33; *ders./Bronkars*, Gesundheitsreform und private Krankenversicherung – wirtschaftliche Konsequenzen für Versicherer und Versicherte, VersR 2008, 580; *Hanefeld* (BaFin-Referat für die Versicherungsaufsicht über Dienstleister und Niederlassungen aus der Europäischen Union und dem Europäischen Wirtschaftsraum), EWR-Dienstleister – Regeln für Versicherer aus anderen Staaten der EU und des Europäischen Wirtschaftsraums, BaFin-Journal 7/2015 S. 21, 22; *Hartung*, Zur Abgrenzung der Korrespondenzversicherung von den nach § 140 VAG verbotenen Geschäften, VerBAV 1961, 85; HK-VVG/*Rogler* § 195 Rn. 5; *Hübner*, Vertragsschluß und Probleme des Internationalen Privatrechts beim E-Commerce, ZVersWiss 2001, 351; *Hübner/Matusche-Beckmann*, Auswirkungen des Gemeinschaftsrechts auf das Versicherungsrecht, EuZW 1995, 263; *Laars*, §§ 14, 110a ff.; *Langheid/Grote*, Droht die „Rote Karte"?, VW 2008, 630; Langheid/Wandt/*Boetius* Vor § 192 Rn. 575; Langheid/Wandt/*Gause* AufsichtsR Rn. 416 f.; Langheid/Wandt/*Grote* AufsichtsRecht Rn. 115; Langheid/Wandt/*Hütt* § 206 Rn. 10; Langheid/Wandt/*Langheid* AufsichtsR Rn. 17; Looschelders/Pohlmann/*Reinhard* § 195; *Mazenauer*, Globalisierung beflügelt internationale Programme, VW 2008 19; *Merz*, Das Begünstigungsverbot im deutschen Versicherungsrecht nach der Anpassung an europäisches Recht, Festschrift für Everling, Bd. I, 1995,, S. 835; *Miersch*, Versicherungsaufsicht nach den Dritten Richtlinien, 1996; *Müller*,

Versicherungsbinnenmarkt: Die europäische Integration im Versicherungswesen, 1995, S. 17; *Präve*, Möglichkeiten und Grenzen der Versicherungsaufsicht im europäischen Binnenmarkt, ZfV 1995, 258; Prölss/*Kollhosser*, 12. Aufl., §§ 110a ff.; Prölss/Martin/*Armbrüster* § 216 Rn. 2; Prölss/Martin/*Voit* § 195 Rn. 3; *Roberts*, The UK Insurance Market and a New Regulator for the New Millennium, in: Müller (Hrsg.), 100 Jahre materielle Versicherungsaufsicht in Deutschland: 1901–2001, Bd. 2, 2001, S. 1275 ff.; Langheid/Rixecker/*Muschner* § 195 Rn. 3; *Roth*, Die Vollendung des europäischen Binnenmarktes für Versicherungen, NJW 1993, 3028, *Schmidt, J.*, Die Deregulierung der Versicherungsaufsicht und die Versicherungsvermittlung in Deutschland, 2003, S. 37 ff.; *R. Schmidt, R.*, Das DLF-Urteil des Europäischen Gerichtshofs vom 4.12.1986, VersR 1987, 1; *Schwintowski*, Grenzen zulässiger Versicherungsvermittlung im Rahmen der europäischen Dienstleistungsfreiheit, VersR 2006, 588; *Seemayer*, Grenzüberschreitende Übertragung von Erst- und Rückversicherungsunternehmen im Spannungsfeld von Zivil- und Aufsichtsrecht, Diss. 2016, S. 153 f.; *Spindler*, Versicherungsaufsicht über Internetangebote ausländischer Versicherer, VersR 2002, 1049; *Strnad*, Klassenbester oder Spielverderber?, VW 2008, 15; *Völkel*, Der Marktzugang ausländischer Versicherer, Diss. 2003, S. 103; *Werber*, Krankenversicherungen „nach Art der Schadensversicherung", VersR 2011, 1346; *Winter*, S. 227, 524, 564 ff., 635; *ders.*, Die Paradigmenverschiebung bei der Missstandsaufsicht nach § 81 VAG, VersR 2005, 145; *ders.*, Internationale Online-Versicherung als Korrespondenzversicherung, VersR 2001, 1461; *Zeides*, Zweigniederlassungen ausländischer Versicherungsunternehmen in Deutschland, 2004, S. 67 ff.; *Zischka* Bundesversicherungsaufsichtsamt, S. 44, 192.

1 **I. Allgemeines. 1. Entstehungsgeschichte.** Die Bestimmungen des § 61 Abs. 1–4 VAG entsprechen im Wesentlichen dem bisherigen § 110a Abs. 1–2b VAG a. F. Die Vorschrift in § 61 Abs. 5 VAG deckt sich mit § 111a Abs. 1 VAG a. F.[1]

2 Die bislang zusätzlich in § 110a Abs. 3 und 4 VAG a. F. enthaltenen Regelungen zu Zuständigkeit und Umfang der Aufsichtstätigkeit wurden in § 62 VAG verschoben.

3 In der Solva II-RL[2] sind die Vorgaben zur Niederlassung und zum Dienstleistungsverkehr in den Art. 145–149 Solva II-RL statuiert. Auf diese Regelungen nimmt § 61 VAG zum Teil Bezug.

4 § 61 VAG bestimmt grundlegend die Voraussetzungen, die ein von dieser Vorschrift erfasstes[3] Versicherungsunternehmen mit Sitz in einem anderen Mitglied- oder Vertragsstaat[4] erfüllen muss, damit es das Versicherungsgeschäft in Deutschland betreiben darf. Im Unterschied zur alten Rechtslage beschränkt § 61 Abs. 1 VAG die Voraussetzungen hinsichtlich des Dienstleistungsverkehrs aber nicht mehr auf den Dienstleistungsverkehr „durch Mittelspersonen" (so noch § 110a Abs. 1 VAG a. F.), so dass nunmehr klar sein sollte, dass auch die sog. reine **Korrespondenzversicherung**[5] innerhalb der EU bzw. des EWR auch erlaubnispflichtiger Dienstleistungsverkehr ist. Gleichwohl hat der Gesetzgeber genau das nicht beabsichtigt.[6]

5 Die Regelungen in § 61 VAG gehen weitgehend auf das **Dritte Durchführungsgesetz/EWG zum VAG** v. 21.7.1994[7] zur Umsetzung der Dritten Richtlinien Schadenversicherung[8] und Lebensversicherung[9] zurück.[10] Die bis zu diesem Zeitpunkt in § 110a VAG a. F. enthaltenen Regelungen waren mit den Dritten Versicherungsrichtlinien wegen des Wegfalls des Erlaubniserfordernisses im Tätigkeitsland und der umfassenden Einführung des sog. Sitzlandprinzips[11] gegenstandslos geworden.[12]

6 Seit der Neufassung des § 110a VAG a. F. im Zuge des Dritten Durchführungsgesetzes/EWG zum VAG sind die Bestimmungen aus § 61 VAG nur durch das **Gesetz zur Änderung des VAG** v. 21.12.2000[13] nennenswert geändert worden. Dabei wurde neben der Übernahme neuer Kurzbezeichnungen für die damals in Bezug genommenen EG-Richtlinien insbesondere § 110a Abs. 2 VAG a. F. in zwei getrennte Absätze (heute § 61 Abs. 2 und 3 VAG) aufgeteilt. Dies diente dazu, zwischen beiden Formen der Geschäftstätigkeit – über eine Niederlassung oder im Dienstleistungsverkehr – zur Schaffung einer größeren Transparenz zu differenzieren.[14] In diesem Zusammenhang hatte es der Gesetzgeber zunächst übersehen, die Verweisung in § 110a Abs. 1 S. 1 VAG a. F. an die neue Aufteilung des zweiten Absatzes anzupassen. Dieses Redaktionsversehen wurde durch das Gesetz zur Änderung des VAG und anderer Gesetze aus dem Jahr 2004[15] behoben.[16]

7 Die auf dem Dritten Durchführungsgesetz/EWG zum VAG beruhende Sonderregelung für die substitutive Krankenversicherung und bestimmte Pflichtversicherungen in § 61 Abs. 4 VAG (§ 110a

[1] Vgl. auch Begr. VAG-RegE 2014, BT-Drs. 18/2956, 255.
[2] RL 2009/138/EG v. 25.11.2009, ABl. EU 2009 L 335, 1, geändert durch die RL 2014/51/EU v. 16.4.2014, ABl. EU 2014 L 153, 1 (Omnibus II).
[3] Zum Anwendungsbereich s. Rn. 16 ff.
[4] Bei einem Mitglied- oder Vertragsstaat handelt es sich nach der Legaldefinition gemäß § 7 Nr. 22 VAG um einen Mitgliedstaat der EU oder einen anderen Vertragsstaat des Abkommens über den EWR.
[5] Zum Begriff s. Rn. 26 f.
[6] Vgl. hierzu ausführlich Rn. 22 ff.
[7] BGBl. I 1630, 3134.
[8] RL 92/49/EWG v. 18.6.1992, ABl. EG 1992 L 228, 1.
[9] RL 92/96/EWG v. 10.11.1992, ABl. EG 1992 L 360, 1.
[10] Zum europarechtlichen Hintergrund s. sogleich unter Rn. 11 ff.
[11] S. dazu Rn. 13.
[12] Begr. RegE Drittes Durchführungsgesetz/EWG zum VAG, BT-Drs. 12/6959, 92.
[13] BGBl. I 1857.
[14] Begr. RegE VAG-Änderungsgesetz, BT-Drs. 14/4453, 52.
[15] BGBl. I 3416.
[16] Vgl. Begr. RegE, BT-Drs. 15/3418, 22.

Abs. 2b VAG a. F.) diente der Umsetzung des Art. 54 Abs. 1 und des Art. 30 Abs. 2 der Dritten Schadenversicherungsrichtlinie.[17]

Die Vorgängerregelung des § 61 Abs. 5 VAG – § 111a Abs. 1 VAG a. F. – ist durch das Dritte Durchführungsgesetz/EWG zum VAG neu gefasst worden. Damit wurde der jeweilige Art. 10 Abs. 4 der Richtlinien Schaden- und Lebensversicherung in der Fassung der Dritten Richtlinien (Art. 32) in deutsches Recht transformiert.[18] Vor Solvency II wurde diese Bestimmung mit Ausnahme der Umbenennung der Aufsichtsbehörde von „Bundesaufsichtsamt" in „Bundesanstalt" nicht geändert. Neu im VAG 2016 ist lediglich, dass in Bezug auf die Finanzaufsicht die in Klammern gesetzte Paragrafenkette gestrichen worden ist. Bisher verwies § 111a Abs. 1 VAG a. F. dazu noch auf die damaligen §§ 81 Abs. 1 S. 1 und 110a Abs. 3 S. 1 VAG a. F. Die neue Systematik erfordert einen solchen Verweis nicht mehr, da für den Rechtsanwender bereits aus der Überschrift des Folgeparagrafen klar hervorgeht, dass die Beaufsichtigung in § 62 VAG geregelt ist. 8

Die systematische Differenzierung zwischen EU-/EWR-Versicherungsunternehmen (§ 61–66 VAG) und Drittstaaten-Versicherungsunternehmen (§§ 67–73 VAG) durch zwei gesonderte Unterabschnitte geht auf das **Zweite Durchführungsgesetz/EWG zum VAG**[19] zurück. Im Zuge dessen fand eine Umgestaltung des damaligen VI. Abschnitts „Versicherungsunternehmen mit Sitz im Ausland" statt, indem jeweils ein Unterabschnitt für Unternehmen mit Sitz in anderen Mitglied- oder Vertragsstaaten (damals § 110a ff. VAG a. F.) und für Unternehmen mit Sitz außerhalb der EU bzw. des EWR (damals §§ 105 ff. VAG a. F.) geschaffen wurde. Grund hierfür war, dass die Regelungen für EU-/EWR-Unternehmen infolge der zunehmenden Harmonisierung und Integration immer stärker von den Regelungen für Drittstaatenunternehmen abwichen.[20] Gleichwohl war diese Trennung nur teilweise geglückt.[21] Unter Solvency II soll nunmehr eine **Vollharmonisierung** erreicht werden. Daher wurde im Zuge der VAG-Novellierung 2016 an der beschriebenen Aufteilung festgehalten. In den neuen Abschnitt 7 „Grenzüberschreitende Geschäftstätigkeit" wurde lediglich ein zusätzlicher erster Unterabschnitt aufgenommen, der die spiegelbildliche Situation für Versicherungsunternehmen mit Sitz in Deutschland regelt, die ihr Geschäft im Ausland betreiben wollen (§§ 57–60 VAG). Vormals fanden sich die entsprechenden Vorschriften im Abschnitt II.a des VAG a. F. und dort in den §§ 13a–c und 13 Abs. 3 VAG a. F. 9

2. Normzweck. § 61 VAG bestimmt, unter welchen **Voraussetzungen** Erstversicherungsunternehmen mit Sitz in einem anderen Mitglied- oder Vertragsstaat mit Ausnahme der in den §§ 65 und 66 VAG genannten Unternehmen die Geschäftstätigkeit im Inland ausüben dürfen. Ausgehend von den Grundsätzen des freien Niederlassungs- und Dienstleistungsverkehrs in der EU/im EWR[22] sehen § 61 Abs. 2 bis 4 VAG zulässige[23] Einschränkungen vor, die auf den Vorgaben der Art. 145 ff. Solva II-RL beruhen. Danach muss ein EU-/EWR-Versicherer vor Aufnahme des Geschäftsbetriebs in einem anderen Mitglied- oder Vertragsstaat als dem, in dem sich sein Sitz befindet, ein sog. **Notifikationsverfahren** durchgeführt haben.[24] So soll die Tätigkeitslandbehörde, die diesbezüglich die Rechtsaufsicht ausübt, über die Aufnahme des Geschäftsbetriebes eines nicht von ihr zugelassenen Erstversicherungsunternehmens informiert werden. Im Hinblick auf die Angaben, die im Rahmen dieses Verfahrens an die BaFin als Tätigkeitslandbehörde zu übermitteln sind, differenziert die Vorschrift zwischen der Tätigkeit über eine Niederlassung (§ 61 Abs. 2 VAG) und dem Betrieb im Dienstleistungsverkehr (§ 61 Abs. 3 VAG). § 61 Abs. 4 VAG enthält darüber hinaus für bestimmte Versicherungssparten eine Sonderregelung, die sowohl im Niederlassungs- als auch im Dienstleistungsbereich zu beachten ist. Bei der Ausübung der Geschäftstätigkeit in Deutschland haben EU-/EWR-Versicherer zudem die Rechtsvorschriften des Allgemeininteresses zu beachten.[25] § 61 Abs. 5 VAG schreibt in diesem Zusammenhang vor, dass die BaFin die Aufsichtsbehörden der anderen Mitglied- und Vertragsstaaten über diese Vorschriften unterrichtet. Dadurch erhalten die Sitzlandbehörden wiederum die Möglichkeit, die in ihrem Land ansässigen Unternehmen über die in Deutschland zu beachtenden Rechtsvorschriften zu informieren. 10

3. Europarechtlicher Hintergrund. Das heutige Regelungsgefüge zur Geschäftstätigkeit von Unternehmen mit Sitz in EU-/EWR-Staaten beruht im Wesentlichen auf den Dritten Versicherungsrichtlinien, die durch die Solva II-RL neu gefasst wurden.[26] Durch die Dritten Versicherungsrichtlinien 11

[17] Begr. RegE Drittes Durchführungsgesetz/EWG zum VAG, BT-Drs. 12/6959, 92.
[18] Begr. RegE Drittes Durchführungsgesetz/EWG zum VAG, BT-Drs. 12/6959, 94.
[19] Vom 28.6.1990, BGBl. I 1249.
[20] Prölss/*Kollhosser*, 12. Aufl., Vorbem. § 105 Rn. 1 m. w. N.
[21] S. hierzu am Beispiel des Verweises auf die §§ 70 ff. VAG a. F.: *Grote* Die Rechtsstellung der Prämien-, Bedingungs- und Deckungsstocktreuhänder nach dem VVG und dem VAG, S. 33.
[22] S. hierzu sogleich unter Rn. 11 ff.
[23] Kritisch bis verneinend aber: *Schwintowski* VersR 2006, 588 ff.
[24] Zu den Voraussetzungen des Notifikationsverfahrens im Einzelnen s. Rn. 38 ff.
[25] Vgl. hierzu Rn. 72 ff. Zum Begriff des Allgemeininteresses s. § 62 Rn. 20 ff.
[26] Vgl. 1. Erwägungsgrund Solva II-RL.

wurden die bereits im Wege vorangegangener EG-Richtlinien[27] gelockerten Beschränkungen des freien Niederlassungs- und Dienstleistungsverkehrs endgültig durchbrochen und das sog. Sitzlandprinzip flächendeckend für die Versicherungsbranche eingeführt.[28]

12 Diese Veränderungen des europäischen Versicherungsmarktes gehen auf den EWG-Vertrag[29] zurück, der in Art. 3 lit. c die Beseitigung der Hindernisse für den freien Personen-, Dienstleistungs- und Kapitalverkehr zu einer wesentlichen Aufgabe der Gemeinschaft erklärte. Ziel war gemäß Art. 2 EWG-Vertrag die Errichtung eines „**Gemeinsamen Marktes**".

13 Mit dem Dritten Durchführungsgesetz/EWG zum VAG ist für Versicherungsunternehmen insbesondere das in den Versicherungsrichtlinien vorgesehene sog. „**Sitzlandprinzip**" (= Herkunftslandprinzip) in das VAG eingeführt worden.[30] Unter diesem Prinzip ist ein einheitliches Zulassungs- und Finanzkontrollsystem durch das Herkunftsland zu verstehen.[31] Seit Mitte 1994 dürfen die Versicherungsunternehmen im europäischen Binnenmarkt grundsätzlich ihr Versicherungsgeschäft in den anderen Mitglied- oder Vertragsstaaten ohne zusätzliche Erlaubnis über Niederlassungen oder im Wege des Dienstleistungsverkehrs betreiben, wenn sie durch die Aufsichtsbehörde ihres Herkunftslandes zu diesem Zweig zugelassen wurden (sog. „**single-licence**"[32] oder „Europäischer Pass").[33] So ist es auch in § 10 Abs. 1 S. 2 VAG geregelt.

14 Dies ist eine wesentliche Verbesserung gegenüber Erstversicherungsunternehmen mit Sitz in einem Drittstaat, die dafür einer gesonderten Erlaubnis gemäß § 67 Abs. 1 S. 1 VAG bedürfen[34] und gemäß § 68 Abs. 1 S. 1 VAG über eine Niederlassung im Tätigkeitsland verfügen müssen[35]. Nach Abschluss des **Brexit** müssen Versicherungsunternehmen mit Sitz im Vereinigten Königreich also entweder eine Niederlassung in jedem EU-/EWR-Staat errichten und eine Erlaubnis dafür einholen, in dem sie tätig werden wollen (denn die Niederlassung eines Drittstaaten-Versicherers profitiert nicht von der Dienstleistungs- und Niederlassungsfreiheit innerhalb der EU/des EWR),[36] oder sie müssen ein eigenständiges Versicherungsunternehmen in einem EU-/EWR-Staat gründen, von dem aus sie EU-/EWR-weit tätig werden können, wenn sie in dem betreffenden EU-/EWR-Staat eine Erlaubnis erteilt bekommen haben. Insoweit wird sich zeigen, welchen EU-/EWR-Staat Versicherungsunternehmen mit Sitz im Vereinigten Königreich nach dem Brexit präferieren werden, wenn nicht im Rahmen des Brexit eine Ausnahme zugunsten des Vereinigten Königreichs vereinbart werden kann (wonach es derzeit wegen der Abschottungsbemühungen des Vereinigten Königreichs in Bezug auf die Freizügigkeit nicht aussieht). Dabei könnte wegen der sprachlichen und räumlichen Nähe Irland den Vorrang vor Deutschland oder Frankreich als große Versicherungsmärkte erhalten.

15 Trotz dieser wesentlichen Verbesserungen für Erstversicherungsunternehmen mit Sitz in der EU/dem EWR haben auch diese beim grenzüberschreitenden Geschäftsverkehr im Rahmen der Niederlassungs- und Dienstleistungsfreiheit Probleme zu überwinden, die aus den **Mitgliedstaatenoptionen** resultieren, die die Solva II-RL in **Art. 200** vorsieht. Denn insoweit sind Konflikte zwischen dem Recht des Tätigkeitslandes und dem Recht des Sitzlandes vorprogrammiert, die nur durch eine europarechtskonforme Auslegung dahingehend gelöst werden können, dass das jeweilige Versicherungsunternehmen ein Wahlrecht zwischen dem Recht des Sitzlandes und dem des Tätigkeitslandes hat. In vollharmonisierten Rechtsgebieten ist aber für solche Mitgliedstaatenoptionen an sich kein Platz mehr.[37]

16 **II. Anwendungsbereich (Abs. 1). 1. Grundsätzliche Befugnis zur grenzüberschreitenden Geschäftstätigkeit (Abs. 1 S. 1). a) Grundsatz.** Zur Bestimmung des Anwendungsbereichs enthält § 61 Abs. 1 S. 1 VAG zunächst die Legaldefinition des Begriffs „Herkunftsstaat", unter dem ein „anderer Mitglied- oder Vertragsstaat", mithin jeder EU-Mitgliedstaat und jeder Vertragsstaat des Abkommens über den Europäischen Wirtschaftsraum (EWR) mit Ausnahme von Deutschland, zu verstehen ist.

---

[27] Insbesondere durch die Zweite Richtliniengeneration (RL 88/357/EWG v. 22.6.1988 und – für die Lebensversicherung – RL 90/619/EWG v. 8.11.1990), vgl. jeweils 3. Erwägungsgrund der Dritten Richtlinien.

[28] Vgl. zur Entwicklung ausführlicher *Donhauser* in: Müller (Hrsg.), 100 Jahre materielle Versicherungsaufsicht in Deutschland, 2001, 123 ff.; *Hübner/Matusche-Beckmann* EuZW 1995, 263, 264; *Schmidt* Die Deregulierung der Versicherungsaufsicht und die Versicherungsvermittlung in Deutschland S. 37 ff. Zum Begriff des Sitzlandprinzips s. sogleich unter Rn. 13.

[29] Der am 25.3.1957 unterzeichnete EWG-Vertrag ist durch den Vertrag von Maastricht v. 7.2.1992 in den „Vertrag zur Gründung der Europäischen Gemeinschaft" (EG-Vertrag) umbenannt worden. Mit Inkrafttreten des Lissabon-Vertrags zum 1.12.2009 erfolgte die Umbenennung in „Vertrag über die Arbeitsweise der Europäischen Union" (AEUV) sowie die Änderung der Artikelabfolge.

[30] Begr. RegE Drittes Durchführungsgesetz/EWG zum VAG, BT-Drs. 12/6959, 44.

[31] Vgl. zu diesem Ansatz jeweils 5. Erwägungsgrund der Dritten Richtlinien.

[32] *Laars* § 110a Rn. 2; Langheid/Wandt/*Grote* AufsichtsR Rn. 115.

[33] Langheid/Wandt/*Gause* AufsichtsR Rn. 416; *Decker* VersR 2013, 287.

[34] S. dazu § 67 Rn. 24.

[35] S. dazu § 68 Rn. 8 ff.

[36] S. Rn. 18.

[37] Siehe dazu ausführlich am Beispiel von § 8a VAG a. F. (= § 164 VAG): *Grote* in: Liber amicorum für Dirk Ehlers zum 70. Geburtstag, S. 117 ff.

Unter Einbettung dieser Begriffserklärung schreibt die Vorschrift für die von § 61 Abs. 1 VAG erfassten Erstversicherungsunternehmen mit Sitz in einem anderen EU-/EWR-Staat die **grundsätzliche Befugnis zum Geschäftsbetrieb** im Inland über Niederlassungen und im Dienstleistungsverkehr fest.[38] Einschränkungen dürfen sich insoweit nur aus den Absätzen 2 bis 4 ergeben. 17

Nach dem eindeutigen Wortlaut („*Sitz* in einem anderen Mitglied- oder Vertragsstaat") sind von der Vorschrift nicht Erstversicherungsunternehmen mit Sitz in einem Drittstaat erfasst, auch wenn sie über eine Niederlassung in einem Mitglied- oder Vertragsstaat verfügen.[39] 18

Die Vorschrift gilt weiterhin nur für bestimmte **Erstversicherer**. Dies steht im Einklang mit den Art. 145 und 147 Solva II-RL.[40] Für reine Rückversicherungsunternehmen existiert die Sonderregelung des § 169 VAG. 19

b) Ausschluss von Unternehmen i. S. d. §§ 65 und 66 VAG. Vom Anwendungsbereich der Befugnisnorm sind ausdrücklich Erstversicherungsunternehmen i. S. d. §§ 65 und 66 VAG ausgeschlossen. Die in § 65 VAG genannten Unternehmen, zu denen beispielsweise Pensions- und Sterbekassen sowie kleine Versicherungsunternehmen i. S. d. § 211 VAG gehören, zeichnen sich dadurch aus, dass auf sie die Solva II-RL keine Anwendung findet.[41] Aus diesem Grund greifen für sie auch nicht die mit den Richtlinienvorgaben verbundenen Erleichterungen des Sitzlandprinzips. Vielmehr unterliegen die Unternehmen den strengeren Aufsichtsvorschriften des § 65 VAG. 20

Versicherungsunternehmen i. S. d. § 66 VAG betreffen zum einen Erstversicherer, die im Dienstleistungsverkehr die **Transportversicherung** betreiben (§ 66 Abs. 1 VAG), und zum anderen EU-/EWR-ausländische Erstversicherer, die sich im Rahmen von Großrisiken lediglich als **Mitversicherer** beteiligen, ohne dabei über eine eigene Niederlassung im Inland tätig zu werden (§ 66 Abs. 2 VAG). Da aber gemäß § 66 Abs. 1 und 2 VAG in beiden Fällen das gesamte VAG – also auch § 61 VAG – ohnehin keine Anwendung findet, stellt sich die Frage, ob die Ausnahmeregelung in § 61 Abs. 1 VAG insoweit rein deklaratorischer Natur ist. Hinsichtlich der Transportversicherung ist dies jedenfalls im Dienstleistungsverkehr angesichts der eindeutigen Regelung in § 66 Abs. 1 VAG unproblematisch der Fall. Unklarheiten ergeben sich hier aber mit Blick auf die Geschäftstätigkeit über eine Niederlassung. Denn § 66 Abs. 1 VAG begründet die Aufsichtsfreiheit allein für den Dienstleistungsverkehr. Fraglich ist deshalb, ob der ausschließende Verweis in § 61 Abs. 1 VAG auf diese Vorschrift konstitutiv regeln soll, dass die Einschränkungen des § 66 Abs. 2 bis 4 VAG für die über eine Niederlassung betriebene Transportversicherung nicht gelten sollen. Dies ist zu verneinen. Dann alles andere bedeutete, dass die betreffenden Unternehmen in diesem Fall ein Notifikationsverfahren nicht durchführen müssten. Entsprechendes gälte für Unternehmen, die sich im Wege der Mitversicherung an einem Großrisiko beteiligen, aber zusätzlich anderweitig, d. h. nicht lediglich in der Funktion als Mitversicherer, im Dienstleistungsverkehr tätig werden. Nach alter Rechtslage konnte es zu diesem Ergebnis bereits deshalb nicht kommen, weil § 110a VAG a. F. nicht auf die dem § 66 VAG entsprechende Vorschrift des § 111 VAG a. F., sondern nur auf den Vorläufer von § 65 VAG (§ 110d VAG a. F.) verwies. Allerdings ist in der Gesetzesbegründung zum VAG 2016 kein Hinweis dafür ersichtlich, dass die Rechtslage insoweit geändert werden sollte. Vielmehr soll § 61 VAG (auch) dem bisherigen § 110a Abs. 1 VAG a. F. entsprechen.[42] Für die Annahme, dass die Durchführung des Notifikationsverfahrens in den genannten Fällen wie bisher erforderlich bleibt, spricht zudem die unveränderte Ausgestaltung des § 66 VAG als Spezialregelung. Wenn der Gesetzgeber die Aufsichtsfreiheit für die Transport- und Mitversicherung im Hinblick auf das Notifikationsverfahren auf den Bereich der Niederlassung hätte erweitern wollen, hätte er dies aus Gründen der Rechtssicherheit durch eine entsprechende Regelung in § 66 VAG selbst tun können – und wohl auch müssen. Sein Schweigen spricht daher dafür, dass die Verweisung auf § 66 VAG nicht zu der beschriebenen Änderung der Rechtslage führen sollte. 21

c) Keine Beschränkung auf die Geschäftstätigkeit durch Mittelspersonen im Dienstleistungsverkehr. aa) Mittelsperson. Im Hinblick auf die Tätigkeitsform des Dienstleistungsverkehrs ist § 61 Abs. 1 VAG weiter gefasst als die Vorgängerregelung. Während § 110a Abs. 1 VAG a. F. lediglich den Dienstleistungsverkehr „durch Mittelspersonen" erfasste, ist dieses zusätzliche Tatbestandsmerkmal in der neuen Bestimmung weggefallen.[43] Die Anforderungen nach § 61 Abs. 2 bis 4 VAG sind nunmehr auch dann zu erfüllen, wenn das Geschäft im Dienstleistungsverkehr auf andere Weise als durch **Mittelspersonen** betrieben werden soll. Es kommt also nicht mehr darauf an, ob sich der Versicherer zum Abschluss eines Versicherungsvertrages im Tätigkeitsland einer jedweden – nach h. Lit. geschäftsmäßig 22

---

[38] Begr. RegE Drittes Durchführungsgesetz/EWG zum VAG, BT-Drs. 12/6959, 92.
[39] FKBP/*Pohlmann* § 110a Rn. 5 zur insoweit gleichen alten Rechtslage.
[40] Vgl. auch Begr. VAG-RegE 2014, BT-Drs. 18/2956, 255.
[41] S. hierzu § 65 Rn. 6.
[42] Begr. VAG-RegE 2014, BT-Drs. 18/2956, 255.
[43] In Bezug auf Drittstaatenunternehmen ist das Tatbestandsmerkmal der Mittelsperson in § 67 VAG ebenfalls weggefallen (anders noch § 105 Abs. 2 VAG a. F.), vgl. hierzu § 67 Rn. 41.

handelnden[44] – Zwischenperson bedient, also z. B. eines Vertreters, Agenten, Versicherungsmaklers, angestellten Vermittlers, auch Unternehmensleiters.[45]

23 Durch die Streichung des Tatbestandsmerkmals der Mittelsperson bezweckte der Gesetzgeber eine Anpassung an die Vorgaben der Art. 145 und 147 der Solva II-RL sowie die Herbeiführung einer dem Kreditwesengesetz vergleichbaren Rechtslage (§§ 32 Abs. 1 S. 1, 53b KWG).[46] Zugleich sollte auf diese Weise der Marktentwicklung im Bereich des Internets Rechnung getragen werden.[47]

24 Begrüßenswert wäre diese Gesetzesänderung, wenn so die in der Vergangenheit geführten Diskussionen, ob der Abschluss eines Versicherungsvertrages im Internet erlaubnispflichtiger Dienstleistungsverkehr ist oder nicht, als beendet betrachtet werden könnten und nunmehr klar wäre, dass das der Fall ist. Indes führt die Gesetzesbegründung, wonach die reine Korrespondenzversicherung, die ein im Inland ansässiger Versicherungsnehmer auf eigene Initiative bei einem gebietsfremden Versicherer abschließt, „wie bisher" aufsichtsfrei bleibe,[48] einen solchen Zustand nicht herbei.[49] Zu kritisieren ist die Gesetzesänderung aber auch deshalb, weil so die Diskussionen um die Frage, ob die Einbindung eines Versicherungsvermittlers automatisch zur Annahme von Niederlassungsverkehr führe, neuen Nährstoff erhalten. Bislang konnten diese Diskussionen zu recht mit Blick auf den Wortlaut „durch Mittelspersonen" dahingehend entschieden werden, dass das nicht der Fall ist.

25 **bb) Korrespondenzversicherung.** Mit der Eliminierung des Kriteriums der Mittelsperson entfällt also zunächst das bisher maßgebliche Merkmal zur **Abgrenzung von der sog. Korrespondenzversicherung**, die nach gefestigten deutschen aufsichtsrechtlichen Prinzipien[50] von der Aufsicht freigestellt war.[51] Gleichwohl soll sich nach dem in der amtlichen Begründung[52] geäußerten Willen des Gesetzgebers daran nichts ändern. Auf der anderen Seite sollte der Begriff des Dienstleistungsverkehrs mit der Streichung des Kriteriums der Mittelsperson erweitert werden. Es ist also zu klären, was genau jetzt unter Dienstleistungsverkehr fällt und inwieweit die Korrespondenzversicherung innerhalb der EU/des EWR im Tätigkeitsland nach wie vor erlaubnisfrei bleibt.

26 Nach einer vom **früher** zuständigen Bundeswirtschaftsministerium (heute ist das Bundesfinanzministerium zuständig) und BAV (heute: BaFin) gemeinsam erarbeiteten **Definition** sind Korrespondenzversicherungen „durch Korrespondenz zwischen einer Person, die ihren gewöhnlichen Aufenthalt im Inland hat, und einem Versicherungsunternehmen im Ausland zustande gekommene Versicherungen, ohne daß dabei ein geschäftsmäßig handelnder Vermittler mitwirkt und dadurch das ausländische Versicherungsunternehmen Versicherungsgeschäfte im Inland betreibt".[53] Dabei wurde dem Begriff „Versicherungsvertrieb durch eine Mittelsperson" durch das BAV ein weites Verständnis zugrunde gelegt, wonach eine Korrespondenzversicherung nur anzunehmen war, wenn nicht nur der Abschluss selbst, sondern auch die Durchführung des Versicherungsvertrages ohne Mithilfe eines im Inland tätigen Vermittlers oder einer anderen Person möglich war.[54] Demgegenüber kam es nach wohl h. M. in der Literatur für das Eingreifen des Aufsichtsrechts lediglich darauf an, ob beim Abschluss des Vertrages eine Mittelsperson eingeschaltet war, nicht darauf, ob dies auch bei der Durchführung des Vertrages der Fall war.[55]

27 Obgleich unter Geltung des neuen VAG die Mittelsperson nicht mehr als Abgrenzungskriterium fungieren kann, bedeutet dies nicht, dass der Gesetzgeber die Aufsichtsfreiheit der Korrespondenzversicherung selbst abschaffen wollte. Vielmehr stellt die Entwurfsbegründung im Zusammenhang mit dem Wegfall des Tatbestandsmerkmals der Mittelsperson klar, dass die Korrespondenzversicherung, die ein im Inland ansässiger Versicherungsnehmer auf eigene Initiative bei einem gebietsfremden Versicherer abschließt, „wie bisher" aufsichtsfrei bleibe.[56] Aus dieser Begründung lässt sich ableiten, dass an dem Grundsatz der Aufsichtsfreiheit jedenfalls teilweise, nämlich im Hinblick auf die auf **Initiative des Versicherungsnehmers** zustande kommende Korrespondenzversicherung, nichts geändert werden sollte. Im Umkehrschluss lässt sich hieraus aber zugleich ablesen, dass die Geschäftstätigkeit unmittelbar aus dem Ausland, soweit sie auf Initiative des Versicherungsunternehmens erfolgt, der deutschen Aufsicht

[44] Vgl. Prölss/*Kollhosser,* 12. Aufl., § 105 Rn. 7 m. w. N.
[45] Zu dem in seiner Reichweite umstrittenen Begriff der Mittelsperson i. S. d. §§ 105, 110a VAG a. F. vgl. Prölss/*Kollhosser,* 12. Aufl., § 105 Rn. 7; FKBP/*Pohlmann* § 105 Rn. 39 ff.; *Winter* VersR 2001, 1461, 1463; Begr. RegE Zweites Durchführungsgesetz/EWG zum VAG, BT-Drs. 11/6341, 24.
[46] So die Gesetzesbegründung, vgl. Begr. VAG-RegE 2014, BT-Drs. 18/2956, 255.
[47] Vgl. Begr. VAG-RegE 2014, BT-Drs. 18/2956, 255; zu den Auswirkungen des Wegfalls des Kriteriums der Mittelsperson auf den Vertrieb über das Internet s. Rn. 29.
[48] Begr. VAG-RegE 2014, BT-Drs. 18/2956, 255.
[49] S. dazu Rn. 27 ff. sowie § 67 Rn. 40 ff.
[50] S. Prölss/*Kollhosser,* 12. Aufl., § 105 Rn. 8 m. w. N.
[51] So bezeichnete FKBP/*Pohlmann* § 105 Rn. 51 den Begriff der Korrespondenzversicherung als „Gegenbegriff" zur Mittelsperson; vgl. auch Langheid/Wandt/*Gause* AufsichtsR Rn. 417; Bürkle/*Bähr* § 7 Rn. 15.
[52] Begr. VAG-RegE 2014, BT-Drs. 18/2956, 255.
[53] *Hartung* VerBAV 1961, 85, 86; konkretisierend GB-BAV 1966, 52, 53.
[54] GB-BAV 1966, 52, 53.
[55] Vgl. Prölss/*Kollhosser,* 12. Aufl., § 105 Rn. 8 m. w. N.; s. zum Streitstand s. auch Bürkle/*Bähr* § 7 Rn. 16 f.
[56] Begr. VAG-RegE 2014, BT-Drs. 18/2956, 255.

unterstellt sein soll. Mit der Unterscheidung danach, auf wessen Initiative das Vertragsverhältnis hergestellt wird, liefert der Gesetzgeber insoweit ein neues, leider aber untaugliches Abgrenzungskriterium zur Beantwortung der Frage, ob eine erlaubnisfreie Korrespondenzversicherung oder ein erlaubnispflichtiger Dienstleistungsverkehr vorliegt. Nach altem Recht spielte es im Rahmen der Zuordnung keine Rolle, welche Seite den Vertragsschluss initiiert hat.[57] Es kam allein auf die Einschaltung von Mittelspersonen an, ob eine Korrespondenzversicherung vorlag oder nicht. Mit dem neuen Abgrenzungsmerkmal wird aber gerade für den Abschluss von **Versicherungsverträgen im Internet** keine Klarheit geschaffen. Denn es bleibt unklar, ob es bereits eine ausreichende Initiative des Versicherers für die Annahme von Dienstleistungsverkehr ist, dass dieser eine Internetseite in der Landessprache des Tätigkeitslandes vorhält.[58] Falls ja, bleibt unklar, was bei Mitglied- und Vertragsstaaten ist, die die gleiche Landessprache haben, wie z. B. Deutschland und Österreich – kommt es dann auf die Landeskennung am Ende der Internetadresse an?[59]

Die Abgrenzung zwischen erlaubnisfreier Korrespondenzversicherung und erlaubnispflichtigem 28 Dienstleistungsverkehr sollte daher künftig allein auf Grundlage der Überlegung erfolgen, dass die Erlaubnisfreiheit der Korrespondenzversicherung auf dem Gedanken beruht, dass ein Versicherungsinteressent, der selbst den Kontakt zum ausländischen Versicherer herstellt und aus eigenem Antrieb sowie unabhängig davon, ob er dazu durch Werbeangebote des Versicherers im Inland motiviert worden ist oder nicht, die Inlandsgrenzen überschreitet und mit einem im Ausland sitzenden Versicherer kontrahiert. Denn dann kann er nicht davon ausgehen, dass ihn die inländische Versicherungsaufsicht schützt. Er ist insoweit auch nicht schutzbedürftig.[60]

Unproblematisch wird daher eine aufsichtsfreie Korrespondenzversicherung in den Fällen anzuneh- 29 men sein, in denen der Versicherungsnehmer den ersten Schritt in Richtung Vertragsabschluss unternimmt und sich mittels einer der klassischen **Kommunikationsformen** Telefon, Telefax oder Brief oder mittels der „neuen“ Kommunikationsformen E-Mail, Internetplattform oder whatsapp an den ausländischen Versicherer wendet.[61] Sowohl die Telefonnummer als auch die Postanschrift werden in der Regel ohne weiteres auf ein ausländisches Unternehmen hindeuten, so dass der Versicherungsnehmer insbesondere nicht der Gefahr ausgesetzt sein wird, irrigerweise von einem Kontakt zu einem deutschen Unternehmen auszugehen. Aber selbst wenn das bei einem **Vertragsabschluss über das Internet** unklar sein sollte, bleibt es beim erlaubnisfreien Korrespondenzgeschäft. Denn es ist dem mündigen Verbraucher zuzumuten, zu prüfen, ob er mit einem inländischen oder ausländischen Versicherer kontrahieren möchte oder nicht. Sollte der mündige Verbraucher diese Prüfung unterlassen, demonstriert er allein, dass es ihm egal ist, wo sein Versicherer sitzt. Ein solcher Verbraucher bedarf aber nicht nachträglich des Schutzes des inländischen Aufsichtsrechts. Dies entspricht im Übrigen auch der h. M. zum alten Recht,[62] wonach das Internet als weitere Kommunikationsform für den Abschluss einer Korrespondenzversicherung in Betracht kam.[63] Zwar führten die Vertreter dieser Auffassung hauptsächlich das Argument ins Feld, dass es bei Onlineversicherungsverträgen an einer Mittelsperson i. S. d. § 110a VAG a. F. fehle. Diese Begründung kann mit dem Wegfall des Merkmals der Mittelsperson in § 61 VAG heute nicht mehr tragen. An der Richtigkeit des Ergebnisses ändert das aber nichts. Denn das Internet ist grenzenlos, so dass derjenige Verbraucher, der sich ins Internet begibt, um Versicherungsverträge abzuschließen, selbst in der Verantwortung ist, zu prüfen, ob sein künftiger Vertragspartner im In- oder Ausland sitzt. Das ist durch einen Blick in das Impressum der Internetseite leicht herauszufinden. Es wäre im Übrigen für die Versicherungsunternehmen ansonsten auch ein unkalkulierbares aufsichtsrechtliches Risiko, wenn sie allein durch das Vorhalten einer heute üblichen Internetseite Gefahr liefen, erlaubnispflichtiges Versicherungsgeschäft in einem anderen Staat zu betreiben. Diesem Risiko könnte ansonsten nur damit begegnet werden, dass kein Internetauftritt mehr erfolgt. Das erscheint aber in Zeiten von Finanz- und Insurtech absurd.

Dem hier vertretenen Ergebnis könnte allerdings entgegenstehen, dass sich der Gesetzesbegründung 30 entnehmen lässt, dass es im Sinne des Schutzes des inländischen Marktes nicht mehr zeitgemäß erscheine, nur eine Tätigkeit im Dienstleistungsverkehr „durch Mittelspersonen“ in den Ordnungsrahmen des VAG aufzunehmen und dagegen eine Tätigkeit unmittelbar aus dem Ausland, etwa über das Internet, unreguliert zu belassen.[64] Der Zusatz **„unmittelbar aus dem Ausland“** lässt somit auch die

57 FKBP/*Pohlmann* § 105 Rn. 51.

58 Nach § 1 Rn. 50 (*Präve*) wäre die Internet-Präsenz eines ausländischen Versicherers, die auf Vertragsabschlüsse speziell in Deutschland gerichtet ist, erlaubnis- bzw. anzeigepflichtig.

59 Dies ist in der Vergangenheit bei der Diskussion der Frage, ob ein Vertragsabschluss im Internet Korrespondenzversicherung ist oder nicht, immer wieder thematisiert worden – s. z. B.: *Hübner* ZVersWiss 2001, 351; *Spindler* VersR 2002, 1049 – jeweils m. w. N. Im Zusammenhang mit einer gezielten Ansprache durch einen Drittlandversicherer nennt *Völkel* S. 103 neben der Sprache auch den auf der Website erkennbaren Bezug zu nationalen Besonderheiten sowie zur nationalen Rechtsordnung.

60 KG VersR 1999, 173, 174; Langheid/Wandt/*Gause* AufsichtsR Rn. 417.

61 Vgl. FKBP/*Pohlmann* § 105 Rn. 51 zum alten Recht; s. a. § 1 Rn. 49 (*Präve*).

62 Vgl. FKBP/*Pohlmann* § 105 Rn. 51; *Winter* VersR 2001, 1461; Prölss/*Kollhosser*, 12. Aufl., § 105 Rn. 9 m. w. N.

63 Zum Streitstand s. Bähr/*Schöps* § 7 Rn. 26.

64 Begr. VAG-RegE 2014, BT-Drs. 18/2956, 255.

Schlussfolgerung zu, dass eine über das Internet von dem ausländischen Versicherungsunternehmen ausgehende Korrespondenz gegenüber inländischen Versicherungsinteressenten generell der deutschen Aufsicht unterstellt werden soll. Dies steht aber im Widerspruch dazu, dass gleichzeitig Verträge, die auf diesem Kommunikationsweg – wie überwiegend – auf Initiative des Versicherungsnehmers zustande kommen, unter Anwendung des neuen Abgrenzungsmaßstabs grundsätzlich von der Aufsicht befreit sein sollen. Daher überzeugt dieses Gegenargument nicht.

31 Schließlich ist darauf hinzuweisen, dass die Regulierung von Vertragsabschlüssen im Internet auch im Widerspruch zum **Kodex der OECD** zur Liberalisierung laufender unsichtbarer Operationen[65] steht.[66] Denn der OECD-Kodex enthält in Annex I (Teil I) zu Annex A Vorschriften über den grenzüberschreitenden Versicherungsverkehr und sieht für dort näher bezeichnete Rubriken vor, dass die grenzüberschreitenden Aktivitäten zwischen Mitgliedstaaten der WTO generell „frei" sein sollen.[67] Dabei umfassen diese Aktivitäten auch Korrespondenzversicherungen, unter denen der Kodex solche auf Initiative des Antragstellers bzw. Versicherungsnehmers zustande kommenden Transaktionen, Transfers bzw. Vertragsabschlüsse versteht.[68] Die Freistellung der Korrespondenzversicherung von der Aufsicht steht laut Gesetzesbegründung im Einklang mit der Einstellung Deutschlands im Rahmen des Kodex.[69] Auch angesichts der generellen Freistellung ist also ein Verstoß gegen den OECD-Kodex anzunehmen, wenn Vertragsabschlüsse im Internet der Aufsicht unterstellt werden.[70]

32 Abschließend sei zu erwähnen, dass die Solva II-RL in Bezug auf die Korrespondenzversicherung keinerlei Vorgaben enthält, so dass insoweit europarechtlich keine Vorgaben bestehen.

33 **2. Begriffsbestimmungen (Abs. 1 S. 2).** Zur Bestimmung der Begriffe **Niederlassung und Dienstleistungsverkehr** verweist § 61 Abs. 1 S. 2 VAG auf § 57 Abs. 2 und 3 VAG. Die Definitionen, die dort den umgekehrten Fall der Geschäftstätigkeit eines in Deutschland zugelassenen Versicherungsunternehmens im EU-/EWR-Ausland betreffen, gelten hier entsprechend. Die Begriffserklärungen müssen anders als nach alter Rechtslage in Bezug auf Niederlassungen (§ 13a Abs. 1 S. 2 VAG a. F.) nicht mehr nur sinngemäß angewandt werden, weil nunmehr beide Definitionen allgemein formuliert sind.[71] Hinsichtlich der Abgrenzungsfragen wird deshalb zur Vermeidung von Wiederholungen auf die Kommentierung bei § 57 VAG verwiesen.[72]

34 An dieser Stelle soll nur kurz ergänzend darauf hingewiesen werden, dass es immer wieder **Abgrenzungsprobleme** gibt, ob angesichts des Umfanges des in einem Tätigkeitsland betriebenen Versicherungsgeschäfts noch Dienstleistungsverkehr vorliegt oder schon Niederlassungsverkehr. Hinter diesen Problemen steckt die Überlegung, dass es ab einem bestimmten Geschäftsvolumen nicht mehr vorstellbar sei, dass dieses Geschäftsvolumen im Dienstleistungsverkehr abgewickelt werden kann. Diese Überlegung führt aber in die Irre. Denn das **Geschäftsvolumen** im Tätigkeitsland ist für die Abgrenzung irrelevant. Es kommt allein auf die Erfüllung der von der EU-Kommission in ihrer Mitteilung zu Auslegungsfragen – Freier Dienstleistungsverkehr und Allgemeininteresse im Versicherungswesen aus dem Jahr 2000[73] genannten drei Voraussetzungen an, damit Niederlassungsverkehr vorliegt.[74]

35 Weiter soll kurz darauf hingewiesen werden, dass es ohne weiteres möglich ist, eine ursprünglich im Dienstleistungsverkehr aufgenommene Tätigkeit später in Niederlassungsverkehr umzuwandeln oder auch umgekehrt. Maßgeblich für eine solche Entscheidung sind oftmals betriebswirtschaftliche Überlegungen, die auch vom Geschäftsvolumen im Tätigkeitsland abhängen. Das ändert aber nichts daran, dass das Geschäftsvolumen selbst für die Abgrenzung irrelevant bleibt. Wenn ein Wechsel zwischen Dienstleistungsverkehr und Niederlassungsverkehr vorgenommen werden soll, ist der Sitzlandbehörde Entsprechendes anzuzeigen und das Vorliegen aller drei Voraussetzungen bzw. der Wegfall einer der drei Voraussetzungen darzulegen. Die Sitzlandbehörde informiert sodann die Tätigkeitslandbehörde und gibt dieser Gelegenheit zur Stellungnahme.

36 Schließlich ist anzumerken, dass ein **Nebeneinander** von Niederlassungs- und Dienstleistungsverkehr in einem Tätigkeitsland jedenfalls praktisch nicht zu empfehlen ist. Denn der Verbraucher wird kaum unterscheiden können, warum er sich in dem einen Fall an die Niederlassung vor Ort wenden soll und in dem anderen Fall nicht. Rechtlich zulässig ist das Nebeneinander aber dennoch. Denn ein **Kumul-**

---

[65] Code of Liberalisation of Current Invisible Operations; der aktuelle Kodex ist abrufbar unter oecd.org.
[66] Anders aber § 1 Rn. 50 (*Präve*).
[67] Vgl. zu den Rubriken § 67 Rn. 49.
[68] Appendix zu Annex A, Annex I, unter D, D/3 und D/4.
[69] Begr. VAG-RegE 2014, BT-Drs. 18/2956, 255 www.oecd.org.
[70] Im Hinblick auf die Fassung des Kodex 2009 wird allerdings vertreten, dass den Mitgliedern zweierlei gestattet sei, nämlich zum einen die Anwendbarkeit der Kodexbestimmungen auf die Korrespondenzversicherung zu beschränken und zum anderen die Tätigkeit von Vermittlern auf ihrem Staatsgebiet zu regeln, vgl. FKBP/*Pohlmann* § 105 Rn. 10.
[71] Eine abstrakte Definition des Dienstleistungsverkehrs enthielt bereits § 13a Abs. 2 VAG a. F.
[72] S. § 60 Rn. 10, 31. Im Sinne eines kurzen Überblicks s. auch: Langheid/Wandt/*Grote* AufsichtsR Rn. 248 ff.
[73] Abgedruckt in VerBAV 2000, 119.
[74] Zu den jeweiligen Abgrenzungsfragen s. § 60 Rn. 9 ff. und 31 ff.

verbot, wie es § 72 VAG anordnet,[75] gibt es im grenzüberschreitenden Geschäftsverkehr innerhalb der EU/dem EWR **nicht**.

III. Voraussetzungen der erlaubten Geschäftstätigkeit. 1. Allgemeines. Der Geschäftsbetrieb über eine Niederlassung oder im Dienstleistungsverkehr im Inland setzt aufgrund des **Sitzlandprinzips** keine zusätzliche Erlaubnis nach § 8 VAG oder eine sonstige Bewilligung durch die Behörde des Tätigkeitslands voraus, wenn das Unternehmen in einem anderen Mitglied- oder Vertragsstaat zugelassen ist. Die materiellen Voraussetzungen einer solchen Zulassung prüft allein die Aufsichtsbehörde des Sitzlandes.[76] Die Zulassung gilt nicht nur für das gesamte EU-/EWR-Gebiet, sie deckt auch den Niederlassungs- und Dienstleistungsverkehr ab (Art. 15 Abs. 1 Solva II-RL), unabhängig davon, ob das Unternehmen im Zeitpunkt der Erlaubniserteilung überhaupt eine grenzüberschreitende Tätigkeit beabsichtigt.[77] Das ist aus Sicht des deutschen Verwaltungsrechts problematisch, da ggf. mehr als beantragt genehmigt wird. Dies ist jedoch aufgrund übergeordneter europarechtlicher Bestimmungen hinzunehmen.[78] 37

Auch wenn die Geschäftstätigkeit des Versicherungsunternehmens in Deutschland nicht von einer Erlaubnis oder Genehmigung durch die BaFin abhängt, hat dennoch zwingend eine Einbindung der Aufsichtsbehörde im Tätigkeitsland nach Maßgabe des § 61 Abs. 2–4 VAG zu erfolgen. Dort ist das sog. **Notifikationsverfahren**[79] geregelt, das der EU-/EWR-Versicherer vor der Aufnahme der beabsichtigten Tätigkeit durchlaufen haben muss. Zu Beginn dieses Verfahrens muss das Unternehmen die Aufsichtsbehörde seines Sitzlandes über das Vorhaben in Kenntnis setzen.[80] Weil das deutsche Aufsichtsrecht jedoch nur Sachverhalte unter Einbeziehung der BaFin betrifft, knüpft die Vorschrift des § 61 VAG erst an den nächsten Verfahrensschritt an. In diesem Stadium informiert die Sitzlandbehörde die BaFin als Tätigkeitslandbehörde über die beabsichtigte inländische Geschäftstätigkeit des Versicherungsunternehmens, indem sie dieser die im Gesetz genannten Angaben übermittelt. Letztlich setzt die Aufnahme der Geschäftstätigkeit im Inland also die **Benachrichtigung der BaFin** voraus. Dem Umstand, dass hinsichtlich der einzureichenden Angaben je nach Tätigkeitsform gemäß Art. 145 Abs. 2 und 3 sowie 148 Abs. 1 und 2 Solva II-RL Unterschiede bestehen, trägt das Gesetz dadurch Rechnung, dass § 61 Abs. 2 VAG nur für den Niederlassungs- und § 61 Abs. 3 VAG nur für den Dienstleistungsverkehr gilt. § 61 Abs. 4 VAG betrifft wiederum beide Tätigkeitsformen. 38

Die Durchführung des Notifikationsverfahrens ist mit Ausnahme des Umstandes, dass die BaFin zugunsten des Versicherungsunternehmens den eigenen Prüfungszeitraum von zwei Monaten nach § 61 Abs. 2 VAG verkürzen und so dem Versicherungsunternehmen einen früheren Zugang zum Inland im Niederlassungsverkehr ermöglichen kann, nicht unmittelbar mit weitergehenden Befugnissen der BaFin verbunden. Insbesondere ist in Bezug auf die eingereichten Unterlagen keine Einwilligung ihrerseits erforderlich; die BaFin nimmt die Unterlagen lediglich entgegen und kann allein bei einem beabsichtigen Niederlassungsverkehr gemäß § 61 Abs. 2 VAG zwei Monate ab Eingang der von der Sitzlandbehörde versandten Unterlagen prüfen, ob sie Beanstandungen erheben möchte.[81] Bei einem beabsichtigten Dienstleistungsverkehr wird der Tätigkeitslandbehörde **keine Prüfungsfrist** eingeräumt, so dass das Versicherungsunternehmen hier ab von der Sitzlandbehörde vermittelter Kenntnis von der Übermittlung der Unterlagen an die Tätigkeitslandbehörde ohne Wartezeit im Dienstleistungsverkehr tätig werden kann. Denn hier ist nur die Kenntnis der nach § 61 Abs. 5 VAG regelmäßig von den Tätigkeitslandbehörden zusammenzustellenden Vorschriften des Allgemeininteresses, die im Rahmen der Rechtsaufsicht durch die Tätigkeitslandbehörde überwacht werden, erforderlich. Diese Kenntnis kann auch über die Homepage der BaFin (bafin.de) verschafft werden.[82] Bei etwaigen Beanstandungen gegen die Aufnahme des Niederlassungs- oder Dienstleistungsverkehrs kann die BaFin aber jederzeit die Maßnahmen nach § 62 Abs. 3 VAG ergreifen.[83] 39

Bezogen auf § 61 Abs. 3 VAG hat in der Vergangenheit der Fall einmal Schwierigkeiten bereitet, dass die Sitzlandbehörde das Versicherungsunternehmen bereits darüber informiert hatte, die Tätigkeitslandbehörde über die beabsichtigte Aufnahme des Dienstleistungsverkehrs unterrichtet zu haben, obwohl dies tatsächlich unterblieben war. In diesem Fall liegt kein unerlaubter Dienstleistungsverkehr vor, da Fehler auf Seiten der Aufsichtsbehörden nicht dem Versicherungsunternehmen zur Last fallen können.[84] 40

---

[75] S. dazu § 72 Rn. 8.
[76] *Laars* § 110a Rn. 2.
[77] *Winter* § 13 S. 564.
[78] S. dazu FKBP/*Kaulbach* § 6 Rn. 2 f., der meint, das „so etwas wie die auf *Max Planck* zurückgehende Quantentheorie (vgl. *Hawking*, S. 76) in das deutsche Verwaltungsrecht eingeführt" werde.
[79] Begr. VAG-RegE 2014, BT-Drs. 18/2956, 255.
[80] *Decker* VersR 2013, 287, 288.
[81] Vgl. FKBP/*Pohlmann* § 110a Rn. 12.
[82] S. dazu Rn. 71 sowie FKBP/*Kaulbach* § 110a Rn. 20.
[83] So auch FKBP/*Pohlmann* § 110a Rn. 12 in Bezug auf § 111b VAG a. F.
[84] Vgl. dazu auch: *Schwintowski* VersR 2006, 588 ff.

41 **2. Geschäftstätigkeit durch eine Niederlassung (Abs. 2).** Bei der beabsichtigten Errichtung einer **Niederlassung** verlangt § 61 Abs. 2 S. 1 VAG, dass die Sitzlandbehörde der BaFin die in Art. 145 Abs. 2 und 3 der Solva II-RL bezeichneten Angaben übermittelt. Der Bestimmung in § 61 Abs. 2 S. 1 VAG kommt allerdings keine regelnde, sondern lediglich eine deklaratorische Wirkung zu, weil eine solche Pflicht der Sitzlandbehörde allein durch das nationale Recht des Sitzlandes begründet werden kann.[85] Das im jeweiligen EU- oder EWR-Staat geregelte Verfahren basiert jedoch gleichermaßen auf den Vorgaben der Solva II-RL, so dass eine entsprechende Verpflichtung der Sitzlandbehörde zur Übermittlung der Unterlagen vorausgesetzt werden kann.

42 Im Einzelnen sind danach folgende Angaben an die BaFin zu übermitteln:
- der Mitgliedstaat, in dessen Hoheitsgebiet die Niederlassung errichtet werden soll;
- ein **Tätigkeitsplan**, in dem zumindest die Art der vorgesehenen Geschäfte und die Organisationsstruktur der Niederlassung angegeben sind;
- der Name einer Person, die mit ausreichender rechtsgeschäftlicher[86] Vollmacht versehen ist, um das Versicherungsunternehmen oder im Fall von Lloyd's die beteiligten Einzelversicherer Dritten gegenüber zu verpflichten und – auch bei den Behörden und vor den Gerichten des Aufnahmemitgliedstaats – zu vertreten („**Hauptbevollmächtigter**");
- die **Anschrift**, unter der die Unterlagen im Aufnahmemitgliedstaat angefordert werden können und an die Unterlagen, einschließlich der für den Hauptbevollmächtigten bestimmten Mitteilungen, gerichtet werden können (Art. 145 Abs. 2 lit. a-d Solva II-RL);
- Falls das Unternehmen auch das Risiko der **Kraftfahrzeughaftlicht** („Haftpflicht für Landfahrzeuge mit eigenem Antrieb", Anhang I Teil A Ziff. 10 Solva II-RL – außer der Haftung des Frachtführers) über seine Niederlassung zu decken beabsichtigt, ist zudem eine Erklärung vorzulegen, wonach das Unternehmen Mitglied des nationalen Versicherungsbüros und des nationalen Garantiefonds des Aufnahmemitgliedstaats geworden ist (Art. 145 Abs. 3 Solva II-RL).

Der **Tätigkeitsplan** muss nach Art. 163 Solva II-RL umfangreiche Angaben enthalten, unter anderem über die Art der Risiken oder Verpflichtungen, die das Versicherungsunternehmen decken bzw. eingehen will, die Grundzüge der Rückversicherungspolitik, Schätzungen hinsichtlich der künftigen Solvenz- und Mindestkapitalanforderungen, die Zusammensetzung der anrechnungsfähigen Eigenmittel und Basiseigenmittel, die voraussichtlichen Kosten für den Aufbau der Verwaltung und des Vertreternetzes sowie die hierzu vorgesehenen finanziellen Mittel. Außerdem enthält der Plan die Organisationsstruktur der Zweigniederlassung sowie für die ersten drei Geschäftsjahre unter anderem eine Bilanzprognose und die voraussichtlichen Prämienaufkommen und die voraussichtliche Schadenbelastung.

43 Die Aufsichtsbehörde im Sitzland übermittelt die genannten Unterlagen der BaFin – unter Benachrichtigung des Versicherungsunternehmens – erst, wenn sie die Angaben überprüft hat und sie keine Bedenken gegen das Vorhaben hegt.[87] Insoweit prüft die Sitzlandbehörde das Vorhaben vorrangig aus Perspektive der Finanzaufsicht, um einschätzen zu können, ob das geplante neue Geschäft das bestehende Geschäft im Sitzland in Mitleidenschaft ziehen kann. Anschließend darf die Geschäftstätigkeit der

[85] FKBP/*Pohlmann* § 110a Rn. 15.

[86] Eine Vertretungsmacht mit einem gesetzlichen Mindestumfang, wie sie der Hauptbevollmächtigte einer Niederlassung eines Drittstaatenversicherungsunternehmens gemäß § 68 Abs. 2 VAG oder eines Versicherungsunternehmens i. S. d. § 65 Abs. 1 VAG benötigt, ist nicht zwingend erforderlich (s. § 65 Rn. 14 und § 68 Rn. 26 ff.). Allerdings ist zu beachten, dass mit einer „ausreichenden Vollmacht" in § 61 Abs. 2 S. 1 VAG i. V. m. Art. 145 Abs. 2c) der Solva II-RL eine im Außenverhältnis umfassende Vollmacht gemeint ist. Darunter ist eine unbeschränkte und unbeschränkbare Generalvollmacht nach außen zu verstehen, damit der Hauptbevollmächtigte – wie Art. 145 Abs. 2c) der Solva II-RL zu entnehmen ist – die Niederlassung selbständig uneingeschränkt vertreten und verpflichten kann (s. Nachweise bei Bähr/*Zeides* § 6 Rn. 39 f.). Die Vertretungsmacht muss damit sämtliche Geschäfte abdecken, die der Betrieb im Inland mit sich bringt (s. Prölss/*Kollhosser*, 12. Aufl., § 106 Rn. 9). Dafür sei exemplarisch angeführt: Abschluss, Änderung, Aufhebung und Durchführung von Versicherungsverträgen, Einstellung und Entlassung von Agenten und Angestellten der Niederlassung, Erteilung von Handlungsvollmachten und Prokura für die Niederlassung, Vermögensverwaltung wie bspw. Erwerb und Veräußerung von Wertpapieren und Grundstücken, Schadensregulierung, Führung von Prozessen, Abschluss von Bestandsübertragungs- und Rückversicherungsverträgen für das deutsche Geschäft, Verkehr mit der Aufsichtsbehörde und jedes andere mit dem Versicherungsgeschäft nicht zusammenhängende Geschäft, sofern nicht der versicherungsfremde Charakter dieses Geschäfts klar erkennbar ist (Prölss/*Kohlhosser*, 12. Aufl., § 106 Rn. 9). Im Innenverhältnis kann die Vertretungsmacht des Hauptbevollmächtigten im Sinne des rechtlichen Dürfens aber eingeschränkt werden. Bestimmt wird das Innenverhältnis des Versicherers zum Hauptbevollmächtigten in der Regel im Rahmen des Anstellungs- und Dienstvertrags. Danach können bestimmte Rechtsgeschäfte an die Zustimmung von Organen des Versicherers gebunden werden, wobei stets zu bedenken ist, dass eine solche Vereinbarung wegen der Unbeschränktheit der Vertretungsmacht im Außenverhältnis nicht gegenüber Dritten wirkt; der Hauptbevollmächtigte kann sich lediglich gegenüber dem Versicherer schadensersatzpflichtig machen (Prölss/*Kohlhosser*, 12. Aufl., § 106 Rn. 11). Ferner ist zu beachten, dass die Bestellung eines stellvertretenden oder zweiten Hauptbevollmächtigten nach dem Gesetzeswortlaut des § 61 Abs. 2 S. 1 i. V. m. Art. 145 Abs. 2c) Solva II-RL unzulässig ist. Begründet wird dies im Schrifttum mit der Möglichkeit der Behinderung aufsichtsrechtlicher Zugriffe (s. Nachweise bei Bähr/*Zeides* § 6 Rn. 43). Dem steht anerkanntermaßen allerdings nicht entgegen, dass der Hauptbevollmächtigte zur Delegation von Aufgaben auf am Ort der Niederlassung vorhandenes Personal befugt ist. Er kann entsprechend dem Vorstand eines Unternehmens Prokura, Handlungs- oder Einzelvollmacht zur Vornahme von Rechtshandlungen erteilen (Prölss/*Kohlhosser*, 12. Aufl., § 106 Rn. 10).

[87] Vgl. *Laars* § 110a Rn. 3; *Winter* § 13 S. 564, jeweils zur alten Rechtslage.

Niederlassung gemäß § 61 Abs. 2 S. 2 VAG grundsätzlich dann aufgenommen werden, wenn seit Eingang der Benachrichtigung des Unternehmens **zwei Monate** vergangen sind. Innerhalb dieser Wartefrist teilt die BaFin der Sitzlandbehörde unter den Voraussetzungen des § 61 Abs. 5 S. 2 VAG die Rechtsvorschriften mit, die das Unternehmen bei der Ausübung der Geschäftstätigkeit zu beachten hat. Bei entsprechender Mitteilung der BaFin gegenüber dem Versicherer, über die auch die Sitzlandbehörde informiert werden sollte, ist die Aufnahme des Betriebs nach § 61 Abs. 2 S. 3 VAG aber auch schon zu einem früheren Zeitpunkt zulässig. Eine solche **Verkürzung der Frist** steht grundsätzlich im **Ermessen** der BaFin. Im Einzelfall kann das Ermessen aber auf Null reduziert sein, so dass die BaFin unter Umständen einen früheren Zeitpunkt mitteilen muss. Dies kann in Betracht kommen, wenn nach Überprüfung sämtlicher Angaben keine Hindernisse für die Aufnahme der Geschäftstätigkeit ersichtlich sind.[88] Bei geplanten Änderungen bestimmter – wesentlicher – Angaben nach der Errichtung der Niederlassung gelten neue Fristen (§ 61 Abs. 2 S. 4 und 5 VAG).

§ 61 Abs. 2 S. 4 VAG verpflichtet das Unternehmen, beabsichtigte **Änderungen** hinsichtlich des Tätigkeitsplans, des Hauptbevollmächtigten sowie der Korrespondenzanschrift (Art. 145 Abs. 2 lit. b bis d Solva II-RL) sowohl der BaFin als auch der Aufsichtsbehörde seines Sitzes **einen Monat vor der beabsichtigten Durchführung** der Änderung mitzuteilen. Begrifflich setzt die Durchführung von Änderungen voraus, dass die Niederlassung des Unternehmens im Zeitpunkt der Änderungsmitteilung bereits als solche zulässigerweise in Betrieb genommen worden ist. Gleichzeitig impliziert der Begriff der beabsichtigten Durchführung, dass es sich um eine Änderung handeln muss, deren Durchführung auf einen Zeitpunkt in der Zukunft festgelegt werden kann. Die Monatsfrist ist daher auch zu beachten, wenn vor Ablauf der Wartefrist von zwei Monaten Änderungen der ursprünglichen Angaben eintreten. Wenn diese Änderung die Aufnahme des Niederlassungsverkehrs betrifft (z. B. Tod des in Aussicht genommenen Hauptbevollmächtigten), wird die Tätigkeitslandbehörde entscheiden können, ob sie in entsprechender Auslegung des § 61 Abs. 2 S. 3 VAG die ggf. über die Zwei-Monatsfrist hinausgehende Monatsfrist für die angezeigte Änderung verkürzt. 44

Im Hinblick auf die umschriebene Anzeigepflicht gegenüber der Sitzlandbehörde hat die Bestimmung wie im Fall von § 61 Abs. 2 S. 1 VAG lediglich **deklaratorischen Charakter**, weil der deutsche Gesetzgeber eine solche Verpflichtung nicht begründen kann.[89] Da Art. 145 Abs. 4 Solva II-RL eine entsprechende Mitteilungspflicht aber auch gegenüber der Tätigkeitslandbehörde vorsieht, die bei Änderungen alternativ zu einer Mitteilung gegenüber der Sitzlandbehörde in Betracht kommt, bleibt die Regelung in § 61 Abs. 2 S. 4 VAG hinter der europarechtlichen Vorgabe zurück. Mit Blick auf die beabsichtigte Vollharmonisierung des Aufsichtsrechts hat ein Versicherungsunternehmen daher bei **erweiternder europarechtskonformer Auslegung** des § 61 Abs. 2 S. 4 VAG auch die Möglichkeit, die Tätigkeitslandbehörde über die beabsichtigte Änderung zu informieren, um so die Monatsfrist des § 61 Abs. 2 S. 5 VAG auszulösen. Es ist dann an der BaFin, die Sitzlandbehörde über diese Mitteilung zu unterrichten. 45

Für den Fall, dass mit den Änderungen **Erweiterungen der Geschäftstätigkeit** verbunden sind, sind diese nämlich gemäß § 61 Abs. 2 S. 5 VAG erst nach Ablauf eines Monats seit Eingang der Mitteilung bei der BaFin zulässig. Ob die BaFin dem Unternehmen die beiden Termine von Zugang und Fristablauf umgehend mitteilen sollte, wird unterschiedlich beurteilt. Zum Teil wird die Frage ohne nähere Begründung bejaht.[90] Dagegen ist einzuwenden, dass das Gesetz eine solche Pflicht zu Lasten der beteiligten Aufsichtsbehörden nicht statuiert und sich der Versicherer als Absender der Mitteilung eigeninitiativ über den Zugang erkundigen könnte. Einen Anspruch auf eine solche behördliche Mitteilung hat das Versicherungsunternehmen daher nicht. Sinnvoll ist diese Information natürlich gleichwohl. 46

3. Geschäftstätigkeit im Dienstleistungsverkehr (Abs. 3). Die beabsichtigte **(erstmalige) Aufnahme** sowie die **Änderung** einer grenzüberschreitenden Geschäftstätigkeit eines EU-/EWR-Versicherers im Wege des **Dienstleistungsverkehrs** sind nur unter den Voraussetzungen des § 61 Abs. 3 VAG zulässig. Entsprechend § 57 Abs. 3 VAG setzt der Begriff des Dienstleistungsverkehrs voraus, dass der EU-/EWR-Versicherer, ohne von einer inländischen Niederlassung Gebrauch zu machen, in Deutschland belegene Risiken deckt. Für die Annahme des Dienstleistungsverkehrs in Deutschland genügt es also nicht, wenn der Versicherungsnehmer seinen Wohnsitz zwar im Inland hat, aber dennoch das Risiko nicht in Deutschland belegen ist.[91] 47

Gemäß § 61 Abs. 3 VAG muss die Sitzlandbehörde vor der Durchführung des Vorhabens die in Art. 148 Abs. 1 und 2 der Solva II-RL bezeichneten Angaben der BaFin übermittelt und das Unternehmen hiervon in Kenntnis gesetzt haben.[92] Die der BaFin zu übermittelnden Angaben umfassen 48

– eine Bescheinigung, dass das Versicherungsunternehmen die **Solvenz- und Mindestkapitalanforderungen** bedeckt;

---

[88] Vgl. auch FKBP/*Pohlmann* § 110a Rn. 16.
[89] Zu § 61 Abs. 2 S. 1 VAG s. Rn. 41.
[90] FKBP/*Pohlmann* § 110a Rn. 17.
[91] FKBP/*Pohlmann* § 110a Rn. 18.
[92] Fehler der Aufsichtsbehörde gehen dabei nicht zulasten des Versicherungsunternehmens (s. dazu bereits Rn. 40).

– die Versicherungszweige, die das Versicherungsunternehmen betreiben darf;
– die Art der Risiken oder Verpflichtungen, die das Versicherungsunternehmen im Aufnahmemitgliedstaat decken will (Art. 148 Abs. 1 lit. a bis c Solva II-RL).

Im Fall der **Kfz-Haftpflichtversicherung** sind außerdem Name und Anschrift des Schadenregulierungsvertreters sowie eine Erklärung, wonach das Unternehmen Mitglied des nationalen Versicherungsbüros und des nationalen Garantiefonds des Aufnahmemitgliedstaats geworden ist, einzureichen (Art. 148 Abs. 2 Solva II-RL). Dabei ist der in Art. 148 Abs. 2 Solva II-RL enthaltene Verweis auf Art. 18 Abs. 1 lit. h Solva II-RL ein Redaktionsversehen.[93] Im Rahmen von § 61 VAG ist der BaFin nämlich nicht der betreffende Schadenregulierungsbeauftragte i. S. d. Art. 18 Abs. 1 lit. h Solva II-RL zu nennen, sondern vielmehr der in Art. 152 Solva II-RL in Bezug genommene Schadenregulierungsvertreter. Denn die Schadenregulierungsbeauftragten in den anderen Mitglied- und Vertragsstaaten sind bereits anzugeben, wenn ein EU-/EWR-Versicherer die Zulassung zur Sparte Kfz-Haftpflicht beantragt, unabhängig davon, ob eine grenzüberschreitende Tätigkeit beabsichtigt ist oder nicht. Im Bereich des Dienstleistungsverkehrs würde die Inbezugnahme des Beauftragten daher keinen Sinn ergeben.[94]

49 Im Unterschied zur beabsichtigten Geschäftstätigkeit über eine Niederlassung nach § 61 Abs. 2 VAG ist vor Aufnahme des Betriebs im Dienstleistungsverkehr **keine Wartefrist** vorgesehen. Die Geschäftstätigkeit kann vielmehr ab dem Zeitpunkt aufgenommen werden, in dem die Sitzlandbehörde das Versicherungsunternehmen von der Übermittlung der Angaben an die BaFin in Kenntnis gesetzt hat. Für die Mitteilung der aus Gründen des Allgemeininteresses geltenden Bedingungen nach § 61 Abs. 5 S. 2 VAG verbleibt der BaFin in diesem Fall keine Zeit. Es wird jedoch im Bereich des Dienstleistungsverkehrs für die Überwachungstätigkeit als ausreichend erachtet, wenn das Versicherungsunternehmen die Bedingungen ggf. erst nach Aufnahme der Dienstleistungstätigkeit erfährt.[95] Denn es hat aufgrund entsprechender Veröffentlichungen auf der Homepage der BaFin jederzeit vorher die Möglichkeit, sich entsprechend zu informieren.[96]

50 **4. Substitutive Krankenversicherung und Pflichtversicherungen (Abs. 4).** Für den Betrieb der substitutiven Krankenversicherung i. S. d. § 146 Abs. 1 VAG sowie von Pflichtversicherungen bestimmt § 61 Abs. 4 VAG, dass die Geschäftstätigkeit über eine Niederlassung oder im Dienstleistungsverkehr im Inland erst zulässig ist, wenn der EU-/EWR-Versicherer der BaFin zuvor die Allgemeinen Versicherungsbedingungen (**AVB**) mitgeteilt hat. Darin ist eine Einschränkung des Sitzlandprinzips zu sehen, die jedoch mit der Solva II-RL im Einklang steht (vgl. Art. 181 Abs. 2 für die Pflichtversicherung und Art. 206 Abs. 1 lit. b für die Krankenversicherung). Die Pflicht zur systematischen Vorlage der Versicherungsbedingungen ist nach der Gesetzesbegründung erforderlich, um rechtzeitig prüfen zu können, ob die auf ihrer Grundlage abgeschlossenen Versicherungsverträge den erforderlichen Schutz bieten.[97] Sofern dies – wie in der Praxis gelegentlich der Fall – versäumt wird, sollte es umgehend nachgeholt werden, um den aufsichtswidrigen Zustand zu beenden.[98] Die bis dahin abgeschlossenen Versicherungsverträge sind gleichwohl zivilrechtlich wirksam.[99]

51 Ob substitutive Krankenversicherung oder eine Pflichtversicherung betrieben wird, kann zum Teil **Abgrenzungsschwierigkeiten** mit sich bringen. Denn es sind durchaus Produkte in anderen EU-/EWR-Staaten bekannt, die eine substitutive Krankenversicherung oder eine Pflichtversicherung nur ergänzen wollen, ohne sie zu ersetzen. Wenn der Charakter eines solchen Produkts in den Produktunterlagen klar und deutlich zum Ausdruck kommt, werden sich diese Abgrenzungsschwierigkeiten in der Regel nicht stellen. Denn dann wissen Verbraucher und Aufsichtsbehörde, dass das Versicherungsunternehmen keine substitutive Krankenversicherung oder Pflichtversicherung betreiben möchte. Probleme stellen sich aber, wenn es an einem solchen Hinweis fehlt.

52 Bezogen auf die **substitutive Krankenversicherung** ist dann zu prüfen, ob das Produkt lediglich ergänzenden Charakter hat. Wann das der Fall ist, ist höchstrichterlich noch nicht entschieden. In der Literatur werden dazu ausgehend von der Legaldefinition des Begriffs substitutive Krankenversicherung in § 146 Abs. 1 Hs. 1 VAG[100] bzw. der identischen Legaldefinition in § 195 Abs. 1 VVG, wonach substitutive Krankenversicherung dann vorliegt, wenn „die Krankenversicherung ganz oder teilweise den im gesetzlichen Sozialversicherungssystem vorgesehenen Kranken- oder Pflegeversicherungsschutz ersetzen kann", **zwei Meinungen** vertreten.

53 Die eine Auffassung, der auch die BaFin[101] folgt, verfolgt einen objektiven, **leistungsbezogenen Ansatz**. Sie macht das Vorliegen einer substitutiven Krankenversicherung vorrangig von den Leistungs-

[93] FKBP/*Pohlmann* § 110a Rn. 19 und § 13c Rn. 15.
[94] FKBP/*Pohlmann* § 13c Rn. 15.
[95] Vgl. *Miersch* S. 54 f.
[96] S. bereits Rn. 39.
[97] Begr. RegE Drittes Durchführungsgesetz/EWG zum VAG, BT-Drs. 12/6959, 92, 49.
[98] S. dazu auch Rn. 70.
[99] Zu den Folgen eines Verstoßes s. Rn. 70.
[100] S. dazu auch § 146 Rn. 5 ff.
[101] *Hanefeld* BaFin-Journal 07/2015, S. 24.

bereichen und Risiken abhängig, die durch einen Krankenversicherungstarif abgedeckt werden.[102] Dabei wird dieser leistungsbezogene Ansatz überwiegend so ausgelegt, dass eine substitutive Versicherung nur eine solche ist, die ganz oder teilweise eine Alternative zu der von der gesetzlichen Sozialversicherung gewährten Deckung im Krankheitsfall darstellt. Folglich muss eine substitutive Krankenversicherung dem Versicherungsschutz der GKV ihrer Art nach (d. h. in seinen Leistungsbereichen) ganz oder teilweise entsprechen und somit nicht mit diesem vollständig identisch sein. Es ist also die insoweit erforderliche **Austauschbarkeit des Versicherungsschutzes** nach der Verkehrsanschauung in wertender Betrachtung zu bestimmen.[103] Umgekehrt beschränken sich nicht substitutive Krankenversicherungen nach diesem Ansatz auf Versicherungen gegen *„solche Risiken, die der Art nach nicht Bestandteil des gesetzlichen Versicherungsschutzes sind, wie die Pflegetagegeldversicherung und die Krankenhaustagegeldversicherung, oder nur vorübergehenden Charakter haben, wie z. B. die Reisekrankenversicherung*".[104] Einigkeit besteht innerhalb dieser Ansicht darin, dass eine Krankheitskostenvollversicherung nicht notwendig als Kompakttarif, also als einheitlicher Tarif eines Versicherungsvertrages, angeboten werden muss, der nur solche Leistungen umfasst, die auch dem Versicherungsschutz der GKV ihrer Art nach (d. h. in seinen Leistungsbereichen) entsprechen. Es schließe die Substitutivität nämlich nicht aus, wenn Tarife angeboten werden, die nur einen Teil der Leistungen aus dem gesetzlichen Versicherungsschutz übernehmen oder die zum Teil sogar darüber hinausgehen.[105] Einheitliche Verträge, die also sowohl Versicherungsschutz für Kosten der Grundversorgung als auch für Wahlleistungen, die über den Versicherungsschutz der GKV ihrer Art nach hinausgehen, anbieten, werden dementsprechend insgesamt als substitutiv angesehen.[106] Entsprechendes gilt danach für alle Tarife, die nach dem Baukastenprinzip miteinander verbunden werden können, auch wenn einzelne dieser Tarife nur Leistungen umfassen, die dem Versicherungsschutz der GKV ihrer Art nach nicht entsprechen. Allein solche Tarife, die „**stand-alone**" vertrieben werden, die ausschließlich Versicherungsschutz für Wahlleistungen (wie z. B. Chefarztbehandlung und Einzelzimmerunterbringung im stationären Bereich oder sog. Außenseitermethoden im ambulanten Bereich) umfassen und die somit dem Versicherungsschutz der GKV ihrer Art nach noch nicht einmal teilweise entsprechen, sind nach dieser Auffassung nicht substitutive Krankenversicherungen. In Bezug auf den Begriff der **Pflichtversicherung**, der in diesem Zusammenhang mit Blick auf § 193 Abs. 3 S. 1 VVG auch eine Rolle spielt, führt der leistungsbezogene Ansatz dazu, dass eine Krankenversicherung, die den Anforderungen des § 193 Abs. 3 S. 1 VVG an die Versicherungspflicht genügt, per se substitutiv ist. Liegen die leistungsbezogenen Voraussetzungen für eine Pflichtversicherung vor, ist diese mithin immer (auch) als substitutive Krankenversicherung anzusehen. Umgekehrt lässt sich dagegen – immer vom Leistungsumfang des versprochenen Krankenversicherungsschutzes ausgehend – nach dieser Auffassung vertreten, dass nicht jede substitutive Krankenversicherung zugleich eine Pflichtversicherung sein muss.

Eine andere, im Schrifttum vertretene Ansicht stellt dagegen für die Abgrenzung zwischen substitutiver und nicht substitutiver Krankenversicherung subjektiv auf die Perspektive des Versicherungsnehmers bzw. bei der Gruppenversicherung der versicherten Person ab (**versicherungsnehmerbezogener Ansatz**). Sie geht davon aus, dass jeder Versicherungsvertrag, den ein Versicherungsnehmer abschließt, um seiner privaten Krankenversicherungspflicht nachzukommen, unabhängig von der tariflichen und vertraglichen Zusammensetzung des Krankenversicherungsschutzes stets dem Bereich der substitutiven Krankenversicherung zuzuordnen sei.[107] Möchte die Person dagegen einen Krankenversicherungsvertrag unabhängig von der Erfüllung einer Krankenversicherungspflicht abschließen, sei ein solcher Vertrag stets als nicht substitutiv einzuordnen. Dann obliege es dem Krankenversicherer gemäß § 147 VAG, ob er den Krankenversicherungsvertrag nach Art der Lebensversicherung oder nach Art der Schadenversicherung kalkuliert. Ausgehend von diesem Ansatz kommt es also auf den Leistungsinhalt des Produktes gar nicht an, sondern allein auf die Sichtweise des Versicherungsnehmers. 54

Somit ist zu entscheiden, welcher der beiden vorgenannten Auffassungen zu folgen ist. Dies ist durch eine Auslegung des § 146 Abs. 1 Hs. 1 VAG und des § 195 Abs. 1 VVG zu ermitteln. Der **Wortlaut** der Normen ist **nicht eindeutig**. Denn das „Ersetzen-Können" einer Krankenversicherung bezogen auf den gesetzlichen Sozialversicherungsschutz kann sich sowohl leistungsbezogen vom Inhalt der Krankenversicherung ausgehend bestimmen als auch versicherungsnehmerbezogen von seinem Interesse bei Abschluss der Krankenversicherung. **Für den leistungsbezogenen Ansatz** spricht aber das folgende **systematische Argument**: der Abschnitt zur Krankenversicherung im VVG kennt einerseits in § 193 Abs. 3 Satz 1 VVG Pflichtversicherungen und andererseits in § 195 Abs. 1 VVG substitutive Krankenversicherungen. Wenn beide Begriffe wie von der anderen Ansicht vertreten synonym zu 55

---

102 Vgl. Langheid/Rixecker/*Muschner* § 195 Rn. 3; Langheid/Wandt/*Boetius* Vor § 192 Rn. 575; wohl auch Prölss/Martin/*Voit* § 195 Rn. 3;Looschelders/Pohlmann/*Reinhard* § 195 Rn. 3; *Werber*, VersR 2011, 1346, 1347.

103 Vgl. HK-VVG/*Rogler* § 195 Rn. 5.

104 Looschelders/Pohlmann/*Reinhard* § 195 Rn. 3.

105 Vgl. Prölss/Martin/*Voit* § 195 Rn. 3.

106 Vgl. Prölss/Martin/*Voit* § 195 Rn. 3.

107 Vgl. Bach/Moser/*Hütt* § 195 Rn. 4.

verstehen seien, machte diese Differenzierung keinen Sinn. Als weiteres Beispiel für eine Differenzierung zwischen beiden Begriffen ist § 206 VVG heranzuziehen. Dort differenziert der Gesetzgeber im Zusammenhang mit dem Ausschluss des Kündigungsrechts zwischen Pflichtversicherungen, für die nach § 206 Abs. 1 Satz 1 VVG grundsätzlich[108] jedwede Kündigung ausgeschlossen ist, und substitutiven Krankenversicherungen, für die nach § 206 Abs. 1 Satz 2 VVG nur die ordentliche Kündigung ausgeschlossen ist. Auch diese Differenzierungen wären schlicht überflüssig, wären beide Begriffe synonym zu verstehen. Aufsichtsrechtlich könnte in systematischer Hinsicht zugunsten des leistungsbezogenen Ansatzes zudem auf § 9 Abs. 4 Nr. 4 und 5 VAG (vormals § 5 Abs. 5 Nr. 1 VAG a. F.) verwiesen werden, wo explizit zwischen Pflichtversicherungen und substitutiven Krankenversicherungen getrennt wird. Wäre eine substitutive Krankenversicherung per se eine Pflichtversicherung, hätte es der Inbezugnahme derselben auch hier nicht bedurft.

56 Das zuletzt genannte Argument greift indes zu kurz und verkennt die **Gesetzgebungshistorie**. Ursprünglich fielen unter Pflichtversicherungen nämlich keine Krankenversicherungsverträge, da es eine private Krankenversicherungspflicht bei Schaffung des § 5 Abs. 5 Nr. 1 VAG a. F. im Jahre 1994 noch gar nicht gab. Damals waren Pflichtversicherungen in keinem Fall Krankenversicherungsverträge, sondern vor allem Haftpflichtversicherungsverträge, deren Abschluss vom Gesetz vorgeschrieben war (z. B. Berufshaftpflichtversicherungen, Kfz-Haftpflichtversicherungen). Die zusätzliche Aufnahme substitutiver Krankenversicherungen erfolgte damals allein vor dem Hintergrund, dass es bereits damals in der GKV versicherungsfreie Personen gab, die sich anstelle einer Krankenversicherung in der GKV auch in der PKV versichern konnten. Diese Personen sollten wegen des hohen sozialpolitischen Schutzcharakters der PKV entsprechend geschützt werden,[109] so dass auch die Dritten EG-Versicherungsrichtlinien es bereits ausdrücklich erlaubten, die 1994 abgeschaffte Vorabgenehmigungspflicht von AVB für die substitutive Krankenversicherung aufrecht zu erhalten. Vor diesem Hintergrund ist also unter Berücksichtigung einer historischen Auslegung eher davon auszugehen, dass § 5 Abs. 5 Nr. 1 VAG a. F. bei Schaffung einer privaten Krankenversicherungspflicht aufgrund eines Redaktionsversehens nicht um die Worte *„für die Krankenversicherung im Sinne des § 12 Abs. 1 und*" gekürzt wurde. Allerdings hat der Gesetzgeber diese Unterscheidung auch in der aktuellen Fassung des VAG in § 9 Abs. 4 Nr. 4 und 5 VAG beibehalten, was gegen ein Redaktionsversehen spricht. Dementsprechend geht im Übrigen *Hütt*[110] bezogen auf § 206 Abs. 1 VVG, der die Kündigung des Versicherers dem Wortlaut nach nur für die Pflichtversicherung ausschließt, unter Berufung auf den BGH[111] davon aus, dass hier jedwede substitutive Krankenversicherung gemeint ist.

57 Dennoch ist kein Grund dafür ersichtlich, warum der Gesetzgeber in § 204 VVG bezogen auf das gesetzliche **Tarifwechselrecht** nur auf die substitutive Krankenversicherung abstellt und nicht – jedenfalls bezogen auf den Basistarif – ein gesetzliches Tarifwechselrecht insoweit nur für Pflichtversicherungen vorschreibt. Darüber hinaus ist gegen den leistungsbezogenen Ansatz einzuwenden, dass er selbst bei den Vertretern dieser Ansicht unter systematischen Aspekten für Verwirrung sorgt, wenn z. B. *Reinhard*[112] darauf hinweist, dass die **Reisekrankenversicherung** wegen ihres **vorübergehenden Charakters** keine substitutive Krankenversicherung sei, obwohl sie vom Leistungsspektrum durchaus Versicherungsschutz bietet, der mit dem der GKV der Art nach identisch ist. *Reinhard* stellt hier also auf die Sichtweise des Versicherungsnehmers ab. Richtig ist aber, dass Reisekrankenversicherungen per se keine substitutive Krankenversicherung sind.[113]

58 **Für den versicherungsnehmerbezogenen Ansatz** spricht in **systematischer Hinsicht**, dass § 195 VVG zur Legaldefinition der substitutiven Krankenversicherung anders als z. B. im Rahmen des § 204 VVG nicht auf den Begriff des Tarifs und die danach gedeckten Leistungen abstellt, sondern auf die *„Krankenversicherung*" und damit auf den Krankenversicherungsschutz als solchen. Gleiches gilt für § 146 Abs. 1 VAG. Und auch § 193 Abs. 3 Satz 1 VVG spricht personenbezogen von einer Versicherungspflicht für *„jede Person mit Wohnsitz im Inland*". Dementsprechend lassen sich auch systematische Argumente finden, die für eine synonyme Verwendung beider Begriffe und somit für den versicherungsnehmerbezogenen Ansatz sprechen.

59 **Gegen den leistungsbezogenen Ansatz** ist im Rahmen einer **teleologischen Auslegung** der beiden Normen einzuwenden, dass er die Besonderheiten **ausländischer Versicherungsnehmer** außen vor lässt. Ausländische Versicherungsnehmer ohne Hauptwohnsitz in Deutschland sind nämlich gar nicht in Deutschland krankenversicherungspflichtig und bedürfen daher gar nicht des sozialpolitischen Schutzes, der mit § 146 Abs. 1 VAG und § 195 Abs. 1 VVG verfolgt wird. Sie haben vielmehr durchaus ein Interesse daran, mit der GKV vergleichbaren Krankenversicherungsschutz auch nach Art

---

[108] Nach Auffassung des *BGH* (Urt. v. 7.12.2011 – IV ZR 105/11, VersR 2012, 304) ist in bestimmten Fällen ausnahmsweise eine außerordentliche Kündigung möglich.
[109] Siehe dazu nur: *Laars* § 12 Rn. 2.
[110] In: Langheid/Wandt § 206 Rn. 10.
[111] Urt. v. 7.12.2011 – IV ZR 105/11, VersR 2012, 304.
[112] Looschelders/Pohlmann/*Reinhard* § 195 Rn. 3.
[113] So auch ausdrücklich der Gesetzgeber in BR-Drs. 23/94, 177 f., der hier die Reisekrankenversicherung wegen ihres vorübergehenden Charakters ausdrücklich als nicht substitutiv bezeichnet.

der Schadenversicherung abzuschließen. Dementsprechend haben auch EU-/EWR-Versicherer ein Interesse daran, solchen Versicherungsschutz anzubieten, ohne gegen § 61 Abs. 4 VAG zu verstoßen. Ihnen hier nur mit Blick auf ihren befristeten Auslandsaufenthalt die Erleichterungen des § 146 Abs. 3 VAG bezüglich der Befreiung von der Pflicht zur Bildung von Alterungsrückstellungen zuzugestehen, ist nicht sachgerecht.

Diese Überlegungen gelten aber auch entsprechend für Versicherungsnehmer mit Hauptwohnsitz in 60 Deutschland, die in Erfüllung ihrer Versicherungspflicht nach § 193 Abs. 3 Satz 1 VVG einen sog. **Einsteigertarif** als substitutive Krankenversicherung bei einem in Deutschland sitzenden privaten Krankenversicherer abgeschlossen haben und diesen reduzierten Versicherungsschutz durch einen nach Art der Schadenversicherung kalkulierten Krankenversicherungsvertrag aufstocken möchten. Dies wäre ihnen nach dem leistungsbezogenen Ansatz verwehrt, da sie diesbezüglich im System der nach Art der Lebensversicherung kalkulierten substitutiven Krankenversicherungsverträge gefangen wären. Entsprechendes gilt aber auch für einen GKV-Versicherten, der seinen gesetzlichen Krankenversicherungsschutz in den Leistungsbereichen der GKV aufstocken möchte, ohne bereits den Bereich der Wahlleistungen zu erreichen. Auch er wäre im System der nach Art der Lebensversicherung kalkulierten substitutiven Krankenversicherungsverträge gefangen, obwohl auch er wegen seines vorhandenen GKV-Versicherungsschutzes des mit § 146 VAG intendierten sozialpolitischen Schutzzweckes nicht bedarf.

Wird dementsprechend **richtigerweise an die subjektive Zielsetzung** des einzelnen Versiche- 61 rungsnehmers angeknüpft, die spiegelbildlich auch in dem angebotenen Produkt deutlich werden sollte, lassen sich folgende Ableitungen treffen: Zum einen kann danach eine private Krankenversicherung, die ein Versicherungsnehmer abschließt, der nicht der Versicherungspflicht nach § 193 Abs. 3 Satz 1 VVG unterliegt, keine Pflichtversicherung sein. Ist der Versicherungsnehmer aber nicht versicherungspflichtig, dann kann die betreffende private Krankenversicherung auch nicht substitutiv sein. Denn dann fehlt es schon rein begrifflich an dem zu ersetzenden GKV-Versicherungsschutz. Zum anderen ist festzuhalten, dass eine private Krankenversicherung, die ein Versicherungsnehmer, der versicherungspflichtig nach § 193 Abs. 3 Satz 1 VVG ist, eigens abschließt, um damit der Versicherungspflicht zu genügen, jedenfalls substitutiv sein muss. Denn normativ ist jedwede Pflichtversicherung i. S. d. § 193 Abs. 3 Satz 1 VVG stets zugleich als substitutive Krankenversicherung i. S. v. § 146 Abs. 1 VAG anzusehen.

Für den versicherungsnehmerbezogenen Ansatz sprechen im Übrigen auch die folgenden **europa-** 62 **rechtlichen Überlegungen**: Zunächst ist diesbezüglich zu beachten, dass dem Wortlaut des § 193 Abs. 3 Satz 1 VVG nach die Pflichtversicherung *„bei einem in Deutschland zum Geschäftsbetrieb zugelassenen Versicherungsunternehmen"* abzuschließen ist. Insoweit wird im Schrifttum – sofern überhaupt problematisiert – überwiegend davon ausgegangen, dass eine Beschränkung auf Versicherungsunternehmen mit Sitz im Inland, wie sie der Wortlaut des § 193 Abs. 3 Satz 1 VVG zunächst einmal nahe legt, europarechtswidrig wäre, da sie gegen die Dienstleistungs- und Niederlassungsfreiheit verstieße.[114] Dementsprechend geht inzwischen auch die BaFin davon aus, dass der Versicherungspflicht des § 193 Abs. 3 Satz 1 VVG auch durch Krankenversicherungsverträge mit EU-/EWR-Dienstleistern Rechnung getragen werden kann.[115] Rechtsmethodisch lässt sich dies begründen, indem das Merkmal *„bei einem in Deutschland zum Geschäftsbetrieb zugelassenen Versicherungsunternehmen"* im Lichte der vorgenannten Grundfreiheiten europarechtskonform dahingehend ausgelegt wird, dass auch solche Versicherungsunternehmen erfasst sind, die ihren Sitz im EU-/EWR-Ausland haben, die aber im Wege des Notifikationsverfahrens entweder eine Niederlassung oder ein Tätigwerden im freien Dienstleistungsverkehr in Deutschland angemeldet haben. Höchstrichterlich bestätigt ist eine solche extensive Wortlautauslegung im Lichte des Europarechts aber nach wie vor nicht, zumal der Wortlaut des § 193 Abs. 3 Satz 1 VVG für sich genommen zunächst einmal recht eindeutig dafür spricht, dass Pflichtversicherungen nur von Versicherungsunternehmen angeboten werden dürfen, die ihren Sitz in Deutschland haben.

Gleichwohl könnte argumentiert werden, dass Versicherer mit Sitz in einem anderen EU-/EWR- 63 Mitgliedsstaat in Deutschland zwar substitutive Krankenversicherungen anbieten dürfen, nicht aber Pflichtversicherungen i. S. v. § 193 Abs. 3 Satz 1 VVG. Dafür spricht, dass § 61 Abs. 4 VAG nur auf § 146 Abs. 1 VAG verweist, nicht aber den Begriff der Pflichtversicherung i. S. v. § 193 Abs. 3 S. 1 VVG in Bezug nimmt. Dann könnten sie substitutive Krankenversicherungen in Deutschland aber nur gegenüber solchen Versicherungsnehmern anbieten, die nicht nach § 193 Abs. 3 Satz 1 VAG versicherungspflichtig sind. Ein solcher Ansatz führte jedoch zu **Wertungswidersprüchen**: Was das Verhältnis zwischen Pflichtversicherung und substitutiver Krankenversicherung anbelangt, ist insoweit zu beachten, dass mit der Versicherungspflicht nach § 193 Abs. 3 S. 1 VVG ein **Kontrahierungszwang** zum Basistarif nach § 193 Abs. 5 VVG besteht. Die nähere Ausgestaltung des Basistarifs ist in § 152 VAG geregelt, auf den § 193 Abs. 5 VVG verweist. § 193 VVG liegt mithin das Verständnis zugrunde, dass ein Anbieter von Pflichtversicherungen auch einen Basistarif anzubieten hat. Der Basistarif ist mithin von Gesetzes wegen substitutiv. Dies deckt sich wiederum **nicht** mit § 152 Abs. 1 S. 1 VAG. Dort wird nämlich *„Versicherungsunternehmen mit Sitz im Inland"*, die *„die substitutive Krankenversicherung betreiben"*,

---

[114] S. statt vieler *Boetius* VersR 2007, 431, 436;Looschelders/Pohlmann/*Reinhard* § 193 Rn. 7.
[115] *Hanefeld* BaFin-Journal 07/2015, S. 22, rechte Spalte, oben.

auferlegt, den sog. Basistarif anzubieten. In § 154 VAG ist der vom Gesetzgeber vorgesehene Risikoausgleich für den Basistarif geregelt. Bemerkenswert ist insoweit, dass Versicherungsunternehmen mit Sitz in einem anderen EU-/EWR-Mitgliedstaat ausweislich § 62 Abs. 1 S. 2 Nr. 5 VAG, der zwar auf § 152 Abs. 1 bis 4 VAG, verweist, nicht aber auf § 154 VAG, gar keinen Basistarif anbieten dürfen. Krankenversicherungsunternehmen mit Sitz in einem anderen EU-/EWR-Mitgliedsstaat können diesem Branchen-Basistarif mit Blick auf den eindeutigen Wortlaut des Gesetzes also gar nicht beitreten und sind daher gehindert, substitutive Krankenversicherungen, mit denen die Versicherungspflicht des § 193 Abs. 3 Satz 1 VVG erfüllt werden könnte, anzubieten.[116] Wäre dem jedoch so, dann setzte dies bei den deutschen Krankenversicherungen den rechtspolitischen (Fehl-)Anreiz, das substitutive Krankenversicherungsgeschäft nunmehr über EU-ausländische Tochterunternehmen zu betreiben. Denn auf diese Weise ließe sich das Anbieten eines unrentablen Basistarifs umgehen. Einmal unterstellt, alle Versicherer folgten diesen – aufsichtsrechtlich nach dem leistungsbezogenen Ansatz zulässigen – Anreizen, führte dies auf die Spitze getrieben dazu, dass in Deutschland gar kein Basistarif mehr angeboten würde – eben weil EU-/EWR-ausländische Versicherungsunternehmen dies nicht dürfen. Hinzu kommt, dass auf Krankenversicherungsverträge, die mit Versicherungsnehmern abgeschlossen werden, deren gewöhnlicher Aufenthalt in Deutschland belegen ist, deutsches Versicherungsvertragsrecht Anwendung findet. Infolgedessen ist die halbzwingende Vorschrift des § 204 Abs. 1 Nr. 1 VVG anwendbar. Danach steht solchen Versicherungsnehmern, die privat substitutiv krankenversichert sind, ein gesetzliches Tarifwechselrecht in den Basistarif hinein zu. Kontrahierten sie mit einem Versicherungsunternehmen im EU-/EWR-Ausland, wäre ihnen das Tarifwechselrecht in den Basistarif entzogen. Dies wiederum verstieße gegen § 208 VVG, da die Bestimmungen zum Tarifwechselrecht halbzwingend sind. Will der EU-/EWR-ausländische Krankenversicherer nicht gegen § 208 VVG verstoßen, müsste er versicherungsvertragsrechtlich einen Basistarif anbieten, zu dem er versicherungsaufsichtsrechtlich nicht nur nicht verpflichtet, sondern mit Blick auf den fehlenden Verweis auf § 154 VAG in § 62 VAG gar nicht berechtigt ist.

64 Weiter darf europarechtlich nicht verkannt werden, dass ein **EU-/EWR-Versicherer** in seinem Sitzland **nach Art der Schadenversicherung kalkulierte** Krankenversicherungsprodukte anbieten darf, weil es dort eine Unterscheidung zwischen substitutiver und nicht substitutiver Krankenversicherung gar nicht gibt. Wenn aber ein Produkt in einer bestimmten Weise in einem EU-/EWR-Mitgliedsstaat vertrieben werden darf, dann ist es mit der schrankenlosen Dienstleistungs- und Niederlassungsfreiheit des AEUV nicht in Einklang zu bringen, dass ein solches Produkt nicht auch in Deutschland vertrieben werden darf.

65 Schließlich spricht aus verfassungsrechtlicher Sicht für den versicherungsnehmerbezogenen Ansatz, dass nur dieser es einem EU-/EWR-Versicherer rechtssicher erlaubt, seine Krankenversicherungen zuverlässig dem Bereich substitutiv und nicht substitutiv zuzuordnen sowie auf dieser Basis eine Entscheidung für die Art der Beitragskalkulation zu treffen – im substitutiven Bereich zwingend nach Art der Lebensversicherung und im nicht substitutiven Bereich nach Wahl entweder nach Art der Lebensversicherung oder nach Art der Schadenversicherung. Ausgehend von dieser Entscheidung kann er dann den Vertrieb seiner Produkte rechtssicher aufnehmen, indem er klarstellt, ob ein Produkt substitutiv ist und zur Erfüllung der Versicherungspflicht geeignet ist oder nicht. Allein der Versicherer, der seine künftigen Versicherungsnehmer nicht im Vorfeld des Vertragsschlusses darüber aufklärt und mit Personen kontrahiert, die eine Pflichtversicherung abschließen wollten, ist Schadenersatzforderungen seiner Versicherungsnehmer ausgesetzt.

66 Nach alledem ist dem **versicherungsnehmerbezogenen Ansatz der Vorzug** zu geben. Er führt auch nicht dazu, dass die beide Begriffe substitutive Versicherung und Pflichtversicherung vollständig synonym sind. Denn die substitutive Versicherung erfasst auch den Bereich „zahnärztliche Behandlung“ und die Krankentagegeldversicherung, während die Pflichtversicherung nur auf die Bereiche „ambulante und stationäre Behandlung“ abstellt. Daher bleibt die oben angesprochene Differenzierung des Gesetzgebers zwischen diesen beiden Begriffen insoweit sinnvoll. Es bedarf also nicht zwingend der Annahme eines gesetzgeberischen Redaktionsversehens, um dem versicherungsnehmerbezogenen Ansatz folgen zu können.

67 Für die Abgrenzung zwischen Pflichtversicherung und freiwilliger Versicherung ist ebenfalls ein versicherungsnehmerbezogener Ansatz gegenüber einem leistungsbezogenen Ansatz vorzugswürdig. Auch insoweit hat der Versicherer aber auf eine hinreichend klare Produktgestaltung zu achten, will er Schadenersatzansprüche zu seinen Lasten vermeiden.

68 Der im Gesetz verwendete Begriff der **Allgemeinen Versicherungsbedingungen** ist in Bezug auf die einzureichenden Angaben nicht einschränkend zu verstehen.[117] Vielmehr sind – unabhängig von der ausdrücklichen Benennung als solche – alle Bedingungen, die „regelmäßig bei einer Vielzahl von Versicherungsverträgen ohne Rücksicht auf individuelle Verschiedenheiten des einzelnen Wagnisses

[116] Vgl. dazu ausführlich: *Grote/Bronkars* VersR 2008, 580, 581 ff. zum VAG a. F.

[117] Begr. RegE Drittes Durchführungsgesetz/EWG zum VAG, BT-Drs. 12/6959, 92, 50; s. auch FKBP/*Pohlmann* § 110a Rn. 21.

Anwendung finden", von der Regelung erfasst.[118] Die Gesetzesbegründung nennt als Beispiele u. a. die Bezeichnungen „Besondere Bedingungen", „Sonderbedingungen", „Zusatzbedingungen", „Musterbedingungen" oder „Klauseln" sowie die „Tarifbestimmungen in der Kraftfahrzeug-Haftpflichtversicherung".[119]

Hat das Unternehmen die AVB vorgelegt und sind die übrigen Voraussetzungen des Notifikationsverfahrens nach § 61 Abs. 2 oder 3 VAG erfüllt, kann die Geschäftstätigkeit aufgenommen werden. Ein **Genehmigungserfordernis** ist mit der Pflicht zur Vorlage der AVB **nicht** verbunden.[120] Dies entspricht Art. 154 Abs. 1 Solva II-RL.[121] **69**

In diesem Zusammenhang stellt sich die **Frage**, ob im Fall der beabsichtigten Errichtung einer Niederlassung die in § 61 Abs. 2 S. 2 VAG **vorgegebene Zweimonatsfrist** nicht schon durch den Eingang der Benachrichtigung, sondern **erst durch die Vorlage der AVB** ausgelöst wird. Dies wird zum Teil mit der Begründung verneint, dass für die Einreichung der AVB ein genauer Zeitpunkt in dem Verfahren nach § 61 Abs. 2 VAG nicht genannt werde. Gleiches gelte für Art. 206 Abs. 1 lit. b Solva-II RL, nach dessen Wortlaut die Mitteilung der AVB „vor deren Anwendung" gefordert werden könne. Denkbar sei es daher, dass der Versicherer die AVB beispielsweise am letzten Tag der genannten Zweimonatsfrist einreicht und unmittelbar am nächsten Tag die Geschäftstätigkeit aufnimmt. Diese Auffassung übersieht allerdings, dass der Wortlaut des § 61 Abs. 4 VAG auch so verstanden werden kann, dass die ausdrückliche Bezugnahme auf die in Absatz 2 und 3 bezeichneten Fälle nicht nur die beiden Tätigkeitsformen – Niederlassung und Dienstleistungsverkehr – bezeichnen will, sondern dass dadurch gleichzeitig eine Einbindung in das Verfahren erfolgen soll. Ein entsprechender gesetzgeberischer Wille lässt sich der Gesetzesbegründung entnehmen, nach der die Vorlage der AVB erforderlich ist, um *rechtzeitig* prüfen zu können, ob die Versicherungsverträge den durch das Sozialversicherungssystem gewährten Schutz ersetzen können.[122] Bei fehlender Einbindung der Vorlagepflicht in die Wartefrist des § 61 Abs. 2 S. 2 VAG könnte dieser Zweck in dem beschriebenen Fall, dass die AVB erst kurz vor Fristablauf an die BaFin übermittelt werden, keineswegs erreicht werden. Gleiches würde für den dann ebenfalls denkbaren Fall zutreffen, wenn die AVB erst nach Ablauf der zwei Monate eingereicht würden und die Aufnahme der Geschäftstätigkeit unmittelbar im Anschluss erfolgte. Ohne Einreichung der AVB darf der Geschäftsbetrieb aufsichtsrechtlich also nicht aufgenommen werden.[123] **70**

5. Unterrichtung über Rechtsvorschriften durch die BaFin (Abs. 5). § 61 Abs. 5 S. 1 VAG verpflichtet die BaFin zur **fortlaufenden Unterrichtung** der Aufsichtsbehörden der anderen Mitglied- oder Vertragsstaaten über die **deutschen Rechtsvorschriften**, die der EU-/EWR-Versicherer bei der Geschäftstätigkeit im Inland zu beachten hat. Die BaFin kommt dieser Forderung durch Veröffentlichung einer entsprechenden Liste auf ihrer Homepage nach.[124] Die Pflicht zur fortlaufenden Übermittlung der Vorschriften geht allerdings über die Vorgaben des Art. 146 Abs. 3 der Solva II-RL hinaus. Dort wird lediglich eine anlassbezogene Unterrichtung gefordert.[125] Daher ist § 61 Abs. 5 S. 1 VAG europarechtskonform entsprechend einschränkend auszulegen. Eine fortlaufende Unterrichtung erfordert also eine Unterrichtung der anderen Aufsichtsbehörden immer dann, wenn sich Änderungen hinsichtlich der bereits mitgeteilten Vorschriften ergeben. Dem kommt die BaFin mit der Veröffentlichung auf ihrer Homepage nach. **71**

Aus den Erwägungsgründen der Solva II-RL folgt, dass es sich bei den zu beachtenden Vorschriften um solche zum **Schutz des Allgemeininteresses** handeln muss.[126] Die Einhaltung dieser Vorschriften unterliegt auch der Überwachung durch die deutsche Aufsichtsbehörde, soweit es nicht um die reine Finanzaufsicht geht, die gemäß § 62 Abs. 1 S. 1 VAG allein der Sitzlandbehörde obliegt. Dies entspricht Art. 155 Solva II-RL, nach dem auch der Tätigkeitslandbehörde – wenngleich nur in untergeordnetem und eingeschränktem Maße – Befugnisse für den Fall eingeräumt werden, dass ein Unternehmen die in dem Mitgliedstaat für das Versicherungsunternehmen geltenden Vorschriften nicht einhält.[127] **72**

Zu den Vorschriften, die das **Allgemeininteresse** schützen, zählen zunächst die in § 62 Abs. 1 S. 2 VAG genannten Vorschriften des VAG. Ferner gehören alle weiteren Vorschriften dazu, die sich auf die inländische Versicherungstätigkeit beziehen.[128] Der Rat der EG hat bei der Verabschiedung der Dritten Richtlinien dementsprechend zum Protokoll erklärt, dass dies beispielsweise Bestimmungen vertragsrechtlicher Art oder solche für Werbung und Marketing sind.[129] Für alle Versicherer, die eine bestimmte **73**

[118] Begr. RegE Drittes Durchführungsgesetz/EWG zum VAG, BT-Drs. 12/6959, 92, 50.
[119] Begr. RegE Drittes Durchführungsgesetz/EWG zum VAG, BT-Drs. 12/6959, 92, 50.
[120] *Laars* § 110a Rn. 4; Bürkle/*Bähr* § 7 Rn. 18.
[121] Bürkle/*Bähr* § 7 Rn. 18.
[122] S. Begr. RegE Drittes Durchführungsgesetz/EWG zum VAG, BT-Drs. 12/6959, 92, 49.
[123] S. bereits Rn. 50 sowie zu den Rechtsfolgen einer unerlaubten Geschäftstätigkeit Rn. 76 f.
[124] Vgl. zuletzt das Merkblatt „Vorschriften des Allgemeininteresses in Deutschland (General Good Requirements)" v. 30.12.2015 unter bafin.de; s. hierzu die Ausführungen bei § 62 Rn. 24.
[125] FKBP/*Pohlmann* § 111a Rn. 2.
[126] Vgl. 78. Erwägungsgrund der Solva II-RL; näher zum Begriff des Allgemeininteresses § 62 Rn. 20 ff.
[127] Vgl. zu den möglichen Aufsichtsmaßnahmen § 62 Rn. 65 ff.
[128] Begr. RegE Drittes Durchführungsgesetz/EWG zum VAG, BT-Drs. 12/6959, 94.
[129] S. auch Begr. RegE Drittes Durchführungsgesetz/EWG zum VAG, BT-Drs. 12/6959, 94.

Geschäftstätigkeit im Inland auszuüben beabsichtigen, gelten im Grundsatz die gleichen Rechtsvorschriften. Die Gesetzesbegründung weist insofern darauf hin, dass es zweckmäßig sei, die Vorschriften nicht in jedem Einzelfall neu bekanntzugeben, sondern sie den Sitzlandbehörden ein für allemal zu übermitteln und diesen dann auch Rechtsänderungen nur einmalig mitzuteilen.[130] Durch die Unterrichtung wird den Sitzlandbehörden zum einen die Aufsicht über die in ihrem Land ansässigen Versicherungsunternehmen erleichtert.[131] Zum anderen erhalten die Behörden auf diese Weise die Möglichkeit, die Unternehmen ihrerseits über die in Deutschland zu beachtenden Rechtsvorschriften im Vorfeld einer beabsichtigten Aufnahme des Geschäftsbetriebs in Deutschland zu unterrichten.

74 § 61 Abs. 5 S. 2 VAG beruht im Grundsatz auf Art. 146 Abs. 3 Solva II-RL. Danach verfügen die Aufsichtsbehörden des Tätigkeitslandes ggf. über einen Zeitraum von **zwei Monaten**, um der Aufsichtsbehörde des Sitzlandes die Bedingungen anzugeben, die für die Ausübung dieser Tätigkeit aus Gründen des Allgemeininteresses gelten.[132] Über die Richtlinienvorgaben hinaus erstreckt § 61 Abs. 5 S. 2 VAG die Informationsverpflichtung auch auf die beabsichtigte Tätigkeit im Dienstleistungsverkehr. Die Erweiterung der Pflicht auf beide Tätigkeitsformen ist gleichwohl sinnvoll, weil das Informationsbedürfnis der Sitzlandbehörden in beiden Fällen gleichermaßen besteht. Denn die EU-/EWR-Unternehmen müssen sich nach Art. 155 Abs. 1 Solva II-RL sowohl bei der Niederlassungstätigkeit als auch im Rahmen des grenzüberschreitenden Dienstleistungsverkehrs an die Bedingungen im Tätigkeitsland halten.

75 Hat die BaFin (einzelne) Vorschriften nicht gemäß ihrer Informationsverpflichtung bekannt gegeben, hat sie diese Normen gemäß § 61 Abs. 5 S. 2 VAG nachzureichen. Durch das Versäumnis werden allerdings keine rechtlichen Wirkungen ausgelöst.[133]

76 **IV. Verhältnis zu anderen Regelungen des VAG.** Wer entgegen § 61 Abs. 2 S. 2 oder S. 5, Abs. 3 oder Abs. 4 VAG eine dort genannte Geschäftstätigkeit aufnimmt, erweitert oder ändert oder eine Krankenversicherung oder eine Pflichtversicherung betreibt, erfüllt den **Straftatbestand** gemäß § 331 Abs. 1 Nr. 2 VAG. Es droht eine Freiheitsstrafe von bis zu fünf Jahren oder Geldstrafe. Bei fahrlässigem Handeln ist die Strafe gemäß § 331 Abs. 3 VAG Freiheitsstrafe bis zu drei Jahren oder Geldstrafe.

77 Darüber hinaus stellt die Aufnahme der Geschäftstätigkeit entgegen § 61 Abs. 1 VAG ein **unerlaubtes Versicherungsgeschäft** dar, § 308 Abs. 1 S. 1 VAG. In diesen Fällen ist die BaFin ermächtigt, die sofortige Einstellung des Geschäftsbetriebs und die unverzügliche Abwicklung dieser Geschäfte gegenüber dem Unternehmen anzuordnen und laufend u. a. mithilfe entsprechender Berichtspflichten zulasten des Unternehmens zu überwachen.

78 Die Zulassung zum Geschäftsbetrieb von Versicherern **mit Sitz außerhalb des EWR** regeln die §§ 67 ff. VAG.

Beaufsichtigung der Geschäftstätigkeit

62 (1) [1]**Die Finanzaufsicht über die Geschäftstätigkeit im Sinne des § 61 obliegt allein der Aufsichtsbehörde des Herkunftsstaats, die Aufsicht im Übrigen auch der Bundesanstalt.** [2]**Für die Aufsicht der Bundesanstalt nach Satz 1 sind neben § 61 Absatz 1 und 2 entsprechend anzuwenden:**

1. von den Allgemeinen Vorschriften § 1 Absatz 1 und 2 sowie die §§ 3 und 4;
2. von den Vorschriften über grenzüberschreitende Geschäftstätigkeit § 68 Absatz 2 Satz 4;
3. von den Vorschriften über die Geschäftstätigkeit die §§ 48 und 51 sowie für Unternehmen, die ihre Tätigkeit durch eine Niederlassung ausüben, außerdem § 15a Absatz 1;
4. von den Vorschriften über die Verhinderung von Geldwäsche und Terrorismusfinanzierung § 53 Absatz 1 bis 3 sowie die §§ 54 und 55, sofern es sich um Niederlassungen im Sinne des § 57 Absatz 2 handelt, die die in § 52 genannten Geschäfte betreiben;
5. von den Vorschriften für einzelne Zweige die §§ 142, 144, 146, 147, 149 und 150 Absatz 1 bis 3, § 152 Absatz 1 bis 4, die §§ 155 und 156 Absatz 1, § 157 Absatz 1, § 159 mit Ausnahme der Verweisung auf § 160;
6. von den Vorschriften über die Aufsicht § 294 Absatz 2 Satz 2 bis 4, die §§ 298 und 299 Nummer 1, die §§ 303, 305 Absatz 1, 2 Nummer 1 und 2, Absatz 3 bis 5, § 306 Absatz 1 Satz 1 Nummer 1 bis 3, Absatz 2 Satz 1 Nummer 1 und 2, Absatz 4 bis 8 sowie die §§ 308 und 310 sowie
7. § 17 des Finanzdienstleistungsaufsichtsgesetzes.

---

130 Begr. RegE Drittes Durchführungsgesetz/EWG zum VAG, BT-Drs. 12/6959, 94.

131 Zur Zuweisung der Aufsichtszuständigkeiten über die inländische Geschäftstätigkeit s. § 62 VAG und die Ausführungen hierzu.

132 Vgl. auch den jeweils nahezu gleichlautenden Art. 10 Abs. 4 der 1. RL Schadenversicherung und Lebensversicherung in der Fassung des jeweiligen Art. 32 der Dritten Richtlinien (ohne „gegebenenfalls") sowie die Gesetzesbegründung zu § 111a VAG a. F., BT-Drs. 12/6959, 94.

133 Vgl. *Laars* § 111a Rn. 1; FKBP/*Pohlmann* § 111a Rn. 5.

(2) **Hat die Bundesanstalt Gründe für die Annahme, dass die finanzielle Solidität eines nach § 61 Absatz 1 tätigen Unternehmens beeinträchtigt sein könnte, unterrichtet sie hierüber die für die Finanzaufsicht zuständige Behörde des Herkunftsstaats.**

(3) [1]**Kommt ein Erstversicherungsunternehmen bei einer Geschäftstätigkeit nach § 61 Absatz 1 Aufforderungen oder Anordnungen der Bundesanstalt, einen Missstand (§ 298 Absatz 1) zu beseitigen, nicht nach, so unterrichtet die Bundesanstalt die Aufsichtsbehörde des Herkunftsstaats über die nach Satz 2 beabsichtigten Maßnahmen und ersucht um Zusammenarbeit.** [2]**Bleibt dieses Ersuchen erfolglos und sind Versuche, Anordnungen mit Zwangsmitteln durchzusetzen oder wegen Zwangsgeld zu vollstrecken, aussichtslos oder erfolglos, kann die Bundesanstalt, wenn andere Maßnahmen nicht zum Ziel führen oder nicht angebracht sind, die weitere Geschäftstätigkeit im Inland ganz oder teilweise untersagen.** [3]**In dringenden Fällen können die in Satz 2 genannten Anordnungen ohne Unterrichtung der Aufsichtsbehörde des Herkunftsstaats ergehen.** [4]**Darüber hinaus kann die Bundesanstalt gemäß Artikel 19 der Verordnung (EU) Nr. 1094/2010 des Europäischen Parlaments und des Rates vom 24. November 2010 zur Errichtung einer Europäischen Aufsichtsbehörde (Europäische Aufsichtsbehörde für das Versicherungswesen und die betriebliche Altersversorgung), zur Änderung des Beschlusses Nr. 716/2009/EG und zur Aufhebung des Beschlusses 2009/79/EG der Kommission (ABl. L 331 vom 15.12.2010, S. 48) die Europäische Aufsichtsbehörde für das Versicherungswesen und die betriebliche Altersversorgung mit der Angelegenheit befassen und um Unterstützung bitten.**

(4) **Verliert ein nach § 61 Absatz 1 tätiges Unternehmen die Erlaubnis zum Geschäftsbetrieb, so trifft die Bundesanstalt nach Unterrichtung durch die Aufsichtsbehörde des Herkunftsstaats die zur Unterbindung der weiteren inländischen Geschäftstätigkeit geeigneten und erforderlichen Maßnahmen.**

Übersicht

Schrifttum: Siehe die Angaben bei § 61.

1 **I. Allgemeines. 1. Entstehungsgeschichte.** § 62 VAG geht aus den bisherigen §§ 110a und 111b VAG a. F. hervor. Die Bestimmungen zu Art, Umfang und Zuständigkeit der Aufsicht in Absatz 1 stammen aus § 110a Abs. 3 S. 1 und 4 VAG a. F. Neu im Katalog zum Aufsichtsumfang ist zunächst der Verweis in § 62 Abs. 1 S. 2 Nr. 4 VAG auf die Regelungen zur Verhinderung der Geldwäsche. Die Aufsichtskompetenz wird insoweit eindeutig der Aufsichtsbehörde des Tätigkeitslandes zugewiesen.[1] Weiter wurde § 62 Abs. 1 S. 2 Nr. 5 VAG explizit neu um die Vorschrift zum Basistarif ergänzt, um an der Altfassung erhobenen europarechtlichen Bedenken zu begegnen.[2] Schließlich ist die Befugnis zur Ergreifung möglicher Aufsichtsmaßnahmen gegenüber EU-/EWR-Unternehmen um den Verweis auf die Vorschrift des § 303 VAG in § 62 Abs. 1 S. 2 Nr. 6 VAG erweitert worden.

2 Die Regelungen zur Zusammenarbeit der BaFin mit den Sitzlandbehörden sowie zu weiteren Aufsichtsmaßnahmen (§ 62 Abs. 2 bis 4 VAG) fanden sich bislang – weitgehend inhaltsgleich – in

[1] Begr. VAG-RegE 2014, BT-Drs. 18/2956, 255.

[2] Siehe dazu § 61 Rn. 50 ff., 63 ff. Dort wird ausführlich dargelegt, warum dennoch europarechtliche Bedenken bestehen.

§ 111b Abs. 1, 3 und 5 VAG a. F., wobei die vormaligen Absätze 1 und 3 jetzt in umgekehrter Reihenfolge angeordnet sind. In § 62 Abs. 3 S. 1 VAG hat der Gesetzgeber anstelle der bisherigen Verweisung auf Ermächtigungsgrundlagen für spezielle Aufsichtsbefugnisse die allgemeinere Formulierung *„einen Missstand (§ 298 Abs. 1) zu beseitigen"* gewählt. In Satz 2 der Vorschrift erfolgte eine sprachliche Änderung (*„nicht angebracht"* statt *„untunlich"*) sowie die Streichung der wegen § 62 Abs. 1 S. 2 Nr. 6 VAG überflüssigen ausdrücklichen Angabe der Ermächtigungsgrundlage des § 81 Abs. 2 VAG a. F. (§ 298 Abs. 1 VAG). Neu ist dagegen die in § 62 Abs. 3 S. 4 VAG gewährte zusätzliche Möglichkeit, unter bestimmten Voraussetzungen die europäische Aufsichtsbehörde EIOPA zu beteiligen und um Unterstützung zu bitten (Art. 155 Abs. 3 UAbs. 2 Solva II-RL[3]). Die Zusammenarbeit der Behörden bei örtlichen Prüfungen in den Geschäftsräumen der Niederlassung regelt nunmehr § 327 VAG (bislang § 110a Abs. 3 S. 2 VAG a. F.).

3 Die Vorgängervorschriften des § 62 VAG sind in Gestalt der aktuellen Rechtslage aus dem **Dritten Durchführungsgesetz/EWG zum VAG**[4] erwachsen. Die vorher in §§ 110a und 111b VAG a. F. enthaltenen Regelungen waren gegenstandslos geworden, da in Umsetzung der Dritten Versicherungsrichtlinien[5] das Erlaubniserfordernis für die Niederlassungs- und Dienstleistungstätigkeit weggefallen war.[6]

4 Mit § 110a Abs. 3 S. 1 VAG a. F. (§ 62 Abs. 1 S. 1 VAG) wurde eine spiegelbildliche Regelung zum damaligen § 85 S. 2 VAG a. F. (§ 294 Abs. 6 S. 2 VAG) geschaffen, der die aufsichtsbehördlichen Zuständigkeiten für die Geschäftstätigkeit deutscher Versicherer über Niederlassungen und im Dienstleistungsverkehr im EU-/EWR-Ausland regelt.[7] Der Verweisungskatalog zur Bestimmung des Aufsichtsumfangs in § 62 Abs. 1 S. 2 VAG ist in den vergangenen Jahren an die jeweils aktuelle Rechtslage angepasst und ausgeweitet worden. So wurden insbesondere durch das 8. Gesetz zur Änderung des VAG und anderer Gesetze v. 28.5.2007[8] in § 110a Abs. 4 Nr. 3 VAG a. F. die damals neuen Regelungen zu unerlaubten Versicherungsgeschäften (§§ 81f, 83b VAG a. F., heute § 308 VAG) in die Paragrafenkette der Aufsichtsbefugnisse aufgenommen. Ferner ist durch das Beteiligungsrichtlinie-Umsetzungsgesetz v. 12.3.2009[9] der Verweis auf die Vorschriften zur Zusammenarbeit mit Versicherungsvermittlern als neuer § 110a Abs. 4 Nr. 2a VAG a. F. (§ 62 Abs. 1 S. 2 Nr. 3 VAG) in den Katalog eingefügt worden.

5 Die Bestimmungen des § 111b Abs. 1, 3 und 5 VAG a. F. (§ 62 Abs. 2 bis 4 VAG) sind vor Solvency II nur unwesentlich geändert worden. In Absatz 1 der Vorschrift (heute § 62 Abs. 3 VAG) wurden die damals noch genannten speziellen Ermächtigungsgrundlagen durch das bereits erwähnte 8. VAG-Änderungsgesetz[10] um die Regelungen zu unerlaubten Versicherungsgeschäften ergänzt.

6 **2. Normzweck.** § 62 VAG enthält Regelungen über Art und Umfang der Aufsicht sowie über die behördliche Zuständigkeit und Zusammenarbeit für den Fall, dass ein Versicherer aus einem anderen EU-/EWR-Staat über eine Niederlassung oder im Dienstleistungsverkehr in Deutschland tätig wird. Vom Anwendungsbereich der Norm sind alle Erstversicherungsunternehmen im Geltungsbereich des § 61 VAG erfasst.[11] Dies ergibt sich aus § 62 Abs. 1 S. 1 VAG, der für die Geschäftstätigkeit auf § 61 VAG verweist.

7 Ein Kernelement der Vorschrift besteht in der **Zuweisung der Aufsichtszuständigkeiten**, damit Versicherungsunternehmen im Fall einer grenzüberschreitenden Tätigkeit nicht einer doppelten bzw. – bei multinationaler Tätigkeit – einer mehrfachen Aufsicht unterliegen. Demgemäß grenzt § 62 Abs. 1 VAG die Aufsichtssphären der Sitzland- und der Tätigkeitslandbehörden voneinander ab, indem die Vorschrift eine alleinige Zuständigkeit der Sitzlandbehörde für die Finanzaufsicht und eine Doppelzuständigkeit der Sitzland- und Tätigkeitslandbehörde für die sonstige laufende Rechtsaufsicht vorsieht. Die rechtsaufsichtliche Zuständigkeit (auch) der Tätigkeitslandbehörde für das im Inland abgeschlossene Versicherungsgeschäft dient nicht zuletzt der Sicherstellung des **Verbraucherschutzes,**[12] da die Tätigkeitslandbehörde die dort geltenden Vorschriften besser kennt als die Sitzlandbehörde. Denn in vielen Bereichen, wie z. B. dem Versicherungsvertragsrecht, fehlt es (noch) an einem vollharmonisierten Recht, wie es seit Umsetzung der Solva II-RL für das Versicherungsaufsichtsrecht vorhanden ist. In § 62 Abs. 1 S. 2 VAG wird festgelegt, welche Aufgaben der BaFin dabei im Rahmen der Rechtsaufsicht im Einzelnen zugewiesen werden. Da insbesondere im Bereich der nebeneinander bestehenden Rechts-

[3] RL 2009/138/EG v. 25.11.2009, ABl. EU 2009 L 335, 1, geändert durch die RL 2014/51/EU v. 16.4.2014, ABl. EU 2014 L 153, 1 (Omnibus II).
[4] Vom 21.7.1994, BGBl. I 1630, 3134.
[5] Dritte RL Schadenversicherung (RL 92/49/EWG, v. 18.6.1992, ABl. EG 1992 L 228, 1) und Dritte RL Lebensversicherung (RL 92/96/EWG, v. 10.11.1992, ABl. EG 1992 L 360, 1).
[6] Begr. RegE Drittes Durchführungsgesetz/EWG zum VAG, BT- Drs. 12/6959, 92, 94.
[7] Vgl. Begr. RegE Drittes Durchführungsgesetz/EWG zum VAG, BT- Drs. 12/6959, 92.
[8] BGBl. I 923.
[9] BGBl. I 470.
[10] Vom 28.5.2007, BGBl. I 923.
[11] Zum Anwendungsbereich dort s. § 61 Rn. 19 ff.
[12] So Beckmann/Matusche-Beckmann/*Mönnich* § 2 Rn. 65.

aufsicht eine **intensive Zusammenarbeit** der zuständigen Behörden erforderlich ist, trifft § 62 Abs. 2 bis 4 VAG zur **Sicherstellung einer effektiven Aufsicht** diesbezüglich spezielle Vorkehrungen.

Möchte ein inländischer Versicherer sein Geschäft im EU-/EWR-Ausland betreiben, gilt die zu § 62 Abs. 1 S. 1 VAG spiegelbildliche Regelung des § 294 Abs. 6 S. 2 VAG. 8

Trotz dieser an sich klaren Abgrenzung der Zuständigkeiten in Rechts- und Finanzaufsicht können gleichwohl immer wieder Zuständigkeitsstreitigkeiten entstehen, da Rechts- und Finanzaufsicht sich in Teilen überschneiden bzw. eben nicht klar voneinander abgrenzbar sind. In solchen Fällen obliegt es künftig u. a. gemäß § 62 Abs. 3 S. 4 VAG EIOPA, solche Zuständigkeitsstreitigkeiten zwischen den nationalen Aufsichtsbehörden zu entscheiden. 9

Als Beispiel solcher Abgrenzungsschwierigkeiten soll auf § 164 VAG verwiesen werden. Diese Vorschrift geht auf eine **Mitgliedstaatenoption** aus Art. 200 Solva II-RL zurück. Hier stellt sich die Abgrenzungsfrage, ob sie zur Finanz- oder zur Rechtsaufsicht gehört. Dementsprechend sind Konflikte zwischen dem Recht des Tätigkeitslandes und dem Recht des Sitzlandes vorprogrammiert, die nur durch eine europarechtskonforme Auslegung dahingehend gelöst werden können, dass das jeweilige Versicherungsunternehmen im grenzüberschreitenden Geschäftsverkehr ein Wahlrecht zwischen dem Recht des Sitzlandes und dem des Tätigkeitslandes hat.[13] 10

3. Europarechtlicher Hintergrund. Wie eingangs dargestellt, gehen die Regelungen des § 62 VAG auf das Umsetzungsgesetz zu den Dritten EG-Versicherungsrichtlinien zurück. Mit dem Dritten Durchführungsgesetz/EWG zum VAG folgte der Gesetzgeber den Entwicklungen auf europäischer Ebene, die auf die Schaffung eines **gemeinsamen Binnenmarktes** abzielten.[14] Die Dritte Richtlinie Schadenversicherung und die der Dritten Richtlinie Lebensversicherung nachfolgende Richtlinie 2002/83/EG über Lebensversicherungen sind durch die Solva II-RL[15] neu gefasst worden.[16] In der Solva II-RL sind die freie Niederlassung und der freie Dienstleistungsverkehr nunmehr einheitlich in Kapitel VIII (Art. 145–161) geregelt. Wie nach den Dritten Richtlinien[17] liegt auch nach der Solva II-RL der Schwerpunkt der Aufsichtstätigkeit bei der Sitzlandbehörde (Primärkompetenz), die allein für die Finanzaufsicht zuständig ist.[18] Daneben besteht im neuen EU-weiten Aufsichtssystem, ebenfalls wie bisher, eine beschränkte Rechtsaufsicht durch die Tätigkeitslandbehörden (Art. 155 Solva II-RL), wobei in der Durchsetzung von Aufsichtsmaßnahmen die Sitzlandbehörde wiederum den Vorrang hat und die Tätigkeitslandbehörde nur bei deren Untätigkeit oder bei Gefahr im Verzug tätig werden kann (§ 62 Abs. 3 VAG). 11

Durch die **Vollharmonisierung** unter Solvency II werden die in der Sitz- und Tätigkeitslandaufsicht bestehenden Aufsichtsmaßstäbe, -instrumente, -kriterien und -befugnisse europaweit vereinheitlicht.[19] Die einheitlichen aufsichtsrechtlichen Standards sollen zu einheitlichen Wettbewerbsbedingungen im Versicherungsbinnenmarkt führen.[20] Gleichzeitig will eine verstärkte Konvergenz der aufsichtsbehördlichen Praktiken verhindern, dass die europarechtlichen Vorgaben in den Mitgliedstaaten unterschiedlich angewandt werden.[21] Hierzu dienen insbesondere die von EIOPA erlassenen Leitlinien und Empfehlungen, die gemäß Art. 16 Abs. 1 EIOPA-VO[22] „kohärente, effiziente und wirksame Aufsichtspraktiken" schaffen und „eine gemeinsame, einheitliche und kohärente Anwendung des Unionsrechts" sicherstellen sollen. Eine Abweichung des Richtlinienrechts ist unzulässig. Für den grenzüberschreitenden Geschäftsbetrieb heißt das auch, dass das nationale Recht nicht etwa strengere Regelungen für inländische Versicherungsunternehmen im Sinne einer **Inländerdiskriminierung** schaffen kann, wie dies beispielsweise vor Solvency II für den Fall der deutschen Missstandsaufsicht nach § 81 VAG a. F. angenommen wurde.[23] Gleichwohl bleibt abzuwarten, ob diese Ziele erreicht werden. Denn vorrangig geht es nach wie vor um Entscheidungen nationaler Aufsichtsbehörden. Zudem schaffen Mitgliedstaatenoptionen wie die in Art. 200 Solva II-RL zusätzliches Konfliktpotential.[24] 12

II. Umfang der Aufsicht (Abs. 1). 1. Zuständigkeit (Abs. 1 S. 1). § 62 Abs. 1 S. 1 VAG bestimmt, dass die Finanzaufsicht über die inländische Geschäftstätigkeit von Versicherungsunternehmen 13

[13] Siehe dazu ausführlich am Beispiel von § 8a VAG a. F. (= § 164 VAG): *Grote* in: Liber amicorum für Dirk Ehlers zum 70. Geburtstag S. 117 ff. sowie § 61 Rn. 15.

[14] Vgl. ausführlicher § 61 Rn. 11 ff.

[15] RL 2009/138/EG v. 25.11.2009, ABl. EU 2009 L 335, 1, geändert durch die RL 2014/51/EU v. 16.4.2014, ABl. EU 2014 L 153, 1 (Omnibus II).

[16] 1. Erwägungsgrund der Solva II-RL.

[17] *Decker* VersR 2013, 287, 288.

[18] Zu den Abgrenzungsschwierigkeiten zwischen Rechts- und Finanzaufsicht siehe Rn. 9 f.

[19] *Dreher/Lange* VersR 2011, 825, 832.

[20] *Dreher/Lange* VersR 2011, 825, 832.

[21] *Dreher/Lange* VersR 2011, 825, 832.

[22] VO (EU) Nr. 1094/2010 v. 24.11.2010 zur Errichtung einer Europäischen Aufsichtsbehörde (Europäische Aufsichtsbehörde für das Versicherungswesen und die betriebliche Altersversorgung), zur Änderung des Beschlusses Nr. 716/2009/EG und zur Aufhebung des Beschlusses 2009/79/EG der Kommission.

[23] *Dreher/Lange* VersR 2011, 825, 831 f.; *Winter* S. 635; *Bähr* VersR 2001, 1185, 1192 ff.; *Miersch* S. 122 f.; s. hierzu auch Rn. 53.

[24] Siehe dazu § 61 Rn. 15 und oben Rn. 10.

mit Sitz in einem anderen Mitglied- oder Vertragsstaat in alleiniger Zuständigkeit von der Sitzlandbehörde ausgeübt wird und die Aufsicht im Übrigen sowohl der Sitzlandbehörde als auch der BaFin als Tätigkeitslandbehörde obliegt.

14 **a) Finanzaufsicht.** Im Rahmen der **Finanzaufsicht** ist – so gibt es § 294 Abs. 4 VAG für inländische Unternehmen vor – auf die dauernde Erfüllbarkeit der Verpflichtungen aus den Versicherungen – insbesondere auf die Solvabilität sowie die langfristige Risikotragfähigkeit, die Bildung ausreichender versicherungstechnischer Rückstellungen, die Anlage in entsprechenden geeigneten Vermögenswerten und die Einhaltung der kaufmännischen Grundsätze einschließlich einer ordnungsgemäßen Geschäftsorganisation sowie die Einhaltung der übrigen finanziellen Grundlagen des Geschäftsbetriebs – zu achten.[25] Nach Art. 30 Abs. 2 Solva II-RL beschränkt sich die Finanzaufsicht auf die Überprüfung der Solvabilität, der Bildung versicherungstechnischer Rückstellungen, der Vermögenswerte und der anrechnungsfähigen Eigenmittel. Aufgrund der hier allein der Sitzlandbehörde zugewiesenen Zuständigkeit beschränkt sich die Mitwirkung der Tätigkeitslandbehörde auf die nach § 62 Abs. 2 VAG bestehende Verpflichtung, die für die Finanzaufsicht zuständige Behörde darüber zu unterrichten, wenn sie Gründe für die Annahme hat, dass die finanzielle Solidität eines nach § 61 Abs. 1 VAG tätigen Unternehmens beeinträchtigt sein könnte. Eine weitergehende Befugnis wird der BaFin im Bereich der Finanzaufsicht nicht eingeräumt.

15 Zum Zweck der effektiven Ausübung der Finanzaufsicht sieht § 327 VAG (§ 110a Abs. 3 S. 2 VAG a. F.) die Zusammenarbeit der Behörden bei **örtlichen Prüfungen** in den Geschäftsräumen der Niederlassung vor. Insbesondere ist die Aufsichtsbehörde des Sitzlandes gemäß § 327 Abs. 1 S. 1 VAG befugt, in Begleitung der beauftragten Bediensteten der BaFin in den Geschäftsräumen der Niederlassung durch eigenes Personal oder durch Beauftragte Prüfungen des Geschäftsbetriebs vorzunehmen, soweit dies erforderlich ist.

16 **b) Aufsicht im Übrigen (= Rechtsaufsicht).** Für die **Aufsicht „im Übrigen"** sieht § 62 Abs. 1 S. 1 VAG eine Doppelzuständigkeit von Sitzlandbehörde und Tätigkeitslandbehörde vor. Da das VAG 2016 wie bisher zwischen der Rechtsaufsicht und der Finanzaufsicht (vgl. § 294 Abs. 2 S. 1 VAG) unterscheidet, ist aufgrund der Zuweisung der Finanzaufsicht allein an die Sitzlandbehörde unter der Aufsicht im Übrigen die in § 294 Abs. 3 VAG näher charakterisierte **Rechtsaufsicht** zu verstehen. Diese umfasst insbesondere die ordnungsgemäße Durchführung des Geschäftsbetriebs einschließlich der Einhaltung der aufsichts- und versicherungsvertragsrechtlichen und aller sonstigen die Versicherten betreffenden Vorschriften sowie der rechtlichen Grundlagen des Geschäftsplans.[26]

17 In welchem Umfang der BaFin als Tätigkeitslandbehörde die Rechtsaufsicht gestattet ist, regelt § 62 Abs. 1 S. 2 VAG. Die gemeinsame Aufsicht mit der Sitzlandbehörde erfolgt nach Maßgabe des § 62 Abs. 3 VAG, der die Voraussetzungen und das Verfahren der Einbindung der Sitzlandbehörde regelt. Bislang war hierzu ein Rückgriff auf eine andere Vorschrift notwendig (§ 111b Abs. 1 VAG a. F.). Der Gesetzgeber hat die Vorgaben von §§ 110a und 111b VAG a. F. jedoch im Zuge der Umsetzung der Solva II-RL sinnvollerweise in § 62 VAG zusammengeführt und auf diese Weise sowohl die Zuständigkeiten als auch den Umfang der Beaufsichtigung in einer einzigen Vorschrift normiert. Hinsichtlich der gemeinsamen Aufsicht normiert § 294 Abs. 6 S. 2 VAG für den spiegelbildlichen Fall, dass ein in Deutschland zugelassenes Unternehmen im EU-/EWR-Ausland tätig wird, dass „die Aufsicht im Übrigen im Zusammenwirken mit der Aufsichtsbehörde des anderen Mitglied- und Vertragsstaates wahrgenommen" wird.

18 **2. Entsprechend anwendbare Vorschriften bei der Aufsicht im Übrigen (Abs. 1 S. 2). a) Grundsätzliches.** § 62 Abs. 1 S. 2 VAG legt fest, welche Vorschriften des VAG im Rahmen der Rechtsaufsicht über die Geschäftstätigkeit von EU-/EWR-ausländischen Versicherungsunternehmen entsprechend gelten. Zugleich folgt aus dem Normenkatalog, welche Bestimmungen des VAG die Unternehmen anderer Mitglied- oder Vertragsstaaten im Inland einzuhalten haben, und zwar grundsätzlich unabhängig davon, ob das Versicherungsgeschäft über eine Niederlassung oder im Wege des Dienstleistungsverkehrs betrieben wird (Ausnahme: Nr. 3 und 4). Dass Versicherungsunternehmen nicht nur die Vorschriften ihres Sitzlandes, sondern auch Vorschriften des Tätigkeitslandes zu beachten haben, schreibt Art. 155 Solva II-RL vor.

19 § 62 Abs. 1 S. 2 VAG erklärt lediglich bestimmte Vorschriften des VAG für entsprechend anwendbar. Die EU-/EWR-Versicherer müssen bei ihrer Geschäftstätigkeit in Deutschland jedoch grundsätzlich – in den sogleich[27] beschriebenen Grenzen des Allgemeininteresses – auch weitere inländische Vorschriften einhalten.[28] Insoweit ist die Aufzählung in Satz 2 nur mit Blick auf das VAG, nicht aber insgesamt

[25] Vgl. § 294 Abs. 4 VAG sowie ausführlich hierzu sowie zur Erweiterung der Vorgaben in Art. 30 Abs. 2 Solva II-RL krit. *Dreher* § 294 Rn. 42 ff.

[26] Siehe ausführlich dazu *Dreher* § 294 Rn. 47, der indes die Anknüpfbarkeit an § 294 Abs. 3 und 4 VAG im Rahmen von § 62 VAG grundsätzlich in Frage stellt.

[27] S. Rn. 20 ff.

[28] Bürkle/*Bähr* § 7 Rn. 32 zum alten Recht.

abschließend. Welche Normen außerhalb des VAG zu beachten sind, ist allerdings nicht dem VAG, sondern den jeweiligen Gesetzen selbst zu entnehmen.[29]

b) Allgemeininteresse. Nach der Rechtsprechung des EuGH muss eine Anwendung inländischer Vorschriften, durch die die durch den AEUV gewährte Dienstleistungs- oder Niederlassungsfreiheit der ausländischen Versicherungsunternehmen beschränkt wird, grundsätzlich im **Allgemeininteresse** geboten sein.[30] Der vom EuGH geschaffene Grundsatz wurde zunächst in die Dritten EG-Versicherungsrichtlinien und sodann in die Art. 146 Abs. 3, 180, 206 Abs. 1 lit. a Solva II-RL übernommen.[31] Auch ohne eine ausdrückliche Niederlegung im deutschen Recht findet der Grundsatz daher im Rahmen richtlinienkonformer Auslegung Berücksichtigung. 20

Im Hinblick auf den **Begriff** des Allgemeininteresses hat der EuGH keine Definition festgelegt.[32] Eine Begriffserklärung findet sich zudem weder in der Solva II-RL noch war sie in den Dritten EG-Versicherungsrichtlinien enthalten.[33] In den Erwägungsgründen der Solva II-RL sind lediglich Kriterien aufgeführt, die im Rahmen von Krankenversicherungsverträgen auch dem Schutz des Allgemeininteresses Rechnung tragen.[34] Der EuGH entscheidet daher im Einzelfall, ob eine Vorschrift dem Allgemeininteresse dient.[35] Dabei ist nicht auf ein europäisches, sondern auf das nationale Allgemeininteresse abzustellen.[36] 21

Eine wichtige Auslegungshilfe bei der Frage, unter welchen Voraussetzungen die Anwendung nationaler Vorschriften aus Gründen des Allgemeininteresses gerechtfertigt ist, stellt eine **Mitteilung der Europäischen Kommission zu Auslegungsfragen** dar.[37] Diese Mitteilung ist zwar nicht rechtsverbindlich. Sie bietet jedoch einen umfassenden Überblick über die bis dato ergangene Rechtsprechung des EuGH. Danach müssen die folgenden sechs Kriterien **kumulativ** erfüllt sein, damit durch die nationale Bestimmung die Wahrnehmung der Dienstleistungs- und Niederlassungsfreiheit wirksam eingeschränkt werden kann: 22

(1) Zunächst darf die Bestimmung nicht einem **harmonisierten Bereich** zuzuordnen sein. Handelt ein Mitgliedstaat im Einklang mit den harmonisierten Regeln, ist es nicht notwendig, auf das Allgemeininteresse zurückzugreifen.[38] Gleichzeitig bedeutet dies aber auch, dass eine Abweichung vom harmonisierten Bereich nicht durch das Allgemeininteresse gerechtfertigt werden kann.[39] Soweit allerdings harmonisierte Vorschriften lediglich Mindestklauseln darstellen, müssen die darüber hinausgehenden Regelungen aus Gründen des Allgemeininteresses geboten sein.[40] Soweit harmonisierte Vorschriften wie § 164 VAG auf **Mitgliedstaatenoptionen** in Richtlinien zurückzuführen sind, ist ergänzend zu der Mitteilung der Kommission darauf hinzuweisen, dass den Versicherungsunternehmen dann zur Vermeidung einer Europarechtswidrigkeit ein Wahlrecht zwischen dem Recht ihres Sitz- und dem des Tätigkeitslandes einzuräumen ist.[41]

(2) Die Vorschrift muss zweitens im **Allgemeininteresse** liegen. Vor dem Hintergrund, dass dieses Kriterium letztlich mit dem zu erklärenden Begriff übereinstimmt, beschränkt sich die Kommission darauf, anhand der Rechtsprechung des EuGH die Bereiche, denen Vorschriften bisher als dem nationalen Allgemeininteresse dienend zugeordnet wurden, zu identifizieren. Ausweislich der Mitteilung der Kommission können nach der Rechtsprechung des EuGH jedenfalls folgende – nicht abschließend aufgeführte – Bereiche dem Allgemeininteresse zugeordnet werden:
   - Berufsregeln zum Schutz des Dienstleistungsempfängers,[42]
   - Schutz der Arbeitnehmer[43] einschließlich der sozialen Sicherung,[44]
   - Verbraucherschutz,[45]
   - Wahrung des guten Rufs des nationalen Finanzsektors,[46]

---

[29] Vgl. Begr. RegE Drittes Durchführungsgesetz/EWG zum VAG, BT-Drs. 12/6959, 94; FKBP/*Pohlmann* § 110a Rn. 35; *Laars* § 110a Rn. 6, jeweils zur alten Rechtslage.

[30] S. nur *EuGH* EuZW 2016, 299; NJW 1996, 579, 581; vgl. auch Begr. RegE Drittes Durchführungsgesetz/EWG zum VAG, BT-Drs. 12/6959, 44.

[31] Vgl. FKBP/*Pohlmann* § 110a Rn. 36; Bürkle/*Bähr* § 7 Rn. 34.

[32] Mitteilung der Kommission zu Auslegungsfragen, ABl. 2000 C 43,16.

[33] Vgl. zu Letzteren *Miersch* S. 74.

[34] Vgl. 85. Erwägungsgrund der Solva II-RL.

[35] FKBP/*Pohlmann* § 110a Rn. 37.

[36] *EuGH* Urt. v. 4.12.1986, VersR 1986, 1225 m. Anm. *Schmidt* VersR 1987, 1, 2; FKBP/*Pohlmann* § 110a Rn. 37; vgl. hierzu auch *Miersch* S. 75 m. w. N.; a. A. wohl *Baran* VR 1997, 173, 177.

[37] ABl. 2000 C 43 vom 16.2.2000, 5; vgl. hierzu *Geiger* VW 2000, 616; FKBP/*Pohlmann* § 110a Rn. 38.

[38] FKBP/*Pohlmann* § 110a Rn. 38.

[39] Bürkle/*Bähr* § 7 Rn. 43.

[40] FKBP/*Pohlmann* § 110a Rn. 38.

[41] S. § 61 Rn. 15 und oben Rn. 10.

[42] *EuGH* Urt. v. 18.1.1979, Slg. 1979, 35.

[43] *EuGH* Urt. v. 17.12.1981, Slg. 1981, 3305.

[44] *EuGH* Urt. v. 28.3.1996, Slg. 96, I-1905.

[45] *EuGH* Urt. v. 4.12.1986; Slg. 1986, 3755 = VersR 1986, 1225.

[46] *EuGH* Urt. v. 10.5.1995, Slg. 95, I-1141.

- Betrugsprävention,[47]
- Sozialordnung,[48]
- Schutz des geistigen Eigentums,[49]
- Erhaltung der nationalen Kulturgüter,[50]
- Kulturpolitik und Wahrung des Pluralismus im audiovisuellen Bereich,[51]
- Steuergerechtigkeit,[52]
- Straßenverkehrssicherheit,[53]
- Gläubigerschutz,[54]
- lauterer Handel[55] und
- Schutz der ordnungsgemäßen Justizverwaltung.[56]

Mit Blick auf den genannten Bereich des Verbraucherschutzes hat der EuGH den **Versicherungssektor** wegen seiner besonderen Sensibilität als Allgemeininteresse anerkannt.[57]

(3) Die Vorschrift darf drittens **nicht diskriminierend** sein. Eine Rechtfertigung diskriminierender Maßnahmen kann lediglich durch die öffentliche Ordnung, Sicherheit oder Gesundheit begründet werden. Nach Auffassung der Kommission ist jedoch im Versicherungsbereich davon auszugehen, dass es für solche Maßnahmen kaum eine Rechtfertigung geben dürfte.[58]

(4) Die Regelung muss viertens **objektiv notwendig** sein. Der EuGH prüft, ob der Schutz des mit der Vorschrift verfolgten Interesses nicht über das notwendige Maß hinausgeht.[59] Laut Kommission wird auch untersucht, ob mit den Vorschriften nicht in Wirklichkeit der heimische Markt geschützt werden soll.[60]

(5) Fünftens muss die Vorschrift in einem **angemessenen Verhältnis** zum verfolgten Ziel stehen. Es darf insbesondere keine weniger restriktiven Mittel zur Erreichung des angestrebten Zwecks geben. Denkbar ist es daher, dass Vorschriften, die zwar zum Zweck des Verbraucherschutzes erlassen wurden, mangels Verhältnismäßigkeit oder Notwendigkeit nicht zwingend solche des Allgemeininteresses darstellen.[61] Die Unverhältnismäßigkeit einer Vorschrift kann sich insoweit aus einer vergleichenden Analyse von Regelungen verschiedener Mitgliedstaaten ergeben.[62] Anders herum bedeutet der Erlass weniger strenger Vorschriften nicht schlichtweg, dass diese unverhältnismäßig sind.[63] Die Beurteilung der Verhältnismäßigkeit kann je nach Tätigkeitsform (Niederlassung oder Dienstleistung) unterschiedlich ausfallen. Eine Beschränkung gegenüber einem ständig in einem Hoheitsgebiet tätigen Unternehmen kann eher als verhältnismäßig angesehen werden als gegenüber einem dort nur zeitweise tätigen Unternehmen.[64] Diese Unterscheidung gilt jedoch keinesfalls im Bereich des Verbraucherschutzes, da hier der gleiche Maßstab anzusetzen ist.[65] Nach Auffassung der Kommission sollten die Mitgliedstaaten bei ihren Regelungen des Allgemeininteresses zudem danach unterscheiden, ob die Leistungen an erfahrene oder an unerfahrene Empfänger erbracht werden.[66] Diese Forderung erscheint jedoch vor dem Hintergrund zu weitgehend, als die speziellen EU-Regeln zu Großrisiken[67] und die Unterscheidung zu Masserisiken diesem Ziel bereits im Sinne einer abschließenden Harmonisierung Rechnung tragen.[68]

(6) Darüber hinaus darf der Schutz des Allgemeininteresses nicht bereits durch **Vorschriften des Sitzlandes** gewährleistet sein.[69]

---

[47] *EuGH* Urt. v. 24.3.1994, Slg. 94 I-1039.
[48] *EuGH* Urt. v. 24.3.1994, Slg. 94 I-1039.
[49] *EuGH* Urt. v. 18.3.1980, Slg. 1980, 881.
[50] *EuGH* Urt. v. 26.2.1991, Slg. 1991, 709.
[51] *EuGH*-Urteile v. 25.7.1991, Slg. 1991, I-4007 und Slg. 1991, I-4069; *EuGH* Urt. v. 3.2.1993, Slg. 1993, I-487.
[52] *EuGH* Urt. v. 28.1.1992, Slg. 1992, 249.
[53] *EuGH* Urt. v. 5.10.1994, Slg. 1994, I-4837.
[54] *EuGH* Urt. v. 12.12.1996; Slg. 1996, I-6511.
[55] *EuGH* Urt. v. 10.5.1995, Slg. 1995, I-1141; *EuGH* Urt. v. 25.7.1991, Slg. 1991, I-4007.
[56] *EuGH* Urt. v. 12.12.1996, Slg. 1996, I-6511.
[57] *EuGH* VersR 1986, 1225 Rz. 30; *Miersch* S. 22.
[58] Kommission zu Auslegungsfragen ABl. 2000 C 43,18.
[59] Vgl. *EuGH* Urt. v. 4.12.1986, Slg. 1986, 3755 = VersR 1986, 1225.
[60] Kommission zu Auslegungsfragen ABl. 2000 C 43,18.
[61] Bürkle/*Bähr* § 7 Rn. 42.
[62] Kommission zu Auslegungsfragen ABl. 2000 C 43,18 unter Hinweis auf *EuGH* Urt. v. 18.5.1993, Yves Rocher, Rechtssache C-126/91, Slg. 1993, I-2361.
[63] Kommission zu Auslegungsfragen ABl. 2000 C 43,18 unter Hinweis auf *EuGH* Urt. v. 10.5.1995, Alpine Investments, Rechtssache C-384/93, Slg. 95, I-1141.
[64] Kommission zu Auslegungsfragen ABl. 2000 C 43,19.
[65] Kommission zu Auslegungsfragen ABl. 2000 C 43,20.
[66] Kommission zu Auslegungsfragen ABl. 2000 C 43,19.
[67] Vgl. zum Begriff Art. 13 Nr. 27 Solva II-RL.
[68] Vgl. FKBP/*Pohlmann* § 110a Rn. 39.
[69] Vgl. Bürkle/*Bähr* § 7 Rn. 42.

23 Ist nur eines der vorgenannten Kriterien nicht erfüllt, folgt daraus die **Unvereinbarkeit** der nationalen Vorschrift **mit EU-Recht**.[70] Weil das Allgemeininteresse eine Ausnahme von den entscheidenden Grundsätzen des AEUV darstellt, ist der Begriff eng auszulegen, damit eine übermäßige bzw. missbräuchliche Inanspruchnahme verhindert wird.[71]

24 Nach Art. 146 Abs. 3 Solva II-RL hat die Tätigkeitslandbehörde die Sitzlandbehörde über die nationalen Bestimmungen, die dem Allgemeininteresse dienen und gegenüber den EU-/EWR-Staaten angewendet werden können, zu unterrichten. Die BaFin kommt dieser in § 61 Abs. 5 VAG normierten Pflicht durch Veröffentlichung des **Merkblatts „Vorschriften des Allgemeininteresses in Deutschland (General Good Requirements)"** auf ihrer Homepage nach.[72]

Laut Merkblatt der BaFin gelten im Bereich des **öffentlichen Rechts** in erster Linie
- das VAG nach Maßgabe der §§ 61 ff. VAG
- das FinDAG sowie
- die VersVermV.

Bei **Lebensversicherungsverträgen** seien darüber hinaus
- das BetrAVG,
- die §§ 202 und 229 SGB V,
- die §§ 9 und 1 VermBG,
- das GwG,
- das AltZertG,

und bei **fondsgebundenen Lebensversicherungsverträgen** zudem – sofern der Versicherungsvertrag die Möglichkeit eines Anteilserwerbs vorsieht –
- das KAGB

zu beachten.

Für die nach Art der Lebensversicherung betriebene **substitutive Krankenversicherung** sollen auch
- der § 257 SGB V,
- die §§ 61, 110 und 111 SGB XI,
- die ÜbschV sowie
- die KalV

gelten.

In der **Kraftfahrzeug-Haftpflichtversicherung** seien darüber hinaus
- das PfVersG,
- die KfzPflVV sowie
- das Gesetz über die Haftpflichtversicherung für ausländische Kraftfahrzeuge und Kraftfahrzeuganhänger

zu beachten.

Das gleiche gelte für gesetzliche Regelungen, die den Abschluss einer **Pflichtversicherung** vorschreiben, wie beispielsweise
- der § 54 Wirtschaftsprüferordnung,
- der § 19a der BNotO sowie
- der § 20 des MPG.

Für den Bereich des **Zivilrechts** seien insbesondere zu beachten:
- das VVG,
- das EGVVG,
- die VVG-InfoV,
- das BGB,
- das EGBGB,
- das AGG,
- das UWG,
- die PAngV,
- das TMG und
- das SigG.

Darüber hinaus seien auch Gesetze, die nicht speziell die Versicherungstätigkeit betreffen, zu beachten. Neben Vorschriften wie beispielsweise des **(Versicherungs-) Steuerrechts** oder des **Arbeitsschutzrechts** seien hier insbesondere zu nennen:
- das HGB,

[70] Vgl. Kommission zu Auslegungsfragen ABl. 2000 C 43, 17.
[71] Kommission zu Auslegungsfragen ABl. 2000 C 43, 17.
[72] Vgl. zuletzt das Merkblatt vom 30.12.2015 unter bafin.de.

– das GWB sowie
– das BDSG.

25 An die Liste mit den Vorschriften des Allgemeininteresses stellt die Kommission **hohe Anforderungen**. So stellt nach Auffassung der Kommission die Aufnahme ganzer Bereiche des innerstaatlichen Rechts in die Liste möglicherweise eine **missbräuchliche Inanspruchnahme** des Allgemeininteressebegriffs dar.[73] Die Kommission hält es für erforderlich, die genauen Bestimmungen zu bezeichnen, die unter das Allgemeininteresse fallen könnten.[74] Diese Voraussetzungen erfüllt das genannte Merkblatt der BaFin nicht.[75] Die Forderung der Kommission, im Rahmen der Unterrichtungspflicht die maßgeblichen Vorschriften einzeln zu bezeichnen, ist allerdings zu weitgehend und auch u. a. mit Blick auf ständige Gesetzesänderungen nicht praktikabel. Insbesondere erscheint es fraglich, wie den Mitgliedstaaten die Feststellung möglich sein soll, dass der Schutz des Allgemeininteresses nicht bereits durch Vorschriften des Sitzlandes des Versicherers gewährleistet ist.[76] Die Tätigkeitslandbehörde stünde vor der in der Praxis nicht zu bewältigenden Situation, alle europäischen Rechtsordnungen mit dem inländischen Recht vergleichen zu müssen.[77] Daher ist das Merkblatt der BaFin im Ergebnis entgegen der Mitteilung der Kommission nicht zu beanstanden, wobei letztlich ohnehin nur der EuGH im Einzelfall verbindlich feststellen kann, ob eine nationale Vorschrift dem Allgemeininteresse dient.

26 **c) Anwendbarkeit der einzelnen Vorschriften des VAG.** Soweit die in § 62 Abs. 1 S. 2 VAG genannten Vorschriften zu den harmonisierten Bereichen des VAG gehören, sind sie für die Rechtsaufsicht der BaFin nach Satz 1 entsprechend anzuwenden. Dies gilt unabhängig davon, ob die Normen dem Allgemeininteresse dienen oder nicht.

27 Ferner ist der Katalog der in § 62 Abs. 1 S. 2 VAG aufgeführten Vorschriften des VAG bezogen auf dieses Gesetz abschließend.[78] Sähe man dies anders, wäre die enumerative Aufzählung letztlich gegenstandslos. Dass auch die BaFin selbst von einer abschließenden Aufzählung der Vorschriften in § 110a Abs. 4 VAG a. F. ausging, soweit Vorschriften des VAG selbst betroffen sind, folgt aus dem **Katalog** der **Vorschriften außerhalb des VAG**,[79] mit dem die BaFin die Aufsichtsbehörden der anderen Mitgliedsstaaten oder Vertragsstaaten fortlaufend über solche Rechtsvorschriften informiert, die Versicherungsunternehmen mit Sitz in diesen Staaten bei Ausübung einer Geschäftstätigkeit in der Bundesrepublik Deutschland zu beachten haben und deren Befolgung von ihr überwacht wird.

28 **aa) Allgemeine Vorschriften (S. 2 Nr. 1).** Gemäß § 62 Abs. 1 S. 2 Nr. 1 VAG sind von den allgemeinen Vorschriften des VAG nur § 1 Abs. 1 und 2 sowie die §§ 3 und 4 VAG entsprechend anwendbar. Über diesen Verweis klärt sich, ob das betreffende EU-/EWR-Unternehmen der **Aufsichtspflicht nach dem VAG** unterliegt. Die in § 1 Abs. 1 VAG verwendeten Begriffe verweisen ihrerseits auf die an anderer Stelle im VAG verorteten Legaldefinitionen, die somit grundsätzlich ebenfalls entsprechend in § 62 Abs. 1 S. 2 Nr. 1 VAG einbezogen werden. Unproblematisch ist die Zugrundelegung des deutschen Verständnisses der jeweiligen Begriffe dort, wo das betriebene Geschäft auch nach der Solva II-RL (Art. 2 bis 10) in allen Mitgliedstaaten als **Versicherungsgeschäft** gelten muss.[80] Wird nach § 1 Abs. 1 und 2 sowie §§ 3 und 4 VAG jedoch eine Aufsichtspflicht nicht begründet, weil das ausländische Unternehmen aus Sicht der BaFin Geschäfte betreibt, die ausnahmsweise aufsichtsfrei sind oder weil es sich um eine Einrichtung gemäß § 3 VAG handelt, hat dies zur Folge, dass das Unternehmen mangels Aufsichtsfähigkeit nicht der Rechtsaufsicht der BaFin nach § 62 Abs. 1 S. 1 VAG unterliegt, obgleich es im Ausland ordnungsgemäß zugelassen wurde[81] und dort nach wie vor auch hinsichtlich des Geschäftsbetriebs im Tätigkeitsland überwacht wird. Ob ein solcher Fall vorliegt, entscheidet die Tätigkeitslandbehörde in entsprechender Anwendung des § 4 VAG. Die Feststellung der Aufsichtspflicht erlangt insbesondere dann Bedeutung, wenn durch den konkreten Geschäftsbetrieb die Gefahr eines Missstandes begründet wird. Mit Blick auf das vollharmonisierte Aufsichtsrecht sollte ein solcher Fall aber die absolute Ausnahme sein und die BaFin in der Regel zur Feststellung der Aufsichtspflicht kommen. Denn das, was in einem anderen Vertrags- oder Mitgliedstaat erlaubnispflichtig ist, muss eigentlich auch in Deutschland erlaubnispflichtig sein. Ansonsten wäre den Unternehmen mit Blick auf den sogleich behandelten umgekehrten Fall zu raten, den Sitz nach Deutschland zu verlegen. Ein solches Sitzlandhopping ist dem vollharmonisierten Aufsichtsrecht aller-

---

[73] Kommission zu Auslegungsfragen ABl. 2000 C 43, 19.
[74] Kommission zu Auslegungsfragen ABl. 2000 C 43, 19.
[75] Bürkle/*Bähr* § 7 Rn. 39 zur Fassung des Merkblatts v. 16.3.2011; so zu früheren Schreiben des BAV auch *Eberhardt* S. 114; mit ausführlicher Begründung *Zischka* S. 192, Rn. 418.
[76] Vgl. FKBP/*Pohlmann* § 110a Rn. 41.
[77] FKBP/*Pohlmann* § 110a Rn. 41.
[78] FKBP/*Pohlmann* § 110a Rn. 34.
[79] Rn. 24.
[80] FKBP/*Pohlmann* § 110a Rn. 42.
[81] A. A.: FKBP/*Pohlmann* § 110a Rn. 42 zur alten Rechtslage: Danach unterliegen grundsätzlich alle im Ausland zugelassene Versicherungsunternehmen der Aufsichtspflicht, da der Ausnahmetatbestand des § 1 Abs. 3 VAG a. F. (§ 3 VAG) auf inländische Verhältnisse zugeschnitten sei.

dings fremd. Denn in allen Vertrags- und Mitgliedstaaten sollen ja die gleichen Regeln gelten, um Beschränkungen im Binnenmarkt zu beseitigen.

In dem umgekehrten Fall, dass nach Auffassung der Sitzlandbehörde kein Versicherungsgeschäft betrieben wird, wird vertreten, dass es der BaFin zum Schutz der Versicherten und auch zur Vermeidung von Wettbewerbsverzerrungen möglich sein müsse, den Geschäftsbetrieb jedenfalls im Inland zu verhindern.[82] Dann nämlich nehme die Sitzlandbehörde die aus Sicht der Tätigkeitslandbehörde gebotene Aufsicht nicht wahr. Die möglichen Aufsichtsmaßnahmen ergäben sich aus § 62 Abs. 3 VAG. Dem ist **nicht** zu folgen. Denn das, was im Sitzland erlaubnisfrei möglich ist, muss mit Blick auf das vollharmonisierte Aufsichtsrecht auch in jedem anderen Vertrags- oder Mitgliedstaat erlaubnisfrei möglich sein. 29

bb) Grenzüberschreitende Geschäftstätigkeit (S. 2 Nr. 2). Gemäß § 62 Abs. 1 S. 2 Nr. 2 VAG ist auch die Vorschrift des § 68 Abs. 2 S. 4 VAG entsprechend anzuwenden, der eigentlich Versicherungsunternehmen mit Sitz in einem Staat außerhalb des EWR (Drittstaat) betrifft. Nach dieser Regelung ist der für die **Niederlassung** des Drittstaatenunternehmens bestellte Hauptbevollmächtigte zur Eintragung in das Handelsregister anzumelden. Über den Verweis in Nr. 2 besteht diese Pflicht gleichfalls für Staaten aus dem EU/EWR-Gebiet.[83] Die Versicherten erhalten auf diese Weise die Möglichkeit, den verantwortlichen Vertreter der Niederlassung festzustellen. Durch die Registereintragung wird daher dem **Verbraucherschutz** und damit einem vom EuGH anerkannten Bereich des Allgemeininteresses[84] Rechnung getragen. Auch wenn die Solva II-RL keine entsprechenden Vorgaben enthält, bestehen gegen die Vorschrift aufgrund dieses Rechtfertigungsgrundes keine Bedenken. Mangels Verweises auf § 68 Abs. 2 S. 2 und 3 VAG übt der **Hauptbevollmächtigte** nicht die Funktion eines Vorstandes aus.[85] Auch ist keine Angabe des Hauptbevollmächtigten auf **Geschäftsbriefen** erforderlich.[86] Der Gesetzgeber hat nämlich nicht von der in Art. 184 Abs. 2 UAbs. 2 Solva II-RL gewährten Möglichkeit, bei Nichtlebensversicherungsunternehmen die Angabe des Namens und der Anschrift des Vertreters auf entsprechenden Dokumenten zu verlangen, Gebrauch gemacht. Über die Richtigkeit dieser Entscheidung kann zwar gestritten werden. Ausreichend sollte es aber dennoch sein, wenn unter Beachtung des § 80 Abs. 4 AktG nur sämtliche Vorstandsmitglieder sowie ggf. der Aufsichtsratsvorsitzende auf solchen Dokumenten angegeben wird.[87] Gleichwohl ist der Hauptbevollmächtigte nach außen hin verantwortlicher Leiter der Niederlassung. Er ist anstelle der (eigentlichen) Geschäftsleitung des ausländischen Versicherungsunternehmens Repräsentant der Gesellschaft im Inland.[88] Er leitet das Versicherungsgeschäft der Niederlassung im Tätigkeitsland und gewährleistet den aufsichtsbehördlichen Zugriff (Maßnahmen der Tätigkeitslandbehörde sowie der Sitzlandbehörde) auf die Zweigniederlassung im Tätigkeitsland. Unklar ist, ob der Hauptbevollmächtigte seinen Wohnsitz und ständigen Aufenthalt im Tätigkeitsland haben muss. Nach dem Wortlaut von § 62 Abs. 1 S. 2 Nr. 2 VAG ist dies anders als für Niederlassungen von Versicherungsunternehmen mit Sitz in Drittstaaten (s. § 68 Abs. 2 S. 1 VAG) nicht vorgesehen. Gleichwohl ist mit der **h. M.** eine **Residenzpflicht des Hauptbevollmächtigten** im Tätigkeitsland anzunehmen, sowohl mit Blick auf eine effektive Leitung der Niederlassung als auch mit Blick auf die Wahrung der aufsichtsbehördlichen Zugriffsmöglichkeit auf die Niederlassung.[89] 30

cc) Geschäftstätigkeit (S. 2 Nr. 3). Gemäß § 62 Abs. 1 S. 2 Nr. 3 VAG finden ferner die §§ 48 und 51 VAG[90] sowie im Fall der Niederlassung außerdem § 15a Abs. 1 VAG entsprechende Anwendung. § 48 VAG regelt die Zusammenarbeit eines inländischen Versicherungsunternehmens mit **Versicherungsvermittlern**. Im Kern verpflichtet die Norm das Versicherungsunternehmen zur Zusammenarbeit mit Versicherungsvermittlern, die zur Ausübung ihrer gewerbsmäßigen Tätigkeit in näher bezeichneter Weise qualifiziert sind.[91] Über den Verweis in § 62 VAG gilt diese Verpflichtung entsprechend für EU-/EWR-Versicherungsunternehmen, die über eine Niederlassung oder im Wege des Dienstleistungsverkehrs in Deutschland tätig sind. Aufgrund der EU-weiten Harmonisierung des Vermittlermarktes durch die Versicherungsvermittlerrichtlinie[92] ist der Verweis auf § 48 VAG mit Aus- 31

[82] So zu Recht *Müller* Versicherungsbinnenmarkt S. 141, Rn. 374.

[83] Zum Verhältnis der beiden Unterabschnitte 2 und 3 des Abschnitts 7 des VAG und der zum Teil nicht geglückten Abgrenzung s. § 61 Rn. 9.

[84] S. Rn. 22.

[85] Vgl. zur alten Rechtslage FKBP/*Pohlmann* § 110a Rn. 69.

[86] FKBP/*Pohlmann* § 110a Rn. 69.

[87] FKBP/*Pohlmann* § 110a Rn. 69.

[88] Bähr/*Zeides* § 6 Rn. 39 ff.

[89] So schon die Vorauflage: Prölss/*Kohlhosser*, 12. Aufl., § 106 Rn. 7 sowie Bähr/*Zeides* § 6 Rn. 45 ff.

[90] Das „Gesetz zur Umsetzung der Richtlinie (EU) 2016/97 des Europäischen Parlaments und des Rates vom 20. Januar 2016 über Versicherungsvertrieb und zur Änderung weiterer Gesetze" v. 20.7.2017 (BGBl. I 2789) erweitert diesen Verweis mit der Geltung ab dem 23.2.2018 um die neuen §§ 48a–c VAG sowie die Stornohaftungsregel des § 49 VAG.

[91] S. zu den Qualifikationsvoraussetzungen im Einzelnen die Ausführungen bei § 48.

[92] 8. Erwägungsgrund der Versicherungsvermittlerrichtlinie.

nahme dessen Absatzes 3 jedoch nicht ganz unproblematisch. Denn die Anforderungen an Vermittler hinsichtlich der Berufszugangsvoraussetzungen sowie der Pflicht zur Eintragung in ein Vermittlerregister mussten zur Umsetzung der Vermittlerrichtlinie in alle EU-Rechtsordnungen übernommen werden. Soweit die Regelungen des § 48 VAG über die im Sitzland normierten Vorschriften hinausgehen, ist daher unter Berücksichtigung des Verhältnismäßigkeitsgrundsatzes zu untersuchen, ob die Herkunftslandregeln ausreichend Schutz gewähren.[93] Der Verweis auf § 48 Abs. 3 VAG unterliegt diesen Schwierigkeiten nicht. Die Regelung stellt klar, dass die Zusammenarbeit mit Versicherungsvermittlern aus anderen Mitglied- oder Vertragsstaaten nur zulässig ist, soweit die Vermittler nach den Vorschriften ihres Sitzlandes zur Vertragsvermittlung befugt sind. Dadurch wird die Geltung der harmonisierten Regelungen bei grenzüberschreitender Tätigkeit sichergestellt.[94] Die Pflicht zur Zusammenarbeit mit qualifizierten Versicherungsvermittlern dient in erster Linie dem **Verbraucherschutz**.[95] Der Verweis in § 62 VAG stellt letztlich also sicher, dass diese Schutzrichtung umfassend in jedem Fall einer Geschäftstätigkeit in Deutschland gewährleistet sein muss.

32 Gehen bei dem EU-/EWR-Unternehmen mit Geschäftstätigkeit in Deutschland **Beschwerden über Versicherungsvermittler** ein, gilt § 51 VAG entsprechend. Das Unternehmen muss danach zum Zweck eines effektiven Verbraucherschutzes über ein funktionierendes Beschwerdemanagementsystem verfügen.[96] Insbesondere müssen die Beschwerden gemäß § 51 S. 1 VAG beantwortet werden. Weil die Bestimmung auf Art. 10 der Vermittler-RL basiert, ist ihre Anwendung auf EU-/EWR-Versicherer grundsätzlich unproblematisch. Schwierigkeiten ergeben sich aber in Bezug auf die Anwendbarkeit einer von der BaFin erlassenen Sammelverfügung zum Beschwerdewesen.[97] Die Sammelverfügung sieht u. a. vor, dass die ausländischen Unternehmen jährlich einen Beschwerdebericht bei der BaFin einzureichen haben. Um Wiederholungen zu vermeiden, wird an dieser Stelle auf die entsprechenden Ausführungen bei § 51 VAG[98] verwiesen. Bei wiederholten Beschwerden sieht Satz 2 der Vorschrift darüber hinaus die Pflicht zu weitergehenden Maßnahmen vor. Zwar hat § 51 S. 2 VAG keine Entsprechung in der Vermittler-RL. Die Vorschrift dürfte aber angesichts des 16. Erwägungsgrundes mit dieser in Einklang stehen.

33 Im Fall der Geschäftstätigkeit über eine **Niederlassung** – nicht auch bei der Geschäftstätigkeit im freien Dienstleistungsverkehr[99] – gelten durch den Verweis auf § 15a Abs. 1 VAG die Vorschriften des § 18a Abs. 1 bis 10 KWG entsprechend, wenn Verträge über Immobiliar-Verbraucherdarlehen oder entsprechende entgeltliche Finanzierungshilfen von Niederlassungen eines EU-/EWR-Versicherungsunternehmens bzw. -Pensionsfonds abgeschlossen werden. § 18a KWG fasst die aufsichtsrechtlichen Vorgaben für die Vergabe von Verbraucherdarlehen zusammen.[100] Das ausländische Unternehmen muss sich an das dort normierte Verfahren der Kreditwürdigkeitsprüfung halten. Nach der Gesetzesbegründung wird durch die Regelung des § 15a VAG sichergestellt, dass die Vorschriften des § 18a KWG für alle Unternehmen im Geltungsbereich des VAG gelten, soweit sie nach dem VAG berechtigt sind, derartige Darlehen zu vergeben.[101] § 18a KWG ist samt der Verweise in §§ 62, 15a VAG durch das Gesetz zur Umsetzung der Wohnimmobilienkreditrichtlinie[102] in deutsches Recht übernommen worden.[103] Der Verweis in § 62 VAG setzt Art. 9 Abs. 3 der Wohnimmobilienkreditrichtlinie[104] um.[105]

34 **dd) Verhinderung von Geldwäsche und Terrorismusfinanzierung (S. 2 Nr. 4).** Der Verweis auf die §§ 53 Abs. 1 bis 3 VAG sowie die §§ 54 und 55 VAG gilt dem Wortlaut nach nur für **Niederlassungen** i. S. d. § 57 Abs. 2 VAG, nicht auch für die Tätigkeit im Wege des Dienstleistungsverkehrs. Außerdem finden die Vorschriften gemäß § 52 VAG nur auf Unternehmen Anwendung, die Geschäfte i. S. d. Art. 2 Abs. 3 der Solva II-RL betreiben (Lebensversicherungsunternehmen) und für Unternehmen, soweit sie Unfallversicherungsverträge mit Prämienrückgewähr anbieten.

35 § 62 Abs. 1 S. 2 Nr. 4 VAG wurde erst mit der Neufassung des VAG 2016 eingefügt. Nach der Gesetzesbegründung diente dies der Umsetzung von Art. 3 Abs. 2 lit. f der Dritten EG-Geldwäsche-

[93] FKBP/*Pohlmann* § 110a Rn. 51.
[94] FKBP/*Pohlmann* § 110a Rn. 51.
[95] 8. Erwägungsgrund der Versicherungsvermittlerrichtlinie – RL 2002/92/EG v. 9.12.2002, ABl. EU 2003 L 9, 3 (Insurance Mediation Directive – IMD); s. hierzu näher bei § 48 Rn. 12.
[96] S. im Einzelnen § 51 Rn. 32 ff.
[97] BaFin „Sammelverfügung: Beschwerdemanagementfunktion und Beschwerdebearbeitung bei Versicherungsunternehmen" v. 20.9.2013, abrufbar auf der Homepage der BaFin unter www.bafin.de.
[98] S. dort Rn. 11 ff., 45.
[99] Begr. RegE zum Gesetz zur Umsetzung der Wohnimmobilienkreditrichtlinie, BT-Drs. 18/5922, 138.
[100] Begr. RegE zum Gesetz zur Umsetzung der Wohnimmobilienkreditrichtlinie, BT-Drs. 18/5922, 135.
[101] Begr. RegE zum Gesetz zur Umsetzung der Wohnimmobilienkreditrichtlinie, BT-Drs. 18/5922, 137.
[102] Gesetz zur Umsetzung der Wohnimmobilienkreditrichtlinie und zur Änderung handelsrechtlicher Vorschriften v. 11.3.2016, BGBl. I 396.
[103] Begr. RegE zum Gesetz zur Umsetzung der Wohnimmobilienkreditrichtlinie, BT-Drs. 18/5922, 135.
[104] Richtlinie 2014/17/EU v. 4.2.2014 über Wohnimmobilienkreditverträge für Verbraucher und zur Änderung der Richtlinien 2008/48/EG und 2013/36/EU und der Verordnung (EU) Nr. 1093/2010 (ABl. EU 2014 L 60, 34 – Wohnimmobilienkreditrichtlinie).
[105] Begr. RegE zum Gesetz zur Umsetzung der Wohnimmobilienkreditrichtlinie, BT-Drs. 18/5922, 138.

richtlinie.[106] Insoweit ist in diesem Bereich nunmehr dem Tätigkeitsland die geldwäscherechtliche Regelungs- und Aufsichtskompetenz zugewiesen worden.[107] Neben dem erklärten Ziel der wirksamen Verhinderung von Geldwäsche soll die Anwendbarkeit der Vorschriften auf Niederlassungen ausländischer Versicherer auch zu einer Gleichbehandlung mit deutschen Versicherungsunternehmen führen.[108]

Von dem Verweis ausgenommen ist zunächst § 53 Abs. 4 VAG, der die Pflicht zur Vorlage des Ergebnisses einer internen Prüfung gegenüber der nationalen Aufsichtsbehörde anordnet und demnach nicht für ausländische Versicherer gelten kann. § 53 Abs. 5 VAG ist auf Niederlassungen nicht entsprechend anwendbar, weil sich die Vorschrift an führende Gruppenunternehmen richtet. Auf § 53 Abs. 6 VAG wird nicht verwiesen, weil § 62 Abs. 3 VAG die Aufsichtsmaßnahmen regelt, die möglicherweise gegenüber dem Unternehmen, das die Niederlassung unterhält, in Betracht kommen. Die Vorschrift des § 56 VAG ist ebenfalls ausgenommen. Dies ist damit zu erklären, dass mit der Regelung die Kompatibilität des deutschen Anti-Geldwäscherechts mit Empfehlungen der FATF hergestellt werden sollte.[109] 36

ee) Zu einzelnen Zweigen (S. 2 Nr. 5). § 62 Abs. 1 S. 2 Nr. 5 VAG erklärt bestimmte Normen einzelner Zweige, nämlich der Lebensversicherung und der privaten Krankenversicherung, für entsprechend anwendbar. 37

Im Bereich der **Lebensversicherung** gelten die Vorschriften zum Treuhänder in der Lebensversicherung (§ 142 VAG) und zur Information in der betrieblichen Altersversorgung (§ 144 VAG) entsprechend. So dürfen gemäß § 142 VAG Prämienänderungen für bei EU-/EWR-Versicherern bestehende Lebensversicherungsverträge erst in Kraft gesetzt werden, nachdem ihnen ein unabhängiger Treuhänder zugestimmt hat. Über den Verweis auf § 144 VAG werden zudem Lebensversicherer mit Sitz in einem anderen Mitglied- oder Vertragsstaat, die im Bereich der betrieblichen Altersvorsorge Direktversicherungen anbieten, dazu verpflichtet, Versorgungsanwärtern und -empfängern bestimmte Verbraucherinformationen zur Verfügung zu stellen. § 62 VAG gilt aber nicht für Einrichtungen der betrieblichen Altersversorgung; für diese gelten bei grenzüberschreitender Tätigkeit die §§ 241 ff. VAG. 38

Für die **private Krankenversicherung** kommt zunächst im Bereich der substitutiven Krankenversicherung die grundlegende Vorschrift des § 146 VAG zur Anwendung. Diskutiert wird dabei hinsichtlich der in § 146 Abs. 1 Nr. 1 und 2 VAG normierten Vorgaben, ob diese der Finanzaufsicht zuzurechnen sind und damit nicht der Kontrolle durch die BaFin unterliegen.[110] Dies ist ausgehend vom Inhalt der Regelung sicher gut zu vertreten. Andererseits ist aber zu beachten, dass es sich um Vorschriften handelt, die für die substitutive Krankenversicherung gelten. Insoweit handelt es sich auch um rechtliche Vorgaben, die zu erfüllen sind, damit ein Versicherungsvertrag substitutiven Charakter hat. Ähnlich der Vorgaben zum Inhalt einer Pflichtversicherung handelt es sich also auch um Fragen der Rechtsaufsicht.[111] Da diese Art der Krankenversicherung zudem vornehmlich in Deutschland betrieben wird, ist die BaFin auch in fachlicher Hinsicht prädestiniert, die Einhaltung dieser Normen und der einschlägigen Rechnungsgrundlagen zu überwachen. Daher sind diese Normen vom deutschen Gesetzgeber zu Recht der Rechtsaufsicht durch die BaFin übertragen worden. Das zeigt im Übrigen erneut, wie schwierig sich die Abgrenzung von Finanz- und Rechtsaufsicht gestalten kann.[112] 39

Gegen die Weiterverweisung in § 146 Abs. 1 Nr. 5 VAG auf § 152 Abs. 1 VAG (Basistarif) ist nicht mehr einzuwenden, dass es sich um ein Redaktionsversehen handelt.[113] Denn im Gegensatz zu § 110a VAG a. F. ist § 152 Abs. 1 VAG nicht mehr von § 62 Abs. 1 S. 2 Nr. 5 VAG ausgenommen.[114] 40

Durch den Weiterverweis in § 146 Abs. 2 VAG wird auf den **Gleichbehandlungsgrundsatz** in der Lebensversicherung Bezug genommen. Teilweise wird die Anwendbarkeit dieses Grundsatzes mit der Begründung in Frage gestellt, dass dem Sitzland die Gerechtigkeitsvorstellungen des Tätigkeitslandes aufgezwungen würden, die für den gesamten Bestand des Unternehmens gelten müssten, obgleich dies das Sitzland selbst nicht vorsieht.[115] Dem wird zu Recht entgegengehalten, dass der Gleichbehandlungsgrundsatz in der Krankenversicherung zum einen aufgrund seines verbraucherschützenden Charakters dem Allgemeininteresse zugeordnet werden kann.[116] Zum anderen kann er ohne weiteres auf den 41

[106] RL 2005/60/EG zur Verhinderung der Nutzung des Finanzsystems zum Zwecke der Geldwäsche und der Terrorismusfinanzierung, ABl. EU L 309, 15. Vgl. Begr. VAG-RegE 2014, BT-Drs. 18/2956, 255.

[107] Begr. VAG-RegE 2014, BT-Drs. 18/2956, 255.

[108] Begr. VAG-RegE 2014, BT-Drs. 18/2956, 255.

[109] Begr. RegE zum Gesetz zur Umsetzung der Zweiten E-Geld-Richtlinie, BT-Drs. 17/3023, 68 zu § 80g VAG a. F.

[110] So: FKBP/*Pohlmann* § 110a Rn. 47.

[111] Zur Frage, inwieweit Versicherungsunternehmen mit Sitz in einem anderen Vertrags- oder Mitgliedstaat als Deutschland substitutive Krankenversicherungsverträge in Deutschland anbieten können, s. § 61 Rn. 50 ff.

[112] Dazu bereits Rn. 9.

[113] So noch nach alter Rechtslage, s. FKBP/*Pohlmann* § 110 Rn. 47.

[114] Zu den insoweit nach wie vor bestehenden rechtlichen Problemen für ausländische Krankenversicherer s. § 61 Rn. 50 ff.

[115] FKBP/*Pohlmann* § 110a Rn. 47.

[116] Vgl. auch Art. 206 Abs. 1 lit. a Solva II-RL.

Bestand im Tätigkeitsland beschränkt werden, weil sich insbesondere die Berechnungsgrundlagen im Vergleich zum Sitzland unterscheiden werden.

42 § 146 VAG gilt über den Weiterverweis in § 147 VAG entsprechend auch für die **nicht-substitutive Krankenversicherung**, die nach Art der Lebensversicherung betrieben wird. Dies lässt sich mit Europarecht in Einklang bringen. Zwar gestattet Art. 206 Solva II-RL lediglich Vorgaben dahingehend, dass (nur) die substitutive Krankenversicherung nach Art der Lebensversicherung zu betreiben ist.[117] Über den Verweis auf § 146 VAG bezweckte der Gesetzgeber jedoch gerade nicht, entgegen diesem Gebot Entsprechendes für die nicht-substitutive Krankenversicherung zwingend vorzusehen.[118] Vielmehr sollen lediglich Vorschriften auch auf die nicht-substitutive Krankenversicherung Anwendung finden, die bereits nach der Art der Lebensversicherung betrieben wird.[119]

43 Weiterhin gilt § 149 VAG, der die Erhebung eines **Prämienzuschlags** in der substitutiven Krankenversicherung verlangt, entsprechend auch für EU-/EWR-Versicherer. Dies ist gemäß Art. 206 Abs. 1 lit. a Solva II-RL mit EU-Recht vereinbar. Danach können Mitgliedstaaten nämlich verlangen, dass „der Vertrag den von diesem Mitgliedstaat erlassenen spezifischen Rechtsvorschriften zum Schutz des Allgemeininteresses in Bezug auf diesen Versicherungszweig entspricht". Damit ist zugleich ausgesagt, dass diese Vorschrift auch nicht der Finanzaufsicht, sondern der Rechtsaufsicht unterfällt.

44 Verwiesen wird ferner auf die Regelungen zu **Gutschriften zur Alterungsrückstellung** in § 150 Abs. 1 bis 3 VAG. Nach Art. 206 Abs. 2 S. 1 lit. b Solva II-RL kann die Vorgabe zum Betreiben nach Art der Lebensversicherung u. a. an die Bildung von Alterungsrückstellungen geknüpft werden.

45 Darüber hinaus finden aufgrund neuer Verweisung die Bestimmungen des § 152 Abs. 1 bis 4 VAG entsprechend auf EU-/EWR-Unternehmen Anwendung. Die Versicherer anderer Mitglied- und Vertragsstaaten müssen also beim Betrieb der substitutiven Krankenversicherung in Deutschland wie inländische Unternehmen einen **Basistarif** anbieten. Der Verweis spart § 152 Abs. 5 VAG aus, weil diese Regelung nach Auffassung des Gesetzgebers die Finanzaufsicht betrifft, die gemäß § 62 Abs. 1 S. 1 VAG der Sitzlandbehörde zugewiesen sei.[120] Genau das verursacht aber für EU-/EWR-Unternehmen die Schwierigkeiten, die sie daran hindern, substitutive Krankenversicherung in Deutschland anzubieten.[121]

46 Die entsprechende Anwendbarkeit von § 155 VAG, der **Prämienänderungen** von der Zustimmung eines unabhängigen Treuhänders abhängig macht, ist unproblematisch. Art. 206 Abs. 2 S. 1 lit. d Solva II-RL lässt Vorgaben zu Prämienänderungen von laufenden Verträgen zu. Über die Verweisung auf § 156 Abs. 1 VAG müssen EU-/EWR-Versicherungsunternehmen, die die substitutive Krankenversicherung betreiben, zudem einen **Verantwortlichen Aktuar** bestellen. Dies sah § 110a VAG a. F. angesichts des fehlenden Verweises auf § 12 Abs. 2 VAG a. F. noch nicht vor. § 62 VAG spart allerdings § 156 Abs. 2 VAG aus, weshalb insoweit unklar bleibt, welche Aufgaben der Verantwortliche Aktuar zu erfüllen hat.

47 § 157 VAG, der Einzelheiten zum Treuhänder in der Krankenversicherung regelt, ist nur hinsichtlich der zu fordernden **Qualifikation des Treuhänders** (Abs. 1) entsprechend anwendbar. Aufgrund des fehlenden Verweises auf die Absätze 2 und 3 ist hingegen nicht das formelle Verfahren der Treuhänderbestellung vorgeschrieben. Somit bleibt unklar, wie der Treuhänder im Zweifel zu bestellen ist.

48 Schließlich kommt § 159 VAG – mit Ausnahme der Weiterverweisung auf § 160 VAG – entsprechend zur Anwendung. Dabei richtet sich lediglich § 159 Abs. 2 S. 1 VAG an Versicherungsunternehmen, indem diesem die Pflicht zur jährlichen Mitteilung der in § 159 Abs. 1 VAG benannten **statistischen Daten** auferlegt wird. Die übrigen Regelungen verpflichten die Aufsichtsbehörde zur Veröffentlichung und Übermittlung der Daten, so dass der Verweis diesbezüglich zu weit geht.

49 Neu ist, dass § 62 VAG nicht mehr auf die **Verordnungsermächtigung** des § 160 VAG verweist. Die danach erlassenen Rechtsverordnungen gelten daher für die Versicherer mit Sitz im EU-/EWR-Ausland nicht mehr. Nach alter Rechtslage war die Europarechtskonformität des Verweises zum Teil bezweifelt worden, da die auf Grundlage des § 12c VAG a. F. erlassenen Verordnungen zur Finanzaufsicht gezählt wurden.[122] Diese Zweifel sind aber – wie oben[123] bereits diskutiert – mit Blick auf die substitutive Krankenversicherung unbegründet. Der Wegfall des Verweises verursacht zudem in diesem Bereich mehr Probleme als Lösungen, soweit der hiesigen Auffassung gefolgt wird, dass diese Vorgaben eigentlich Teil der Rechtsaufsicht sind. Denn der Gesetzgeber eines Vertrags- oder Mitgliedstaates, in dem es keine substitutive Krankenversicherung gibt, wird kaum solche Vorgaben machen, wie sie in den auf § 160 VAG gestützten Verordnungen enthalten sind. Daher ist de lege ferenda zu fordern, den Verweis wieder in § 62 VAG aufzunehmen.

---

117 FKBP/*Pohlmann* § 110a Rn. 47 hält den Verweis daher für europarechtlich bedenklich.

118 Begr. RegE Drittes Durchführungsgesetz zum VAG/EWG, BT-Drs. 12/6959, 61.

119 Begr. RegE Drittes Durchführungsgesetz zum VAG/EWG, BT-Drs. 12/6959, 61.

120 Begr. VAG-RegE 2014, BT-Drs. 18/2956, 255.

121 S. § 61 Rn. 50 ff.

122 So FKBP/*Pohlmann* § 110a Rn. 48; **a. A.** Prölss/*Kollhosser,* 12. Aufl., § 110a Rn. 26 m. w. N., nach dem es im konkreten Fall darauf ankommt, ob der mit der entsprechenden Anwendung der aufgeführten Vorschriften beabsichtigte Schutz der Versicherteninteressen nicht bereits durch Vorschriften des Sitzlandes gewährleistet wird.

123 Rn. 39.

ff) Aufsicht (S. 2 Nr. 6). Durch den Verweis in § 62 Abs. 1 S. 2 Nr. 6 VAG wird die Aufsichtsbehörde zur Ergreifung bestimmter **Aufsichtsmaßnahmen** ermächtigt. 50

§ 294 Abs. 2 S. 2 VAG statuiert, dass die BaFin im Rahmen der Überwachung auf die Einhaltung der Gesetze, die für den Betrieb des Versicherungsgeschäfts gelten, und bei Erstversicherungsunternehmen zusätzlich auf die ausreichende Wahrung der Belange der Versicherten zu achten hat. Dabei ist zu berücksichtigen, dass im Hinblick auf EU-/EWR-Unternehmen nur solche Vorschriften zur Anwendung kommen, die dem Allgemeininteresse dienen.[124] Vor diesem Hintergrund ist umstritten, ob es auf die ausreichende Wahrung der Belange der Versicherten im Rahmen der „Aufsicht im Übrigen" gemäß § 62 Abs. 1 S. 1 VAG ankommen darf. In der Literatur wird vertreten, dass die Tätigkeitslandbehörde im Wege der richtlinienkonformen Auslegung nur den Verstoß gegen Rechtsvorschriften, nicht aber die ausreichende Wahrung der Versichertenbelange überwachen könne.[125] Vorgebracht wird, dass die BaFin ansonsten selbst über ein Einschreiten entscheiden könnte.[126] Gestützt wird die Auffassung auf Art. 40 Abs. 3 der Dritten Richtlinien, der mit Art. 155 Solva II-RL vergleichbar ist, der auch ausdrücklich nur von geltenden „Rechtsvorschriften" spricht. Dieser Auffassung ist entgegenzuhalten, dass ein Eingriff nach §§ 294 Abs. 2, 298 Abs. 1 S. 1 VAG gewissermaßen naturgemäß einen Verstoß des Unternehmens bzw. deren Organe gegen das Gebot voraussetzt, die Belange der Versicherten ausreichend zu wahren. Bei diesem öffentlich-rechtlichen Verhaltensgebot handelt es sich aber um eine Rechtsvorschrift.[127] Daran ändert auch nichts, dass diese Regelung einen unbestimmten (wenngleich bestimmbaren) Rechtsbegriff enthält. Zu berücksichtigen ist zudem, dass die Solva II-RL den Schutz der Versicherten als vorrangiges Ziel verfolgt.[128] Insoweit fordert Art. 34 Abs. 1 Solva II-RL sogar, dass die Mitgliedstaaten befugt sein müssen, (bereits) präventive und korrigierende Maßnahmen zu ergreifen, um sicherzustellen, dass die Unternehmen die Rechts- und Verwaltungsvorschriften einhalten, die sie in jedem Mitgliedstaat zu erfüllen haben.[129] 51

Die Aufsichtsbehörde hat zudem auch im grenzüberschreitenden Rechtsverkehr stets die möglichen Auswirkungen ihrer Entscheidungen auf die **Stabilität des Finanzsystems** im EWR (§ 294 Abs. 2 S. 3 VAG) und im Fall außergewöhnlicher Bewegungen an den Finanzmärkten die potenziellen prozyklischen Effekte ihrer Maßnahmen (§ 294 Abs. 2 S. 4 VAG) zu berücksichtigen. 52

Weiterhin verweist § 62 Abs. 1 S. 2 Nr. 6 auf **§ 298 VAG**, der insbesondere nach Abs. 1 S. 1 die Aufsichtsbehörde zur Ergreifung von Maßnahmen zur Vermeidung oder Beseitigung eines **Missstandes** ermächtigt. Diese Aufsichtsmittel darf die BaFin jedoch nur nach Maßgabe des § 62 Abs. 3 S. 2 und 3 VAG einsetzen.[130] Insofern hat die Verweisung keine eigenständige Bedeutung. Die Verweisung auf § 298 Abs. 2 VAG ist ebenfalls bedeutungslos, da die Vorschrift lediglich Rückversicherungsunternehmen betrifft. § 298 Abs. 3 VAG regelt, unter welchen Voraussetzungen die BaFin einen **Rückversicherungs- oder Retrozessionsvertrag** zurückweisen darf. Unter entsprechender Anwendung auf EU-/EWR-Versicherer ist die Vorschrift nur relevant, wenn über den inländischen Bestand der Niederlassung ein Rückversicherungsvertrag abgeschlossen werden soll. In entsprechender Anwendung des § 298 Abs. 4 VAG wird das Bundesministerium der Finanzen ermächtigt, durch Rechtsverordnung auch dem EU-/EWR-Versicherungsunternehmen die Gewährung von Sondervergünstigungen und den Abschluss von Begünstigungsverträgen zu untersagen. Die Anwendbarkeit der Vorschrift wird jedoch überwiegend abgelehnt. Teilweise wird vertreten, dass das Verbot von Sondervergünstigungen und Begünstigungsverträgen dem Bereich der Finanzaufsicht zuzuordnen sei, der in die alleinige Zuständigkeit der Sitzlandbehörde falle.[131] Zum Teil wird die Anwendbarkeit auch mit der Begründung abgelehnt, dass die Vorschrift nicht dem Allgemeininteresse diene,[132] was zu bezweifeln ist. Zudem ist die praktische Tragweite des Problems begrenzt.[133] Ein im Inland tätiger Vermittler hat nämlich regelmäßig seinen Sitz im Inland und untersteht damit der inländischen Aufsicht, auch wenn er für EU-ausländische Unternehmen tätig ist. Daher muss jedenfalls er das Verbot beachten. Über die Aufrechterhaltung dieses Verbots wird seit Jahrzehnten diskutiert. Hier ist zu beachten, dass die auf Grundlage des § 81 Abs. 2 VAG a. F. erlassene Verordnung über das Verbot von Sondervergütungen und Begünstigungsverträgen in der Schadenversicherung[134] mit Wirkung zum 1.7.2017 aufgehoben werden wird.[135] Nach der Begründung 53

---

[124] Vgl. Rn. 20 ff; s. auch FKBP/*Pohlmann* § 110a Rn. 53.
[125] *Bähr* VersR 2001, 1185, 1190; *Winter* S. 587 f.; *ders.* VersR 2005, 145, 153; *Dreher* WM 1995, 509, 510 ff.; *Miersch* S. 114, 115; *Dreher/Lange* VersR 2011, 825, 831.
[126] S. Nachw. bei FKBP/*Pohlmann* § 110a Rn. 56.
[127] So aber in Bezug auf die Einordnung als Rechtsvorschrift insbesondere *Bähr* VersR 2001, 1185, 1190 ff.; ferner *Miersch* S. 114, 115; *Dreher* WM 1995, 509; *Winter* VersR 2000, 1453, 1463.
[128] Vgl. Erwägungsgründe 14, 16, 17, 43, 44, 60 Solva II-RL.
[129] FKBP/*Pohlmann* § 110a Rn. 58.
[130] Vgl. FKBP/*Pohlmann* § 110a Rn. 54 zur alten Rechtslage; s. im Einzelnen bei Rn. 68 ff.
[131] *Merz* FS Everling, 1995, 835; *Fahr* VersR 1992, 1033, 1043.
[132] *Dreher* VersR 1997, 1, 6.
[133] S. auch FKBP/*Pohlmann* § 110a Rn. 59.
[134] Vom 17.8.1982, BGBl. I S. 1243.
[135] Durch Art. 5 Nr. 1 der Verordnung zur Aufhebung von Verordnungen nach dem Versicherungsaufsichtsgesetz v. 16.12.2015, BGBl. I S. 2345.

des Referentenentwurfs zur Aufhebungsverordnung dient die Aufhebung insbesondere der Rechtssicherheit, weil zum Teil, auch von Gerichten, vertreten worden sei, dass die Verordnung gegen höherrangiges Recht verstoße.[136] Daher ist im Rahmen der Umsetzung der am 22.2.2016 in Kraft getretenen Versicherungsvertriebsrichtlinie (Insurance Distribution Directive – IDD)[137] zu überprüfen, ob und welche Regelungen an die Stelle der Verordnung treten sollen.[138] Hier ist Stand heute zu erwarten, dass ein Provisionsabgabe- und Begünstigungsverbot künftig auf gesetzlicher Grundlage in § 48b VAG-E geregelt werden wird.[139]

54 Ebenfalls verwiesen wird auf § 299 Nr. 1 VAG, so dass die BaFin die möglichen Eingriffe nach § 298 Abs. 1 und 2 VAG auch gegenüber inländischen Unternehmen, auf die das Versicherungsunternehmen Tätigkeiten ausgegliedert hat, vornehmen darf. Dagegen bestehen keine europarechtlichen Bedenken, da das Zielunternehmen im Geltungsbereich des VAG ohnehin von der Aufsichtsbehörde überwacht wird. Erfasst ist jede Form der **Ausgliederung** im Sinne von § 7 Nr. 2 VAG. Da § 110a Abs. 4 Nr. 3 lit. b VAG a. F. lediglich Funktionsausgliederungen erfasste, waren die Eingriffsbefugnisse nach alter Rechtslage noch auf den Niederlassungsverkehr beschränkt. Eine Unterscheidung zwischen der Ausgliederung von Kernfunktionen (Funktionsausgliederungen) und der Ausgliederung sonstiger Dienstleistungen ist im VAG 2016 nicht mehr vorgesehen. Die Verweisung auf § 299 VAG betrifft mithin sowohl die Niederlassungstätigkeit als auch den Dienstleistungsverkehr.

55 Mit der **neuen Verweisung auf § 303 VAG** ist eine Erweiterung der Befugnisse der Tätigkeitslandbehörde verbunden. Denn in § 110a VAG a. F. war keine entsprechende Verweisung auf § 87 Abs. 6 und 8 VAG a. F. enthalten. In § 303 VAG sind die Aufsichtsmittel der Verwarnung, des Abberufungsverlangens sowie des Tätigkeitsverbots in Bezug auf **verantwortliche Träger von Schlüsselaufgaben** eines Versicherungsunternehmens geregelt. Diese Maßnahmen dürften in Bezug auf EU-/EWR-Versicherer lediglich bei **Niederlassungen** in Betracht kommen, weil Personen mit Schlüsselaufgaben im Dienstleistungsverkehr nicht im Inland ansässig sind. Bei Personen mit Schlüsselaufgaben, die im EU-/EWR-Ausland sitzen, kann die BaFin also „nur" die Sitzlandbehörde über ihre Erkenntnisse informieren und zum Handeln auffordern. Bei Niederlassungen ist hinsichtlich des tauglichen Personenkreises insbesondere an den Hauptbevollmächtigten zu denken. Entsprechend § 303 Abs. 1 VAG steht der BaFin zunächst das Eingriffsinstrument der **Verwarnung** zur Verfügung, wenn ein EU-/EWR-Versicherer gegen bestimmte Rechtsvorschriften verstoßen hat. Unter den Voraussetzungen des § 303 Abs. 2 VAG ist die Aufsichtsbehörde darüber hinaus befugt, an das Versicherungsunternehmen ein **Abberufungsverlangen** in Bezug auf einen oder mehrere Inhaber von Schlüsselaufgaben zu adressieren, wobei auch dieses letztlich nur von der Sitzlandbehörde wird durchgesetzt werden können.

56 Problematisch ist insoweit der uneingeschränkte Verweis auf § 303 Abs. 1 Nr. 1 VAG, nach dessen Wortlaut die BaFin eigentlich berechtigt wäre, auch die Abberufung des **Hauptbevollmächtigten** wegen fehlender fachlicher Eignung i. S. d. § 24 VAG zu verlangen. Die Prüfung der Eignungsanforderungen obliegt jedoch der für die Finanzaufsicht zuständigen Behörde. Folgerichtig ist bei deutschen Versicherern mit Niederlassungen im Ausland nach § 58 Abs. 2 VAG die BaFin – und nicht die Tätigkeitslandbehörde – zur Überprüfung des Hauptbevollmächtigten zuständig. Der Verweis in § 62 Abs. 1 S. 2 Nr. 6 VAG ist daher europarechtskonform einschränkend dahin auszulegen, dass die BaFin dann, wenn sie im Rahmen der allgemeinen Rechtsaufsicht Zweifel an der fachlichen Eignung des Hauptbevollmächtigten gemessen am Maßstab des § 24 VAG hat, auf die Sitzlandbehörde zugehen muss. Unter dieser Prämisse muss aus den gleichen Gründen das **Tätigkeitsverbot** behandelt werden, das die BaFin gemäß § 303 Abs. 2 VAG grundsätzlich gegenüber der betreffenden Person selbst anordnen darf.[140] Im Hinblick auf Abberufungsverlangen und Tätigkeitsverbot dürften die Vorschriften des § 303 Abs. 2 Nr. 3, Abs. 3 VAG im Übrigen keine Bedeutung haben, da es hier um Verstöße und die Abberufung von Mitgliedern des Aufsichtsrats geht, der bei Niederlassungen nicht eingerichtet ist.

57 Im Hinblick auf die Gesetzesverstöße sind die Aufsichtsmaßnahmen nach § 303 VAG nur bei Verstößen gegen solche dem Allgemeininteresse dienende Vorschriften zulässig. Zudem ist bei Bestimmungen, die der Finanzaufsicht zuzuordnen sind, nach § 62 Abs. 1 S. 1 VAG allein die Sitzlandbehörde zuständig.

58 Durch die Verweisung auf einzelne Vorschriften des § 305 VAG stehen der BaFin als Tätigkeitslandbehörde umfassende **Auskunfts- und Vorlagerechte** zu. Gemäß § 305 Abs. 1 VAG kann die BaFin auch von Versicherungsunternehmen mit Sitz in anderen Mitglied- oder Vertragsstaaten Auskünfte über alle Geschäftsangelegenheiten einholen sowie die Vorlage oder Übersendung aller Geschäftsunterlagen

[136] Begr. RefE zur Verordnung zur Aufhebung von Verordnungen aufgrund des Versicherungsaufsichtsgesetzes v. 23.9.2015, S. 7.

[137] Richtlinie über Versicherungsvertrieb vom 20.1.2016, ABl. EU 2016, L 26/19; die IDD ist von den Mitgliedsstaaten bis zum 23.2.2018 in das nationale Recht umzusetzen.

[138] Begr. RefE zur Verordnung zur Aufhebung von Verordnungen aufgrund des Versicherungsaufsichtsgesetzes v. 23.9.2015, S. 7.

[139] Diese Erwartung hat sich nach Redaktionsschluss bestätigt: Durch Gesetz vom 20.7.2017 (BGBl. I 2789) ist der neue § 48b VAG am 29.7.2017 in Kraft getreten.

[140] Die unmittelbare Adressierung der betroffenen Person ist schon mit Blick auf die Vorgaben der Solva II-RL kritisch zu beurteilen.

verlangen. Letzteres ist auch nach Art. 155 Abs. 8 Solva II-RL zulässig. In der Literatur wird teilweise vertreten, dass die Auskunftsrechte in richtlinienkonformer Auslegung auf Fälle zu beschränken sind, in denen ein konkreter Verdacht des Verstoßes gegen eine dem Allgemeininteresse dienende Vorschrift vorliegen muss.[141] Dieser Ansatz ist im Grundsatz richtig, da die Aufsichtsbehörde in Übereinstimmung mit Art. 155 Abs. 8 Solva II-RL befugt sein müsste, auf Basis der erfragten Auskünfte Maßnahmen zu ergreifen.[142] Zu Recht wird allerdings gefordert, dass die Anforderungen an die Intensität der Verdachtsmomente nicht allzu hoch anzusetzen seien.[143] Dies wird damit begründet, dass der Aufsichtsbehörde zwecks Schaffung einer Entscheidungsgrundlage ein gewisser Beurteilungsspielraum zur Verfügung stehen müsse.[144] Auskünfte zu Unternehmensverträgen sind nicht Gegenstand der Verweisungsnorm, soweit die Verträge der Finanzaufsicht zuzuordnen sind.[145]

Nach § 305 Abs. 2 Nr. 1 VAG stehen der BaFin die Auskunfts- und Vorlagerechte auch **gegenüber Versicherungsvertretern und -maklern** zu. § 305 Abs. 2 Nr. 2 VAG weitet die Befugnis ferner auf Unternehmen aus, auf die das Versicherungsunternehmen **Funktionen ausgegliedert** hat. Nach § 305 Abs. 3 VAG kann die BaFin Auskünfte und die Vorlage von Unterlagen zudem von einem Unternehmen verlangen, bei dem feststeht oder aufgrund von Tatsachen der Verdacht gegeben ist, dass es **unerlaubte Versicherungsgeschäfte** i. S. d. § 308 VAG betreibt oder in deren Anbahnung einbezogen ist bzw. war. Entsprechend gilt dies nach § 305 Abs. 4 VAG auch bei grenzüberschreitender Tätigkeit. Den betreffenden Personen steht durch die Verweisung auf § 305 Abs. 5 VAG unter den dort genannten Voraussetzungen ein Auskunftsverweigerungsrecht zu. 59

In entsprechender Anwendung des § 306 VAG ist es der BaFin darüber hinaus gestattet, **Prüfungen in Geschäftsräumen** vorzunehmen sowie **Gegenstände zu beschlagnahmen**. Die Solva II-RL erwähnt diese Rechte zwar nicht ausdrücklich, aber schließt sie gleichzeitig auch nicht aus, sodass von einer Zulässigkeit auszugehen ist.[146] Zunächst haben Betroffene gemäß § 306 Abs. 1 S. 1 Nrn. 1 bis 3, Abs. 8 VAG eine **örtliche Prüfung** durch die BaFin in den Geschäftsräumen der inländischen Niederlassung zu dulden. Diese Befugnis der Tätigkeitslandbehörde entspricht dem Allgemeininteresse und ist auch erforderlich, da andernfalls Niederlassungen in anderen Mitglied- oder Vertragsstaaten nur schwer überprüft werden könnten.[147] Nach § 306 Abs. 2 S. 1 Nr. 1 und 2 VAG ist die Ausübung der Prüfungsrechte auch gegenüber Versicherungsvertretern und -maklern sowie im Fall von Funktionsausgliederungen gegenüber dem Zielunternehmen zulässig. Der ebenfalls entsprechend anwendbare § 306 Abs. 4 VAG erweitert die Befugnis außerdem auf die im Zusammenhang mit unerlaubten Versicherungsgeschäften auskunfts- und vorlagepflichtigen Personen und Unternehmen. In diesem Fall gestattet § 305 Abs. 5 VAG nicht nur das Betreten und Besichtigen der Räume, sondern auch die **Durchsuchung** durch Bedienstete der Aufsichtsbehörde. § 306 Abs. 6 VAG ordnet einen Richtervorbehalt für Durchsuchungen an und legt Einzelheiten hinsichtlich der gerichtlichen Zuständigkeit und des Verfahrens fest. Nach § 306 Abs. 7 VAG dürfen die Bediensteten der BaFin außerdem Gegenstände beschlagnahmen, die als **Beweismittel** für die Ermittlung des Sachverhalts von Bedeutung sein können. Durch den Verweis auf § 306 Abs. 8 VAG sind die Betroffenen verpflichtet, die genannten Maßnahmen zu dulden. 60

Die BaFin kann als Tätigkeitslandbehörde bei dem Betrieb **unerlaubter Versicherungsgeschäfte** i. S. d. § 308 VAG die dort geregelten Maßnahmen ergreifen, insbesondere die sofortige Einstellung des Geschäftsbetriebs und die unverzügliche Abwicklung dieser Geschäfte nach Abs. 1 gegenüber dem Unternehmen bzw. nach Abs. 3 entsprechend gegenüber dessen Gesellschaftern und den Mitgliedern der Organe anordnen. Im Bereich der Niederlassungstätigkeit oder des Dienstleistungsverkehrs ist ein Betrieb unerlaubter Versicherungsgeschäfte gemäß § 308 Abs. 1 VAG gegeben, wenn das EU-/EWR-Unternehmen die Geschäftstätigkeit entgegen § 61 Abs. 1 oder § 67 Abs. 1 VAG aufgenommen hat oder die Geschäftstätigkeit entgegen den Anordnungen nach § 62 Abs. 3 S. 2 oder 3 VAG fortgeführt hat.[148] 61

Aufgrund der Verweisung auf § 310 VAG darf die Aufsichtsbehörde Verwaltungsakte gegenüber EU-/EWR-Unternehmen mit **Nebenbestimmungen** versehen (Abs. 1). § 310 Abs. 2 VAG benennt die Eingriffsnormen, gegen die Widerspruch und Anfechtungsklage keine aufschiebende Wirkung haben. Die Aufzählung enthält jedoch keine für EU-/EWR-Versicherer nach § 62 Abs. 2 VAG relevanten Aufsichtsmaßnahmen. 62

gg) § 17 FinDAG (S. 2 Nr. 7). Aus dem Verweis auf § 17 FinDAG folgt, dass die Tätigkeitslandbehörde auch zur Ergreifung von **Zwangsmitteln und Vollstreckungsmaßnahmen** gegen Unter- 63

[141] *Winter* S. 592; *Zeides* S. 67 f.
[142] S. auch FKBP/*Pohlmann* § 110a Rn. 61.
[143] FKBP/*Pohlmann* § 110a Rn. 61.
[144] FKBP/*Pohlmann* § 110a Rn. 61.
[145] FKBP/*Pohlmann* § 110a Rn. 61.
[146] So auch FKBP/*Pohlmann* § 110a Rn 62.
[147] So auch FKBP/*Pohlmann* § 110a Rn. 62; a. A. *Winter* S. 570, der von einer Beobachtungsfunktion der Tätigkeitslandbehörde ausgeht, sowie *Zeides* S. 69.
[148] Zur Frage der unterschiedlichen Einordnung eines Geschäfts als Versicherungsgeschäft zwischen Sitz- und Tätigkeitslandbehörde s. Rn. 28.

nehmen mit Sitz in der EU/im EWR befugt ist. Jedoch ist auch hier § 62 Abs. 3 S. 1 bis 3 VAG zu beachten, wonach die BaFin zunächst die Sitzlandbehörde über entsprechend geplante Aufsichtsmaßnahmen unterrichten muss, soweit nicht ausnahmsweise ein dringender Fall vorliegt. Zwar findet § 17 FinDAG an sich auch ohne entsprechende Verweisung Anwendung. Gleichwohl hielt es der Gesetzgeber wegen der einschneidenden Maßnahmen für geboten, ausdrücklich auf die Vorschrift des § 17 FinDAG hinzuweisen.[149] Voraussetzung für die erfolgreiche Durchsetzung von Zwangsmitteln ist allerdings, dass im Inland ein geeignetes Zugriffsobjekt vorhanden ist.[150] Aus diesem Grund dürften bestimmte Zwangsmaßnahmen nur bei Niederlassungen in Betracht kommen.[151]

64 **III. Unterrichtung über Beeinträchtigung der finanziellen Sicherheit (Abs. 2).** Gemäß § 62 Abs. 1 S. 1 VAG obliegt die Finanzaufsicht ausschließlich der Sitzlandbehörde. Sinnvoll ist es aber, dass die Tätigkeitslandbehörde nach § 62 Abs. 2 VAG die Sitzlandbehörde darüber zu unterrichten hat, wenn sie Anzeichen für eine **Gefährdung der finanziellen Solidität** des im Inland tätigen EU-/EWR-Versicherers entdeckt. Dies folgt aus Art. 30 Abs. 3 UAbs. 1 Solva II-RL. Die Sitzlandbehörde, die im Bereich der Niederlassungen im EU-/EWR-Ausland sowie bei grenzüberschreitendem Dienstleistungsverkehr nicht vor Ort ist, erhält im Wege dieser Amtshilfe möglicherweise Kenntnis von bisher nicht bekannten Umständen und kann ggf. entsprechende Maßnahmen ergreifen. Die BaFin wird insoweit aber nur unterstützend tätig, die Unterrichtung selbst ist nicht als Maßnahme im Rahmen der Finanzaufsicht zu werten, sondern nur als „Wissenserklärung".

65 **IV. Durchsetzung von Aufsichtsmaßnahmen (Abs. 3). 1. Grundsatz.** § 62 Abs. 3 VAG regelt die Aufgaben, die der BaFin als Tätigkeitslandbehörde bei der Ausübung der gemeinsamen Rechtsaufsicht im Verhältnis zur Sitzlandbehörde obliegen und zustehen. Durch die Regelung der Doppelzuständigkeit (§ 62 Abs. 1 S. 1 VAG) steht die BaFin im Rahmen der Rechtsaufsicht an sich gleichberechtigt neben der Sitzlandbehörde. Allerdings sieht § 62 Abs. 3 VAG für den Fall, dass ein Unternehmen diesbezüglichen Aufforderungen oder Anordnungen der BaFin nicht nachkommt, einen **Durchsetzungsvorrang** der **Behörde des Sitzlandes** vor. Dies beruht auf dem Umstand, dass Hoheitsakte grundsätzlich nur im Land der erlassenen Behörde wirksam werden und aus diesem Grund auch nur von ihr durchgesetzt werden können. Zugleich stehen der Sitzlandbehörde regelmäßig die besseren Durchsetzungsmöglichkeiten zur Verfügung. Der Tätigkeitslandbehörde wird daher im Grundsatz nur subsidiär eine Handlungsbefugnis eingeräumt.

66 Rechtsgrundlage für diesen Subsidiaritätsgrundsatz ist **Art. 155 Solva II-RL**. Dieser schreibt die **behördlichen Eingriffsstufen** im Wortlaut eindeutiger als § 62 Abs. 3 VAG vor.[152] Art. 155 Solva II-RL stellt unlängst klarer heraus, dass die eigentliche Handlungsbefugnis bei der Sitzlandbehörde liegt. So hat die Tätigkeitslandbehörde das jeweilige Unternehmen nach Art. 155 Abs. 1 Solva II-RL zunächst lediglich zur Abstellung der aufgetretenen Unregelmäßigkeiten „aufzufordern". Demgegenüber könnte die zusätzlich gewählte Formulierung in § 62 Abs. 3 S. 1 VAG („Anordnungen") auf eine weitergehende Eingriffsbefugnis der Tätigkeitslandbehörde hindeuten.[153] Nach Art. 155 Abs. 2 Solva II-RL ist sie jedoch nur verpflichtet, die im Sitzland zuständige Behörde über das Verhalten des Unternehmens zu informieren. Diese soll sodann notwendige Maßnahmen ergreifen. Die Tätigkeitslandbehörde selbst ist nur bei andauernden Verstößen des Unternehmens, bei fehlenden oder unzureichenden Maßnahmen der Herkunftslandbehörde (Art. 155 Abs. 3 Solva II-RL) sowie in dringenden Fällen (Art. 155 Abs. 4 Solva II-RL) zu weitergehenden Maßnahmen befugt.

67 **2. Vorrang der Sitzlandbehörde (Abs. 3 S. 1).** Im Ausgangspunkt hat die BaFin gemäß **§ 62 Abs. 3 S. 1 VAG** die Sitzlandbehörde also zunächst davon zu **unterrichten**, wenn das betreffende Unternehmen „Aufforderungen oder Anordnungen", einen Missstand nach § 298 Abs. 1 VAG zu beseitigen, nicht Folge leistet. Der Wortlaut ist mit Blick auf den Begriff **„Anordnungen" missverständlich**. In der Literatur besteht Einigkeit darüber, dass die BaFin ohne vorherige Unterrichtung der Sitzlandbehörde nicht befugt ist, eine „Aufforderung" oder „Anordnung" in Form eines Verwaltungsaktes zu erlassen.[154] Vielmehr erschöpft sich die Befugnis der Tätigkeitslandbehörde in diesem Stadium darin, das Unternehmen lediglich auf Missstände hinzuweisen und es aufzufordern, sich künftig rechtmäßig zu verhalten. Diese Aufforderung ergeht im Rahmen einer schlicht-verwaltenden Tätigkeit. Erst wenn das Unternehmen diesen Hinweisen und Aufforderungen nicht nachkommt, hat die BaFin die Sitzlandbehörde hierüber zu informieren und insoweit um **Zusammenarbeit zu ersuchen**. Nach Art. 155 Abs. 2 UAbs. 2 Solva II-RL obliegt es sodann der Sitzlandbehörde, unverzüglich alle zweckdienlichen Maßnahmen zu treffen.

---

[149] Vgl. hierzu auch die Begr. RegE zum Gesetz zur Umsetzung aufsichtsrechtlicher Bestimmungen zur Sanierung und Liquidation von Versicherungsunternehmen und Kreditinstituten, BT-Drs. 15/1653, 29.

[150] *Präve* ZfV 1995, 258, 263.

[151] FKBP/*Pohlmann* § 110a Rn. 71.

[152] FKBP/*Pohlmann* § 111b Rn. 2 bezeichnet den Wortlaut des § 111b VAG a. F. als „nicht geglückt".

[153] S. hierzu sogleich unter Rn. 67.

[154] *Müller* Versicherungsbinnenmarkt S. 296, Rn. 825; *Miersch* S. 116; *Bähr* S. 197; *Präve* ZfV 1995, 258, 262; *Braumüller* VR 1995, 26, 30; *Roth* NJW 1993, 3028, 3031; FKBP/*Pohlmann* § 111b Rn. 3.

3. Aufsichtsmaßnahmen gegenüber dem EU-/EWR-Versicherungsunternehmen (Abs. 3 S. 2 und 3). Bleibt das Ersuchen um Zusammenarbeit ausnahmsweise erfolglos, z. B. weil die Sitzlandbehörde aufgrund abweichender Rechtsauffassung keinen Handlungsbedarf sieht oder weil die ergriffenen Maßnahmen zur Beseitigung des Missstandes nicht ausreichen, kann die BaFin in einem nächsten Schritt nach § 62 Abs. 3 S. 2 Hs. 1 VAG versuchen, ihre Anordnungen im Inland mit **Zwangsmitteln** durchzusetzen oder wegen Zwangsgeldes zu vollstrecken (§ 62 Abs. 1 S. 2 Nr. 7 VAG i. V. m. § 17 FinDAG). In Betracht kommt z. B. die Vollstreckung in Prämienforderungen des EU-/EWR-Unternehmens gegen inländische Versicherungsnehmer, soweit die Forderungen pfändbar sind. Häufig wird dieser Versuch aber keinen Erfolg haben, insbesondere dann nicht, wenn das ausländische Versicherungsunternehmen im Dienstleistungsverkehr tätig wird und deshalb nur wenige Vollstreckungsmöglichkeiten im Inland bestehen dürften. 68

Schlagen die Durchsetzungs- und Vollstreckungsversuche fehl oder sind sie von vornherein aussichtslos, kann die BaFin in einem dritten Schritt nach § 62 Abs. 3 S. 2 Hs. 2 VAG **alle weiteren Maßnahmen** nach § 62 Abs. 1 S. 2 Nr. 6 i. V. m. § 298 Abs. 1 VAG ergreifen, die geeignet und erforderlich sind, um die gefährdeten Belange der Versicherten ausreichend zu wahren. Dabei ist der **Verhältnismäßigkeitsgrundsatz** in besonders strengem Maße zu beachten. Denn erst wenn kein milderes Mittel zum Ziel führt oder wenn andere Maßnahmen nicht angebracht sind, kann die BaFin dem Versicherungsunternehmen als ultima ratio[155] die weitere Geschäftstätigkeit im Inland teilweise oder sogar ganz untersagen.[156] 69

Eine Abweichung von den genannten Eingriffsstufen ist gemäß § 62 Abs. 3 S. 3 VAG nur in **dringenden Fällen** zulässig. Dann kann die BaFin auch ohne die vorherige Unterrichtung der Sitzlandbehörde die in S. 2 genannten Anordnungen treffen. In Übereinstimmung mit Art. 155 Abs. 4 Solva II-RL darf die Tätigkeitslandbehörde daher notfalls sofort ein Versicherungsunternehmen daran hindern, weitere neue Versicherungsverträge in ihrem Hoheitsgebiet abzuschließen. Ein dringender Fall liegt vor, wenn Gefahr im Verzug besteht, so dass bei weiterem Zuwarten auf eine Reaktion der Sitzlandbehörde unumkehrbare Fakten geschaffen würden. 70

4. Einbindung der Europäischen Aufsichtsbehörde EIOPA (Abs. 3 S. 4). Neben die vorgenannten Eingriffsstufen tritt gemäß § 62 Abs. 3 S. 4 VAG die Einbindung von EIOPA. Denn danach kann die BaFin EIOPA mit der Angelegenheit befassen und um Unterstützung bitten. Diese Vorschrift ist **neu**. Diese Ergänzung beruht auf dem durch die **Omnibus II-RL** neu eingefügten Art. 155 Abs. 3 UAbs. 2 Solva II-RL.[157] Eine solche Einbindung ist z. B. sinnvoll, wenn Sitz- und Tätigkeitslandbehörde unterschiedliche Rechtsauffassungen vertreten. Denn dann ist es ohnehin Aufgabe von EIOPA für eine einheitliche Rechtsauffassung im vollharmonisierten Aufsichtsrecht zu sorgen. 71

V. Maßnahmen bei unerlaubtem Geschäftsbetrieb (Abs. 4). Verliert ein EU-/EWR-Versicherungsunternehmen im Sitzland aufgrund eines Widerrufs oder aus anderen Gründen die Erlaubnis zum Geschäftsbetrieb, muss das Unternehmen auch die Geschäftstätigkeit über Niederlassungen oder im Wege des Dienstleistungsverkehrs in anderen Mitglied- oder Vertragsstaaten einstellen. Demgemäß hat die Sitzlandbehörde die Aufsichtsbehörden aller übrigen Mitgliedstaaten nach Art. 144 Abs. 2 Solva II-RL von dem Erlöschen der Erlaubnis in Kenntnis zu setzen.[158] Die Tätigkeitslandbehörden sind sodann verpflichtet, alle für die **Unterbindung der weiteren Geschäftstätigkeit** in ihrem Hoheitsgebiet geeigneten und erforderlichen Aufsichtsmaßnahmen zu ergreifen. § 62 Abs. 4 VAG schafft hierfür die entsprechende Rechtsgrundlage für die BaFin. Ziel ist nach den Vorgaben des Art. 144 Abs. 2 UAbs. 1 Solva II-RL lediglich die Verhinderung neuer Rechtsgeschäfte, insbesondere also neuer Vertragsabschlüsse. Der Abbruch aller Versicherungstätigkeit ist hiermit nicht verbunden.[159] Auslaufende Verträge dürfen jedoch nicht verlängert werden. Ferner müssen Verträge, die nicht von selbst auslaufen, zum frühestmöglichen Termin gekündigt werden.[160] Dies ist bei Vorhandensein eines ordentlichen Kündigungsrechts unproblematisch. In Fällen der Lebens- oder substitutiven Krankenversicherung hat der Versicherer dagegen kein ordentliches Kündigungsrecht. Hier wird er sich aber auf ein außerordentliches Kündigungsrecht berufen können.[161] Die Sitzlandbehörde ist nach Art. 144 Abs. 2 UAbs. 2 Solva II-RL zwingend verpflichtet, die **freie Verfügung über die Vermögenswerte zu untersagen**. Auf ihr Ersuchen hin haben die Aufsichtsbehörden der anderen Mitglied- und Vertragsstaaten die gleichen Maßnahmen zu treffen.[162] Für die BaFin regelt dies § 326 Abs. 3 VAG. 72

---

[155] S. Art. 155 Abs. 3 UAbs. 1: „soweit unbedingt erforderlich".
[156] So auch Begr. RegE Drittes Durchführungsgesetz/EWG zum VAG, BT-Drs. 12/6959, 95.
[157] S. auch Begr. VAG-RegE 2014, BT-Drs. 18/2956, 255.
[158] Die entsprechende Verpflichtung der BaFin regelt auf nationaler Ebene § 304 Abs. 4 S. 1 VAG.
[159] FKBP/*Pohlmann* § 111b Rn. 12.
[160] FKBP/*Pohlmann* § 111b Rn. 12.
[161] Vgl. dazu: *Grote* Der Wegzug des Versicherungsnehmers ins Ausland und weltweite Deckung – zivilrechtlich wirksam, aufsichts- und strafrechtlich bedenklich?, Düsseldorfer Vorträge zum Versicherungsrecht 2013 S. 33.
[162] FKBP/*Pohlmann* § 111b Rn. 12.

73 **VI. Verhältnis zu anderen Regelungen des VAG.** Zuwiderhandlungen gegen eine vollziehbare Anordnung nach § 62 Abs. 3 S. 2 VAG sind gemäß § 331 Abs. 2 Nr. 1 VAG mit einer Freiheitsstrafe bis zu drei Jahren oder mit Geldstrafe bedroht. Die **Strafbarkeit** ist konsequent, da das Unternehmen entgegen der vollziehbaren Untersagung die Geschäftstätigkeit weiterhin ausübt, ohne dass es über die entsprechende Genehmigung hierzu verfügt.[163]

74 Der Verstoß gegen eine vollziehbare Anordnung im Zusammenhang mit der Beteiligung an unerlaubten Versicherungsgeschäften nach § 308 Abs. 4 Nr. 1 i. V. m. § 62 Abs. 1 Nr. 6 VAG stellt gemäß § 332 Abs. 3 Nr. 2 lit. b VAG eine **Ordnungswidrigkeit** dar, die mit einer Geldbuße bis zu fünfzigtausend Euro geahndet werden kann (§ 332 Abs. 5 VAG).

Bestandsübertragungen

63 (1) [1]**Ein Vertrag, durch den ein Erstversicherungsunternehmen mit Sitz in einem anderen Mitglied- oder Vertragsstaat ganz oder teilweise einen Bestand an Versicherungsverträgen, die es gemäß § 61 Absatz 1 durch eine Niederlassung oder im Dienstleistungsverkehr abgeschlossen hat, auf ein Unternehmen mit Sitz in einem Mitglied- oder Vertragsstaat übertragen will, bedarf zur Genehmigung durch die für das übertragende Unternehmen zuständige Aufsichtsbehörde des Herkunftsstaats der Zustimmung der Bundesanstalt.** [2]**Die Zustimmung ist zu erteilen, wenn die Belange der Versicherten gewahrt sind und die Verpflichtungen aus den Versicherungen als dauernd erfüllbar dargetan sind; § 13 Absatz 4, 5 und 7 Satz 1 ist entsprechend anzuwenden.**

(2) **Betrifft der Versicherungsbestand einer Niederlassung keine im Inland belegenen Risiken, nimmt die Bundesanstalt zum Vertrag lediglich Stellung.**

(3) **Äußert sich die Bundesanstalt nicht innerhalb von drei Monaten zu dem Ersuchen um Zustimmung oder Stellungnahme, gilt dies als stillschweigende Zustimmung oder positive Stellungnahme.**

(4) **Fordert die gemäß Absatz 1 Satz 1 für die Genehmigung zuständige Aufsichtsbehörde von der Bundesanstalt die in § 13 Absatz 2 Satz 2 Nummer 1 genannte Bescheinigung an, sind § 58 Absatz 2 Satz 4 und § 59 Absatz 2 Satz 5 entsprechend anzuwenden.**

Übersicht

Schrifttum: Siehe die Angaben bei § 61.

1 **I. Allgemeines. 1. Entstehungsgeschichte.** § 63 VAG entspricht inhaltlich unverändert § 111d VAG a. F. Nur in formaler Hinsicht unterscheidet sich § 63 VAG insofern von seinem Vorläufer, als die einzelnen Bestimmungen nicht mehr in Sätze, sondern in Absätze strukturiert sind. Dies führt zu einer besseren Lesbarkeit der Vorschrift.

2 § 111d VAG a. F. ist durch das **Dritte Durchführungsgesetz/EWG zum VAG**[1] zur Umsetzung des Art. 12 der Dritten Richtlinie Schadenversicherung[2] und des Art. 11 der Dritten Richtlinie Lebensversicherung[3] in das VAG eingefügt worden. Die genannten Richtlinienbestimmungen enthielten Vorgaben zu grenzüberschreitenden Bestandsübertragungen mit unterschiedlichem Auslandsbezug. In Umsetzung dieser Vorschriften wurden neben § 111d VAG a. F. außerdem der damalige § 14 Abs. 1a VAG a. F. (später: § 14 Abs. 2 VAG a. F.; heute:§ 13 Abs. 2 VAG) sowie § 108 VAG a. F. (§ 73 VAG) in das VAG aufgenommen. Die Regelungen zu Bestandsübertragungen über die Grenzen der einzelnen Mitgliedstaaten hinaus waren notwendig geworden, da durch die Dritten Richtlinien die Beschränkungen

---

[163] Erbs/Kohlhaas/*Wache/Lutz* § 62 VAG Rn. 4.
[1] V. 21.7.1994, BGBl. I 1630, 3134.
[2] RL 92/49/EWG v. 18.6.1992, ABl. EG 1992 L 228, 1.
[3] RL 92/96/EWG v. 10.11.1992, ABl. EG 1992 L 360, 1.

des freien Niederlassungs- und Dienstleistungsverkehrs mit dem Ziel eines „Gemeinsamen Marktes" endgültig durchbrochen wurden.[4]

2. Normzweck. § 63 VAG normiert, unter welchen Bedingungen ein nach § 61 VAG tätiges EU-/EWR-Erstversicherungsunternehmen seinen über eine Niederlassung oder im Dienstleistungsverkehr gezeichneten Versicherungsbestand auf ein anderes Unternehmen mit Sitz in einem Mitglied- oder Vertragsstaat übertragen darf. Sind – wie im Regelfall – **in Deutschland belegene Risiken** betroffen, ist zu deren **Schutz** zur Bestandsübertragung die ausdrückliche Zustimmung der BaFin vorgesehen.[5] In dem anderen Ausnahmefall genügt das Einholen einer Stellungnahme der BaFin.[6] Denn dann lag allein der „Vertriebskanal" im Zuständigkeitsbereich der BaFin, während von der BaFin zu schützende Verbraucher nicht betroffen sind, da die Risiken nicht in Deutschland liegen. 3

Die endgültige Genehmigung der Bestandsübertragung erteilt trotz der Zustimmungs- bzw. Stellungnahmebedürftigkeit seitens der BaFin die Sitzlandbehörde. 4

3. Europarechtlicher Hintergrund. Bereits die Vorgängerregelungen des § 63 VAG, insbesondere § 111d VAG a. F., gehen auf europarechtliche Richtlinienvorschriften zurück. Die maßgeblichen Bestimmungen der Dritten EG-Versicherungsrichtlinien (unter Beachtung der Neufassung des Art. 11 der Dritten Lebensversicherungsrichtlinie durch die Richtlinie über Lebensversicherungen aus dem Jahr 2002)[7] finden sich nunmehr zusammengefasst in Art. 39 Solva II-RL[8]. So folgt das in § 63 Abs. 1 S. 1 VAG vorgesehene Erfordernis der Zustimmung der BaFin aus Art. 39 Abs. 4 Solva II-RL. Die nationale Bestimmung zur Zustimmungsfrist (§ 63 Abs. 3 VAG) setzt Art. 39 Abs. 5 Solva II-RL um. Dort wird auch zwischen einer Stellungnahme und einer Zustimmung der Tätigkeitslandbehörde begrifflich unterschieden, allerdings ohne das in § 63 Abs. 2 VAG genannte Kriterium der **Risikobelegenheit**. Die Solva II-RL stellt allein darauf ab, ob die zu übertragenden Bestände über eine Niederlassung oder im Dienstleistungsverkehr abgeschlossen worden sind. § 63 VAG geht also hinsichtlich des zusätzlichen Kriteriums der Risikobelegenheit des zu übertragenden Bestandes im Niederlassungsverkehr über den Wortlaut von Art. 39 Solva II-RL hinaus. Europarechtswidrig ist dies aber letztlich nicht, da das Vorliegen einer Zustimmung durch die Tätigkeitsbehörde für die Genehmigung der Bestandsübertragung durch die Sitzlandbehörde nicht positiv vorliegen muss, sondern gemäß Art. 39 Abs. 5 Solva II-RL auch Schweigen als Zustimmung gilt. Insoweit ist es auch unerheblich, dass der nationale Gesetzgeber im Fall des § 63 Abs. 2 VAG nur von einer Stellungnahme spricht. Denn die BaFin wird so in den Vorgang jedenfalls eingebunden und nicht übergangen. Im Rahmen der Stellungnahme kann die BaFin auch positiv zustimmen oder Gründe gegen eine Genehmigung der Bestandsübertragung durch die Sitzlandbehörde vortragen. 5

Ergänzt werden die europäischen Richtlinien durch das „General Protocol relating to the collaboration of the insurance supervisory authorities of the Member States of the European Union" (sog. „Revised Siena Protocol"),[9] das in Teil IV Ziff. 5 Regelungen zur Zusammenarbeit der Aufsichtsbehörden in Bezug auf Bestandsübertragungen innerhalb des EWR trifft.[10] 6

II. Bestandsübertragung nach Absatz 1 (Abs. 1). 1. Zustimmung der BaFin (Abs. 1 S. 1). § 63 Abs. 1 S. 1 VAG setzt zunächst voraus, dass ein Versicherungsunternehmen aus einem anderen EU-/EWR-Staat einen Versicherungsbestand ganz oder teilweise auf ein Unternehmen übertragen möchte, das seinen Sitz ebenfalls in einem Mitglied- oder Vertragsstaat hat – sei es im Tätigkeitsland selbst oder nicht. 7

Die Vorschrift setzt weiter voraus, dass es sich bei dem zu übertragenden Bestand um Versicherungsverträge handelt, die das abgebende EU-/EWR-Unternehmen gemäß § 61 VAG durch eine **Niederlassung oder im Dienstleistungsverkehr** in Deutschland abgeschlossen hat. Eine Unterscheidung zwischen beiden Tätigkeitsformen wird dabei nicht vorgenommen. Voraussetzung ist aber, dass der Bestand **in Deutschland belegene Risiken** betrifft, auch wenn das – wie gezeigt[11] – über die Vorgaben in Art. 39 Solva II-RL hinausgeht.[12] Dies ergibt sich auch aus § 63 Abs. 2 VAG, der für das Niederlassungsrecht eine Sonderregelung für nicht im Inland belegene Risiken enthält. Im Regelfall des § 62 Abs. 1 VAG ist zum Schutz der inländischen Risiken die Mitwirkung der BaFin erforderlich. Demgemäß darf die für das übertragende Unternehmen zuständige Aufsichtsbehörde den Bestandsübertragungsvertrag nur genehmigen, wenn die BaFin die **Zustimmung** erteilt hat.[13] 8

[4] Vgl. näher § 61 Rn. 11 ff.
[5] *Seemayer* S. 153.
[6] *Seemayer* S. 154.
[7] RL 2002/83/EG v. 5.11.2002, ABl. EG L 345, 1.
[8] RL 2009/138/EG v. 25.11.2009, ABl. EU 2009 L 335, 1, geändert durch die RL 2014/51/EU v. 16.4.2014, ABl. EU 2014 L 153, 1 (Omnibus II).
[9] CEIOPS -DOC-07/08, abrufbar eiopa.europa.eu/.
[10] *Bornschlegl* S. 421 f.
[11] Rn. 5.
[12] Vgl. FKBP/*Pohlmann* § 111d Rn. 6; *Seemayer* S. 153.
[13] FKBP/*Pohlmann* § 111d Rn. 3.

9 § 63 VAG adressiert ausdrücklich nur die **Bundesanstalt**. Ist für bestimmte Bestandsübertragungen eine Landesbehörde zuständig, ist das einschlägige Landesrecht zu beachten.[14] Dieses sollte sich aber zur Vermeidung einer Europarechtswidrigkeit nicht von § 63 VAG unterscheiden, soweit Solvency II anwendbar ist.

10 **Gegenstand der Übertragung** kann der **gesamte Versicherungsbestand** an den gemäß § 61 VAG erworbenen Verträgen sein. Möglich ist aber **auch die nur teilweise Übertragung**. Unter Versicherungsbestand ist die Summe der Rechtspositionen des Versicherers als Vertragspartner von Versicherungsverträgen zu verstehen.[15] Vertriebsverträge oder Rückversicherungsverträge, die den Versicherungsbestand betreffen, bleiben dagegen von der Bestandsübertragung unberührt.

11 Bei dem Unternehmen, das den Bestand übernehmen will, kann es sich auch um einen in Deutschland ansässigen Versicherer handeln.[16] § 63 Abs. 1 S. 1 VAG verlangt lediglich, dass das Unternehmen ebenfalls in der EU bzw. im EWR ansässig ist. Insoweit kommen insgesamt **vier Kategorien**[17] in Betracht. Der nach § 61 VAG erworbene Bestand kann danach übertragen werden auf

1. einen Versicherer mit Sitz im Inland,
2. die inländische Niederlassung eines Versicherers mit Sitz in einem anderen EU-/EWR-Staat,
3. einen EU-/EWR-Versicherer mit Sitz im Staat des übertragenden Unternehmens ohne Niederlassung im Inland oder
4. einen Versicherer mit Sitz in einem anderen EU-/EWR-Staat ohne Niederlassung im Inland.

Hat der übernehmende Versicherer weder seinen Sitz noch eine Niederlassung im Inland, ist die Konstellation denkbar, dass ein Versicherungsnehmer, der einen Vertrag mit einem im Inland niedergelassenen Unternehmen abgeschlossen hat, nach der Bestandsübertragung einem ausländischen Vertragspartner gegenübersteht, der im Inland nicht über eine Niederlassung greifbar ist.[18] Dadurch verschlechtert sich seine Rechtsposition aber nicht wesentlich, da er immer noch einen im Ausland sitzenden Vertragspartner hat, der in gleicher Weise überwacht wird. Daher kann dies einer Genehmigung nicht entgegenstehen.

12 **2. Voraussetzungen für die Zustimmung (Abs. 1 S. 2).** § 63 Abs. 1 S. 2 Hs. 1 VAG **verpflichtet** die BaFin zur Erteilung der Zustimmung, wenn die Belange der Versicherten gewahrt sind und die Verpflichtungen aus den Versicherungen als dauernd erfüllbar dargetan sind. Dies entspricht den Voraussetzungen nach § 13 Abs. 1 S. 2 Hs. 1 VAG für die Genehmigung von Bestandsübertragungen in Deutschland.[19] Stellt die BaFin fest, dass mindestens eine dieser Voraussetzungen nicht erfüllt ist, hat sie die Zustimmung zu versagen.

13 Bei Versicherungsverhältnissen mit **Überschussbeteiligung** darf die BaFin die Zustimmung nur erteilen, wenn die Voraussetzungen des § 13 Abs. 4 VAG entsprechend vorliegen. Dies ordnet der Verweis in § 63 Abs. 1 S. 2 Hs. 2 VAG an. Es darf also der Wert der Überschussbeteiligung der Versicherten nach der Übertragung nicht niedriger sein als vorher.[20]

14 Über den Verweis auf § 13 Abs. 5 VAG wird ferner angeordnet, dass bei einer wirksamen Bestandsübertragung die Rechte und Pflichten des Versicherers aus den Verträgen auch im **Verhältnis zu den Versicherungsnehmern** auf das Zielunternehmen übergehen. Dies beruht auf Art. 39 Abs. 6 UAbs. 2 Solva II-RL.

15 Die erteilte Zustimmung der Bestandsübertragung ist gemäß § 63 Abs. 1 S. 2 Hs. 2 i. V. m. § 13 Abs. 7 S. 1 VAG im Bundesanzeiger zu **veröffentlichen**.

16 **III. Bestandsübertragung einer Niederlassung mit nicht in Deutschland belegenen Risiken (Abs. 2).** § 63 Abs. 2 VAG regelt den seltenen Ausnahmefall, dass der zu übertragende Versicherungsbestand einer Niederlassung keine inländischen Risiken betrifft. Weil es insoweit an einem entsprechenden Schutzobjekt in Deutschland fehlt, bedarf es hier nach Auffassung des nationalen Gesetzgebers keiner Zustimmung der BaFin, sondern **nur einer Stellungnahme**. Dies deckt sich zwar nicht mit den Vorgaben aus Art. 39 Solva II-RL, ist aber europarechtlich unbedenklich.[21] Die Stellungnahme fungiert insbesondere als **Amtshilfe** für die zur Genehmigung zuständige Aufsichtsbehörde. Anders als bei der Zustimmung nach Absatz 1 ist eine Veröffentlichung der Stellungnahme nicht vorgeschrieben. Mangels inländischen Schutzobjekts ist dies aber auch nicht erforderlich.

17 Wenngleich es zwar nicht einer Zustimmung der BaFin bedarf, muss die Sitzlandbehörde zwingend die Zustimmung des Mitglied- oder Vertragsstaates einholen, in dem das Risiko belegen ist.[22]

---

[14] FKBP/*Pohlmann* § 111d Rn. 8.
[15] *Laars* § 14 Rn. 4.
[16] Vgl. *Bornschlegl* S. 428 zum gleichlautenden § 58 Abs. 1 S. 1 VAG-E 2012 sowie *Laars* § 14 Rn. 6 zum alten Recht; a. A. Prölss/*Kollhosser,* 12. Aufl., § 111d Rn. 2.
[17] FKBP/*Pohlmann* § 111d Rn. 4.
[18] FKBP/*Pohlmann* § 111d Rn. 5.
[19] Zu diesen Voraussetzungen s. ausführlich § 13 Rn. 25 ff.
[20] S. dazu ausführlich § 13 Rn. 44 ff.
[21] Rn. 5.
[22] Vgl. FKBP/*Pohlmann* § 111d Rn. 6; *Braumüller* VR 1995, 26, 28.

IV. Schweigen der BaFin als Zustimmung (Abs. 3). Wenn sich die BaFin nicht innerhalb von drei Monaten zu dem Ersuchen der Sitzlandbehörde um Zustimmung oder Stellungnahme äußert, gilt das Schweigen nach § 63 Abs. 3 VAG in den Fällen des Absatzes 1 als **stillschweigende Zustimmung** bzw. in den Fällen des Absatzes 2 als **positive Stellungnahme**. Dies entspricht der Vorgabe des Art. 39 Abs. 5 UAbs. 2 Solva II-RL. Durch die Fiktion der Zustimmung wird die Zusammenarbeit der Aufsichtsbehörden erleichtert. 18

V. Bescheinigung der BaFin über die erforderlichen Eigenmittel (Abs. 4). § 63 Abs. 4 VAG setzt die Konstellation voraus, dass ein EU-/EWR-ausländischer Versicherer den durch eine Niederlassung oder im Dienstleistungsverkehr aufgebauten inländischen Bestand auf ein in Deutschland ansässiges Unternehmen übertragen möchte. In diesem Fall kann die für die Genehmigung zuständige Sitzlandbehörde von der BaFin die in § 13 Abs. 2 S. 2 Nr. 1 VAG genannte Bescheinigung für dieses Unternehmen anfordern. Mit dieser Bescheinigung bestätigt die BaFin, dass der den Bestand übernehmende inländische Versicherer nach der Übertragung über ausreichende anrechnungsfähige Eigenmittel zur Einhaltung der Solvabilitätskapitalanforderung verfügt. Diese Bescheinigung ist erforderlich, da mit der Genehmigung der Bestandsübertragung die Finanzaufsicht für den zu übertragenden Bestand von der Sitzlandbehörde auf die BaFin übergeht, die bis dahin als Tätigkeitslandbehörde für diesen Bestand nur die Rechtsaufsicht ausgeübt hat. 19

In Fällen, in denen die Eigenmittel zwar an sich noch ausreichen, aber die Erfüllbarkeit der Verpflichtungen aus den Verträgen oder die Zahlungsfähigkeit des Versicherungsunternehmens gefährdet sein könnte, darf die **Solvabilitätsbescheinigung** allerdings trotzdem nicht ausgestellt werden, solange die Rechte der Versicherungsnehmer gefährdet sind. Dies folgt aus der Anordnung der entsprechenden Anwendbarkeit des § 58 Abs. 2 S. 4 VAG für das Niederlassungsrecht und des § 59 Abs. 2 S. 5 VAG für den Dienstleistungsverkehr. Nach Art. 39 Abs. 1 UAbs. 2 Solva II-RL darf die Sitzlandbehörde die Bestandsübertragung nur bei Vorliegen der Solvabilitätsbescheinigung genehmigen. 20

VI. Verhältnis zu anderen Regelungen des VAG. Die Übertragung des Bestandes eines **inländischen Erstversicherungsunternehmens** auf ein anderes Versicherungsunternehmen ist in § 13 VAG geregelt.[23] Im zu § 63 VAG spiegelbildlichen Fall, dass ein Unternehmen mit Sitz in Deutschland den Bestand von über eine Niederlassung oder im Dienstleistungsverkehr abgeschlossenen Verträgen übertragen möchte, kommt § 13 Abs. 2 VAG zur Anwendung. 21

Für Bestandsübertragungen unter Beteiligung von Niederlassungen eines **Drittstaatenunternehmens** gilt die Sonderregelung des § 73 VAG und aufgrund des Verweises in § 67 Abs. 2 S. 1 VAG dort noch § 13 VAG entsprechend. 22

Bei Lloyd's vereinigte Einzelversicherer

64 (1) **Die bei Lloyd's vereinigten Einzelversicherer dürfen eine Geschäftstätigkeit nur ausüben, wenn die Vereinigung im Namen der Einzelversicherer für den Fall der Zwangsvollstreckung in deren im Inland belegene Vermögenswerte darauf verzichtet, Rechte daraus herzuleiten, dass die Zwangsvollstreckung auch in Vermögenswerte von Einzelversicherern erfolgt, gegen die der Titel nicht wirkt; die Verzichtserklärung muss bis zur vollständigen Abwicklung der im Inland abgeschlossenen Versicherungsverträge unwiderruflich sein.**

(2) [1]**Ansprüche aus dem im Inland über eine Niederlassung betriebenen Versicherungsgeschäft der bei Lloyd's vereinigten Einzelversicherer können nur durch und gegen den Hauptbevollmächtigten gerichtlich geltend gemacht werden.** [2]**Ein gemäß Satz 1 erzielter Titel wirkt für und gegen die an dem Versicherungsgeschäft beteiligten Einzelversicherer.** [3]**§ 727 der Zivilprozessordnung ist entsprechend anzuwenden.** [4]**Aus einem gegen den Hauptbevollmächtigten erzielten Titel kann in die von ihm verwalteten, im Inland belegenen Vermögenswerte aller in der Vereinigung zusammengeschlossenen Einzelversicherer vollstreckt werden.**

Schrifttum: Siehe die Angaben bei § 61.

I. Allgemeines. 1. Entstehungsgeschichte. § 64 VAG entspricht ohne inhaltliche Änderungen § 110b VAG a. F.[1] Die Vorschrift enthält verfahrens- und vollstreckungsrechtliche Regeln für die unter der Bezeichnung Lloyd´s vereinigten Einzelversicherer. 1

Lloyd´s ist eine **Vereinigung von Einzelversicherern** (auch natürliche Personen können hier als Einzelversicherer fungieren), die nach Anhang III lit. A. Nr. 27 bzw. B. Nr. 27 der Solva II-RL („the association of underwriters known as Lloyd's") im Vereinigten Königreich zu den zulässigen Rechtsformen für den Betrieb von Versicherungsgeschäft gehört. Mit dem bevorstehenden **Brexit** wird sich 2

[23] Für Rückversicherungsbestände gilt § 166 VAG.

[1] S. auch Begr. VAG-RegE 2014, BT-Drs. 18/2956, 255.

auch für Lloyd´s die Frage stellen, ob der Sitz der Vereinigung in einen anderen Vertrags- oder Mitgliedstaat verlegt werden wird, um weiterhin in der EU/dem EWR im Niederlassungs- und Dienstleistungsverkehr tätig sein zu können. Das kann aber nur funktionieren, wenn es gelingt, die Rechtsform von Lloyd´s zuvor auch in einem anderen Vertrags- oder Mitgliedsstaat als zulässige Rechtsform für den Betrieb von Versicherungsgeschäft zu etablieren. Ansonsten müsste Lloyd´s (kaum vorstellbar) seine Rechtsform ändern.

3 § 64 Abs. 1 VAG geht ursprünglich auf eine Regelung zurück, die auf Grundlage von **Richtlinienbestimmungen** zunächst als § 106a Abs. 3 S. 2 in das VAG eingefügt[2] und später durch das Zweite Durchführungsgesetz/EWG zum VAG[3] in § 110b Abs. 4 S. 2 VAG a. F. übernommen wurde. Mit dem Dritten Durchführungsgesetz/EWG zum VAG[4] rückte die Regelung an die Stelle des Abs. 1 vor, weil die übrigen Normen des § 110b VAG a.F entbehrlich geworden waren.[5]

4 Die Vorgängerregelung zu § 64 Abs. 2 VAG (§ 110b Abs. 2 VAG a. F.) hat ihren Ursprung in einer Vorschrift, die durch das Erste Durchführungsgesetz/EWG zum VAG zunächst als § 109 Abs. 2 VAG a. F. in das Gesetz aufgenommen wurde. Im Zuge des Zweiten Durchführungsgesetzes/EWG zum VAG fand eine Verschiebung an die Stelle eines damaligen § 110c VAG a. F. statt. Mit dem Dritten Durchführungsgesetz/EWG zum VAG wurde dessen Inhalt schließlich in die Vorschrift des § 110b VAG a. F. eingegliedert, um auf diese Weise die besonderen Regelungen für die bei Lloyd's vereinigten Einzelversicherer in einer Vorschrift zusammenzufassen.[6]

5 § 110b VAG a. F. beruhte nicht zuletzt auf den **Vorgaben der Dritten EG-Versicherungsrichtlinien**,[7] die ohne inhaltliche Änderung aus den Richtlinienbestimmungen hervorgegangen sind, die bereits Grundlage für die dargestellten Vorläufer des § 110b VAG a. F. waren.[8] Heute befinden sich diese Richtlinienbestimmungen in **Art. 145 Abs. 2 Solva II-RL.**

6 **2. Normzweck.** § 64 VAG regelt **verfahrens- und vollstreckungsrechtliche Besonderheiten**, die bei einer Geschäftstätigkeit von Lloyd´s in Deutschland gelten. Dadurch soll erreicht werden, dass ein etwaiger Gläubiger eines bei Lloyd´s vereinigten Einzelversicherers nicht schlechter steht, als wenn er Gläubiger eines im Tätigkeitsland „herkömmlichen Versicherers" (Art. 145 Abs. 2 UAbs. 2 Solva II-RL) ist. Dabei gilt § 64 Abs. 1 VAG sowohl für Niederlassungen als auch für den Dienstleistungsverkehr, während § 64 Abs. 2 VAG nur Niederlassungen betrifft.

7 Die Sonderregelungen beruhen auf dem Umstand, dass es sich bei Lloyd's um eine besondere Rechtsform handelt, die **keine juristische Person** ist.[9] Lloyd´s ist eine **rechtlich unselbständige Vereinigung** von Einzelversicherern **(sog. underwriters)**,[10] die eine **Versicherungsbörse** als eigenen Versicherungsmarkt bilden.[11] Lloyd´s bietet gegen Entgelt die Organisation für die Abwicklung von Versicherungsgeschäften über die bei ihr vereinigten Einzelversicherer an.[12] Die Zeichnung der Policen erfolgt regelmäßig anteilig durch eine Vielzahl von Einzelversicherern (natürliche oder juristische Personen) in wechselnder Zusammensetzung, die sich zu **Syndikaten** zusammengeschlossen haben. Auch bei den Syndikaten selbst handelt es sich nicht immer um juristische Personen; der Zusammenschluss dient jedoch der besseren Praktikabilität des Geschäftsbetriebs.[13] In diesem – dem VAG im Übrigen fremden – System kommt es bei größeren Risiken oftmals vor, dass ein Risiko durch mehrere hundert Einzelversicherer versichert ist, die jeweils einen nur sehr geringen Risikoanteil tragen.[14] Eine gesamtschuldnerische Haftung besteht nicht. Es ist vielmehr jeder Einzelversicherer nur zu dem von ihm übernommenen Anteil verpflichtet. Nach deutschem Prozessrecht müssten daher grundsätzlich sämtliche Einzelversicherer mit ihren jeweiligen genau auszurechnenden Anteilen in Klageschrift und Urteil aufgeführt werden.[15] Dies würde zum einen die Klageerhebung durch einen Versicherten erheblich erschweren. Zum anderen wäre auch die Zwangsvollstreckung mit beachtlichen Schwierigkeiten verbunden. Denn grundsätzlich dürfte nur in die jedem einzelnen Versicherer gehörenden Vermögenswerte vollstreckt werden.[16] Folglich wären deutsche Versicherungsnehmer bei Rechtsstreitigkeiten mit Lloyd´s besonderen Problemen ausgesetzt. Dies widerspräche aber den Vorgaben des Art. 145 Abs. 2 UAbs. 2

[2] Durch das Erste Durchführungsgesetz/EWG zum VAG v. 18.12.1975 (BGBl. I 3139).
[3] Vom 28.6.1990, BGBl. I 1249, 1251.
[4] Vom 21.7.1994, BGBl. I 1630.
[5] Begr. RegE zum Dritten Durchführungsgesetz/EWG zum VAG, BT-Drs. 12/6959, 93.
[6] Begr. RegE zum Dritten Durchführungsgesetz/EWG zum VAG, BT-Drs. 12/6959, 93.
[7] Art. 10 Abs. 2 UAbs. 1 lit. d der 1. Schadenversicherungs-Richtlinie und der 1. Lebensversicherungs-Richtlinie i. d. F. des jeweiligen Art. 32 der Dritten Richtlinien.
[8] Vgl. Begr. RegE zum Dritten Durchführungsgesetz/EWG zum VAG, BT-Drs. 12/6959, 93.
[9] Vgl. FKBP/*Pohlmann* § 110b Rn. 1.
[10] Bericht des Finanzausschusses zum RegE zum Ersten Durchführungsgesetz/EWG zum VAG, BT-Drs. 7/4084, 5.
[11] *Fürstenwerth/Weiß* S. 415; *Roberts* in: 100 Jahre materielle Versicherungsaufsicht, S. 1275, 1277.
[12] *Laars* § 110b Rn. 1.
[13] FKBP/*Pohlmann* § 110b Rn. 1.
[14] Goldberg/Müller/*Müller*, § 106a Rn. 3.
[15] Vgl. Bericht des Finanzausschusses zum RegE zum Ersten Durchführungsgesetz/EWG zum VAG, BT-Drs. 7/4084, 5 zum damaligen § 106a VAG a. F.
[16] FKBP/*Pohlmann* § 110b Rn. 1.

Solva II-RL. Dieser verlangt ausdrücklich, dass den Versicherten im Fall von Lloyd´s keine größeren Erschwernisse erwachsen dürfen als bei Rechtsstreitigkeiten mit herkömmlichen Versicherern.[17] Demgemäß enthält § 64 VAG verfahrens- und vollstreckungsrechtliche Erleichterungen im Zusammenhang mit einer grenzüberschreitenden Geschäftstätigkeit von Lloyd´s. Der Schwerpunkt liegt dabei auf der Tätigkeit über eine Niederlassung (§ 64 Abs. 2 VAG). Im Hinblick auf die Geschäftstätigkeit im Wege des Dienstleistungsverkehrs greift ergänzend zu § 64 Abs. 1 VAG die Vorschrift des § 216 VVG.

3. Europarechtlicher Hintergrund. Die in § 64 Abs. 2 VAG geregelten verfahrensrechtlichen Erleichterungen beruhen unmittelbar auf Art. 145 Abs. 2 UAbs. 1 lit. c) und UAbs. 2 der Solva II-RL. Die Richtlinienbestimmungen wurden ohne inhaltliche Änderung aus der Dritten Richtlinie Schadenversicherung[18] und der Richtlinie über Lebensversicherungen[19] übernommen. Art. 145 Abs. 2 UAbs. 2 Solva II-RL bestimmt, dass „den Versicherten" (gemeint sind alle etwaigen Anspruchsberechtigten aus einem Versicherungsvertrag mit einem bei Lloyd´s vereinigten Einzelversicherer) bei Rechtsstreitigkeiten keine größeren Erschwernissen erwachsen dürfen als bei Rechtsstreitigkeiten mit im jeweiligen Vertrags- oder Mitgliedstaat herkömmlichen Versicherern. 8

Weiterhin schreibt Art. 145 Abs. 2 UAbs. 1 lit. c) Solva II-RL vor, dass im Fall von Lloyd's bei der beabsichtigten Errichtung einer Niederlassung gegenüber der Herkunftslandbehörde ein **Hauptbevollmächtigter** anzuzeigen ist, der dazu bevollmächtigt ist, die beteiligten Einzelversicherer Dritten gegenüber zu verpflichten und – auch bei den Behörden und vor den Gerichten des Niederlassungsstaats – zu vertreten. Der Hauptbevollmächtigte muss also dazu befugt sein, für die Einzelversicherer Verpflichtungen einzugehen, und er muss von inländischen Versicherungsnehmern und weiteren etwaigen inländischen Anspruchsberechtigten aus einem mit einem bei Lloyd´s vereinigten Einzelversicherer geschlossenen Versicherungsvertrag verklagt werden können.[20] Dementsprechend sieht § 64 Abs. 2 S. 1 VAG eine **gesetzliche Prozessstandschaft** des Hauptbevollmächtigten vor. Dadurch werden die bereits dargestellten[21] Schwierigkeiten bei der Inanspruchnahme durch deutsche Versicherungsnehmer vermieden. 9

II. Geschäftstätigkeit über eine Niederlassung (Abs. 1 und 2). Beide Absätze des § 64 VAG sind für den Bereich der **Niederlassungen** in engem Zusammenhang zu lesen. Dabei bestimmt **§ 64 Abs. 2 VAG** grundlegend die verfahrens- und vollstreckungsrechtlichen Voraussetzungen. Im Ausgangspunkt ordnet § 64 Abs. 2 S. 1 VAG an, dass Ansprüche aus dem im Inland über eine Niederlassung getätigten Versicherungsgeschäft der bei Lloyd's vereinigten Einzelversicherer ausschließlich durch und gegen den Hauptbevollmächtigten gerichtlich geltend gemacht werden können. Die Vorschrift sieht damit einen Fall der **gesetzlichen Prozessstandschaft** nach dem Vorbild der §§ 2212, 2213 BGB (Testamentsvollstrecker) vor.[22] Ist eine Klage nicht an den Hauptbevollmächtigten, sondern an „Loyds" gerichtet, hat das angerufene Gericht, das die Klage für unzulässig erachtet, einen Hinweis zu erteilen, um dem Kläger Gelegenheit zu geben, den Richtigen zu verklagen.[23] 10

§ 64 Abs. 2 S. 1 VAG gilt für das gesamte gerichtliche Verfahren, einschließlich Prozesskostenhilfe- und Schiedsverfahren[24] sowie für gerichtliche Vergleiche und Kostenfestsetzungsbeschlüsse.[25] Die Regelung begründet aber eine Prozessstandschaft des Hauptbevollmächtigten nur bei Ansprüchen aus dem betriebenen **Versicherungsgeschäft**. Der Begriff des Versicherungsgeschäfts ist aufgrund des Ausnahmecharakters der Norm **eng auszulegen**. Erfasst sind deshalb nur Ansprüche aus Versicherungsverträgen.[26] So greift die Bestimmung beispielsweise nicht ein, wenn Ansprüche aus mit einem der Einzelversicherer abgeschlossenen Makler- oder Geschäftsbesorgungsverträgen verfolgt werden.[27] 11

Die vollstreckungsrechtliche Anordnung in § 64 Abs. 2 S. 2 VAG dient dazu, die oben[28] geschilderten Schwierigkeiten im Rahmen der **Zwangsvollstreckung** zu vermeiden. Die Norm regelt, dass sich die Wirkung des nach Satz 1 gegen den Hauptbevollmächtigten erlangten Titels auf die an dem Versicherungsgeschäft beteiligten Einzelversicherer erstreckt. Gemäß § 64 Abs. 2 S. 3 VAG ist in diesem Zusammenhang § 727 ZPO entsprechend anzuwenden. Nach der Begründung des Bundesrates soll durch den Verweis sichergestellt werden, dass entsprechend der Wirkung des Titels nach § 62 Abs. 2 S. 2 VAG eine vollstreckbare Ausfertigung auch gegen die an dem Versicherungsgeschäft beteiligten 12

[17] S. hierzu auch Rn. 8.
[18] RL 92/49/EWG (Art. 32), ABl. EG 1992 L 228, 1, 17.
[19] RL 2002/83/EG (Art. 40 Abs. 2 lit. d), ABl. EG 2002 L 345, 1, 29.
[20] FKBP/*Pohlmann* § 110b Rn. 1.
[21] S. Rn. 7.
[22] Bericht des Finanzausschusses zum RegE des Ersten Durchführungsgesetzes/EWG zum VAG, BT-Drs. 7/4084, 5 zum damaligen § 106a VAG a. F.; s. auch FKBP/*Pohlmann* § 110b Rn. 2.
[23] *BGH* Beschl. v. 5.12.2012 – IV ZR 188/12.
[24] RegE des Zweiten Durchführungsgesetzes/EWG zum VAG, BT-Drs. 11/6341, 40.
[25] Bericht des Finanzausschusses zum RegE des Ersten Durchführungsgesetzes/EWG zum VAG, BT-Drs. 7/4084, 5 zum damaligen § 109 Abs. 2 VAG a. F.
[26] *LG Hamburg* Urt. v. 23.4.2009 – 413 O 48/08, VersR 2011, 1139.
[27] *LG Hamburg* Urt. v. 23.4.2009 – 413 O 48/08, VersR 2011, 1139.
[28] Rn. 7.

Einzelversicherer erteilt wird.[29] Die entsprechende Anwendung des § 727 ZPO sei gerechtfertigt, da es sich bei der Anordnung des § 64 Abs. 2 S. 2 VAG ähnlich wie im Fall der Rechtsnachfolge gemäß § 325 ZPO um einen Fall der gesetzlichen Rechtskrafterstreckung handelt.[30] Letztlich führt die entsprechende Anwendung des § 727 ZPO allerdings nicht zu der beabsichtigten vollstreckungsrechtlichen Erleichterung. Denn im Rahmen der Titelumschreibung müssen alle an dem Vertrag beteiligten Underwriter unter Angabe der jeweiligen Anteile aufgeführt werden und die Angaben müssen ggf. durch öffentliche oder öffentlich beglaubigte Urkunden nachgewiesen werden.

13 Die avisierte Erleichterung der Zwangsvollstreckung wird jedoch durch die in § 64 Abs. 2 S. 4 VAG enthaltene Regelung erreicht. Danach kann ein Versicherungsnehmer aus dem gegen den Hauptbevollmächtigten erlangten Titel in die **Vermögenswerte *aller* in der Vereinigung zusammengeschlossenen Einzelversicherer** vollstrecken, soweit diese Vermögenswerte vom Hauptbevollmächtigten verwaltet werden und im Inland belegen sind. Auf die Beteiligung des Einzelversicherers am konkreten Versicherungsgeschäft kommt es folglich nicht an. In diesem Zusammenhang soll durch § 64 Abs. 1 VAG sichergestellt werden, dass auch diejenigen, gegen die ein Titel nicht wirkt, die Zwangsvollstreckung in ihre Vermögenswerte gegen sich gelten lassen.[31] Die nicht am konkreten Versicherungsgeschäft beteiligten Einzelversicherer können sich insbesondere nicht einer Inanspruchnahme dadurch entziehen, dass sie Drittwiderspruchsklage gemäß § 771 ZPO erheben. Insoweit kann letztlich doch von einer gesamtschuldnerischen Haftung nach außen ausgegangen werden, wenngleich nur in Bezug auf die Zwangsvollstreckung.[32] Die nicht am Versicherungsgeschäft beteiligten Einzelversicherer müssen sich dann das gezahlte Geld bei den beteiligten Einzelversicherern zurückholen und tragen insoweit deren Insolvenzrisiko. Das ist der Preis für die Aufrechterhaltung der besonderen Rechtsform von Lloyd´s.

14 An die Vollstreckungserleichterungen nach Absatz 2 knüpft sodann **§ 64 Abs. 1 VAG** an. Gemäß § 64 Abs. 1 Hs. 1 VAG ist zwingend die näher bezeichnete **Verzichtserklärung** von Lloyd´s („Vereinigung“) erforderlich, damit die vereinigten Einzelversicherer eine Geschäftstätigkeit in Deutschland ausüben dürfen. Die Vereinigung hat im Namen der bei Lloyd's vereinigten Einzelversicherer für den Fall der Zwangsvollstreckung in deren im Inland belegene Vermögenswerte darauf zu verzichten, Rechte daraus herzuleiten, dass die Zwangsvollstreckung auch in Vermögenswerte von Einzelversicherern erfolgt, gegen die der Titel nicht gemäß § 64 Abs. 2 S. 2 VAG wirkt. Die Verzichtserklärung ist dabei gemäß § 64 Abs. 1 Hs. 2 VAG bis zur vollständigen Abwicklung der im Inland abgeschlossenen Versicherungsverträge **unwiderruflich**. Dadurch wird ausgeschlossen, dass später noch Rechte wegen einer Zwangsvollstreckung geltend gemacht werden.

15 **III. Geschäftstätigkeit im Dienstleistungsverkehr (Abs. 1).** Für die Geschäftstätigkeit von Lloyd´s im Wege des Dienstleistungsverkehrs findet lediglich § 64 Abs. 1 VAG Anwendung. Zwingende Voraussetzung für die Aufnahme der Geschäftstätigkeit durch einen Einzelversicherer ist daher auch hier die von Lloyd´s abzugebende Erklärung des unwiderruflichen Rechtsverzichts. Demgegenüber gelten die vollstreckungsrechtlichen Besonderheiten des § 64 Abs. 2 VAG nur für die Geschäftstätigkeit über eine Niederlassung. Hintergrund ist, dass die Bestellung eines Hauptbevollmächtigten, für den die Vorschrift Regelungen trifft, für den Dienstleistungsverkehr nicht vorgesehen ist.

16 Um dennoch die oben beschriebenen[33] nachteiligen Folgen für die Versicherten zu verhindern, enthält **§ 216 VVG** eine dem § 64 Abs. 2 VAG vergleichbare Regelung. Auch hier ist eine **gesetzliche Prozessstandschaft** einer Person vorgesehen, damit der Versicherungsnehmer nicht sämtliche an dem Versicherungsvertrag beteiligten Einzelversicherer verklagen muss. Sofern ein inländischer Gerichtsstand gegeben ist, können nach § 216 Hs. 1 VVG Ansprüche gegen den bevollmächtigten Unterzeichner des im Versicherungsschein an erster Stelle aufgeführten Syndikats oder einen von diesem benannten Versicherer geltend gemacht werden. Gemäß § 216 Hs. 2 VVG wirkt ein darüber erzielter Titel für und gegen alle an dem Versicherungsvertrag beteiligten Einzelversicherer. Wie bei § 64 Abs. 2 VAG umfasst die gesetzliche Prozessstandschaft auch hier Prozesskostenhilfe- und Schiedsverfahren.[34]

17 **IV. Verhältnis zu anderen Normen.** In Ergänzung zu § 64 Abs. 1 VAG ist insbesondere die Vorschrift des § 216 VVG zu beachten.[35]

---

[29] Begründung des Bundesrates zum RegE des Zweiten Durchführungsgesetzes/EWG zum VAG, BT-Drs. 11/6341, 44 zum damaligen § 110c VAG a. F.

[30] Begründung des Bundesrates zum RegE des Zweiten Durchführungsgesetzes/EWG zum VAG, BT-Drs. 11/6341, 44 zum damaligen § 110c VAG a. F.

[31] Vgl. dazu Bericht des Finanzausschusses zum RegE des Ersten Durchführungsgesetzes/EWG zum VAG, BT-Drs. 7/4084, 5.

[32] FKBP/*Pohlmann* § 110b Rn. 2.

[33] Vgl. Rn. 7.

[34] Vgl. Begründung des Bundesrates zum RegE des Zweiten Durchführungsgesetzes/EWG zum VAG, BT-Drs. 11/6341, 40; Prölss/Martin/*Armbrüster* § 216 Rn. 2.

[35] S. hierzu Rn. 16.

Niederlassung

65 (1) [1]**Versicherungsunternehmen mit Sitz in einem anderen Mitglied- oder Vertragsstaat, auf die die Richtlinie 2009/138/EG keine Anwendung findet und die das Versicherungsgeschäft durch eine Niederlassung betreiben wollen, bedürfen der Erlaubnis.** [2]**Über den Antrag entscheidet die Bundesanstalt.**

(2) **Auf diese Unternehmen sind § 67 Absatz 2 und 3 sowie § 68 Absatz 2 mit den Maßgaben entsprechend anzuwenden, dass**

1. zusätzlich die Satzung des Unternehmens sowie die Bilanz und die Gewinn-und-Verlustrechnung für jedes der drei letzten Geschäftsjahre einzureichen sind; besteht das Unternehmen noch nicht drei Jahre, so hat es diese Unterlagen nur für die bereits abgeschlossenen Geschäftsjahre vorzulegen;

2. die Mitglieder des zur gesetzlichen Vertretung befugten Organs zu benennen sind;

3. die die Niederlassung betreffenden Geschäftsunterlagen dort zur Verfügung zu halten sind und

4. § 13 Absatz 2 nicht anzuwenden ist.

(3) **Die Absätze 1 und 2 gelten auch, wenn der Betrieb im Dienstleistungsverkehr erfolgen soll; die in Absatz 2 genannten Vorschriften gelten jedoch insoweit nicht entsprechend, als sie eine Niederlassung voraussetzen.**

Übersicht

Schrifttum: Siehe die Angaben bei § 61.

I. Allgemeines. 1. Entstehungsgeschichte. Die Vorschrift des § 65 VAG entspricht in weiten Teilen der Vorgängerregelung in § 110d VAG a. F. Nicht in das VAG 2016 übernommen wurde § 110d Abs. 2 Nr. 4 VAG a. F., der die Anforderungen an die Kapitalausstattung der Niederlassung festlegte.[1] Ferner ist die noch in § 110d Abs. 3 VAG a. F. enthaltene Beschränkung auf den Dienstleistungsverkehr „durch Mittelspersonen" in § 65 Abs. 3 VAG entfallen, so dass künftig eigentlich auch die Korrespondenzversicherung grundsätzlich Teil des erlaubnispflichtigen Dienstleistungsverkehrs sein sollte. Genau das wollte der Gesetzgeber aber mit dieser Änderung nicht erreichen, so dass die Auswirkungen dieser Änderungen unklar sind.[2] Formal wurden schließlich die Richtlinienbezeichnung in Absatz 1 (Richtlinie 2009/138/EG statt Richtlinien „auf dem Gebiet des Versicherungswesens") sowie die Verweisungen in Absatz 2 an die Rechtslage unter Solvency II angepasst. 1

§ 110d VAG a. F. ist zur Umsetzung der Dritten Versicherungsrichtlinien[3] im Jahr 1994 durch das Dritte Durchführungsgesetz/EWG zum VAG[4] in das Gesetz eingefügt und seitdem inhaltlich nicht geändert worden. Durch das Gesetz über die integrierte Finanzdienstleistungsaufsicht vom 22.4.2002[5] sowie das 9. VAG-Änderungsgesetz vom 23.12.2007[6] hat die Vorschrift lediglich redaktionelle Änderungen erfahren. 2

[1] Vgl. auch Begr. VAG-RegE 2014, BT-Drs. 18/2956, 256.
[2] S. dazu ausführlich: § 61 Rn. 25 ff.
[3] Dritte RL Schadenversicherung (RL 92/49/EWG, v. 18.6.1992, ABl. EG 1992 L 228, 1) und Dritte RL Lebensversicherung (RL 92/96/EWG, v. 10.11.1992, ABl. EG 1992 L 360, 1).
[4] Vom 21.7.1994, BGBl. I 1630, 1653.
[5] BGBl. I 1310.
[6] BGBl. I 3248.

3 **2. Normzweck.** § 65 VAG trifft Regelungen für den grenzüberschreitenden Geschäftsbetrieb von Versicherungsunternehmen mit Sitz in einem anderen EU-Mitglied- oder EWR-Vertragsstaat, für die § 61 VAG nicht gilt, weil die Unternehmen nicht der Solva II-RL unterliegen.[7] Da für die Versicherungsunternehmen im Geltungsbereich des § 65 VAG nicht die harmonisierten Regelungen der Solva II-RL bestehen, gilt für diese auch das Sitzlandprinzip nicht, das im Rahmen der grenzüberschreitenden Geschäftstätigkeit von EU-/EWR-Versicherern i. S. d. § 61 VAG zur Anwendung kommt.[8] Nach diesem Prinzip berechtigt die Zulassung zum Geschäftsbetrieb in einem Mitglied- oder Vertragsstaat gleichzeitig auch zum Geschäftsbetrieb in allen anderen EU-/EWR-Staaten. Abweichend hiervon regelt § 65 VAG, dass die nicht der Solva II-RL unterliegenden Unternehmen weiterhin einer **Erlaubnis zum Geschäftsbetrieb im jeweiligen Tätigkeitsland** bedürfen. Dies ist mit EU-Recht als im Allgemeininteresse liegende Beschränkung der Niederlassungs- und Dienstleistungsfreiheit vereinbar.[9] Ferner findet in der Aufsichtspraxis folgerichtig **keine Aufteilung der Zuständigkeiten** von Sitzland- und Tätigkeitsbehörde statt, wie dies gemäß § 62 VAG für die Solva II-Versicherer vorgesehen ist. Vielmehr ist für die Unternehmen bezogen auf das im Niederlassungs- oder Dienstleistungsverkehr in Deutschland abgeschlossene Versicherungsgeschäft nach § 65 VAG allein die BaFin zuständige Aufsichtsbehörde. Sie übt insoweit die Finanz- und Rechtsaufsicht aus.

4 Die Vorschrift gilt sowohl für den Geschäftsbetrieb über eine Niederlassung im Inland (Abs. 1 und 2) als auch für die grenzüberschreitende Tätigkeit im Wege des Dienstleistungsverkehrs (Abs. 3). Eine generelle Ausnahme ordnet § 66 Abs. 1 und 2 VAG an, soweit es um Dienstleistungsverkehr oder um Mitversicherung in den dort genannten Versicherungssparten und der dort genannten Risikoart geht. Für diese Erstversicherungsunternehmen mit Sitz in einem anderen Vertrags- oder Mitgliedstaat gilt das VAG nicht.[10]

5 **3. Europarechtlicher Hintergrund.** Die Vorgängerregelung des § 65 VAG – § 110d VAG a. F. – ist erstmals im Zuge der Dritten EG-Versicherungsrichtlinien in das VAG aufgenommen worden. Zwar hat die Dritte Richtliniengeneration eine Harmonisierung auf dem Gebiet des Versicherungsrechts weiter vorangetrieben.[11] Dennoch verblieben nicht harmonisierte Bereiche, die im nationalen Aufsichtsrecht einer Regelung bedurften. Auch die Solva II-RL schließt in Art. 4 bestimmte Versicherungsunternehmen von ihrem Anwendungsbereich aus.[12] Für solche Unternehmen, die ihren Sitz im EU-/EWR-Ausland haben, aber grenzüberschreitend in Deutschland im Niederlassungs- oder Dienstleistungsverkehr tätig werden möchten, enthält § 65 VAG die maßgeblichen Bestimmungen.

6 **II. Anwendungsbereich.** § 65 Abs. 1 S. 1 VAG beschränkt den Anwendungsbereich der Vorschrift auf Versicherungsunternehmen mit Sitz in einem anderen EU-Mitgliedsstaat bzw. EWR-Vertragsstaat, die **nicht der Solva II-RL unterfallen**. Dies sind insbesondere **kleine Versicherungsunternehmen i. S. d. § 211 VAG** (Art. 4 Abs. 1 und 4 Solva II-RL) und solche Einrichtungen der Lebensversicherung, die nur Todesfallrisiken versichern, soweit der Betrag ihrer Leistungen den Durchschnittswert der Bestattungskosten bei einem Todesfall nicht übersteigt oder diese Leistungen in Sachwerten erbracht werden (Art. 10 Nr. 1 Solva II-RL). Bei Letzteren handelt es sich regelmäßig um sog. **Sterbekassen** mit beschränkten Leistungen (vgl. § 218 VAG). Dabei hat sich der Durchschnittswert der Bestattungskosten im Rahmen von § 65 VAG nicht nach dem Sitzland des Versicherers, sondern nach dem Wohnsitzstaat des Versicherungsnehmers, also in der Regel dem Tätigkeitsland, zu richten. In Deutschland betragen die gewöhnlichen Beerdigungskosten, auf die § 150 Abs. 2 S. 1 VVG abstellt, nach der entsprechenden Verlautbarung der BaFin[13] derzeit 8.000,00 EUR. Dieser Wert ist auch hier maßgeblich.

7 Für **Pensionskassen** gilt die Solva II-RL ebenfalls nicht.[14] Eine Harmonisierung ist hier durch die Richtlinie 2003/41/EG[15] erfolgt, die unter Beachtung der Änderungen nach Art. 303 Solva II-RL fortbesteht.[16] Für Pensionskassen, die zu den Einrichtungen der betrieblichen Altersversorgung gehören, sind die §§ 232 ff. VAG zu beachten.

---

[7] S. zum Anwendungsbereich Rn. 6 f.

[8] § 61 Abs. 1 VAG schließt die Unternehmen i. S. d. § 65 VAG ausdrücklich von seinem Anwendungsbereich aus; s. § 61 Rn. 20 sowie zum Sitzlandprinzip § 61 Rn. 13.

[9] Vgl. *EuGH* Urt. v. 4.12.1986 – Rs 205/84, VersR 1986, 1225.

[10] S. § 66 Rn. 8 ff.

[11] S. hierzu näher unter § 61 Rn. 11 ff.

[12] S. Rn. 6.

[13] VerBAV 2001, 133.

[14] *Armbrüster* r+s 2015, 425, 426.

[15] Richtlinie über die Tätigkeiten und die Beaufsichtigung von Einrichtungen der betrieblichen Altersversorgung v. 3.6.2003 (ABl. EU 2003 L 235, 10, ber. ABl. EU 2004 L 291, 18), sog. **EbAV-RL**. Diese Richtlinie wird m. W. v. 13.1.2019 abgelöst von der sog. EbAV II-RL (RL 2016/2341 v. 14.12.2016, ABl. EU 2016 L 354, 37). Die EbAV II-RL ist am 23.12.2016 im Amtsblatt veröffentlicht worden und 20 Tage später in Kraft getreten. Sie ist spätestens zwei Jahre nach Inkrafttreten in deutsches Recht umzusetzen.

[16] FKBP/*Pohlmann* § 110d Rn. 3.

III. Zulassungserfordernis für die Niederlassung (Abs. 1). Gemäß § 65 Abs. 1 S. 1 VAG bedürfen die betreffenden EU-/EWR-Versicherungsunternehmen der Erlaubnis, wenn sie die Geschäftstätigkeit über eine **Niederlassung** in Deutschland ausüben wollen. Aufgrund der Niederlassungsfreiheit haben Unternehmen i. S. d. § 65 Abs. 1 S. 1 VAG wie inländische Versicherer – und anders als Drittstaatenunternehmen nach den §§ 67 ff. VAG[17] – einen Anspruch auf Erteilung der Zulassung, wenn die in Deutschland geltenden Vorschriften eingehalten werden.[18] Die Entscheidung über den Antrag auf Zulassung trifft gemäß § 65 Abs. 1 S. 2 VAG die BaFin. 8

IV. Anzuwendende Vorschriften (Abs. 2). 1. Anwendbarkeit des § 67 Abs. 2 und 3 sowie § 68 Abs. 2 VAG. In Bezug auf Unternehmen i. S. d. § 65 Abs. 1 S. 1 VAG erklärt Absatz 2 dieser Norm die für Drittstaatenunternehmen geltenden Regelungen der § 67 Abs. 2 und 3 VAG sowie § 68 Abs. 2 VAG nach Maßgabe der in § 65 Abs. 2 Nr. 1 – 4 VAG genannten Einschränkungen bzw. Ergänzungen für entsprechend anwendbar. 9

Über den Verweis auf **§ 67 Abs. 2 VAG** gelangen zunächst alle besonderen Vorschriften für Unternehmen mit Sitz in **Drittstaaten**, also die §§ 67 bis 73 VAG, und **ergänzend die übrigen Normen des VAG** entsprechend zur Anwendung. Letzteres führt zur Klärung des im Rahmen von § 110d VAG a. F. noch strittigen Problems, ob § 157 VAG a. F. (§ 210 Abs. 3 VAG) im Bereich der Niederlassungen anzuwenden war. Dies ist nunmehr der Fall. 10

Der Verweis erfasst weiterhin die aufgrund der Solva II-RL erlassenen Durchführungsregeln und die Vorschriften über Anlagen und Sicherungsvermögen (§§ 124 bis 131 VAG).[19] 11

Bei der Anwendung der über § 67 Abs. 2 VAG in Bezug genommenen Vorschriften ist stets zu berücksichtigen, dass sich § 65 VAG nicht an Drittstaatenunternehmen, sondern an EU-/EWR-Versicherer richtet, für die die europarechtliche Niederlassungsfreiheit gilt.[20] Wie im Rahmen von § 62 VAG ist deshalb die Rechtsprechung des EuGH zum **Allgemeininteresse** zu beachten. Denn die vom EuGH aufgestellten Grundsätze beruhen unmittelbar auf dem EUV bzw. AEUV; sie gelten daher nicht nur im Geltungsbereich der Solva II-RL. Die Niederlassungs- und Dienstleistungsfreiheit dürfen folglich nur durch Vorschriften eingeschränkt werden, die dem Allgemeininteresse dienen.[21] Bei der Anwendung der in § 67 Abs. 2 VAG genannten Vorschriften sind darüber hinaus die Abweichungen und Ergänzungen nach § 65 Abs. 2 Nr. 1 – 4 VAG zu berücksichtigen (dazu sogleich). 12

Der Verweis auf **§ 67 Abs. 3 VAG** ordnet die **Spartentrennung** im Lebens- und Krankenversicherungsbereich auch für EU-/EWR-Versicherungsunternehmen an, auf die die Solva II-RL keine Anwendung findet. 13

Schließlich wird **§ 68 Abs. 2 VAG** für entsprechend anwendbar erklärt. Dieser Verweis ist überflüssig, da die Regelung bereits von § 67 Abs. 2 VAG, der alle Vorschriften des Unterabschnitts der §§ 67 ff. VAG für anwendbar erklärt, erfasst ist. Durch diesen Verweis wird also nur noch einmal ausdrücklich betont, dass auch für die Niederlassung eines von § 65 VAG erfassten Unternehmens ein **Hauptbevollmächtigter** zu bestellen ist. Dessen **Vertretungsmacht** wird hinsichtlich des Umfangs wie bei Drittstaatenunternehmen **gesetzlich** vorgegeben.[22] Im Unterschied dazu wird dem Hauptbevollmächtigten eines EU-/EWR-Unternehmens, das der Solva II-RL und damit dem Sitzlandprinzip unterliegt, eine rechtsgeschäftliche Vertretungsmacht erteilt, deren Umfang sich nicht an den Regelungen des § 68 Abs. 2 VAG orientieren muss.[23] 14

2. Einzureichende Unterlagen (Abs. 2 Nr. 1). § 65 Abs. 2 Nr. 1 VAG sieht vor, welche Unterlagen in Ergänzung der entsprechend nach § 9 VAG vorzulegenden Dokumente bei der BaFin im Zusammenhang mit einem Antrag auf Erlaubniserteilung einzureichen sind. Das antragstellende Unternehmen hat nach § 65 Abs. 2 Nr. 1 Hs. 1 VAG die **Satzung** sowie die **Bilanz** und **Gewinn- und Verlustrechnung** für jedes der drei letzten Geschäftsjahre vorzulegen. Für den Fall, dass das Unternehmen noch nicht drei Jahre existiert, sind diese Unterlagen gemäß Hs. 2 dieser Norm lediglich für die bereits abgeschlossenen Geschäftsjahre einzureichen. Die Regelung in § 65 Abs. 2 Nr. 1 VAG ist überflüssig, da sich die Verpflichtung zur Vorlage dieser Unterlagen bereits aus dem Verweis auf § 67 Abs. 2 i. V. m. § 69 Abs. 1 S. 2 Nr. 3 VAG ergibt. 15

3. Benennung der Mitglieder des Vertretungsorgans (Abs. 2 Nr. 2). Die von § 65 VAG erfassten Versicherungsunternehmen haben mit dem Antrag auf Erlaubnis die Mitglieder des zur gesetzlichen Vertretung befugten Organs zu benennen, § 65 Abs. 2 Nr. 2 VAG. Im Unterschied dazu sind die Anforderungen für Drittstaatenunternehmen höher. § 69 Abs. 1 S. 2 Nr. 1 Hs. 2 VAG fordert zusätzlich nämlich auch die Benennung der Mitglieder eines Aufsichtsorgans.[24] 16

---

[17] S. § 67 Rn. 44.
[18] FKBP/*Pohlmann* § 110d Rn. 4.
[19] Für die Einzelheiten der Verweisungen in § 67 Abs. 2 VAG s. die Ausführungen dort unter Rn. 76 ff.
[20] FKBP/*Pohlmann* § 110d Rn. 5.
[21] Zu den Kriterien des Allgemeininteresses s. ausführlich § 62 Rn. 20 ff.
[22] S. hierzu § 68 Rn. 26 ff.
[23] Vgl. § 61 Abs. 2 S. 1 VAG i. V. m. Art. 145 Abs. 2 UAbs. 1 lit. c Solva II-RL sowie § 61 Rn. 42.
[24] S. hierzu § 69 Rn. 10.

17 **4. Geschäftsunterlagen am Ort der Niederlassung (Abs. 2 Nr. 3).** § 65 Abs. 2 Nr. 3 VAG schreibt vor, dass die die Niederlassung betreffenden **Geschäftsunterlagen** am Ort der Niederlassung zur Verfügung zu halten sind. Dadurch wird die eigentlich schon aus § 67 Abs. 2 i. V. m. § 68 Abs. 1 S. 1 Hs. 2 VAG resultierende Verpflichtung der betroffenen Unternehmen klarstellend hervorgehoben, einen übersehbaren inländischen Geschäftsbetrieb zu führen.

18 **5. Keine Anwendbarkeit des § 13 Abs. 2 VAG (Abs. 2 Nr. 4).** Gemäß § 65 Abs. 2 Nr. 4 VAG ist die Anwendbarkeit des § 13 Abs. 2 VAG ausgeschlossen. Das bedeutet, dass für die Genehmigung der in § 13 Abs. 2 VAG geregelten Formen von grenzüberschreitenden **Bestandsübertragungen** nicht nur die BaFin als die für das übertragende Unternehmen zuständige Aufsichtsbehörde zuständig ist. Vielmehr kommt der allgemeine Grundsatz nach § 13 Abs. 1 S. 1 VAG zur Anwendung, wonach daneben die für das aufnehmende Unternehmen zuständige Aufsichtsbehörde zuständig ist. Grund für den Anwendungsausschluss im Rahmen von § 65 VAG ist, dass § 13 Abs. 2 VAG auf der Harmonisierung des Binnenmarkts beruht und die Regelung deshalb nicht für die von § 65 VAG erfassten Unternehmen gelten kann, auf die das Sitzlandprinzip nicht anwendbar ist.[25]

19 **V. Zulassungserfordernis für den Dienstleistungsverkehr (Abs. 3). 1. Allgemeines.** § 65 Abs. 3 VAG regelt die Voraussetzungen für die Geschäftstätigkeit im Wege des **Dienstleistungsverkehrs**.

20 Der Vorschrift lässt sich zunächst entnehmen, dass Unternehmen i. S. d. § 65 VAG selbstverständlich nicht von dieser Form des grenzüberschreitenden Geschäftsbetriebs ausgeschlossen sind. Denn auch für sie gilt trotz Nichtanwendbarkeit der Solva II-RL die im AEUV geregelte **Dienstleistungsfreiheit**.[26] Insoweit führt die Überschrift dieses Paragrafen („Niederlassung") wie schon bei seiner Vorgängerregelung in § 110d VAG a. F. in die Irre. Dies gilt erst recht, wenn auch noch die Überschrift des folgenden Paragrafen („Dienstleistungsverkehr; Mitversicherung") in den Blick genommen wird. De lege ferenda ist daher zur Klarstellung zu fordern, § 65 VAG künftig mit „Vom Anwendungsbereich der Richtlinie 2009/138/EG ausgenommene Versicherungsunternehmen" überschrieben wird.

21 § 65 Abs. 3 VAG markiert inhaltlich einen **maßgeblichen Unterschied zu Niederlassungen von Drittstaatenunternehmen**, die gemäß §§ 67, 68 VAG verpflichtet sind, im Inland eine Niederlassung zu errichten und ausgehend von dieser auch nicht im Dienstleistungsverkehr grenzüberschreitend in der EU/dem EWR tätig sein dürfen.[27] Dieser Unterschied beruht darauf, dass die von § 65 VAG erfassten Unternehmen ihren Sitz in der EU bzw. im EWR haben und für sie deshalb – wie in der vorherigen Rn. ausgeführt – die Dienstleistungsfreiheit gemäß Art. 56 AEUV gilt. Dieses Recht besteht unabhängig von der Frage, ob die betreffenden Unternehmen vom Anwendungsbereich der Solva II-RL ausgenommen sind. Wie solche der Richtlinie unterliegende Versicherungsunternehmen, auf die § 61 VAG Anwendung findet, sind deshalb auch Unternehmen i. S. d. § 65 VAG nicht gehindert, neben einer in einem anderen Vertrags- oder Mitgliedstaat errichteten Niederlassung Versicherungsgeschäfte auch im Dienstleistungsverkehr in einem anderen Vertrags- oder Mitgliedstaat zu betreiben oder von einer Niederlassung aus Dienstleistungsverkehr in einem anderen Vertrags- oder Mitgliedstaat zu betreiben. Der Dienstleistungsverkehr eines Versicherungsunternehmens i. S. d. § 65 VAG muss also nicht stets vom Sitz des Versicherungsunternehmens ausgehen, sondern kann – wie bei Versicherungsunternehmen i. S. d. § 61 VAG – **auch von einer Niederlassung ausgehen**. Alles andere wäre eine unzulässige, weil nicht mehr im Allgemeininteresse liegende Beschränkung der Niederlassungs- und Dienstleistungsfreiheit. Denn die Versicherungsunternehmen i. S. d. § 65 VAG benötigen dafür nach wie vor jeweils einer Erlaubnis im betreffenden Tätigkeitsland. Dies wurde bereits zur alten Rechtslage vertreten, dort jedoch mit der Begründung, dass es an einer entsprechenden Verweisung auf die Vorschrift zum Kumulverbot (§ 107 VAG a. F. – heute: § 72 VAG) fehle.[28]

22 **2. Voraussetzungen.** § 65 Abs. 3 Hs. 1 VAG sieht vor, dass die Absätze 1 und 2 auch bei einem geplanten Geschäftsbetrieb im **Dienstleistungsverkehr** gelten. Für diese Tätigkeitsform ist also ebenfalls eine **Erlaubnis** der BaFin erforderlich. Darüber hinaus finden grundsätzlich die in Absatz 2 aufgeführten Verweisvorschriften entsprechende Anwendung.

23 § 65 Abs. 3 Hs. 2 VAG stellt bezüglich Letzterem allerdings klar, dass die in Bezug genommenen Vorschriften – naturgemäß – dann nicht anzuwenden sind, soweit diese die Errichtung einer Niederlassung voraussetzen. Dies betrifft beispielsweise die Verweisung auf § 68 Abs. 2 VAG, wonach für die Niederlassung ein Hauptbevollmächtigter zu bestellen ist und dort die Geschäftsunterlagen zur Verfügung zu halten sind. Wie im Rahmen der Niederlassungstätigkeit haben die Unternehmen aber auch im Dienstleistungsverkehr die Vorschriften des Allgemeininteresses zu beachten.[29]

---

25 Vgl. FKBP/*Pohlmann* § 110d Rn. 12; *Seemayer* S. 154.
26 S. Rn. 12.
27 S. § 67 Rn. 15.
28 Vgl. Voraufl. Prölss/*Kollhosser*, 12. Aufl. § 110d Rn. 12 sowie FKBP/*Pohlmann* § 110d Rn. 15.
29 FKBP/*Pohlmann* § 110d Rn. 5.

Die im Rahmen der VAG-Novelle zur Umsetzung der Solva II-RL generell weggefallene Beschränkung auf den Dienstleistungsverkehr „durch Mittelpersonen"[30] hat zur Folge, dass damit grundsätzlich der gesamte Dienstleistungsverkehr der Aufsicht unterstellt wird. Was bezogen auf die sog. erlaubnisfreie **Korrespondenzversicherung** gilt, ist allerdings durch diese Änderung nicht klar geworden.[31] Klar ist nur, dass das, was bei § 61 VAG insoweit gilt, auch hier maßgeblich ist.[32] 24

VI. Verhältnis zu anderen Regelungen des VAG. Ein Verstoß gegen § 65 Abs. 1 S. 1 VAG ist gemäß § 331 Abs. 1 Nr. 1 VAG **strafbewehrt.** 25

Dienstleistungsverkehr; Mitversicherung

66 (1) **Erstversicherungsunternehmen, die im Dienstleistungsverkehr ausschließlich die in der Anlage 1 Nummer 4 bis 7 und 12 genannten Versicherungssparten sowie die dort in Nummer 10 Buchstabe b genannte Risikoart betreiben, unterliegen nicht den Vorschriften dieses Gesetzes.**

(2) **Den Vorschriften dieses Gesetzes unterliegen ferner Erstversicherungsunternehmen nicht, die sich an dem in § 210 Absatz 2 des Versicherungsvertragsgesetzes bezeichneten Versicherungsgeschäft im Wege der Mitversicherung beteiligen, wenn sie hierbei außer über den führenden Versicherer nicht über einen Sitz oder eine Niederlassung im Inland tätig sind und die Mitversicherung nicht die gesetzliche Haftpflichtversicherung im Zusammenhang mit Schäden durch Kernenergie oder Arzneimittel betrifft.**

(3) [1]**Missbraucht ein Erstversicherungsunternehmen die Möglichkeit nach Absatz 2, als führender Versicherer Versicherungsunternehmen aus anderen Mitglied- oder Vertragsstaaten an Mitversicherungen zu beteiligen, so kann die Aufsichtsbehörde gegenüber diesem Unternehmen die zur Beseitigung des Missbrauchs erforderlichen Anordnungen treffen.** [2]**In schwerwiegenden Fällen kann die Aufsichtsbehörde ferner dem Unternehmen den Abschluss derartiger Mitversicherungen untersagen oder die in § 304 Absatz 3 bezeichneten Maßnahmen treffen.** [3]**§ 304 Absatz 4 bis 6 ist entsprechend anzuwenden.** [4]**Als Missbrauch ist es insbesondere anzusehen, wenn ein Unternehmen die einem führenden Versicherer üblicherweise zukommenden Aufgaben nicht wahrnimmt oder an dem Vertrag Versicherungsunternehmen beteiligt, die nach Absatz 2 nicht zu einer solchen Beteiligung befugt sind.**

(4) **Das Bundesministerium der Finanzen wird ermächtigt, durch Rechtsverordnung, die nicht der Zustimmung des Bundesrates bedarf,**

1. **die Absätze 1 und 2 auf Versicherungsunternehmen eines Drittstaats für anwendbar zu erklären, wenn die Belange der Versicherten ausreichend gewahrt sind und Interessen der Bundesrepublik Deutschland nicht entgegenstehen, und**
2. **zu bestimmen, dass die Vorschriften über ausländische Versicherungsunternehmen mit Sitz in einem anderen Mitglied- oder Vertragsstaat auch auf Unternehmen mit Sitz in einem Drittstaat anzuwenden sind, soweit dies auf Grund von Abkommen der Europäischen Union erforderlich ist.**

(5) **Unter den Voraussetzungen des Absatzes 4 Nummer 1 kann die Bundesanstalt entsprechende Freistellungen auch im Einzelfall durch Verwaltungsakt gewähren.**

Übersicht

[30] So noch § 110d Abs. 3 VAG a. F., s. Rn. 1.
[31] S. dazu ausführlich § 61 Rn. 24 ff.
[32] Begr. VAG-RegE 2014 BT-Drs. 18/2956, 255; zu den mit dem Wegfall des Kriteriums der „Mittelperson" verbundenen Veränderungen s. näher bei § 61 Rn. 25 ff und § 67 Rn. 40 ff.

Schrifttum: Siehe die Angaben bei § 61.

1 **I. Allgemeines. 1. Entstehungsgeschichte.** § 66 VAG enthält Sonderregelungen für das Transportversicherungsgeschäft im Dienstleistungsverkehr sowie zur Mitversicherung von Großrisiken i. S. v. § 210 Abs. 2 VVG, soweit es nicht die „gesetzliche Haftpflichtversicherung im Zusammenhang mit Schäden durch Kernenergie oder Arzneimittel betrifft", auf Gemeinschaftsebene sowie bezogen auf Drittstaaten.

2 Die Regelungen in § 66 Abs. 1, 2, 4 und 5 VAG wurden im Wesentlichen unverändert aus § 111 VAG a. F. in das neue VAG übernommen.[1] Geändert wurde hier nur die in § 66 Abs. 5 VAG statuierte Kompetenz zum Erlass eines Verwaltungsaktes. Diese obliegt nunmehr der BaFin anstatt wie nach § 111 Abs. 4 VAG a. F. dem Bundesministerium der Finanzen (BMF).[2]

3 § 66 Abs. 3 VAG entspricht ohne inhaltliche Änderungen dem bisherigen § 87a VAG a. F.[3] Die Verschiebung dieser Regelung in den § 66 VAG führt die Bestimmungen zur Mitversicherung sinnvollerweise in einer Vorschrift zusammen.

4 § 111 VAG a. F. wurde durch das 4. Änderungsgesetz zum VAG v. 29.3.1983[4] in das VAG eingefügt. Bereits in der **Ursprungsfassung des VAG aus dem Jahr 1901** war die **Aufsichtsfreiheit der Transportversicherung** vorgesehen.[5] Dieser Zustand wurde jedoch zunächst im Rahmen der Umsetzung der Ersten Richtlinie Schadenversicherung[6] durch das Erste Durchführungsgesetz/EWG zum VAG v. 18.12.1975[7] durch Streichung der entsprechenden Regelung beseitigt. Infolgedessen entfiel für rund acht Jahre die Aufsichtsfreiheit der Transportversicherung. Bis Ende 1975 betraf die Ausnahme von der Aufsichtspflicht bezogen auf die Transportversicherung sowohl den Niederlassungs- als auch den Dienstleistungsbereich.[8] Die Aufhebung des damaligen § 148 VAG a. F. bedeutete letztlich eine Niederlassungspflicht für Transportversicherungsunternehmern.[9] Hierin sah die EG-Kommission einen Verstoß gegen den Freien Dienstleistungsverkehr. Infolgedessen wurde durch Schaffung des § 111 Abs. 1 VAG a. F. für den Bereich des Dienstleistungsverkehrs 1983 erneut die Aufsichtsfreiheit der Transportversicherung eingeführt.[10]

5 Ebenfalls 1983 nahm der Gesetzgeber die heute in § 66 Abs. 2 und 3 VAG platzierten Bestimmungen zur Mitversicherung (§ 111 Abs. 2 a. F. und § 87a VAG a. F.) sowie die Verordnungsermächtigung in § 111 Abs. 3 VAG a. F. (heute § 66 Abs. 4 VAG) in das Gesetz auf. Dabei setzte § 111 Abs. 2 VAG a. F. insbesondere Art. 3 der **Mitversicherungsrichtlinie**[11] in deutsches Recht um, wodurch ein weiterer Schritt in Richtung eines freien Dienstleistungsverkehrs verwirklicht wurde. Die Grundlage für § 87a VAG a. F. bildete Art. 8 der Mitversicherungsrichtlinie.[12]

6 Sodann erfolgte durch das **Zweite Durchführungsgesetz/EWG zum VAG**[13] zunächst eine Neufassung des § 111 Abs. 1 bis 3 VAG a. F., bevor nur kurze Zeit später die Regelung zur Verordnungsermächtigung in Absatz 3 noch einmal geändert und ergänzt wurde.[14] In diesem Zuge ist auch § 111 Abs. 4 VAG a. F. (heute § 66 Abs. 5 VAG) in das Gesetz eingefügt worden.

7 Das Dritte Durchführungsgesetz/EWG zum VAG[15] führte lediglich zu redaktionellen Änderungen des § 111 Abs. 2 VAG a. F. Durch das VAG-Änderungsgesetz v. 21.12.2000[16] wurde die Verordnungsermächtigung des damaligen § 111 Abs. 3 Nr. 2 VAG a. F. noch einmal neu gefasst. Vor der VAG-Reform zur Umsetzung der Solva II-RL erfuhr § 111 VAG a. F. letztmalig durch das Gesetz zur Reform

[1] S. auch Begr. VAG-RegE 2014, BT-Drs. 18/2956, 256.
[2] Zu den Beweggründen des Gesetzgebers s. Rn. 53.
[3] Begr. VAG-RegE 2014, BT-Drs. 18/2956, 256.
[4] BGBl. 1983 I 377, 382.
[5] Vgl. Langheid/Wandt/*Langheid* AufsichtsR Rn. 17.
[6] RL 73/239/EWG v. 27.7.1973, ABl. EG 1973 L 228, 3.
[7] BGBl. 1975 I 3139, 3146 m. W. v. 1.2.1976.
[8] FKBP/*Pohlmann* § 111 Rn. 11.
[9] Beckmann/Matusche-Beckmann/*Heiss/Trümper* § 38 Rn. 42.
[10] Vgl. Begr. RegE zum 14. Änderungsgesetz zum VAG, BT-Drs. 9/1493, 29 f.
[11] Richtlinie 78/473/EWG des Rates vom 30.5.1978 zur Koordinierung der Rechts- und Verwaltungsvorschriften auf dem Gebiet der Mitversicherung auf Gemeinschaftsebene, ABl. EG 1978 L 151, 25.
[12] Begr. RegE zum 14. Änderungsgesetz zum VAG, BT-Drs. 9/1493, 28.
[13] BGBl. 1990 I 1249, 1254.
[14] Durch das Gesetz zur Änderung versicherungsrechtlicher Vorschriften vom 17.12.1990 (BGBl. I 2864).
[15] Vom 21.7.1994, BGBl. I 1630.
[16] BGBl. 2000 I 1857, 1867.

des Versicherungsvertragsrechts[17] sowie das Gesetz zur Anpassung der Vorschriften des Internationalen Privatrechts an die Verordnung (EG) Nr. 593/2008[18] redaktionelle Änderungen, in beiden Fällen nur hinsichtlich § 111 Abs. 2 VAG a. F.

2. Normzweck. § 66 Abs. 1 VAG dient dazu, das im Wege des Dienstleistungsverkehrs betriebene **Transportversicherungsgeschäft** eines EU-/EWR-Erstversicherers **von der Aufsicht freizustellen**. Dieses Bestreben rechtfertigt sich zum einen dadurch, dass bei diesem Versicherungszweig von einer **geringeren Schutzbedürftigkeit** der Versicherungsnehmer auszugehen ist.[19] Denn in aller Regel handelt es sich hierbei um Kaufleute, die keines Schutzes bedürfen.[20] Zum anderen ist die Bundesrepublik auf Grund des OECD-Kodexes verpflichtet, jedenfalls die Versicherung von Gütern im internationalen Warenverkehr nicht zu beschränken.[21] 8

Absatz 2 der Vorschrift beinhaltet einen weiteren Ausnahmefall von der Anwendung der Vorschriften des VAG auf EU-/EWR-Erstversicherungsunternehmen. Danach ist die Aufsichtsfreiheit für die **Mitversicherung** in bestimmten Fällen vorgesehen, in denen sich Mitversicherer über einen sog. führenden Versicherer an Versicherungen von bestimmten Großrisiken beteiligen, ohne hierbei selbst über einen Sitz oder eine Niederlassung im Inland zu verfügen. Dabei wird der führende Versicherer gemäß § 66 Abs. 2 Hs. 3 VAG zutreffend als potenzielle Niederlassung des Mitversicherers eingeordnet. Eine solche etwaige Niederlassung, die es nur bei einer ständigen Vertragsbeziehung zwischen führendem Versicherer und Mitversicherer geben kann, soll aber außer Betracht bleiben. 9

Diese Regelung bezweckt die **Erleichterung des Dienstleistungsverkehrs**. So erhalten Erstversicherungsunternehmen aus der EU bzw. dem EWR die Möglichkeit, sich über Mitversicherungsverträge an Risiken in anderen Mitgliedsstaaten beteiligen zu können, selbst wenn sie dort nicht zum Dienstleistungsverkehr notifiziert sind.[22] Gleichzeitig können führende Versicherer oder Makler EU-/EWR-Versicherer erlaubtermaßen in ein Mitversicherungsprogramm einbeziehen, selbst wenn sie im Staat des belegenen Risikos nicht zum Dienstleistungsverkehr notifiziert sind. 10

Für den Fall, dass ein in Deutschland sitzender führender Versicherer die in Absatz 2 normierte Privilegierung missbraucht, ermächtigt § 66 Abs. 3 VAG die BaFin zur Ergreifung von bestimmten Aufsichtsmaßnahmen. Dadurch soll insbesondere **verhindert** werden, dass EU-/EWR-Erstversicherer mit Hilfe eines führenden Versicherers, der nur als **„Strohmann"** fungiert, versuchen, eine Notifikation zum Dienstleistungsverkehr im Staat des belegenen Risikos zu umgehen, um sich so der Rechtsaufsicht durch die BaFin zu entziehen.[23] 11

Die Bestimmungen in **§ 66 Abs. 4 und 5 VAG** betreffen **Drittstaatenunternehmen**. § 66 Abs. 4 VAG enthält zwei Verordnungsermächtigungen, die es dem BMF ermöglichen, durch Rechtsverordnung unter anderem die Aufsichtsfreiheit nach § 66 Abs. 1 und 2 VAG auch für Drittstaatenunternehmen vorzusehen. Auf diese Weise ließe sich über die Grenzen der EU/des EWR hinaus eine größere Freiheit des Dienstleistungsverkehrs für die betroffenen Transport- und Großrisiken erreichen. Unter bestimmten Voraussetzungen kann die Ausnahme von der Aufsichtspflicht im Einzelfall auch durch eine Freistellung per Verwaltungsakt gewährt werden, § 66 Abs. 5 VAG. Diese Möglichkeit soll nicht nur im Interesse der deutschen Versicherungswirtschaft liegen, sondern auch der zwischenstaatlichen Zusammenarbeit im Versicherungswesen dienen.[24] Die Regelungen des § 66 Abs. 4 und 5 VAG bilden eine Ausnahme von den in § 67 VAG normierten Grundsätzen, wonach ein Drittstaatenunternehmen zum Geschäftsbetrieb im Inland der Erlaubnis der Aufsichtsbehörde bedarf und der Niederlassungspflicht unterliegt. Sie sind daher im Unterabschnitt 2 des 7. Abschnittes des VAG systematisch falsch verortet und gehören in den Unterabschnitt 3 des 7. Abschnittes des VAG. 12

Ausgehend vom Normzweck ist auch die Überschrift von § 66 VAG irreführend.[25] De lege ferenda ist daher eine Überschrift zu fordern, die z. B. in Anlehnung an die Überschriften der §§ 3 und 5 VAG „Ausnahmen und Freistellung von der Aufsichtspflicht; Sanktionen in der Mitversicherung" lauten könnte. 13

3. Europarechtlicher Hintergrund. Die **Solva II-RL**[26] enthält **keinerlei Regelungen**, die als Grundlage dazu dienen könnten, das Transportversicherungsgeschäft im Rahmen des Dienstleistungsverkehrs von der Aufsichtspflicht freizustellen. Aus diesem Grund ist es zweifelhaft, ob § 66 Abs. 1 VAG (noch) mit Europarecht vereinbar ist. Bereits zur alten Rechtslage wurde vertreten, dass § 111 Abs. 1 14

[17] Vom 23.11.2007, BGBl. I 2631.
[18] Vom 25.6.2009, BGBl. I 1574.
[19] So die Begr. RegE zum 14. Gesetz zur Änderung des VAG, BT-Drs. 9/1493, 30.
[20] FKBP/*Pohlmann* § 111 Rn. 11.
[21] FKBP/*Pohlmann* § 111 Rn. 2.
[22] Hierzu auch: *Müller* Versicherungsbinnenmarkt S. 17; Rn. 33; *Zischka* S. 44, Rn. 96.
[23] Begr. RegE zum 14. Gesetz zur Änderung des VAG, BT-Drs. 9/1493, 28.
[24] Begr. RegE zum Zweiten Durchführungsgesetz/EWG zum VAG, BT-Drs. 11/6341, 31.
[25] S. dazu auch § 65 Rn. 20.
[26] RL 2009/138/EG v. 25.11.2009, ABl. EU 2009 L 335, 1, geändert durch die RL 2014/51/EU v. 16.4.2014, ABl. EU 2014 L 153, 1 (Omnibus II).

VAG a. F. wegen Unvereinbarkeit mit den Art. 147 bis 152 Solva II-RL aufgehoben werden sollte.[27] Diesem Ansinnen ist der Reformgesetzgeber ausweislich der Übertragung der Regelung in das VAG 2016 jedoch nicht gefolgt. Das geschah zu Recht. Denn auch für Transporterstversicherungsunternehmen gilt die Dienstleistungsfreiheit des AEUV, die nur aus Gründen des Allgemeininteresses beschränkt werden darf. Solche Gründe hat der Gesetzgeber hier angesichts des beschränkten Kreises der Versicherungsnehmer, die in der Regel Kaufleute sind, nicht gesehen.

15 Die Solva II-RL bietet ferner keine ausdrückliche Grundlage dafür, die von Drittstaatenerstversicherungsunternehmen betriebene Transportversicherung im Wege einer **Rechtsverordnung oder durch Verwaltungsakt** von der Aufsicht freizustellen. Insoweit werden im Hinblick auf § 66 Abs. 4 Nr. 1 und Abs. 5 VAG ebenfalls Zweifel an der Vereinbarkeit mit der Solva II-RL geäußert.[28] Diese Zweifel sind begründet, da Art. 162 Abs. 1 Solva II-RL insoweit keine Ausnahmen von der Erlaubnispflicht von Drittstaatenerstversicherungsunternehmen zulässt, soweit es nicht ein entsprechendes Abkommen zwischen der EU und einem Drittstaat i. S. v. Art. 171 Solva II-RL gibt. Insoweit hat sich Deutschland nationaler Kompetenzen begeben. Die EU/der EWR ist aber aus Sicht von Drittstaaten dennoch kein sog. non-admitted-Gebiet,[29] da es entsprechend den Vereinbarungen des **Kodex zur „Liberalisierung laufender unsichtbarer Operationen"**[30] der OECD,[31] Drittstaatenversicherern aus den OECD-Mitgliedsländern im Zulassungsverfahren für die Errichtung einer Niederlassung **Inländerbehandlung** gewährt und nicht den Abschluss eines Versicherungsvertrages bei einem im Inland sitzenden Versicherer verbindlich vorschreibt.

16 Die inhaltlichen Bestimmungen des § 66 Abs. 2 und 3 VAG gehen auf die **Mitversicherungsrichtlinie** zurück.[32] Heute regeln die **Art. 190 ff. Solva II-RL** die Mitversicherung auf Gemeinschaftsebene. So gelten gemäß Art. 190 Abs. 2 Solva II-RL die Art. 147–152 Solva II-RL mit den damit verbundenen Einschränkungen (insbesondere Notifikationsverfahren) nur für den führenden Versicherer, soweit ein von Art. 190 Abs. 1 Solva II-RL erfasstes Mitversicherungsgeschäft betroffen ist. Bei nicht in diesen Anwendungsbereich einbezogenen Sparten erfolgt gemäß Art. 190 Abs. 3 Solva II-RL hingegen keine Ausnahme von der Aufsichtspflicht für die Mitversicherer. Zu beachten ist jedoch, dass die Solva II-RL die Befreiung von der Aufsicht nicht mehr für alle Versicherungszweige vorsieht, die noch nach der Mitversicherungsrichtlinie privilegiert waren. Trotz dieser Änderung wurde der Anwendungsbereich des § 66 Abs. 2 VAG nicht an die neuen Richtlinienvorgaben angepasst. Auch daraus resultieren europarechtliche Bedenken.[33]

17 **II. Ausnahmen von der Aufsichtspflicht für die Transportversicherung (Abs. 1). 1. Voraussetzungen.** § 66 Abs. 1 VAG sieht für Erstversicherungsunternehmen mit Sitz in einem anderen Vertrags- oder Mitgliedstaat, die das Transportversicherungsgeschäft im Wege des Dienstleistungsverkehrs betreiben, eine Ausnahme von der Aufsichtspflicht nach dem VAG vor. Dass unter Erstversicherungsunternehmen i. S. d. § 66 Abs. 1 VAG nur Versicherer zu verstehen sind, die ihren Sitz in einem anderen Vertrags- oder Mitgliedstaat als Deutschland haben, ergibt sich aus der systematischen Stellung der Vorschrift im Unterabschnitt der §§ 61 – 66 VAG.

18 Zur Bestimmung des von der Aufsichtspflicht ausgenommenen Versicherungsgeschäfts verweist die Vorschrift auf die Nrn. 4 bis 7 und 12 sowie 10 lit. b der Anlage 1 zum VAG. Erfasst sind danach die Schienenfahrzeugkasko- (Nr. 4), die Luftfahrzeugkasko- (Nr. 5), die See-, Binnensee- und Flussschiffsfahrtskasko- (Nr. 6) und die Transportgüterversicherung (Nr. 7), sowie die See-, Binnensee- und Flussschifffahrthaftpflicht (Nr. 12) und die Haftpflicht aus Landtransporten (Nr. 10 lit. b). Die **Luftfahrzeughaftpflicht** (Nr. 11) gehört, obwohl zum Teil auch Transportversicherung, **nicht in den Anwendungsbereich** des § 66 Abs. 1 VAG, da es sich um eine Pflichtversicherung handelt.[34]

19 Die Ausnahme von der Aufsichtspflicht im Tätigkeitsland betrifft nach dem eindeutigen Wortlaut der Regelung nur den Fall, dass das Erstversicherungsunternehmen im Dienstleistungsverkehr **ausschließlich** das vorgenannte Transportversicherungsgeschäft betreibt. § 66 Abs. 1 VAG kommt daher nicht zur

[27] FKBP/*Pohlmann* § 111 Rn. 2.

[28] Vgl. FKBP/*Pohlmann* § 111 Rn. 11, 14.

[29] Zur sog. non-admitted-Problematik s. z. B.: *Armbrüster* VersR 2008, 853; *Bähr/Püttgen* VW 2008, 1078; *Mazenauer* VW 2008, 19; *Langheid/Grote* VW 2008, 630; *Strnad* VW 2008, 15 – jeweils m. w. N.

[30] Der „Code of Liberalisation of Current Invisible Operations" behandelt insgesamt unterschiedliche Bereiche des internationalen Handelsaustauschs, die sich weder dem Warenverkehr noch eindeutig dem Kapitalverkehr zuordnen ließen (*Tiedje* in: von der Groeben/Schwarze/Hatje, Europäisches Unionsrecht, 7. Aufl. 2015, Vorb. Art. 56 AEUV Rn. 36). Der Kodex wurde vom Rat der OECD am 12.12.1961 erlassen, während gleichzeitig der Liberalisierungskodex der OEEC, einer Vorgängerorganisation der OECD, außer Kraft trat, vgl. *Hahn* in: ZaöRV, Bd. 22 (1962), S. 69 Fn. 105. Seither ist der Kodex mehrfach geändert worden. Die aktuelle Fassung des Kodex (2016) ist abrufbar unter oecd.org.

[31] S. Prölss/*Kollhosser* 12. Aufl., Vorbemerkung vor § 105 Rn. 5 m. w. N. Zum Kodex der OECD s. näher unter § 67 Rn. 49.

[32] S. Rn. 5.

[33] S. zu diesem Problem Rn. 28 ff.

[34] Beckmann/Matusche-Beckmann/*Heiss/Trümper*, Versicherungsrechts-Handbuch, 3. Aufl. 2015, § 38. Transportversicherung Rn. 11.

Anwendung, wenn noch weitere Sparten im Dienstleistungsverkehr bedient werden.[35] Für die Anwendung der Vorschrift ist es aber nach der amtlichen Begründung unschädlich, wenn das nur die Transportversicherung betreibende Versicherungsunternehmen diese Versicherung nicht nur im Dienstleistungsverkehr, sondern **auch über eine Niederlassung** anbietet.[36] Die Versicherungsnehmer, die in der Transportversicherung in der Regel geschäftsgewandte Vertragspartner sind, werden dies erkennen, weil sie im ersten Fall unmittelbar mit dem Erstversicherungsunternehmen kontrahieren und im zweiten Fall mit dessen Niederlassung im Inland. Daher bedürfen sie insoweit keines Schutzes.[37] Etwas anderes soll nach der Gesetzesbegründung jedoch gelten, wenn über die Niederlassung zugleich weitere Sparten angeboten werden. Dann greife das Kumulverbot.[38] Diese Einschränkung findet im Gesetzeswortlaut keine Stütze und ist in Anbetracht des **Wegfalls des Kumulverbots** in der EU/dem EWR auch hinfällig geworden.[39] Zudem benötigen die Versicherungsnehmer, die mit der Niederlassung in anderen Sparten als der Transportversicherung in Berührung kommen, auch keines besonderen Schutzes. Denn sie sind bereits über die Aufsicht über die Niederlassung durch Sitzland- und Tätigkeitslandbehörde hinreichend geschützt.[40]

Schließlich ist § 66 Abs. 1 VAG dahingehend auszulegen, dass der Dienstleistungsverkehr sowohl aus dem Sitzland des EU-/EWR-Transportversicherers erfolgen kann als auch über eine Niederlassung, die sich in einem **anderen EU-/EWR-Staat** als dem Sitzland oder Deutschland befindet. Denn die Dienstleistungsfreiheit nach dem AEUV erfasst auch diesen Fall.[41] 20

2. Folgen der Ausnahmen von der Aufsichtspflicht. Bei Vorliegen der Voraussetzungen des § 66 Abs. 1 VAG entfällt für den EU-/EWR-Transportversicherer zunächst die Notwendigkeit eines Notifikationsverfahrens nach § 61 VAG im Tätigkeitsland. Demgegenüber verbleibt es bei dem **Zulassungserfordernis im Sitzland**. 21

Im Rahmen des § 66 Abs. 1 VAG darf die BaFin zudem keine Maßnahmen im Rahmen der laufenden Aufsicht ergreifen. Die entsprechenden Versicherungsgeschäfte werden vielmehr ausschließlich durch die Sitzlandbehörde bzw., soweit der Dienstleistungsverkehr von einer Niederlassung des Versicherers in einem anderen EU-/EWR-Staat als dem Sitzland oder Deutschland ausgeht, auch durch die Tätigkeitslandbehörde der Niederlassung überwacht. 22

III. Ausnahmen von der Aufsichtspflicht für Mitversicherung von Großrisiken (Abs. 2). 23
1. Allgemeines. § 66 Abs. 2 VAG enthält eine Ausnahme von der Aufsichtspflicht für Erstversicherungsunternehmen, die sich, ohne selbst eine Niederlassung im Inland eingerichtet zu haben, im Wege der Mitversicherung an einem Großrisiko beteiligen. Wie im Rahmen von § 66 Abs. 1 VAG sind nur Versicherer mit Sitz in einem anderen EU-/EWR-Staat erfasst.[42]

Nicht eindeutig ist nach dem Gesetzeswortlaut, ob der führende Versicherer in Deutschland sitzen muss. Die Worte „über den führenden Versicherer nicht über (…) eine Niederlassung im Inland“ deuten in diese Richtung. Dafür spricht auch der Zweck der Regelung. Denn Telos der Regelung ist, dass es ausreicht, wenn der führende Versicherer der Aufsicht des Staates unterliegt, in dem das Risiko belegen ist. Denn in der Regel führt dieser Versicherer das Versicherungsgeschäft auch für die Mitversicherer. Die Mitversicherer, die nicht führender Versicherer sind, müssen dementsprechend im Tätigkeitsland nicht zwingend überwacht werden.[43] 24

Dieser Argumentation steht aber entgegen, dass der deutsche Gesetzgeber die in § 66 Abs. 3 VAG geregelten Rechtsfolgen auch gegenüber führenden Versicherern ergreifen kann, die nicht in Deutschland sitzen. Ferner wäre eine solche **enge Auslegung nicht mit der Rechtsprechung des EuGH** zum freien Dienstleistungsverkehr **vereinbar**. Denn ein Allgemeininteresse, dass eine solche Ausnahme von der Aufsichtspflicht vom Sitz des führenden Versicherers abhängig sein soll, ist nicht erkennbar. Wenn nämlich der führende Versicherer nicht in Deutschland sitzt und die Mitversicherung somit im Niederlassungs- oder Dienstleistungsverkehr betreibt, bedarf er dafür einer entsprechenden Notifikation. Denn nur die Mitversicherer sind nach § 66 Abs. 3 VAG von der Notifikationspflicht befreit. Dementsprechend kann die BaFin den führenden Versicherer im Rahmen der Rechtsaufsicht auch dann überwachen, wenn er nicht in Deutschland sitzt.[44] 25

Unabhängig davon ist noch zu beachten, dass dann, wenn der EU-/EWR-Versicherer mit einem in Deutschland sitzenden führenden Versicherer in ständiger Geschäftsbeziehung steht und ihn ständig 26

---

[35] FKBP/*Pohlmann* § 111 Rn. 3.
[36] Begr. RegE zum 14. Gesetz zur Änderung des VAG, BT-Drs. 9/1493, 30.
[37] Begr. RegE zum 14. Gesetz zur Änderung des VAG, BT-Drs. 9/1493, 30.
[38] Begr. RegE zum 14. Gesetz zur Änderung des VAG, BT-Drs. 9/1493, 30.
[39] FKBP/*Pohlmann* § 111 Rn. 3.
[40] A. A. noch Prölss/*Kollhosser,* 12. Aufl., § 111 Rn. 3.
[41] Vgl. dazu auch: § 65 Rn. 21.
[42] S. Rn. 17.
[43] FKBP/*Pohlmann* § 111 Rn. 5.
[44] So auch FKBP/*Pohlmann* § 111 Rn. 10 m. w. N.

damit betraut, für ihn Mitversicherungsgeschäft zu vermitteln und abzuschließen,[45] der führende Versicherer Niederlassung des EU-/EWR-Versicherers sein kann. Die über einen führenden Versicherer in Deutschland dadurch begründete Niederlassung ist aber gemäß § 66 Abs. 2 Hs. 3 VAG für die Ausnahme von der Aufsichtspflicht nicht erheblich und steht der Annahme von Dienstleistungsverkehr nicht entgegen. Erheblich ist nur, dass der EU-/EWR-Versicherer in Deutschland nicht über eine Niederlassung verfügt und dort auch nicht seinen Sitz hat (letzteres ist angesichts der Überschrift des Unterabschnitts 2 entweder klarstellend gemeint oder ein Redaktionsversehen[46] – die Gesetzesbegründung ist an dieser Stelle nicht erhellend; die Erwähnung sei zusätzlich aufgenommen worden, weil im betreffenden Abschnitt durchgängig zwischen Sitz und Niederlassung unterschieden werde[47]).

27 **2. Voraussetzungen für die Freistellung. a) Sachlicher Anwendungsbereich. aa) Beteiligung an einem Großrisiko.** § 66 Abs. 2 VAG verlangt, dass die Mitversicherung ein sog. **Großrisiko** i. S. d. § 210 Abs. 2 VVG betrifft. Erfasst sind danach die in den Nr. 4–7, 10 lit. b sowie 11 und 12 der Anlage 1 zum VAG genannten Transport- und Haftpflichtversicherungen, außerdem die in Nr. 14 und 15 der Anlage 1 zum VAG aufgeführten Kredit- und Kautionsversicherungen sowie die Sach-, Haftpflicht- und sonstigen Schadensversicherungen nach den Nrn. 3, 8, 9, 10, 13 und 16 der Anlage 1 zum VAG, diese allerdings nur bei Überschreiten bestimmter Grenzen (§ 210 Abs. 2 Nr. 3 VVG).

28 Dieser Anwendungsbereich geht **über die Vorgaben der Solva II-RL hinaus**. Art. 190 Solva II-RL bezieht lediglich die in Anhang 1 der Solva II-RL Teil A Nr. 3–6 (= Nr. 3–6 der Anlage 1 zum VAG) aufgeführten Risiken in die Aufsichtsfreistellung ein. Dabei handelt es sich um die Landfahrzeug-Kasko- (ohne Schienenfahrzeuge) (Nr. 3), die Schienenfahrzeug-Kasko- (Nr. 4), die Luftfahrzeug-Kasko- (Nr. 5) sowie die See-, Binnensee- und Flussschifffahrts-Kaskoversicherung (Nr. 6). Aufgrund der abweichenden Richtlinienvorgaben stellt sich die Frage, ob der Anwendungsbereich des § 66 Abs. 1 VAG **europarechtskonform einschränkend** dahingehend **auszulegen** ist, dass er lediglich die in Art. 190 Solva II-RL aufgeführten Versicherungssparten umfasst.

29 In diese Richtung argumentiert *Pohlmann*[48] mit der Begründung, dass die nicht in Art. 190 Abs. 1 Solva II-RL genannten Mitversicherungsgeschäfte den Bestimmungen der Art. 147– 152 Solva II-RL unterliegen, so dass insbesondere ein Notifikationsverfahren durchgeführt werden muss. Das ist zutreffend, da eine überschießende Umsetzung der Solva II-RL angesichts der angestrebten Vollharmonisierung europarechtswidrig wäre. Insoweit kann auch nicht auf eine bewusste Entscheidung des Gesetzgebers verwiesen werden, der die Solva II-RL überschießend umsetzen wollte. Denn es ist nach der Rechtsprechung des BGH und des BVerfG zu unterstellen, dass der Gesetzgeber immer europarechtskonform umsetzen will – selbst wenn der Wortlaut der Norm in eine andere Richtung deutet[49] – so wie hier hinsichtlich der dann überflüssigen Ausnahme in § 66 Abs. 2 a. E. VAG für die „gesetzliche Haftpflichtversicherung im Zusammenhang mit Schäden durch Kernergie oder Arzneimittel".[50] Dementsprechend ist es auch unerheblich, wenn im Rahmen einer historischen Auslegung festgestellt werden kann, dass der Gesetzgeber die Bestimmung des Art. 190 Solva II-RL durchaus gesehen hat, da noch die Begründung zum VAG-Entwurf 2012 darauf hinweist, Art. 190 Solva II-RL im Rahmen der Regelung über den Missbrauch der Privilegierung (§ 61 Abs. 3 VAG-E 2012, jetzt § 66 Abs. 3 VAG) berücksichtigt zu haben,[51] und dieser Hinweis im späteren VAG-Entwurf 2014 nicht mehr enthalten war.

30 **bb) Ausschluss von Risiken im Zusammenhang mit Kernenergie oder Arzneimitteln.** Wird der vorstehend vertretenen europarechtskonformen Auslegung des § 66 Abs. 2 VAG nicht gefolgt, kommt dem Ausschluss in § 66 Abs. 2 VAG a. E. hinsichtlich der Mitversicherung bei der gesetzlichen Haftpflichtversicherung im Zusammenhang mit Schäden durch Kernenergie oder Arzneimittel Bedeutung zu. Offenkundig erkennt der Gesetzgeber hier ein Allgemeininteresse, das ihn davon absehen lässt, die Dienstleistungsfreiheit auch in diesem Bereich der Mitversicherung schrankenlos zuzulassen.

31 **b) Beteiligung als Mitversicherungsunternehmen.** Das betreffende EU-/EWR-Versicherungsunternehmen muss sich als **Mitversicherer** an dem Risiko beteiligen. Es darf sich also nicht um den sog. führenden Versicherer handeln. Für diesen gilt die Privilegierung des § 66 Abs. 2 VAG ausdrücklich nicht. Dies entspricht Art. 190 Abs. 2 Solva II-RL.

---

[45] FKBP/*Pohlmann* § 111 Rn. 8. – Diese Praxis könnte mit der für Anfang 2017 absehbaren Abschaffung der Gruppenfreistellungsverordnung für die Versicherungswirtschaft (VO (EU) Nr. 267/2010 v. 24.3.2010) ohnehin obsolet werden, wenn dann ggf. nur noch ein Vermittler in kartellrechtlich unbedenklicher Weise die Mitversicherer auswählen kann.

[46] So FKBP/*Pohlmann* § 111 Rn. 8.

[47] Begr. RegE zum Zweiten Durchführungsgesetz/EWG zum VAG, BT-Drs. 11/6341, 31.

[48] FKBP/*Pohlmann* § 111 Rn. 6.

[49] Vgl. *BGH* Urt. v. 7.5.2014 – IV ZR 76/11, BGHZ 201, 101 und *BVerfG* Beschl. v. 23.5.2016 –1 BvR 2230/15, r+s 2016, 407, dort u. a. Rn. 45 ff. – zu § 5a Abs. 2 S. 4 VVG a. F. – Jahresfrist beim Policenmodell.

[50] S. dazu auch FKBP/*Pohlmann* § 111 Rn. 6.

[51] Begr. VAG-RegE 2012, BT-Drs. 17/9342, 153.

c) Beteiligung im Dienstleistungsverkehr. Die Ausnahme von der Aufsichtspflicht gilt ferner nur, wenn der betreffende Mitversicherer im Dienstleistungsverkehr tätig ist. Die Beschränkung folgt daraus, dass durch die Vorschrift lediglich der Dienstleistungsverkehr erleichtert werden soll.[52] 32

Die Privilegierung ist aber nicht per se dann ausgeschlossen, wenn der Mitversicherer auch über eine Niederlassung in Deutschland verfügt. Er darf sich gemäß § 66 Abs. 2 Hs. 2 VAG nur nicht im Hinblick auf das konkrete – von § 66 Abs. 2 VAG erfasste – Mitversicherungsgeschäft über diese Niederlassung beteiligen. Vielmehr darf er nach dem Gesetzeswortlaut „hierbei" ausschließlich „über den führenden Versicherer" tätig sein. 33

3. Folgen der Ausnahme von der Aufsichtspflicht. Liegen sämtliche Voraussetzungen des § 66 Abs. 2 VAG vor, finden die Vorschriften des VAG auf die betreffenden Mitversicherungsunternehmen keine Anwendung. Die Mitversicherer unterstehen im Rahmen der Beteiligung am konkreten Versicherungsgeschäft daher nicht der Aufsicht der Tätigkeitslandbehörde, **zuständig ist allein die Aufsichtsbehörde ihres Sitzlandes**. Für die Ausübung der Beteiligung über den Dienstleistungsverkehr muss das Unternehmen also nicht das Notifikationsverfahren nach § 61 VAG durchführen. Es muss aber natürlich im Sitzland über eine entsprechende Erlaubnis zum Geschäftsbetrieb in den jeweiligen Sparten der Mitversicherung verfügen. Aufgrund der allgemeinen Dienstleistungsfreiheit erschöpft sich darin im Wesentlichen die praktische Bedeutung der Vorschrift. 34

IV. Aufsichtsmaßnahmen bei Missbrauch (Abs. 3). 1. Voraussetzungen (Abs. 3 S. 1). § 66 Abs. 3 S. 1 VAG eröffnet aufsichtsbehördliche Eingriffsbefugnisse bei einem Missbrauch der Freistellungsregelung nach § 66 Abs. 2 VAG. Die praktische Bedeutung der Vorschrift ist seit dem Urteil des EuGH v. 4.12.1986 – Rs 205/84[53] allerdings gering.[54] In dieser Sache hat der EuGH entschieden, dass ein Verstoß gegen die Dienstleistungsfreiheit vorliegt, wenn ein Mitgliedstaat für die Mitversicherung auf Gemeinschaftsebene vorschreibt, dass der führende Versicherer, wenn das Versicherungsrisiko in dem betreffenden Mitgliedstaat gelegen ist, dort niedergelassen und zugelassen sein muss. Praktische Anwendungsfälle sind daher nur insoweit denkbar, als dass die Notifikations- und Aufsichtspflicht dadurch umgangen werden soll, dass der führende Versicherer nur als „Strohmann" fungiert und in Wahrheit der Mitversicherer die Geschäfte führt (§ 66 Abs. 3 S. 4 VAG). 35

Adressat der Vorschrift ist **nur der führende Versicherer**, der einen EU-/EWR-Versicherer im Dienstleistungsverkehr ohne Notifikationsverfahren als Mitversicherer entgegen § 66 Abs. 2 VAG beteiligt. Die Mitversicherer selbst machen sich in diesen Fällen unmittelbar gemäß § 331 Abs. 1 Nr. 2 VAG strafbar. 36

Im Gegensatz zu den Absätzen 1 und 2 richtet sich die Norm nicht nur an führende Versicherer mit Sitz in einem anderen Mitglied- oder Vertragsstaat, sondern auch an führende Versicherer mit Sitz in Deutschland. Dem kann auch nicht mehr die systematische Stellung des § 87a VAG a. F. entgegengehalten werden, auch wenn dieser nach der Gesetzesbegründung inhaltlich unverändert als § 66 Abs. 3 VAG übernommen werden sollte.[55] Denn durch die Integration des § 87a VAG a. F. in § 66 Abs. 3 VAG hat sich dessen systematische Stellung geändert. 37

Das betreffende Unternehmen muss die Möglichkeit der Beteiligung nach Absatz 2 missbrauchen. Der in § 66 Abs. 3 S. 1 und 4 VAG gewählte **Begriff des Missbrauchs** ist nicht zu verwechseln mit dem des Missstands i. S. d. § 298 Abs. 1 VAG. Vielmehr hat der Gesetzgeber den Missstandsbegriff hier bewusst nicht verwendet, da dieser Sachverhalten vorbehalten bleiben sollte, die die Belange der Versicherten unmittelbar berühren.[56] Hinsichtlich des Vorliegens eines Missbrauchs ist auf die **Regelbeispiele** des § 66 Abs. 3 S. 4 VAG zu verweisen, so dass es im Wesentlichen um ein **Umgehen der Notifikationspflicht** des Mitversicherers und dessen Rechtsaufsicht durch die BaFin als Tätigkeitslandbehörde geht. 38

Als **Sanktion** sieht § 66 Abs. 3 S. 1 VAG vor, dass die Aufsichtsbehörde, mithin die BaFin, die zur Beseitigung des Missbrauchs erforderlichen Anordnungen treffen kann. Das kann z. B. eine Aufforderung an den führenden Versicherer sein, derartiges künftig zu unterlassen, sowie den Mitversicherer zu veranlassen, sich zum Dienstleistungsverkehr nachträglich zu notifizieren, oder auch eine Verwarnung nach § 303 Abs. 1 VAG. 39

2. Maßnahmen in schwerwiegenden Fällen (Abs. 3 S. 2 und 3). In schwerwiegenden Fällen stehen der BaFin weitere Eingriffsmöglichkeiten zur Verfügung, die in § 66 Abs. 3 S. 2 VAG konkretisiert werden. Danach kann dem Unternehmen zunächst – als mildere Maßnahme – der Abschluss der konkreten Mitversicherungen untersagt werden. Darüber hinaus stellt die Regelung über den Verweis auf § 304 Abs. 3 VAG klar, dass die Aufsichtsbehörde sogar zum (teilweisen) **Widerruf der Erlaubnis** des führenden Versicherers zum Geschäftsbetrieb befugt ist. Sitzt der führende Versicherer nicht in 40

---

52 Zum Normzweck s. Rn. 8 ff.
53 VersR 1986, 1225.
54 Vgl. auch FKBP/*Bähr* § 87a Rn. 1.
55 Begr. VAG-RegE 2014, BT-Drs. 18/2956, 256.
56 Begr. RegE zum 14. Änderungsgesetz zum VAG, BT-Drs. 9/1493, 28.

Deutschland, ist ihm die Geschäftstätigkeit im Niederlassungs- oder Dienstleistungsverkehr in entsprechender Anwendung dieser Normen generell zu untersagen.

41 Die **Rechtsfolgen** des Widerrufs gelten gemäß § 66 Abs. 3 S. 3 i. V. m. § 304 Abs. 4 bis 6 VAG entsprechend. Des Verweises auf den Rechtsfolgenkatalog hätte es bezogen auf einen in Deutschland sitzenden führenden Versicherer allerdings nicht bedurft, da im Fall des Erlaubniswiderrufs nichts gegen eine direkte Anwendbarkeit der Folgeregelungen spricht. Der Vorschrift hat aber eine regelnde Funktion bezogen auf führende Versicherer mit Sitz in einem anderen Vertrags- oder Mitgliedstaat als Deutschland.

42 **3. Beispielsfälle (Abs. 3 S. 4).** § 66 Abs. 3 S. 4 VAG führt zwei Beispiele für das Vorliegen eines Missbrauchs an. Danach ist es zum einen als Missbrauch anzusehen, wenn der führende Versicherer die ihm üblicherweise zukommenden Aufgaben nicht wahrnimmt, also lediglich als **„Strohmann"** des Mitversicherers fungiert. Nach der Gesetzesbegründung soll dadurch also insbesondere Fällen begegnet werden, in denen bei der Mitversicherung von ausländischen Mitversicherern ein inländischer führender Versicherer nur vorgeschoben wird, der ggf. lediglich einen geringen Bruchteil des Risikos übernimmt.[57] Zum anderen stellt es einen Missbrauch dar, wenn das Unternehmen an dem Vertrag Versicherungsunternehmen beteiligt, die nach Absatz 2 **nicht zu einer** solchen **Beteiligung befugt** sind. Dies ist z. B. der Fall, wenn der Mitversicherer nicht über eine entsprechende Spartenerlaubnis im Sitzland verfügt. Die Beispiele sind ausdrücklich **nicht abschließend** („insbesondere").

43 **V. Verordnungsermächtigungen für eine Freistellung von der Aufsicht (Abs. 4). 1. Transportversicherung und Mitversicherung (Abs. 4 Nr. 1).** § 66 Abs. 4 Nr. 1 VAG ermächtigt das BMF, durch Rechtsverordnung die Freistellung von der Aufsicht in Deutschland nach den Absätzen 1 und 2 auch für **Drittstaatenunternehmen** vorzusehen.

44 Wird diese Regelung nicht – wie hier vertreten[58] – für europarechtswidrig gehalten, ist Voraussetzung für den Erlass einer solchen Rechtsverordnung, dass die Belange der Versicherten ausreichend gewahrt sind und die Interessen der Bundesrepublik Deutschland nicht entgegenstehen. Ersteres entspricht dem allgemeinen Schutzzweck der Versicherungsaufsicht (vgl. § 294 Abs. 2 VAG).

45 Über die Ermächtigung in § 66 Abs. 4 Nr. Alt. 1 VAG kann die Freistellungsregelung des § 66 Abs. 1 VAG (**Transportversicherung**) nur für anwendbar erklärt werden, wenn auch die dort geregelten Bedingungen erfüllt sind. Insbesondere muss daher einer der dort in Bezug genommenen Versicherungszweige vorliegen und das jeweilige Geschäft darf nur im Wege des Dienstleistungsverkehrs betrieben werden,[59] was für Drittstaatenversicherer bedeutet, dass es nicht über eine Niederlassung in Deutschland abgewickelt wird. Auf diesem Weg wird den Drittstaatenversicherern durch eine entsprechende Bestimmung per Rechtsverordnung also der Dienstleistungsverkehr überhaupt erst ermöglicht, der ihnen nach den § 67 ff. VAG ansonsten jenseits der Korrespondenzversicherung nicht eröffnet ist.[60]

46 Auf der Grundlage der Zweiten Richtlinie Schadenversicherung hätte der Gesetzgeber wegen der vielfach bestehenden internationalen Verflechtungen der Transportversicherung grundsätzlich auch die Aufsichtsfreiheit für Drittstaatenunternehmen qua Gesetz regeln können. Hiervon hat die Bundesrepublik Deutschland jedoch keinen Gebrauch gemacht.[61] Stattdessen bietet § 66 Abs. 4 VAG die Möglichkeit, den Dienstleistungsverkehr im Wege einer entsprechenden Rechtsverordnung zu erleichtern, was allerdings heute mit Blick auf die Solva II-RL europarechtlich zu beanstanden ist.[62]

47 Das BMF kann gemäß § 66 Abs. 4 Nr. 1 Alt. 2 VAG auch für nichtführende **Mitversicherer** durch Rechtsverordnung vorsehen, dass die Vorschriften des VAG keine Anwendung finden. Dies ist aber nur unter den Voraussetzungen des § 66 Abs. 2 VAG möglich. Im Übrigen gilt Vorstehendes entsprechend.

48 Von der Verordnungsermächtigung hat das BMF in beiden Fällen – möglicherweise aufgrund der aufgezeigten europarechtlichen Bedenken – bisher noch **keinen Gebrauch** gemacht.[63]

49 **2. Abkommen mit Drittstaaten (Abs. 4 Nr. 2).** § 66 Abs. 4 Nr. 2 VAG ermöglicht es dem BMF weiterhin, die Umsetzung von entsprechenden **Abkommen der EU mit Drittstaaten** in deutsches Recht gesetzestechnisch zu erleichtern. Hintergrund ist, dass Abkommen, die zwischen der EU und Drittstaaten geschlossen werden, nicht ohne weiteres unmittelbare Geltung für das deutsche Aufsichtsrecht haben, sondern zunächst der Umsetzung in deutsches Recht bedürfen.[64] Die Verordnungsermächtigung ermöglicht insoweit die Umsetzung von Abkommen, die vorsehen, dass die Vorschriften über EU-/EWR-Versicherungsunternehmen auch auf Unternehmen mit Sitz in einem Drittstaat anzuwenden sind. Erfasst sind nach der Gesetzesbegründung sowohl die Fälle des Art. 171 Solva II-RL als auch

[57] Begr. RegE zum 14. Änderungsgesetz zum VAG, BT-Drs. 9/1493, 28.
[58] Rn. 15.
[59] Zu den Voraussetzungen nach Absatz 1 s. Rn. 17 ff.
[60] S. dazu § 67 Rn. 15.
[61] Begr. RegE zum Zweiten Durchführungsgesetz/EWG zum VAG, BT-Drs. 11/6341, 31.
[62] Rn. 15.
[63] FKBP/*Pohlmann* § 111 Rn. 11.
[64] Vgl. FKBP/*Pohlmann* § 111 Rn. 13.

die des Art. 172 Solva II-RL.[65] Daher wird es nicht darauf ankommen, ob das Solvenzsystem des betreffenden Drittstaats als dem Regime des Solvency II gleichwertig bewertet wird. Anstelle eines besonderen Gesetzgebungsverfahrens wurde der Verordnungsweg gewählt, weil der deutsche Gesetzgeber für die Umsetzung der Abkommen keine Entscheidungsfreiheit hat.[66]

Ein Abkommen im Sinne der Vorschrift wurde bisher lediglich mit der **Schweiz** für den Bereich der Schadenversicherung im Niederlassungsverkehr getroffen.[67] Durch die Richtlinie 91/371/EWG vom 20.6.1991[68] wurden die Mitgliedstaaten zur Umsetzung des Abkommens in das jeweilige nationale Recht verpflichtet. In Deutschland hat das BMF zu diesem Zweck eine Rechtsverordnung[69] auf Grundlage der Vorgängerregelung des § 66 Abs. 4 Nr. 2 VAG erlassen, die später durch Rechtsverordnung v. 26.10.1994[70] ersetzt wurde. 50

VI. Freistellung im Einzelfall durch Verwaltungsakt (Abs. 5). § 66 Abs. 5 VAG ermächtigt die BaFin, unter den Voraussetzungen des § 66 Abs. 4 Nr. 1 VAG Drittstaatenunternehmen im **Einzelfall** durch Verwaltungsakt, also ohne eine entsprechende Rechtsverordnung, von der Aufsicht nach dem VAG freizustellen. Nach der Gesetzesbegründung bedarf es der Möglichkeit einer solchen Einzelfallregelung, weil die für Freistellungen in Betracht kommenden Sachverhalte und die im jeweiligen Zusammenhang anzustellenden Erwägungen sehr unterschiedlich sind. So müsse für den Fall, dass gemeinsame generelle Vorschriften im Rahmen einer Rechtsverordnung nicht in Betracht kommen, eine Prüfung und Entscheidung im Einzelfall möglich sein.[71] Es könne beispielsweise vorkommen, dass inländische Versicherer nach ausländischen Vorschriften Versicherungsverträge, die sowohl inländische als auch ausländische Risiken decken, nur abschließen können, wenn ausländische Mitversicherer beteiligt werden.[72] Für die Einzelfallentscheidung sei der **Verwaltungsakt** die richtige Handlungsform.[73] 51

Obwohl diese Gründe nachvollziehbar sind, bleiben die oben[74] aufgezeigten europarechtlichen Bedenken. 52

Der Gesetzgeber hat die Befugnis zur Freistellung im Einzelfall nunmehr der **BaFin** übertragen. Nach § 111 Abs. 4 VAG a. F. war noch das BMF zuständig. Begründet wird der Zuständigkeitswechsel damit, dass die BaFin aufgrund ihrer Einbindung in die europäische und internationale Versicherungsaufsicht besser in der Lage ist, Anträge einzelner Unternehmen zu beurteilen.[75] Bislang ist eine Freistellung im Einzelfall auf Grundlage des i. S. d. § 66 Abs. 5 VAG (bzw. § 111 Abs. 4 VAG a. F.) nicht erteilt worden.[76] 53

VII. Verhältnis zu anderen Regelungen des VAG. § 66 VAG stellt eine Ausnahmevorschrift im Rahmen der §§ 61 ff. VAG dar. 54

Unterabschnitt 3. Unternehmen mit Sitz außerhalb des Europäischen Wirtschaftsraums

Erlaubnis; Spartentrennung

67 (1) [1]**Versicherungsunternehmen eines Drittstaats, die im Inland das Erst- oder Rückversicherungsgeschäft betreiben wollen, bedürfen zum Geschäftsbetrieb der Erlaubnis der Aufsichtsbehörde.** [2]**Satz 1 gilt nicht für Versicherungsunternehmen eines Drittstaats, die von ihrem Sitz aus im Inland ausschließlich das Rückversicherungsgeschäft betreiben, wenn die Europäische Kommission gemäß Artikel 172 Absatz 2 oder 4 der Richtlinie 2009/138/EG entschieden hat, dass die Solvabilitätssysteme für Rückversicherungstätigkeiten von Unternehmen in diesem Drittstaat dem in dieser Richtlinie beschriebenen System gleichwertig sind; in diesem Fall werden Rückversicherungsverträge mit diesen Unternehmen genauso behandelt wie Rückversicherungsverträge mit Unternehmen, die in einem Mitglied- oder Vertragsstaat zugelassen sind.**

---

[65] Begr. VAG-RegE 2014, BT-Drs. 18/2956, 256.
[66] Begr. RegE zum Zweiten Durchführungsgesetz/EWG zum VAG, BT-Drs. 11/6341, 31.
[67] Abkommen zwischen der Europäischen Wirtschaftsgemeinschaft und der Schweizerischen Eidgenossenschaft betreffend die Direktversicherung mit Ausnahme der Lebensversicherung v. 10.10.1989 (ABl. EG 1991 L 205, 3).
[68] ABl. EG 1991 Nr. L 205, 48.
[69] BGBl. 1993 I 1347.
[70] BGBl. 1994 I 3202.
[71] Begr. RegE zum Zweiten Durchführungsgesetz/EWG zum VAG, BT-Drs. 11/6341, 31.
[72] Begr. RegE zum Zweiten Durchführungsgesetz/EWG zum VAG, BT-Drs. 11/6341, 31.
[73] Begr. RegE zum Zweiten Durchführungsgesetz/EWG zum VAG, BT-Drs. 11/6341, 31.
[74] Rn. 15.
[75] Begr. VAG-RegE 2014, BT-Drs. 18/2956, 256.
[76] FKBP/*Pohlmann* § 111 Rn. 14.

(2) [1] **Für Unternehmen nach Absatz 1 Satz 1 gelten die besonderen Vorschriften dieses Unterabschnitts sowie ergänzend entsprechend die übrigen Vorschriften dieses Gesetzes und die auf Grund der Richtlinie 2009/138/EG erlassenen delegierten Rechtsakte, technischen Regulierungsstandards und technischen Durchführungsstandards.** [2] **Die Vorschriften des Teils 2 Kapitel 2 Abschnitt 3 sind auf das gemäß Absatz 1 Satz 1 abgeschlossene Versicherungsgeschäft entsprechend anzuwenden.**

(3) [1] **Erstversicherungsunternehmen, welche die Lebensversicherung zugleich mit anderen Versicherungssparten betreiben, darf der Geschäftsbetrieb im Inland nicht für die Lebensversicherung erlaubt werden.** [2] **Erstversicherungsunternehmen, die die Krankenversicherung zugleich mit anderen Versicherungssparten betreiben, können keine Erlaubnis zum Betrieb der Krankenversicherung nach § 146 Absatz 1 im Inland erhalten.**

Übersicht

Schrifttum – Allgemein: *Angerer*, Aufsichtsrechtliche Ausgangspunkte der Dienstleistungsfreiheit für Versicherungsunternehmen im Gemeinsamen Markt, VersR 1987, 325; *Armbrüster*, Das VAG 2016 – Überblick zu den Neuregelungen, r+s 2015, 425; Bähr/*Schöps*, § 7; *Bälz/Kuntz*, Die grenzüberschreitende Bestandsübertragung in der EU: Probleme der horizontalen Behördenkooperation im Internationalen Verwaltungsrecht, VersR 2005, 310; *Bornschlegl*, Die Bestandsübertragung nach dem VAG, Diss. 2014, S. 433 ff.; FKBP/*Pohlmann*, § 105 ff.; *Fürstenwerth/Weiß*, Versicherungsalphabet, 10. Aufl. 2001, S. 314; Goldberg/Müller/*Müller*, §§ 105 ff.; *Hahn*, in: ZaöRV, Bd. 22 (1962); *Hartung*, Zur Abgrenzung der Korrespondenzversicherung von den nach § 140 VAG verbotenen Geschäften, VerBAV 1961, 85; *Kaufmann*, Fehlt die Lizenz – gilt der Vertrag?, VW 1998, 681; *Koch*, Zur Rechtsstellung des Hauptbevollmächtigten, VersR 1986, 401; *Kokott*, Liberalisierung der Finanzdienstleistungen im Rahmen der WTO – Auswirkungen auf Deutschland, Österreich und die Schweiz, RIW 2000, 401; *Laars*, §§ 105 ff.; Langheid/Wandt/*Gause* AufsichtsR Rn. 417; Langheid/Wandt/*Grote*, AufsichtsR Rn. 93 f.; *Miersch*, Versicherungsaufsicht nach den Dritten Richtlinien, 1996, S. 41 ff.; *Müller*, Versicherungsbinnenmarkt: Die europäische Integration im Versicherungswesen, 1995, S. 192 f.; *Präve*, Die VAG-Novelle 2000/2001, VersR 2001, 133; *ders.*, Das neue Aufsichtsrecht, VW 1994, 800; Prölss/*Kollhosser*, 12. Aufl., §§ 105 ff.; *Seemayer*, Grenzüberschreitende Übertragung von Erst- und Rückversicherungsunternehmen im Spannungsfeld von Zivil- und Aufsichtsrecht, Diss. 2016, S. 155; *Schmidt/Huppenbauer*, Versicherungsaufsichtsrechtliche Anmerkungen zur Welthandelsorganisation (WTO) und zum Allgemeinen Übereinkommen über den Handel mit Dienstleistungen (GATS), VersR 1997, 1037; *Völkel*, Der Marktzugang ausländischer Versicherer, Diss. 2003, S. 86, 146 ff., 179 ff.; von der Groeben/Schwarze/Hatje/*Tiedje*, Europäisches Unionsrecht, 7. Aufl. 2015, Vorb. Art. 56 AEUV Rn. 36; *Wehowski*, Die Zulassung ausländischer Versunternehmen in der BRD und in den Vereinigten Staaten von Amerika, Diss. 2002; *Winter*, S. 225 ff.; *Wrabetz*, Der Hauptbevollmächtigte nach § 106 III VAG, NVersZ 2001, 385; *Zeides*, Zweigniederlassungen ausländischer Versicherungsunternehmen in Deutschland, 2004

1 **I. Allgemeines. 1. Entstehungsgeschichte.** § 67 VAG entspricht grundsätzlich §§ 105 Abs. 2 und 3 sowie 121i Abs. 1 und 2 VAG a. F.[1] § 67 VAG fasst also die zuvor getrennten Vorschriften zu **Erst- und reinen Rückversicherungsunternehmen** in einer neuen Regelung zusammen.

[1] S. auch Begr. VAG-RegE 2014, BT-Drs. 18/2956, 256.

Zentrale Bestimmung der Vorschrift ist § 67 Abs. 1 S. 1 VAG, wonach Versicherungsunternehmen mit Sitz in einem Drittstaat, also außerhalb der EU bzw. des EWR, zum Geschäftsbetrieb in Deutschland grundsätzlich der **Erlaubnis** der Aufsichtsbehörde bedürfen. 2

Die Erlaubnispflicht war für **Erstversicherer** aus Drittstaaten bereits durch die **ursprüngliche Fassung** der Bestimmung **aus dem Jahre 1901** vorgeschrieben und gründete sich auf deutsches Hoheitsrecht (vgl. heute Art. 24 Abs. 1 Art. GG).[2] 3

Sie wurde sodann auf reine Rückversicherer ausgedehnt, für die ursprünglich durch das 8. VAG-Änderungsgesetz[3] die spezielle Vorschrift des § 121i VAG a. F. in das Gesetz eingefügt worden war. Danach galt für eine Niederlassung eines reinen Rückversicherers eine Erlaubnispflicht, für den Dienstleistungsverkehr aber nicht. 4

Durch das 9. VAG-Änderungsgesetz[4] wurden **gemischte Erst- und Rückversicherer** (sog. mixed insurer) einbezogen, um eine insoweit vorhandene Regelungslücke zu schließen.[5] Ab dann mussten auch die sog. mixed insurer, die ausschließlich das Rückversicherungsgeschäft über Mittelspersonen in Deutschland betrieben, grundsätzlich ebenfalls eine Niederlassung gründen, während reine Rückversicherungsunternehmen weiterhin unter den Voraussetzungen des § 121i VAG a. F. von ihrem Sitz aus tätig werden durften. 5

Die neu eingeführte Niederlassungspflicht für die gemischten Unternehmen mit ausschließlichem Rückversicherungsgeschäft hatte allerdings nicht beabsichtigte Folgen.[6] Zum einen war das grenzüberschreitende Rückversicherungsgeschäft ohne Niederlassung faktisch gar nicht mehr gestattet, weil nach h. M. auch Rückversicherungsmakler als Mittelspersonen i. S. d. § 105 Abs. 2 VAG a. F. galten.[7] Dies trug letztlich zu einer Kapazitätsverknappung für deutsche Erst- und Rückversicherungsunternehmen bei.[8] Zum anderen wurde die Niederlassungspflicht zum Teil dadurch umgangen, dass sich Unternehmen anstelle eines inländischen Maklers eines Versicherungsmaklers aus einem Drittland als Mittelsperson bedienten.[9] Dies führte letztlich zu einer **Benachteiligung deutscher Versicherungsmakler** gegenüber Versicherungsmaklern mit Sitz außerhalb der Bundesrepublik.[10] Im Zuge des **Jahressteuergesetzes 2010**[11] ist daher in Anlehnung an die Vorschrift zu reinen Rückversicherern (§ 121i VAG a. F.) die Ausnahmeregelung des § 105 Abs. 2 S. 2 VAG a. F. für den ausschließlichen Betrieb der Rückversicherung in das Gesetz eingefügt worden. Nach dieser Bestimmung wurde der Geschäftsbetrieb wie bei reinen Rückversicherern auch ohne Niederlassung gestattet, wenn bestimmte Voraussetzungen erfüllt waren (u. a. Zulassung zum Rückversicherungsgeschäft im Sitzland und Beaufsichtigung nach international anerkannten Grundsätzen). Eine vergleichbare Ausnahme ist nunmehr in § 67 Abs. 1 S. 2 VAG enthalten, wobei die neue Regelung an die Besonderheiten der **Gleichwertigkeitsregeln in Art. 172 Solva II-RL**[12] angepasst wurde.[13] 6

Gleichzeitig hat der Gesetzgeber durch die Zusammenführung der Regelungen für Erst- und (reine) Rückversicherer sowie den generellen Verzicht des Tatbestandsmerkmals „durch Mittelspersonen" die Gesetzestechnik verbessert. So war in § 105 Abs. 2 VAG a. F. nicht ausreichend klar zwischen dem Betrieb von Erst- und Rückversicherungsgeschäft unterschieden worden.[14] 7

§ 67 Abs. 1 VAG geht im Grundsatz aus § 105 Abs. 2 und § 121i Abs. 1 VAG a. F. hervor. Die bisher in § 105 Abs. 1 VAG a. F. enthaltenen Definitionen für „Drittstaat" und „Versicherungsunternehmen eines Drittstaats" sind nunmehr in die Begriffsbestimmungen des § 7 VAG verschoben worden (§ 7 Nr. 6 und 34 VAG).[15] 8

Eine weitere wesentliche Neuerung im VAG 2016 liegt in der Erweiterung des Adressatenkreises auch in sachlicher Hinsicht. Die Erlaubnispflicht für Versicherungsunternehmen aus Drittstaaten wird jetzt nämlich nicht mehr auf das Versicherungsgeschäft beschränkt, das in Deutschland durch **Mittelspersonen** betrieben werden soll (so noch § 105 Abs. 2 S. 1 VAG a. F.).[16] 9

---

[2] Prölss/*Kollhosser*, 12. Aufl., § 105 Rn. 3.

[3] Achtes Gesetz zur Änderung des Versicherungsaufsichtsgesetzes sowie zur Änderung des Finanzdienstleistungsaufsichtsgesetzes und anderer Vorschriften v. 28.5.2007, BGBl. I 923.

[4] Neuntes Gesetz zur Änderung des Versicherungsaufsichtsgesetzes v. 23.12.2007, BGBl. I 3248.

[5] Begr. RegE 9. VAG-Änderungsgesetz, BT-Drs. 16/6518, 19. S. hierzu ausführlich: FKBP/*Pohlmann* § 105 Rn. 25 ff. m. w. N.

[6] Begr. RegE JStG 2010, BT-Drs. 17/2249, 96.

[7] FKBP/*Pohlmann* § 105 Rn. 28.

[8] Begr. RegE JStG 2010, BT-Drs. 17/2249, 96.

[9] Begr. RegE JStG 2010, BT-Drs. 17/2249, 96; FKBP/*Pohlmann* § 105 Rn. 28.

[10] Begr. RegE JStG 2010, BT-Drs. 17/2249, 96.

[11] Vom 8.12.2010, BGBl. I 1768.

[12] RL 2009/138/EG v. 25.11.2009, ABl. EU 2009 L 335, 1, geändert durch die RL 2014/51/EU v. 16.4.2014, ABl. EU 2014 L 153, 1 (Omnibus II).

[13] Vgl. Begr. VAG-RegE 2014, BT-Drs. 18/2956, 256 und unter Rn. 70 ff.

[14] S. hierzu im Einzelnen FKBP/*Pohlmann* § 105 Rn. 30 ff.

[15] Vgl. auch Begr. VAG-RegE 2014, BT-Drs. 18/2956, 256.

[16] S. hierzu Rn. 40 ff. Das deckt sich mit der entsprechenden Änderung im Hinblick auf EU-/EWR-Versicherer, s. hierzu § 61 Rn. 22 ff.

10 Die **Verweisung** gemäß § 67 Abs. 2 S. 1 Hs. 1 VAG entspricht dem bisherigen § 105 Abs. 3 VAG a. F. Neu ist demgegenüber die Einbeziehung der aufgrund der Solva II-RL erlassenen Rechtsakte und technischen Standards in Hs. 2 der Vorschrift.

11 Der Verweis in § 67 Abs. 2 S. 2 VAG folgt aus dem früheren § 110 Abs. 1 VAG a. F.[17] Zu beachten ist hierbei, dass die in Bezug genommenen Vorschriften zu Anlagen und Sicherungsvermögen unter Solvency II neuen Grundsätzen unterliegen.[18] Die Regelung des § 110 Abs. 1 VAG a. F. ist durch das Zweite Durchführungsgesetz/EWG zum VAG[19] neu gefasst und nach der Aufhebung des § 110 Abs. 1 S. 1 VAG a. F. durch Art. 4 des Versicherungsbilanzrichtlinie-Gesetzes (VersRiLiG) vom 24.6.1994[20] inhaltlich nicht geändert worden.

12 Auch das **Spartentrennungsverbot** gemäß § 67 Abs. 3 VAG ist unverändert aus der alten Fassung des VAG (§ 106c VAG a. F.) übernommen worden. Die Regelung wurde durch das 14. VAG-Änderungsgesetz vom 29.3.1983[21] unter Bezugnahme auf Art. 13 Abs. 4 der Ersten Richtlinie Lebensversicherung vom 5.3.1979[22] in das VAG eingefügt.[23]

13 **2. Normzweck.** Als erste Vorschrift des Unterabschnitts „Unternehmen mit Sitz außerhalb des Europäischen Wirtschaftsraums" statuiert § 67 VAG wesentliche Grundsätze für die Beaufsichtigung von Drittstaatenunternehmen, die grenzüberschreitend in Deutschland tätig werden wollen. Insbesondere bestimmt § 67 Abs. 1 VAG, dass ein Erst- oder Rückversicherungsunternehmen mit Sitz in einem Drittstaat für den Geschäftsbetrieb im Inland grundsätzlich – unter der Ausnahme nach Satz 2 für die reine Rückversicherung[24] – der **Erlaubnis** der Aufsichtsbehörde bedarf. Demzufolge gilt in Bezug auf die grenzüberschreitende Geschäftstätigkeit von Drittstaatenversicherern das sog. **Tätigkeitslandprinzip.**[25] Danach ist für den Geschäftsbetrieb im Tätigkeitsland eine Erlaubnis durch die dort zuständige Aufsichtsbehörde erforderlich. Dies gilt nicht nur für Deutschland, sondern ebenso für alle anderen Vertrags- und Mitgliedstaaten (Art. 162 Abs. 1 Solva II-RL).

14 Die Erlaubnispflicht dient dem **Schutz der Versicherungsinteressenten** im Inland. Nach der anschaulichen Zusammenfassung *Kaufmanns*[26] soll durch die aufsichtsbehördliche **Präventivkontrolle** Gefahren begegnet werden, die sich aus mangelnden oder unzureichenden sachlichen, personellen, finanziellen, kalkulatorischen oder rechtlichen Voraussetzungen für die Errichtung und die Aufrechterhaltung des Versicherungsbetriebes in Bezug auf die dauernde Erfüllbarkeit der Verträge und die sonstigen Versicherteninteressen ergeben. Geschützt werden dadurch insbesondere Versicherungsinteressenten im Inland, die sich nicht oder nicht vollständig darüber bewusst sind, einen Vertrag mit einem Drittstaatenversicherer abzuschließen.[27]

15 Wie sich aus § 68 VAG ergibt, kann sich die von der BaFin zu erteilende Erlaubnis lediglich auf den Geschäftsbetrieb über eine **Niederlassung** erstrecken. Vom Dienstleistungsverkehr sind Drittstaatenversicherer (mit Ausnahme reiner Rückversicherungstätigkeit gemäß § 67 Abs. 1 S. 2 VAG) grundsätzlich ausgeschlossen.[28] Insoweit bestehen grundlegende Unterschiede zu Versicherern, die ihren Sitz in einem Vertrags- oder Mitgliedstaat haben. Denn für diese ist aufgrund des sog. Sitzlandprinzips eine zusätzliche Erlaubnis der Tätigkeitslandbehörde für die Geschäftstätigkeit über eine Niederlassung nicht erforderlich; hier bedarf es nur eines Notifikationsverfahrens gemäß § 61 VAG.[29] Unter Einhaltung des Notifikationsverfahrens ist ihnen auch der freie Dienstleistungsverkehr in der EU/dem EWR möglich. Die Differenzierung zwischen Unternehmen mit Sitz innerhalb oder außerhalb des EWR lässt sich damit rechtfertigen, dass im Geltungsbereich der **Solva II-RL** ein einheitliches Aufsichtssystem und damit auch ein einheitliches **Schutzsystem** für Versicherungsnehmer geschaffen wurde. Im Hinblick auf die Geschäftstätigkeit von Drittstaatenversicherern im Inland ist von einem gleichwertigen Schutzsystem demgegenüber nicht per se auszugehen, so dass hier eine größere Schutzbedürftigkeit der Versicherungsnehmer besteht.[30] Durch das in § 67 Abs. 3 VAG geregelte **Spartentrennungsgebot** soll zudem eine Gefährdung inländischer Versicherungsnehmer in der Lebens- und Krankenversicherung im gleichen Maße wie bei Unternehmen mit Sitz im Inland vermieden werden.[31]

---

[17] Begr. VAG-RegE 2014, BT-Drs. 18/2956, 256.
[18] Vgl. die Ausführungen bei den einzelnen Vorschriften der §§ 124 ff. VAG.
[19] Vom 28.6.1990, BGBl. I 1249, 1251.
[20] BGBl. 1994 I, 1377, 1384.
[21] BGBl. 1983 I, 377, 382.
[22] Erste Richtlinie 79/267/EWG des Rates der Europäischen Gemeinschaften zur Koordinierung der Rechts- und Verwaltungsvorschriften über die Aufnahme der Direktversicherung (Lebensversicherung), ABl. EG 1979 L 63, 1.
[23] Begr. RegE zum 14. Änderungsgesetz zum VAG, BT-Drs. 9/1493, 29.
[24] S. Rn. 65 ff.
[25] *Müller*, Versicherungsbinnenmarkt, 1995, S. 192, Rn. 516.
[26] *Kaufmann* VW 1998, 681, 682.
[27] Vgl. Langheid/Wandt/*Gause* AufsichtsR Rn. 417.
[28] Vgl. FKBP/*Pohlmann* § 106 Rn. 1; *Laars* § 106 Rn. 1; *Zeides* S. 167.
[29] S. hierzu die Ausführungen bei § 61.
[30] Zu den Anforderungen an das Tatbestandsmerkmal „im Inland" s. Rn. 28 ff.
[31] Vgl. zum Spartentrennungsgebot für in Deutschland ansässige Unternehmen § 8 Rn. 23 ff.

3. Europarechtlicher Hintergrund. Auf europarechtlicher Ebene regelten zuletzt die Dritte Richtlinie Schadenversicherung[32] sowie die Richtlinie über Lebensversicherungen[33] den Umgang mit Versicherern, die außerhalb des EWR ansässig sind und in der Gemeinschaft Versicherungsgeschäft betreiben wollen. Nachfolger der Richtlinien ist die **Solva II-RL.**[34] Die Vorgaben über das Verhältnis zu Drittstaatenunternehmen sind nunmehr einheitlich in Art. 162 bis 175 Solva II-RL (Kapitel IX) enthalten. Aus der Überschrift dieses Kapitels folgt, dass die Bestimmungen im Grundsatz sowohl Erst- als auch Rückversicherungsunternehmen betreffen. Die Vorschriften des § 67 VAG dienen hauptsächlich der Umsetzung von Art. 162 und Art. 172 Solva II-RL. Im Einzelnen basiert § 67 Abs. 1 S. 1 VAG auf den Vorgaben des Art. 162 Abs. 1 der Richtlinie, wonach der Aufnahmestaat die Geschäftstätigkeit des Unternehmens von einer Zulassung abhängig machen muss. Darüber hinaus verweist die Ausnahmeregelung des § 67 Abs. 1 S. 2 VAG hinsichtlich der Gleichwertigkeit von Rückversicherungsunternehmen ausdrücklich auf Art. 172 Solva II-RL. Dabei setzt der zweite Halbsatz Art. 172 Abs. 3 und 6 der Solva II-RL um. Diese Bestimmungen ordnen für den Fall der festgestellten oder vorläufig anerkannten Gleichwertigkeit der Solvenzsysteme die Gleichbehandlung von Drittstaatenversicherern und EU-/EWR-Versicherern bezüglich der reinen Rückversicherung im Dienstleistungsverkehr an.[35] 16

Die Verweisungen in § 67 Abs. 2 S. 1 VAG beziehen nunmehr die im Zusammenhang mit der Solva II-RL erlassenen Rechtsakte und Standards mit in die anzuwendenden Vorschriften ein. 17

Das Spartentrennungsgebot nach § 67 Abs. 3 VAG setzt Art. 169 Solva II-RL um. 18

Zur Konkretisierung der Richtlinienvorgaben hat die Europäische Aufsichtsbehörde **EIOPA** zudem Leitlinien für die Beaufsichtigung von Zweigniederlassungen von Versicherungsunternehmen aus Drittstaaten[36] erlassen. Die BaFin hat im Zuge des sog. Comply-Explain-Verfahrens[37] erklärt, diese Leitlinien vollständig anzuwenden.[38] 19

II. Erlaubnispflicht (Abs. 1). 1. Anwendungsbereich (Abs. 1 S. 1). Die Regelungen des § 67 VAG betreffen ausschließlich **Versicherungsunternehmen eines Drittstaats.** 20

Der Begriff des Drittstaats wird in § 7 Nr. 6 VAG legal definiert. Nach Hs. 1 dieser Vorschrift ist unter einem Drittstaat jeder Staat zu verstehen, der nicht EU-Mitglied- oder EWR-Vertragsstaat ist. Als Drittstaat gilt gemäß § 7 Nr. 6 Hs. 2 VAG aber auch eine staatsähnliche Verwaltungseinheit mit selbständigen aufsichtsrechtlichen Befugnissen, soweit die Bestimmungen des Rechts der EU über die Freizügigkeit, das Niederlassungsrecht und die Dienstleistungsfreiheit hierauf keine Anwendung finden. Damit sind Verwaltungseinheiten in Ländern gemeint, in denen es teilweise an einer klaren Trennung zwischen privatrechtlichen und öffentlich-rechtlichen Aufsichtsstrukturen fehlt.[39] In Deutschland gibt es Verwaltungsgebilde dieser Art nicht.[40] 21

Bei Versicherungsunternehmen eines Drittstaats handelt es sich gemäß § 7 Nr. 34 VAG um **Erst- oder Rückversicherungsunternehmen**, die ihren **Sitz in einem Drittstaat** haben und eine behördliche Zulassung benötigen würden, hätten sie ihren Sitz in einem Staat innerhalb des EWR. Dabei wird auf Art. 14 Abs. 1 Solva II-RL Bezug genommen, der vorsieht, dass die Aufnahme der Direktversicherungstätigkeit bzw. einer von dieser Richtlinie abgedeckten Rückversicherungstätigkeit von einer vorherigen Zulassung abhängig ist. Im Unterschied dazu betrafen die bisher in § 105 VAG a. F. zitierten Richtlinienvorgaben (Art. 6 der Ersten Richtlinie Schadenversicherung und Art. 4 der Richtlinie über Lebensversicherungen) lediglich Erstversicherungstätigkeiten.[41] In Umsetzung der neuen Richtlinie richten sich die Absätze 1 und 2 des § 67 VAG an Erst- und Rückversicherer, während Abs. 3 der Vorschrift lediglich für Erstversicherer gilt. 22

Gemäß § 244 VAG findet § 67 VAG als Regelung des Unterabschnitts 3 zu Unternehmen mit Sitz außerhalb des EWR auf Einrichtungen der **betrieblichen Altersversorgung** entsprechende Anwendung. 23

2. Grundsatz der Erlaubnispflicht (Abs. 1 S. 1). a) Norminhalt. § 67 Abs. 1 S. 1 VAG bestimmt, dass Drittstaatenversicherer, die in Deutschland das Erst- oder Rückversicherungsgeschäft betreiben wollen, der **Erlaubnis** der Aufsichtsbehörde bedürfen. Der ausländische Versicherer muss daher vor Aufnahme des Geschäftsbetriebs grundsätzlich das Zulassungsverfahren gemäß § 69 VAG durchlaufen, wenn er nicht ausnahmsweise gemäß § 67 Abs. 1 S. 2 VAG von der Erlaubnispflicht ausgenommen ist.[42] Zuständig für die Erlaubniserteilung ist in Deutschland die **BaFin.** 24

---

[32] RL 92/49/EWG v. 18.6.1992, ABl. EG 1992 L 228, 1.
[33] RL 2002/83/EG v. 5.11.2002, ABl. 345, 1.
[34] Vgl. 1. Erwägungsgrund der Solva II-RL zur Neufassung der Dritten Richtlinie Schadenversicherung (RL 92/49/EWG) und der Richtlinie über Lebensversicherungen (RL 2002/83/EG).
[35] Begr. VAG-RegE 2014, BT-Drs. 18/2956, 256.
[36] EIOPA-BoS-15/110.
[37] S. Art. 16 EIOPA-VO Rn. 46 ff.
[38] Vgl. Liste der Mitgliedstaaten unter eiopa.europa.eu auf der Übersichtsseite zu diesen Guidelines.
[39] S. Prölss/*Kollhosser*, 12. Aufl., § 105 Rn. 2.
[40] S. Prölss/*Kollhosser*, 12. Aufl., § 105 Rn. 2; FKBP/*Pohlmann* § 105 Rn. 21.
[41] Vgl. FKBP/*Pohlmann* § 105 Rn. 19.
[42] Zu den Ausnahmen S. Rn. 65 ff.

25 **b) Betrieb des Erst- oder Rückversicherungsgeschäfts.** Die Erlaubnispflicht setzt voraus, dass das ausländische Versicherungsunternehmen in Deutschland das **Erst- oder Rückversicherungsgeschäft** betreiben will. Für den Begriff des (Erst- und Rück-)Versicherungsgeschäfts gelten die §§ 1, 8 und 15 VAG gleichermaßen. Ausgenommen von der Erlaubnispflicht ist gemäß § 67 Abs 1 S. 2 VAG allein der reine Betrieb von Rückversicherungsgeschäft im Dienstleistungsverkehr unter den dort geregelten Voraussetzungen.

26 Der Begriff des **Geschäftsbetriebs** stimmt mit demjenigen in § 8 Abs. 1 VAG überein. Erforderlich ist demnach eine planmäßige, auf Dauer angelegte und auf den fortlaufenden Abschluss einer unbestimmten Zahl von Versicherungsverträgen gerichtete Tätigkeit.[43] Der beabsichtigte einmalige Abschluss eines Versicherungsvertrages allein reicht demzufolge grundsätzlich nicht aus, um eine Erlaubnispflicht und damit eine Pflicht zur Errichtung einer Niederlassung zu begründen. Der erste Vertragsschluss genügt hingegen dann zur Ausfüllung des Tatbestandsmerkmals, wenn er mit Fortsetzungsabsicht erfolgt.[44]

27 Die Erteilung der Erlaubnis nach § 67 Abs. 1 S. 1 VAG markiert wie bei § 8 VAG den Beginn der laufenden Versicherungsaufsicht.

28 **c) Im Inland. aa) Begriff.** Weitere Voraussetzung für die Erlaubnispflicht ist, dass der Geschäftsbetrieb **im Inland** beabsichtigt wird. Der Begriff des Inlands erfasst die Bundesrepublik Deutschland einschließlich der Zollausschlussgebiete.[45] Gleichzeitig setzt der Begriff voraus, dass eine **Beziehung zum Inland** gegeben ist.[46] Auf welche Weise und wie intensiv diese Beziehung ausgestaltet sein muss, damit die aufsichtsrechtliche Erlaubnispflicht ausgelöst wird, lässt der Gesetzeswortlaut allerdings offen. Deshalb ist eine Beurteilung nach dem Gesetzeszweck vorzunehmen.[47] Danach dient die Erlaubnispflicht letztlich dem Schutz der Versicherungsinteressenten im Inland.[48] Richtigerweise ist daher eine **aufsichtsrechtlich relevante** Beziehung zu Deutschland zu fordern.[49] Von § 67 VAG wird deshalb auch nicht automatisch jede Person mit deutscher Staatsangehörigkeit geschützt. Zwar mag aufgrund dieses Status ganz allgemein ein Bezug zu Deutschland bestehen. Im Rahmen von § 67 VAG reicht dies aber nicht aus. So ist offenkundig keine aufsichtsrechtlich relevante Beziehung zum Inland gegeben, wenn ein deutscher Staatsangehöriger seinen gewöhnlichen Aufenthalt zum Zeitpunkt des Vertragsschlusses in einem Drittstaat hat. Es kommt also darauf an, dass insbesondere entweder der Versicherungsnehmer – unabhängig von seiner Staatsangehörigkeit – seinen gewöhnlichen Aufenthalt in Deutschland hat[50] (denn dann fällt er in den Schutzbereich des VAG) oder das versicherte Risiko dort belegen ist. Letzteres kann – mangels ausdrücklicher gesetzlicher Regelung – mit Hilfe einer entsprechenden Anwendung des § 57 Abs. 3 S. 2 VAG ermittelt werden.[51]

29 Dabei sind aus der forensischen Praxis Beispiele bekannt, in denen die entsprechende Anwendung des § 57 Abs. 3 S. 2 VAG dazu führt, dass ein Risiko weder in Deutschland belegen ist noch in einem anderen Staat außerhalb des EWR, weil das dortige Aufsichtsrecht die Risikobelegenheit nach anderen Kriterien bestimmt. In diesem Fall ist aus deutscher Sicht von einem fehlenden Geschäftsbetrieb im Inland auszugehen, auch wenn absehbar ist, dass nach dem Drittstaatenaufsichtsrecht der Versicherer auch dort nicht bezogen auf den entsprechenden Versicherungsvertrag überwacht wird, weil das dortige Recht von einer Risikobelegenheit in Deutschland ausgeht.

30 Ähnliche Schwierigkeiten kann es hinsichtlich der **Einordnung** eines Geschäfts als **Versicherungsgeschäft** geben, da es hier **weltweit keine einheitliche Definition** gibt. Auch hier bleibt aus deutscher Sicht das VAG maßgebend. Wenn also ein Drittstaatenunternehmen Geschäfte in Deutschland betreiben möchte, die nach dem Recht seines Sitzlandes kein Versicherungsgeschäft sind, wohl aber aus deutscher Sicht, so bedarf es dafür in Deutschland gleichwohl einer Erlaubnis nach § 67 Abs. 1 S. 1 VAG. Der umgekehrte Fall, in dem ein in Deutschland sitzender Nicht-Versicherer Geschäfte, die in Deutschland als Versicherungsgeschäft eingeordnet werden, nicht aber in einem Drittstaat, in dem er sie ausschließlich erbringt, führt dagegen nicht zu einer Erlaubnispflicht des Unternehmens in Deutschland gemäß § 8 Abs. 1 VAG, da es an einem Betrieb des Versicherungsgeschäfts in Deutschland ebenso fehlt wie in einem anderen Vertrags- oder Mitgliedstaat.[52]

31 **bb) Gewöhnlicher Aufenthalt des Versicherungsnehmers im Inland.** Nach der herrschenden Literaturmeinung zu § 105 VAG a. F. soll – wie bereits erwähnt[53] – stets ein hinreichender Inlandbezug

[43] Vgl. § 1 Rn. 39.
[44] S. Vorauflage Prölss/*Kollhosser*,12. Aufl., § 105 Rn. 5.
[45] FKBP/*Pohlmann* § 105 Rn. 34; GB-BAV 67, 53.
[46] Bähr/*Schöps* § 7 Rn. 8.
[47] FKBP/*Pohlmann* § 105 Rn. 35.
[48] S. hierzu ausführlich Rn. 14.
[49] S. Bähr/*Bähr/Püttgen* § 3 Rn. 78.
[50] Rn. 31 ff.
[51] Rn. 36 ff.
[52] Zum Erfordernis der Inlandsbezogenheit des von § 8 Abs. 1 VAG erfassten Geschäftsbetriebs s. Langheid/Wandt/*Grote* AufsichtsR Rn. 93 f. m. w. N. sowie § 8 Rn. 22.
[53] Rn. 28.

gegeben sein, wenn Verträge mit Versicherungsnehmern geschlossen werden, die ihren **gewöhnlichen Aufenthalt im Inland** haben.[54] Dieser Auffassung ist auch in Ansehung des neuen Rechts dann uneingeschränkt zuzustimmen, wenn der Drittstaatenversicherer gleichzeitig die vertriebliche Tätigkeit selbst in Deutschland ausübt.[55]

Umgekehrt kam nach altem Recht in Fällen, in denen der gewöhnlich in Deutschland lebende Versicherungsinteressent während eines **Auslandsaufenthalts** mit einem im Drittstaat ansässigen Versicherer die Versicherung in eigener Person abschließt, die Vorschrift des § 105 VAG a. F. jedenfalls deshalb nicht zum Zuge, weil hier das Versicherungsgeschäft nicht durch eine – damals für die Erlaubnispflicht erforderliche – „Mittelsperson" betrieben wurde. Dieser Sachverhalt wurde vielmehr der aufsichtsfreien Korrespondenzversicherung zugeordnet.[56] Auch wurde ein Schutzbedürfnis des Versicherungsinteressenten grundsätzlich abgelehnt, soweit der Kontakt zum ausländischen Versicherer nicht über eine Mittelsperson, sondern ausgehend von dem Versicherungsinteressenten selbst hergestellt wurde – er sich also in den Drittstaat begab und somit auf den Schutz des VAG verzichtete.[57] In Anbetracht der neuen Rechtslage ist zwar zu konstatieren, dass die Vorschrift des § 67 VAG das einschränkende Tatbestandsmerkmal der Mittelsperson nicht mehr enthält, die Norm also jetzt weiter gefasst ist.[58] Der Schutzzweck des § 67 VAG umfasst aber nicht solche Fälle, in denen sich der im Ausland befindliche Versicherungsnehmer darüber bewusst ist, den Vertrag mit einem Drittstaatenversicherer abzuschließen. Insoweit ist der Schutzbereich im Hinblick auf die geforderte Beziehung zum Inland nicht eröffnet, weil der inländische Versicherungsnehmer im Rahmen seines Auslandsaufenthalts bewusst in eine rechtsgeschäftliche Beziehung mit dem ausländischen Versicherer tritt. Überzeugend ist in diesem Zusammenhang das schon nach alter Rechtslage[59] zur Aufsichtsfreiheit der Korrespondenzversicherung bemühte Argument, dass der Versicherungsnehmer in diesem Fall ganz **offensichtlich die Inlandsgrenzen überschreitet**, so dass er nicht davon ausgehen kann, von der deutschen Aufsicht geschützt zu werden. Auch diese Ausführungen zeigen, dass das Streichen der „Mittelsperson" in § 67 Abs. 1 S. 1 VAG nicht zu mehr Klarheit führt.[60] 32

Ebenso führt auch die umgekehrte Situation, in der ein im Ausland ansässiger Versicherungsnehmer während eines kurzen Aufenthalts in Deutschland einen Vertrag mit einem Drittstaatenversicherer abschließt, nicht zur Anwendbarkeit des § 67 Abs. 1 S. 1 VAG. Denn auch hier fehlt es am erforderlichen Inlandsbezug. 33

cc) Gewöhnlicher Aufenthalt einer versicherten Person, einer Gefahrsperson oder eines Bezugsberechtigten im Inland unerheblich. Eine ausreichende Beziehung zum Inland wird nach h. M. weiterhin angenommen, wenn zwar nicht der Versicherungsnehmer, dafür aber die **versicherte Person** ihren gewöhnlichen Aufenthalt im Inland hat, sofern diese aus dem Vertrag berechtigt ist, beispielsweise durch eine **Bezugsberechtigung** in der Lebensversicherung, oder selbst Beiträge zahlen muss, um Rechte aus dem Vertrag zu erwerben.[61] Dieser Auffassung ist nicht zu folgen. Denn eine versicherte Person hat ebenso wie ein Bezugsberechtigter den Versicherungsvertrag so hinzunehmen, wie er vom Versicherungsnehmer geschlossen wurde. Wenn also ein Versicherungsnehmer mit gewöhnlichem Aufenthalt in einem Drittstaat mit einem dort sitzenden Versicherer eine Fremdversicherung zugunsten eines Dritten abschließt, so führt das auch dann nicht zur Anwendbarkeit des § 67 Abs. 1 S. 1 VAG, wenn die versicherte Person oder der Dritte seinen gewöhnlichen Aufenthalt in Deutschland hat. 34

Kein Inlandsbezug liegt nach einhelliger Meinung vor, wenn lediglich die **Gefahrperson**, d. h. etwa im Rahmen einer Lebensversicherung die Person, auf deren Leben die Versicherung abgeschlossen wird, im Inland ihren gewöhnlichen Aufenthalt hat.[62] Entsprechendes gilt für die Nicht-Personenversicherung, wenn etwa in einer von einem ausländischen Versicherungsnehmer abgeschlossenen Filmausfallversicherung, Betriebsschließungsversicherung oder Reiserücktrittsversicherung die Risiken Tod, Krankheit und Unfall einer in Deutschland ansässigen Gefahrperson oder des Gefährdungsträgers die versicherte Gefahr darstellen.[63] 35

dd) Risikobelegenheit im Inland. Umstritten ist die Frage, ob ein aufsichtsrechtlich relevanter Inlandsbezug anzunehmen ist, wenn allein die Risikobelegenheit, etwa das **versicherte Grundstück**, im Inland liegt, während sich der Versicherungsnehmer gewöhnlich im Ausland aufhält und auch der Vertragsschluss mit dem Drittstaatenunternehmen im Ausland stattgefunden hat. *Müller* bejaht diese 36

---

[54] FKBP/*Pohlmann* § 105 Rn. 35 m. w. N.; Bähr/*Schöps* § 7 Rn. 8; s. auch Vorauflage Prölss/*Kollhosser*, 12. Aufl., § 105 Rn. 6.
[55] Zum Problem des Rechtsverkehrs über das Internet s. Rn. 27 ff., 61.
[56] Vgl. Begr. RegE Zweites Durchführungsgesetz/EWG zum VAG, BT-Drs. 11/6341, 24; FKBP/*Pohlmann* § 105 Rn. 51.
[57] S. Vorauflage Prölss/*Kollhosser*, 12. Aufl., § 105 Rn. 1 und 8.
[58] S. hierzu ausführlich Rn. 40 ff.
[59] Vgl. Prölss/*Kollhosser*, 12. Aufl., § 105 Rn. 8.
[60] S. dazu ausführlich § 61 Rn. 22 ff.
[61] Bähr/*Schöps* § 7 Rn. 9; FKBP/*Pohlmann* § 105 Rn. 35 m. w. N.
[62] Vgl. FKBP/*Pohlmann* § 105 Rn. 35; Bähr/*Bähr/Püttgen* § 3 Rn. 83.
[63] Bähr/*Bähr/Püttgen* § 3 Rn. 83.

Frage mit der Begründung, dass die Regelungen des § 106 Abs. 3 S. 3 VAG a. F. (§ 68 Abs. 2 S. 3 VAG) und § 107 VAG a. F. (§ 72 VAG) ausdrücklich auf die Belegenheit des Grundstücks Bezug nehmen.[64]

37 Dagegen wird vorgebracht, dass aus diesen Bestimmungen nicht geschlossen werden könne, dass der im Ausland ansässige Versicherungsnehmer das Grundstück nur über solche Unternehmen versichern kann, die über eine inländische Geschäftsbetriebserlaubnis verfügen.[65] Vielmehr folge aus § 72 VAG lediglich, dass bei Vorhandensein einer Niederlassung Grundstücksverträge nur über diese Niederlassung durch den Hauptbevollmächtigten abgeschlossen werden dürfen, der gemäß § 68 Abs. 3 S. 3 VAG über eine entsprechende Ermächtigung verfügt.[66] Das heiße aber im Umkehrschluss, dass ein Unternehmen ohne Niederlassung den Vertragsabschluss aus dem Ausland vornehmen kann.[67] Zudem unterliege ein ausländischer Versicherungsnehmer, der im gleichen Land wie das Unternehmen ansässig ist, nicht dem Schutzzweck des deutschen Aufsichtsrechts.[68]

38 Dem ist entgegenzuhalten, dass allein mit der Belegenheit des Risikos im Inland auch ein **ausreichender Inlandsbezug** hergestellt wird. Zudem ist es auch eine Schutzfunktion des Versicherungsaufsichtsrechts, den **Erhalt inländischer Wirtschaftsgüter** zu sichern. Insoweit ist bezogen auf das hiesige Beispiel der Versicherung eines Grundstücks z. B. auch das Schutzbedürfnis von Realgläubigern i. S. d. §§ 142 ff. VVG in den Blick zu nehmen. Zwar gewährt hier das VVG entsprechenden Schutz.[69] Die Durchsetzung der nach dem VVG gewährten Rechte ist aber auch Aufgabe der Rechtsaufsicht im Rahmen des VAG.

39 Die **Bestimmung des Ortes der Risikobelegenheit** richtet sich – wie eingangs[70] erwähnt – mangels anderer Regelungen in den §§ 67 ff. VAG gemäß § 67 Abs. 2 S. 1 VAG nach dem im Inland geltenden Recht – hier also § 57 Abs. 3 S. 2 VAG. Dem ist auch nicht entgegenzuhalten, dass diese Regelung eine spezielle auf Europarecht gründende Regelung ist, die sich nicht auf das Verhältnis zu Drittstaaten übertragen lässt.[71] Denn insoweit ist es das Hoheitsrecht Deutschlands bzw. der anderen Vertrags- und Mitgliedstaaten, zu bestimmen, wann es einer Erlaubnis zum Betrieb des Versicherungsgeschäfts bedarf und wann nicht. Die Risikobelegenheit allein führt folglich auch zu einer Anwendbarkeit des § 67 VAG, wenn das Risiko gemäß § 57 Abs. 3 S. 2 VAG in Deutschland belegen ist.[72]

40 **d) Erlaubnisfreiheit der Korrespondenzversicherung offen.** Im Rahmen des § 105 VAG a. F. – sowie des § 110a VAG a. F. (jetzt: § 61 VAG) auf Gemeinschaftsebene – war die sog. reine **Korrespondenzversicherung** nach h. M. gemäß den „gefestigten deutschen aufsichtsrechtlichen Prinzipien" gänzlich von der Aufsicht freigestellt.[73] Die Einordnung als Korrespondenzversicherung geschah in der Praxis insbesondere anhand der Abgrenzung von dem in § 105 Abs. 2 VAG a. F. enthaltenen Tatbestandsmerkmal der **Mittelsperson**.[74] So definierten das früher zuständige BWMi (jetzt: BMF) und das BAV (heute: BaFin) Korrespondenzversicherungen als „durch Korrespondenz zwischen einer Person, die ihren gewöhnlichen Aufenthalt im Inland hat, und einem Versicherungsunternehmen im Ausland zustande gekommene Versicherungsverträge, ohne dass dabei ein geschäftsmäßig handelnder Vermittler mitwirkt und dadurch das ausländische Versicherungsunternehmen Versicherungsgeschäfte im Inland betreibt".[75] Während die Korrespondenzversicherung der Aufsicht also nicht unterstellt wurde, begründete demgegenüber die Zwischenschaltung einer Mittelsperson nach § 105 Abs. 2 VAG a. F. die Erlaubnispflicht des Drittlandunternehmens. Lediglich bei der inländischen Geschäftstätigkeit von Rückversicherungsunternehmen aus Drittstaaten kam es nach §§ 121i, 121h VAG a. F. nicht auf das Handeln einer Mittelsperson an. Im Zusammenhang mit dem durchaus kontrovers diskutierten Tatbestandsmerkmal der „Mittelsperson" standen insbesondere die beiden Fragen in Streit, welche Personen die Eigenschaft als Mittelspersonen i. S. d. § 105 Abs. 2 VAG a. F. erfüllten und in welchem Zeitpunkt eine solche Mittelsperson eingeschaltet worden sein musste, damit eine Zulassungspflicht begründet wurde – ob lediglich bei Vertragsschluss oder auch bei Durchführung des Vertrages.[76]

41 Die Vorschrift des § 67 Abs. 1 S. 1 VAG enthält ebenso wie die Regelung des § 61 VAG das Tatbestandsmerkmal der **Mittelsperson nicht mehr**. Dies beruht auf einer bewussten Entscheidung des Reformgesetzgebers, der im Rahmen der Gesetzesbegründung zu § 61 VAG darauf hinweist, dass

[64] Goldberg/Müller/*Müller* § 105 Rn. 6 unter Hinweis auf Entscheidungen des Reichsaufsichtsamtes.
[65] FKBP/*Pohlmann* § 105 Rn. 36; zum insoweit gleichen alten Recht.
[66] FKBP/*Pohlmann* § 105 Rn. 36.
[67] FKBP/*Pohlmann* § 105 Rn. 36.
[68] FKBP/*Pohlmann* § 105 Rn. 37; Bähr/*Schöps* § 7 Rn. 11.
[69] Darauf abstellend: FKBP/*Pohlmann* § 105 Rn. 37.
[70] Rn. 28.
[71] So aber: FKBP/*Pohlmann* § 105 Rn. 38.
[72] Anders aber Bähr/*Bähr/Püttgen* § 3 Rn. 81 und FKBP/*Pohlmann* § 105 Rn. 37 f. zum insoweit inhaltsgleichen alten Recht.
[73] S. Prölss/*Kollhosser*, 12. Aufl., § 105 Rn. 8 m. w. N.
[74] Vgl. Langheid/Wandt/*Gause* AufsichtsR Rn. 417; s. a. FKBP/*Pohlmann* § 105 Rn. 39, 51, die den Begriff der Korrespondenzversicherung als Gegenbegriff zur Mittelsperson bezeichnet.
[75] *Hartung* VerBAV 1961, 85, 86; konkretisierend GB-BAV 1966, 52, 53.
[76] S. zu diesen Fragen s. § 61 Rn. 22 und 26 und ausführlich Vorauflage Prölss/*Kollhosser*, 12. Aufl., § 105 Rn. 7 ff. m. w. N.

die genannte Änderung u. a. auch § 67 Abs. 1 VAG betrifft.[77] Dies hat aber – wie bereits bei § 61 VAG ausgeführt – nicht zu einer klaren Rechtslage geführt. Daher ist offen, in welchem Umfang die Korrespondenzversicherung noch aufsichtsfrei ist.[78]

In Ergänzung zu den diesbezüglichen Ausführungen zu § 61 VAG ist im Bereich des § 67 VAG noch zu berücksichtigen, dass für die Frage, ob das Drittstaatenunternehmen ein erlaubnispflichtiges Geschäft oder eine aufsichtsfreie Korrespondenzversicherung betreibt, wie schon nach alter Rechtslage zusätzlich auf den **Schutzzweck der Erlaubnispflicht** gemäß § 67 Abs. 1 VAG abzustellen ist. An diesem Schutzzweck hat sich ungeachtet des eliminierten Merkmals der Mittelsperson nichts geändert. Geschützt werden soll weiterhin der Versicherungsinteressent, der sich ggf. nicht darüber bewusst ist, mit einem ausländischen Versicherungsunternehmen zu kontrahieren.[79] Nach dem Gesetzeszweck ist also eine Zulassung i. S. d. § 67 VAG dort nicht erforderlich, wo ein Schutzbedürfnis des Versicherungsnehmers überhaupt nicht besteht. Dieser Überlegung entsprechend beruht die Aufsichtsfreiheit der Korrespondenzversicherung auf dem Gedanken, dass ein Versicherungsinteressent, der selbst den Kontakt zum ausländischen Versicherer herstellt und ganz offensichtlich die Inlandsgrenzen bewusst überschreitet, nicht davon ausgehen kann, dass ihn die inländische Versicherungsaufsicht schützt, und er insoweit auch nicht schutzbedürftig ist.[80] Dieser Schutzzweck besteht auch vor dem Hintergrund einer zunehmenden Liberalisierung der Weltwirtschaft (u. a. durch die WTO) auch gegenüber einer durch Verbraucherschutzinteressen gestützten Vorstellung, dass der Konsument grundsätzlich durch Versicherungen keinen Schaden erleiden soll, weiterhin fort.[81] Das deutsche Versicherungsaufsichtsrecht kann und soll einen auf die Drittstaaten erstreckten Konsumentenschutz nicht gewährleisten, soweit sich nicht anderes aus dem Gemeinschaftsrecht ergibt.[82] 42

In diesem Zusammenhang ist darauf hinzuweisen, dass sich der Gesetzgeber hinsichtlich der Freistellung der Korrespondenzversicherung von der Aufsicht im Einklang mit der Position Deutschlands im Rahmen des **Kodex zur „Liberalisierung laufender unsichtbarer Operationen"**[83] der OECD sieht.[84] Aus diesem Hinweis, der zwar vordergründig die Vorschrift des § 61 VAG, aber mittelbar auch § 65 Abs. 3 und § 67 Abs. 1 VAG betrifft,[85] folgt aber nicht, dass die Aufsichtsfreiheit der Korrespondenzversicherung nur für (Dritt-)Staaten gelten soll, die OECD-Mitglieder sind. Anderenfalls würden EU-/EWR-Staaten, bei denen es sich nicht um OECD-Mitglieder handelt, ggf. ohne ersichtliche Rechtfertigung gegenüber Drittstaaten benachteiligt. Zudem ist es dem Gesetzgeber – wie bei § 61 VAG ausgeführt[86] – nicht gelungen, durch die Streichung der Tatbestandsvoraussetzung der „Mittelsperson" für mehr Klarheit zu sorgen. Die Streitfragen werden sich nur verlagern. 43

e) Rechtsanspruch auf Erteilung der Erlaubnis. Einen Anspruch auf Erteilung einer Erlaubnis gemäß § 67 Abs. 1 S. 1 VAG sollen Drittstaatenunternehmen nach der h. M. grundsätzlich nicht haben.[87] Die Entscheidung über den nach den Vorgaben des § 69 VAG zu stellenden Antrag treffe die BaFin vielmehr unter Ausübung von **Ermessen.**[88] Dabei wirkten sich völkerrechtliche Verträge ggf. auf das Ermessen der BaFin aus.[89] Dem ist nur im Ansatz zu folgen. Denn wie bereits erwähnt, hat Deutschland zumindest Drittstaaten, die **OECD-Mitgliedstaaten** sind, Inländerbehandlung zugesagt.[90] Da Inländer nach h. M. einen Anspruch auf Erlaubniserteilung haben, wenn kein Versagungsgrund vorliegt,[91] ist jedenfalls für OECD-Mitgliedstaaten Gleiches zu fordern. 44

Aber auch für Drittstaaten, die kein OECD-Mitgliedstaat sind, ist ein anderes Vorgehen nicht zu begründen. Dies folgt zwingend aus dem Verweis in § 69 Abs. 3 Nr. 1 VAG auf § 11 VAG. Denn nach dessen Abs. 3 darf die Erlaubnis nicht aus anderen Gründen als den in Abs. 1 und 2 genannten versagt werden. Dem steht auch nicht entgegen, dass dadurch das der BaFin nach § 69 Abs. 3 VAG eingeräumte Ermessen ausgehöhlt werden könnte. Es ist in diesen Fällen vorbehaltlich des Vorliegens der übrigen 45

[77] Vgl. Begr. VAG-RegE 2014, BT-Drs. 18/2956, 255 zu § 61 VAG.
[78] S. ausführlich dazu: § 61 Rn. 25 ff.
[79] S. näher Rn. 14.
[80] KG VersR 1999, 173, 174; Langheid/Wandt/*Gause* AufsichtsR Rn. 417; vgl. auch Bähr/*Schöps* § 7 Rn 25.
[81] S. schon Prölss/*Kollhosser*, 12. Aufl., § 105 Rn. 8; s. aber zum Problem bei Vertragsabschlüssen im Internet § 61 Rn. 27 und 29.
[82] Zur Rechtslage vor Solvency II vgl. Prölss/*Kollhosser*, 12. Aufl., § 105 Rn. 8.
[83] Der „Code of Liberalisation of Current Invisible Operations" behandelt insgesamt unterschiedliche Bereiche des internationalen Handelsaustauschs, die sich weder dem Warenverkehr noch eindeutig dem Kapitalverkehr zuordnen ließen (von der Groeben/Schwarze/Hatje/*Tiedje* Vorb. Art. 56 AEUV Rn. 36). Der Kodex wurde vom Rat der OECD am 12.12.1961 erlassen, während gleichzeitig der Liberalisierungskodex der OEEC, einer Vorgängerorganisation der OECD, außer Kraft trat, vgl. *Hahn* S. 69 Fn. 105. Seither ist der Kodex mehrfach geändert worden. Die aktuelle Fassung des Kodex (2016) ist abrufbar unter oecd.org.
[84] Begr. VAG-RegE 2014, BT-Drs. 18/2956, 255. Zum Kodex der OECD s. näher unter Rn. 49.
[85] Begr. VAG-RegE 2014, BT-Drs. 18/2956, 255.
[86] § 61 Rn. 25 ff.
[87] So Bähr/*Schöps* § 7 Rn. 103.
[88] Vgl. hierzu § 69 Rn. 22.
[89] S. dazu Rn. 47 ff.
[90] S. dazu § 66 Rn. 15 sowie hier Rn. 49.
[91] FKBP/*Kaulbach* § 5 Rn. 3 m. w. N. zur alten Rechtslage sowie § 11 Rn. 4.

Erteilungsgründe des § 69 Abs. 3 VAG **auf null reduziert**. Insbesondere dürfen bei der Entscheidung **politische Erwägungen** also nicht berücksichtigt werden, etwa Aspekte der **Gegenseitigkeit** und von **Retorsionsmaßnahmen**.[92] Die Relevanz der politischen Gesichtspunkte wurde zwar nach altem Recht dadurch hervorgehoben, dass die Vorschrift des § 106b VAG a. F. dem BMF die Kompetenz zur Erlaubnisbescheidung zuwies. Heute ist aber die BaFin für die Entscheidung zuständig, die keine politische Behörde ist. Aus dem Zuständigkeitswechsel lässt sich daher ein Wille des Gesetzgebers dahingehend ablesen, dass nunmehr politische Elemente im Rahmen der Entscheidung keine Rolle mehr spielen sollen.

46 Das Ermessen der BaFin ist also immer dann auf null reduziert, wenn ein Versagungsgrund für eine Erteilung der Erlaubnis nicht vorliegt bzw. alle Erteilungsgründe des § 69 Abs. 3 VAG erfüllt sind. Insoweit ist es unerheblich, dass § 69 Abs. 3 VAG von „Die Erlaubnis kann erteilt werden" spricht und die dort aufgeführten Voraussetzungen Erteilungsgründe[93] sind, während es in § 11 Abs. 1 VAG heißt, dass die Erlaubnis „versagt" wird, wenn einer der dort genannten Versagungsründe vorliegt. Daraus wird allerdings gefolgert, dass die Erlaubnis bei Fehlen eines der in § 11 Abs. 1 VAG genannten absoluten Versagungsgründe im Rahmen einer gebundenen Entscheidung von der BaFin zu erteilen ist.[94] Die hier vertretene **Ermessensreduzierung auf null** führt nämlich zum selben Ergebnis. Denn bei einer entsprechenden Ermessensreduzierung haben die Drittstaatenversicherer auch einen Anspruch auf Erlaubniserteilung (= Anspruch auf ermessenfehlerfreie Entscheidung).[95]

47 **f) Bedeutung völkerrechtlicher Verträge für den Inhalt nach § 67 VAG.** Bei der Entscheidung über den Erlaubnisantrag eines Drittstaatenversicherers nach § 69 VAG hat die BaFin also die von der Bundesrepublik Deutschland mit einem oder mehreren Drittstaaten abgeschlossenen völkerrechtlichen Verträge zu berücksichtigen.

48 **aa) Bilaterale Verträge.** So ist bei **bilateralen Verträgen**, in denen sich die Vertragsparteien gegenseitig **Inländerbehandlung** zusichern, das Ermessen über die Zulassung auf null reduziert, wenn kein Versagungsgrund vorliegt.[96] Von praktischer Relevanz ist hier aber letztlich nur noch der Freundschafts-, Handels- und Schifffahrtsvertrag zwischen der Bundesrepublik Deutschland und den USA vom 29.10.1954,[97] der in Art. VII die Inländerbehandlung im Bereich der Niederlassungen vorsieht. Weiterhin enthält Nr. 10 des Protokolls spezielle Regelungen zu Versicherungsunternehmen. Diese stehen auch nicht im Widerspruch zum deutschen Aufsichtsrecht.[98]

49 **bb) Beschlüsse der OECD.** Wie zweiseitige völkerrechtliche Verträge sind darüber hinaus die Beschlüsse des Rates der Organisation für wirtschaftliche Zusammenarbeit und Entwicklung (**OECD**) zu berücksichtigen.[99] Die Beschlüsse der OECD sind nach Art. 5 lit. a des OECD-Übereinkommens[100] für die Mitglieder **bindend**, soweit nichts anderes vorgesehen ist.[101] In Deutschland wurde dem OECD-Übereinkommen und damit auch der Bindungswirkung der Beschlüsse durch Gesetz v. 16.8.1961[102] zugestimmt, sodass die OECD-Beschlüsse ihrerseits nicht einzeln ratifiziert, sondern lediglich in deutsches Recht umgesetzt werden müssen.[103] Ein in diesem Zusammenhang bedeutsamer Beschluss der OECD ist der **Kodex zur „Liberalisierung laufender unsichtbarer Operationen"**,[104] der in Annex I zu Annex A Vorschriften über den **grenzüberschreitenden Versicherungsverkehr** enthält. Diese betreffen in Teil I den Abschluss von Versicherungsverträgen im internationalen Warenverkehr (Rubrik D/2), von Lebensversicherungen (Rubrik D/3) und von allen übrigen Versicherungen (Rubrik D/4), während sich Teil II auf das Rückversicherungsgeschäft bezieht. Der Kodex sieht vor, dass im Rahmen der genannten Rubriken die grenzüberschreitenden Aktivitäten zwischen Mitgliedstaaten der OECD grundsätzlich „frei" sein sollen.[105] Ferner sieht der Kodex für das Niederlassungsrecht im Grundsatz eine **Inländerbehandlung** vor. Die dabei zu beachtenden Verfahrensregeln und materiellen Bestimmungen sind in der Rubrik D/6 enthalten (Annex I zu Annex A, Teil III). Zweck dieser

---

[92] So aber FKBP/*Pohlmann* § 106b Rn. 16.
[93] S. § 69 Rn. 22.
[94] S. § 11 Rn. 4.
[95] S. auch § 69 Rn. 22.
[96] Bähr/*Schöps* § 7 Rn. 105.
[97] BGBl. 1956 II 487 (Zustimmungsgesetz).
[98] Vgl. näher FKBP/*Pohlmann* § 105 Rn. 8.
[99] So auch FKBP/*Pohlmann* § 105 Rn. 9.
[100] BGBl. II 1961 1151.
[101] Vgl. auch *Hahn* S. 78.
[102] BGBl. II 1961 1150.
[103] FKBP/*Pohlmann* § 105 Rn. 9.
[104] Der „Code of Liberalisation of Current Invisible Operations" behandelt insgesamt unterschiedliche Bereiche des internationalen Handelsaustauschs, die sich weder dem Warenverkehr noch eindeutig dem Kapitalverkehr zuordnen ließen (von der Groeben/Schwarze/Hatje/*Tiedje* Vorb. Art. 56 AEUV Rn. 36). Der Kodex wurde vom Rat der OECD am 12.12.1961 erlassen, während gleichzeitig der Liberalisierungskodex der OEEC, einer Vorgängerorganisation der OECD, außer Kraft trat, vgl. *Hahn* S. 69 Fn. 105. Seither ist der Kodex mehrfach geändert worden. Die aktuelle Fassung des Kodex (2016) ist abrufbar unter oecd.org.
[105] Vgl. hierzu § 61 Rn. 31.

Regeln ist es, die Gleichbehandlung in der Praxis zu gewährleisten, wobei dies mit dem Schutz der inländischen Versicherungsnehmer vereinbar sein muss.[106] Darüber hinaus enthält der Kodex insbesondere auch ein **Diskriminierungsverbot** (Art. 9).[107]

cc) GATS. Ferner muss das am 1. Januar 1995 in Kraft getretene Übereinkommen zur Errichtung der Welthandelsorganisation (World Trade Organization – **WTO**) vom 15.4.1994[108] und darin das Allgemeine Übereinkommen über den Handel mit Dienstleistungen (General Agreement on Trade in Services – **GATS**)[109] beachtet werden.[110] Zu den Mitgliedern der WTO zählen sowohl die EU als auch die EU-Mitgliedstaaten.[111] Das GATS weitet die für den Warenhandel geltenden internationalen Handelsregeln und -prinzipien des Allgemeinen Zoll- und Handelsabkommens (General Agreement on Tariffs and Trade – **GATT**) auf den Dienstleistungsverkehr einschließlich der Finanzdienstleistungen und damit auch auf die Geschäftstätigkeit von Versicherungen aus.[112] 50

Zu den wichtigsten Regelungen des Abkommens zählen die **Meistbegünstigungsklausel** (Art. II) sowie Bestimmungen über Marktzugang (Art. XVI), **Inländerbehandlung** (Art. XVII) und Transparenz (Art. III). Die Inländerbehandlung gilt gemäß Art. XVII Abs. 1 GATS in den Dienstleistungssektoren, die in den entsprechenden Listen der Mitgliedstaaten aufgeführt sind. Jeder Mitgliedstaat hat grundsätzlich das Recht, die im nationalen Interesse besonders schützenswerten Güter von einer gemeinsamen Regelung auszuschließen. Die EU übernahm mit dem Fünften Protokoll zum GATS vom 12.12.1997 die Verpflichtung zur unbedingten Meistbegünstigung im Bereich der Finanzdienstleistungen mit der Folge einer **Bindungswirkung** für ihre Mitgliedsstaaten. Die den Versicherungsbereich betreffenden Bestimmungen des GATS entsprechen weitgehend der in Deutschland geltenden Rechtslage; soweit nationale Regelungen insbesondere hinsichtlich des Marktzugangs hiervon abweichen, dient dies dem Schutz der Versicherungsinteressen.[113] Das **Ermessen der BaFin** bezüglich der Erteilung einer Erlaubnis ist also auch hier durch die Selbstbindung der Bundesrepublik im Rahmen des Zweiten und insbesondere Fünften Protokolls zum GATS insoweit **auf null reduziert**, als die Erlaubnis erteilt werden muss, wenn das Versicherungsunternehmen mit Sitz in einem Mitgliedsland alle Anforderungen des VAG erfüllt, so dass kein Versagungsgrund vorliegt.[114] 51

dd) Verträge der EU. Auch die von der **EU** mit Drittstaaten abgeschlossenen Verträge entfalten Bindungswirkung für die Bundesrepublik Deutschland. 52

Ein solches Abkommen besteht z. B. mit der **Schweiz** für den Bereich der Schadenversicherung im Niederlassungsverkehr.[115] Durch die Richtlinie 91/371/EWG v. 20.6.1991[116] wurden die Mitgliedstaaten zur Umsetzung des Abkommens in das jeweilige nationale Recht verpflichtet. In Deutschland hat das BMF zu diesem Zweck eine Rechtsverordnung[117] erlassen, die später durch Rechtsverordnung v. 26.10.1994[118] ersetzt wurde.[119] Auf Grundlage des Abkommens, das den Vertragspartnern gegenseitig das Recht auf Niederlassung zusichert, ergibt sich auch für Unternehmen mit Sitz in der Schweiz ein **Anspruch auf eine Erlaubnis zum Geschäftsbetrieb** im Inland, wenn das Unternehmen die in Art. 11 Abs. 1 des Abkommens genannten Voraussetzungen erfüllt.[120] 53

Das Ende 2016 zwischen der EU und Canada abgeschlossene Handelsabkommen „Comprehensive Economic and Trade Agreement" (**CETA**) könnte ein weiteres solches Abkommen werden. Insoweit sind aber noch Details der Umsetzung abzuwarten. 54

g) Ausnahmen von der Erlaubnispflicht. aa) NATO-Gruppenstatut. Für Versicherungsunternehmen mit Sitz in einem NATO-Staat besteht nach der Aufsichtspraxis eine gewohnheitsrechtliche Ausnahme von der Erlaubnispflicht, wenn sie das Versicherungsgeschäft ausschließlich auf Mitglieder der im Inland stationierten NATO-Truppen, deren Angehörige und ziviles Gefolge i. S. d. Art. 1 Abs. 1 lit. 55

---

[106] S. FKBP/*Pohlmann* § 105 Rn. 11.
[107] Vgl. hierzu und zum Verhältnis zum Kodex der Liberalisierung des Kapitalverkehrs der OECD ausführlich FKBP/*Pohlmann* § 105 Rn. 13 ff.
[108] BGBl. II 1994, 1438, 1441.
[109] BGBl. II 1994, 1438, 1643.
[110] Zum GATS s. ausführlich *Völkel* S. 179 ff.
[111] *Miersch* S. 42.
[112] Vgl. *Miersch* S. 41 ff.
[113] S. Prölss/*Kollhosser*, 12. Aufl. 2005, Vorb. § 105 Rn. 6 m. w. N.; vgl. zu Schutzmaßnahmen im Rahmen der Aufsicht auch GATS, Anlage zu Finanzdienstleistungen, 2a).
[114] Vgl. zur ermessensbindenden Wirkung des Zweiten Protokolls *Schmidt/Huppenbauer* VersR 1997, 1037, 1039; und des Fünften Protokolls *Kokott* RIW 2000, 401, 404.
[115] Abkommen zwischen der Europäischen Wirtschaftsgemeinschaft und der Schweizerischen Eidgenossenschaft betreffend die Direktversicherung mit Ausnahme der Lebensversicherung v. 10.10.1989, ABl. EG 1991 L 205, 3; zu diesem Abkommen näher *Völkel* S. 146 ff.
[116] ABl. EG 1991 L 205, 48.
[117] BGBl. 1993 I 1347.
[118] BGBl. 1994 I 3202.
[119] Vgl. auch § 66 Rn. 50.
[120] Zum Abkommen mit der Schweiz s. ausführlich Bähr/*Schöps* § 7 Rn. 115 ff.

a–c NATO-Truppenstatut v. 19.6.1961[121] beschränken und es sich nicht um die in Art. 11 Abs. 2 des Zusatzabkommens zum NATO-Truppenstatut[122] aufgeführten Pflicht-Haftpflichtversicherungen (Haftpflichtversicherung für private KFZ, Anhänger und Luftfahrzeuge) handelt.[123] Beim Abschluss solcher Versicherungen mit einem Unternehmen aus dem jeweiligen Drittstaat besteht die Einschränkung, dass daneben ein in Deutschland ansässiger und zugelassener Versicherer oder ein Verband solcher Versicherer die Pflichten eines Haftpflichtversicherers für Schadensfälle im Bundesgebiet übernehmen muss.[124]

56 Als Grund für die Ausnahme vom Erlaubniszwang wird angeführt, dass die in Art. 1 Abs. 1 lit. a–c des NATO-Truppenstatuts bezeichneten Personen die Versicherung bewusst in einem ihnen vertrauten Rechtskreis abschließen und sie deshalb nicht vor der irrigen Annahme, dem Schutz der deutschen Aufsicht zu unterliegen, geschützt werden müssen.[125]

57 Von der Ermächtigungsgrundlage in § 3 Abs. 2 VAG (§ 153 VAG a. F.) hat das Bundesministerium für Finanzen (BMF) mangels Regelungsbedürfnisses bisher keinen Gebrauch gemacht.[126]

58 **bb) Versicherungsnotstand.** Weiterhin ist im Rahmen der Frage nach einer Erlaubnispflicht der auch nach dem OECD-Kodex zur „Liberalisierung laufender unsichtbarer Operationen"[127] anerkannte sog. **Versicherungsnotstand** zu berücksichtigen, der eine weitere Ausnahme von der Erlaubnispflicht begründet. Die Reichweite dieses Begriffes ist allerdings umstritten.

59 Zu weitgehend ist jedenfalls die z. T. vertretene[128] Auffassung, nach der ein solcher Notstand schon dann vorliegen soll, wenn der Versicherungsschutz durch ein zugelassenes Unternehmen nur zu ungünstigeren Bedingungen oder höheren Prämien erlangt werden kann.[129] Denn angesichts des in § 67 VAG statuierten Grundsatzes der Erlaubnispflicht kann die Rechtsfolge der Aufsichtsfreiheit nur in **extremen Ausnahmefällen** in Betracht kommen, so dass strenge Anforderungen an die Voraussetzungen des Bestehens einer Notstandslage zu stellen sind.[130]

60 Nach anderer zutreffender Auffassung, die von einem engen Verständnis des Notstandsbegriffs ausgeht, sollen die Voraussetzungen eines Notstandes lediglich bei Bestehen einer **Unversicherbarkeit im Tätigkeitsland** vorliegen.[131] In diesem Zusammenhang wird darauf hingewiesen, dass unter Zugrundelegung dieses Begriffsverständnisses eine Notlage kaum gegeben sein wird, weil der Versicherungsnehmer die Möglichkeit hätte, den Versicherungsschutz über eine Korrespondenzversicherung zu erhalten.[132] Angesichts der durch den Wegfall der Tatbestandsvoraussetzung „Mittelsperson" verursachten Unklarheit zur Korrespondenzversicherung[133] könnte sich das jedoch künftig ändern.

61 Trotz der mit dieser Auffassung ggf. verbundenen **geringen praktischen Bedeutung** der Ausnahme von der Erlaubnispflicht aufgrund Versicherungsnotstands[134] ist es vorzugswürdig, begrifflich nur dann einen Notstand anzunehmen, wenn ein konkretes Risiko durch die für den inländischen Markt zugelassenen Versicherungsunternehmen nicht gedeckt wird, weil diese Versicherer eine Übernahme – warum auch immer – ablehnen und ein entsprechender Kontrahierungszwang im Tätigkeitsland nicht besteht.[135] Ein Versicherungsnotstand liegt also nur vor, wenn ein Risiko im Tätigkeitsland objektiv unversicherbar ist.[136] Dies setzt aber bezogen auf Deutschland auch eine Einbeziehung des Angebots eines Versicherers mit Sitz in einem anderen Vertrags- und Mitgliedstaat voraus, weil ein dort zugelassener Versicherer das Versicherungsgeschäft im Dienstleistungs- und Niederlassungsverkehr unter den Voraussetzungen des § 61 VAG aufgrund des sog. Sitzland-Prinzips[137] auch in Deutschland ausüben darf.[138] Ist er allerdings in Deutschland nicht notifiziert und scheidet auch eine erlaubnisfreie Korrespondenzversicherung aus, bleibt es beim Versicherungsnotstand. Entsprechendes gilt bezogen auf Drittstaatenversicherer.

62 **Strittig** ist darüber hinaus, ob die Ausnahme von der Erlaubnispflicht im Fall des Notstandes bereits auf **Tatbestands- oder erst auf Rechtfertigungsgrundebene** begründet wird, oder ob eine solche

---

121 BGBl. II 1961 1190.
122 BGBl. II 1961, 1183, 1212.
123 Vgl. FKBP/*Pohlmann* § 105 Rn. 55.
124 Vgl. näher FKBP/*Pohlmann* § 105 Rn. 55; Bähr/*Schöps* § 7 Rn. 22 u. H. a. GB BAV 1963, 48 f.
125 FKBP/*Pohlmann* § 105 Rn. 55.
126 So auch FKBP/*Pohlmann* § 105 Rn. 56 zum inhaltsgleichen alten Recht.
127 S. Rn. 49 sowie *Langheid/Grote* VW 2008, 630, 633 m. w. N.
128 *Winter* S. 225 u. H. a. *Möller* VW 1970, 1004, 1006 ff. und m. w. N.
129 *KG* Beschl. v. 2.10.1998 – 2 Ss 176/98 – 5 Ws (B) 406/98, NVersZ 1999, 446, 448; FKBP/*Pohlmann* § 105 Rn. 53; Goldberg/Müller/*Müller* § 105 Rn. 17.
130 Vgl. auch Bähr/*Schöps* § 7 Rn. 29.
131 FKBP/*Pohlmann* § 105 Rn. 53.
132 FKBP/*Pohlmann* § 105 Rn. 53 m. w. N.
133 S. § 61 Rn. 25 ff.
134 So schon Goldberg/Müller/*Müller* § 105 Rn. 17; s. auch Bähr/*Schöps* § 7 Rn. 31.
135 So *KG* Beschl. v. 2.10.1998 – 2 Ss 176/98 – 5 Ws (B) 406/98, NVersZ 1999, 446, 447 m. w. N.; Bähr/*Schöps* § 7 Rn. 28; Goldberg/Müller/*Müller* § 105 Rn. 17.
136 So auch schon Prölss/*Kollhosser*, 12. Aufl. 2005, § 105 Rn. 14 m. w. N.
137 Vgl. hierzu § 61 Rn. 13.
138 *OLG Hamburg* Urt. v. 10.9.1998 – 3 U 273/97 NVersZ 1999, 46, 47 zum alten Recht.

Ausnahme insgesamt nicht anzunehmen ist.[139] Richtig ist zunächst, dass bei Vorliegen eines Versicherungsnotstands zum Schutz der Versicherungsinteressenten das Bedürfnis danach besteht, eine Ausnahme von dem Erlaubniserfordernis anzuerkennen. Somit muss in diesen Fällen der Betrieb des Versicherungsgeschäfts durch Drittstaatenversicherer auch ohne die gemäß § 67 Abs. 1 VAG grundsätzlich erforderliche Erlaubnis und Errichtung einer Niederlassung zulässig sein.[140]

Die Vertreter der Auffassung, die eine Anwendung der Vorschrift tatbestandlich verneinen,[141] verkennen jedoch, dass die erlaubnislose Tätigkeit lediglich zwecks Behebung des Notstands gerechtfertigt ist.[142] Das Versicherungsunternehmen ist durch die Notstandslage nicht etwa dauerhaft von der Erlaubnispflicht befreit. Vielmehr muss es die Beantragung der Erlaubnis nach der Behebung des Notstandes ggf. nachholen. 63

Nach vorzugswürdiger Auffassung handelt es sich daher bei dem Versicherungsnotstand um einen besonderen **Rechtfertigungsgrund**, der eine Verfolgung als Straftat nach § 331 Abs. 1 Nr. 1 VAG ausschließt.[143] 64

3. Ausnahme für das Rückversicherungsgeschäft (Abs. 1 S. 2). Nach § 67 Abs. 1 S. 2 VAG ist eine Erlaubnis auch dann nicht erforderlich, wenn der Drittstaatenversicherer von seinem Sitz aus ausschließlich das Rückversicherungsgeschäft im Inland betreibt und die Europäische Kommission die Solvabilitätssysteme in dem betreffenden Drittstaat als gleichwertig zum Solvency II-System beurteilt hat. 65

a) Adressaten der Regelung. Die Vorschrift richtet sich sowohl an Erst- als auch an (reine) Rückversicherungsunternehmen. Voraussetzung für die Befreiung von der Erlaubnispflicht ist allein, dass der Drittstaatenversicherer **ausschließlich** das Rückversicherungsgeschäft in Deutschland betreibt. Die Ausnahmeregelung greift also nicht, wenn ein Erstversicherer nicht nur im Rückversicherungsgeschäft, sondern zusätzlich im Erstversicherungsgeschäft tätig ist (sog. mixed insurer[144]). In diesem Fall besteht die Erlaubnispflicht nach § 67 Abs. 1 S. 1 VAG auch in Bezug auf das Rückversicherungsgeschäft. 66

b) Ausschließliches Betreiben von Rückversicherungsgeschäft vom Sitz des Drittstaatenversicherers. Die BaFin betont in einer Auslegungsentscheidung, dass sich der Betrieb des Rückversicherungsgeschäfts im Inland nicht auf rechtsgeschäftliches Handeln beschränkt, sondern dass bereits die wesentlichen zum Vertragsschluss führenden Schritte sowie die Vertragsdurchführung erfasst sind.[145] Nach Auffassung der BaFin ist dabei entscheidend, ob sich das Unternehmen aus einem Drittstaat **zielgerichtet** an den inländischen Markt wendet, um Rückversicherungsverträge abzuschließen oder solche gegenüber inländischen Versicherungsunternehmen anzubieten oder entsprechende Geschäfte anzubahnen. Dies sei z. B. durch Werbung mit konkreten Produkten in Deutschland, mit auf den inländischen Markt abzielenden Internetauftritten oder durch auf den Abschluss von Rückversicherungsverträgen gerichtete Kundenbesuche von Mitarbeitern des Drittstaatenversicherers der Fall.[146] Als weiteres Beispiel wird auf die Einschaltung eines Vermittlers abgestellt, wobei irrelevant sei, ob dieser seinen Sitz im In- oder Ausland hat, solange er in Deutschland zielgerichtet für den Drittstaatenversicherer tätig ist.[147] Die Voraussetzung „von seinem Sitz aus" sei aber auch hier erfüllt, wenn der Rückversicherungsvertrag auf dem **Korrespondenzwege** zustande kommt, sofern dies auf Initiative des inländischen Versicherungsunternehmens geschieht.[148] Laut BaFin bleibe einem inländischen Versicherer als Rückversicherungsnehmer auch die Möglichkeit, auf Grundlage eigener Initiative einen Dritten zur Vorbereitung bzw. zum Abschluss eines Rückversicherungsvertrages zu **bevollmächtigen**.[149] Dies gelte insbesondere für Fälle, bei denen sich ein inländisches Versicherungsunternehmen an einen Vermittler mit Sitz im In- oder Ausland wendet, um mit einem bestimmten Drittstaatenrückversicherer in Kontakt zu treten, der kein Geschäft im Inland betreibt. 67

[139] Zum Streitstand s. FKBP/*Pohlmann* § 105 Rn. 52.

[140] So auch *KG* Beschl. v. 2.10.1998 – 2 Ss 176/98 – 5 Ws (B) 406/98, NVersZ 1999, 446 zum alten Recht.

[141] *OLG Hamburg* Urt. v. 10.9.1998 – 3 U 273/97, NVersZ 1999, 46; *Winter* S. 225.

[142] Vgl. auch FKBP/*Pohlmann* § 105 Rn. 53.

[143] *KG* Beschl. v. 2.10.1998 – 2 Ss 176/98 – 5 Ws (B) 406/98, NVersZ 1999, 446, 447; FKBP/*Pohlmann* § 105 Rn. 53 jeweils zum alten Recht.

[144] Zum Begriff s. Rn. 5.

[145] BaFin Auslegungsentscheidung zum Betrieb des Rückversicherungsgeschäfts im Inland durch Versicherer mit Sitz in Drittstaat, v. 30.8.2016, unter „Ausnahmen von der Erlaubnispflicht"; die Auslegungsentscheidung ist abrufbar unter bafin.de.

[146] BaFin Auslegungsentscheidung zum Betrieb des Rückversicherungsgeschäfts im Inland durch Versicherer mit Sitz in Drittstaat, v. 30.8.2016, unter „Ausnahmen von der Erlaubnispflicht".

[147] BaFin Auslegungsentscheidung zum Betrieb des Rückversicherungsgeschäfts im Inland durch Versicherer mit Sitz in Drittstaat, v. 30.8.2016, unter „Ausnahmen von der Erlaubnispflicht".

[148] Zur Korrespondenzversicherung s. Rn. 40 ff.

[149] BaFin Auslegungsentscheidung zum Betrieb des Rückversicherungsgeschäfts im Inland durch Versicherer mit Sitz in Drittstaat, v. 30.8.2016, unter „Ausnahmen von der Erlaubnispflicht".

68 Mit Blick auf die Unklarheiten des Begriffes der Korrespondenzversicherung wegen des Wegfalls der Mittelsperson[150] ist zu der Auslegungsentscheidung der BaFin anzumerken, dass diese zutreffend auf die Initiative des inländischen Versicherungsunternehmens als Rückversicherungsnehmer abstellt. Ob der Drittstaatenrückversicherer aber z. B. einen **Internetauftritt** unterhält, der den Rückversicherungsnehmer veranlasst hat, an den Drittstaatenrückversicherer heranzutreten, kann nicht von Bedeutung sein. Jedenfalls solange nicht, wie der Rückversicherungsnehmer erkennt, dass er sich in einen Drittstaat begibt. Davon ist aber in der Regel bei inländischen Versicherungsunternehmen auszugehen. Denn sie sollten erkennen können, ob sie mit einem in Deutschland nicht zugelassenen Drittstaatenversicherer im Korrespondenzwege kontrahieren oder nicht.

69 Weitere Voraussetzung der Ausnahmeregelung ist der Geschäftsbetrieb des Unternehmens **von seinem Sitz aus**. Die BaFin betont, dass der Vertragsschluss und die Vertragsdurchführung durch einen Drittstaatenversicherer unter Beteiligung einer Niederlassung mit Sitz in einem anderen EU-/EWR-Staat oder einem anderen Drittstaat nicht zulässig sind.[151] Das ist zutreffend, da der Wortlaut des § 61 Abs. 1 S. 2 VAG eindeutig ist und sich ein Drittstaatenversicherer nicht auf die Niederlassungsfreiheit aus dem AEUV berufen kann.[152]

70 **c) Gleichwertigkeit der Solvabilitätssysteme.** Darüber hinaus muss die Europäische Kommission entschieden haben, dass die Solvabilitätssysteme für Rückversicherungstätigkeiten von Unternehmen in dem betreffenden Drittstaat im Verhältnis zum EU-Aufsichtsregime Solvency II **gleichwertig** sind. Das bedeutet letztlich, dass die Drittstaatenversicherer in ihrem Sitzland einer gleichwertigen Finanzaufsicht unterliegen müssen.[153]

71 § 67 Abs. 1 S. 2 VAG verweist insoweit auf Art. 172 Abs. 2 und 4 Solva II-RL. Die Vorschrift des Art. 172 Abs. 2 Solva II-RL ermächtigt die Kommission, mit Unterstützung der EIOPA delegierte Rechtsakte zu erlassen, um eine dauerhafte Gleichwertigkeit der Systeme festzustellen. Dies ist bisher in Bezug auf die in der **Schweiz**[154] und in **Bermuda**[155] geltenden Solvabilitäts- und Aufsichtssysteme geschehen, wobei für Bermuda die Gleichwertigkeit nicht in Bezug auf die Vorschriften für firmeneigene Versicherungsunternehmen und Special Purpose Insurers gilt.[156]

72 Darüber hinaus kann die Kommission gemäß Art. 172 Abs. 4 Solva II-RL für einen begrenzten Zeitraum delegierte Rechtsakte über die Entscheidung einer **vorübergehenden Gleichwertigkeit** erlassen. Auf dieser Grundlage hat die Kommission das Solvenzsystem **Japans** für einen Zeitraum bis zum 31.12.2020 als für **vorübergehend gleichwertig** beurteilt.[157]

73 Im Hinblick auf eine **vorläufige Gleichwertigkeit** i. S. d. Art. 227 Abs. 5 Solva II-RL hat die Kommission zunächst die Solvabilitätssysteme in Australien, Bermuda, Brasilien, Kanada, Mexiko und den Vereinigten Staaten als dem in Titel I Kapitel VI der Solva II-RL beschriebenen System vorläufig gleichwertig erklärt, und zwar für einen Zeitraum von zehn Jahren ab dem 1.1.2016.[158] In Bezug auf Bermuda wurde der Beschluss später durch den schon erwähnten Beschluss (EU) 2016/309 zugunsten einer dauerhaften Gleichwertigkeit geändert, nachdem in Bermuda im Juli 2015 geänderte Rechtsvorschriften im Versicherungsbereich verabschiedet worden waren.[159] Die Aufsichtsbehörde EIOPA ist gemäß Art. 172 Abs. 2 UAbs. 3 und Abs. 4 UAbs. 3 Solva II-RL verpflichtet, unter regelmäßiger Aktualisierung ein Verzeichnis aller Drittstaaten, deren Solvenzsysteme als gleichwertig beurteilt wurden, auf ihrer Website zu veröffentlichen.[160]

---

[150] S. § 61 Rn. 25 ff.

[151] BaFin Auslegungsentscheidung zum Betrieb des Rückversicherungsgeschäfts im Inland durch Versicherer mit Sitz in Drittstaat, v. 30.8.2016, unter „Betrieb des Rückversicherungsgeschäfts vom Sitz aus".

[152] Insoweit ist eine ergänzende europarechtskonforme Auslegung wie z. B. bei § 65 Abs. 3 VAG (s. dazu § 65 Rn. 19 ff.) nicht geboten.

[153] Begr. VAG-RegE 2014, BT-Drs. 18/2956, 256.

[154] Delegierter Beschluss (EU) 2015/1602 der Kommission vom 5.6.2015 über die Gleichwertigkeit der in der Schweiz geltenden Solvabilitäts- und Aufsichtssysteme für Versicherungs- und Rückversicherungsunternehmen auf der Grundlage von Artikel 172 Absatz 2, Artikel 227 Absatz 4 und Artikel 260 Absatz 3 der Richtlinie 2009/138/EG des Europäischen Parlaments und des Rates (ABl. 2015 L 248, 95).

[155] Delegierter Beschluss (EU) 2016/309 der Kommission vom 26.11.2015 über die Gleichwertigkeit des in Bermuda geltenden Aufsichtssystems für Versicherungs- und Rückversicherungsunternehmen mit dem in der Richtlinie 2009/138/EG des Europäischen Parlaments und des Rates festgelegten System, und zur Änderung des Delegierten Beschlusses (EU) 2015/2290 der Kommission (ABl. 2016 L 58, 50).

[156] Vgl. Art. 1 und 2 des Delegierten Beschlusses (EU) 2016/309.

[157] Delegierter Beschluss (EU) 2016/310 der Kommission vom 26.11.2015 über die Gleichwertigkeit des japanischen Solvabilitätssystems für Versicherungs- und Rückversicherungsunternehmen mit dem in der Richtlinie 2009/138/EG des Europäischen Parlaments und des Rates festgelegten System (ABl. 2016 L 58, 55).

[158] Vgl. Art. 2 Delegierter Beschluss (EU) 2015/2290 der Kommission vom 12.6.2015 über die vorläufige Gleichwertigkeit der geltenden Solvabilitätssysteme in Australien, Bermuda, Brasilien, Kanada, Mexiko und den Vereinigten Staaten, die auf Versicherungs- und Rückversicherungsunternehmen mit Sitz in diesen Ländern anwendbar sind (ABl. 2015 L 323, 22, ber. L 328, 126).

[159] Vgl. 7. Erwägungsgrund des Delegierten Beschlusses (EU) 2016/309.

[160] Dieser Verpflichtung kommt EIOPA nach unter eiopa.europa.eu/external-relations.

Die von EIOPA erlassenen „Methodischen Leitlinien für die Bewertung der Gleichwertigkeit durch nationale Aufsichtsbehörden gemäß Solvabilität II Leitlinien",[161] spielen demgegenüber im Rahmen des § 67 VAG keine Rolle. Die Leitlinien betreffen das Verfahren der nationalen Aufsicht bei der qualitativen Bewertung eines Drittstaaten-Aufsichtssystems nach Art. 227 und 260 Solva II-RL, für das die Kommission selbst keine Beurteilung vorgenommen hat.[162] 74

Die **Rechtsfolge** der festgestellten (vorübergehenden) Gleichwertigkeit bemisst sich nach § 67 Abs. 1 S. 2 Hs. 2 VAG. Die Vorschrift sieht in Umsetzung von Art. 172 Abs. 3 und 6 Solva II-RL[163] vor, dass in diesem Fall die Rückversicherungsverträge mit dem betreffenden Drittstaatunternehmen genauso zu behandeln sind wie solche Verträge mit Unternehmen, die in einem Vertrags- oder Mitgliedstaat zugelassen sind. 75

III. Anwendbare Vorschriften (Abs. 2). § 67 Abs. 2 VAG bestimmt, welche aufsichtsrechtlichen Vorschriften für Erst- und Rückversicherer mit Sitz in einem Drittstaat beim Geschäftsbetrieb im Inland gelten. 76

1. Allgemeines (Abs. 2 S. 1). a) Besondere Vorschriften für Drittstaatenunternehmen. Nach § 67 Abs. 2 S. 1 VAG gelten für Drittstaatenunternehmen i. S. d. § 67 Abs. 1 S. 1 VAG zunächst unmittelbar die Vorschriften der §§ 67 – 73 VAG. Bei diesen Bestimmungen handelt es sich um **Spezialregelungen** gegenüber den übrigen Vorschriften des VAG.[164] Sie berücksichtigen insbesondere, dass sich Geschäftsleitung und Eigenkapital des ausländischen Versicherungsunternehmens im Ausland befinden. Im Übrigen soll nach dem VAG ein gemäß § 69 Abs. 3 VAG zugelassener Drittstaatenversicherer soweit wie möglich wie ein in Deutschland ansässiges Versicherungsunternehmen behandelt werden.[165] 77

b) Übrige VAG-Vorschriften. § 67 Abs. 2 S. 1 VAG erklärt ergänzend die übrigen Vorschriften des VAG für entsprechend anwendbar. In Übereinstimmung sowohl mit den Richtlinienvorgaben (Art. 162 Abs. 2 lit. i Solva II-RL) als auch mit den EIOPA-Leitlinien zur Beaufsichtigung von Zweigniederlassungen[166] finden jedenfalls die Vorschriften der §§ 23 ff. VAG über die **Geschäftsorganisation** auf Drittstaatenversicherer entsprechende Anwendung, so dass das Unternehmen insbesondere auch die vier **Schlüsselfunktionen** in Bezug auf die Tätigkeiten der Zweigniederlassung eingerichtet haben muss.[167] 78

Im Übrigen ist der Umfang der Anwendbarkeit im Einzelfall durch **Auslegung der jeweiligen Norm** zu ermitteln.[168] Dabei ist vordergründig der Schutzzweck der ggf. anzuwendenden Vorschrift zu berücksichtigen. Ansonsten wird jeweils zu untersuchen sein, ob der Inhalt der konkreten Regelung durch völkerrechtliche Verträge beeinflusst wird.[169] In der Vorauflage ist darüber hinaus zutreffend auf die besondere Bedeutung des **Verbraucherschutzes** hingewiesen worden.[170] Richtig ist die Einschätzung, dass dem Verbraucherschutzgedanken gegenüber ausländischen Anbietern nicht geringeres Gewicht zukommen darf als gegenüber inländischen, wobei in Bezug auf Erstere stets die Möglichkeit der Erreichung des Aufsichtszwecks im Blick zu behalten ist.[171] Je nachdem, ob ein Drittstaat seinerseits allgemein auch durch die eigene Rechtsordnung in den liberalisierten Handel mit eingetreten ist, ist im Einzelfall ggf. eine Abwägung zwischen den in der WTO niedergelegten Liberalisierungspflichten mit den Verbraucherschutzgesichtspunkten vorzunehmen.[172] Dementsprechend sind allgemeine Aussagen über die Frage der analogen Anwendung der Einzelvorschriften des übrigen Aufsichtsrechts nur sehr beschränkt möglich.[173] 79

c) Auf Grund der Solva II-RL erlassene delegierte Rechtsakte und Standards. Weiterhin gelten ergänzend die auf Basis der **Solva II-RL** erlassenen delegierten Rechtsakte, technischen Regulie- 80

---

[161] EIOPA-BoS-14/182.

[162] Im Übrigen werden die EIOPA-Leitlinien in Deutschland wohl eher von geringer praktischer Bedeutung sein, da die Kommission für die wichtigen Drittstaaten Entscheidungen getroffen hat.

[163] Vgl. Begr. VAG-RegE 2014, BT-Drs. 18/2956, 256.

[164] Vgl. Begr. RegE Zweites Durchführungsgesetz/EWG zum VAG, BT-Drs. 11/6341, 24; FKBP/*Pohlmann* § 105 Rn. 58.

[165] FKBP/*Pohlmann* § 105 Rn. 58.

[166] EIOPA-BoS-15/110 DE, LL 27.

[167] Dies soll nach EIOPA-BoS-15/110 DE, LL 30 ungeachtet dessen gelten, ob diese Funktionen speziell für die Tätigkeiten der Zweigniederlassung eingerichtet wurden oder vom Hauptsitz des Unternehmens auf die Tätigkeiten der Zweigniederlassung angewendet werden. Die BaFin formuliert die Einrichtung der vier Schlüsselfunktionen als verpflichtende Vorgabe, s. BaFin-Merkblatt zur fachlichen Eignung und Zuverlässigkeit von Personen, die für Schlüsselfunktionen verantwortlich oder für Schlüsselfunktionen tätig sind, gemäß VAG v. 23.11.2016, S. 2 oben.

[168] So die Gesetzesbegründung, s. Begr. RegE Zweites Durchführungsgesetz/EWG zum VAG, BT-Drs. 11/6341, 24.

[169] Vgl. hierzu auch Rn. 47 ff.; FKBP/*Pohlmann* § 105 Rn. 59.

[170] Prölss/*Kollhosser*, 12. Aufl., § 105 Rn. 15.

[171] Prölss/*Kollhosser*, 12. Aufl., § 105 Rn. 15.

[172] Prölss/*Kollhosser*, 12. Aufl., § 105 Rn. 15.

[173] So schon Prölss/*Kollhosser*, 12. Aufl., § 105 Rn. 15; vgl. aber FKBP/*Pohlmann* § 105 Rn. 60 ff. und Goldberg/Müller/*Müller* § 105 Rn. 24 f. jeweils mit Ausführungen zu einzelnen Vorschriften.

rungsstandards und technischen Durchführungsstandards entsprechend auch für Drittstaatenversicherer (§ 67 Abs. 2 S. 1 VAG). Dabei handelt es sich um Regeln auf Ebene 2 des Solvency II-Systems.[174] Aus dem Verweis folgt zugleich die entsprechende Anwendbarkeit der Solva II-RL selbst.

81 **2. Vermögensanlagevorschriften und Vorschriften über das Sicherungsvermögen (Abs. 2 S. 2).** § 67 Abs. 2 S. 2 VAG bestimmt, dass die Vorschriften aus dem dort genannten Abschnitt, namentlich die Regelungen zu den **Anlagengrundsätzen** und zum **Sicherungsvermögen** (§§ 124–131 VAG), auf das nach § 67 Abs. 1 S. 1 VAG abgeschlossene Versicherungsgeschäft entsprechend anzuwenden sind. Damit ist gemeint, dass diese Normen ausschließlich für diejenigen Versicherungsverträge gelten, die über die inländische **Niederlassung** des Drittstaatenversicherers abgeschlossen werden (§§ 67 Abs. 1 S. 1 i. V. m. 68 Abs. 1 S. 1 VAG). Nicht erfasst ist somit das unmittelbar mit dem Drittstaatenversicherer an seinem Sitz abgeschlossene Versicherungsgeschäft.[175] § 67 Abs. 2 S. 2 VAG ist **lex specialis** zu Satz 1 der Vorschrift.[176]

82 Aus dem Verweis auf die §§ 124–131 VAG folgt insbesondere, dass die Drittstaatenunternehmen beim Geschäftsbetrieb in Deutschland die **Kapitalanlagevorschriften** nach § 124 VAG beachten müssen und dass zur Überwachung des Sicherungsvermögens in den in § 128 Abs. 1 VAG genannten Sparten ein **Treuhänder** zu bestellen ist. Anstelle des Aufsichtsrats des Unternehmens (so § 128 Abs. 3 S. 1 VAG) dürfte allerdings für die Bestellung des Treuhänders entsprechend § 128 Abs. 3 S. 2 VAG der Hauptbevollmächtigte der Niederlassung zuständig sein. Im Gegensatz zur Vorgängerregelung (§ 110 VAG a. F.) ist aus dem Verweis nicht explizit die Regelung des § 124 Abs. 3 VAG (§ 54c VAG a. F.) ausgenommen.

83 Aufgrund der nur entsprechenden Anwendbarkeit ist stets zu prüfen, ob die Regelungen nur die Niederlassung oder das Gesamtunternehmen betreffen.[177] So kann es sein, dass einige Vorschriften des VAG, auf die § 67 Abs. 2 S. 1 VAG verweist, lediglich auf das über die Niederlassung abgeschlossene Versicherungsgeschäft angewendet werden, ohne dass diese in der Spezialregelung des Satzes 2 genannt sind.[178]

84 **IV. Spartentrennung (Abs. 3).** § 67 Abs. 3 VAG sieht für Erstversicherungsunternehmen mit Sitz in einem Drittstaat ein **Spartentrennungsgebot** vor. So verbietet Satz 1 der Vorschrift die Erteilung der Erlaubnis zum Betrieb der Lebensversicherung im Inland an Drittstaatenversicherer, die **im Ausland** – d. h. im Sitzland oder in einem sonstigen Staat außerhalb von Deutschland – neben der Lebensversicherung auch andere Versicherungssparten betreiben.[179] Entsprechendes gilt gemäß § 67 Abs. 3 S. 2 VAG für die Erlaubnis zum Betrieb der substitutiven Krankenversicherung i. S. d. § 146 Abs. 1 VAG. Hingegen wird die Erlaubniserteilung nicht ausgeschlossen, wenn andere Arten der Krankenversicherung zusammen mit anderen Schadenversicherungssparten betrieben werden. Dem Wortlaut nach kommt es zudem nur auf den **tatsächlichen Betrieb** anderer Versicherungssparten an. Die Erlaubniserteilung muss also nicht zwingend verweigert werden, wenn das Unternehmen im Sitzland zwar zum Betrieb anderer Sparten zugelassen ist, es aber die betreffende Geschäftstätigkeit nicht tatsächlich ausübt.

85 Die Grundsätze des Spartentrennungsgebots nach § 67 Abs. 3 VAG stimmen mit der für inländische Versicherungsunternehmen geltenden Regelung des § 8 Abs. 4 S. 2 VAG überein. Über den Verweis in § 67 Abs. 2 S. 1 VAG ist die Vorschrift des § 8 Abs. 4 S. 2 VAG entsprechend auf Drittstaatenversicherer anwendbar, so dass der gemeinsame Betrieb mit anderen Sparten über die Niederlassung **im Inland** bereits danach verboten wird.[180]

86 **V. Verhältnis zu anderen Regelungen des VAG und zu anderen Normen.** Für inländische Versicherer, die in Deutschland Versicherungsgeschäft betreiben möchten, enthält in erster Linie § 8 VAG die entsprechenden Zulassungsvoraussetzungen. Daneben betreffen die §§ 61 ff. VAG den grenzüberschreitenden Geschäftsbetrieb von Unternehmen, die ihren Sitz in einem anderen Staat der EU oder des EWR haben.[181]

87 Für den zu § 67 VAG **spiegelbildlichen** Fall, dass ein Unternehmen mit Sitz in Deutschland das Versicherungsgeschäft in einem Drittstaat aufnehmen möchte, enthält das VAG eine Regelung in § 12 Abs. 3 VAG (§ 13 Abs. 3 VAG a. F.).

88 Der vorsätzliche oder fahrlässige Verstoß gegen die Erlaubnispflicht des § 67 Abs. 1 S. 1 VAG stellt wie bei einem Verstoß z. B. gegen § 8 Abs. 1 VAG oder gegen § 61 VAG gemäß § 331 Abs. 1 und 3 VAG eine **Straftat** dar. Als Täter kommen Einzelunternehmer, persönlich haftende Gesellschafter einer

[174] Vgl. Überblick der BaFin, „Solvency II: Rechtsgrundlagen, Leitlinien und Auslegungsentscheidungen der BaFin" unter bafin.de.
[175] Goldberg/Müller/*Müller* § 110 Rn. 2.
[176] Vgl. FKBP/*Pohlmann* § 110 Rn. 1 zur insoweit gleichen alten Rechtslage.
[177] FKBP/*Pohlmann* § 110 Rn. 2 zur insoweit gleichen alten Rechtslage.
[178] Vgl. auch FKBP/*Pohlmann* § 110 Rn. 2 zur insoweit gleichen alten Rechtslage.
[179] Vgl. auch FKBP/*Pohlmann* § 106c Rn. 1; *Angerer* VersR 1987, 325, 327.
[180] FKBP/*Pohlmann* § 106c Rn. 1.
[181] Zu den unterschiedlichen aufsichtsrechtlichen Anforderungen an den inländischen Geschäftsbetrieb von Unternehmen mit Sitz in und außerhalb der EU/dem EWR s. § 61 Rn. 13 f.

Personenhandelsgesellschaft oder Organe einer juristischen Person in Betracht.[182] Auch Hauptbevollmächtigte sowie Vertreter des Drittstaatenversicherers können Täter sein, wobei Letztere mit einer Vollmacht ausgestattet sein müssen, die derjenigen eines Hauptbevollmächtigten nahezu gleichkommt.[183]

Ungeachtet dessen haben Versicherungsverträge, die ohne die erforderliche Erlaubnis abgeschlossen worden sind, **zivilrechtlich Bestand.**[184] Sie sind also bei fehlender Erlaubnis nicht gemäß § 134 BGB nichtig.[185] Die Rechtsfolge der Nichtigkeit würde die Interessen der Versicherten, insbesondere aufgrund der mit dem Wegfall des Versicherungsschutzes verbundenen Risiken bei der Vertragsrückabwicklung, eher beeinträchtigen als wahren.[186] 89

Steuerrechtlich sind die Versicherungsbeiträge an Drittstaatenversicherer im Rahmen der Sonderausgaben gemäß § 10 Abs. 2 S. 1 Nr. 2a) bb) EStG jedoch nur abzugsfähig, wenn der Drittstaatenversicherer über eine Erlaubnis nach § 67 VAG verfügt, wobei es nicht darauf ankommt, ob ein Erlaubniserfordernis besteht oder nicht. 90

Im Übrigen hat die BaFin die Möglichkeit, gemäß § 308 Abs. 1 S. 1 VAG mittels **aufsichtsrechtlicher Maßnahmen** gegen das unerlaubte Versicherungsgeschäft vorzugehen. Unter den dort genannten Voraussetzungen kann die BaFin also auch gegenüber einem Versicherungsunternehmen aus einem Drittstaat die sofortige Einstellung des Geschäftsbetriebs und die unverzügliche Abwicklung dieser Geschäfte anordnen.[187] 91

Niederlassung; Hauptbevollmächtigter

68 (1) [1]**Die Unternehmen, für die § 67 Absatz 1 gilt, haben im Inland eine Niederlassung zu errichten und dort alle die Niederlassung betreffenden Geschäftsunterlagen zur Verfügung zu halten.** [2]**Die Vorschriften der §§ 13d bis 13f des Handelsgesetzbuchs über die Zweigniederlassung sind entsprechend anzuwenden.** [3]**Für die Geschäftstätigkeit der Niederlassung ist gesondert Rechnung zu legen.** [4]**§ 37, § 38 Absatz 1 und § 39 sowie § 43 Absatz 1 gelten mit der Maßgabe, dass**

1. auch Jahresabschluss und Lagebericht der Hauptniederlassung in deutscher Sprache jedem Versicherten auf Verlangen übersandt werden und

2. zum internen Bericht der im Sitzland des Unternehmens veröffentlichte Jahresabschluss und Lagebericht in der Sprache des Sitzlandes und in deutscher Sprache sowie auch der der Aufsichtsbehörde des Sitzlandes vorgelegte Bericht in der Sprache des Sitzlandes gehören.

(2) [1]**Für die Niederlassung ist ein Hauptbevollmächtigter zu bestellen, der seinen Wohnsitz und ständigen Aufenthalt im Inland haben muss.** [2]**Dieser hat die Pflichten und persönlichen Voraussetzungen zu erfüllen, die dieses Gesetz dem Vorstand eines Unternehmens mit Sitz im Inland auferlegt.** [3]**Er gilt als ermächtigt, das Unternehmen Dritten gegenüber zu verpflichten, insbesondere Versicherungsverträge mit Versicherungsnehmern im Inland und über dort belegene Grundstücke abzuschließen sowie das Unternehmen bei Verwaltungsbehörden und vor Gerichten zu vertreten.** [4]**Der Hauptbevollmächtigte ist zur Eintragung in das Handelsregister anzumelden.**

(3) **Soweit nach den folgenden Vorschriften Sicherheiten gestellt werden müssen, kann sich die Bundesanstalt in den Bedingungen für die Rückgabe vorbehalten, über die Sicherheiten im Interesse der Versicherten zu verfügen.**

Übersicht

[182] Bähr/*Schöps* § 7 Rn. 20.
[183] Bähr/*Schöps* § 7 Rn. 20.
[184] *BGH* VersR 1964, 497, 498; *Kaufmann* VW 1998, 681, FKBP/*Pohlmann* § 105 Rn. 57.
[185] FKBP/*Pohlmann* § 105 Rn. 57.
[186] *Kaufmann* VW 1998, 681.
[187] Diese Möglichkeit betont auch die BaFin in ihrer Auslegungsentscheidung zum Betrieb des Rückversicherungsgeschäfts im Inland durch Versicherer mit Sitz in Drittstaat v. 30.8.2016.

Schrifttum: Siehe die Angaben bei § 67.

1 **I. Allgemeines. 1. Entstehungsgeschichte.** § 68 VAG entspricht inhaltlich unverändert dem bisherigen § 106 VAG a. F.[1] Innerhalb der Normstruktur sind die Absätze des bisherigen § 106 Abs. 2 bis 4 VAG a. F. aber jeweils um einen Absatz weiter nach vorne gerückt, so dass die seit dem Zweiten Durchführungsgesetz/EWG zum VAG[2] vakante Position des Absatzes 1 nunmehr wieder besetzt ist.

2 Die Vorschriften des § 68 VAG fußen mit Ausnahme des § 68 Abs. 1 S. 2 und 4 VAG im Wesentlichen auf dem **Ersten Durchführungsgesetz/EWG zum VAG.**[3] Die Vorgängervorschrift des § 68 Abs. 2 S. 3 VAG (§ 106 Abs. 3 S. 3 VAG a. F.) wurde durch das **Dritte Durchführungsgesetz/EWG zum VAG**[4] um die Vorgabe ergänzt, dass der Hauptbevollmächtigte auch die persönlichen Voraussetzungen zu erfüllen hat, die das VAG dem Geschäftsleiter eines inländischen Unternehmen auferlegt.

3 Im Übrigen haben die genannten Regelungen bis zur Umsetzung der Solva II-RL hauptsächlich redaktionelle Änderungen erfahren. Mit dem Zweiten Durchführungsgesetz/EWG zum VAG[5] wurde die Verweisung auf die handelsrechtlichen Vorschriften in § 68 Abs. 1 S. 2 VAG (§ 106 Abs. 2 S. 2 VAG a. F.) in das Gesetz eingefügt. Der Vorläufer von § 68 Abs. 1 S. 4 VAG (§ 106 Abs. 2 S. 4 VAG a. F.) geht auf das Bilanzrichtliniengesetz[6] zurück, wobei Nr. 1 der Vorschrift durch das Versicherungsbilanzrichtlinie-Gesetz[7] neu gefasst wurde.

4 **2. Normzweck.** § 68 VAG begründet für Drittstaatenunternehmen zwei unabdingbare materielle Voraussetzungen für die Zulassung zum inländischen Geschäftsbetrieb, nämlich das **Niederlassungserfordernis** (Abs. 1) und die Pflicht zur Bestellung **eines Hauptbevollmächtigten** (Abs. 2). Sowohl das Niederlassungserfordernis als auch die Verpflichtung zur Bestellung eines Hauptbevollmächtigten beruhen auf der Vorstellung, dass ein Drittstaatenunternehmen nach seiner Zulassung grundsätzlich wie ein inländisches Unternehmen behandelt werden soll und dementsprechend auch der Aufsichtsbehörde die gleichen Erkenntnismöglichkeiten zur Verfügung stehen sollen wie bei einem inländischen Versicherer.[8] Dabei gibt es eine wichtige Ausnahme: Während für inländische Versicherer gemäß §§ 33 Abs. 1 und 188 Abs. 1 S. 1 VAG das sog. Vier-Augenprinzip gilt, der Vorstand also aus mindestens zwei Personen bestehen muss,[9] gilt für die Niederlassung eines Drittstaatenversicherers nach dem eindeutigen Wortlaut des § 68 Abs. 2 S. 1 VAG – in Anlehnung an den gleichnamigen Film – das **sog. Highlander-Prinzip**, „es kann nur einen geben". Hintergrund ist, dass davon auszugehen ist, dass der Hauptbevollmächtigte einer Niederlassung durch die Geschäftsleitung des Drittstaatenversicherers enger kontrolliert wird als z. B. der Vorstand eines VVaG oder einer Versicherungsaktiengesellschaft durch den Aufsichtsrat, so dass es eines Vier-Augenprinzips nicht bedarf. Außerdem ist so die Vertretung der Niederlassung gegenüber Versicherungsnehmern und Aufsichtsbehörde einfacher zu handhaben.

5 Bei der Pflicht zur Errichtung einer Niederlassung handelt es sich um eine öffentlich-rechtliche Pflicht, die gewährleisten soll, dass die BaFin ihren gesetzlichen Aufgaben zur Überwachung des Geschäftsbetriebs des ausländischen Versicherers in vollem Umfang nachkommen kann.[10] Ziel ist also die Ermöglichung einer **effektiven Aufsicht.**[11] Weiterhin trägt die Vorschrift dem **Schutz der Versicherungsnehmer** im Inland dadurch Rechnung, dass das Unternehmen in Deutschland ständig präsent und damit für die Kunden erreichbar ist. § 68 Abs. 3 VAG klärt die Befugnisse der Bundesanstalt

---

[1] S. auch Begr. VAG-RegE 2014, BT-Drs. 18/2956, 256.
[2] BGBl. 1990 I, 1249, 1254.
[3] Vom 18.12.1975, BGBl. I 3139.
[4] Vom 21.7.1994, BGBl. I 1630, 3134.
[5] Vom 28.6.1990, BGBl. I 1249, 1251.
[6] Eingefügt durch Art. 8 Nr. 21 des Gesetzes zur Durchführung der Vierten, Siebenten und Achten Richtlinie des Rates der Europäischen Gemeinschaften zur Koordinierung des Gesellschaftsrechts (Bilanzrichtliniengesetz – BiRiLiG) v. 19.12.1985, BGBl. I 2355 m. W. v. 1.1.1986.
[7] Gesetz zur Durchführung der Richtlinie des Rates der Europäischen Gemeinschaften über den Jahresabschluß und den konsolidierten Abschluß von Versicherungsunternehmen (Versicherungsbilanzrichtlinie-Gesetz – VersRiLiG) v. 24.6.1994, BGBl. I 1377, 1383.
[8] S. schon Prölss/*Kollhosser*, 12. Aufl., § 106 Rn. 2; so auch zum Niederlassungserfordernis FKBP/*Pohlmann* § 106 Rn. 1.
[9] S. dazu die jeweiligen Ausführungen bei § 33 und § 188.
[10] Bähr/*Schöps* § 7 Rn. 41.
[11] Vgl. *Laars* § 106 Rn. 1; Goldberg/Müller/*Müller* § 106 Rn. 4.

im Zusammenhang mit der etwa bestehenden Verpflichtung des Drittstaatenunternehmens, nach § 69 VAG Sicherheiten zu stellen.

3. Europarechtlicher Hintergrund. Die Bestimmungen des § 68 Abs. 1 S. 1, 3 und Abs. 2 VAG setzen **Art. 162 Abs. 2 lit. b bis d Solva II-RL**[12] in nationales Recht um. Im Einzelnen fordert Art. 162 Abs. 2 lit. b Solva II-RL für die Erlaubniserteilung die Errichtung einer Zweigniederlassung im Hoheitsgebiet des Mitgliedstaats, in dem die Zulassung beantragt wird (§ 68 Abs. 1 S. 1 Hs. 1 VAG); lit. c schreibt die gesonderte Rechnungslegung vor (§ 68 Abs. 1 S. 3 VAG) und verlangt, dass dort die Geschäftsunterlagen zur Verfügung zu halten sind (§ 68 Abs. 1 S. 1 Hs. 2 VAG); lit. d verpflichtet die Mitgliedstaaten, von dem Unternehmen die Benennung eines Hauptbevollmächtigten zu verlangen (§ 68 Abs. 2 VAG). 6

Die europäische Aufsichtsbehörde **EIOPA** hat zudem für Zweigniederlassungen von Versicherungsunternehmen aus Drittstaaten, die Erstversicherungsgeschäfte in der Lebensversicherungs- und Nichtlebensversicherungswirtschaft tätigen, **Leitlinien** erlassen.[13] Die Leitlinien richten sich an die nationalen Aufsichtsbehörden und legen unter anderem die (finanziellen) Voraussetzungen für die Zulassung und den Fortbestand einer Niederlassung fest.[14] 7

II. Niederlassung (Abs. 1). 1. Niederlassungspflicht (Abs. 1 S. 1). § 68 Abs. 1 S. 1 Hs. 1 VAG verlangt, dass Drittstaatenversicherer i. S. d. § 67 Abs. 1 S. 1 VAG zwingend eine **Niederlassung** im Inland zu errichten haben, wenn sie dort Versicherungsgeschäft erlaubtermaßen betreiben wollen.[15] Ohne Errichtung einer Niederlassung wird den betreffenden Drittstaatenversicherern gemäß § 69 Abs. 3 Nr. 2 VAG die Erlaubnis für den Geschäftsbetrieb in Deutschland nicht erteilt. 8

Aus dem Niederlassungserfordernis folgt, dass mit der Erlaubnis nach § 67 VAG **keine Dienstleistungsfreiheit** i. S. d. § 61 Abs. 3 VAG verbunden ist.[16] Drittstaatenversicherer sind folglich vom Dienstleistungsverkehr im EWR ausgeschlossen und müssen demzufolge in jedem Vertrags- oder Mitgliedstaat, in dem sie Versicherungsgeschäft betreiben wollen, eine Niederlassung errichten.[17] Eine Zulassung zum Dienstleistungsverkehr kann auch nicht aus dem OECD-Kodex[18] unter dem dort geregelten Gesichtspunkt der Inländerbehandlung gefordert werden. Denn Drittstaaten sind anders als Vertrags- und Mitgliedstaaten nicht zur Harmonisierung des Aufsichtsrechts auf der Basis der Solva II-RL verpflichtet, so dass es wegen der fehlenden vergleichbaren Lage an einer Voraussetzung für die Inländerbehandlung fehlt.[19] Zudem steht dem entgegen, dass der Geschäftsbetrieb des Drittstaatenversicherers in einem Vertrags- und Mitgliedstaat dem Tätigkeitslandprinzip folgt,[20] mithin immer vor Ort überwacht werden soll. 9

Der **Begriff der Niederlassung** erklärt sich durch die an die Errichtung der Niederlassung zu stellenden Mindestanforderungen. Nach Art. 162 Abs. 3 Solva II-RL bezeichnet der synonym verwandte Begriff der „Zweigniederlassung" die ständige Präsenz eines Drittstaatenversicherers im Hoheitsgebiet eines Mitgliedstaats, das in diesem Mitgliedstaat zugelassen ist und Versicherungsgeschäfte betreibt.[21] Die ständige Präsenz des Drittstaatenversicherers zeigt sich dabei in Form einer ortsfesten Betriebsstelle.[22] *Schöps*[23] fasst die eine Niederlassung kennzeichnenden Kriterien so zusammen, dass eine Niederlassung „räumlich vom Hauptgeschäft getrennt, unter Oberleitung des Hauptgeschäfts betrieben wird, auf eine dauerhafte Tätigkeit ausgerichtet ist und eine gewisse Selbstständigkeit besitzt". 10

Einzelheiten über die Organisation der Niederlassung enthielt ferner das Rundschreiben R 1/62 v. 22.2.1962, welches das BAV (heute BaFin) auf der Grundlage des damaligen Rechts erlassen hat. Unter anderem musste danach die Zweigniederlassung so eingerichtet sein, dass sie notfalls jederzeit als selbständiger Betrieb – also von der Generaldirektion losgelöst – fortgeführt werden kann.[24] Entsprechendes kann heute den in § 68 Abs. 1 S. 2 – 4 VAG aufgestellten Anforderungen entnommen werden, die unter anderem eine separate Buchführung sowie eine Handelsregistereintragung der Niederlassung vorsehen.[25] Durch die Verweisung auf die einschlägigen Vorschriften des HGB über die Zweignieder- 11

[12] RL 2009/138/EG v. 25.11.2009, ABl. EU 2009 L 335, 1, geändert durch die RL 2014/51/EU v. 16.4.2014, ABl. EU 2014 L 153, 1 (Omnibus II).

[13] Leitlinien für die Beaufsichtigung von Zweigniederlassungen von Versicherungsunternehmen aus Drittländern, EIOPA-BoS-15/110 DE.

[14] Die Leitlinien gewinnen daher insbesondere im Rahmen des § 69 VAG an Bedeutung, so dass auf die dortigen Ausführungen verwiesen wird.

[15] Zu den nach § 67 Abs. 1 S. 1 VAG erlaubnispflichtigen Unternehmen s. im Einzelnen unter § 67 Rn. 20 ff.

[16] *Müller*, Versicherungsbinnenmarkt, 1995, S. 193, Rn. 517; *Präve* VW 1994, 800, 807.

[17] Vgl. FKBP/*Pohlmann* § 106 Rn. 1; *Laars* § 106 Rn. 1; *Zeides* S. 167.

[18] S. § 67 Rn. 49.

[19] Vgl. auch FKBP/*Pohlmann* § 106 Rn. 1.

[20] S. § 67 Rn. 13.

[21] S. auch FKBP/*Pohlmann* § 106 Rn. 1.

[22] *Zeides* S. 157.

[23] Bähr/*Schöps* § 7 Rn. 42 m. w. N.

[24] Rundschreiben R 1/62, unter Ziff. II; s. Abdruck in Prölss/*Kollhosser*, 12. Aufl., § 106 Rn. 4 unter Hinweis auf VerBAV 1962, 74.

[25] S. im Einzelnen Rn. 14 ff.

lassung wollte der Gesetzgeber näher umreißen, was mit dem Begriff „Niederlassung" gemeint ist.[26] Davon ausgehend füllt beispielweise die Errichtung einer Agentur ohne Erfüllung der Buchhaltungsregeln den Begriff der Niederlassung i. S. d. § 68 VAG nicht aus.

12 Aus alldem folgt, dass die Niederlassung die **Grundlage für den inländischen Geschäftsbetrieb** bildet. So wird der Begriff der Niederlassung auch verstanden als räumliche Zusammenfassung aller Einrichtungen und Personen, die zur Leitung und Kontrolle des Versicherungsbestandes im Inland erforderlich sind.[27] Die Niederlassung ist also letztlich als **geschäftlicher Mittelpunkt** des Unternehmens im Inland einzurichten.[28] Demgemäß verpflichtet § 68 Abs. 1 S. 1 Hs. 2 VAG das Unternehmen dazu, bei der eingerichteten Niederlassung alle die das inländische Geschäft betreffenden **Unterlagen** zur Verfügung zu halten. Die Einschaltung der Zentrale muss mithin entbehrlich sein.[29]

13 In diesem Zusammenhang ist klarstellend hervorzuheben, dass unter den Bestand der Niederlassung bzw. unter dem inländischen Geschäft der Niederlassung nicht solche Verträge fallen, die unmittelbar mit dem Drittstaatenversicherer an seinem Sitz oder mit einer in einem anderen Staat bestehenden Niederlassung abgeschlossen worden sind.[30] Die zur Verfügung zu haltenden Geschäftsunterlagen müssen in deutscher Sprache verfasst sein.[31]

2. Anwendbarkeit von Vorschriften des HGB und Rechnungslegung (Abs. 1 S. 2 und 3).

14 Gemäß § 68 Abs. 1 S. 2 VAG gelten die Vorschriften der §§ 13d–13f HGB über die Zweigniederlassung entsprechend. Wie bereits erwähnt,[32] sollte durch diese Verweisung verdeutlicht werden, was mit dem Begriff „Niederlassung" gemeint ist. Danach gelten die handelsrechtlichen Besonderheiten hier entsprechend, so dass die Niederlassung – auch bei einem Drittstaatenversicherer öffentlichen Rechts[33] – entsprechend § 13d Abs. 1 HGB in das Handelsregister am Ort der Niederlassung, und damit oftmals, aber nicht zwingend,[34] am Ort des Wohnsitzes des Hauptbevollmächtigten einzutragen ist.

15 Außerdem folgt aus dem Verweis die handelsrechtliche Unselbstständigkeit der Niederlassung. Dennoch besteht Einigkeit darüber, dass die Niederlassung im inländischen Rechtsverkehr **wie eine selbstständige Rechtspersönlichkeit** zu behandeln ist.[35] So ist die inländische Niederlassung als Eigentümerin eines Grundstücks auch im Grundbuch einzutragen.[36] Darüber hinaus gilt für sie das deutsche Vertrags- und Aufsichtsrecht.[37] Allgemeiner **Gerichtsstand** der Niederlassung ist der Sitz der deutschen Niederlassung.[38] Dort liegt außerdem der Erfüllungsort nach § 269 BGB.[39]

16 § 68 Abs. 1 S. 3 VAG schreibt für die Geschäftstätigkeit der Niederlassung eine **gesonderte Rechnungslegung** vor.[40] Die Buchhaltung muss den Erfordernissen der deutschen Rechnungslegungsvorschriften genügen.[41] Die Niederlassung hat also einen Jahresabschluss und einen Lagebericht anzufertigen. Ziel dieser Vorgaben ist, dass die Aufsichtsbehörde dadurch die Möglichkeit erhält, anhand der Unterlagen wie auch bei inländischen Versicherern eine Prüfung des Geschäfts der Niederlassung durchführen zu können.[42] Die Einhaltung der Rechnungslegungsvorschriften und der Regeln über die Buchführung ist von der BaFin sicherzustellen.[43]

17 **3. Jahresabschluss und Lagebericht (Abs. 1 S. 4).** § 68 Abs. 1 S. 4 VAG sieht bestimmte Modifizierungen hinsichtlich der Bekanntmachung und Übersendung von Unterlagen zugunsten der Versicherten (Nr. 1) und gegenüber der Aufsichtsbehörde (Nr. 2) vor.[44] Im Einzelnen nimmt das Gesetz dabei Bezug auf

– § 37 VAG, der die Vorlage des Jahresabschlusses und des Lageberichtes bei der Aufsichtsbehörde betrifft,

---

[26] Begr. RegE Zweites Durchführungsgesetz/EWG zum VAG, BT-Drs. 11/6341, 24.
[27] S. Vorauflage, Prölss/*Kollhosser*, 12. Aufl., § 106 Rn. 3 unter Hinweis auf *Wehowski*, Die Zulassung ausländischer Versunternehmen in der BRD und in den Vereinigten Staaten von Amerika, Diss. 2002, S. 174.
[28] *Zeides* S. 157.
[29] Vgl. Bähr/*Schöps* § 7 Rn. 45.
[30] S. Vorauflage, Prölss/*Kollhosser*, 12. Aufl., § 106 Rn. 5.
[31] *Zeides* S. 167; Bähr/*Schöps* § 7 Rn. 45.
[32] S. Rn. 11.
[33] S. hierzu FKBP/*Pohlmann* § 106 Rn. 2.
[34] So auch FKBP/*Pohlmann* § 106 Rn. 6; **anders aber** Bähr/*Schöps* § 7 Rn. 42 m. w. N.
[35] *BGH* Urt. v. 11.2.1953 – II ZR 51/52, BGHZ 9, 34 = NJW 1953, 542; *BGH* Urt. v. 24.3.1955 – II ZR 93/53, BGHZ 17, 74 = NJW 1955, 868; *BGH* Beschl. v. 6.4.1979 – 1 ARZ 386/78, NJW 1979, 1785; Goldberg/Müller/*Müller* § 106 Rn. 5; Bähr/*Schöps* § 7 Rn. 42; FKBP/*Pohlmann* § 106 Rn. 3.
[36] GB-BAV 1963, 21; FKBP/*Pohlmann* § 106 Rn. 3.
[37] FKBP/*Pohlmann* § 106 Rn. 3.
[38] *BGH* Beschl. v. 6.4.1979 – 1 ARZ 386/78, NJW 1979, 1785.
[39] *BGH* Urt. v. 11.2.1953 – II ZR 51/52, BGHZ 9, 34 = NJW 1953, 542, 544.
[40] S. hierzu auch die EIOPA-LL zur Beaufsichtigung von Zweigniederlassungen von Versicherungsunternehmen aus Drittländern, LL 17 EIOPA-BoS-15/110.
[41] Bähr/*Schöps* § 7 Rn. 46.
[42] Bähr/*Schöps* § 7 Rn. 46.
[43] LL 17 EIOPA-BoS-15/110 unter 1.40 und 1.42.
[44] Vgl. FKBP/*Pohlmann* § 106 Rn. 2.

– auf § 38 Abs. 1 VAG, der die Rechnungslegung und Prüfung öffentlich-rechtlicher Versicherungsunternehmen regelt,
– auf die Verordnungsermächtigung über die Buchführung gemäß § 39 VAG und
– auf die gegenüber der Aufsichtsbehörde bestehenden allgemeinen Informationspflichten nach § 43 Abs. 1 VAG.

Gemäß § 68 Abs. 1 S. 4 **Nr. 1** VAG wird die Niederlassung verpflichtet, Jahresabschluss und Lagebericht in deutscher Sprache **jedem Versicherten** auf Verlangen **zu übersenden**. Das Gesetz spricht hier zwar begrifflich von „Hauptniederlassung". Damit ist aber kein abweichendes Verständnis zum Begriff der im vorliegenden Unterabschnitt ansonsten nur als „Niederlassung" bezeichneten Einrichtung verbunden. Der Begriff soll vielmehr nur von anderen Betriebsstätten der Niederlassung, deren Einrichtung möglich ist, abgrenzen. Mit dem hier verwandten Begriff des Versicherten ist – wie am Beispiel des § 294 VAG gezeigt werden kann – nicht nur der Versicherungsnehmer gemeint, sondern jeder, der mit einer Leistung aus einem Versicherungsvertrag mit der Niederlassung eines Drittstaatenversicherers in Berührung kommen kann. Denn in § 294 VAG spricht der Gesetzgeber in Abs. 1 nur vom Versicherungsnehmer, der geschützt werden soll, während die Aufsichtsbehörde nach Abs. 2 S. 2 im Rahmen der Rechtsaufsicht auf die Belange der Versicherten zu achten hat. Beide Begriffe sind also voneinander abzugrenzen. 18

Der an die BaFin zu übermittelnde **interne Bericht** wird gemäß § 68 Abs. 1 S. 4 **Nr. 2** VAG erweitert. Die Verpflichtung zur Vorlage des internen Berichts beruht auf der BerVersV,[45] die unter anderem auf Grund der Verordnungsermächtigung in § 39 Abs. 1 VAG erlassen wurde. Gemäß der Erweiterung in § 68 Abs. 1 S. 4 Nr. 2 VAG gehören zum internen Bericht jetzt auch der im Sitzland des Drittstaatenversicherers veröffentlichte Jahresabschluss und Lagebericht in der Sprache des Sitzlandes und in deutscher Sprache sowie **auch der der Aufsichtsbehörde des Sitzlandes vorgelegte Bericht** in der Sprache des Sitzlandes. Welcher Bericht mit dem zuletzt angesprochenen gemeint ist, bleibt naturgemäß mit Blick auf die mögliche Vielgestaltigkeit der Aufsichtsrechte in Drittstaaten offen und ist im Einzelfall durch Auslegung des Aufsichtsrechts des Drittstaates zu ermitteln. Ferner wird aus dem Wortlaut der Regelung nicht deutlich, ob es sich um einen Bericht über die Niederlassung oder den gesamten Drittstaatenversicherer handeln soll. Hier helfen auch der Sinn und Zweck der Regelung nicht weiter. Denn danach kann sowohl ein Bericht über die Niederlassung gemeint sein, weil diese letztlich wie ein eigenständiges Versicherungsunternehmen funktionieren soll, als auch ein Bericht über den gesamten Drittstaatenversicherer, um die Stellung der Niederlassung auch im Gesamtgefüge des Drittstaatenversicherers beurteilen zu können. Im Zweifel sind beide gemeint. 19

III. Hauptbevollmächtigter (Abs. 2). 1. Verpflichtung zur Bestellung; Wohnsitz (Abs. 2 S. 1). Gemäß § 68 Abs. 2 S. 1 VAG ist für die Niederlassung ein **Hauptbevollmächtigter** zu bestellen. Diese Verpflichtung folgt aus Art. 162 Abs. 2 lit. d Solva II-RL. Bestellt werden kann nur eine **natürliche Person.**[46] 20

Der **Akt der Bestellung** ist privatrechtlicher bzw. handelsrechtlicher Natur.[47] Erforderlich ist eine Annahmeerklärung des Betreffenden.[48] In der Regel schließen Unternehmen und Hauptbevollmächtigter gleichzeitig einen Dienstvertrag zur Regelung des Innenverhältnisses.[49] 21

Die Bestellung des Hauptbevollmächtigten durch den Drittstaatenversicherer ist gemäß § 69 Abs. 3 Nr. 2 VAG zwingende Voraussetzung für die Erlaubnis zum Geschäftsbetrieb nach § 67 Abs. 1 VAG. Das Unternehmen hat demzufolge mit dem Antrag auf Erlaubniserteilung einen entsprechenden Nachweis über die Bestellung sowie die Annahmeerklärung des zukünftigen Hauptbevollmächtigten einzureichen. Sowohl die Bestellung als auch die Annahmeerklärung müssen nach der Aufsichtspraxis in **öffentlich beglaubigter** Form vorgelegt werden.[50] Zu beachten sind hierbei die allgemeinen Vorschriften über ein etwaiges Legalisierungserfordernis in Bezug auf im Ausland beglaubigte Urkunden.[51] Nach der Überprüfung der Bestellung und des Bestellten mit Blick auf die von ihm zu erfüllenden persönlichen Voraussetzungen nach § 68 Abs. 2 S. 2 VAG[52] stellt die Aufsichtsbehörde dem Unternehmen bei positivem Ergebnis eine entsprechende Bescheinigung aus.[53] Die BaFin spricht hier – mit Blick auf den privatrechtlichen Charakter der Bestellung etwas missverständlich – von einer „Bestellungsurkunde"[54]. Bei einem negativen Ergebnis muss der Drittstaatenversicherer entweder einen anderen 22

[45] Verordnung über die Berichterstattung von Versicherungsunternehmen gegenüber der Bundesanstalt für Finanzdienstleistungsaufsicht (Versicherungsberichterstattungs-Verordnung – BerVersV).
[46] FKBP/*Pohlmann* § 106 Rn. 6; Bähr/*Schöps* § 7 Rn. 47; Goldberg/Müller/*Müller* § 106 Rn. 12.
[47] *Zeides* S. 171; *Wrabetz* NVersZ 2001, 385, 387.
[48] FKBP/*Pohlmann* § 106 Rn. 7.
[49] FKBP/*Pohlmann* § 106 Rn. 7; Bähr/*Schöps* § 7 Rn. 49.
[50] FKBP/*Pohlmann* § 106 Rn. 7.
[51] Vgl. dazu im Einzelnen: Goldberg/Müller/*Müller* § 106 Rn. 18; s. auch Bähr/*Schöps* § 7 Rn. 49.
[52] Rn. 24 f.
[53] *Zeides* S. 171; FKBP/*Pohlmann* § 106 Rn. 6.
[54] Merkblatt zur fachlichen Eignung und Zuverlässigkeit von Geschäftsleitern gemäß VAG v. 23.11.2016 unter I. 4, abrufbar unter www.bafin.de.

Hauptbevollmächtigten bestellen oder sich ggf. gemeinsam mit dem Hauptbevollmächtigen gegen den ablehnenden Verwaltungsakt gerichtlich zur Wehr setzen, falls für einen solchen Verwaltungsrechtsstreit ausreichend Zeit zur Verfügung steht.

23 Der Hauptbevollmächtigte muss seinen **Wohnsitz und ständigen Aufenthalt** im Inland haben.[55] Nicht gesetzlich vorgeschrieben ist hingegen die deutsche Staatsangehörigkeit. Dies kann jedenfalls von Drittstaatenversicherern aus Mitgliedstaaten des WTO-Übereinkommens wegen des GATS[56] nicht verlangt werden.[57] Für die Mitglieder der OECD folgt das Verbot, eine inländische Staatsangehörigkeit zu verlangen, zwar nicht mehr aus dem OECD-Kodex zur Liberalisierung laufender unsichtbarer Operationen.[58] Für sie ergibt sich dies jedoch bereits aus dem GATS, da die Mitglieder der OECD auch Mitglieder der WTO sind.[59]

2. Pflichten und persönliche Voraussetzungen des Hauptbevollmächtigten (Abs. 2 S. 2).

24 Der Hauptbevollmächtigte hat die Pflichten und persönlichen Voraussetzungen zu erfüllen, die das VAG dem Vorstand eines inländischen Unternehmens auferlegt, § 68 Abs. 2 S. 2 VAG. Dementsprechend muss der Hauptbevollmächtigte den in § 24 VAG normierten Anforderungen an die **fachliche Eignung und persönliche Zuverlässigkeit** genügen. Zur Vermeidung von Wiederholungen wird hierzu auf die dortigen Erläuterungen[60] verwiesen. Dabei gelten die zahlenmäßigen Beschränkungen für Geschäftsleiter gemäß § 24 Abs. 3 VAG aber nur insoweit, als dass eine Person zwar Hauptbevollmächtigter zweier Niederlassungen von unterschiedlichen Drittstaatenversicherern sein kann, nicht aber Hauptbevollmächtigter zweier Niederlassungen eines Drittstaatenversicherers in zwei unterschiedlichen Vertrags- und/oder Mitgliedstaaten. Denn Letzterem stünde das Erfordernis entgegen, dass der Hauptbevollmächtigte gemäß § 68 Abs. 2 S. 1 VAG seinen Wohnsitz und ständigen Aufenthalt im Inland zu nehmen hat. Im Übrigen muss der Hauptbevollmächtigte also entsprechend dem Geschäftsleiter eines inländischen Unternehmens unter anderem über hinreichende Kenntnisse der deutschen Rechtsverhältnisse und des deutschen Versicherungswesens verfügen.[61] Nicht zwingend notwendig ist das Beherrschen der deutschen Sprache, da die erforderlichen Kenntnisse und etwaige Kommunikation mit den Versicherten und der Aufsichtsbehörde auch mittels Übersetzungen sichergestellt werden können.[62]

25 Damit die Aufsichtsbehörde im Rahmen des Erlaubniserteilungsverfahrens die Voraussetzungen des zukünftigen Hauptbevollmächtigten überprüfen kann, hat das Unternehmen der BaFin die hierfür erforderlichen Informationen und Unterlagen zu übermitteln. Welche Angaben im Einzelnen verlangt werden, sind einem von der **BaFin** veröffentlichten **Merkblatt**[63] zu entnehmen. Unter anderem wird die Vorlage eines detaillierten Lebenslaufs, eines (polizeilichen) Führungszeugnisses bzw. eines vergleichbaren Nachweises sowie einer persönlichen Erklärung mit Angaben zur Zuverlässigkeit verlangt. Erfüllt der Betreffende die Anforderungen nach § 68 Abs. 2 S. 2 VAG nicht, steht dies der Erteilung der Erlaubnis zum Geschäftsbetrieb im Inland gemäß § 69 Abs. 3 Nr. 2 VAG entgegen.

26 **3. Vertretungsmacht (Abs. 2 S. 3). a) Allgemeines.** Aus § 68 Abs. 2 S. 3 VAG wird ersichtlich, dass die Bestellung des Hauptbevollmächtigten sowohl privatrechtliche als auch öffentlich-rechtliche Auswirkungen hat. Im Hinblick auf die **Stellung** des Hauptbevollmächtigten besteht Einigkeit darüber, dass dieser durch die Bestellung mangels entsprechender Satzungsbestimmungen **kein Organ** der Niederlassung wird.[64] Teilweise wird aber vertreten, es bestehe eine gesetzliche Vertretungsmacht.[65] Dagegen wird jedoch zu recht eingewandt, dass die Vertretungsmacht gerade nicht durch das Gesetz begründet wird.[66] Richtig ist vielmehr, dass der Hauptbevollmächtigte rechtsgeschäftlich bestellter Vertreter ist,[67] wobei sich aus dem Gesetz der unbeschränkbar festgelegte Mindestumfang der Vollmacht ergibt.[68] Zur Bestimmung des **Umfangs der Vollmacht** hat der Gesetzgeber das Mittel der Fiktion gewählt („gilt als ermächtigt").

[55] Weitergehend: *Fürstenwerth/Weiß* S. 314, wonach die Anschrift des Hauptbevollmächtigten mit seiner Geschäftsanschrift übereinstimmen muss.
[56] Übereinkommen über den Handel mit Dienstleistungen (General Agreement on Trade in Services – GATS); vgl. Näheres zum GATS § 67 Rn. 50 f.
[57] Vgl. *Völkel* S. 85.
[58] So noch der OECD-Kodex 2003.
[59] FKBP/*Pohlmann* § 106 Rn. 6.
[60] § 24 Rn. 15 ff.
[61] Bähr/*Schöps* § 7 Rn. 54; Goldberg/Müller/*Müller* § 106 Rn. 12; *Koch* VersR 1986, 401.
[62] Bähr/*Schöps* § 7 Rn. 54; Goldberg/Müller/*Müller* § 106 Rn. 12; *Koch* VersR 1986, 401 verlangen auch hier hinreichende Kenntnisse.
[63] Merkblatt zur fachlichen Eignung und Zuverlässigkeit von Geschäftsleitern gemäß VAG v. 23.11.2016, abrufbar auf bafin.de.
[64] FKBP/*Pohlmann* § 106 Rn. 5; Bähr/*Schöps* § 7 Rn. 48 m. w. N.
[65] Bähr/*Schöps* § 7 Rn. 53 zum inhaltsgleichen alten Recht; a. A. FKBP/*Pohlmann* § 106 Rn. 5.
[66] FKBP/*Pohlmann* § 106 Rn. 5.
[67] FKBP/*Pohlmann* § 106 Rn. 5.
[68] *Wrabetz* NVersZ 2001, 385, 388 f.; FKBP/*Pohlmann* § 106 Rn. 5; vgl. ähnlich auch schon Prölss/*Kollhosser*, 12. Aufl., § 106 Rn. 8 m. w. N.

b) Außenverhältnis. Gemäß § 68 Abs. 2 S. 3 VAG gilt der Hauptbevollmächtigte als ermächtigt, das Unternehmen Dritten gegenüber zu verpflichten. Der Hauptbevollmächtigte ist daher anstelle der Geschäftsleitung des Drittstaatenversicherers **Repräsentant** des Drittstaatenversicherers im Inland bezogen auf die juristisch unselbständige Niederlassung.[69] Er leitet die inländische Niederlassung **selbstständig und unter eigener Verantwortung.**[70] Das bedeutet zum einen, dass er für alle Geschäftsführungsaufgaben der Niederlassung verantwortlich ist. Zum anderen trägt er die alleinige Verantwortung für die Erfüllung sämtlicher Verpflichtungen, die sich nach deutschem Aufsichtsrecht oder sonstigem Öffentlichen Recht, z. B. dem Steuer- oder Währungsrecht, für den Drittstaatenversicherer ergeben. Demzufolge richten sich auch hiermit verbundene Sanktionen an den Hauptbevollmächtigten, wenn bei einem inländischen Unternehmen der Geschäftsleiter adressiert wäre.[71] 27

Die Vertretungsmacht des Hauptbevollmächtigten muss einen gesetzlich vorgegebenen Mindestumfang haben und ist insoweit im Außenverhältnis **nicht beschränkbar** („gilt").[72] Sie deckt alle Geschäfte, die der Geschäftsbetrieb im Inland mit sich bringt. So sind beispielsweise der Abschluss, die Änderung, Aufhebung oder Durchführung von Versicherungsverträgen, die Einstellung und Entlassung von Angestellten der Niederlassung, die Erteilung von Prokura und Handlungsvollmacht für die Zweigniederlassung, Verpflichtungs- und Verfügungsgeschäfte über Grundstücke,[73] der Abschluss und die Änderung von Mietverträgen, die Vermögensverwaltung, die Schadenregulierung, der Abschluss von Bestandsübertragungsverträgen[74] sowie der Verkehr mit der Aufsichtsbehörde von der Vollmacht umfasst.[75] Der Hauptbevollmächtigte hat ferner alle nach deutschem Recht eintragungspflichtigen Rechtsvorgänge zur Eintragung in das Handelsregister anzumelden.[76] Die Verpflichtungsbefugnis deckt darüber hinaus grundsätzlich auch das mit dem Versicherungsbetrieb nicht zusammenhängende Geschäft, allerdings nur, sofern es sich nicht um ein erkennbar **versicherungsfremdes Geschäft** handelt.[77] Allerdings wäre auch das rechtswidrig betriebene versicherungsfremde Geschäft zivilrechtlich wirksam.[78] 28

In **Gerichtsverfahren** ist der Hauptbevollmächtigte allein aktiv und passiv legitimiert.[79] Zivilprozessrechtlich ist er daher sowohl in der Klageschrift als auch im Rubrum des Urteils zu nennen. Zugleich ist der Hauptbevollmächtigte für Behörden und Gerichte Ladungs- und Empfangsbevollmächtigter.[80] Unter Berücksichtigung dieser weitreichenden Funktion kann der Hauptbevollmächtigte im Prozess gegen die Niederlassung nicht als Zeuge vernommen werden.[81] 29

Aus all dem folgt, dass es **keinen Stellvertreter** des Hauptbevollmächtigten geben kann.[82] Schon nach dem Gesetzeswortlaut ist die Bestellung eines stellvertretenden oder zweiten Hauptbevollmächtigten unzulässig.[83] 30

Aufgrund der Ähnlichkeit der Funktion mit der eines gesetzlichen Vertreters und vor dem Hintergrund, dass die Niederlassung trotz ihrer juristischen Unselbständigkeit und des Fehlens von Organen wie eine eigene Rechtspersönlichkeit behandelt wird, ist der Hauptbevollmächtigte **wie ein gesetzlicher Vertreter** der Niederlassung zu behandeln.[84] Wie der Vorstand eines Unternehmens kann der Hauptbevollmächtigte – wie bereits oben[85] erwähnt – Prokura, Handlungsvollmacht oder Einzelvollmacht erteilen.[86] Eine Gesamtprokura kann dergestalt erteilt werden, dass ein Prokurist gemeinschaftlich mit dem Hauptbevollmächtigten der deutschen Niederlassung eines ausländischen Versicherungsunternehmens zur Vertretung berechtigt ist.[87] Der Hauptbevollmächtigte bleibt jedoch immer zugleich alleinvertretungsberechtigt. Dabei unterliegt er aber, da der gesetzliche Mindestumfang seiner Vertretungsmacht nur im Verhältnis zu Dritten gilt, grundsätzlich dem Selbstkontrahierungsverbot des 31

---

[69] Vgl. *Müller*, Versicherungsbinnenmarkt, 1995, S. 193 Rn. 517; FKBP/*Pohlmann* § 106 Rn. 8.
[70] *BGH* Urt. v. 11.2.1953 – II ZR 51/52, BGHZ 9, 34, 39 f = NJW 1953, 542, 543.
[71] Vgl. FKBP/*Pohlmann* § 106 Rn. 8.
[72] *OLG Stuttgart* Beschl. v. 1.10.1998 – 8 W 350/97, VersR 1999, 92, 93; Bähr/*Schöps* § 7 Rn. 53; FKBP/*Pohlmann* § 106 Rn. 8.
[73] S. hierzu *Zeides* S. 172.
[74] Str.: dafür *Zeides* S. 172; FKBP/*Pohlmann* § 106 Rn. 8; Goldberg/Müller/*Müller* § 106 Rn. 16; a. A.: *Koch* VersR 1986, 401, 402.
[75] S. weitere Bsp. in der Vorauflage, Prölss/*Kollhosser*, VAG, 12. Aufl. 2005, § 106 Rn. 9 m. w. N.
[76] FKBP/*Pohlmann* § 106 Rn. 8.
[77] *LG Hamburg* v. 23.10.1957 – 26 T 13/57, VerBAV 1958, 226 = VersR 1958, 747 (nur Ls.); FKBP/*Pohlmann* § 106 Rn. 8.
[78] Vgl. *Wrabetz* NVersZ 2001, 385, 389.
[79] *Wrabetz* NVersZ 2001, 385, 389; so auch Bähr/*Schöps* § 7 Rn. 53 und FKBP/*Pohlmann* § 106 Rn. 8.
[80] Goldberg/Müller/*Müller* § 106 Rn. 16; *Wrabetz* NVersZ 2001, 385, 389; Bähr/*Schöps* § 7 Rn. 53.
[81] So auch *Koch* VersR 1986, 401, 403.
[82] S. *Wrabetz* NVersZ 2001, 385, 389.
[83] S. bereits Rn. 4 sowie Goldberg/Müller/*Müller* § 106 Rn. 13; *Koch* VersR 1986, 401; *Wrabetz* NVersZ 2001, 385, 389; FKBP/*Pohlmann* § 106 Rn. 7.
[84] Vgl. FKBP/*Pohlmann* § 106 Rn. 8.
[85] Rn. 28.
[86] FKBP/*Pohlmann* § 106 Rn. 9.
[87] *OLG Stuttgart* Beschl. v. 1.10.1998 – 8 W 350/97, VersR 1999, 92; FKBP/*Pohlmann* § 106 Rn. 9; Goldberg/Müller/*Müller* § 106 Rn. 20.

§ 181 BGB, von dem er – wie ein Vorstand eines inländischen Versicherers[88] – nicht befreit werden kann.

32 **c) Innenverhältnis.** Das **Innenverhältnis** zwischen dem Drittstaatenversicherer und seinem Hauptbevollmächtigten wird durch den Anstellungs- bzw. Dienstvertrag bestimmt. Anders als dies im Außenverhältnis zulässig ist,[89] kann die Vertretungsmacht des Hauptbevollmächtigten im Innenverhältnis durchaus eingeschränkt werden.[90] Dabei ist solange von der **Zulässigkeit einer Vollmachtsbeschränkung** auszugehen, bis die aufsichtsrechtliche Funktion des Hauptbevollmächtigten ernsthaft gefährdet ist.[91] So ist es – wie bei Vorständen inländischer Versicherer – grundsätzlich zulässig, im Innenverhältnis bestimmte Rechtsgeschäfte von der Zustimmung eines Organs des Unternehmens abhängig zu machen. Auswirkungen gegenüber Dritten hat eine solche Vereinbarung jedoch aufgrund der nicht beschränkbaren Vertretungsmacht im Außenverhältnis nicht.[92] Die schuldhafte Überschreitung der Befugnisse im Innenverhältnis kann ggf. eine Schadensersatzverpflichtung des Hauptbevollmächtigten gegenüber seinem Unternehmen begründen.[93]

33 **d) Wechsel in der Person des Hauptbevollmächtigten.** Beabsichtigt der Drittstaatenversicherer, die Position des Hauptbevollmächtigten neu zu besetzen, muss er dies der BaFin vor der Neubestellung gemäß §§ 67 Abs. 2 S. 1 i. V. m. 47 Nr. 1 VAG anzeigen und die Prüfung abwarten, ob aus deren Sicht Einwände gegen die beabsichtigte Bestellung des neuen Hauptbevollmächtigten bestehen.[94] Bis dahin sollte der Drittstaatenversicherer mit der Abberufung des bisherigen Hauptbevollmächtigten warten. Es ist nämlich zu vermeiden, dass zwischen den Amtszeiten beider Personen eine Übergangszeit entsteht, in der für die Niederlassung kein Hauptbevollmächtigter bestellt ist. Denn in einem solchen Fall lägen die Voraussetzungen für die Erlaubniserteilung gemäß § 69 Abs. 3 VAG nicht mehr vor, so dass die Aufsichtsbehörde die Erlaubnis gemäß § 71 S. 2 i. V. m. § 304 Abs. 3 Nr. 1 VAG widerrufen könnte. Allerdings wird ggf. die **Bestellung eines Sonderbeauftragten** gemäß § 307 VAG als mildere Maßnahme in Betracht kommen. Diese Vorschrift ist jedoch nicht direkt anwendbar, da dem Wortlaut nach nur ein Organ eines Unternehmens durch den Sonderbeauftragten ersetzt werden kann.[95] Fehlt ein Hauptbevollmächtigter, weil der bisherige plötzlich verstorben ist, wird die BaFin dem Drittstaatenversicherer ausreichend Zeit gewähren, um einen Nachfolger zu bestimmen. Dieser Zeitraum wird aber eher in Wochen als in Monaten zu bemessen sein und sollte sechs Wochen nicht überschreiten.

34 Bei dem Ausscheiden eines Hauptbevollmächtigten ist auch eine von der BaFin ausgegebene Bestellungsurkunde zurückzugeben.[96] Dadurch soll eine missbräuchliche Verwendung ausgeschlossen werden.

35 **4. Eintragung ins Handelsregister (Abs. 2 S. 4).** § 68 Abs. 2 S. 4 VAG verlangt die Anmeldung des Hauptbevollmächtigten zur Eintragung in das **Handelsregister**.[97] Für die Registereintragung besteht nach der Gesetzesbegründung ein praktisches Bedürfnis.[98] Dies lässt sich damit begründen, dass durch die Eintragung in das Handelsregister die Ausstellung bzw. Vorlage einer Bestellungsurkunde zum Nachweis der Legitimation wie beim Vorstand eines im Inland ansässigen Versicherungsunternehmens entbehrlich ist.[99] Das gilt nach § 32 GBO gleichfalls gegenüber Grundbuchämtern, und zwar unabhängig von der Rechtsform des ausländischen Versicherungsunternehmens.[100]

36 **IV. Sicherheiten (Abs. 3).** § 68 Abs. 3 VAG ist in engem Zusammenhang mit § 69 Abs. 2 S. 5 und 6, Abs. 3 Nr. 3 VAG zu lesen. Stellt das Unternehmen die nach diesen Regelungen geforderten Sicherheiten (feste Kaution), ermächtigt § 68 Abs. 3 VAG die BaFin dazu, sich in den **Rückgabebedingungen** vorzubehalten, über die Sicherheiten im Interesse der Versicherten zu verfügen.[101] Damit wird klargestellt, dass die Bundesanstalt hierfür nicht der Einschaltung des Hauptbevollmächtigten bedarf.[102]

---

[88] *VGH Kassel* Beschl. v. 1.7.2016 – 6 A 1590/15.
[89] S. Rn. 28.
[90] S. hierzu ausführlicher *Wrabetz* NVersZ 2001, 385, 390; vgl. auch FKBP/*Pohlmann* § 106 Rn. 10.
[91] *Zeides* S. 173.
[92] So auch FKBP/*Pohlmann* § 106 Rn. 10.
[93] Vgl. FKBP/*Pohlmann* § 106 Rn. 10.
[94] So schon Prölss/*Kollhosser*, 12. Aufl., § 106 Rn. 12, allerdings ohne Annahme einer gesetzlichen Verpflichtung, was dem damaligen Recht des § 13d Nr. 1 VAG a. F. entsprach. S. im Übrigen § 47 Rn. 10 ff.
[95] S. hierzu § 307 Rn. 8 ff.
[96] S. Merkblatt der BaFin zur fachlichen Eignung und Zuverlässigkeit von Geschäftsleitern gemäß VAG v. 23.11.2016 unter I. 4, abrufbar unter www.bafin.de.
[97] Seit Ergänzung der Vorschrift des damaligen § 106 Abs. 3 VAG a. F. durch Art. 1 Nr. 35 des 14. Änderungsgesetz von 1983 (BGBl. 1983 I 382) ist die früher streitige Frage der Eintragungsfähigkeit des Hauptbevollmächtigten geklärt.
[98] Begr. RegE 14. Änderungsgesetz zum VAG, BT-Drs. 9/1493, 29.
[99] FKBP/*Pohlmann* § 106 Rn. 7.
[100] FKBP/*Pohlmann* § 106 Rn. 7.
[101] Zu den geforderten Sicherheiten s. § 69 Rn. 20 f.
[102] *Laars* § 106 Rn. 2; FKBP/*Pohlmann* § 106 Rn. 11.

Für Versicherungsunternehmen mit Sitz in der **Schweiz** sind in diesem Zusammenhang die Sonderregelungen des am 10.10.1989 unterzeichneten Abkommens mit der EWG[103] zu beachten. Gemäß Art. 11.2 dieses Abkommens sind von Schweizer Versicherern, die das Nichtlebensversicherungsgeschäft betreiben, Sicherheiten und Kautionen nicht zu stellen.[104] 37

Gesetzlich nicht vorgeschrieben ist, in welchem **Zeitpunkt** die BaFin die Bedingungen für die Rückgabe festzulegen hat. Daraus könnte geschlussfolgert werden, dass die Festsetzung durch die BaFin theoretisch auch erst nach Erteilung der Erlaubnis möglich ist. Zum Schutz des antragstellenden Unternehmens ist es jedoch sachgerecht, zu verlangen, dass die BaFin bereits im Zeitpunkt der Stellung der Kaution, also noch vor Erteilung der Erlaubnis (vgl. § 69 Abs. 3 Nr. 3 VAG), den Versicherer über die Rückgabebedingungen aufzuklären hat. 38

V. Verhältnis zu anderen Regelungen des VAG. § 68 VAG steht in engem Zusammenhang mit den Regelungen zum **Erlaubniserteilungsverfahren** gemäß § 69 VAG. So kann gemäß § 69 Abs. 3 Nr. 2 VAG dem Drittstaatenversicherer die Erlaubnis zum Geschäftsbetrieb im Inland nur erteilt werden, wenn neben weiteren Bedingungen die Voraussetzungen des § 68 Abs. 1 und 2 VAG erfüllt sind. In diesem Fall ist die Erlaubnis aber auch zu erteilen.[105] 39

Außerdem korrelieren die Vorschriften über die vom Unternehmen zu stellenden Sicherheiten miteinander (§ 68 Abs. 3 VAG sowie § 69 Abs. 2 S. 5 und 6, Abs. 3 Nr. 3).[106] 40

Für Unternehmen, die ihren **Sitz in der EU bzw. im EWR** haben, finden teilweise die Regelungen des § 68 Abs. 2 VAG entsprechende Anwendung. So ist bei EU-/EWR-Erstversicherungsunternehmen gemäß § 62 Abs. 1 S. 2 Nr. 2 und bei EU-/EWR-Rückversicherungsunternehmen gemäß § 169 Abs. 4 S. 1 VAG die Regelung des § 68 Abs. 2 S. 4 VAG entsprechend anwendbar, wonach der Hauptbevollmächtigte zur Eintragung in das Handelsregister anzumelden ist. Im Hinblick auf Versicherer mit Sitz in der EU/dem EWR, auf die die Solva II-RL keine Anwendung findet, ordnet zudem § 65 Abs. 2 VAG eine entsprechende Anwendbarkeit des gesamten § 68 Abs. 2 VAG unter besonderen Maßgaben an. 41

Die vorsätzliche oder leichtfertige Zuwiderhandlung einer Rechtsverordnung nach § 68 Abs. 1 S. 4 i. V. m. § 39 Abs. 1 S. 1 VAG oder einer vollziehbaren Anordnung aufgrund einer solchen Rechtsverordnung stellt gemäß § 332 Abs. 2 Nr. 2 VAG eine **Ordnungswidrigkeit** dar, soweit die Rechtsverordnung für einen bestimmten Tatbestand auf diese Bußgeldvorschrift verweist. Die auf Grundlage von § 39 VAG erlassene BerVersV enthält einen solchen Verweis in § 25 BerVersV. 42

Antrag; Verfahren

69 (1) [1]**Der Antrag nach § 67 ist bei der Bundesanstalt zu stellen.** [2]**Mit dem Antrag sind einzureichen:**

1. der Geschäftsplan nach § 9 Absatz 2 und 3 und die in § 9 Absatz 4 genannten Angaben und Unterlagen für die Niederlassung und die Satzung des Unternehmens; zugleich sind die Mitglieder des zur gesetzlichen Vertretung befugten Organs und eines Aufsichtsorgans zu benennen;

2. eine Bescheinigung der zuständigen Behörde des Sitzlandes darüber,

a) dass das Unternehmen an seinem Sitz unter seinem Namen Rechte erwerben und Verbindlichkeiten eingehen, vor Gericht klagen und verklagt werden kann sowie

b) welche Versicherungssparten das Unternehmen zu betreiben befugt ist und welche Arten von Risiken es tatsächlich deckt und

3. die Bilanz sowie die Gewinn-und-Verlustrechnung für jedes der drei letzten Geschäftsjahre; besteht das Unternehmen noch nicht drei Jahre, so hat es diese Unterlagen nur für die bereits abgeschlossenen Geschäftsjahre vorzulegen.

(2) [1]**Die Anforderungen an die finanzielle Ausstattung richten sich nach Teil 2 Kapitel 2 Abschnitt 1 und 2.** [2]**Sie bemessen sich nach dem Geschäftsumfang der Niederlassung.** [3]**Die Vermögenswerte, die den Gegenwert der Solvabilitätskapitalanforderung bilden, müssen mindestens in Höhe der Mindestkapitalanforderung im Inland, im Übrigen im Gebiet der Mitglied- oder Vertragsstaaten belegen sein.** [4]**Sie dürfen 50 Prozent der nach der Rechtsverordnung gemäß § 122 Absatz 2 festgelegten absoluten Untergrenze der Mindestkapitalanforderung nicht unterschreiten.** [5]**Das Unternehmen hat sich ferner zu verpflichten, eine Sicherheit (feste Kaution) zu stellen.** [6]**Die feste Kaution beträgt mindestens 25 Prozent der**

[103] Abkommen zwischen der Europäischen Wirtschaftsgemeinschaft und der Schweizerischen Eidgenossenschaft betreffend die Direktversicherung mit Ausnahme der Lebensversicherung, ABl. L 205, 3.
[104] *Bornschlegl* S. 435.
[105] S. dazu näher § 67 Rn. 44 ff.
[106] Vgl. hierzu näher Rn. 36 ff.

absoluten Untergrenze der Mindestkapitalanforderung. [7]Die feste Kaution wird auf die Eigenmittel angerechnet.

(3) **Die Erlaubnis kann erteilt werden, wenn**

1. keiner der Gründe des § 11 zum Versagen der Erlaubnis vorliegt,
2. die Voraussetzungen des § 68 Absatz 1 und 2 erfüllt sind und
3. der als feste Kaution geforderte Betrag gestellt ist.

(4) **Soll der Geschäftsbetrieb auf andere Versicherungssparten oder ein anderes Gebiet im Inland ausgedehnt werden, so sind die Absätze 1 bis 3 entsprechend anzuwenden.**

(5) **Absatz 2 Satz 5 und 6, Absatz 3 Nummer 3, Absatz 4, § 70 Absatz 1 Satz 1 Nummer 2 und § 71 Satz 1 Nummer 2 finden keine Anwendung bei inländischen Niederlassungen von Rückversicherungsunternehmen mit Sitz in einem Drittstaat.**

Übersicht

Schrifttum: Siehe die Angaben bei § 67.

1 **I. Allgemeines. 1. Entstehungsgeschichte.** Die Bestimmungen des **§ 69 Abs. 1 bis 4 VAG** entsprechen weitgehend dem bisherigen § 106b Abs. 1 bis 4 VAG a. F.[1] Im Übrigen wurden die Regelungsinhalte des § 106b VAG a. F. aus sprachlichen Gründen auf die §§ 70 und 71 VAG aufgeteilt.[2] Im Unterschied zur alten Rechtslage weist § 69 Abs. 1 VAG die Kompetenz zur Entscheidung über den Zulassungsantrag nicht mehr dem Bundesministerium für Finanzen (BMF – so noch § 106b Abs. 1 S. 1 VAG a. F. –, sondern nunmehr der BaFin zu.[3] Damit sind Folgeänderungen im Rahmen des § 69 Abs. 3 Nr. 1 VAG verbunden, wonach eine vorbereitende schriftliche Stellungnahme der BaFin sowie eine vorherige Anhörung des Versicherungsbeirates (§ 325 VAG) nicht mehr verlangt werden (so noch § 106b Abs. 4 Nr. 1 VAG a. F.).

2 Weitere Unterschiede betreffen hauptsächlich Änderungen des Wortlauts. Insbesondere ist § 69 Abs. 2 VAG begrifflich an die neuen Solvabilitätsanforderungen unter Solvency II angepasst worden.

3 § 106b VAG ist durch das **Erste Durchführungsgesetz/EWG zum VAG** v. 18.12.1975[4] in das Gesetz eingefügt worden. Seitdem hat die Vorschrift inhaltlich keine wesentlichen Änderungen erfahren. So sind durch das **Zweite Durchführungsgesetz/EWG zum VAG** v. 28.6.1990[5] hauptsächlich redaktionelle Änderungen infolge der Neugliederung des damaligen VI. Abschnitts zu Versicherungsunternehmen mit Sitz im Ausland erfolgt.[6] Bei den Änderungen durch das **Dritte Durchführungsgesetz/EWG zum VAG v. 21.7.1994**[7] und das VAG-Änderungsgesetz v. 21.12.2000[8] handelte es sich insbesondere um Folgeänderungen und Änderungen im Gesetzeswortlaut. Zu erwähnen ist allenfalls, dass durch das letztgenannte Gesetz der damalige § 106b Abs. 3 S. 2 VAG a. F. eingefügt wurde, der klarstellte, dass bei Veränderungen des Geschäftsbetriebs durch Aufnahme anderer Versicherungssparten

[1] Die Begr. VAG-RegE 2014, BT-Drs. 18/2956, 256 spricht indes von Absatz 1 und 4 (statt *bis*).
[2] Begr. VAG-RegE 2014, BT-Drs. 18/2956, 256.
[3] Begr. VAG-RegE 2014, BT-Drs. 18/2956, 256; s. hierzu Rn. 8.
[4] BGBl. 1975 I 3139.
[5] BGBl. 1990 I 1249, 1254.
[6] S. Begr. RegE Zweites Durchführungsgesetz/EWG zum VAG, BT-Drs. 11/6341, 6, 24.
[7] BGBl. 1994 I 1630, 1652.
[8] BGBl. 2000 I 1857.

oder durch Ausdehnung auf ein anderes Gebiet im Inland das BAV (heute: BaFin) anstelle des BMF zuständig war.[9] Im VAG 2016 bedurfte es einer entsprechenden Regelung allerdings nicht mehr, weil die BaFin nunmehr auch über den erstmaligen Antrag der Erlaubnis entscheidet.[10]

Die in § 69 Abs. 5 VAG normierte Sonderregelung für inländische Niederlassungen von Rückversicherungsunternehmen mit Sitz in einem Drittstaat folgt aus § 121i Abs. 2 S. 3 VAG a. F., der durch das 8. VAG-Änderungsgesetz v. 28.5.2007[11] in das VAG eingefügt wurde. 4

2. Normzweck. § 69 VAG regelt die **formellen und materiellen Voraussetzungen** für die Erteilung einer Geschäftsbetriebserlaubnis nach § 67 VAG. Die Vorschrift fasst insoweit die für Drittstaatenversicherer geltenden **Sonderregelungen** zusammen.[12] Dabei enthält § 69 Abs. 1 VAG Einzelheiten zu den formellen Voraussetzungen des vom Unternehmen zu stellenden **Antrags.** Festgelegt werden namentlich der Adressat des Antrags sowie die einzureichenden Unterlagen und Angaben. § 69 Abs. 2 VAG statuiert die materiellen Anforderungen an die Kapitalausstattung, denen die zu errichtende Niederlassung genügen muss. Der Regelung des § 69 Abs. 3 VAG kommt insofern wesentliche Bedeutung zu, als sie die **Mindestvoraussetzungen** für die Gewährung der Erlaubnis auflistet. Die Vorschrift klärt, dass die Entscheidung über die Erteilung der Erlaubnis im **Ermessen der Aufsichtsbehörde** („*kann*") steht. Allerdings ist das Ermessen mit Blick auf eine jedenfalls nach dem OECD-Kodex zu gewährende Inländerbehandlung auf null reduziert, wenn kein Versagungsgrund vorliegt. Versicherungsunternehmen aus Drittstaaten haben somit in diesem Umfang wie Inländer einen Rechtsanspruch auf Gewährung der Erlaubnis.[13] Die Bestimmung des § 69 Abs. 4 VAG ordnet die entsprechende Anwendung der Absätze 1 bis 3 für die parallelen Tatbestände der Ausdehnung des Geschäftsbetriebs auf andere Versicherungssparten oder ein anderes Gebiet im Inland an. § 69 Abs. 5 VAG enthält Ausnahmen für Niederlassungen von Rückversicherungsunternehmen. 5

3. Europarechtlicher Hintergrund. Die Vorgängerregelungen des § 69 Abs. 1 – 4 VAG (§ 106b VAG a. F.) gehen im Wesentlichen auf die Ersten EG-Versicherungsrichtlinien[14] zurück, die insbesondere durch die nachfolgenden Richtlinien der sog. zweiten und dritten Generation geändert wurden. Die Dritte Richtlinie Lebensversicherung wurde im Jahr 2002 durch die Richtlinie über Lebensversicherungen[15] neugefasst. Sowohl diese Richtlinie als auch die Schadenversicherungsrichtlinien sind in der **Solva II-RL**[16] aufgegangen.[17] Die Bestimmungen des neuen § 69 VAG setzen laut Gesetzesbegründung Art. 162 und 168 Solva II-RL um.[18] Dabei orientiert sich § 69 Abs. 1 S. 2 VAG an der in Art. 162 Abs. 2 lit. h Solva II-RL normierten Verpflichtung zur Vorlage eines Tätigkeitsplans der Niederlassung. Die in § 69 Abs. 2 und 3 VAG aufgestellten materiellen Anforderungen entsprechen den Vorgaben des Art. 162 Abs. 2 Solva II-RL. Der in der Gesetzesbegründung angesprochene Zusammenhang mit Art. 168 Solva II-RL erklärt sich insoweit, als dieser auf Art. 34 Solva II-RL verweist, der von den Mitgliedstaaten die Sicherstellung allgemeiner Aufsichtsbefugnisse verlangt. Im Übrigen nimmt Art. 168 Solva II-RL insbesondere Bezug auf die Vorschriften zu Unternehmen in Schwierigkeiten (Art. 137 ff. Solva II-RL), auf deren nationale Umsetzungsvorschriften (§§ 132 ff. VAG) die Vorschrift des § 69 VAG allerdings nicht verweist. Insoweit ergibt sich der Verweis aber aus § 67 Abs. 2 S. 1 VAG. 6

Zur Konkretisierung der Richtlinienvorgaben hat die europäische Aufsichtsbehörde **EIOPA** Leitlinien für die Beaufsichtigung von Zweigniederlassungen von Versicherungsunternehmen aus Drittländern[19] erlassen. Die BaFin hat im Zuge des Comply-Explain-Verfahrens erklärt, diese Leitlinien vollständig anzuwenden.[20] Das Ziel der Leitlinien besteht laut EIOPA insbesondere darin, mindestens den gleichen Grad an Schutz für Versicherungsnehmer einer Zweigniederlassung eines Drittstaatenversicherers sicherzustellen, den sie genießen, wenn sie geschäftlich mit in der EU/dem EWR niedergelassenen Versicherungsunternehmen verkehren.[21] 7

II. Antrag (Abs. 1). 1. Zuständigkeit (Abs. 1 S. 1). Gemäß § 69 Abs. 1 S. 1 VAG ist der „Antrag nach § 67 VAG", also der Antrag eines Drittstaatenversicherers auf Erteilung einer Erlaubnis zum Geschäftsbetrieb im Inland, wie bisher bei der **BaFin** zu stellen. Anders als nach altem Recht (§ 106b 8

[9] S. hierzu Rn. 29 f.
[10] S. näher Rn. 8.
[11] BGBl. 2007 I 923.
[12] Vgl. Begr. RegE Erstes Durchführungsgesetz/EWG zum VAG, BT-Drs. 7/3687, 23.
[13] S. hierzu § 67 Rn. 44, 49.
[14] RL 73/239/EWG v. 24.7.1973, ABl. EG L 228, 3 (Erste Richtlinie Schadenversicherung) und RL 79/267/EWG v. 5.3.1979, ABl. EG L 63, 1 (Erste Richtlinie Lebensversicherung).
[15] RL 2002/83/EG v. 5.11.2002, ABl. EU L 345, 1.
[16] RL 2009/138/EG v. 25.11.2009, ABl. EU 2009 L 335, 1, geändert durch die RL 2014/51/EU v. 16.4.2014, ABl. EU 2014 L 153, 1 (Omnibus II).
[17] Vgl. 1. Erwägungsgrund der Solva II-RL.
[18] Begr. VAG-RegE 2014, BT-Drs. 18/2956, 256.
[19] EIOPA-BoS-15/110 DE.
[20] Vgl. Übersicht über die Erklärungen der Mitgliedstaaten unter eiopa.europa.eu auf der Übersichtsseite zu den Guidelines.
[21] EIOPA-BoS-15/110 DE, Einleitung, Ziff. 1.3.

Abs. 1 S. 1 VAG a. F.) entscheidet über diesen Antrag jedoch nicht mehr das BMF, sondern nunmehr ebenfalls die BaFin. Dies ist zwar nicht ausdrücklich gesetzlich geregelt; hierfür besteht letztlich aber kein Bedürfnis, weil sich die Zuständigkeit der BaFin mangels abweichender Regelung bereits daraus ergibt, dass die BaFin Adressatin des Antrags ist.[22] Im Hinblick auf den Grund für die Änderung der Zuständigkeiten wird im Regierungsentwurf auf die Begründung zu § 62 VAG verwiesen.[23] Diese Bezugnahme läuft allerdings mangels entsprechender Ausführungen an dieser Stelle leer. Demgegenüber findet sich in der Begründung zu § 66 VAG, der ebenfalls einen Zuständigkeitswechsel vom bisher zuständigen BMF zur BaFin enthält,[24] die Erklärung, dass die BaFin aufgrund „ihrer Einbindung in die europäische und internationale Versicherungsaufsicht (…) besser in der Lage [ist], Anträge einzelner Unternehmen zu beurteilen."[25] Diese Begründung ist auch im Rahmen von § 69 VAG richtig. Denn zum einen war bereits nach alter Rechtslage der Antrag auf Erlaubniserteilung bei der BaFin zu stellen. Zum anderen kam der BaFin aber auch unter materiellen Gesichtspunkten eine entscheidende Rolle im Erlaubnisverfahren zu. So setzte § 106b Abs. 4 Nr. 1 VAG a. F. eine gutachterliche Stellungnahme seitens der BaFin zu der – für die Antragsbescheidung maßgeblichen – Frage voraus, ob ein Erlaubnisversagungsgrund i. S. d. früheren § 8 VAG a. F. vorlag. Heute hat die BaFin daneben weitere Aspekte zu prüfen.[26] Demgegenüber lässt sich aus dem Zuständigkeitswechsel auch der Wille des Gesetzgebers ablesen, dass nunmehr politische Elemente im Rahmen der Entscheidung keine Rolle mehr spielen sollen – denn die BaFin ist keine politische Behörde.[27]

9 **2. Einzureichende Unterlagen (Abs. 1 S. 2).** Mit dem Antrag auf Erteilung der Erlaubnis zum Geschäftsbetrieb sind die in § 69 Abs. 1 S. 2 Nr. 1 bis 3 VAG aufgeführten Unterlagen einzureichen.

10 **a) Geschäftsplan (Abs. 1 S. 2 Nr. 1).** Wie bei einem inländischen Unternehmen ist mit dem Antrag der **Geschäftsplan** nach § 9 Abs. 2 und 3 VAG sowie die in § 9 Abs. 4 VAG genannten Angaben und Unterlagen, wie beispielsweise die Angaben zur Geschäftsorganisation und zu Inhabern bedeutender Beteiligungen an dem Drittstaatenversicherer, einzureichen.[28] Die BaFin soll hierdurch einen Einblick in die innere und äußere Organisation des Unternehmens und in bestehende wirtschaftliche Verflechtungen gewinnen können.[29] Zu den Bestandteilen des vorzulegenden Geschäftsplans zählt gemäß § 9 Abs. 2 Nr. 1 VAG auch die Satzung. Da eine Niederlassung über eine Satzung gar nicht verfügt,[30] läuft dieser Verweis leer.[31] Dieses Verständnis bestätigt auch § 69 Abs. 1 S. 2 Nr. 1 Hs. 1 VAG a. F., der ausdrücklich die Beibringung der **Unternehmenssatzung** verlangt – also die Satzung des Drittstaatenversicherers. Dies dient u. a. dazu, die Rechtsform des Unternehmens festzustellen und zu erkennen, ob das Erlaubnisverfahren durch ein zuständiges Organ durchgeführt wird.[32] Dementsprechend sollen gemäß § 69 Abs. 1 S. 2 Nr. 1 Hs. 2 VAG zugleich die Unterlagen über die Mitglieder des zur **gesetzlichen Vertretung befugten Organs** und eines **Aufsichtsorgans**, soweit ein solches vorhanden ist, vorgelegt werden.[33] Die BaFin kann auf diese Weise auch nachvollziehen, welche Personen nach dem Recht des Sitzlandes bzw. nach der Organisation des Drittstaatenversicherers an der Bestellung des Hauptbevollmächtigten mitwirken können.[34] Dementsprechend ist jedes einzelne Mitglied des jeweiligen Organs zu benennen.

11 **b) Bescheinigungen der Sitzlandbehörde (Abs. 1 S. 2 Nr. 2). aa) Partei- und Rechtsfähigkeit (Nr. 2 lit. a).** Anders als bei Unternehmen mit Sitz in der EU/dem EWR (insoweit ergibt sich die Rechts- und Parteifähigkeit aus dem Rechtformenzwang für Versicherungsunternehmen gemäß Art. 17 Solva II-RL) muss darüber hinaus gemäß § 69 Abs. 1 S. 2 Nr. 2 lit. a VAG eine Bescheinigung eingereicht werden, mit der die zuständige Behörde des Sitzlandes die **Rechts- und Parteifähigkeit** des Unternehmens bestätigt.[35] Die BaFin ist folglich nicht darauf angewiesen, diese Voraussetzungen, die sich nach dem Recht des Sitzlandes bemessen, selbst zu prüfen.[36] Bei der zuständigen Behörde am Sitz des Drittstaatenversicherers wird es sich regelmäßig um eine für die Versicherungsaufsicht zuständige

[22] S. hinsichtlich der Entscheidungskompetenz der BaFin ausdrücklich Begr. VAG-RegE 2014, BT-Drs. 18/2956, 256.
[23] Begr. VAG-RegE 2014, BT-Drs. 18/2956, 256.
[24] S. hierzu § 66 Rn. 53.
[25] Begr. VAG-RegE 2014, BT-Drs. 18/2956, 256.
[26] S. Rn. 22 ff.
[27] S. hierzu § 67 Rn. 45. Im Hinblick auf den Widerruf einer Erlaubnis nach § 71 VAG s. die ähnlichen Erwägungen bei § 71 Rn. 13.
[28] S. im Einzelnen die Ausführungen bei § 9.
[29] Vgl. auch Bähr/*Schöps* § 7 Rn. 57.
[30] FKBP/*Pohlmann* § 106b Rn. 4.
[31] Bähr/*Schöps* § 7 Rn. 63.
[32] FKBP/*Pohlmann* § 106b Rn. 4.
[33] a. A. Goldberg/Mülller/*Müller* § 106b Rn. 9 i. V. m. § 106a Rn. 10, der davon ausgeht, dass diese Regelung keine Bedeutung hat.
[34] FKBP/*Pohlmann* § 106b Rn. 4; Bähr/*Schöps* § 7 Rn. 58.
[35] Begr. RegE zum Ersten Durchführungsgesetz/EWG zum VAG, BT-Drs. 7/3687, 23.
[36] FKBP/*Pohlmann* § 106b Rn. 5.

Behörde handeln. Dies muss aber nicht notwendigerweise so sein. Vielmehr kann das Recht des Sitzlandes auch die Zuständigkeit einer anderen Behörde oder auch eines Gerichts vorsehen.[37] In solchen Fällen hat die danach befugte Stelle die erforderliche Bescheinigung zu erteilen.

bb) Umfang der Zulassung und des tatsächlichen Geschäftsbetriebs (Nr. 2 lit. b). Weiterhin ist gemäß § 69 Abs. 1 S. 2 Nr. 2 lit. b VAG eine Bescheinigung der Sitzlandbehörde darüber erforderlich, für welche **Versicherungssparten** das Unternehmen zugelassen ist und welche **Arten von Risiken** es tatsächlich deckt. Dadurch soll der Aufsichtsbehörde die Prüfung erleichtert werden, ob das ausländische Versicherungsunternehmen über die zum beabsichtigten Betrieb des konkreten Versicherungsgeschäfts im Inland erforderliche **Erfahrung** verfügt.[38] Dies wird regelmäßig anzunehmen sein, wenn das Unternehmen für die tatsächlich betriebenen Sparten zugelassen ist und es diese Sparten nun über die Niederlassung betreiben möchte.[39] 12

Diese Regelung kann problematisch sein, wenn das Aufsichtsrecht des Drittstaates überhaupt kein Spartensystem kennt. In diesem Fall ist nachzuweisen, in welchem Umfang der Drittstaatenversicherer im Sitzland Versicherungsgeschäft betreibt. 13

Sofern ein Drittstaatenversicherer im Sitzland für eine Sparte nicht zugelassen sein sollte, die er über eine Niederlassung im Inland betreiben möchte, soll nach einer weit verbreiteten Auffassung die Erlaubnis nicht zwingend zu versagen sein. Vielmehr könne es unterschiedliche, einer Erlaubnis nicht widersprechende Gründe geben, warum der Drittstaatenversicherer die Sparten an seinem Sitz nicht betreibt.[40] Es sei deshalb allein darauf abzustellen, ob die Interessen der deutschen Versicherten hierdurch beeinträchtigt werden könnten.[41] Dem letztgenannten Argument ist zwar im Grundsatz zuzustimmen. Jedoch dürfte gerade dann, wenn der hinter der Niederlassung stehende Drittstaatenversicherer über keinerlei Erfahrung bei dem Betrieb der betreffenden Sparten verfügt, das **Risiko der Gefährdung der Versicherteninteressen** besonders hoch sein. Vor diesem Hintergrund ist in diesen Fällen zumindest eine Bestätigung der Sitzlandbehörde des Drittstaatenversicherers beizubringen, dass diese gegen den Betrieb dieser Sparte über die Niederlassung in Deutschland keine Bedenken hat (arg. e. § 12 Abs. 3 VAG für den umgekehrten Fall). 14

c) Bilanz sowie Gewinn- und Verlustrechnung (Abs. 1 S. 2 Nr. 3). Schließlich hat das Unternehmen nach § 69 Abs. 1 S. 2 Nr. 3 VAG die **Bilanz** sowie die **Gewinn- und Verlustrechnung** der letzten drei Geschäftsjahre einzureichen. Für den Fall, dass das Unternehmen noch nicht drei Jahre besteht, wird die Vorlage nur für die bereits abgeschlossenen Geschäftsjahre verlangt. Dies versetzt die Aufsichtsbehörde in die Lage, die finanzielle Ausstattung und die wirtschaftliche Lage des Drittstaatenversicherers prüfen zu können.[42] Liegen die Eigenmittel in erheblichem Maße unter den von inländischen Versicherern zu fordernden Eigenmitteln, wird eine Erlaubnis regelmäßig nicht zu erteilen sein.[43] 15

III. Finanzielle Ausstattung (Abs. 2). 1. Mindestanforderungen (Abs. 2 S. 1–4). § 69 Abs. 2 VAG stellt bei Drittstaatenversicherern dieselben Mindestanforderungen an die **Kapitalausstattung** der Niederlassung wie bei Inlandsunternehmen, um eine Besserstellung der Drittstaatenversicherer gegenüber den EU-/EWR-Versicherern auszuschließen.[44] Gemäß § 69 Abs. 2 S. 1 VAG richten sich die Anforderungen an die Kapitalausstattung nach Teil 2 Kapitel 2 Abschnitt 1 und 2 des VAG. Es kommen also sowohl die Vorschriften zur Solvabilitätsübersicht (§§ 74–88 VAG) als auch zu den Solvabilitätsanforderungen (§§ 89–123 VAG) zur Anwendung.[45] Insbesondere muss der Drittstaatenversicherer über eine ausreichende **Solvabilität** verfügen. Gleichzeitig sind die mit den Anforderungen nach § 69 Abs. 2–4 VAG verbundenen Besonderheiten zu beachten, die auf den Vorgaben des Art. 162 Abs. 2 lit. e und f Solva II-RL beruhen.[46] Dabei handelt es sich um **Mindestanforderungen** (vgl. auch Art. 162 Abs. 2 Solva II-RL „zumindest"), so dass die BaFin – im gleichen Umfang wie bei EU-/EWR-Versicherern – befugt ist, auch höhere Anforderungen zu stellen.[47] 16

Zunächst bestimmt § 69 Abs. 2 S. 2 VAG, dass sich die Kapitalanforderungen nach dem **Geschäftsumfang der Niederlassung** bemessen. Da die Niederlassung im Zeitpunkt des Erlaubnisverfahrens noch nicht errichtet ist, lässt sich dabei der (beabsichtigte) Geschäftsumfang lediglich auf der Grundlage der nach § 69 Abs. 1 VAG beizubringenden Unterlagen und Angaben bestimmen. Auf dieser Basis müssen folglich die Eigenmittel für den beabsichtigten Geschäftsumfang der Niederlassung auf Basis 17

[37] FKBP/*Pohlmann* § 106b Rn. 5.
[38] Bähr/*Schöps* § 7 Rn. 60; FKBP/*Pohlmann* § 106b Rn. 6.
[39] Bähr/*Schöps* § 7 Rn. 60.
[40] FKBP/*Pohlmann* § 106b Rn. 6; vgl. auch Prölss/*Kollhosser*, 12. Aufl., § 106b Rn. 4.
[41] Bähr/*Schöps* § 7 Rn. 60; Goldberg/Müller/*Müller* § 106b Rn. 6; FKBP/*Pohlmann* § 106b Rn. 6.
[42] Vgl. auch Begr. RegE Erstes Durchführungsgesetz/EWG zum VAG, BT-Drs. 7/3687, 23.
[43] Bähr/*Schöps* § 7 Rn. 61.
[44] So schon *Völkel* S. 86; FKBP/*Pohlmann* § 106b Rn. 9.
[45] Zu den Anforderungen nach den §§ 74 ff., 89 ff. VAG s. die Kommentierung der einzelnen Vorschriften.
[46] Zu den Kapitalanforderungen s. auch EIOPA-BoS-15/110 DE, LL 22–26.
[47] Bähr/*Schöps* § 7 Rn. 85.

eines Business-Plans ausreichen. Aber selbst wenn dies der Fall ist, kann über den Wortlaut des § 69 Abs. 2 S. 2 VAG hinaus eine Versagung der Erlaubnis dann gerechtfertigt sein, wenn die Kapitalausstattung des gesamten Drittstaatenversicherers zu gering ist, um die Niederlassung in Krisenzeiten stützen zu können (arg. e. § 18 Abs. 1 Nr. 6 VAG[48]).[49] Dementsprechend ist die BaFin nicht gehindert, diesen Umstand auch im Rahmen der Ermessensentscheidung nach § 69 Abs. 3 VAG zu berücksichtigen. Sie ist allerdings ebenso wie bei Inhabern bedeutender Beteiligungen nicht in der Lage, den Drittstaatenversicherer in Krisenzeiten auch zu einem Nachschuss zu verpflichten. Dies gilt hier erst recht mit Blick auf die gemäß § 69 Abs. 2 S. 5 VAG zu stellenden Sicherheiten, die den Mindestkapitaleinsatz des Drittstaatenversicherers markieren.[50]

18 § 69 Abs. 2 S. 3 VAG legt fest, dass die **Vermögenswerte**, die den Gegenwert der Solvabilitätskapitalanforderung bilden, mindestens in Höhe der Mindestkapitalanforderung im Inland, im Übrigen im Gebiet der EU-Mitglied- oder EWR-Vertragsstaaten belegen sein müssen.[51] Dadurch soll ein ggf. erforderlicher aufsichtsbehördlicher Zugriff auf diese Werte in Krisenzeiten erleichtert werden. So heißt es in der Gesetzesbegründung im Hinblick auf den EWR, dass dieses Gebiet als einheitliches Rechtsgebiet anerkannt werde, „in dem ein Zugriff auf Garantiemittel ohne Schwierigkeiten durchführbar ist".[52]

19 Die Bestimmung der Mindestkapitalanforderung bemisst sich grundsätzlich nach § 122 VAG. Durch § 69 Abs. 2 S. 4 VAG wird aber der Mindestbetrag der Mindestkapitalanforderung auf **50 % der absoluten Untergrenze** der Mindestkapitalanforderung, welche durch Rechtsverordnung[53] festgelegt wird,[54] gesenkt. Dadurch wird dem Umstand Rechnung getragen, dass die Tätigkeit durch die inländische Niederlassung in der Regel nicht die gesamte Geschäftstätigkeit des antragstellenden Unternehmens darstellen wird.[55]

20 **2. Verpflichtung zur Hinterlegung einer Kaution (Abs. 2 S. 5–7).** Um die Interessen der Versicherten umfangreich zu schützen, hat sich das ausländische Unternehmen darüber hinaus gemäß § 69 Abs. 2 S. 5 VAG zu verpflichten, eine **feste Kaution als Sicherheit** zu stellen. In Übereinstimmung mit den Richtlinienvorgaben (Art. 162 Abs. 2 lit. e Solva II-RL) muss diese Kaution gemäß § 69 Abs. 2 S. 6 VAG mindestens **25 %** der absoluten Untergrenze der Mindestkapitalanforderung[56] betragen. Durch die Kautionshinterlegung soll zum einen verhindert werden, dass das Versicherungsunternehmen die Mittel vorzeitig abzieht, z. B. bei Aufgabe des Geschäftsbetriebs vor Abwicklung der Versicherungsverbindlichkeiten.[57] Zum anderen dient die Stellung einer solchen Sicherheit dem Schutz vor **Insolvenz** des Drittstaatenversicherers,[58] wobei sich insoweit auch schwierige kollisionsrechtliche Probleme im internationalen Rechtsverkehr stellen können.

21 Bis zum 7. VAG-Änderungsgesetz[59] und zur Aufhebung zweier Kautions-Rundschreiben der BaFin[60] war noch zwischen fester und beweglicher Kaution unterschieden worden. Seither ist **nur noch die feste Kaution** im Gesetz vorgesehen, weil die bewegliche Kaution aufgrund der europarechtlichen Änderungen der Vorschriften zur Kapitalausstattung obsolet geworden war.[61] In ihrer Verlautbarung v. 15.1.2009[62] regelte die BaFin sodann Einzelheiten zur festen Kaution, etwa im Hinblick auf die **Kautionsfähigkeit** von Werten, die grundsätzlich nur dann gegeben sein sollte, wenn die Werte auch dem Sicherungsvermögen zugeführt werden könnten und zusätzlich besonders leicht verwertbar sind. Dabei bezieht sich die Mitteilung allerdings hinsichtlich des Sicherungsvermögens auf die alte Fassung der Anlageverordnung (§ 2 AnlV), die im Zuge der Umsetzung der Solva II-RL in deutsches Recht durch das Gesetz v. 1.4.2015[63] aufgehoben wurde. Demgegenüber behält die Verlautbarung auch unter Solvency II ihre Richtigkeit, wenn es darin heißt, dass zur Hinterlegung der Kaution entsprechende **Kautionskonten bzw. -depots** bei einem geeigneten Kreditinstitut innerhalb des EWR einzurichten sind, die zugunsten der BaFin gesperrt werden müssen. Dies entspricht im

[48] S. dazu § 18 Rn. 40.
[49] So auch FKBP/*Pohlmann* § 106b Rn. 9.
[50] S. dazu Rn. 20 ff.
[51] Vgl. auch LL 18 EIOPA-BoS-15/110 DE,; zur Berechnung der Solvabilitätskapitalanforderung s. § 97 VAG und die Ausführungen hierzu.
[52] Begr. RegE zum Ersten Durchführungsgesetz/EWG zum VAG, BT-Drs. 7/3687, 23.
[53] Verordnung über die Kapitalausstattung von Versicherungsunternehmen (Kapitalausstattungs-Verordnung – KapAusstV) v. 18.4.2016, BGBl. I 795.
[54] § 1 Abs. 2 KapAusstV; für Lebensversicherungen gelten die Grenzen nach § 15 KapAusstV.
[55] FKBP/*Pohlmann* § 106b Rn. 10.
[56] Zur Untergrenze der Mindestkapitalanforderung s. Rn. 19.
[57] FKBP/*Pohlmann* § 106b Rn. 11.
[58] Bähr/*Schöps* § 7 Rn. 88.
[59] V. 29.8.2005, BGBl. I 2546.
[60] Rundschreiben 10/76 (Schadensversicherung) und 3/84 (Lebensversicherung); die BaFin hat beide Rundschreiben durch Verlautbarung vom 15.1.2009 unter dem Geschäftszeichen „VA 27 alt (VA 14) – O 1000 – 334/04" aufgehoben. Die Verlautbarung ist abrufbar unter bafin.de.
[61] S. näher Bähr/*Schöps* § 7 Rn. 88; FKBP/*Pohlmann* § 106b Rn. 11.
[62] Geschäftszeichen der BaFin: VA 27 alt (VA 14) – O 1000 – 334/04, abrufbar unter bafin.de.
[63] BGBl. I 434.

Kern den Vorgaben der EIOPA, die in ihren Leitlinien für die Beaufsichtigung von Zweigniederlassungen[64] eine entsprechende Erwartung an die nationalen Aufsichtsbehörden im Umgang mit der vom Unternehmen beizubringenden Kaution formuliert (LL 19). Darüber hinaus nennt diese Leitlinie diesbezüglich weitere Einzelheiten; beispielsweise soll das kontoführende Kreditinstitut bestätigen, dass es kein Recht auf Aufrechnung hat oder kein Recht auf Aufrechnung von Forderungen wahrnehmen wird, wenn der Drittstaatenversicherer insolvent wird oder einem Liquidationsverfahren unterliegt. Nach alldem kann das Unternehmen über die Kaution jedenfalls nur mit vorheriger Zustimmung der BaFin verfügen,[65] so dass hier – ähnlich wie bei Gegenständen des Sicherungsvermögens[66] – von einem behördlichen Verfügungsverbot i. S. d. § 135 BGB auszugehen ist. Ferner kann sich die BaFin gemäß § 68 Abs. 3 VAG vorbehalten, über die Sicherheiten im Interesse der Versicherten selbst zu verfügen.[67] Im Übrigen werden durch die Hinterlegung der Kaution keine besonderen Rechte, etwa zugunsten von Gläubigern der Niederlassung, begründet.[68] Die feste Kaution hat **eigenkapitalähnlichen Charakter**.[69] Sie wird deshalb gemäß § 69 Abs. 2 S. 7 VAG auf die Eigenmittel des Drittstaatenunternehmens **angerechnet**.

IV. Voraussetzungen für die Erlaubniserteilung (Abs. 3). § 69 Abs. 3 VAG regelt die formellen und materiellen **Voraussetzungen** der Erlaubniserteilung. Die Vorschrift enthält folglich nicht – wie § 11 VAG – Versagungs-, sondern Erteilungsgründe. Durch die Formulierung „erteilt werden kann" wird zunächst das **Ermessen** der BaFin betont. Daraus wird überwiegend gefolgert, dass der antragstellende Drittstaatenversicherer grundsätzlich keinen Rechtsanspruch auf Erteilung der Erlaubnis habe, sondern dass lediglich ein Anspruch auf fehlerfreie Ermessensausübung bestehe. Dieser Meinung ist jedoch nur im Ansatz zu folgen, da das Ermessen der BaFin bei Fehlen von Versagungsgründen bzw. Vorliegen aller Erteilungsgründe **auf null reduziert** ist und deshalb der Drittstaatenversicherer im Ergebnis doch einen Rechtsanspruch auf die Erlaubnis hat. Nur so kann jedenfalls gegenüber OECD-Mitgliedstaaten die nach dem OECD-Kodex zu gewährende Inländerbehandlung gewährleistet werden.[70] 22

1. Kein Versagungsgrund gemäß § 11 VAG (Abs. 3 Nr. 1). Gemäß § 69 Abs. 3 Nr. 1 VAG darf keiner der absoluten **Versagungsgründe** gemäß § 11 Abs. 1 VAG vorliegen, da ansonsten eine Erlaubniserteilung zwingend ausgeschlossen ist. Die Verweisung auf § 11 VAG unterscheidet zwar nicht nach den einzelnen Absätzen des § 11 VAG. Allerdings ist kein Grund dafür ersichtlich, warum hier nicht zwischen den unbedingten Versagungsgründen gemäß § 11 Abs. 1 VAG und bedingten Gründen nach § 11 Abs. 2 VAG unterschieden werden sollte. Dies ist vielmehr gegenüber OECD-Mitgliedstaaten aufgrund der im OECD-Kodex zugesicherten Inländerbehandlung zu fordern. Dementsprechend ist auch § 11 Abs. 3 VAG entsprechend anzuwenden, was zu einer Ermessensreduzierung auf null in Richtung Erteilung der Erlaubnis führt, wenn die anderen Erteilungsgründe des § 69 Abs. 3 VAG vorliegen.[71] 23

Soweit die Bestimmungen des § 11 VAG aber auf inländische Unternehmen zugeschnitten sind und daher nicht auf die Niederlassung eines Drittstaatenunternehmens passen, ist nur von einer entsprechenden Anwendbarkeit der Vorschrift auszugehen. Dies betrifft beispielsweise die Prüfung der vom Unternehmen beizubringenden Unterlagen gemäß § 11 Abs. 1 Nr. 1 VAG, deren Umfang sich nicht nur nach § 9 VAG, sondern auch nach § 69 Abs. 1 S. 2 VAG richtet.[72] 24

In diesem Zusammenhang ist weiter darauf hinzuweisen, dass die **Solva II-RL** im Zulassungsverfahren generell die Prüfung der Einhaltung der Governance-Anforderungen gemäß den Art. 41 ff. Solva II-RL verlangt (s. Art. 162 Abs. 2 lit. i Solva II-RL).[73] Insoweit sind auch die bereits angesprochenen **EIOPA-Leitlinien**[74] (LL 27) zu beachten, wonach die Aufsichtsbehörde des Tätigkeitslandes sicherstellen soll, dass der Drittstaatenversicherer die Governance-Anforderungen „in Bezug auf die Tätigkeiten der Zweigniederlassung" einhält. Wenngleich die „Tätigkeiten der Niederlassung" als solche im Erlaubnisverfahren noch nicht aufgenommen wurden, muss die BaFin die Einhaltung der Governance-Anforderungen insbesondere anhand der übermittelten Unterlagen nach § 69 Abs. 1 S. 2 VAG grundsätzlich bereits im Zulassungsstadium überprüfen. Im Übrigen finden die Vorschriften zur Geschäftsorganisation über § 67 Abs. 2 i. V. m. §§ 23 ff. VAG auf Drittstaatenversicherer Anwendung. So müssen 25

[64] EIOPA-BoS-15/110 DE.
[65] Vgl. auch FKBP/*Pohlmann* § 106b Rn. 11.
[66] S. § 129 Rn. 5.
[67] S. hierzu § 68 Rn. 36.
[68] FKBP/*Pohlmann* § 106b Rn. 11.
[69] GB-BAV 1959/1960, S. 11.
[70] S. hierzu und zu den Grenzen dieses Grundsatzes § 67 Rn. 44, 49.
[71] S. dazu bereits ausführlich § 67 Rn. 44 ff.
[72] S. hierzu Rn. 9 ff.
[73] S. auch FKBP/*Pohlmann* § 106b Rn. 8.
[74] EIOPA-BoS-15/110.

beispielsweise auch Niederlassungen eines solchen Unternehmens die vier Schlüsselfunktionen einrichten.[75]

26 **2. Voraussetzungen des § 68 Abs. 1 und 2 VAG (Abs. 3 Nr. 2).** Weiterhin müssen gemäß § 69 Abs. 3 Nr. 2 VAG die Voraussetzungen des § 68 Abs. 1 und 2 VAG erfüllt sein. Der Verweis bezieht sich zunächst auf die Verpflichtung des Drittstaatenversicherers, zwingend eine **Niederlassung** im Inland zu errichten (§ 68 Abs. 1 S. 1 Hs. 1 VAG). Im Hinblick auf die übrigen Pflichten nach § 68 Abs. 1 VAG dürfte die Verweisung hingegen zu weit gefasst sein, da beispielsweise die Verpflichtung zur Einhaltung der Rechnungslegungsvorschriften regelmäßig erst nach Aufnahme der Geschäftstätigkeit Bedeutung erlangt. Jedoch sind bereits im Erlaubnisverteilungsverfahren sämtliche Vorgaben des § 68 Abs. 2 VAG einzuhalten, so dass für die Niederlassung ein **Hauptbevollmächtigter** zu bestellen ist, der in Person und Stellung den in der Vorschrift genannten Anforderungen genügt.[76]

27 **3. Tatsächliche Hinterlegung der festen Kaution (Abs. 3 Nr. 3).** Schließlich fordert § 69 Abs. 3 Nr. 3 VAG, dass die nach § 69 Abs. 2 S. 5 – 7 VAG vom Unternehmen zu stellende Kaution auch tatsächlich hinterlegt wurde. Sollte in der Folge die Erlaubnis (aus anderen Gründen) nicht erteilt werden, ist der als Kaution gestellte Betrag unverzüglich zugunsten des Drittstaatenversicherers wieder freizugeben.

28 **V. Ausdehnung des Geschäftsbetriebs (Abs. 4).** § 69 Abs. 4 VAG setzt die Situation voraus, dass das ausländische Unternehmen bereits über eine Erlaubnis zum Geschäftsbetrieb im Inland verfügt. Daran anknüpfend sieht die Vorschrift eine entsprechende Anwendung der Absätze 1 und 2 vor, wenn **Veränderungen des Geschäftsbetriebs** durch Aufnahme anderer Versicherungssparten oder die Ausdehnung auf andere Gebiete im Inland geplant sind. Wie bei einer erstmaligen Errichtung einer Niederlassung sind demnach die beabsichtigten Veränderungen durch die Nachweise entsprechend § 69 Abs. 1 VAG zu belegen. Außerdem müssen mindestens die Voraussetzungen des § 69 Abs. 3 VAG erfüllt sein, damit die Erlaubnis erteilt werden kann. Demgemäß ist unter anderem die Stellung einer der Erweiterung des Geschäftsbetriebs entsprechenden Kaution erforderlich. Über den Antrag auf Erlaubniserteilung entscheidet wiederum die BaFin. Insoweit liegt anders als im Rahmen der erstmaligen Erlaubnis keine Änderung der Rechtslage gegenüber dem alten Recht vor. Bereits § 106b Abs. 3 S. 2 VAG a. F. stellte klar, dass die BaFin im Rahmen der laufenden Aufsicht dafür zuständig ist, über den Antrag auf Aufnahme anderer Versicherungssparten bzw. auf Ausdehnung des Geschäftsbetriebs zu entscheiden.[77]

29 Zu hinterfragen ist aber die Bedeutung der in § 69 Abs. 4 VAG angesprochenen „**Ausdehnung auf andere Gebiete im Inland**“. Dies erweckt den Eindruck, als ob die Erlaubnis für die Niederlassung eines Drittstaatenversicherers auch auf einzelne Gebiete, z. B. Bundesländer oder Landkreise, beschränkt werden könne. Auch dies widerspräche aber jedenfalls bezogen auf OECD-Mitgliedstaaten der durch den OECD-Kodex zugesicherten Inländerbehandlung,[78] da es im Widerspruch zu § 10 Abs. 1 S. 2 VAG stünde, wonach die Erlaubnis für inländische Versicherer in allen Vertrags- und Mitgliedstaaten gilt. Zwar ist die Erlaubnis für die Niederlassung eines Drittstaatenversicherers – wie oben[79] gezeigt – auf das Inland beschränkt. Der Verweis in § 67 Abs. 2 S. 1 VAG auf die übrigen Vorschriften des VAG ist aber bezogen auf § 10 Abs. 1 S. 2 VAG so auszulegen, dass die Erlaubnis für die Niederlassung immer für das gesamte Bundesgebiet gilt. Dies gilt für Nicht-OECD-Mitgliedstaaten gleichermaßen.

30 **VI. Ausnahmen für Niederlassungen von Rückversicherungsunternehmen (Abs. 5).** § 69 Abs. 5 VAG enthält eine **Sonderregelung** für inländische **Niederlassungen** von (reinen) Rückversicherungsunternehmen aus Drittstaaten.[80] Danach gelten für diese Unternehmen **Erleichterungen** im Antragsverfahren, indem die Anwendbarkeit bestimmter Regelungen der §§ 69, 70 und 71 VAG ausgeschlossen wird. Zunächst werden die Niederlassungen von der Verpflichtung befreit, eine feste Kaution zu hinterlegen (§ 69 Abs. 2 S. 5 und 6 VAG). Es ist allerdings kein sachlicher Grund dafür ersichtlich, warum dann nicht auch Satz 7, der die Anrechnung der festen Kaution auf die Eigenmittel vorsieht, ausgespart ist. Die Gesetzesbegründung enthält ebenfalls keinen Hinweis dazu, dass insoweit von der Vorgängervorschrift des § 121i Abs. 2 S. 3 VAG a. F. abgewichen werden sollte. Es liegt daher nahe, auf ein Redaktionsversehen zu schließen. Dafür spricht auch der Umstand, dass wie bisher auch die weiteren Bestimmungen, die auf die Stellung einer festen Kaution Bezug nehmen, keine Anwendung finden sollen. Dabei handelt es sich um die Vorschriften des § 69 Abs. 3 Nr. 3 VAG (§ 106b Abs. 4 Nr. 3 VAG a. F.) und § 70 Abs. 1 S. 1 Nr. 2 VAG (§ 106b Abs. 5 S. 1 Nr. 3 VAG). Darüber

[75] Vgl. Merkblatt der BaFin zur fachlichen Eignung und Zuverlässigkeit von Personen, die für Schlüsselfunktionen verantwortlich oder für Schlüsselfunktionen tätig sind, gemäß VAG, v. 23.11.2016, S. 2 oben; das Merkblatt ist abrufbar unter www.bafin.de.

[76] S. im Einzelnen die Kommentierung bei § 68 VAG.

[77] Vgl. hierzu auch Begr. RegE VAG-Änderungsgesetz, BT-Drs. 14/4453, 52.

[78] S. § 67 Rn. 44, 49.

[79] S. § 67 Rn. 28 ff.

[80] Zu der Erlaubnispflicht von Rückversicherungsunternehmen s. § 67 Rn. 65 ff.

hinaus wird durch den Verweis auf § 71 Abs. 1 S. 1 Nr. 2 VAG die dort geregelte Widerrufsmöglichkeit ausgeschlossen.

VII. Verhältnis zu anderen Regelungen des VAG. § 69 VAG normiert, unter welchen Voraussetzungen einem Drittstaatenversicherer der inländische Geschäftsbetrieb nach § 67 VAG erlaubt werden kann. Die in der Vorschrift geregelten Grundlagen haben somit für den gesamten Unterabschnitt zur grenzüberschreitenden Geschäftstätigkeit von Drittstaatenversicherern entscheidende Bedeutung. Durch Verweisung auf die §§ 9 und 11 VAG wird darüber hinaus eine Verbindung zu den für deutsche Versicherer relevanten Zulassungsvorschriften hergestellt,[81] was der Absicherung der Inländerbehandlung dient, die nach dem OECD-Kodex[82] geschuldet ist. 31

Im Hinblick auf die erforderliche finanzielle Ausstattung der Niederlassung kommen die Vorschriften nach Teil 2 Kapitel 2 Abschnitt 1 und 2 des VAG zur Anwendung.[83] 32

Erleichterungen für Unternehmen, die bereits in einem anderen Mitglied- oder Vertragsstaat zugelassen sind

70 **(1) [1] Einem Unternehmen, das in einem anderen Mitglied- oder Vertragsstaat die Erlaubnis zum Geschäftsbetrieb erhalten oder beantragt hat, kann auf Antrag widerruflich genehmigt werden, dass**

1. die Solvabilitätskapitalanforderung auf der Grundlage seiner gesamten Geschäftstätigkeit in den Mitglied- oder Vertragsstaaten berechnet wird,
2. es von der Verpflichtung befreit wird, im Inland eine Kaution zu stellen oder
3. Vermögenswerte, die den Gegenwert der Mindestkapitalanforderung bilden, in einem anderen Mitglied- oder Vertragsstaat belegen sein können, in dem das Unternehmen seine Tätigkeit ausübt.

[2] Die Erleichterungen können nur zusammen gewährt werden. [3] Der Antrag ist bei den Aufsichtsbehörden aller Mitglied- oder Vertragsstaaten zu stellen, in denen das Versicherungsunternehmen zum Geschäftsbetrieb zugelassen ist oder eine Erlaubnis zum Geschäftsbetrieb beantragt hat. [4] In dem Antrag ist die Behörde anzugeben, die künftig die Kapitalausstattung für die gesamte Geschäftstätigkeit in den Mitglied- oder Vertragsstaaten überwachen soll (gewählte Aufsichtsbehörde); die Wahl der Aufsichtsbehörde ist zu begründen. [5] Die Kaution im Sinne des § 69 Absatz 2 Satz 5 ist in dem Mitgliedstaat der gewählten Aufsichtsbehörde zu hinterlegen. [6] Die Genehmigung kann nur erteilt werden, wenn alle Behörden zustimmen, bei denen der Antrag gestellt wurde. [7] Sie wird zu dem Zeitpunkt erteilt, zu dem sich die gewählte Aufsichtsbehörde gegenüber den anderen Aufsichtsbehörden zur Überwachung der Kapitalausstattung bereit erklärt hat. [8] Die Erleichterungen sind von allen Aufsichtsbehörden gleichzeitig zu widerrufen, wenn mindestens eine der Behörden, die dem Antrag zugestimmt haben, dies verlangt.

(2) [1] Ist die Bundesanstalt gewählte Aufsichtsbehörde, so unterrichtet sie die zuständigen Behörden der beteiligten Mitglied- oder Vertragsstaaten von den nach § 134 Absatz 7, § 135 Absatz 3 getroffenen Maßnahmen. [2] Sie kann diese Behörden ersuchen, die gleichen Maßnahmen zu treffen. [3] Ist eine andere Behörde gewählte Aufsichtsbehörde, erteilt die Bundesanstalt ihr alle zur Überwachung des Gesamtsolvabilitätsbedarfs notwendigen Auskünfte; hat sie Verfügungsbeschränkungen über Vermögensgegenstände des Unternehmens angeordnet, weil dessen Eigenmittel unzureichend sind, so trifft die Bundesanstalt auf Verlangen dieser Behörde entsprechende Maßnahmen für die im Inland belegenen Vermögensgegenstände. [4] Die §§ 133 bis 137 bleiben unberührt.

Übersicht

[81] S. näher Rn. 9 ff., 22 ff.
[82] S. § 67 Rn. 44, 49.
[83] S. hierzu im Einzelnen Rn. 16 ff.

Schrifttum: Siehe die Angaben bei § 67.

1 **I. Allgemeines. 1. Entstehungsgeschichte.** § 70 VAG übernimmt im Wesentlichen die bisherigen Bestimmungen der §§ 106b Abs. 5 und 8 sowie 111e VAG a. F. und setzt im Übrigen Vorgaben der Solva II-RL[1] um. Die Vorschrift des § 70 Abs. 1 S. 1 VAG, in der die möglichen Erleichterungen bei der Kapitalausstattung bzw. bei den Kautionen für adressierte Drittlandunternehmen beschrieben werden, entspricht inhaltlich § 106b Abs. 5 S. 1 VAG a. F.[2] Dabei wurden die im Zusammenhang mit der finanziellen Ausstattung verwendeten Begriffe an die neue Terminologie unter Solvency II angepasst. Ferner ist die Normstruktur leicht geändert worden, indem die Ziff. 2 und 3 nunmehr in umgekehrter Reihenfolge angeordnet sind. Dies entspricht Art. 167 Abs. 1 Solva II-RL.

2 Die in § 70 Abs. 1 S. 3–8 VAG enthaltenen Bestimmungen zum Genehmigungs- und Widerrufsverfahren beruhen grundsätzlich insbesondere auf Art. 167 der Solva II-RL. Zum Teil sind sie aber ebenso wie § 70 Abs. 2 VAG auch an dem bisherigen § 111e VAG a. F. angelehnt und insoweit auf Art. 168 Solva II-RL zurückzuführen. So war eine Zuständigkeitsregel in Bezug auf die Überwachung der Kapitalausstattung (§ 70 Abs. 1 S. 4 VAG) bereits in § 111e Abs. 2 VAG a. F. enthalten. Dessen Abs. 1 ist zudem Vorläufer von § 70 Abs. 1 S. 6 VAG. Die Zusammenarbeit der Aufsichtsbehörden in Fällen finanzieller Schieflage des Unternehmens regelte bisher § 111e Abs. 3 VAG (heute § 70 Abs. 2 S. 1 und 2 VAG). Die Vorschrift des § 70 Abs. 2 S. 3 Hs. 2 und S. 4 VAG wurde inhaltlich unverändert aus § 106b Abs. 8 VAG a. F. übernommen.[3]

3 Die Vorschriften der §§ 106b und 111e VAG a. F. sind durch das **Erste Durchführungsgesetz/EWG zum VAG** v. 18.12.1975[4] in das Gesetz eingefügt worden. Seitdem unterlagen die in diesem Paragrafen enthaltenen Vorgängerregelungen des § 70 VAG keinen maßgeblichen Änderungen. Durch das **Zweite Durchführungsgesetz/EWG zum VAG**[5] ist der Inhalt des bis dahin geltenden § 106a Abs. 5 S. 1 VAG a. F. anstelle eines bisherigen Verweises unmittelbar als § 106b Abs. 8 S. 1 VAG a. F. (heute § 70 Abs. 2 S. 3 VAG) in die Vorschrift aufgenommen worden. Bei den Änderungen des § 106b Abs. 8 VAG a. F. (§ 70 Abs. 2 S. 3 VAG) durch das VAG-Änderungsgesetz v. 21.12.2000[6] handelte es sich lediglich um Änderungen des Wortlauts zwecks Anpassung an die zutreffende europarechtliche Terminologie.[7] Zudem ist im Jahr 2002 in Anpassung an die damals neue Aufsichtsstruktur in Deutschland der mehrfach in §§ 106b und 111e VAG a. F. verwendete Begriff „Bundesversicherungsamt" durch den Begriff „Bundesanstalt" ersetzt worden.[8]

4 **2. Normzweck.** § 70 VAG enthält besondere Bestimmungen des Zulassungsverfahrens für Drittstaatenversicherer, die das Versicherungsgeschäft in mehreren Vertrags- und Mitgliedstaaten betreiben möchten. Erfasst sind dabei alle Fallkonstellationen – also sowohl der Fall, dass der Drittstaatenversicherer bereits in mindestens einem anderen Vertrags- oder Mitgliedstaat eine Niederlassung erlaubtermaßen betreibt und in mindestens einem weiteren Vertrags- oder Mitgliedstaat eine weitere Niederlassung errichten möchte, als auch der Fall, dass er gleichzeitig einen entsprechenden Antrag in mindestens einem anderen Vertrags- oder Mitgliedstaat neben Deutschland gestellt hat, ohne bereits über mindestens eine Niederlassung in einem Vertrags- oder Mitgliedstaat zu verfügen. So soll diesen Drittstaatenversicherern auf Antrag die Möglichkeit gegeben werden, einen Gesamtsolvabilitätsbedarf für ihre gesamte Geschäftstätigkeit in allen Vertrags- und Mitgliedstaaten zu ermitteln und sich einheitlich durch eine Aufsichtsbehörde insoweit überwachen zulassen. Dies dient der Herstellung der vom OECD-Kodex[9] geforderten **Inländerbehandlung**, da ein Drittstaatenversicherer so eine seiner Niederlassungen zu seinem Quasi-Sitz in der EU/dem EWR erklären kann, so dass die Finanzaufsicht bezogen auf die Kapitalausstattung und den Gesamtsolvabilitätsbedarf für alle Niederlassungen wie bei einem EU-/EWR-Versicherer mit mehreren Niederlassungen in verschiedenen Vertrags- und Mitgliedstaaten nur durch die (Quasi-)Sitzlandbehörde überwacht wird, die im Kontext des § 69 VAG in dessen Abs. 1 S. 4

[1] RL 2009/138/EG v. 25.11.2009, ABl. EU 2009 L 335, 1, geändert durch die RL 2014/51/EU v. 16.4.2014, ABl. EU 2014 L 153, 1 (Omnibus II).
[2] S. auch Begr. VAG-RegE 2014, BT-Drs. 18/2956, 257.
[3] Vgl. Begr. VAG-RegE 2014, BT-Drs. 18/2956, 257.
[4] BGBl. 1975 I 3139.
[5] BGBl. 1990 I 1249, 1254.
[6] BGBl. 2000 I 1857.
[7] Begr. RegE VAG-Änderungsgesetz, BT-Drs. 14/4453, 51.
[8] Durch das Gesetz über die integrierte Finanzdienstleistungsaufsicht v. 22.4.2002, BGBl. I 1310.
[9] S. § 67 Rn. 44, 49.

Hs. 1 als sog. **gewählte Aufsichtsbehörde** bezeichnet und legal definiert wird. Dies führt zugunsten des Drittstaatenversicherers zu gewissen **finanziellen Erleichterungen**. An dem Erlaubniserfordernis für jede Niederlassung selbst – und damit an der Pflicht zur Errichtung einer Niederlassung – sowie an der im Übrigen unbeschränkten Rechts- und Finanzaufsicht durch die Tätigkeitslandbehörde ändert die Regelung hingegen nichts.

§ 70 Abs. 1 VAG führt zunächst die einzelnen Erleichterungen auf und legt sodann die Verfahrensvoraussetzungen für den Antrag des Unternehmens sowie für die Genehmigung und den Widerruf der Erleichterungen durch die Aufsichtsbehörde fest. Ein Schwerpunkt liegt insoweit auf dem Zusammenwirken der Aufsichtsbehörden der anderen beteiligten Mitglied- oder Vertragsstaaten, wobei nur einer Aufsichtsbehörde die Überwachung der Kapitalausstattung für die gesamte Geschäftstätigkeit im EWR obliegt und alle Aufsichtsbehörden untereinander zu einem einheitlichen Vorgehen verpflichtet werden. Das führt zu einem **Einstimmigkeitsprinzip** bereits bei der Erlaubniserteilung, das wegen der mit der Einräumung der Vergünstigungen verbundenen Wettbewerbsvorteile eingeführt wurde.[10] 5

Daran anknüpfend regelt § 70 Abs. 2 VAG die Zusammenarbeit der zuständigen Aufsichtsbehörden bei Verschlechterungen der finanziellen Lage des Unternehmens. Ziel dieser Regelung ist letztlich die **Sicherstellung des Schutzes der Versicherungsnehmer** im EWR. 6

3. Europarechtlicher Hintergrund. Die Regelungen des § 70 VAG gehen auf europarechtliche Vorgaben zurück. Denn soweit einzelne Bestimmungen aus dem alten VAG übernommen worden sind, stammen diese aus Umsetzungsgesetzen zu den europarechtlichen Versicherungsrichtlinien, die durch die Solva II-RL nur neu gefasst worden sind.[11] Die erst im Zuge der Umsetzung der Solva II-RL neu ins VAG aufgenommenen Regelungsinhalte beruhen unmittelbar auf den entsprechenden neuen Vorschriften der Solva II-RL. § 70 VAG setzt insgesamt (hauptsächlich) Art. 167 Solva II-RL in deutsches Recht um.[12] Im Einzelnen folgt § 70 Abs. 1 S. 1 und 2 VAG aus Art. 167 Abs. 1 Solva II-RL, während die Bestimmungen der Sätze 3 bis 5 auf den Vorgaben des Art. 167 Abs. 2 der Richtlinie beruhen. Die Sätze 6 und 7 dienen der Umsetzung von Art. 167 Abs. 3 UAbs. 1 und 2 Solva II-RL. Weiterhin wurde Art. 167 Abs. 4 Solva II-RL durch Satz 8 in deutsches Recht transformiert. Die Regelungen in § 70 Abs. 2 S. 1 und 2 VAG beruhen auf den Vorgaben des Art. 168 Solva II-RL. Die Vorschrift des § 70 Abs. 2 S. 3 Hs. 1 VAG hat Art. 167 Abs. 3 UAbs. 3 Solva II-RL zum Vorbild. 7

II. Erleichterungen (Abs. 1). Einem Versicherungsunternehmen aus einem Drittstaat, das eine Erlaubnis nach § 67 Abs. 1 VAG beantragt, können auf Antrag widerruflich die Erleichterungen nach § 70 Abs. 1 S. 1 Nr. 1–3 VAG in ihrer Gesamtheit gewährt werden, wenn das Unternehmen bereits in (mindestens) einem anderen EU-Mitglied- oder EWR-Vertragsstaat eine Erlaubnis zum Geschäftsbetrieb erhalten oder dort eine solche Erlaubnis auch beantragt hat. 8

1. Gegenstand der Erleichterungen (Abs. 1 S. 1 und 2). Zunächst kann dem Drittstaatenversicherer gemäß § 70 Abs. 1 S. 1 Nr. 1 VAG genehmigt werden, dass die **Solvabilitätskapitalanforderung** (das SCR) auf der Grundlage seiner gesamten Geschäftstätigkeit in den Mitglied- oder Vertragsstaaten berechnet wird. Eine Erleichterung lässt sich hier dann erreichen, wenn diese Berechnung zu einem geringeren SCR führt als bei einer Addition der SCR, die jeweils für die einzelnen Niederlassungen berechnet worden sind. 9

Eine weitere Erleichterungsmöglichkeit besteht gemäß § 70 Abs. 1 S. 1 Nr. 2 VAG darin, das Unternehmen von der eigentlich nach § 69 Abs. 2 S. 5 VAG bestehenden Pflicht zu befreien, in Deutschland eine **Kaution** zu stellen. Zwar kann das Unternehmen auf dieser Grundlage nicht gänzlich von der Verpflichtung zur Stellung einer Kaution befreit werden. Eine Erleichterung besteht aber insoweit, als die Kaution lediglich in einem Mitglieds- bzw. Vertragsstaat zu hinterlegen ist (§ 70 Abs. 1 S. 5 VAG).[13] Das führt in der Regel zu geringeren Kosten. 10

Schließlich kann dem Unternehmen gemäß § 70 Abs. 1 S. 1 Nr. 3 VAG die **Belegenheitsverpflichtung** nach § 69 Abs. 2 S. 3 VAG insoweit erlassen werden, als die danach erforderlichen Vermögenswerte nur in einem der betroffenen EU-/EWR-Staaten belegen sein müssen und nicht jedenfalls zum Teil im Staat der Niederlassung. So kann die Verwaltung der Vermögenswerte gebündelt und damit auch kostenmäßig erleichtert werden. 11

Die Gewährung der genannten Erleichterungen setzt einen **eigenen Antrag** des Drittstaatenversicherers bei allen Aufsichtsbehörden, in denen eine Niederlassung betrieben wird bzw. betrieben werden soll, voraus. Dieser Antrag ist also von dem Antrag auf Erteilung der Geschäftsbetriebserlaubnis nach § 67 VAG zu unterscheiden, wobei nichts gegen die gleichzeitige Stellung beider Anträge spricht. 12

Die Genehmigung des Antrags erteilt in Deutschland die **BaFin**. Anders als noch § 106b Abs. 5 S. 2 VAG a. F., der ausdrücklich eine Regelung der Zuständigkeiten enthielt, lässt sich die Zuständigkeit der BaFin zwar nicht unmittelbar dem Gesetzestext entnehmen. Dieser ist vielmehr rein passiv formuliert 13

---

[10] S. hierzu näher Vorauflage Prölss/*Kollhosser*, 12. Aufl., § 111e Rn. 1.

[11] Vgl. 1. Erwägungsgrund der Solva II-RL.

[12] S. auch Begr. VAG-RegE 2014, BT-Drs. 18/2956, 257.

[13] S. hierzu Rn. 20.

(„kann…genehmigt werden“). Jedoch verfügt der deutsche Gesetzgeber lediglich über die Befugnis zum Erlass solcher Regelungen, die sich an die deutsche Aufsichtsbehörde richten, so dass allein die BaFin und nicht etwa eine Aufsichtsbehörde anderer EU-/EWR-Staaten als Adressatin der Vorschrift in Betracht kommt. Das folgt auch aus einem Umkehrschluss aus § 70 Abs. 1 S. 6 VAG, der auf die Zustimmung aller Aufsichtsbehörden abstellt. Der Verzicht einer dem § 106b Abs. 5 S. 2 VAG a. F. entsprechenden Zuständigkeitsregel ist auch damit zu erklären, dass es keiner Unterscheidung mehr danach bedarf, ob die Genehmigung der Erleichterungen im Zusammenhang mit der Erlaubnis zum Geschäftsbetrieb beantragt wurde (nach altem Recht begründete dies die Zuständigkeit des BMF) oder nicht (nach altem Recht führte dies zur Zuständigkeit der BaFin). Denn über den Antrag einer Erlaubnis nach § 67 VAG entscheidet jetzt nicht mehr das BMF, sondern ebenfalls die BaFin.[14]

14 Nach dem Wortlaut des Gesetzes steht der BaFin bei der Genehmigung – unter Berücksichtigung des Zustimmungserfordernisses nach § 70 Abs. 1 S. 6 VAG – ein **Ermessensspielraum** zur Verfügung („kann“). Zu beachten ist jedoch, dass dieses Ermessen für die Bundesrepublik in Bezug auf Versicherungsunternehmen mit Sitz in einem anderen Mitgliedstaat der **OECD** auf Null reduziert ist.[15] Denn der OECD-Kodex zur Liberalisierung laufender unsichtbarer Operationen 2016[16] schreibt den OECD-Mitgliedern in Annex I zu Annex A, Teil III D/6 vor, dass die Anforderungen an die finanzielle Ausstattung nicht höher sein dürfen als bei inländischen Versicherungsunternehmen.[17] Mitglieder der OECD sind dementsprechend dazu verpflichtet, die beantragten Erleichterungen zu gewähren.[18] Die BaFin kann nach dem in § 70 Abs. 1 S. 6 VAG geregelten Einstimmigkeitsprinzip die Zustimmung aber nur erteilen, wenn auch alle anderen Aufsichtsbehörden zustimmen.

15 § 70 Abs. 1 S. 2 VAG klärt die unter Geltung der alten Rechtslage noch umstrittene Frage, ob die Erleichterungen jeweils einzeln oder nur **zusammen gewährt** werden können.[19] In Umsetzung von Art. 167 Abs. 1 S. 1 Solva II-RL ist die Genehmigung ausdrücklich nur in Bezug auf sämtliche Erleichterungen gemeinsam zulässig, obgleich die Aufzählung in § 70 Abs. 1 S. 1 VAG vor Nr. 3 das eigentlich auf ein Alternativverhältnis hindeutende Wort „oder“ enthält. Das kann nur ein Redaktionsversehen sein.

16 Die Genehmigung des Antrags auf die Erleichterungen wird lediglich **widerruflich** erteilt. Daraus folgt zunächst, dass die Genehmigung wieder entzogen werden kann, wenn die Voraussetzungen von § 70 Abs. 1 S. 1 VAG nicht mehr vorliegen, und dass insoweit dann in Deutschland auch § 49 VwVfG zu beachten ist.

17 **2. Genehmigungsverfahren (Abs. 1 S. 3 bis 8). a) Adressat (Abs. 1 S. 3).** Der Drittstaatenversicherer muss den Antrag auf Genehmigung der Vergünstigungen gemäß § 70 Abs. 1 S. 3 VAG gleichzeitig bei den Aufsichtsbehörden **aller** betroffenen EU-/EWR-Staaten stellen, in denen es bereits zum Geschäftsbetrieb zugelassen ist oder in denen ein Zulassungsverfahren anhängig ist. Es ist also nicht möglich, den Antrag nur begrenzt für einzelne EU-/EWR-Staaten zu stellen, in denen eine Niederlassung betrieben wird oder werden soll. Ein entsprechendes Antragsformular stellt EIOPA auf ihrer Homepage zur Verfügung.[20]

18 **b) Inhalt des Antrags (Abs. 1 S. 4).** Notwendiger **Inhalt** des Antrags ist nach § 70 Abs. 1 S. 4 Hs. 1 VAG zunächst die Angabe der sog. legal definierten „gewählten Aufsichtsbehörde“. Dabei handelt es sich nach der Vorschrift um diejenige Aufsichtsbehörde, die aus Sicht des Unternehmens künftig dessen Kapitalausstattung für die gesamte Geschäftstätigkeit in der EU bzw. im EWR beaufsichtigen soll – also die hier auch als „Quasi-Sitzlandbehörde“ bezeichnete Behörde. In Betracht kommt grundsätzlich jede Aufsichtsbehörde eines Vertrags- oder Mitgliedstaates, in dem die Errichtung der Niederlassung bereits erfolgt oder zumindest beantragt worden ist. Das Unternehmen hat die getroffene Wahl jedoch nach Halbsatz 2 der Regelung zu **begründen**. Zu den inhaltlichen Anforderungen an die Begründung schweigt das Gesetz. Auch das von EIOPA bereitgestellte Antragsformular[21] enthält insoweit keine Erläuterungen; es sieht lediglich einen Platzhalter für den Begründungstext vor. Eine mögliche Begründung könnte sein, dass die gewählte Aufsichtsbehörde über die Niederlassung mit dem größten Geschäftsumfang wacht. Das muss aber nicht zwingend die gewählte Aufsichtsbehörde sein, da es bezogen auf EU-/EWR-Versicherer auch möglich ist, dass diese im Sitzland weniger Geschäft zeichnen als in einem Tätigkeitsland. Das ist z. B. bei liechtensteinischen, luxemburgischen, maltesischen oder irischen Versicherern oftmals der Fall. Eine mögliche Begründung kann daher auch sein, dass es eine sprachliche Nähe zwischen dem Sitzland des Drittstaatenversicherers und dem Land der gewählten

---

[14] Vgl. hierzu § 67 Rn. 24 und § 69 Rn. 8.
[15] Vgl. FKBP/*Pohlmann* § 106b Rn. 19.
[16] Code of Liberalisation of Current Invisible Operations 2016, abrufbar unter oecd.org zum OECD-Kodex vgl. näher auch § 67 Rn. 44, 49.
[17] Vgl. auch FKBP/*Pohlmann* § 106b Rn. 19.
[18] FKBP/*Pohlmann* § 106b Rn. 19.
[19] Vgl. Übersicht zum Streitstand bei FKBP/*Pohlmann* § 106b Rn. 20.
[20] Annex III zu CEIOPS-DOC-07/08, Document I, abrufbar unter eiopa.europa.eu.
[21] S. Rn. 17.

Aufsichtsbehörde gibt – also z. B. für Schweizer Versicherer Deutschland oder Österreich oder für Brasilianische Versicherer Portugal oder Spanien oder für US-amerikanische Versicherer das Vereinigte Königreich bzw. nach einem Brexit vor allem Irland.

Das Gesetz trifft keine Aussage darüber, ob die BaFin, wenn sie im Antrag als gewählte Aufsichtsbehörde benannt wird, die Wahl auch ablehnen könnte. Für die Annahme einer **Ablehnungsmöglichkeit** spricht zunächst die Formulierung in § 70 Abs. 1 S. 7 VAG – und Art. 167 Abs. 3 UAbs. 2 Solva II-RL –, wonach die Genehmigung in dem Zeitpunkt erteilt wird, zu dem sich die gewählte Behörde gegenüber den anderen Aufsehern für die Überwachung der Kapitalausstattung „bereit erklärt" hat. Weiterhin liefe anderenfalls das Begründungserfordernis im Rahmen des Antrags leer. Von dem Ablehnungsrecht geht im Übrigen auch EIOPA aus, die neben dem Antragsmuster ein weiteres Formular auf ihrer Homepage bereitstellt, mittels dessen das Unternehmen die gewählte Aufsichtsbehörde auffordern kann, die Wahl anzunehmen.[22] Lehnt eine Aufsichtsbehörde die Wahl ab und ist der Drittstaatenversicherer nicht bereit eine andere Aufsichtsbehörde zu wählen, so ist der Antrag insgesamt abzulehnen. Der Fall, dass alle in Betracht kommenden Aufsichtsbehörden ablehnen, ist dagegen praktisch nicht denkbar, da ansonsten das Recht des Drittstaatenversicherers aus § 70 VAG unterlaufen würde. Folge des in § 70 Abs. 1 S. 6 VAG verankerten Einstimmigkeitsprinzips ist also auch, dass sich die beteiligten Aufsichtsbehörden im Rahmen einer ermessensfehlerfreien Entscheidung zumindest auf eine Aufsichtsbehörde verständigen müssen, die als gewählte Aufsichtsbehörde in Betracht kommt. Dies ist dem betreffenden Drittstaatenversicherer dann bei Ablehnung der ersten Wahl mitzuteilen. Darauf hat der Drittstaatenversicherer einen Anspruch. 19

c) Kaution (Abs. 1 S. 5). Die Wahl der Aufsichtsbehörde hat Auswirkungen auf den Ort der vom Unternehmen nach § 69 Abs. 2 S. 5 VAG zu stellenden **Kaution**. Gemäß § 70 Abs. 1 S. 5 VAG ist die Kaution in dem Vertrags- oder Mitgliedstaat der für die Überwachung der Kapitalausstattung zuständigen Aufsichtsbehörde zu hinterlegen. 20

d) Einstimmigkeitsprinzip (Abs. 1 S. 6). Als weitere Voraussetzung des Genehmigungsverfahrens regelt § 70 Abs. 1 S. 6 VAG, dass die Genehmigung nur erteilt werden kann, wenn alle beteiligten Aufsichtsbehörden dieser Entscheidung zustimmen. Hier herrscht folglich das **Einstimmigkeitsprinzip**. 21

In Umsetzung des Einstimmigkeitsprinzips müssen sich die beteiligten Behörden vor einer Entscheidung untereinander abstimmen und dann ihre einzelnen Bescheide möglichst zeitgleich an den Antragssteller übersenden. 22

§ 70 VAG benennt keine Voraussetzungen, die eingehalten werden müssen, um den Antrag zu genehmigen. Folglich kann der Antrag ausgehend von § 70 VAG nur abgelehnt werden, wenn die vom Drittstaatenversicherer gewählte Aufsichtsbehörde die Wahl **ermessensfehlerfrei** ablehnen darf. In entsprechender Anwendung von § 294 VAG über § 67 Abs. 2 S. 1 VAG ist aber in jedem Fall darauf zu achten, dass bei einer Genehmigung nicht die dauernde Erfüllbarkeit der Verpflichtungen aus den Versicherungsverträgen gefährdet wird, sowie bei Erstversicherern, dass die Belange der Versicherten ausreichend gewahrt sind. 23

e) Zeitpunkt der Genehmigung (Abs. 1 S. 7). In diesem Verfahrensschritt muss sich die im Antrag als gewählte Aufsichtsbehörde bezeichnete Behörde also gegenüber den anderen beteiligten Aufsichtsbehörden dazu erklären, ob sie zur künftigen Überwachung der Kapitalausstattung bereit ist. Ist dies aufgrund einer ermessensfehlerfreien Entscheidung nicht der Fall, müssen sich die beteiligten Aufsichtsbehörden zumindest auf eine Aufsichtsbehörde als zu wählende gegenüber dem Drittstaatenversicherer festlegen.[23] Erst wenn eine **angenommene Wahl** der durch den Drittstaatenversicherer gewählten Aufsichtsbehörde erfolgt ist, dürfen die Aufsichtsbehörden die Genehmigung der Erleichterungen erteilen. Für die BaFin regelt dies § 70 Abs. 1 S. 7 VAG. Für den Fall, dass sich die Aufsichtsbehörde zur Übernahme der Aufgabe nicht bereit erklärt, enthält das Gesetz keine Regelung zum weiteren Vorgehen. Hier folgt das hier vertretene Verfahren aber aus dem Einstimmigkeitsprinzip des § 70 Abs. 1 S. 6 VAG. 24

f) Widerruf der Erleichterungen (Abs. 1 S. 8). § 70 Abs. 1 S. 8 VAG regelt die Voraussetzungen für den **Widerruf der Genehmigung**. Danach muss die BaFin die Erleichterungen widerrufen, wenn mindestens eine der Behörden, die dem Antrag zunächst zugestimmt haben, den Widerruf verlangt. Zulässig ist dem Wortlaut nach nur ein gleichzeitiger Widerruf durch alle beteiligten Aufsichtsbehörden. Der Begriff „gleichzeitig" wird dabei als „unverzüglich" und nicht wörtlich als „zur gleichen Zeit" zu verstehen sein, da es weder praktikabel noch sachgerecht erscheint, dass dem Unternehmen die Widerrufserklärungen der einzelnen Behörden im selben Zeitpunkt zugehen müssen, um wirksam zu werden. 25

---

[22] Annex III zu CEIOPS-DOC-07/08, Document II, abrufbar unter eiopa.europa.eu.

[23] S. ausführlich Rn. 19.

26 Das Verlangen eines Widerrufs darf durch eine Aufsichtsbehörde aber nicht **grundlos erfolgen.** Es muss also – spiegelbildlich zur Erteilung der Genehmigung[24] – entweder eine Situation eingetreten sein, in der die gewählte Aufsichtsbehörde die Wahl ermessensfehlerfrei ablehnen dürfte oder in der die dauernde Erfüllbarkeit aus den Verpflichtungen der Versicherungsverträge nicht mehr gewährleistet ist oder – dies aber nur bei einem Drittstaaten-Erstversicherer – die Belange der Versicherten nicht mehr ausreichend gewahrt sind, wenn es bei der Genehmigung verbleibt. Dies kann insbesondere in Krisenzeiten der Fall sein, wenn eine Niederlassung besonders betroffen ist.

27 **III. Zusammenarbeit der Aufsichtsbehörden (Abs. 2).** § 70 Abs. 2 VAG regelt die Zusammenarbeit zwischen den an den gewährten Erleichterungen beteiligten Aufsichtsbehörden der EU-/EWR-Mitgliedstaaten insbesondere für Fälle, in denen eine Verschlechterung der finanziellen Verhältnisse eingetreten ist.

28 **1. Unterrichtung über Maßnahmen der BaFin (Abs. 2 S. 1 und 2).** Als gewählte Aufsichtsbehörde hat die BaFin die anderen beteiligten Aufsichtsbehörden davon zu unterrichten, wenn sie die freie Verfügung über die Vermögenswerte des betreffenden Versicherungsunternehmens auf Grundlage von § 134 Abs. 7 VAG oder § 135 Abs. 3 VAG eingeschränkt oder untersagt hat, § 70 Abs. 2 S. 1 VAG. In diesem Fall kann die BaFin gemäß § 70 Abs. 2 S. 2 VAG die anderen Behörden ersuchen, die gleichen Maßnahmen zu treffen.

29 **2. Auskunftserteilung durch die BaFin; entsprechende Maßnahmen im Inland (Abs. 2 S. 3 und 4).** Ist gewählte Aufsichtsbehörde nicht die BaFin, sondern eine andere EU-/EWR-Aufsichtsbehörde, besteht nach § 70 Abs. 2 S. 3 Hs. 1 VAG für die BaFin die Verpflichtung, dieser Behörde alle zur Überwachung des Gesamtsolvabilitätsbedarfs notwendigen Auskünfte zu erteilen. Nach Hs. 2 der Vorschrift hat die BaFin darüber hinaus in dem Fall, dass die gewählte Aufsichtsbehörde wegen **unzureichender Eigenmittel** des Unternehmens Verfügungsbeschränkungen über dessen Vermögensgegenstände angeordnet hat, auf Verlangen dieser Behörde entsprechende Maßnahmen im Inland zu treffen, soweit dort Vermögensgegenstände belegen sind. Der BaFin steht in diesem Zusammenhang kein Ermessen zu. Vielmehr ist sie an die Maßnahme und das Verlangen der ausländischen Aufsichtsbehörde gebunden. Demgegenüber muss sie einem entsprechenden Verlangen einer anderen Aufsichtsbehörde, die nicht gewählte Aufsichtsbehörde ist, nicht Folge leisten. In einem solchen Fall könnte aber der Widerruf der Genehmigung nahe liegen.

30 § 70 Abs. 2 S. 4 VAG bestimmt, dass die BaFin ihrerseits – bei Vorliegen der entsprechenden Voraussetzungen – in Bezug auf die inländische Niederlassung des Unternehmens die Maßnahmen nach §§ 133–137 VAG ergreifen kann, etwa die Einschränkung oder Aufhebung der Verfügungsbefugnis des Unternehmens über dessen im Inland belegene Vermögensgegenstände.

31 **IV. Verhältnis zu anderen Regelungen des VAG.** Der Vorschrift des § 70 VAG kommt im Rahmen dieses Unterabschnitts des VAG eine **Sonderstellung** zu. Zum einen bestehen danach zugunsten der von der Regelung erfassten Drittstaatenversicherer bestimmte Erleichterungen, insbesondere im Hinblick auf die nach § 69 VAG grundsätzlich geltenden Voraussetzungen im Erlaubniserteilungsverfahren. Zum anderen sieht die Vorschrift eine besondere Zusammenarbeit der Aufsichtsbehörden vor, die insbesondere in **finanziellen Notlagen** der Niederlassungen nach den § 133 ff. VAG (s. § 70 Abs. 2 VAG) und im Rahmen des **Widerrufs der Erlaubnis** nach § 71 S. 1 Nr. 2 VAG relevant wird.

32 Bei **Bestandsübertragungen** gelten ferner die Besonderheiten nach § 73 Abs. 1 S. 3 Nr. 2 und Abs. 4 VAG.

Widerruf der Erlaubnis

71

[1] Die Bundesanstalt widerruft die Erlaubnis, wenn

1. das Unternehmen im Sitzland die Erlaubnis zum Geschäftsbetrieb verliert oder

2. im Fall des § 70 die gewählte Aufsichtsbehörde die Erlaubnis zum Geschäftsbetrieb widerruft, weil die nach § 70 Absatz 1 Satz 1 Nummer 1 berechneten Eigenmittel unzureichend sind.

[2] § 304 bleibt unberührt.

Schrifttum: Siehe die Angaben bei § 67.

1 **I. Allgemeines. 1. Entstehungsgeschichte.** Die Regelung des § 71 VAG entspricht ohne Änderungen dem bisherigen § 106b Abs. 7 S. 1 und 2 VAG a. F., dessen Satz 3 hingegen nicht in das neue VAG übernommen wurde. Satz 3 ordnete an, dass das BMF die Erlaubnis widerrufen konnte, wenn das

[24] S. Rn. 23.

im öffentlichen Interesse geboten erschien. Insoweit ist die Gesetzesbegründung nicht ganz richtig, wenn es dort heißt, dass § 71 VAG „inhaltlich unverändert dem bisherigen § 106 Abs. 7 VAG a. F." entspreche.[1]

§ 106b VAG a. F. ist durch das **Erste Durchführungsgesetz/EWG zum VAG** v. 18.12.1975[2] in das Gesetz eingefügt worden. Die Vorgängerregelungen des § 71 VAG (§ 106b Abs. 7 S. 1 und 2 VAG a. F.) unterlagen seitdem lediglich redaktionellen Änderungen. So wurde etwa durch das VAG-Änderungsgesetz v. 21.12.2000[3] der Begriff der Europäischen Wirtschaftsgemeinschaft in „Europäische Gemeinschaft" geändert, um eine Anpassung an die neue europarechtliche Terminologie vorzunehmen.[4] Ferner erfolgte durch das Gesetz über die integrierte Finanzdienstleistungsaufsicht v. 22.4.2002[5] die Änderung des Begriffs Bundesaufsichtsamts in „Bundesanstalt". 2

2. Normzweck. § 71 VAG regelt den Widerruf einer Erlaubnis, die einem Drittstaatenversicherer zum Geschäftsbetrieb in Deutschland gewährt worden ist. Dabei handelt es sich um eine den § 304 VAG ergänzende (arg. e. § 71 S. 2 VAG) **Sonderregelung**, die solche mit dem abweichenden Erlaubnisverfahren verbundenen Besonderheiten bei ausländischen Versicherern berücksichtigt. Die für den Erlaubnisentzug bei inländischen Unternehmen maßgeblichen Bestimmungen des § 304 VAG bleiben somit unberührt. 3

3. Europarechtlicher Hintergrund. Wie das Erlaubnisverfahren ist auch das Widerrufsverfahren von Gemeinschaftsrecht bestimmt. Der in § 71 S. 1 Nr. 2 VAG normierte Widerrufstatbestand hinsichtlich Drittstaatenversicherern, die in mehr als einem Mitgliedstaat zugelassen sind, beruht unmittelbar auf Art. 170 UAbs. 2 der **Solva II-RL**[6] und ist im Zusammenhang mit § 70 VAG zu sehen. Dass ein Widerruf der Erlaubnis generell möglich ist, folgt im Umkehrschluss ebenfalls aus Art. 170 Solva II-RL, der nur den speziellen Fall des Widerrufs für Drittstaatenversicherer regelt, die in mehreren Vertrags- und/oder Mitgliedstaaten tätig sind. § 71 S. 1 Nr. 1 VAG ist als Widerrufsgrund selbst in der Solva II-RL zwar nicht genannt. Seine europarechtliche Unbedenklichkeit folgt jedoch aus dem Grund selbst; ein Drittstaatenversicherer, der seine Erlaubnis im Sitzland verliert, kann nicht erwarten, dass seine Erlaubnis für eine rechtlich unselbständige Niederlassung bestehen bleibt. 4

II. Widerruf der Erlaubnis nach § 71 VAG (S. 1). Bei Vorliegen der Tatbestandsvoraussetzungen des § 71 S. 1 VAG **hat** die BaFin die Erlaubnis nach § 67 VAG **zu widerrufen**. Ein Ermessen der Aufsichtsbehörde besteht hier folglich nicht.[7] 5

Ein zusätzlicher Widerrufsgrund, wie er nach alter Rechtslage noch in § 106b Abs. 7 S. 3 VAG hinsichtlich der ggf. gebotenen öffentlichen Interessen enthalten war, und der eine Ermessensentscheidung des BMF vorsah, ist heute weggefallen. Dementsprechend sind politische Erwägungen nach hiesiger Auffassung auch im Erlaubnisverfahren obsolet geworden.[8] 6

Zuständig für den Widerruf ist allein die **BaFin**; bei Drittstaatenversicherern, die in mehreren Vertrags- und Mitgliedstaaten tätig sind, allerdings wegen des Einstimmigkeitsprinzips aus § 70 Abs. 1 S. 6 VAG unter den in § 71 S. 1 Nr. 2 VAG genannten Voraussetzungen nur im Zusammenspiel mit den anderen betroffenen Aufsichtsbehörden. 7

1. Verlust der Zulassung im Sitzland (S. 1 Nr. 1). Gemäß § 71 S. 1 Nr. 1 VAG wird die Erlaubnis widerrufen, wenn der Drittstaatenversicherer die Geschäftsbetriebserlaubnis in seinem Sitzland verliert. Voraussetzung ist dabei ein vollständiger **Verlust der Zulassung**. 8

Bei einem nur teilweisen Entzug der Erlaubnis im Sitzland des Drittversicherers, beispielsweise für einzelne Sparten, greift § 71 S. 1 Nr. 1 VAG nicht. Allerdings kann dies im Rahmen eines Widerrufs gemäß § 304 Abs. 3 Nr. 1 VAG von Bedeutung sein.[9] 9

2. Widerruf der Zulassung für Unternehmen, die in mehr als einem Mitgliedstaat zugelassen sind (S. 1 Nr. 2). Der Widerrufsgrund nach § 71 S. 1 Nr. 2 VAG stellt einen Sondertatbestand für Unternehmen dar, die in mehreren Vertrags- und Mitgliedstaaten zum Geschäftsbetrieb zugelassen sind und denen die Erleichterungen des § 70 Abs. 1 S. 1 VAG gewährt worden sind. So hat die BaFin in dem Fall, dass die nach § 70 Abs. 1 S. 4 VAG für die Überwachung der Gesamtsolvabilität zuständige Aufsichtsbehörde die Erlaubnis für den Geschäftsbetrieb widerrufen hat, weil die nach § 70 Abs. 1 S. 1 10

[1] Begr. VAG-RegE 2014, BT-Drs. 18/2956, 257; zur Bedeutung des Wegfalls der bisherigen Regelung s. Rn. 13.
[2] BGBl. 1975 I 3139.
[3] BGBl. 2000 I 1857.
[4] Begr. RegE VAG-Änderungsgesetz, BT-Drs. 14/4453, 51.
[5] BGBl. 2002 I 1310.
[6] RL 2009/138/EG v. 25.11.2009, ABl. EU 2009 L 335, 1, geändert durch die RL 2014/51/EU v. 16.4.2014, ABl. EU 2014 L 153, 1 (Omnibus II); vgl. 1. Erwägungsgrund der Solva II-RL zur Neufassung der Dritten Richtlinie Schadenversicherung (RL 92/49/EWG) und der Richtlinie über Lebensversicherungen (RL 2002/83/EG).
[7] So auch Goldberg/Müller/*Müller* § 106b Rn. 37 f. zum alten Recht.
[8] S. § 69 Rn. 8 und § 67 Rn. 45.
[9] Zum entsprechenden Streit in Bezug auf die Frage der Zulässigkeit einer Erlaubniserteilung für Sparten, für die der Drittstaatenversicherer im Sitzland über keine Erlaubnis verfügt, s. § 69 Rn. 14.

Nr. 1 VAG vorzuhaltenden Eigenmittel des betreffenden Unternehmens unzureichend sind, ihrerseits die Erlaubnis für den Geschäftsbetrieb im Inland zu widerrufen.[10] Dies entspricht Art. 170 UAbs. 2 Solva II-RL.

11 **III. Widerruf der Erlaubnis nach § 304 VAG (S. 2).** § 71 S. 2 VAG verweist im Übrigen auf die Vorschrift des § 304 VAG, der den Widerruf in Bezug auf Versicherungsunternehmen mit Sitz in Deutschland regelt. Die entsprechende Anwendbarkeit der Vorschrift auf die inländische Niederlassung eines Drittstaatenversicherers folgt auch aus § 67 Abs. 2 S. 1 VAG.[11]

12 In Ergänzung zu den Widerrufsgründen nach § 71 S. 1 VAG kann bzw. muss die BaFin die Erlaubnis für den Geschäftsbetrieb über die Niederlassung daher auch unter den Voraussetzungen der Widerrufstatbestände nach § 304 VAG widerrufen.[12] Daraus folgt auch, dass der Katalog nach § 71 S. 1 VAG **nicht abschließend** ist.

13 In diesem Zusammenhang ist erneut kurz auf die Frage einzugehen, ob darüber hinaus ein Widerruf möglich ist, wenn dies im **öffentlichen Interesse** geboten erscheint. Dies war in § 106b Abs. 7 S. 3 VAG a. F. explizit vorgesehen. Durch den Wegfall dieser Regelung wird einer solchen Widerrufsmöglichkeit jedoch die rechtliche Grundlage entzogen. Die Gesetzesbegründung, die insoweit unzutreffend von einem inhaltlich unveränderten Fortbestand des § 106b Abs. 7 VAG a. F. ausgeht,[13] kann eine solche Rechtsgrundlage nicht ersetzen. Ferner lässt sich ein Widerrufstatbestand wegen eines vorliegenden öffentlichen Interesses insbesondere auch nicht über den Verweis in § 71 S. 2 VAG auf § 304 Abs. 3 Nr. 1 VAG herstellen, wonach ein Widerruf ggf. möglich ist, wenn das Unternehmen die Voraussetzungen für die Erteilung der Erlaubnis nicht mehr erfüllt. Denn § 69 Abs. 3 VAG verlangt nicht positiv das Vorliegen eines öffentlichen Interesses für die Erteilung der Erlaubnis. Politische Interessen haben daher sowohl bei der Erlaubniserteilung als auch beim Widerruf der Erlaubnis außen vor zu bleiben.[14]

14 **IV. Verhältnis zu anderen Regelungen des VAG.** Als Sonderregelung für Drittstaatenversicherer ergänzt § 71 VAG insbesondere die Vorschrift des § 304 VAG.[15]

15 Darüber hinaus steht § 71 S. 1 Nr. 2 VAG in engem Zusammenhang mit § 70 Abs. 1 S. 1 Nr. 1 und S. 6 VAG mit Blick auf Drittstaatenversicherer, die in mehreren Vertrags- und/oder Mitgliedstaaten zum Geschäftsbetrieb zugelassen sind.[16]

Versicherung inländischer Risiken

72 Erstversicherungsunternehmen eines Drittstaats, denen der Geschäftsbetrieb nach § 67 erlaubt worden ist, dürfen Versicherungsverträge mit Versicherungsnehmern, die ihren gewöhnlichen Aufenthalt im Inland haben, sowie Versicherungsverträge über dort belegene Grundstücke nur durch Bevollmächtigte abschließen, die im Inland wohnen.

Schrifttum: Siehe die Angaben bei § 67.

1 **I. Allgemeines. 1. Entstehungsgeschichte.** § 71 VAG entspricht inhaltlich unverändert dem bisherigen § 107 VAG a. F.[1] Lediglich die Überschrift der Norm wurde geändert: Während die Vorschrift des § 107 VAG a. F. noch mit „Kumul von Vertriebswegen" überschrieben war, hat der Gesetzgeber für den neuen § 72 VAG die Überschrift „Versicherung inländischer Risiken" gewählt. Zur Klarheit hätte eine Überschrift „Versicherung inländischer Risiken nur im Niederlassungsverkehr" besser beigetragen.

2 Die Vorschrift hat ihren Ursprung bereits in der **ersten Fassung des VAG** aus dem Jahr 1901.[2] Durch das 14. Änderungsgesetz zum VAG vom 29.3.1983[3] hat die Vorgängerregelung des § 71 VAG eine Neufassung erfahren, wobei hierbei keine materiellen Änderungen vorgenommen wurden. Anschließend erfolgte durch das VAG-Änderungsgesetz vom 21.12.2000[4] lediglich eine Anpassung an die damals durch § 105 Abs. 1 VAG a. F. neu eingeführte Terminologie (Ersetzung der Wörter „Ausländische Versicherungsunternehmen" durch die Wörter „Versicherungsunternehmen eines Drittstaates im Sinne des § 105 Abs. 1 Satz 1").[5]

3 Dem Vorschlag der Bundesregierung, die Vorschrift des § 107 VAG a. F. „angesichts der zunehmenden grenzüberschreitenden Rechtsbeziehungen weiter Bevölkerungskreise" im Rahmen des Zweiten

---

[10] Vgl. zu den Erleichterungen § 70 Rn. 25 f.
[11] FKBP/*Pohlmann* § 105 Rn. 83 zu § 87 VAG a. F.
[12] Zum Widerruf nach § 304 VAG siehe die Ausführungen dort.
[13] S. Rn. 1.
[14] S. hierzu § 69 Rn. 8 und § 67 Rn. 45.
[15] S. hierzu Rn. 11 ff.
[16] S. Rn. 10.
[1] Begr. VAG-RegE 2014, BT-Drs. 18/2956, 257.
[2] Vgl. Begr. RegE Zweites Durchführungsgesetz/EWG zum VAG, BT-Drs. 11/6341, 25.
[3] BGBl. I 377, 382.
[4] BGBl. 2000 I 1857.
[5] Begr. RegE VAG-Änderungsgesetz, BT-Drs. 14/4453, 52.

Durchführungsgesetzes/EWG zum VAG aufzuheben,[6] ist der Bundestag nicht gefolgt.[7] Auch bei Umsetzung der Solva II-RL hat der Gesetzgeber an dieser Regelung festgehalten.

2. Normzweck. Gemäß § 72 VAG dürfen Erstversicherungsunternehmen mit Sitz in einem Drittstaat, die über eine Erlaubnis nach § 67 VAG verfügen, inländische Risiken nur „durch Bevollmächtigte, die im Inland wohnen" versichern, wodurch andere Vertriebswege außerhalb des Niederlassungsverkehrs, insbesondere die Korrespondenzversicherung,[8] ausgeschlossen werden (sog. **Kumulverbot**). Nach den Gesetzesmaterialien ist Ziel der Regelung, einer Umgehung der inländischen Aufsicht und einem Irrtum des Versicherungsnehmers über die Art der Beaufsichtigung vorzubeugen.[9] Dies ist dahingehend zu verstehen, dass verhindert werden soll, dass Versicherungsnehmer, die auf die inländische Aufsicht über die Niederlassung vertrauen, durch die beim Abschluss von Versicherungsverträgen auf mehreren Vertriebswegen entstehende Intransparenz getäuscht werden und hierdurch die Aufsichtsführung erschwert wird.[10] Hinsichtlich der erstgenannten Gefahr könnte insbesondere ein Versicherungsnehmer irrigerweise annehmen, dass die in Wahrheit aufsichtsfreie Korrespondenzversicherung ebenfalls der Aufsicht unterliege.[11] Die Gefahr der erschwerten Aufsichtsführung dürfte sich aus dem Nebeneinander der verschiedenen Abschlussmöglichkeiten ergeben.[12] 4

Diskutiert wird jedoch, ob mit Blick auf diesen Schutzzweck auch die Regelung des § 72 letzter Hs. VAG sachgerecht ist, wonach auch Versicherungsverträge über im Inland belegene Grundstücke (generell) nur über solche Bevollmächtigte versicherbar sind, die im Inland wohnen.[13] 5

3. Europarechtlicher Hintergrund. Die Vorschrift des § 72 VAG hat keinen unmittelbaren europarechtlichen Hintergrund.[14] Insbesondere dient sie nicht der Umsetzung von Vorgaben der Solva II-RL[15]. Sie ist gleichwohl europarechtlich unbedenklich, da der Dienstleistungsverkehr für Niederlassungen von Drittstaatenversicherern – wie gezeigt[16] – nicht eröffnet ist und der Ausschluss der Korrespondenzversicherung im Allgemeininteresse liegt. 6

II. Anwendungsbereich. Die Vorschrift gilt nur für **Erstversicherungsunternehmen**, die ihren Sitz in einem Drittstaat haben. 7

III. Verbot der Kumulierung von Vertriebswegen. Nach § 72 VAG dürfen Erstversicherer aus Drittstaaten nach Erteilung der Erlaubnis zum Geschäftsbetrieb gemäß § 67 VAG und der damit verbundenen Errichtung einer Niederlassung Versicherungsverträge mit Versicherungsnehmern, die sich gewöhnlich in Deutschland aufhalten, sowie Verträge über dort belegene Grundstücke nur noch durch Bevollmächtigte mit Wohnsitz in der Bundesrepublik abschließen. Das betreffende Unternehmen verliert folglich nach § 72 VAG die Befugnis, mit inländischen Versicherungsinteressenten außerhalb der Niederlassung Verträge auf dem Weg der Korrespondenzversicherung[17] abzuschließen und das Versicherungsgeschäft durch Bevollmächtigte zu betreiben, die sich nicht ständig in der Bundesrepublik Deutschland aufhalten (sog. **Kumulverbot**).[18] 8

Wie eingangs erwähnt,[19] wird diskutiert, ob das Verbot im Hinblick auf Verträge über **im Inland belegene Grundstücke** gemessen am Schutzzweck der Norm sachgerecht sei. So sind etwa beide Zweckrichtungen nicht betroffen, wenn der in einem Drittland wohnende Versicherungsnehmer vor Ort bei einem in diesem Land ansässigen Unternehmen sein in Deutschland belegenes Grundstück versichert.[20] Ausgehend von der hier vertretenen Auffassung, dass auch der Ort der Risikobelegenheit ein ausreichendes Element für den Betrieb des Versicherungsgeschäfts in Deutschland ist und dass sich der Ort der Risikobelegenheit mangels entsprechender Normen gemäß §§ 67 Abs. 2 S. 1 i. V. m. 57 Abs. 3 S. 2 VAG bestimmt,[21] ist diese Regelung aber sachgerecht. 9

Das Verbot des § 72 VAG beschränkt sich nicht nur auf die Versicherungssparten, für die die Erlaubnis gemäß § 67 VAG erteilt wurde, sondern auch auf **alle** übrigen **Versicherungszweige**.[22] Will der 10

[6] Vgl. Begr. RegE Zweites Durchführungsgesetz/EWG zum VAG, BT-Drs. 11/6341, 25.
[7] Zur Begründung des Finanzausschusses s. BT-Drs. 11/7230, 23.
[8] Zum Begriff s. § 61 Rn. 25 ff. und § 67 Rn. 40 ff.
[9] So der Bericht des Finanzausschusses, BT-Drs. 11/7230, 23.
[10] Bähr/*Schöps* § 7 Rn. 109.
[11] FKBP/*Pohlmann* § 107 Rn. 1 zum inhaltsgleichen alten Recht.
[12] FKBP/*Pohlmann* § 107 Rn. 1.
[13] Kritisch hierzu FKBP/*Pohlmann* § 107 Rn. 1; s. näher Rn. 9.
[14] Zur Entstehungsgeschichte der Norm s. Rn. 1 ff.
[15] RL 2009/138/EG v. 25.11.2009, ABl. EU 2009 L 335, 1, geändert durch die RL 2014/51/EU v. 16.4.2014, ABl. EU 2014 L 153, 1 (Omnibus II); vgl. 1. Erwägungsgrund der Solva II-RL zur Neufassung der Dritten Richtlinie Schadenversicherung (RL 92/49/EWG) und der Richtlinie über Lebensversicherungen (RL 2002/83/EG).
[16] S. § 67 Rn. 15.
[17] S. hierzu § 61 Rn. 25 ff. und § 67 Rn. 40 ff.
[18] Vgl. FKBP/*Pohlmann* § 107 Rn. 1; Bähr/*Schöps* § 7 Rn. 108 ff.
[19] Rn. 5.
[20] So FKBP/*Pohlmann* § 107 Rn. 1.
[21] S. § 67 Rn. 36 ff.
[22] FKBP/*Pohlmann* § 107 Rn. 2; Bähr/*Schöps* § 7 Rn. 110.

Drittstaatenversicherer also in anderen Sparten als den bislang von der Erlaubnis erfassten in Deutschland tätig werden, muss er eine entsprechende Erlaubnis beantragen.

11 Auch die **Transportversicherung** (Anlage 1 zum VAG, Teil A Nr. 4, 7 und 12) ist von dem Kumulverbot des § 72 VAG erfasst, da die Ausnahmeregelung des § 66 Abs. 1 VAG nicht auf Drittstaatenversicherer anwendbar ist und eine entsprechende Vorschrift hier fehlt. Nach § 66 Abs. 1 VAG unterliegen EU-/EWR-Versicherer, die die Transportversicherung ausschließlich im Wege des Dienstleistungsverkehrs betreiben, nicht dem VAG. Von der Möglichkeit, gemäß § 66 Abs. 4 Nr. 1 VAG die Vorschrift des § 66 Abs. 1 VAG durch Rechtsverordnung auch auf Drittstaatenversicherer für anwendbar zu erklären, hat das BMF bisher keinen Gebrauch gemacht.[23]

12 Weiterhin soll das Verbot selbst dann noch greifen, wenn die Niederlassung des Drittlandunternehmens das **Neugeschäft** zwar bereits eingestellt hat, aber die Abwicklung des Bestands noch nicht erfolgt ist.[24] Mit Blick auf die beiden Schutzrichtungen der Norm ist dies jedoch abzulehnen. Insbesondere dürfte eine gewichtige Gefahr der Irreführung des Versicherungsnehmers nicht mehr gegeben sein.

13 Darüber hinaus wird in der Literatur die Auffassung vertreten, dass das sog. **Fronting**, bei dem ein inländisches Versicherungsunternehmen eine vollständige Rückdeckung beim ausländischen Versicherer vornimmt, eine unzulässige Umgehung des Kumulverbots darstellt.[25] Dem ist jedoch entgegenzuhalten, dass beim Versicherungsnehmer eine Fehlvorstellung über den Umfang der Aufsicht bereits deshalb nicht hervorgerufen werden kann, weil sich nichts daran ändert, dass sein Vertragspartner ein unter BaFin-Aufsicht stehendes Unternehmen mit Sitz in Deutschland ist. Zudem erfasst das Kumulverbot in § 72 VAG die Rückversicherung gerade nicht.

14 Eine **Ausnahme** von dem Kumulverbot ist aber bei Vorliegen eines **Versicherungsnotstands** anzunehmen, d. h. wenn das zu zeichnende Risiko auf dem deutschen Markt nicht versicherbar ist.[26]

15 **IV. Verhältnis zu anderen Regelungen des VAG.** Verstößt ein Drittstaatenunternehmen gegen das Kumulverbot nach § 72 VAG, sind die betreffenden Versicherungsverträge zivilrechtlich dennoch **wirksam.**[27] Durch die Verstöße wird also nicht die Nichtigkeitsfolge des § 134 BGB ausgelöst.[28]

16 Eine Missachtung des § 72 VAG ist aber **strafbewehrt**, wenn das Unternehmen für diese Sparte keine Erlaubnis erhalten hat (**§ 331 Abs. 1 Nr. 1 VAG**).[29] Unabhängig vom Vorliegen dieser Voraussetzung für eine strafrechtliche Relevanz eines Verstoßes gegen das Kumulverbot ist ein Verstoß in jedem Fall auf Ebene der Zuverlässigkeit des Hauptbevollmächtigten zu beachten und kann eine Verwarnung oder im permanenten Wiederholungsfall auch seine Abberufung gemäß **§ 303 VAG** zur Folge haben.

Bestandsübertragung

73 **(1) [1]Ein Vertrag, durch den der Versicherungsbestand einer inländischen Niederlassung im Sinne des § 68 Absatz 1 ganz oder teilweise übertragen wird auf**

1. ein Versicherungsunternehmen mit Sitz in einem Mitglied- oder Vertragsstaat oder
2. die inländische Niederlassung eines Versicherungsunternehmens eines Drittstaats,

bedarf der Genehmigung der Bundesanstalt. [2]Die Genehmigung darf nur erteilt werden, wenn die übernehmende Drittstaatenniederlassung oder das übernehmende Versicherungsunternehmen mit Sitz in einem Mitglied- oder Vertragsstaat nachweist, dass es nach der Übertragung genügend anrechnungsfähige Eigenmittel zur Einhaltung der Solvabilitätskapitalanforderung besitzt. [3]Der Nachweis erfolgt durch eine Bescheinigung

1. der zuständigen Behörde des anderen Mitglied- oder Vertragsstaats, wenn das übernehmende Unternehmen seinen Sitz in einem anderen Mitglied- oder Vertragsstaat hat, oder
2. der gewählten Aufsichtsbehörde im Sinne des § 70 Absatz 1 Satz 4, wenn die Kapitalausstattung der Drittstaatenniederlassung von dieser überwacht wird.

[4]Für Erstversicherungsunternehmen gilt § 63 Absatz 4 entsprechend.

(2) [1]Gehören Erstversicherungsverträge zu den von der Genehmigung erfassten Vermögensgegenständen, darf die Genehmigung nur erteilt werden, wenn die Aufsichtsbehörden der Staaten, in denen die Risiken des Versicherungsbestandes belegen sind, zustimmen. [2]Es gilt als Zustimmung, wenn diese Aufsichtsbehörden sich innerhalb von drei Monaten nach Erhalt des Antrags nicht geäußert haben.

---

[23] S. § 66 Rn. 48.
[24] FKBP/*Pohlmann* § 107 Rn. 2.
[25] Goldberg/Müller/*Müller* § 107 Rn 9.
[26] FKBP/*Pohlmann* § 107 Rn. 2 m. w. N.; zum Versicherungsnotstand s. § 67 Rn. 58 ff.
[27] Goldberg/Müller/*Müller* § 107 Rn. 9; FKBP/*Pohlmann* § 107 Rn. 3.
[28] FKBP/*Pohlmann* § 107 Rn. 3 u. H. a. Motive zum VAG, Nachdruck 1963, S. 53.
[29] FKBP/*Pohlmann* § 107 Rn. 3.

(3) [1]**Die Bestandsübertragung bedarf der Schriftform; § 311b Absatz 3 des Bürgerlichen Gesetzbuchs ist nicht anzuwenden.** [2]**Die Rechte und Pflichten des übertragenden Unternehmens aus den Versicherungs- oder Rückversicherungsverträgen gehen mit der Bestandsübertragung auch im Verhältnis zu den Versicherungsnehmern oder Vorversicherern auf das übernehmende Unternehmen über; § 415 des Bürgerlichen Gesetzbuchs ist nicht anzuwenden.** [3]**Die Genehmigung der Bestandsübertragung ist im Bundesanzeiger zu veröffentlichen.** [4]**Sobald die Bestandsübertragung wirksam geworden ist, hat die übernehmende Niederlassung die Versicherungsnehmer oder die Vorversicherer unverzüglich über die Bestandsübertragung schriftlich oder elektronisch zu informieren.**

(4) **Wird der Versicherungsbestand einer inländischen Niederlassung auf die inländische Niederlassung eines Versicherungsunternehmens eines Drittstaats übertragen und wird die Kapitalausstattung der Niederlassung des letztgenannten Unternehmens von der Aufsichtsbehörde eines anderen Mitglied- oder Vertragsstaats überwacht, so bleiben die von einer Niederlassung für den übertragenen Bestand gestellten Sicherheiten bestehen, sofern die für das übernehmende Unternehmen zuständige Aufsichtsbehörde nichts anderes bestimmt.**

Übersicht

Schrifttum: Siehe die Angaben bei § 67.

I. Allgemeines. 1. Entstehungsgeschichte. Nach der Gesetzesbegründung entspricht § 73 VAG dem bisherigen § 108 VAG a. F.[1] Nicht übersehen werden darf jedoch, dass die Vorschrift unter Solvency II gewisse Änderungen erfahren hat. So ist die Regelung des § 73 Abs. 1 VAG, in dem verschiedene Konstellationen einer Bestandsübertragung unter Beteiligung der Niederlassung eines Drittstaatenunternehmens normiert sind, als eigener Absatz neu in das Gesetz aufgenommen worden. Zuvor war für die Voraussetzungen der Bestandsübertragungen über den Verweis in § 105 Abs. 3 VAG a. F. (heute § 67 Abs. 2 VAG) grundsätzlich ein Rückgriff auf § 14 VAG a. F. (heute § 13 VAG) notwendig. Insoweit modifizierte § 108 VAG a. F. die Vorschrift des § 14 VAG a. F. für die Fälle der Bestandsübertragungen unter Drittstaatenbeteiligung.[2] 1

Die Bestimmungen der Absätze 2 – 4 stammen größtenteils – unter Beeinflussung durch die **Solva II-RL**[3] – unmittelbar oder aufgrund Verweises aus der Vorgängerregelung.[4] So ähnelt die Zustimmungsregel des § 73 Abs. 2 S. 1 VAG dem bisherigen § 108 Abs. 2 VAG a. F. und die bisher über den Verweis des § 108 Abs. 3 VAG a. F. entsprechend anwendbaren Regelungen des § 14 VAG a. F. (§ 13 VAG) sind mehrheitlich in den neuen § 73 VAG übernommen worden. Gleichwohl kann auf § 13 VAG nach wie vor über den Verweis in § 67 Abs. 2 S. 1 VAG grundsätzlich noch rekurriert werden. 2

Die Bestimmung des bisherigen § 108 Abs. 1 VAG a. F. befindet sich nun an der Stelle des § 73 Abs. 4 VAG,[5] wobei sich die darin enthaltenen Modifizierungen für die Bestandsübertragung auf eine inländische Niederlassung eines Drittstaatenunternehmens inhaltlich nicht geändert haben. 3

Die Vorschrift des § 108 VAG a. F. ist durch Art. 1 Nr. 58 des **Dritten Durchführungsgesetzes/EWG zum VAG**[6] in das VAG eingefügt worden. Dies geschah in Umsetzung des Art. 28a der Ersten Richtlinie Schadenversicherung in der Fassung der Dritten Richtlinie[7] sowie des Art. 31a der Ersten 4

[1] Begr. VAG-RegE 2014, BT-Drs. 18/2956, 257.
[2] *Seemayer* S. 155.
[3] RL 2009/138/EG v. 25.11.2009, ABl. EU 2009 L 335, 1, geändert durch die RL 2014/51/EU v. 16.4.2014, ABl. EU 2014 L 153, 1 (Omnibus II); vgl. 1. Erwägungsgrund der Solva II-RL zur Neufassung der Dritten Richtlinie Schadenversicherung (RL 92/49/EWG) und der Richtlinie über Lebensversicherungen (RL 2002/83/EG).
[4] Zum europarechtlichen Hintergrund s. Rn. 8 ff.
[5] Begr. VAG-RegE 2014, BT-Drs. 18/2956, 257.
[6] BGBl. I 1630, 1652.
[7] Art. 53 RL 92/49/EWG v. 18.6.1992, ABl. EG 1992 L 228, 1.

Richtlinie Lebensversicherung in der Fassung der Dritten Richtlinie[8].[9] Im Hinblick auf die Konstellationen der Bestandsübertragung auf ein inländisches Unternehmen und auf eine inländische Niederlassung eines Drittstaatenversicherers war die Möglichkeit der Bestandsübertragung von Niederlassungen bereits durch die entsprechende Anwendung des § 14 VAG a. F. über § 105 Abs. 2 VAG a. F. geregelt. Deshalb musste nur noch der **Sonderfall** behandelt werden, dass die Kapitalausstattung des übernehmenden Unternehmens von einer anderen EU-/EWR-Aufsichtsbehörde überwacht wird (§ 108 Abs. 1 VAG a. F.).[10] Diese Sonderregelung findet sich nunmehr in § 73 Abs. 4 VAG.

5 Für die Möglichkeit der Bestandsübertragung einer Niederlassung auf ein Unternehmen eines **anderen EU-/EWR-Staats** galt der eigenständige § 108 Abs. 2 VAG a. F., der durch das VAG-Änderungsgesetz v. 21.12.2000[11] um das Erfordernis ergänzt wurde, dass auch die Aufsichtsbehörden der Staaten, in denen die Risiken des Versicherungsbestandes belegen sind, der Bestandsübertragung zustimmen müssen (vgl. heute § 73 Abs. 2 S. 1 VAG). Im Rahmen des 9. VAG-Änderungsgesetzes[12] hat der Gesetzgeber in § 108 Abs. 1 und 2 VAG a. F. den Einschub gestrichen, wonach ausdrücklich die Erbringung eines Nachweises über das Vorhandensein ausreichender Eigenmittel mittels einer Bescheinigung der zuständigen Aufsichtsbehörde gefordert wurde. Zwar blieb nach der Streichung dieser Halbsätze der Eigenmittelnachweis weiterhin notwendig, was sich aus der Verweisung des damaligen § 108 Abs. 3 VAG a. F. auf § 14 Abs. 1 S. 2 VAG a. F. ergab („*die Verpflichtungen aus den Versicherungen als dauernd erfüllbar dargetan sind*").[13] Nicht mehr ausdrücklich geregelt und deshalb gesetzestechnisch etwas umständlich zu ermitteln war jedoch die Antwort auf die Frage, wie der Nachweis letztlich geführt werden musste.[14] Mit der **Wiederaufnahme des Eigenmittelnachweises** im neuen § 73 Abs. 1 VAG hat der Gesetzgeber insoweit eine klare Regelung geschaffen.

6 **2. Normzweck.** § 73 VAG behandelt verschiedene Konstellationen von Übertragungen des Bestands einer inländischen Niederlassung eines Drittstaatenversicherers auf einen EU-/EWR-Versicherer bzw. auf die Niederlassung eines anderen Drittstaatenversicherers. Dabei wird die Möglichkeit der jeweiligen Bestandsübertragung vor allem von der **Genehmigung der BaFin** abhängig gemacht, die nur bei Vorliegen eines Nachweises über ausreichende Eigenmittel und dem Vorliegen der übrigen Voraussetzungen für eine Bestandsübertragung gemäß §§ 67 Abs. 2 S. 1 i. V. m. 13 VAG erteilt werden darf. Dies dient dem **Schutz der Versicherungsnehmer**.

7 § 73 Abs. 1 VAG benennt zunächst die in Betracht kommenden Konstellationen und legt sodann die notwendigen Voraussetzungen sowie das Verfahren zur Genehmigung der Verträge fest. § 73 Abs. 2 VAG regelt besondere Voraussetzungen für Erstversicherungsverträge. Im dritten Absatz finden sich Bestimmungen zur Form und zu den Rechtsfolgen der Bestandsübertragung sowie zu Veröffentlichungs- und Informationspflichten. Schließlich werden in § 73 Abs. 4 VAG für den Sonderfall, dass die Kapitalausstattung des übernehmenden Unternehmens von einer anderen EU-/EWR-Aufsichtsbehörde überwacht wird, Regelungen in Bezug auf gestellte Sicherheiten getroffen.

8 **3. Europarechtlicher Hintergrund.** Die Vorschrift des § 73 VAG setzt Art. 164 der Solva II-RL um.[15] Die europarechtlichen Vorgaben sind aus der Dritten Richtlinie Schadenversicherung[16] sowie aus der Richtlinie über Lebensversicherungen[17] unter Anpassung der neuen Solvenzbestimmungen übernommen worden. Während die Mitgliedstaaten nach Art. 164 Abs. 1 und 2 Solva II-RL verpflichtet sind, die Möglichkeit der Bestandsübertragung auf ein Versicherungsunternehmen mit Sitz in einem (anderen) Vertrags- oder Mitgliedstaat zu gewährleisten (vgl. § 73 Abs. 1 S. 1 Nr. 1 VAG), ist die Möglichkeit der Bestandsübertragung auf die EU-EWR-ausländische Niederlassung eines anderen Drittstaatversicherers nach Art. 164 Abs. 3 Solva II-RL fakultativ. Von dieser Möglichkeit hat der deutsche Gesetzgeber keinen Gebrauch gemacht.[18] Das ist konsequent, da mit der inländischen Niederlassungspflicht für Drittstaatenversicherer erreicht werden soll, dass inländische Risiken bei Drittstaatenversicherern nur im Inland versichert werden können.[19] Auf der anderen Seite wird so Drittstaatenversicherern die Verwaltung nur kleiner Bestände verteuert, da diese nicht auf eine größere Niederlassung übertragen werden können. Hier scheidet also eine drittstaatenversichererinterne Lösung aus.

9 § 73 Abs. 1 S. 1 Nr. 2, Abs. 4 VAG betrifft also allein die Konstellation einer Übertragung auf eine *inländische* Niederlassung eines anderen Drittstaatenversicherers. Wenngleich diese Konstellation in der Richtlinie nicht explizit aufgeführt ist, wird die geschilderte fakultative Möglichkeit nach Art. 164

[8] Art. 49 RL 92/96/EWG v. 10.11.1992, ABl. EG 1992 L 360, 1.
[9] Vgl. Begr. RegE Drittes Durchführungsgesetz/EWG zum VAG, BT-Drs. 12/6959, 91.
[10] Begr. RegE Drittes Durchführungsgesetz/EWG zum VAG, BT-Drs. 12/6959, 91.
[11] BGBl. I 1857.
[12] Vom 23.12.2007 (BGBl. I S. 3248).
[13] S. hierzu näher FKBP/*Pohlmann* § 108 Rn. 3 und 6.
[14] Vgl. FKBP/*Pohlmann* § 108 Rn. 3.
[15] Begr. VAG-RegE 2014, BT-Drs. 18/2956, 257.
[16] RL 92/49/EWG v. 18.6.1992, ABl. EG 1992 L 228, 1.
[17] RL 2002/83/EG v. 5.11.2002, ABl. EG 2002 L 345, 1.
[18] Vgl. FKBP/*Pohlmann* § 108 Rn. 7 zur alten Rechtslage.
[19] S. § 68 Rn. 8 ff.

Abs. 3 Solva II-RL gleichermaßen im Wege eines Erst-recht-Schlusses für die Übertragung auf eine inländische Niederlassung eines anderen Drittstaatenversicherers gelten müssen.[20]

Das in § 73 Abs. 2 S. 1 VAG normierte Zustimmungserfordernis in Bezug auf die Staaten, in denen das Risiko belegen ist, entspricht den Vorgaben des Art. 164 Abs. 4 Solva II-RL. Es kann nur Bedeutung erlangen, wenn ein Vertrags- oder Mitgliedstaat von der Möglichkeit des Art. 164 Abs. 3 Solva II-RL Gebrauch gemacht hat und grenzüberschreitende Bestandsübertragungen innerhalb der EU/des EWR auch zu Niederlassungen anderer Drittstaatenversicherer zuzulassen. 10

II. Bestandsübertragung (Abs. 1). 1. Gegenstand eines Bestandsübertragungsvertrags; Genehmigung (Abs. 1 S. 1). a) Beteiligung eines Drittstaatenunternehmens. § 73 Abs. 1 S. 1 VAG regelt die verschiedenen Möglichkeiten der Übertragung des Bestands einer inländischen Niederlassung i. S. d. § 68 Abs. 1 VAG durch Vertrag. Aus dem in § 68 Abs. 1 VAG enthaltenen weiteren Verweis auf § 67 Abs. 1 S. 1 VAG ergibt sich, dass § 73 Abs. 1 VAG sowohl für **Erst-** als auch für **Rückversicherungsunternehmen** mit Sitz in einem Drittstaat gilt, sofern die Unternehmen der Erlaubnispflicht nach § 67 VAG unterliegen[21] und demnach verpflichtet sind, zum Geschäftsbetrieb im Inland eine Niederlassung zu errichten. 11

Bei Bestandsübertragungen mit Beteiligung eines Versicherers mit Sitz in der **Schweiz** sind allerdings die Sonderregelungen des zwischen der EWG und der Schweiz geltenden Abkommens[22] zu beachten.[23] So sieht das Abkommen für Schweizer Versicherungsunternehmen, die das Nichtlebensversicherungsgeschäft betreiben, im Grundsatz das Tätigkeitslandprinzip vor, während hinsichtlich der Solvabilitätsvorschriften das Sitzlandprinzip gilt.[24] Im Hinblick auf Schweizer Versicherungsunternehmen, die das Lebensversicherungsgeschäft betreiben, findet das Abkommen hingegen keine Anwendung, so dass insoweit uneingeschränkt die Vorschriften für Drittstaatenversicherer greifen.[25] 12

b) Gegenstand der Bestandsübertragung. Gegenstand des Vertrages kann die ganze oder teilweise Übertragung des Bestands der Niederlassung sein. Die einzelnen Bestandsübertragungsvorgänge sind im Katalog des § 73 Abs. 1 S. 1 VAG aufgeführt. 13

Nr. 1 der Vorschrift betrifft einen Vertrag, durch den der Versicherungsbestand der Niederlassung ganz oder teilweise auf ein **Versicherungsunternehmen mit Sitz in einem Mitglied- oder Vertragsstaat** übertragen wird. Hiervon wird zum einen die Konstellation erfasst, dass der Bestand auf ein Unternehmen übertragen werden soll, das in einem ***anderen*** **Staat der EU/des EWR**, d. h. außerhalb von Deutschland, ansässig ist. Dies entspricht Art. 164 Abs. 2 Solva II-RL. Darüber hinaus sind auch Versicherungsunternehmen gemeint, die ihren **Sitz in Deutschland** haben.[26] Es ist mithin – anders als noch nach alter Rechtslage[27] – nicht mehr notwendig, für diese Konstellation den Weg über die Verweisung des § 67 Abs. 2 VAG auf die für inländische Unternehmen geltende Regelung des § 13 Abs. 1 S. 1 VAG zu beschreiten, wie dies mangels entsprechender eigenständiger Regelung in § 108 VAG a. F. nach altem Recht noch notwendig war. Dafür, dass es der Gesetzgeber nicht bei dem – gesetzestechnisch ohnehin umständlichen – Weg der Verweisung belassen wollte, spricht zunächst, dass ausweislich der Gesetzesbegründung[28] die Vorschrift des § 73 VAG der Umsetzung von Art. 164 Solva II-RL dient, der in Absatz 1 die Übertragung auf ein Unternehmen im Inland behandelt. Darüber hinaus ist von der Legaldefinition des „Mitglied- oder Vertragsstaats" gemäß § 7 Nr. 22 VAG zweifelsohne auch Deutschland erfasst. Demgegenüber wählt das VAG für den Fall, dass ausschließlich EU-/EWR-Staaten außer Deutschland adressiert sein sollen, die Formulierung „*in einem anderen Mitglied- oder Vertragsstaat*", so etwa in §§ 21, 70, 73 Abs. 1 S. 3 Nr. 1, 169 VAG. Im Übrigen bedarf es auch unter sachlichen Gesichtspunkten eines Verweises auf § 13 VAG nicht mehr, da § 73 VAG die Voraussetzungen der Bestandsübertragung nunmehr eigenständig regelt und etwa die Bestimmungen zu Form- und Informationspflichten in Absatz 3 selbst vorhält, anstatt insoweit auf § 13 Abs. 5 – 7 VAG zu verweisen (so noch § 108 Abs. 3 VAG a. F. i. V. m. § 14 VAG a. F.). Außerdem gilt § 13 Abs. 1 S. 1 VAG ausdrücklich nur für Erstversicherungsunternehmen, während § 73 Abs. 1 VAG grundsätzlich auch den Rückversicherungsbestand in den Anwendungsbereich einbezieht.[29] 14

---

[20] So auch *Zeides* S. 159 in Bezug auf die entsprechenden inhaltsgleichen Vorgaben der Vorgängerrichtlinien zur Solva II-RL.

[21] Zu beachten ist insbesondere die für das Rückversicherungsgeschäft geltende Sonderregelung des § 67 Abs. 1 S. 2 VAG.

[22] Abkommen zwischen der Europäischen Wirtschaftsgemeinschaft und der Schweizerischen Eidgenossenschaft betreffend die Direktversicherung mit Ausnahme der Lebensversicherung, ABl. EG v. 27.7.1991, L 205, 3.

[23] Vgl. hierzu näher *Bornschlegl* S. 435.

[24] *Bornschlegl* S. 435.

[25] *Bornschlegl* S. 436.

[26] So auch *Bornschlegl* S. 434 zu § 68 Abs. 1 S. 1 Nr. 1 VAG-E 2012, dessen Wortlaut § 73 Abs. 1 S. 1 Nr. 1 VAG entspricht.

[27] S. Rn. 1; FKBP/*Pohlmann* § 108 Rn. 1.

[28] Begr. VAG-RegE 2014, BT-Drs. 18/2956, 257.

[29] Vgl. Rn. 11.

15 Die Bestandsübertragung kann sowohl auf den anderen EU-/EWR-Versicherer an seinem Sitzland erfolgen als auch **auf eine Niederlassung des EU-/EWR-Versicherers** in einem anderen EU-/EWR-Staat. Alles andere wäre mit der Niederlassungsfreiheit nach dem AEUV und den nach Art. 164 Abs. 3 Solva II-RL fakultativ vorgesehenen Möglichkeit einer grenzüberschreitenden Bestandsübertragung zwischen zwei Niederlassungen von Drittstaatenversicherern nicht vereinbar. Denn ansonsten stünden Niederlassungen von Drittstaatenversicherern besser da als Niederlassungen von EU-/EWR-Versicherern.

16 Nach **Nr. 2** ist weiterhin eine Bestandsübertragung auf die **inländische Niederlassung eines anderen Drittstaatenversicherers** möglich. Die Übertragung auf eine Niederlassung eines Drittstaatenversicherers in einem anderen Vertrags- oder Mitgliedstaat ist in Deutschland anders als möglicherweise in anderen Vertrags- und Mitgliedstaaten (Art. 164 Abs. 3 Solva II-RL schafft hier eine Mitgliedstaatenoption)[30] nicht möglich.[31]

17 **c) Genehmigung der BaFin und ggf. weiterer Aufsichtsbehörden.** Ein Vertrag, der die Bestandsübertragung in einer der genannten Konstellationen zum Gegenstand hat, muss gemäß § 73 Abs. 1 S. 1 VAG von der BaFin **genehmigt** werden. Die Voraussetzungen für eine Genehmigung ergeben sich aus § 73 Abs. 1 S. 2, 3 und 4 VAG (s. dazu sogleich).

18 In Anwendung des Rechtsgedankens aus § 63 Abs. 1 S. 1 VAG, der hier über § 67 Abs. 2 S. 1 VAG entsprechend Anwendung findet, ist auch die **Aufsichtsbehörde eines anderen Vertrags- oder Mitgliedstaats einzubinden** und zur Zustimmung bzw. Stellungnahme[32] aufzufordern, wenn das den Bestand übernehmende Unternehmen oder dessen Niederlassung in einem anderen Vertrags- oder Mitgliedstaat sitzt.

19 **2. Genehmigungsvoraussetzungen (Abs. 1 S. 2, 3 und 4).** § 73 Abs. 1 S. 2 VAG bestimmt, dass die Genehmigung nur erteilt werden darf, wenn das übernehmende Unternehmen (S. 1 Nr. 1) bzw. die übernehmende Niederlassung (S. 1 Nr. 2) den Nachweis erbringt, dass es bzw. sie nach der Übertragung genügend **Eigenmittel** zur Einhaltung der Solvabilitätskapitalanforderung (SCR) besitzt. Dieser Nachweis ist gemäß § 73 Abs. 1 S. 3 VAG durch eine entsprechende **Bescheinigung** zu führen. Für diejenigen Fälle, in denen die BaFin nicht selbst aufsichtsführende Behörde für das übernehmende Unternehmen bzw. die übernehmende Niederlassung ist, regelt der Katalog in Satz 3 ausdrücklich, welche (andere) Aufsichtsbehörde die Bescheinigung auszustellen hat:

– Gemäß **Nr. 1** muss die Bescheinigung im Fall einer Übertragung auf ein Versicherungsunternehmen mit **Sitz in einem anderen EU-/EWR-Staat** von der dort zuständigen Aufsichtsbehörde ausgestellt werden.
– Nach **Nr. 2** hat bei einer Übertragung auf die **inländische Niederlassung eines Drittstaatenunternehmens**, deren Kapitalausstattung nach § 70 VAG von der Aufsichtsbehörde eines anderen Mitglied- oder Vertragsstaats überwacht wird, diese gewählte Aufsichtsbehörde i. S. d. § 70 Abs. 1 S. 4 VAG die erforderliche Bescheinigung auszustellen.

20 Im Unterschied zu § 14 Abs. 1 S. 2 VAG a. F. verlangt § 73 VAG für Erstversicherungsverträge nicht mehr ausdrücklich, dass für die Genehmigungsfähigkeit *„die Belange der Versicherten gewahrt"* sein müssen. Der Verzicht auf diese Voraussetzung wird in der Literatur mit Blick auf den mit der Bestandsübertragung verbundenen Eingriff in die Privatautonomie der Versicherungsnehmer kritisch beurteilt.[33] Art. 164 Solva II-RL stehe einem solchen Erfordernis nicht entgegen, weil danach die Bestandsübertragung „nach Maßgabe des nationalen Rechts" zu gestatten ist.[34] Zu berücksichtigen ist allerdings auch, dass sich die zitierte Literaturauffassung auf die Entwurfsfassung des VAG 2012 bezog. Dieser enthielt in § 68 Abs. 1 VAG-E (nunmehr § 73 VAG) über den Eigenmittelnachweis hinaus letztlich keine weiteren Genehmigungsvoraussetzungen, weil die zusätzlich in § 68 Abs. 1 S. 4 VAG-E enthaltene Verweisung auf einen – nicht vorhandenen – § 62 Abs. 4 VAG-E leerlief.[35] Im VAG-Entwurf 2014 ist dieser Verweis jedoch korrigiert worden. Gemäß § 73 Abs. 1 S. 4 VAG findet nunmehr die Vorschrift des § 63 Abs. 4 VAG entsprechende Anwendung.[36] Über den Weiterverweis auf die § 58 Abs. 2 S. 4 und § 59 Abs. 2 S. 5 VAG wird klargestellt, dass eine verschlechterte finanzielle Lage des Unternehmens i. S. d. § 132 Abs. 2 VAG der Ausstellung einer Bescheinigung über ausreichende Eigenmittel entgegensteht, solange die Rechte der Versicherungsnehmer gefährdet sind. Zudem findet die Beachtung der Wahrung der Belange der Versicherten nach hier vertretener Auffassung[37] auch über den Verweis in § 67 Abs. 2 S. 1 VAG auf § 13 Abs. 1 S. 2 VAG entsprechend Anwendung. Denn der Grund für die Kontrolle einer

---

[30] S. Rn. 8 sowie zur Kritik an Mitgliedstaatenoptionen in vollharmonisierten Bereichen bereits § 61 Rn. 15.
[31] S. Rn. 8.
[32] Zur Abgrenzung der beiden Begriffe s. § 63 Rn. 5.
[33] *Bornschlegl* S. 433 zu § 68 VAG-E 2012, der einen solchen Hinweis ebenso wenig enthielt wie der Gesetz gewordene § 73 VAG.
[34] *Bornschlegl* S. 433.
[35] *Bornschlegl* S. 433.
[36] Ein entsprechender Verweis fehlte noch im VAG-E 2012.
[37] Rn. 2.

Bestandsübertragung durch die Aufsichtsbehörde liegt letztlich gerade darin, die Belange der Versicherten zu wahren.[38]

21 **III. Zustimmung der beteiligten Aufsichtsbehörden bei Erstversicherungsverträgen (Abs. 2).** § 73 Abs. 2 S. 1 VAG sieht für den Fall, dass zu dem zu übertragenden Bestand **Erstversicherungsverträge** gehören, eine weitere Genehmigungsvoraussetzung vor. Danach hängt die Erteilung der Genehmigung zusätzlich von der entsprechenden Zustimmung der Aufsichtsbehörden der **Risikostaaten** ab, d. h. der Staaten, in denen die Risiken belegen sind.[39] Anderenfalls darf die BaFin die Genehmigung der Bestandsübertragung nicht erteilen. Dies entspricht Art. 164 Abs. 4 Solva II-RL. Ein solcher Fall ist jedoch aufgrund der Niederlassungspflicht im Inland gemäß § 68 Abs. 2 VAG nur denkbar, wenn ein Vertrags- oder Mitgliedstaat von der Option in Art. 164 Abs. 3 Solva II-RL Gebrauch gemacht hat und grenzüberschreitende Bestandsübertragungen zwischen Niederlassungen von Drittstaatenversicherern erlaubt. Deutschland hat diese Möglichkeit nicht gewählt.[40]

22 Dabei enthält § 73 Abs. 2 VAG eine **Zustimmungsfiktion**. So gilt es als Zustimmung, wenn sich die jeweiligen Aufsichtsbehörden nicht innerhalb von **drei Monaten** nach Erhalt des Antrags geäußert haben. Dies deckt sich mit der Regelung in § 63 Abs. 3 VAG.

23 Einer Zustimmung bei betroffenen **Rückversicherungsverträgen** bedarf es auf Grundlage von § 73 Abs. 2 VAG nicht.

24 **IV. Formelle Voraussetzungen und Auswirkungen der Bestandsübertragung (Abs. 3).** Die Bestandsübertragung bedarf gemäß § 73 Abs. 3 S. 1 VAG der **Schriftform**. Die Regelung entspricht § 13 Abs. 6 VAG, weshalb zur Vermeidung von Wiederholungen auf die Ausführungen dort verwiesen wird.[41]

25 Im Hinblick auf die in Satz 2 angeordneten **Rechtsfolgen** unterscheidet sich die Regelung insofern von § 13 Abs. 5 VAG, als § 73 Abs. 3 S. 2 VAG nicht nur auf das Verhältnis zu den Versicherungsnehmern, sondern zusätzlich auf den Übergang der Rechte und Pflichten im Verhältnis zu den Vorversicherern Bezug nimmt. Dieser Zusatz beruht auf dem Umstand, dass die Vorschrift auch auf erlaubnispflichtige Rückversicherungsunternehmen anwendbar ist, während § 13 VAG insoweit lediglich für Erstversicherungsunternehmen gilt.[42]

26 Wie im Rahmen von § 13 VAG ist die Bestimmung des **§ 415 BGB** auch bei Bestandsübertragungen unter Drittstaatenbeteiligung nicht anzuwenden (§ 73 Abs. 3 S. 2 Hs. 2 VAG).[43]

27 Weiterhin ist nach Satz 3 die Genehmigung der Bestandsübertragung **im Bundesanzeiger zu veröffentlichen**. Dies entspricht § 13 Abs. 7 S. 1 und § 166 Abs. 1 S. 5 VAG.

28 Sobald die Bestandsübertragung wirksam ist, muss die den Bestand übernehmende Niederlassung gemäß § 73 Abs. 3 S. 4 VAG die Versicherungsnehmer oder die Vorversicherer unverzüglich über die Bestandsübertragung schriftlich oder elektronisch informieren. Dies entspricht auch den Informationspflichten gemäß § 6 Abs. 1 Nr. 1 VVG-InfoV.

29 Soweit sinnvoll, finden über den Verweis in § 67 Abs. 2 S. 1 VAG auf § 13 VAG auch die weiteren Informationspflichten nach dessen Abs. 7 Anwendung.

30 **V. Sicherheiten (Abs. 4).** § 73 Abs. 4 VAG betrifft den Sonderfall, dass bei einer Bestandsübertragung auf die inländische Niederlassung eines Drittstaatenversicherers (§ 73 Abs. 1 S. 1 Nr. 2 VAG) nach § 70 VAG eine andere als die deutsche Aufsichtsbehörde die Kapitalausstattung der Niederlassung des übernehmenden Drittstaatenversicherers auf EU-/EWR-Ebene überwacht. Nach dieser Vorschrift bleiben die durch die Niederlassung für den übertragenen Bestand gestellten **Sicherheiten** auch nach der Bestandsübertragung bestehen, es sei denn, die für das übernehmende Unternehmen zuständige Aufsichtsbehörde trifft eine anderweitige Bestimmung. Hierdurch wird die Situation berücksichtigt, dass von der nach der Übertragung für den Bestand verantwortlichen Aufsichtsbehörde bisher keine Sicherheiten verlangt werden konnten.[44]

31 **VI. Verhältnis zu anderen Regelungen des VAG.** Im Unterschied zu § 73 VAG betrifft die Parallelvorschrift des § 63 VAG Unternehmen mit **Sitz in einem anderen Mitgliedstaat der EU/dem EWR**. Diese Norm findet hier aufgrund des Verweises in § 67 Abs. 2 S. 1 VAG jedenfalls hinsichtlich des Rechtsgedankens in § 63 Abs. 1 S. 1 VAG auch entsprechende Anwendung.

32 Die Übertragung des Bestandes eines **inländischen Erstversicherungsunternehmens** auf ein anderes Versicherungsunternehmen ist in § 13 VAG geregelt. Diese Norm findet hier aufgrund des Verweises in § 67 Abs. 2 S. 1 VAG zum Teil auch entsprechende Anwendung (z. B. hinsichtlich der Informationspflichten des § 13 Abs. 7 VAG).

---

[38] *Bälz/Kuntz* VersR 2005, 310 zur Bestandsübertragung im EWR.
[39] Kritik zu diesem Verfahren äußert *Präve* VersR 2001, 133, 138.
[40] S. Rn. 8.
[41] S. § 13 Rn. 14 f.
[42] Für Bestandsübertragungen eines inländischen Rückversicherungsunternehmens s. § 166 VAG.
[43] Vgl. hierzu entsprechend § 13 Rn. 54.
[44] FKBP/*Pohlmann* § 108 Rn. 2 zum inhaltsgleichen alten Recht.

33 Darüber hinaus findet sich für Bestandsübertragungen eines in Deutschland ansässigen **Rückversicherungsunternehmens** auf die inländische Niederlassung eines Drittstaatenversicherers in § 166 Abs. 2 VAG eine zu § 73 VAG spiegelbildliche Regelung.

Kapitel 2. Finanzielle Ausstattung

Abschnitt 1. Solvabilitätsübersicht

Bewertung der Vermögenswerte und Verbindlichkeiten

74 (1) [1]**Versicherungsunternehmen haben nach Maßgabe der Absätze 2 und 3 sowie der §§ 75 bis 87 eine Gegenüberstellung von Aktiva und Passiva zum Zweck der Bestimmung der vorhandenen Eigenmittel zu erstellen (Solvabilitätsübersicht).** [2]**Die Vorschriften dieses Gesetzes über Eigenmittel sowie die handelsrechtliche Verpflichtung zur Rechnungslegung bleiben unberührt.**

(2) **Die Vermögenswerte werden in der Solvabilitätsübersicht mit dem Betrag bewertet, zu dem sie zwischen sachverständigen, vertragswilligen und voneinander unabhängigen Geschäftspartnern getauscht werden könnten.**

(3) [1]**Die Verbindlichkeiten werden mit dem Betrag bewertet, zu dem sie zwischen sachverständigen, vertragswilligen und voneinander unabhängigen Geschäftspartnern übertragen oder beglichen werden könnten.** [2]**Eine Berichtigung der Bewertung, um die Bonität des Versicherungsunternehmens zu berücksichtigen, findet nicht statt.**

Übersicht

Schrifttum: *Ellenbürger/Pfaffenzeller/Hammers,* Umsetzung von Solvency II im Versicherungsaufsichtsgesetz – Paradigmenwechsel mit Auswirkungen auf die Abschlussprüfung, WPg 2015, S. 886 ff.; Gründl/Kraft/*Gründl/Schlütter,* S. 39 f.;

1 **I. Allgemeines. 1. Entstehungsgeschichte.** § 74 VAG wurde im Zuge der Novellierung des VAG durch das Gesetz zur Modernisierung der Finanzaufsicht über Versicherungen vom 1.4.2015[1] in das VAG eingefügt. Es handelt sich um eine **vollständig neue Vorschrift** insofern, als die Bestimmung der Solvabilität eines Versicherungsunternehmens mit Hilfe einer Solvabilitätsübersicht durch Solvabilität II eingeführt wurde. **Anforderungen an die Solvabilität** von Versicherungsunternehmen als Relation zwischen den anrechnungsfähigen Eigenmitteln und der Soll-Anforderung an die Eigenmittelausstattung waren indessen mit § 53c VAG a. F. bereits im bisherigen VAG sowie in der Kapitalausstattungsverordnung enthalten,[2] allerdings setzen diese auf der Handelsbilanz auf. Mit Solvabilität II wird eine von handelsrechtlichen Grundsätzen unabhängige, eigenständige Vermögensermittlung und –übersicht erforderlich.

2 **2. Normzweck.** § 74 VAG definiert die Solvabilitätsübersicht als **Gegenüberstellung von Aktiva und Passiva** und gibt den beizulegenden Zeitwert als **Bewertungsmaßstab** vor. Gleichzeitig wird auch die **Abgrenzung zur handelsrechtlichen Rechnungslegung** sowie zu den Solvabilität II-Regelungen zur **Anrechenbarkeit von Eigenmitteln** in der Vorschrift vorgenommen. Es handelt sich damit um eine zentrale Vorschrift im Solvabilität II-Regelwerk. Die Festlegung des Zeitwertes als Bewertungsmaßstab für Aktiva und Passiva erfolgt durch die Aufnahme früherer IFRS-Definitionen in § 74 Abs. 2 VAG für die Bewertung der Vermögenswerte in der Solvabilitätsübersicht und § 74 Abs. 3 VAG für die Bewertung der Verbindlichkeiten in der Solvabilitätsübersicht.

3 Die Relevanz der im § 74 VAG enthaltenen Grundsätze zur Solvabilitätsübersicht und der Bewertung der mit ihrer Hilfe dargestellten Vermögenswerte und Verbindlichkeiten ist nicht nur auf Solo-Ebene,

[1] BGBl. 2015 I 434.
[2] Vgl. § 53 Abs. 3c VAG a. F. (zu den anrechenbaren Eigenmitteln), KapAusstV.

sondern auch auf Gruppenebene gegeben. Dies ergibt sich aus § 250 Abs. 1 S. 2 VAG, der bestimmt, dass die Bewertung der Vermögenswerte und Verbindlichkeiten nach § 74 VAG zu erfolgen hat.

3. Europarechtlicher Hintergrund. Die Vorschrift des § 74 VAG setzt Art. 75 Abs. 1 Solva II-RL in deutsches Recht um: Dabei entspricht § 74 Abs. 2 VAG dem Art. 75 Abs. 1 S. 1 lit. a Solva II-RL, während § 74 Abs. 3 VAG das Äquivalent zu Art. 75 Abs. 1 S. 1 lit. b und S. 2 Solva II-RL darstellt. Die Absätze 2 und 3 des Art. 75 Solva II-RL enthalten Ermächtigungen an die EU-Kommission zum Erlass delegierter Rechtsakte (Ebene 2) sowie an die EIOPA zum Erlass technischer Regulierungsstandards. 4

Die **EU-Kommission** hat von dem ihr in Art. 75 Abs. 2 Solva II-RL eingeräumten **Recht zum Erlass delegierter Rechtsakte** zur Festlegung der Methoden und Annahmen zur Bewertung der Vermögenswerte und Verbindlichkeiten in Form der Ansatz- und Bewertungsvorschriften in der Solva II-VO in verschiedener Form Gebrauch gemacht: Art. 9 Abs. 1 Solva II-VO verweist im Hinblick auf den **Ansatz**, Art. 9 Abs. 2 Solva II-VO zur **Bewertung** für alle Aktiva und Passiva mit Ausnahme der versicherungstechnischen Rückstellungen auf die Bewertung zum beizulegenden Zeitwert nach IFRS. Für einige der nicht-versicherungstechnischen Posten sowie für die versicherungstechnischen Rückstellungen werden **eigene Regelungen** festgelegt, in den Art. 10 bis 16 Solva II-VO sowie in den Art. 17 bis 61 Solva II-VO. 5

Die **EIOPA** hat bislang **keine technischen Regulierungsstandards** auf Basis von Art. 75 Abs. 3 Solva II-RL erlassen, sondern Konkretisierungen zu den Bewertungsvorgaben der Solva II-VO ausschließlich in Form von **EIOPA-LL** vorgesehen. Die Bewertungsvorschriften zu den nicht-versicherungstechnischen Posten werden mit Hilfe der EIOPA-LL Ansatz und Bewertung von Vermögenswerten und Verbindlichkeiten, bei denen es sich nicht um versicherungstechnische Rückstellungen handelt,[3] konkretisiert. Hinsichtlich der versicherungstechnischen Rückstellungen wird die Konkretisierung in den EIOPA-LL Bewertung von versicherungstechnischen Rückstellungen sowie den EIOPA-LL Vertragsgrenzen vorgenommen.[4] 6

II. Charakter und Funktion der Solvabilitätsübersicht (Abs. 1 VAG). § 74 Abs. 1 S. 1 VAG definiert die Solvabilitätsübersicht als **Gegenüberstellung von Aktiva und Passiva** und die Bestimmung der vorhandenen Eigenmittel als **Zweck ihrer Aufstellung**. Bei dem Begriff der Solvabilitätsübersicht handelt es sich um eine durch den deutschen Gesetzgeber geschaffene Bezeichnung. In den europäischen Rechtsgrundlagen sowie in dem auf die Vorbereitungsphase[5] bezogenen diesbezüglichen „Begleitmaterial" der BaFin werden die Begriffe „Solvenzbilanz",[6] „Solvabilitäts-Bilanz",[7] „Solvabilität II-Bilanz"[8] sowie „Bilanz für Solvabilitätszwecke"[9]verwendet, die Synonyme darstellen. 7

Die Definition der Solvabilitätsübersicht in § 74 Abs. 1 S. 1 VAG bildet die Basis für die Regelungen des Art. 9 Abs. 1 und 2 Solva II-VO zum Ansatz und zur Bewertung der Vermögenswerte und Verbindlichkeiten, mit Ausnahme der versicherungstechnischen Rückstellungen. Sowohl in Bezug auf die **Ansatzvorschriften** als auch im Hinblick auf die **Regelungen zur Bewertung** verweist Art. 9 auf die jeweiligen **IFRS-Vorschriften**, wobei die Maßgeblichkeit der IFRS für die Bewertung in der Solvabilitätsübersicht sich nur auf die Bewertungsgegenstände bzw. Sachverhalte erstreckt, für die die jeweils IFRS jeweils eine **Bewertung zum beizulegenden Zeitwert vorsehen**. Dabei sind die nach Verordnung (EG) Nr. 1606/2002 in EU-Recht übernommenen IFRS maßgeblich. Eine jeweils aktuelle Übersicht über die in EU-Recht übernommenen Standards mit dem Datum der Übernahme sowie dem Datum der Veröffentlichung der entsprechenden VO (EU) im EU-Abl. lässt sich dem „Endorsement Status Report" der EFRAG entnehmen.[10] 8

Für die Bewertung der versicherungstechnischen Rückstellungen verweist § 74 Abs. 1 S. 1 VAG auf die §§ 75 bis 87 VAG.[11] 9

Die Regelung des § 74 Abs. 1 S. 2 VAG stellt klar, dass sich die Bestimmung der Eigenmittel, die für die Bedeckung der Solvabilitätskapitalanforderung oder Mindestkapitalanforderung anrechenbar sind, „nicht in der Ermittlung des Überschusses der Vermögenswerte über die Verbindlichkeiten erschöpft,"[12] sondern zusätzlich gemäß § 91 ff. VAG die Zuordnung zu einer der für die Eigenmittel vorgesehenen 10

[3] Vgl. EIOPA-BoS-15/113.
[4] Vgl. EIOPA-BoS-14/166 sowie EIOPA-BoS-14/165.
[5] Diese erstreckte sich auf die Jahre 2014 und 2015.
[6] Siehe z. B. BaFin, Technische Spezifikationen von EIOPA – Zusätzliche Erläuterungen der BaFin vom 30.6.2014, abrufbar unter https://portal.ema.kworld.kpmg.com/de/audit/fs/Insurance/Lists/Solvency%20II%20News%202014/Attachments/30/dl_erlaeuterungen_technische%20spezifikationen_anlage_va.pdf (abgerufen am 8.2.2017).
[7] Siehe z. B. EIOPA-BoS-14/166, LL 48.
[8] Siehe z. B. EIOPA-BoS-15/113, LL 9.
[9] Siehe z. B. EIOPA-BoS-14/180, LL 21.
[10] Vgl. EFRAG Endorsement Status Report, abrufbar unter http://www.efrag.org/Assets/Download?assetUrl=%2Fsites%2Fwebpublishing%2FSiteAssets%2FEFRAG%2520Endorsement%2520Status%2520Report%25206%2520February%25202017.pdf (abgerufen am 13.2.2017).
[11] Zu den umfangreichen Konkretisierungen in der Solva II-VO sowie in den LL der EIOPA siehe Rn. 5 f.
[12] Vgl. Begr. VAG-RegE 2014, BT-Drs. 18/2956, 257.

Qualitätsklassen zu erfolgen hat. Durch die Abgrenzung zur handelsrechtlichen Verpflichtung zur Rechnungslegung wird schließlich der Charakter der **Solvabilitätsübersicht** als eine ausschließlich **für Aufsichtszwecke zu erstellende Bilanz** unterstrichen. Dieser kommt auch dadurch zum Ausdruck, dass die EIOPA in zahlreichen ihrer Veröffentlichungen den Begriff „Solvabilität II-Bilanz“[13] oder „Solvenzbilanz“[14] verwendet. Anders als eine Rechnungslegungsbilanz dient die Solvabilitätsübersicht ausschließlich der Darstellung der Vermögenslage zum jeweiligen Stichtag aus aufsichtsrechtlicher, d. h. Risikotragfähigkeitsperspektive. Sie ist im Unterschied zur Rechnungslegungsbilanz kein Bestandteil eines Jahresabschlusses; insbesondere fehlt es an einer Gewinn- und Verlustrechnung und der Ermittlung eines Ergebnisses, das – wie im Fall zumindest der handelsrechtlichen Rechnungslegung – ausschüttungsbemessungsrelevant ist. Die für die handelsrechtliche Rechnungslegung maßgeblichen Grundsätze ordnungsgemäßer Buchführung, die u. a. das Vorsichtsprinzip konkretisieren, sind für die Solvabilitätsübersicht irrelevant.

11 Wenn auch mit § 74 Abs. 1 S. 2 VAG deutlich wird, dass es zur Bestimmung der anrechenbaren Eigenmittel weiterer Schritte bedarf, fehlt es sowohl in der Solva II-RL und im VAG als auch auf den nachgeordneten Ebenen an einer Vorgabe für die Vorgehensweise zur Ermittlung der Solvabilitätsquoten nach Solvabilität II. Bspw. wird die Rolle der Solvabilitätsübersicht bei der **Berechnung der Solvabilitätskapitalanforderung** mit Hilfe der Standardformel nicht grundsätzlich beschrieben. Das ist Gegenstand zahlreicher Einzelvorschriften auf den verschiedenen Ebenen. Zu beachten ist, dass sich die für die Anwendung der Stressfaktoren maßgebliche Solvabilitätsübersicht von der offenzulegenden im Hinblick auf die Ansatz- und Bewertungsmethoden unterscheiden kann.

12 **III. Bewertung der Vermögenswerte in der Solvabilitätsübersicht (Abs. 2).** § 74 Abs. 2 definiert den beizulegenden Zeitwert für **Vermögenswerte** als der Betrag, „zu dem sie zwischen sachverständigen, vertragswilligen und voneinander unabhängigen Geschäftspartnern getauscht werden könnten“. Damit übernehmen der Richtliniengeber in Art. 75 Abs. 1 S. 1 lit. a Solva II-RL sowie der deutsche Gesetzgeber in § 74 Abs. 2 VAG genau die **Definition des beizulegenden Zeitwertes,** die nach IFRS galt, bevor das IASB sie mit der Veröffentlichung des IFRS 13 am 12. Mai 2011 geändert hat. Zu der gegenwärtigen **IFRS-Definition des beizulegenden Zeitwertes** für Vermögenswerte als „der Preis, der in einem geordneten Geschäftsvorfall zwischen Marktteilnehmern am Bemessungsstichtag für den Verkauf eines Vermögenswertes eingenommen (…) würde“[15] bestehen nur geringfügige Unterschiede: Ein beizulegender Zeitwert nach der neuen IFRS-Definition eignet sich somit grundsätzlich auch für Zwecke der Zeitwertbewertung von Vermögenswerten in der Solvabilitätsübersicht. Entscheidend ist, dass eine marktkonsistente Bewertung gefordert ist.[16]

13 **Ausnahmen** von der Verwendung **beizulegender Zeitwerte** nach **IFRS** für die **Bewertung** in der **Solvabilitätsübersicht** bestehen dann, wenn es explizite Bestimmungen für Ansatz und Bewertung in der Solvabilitätsübersicht gibt; diese gehen dem Verweis in Art. 9 Abs. 1 u. 2 Solva II-VO auf die IFRS vor. Für die **Aktivseite** der Solvabilitätsübersicht betrifft das neben der Solvabilität II-spezifischen Bewertungshierarchie zur Bestimmung des beizulegenden Zeitwertes in Art. 10 Solva II-VO noch Ansatz und Bewertung eines **Geschäfts- oder Firmenwertes** und **anderer immaterieller Vermögenswerte** in Art. 12 Solva II-VO, die Bewertung von **Anteilen und Beteiligungen an verbundenen Unternehmen** in Art. 13 Solva II-VO sowie die Bestimmung **aktiver latenter Steuern** in Art. 15 Solva II-VO. Schließlich werden in Art. 16 Solva II-VO **bestimmte Bewertungsmethoden** für die Anwendung auf die Solvabilitätsübersicht **ausgeschlossen,** z. B. die Bewertung finanzieller Vermögenswerte (und finanzieller Verbindlichkeiten) zu Anschaffungskosten oder fortgeführten Anschaffungskosten.

14 Ausnahmsweise ist die **Übernahme von Werten aus den Jahres- oder Konzernabschlüssen** der Versicherungs- und Rückversicherungsunternehmen zulässig, wenn die in Art. 9 Abs. 4 Solva II-VO genannten **Voraussetzungen** erfüllt sind: Demnach muss die Bewertungsmethode zunächst im Einklang mit dem Grundsatz der Marktbewertung im Sinne des Art. 75 Solva II-RL stehen und Art, Umfang und Komplexität der mit den Geschäften des Unternehmens verbundenen Risiken angemessen sein. Darüber hinaus darf das Unternehmen den in Frage stehenden Vermögenswert nicht in seinem Abschluss nach den IFRS bewerten, d. h. es darf kein IFRS-Einzel- oder Konzernabschluss vorliegen und die Einführung einer Bewertung nach den IFRS muss für das Unternehmen mit unverhältnismäßig hohen Kosten verbunden sein – gemessen an den Verwaltungsaufwendungen. Damit können nur die Anforderungen für die Erstellung des Abschlusses gemeint sein. Einzelheiten dazu, bei welchen Posten bzw. inwiefern im Hinblick auf nach **handelsrechtlichen Vorschriften** bewertete Vermögenswerte von einer Erfüllung dieser Voraussetzungen ausgegangen werden kann, enthält die diesbezügliche

---

[13] Vgl. bspw. EIOPA-BoS-15/113, LL 9; siehe auch Rn. 6.
[14] Vgl. *BaFin*, Technische Spezifikationen von EIOPA – Zusätzliche Erläuterungen der BaFin vom 30.6.2014; siehe auch Rn. 6.
[15] IFRS 13.9.
[16] Siehe dazu auch Gründl/Kraft/*Gründl/Schlütter*, S. 39.

Auslegungsentscheidung der BaFin.[17] Relevanz besitzt diese Auslegungsentscheidung insbesondere für im Anhang zum Jahresabschluss gem. § 54 ff. RechVersV ausgewiesene Zeitwerte der Kapitalanlagen.

Die in Art. 10 Solva II-VO für die Ermittlung des beizulegenden Zeitwertes vorgesehene **Bewertungshierarchie** weist eine hohe Ähnlichkeit zu der des IFRS 13 für die Bestimmung des beizulegenden Zeitwertes nach IFRS auf,[18] entspricht ihr aber nicht vollständig. Auf der **ersten Stufe** stehen in beiden Bewertungshierarchien an aktiven Märkten notierte Marktpreise für identische Vermögenswerte.[19] Für die **zweite Stufe** unterscheidet sich die Zuordnung: Art. 10 Abs. 3 Solva II-VO sieht für die Ermittlung des beizulegenden Zeitwertes zur Bewertung in der Solvabilitätsübersicht vor, dass ausschließlich an aktiven Märkten notierte Marktpreise für ähnliche Vermögenswerte herangezogen werden sollen, falls sich für identische Vermögenswerte keine notierten Marktpreise an aktiven Märkten beobachten lassen. Nach IFRS 13.82 sind darüber hinaus auch Preisnotierungen auf nicht aktiven Märkten sowie andere Inputfaktoren als Marktpreisnotierungen, wie z. B. Zinssätze und -kurven, implizite Volatilitäten und Kreditspreads als Bewertungsmethoden der Stufe 2 denkbar. Letztgenannte gehören in Bezug auf die Ermittlung beizulegender Zeitwerte für Zwecke der Solvabilitätsübersicht bereits zur **dritten Stufe** der Bewertungshierarchie; dies ergibt sich eindeutig daraus, dass die in IFRS 13.82 genannten Inputfaktoren wortgleich in Art. 10 Abs. 6 lit. a bis c Solva II-VO genannt werden. Solvabilität II ist insofern strenger als die IFRS. Auf die in der Solvabilitätsübersicht zu berücksichtigenden Werte hat der Unterschied in der Stufenzuordnung von Bewertungsmethoden indessen keinen Einfluss, denn es ist – falls eine Bewertung mit notierten Marktpreisen nicht möglich ist – immer *die* Methode zur Bestimmung des beizulegenden Zeitwertes zu verwenden, die einer solchen Bewertung am nächsten kommt. Das gilt unabhängig davon, welcher Stufe der Bewertungshierarchie die Methode jeweils zuzuordnen ist. Eine Auswirkung der unterschiedlichen Zuordnung der Bewertungsmethoden mit marktbasierten Inputfaktoren zu den Stufen der Bewertungshierarchie nach IFRS und Solva II-VO ergibt sich für den nicht zu veröffentlichenden Meldebogen S. 06.02 „Liste der Vermögenswerte".[20] 15

Im Hinblick auf die Regelungen der Solva II-VO zum Geschäfts- oder Firmenwert und anderen immateriellen Vermögenswerten ist dem Wortlaut der Regelungen in Art. 12 Solva II-VO nach ausschließlich die Bewertung der Regelungsgegenstand; tatsächlich regelt die Vorschrift aber auch den Ansatz in der Solvabilitätsübersicht. Ein **Geschäfts- oder Firmenwert** ist gemäß Art. 12 Nr. 1 Solva II-VO immer mit Null zu bewerten und damit de facto nicht ansatzfähig. Dies ist begründet mit der Zielsetzung von Solvabilität II als aufsichtsrechtliches Risikotragfähigkeitskonzept; der durch die Regelung entstehende **Unterschied** der Solvabilitätsübersicht sowohl **zu IFRS- als auch zu HGB-Bilanzen** ist insofern nachvollziehbar. 16

Immaterielle Vermögenswerte sind nach Art. 12 Nr. 2 Solva II-VO nur dann *nicht* mit Null zu bewerten, wenn sie einzeln veräußerbar sind und das Versicherungs- oder Rückversicherungsunternehmen nachweisen kann, dass es einen Wert gibt, der sich aus einem für identische oder ähnliche Vermögenswerte an einem aktiven Markt notierten Marktpreis herleiten lässt. Dies wird in der überwiegenden Zahl der Fälle nicht möglich sein, so dass die Bewertungsregel in ihrer Wirkung einem Ansatzverbot entspricht. Zu beachten ist, dass die in Art. 12 Nr. 2 Solva II-VO für die Ansatzfähigkeit genannten Kriterien denen des IAS 38 ähneln, aber strenger ausgestaltet sind: Nach IAS 38 ist neben der Erfüllung der Definition eines Vermögenswertes im IFRS Rahmenkonzept (Ressource, die aufgrund von Ereignissen der Vergangenheit in der Verfügungsmacht des Unternehmens steht und von der erwartet wird, dass dem Unternehmen aus ihr künftiger wirtschaftlicher Nutzen zufließt)[21] sowie den allgemeinen Ansatzkriterien (Wahrscheinlichkeit des Nutzenzuflusses sowie verlässliche Bewertbarkeit)[22] die Separierbarkeit (d. h. die Möglichkeit, einen immateriellen Vermögenswert einzeln zu verkaufen, übertragen, lizensieren, vermieten oder zu tauschen) oder aber die Entstehung aus vertraglichen oder anderen gesetzlichen Rechten für die Ansatzfähigkeit in der Bilanz entscheidend: Anders als nach der Solva II-VO bedarf es für den Ansatz nicht notierter Marktpreise. Ein in einer **IFRS-Bilanz** enthaltener immaterieller Vermögenswert kann daher nicht automatisch in die Solvabilitätsübersicht übernommen werden; es ist auf jeden Fall eine Überprüfung notwendig, ob ein notierter Marktpreis vorliegt. 17

Nach HGB besteht eine Ansatzpflicht für entgeltlich erworbene und ein Wahlrecht für selbst erstellte immaterielle Vermögensgegenstände. Die Bewertung erfolgt aber nach § 253 Abs. 1 HGB zu Anschaffungs- und Herstellungskosten. Daher wird eine Übernahme in der **Handelsbilanz** enthaltener immaterieller Vermögensgegenstände im Sinne des § 6 RechVersV in die Solvabilitätsübersicht – äquivalent 18

---

[17] Vgl. *BaFin*, AE zur Bewertung von Vermögenswerten und Verbindlichkeiten außer versicherungstechnischen Rückstellungen – HGB versus Solvency II, abrufbar unter bafin.de.

[18] Siehe IFRS 13.72 ff. sowie für die einzelnen Stufen IFRS 13.76 ff. (Stufe 1), IFRS 13.81 ff. (Stufe 2) und IFRS 13.87 (Stufe 3).

[19] Vgl. Art. 10 Abs. 2 Solva II-VO bzw. IFRS 13.76.

[20] Vgl. DVO (EU) 2015/2450, Meldebogen S. 06.02.01 bzw. S. 06.02.04 (Liste der Vermögenswerte), ABl. 2015, L 347, 70.

[21] Vgl. IFRS F.49.

[22] Vgl. IFRS F.89 sowie IAS 38.21.

zur fehlenden automatischen Übernahmefähigkeit von IFRS-Werten – mangels Existenz entsprechender notierter Marktpreise regelmäßig nicht gegeben sein. Dies spiegelt nicht zuletzt die fehlende Thematisierung in der Auslegungsentscheidung der BaFin zur Übernahmefähigkeit von HGB-Werten in die Solvabilitätsübersicht wider.

19 Zur **Beteiligungsbewertung** sieht Art. 13 Solva II-VO ein eigenes Bewertungskonzept mit einer Hierarchie vor, nach der auf den unteren beiden der drei Stufen mehrere Bewertungsmethoden zulässig sein können. Wie für die Ermittlung des beizulegenden Zeitwertes anhand der Bewertungshierarchie des Art. 10 Solva II-VO ist auch bei der Bewertung von Anteilen an verbundenen Unternehmen und Beteiligungen die **Bewertung anhand notierter Marktpreise** für identische Vermögenswerte die mit der **ersten Stufe** angestrebte „Standardbewertungsmethode".[23] Ist die Bewertung zu notierten Marktpreisen nicht möglich, ist auf der **zweiten Stufe** die sog. **angepasste Equity-Methode** zu verwenden. Diese besteht in einer Bewertung anhand des anteiligen, auf Basis einer Solvabilitätsübersicht ermittelten, Überschusses der Vermögenswerte über die Verbindlichkeiten des Unternehmens, an dem der Anteil gehalten wird. Voraussetzung für die Anwendung der angepassten Equity-Methode ist insofern eine Marktwertbilanz, die anhand von Solvabilität II-Ansatz- und Bewertungsmethoden erstellt wurde. Falls es sich bei dem Beteiligungsunternehmen **nicht** um ein **Versicherungsunternehmen** handelt und eine Bewertung mit Hilfe der **angepassten Equity-Methode nicht praktikabel** ist, z. B. da die Bewertung der Vermögenswerte und Verbindlichkeiten nach Solvabilität II-Bewertungsmethoden einen zu hohen Aufwand darstellt, **kann** das beteiligte Unternehmen gemäß **Art. 13 Abs. 5 Solva II-VO**, ebenfalls auf der **zweiten Stufe,** als Alternative zur angepassten Equity-Methode die **IFRS-Equity Methode** als im Einklang stehend mit der von Art. 75 Solva II-RL geforderten Marktbewertung auffassen. Bei Verwendung eines IFRS-Equity Wertes zur Bewertung eines an einem Nicht-Versicherungsunternehmen gehaltenen Anteils ist ein ggf. in den IFRS-Equity Wert eingeflossener **Geschäfts- oder Firmenwert** oder andere nach Solvabilität II-Vorschriften mit Null zu bewertende **immaterielle Vermögenswerte abzuziehen**. Die **EIOPA** fordert in ihren diesbezüglichen Leitlinien zudem vom beteiligten Unternehmen, bei Anwendung der IFRS-Equity-Methode auf Basis des Art. 13 Abs. 5 Solva II-VO **gegenüber der zuständigen nationalen Aufsichtsbehörde** zu **begründen**, warum eine Anwendung der **angepassten Equity-Methode**, also eine Neubewertung der Vermögenswerte und Verbindlichkeiten des Unternehmens, an dem die Beteiligung gehalten wird, **nicht erfolgt ist.**[24] Auf einer **dritten Stufe** ist nach **Art. 13 Abs. 6 Solva II-VO** auch die **Übernahme von Beteiligungswerten aus den Jahres- oder Konzernabschlüssen** der Versicherungs- und Rückversicherungsunternehmen zulässig, wenn die Voraussetzungen des **Art. 9 Abs. 4 Solva II-VO** erfüllt sind **und** eine Bewertung anhand **notierter Marktpreise** oder der **angepassten Equity-Methode nicht erfolgen kann**.[25] Aus den genannten Voraussetzungen ergibt sich, dass die Übernahme von Beteiligungswerten aus den Jahres- und Konzernabschlüssen für alle die beteiligten Unternehmen **ausscheidet**, die ihren Einzel- und/oder **Konzernabschluss nach IFRS** erstellen und auch für HGB-Bilanzierer **nur für** die Bewertung von **Anteilen an Nicht-Versicherungsunternehmen** in Frage kommt. Zudem muss die Ermittlung von Marktwerten nach Solvabilität II-Bewertungsmethoden für die von einem Beteiligungsunternehmen gehaltenen Vermögenswerte und Verbindlichkeiten mit einem hinreichend hohen Aufwand verbunden sein, damit die Anwendung der angepassten Equity-Methode als nicht möglich aufgefasst werden kann. Ein Beispiel für Anteile, bei denen eine Übernahme von Werten aus dem HGB-Abschluss i. d. R. zulässig sein sollte, sind solche an **Pensionskassen**. Zwar handelt es sich bei Pensionskassen gemäß § 232 Abs. 1 VAG formell um Versicherungsunternehmen; die Tatsache, dass sie nicht unter die Solva II-RL fallen und daher nicht zur Erstellung einer mit den Bewertungsgrundsätzen des Art. 75 Solva II-RL konformen Marktwertbilanz gezwungen sind, legt aber den Rückschluss nahe, dass Anteile an Pensionskassen für Zwecke des Art. 13 Abs. 6 Solva II-VO mit Anteilen an Nicht-Versicherungsunternehmen gleichgesetzt werden können.

20 Bezüglich der Übernahme **handelsrechtlicher Beteiligungswerte** für an Nicht-Versicherungsunternehmen gehaltene Anteile stellt sich die Frage, inwieweit sich die im Anhang gemäß den **§§ 54, 56 RechVersV** angegebenen mit Hilfe des **Ertragswertverfahrens** ermittelten **Zeitwerte** als beizulegende Zeitwerte im Sinne von § 74 VAG auffassen lassen. Die BaFin sieht dies, dem Hinweis in ihrer Auslegungsentscheidung zufolge, dann als gegeben an, wenn es sich bei den mit dem Ertragswertverfahren berechneten Werten um **objektivierte Unternehmenswerte** handelt.[26] Zur Erfüllung der Anforderung des **Abzugs** eventueller **Geschäfts- oder Firmenwerte** oder anderer **immaterieller Vermögenswerte** sind im Konzernabschluss des Mutter- bzw. beteiligten Unternehmens angesetzte Geschäfts- oder Firmenwert von den jeweils per Ertragswertverfahren ermittelten Zeitwerten in den

---

[23] Vgl. Art. 13 Abs. 1 lit. a Solva II-VO.

[24] Vgl. LL 6 der EIOPA-LL Ansatz und Bewertung von Vermögenswerten und Verbindlichkeiten, bei denen es sich nicht um versicherungstechnische Rückstellungen handelt, EIOPA-BoS-15/113 Rn. 1.22 f.

[25] Siehe dazu auch Rn. 20.

[26] Vgl. *BaFin*, AE zur Bewertung von Vermögenswerten und Verbindlichkeiten außer versicherungstechnischen Rückstellungen – HGB versus Solvency II, Abschnitt 2.2; zum Einsatz des Ertragswertverfahrens bei der Ermittlung objektivierter Unternehmenswerte siehe IDW S 1 i. d. F. 2008, Rn. 101 ff.

Einzelabschlüssen abzuziehen.[27] Der abzuziehende Betrag stellt den zum Akquisitionszeitpunkt ermittelten Überschuss des Kaufpreises über den damaligen Reinvermögenswert dar und entspricht damit der Definition des „Goodwill" in den Erläuterungen zum Meldebogen zur Solvabilitätsübersicht.[28]

Weitere, auf der **dritten Stufe** der Bewertungshierarchie zur Beteiligungsbewertung anzusiedelnde Bewertungsmethoden stellen die in **Art. 13 Abs. 1 lit. c Solva II-VO** genannten Methoden dar. Es handelt sich dabei um die Bewertung anhand **notierter Marktpreise ähnlicher Vermögenswerte** auf Basis des **Art. 10 Abs. 3 Solva II-VO** sowie die Anwendung **alternativer Bewertungsmethoden** nach **Art. 10 Abs. 5 ff. Solva II-VO**. Wie die Übernahme von Werten aus den Jahres- oder Konzernabschlüssen gemäß Art. 13 Abs. 6 Solva II-RL, so ist auch die Anwendung der in Art. 13 Abs. 1 lit. c Solva II-VO genannten Bewertungsmethoden nur dann zulässig, wenn die Bewertung anhand **notierter Marktpreise** oder der **angepassten Equity-Methode nicht möglich** ist. Zudem darf sie nur unter der zusätzlichen Voraussetzung erfolgen, dass es sich **nicht** um Anteile an **Tochterunternehmen i. S. d. Art. 212 Abs. 2 Solva II-RL** handelt: § 7 Nr. 29 S. 1 VAG definiert Tochterunternehmen mit Verweis auf die sog. Jahresabschlussrichtlinie:[29] Demnach handelt es sich bei einem Unternehmen um ein Tochterunternehmen, an dem mehr als 50% der Stimmrechte gehalten werden oder bei dem das Mutterunternehmen das Recht hat, die Mehrheit der Mitglieder des Verwaltungs-, Leitungs- oder Aufsichtsorgans zu bestellen. Mit § 7 Nr. 29 S. 2 VAG, der Art. 212 Abs. 2 Solva II-RL umsetzt, werden über die Definition in § 7 Nr. 29 S. 1 VAG hinaus **auch** alle die Unternehmen als **Tochterunternehmen** aufgefasst, auf die ein Mutterunternehmen **nach Ansicht der Aufsichtsbehörden** einen **beherrschenden Einfluss** ausübt. Ausschließlich auf diese Definition des § 7 Nr. 29 S. 2 VAG bezieht sich Art. 13 Abs. 1 lit. c Solva II-VO, d. h. es werden nur die Anteile von der Vorschrift erfasst, die nur durch die Auffassung der Aufsichtsbehörde, dass trotz eines Kapitalanteils von unter 50% ein beherrschender Einfluss vorliegt, zu Tochterunternehmen i. S. d. Solva II-RL werden. **Anteile an Tochterunternehmen**, die die Definition des **§ 7 Nr. 29 S. 1 VAG erfüllen**, also aufgrund der Höhe des gehaltenen **Kapitalanteils** Tochterunternehmen darstellen, dürfen nur anhand von **Börsenkursen ähnlicher Vermögenswerte** oder **alternativer Bewertungsmethoden i. S. d. Art. 10 Abs. 5 Solva II-VO** bewertet werden. Dies erscheint insofern sinnvoll, als davon auszugehen ist, dass man im Fall eines Kapitalanteils von über 50% über die wirtschaftliche Situation eines Unternehmens soweit informiert ist, dass die Beurteilung der Angemessenheit eines z. B. mit Hilfe alternativer Bewertungsmethoden weitgehend modellhaft ermittelten Beteiligungsbuchwertes zuverlässig möglich sein dürfte. 21

Wie bei der Anwendung der IFRS-Equity Methode, so sind auch bei einer Bewertung anhand von alternativen Bewertungsmethoden i. S. d. Art. 10 Abs. 5 im Rahmen der Beteiligungsbewertung nach Art. 13 Abs. 1 lit. c Solva II-VO **zusätzliche Anforderungen** der **EIOPA** zu beachten, die sich aus den entsprechenden Leitlinien ergeben: Gefordert wird eine Erklärung des Versicherungs- oder Rückversicherungsunternehmens gegenüber der zuständigen nationalen Aufsichtsbehörde, warum eine Anwendung der **angepassten Equity-Methode**, also eine Neubewertung der Vermögenswerte und Verbindlichkeiten des Unternehmens, an dem die Beteiligung gehalten wird, **nicht erfolgen konnte**.[30] 22

In Bezug auf die **latenten Steuern** übernimmt **Art. 15 Solva II-VO** im Grundsatz das Konzept des IAS 12, wenn auch nicht explizit auf IAS 12 verwiesen wird: Gemäß Art. 15 Abs. 1 Solva II-VO hat eine Erfassung und Bewertung latenter Steuern für alle *die* Vermögenswerte und Verbindlichkeiten, einschließlich der versicherungstechnischen Rückstellungen, zu erfolgen, die entweder für Solvabilitäts- oder für Steuerzwecke angesetzt werden. Die Berechnung der latenten Steuern erfolgt nach Art. 15 Abs. 2 Solva II-VO auf Basis der Differenz zwischen dem Ansatz und der Bewertung der Vermögenswerte und Verbindlichkeiten in der Solvabilitätsübersicht einerseits und der Steuerbilanz andererseits. Für den Fall, dass sich aus der Berechnung ein latenter Steueranspruch ergibt, ist dieser Art. 15 Abs. 3 Solva II-VO zufolge nur dann **aktivierungsfähig**, wenn es „wahrscheinlich ist, dass es **künftig steuerpflichtige Gewinne** geben wird, gegen die der latente Steueranspruch aufgerechnet werden kann". Für diesen **Werthaltigkeitstest**, also die Überprüfung, ob sich zukünftig mit hinreichender Wahrscheinlichkeit und in hinreichendem Umfang steuerpflichtige Gewinne generieren lassen, legt Art 15 Abs. 3 Solva II-VO fest, dass alle etwaigen Rechts- und Verwaltungsvorschriften über zeitliche Begrenzungen für den Vortrag noch nicht genutzter Steuergutschriften oder steuerlicher Verluste zu berücksichtigen sind. In Leitlinie 9 der **EIOPA-LL** Ansatz und Bewertung von Vermögenswerten und Verbindlichkeiten, bei denen es sich nicht um versicherungstechnische Rückstellungen handelt, konkretisiert die EIOPA, was bei der Erstellung der **Prognosen zu zukünftigen steuerpflichtigen Gewinnen** zu beachten ist. So wird darauf hingewiesen, dass 23

– vergangenheitsbezogene Daten zur Ertragslage als objektiver Nachweis für künftige Rentabilität unzureichend sind,

---

[27] Vgl. *IDW*, VFA: 217. Sitzung – Ergebnisse der Erörterungen mit der BaFin, IDW-FN, S. 1053.

[28] Vgl. DVO (EU) 2015/2450, Erläuterungen zu Meldebogen S. 02.01, EU-Abl. L347 v. 31.12.2015, 427.

[29] Vgl. RL 2013/34/EU, EU-Abl. L182 v. 29.6.2013, 19. Der Verweis in der Solva II-RL bezieht sich auf RL 83/349/EWG, d. h. die Vorgänger-RL zur RL 2013/34/EU.

[30] Vgl. LL 7 der EIOPA-LL Ansatz und Bewertung von Vermögenswerten und Verbindlichkeiten, bei denen es sich nicht um versicherungstechnische Rückstellungen handelt, EIOPA-BoS-15/113 Rn. 1.22 f.

– Steuerregelungen vollständig zu beachten,
– Doppelzählungen zu vermeiden sowie
– Annahmen zu verwenden sind, die zu anderen im Zusammenhang mit Ansatz und Bewertung in der Solvabilitätsübersicht getroffenen Annahmen passen.

Darüber hinaus wird die Anforderung formuliert, den steigenden Grad der Unsicherheit zu berücksichtigen, der sich im Hinblick auf die Entstehung zukünftiger steuerpflichtiger Gewinne aus erwartetem Neugeschäft mit zunehmender Länge des Prognosezeitraumes ergibt, insbesondere dann, wenn dieser über den „normalen Planungszyklus“ des Unternehmens hinausgeht.[31]

24 Konkrete Vorgaben zum **Zeithorizont** für die Prognose zukünftiger steuerpflichtiger Gewinne im Rahmen der Werthaltigkeitsprüfung existieren aber bislang weder in den Rechtsgrundlagen zu Solvabilität II noch in den IFRS. Allerdings gibt es in Bezug auf die nach IAS 12.27 ff. und IAS 12.34 ff. für den Ansatz aktiver latenter Steuern in der IFRS-Bilanz erforderliche Werthaltigkeitsprüfung eine Anwendungspraxis. Wegen der grundsätzlichen konzeptionellen Ähnlichkeiten ist eine Orientierung an der Anwendungspraxis bei IFRS auch für Zwecke der Solvabilitätsübersicht zumindest solange naheliegend, wie keine Solvabilität II-eigenen Regelungen existieren. Pauschale Vorgaben lassen sich aber auch hieraus nicht ableiten. Zeiträume von über 20 Jahren müssen danach als ausgeschlossen angesehen werden. Faktoren, die sich auf die Beurteilung der Angemessenheit des Planungszeitraums für die Werthaltigkeitsprüfung auswirken, sind vor allem die **Komplexität des jeweils von einem Unternehmen betriebenen Geschäfts** sowie die **Qualität der Planung**.

25 Zu beachten ist, dass – äquivalent zu den IFRS[32] – eine **Werthaltigkeitsprüfung** für aktive latente Steuern **solange nicht erforderlich** ist, wie ein Unternehmen insgesamt einen **Passivüberhang** an latenten Steuern aufweist; in diesem Fall kann i. d. R. die volle Werthaltigkeit der aktiven latenten Steuern unterstellt werden. Eine **Ausnahme** hiervon besteht nur dann, wenn Indizien dafür vorliegen, dass sich die den passiven latenten Steuern zugrunde gelegten Differenzen **fristeninkongruent umkehren**, d. h. zu einem völlig anderen Zeitpunkt als die den aktiven latenten Steuern zugrunde gelegten. Auch im Fall eines Aktivüberhanges gilt, dass für den Nachweis der Werthaltigkeit im Rahmen des **Ansatzes** aktiver latenter Steuern **kein genaues „Scheduling“ erforderlich** ist, d. h. es müssen nicht die genauen Umkehrzeitpunkte aller temporären Differenzen bestimmt werden. Allerdings fordert die LL 10 der EIOPA-LL Ansatz und Bewertung von Vermögenswerten und Verbindlichkeiten, bei denen es sich nicht um versicherungstechnische Rückstellungen handelt,[33] dass die Unternehmen in der Lage sein sollten, der Aufsichtsbehörde **auf Anfrage Informationen zu** den **Umkehrzeitpunkten** der temporären Differenzen zur Verfügung zu stellen.

26 Unabhängig davon, ob sich aus der Berücksichtigung latenter Steuern in der Solvabilitätsübersicht auf Basis des Art. 15 Solva II-VO aktive oder passive latente Steuern ergeben, hat die **BaFin** einige Sachverhalte, die spezifisch für die Geschäftstätigkeit bzw. Produkte in Deutschland zugelassener Versicherungsunternehmen sind, in **Auslegungsentscheidungen** geregelt. Diese stehen alle im Zusammenhang mit den **versicherungstechnischen Rückstellungen** und betreffen die Behandlung von Überschussfonds, die sogenannte „Going Concern Reserve“ sowie die Berücksichtigung der Übergangsmaßnahmen gemäß §§ 351 und 352 VAG bei der Berechnung der versicherungstechnischen Rückstellungen für Zwecke der Ermittlung latenter Steuern.[34] Eine weitere Auslegungsentscheidung behandelt die Konsequenzen, die sich aus einer **ertragsteuerlichen Organschaft** für die Berechnung der latenten Steuern in einer Versicherungsgruppe ergeben.[35]

26a In Bezug auf die **Überschussfonds**[36] legt die BaFin mit Hilfe eines Eingriffs in die Definition der steuerlichen versicherungstechnischen Rückstellungen für Zwecke der Ermittlung der latenten Steuern in der Solvabilitätsübersicht fest, dass hierauf keine latenten Steuern zu ermitteln sind. Zur sogenannten **„Going Concern Reserve“** bestimmt die AE der BaFin, dass auf die sich aus der Gegenüberstellung mit den steuerlichen Werten hieraus ergebende Differenz latente Steuern zu berechnen sind. Als „Going Concern Reserve“ bezeichnet man den Effekt, dass bei der Bewertung der zukünftigen Zahlungsströme aus Überschussbeteiligung berücksichtigt werden kann, dass diese wegen Abschlusskosten für ein künftiges Neugeschäft niedriger ausfallen.[37] Auch die **Übergangsmaßnahmen** zu risikofreien Zinsen und zu versicherungstechnischen Rückstellungen haben laut AE jeweils eine Auswirkung auf die Höhe der latenten Steuern in der Solvabilitätsübersicht: Es sind die in der Solvabilitätsübersicht ausgewiesenen

[31] Vgl. LL 9 der EIOPA-LL Ansatz und Bewertung von Vermögenswerten und Verbindlichkeiten, bei denen es sich nicht um versicherungstechnische Rückstellungen handelt, EIOPA-BoS-15/113 Rn. 1.29.
[32] Siehe z. B. *Schulz-Danso* in Beck'sches IFRS-Handbuch, 5. Aufl. 2016, § 25 Rn. 51.
[33] Vgl. EIOPA-BoS-15/113, Rn. 1.30.
[34] Vgl. *BaFin*, AE zu latenten Steuern auf versicherungstechnische Rückstellungen unter Solvency II, abrufbar unter bafin.de.
[35] Vgl. *BaFin*, AE zur Bilanzierung latenter Steuern bei Vorliegen einer steuerlichen Organschaft in der Solvabilitätsübersicht sowie deren verlustmindernde Wirkung, abrufbar unter bafin.de.
[36] Zur Definition und Abgrenzung von Überschussfonds siehe Art. 91 Solva II-RL sowie § 93 Abs. 1 VAG; siehe auch die Kommentierung zu § 93 VAG.
[37] Zu dem auch als Going Concern Reserve bezeichneten Effekt siehe BaFin, AE zu Wechselwirkungen zwischen Überschussbeteiligung und Neugeschäft, abrufbar unter bafin.de.

versicherungstechnischen Rückstellungen, also diejenigen nach Anwendung der Übergangsmaßnahmen, für die Differenzbildung zu den steuerlichen Werten heranzuziehen.

27 Für den Fall, dass in der Gruppe eine **ertragsteuerliche Organschaft** vorliegt, stellt die BaFin in ihrer diesbezüglichen AE klar, dass die Berechnung der in der Solvabilitätsübersicht auszuweisenden latenten Steuern sowohl auf der **Ebene des Organträgers** als auch ausnahmsweise auf der **Ebene der Organgesellschaft** erfolgen kann. Letzteres ist aber ausschließlich dann zulässig, wenn „die latenten Steuerverpflichtungen bzw. –ansprüche über eine **systematische und konsistent anzuwendende Methode** vom Organträger auf die Organgesellschaft allokiert werden."[38] Unter Bezugnahme auf IAS 12.45 hat die **Werthaltigkeitsprüfung** im Grundsatz auf der Ebene des Organträgers zu erfolgen, wobei das gesamte zu versteuernde Einkommen des Organkreises heranzuziehen ist. Falls die Bilanzierung der latenten Steuern auf Ebene der Organgesellschaft erfolgt, dann ist auch die Werthaltigkeitsprüfung auf Ebene der jeweiligen Organgesellschaft vorzunehmen.[39]

28 **IV. Bewertung der Verbindlichkeiten in der Solvabilitätsübersicht (Abs. 3).** Äquivalent zur Definition des beizulegenden Zeitwertes für die Vermögenswerte in § 74 Abs. 2 VAG enthält § 74 Abs. 3 S. 1 VAG auch in Bezug auf die **Verbindlichkeiten** die Definition des beizulegenden Zeitwertes, die vor der Bündelung der diesbezüglichen IFRS-Vorschriften in dem eigens dafür geschaffenen Standard IFRS 13 für die IFRS maßgeblich war. Im Hinblick auf die Unterschiede, die sich im Vergleich zur aktuellen Definition des IFRS 13.9 ergeben („Preis (…), der in einem geordneten Geschäftsvorfall zwischen Marktteilnehmern am Bemessungsstichtag für (…) die Übertragung einer Schuld gezahlt würde"), gilt das in Bezug auf die für die Vermögenswerte maßgebliche Variante der Definition Gesagte.[40]

29 Was die Konsequenzen der Übernahme der IFRS Definition eines beizulegenden Zeitwertes für die anzuwendenden bzw. zulässigen Bewertungsmethoden betrifft, so ist in Bezug auf die **Passivseite der Solvabilitätsübersicht** zwischen **versicherungstechnischen Rückstellungen** und **nicht-versicherungstechnischen Verbindlichkeiten** zu differenzieren. Während in Bezug auf die Letztgenannten – äquivalent zur Bewertung der Vermögenswerte – der „Generalverweis" des Art. 9 Abs. 1 und 2 Solva II-VO auf die nach IFRS geltenden Regelungen greift, gelten für die versicherungstechnischen Rückstellungen umfassende eigene Ansatz- und Bewertungsregeln, im VAG sowie den nachgeordneten Ebenen: Die im VAG enthaltenen Vorschriften der §§ 75 bis 87 VAG werden in § 74 Abs. 1 S. 1 VAG explizit genannt. Die Definition des Bewertungsmaßstabs „beizulegender Zeitwert" sowie die Anforderung des § 74 Abs. 3 S. 2 VAG, keine Berichtigung des anfänglich ermittelten beizulegenden Zeitwertes der Verbindlichkeiten vorzunehmen, gelten hingegen auch für die versicherungstechnischen Rückstellungen.[41]

30 Wie für ausgewählte Posten der Aktivseite der Solvabilitätsübersicht gilt auch für die nicht-versicherungstechnischen Passiva, dass es einige Posten bzw. Sachverhalte gibt, für die spezifische Vorgaben für Solvabilität II existieren, die den auf Basis von Art. 9 Abs. 1 bzw. 2 Solva II-VO ansonsten anwendbaren IFRS-Regelungen vorgehen: Dies betrifft den **Ansatz und** die **Bewertung von Eventualverbindlichkeiten** sowie die Bewertung der **finanziellen Verbindlichkeiten**.

31 **Eventualverbindlichkeiten** sind nach Art. 11 Abs. 1 Solva II-VO dann anzusetzen, wenn sie die nach Art. 9 Solva II-VO geltende **Definition** erfüllen und eine **Bewertung** nach Art. 14 Abs. 2 Solva II-VO zu Beträgen führt, die im Sinne des Art. 11 Abs. 2 Solva II-VO **wesentlich** sind. Wegen des Verweises in Art. 9 Abs. 1 Solva II-VO handelt es sich bei der gemäß Art. 9 Solva II-VO geltenden **Definition von Eventualverbindlichkeiten** um die des **IAS 37**. Nach IAS 37.10 ist eine Eventualverbindlichkeit dann gegeben, wenn es sich entweder um eine „mögliche Verpflichtung" handelt, „die aus vergangenen Ereignissen resultiert und deren Existenz durch das Eintreten oder Nicht-Eintreten eines oder mehrerer unsicherer künftiger Ereignisse erst noch bestätigt wird, die nicht vollständig unter der Kontrolle des Unternehmens stehen," oder um „eine gegenwärtige Verpflichtung, die auf vergangenen Ereignissen beruht, jedoch nicht erfasst wird, weil, erstens, ein Abfluss von Ressourcen mit wirtschaftlichem Nutzen mit der Erfüllung dieser Verpflichtung nicht wahrscheinlich ist oder zweitens, die Höhe der Verpflichtung nicht ausreichend verlässlich geschätzt werden kann."

32 Trotz der **identischen Definition** von Eventualverbindlichkeiten nach IFRS und Solvabilität II unterscheidet sich deren Behandlung in einem IFRS-Einzel- bzw. Konzernabschluss deutlich von der in der Solvabilitätsübersicht. Die Unterschiede hinsichtlich des Ansatzes resultieren daraus, dass Eventualverbindlichkeiten nach IAS 37.27 nicht in der IFRS-Bilanz angesetzt werden dürfen, sondern gemäß IAS 37.28 und IAS 37.86 lediglich im **Anhang** anzugeben sind, vorausgesetzt, dass die Möglichkeit eines Abflusses von Ressourcen mit wirtschaftlichem Nutzen nicht unwahrscheinlich ist. Der Ansatz

---

[38] *BaFin*, AE zur Bilanzierung latenter Steuern bei Vorliegen einer steuerlichen Organschaft in der Solvabilitätsübersicht sowie deren verlustmindernde Wirkung.

[39] Vgl. *BaFin*, AE zur Bilanzierung latenter Steuern bei Vorliegen einer steuerlichen Organschaft in der Solvabilitätsübersicht sowie deren verlustmindernde Wirkung.

[40] Siehe Rn. 12.

[41] Siehe hierzu § 75 VAG Rn. 25 ff.

von Eventualverbindlichkeiten in der **Solvabilitätsübersicht** richtet sich hingegen im ersten Schritt nach der Erfüllung der IFRS Definition und im zweiten danach, ob die sich aus der Solvabilität II-Bewertung ergebenden Beträge als wesentlich zu betrachten sind.

33 Art. 14 Abs. 2 Solva II-VO bestimmt für den **Wert der Eventualverbindlichkeiten**, dass dieser nach Solvabilität II dem „Barwert künftiger Zahlungsströme" entspricht, „die erforderlich sind, um die Eventualverbindlichkeit im Laufe ihrer Bestandsdauer zu begleichen." Der Barwert ist dabei unter Anwendung der jeweils **von EIOPA vorgegebenen risikolosen Basiszinsstrukturkurve**[42] zu berechnen.[43] Als **wesentlich**[44] ist der sich auf diese Weise ergebende Wert Art. 11 Abs. 2 Solva II-VO zufolge dann einzustufen, „wenn Informationen über die aktuelle oder potenzielle Höhe oder Art dieser Verbindlichkeiten den Entscheidungsprozess oder das Urteil der Adressaten dieser Informationen, einschließlich der Aufsichtsbehörden, beeinflussen könnten." Die Definition des Art. 14 Abs. 2 Solva II-VO passt zu der **übergreifenden Definition von Wesentlichkeit** in **Erwägungsgrund 1** zur **Solva II-VO,** auf die **LL 1** der **EIOPA-LL Ansatz und Bewertung von Vermögenswerten und Verbindlichkeiten, bei denen es sich nicht um versicherungstechnische Rückstellungen handelt**, für die Bewertung in der Solvabilitätsübersicht verweist. Daraus lässt sich ableiten, dass die in Bezug auf den Ansatz von Eventualverbindlichkeiten von einem Unternehmen gewählte Wesentlichkeitsgrenze nicht isoliert betrachtet werden kann, sondern sich in das **allgemeine Wesentlichkeitskonzept** des Unternehmens, insbesondere hinsichtlich Ansatz und Bewertung in der Solvabilitätsübersicht, einfügen muss. Aussagen dazu, wann eine Eventualverbindlichkeit jeweils als wesentlich aufzufassen und infolgedessen verpflichtend in der Solvabilitätsübersicht anzusetzen ist, sind daher ausschließlich unternehmensindividuell und in Abhängigkeit des von einem Unternehmen jeweils aufgesetzten Wesentlichkeitskonzeptes möglich.

34 Zur Übernahme nach IFRS im Anhang anzugebender Eventualverbindlichkeiten in die Solvabilitätsübersicht lassen sich bereits wegen der Verschiedenheit der verfolgten Ansatzkonzepte keine pauschalen Aussagen treffen. Auch bezüglich der Vorgaben zur Bewertung bestehen Unterschiede: Nach IFRS ist gemäß IAS 37.36 die „bestmögliche Schätzung" vorzunehmen, die gemäß IAS 37.45 f. bei einer wesentlichen Wirkung des Zinseffektes als Barwert zu berechnen ist, allerdings ohne dass die zur Ermittlung des Zinses zu verwendende Zinsstrukturkurve konkret vorgegeben wird. Vielmehr ist nach **IAS 37.47** ein **Abzinsungssatz** zu verwenden, der „die **aktuelle Markterwartung** im Hinblick auf den Zinseffekt sowie die **für die Schuld spezifischen Risiken** widerspiegelt." Dieser kann im Einzelfall mit dem für Solvabilität II maßgeblichen Zinssatz identisch sein, zwingend ist die Identität aber nicht.

35 Es ist aber eine Negativabgrenzung dahingehend möglich, dass Eventualverbindlichkeiten, die nach IFRS nicht im Anhang anzugeben sind, da die Möglichkeit eines Abflusses von Ressourcen mit wirtschaftlichem Nutzen als unwahrscheinlich eingestuft wird, auch für den Ansatz in der Solvabilitätsübersicht ausscheiden. Dies folgt daraus, dass die Wahrscheinlichkeit des Nutzenabflusses in dem nach Art. 14 Abs. 2 Solva II-VO zu ermittelnden Wert zu berücksichtigen ist und zu entsprechend niedrigen Barwerten führt.

36 Aus **schwebenden Geschäften evtl. entstehende Verpflichtungen** sind nach IAS 37 nicht in der Bilanz zu berücksichtigen, solange der Vertrag nicht belastend wirkt;[45] sie erfüllen auch nicht die Definition einer Eventualverbindlichkeit. **Sobald** sich aus dem Vertrag eine **Belastung** ergibt, ist aber eine **Passivierung** der entstandenen Verpflichtung in Höhe ihres **beizulegenden Zeitwertes** in der **IFRS-Bilanz** vorzunehmen,[46] die dann auch in die **Solvabilitätsübersicht** zu übernehmen ist.

37 Nach **HGB** sind Eventualverbindlichkeiten nicht in der Bilanz anzusetzen. Es besteht aber gemäß **§ 251 HGB i. V. m. § 51 Abs. 3 RechVersV** eine Angabepflicht für **Haftungsverhältnisse unter der Bilanz**;[47] darüber hinaus ist nach **§ 285 Abs. 3a HGB** der **Gesamtbetrag der sonstigen finanziellen Verpflichtungen** im **Anhang** anzugeben.[48] Um aus den nach den §§ 251 HGB, 51 Abs. 3 RechVersV sowie § 285 Abs. 3a HGB angabepflichtigen Sachverhalten diejenigen herauszufiltern, die für Zwecke der Solvabilitätsübersicht als Eventualverbindlichkeiten qualifizieren und bei Wesentlichkeit in diese aufzunehmen sind, bedarf es – wegen der Relevanz der IFRS-Definition für den Ansatz nach Solvabilität II – einer **Überprüfung der einzelnen Sachverhalte** anhand der o. g. **Definitionskriterien des IAS 37**. Die Versicherungsunternehmen haben ein Verfahren einzuführen, um die vollständige Erfassung sicherzustellen.[49]

---

[42] Die EIOPA veröffentlicht i. d. R. monatlich aktualisierte Zinsstrukturkurven, die auch für die Bewertung der versicherungstechnischen Rückstellungen in der Solvabilitätsübersicht maßgeblich sind; siehe: *EIOPA*, Risk-Free Interest Rate Term Structures – Monthly technical information 2017, abrufbar unter eiopa.europa.eu

[43] Vgl. Art. 14 Abs. 2 Solva II-VO.

[44] Der im Wortlaut des Art. 11 Abs. 2 Solva II-VO verwendete Begriff „erheblich" ist hier als Synonym zum Begriff „wesentlich" aufzufassen.

[45] Vgl. IAS 37.67.

[46] Vgl. IAS 37.66.

[47] Siehe hierzu ausführlicher und m. w. N. BeBiKo/*Grottel/Haußer*, § 251 HGB.

[48] Siehe hierzu ausführlicher und m. w. N. BeBiKo/*Grottel*, § 285 HGB Rn. 90 ff.

[49] Dieses ist nach § 11 PrüfV im Rahmen der Prüfung der Solvabilitätsübersicht durch den Abschlussprüfer zu prüfen.

Im Zusammenhang mit dem Ansatz von Eventualverbindlichkeiten in der Solvabilitätsübersicht stellt sich zudem die Frage, ob bzw. inwiefern bei **Vereinbarungen**, die zu einem **ergänzenden Eigenmittelbestandteil für die Gegenpartei** führen, der Ansatz einer Eventualverbindlichkeit zwingend ist: Gemäß LL 8 der EIOPA-LL Ansatz und Bewertung von Vermögensgegenständen und Verbindlichkeiten, bei denen es sich nicht um versicherungstechnische Rückstellungen handelt, muss das Versicherungsunternehmen in diesem Fall „gründlich bewerten", ob es sich um eine Eventualverbindlichkeit i. S. d. Art. 11 Solva II-VO handelt. Das Unternehmen sollte zudem gegenüber seiner nationalen Aufsichtsbehörde begründen können, falls die Bewertung zu dem Ergebnis geführt hat, dass – trotz Anerkennung der aus der Vereinbarung resultierenden Mittel als ergänzender Eigenmittelbestandteil für die Gegenpartei – keine Eventualverbindlichkeit anzusetzen ist.[50]

Zu den **finanziellen Verbindlichkeiten** regelt **Art. 14 Abs. 1 Solva II-VO**, dass für den **Ansatz** und für die **erstmalige Bewertung** die nach **IFRS** geltenden Vorschriften maßgeblich sind. Demnach gilt die Definition der finanziellen Verbindlichkeit nach IAS 39 (zukünftig IFRS 9) bzw. **IAS 32**.[51] Diese bestimmt eine finanzielle Verbindlichkeit als „eine vertragliche Verpflichtung, 1) einem anderen Unternehmen flüssige Mittel oder einen anderen finanziellen Vermögenswert zu liefern oder 2) mit einem anderen Unternehmen finanzielle Vermögenswerte oder finanzielle Verbindlichkeiten zu potenziell nachteiligen Bedingungen auszutauschen."[52] Nach **IAS 39.43** ist eine finanzielle Verbindlichkeit bei ihrem erstmaligen Ansatz mit dem **beizulegenden Zeitwert** zu bewerten, wobei nur für den Fall, dass die finanzielle Verbindlichkeit **nicht** der Kategorie „erfolgswirksam zum beizulegenden Zeitwert" zugeordnet ist, Transaktionskosten einzubeziehen sind, die der Emission der Verbindlichkeit direkt zuzurechnen sind. Wegen der in Art. 75 Solva II-RL sowie § 74 Abs. 2 und 3 VAG geforderten Bewertung zum beizulegenden Zeitwert sind bei Erstbewertung in der Solvabilitätsübersicht Transaktionskosten nicht einzubeziehen. 38

Art. 14 Abs. 1 S. 2 Solva II-VO bestimmt schließlich, dass – im Unterschied zu einer Bewertung zum beizulegenden Zeitwert nach IFRS – bei der Folgebewertung in der Solvabilitätsübersicht solche **Wertänderungen** des Zeitwertes der finanziellen Verbindlichkeiten **unberücksichtigt** bleiben müssen, die sich aus einer **Veränderung der Bonität** des Versicherungs- oder Rückversicherungsunternehmens ergeben. **Anforderungen an die Bewertungsmethoden**, damit der Ausschluss nachträglicher Anpassungen aufgrund von Bonitätsveränderungen gewährleistet ist, formuliert die EIOPA in LL 5 der EIOPA-LL Ansatz und Bewertung von Vermögensgegenständen und Verbindlichkeiten, bei denen es sich nicht um versicherungstechnische Rückstellungen handelt; es werden sowohl ein „Bottom-Up"-als auch ein „Top-Down-Ansatz" für zulässig erachtet.[53] Einen bedeutsamen Bestandteil der finanziellen Verbindlichkeiten bilden – sowohl in der IFRS-Bilanz als auch in der Solvabilitätsübersicht – die **Verbindlichkeiten aus Genussrechtskapital und Nachrangdarlehen**. 39

Eine **Übernahme von HBG-Werten** für Verbindlichkeiten aus Genussrechtskapital und Nachrangdarlehen in die Solvabilitätsübersicht ist **nicht zulässig**, da die HGB-Bewertung keine beizulegenden Zeitwerte zugrunde legt, sondern auf dem **Vorsichtsprinzip** basierende Werte anzusetzen sind. Dies gilt auch in den Fällen, in denen den Genussrechten bzw. dem Nachrangkapital nach IDW HFA 1/1994 Eigenkapitalcharakter zugestanden wird.[54] 40

V. Verhältnis zu anderen Regelungen des VAG sowie zu anderen Rechnungslegungsnormen. Es besteht eine enge Verbindung der Inhalte des § 74 VAG zum Bewertungsmaßstab für die Bewertung von Vermögenswerten und Schulden in der Solvabilitätsübersicht an sich und den nachfolgenden **§§ 75–87 VAG**, die die Einzelheiten zu den Bewertungsmethoden in Bezug auf die versicherungstechnischen Rückstellungen und ihre Bestandteile (Risikomarge, Matchinganpassung, Volatilitätsanpassung) regeln. Auch zu den die Anrechenbarkeit der Eigenmittel regelnden **§§ 89–95 VAG** besteht eine Verbindung insofern, als deren Regelungen zumindest teilweise auf den mit Hilfe der Solvabilitätsübersicht bestimmten Eigenmitteln, einschließlich der in der Solvabilitätsübersicht als Verbindlichkeiten berücksichtigten nachrangigen Verbindlichkeiten aufsetzen. 41

Zu den die Kapitalausstattung für Kreditinstitute regelnden §§ 10 ff. KWG besteht ein wesentlicher Unterschied darin, dass die Solvabilitätsermittlung für Kreditinstitute nicht auf einer eigens für Aufsichtszwecke zu erstellenden Bilanz, sondern auf IFRS aufsetzt. 42

Nachfolgende Tabelle vergleicht überblicksartig die für die Solvabilitätsübersicht geltenden Ansatz- und Bewertungsmethoden mit den jeweils für die HGB- sowie IFRS-Bilanz maßgeblichen Vorschriften: 43

[50] Vgl. EIOPA-BoS-15/113, Rn. 1.24 f.
[51] Vgl. IAS 39.9 in Verbindung mit IAS 32.11.
[52] IAS 32.11.
[53] Vgl. EIOPA-BoS-15/113, Rn. 1.17.
[54] Siehe ausführlicher IDW HFA 1/1994 Zur Behandlung von Genussrechten im Jahresabschluss von Kapitalgesellschaften.

Solvency II	HGB	IFRS
Geschäfts- und Firmenwert		
Ansatz mit Null	a) Selbst geschaffen: kein Ansatz b) Entgeltlich erworben: fortgeführte Anschaffungskosten mit **planmäßiger Abschreibung** (§ 253 Abs. 3 S. 4 HGB).	IFRS 3: Zwingender Ansatz eines Firmenwertes, wenn die Anschaffungskosten für ein erworbenes Unternehmen das neubewertete Nettovermögen übersteigen. Keine planmäßige Abschreibung; mind. jährlich **Wertminderungstest**.
Immaterielle Vermögensgegenstände		
Ansatz mit Null, es sei denn, für identische oder ähnliche Vermögenswerte kann ein an einem aktiven Markt notierter **Marktpreis** nachgewiesen werden (Art. 12 Solva II-VO); dann Bewertung grundsätzlich zum Marktwert gem. Art. 10 Solva II-VO.	Selbst geschaffene Vermögensgegenstände des Anlagevermögens: **Ansatzwahlrecht**; im Fall der Aktivierung **Ausschüttungssperre** (§ 268 Abs. 8 S. 1 HGB). Ansatzverbot u. a. für Marken, Kundenlisten (§ 248 Abs. 2 HGB). **Verbot der Aktivierung von Abschlussaufwendungen** (§ 248 Abs. 1 Nr. 3 HGB). **Bewertung** zu fortgeschriebenen Anschaffungskosten, mit planmäßiger Abschreibung über 10 Jahre, wenn die voraussichtliche Nutzungsdauer nicht verlässlich geschätzt werden kann (§§ 253 Abs. 3 S. 3 i. V. m. 341b Abs. 1 S. 1 HGB).	IAS 38: Ansatz auch selbst geschaffener immaterieller Vermögenswerte **bei Erfüllung von Ansatzkriterien.** Ansatzverbot u. a. für Markennamen, Kundenlisten (IAS 38.63) Bewertung zu Anschaffungskosten. **Wahlrecht** zur Anwendung der Neubewertungsmethode, wenn ein **aktiver Markt** für den Vermögenswert besteht. Bei **unbegrenzter Nutzungsdauer** erfolgt keine planmäßige Abschreibung; statt dessen mind. **jährlich Wertminderungstest**.
Einforderbare Beträge bzw. Rückversichereranteile		
Ansatz als **Vermögenswert** in der Solvabilitätsübersicht und Bewertung nach Maßgabe der §§ 75–85 VAG (§ 86 Abs. 1 VAG) **Abrechnungsforderungen und –verbindlichkeiten** aus Rückversicherungsverträgen, sind, soweit sie nicht fällig oder gestundet sind, zu berücksichtigen (Art. 28 Sola II-VO).	**Offener Abzug** der Rückversichereranteile von den versicherungstechnischen Rückstellungen. Bewertung entsprechend der **Minderung der versicherungstechnischen Rückstellungen aufgrund der vertraglichen Abmachungen**(§ 23 RechVersV). **Gesonderter Ausweis und Bewertung** der Abrechnungsforderungen und –verbindlichkeiten aus Rückversicherungsverträgen (§§ 16 und 34 RechVersV).	IFRS 17: Gesonderter Ansatz als **Vermögenswert**, grundsätzlich bewertet anhand des erwarteten **Barwerts der Zahlungen** aus dem Rückversicherungsvertrag, unter Annahmen, die konsistent mit dem zugrundeliegenden Versicherungsgeschäft sind, erhöht um eine anteilige **Risikoanpassung** und eine **Marge** zur Vermeidung des Vorziehens künftiger Gewinne.
Kapitalanlagen		
Grundsätzlich **Ansatz zum Zeitwert** (§ 74 Abs. 2 VAG). Für Beteiligungen an verbundenen Unternehmen ggf. „angepasste Equity Methode", Equity Methode nach IFRS (Art 13 Solva II-VO) oder Übernahme von im Jahresabschluss offen gelegten Werten unter den Voraussetzungen des Art. 9 Abs. 4 Sol-	Grundstücke, grundstücksgleiche Rechte und Bauten sowie Kapitalanlagen in verbundene Unternehmen, Namensschuldverschreibungen, Hypothekendarlehen und andere Forderungen Bewertung nach den für das Anlagevermögen geltenden Vorschriften (**gemildertes Niederstwertprinzip mit Wahlrecht zu Abschreibung auch bei voraussichtlich nicht dauerhaften**	**Sachanlagen** IAS 16: **Anschaffungskosten** abzüglich planmäßiger Abschreibungen und Wertminderungen. **Wahlrecht: Neubewertung** grds. alle 3–5 Jahre. Als **Finanzinvestitionen gehaltene Immobilien** IAS 40: **Wahlrecht** zu **Zeitwertbewertung** oder Fortführung der **Anschaffungskosten**, gemindert um planmäßige Ab-

Solvency II	**HGB**	**IFRS**
va II-VO, also u. a. Vereinbarkeit mit Solvabilität II-Bewertungsprinzip der Bewertung zum Zeitwert und keine Anwendung von IFRS im Jahresabschluss.	**Wertminderungen bei Finanzanlagen**)(§ 341b Abs. 1 HGB) Für **Wertpapiere** (Aktien, Anteile an Investmentvermögen und Festverzinsliche) je nach **Zwecksetzung** Behandlung wie – **Anlagevermögen:** gemildertes Niederstwertprinzip mit Wahlrecht zu Abschreibung auch bei voraussichtlich nicht dauerhaften Wertminderungen bei Finanzanlagen) oder – **Umlaufvermögen:** strenges Niederstwertprinzip (zwingende Abschreibung auch bei voraussichtlich vorübergehenden Wertminderungen) (§ 341b Abs. 2 HGB). **Namensschuldverschreibungen**: Wahlrecht zum Ansatz mit **Nennbetrag** und Rechnungsabgrenzung von Agien und Disagien (§ 341c Abs. 1 u. 2 HGB). Hypothekendarlehen und andere Forderungen: Klarstellung der Zulässigkeit der Bilanzierung mit **fortgeführten Anschaffungskosten unter Anwendung der Effektivzinsmethode** als im Einklang mit der Anschaffungskostenbewertung (§ 341c Abs. 3 HGB sowie Begr. RegE BT-Drs. 17/1720, S. 51). Angabe der **Zeitwerte** im **Anhang** (§§ 54 –56 RechVersV) Anlagestock der **fondsgebundenen Lebensversicherung**: Bewertung zum Zeitwert (§ 341d HGB)	schreibung und evtl. Wertminderung. **Finanzinstrumente** IFRS 9: Klassifizierung von finanziellen Vermögenswerten: – **Geschäftsmodell „Halten“** und im zu bilanzierenden Instrument nur **Zins- und Tilgungszahlungen an vorgegebenen Zeitpunkten** vorgesehen: **Fortgeführte Anschaffungskosten** – **Geschäftsmodell „Halten und verkaufen“** und im Instrument sind nur **Zins- und Tilgungszahlungen an vorgegebenen Zeitpunkten** vorgesehen: Zeitwertbewertung mit Erfassung von Wertänderungen im „sonstigen Ergebnis (OCI)“ – Für Vermögenswerte beider Kategorien **Wahlrecht zur Zeitwertbilanzierung mit Erfassung der Wertänderung in der Gewinn- und Verlustrechnung**, wenn dadurch ein sog. **„accounting mismatch“** reduziert oder vermieden wird – Alle übrigen finanziellen Vermögenswerte: **Zeitwertbewertung mit Erfassung der Wertänderungen in der Gewinn- und Verlustrechnung** (für **Eigenkapitalinstrumente**, die nicht für Handelszwecke gehalten werden, **Wahlrecht** zur Erfassung von Wertänderungen im **sonstigen Ergebnis**).
Depotforderungen		
Grundsätzlich Ansatz zum **Zeitwert** (ggf. Anpassung der einforderbaren Beträge aus Rückversicherungsverträgen gem. Art 41 Abs. 3 Solva II-VO).	Ansatz des **Bardepots** zu Anschaffungskosten bzw. **Nominalwert** (Wertpapierdepot s. oben zu Kapitalanlagen) (§ 13 RechVersV)	IFRS 17: Berücksichtigung im Rahmen der Bilanzierung der **versicherungstechnischen Rückstellungen bzw. der Rückversicherungsanteile**.
Aktive latente Steuern		
Pflicht zum Ansatz aktiver latenter Steuern unter Zugrundelegung der Wertansätze gem. § 74 VAG und für Steuerzwecke unter Zugrundelegung der Grundsätze des IAS 12. Rechts- und Verwaltungsvorschriften über **zeitliche Be-**	**Aktivierungswahlrecht** für eine sich insgesamt ergebende Steuerentlastung aus Differenzen zwischen handelsrechtlichen und steuerlichen Wertansätzen, die sich in späteren Geschäftsjahren voraussichtlich abbauen (§ 274 Abs. 1 S. 2 HGB). Berücksichtigung steuerlicher **Verlustvorträge** in Höhe der in den nächsten	IAS 12: **Pflicht zum Ansatz** aktiver latenter Steuern, soweit sie wahrscheinlich in Zukunft zu einer Entlastung führen werden. Berücksichtigung von **Verlustvorträgen**, soweit ausreichend zu versteuernde temporäre Differenzen bestehen bzw. künftig

Solvency II	HGB	IFRS
grenzungen für den Vortrag noch nicht genutzter Steuergutschriften oder -Verlustvorträge ist Rechnung zu tragen (Art. 15 Abs. 3 Solva II-VO).	5 Jahren erwarteten Nutzung (§ 274 Abs. 1 S. 4 HGB); es handelt sich hierbei ausschließlich um eine Objektivierung für handelsbilanzielle Zwecke und nicht um eine Vorschrift zur zeitlichen Begrenzung der tatsächlichen Nutzung von Verlustvorträgen.[55] **Ausschüttungssperre** (§ 268 Abs. 8 S. 2 HGB).	steuerliche Gewinne anfallen oder durch Gestaltungen generiert werden können.
Versicherungstechnische Rückstellungen		
Grundsätzlich marktkonsistente **Zeitwerte**, und zwar als Summe des besten Schätzwertes und einer Risikomarge (§§ 74 – 87 VAG). Das impliziert eine **Abzinsung** mit dem jeweils aktuell von der EIOPA vorgegebenen **risikofreien Zins** (§ 77 Abs. 1 VAG i. V. m. § 83 Abs. 1 VAG). Vereinfachungen der Berechnung sind unter bestimmten Voraussetzungen im Rahmen der **Proportionalität** möglich (Art. 56 Solva II-VO) sowie dann, wenn die Solva II-VO explizit Vereinfachungen erlaubt (Art. 57 bis Art. 61 Solva II-VO). **Forderungen und Verbindlichkeiten aus dem Versicherungsgeschäft** sind, soweit sie nicht fällig oder gestundet sind, zu berücksichtigen (Art. 28 Solva II-VO). Ebenfalls zu berücksichtigen sind u. a. die **Aufwendungen für die Kapitalanlageverwaltung** (Art. 31 Abs. 1 Buchst. b Solva II-VO) Kein Ansatz einer Schwankungsrückstellung.	Bildung soweit **nach vernünftiger kaufmännischer Beurteilung notwendig**, um die dauernde Erfüllbarkeit sicherzustellen. Dabei sind die im Interesse der Versicherten erlassenen **aufsichtsrechtlichen Vorschriften zu berücksichtigen, mit Ausnahme der Vorschriften zur Solvabilitätsübersicht** (§ 341c Abs. 1 S. 2 HGB): – §§ 150, 151 und 160 VAG bzgl. der Alterungsrückstellung und der Überschussbeteiligung in der Krankenversicherung und die diesbezüglich ergangenen Verordnungen, – §§ 139 und 140 VAG bzgl. der Überschussbeteiligung und der Rückstellung für Beitragsrückerstattung sowie die gem. §§ 88 und 145 VAG ergangenen Verordnungen in der Lebensversicherung, insbes. die DeckRV, – §§ 161 und 162 VAG mit Verweisen für die Unfallversicherung mit Prämienrückgewähr und für die Deckungsrückstellung für Haftpflicht- und Unfall-Renten auf die einschlägigen Vorschriften für die Lebensversicherung. Die **allgemeine handelsrechtliche Vorschrift zur Abzinsung** der Rückstellungen in § 253 Abs. 2 HGB findet **keine Anwendung** (§ 341e Abs. 1 S. 3 HGB). Sofern eine Einzel- oder Gruppenbewertung nicht möglich ist oder unökonomisch wäre, können **Näherungsverfahren** verwendet werden, wenn anzunehmen ist, dass sie zu annährend gleichen Ergebnissen wie Einzelberechnungen führen. (§ 341e Abs. 3 HGB, § 27 RechVersV). Gesonderte Regelungen betreffen:	IFRS 17: **Grundmodell** (Bausteinansatz): Erwartete **Barwerte** aller **Zahlungsströme** aus dem Vertrag, mit **Risikoanpassung** und zusätzlicher **Marge** zur Verteilung der Gewinne. Abzinsung im Bilanzwert mit aktuellem risikolosem illiquidem Zins. Änderungen des Zinssatzes gegenüber dem bei erstmaliger Erfassung des Vertrages verwendeten Zinssatz dürfen im sonstigen Ergebnis (**OCI**) erfasst werden (**Wahlrecht**). **Vereinfachung** für Verträge mit einer Laufzeit bis zu einem Jahr oder solchen, bei denen davon ausgegangen werden kann, dass abgegrenzte Beiträge eine Annäherung an den Bausteinansatz darstellen: Abbildung der Verpflichtung zur Gewährung von Versicherungsschutz anhand **abgegrenzter Beiträge**; für eingetretene, aber nicht abgewickelte Versicherungsfälle und bei drohenden Verlusten Anwendung des Bausteinansatzes. Für bestimmtes überschussbeteiligtes Geschäft **Modifizierung** zur Abbildung des **Aktionärsanteils an den Überschüssen** als Entgelt für zu erbringende Leistungen: Erfassung und Verteilung des Aktionärsanteils an den Überschüssen im Rahmen der Marge. Kein Ansatz einer Schwankungsrückstellung.

[55] A. A. *BaFin*, AE zur Bewertung von Vermögenswerten und Verbindlichkeiten außer versicherungstechnischen Rückstellungen – HGB vs. Solvency II, S. 13.

Solvency II	HGB	IFRS
	– **Beitragsüberträge:** (§ 341e Abs. 2 Nr. 1 HGB, § 24 RechVersV), – **Rückstellung für Beitragsrückerstattung:** (§ 341e Abs. 2 Nr. 2 HGB, § 28 RechVersV), – **sonstige versicherungstechnische Rückstellungen, inkl. Drohverlustrückstellung** (§ 341e Abs. 2 Nr. 3 HGB, § 31 RechVersV), – **Deckungsrückstellung** (§ 341f HGB, § 25 RechVersV), – **Schadenrückstellung** (§ 341g HGB, § 26 RechVersV), – **Schwankungsrückstellung und ähnliche Rückstellungen** (§ 341h HGB, §§ 29 u. 30 RechVersV).	
Pensionsrückstellungen		
Ansatz und Bewertung der Pensionsrückstellungen richten sich nach **IAS 19**	Ansatz: Es gelten die allgemeinen Bestimmungen zum Ansatz von Rückstellungen (§ 249 Abs. 1 HGB), mit Ausnahmen für Altzusagen und mittelbare Zusagen. Bewertung: In Höhe des nach vernünftiger kaufmännischer Beurteilung notwendigen Erfüllungsbetrages (§ 253 Abs. 2 S. 1 HGB). Für die **Abzinsung** gem. § 253 Abs. 2 S. 2 HGB ist ein **10-Jahres-Durchschnitttszins** zu verwenden (§ 253 Abs. 2 S. 1 HGB) wobei pauschal eine **Duration von 15 Jahren** zugrunde gelegt werden darf (§ 253 Abs. 2 S. 2 HGB). Verrechnung der Verpflichtung mit zum Zeitwert bewertetem **Planvermögen** unter bestimmten Voraussetzungen, insbes. kein Zugriff der Gläubiger (§§ 246 Abs. 2, 253 Abs. 1 S. 4 HGB).	IAS 19:[56] Ansatz: Alle Verpflichtungen für Versorgungszusagen gegenüber Mitarbeitern. Bewertung: Zu unterscheiden ist zwischen beitrags- und leistungsorientierten Zusagen. Barwert der leistungsorientierten Verpflichtung abzüglich eines ggf. bestehenden Planvermögens. Ermittlung des Barwertes der leistungsorientierten Verpflichtung nach der Methode der Einmalprämien unter Verwendung der künftig erwarteten Zahlungsbeträge und eines aktuellen **Marktzinssatzes** erstrangiger, festverzinslicher Industrieanleihen.
Eventualverbindlichkeiten		
Ansatz in der Solvabilitätsübersicht, wenn sie die Definition der IFRS erfüllen und **wesentlich** sind (Art. 11 Solva II-VO). Ansatz mit erwartetem Barwert künftiger Zahlungsströme, die zum Begleichen erforderlich sind (Art 14 Abs. 2 Solva II-VO).	**Angabe** im Anhang im Rahmen der **Haftungsverhältnisse** gem. § 51 Abs. 3 S. 1 RechVersV iVm. § 251 HGB sowie ggf. der **sonstigen finanziellen Verpflichtungen** gem. § 285 Nr. 3a HGB.	IAS 37: Definition – Mögliche Verpflichtungen aus einem Ereignis der Vergangenheit, deren **Existenz noch von einem zukünftigen Ereignis**, das nicht vollständig unter der Kontrolle des Unternehmens steht, **abhängt** oder – gegenwärtige Verpflichtung aus einem Ereignis der Vergangenheit, deren **Ressourcenabfluss** jedoch **nicht wahr-**

[56] Siehe im Einzelnen DAV/IVS-Richtlinie „Anwendung von IAS 19 „Employee Benefits" (revised 2008) auf die betriebliche Altersversorgung in Deutschland" vom 14. Juni 2010, Abschnitt 2.1.1.1.

Solvency II	HGB	IFRS
		scheinlich ist oder deren Höhe nicht verlässlich schätzbar ist. **Kein Ansatz in der Bilanz,** sondern **Erläuterung im Anhang,** es sei denn, die Möglichkeit eines Abflusses von Ressourcen ist unwahrscheinlich.
Passive latente Steuern		
Siehe die grundsätzlichen Ausführungen zu aktiven latenten Steuern	Siehe die grundsätzlichen Ausführungen zu aktiven latenten Steuern	Siehe die grundsätzlichen Ausführungen zu aktiven latenten Steuern

Allgemeine Vorschriften für die Bildung versicherungstechnischer Rückstellungen

75 (1) [1]**In der Solvabilitätsübersicht sind für sämtliche Versicherungsverpflichtungen gegenüber Versicherungsnehmern und Anspruchsberechtigten versicherungstechnische Rückstellungen zu bilden.** [2]**Diese sind auf vorsichtige, verlässliche und objektive Art und Weise zu berechnen.**

(2) **Der Wert der versicherungstechnischen Rückstellungen entspricht dem aktuellen Betrag, den Versicherungsunternehmen zahlen müssten, wenn sie ihre Versicherungsverpflichtungen unverzüglich auf ein anderes Versicherungsunternehmen übertragen würden.**

(3) **Bei der Berechnung der versicherungstechnischen Rückstellungen segmentieren die Versicherungsunternehmen ihre Versicherungsverpflichtungen in homogene Risikogruppen, die zumindest nach Geschäftsbereichen getrennt sind.**

(4) **Die Berechnung der versicherungstechnischen Rückstellungen erfolgt unter Berücksichtigung der von den Finanzmärkten bereitgestellten Informationen sowie allgemein verfügbarer Daten über versicherungstechnische Risiken und hat mit diesen konsistent zu sein (Marktkonsistenz).**

(5) **Bei der Berechnung der versicherungstechnischen Rückstellungen sind die in § 74 Absatz 3 genannten Grundsätze zu beachten.**

Übersicht

Schrifttum: *GDV*, Methoden zur Schätzung von Schaden- und Prämienrückstellung in der Kompositversicherung, 2011; *GDV*, Säule I-Anleitung für Einzelunternehmen, 2015; *Grabs*, Die Verlässlichkeit von Anhangangaben im IFRS-Abschluss, 2015.

I. Allgemeines. 1. Entstehungsgeschichte. § 75 VAG ist bei der Neufassung des VAG im Jahr 2015 durch Art. 1 des Gesetzes zur Modernisierung der Finanzaufsicht über Versicherungen[1] vom 1.4.2015 in das VAG eingefügt worden. 1

Bis zum 1.1.2016 hatte die Ermittlung der Solvabilität nach § 53c VAG a. F. bzw. Kapitalausstattungs-VO i. W. auf Basis des handelsrechtlichen Jahresabschlusses zu erfolgen. Zum Beispiel wurden die Solvabilitätsanforderungen bei Schaden- und Unfallversicherungen in Form des Schaden- bzw. Beitragsindex anhand von GuV-Größen hergeleitet. 2

2. Normzweck. § 75 VAG beinhaltet grundlegende Vorgaben für die Bildung der in der Solvabilitätsübersicht enthaltenen **versicherungstechnischen Rückstellungen**. Diese grundlegenden Vorgaben umfassen die Art und Weise der Berechnung, das Bewertungsattribut des Wertes der versicherungstechnischen Rückstellungen (Übertragungswert), die Segmentierung in homogene Risikogruppen, sowie Vorgaben zur Marktkonsistenz und zur Beachtung der übergeordneten Grundsätze nach § 74 Abs. 3 VAG. 3

3. Europarechtlicher Hintergrund. § 75 Abs. 1, 2, 4 und 5 VAG setzt Art. 76 Solva II-RL und § 75 Abs. 3 VAG setzt Art. 80 Solva II-RL inhaltlich um, wobei der Wortlaut in § 75 Abs. 1 und 5 VAG leicht angepasst wurde. Zum einen fasst § 75 Abs. 1 VAG Art. 76 Abs. 1 und 4 Solva II-RL zusammen. Wie in Art. 76 Abs. 1 Solva II-RL vorgegeben, stellt § 75 Abs. 1 VAG dabei sicher, dass die versicherungstechnischen Rückstellungen für „sämtliche Versicherungsverpflichtungen" zu bilden sind. Zum anderen wird in Art. 76 Abs. 5 Solva II-RL – über die in § 75 Abs. 5 VAG genannten hinaus – auf weitere Grundsätze verwiesen. Da diese in anderen Vorschriften des VAG enthalten sind, ergeben sich hieraus keine Konsequenzen für die Bewertung der versicherungstechnischen Rückstellungen. 4

Art. 86 Abs. 1 lit. e Solva II-RL ermächtigt die Eu-Kommission zum Erlass delegierter Rechtsakte, die die Geschäftsbereiche festlegen, auf Basis derer die (Rück-)Versicherungsverpflichtungen zur Berechnung der versicherungstechnischen Rückstellungen zu segmentieren sind. Die EU-Kommission hat von diesem Recht mit Anhang I der Solva II-VO Gebrauch gemacht, der Geschäftsbereiche definiert. 5

Weitere Vorgaben zu den allgemeinen Vorschriften aus § 75 VAG sind in Art. 17 bis 22 und Art. 55 Solva II-VO enthalten; dabei verweist der letztgenannte Art. 55 auf die Geschäftsbereiche nach Anhang I Solva II-VO. Zusätzliche Informationen zur Bewertung der versicherungstechnischen Rückstellungen unter Solvabilität II liefern die EIOPA-LL zur Bewertung von versicherungstechnischen Rückstellungen.[2] 6

II. Allgemeine Vorschriften für die Bildung versicherungstechnischer Rückstellungen unter Solvabilität II. 1. Qualitative Anforderungen an die Bewertung. a) Vollständigkeit und Verlässlichkeit. § 75 Abs. 1 S. 1 VAG impliziert die Anforderung der **Vollständigkeit**. In der Solvabilitätsübersicht sind „für sämtliche Versicherungsverpflichtungen gegenüber Versicherungsnehmern und Anspruchsberechtigten versicherungstechnische Rückstellungen" zu bilden. Dabei hat die Bewertung der versicherungstechnischen Rückstellungen gemäß § 75 Abs. 2 S. 2 VAG auf „vorsichtige, verlässliche und objektive Art und Weise" zu erfolgen. 7

Da die versicherungstechnischen Rückstellungen in der Solvabilitätsübersicht anhand des (hypothetischen) Marktwertes zu bestimmen sind, entspricht der Vorsichtsbegriff hier nicht dem Vorsichtsprinzip unter HGB nach § 252 Abs. 1 Nr. 4 HGB bzw. als versicherungsspezifische Spezialnorm § 341e Abs. 1 HGB. Von diesem Vorsichtsprinzip, das eine Überschätzung verlangt, ist der Vorsichtsgedanke zur Vermeidung einer Unterschätzung zu unterscheiden. Hier hat die Schätzung demzufolge auf eine **vorsichtige Art und Weise** zu erfolgen. Dies gilt auch für den ersten Bestandteil der Bewertung der versicherungstechnischen Rückstellungen unter Solvabilität II, den besten Schätzwert der Verpflichtung. Demnach erfolgt auch die Bestimmung dieses Bestandteils, der gemäß § 77 Abs. 2 VAG auf realistischen Annahmen ohne Risikozuschläge beruht, insoweit vorsichtig, um eine Unterschätzung zu vermeiden.[3] 8

Des Weiteren sind die versicherungstechnischen Rückstellungen auf **verlässliche Art und Weise** zu berechnen. Mangels Solvabilität II-spezifischer Vorgaben zum Begriff der Verlässlichkeit ist, nicht zuletzt wegen des Generalverweises in Art. 9 Abs. 1 u. 2 Solva II-VO, ein Rückgriff auf bzw. eine Orientierung an IFRS-Maßstäben naheliegend. Im IFRS-Rahmenwerk wurde der Begriff der Verlässlichkeit mittlerweile größtenteils durch Begriffe wie z. B. „glaubwürdige Darstellung" ersetzt. Im ursprünglichen IFRS-Rahmenwerk (bis 2010) bezog sich „Verlässlichkeit" auf die zu übermittelnden Informationen, womit insbesondere Informationen wie z. B. die Höhe der versicherungstechnischen Rückstellungen gemeint sind. Somit beinhaltet eine verlässliche Art und Weise der Berechnung auch die Anforderung verlässlicher Ergebnisse, d. h. dass diese u. a. möglichst genau, glaubwürdig, vollständig und fehlerfrei sind.[4] Daher sind zum einen fundierte versicherungsmathematische Methoden mit reproduzierbaren 9

[1] BGBl. 2015 I 434 ff.
[2] EIOPA-BoS-14/166.
[3] Vgl. Sichtweise von IFRS in Abs. 2.18 ED/2015/3.
[4] *Grabs* S. 28 ff.

Ergebnissen anzuwenden. Zum anderen sind gemäß § 79 VAG angemessene, vollständige und exakte Daten zu nutzen, die im Fall von externen Daten aus verlässlicher Quelle stammen müssen.

10 Eine **objektive Art und Weise** der Bewertung ist insbesondere aufgrund der verwaltungsrechtlichen Pflicht zur Objektivität relevant. Eine objektive Bewertung ist dann gegeben, wenn die Bewertung unabhängig von subjektiven Einschätzungen erfolgt.[5] Dies haben die Versicherungsunternehmen unter anderem durch die Interne Revision und die Versicherungsmathematische Funktion sicherzustellen.[6] Eine geringe Objektivität bei der Wahl der Bewertungsmethode oder der Annahmen hätte unter anderem auch eine geringere Verlässlichkeit der Ergebnisse zur Folge.

11 **b) Verhältnismäßigkeit.** Versicherungsunternehmen haben zur Berechnung der versicherungstechnischen Rückstellungen eine **angemessene Methode** auszuwählen.[7] Für die Auswahl einer solchen Methode ist zum einen die Art, der Umfang und die Komplexität der den Versicherungsverpflichtungen zugrunde liegenden Risiken zu prüfen,[8] zum anderen ist der mögliche Fehler aufgrund der Anwendung der Methode qualitativ oder quantitativ zu bewerten. Dieser Fehler beschreibt die Abweichung zwischen den grundlegenden Methodenannahmen im Verhältnis zu Risiken und den Ergebnissen der Prüfung der Risiken.[9]

12 Führt der vorgenannte **Fehler** dazu, dass die versicherungstechnischen Rückstellungen nicht korrekt abgebildet werden, sodass die Adressaten der Information über den Wert der versicherungstechnischen Rückstellungen in ihren Einschätzungen beeinflusst werden könnten, so gilt die Methode in Hinblick auf Art, Umfang und Komplexität der Risiken grundsätzlich als nicht angemessen.[10] Gibt es allerdings keine alternative Methode, die zu einem geringeren Fehler führt, so darf die Methode verwendet werden, solange voraussichtlich kein zu niedriger Wert der versicherungstechnischen Rückstellungen ermittelt wird.[11] Darüber hinaus darf die Methode ebenfalls verwendet werden, wenn der ermittelte Wert der versicherungstechnischen Rückstellungen höher ist als der, der sich mittels einer anderen angemessenen Methode ergeben würde und wenn die Methode dazu führt, dass das inhärente Risiko der Versicherungsverpflichtungen, auf das die Methode angewendet wird, ausreichend hoch angesetzt wird.[12]

13 Für oben genannte Überprüfung der Art und Komplexität der den Versicherungsverpflichtungen zugrunde liegenden **Risiken**, sollen die Versicherungsunternehmen bestimmte Merkmale berücksichtigen. Hierzu gehören insbesondere der Grad der Homogenität der Risiken, die Vielfalt der verschiedenen Teilrisiken oder Risikokomponenten aus denen das Risiko besteht, die Art der Wechselbeziehungen zwischen diesen Teilrisiken, der Grad der Unsicherheit (d. h. inwieweit künftige Zahlungsströme abgeschätzt werden können), die Art des Eintritts oder Vorkommens des Risikos in Bezug auf Häufigkeit und Schwere, die Art der Entwicklung der Schadenzahlungen im Zeitverlauf, das Ausmaß der potenziellen Verluste (auch am Rand der Schadenverteilung), die Art der Geschäftstätigkeit aus der die Risiken stammen (d. h. Direktgeschäft oder Rückversicherungsgeschäft), der Grad der Abhängigkeit zwischen Risikoarten (auch am Rand der Risikoverteilung) sowie gegebenenfalls eingesetzte risikomindernde Instrumente und ihre Auswirkung auf das zugrunde liegende Risikoprofil.[13]

14 Eine Beurteilung des Modellfehlers kann mittels **Sensitivitätsanalyse** im Rahmen des angewandten Modells, Vergleich mit den Ergebnissen anderer Methoden, deskriptiver Statistik, Backtesting oder Stresstest-Szenario erfolgen.[14]

15 Die **Versicherungsmathematische Funktion** hat bezüglich der Berechnung der versicherungstechnischen Rückstellungen, wie in § 31 Abs. 1 Nr. 2 VAG dargestellt, die Angemessenheit der verwendeten Methoden sicherzustellen.

16 Es ist zu berücksichtigen, dass der **Projektionszeitraum** und die Schätzung der Zeitpunkte der Zahlungsströme an die Versicherungsnehmer im Jahresverlauf angemessen sind. Bei der Beurteilung der Angemessenheit sollten Versicherungsunternehmen insbesondere den Grad der Homogenität der Zahlungsströme, den Grad der Unsicherheit und die Art der Zahlungsströme berücksichtigen.[15]

17 **c) Beurteilung der Verhältnismäßigkeit.** Versicherungsunternehmen haben starke Wechselbeziehungen („strong interrelation") zwischen Art, Umfang und Komplexität der Risiken zu analysieren und zu berücksichtigen, um die ihren Versicherungsverpflichtungen zugrunde liegenden **Risiken** insgesamt

[5] *Ramb*, Stichwort „Objektivität" in *Gabler,* Wirtschaftslexikon, abrufbar unter wirtschaftslexikon.gabler.de (abgerufen am 20.6.2016).
[6] Vgl. Art. 271, 272 Solva II-VO.
[7] Art. 56 Abs. 1 Solva II-VO; die Vorschrift des Art. 56 Solva II-VO konkretisiert den in § 296 VAG allgemein kodifizierten Grundsatz der Proportionalität bzw. Verhältnismäßigkeit für Zwecke der versicherungstechnischen Rückstellungen.
[8] Art. 56 Abs. 2 lit. a Solva II-VO.
[9] Art. 56 Abs. 2 lit. b Solva II-VO.
[10] Art. 56 Abs. 4 Solva II-VO.
[11] Art. 56 Abs. 4 lit. a Solva II-VO.
[12] Art. 56 Abs. 4 lit. b Solva II-VO.
[13] LL 45 Rn. 1.84. EIOPA-BoS-14/166.
[14] LL 48 Rn. 2.88. EIOPA Explanatory Text BoS-14/166.
[15] LL 82 Rn. 1.140. EIOPA-BoS-14/166.

beurteilen zu können.[16] Die Versicherungsmathematische Funktion muss erläutern können, aus welchem Grund eine bestimmte Methode für die Berechnung der versicherungstechnischen Rückstellungen gewählt wurde.[17]

Versicherungsunternehmen sollten geeignete Kriterien erarbeiten, um ggf. bestehende komplexe **Risikostrukturen** zu identifizieren.[18] Grundsätzlich sind künftige Zahlungsströme der Versicherungsverpflichtungen umso schwieriger zu modellieren, je komplexer das Risiko ist.[19] 18

Zudem müssen Versicherungsunternehmen eine Beurteilung des Umfangs der Risiken vornehmen.[20] Diese sollte zu einem objektiven und verlässlichen Ergebnis führen.[21] Hilfreich bei der Beurteilung des Umfangs der Risiken ist ein vom Unternehmen festzulegender Bezugs- bzw. Referenzwert, der die unternehmensindividuellen Gegebenheiten und das unternehmensspezifische Risikoprofil angemessen abbildet. Durch die Festlegung eines solchen Referenzwertes gelangt das Unternehmen zu einer relativen (nicht absoluten) **Quantifizierung der Risiken**. Zweckdienlich hierfür ist die Kategorisierung der Risiken im Verhältnis zu dem eingerichteten Referenzwert auf einer Skala (von klein bis groß).[22] 19

Für die Berechnung der versicherungstechnischen Rückstellungen ist es erforderlich eine **Wesentlichkeitsgrenze** festzulegen. Die für die Beurteilung der Wesentlichkeit am besten geeignete Ebene (beispielsweise einzelne homogene Risikogruppen, einzelne Geschäftszweige oder die Geschäftstätigkeit des Versicherungsunternehmens insgesamt) muss vom Versicherungsunternehmen festgelegt werden.[23] Es darf hierbei nicht außer Acht gelassen werden, dass Risiken, die im Ganzen betrachtet nicht zu wesentlichen Effekten führen, im einzelnen Segment dennoch materielle Auswirkungen haben können. Außerdem sollte die Analyse zusätzlich zu den versicherungstechnischen Rückstellungen auch die Eigenmittel umfassen.[24] 20

Unter Umständen ist es für das Versicherungsunternehmen nicht zu vermeiden, eine Bewertungsmethode zu wählen, die zu einem **wesentlichen Fehler** führt. In diesem Fall hat das Versicherungsunternehmen diese Fehler zu dokumentieren und eingehend hinsichtlich deren Effekte auf die Berechnung der versicherungstechnischen Rückstellungen, der Solvabilitätskapitalanforderungen und der Risikomarge zu überprüfen.[25] Dies ist nicht zuletzt deshalb erforderlich, um einschätzen zu können, ob bzw. inwieweit die Bewertungsmethode demnach auf Basis von Art. 56 Abs. 4 lit. a oder b angewendet werden darf.[26] 21

d) Unterjährige Berechnung. Versicherungsunternehmen ist es erlaubt, bei unterjährigen Berechnungen der versicherungstechnischen Rückstellungen **vereinfachte Methoden** zu verwenden, wenn diese der Beurteilung der Angemessenheit genügen.[27] Bei vierteljährlichen Berechnungen kann es unterjährig zu Problemen bezüglich der Datenbasis beziehungsweise der Datenbereitstellung kommen, so dass Approximationen erforderlich sind. Weiterhin sind gegebenenfalls Näherungslösungen notwendig, wenn sehr aufwendige Berechnungen nur am Jahresende durchgeführt werden können. Zudem kann es angemessen sein, die zum Jahresbeginn ermittelte Risikomarge unterjährig fortzuschreiben.[28] 22

e) Datenqualität. Die in die Berechnung der versicherungstechnischen Rückstellungen einfließenden Daten sollen **vollständig und angemessen** sein. Die Versicherungsunternehmen haben zum einen zu gewährleisten, dass der Betrachtungszeitraum ausreichend lang und realistisch ist[29] und zum anderen, dass Einheitlichkeit bei der Verwendung der Daten für unterschiedliche Zeiträume einheitlich verwendet werden.[30] Adjustierungen der historischen Daten können erforderlich sein, um die Datenqualität zu erhöhen und so die Schätzungen zu verbessern.[31] Beispielhaft wäre dies der Fall, wenn zukünftig erwartete Trends zu berücksichtigen sind, wenn sich das Risiko verändert hat oder wenn es Veränderungen in den Rückversicherungsverträgen gibt.[32] Bei unerwarteten Datenverläufen sind der Ursprung und der hieraus resultierende Effekt zu ermitteln. Für eine verbesserte Glaubwürdigkeit der Daten ist zu analysieren, ob eine entsprechende Gewichtung zu erfolgen hat oder ob der ursächliche Fall aus der 23

---

[16] LL 44 Rn. 1.82. EIOPA-BoS-14/166.
[17] LL 44 Rn. 1.83. EIOPA-BoS-14/166.
[18] LL 46 Rn. 1.85. EIOPA-BoS-14/166; hier werden auch konkrete qualitative Kriterien genannt.
[19] LL 46 Rn. 2.80. EIOPA Explanatory Text BoS-14/166.
[20] LL 47 EIOPA-LL BoS-14/166.
[21] LL 47 Rn. 1.86. EIOPA-BoS-14/166.
[22] LL 47 Rn. 1.87. EIOPA-LL BoS-14/166.
[23] LL 48 Rn. 1.88. EIOPA-LL BoS-14/166.
[24] LL 48 Rn. 1.89. und 1.90. EIOPA-LL BoS-14/166.
[25] LL 49 Rn. 1.91. EIOPA-LL BoS-14/166.
[26] Siehe hierzu Rn. 12.
[27] LL 50 Rn. 1.92. EIOPA-LL BoS-14/166.
[28] Vgl. Kommentierung zu § 78 VAG.
[29] LL 1 Rn. 1.15. EIOPA-LL BoS-14/166.
[30] LL 2 Rn. 1.18. EIOPA-LL BoS-14/166.
[31] LL 2 Rn. 1.19. EIOPA-LL BoS-14/166.
[32] LL 2 Rn. 2.7. EIOPA Explanatory Text BoS-14/166.

Betrachtung herausgenommen werden sollte.[33] Der Begriff der Datenqualität wird in § 79 VAG weiter vertieft.[34]

24 **f) Vereinfachte Berechnung.** Unbeschadet der Verwendung einer angemessenen Methode, können Versicherungsunternehmen gegebenenfalls vereinfachte Berechnungen durchführen.[35] Dies ist in den folgenden Fällen – und nur in diesen – zulässig:

(1) Eine vereinfachte Berechnung der aus Rückversicherungsverträgen und von Zweckgesellschaften einforderbaren Beträge ist gemäß Art. 57 Solva II-VO möglich.[36]

(2) Es ist zulässig zur Berechnung der Risikomarge vereinfachte Methoden anzuwenden[37] sowie bei unterjährigen Berechnungen die Risikomarge von vorangegangenen Ergebnissen abzuleiten.[38]

(3) Eine vereinfachte Berechnung des besten Schätzwerts für Versicherungsverpflichtungen mit Prämienanpassungsmechanismus wird in Art. 60 Solva II-VO behandelt. Eine vereinfachte Berechnung der Gegenparteiausfallberichtigung hat entsprechend Art. 61 Solva II-VO zu erfolgen.

25 **2. Wert der versicherungstechnischen Rückstellungen.** Gemäß § 75 Abs. 2 VAG entspricht der Wert der versicherungstechnischen Rückstellungen dem aktuellen Betrag, den Versicherungsunternehmen zu zahlen hätten, wenn sie ihre Versicherungsverpflichtungen unverzüglich auf ein anderes Versicherungsunternehmen (**Referenzunternehmen**) übertragen würden. Dies entspricht dem Betrag, den das Referenzunternehmen benötigen bzw. fordern würde, um die übernommenen Versicherungsverpflichtungen zu erfüllen.[39] Insgesamt spiegeln die versicherungstechnischen Rückstellungen somit den aktuellen Verkaufswert der Versicherungsverpflichtungen wider.

26 Um innerhalb der EU ein einheitliches Vorgehen zu gewährleisten, sind die Annahmen bezüglich des Referenzunternehmes **harmonisiert** worden.[40] Dies ist insbesondere bei der Berechnung der Risikomarge relevant, für deren Berechnung in Art. 38 Solva II-VO Annahmen zum Referenzunternehmen sowie in Art. 39 Solva II-VO ein Kapitalkostensatz von 6 % festgelegt werden.

27 Um den „**aktuellen Betrag**" der versicherungstechnischen Rückstellungen zu erhalten, sind nur die Versicherungsverpflichtungen anzusetzen, die innerhalb der in Art. 18 Solva II-VO definierten **Vertragsgrenzen** liegen. Außerdem sind Versicherungsverpflichtungen ab dem früheren der beiden folgenden Zeitpunkt in der Bewertung **anzusetzen**: zu dem Zeitpunkt, zu dem das Versicherungsunternehmen den Vertrag abschließt bzw. zu dem Zeitpunkt, zu dem der Versicherungsschutz beginnt.[41] Daher sind – im Unterschied zu den Regelungen nach HGB sowe IFRS[42] – Versicherungsverpflichtungen mit Vertragsabschluss vor dem Bilanzstichtag und Beginn des Versicherungsschutzes nach dem Bilanzstichtag in den in der Solvabilitätsübersicht zum Stichtag ausgewiesenen versicherungstechnischen Rückstellungen zu berücksichtigen.

28 **3. Segmentierung.** Gemäß § 75 Abs. 3 VAG haben die Versicherungsunternehmen bei der Berechnung der versicherungstechnischen Rückstellungen die Versicherungsverpflichtungen in **homogene Risikogruppen**, das heißt mindestens nach Geschäftsbereichen zu segmentieren. Ziel der Segmentierung ist in erster Linie eine Systematisierung und Differenzierung der Bewertung und der anzuwendenden Vorschriften. In der Solva II-VO werden diesbezüglich folgende Geschäftsbereiche definiert:[43]

29 A. Nichtlebensversicherungsverpflichtungen

1. Krankheitskostenversicherung
2. Berufsunfähigkeitsversicherung
3. Arbeitsunfallversicherung
4. Kraftfahrzeughaftpflichtversicherung
5. Sonstige Kraftfahrtversicherung
6. See-, Luftfahrt- und Transportversicherung
7. Feuer- und andere Sachversicherungen
8. Allgemeine Haftpflichtversicherung
9. Kredit- und Kautionsversicherung
10. Rechtsschutzversicherung
11. Beistand
12. Verschiedene finanzielle Verluste

[33] LL 2 Rn. 2.8. EIOPA Explanatory Text BoS-14/166.
[34] Siehe Kommentierung zu § 79 VAG.
[35] Vgl. Art. 56 Solva II-VO i. V. m. Art. 57–60 Solva II-VO.
[36] Vgl. Kommentierung zu § 86 VAG.
[37] Art. 58 Solva II-VO.
[38] Art. 59 Solva II-VO; vgl. Kommentierung zu § 78 VAG.
[39] Erwägungsgrund 55 Solva II-RL.
[40] Erwägungsgrund 56 Solva II-RL.
[41] Art. 17 Solva II-VO.
[42] Zu einer ausführlicheren Gegenüberstellung der Bewertungsmethoden siehe auch Kommentierung zu § 74 Rn. 43.
[43] Anhang I Solva II-VO.

B. Proportionale Nichtlebensrückversicherungsverpflichtungen
  13.–24. Proportionale Rückversicherungsverpflichtungen, die sich auf die unter den entsprechenden Geschäftsbereichen 1 bis 12 erfassten Verpflichtungen beziehen
C. Nichtproportionale Nichtlebensrückversicherungsverpflichtungen
  25. Nichtproportionale Krankenrückversicherung
  26. Nichtproportionale Unfallrückversicherung
  27. Nichtproportionale See-, Luftfahrt- und Transportrückversicherung
  28. Nichtproportionale Sachrückversicherung
D. Lebensversicherungsverpflichtungen
  29. Krankenversicherung
  30. Versicherung mit Überschussbeteiligung
  31. Indexgebundene und fondsgebundene Versicherung
  32. Sonstige Lebensversicherung
  33. Renten aus Nichtlebensversicherungsverträgen und im Zusammenhang mit Krankenversicherungen
  34. Renten aus Nichtlebensversicherungsverträgen und im Zusammenhang mit anderen Versicherungsverpflichtungen (mit Ausnahme von Krankenversicherungsverpflichtungen)
E. Lebensrückversicherungsverpflichtungen
  35. Krankenrückversicherung
  36. Lebensrückversicherung

Diese Aufteilung beruht auf der Art der den Versicherungsverpflichtungen zugrundeliegenden Risiken. Krankenversicherungsverpflichtungen nach Art der Lebensversicherung werden dabei den Lebensversicherungsverpflichtungen und Krankenversicherungsverpflichtungen nach Art der Schadenversicherung den Nichtlebensversicherungsverpflichtungen zugeordnet. Für den Fall, dass ein Versicherungsvertrag mehrere Geschäftsbereiche abdeckt, sind die Versicherungsverpflichtungen soweit möglich zu **entbündeln.**[44] Falls nur eines der Risiken wesentlich ist, kann die Versicherungsverpflichtung auch ohne Entbündelung dem Geschäftsbereich des maßgeblichen Risikos zugeordnet werden.[45] Falls sich das Portfolio an Versicherungsverpflichtungen oder das zugrundeliegende Risiko im Zeitverlauf ändert, ist die Zuordnung zu den Risikogruppen entsprechend anzupassen.[46] **30**

Die oben angeführte Aufteilung nach den Geschäftsbereichen ist die Mindestdetailtiefe, mit der die Segmentierung der Versicherungsverpflichtungen zu erfolgen hat. Gemäß § 75 Abs. 3 VAG sollte die Segmentierung allerdings wenn möglich detaillierter, anhand der homogenen Risikogruppen, erfolgen. Im Lebensversicherungsbereich wäre es beispielsweise angemessen die Versicherungsverpflichtungen entsprechend der jeweiligen biometrischen Risiken (Sterblichkeit, Langlebigkeit, Invalidität und Morbidität) zu segmentieren.[47] Gegebenenfalls ist auch eine weitere Unterteilung nach den unterschiedlichen Finanzgarantien sinnvoll.[48] **31**

Da die Segmentierung in der Solva II-VO relativ allgemein definiert ist, wurden von der BaFin mehrere Auslegungsentscheidungen zu bestimmten Tarifen in Deutschland veröffentlicht. Zu Details, wie die Krankenversicherung in Deutschland den Geschäftsbereichen zuzuteilen ist, verweisen wir auf die BaFin-AE „Zuordnung von Produkten der Krankenversicherung zu den Geschäftsbereichen unter Solvency II".[49] **Berufsunfähigkeitsversicherungen** (inkl. Erwerbsunfähigkeits-, Arbeitsunfähigkeits- und Pflegerentenversicherungen) sind dem Geschäftsbereich 29 (Krankenversicherung) zuzuordnen. Falls es sich dabei um Zusatzversicherungen handelt, sind diese gegebenenfalls zu entbündeln.[50] Zusätzlich wurde zur Thematik der Entbündelung von der BaFin vorgegeben, wie die für Deutschland spezifische Unfallversicherung mit Prämienrückgewähr zu entbündeln ist.[51] Ebenfalls zu entbündeln sind fondsgebundene Lebens- bzw. Rentenversicherungen.[52] Detaillierte Hinweise dazu, wie das von deutschen Versicherern üblicherweise betriebene Versicherungsgeschäft für Zwecke der Berechnung der versicherungstechnischen Rückstellungen den in der Solva II-VO vorgesehenen Geschäftsbereichen zuzuordnen ist, hat der GDV herausgegeben.[53] **32**

Die in Anlage 1 zum VAG enthaltene Übersicht zur Einteilung der Risiken nach Sparten, mit der Anhang I der Solva II-RL in deutsches Recht übernommen wird, ähnelt der Aufteilung in Geschäftsbereiche in Anhang I der Solva II-VO, ist aber für andere Themen relevant wie z. B.:

---

[44] Art. 55 Abs. 6 Solva II-VO.
[45] LL 21 EIOPA-BoS-14/166.
[46] LL 19 EIOPA-BoS-14/166 und EIOPA Explanatory Text BoS-14/166.
[47] LL 17 EIOPA-BoS-14/166.
[48] LL 22 EIOPA Explanatory Text BoS-14/166.
[49] *BaFin,* Zuordnung von Produkten der Krankenversicherung zu den Geschäftsbereichen unter Solvency II, 2015.
[50] *BaFin,* Invaliditätsbegriff unter Solvency II sowie Zuordnung von Verpflichtungen aus Berufsunfähigkeitsversicherungen, 2015.
[51] *BaFin,* Behandlung der Unfallversicherung mit Prämienrückgewähr unter Solvency II, 2015.
[52] *GDV* Methoden zur Schätzung von Schaden- und Prämienrückstellung in der Kompositversicherung, S. 53.
[53] *GDV* Säule I-Anleitung für Einzelunternehmen, S. 59 ff., 251 ff., 267 ff. und 371 ff.

– Fragen der Zulassung,
– Festlegung von Untergrenzen für die Mindestsolvabilitätsanforderung,
– Themen im Zusammenhang mit grenzüberschreitendem Geschäft.

33 **4. Marktkonsistenz.** Gemäß § 75 Abs. 4 VAG sollen bei der Berechnung der versicherungstechnischen Rückstellungen die „von den Finanzmärkten bereitgestellten Informationen sowie allgemein verfügbare Daten über versicherungstechnische Risiken" genutzt werden, das heißt, die bei der Berechnung verwendeten Bewertungsparameter sollen konsistent zu den sich aus den Finanzmärkten ergebenden Informationen sein (Marktkonsistenz).

34 Von Finanzmärkten bereitgestellte, verlässliche Daten sind für eine Bewertung zum beizulegenden Zeitwert häufig angemessener als interne Daten, da sie über eine größere Datengrundlage verfügen. Sie stellen einen Konsens oder wenigstens einen Durchschnitt der Einschätzung einer Vielzahl von Marktteilnehmern dar. Daher wird zum Beispiel der Inflationsindex oft auf Grundlage von Marktdaten geschätzt.[54]

35 Analog zu internen Daten muss bei der Nutzung von **externen Marktdaten** die Exaktheit, Angemessenheit und Vollständigkeit nach § 79 VAG gewährleistet sein, weshalb zum Beispiel die Information verfügbar sein sollte, ob die Daten angepasst wurden, z. B. durch Interpolation oder Bereinigung. Außerdem hat das Versicherungsunternehmen sicherzustellen, dass die Daten aus verlässlicher Quelle stammen und durch Vergleich mit geeigneten anderen Industrie- oder Marktdaten zu gewährleisten, dass die Marktkonsistenz erfüllt ist.[55]

36 **5. Marktwert als Übertragungswert.** Wie unter Rn. 25 erläutert, entsprechen die versicherungstechnischen Rückstellungen dem Betrag, den ein Versicherungsunternehmen beim Übertragen seines gesamten Portefeuilles an Versicherungsverpflichtungen zu zahlen hätte. Gemäß § 75 Abs. 5 VAG müssen dabei die in § 74 Abs. 3 VAG genannten Grundsätze beachtet werden. Das heißt, es wird angenommen, dass die Übertragung des Portefeuilles zwischen „sachverständigen, vertragswilligen und voneinander unabhängigen Geschäftspartnern" erfolgt, wobei bei der Bestimmung des Marktwerts der Versicherungsverpflichtungen die Bonität des Versicherungsunternehmens nicht zu beachten ist. Diese Grundsätze dienen dazu, dass die versicherungstechnischen Rückstellungen den tatsächlichen Marktwert widerspiegeln und nicht durch Verhandlungen der (hypothetischen) Geschäftspartner oder andere Einflüsse wie die Bonität des Versicherungsunternehmens verfälscht werden. Insgesamt soll hierdurch eine Standardisierung der Gegenpartei erreicht werden.

37 **III. Verhältnis zu anderen Regelungen im VAG.** In folgenden Paragraphen wird allgemein auf die Vorschriften zu den versicherungstechnischen Rückstellungen in §§ 75 bis 85 und 87 f. VAG verwiesen:
– § 74 (Bewertung der Vermögenswerte und Verbindlichkeiten),
– § 86 (Einforderbare Beträge aus Rückversicherungsverträgen und gegenüber Zweckgesellschaften),
– § 88 (Befugnisse der Aufsichtsbehörde in Bezug auf versicherungstechnische Rückstellungen; Verordnungsermächtigung),
– § 133 (Unzureichende Höhe der versicherungstechnischen Rückstellungen).

38 Des Weiteren wird in § 211 VAG die Bewertung der versicherungstechnischen Rückstellungen nach § 75 VAG im Rahmen der Definition von „Kleinen Versicherungsunternehmen" verwendet.

Wert der versicherungstechnischen Rückstellungen

76

(1) [1] **Der Wert der versicherungstechnischen Rückstellungen entspricht der Summe aus**
1. dem nach § 77 berechneten besten Schätzwert und
2. der nach § 78 berechneten Risikomarge.

[2] **Der beste Schätzwert und die Risikomarge sind getrennt zu berechnen.**

(2) [1] **Können künftige Zahlungsströme in Verbindung mit Versicherungsverpflichtungen mit Finanzinstrumenten, für die ein verlässlicher Marktwert zu ermitteln ist, verlässlich nachgebildet werden, so wird der Wert der mit diesen künftigen Zahlungsströmen verbundenen versicherungstechnischen Rückstellungen auf der Grundlage des Marktwerts dieser Finanzinstrumente bestimmt.** [2] **Absatz 1 Satz 2 gilt in diesem Fall nicht.**

1 **I. Allgemeines. 1. Entstehungsgeschichte.** § 76 VAG ist bei der Neufassung des VAG im Jahr 2015 durch das Gesetz zur Modernisierung der Finanzaufsicht über Versicherungen[1] vom 1.4.2015 in das VAG eingefügt worden.

---

[54] LL 15 EIOPA-BoS-14/166 und EIOPA Explanatory Text BoS-14/166.
[55] LL 16 EIOPA-BoS-14/166 und EIOPA Explanatory Text BoS-14/166.
[1] BGBl. 2015 I 434 ff.

2. Normzweck. § 76 VAG Abs. 1 normiert die Bestimmung der versicherungstechnischen Rückstellungen durch die Vorgabe einer getrennten Bewertung zweier separater Teile; § 76 Abs. 2 VAG bestimmt einen Sonderfall, in dem eine solche Aufteilung nicht erforderlich ist. Die getrennte Berechnung des besten Schätzwerts der Verpflichtung und Risikomarge stellt insofern die Standardregelung dar, von der gegebenenfalls abgewichen werden kann beziehungsweise abzuweichen ist. 2

3. Europarechtlicher Hintergrund. § 76 VAG setzt Art. 77 Abs. 1 und 4 Solva II-RL um.[2] Inhaltlich gibt es keine Unterschiede zur deutschen Fassung der RL, auch wenn der Wortlaut redaktionell überarbeitet wurde. 3

Art. 86 Abs. 1 lit. c Solva II-VO ermächtigt die EU-Kommission zum Erlass delegierter Rechtsakte, die die Umstände festlegen, unter denen die versicherungstechnischen Rückstellungen als ein Ganzes zu berechnen sind sowie die dazu zu verwendeten Methoden. Die EU-Kommission hat mit Art. 40 Solva II-VO von ihrem Recht Gebrauch gemacht. 4

Auf der dritten Ebene sind schließlich EIOPA-Leitlinien zur Bewertung von versicherungstechnischen Rückstellungen,[3] sowie – im Fall von Auslegungsbedarf – die zugehörigen Erläuterungen[4] relevant. Insbesondere ist hier der Abschnitt 4 zu den Methoden für die Berechnung der versicherungstechnischen Rückstellungen zu nennen.[5]

II. Berechnungsmethodik. 1. Einführung. Die Bewertung der versicherungstechnischen Rückstellungen steht in dem Spannungsfeld zwischen der Notwendigkeit prinzipienorientierter Vorgaben im Hinblick auf die Vielfalt und Komplexität des Versicherungsgeschäfts und der Notwendigkeit für ein ordnungsgemäßes Verwaltungshandeln. Dies bedeutet insbesondere im Sinne der Gleichbehandlung, enge Grenzen der subjektiven Ausgestaltung durch die Unternehmen zu setzen. Die Aufteilung der Bewertung in einen mehr neutral-statistischen Teil, den besten Schätzwert der Verpflichtung, und einen wertenden Teil, die Risikomarge, dient der Nachvollziehbarkeit der Vorgehensweise bei der Berechnung der versicherungstechnischen Rückstellungen, ohne schon die Prinzipienorientierung einzuschränken. Grundsätzlich ist aber nach § 76 Abs. 2 VAG vor der Durchführung einer mathematisch-statistischen Schätzung der versicherungstechnischen Rückstellung auf der Basis von Teilbeträgen nach der in § 76 Abs. 1 VAG bestimmten Methode zu prüfen, ob nicht der Wert der versicherungstechnischen Rückstellung unmittelbar **als Ganzes** in Märkten festgestellt werden kann. Für diese Bestimmung als Ganzes enthält die Solva II-VO strenge Bedingungen. 5

2. Berechnung der versicherungstechnischen Rückstellung als Ganzes (Abs. 2). Grundsätzlich sind der beste Schätzwert und die Risikomarge getrennt voneinander zu berechnen.[6] Von dieser Regelung wird abgewichen, wenn sich die zukünftigen Zahlungsströme der Versicherungsverpflichtungen mittels **Finanzinstrumenten** verlässlich nachbilden lassen. Die Nachbildung von Zahlungsströmen durch Finanzinstrumente wird technisch auch als Replizieren bezeichnet. Für diese Finanzinstrumente muss ein verlässlicher Marktwert bestimmbar sein. Ist dies der Fall, so ist gemäß § 76 Abs. 2 VAG der Wert der mit den zukünftigen Zahlungsströmen verbundenen versicherungstechnischen Rückstellungen auf Basis des Marktwerts dieser Finanzinstrumente zu ermitteln. Eine getrennte Bewertung des besten Schätzwertes und der Risikomarge entfällt dann. Hierbei werden Finanzinstrumente so ausgewählt bzw. zusammengestellt, dass deren Zahlungsströme den nachzubildenden Zahlungsströmen im Zusammenhang mit den versicherungstechnischen Verpflichtungen möglichst umfassend entsprechen. 6

Die Nachbildung von zukünftigen Zahlungsströmen wird als **verlässlich** erachtet, wenn die Zahlungsströme für alle möglichen Ereignisse bezüglich Höhe und Zeitpunkt der ihnen zugrunde liegenden Risiken von dem oder den betreffenden Finanzinstrument(en) nachgebildet werden.[7] Es genügt insbesondere nicht, dass der Betrag der Zahlungsströme der Finanzinstrumente unter Berücksichtigung der Unsicherheit demselben erwarteten Betrag der Zahlungsströme aus Versicherungsverpflichtungen entspricht. Vielmehr sollte auch dasselbe Variabilitätsmuster vorliegen.[8] 7

Nicht verlässlich nachbilden lassen sich vor allem solche Zahlungsströme in Verbindung mit Versicherungsverpflichtungen, die spezifisch für eine der beiden Parteien sind. Das betrifft Versicherungsverpflichtungen im Zusammenhang mit **Versicherungsfällen**, aber auch solche aus **Gestaltungsrechten** des Versicherungsunternehmens oder des Versicherungsnehmers, einschließlich Kündigungs- und insbesondere Rückkaufsmöglichkeiten[9] und solche, die auf unterschiedliche Art und Weise an Sterblich-

[2] Vgl. Begr. VAG-RegE 2014 BT-Drs. 18/2956, 258.
[3] EIOPA-BoS-14/166.
[4] EIOPA Explanatory Text BoS-14/166.
[5] Dieser umfasst die LL 44–82 der EIOPA-LL zur Bewertung von versicherungstechnischen Rückstellungen, siehe EIOPA-BoS-14/166 Rn. 1.82–1.140.
[6] Art. 77 Abs. 4 Solva II-RL, § 76 Abs. 1 VAG.
[7] Art. 40 Abs. 2 Solva II-VO.
[8] LL 64 Rn. 1.117. EIOPA-LL BoS-14/166.
[9] Art. 40 Abs. 2 lit. a Solva II-VO.

keits-, Invaliditäts-, Krankheits- und Morbiditätsraten gebunden sind.[10] Ferner lassen sich alle bei der Erfüllung der Versicherungsverpflichtungen zukünftig auftretenden **Verwaltungsaufwendungen** nicht verlässlich nachbilden.[11]

8 Grundsätzlich sind Zahlungsströme aus Versicherungsverpflichtungen **nicht** als **verlässlich** nachgebildet anzusehen, wenn deren Eigenschaften zum einen (teilweise) von Risiken abhängen, die so nicht in aktiv am Markt handelbaren Finanzinstrumenten wiederzufinden sind und zum anderen (teilweise) von der Entwicklung externer Faktoren abhängen, für die es keine Finanzinstrumente gibt, für die ein verlässlicher Marktwert bestimmbar ist. Mit Eigenschaften ist an dieser Stelle beispielsweise der erwartete Wert oder die Volatilität eines Zahlungsstromes gemeint.[12]

Sind Eigenschaften des zukünftigen Zahlungsstromes (teilweise) von der Entwicklung unternehmensindividueller Faktoren (wie zum Beispiel Verwaltungs- oder Abschlussaufwendungen) geprägt, sind hierfür keine öffentlichen Handels- und Preisinformationen verfügbar.[13]

Für Finanzinstrumente ist ein verlässlicher Marktwert bestimmbar, wenn sie an einem aktiven, tiefen, liquiden und transparenten Markt gehandelt werden. Art. 10 Abs. 4 Solva II-VO legt Bedingungen fest, die für einen **aktiven Markt** gelten müssen.[14]

Im Fall des § 76 Abs. 2 VAG ermittelt das Unternehmen den Wert der versicherungstechnischen Rückstellungen nach Art. 40 Abs. 4 Solva II-VO mithilfe des Marktpreises der Finanzinstrumente, die bei der Nachbildung der künftigen Zahlungsströme als Grundlage dienten.[15]

9 Für die gängigen Produkte der deutschen Versicherungswirtschaft ergibt sich dieser Sonderfall nicht, weil das verlässliche Nachbilden von zukünftigen Zahlungsströmen i. S. v. Art. 40 Abs. 2 Solva II-VO regelmäßig nicht möglich sein wird. Versicherungsunternehmen haben keinen detaillierten Nachweis hierüber zu erbringen. Liegt der Sonderfall aber vor, so hat das Unternehmen zu dokumentieren, dass die Voraussetzungen erfüllt sind.

10 Besteht die Möglichkeit einer Nachbildung nach § 76 Abs. 2 VAG nur für einen Teil der Verpflichtungen, hat eine **Entflechtung** der Verpflichtungen zu erfolgen, sofern dies möglich ist. Nach der Entflechtung muss das Versicherungsunternehmen auf den betreffenden Teil § 76 Abs. 2 VAG anwenden. Für den verbleibenden Teil der Verpflichtungen bestimmt sich der beste Schätzwert nach § 76 Abs. 1 VAG. Ist eine Entflechtung nicht möglich, hat eine getrennte Berechnung des besten Schätzwerts und der Risikomarge für den gesamten Vertrag zu erfolgen.[16]

11 **3. Methoden für die Berechnung versicherungstechnischer Rückstellungen.** In den Fällen, in denen § 76 Abs. 2 VAG nicht anwendbar ist, ist die versicherungstechnische Rückstellung mit der in Abs. 1 vorgegebenen Methode zu bestimmen. Die Details der Bestimmung von bestem Schätzwert der Verpflichtung und der Risikomarge sind in den nachfolgenden Paragraphen und den einschlägigen Verordnungen geregelt.

12 **III. Verhältnis zu anderen Regelungen des VAG.** Aufgrund der unmittelbaren Bezugnahme auf die Vorschriften zur Berechnung des besten Schätzwertes nach § 77 VAG und der Risikomarge nach § 78 VAG besteht eine direkte Verbindung des § 76 VAG zu diesen beiden Paragraphen. Darüber hinaus besteht auch zu den anderen Vorschriften zur Berechnung der versicherungstechnischen Rückstellungen in den §§ 74–87 VAG eine Verbindung.

Bester Schätzwert

77 (1) **Der beste Schätzwert entspricht dem wahrscheinlichkeitsgewichteten Durchschnitt künftiger Zahlungsströme unter Berücksichtigung des Zeitwerts des Geldes (erwarteter Barwert künftiger Zahlungsströme) und unter Verwendung der maßgeblichen risikofreien Zinskurve.**

(2) [1] **Die Berechnung des besten Schätzwerts hat auf der Grundlage aktueller und glaubhafter Informationen sowie realistischer Annahmen zu erfolgen.** [2] **Sie stützt sich auf geeignete, passende und angemessene versicherungsmathematische und statistische Methoden.**

(3) **Bei der Projektion der künftigen Zahlungsströme werden alle ein- und ausgehenden Zahlungsströme berücksichtigt, die zur Abrechnung der Versicherungsverbindlichkeiten während ihrer Laufzeit benötigt werden.**

[10] Art. 40 Abs. 2 lit. b Solva II-VO.
[11] Art. 40 Abs. 2 lit. c Solva II-VO.
[12] LL 65 Rn. 1.118. lit. a und c EIOPA-LL BoS-14/166.
[13] LL 65 Rn. 1.118. lit. b EIOPA-LL BoS-14/166.
[14] Vgl. Art. 40 Abs. 3 Solva II-VO.
[15] Vgl. Art. 40 Abs. 4 Solva II-VO.
[16] LL 67 Rn. 1.121. EIOPA-BoS-14/166.

(4) [1]**Der beste Schätzwert wird ohne Abzug der aus Rückversicherungsverträgen und von Zweckgesellschaften einforderbaren Beträge berechnet.** [2]**Diese Beträge werden nach § 86 gesondert berechnet.**

(5) **Bei Währungen und Binnenmärkten, für die die in Artikel 77e Absatz 1 Buchstabe c der Richtlinie 2009/138/EG genannte Anpassung nicht in den Durchführungsrechtsakten nach Artikel 77e Absatz 2 der Richtlinie 2009/138/EG enthalten ist, wird zur Berechnung des besten Schätzwerts keine Volatilitätsanpassung auf die maßgebliche risikofreie Zinskurve angewandt.**

Übersicht

Schrifttum: *DAV*, Beispielhafte Kalibrierung und Validierung des ESG im BSM zum 31.12.2015, 2016; *DAV*, Zwischenbericht zur Kalibrierung und Validierung spezieller ESG unter Solvency II, 2015; *GDV*, Fachkonzept Branchensimulationsmodell, 2015; *GDV*, Methoden zur Schätzung von Schaden- und Prämienrückstellungen in der Kompositversicherung, 2001; *GDV*, Säule I-Anleitung für Einzelunternehmen, 2015.

I. Allgemeines. 1. Entstehungsgeschichte. § 77 VAG ist bei der Neufassung des VAG im Jahr 2015 durch Art. 1 des Gesetzes zur Modernisierung der Finanzaufsicht über Versicherungen[1] vom 1.4.2015 in das VAG eingefügt worden. 1

2. Normzweck. § 77 VAG dient zum einen der Definition des besten Schätzwerts der Verpflichtungen, einem der beiden Bestandteile des (hypothetischen) Marktwertes der versicherungstechnischen Rückstellungen nach § 76 Abs. 1 VAG, und zum anderen dem Zweck, dessen Berechnungsweise zu spezifizieren. 2

Da die zur Bestimmung des besten Schätzwertes erforderlichen künftigen Zahlungsströme nur schwer zu schätzen sind, besteht der Zweck des § 77 VAG außerdem darin, die unvermeidliche Subjektivität bei der Bewertung zu begrenzen. Dazu gibt § 77 Abs. 2 VAG vor, dass die Versicherungsunternehmen aktuelle und glaubhafte Informationen sowie realistische Annahmen und geeignete, passende und angemessene versicherungsmathematische und statistische Methoden zu verwenden haben. Des Weiteren detailliert § 77 Abs. 3 VAG, welche Zahlungsströme im besten Schätzwert zu berücksichtigen sind, d. h. nur die ein- und ausgehenden Zahlungen, welche die Abrechnung der Versicherungsverbindlichkeiten betreffen. 3

§ 77 Abs. 4 VAG legt fest, dass der beste Schätzwert ohne Abzug der aus Rückversicherungsverträgen und von Zweckgesellschaften einforderbaren Beträge, d. h. brutto, zu bestimmen ist, während die Berechnung der Differenz zwischen Netto- und Brutto-Betrag gesondert in § 86 VAG geregelt wird. 4

§ 77 Abs. 5 VAG stellt klar, dass ausschließlich in Bezug auf solche Währungen und Binnenmärkte eine Volatilitätsanpassung der maßgeblichen risikofreien Zinskurve berücksichtigt werden darf, für die diese bzw. entsprechend angepasste Zinsstrukturen in Durchführungsverordnungen veröffentlicht wurden. 5

3. Europarechtlicher Hintergrund. § 77 Abs. 1–4 VAG setzt Art. 77 Abs. 2 Solva II-RL und § 77 Abs. 5 VAG setzt Art. 77e Abs. 3 UAbs. 2 Solva II-RL in nationales Recht um,[2] wobei der Wortlaut aufgrund der Übersetzung ins Deutsche teilweise leicht angepasst wurde. Inhaltlich ergeben sich durch die Anpassungen keine Auswirkungen. Ein relevanter Unterschied besteht darin, dass gemäß § 77 Abs. 2 VAG „geeignete, passende und angemessene" Methoden anzuwenden sind, während die Methoden 6

[1] BGBl. 2015 I 434 ff.
[2] Vgl. Begr. VAG-RegE 2014, BT-Drs. 18/2956, 258.

gemäß Art. 77 Abs. 2 UAbs. 2 Solva II-RL „angemessen, anwendbar und einschlägig" („adequate, applicable and relevant") sein sollen. Diese Adjektive lassen sich grundsätzlich unterschiedlich interpretieren: Da in der Solva II-VO diesbezüglich jedoch konkretere Vorgaben gemacht werden,[3] hat die Wortwahl keine Konsequenz für den Wert des besten Schätzwertes. Dennoch sollte man zum Verständnis der methodischen Anforderung neben dem VAG-Text auch den englischen Original-Wortlaut berücksichtigen.

7 Außerdem wurde in § 77 Abs. 4 VAG im Gegensatz zur Solva II-RL darauf verzichtet, zusätzlich anzugeben, dass der gemäß § 77 Abs. 4 VAG ermittelte Wert dem Brutto-Wert des besten Schätzwertes entspricht. Daraus ergeben sich deshalb keine inhaltlichen Implikationen, da in § 77 Abs. 4 VAG die Berechnungsweise des besten Schätzwertes angegeben ist.

8 In Art. 86 Abs. 1 lit. a Solva II-RL wird die EU-Kommission dazu ermächtigt, die in § 77 Abs. 2 VAG geforderten versicherungstechnischen und statistischen Methoden zur Berechnung des besten Schätzwertes festzulegen. Art. 86 Abs. 1 lit. b Solva II-RL enthält die entsprechende Ermächtigung an die EU-Kommission zur Festlegung von Methoden, Grundsätzen und Techniken zur Bestimmung der für die Berechnung des besten Schätzwertes maßgeblichen risikofreien Zinskurve i. S. d. § 77 Abs. 1 VAG. Die EU-Kommission hat mit Art. 27 bis 36 Solva II-VO sowie Art. 43 bis 48 Solva II-VO (zur maßgeblichen risikofreien Zinskurve) von der Ermächtigung Gebrauch gemacht. In den Art. 56 ff. Solva II-VO, in Bezug auf die Ermittlung des besten Schätzwertes insbesondere in Art. 60 Solva II-VO werden Regelungen zu zulässigen Vereinfachungen bzw. dazu getroffen, unter welchen Voraussetzungen eine Berechnungsmethode als angemessen aufgefasst werden darf.[4] Weitere Konkretisierungen zur Herleitung des besten Schätzwertes sind außerdem in den „EIOPA-LL zur Bewertung von versicherungstechnischen Rückstellungen"[5] enthalten.

II. Berechnung des besten Schätzwertes. 1. Definition bester Schätzwert. a) Allgemeines.

9 Gemäß § 77 Abs. 1 VAG entspricht der beste Schätzwert dem „**wahrscheinlichkeitsgewichteten Durchschnitt künftiger Zahlungsströme** unter Berücksichtigung des Zeitwerts des Geldes (erwarteter Barwert künftiger Zahlungsströme) und unter Verwendung der **maßgeblichen risikofreien Zinskurve**". Damit ist also eine Schätzung des Erwartungswertes aller zukünftigen ein- und ausgehenden Zahlungsströme, die zum Begleichen aller Versicherungsverpflichtungen notwendig sind, vorzunehmen. Der Verweis auf den Zeitwert des Geldes bedeutet, dass die Zahlungsströme entsprechend zu diskontieren und der Erwartungswert der Barwerte zu schätzen ist. Somit spiegelt der beste Schätzwert den statistischen Anteil am Marktwert der versicherungstechnischen Rückstellungen, also ohne Risikozuschlag, und auf Basis risikofreier Zinssätze wider.

10 Zur Ermittlung des besten Schätzwerts können beispielsweise **Simulationsverfahren**, **deterministische Methoden** oder **analytische Methoden** verwendet werden. Bei Lebensversicherungsverträgen mit Finanzgarantien sowie vertraglichen Optionen der Versicherungsnehmer oder der Versicherungsunternehmen (wie zum Beispiel Überschussbeteiligung) ist ein Simulationsverfahren eine geeignete Methode um die Zahlungsströme angemessen projizieren zu können.[6] Hierdurch können alle zukünftigen Einflüsse auf die Zahlungsströme – wie z. B. Versicherungsnehmerverhalten und Maßnahmen des Managements – anhand der verschiedenen **Szenarien** angemessen berücksichtigt werden. Auf dieser Basis wird der wahrscheinlichkeitsgewichtete Durchschnitt der sich aus den Szenarien ergebenden besten Schätzwerte bestimmt.

11 Falls die Zahlungen eines Versicherungsunternehmens in mehr als einer **Währung** erfolgen, wird für jede der Währungen ein separater Barwert der erwarteten zukünftigen Zahlungsströme bestimmt.[7]

12 Des Weiteren gilt bei der **unterjährigen Bestimmung** des besten Schätzwertes (zum Beispiel zu den Quartalen), dass der beste Schätzwert nicht exakt berechnet werden muss, sondern unter Berücksichtigung der neu angefallenen Zahlungsströme und Verpflichtungen auf Basis des zuletzt bestimmten besten Schätzwertes fortgeschrieben werden darf.[8]

13 Lassen sich die zukünftigen Zahlungsströme der Versicherungsverpflichtungen durch Finanzinstrumente darstellen, gilt außerdem, dass die versicherungstechnischen Rückstellungen nach Art. 77 Abs. 4 Solva II-RL in einem Schritt (ohne separate Berechnung des besten Schätzwertes und der Risikomarge) als **Marktwert dieser Finanzinstrumente** bestimmt werden.[9]

14 Bei Nichtlebensversicherungsverpflichtungen werden in Form der Prämien- und Schadenrückstellung zwei separate beste Schätzwerte hergeleitet. Hierbei beinhaltet die **Prämienrückstellung** die Zahlungsströme für künftige Schadenfälle und die **Schadenrückstellung** die Zahlungsströme für bereits eingetretene Schadenfälle.[10] In den versicherungstechnischen Rückstellungen werden alle eingegangenen

[3] Vgl. Rn 22.
[4] Siehe dazu ausführlicher Kommentierung zu § 75 VAG Rn. 11 ff.
[5] Siehe EIOPA-BoS-14/166.
[6] Erwägungsgrund 15 Solva II-VO.
[7] Art. 77 Abs. 2 Solva II-RL.
[8] LL 51 EIOPA-LL BoS-14/166.
[9] Vgl. § 76 VAG.
[10] Art. 36 Solva II-VO.

Versicherungsverpflichtungen berücksichtigt, unabhängig davon, ob der Versicherungsschutz bereits begonnen hat oder nicht.[11] Daher können die Prämienrückstellung und somit auch der Gesamtwert der versicherungstechnischen Rückstellungen (inkl. Risikomarge) gegebenenfalls einen negativen Wert annehmen. Analog kann sich auch bei Risikolebensversicherungen ein negativer bester Schätzwert ergeben.[12] In diesen Fällen ist in der Solvabilitätsübersicht unter den versicherungstechnischen Rückstellungen der negative Wert auszuweisen.[13]

b) Maßgebliche risikofreie Zinskurve. Da für alle Versicherungsunternehmen dieselben Vorgaben für die maßgebliche risikofreie Zinskurve gelten sollen, wird diese mindestens einmal pro Quartal von der EIOPA hergeleitet und veröffentlicht.[14] Dabei hat die EIOPA die sich aus den Rechtsgrundlagen aller Ebenen ergebenden Vorgaben zu beachten. 15

Die maßgebliche risikofreie Zinskurve ist gemäß Art. 43 Solva II-VO durch folgende Kriterien definiert: 16

(1) Ein Versicherungsunternehmen kann die Zinssätze in der Praxis ohne ein Risiko einzugehen (risikofrei) verdienen.

(2) Die Zinssätze können durch an einem „tiefen, liquiden und transparenten Finanzmarkt" gehandelten, Finanzinstrumente zuverlässig bestimmt werden (Art. 1 Abs. 32 Solva II-VO definiert hierzu, was unter einem „tiefen Finanzmarkt" zu verstehen ist).

Die risikolose Basiszinskurve ist für jede Währung und Laufzeit separat zu berechnen. In der Regel erfolgt die Bestimmung anhand der Zinsswaps der jeweiligen Währung. Das Kreditrisiko, welches in den **Zinsswapsätzen** enthalten ist, wird dabei eliminiert.[15] Liegen keine in Bezug auf Währung und Fälligkeit geeigneten Zinssätze für Zinsswaps vor, sind stattdessen Zinssätze von Staatsanleihen zugrunde zu legen, die ebenfalls um ihr Kreditrisiko zu korrigieren sind.[16] Zu beachten ist, dass – trotz der Regelungen der Solva II-VO sowie der technischen Dokumentation der EIOPA[17] zur Herleitung der Diskontierungszinssätze – die Unternehmen die zur Berechnung des besten Schätzwertes zu verwendenden Zinssätze nicht individuell bestimmen (dürfen): Aus Gründen der Vergleichbarkeit der besten Schätzwerte unterschiedlicher Unternehmen sind Zinssätze aus den von der EIOPA auf deren Websites veröffentlichten Zinsstrukturkurven zu verwenden, die monatlich aktualisiert werden und die die EU-Kommission jeweils nachgelagert in regelmäßigen Zeitabständen als Durchführungsverordnungen veröffentlicht. Dies gilt auch bei Anwendung einer Volatilitäts- oder einer Matchinganpassung[18] sowie in den Fällen, in denen Versicherungsunternehmen von der Übergangsmaßnahme bei risikofreien Zinsen (auch als Zins-„Transitional" bezeichnet) Gebrauch machen: EIOPA veröffentlicht hierzu jeweils modifizierte Zinsstrukturkurven bzw., für die Anwendung der Matching-Anpassung, Spreads, die für die Berechnung jeweils heranzuziehen sind. Hierin besteht ein wesentlicher Unterschied der Bewertung versicherungstechnischer Rückstellungen nach Solvency II im Vergleich zu dem für die Bewertung für Zwecke der Rechnungslegung nach IFRS zukünftig maßgeblichen IFRS 17, der eine unternehmensindividuelle Ermittlung der Diskontierungszinssätze erlaubt.[19] 17

c) Gruppenebene. Bei Berechnung auf Grundlage des konsolidierten Abschlusses gilt auf Gruppenebene die Annahme, dass die Summe der besten Schätzwerte der Soloebene ungefähr dem Betrag entspricht, der sich bei Berechnung auf Gruppenebene ergeben würde. Dabei wird die Summe aus den besten Schätzwerten der beteiligten Unternehmen in der Weise bestimmt, dass verbundene Unternehmen sowie Versicherungsunternehmen in Drittländern anteilig eingerechnet und gruppeninterne Transaktionen herausgerechnet werden.[20] 18

2. Annahmen und Methoden. a) Allgemeines. Da der Erwartungswert der zukünftigen Zahlungsströme unbekannt ist, muss er geschätzt werden. Die dabei verwendeten Annahmen und Methoden unterliegen einem gewissen Ermessensspielraum, der das Ergebnis des besten Schätzwertes maßgeblich beeinflussen kann. Daher sind diese Annahmen und Methoden gemäß § 31 Abs. 1 Nr. 4 VAG mit den Erfahrungswerten zu vergleichen. 19

Wie in § 75 Abs. 1 VAG definiert, muss die Berechnung der versicherungstechnischen Rückstellungen auf **„vorsichtige, verlässliche und objektive Art und Weise"** erfolgen. Daher sind gemäß § 77 Abs. 2 VAG bei der Berechnung des besten Schätzwerts „aktuelle und glaubhafte Informationen 20

---

[11] LL 72 EIOPA-LL BoS-14/166.
[12] *GDV* Säule I-Anleitung für Einzelunternehmen, S. 198.
[13] LL 75 EIOPA-LL BoS-14/166.
[14] Art. 77e Abs. 1 lit. a Solva II-RL.
[15] Vgl. Art. 44 Abs. 1 Solva II-VO.
[16] Vgl. Art. 44 Abs. 2 Solva II-VO; der Wortlaut der deutschen Übersetzung ist irreführend und entspricht inhaltlich nicht dem der englischen Fassung.
[17] Siehe EIOPA-BoS-15/35.
[18] Zur Matching-Anpassung siehe ausführlicher die Kommentierung zu den §§ 80, 81 VAG, zur Volatilitätsanpassung die Kommentierung zu § 82 VAG.
[19] Siehe EIOPA-BoS-15/035.
[20] Erwägungsgrund 129 und Art. 339 Solva II-VO.

sowie realistische Annahmen" zugrunde zu legen. Darüberhinaus sind „geeignete, passende und angemessene versicherungsmathematische und statistische Methoden" anzuwenden.

21 Eine **Information** gilt dann als **glaubhaft**, wenn das Versicherungsunternehmen nachweisen kann, dass die Information objektiv ist und aus zuverlässiger Quelle stammt. Zusätzlich müssen der Ursprung und die Verarbeitung der Informationen transparent sein.[21] Da eine Information wie in § 77 Abs. 2 VAG gefordert **aktuell** zu sein hat, hat das Versicherungsunternehmen zu prüfen, ob bei der Modellierung immer der aktuellste Stand aller Informationen zur Verfügung steht. Dies bezieht sich sowohl auf interne als auch auf externe Informationen. So haben gemäß Art. 23 Abs. 1 lit. b Solva II-VO beispielsweise die zukünftigen Managementmaßnahmen grundsätzlich immer auf der aktuellen Unternehmensstrategie zu basieren.[22]

22 Eine Methode ist dann als **geeignet, passend und angemessen** einzustufen, wenn die Vorgaben des angenommenen Art. 34 Solva II-VO erfüllt sind. Demnach müssen die verwendete Methode und deren Ergebnisse insofern transparent sein, dass sie durch einen fremden Dritten, der über die erforderlichen Fachkenntnisse verfügt, prüfbar sind. Zusätzlich sollen die Zahlungsströme durch die gewählte Berechnungsmethode so projiziert werden, dass sie die zugrunde liegenden Risiken widerspiegeln und alle relevanten Daten angemessen nutzen.[23]

23 Die Anforderung der **realistischen Annahmen** wird durch folgende Kriterien konkretisiert:[24]

(1) Die Annahmen müssen durch das Versicherungsunternehmen begründet und erläutert werden können. D. h. insbesondere, dass den Versicherungsunternehmen die Bedeutung und Unsicherheit der Annahmen sowie alternative Annahmen bekannt sind.
(2) Es muss eindeutig definierbar sein, in welchen Fällen die Annahmen jeweils als „nicht zutreffend" einzustufen sind.
(3) Die Annahmen beruhen nur auf den Merkmalen des Bestandes an Versicherungsverpflichtungen und nicht auf den Spezifika des Versicherungsunternehmens selbst.[25] Das heißt, dass unternehmensspezifische Informationen, wie zum Beispiel zur Schadenregulierung, nur dann genutzt werden sollten, wenn hierdurch die Merkmale des Bestandes besser widergespiegelt werden.
(3) Die Annahmen werden im Zeitverlauf und innerhalb der homogenen Risikogruppen[26] konsistent und ohne willkürliche Änderungen getroffen.
(4) Alle Unsicherheiten in den Zahlungsströmen werden durch die Annahmen widergespiegelt.

24 Um die Unsicherheiten der Zahlungsströme angemessen widerzuspiegeln, müssen bei der Projektion der Zahlungsströme alle **zukünftigen Entwicklungen** berücksichtigt werden, die die Zahlungsströme wesentlich beeinflussen können. Dazu gehören unter anderem demografische, rechtliche, medizinische, technologische, soziale, ökologische und wirtschaftliche Entwicklungen.[27] Um diese angemessen in den projizierten Zahlungsströmen darzustellen, haben die Versicherungsunternehmen zu analysieren, wie stark der beste Schätzwert von den jeweiligen Entwicklungen abhängt und inwieweit (rückblickend) die angenommene Entwicklung von der tatsächlichen abweicht.[28] Da zukünftige Entwicklungen unbekannt sind, sind u. a. für folgende **Ungewissheiten der Zahlungsströme** Annahmen zu treffen:[29]

(1) Zeitpunkt, Häufigkeit und Höhe der versicherten Leistungen,
(2) Schadenhöhe (inkl. Inflation und Bearbeitungszeit des Schadenfalls),
(3) Höhe der (durch die Bedienung der Versicherungsverpflichtungen anfallenden) Aufwendungen,
(4) Verhalten der Versicherungsnehmer,[30]
(5) Abhängigkeiten zwischen verschiedenen ungewissen Faktoren,
(6) Abhängigkeiten der Zahlungsströme von Ereignissen, die vor dem Zahlungsstrom eingetreten sind.

25 **b) Biometrische und ökonomische Annahmen.** In der Lebens- und Krankenversicherung spielen insbesondere die Annahmen bezüglich der biometrischen Risikofaktoren wie **Sterblichkeit, Langlebigkeit, Invalidität und Morbidität** eine Rolle. Die von der DAV bisher für handelsrechtliche Zwecke zur Verfügung gestellten Sterbetafeln können zur Bestimmung des besten Schätzwertes nicht verwendet werden, da diese anhand des Vorsichtsprinzips ermittelt wurden, während unter Solvabilität II keine Risikozu- bzw. -abschläge einzubeziehen sind.[31] Daher müssen die Versicherungsunternehmen

---

[21] Vgl. Art. 27 Solva II-VO.
[22] Etwas anderes gilt dann, wenn es hinreichende Anzeichen dafür gibt, dass ein Unternehmen seine Praktiken oder seine Strategie ändern wird. Dann müssen die angenommenen zukünftigen Maßnahmen mit den geänderten Praktiken und der geänderten Strategie in Einklang stehen: Vgl. Art. 23 Abs. 1 lit. b Solva II-VO.
[23] Art. 34 Abs. 1 und 2 Solva II-VO.
[24] Art. 22 Abs. 1 Solva II-VO.
[25] Vgl. bspw. § 74 Abs. 3 VAG.
[26] Vgl. § 75 Abs. 3 VAG.
[27] Art. 29 S. 2 Solva II-VO.
[28] Art. 34 Abs. 4 Solva II-VO.
[29] Art. 30 Solva II-VO.
[30] Vgl. dazu auch § 85 VAG.
[31] Vgl. § 75 VAG.

die biometrischen Risikofaktoren selbst herleiten. Dies kann abhängig von der Zusammensetzung des Versicherungsbestandes mittels eines deterministischen oder eines stochastischen Ansatzes erfolgen.[32] Analog zu den biometrischen Annahmen gilt auch für Stornoannahmen, dass nur Annahmen zweiter Ordnung, also Annahmen ohne Risikozuschlag, unter Solvabilität II anzusetzen sind. Bei kleinen Versicherungsunternehmen, die nur wenige Daten zur Verfügung haben, kann die Herleitung der Annahmen zweiter Ordnung problematisch sein, da die Ergebnisse nicht zuverlässig sind. In diesem Fall können externe Daten verwendet werden, wobei die Grundsätze zur Datenqualität nach § 79 VAG sowie Art. 19 Solva II-VO zu berücksichtigen sind. Werden externe Daten verwendet, sind diese daraufhin zu überprüfen, ob sie die Verhältnisse des jeweiligen Versicherungsbestandes geeignet abbilden – ggf. sind die externen Daten geeignet anzupassen, um den Anforderungen des § 77 Abs. 2 VAG zu genügen.

In der Lebensversicherungsbranche wird zur Herleitung der ökonomischen Szenarien in der Regel ein vom GDV zur Verfügung gestellter **ökonomischer Szenariogenerator** verwendet, um risikoneutrale, marktkonsistente Szenarien der maßgeblichen risikofreien Zinskurve zu generieren.[33] Hierzu veröffentlicht die DAV als Orientierung seit Januar 2016 alle drei Monate eine Beispielkalibrierung, welche durch die Versicherungsunternehmen anhand der Spezifika ihrer Bestände an Versicherungsverpflichtungen anzupassen ist.[34] Dabei ist zu beachten, dass sich insbesondere die Wahl des Startwertes („seeds") und die Anzahl der gewählten Pfade signifikant auf die Höhe des besten Schätzwertes auswirken.[35] Da der beste Schätzwert maßgeblich von der Wahl der Szenarien abhängt, sind die gewählten Szenarien daraufhin zu überprüfen, ob die nach Art. 22 Abs. 3 Solva II-VO geforderten Punkte nachgewiesen werden: 26

(1) Die durch die Szenarien bestimmten Aktienpreise bilden die am Finanzmarkt tatsächliche beobachteten Aktienpreise nach
(2) Arbitragefreiheit (zum Beispiel anhand des Martingaltests)
(3) Die Kalibrierung der Parameter ist konsistent zu der jeweils maßgeblichen risikofreien Zinskurve.[36]

Zusätzlich sind die Vorgaben aus den „LL zur Bewertung von versicherungstechnischen Rückstellungen" zur Anwendung ökonomischer Szenariogeneratoren zu beachten.[37]

c) Künftige Managementmaßnahmen. Bei der Projektion der Zahlungsströme müssen insbesondere auch Annahmen getroffen werden, welche **Maßnahmen das Management** zukünftig ergreifen wird. Dies beinhaltet zum Beispiel die Maßnahmen zur zukünftigen Überschussbeteiligung (Zuführungen zur Rückstellung für Beitragsrückerstattung nach § 139 Abs. 2 VAG und Deklarationen von Überschusszuteilungen) sowie Maßnahmen zu zukünftigen Kapitalanlagen. Da diese Einfluss auf die künftigen Zahlungsströme haben, müssen hierzu ebenfalls **realistische** Annahmen getroffen und folgende Vorgaben erfüllt werden:[38] 27

(1) Die Annahmen wurden objektiv festgelegt.
(2) Die Annahmen sind konsistent zur aktuellen Geschäftspraxis/-strategie (es sei denn, es gibt hinreichende Anzeichen dafür, dass sich die Geschäftsstrategie zukünftig ändern wird).
(3) Die Annahmen stehen miteinander im Einklang.
(4) Die Annahmen sind im Einklang mit den Verpflichtungen gegenüber den Versicherungsnehmern/Anspruchsberechtigten sowie den rechtlich geltenden Anforderungen.
(5) Die Annahmen beachten die vom Versicherungsunternehmen veröffentlichten Verlautbarungen bezüglich ihrer Managementmaßnahmen.

Zur Erfüllung der Vorgaben ist ein Plan aufzustellen, der durch den Vorstand zu genehmigen ist und folgende Punkte thematisieren muss: Die Ermittlung der künftigen Managementmaßnahmen inklusive der Umstände, unter denen diese Maßnahmen umzusetzen sind; eine Beschreibung, wie die Umstände, die eine vollständige Umsetzung der geplanten Managementmaßnahmen unmöglich machen in der Berechnung der versicherungstechnischen Rückstellungen und des besten Schätzwertes abgebildet werden; die Reihenfolge der Umsetzung der festgelegten künftigen Managementmaßnahmen und die für diesen geltenden Governance-Anforderungen sowie eine Beschreibung der die Managementmaßnahmen betreffenden internen Berichtsverfahren. 28

Außerdem sind die angenommenen zukünftigen Managementmaßnahmen anhand der tatsächlichen Managementmaßnahmen und eines Vergleichs mit den bisher zur Berechnung des besten Schätzwertes verwendeten Annahmen zu überprüfen. Zusätzlich ist von den Versicherungsunternehmen zu bewerten, inwiefern sich Änderungen in den Annahmen auf den Wert der versicherungstechnischen Rückstel- 29

[32] LL 25 EIOPA-BoS-14/166.
[33] *DAV*, Zwischenbericht zur Kalibrierung und Validierung spezieller ESG unter Solvency II, S. 4.
[34] *DAV*, Aktuare im Investment, abrufbar unter aktuar.de (abgerufen am 17.11.2016).
[35] *DAV*, Beispielhafte Kalibrierung und Validierung des ESG im BSM zum 31.12.2015.
[36] Siehe hierzu Rn. 15 ff.
[37] Siehe LL 55–60 EIOPA-BoS-14/166.
[38] Art. 23 Abs. 1 Solva II-VO.

lungen auswirken.[39] Dabei sind Wechselwirkungen mit anderen Annahmen des Versicherungsunternehmens, wie zum Beispiel Annahmen zum Verhalten der Versicherungsnehmer, sowie mit Annahmen des Zedenten zu beachten.[40] Außerdem sind der Zeitaufwand für die Umsetzung und die Kosten der Maßnahmen zu berücksichtigen.[41]

30 **3. Projektion der Zahlungsströme.** Um die zur Berechnung des besten Schätzwertes erforderlichen **künftigen Zahlungsströme** zu erhalten, werden die Zahlungsströme projiziert. Darin sind gemäß § 77 Abs. 3 VAG alle ein- und ausgehenden Zahlungsströme zu berücksichtigen, die zum Begleichen der Versicherungsverpflichtungen während der Vertragslaufzeit benötigt werden. Für die Bestimmung der Vertragslaufzeit sind die Vorschriften zu Ansatz und Vertragsgrenzen der Art. 17 und 18 Solva II-VO maßgeblich. Es sind folgende Zahlungsströme zu berückstichtigen:[42]

(1) Leistungen an Versicherungsnehmer/Anspruchsberechtigte,[43]
(2) Zahlungen, die im Zusammenhang mit Naturalleistungen z. B. Sach- oder Dienstleistungen anfallen,
(3) Aufwendungen, die durch die Verwaltung, Erfüllung und Abwicklung der Versicherungsverpflichtungen anfallen,[44]
(4) Prämienzahlungen und durch diese Prämien begründete Zahlungsströme,
(5) Zahlungen von/an Versicherungsvermittler (falls diese durch die Versicherungsverpflichtungen begründet sind),
(6) Zahlungen von/an Wertpapierfirmen (falls diese durch Verträge mit index- oder fondsgebundenen Leistungen begründet sind),
(7) Provenues und Regresse (falls diese nicht als separate Vermögenswerte oder Verbindlichkeiten einzustufen sind),
(8) Steuerzahlungen, die zur Erfüllung der Versicherungsverpflichtungen geleistet werden, inklusive der erwarteten, den Versicherungsnehmern in Rechnung zu stellenden, Steuerzahlungen.

31 Im Allgemeinen ist die Projektion der Zahlungsströme in der Lebensversicherung einzelvertraglich vorzunehmen. Die Projektion erfolgt innerhalb der gemäß § 75 Abs. 3 VAG definierten **homogenen Risikogruppen**, wobei vom Versicherungsunternehmen sicherzustellen ist, dass die festgelegten Risikogruppen die jeweiligen Risiken angemessen widerspiegeln.[45] Insbesondere muss die Berechnung auf Basis der homogenen Risikogruppe zu einem ähnlichen Ergebnis führen wie die einzelvertragliche Berechnung.[46] Einzelvertragliche (oder ggf. verdichtete) Berechnungen erfolgen vor allem bei Lebensversicherungsverpflichtungen, während Nichtlebensversicherungsverpflichtungen in der Regel auch auf Ebene der homogenen Risikogruppen angemessen projiziert werden können.[47] Auch wenn die Lebensversicherungsverpflichtungen einzelvertraglich projiziert werden, werden die den Risiken zugrunde gelegten Annahmen häufig anhand der homogenen Risikogruppen hergeleitet, da so ein größerer Datensatz zur Verfügung steht, sodass die Annahmen zuverlässiger bestimmt werden können.[48]

32 **4. Netto-Wert des besten Schätzwertes.** Gemäß § 77 Abs. 4 VAG wird der beste Schätzwert brutto bestimmt, das heißt ohne Abzug der Beträge aus Rückversicherungsverträgen und Zweckgesellschaften. Die Beträge aus Rückversicherungsverträgen und Zweckgesellschaften werden gesondert berechnet.[49]

33 **5. Volatilitätsanpassung.** Unter bestimmten Umständen darf zur Bestimmung des besten Schätzwertes eine mittels einer Volatilitätsanpassung verschobene risikofreie Zinskurve verwendet werden.[50] Eine Volatilitätsanpassung darf gemäß § 77 Abs. 5 VAG allerdings nicht bei Währungen und Binnenmärkten angewendet werden, für die keine derartigen, verschobenen Zinsstrukturen per Durchführungsverordnung auf Basis des Art. 77e Abs. 2 Solva II-RL von der EU-Kommission veröffentlicht wurden. Für weitere Erläuterungen hierzu verweisen wir auf die Kommentierung zu § 83 Abs. 3 VAG.

34 **III. Verhältnis zu anderen Regelungen des VAG.** In folgenden Paragraphen wird allgemein auf die Vorschriften zu den versicherungstechnischen Rückstellungen in §§ 75 ff. VAG verwiesen:
– § 74 (Bewertung der Vermögenswerte und Verbindlichkeiten),
– § 86 (Einforderbare Beträge aus Rückversicherungsverträgen und gegenüber Zweckgesellschaften),

[39] Art. 23 Abs. 2 Solva II-VO.
[40] LL 39, 40 EIOPA-BoS-14/166.
[41] Art. 23 Abs. 4 Solva II-VO.
[42] Art. 28 Solva II-VO.
[43] Vgl. § 84 VAG.
[44] Vgl. § 84 VAG.
[45] Art. 34 Abs. 3 Solva II-VO.
[46] Vgl. Art. 35 lit. c Solva II-VO.
[47] Dies ergbit sich auch aus LL 20, 23 EIOPA-BoS-14/166.
[48] LL 19 EIOPA-BoS-14/166.
[49] Vgl. § 86 VAG; siehe die Kommentierung zu § 86 VAG.
[50] Vgl. § 82 VAG.

– § 88 (Befugnisse der Aufsichtsbehörde in Bezug auf versicherungstechnische Rückstellungen; Verordnungsermächtigung),
– § 133 (Unzureichende Höhe der versicherungstechnischen Rückstellungen).

Im Rahmen der Definition des Wertes der versicherungstechnischen Rückstellungen in § 76 VAG wird § 77 VAG als die für die Definition des besten Schätzwertes maßgebliche Vorschrift erwähnt. Auch § 82 VAG zur Volatilitätsanpassung und § 83 VAG zu den technischen Informationen zur Bestimmung des besten Schätzwertes nennen § 77 VAG als Bezugspunkt. Gleiches gilt für § 351 VAG, der sich bei der Darstellung der Ermittlung der Zinsanpassung u. a. auf § 77 Abs. 1 VAG bezieht. 35

Risikomarge

78 (1) **Die Risikomarge stellt sicher, dass der Wert der versicherungstechnischen Rückstellungen dem Betrag entspricht, den die Versicherungsunternehmen fordern würden, um die Versicherungsverpflichtungen übernehmen und erfüllen zu können.**

(2) [1] **Die Risikomarge wird unter Bestimmung der Kosten, die für die Bereitstellung eines Betrags an anrechnungsfähigen Eigenmitteln erforderlich sind, berechnet.** [2] **Dieser Betrag hat der Solvabilitätskapitalanforderung zu entsprechen, die für die Bedeckung der Versicherungsverpflichtungen während deren Laufzeit erforderlich ist.** [3] **Legt die Europäische Kommission gemäß Artikel 86 Buchstabe d der Richtlinie 2009/138/EG einen Kapitalkostensatz für die Bereitstellung an anrechnungsfähigen Eigenmitteln fest, so ist dieser zu verwenden.**

Übersicht

Schrifttum: *GDV*, Säule I-Anleitung für Einzelunternehmen, 2015.

I. Allgemeines. 1. Entstehungsgeschichte. § 78 VAG ist bei der Neufassung des VAG im Jahr 2015 durch Art. 1 des Gesetzes zur Modernisierung der Finanzaufsicht über Versicherungen[1] vom 1.4.2015 in das VAG eingefügt worden. 1

2. Normzweck. § 78 Abs. 1 VAG dient der **Bestimmung der Risikomarge**, welche neben dem besten Schätzwert der zweite Bestandteil der versicherungstechnischen Rückstellungen ist. Dazu wird in § 78 Abs. 2 VAG die Berechnungsweise der Risikomarge festgelegt. 2

Durch die Risikomarge wird neben dem statistischen Wert des besten Schätzwertes auch eine Bewertung des Abweichungsrisikos in die versicherungstechnische Rückstellung aufgenommen, wie sie auch ein Marktpreis enthalten würde. 3

3. Europarechtlicher Hintergrund. § 78 VAG setzt Art. 77 Abs. 3 und 5 Solva II-RL um,[2] wobei der Wortlaut aufgrund der Übersetzung ins Deutsche teilweise angepasst wurde: Im Einzelnen entspricht § 78 Abs. 1 VAG dem Art. 77 Abs. 3 Solva II-RL und § 78 Abs. 2 VAG dem Art. 77 Abs. 5 UAbs. 1 Solva II-RL.[3] Die Inhalte des Art. 77 Abs. 5 UAbs. 2 u. 3 Solva II-RL werden nicht explizit im VAG umgesetzt; sie sind für die EU-Kommission relevant, die in Art. 86 Abs. 1 lit. d Solva II-RL dazu ermächtigt wird, neben der Festlegung der zur Berechnung der Risikomarge zu verwendenden Methoden und Annahmen auch die Kalibrierung des hierbei zu berücksichtigenden Kapitalkostensatzes vorzunehmen. Mit § 78 Abs. 2 S. 3 VAG wird im VAG ergänzt, dass der bei der Berechnung der 4

[1] BGBl. 2015 I 434 ff.
[2] Begr. VAG-RegE 2014, BT-Drs. 18/2956, 258.
[3] Vgl. Begr. VAG-RegE 2014, BT-Drs. 18/2956, 258.

Risikomarge eingesetzte Kapitalkostensatz dem von der EU-Kommission festgelegten zu entsprechen hat; gemäß Art. 39 Solva II-VO beträgt dieser derzeit 6 %.

5 Von dem ihr in Art. 86 Solva II-RL eingeräumten Recht zur Vorgabe von Berechnungsmethoden und Annahmen für die Bestimmung der Risikomarge hat die EU-Kommission mit dem Erlass der Art. 37 und 38 Solva II-VO sowie Art. 58 und 59 Solva II-VO für Möglichkeiten einer vereinfachten Berechnung Gebrauch gemacht. In Art. 340 Solva II-VO wird zudem die Aggregation der Risikomargen bei der Ermittlung der versicherungstechnischen Rückstellungen auf Gruppenebene mit Hilfe der sog. Methode 1, d. h. auf Basis konsolidierter Daten, geregelt.[4]

Die EIOPA-LL zur Bewertung versicherungstechnischer Rückstellungen enthalten weitere Konkretisierungen.[5]

6 **II. Berechnungsmethodik. 1. Berechnung der Risikomarge.** Eine Risikomarge ist nach § 76 Abs. 1 VAG grundsätzlich in allen Fällen zu bestimmen. Ausgenommen sind lediglich die Fälle, in denen sich die künftigen Zahlungsströme aus Versicherungsverpflichtungen mit Hilfe von Finanzinstrumenten nachbilden lassen, für die sich ein verlässlicher Marktwert ermitteln lässt und für die versicherungstechnische Rückstellungen auf Basis des Marktwerts der Finanzinstrumente bestimmt werden. Diese Ausnahme ist dadurch begründet, dass der Zuschlag, den ein Marktteilnehmer für das Risiko erhebt, dass sich der Zahlungsstrom nicht wie erwartete realisiert, bei Bestimmung des Rückstellungswertes anhand des Marktwerts der Finanzinstrumente bereits in dem Marktwert enthalten ist.

7 Für die Berechnung der Risikomarge ist aufgrund von § 78 Abs. 2 VAG der sogenannte **Kapitalkostenansatz (Cost-of-Capital-Ansatz)** anzuwenden. Demnach entspricht die Risikomarge den abgezinsten Solvabilitätskapitalanforderungen (der gesamten Laufzeit) multipliziert mit dem gemäß § 78 Abs. 2 VAG festgelegten Kapitalkostensatz, wobei folgende Formel angewendet wird:[6]

$$RM = Kapitalkostensatz \times \sum_{t \geq 0} \frac{SCR(t)}{(1 + r(t+1))^{t+1}}$$

Dabei entsprechen:

– t dem jeweils zu betrachtenden Projektionsjahr. Die Summe verläuft über alle ganzen Zahlen größer gleich Null, solange die Solvabilitätskapitalanforderung positiv ist.
– SCR(t) der gemäß Rn. 12–15 berechneten Solvabilitätskapitalanforderung nach t Jahren.
– r(t+1) dem risikolosen Basiszins für eine Laufzeit von t+1 Jahren.

8 Der zu verwendende **Kapitalkostensatz** wird gemäß Art. 86 lit. d Solva II-RL durch die europäische Kommission vorgegeben[7] und ist in solcher Höhe festzulegen, dass die anrechnungsfähigen Eigenmittel des Versicherungsunternehmens den Solvabilitätskapitalanforderungen entsprechen. Des Weiteren hat der Kapitalkostensatz für alle Versicherungsunternehmen einheitlich zu sein und regelmäßig angepasst zu werden.[8] Derzeit hat die Kommission den Kapitalkostensatz mit 6 % festgelegt.[9]

9 Teilweise kann sich bei der Berechnung der versicherungstechnischen Rückstellungen ein negativer bester Schätzwert ergeben. Die Risikomarge selbst kann allerdings nicht negativ werden.[10]

10 Die versicherungstechnischen Rückstellungen werden nach homogenen Risikogruppen, also zum Beispiel nach Geschäftsbereichen, unterteilt,[11] und somit auch die Risikomarge.[12] Da eine Berechnung der Risikomarge pro **homogener Risikogruppe** relativ aufwändig ist, darf die Zuteilung vereinfacht vorgenommen werden.[13] Im Allgemeinen wird die Risikomarge daher zunächst – unter Berücksichtigung der Risikoausgleichseffekte (Risikoausgleich im Kollektiv und Diversifikation) – als Gesamtwert bestimmt und erst anschließend auf die Geschäftsbereiche aufgeteilt.[14]

11 Auf Gruppenebene entspricht die **konsolidierte Risikomarge** der Summe aus der Risikomarge des beteiligten Versicherungsunternehmens und dem verhältnismäßigen Anteil der verbundenen Versicherungsunternehmen in Drittländern.[15] Dabei erfolgt die fiktive Übertragung der Versicherungsverpflichtungen auf ein Referenzunternehmen für jedes Versicherungsunternehmen der Gruppe separat. Außer-

[4] Siehe hierzu Kommentierung zu § 250 VAG.
[5] Siehe LL 61–63 und Technischer Anh. IV EIOPABoS-14/166.
[6] Art. 37 Abs. 1 Solva II-VO.
[7] Siehe auch Rn. 4.
[8] Art. 77 Abs. 5 Solva II-RL.
[9] Vgl. Art. 39 Solva II-VO.
[10] LL 75 EIOPA Explanatory Text BoS-14/166 zu LL Bewertung versicherungstechnischer Rückstellungen.
[11] § 75 Abs. 3 VAG.
[12] Art. 80 Solva II-RL.
[13] LL 63 EIOPA-LL BoS-14/166.
[14] Vgl. LL 63 EIOPA Explanatory Text BoS-14/166 zu LL Bewertung versicherungstechnischer Rückstellungen.
[15] Art. 340 Solva II-VO.

dem wird angenommen, dass es zwischen den Risiken der einzelnen Versicherungsunternehmen keine Risikoausgleichseffekte gibt.[16]

2. Projektion der Solvabilitätskapitalanforderungen. Gemäß § 75 Abs. 2 VAG entspricht der Wert der versicherungstechnischen Rückstellungen dem Betrag, den ein Versicherungsunternehmen zahlen müsste, wenn es alle Versicherungsverpflichtungen auf ein anderes Versicherungsunternehmen (**Referenzunternehmen**) übertragen würde. Hierauf aufbauend bestimmt sich die Risikomarge gemäß § 78 Abs. 2 VAG anhand der Opportunitätskosten, die das Referenzunternehmen für die Bereitstellung der zur Erfüllung der (fiktiv) übernommenen Verpflichtungen erforderlichen Eigenmittel hat. Demnach entspricht die Risikomarge dem Barwert der zukünftigen Kapitalkosten, die für die Bereitstellung der Solvabilitätskapitalanforderungen in Bezug auf die Versicherungsverpflichtungen erforderlich sind. 12

Wie unter Rn. 8 erläutert, ist dieser Barwert anhand des Kapitalkostenansatzes zu bestimmen. Dazu müssen die zukünftigen **Solvabilitätskapitalanforderungen** geschätzt werden. Maßgebliche Basis hierfür ist das Referenzunternehmen. Es wird angenommen, dass die für das betreffende Unternehmen geschätzten zukünftigen Solvabilitätskapitalanforderungen denen des Referenzunternehmens entsprechen,[17] vorausgesetzt, dass hierbei folgende Annahmen erfüllt sind:[18] 13

- Betreibt ein Versicherungsunternehmen sowohl Lebens- als auch Nichtlebensversicherungsgeschäft (nach Art. 73 Abs. 5 Solva II-RL), so ist der Vertragsbestand nach diesen beiden Geschäftsbereichen zu separieren. Anschließend werden die beiden Teilbestände von zwei verschiedenen Referenzunternehmen übernommen. Aufgrund des **Spartentrennungsgebotes** ist diese Annahme in Deutschland allerdings nicht relevant.[19]
- Der **risikomindernde Effekt** durch Rückversicherungsverträge und die Verpflichtungen gegenüber Zweckgesellschaften sind bei der Berechnung der Solvabilitätskapitalanforderung des Referenzunternehmens einzubeziehen. Während bei dem besten Schätzwert die Zahlungsströme aus solchen Absicherungsverträgen getrennt betrachtet werden, wird für die Risikomarge ausschließlich der Netto-Wert bestimmt.
- Das Referenzunternehmen hat vor der Übernahme des Vertragsbestandes keinerlei Versicherungsverpflichtung und auch **keine Eigenmittel**. Darüberhinaus geht das Referenzunternehmen nach der Übernahme des Bestandes keine weiteren Versicherungsverpflichtungen ein und generiert nur Eigenmittel in Höhe der Solvabilitätskapitalanforderungen, die für die Versicherungsverpflichtungen aus dem übernommenen Bestand benötigt werden.
- Insgesamt verfügt das Referenzunternehmen nach der Übernahme des Bestandes über Vermögenswerte in Höhe der Solvabilitätskapitalanforderungen plus den versicherungstechnischen Rückstellungen (nach Abzug der für Rückversicherungsverträge und Zweckgesellschaften gezahlten Beiträge).
- Beim Referenzunternehmen sind die Vermögenswerte so zu wählen, dass die für das Marktrisiko notwendigen Solvabilitätskapitalanforderungen minimal sind. Dieses Marktrisiko wird auch als **unvermeidbares Marktrisiko** bezeichnet.
- Bei der Projektion der Solvabilitätskapitalanforderungen des Referenzunternehmens sind folgende Risiken zu berücksichtigen: (1) das **versicherungstechnische Risiko;** (2) das oben beschriebene unvermeidbare Marktrisiko (mit Ausnahme des Zinsrisikos) nur dann, wenn es wesentlich ist, wobei es dann als wesentlich gilt, wenn „seine Auswirkungen auf die Berechnung der Risikomarge den Entscheidungsprozess oder das Urteil der Nutzer dieser Informationen, einschließlich der Aufsichtsbehörden, beeinflussen können";[20] (3) das **Kreditrisiko** (bei Rückversicherungsverträgen, Vereinbarungen mit Zweckgesellschaften, Versicherungsvermittlern und Versicherungsnehmern) sowie jede andere wesentliche Risikoposition, die mit den Versicherungs- oder Rückversicherungsverpflichtungen verbunden ist; (4) das **operationelle Risiko.**
- Die **Verlustausgleichsfähigkeit** der versicherungstechnischen Rückstellungen (gemäß § 108 VAG) entspricht beim Referenzunternehmen für alle Risiken der Höhe der jeweiligen Verlustausgleichsfähigkeit beim die Risikomarge berechnenden Unternehmen.[21]
- Eine Verlustausgleichsfähigkeit der latenten Steuern (gemäß § 108 VAG) wird beim Referenzunternehmen nicht beachtet.
- Die **Managementregeln** des Referenzunternehmens entsprechen den Managementregeln des ursprünglichen Unternehmens.

Zusätzlich gilt für Versicherungsunternehmen, die an der maßgeblichen risikofreien Zinskurve nach § 77 Abs. 1 VAG eine **Volatilitäts- oder Matchinganpassung** vorgenommen oder eine Übergangs- 14

[16] Vgl. Erwägungsgrund 130 Solva II-VO.
[17] Art. 38 Abs. 2 Solva II-VO.
[18] Art. 38 Abs. 1 Solva II-VO.
[19] Vgl. § 67 Abs. 3 VAG.
[20] Art. 38 Abs. 3 Solva II-VO.
[21] Dieses wird in der Solva II-VO auch als ursprüngliches Unternehmen bezeichnet: Vgl. Art. 38 Abs. 1 lit. j Solva II-VO.

maßnahme angewendet haben, dass diese Anpassung beim Referenzunternehmen nicht vorzunehmen ist.[22] Das bedeutet in der Praxis, dass die Solvabilitätskapitalanforderungen zur Berechnung der Risikomarge ohne Volatilitäts- oder Matchinganpassung zu berechnen sind.

15 Zur Projektion der Solvabilitätskapitalanforderungen ist außerdem anzumerken, dass Versicherungsunternehmen, die ihre Solvabilitätskapitalanforderungen mit dem Standardmodell berechnen, auch bei der Projektion der Solvabilitätskapitalanforderungen des Referenzunternehmens das Standardmodell nutzen.[23] Falls ein Versicherungsunternehmen hingegen ein internes Modell anwendet, wird auch die bei der Berechnung der Risikomarge verwendete Solvabilitätskapitalanforderung mit dem internen Modell berechnet.[24]

16 **3. Vereinfachungen. a) Allgemeines.** Bei der Bestimmung der Risikomarge sind die **zukünftigen Solvabilitätskapitalanforderungen** nur sehr schwer zu bestimmen, insbesondere da die Projektion der Solvabilitätskapitalanforderungen für die Berechnung der Risikomarge im Allgemeinen relativ aufwändig ist. Daher ist es den Versicherungsunternehmen gemäß Art. 58 Solva II-VO erlaubt, vereinfachte Berechnungsmethoden zu verwenden. Demnach dürfen die zukünftigen Solvabilitätskapitalanforderungen zum einen durch Näherungswerte ermittelt werden. Zum anderen können die zukünftigen Solvabilitätskapitalanforderungen zusammengefasst, anstatt für die einzelnen Risiken separat, bestimmt werden. Dabei kann die im Folgenden (Rn. 18–23) dargestellte Hierarchie an Vereinfachungsmethoden angewendet werden, wobei die Komplexität der Berechnung von Stufe 1 zu Stufe 4 abnimmt.[25] Welche Methodik für ein Versicherungsunternehmen angemessen ist, muss durch das jeweilige Versicherungsunternehmen geprüft und begründet werden.[26] Die Methode soll so gewählt werden, dass die Berechnungskomplexität nicht unnötig hoch wird.[27]

17 Bei der **unterjährigen Bestimmung** (zum Beispiel zu den Quartalen) darf die Risikomarge auf Basis der zum Jahresende bestimmten Risikomarge näherungsweise bestimmt (approximiert) werden, d. h. eine explizite Berechnung ist nicht erforderlich.[28] In der Regel reicht es aus, die Diskontierung entsprechend der neuen, maßgeblichen risikolosen Zinskurve zu aktualisieren.

18 **b) Stufe 1: Approximationen der Einzel- oder Teilrisiken.** Innerhalb der einzelnen Risikomodule (versicherungstechnische Risiken, Kreditrisiko, wesentliche Marktrisiken und operationelles Risiko) dürfen die Solvabilitätskapitalanforderungen nach Art. 58 lit. a Solva II-VO approximiert werden.[29]

19 Für die lebensversicherungstechnischen Risiken und für die nach Art der Lebensversicherung berechneten krankenversicherungstechnischen Risiken gilt, dass für das Referenzunternehmen dieselben **Vereinfachungen** angewendet werden können wie bei der Berechnung der Solvabilitätskapitalanforderungen für das Versicherungsunternehmen selbst.[30] Bei den nichtlebensversicherungstechnischen Risiken kann die Formel für das Prämien- und Reserverisiko vereinfacht werden, indem Vertragserneuerungen und zukünftiges Neugeschäft nicht berücksichtigt werden. Zusätzlich kann die Standardabweichung (als unternehmensspezifischer Parameter) für das Prämien- und Reserverisiko als im Zeitverlauf konstant angenommen werden und das zukünftige Katastrophenrisiko darf vernachlässigt werden. Das Kreditrisiko betrifft im Wesentlichen das Gegenparteiausfallrisiko aus passiver Rückversicherung. Hierfür können die zukünftigen Solvabilitätskapitalanforderungen approximiert werden, indem der Anteil der Rückversicherer am besten Schätzwert ins Verhältnis zu den Solvabilitätskapitalanforderungen im Jahr Null gesetzt wird (unter der Annahme, dass das Risiko im Zeitverlauf relativ konstant bleibt).[31]

c) Stufe 2: Approximation der zukünftigen jährlichen Solvabilitätskapitalanforderungen.

20 Die Solvabilitätskapitalanforderungen dürfen als jährlicher Gesamtwert approximiert werden ohne die Solvabilitätskapitalanforderungen für die einzelnen Risiken zu bestimmen. Dabei wird im Allgemeinen das Verhältnis des besten Schätzwertes des jeweiligen (zukünftigen) Jahres zum besten Schätzwert zum Berechnungszeitpunkt der Risikomarge als Faktor verwendet.[32] Es kann aber auch eine andere Bezugsgröße, wie zum Beispiel die HGB-Deckungsrückstellung oder die Schadenleistungen, verwendet werden. Grundlage hierfür ist die Annahme, dass die Solvabilitätskapitalanforderungen sich im Zeitverlauf proportional zum besten Schätzwert verhalten. Auch diese Methode ist begründet durch Art. 58 lit. a Solva II-VO, wobei folgendes zu beachten ist:[33]

[22] LL 7 EIOPA-CP-14/049.
[23] Dies folgt aus Art. 38 Abs. 2 Solva II-VO.
[24] Vgl. Art. 37 Abs. 2 Solva II-VO.
[25] LL 62 EIOPA-BoS-14/166.
[26] LL 61 EIOPA-BoS-14/166.
[27] LL 62 EIOPA-BoS-14/166.
[28] Art. 59 Solva II-VO.
[29] LL 62 EIOPA-BoS-14/166.
[30] S. dazu Art. 91 ff. Solva II-VO.
[31] Technischer Anh. IV EIOPA-BoS-14/166; *GDV*, S. 363/364.
[32] LL 62 EIOPA-BoS-14/166.
[33] LL 62 EIOPA-BoS-14/166 und *GDV*, S. 366.

(1) Die Methode ist nicht geeignet, wenn die Bezugsgröße (also zum Beispiel der beste Schätzwert) für eines der Jahre negativ ist, da sich sonst eine negative Risikomarge ergibt.
(2) Da die Methode die Proportionalität der zukünftigen Solvabilitätskapitalanforderungen voraussetzt, hat das Versicherungsunternehmen mindestens qualitativ zu prüfen ob die Methode angemessen ist, falls sich eine der folgenden Größen im Zeitverlauf nicht konstant verhält:
- die Zusammensetzung der Teilrisiken des versicherungstechnischen Risikos,
- die durchschnittliche Bonität der Rückversicherer und Zweckgesellschaften beim Gegenparteiausfallrisiko (des Kreditrisikos),
- das wesentliche Marktrisiko (in Bezug auf den besten Netto-Schätzwert),
- der Anteil der Rückversicherer und Zweckgesellschaften an den Verpflichtungen beim operationellen Risiko,
- die Verlustausgleichsfähigkeit der versicherungstechnischen Rückstellungen (in Bezug auf den besten Netto-Schätzwert).

In der Praxis wird oft eine Mischung aus den Vereinfachungsstufen 1 und 2 angewendet, wobei die Approximation anhand einer Bezugsgröße (wie zum Beispiel den zukünftigen Kosten für das Kostenrisiko) für die einzelnen Teilrisiken verwendet wird.[34] 21

d) Stufe 3: Approximation aller zukünftigen Solvabilitätskapitalanforderungen in einem Schritt. Die Solvabilitätskapitalanforderungen dürfen gemäß Art. 58 lit. b Solva II-VO auch als Gesamtwert aller zukünftigen Jahre approximiert werden. Dabei wird im Allgemeinen die modifizierte Duration der Versicherungsverpflichtungen als Proportionalitätsfaktor verwendet, wobei das Versicherungsunternehmen zu prüfen hat, ob der Wert der modifizierten Duration geeignet ist. Äquivalent zu den Näherungsverfahren der Stufe 2 muss auch hier geprüft werden, ob sich die in Rn. 20 aufgelisteten Größen im Zeitverlauf konstant verhalten, wobei beim operationellen Risiko diesmal die modifizierte Duration (nach Abzug der Rückversicherung) betrachtet wird.[35] 22

e) Stufe 4: Approximation der Risikomarge als Prozentwert des besten Schätzwerts. Die einfachste Methode zur Berechnung der Solvabilitätskapitalanforderungen besteht darin, diese als Prozentsatz des besten Schätzwerts pro Geschäftsbereich (nach Abzug der Rückversicherung) zu bestimmen, wobei der Prozentsatz anhand der Spezifika des Portfolios festzulegen ist. Da diese Berechnungsmethodik die Solvabilitätskapitalanforderungen nur sehr grob schätzt, muss vom Versicherungsunternehmen in diesem Fall begründet werden, warum keine der anderen Methoden anwendbar ist.[36] Auch die für die einzelnen Geschäftszweige festgelegten Prozentsätze müssen jeweils begründet und dokumentiert werden. 23

III. Verhältnis zu anderen Regelungen des VAG. Grundlage für § 78 VAG ist § 76 VAG. Außerdem wird in folgenden Paragraphen allgemein auf die Vorschriften zu den versicherungstechnischen Rückstellungen in §§ 75–85 und § 87 f. VAG verwiesen: 24
- § 74 (Bewertung der Vermögenswerte und Verbindlichkeiten),
- § 86 (Einforderbare Beträge aus Rückversicherungsverträgen und gegenüber Zweckgesellschaften),
- § 88 (Befugnisse der Aufsichtsbehörde in Bezug auf versicherungstechnische Rückstellungen; Verordnungsermächtigung),
- § 133 (Unzureichende Höhe der versicherungstechnischen Rückstellungen).

In § 301 VAG wird ein möglicher Kapitalaufschlag auf die Solvabilitätskapitalanforderung definiert. Für den Fall, dass ein Kapitalaufschlag gerechnet werden muss, gilt nach § 301 Abs. 5 VAG, dass dieser bei der Berechnung der Risikomarge nach § 78 VAG nicht berücksichtigt wird. 25

Allgemeine Grundsätze für die Berechnung der versicherungstechnischen Rückstellungen

79 (1) **Versicherungsunternehmen müssen über interne Prozesse und Verfahren verfügen, um die Genauigkeit, Vollständigkeit und Angemessenheit der bei der Berechnung der versicherungstechnischen Rückstellungen verwendeten Daten zu gewährleisten.**

(2) **Wenn den Versicherungsunternehmen Daten von angemessener Qualität nicht in genügender Menge zur Verfügung stehen, um eine verlässliche versicherungsmathematische Methode auf eine Gruppe oder Untergruppe ihrer Versicherungsverpflichtungen oder auf einforderbare Beträge aus Rückversicherungsverträgen und gegenüber Zweckgesellschaften anzuwenden, können die Versicherungsunternehmen für die Berechnung des besten Schätzwerts geeignete Näherungswerte einschließlich Einzelfallanalysen verwenden.**

[34] Techn. Anhang IV. EIOPA-LL BoS-14/166.
[35] LL 62 EIOPA-BoS-14/166.
[36] LL 62 EIOPA-BoS-14/166.

Übersicht

1 **I. Allgemeines. 1. Entstehungsgeschichte.** § 79 VAG ist bei der Neufassung des VAG im Jahr 2015 durch Art. 1 des Gesetzes zur Modernisierung der Finanzaufsicht über Versicherungen[1] vom 1.4.2015 in das VAG eingefügt worden.

2 **2. Normzweck.** Die Regelungen des § 79 VAG dienen der Festlegung von Standards, die in Bezug auf die Gewährleistung der Angemessenheit, der Vollständigkeit und der Genauigkeit der bei der Berechnung der versicherungstechnischen Rückstellungen verwendeten Daten einzuhalten sind. Außerdem werden die Umstände festgelegt, unter denen es zweckmäßig wäre, Näherungswerte einschließlich Einzelfallanalysen für die Berechnung des besten Schätzwerts zugrunde zu legen.

3 **3. Europarechtlicher Hintergrund.** § 79 VAG setzt Art. 82 Solva II-RL um.[2] Von ihrem gemäß Art. 86 Abs. 1 lit. f Solva II-RL bestehenden Recht, die Vorgaben aus Richtlinie bzw. Gesetz mit Hilfe von delegierten Rechtsakten zu konkretisieren, hat die EU-Kommission mit dem Erlass der Art. 19–21 Solva II-VO Gebrauch gemacht.

4 Art. 19 und 20 Solva II-VO regeln, welche Standards bezüglich der **Angemessenheit, der Vollständigkeit und der Genauigkeit** der bei der Berechnung der versicherungstechnischen Rückstellungen verwendeten Daten einzuhalten sind, und Art. 21 Solva II-VO legt fest, unter welchen Voraussetzungen die Verwendung von Näherungswerten bei der Berechnung des besten Schätzwerts zulässig ist.

5 In Abschn. 1 EIOPA-LL Bewertung der versicherungstechnischen Rückstellungen wird dargestellt, inwieweit Fragen der **Datenqualität** bei der Berechnung der versicherungstechnischen Rückstellungen berücksichtigt werden und wie sichergestellt werden kann, dass Unzulänglichkeiten auf angemessene Weise berücksichtigt werden.[3]

6 **II. Datenqualität. 1. Vollständigkeit der Daten (Art. 19 Abs. 1 Solva II-VO).** Die bei der Berechnung der versicherungstechnischen Rückstellungen verwendeten Daten sind nur dann vollständig, wenn sie sowohl ausreichende historische Informationen enthalten, um die Charakteristika der zugrunde liegenden Risiken zu bewerten und Risikotrends zu ermitteln, als auch für jede bei der Berechnung relevante homogene Risikogruppe zur Verfügung stehen. Insbesondere dürfen ohne Begründung keine relevanten Daten von der Berechnung der versicherungstechnischen Rückstellungen ausgenommen werden.

7 Ein ausreichend langer Betrachtungszeitraum ist notwendig, um relevante Trends oder Zyklen in den Daten erkennen zu können.[4] Für die Berechnung der Prämienrückstellungen für Nichtlebensverpflichtungen sind beispielsweise ausreichende historische Informationen zu den Gesamtkosten der Schadenfäl-

[1] BGBl. 2015 I 434 ff.
[2] Begr. VAG-RegE 2014 BT-Drs. 18/2956, 258.
[3] Vgl. Einl. Rn. 1.7 EIOPA LL Bewertung von versicherungstechnischen Rückstellungen.
[4] S. LL 1 EIOPA Explanatory Text BoS-14/166 zu LL Bewertung von versicherungstechnischen Rückstellungen.

le und ihren aktuellen Trends in hinreichender Detailtiefe erforderlich. Bei der Berechnung der Schadenrückstellung müssen ausreichende Daten zur Ermittlung maßgeblicher Muster in der Entwicklung der Schadenfälle zur Verfügung stehen; ferner müssen die Daten in hinreichender Detailtiefe vorliegen, damit diese Muster innerhalb homogener Risikogruppen analysiert werden können.

Bei der Projektion von Zahlungsströmen aus Rückstellungen für Lebensversicherungen müssen genügend Daten vorhanden sein, um die Projektion durchführen zu können.[5] Dies betrifft insbesondere: 8
- das Verhalten biometrischer Faktoren wie Sterblichkeits- und Morbiditätsraten;
- die mit der Ausübung der vertraglichen Optionen der Versicherungsnehmer (Storno und Rückkaufsrechte) verbundenen Wahrscheinlichkeiten;
- alle Arten von Kosten, die bei der Bedienung der Versicherungsverpflichtungen entstehen.

2. Genauigkeit der Daten (Art. 19 Abs. 2 Solva II-VO). Die bei der Berechnung der versiche- 9
rungstechnischen Rückstellungen verwendeten Daten dürfen keine wesentlichen Fehler aufweisen.[6] Darüber hinaus müssen Daten aus unterschiedlichen Zeiträumen, die für dieselbe Schätzung verwendet werden, kohärent sein.[7] Auch müssen die Unternehmen sicherstellen, dass die Daten zeitnah und im Zeitverlauf einheitlich erfasst werden.[8]

3. Angemessenheit der Daten (Art. 19 Abs. 3 Solva II-VO). Die Daten müssen für ihre Ver- 10
wendungszwecke geeignet sein.[9] Umfang und Art der Daten müssen insbesondere gewährleisten, dass auf Grundlage der Daten vorgenommene Schätzungen keinen wesentlichen Schätzfehler aufweisen.[10] Dabei ist ein Fehler wesentlich, wenn er den Entscheidungsprozess oder das Urteil der Nutzer der Berechnungsergebnisse, einschließlich der Aufsichtsbehörden, beeinflussen könnte. Ferner müssen die Daten mit den Annahmen der bei der Berechnung der versicherungstechnischen Rückstellungen angewandten versicherungsmathematischen und statistischen Techniken kompatibel sein und sie müssen die Risiken, denen das Versicherungsunternehmen hinsichtlich seiner Versicherungsverpflichtungen ausgesetzt ist, in angemessener Weise widerspiegeln.[11] Darüber hinaus muss es gewährleistet sein, dass Daten bei der Berechnung der versicherungstechnischen Rückstellungen im Zeitverlauf einheitlich verwendet werden.[12]

Um Daten für verschiedene Zeiträume einheitlich verwenden zu können, kann es unter Umständen 11
erforderlich sein, **Anpassungen der historischen Daten** vorzunehmen, „um deren Glaubwürdigkeit zu erhöhen bzw. deren Qualität als Inputfaktor für zuverlässigere Schätzungen der versicherungstechnischen Rückstellungen zu verbessern und die Daten besser auf die Merkmale des zu bewertenden Portfolios und künftig zu erwartende Risiken abzustimmen."[13] Anpassungen können beispielsweise bei Änderungen der Vertragsgestaltung, Änderung der Zeichnungs- und Annahme- oder Verwaltungsverfahren, Änderungen der IT-Systeme oder Änderungen der Risikomerkmale erforderlich sein.[14] Auch historische Daten, die etwa für Solvabilität I-Anforderungen ermittelt wurden, müssen gegebenenfalls angepasst werden, um die Anforderungen von Solvabilität II einzuhalten.[15] Bei Anpassungen von Daten muss jeweils die Auswirkung der Transformation auf die Datenqualität berücksichtigt werden. Ungewöhnliche Beobachtungen müssen analysiert werden.[16] Es kann Fälle geben, in denen diese Beobachtungen als irrelevante Ausreißer behandelt oder sogar herausgenommen werden, weil sie auf betriebliche Fehler zurückzuführen sind, um die Richtigkeit der für den beabsichtigten Zweck herangezogenen Beobachtungen zu gewährleisten. In anderen Fällen sind diese Beobachtungen wichtig für das Verständnis der Art der zugrunde liegenden Risiken und werden deshalb berücksichtigt und dokumentiert.[17]

In den folgenden Situationen sind wahrscheinlich Anpassungen historischer Daten erforderlich:[18] 12
- Ungewöhnlich starke oder schwache Erfahrungswerte in einem bestimmten Zeitraum;
- Berücksichtigung von Schadenzyklen;
- Berücksichtigung von zukünftigen erwarteten Trends;

[5] S. LL 1 EIOPA Explanatory Text BoS-14/166 zu LL Bewertung von versicherungstechnischen Rückstellungen.
[6] Vgl. Art. 19 Abs. 2 lit. a Solva II-VO.
[7] Vgl. Art. 19 Abs. 2 lit. b Solva II-VO.
[8] Vgl. Art. 19 Abs. 2 lit. c Solva II-VO.
[9] Vgl. Art. 19 Abs. 3 lit. a Solva II-VO.
[10] Vgl. Art. 19 Abs. 3 lit. b Solva II-VO.
[11] Vgl. Art. 19 Abs. 3 lit. c u. lit. d Solva II-VO.
[12] Vgl. Art. 19 Abs. 3 lit. f Solva II-VO.
[13] LL 2 EIOPA-BoS-14/166.
[14] Vgl. LL 2 EIOPA Explanatory Text BoS-14/166 zu LL Bewertung von versicherungstechnischen Rückstellungen.
[15] Vgl. LL 2 EIOPA Explanatory Text BoS-14/166 zu LL Bewertung von versicherungstechnischen Rückstellungen.
[16] Vgl. LL 2 EIOPA Explanatory Text BoS-14/166 zu LL Bewertung von versicherungstechnischen Rückstellungen.
[17] Vgl. LL 2 EIOPA Explanatory Text BoS-14/166 zu LL Bewertung von versicherungstechnischen Rückstellungen.
[18] Vgl. LL 2 EIOPA Explanatory Text BoS-14/166 zu LL Bewertung von versicherungstechnischen Rückstellungen.

– Berücksichtigung von Veränderungen des Risikos;
– Berücksichtigung von Veränderungen des Versicherungsschutzes;
– Berücksichtigung von Veränderungen der Rückversicherungsverträge;
– Eintritt großer oder ungewöhnlicher Schadenfälle.

13 Die Daten müssen außerdem in transparenter und strukturierter Weise im Rahmen eines dokumentierten Prozesses erhoben, verarbeitet und angewandt werden. Innerhalb des Prozesses müssen dabei Kriterien für die Datenqualität und deren Bewertung, einschließlich spezifischer qualitativer und quantitativer Standards für unterschiedliche Datensätze, festgelegt werden.[19] Darüber hinaus müssen Annahmen festgelegt und verwendet werden, die bei der Erhebung, Verarbeitung und Anwendung von Daten getroffen werden. Der Prozess muss auch Verfahren zur Datenaktualisierung enthalten, in denen insbesondere die Aktualisierungsintervalle und die Umstände, unter denen zusätzliche Aktualisierungen vorgenommen werden, geregelt sind.[20]

14 **4. Daten aus externen Quellen (Art. 19 Abs. 4 Solva II-VO).** Die Verwendung von Daten aus einer externen Quelle ist nur zulässig, wenn neben den Anforderungen zur Vollständigkeit, Genauigkeit und Angemessenheit noch weitere Anforderungen erfüllt werden. Die Verwendung externer Daten muss sinnvoller sein als der Einsatz rein interner Daten und die Versicherungsunternehmen müssen die Herkunft der Daten sowie die zu deren Verarbeitung verwendeten Annahmen und Methoden kennen.[21] Dies ist nicht zuletzt deshalb erforderlich, da die verwendeten externen Daten den Merkmalen des Portfolios ihrer Versicherungsverpflichtungen Rechnung tragen müssen.

15 Zu der Frage, wann die Verwendung externer Daten sinnvoller ist als die Verwendung interner Daten, legt LL 15 der EIOPA-LL Bewertung von versicherungstechnischen Rückstellungen fest, dass dies dann der Fall ist, wenn sich die externen Daten für den beabsichtigten Zweck besser eignen als die internen. Dabei sollten die von Dritten bereitgestellten externen Daten bzw. Marktdaten die internen Daten sinnvoll ergänzen.[22]

Bei der Verwendung externer Daten müssen zudem alle etwaigen Trends bei diesen Daten sowie die im Zeitverlauf oder zwischen den Daten festzustellenden Veränderungen der Annahmen und Methoden ermittelt werden.

16 **5. Überprüfung und Validierung der Datenqualität. a) Datenprüfungen.** Die Versicherungsunternehmen müssen „die Exaktheit und Vollständigkeit der Daten mittels einer hinreichend umfassenden Reihe von Überprüfungen beurteilen, damit die Daten die Kriterien der Vollständigkeit und Angemessenheit erfüllen und jegliche relevante Unzulänglichkeit erkannt werden kann."[23] Diese Überprüfung obliegt der versicherungsthematischen Funktion und muss in der angemessenen Detailtiefe vorgenommen werden.[24]

17 Beispiele für mögliche Prüfungen sind:[25]
– Vergleich mit den für eine frühere Berechnung verwendeten Daten;
– Überprüfung, dass die Datenwerte innerhalb angemessener Grenzwerte liegen;
– Überprüfung, dass die Daten mit den Daten aus anderen Quellen übereinstimmen;
– punktuelle Prüfungen (z. B. Zufallsstichproben im Vergleich zu den Rohdaten).

18 **b) Berücksichtigung sonstiger durchgeführter Analysen.** Die Versicherungsunternehmen sind zudem nach LL 4 EIOPA-LL Bewertung von versicherungstechnischen Rückstellungen dazu verpflichtet, „die Ergebnisse jeglicher maßgeblichen, im Rahmen einer externen Überprüfung vorgenommenen Analyse [zu] berücksichtig[en], bei der im Zusammenhang mit der Berechnung der versicherungstechnischen Rückstellungen die Datenqualität geprüft wurde".[26]

19 **c) Berücksichtigung der anzuwendenden Methoden.** Die Unternehmen haben auch die Beziehung zwischen den Ergebnissen der Datenqualitätsanalyse und „der Wahl der zur Bewertung" der versicherungstechnischen Rückstellungen anzuwendenden Methoden zu berücksichtigen.[27] Dafür ist zu analysieren, „inwieweit sich die verwendeten Daten zur Stützung der Annahmen eignen, die den zur Bewertung der versicherungstechnischen Rückstellungen anzuwendenden Methoden zugrunde liegen. Stützen die Daten diese Methoden nicht in angemessenem Umfang, sollte das Unternehmen eine alternative Methode wählen".[28] Bei der Beurteilung der Vollständigkeit der Daten ist auch zu berück-

---

[19] Vgl. Art. 19 Abs. 3 lit. e i Solva II-VO.
[20] Vgl. Art. 19 Abs. 3 lit. e ii u. iii Solva II-VO.
[21] Vgl. Art. 19 Abs. 4 lit. a u. b Solva II-VO.
[22] Vgl. LL 15 EIOPA-BoS-14/166.
[23] LL 3 EIOPA-BoS-14/166.
[24] Vgl. LL 3 EIOPA-BoS-14/166.
[25] Vgl. LL 3 EIOPA Explanatory Text BoS-14/166 zu LL Bewertung von versicherungstechnischen Rückstellungen.
[26] LL 4 EIOPA-BoS-14/166.
[27] LL 5 EIOPA-BoS-14/166.
[28] LL 5 EIOPA-BoS-14/166.

sichtigen, „ob die Anzahl der Betrachtungen und die Detailtiefe der verfügbaren Daten ausreicht und angemessen ist, um die für die Anwendung der Methode erforderlichen Inputfaktoren zu liefern."[29] Aus dem Ergebnis der Beurteilung der Datenqualität gewinnen die Versicherungsunternehmen Erkenntnisse, die die Auswahl der am besten geeigneten Methode zur Abbildung der bewerteten zugrunde liegenden Risiken beeinflusst.[30]

d) Datenquelle und Verwendung. Die Versicherungsunternehmen sollten „die Quelle und den Verwendungszweck der Daten im Verfahren zur Validierung der Daten" berücksichtigen.[31] 20

e) Anwendung von Expertenmeinungen. Expertenmeinungen sind „bei der Beurteilung exakter, angemessener und vollständiger Daten, die bei der Berechnung der versicherungstechnischen Rückstellungen zu verwenden sind, nicht als Ersatz, sondern [lediglich] als Ergänzung einer angemessenen Datenerhebung, -verarbeitung und -analyse" heranzuziehen, soweit dies erforderlich erscheint.[32] 21

f) Validierung und Rückmeldungsprozess. Die versicherungsmathematische Funktion sollte „im Rahmen der Koordinierung der versicherungstechnischen Rückstellungen auch die Beurteilung und Validierung der maßgeblichen im Bewertungsprozess verwendeten Daten koordinieren."[33] Diese Koordinierungsaufgabe umfasst mindestens Folgenden: 22

(1) die **Wahl der bei der Bewertung zu verwendenden Daten** anhand der Kriterien der Exaktheit, Angemessenheit und Vollständigkeit der Daten unter Berücksichtigung der Methoden, die für die Berechnung am besten geeignet sind. Zu diesem Zweck sollten geeignete Instrumente eingesetzt werden, um etwaige wesentliche Unterschiede zu prüfen, die gegebenenfalls bei den Daten aus einem einzelnen Jahr und im Rahmen anderer relevanter Analysen auftreten; 23

(2) die **Formulierung von Empfehlungen** zur Umsetzung von Verbesserungen an den internen Verfahren, die zur Verbesserung der Einhaltung der Vollständigkeits-, Angemessenheits- und Genauigkeitskriterien als maßgeblich betrachtet werden;

(3) die Ermittlung von Fällen, in denen zusätzliche externe Daten benötigt werden;

(4) eine **Beurteilung der Qualität externer Daten**, wie sie für interne Daten vorgenommen wird, wobei insbesondere zu beurteilen ist, ob Marktdaten benötigt werden bzw. wann diese zur Verbesserung der Qualität interner Daten zu verwenden sind und ob und wie die verfügbaren Daten erweitert werden sollten;

(5) eine Beurteilung, ob im Rahmen der bewährten versicherungsmathematischen Vorgehensweisen **Anpassungen** an den verfügbaren Daten vorzunehmen sind, um die Anpassungsgüte und die Zuverlässigkeit der Schätzungen zu verbessern, die auf der Grundlage dieser Daten mittels versicherungsmathematischer und statistischer Rückstellungsmethoden abgeleitet werden;

(6) die Erfassung jeglicher maßgeblicher Erkenntnisse, die im Beurteilungs- und Validierungsprozess gewonnen wurden und für die anderen Schritte zur Berechnung der versicherungstechnischen Rückstellungen relevant werden könnten und die das Verständnis der zugrundeliegenden Risiken und auch das Wissen um die Qualität und die Unzulänglichkeit der verfügbaren Daten betreffen.[34]

6. Unzulänglichkeit von Daten (Art. 20 Solva II-VO). Wenn Daten die Anforderungen a) bis d) nicht erfüllen, müssen die betreffenden Unzulänglichkeiten von den Versicherungsunternehmen angemessen dokumentiert werden. Dabei ist auch anzugeben, ob und wie solchen Unzulänglichkeiten begegnet wird.[35] Ferner ist eine Beschreibung der Funktionen erforderlich, die innerhalb des Governance-Systems des Versicherungsunternehmens für diesen Prozess zuständig sind. Bevor Anpassungen zur Behebung der Unzulänglichkeiten vorgenommen werden, müssen die Daten angemessen erfasst und gespeichert werden.[36] 24

a) Ermittlung der Quelle der wesentlichen Unzulänglichkeiten. Die Beurteilung der Exaktheit, Vollständigkeit und Angemessenheit der Daten obliegt der versicherungsmathematischen Funktion, die etwaige wesentliche Unzulänglichkeiten der Daten ermittelt.[37] Gegebenenfalls sollte auch den Quellen dieser Unzulänglichkeiten nachgegangen werden.[38] 25

b) Auswirkung von Unzulänglichkeiten. Zur Ermittlung und Beurteilung der Auswirkungen möglicher Unzulänglichkeiten der Datenqualität, sollten die Versicherungsunternehmen die gesamte 26

[29] LL 5 EIOPA-BoS-14/166.
[30] Vgl. LL 5 EIOPA Explanatory Text BoS-14/166 zu LL Bewertung von versicherungstechnischen Rückstellungen.
[31] LL 6 EIOPA-BoS-14/166.
[32] LL 7 EIOPA-BoS-14/166.
[33] LL 8 EIOPA-BoS-14/166.
[34] Vgl. LL 8 EIOPA BoS-14/166.
[35] Vgl. Art. 20 Satz 1 Solva II-VO.
[36] Vgl. Art. 20 Satz 2 Solva II-VO.
[37] Vgl. LL 9 EIOPA-BoS-14/166.
[38] Vgl. LL 9 EIOPA-BoS-14/166.

maßgebliche Dokumentation über interne Prozesse und Verfahren zur Erhebung, Speicherung und Validierung der zur Bewertung der versicherungstechnischen Rückstellungen verwendeten Daten berücksichtigen.[39] Die Unternehmen sollten darüber hinaus sicherstellen, dass die versicherungsmathematische Funktion alle maßgeblichen Aufgaben koordiniert, die gegebenenfalls erfüllt werden, um die Auswirkungen der Unzulänglichkeiten zu beurteilen, welche bei den verfügbaren, zur Berechnung der versicherungstechnischen Rückstellungen verwendeten Daten ermittelt wurden, um Erkenntnisse darüber zu gewinnen, ob die verfügbaren Daten für den beabsichtigten Zweck genutzt werden sollten oder ob man sich um alternative Daten bemühen sollte.[40]

27 **c) Anpassung der Daten.** Werden Datenmängel ermittelt, sollten Versicherungsunternehmen sicherstellen, dass die versicherungsmathematische Funktion beurteilt, ob die Datenqualität mit Blick auf den Zweck der Daten durch eine Anpassung oder Ergänzung verbessert werden kann.[41] Sofern dies zutrifft, ist zu entscheiden, welche spezifischen Anpassungen vorgenommen werden sollen. Anpassungen sollen sich dabei auf den unbedingt erforderlichen Umfang beschränken, um die Unzulänglichkeiten zu beseitigen, und nicht zu Verzerrungen bei der Ermittlung von Trends und jeglicher sonstiger in den Daten enthaltener Merkmale der zugrunde liegenden Risiken führen.[42] Bei der Feststellung von Datenmängeln kann eine Möglichkeit der Datenanpassung darin bestehen, ungültige oder fehlende Einträge durch Durchschnittswerte zu ersetzen.[43] Gegebenenfalls können auch angemessene Näherungswerte einschließlich Einzelfallanalysen sowie auf Expertenmeinung basierende Annahmen verwendet werden, damit die versicherungstechnischen Rückstellungen bewertet werden können.[44] Die Rolle der Versicherungsmathematischen Funktion bei der Beseitigung der Unzulänglichkeiten beschränkt sich darauf, die Quelle dieser Unzulänglichkeiten zu ermitteln und zu untersuchen, wie der Mangel behoben oder zumindest gemindert werden kann, und ihre Schlussfolgerungen in Form von Empfehlungen bezüglich einschlägiger Maßnahmen, die zu diesem Zweck durchgeführt werden können, weiterzugeben. Es ist daher nicht zu erwarten, dass die versicherungsmathematische Funktion zur Durchführung dieser Maßnahmen verpflichtet ist.[45]

28 **d) Empfehlungen der versicherungsmathematischen Funktion.** Die versicherungsmathematische Funktion sollte gegenüber dem Managementorgan Empfehlungen hinsichtlich der Verfahren aussprechen, die zur Steigerung der verfügbaren Datenqualität und -menge durchgeführt werden könnten.[46] Zu diesem Zweck sollte die versicherungsmathematische Funktion die Quellen wesentlicher Unzulänglichkeiten ermitteln und mögliche Lösungen unter Berücksichtigung ihrer Wirksamkeit und der zu ihrer Umsetzung benötigten Zeit vorschlagen.

29 **e) Einsatz von Expertenmeinungen bei wesentlichen Unzulänglichkeiten.** Weisen die Daten wesentliche Unzulänglichkeiten auf, die nicht ohne übermäßige Komplexität behoben werden können, sollte zur Beseitigung dieser Unzulänglichkeiten eine Expertenmeinung angewandt werden, damit die versicherungstechnischen Rückstellungen in angemessener Weise berechnet werden können, denn die Berechnung der versicherungstechnischen Rückstellungen sollte nicht durch ungenaue oder unvollständige Daten beeinträchtigt werden.[47] Auch wenn das Portfolio eines Unternehmens groß genug ist, um statistisch valide Nachweise für Stornoraten und biometrische Daten abzuleiten, können bei der Bewertung der versicherungstechnischen Rückstellungen Markt- und Wettbewerbsentwicklungen, Trends sowie Informationen von nationalen Aktuarvereinigungen, Fachverbänden usw. berücksichtigt werden. Expertenmeinungen begleiten dabei den Prozess, um zu entscheiden, ob die Daten angepasst werden müssen.[48]

30 Zur **Beseitigung von Unzulänglichkeiten der Daten** kann die Expertenmeinung eingesetzt werden, um Daten zu ändern, Ausreißer herauszunehmen oder die Daten zu ergänzen. Bei Datenausreißern ist besondere Sorgfalt geboten, wenn es darum geht, zu entscheiden, dass sie für die Berücksichtigung zukünftiger Modelle und Annahmen für die Zukunft in angemessener Weise (mit entspre-

[39] Vgl. LL 10 EIOPA-BoS-14/166.
[40] Vgl. LL 10 EIOPA-BoS-14/166.
[41] Vgl. LL 11 EIOPA-BoS-14/166.
[42] Vgl. LL 11 EIOPA Explanatory Text BoS-14/166 zu LL Bewertung von versicherungstechnischen Rückstellungen.
[43] Vgl. LL 11 EIOPA Explanatory Text BoS-14/166 zu LL Bewertung von versicherungstechnischen Rückstellungen.
[44] Vgl. LL 11 EIOPA Explanatory Text BoS-14/166 zu LL Bewertung von versicherungstechnischen Rückstellungen.
[45] Vgl. LL 11 EIOPA Explanatory Text BoS-14/166 zu LL Bewertung von versicherungstechnischen Rückstellungen.
[46] Vgl. LL 12 EIOPA-BoS-14/166.
[47] Vgl. LL 13 EIOPA-BoS-14/166.
[48] Vgl. LL 13 EIOPA Explanatory Text BoS-14/166 zu LL Bewertung von versicherungstechnischen Rückstellungen.

chender Berücksichtigung der Häufigkeit und Schwere) die Möglichkeit vorsehen, dass sich solche Ereignisse wiederholen oder andere seltene Ereignisse eintreten.[49]

Die Expertenmeinung wird immer in Verbindung mit verfügbaren internen und externen Informationen angewandt. Beim Einsatz von Expertenmeinungen zur Beseitigung wesentlicher Unzulänglichkeiten der Daten muss ebenfalls die verfügbare Datenquelle als Informationsquelle analysiert werden.[50] 31

f) Dokumentation der Unzulänglichkeit von Daten. Unzulänglichkeiten von Daten sollen durch die Versicherungsunternehmen dokumentiert werden.[51] Dazu gehört neben einer Beschreibung der Unzulänglichkeiten unter Angabe der entsprechenden Ursachen und unter Verweis auf sonstige Dokumente, in denen die Unzulänglichkeiten erkannt wurden, eine zusammenfassende Erläuterung der Auswirkungen der Unzulänglichkeiten im Rahmen der Berechnung der versicherungstechnischen Rückstellungen in Bezug auf Wesentlichkeit dieser Auswirkungen und wie sie sich auf diesen Prozess auswirken.[52] Darüber hinaus müssen die durch die Unternehmen ergriffenen Maßnahmen zur Aufdeckung der Unzulänglichkeiten gegebenenfalls ergänzend zu sonstigen Quellen und Dokumenten beschrieben werden.[53] Ferner sind eine Beschreibung, wie die Probleme kurzfristig behoben werden können, und Empfehlungen für eine künftige Verbesserung der Datenqualität erforderlich.[54] 32

7. Marktdaten. a) Verwendung von Marktdaten. Versicherungsunternehmen sollten bei der Bewertung von Verbindlichkeiten, die unmittelbar vom Verhalten des Finanzmarktes abhängen, oder in Fällen, in denen für die Berechnung der versicherungstechnischen Rückstellungen die Eingabe von Daten aus einer externen Quelle erforderlich ist, nachweisen können, dass sich die externen Daten für den beabsichtigten Zweck besser eignen als die internen Daten.[55] Die Unternehmen sollten sicherstellen, dass von Dritten bereitgestellte externe Daten bzw. Marktdaten die vorliegenden internen Daten ergänzen. Ungeachtet des Grads der Abhängigkeit der Verbindlichkeiten von den Marktbedingungen oder des Qualitätsniveaus der vorliegenden internen Daten sollten Unternehmen sofern angemessen maßgebliche externe Richtwerte berücksichtigen. Externe Daten sollten auch in die Analyse einfließen, die vorgenommen wird, um die allgemeine Einhaltung der Anforderungen an die Datenqualität zu bewerten.[56] 33

[57]Beispiele für die Verwendung von Marktdaten sind Inflationsindizes und anderen Informationen, die effektiv zum Verständnis der den Rückstellungen zugrunde liegenden Risiken und zur Festlegung realistischer und glaubwürdiger Annahmen beitragen. 34

b) Bedingungen für Marktdaten. Bei der Beurteilung des Exaktheits-, Angemessenheits- und Vollständigkeitsgrads externer Daten sollte die versicherungsmathematische Funktion die **Verlässlichkeit der Quellen** dieser Informationen sowie die Einheitlichkeit und Stabilität des Prozesses, den diese Quellen im Laufe der Zeit zur Erhebung und Veröffentlichung von Informationen einsetzen, kennen und ihre Analyse berücksichtigen.[58] Überdies sollte die versicherungsmathematische Funktion sämtlichen zur Ableitung von Daten eingesetzten realistischen Annahmen und maßgeblichen Methoden Rechnung tragen, einschließlich etwaiger Anpassungen oder Vereinfachungen von Rohdaten. Die versicherungsmathematische Funktion sollte sich jeglicher im Zeitverlauf an externen Daten vorgenommene Änderungen bewusst sein und diese berücksichtigen, ungeachtet dessen, ob diese Änderungen Annahmen bzw. damit verbundene Methoden oder sonstige Verfahren zur Erhebung externer Daten betreffen.[59] 35

Sofern die Daten zugänglich und angemessen sind, muss die versicherungsmathematische Funktion die Qualität der verfügbaren Daten im Kontext der Rückstellungsanalyse in Bezug zu als vergleichbar geltenden verfügbaren Industrie- oder Marktdaten und insbesondere in Bezug auf **Marktkonsistenz** beurteilen (vgl. § 75 Abs. 4 VAG). Jegliche wesentlichen Abweichungen sollten von der versicherungsmathematischen Funktion ermittelt und verstanden werden. Diese Analyse könnte sich auf die besonderen Merkmale der jeweils gerade bewerteten homogenen Risikogruppe beziehen.[60] 36

Die versicherungsmathematische Funktion muss mögliche **Anpassungen an den Marktrohdaten** (Daten, die tatsächlich ohne Korrekturen oder Anpassungen jedweder Art beobachtet wurden) berück- 37

[49] Vgl. LL 13 EIOPA Explanatory Text BoS-14/166 zu LL Bewertung von versicherungstechnischen Rückstellungen.
[50] Vgl. LL 13 EIOPA Explanatory Text BoS-14/166 zu LL Bewertung von versicherungstechnischen Rückstellungen.
[51] Vgl. LL 14 EIOPA-BoS-14/166.
[52] Vgl. LL 14 EIOPA-BoS-14/166.
[53] Vgl. LL 14 EIOPA-BoS-14/166.
[54] Vgl. LL 14 EIOPA-BoS-14/166.
[55] Vgl. LL 15 EIOPA-BoS-14/166.
[56] Vgl. LL 15 EIOPA-BoS-14/166.
[57] Vgl. LL 15 EIOPA Explanatory Text BoS-14/166 zu LL Bewertung von versicherungstechnischen Rückstellungen.
[58] Vgl. LL 16 EIOPA-BoS-14/166.
[59] Vgl. LL 16 EIOPA-BoS-14/166.
[60] Vgl. LL 16 EIOPA-BoS-14/166.

sichtigen und wissen, wie wesentlich die Abweichung zwischen den beobachteten Rohdaten und dem erhobenen endgültigen Datensatz ist, um zu beurteilen, welche potenzielle Auswirkung diese Abweichung auf das Ergebnis der versicherungstechnischen Rückstellungen hätte, und – bei wesentlichen Abweichungen – ob das Risikoprofil des Unternehmens dadurch besser abgebildet wird.[61] Außerdem muss die versicherungsmathematische Funktion die wichtigsten Gründe für die Anpassungen kennen, d. h. sie muss die als Inputfaktor in die Berechnung der versicherungstechnischen Rückstellungen einfließenden Informationen samt der wichtigsten relevanten Prozesse der Datentransformation, die diese Informationen durchlaufen haben, verstehen, um die Qualität dieser Informationen realistisch beurteilen zu können.[62]

38 Die Anpassungen können **mehrere Gründe** haben, z. B. eine Erhöhung der Kohärenz zwischen unterschiedlichen Zeiträumen. Solche Anpassungen können auf die Zugrundelegung von Annahmen entsprechend den anzuwendenden Methoden zurückzuführen sein oder mehr oder weniger unabhängig von den anzuwendenden Methoden vorgenommen werden und mit den Daten selbst im Zusammenhang stehen (was im vorstehenden Beispiel der Fall ist).[63]

39 **III. Angemessene Verwendung von Näherungswerten.** Liegen den Versicherungsunternehmen zur Anwendung einer verlässlichen versicherungsmathematischen Methode **nicht genügend Daten** angemessener Qualität vor, können sie zur Berechnung des besten Schätzwerts angemessene Näherungswerte verwenden, wenn folgende Voraussetzungen erfüllt sind:[64]
- die Insuffizienz der Daten ist nicht auf unangemessene interne Prozesse und Verfahren für die Erhebung, Speicherung oder Validierung der für die Bewertung der versicherungstechnischen Rückstellungen verwendeten Daten zurückzuführen;[65]
- die Insuffizienz der Daten lässt sich nicht durch den Einsatz externer Daten beheben;[66]
- für das Unternehmen wäre es nicht praktikabel, die Insuffizienz durch eine Anpassung der Daten zu beheben.[67]

40 Sofern die Versicherungsunternehmen über geeignete Daten in angemessener Qualität verfügen, besteht somit die **Verpflichtung** diese Daten auch für die Berechnung der versicherungstechnischen Rückstellungen verfügbar zu machen und zu nutzen.

41 Näherungswerte zur Berechnung des besten Schätzwerts sind angemessen, wenn sie zu **annähernd gleichen Ergebnissen** führen.

42 **IV. Verhältnis zu anderen Regelungen.** Im VAG verweist der § 31 Versicherungsmathematische Funktion auf § 79 VAG. Gemäß § 31 Abs. 1 VAG hat die **versicherungsmathematische Funktion** in Bezug auf die Berechnung der versicherungstechnischen Rückstellungen die Berechnung zu koordinieren, die Angemessenheit der verwendeten Methoden und der zugrunde liegenden Modelle sowie der getroffenen Annahmen zu gewährleisten, die Hinlänglichkeit und die Qualität der zugrunde gelegten Daten zu bewerten, die besten Schätzwerte mit den Erfahrungswerten zu vergleichen, den Vorstand über die Verlässlichkeit und Angemessenheit der Berechnung zu unterrichten und die Berechnung der versicherungstechnischen Rückstellungen in den in § 79 VAG genannten Fällen zu überwachen.

Matching-Anpassung an die maßgebliche risikofreie Zinskurve

80 (1) [1]**Mit Genehmigung der Aufsichtsbehörde können Versicherungsunternehmen eine Matching-Anpassung an die maßgebliche risikofreie Zinskurve vornehmen, um den besten Schätzwert des Portfolios der Lebensversicherungs- oder Rückversicherungsverpflichtungen zu berechnen, einschließlich der Rentenversicherungen, die aus Nichtlebensversicherungs- oder Rückversicherungsverträgen stammen. [2]Die Genehmigung wird erteilt, wenn folgende Voraussetzungen erfüllt sind:**

1. das Versicherungsunternehmen hat ein Portfolio aus Vermögenswerten, bestehend aus Anleihen und sonstigen Vermögenswerten mit ähnlichen Zahlungsstrom-Eigenschaften, festgelegt, um den besten Schätzwert des Portfolios der Versicherungs- oder Rückversicherungsverpflichtungen zu bedecken und behält diese Festlegung während des Bestehens der Verpflichtungen bei, es sei denn, eine Abweichung erfolgt zu dem Zweck, die

[61] Vgl. LL 16 EIOPA Explanatory Text BoS-14/166 zu LL Bewertung von versicherungstechnischen Rückstellungen.
[62] Vgl. LL 16 EIOPA Explanatory Text BoS-14/166 zu LL Bewertung von versicherungstechnischen Rückstellungen.
[63] Vgl. LL 16 EIOPA Explanatory Text BoS-14/166 zu LL Bewertung von versicherungstechnischen Rückstellungen.
[64] Vgl. Art. 21 Satz 1 Solva II-VO.
[65] Vgl. Art. 21 Satz 1 lit. a Solva II-VO.
[66] Vgl. Art. 21 Satz 1 lit. b Solva II-VO.
[67] Vgl. Art. 21 Satz 1 lit. c Solva II-VO.

Replikation der erwarteten Zahlungsströme zwischen Vermögenswerten und Verbindlichkeiten aufrechtzuerhalten, wenn sich die Zahlungsströme wesentlich verändert haben;

2. das Portfolio der Versicherungs- oder Rückversicherungsverpflichtungen, bei denen die Matching-Anpassung vorgenommen werden soll, und das zugeordnete Vermögensportfolio werden getrennt von den anderen Aktivitäten des Unternehmens identifiziert, organisiert und verwaltet und das zugeordnete Vermögensportfolio kann nicht verwendet werden, um Verluste aus anderen Aktivitäten des Unternehmens abzudecken;

3. die erwarteten Zahlungsströme des zugeordneten Vermögensportfolios replizieren sämtliche künftigen Zahlungsströme des Portfolios der Versicherungs- oder Rückversicherungsverpflichtungen in derselben Währung und Inkongruenzen ziehen keine Risiken nach sich, die im Vergleich zu den inhärenten Risiken des Versicherungs- oder Rückversicherungsgeschäfts, bei dem eine Matching-Anpassung vorgenommen wird, wesentlich sind;

4. die dem Portfolio der Verpflichtungen zugrunde liegenden Versicherungs- und Rückversicherungsverträge führen nicht zu künftigen Prämienzahlungen;

5. die einzigen versicherungstechnischen Risiken im Zusammenhang mit dem Portfolio der Versicherungs- oder Rückversicherungsverpflichtungen sind das Langlebigkeitsrisiko, das Kostenrisiko, das Revisionsrisiko und das Sterblichkeitsrisiko;

6. das Sterblichkeitsrisiko gehört zu den versicherungstechnischen Risiken im Zusammenhang mit dem Portfolio der Versicherungs- oder Rückversicherungsverpflichtungen und es erhöht sich der beste Schätzwert des Portfolios der Versicherungs- oder Rückversicherungsverpflichtungen nicht um mehr als 5 Prozent unter einem Sterblichkeitsrisikostress, der gemäß § 97 kalibriert wird;

7. die dem Portfolio der Versicherungs- oder Rückversicherungsverpflichtungen zugrunde liegenden Verträge enthalten keine Optionen für den Versicherungsnehmer oder nur eine Rückkaufoption, bei der der Rückkaufwert den Wert der gemäß § 74 bewerteten Vermögenswerte, die im Zeitpunkt der Ausübung der Rückkaufoption die Versicherungs- oder Rückversicherungsverpflichtungen abdecken, nicht übersteigt;

8. die Vermögenswerte des zugeordneten Vermögensportfolios generieren fixe Zahlungsströme, die von den Emittenten der Vermögenswerte oder Dritten nicht verändert werden können, und

9. die Versicherungs- oder Rückversicherungsverpflichtungen eines Versicherungs- oder Rückversicherungsvertrags werden bei der Zusammenstellung des Portfolios der Versicherungs- oder Rückversicherungsverpflichtungen für die Zwecke dieses Absatzes nicht in verschiedene Teile geteilt.

[3] Unbeschadet des Satzes 2 Nummer 8 können Versicherungsunternehmen Vermögenswerte verwenden, deren Zahlungsströme abgesehen von der Inflationsabhängigkeit fix sind, wenn diese Vermögenswerte die in den Zahlungsströmen des Portfolios der inflationsabhängigen Versicherungs- oder Rückversicherungsverpflichtungen enthaltene Inflation replizieren. [4] Haben Emittenten oder Dritte das Recht, Zahlungsströme von Vermögenswerten so zu ändern, dass der Anleger hinreichenden Ausgleich erhält, um den gleichen Zahlungsstrom durch Reinvestitionen in Vermögenswerte gleicher oder besserer Kreditqualität zu erhalten, schließt das Recht, Zahlungsströme zu ändern, den Vermögenswert nicht von der Zulässigkeit für das zugeordnete Portfolio gemäß Satz 2 Nummer 8 aus.

(2) [1] Versicherungs- oder Rückversicherungsunternehmen, die die Matching-Anpassung an einem Portfolio von Versicherungs- oder Rückversicherungsverpflichtungen vornehmen, dürfen nicht zu einem Ansatz zurückkehren, der keine Matching-Anpassung umfasst. [2] Ist ein Versicherungs- oder Rückversicherungsunternehmen, das die Matching-Anpassung vornimmt, nicht mehr in der Lage, die in Absatz 1 genannten Voraussetzungen zu erfüllen, hat es die Aufsichtsbehörde unverzüglich davon in Kenntnis zu setzen und die erforderlichen Maßnahmen zu ergreifen, damit diese Voraussetzungen wieder erfüllt werden. [3] Gelingt es dem Unternehmen nicht, innerhalb von zwei Monaten ab dem Zeitpunkt der Nichteinhaltung die in Absatz 1 genannten Voraussetzungen wieder zu erfüllen, darf es bei seinen Versicherungs- oder Rückversicherungsverpflichtungen keine Matching-Anpassung mehr vornehmen und die Matching-Anpassung erst nach weiteren 24 Monaten wieder aufnehmen.

(3) Die Matching-Anpassung darf nicht auf Versicherungs- oder Rückversicherungsverpflichtungen angewandt werden, bei denen die maßgebliche risikofreie Zinskurve für die Berechnung des besten Schätzwerts dieser Verpflichtungen eine Volatilitätsanpassung nach § 82 oder eine Übergangsmaßnahme zu den risikofreien Zinssätzen gemäß § 351 enthält.

Übersicht

Schrifttum: *Bank of England Prudential Regulation Authority*: Solvency II: matching adjustment, Version 15.10.2014 (abrufbar unter bankofengland.co.uk).

1 **I. Allgemeines. 1. Entstehungsgeschichte.** § 80 VAG ist bei der Neufassung des VAG im Jahr 2015 durch Art. 1 des Gesetzes zur Modernisierung der Finanzaufsicht über Versicherungen[1] vom 1.4.2015 in das VAG eingefügt worden.

2 **2. Normzweck.** Die Vorschrift bestimmt die Voraussetzungen für die Anwendung der Matching-Anpassung. Abs. 2 beschreibt die Bedingungen, unter denen eine Beendigung und Wiederaufnahme der Matching-Anpassung möglich sind. Abs. 3 verhindert eine Kombination von Matching-Anpassung und Volatilitätsanpassung nach § 82 VAG bzw. der Zins-Übergangsmaßnahme nach § 351 VAG.

3 **3. Europarechtlicher Hintergrund.** Die Vorschrift setzt Art. 77b Solva II-RL um. Dieser wurde im Zuge der RL 2014/51/EU (Omnibus II-RL) in das Regelwerk von Solvabilität II aufgenommen. Zusätzliche Erläuterungen befinden sich in den auf Basis der Ermächtigungsgrundlage der Art. 86 lit. h Solva II-RL von der EU-Kommission erlassenen technischen Regulierungsstandards des Art. 52 Solva II-VO. Die in den technischen Durchführungsstandards der DVO (EU) 2015/500 enthaltenen Regelungen konkretisieren das Genehmigungsverfahren zur Anwendung einer Matching-Anpassung.

4 Des Weiteren beziehen sich die EIOPA-BoS-14/169 (LL zu Sonderverbänden) auf § 80 VAG. Auf die Matching-Anpassung wird außerdem eingegangen in EIOPA-BoS-15/111 (LL für die Umsetzung von langfristigen Garantien), EIOPA-BoS-14/181 (LL zur Gruppensolvabilität) und EIOPA-BoS-14/174 (LL zum Umgang mit Markt- und Gegenparteirisikopositionen in der Standardformel). Da es sich bei der Matching-Anpassung um eine Anpassung für Verpflichtungen aus Versicherungsverträgen handelt, die durch ein abgegrenztes Vermögensportfolio bedeckt werden, gelten für dieses Portfolio überdies alle Erläuterungen bzgl. der Sonderverbände.

5 **II. Die Matching-Anpassung als Teil der LTG-Maßnahmen. 1. Maßnahmenpaket zu langfristigen Garantien.** Die Übergangsmaßnahmen für die Bewertung versicherungstechnischer Rückstellungen sind Teil des Maßnahmenpakets zu langfristigen Garantien[2] (**LTG-Maßnahmen**), das im Zuge der RL 2014/51/EU (**Omnibus II-RL**) in das Regelwerk von Solvabilität II aufgenommen wurde.[3]

6 Um dem sehr volatilen Niedrigzinsumfeld Rechnung zu tragen, hat der europäische Richtliniengeber in der Solva II-RL verschiedene **Instrumente und Übergangsvorschriften** verankert. Diese sind integraler Bestandteil von Solvabilität II. Die Unternehmen in der EU haben die Möglichkeit, die für ihr Geschäftsmodell angemessenen Instrumente zu wählen, sofern die jeweiligen Voraussetzungen dafür erfüllt sind.[4]

7 Zu den **LTG-Maßnahmen** zählen die Übergangsmaßnahme bei den risikofreien Zinssätzen (§ 351 VAG), die Übergangsmaßnahme bei versicherungstechnischen Rückstellungen (§ 352 VAG), die hier behandelte Matching-Anpassung sowie die Volatilitätsanpassung (§ 82 VAG).

8 Das Hauptziel, das mit der Matching-Anpassung bei den LTG-Maßnahmen verfolgt wurde, ist die Vermeidung so genannter **„künstlicher" Volatilität** von Eigenmitteln. Gleichzeitig sollte vom Prinzip der marktkonsistenten Bewertung nicht abgewichen werden.

---

[1] BGBl. 2015 I 434 ff.

[2] Diese werden in der englischen Sprache als „long term guarantees package" und in der deutschen Fachsprache daher auch als LTG-Maßnahmen bezeichnet.

[3] *Ermert* Solvency II: Übergangsmaßnahmen zur Rückstellungsbewertung – Eine erste Bestandsaufnahme, Version 16.3.2016 (abrufbar unter bafin.de).

[4] *Gesamtverband der Deutschen Versicherungswirtschaft e. V.* BaFin-Vollerhebung, Gelungene Generalprobe für Solvency II, Version 12.11.2014 (abrufbar unter gdv.de).

Die Matching-Anpassung und die Volatilitätsanpassung geben den Versicherungsunternehmen die Möglichkeit, die **maßgebliche risikofreie Zinskurve** zur Berechnung des besten Schätzwerts nach § 77 VAG anzupassen. Diese Maßnahmen verringern den Druck, bedeckende Vermögenswerte zu veräußern, wenn sich die Spreads für festverzinsliche Wertpapiere am Markt ausweiten.[5] 9

2. Matching-Anpassung: Theoretischer Hintergrund. Durch das Ausfallrisiko tendieren die Marktwerte der Anleihen zu einer sehr hohen **Volatilität**. Der Spread auf den risikofreien Zins entspricht der Einschätzung der Märkte für das Ausfallrisiko der Anleihe. Allerdings können diese Schwankungen nur zu Verlusten führen, wenn die Unternehmen die Anleihen kurzfristig verkaufen müssen. Werden die Anleihen bis zu ihrer Fälligkeit gehalten, so spielt die Volatilität ihrer Marktwerte keine Rolle, sondern nur ein ggf. eintretender tatsächlicher Ausfall des Emittenten. Wenn die Anleihen der Deckung der Verpflichtungen mit fixen Zahlungsströmen dienen, dann hat das Unternehmen die Sicherheit, dass diese tatsächlich bis zu ihrer Fälligkeit gehalten werden können.[6] 10

Es gibt Produktgestaltungen mit sehr langen Laufzeiten (z. B. Rentenversicherungen), die durch entsprechend langfristig gehaltene Vermögenswerte gedeckt werden, deren Zahlungsströme ziemlich genau zu den ausgehenden Zahlungsströmen der entsprechenden Versicherungsverpflichtungen passen (bspw. Unternehmensanleihen, Hypotheken).[7] Auf der Basis dieser Überlegungen entstand die **Matching-Anpassung** als eine Anpassung der im Fall von Verpflichtungen mit fixen Zahlungsströmen verwendeten **Diskontierungsrate**. Z. B. erlaubt die zuständige britische Aufsichtsbehörde, die Bank of England, im Fall eines Matching zwischen den Zahlungsströmen aus dem Verpflichtungs- und Vermögensportfolio die Anpassung des Diskontierungszinses bei der Bewertung der Verpflichtungen, sodass der Rückgang des Vermögensportfoliowertes durch die niedrigere Bewertung des zugeordneten Verpflichtungsportfolios kompensiert wird.[8] 11

III. Voraussetzungen zur Anwendung (Abs. 1). Gemäß § 80 Abs. 1 VAG ist für die Umsetzung der Matching-Anpassung eine **Genehmigung der Aufsichtsbehörde** als begünstigender Verwaltungsakt erforderlich. Für die Erteilung einer Genehmigung müssen verschiedene Voraussetzungen erfüllt werden. Die Voraussetzungen beinhalten sowohl die Anforderungen an das Versicherungsportfolio, als auch an das zugeordnete Vermögensportfolio. Bei Vorliegen der Voraussetzungen ist die Genehmigung durch die Aufsichtsbehörde zu erteilen. 12

1. Matching. Grundsätzliche Voraussetzung zur Anwendung der Matching-Anpassung ist nach § 80 Abs. 1 Nr. 1 VAG eine **gegenseitige Abstimmung („Matching") der aktiv- und passivseitigen Zahlungsströme**. D. h. dem Portfolio der Versicherungsverpflichtungen ist ein konkretes Portfolio aus Vermögenswerten zuzuordnen, mit welchem die Verpflichtungen gedeckt werden sollen. Die Unternehmen sollen nach § 80 Abs. 1 S. 1 Nr. 3 VAG demonstrieren, dass „die erwarteten Zahlungsströme des zugeordneten Vermögensportfolios sämtliche künftige Zahlungsströme des Portfolios der Versicherungs- oder Rückversicherungsverpflichtungen in derselben Währung replizieren". Aus der Sichtweise der Bank of England können die Unternehmen dies nachweisen indem sie eine quantitative Zahlungsstrom-Projektion machen und das Ausmaß von den Zahlungsstrom-Überschüssen und -Defiziten in jedem Folgejahr bewerten.[9] 13

Als Voraussetzung für ein Matching gilt:, „(…) Inkongruenzen ziehen keine Risiken nach sich, die im Vergleich zu den inhärenten Risiken des Versicherungs- oder Rückversicherungsgeschäfts, bei dem eine Matching-Anpassung vorgenommen wird, wesentlich sind". Um dies zu demonstrieren sollen nach den Vorgaben der Bank of England eine quantitative Einschätzung der **Zins-, Währungs-, Inflations- oder anderer relevanter Risiken**, die aus einem mangelnden Matching von Zahlungsströmen entstehen, sowie eine Einschätzung ob diese Risiken als materiell im Vergleich zu den Risiken vom gesamten Portfolio einzusehen sind, erfolgen.[10] 14

2. Steuerung des Portfolios mit Matching-Anpassung. Als **Matching-Adjustment Portfolio (MA-Portfolio)** wird ein Portfolio aus Versicherungsverpflichtungen, auf welches die Matching-Anpassung vorgenommen wird, und das in § 80 Abs. 1 S. 1 Nr. 2 VAG genannte zugeordnete Vermögensportfolio bezeichnet.[11] 15

Unternehmen, die die Matching-Anpassung anwenden, sollen nach § 80 Abs. 1 Nr. 2 VAG das Portfolio an Aktiva und Passiva getrennt von anderen **Geschäftsbereichen** organisieren und verwalten, und es ist ihnen daher nicht erlaubt, Risiken, die in anderen Geschäftsbereichen entstehen, mittels des zugeordneten Vermögensportfolios auszugleichen. 16

---

[5] *DAV* Solvency II – auf der Zielgeraden bleibt noch viel zu tun (abrufbar unter aktuar.de).
[6] *EIOPA* Technical Findings on the Long-Term Guarantees Assessment, S. 75 (abrufbar unter eiopa.europa.eu).
[7] *Simler/Hickman* SII Matching Adjustment, An industry view, Version 5.11.2012 (abrufbar unter actuaries.org.uk).
[8] *Ashurst* Matching Adjustments under Solvency II, Januar 2015, S. 5 (abrufbar unter ashurst,com).
Bank of England Prudential Regulation Authority, S. 10.
[9] *Bank of England Prudential Regulation Authority*, S. 10.
[10] *Bank of England Prudential Regulation Authority*, S. 10.
[11] Art. 1 Nr. 37 Solva II-VO.

17 **3. Eignung eines Portfolios für die Matching-Anpassung.** Gemäß § 80 Abs. 1 Nr. 5 VAG darf das Portfolio der Versicherungsverpflichtungen nur **Langlebigkeits-, Kosten-, Revisions- und Sterblichkeitsrisiken** unterliegen. Das Sterblichkeitsrisiko ist dabei nach oben begrenzt: gemäß § 80 Abs. 1 Nr. 6 VAG darf sich der beste Schätzwert des Portfolios der Versicherungsverpflichtungen nicht um mehr als 5 Prozent unter einem Sterblichkeitsrisikostress, der gemäß § 97 VAG kalibriert wird, ändern.

18 Gemäß Art. 52 Solva II-VO ist der in § 80 Abs. 1 Nr. 6 VAG genannte **Sterblichkeitsrisikostress** das im Hinblick auf die Auswirkungen auf die Basiseigenmittel ungünstigere der beiden folgenden Szenarien:

(1) plötzlicher dauerhafter Anstieg der bei der Berechnung des besten Schätzwerts zugrunde gelegten Sterblichkeitsraten um 15 %;

(2) plötzlicher Anstieg der bei der Berechnung der versicherungstechnischen Rückstellungen zugrunde gelegten Sterblichkeitsraten (ausgedrückt als Prozentsätze) um 0,15 Prozentpunkte, um die Sterblichkeit in den folgenden zwölf Monaten widerzuspiegeln.

19 Die Verträge aus dem MA-Portfolio müssen nach § 80 Abs. 1 Nr. 4 VAG **beitragsfrei** sein.

20 Die Verträge dürfen nach § 80 Abs. 1 Nr. 7 VAG keine einseitigen Gestaltungsrechte für den Versicherungsnehmer (bis auf Rückkauf) enthalten. Falls ein **Rückkaufsrecht** enthalten ist, darf der Rückkaufswert den Wert der gemäß § 74 VAG bewerteten Vermögenswerte, also dem Zeitwert,[12] die im Zeitpunkt der Ausübung des Rückkaufrechtes die Versicherungsverpflichtungen abdecken, nicht übersteigen.

21 **4. Eignung des Vermögensportfolios.** Die **erwarteten Zahlungsströme** aus dem Vermögensportfolio müssen nach § 80 Abs. 1 Nr. 8 VAG grundsätzlich **festgelegt** sein. Allerdings bestimmt § 80 Abs. 1 S. 3 VAG, dass die Abhängigkeit der Zahlungsströme von der Inflation zulässig ist, wenn die entsprechenden Verpflichtungen ebenfalls inflationsabhängig sind. Es ist nicht ausgeschlossen, dass Vermögenswerte, die sowohl fixe als auch nicht fixe Zahlungsströme produzieren, für die Matching-Anpassung geeignet sein können, wenn nur die fixen Zahlungsströme bei dem Matching berücksichtigt werden.[13]

22 Die Zahlungsströme des Vermögensportfolios müssen nach § 80 Abs. 1 Nr. 3 VAG jedem Zahlungsstrom des zugeordneten Verpflichtungsportfolio in derselben **Währung** entsprechen. Falls Inkongruenzen bestehen, dann dürfen diese keine Risiken nach sich ziehen. Außerdem dürfen die Zahlungsströme nach § 80 Abs. 1 Nr. 8 VAG nicht **durch einen Dritten geändert** werden. Diese Anforderungen schließen somit automatisch viele Finanzinstrumente aus (bspw. Stufenzinsanleihen). § 80 Abs. 1 S. 4 VAG lässt eine Abweichung von den Anforderungen gemäß § 80 Abs. 1 S. 2 Nr. 8 VAG (keine Änderung der Zahlungsströme durch Dritten) zu. Die Möglichkeit, dass die Zahlungsströme durch Dritte geändert werden können, wird nicht als die Nichteinhaltung der Anforderungen betrachtet, wenn im Fall der Änderung eine Kompensation gegeben wird, die das Wiederanlagerisiko ausgleicht. Dementsprechend können solche Vermögenswerte geeignet sein, wenn die beschriebene Kompensationsklausel vertraglich festgehalten ist.[14] Falls der Ausgleich nicht durch die Kompensationsklausel, sondern in einer anderen Form gewährleistet ist, dann fordert z. B. die Bank of England, dass die Effektivität der alternativ gewählten Form nachgewiesen wird.[15]

23 **IV. Dauer der Anwendung (Abs. 2).** Gemäß § 80 Abs. 2 VAG ist eine Rückkehr zur Bewertung des Verpflichtungsportfolios ohne Matching-Anpassung nicht erlaubt. Sollte der Fall eintreten, dass das Unternehmen die Voraussetzungen aus § 80 Abs. 1 VAG nicht mehr erfüllt, ist die Aufsichtsbehörde unverzüglich zu unterrichten. Die Vorschrift setzt eine Frist von zwei Monaten ab Beginn der **Nichterfüllung**, um die Voraussetzungen des § 80 Abs. 1 VAG wieder herzustellen. Erfolgt dies nicht innerhalb dieser Frist, so darf das Unternehmen die Matching-Anpassung überhaupt nicht mehr, also auch nicht bei anderen Produkten, anwenden und darf sie in den nächsten 24 Monaten auch **nicht wieder einführen**.

24 **V. Kombinierbarkeit mit anderen Maßnahmen (Abs. 3).** Ein Versicherungsunternehmen darf nach § 80 Abs. 3 VAG die Matching-Anpassung nicht anwenden, wenn bereits die **Volatilitätsanpassung** nach § 82 VAG oder die sogenannte **Zinsübergangsmaßnahme** nach § 351 VAG angewendet werden. Zur Vereinbarkeit von Volatilitätsanpassung und Zinsübergangsmaßnahme vgl. § 80 Abs. 3 VAG.

25 Die gleichzeitige Anwendung der Matching- und der Volatilitätsanpassung ist deshalb nicht möglich, da es sich bei beiden Maßnahmen um Anpassungen der Zinskurve handelt.

[12] § 74 Abs. 2 VAG.
[13] *Bank of England Prudential Regulation Authority*, S. 4.
[14] *Bank of England Prudential Regulation Authority*, S. 6.
[15] *Bank of England Prudential Regulation Authority*, S. 6.

Eine gleichzeitige Anwendung von Matching-Anpassung und **Rückstellungsübergangsmaßnahme** ist zulässig unter der Bedingung, dass der in Art. 308d Abs. 2 lit. a Solva II-RL genannte Betrag mit der Matching-Anpassung berechnet wird.[16] 26

VI. Anwendung in der Praxis. Die Anforderungen an das Portfolio der Versicherungsverpflichtungen aus § 80 Abs. 1 VAG schließen den größten Teil der gebräuchlichen Vertragsgestaltungen aus. Grundsätzlich geeignet sind nur einige Formen der **sofort beginnenden Rentenversicherung**. 27

Dies gilt insbesondere für die üblichen Produkte auf dem deutschen Markt. Aufgrund des Anspruchs auf **Überschussbeteiligung**, den fast alle Lebensversicherungsverträge beinhalten und die sich nach § 4 Abs. 1 i. V. m. § 3 Abs. 1 MindZV auf die gesamten Kapitalanlagen des Unternehmens bezieht, ist die geforderte gesonderte Anlage nicht möglich. 28

Weiter ist die Matching-Anpassung die anspruchsvollste Maßnahme aus Sicht der Beaufsichtigung. Die Maßnahme setzt eine Reihe von Annahmen und Parametern voraus, deren Ermittlung von der Aufsichtsbehörde hinterfragt werden muss. Weil diese zwischen den Unternehmen variieren, wird die **Vergleichbarkeit** der versicherungstechnischen Rückstellungen eingeschränkt. Die Solvabilitätsergebnisse der Versicherungsunternehmen werden weniger vergleichbar sein, wenn verschiedene Zinsstrukturkurven bei den Versicherungsunternehmen beziehungsweise innerhalb eines Versicherungsunternehmens angewandt wurden. Die übergeordnete Idee der marktkonsistenten Bewertung unter Solvabilität II ist, dass eine Vergleichbarkeit zwischen den Unternehmen erreicht werden soll, indem Verbindlichkeiten, die Risiken abdecken, die von der Art, Größe und Komplexität her gleich sind, konsistent bewertet werden.[17] 29

Durch die mangelnde Relevanz in Deutschland mag es begründet sein, dass der Gesetzgeber Art. 77b Solva II-RL sehr wortgetreu übernommen hat und nicht an die sonst übliche **Begrifflichkeit** im Aufsichtsrecht angepasst hat. 30

VII. Verhältnis zu anderen Regelungen im VAG. Wenn eine Matching-Anpassung angewendet wird, dann müssen die Versicherungsunternehmen nach § 26 Abs. 3 VAG einen **Liquiditätsplan** erstellen, in dem alle eingehenden und ausgehenden Zahlungsströme in Bezug auf die Vermögenswerte und Verbindlichkeiten aus dem MA-Portfolio projiziert werden. 31

Gemäß § 27 Abs. 2 Nr. 2 VAG muss im Rahmen der **Risiko- und Solvabilitätsbeurteilung** eine Beurteilung der jederzeitigen Erfüllbarkeit der aufsichtsrechtlichen Eigenmittelanforderungen, der Anforderungen an die versicherungstechnischen Rückstellungen in der Solvabilitätsübersicht und der Risikotragfähigkeit erfolgen. Wenn die Matching-Anpassung angewendet wird, dann muss nach § 27 Abs. 4 VAG die oben erwähnte Beurteilung mit und ohne Berücksichtigung der Anpassung erfolgen. 32

Im **Solvabilitäts- und Finanzbericht** muss nach § 40 Abs. 3 S. 1 VAG eine Beschreibung der Matching-Anpassung, des Portfolios der Verpflichtungen und der zugeordneten Vermögenswerte, auf die die Matching-Anpassung angewendet wird, sowie eine Quantifizierung der Auswirkungen der Änderung der Matching-Anpassung auf null auf die Finanzlage eines Unternehmens enthalten sein. 33

Wenn das Risikoprofil des Unternehmens erheblich von den Annahmen abweicht, die der Matching-Anpassung zugrunde liegen, dann kann die Aufsichtsbehörde nach § 301 Abs. 4 VAG einen **Kapitalaufschlag** auf die Solvabilitätskapitalanforderung festsetzen. 34

Die Anwendung einer Matching-Anpassung schließt eine vorübergehende **Anpassung der maßgeblichen risikofreien Zinskurve** gemäß § 351 VAG sowie die Anwendung der **Volatilitätsanpassung** gemäß § 82 VAG aus. 35

Berechnung der Matching-Anpassung

81

Die Matching-Anpassung nach § 80 ist für jede Währung nach folgenden Grundsätzen zu berechnen:

1. die Matching-Anpassung entspricht der Differenz zwischen

a) dem effektiven Jahreszinssatz, der als konstanter Abzinsungssatz berechnet wird, der angewandt auf die Zahlungsströme des Portfolios der Versicherungs- oder Rückversicherungsverpflichtungen zu einem Wert führt, der dem Wert gemäß § 74 des Portfolios der zugeordneten Vermögenswerte entspricht;

b) dem effektiven Jahreszinssatz, der als ein konstanter Abzinsungssatz berechnet wird, der angewandt auf die Zahlungsströme des Portfolios der Versicherungs- oder Rückversicherungsverpflichtungen zu einem Wert führt, der dem besten Schätzwert des Portfolios der Versicherungs- oder Rückversicherungsverpflichtungen entspricht, wenn der Zeitwert des Geldes unter Verwendung der grundlegenden risikofreien Zinskurve berücksichtigt wird;

---

[16] EIOPA-LL BoS-15/111.

[17] *BaFin* Zusammenfassung des LGTA-Berichts für Deutschland, Version 14.6.2013, S. 10.

2. die Matching-Anpassung umfasst nicht den grundlegenden Spread, der die von dem Versicherungsunternehmen zurückbehaltenen Risiken widerspiegelt;
3. unbeschadet der Nummer 1 wird der grundlegende Spread bei Bedarf erhöht, um sicherzustellen, dass die Matching-Anpassung für Vermögenswerte, deren Kreditqualität unter dem Investment Grade liegt, nicht höher ist als die Matching-Anpassung für Vermögenswerte, deren Kreditqualität als Investment Grade eingestuft wurde, die dieselbe Duration aufweisen und die derselben Kategorie von Vermögenswerten angehören;
4. die Verwendung externer Ratings bei der Berechnung der Matching-Anpassung hat im Einklang mit den von der Europäischen Kommission gemäß Artikel 111 Absatz 1 Buchstabe n der Richtlinie 2009/138/EG erlassenen delegierten Rechtsakten zu stehen.

1 **I. Allgemeines. 1. Entstehungsgeschichte.** § 81 VAG ist bei der Neufassung des VAG im Jahr 2015 durch Art. 1 des Gesetzes zur Modernisierung der Finanzaufsicht über Versicherungen[1] vom 1.4.2015 in das VAG eingefügt worden.

2 **2. Normzweck.** Die Vorschrift bestimmt die Grundsätze, nach denen die Berechnung der Matching-Anpassung vorzunehmen ist.

3 **3. Europarechtlicher Hintergrund.** Die Vorschrift setzt Art. 77c Abs. 1 Solva II-RL um. Dieser wurde im Zuge der RL 2014/51/EU (Omnibus II-RL) in das Regelwerk von Solvabilität II aufgenommen. Weitere Ausführungen zur Berechnung der Matching-Anpassung sind in Art. 53 und 54 Solva II-VO zu finden. Art. 77c Abs. 2 Solva II-RL wird nicht unmittelbar in deutsches Recht umgesetzt, sondern ist durch Verweis in den auf Basis der Ermächtigungsgrundlage des Art. 86 lit. h Solva II-RL von der EU-Kommission erlassenen technischen Regulierungsstandards des Art. 54 Solva II-VO anzuwenden.

Des Weiteren werden in den von EIOPA veröffentlichten EIOPA-BoS-15/035[2] u. a. der einfache Aufschlag auf die Zinskurve, der für die Berechnung der Matching-Anpassung verwendet wird, erläutert.

4 **II. Matching-Anpassung. 1. Berechnung der Matching-Anpassung.** Bei der Matching-Anpassung handelt es sich um einen für alle Durationen gleichen, also **konstanten Aufschlag** auf die risikofreie Basiszinskurve. Sie bewirkt also eine **parallele Verschiebung der risikofreien Basiszinskurve** nach oben.

5 Die Matching-Anpassung nach § 80 VAG wird für jede Währung gemäß § 81 Nr. 1 VAG berechnet als die **Differenz zweier Zinssätze**:

6 Der erste Zinssatz ist der effektive Jahreszinssatz, bei dem der Barwert der Zahlungsströme der Versicherungsverpflichtungen dem Wert des **Portfolios der Vermögenswerte** entspricht. Der zweite Zinssatz ist der effektive Jahreszinssatz, bei dem der Barwert der Zahlungsströme der Versicherungsverpflichtungen gleich dem besten Schätzwert der Versicherungsverpflichtungen ist unter Berücksichtigung der zugrundeliegenden risikofreien Zinskurve.[3]

7 Bei der Berechnung des effektiven Jahreszinssatzes nach § 81 Nr. 1 lit. a VAG in Umsetzung von Art. 77c Abs. 1 lit. a Solva II-RL werden gemäß Art. 53 Abs. 1 Solva II-VO von den Versicherungsunternehmen nur diejenigen zugeordneten Vermögenswerte berücksichtigt, deren erwartete Zahlungsströme notwendig sind, um die Zahlungsströme des Bestandes an **Versicherungsverpflichtungen** nachzubilden. Vermögenswerte, die darüber hinausgehen, werden nicht weiter berücksichtigt.

8 Der erwartete Zahlungsstrom eines Vermögenswertes ist gemäß Art. 53 Abs. 1 Solva II-VO der Zahlungsstrom dieses Vermögenswertes, der angepasst wurde, um die **Ausfallwahrscheinlichkeit** dieses Vermögenswertes zu berücksichtigen. Die Ausfallwahrscheinlichkeit entspricht entweder dem **zugrundeliegenden Spread**[4] gemäß Art. 77c Abs. 2 lit. a i Solva II-RL oder dem zugrundeliegenden Spread gemäß Art. 77c Abs. 2 lit. b und lit. c Solva II-RL, wenn kein verlässlicher Kreditspread aus den Ausfallstatistiken abgeleitet werden kann.

9 Nach § 81 Abs. 2 VAG ist der zugrundeliegende Spread, der die von dem Versicherungsunternehmen **zurückbehaltenen Risiken** widerspiegelt, nicht in der Matching-Anpassung enthalten. Der Abzug des zugrundeliegenden Spreads gemäß § 81 Abs. 2 VAG vom Ergebnis der Berechnung der Matching-Anpassung nach dem obigen Verfahren enthält nur denjenigen Teil des zugrundeliegenden Spreads, der nicht bereits bei der Anpassung der Zahlungsströme der Vermögenswerte aus dem zugeordneten Vermögensportfolio gemäß Art. 53 Abs. 1 Solva II-VO berücksichtigt wurde.

---

[1] BGBl. 2015 I 434 ff.

[2] EIOPA-BoS-15/035 v. 7.3.2016, Technical documentation of the methodology to derive EIOPA's risk-free interest rate term structures.

[3] Vgl. § 77c Abs. 1 Solva II-RL.

[4] Der Gesetzgeber hat hier die einfache deutsche Übersetzung der Solva II-RL übernommen. Der „basic spread" der Solva II-RL ist aber nicht für irgendetwas grundlegend, sondern der Wert, der den Berechnungen zugrunde liegt.

Unabhängig von der Berechnung der Matching-Anpassung kann der zugrundeliegende Spread gemäß § 81 Abs. 3 VAG erhöht werden, um sicherzustellen, dass die Matching-Anpassung für Vermögenswerte, deren Bonität unter dem **Investment Grade**[5] liegt, nicht höher ist als die Matching-Anpassung für Vermögenswerte, für die die Bonität als Investment Grade eingestuft wurde. Die Vermögenswerte müssen die gleiche Duration und dieselbe Klasse von Vermögenswerten haben. 10

2. Zugrundeliegender Spread. Der **zugrundeliegende Spread** entspricht gemäß Art. 77c Abs. 2 Solva II-RL der Summe des **Kreditspreads** im Zusammenhang mit der **Ausfallwahrscheinlichkeit** der Vermögenswerte und des **Kreditspreads** im Zusammenhang mit dem **erwarteten Verlust**, der sich aus der Herabstufung der Vermögenswerte ergibt. Für Forderungen an Zentralstaaten und Zentralbanken der Mitgliedstaaten beträgt er mindestens 30 % des langfristigen Durchschnittswerts des Spreads über dem risikofreien Zinssatz der Vermögenswerte. Für andere Vermögenswerte als Forderungen an die Zentralstaaten und Zentralbanken der Mitgliedstaaten beträgt er weniger als 35 % des langfristigen Durchschnittswerts des Spreads über dem risikofreien Zinssatz der Vermögenswerte. 11

Weitere Erklärungen zur Bestimmung des zugrundeliegenden Spreads sind Art. 54 Solva II-VO zu entnehmen. Gemäß Art. 54 Abs. 2 Solva II-VO beruht der oben erwähnte Kreditspread auf der Annahme, dass bei Eintreten eines Ausfalls 30 % des Marktwerts gedeckt werden können. Unter dem erwarteten Verlust in Art. 77c Abs. 2 lit. a 2 Solva II-RL versteht man gemäß Art. 54 Abs. 4 Solva II-VO den wahrscheinlichkeitsgewichteten Verlust des Versicherungsunternehmens unter der Bedingung, dass der Vermögenswert in eine niedrigere Bonitätsklasse abgestuft und unmittelbar danach ersetzt wird. Der ersetzende **Vermögenswert** muss die nachfolgenden Kriterien erfüllen: 12

- der ersetzende Vermögenswert hat das gleiche Zahlungsstrommuster wie der ausgetauschte Vermögenswert vor seiner Herabstufung;
- der ersetzende Vermögenswert gehört zur gleichen Kategorie von Vermögenswerten wie der ausgetauschte Vermögenswert;
- der ersetzende Vermögenswert hat mindestens die gleiche Bonitätsklasse wie der ausgetauschte Vermögenswert vor seiner Herabstufung.

Der in Art. 77c Abs. 2 lit. b und lit. c Solva II-RL genannte **langfristige Durchschnittswert** stützt sich gemäß Art. 54 Abs. 3 Solva II-VO auf Daten der letzten 30 Jahre. Sind Teile dieser Daten nicht vorhanden, so werden diese durch rechnerisch ermittelte Daten ersetzt. 13

Anders als die Matching-Anpassung wird der **zugrundeliegende Spread** als Bestandteil der technischen Informationen i. S. d. § 83 VAG vierteljährlich von EIOPA veröffentlicht. In der von EIOPA veröffentlichten technischen Dokumentation EIOPA-BoS-15/035[6] wird erläutert, wie der zugrundeliegende Spread zu berechnen ist. 14

III. Verhältnis zu anderen Regelungen des VAG. Im VAG verweisen mehrere Paragraphen auf § 81 VAG: 15

- § 26 (Risikomarge),
- § 74 (Bewertung der Vermögenswerte und Verbindlichkeiten),
- § 86 (Einforderbare Beträge aus Rückversicherungsverträgen und gegenüber Zweckgesellschaften),
- § 88 (Befugnisse der Aufsichtsbehörde in Bezug auf versicherungstechnische Rückstellungen; Verordnungsermächtigung),
- § 133 (Unzureichende Höhe versicherungstechnischer Rückstellungen),
- § 212 (Anzuwendende Vorschriften),
- § 355 (Entscheidungen der Aufsichtsbehörde aus Anlass des Inkrafttretens dieses Gesetzes).

Volatilitätsanpassung

82 (1) **Versicherungsunternehmen können mit Genehmigung der Aufsichtsbehörde eine Volatilitätsanpassung der maßgeblichen risikofreien Zinskurve zur Berechnung des besten Schätzwerts nach § 77 vornehmen.**

(2) **Die Volatilitätsanpassung darf nicht für Versicherungsverpflichtungen vorgenommen werden, bei denen für die maßgebliche risikofreie Zinskurve zur Berechnung des besten Schätzwerts für diese Verpflichtungen eine Matching-Anpassung nach § 80 erfolgt.**

(3) **Abweichend von § 97 deckt die Solvabilitätskapitalanforderung nicht das Verlustrisiko für Basiseigenmittel aus Änderungen der Volatilitätsanpassung.**

[5] Frankfurt School of Finance & Management: Definition und Bedeutung Investment Grade: Ein Investment Grade ist eine Bezeichnung für bzw. einen erreichbaren Status von Unternhemen oder Wertpapieren, die eine gute Bonität aufweisen und somit „Investmentqualität" aufweisen. Als Mindest-Rating für das Investment Grade gilt ein Rating von BBB (Standard & Poor's) bzw. Baa (Moody's). Anlagen unterhalb dieser Grenze werden als Non-Investment Grade bezeichnet, da sie meist mit höherem Risiko verbunden sind.

[6] EIOPA-BoS-15/035 v. 7.3.2016, Technical documentation of the methodology to derive EIOPA's risk-free interest rate term structures.

1 **I. Allgemeines. 1. Entstehungsgeschichte.** § 82 VAG ist bei der Neufassung des VAG im Jahr 2015 durch Art. 1 des Gesetzes zur Modernisierung der Finanzaufsicht über Versicherungen[1] vom 1.4.2015 in das VAG eingefügt worden.

2 **2. Normzweck.** § 82 VAG legt die Bedingungen für die Verwendung der um eine angepasste Volatilitätsanpassung risikofreien Zinskurve im Rahmen der Berechnung des Wertes der versicherungstechnischen Rückstellungen fest.

3 **3. Europarechtlicher Hintergrund.** Mit § 82 VAG werden Art. 77d und Art. 77e Abs. 3 S. 2 Solva II-RL umgesetzt.

Die auf Basis der Ermächtigungsgrundlage des Art. 86 lit. i Solva II-RL von der EU-Kommission erlassenen technischen Regulierungsstandards der Art. 49–51 Solva II-VO enthalten weitere Vorgaben zur Berechnung der Volatilitätsanpassung und EIOPA-BoS-15/035[2] Erläuterungen hierzu Regelungen zu den Auswirkungen der Volatilitätsanpassung auf das Verhalten der Versicherungsnehmer sowie den Wechselwirkungen mit den anderen Maßnahmen zur Umsetzung langfristiger Garantien (sog. LTG-Maßnahmen) enthalten die EIOPA-LL Umsetzung langfristiger Garantien.[3]

4 **II. Volatilitätsanpassung. 1. Allgemeines.** Um dem Niedrigzinsumfeld und anderen Kapitalmarktentwicklungen bzw. deren Auswirkungen auf Versicherungsunternehmen, die Produkte mit langfristigen Garantien vorsehen, unter Solvabilität II Rechnung zu tragen, wurden 2014 in der Solva II-RL verschiedene **Instrumente und Übergangsvorschriften** verankert.[4] Eines dieser Instrumente ist die Volatilitätsanpassung.

Bei der Volatilitätsanpassung handelt es sich um einen zentral für jede Währung von EIOPA bestimmten **Aufschlag auf die Zinskurve**, mit dem Ziel, ein **prozyklisches Verhalten** der Kapitalanlagepolitik der Unternehmen zu vermeiden. Die Volatilitätsanpassung wurde konzipiert, um einen Ausgleich für die Auswirkungen zu schaffen, die sich aus einem gesunkenen risikolosen Marktzins und aufgrund von Marktnervosität gestiegenen Spreads bei der (Markt-)Bewertung von Anleihen auf die Bewertung der langfristigen versicherungstechnischen Rückstellungen zum beizulegenden Zeitwert gemäß §§ 74 ff. VAG ergeben: Wegen der längeren Durationen der Rückstellungen im Vergleich zu den Kapitalanlagen fällt der Anstieg der Rückstellungen verglichen mit der Wertentwicklung der Kapitalanlagen überproportional hoch aus. Hierdurch sinken die Eigenmittel, so dass die Versicherungsunternehmen ggf. dazu gezwungen sind, eigentlich langfristige Kapitalanlagen vorzeitig zu veräußern. Die bei der Ermittlung des Diskontierungszinses zur Berechnung des besten Schätzwertes der versicherungstechnischen Rückstellung auf den risikolosen Marktzins addierte Volatilitätsanpassung soll dem entgegenwirken. Sie ist definiert als 65 % des sog. risikoberichtigten Währungsspreads. Unter dem risikoberichtigten Währungsspreads wird der Teil des Spreads eines (in Art. 49 Solva II-VO spezifizierten) Referenzportfolios verstanden, der über den Anteil des Spreads hinausgeht, „der auf eine realistische Bewertung der erwarteten Verluste oder das unerwartete Kreditrisiko oder sonstige Risiken der Vermögenswerte zurückzuführen ist.[5] Dies ermöglicht den Unternehmen u. a., eine langfristige Strategie bei der Kapitalanlage zu verfolgen. Außerdem sinkt bei Anwendung der Volatilitätsanpassung das **SCR**, wodurch sich die Kapitalbindungskosten reduzieren. Das der Volatilitätsanpassung zugrunde liegende währungsspezifische Kapitalanlagen-Portfolio, das EIOPA verwendet, gibt allerdings nicht immer die individuelle Lage des Unternehmens wieder und kann daher zu einem unzutreffenden Bild führen.

5 **2. Aufsichtsrechtliche Genehmigung (Abs. 1).** Die Anwendung der Volatilitätsanpassung auf die maßgebliche risikolose Zinskurve ist nur mit vorheriger Genehmigung durch die BaFin möglich: Der deutsche Gesetzgeber hat sich im Rahmen des in Art. 77 Abs. 1 Solva II-RL vorgesehenen Mitgliedstaatenwahlrechts für die Genehmigungspflicht entschieden. Ausweislich der Gesetzesbegründung wurde der Genehmigungsvorbehalt eingeführt, um zu gewährleisten, dass die Anwendung der Volatilitätsanpassung auf die langfristigen Verbindlichkeiten beschränkt bleibt,[6] da die ihr zugrunde liegende Argumentation der Irrelevanz kurzfristiger Spreadentwicklungen für die Bewertung der versicherungstechnischen Verpflichtungen nur in Bezug auf diese zutrifft. Bei kurzfristigen Verbindlichkeiten kann es hingegen durchaus vorkommen, dass für das Begleichen der Verbindlichkeiten Verkäufe von Kapitalanlagen erforderlich sind, so dass die Entwicklung der Spreads wegen ihrer Auswirkung auf den Marktpreis der Kapitalanlagen auf das Ergebnis sowie die Solvabilitätssituation des Versicherungsunternehmens insgesamt wirkt. Die Anwendung der Volatilitätsanpassung könnte dann dazu führen, dass nicht in

---

[1] BGBl. 2015 I 434 ff.
[2] EIOPA BoS-15/035 v. 7.3.2016, Technical documentation of the methodology to derive EIOPA's risk-free interest rate term structures.
[3] EIOPA-BoS-15/111.
[4] Vgl. Art. 2 Nr. 23 u. Nr. 80 RL 2014/51/EU (Omnibus II-RL).
[5] Art. 77d Abs. 2 u. 3 Solva II-RL.
[6] Begr. Vgl. VAG-RegE 2014, BT-Drs. 18/2956, 259.

ausreichendem Umfang versicherungstechnische Rückstellungen gebildet wurden.[7] Vor diesem Hintergrund ist es insbesondere wichtig, dass die Anwendung der Volatilitätsanpassung den **Liquiditätsbedarf** des Versicherungsunternehmens angemessen berücksichtigt. „Dies kann auf Grundlage des **Liquiditätsplans** beurteilt werden, der nach § 26 Abs. 3 VAG bei Anwendung der Volatilitätsanpassung zu erstellen ist."[8]

Der in § 26 Abs. 3 VAG genannte **Liquiditätsplan** dient dazu, die ein- und ausgehenden Zahlungsströme in Bezug auf die Vermögenswerte und Verbindlichkeiten abzubilden, die von der Volatilitätsanpassung betroffen sind. 6

Eine erteilte Genehmigung zur Verwendung der Volatilitätsanpassung **erlischt**, wenn über einen Zeitraum von zwölf Monaten von der Anwendung der Volatilitätsanpassung abgesehen wird.[9] Sollte anschließend eine erneute Anwendung der Volatilitätsanpassung erwünscht sein, so muss wieder ein entsprechender Antrag gestellt werden.[10]

Um angemessene **Transparenz** herzustellen, haben die Versicherungsunternehmen die Auswirkungen der Anwendung der Volatilitätsanpassung auf ihre Finanzlage zu veröffentlichen.[11] 7

3. Anwendung der Volatilitätsanpassung (Abs. 2 und Abs. 3). Wird eine Volatilitätsanpassung der maßgeblichen risikofreien Zinskurve vorgenommen, d. h. die entsprechende, von der EIOPA veröffentlichte Zinsstrukturkurve zugrunde gelegt um den besten Schätzwert für diese Versicherungsverpflichtungen zu berechnen, so darf auf diese Verpflichtungen keine **Matching-Anpassung** i. S. d. § 80 VAG angewendet werden. 8

Zu beachten ist, dass die Volatilitätsanpassung nicht auf **SCR-Stressszenarien** reagiert, d. h. es wird angenommen, dass der Betrag der Volatilitätsanpassung bei der Anwendung von SCR-Stressszenarien gleich bleibt. Dies ergibt sich aus der Regelung des § 97 Abs. 3 VAG, dass „die Solvabilitätskapitalanforderung nicht das Verlustrisiko für Basiseigenmittel aus Änderungen der Volatilitätsanpassung" deckt.[12] 9

4. Berechnung der Volatilitätsanpassung. Die Versicherungsunternehmen nehmen keine eigenständigen Berechnungen der Volatilitätsanpassung der maßgeblichen risikofreien Zinskurve vor. Vielmehr veröffentlicht EIOPA vierteljährlich die sog. technischen Informationen,[13] die unter anderen eine Volatilitätsanpassung der maßgeblichen risikofreien Zinskurve nach Art. 77d Solva II-RL für jedes **relevante Land**, d. h. die nationalen Versicherungsmärkte insbesondere der EWR-Vertragsstaaten, aber auch anderer Staaten, beinhalten. 10

Die Volatilitätsanpassung der maßgeblichen risikofreien Zinskurve basiert auf dem **Spread zwischen dem möglichen Zinssatz für Vermögenswerte in einem Referenzportfolio und den Zinssätzen der maßgeblichen risikofreien Basiszinskurve.**[14] Dieser Spread wird gemäß Art. 50 Solva II-VO für jede maßgebliche Währung und jedes maßgebliche Land mit nachstehender **Formel** berechnet: 11

$$S = w_{gov} \cdot \max(S_{gov},0) + w_{corp} \cdot \max(S_{corp},0)$$

Dabei bezeichnen:
- w_{gov} den wertmäßigen Anteil von Staatsanleihen im Referenzportfolio für diese Währung oder dieses Land im Verhältnis zum Wert sämtlicher im Referenzportfolio enthaltener Vermögenswerte;
- S_{gov} den gemäß Art. 51 Solva II-VO ermittelten durchschnittlichen Währungsspread auf Staatsanleihen im Referenzportfolio für diese Währung oder dieses Land;
- w_{corp} den wertmäßigen Anteil von anderen Anleihen als Staatsanleihen, Darlehen und Verbriefungen im Referenzportfolio für diese Währung oder dieses Land im Verhältnis zum Wert sämtlicher im Referenzportfolio enthaltener Vermögenswerte;
- S_{corp} den gemäß Art. 51 Solva II-VO ermittelten durchschnittlichen Währungsspread auf andere Anleihen als Staatsanleihen, Darlehen und Verbriefungen im Referenzportfolio für diese Währung oder dieses Land.

Der Begriff „Staatsanleihen" bezeichnet in Art. 50 Solva II-VO im Unterschied zur sonstigen Verwendung im Solvabilität II-Regelwerk sowohl Forderungen an Zentralregierungen als auch solche an Zentralbanken. Dies geht aus dem Wortlaut der Vorschrift eindeutig hervor.[15]

---

[7] Vgl. Begr. VAG-RegE 2014, BT-Drs- 18/2956, 259.
[8] Begr. VAG-RegE 2014, BT-Drs. 18/2956, 259.
[9] *BaFin,* Anträge auf Genehmigung der Volatilitätsanpassung, 1.4.2015 (abrufbar unter bafin.de).
[10] *BaFin,* Anträge auf Genehmigung der Volatilitätsanpassung, 1.4.2015 (abrufbar unter bafin.de).
[11] Vgl. § 40 Abs. 3 S. 2 VAG; s. auch Erwägungsgrund 32 Solva II-RL.
[12] Vgl. auch Technische Spezifikationen für die Vorbereitungsphase (Teil 2), 2014, S. 7.
[13] Vgl. § 83 VAG.
[14] Technische Spezifikationen für die Vorbereitungsphase (Teil 2), 2014, S. 19; vgl. Art. 77d Abs. 2 Solva II-RL.
[15] Art. 50 Solva II-VO.

12 Das oben genannte, für jedes relevante Land zu bestimmende,[16] **Referenzportfolio**[17] wird in Art. 49 Solva II-VO definiert. Dort werden zum einen die Kriterien genannt, die für die Bestimmung der Referenzportfolien notwendig sind. Zum anderen werden die Anforderungen an die Zusammensetzung der Referenzportfolien festgelegt.

Referenzportfolien sind gemäß Art. 49 Solva II-VO auf **transparente, vorsichtige, verlässliche, objektive und im Zeitverlauf konsistente Arte und Weise** zu bestimmen. Die Methode zur Bestimmung der Referenzportfolios ist für jedes Land und für jede Währung gleich. Das Referenzportfolio besteht nach Art. 49 Abs. 3 lit. c Solva II-VO jeweils aus den folgenden **Vermögenswerten:**
- Anleihen, Verbriefungen und Darlehen, einschließlich Hypothekendarlehen,
- Anteilswerte,[18]
- Grundstücke.[19]

Es muss für jede Währung und jedes Land die nachstehenden Anforderungen erfüllen:[20]
- Die Vermögenswerte sind für die von den Versicherungsunternehmen getätigten Investitionen zur Abdeckung des besten Schätzwerts für die auf die jeweilige Währung lautenden (Rück-)Versicherungsverpflichtungen repräsentativ.
- Sind maßgebliche Indizes vorhanden, dann beruht das Portfolio auf diesen Indizes. Allerdings gilt dies nur dann, wenn die verwendeten Indizes der Öffentlichkeit zugänglich sind und es veröffentlichte Kriterien gibt, die regeln, wann und wie die Bestandteile der Indizes verändert werden.

13 Der **Spread** gemäß Art. 77d Abs. 2 u. 4 Solva II-RL sowie Art. 50 Solva II-VO muss um jenen Spread-Anteil (RC) bereinigt werden, der auf eine realistische Bewertung der erwarteten Verluste, des unerwarteten Kreditrisikos oder sonstiger Risiken der Vermögenwerte zurückzuführen ist.[21] Die daraus resultierende Differenz wird **risikoberichtigter Spread** genannt. Dieser wird gemäß Art. 51 Solva II-VO auf die gleiche Weise wie der in Art. 77c Absatz 2 Solva II-RL und § 81 Nr. 2 VAG genannte grundlegende Spread berechnet.[22]

Gemäß der diesbezüglich von EIOPA veröffentlichten technischen Dokumentation[23] ist der **risikoberichtigte Währungs-Spread** wie folgt bestimmt:

$$S_{RC\_crncy} = [w_{gov} \cdot \max(S_{gov},0) - w_{gov} \cdot \max(RC_{gov},0)] + [w_{corp} \cdot \max(S_{corp},0) - w_{corp} \cdot \max(RC_{corp},0)]$$

Damit setzt sich der Währungs-Spread aus den folgenden Komponenten zusammen:
- RC_{gov} bezeichnet jenen Spread-Anteil, der auf eine realistische Bewertung der erwarteten Verluste, des unerwarteten Kreditrisikos oder sonstiger Risiken der Staatsanleihen im Referenzportfolio für die betreffende Währung zurückzuführen ist (d. h. die Risikoberichtigung nach denselben Maßregeln wie für den grundlegenden Spread der Matching Anpassung).
- RC_{corp} bezeichnet jenen Spread-Anteil, der auf eine realistische Bewertung der erwarteten Verluste, des unerwarteten Kreditrisikos oder sonstiger Risiken der anderen Anleihen als Staatsanleihen, Darlehen und Verbriefungen im Referenzportfolio für die betreffende Währung zurückzuführen ist (d. h. Risikoberichtigung nach denselben Maßregeln wie für den grundlegenden Spread der Matching Anpassung).
- w_{gov}, w_{corp}, S_{gov} und S_{corp} sind wie oben[24] definiert.

14 Die Volatilitätsanpassung der risikolosen Zinssätze entspricht nach Art. 77d Abs. 3 Solva II-RL 65 % des **risikoberichtigten Währungs-Spreads**. Die Volatilitätsanpassung kann nach dieser Definition auch negativ werden.[25]

15 Unter bestimmten, in Art. 77d Abs. 4 Solva II-RL genannten Bedingungen ist eine erhöhte Volatilitätsanpassung bei der Berechnung der (Rück-)Versicherungsverpflichtungen zu verwenden, die auf dem Versicherungsmarkt eines jeweiligen Landes vertreten sind: Zur Berechnung dieser erhöhten Volatilitätsanpassung benötigt man (bzw. die auch diese Berechnung durchführende EIOPA) den sog. risikoberichtigten **Länder-Spread**. Der risikoberichtigte Länder-Spread wird gemäß der diesbezüglichen technischen Dokumentation der EIOPA[26] für jeden **relevanten nationalen Markt** berechnet. Er wird mit derselben Formel berechnet wie der risikoberichtigte Währungs-Spread. Die Terme w_{gov}, w_{corp}, S_{gov},

[16] Vgl. Art. 77d Abs. 2 u. 4 Solva II-RL.
[17] S. Rn. 11.
[18] Die deutsche Fassung von Art. 49 Abs. 3 lit. c Solva II-VO übersetzt den englischen Begriff „equity" mit „Eigenkapital".
[19] Die deutsche Fassung von Art. 49 Abs. 3 lit. c Solva II-VO übersetzt den englischen Begriff „property" mit „Eigentum".
[20] Vgl. Art. 49 Abs. 3 lit. a u. b Solva II-VO.
[21] Vgl. Art. 77d Abs. 3 u. 4 Solva II-RL sowie Art. 51 Solva II-VO.
[22] Vgl. Kommentierung zu § 81 VAG.
[23] EIOPA BoS-15/035 v. 7.3.2016, Technical documentation of the methodology to derive EIOPA's risk-free interest rate term structures.
[24] S. Rn. 11.
[25] EIOPA-BoS-15/035, 2016, S. 53.
[26] EIOPA BoS-15/035 v. 7.3.2016, Technical documentation of the methodology to derive EIOPA's risk-free interest rate term structures.

S_{corp}, RC_{gov} und RC_{corp} basieren jedoch auf einem Referenzportfolio, das für die Vermögenwerte repräsentativ ist, in die Versicherungsunternehmen zur Abdeckung des besten Schätzwerts für Versicherungsverpflichtungen angelegt haben, die im Versicherungsmarkt des betreffenden Landes verkauft werden und auf die Währung dieses Landes lauten.[27]

Wenn der risikoberichtigte Länder-Spread, als S_{RC_nat} bezeichnet, gemäß der von EIOPA veröffentlichten technischen Dokumentation[28] kleiner oder gleich 100 Basispunkten ist und es somit kein **länderspezifisches Wachstum** (country specific increase) gibt, dann wird die Volatilitätsanpassung wie folgt berechnet: 16

$VA_{total} = 0{,}65 \star S_{RC\_crncy}$.

Ist der risikoberichtigte Länder-Spread hingegen **größer als 100 Basispunkte** und die Differenz zwischen dem risikoberichtigten Länder-Spread und dem doppelten Wert des risikoberichtigten Währungs-Spreads positiv ist, dann wird die Volatilitätsanpassung wie folgt berechnet:

$VA_{total} = 0{,}65 \star [S_{RC\_crncy} + (S_{RC\_nat} - 2 \bullet S_{RC\_crncy})]$.[29]

III. Verhältnis zu anderen Regelungen des VAG. Im VAG verweisen mehrere Paragraphen auf § 82 VAG: 17

Dies betrifft zunächst die die Berechnung der versicherungstechnischen Rückstellungen regelnden §§ 74, 80, 83, 86 u. 88 VAG. Wegen der dort geregelten Verpflichtung zur Erstellung eines Liquiditätsplans u. a. bei Anwendung einer Volatilitätsanpassung nimmt § 26 VAG Bezug auf § 82 VAG. Die Bezugnahme auf § 82 VAG in § 27 VAG erfolgt im Zuammenhang mit der dort geregelten Verpflichtung, die Einhaltung der Kapitalanforderungen im Rahmen des ORSA je mit und ohne die jeweils von einem Versicherungsunternehmen angewendeten Anpassungen und Übergangsmaßnahmen durchzuführen. In § 40 VAG wird § 82 VAG genannt, da im dort geregelten Solvabilitäts- und Finanzbericht die Auswirkung einer Reduzierung der Volatilitätsanforderung auf Null und die Finanzlage darzustellen ist. § 301 VAG nennt § 82 VAG im Rahmen der Darstellung der Voraussetzungen für die Festsetzung eines Kapitalaufschlags. Die §§ 351, 352 VAG nehmen auf § 82 VAG im Kontext der Regelung der Wechselwirkungen der Volatilitätsanpassung mit den dort jeweils geregelten Übergangsmaßnahmen Bezug und § 355 VAG nennt die Vorschrift im Rahmen der Aufzählung der Entscheidungsbefugnisse der Aufsichtsbehörde anlässlich des Inkrafttretens des novellierten VAG. Die §§ 133 und 212 VAG referenzieren schließlich auf die Vorschriften zur Berechnung der versicherungstechnischen Rückstellungen insgesamt.

Zu berücksichtigende technische Informationen

83 (1) **Wenn Durchführungsrechtsakte mit den in Artikel 77e Absatz 1 genannten technischen Informationen gemäß Artikel 77e Absatz 2 der Richtlinie 2009/138/EG von der Kommission erlassen werden, müssen die Versicherungsunternehmen diese technischen Informationen für die Berechnung des besten Schätzwerts nach § 77, der Matching-Anpassung nach § 80 und der Volatilitätsanpassung nach § 82 nutzen.**

(2) **Wenn die Kommission eine erhöhte Volatilitätsanpassung für ein Land veröffentlicht, müssen die Versicherungsunternehmen, die von § 82 Gebrauch machen, diese zur Berechnung des besten Schätzwerts für Versicherungs- und Rückversicherungsverpflichtungen aus Verträgen anwenden, die auf dem Versicherungsmarkt dieses Landes vertrieben werden.**

(3) **Sind technische Informationen nach Absatz 1 oder 2 nicht veröffentlicht, haben Versicherungsunternehmen für eigene Berechnungen die diesen Informationen zugrunde liegenden Herleitungen so gut wie möglich nachzubilden.**

I. Allgemeines. 1. Entstehungsgeschichte. § 83 VAG ist bei der Neufassung des VAG im Jahr 2015 durch Art. 1 des Gesetzes zur Modernisierung der Finanzaufsicht über Versicherungen[1] vom 1.4.2015 in das VAG eingefügt worden. 1

2. Normzweck. Ziel von § 83 VAG ist es, **einheitliche Bedingungen für die Berechnung** der versicherungstechnischen Rückstellungen sicherzustellen,[2] indem die Versicherungsunternehmen dazu verpflichtet werden, die Bestimmung der versicherungstechnischen Rückstellungen auf der Basis der von der EIOPA auf der Grundlage von Art. 77e Abs. 2 Solva II-RL veröffentlichten technischen Informationen vorzunehmen. Insbesondere wird durch die Verwendung einer gemeinsamen, von der 2

[27] Technische Spezifikationen für die Vorbereitungsphase (Teil 2), 2014, S. 20.
[28] EIOPA BoS-15/035 v. 7.3.2016, Technical documentation of the methodology to derive EIOPA's risk-free interest rate term structures.
[29] EIOPA-BoS-15/035, 2016, S. 54.
[1] BGBl. 2015 I 434 ff.
[2] Art. 77e Solva II-RL.

EIOPA veröffentlichten Basis **Transparenz** gewährleistet.[3] Darüber hinaus trifft die Vorschrift auch Vorkehrungen für den Fall, dass die Veröffentlichung technischer Informationen durch EIOPA bzw. die EU-Kommission ausbleibt, indem sie Rahmenbedingungen für die Herleitung durch die Unternehmen festlegt.

3 **3. Europarechtlicher Hintergrund.** Nahezu wortgleich wird Art. 77e Abs. 3 Solva II-RL durch § 83 Abs. 1 VAG umgesetzt. § 83 Abs. 2 VAG setzt Art. 77d Abs. 4 S. 2 Solva II-RL um, wobei der Wortlaut leicht angepasst wurde.

4 Die technischen Informationen werden im Einzelnen zunächst durch die EIOPA auf ihrer Website veröffentlicht und dann nachfolgend von der EU-Kommission durch Erlass einer DVO gemäß Art. 77e Abs. 2 Solva II-VO übernommen. Da diese Informationen kapitalmarktabhängig sind, wird jedes Quartal eine neue DVO durch das Europäische Parlament und den Rat erlassen. So bezieht sich z. B. DVO 2016/165 auf Meldungen mit Stichtagen vom 1. Januar bis zum 30. März 2016. In Art. 1 DVO 2016/165 werden die in der DVO enthaltenen technischen Informationen beschrieben, ferner wird dort deren Verwendungszweck bestimmt. Der beigefügte Anhang beinhaltet die technischen Informationen, d. h. die maßgebliche risikolose Zinskurve, den grundlegenden Spread für die Berechnung der Matching-Anpassung sowie die für jeden maßgeblichen Versicherungsmarkt aufgeführten Volatilitätsanpassungen.

5 EIOPA veröffentlichte am 7.3.2016 eine technische Dokumentation,[4] in der die Methoden und die zur Berechnung der technischen Informationen verwendeten Daten dargestellt werden.

6 Neben der technischen Dokumentation[5] veröffentlichte EIOPA auch den Programmcode, mit dessen Hilfe die risikolose Zinskurve berechnet wurde.[6] Anhand dieser Informationen können die Versicherungsunternehmen alle Berechnungsdetails nachvollziehen.

7 **II. Technische Informationen. 1. Pflicht zur Nutzung der technischen Informationen (Abs. 1).** EIOPA veröffentlicht gemäß Art. 77e Abs. 1 Solva II-RL mindestens **einmal pro Quartal** für jede maßgebliche Währung technische Informationen. Diese beinhalten zum einen die **maßgebliche risikolose Zinskurve**, um den besten Schätzwert nach § 77 VAG ohne Anwendung Matching-Anpassung oder Volatilitätsanpassung zu bestimmen. Zum anderen enthalten sie den **grundlegenden Spread** für jede maßgebliche Laufzeit, Kreditqualität und Kategorie der Vermögenswerte zur Berechnung der Matching-Anpassung nach § 80 VAG sowie die um eine **Volatilitätsanpassung angepasste risikolose Zinskurve** nach § 82 VAG für jede maßgebliche Währung.

8 Die EU-Kommission kann gemäß Art. 77e Abs. 2 Solva II-RL **Durchführungsrechtsakte** erlassen, in denen für jede maßgebliche Währung die oben genannten technischen Informationen festgelegt werden. Die Versicherungsunternehmen müssen diese technischen Informationen bei der Berechnung des besten Schätzwerts nach § 77 VAG, der Matching-Anpassung nach § 80 VAG und der Volatilitätsanpassung nach § 82 VAG berücksichtigen.[7] Sie haben kein Wahlrecht, zu entscheiden ob sie die von der EU-Kommission veröffentlichten technischen Informationen nutzen oder ihre eigenen Berechnungen heranziehen möchten.

9 **2. Erhöhte Volatilitätsanpassung (Abs. 2).** Während § 83 Abs. 1 VAG sich auf sämtliche veröffentliche technische Informationen zur Berechnung des besten Schätzwertes bezieht, geht es in § 83 Abs. 2 VAG um einen Spezialfall der Anwendung der Volatilitätsanpassung, der nur unter bestimmten Bedingungen zum Tragen kommt. Veröffentlicht die Kommission gemäß § 83 Abs. 2 VAG eine erhöhte Volatilitätsanpassung für ein Land, so müssen die Versicherungsunternehmen, die § 82 VAG anwenden, diese Volatilitätsanpassung zur Berechnung des besten Schätzwerts anwenden.[8]

10 **3. Keine Veröffentlichung der technischen Informationen (Abs. 3).** § 83 Abs. 3 VAG enthält eine vorsorgliche Regelung für den Fall, dass keine Veröffentlichung der technischen Informationen nach § 83 Abs. 1 oder 2 VAG stattgefunden hat.[9] In diesem Fall müssen die Versicherungsunternehmen versuchen, für eigene Berechnungen die den technischen Informationen zugrunde liegenden Herleitungen nachzubilden. Zur Unterstützung kann die technische Dokumentation von EIOPA[10] sowie der von EIOPA veröffentlichte Programmcode[11] verwendet werden.

[3] Erwägungsgrund 23 Solva II-VO.
[4] EIOPA BoS-15/035 v. 7.3.2016, Technical documentation of the methodology to derive EIOPA's risk-free interest rate term structures.
[5] EIOPA BoS-15/035 v. 7.3.2016, Technical documentation of the methodology to derive EIOPA's risk-free interest rate term structures.
[6] EIOPA, risk-free interest rate term structure Coding, 2016; abrufbar unter eiopa.europa.eu.
[7] Vgl. § 83 VAG Abs. 1.
[8] S. auch Kommentierung zu § 82 VAG.
[9] Begr. VAG-RegF 2014, BT-Drs. 18/2956, 259.
[10] EIOPA BoS-15/035 v. 7.3.2016, Technical documentation of the methodology to derive EIOPA's risk-free interest rate term structures.
[11] EIOPA, risk-free interest rate term structure Coding, 2016, abrufbar unter eiopa.europa.eu.

III. Verhältnis zu anderen Regelungen des VAG. Verweise auf § 83 VAG befinden sich in den die Berechnung der versicherungstechnischen Rückstellungen regelnden §§ 74, 86 u. 88 VAG sowie in den §§ 133 u. 212 VAG, die auf die Vorschriften zur Berechnung der versicherungstechnischen Rückstellungen insgesamt verweisen. 11

Weitere Sachverhalte, die bei der Berechnung der versicherungstechnischen Rückstellungen zu berücksichtigen sind

84 (1) **Bei der Berechnung der versicherungstechnischen Rückstellungen sind ferner die folgenden Sachverhalte zu berücksichtigen:**

1. sämtliche bei der Bedienung der Versicherungsverpflichtungen anfallenden Aufwendungen,
2. die Inflation einschließlich der Inflation der Aufwendungen und der Versicherungsansprüche sowie
3. sämtliche Zahlungen an Versicherungsnehmer und Anspruchsberechtigte, einschließlich künftiger Überschussbeteiligungen, die die Versicherungsunternehmen erwarten vorzunehmen, unabhängig davon, ob sie vertraglich garantiert sind oder nicht.

(2) **Bei Lebensversicherungen, bei nach Art der Lebensversicherung betriebenen Krankenversicherungen und bei Unfallversicherungen mit Prämienrückgewähr sind künftige Zahlungsströme an Versicherungsnehmer und Anspruchsberechtigte aus dem Teil der zum Bewertungsstichtag vorhandenen Rückstellung für Beitragsrückerstattung, der zum Ausgleich von Verlusten verwendet werden darf und nicht auf festgelegte Überschussanteile entfällt, nicht als erwartete Zahlungen im Sinne des Absatzes 1 Nummer 3 anzusehen.**

Übersicht

Schrifttum: *GDV*, Methoden zur Schätzung von Schaden- und Prämienrückstellung in der Kompositversicherung, 2011; *GDV*, Säule I-Anleitung für Einzelunternehmen, 2015; *PKV-Verband*, Beschreibung der Methoden zur Ermittlung der inflationsneutralen Bewertung in der PKV für die Erhebung im Sommer 2014, 2014.

I. Allgemeines. 1. Entstehungsgeschichte. § 84 VAG ist bei der Neufassung des VAG im Jahr 2015 durch Art. 1 des Gesetzes zur Modernisierung der Finanzaufsicht über Versicherungen[1] vom 1.4.2015 in das VAG eingefügt worden. 1

2. Normzweck. § 84 VAG bestimmt weitere Sachverhalte, die bei der Berechnung der versicherungstechnischen Rückstellungen neben den Vorgaben aus §§ 75–83 und 85–88 VAG zu berücksichtigen sind. Zu diesen Sachverhalten zählen nach § 84 Abs. 1 VAG alle **Aufwendungen** im Zusammenhang mit dem Begleichen von Versicherungsverpflichtungen, die **Inflation** und die **Zahlungen an Versicherungsnehmer** (inklusive zukünftiger Überschussbeteiligung). Dabei wird in § 84 Abs. 2 VAG auf die Besonderheit der Regelungen zur **Rückstellung für Beitragsrückerstattung** (RfB) in Deutschland eingegangen. Demnach wird der Teil der Rückstellung für Beitragsrückerstattung, der zum Ausgleich von Verlusten verwendet werden darf und nicht auf festgelegte Überschussanteile entfällt, nicht in die versicherungstechnischen Rückstellungen eingerechnet. 2

3. Europarechtlicher Hintergrund. § 84 Abs. 1 VAG setzt nahezu wortgleich Art. 78 Solva-II-RL um.[2] Im Unterschied zum Wortlaut der Solva II-RL widmet § 84 VAG der Klarstellung einen eigenen Absatz (§ 84 Abs. 2 VAG), dass die Teile der handelsrechtlichen RfB, die Überschussfonds i. S. d. Art. 91 Abs. 2 Solva II-RL darstellen, kein Bestandteil der versicherungstechnischen Rückstellungen sind. 3

Auf der zweiten Ebene hat die EU-Kommission ohne explizite Ermächtigungsgrundlage mit den Art. 28–31 Solva II-VO technische Regulierungsstandards zur Konkretisierung der Regelungen des 4

[1] BGBl. 2015 I 434 ff.
[2] Begr. VAG-RegE 2014, BT-Drs. 18/2956, 259.

Art. 78 Solva II-RL bzw. § 84 VAG erlassen. Als Standards der dritten Ebene, spezifizieren die EIOPA-LL Bewertung von versicherungstechnischen Rückstellungen[3] u. a. die in § 84 VAG geregelten Inhalte weiter.

5 **II. Aufwendungen und Inflation (Abs. 1 Nr. 1 u. 2). 1. Aufwendungen.** Gemäß § 84 Abs. 1 Nr. 1 VAG werden in den versicherungstechnischen Rückstellungen alle Aufwendungen berücksichtigt, die bei der Bedienung von Versicherungsverpflichtungen nach dem Bewertungsstichtag entstehen. Dies beinhaltet folgende Aufwendungen:[4]
– Verwaltungskosten (für Bestandspflege, Überschusszuteilung, Vertragsänderungen usw.),
– Kosten für die Verwaltung von Kapitalanlagen,
– Schadenregulierungskosten (für die Bearbeitung von Schadenfälle usw.),
– Abschlusskosten (für Provisionszahlungen, Antragsbearbeitung usw.),
– Gemeinkosten (Overhead).

6 Zu den **Gemeinkosten** zählen unter anderem Kosten für Tarifentwicklungen, Marketing, Vorstandsgehälter sowie Kosten für die Jahresabschlussprüfung. Falls ein Versicherungsunternehmen Hedging-Geschäfte betreibt, um Risiken zu vermindern, werden die dabei entstehenden Personal- und Transaktionskosten gemäß LL 26 EIOPA-LL Bewertung von versicherungstechnischen Rückstellungen ebenfalls in die versicherungstechnischen Rückstellungen eingerechnet.[5] Kosten für Rückversicherungen und Zweckgesellschaften sind nur bei der Berechnung des Brutto-Wertes des besten Schätzwertes zu berücksichtigen.[6]

7 Insbesondere in Bezug auf die Gemeinkosten, lässt sich die Frage, ob oder mit welchem Anteil sie dem Begleichen der Versicherungsverpflichtungen dienen, nur mit Blick auf den jeweiligen Einzelfall beantworten. Gemeinkosten, die die geschätzten Kosten eines zukünftigen Projektes zur Überführung der Verträge in ein neues Bestandssystem betreffen, werden z. B. angesetzt, während zukünftige Gemeinkosten, die nicht ursächlich mit der Erfüllung der Versicherungsverträge zusammenhängen (wie z. B. die Kosten für einen im Folgejahr geplanten Springbrunnen) nicht angesetzt werden dürfen. Weitere Aufwendungen, die nicht einzurechnen sind, sind zum Beispiel zukünftig mögliche Fehlbeträge aus der betrieblichen Altersversorgung.[7]

8 Bei der Projektion der Kosten wird die Annahme zugrunde gelegt, dass das Versicherungsunternehmen künftig seine Geschäftstätigkeit im normalen Rahmen fortführt (**Going-Concern-Prinzip**).[8] Dazu gehört auch die Zeichnung von Neugeschäft. Daher treten neben den Kosten für den jeweils dann noch vorhandenen Bestand zum Bewertungsstichtag auch Neugeschäftskosten auf.

9 **Vertraglich festgelegte Kosten**, wie zum Beispiel Provisionszahlungen an Vermittler, werden entsprechend der vertraglichen Vereinbarungen bewertet und projiziert.[9] Des Weiteren sollten die Aufwendungen so in die Projektion der Zahlungsströme einfließen, dass die Zeitpunkte der Zahlung der Kosten konsistent zu anderen Zahlungen sind. Zum Beispiel sollten die Verwaltungskosten einer Beitragszahlung zeitgleich mit der Beitragszahlung selbst in die Zahlungsströme eingehen.[10] Außerdem gilt, dass bei der Kostenprojektion sowohl die Kostenart als auch Korrelationen zwischen den verschiedenen Kostenarten zu beachten sind.[11]

10 Gemäß § 75 Abs. 3 VAG gilt, dass die versicherungstechnischen Rückstellungen und somit auch die Kosten nach **homogenen Risikogruppen** (bzw. nach Geschäftsbereichen) zu segmentieren sind. Ein Großteil der Verwaltungs-, Abschluss- und Schadenregulierungskosten lässt sich den einzelnen Versicherungsverträgen zuteilen und kann somit direkt den Geschäftsbereichen zugeordnet werden. In anderen Fällen wie z. B. bei Personalkosten, Kapitalanlagekosten oder Gemeinkosten ist die Zuordnung dagegen nicht eindeutig. Daher muss das Versicherungsunternehmen in diesen Fällen Annahmen treffen, mit welchem Anteil diese Kosten welchem Geschäftsbereich zuzuteilen sind. Insbesondere für Gemeinkosten gilt, dass diese Zuordnung nach realistischen und objektiven Kriterien zu erfolgen hat,[12] und während der gesamten Projektionsdauer unverändert beizubehalten ist.[13]

11 **2. Inflation.** Gemäß § 84 Abs. 1 Nr. 2 VAG ist bei der Berechnung der versicherungstechnischen Rückstellungen die Inflation zu berücksichtigen. Dies betrifft insbesondere die Inflation der Versiche-

[3] EIOPA-LL BoS-14/166.
[4] Art. 31 Solva II-VO.
[5] LL 26 EIOPA-LL BoS-14/166.
[6] Art. 31 Solva II-VO.
[7] LL 29 EIOPA Explanatory Text BoS-14/166 zu LL BoS-14/166.
[8] Art. 31 Abs. 4 Solva II-VO.
[9] LL 28 EIOPA-LL BoS-14/166.
[10] LL 32 EIOPA-LL BoS-14/166.
[11] LL 34 EIOPA-LL BoS-14/166.
[12] Art. 31 Solva II-VO.
[13] LL 31 EIOPA-LL BoS-14/166.

rungsleistungen und Kosten. Hierdurch soll den erwarteten zukünftigen Rahmenbedingungen zur Inflationsentwicklung Rechnung getragen werden.[14]

In der Lebensversicherung handelt es sich bei den zu zahlenden Leistungen zum Großteil um Leistungen in fest vereinbarter Höhe, weshalb keine Inflationswirkung auftritt, die im Rahmen der Berechnung der versicherungstechnischen Rückstellungen Berücksichtigung finden müsste. In der Schadenversicherung wird die Schadenhöhe in Deutschland i. d. R. mittels des Chain-Ladder-Verfahrens in die Zukunft projiziert. Da die Inflation in Deutschland in den letzten zwanzig Jahren relativ konstant geblieben ist, ist die Inflation im Chain-Ladder-Verfahren implizit mit enthalten.[15] In der Krankenversicherung werden die versicherungstechnischen Rückstellungen in Deutschland von vielen Unternehmen derzeit mittels eines inflationsneutralen Bewertungsverfahrens bestimmt. Grundlage für diesen Ansatz ist die Annahme, dass die Inflation in der Krankenversicherung durch den Beitragsanpassungsmechanismus kompensiert wird, und Inflation demnach implizit durch gegenüber der Schätzung höhere Prämien ausgeglichen wird.[16] 12

Somit ist die Inflationswirkung in Deutschland hauptsächlich bei der Bewertung der Kosten explizit zu bestimmen. Hierfür sind die Annahmen zur **Kosteninflation** konsistent zu den anderen ökonomischen Annahmen festzulegen, wobei insbesondere die jeweiligen Kostenart und die Korrelation zwischen den Inflationsraten und den Zinskurven zu beachten sind. Die Wahrscheinlichkeiten für die jeweils unterstellten Inflationsszenarien sollten zu den Wahrscheinlichkeiten konsistent sein, die sich aus den unterstellten Marktzinsen ergeben.[17] Dabei sind auch die allgemeinen Anforderungen an die Datenqualität zu berücksichtigen.[18] Sind keine ausreichenden internen Daten vorhanden, ist auf externe, öffentlich zugängliche Inflationsindizes zurückzugreifen.[19] 13

III. Zahlungen an Versicherungsnehmer und Anspruchsberechtigte (Abs. 1 Nr. 3 u. Abs. 2). Gemäß § 84 Abs. 1 Nr. 3 VAG sind bei der Berechnung der versicherungstechnischen Rückstellungen alle Zahlungen an Versicherungsnehmer und Anspruchsberechtigte zu berücksichtigen. Dazu gehören z. B. fest vereinbarte Leistungen wie Ablaufleistungen, Rentenzahlungen sowie Leistungen im Schadenfall, aber auch Zahlungen aufgrund von einseitigen Gestaltungsrechten wie Rückkaufswerte oder Kapitalabfindungen. Diese werden auf Basis der vereinbarten Höhe in die Zahlungsströme zur Bestimmung des besten Schätzwertes berücksichtigt und mit entsprechenden Wahrscheinlichkeiten des Eintretens gewichtet. Hierzu verweisen wir auf die Kommentierung zu § 77 VAG. Im Gegensatz dazu sind Zahlungen an Versicherungsnehmer bzw. Anspruchsberechtigte, die die zukünftige Überschussbeteiligung betreffen, gesondert von den restlichen Zahlungen an Versicherungsnehmer bzw. Anspruchsberechtigte zu bestimmen.[20] In Deutschland spielt dies in der Lebens- und Krankenversicherung sowie in der Unfallversicherung mit Prämienrückgewähr eine bedeutende Rolle. 14

1. Zukünftige Überschussbeteiligung. Die zukünftige Überschussbeteiligung beinhaltet alle Leistungen aus Versicherungsverträgen, welche „zusätzlich zu den garantierten Leistungen gezahlt werden und aus einer Gewinnbeteiligung des Versicherungsnehmers resultieren“.[21] Dabei sind sowohl die erfolgsabhängige als auch die erfolgsunabhängige **Beitragsrückgewähr** zu beachten. Als zukünftige Überschussanteile werden zukünftige Zahlungen an Versicherungsnehmer bzw. Anspruchsberechtigte bezeichnet, die eines der folgenden Merkmale erfüllen:[22] 15

(1) Sie beruhen auf mindestens einem der folgenden Ergebnisse:
- Überschuss einer bestimmten Vertragsgruppe/-art oder eines einzelnen Vertrages,
- (un-)realisierte Kapitalanlageerträge eines bestimmten Kapitalanlageportfolios des Versicherungsunternehmens,
- Gewinn/Verlust des Versicherungsunternehmens oder des zugrunde liegenden Fonds, dem der Vertrag zugeordnet ist.

(2) Sie werden durch einseitige Erklärung des Unternehmens (Deklaration) festgelegt, wobei der Zeitpunkt und die Höhe der Zahlung ganz oder teilweise im Ermessen des Versicherungsunternehmens liegen.

In den versicherungstechnischen Rückstellungen werden diejenigen Zahlungsströme von bestehenden Verträgen berücksichtigt, die innerhalb der Vertragsgrenzen liegen.[23] Zusätzlich gilt die Annahme, 16

[14] Art. 30 Solva II-VO.
[15] *GDV* Methoden zur Schätzung von Schaden- und Prämienrückstellung in der Kompositversicherung“, S. 80.
[16] *PKV-Verband* Beschreibung der Methoden zur Ermittlung der inflationsneutralen Bewertung in der PKV für die Erhebung im Sommer 2014.
[17] LL 33 EIOPA-LL Bewertung von versicherungstechnischen Rückstellungen, EIOPA-BoS-14/166 sowie Explanatory Text BoS-14/166.
[18] Vgl. § 79 VAG.
[19] LL 15 EIOPA-LL Bewertung von versicherungstechnischen Rückstellungen, EIOPA-BoS-14/166 sowie Explanatory Text BoS-14/166.
[20] Art. 25 Solva II-VO.
[21] Erwägungsgrund 17 Solva II-VO.
[22] Art. 1 Nr. 35 Solva II-VO.
[23] Vgl. § 77 VAG.

dass weiterhin Neugeschäft betrieben wird (Going-Concern-Annahme).[24] Da die Überschussbeteiligung in Deutschland auf kollektiver Ebene festgelegt wird, ergeben sich hieraus **Wechselwirkungen** zwischen der zukünftigen Überschussbeteiligung und dem Neugeschäft:[25] Die zukünftige Beteiligung des Bestandes an den von ihm generierten Überschüssen zählt nach § 84 Abs. 1 Nr. 3 VAG zu den versicherungstechnischen Rückstellungen vorbehaltlich des § 84 Abs. 2 VAG, während die Beteiligung an vom künftigen Neugeschäft zukünftig generierten Überschüssen nicht in die versicherungstechnischen Rückstellungen einzurechnen ist. Daher wird unter Solvabilität II zunächst die Überschussbeteiligung für das gesamte Kollektiv bestimmt und anschließend wird der zur Finanzierung des künftigen Neugeschäfts benötigte Anteil aus der zukünftigen Überschussbeteiligung ausgesondert und als sog. **„Going-Concern-Reserve"** unter den Eigenmitteln ausgewiesen.[26]

17 Anknüpfungspunkt für die Überlegung, dass ein Teil der für die zukünftige Überschussbeteiligung angesetzten Beträge Eigenmittelcharakter aufweist, ist die Tatsache, dass die Abschlusskosten in der Lebens- und Krankenversicherung sowie in der Unfallversicherung mit Beitragsrückgewähr in Deutschland über die ersten Jahre verteilt werden und sich hierdurch für das Neugeschäft ein **negatives Abschlusskostenergebnis** ergeben kann, wodurch die Überschussbeteiligung vermindert wird. Für die zukünftige Überschussbeteiligung bedeutet dies, dass ein Teil der zukünftigen Überschüsse für die Finanzierung der Abschlusskosten zukünftiger Versicherungsnehmer verwendet werden wird. „Die erwarteten Abschlusskostenaufwendungen aus zukünftigem Neugeschäft stellen keine Verpflichtungen gegenüber dem vorhandenen Bestand dar" und müssen daher nicht „in den Kosten-Zahlungsströmen für die Kalkulation der versicherungstechnischen Rückstellungen" berücksichtigt werden.[27] Aus diesem Grund dürfen die auf die Abschlusskostenvorfinanzierung zukünftiger Versicherungsnehmer entfallenden Beträge als Eigenmittel angesetzt werden, wenn sie ökonomisch werthaltig sind. Dies kann nach Auffassung der BaFin als gegeben betrachtet werden „falls davon auszugehen ist, dass die Beiträge im Neugeschäft so kalkuliert sind, dass die anfänglichen Abschlusskostenverluste über die gesamte Vertragslaufzeit aus zukünftigen Kostenanteilen der Beiträge des Neugeschäfts selbst wieder gedeckt werden können."[28] In der Praxis wird die Going-Concern-Reserve derzeit bei Anwendung der Standardformel in der Lebensversicherung i. d. R. vereinfacht als jährlich festgelegter Prozentsatz des übrigen Ergebnisses bestimmt.[29]

18 Ein weiterer, im Zusammenhang mit der Wechselwirkung zwischen Überschussbeteiligung und Neugeschäft diskutierter Effekt ist eine „Vererbung" von in der RfB zurückgestellten Beträgen an die die Versicherungsnehmer des künftigen Neugeschäfts, die sich daraus ergibt, dass die der RfB zugeführten Mittel nicht zwingend dem Bestand bzw. den Verträgen zuzuteilen sind, durch den bzw. die sie erwirtschaftet wurden. Eine Berücksichtigung derartiger Vererbungseffekte bei der Berechnung der versicherungstechnischen Rückstellungen bzw. der Bestimmung der (anrechenbaren) Eigenmittel wird indessen aus verschiedenen Gründen in der Praxis nicht zulässig sein.[30]

In der Praxis wird die Going-Concern-Reserve derzeit bei Anwendung der Standardformel in der Lebensversicherung i. d. R. vereinfacht als jährlich festgelegter Prozentsatz des übrigen Ergebnisses bestimmt.[31]

19 Im Allgemeinen ist die Höhe der zukünftigen Überschussbeteiligung von den Vermögenswerten des Versicherungsunternehmens abhängig. Daher wird der beste Schätzwert der Vermögenswerte als Grundlage zur Bewertung der zukünftigen Überschussbeteiligung herangezogen.[32] Die zu Änderungen der zukünftigen Vermögenswertkalkulation getroffenen Annahmen basieren auf den zukünftigen **Managementmaßnahmen** nach Art. 23 Solva II-VO. Bei der Berücksichtigung von zukünftiger Überschussbeteiligung sind z. B. folgende Punkte zu beachten:[33]

– Aufteilung des Überschusses zwischen (1) Versicherungsunternehmen und Versicherungsnehmern und (2) den einzelnen Versicherungsnehmern,
– eventuelle Beschränkungen bei der Zuordnung der Überschüsse bestimmter Vermögenswerte,
– Auswirkungen von extrem hohen Überschüssen (oder Verlusten),
– Auswirkungen der Gewinne/Verluste aus anderen Tätigkeiten des Versicherungsunternehmens auf den Versicherungsnehmer,
– Zielrendite, Anlagestrategie und Zusammensetzung der Kapitalanlagen des Versicherungsunternehmens,

---

[24] Art. 7 Solva II-VO
[25] BaFin-AE v. 4.12.2015,Wechselwirkungen zwischen Überschussbeteiligung und Neugeschäft.
[26] *GDV,* Säule I-Anleitung für Einzelunternehmen, 381, 385; der Begriff „Going Concern Reserve" ist kein Bestandteil der Solvabilität II-Rechtsgrundlagen.
[27] *BaFin,* AE Wechselwirkungen zwischen Überschussbeteiligung und Neugeschäft, abrufbar unter bafin.de.
[28] *BaFin,* AE Wechselwirkungen zwischen Überschussbeteiligung und Neugeschäft, abrufbar unter bafin.de.
[29] *GDV,* Fachkonzept Branchensimulationsmodell, S. 120.
[30] Siehe hierzu ausführlicher *BaFin,* AE Wechselwirkungen zwischen Überschussbeteiligung und Neugeschäft, abrufbar unter bafin.de.
[31] *GDV,* Fachkonzept Branchensimulationsmodell, S. 120.
[32] Art. 24 Solva II-VO.
[33] LL 41 EIOPA Explanatory Text BoS-14/166 zu LL Bewertung von versicherungstechnischen Rückstellungen.

– erwartete Höhe der Überschussbeteiligung (auf Basis von Erfahrungswerten),
– Untergrenze, ab wann keine Überschussbeteiligung erfolgt.

Zusätzlich hängen die Vermögenswerte von der zugrundeliegenden Zinskurve ab. Da die zukünftige Überschussbeteiligung hierdurch maßgeblich beeinflusst wird, wurde von der BaFin eine Anleitung entwickelt, wie in Deutschland der Referenzzins (gemäß § 5 Abs. 3 DeckRV) in der Projektion der maßgeblichen risikofreien Zinskurve zu beachten ist.[34] 20

2. Eigenmittelfähige Überschussbeteiligung. Gemäß § 84 Abs. 2 VAG wird der Anteil der RfB, der **zum Ausgleich von Verlusten** verwendet werden darf und nicht auf festgelegte Überschussanteile entfällt, nicht in den versicherungstechnischen Rückstellungen berücksichtigt. Dadurch kann dieser Anteil der RfB auf die Eigenmittel angerechnet werden. Die Regelungen hierzu finden sich in der in gewissem Sinne zu § 84 Abs. 2 VAG spiegelbildlichen Vorschrift des § 93 Abs. 1 VAG[35] und sind für Lebensversicherungen, nach Art der Lebensversicherung betriebene Krankenversicherungen und bei Unfallversicherungen mit Prämienrückgewähr anwendbar. Grundlage für die in § 93 Abs. 1 VAG geregelte Eigenmittelfähigkeit ist, dass ein Versicherungsunternehmen in Deutschland im Falle eines Notstandes diesen Anteil der RfB nach § 140 Abs. 1 VAG wie Eigenmittel zum Verlustausgleich verwenden darf und dann entsprechend keine Überschussbeteiligung gewähren muss.[36] 21

IV. Verhältnis zu anderen Regelungen im VAG. Es besteht eine enge Verbindung zwischen § 84 VAG und § 93 VAG, da die beiden Vorschriften jeweils spiegelbildliche Regelungen zum Charakter und Umgang mit den Teilen der RfB enthalten, die zum Verlustausgleich zur Verfügung stehen. Außerdem besteht eine Verbindung zu den Paragraphen, die allgemein auf die Vorschriften zu den versicherungstechnischen Rückstellungen in §§ 75–85 und 87 f. VAG verweisen, im Einzelnen: 22
– § 74 (Bewertung der Vermögenswerte und Verbindlichkeiten),
– § 86 (Einforderbare Beträge aus Rückversicherungsverträgen und gegenüber Zweckgesellschaften),
– § 88 (Befugnisse der Aufsichtsbehörde in Bezug auf versicherungstechnische Rückstellungen; Verordnungsermächtigung),
– § 133 (Unzureichende Höhe der versicherungstechnischen Rückstellungen).

Finanzgarantien und vertragliche Optionen in den Versicherungsverträgen

85 (1) **Bei der Berechnung der versicherungstechnischen Rückstellungen ist der Wert der Finanzgarantien und sonstiger vertraglicher Optionen zu berücksichtigen, die Gegenstand der Versicherungsverträge sind.**

(2) **Die Annahmen in Bezug auf die Wahrscheinlichkeit, dass die Versicherungsnehmer ihre vertraglichen Optionen einschließlich der Storno- und Rückkaufsrechte ausüben werden, sind realistisch zu wählen und müssen sich auf aktuelle und glaubhafte Informationen stützen.**

(3) **Die Annahmen tragen entweder explizit oder implizit den Auswirkungen Rechnung, die künftige Veränderungen der Finanz- und Nichtfinanzbedingungen auf die Ausübung dieser Optionen haben könnten.**

Übersicht

Schrifttum: *DAV*, Zwischenbericht zur Kalibrierung und Validierung spezieller ESG unter Solvency II, 2015; *GDV*, Fachkonzept Branchensimulationsmodell, 2015; *GDV*, Säule I-Anleitung für Einzelunternehmen, 2015; *Hammers*, Full Fair Value – Bilanzierung von Lebensversicherungsprodukten und mögliche Implikationen für die Produktgestaltung, 2009.

[34] *BaFin*, AE Projektion des Referenzzinses gemäß § 5 Abs. 3 DeckRV.
[35] Zu ausführlichen Erläuterungen s. Kommentierung zu § 93 Abs. 1 VAG.
[36] Begr. VAG-RegE 2014, BT-Drs. 18/2956, 259 sowie 307.

1 **I. Allgemeines. 1. Entstehungsgeschichte.** § 85 VAG ist bei der Neufassung des VAG im Jahr 2015 durch Art. 1 des Gesetzes zur Modernisierung der Finanzaufsicht über Versicherungen[1] vom 1.4.2015 in das VAG eingefügt worden.

2 **2. Normzweck.** § 85 VAG bestimmt Vorgaben zur **Bewertung von Finanzgarantien und vertraglichen Optionen** bei der Berechnung der versicherungstechnischen Rückstellungen. Gemäß § 85 Abs. 1 VAG sind bei der Berechnung der versicherungstechnischen Rückstellungen der Wert der Finanzgarantien und von vertraglichen Optionen, die im Versicherungsvertrag enthalten sind, zu berücksichtigen. Da dabei die Annahmen, mit welcher Wahrscheinlichkeit der Versicherungsnehmer welche Entscheidung trifft, eine wichtige Rolle spielen, werden in § 85 Abs. 2 und 3 VAG zusätzliche Vorgaben zur Herleitungsweise dieser Annahmen festgelegt.

3 **3. Europarechtlicher Hintergrund.** § 85 VAG setzt Art. 79 Solva II-RL um, wobei der Wortlaut nahezu unverändert übernommen wurde.

4 Auf der zweiten Regulierungsebene sind technische Regulierungsstandards zu der Bewertung von Finanzgarantien und vertraglichen Optionen in den Art. 26 und 32 Solva II-VO enthalten, die die EU-Kommission ohne eine explizite Ermächtigungsgrundlage erlassen hat. Außerdem beinhalten die EIOPA-LL Bewertung von versicherungstechnischen Rückstellungen,[2] insbesondere LL 35 bis 37, 53, 54 und 88, die konkretisierenden Standards der Ebene 3.

5 **II. Bewertung von Finanzgarantien und vertraglichen Optionen. 1. Einführung.** § 85 VAG bezieht sich entsprechend der Terminologie der Aktuare auf Finanzgarantien und vertragliche Optionen. Mit Optionen sind einseitige vertragliche Gestaltungsrechte gemeint, in erster Linie seitens des Versicherungsnehmers. Aber auch das Versicherungsunternehmen kann solche Rechte haben, z. B. im Rahmen der Überschussbeteiligung. Der Begriff **Finanzgarantie** geht über die Begriffe der Zinssatzverpflichtung in § 341f Abs. 2 HGB oder der Zinsgarantie in § 2 Abs. 1 DeckRV hinaus. In der Terminologie der Aktuare sind Garantien Asymmetrien in der Bestimmung von Leistungen, z. B. Mindest- oder Höchstwerte variabler Leistungen, Alternativwerte, bei denen der höhere oder niedrigere maßgeblich ist, aber auch andere Gestaltungsformen, wie z. B. Integralfranchisen oder Gesamtschadenexzedenten. Finanzgarantien sind dabei solche Asymmetrien, bei denen die Variabilität von Leistungen durch die Fixierung einer finanziellen Größe, z. B. des Zinses, beschränkt wird. Der Wert von Gestaltungsrechten oder Asymmetrien war schon in der Vergangenheit als integraler Bestandteil der Verpflichtungen und der Zahlungsströme in den handelsrechtlichen Bewertungen zu berücksichtigen, die auch die Grundlage für die Solvabilitätsermittlung unter Solvabilität I waren. Sie wurden allerdings meist vorsichtig nach oben abgeschätzt, so dass eine explizite Bewertung nicht erforderlich war. Bei einer marktnahen Bewertung wie unter Solvabilität II ist eine explizite Bewertung erforderlich, wie sie auch schon im Rahmen der marktkonsistenten Embedded Values (MCEV) erfolgte.[3]

6 **2. Definition.** Finanzgarantien und vertragliche Optionen kommen v. a. in der Lebensversicherung häufig vor, denn während der langen Laufzeit vieler Lebensversicherungsverträge hat der Versicherungsnehmer im Allgemeinen vertraglich verschiedene Gestaltungsrechte, um seinen Versicherungsschutz während der Laufzeit entsprechend geändertem Bedarf anpassen zu können.

7 Eine **vertragliche Option** ist definiert als gesetzliches oder vertragliches Recht der Versicherungsnehmer, den Versicherungsschutz oder allgemein die vertraglichen Rechte oder Pflichten während der Vertragslaufzeit anzupassen.[4] In der Lebensversicherung sind in Deutschland z. B. folgende vertragliche Optionen üblich:[5]

- Rückkauf, Teilrückkauf oder Storno,
- Beitragsfreistellung und ggf. anschließende Wiederinkraftsetzung,
- Verlängerung des Versicherungsschutzes oder Verschiebung der Ablaufleistung,
- Kapitalwahlrecht bzw. Rentenumwandlungsrecht.

Davon zu unterscheiden sind Beitragsanpassung bzw. Anpassung der Versicherungssumme, bei denen es sich um Optionen für das Versicherungsunternehmen handelt.

8 Auch wenn wie oben erwähnt, vertragliche Optionen vor allem in der Lebensversicherung üblich sind, gibt es auch in anderen Versicherungssparten Beispiele für vertragliche Optionen. In der substitutiven Krankenversicherung wird dem Versicherungsnehmer z. B. oft vertraglich die Möglichkeit gegeben, einen Tarifwechsel vorzunehmen, während in der Schadenversicherung häufig die vertragliche Option zur vorzeitigen Kündigung des Versicherungsschutzes besteht. Im Gegensatz zur Lebensversicherung ist der Wert der vertraglichen Optionen in der Schadenversicherung in einem Großteil der

[1] BGBl. 2015 I 434 ff.
[2] EIOPA-LL BoS-14/166.
[3] *CFO Forum*, MCEV Principle 7 (abrufbar unter cfoforum.nl).
[4] Vgl. Art. 1 Nr. 15 u. 16 Solva II-VO zu Beendigungs- bzw. Fortführungsoptionen.
[5] LL 36 EIOPA Explanatory Text BoS-14/166 zu LL Bewertung von versicherungstechnischen Rückstellungen.

Fälle allerdings nicht materiell. Daher verweisen wir für Details hierzu auf die Ausführungen des GDV.[6]

Eine **Finanzgarantie** ist durch ihre Abhängigkeit von der Entwicklung finanzieller Variablen definiert. Dabei wird vom Versicherungsunternehmen vertraglich zugesagt, dass zum einen Verluste vom Versicherungsunternehmen getragen werden oder das Versicherungsunternehmen zum anderen in Abhängigkeit der Entwicklung einer finanziellen Variablen zusätzliche Leistungen erhält. Im Gegensatz zu vertraglichen Optionen sind Finanzgarantien somit nicht abhängig vom Verhalten der Versicherungsnehmer.[7] Eine in Deutschland weit verbreitete Finanzgarantie ist z. B. der Rechnungszins der Beitragskalkulation in der Lebensversicherung mit Überschussbeteiligung, der wie eine zugesagte jährliche Mindestverzinsung wirkt.[8] Weitere Beispiele für Finanzgarantien sind vertraglich vereinbarte Kapitalschutzgarantien, explizite Zusagen von Mindestverzinsungen oder Mindestwertsteigerungen, z. B. bei fondsgebundenen Lebensversicherungen.[9] 9

Der im Rahmen der Berechnung der versicherungstechnischen Rückstellungen zu berücksichtigende Wert der Finanzgarantien und vertraglichen Optionen wird nach Art. 23 Solva II-VO ferner beeinflusst von den Reaktionsmöglichkeiten der Versicherungsunternehmen für den Fall, dass eine bestehende Finanzgarantie greift oder der Versicherungsnehmer die ihm eingeräumte vertragliche Option ausübt. Beispielsweise kann das Unternehmen die variablen Leistungen aufgrund der Überschussbeteiligung oder in der Krankenversicherung die Beiträge aufgrund der Beitragsanpassungsklausel entsprechend anpassen. 10

3. Wert der Finanzgarantien und vertraglichen Optionen. Der Wert der Finanzgarantien und vertraglichen Optionen hängt von vielen Faktoren ab. Daher ist ein **Simulationsverfahren** eine geeignete Methode, um den besten Schätzwert und den darin enthaltenen Wert der Finanzgarantien und vertraglichen Optionen zu bestimmen.[10] Mittels eines Simulationsverfahrens können die Annahmen zum Verhalten der Versicherungsnehmer anhand verschiedener Szenarien modelliert werden und insbesondere auch die aktuelle Marktlage, soweit sie einen maßgeblichen Einfluss auf den Wert der Finanzgarantien und vertraglichen Optionen hat, realitätsnah abgebildet werden. 11

Da ein Simulationsverfahren i. d. R. relativ rechenaufwendig ist, dürfen unter Umständen auch **geschlossene Formeln** verwendet werden, wie z. B. auf Black-Scholes basierende Methoden.[11] Obwohl geschlossene Formeln generell erlaubt sind, ist, wie oben beschrieben, ein Simulationsverfahren oft geeigneter zur Bestimmung des Wertes der Finanzgarantien und vertraglichen Optionen. In jedem Fall soll die Bewertungsmethode auf „angemessenen, anwendbaren und relevanten versicherungsmathematischen und statistischen Methoden" basieren.[12] Dabei ist die Wahl der Bewertungsmethode gemäß Art. 56 Solva II-VO zu überprüfen, wobei die Art und Komplexität der zugrunde liegenden Risiken und Annahmen (siehe Rn. 17–21) sowie die Art der Finanzgarantie oder der vertraglichen Option einzubeziehen sind. 12

Da es teilweise möglich ist, Finanzgarantien und vertragliche Optionen bzw. einzelne Teilaspekte **mit Finanzinstrumenten nachzubilden**, kann hierdurch die Angemessenheit des Verfahrens überprüft werden.[13] In Deutschland sind die Versicherungsverträge allerdings im Allgemeinen zu komplex um deren Finanzgarantien und vertragliche Optionen anhand von Finanzinstrumenten nachbilden zu können.[14] 13

Bei den Auswirkungsstudien im Vorfeld von Solvabilität II wurden zunächst vor allem geschlossene Formeln angewendet.[15] Mittlerweile werden die Finanzgarantien und vertraglichen Optionen in Deutschland bei Anwendung der Standardformel in der Lebensversicherungsbranche im Allgemeinen mittels eines **Simulationsmodells** bewertet.[16] Auch Lebensversicherungsunternehmen, die ein internes Modell nutzen, leiten i. d. R. innerhalb dieses Modells den Wert der Finanzgarantien und vertraglichen Optionen auf der Basis des Durchschnittes einer Vielzahl von Kapitalmarktszenarien her. 14

In der Praxis wird dazu eine möglichst große Anzahl an marktkonsistenten zukünftigen Szenarien, den sogenannten „Pfaden", generiert. Das hierzu verwendete System wird als **ökonomischer Szenariogenerator** bezeichnet. Der beste Schätzwert bestimmt sich anschließend aus dem wahrscheinlichkeitsgewichteten Durchschnitt der auf diesen Pfaden basierenden Zahlungsströme.[17] Weiter wird auch ein einziger Pfad mit deterministischen Methoden als mittlerer Pfad (**„Certainty-Equivalent-Pfad"**) bestimmt. Der Unterschied zwischen dem stochastisch ermittelten besten Schätzwert und dem auf dem 15

[6] *GDV* Säule I-Anleitung für Einzelunternehmen, S. 55 und Anl. 6.
[7] LL 36 EIOPA Explanatory Text BoS-14/166 zu LL BoS-14/166.
[8] Zu den Charakteristika derartiger Finanzgarantien s. auch *Hammers* S. 29 f. m. w. N.
[9] Vgl. § 32 Abs. 2 RechVersV.
[10] Erwägungsgrund 15 Solva II-VO.
[11] *DAV* Zwischenbericht zur Kalibrierung und Validierung spezieller ESG unter Solvency II, Kapitel 3.4.2.
[12] LL 53 EIOPA-LL BoS-14/166.
[13] LL 88 EIOPA-LL BoS-14/166.
[14] Vgl. § 80 VAG.
[15] *BaFin* Ergebnisse der fünften quantitativen Auswirkungsstudie zu Solvency II (QIS 5), S. 5.
[16] *GDV* Fachkonzept Branchensimulationsmodell.
[17] Vgl. § 77 VAG.

mittleren Pfad deterministisch ermittelten besten Schätzwert wird auch als **Zeitwert der Finanzgarantie oder der vertraglichen Option** bezeichnet.[18]

16 Bei der Bewertung der versicherungstechnischen Rückstellungen sind nur aktuelle Versicherungsverpflichtungen und keine Verpflichtungen aus zukünftigem Geschäft einzubeziehen.[19] Daher ist auch bei der Bewertung der Finanzgarantien und vertraglichen Optionen die jeweilige **Vertragsgrenze** zu berücksichtigen, aufgrund derer sich bestimmt, in welchen Fällen die Ausübung einer Option oder die Wirkung einer Finanzgarantie als aktuelles bzw. als zukünftiges Geschäft anzusehen ist.[20] Dabei gilt z. B. für Vertragsverlängerungsrechte, dass alle künftigen Zahlungsströme aus solchen zu berücksichtigen sind, es sei denn, bei der Vertragsverlängerung hat das Unternehmen die gleiche Freiheit, z. B. Prämien und Leistungen zu vereinbaren, wie bei einem neu abgeschlossenen Vertrag.[21]

17 **4. Zugrundeliegende Annahmen bei der Bewertung.** Finanzgarantien und vertragliche Optionen hängen stark von künftigen Entwicklungen ab. Zum Beispiel wird der Zahlungsstrom bei einem Kapitalwahlrecht wesentlich davon beeinflusst, welcher Anteil der Versicherungsnehmer sich für eine Kapitalauszahlung oder für eine Rentenzahlung entscheidet. Insgesamt spielt somit das **Verhalten der Versicherungsnehmer** und die dazu getroffenen Annahmen eine maßgebliche Rolle für die Bewertung vertraglicher Optionen. § 85 Abs. 2 VAG bestimmt hierzu, dass die Annahmen zu den Ausübungswahrscheinlichkeiten vertraglicher Optionen durch die Versicherungsnehmer „realistisch" und auf Basis „aktueller und glaubhafter Informationen" zu treffen sind.

18 In der Praxis wird häufig angenommen, dass das Verhalten der Versicherungsnehmer abhängig vom Finanzmarkt (d. h. abhängig von den ökonomischen Annahmen) ist und die Bewertung entsprechend vorgenommen. Dabei wird dem Versicherungsnehmer ein **finanzrationales Verhalten** unterstellt, indem er sich z. B. bei hohen Zinsen im Rahmen einer Rentenversicherung mit Kapitalwahlrecht tendenziell eher für die Kapitalabfindung und bei niedrigen Zinsen eher für die Rentenzahlung entscheidet. Zusätzlich kann das (dynamische) Kundenverhalten in der Lebensversicherungsbranche pfadweise anhand der marktkonsistenten Pfade des ökonomischen Szenariogenerators angepasst werden, indem bei deutlichen Unterschieden zwischen Marktzins und Gesamtverzinsung die Annahmen zum Storno- bzw. zum Kapitalwahlverhalten entsprechend angepasst werden.[22]

19 Gemäß Art. 26 Solva II-VO haben die Versicherungsunternehmen die Annahmen zu den Storno- und Rückkaufsmöglichkeiten auf Basis des bisher **beobachteten Versicherungsnehmerverhaltens** festzulegen. Dabei sind insbesondere folgende **Einflüsse auf das Verhalten der Versicherungsnehmer** einzubeziehen:
– Vorteile der Entscheidung für/gegen die Ausübung der Vertragsoption,
– Einfluss der (bisherigen und zukünftigen) wirtschaftlichen Rahmenbedingungen,
– Einfluss der (bisherigen und zukünftigen) Managementregeln,
– sonstige Einflüsse.

20 Wird einer dieser vier, in Art. 26 Solva II-VO genannten Einflussfaktoren nicht beachtet, hat das Versicherungsunternehmen empirisch zu überprüfen, ob, und ggf. nachzuweisen, dass dieser Faktor keinen Einfluss auf den Wert der Finanzgarantien oder vertraglichen Optionen hat.[23] Zu beachten ist, dass es sich bei der Aufzählung in Art. 26 Solva II-VO um eine nicht abschließende Aufzählung handelt, d. h. es sind auch darüber hinaus **alle Einflussfaktoren** auf das Verhalten der Versicherungsnehmer zu berücksichtigen, die für den jeweils zu bewertenden (Rück-)Versicherungsvertrag Relevanz besitzen.[24] Dies beinhaltet gemäß § 85 Abs. 3 VAG sowohl Einflussfaktoren durch **Finanzbedingungen** wie die Kapitalmarktlage als auch durch **Nichtfinanzbedingungen** wie die Lebensumstände (Beruf, Ehestatus, etc.) eines Versicherungsnehmers. In der Praxis ist es allerdings relativ anspruchsvoll allen Einflussfaktoren Rechnung zu tragen, da insbesondere zu den Nichtfinanzbedingungen entsprechende granulare Informationen i. d. R. nicht vorliegen.

21 Bei der Wahl der Annahmen für die Bewertung der Finanzgarantien und vertraglichen Optionen sind über die Vorgaben des § 85 Abs. 2 u. 3 VAG hinaus – auch die allgemeinen Vorgaben zur Herleitung der Annahmen beim besten Schätzwert zu berücksichtigen. Hierzu verweisen wir auf die Kommentierung zu § 77 VAG.

22 **III. Verhältnis zu anderen Regelungen des VAG.** Es besteht eine Verbindung zu allen Vorschriften, die die Berechnung der versicherungstechnischen Rückstellungen regeln (§§ 74–87 VAG), insbesondere zu § 77 VAG zur Ermittlung des besten Schätzwertes. In folgenden Paragraphen wird allgemein auf die Vorschriften zu den versicherungstechnischen Rückstellungen in §§ 75 bis 85 und

[18] *GDV* Fachkonzept Branchensimulationsmodell", S. 118.
[19] Erwägungsgrund 9 Solva II-VO.
[20] Vgl. § 77 Abs. 3 VAG; s. auch die Kommentierung zu § 77 VAG.
[21] Erwägungsgrund 10 Solva II-VO; s. auch Art. 18 Solva II.VO.
[22] *GDV* Fachkonzept Branchensimulationsmodell", S. 7.
[23] Art. 26 Solva II-VO.
[24] Art. 32 Solva II-VO.

87 f. VAG und somit auch auf die Vorgaben zur Bewertung der Finanzgarantien oder der vertraglichen Optionen verwiesen:
- § 74 (Bewertung der Vermögenswerte und Verbindlichkeiten),
- § 86 (Einforderbare Beträge aus Rückversicherungsverträgen und gegenüber Zweckgesellschaften),
- § 88 (Befugnisse der Aufsichtsbehörde in Bezug auf versicherungstechnische Rückstellungen; Verordnungsermächtigung),
- § 133 (Unzureichende Höhe der versicherungstechnischen Rückstellungen).

Einforderbare Beträge aus Rückversicherungsverträgen und gegenüber Zweckgesellschaften

86 (1) **Die Berechnung der einforderbaren Beträge aus Rückversicherungsverträgen und gegenüber Zweckgesellschaften erfolgt nach Maßgabe der §§ 75 bis 85.**

(2) **Bei der Berechnung dieser einforderbaren Beträge ist die zeitliche Differenz zwischen dem Erhalt der Beträge und den Auszahlungen an die Anspruchsteller zu berücksichtigen.**

(3) [1]**Das Ergebnis dieser Berechnung ist anzupassen, um den im Fall des Ausfalls der Gegenpartei zu erwartenden Verlusten Rechnung zu tragen.** [2]**Die Anpassung gründet sich auf eine Einschätzung der Ausfallwahrscheinlichkeit der Gegenpartei und des sich daraus ergebenden durchschnittlichen Verlusts.**

Übersicht

I. Allgemeines. 1. Entstehungsgeschichte. § 86 VAG ist bei der Neufassung des VAG im Jahr 2015 durch Art. 1 des Gesetzes zur Modernisierung der Finanzaufsicht über Versicherungen[1] vom 1.4.2015 in das VAG eingefügt worden. Die entsprechende Regelung im Rahmen von **Solvabilität I** ist § 23 RechVersV.[2] 1

2. Normzweck. Aufgrund von § 86 VAG werden die zukünftigen Zahlungsströme aus **Rückversicherungsverträgen** und gegenüber **Zweckgesellschaften** i. S. v. § 168 VAG, die **Leistungen des Versicherungsunternehmens für regulierte und nicht regulierte Versicherungsfälle ausgleichen,**[3] konsistent mit der in den versicherungstechnischen Rückstellungen nach §§ 75–85 VAG erfolgenden Bewertung dieser Zahlungen bewertet. Sie sind aber nach § 77 Abs. 4 VAG **gesondert** und eigenständig zu bewerten, insbesondere bzgl. der in § 86 Abs. 2 u. 3 VAG geregelten möglicherweise **abweichenden Fälligkeiten** der Zahlungsströme und dem **Gegenparteiausfallrisiko.** 2

3. Europarechtlicher Hintergrund. § 86 VAG setzt Art. 81 Solva II-RL um[4] und folgt dem Wortlaut bis auf redaktionelle Änderungen. Der abweichende Wortlaut in § 86 Abs. 2 VAG dient einer Konkretisierung der unklaren Wortwahl in der deutschen Fassung der Solva II-RL, in der „recovery“ (Rückdeckung) mit Einforderung übersetzt wird. Relevant für die Berücksichtigung des Zeitwertes des Geldes nach § 77 Abs. 1 VAG ist der (erwartete) Zeitpunkt des Eingangs der Beträge, nicht deren Einforderung.[5] 3

---
[1] BGBl. 2015 I 434.
[2] Vgl. *Stöffler* in: Beck'scher Versicherungsbilanz-Kommentar, 1998, § 23 RechVersV.
[3] Vgl. Art. 41 Solva II-VO.
[4] RegE-VAG 2014, BT-Drs. 18/2956, 259.
[5] Vgl. Rn. 23.

Europäische Regelungen zur Bewertung der einforderbaren Beträge aus Rückversicherungsverträgen und gegenüber Zweckgesellschaften finden sich neben den im VAG umgesetzten Regelungen der Art. 77 Abs. 2 S. 4 und 81 und 308d Abs. 2 Solva II-RL auch in Art. 41 f., 57 f. und 61 Solva II-VO. Auf der dritten Ebene existieren die LL 78–81 der EIOPA-LL Bewertung von versicherungstechnischen Rückstellungen und Technischer Anhang V sowie erläuternde Texte dazu im „Final Report on Public Consultation No. 14/036 on Guidelines on valuation of technical provisions" EIOPA-BoS-14/166 vom 27.11.2014.[6] Der Begriff der **einforderbaren Beträge aus Rückversicherungsverträgen und von Zweckgesellschaften** wird in **Art. 41 Abs. 1, 3 und 5 Solva II-VO** auch mit Wirkung auf § 86 VAG definiert.

4 **II. Einführung.** Die §§ 75–85 VAG betreffen die versicherungstechnischen Rückstellungen für die vom Versicherungsunternehmen **übernommenen Versicherungsverpflichtungen**. Diese können sich aus direkten Versicherungsverträgen oder auch aus Rückversicherungsverträgen ergeben, in denen das Versicherungsunternehmen als Rückversicherer Versicherungsschutz für Versicherungsverpflichtungen anderer Versicherungsunternehmen gewährt.. Nimmt das Versicherungsunternehmen (nachfolgend als „**abgesichertes Unternehmen**" bezeichnet) eine Absicherung eigener Versicherungsverpflichtungen („**abgesicherte Verpflichtung**") durch einen Vertrag („**Absicherung**") mit einem anderen Versicherungsunternehmen oder einer Zweckgesellschaft i. S. v. § 168 VAG („**absicherndes Unternehmen**") in Anspruch, so entstehen durch diesen Vertrag auf Seiten des abgesicherten Unternehmens **einforderbare Beträge** i. S. d. § 86 VAG i. V. m. Art. 41 Abs. 3 Solva II-VO. Um die tatsächliche Risikolage des abgesicherten Unternehmens wirtschaftlich richtig abzubilden, müssen die einforderbaren Beträge konsistent mit der Bewertung nach §§ 75–85 VAG der durch diese abgesicherten Verpflichtungen bewertet werden.[7] Daher sind für die einforderbaren Beträge dieselben Bewertungsvorschriften anzuwenden.

5 Dennoch wird eine **getrennte Bewertung** der abgesicherten Verpflichtungen und der einforderbaren Beträge verlangt, um sicherzustellen, dass die unterschiedlichen Rechtsverhältnisse richtig in allen relevanten Details abgebildet werden. Dies betrifft insbesondere abweichende Fälligkeiten und das durch eine weitere Gegenpartei neu entstehende Ausfallrisiko.

6–7 Neben diesen Unterschieden durch Fälligkeit und Ausfallsrisiko können Absicherungen auch noch **andere Zahlungsströme** bewirken, die nicht oder nur eingeschränkt abhängig von den Leistungen aufgrund der abgesicherten Verpflichtung sind. Diese anderen Zahlungsströme werden von dem Begriff der einforderbaren Beträge nicht umfasst.[8] Sie unterliegen unmittelbar den Bewertungsvorschriften nach § 74 VAG, soweit sie nicht selbst direkte Versicherungsverpflichtungen i. S. v. Art. 13 Abs. 1 Solva II-RL sind.

8 **III. Die mit der versicherungstechnischen Rückstellung konsistente Bewertung der einforderbaren Beträge (Abs. 1). 1. Der Begriff der einforderbaren Beträge.** Der Begriff der einforderbaren Beträge wird im VAG nicht definiert. Die Bestimmung erfolgt in Art. 41 Abs. 1, 3 und 5 Solva II-VO. Nach Art. 41 Abs. 1 Solva II-VO richtet sich der Umfang der einforderbaren Beträge nach **der Berücksichtigung der abgesicherten Verpflichtung** in den Grenzen der versicherungstechnischen Rückstellungen, gemäß Art. 17 f. Solva II-VO. Die in Art. 17 f. Solva II-VO definierte Vertragsgrenze wird also nicht unmittelbar auf die einforderbaren Beträge angewandt. Abgesicherte Zahlungsströme außerhalb der **Vertragsgrenze** der jeweiligen versicherungstechnischen Rückstellung werden auch nicht in den einforderbaren Beträgen berücksichtigt.

9 Umgekehrt können für Zahlungsströme innerhalb der Vertragsgrenzen der jeweiligen versicherungstechnischen Rückstellung auch **noch nicht bestehende Absicherungen** Teil der einforderbaren Beträge sein. Voraussetzung dafür ist, dass die noch nicht bestehenden Absicherungen Teil der **bestehenden Absicherungspolitik** des Versicherungsunternehmens entsprechend LL 78 EIOPA-LL Bewertung von versicherungstechnischen Rückstellungen sind. Davon betroffen sind demnach nur **erwartete Verlängerungen auslaufender Absicherungen**, die bestimmten Anforderungen genügen. Insbesondere soll die Absicherungspolitik schriftlich durch das Versicherungsunternehmen dokumentiert sein und die Erwartungen sollen im Einklang mit Art. 236 Solva II-VO stehen. Zukünftige Änderungen von Art oder Umfang der Absicherung, auch wenn sie erwartet werden, werden nicht berücksichtigt. Bei der Bewertung der einforderbaren Beträge wird nach Art. 38 Abs. 1 lit. l Solva II-VO unterstellt, dass auch das i. S. v. § 75 Abs. 2 VAG übernehmende Versicherungsunternehmen die gleiche Absicherungspolitik betreibt. Die Berücksichtigung zukünftiger Verträge steht grundsätzlich im Widerspruch zu der Vorgehensweise in der Rechnungslegung, die bei der Bewertung der Anteile der Rückversicherer an den versicherungstechnischen Rückstellungen nur bestehende Verträge berücksichtigt.[9] Im Hinblick auf

[6] Eine deutsche Fassung der erläuternden Texte, „Erläuterungen zu Leitlinien zur Bewertung von versicherungstechnischen Rückstellungen" v. 15.12.2015 findet sich auf der Website der BaFin.

[7] Vgl. LL 19 EIOPA-LL Bewertung von versicherungstechnischen Rückstellungen, EIOPA-BoS-14/166 v. 27.11.2014 Rn. 1.52.

[8] Art. 41 Abs. 3 Solva II-VO.

[9] Vgl. § 23 RechVersV.

das Ziel von Solvabilität II, der Bestimmung der verfügbaren Eigenmittel, ist dies aber sinnvoll. Bei i. S. v. LL 78 LL Bewertung von versicherungstechnischen Rückstellungen[10] realistisch gewählten Annahmen werden sich regelmäßig im Saldo der anzusetzenden Werte verbleibende **Kosten der Absicherung** ergeben, die zu einer Minderung der verfügbaren Eigenmittel führen.[11]

Nach Art. 41 Abs. 3 Solva II-VO werden im Rahmen der einforderbaren Beträge nur diejenigen Zahlungsströme im Rahmen eines die Absicherung beinhaltenden Vertrages berücksichtigt, die die **Regulierung von Versicherungsfällen** und noch zukünftig zu regulierende Versicherungsansprüche betreffen. Alle übrigen Zahlungsströme des betreffenden Vertrages fallen nicht unter die Regelungen des § 86 VAG. Im Sinne der Vorschrift darf der Begriff „Versicherungsfall" nicht zu eng verstanden werden. Jedes in den versicherungstechnischen Rückstellungen berücksichtigte und durch den Vertrag **abgesicherte Risiko** sollte als Bestandteil der einforderbaren Beträge konsistent mit der betreffenden versicherungstechnischen Rückstellung bewertet werden. Demnach nicht enthalten sind nach Art. 41 Abs. 3 Solva II-VO insbesondere **pauschale Erstattungen** im Rahmen des Vertrages, z. B. für Kosten des Versicherungsunternehmens und andere Leistungen, die unabhängig von den Zahlungsströmen der abgesicherten Verpflichtung sind, z. B. **Risikoprüfungsdienstleistungen** für nicht abgesicherte Risiken, da diese keinen Ausgleich für Versicherungsfälle darstellen. 10

In den einforderbaren Beträgen sind auch die für die Absicherung zukünftig vom abgesicherten Unternehmen zu zahlenden Gegenleistungen zu berücksichtigen, also die **Rückversicherungsbeiträge** oder Zahlungen an die Zweckgesellschaften.[12] Problematisch kann hier die Trennung der Rückversicherungsbeiträge sein, wenn ein Rückversicherungsvertrag auch nicht zu den einforderbaren Beträgen gehörende Leistungen vorsieht. Der Teil der Rückversicherungsbeiträge, der das Entgelt für die einforderbaren Beträge darstellt, ist in die Bewertung nach § 86 VAG und der übrige Teil in die Bewertung nach § 74 Abs. 2 VAG einzubeziehen. Wegen der unterschiedlichen Bewertung ist eine **sinnvolle Trennung** der Rückversicherungsbeiträge auf beide Bestandteile erforderlich. 11

Analog zu § 33 RechVersV wird eine **Depotverbindlichkeit** in der Solvabilitätsübersicht nicht saldiert.[13] Die einforderbaren Beträge sind entsprechend zu erhöhen, d. h. sie werden so bestimmt, als wären die Rückversicherungsbeiträge tatsächlich gezahlt und nicht im Rahmen einer Depotstellung verrechnet worden. 12

Im Fall von **Zweckgesellschaften** können auch Beträge, die nicht direkt von den Ansprüchen der Versicherungsnehmer gegen das Versicherungsunternehmen abhängen, Bestandteil der einforderbaren Beträge sein.[14] Dies setzt voraus, dass die **strukturelle Inkongruenz** zwischen den Ansprüchen gegen die Zweckgesellschaft und den Ansprüchen der Versicherungsnehmer gegen das Versicherungsunternehmen nicht wesentlich ist und dies auf vorsichtige, verlässliche und objektive Art und Weise überprüft werden kann. Denkbar ist z. B., dass die Ansprüche gegen die Zweckgesellschaft auf **Indizes** beruhen, die bis auf unwesentliche Szenarien zu dem gleichen Betrag wie der jeweilige Anspruch des Versicherungsnehmer gegen das Versicherungsunternehmen führen bzw. die sich in allen Szenarien höchstens unwesentlich von diesem Anspruch unterscheiden.[15] 13

Falls ein Versicherungsvertrag in beide Richtungen Versicherungsschutz vorsieht (**reziproke Rückversicherung**), werden die §§ 75 bis 85 VAG auf den Vertrag insgesamt angewandt, soweit nicht nach den allgemeinen Regeln für Versicherungsverpflichtungen, z. B. auf Grund der Vertragsgrenzen nach Art. 17 f. Solva II-VO, Teile abzugrenzen sind. 14

2. Die Bewertung der einforderbaren Beträge nach Maßgabe der §§ 75 bis 85 VAG. a) Grundlagen. Die aus Rückversicherungsverträgen und von Zweckgesellschaften einforderbaren Beträge werden aufgrund von § 86 Abs. 1 VAG nach Maßgabe der §§ 75 bis 85 VAG bewertet. Hierzu werden der **beste Schätzwert der einforderbaren Beträge** nach § 74 Abs. 1 VAG und eine **Risikomarge** nach § 78 VAG bestimmt. Bei der Ermittlung der Risikomarge wird unterstellt, dass das nach § 75 Abs. 2 VAG übernehmende Versicherungsunternehmen (**Referenzunternehmen**) auch die absichernden Verträge übernimmt[16] und auch nachfolgend eine dem Versicherungsunternehmen entsprechende Absicherungspolitik betreibt.[17] 15

Bzgl. der **Risikomarge** ergibt sich aufgrund der **risikoausgleichenden Funktion** der einforderbaren Beträge insofern eine Besonderheit, als die Forderung nicht wie sonst im Fall von Forderungen 16

[10] Vgl. EIOPA-BoS-14/166 Rn. 1.135.

[11] Vgl. „Final Report on Public Consultation No. 14/036 on Guidelines on valuation of technical provisions" EIOPA-BoS-14/166 v. 27.11.2014 Rn. 2.143.

[12] BaFin-AE Bewertung der einforderbaren Beträge aus Rückversicherungsverträgen und gegenüber Zweckgesellschaften v. 4.12.2015.

[13] BaFin-AE Bewertung der einforderbaren Beträge aus Rückversicherungsverträgen und gegenüber Zweckgesellschaften v. 4.12.2015; BaFin-AE Bewertung von Vermögenswerten und Verbindlichkeiten außer vt. Rückstellungen – HGB vs. Solvency II v. 4.12.2015 S. 12.

[14] Art. 41 Abs. 5 Solva II-VO.

[15] Vgl. *Ritter*, Absicherung von Katastrophen-Risiken über Kapitalmärkte, 2006, S. 58 ff; *Köhler*, Die Zulässigkeit derivativer Finanzinstrumente in Unternehmen, Banken und Kommunen, 2012, S. 51 Fn. 268.

[16] Art. 38 Abs. 1 lit. b Solva II-VO.

[17] Art. 38 Abs. 1 lit. l Solva II-VO.

um die anzusetzende Risikomarge gekürzt ist, also eigenmittelmindernd ist. Aus der Gesamtsicht des Versicherungsunternehmens wird nicht eine risikobehaftete Forderung erworben, deren Übertragungswert i. S. v. § 74 Abs. 2 VAG durch Berücksichtigung des enthaltenen Abweichungsrisikos niedriger als der Erwartungswert der diskontierten Zahlungsströme ist. Durch Erwerb der Absicherung wird vielmehr das **vorhandene Risiko der abgesicherten Verpflichtung** auf das absichernde Unternehmen übertragen. Im Fall eines Rückversicherungsvertrages erfolgt dies sogar durch eine explizite Bezugnahme der vertraglichen Vereinbarungen der Absicherung auf die abgesicherte Verpflichtung. Durch die Absicherung mindern sich schon vorhandene Risiken des Versicherungsunternehmens und eine Absicherung wirkt daher insofern eigenmittelerhöhend. Allerdings wird nicht das ausgewiesene Aktivum, die einforderbaren Beträge, erhöht, sondern die nach § 78 VAG zu bestimmende Risikomarge der versicherungstechnischen Rückstellung für die abgesicherte Verpflichtung wird entsprechend gekürzt.[18] In dem Wert der einforderbaren Beträge selbst ist damit **keine Risikomarge** berücksichtigt.

17 Der **beste Schätzwert der einforderbaren Beträge** wird hingegen nach § 77 Abs. 1 VAG i. V. m. § 86 VAG getrennt aber konsistent mit der abgesicherten Verpflichtung bestimmt und als **Aktivum** ausgewiesen.[19] Da dieser Wert aber **keine Berücksichtigung des Abweichungsrisikos** beinhaltet, sondern nur der bzgl. des Abweichungsrisikos neutrale **Erwartungswert der diskontierten Zahlungsströme** ist, entspricht der Wert für sich allein nicht der Anforderung in § 74 Abs. 2 VAG oder der in § 75 Abs. 2 VAG. Ebenso ist die um den Anteil der Absicherung an der Risikomarge gekürzte versicherungstechnische Rückstellung für sich allein betrachtet nicht im Einklang mit § 74 Abs. 2 VAG. Erst zusammen ergeben die beiden Werte einen wirtschaftlichen, den Vorgaben entsprechenden Sinn. Der Richtliniengeber konnte sich nicht dazu durchringen, wie bisher nach Formblatt 1 Passivseite lit. E RechVersV unter Solvabilität I in Deutschland vorgesehen, den Wert der einforderbaren Beträge in voller Höhe direkt von den versicherungstechnischen Rückstellungen abzusetzen. Der Umfang der **selbst abgeschlossenen Versicherungsverpflichtungen** soll in Solvabilität II noch direkt auf die Höhe der Passiva der Solvabilitätsübersicht einwirken und ebenso der Umfang der Abgabe der Verpflichtungen auf die Aktiva. Andererseits wollte der Richtliniengeber keine zu hohe Forderung ausweisen, wie dies bei einer um die Risikoanpassung erhöhten statt gekürzten Rückversicherungsforderung nach IFRS 17.64 der Fall ist.

b) Die Bewertung des Anteils des absichernden Unternehmens an den Versicherungsfällen.

18 Nach § 86 Abs. 1 VAG sind für die Bewertung des Anteils des absichernden Unternehmens an den abgesicherten Verpflichtungen die gleichen Grundsätze anzuwenden wie für die Bewertung der entsprechenden Verpflichtungen selbst.

19 Die von Zweckgesellschaften einforderbaren Beträge dürfen nach Art. 41 Abs. 2 Solva II-VO nicht über die **aggregierte maximale Risikoposition** dieser Zweckgesellschaften gegenüber dem Versicherungsunternehmen hinausgehen. Da bei Zweckgesellschaften die einforderbaren Beträge nicht auf die abgesicherte Leistung begrenzt sind,[20] ist diese wertmäßige Begrenzung des angesetzten Aktivums erforderlich.

20 Die Berechnung ist nach Art. 41 Abs. 2 Solva II-VO im Hinblick auf die unterschiedliche Risikosituation gesondert für von Zweckgesellschaften, aus **Finanzrückversicherungsverträgen**[21] und aus anderen Rückversicherungsverträgen einforderbare Beträge durchzuführen. Ebenso sind nach Art. 41 Abs. 4 Solva II-VO in der Nichtlebensversicherung auch die auf **Schaden- und Prämienrückstellungen** entfallenden einforderbaren Beträge getrennt zu berechnen. Nach LL 19 der EIOPA-LL Bewertung von versicherungstechnischen Rückstellungen[22] soll die Aufteilung in **homogene Risikogruppen** einheitlich mit der für die abgesicherten Verpflichtungen erfolgen, allerdings muss die sich aus der einheitlichen Anwendung der Prinzipien ergebende Aufteilung nicht identisch sein.[23] Unterschiede können z. B. entstehen, wenn ein Rückversicherungsvertrag Verträge aus verschiedenen homogenen Risikogruppen absichert.

21 **c) Vereinfachte Berechnung.** § 79 Abs. 2 VAG sieht für die Bewertung der einforderbaren Beträge die Möglichkeit von **Näherungsverfahren** vor. Nach Art. 57 Solva II-VO können die einforderbaren Beträge vor der Anpassung für das Gegenparteiausfallrisiko als Differenz zwischen dem besten Schätzwert der Versicherungsverpflichtung (**Brutto-Position**) und dem besten Schätzwert der Versicherungsverpflichtung abzüglich des Ausgleichs durch die Absicherung bestimmt werden, also auf Basis der **Netto-Position.** Hintergrund ist, dass die Versicherungsunternehmen oft relativ wenig Kenntnis über das – oft besonders hohe oder beim Versicherungsunternehmen selten auftretende und daher abge-

[18] Art. 38 Abs. 1 lit. c Solva II-VO.
[19] BaFin-AE Bewertung der einforderbaren Beträge aus Rückversicherungsverträgen und gegenüber Zweckgesellschaften v. 4.12.2015.
[20] Vgl. Rn. 13.
[21] Art. 210 Solva II-RL, vgl. § 167 VVG.
[22] Vgl. EIOPA-BoS-14/166 Rn. 1.52.
[23] EIOPA-BoS-14/166 „Final Report on Public Consultation No. 14/036 on Guidelines on valuation of technical provisions" v. 27.11.2014, Anh. 2 Explanatory Text Rn. 2.28.

gebene – abgesicherte Risiko haben. Hingegen können sie den Eigenbehalt nach Absicherung oft deutlich besser einschätzen. Durch diese vereinfachte Berechnung wird gesichert, dass der letztlich für die Eigenmittelbestimmung relevante **Eigenbehalt** bei der Berechnung im Fokus steht und so gut wie möglich bestimmt wird. Die vereinfachte Berechnung erfolgt nach Art. 57 Abs. 2 Solva II-VO grundsätzlich auf der Basis des einzelnen Vertrages der Absicherung. LL 79 f. i. V. m. Anhang V der EIOPA-LL Bewertung von versicherungstechnischen Rückstellungen[24] sehen weitere Vereinfachungsmöglichkeiten zur Schätzung der einforderbaren Beträge vor.

IV. Die Bewertung der durch den Vertrag über die Absicherung selbst entstehenden Abweichungen (Abs. 2 und 3). Rückversicherungsverträge und Verträge mit Zweckgesellschaften enthalten oft Bestimmungen, die zu einer von der abgesicherten Verpflichtung **abweichenden Fälligkeit** der Zahlungsströme der Absicherung führen. Zudem bewirkt der Umstand einer weiteren Gegenpartei, dem absichernden Unternehmen, eine zusätzliche Unsicherheit durch deren **Ausfallrisiko**. Diese Abweichungen sind nach § 86 Abs. 2 und 3 VAG bei der Bewertung des besten Schätzwertes der einforderbaren Beträge zu berücksichtigen. 22

Insbesondere bei Rückversicherungsverträgen wird die Fälligkeit der Zahlungen oft verzögert vereinbart, z. B. als **Saldo** zum Ende der Versicherungsperiode. Manche **Abrechnungskonten** werden tatsächlich erst bei Vertragsende fällig gestellt und gezahlt. Maßgeblich für die Bewertung in den einforderbaren Beträgen ist der Zeitpunkt der tatsächlich **erwarteten Zahlung**. Der **Diskontierungseffekt** auf den Wert der einforderbaren Beträge ist durch eine solche Verzögerung gegenüber der abgesicherten Verpflichtung entsprechend höher. Damit ist der Wert der einforderbaren Beträge insoweit niedriger als der Wert der abgesicherten Verpflichtungen. 23

Die erwarteten Folgen auf die Zahlungsströme eines Ausfalls der Gegenpartei sind nach § 86 Abs. 3 VAG bei der Bewertung der einforderbaren Beträge zu berücksichtigen. Diese Vorschrift bezieht sich aber nur auf den **erwarteten bzw. durchschnittlichen Verlust** entsprechend der Einschätzung der Ausfallwahrscheinlichkeit der Gegenpartei. Entsprechend den Ausführungen in Rn. 16 wird **das Gegenparteiausfallrisiko** auch in der nach § 78 VAG zu bestimmenden Risikomarge der versicherungstechnischen Rückstellungen berücksichtigt.[25] Nähere Vorgaben zur Bestimmung des Wertes des Gegenparteiausfallrisikos sind in Art. 41 f. und Art. 61 Solva II-VO und zu möglichen Vereinfachungen in den LL 62 und 81 der EIOPA-LL Bewertung von versicherungstechnischen Rückstellungen enthalten.[26] Die Anpassung zur Berücksichtigung des Gegenparteiausfallrisikos wird nach Art. 42 Abs. 1 Solva II-VO „**getrennt** von den übrigen einforderbaren Beträgen berechnet", wird aber als mindernder Teil der einforderbaren Beträge i. S. d. § 86 Abs. 1 VAG angesehen und entsprechend ausgewiesen. Dabei sind die gesamten möglichen **Ausfälle während der Vertragslaufzeit** und dabei auftretender Änderungen nach Art. 42 Abs. 3 Solva II-VO zu berücksichtigen. Die Berechnung erfolgt für jede Gegenpartei und jeden **Geschäftsbereich** nach Art. 55 Solva II-VO gesondert; in der Schadenversicherung auch weiter noch getrennt nach **Prämien- und Schadenrückstellung**. Eine gesonderte Berechnung auf Basis homogener Risikogruppen wird nicht gefordert, da sich der Ausfall auf die Absicherung insgesamt bezieht, und sich nicht wie bei der Bewertung der Absicherung analog zu den abgesicherten Verpflichtungen Unterschiede bzgl. der homogenen Risikogruppen ergeben. 24

Zu dem Gegenparteiausfallsrisiko wird nach Art. 42 Abs. 2 Solva II-VO auch der Ausfall von zuvor angesetzten Forderungen durch **Unterliegen in einem Rechtsstreit** gerechnet. Demnach ist in den einforderbaren Beträgen vor Ansatz des Gegenparteiausfallrisikos von der Rechtssicht des Versicherungsunternehmen auszugehen und der Erwartungswert eines abweichend ausgehenden Rechtsstreits ist in der **Anpassung für das Gegenparteiausfallsrisiko** zu berücksichtigen. 25

Nach Art. 42 Abs. 4 Solva II-VO beträgt der erwartete Verlust aus dem Ausfall der Gegenpartei als **widerlegbare Vermutung** wenigstens 50 % der ohne Gegenparteiausfallrisiko bestimmten einforderbaren Beträge. Die Bezugnahme auf 50 % entspricht der Berücksichtigung von Risikominderung durch Rückversicherung in Solvabilität I.[27] Nur soweit es eine zuverlässige Grundlage für einen anderen Wert gibt, darf von der **hälftigen Anpassung** abgewichen werden. Zuverlässige Grundlagen können z. B. vorliegende Ratings oder Marktwerte sein. Hierbei ist zu berücksichtigen, dass diese oft nur einen Geltungsbereich haben, der deutlich kürzer ist als die zu berücksichtigende Vertragsdauer der Absicherung. 26

Grundsätzlich werden die Rückversicherer, die ebenfalls Solvabilität II unterliegen, eine **gute Bonität** haben. Gerade in dem Fall wird es besonders schwierig sein, die geringe Ausfallwahrscheinlichkeit **verlässlich** zu schätzen.[28] Zwar soll nach den Grundsätzen von Solvabilität II das einjährige Ausfallsrisiko nicht größer als 1:200 sein, doch haben die einforderbaren Beträge oft eine längere Laufzeit. Nach 27

[24] Vgl. EIOPA-BoS-14/166.
[25] EIOPA-LL BoS-14/166 Abs. 1.113.
[26] Vgl. EIOPA-BoS-147166 Rn. 113 u. 1.139.
[27] Vgl. §§ 1 Abs. 2 S. 6 und 4 Abs. 1 lit. b KapAusstV in der bis 2015 geltenden Fassung.
[28] EIOPA-BoS-14/166 v. 27.11.2014 „Final Report on Public Consultation No. 14/036 on Guidelines on valuation of technical provisions" Anh. 2 Explanatory Text Rn. 2.157.

Art. 61 Solva II-VO ist eine **vereinfachte Berechnung** für eine Gegenpartei und eine homogene Risikogruppe auf Basis der geschätzten Ausfallwahrscheinlichkeit für ein Jahr möglich, indem diese auf die ganze Dauer der einforderbaren Beträge hochgerechnet wird. Nach LL 81 der EIOPA-LL Bewertung von versicherungstechnischen Rückstellungen[29] ist dabei zu überprüfen, ob die Annahme eines gleichbleibenden Ausfallrisikos realistisch ist.

28 Bei **Zweckgesellschaften** bestimmt sich nach Art. 42 Abs. 5 Solva II-VO die Anpassung durch das Ausfallrisiko der **von der Zweckgesellschaften gehaltenen Vermögenswerte**. Dies schließt aber nicht die Berücksichtigung nach Art. 42 Abs. 2 Solva II-VO von ggf. vorhandenen **anderen Sicherheiten** aus.

29 Bei der Anpassung werden nach Art. 42 Abs. 2 S. 2 Solva II-VO gehaltene **Sicherheiten**, insbesondere **Rückversicherungsdepots**,[30] berücksichtigt. Die Effekte anderer **Risikominderungstechniken** sind gesondert von den einforderbaren Beträgen zu erfassen und gehören nicht zu den einforderbaren Beträgen i. S. v. § 86 Abs. 1 VAG. Sie fallen damit unter die allgemeinen Bewertungsvorschriften des § 74 VAG.

30 Für Depotverbindlichkeiten kann bei einer Laufzeit bis zu einem Jahr nach dem **Wesentlichkeitsgrundsatz** der **HGB-Wertansatz** übernommen werden.[31] **Abrechnungsforderungen oder -verbindlichkeiten** sind Teil der versicherungstechnische Rückstellung bzw. einforderbaren Beträge, soweit sie sich auf darin enthaltene Zahlungsströme beziehen. **Überfällige Zahlungen** sind aber als entsprechende Forderung oder Verbindlichkeit gesondert zu bewerten und auszuweisen.[32] Bei Einzel- oder Pauschalwertberichtungen ist zu prüfen, ob diese den Anforderungen an die Bewertung des Gegenparteiausfallrisikos genügen.

31 **V. Die Bewertung der nicht zu den einforderbaren Beträgen gehörenden Zahlungsströme der absichernden Verträge.** Die aufgrund eines Rückversicherungsvertrages oder eines Vertrages mit einer Zweckgesellschaft erfolgenden Zahlungsströme, die nicht zu den einforderbaren Beträgen i. S. d. Art. 41 Solva II-VO gehören,[33] fallen nicht unter die Regelung des § 86 VAG.[34] Sie sind daher nach den Vorschriften des § 74 Abs. 2 bzw. 3 VAG zu bewerten und gesondert als Forderungen oder Verbindlichkeiten auszuweisen. Hierunter können z. B. Dienstleistungen des Rückversicherers im Zusammenhang mit der Gesundheits- oder Leistungsprüfung für nicht abgesicherte Verträge fallen.

32 **VI. Verhältnis zu anderen Regelungen im VAG.** Auf § 86 VAG nehmen die Bewertungsvorschriften für die versicherungstechnischen Rückstellungen in §§ 75 Abs. 4 und 77 Abs. 4 VAG Bezug. Weitere Regelungen zu den einforderbaren Beträgen finden sich bei nicht vorschriftsgemäßer Berechnung oder unzureichender Höhe der versicherungstechnischen Rückstellungen einschließlich der einforderbaren Beträge in § 88 Abs. 2 VAG bzw. in § 133 VAG.

Vergleich mit Erfahrungsdaten

87 (1) **Versicherungsunternehmen haben durch geeignete Prozesse und Verfahren sicherzustellen, dass die besten Schätzwerte und die Annahmen, die deren Berechnung zugrunde liegen, regelmäßig mit Erfahrungsdaten verglichen werden.**

(2) **Zeigt der Vergleich eine systematische Abweichung zwischen den Berechnungen des besten Schätzwerts und den Erfahrungsdaten, hat das betreffende Unternehmen entsprechende Anpassungen der verwendeten versicherungsmathematischen Methoden oder der zugrunde liegenden Annahmen vorzunehmen.**

1 **I. Allgemeines. 1. Entstehungsgeschichte.** § 87 VAG ist bei der Neufassung des VAG im Jahr 2015 durch Art. 1 des Gesetzes zur Modernisierung der Finanzaufsicht über Versicherungen[1] vom 1.4.2015 in das VAG eingefügt worden.

2 **2. Normzweck.** Die Vorgaben zur Bestimmung des besten Schätzwertes der Verpflichtung in § 78 Abs. 2 VAG verlangen die Berücksichtigung des aktuellen Wissensstandes über die Verpflichtung. § 87 Abs. 1 VAG bestimmt, dass die relevanten Entwicklungen im Vergleich mit den verwendeten Annahmen beobachtet und nach Abs. 2 die entsprechenden Konsequenzen für die Bestimmung des besten Schätzwertes der Verpflichtung gezogen werden.

[29] Vgl. EIOPA-BoS-14/166 Rn. 1.139.
[30] Vgl. § 33 RechVersV, BaFin-AE Bewertung der einforderbaren Beträge aus Rückversicherungsverträgen und gegenüber Zweckgesellschaften v. 4.12.2015; Rn. 12.
[31] BaFin-AE Bewertung von Vermögenswerten und Verbindlichkeiten außer vt. Rückstellungen – HGB vs. Solvency II v. 4.12.2015, S. 12.
[32] Vgl. Rn. 31.
[33] Vgl. Rn. 8 ff.
[34] Vgl. Rn. 10 und 29.
[1] BGBl. 2015 I 434 ff.

3. Europarechtlicher Hintergrund. § 87 VAG setzt Art. 83 Solva II-RL um.[2] Inhaltlich gibt es keine Unterschiede zur deutschen Fassung der RL, auch wenn der Wortlaut redaktionell überarbeitet wurde. 3

II. Vergleich mit Erfahrungsdaten (Abs. 1). Die **rückblickende Überprüfung** von in der Vergangenheit getroffenen Annahmen über die aktuelle Periode aufgrund der tatsächlich eingetretenen Ereignisse ist ein grundlegender Bestandteil jeder andauernden, insbesondere statistischen **Prognosetätigkeit**. In der Versicherungsmathematik wird dieses Vorgehen als **Nachkalkulation** (engl. „Backtesting") bezeichnet und ist eine laufende Tätigkeit des Aktuars.[3] Auch die deutsche Aufsichtsbehörde verlangt, insbesondere in der Lebens- und Krankenversicherung, regelmäßig Nachkalkulationen im Rahmen der Bestimmung der Deckungsrückstellung, also den Vergleich zwischen den in der Kalkulation der Deckungsrückstellung angenommenen Aufwendungen und den tatsächlich im jeweiligen Geschäftsjahr eingetretenen. Dies ist Bestandteil der **internen Berichte** an die Aufsichtsbehörde, die auf Grund der durch § 55 VAG 1901, § 55a VAG 1985 (BerVersV 2006) und dann § 39 VAG ermächtigten Verordnungen erfolgen. Da zumeist die Rechnungsgrundlagen der Deckungsrückstellung denen der ursprünglichen Beitragskalkulation entsprechen, ergibt sich dabei auch eine Nachkalkulation der Annahmen der Beitragskalkulation. Die entsprechende Vorschrift im Hinblick auf die Bestimmung des besten Schätzwertes der Verpflichtung war daher auch von Anfang an Bestandteil der EU-Richtlinienumsetzung.[4] 4

Im Unterschied zu Art. 83 Solva II-RL enthält § 87 Abs. 1 VAG das Wort „**geeignet**", obwohl klar ist, dass nur geeignete Prozesse und Verfahren ein intendiertes Ziel „sicherstellen" können. Damit wird betont, dass auch der Nachweis einer **zielgerichteten Wirkung** der Prozesse und Verfahren in Hinblick auf das intendierte Ziel gefordert werden kann. 5

Der Bezug auf „**Prozesse und Verfahren**" greift die Wortwahl in der allgemeinen Qualitätsvorschrift für die versicherungstechnischen Rückstellungen in § 79 Abs. 1 VAG auf. Die Durchführung der Nachkalkulation in § 87 Abs. 1 VAG gehört nach § 31 Abs. 1 Nr. 4 VAG auch zu den Aufgaben der **versicherungsmathematischen Funktion**. Diese auch insofern zu bewirken, gehört mit zu der nach § 87 Abs. 1 VAG geforderten Sicherstellung durch den Versicherer.[5] Aber die geeigneten Prozesse und Verfahren erschöpfen sich nicht hierin. Auch andere **Funktionsträger** haben mitzuwirken. Enthalten ist insbesondere auch eine Pflicht, die zur Beurteilung benötigten Erfahrungsdaten zu erfassen, zu sammeln, verfügbar zu machen und aufzubereiten, wobei sie insbesondere zu prüfen sind.[6] Dies kann z. B. die Erfordernis beinhalten, im **Rechnungswesen** Informationen, die Aufschluss über aktuell für die Zukunft zu erwartende Kostenänderungen geben, zu erfassen und zu beurteilen. Auch Informationen im **Vertrieb** und der **Schadenbearbeitung** können Rückschlüsse auf wichtige Entwicklungen geben. Zusammen mit § 79 Abs. 1 VAG kann sich das Versicherungsunternehmen auf Grund von § 87 Abs. 1 VAG nicht ausschließlich auf ohnehin schon vorhandene Informationen beschränken. Es muss aktiv überlegen, welche Informationen relevant sein können, darf aber dabei berücksichtigen, wieweit der Nutzen den Erfassungsaufwand rechtfertigt.[7] 6

Der Verweis auf die **Annahmen** stellt klar, dass es nicht genügt, den **besten Schätzwert der Verpflichtung** insgesamt mit dem aktuellen Kenntnisstand zu vergleichen. Auch die Annahmen, die **Einzelaspekte** der Verpflichtung beschreiben, müssen mit den Erfahrungsdaten abgeglichen werden. Nur so kann verhindert werden, dass Entwicklungen, die sich in Bezug auf den besten Schätzwert der Verpflichtung insgesamt vielleicht nur langfristig bemerkbar machen, lange unbeobachtet bleiben. 7

Die Norm beschränkt sich auf die Bestimmung des **besten Schätzwertes der Verpflichtung**. Nicht betroffen ist die Bestimmung der **Risikomarge**. Diese Einschränkung entspricht auch § 79 Abs. 2 VAG. Dennoch wird man auf Grund der Generalnorm in § 79 Abs. 1 VAG auch nach § 87 Abs. 1 VAG entsprechende Überlegungen bezüglich der Risikomarge anstellen müssen. Hinzu kommt, dass die für die besten Schätzwerte der Verpflichtung relevanten Informationen grundsätzlich auch Basis für die Risikomarge sind. Allerdings werden einzelne Aspekte der Risikomarge, die sich vor allem auf Abweichungsrisiken und den Grad der Unsicherheit beziehen, nicht ohne Weiteres auch für den besten Schätzwert der Verpflichtung beleuchtet. Die **Validierung der Annahmen** für die Risikomarge wird aber explizit durch Art. 264 Abs. 3 Solva II-VO gefordert. Art. 264 Solva II-VO gilt insgesamt für alle Annahmen bei der Berechnung der versicherungstechnischen Rückstellungen. Hierbei ist aber zu beachten, dass bzgl. der Risikomarge nur die in die Bestimmung eingegangenen Erfahrungsdaten validiert werden können, da die Risikomarge selbst **nicht validierbar** ist. Als Wert des zum Bewertungsstichtag angenommenen Abweichungsrisikos kann sie durch die Kenntnis des nachfolgend tatsächlich eingetretenen Ereignisses weder bestätigt noch widerlegt werden. 8

[2] Begr. VAG-RegE 2014, BT-Drs. 18/2956, 259.
[3] Vgl. Abs. 8.99 CEIOPS-DOC-07/05 aus Oktober 2005.
[4] Vgl. Abs. 7.37 und 8.99 CEIOPS-DOC-07/05 aus Oktober 2005.
[5] Vgl. Abs. 1.21, 1.44 und 1.144 ff. EIOPA-BoS-14/166.
[6] Vgl. Abs. 1.20 und 1.30 ff. EIOPA-BoS-14/166.
[7] Vgl. § 296 VAG.

9 Die Anforderung einer **regelmäßigen Überprüfung** der Annahmen korrespondiert spezifisch mit § 27 Abs. 1 VAG, da die Annahmen der besten Schätzwerte der Verpflichtungen auch unmittelbar auf die Beurteilung der **Risiko- und Solvabilitätslage** wirken. Auf jeden Fall ist eine Überprüfung zu jedem Bewertungstermin der besten Schätzwerte der Verpflichtung erforderlich. Allerdings kann dies auch mit der einfachen Feststellung erfolgen, dass es keine Hinweise auf **systematische Änderungen**[8] der Erfahrungsdaten gibt, z. B. weil überhaupt kein **statistisch aussagefähiges Datenvolumen** im Vergleich zur letzten Beurteilung vorliegt. Hierbei ist aber auch das Volumen statistisch zu beurteilen – je nach Zusammenhang kann auch das Nichteintreten zuvor erwarteter Ereignisse, also ein Mangel an Daten, diese Annahmen in Frage stellen.

10 Die deutsche Übersetzung spricht, so übernommen in § 87 Abs. 1 VAG, eher einschränkend von **Erfahrungsdaten**, während die englische Fassung allgemein von **„experience"** spricht, ebenso in Art. 264 Abs. 1 S. 1 Solva II-VO. Daher ist hier ein zu enger Begriff „Daten" nicht angebracht. In der deutschen Sprache können Daten nicht nur Zahlen, sondern auch andere „durch Beobachtung gewonnene … **formulierbare Befunde**" sein.[9] Auch statistische Tests liefern oft keine konkreten Alternativzahlen zu einer Hypothese, sondern lassen diese ggf. nur als unwahrscheinlich erscheinen. In diesem Fall wird die Suche nach Alternativen durch § 87 Abs. 2 VAG verpflichtend, also auch dann schon, wenn die Erfahrungsdaten noch keine konkrete Alternative bestimmen. Ggf. kann auch eine nur durch die **Abwägung eines Sachverständigen** bestimmte Alternative als Ersatz für eine inzwischen unplausibel gewordene, aber ehemals objektiv bestimmte Annahme verwendet werden.

11 Näheres zu den Anforderungen an die verwendeten Daten führt Art. 19 Solva II-VO aus. In Art. 264 Solva II-VO finden sich detaillierte Vorgaben zur **Validierung** . Insbesondere sollen die Vergleiche wenigstens **jährlich** erfolgen, darüber hinaus jeweils bei Vorliegen von Anhaltspunkten für eine mangelnde Angemessenheit. Insgesamt ist nach Art. 264 Abs. lit. a, c–e Solva II-VO zu überprüfen, ob die Annahmen weiter im Einklang mit den Anforderungen in Art. 19–26 Solva II-VO sind. Neben der Überprüfung, ob die Annahmen den Anforderungen der Vorschriften genügen, soll nach Art. 264 Abs. 1 lit. f Solva II-VO anhand der Erfahrungsdaten auch überprüft werden, ob die angewandten versicherungsmathematischen und statistischen Methoden angemessen, geeignet und relevant sind. In der Statistik und in der Versicherungsmathematik sind Annahmen und Methoden stets ein **korrespondierendes System**. Damit können Änderungen der Erfahrungsdaten nicht nur Änderungen der Annahmen, sondern auch der Methoden begründen. Zum Beispiel sind bestimmte Schätzverfahren für bestimmte **Wahrscheinlichkeitsverteilungen** optimiert. Deuten die Erfahrungsdaten an, dass die bisher angenommene Wahrscheinlichkeitsverteilung nicht zutreffend ist, kann damit auch ein auf diese optimiertes **Schätzverfahren** ggf. nicht mehr sinnvoll sein. Weiter wird durch Art. 264 Abs. 3 Solva II-VO bestimmt, für welche Teilbestände die Überprüfung vorzunehmen ist.

12 **III. Anpassung bei systematischer Abweichung (Abs. 2).** Nach § 87 Abs. 2 VAG müssen unmittelbar Konsequenzen aus dem durch § 87 Abs. 1 VAG geforderten Vergleich zwischen bisherigen Annahmen und den Erfahrungsdaten gezogen werden, wenn beide nicht vereinbar sind. Zentral ist hierbei der Begriff **„systematische Abweichung"**. Systematische Abweichungen liegen nicht vor, wenn es sich bei den Abweichungen nur um **temporäre Zufallsschwankungen**, insbesondere in einem erwarteten Ausmaß, handelt.[10] Es bedarf oft längerer Beobachtungszeiträume mit vielen gesammelten Daten, bis von einer systematischen Abweichung ausgegangen werden kann. Der konkrete Zeitpunkt, zu dem diese Feststellung gemacht wird, ist damit meistens die **Abwägung eines Sachverständigen,**[11] die kaum objektivierbar ist. § 87 Abs. 2 VAG bedeutet damit letztlich auch, dass neben der Sammlung und Auswertung relevanter Erfahrungsdaten nach § 87 Abs. 1 VAG auch Prozesse zu implementieren sind, die solche Abwägungen regelmäßig vorsehen. Die Vorschrift steht hier im direkten Zusammenhang mit den Aufgaben der **versicherungsmathematischen Funktion** nach § 31 Abs. 1 Nr. 2 VAG.

13 Das im Handelsrecht vorgesehene **Stetigkeitsgebot**[12] ist nicht im VAG selbst implementiert. Zwar verlangt § 75 Abs. 1 VAG eine objektive Bestimmung, aber nur bezogen auf den Bewertungszeitpunkt, nicht als Zeitreihe. § 87 Abs. 2 VAG bestimmt nur positiv, wann (spätestens) die bisher verwendeten Annahmen geändert werden müssen. Nach Art. 22 Abs. 1 lit. d Solva II-VO sind **willkürliche Änderungen** der Annahmen nicht zulässig. Damit ergibt sich auch für Solvabilität II ein Stetigkeitsgebot. Wie sonst auch, wird dieses bei nachweislichem Vorliegen von systematischen Änderungen durchbrochen. Zwar ist das vorrangige Ziel von Solvabilität II eine Augenblicksbetrachtung der Solvabilität,[13] doch erfordern die Berichtspflichten nach § 40 VAG eine Vergleichbarkeit der Ergebnisse

[8] Vgl. § 87 Abs. 2 VAG.
[9] Duden, Das Fremdwörterbuch, Bd. 5, 9. Aufl. 2007, S. 202.
[10] Vgl. Abs. 1.145 lit. c EIOPA-LL BoS-14/166.
[11] Vgl. Art. 2 Abs. 1 Solva II-VO.
[12] § 252 Abs. 1 Nr. 6 HGB bzw. IAS 8.13 in den nach Art. 9 Abs. 2 Solva II-VO für alle anderen Vermögenswerte und Verbindlichkeiten anzuwendenden IFRS, vgl. *Leffson*, Die Grundsätze ordnungsmäßiger Buchführung, 7. Aufl. 1987, S. 426 ff.
[13] Erwägungsgrund 16 Solva II-RL.

über die Zeit. Eine **Einheitlichkeit der Verwendung der Daten** ist nach Art. 19 Abs. 2 lit. f Solva II-VO gefordert.

§ 87 Abs. 2 VAG ist auf Basis der deutschen Fassung der Solva II-RL weniger klar als die englische Fassung der RL. In der deutschen Fassung kann der Eindruck entstehen, dass sich die Korrekturpflicht darauf begrenzt, dass die Berechnung des besten Schätzwertes insgesamt mit den Erfahrungsdaten in Einklang sein muss. Der Plural „Berechnungen" könnte sich darauf beziehen, dass die verschiedenen Berechnungen des besten Schätzwertes über die Zeit gemeint sind. Hingegen ist im Gesamtzusammenhang klar, dass wie in § 87 Abs. 1 VAG die **einzelnen Annahmen** gemeint sind, die bei den verschiedenen Berechnungen im Zusammenhang mit der Bestimmung des besten Schätzwertes Verwendung finden. Die Annahmen bei den Berechnungen sind also auch dann zu ändern, wenn sich Änderungen einzelner Annahmen in ihrer Wirkung auf den besten Schätzwert gegenseitig aufheben, im Ergebnis sich der beste Schätzwert also nicht ändert. § 77 Abs. 2 VAG verlangt, dass nicht nur die besten Schätzwerte der Verpflichtungen, sondern auch die dabei verwendeten Annahmen aktuell und realistisch sind. 14

Auch fordert die englische Fassung der Solva II-RL, dass die Anpassung „appropriate", also „angemessen" sein soll, während die deutsche Fassung und deren Umsetzung im VAG eine der Abweichung „**entsprechende**" Anpassung verlangt. Es wäre zu streng und nicht in Übereinstimmung mit der Intention der RL, den Begriff „entsprechend" nicht ebenso qualitativ als „**angemessen**" zu interpretieren, sondern quantitativ, also i. S. v. „proportional". Auch hier ist ggf. zu berücksichtigen, dass ein Teil der Abweichung auf Zufallsschwankungen oder anderen in diesem Zusammenhang irrelevanten Umständen beruht. Daher beinhaltet die Entscheidung über den Umfang der Anpassung immer eine sachverständige Beurteilung der Angemessenheit. 15

Während in § 87 Abs. 1 VAG nur auf die Annahmen Bezug genommen wird,[14] werden hier ausdrücklich neben den Annahmen auch die Methoden aufgeführt. Auch die Methoden einschließlich der verwendeten Modelle sind auf Basis der Erfahrungsdaten zu überprüfen.[15] 16

IV. Verhältnis zu anderen Regelungen des VAG. § 87 VAG dient der Sicherstellung der angemessenen Berechnung des besten Schätzwertes der Verpflichtung nach § 77 VAG. § 87 gehört zu den Vorschriften der Bestimmung der Solvabilitätsübersicht nach § 74 VAG. Bei einer Nichteinhaltung kann die Aufsichtsbehörde nach § 88 Abs. 2 VAG eine Erhöhung der versicherungstechnischen Rückstellungen anordnen. 17

Befugnisse der Aufsichtsbehörde in Bezug auf versicherungstechnische Rückstellungen; Verordnungsermächtigung

88 (1) **Auf Verlangen der Aufsichtsbehörde haben ihr die Versicherungsunternehmen Folgendes nachzuweisen:**

1. die Angemessenheit der Höhe ihrer versicherungstechnischen Rückstellungen,
2. die Eignung und die Erheblichkeit der verwendeten Methoden sowie
3. die Angemessenheit der verwendeten statistischen Basisdaten.

(2) **Soweit die von dem Versicherungsunternehmen vorgenommene Berechnung der versicherungstechnischen Rückstellung nicht den Vorschriften der §§ 75 bis 87 entspricht, kann die Aufsichtsbehörde eine Erhöhung des Betrags der versicherungstechnischen Rückstellungen bis zu der nach den genannten Vorschriften vorgesehenen Höhe anordnen.**

(3) [1]**Das Bundesministerium der Finanzen wird ermächtigt, im Einvernehmen mit dem Bundesministerium der Justiz und für Verbraucherschutz durch Rechtsverordnung zur Berechnung der Deckungsrückstellung unter Beachtung der Grundsätze ordnungsmäßiger Buchführung**

1. bei Versicherungsverträgen mit Zinsgarantie einen oder mehrere Höchstwerte für den Rechnungszins festzusetzen,
2. weitere Vorgaben zur Ermittlung der Diskontierungszinssätze nach § 341f Absatz 2 des Handelsgesetzbuchs festzulegen,
3. die Höchstbeträge für die Zillmerung festzusetzen und
4. die versicherungsmathematischen Rechnungsgrundlagen und die Bewertungsmethoden für die Deckungsrückstellung festzulegen.

[2]**Auf Unfallversicherungen der in § 161 genannten Art sowie für Rentenleistungen aus den in § 162 genannten Versicherungen ist Satz 1 entsprechend anzuwenden.** [3]**Die Ermächtigung kann durch Rechtsverordnung im Einvernehmen mit dem Bundesministerium der Justiz und für Verbraucherschutz auf die Bundesanstalt übertragen werden.** [4]**Rechtsverordnungen nach den Sätzen 1 bis 3 bedürfen nicht der Zustimmung des Bundesrates.**

[14] Vgl. Rn. 11.
[15] Vgl. 1.24 und 1.145 lit. c EIOPA-BoS-14/166.

Übersicht

Schrifttum: Beck`scher Versicherungsbilanz-Kommentar, 1998; *Claus* Der Aktuar, 1996, 76, *Engeländer* VersR 2005, 1031; *Fiederling*, Das Verfahren der Zillmerung in der Kapitallebensversicherung, 2010; *Husch*, Rechnungslegung und Prüfung der Versicherungsunternehmen, 5. Aufl. 2011.

1 **I. Allgemeines. 1. Entstehungsgeschichte.** § 88 VAG ist bei der Neufassung des VAG im Jahr 2015 durch Art. 1 des Gesetzes zur Modernisierung der Finanzaufsicht über Versicherungen vom 1.4.2015[1] in das VAG eingefügt worden. § 88 Abs. 3 VAG wurde weitgehend aus der entsprechenden Verordnungsermächtigung in § 65 VAG a. F. übernommen.[2] Gesetzliche Regelungen zur **Deckungsrückstellung** (damals als Prämienreserve bezeichnet) enthält das VAG schon seit 1901 in §§ 11 und 56 VAG 1901;[3] letztere Vorschrift fand sich ab der Neufassung des VAG 1931 in § 65 VAG 1931.[4] Der heute durch § 341f Abs. 1 HGB bestimmte **prospektive** Charakter der Deckungsrückstellung wurde dabei nur in der Begründung erläutert.[5] Nach § 11 VAG 1901 war bis zum 28.7.1994 die Bestimmung der Deckungsrückstellung in den **genehmigungspflichtigen Geschäftsplänen** zu regeln. Die weitgehend dem heutigen Wortlaut entsprechende Verordnungsermächtigung in § 65 VAG a. F. wurde durch Art. 1 Nr. 27 Drittes Durchführungsgesetz/EWG zum VAG v. 28.7.1994[6] eingeführt und die Regelung der Deckungsrückstellung aus dem genehmigungspflichtigen Geschäftsplan ausgenommen.

2 **2. Normzweck.** Die Vorschrift betrifft zwei voneinander unabhängige Sachverhalte. § 88 Abs. 1 und 2 VAG regelt die Befugnisse der Aufsichtsbehörde bzgl. der **versicherungstechnischen Rückstellungen** nach § 75 VAG, also eines Postens der **Solvabilitätsübersicht** nach § 74 Abs. 1 VAG. Sie wird ermächtigt, Nachweise über deren Berechnung einzuholen und für deren Berechnung Anordnungen zu erlassen, um sie in Einklang mit den gesetzlichen Vorschriften zu bringen. Ziel ist die Sicherung der Gesetzeskonformität der versicherungstechnischen Rückstellungen als zentraler Teil der Solvabilitätsfeststellung durch die deutsche Aufsichtsbehörde.[7]

[1] BGBl. 2015 I 434 ff.
[2] RegE-VAG 2014, BT-Drs. 18/2956, 260.
[3] Gesetz über die privaten Versicherungsunternehmen vom 12.5.1901, RGBl. 1901, 139.
[4] RGBl. 1931, 315.
[5] Begr. RegE Gesetz über die privaten Versicherungsunternehmen 1900, Stenographische Berichte über die Verhandlungen des Reichstags 1900, 1. Anlageband, Aktenstück Nr. 5, 195.
[6] BGBl. 1994 I 1630.
[7] Vgl. Art. 84 f. Solva II-RL.

§ 88 Abs. 3 VAG betrifft die **Deckungsrückstellungen** nach § 341f Abs. 1 HGB im handelsrechtlichen **Jahresabschluss** und ermächtigt das BMF zum Erlass einer Rechtsverordnung hierzu. Diese Ermächtigung kann das BMF durch Erlass auf die Aufsichtsbehörde übertragen. Durch diese zusätzlich zu den handelsrechtlichen Vorschriften erfolgenden Vorgaben zur vorsichtigen Bewertung der Deckungsrückstellungen soll auch aufsichtsrechtlich Einfluss auf die wesentlich durch die Deckungsrückstellungen geprägte **Finanzlage**, insbesondere auch im Hinblick auf die **Überschussbeteiligung,** genommen werden.[8] 3

3. Europarechtlicher Hintergrund. Abs. 1 setzt Art. 84 Solva II-RL und Abs. 2 Art. 85 Solva II-RL um.[9] Für Abs. 3 gibt es keine europarechtliche Begründung. 4

II. Nachweispflichten auf Verlangen der Aufsichtsbehörde (Abs. 1). 1. Einführung. Von § 88 Abs. 1 VAG sind alle Fälle betroffen, in denen eine **versicherungstechnische Rückstellung** zu bestimmen ist. Hiermit sind – wie überall im VAG, wo nicht ausdrücklich durch Hinzufügung eines Bezugs auf das HGB, z. B. in § 156 Abs. 2 Nr. 1 VAG, bei versicherungstechnischen Rückstellungen anderes bestimmt ist – die versicherungstechnische Rückstellung i. S. d. § 75 VAG gemeint. Dies folgt auch aus der Absicht, hiermit Art. 84 Solva II-RL umzusetzen, der sich, wie die ganze Solva II-RL, nur mit den versicherungstechnischen Rückstellungen der Solvabilitätsübersicht befasst. 5

Aufgrund § 88 Abs. 1 VAG kann sich die **Aufsichtsbehörde** umfassend über die Bestimmung der versicherungstechnischen Rückstellungen informieren lassen. Hierdurch erhält sie gesetzlich die entsprechende, durch Art. 84 Solva II-RL geforderte Befugnis, diese Informationen anzufordern. Schon die KPMG-Studie[10] zu Beginn der Entwicklung von Solvabilität II betont die Rolle der **Informations- und Einflussmöglichkeiten** der Aufsichtsbehörde. Entsprechendes fordern auch die IAIS Insurance Core Principles.[11] Die Ziele des Rechtsetzungsprozesses diesbezüglich sind in dem Dokument Generaldirektion Binnenmarkt der EU-Kommission, MARKT/2509/03–EN, S. 9 Abs. 38 f., beschrieben. Art. 84 Solva II-RL verlangt eine konkrete Ermächtigung dieser Art, sodass die allgemeinen Aufsichtsbefugnisse in § 298 VAG hier nicht ausreichend sind. 6

Von der Systematik her würde § 88 Abs. 1 und 2 VAG in den Teil 6 des VAG gehören, aber die Solva II-RL verortet die Vorschrift direkt nach den Regelungen zu den versicherungstechnischen Rückstellungen in dem dortigen, dem Teil 2 Kapitel 2 des VAG entsprechenden Kapitel VI. 7

2. Verwaltungsakt und Zusammenwirken mit anderen Vorschriften. Die Aufsichtsbehörde kann durch einen **Verwaltungsakt** Nachweisungen des Versicherungsunternehmens zur Bestimmung der versicherungstechnischen Rückstellungen verlangen. Die Vornahme dieses Verwaltungsaktes erfolgt im Rahmen der Aufgaben der Aufsichtsbehörde nach § 294 Abs. 4 VAG, der ausdrücklich auf die Bildung ausreichender versicherungstechnischer Rückstellungen Bezug nimmt. Die Begr. VAG-RegE 2014 stellt klar, dass auch damit die versicherungstechnischen Rückstellungen i. S. d. § 75 VAG gemeint sind.[12] Die so erlangten Informationen können Grundlage für Maßnahmen nach §§ 88 Abs. 2, 133 und 301 Abs. 1 Nr. 3 VAG sein. Ein solcher Verwaltungsakt kann daher die Anforderung aller Informationen umfassen, die für die Entscheidung hierzu erforderlich sind. 8

Die Nachweisungen können zusätzlich zu den Anforderungen in §§ 40 Abs. 2 Nr. 4 und 43 VAG verlangt werden, diese aber auch umfassen, um ein ganzheitliches Bild vermittelt zu bekommen. Die **Befreiungen** in § 45 VAG betreffen Verwaltungsakte nach § 88 Abs. 1 VAG nicht. 9

Ein entsprechender Verwaltungsakt kann anlassbezogen oder auch im Rahmen der **regelmäßigen Prüfung** nach § 294 Abs. 5 VAG erfolgen. Hierbei sind neben den allgemeinen **verwaltungsrechtlichen Grundsätzen** insbesondere auch §§ 296 und 297 VAG bezgl. der **Verhältnismäßigkeit** bzw. der **Ermessensausübung** zu beachten. Abgesehen davon besteht wegen der regelmäßigen Prüfungspflicht der Aufsichtsbehörde keine besondere Notwendigkeit zu einer Begründung von ggf. anlassbezogenen Verwaltungsakten auf Grund dieser Norm. 10

3. Inhalt der Nachweise. Bezug genommen wird in § 88 Abs. 1 Nr. 1 VAG auf die nach §§ 75 bis 87, 351 und 352 VAG und der Solva II-VO zu bestimmenden versicherungstechnischen Rückstellungen. Die **Angemessenheit** der Höhe der versicherungstechnischen Rückstellungen umfasst alle **Aspekte deren Bestimmung**. Der aus Art. 84 Solva II-RL stammende Begriff „Angemessenheit" bestimmt positiv, dass Nachweise nicht nur zu „ausreichenden" versicherungstechnischen Rückstellungen[13] verlangt werden können, sondern auch über den **Grad der Übereinstimmung** mit den o. g. Bestimmungsvorschriften des VAG und der Solva II-VO, soweit hier Ermessensspielräume bestehen. 11

---

[8] Vgl. RegE-VAG 2014, BT-Drs. 18/2956, 260.
[9] RegE-VAG 2014, BT-Drs. 18/2956, 259 f.
[10] *KPMG*, Study into the methodologies to assess the overall financial position of an insurance undertaking from the perspective of prudential supervision, 2002, S. 8 Abs. 2.1.25 und S. 69 Abs. 4.2.3, Fundstelle COM(2007) 361, SEC (2007) 871, Annex C.1a-b.
[11] *IAIS*, Insurance Core Principle, 2003, ICP 12 S. 24 f und ICP 20 S. 34 f.
[12] Begr. VAG-RegE 2014, BT-Drs. 18/2956, 289.
[13] Vgl. § 294 Abs. 4 VAG.

Auch § 294 Abs. 4 VAG bezieht sich auf die „Einhaltung der Anforderungen an die Bildung der durch Solvabilität II eingeführten aufsichtsrechtlichen versicherungstechnischen Rückstellungen".[14] Die Aufsichtsbehörde kann Informationen über die Höhe der aktuell, aber auch der in der Vergangenheit, vorgenommenen Bestimmung der versicherungstechnischen Rückstellungen verlangen, jedenfalls im Rahmen der Aufbewahrungspflichten unter Berücksichtigung der Einschränkungen, unter denen der Verwaltungsakt vorgenommen werden kann. Sie umfassen auch die Beurteilungen nach § 87 VAG, da dies für die Beurteilung der Angemessenheit erforderlich ist.[15]

12 § 88 Abs. 1 Nr. 2 und Nr. 3 VAG stellen eine Spezifizierung von Nr. 1 dar. Die Eignung und Erheblichkeit der verwendeten **Methoden** und die Angemessenheit der verwendeten statistischen **Basisdaten** sind wesentlich für die Angemessenheit der Höhe der versicherungstechnischen Rückstellungen. Insoweit stellen Nr. 2 und Nr. 3 positiv klar, dass das Verlangen der Aufsichtsbehörde auch diese Details beinhalten darf. Wegen der allgemeineren Anforderung in Nr. 1 sind Nr. 2 und Nr. 3 aber nicht abschließend.

13 Der Begriff „**Methoden**" in § 88 Abs. 1 Nr. 2 VAG bezieht sich auf alle Vorgehensweisen, die im Rahmen der Bestimmung der versicherungstechnischen Rückstellungen verwendet werden, von der Erfassung und Verarbeitung der zu Grunde liegenden Daten für statistische Einschätzungen[16] bis zu den eigentlichen Berechnungsverfahren der versicherungstechnischen Rückstellung, auch Vereinfachungen und Gruppenberechnungen.[17] Hierzu gehören auch Methoden, die in Umsetzung von § 84 Abs. 2 VAG bzgl. der Nicht-Berücksichtigung von Zahlungen aus der Rückstellung für Beitragsrückerstattung Anwendung finden. Die in § 88 Abs. 1 Nr. 2 VAG bzgl. der Methoden angeführte **Eignung** und **Erheblichkeit** werden als zentrale Aspekte der Angemessenheit betont.[18] Demzufolge bezieht sich der Regelungsinhalt im Gegensatz zu Nr. 1 und 3 konkret auf diese Teilaspekte; darüber hinaus muss die Angemessenheit der Methoden selbst nicht nachgewiesen werden. Die hiervon leicht abweichend gewählten Adjektive in § 77 Abs. 2 S. 2 VAG beruhen auf den gleichen englischen Begriffen („adequate, applicable and relevant") der englischen Fassung der Solva II-RL, wie sie auch in den übrigen Vorschriften verwendet werden. Sie wurden in der deutschen Fassung nicht in allen Normen einheitlich übersetzt. Hiermit ist keine abweichende Bedeutung beabsichtigt.

14 Der Begriff „**statistische Basisdaten**" in § 88 Abs. 1 Nr. 3 VAG bezieht sich auf den anderen Grundbestandteil einer versicherungsmathematischen Bewertung:[19] die benötigten Grund- und Erfahrungsdaten für die statistische Einschätzung der im Rahmen der Methoden verwendeten **Eingabedaten**. Dies umfasst auch Erfahrungswerte, mit denen die Angemessenheit der Höhe der versicherungstechnischen Rückstellungen nach § 87 VAG beurteilt wird. Nicht ausdrücklich enthalten sind Eingabewerte die nicht Gegenstand statistischer Vorgehensweise sind, also unmittelbar beobachtete Eingabedaten[20] oder Annahmen, die nicht statistisch hergeleitet sind. Hierzu können nur im Rahmen von Nr. 1 Nachweise verlangt werden.[21] Eine ähnliche Vorschrift besteht für die substitutive Krankenversicherung in § 159 Abs. 2 VAG.

15 **III. Anordnung der Erhöhung der versicherungstechnischen Rückstellung (Abs. 2).** Von § 88 Abs. 2 VAG sind alle Fälle betroffen, in denen eine **versicherungstechnische Rückstellung** nach § 75 VAG zu bestimmen ist. Die **Aufsichtsbehörde** ist befugt, über die allgemeinen Befugnisse in § 298 VAG hinaus, die Einhaltung der Vorschriften in §§ 75 ff. VAG zu den versicherungstechnischen Rückstellungen der Solvabilitätsübersicht durchzusetzen. Hiermit wird Art. 85 Solva II-RL umgesetzt. Vgl. auch Rn. 5 – 7.

16 § 88 Abs. 2 VAG konkretisiert die in § 294 Abs. 2 S. 2 VAG enthaltenen Befugnisse der Aufsichtsbehörde im Hinblick auf die Einhaltung der Vorschriften bezgl. der §§ 75 – 87 VAG für die versicherungstechnischen Rückstellungen. Die Norm gibt der Aufsichtsbehörde nur Befugnisse, die **rechtskonforme Situation** wiederherzustellen, nicht darüber hinausgehende **Verstärkungen** der versicherungstechnischen Rückstellungen zu verlangen. Dies würde dem Konzept der Solvabilitätsübersicht zum Zeitwert nach § 74 VAG nicht entsprechen. Vielmehr kann eine ggf. erforderliche **Stärkung der Finanzlage** durch eine Maßnahme nach § 301 VAG, also einen **Kapitalaufschlag** auf die Solvabilitätskapitalanforderung, erreicht werden.

17 Die Höhe der versicherungstechnischen Rückstellungen wird durch §§ 75 bis 87 VAG nicht in abschließend **objektivierbarer Weise** bestimmt. Daher sind sowohl der Anlass wie auch das Ergebnis eines Verwaltungsaktes nach § 88 Abs. 2 VAG subjektiv mitbestimmt, also **auslegungs- und ermessensabhängig**. Hierfür benötigt die Aufsichtsbehörde insbesondere die Informationen, die ihr nach

[14] Begr. VAG-RegE 2014, BT-Drs. 18/2956, 289.
[15] Vgl. Bezugnahme auf § 87 VAG in § 88 Abs. 2 VAG.
[16] Vgl. § 77 Abs. 2 VAG.
[17] Vgl. § 79 VAG.
[18] Vgl. auch § 31 Abs. 1 Nr. 2 VAG, wo auf den demzufolge übergeordneten Begriff der Angemessenheit Bezug genommen wird.
[19] Vgl. §§ 31 Abs. 1 Nr. 3 und 4, 75 Abs. 4, 77 Abs. 2 und 146 Abs. 1 Nr. 1 VAG.
[20] Z. B. direkt abgeleitete Zinsen oder Kosten.
[21] Vgl. § 79 Abs. 2 VAG.

§ 88 Abs. 1 VAG auf Verlangen nachzuweisen sind. Die Aufsichtsbehörde muss sich selbst eine Meinung bilden, wie die „**vorgesehene Höhe**" der versicherungstechnischen Rückstellungen ist und demzufolge, ob ein Eingriffstatbestand besteht und inwieweit die Erhöhung erfolgen soll. Die Aufsichtsbehörde ist dabei nicht an die Bestimmung durch das Versicherungsunternehmen gebunden.

Der Wortlaut der Vorschrift („kann … **bis zu**") gibt der Aufsichtsbehörde auch eine Möglichkeit, die versicherungstechnischen Rückstellungen unter der gesetzlich nach ihrer Ansicht „vorgesehen" Höhe zu belassen. Diese Möglichkeit der Aufsichtsbehörde kann im Zusammenhang mit der **Subjektivität** der versicherungstechnischen Rückstellungen gesehen werden. Die Aufsichtsbehörde ist also nicht verpflichtet, die Durchsetzung einer Höhe, die sie vielleicht als angemessen ansieht, aber **verwaltungsrechtlich** nicht sicher zu rechtfertigen ist, zu betreiben. Eine objektiv, auch bei Berücksichtigung der Grundsätze der §§ 296 f. VAG nicht mehr hinzunehmende Unterbewertung der versicherungstechnischen Rückstellungen und damit der nach § 40 VAG zu veröffentlichenden Information über die Solvabilitätsübersicht kann die Aufsichtsbehörde hingegen nicht tolerieren. 18

IV. Verordnungsermächtigung zu den handelsrechtlichen Deckungsrückstellungen (Abs. 3). 1. Einführung. § 88 Abs. 3 VAG beinhaltet eine **Verordnungsermächtigung** für den Erlass einer Rechtsverordnung zu den **Deckungsrückstellungen**[22] nach § 341f HGB im handelsrechtlichen Jahresabschluss. Zum Hintergrund der Verordnungsermächtigung führt die Gesetzesbegründung aus: „Zwar verliert die Deckungsrückstellung mit der Einführung von Solvabilität II ihre Bedeutung für die Bestimmung der aufsichtsrechtlich erforderlichen Eigenmittel, doch hat ihre Berechnung weiterhin Rückwirkungen auf die finanzielle Lage eines Unternehmens sowie die Überschussbeteiligung der Versicherten, sofern vereinbart, und ist daher weiter für die Aufsicht von Bedeutung."[23] Bezug genommen wird also auf die verbleibende Ausschüttungsbemessungsfunktion des handelsrechtlichen Jahresabschlusses, aber auch auf die deutsche Besonderheit der gesetzlichen Anbindung der Überschussbeteiligung der Versicherungsnehmer nach § 153 Abs. 2 VVG an den handelsrechtlichen Jahresabschluss[24] und die Besteuerungsgrundlage auf Grund des Maßgeblichkeitsprinzips.[25] Hier soll aufsichtsrechtlich die zur „dauernden Erfüllbarkeit der Verpflichtungen aus den Versicherungsverträgen"[26] erforderliche **Vermögenserhaltung** gewährleistet werden, soweit diese durch die genannten Vermögensabflüsse gefährdet sein könnte. Bzgl. des handelsrechtlichen Jahresabschlusses wird der Aufsichtsbehörde durch die Verordnung nach § 88 Abs. 3 VAG ein Regelwerk zur Verfügung gestellt, dessen Einhaltung die Aufsichtsbehörde nach § 37 VAG i. V. m. § 298 VAG auch zu überwachen hat. 19

Das BMF hat auf der Grundlage von § 88 Abs. 3 VAG am 18.4.2016 die **DeckRV 2016**[27] erlassen, die weitgehend früheren Fassungen entspricht. Die Verordnung macht, wie die früheren Fassungen, von der Möglichkeit einer Setzung von **Höchstwerten für den Rechnungszins** und von **Höchstbeträgen für die Zillmerung** der handelsrechtlichen Deckungsrückstellungen Gebrauch. 20

Historisch wurden die Deckungsrückstellungen des handelsrechtlichen Jahresabschlusses in Deutschland zuerst im VAG, in § 65 VAG 1901,[28] geregelt. Die Details waren Gegenstand der genehmigungspflichtigen Geschäftspläne.[29] Seit dem VersBiRiG 1994[30] und dem Dritten DurchfG/EWG VAG 1994[31] wurden die Regelungen weitgehend aus den aufsichtsrechtlichen Vorschriften in die handelsrechtlichen Vorschriften, §§ 341e ff. HGB und RechVersV, überführt und nach handelsrechtlichen, nicht mehr nach aufsichtsrechtlichen, Grundsätzen gestaltet. Nach 1994 wurde die Fortführung der aufsichtsrechtlichen Beeinflussung des Jahresabschlusses im Rahmen des § 341e Abs. 1 S. 2 HGB damit begründet, dass der handelsrechtliche Jahresabschluss auf Grund der Ausgestaltung durch den deutschen Gesetzgeber zugleich die **Grundlage für die Solvabilitätsbestimmung nach Solvabilität I** war.[32] 21

Die neuen Vorschriften zu Solvabilität II seit 2016 sind aber nicht mit handelsrechtlichen Anforderungen in Einklang zu bringen. Daher musste ab 2016 die bisherige **Einheitlichkeit** von handelsrechtlichem Jahresabschluss und aufsichtsrechtlicher Solvabilitätsbestimmung aufgegeben werden. Wegen dieser unvermeidlichen **Trennung** aufsichtsrechtlicher und handelsrechtlicher Belange entfiel die bisher zentrale Grundlage und Begründung einer aufsichtsrechtlichen Einflussnahme auf die handelsrechtliche Rechnungslegung, so dass nur noch die o. g. Gründe verbleiben. Grundsätzlich beziehen sich die Regelungen der Solva II-RL jetzt ausschließlich auf die versicherungstechnischen Rückstellungen der 22

[22] Zum Begriff vgl. *Stuirbrink/Johannleweling/Faigle/Reich* in: Beck'scher Versicherungsbilanz-Kommentar, 1998, § 341f Rn. 1.
[23] Begr. VAG-RegE 2014, BT-Drs. 18/2956, 260.
[24] Vgl. Begr. VVG-RegE 2006, BT-Drs. 16/3945, 96.
[25] § 5 Abs. 1 S. 1 EStG.
[26] § 341e Abs. 1 S. 2 HGB.
[27] BGBl. 2016 I 767; vgl. Rn. 96 ff.
[28] RGBl. 1901, 139.
[29] § 11 VAG 1901.
[30] BGBl. 1994 I 1377.
[31] BGBl. 1994 I 1630.
[32] BT-Drs. 12/6959, 81, durch Bezugnahme auf die Lebens-RL, die die versicherungstechnischen Rückstellungen für die Solvabilitätsbestimmung regeln.

Solvabilitätsübersicht und getrennt davon die Regelungen der VersBiRiLi 91/674/EWG zusammen mit den deutschen handelsrechtlichen Grundsätzen auf die Deckungsrückstellung des Jahresabschlusses.

23 § 88 Abs. 3 VAG und die auf der Grundlage erlassene DeckRV ist jetzt das letzte verbliebene Relikt im Aufsichtsrecht zur Beeinflussung der Bewertung im handelsrechtlichen Jahresabschluss. Daher stellte sich die Frage, ob es im **Handels- oder Aufsichtsrecht** unterzubringen ist. Anfänglich war im Gesetzgebungsverfahren noch nicht vorgesehen, es im Aufsichtsrecht zu verorten. Art. 2 Nr. 5 RefE-VAG 2012 sah eine dem § 88 Abs. 3 VAG entsprechende Ermächtigung für § 341f HGB vor. Aber bereits im RegE-VAG 2012 wurde die Regelung in das VAG und zwar in die heute in § 39 VAG umgesetzte Verordnungsermächtigung zu Berichtspflichten verschoben.

24 Aus der im RegE-VAG 2014 vorgenommenen Verortung in den sonst ausschließlich die versicherungstechnischen Rückstellungen der Solvabilitätsübersicht betreffenden § 88 VAG lässt sich schließen, dass die **Zielsetzung** der aufgrund des § 88 Abs. 3 VAG erlassenen Verordnung dem Regelungszweck in Abs. 1 und 2 entspricht. Die **finanzielle Solidität** des Versicherungsunternehmens soll aufsichtsrechtlich umfassend gesichert werden. Der Gesetzgeber macht explizit keine Vorgaben über die **Ziele**, die der Verordnungsgeber durch den Erlass der Rechtsverordnung anzustreben hat. Auch ist keine Vorgabe zum Umfang und insbesondere zu den **Grenzen** der Regelung vorgesehen. Eine aufgrund der Ermächtigung erlassene Verordnung ist nach § 88 Abs. 3 S. 1 VAG auch den Zielen der **Grundsätze ordnungsgemäßer Buchführung** (GoB) verpflichtet. Weiter ist mittelbar § 341e Abs. 1 S. 2 HGB zu berücksichtigen, durch den die **aufsichtsrechtlichen Vorgaben** zur Bewertung der Deckungsrückstellung erst handelsrechtlich beachtlich werden. Sie stellen also für die nach § 88 Abs. 3 VAG erlassene Verordnung eine gesetzliche Grenze dar.

25 § 88 Abs. 3 VAG hat keine europarechtliche Grundlage, weder im Bereich der Versicherungs- noch der Rechnungslegungsregulierung. Aus Sicht der entsprechenden RL gibt es für diese Regelungen **keinen Bedarf**. In einigen Mitgliedsstaaten der EU wird auch der Jahresabschluss (Einzelabschluss) auf Grundlage der **IFRS** erstellt[33] und demzufolge sind die Bewertungsmethoden aufsichtsrechtlich nicht beeinflussbar. Auch in Deutschland ist eine freiwillige Anwendung von IFRS im Jahresabschluss für die Offenlegung, nicht aber für die Ausschüttungsbemessung möglich.[34] Hierauf bezieht sich die Verordnungsermächtigung nicht.

26 Die Trennung der aufsichtsrechtlichen Bestimmungen für den handelsrechtlichen Jahresabschluss erfolgte abweichend von der Solva II-RL im deutschen Recht nicht vollständig. Während sich z. B. Art. 182 Abs. 2, 209 und 275 Abs. 1[35] Solva II-RL auf die **versicherungstechnischen Rückstellungen** beziehen, ist der deutsche Gesetzgeber in den §§ 125 Abs. 2, 138 und 143 VAG bei der Bezugnahme auf die handelsrechtlichen **Deckungsrückstellungen** wie unter Solvabilität I verblieben. Die Verweise auf die versicherungstechnischen Rückstellungen in der Solva II-RL, wie früher unter der LebensRL, werden auch weiterhin vom Gesetzgeber als Verweise auf die handelsrechtlichen Deckungsrückstellungen interpretiert. Aber schon damals bezogen sich die Regelungen der LebensRL nur deshalb auf die Deckungsrückstellungen des handelsrechtlichen Jahresabschlusses, weil Deutschland nicht zwischen einer handelsrechtlichen Bewertung und einer Bewertung zur Solvabilitätsbestimmung unterschied. Hierbei, und auch bei § 314 Abs. 2 VAG, wird heute nicht berücksichtigt, dass die für die **Finanzlage des Versicherungsunternehmens** aus aufsichtsrechtlicher Sicht nunmehr entscheidende Größe die versicherungstechnischen Rückstellungen nach § 75 VAG sind.

27 Durch die **Verordnungsermächtigung** wird dem Verordnungsgeber ermöglicht, traditionelle Regelungen wie den **Höchstwert für den Rechnungszins** und den **Höchstbetrag für die Zillmerung** fortzuführen und damit die ausschüttungsfähigen oder aus vertrags- oder steuerrechtlichen Gründen als Folge der Bewertung abfließenden Beträge ggf. durch eine entsprechend vorsichtige Bewertung der Deckungsrückstellungen zu begrenzen. Über die Vorschriften zu den Eigenmittelanforderungen nach § 89 VAG könnte nicht derart unmittelbar auf einen so begründeten Abfluss von Vermögen Einfluss genommen werden. Durch die vorsichtige Bildung der Deckungsrückstellung wird insbesondere schon das Entstehen von **Verpflichtungen aus der Überschussbeteiligung** verhindert. Auswirkungen von Stärkungen der Deckungsrückstellung aufgrund von § 5 Abs. 3 f. DeckRV auf die Überschussbeteiligung müssen also als vom Verordnungsgeber direkt intendiert angesehen werden. Konsequentes Verwaltungshandeln erfordert allerdings auch, dass diese Ziele auch bei anderem diesbezüglichen Verwaltungshandeln, z. B. bei Vorgaben zur Ausschüttung aus der Rückstellung für Beitragsrückerstattung, entsprechend beachtet werden.

28 **2. Geltungsbereich.** Die nach § 88 Abs. 3 VAG erlassene VO ist neben den in den Rn. 31 ff. erläuterten Beschränkungen im VAG schon durch die Bezugnahme auf die Berechnung der Deckungsrückstellung auf die Fälle beschränkt, in denen eine Deckungsrückstellung nach § 341f Abs. 1 HGB

---

[33] Art. 5 Erste EGBilanzrechtVO 1606/2002.

[34] Vgl. § 325 Abs. 2a und 2b HGB und RegE-BilReG 2004, BT-Drs. 15/3419.

[35] Allerdings kann Art. 276 Abs. 1 Solva II-RL auch so verstanden werden, dass in Art. 275 Abs. 1 Solva II-RL abweichend von den anderen Fällen die ohne Harmonisierung nach nationalen Vorschriften bestimmten Rückstellungen als Grundlage verwendet werden dürfen.

anzusetzen ist. Dies betrifft das **Lebensversicherungsgeschäft** und das **nach Art der Lebensversicherung** betriebene Versicherungsgeschäft. Es kommt damit letztlich nicht auf die Frage der Abgrenzung der Sparte an, also ob z. B. die aufsichtsrechtliche Abgrenzung oder eine eigenständige handelsrechtliche Abgrenzung anzuwenden ist. Der Anwendungsbereich umfasst alle Verträge „nach Art der Lebensversicherung". Dieser Begriff ist im Gesetz nicht definiert.[36] Pragmatisch wird der Begriff so verstanden, dass alle Geschäfte umfasst sind, bei denen Bedarf an einer Deckungsrückstellung besteht. Dies ist dann der Fall, wenn es an Bilanzstichtagen während der Vertragslaufzeit zu einem Verpflichtungsüberhang kommt, weil die Vertragserfüllung gegenüber der Beitragsvereinnahmung zurückbleibt. Weiter muss dies systematisch in der Art des Vertrages begründet sein, nicht nur auf Grund der Höhe der Beiträge oder der sich entwickelnden Verpflichtungslage; hier wäre eine Rückstellung für drohende Verluste nach § 341e Abs. 2 Nr. 3 HGB zu bilden. Ein solcher Bedarf besteht insbesondere, wenn das versicherte Risiko sich im Laufe der Zeit erwartungsgemäß wesentlich und nicht-linear ändert sowie aufgrund der Zeitunterschiede zwischen Beitragseingang und Leistungserbringung Abzinsungseffekte wesentlich werden; in diesen Fällen ist eine Rückstellung in Form eines Beitragsübertrags nach § 341e Abs. 2 Nr. 1 HGB unzureichend. Ein typisches Beispiel hierfür ist die mit dem steigenden Alter sich erhöhende Sterbewahrscheinlichkeit in der Lebens- und Rentenversicherung. Ein weiterer Fall liegt vor, wenn der Vertrag sichere Leistungen vorsieht, wie z. B. in der Unfallversicherung mit Prämienrückgewähr. Abgrenzungsfragen werden üblicherweise entsprechend der Tradition der Sparte beantwortet, also in der Lebens- und Krankenversicherung wird im Zweifel eine Deckungsrückstellung gebildet, in den Sachversicherungssparten im Zweifel nicht.

Handelsrechtlich umfasst der Begriff nach § 25 RechVersV alle versicherungstechnischen Rückstellungen, die die Verpflichtung zur Absicherung zukünftiger Versicherungsfälle (versicherter Ereignisse) beinhalten soweit nicht nach § 24 RechVersV Beitragsüberträge zu bilden sind. Diese Rückstellungen unterscheiden sich hierdurch von den Rückstellungen für noch nicht abgewickelte, aber bereits eingetretene Versicherungsfälle nach § 26 RechVersV.[37] Die Bildung der stets nach §§ 252 Abs. 1 Nr. 4 und 341e Abs. 1 HGB und § 25 Abs. 1 RechVersV vorsichtig zu bewertenden Deckungsrückstellung lässt damit keinen Raum für die Bildung einer Rückstellung für drohende Verluste nach § 341e Abs. 2 Nr. 3 HGB, soweit es die Verpflichtung zur Absicherung zukünftiger Versicherungsfälle betrifft. **29**

In den **Vorgängervorschriften**, in § 56 VAG 1901 und später in § 65 VAG 1931, wurde explizit auf die Lebensversicherung Bezug genommen. Weitere Sparten wurden durch § 63 VAG 1901 bzw. § 79 VAG 1931 einbezogen. Dies wurde in der VAG-Novelle 2016 übernommen. **30**

Nach § 88 Abs. 3 S. 2 VAG umfasst die Verordnungsermächtigung als weitere Personenversicherung die nach Art der Lebensversicherung betriebene, in § 161 VAG beschriebene **Unfallversicherung mit Prämienrückgewähr** (UPR). Betroffen sind aber auch die nach § 341g Abs. 5 HGB und § 25 Abs. 6 RechVersV zu bildenden Deckungsrückstellungen für Leibrenten in den Sparten nach § 162 VAG, namentlich der **Allgemeinen Haftpflichtversicherung**, der **Kraftfahrzeug-Haftpflichtversicherung**, der **Kraftfahrt-Unfallversicherung** sowie der **Allgemeinen Unfallversicherung** ohne Rückgewähr der Prämie. Zwar beruhen diese auf bereits eingetretenen Versicherungsfällen und werden daher nach § 25 Abs. 6 S. 2 RechVersV auch unter den Rückstellungen für noch nicht abgewickelte Versicherungsfälle ausgewiesen. Doch hängt der Leistungsumfang wie bei einer Rentenversicherung von dem Eintritt zukünftiger Ereignisse, dem Überleben des Leibrentners, ab und daher ist sachlich eine Deckungsrückstellung zu bilden. Hier fallen der nach § 25 Abs. 6 S. 2 RechVersV bestimmte Ausweis und die nach §§ 341f Abs. 1 und 341g Abs. 5 HGB bestimmte Bewertungsmethode auseinander. **31**

Offensichtlich ausgenommen sind diejenigen Verträge, für die andernorts gesonderte Verordnungsermächtigungen bestehen. Für die **Krankenversicherung** ist dies in § 160 VAG der Fall. Für **kleine Versicherungsunternehmen** erfolgt die Verordnungsermächtigung durch § 217 S. 1 Nr. 7–10 VAG, die aufgrund von § 219 VAG auch für **Sterbekassen** gilt. Für **Pensionskassen** und **Pensionsfonds** enthalten §§ 235 S. 1 Abs. 1 Nr. 4–7 bzw. 240 S. 1 Nr. 10–12 VAG eine entsprechende Verordnungsermächtigung, wobei die Verordnung für Pensionsfonds im Unterschied zu § 88 Abs. 3 S. 1 Nr. 3 VAG **keinen Höchstbetrag für die Zillmerung** vorgeben darf.[38] **32**

3. Beziehung zum Handelsrecht. § 88 Abs. 3 VAG enthält die Ermächtigung zum Erlass einer Rechtsverordnung zur Berechnung der **Deckungsrückstellung** und ergänzt damit die **handelsrechtlichen Vorschriften** der §§ 341e und 341f HGB. Mit der Umsetzung der VersBiRiLi 91/674/EWG durch das VersBiRiG 1994[39] wurden die zuvor im Aufsichtsrecht enthaltenen **allgemeinen Bilanzierungsgrundsätze** zu versicherungstechnischen Rückstellungen des Jahresabschlusses sowie ein Teil der besonderen, ausschließlich im Hinblick auf die Deckungsrückstellungen geltenden Vorschriften in das **33**

---

[36] *Schlüter*, Rechnungslegung und Prüfung der Versicherungsunternehmen, 5. Aufl. 2011, S. 185.
[37] Vgl. *Stuirbrink/Johannleweling/Faigle/Reich* in: Beck'scher Versicherungsbilanz-Kommentar, 1998, § 341f Rn. 1.
[38] Vgl. Rn. 63.
[39] BGBl. 1994 I, 1377.

Handelsrecht verlagert. Seitdem enthält § 25 RechVersV,[40] der im Wesentlichen die 1. Lebens-RL 79/267/EWG in der Fassung der 3. Lebens-RL 92/96/EWG[41] umsetzte,[42] weitere Detail-Vorschriften zur Deckungsrückstellung. Da die LebensRL inzwischen durch die Solva II-RL außer Kraft gesetzt wurden, ist der europarechtliche Hintergrund von § 25 Abs. 1 bis 3 RechVersV entfallen und die Regelungen könnten auf den handelsrechtlich begründeten Umfang[43] reduziert werden. Davon hat der Verordnungsgeber bisher abgesehen.

34 Im Folgenden werden die verschiedenen sowohl im Aufsichts- als auch im Handelsrecht enthaltenen Vorschriften zur Deckungsrückstellung i. S. d. § 341f HGB in einer Übersicht aufgelistet:

Regelungen zur Berechnung der Deckungsrückstellung i. w. S.:

A. HGB-Regeln	
1. Generalklausel:	§ 341e Abs. 1 HGB
2. Lebensversicherung:	§ 341f Abs. 1 und 2 HGB und § 330 Abs. 3 HGB i. V. m. § 25 Abs. 1–4 RechVersV
3. Krankenversicherung nach Art der Lebensversicherung:	§ 341f Abs. 3 HGB und § 330 Abs. 3 HGB i. V. m. § 25 Abs. 5 RechVersV
4. Schaden- und Unfallversicherung	
a) UPR	§ 330 Abs. 3 HGB i. V. m. § 25 Abs. 4 RechVersV
b) Sonstige	§ 341g Abs. 5 HGB (Rückstellung für noch nicht abgewickelte Versicherungsfälle bei als Rente zu erbringender Versicherungsleistung)
B. VAG-Regeln	
1. Lebensversicherung	§ 88 Abs. 3 VAG i. V. m. der DeckRV 2016
2. Krankenversicherung nach Art der Lebensversicherung	§ 160 Nr. 1 VAG i. V. m. der KVAV 2016
3. UPR	§ 88 Abs. 3 VAG i. V. m. der DeckRV 2016
4. Rentenleistungen aus der Allgemeinen Haftpflichtversicherung, der Kfz.-Haftpflichtversicherung, Kfz.-Unfallversicherung und der allgemeinen Unfallversicherung	§ 88 Abs. 3 VAG i. V. m. der DeckRV 2016

35 Im Handelsrecht werden die mathematischen **Berechnungsmethoden** (Formeln) und die Mindestanforderungen an die **Rechnungsgrundlagen** (die in die Formeln einzusetzenden Parameter wie Zins, Wahrscheinlichkeiten, Kosten und andere **Annahmen** über die aus den Versicherungsverträgen resultierenden Zahlungsströme) nach dem **Vorsichtsprinzip** bestimmt.[44] Aufsichtsrechtlich können darüber hinaus weitere Mindestanforderungen an die Rechnungsgrundlagen gestellt werden, um dem besonderen öffentlichen Interesse an der Sicherheit, v. a. der Lebensversicherungsunternehmen, gerecht zu werden.[45] Die tatsächlichen Rechnungsgrundlagen sind nach der jeweils **höheren Sicherheitsanforderung** von Handels- und Aufsichtsrecht zu bestimmen, wobei es vorkommen kann, dass die handelsrechtlich vorgesehene Vorsicht die aufsichtsrechtlichen Mindestanforderungen übersteigt.

36 Vorgaben zur **Bewertungsmethode** darf das Aufsichtsrecht gemäß § 341e Abs. 1 S. 2 HGB aber nicht machen. Der gegenüber der alten Fassung neue Verweis auf die Bewertungsmethoden in Abs. 3 bezieht sich ausweislich der Begründung[46] nicht auf die Regelung der Bewertungsmethoden selbst. Vielmehr wird darauf verwiesen, dass die zu erlassende Verordnung je nach den auf Grund des Handelsrechts angewandten Bewertungsmethoden unterschiedliche Regelungen zu den Rechnungsgrundlagen treffen kann. So bestand bisher das Problem, dass die Bildung einer **Bewertungseinheit**, obwohl handelsrechtlich nach § 254 HGB ggf. zulässig, an dem undifferenzierten Höchstwert für den Rechnungszins scheiterte. Der Verweis auf die Bewertungsmethoden soll lediglich sicherstellen, dass der Verordnungsgeber hier abhängig von den handelsrechtlichen Vorgaben zur Bewertungsmethode nach diesen differenzierte Regelungen zu den Rechnungsgrundlagen treffen kann.[47]

---

[40] BGBl. 1994 I, 3378; zu § 25 Abs. 1 S. 1 vgl. Rn. 51, zu Abs. 1 S. 2 Rn. 63, zu Abs. 2 Rn. 66 f. und zu Abs. 3 Rn. 64.

[41] Konsolidierte Fassung LebensRL.

[42] Vgl. Begr. RechVersV, BR-Drs. 823/94, 123 ff.

[43] § 25 Abs. 1 S. 1 RechVersV gemäß dem Vorsichtsprinzip und § 25 Abs. 1 S. 2 und Abs. 3 RechVersV bezgl. der Zulässigkeit des impliziten Verfahrens gemäß dem Wesentlichkeitsgrundsatz.

[44] Vgl. *Faigle* in: Beck'scher Versicherungsbilanz-Kommentar, 1998, § 341e HGB Rn. 12 ff.

[45] Vgl. MüKoBilanzR/*Ellenbürger/Hammers* § 341e HGB Rn. 6 f.

[46] Begr. RegE-VAG 2014, BT-Drs. 18/2956, 260.

[47] Vgl. Begr. RegE-VAG 2014, BT-Drs. 18/2956, 260.

4. Deckungsrückstellung. a) Gesetzliche Grundlage für die Deckungsrückstellung (§ 341f Abs. 1 HGB). Bei der Deckungsrückstellung handelt es sich um eine **versicherungstechnische Rückstellung** i. S. d. Vierten Titels des Zweiten Unterabschnitts des Vierten Abschnitts des Handelsgesetzbuches (HGB).[48] Die Rückstellung bezweckt im Wesentlichen die Darstellung des Verpflichtungsüberhangs seitens des Versicherungsunternehmens aus dem schwebenden Geschäft des Versicherungsvertrages, um ein den tatsächlichen Verhältnissen entsprechendes Bild der Vermögenslage des Versicherungsunternehmens zu vermitteln.[49] Sie bezieht sich auf die Verpflichtung bzgl. noch nicht eingetretener, also **zukünftiger Versicherungsfälle**.[50] 37

In der Zeit vor der Deregulierung stand aufgrund der §§ 11 und 65 VAG a. F. sowie § 176 VVG a. F. die **Bestimmung** der **vertraglichen Anspruchslage** des Versicherungsnehmers, insbesondere im Rückkaufsfall, aber auch als Bemessungsgrundlage für die Überschussbeteiligung im Vordergrund. Diese ist **heute ausschließlich im Vertrag** zu bestimmen. Hinzu kam die Sicherung der Ansprüche durch auf der Basis der Deckungsrückstellung bestimmte **Solvabilitätsanforderungen**. Durch die Solva II-RL ist die handelsrechtliche Deckungsrückstellung aber hiervon eigenständig geworden. Die Sicherstellung der **dauernden Erfüllbarkeit der Verpflichtungen** aus den Versicherungsverträgen nach § 341e Abs. 1 S. 1 und 2 HGB erfolgt über die vorsichtige Ermittlung eines ausschüttungsfähigen Gewinns durch den Jahresabschluss und geht den Anforderungen des § 264 Abs. 2 HGB vor. Aufsichtsrechtlich vorrangig ist diese Sicherstellung aber auf Grund der Solva II-RL durch die Solvabilitätsanforderungen zu erreichen. 38

Die Bestimmung der Deckungsrückstellung erfolgt gemäß § 341f Abs. 1 HGB auf der Basis von Art. 27 VersBiRiLi 91/674/EWG anhand **versicherungsmathematischer Methoden**. Die weiteren Details des § 341f Abs. 1 und 2 HGB beruhen aber auf Vorgaben der Lebens-RL;[51] die europarechtliche Begründung ist also durch die Solva II-RL obsolet geworden. Gemäß § 341f HGB ist ein Betrag zurückzustellen, der dem **Barwert der zukünftigen Verpflichtungen** entspricht, abzüglich des Wertes der für die Zukunft dafür vereinbarungsgemäß zu erbringenden Beitragszahlungen. Hierbei sind neben den vertraglichen Versicherungsleistungen und ggf. aus vertraglichen Gestaltungsrechten resultierende Leistungen, wie z. B. Rückkaufswerte, die im Zusammenhang mit dem Vertrag anfallenden Abschluss- und Verwaltungsaufwendungen zu berücksichtigen. Bei den Beiträgen sind die vollen, sich aus dem Vertrag ergebenden Beiträge zu berücksichtigen[52] (**Bruttobeitrags-Verfahren**) und nicht wie bei verschiedenen vereinfachenden traditionellen Verfahren nur Teile dieser Beiträge (**Nettobeitrags-Verfahren**).[53] Daher sind, im Unterschied zu den traditionellen Nettobeitrags-Verfahren, auch alle zukünftigen Zahlungsströme explizit zu berücksichtigen.[54] Dies umfasst auch die zukünftig erwarteten Aufwendungen für Beitragsrückerstattung, die allerdings aufgrund der vorsichtig bestimmten Rechnungsgrundlagen regelmäßig implizit berücksichtigt werden.[55] 39

Die Ermittlung der Deckungsrückstellung hat gem. § 341f Abs. 1 S. 1 HGB grundsätzlich nach der zuvor beschriebenen **prospektiven Methode** zu erfolgen, also basierend auf dem Wert der zukünftigen Zahlungsströme. Aufgrund des prospektiven Verfahrens auf Basis aller Verpflichtungen aus dem Vertrag und des (noch nicht fälligen) Anspruchs auf vertragliche Beiträge stellt die Deckungsrückstellung den handelsrechtlich zu berücksichtigenden **vertraglichen Verpflichtungsüberhang** dar, der zur korrekten Darstellung der Vermögenslage in der Bilanz anzusetzen ist. 40

Durch das **prospektive Verfahren** wird beim Erstansatz des Vertrages der Wert der gesamten Verpflichtung mit dem Wert der gesamten vertraglichen Beiträge verglichen. Nach § 138 Abs. 1 VAG sind die Beiträge aber stets in der Höhe mit den Versicherungsnehmern zu vereinbaren, dass der Versicherer selbst bei vorsichtiger Betrachtung mit deren Wert den Wert der gesamten zukünftigen Verpflichtungen decken kann. Damit ist der Saldo von Verpflichtungen und Beiträgen regelmäßig bei Vertragsabschluss vor der Vornahme irgendeiner Zahlung negativ oder höchstens Null; die Deckungsrückstellung ist also mit Null anzusetzen, da wegen des Saldierungsverbotes nach § 246 Abs. 2 S. 1 HGB keine negativen Rückstellungen angesetzt werden können. Davon unberührt bleibt die Möglichkeit, **noch nicht fällige Ansprüche** auf der Aktivseite anzusetzen.[56] Die simultan mit der Erstbewertung oder noch vorher anfallenden Zahlungsströme, der **Einlösungsbeitrag** und, in einem gewissen Umfang unvermeidlich, die **Abschlussaufwendungen**, verändern diesen Saldo der noch verbleibenden zukünftigen Zahlungsströme sofort. Bis auf **Einmalbeitragsversicherungen** wird der Saldo auch hernach in den meisten Fällen negativ sein; die Deckungsrückstellung ist also trotz der Zahlung des Einlösungsbeitrags und ggf. weiterer Beiträge in der Anfangszeit Null. Der Versicherer hat tatsächlich 41

[48] Vgl. *Boetius*, Handbuch der versicherungstechnischen Rückstellungen, 1996, Anm. 610.
[49] § 264 Abs. 2 HGB.
[50] Vgl. *Stuirbrink/Johannleweling/Faigle/Reich* in: Beck'scher Versicherungsbilanz-Kommentar, 1998, § 341f Rn. 1.
[51] Bericht des Rechtsausschusses zu RegE VersRiLiG, BT-Drs. 12/7646, 4.
[52] Vgl. *Husch*, Rechnungslegung und Prüfung der Versicherungsunternehmen, 5. Aufl. 2011, S. 94.
[53] Vgl. Rn. 59 ff.
[54] Vgl. die ausführlichere Darstellung in der europarechtlichen Grundlage der Norm aus Solvabilität I in Art. 20 LebensRL.
[55] Vgl. Art. 20 lit. A i 2. Spiegelstrich i. V. m. lit. D LebensRL.
[56] S. Rn. 91.

trotz Erhalts des Einlösungsbeitrags noch keinen Verpflichtungsüberhang, da die zukünftigen Beiträge insgesamt ausreichen, alle vertraglichen Verpflichtungen zu erbringen. Hingegen benötigt der Versicherer in der Periode des Anfalls der Abschlussaufwendungen die dafür kalkulatorisch vorgesehen Erträge, um die Ertragslage in dieser Periode korrekt darzustellen. Dieser in entsprechenden Fällen unvermeidliche Effekt des gesetzlich vorgeschriebenen prospektiven Verfahrens wird häufig mit dem Begriff **„Zillmerung"** assoziiert und fälschlich mit dem von *Zillmer* eingeführten eingeschränkt prospektiven **„Zillmerungsverfahren"**[57] in Verbindung gebracht. Wie bei dem prospektiven Verfahren ergibt sich auch dort der beschriebene Effekt, dass in der Anfangszeit keine Deckungsrückstellung anzusetzen ist. Dies ist aber die unmittelbare Folge des vorgeschriebenen prospektiven Ansatzes, keine Konsequenz der spezifischen Wahl des Zillmerungsverfahren.[58] Ein handelsrechtliches **Wahlrecht**, auf das prospektive Verfahren zu verzichten, räumt § 341f Abs. 1 HGB nicht ein. Daher stellt sich die im Zusammenhang mit der Berechnung der Rückkaufswerte häufig gestellte Frage, ob die „Zillmerung" erlaubt ist,[59] bzgl. der Deckungsrückstellung nicht. Nur durch das vorgeschriebene prospektive Verfahren kann ein den tatsächlichen Verhältnissen entsprechendes Bild der Vermögens- und Ertragslage i. S. v. § 264 Abs. 2 HGB erreicht werden.[60] Durch diese handelsrechtlich richtige Darstellung werden zusätzliche Vorfinanzierungskosten für die Bildung einer gar nicht benötigten Deckungsrückstellung und damit nach § 125 Abs. 2 Nr. 2 VAG auch eines entsprechenden Sicherungsvermögens vermieden, wie sie sich bei einer künstlichen Minderung der angesetzten Beiträge um den Abschlusskostenzuschlag (**„ungezillmertes Deckungskapital"**) ergäben.

42 Lediglich in den Fällen, in denen eine Berechnung mit Hilfe der prospektiven Methode nicht möglich ist, darf die Deckungsrückstellung gem. § 341f Abs. 1 S. 2 HGB auch anhand der **retrospektiven Methode** vorgenommen werden; in diesem Fall erfolgt die Ermittlung der Rückstellung aufgrund der aufgezinsten Einnahmen und Ausgaben, d. h. es werden ausschließlich die Zahlungsströme der Vergangenheit berücksichtigt. Unmöglich ist die prospektive Methode allerdings nie. Vielmehr kann deren Anwendung in einem solchen Umfang **Schätzungen** erfordern, dass die objektivierbare Bewertung mit der retrospektiven Methode handelsrechtlich vorzuziehen ist. Dies ist z. B. in der fondsgebundenen Lebensversicherung wegen der Ungewissheit der Höhe der Leistung der Fall.

43 **b) Berücksichtigung von Zinssatzverpflichtungen (§ 341f Abs. 2 HGB).** Während § 341f Abs. 1 HGB die Bestimmungsmethode für die Deckungsrückstellung festlegt, enthält § 341f Abs. 2 HGB eine einzelne isolierte Vorgabe zu den dabei **zu verwendenden Rechnungsgrundlagen**. Diese betrifft den bei Verträgen, bei denen der Versicherer eine **Zinssatzverpflichtung** eingegangen ist, anzuwendenden **Rechnungszins**. § 341f Abs. 2 HGB beruht auf Vorgaben der Lebens-RL, nicht auf harmonisiertem europäischen Bilanzrecht.[61] Auch nach Wegfall der europarechtlichen Grundlage durch die Solva II-RL, dient die Norm weiterhin der spezifischen Umsetzung der allgemeinen und versicherungsspezifischen Vorsichtsgrundsätze der Rechnungslegung in §§ 252 Abs. 1 Nr. 4 bzw. 341e Abs. 1 S. 1 HGB im Fall der Wahl des Rechnungszinses bei der Deckungsrückstellung. Gerade bei den z. T. über Jahrzehnte laufenden Lebensversicherungsverträgen ist eine vorsichtige Wahl des zur Diskontierung der zukünftigen Verpflichtungen zu verwendenden Rechnungszinses von besonderer Bedeutung. Die damit implizit verbundenen Annahmen über die Möglichkeit, zukünftig Kapitalerträge auf die positiven Zahlungssalden aus den Verträgen wegen der oft lange vor der Leistungserbringung gezahlten Beiträge zu erzielen, sollen realistisch die Situation der eigenen Kapitalanlagen widerspiegeln.

44 Die in den Deckungsrückstellungen von Versicherungsunternehmen zu berücksichtigenden zukünftigen Verpflichtungen und Beitragsansprüche werden im Zuge der Barwertbildung nach § 341f Abs. 1 HGB diskontiert. Ein „versicherungsmathematisch errechneter Wert" ist immer **wahrscheinlichkeitsgewichtet und diskontiert**, soweit diese Bewertungsmethoden den Betrag wesentlich beeinflussen. Der hierbei verwendete Diskontierungszins wird als **Rechnungszins** bezeichnet. Grundsätzlich kann der Rechnungszins zur Berechnung einer Deckungsrückstellung ein einzelner Zinssatz für alle zukünftigen Zahlungsströme oder eine je nach Fristigkeit des Zahlungsstroms differenzierende Verzinsungsregel sein (**Zinskurve**). Grundsätzlich können für verschiedene Verpflichtungen auch verschiedene Rechnungszinsen verwendet werden, doch muss die Wahl der Rechnungszinsen den handelsrechtlichen Grundsätzen, insbesondere der **Willkürfreiheit**[62] und **Stetigkeit**,[63] genügen.

---

[57] *Zillmer*, Beiträge zur Theorie der Prämien-Reserve bei Lebens-Versicherungs-Anstalten, 1863.

[58] Vgl. § 25 Abs. 1 S. 1 RechVersV und Rn. 62.

[59] Vgl. Prölss/Martin/*Reiff* § 169 VVG Rn. 33.

[60] Diese moderne Sicht einer handelsrechtlichen Pflicht zur Zillmerung und ggf. einer Pflicht zur Aktivierung noch nicht fälliger Ansprüche gegen die Versicherungsnehmer, vgl. Rn. 91, beruht auf *BFH* Gutachten v. 26.1.1960, I D 1/58, BStBl. 1969 III, S. 191, den nicht veröffentlichten Gutachten von *Raiser* v. 6.5.1971, *Geßler* v. 15.7.1973, beide für den Verband der Lebensversicherungsunternehmen, und *Mies* v. 28.2.1985 für die Finanzämter im Oberfinanzbezirk Köln. Vgl. *Faigle/Engeländer* VW, 2001, 1570.

[61] Bericht des Rechtsausschusses zu RegE VersRiLiG, BT-Drs. 12/7646, 4.

[62] Vgl. *Leffson*, Die Grundsätze ordnungsmäßiger Buchführung, 1987, S. 202 ff.

[63] § 252 Abs. 1 Nr. 1 HGB, vgl. Rn. 57.

Die Vorgabe des § 341f Abs. 2 HGB betrifft nur Verträge mit einer **Zinssatzverpflichtung**. Der Begriff der Zinssatzverpflichtung entspricht dem Begriff der **Zinsgarantie** in § 88 Abs. 3 S. 1 Nr. 1 VAG. Ein Vertrag beinhaltet eine Zinssatzverpflichtung, wenn der Versicherer eine Zahlungsverpflichtung auf Grund eines vertraglich festgelegten Verhältnisses von zeitlich deutlich auseinanderliegenden Beiträgen und Leistungen in einer Währung ohne entsprechende Möglichkeit einer Anpassung bei einer ungünstigen Entwicklung der Kapitalmärkte übernimmt.[64] Eine Zinssatzverpflichtung liegt auch vor, wenn der Versicherer vertraglich explizit auf bestimmte Kapitalbeträge eine **vereinbarte Verzinsung** zusagt, ohne dass eine ein **Zinsrisiko** ausschließende Anpassung an die Entwicklung der Kapitalmärkte vorgesehen ist. Die Zinssatzverpflichtung kann sich auch auf bestimmte Vertragsteile oder auf bestimmte Zeitabschnitte begrenzen. In manchen Fällen sehen Verträge Alternativleistungen vor, bei denen das für den Versicherungsnehmer günstigere Ergebnis zweier vertraglich bestimmter Verfahren zur Leistungsbestimmung die tatsächliche Leistung bestimmt. Hier kann auch eines der alternativen Verfahren zur Leistungsbestimmung eine Zinssatzverpflichtung enthalten und der Vertrag fällt damit in den möglichen Anwendungsbereich der Vorschrift. 45

§ 341f Abs. 2 HGB ist nicht so zu verstehen, dass die gegenüber den Versicherten eingegangenen Zinssatzverpflichtungen nur unter der hier genannten Bedingung berücksichtigt werden. Sie bedürfen unter dieser Bedingung einer **besonderen Berücksichtigung**, indem hier der Rechnungszins an die Ertragsmöglichkeiten des Unternehmens anzupassen ist. Nach § 341f Abs. 2 HGB haben die Unternehmen zu jedem Bilanzstichtag die Angemessenheit des verwendeten Rechnungszinses für **Zinssatzverpflichtungen** unter Berücksichtigung der derzeitigen und zu erwartenden Erträge der Vermögenswerte des Unternehmens zu prüfen. Soweit sich bei dieser Prüfung ergibt, dass der verwendete Rechnungszins in bestimmten Perioden nicht aus den Vermögenswerten erwirtschaftet werden kann, muss der Diskontierungseffekt bei der Berechnung der Deckungsrückstellung in diesen Perioden entsprechend gesenkt werden. 46

Zu berücksichtigen ist bei dieser Prüfung der tatsächlich **verwendete Rechnungszins**, der ggf. schon aufgrund von § 5 Abs. 3 und 4 DeckRV[65] gegenüber dem bei Erstansatz des Vertrages oder in der Beitragskalkulation verwendeten Rechnungszins gesenkt sein kann. Soweit § 341f Abs. 2 HGB eine größere Vorsicht verlangt, als dies aufsichtsrechtlich gefordert ist, ist die Berechnung auf Basis der größeren Vorsicht vorzunehmen. Auch wenn sich § 5 Abs. 3 DeckRV auf § 341f Abs. 2 HGB bezieht,[66] befreit die Einhaltung der Vorgaben der DeckRV nicht von der nach § 341f Abs. 2 HGB verlangten Prüfung und den ggf. zu ziehenden Konsequenzen. § 341f Abs. 2 HGB geht dem Beibehaltungsgebot des § 2 Abs. 2 DeckRV vor.[67] 47

Da sich die Diskontierung auf zukünftige Perioden bezieht, ist mit den **derzeitigen Erträgen** der Vermögenswerte des Unternehmens nicht der in der endenden Periode erzielte Kapitalertrag gemeint, sondern die Verzinsung der zum Bilanzstichtag vorhandenen Vermögenswerte. Entsprechend beziehen sich die zu **erwartenden Erträge** auf die erwartete Verzinsung zukünftiger Kapitalanlagen aus Neu- und Wiederanlage. Diese Einschätzung erfolgt auf Basis der tatsächlichen Vermögenswerte des Unternehmens und seiner Planung über die zukünftige Anlage und ist damit im Unterschied zu § 5 Abs. 3 und 4 DeckRV unternehmensspezifisch. Die Schätzung hat unter Beachtung des § 264 Abs. 2 HGB als Generalnorm und im Einklang mit der **Überzeugung des Bilanzierenden** willkürfrei und vorsichtig gemäß §§ 252 Nr. 4 und 341e Abs. 1 S. 1 HGB zu erfolgen. Auch wenn es sich bei der ggf. durch Senkung des Rechnungszinses ergebenden Erhöhung der Deckungsrückstellung nicht um eine Rückstellung für drohende Verluste nach § 341e Abs. 2 Nr. 3 HGB handelt, so ist der Hintergrund ebenso ein Ausfluss aus dem Vorsichtsprinzip. Daher können hier die gleichen Grundsätze wie bei der Bildung einer Rückstellung für drohende Verluste angewandt werden. Es bedarf belastbarer und konkreter Anhaltspunkte dafür, dass ernsthaft damit zu rechnen ist, dass die derzeitigen und zu erwartenden Kapitalerträge für die Deckung der Zinssatzverpflichtungen nicht ausreichen.[68] 48

c) Anwendung der GoB. Bei der Bestimmung der Deckungsrückstellung sind die **GoB** zu beachten, insbesondere die für **schwebende Geschäfte** geltenden.[69] Hieran ist auch eine nach § 88 Abs. 3 VAG erlassene Verordnung gebunden, wobei sie allerdings im Rahmen des § 341e Abs. 1 S. 2 HGB über die nach den GoB geforderte Vorsicht hinausgehen kann. Nur in diesem Umfang erlauben die Vorschriften der §§ 341e ff HGB und spezifisch auch § 88 Abs. 3 S. 1 VAG eine Abweichung von den ansonsten anzuwendenden handelsrechtlichen Vorschriften. Auch bei der Anwendung der aufgrund von § 88 Abs. 3 VAG erlassenen Verordnung, der **DeckRV**, sind die GoB zu beachten. Dies gilt insbesondere für alle Fragestellungen, die sich aus der DeckRV ergeben, dort aber nicht gesondert geregelt 49

[64] Vgl. Begr. DeckRV BR-Drs 114/96 S. 7; *Claus* Der Aktuar 1996, 76.
[65] Vgl. Rn. 117 ff.
[66] Vgl. Rn. 117.
[67] Vgl. Rn. 101.
[68] IDW RS HFA 4 Rn. 15.
[69] Vgl. *Adler/Düring/Schmaltz*, HGB, 6. Aufl. 1995, § 246 Rn. 183 ff., § 249 Rn. 135 ff., § 252 Rn. 37 ff., § 253 Rn. 242 ff.

sind. Dies betrifft z. B. die Frage, welche Konsequenzen eine Änderung des Rechnungszinses nach § 5 Abs. 4 DeckRV auf die Wahl der übrigen Rechnungsgrundlagen, insbesondere unter Berücksichtigung des nachfolgend noch behandelten **Realisationsprinzips**, hat. Von den nachfolgend beschriebenen Grundsätzen des § 252 Abs. 1 HGB darf nach dessen Abs. 2 nur in begründeten Ausnahmefällen und verbunden mit einer Darstellung im Anhang gem. § 284 Abs. 2 Nr. 2 HGB abgewichen werden.

50 § 252 Abs. 1 Nr. 3 HGB (**Einzelbewertungsgrundsatz**) hat zur Folge, dass für jeden Vertrag gesondert eine Deckungsrückstellung zu bestimmen ist.[70] Ist das Berechnungsergebnis für einen einzelnen Vertrag rechnerisch negativ, so liegt kein Verpflichtungsüberhang vor und damit ist auch keine Rückstellung anzusetzen;[71] ggf. kann der negative Betrag aktivisch angesetzt werden.[72] Die Summe der (positiven) Deckungsrückstellungen der einzelnen Verträge wird unter dem Posten „Deckungsrückstellung" nach Formblatt 1 E. II. RechVersV ausgewiesen. Der Begriff „Deckungsrückstellung" bezieht sich, bis auf diese Postenbezeichnung, also auf den anzusetzenden Wert des einzelnen Vertrages. § 246 Abs. 2 HGB (**Saldierungsverbot**) verhindert, dass die Rückstellung eines Vertrages mit dem negativen (da ggf. aktivisch anzusetzenden) Wert eines anderen Vertrages saldiert wird. Darüber hinaus ist auch das nachfolgend beschriebene Imparitäts- wie auch das Realisationsprinzip einzelvertraglich anzuwenden.

51 Die Regelungen des § 252 Abs. 1 Nr. 4 Hs. 1 HGB (**Imparitäts- und Vorsichtsprinzip**), des § 341e Abs. 1 S. 1 HGB, des § 341f Abs. 2 HGB und des § 25 Abs. 1 S. 1 RechVersV (**spezielles Vorsichtsprinzip für Versicherungsverträge**) stellen eine **handelsrechtlich ausreichende Höhe** sicher. Subsidiär sind zusätzlich nach § 341e Abs. 1 S. 2 HGB auch aufsichtsrechtliche Vorsichtsanforderungen zu berücksichtigen. Dies ist die handelsrechtliche Grundlage für § 88 Abs. 3 VAG und der auf dieser Grundlage erlassenen DeckRV. Das Imparitätsprinzip wird durch eine ausreichend vorsichtige, aktuelle prospektive Bewertung unmittelbar erfüllt. Daher kann es auch nicht zur Bildung einer Rückstellung für drohende Verluste nach § 341e Abs. 2 Nr. 3 HGB kommen, da hiermit der ggf. vorhandene Verpflichtungsüberhang zutreffend abgebildet wird.

52 Durch das prospektive Verfahren[73] werden die bei vorsichtiger Betrachtung in den gesamten vertraglichen Beiträgen enthaltenen Gewinnmargen bei Erstansatz des Vertrages antizipiert und nachfolgend eingehende Beiträge werden solange vereinnahmt, bis ein **Verpflichtungsüberhang (Erfüllungsrückstand)** entsteht, also eine Deckungsrückstellung nach § 341f Abs. 1 HGB zu bilden ist. Dieser Gewinnausweis schon bei Eingang des Einlösungsbeitrags vor jeder Erfüllungsleistung würde kein den **tatsächlichen Verhältnissen entsprechendes Bild der Ertragslage** des Versicherungsunternehmens vermitteln (§ 264 Abs. 2 HGB), da diese Gewinne bei einem **schwebenden Geschäfts** noch nicht als realisiert anzusehen sind, sondern der zukünftig zu erfolgenden Erfüllung zuzuordnen sind.[74] § 252 Abs. 1 Nr. 4 Hs. 2 HGB **(Realisationsprinzip)** bestimmt, dass die Deckungsrückstellung ggf. über den derzeitigen Verpflichtungsüberhang hinaus so bemessen wird, dass es zu keinem Ausweis unrealisierter Gewinne kommt. Die vertraglichen Erträge (Beiträge), insbesondere die darin enthaltenen Gewinne, dürfen soweit nicht vereinnahmt werden, wie die dafür vertraglich zu erbringenden Leistungen nicht wenigstens anteilig erbracht und insoweit noch schwebend sind. Die Darstellung der Ertragslage geht also insoweit der Darstellung der Vermögenslage vor. Im Normalfall soll bei schwebenden Geschäften die Ertragsvereinnahmung zeitanteilig erfolgen.[75] Dem entspricht die theoretische Vorgehensweise, bei Verträgen mit laufender Beitragszahlung den in der Berechnung angesetzten Beitrag um einen gleichbleibenden Gewinnzuschlag zu kürzen;[76] der gekürzte Beitrag wird als Normbeitrag bezeichnet.[77] Hierdurch wird der Gewinnanteil in den Beiträgen laufend vereinnahmt. In der Praxis werden normalerweise die Rechnungsgrundlagen der Beitragskalkulation verwendet. Die enthaltenen Gewinnzuschläge werden damit entsprechend der Dienstleistungserbringung vereinnahmt. Zur Erfüllung des Realisationsprinzips sind bei einer prospektiven Berechnung, also im Unterschied zum unmittelbar erfüllten Imparitätsprinzip, zusätzliche Maßnahmen zu ergreifen.

53 Eine insoweit gegenüber dem Erfüllungsrückstand überhöhte Deckungsrückstellung ist aber nur im Rahmen des durch das Realisationsprinzip geforderten Umfangs zulässig. Auch die Deckungsrückstellung darf nicht ohne handelsrechtlich zwingenden Grund gegenüber dem Erfüllungsrückstand zu hoch bewertet werden, da sich ansonsten kein den tatsächlichen Verhältnissen entsprechendes Bild der Vermögens- und Ertragslage ergeben würde. Die durch die DeckRV bewirkte **zusätzliche Vorsicht** ist im Rahmen des § 341e Abs. 1 S. 2 HGB als handelsrechtlich zwingend anzusehen, aber auch nur

---

[70] Vgl. Art. 59 Abs. 1 RL 91/674/EWG.

[71] Dies ist im Fall der versicherungstechnischen Rückstellung nach § 75 Abs. 1 VAG anders, vgl. Erwägungsgrund 11 Solva II-VO.

[72] Vgl. Rn. 91 ff.

[73] Vgl. Rn. 40 f.

[74] Vgl. *Adler/Düring/Schmaltz*, HGB, 6. Aufl. 1995, § 246 Rn. 183 ff., § 249 Rn. 135 ff., § 252 Rn. 37 ff., § 253 Rn. 242 ff.; *Winkeljohann/Büssow*, Beck'scher Bilanz-Kommentar, 9. Aufl. 2014, § 252 Rn. 47; *Leffson*, Die Grundsätze ordnungsmäßiger Buchführung, 1987, S. 247 ff.

[75] Vgl. *Winkeljohann/Büssow*, Beck'scher Bilanz-Kommentar, 9. Aufl. 2014, § 252 Rn. 47.

[76] Vgl. *Stuirbrink/Johannleweling/Faigle/Reich* in: Beck'scher Versicherungsbilanz-Kommentar, 1998, § 341f Rn. 22.

[77] Vgl. BerVersV, Nw 216 Z. 26.

soweit, wie sie sich unmittelbar aus dem Wortlaut der Verordnung im Einklang mit den Zielen der Verordnungsermächtigung[78] ergibt.

Die nur bei Realisation zu vereinnahmenden Teile der vertraglichen Erträge (Beiträge) werden beim erstmaligen Ansatz des Vertrages bestimmt (Erstbewertung). Das Realisationsprinzip ist auch bei zwischenzeitlichen **Änderungen der Annahmen** oder Vorgehensweisen bei der Folgebewertung der Deckungsrückstellung zu beachten. Die Deckungsrückstellung darf auch durch solche Änderungen nicht unter einen Wert fallen, bei dem es zu einer **vorzeitigen Realisation** von vertraglichen Erträgen (Beiträgen) kommt. Dies steht nicht einer **Aufholung zwischenzeitlich aufgetretener Verluste** durch nicht mehr durch die vertraglichen Erträge gedeckten Annahmen über die Verpflichtung entgegen, wenn diese Annahmen sich später als zu vorsichtig erweisen.[79] 54

Bei Erstbewertung werden auch ggf. schon erfolgte Erträge oder Aufwendungen, insbesondere **Abschlussaufwendungen**, angesetzt, soweit sie dem Grunde nach zu den in der Deckungsrückstellung anzusetzenden Sachverhalten gehören. Die **Antizipation** der der Deckung der bereits erfolgten Abschlussaufwendungen dienenden zukünftigen Erträge bei Erstansatz der Deckungsrückstellung ist damit im Einklang mit dem Realisationsprinzip und eine direkte Konsequenz der gesetzlich vorgegebenen prospektiven Bilanzierungsmethode. Denn diese zukünftigen Erträge sind, da sie der Deckung von zu berücksichtigenden und bereits erfolgten Aufwendungen dienen, keine nach dem Realisationsprinzip laufend zu vereinnahmenden Gewinne. Damit wird durch den direkten Ansatz dieser Erträge ein den tatsächlichen Verhältnissen entsprechendes Bild der Ertragslage des Versicherungsunternehmens i. S. v. § 264 Abs. 2 HGB vermittelt. 55

Imparitäts- und Realisationsprinzip haben im Zusammenwirken mit dem **Einzelbewertungsgrundsatz** aber zur Folge, dass die Bewertung nicht allgemein additiv ist, die Bewertung von zusammengefassten Verträgen also nicht immer der Summe der einzeln bewerteten Verträge entspricht. Ergibt sich bei ausreichend vorsichtiger einzelvertraglicher Bewertung, dass der vertragliche Beitrag mehr als ausreichend zur Deckung der Verpflichtungen aus dem betreffenden Vertrag ist, ist nach dem Realisationsprinzip dieser Vertrag entsprechend noch vorsichtiger zu bewerten, während andernfalls nur die mindestens anzusetzende Vorsicht zu berücksichtigen ist. Ein saldierender Ausgleich ist zwischen profitablen und defizitären Verträgen nach dem Einzelbewertungsgrundsatz i. V. m. dem Realisationsprinzip nicht zulässig.[80] Es genügt also nicht, dass ein Versicherer im Durchschnitt ausreichende Beiträge erhebt. Zur Vermeidung eines Verlustausweises muss der Beitrag auch in jedem Einzelfall der bewerteten Verpflichtung aus dem Vertrag wenigstens entsprechen.[81] Dies bedeutet aber im Fall von Versicherungsverträgen nicht eine Bewertung auf Basis einer **individuellen Begutachtung** unter Berücksichtigung aller bekannten oder zugänglichen Merkmale des jeweiligen Vertrages, da die zugrundeliegenden Geschäftsvorfälle[82] nach dem Geschäftsmodell bzw. sogar Rechtsvorschriften nicht auf der Ebene ablaufen können. Da das Versicherungsgeschäft nach dem gesetzlichen Modell planmäßig betrieben wird,[83] erfolgt die Differenzierung der Verträge für die Bewertung aufgrund ihrer individuellen Merkmale auf der Ebene, auf der das Geschäft planmäßig betrieben wird.[84] Maßgeblich ist hier der **Nutzungs- und Funktionszusammenhang**,[85] der im Versicherungsgeschäft für die Risikotragung gesondert zu betrachten ist. So werden z. B. bei aufgrund von § 19 Abs. 1 Nr. 2 AGG **geschlechtsunabhängig zu bestimmenden Beiträgen** auch die Deckungsrückstellungen auf der Basis des den Durchschnitt des so angesammelten Bestandes repräsentierenden Annahmen bestimmt, auch wenn das Geschlecht des einzelnen Versicherten bekannt ist.[86] Ohne dies würde sich kein den tatsächlichen Verhältnissen entsprechendes Bild der Ertragslage ergeben. Davon zu unterscheiden sind aber Fälle, bei denen, ohne dass es zum planmäßigen Betrieb des Geschäfts erforderlich wäre, defizitäre Verträge abgeschlossen werden, selbst wenn es gewisse wirtschaftliche Zusammenhänge zwischen dem Abschluss der Geschäfte gibt.[87] Es wird ein positiver Nachweis zu fordern sein, dass die sich bei einem insoweit undifferenzierten Abschluss der Geschäfte im Saldo ergebenden Gewinne nicht erzielt werden könnten, wenn eine Differenzierung vorgenommen würde. Dies ist im Fall eines zur Verhinderung von Diskriminierungen bestehenden gesetzlichen Verbotes der Differenzierung unmittelbar gegeben. Lediglich eine Vermutung, dass bestimmte profitable Geschäfte nicht zustande gekommen wären, wenn nicht auch bestimmte defizitäre Geschäfte akzeptiert worden wären, genügt hierfür wie auch entsprechend in anderen Wirtschaftszweigen nicht. 56

---

[78] Vgl. Rn. 24.

[79] Vgl. *BaFin*, Schreiben an die Lebensversicherungsunternehmen v. 5.10.2016 – Gz. VA 26-FR 3208-2015/0001, Anl. S. 2.

[80] Vgl. MüKoBilanzR/*Tiedchen* § 252 HGB Rn. 30.

[81] Vgl. *Adler/Düring/Schmaltz*, HGB, 6. Aufl. 1995, § 252 Rn. 48.

[82] Zu deren Maßgeblichkeit vgl. *Naumann* Die Bewertung von Rückstellungen, IDW 1989, S. 220 f.

[83] Vgl. Prölss/*Präve*, 12. Aufl., § 1 Rn. 43.

[84] Vgl. *Moxter* Grundsätze ordnungsgemäßer Rechnungslegung, IDW 2003, S. 28, für die Grundsätze im Normalfall, die hier entsprechend der besonderen Situation zu modifizieren sind.

[85] Vgl. *Winkeljohann/Büssow*, Beck'scher Bilanzkommentar, 9. Aufl. 2014, § 252 Rn. 23.

[86] Vgl. *DAV*, Unisex-Reservierung in der Lebensversicherung vor dem Hintergrund des EuGH-Urteils, Hinweis, Fachgrundsatz der Deutschen Aktuarvereinigung e. V. v. 6.3.2013, S. 7.

[87] Vgl. *Moxter* Grundsätze ordnungsgemäßer Rechnungslegung, IDW 2003, S. 28.

57 Bei der Bestimmung der Deckungsrückstellung über die Geschäftsjahre ist das **Stetigkeitsgebot** nach § 252 Abs. 1 Nr. 6 HGB zu beachten. Dies dient der Vergleichbarkeit der Jahresabschlüsse in der zeitlichen Reihe und verbietet einen sachlich unbegründeten Wechsel der Vorgehensweisen oder Annahmen, ohne allerdings andererseits eine Anpassung an tatsächlich veränderte Verhältnisse zu verhindern.[88] Daher sind die einmal verwendeten Vorgehensweisen und Annahmen bei der Bestimmung einer Deckungsrückstellung weiter zu verwenden, bis objektiv feststellbar ist, dass sie nicht länger zutreffen und die mit ihnen bestimmte Deckungsrückstellung nicht mehr den Grundsätzen des § 264 Abs. 2 HGB genügt. Dies gilt in beide Richtungen. Demnach dürfen auch aufgrund der DeckRV über die handelsrechtlichen Anforderungen hinaus bestimmte Rechnungsgrundlagen geändert werden, wenn sie aufsichtsrechtlich nicht mehr in der bisherigen Höhe gefordert sind, der Grund für die Bildung des entsprechenden Teils der Deckungsrückstellung also entfallen ist. Eine **Auflösung der Deckungsrückstellung** findet allerdings wie bei der Erstbewertung ihre Grenzen im Realisationsprinzip; die Auflösung der Deckungsrückstellung darf nicht dazu führen, dass noch nicht realisierte Erträge aus Beiträgen antizipiert werden, sondern es dürfen nur in der Vergangenheit durch die Bildung der Deckungsrückstellung bewirkte Verluste zurückgeführt werden.[89] Dem Stetigkeitsgebot unterliegt auch der bisher geübte Vereinnahmungsmodus von Gewinnzuschlägen,[90] auch wenn dieser bereits vor der Vorperiode wegen der Änderung der Rechnungsgrundlagen ausgesetzt wurde.[91]

58 **d) Vereinfachungsverfahren.** Das heutige ganzheitliche gesetzliche Verfahren zur Bestimmung der Deckungsrückstellung in § 341f Abs. 1 HGB hat sich seit den Anfängen der Versicherungsmathematik im 17. Jahrhundert vor allem auf Grund der lange eingeschränkten technischen Möglichkeiten erst langsam entwickelt. Ursprünglich wurden alle Berechnungen von Hand vorgenommen, sodass nur äußerst vereinfachte Verfahren von praktischem Interesse waren. Erst die Entwicklung der **elektronischen Datenverarbeitung** machte aufwändigere Verfahren zur vollständigen Abbildung aller vertraglichen Rechte und Pflichten, insbesondere auch der **einseitigen Gestaltungsrechte** der Versicherungsnehmer, möglich. Inzwischen ist diese **explizite Berücksichtigung aller Zahlungsströme** bei allen aktuellen Bewertungsverfahren verpflichtend geworden, so auch für Zwecke der Solvabilität II[92] und der Internationalen Rechnungslegung.[93] Dennoch sind die historisch entwickelten, einfacheren Vorgehensweisen jedenfalls im Rahmen des handelsrechtlichen Jahresabschlusses noch im Gebrauch und prägen zugleich noch die zugrundeliegenden Rechtsvorschriften[94] und die Darstellung in der Literatur. Dabei wird nicht immer ausreichend klargestellt, dass die Bezugnahme tatsächlich nur auf Näherungsverfahren erfolgt. Die einfacheren Vorgehensweisen sind heute dann noch zulässig, wenn sie eine angemessene Näherung der Ergebnisse darstellen, die sich mit den gesetzlich vorgesehenen Vorgehensweisen ergäben.[95]

59 Ursprünglich wurden nur die grundlegenden Verpflichtungen, also vor allem die Versicherungsleistungen im Todes- und Erlebensfall, bei der Bewertung der Deckungsrückstellung explizit im Verpflichtungsbarwert angesetzt. Zieht man von diesen Grundleistungen die gesamten vertraglichen, sich auf die Gesamtverpflichtung beziehenden Beiträge ab, ist die sich ergebende Deckungsrückstellung weit niedriger als der tatsächliche Verpflichtungsüberhang.[96] Um eine angemessene Darstellung zu erhalten, wurden zur Korrektur daher bei dieser Vereinfachung die angesetzten Beiträge künstlich in wenigstens den ignorierten Verpflichtungsteilen entsprechender Höhe gemindert. Man setzte in der Berechnung nur den Beitragsteil an, der den angesetzten Leistungen entsprach („**Netto-Beitrag**").[97] Diese Entsprechung des angesetzten Beitrags oder Beitragsteils mit dem Wert der gegenüberstehenden Verpflichtung in versicherungsmathematischen Berechnungen wird als **Äquivalenzprinzip** bezeichnet, das als Ausfluss des Realisationsprinzips verstanden werden kann. Dies beinhaltet, dass bei der Berechnung der Deckungsrückstellung die gleichen Rechnungsgrundlagen wie bei der Beitragskalkulation verwendet werden und keine wie z. B. in Solvabilität II oder IFRS 17 regelmäßig aktualisierten Annahmen.[98] Auch dieses dient der technischen Vereinfachung, da man sich so in einem geschlossenen Modell der Annahmen für Rückstellung und Beiträge bewegt und demzufolge kann man die Beiträge

[88] Vgl. *Adler/Düring/Schmaltz*, HGB, 6. Aufl. 1995, § 252 Rn. 112.
[89] Vgl. *BaFin*, Schreiben an die Lebensversicherungsunternehmen v. 5.10.2016, Gz. VA 26-FR 3208-2015/0001, Anl. S. 2.
[90] Vgl. Rn. 52.
[91] Vgl. *Adler/Düring/Schmaltz*, HGB, 6. Aufl. 1995, § 252 Rn. 108.
[92] Vgl. § 77 Abs. 1 und 3 VAG.
[93] Vgl. IFRS 13 und IFRS 17.
[94] Vgl. § 25 Abs. 1 S. 2 RechVersV im Unterschied zur Begründung in BR-Drs. 823/94 S. 123 f, § 25 Abs. 3 RechVersV und § 88 Abs. 3 Nr. 3 VAG, die von der Anwendung des Zillmerungsverfahrens ausgehen.
[95] Grundsatz der Wesentlichkeit, vgl. *Adler/Düring/Schmaltz*, HGB, 6. Aufl. 1995, § 252 Rn. 127, vgl. im Sonderfall des Einzelbewertungsgrundsatzes § 341e Abs. 3 HGB.
[96] Zu dieser rudimentären „Bruttomethode" vgl. *Berger*, Die Prinzipien der Lebensversicherungstechnik, 1923, S. 65.
[97] Vgl. Rn. 39.
[98] Im Fall des gesetzlichen Mindest-Rückkaufswertes nach § 169 Abs. 3 VVG ist die Verwendung der Rechnungsgrundlagen der Beitragskalkulation vorgeschrieben.

implizit errechnen, statt die tatsächlich vertraglich vereinbarten Beiträge als Eingabewert verwenden zu müssen. Die Verwendung des Netto-Beitrags ist also nicht die konzeptionell richtige Vorgehensweise, sondern die Folge einer vorher bereits aus technischem Zwang vorgenommenen Vereinfachung des Verpflichtungsbarwertes. Solche sich ausgleichenden Modifikationen der vertraglichen Zahlungsströme bei der Berechnung der Deckungsrückstellung werden als **„implizite"** Berücksichtigung dieser Sachverhalte bezeichnet.[99] Der grundsätzlich vorgeschriebene Ansatz wird im Unterschied dazu als **„explizite"** Berücksichtigung bezeichnet. Bei einer impliziten Berücksichtigung besteht immer die Gefahr, dass die ignorierten Teile tatsächlich unvorsichtig oder zu hoch bewertet werden, da es nicht zu einer expliziten Überprüfung durch Vergleich der zugehörigen Einnahmen mit den erwarteten Ausgaben kommt.[100]

Die historische, künstlich maximal vereinfachte Formel wird als **„Netto-Deckungskapital"** be- **60**
zeichnet.[101] Es zeichnet sich dadurch aus, dass nur die Grundleistungen im Todes- oder Erlebensfall und der Netto-Beitrag explizit und alle anderen Vertragsteile implizit berücksichtigt werden. Dadurch werden alle übrigen Beitragsbestandteile ohne Rücksicht auf den tatsächlichen Anfall der davon bedeckten Ausgaben beitragsproportional vereinnahmt. Wegen des jahrhundertelangen Gebrauchs des Netto-Deckungskapitals und seiner dementsprechenden Dominanz in der historischen Literatur wird es fälschlich, selbst bis heute, auch als das eigentliche, quasi „natürliche" Deckungskapital angesehen. Es hatte sich selbst in den Kreisen der Aktuare über die Jahrhunderte so verfestigt, dass die Einführung verbesserter Verfahren ab dem 19. Jahrhundert in einen jahrzehntelangen Streit mündete,[102] der bis heute nachwirkt. Noch 1903 verstand die Aufsichtsbehörde die prospektive Bewertungsmethode als eine „**Kürzung**" der damals unreflektiert als Netto-Deckungskapital verstandenen **Prämienreserve**.[103] Auch heute noch wird in den versicherungsmathematischen Lehrbüchern aus didaktischen Gründen das Netto-Deckungskapital als einfachstes aller Verfahren zuerst dargestellt und erst nachfolgend daraus das vollständige, den gesetzlichen Vorgaben entsprechende Modell abgeleitet.

Das „Netto-Deckungskapital" stellt aber nur in besonders einfachen Fällen eine handelsrechtlich **61**
angemessene Lösung für die Darstellung der **Vermögens- und Ertragslage** des Unternehmens dar. Dies wurde evident, als im 19. Jahrhundert **anfängliche Abschlussprovisionen** einen immer größeren Umfang annahmen.[104] Verschiedene Versuche wurden unternommen, Methoden zu finden, die vor allem Hinblick darauf zu einer angemesseneren Deckungsrückstellung führen.[105] Bis ins 20. Jahrhundert hinein bestanden wegen der noch geringen Anzahl von Erfahrungsdaten Zweifel an der **statistischen Verlässlichkeit** der Rechnungsgrundlagen, insbesondere der Sterblichkeitsannahmen. Daher bestand aus Sicht der Rechnungslegung[106] eine deutliche Abneigung, die ohnehin mit Zweifeln betrachteten Deckungsrückstellungen durch eine systematische Vorgehensweise auf die theoretisch zu rechtfertigende Höhe zu senken, ohne eine sichere Basis für die Bewertung zu haben. Mit der deutlichen Zunahme der Versichertenzahlen gegen Ende des 19. Jahrhunderts, nicht zuletzt wegen der Einführung der anfänglich gezahlten Abschlussprovisionen, wurden die Schätzungen verlässlicher. Auf der Basis konnten dann die Deckungsrückstellungen auch mit Methoden bestimmt werden, die die handelsrechtliche Aussage über die Vermögens- und Ertragslage verbesserten. Dies betrifft insbesondere den systematisch richtigen expliziten Ansatz von anfänglich angefallenen Abschlussaufwendungen. Dies führt im Rahmen des prospektiven Verfahrens zu einer Antizipation der die anfänglichen Abschlussaufwendungen deckenden Beitragsteile. Im Ausland, wo man wesentlich länger das einfache Netto-Deckungskapital verwendete, führte man als Bilanzierungshilfe zur Kompensation den Bilanz-Posten der **abgegrenzten Abschlussaufwendungen** ein.[107] Bei diesen Lösungen wird die wirtschaftliche Realität berücksichtigt, dass bei Abschluss ein Ressourcenverzehr erfolgt und das Entgelt diesem periodengerecht zuzuordnen ist. Dieser Ressourcenverzehr besteht in den unvermeidlich bei Vertragsabschluss anfallenden Aufwendungen zur Risikoprüfung, Vertragsausfertigung und noch zuvor der Beratung und Vermittlung, ohne Rücksicht darauf, wann tatsächlich die Entlohnung der damit betrauten Personen stattfindet. Letzteres ist eine Frage der Vorfinanzierung, deren Kosten den Ressourcenverzehr noch erhöhen und die daher im Sinne aller Beteiligten möglichst zu vermeiden ist.

---

[99] Zur impliziten Berücksichtigung der Verwaltungskosten vgl. z. B. Begr. RechVersV BR-Drs. 823/94, 123 f.

[100] Vgl. *Husch*, IDW (Hrg.), Rechnungslegung und Prüfung der Versicherungsunternehmen, 5. Aufl. 2011, S. 119.

[101] Es wird nach der allgemeinen Einführung des Zillmerungsverfahrens im Unterschied zum sich damit ergebenden „gezillmerten Deckungskapital" auch als „ungezillmertes Deckungskapital" bezeichnet.

[102] Vgl. *Berger*, Die Prinzipien der Lebensversicherungstechnik, 1923, S. 63 ff.

[103] VerAfP 1903, 115.

[104] Vgl. *Hagelschuer*, Lebensversicherung, 2. Aufl. 1987, S. 20; *Gürtler*, Die Erfolgsrechnung der Versicherungsbetriebe, 2. Aufl. 1958, S. 148 ff.

[105] Vgl. *Berger*, Die Prinzipien der Lebensversicherungstechnik, 1923, S. 63 ff.

[106] Hinzu kamen aus ordnungspolitischer Sicht Bedenken bzgl. der Höhe der Abschlussprovisionen, vgl. *Elster*, Die Lebensversicherung in Deutschland, 1880, S. 56 ff. Diese handelsrechtlich sachfremde Erwägung der Belastung der Versicherten wurde in neuester Zeit wieder aufgegriffen, vgl. BT-Drs. 18/1772, 26.

[107] Art. 18 Abs. 1 RL 91/674/EWG.

62 Insbesondere werden bis heute noch bei der Berechnung der Deckungsrückstellungen die **Verwaltungsaufwendungen**,[108] der Anspruch auf Überschussbeteiligung[109] und auf Rückkaufswerte sowie andere Gestaltungsrechte des Versicherungsnehmers,[110] Erhöhungs- oder Dynamisierungsrechte und der Wert in Leistungsverpflichtungen enthaltener Asymmetrien wie z. B. Mindestleistungen[111] implizit berücksichtigt, Letztere ohne ausdrückliche Begründung in den Rechtsvorschriften. Auch wird durch den Höchstbetrag der Zillmerung, der den Ansatz von Abschlussaufwendungen in der Deckungsrückstellung begrenzt, auch zwangsläufig ein Teil der mit Beiträgen gedeckten Abschlussaufwendungen implizit berücksichtigt. Mangels eines Ansatzes von durch Beiträge gedeckten Aufwendungen müssen die entsprechenden Beitragsteile, die sogenannten Amortisationszuschläge, ebenso implizit mit jedem Beitrag vereinnahmt werden.[112] Das von *Zillmer* 1863[113] vorgeschlagene Verfahren ist tatsächlich mathematisch äquivalent zu einer Deckungsrückstellung nach § 341f Abs. 1 HGB mit implizit berücksichtigten Verwaltungsaufwendungen.[114] Nachdem jahrhundertelang alle Kosten implizit berücksichtigt worden waren, wirkte die explizite Berücksichtigung der Abschlusskosten damals revolutionär. Die umfassende explizite Berücksichtigung aller Zahlungsströme ist hingegen heute der rechtliche Normalfall. Eine implizite Berücksichtigung von Zahlungsströmen, auch der Abschlussaufwendungen, darf nur erfolgen, wenn dies eine geeignete Näherung darstellt. Das Netto-Deckungskapital, in dem alles außer den Grundleistungen implizit berücksichtigt wird, ist nur im einfachsten Fall zu begründen. *Zillmer* führte nur eine halbe, rein pragmatisch motivierte Lösung ein. Daher wurde das Verfahren nicht nur von den Verfechtern des traditionellen Netto-Deckungskapitals, sondern Anfang des 20. Jahrhunderts auch von den moderneren Vertretern einer vollständig expliziten Bewertung kritisiert. Tatsächlich setzte sich später in Fachkreisen das von *Höckner* 1909 vorgeschlagene weitgehend explizite Verfahren als theoretisch zutreffend durch.[115] Dieses Ergebnis der Diskussion wurde aber bis heute in der Praxis kaum übernommen, da das implizite Vereinfachungsverfahren noch für Jahrzehnte aus technischen Gründen notwendig blieb. Selbst die ersten EDV-Systeme blieben im Hinblick auf die vorhandenen Bestände den praktisch bewährten Methoden treu und ein Systemwechsel war in der Folge immer zu aufwändig.

63 Der Unterschied zwischen der sachlich richtigen prospektiven Bewertung, also der „Zillmerung", und dem historischen Zillmerungsverfahrens wurde bei der Diskussion über § 25 Abs. 1 S. 2 RechVersV, also der Erlaubnis des Zillmerungsverfahrens, im Zusammenhang mit den **Rückkaufswerten** übersehen. Denn effektiv wird durch § 25 Abs. 1 S. 2 RechVersV im Unterschied zu § 341f Abs. 1 HGB nur geregelt, dass die zukünftigen **Verwaltungsaufwendungen implizit** berücksichtigt werden dürfen.[116] Allerdings ist das Zillmerungsverfahren nur eine beispielhaft genannte Möglichkeit der impliziten Berücksichtigung von Verwaltungskosten.[117] Da die Methodenänderung vor allem durch die Problematik der anfänglichen Abschlussaufwendungen getrieben war, wird sie historisch in diesem Kontext gesehen. Dies wird dem mathematischen Gehalt der Änderung und der damit erzielten Allgemeingültigkeit der modernen Methode des § 341f Abs. 1 HGB nicht gerecht.

64 Eine weitere Konsequenz der Vereinfachung durch **implizite Berücksichtigung der Verwaltungsaufwendungen** wird in § 25 Abs. 3 RechVersV aufgegriffen. Denn diese Vereinfachung ist ohne Weiteres nur bei über die ganze Laufzeit laufender Beitragszahlung möglich. Ist die Beitragszahlung abgekürzt, erfolgt für die Zeiten ohne Beitragszahlung die Berücksichtigung der erwarteten Verwaltungsaufwendungen explizit. Dies geschieht bei ansonsten impliziter Berücksichtigung durch Bildung einer sogenannten **Verwaltungskostenrückstellung** für diese Zeiten nach § 25 Abs. 3 RechVersV.

---

[108] Art. 20 Abs. 1 lit. E Lebens-RL, umgesetzt durch § 25 Abs. 1 S. 2 RechVersV, vgl. BR-Drs. 823/94 S. 123 f.

[109] Art. 20 Abs. 1 lit. D Lebens-RL und § 5 Abs. 2 DeckRV.

[110] Vgl. *Husch*, IDW (Hrg.), Rechnungslegung und Prüfung der Versicherungsunternehmen, 5. Aufl. 2011, S. 94.

[111] Vgl. § 85 VAG.

[112] Tatsächlich sind die Amortisationszuschläge nichts anderes als auf aufsichtsbehördlichen Wunsch formal umbenannte implizite Verwaltungskostenzuschläge und werden heute oft auch wieder als solche bezeichnet. Vgl. *Claus*, Gedanken zu einer neuen Tarifstruktur in der Lebensversicherung aus aufsichtsbehördlicher Sicht, 1985, S. 33 ff. Ihre formale Zuordnung zu den Abschlussaufwendungen ist nur durch die Struktur der internen Berichterstattung begründet und handelsrechtlich unerheblich.

[113] *Zillmer*, Beiträge zur Theorie der Prämien-Reserve bei Lebens-Versicherungs-Anstalten, 1863.

[114] § 25 Abs. 1 S. 2 RechVersV lehnt sich in der Wortwahl der veralteten Bezugnahme auf die Abschlussaufwendungen in Art. 16 Abs. 2 und 54 RL 91/674/EWG an, während nach der Begr. der RechVersV in BR-Drs. 823/94 123 f. die Umsetzung der dazu äquivalenten impliziten Berücksichtigung der Verwaltungsaufwendungen nach Art. 20 Abs. 1 lit. E Lebens-RL beabsichtigt war. Die RL bezieht sich auf die Berücksichtigung der Abschlussaufwendungen in der Deckungsrückstellung, um sie von der in einigen Mitgliedsstaaten üblichen, in Deutschland nach § 248 Abs. 1 Nr. 3 HGB aber verbotenen Abgrenzung der Abschlussaufwendungen zu unterscheiden.

[115] *Höckner*, Das Deckungskapital im Lebensversicherungsvertrag und die Abfindungswerte bei vorzeitiger Vertragslösung mit Berücksichtigung der modernen Gesetzgebung, Veröffentlichungen des DVfVW Heft XVI, 1909.

[116] Die Auslassung dieser Erlaubnis zur Verwendung des Zillmerungsverfahrens in § 13 Abs. 1 RechPensV bedeutet also nur, dass es Pensionsfonds nicht ausdrücklich erlaubt ist, Verwaltungsaufwendungen in der Deckungsrückstellung implizit zu berücksichtigen. Sie müssen hingegen das prospektive Verfahren des § 341f Abs. 1 HGB, oft als Zillmerung bezeichnet, mangels einer Ermächtigung zu einer Begrenzung in § 240 VAG, nur durch das Realisationsprinzip begrenzt, anwenden. Hingegen ging die Begr. BT-Drs. 14/5150, 47 davon aus, dass hierdurch die prospektive Vorgehensweise, also die Zillmerung, verhindert wird.

[117] Vgl. Begr. RechVersV, BR-Drs. 823/94, 124.

Die Nebenbedingung, dass die Verwaltungskosten implizit angesetzt werden, hat der Verordnungsgeber der RechVersV nicht berücksichtigt und die Regelung einfach aus früheren Zeiten[118] übernommen. Vor 1994 war die implizite Berücksichtigung der Verwaltungskosten die Regel, sodass alle Vorschriften darauf abstellten. Heute ergibt sich auch für Verträge mit Einmalbeiträgen oder abgekürzter Beitragszahlungsdauer im Fall einer insgesamt expliziten Berücksichtigung der Verwaltungskosten, wegen dieser bereits erfolgten Berücksichtigung der zukünftigen Verwaltungskosten, keine Notwendigkeit einer gesonderten Verwaltungskostenrückstellung. Eine Verwaltungskostenrückstellung erübrigt sich z. B. auch, wenn die zukünftigen Verwaltungsaufwendungen bei vorsichtiger Beurteilung implizit durch eine Zinsspanne zwischen dem tatsächlich verwendeten und dem nach §§ 341e Abs. 1 und 341f Abs. 2 HGB i. V. m. §§ 2 und 5 DeckRV höchstzulässigen Rechnungszins gedeckt sind. Entscheidend ist, dass die tatsächlich angesetzte Deckungsrückstellung nicht niedriger ist, als der sich bei vollständig expliziter Berücksichtigung aller Rechte und Verpflichtungen unter Anwendung der mindestens vorgeschriebenen Vorsicht ergebende Wert.

Im Zusammenhang mit den Vereinfachungsverfahren sind auch die **Beitragsüberträge** nach § 341e 65 Abs. 2 Nr. 1 HGB i. V. m. § 24 RechVersV zu nennen, soweit sie zusammen mit einer Deckungsrückstellung gebildet werden. Hintergrund ist eine Vereinfachung bei der Berechnung der Deckungsrückstellung, die traditionell nicht direkt zum Bilanzstichtag auf der Basis der bis zum Bilanzstichtag fälligen Beiträge bestimmt wird. Vielmehr wird eine Deckungsrückstellung für jeden Versicherungsvertrag zum Ende des letzten Versicherungsjahres und ebenso zum Ende des laufenden Versicherungsjahres unter der Annahme einer jährlichen Beitragszahlweise bestimmt und dann auf der Basis beider Werte die Deckungsrückstellung zum Bilanzstichtag **interpoliert.**[119] Damit wird rechnerisch eine monatliche Beitragszahlweise simuliert. Soweit aber die Beitragszahlweise länger als monatlich ist, verbleibt ein Teil der letzten Beitragszahlung bei der Bildung der Deckungsrückstellung unberücksichtigt. Für diesen Teil ist daher zum Ausgleich ein Beitragsübertrag zu stellen, da er erst im nächsten Geschäftsjahr zu einem Aufwand durch Erhöhung der Deckungsrückstellung führt.

e) Verhältnis zum Rückkaufswert. Gem. § 25 Abs. 2 RechVersV ist die Deckungsrückstellung 66 mindestens in Höhe des aktuellen **Rückkaufswertes** des Vertrages (bzw. die für die beitragsfreie Summe zu bildende Deckungsrückstellung) anzusetzen, soweit der entsprechende Anspruch des Versicherungsnehmers vorab der Höhe nach feststeht (fest vereinbarter Rückkaufswert). Maßgeblich ist der am Bilanzstichtag feststehende Wert für einen Rückkauf zu diesem Termin. Eine Vorsorge für zukünftige Rückkäufe ist hingegen nur im Rahmen der Berücksichtigung von Gestaltungsrechten des Versicherungsnehmers, gewichtet mit der vorsichtig erwarteten **Ausübungswahrscheinlichkeit**, gefordert. Dies geschieht normalerweise, wie in Rn. 62 erläutert, normalerweise implizit, da die Deckungsrückstellung mit Berücksichtigung solcher Ereignisse niedriger wäre.

Die europarechtliche Grundlage für § 25 Abs. 2 RechVersV war, bis zur deren Aufhebung durch die 67 Solva II-RL, Art. 20 Abs. 1 lit. A iv) LebensRL.[120] Die Vorschrift diente also der aufsichtsrechtlichen Erzielung der erforderlichen Solvabilität des Versicherers, nicht handelsrechtlich einem **harmonisierten Jahresabschluss**. Die Vorschrift ist damit nun ohne europarechtliche Grundlage. Zwar lassen sich durchaus auch handelsrechtliche Vorsichts-Argumente für eine solche Regelung finden,[121] doch ist selbst in der Solvabilitätsübersicht nach § 75 VAG eine solche Vorsicht nicht vorgesehen: Hier werden Rückkäufe nur mit der vorsichtigen Erwartung berücksichtigt,[122] nicht auf Basis der Annahme, dass alle Verträge sofort gekündigt werden. Entsprechendes gilt auch für IFRS 17. Letztlich dient die Vorschrift heute nur noch dazu, infolge der Verknüpfung des **Sicherungsvermögens** mit der Deckungsrückstellung in § 125 Abs. 2 VAG als deutsche Besonderheit sicherzustellen, dass im Konkursfall der Versicherer über Sicherungsvermögen auch in Höhe der aktuellen Rückkaufswerte verfügt. Handelsrechtlich, also zum Zweck der Erreichung der Ziele in § 264 Abs. 2 S. 1 HGB, ist diese Regelung nicht erforderlich.

Der Rückkaufswert kann entweder durch Angabe des Bestimmungsverfahrens oder durch Individual- 68 vereinbarung der Werte für jeden möglichen Kündigungstermin vereinbart sein. Im ersteren Fall sind wenigstens die bei der Anwendung des Bestimmungsverfahrens einzusetzenden Rechnungsgrundlagen durch Individualvereinbarung festzulegen; im Fall des § 169 Abs. 3 S. 1 VVG sind dies die so bestimmten Rechnungsgrundlagen der Beitragskalkulation. Die **halbzwingende** Vorschrift des § 169 VVG sieht aber für Verträge, bei denen der Eintritt der Verpflichtung des Versicherers zur Zahlung des vereinbarten Kapitals sicher ist, einen **gesetzlichen Mindestrückkaufswert** vor, der nach § 171 VVG zugunsten des Versicherungsnehmers dem vertraglichen Rückkaufswert vorgeht. Der gesetzliche Mindestrückkaufswert ist entsprechend den **anerkannten Regeln der Versicherungsmathematik** zu bestimmen.

[118] Begr. RechVersV, BR-Drs. 823/94, 124.
[119] Vgl. z. B. Geschäftsplan für die Großlebensversicherung, VerBAV 1986, 201, 208.
[120] Begr. RechVersV BR-Drs. 823/94, 124.
[121] Vgl. *IASB*, Agenda Paper 3F Nr. 14 ff., Dezember 2005, das eine solche Regelung aber schließlich ablehnte.
[122] Vgl. § 85 Abs. 2 VAG i. V. m. Art. 37 Solva II-VO i. V. m. § 102 Abs. 2 Nr. 6 VAG.

Die Begründung[123] bezieht sich dabei auf die „**bilanz- und aufsichtsrechtlichen Regelungen der Deckungsrückstellung**", insbesondere § 341f HGB, also das **prospektive Verfahren** (Bruttobeitrags-Verfahren), und auch auf die Vorschriften des Aufsichtsrechts. Allerdings sind bei der Bestimmung des „**Deckungskapitals**" nach § 169 Abs. 3 VVG nicht die nach handelsrechtlichen Grundsätzen anzusetzenden **Rechnungsgrundlagen** (Bewertungsannahmen), sondern die durch Individualvereinbarung vertraglich festgelegten **Rechnungsgrundlagen der Beitragskalkulation** zu verwenden. Die bei der Wahl der Rechnungsgrundlagen zu beachtenden allgemeinen handelsrechtlichen Grundsätze wie z. B. das Vorsichtsprinzip sind daher nicht anzuwenden. Es handelt sich um eine von der handelsrechtlichen Bewertung eigenständige und unabhängige Berechnung, die sich nicht notwendigerweise bzgl. des Ergebnisses, sondern nur bzgl. der Berechnungsmethode auf die Deckungsrückstellung bezieht. In der VVG-Reform 2008[124] wurde zudem eine Regelung in § 169 Abs. 3 VVG eingeführt, nach der bei dieser zur Deckungsrückstellung analogen Berechnung unbeachtlich eines ggf. früheren tatsächlichen Anfalls anzunehmen ist, dass die Abschlussaufwendungen über die ersten fünf Vertragsjahre gleichmäßig verteilt anfallen, also entsprechend im Verpflichtungsbarwert anzusetzen sind. Dies gilt nur soweit tatsächlich ein expliziter Ansatz von Abschlussaufwendungen in der Individualvereinbarung der Rechnungsgrundlagen vorgesehen ist. Falls keine solche Vereinbarung zu den Abschlussaufwendungen vorgenommen wird, werden die insoweit nicht benötigten Beitragszuschläge in den Beiträgen entsprechend der handelsrechtlichen Vorgehensweise implizit wie Gewinnzuschläge laufend vereinnahmt. Dies folgt aus dem entsprechend anwendbaren Realisationsprinzip.

69 Ob sich letztlich durch § 169 Abs. 3 VVG ein Mindestwert für den Rückkaufswert ergibt, der schon bei Vertragsabschluss für alle späteren Kündigungstermine feststeht und nachfolgend nicht mehr geändert werden kann, also i. S. v. § 25 Abs. 2 RechVersV garantiert ist, ist umstritten.[125] Einerseits ist durch die Bezugnahme auf die Methodik und die **Rechnungsgrundlagen der Beitragskalkulation** ein Wert bestimmt, der genauso fix ist, wie die Rechnungsgrundlagen der Beitragskalkulation. Es gibt zwar für die vertraglich bestimmte Versicherungssumme eines Vertrags eine Vielfalt von Konstellationen von Rechnungsgrundlagen, die zu dem ebenso vertraglich vereinbarten Beitrag führen. Doch werden die Rechnungsgrundlagen der Beitragskalkulation nach § 2 Abs. 1 Nr. 1 VVG-InfoV wenigstens teilweise vertraglich offen gelegt und sind damit insoweit fixiert. Auf dieser Basis ist der nach § 169 Abs. 3 S. 1 VVG bestimmte Wert für die ganze Laufzeit fix. Andererseits stehen dieser mathematisch klaren Konsequenz **europäische Vorschriften** entgegen, die bei der Auslegung der Norm nicht außer Acht gelassen werden dürfen. Soweit ein **vertraglich vereinbarter Rückkaufswert** über den gesetzlichen Mindestwert hinausgeht, kann er allerdings auch variabel und über die Zeit veränderlich vereinbart werden, sodass er insoweit nicht zu einem garantierten Rückkaufswert i. S. d. § 25 Abs. 2 RechVersV führt. Damit wäre er insoweit nicht mit Kapitalanlagen zu bedecken, sondern nur im Rahmen der erwarteten Inanspruchnahme.

70 In den Fällen, in denen § 169 VVG gilt, ist bei der Anwendung des § 25 Abs. 2 RechVersV somit zu prüfen, welche Rückkaufswerte vertraglich vereinbart sind und ob sich ggf. höhere gesetzliche Mindestrückkaufswerte ergeben. Die Kombination anfänglich erhöhter Rückkaufswerte nach § 169 Abs. 3 VVG i. V. m. § 25 Abs. 2 RechVersV bewirkt, dass Vermittler oder Versicherer die gesamte wirtschaftliche Belastung durch die Durchführung der **Vertragsanbahnungen** und der **Vertragsabschlüsse** einer Periode wegen der Bildung der Deckungsrückstellung wenigstens in Höhe des Rückkaufswertes und der Verpflichtung, diese mit dem Sicherungsvermögen zu bedecken, über 5 Jahre verteilt vorfinanzieren müssen. Hierdurch entsteht vor allem durch § 25 Abs. 2 RechVersV aufgrund des in Rn. 67 beschriebenen Effekts ein wesentlicher wirtschaftlicher Druck auf die Versicherer, die Rückkaufswerte möglichst klein zu halten. Diese Kombination bewirkt tatsächlich eine wirtschaftliche Belastung aller Beteiligten, wenn der Versicherer den Versicherungsnehmern bei frühzeitigem Abgang, ohne Rücksicht auf die Belastung durch den Abschluss, an den bisherigen Beitragszahlungen orientierte Rückkaufswerte[126] zusagt. Denn die Anforderung, sämtliche theoretisch möglichen und nicht nur die vorsichtig erwarteten Rückkaufswerte mit Kapitalanlagen zu bedecken, bedeutet einen deutlichen Liquiditätsverlust, dessen Kosten sich Versicherer und Versicherte im Rahmen der Überschussbeteiligung teilen. Daher erhebt sich die Frage auch im Hinblick auf den Verbraucherschutz, welche Rechtfertigung die Regelung in § 25 Abs. 2 RechVersV unter Solvabilität II noch hat. Die Möglichkeit, den Versicherern und der Gemein-

---

[123] Begr. RegE-VVG BT-Drs. 16/3945, 102.

[124] Gesetz zur Reform des Versicherungsvertragsrechts vom 23.11.2007, BGBl. 2007 I, 2631.

[125] Vgl. Prölss/Martin/*Reiff* § 169 Rn. 41 ff.

[126] Vgl. *BVerfG* Nichtannahmebeschluss v. 15.2.2006 – 1 BvR 1315/96, Rn. 66 ff., 76, BVerfGK 7, 283 = VersR 2006, 489 = NJW 2006, 1783, wobei dies hiernach nicht zwingend ist, da auch eine umfassende Information vor Vertragsabschluss i. S. v. Kommissionsmitteilung 2000/C 43/03, ABl. EG 2000 C 43, 5 (24), *EFTA-Gerichtshof* Urt. v. 25.11.2005 – E-1/05, VersR 2006, 249 und § 2 Abs. 1 Nr. 4 VVG-InfoV die verfassungsrechtlich allein geforderte Möglichkeit zu privatautonomem Handeln zur Verfolgung der Vermögensinteressen gewährleisten würde (zur ursprünglichen Problematik der Intransparenz vgl. *BGH* Urt. v. 9.5.2001 – IV ZR 121/00 S. 18, BGHZ 147, 354 = VersR 2001, 841 = NJW 2001, 2014). Dies gilt insbesondere im Fall der Notwendigkeit einer wirtschaftlichen Abwägung zwischen einem durch regulatorische Maßnahmen, hier § 25 Abs. 2 RechVersV, verteuerten Vorteil und einem alternativen Vorteil, der höheren Versorgungsleistung.

schaft der überschussbeteiligten Versicherungsnehmer die Gewährung von erhöhten Rückkaufswerten durch Abschaffung des nunmehr europarechtlich obsoleten § 25 Abs. 2 RechVersV zu erleichtern, wurde bei der VAG-Reform 2016 nicht ergriffen. Vielmehr wurde durch Art. 4 Nr. 2 lit. a LVRG die Problematik noch verschärft.[127]

5. Verordnungsermächtigung. Die in § 330 Abs. 3 S. 4 HGB enthaltene, an das **BMJ** gerichtete, umfassende **Ermächtigung** zum Erlass von Rechtsverordnungen über den Ansatz und die Bewertung **versicherungstechnischer Rückstellungen i. S. d. HGB**, insbesondere die Näherungsverfahren, wird durch die spezielle Ermächtigung des § 88 Abs. 3 VAG ergänzt. Letztere Vorschrift ermächtigt das **BMF** zum Erlass von Rechtsverordnungen zur Regelung der in § 88 Abs. 3 S. 1 Nr. 1–4 VAG genannten Sachverhalte. Interessenkollisionen oder inhaltliche Überschneidungen zwischen den Ministerien werden zum einen dadurch vermieden, dass in beiden Ermächtigungen das jeweilige **Einvernehmen der Ministerien** vorgeschrieben ist;[128] zum anderen ist ein Konflikt der beiden Vorschriften aber ohnehin kaum möglich, da die aufsichtsrechtlichen Vorschriften gem. § 341e Abs. 1 S. 2 HGB **subsidiär** sind und nur greifen, falls sie zu einem höheren Maß an Vorsicht führen, als es handelsrechtlich, einschließlich der nach § 330 Abs. 3 S. 4 HGB erlassenen VO, vorgesehen ist. 71

Gemäß § 88 Abs. 3 S. 3 VAG kann die Verordnungsermächtigung durch **Rechtsverordnung** auf die **Aufsichtsbehörde** übertragen werden. Hiervon hat das BMF bisher nicht Gebrauch gemacht.[129] In S. 4 der neuen Fassung wird wie in der seit 2010 geltenden alten Fassung[130] bestimmt, dass die aufgrund von § 88 Abs. 3 VAG erlassene VO nicht der Zustimmung des **Bundesrates** bedarf. 72

Der Erlass einer VO nach § 88 Abs. 3 VAG muss sich nicht nur in dem aufsichtsrechtlich bestimmten Rahmen bewegen, sondern auch den handelsrechtlich u. a. durch § 341e Abs. 1 S. 2 HGB bestimmten Rahmen beachten. Durch die Bezugnahme auf die **GoB** ist der gesamte handelsrechtliche Rahmen für den Erlass der Verordnung verbindlich. Regelungen zu **Ansatz**, **Ausweis** und auch **Bewertungsmethoden** der Deckungsrückstellung dürfen nicht in der VO vorgenommen werden. Auch dürfen keine Regelungen zu **anderen Posten des Jahresabschlusses** als der Deckungsrückstellung getroffen werden. Damit sind auch Regelungen zu den nach § 15 Abs. 1 RechVersV aktivisch auszuweisenden **noch nicht fälligen Ansprüchen gegen Versicherungsnehmer** ausgeschlossen. Die VO darf nur eine gegenüber dem sich nach handelsrechtlichen Vorschriften ergebenden Betrag höhere Deckungsrückstellung bewirken. Dies ist auch nach § 341e Abs. 1 S. 2 HGB auf den durch das **„Interesse der Versicherten"** begründbaren Umfang beschränkt. Insoweit ergänzt die VO die handelsrechtlichen Vorsichtsvorgaben der §§ 252 Abs. 1 Nr. 4 Hs. 1, 341e Abs. 1 S. 1 und 341f Abs. 2 HGB sowie § 25 Abs. 1 S. 1 RechVersV. Ziel der VO ist die Sicherung der finanziellen Solidität der Versicherer.[131] 73

a) Höchstwerte für den Rechnungszins (Abs. 3 S. 1 Nr. 1). Die in den Deckungsrückstellungen von Versicherungsunternehmen zu berücksichtigenden zukünftigen Verpflichtungen und Beitragsansprüche werden im Zuge der Barwertbildung nach § 341f Abs. 1 HGB diskontiert. Der hierbei verwendete Diskontierungszins wird als **Rechnungszins** bezeichnet.[132] Aufgrund der Verordnungsermächtigung kann über die handelsrechtlich geforderte Vorsicht hinaus der jeweils verwendete Rechnungszins durch Festsetzung eines **Höchstwertes für den Rechnungszins** im Wege einer Rechtsverordnung begrenzt werden. 74

Bislang beruhte die bisherige Verordnungsermächtigung in § 65 VAG a. F. und die auf der Basis erlassene DeckRV 1996 zur Festsetzung eines Höchstwertes für den Rechnungszins auf einer Umsetzung der Vorgaben von Art. 20 Abs. 1 lit. B LebensRL, da die Deckungsrückstellung zugleich **Basis der Solvabilitätsberechnung** nach Art. 27 ff. LebensRL war. Nach Entfall dieses Zusammenhangs durch die Aufhebung der LebensRL durch die Solva II-RL gibt es nun keine europarechtliche Grundlage der VO zum Höchstwert des Rechnungszinses der Deckungsrückstellung mehr. Der Verordnungsgeber ist damit im Rahmen der Verordnungsermächtigung, also insbesondere der GoB und des mit § 88 VAG verbundenen Regelungszwecks i. V. m. § 341e Abs. 1 S. 2 HGB, frei, hierzu Regelungen zu treffen. Neben dem Vorsichtsprinzip sind als relevante GoB insbesondere das Stetigkeitsgebot (§ 252 Abs. 1 Nr. 6 HGB) und das Realisationsprinzip (§ 252 Abs. 1 Nr. 4 Hs. 2 HGB) zu nennen. Die Vorgaben einer ggf. erlassenen VO sind auf Grund der Maßgeblichkeit der GoB in diesem Rahmen zu interpretieren. Vor allem darf aber die VO nicht eine nach handelsrechtlichen Vorgaben, z. B. nach § 341f Abs. 2 HGB, erforderliche Senkung des Rechnungszinses verhindern, denn das **handelsrechtliche Vorsichtsprinzip** geht vor. Vor der Deregulierung 1994 wurde der jeweils anzuwendende Höchstwert für den Rechnungszins in den von der Aufsichtsbehörde veröffentlichten **Muster-Ge-** 75

[127] BGBl. 2014 I 1329 ff., vgl. Rn. 106 ff.

[128] § 330 Abs. 1 S. 1 HGB und § 88 Abs. 3 S. 1 VAG.

[129] Zur Übertragung der Zuständigkeit bzgl. der Vorfassung, vgl. Verordnung zur Übertragung der Zuständigkeit zum Erlass von Rechtsverordnungen nach § 12c Abs. 1 und § 65 Abs. 1 des Versicherungsaufsichtsgesetzes auf das Bundesaufsichtsamt für das Versicherungswesen vom 7.9.1994, BGBl. 1994 I 2399.

[130] Art. 20 JStG 2010, BGBl. 2010 I 1798.

[131] Vgl. Rn. 19 und 24.

[132] Vgl. Rn. 44.

schäftsplänen und demzufolge durch die Genehmigungspraxis ohne ausdrückliche gesetzliche Grundlage bestimmt.[133]

76 Die Verordnungsermächtigung betrifft nur Verträge mit **Zinsgarantie**. Der Begriff der Zinsgarantie in § 88 Abs. 3 S. 1 Nr. 1 VAG entspricht dem der **Zinssatzverpflichtung** in § 341f Abs. 2 HGB.[134] In den letzten Jahren entwickelte Produkte enthalten z. T. sehr spezifische Zinsgarantien, die nur einen Teil des Vertrages oder nur bestimmte Zeiträume umfassen oder unter bestimmten Bedingungen stehen. Auch dann kann der Vertrag in den möglichen Anwendungsbereich der VO fallen. Es ist der VO überlassen, zu bestimmen welche Zinsgarantien im Vertrag zu berücksichtigen sind. Im Unterschied zu bisher, wo die bisherige VO sich weitgehend darauf beschränkte, europarechtliche Vorgaben umzusetzen, kann nunmehr der Verordnungsgeber auch auf solche Gestaltungsbesonderheiten von Verträgen eingehen.

77 Die in der möglichen VO festgelegten Zinssätze beziehen sich ausschließlich auf die **Berechnung der Deckungsrückstellung**; die Zinssätze für die **Beitragsberechnung** müssen damit nicht zwangsläufig identisch sein. Der Rechnungszins der Deckungsrückstellung kann sowohl unter als auch über dem Zinssatz der Rechnungsgrundlagen der Beitragskalkulation liegen. Ein sich bei der Anwendung des prospektiven Verfahrens durch einen **niedrigeren Beitragszins** ergebender, anfänglicher Gewinn darf aufgrund des Realisationsprinzips nicht ausgewiesen werden.[135] Der Fall der Verwendung **höherer Rechnungszinsen bei der Beitrags- als bei der Deckungsrückstellungsberechnung** kommt auf Grund des daraus entstehenden Vorfinanzierungsbedarfs in der Praxis selten vor.[136] Bei der Vereinbarung der Zinsen in den Rechnungsgrundlagen der Beitragskalkulation mit dem Versicherungsnehmer hat der Versicherer allerdings § 138 Abs. 1 VAG zu beachten. Hinsichtlich der Ermittlung der Deckungsrückstellung für die **Steuerbilanz** kann der bei der Beitragskalkulation verwendete Rechnungszinssatz zu Grunde gelegt werden.[137]

78 Wie bisher kann die Verordnung auch abhängig von den Umständen **unterschiedliche Höchstwerte** für den Rechnungszins festlegen. Während dies bis 2015 durch Art. 20 Abs. 1 lit. B LebensRL bestimmt war, ist der Verordnungsgeber im Rahmen der Zielsetzung[138] der Verordnungsermächtigung frei, Umstände zu bestimmen, in denen abweichende oder auch keine Höchstwerte für den Rechnungszins vorzusehen sind. Weiter sind die Vorgaben für den Rechnungszins nicht auf die Erstbewertung eines Vertrages beschränkt. Die Verordnungsermächtigung erlaubt allgemein, Vorgaben zur Wahl des Rechnungszinses bei Erst- und Folgebewertung zu machen.

79 **b) Weitere Vorgaben zur Ermittlung des Diskontierungszinses (Abs. 3 S. 1 Nr. 2).** Die Verordnungsermächtigung verwendet in § 88 Abs. 3 S. 1 Nr. 2 VAG abweichend von Nr. 1 den Begriff **Diskontierungszins** statt Rechnungszins. Hintergrund ist, dass in der Praxis oft spezifisch der Zins als Rechnungszins bezeichnet wird, der bei der Erstbewertung eines Vertrages verwendet wurde und demzufolge nach dem Stetigkeitsgebot[139] und nach § 2 Abs. 2 S. 1 DeckRV vorbehaltlich einer anderweitig bestehenden Pflicht zur Änderung beizubehalten war. Zudem ist dieser zugleich meist identisch mit dem unveränderlichen Rechnungszins der Beitragskalkulation. Hier wird aber weiter der tatsächlich zur Diskontierung der Deckungsrückstellung verwendete Zins als **Rechnungszins** bezeichnet.

80 Die Verordnungsermächtigung ermöglicht, über einen allgemeinen Höchstwert oder mehrere Höchstwerte für den Rechnungszins hinaus, Vorgaben zu einer **unternehmensindividuellen Begrenzung** des Rechnungszinses zu machen. Nach § 341f Abs. 2 HGB haben die Unternehmen zu jedem Bilanzstichtag die Angemessenheit des verwendeten Rechnungszinses für **Zinssatzverpflichtungen** unter Berücksichtigung der derzeitigen und zu erwartenden Erträge der Vermögenswerte des Unternehmens zu prüfen.[140] Die Ermächtigung, Vorgaben zur Ermittlung der Diskontierungszinssätze nach § 341f Abs. 2 HGB festzulegen, ist neu gegenüber der alten Fassung. In § 65 VAG a. F. war eine im Ergebnis ähnliche Ermächtigung enthalten, die sich statt direkt auf § 341f Abs. 2 HGB zu beziehen, dessen Wortlaut mit geringen Änderungen wiedergab.

81 **c) Höchstbeträge für die Zillmerung (Abs. 3 S. 1 Nr. 3). aa) Entwicklungsgeschichte.** Mit dem VAG 1901[141] wurde erstmals gesetzlich ein **Höchstbetrag für die Zillmerung** bestimmt, um die Auswirkung des nunmehr umfassender angewandten **prospektiven Verfahrens** zu begrenzen,[142] nachdem zuvor in Preußen in immer restriktiverem Umfang nur im Rahmen des Genehmigungsverfahrens

[133] Vgl. z. B. VerBAV 1971, 311.
[134] Vgl. Rn. 45.
[135] Vgl. *Stuirbrink/Johannleweling/Faigle/Reich* in: Beck'scher Versicherungsbilanz-Kommentar, 1998, § 341f Rn. 22.
[136] Vgl. *Stuirbrink/Johannleweling/Faigle/Reich* in: Beck'scher Versicherungsbilanz-Kommentar, 1998, § 341f Rn. 23.
[137] Vgl. BMF-Schreiben vom 7. Oktober 1994.
[138] Vgl. Rn. 19 und 24.
[139] Vgl. Rn. 57.
[140] Vgl. Rn. 43 ff.
[141] § 11 S. 2 VAG 1901, RGBl. 1901, 139.
[142] Eingeführt gegen Ende des Gesetzgebungsverfahrens auf Grund des Berichts der VII. Kommission, Stenographische Berichte über die Verhandlungen des Reichstags 1901, 3. Anlageband, Aktenstück Nr. 244, S. 1726; vgl. *Claus*, Mannheimer Vorträge Heft 34, 1985, S. 7.

die Grenze für die Zillmerung bestimmt wurde.[143] Durch die VO betreffend der Änderung des Gesetzes über die privaten Versicherungsunternehmen vom 29. April 1920[144] wurde der Höchstbetrag aus dem Gesetz entfernt und der Höchstbetrag für die Zillmerung nachfolgend nur noch durch **Verwaltungsentscheidungen** bestimmt.[145] Mit der Deregulierung 1994 wurde die Festlegungsmöglichkeit für den Höchstwert in die Verordnungsermächtigung in § 65 VAG a. F. aufgenommen. Dies wird in § 88 Abs. 3 S. 1 Nr. 3 VAG fortgeführt.

Diese Festlegung bezieht sich wie in der Vergangenheit auch auf die Bestimmung der handelsrechtlichen Deckungsrückstellung. Aufgrund von § 176 VVG 1908[146] war allerdings bis 1994[147] der Rückkaufswert mindestens[148] in Höhe der Deckungsrückstellung („Prämienreserve") zu vereinbaren. Damit wirkte sich der Höchstbetrag für die Zillmerung indirekt auch auf die Rückkaufswerte aus. Von 1994 bis 2006 gab es mit Rücksicht auf den europäischen Binnenmarkt für Versicherungen keine derartige gesetzliche Einschränkung der Rückkaufswerte.[149] Im Rahmen der **VVG-Reform 2007**[150] wurden durch § 169 Abs. 3 S. 1 Hs. 2 VVG die aufsichtsrechtlichen Höchstbeträge für die Zillmerung der handelsrechtlichen Deckungsrückstellung wieder für die Vereinbarung der Rückkaufswerte und beitragsfreien Summen bzgl. des gesetzlichen Mindestwertes verbindlich gemacht.[151] Damit strahlen die Vorgaben einer Rechtsverordnung nach § 88 Abs. 3 S. 1 Nr. 3 VAG unmittelbar auch auf die vorzunehmenden vertraglichen Vereinbarungen aus, obwohl kein sachlicher Zusammenhang oder Notwendigkeit einer konsistenten Festlegung besteht. Der Verordnungsgeber, der nach § 88 Abs. 3 VAG an das Ziel der Sicherung der finanziellen Solidität unter Einhaltung handelsrechtlicher Grundsätze gebunden ist, ist hierdurch versucht, abweichend davon auch die vertragsrechtlichen Konsequenzen zu berücksichtigen, wenn er Änderungen vornimmt. Eine solche neue Zielsetzung ist von der Verordnungsermächtigung aber nicht gedeckt. Insofern ist insbesondere die Senkung des Höchstbetrages für die Zillmerung durch das LVRG 2015 auf 25 ‰ der Beitragssumme bedenklich.[152] Rechtssystematisch wäre es angemessener, in § 169 Abs. 3 VVG von den Regelungen für die handelsrechtliche Deckungsrückstellung unabhängige Vorgaben zu machen. 82

bb) Begriff der Zillmerung und Funktionsweise des Höchstbetrages. Der aufsichtsrechtliche Begriff der **„Zillmerung"** bezieht sich auf die durch das prospektive Verfahren nach § 341f Abs. 1 HGB bewirkte Antizipation zukünftiger vertraglicher Beiträge, ohne Rücksicht darauf, ob ihnen zukünftig Verpflichtungen gegenüber stehen.[153] Nach § 138 Abs. 1 VAG müssen die vertraglichen Beiträge insgesamt die gesamten Verpflichtungen, einschließlich der **anfänglichen Abschlussaufwendungen**, aus dem Vertrag decken und enthalten zudem noch explizit oder implizit, also durch sehr vorsichtige Rechnungsgrundlagen, **Margen für Gewinne**. Damit ergibt sich anfangs, insbesondere nach Zahlung der anfänglichen Abschlussaufwendungen, trotz Beitragszahlung meist kein Verpflichtungsüberhang, sondern ein Überhang der (meist noch bedingten) Ansprüche des Versicherers (**„Anspruchsüberhang"**). Insoweit wird der gesamte Wert dieser Beitragsteile durch das prospektive Verfahren nach § 341f Abs. 1 HGB bei Vertragsabschluss rechnerisch antizipiert, soweit nicht andere GoB, insbesondere das Realisationsprinzip,[154] dem entgegenstehen. Schon im Zusammenwirken mit dem **Realisationsprinzip** ergeben sich Einschränkungen der durch § 341f Abs. 1 HGB bewirkten Zillmerung. Die Antizipation von Gewinnzuschlägen wird hierdurch verhindert.[155] Hierbei werden allerdings alle Abschlussaufwendungen als **Erfüllung des schwebenden Geschäftes** verstanden und bei erstmaligem Ansatz des Vertrages bei der Feststellung der Gewinnzuschläge von diesen ausgenommen. Damit bleibt es handelsrechtlich bei einer Antizipation der zukünftigen Beiträge und damit Vereinnahmung in diesem Umfang bei Erstansatz des Vertrages.[156] Fallen die Abschlussaufwendungen allerdings verteilt an, so sind sie Bestandteil der anzusetzenden zukünftigen Verpflichtung und die bedeckenden Beitragsteile werden entsprechend zugeordnet und verteilt vereinnahmt. 83

Die Setzung eines **Höchstbetrages für die Zillmerung** geht aber noch über das **Realisationsprinzip** hinaus, indem Beitragsteile, die den Höchstbetrag übersteigen, bei der Erstbewertung nicht 84

[143] Vgl. *Nöbel*, Das Deckungskapital in der Lebensversicherung, 1930, S. 23; *Müller*, Stenographische Berichte über die Verhandlungen des Reichstags 82. Sitzung des Reichstages vom 25.4.1901, 2370.
[144] RGBl. 1920, 1433.
[145] Vgl. *Claus*, Mannheimer Vorträge, Heft 34, 1985, S. 8 f.
[146] Gesetz über den Versicherungsvertrag vom 30.5.1908, RGBl. 1908, 263.
[147] Art. 2 Drittes Durchführungsgesetz/EWG zum VAG, BGBl. 1994 I 1630.
[148] § 178 VVG 1908.
[149] § 176 VAG 1994.
[150] BGBl. 2007 I 263.
[151] Vgl. Prölss/Martin/*Reiff* § 169 Rn. 36.
[152] BGBl. 2014 I 1330. Die RegBegr LVRG, BT-Drs. 18/1772, 26, nimmt nicht auf die Ziele der Verordnungsermächtigung (vgl. Rn. 3 und 24) Bezug.
[153] Vgl. § 4 Abs. 1 S. 1 DeckRV und Rn. 40 f.
[154] Vgl. Rn. 52.
[155] Vgl. Rn. 52.
[156] So wie es auch in der internationalen Rechnungslegung bei Anwendung eines Realisationsprinzips nach US-GAAP und IFRS 17 vorgesehen ist.

antizipiert werden dürfen, auch wenn sie Abschlussaufwendungen bedecken.[157] Daher wird handelsrechtlich der Höchstbetrag für die Zillmerung auch als Verschärfung des Realisationsprinzips interpretiert. Die zur Deckung der über den Höchstbetrag hinausgehende Abschlussaufwendungen vorgesehenen Beitragsteile sind wie Gewinnmargen laufend zu vereinnahmen, da die von ihnen bedeckten Abschlussaufwendungen bei der Erstbewertung nicht explizit angesetzt werden dürfen. Zur Stärkung der Deckungsrückstellung soll die Antizipation dieser Beitragsteile verhindert werden. Damit ergibt sich aber für Abschlussaufwendungen, die proportional zu den Beiträgen explizit angesetzt werden, kein Unterschied durch den Höchstbetrag. Dies gilt insbesondere bei Einmalbeiträgen, aber auch bei laufenden Einmalbeiträgen, die nicht im Beitragsbarwert erfasst werden. Hier liegt sachlich mangels Antizipation von Beitragsteilen definitionsgemäß keine Zillmerung vor und der Höchstzillmersatz kann daher nicht greifen. Aus dem gleichen Grund liegt eine Zillmerung auch dann nicht vor, wenn die Abschlussaufwendungen erst bei oder nach Fälligkeit der bedeckenden Beiträge explizit angesetzt werden.

85 Diese prinzipienorientierte Auslegung des Begriffs „Zillmerung", ausgehend von den handelsrechtlichen Vorschriften und den GoB, ist wegen der inzwischen vielfältigen Gestaltung der Verträge, der **verteilten Abschlussprovisionen** und der oft moderneren Bewertung der Deckungsrückstellung erforderlich. Die Beschreibung in § 4 Abs. 1 S. 1 DeckRV ist insofern nur als beispielhaft zu verstehen. Aufgrund der anzuwendenden **„sachlichen Stetigkeit"**[158] kann diese Regelung im Rahmen der GoB nicht nur auf dieses Beispiel begrenzt bleiben. Wäre der Höchstbetrag der Zillmerung auf „einmalige Abschlusskosten"[159] begrenzt, wäre er leicht zu umgehen.

86 Die nur auf Grund des Höchstbetrages mangels des expliziten Ansatzes von tatsächlich angefallenen Abschlussaufwendungen laufend vereinnahmten Beitragsteile werden traditionell zur Unterscheidung von den Gewinnzuschlägen als **Amortisationszuschläge** bezeichnet. Sie sind handelsrechtlich aber als Gewinnzuschläge anzusehen, da ihnen zukünftig keine Verpflichtung mehr gegenüber steht – sie dienen dem Ausgleich eines aus handelsrechtlicher Sicht nicht gerechtfertigten Verlustausweises in der Vergangenheit. Daher gelten sie insoweit handelsrechtlich als bereits verdient und tragen zur insgesamt von der Deckungsrückstellung erreichten Vorsicht bei. Zwar stehen die Amortisationszuschläge des Bestandes bei kollektiver Sicht den durch den Höchstbetrag der Zillmerung jeweils entstehenden Verlusten des Neugeschäftes gegenüber und haben damit eine gewisse unsystematische Ausgleichswirkung. Doch zukünftiges Neugeschäft ist hier nach den Ansatzgrundsätzen nicht ansatzfähig; dessen Kosten stellen also vorher keine Verpflichtung dar. Aufgrund des Einzelbewertungsgrundsatzes kann diese, traditionell auch vertretene kollektive Sicht daher handelsrechtlich keine Rolle spielen. Es verbleibt durch den Höchstbetrag aber auf jeden Fall eine dauerhaft vorgetragene Senkung des Eigenkapitals, die einzelvertraglich durch die Amortisationszuschläge über die Zeit ausgeglichen wird.

87 Da die Zillmerung die direkte Folge der gesetzlichen Bewertungsvorschrift in § 341f Abs. 1 HGB ist, erfolgt sie **unabhängig von vertraglichen Vereinbarungen**. Denn die Deckungsrückstellung im handelsrechtlichen Jahresabschluss bildet die vertraglichen Rechte und Pflichten ab, ist aber selbst nicht Gegenstand vertraglicher Vereinbarungen, da sie gesetzlichen Regeln folgen muss. Vertragliche Vereinbarungen zur Zillmerung können sich nur auf ein entsprechendes Phänomen bei der vertraglichen Vereinbarung der Rückkaufswerte beziehen.

88 Die Verordnungsermächtigung erlaubt den Erlass **unterschiedlicher Höchstbeträge** für die Zillmerung für verschiedene Produktgestaltungen, über die keine näheren Vorgaben seitens der Verordnungsermächtigung erfolgen.

89 **cc) Rechtfertigung eines Höchstbetrages.** Die künstliche laufende Vereinnahmung der schon angefallene Abschlussaufwendungen deckenden Beitragsteile führt zu einem Auseinanderfallen von Leistungserbringung und Ertragsvereinnahmung in der Erfolgsrechnung, das durch das prospektive Verfahren vermieden werden sollte. Gerade die anfängliche Leistung des Versicherungsunternehmens zur Beratung, Risikoauslese, Erhaltung oder Verbesserung des Umfangs des Risikoausgleichskollektivs wird insoweit durch den Höchstbetrag teilweise ignoriert. Diese Aufwendungen werden anfänglich, obwohl durch das erworbene Geschäft gedeckt, als Verlust ausgewiesen, der erst über die möglicherweise Jahrzehnte dauernde laufende Vereinnahmung der Amortisationszuschläge ausgeglichen wird. Der zukünftige Ausgleich liegt oft jenseits der üblichen **Betrachtungshorizonte der Kapitalmärkte**. Dieser Verlust belastet über diese Zeit das Eigenkapital sowie die Überschussbeteiligung der Versicherungsnehmer und muss **vorfinanziert** werden, ebenfalls weitgehend zu Lasten der Überschussbeteiligung. Durch den Höchstbetrag wird das den tatsächlichen Verhältnissen entsprechende Bild der **Ertragslage** des Unternehmens (§ 264 Abs. 2 HGB) zugunsten einer zusätzlichen unsystematischen und nicht vergleichbaren Vorsicht eingeschränkt. Solvabilität II erreicht ohne ein solches Instrument durch systematisch bestimmte Eigenmittelanforderungen das Sicherheitsziel besser. Bei der marktwertorientierten Solvabilitätsberechnung dürfen sogar negative Werte der versicherungstechnischen Rück-

---

[157] Vgl. *Husch*, Rechnungslegung und Prüfung der Versicherungsunternehmen, 5. Aufl. 2011, S. 56 und 101 f.
[158] Vgl. *Adler/Düring/Schmaltz*, HGB, 6. Aufl. 1995, § 252 Rn. 107.
[159] Vgl. § 4 Abs. 1 S. 1 DeckRV.

stellungen mit positiven saldiert werden.[160] Auch bei der informationsorientierten IFRS-Bewertung gibt es nach IFRS 17 keine Höchstbeträge für den Ansatz von Versicherungsvermögensgegenständen auf Grund antizipierter Beiträge, die tatsächlich dem Vertrag direkt zuzurechnende Aufwendungen decken.

Dass der Gesetzgeber auch im Zeitalter von Solvabilität II noch den Erlass eines Höchstbetrages für die Zillmerung ermöglicht, ist nur **ordnungspolitisch** begründet. Die Versicherer sollen durch die als Folge notwendige Vorfinanzierung wirtschaftlich zu einer **Begrenzung der Abschlussaufwendungen** bewegt werden.[161] Allerdings steht dem entgegen, „dass man mit der Erfolgsrechnung den Erfolg berechnen will, und dass die Erfolgsrechnung nicht ein Mittel ist, um das Ansteigen der Kosten zu verhindern."[162] Daher ist diese ordnungspolitische Maßnahme mit den Mitteln des Handelsrechts bedenklich. Zwar bewirkt sie letztlich aufgrund des inzwischen allerdings aus europarechtlicher Sicht obsolet[163] gewordenen § 25 Abs. 2 RechVersV i. V. m. § 169 Abs. 3 S. 1 VVG faktisch keine zusätzlichen Vorfinanzierungskosten. Doch insgesamt kann sich eine bedenkliche Situation ergeben. Solange die Finanzlage des Versicherers stabil ist, tragen die langfristig verbleibenden Versicherungsnehmer im Rahmen der Überschussbeteiligung den Hauptteil dieser der Höhe nach für diese unauffälligen Vorfinanzierungskosten. Verschlechtert sich die Finanzlage aber rapide, so ist das gesamte Vertriebskonzept des Versicherers unmittelbar gefährdet, während ein Umbau Jahre benötigen würde. Daher kann diese ordnungspolitische Maßnahme eine **angespannte Finanzlage** verstärken. 90

dd) Aktivierung noch nicht fälliger Ansprüche. Sich rechnerisch ergebende, negative Anfangswerte bei der Deckungsrückstellungsberechnung, also zur Deckung der bereits geleisteten Abschlussaufwendungen vorgesehene zukünftige Beiträge, werden zu Beginn des Versicherungsvertrages bzw. bei späterem Ansatz von Abschlussaufwendungen als **noch nicht fällige Ansprüche auf Beiträge der Versicherungsnehmer**[164] aktiviert, falls entsprechende vertragliche Vereinbarungen über eine **Teilerfüllung des schwebenden Geschäftes** vorliegen.[165] Eine Saldierung dieses anfänglichen **Anspruchsüberhangs** mit dem Verpflichtungsüberhang aus anderen Verträgen ist in Deutschland nach dem Einzelbewertungsgrundsatz des § 252 Abs. 1 Nr. 3 HGB und dem Saldierungsverbot des § 246 Abs. 2 HGB verboten. Diese Aktivierung der Ansprüche auf zukünftige, also insbesondere noch nicht fällige Beiträge ist die konzeptionelle handelsrechtliche Antwort auf die Problematik der Darstellung der Ertragslage im Hinblick auf die anfänglich angefallenen Aufwendungen. Die im Ausland teilweise übliche Aktivierung der entsprechenden Kosten, die sogenannten abgegrenzten Abschlusskosten, statt der diese deckenden zukünftigen Einnahmen ist in Deutschland schon durch § 185a Nr. 4 AktG vom 18.7.1884 verboten worden; heute ist § 248 Abs. 2 Nr. 3 HGB hierzu einschlägig. Dem folgte auch die Internationale Rechnungslegung in IFRS 17 mit dem Ansatz eines entsprechenden Vermögensgegenstandes in Höhe der zur Deckung der bereits geleisteten Abschlussaufwendungen zur Verfügung stehenden Beiträge. Die Frage des Umgangs mit einem bestehenden Anspruchsüberhang, also ob eine Saldierung mit dem Verpflichtungsüberhang anderer Verträge, ein aktivischer Ansatz oder schlichtweg die Streichung sachgerecht ist, war das zentrale Problem der Diskussion über die Zillmerung im 19. und beginnenden 20. Jahrhundert. Die handelsrechtliche Begründung für einen aktivischen Ansatz wurde erst in der zweiten Hälfte des 20. Jahrhunderts gefunden.[166] Der Höchstbetrag für die Zillmerung („Höchstzillmersatz") diente bei *Zillmer* ursprünglich dazu, künstlich durch Nichtansatz verfügbarer zukünftiger Beiträge einen solchen Anspruchsüberhang zu verhindern.[167] 91

Der aktivische Ansatz des Anspruchsüberhangs ist die einzige Stelle, an der im gesamten Zusammenhang mit der Zillmerung oder dem Zillmerungsverfahren handelsrechtlich eine **vertragliche Vereinbarung** erforderlich ist. Nur der Ansatz dieses Anspruchs im Jahresabschluss bedarf einer vertraglichen Grundlage, nicht die Zillmerung, also die prospektive Bewertung der Deckungsrückstellung.[168] Hierzu genügt es, dass vertraglich die Erbringung der Abschlussdienstleistung als eine mit dem Entgelt für den gesamten Versicherungsvertrag, den Beiträgen, abgegoltene, vertragliche Leistung ver- 92

---

[160] Vgl. Erwägungsgrund 11 Solva II-VO.

[161] Vgl. Begr. RegE-LVRG, BT-Drs. 18/1772, 26; so auch schon *Elster,* Die Lebensversicherung in Deutschland, 1880, S. 56 ff.

[162] *Gürtler,* Die Erfolgsrechnung der Versicherungsbetriebe, 2. Aufl. 1958, S. 154.

[163] Vgl. Rn. 67.

[164] Zum Ausweis vgl. § 15 Abs. 1 RechVersV.

[165] Vgl. Begr. DeckRV, BR-Drs. 114/96, 10; *Husch,* Rechnungslegung und Prüfung der Versicherungsunternehmen, 2008, Kapitel B I. Rn. 107.

[166] Vgl. Fn 60.

[167] *Zillmer,* Beiträge zur Theorie der Prämien-Reserve bei Lebens-Versicherungs-Anstalten, 1863, S. 11 ff.

[168] Vgl. Begr. DeckRV 1996, BR-Drs. 114/96 10; *KPMG,* Bilanzierungsvorschriften für die Brutto-Deckungsrückstellung in der Lebens-, Kranken- und Schaden/Unfallversicherung auf der Grundlage des Versicherungsbilanzrichtlinie-Gesetzes und des Dritten Durchführungsgesetzes/EWG zum VAG, Beilage zur Broschüre „Rechnungslegung von Versicherungsunternehmen nach neuem Recht", 1994, S. 10 ff.; *Stuirbrink/Johannleweling/Faigle/Reich* in: Beck'scher Versicherungsbilanz-Kommentar, 1998, § 341f Rn. 33.

einbart wird[169] und die Höhe des betreffenden Betrages, z. B. durch Angabe des Eurobetrages der rechnungsmäßigen Abschlusskosten wie inzwischen nach § 2 Abs. 1 Nr. 1 VVG-InfoV gefordert, spezifiziert bzw. begrenzt wird. Durch diese Vereinbarung werden die Abschlussaufwendungen Bestandteil der Erfüllung des schwebenden Geschäftes, das durch deren Leistung damit insoweit teilerfüllt ist.[170] Diese Vereinbarung muss nicht die Frage behandeln, wie der zeitliche Ansatz erfolgt. Dies bestimmt sich dann durch die handelsrechtlichen Vorgaben. Soweit die vertraglichen Regelungen zur Teilerfüllung keine spezifischen Tilgungsbeträge bestimmen, erfolgt die Tilgung des Anspruchs schnellstmöglich. Hierbei werden alle Beitragsteile zur Tilgung herangezogen, die nach den verwendeten Berechnungsgrundsätzen nicht für Leistungen im Versicherungsfall, zur Deckung von Kosten für den Versicherungsbetrieb oder zur Bildung der Deckungsrückstellung bestimmt sind.

93 Das Besondere an dieser Vereinbarung ist, dass sie ausschließlich **handelsrechtlich motiviert** ist und die gegenseitigen Rechte und Pflichten der Parteien aus dem Vertrag nicht berührt;[171] daher bedarf es auch hierzu keiner weiteren Hinweise seitens des Versicherers, wie es bei für den Versicherungsnehmer nachteiligen Vereinbarungen erforderlich wäre. Denn die Abschlussaufwendungen werden ohnehin aus den in das Eigentum des Versicherers übergehenden Beiträgen[172] gedeckt. Völlig unabhängig von dieser rein handelsrechtlich motivierten, die gegenseitigen Rechte und Pflichten nicht berührenden Vereinbarung sind die **vertraglichen Bestimmungen zum Rückkaufswert**.[173] Denn es geht bei der Vereinbarung zu den Abschlussaufwendungen allein um die Bestimmung von Posten des Jahresabschlusses, nicht um die Bestimmung des davon unabhängigen Rückkaufswertes, der wie alle Rechte und Pflichten aus dem Versicherungsvertrag konkret vertraglich zu vereinbaren ist.[174] In der Internationalen Rechnungslegung bedarf es nach IFRS 17 keiner wie auch immer gearteten vertraglichen Begründung zum Ansatz eines entsprechenden Versicherungsvermögensgegenstandes.

94 **d) Versicherungsmathematische Rechnungsgrundlagen und Bewertungsmethoden (Abs. 3 S. 1 Nr. 4).** Die versicherungsmathematischen Rechnungsgrundlagen und Bewertungsmethoden wurden bis zur Deregulierung 1994 in den genehmigungspflichtigen Geschäftsplänen bestimmt und z. T. in den **Muster-Geschäftsplänen** vorgegeben. Mit der Deregulierung wurde in § 65 VAG a. F. eine Verordnungsermächtigung zu den versicherungsmathematischen Rechnungsgrundlagen erteilt. Die Bezugnahme auf die Bewertungsmethoden kam erst mit dem Art. 1 des Gesetzes zur Modernisierung der Finanzaufsicht über Versicherungen vom 1.4.2015 hinzu. Bis auf diesen Unterschied entspricht die aktuelle Verordnungsermächtigung der in § 65 Abs. 1 Nr. 3 VAG a. F. Die Verordnung kann aufsichtsrechtlich im Einklang mit § 341e Abs. 1 S. 2 HGB die Vorsichtsvorgaben in § 25 Abs. 1 S. 1 RechVersV verschärfen oder konkretisieren, soweit dies **„im Interesse der Versicherten"** ist. Nach § 341e Abs. 1 S. 2 HGB kann die Verordnung aber nicht selbst **Bewertungsmethoden** erlauben oder bestimmen.[175]

95 **e) Weitere Regelungen (Abs. 3 S. 2–4).** Zu § 88 Abs. 3 S. 2 VAG vgl. Rn. 31, zu § 88 Abs. 3 S. 3 und 4 VAG Rn. 72.

96 **V. Deckungsrückstellungsverordnung (DeckRV). 1. Einführung.** Das BMF hat mit der Verordnung über Rechnungsgrundlagen für die Deckungsrückstellungen (Deckungsrückstellungsverordnung – DeckRV) vom 18.4.2016[176] von der Verordnungsermächtigung in § 88 Abs. 3 VAG Gebrauch gemacht. Die Verordnung gilt nach § 6 DeckRV ab dem 1.7.2016 und ist damit auch auf den Jahresabschluss des Geschäftsjahrs 2016 anzuwenden. Die Verordnung entspricht inhaltlich weitgehend der

[169] Vgl. § 15 S. 1 ALB 1994 in *Benkel/Hirschberg*, Lebens- und Berufsunfähigkeitsversicherung, 2. Aufl. 2011, ALB 2006 § 10 Rn. 1, zum Zweck der Klausel Rn. 2–7. Der erste Satz war laut *BGH* Urt. v. 9.5.2001 – IV ZR 121/00 S. 21 f., BGHZ 147, 354 = VersR 2001, 841 = NJW 2001, 2014 rechtlich wohl unbedenklich, wenn nicht sogar tautologisch. Die Hinzufügung einer Bezugnahme auf die Berechnung der Deckungsrückstellung war handelsrechtlich überflüssig und bewirkte letztlich die rechtlichen Zweifel an der Bedeutung der Klausel. Nur durch diese Bezugnahme und die Vermischung der Begriffe „Deckungsrückstellung" und „Rückkaufswert" konnte diese Klausel überhaupt mit den, in dem vorliegenden Fall lückenhaften, Vereinbarungen zum Rückkaufswert in Verbindung gebracht werden. Die Zillmerung der Deckungsrückstellung präjudiziert nicht die Höhe des Rückkaufswertes und damit auch nicht das vom BGH angeführte Verhältnis zum Vertragspartner.

[170] Vgl. *Husch*, Rechnungslegung und Prüfung der Versicherungsunternehmen, 5. Aufl. 2011, S. 104 f.

[171] Vgl. *Faigle/Engeländer* VW 2001, 1670.

[172] Vgl. *BVerfG* Urt. v. 26.7.2005 – 1 BvR 80/95 Rn. 71, BVerfGE 114, 73 = VersR 2005, 1127 = NJW 2005, 2376.

[173] Vgl. *BGH* Urt. v. 12.10.2005 – IV ZR 162/03 Rn. 51, BGHZ 164, 297 = VersR 2005, 1565 = NJW 2005, 3559; *BVerfG* Nichtannahmebeschluss v. 15.2.2006 – 1 BvR 1315/96 Rn. 41, BVerfGK 7, 283 = VersR 2006, 489 = NJW 2006, 1783, das die getrennten rechtlichen Sphären von Handelsrecht bzgl. der handelsrechtlich notwendigen vertraglichen Begründung des Bilanzpostens der „noch nicht fälligen Ansprüche" und des Vertragsrecht bzgl. der Notwendigkeit der vertraglichen Vereinbarung der Rückkaufswerte vermischt. Dass dieses Missverständnis nicht ausgeräumt werden konnte, ist wohl dem durch die Nichtannahme eingeschränkten Verfahren zuzuschreiben.

[174] Vgl. § 2 Abs. 1 Nr. 4 VVG-InfoV.

[175] Vgl. Rn. 36.

[176] BGBl. 2016 I 767, zuletzt geändert durch Art. 1 Erste Verordnung zur Änderung von Verordnungen nach dem Versicherungsaufsichtsgesetz v. 18. Mai 2016, BGBl. I 1231.

ursprünglichen DeckRV vom 6.5.1996.[177] Eine Begründung zu Letzterer ist in BR-Drs. 114/96 enthalten. Für das Neugeschäft bis 1994 waren die hier geregelten Sachverhalte nach § 11 VAG 1901 Bestandteil der **genehmigungspflichtigen Geschäftspläne** und sind dies für den betreffenden Bestand (Altbestand) nach § 336 VAG auch jetzt noch. Der RefE zur Verordnung zum Erlass von Verordnungen nach dem Versicherungsaufsichtsgesetz vom 23.9.2015 enthält eine Begründung für die dort vorgeschlagene Fassung der DeckRV (RefE-DeckRV 2015).

Die DeckRV wurde zuletzt durch die Erste Verordnung zur Änderung von Verordnungen nach dem Versicherungsaufsichtsgesetz vom 18.5.2016[178] geändert. Hier wurde durch Art. 1 der Höchstwert des Rechnungszinses nach § 2 Abs. 1 S. 1 DeckRV von 1,25 % mit Wirkung vom 1.1.2017 auf 0,9 % gesenkt. Nach 1994 ist die DeckRV neben Senkungen des Höchstwertes für den Rechnungszins[179] insbesondere durch die Verordnung zur Änderung der Deckungsrückstellungsverordnung und der Pensionsfonds-Deckungsrückstellungsverordnung vom 1.3.2011,[180] durch die eine Obergrenze für den Rechnungszins des Bestandes und damit die sogenannte **Zinszusatzreserve** eingeführt wurde, und durch Art. 4 LVRG vom 1.8.2014,[181] durch den der Höchstbetrag für die Zillmerung auf 25 ‰ gesenkt wurde, geändert worden. 97

Die DeckRV macht Vorgaben zur Wahl der Rechnungsgrundlagen zur Berechnung der Deckungsrückstellung nach § 341f HGB, indem sie subsidiäre Mindestanforderungen an die bei der Wahl der Rechnungsgrundlagen zu berücksichtigende Vorsicht aufstellt. Stets sind die handelsrechtlich nach §§ 252 Abs. 1 Nr. 4 Hs. 1, 341e Abs. 1 S. 1, 341f Abs. 2 HGB und 25 Abs. 1 S. 1 RechVersV bestimmten Vorsichtsvorgaben einzuhalten; die DeckRV kann nur eine darüber hinausgehende Vorsicht bewirken. 98

2. Geltungsbereich (§ 1 DeckRV). Gemäß § 1 Abs. 1 DeckRV umfasst der Geltungsbereich den in der Verordnungsermächtigung bestimmten, also die Deckungsrückstellungen von **Lebensversicherungsunternehmen** und für die in § 88 Abs. 3 S. 2 VAG beschriebenen Geschäfte.[182] Aufgrund von § 235 VAG werden auch die Deckungsrückstellungen von **Pensionskassen** einbezogen. Der Geltungsbereich wird durch § 1 Abs. 2 DeckRV auf die Verträge eingeschränkt, bei denen die Deckungsrückstellung nicht aufgrund eines genehmigungspflichtigen Geschäftsplans bestimmt wird, also im Fall des **Altbestandes** der Lebensversicherung oder bei **regulierten Pensionskassen**. 99

3. Höchstzinssatz (§ 2 DeckRV). § 2 Abs. 1 DeckRV setzt die Ermächtigung in § 88 Abs. 3 S. 1 Nr. 1 VAG um. Der **Höchstzinssatz** ist der höchste zulässige **Rechnungszins**, der bei der Berechnung der **Deckungsrückstellung** bei Erstansatz eines Vertrages mit **Zinsgarantie** verwendet werden darf. Zu den Begriffen „Rechnungszins" und „Zinsgarantie" vgl. Rn. 74 bzw. 76. Für auf Euro lautende Verträge beträgt der Höchstzinssatz für ab dem 1.1.2017 abgeschlossene Verträge 0,9 Prozent.[183] Die Entwicklung des durch Verwaltungshandeln der Aufsichtsbehörde bzw. ab 1994 durch die DeckRV bestimmten Höchstzinssatzes für auf Reichsmark, Deutsche Mark bzw. Euro lautende Zinsgarantien war: 100

Gültig ab (Monat/) Jahr[184]	Höchstzinssatz in Prozent	Quelle
1942	3	GB BAV 55/56, 22 und GB BAV 67, 46
07/1986	3,5	VerBAV 1986, 200
07/1994	4	BGBl. 1996 I 670
07/2000	3,25	BGBl. 2000 I 336
2004	2,75	BGBl. 2003 I 2259
2007	2,25	BGBl. 2006 I 2261
2012	1,75	BGBl. 2011 I 345
2015	1,25	BGBl. 2014 I 1330
2017	0,9	BGBl. 2016 I 1231

[177] BGBl. 1996 I 670.
[178] BGBl. 2016 I 1231.
[179] Vgl. Rn. 100.
[180] BGBl. 2011 345.
[181] BGBl. 2014 1330.
[182] Vgl. Rn. 28 f.
[183] Art. 1 Erste Verordnung zur Änderung von Verordnungen nach dem Versicherungsaufsichtsgesetz vom 18.5.2016, BGBl. 2016 1231.
[184] Bis 1923 wurden nur Rechnungszinsen bis zu 3,5 % genehmigt, danach waren bis 1942 bis zu 4 % und in Einzelfällen auch darüber liegende Rechnungszinsen möglich, vgl. VerAfP 1903, 114f und 1923, 22 f.

Der betreffende Höchstrechnungszins gilt auch, falls der Vertrag während einer Übergangszeit noch auf die **nationale Währung** eines am Euro teilnehmenden Staates lautet.[185] Der Rechnungszins für auf andere Währungen lautende Verträge unterliegt nach § 1 Abs. 1 S. 2 DeckRV einem durch die BaFin nach pflichtgemäßem Ermessen bestimmten Höchstzinssatz. Bis 2015 bestimmte § 2a DeckRV a. F. diese Höchstzinssätze.

101 Der bei **Erstansatz** festgesetzte Rechnungszins ist nach dem **Stetigkeitsgebot** beizubehalten, soweit nicht Änderungen der Umstände eine Anpassung erforderlich machen.[186] Als zusätzliche Vorsichtsmaßnahme bestimmt § 2 Abs. 2 S. 1 DeckRV, dass der bei **Vertragsabschluss**, gemeint ist der **Erstansatz**, verwendete Zinssatz regelmäßig beizubehalten ist. Dies gilt unabhängig davon, ob der Rechnungszins dem Höchstzinssatz nach § 2 Abs. 1 DeckRV entspricht oder niedriger gewählt wurde. Da die DeckRV gegenüber dem Handelsrecht subsidiär ist, gilt dieses aufsichtsrechtliche Beibehaltungsgebot dann nicht, wenn der Rechnungszins aus handelsrechtlichen Gründen zu senken ist.[187] Die Vorschrift bezieht sich nur auf den bei Erstansatz verwendeten Rechnungszins. Wird dieser später aufgrund von handels- oder aufsichtsrechtlichen Vorschriften gesenkt, darf er, soweit diese Vorgabe nachfolgend nicht mehr besteht und es nach dem Stetigkeitsgebot zulässig ist, wieder bis auf die Höhe des bei Erstansatz verwendeten Rechnungszinses erhöht werden. § 2 Abs. 2 S. 4 DeckRV betont, dass die aufsichtsrechtlich begründeten Regelungen zur Senkung des Rechnungszinses bei Folgebewertungen in § 5 Abs. 3 und 4 DeckRV Vorrang gegenüber dem Beibehaltungsgebot des § 2 Abs. 2 S. 1 DeckRV haben.

102 Der Begriff des für die Deckungsrückstellung eines Vertrages verwendeten Rechnungszinses ist nicht auf einen einzigen Prozentsatz beschränkt. Er kann auch eine von der Fristigkeit der zu diskontierenden Zahlungsströme oder von den Zeiträumen der Diskontierung abhängende **Zinskurve** sein. Ebenso kann er durch ein festes Bestimmungsverfahren repräsentiert sein, mit dem zu jedem Abschlusstermin die Zinssätze aus objektiven Faktoren abgeleitet werden. Diese Änderungen stehen nicht im Widerspruch zu § 2 Abs. 2 DeckRV; das Verfahren ist hiernach aber für den Vertrag beizubehalten. Insgesamt darf der Diskontierungseffekt einer Zinskurve oder der mit einem Verfahren bestimmten Zinssätze aber zu keiner Zeit die Wirkung des bei Erstansatz einschlägigen Höchstzinssatzes übersteigen.

103 Das von § 2 Abs. 2 DeckRV laut Verordnungsbegründung zur DeckRV 1996[188] verfolgte Ziel einer Verschärfung des Stetigkeitsgebotes ist bereits durch das **Realisationsprinzip** ausreichend gewährleistet. Denn eine Senkung des zu Beginn gewählten Rechnungszinses, wenn sie nach dem handelsrechtlichen Stetigkeitsgebot überhaupt zulässig ist, würde nach dem Realisationsprinzip nicht zu einem sofortigen Sinken der Deckungsrückstellung führen. Daher sollte in Zweifelsfällen bei der Anwendung von § 2 Abs. 2 DeckRV eine Interpretation im Einklang mit der handelsrechtlichen Interpretation des Stetigkeitsgebotes i. V. m. dem Realisationsprinzip gewählt werden. Dies betrifft insbesondere das Vorgehen bei **Vertragsänderungen**, wie die in § 2 Abs. 2 S. 2 und 3 DeckRV genannten, gesetzlich begründeten Gestaltungen. Grundlage der Regelung ist die bei Vertragsabschluss bestehende Zinsgarantie unter Berücksichtigung aller **einseitigen vertraglichen Gestaltungsrechte** des Versicherungsnehmers. Soweit diese grundsätzlich unverändert oder gemindert beibehalten wird, ergibt sich keine Notwendigkeit für eine Neufestlegung des Rechnungszinses. Nur bei der Übernahme neuer, bisher vertraglich nicht vorgesehener Zinsrisiken ist hierfür der anzuwendende Rechnungszins wie beim Erstansatz vorsichtig neu zu bestimmen. Letztlich wird mit dem aufsichtsrechtlichen Beibehaltungsgebot und der Fortgeltung des anfänglichen Höchstrechnungszinses unterstellt, dass der Versicherer jeweils bei Übernahme einer Zinsgarantie geeignete Maßnahmen zu deren Sicherung getroffen hat, die bis zum Beweis des Gegenteils aufgrund von § 341f Abs. 2 HGB eine Beibehaltung des Rechnungszinses rechtfertigen. Bei der Verwendung von **Überschussanteilen** zur Erhöhung der Versicherungsleistungen können diese die ursprüngliche Zinsgarantie fortsetzen oder unabhängig davon durch die Deklaration eine neue, also auch höhere Zinsgarantie begründen. Davon hängt die Anwendbarkeit von § 2 Abs. 2 S. 1 DeckRV in diesen Fällen ab.

104 § 2 Abs. 3 DeckRV beinhaltet eine Berechnungsvereinfachung für **Pensionskassen**, damit diese den im Bestand verwendeten Rechnungszins in einem gewissen Umfang vereinheitlichen können. Näherungsverfahren sind handelsrechtlich im Rahmen des § 341e Abs. 3 HGB zulässig.

105 **4. Ausnahmen (§ 3 DeckRV).** § 3 DeckRV setzt eine Ausnahmeregelung aus § 3 DeckRV a. F., die auf der Grundlage von Art. 20 Abs. 1 lit. B b) LebensRL bestand, fort. Bei bestimmten Vertragskonstruktionen, bei denen keine weitere Einzahlung mehr erfolgen kann und damit keine Zinsgarantie für zukünftige Einzahlungen übernommen wird, gilt eine gesonderte Regelung für den Höchstzinssatz. Hier ist es angemessen, den Höchstzinssatz nicht wie im Fall des § 2 Abs. 1 S. 1 DeckRV auf der Basis eines langfristigen Durchschnitts der Marktzinsen zu bestimmen, sondern von der Zinssituation zu dem Zeitpunkt der Einzahlung bzw. des Rentenbeginns abhängig zu machen. Daher kann hier auch kein fester Satz genannt werden, sondern es wird ein Bestimmungsverfahren für den jeweils geltenden

[185] Vgl. Art. 1 VO 974/98 v. 3.5.1998.
[186] Vgl. Rn. 43 ff. und 57.
[187] Vgl. *Stuirbrink/Johannleweling/Faigle/Reich* in: Beck'scher Versicherungsbilanz-Kommentar, 1998, § 341f Rn. 20.
[188] BR-Drs. 114/96, 9.

Höchstzinssatz vorgeben. Hintergrund ist, dass das Unternehmen in solchen Fällen die Möglichkeit hat, die Zinsgarantie durch Erwerb geeigneter Kapitalanlagen zu diesem Zeitpunkt abzusichern. Wegen der begrenzten Verfügbarkeit langlaufender Kapitalanlagen gilt dies nur für Laufzeiten bis zu **acht Jahren**. Dies betrifft nach § 3 Abs. 1 DeckRV **Einmalbeitragsversicherungen** mit einer Laufzeit bis zu acht Jahren, die sonst unter § 2 Abs. 1 S. 1 DeckRV fallen würden. Bei **sofortbeginnenden Rentenversicherungen** ohne Rückkaufswert ist eine Besonderheit zu beachten. Deren Laufzeit kann acht Jahre deutlich übersteigen. Daher ist hier die Anwendung eines Höchstzinssatzes nach § 3 DeckRV auf die ersten acht Jahre begrenzt. Auch darf er nur auf die Zahlungsströme in der Deckungsrückstellung angewandt werden, die laufende Rentenzahlungen darstellen.

5. Höchstzillmersätze (§ 4 DeckRV). In § 4 DeckRV macht der Verordnungsgeber von der in § 88 Abs. 3 Nr. 3 VAG eröffneten Möglichkeit Gebrauch, einen **Höchstbetrag für die Zillmerung**, den sogenannten **Höchstzillmersatz**, festzulegen. Der **Zillmersatz** ist das meist in Promille ausgedrückte Verhältnis zwischen den zur Deckung von Abschlussaufwendungen im prospektiven Verfahren gegenüber der Fälligkeit antizipierten Beiträgen oder Beitragsteilen zu einer das Vertragsvolumen beschreibenden Größe, historisch meist die Versicherungssumme im Erlebensfall,[189] heute die Summe der Beiträge. Der Höchstzillmersatz ist das höchste zulässige Verhältnis. Der Titel der Vorschrift bezieht sich aus historischen Gründen auf den Plural, da in § 4 Abs. 4 DeckRV 1996 noch Regelungen für Verträge des Altbestandes enthalten waren, die durch den neuen § 4 Abs. 4 DeckRV überflüssig wurden. 106

Die Tradition der Festlegung eines Höchstzillmersatzes ist so alt wie die Zillmerung selbst. Ziel dieser Grenze war, dass die am ersten Bilanzstichtag nach dem Vertragsabschluss auszuweisende Deckungsrückstellung positiv sein sollte. Der Anspruchsüberhang von Verträgen sollte nicht mit dem Verpflichtungsüberhang anderer Verträge saldiert werden. Die eigentliche Leistung Zillmers bestand darin, das schon bekannte prospektive Verfahren durch die künstliche Einführung einer solchen Grenze in seiner Zeit annehmbar zu machen und dies in einer damals technisch umsetzbaren Weise. Für ein konkretes Vertragsbeispiel berechnete *Zillmer* den Satz von 15‰ der Versicherungssumme, um ihn dann aus Vorsichtsgründen willkürlich auf 12,5‰ zu senken.[190] Dieser nur für das konkrete Beispiel geltende Höchstsatz verselbstständigte sich in der nachfolgenden Diskussion zum allgemeinen „**Höchstzillmersatz**", sodass er schon bald von der preußischen Aufsichtsbehörde zum Maßstab erhoben wurde und später in § 11 VAG 1901 allgemeinen Gesetzesrang bekam.[191] Vorausgegangen war eine jahrelange Diskussion, ob ein uneingeschränktes prospektives Verfahren im Hinblick auf die Bewertungsunsicherheiten ausreichend sicher ist.[192] Die zuvor verwendeten Verfahren waren sehr unpräzise und man führte daher künstliche, aber unsystematische Sicherheitsmargen ein, ohne dass es ein wirklich kontrollierbares Sicherheitsniveau gab. Daher wurde bei der Einführung des VAG 1901 die Zillmerung begrenzt und eine Begrenzung nachfolgend auch dann noch beibehalten, als die Methoden ausgereifter und damit verlässlich wurden.[193] Ab 1920 oblag die Festsetzung wieder der Aufsichtsbehörde und der Satz wurde 1921 auf 25‰ und, nach einem kurzzeitigen Senkungsversuch 1923, dann 1926 auf 35‰ erhöht, wo er bis 1996 verblieb.[194] Nach der Deregulierung 1996 war die Anbindung an die Versicherungssumme nicht mehr sinnvoll und der Höchstzillmersatz wurde auf 40‰ der Beitragssumme kalibriert. Mit dem LVRG 2015 wurde der Höchstzillmersatz auf **25‰ der Beitragssumme** gesenkt.[195] 107

Den ursprünglichen Zweck des Höchstzillmersatzes, die Vermeidung des Ansatzes eines Anspruchsüberhangs aus Vorsichtsgründen, verlor man im Laufe der Zeit bei Erhöhungen des Satzes mehr und mehr aus den Augen, bis er durch die handelsrechtliche Begründung eines **aktivischen Ansatzes** obsolet wurde.[196] Bis dahin bestand die Pflicht, sich ergebende negative Werte durch Null zu ersetzen **(„Ausnullen")**.[197] An die Stelle des ursprünglichen Zweckes trat der Wunsch nach einer **ordnungspolitischen Regulierung** des Provisionsniveaus im Markt.[198] Durch die Festlegung eines Höchstzillmersatzes sollen die wirtschaftlichen Möglichkeiten der Versicherer zur Provisionszahlung eingeschränkt werden.[199] Dieser ordnungspolitische Eingriff in den handelsrechtlichen Jahresabschluss geschah ohne Rücksicht auf den damit bewirkten Umfang der Vorsicht und die GoB, wie sie nach § 65 Abs. 1 VAG a. F. bzw. § 88 Abs. 3 VAG i. V. m. § 341e Abs. 1 S. 2 HGB erforderlich wäre. 108

[189] Bei Rentenversicherungen war die zehnfache Jahresrente maßgeblich; vgl. § 4 Abs. 4 DeckRV 1996.
[190] *Zillmer*, Beiträge zur Theorie der Prämien-Reserve, 1863, S. 14.
[191] Vgl. auch VerAfP 1902, 191 und VerAfP 1903, 115.
[192] Vgl. *Müller*, Stenographische Berichte über die Verhandlungen des Reichstags 1900, 10. Sitzung des Reichstags vom 29.11.1900, 222 und 82. Sitzung des Reichstages vom 25.4.1901, 2370.
[193] Vgl. die ausführliche Darstellung in *Höckner*, Das Deckungskapital im Lebensversicherungsvertrag und die Abfindungswerte bei vorzeitiger Vertragslösung mit Berücksichtigung der modernen Gesetzgebung, Veröffentlichungen des DVfVW Heft XVI, 1909.
[194] Vgl. *Claus*, Gedanken zu einer neuen Tarifstruktur, Mannheimer Vorträge Bd. 34, 1985, S. 8 f.
[195] BGBl. 2014 I 1330.
[196] Vgl. Rn. 91 ff.
[197] Vgl. *Claus*, Gedanken zu einer neuen Tarifstruktur, Mannheimer Vorträge Bd. 34, 1985, S. 9.
[198] Vgl. Rn. 90.
[199] Vgl. RegE LVRG, BT-Drs. 18/1772, 1.

109 § 4 Abs. 1 S. 1 DeckRV beschreibt die Vorgehensweise der **prospektiven Methode** nach § 341f Abs. 1 HGB i. V. m. dem Realisationsprinzip am Beispiel einmaliger Abschlussaufwendungen. Bezug genommen wird hierbei auch auf die Bewertung der **noch nicht fälligen Ansprüche auf Beiträge** nach § 15 RechVersV, hier als „Forderungen auf Ersatz der geleisteten, einmaligen Abschlusskosten" bezeichnet. Eine inhaltliche Regelung ist damit nicht verbunden. Der Zillmersatz ist der Betrag an Abschlussaufwendungen, der bei Anwendung des Realisationsprinzips, wie in Rn. 55 beschrieben, berücksichtigt wird. Im Fall verteilt anfallender Abschlussaufwendungen wird die Grenze bei Erstansatz des Vertrags auf der Basis des versicherungsmathematisch bestimmten Barwertes durch den Höchstzillmersatz begrenzt. S. 2 bestimmt den dabei einzuhaltenden Höchstbetrag für die Zillmerung auf Grund von § 88 Abs. 3 Nr. 3 VAG in Höhe von 25 ‰. Bemessungsgrundlage ist die **Summe der vertraglich vereinbarten Beiträge**. Diese sind dabei nicht, wie z. B. bei der Bestimmung der Deckungsrückstellung nach § 341f Abs. 1 HGB, zu diskontieren oder mit dem Erwartungswert anzusetzen, sondern die maximal möglichen Beiträge sind maßgeblich. Es ist im Sinn der auf die Deckungsrückstellung wirkenden Vorschrift hierbei sämtliche Beiträge einzubeziehen, die nach § 341f Abs. 1 HGB auch im Beitragsbarwert zu berücksichtigen sind. Dies umfasst auch alle ggf. **implizit berücksichtigten Beiträge**.[200] Entscheidend ist, dass die Beiträge bei Vertragsabschluss bereits nach Betrag und Fälligkeit vertraglich vereinbart sind, auch wenn der Versicherungsnehmer noch im Rahmen seiner vertraglichen Gestaltungsrechte, z. B. nach § 165 VVG, die Zahlung vermeiden kann. Nicht einbezogen werden können daher zukünftig erwartete Beiträge aus der Überschussbeteiligung, wohl aber vertraglich steigende oder fallende Beiträge.[201]

110 § 4 Abs. 2 DeckRV beschreibt, wieder am Beispiel einmaliger Abschlussaufwendungen, die durch handelsrechtliche Grundsätze bestimmte Vorgehensweise, ohne selbst Regelungen zu treffen. Die Verordnungsermächtigung umfasst nicht die Posten der Aktivseite. Anders als hier dargestellt, bestimmt § 15 Abs. 1 RechVersV nicht den Umfang der zu aktivierenden Ansprüche **(„noch nicht fällige Ansprüche")**, sondern nur deren Ausweis. Umfang und nachfolgende Auflösung der noch nicht fälligen Ansprüche bestimmen sich nach allgemeinen handelsrechtlichen Grundsätzen.

111 § 4 Abs. 3 S. 1 DeckRV regelt den Sonderfall gesetzlich bestimmter, über der ansonsten zu anzusetzenden Deckungsrückstellung liegenden **Rückkaufswerten**. Hintergrund ist, dass die Notwendigkeit, auf Grund von § 25 Abs. 2 RechVersV eine Deckungsrückstellung zu erhöhen, die Auflösung der aktivierten Ansprüche nicht beeinflusst. Der Aufwand der Bildung dieses Zusatzbetrages wird also nicht durch eine verzögerte Auflösung der aktivierten Ansprüche ausgeglichen. Vereinbaren die Parteien also Rückkaufswerte, die über der sonst zu bildenden Deckungsrückstellung liegen, muss der Versicherer dennoch die aktivierten Ansprüche weiter auflösen und zusätzlich die Deckungsrückstellung erhöhen. Dies führt zu Verlusten. Auch wenn sich diese im Zeitverlauf wieder ausgleichen, beeinträchtigen sie solange die dargestellte **Ertragslage** und bewirken einen **Vorfinanzierungsbedarf**. Der Verordnungsgeber hat aus ordnungspolitischen Gründen hier eine Sonderregelung geschaffen, soweit die höheren Rückkaufswerte durch gesetzliche Vorschriften, z. B. § 169 Abs. 3 VVG, begründet sind. Insoweit verzögert die Pflicht zur Erhöhung der Deckungsrückstellung die Auflösung der aktivierten Ansprüche. Die Gesamtkonstellation der gesetzlichen Vorschriften, also § 25 Abs. 2 RechVersV i. V. m. § 125 Abs. 1 Nr. 2 VAG, und dieser Regelung zur Auflösung der aktivierten Ansprüche führt letztlich dazu, dass es dem Versicherer durch die Vorschriften wirtschaftlich besonders schwer gemacht wird, mit den Versicherungsnehmern für diese günstigere Rückkaufswerte als gesetzlich gefordert zu vereinbaren. § 25 Abs. 2 RechVersV und die Anbindung von § 125 Abs. 1 Nr. 2 VAG an die handelsrechtliche Deckungsrückstellung sind nach heutigem Gemeinschaftsrecht deutsche Besonderheiten, die der Verordnungs- bzw. Gesetzgeber auch anders gestalten könnte.

112 Um die **Unfallversicherung mit Prämienrückgewähr** nicht gegenüber der Lebensversicherung zu benachteiligen, wenn entsprechende Rückkaufswerte wie für die Lebensversicherung gesetzlich gefordert vereinbart werden, gilt die Sonderregel von § 4 Abs. 3 S. 1 DeckRV nach S. 2 insoweit auch für solche Unfallversicherungen. Der Gesetzgeber hatte davon abgesehen, die vertragsrechtlichen Bestimmungen zu Rückkaufswerten für die Lebensversicherung auch auf solche Unfallversicherungen auszudehnen.

113 § 4 Abs. 4 DeckRV stellt klar, dass der bei Erstansatz berücksichtigte Umfang antizipierter zukünftiger Beiträge nachfolgend nicht wieder geändert werden darf. Dies betrifft vor allem den Fall späterer **Änderungen des Höchstzillmersatzes**, aber auch die Verträge in § 4 Abs. 4 DeckRV 1996. Deren spezifische Erwähnung wurde durch die Neufassung überflüssig. Wenn sich bei verteilt anfallenden Abschlussaufwendungen später eine niedrigere als die ursprünglich angenommene Höhe ergibt, geht das Realisationsprinzip allerdings der Vorgabe in § 4 Abs. 4 DeckRV vor, d. h. die auf tatsächlich entgegen der ursprünglichen Annahme nicht anfallenden Abschlussaufwendungen entfallenden Beitragsteile dürfen nur laufend vereinnahmt werden.

---

[200] Vgl. Rn. 62.

[201] Für die Anwendung des Höchstzillmersatzes nach § 169 Abs. 3 VVG bei der Bestimmung von Rückkaufswerten wird dies wohl vertragsrechtlich anders gesehen. Vgl. Prölss/Martin/*Reiff* § 169 Rn. 36.

6. Rechnungsgrundlagen (§ 5 Abs. 1 DeckRV). Durch § 5 Abs. 1 DeckRV werden das handelsrechtliche **Vollständigkeitsgebot** des § 246 Abs. 1 S. 1 HGB und das **Vorsichtsprinzip** betont. Basis sind die Regelungen der DeckRV 1996, die wiederum auf dem Wortlaut des Art. 20 LebensRL beruht, die durch die Solva II-RL außer Kraft gesetzt wurde. Es handelt sich aber um allgemeine **Grundsätze der versicherungsmathematischen Bewertung** i. S. v. § 341f Abs. 1 HGB. Durch S. 1 soll sichergestellt werden, dass der Erwartungswert der Zahlungsströme unter Berücksichtigung aller Informationen über Änderungs- und andere **Abweichungsrisiken** geschätzt wird, wobei nach S. 2 und 3 auch noch dem Vorsichtsprinzip entsprechende Margen berücksichtigt werden müssen. Insoweit wird i. S. v. § 341e Abs. 1 S. 2 HGB hier ein eigenständiges aufsichtsrechtliches Vorsichtsgebot zusätzlich zu den unter Rn. 51 beschriebenen handelsrechtlichen Vorgaben etabliert. Nach S. 4 müssen auch vorsichtige Annahmen zu statistisch nicht beschreibbaren Risiken in die Rechnungsgrundlagen eingehen. S. 5 beinhaltet die Verpflichtung, den **Anspruch auf zukünftige Überschussbeteiligung** „angemessen" zu berücksichtigen.[202] Soweit ein vertraglicher Anspruch auf Überschussbeteiligung i. S. v. § 153 VVG besteht, ist auch dieser Anspruch als Teil der Verpflichtung i. S. v. § 341f Abs. 1 HGB anzusetzen. 114

7. Berücksichtigung der Überschussbeteiligung (§ 5 Abs. 2 DeckRV). § 5 Abs. 2 DeckRV basiert auf der entsprechenden Fassung in der DeckRV 1996, die wiederum den heute nicht mehr gültigen Art. 20 Abs. 1 lit. D LebensRL umsetzte. Es handelt sich um eine Konkretisierung von § 5 Abs. 1 S. 5 DeckRV. Hiernach darf der **Anspruch auf zukünftige Überschussbeteiligung**, wie heute im Jahresabschluss üblich, **implizit** berücksichtigt werden.[203] Hierbei werden die in den Beiträgen enthaltenen Margen, die die zukünftigen Überschüsse bewirken, vollständig auch in der handelsrechtlichen Deckungsrückstellung angesetzt, ohne Rücksicht darauf, dass ein kleiner Teil dieser Margen letztlich als **Anteil des Unternehmens** am Überschuss nicht zu einer Verpflichtung führt. Insofern ist die implizite Berücksichtigung etwas vorsichtiger, als es notwendig wäre, und ist damit zulässig. Im Unterschied hierzu wird die zukünftige Überschussbeteiligung im Rahmen der Berechnungen zu Solvabilität II nach § 84 Abs. 1 Nr. 3 VAG explizit berücksichtigt. Wesentlich ist die Vereinbarkeit der Annahmen zur zukünftigen Überschussbeteiligung mit den Annahmen zu den Erträgen und Aufwendungen, die zu den zukünftigen Überschüssen führen. Denn ansonsten wird der Anteil der Versicherungsnehmer an angenommenen Überschüssen nicht erfasst, d. h. die Deckungsrückstellung ist zu niedrig, oder es werden zukünftige Überschussanteile erfasst, obwohl die anderen Annahmen keine Überschüsse antizipieren, d. h. die Deckungsrückstellung ist unsystematisch zu hoch. 115

Die Bezugnahme auf die **Überschussverteilungsmethode** beruht immer noch auf Art. 20 Abs. 1 lit. D LebensRL und ist in angelsächsischen Vorstellungen der Überschussbeteiligung begründet.[204] Dort wird erst die eigentliche Deklaration von Zuteilungen von Überschussanteilen an den einzelnen Versicherungsnehmer als Aufwand verstanden. Nach § 341e Abs. 2 Nr. 2 HGB i. V. m. § 42 RechVersV ist aber schon die **Zuführung zur Rückstellung für Beitragsrückerstattung** Aufwand und demzufolge sind diese zukünftigen Zuführungen bzw. die ohne Zuführung erfolgenden Direktgutschriften die in der Deckungsrückstellung zu berücksichtigende Verpflichtung. Auch vertraglich liegt die primäre Verpflichtung des Versicherers in der Zuführung. Die spätere Zuteilung ist ein reiner Verteilungsvorgang einer bestehenden kollektiven Verpflichtung, durch die die Gesamtschuldposition des Versicherers nicht mehr berührt wird. Hintergrund ist, dass auch Überschüsse heutiger Verträge, die entsprechend der Verpflichtung aus diesen Verträgen der Rückstellung für Beitragsrückerstattung zugeführt werden müssen und erwartungsgemäß einmal zukünftigen Verträgen zugeteilt werden, eine zu berücksichtigende **Verpflichtung aus den heutigen Verträgen** darstellen. Auch dürfen die Zinsen, die auf die Rückstellung für Beitragsrückerstattung bis zur Zuteilung verdient werden können, nicht im Rahmen der heutigen Verträge durch Diskontierung bis zur Zuteilung antizipiert werden. Entsprechendes gilt auch für Gewinne aus Dienstleistungen, die nach der Zuteilung auf Grund dieser erbracht werden. Daher ist in Deutschland der Begriff der Überschussverteilungsmethode auf die Aufteilung des Überschusses zwischen Versicherer und Versicherungsnehmergemeinschaft zu beziehen, wie sie bei der Zuführung zur Rückstellung für Beitragsrückerstattung vorgenommen wird. Diese Aufteilung ist vertraglich und durch § 140 Abs. 2 Nr. 1 VAG i. V. m. der MindZV geregelt. 116

8. Senkung des Rechnungszinses (§ 5 Abs. 3 und 4 DeckRV). In § 5 Abs. 3 und 4 DeckRV werden Vorgaben gemacht, wann und in welchem Umfang ein bisher verwendeter Rechnungszins für die Deckungsrückstellung in Abweichung von dem allgemeinen handelsrechtlichen und dem besonderen aufsichtsrechtlichen Stetigkeitsgebot in § 2 Abs. 2 DeckRV zu senken ist. Es handelt sich hierbei „um eine **aufsichtsrechtliche Sicherheitsmarge**, um die die Deckungsrückstellung zur **Sicherung der Zinsverpflichtung** erhöht werden muss."[205] Da dies nicht auf Grund einer Beurteilung der unternehmensspezifisch, zukünftig erwarteten Erträge der Vermögenswerte des Unternehmens erfolgt, 117

---

[202] Vgl. Art. 20 Abs. 1 lit. D LebensRL.

[203] Vgl. Rn. 62.

[204] Vgl. Begr. zur DeckRV 1996 BR-Drs. 114/96, 13.

[205] *BaFin,* Schreiben an die Lebensversicherungsunternehmen v. 5.10.2016 – VA 26-FR 3208-2015/0001, Anl. S. 8.

wie in § 341f Abs. 2 HGB gefordert, kann es sich bei dieser Vorschrift nicht um die Umsetzung von § 88 Abs. 3 Nr. 2 VAG handeln, sondern erfolgt auf der Basis von § 88 Abs. 3 Nr. 1 VAG, der nicht auf den Rechnungszins bei Erstansatz begrenzt ist. Insofern ist der Verweis auf § 341f Abs. 2 HGB in § 5 Abs. 3 S. 1 DeckRV unbeachtlich. Insbesondere wird hierdurch nicht die Anwendung von § 341f Abs. 2 HGB berührt. Dies galt schon für § 5 Abs. 3 DeckRV 1996, der daher ohne eine § 88 Abs. 3 Nr. 2 VAG entsprechende Ermächtigung in § 65 VAG 1994 erlassen werden konnte. Wie in den Rn. 47 und 75 beschrieben, geht § 341f Abs. 2 HGB nach § 341e Abs. 1 S. 2 HGB den Vorschriften der DeckRV vor. Der Verordnungsgeber macht von der Verordnungsermächtigung in § 88 Abs. 3 Nr. 2 VAG keinen Gebrauch. In § 5 Abs. 3 und 4 DeckRV wird ein allgemeiner, mit dem nach den §§ 2 und 3 DeckRV bestimmten Rechnungszins in Konkurrenz stehender Höchstwert festgelegt.

118 Hintergrund der Einführung von § 5 Abs. 3 und 4 DeckRV im Jahr 2011 als Konkretisierung des bis dahin geltenden § 5 Abs. 3 DeckRV 1996[206] waren aus langfristiger Sicht zu hohe verwendete Rechnungszinsen der Deckungsrückstellungen der Unternehmen. § 341f Abs. 2 HGB erwies sich diesbezüglich als nicht praktikabel, da sich hieraus nur für einen begrenzten Zeithorizont zwingende Konsequenzen ableiten lassen und erst dann, wenn tatsächlich die Kapitalerträge schon unzureichend sind. Die Deckungsrückstellungen waren, bei gedanklicher Fortführung der aktuellen Marktzinsen in die mittelfristige Zukunft, aber zu niedrig. Daher sollte eine möglichst frühzeitige Stärkung der Deckungsrückstellungen vorgenommen werden, solange den Unternehmen noch Finanzmittel aus Kapitalerträgen über dem Rechnungszins zur Verfügung stehen. Sowohl aus steuerlichen wie auch aus Wettbewerbsgründen gab es für die Versicherer ohne eine rechtliche Pflicht keine Veranlassung, die noch generierten Zinsüberschüsse zur Stärkung der Rückstellungen statt zur Überschussbeteiligung zu verwenden. Schon 1996 wurde der zu verwendende Rechnungszins nach oben durch einen gleitenden **Zehnjahresdurchschnitt von Marktzinssätzen** begrenzt. Dies wurde zuletzt 2014 durch das LVRG[207] dadurch konkretisiert, dass hier die von der Deutschen Bundesbank regelmäßig veröffentlichten Monatsendstände der **Null-Kupon-Euro-Zinsswapsätze** mit einer Laufzeit von zehn Jahren zu berücksichtigen sind, deren Jahresmittelwert maßgeblich ist. Um den Versicherern frühzeitig Planungssicherheit für den Jahresabschluss zu geben, aber dennoch die Entwicklung im aktuellen Jahr zu berücksichtigen, wird der Wert für das laufende Jahr nur aufgrund der ersten 9 Monate bestimmt. Auf dieser Basis ergibt sich für jedes Geschäftsjahr ein für die bestehenden Verträge im Anwendungsbereich der DeckRV neuer **Höchstwert für den Rechnungszins** im Jahresabschluss im Unterschied zu den auf den Vertragsabschluss abzielenden Höchstwerten nach §§ 2 und 3 DeckRV.

119 Der Höchstwert ist aber nach § 5 Abs. 4 DeckRV nur auf die nächsten **15 Jahre** des Vertragsverlaufs anzuwenden. Hierbei wird ein Zahlungsstrom, der innerhalb der nächsten 15 Jahre anfällt, höchstens mit dem Höchstwert nach § 5 Abs. 3 DeckRV abgezinst. Ein später anfallender Zahlungsstrom wird für die Zeit jenseits der 15 Jahre bis zur angesetzten Fälligkeit weiter mit dem bisher verwendeten Zins diskontiert, soweit dies nach den ansonsten geltenden Vorschriften zulässig ist. Die Diskontierung für die Zeitspanne der nächsten 15 Jahre ist damit auf den Höchstwert nach § 5 Abs. 3 DeckRV begrenzt. Bei der Anwendung sind die GoB einzuhalten.[208] Hierbei ist aber zu beachten, dass die Regelung auf das „gesamte Niveau der bilanzierten Deckungsrückstellung" abzielt.[209] Die Maßnahme wurde im Hinblick auf dieses Niveau bei Abfassung auf Basis der „tariflichen Deckungsrückstellung", also wie sie damals bestimmt wurde und deren Methoden und Annahmen grundsätzlich beizubehalten gewesen wären, unter Ersetzung der verwendeten Rechnungszinsen kalibriert. Doch haben sich in der Zwischenzeit die Referenzzinsen weit stärker gesenkt, als dies bei Erlass der VO vorhergesehen worden war. Soweit nach den GoB hier Änderungen der bei Kalibrierung verwendeten Grundlagen der „tariflichen Deckungsrückstellung" zulässig sind, erlaubt die BaFin, das „gesamte Niveau" in einem „wirtschaftlich angemessenen Umfang" aufzubauen.[210] Hierbei können bestimmte Margen, die in einzelnen, beibehaltenen Annahmen enthalten sind, zur Abmilderung der ansonsten erfolgenden Erhöhung der Deckungsrückstellungen eingesetzt werden. Das sich so ergebende Niveau ist damit im Einklang mit dem Ziel der Regelung.

120 Technisch werden die ohne die Anwendung von § 5 Abs. 3 und 4 DeckRV zu verwendenden Rechnungszinsen, meist die der Beitragskalkulation in Höhe des jeweilig bei Abschluss anzuwendenden Höchstwertes, im ersten Berechnungsschritt weiter verwendet. In einer Vergleichsrechnung werden die nach § 5 Abs. 3 und 4 DeckRV anzuwendenden Rechnungszinsen eingesetzt. Der einzelvertragliche positive Unterschiedsbetrag wird zum sich im ersten Schritt ergebenden Wert hinzuaddiert. Damit ergibt sich die Deckungsrückstellung. Der aufgrund des technischen Berechnungsweges hinzuaddierte Wert, obwohl ein integraler Bestandteil der Deckungsrückstellung im handelsrechtlichen Sinne, hat im Sprachgebrauch der Aktuare eine eigene Bezeichnung, „**Zinszusatzreserve**", erhalten. Die Bezeich-

[206] BGBl. 2011 I 345.
[207] BGBl. 2014 I 1330.
[208] Vgl. Rn. 49 f.
[209] *BaFin*, Schreiben an die Lebensversicherungsunternehmen v. 5.10.2016 – VA 26-FR 3208-2015/0001, Anl. S. 8.
[210] *BaFin*, Schreiben an die Lebensversicherungsunternehmen v. 5.10.2016 – VA 26-FR 3208-2015/0001, Anl. S. 2.

nung als „**Reserve**" bedeutet nicht, dass es sich um einen Eigenkapitalbestandteil handelt; Aktuare verwenden auch heute häufig noch den Begriff der Reserve synonym für den Begriff der Rückstellung.

VI. Verhältnis zu anderen Regelungen des VAG. § 133 Abs. 1 VAG umfasst auch die nach § 88 Abs. 2 VAG von der Aufsichtsbehörde angeordneten Erhöhungsbeträge. Die Sicherstellung der Einhaltung der nach § 88 Abs. 3 VAG erlassenen Rechtsverordnung gehört nach § 141 Abs. 5 VAG mit zu den Aufgaben des Verantwortlichen Aktuars. § 336 S. 3 VAG bestimmt, dass die Deckungsrückstellung für vor dem 29.7.1994 abgeschlossene Lebensversicherungsverträge nach dem geltenden Geschäftsplan zu bestimmen ist. Dementsprechend bezieht sich § 1 Abs. 2 DeckRV nur auf Verträge, denen keine aufsichtsbehördlich genehmigten Tarife zugrunde liegen. Mit der Bezugnahme auf aufsichtsbehördlich genehmigte Tarife ist der Einschluss der Beitragsberechnung („Tarif") in den genehmigungspflichtigen Geschäftsplan durch § 11 Abs. 1 VAG 1983 (und in früheren Fassungen) gemeint. Zugleich war auch die Berechnung der Deckungsrückstellung durch den Geschäftsplan bestimmt. Die Bestimmungen des genehmigten Geschäftsplans haben nach § 341e Abs. 1 S. 2 HGB gegenüber den Rechtsvorschriften des Handelsrechts Vorrang, soweit sie zu einer höheren Deckungsrückstellung führen.[211] 121

Abschnitt 2. Solvabilitätsanforderungen

Unterabschnitt 1. Bestimmung der Eigenmittel

Eigenmittel

89 (1) [1] **Versicherungsunternehmen haben stets über anrechnungsfähige Eigenmittel mindestens in Höhe der Solvabilitätskapitalanforderung zu verfügen.** [2] **In Höhe der Mindestkapitalanforderung haben sie stets über anrechnungsfähige Basiseigenmittel zu verfügen.** [3] **Anrechnungsfähig sind Eigenmittel, die den Anforderungen der §§ 94 und 95 entsprechen.**

(2) **Die Eigenmittel eines Versicherungsunternehmens umfassen die Basiseigenmittel und die ergänzenden Eigenmittel.**

(3) **Basiseigenmittel sind:**

1. **der Überschuss der Vermögenswerte über die Verbindlichkeiten abzüglich des Betrags der eigenen Aktien in der Solvabilitätsübersicht und**
2. **die nachrangigen Verbindlichkeiten.**

(4) [1] **Die ergänzenden Eigenmittel sind solche, die nicht zu den Basiseigenmitteln zählen und zum Ausgleich von Verlusten eingefordert werden können.** [2] **Sie können die folgenden Bestandteile umfassen:**

1. **denjenigen Teil des nicht eingezahlten Grundkapitals, des Gründungsstocks oder des bei öffentlich-rechtlichen Versicherungsunternehmen dem Grundkapital bei Aktiengesellschaften entsprechenden Postens, der nicht eingefordert wurde,**
2. **bei Versicherungsvereinen auf Gegenseitigkeit mit variabler Nachschussverpflichtung die künftigen Forderungen, die der Verein gegenüber seinen Mitgliedern hat, wenn er innerhalb der folgenden zwölf Monate Nachschüsse einfordert,**
3. **Kreditbriefe und Garantien sowie**
4. **alle sonstigen rechtsverbindlichen Zahlungsverpflichtungen Dritter gegenüber dem Versicherungsunternehmen.**

(5) **Sobald ein Bestandteil der ergänzenden Eigenmittel eingezahlt oder eingefordert wurde, ist er für die Zwecke der Solvabilitätsübersicht als Vermögenswert zu behandeln und zählt zu den Basiseigenmitteln.**

Übersicht

[211] Vgl. Rn. 24 und 49.

Schrifttum: *Dreher,* Die versicherungsaufsichtsrechtliche Beurteilung strategischer Beteiligungen im Sinne der Basissolvenzkapitalanforderungen nach Solvency II, WM 2016, S. 1317 ff. u. 1369 ff.; *Ellenbürger/Pfaffenzeller/Hammers,* Umsetzung von Solvency II im Versicherungsaufsichtsgesetz – Paradigmenwechsel mit Auswirkungen auf die Abschlussprüfung, WPg 2015, S. 886 ff.; Gründl/Kraft/*Gründl/Schlütter,* S. 38 f.; Prölss/*Lipowsky,* 12. Aufl. 2005, § 53c.

1 **I. Allgemeines. 1. Entstehungsgeschichte.** § 89 VAG wurde im Zuge der Novellierung des VAG durch das Gesetz zur Modernisierung der Finanzaufsicht über Versicherungen vom 1.4.2015[1] in das VAG eingefügt. Wie bei allen Vorschriften des novellierten VAG, die Regelungen zu den Eigenmitteln und zu Kapitalanforderungen treffen, handelt es sich auch bei § 89 VAG um eine in dieser Form neue Vorschrift, die zur Umsetzung von Solvabilität II geschaffen wurde. Anforderungen an die sog. Solvabilität von Versicherungsunternehmen als Relation zwischen den anrechnungsfähigen Eigenmitteln und der Soll-Anforderung an die Eigenmittelausstattung sowie Regelungen dazu, welche Eigenmittelbestandteile im Rahmen der Solvabilitätsermittlung als anrechnungsfähig gelten sollen, bestanden indessen mit § 53c VAG a. F. bereits im bisherigen VAG sowie der Kapitalausstattungsverordnung.[2]

2 Für die Unternehmen, die nicht unter die Solvabilität II-Vorschriften zur Kapitalausstattung fallen, gelten die bislang in § 53c Abs. 3 bis Abs. 3 lit. e VAG a. F. enthaltenen Vorgaben zu zulässigen Eigenmittelbestandteilen weiter, die in den § 214 VAG übernommen wurden.[3] § 214 VAG regelt unmittelbar die anrechnungsfähigen Eigenmittel für kleine Versicherungsunternehmen i. S. d. § 211 Abs. 1 S. 1 VAG und ist auf Pensions- und Sterbekassen sowie Pensionsfonds jeweils durch Referenzierung auf den § 214 VAG anwendbar (in § 234 Abs. 1 VAG für Pensionskassen, in § 219 Abs. 1 VAG für Sterbekassen und in § 237 Abs. 1 VAG für Pensionsfonds).[4]

3 **2. Normzweck.** § 89 Abs. 1 VAG formuliert zunächst die grundsätzliche **Zielsetzung** der Solvabilitätsvorschriften. Diese besteht darin, zu gewährleisten, dass anrechenbare Eigenmittel mindestens in Höhe der für die Eigenmittelausstattung definierten Soll-Größe zur Verfügung stehen, d. h. das Verhältnis von anrechnungsfähigen Eigenmitteln und der für die Bemessung der Soll-Solvabilität relevanten Größe, der sog. Solvabilitätsquote, soll mindestens 100 % betragen. Der Normzweck des § 89 Abs. 1 VAG entspricht dem des § 53c Abs. 1 VAG a. F.: Es soll dafür Sorge getragen werden, dass die Versicherungsunternehmen über **ausreichende Haftungsmittel** verfügen, um die sich aus den Versicherungsverträgen ergebenden Verpflichtungen gegenüber den Versicherungsnehmern erfüllen zu können.[5]

4 Zur Bestimmung der Eigenmittelausstattung verfolgt Solvabilität II einen sog. **„Total Balance Sheet Approach"**, d. h. dass das sich aus einer **ökonomischen Bilanz** ergebende Eigenkapital die **Basis für die Bestimmung der anrechenbaren Eigenmittel** bildet, die zur Ermittlung der Solvabilitätsquote der Soll-Solvabilität gegenübergestellt werden.[6]

5 Die relevante Soll-Größe für die Eigenmittelausstattung stellt unter Solvabilität II die **Solvabilitätskapitalanforderung** („Solvency Capital Requirement" – **SCR**)[7] dar.[8] Darüber hinaus existiert mit der sog. **Mindestkapitalanforderung** („Minimum Capital Requirement" – **MCR**) eine weitere Eskalationsstufe.[9] § 89 Abs. 1 VAG bildet die unterschiedlichen Eskalationsstufen insofern ab, als § 89 Abs. 1 S. 1 VAG für die Solvabilitätskapitalanforderung eine Bedeckung mit **anrechnungsfähigen Eigenmitteln** vorsieht, während die Mindestkapitalanforderung gemäß § 89 Abs. 1 S. 2 VAG mit **anrechnungsfähigen Basiseigenmitteln** bedeckt sein muss. § 89 Abs. 1 S. 3 VAG trifft eine Aussage dazu, wann Eigenmittel als anrechnungsfähig aufgefasst werden dürfen.

6 § 89 Abs. 2 bis 4 VAG enthalten die Definitionen zentraler Begriffe wie **Basiseigenmittel** und **ergänzende Eigenmittel** als mögliche Eigenmittelbestandteile. In § 89 Abs. 4 VAG werden exemplarisch Eigenmittelbestandteile aufgelistet, die als ergänzende Eigenmittel in Frage kommen. Die für die Qualifikation als ergänzende Eigenmittel zusätzlich erforderliche Genehmigung der Aufsichtsbehörde regelt § 90 VAG. § 89 Abs. 5 VAG geht auf die Frage ein, unter welchen **Voraussetzungen ergänzende Eigenmittel** zu **Basiseigenmitteln werden** können.

7 Nicht Gegenstand des § 89 VAG ist die für die Bestimmung der Anrechnungsfähigkeit notwendige Einstufung der Basiseigenmittel und ergänzenden Eigenmittel in **Qualitätsklassen** anhand qualitativer und quantitativer Kriterien. Hierzu verweist § 89 Abs. 1 VAG auf die §§ 94 und 95 VAG, die allerdings ausschließlich die quantitativen Anrechenbarkeitsgrenzen regeln.

8 Die Inhalte des § 89 VAG gelten für die Bestimmung der Eigenmittel auf **Gruppenebene** äquivalent: Dies ergibt sich allerdings nicht aus § 89 VAG, sondern aus dem Generalverweis des **§ 245 Abs. 1 S. 2**

---

[1] BGBl. 2015 I 434 v. 10.4.2015.

[2] Vgl. § 53 Abs. 3c VAG a. F. (zu den anrechenbaren Eigenmitteln), KapAusstV.

[3] S. auch Begr. VAG-RegE 2014, BT-Drs. 18/2956, 277.

[4] Vgl. Begr. VAG-RegE 2014, BT-Drs. 18/2956, 278, 279, 280.

[5] Zum Normzweck des § 53c VAG a. F. s. Prölss/*Lipowsky*, 12. Aufl., § 53c Rn. 1.

[6] S. Erwägungsgrund 45 zur Solva II-RL, der ausführt, dass die Bestimmung der Soll-Solvabilität auf der Grundlage einer wirtschaftlichen Betrachtung erfolgen sollte.

[7] Die deutschsprachigen Fassungen der Solva II-RL und der Solva II-VO verwenden für das SCR jeweils die Bezeichnung „Solvenzkapitalanforderung".

[8] S. Kommentierung zu § 96 VAG.

[9] Vgl. *Ellenbürger/Pfaltenzeller/Hammers* WPg 2015, 886, 899; siehe auch Kommentierung zu §§ 122 f. VAG.

VAG, der die **grundsätzliche Anwendbarkeit** der **für die Einzelaufsicht** von Versicherungsunternehmen **geltenden Regelungen** auch auf die zusätzliche **Beaufsichtigung der Gruppe** bestimmt, sofern die Vorschriften zur Gruppenaufsicht in den §§ 245 bis 293 VAG keine abweichenden Regelungen treffen. Einzelne Vorschriften werden dennoch zusätzlich im Gruppenteil explizit aufgeführt: So enthält § 250 Abs. 2 und 3 VAG die Anforderung, dass auf Gruppenebene in Höhe der Solvabilitätskapitalanforderung anrechnungsfähige Eigenmittel vorzuhalten sind.

3. Europarechtlicher Hintergrund. Mit § 89 VAG werden diverse Vorschriften der Solva II-RL in deutsches Recht umgesetzt: § 89 Abs. 1 VAG setzt Art. 100 Abs. 1, Art. 128 sowie insofern auch Art. 87 Solva II-RL um, als er die dort enthaltene Definition der Eigenmittel als Summe von Basiseigenmitteln und ergänzenden Eigenmitteln voraussetzt. § 89 Abs. 2 VAG entspricht dem Art. 87 Solva II-RL nahezu wortgleich. § 89 Abs. 3 VAG setzt die Regelungen des Art. 88 Solva II-RL zu den Basiseigenmitteln um. § 89 Abs. 4 und 5 VAG transformieren schließlich Art. 89 Solva II-RL zu den ergänzenden Eigenmitteln. 9

Zu keiner der Vorschriften der Solva II-RL, die ausweislich der Gesetzesbegründung mit Hilfe des § 89 VAG im novellierten VAG umgesetzt werden, ermächtigt die Solva II-RL die EU-Kommission zum Erlass delegierter Rechtsakte (Ebene 2). Dementsprechend finden sich zu den in § 89 VAG geregelten Themen – im Unterschied zu den Vorschriften zur Einstufung der Basiseigenmittel und ergänzenden Eigenmittel in Qualitätsklassen – keine konkretisierenden Bestimmungen in der Solva II-VO. Die Bestimmung der Basiseigenmittel ist indessen – abweichend von dem Eindruck, den der § 89 Abs. 3 VAG vermittelt – nicht ohne den Abzug von Beträgen aus Beteiligungen an Finanz- und Kreditinstituten nach Art. 68 Solva II-VO möglich, der auf Basis des Art. 92 Abs. 1b i. V. m. Abs. 2 Solva II-RL erlassen wurde. 10

Ebene-3-Bestimmungen existieren zum einen in Form der **EIOPA-LL ergänzende Eigenmittel**,[10] die auf Basis des Art. 16 EIOPA-VO von der EIOPA herausgegeben wurden. Trotz der Erläuterung in der Einleitung zu den LL,[11] dass diese auch der Umsetzung des § 89 VAG dienen, konkretisieren sie im Wesentlichen die in den §§ 90 ff. VAG enthaltenen Vorschriften zur Genehmigung ergänzender Eigenmittel und zu deren Einstufung in Qualitätsklassen. Die **EIOPA-LL Behandlung von verbundenen Unternehmen, einschließlich Beteiligungen**[12] konkretisieren die Berechnung des Abzugsbetrages nach Art. 68 Solva II-VO. Die BaFin sieht die Anforderungen der EIOPA-LL ergänzende Eigenmittel, die sich an die nationalen Aufsichtsbehörden sowie die betroffenen Versicherungsunternehmen gleichermaßen richten,[13] mit der Novellierung des VAG umgesetzt und hat infolgedessen keine AE zu ergänzenden Eigenmitteln veröffentlicht.[14] Das gilt auch für die in den EIOPA-LL Behandlung von verbundenen Unternehmen, einschließlich Beteiligungen, enthaltenen Regelungen zum Abzugsbetrag nach Art. 68 Solva II-VO.[15] 11

II. Anforderungen an die Eigenmittelausstattung (Abs. 1). Mit der Festlegung in § 89 Abs. 1 S. 1 VAG, dass die Versicherungsunternehmen „stets über anrechnungsfähige Eigenmittel mindestens in Höhe der Solvabilitätskapitalanforderung zu verfügen" haben, formuliert § 89 Abs. 1 VAG die **Kernanforderung** an die sog. **Solvabilität**. Was als **Eigenmittel** aufzufassen ist, wird in den nachfolgenden Absätzen schrittweise konkretisiert, wenn auch nicht abschließend definiert.[16] Im Unterschied zu § 53c Abs. 1 S. 1 VAG a. F., der von den Unternehmen forderte, über „freie und unbelastete" Eigenmittel in Höhe der Soll-Solvabilität zu verfügen, gilt nach § 89 Abs. 1 VAG nur noch, dass die zur Anrechnung herangezogenen Eigenmittel „anrechnungsfähig" sein müssen. Es handelt sich hierbei jedoch lediglich um eine redaktionelle Änderung. 12

Im Vergleich zum Eigenmittelkonzept von Solvabilität I, das als weitere Eskalationsstufen nach der Solvabilitätsspanne noch Garantiefonds und Mindestgarantiefonds vorsah, d. h. dreistufig aufgebaut war, ist das unter Solvabilität II vorgesehene Konzept mit Solvabilitätskapitalanforderung und Mindestkapitalanforderung nur **zweistufig**, sieht aber auch für die Eigenmittelseite diese Zweistufigkeit vor: So reicht es gemäß § 89 Abs. 1 S. 1 VAG aus, wenn die **Solvabilitätskapitalanforderung** mit **anrechnungsfähigen Eigenmitteln** bedeckt ist, während gemäß § 89 Abs. 1 S. 2 VAG für die **Mindestkapitalanforderung** eine Bedeckung mit **anrechnungsfähigen Basiseigenmitteln** erforderlich ist.[17] 13

§ 89 Abs. 1 S. 3 VAG stellt klar, dass die Qualifikation als Basis- oder ergänzende Eigenmittel anhand der in den Folgeabsätzen enthaltenen Kriterien nicht ausreicht, um als **anrechnungsfähige Eigen-** 14

---

[10] EIOPA-BoS-14/167.

[11] Vgl. EIOPA-LL ergänzende Eigenmittel Rn. 1.2.

[12] Vgl. LL 2 sowie LL 4 bis 7 EIOPA-LL Behandlung von verbundenen Unternehmen, einschließlich Beteiligungen, EIOPA-BoS-14/170, Rn. 1.18 f. sowie 1.27 bis 1.33.

[13] Vgl. EIOPA-LL ergänzende Eigenmittel Rn. 1.26 sowie Art. 16 Abs. 3 EIOPA-VO.

[14] S. hierzu *EIOPA*, Compliance Tabelle mit den Antworten der BaFin zu den EIOPA-LL zu ergänzenden Eigenmitteln (abrufbar unter eiopa.europa.eu).

[15] S. hierzu *EIOPA*, Compliance Tabelle mit den Antworten der BaFin zu den EIOPA-LL Behandlung von verbundenen Unternehmen, einschließlich Beteiligungen (abrufbar unter eiopa.europa.eu).

[16] S. Kommentierung zu § 89 Abs. 2 bis 4 VAG.

[17] S. auch Rn. 5.

mittel zur Erfüllung des SCR oder im Fall anrechnungsfähiger Basiseigenmittel des MCR in Frage zu kommen. Die Vorschrift definiert als **Bedingung** für die **Anrechnungsfähigkeit**, dass der jeweils zu beurteilende Eigenmittelbestandteil zusätzlich die Anforderungen der **§§ 94 und 95 VAG** erfüllen muss. Die §§ 94 und 95 VAG regeln ausschließlich die **quantitativen Grenzen** für die Anrechenbarkeit von Eigenmittelbestandteilen einzelner Qualitätsklassen zur Bedeckung des SCR bzw. MCR. Sie gehen nicht auf die für die Berücksichtigung als anrechnungsfähige Eigenmittel ebenso maßgeblichen **qualitativen Kriterien und Sondertatbestände** ein; die Vorschriften hierzu sind in den **§§ 90 bis 93 VAG** enthalten.

15 Das unter Solvabilität II geltende „System" zur Ermittlung der zur **Erfüllung** der **Soll-Solvabilität** zugelassenen **Eigenmittelbestandteile** ist somit **zweistufig**: Auf der ersten Stufe wird bestimmt, was als Eigenmittel qualifiziert, auf der zweiten Stufe wird dann definiert, welche Eigenmittel anrechnungsfähig, d. h. zur Bedeckung von Solvabilitätskapitalanforderung und Mindestkapitalanforderung verwendbar sind.

III. Differenzierung zwischen Basiseigenmitteln und ergänzenden Eigenmitteln (Abs. 2).

16 § 89 Abs. 2 VAG definiert die Eigenmittel als Summe aus Basiseigenmitteln und ergänzenden Eigenmitteln. Die Konkretisierung erfolgt in den nachfolgenden Abs. 3 und 4 des § 89 VAG; obschon die in § 89 Abs. 2 VAG enthaltene Aussage zur Zusammensetzung der Eigenmittel aus Basiseigenmitteln und ergänzenden Eigenmitteln dies suggerieren mag, ermöglicht sie aber – auch unter Berücksichtigung der in den folgenden Absätzen bereitgestellten weiteren Konkretisierungen – keine abschließende Aufzählung dessen, was auf der ersten Stufe des unter Solvabilität II geltenden zweistufigen Solvabilitätssystems als Eigenmittel qualifiziert.[18]

17 **IV. Basiseigenmittel (Abs. 3).** Was zu den Basiseigenmitteln zählt, definiert § 89 Abs. 3 VAG abschließend – abgesehen von der Klarstellung in Absatz 5[19] sowie den, falls vorliegend, gemäß Art. 68 Solva II-VO von den Basiseigenmitteln abzuziehenden Beteiligungen an Finanz- und Kreditinstituten.[20] Die **Basiseigenmittel** setzen sich aus zwei Bestandteilen zusammen, die sich beide aus der **Solvabilitätsübersicht**[21] ermitteln lassen: Dies sind erstens der in § 89 Abs. 3 Nr. 1 VAG genannte **Überschuss der Vermögenswerte über die Verbindlichkeiten**, d. h. der Posten in der Solvabilitätsübersicht, der dem Eigenkapital in einer Rechnungslegungsbilanz entspricht, abzüglich der eigenen Aktien, und zweitens die in § 89 Abs. 3 Nr. 2 VAG aufgeführten **nachrangigen Verbindlichkeiten**.

18 Wegen der von § 74 VAG geforderten marktkonsistenten Bewertung in der Solvabilitätsübersicht[22] und den Durationsunterschieden auf Aktiv- und Passivseite, insbesondere in der Lebensversicherung, weisen der Überschuss der Vermögenswerte über die Verbindlichkeiten – und infolgedessen auch die Basiseigenmittel – eine erhebliche **Volatilität** auf.

19 Anders als unter Solvabilität I stellt nicht mehr alles das, was in der HGB- oder auch IFRS-Bilanz zum **Eigenkapital** zählt, automatisch auch Eigenmittel dar.[23] Dies ergibt sich daraus, dass für die Solvabilitätsübersicht eine Marktbewertung der Aktiva und Passiva vorgesehen ist. Somit können die **Eigenmittel i. S. d. § 89 VAG** das handelsrechtliche Eigenkapital[24] unterschreiten. Dies bleibt allerdings – abgesehen davon, dass die Offenlegung beider Beträge Fragen aufwerfen kann – ohne Auswirkung, da für den Fall der **Insolvenz** das handelsrechtliche Eigenkapital maßgeblich bleibt.

20 Andererseits ergibt sich aus der Definition des gesamten Überschusses der Aktiva über die Passiva als Eigenmittel, dass **Unterschiede** in **Ansatz und Bewertung in der Solvabilitätsübersicht** einerseits und der **HGB-Bilanz** andererseits zu berücksichtigungsfähigen Eigenmitteln führen. Beispielsweise können unter Solvabilität II auch **immaterielle Vermögenswerte** – mit Ausnahme des **Goodwill**,[25] dessen Ansatz in der Solvabilitätsübersicht gemäß Art. 12 Nr. 1 Solva II-VO unzulässig ist – zur Entstehung von Eigenmitteln beitragen.[26] Aufgrund der Anforderung des Art. 12 Nr. 2 Solva II-VO, immaterielle Vermögenswerte nur dann in der Solvabilitätsübersicht anzusetzen, wenn sie einzeln veräußerbar sind und sich jeweils nachweisen lässt, dass für identische oder ähnliche Vermögenswerte ein an einem aktiven Markt notierter Marktpreis vorliegt, wird diese Möglichkeit jedoch in der weit über-

---

[18] S. hierzu ausführlicher Rn 24 ff.

[19] S. ausführlicher Rn. 30 ff.

[20] Zur genaueren Definition der abzuziehenden Beträge sowie dem Abzugsmechanismus siehe Rn. 24.

[21] Die Bezeichnung „Solvabilitätsübersicht" wurde vom deutschen Gesetzgeber für die Umsetzung im VAG gewählt. In der deutschen Fassung der TRS Meldebögen für die Übermittlung von Informationen an die Aufsichtsbehörde wird die Bezeichnung „Bilanz" gewählt.

[22] Vgl. Kommentierung zu § 74 VAG.

[23] Zum Verhältnis von Eigenkapitel und Eigenmitteln unter Solvabilität I s. Prölss/*Lipowsky*, 12. Aufl., § 53c Rn. 19.

[24] Vgl. § 272 HGB.

[25] Die deutsche Fassung der Solva II-VO übersetzt Goodwill mit „Geschäfts- oder Firmenwert"; in der Kommentierung hier wird dennoch die Bezeichnung Goodwill verwendet, um eine Verwechslung mit dem handelsrechtlichen Geschäfts- oder Firmenwert zu vermeiden, der zwar ähnlich, jedoch nicht zwingend deckungsgleich zum IFRS Goodwill ist.

[26] Vgl. Gründl/Kraft/*Gründl/Schlütter* S. 38.

wiegenden Zahl der Fälle nicht zum Tragen kommen. Andere **Sachverhalte bzw. Bilanzposten**, bei denen sich **Ansatz- und Bewertungsunterschiede** auf die Höhe der in der Solvabilitätsübersicht ausgewiesenen Eigenmittel auswirken (können), sind die zwingende Bewertung der Kapitalanlagen zum beizulegenden Zeitwert sowie in Bezug auf die Passivseite der Nichtansatz der Schwankungsrückstellung in der Solvabilitätsübersicht, die Abzinsung von Schadenrückstellungen, der Ansatz von Versicherungsverträgen in der Solvabilitätsübersicht bei Vertragsabschluss oder das Vorziehen der Margen bei der Ermittlung des besten Schätzwertes.

Die Bewertungsunterschiede zwischen der Bewertung im offengelegten Jahres- oder Konzernabschluss einerseits und der Solvabilitätsübersicht andererseits sind Bestandteil der in Art. 70 Solva II-VO definierten **Ausgleichsrücklage**, die ausgehend vom **Überschuss der Vermögenswerte über die Verbindlichkeiten** durch **Abzug** der in Art. 70 Abs. 1 Solva II-VO genannten Beträge ermittelt wird. Von dem in der Solvabilitätsübersicht gezeigten Überschuss der Vermögenswerte über die Verbindlichkeiten abzuziehen sind[27] 21

- die vom (Rück-)Versicherungsunternehmen gehaltenen **eigenen Aktien**,
- **vorhersehbare Dividenden, Ausschüttungen und Entgelte**; dabei gelten Dividenden spätestens dann als vorhersehbar, wenn ein Gewinnverwendungsvorschlag i. S. d. § 170 Abs. 2 AktG vorliegt,
- die in Art. 69 lit. a i bis v Solva II-VO aufgeführten **Basiseigenmittel** der **Qualitätsklasse 1** sowie die in Art. 72 lit. a Solva II-VO und Art. 76 lit. a Solva II-VO genannten **Basiseigenmittel der Qualitätsklassen 2 und 3** sowie ggf. zusätzlich von der Aufsichtsbehörde darüber hinaus als Basiseigenmittelbestandteile einer der drei Qualitätsklassen genehmigte Beträge,
- sog. **„beschränkte Eigenmittelbestandteile“** i. S. d. Art. 70 Abs. 1 lit. e Solva II-VO, wobei diese nur bei Anwendung der Matching-Anpassung i. S. d. §§ 80 f. VAG bestehen und daher für das von in Deutschland ansässigen Versicherern üblicherweise betriebene Geschäft, wenn überhaupt, eine sehr untergeordnete Rolle spielen,
- die **Beteiligungen an Finanz- und Kreditinstituten**, die gemäß Art. 68 Solva II-VO abgezogen wurden, sofern deren Abzug nicht bereits im Rahmen des Abzugs der zuvor genannten Eigenmittelbestandteile erfolgt ist.

In Bezug auf die in § 89 Abs. 3 Nr. 2 VAG aufgeführten **nachrangigen Verbindlichkeiten** stellt sich die Frage, ob diese trotz der fehlenden Erwähnung im Gesetzeswortlaut auch die bis zum 31.12.2015 gemäß § 53c Abs. 3a i. V. m. Abs. 3c VAG a. F. anrechenbaren Beträge im Zusammenhang mit **Genussrechtskapital** umfassen. Genussrechtskapital führt in der Regel nach IFRS zu einer Verbindlichkeit und stellt daher in der Solvabilitätsübersicht keinen Bestandteil der Ausgleichsrücklage, sondern – wie die nachrangigen Verbindlichkeiten – eine Verbindlichkeit dar. An einer expliziten Regelung zur Behandlung von Genussrechtskapital fehlt es sowohl im VAG als auch auf den nachfolgenden Hierarchieebenen. Da es sich auch bei Genussrechtskapital um nachrangiges Kapital handelt, ist vor dem Hintergrund der dargestellten Charakteristika u. E. davon auszugehen, dass Genussrechtskapital für Zwecke der Solvabilitätsermittlung nach Solvabilität II gemäß den für nachrangige Verbindlichkeiten geltenden Bestimmungen zu behandeln ist. 22

In der Solvabilitätsübersicht werden zusätzlich zum **Gesamtbetrag der nachrangigen Verbindlichkeiten** die jeweiligen **Teilbeträge** ausgewiesen, die auf die nachrangigen Verbindlichkeiten entfallen, die in den Basiseigenmitteln aufgeführt werden sowie diejenigen, die nicht in den Basiseigenmitteln aufgeführt werden.[28] Da sich auch die nach Art. 68 Solva II-VO im Rahmen der Bestimmung der Basiseigenmittel **abzuziehenden Beträge aus Beteiligungen an Finanz- und Kreditinstituten** aus der Solvabilitätsübersicht ermitteln lassen, ist der **Gesamtbetrag der Basiseigenmittel** aus der **Solvabilitätsübersicht herleitbar**. 23

Das Erfordernis, Beträge aus **Beteiligungen an sowie nachrangigen Forderungen**[29] **gegenüber Finanz- und Kreditinstituten** im Rahmen der Ermittlung der Basiseigenmittel von dem sich auf Basis des § 89 Abs. 3 VAG ergebenden Betrag **abzuziehen**, ist aus § 89 VAG und den weiteren im VAG enthaltenen Eigenmittelvorschriften nicht ersichtlich, sondern ergibt sich ausschließlich aus **Art. 68 Solva II-VO**. Hintergrund für die Regelung stellt der Ausschluss des sog. Double Gearing, also der zweifachen Berücksichtigung von Eigenmitteln in unterschiedlichen Unternehmen, dar. Für den Abzug ist ein mehrstufiges Verfahren vorgesehen:[30] 24

- Art. 68 Abs. 1 Solva II-VO verlangt auf der **ersten Stufe** dieses Abzugsverfahrens zunächst, die Basiseigenmittel um den **vollständigen Betrag** aller der **Beteiligungen** zu reduzieren, die **jeweils**

[27] Zur folgenden Aufzählung vgl. Art. 70 Abs. 1 lit. a–f Solva II-VO.

[28] Vgl. DVO (EU) 2015/2450, Meldebogen S. 02.01.01 (Bilanz), EU-Abl. 2015, 36 ff.

[29] Der Wortlaut des Art. 92 Abs. 2 lit. b Solva II-RL schließt über die nachrangigen Forderungen hinaus auch Instrumente ein, auf die in Art. 63 u. Art. 64 RL 2006/48/EG Bezug genommen wird. Nachfolgend wird hier aber nur noch von „Beteiligungen“ gesprochen.

[30] Beim Beteiligungsabzug nach Art. 68 Abs. 1 u. 2 Solva II-VO sind zusätzlich die Bestimmungen der LL 6 u. 7 EIOPA-LL Behandlung von verbundenen Unternehmen, einschließlich Beteiligungen zu beachten; vgl. EIOPA-BoS-14/170 Rn. 1.32 f.

im Einzelnen **10 % der Summe** aus **eingezahltem Grundkapital bzw. Gründungsstock,** ggf. vorhandenen **Überschussfonds und** der **Ausgleichsrücklage** i. S. d. Art. 70 Solva II-VO **übersteigen**.

– Auf der **zweiten Stufe** sieht Art. 68 Abs. 2 Solva II-VO vor, dass zusätzlich der **Teil des Werts der Summe** aller **anderen**, nicht auf der ersten Stufe zum Abzug gebrachten **Beteiligungen** abzuziehen ist, der über **10 % der Summe** aus **eingezahltem Grundkapital bzw. Gründungsstock,** ggf. vorhandenen **Überschussfonds und** der **Ausgleichsrücklage** i. S. d. Art. 70 Solva II-VO **hinausgeht**. Dabei ist der sich auf diese Weise ergebende Abzugsbetrag gemäß Art. 68 Abs. 4 Solva II-VO anteilig auf die betroffenen Beteiligungen zu verteilen. Art. 68 Abs. 5 Solva II-VO bestimmt zur Reihenfolge des Abzugs von den Eigenmittelbestandteilen des Versicherungsunternehmens, dass diese sich danach zu richten hat, wie die Beteiligung jeweils die Eigenmittel des verbundenen Finanz- oder Kreditinstituts erhöht hat. Z. B. ist eine Beteiligung, die bei dem Kreditinstitut, an dem sie gehalten wird, zum harten Kernkapital gehört, beim Versicherer von den Basiseigenmittelbestandteilen Grundkapital oder Gründungsstock, Überschussfonds und Ausgleichsrücklage abzuziehen.[31]

– Eine **Ausnahme** besteht für solche **strategischen Beteiligungen an Finanz- und Kreditinstituten** i. S. d. Art. 171 Solva II-VO,[32] die in die zusätzliche Beaufsichtigung auf Basis eines **konsolidierten Abschlusses** auf **Finanzkonglomerats- oder Versicherungsgruppenebene** (im letztgenannten Fall anhand der sog. Methode 1 gemäß § 261 VAG sowie Art. 335 Solva II-VO) einbezogen werden. Auch unter Solvabilität I bestand nach § 53c Abs. 3 lit. d VAG a. F. eine Abzugspflicht für Beteiligungen an und Forderungen aus Genussrechten und nachrangigen Verbindlichkeiten gegenüber Kreditinstituten, Finanzdienstleistungsinstituten und Finanzunternehmen, die bei der Berechnung der Solo-Solvabilität von den anrechenbaren Eigenmitteln abzuziehen waren, es sei denn, das Versicherungsunternehmen war in die zusätzliche Beaufsichtigung auf Basis eines konsolidierten Abschlusses auf Finanzkonglomeratsebene einbezogen. Auch wenn sich die beiden Abzugsregelungen nach Solvabilität II und I voneinander unterscheiden, besteht eine Parallele darin, dass auch der nach § 53c Abs. 3 lit. d VAG a. F. geforderte Abzug bei Einbezug in die Beaufsichtigung auf Basis eines konsolidierten Abschlusses unterbleiben konnte.

Als **Beteiligungen** an Finanz- und Kreditinstituten sind aufgrund der Bezugnahme in Art. 68 Abs. 1 und 2 Solva II-VO auf den Art. 92 Abs. 2 Solva II-RL alle Beteiligungen an sowie nachrangige Forderungen gegenüber **Finanz- und Kreditinstituten**, die in Art. 4 Abs. 1 und 5 RL 2006/48/EG oder **Wertpapierfirmen**, die in Art. 4 Abs. 1 RL 2004/39/EG aufgeführt bzw. definiert sind, zu verstehen.[33] Dabei erstreckt sich die Definition nach LL 2 EIOPA-LL Behandlung von verbundenen Unternehmen, einschließlich Beteiligungen auch auf Institute, die „die in diesen Artikeln beschriebenen Funktionen oder Geschäftstätigkeiten ausüb(en), auch wenn das (jeweilige) Institut nicht diesen Richtlinien unterliegt."[34] Die Frage nach dem zugrunde zu legenden Beteiligungsbegriff lässt sich insofern nicht abschließend klären, als die Bezugnahme des Art. 92 Abs. 2 Solva II-RL auf „Beteiligungen (…) i. S. v. Abs. 1 lit. b…" mangels Vorhandensein eines Abs. 1 lit. b in der aktuellen Fassung des Art. 92 Solva II-RL ins Leere läuft. Vor dem Hintergrund der mutmaßlichen Zielsetzung der Regelung ist es sinnvoll, den umfassenden Beteiligungsbegriff des Art. 212 Abs. 1 lit. b und Abs. 2 Solva II-RL (umgesetzt im VAG im Rahmen der Definition des beteiligten Unternehmens in § 7 Nr. 4 VAG) zugrunde zu legen. Dieser umfasst sowohl Beteiligungen über das Halten von Kapital oder Stimmrechten von mindestens 20 % als auch solche, die bei Halten eines geringeren Anteils an einem Unternehmen deswegen als Beteiligung aufzufassen sind, weil nach Auffassung der Aufsichtsbehörde ein maßgeblicher Einfluss ausgeübt wird.

25 **V. Ergänzende Eigenmittel (Abs. 4).** In § 89 Abs. 4 S. 1 Hs. 1 VAG wird mit der Aussage, dass die **ergänzenden Eigenmittel** „solche (sind), die nicht zu den Basiseigenmitteln zählen", zunächst noch einmal die bereits in § 89 Abs. 2 VAG enthaltene Aussage mit anderen Worten wiederholt. Dies dient vermutlich dazu, das Augenmerk darauf zu lenken, dass Eigenmittelbestandteile, die nicht per definitionem zu den Basiseigenmitteln zählen, schon auf der ersten Stufe nur dann als Eigenmittel in Frage kommen können, wenn sie die Voraussetzungen für ergänzende Eigenmittel erfüllen und von der zuständigen **Aufsichtsbehörde** als solche **genehmigt** wurden.

26 § 89 Abs. 4 S. 1 Hs. 2 VAG definiert die zweite zentrale Voraussetzung für die Qualifikation als ergänzenden Eigenmittel. Diese besteht darin, dass die jeweiligen Eigenmittelbestandteile „zum Ausgleich von Verlusten eingefordert werden können". Um als ergänzende Eigenmittel prinzipiell genehmigungsfähig zu sein, reicht es damit aus, dass die **Möglichkeit** besteht, bei Bedarf, d. h. bei **Auftreten**

[31] Vgl. Art. 68 Abs. 5 lit. a Solva II-VO.

[32] Zur Bestimmung einer strategischen Beteiligung vgl. Art. 171 Solva II-VO sowie LL 3 EIOPA-LL Behandlung von verbundenen Unternehmen, einschließlich Beteiligungen; zur Prüfung der einzelnen Kriterien des Art. 171 Solva II-VO siehe *Dreher* WM 2016, 1317, 1369.

[33] Vgl. Art. 92 Abs. 2 lit. a Solva II-RL sowie LL 2 EIOPA-LL Behandlung von verbundenen Unternehmen, einschließlich Beteiligungen, EIOPA-BoS-14/170 Rn. 1.18.

[34] EIOPA-BoS-14/170 Rn. 1.18 S. 2.

von Verlusten, eingefordert zu werden. Das impliziert gleichzeitig eine Beschränkung der Zurechenbarkeit ergänzender Eigenmittel zu den Qualitätsklassen. Da die Art. 69 ff. Solva II-VO für die Zuordnung zur Qualitätsklasse 1 fordern, dass es sich um bereits eingezahlte Beträge handelt, nimmt die Aussage des § 89 Abs. 4 S. 1 Hs. 2 VAG indirekt vorweg, was § 93 Abs. 3 VAG dann explizit regelt: Ergänzende Eigenmittel dürfen höchstens in die **Qualitätsstufe 2** eingestuft werden.

Die in § 89 Abs. 4 S. 2 VAG enthaltene **Aufzählung konkreter Bestandteile ergänzender Eigenmittel** nennt neben dem **nicht eingezahlten und nicht eingeforderten Teil des Grundkapitals oder Gründungsstocks**, künftigen **Forderungen eines VVaG** mit variabler Nachschussverpflichtung („wenn er innerhalb von zwölf Monaten Nachschüsse einfordert") sowie **Kreditbriefen und Garantien** auch alle sonstigen Zahlungsverpflichtungen Dritter, auf die das Versicherungsunternehmen einen Rechtsanspruch hat. Insbesondere die Ausdehnung auf alle **sonstigen Zahlungsverpflichtungen** führt zu einer weiten Abgrenzung möglicher ergänzender Eigenmittelbestandteile. Die sich aus § 89 Abs. 4 S. 1 Hs. 2 VAG ergebende Einschränkung, dass es sich um **einforderbare Beträge** handeln muss, ändert hieran nichts. Als ergänzende Eigenmittel kommen insbesondere solche Beträge in Frage, die nicht Bestandteil der Solvabilitätsübersicht sind.[35] Daher lässt sich aus der expliziten Nennung des nicht eingezahlten und nicht eingeforderten Teils des Grundkapitals oder Gründungsstocks schlussfolgern, dass diese Beträge nach der Auffassung des Richtliniengebers **nicht in der Solvabilitätsübersicht erfasst** werden sollen.[36] Aus dem Wortlaut des § 89 Abs. 4 VAG insgesamt ergibt sich, dass die hier explizit genannten vier Varianten ergänzender Eigenmittel **nicht abschließend** sind, sondern es sich nur um Beispiele handelt, d. h. tatsächlich ist der Anwendungsbereich noch weiter. 27

Bezüglich der Möglichkeit für einen VVaG, in der Satzung vorgesehene **Nachschussverplichtungen** als ergänzende Eigenmittel genehmigen zu lassen, könnte man die Formulierung in § 89 Abs. 4 S. 2 VAG „wenn er innerhalb von zwölf Monaten Nachschüsse einfordert" so verstehen, dass gewährleistet sein muss, dass die Einforderung in den nächsten zwölf Monaten tatsächlich stattfinden wird. Die Tatsache, dass § 89 Abs. 4 S. 1 VAG eindeutig von „können" spricht („…zum Ausgleich von Verlusten eingefordert werden *können*") und dieses Verständnis von der englischen Fassung der Solva II-RL gedeckt wird, in deren Art. 89 Solva II-RL sich die Formulierung „may have" findet („ancillary own funds may also comprise any future claims which that association *may have* against its members by way of a call for supplementary contribution, within the following 12 month"), lässt aber keine Zweifel offen, dass die Möglichkeit zur Einforderung ausreicht. Bei § 89 Abs. 4 VAG handelt es sich insofern um die Nachfolgevorschrift zu § 53c Abs. 3 Nr. 5 lit. b VAG a. F., wenn auch in etwas veränderter Form. 28

§ 89 VAG geht durch den Verweis in § 89 Abs. 1 S. 3 VAG auf die §§ 94 und 95 VAG mittelbar darauf ein, dass sowohl Basiseigenmittel als auch ergänzende Eigenmittel auf Kriterien zur Einstufung in Qualitätsklassen hin zu überprüfen sind. Die für ergänzende Eigenmittel erforderliche Genehmigung regelt § 89 VAG weder unmittelbar noch mittelbar durch Verweis: Sie erschließt sich erst aus § 90 VAG. 29

VI. Umwandlung von ergänzenden Eigenmitteln zu Basiseigenmitteln (Abs. 5). § 89 Abs. 5 VAG stellt klar, dass eine Einzahlung oder Einforderung den Charakter ergänzender Eigenmittel so grundlegend ändert, dass der jeweilige Eigenmittelbestandteil ab dem Zeitpunkt der Einzahlung oder Einforderung einen in der Solvabilitätsübersicht auszuweisenden Vermögenswert darstellt, der für Zwecke der Solvabilität als Basiseigenmittelbestandteil aufzufassen ist. 30

D. h., um die Basiseigenmittel vollständig zu ermitteln, bedarf es über die Bestimmung der Höhe der in § 89 Abs. 3 VAG genannten Bestandteile hinaus auch einer Überprüfung der ergänzenden Eigenmittel daraufhin, ob es zum Stichtag zu einer Einzahlung oder Einforderung gekommen ist. Darüber, ob diese mögliche Ausweitung von Basiseigenmitteln als Ergänzung der Basiseigenmitteldefinition aufgefasst werden sollte, lässt sich diskutieren; mangels praktischer Relevanz für die Höhe der anrechenbaren Eigenmittel wird dieser Diskussion hier jedoch nicht weiter nachgegangen. 31

VII. Verhältnis zu anderen Regelungen des VAG. Es besteht eine enge Relation zwischen § 89 VAG und § 90 VAG, dessen Regelungsgegenstand, die Genehmigung ergänzender Eigenmittel, die notwendige Voraussetzung dafür bildet, dass es sich bei einem Eigenmittelbestandteil, der nicht zu den Basiseigenmitteln gehört, überhaupt um Eigenmittel handeln kann.[37] 32

Aber auch zu den §§ 91, 92 und 93 VAG mit den qualitativen Kriterien für die Einstufung der Eigenmittelbestandteile in Qualitätsklassen sowie den §§ 94 und 95 VAG, die die qualitativen Kriterien um quantitative Grenzen ergänzen, besteht eine Verbindung. 33

---

[35] Allein aus den Definitionen in § 89 Abs. 2, Abs. 3 sowie Abs. 4 S. 1 1. Hs. VAG ergibt sich dies noch nicht.

[36] S. dazu auch Kommentierung zu § 91 Rn. 18.

[37] Zu den sich aus den EIOPA-LL ergänzende Eigenmittel ergebenden zusätzlichen Genehmigungserfordernissen (vgl. LL 1) s. Kommentierung zu § 90 VAG.

Genehmigung ergänzender Eigenmittel

90 (1) **Ergänzende Eigenmittel dürfen nur mit vorheriger Genehmigung der Aufsichtsbehörde angesetzt werden.**

(2) [1] **Die Aufsichtsbehörde genehmigt entweder einen Betrag für jeden ergänzenden Eigenmittelbestandteil oder eine Methode zur Bestimmung des Betrags eines jeden Eigenmittelbestandteils.** [2] **Im letztgenannten Fall wird die Genehmigung nur für einen bestimmten Zeitraum erteilt und umfasst auch den nach dieser Methode ermittelten Betrag.**

(3) [1] **Der den einzelnen ergänzenden Eigenmittelbestandteilen zugeschriebene Betrag spiegelt die Verlustausgleichsfähigkeit des Bestandteils wider und gründet sich auf vorsichtige und realistische Annahmen.** [2] **Hat ein Eigenmittelbestandteil einen festen Nominalwert, so entspricht der Betrag dieses Bestandteils seinem Nominalwert, wenn dieser Betrag seine Verlustausgleichsfähigkeit angemessen widerspiegelt.**

(4) **Bei der Entscheidung über den Antrag auf Ansetzung ergänzender Eigenmittel berücksichtigt die Aufsichtsbehörde:**

1. die Fähigkeit und Bereitschaft der Gegenparteien zur Zahlung,

2. die Einforderbarkeit der Mittel unter Berücksichtigung der rechtlichen Ausgestaltung des Bestandteils und etwaiger sonstiger Umstände, die die erfolgreiche Einzahlung oder Einforderung dieses Bestandteils verhindern können, und

3. etwaige Informationen über das Ergebnis bisheriger Einforderungen des Versicherungsunternehmens für derartige ergänzende Eigenmittel, soweit diese Informationen auf verlässliche Weise verwendet werden können, um das erwartete Ergebnis künftiger Einforderungen zu bewerten.

Übersicht

1 **I. Allgemeines. 1. Entstehungsgeschichte.** § 90 wurde im Zuge der Novellierung des VAG durch das Gesetz zur Modernisierung der Finanzaufsicht über Versicherungen vom 1.4.2015[1] in das VAG eingefügt. Eine diesem konzeptionell entsprechende Vorschrift im VAG a. F. existiert nicht: Die gesamte Konzeption der Eigenmittelbestimmung wurde im Zuge der Einführung von Solvabilität II geändert, d. h. sowohl die Regelungen zur Unterscheidung von Basiseigenmitteln und ergänzenden Eigenmitteln des § 89 Abs. 2 bis 5 VAG[2] als auch die in § 90 VAG enthaltenen Vorschriften zur Genehmigung ergänzender Eigenmittel und die in den nachfolgenden §§ 91 ff. VAG geregelten Bestimmungen zur Einstufung in die drei Qualitätsklassen sind neu. Eine Möglichkeit, zusätzlich zu den gemäß § 53c Abs. 3 S. 1 Nr. 1 bis 4 VAG a. F. aufgrund gesetzlicher Bestimmungen bzw. Kriterien automatisch anrechenbaren Eigenmitteln auf Basis des § 53c Abs. 3 S. 1 Nr. 5 lit. a bis d VAG a. F. weitere Beträge als anrechenbare Eigenmittel genehmigen zu lassen, gab es indessen auch schon vor Solvabilität II. Dies betraf:

- die Hälfte des nicht eingezahlten Grundkapitals, Gründungsstocks oder des diesen Posten entsprechenden Postens, unter der Voraussetzung, dass 25 % eingezahlt waren,
- bei VVaG und nach dem Grundsatz der Gegenseitigkeit arbeitenden öffentlich-rechtlichen Versicherungsunternehmen, die nicht die Lebensversicherung oder Krankenversicherung betreiben, die Hälfte der Differenz zwischen den nach Satzung zulässigen und den tatsächlich geforderten Nachschüssen,
- die stillen Nettoreserven aus der Bewertung der Aktiva,
- bei Lebensversicherungsunternehmen die in den Beitrag eingerechneten Abschlusskosten, soweit sie nicht bereits in der Deckungsrückstellung berücksichtigt wurden.

2 **2. Normzweck.** Der Gegenstand des § 90 VAG besteht in der Regelung der Genehmigung ergänzender Eigenmittelbestandteile als solcher, die sich nicht unmittelbar aus der Solvabilitätsübersicht

[1] BGBl. 2015 I 434 v. 10.4.2015.
[2] Siehe Kommentierung zu § 89 VAG.

herleiten lassen. Trotz der Aussage des Richtliniengebers, dass es für die Anerkennung von Beträgen als (anrechenbare) Eigenmittel „unerheblich ist, ob diese bilanzieller oder außerbilanzieller Art sind“,[3] stellt die Anerkennung außerbilanzieller Eigenmittel eine Ergänzung des Konzepts der Bestimmung der Solvabilitätssituation eines Versicherungsunternehmens auf der Grundlage einer ökonomischen Bilanz dar. Es handelt sich um Beträge, die noch von Dritten eingefordert und eingezahlt werden müssen, um zur Verlusttragung zur Verfügung zu stehen.[4]

Zu den Inhalten der Genehmigung nennt § 90 Abs. 2 VAG die zwei grundsätzlich zulässigen Varianten: Dies ist entweder die **Genehmigung einzelner Beträge**, die dann als ergänzende Eigenmittel angerechnet werden dürfen oder die **Genehmigung einer Methode**, mit deren Hilfe der Betrag ergänzender Eigenmittel bestimmt wird, der zur Anrechnung kommen darf. Bei Genehmigung der Methode ist zudem der Zeitraum zu spezifizieren, für den die Genehmigung jeweils ausgesprochen wird. § 90 Abs. 3 VAG befasst sich mit der Anforderung an die ergänzenden Eigenmittelbestandteile, nur in der Höhe angesetzt zu werden, die der jeweiligen **Verlustausgleichsfähigkeit** entspricht; hier werden also qualitative Anforderungen definiert. In § 90 Abs. 4 VAG werden schließlich Kriterien genannt, die die BaFin bei ihrer Entscheidung über die Genehmigung eines ergänzenden Eigenmittelbestandteils zu berücksichtigen hat. 3

Nicht in § 90 VAG, sondern in den nachfolgenden Vorschriften, insbesondere in § 92 VAG, geregelt ist die Einstufung ergänzender Eigenmittel in die beiden hierfür zulässigen Qualitätsklassen.[5] 4

3. Europarechtlicher Hintergrund. § 90 VAG setzt Art. 90 Solva II-RL in deutsches Recht um. Die Vorschrift entspricht inhaltlich den Richtlinienvorgaben und wird teilweise wortgleich umgesetzt. Eine Abweichung zwischen den VAG-Regelungen und den Vorgaben der Richtlinie besteht lediglich formal in der Reihenfolge der Regelungen. 5

Art. 92 Abs. 1 lit. a Solva II-RL ermächtigt die EU-Kommission dazu, Durchführungsmaßnahmen zu erlassen, die Kriterien für die Gewährung der aufsichtlichen Genehmigung gemäß Art. 90 Solva II-RL festlegen. Die EU-Kommission hat auf dieser Grundlage die Art. 62 bis 67 Solva II-VO sowie die DVO (EU) 2015/499 erlassen. Darüber hinaus werden in den EIOPA-LL Ergänzende Eigenmittel weitere Details zur Genehmigung ergänzender Eigenmittel geregelt, die sich sowohl an die nationalen Aufsichtsbehörden als auch unmittelbar an die Versicherungsunternehmen richten.[6] 6

II. Genehmigungserfordernis (Abs. 1 VAG). Obschon bereits § 89 Abs. 4 VAG konkretisiert, welche Eigenmittelarten ggf. als ergänzende Eigenmittelbestandteile in Frage kommen, wird das **Genehmigungserfordernis** erst hier, in der nachfolgenden Vorschrift, geregelt. Dabei lässt der Wortlaut des § 90 Abs. 1 VAG offen, ob bzw. inwiefern die BaFin bei ihrer Genehmigung auch die **Kriterien zur Einstufung in Qualitätsklassen** berücksichtigen muss. Zu beachten ist, dass es sich bei der Genehmigung durch die Aufsichtsbehörde um einen begünstigenden Verwaltungsakt handelt. Insoweit ist der nachfolgend beschriebene Ermessensspielraum bei der Beurteilung der Genehmigungsfähigkeit eingeschränkt und die mangelnde Bestimmtheit der Vorgaben kann eine Ablehnung eines Antrages erschweren. Im Grundsatz gilt für die Genehmigung ergänzender Eigenmittel ein **zweistufiges Genehmigungsverfahren**: § 90 Abs. 1 VAG regelt die Genehmigung, die dafür erforderlich ist, **dass** ein bestimmter **ergänzender**, d. h. sich nicht aus der Solvabilitätsübersicht ergebender **Eigenmittelbestandteil, überhaupt** als **Eigenmittel** gelten darf. § 91 Abs. 5 S. 1 VAG bestimmt, dass die **Einstufung,** sowohl der Basis- als auch der ergänzenden Eigenmittel, in eine der drei **Qualitätsklassen** zu **genehmigen** ist. Dabei sind die in § 91 Abs. 5 S. 2 VAG benannten Ausnahmen zu beachten, wonach für alle die Eigenmittelbestandteile, die in der Solva II-VO explizit einer Qualitätsklasse zugeordnet werden, keine aufsichtliche Genehmigung der Einstufung erforderlich ist. Dies ändert indessen nichts daran, dass auch diese Eigenmittelbestandteile nur bei Erfüllung der entsprechenden Merkmale und Eigenschaften überhaupt als Eigenmittel der jeweiligen Qualitätsklasse aufgefasst und im Rahmen der Erfüllung der Solvabilitäts- bzw. Mindestkapitalanforderung berücksichtigt werden dürfen. 7

In Bezug auf die **ergänzenden Eigenmittel** nennt **Art. 74 Solva II-VO** alle die Bestandteile, die bei Erfüllung der entsprechenden Merkmale und Eigenschaften als Eigenmittel der **Qualitätsklasse 2** aufgefasst werden dürfen. Für diese Bestandteile ist damit **ausschließlich** die **grundlegende Genehmigung als ergänzender Eigenmittelbestandteil** nach § 90 Abs. 1 VAG erforderlich. Für die anderen, nicht in Art. 74 Solva II-VO aufgeführten ergänzenden Eigenmittelbestandteile verpflichtet LL 1 EIOPA-LL Ergänzende Eigenmittel die Unternehmen dazu, zuerst die Genehmigung der Zuordnung zu den Qualitätsklassen zu ersuchen und erst im zweiten Schritt einen Antrag auf Genehmigung als ergänzender Eigenmittelbestandteil zu stellen.[7] Der an Versicherer und Aufsichtsbehörde gleichermaßen gerichtete Hinweis in der Einleitung zu den EIOPA-LL Ergänzende Eigenmittel auf die erforderliche 8

[3] Erwägungsgrund 47 zur Solva II-RL.
[4] Vgl. Begr. VAG-RegE 2014, BT-Drs. 18/2956, 261.
[5] S. Kommentierung zu § 92 VAG Rn. 29 ff.
[6] Vgl. EIOPA-BoS-14/167; zum Fehlen einer Auslegungsentscheidung der BaFin s. § 89 Rn. 11.
[7] Vgl. EIOPA-BoS-14/167 Rn. 1.12.

laufende Kommunikation zwischen Aufsichtsbehörden und Unternehmen[8] bereits *vor* der Einreichung eines formalen Genehmigungsantrages, unterstreicht die Anforderung der LL 1, dass die Notwendigkeit der zwei Genehmigungen im Rahmen dieser Kommunikation zu berücksichtigen sei.[9] So wird gewährleistet, dass der Aufsichtsbehörde bei Einreichen des Antrags zur Genehmigung als ergänzender Eigenmittelbestandteil alle zur übergreifenden Beurteilung notwendigen Unterlagen vorliegen.

9 Art. 74 Solva II-VO nennt folgende ergänzende Eigenmittelbestandteile der **Qualitätsklasse 2**, die nach Genehmigung gemäß § 90 Abs. 1 VAG anrechnungsfähig sind, sofern sie bei Unterstellung einer fiktiven Einzahlung[10] die für Basiseigenmittel der Qualitätsklasse 1 erforderlichen Merkmale erfüllen:[11]

– nicht eingezahltes und nicht eingefordertes Grundkapital,
– nicht eingezahlter und nicht eingeforderter Gründungsstock bzw. Mitgliederbeiträge oder entsprechender Basiseigenmittelbestandteil bei VVaG,
– nicht eingezahlte und nicht eingeforderte Vorzugsaktien,
– rechtsverbindliche Verpflichtung, nachrangige Verbindlichkeiten zu zeichnen und zu begleichen,
– Akkreditive und Garantien, die von einem unabhängigen Treuhänder zugunsten von Versicherungsgläubigern treuhänderisch verwaltet und von Kreditinstituten ausgestellt werden sowie alle anderen, sofern sie frei von Belastungen sind,
– alle künftigen Ansprüche von VVaG oder diesen ähnlichen Vereinen, die diese gegenüber ihren Mitgliedern durch Aufforderung zur Beitragsnachzahlung innerhalb der nächsten zwölf Monate geltend machen können, sofern sie frei von Belastungen sind,
– sonstige rechtlich bindende Verpflichtungen, die das Versicherungsunternehmen erhalten hat, sofern sie frei von Belastungen sind.

10 Zur Genehmigung von Eigenmitteln der **Qualitätsklasse 3** fehlt es an einer der des Art. 74 Solva II-VO entsprechenden Auflistung. Vielmehr bestimmt Art. 78 Solva II-VO, dass alle die ergänzenden Eigenmittelbestandteile, die von der Aufsichtsbehörde als solche, d. h. auf der ersten Stufe,[12] genehmigt wurden, als Eigenmittel der Qualitätsklasse 3 eingestuft werden, falls sie die für Basiseigenmittel der Qualitätsklasse 1 geltenden Merkmale nicht erfüllen.[13] Da die Unternehmen andererseits gemäß LL 1 EIOPA-LL Ergänzende Eigenmittel den Antrag zur Genehmigung der Einstufung vor dem Antrag auf Genehmigung des Eigenmittelbestandteils als solches stellen sollen, entsteht ein hoher Ermessensspielraum für die Aufsichtsbehörde bei der Beurteilung der Frage, ob die für eine Klassifizierung in Qualitätsklasse 3 erforderlichen Eigenschaften von einem zur Genehmigung vorgelegten ergänzenden Eigenmittelbestandteil vermutlich erfüllt werden oder nicht.[14]

11 **III. Betragsmäßige versus Methodengenehmigung (Abs. 2).** § 90 Abs. 2 S. 1 VAG spezifiziert, dass sich das **Genehmigungsverfahren** entweder auf die Genehmigung jeweils eines bestimmten **Betrags** ergänzender Eigenmittel oder auf eine **Methode** zu dessen Bestimmung zu beziehen hat. In § 90 Abs. 2 S. 2 VAG wird dargelegt, dass bei Genehmigung einer Methode die Genehmigung zum einen nur zeitlich begrenzt ausgesprochen werden darf und zum anderen gleichzeitig auch der sich bei Anwendung der genehmigten Methode jeweils ergebende Betrag genehmigt wird.

12 Weitere Details zur Genehmigung von Betrag oder Methode regeln vor allem die Solva II-VO sowie die in der DVO (EU) 2015/499 enthaltenen technischen Durchführungsstandards, vereinzelt auch die EIOPA-LL ergänzende Eigenmittel:[15] Zur **Genehmigung eines bestimmten Betrags** stellt Art. 66 Abs. 1 Solva II-VO klar, dass die jeweiligen nationalen Aufsichtsbehörden keinen unbegrenzten Betrag ergänzender Eigenmittel genehmigen dürfen. Außerdem haben sie gemäß Art. 66 Abs. 2 Solva II-VO in ihrer Entscheidung anzugeben, ob sie den vom Versicherungsunternehmen jeweils zur Genehmigung vorgelegten Betrag oder einen geringeren Betrag genehmigen. Handelt es sich bei dem genehmigten Betrag um einen geringeren Betrag als den zur Genehmigung vorgelegten oder wird der Antrag abgelehnt, dann hat die Aufsichtsbehörde nach Art. 6 DVO (EU) 2015/499 die Gründe für ihre Entscheidung darzulegen.

13 Bei **Genehmigung einer Methode** verpflichtet Art. 67 lit. a Solva II-VO die Aufsichtsbehörde zunächst dazu, in ihrer Entscheidung den Betrag des ergänzenden Eigenmittelbestandteils anzugeben, der sich zum Zeitpunkt der Genehmigung anhand der Methode ermitteln lässt. Darüber hinaus muss die Entscheidung gemäß Art. 67 lit. b und c Solva II-VO eine Angabe zur Mindestfrequenz enthalten, wenn eine Neuberechnung häufiger als einmal pro Jahr vorgenommen werden soll. Auch der Zeitraum, auf den sich die Genehmigung der Methode erstreckt, ist zu nennen. Ob das bedeutet, dass die Genehmi-

[8] S. auch Erwägungsgrund 7 DVO (EU) 2015/499.
[9] Vgl. EIOPA-BoS-14/167 Rn. 1.7.
[10] Vgl. Begr. VAG-RegE 2014, BT-Drs. 18/2956, 261; zur Einstufung ergänzender Eigenmittel in die Qualitätsklasse 2 siehe ausführlicher Kommentierung zu § 92 VAG Rn. 29 ff.
[11] S. hierzu ausführlicher Kommentierung zu § 92 VAG.
[12] S. Rn. 7.
[13] Vgl. Art. 78 i. V. m. Art. 75 und Art. 71, 69 Solva II-VO.
[14] S. ausführlicher Kommentierung zu § 92 Rn. 33 ff.
[15] Zu Letztgenannten siehe EIOPA-BoS-14/167.

gung einer Methode nur befristet erfolgen kann, ist aus der Regelung nicht ersichtlich. Auch die Solva II-RL und das Gesetz enthalten keine diesbezüglichen Regelungen.

Die Unternehmen müssen ihrerseits zuvor in ihrem Antrag auf Genehmigung einer Berechnungsmethode der Aufsichtsbehörde sowohl die Methode und alle Annahmen erläutern, auf die sich diese stützt, als auch den erwarteten Anfangsbetrag des Eigenmittelbestandteils angeben, der sich aus der Anwendung der Methode ergibt.[16] Zudem fordert Art. 3 UAbs. 3 lit. c DVO (EU) 2015/499 die Angabe einer **Begründung für den erwarteten Anfangsbetrag**. Angesichts der Tatsache, dass es an einer weiteren Konkretisierung oder Beispielen fehlt und die Erläuterung der Methode und der zugrunde liegenden Annahmen bereits explizit in Art. 3 UAbs. 3 lit. a und b DVO (EU) 2015/499 als von den Unternehmen in den Antrag aufzunehmende Bestandteile genannt sind, bleibt unklar, welche Angaben der BaFin[17] einzureichen sind. Schließlich verpflichtet Art. 3 UAbs. 3 lit. d DVO (EU) 2015/499 die Unternehmen im Rahmen der Antragstellung zur **Erläuterung der Validierungsverfahren**, die das Unternehmen anwenden möchte, damit „die nach der Methode ermittelten Ergebnisse die Verlustausgleichsfähigkeit des Eigenmittelbestandteils (…) kontinuierlich widerspiegeln." In diesem Punkt geht die DVO (EU) 2015/499 über die Solva II-RL und die gesetzlichen Bestimmungen hinaus. 14

Art. 6 DVO (EU) 2015/499 ermöglicht den nationalen Aufsichtsbehörden die Genehmigung ergänzender Eigenmittel auch dann, wenn der Vertrag, in dessen Folge die Eigenmittel entstehen, noch nicht abgeschlossen wurde. In diesem Fall darf die Aufsichtsbehörde den durch den Vertrag entstehenden Betrag ergänzender Eigenmittel unter dem **Vorbehalt des Vertragsabschlusses** genehmigen. Das die Genehmigung beantragende Versicherungsunternehmen hat im Gegenzug den entsprechenden Vertrag jeweils unverzüglich zu genau den Bedingungen abzuschließen, unter denen die Genehmigung erteilt wurde und der Aufsichtsbehörde eine Kopie des unterzeichneten Vertrags zuzusenden. Erst nach Abschluss des Vertrags darf der ergänzende Eigenmittelbestandteil, der infolge des Vertrags entsteht, als zulässig betrachtet und angesetzt werden. Die DVO verwendet für die zulässige Zeitspanne, die zwischen der aufsichtlichen Genehmigung unter Vorbehalt und dem Vertragsabschluss liegen darf, den Rechtsbegriff „unverzüglich", ohne dass dies im Rahmen der von der EIOPA im Zuge der Entwicklung der Standards durchgeführten Konsultation thematisiert wurde.[18] LL 2 EIOPA-LL ergänzende Eigenmittel bestimmt, dass die Unternehmen den Vertrag jeweils nicht später als 15 Werktage nach Gewährung der Genehmigung formell abschließen sollten, es sei denn, sie haben mit der zuständigen nationalen Aufsichtsbehörde vorab einen längeren Zeitraum schriftlich vereinbart.[19] Hiermit wird den Unternehmen in der Verwaltungspraxis eine Frist eingeräumt, in der keine Beanstandung erfolgt. Unverschuldete Verzögerungen sind aber auch darüber hinaus nicht zu beanstanden. 15

Die Pflicht zum unverzüglichen Vertragsabschluss macht deutlich, dass eine Genehmigung ergänzender Eigenmittel weit im Voraus für einen Eigenmittelbestandteil, der sich aus einem zu einem zukünftigen Zeitpunkt geplanten Vertragsabschluss ergibt, unzulässig ist. Der Antrag muss mit der Absicht verbunden sein und weiter verfolgt werden, den Vertrag schnellstmöglich abzuschließen. Damit ist es ausgeschlossen, auf Basis der Vorschrift des Art. 6 DVO (EU) 2015/499 **Notreserven** für möglicherweise in Zukunft auftretende Unterdeckungen des SCR und/oder MCR aufzubauen, indem man sich auf Basis von Vertragsentwürfen, bei denen lediglich der Zeitpunkt des Vertragsabschlusses offen bleibt, „auf Vorrat" ergänzende Eigenmittel genehmigen lässt. 16

Zur Änderung oder Aufhebung der Genehmigung eines ergänzenden Eigenmittelbestandteils ist die jeweils zuständige nationale Aufsichtsbehörde nach Art. 7 DVO (EU) 2015/499 dann – und nur dann – berechtigt, wenn die für die Genehmigung erforderlichen Voraussetzungen nicht mehr erfüllt sind. Sie kann in diesem Fall einen genehmigten Betrag verringern oder auf Null senken bzw. die für eine Berechnungsmethode erteilte Genehmigung aufheben. Die Möglichkeit, von Seiten der Aufsichtsbehörde eine **Modifikation der Berechnungsmethode** zu verlangen, ist hingegen nicht vorgesehen. Spiegelbildlich fehlt es in den Rechtsgrundlagen auch an entsprechenden Rechten für die Unternehmen, die Änderung einer einmal genehmigten Berechnungsmethode zu beantragen. Demnach bleibt einem Unternehmen, das beabsichtigt, Änderungen an einer einmal genehmigten Berechnungsmethode vorzunehmen, nur die Möglichkeit eines vollständig neuen Antrags. 17

IV. Verlustausgleichsfähigkeit als Maßstab für die Höhe der ergänzenden Eigenmittelbestandteile (Abs. 3). In § 90 Abs. 3 S. 1 VAG wird eine **qualitative Anforderung** an ergänzende Eigenmittelbestandteile formuliert: Demnach müssen die als ergänzende Eigenmittelbestandteile genehmigten Beträge jeweils die Verlustausgleichsfähigkeit des zu beurteilenden Eigenmittelbestandteils widerspiegeln und sich auf **vorsichtige und realistische Annahmen** gründen. Dabei wird durch die gleichzeitige Nennung der beiden Adjektive „vorsichtig" und „realistisch" klargestellt, dass die Vorschrift nicht 18

[16] Vgl. Art. 3 UAbs. 3 lit. a–c DVO (EU) 2015/499.

[17] Siehe *BaFin*, Antragsformular für Anträge auf Genehmigung ergänzender Eigenmittel (abrufbar unter bafin.de).

[18] Vgl. Final Report on Public Consultation No. 14/004 on the Implementing Technical Standard (ITS) on procedures for granting supervisory approval of ancillary own funds, EIOPA-BoS-14/140.

[19] Vgl. EIOPA-BoS-14/167 Rn. 1.12.

übermäßig vorsichtige Annahmen abdeckt, sondern nur solche, die im Sinne der tatsächlich zu erwartenden Entwicklung vorsichtig gesetzt sind.

19 Eine Konkretisierung dazu, anhand welcher **Kriterien** das beantragende Unternehmen bzw. die Aufsichtsbehörde jeweils nachweisen bzw. überprüfen soll, ob bzw. dass die Verlustausgleichsfähigkeit eines ergänzenden Eigenmittelbestandteils in hinreichendem Umfang vorliegt, enthalten § 90 Abs. 4 VAG und die technischen Regulierungsstandards der Solva II-VO sowie die entsprechenden technischen Durchführungsstandards und EIOPA-LL Ergänzende Eigenmittel. Dabei enthalten die Durchführungsstandards insbesondere Anforderungen an die von den Unternehmen der Aufsichtsbehörde zu übermittelnden Informationen und konkretisieren auf diese Weise indirekt, was für die Beurteilung einer angemessenen Verlustausgleichsfähigkeit ausschlaggebend sein soll. Weder die Kriterien des § 90 Abs. 4 VAG noch die Anforderungen der Regulierungsstandards, der Durchführungsstandards und der EIOPA-LL Ergänzende Eigenmittel sind aber abschließend.

20 Bei Beantragung einer Methode sieht Art. 3 UAbs. 3 lit. a DVO (EU) 2015/499 im Zuge der Erläuterung der Methode auch Angaben dazu vor, wie diese die **Verlustausgleichsfähigkeit** des ergänzenden Eigenmittelbestandteils widerspiegelt. Damit gilt auch für den Fall der Beantragung einer Methode, dass die Verlustausgleichsfähigkeit des Eigenmittelbestandteils gegeben sein muss.

21 Art. 4 DVO (EU) 2015/499 sieht **Angaben zur Art und zur Verlustausgleichsfähigkeit** des **Basiseigenmittelbestandteils** vor, in den sich der **ergänzende Eigenmittelbestandteil** im Fall der **Einforderung** verwandelt: Diese umfassen Angaben zu den jeweils zugrunde liegenden Verträgen (etwa deren rechtliche und vertragliche Bedingungen, Rechtsverbindlichkeit und Durchsetzbarkeit, Gültigkeitszeitraum bzw. alternativ – falls abweichend – Zeitraum einer möglichen Einforderung)[20] sowie zu den Eigenmittelbestandteilen selbst (etwa Aufweisen der Merkmale eines Basiseigenmittelbestandteils der Qualitätsklasse 1 oder 2, Fehlen von Negativanreizen in Bezug auf die Einforderung im Verlustfall, fehlende Übertragbarkeit oder Zurechenbarkeit auf eine andere Partei, die Einforderbarkeit einschränkende Faktoren (unter Berücksichtigung der Stressfaktoren), etwaige Zahlungsverpflichtungen während der Vertragslaufzeit).[21] Außerdem ist der nach MaGo verpflichtend zu erstellende[22] mittelfristige **Kapitalmanagementplan** vorzulegen.[23]

22 Im Hinblick auf die Frage, ob ein Antrag schließlich genehmigt werden kann, sind – abgesehen von den für die Einstufung in Qualitätsklassen relevanten Kriterien des § 91 VAG[24] – auch die das Kriterium der Verlustausgleichsfähigkeit konkretisierenden, in § 90 Abs. 4 VAG genannten, Anforderungen zu beachten, einschließlich der umfassenden Spezifizierungen auf den nachfolgenden Regelungsebenen.

23 **V. Weitere bei der Genehmigung zu beachtende Kriterien (Abs. 4).** Nach § 90 Abs. 4 VAG hat die **Aufsichtsbehörde bei ihrer Entscheidungsfindung** über einen Antrag zur Genehmigung ergänzender Eigenmittel **auf jeden Fall** Folgendes **zu berücksichtigen:**

– die Fähigkeit und Bereitschaft der Gegenparteien zur Zahlung des ergänzenden Eigenmittelbestandteils (§ 90 Abs. 4 Nr. 1 VAG),
– die Einforderbarkeit der Mittel (unter Berücksichtigung der rechtlichen Ausgestaltung sowie sonstiger Umstände, die die Einzahlung oder Einforderung verhindern könnten) (§ 90 Abs. 4 Nr. 2 VAG),
– etwaige Informationen über das Ergebnis bisheriger Einforderungen für vergleichbare ergänzende Eigenmittel (um das erwartete Ergebnis zukünftiger Einforderungen zu bewerten) (§ 90 Abs. 4 Nr. 3 VAG).

Alle in § 90 Abs. 4 VAG genannten Unterpunkte spielen für die Verlustausgleichsfähigkeit eines Eigenmittelbestandteils eine entscheidende Rolle und können daher als eine **Konkretisierung der in § 90 Abs. 3 VAG enthaltenen Anforderung** verstanden werden.[25]

24 Zu der in **§ 90 Abs. 4 Nr. 1 VAG** genannten **Zahlungsfähigkeit der Gegenparteien** legt Art. 63 Abs. 1 Solva II-VO fest, dass diese zum einen anhand des Ausfallrisikos der Gegenparteien und zum anderen anhand des Risikos zu beurteilen ist, „dass eine Verzögerung bei der Erfüllung der Verpflichtungen der Gegenparteien in Bezug auf den ergänzenden Eigenmittelbestandteil einen Ausfall verursacht."[26]

25 Zur Beurteilung des **Ausfallrisikos der Gegenparteien** sind die Ausfallwahrscheinlichkeit sowie die Ausfallhöhe zu überprüfen.[27] Hierbei sind die Bonität der Gegenparteien sowie folgende Faktoren zu berücksichtigen, die einer Erfüllung der Verpflichtung aus dem Eigenmittelbestandteil ggf. entgegenstehen könnten:[28]

---

[20] Vgl. Art. 4 UAbs. 2 lit. a–c DVO (EU) 2015/499.
[21] Vgl. Art. 4 UAbs. 2 lit. d–h DVO (EU) 2015/499.
[22] Vgl. BaFin-Rundschreiben 2/2017 – Mindestanforderungen an die Geschäftsorganisation von Versicherungsunternehmen (MaGo) Abschnitt 11.5, Rn. 224 ff.
[23] Vgl. Art. 4 UAbs. 2 lit. i DVO (EU) 2015/499.
[24] S. Kommentierung zu § 91 VAG.
[25] S. auch Kommentierung zu § 90 Abs. 3 VAG.
[26] Art. 63 Abs. 1 lit. b Solva II-VO.
[27] Vgl. Art. 63 Abs. 2 Solva II-VO.
[28] Vgl. Art. 63 Abs. 2 lit. a–f Solva II-VO.

– praktische oder rechtliche Hindernisse, die zum gegenwärtigen Zeitpunkt oder in absehbarer Zukunft bestehen,
– rechtliche oder regulatorische Anforderungen, die die Fähigkeit, die Verpflichtungen zu erfüllen, einschränken,
– Rechtsform der Gegenparteien,
– andere Risikopositionen, denen die Gegenparteien ausgesetzt sind und die ihre Fähigkeit, die Verpflichtungen zu erfüllen, einschränken,
– Recht, die Verpflichtung aus dem ergänzenden Eigenmittelbestandteil gegen andere Verpflichtungen aufzurechnen, die ihnen das jeweilige Versicherungsunternehmen schuldet.

Zur Beurteilung, ob ggf. eine **zeitliche Verzögerung der Erfüllung der aus dem ergänzenden Eigenmittelbestandteil resultierenden Verpflichtung** einen Ausfall verursacht, ist die Liquiditätsposition der Gegenparteien zu beurteilen. Hierbei ist gem. Art. 63 Abs. 3 lit. a-c Solva II-VO zu berücksichtigen: 26
– ob gegenwärtig oder in absehbarer Zukunft praktische oder rechtliche Hindernisse existieren, die einer „prompten Erfüllung der in Bezug auf den ergänzenden Eigenmittelbestandteil bestehenden Verpflichtung" entgegenstehen,
– ob die Gegenparteien durch rechtliche oder regulatorische Anforderungen in ihrer Fähigkeit eingeschränkt sein könnten, die Verpflichtungen prompt zu erfüllen,
– ob die Rechtsform der Gegenpartei die prompte Erfüllung der Verpflichtung beeinträchtigt.

Darüber hinaus ist bei der Beurteilung der Zahlungsfähigkeit der Gegenparteien die **Bandbreite der Umstände** zu beachten, unter denen der ergänzende Eigenmittelbestandteil eingefordert werden kann.[29] Auch **ggf. bestehende Positiv- oder Negativanreize**, die sich auf die Bereitschaft der Gegenparteien zur Erfüllung ihrer Verpflichtungen in Bezug auf den ergänzenden Eigenmittelbestandteil auswirken können, sind zu berücksichtigen.[30] Zudem ist zu überprüfen, ob ggf. **frühere Transaktionen** des den ergänzenden Eigenmittelbestandteil beantragenden Versicherungsunternehmens mit der jeweiligen Gegenpartei einen Hinweis auf deren Bereitschaft geben können, die gegenwärtigen Verpflichtungen im Zusammenhang mit dem ergänzenden Eigenmittelbestandteil zu erfüllen.[31] Schließlich sind alle **„sonstigen Faktoren"** in die Betrachtung einzubeziehen, sofern diese als relevant erachtet werden. Dazu zählen nicht nur solche, die sich auf die Gegenpartei beziehen, sondern auch das Geschäftsmodell des Versicherungsunternehmens, das in Art. 63 Abs. 5 Solva II-VO explizit genannt wird. 27

Im Fall einer **Gruppe von Gegenparteien** ist es unter bestimmten Voraussetzungen zulässig, die Gruppe bei der Beurteilung ihrer Zahlungsfähigkeit und -bereitschaft wie eine einzelne Gegenpartei zu behandeln.[32] Davon kann z. B. im Fall gesamtschuldnerischer Haftung oder bei Vorliegen gruppenbezogener Ratings ausgegangen werden. Die Zulässigkeit der zusammengefassten Betrachtung im Zusammenhang mit der Beurteilung ergänzender Eigenmittel entspricht der Behandlung von Gruppen von Gegenparteien bei der Ermittlung des SCR mit Hilfe der Standardformel. Diese ermöglicht eine Zusammenfassung von Risikoexponierungen gegenüber Einzeladressen – ebenfalls nur bei Erfüllung bestimmter, in der Solva II-VO definierter Voraussetzungen – im Untermodul Marktrisikokonzentrationen.[33] 28

In Bezug auf die in § 90 Abs. 4 Nr. 2 VAG enthaltene Anforderung der **Einforderbarkeit der Mittel** hat die Aufsichtsbehörde gemäß Art. 64 Solva II-VO bei ihrer Beurteilung zu berücksichtigen, ob 29
– Risikominderungstechniken in Form von Sicherheiten oder Vereinbarungen vorhanden sind, durch die die Einforderbarkeit der Mittel erhöht wird,
– gegenwärtig oder in absehbarer Zukunft praktische oder rechtliche Hindernisse der Einforderbarkeit entgegenstehen (äquivalent zu dem im Zuge der Beurteilung der Zahlungsfähigkeit der Gegenparteien jeweils zu berücksichtigenden Kriterium),
– die Einforderbarkeit rechtlichen oder regulatorischen Anforderungen unterliegt,
– das Versicherungsunternehmen Maßnahmen ergreifen kann, um die Erfüllung der Verpflichtungen durch die jeweilige(n) Gegenpartei(en) durchzusetzen.[34]

Die Regelung des § 90 Abs. 4 Nr. 2 VAG fordert zusätzlich die Berücksichtigung **„etwaiger sonstiger Umstände**, die die erfolgreiche Einzahlung oder Einforderung des Eigenmittelbestandteils verhindern können." Diese Vorschrift ist eine **Auffangregelung**. Alles, was nicht an anderer Stelle explizit benannt wird, die Einzahlung oder Einforderung eines ergänzenden Eigenmittelbestandteils aber verhindern könnte, muss hiernach Berücksichtigung finden. 30

[29] Vgl. Art. 63 Abs. 4 lit. a Solva II-VO.
[30] Vgl. Art. 63 Abs. 4 lit. b Solva II-VO.
[31] Vgl. Art. 63 Abs. 4 lit. c Solva II-VO.
[32] Vgl. Art. 63 Abs. 6 Solva II-VO.
[33] S. hierzu Art. 182 ff. Solva II-VO.
[34] Vgl. Art. 64 lit. a–d Solva II-VO.

31 In Bezug auf solche **Mittel**, die **auf Verlangen eingefordert** werden können, stellt LL 3 EIOPA-LL Ergänzende Eigenmittel weitere Anforderungen, im Wesentlichen an die Unternehmen, aber auch an die Aufsichtsbehörden. So sollten die Unternehmen z. B. dafür Sorge tragen, dass die Einforderung „nicht von einem Ereignis oder der Erfüllung von Kriterien" abhängt und „nicht der Zustimmung der Gegenpartei oder einer anderen, dritten Partei bedarf."[35] Die Aufsichtsbehörden werden dazu aufgefordert, bei der Bewertung künftiger Ansprüche durch VVaG oder ähnliche Vereine mit variablen Beiträgen zu prüfen, ob hinsichtlich der Ansprüche, die zur Deckung von Verlusten herangezogen werden sollen, „keine Hindernisse" vorliegen.[36]

32 Zusätzlich zu den Informationen über die Einforderbarkeit der jeweils zur Genehmigung vorgelegten ergänzenden Eigenmittelbestandteile hat die Aufsichtsbehörde nach § 90 Abs. 4 Nr. 3 VAG auch **Informationen über das Ergebnis bisheriger Einforderungen** zu berücksichtigen, falls diese im Hinblick auf die aktuelle Genehmigung Aussagekraft besitzen. Davon ist dem Gesetzeswortlaut nach auszugehen, „soweit diese Informationen auf verlässliche Weise verwendet werden können, um das erwartete Ergebnis künftiger Einforderungen zu bewerten."[37] In Art. 65 Solva II-VO wird diese Voraussetzung dahingehend erläutert, dass die Aufsichtsbehörden bei ihrer Beurteilung von Informationen über frühere Einforderungen zu berücksichtigen haben, ob es überhaupt frühere Einforderungen bei denselben oder ähnlichen Gegenparteien unter denselben oder ähnlichen Umständen gegeben hat.[38] Wann eine Gegenpartei oder ein Umstand in diesem Zusammenhang als „ähnlich" aufzufassen ist, wird nicht näher bestimmt. Art. 65 lit. b Solva II-VO stellt klar, dass die Informationen „im Hinblick auf das erwartete Ergebnis künftiger Einforderungen relevant und verlässlich" sein müssen, d. h. das im Gesetz bereits genannte Kriterium der Verlässlichkeit wird durch „Relevanz" ergänzt.

33 Auch im Rahmen der Festlegung der Informationen, die die Unternehmen der Aufsichtsbehörde bei der Beantragung eines ergänzenden Eigenmittelbestandteils über frühere Einforderungen zur Verfügung stellen müssen, erfolgt keine Konkretisierung der in Gesetz und Solva II-VO genannten Begriffe: Art. 4 UAbs. 7 DVO (EU) 2015/499 fordert Angaben über Erfahrungen mit früheren Einforderungen oder der Erhebung anderer Beträge von denselben oder ähnlichen Gegenparteien unter denselben oder ähnlichen Bedingungen und wiederholt damit im Wesentlichen die bereits in der Solva II-VO getroffene Regelung.

34 Im Ergebnis verbleibt für die Aufsichtsbehörde ein **Beurteilungsspielraum** bei der Entscheidung, ob bzw. in welchem Umfang sie die Erfüllung des Kriteriums bejahen und die **Möglichkeit einer Genehmigung des ergänzenden Eigenmittelbestandteils** insofern aufrechterhalten möchte. Eine abschließende Beurteilung bedarf ohnehin nicht nur der Berücksichtigung der in § 90 VAG enthaltenen Kriterien, sondern gleichzeitig der Einschätzung im Hinblick auf die Zuordnung zu einer der Qualitätsklassen.[39]

35 Neben den inhaltlichen existieren auch eine Reihe von formalen Anforderungen, die mit Hilfe technischer Durchführungsstandards geregelt werden: Diese betreffen z. B. die in Art. 4 UAbs. 9 DVO (EU) 499/2015 genannte Verpflichtung für die Unternehmen, dem Antrag auf die Genehmigung ergänzender Eigenmittel „Belege über [den] internen Entscheidungsprozess im Zusammenhang mit diesem Antrag" beizufügen sowie zahlreiche Festlegungen zum Entscheidungsprozedere, einschließlich Fristigkeiten, in Art. 5 DVO (EU) 499/2015.

36 **VI. Verhältnis zu anderen Regelungen des VAG.** Abgesehen von der engen Beziehung zum § 89 VAG, der in § 89 Abs. 4 VAG exemplarisch Eigenmittelbestandteile nennt, die für eine Genehmigung in Frage kommen, besteht ein enger Zusammenhang zu den nachfolgenden Vorschriften der §§ 91 bis 93 VAG zur Einstufung der Eigenmittel in Qualitätsklassen, die die Aufsichtsbehörden bei der Beurteilung eines Antrags auf Basis des § 90 VAG vorab berücksichtigen müssen.

Einstufung der Eigenmittelbestandteile

91 (1) **Die Versicherungsunternehmen haben ihre Eigenmittelbestandteile in drei Qualitätsklassen einzustufen.**

(2) **Die Einstufung der Eigenmittelbestandteile richtet sich danach, ob es sich um Basiseigenmittel oder um ergänzende Eigenmittel handelt und inwieweit sie**

1. verfügbar oder einforderbar sind, um Verluste bei Unternehmensfortführung und im Fall der Liquidation vollständig aufzufangen und

2. im Fall der Liquidation nachrangig gegenüber allen anderen Verbindlichkeiten sind.

[35] Vgl. EIOPA-BoS-14/167, Rn. 1.14.
[36] Vgl. EIOPA-BoS-14/167, Rn. 1.15.
[37] § 90 Abs. 4 Nr. 3 VAG.
[38] Vgl. Art. 65 lit. a Solva II-VO.
[39] Siehe oben Rn. 7.

(3) [1]**Bei der Beurteilung, inwieweit Eigenmittelbestandteile die in Absatz 2 genannten Merkmale gegenwärtig und in Zukunft aufweisen, ist ihre Laufzeit zu berücksichtigen.** [2]**Im Fall einer befristeten Laufzeit ist ein Vergleich der befristeten Laufzeit mit der durchschnittlichen Laufzeit der Versicherungsverpflichtungen des Unternehmens in die Betrachtung mit einzubeziehen.**

(4) **Zusätzlich ist zu berücksichtigen, ob und inwieweit ein Eigenmittelbestandteil frei ist von**

1. Verpflichtungen oder Anreizen zur Rückzahlung des Nominalbetrags,
2. obligatorischen festen Kosten und
3. sonstigen Belastungen.

(5) [1]**Die Einstufung bedarf der Genehmigung durch die Aufsichtsbehörde.** [2]**Das gilt nicht für Eigenmittelbestandteile, deren Einstufung in delegierten Rechtsakten der Europäischen Kommission bekannt gemacht wird.**

Übersicht

Schrifttum: Gründl/Kraft/*Gründl/Schlütter* S. 44 f.

1 **I. Allgemeines. 1. Entstehungsgeschichte.** § 91 VAG wurde im Zuge der Novellierung des VAG durch das Gesetz zur Modernisierung der Finanzaufsicht über Versicherungen vom 1.4.2015[1] in das VAG eingefügt. Wie bei allen Vorschriften des novellierten VAG, die Regelungen zu den Eigenmitteln und zu Kapitalanforderungen festlegen, handelt es sich auch bei § 91 VAG um eine in dieser Form **neue Vorschrift** zur Umsetzung von Solvabilität II. Die **Konzeption der Eigenmittelbestimmung** wurde im Zuge der Einführung von Solvabilität II **weitreichend geändert**. Im Unterschied zu der in § 53c Abs. 3 S. 1 VAG a. F. enthaltenen Auflistung von Eigenmittelbestandteilen, die als anrechenbar gelten, sieht Solvabilität II **drei Qualitätsklassen** vor, in die Eigenmittelbestandteile eingestuft werden müssen, nennt aber – zumindest im Gesetz – keine konkreten Bestandteile.

2 **2. Normzweck.** Die Vorschrift des § 91 VAG stellt die grundlegende Vorschrift zur Einstufung der Eigenmittelbestandteile in die sog. **Qualitätsklassen („Tiers")** dar, denn sie enthält neben der Regelung des § 91 Abs. 1 VAG, **dass** eine **Einstufung in eine der drei Klassen** zu erfolgen hat, auch die **Kriterien**, nach denen sich die Einstufung richtet. Diese lassen sich in zwei „Stränge" gliedern: Zum einen ist für die Einstufung in die Qualitätsklassen gemäß § 91 Abs. 2 VAG relevant, ob es sich um **Basiseigenmittel** i. S. d. § 89 Abs. 3 u. 5 VAG oder **ergänzende Eigenmittel** i. S. d. § 89 Abs. 4 VAG handelt. Zum anderen sind die in § 91 Abs. 2 Nr. 1 VAG enthaltene **Verfügbarkeit bzw. Einforderbarkeit zum Verlustausgleich** sowie die in § 91 Abs. 2 Nr. 2 VAG geregelte **Nachrangigkeit** als **„Merkmale"** für die Einstufung zu nennen. Dabei bestehen Wechselwirkungen zwischen den Kriterien der beiden „Stränge" insofern, als aus der Erfüllung der Merkmale für einen Basiseigenmittelbestandteil die Einstufung in eine andere Qualitätsklasse folgt als für einen ergänzenden Eigenmittelbestandteil. Welche Qualitätsklasse für Basis- sowie ergänzende Eigenmittel aus welchem Erfüllungsgrad der Merkmale jeweils resultiert, ergibt sich aber erst aus § 92 VAG.

3 § 91 Abs. 3 VAG soll gewährleisten, dass bei der Beurteilung der Frage, ob bzw. inwieweit ein Eigenmittelbestandteil die Merkmale der Verfügbarkeit und/oder der Nachrangigkeit erfüllt, die **Laufzeit** des den Eigenmittelbestandteil begründenden Vertrags berücksichtigt wird. § 91 Abs. 3 S. 2 VAG bestimmt, dass bei **befristeten Laufzeiten** zudem ein **Vergleich** mit den **durchschnittlichen Laufzeiten** zu erfolgen hat, die die **Versicherungsverpflichtungen** des Unternehmens aufweisen.

4 Über die in § 91 Abs. 2 VAG genannten Merkmale hinaus legt § 91 Abs. 4 VAG zusätzliche, in der Solva II-RL als **„Eigenschaften"** bezeichnete Charakteristika fest, die bei der Einstufung in eine der drei Qualitätsklassen eine Rolle spielen: Dies sind das Bestehen von **Rückzahlungsanreizen bzw.**

[1] BGBl. 2015 I 434.

–verpflichtungen, **obligatorischen festen Kosten** sowie **sonstigen Belastungen**. In § 91 Abs. 5 VAG wird zusätzlich zur Festlegung des Genehmigungserfordernisses für ergänzende Eigenmittel des § 90 VAG geregelt, dass im **Grundsatz** auch die **Einstufung in eine der Qualitätsklassen** der **Genehmigung** durch die **Aufsichtsbehörde** bedarf. § 91 Abs. 5 S. 2 VAG stellt klar, dass solche Eigenmittelbestandteile hiervon ausgenommen sind, die in den delegierten Rechtsakten, d. h. der Solva II-VO, explizit genannt und einer der Qualitätsklassen zugeordnet werden.

5 **3. Europarechtlicher Hintergrund.** Mit § 91 VAG werden **Art. 93 und 95 Solva II-RL** in deutsches Recht umgesetzt. § 91 Abs. 1 und 2 VAG entsprechen inhaltlich und nahezu wortgleich Art. 93 Abs. 1 Solva II-RL, mit folgenden Unterschieden: Zum einen wird im VAG von „Qualitätsklassen" gesprochen, während die Solva II-RL die Begriffe „Klassen" bzw. – als Klammerzusatz in der Überschrift des Art. 95 Solva II-RL – auch in der deutschsprachigen Fassung die Bezeichnung „Tiers" verwendet. Darüber hinaus bezeichnet Art. 93 Abs. 1 Solva II-RL die hier enthaltenen, für eine Anrechenbarkeit erforderlichen Charakteristika als **„Merkmale"**, während dieser Begriff in § 91 Abs. 2 VAG fehlt. Zudem enthält die Richtlinie mit „ständige Verfügbarkeit" und „Nachrangigkeit" auch jeweils eine **Kurzbezeichnung**, auf deren Übernahme der deutsche Gesetzgeber bei der Umsetzung im VAG verzichtet hat.

6 § 91 Abs. 3 VAG setzt Art. 93 Abs. 2 S. 1 Solva II-RL um; auch hier verwendet die Solva II-RL mit „ausreichende Laufzeit" eine Kurzbezeichnung, die nicht in das VAG übernommen wird. § 91 Abs. 4 VAG entspricht inhaltlich und nahezu wortgleich Art. 93 Abs. 2 der Solva II-RL, wobei auch hier Unterschiede zur Richtlinie darin bestehen, dass für die **„Eigenschaften"** Kurzbezeichnungen verwendet werden. § 91 Abs. 5 VAG transformiert schließlich Art. 95 Solva II-RL in deutsches Recht. Dabei verweist § 91 Abs. 5 VAG in Bezug auf diejenigen Eigenmittelbestandteile, deren Einstufung nicht der Genehmigungspflicht durch die Aufsichtsbehörde unterliegt, auf die delegierten Rechtsakte, verzichtet aber auf die Nennung des zugrundeliegenden Art. 97 Solva II-RL, auf den Art. 95 Solva II-RL verweist.

7 Die in § 91 Abs. 2 bis 4 VAG für die Einstufung eines Eigenmittelbestandteils geforderten **Merkmale und Eigenschaften** werden in der **Solva II-VO** umfassend konkretisiert. Die **Art. 71, 73, 75 und 77 Solva II-VO** brechen die übergeordneten Formulierungen aus Solva II-RL und VAG auf **überprüfbare Kriterien** herunter. Dabei dienen sie der Umsetzung des **§ 92 VAG** mindestens in gleichem Maße wie der des § 91 VAG.[2]

8 Zudem enthalten die **Art. 69, 72, 74, 76 und 78 Solva II-VO** jeweils die **Eigenmittelbestandteile**, für die es gemäß § 91 Abs. 5 VAG bei Erfüllung der Merkmale **keiner Genehmigung der Einstufung** in die jeweilige **Qualitätsklasse** durch die Aufsichtsbehörde bedarf. Der auf der Ermächtigungsgrundlage des Art. 92 Abs. 1 lit. a Solva II-RL erlassene Art. 79 Solva II-VO trifft schließlich Regelungen zu Anforderungen an die Aufsichtsbehörden bei Genehmigung der Bewertung und Einstufung von Eigenmittelbestandteilen.

9 Die EIOPA hat zur weiteren Konkretisierung der in den Art. 69–73, 76, 77, 79 sowie 82[3] Solva II-VO genannten Kriterien die **EIOPA-LL Einstufung der Eigenmittel**[4] veröffentlicht. In diesen Leitlinien legt die EIOPA zusätzlich zu den Bestimmungen, die DVO (EU) 499/2015 in Bezug auf die allgemeine Genehmigung ergänzender Eigenmittelbestandteile enthält, auch die Anforderungen an das **Prozedere der Antragstellung**, Anforderungen an das **Anschreiben** sowie die zu erbringenden **Nachweise** zur **Genehmigung der Einstufung** solcher Eigenmittelbestandteile fest, die nicht in den Listen der Art. 69, 72, 74, 76 und 78 Solva II-VO enthalten sind. Außerdem bestimmt die EIOPA in den EIOPA-LL Einstufung der Eigenmittel die Anforderungen, die die **nationalen Aufsichtsbehörden** in Bezug auf die zur Genehmigung der Einstufung von Eigenmittelbestandteilen in Qualitätsklassen einzurichtenden **Verfahren** zu erfüllen haben. Eine AE der BaFin existiert nicht, da die BaFin die Anforderungen der EIOPA-LL Einstufung der Eigenmittel als bereits im VAG umgesetzt ansieht.[5]

10 **II. Erfordernis der Einstufung der Eigenmittelbestandteile in Qualitätsklassen (Abs. 1).** § 91 Abs. 1 VAG verpflichtet die Unternehmen dazu, die Eigenmittel, die sie auf die Bedeckung der Soll-Solvabilität anrechnen möchten, einer der drei Qualitätsklassen zuzuordnen. Die **Zuordnung zu einer der Qualitätsklassen** ist eine **notwendige Bedingung** für die **Verwendung** der Eigenmittelbestandteile zur **Bedeckung der Soll-Solvabilität**, denn ohne sie ist es unter anderem nicht möglich, die Einhaltung der quantitativen Grenzen der §§ 94 und 95 VAG zu beurteilen. Da die Vorschrift allgemein von „Eigenmittelbestandteilen" spricht, gilt dies für Basiseigenmittel und ergänzende Eigenmittel gleichermaßen.

---

[2] S. Kommentierung zu § 92 VAG.

[3] Art. 82 Solva II-VO konkretisiert die in § 92 VAG geregelten quantitativen Anrechenbarkeitsbestimmungen. S. Kommentierung zu § 92 VAG.

[4] EIOPA-BoS-14/168.

[5] S. hierzu *EIOPA*, Compliance Tabelle mit den Antworten der BaFin zu den EIOA-LL Einstufung der Eigenmittel (abrufbar unter eiopa.europa.eu).

III. Merkmale zur Einstufung (Abs. 2). Gemäß § 91 Abs. 2 VAG hängt die Einstufung in eine der Qualitätsklassen zunächst davon ab, ob es sich um **Basiseigenmittel** i. S. d. § 89 Abs. 3 u. 5 VAG oder **ergänzende Eigenmittel** i. S. d. § 89 Abs. 4 VAG handelt. § 91 Abs. 2 Nr. 1 u. 2 VAG führt zudem **zwei Merkmale** auf, die zusätzlich zur Zugehörigkeit zu den Basiseigenmitteln oder den ergänzenden Eigenmitteln darüber entscheiden, welcher Qualitätsklasse die Eigenmittel zuzuordnen sind: **Verfügbarkeit bzw. Einforderbarkeit** zum Ausgleich von Verlusten bei Unternehmensfortführung oder Liquidation und **Nachrangigkeit**. 11

§ 91 Abs. 2 Nr. 1 und 2 VAG nennt die beiden Merkmale ausschließlich, definiert sie aber nicht. Damit ist es nicht möglich, ausschließlich anhand von § 91 Abs. 2 VAG Eigenmittel den drei Qualitätsklassen zuzuordnen. Dies ist § 92 VAG vorbehalten, der die beiden „Kriterienstränge" miteinander verknüpft und eine Zuordnung zu den Qualitätsklassen ermöglicht. 12

IV. Berücksichtigung der Laufzeit zur Erfüllung der Merkmale (Abs. 3). § 91 Abs. 3 VAG ergänzt die in § 91 Abs. 2 VAG enthaltene Beschreibung der beiden für die Eigenmitteleinstufung relevanten Merkmale Verfügbarkeit/Einforderbarkeit zur Verlustdeckung und Nachrangigkeit um die Konkretisierung oder das Erfordernis, dass die **Laufzeit** der Eigenmittelbestandteile bei der Beurteilung zu berücksichtigen ist, inwieweit die Merkmale erfüllt sind. Auch für die Berücksichtigung der Laufzeit gilt aber, dass es nicht möglich ist, aus § 91 Abs. 3 VAG abzuleiten, wie sich eine konkrete (Rest-)Laufzeit eines Eigenmittelbestandteils auf dessen Anrechenbarkeit zu einer bestimmten Qualitätsklasse auswirkt. Die Nennung konkreter Laufzeiten erfolgt im Rahmen der ausführlichen Spezifizierung der für bestimmte Qualitätsklassen geltenden Einstufungskriterien in Art. 71, 73 und 77 Solva II-VO.[6] 13

§ 91 Abs. 3 S. 2 VAG legt fest, dass im Fall einer **befristeten Laufzeit** auch ein **Vergleich** der Laufzeit des Eigenmittelbestandteils mit der **durchschnittlichen Laufzeit der Versicherungsverpflichtungen** in die Beantwortung der Frage einzubeziehen ist, zu welcher Qualitätsklasse von Eigenmitteln der Eigenmittelbestandteil gehören kann. An einer Konkretisierung, wie die Unternehmen diese Anforderung umsetzen bzw. die Aufsichtsbehörde sie überprüfen soll, fehlt es sowohl im Gesetz als auch in den Rechtsgrundlagen der nachgeordneten Ebenen. Die Festlegung der Anforderung im Gesetz führt aber zumindest dazu, dass der geforderte Vergleich einen Bestandteil des unternehmensinternen Entscheidungsprozesses darstellen sollte, der vom Unternehmen gemäß Art. 4 UAbs. 9 DVO (EU) 499/2015 im Rahmen der Antragstellung gegenüber der Aufsichtsbehörde zu belegen ist. 14

V. Zusätzliche Kriterien zur Einstufung (Abs. 4). § 91 Abs. 4 VAG legt **drei** zusätzlich zu den in § 91 Abs. 2 VAG enthaltenen Merkmalen bei der Einstufung von Eigenmittelbestandteilen zu den drei Qualitätsklassen zu berücksichtigende **Kriterien** fest, die in der Solva II-RL (wie auch nachfolgend in dieser Kommentierung) als **Eigenschaften** bezeichnet werden. Dabei handelt es sich um **die Anforderung** an den jeweiligen Eigenmittelbestandteil, 15

- frei von Verpflichtungen oder Anreizen zur Rückzahlung des Nominalbetrags zu sein **(keine Rückzahlungsanreize),**
- keine obligatorischen festen Kosten zu verursachen **(keine obligatorischen laufenden Kosten)** oder
- nicht mit sonstigen Belastungen verbunden zu sein **(keine Belastungen).**[7]

VI. Genehmigung der Einstufung durch die Aufsichtsbehörde (Abs. 5). Über das in § 90 Abs. 1 VAG für ergänzende Eigenmittel geltende grundsätzliche **Genehmigungserfordernis** hinaus konstituiert § 91 Abs. 5 VAG ein zusätzliches für die **Einstufung in Qualitätsklassen**, das sich nicht nur auf die ergänzenden Eigenmittel bezieht, sondern auch die Basiseigenmittel umfasst. 16

Erforderlich ist die **Genehmigung der Einstufung** von Eigenmittelbestandteilen aber **nur** in Bezug auf die Eigenmittelbestandteile, die **nicht** in einer der **Listen der Solva II-VO** enthalten sind.[8] Hinsichtlich der in den **Art. 69, 72, 76 und 78 Solva II-VO** genannten Eigenmittelbestandteile obliegt die **Beurteilung** der Zugehörigkeit zu einer bestimmten **Qualitätsklasse** den **Unternehmen selbst** d. h. für sie bedarf es keiner Genehmigung der Einstufung auf Basis des § 91 Abs. 5 S. 1 VAG. Jeweils getrennt für die einzelnen Qualitätsklassen sowie danach, ob es sich um einen Basiseigenmittelbestandteil oder einen Bestandteil der ergänzenden Eigenmittel handelt, nennt: 17

(1) **Art. 69 Solva II-VO** als mögliche **Basiseigenmittel**, die der **Qualitätsklasse 1** zuzuordnen sind: 18

- eingezahltes Grundkapital und zugehöriges Emissionsagiokonto bzw. bei VVaG eingezahlter Gründungsstock, Mitgliederbeiträge oder entsprechende Basiseigenmittelbestandteile;
- eingezahlte nachrangige Mitgliederkonten von VVaG;
- Überschussfonds, die gemäß § 93 Abs. 1 VAG nicht als Verbindlichkeiten aufgefasst werden;
- eingezahlte Vorzugsaktien und zugehöriges Emissionsagiokonto;

---

[6] S. hierzu Kommentierung zu § 92 VAG.
[7] Zu den Kurzbezeichnungen in Klammern vgl. jeweils Art. 93 Abs. 2 UAbs. 2 lit. a bis c Solva II-RL.
[8] Vgl. auch Begr. VAG-RegE 2014, BT-Drs. 18/2956, 261.

– Ausgleichsrücklage i. S. d. Art. 70 Solva II-VO;
– eingezahlte nachrangige Verbindlichkeiten, die gemäß Art. 75 Solva II-RL (umgesetzt in § 74 VAG) bewertet werden, d. h. in der Solvabilitätsübersicht angesetzt sind.

(2) **Art. 72 Solva II-VO** als mögliche **Basiseigenmittel**, die der **Qualitätsklasse 2** zuzuordnen sind:
– (nicht eingezahltes) Grundkapital und zugehöriges Emissionsagiokonto bzw. bei VVaG (nicht eingezahlter) Gründungsstock, Mitgliederbeiträge oder entsprechende Basiseigenmittelbestandteile;
– (nicht eingezahlte) nachrangige Mitgliederkonten von VVaG; (nicht eingezahlte) Vorzugsaktien und zugehöriges Emissionsagiokonto;
– (nicht eingezahlte) nachrangige Verbindlichkeiten, in Höhe des in der Solvabilitätsübersicht angesetzten Wertes.

(3) **Art. 74 Solva II-VO** als mögliche **ergänzende Eigenmittel**, die der **Qualitätsklasse 2** zuzuordnen sind:
– nicht eingezahltes und nicht eingefordertes Grundkapital, das auf Verlangen eingefordert werden kann bzw. bei VVaG nicht eingezahlter und nicht eingeforderter Gründungsstock, Mitgliederbeiträge oder entsprechende Basiseigenmittelbestandteile, die auf Verlangen eingefordert werden können; dabei macht die Nennung dieser Beträge in der Aufzählung des Art. 74 Solva II-VO deutlich, dass nach Auffassung des Verordnungsgebers eine Berücksichtigung in der Solvabilitätsübersicht nicht erfolgen soll;[9]
– nicht eingezahlte und nicht eingeforderte Vorzugsaktien, die auf Verlagen eingefordert werden können;
– eine rechtsverbindliche Verpflichtung, auf Verlangen nachrangige Verbindlichkeiten zu zeichnen oder zu begleichen;
– Akkreditive und Garantien, die zugunsten von Versicherungsgläubigern von einem unabhängigen Treuhänder treuhänderisch verwaltet werden;
– Akkreditive und Garantien, sofern die Bestandteile bei Bedarf eingefordert werden können und frei von Belastungen sind;
– bei von Reedern gegründeten VVaG i. S. d. Art. 74 lit. g Solva II-VO alle künftigen Ansprüche, die sie gegenüber ihren Mitgliedern während der folgenden zwölf Monate mittels Aufforderung der Beitragsnachzahlung geltend machen können;
– bei VVaG alle künftigen Ansprüche, die sie gegenüber ihren Mitgliedern während der folgenden zwölf Monate mittels Aufforderung der Beitragsnachzahlung geltend machen können, sofern eine Einforderung bei Bedarf erfolgen kann und frei von Belastungen ist;
– sonstige rechtlich bindende Verpflichtungen, die das (Rück-)Versicherungsunternehmen erhalten hat, sofern der Bestandteil bei Bedarf eingefordert werden kann und frei von Belastungen ist.

(4) **Art. 76 Solva II-VO** als mögliche **Basiseigenmittel**, die der **Qualitätsklasse 3** zuzuordnen sind:
– (nicht eingezahlte) nachrangige Mitgliederkonten von VVaG;
– (nicht eingezahlte und nicht eingeforderte) Vorzugsaktien und zugehöriges Emissionsagiokonto;
– ein Betrag in Höhe des Werts der latenten Netto-Steueransprüche;
– (nicht eingezahlte) nachrangige Verbindlichkeiten, die anhand von Solvabilität II-Bewertungsmaßstäben bewertet werden.

19 Die **Beurteilung**, ob ein in einer der Listen aufgeführter Eigenmittelbestandteil tatsächlich der in der Solva II-VO vorgeschlagenen Qualitätsklasse zugerechnet werden darf, haben die **Unternehmen** anhand der in den **Art. 71, 73, 75 und 77 Solva II-VO** enthaltenen detaillierten Kriterien vorzunehmen, die die Merkmale des § 91 Abs. 2 VAG, das Kriterium einer ausreichenden Laufzeit nach § 91 Abs. 3 VAG, die Eigenschaften des § 91 Abs. 4 VAG und deren in § 92 VAG geregelte jeweilige Zuordnung zu Qualitätsklassen konkretisieren.[10]

20 Aufgrund des umfassenden Charakters der in der Solva II-VO explizit aufgelisteten Eigenmittelbestandteile[11] wird ein **Großteil** der **unter Solvabilität I anerkannten Eigenmittelbestandteile** in einer der Listen in Art. 69, 72, 74 und 76 Solva II-VO enthalten sein, sodass aufgrund der durch die Nennung in den Listen klaren Zuordnung zu einer der Qualitätsklassen eine **Genehmigung der Einstufung i. d. R. nicht notwendig** sein wird.[12]

21 Ausweislich der Gesetzesbegründung wurde das Genehmigungserfordernis geschaffen, um möglichen **Kapitalmarktinnovationen** in Bezug auf Eigenmittelinstrumente Rechnung zu tragen.[13]

---

[9] Eine Erwähnung dieser Beträge als ergänzende Eigenmittel erfolgt bereits in § 89 Abs. 4 VAG, wenn auch ohne konkrete Zuordnung zu einer Qualitätsstufe; s. auch Kommentierung zu § 89 VAG Rn. 27.
[10] Zu den Inhalten der detaillierten Kriterien s. Kommentierung zu § 92.
[11] S. Rn. 18.
[12] Vgl. Begr. VAG-RegE 2014, BT-Drs. 18/2956, 261.
[13] Vgl. Begr. VAG-RegE 2014, BT-Drs. 18/2956, 261.

VII. Anforderungen an die Antragstellung. Neben den inhaltlichen Nachweisen, die bei der Beantragung ergänzender Eigenmittel zu erbringen sind, existieren auch zahlreiche **formale Anforderungen** an den zu stellenden **Antrag**, die zwar nicht im Gesetz geregelt, aber auf den nachfolgenden Ebenen festgelegt sind, allgemein in Form von Art. 1 bis 4 DVO (EU) 499/2015 sowie in Bezug auf die Genehmigung der Einstufung ergänzender Eigenmittel in Qualitätsklassen zusätzlich in den LL 21 bis 23 der EIOPA-LL Einstufung der Eigenmittel. Dies gilt auch für die **Bearbeitung des Antrags durch die Aufsichtsbehörde**, einschließlich der Information der jeweiligen Entscheidung an das Antrag stellende Unternehmen, die die Art. 62 bis 67 Solva II-VO, Art. 5 ff. DVO (EU) 499/2015 sowie für die Genehmigung der Einstufung in die Qualitätsklassen zusätzlich LL 24 bis 26 EIOPA-LL Einstufung der Eigenmittel umfassend regeln. 22

Die von den Unternehmen bei der **Beantragung eines ergänzenden Eigenmittelbestandteils** zu beachtenden Anforderungen umfassen: [14] 23

- **Anschreiben** und **Belege** als verpflichtende Bestandteile des Antrags.
- **Schriftform** und Verwendung einer der EU-Amtssprachen.
- In Bezug auf die Genehmigung der Einstufung ergänzender Eigenmittel in die Qualitätsklassen: Vorherige **Genehmigung durch den Vorstand** bzw. die Geschäftsleitung gemäß LL 21 EIOPA LL Einstufung der Eigenmittel (einschließlich Beleg über die Genehmigung).

Zu den **Inhalten des Anschreibens** spezifiziert Art. 2 lit. a DVO (EU) 499/2015 zunächst, dass dieses u. a. auch eine **Erklärung des Unternehmens** dazu enthalten muss, dass „alle für den jeweiligen Eigenmittelbestandteil geltenden **rechtlichen oder vertraglichen Grundlagen**“[15] nach Auffassung des beantragenden Versicherungsunternehmen „**eindeutig und klar definiert**“ sind. In Bezug auf die rechtlichen Bestimmungen könnte eine solche Aussage ggf. bei neuartigen Verträgen Probleme bereiten, bspw. wenn sich die maßgebliche Gesetzgebung noch in der Entwicklung befindet; eine Berücksichtigung noch nicht abgeschlossener Gesetzesmaßnahmen ist nicht ausgeschlossen, solange ein entsprechender Abschluss des Gesetzgebungsverfahrens erwartet werden kann und klar ist, dass die gesetzliche Maßnahme den Sachverhalt abdecken wird. Darüber hinaus ist in dem Anschreiben[16] 24

- zu bestätigen, dass der beantragte Betrag die **Verlustausgleichsfähigkeit** des Bestandteils **widerspiegelt** und auf vorsichtigen und realistischen Annahmen basiert,
- die **wirtschaftliche Substanz** des ergänzenden Eigenmittelbestandteils sowie die „Art und Weise wie daraus bei Einforderung Basiseigenmittel werden“ darzulegen,
- zu bestätigen, dass das Unternehmen von einer **Erfüllung der Kriterien für die Einstufung** in die **Qualitätsklassen** ausgeht,
- zu bestätigen, dass **keine Fakten verschwiegen** wurden, die die Beurteilung des Antrags durch die **Aufsichtsbehörde beeinflussen** könnten.

Für die Genehmigung der Einstufung in die Qualitätsklassen hat das Unternehmen außerdem noch zu erklären, dass die jeweils für den zu genehmigenden Eigenmittelbestandteil **relevanten Merkmale** der Art. 71, 73 und 77 der Solva II-VO **erfüllt** und die der Aufsichtsbehörde zur Verfügung gestellten **Informationen** auch in diesem Punkt **vollständig** sind.[17] Außerdem hat das Anschreiben, mit dem die Einstufung in eine Qualitätsklasse beantragt wird, eine **Auflistung aller anderen Anträge** zu **allen** in **§ 355 VAG** genannten **genehmigungspflichtigen Sachverhalten** zu enthalten, die bereits von dem Unternehmen **eingereicht** wurden **oder** deren Einreichung in den **nächsten sechs Monaten geplant** ist.[18] Hierzu zählen z. B. die Genehmigung: 25

- unternehmensspezifischer Parameter gemäß § 109 Abs. 2 VAG,
- ergänzender Eigenmittel einer zwischengeschalteten Versicherungs-Holdinggesellschaft oder gemischten Finanzholding-Gesellschaft gemäß § 257 Abs. 2 VAG,
- der Verwendung der Volatilitätsanpassung für die maßgebliche risikofreie Zinsstrukturkurve gemäß § 82 VAG sowie
- der Anwendung der Übergangsmaßnahme bei risikofreien Zinsen nach § 351 VAG oder der Übergangsmaßnahme bei versicherungstechnischen Rückstellungen nach § 352 VAG.[19]

Die in das Anschreiben aufgenommenen Aussagen sind durch entsprechende **Nachweise** zu untermauern.[20] In Bezug auf die Genehmigung der Einstufung in eine der Qualitätsklassen ist bspw. zu 26

---

[14] Vgl. Art. 1 sowie Art. 3 u. 4 DVO (EU) 499/2015 sowie EIOPA LL 21 EIOPA LL Einstufung der Eigenmittel, EIOPA-BoS-14/168 Rn. 1.77.

[15] Die in LL 22 EIOPA-LL Einstufung der Eigenmittel verwendete Formulierung „ gesetzliche und vertragliche Bedingungen“ ist u. E. als Synonym aufzufassen.

[16] Zu den nachfolgenden vier Punkten vgl. DVO (EU) 499/2015 Art. 2 lit. b–d.

[17] Vgl. EIOPA-BoS-14/168, Rn. 1.78.

[18] Vgl. EIOPA-BoS-14/168, Rn. 1.79, wobei die LL auf die europäische Rechtsgrundlage des Art. 308a Solva II-RL referenzieren.

[19] Vgl. § 355 Abs. 1 Nr. 1, 3, 5, 8–10 VAG.

[20] Zu den für die allgemeine Genehmigung des ergänzenden Eigenmittelbestandteils, also die Genehmigung auf der ersten Stufe, zu erbringenden Nachweisen siehe Kommentierung zu § 90 VAG.

erläutern, wie der zu genehmigende Eigenmittelbestandteil zur **Kapitalstruktur** des Unternehmens **beiträgt**. Es ist u. a. sowohl eine Beschreibung des Basiseigenmittelbestandteils vorzulegen als auch die **vertraglichen Bedingungen** der Vereinbarung, auf der der Eigenmittelbestandteil basiert.[21]

27 Die **Art. 62–67 Solva II-VO** legen die **Umstände** fest, die die **Aufsichtsbehörden** bei der **grundsätzlichen Genehmigung** eines **ergänzenden Eigenmittelbestandteils** (Genehmigung der ersten Stufe) berücksichtigen müssen. Diese reichen von rechtlichen Grundlagen, wie rechtliche Durchsetzbarkeit und Wirksamkeit, vertragliche Bedingungen, Gesellschaftsvertrag und Satzung, zu speziellen Umständen, z. B. zum Status der Gegenparteien oder der Einforderbarkeit der Mittel.[22]

28 **Art. 79 Abs. 2 Solva II-VO** bestimmt zusätzlich, welchen **Anforderungen** die **Aufsichtsbehörde** bei der **Genehmigung** der Bewertung und **Einstufung** von Eigenmittelbestandteilen nachkommen muss. Demnach haben die **Aufsichtsbehörden** bei Beantragung von Basis- oder ergänzenden Eigenmittelbestandteilen zu beurteilen, ob die für die Einstufung in die jeweiligen Qualitätsklassen erforderlichen, in § 92 VAG definierten Merkmale und Eigenschaften jeweils erfüllt sind. Dazu werden die in **Art. 94 Solva II-RL** (umgesetzt in § 92 VAG) enthaltenen Definitionen in den **Art. 79 Abs. 2 lit. a bis d Solva II-VO** übernommen. Darüber hinaus haben die Aufsichtsbehörden nach **Art. 79 Abs. 2 lit. e und f Solva II-VO** die **rechtliche Durchsetzbarkeit** der jeweiligen vertraglichen Bedingungen sowie die **vollständige Einzahlung** einzuschätzen.

29 **Art. 79 Abs. 4 Solva II-VO** stellt schließlich klar, dass die **quantitativen Grenzen zur Anrechenbarkeit** von Eigenmitteln der einzelnen Qualitätsklassen **auch** für die von der Aufsichtsbehörde **genehmigten Eigenmittelbestandteile** maßgeblich sind.

30 **VIII. Verhältnis zu anderen Regelungen des VAG, zu Parallelvorschriften im KWG sowie zu anderen Normen.** § 91 VAG steht in einem engen Zusammenhang zu den §§ 92 und 93 VAG, die regeln, welche Merkmale und Eigenschaften ein Eigenmittelbestandteil aufweisen muss, um sich jeweils für die Zuordnung in Qualitätsklasse 1, 2 oder 3 zu qualifizieren und für ausgewählte Eigenmittelbestandteile die Zuordnung zu einer bestimmten Qualitätsklasse vorgeben. Auch zu den übrigen Vorschriften, die Regelungen zu den Eigenmitteln sowie deren Anrechenbarkeit auf die Solvabilitätskapitalanforderung oder Mindestkapitalanforderung enthalten, besteht eine Verbindung.

31 Zudem existiert eine Parallele zu Art. 26 Abs. 2 CRR, der für die Finanz- und Kreditinstitute die Genehmigungspflicht für die Nutzung von Gewinnen und Zwischengewinnen als hartes Kernkapital regelt.

Kriterien der Einstufung

92

(1) **Basiseigenmittel werden in die Qualitätsklasse 1 eingestuft, wenn sie die in § 91 Absatz 2 Nummer 1 und 2 genannten Merkmale unter zusätzlicher Berücksichtigung des § 91 Absatz 3 und 4 weitgehend aufweisen.**

(2) **Basiseigenmittel werden in die Qualitätsklasse 2 eingestuft, wenn sie das in § 91 Absatz 2 Nummer 2 genannte Merkmal unter zusätzlicher Berücksichtigung des § 91 Absatz 3 und 4 weitgehend aufweisen.**

(3) **Ergänzende Eigenmittel werden in die Qualitätsklasse 2 eingestuft, wenn sie die in § 91 Absatz 2 Nummer 1 und 2 genannten Merkmale unter zusätzlicher Berücksichtigung des § 91 Absatz 3 und 4 weitgehend aufweisen.**

(4) **Alle sonstigen Basiseigenmittel und ergänzenden Eigenmittel, die nicht unter die Absätze 1 bis 3 fallen, werden in die Qualitätsklasse 3 eingestuft.**

Übersicht

1 **I. Allgemeines. 1. Entstehungsgeschichte.** § 92 VAG wurde im Zuge der Novellierung des VAG durch das Gesetz zur Modernisierung der Finanzaufsicht über Versicherungen vom 1.4.2015[1] in das

[21] Vgl. LL 23 EIOPA LL Einstufung der Eigenmittel, EIOPA-BoS-14/168 Rn. 1.81 f.
[22] S. hierzu ausführlicher die Kommentierung zu § 90 VAG, insbesondere Rn. 18 ff.
[1] BGBl. 2015 I 434 v. 10.4.2015.

VAG eingefügt. Wie bei allen Vorschriften des novellierten VAG, die Regelungen zu den Eigenmitteln und zu Kapitalanforderungen treffen, handelt es sich auch beim § 92 VAG um eine in dieser Form neue Vorschrift, die zur Umsetzung von Solvabilität II geschaffen wurde.

2. Normzweck. § 92 VAG bestimmt, welche der in § 91 VAG eingeführten Merkmale und weiteren Kriterien für die **Einstufung** von **Basiseigenmitteln** sowie **ergänzenden Eigenmitteln** in die **Qualitätsklassen** 1 bis 3 jeweils erfüllt sein müssen. Beginnend mit § 92 Abs. 1 VAG, der die Voraussetzungen für die Einstufung von Basiseigenmitteln zur Qualitätsklasse 1 regelt, behandelt § 92 VAG in den nachfolgenden § 92 Abs. 2 bis 4 VAG sukzessive die im Hinblick auf die Qualitätsklassen 2 und 3 für die beiden Eigenmittel"arten" geltenden Voraussetzungen. Mit der Vorschrift werden somit die Eigenmittelbestimmungen der §§ 89 bis 91 VAG komplettiert, denn – abgesehen von den Konkretisierungen, die erst auf den nachfolgenden Ebenen stattfinden – bedarf es der in den dem § 92 VAG vorangestellten Paragraphen eingeführten Definitionen und Kriterien, um die Inhalte des § 92 verstehen zu können. 2

3. Europarechtlicher Hintergrund. § 92 VAG setzt die Vorschriften des Art. 94 der Solva II-RL in deutsches Recht um. Während das VAG die für die Einstufung der Eigenmittel festgelegten Kategorien als „Qualitätsklassen" bezeichnet, verwendet die Solva II-RL auch in der deutschsprachigen Fassung den Begriff „Tiers". Dabei entspricht § 92 Abs. 1 VAG inhaltlich Art. 94 Abs. 1 Solva II-RL, § 92 Abs. 2 und 3 VAG setzen Art. 94 Abs. 2 Solva II-RL um und § 92 Abs. 4 VAG überträgt Art. 94 Abs. 3 Solva II-RL. 3

Die Regelungen der Solva II-RL sowie des VAG werden auf den nachfolgenden Ebenen konkretisiert. Dabei ist zu beachten, dass die in den Art. 69 bis 77 Solva II-VO enthaltenen technischen Regulierungsstandards der zweiten Ebene gleichzeitig der Konkretisierung der Inhalte des § 91 VAG und des § 92 VAG dienen, indem sie deren Inhalte miteinander verknüpfen und auf diese Weise erst operationalisierbar machen.[2] 4

In den EIOPA-LL Einstufung der Eigenmittel[3] werden die in den technischen Regulierungsstandards enthaltenen Regelungen zur Konkretisierung der Merkmale in den LL 1 bis 19 EIOPA-LL Einstufung der Eigenmittel weiter erläutert und präzisiert. Die BaFin sieht die Anforderungen der EIOPA-LL Einstufung der Eigenmittel als bereits im VAG umgesetzt an[4] und hat daher auf die Veröffentlichung einer AE verzichtet. 5

II. Einstufung von Basiseigenmitteln in die Qualitätsklasse 1 (Abs. 1). Nach § 92 Abs. 1 VAG sind **Basiseigenmittel**, d. h. die aus der Solvabilitätsübersicht ersichtlichen Beträge des Überschusses der Vermögenswerte über die Verbindlichkeiten abzüglich der eigenen Aktien einerseits sowie der nachrangigen Verbindlichkeiten andererseits, in die Qualitätsklasse 1 einzustufen, wenn sie die in § 91 Abs. 2 VAG genannten **Merkmale „verfügbar oder einforderbar"** sowie **„nachrangig"** weitgehend aufweisen, wobei die in § 91 Abs. 3 und Abs. 4 VAG eingeführten Kriterien **„ausreichende Laufzeit"**, **„keine Rückzahlungsanreize"**, **„keine obligatorischen laufenden Kosten"** sowie **„keine Belastungen"**[5] zu berücksichtigen sind. 6

Ohne weitergehende Definitionen, Erläuterungen und/oder Hinweise erschließt sich weder, welcher Ausgestaltung des Eigenmittelbestandteils es bedarf, damit gerade noch davon ausgegangen werden kann, dass ein Basiseigenmittelbestandteil die genannten Merkmale aufweist, wo also die Untergrenze anzusiedeln ist, ab der die Verfügbarkeit oder Einforderbarkeit zur Verlustdeckung nicht mehr angenommen werden darf, noch, wie die Berücksichtigung der in § 91 Abs. 3 und Abs. 4 VAG aufgeführten Kriterien bei der Entscheidung hinsichtlich der Einstufung in Qualitätsklassen auszusehen hat. 7

Konkretisierungen, die die Anforderungen des § 92 Abs. 1 VAG in **überprüfbare Kriterien** umsetzen, enthält **Art. 71 Solva II-VO**. Diese gelten gleichermaßen für die in Art. 69 Solva II-VO genannten Basiseigenmittelbestandteile, für die hierdurch das Genehmigungserfordernis gemäß § 91 Abs. 5 VAG entfällt, wie für die in Art. 70 Abs. 1 lit. d und e Solva II-VO beschriebenen Eigenmittelbestandteile, die in der Aufzählung in Art. 69 Solva II-VO nicht enthalten sind. 8

Basiseigenmittelbestandteile, die gemäß Art. 69 Solva II-VO in die **Qualitätsklasse 1** einzustufen sind, wenn sie die Charakteristika des Art. 71 Solva II-VO aufweisen, sind[6]

- das eingezahlte Grundkapital und das dazugehörige Emissionsagiokonto,
- bei VVaG o. ä. der eingezahlte Gründungsstock, Mitgliederbeiträge oder diesen entsprechende Eigenmittelbestandteile,
- bei VVaG eingezahlte nachrangige Mitgliederkonten,
- Überschussfonds i. S. d. Art. 91 Abs. 2 Solva II-RL (umgesetzt in § 93 Abs. 1 VAG), die nicht als Versicherungs- und Rückversicherungsverbindlichkeiten angesehen werden,

---

[2] S. ausführlicher dazu die Kommentierung zu § 91 VAG Rn. 7 ff.
[3] EIOPA-BoS-14/168.
[4] Siehe hierzu *EIOPA*, Compliance Tabelle mit den Antworten der BaFin zu den EIOPA-LL Einstufung der Eigenmittel (abrufbar unter eiopa.europa.eu).
[5] Die drei letztgenannten Kriterien werden in Art. 93 Solva II-RL als Eigenschaften bezeichnet.
[6] Zur folgenden Aufzählung siehe Art. 69 lit. a i) bis vi) Solva II-VO.

– eingezahlte Vorzugsaktien und das zugehörige Emissionsagiokonto,
– die Ausgleichsrücklage i. S. d. Art. 70 Solva II-VO,[7]
– eingezahlte nachrangige Verbindlichkeiten, die gemäß Art. 75 Solva II-RL (umgesetzt in § 74 VAG) bewertet werden,[8] d. h. in der Solvabilitätsübersicht angesetzt sind.

9 Art. 71 Solva II-VO spezifiziert die Anforderungen an die **Nachrangigkeit** von **Basiseigenmitteln**, die in die **Qualitätsklasse 1** eingestuft werden sollen, wie folgt:
– **Eingezahltes Grundkapital**[9] **bzw. Gründungsstock** müssen Art. 71 Abs. 1 lit. a i) Solva II-VO zufolge im Fall eines Liquidationsverfahrens gegenüber **allen anderen Ansprüchen** nachrangig sein
– Gemäß Art. 71 Abs. 1 lit. a ii) Solva II-VO dürfen **eingezahlte Mitgliederkonten, Vorzugsaktien sowie nachrangige Verbindlichkeiten** ausschließlich gegenüber Grundkapital bzw. Gründungsstock gleichrangig oder vorrangig sein; gegenüber **Basiseigenmitteln der Qualitätsklassen 2 und 3**, gegenüber den **Ansprüchen der Versicherungsnehmer** und Anspruchsberechtigten sowie **nicht nachrangigen Gläubigern** muss Nachrangigkeit gegeben sein.
– Der jeweilige Basiseigenmittelbestandteil darf nach Art. 71 Abs. 1 lit. b Solva II-VO **keine Merkmale** aufweisen, „die die **Insolvenz** des Versicherers **verursachen** oder [deren] Prozess **beschleunigen** können"; LL 3 sowie LL 5 EIOPA-LL Einstufung der Eigenmittel nennen jeweils nicht abschließend Merkmale, die hierunter fallen.[10]

10 An die **Verfügbarkeit** bzw. **Einforderbarkeit zum Verlustausgleich** sind gemäß Art. 71 Solva II-VO für die Zuordnung eines Basiseigenmittelbestandteils zur Qualitätsklasse 1 die Anforderungen zu stellen, dass der Eigenmittelbestandteil
(1) nach Art. 71 Abs. 1 lit. c Solva II-VO zum Verlustausgleich **sofort verfügbar** ist, d. h. dass er nicht nur eingezahlt sein muss, sondern gemäß LL 6 EIOPA-LL Einstufung der Eigenmittel auch, dass keine „Bedingungen oder Eventualitäten in Bezug auf seine Fähigkeit, Verluste auszugleichen, vorliegen"[11] dürfen;
(2) gemäß Art. 71 Abs. 1 lit. d Solva II-VO zumindest bei **Nichteinhaltung** der **Solvabilitätskapitalanforderung Verluste ausgleicht**, d. h. bis zu deren Wiedereinhaltung, und gleichzeitig die Rekapitalisierung des Unternehmens nicht beeinträchtigt; detaillierte Anforderungen hierzu enthält LL 5 EIOPA-LL Einstufung der Eigenmittel;[12]
(3) gemäß Art. 71 Abs. 1 lit. e Solva II-VO im Fall einer **wesentlichen**[13] **Nichteinhaltung der Solvabilitätskapitalanforderung**[14] über bestimmte, in Art. 71 Abs. 1 lit. e i. V. m. Abs. 5, 6 und 8 Solva II-VO sowie LL 5 EIOPA-LL Einstufung der Eigenmittel beschriebene **Verlustausgleichsmechanismen** verfügt; dazu gehören
  – die **Abschreibung des Nominal- oder Kapitalbetrags**, so, dass sich (a) der Anspruch des Inhabers des Bestandteils im Fall eines Liquidationsverfahrens, (b) der bei Rückzahlung oder Tilgung zu zahlende Betrag sowie (c) die auf den Bestandteil gezahlten Ausschüttungen verringern;[15]
  – die **Umwandlung in eingezahltes Grundkapital bzw. Gründungsstock**, wobei Umwandlungssatz und Obergrenze für den zulässigen Umwandlungsbetrag oder eine Bandbreite, innerhalb derer die Instrumente umgewandelt werden können, in den Vertragsbedingungen anzugeben sind;[16] hier ist an Instrumente zu denken, die den im Bankenbereich bereits existierenden sog. CoCo-Bonds (Contingent Convertible Bonds) entsprechen;
  – andere Kapitalverlustausgleichsmechanismen, die zu vergleichbaren Ergebnissen führen.

In Bezug auf das Vorhandensein von Verlustausgleichsmechanismen ist zu beachten, dass ein **Verlustausgleich**, der aus der **Annullierung oder Minderung von Ausschüttungen** entsteht, gemäß Art. 71 Abs. 7 Solva II-VO **nicht** als **Verlustausgleichsmechanismus i. S. d. Art. 71 Abs. 1 lit. e Solva II-VO** gesehen werden darf. In LL 5 EIOPA-LL Einstufung der Eigenmittel sind weitere allgemeine Anforderungen an die Ausgestaltung der Verlustausgleichsmechanismen i. S. d. Art. 71 Abs. 1 lit. e, Abs. 5, 6 und 8 Solva II-VO enthalten.[17]

---

[7] S. hierzu ausführlicher Kommentierung zu § 89 VAG Rn. 21; zur Einstufung s. unten Rn. 17.
[8] Art. 69 lit. b Solva II-VO.
[9] Zur Identifikation von eingezahltem Grundkapital siehe LL 1 EIOPA-LL Einstufung der Eigenmittel, EIOPA-BoS-14/168 Rn. 1.20 f.
[10] S. EIOPA-BoS-14/168 Rn. 1.24 sowie 1.27.
[11] EIOPA-BoS-14/168 Rn. 1.35.
[12] S. EIOPA-BoS-14/168 Rn. 1.28.
[13] In Art. 71 Abs. 1 lit. e sowie Abs. 8 Solva II-VO wird der synonyme Begriff „signifikant" verwendet.
[14] Zur Definition des Begriffs „signifikante Nichteinhaltung der Solvabilitätskapitalanforderung" siehe Art. 71 Abs. 8 Solva II-VO.
[15] Vgl. Art. 71 Abs. 1 lit. e i) i. V. m. Abs. 5 Solva II-VO.
[16] Vgl. Art. 71 Abs. 1 lit. e ii) i. V. m. Abs. 6 Solva II-VO; zu Pflichten des Vorstands bzw. des entsprechenden Geschäftsführungsorgans siehe LL 17 EIOPA-LL Einstufung der Eigenmittel, EIOPA-BoS-14/168 Rn. 1.67.
[17] S. EIOPA-BoS-14/168 Rn. 1.33.

Bei **nachrangigen Verbindlichkeiten** ist es für eine Einstufung in die Qualitätsklasse 1 erforderlich, dass aus den Vertragsbedingungen explizit hervorgeht, dass „die Teilnahme am operativen Verlust sowohl hinsichtlich des Rückzahlungsanspruchs als auch hinsichtlich der Zinsen“[18] erfolgt.

Von einer **ausreichenden Laufzeit** ist gemäß Art 71 Abs. 1 lit. f i) Solva II VO im Fall des **Grundkapitals** oder **Gründungsstocks** dann auszugehen, wenn diese **unbefristet** sind oder bei Befristung dieselbe Laufzeit haben wie das Unternehmen. In Bezug auf die eingezahlten Mitgliederkonten, Vorzugsaktien und nachrangigen Verbindlichkeiten darf nach Art. 71 Abs. 1 lit. f ii) ebenfalls keine Befristung vorgesehen sein und die **erste vertragliche Möglichkeit** zur **Rückzahlung oder Tilgung frühestens nach fünf Jahren** bestehen. Relevanz besitzt die Frage der Befristung insbesondere für die nachrangigen Verbindlichkeiten und das nach den Regeln für nachrangige Verbindlichkeiten zu behandelnde Genussrechtskapital.[19] Nach LL 5 EIOPA-LL Einstufung der Eigenmittel darf der Eigenmittelbestandteil zur Erfüllung dieser Voraussetzung **keine** vertragliche Bedingung für eine **Kaufoption vor Ablauf von fünf Jahren ab dem Emissionsdatum** aufweisen, wobei auch Kaufoptionen aufgrund unvorhergesehener Änderungen, die außerhalb der Kontrolle des Unternehmens liegen, als Kaufoptionen in diesem Zusammenhang aufzufassen sind.[20] Darüber hinaus darf Art. 71 Abs. 1 lit. g Solva II-VO zufolge im Zeitraum von **fünf bis zehn Jahren** nach dem Emissionsdatum eine Rückzahlung oder Tilgung des Eigenmittelbestandteils den Vertragsbedingungen nach nur dann zulässig sein, wenn die **Solvabilitätskapitalanforderung um** eine **angemessene Marge überschritten** wird. Bei der Beurteilung der Angemessenheit der Marge ist die **Solvabilitätssituation** des Unternehmens **insgesamt** zu berücksichtigen, d. h. u. a., dass der **mittelfristige Kapitalmanagementplan** einzubeziehen ist. Außerdem sind weitere Anforderungen zu beachten, die LL 8 EIOPA-LL Einstufung der Eigenmittel festlegt.[21] 11

Zu **Rückzahlung und Tilgung**[22] bestimmt Art. 71 Abs. 1h Solva II-VO zunächst, dass diese im Fall der in Art. 69 Solva II-VO aufgelisteten Basiseigenmittelbestandteile – mit Ausnahme von Überschussfonds und Ausgleichsrücklage, für die dieser Punkt jeweils nicht relevant ist – ausschließlich auf die **Initiative des (Rück-)Versicherungsunternehmens** hin erfolgen darf und eine **Genehmigung** durch die **Aufsichtsbehörde** Voraussetzung für die Rückzahlung oder Tilgung sein muss. Was hierbei im Detail zu beachten ist, regelt LL 7 EIOPA-LL Einstufung der Eigenmittel.[23] Zudem enthält LL 18 EIOPA-LL Einstufung der Eigenmittel Vorgaben dazu, was der Aufsichtsbehörde **beim Genehmigungsersuchen vorzulegen** ist und macht Vorgaben zum Prozedere.[24] Die fraglichen Basiseigenmittelbestandteile dürfen Art. 71 Abs. 1 lit. i Solva II-VO zufolge jeweils **keine Anreize zu Rückzahlung oder Tilgung** vorsehen, die die Wahrscheinlichkeit einer Rückzahlung oder Tilgung erhöhen. 12

Die Art. 71 Abs. 1 lit. j und k Solva II-VO enthalten weitere Konkretisierungen, die u. a. vorsehen, dass die **Rückzahlung oder Tilgung** eines Basiseigenmittelbestandteils auszusetzen ist, falls die **Solvabilitätskapitalanforderung nicht eingehalten** wird oder die Rückzahlung oder Tilgung zu einer solchen Nicht-Einhaltung führen würde, bis die Einhaltung der Solvabilitätskapitalanforderung (wieder) gewährleistet ist. Sie regeln auch Ausnahmetatbestände hierzu, die in LL 15 EIOPA-LL Einstufung der Eigenmittel weiter spezifiziert werden.[25] Art. 71 Abs. 2 Solva II-VO stellt klar, dass der **Umtausch** oder die **Umwandlung**[26] eines Basiseigenmittelbestandteils in einen anderen Basiseigenmittelbestandteil der Qualitätsstufe 1 sowie die **Rückzahlung oder Tilgung** eines Basiseigenmittelbestandteils der Qualitätsstufe 1 **aus dem Erlös eines neuen Bestandteils mindestens gleicher Qualität** nicht als Rückzahlung oder Tilgung gilt, soweit er der **Genehmigung durch die Aufsichtsbehörde** unterliegt. 13

Regelungen zu **Ausschüttungen** in Bezug auf Basiseigenmittelbestandteile, die als Qualitätsstufe 1-Bestandteile eingestuft werden sollen, werden in Art. 71 Abs. 1 lit. k bis n i. V. m. Abs. 3 u. Abs. 4 Solva II-VO festgelegt und in den EIOPA-LL Einstufung der Eigenmittel konkretisiert.[27] 14

In Art. 71 Abs. 1 lit. o Solva II-VO wird schließlich die in § 92 Abs. 4 Nr. 3 VAG enthaltene Eigenschaft konkretisiert, dass ein Eigenmittelbestandteil **frei von sonstigen Belastungen** zu sein hat; LL 13 EIOPA-LL Einstufung der Eigenmittel[28] enthält Konkretisierungen hierzu: Für Basiseigenmittelbestandteile der Qualitätsklasse 1 gilt gemäß Art. 71 Abs. 1 lit. o Solva II-VO darüber hinaus, dass sie 15

---

[18] Begr. VAG-RegE 2014, BT-Drs. 18/2956, 261.

[19] Zur Behandlung des Genussrechtskapitals siehe Kommentierung zu § 89 Rn. 22.

[20] Vgl. EIOPA-BoS-14/168 Rn. 1.29.

[21] S. EIOPA-BoS-14/168 Rn. 1.40 f.

[22] S. LL 12 EIOPA-LL Einstufung der Eigenmittel, EIOPA-BoS-14/168 Rn. 1.58; die BaFin hat sich dahingehend geäußert, dass sie LL 12 nur auf nachrangige Verbindlichkeiten anwendet: Vgl. https://www.bafin.de/DE/Aufsicht/VersichererPensionsfonds/Aufsichtsregime/RechtsgrundlagenLeitlinien/rechtsgrundlagen_artikel.html;jsessionid=2FF60F57FBC4A4BEE55A6C3A73162733.2_cid372 (abgerufen am 17.3.2017).

[23] S. EIOPA-BoS-14/168 Rn. 1.36 ff.

[24] S. EIOPA-BoS-14/168 Rn. 1.68 bis 1.72.

[25] S. LL 15 EIOPA-LL Einstufung der Eigenmittel, EIOPA-BoS-14/168 Rn. 1.64.

[26] S. LL 5 EIOPA-LL Einstufung der Eigenmittel, EIOPA-BoS-14/168 Rn. 1.34.

[27] S. LL 4 u. 5 sowie 16 EIOPA-LL Einstufung der Eigenmittel, EIOPA-BoS-14/168 Rn. 1.25 u. 1.31 f. sowie 1.65 f.

[28] S. EIOPA-BoS-14/168 Rn. 1.59 bis 1.62.

nicht mit einer anderen Transaktion verbunden sein dürfen, die bei gemeinsamer Betrachtung mit dem jeweiligen Basiseigenmittelbestandteil dazu führt, dass die Erfüllung der gemäß § 92 Abs. 1 VAG für die Qualitätsklasse 1 erforderlichen Kriterien nicht gewährleistet ist.

16 Zu beachten ist, dass gemäß Art. 71 Abs. 9 Solva II-VO bei allen den Regelungen, die sich auf die Nicht-Einhaltung der Solvabilitätskapitalanforderung beziehen, die Nicht-Einhaltung der Mindestkapitalanforderung als die jeweils relevante Situation zugrunde zu legen ist, falls die Mindestkapitalanforderung die Solvabilitätskapitalanforderung übersteigt. Dies wird zwar eher selten der Fall sein, kann aber in Einzelfällen vorkommen.

17 In Bezug auf die **Ausgleichsrücklage** ist zu berücksichtigen, dass sie zwar nicht von der Verpflichtung ausgenommen wird, die in Art. 71 Solva II-VO enthaltenen konkretisierenden Kriterien zu erfüllen; es gibt aber keine Kriterien, die sich direkt auf die Ausgleichsrücklage beziehen bzw. auf sie anwendbar sind. Dies liegt daran, dass die Kriterien z. B. an Vertrags- und Ausstattungsmerkmale anknüpfen, die im Hinblick auf die Ausgleichsrücklage als Bestandteil des Überschusses der Vermögenswerte über die Verbindlichkeiten nicht gegeben sind. **Art. 70 Abs. 3 Solva II-VO** regelt zur Erfüllung der Kriterien des Art. 71 Solva II-VO, dass „die Feststellung, ob und in welchem Umfang die Ausgleichsrücklage" diese erfüllt **nicht** bedeutet, dass eine **Überprüfung** der **einzelnen Vermögenswerte und Verbindlichkeiten** oder der **Posten**, die in die Ermittlung des Überschusses der Vermögenswerte über die Verbindlichkeiten einfließen, erfolgen muss. Der **Meldebogen zu den Eigenmitteln**,[29] anhand dessen auch die Ausgleichsrücklage an die Aufsichtsbehörde zu berichten ist, lässt ausschließlich eine **Berichterstattung** als **Eigenmittel der Qualitätsklasse 1** zu. Damit ist es fraglich, was im Hinblick auf das sich aus Art. 69 Solva II-VO ergebende Überprüfungserfordernis noch verbleibt.

18 **III. Einstufung von Basiseigenmitteln in die Qualitätsklasse 2 (Abs. 2).** § 92 Abs. 2 VAG bestimmt, dass **Basiseigenmittel** für die **Einstufung in die Qualitätsklasse 2** das in § 91 Abs. 2 Nr. 2 VAG eingeführte Merkmal der **Nachrangigkeit** weitgehend aufweisen müssen, wie im Fall der Anforderung des § 92 Abs. 1 VAG, unter Berücksichtigung von Laufzeit und den Eigenschaften **„keine Rückzahlungsanreize"**, **„keine obligatorischen laufenden Kosten"** sowie **„keine Belastungen"**.

19 Welche Kriterien im Einzelnen erfüllt, sein müssen, damit eine Einstufung in die Qualitätsklasse 2 für **Basiseigenmittel** erfolgen kann, konkretisiert Art. 73 Solva II-VO. Für die folgenden, in Art. 72 Solva II-VO aufgelisteten, Eigenmittelbestandteile bedarf es bei Erfüllung aller in Art. 73 Solva II-VO enthaltenen Kriterien **keiner** anderenfalls gemäß § 91 Abs. 5 VAG obligatorischen **Genehmigung der Einstufung** mehr: [30]

(1) (nicht eingezahltes) Grundkapital und zugehöriges Emissionsagiokonto,
(2) bei VVaG (nicht eingezahlter) Gründungsstock, Mitgliederbeiträge oder diesen entsprechende Eigenmittelbestandteile,
(3) bei VVaG (nicht eingezahlte) nachrangige Mitgliederkonten,
(4) (nicht eingezahlte) Vorzugsaktien und zugehöriges Emissionsagiokonto,
(5) (nicht eingezahlte) nachrangige Verbindlichkeiten, die gemäß Art. 75 Solva II-RL (umgesetzt in § 74 VAG) bewertet werden,[31] d. h. in der Solvabilitätsübersicht angesetzt sind.

20 In Bezug auf **Grundkapital, Gründungsstock** und **Vorzugsaktien** stellt LL 9 EIOPA-LL Einstufung der Eigenmittel klar, dass die Unternehmen diese Eigenmittelbestandteile im **Zeitraum zwischen Einforderung** und dem Zeitpunkt, zu dem der Bestandteil jeweils als **eingezahlt** gilt, als Eigenmittelbestandteile der Qualitätsklasse 2 einstufen sollten, wobei dieser Zeitraum **nicht mehr als drei Monate** betragen darf.[32] Außerdem werden die Unternehmen dazu aufgefordert, sicherzustellen, dass eingeforderte, aber nicht eingezahlte Bestandteile auch im Fall einer zwischenzeitlichen Insolvenz oder Einleitung eines Liquidationsverfahrens einzuzahlen sind.[33]

21 Art. 73 Abs. 1 lit. a Solva II-VO bestimmt im Hinblick auf die **Nachrangigkeit**, dass die Basiseigenmittelbestandteile gegenüber den Ansprüchen aller Versicherungsnehmer, Anspruchsberechtigten und nicht nachrangigen Gläubigern nachrangig sein müssen, um in Qualitätsstufe 2 eingestuft werden zu können. Damit wird für die Qualitätsklasse 1 eine diesbezüglich deutlich schwächere Anforderung gestellt als für die Basiseigenmittelbestandteile der Qualitätsklasse 1. Wie Basiseigenmittel der Qualitätsstufe 1 dürfen indessen auch solche der Qualitätsklasse 2 **keine Merkmale** aufweisen, die die **Insolvenz** des Versicherers verursachen oder deren Prozess **beschleunigen** können; der Wortlaut des Art. 73 Abs. 1 lit. b Solva II-VO ist identisch zu dem des Art. 71 Abs. 1 lit. b Solva II-VO.[34] Die Konkretisierungen der LL 3 und 5 EIOPA-LL Einstufung der Eigenmittel gelten LL 10 EIOPA-LL Einstufung der

---

[29] Vgl. DVO (EU) 2015/2450, Meldebogen S. 23.01.01 bzw. 23.01.04, Abl. EU 2015, 170.
[30] Zur folgenden Aufzählung siehe Art. 72 lit. a i) bis iv) Solva II-VO.
[31] Art. 72 lit. b Solva II-VO.
[32] Vgl. EIOPA-BoS-14/168 Rn. 1.42 lit. a.
[33] Vgl. EIOPA-BoS-14/168 Rn. 1.42 lit. b.
[34] S. Rn. 9.

Eigenmittel zufolge für Basiseigenmittel der Qualitätsklasse 2 sinngemäß;[35] allerdings fehlt es in den LL an einer konkretisierenden Erläuterung, wie eine „sinngemäße" Geltung zu verstehen und bei einer Überprüfung der Kriterien von Unternehmen und Aufsichtsbehörde umzusetzen ist.

Im Hinblick auf die **Laufzeit** reicht es nach Art. 73 Abs. 1 lit. c Solva II-VO für einen Basiseigenmittelbestandteil der Qualitätsklasse 2 aus, eine „Ursprungslaufzeit" von mindestens **zehn Jahren** aufzuweisen, wobei – wie für Eigenmittel der Qualitätsklasse 1 – die **erste vertragliche Möglichkeit** zur **Rückzahlung oder Tilgung** nicht vor Ablauf von **fünf Jahren** ab dem Emissionstag bestehen darf. Die für Basiseigenmittel der Qualitätsklasse 1 in LL 5 EIOPA-LL Einstufung der Eigenmittel geregelte Anforderung, dass der Eigenmittelbestandteil zur Erfüllung dieser Voraussetzung **keine** vertragliche Bedingung für eine **Kaufoption vor Ablauf von fünf Jahren ab dem Emissionsdatum** aufweisen darf, wobei auch Kaufoptionen aufgrund unvorhergesehener Änderungen, die außerhalb der Kontrolle des Unternehmens liegen, als Kaufoptionen in diesem Zusammenhang aufzufassen sind, gilt für Basiseigenmittel der Qualitätsklasse 2 genauso. Dies bestimmt LL 10 EIOPA-LL Einstufung der Eigenmittel.[36] 22

Mit identischem Wortlaut zu Art. 71 Abs. 1h Solva II-VO fordert Art. 73 Abs. 1 lit. d Solva II-VO zu **Rückzahlung und Tilgung** auch für Basiseigenmittelbestandteile der Qualitätsklasse 2, dass diese ausschließlich auf **Initiative des (Rück-)Versicherungsunternehmens** vorgenommen werden darf und die **Genehmigung** durch die **Aufsichtsbehörde** Voraussetzung sein muss. Die Vorgaben der LL 18 EIOPA-LL Einstufung der Eigenmittel zum Genehmigungsersuchen gelten für Basiseigenmittel der Qualitätsklasse 2 entsprechend.[37] Im Gegensatz zu den Basiseigenmitteln der Qualitätsklasse 1[38] sind bei Basiseigenmitteln der Qualitätsklasse 2 gemäß Art. 73 Abs. 1 lit. e Solva II-VO **begrenzte Anreize** zur **Rückzahlung oder Tilgung** des Basiseigenmittelbestandteils **zulässig**, allerdings dürfen diese **frühestens zehn Jahre nach** dem **Emissionsdatum** wirksam werden. Art. 73 Abs. 4 Solva II-VO konkretisiert dazu, wann Rückzahlungsanreize in Form eines steigenden Zinssatzes (sog. „Step-up") in Verbindung mit einer Kaufoption als begrenzte Rückzahlungsanreize aufzufassen sind. Darüber hinaus spezifiziert LL 19 EIOPA-LL Einstufung der Eigenmittel, inwieweit nicht mehr von begrenzten Tilgungsanreizen ausgegangen darf und Tilgungsanreize dazu führen, dass eine Anrechnung in keiner Qualitätsklasse erfolgen darf.[39] 23

Art. 73 Abs. 1 lit. f Solva II-VO entspricht Art. 71 Abs. 1 lit. j Solva II-VO und trifft Regelungen dazu, was in Bezug auf Rückzahlung und Tilgung eines Basiseigenmittelbestandteils zu beachten ist, falls die **Solvabilitätskapitalanforderung nicht eingehalten** wird oder die Rückzahlung oder Tilgung eine solche Nicht-Einhaltung zur Folge haben würde. Auch die in Art. 73 Abs. 1 lit. j UAbs. 2 Solva II-VO hierzu vorgesehenen Ausnahmetatbestände entsprechen den in Art. 71 Abs. 1 lit. k Solva II-VO für die Qualitätsklasse 1 geregelten. Zu **Umtausch** und **Umwandlung** sowie Rückzahlung und Tilgung aus dem Erlös eines neue Bestandteils mindestens gleicher Qualität gelten die in Art. 71 Abs. 2 Solva II-VO für Basiseigenmittel der Qualitätsstufe 1 enthaltenen Regelungen auch für Basiseigenmittel der Qualitätsstufe 2, da Art. 73 Abs. 2 Solva II-VO die äquivalente Regelung enthält.[40] 24

Art. 73 Abs. 1 lit. g u. h Solva II-VO treffen für Basiseigenmittel, die in die Qualitätsklasse 2 eingestuft werden sollen, Regelungen in Bezug auf **Ausschüttungen**, die jedoch im Vergleich zu den für die Qualitätsklasse 1 geforderten einen deutlich geringeren Umfang aufweisen. 25

Die Vorschrift des Art. 73 Abs. 1 lit. i Solva II-VO ist insofern das Äquivalent zu Art. 71 Abs. 1 lit. o Solva II-VO, als sie für Basiseigenmittel der Qualitätsstufe 2 fordert, dass diese frei von Belastungen zu sein haben und konkretisiert, dass diese Anforderung auch beinhaltet, dass der jeweilige Eigenmittelbestandteil **nicht mit einer anderen Transaktion verbunden** sein darf, die bei gemeinsamer Betrachtung mit dem jeweiligen Basiseigenmittelbestandteil dazu führt, dass die für die Einstufung in die Qualitätsklasse 2 nach § 92 Abs. 2 VAG erforderlichen Kriterien nicht mehr erfüllt werden. 26

In Art. 73 Abs. 1 lit. j wird klargestellt, dass in die **Qualitätsklasse 2** auch solche aus **jeweils eingezahlten nachrangigen Mitgliederkonten und Vorzugsaktien sowie nachrangigen Verbindlichkeiten** resultierende Basiseigenmittelbestandteile einzustufen sind, die zwar die Kriterien des Art. 71 Solva II-VO erfüllen und als Eigenmittel der **Qualitätsklasse 1** qualifizieren, aber wegen der **quantitativen Grenze** des **Art. 82 Abs. 3 Solva II-VO** nicht als solche angerechnet werden dürfen.[41] 27

Auch für die Anforderung zur Einstufung von Basiseigenmitteln in Qualitätsklasse 2 gilt nach Art. 73 Abs. 3 Solva II-VO, dass alle die Regelungen, die sich auf eine Nicht-Einhaltung der Solvabilitätskapitalanforderung beziehen, für die Nicht-Einhaltung der Mindestkapitalanforderung gelten, wenn letztgenannte den höheren Betrag dieser beiden Größen aufweist. 28

---

[35] Vgl. EIOPA-BoS-14/168 Rn. 1.43 u. 1.44.
[36] Vgl. EIOPA-BoS-14/168 Rn. 1.45.
[37] S. EIOPA-BoS-14/168 Rn. 1.68 bis 1.72.
[38] S. Rn. 12.
[39] S. EIOPA-BoS-14/168 Rn. 1.73 f. sowie in Bezug auf die Konsequenzen für die Qualitätsklasse 2 LL 10 Rn. 1.47.
[40] S. Rn. 13.
[41] S. hierzu auch die jeweilige Kommentierung zu den §§ 94 u. 95 VAG.

29 **IV. Einstufung ergänzender Eigenmittel in die Qualitätsklasse 2 (Abs. 3).** § 92 Abs. 3 VAG regelt, dass **ergänzende Eigenmittel,** also solche, die sich nicht aus der Solvabilitätsübersicht ergeben und dem Unternehmen von Dritten erst noch zur Verfügung gestellt werden müssen,[42] in die **Qualitätsklasse 2** einzustufen sind, wenn sie die Merkmale „**verfügbar oder einforderbar**" sowie „**nachrangig**" weitgehend aufweisen, wobei das Vorhandensein von „**ausreichender Laufzeit**", sowie der drei Eigenschaften „**keine Rückzahlungsanreize**", „**keine obligatorischen laufenden Kosten**" sowie „**keine Belastungen**"[43] zu berücksichtigen ist.

30 Die Anforderungen, die für **ergänzende Eigenmittel** gelten, die sich für die Einstufung in die Qualitätsklasse 2 eignen sollen, entsprechen damit denen, die **Basiseigenmittel** erfüllen müssen, die in die Qualitätsklasse 1 eingestuft werden sollen. Ausweislich der Gesetzesbegründung ist der Hintergrund hierfür die Überlegung, dass man bei der Beurteilung der Fähigkeit ergänzender Eigenmittel, Verluste zu tragen, den Zustand zugrunde legt, der sich nach einer „fiktiven Einzahlung"[44] ergeben würde, auf dieser Basis eine „hypothetische Einstufung"[45] vornimmt und diese dann zur Berücksichtigung der Unsicherheit, die sich aus der noch ausstehenden Einforderung ergibt, nach unten korrigiert. Das heißt, wenn der Zustand nach der Einzahlung zu einem Eigenmittelbestandteil der Qualitätsklasse 1 führt, ist der entsprechende Eigenmittelbestandteil vor Einforderung und Einzahlung als Eigenmittelbestandteil der Qualitätsklasse 2 einzustufen. Die Gesetzesbegründung nennt als Beispiel hierfür satzungsgemäß einforderbare Beitragsnachschüsse der VVaG, wenn die Satzung keine Rückzahlungsmöglichkeit an die Vereinsmitglieder vorsieht.[46]

31 Art. 74 Solva II-VO nennt die **ergänzenden Eigenmittelbestandteile**, die bei Erfüllung der in Art. 71 Solva II-VO enthaltenen, für Basiseigenmittel der Qualitätsklasse 1 geltenden, Kriterien automatisch, d. h. ohne Genehmigung der Aufsichtsbehörde, in die **Qualitätsklasse 2** eingestuft werden dürfen. Dies sind[47]

(1) das nicht eingezahlte und nicht eingeforderte Grundkapital, das auf Verlangen eingefordert werden kann,
(2) bei VVaG der nicht eingezahlte und nicht eingeforderte Gründungsstock, Mitgliederbeiträge oder diesen entsprechende Eigenmittelbestandteile,
(3) nicht eingezahlte und nicht eingeforderte Vorzugsaktien, die auf Verlangen eingefordert werden können,
(4) eine rechtsverbindliche Verpflichtung, nachrangige Verbindlichkeiten auf Verlangen zu zeichnen und zu begleichen,
(5) Akkreditive und Garantien, die von einem unabhängigen Treuhänder zugunsten von Versicherungsgläubigern treuhänderisch verwaltet und von Kreditinstituten ausgestellt werden,[48]
(6) Akkreditive und Garantien (auch andere als die im vorherigen Unterpunkt genannten), soweit die Bestandteile bei Bedarf einforderbar und frei von Belastungen sind,
(7) bei VVaG oder diesen ähnlichen Vereinen mit Beitragseinnahmen alle künftigen Ansprüche, die in den folgenden zwölf Monaten durch Aufforderung zur Beitragsnachzahlung geltend gemacht werden können; dabei muss die Einforderung bei Bedarf erfolgen können und frei von Belastungen sein, es sei denn es handelt sich um einen von Reedern gegründeten VVaG oder diesen ähnlichen VVaG mit variablen Beitragseinnahmen und begrenzter Geschäftstätigkeit,[49]
(8) sonstige rechtlich bindende Verpflichtungen, die das (Rück-)Versicherungsunternehmen erhalten hat, sofern der Bestandteil bei Bedarf einforderbar und frei von Belastungen ist.

32 Zu den Anforderungen an die Qualitätsklasse 1, die diese ergänzenden Eigenmittelbestandteile erfüllen müssen, wird auf die Darstellung zur Einstufung von Basiseigenmitteln in Qualitätsklasse 1 verwiesen.[50]

33 **V. Einstufung von Eigenmitteln in die Qualitätsklasse 3 (Abs. 4).** § 93 Abs. 4 VAG bestimmt, dass **alle sonstigen Basiseigenmittel und ergänzenden Eigenmittel**, die nicht auf Basis der Vorschriften des § 92 Abs. 1 bis 3 VAG in die beiden oberen Qualitätsklassen eingestuft werden dürfen, als anrechenbare Eigenmittel der **Qualitätsklasse 3** aufzufassen sind. Dies suggeriert, dass in Bezug auf die Eigenmittel der Qualitätsklasse 3 keine weiteren qualitativen Anforderungen gelten.

34 Dennoch legt Art. 77 Solva II-VO Kriterien fest, die Basiseigenmittelbestandteile erfüllen müssen und Art. 76 Solva II-VO nennt **Basiseigenmittelbestandteile**, die gemäß § 91 Abs. 5 VAG bei Erfüllung dieser Kriterien automatisch, also ohne Genehmigung der Einstufung durch die Aufsichts-

[42] Vgl. Begr. VAG-RegE 2014, BT-Drs. 18/2956, 261.
[43] S. auch Rn. 6 m. w. N.
[44] Begr. VAG-RegE 2014, BT-Drs. 18/2956, 261.
[45] Begr. VAG-RegE 2014, BT-Drs. 18/2956, 261.
[46] Vgl. Begr. VAG-RegE 2014, BT-Drs. 18/2956, 261.
[47] Zur folgenden Aufzählung siehe Art. 74 lit. a bis i Solva II-VO.
[48] Bei den Kreditinstituten muss es sich um solche handeln, die gemäß Art. 8 RL 2013/36/EU zugelassen sind.
[49] Zur genauen Definition siehe Art. 74 lit. g Solva II-VO.
[50] S. Rn. 9–16.

behörde als Eigenmittel der **Qualitätsklasse 3** anerkannt werden. Aufgelistet werden die folgenden Basiseigenmittelbestandteile:

(1) bei VVaG (nicht eingezahlte) nachrangige Mitgliederkonten
(2) Vorzugsaktien und das zugehörige Emissionsagiokonto
(3) ein Betrag in Höhe des Werts der latenten Netto-Steueransprüche, d. h. eines aktivischen „Überhangs" an latenten Steuern
(4) (nicht eingezahlte) nachrangige Verbindlichkeiten, die gemäß Art. 75 Solva II-RL (umgesetzt in § 74 VAG) bewertet werden,[51] d. h. in der Solvabilitätsübersicht angesetzt sind.

Die in Art. 77 Solva II-VO enthaltenen konkretisierenden **Kriterien** entsprechen für die nachrangigen Mitgliederkonten, die Vorzugsaktien und die nachrangigen Verbindlichkeiten **im Wesentlichen** den für **Basiseigenmittel der Qualitätsstufe 2** geltenden, mit den folgenden **Unterschieden**:[52] 35

(1) In Bezug auf die **Laufzeit** ist gemäß Art. 77 Abs. 1 lit. c Solva II-VO für Eigenmittel der Qualitätsklasse 3 eine **„Ursprungslaufzeit"** von **mindestens fünf Jahren** ausreichend, wobei die erste vertragliche Möglichkeit zur Rückzahlung oder Tilgung zum Fälligkeitsdatum besteht.
(2) Die Regelungen zu **Ausschüttungen** für Eigenmittel der Qualitätsklasse 3 in Art. 77 Abs. 1 lit. g Solva II-VO sind gegenüber den für die Qualitätsklasse 2 relevanten[53] in weiter reduzierter Form vorgesehen

Im Hinblick auf die Berücksichtigung des sich aus der Solvabilitätsübersicht ergebenden „Aktivüberhangs" an **latenten Steuern** als Eigenmittelbestandteil der Qualitätsklasse 3 existieren in der Solva II-VO und den EIOPA-LL Einstufung der Eigenmittel **keine konkretisierenden Kriterien**, die sich ausschließlich auf die Anrechnungsfähigkeit als Eigenmittelbestandteil beziehen. Es sind aber die Bestimmungen der LL 9 EIOPA-LL Ansatz und Bewertung von Vermögenswerten und Verbindlichkeiten, bei denen es sich nicht um versicherungstechnische Rückstellungen handelt,[54] sowie der AE Bewertung von Vermögenswerten und Verbindlichkeiten außer versicherungstechnischen Rückstellungen – HGB versus Solvency II –[55] zu beachten, die Hinweise zu den für die Berücksichtigung aktiver latenter Steuern in der Solvabilitätsübersicht allgemein geltenden **Aktivierungsvoraussetzungen** enthalten.[56] 36

Zur Anrechenbarkeit **ergänzender Eigenmittel** zur **Qualitätsklasse 3** stellt Art. 78 Solva II-VO klar, dass diese die für **Basiseigenmittel der Qualitätsklasse 2** geltenden **Merkmale, Laufzeitanforderungen** und **Eigenschaften** erfüllen müssen. Dies folgt aus dem Verweis auf den Art. 75 Solva II-VO, welcher bestimmt, dass ergänzende Eigenmittelbestandteile, die nicht die Kriterien des Art. 71 Solva II-VO für die Einstufung von Basiseigenmitteln in die Qualitätsstufe 1 relevanten Kriterien erfüllen, als ergänzende Eigenmittel der Qualitätsstufe 3 einzustufen sind und passt zur grundsätzlichen Herangehensweise an die Einstufung ergänzender Eigenmittel, die eine fiktive Einzahlung unterstellt, auf dieser Basis eine Einstufung vornimmt und diese dann um eine Qualitätsklasse nach unten korrigiert.[57] 37

Sowohl in Bezug auf die Qualifikation von Basiseigenmitteln als auch im Hinblick auf die der ergänzenden Eigenmitteln als Eigenmittelbestandteile der Qualitätsklasse 3 lässt sich feststellen, dass sich diese nur dann als Restgröße bestimmen lassen, wenn die **Voraussetzungen** für die **grundsätzliche Genehmigung als Eigenmittelbestandteil** vorliegen (Genehmigung der ersten Stufe).[58] Ob diese gegeben sind, ergibt sich damit aus den **Kriterien der Art. 77 bzw. 78 Solva II-VO** für die Einstufung für Basis- und ergänzende Eigenmittel in die Qualitätsklasse 3, die die Mindestanforderungen dafür festlegen, ob eine Einstufung in die niedrigste der möglichen Qualitätsklassen möglich ist bzw. zu erfolgen hat. 38

VI. Verhältnis zu anderen Regelungen des VAG und zu Parallelvorschriften im KWG. Es besteht eine enge Verbindung des § 92 VAG zum vorangehenden § 91 VAG, der die Kriterien für die Einstufung enthält, ohne jedoch die Zuordnung bestimmter Kriterien zu konkreten Qualitätsklassen vorzunehmen sowie zu den §§ 94 und 95 VAG, die auf Basis der Einstufung der Eigenmittelbestandteile in die drei Qualitätsklassen die quantitativen Grenzen zur Anrechenbarkeit enthalten und damit erst die Beurteilung ermöglichen, ob ein bestimmter Eigenmittelbestandteil tatsächlich auf die Solvabilitätsquote anzurechnen ist. Auch zu den grundlegenden Eigenmittelvorschriften der §§ 89 und 90 VAG besteht eine Verbindung. 39

---

[51] Art. 72 lit. b Solva II-VO.
[52] Zu den in Bezug auf Eigenmittelbestandteile der Qualitätsklasse 3 zu beachtenden Konkretisierungen in den EIOPA-LL siehe´EIOPA-BoS-14/168 Rn. 1.51 bis1.57.
[53] S. Art. 73 Abs. 1 lit. g u. h Solva II-VO sowie auch Rn. 24.
[54] S. EIOPA-BoS-15/113, Rn. 1.28.
[55] S. *BaFin*, https://www.bafin.de/SharedDocs/Downloads/DE/Auslegungsentscheidung/dl_ae_151204_bewertung_vermoegenswerte_verbindlichkeiten_unter_SII.pdf?__blob=publicationFile&v=2 (abgerufen am 21.3.2017).
[56] S. auch die Kommentierung zu § 74 Rn. 23 ff.
[57] S. ausführlicher die Kommentierung in Rn. 29 zur Einstufung ergänzender Eigenmittel in die Qualitätsklasse 2.
[58] Zu den für die Anrechnung als Eigenmittelbestandteil zur Einhaltung von Solvabilitäts- und/oder Mindestkapitalanforderung notwendigen Genehmigungen s. ausführlicher Kommentierung zu § 90 VAG Rn. 7 f.

40 Zu den Parallelen und Unterschieden der im Rahmen von Solvabilität II vorgesehenen Einstufung von Eigenmittelbestandteilen in Qualitätsklassen und den entsprechenden Regelungen für Finanz- und Kreditinstitute wird auf die von der EIOPA im Rahmen ihrer Konsultation zu bestimmten(ggf. überarbeitungsbedürftigen) Themen der Solva II-VO veröffentlichte tabellarische Darstellung verwiesen.[59]

Einstufung bestimmter Eigenmittelbestandteile

93 (1) **In die Qualitätsklasse 1 eingestuft wird der wahrscheinlichkeitsgewichtete Durchschnitt künftiger Zahlungsströme an Versicherungsnehmer und Anspruchsberechtigte unter Berücksichtigung des Zeitwerts des Geldes (erwarteter Barwert künftiger Zahlungsströme) und unter Verwendung der maßgeblichen risikofreien Zinskurve aus dem Teil der zum Bewertungsstichtag vorhandenen Rückstellung für Beitragsrückerstattung, der zur Deckung von Verlusten verwendet werden darf und nicht auf festgelegte Überschussanteile entfällt**

1. bei der Lebensversicherung,

2. bei der Krankenversicherung, die nach Art der Lebensversicherung betrieben wird, und

3. bei der Unfallversicherung mit Prämienrückgewähr.

(2) **In die Qualitätsklasse 2 werden eingestuft:**

1. Kreditbriefe und Garantien, die von einem unabhängigen Treuhänder als Treuhand für die Versicherungsgläubiger gehalten und von gemäß der Richtlinie 2006/48/EG zugelassenen Kreditinstituten bereitgestellt wurden, und

2. alle künftigen Forderungen, die von durch Reeder gegründeten Versicherungsvereinen auf Gegenseitigkeit mit variablen Beitragseinnahmen, die nur die in der Anlage 1 Nummer 6, 12 und 17 genannten Risiken versichern, gegenüber ihren Mitgliedern mittels der Aufforderung zur Beitragsnachzahlung innerhalb der folgenden zwölf Monate geltend gemacht werden können.

Übersicht

1 **I. Allgemeines. 1. Entstehungsgeschichte.** § 93 VAG ist bei der Neufassung des VAG im Jahr 2015 durch Art. 1 des Gesetzes zur Modernisierung der Finanzaufsicht über Versicherungen vom 1.4.2015[1] in das VAG eingefügt worden. Inhaltlich setzt § 93 Abs. 1 VAG die Regelung in § 53c Abs. 3 Nr. 4 VAG a. F. insofern fort, als dieser eine Anrechenbarkeit der freien RfB als Eigenmittel vorsah. Zu § 93 Abs. 2 VAG fehlt es an einer Vorgängerregelung im VAG a. F., d. h. es handelt sich auch inhaltlich um eine vollständig neue Vorschrift.

---

[59] S. *EIOPA*, Discussion Paper on the review of specific items in the Solvency II Delegated Regulation, EIOPA-CP-16/008, S. 78–86, https://eiopa.europa.eu/Publications/Consultations/EIOPA-CP-16-008_Discussion_Paper_on_SII_DR_SCR_Review.pdf (abgerufen am 17.3.2017).

[1] BGBl. 2015 I 434.

2. Normzweck. Durch § 93 Abs. 1 VAG wird klargestellt, dass die genannten Teil-Beträge der handelsrechtlichen **Rückstellung für Beitragsrückerstattung (RfB)** ohne Notwendigkeit einer Prüfung der nach § 92 Abs. 1 VAG maßgeblichen Anforderungen in § 91 VAG Eigenmittel der **Qualitätsklasse 1** sind. Der Umfang dieser Ausnahme von der Überprüfungspflicht wird analog zu § 84 Abs. 2 VAG bestimmt. 2

§ 93 Abs. 2 VAG bestimmt die automatische Zugehörigkeit zur Qualitätsklasse 2 für die hier genannten Eigenmittelbestandteile. Dies betrifft zum einen von einem unabhängigen Treuhänder gehaltene und von einem Kreditinstitut bereitgestellte Kreditbriefe und Garantien und gilt zum anderen für alle künftigen Forderungen, die durch von Reedern gegründete VVaG mit variablen Beitragseinnahmen und einer Geschäftstätigkeit in bestimmten, in § 93 Abs. 2 Nr. 2 VAG genannten Versicherungszweigen gegenüber ihren Mitgliedern in den nächsten zwölf Monaten geltend gemacht werden können.

3. Europarechtlicher Hintergrund. § 93 Abs. 1 VAG setzt, i. V. m. § 84 Abs. 2 VAG, Art. 96 UAbs. 1 Nr. 1 Solva II-RL i. V. m. Art. 91 Abs. 2 Solva II-RL um. § 93 Abs. 2 VAG entspricht nahezu wortgleich Art. 96 UAbs. 1 Nr. 2 und 3 Solva II-RL. Ein Unterschied besteht im Hinblick auf den § 93 Abs. 2 Nr. 2 VAG insofern, als die Solva II-RL nicht nur künftige Forderungen, die von Reedern gegründete VVaG mit Geschäftstätigkeit in den genannten Versicherungszweigen gegenüber ihren Mitgliedern in den nächsten zwölf Monaten geltend machen können, sondern auch derartige Forderungen der diesen ähnlichen VVaG mit variablen Beitragseinnahmen nennt. 3

II. Einstufung der Rückstellung für Beitragsrückerstattung. 1. Die Sonderregelung für Posten mit Eigenmittel- und Verpflichtungscharakter. Art. 91 Abs. 2 Solva II-RL i. V. m. Art. 78 Abs. 3 letzter Teilsatz Solva II-RL löst einen durch die unterschiedliche Perspektive der Bewertung der versicherungstechnischen Rückstellungen in Art. 76 Abs. 2 Solva II-RL und der Solvabilitätskapitalanforderung in Art. 101 Solva II-RL entstehenden Zwiespalt. Die versicherungstechnischen Rückstellungen, wie überhaupt die Posten der Solvabilitätsübersicht, werden aus der Perspektive einer Vertragsfortführung mit einem realistischen **marktkonsistenten Wert** bewertet. Die Solvabilitätskapitalanforderung hingegen fokussiert auf extreme **Notszenarien**, nach Art. 101 Abs. 3 S. 3 Solva II-RL das ungünstige 1:200 Jahre-Ereignis. Art. 91 Abs. 2 Solva II-RL bezieht sich auf einen Posten, der sich in den beiden Perspektiven jeweils entgegengesetzt verhält. Er führt in der weit überwiegenden Zahl der Fälle zu Zahlungen an die Versicherungsnehmer, während er im Notszenario wie Eigenmittel verlustausgleichend wirkt. Er ändert also mit der Situation seinen wirtschaftlichen Charakter. 4

Diese beiden Perspektiven sollen in der Gesamtbeurteilung der Solvabilität widerspruchsfrei zusammengeführt werden. Der Posten mit diesem zwiespältigen Charakter wird nicht nur einfach wieder zu den Eigenmitteln addiert, nachdem er zuvor im einem ersten Schritt durch Ansatz in der versicherungstechnischen Rückstellung das Vermögen gemindert hat, wie dies in Solvabilität I geschah.[2] Vielmehr soll der Posten konsequent wie **Eigenmittel** behandelt werden. Er wird also schon im ersten Schritt nicht in der versicherungstechnischen Rückstellung berücksichtigt, sodass bedeckende Vermögenswerte, soweit er tatsächlich bedeckt ist, **Basiseigenmittel** sind.[3] 5

Diese Lösung des Zwiespalts ist durch den eigentlichen Zweck von Solvabilität II begründet: Der vorrangige Zweck von Solvabilität II besteht laut den Erwägungsgründen 53 und 62 Solva II-RL in der **Sicherstellung der Leistungserbringung** an die Versicherungsnehmer auch in Notsituationen. Die wirtschaftliche Bewertung der Solvabilitätsübersicht erfolgt, neben der öffentlichen Information über die Finanzlage laut Erwägungsgrund 38 Solva II-RL, nur um festzustellen, zu welchem Betrag das Versicherungsunternehmen sein Geschäft generell, aber spezifisch auch in einer Notsituation auf ein anderes, solventes Unternehmen übertragen könnte, als Abbild des wirtschaftlichen Wertes der dann bestehenden Verpflichtung. Daher brauchen Beträge, die bei einer solchen Übertragung in der betrachteten Notsituation nicht mit übertragen werden würden, weil sie vorher schon vertragsgemäß zum **Verlustausgleich** herangezogen werden konnten, bei der wirtschaftlichen Bewertung der Solvabilitätsübersicht nicht berücksichtigt zu werden. Würde man die wirtschaftliche Bewertung isoliert ohne Rücksicht auf den eigentlichen Zweck vornehmen, also z. B. wie in IFRS oder HGB vorgehen, wären diese Beträge zweifelsohne in der Bewertung der versicherungstechnischen Rückstellung zu berücksichtigende Bestandteile der Verpflichtung. So kommt es zu einem konzeptionell begründeten Unterschied zwischen der Sichtweise von Solvabilität II und der Sicht der Rechnungslegung.[4] 6

Zur Eingrenzung bezieht sich die Ausnahme von der Berücksichtigung bei der Bewertung der versicherungstechnischen Rückstellung in Art. 91 Abs. 2 Teilsatz 2 Solva II-RL nur auf solche Beträge, die die Kriterien in Art. 94 Abs. 2 Solva II-RL erfüllen, also als Basiseigenmittel der Qualitätsklasse 1 einzustufen sind, und damit in einer Notsituation wie andere Eigenmittel auch zum Verlustausgleich zur 7

[2] Art. 27 Abs. 2 lit. d Lebens-RL 2002/83/EG.
[3] Vgl. BaFin-AE Überschussfonds nach Art. 91 der Solvency II-Richtlinie v. 4.12.2015, S. 4, die hier von einer „Umwidmung" spricht.
[4] Vgl. Korinek/G. Saria/S. Saria/*Hummer-Mair* § 172 Rz. 36 zum öVAG.

Verfügung stehen. In einer solchen Notsituation verlieren sie ihren im Normalfall bestehenden **Verpflichtungscharakter**.

8 Die Auflösung dieses Widerspruchs überlässt der Richtliniengeber in Art. 91 Abs. 2 Solva II-RL den Rechtsvorschriften der Mitgliedstaaten, im Rahmen eines **Mitgliedstaatenwahlrechtes**, diese Beträge von der Berücksichtigung in den versicherungstechnischen Rückstellungen auszunehmen. Von dieser Regelung profitieren nur solche Versicherungsunternehmen, in deren Sitzland eine rechtliche Grundlage für eine Verwendung akkumulierter Gewinne, die bereits rechtlich der zukünftigen Verteilung an die Versicherungsnehmer gewidmet sind, zum Verlustausgleich besteht. Da dies nur in wenigen Ländern, u. a. Deutschland und Österreich, der Fall ist, war die Regelung lange umstritten.[5]

9 **2. Redundanz des Art. 96 Abs. 1 Solva II-RL.** Art. 96 Abs. 1 Solva II-RL bildet zusammen mit Art. 91 Abs. 2 Solva II-RL und i. V. m. den Art. 76 Abs. 1 und 2, 77 Abs. 2, 78 Nr. 3, 88 Nr. 1, 94 Abs. 1 und 93 Abs. 1 und 2 Solva II-RL unter Berücksichtigung des Art. 18 Solva II-VO eine **komplexe Verweiskette**. Im Ergebnis bewirkt diese Verweiskette, dass Art. 96 Abs. 1 Solva II-RL entgegen dem scheinbaren Wortlaut keine Erleichterung darstellt, sondern sogar **redundant** ist.[6] Denn Art. 91 Abs. 2 Solva II-RL gilt ohnehin nur für solche Beträge, die schon die Kriterien für die Qualitätsklasse 1 erfüllen. Damit bestätigt Art. 96 Abs. 1 Solva II-RL nur etwas, was schon andernorts zur Voraussetzung gemacht wurde.

10 Die Redundanz des Art. 96 Abs. 1 Solva II-RL ergab sich aufgrund einer **Empfehlung des Europäischen Parlaments**,[7] durch die eine bis dahin vorgesehene positiv erlaubende Regelung auf die normalen, ohnehin geltenden Kriterien reduziert wurde. Das Europäische Parlament wies darauf hin, dass Teile des schließlich in Art. 91 Abs. 1 Solva II-RL definierten Überschussfonds möglicherweise nicht die Kriterien für die Qualitätsklasse 1 erfüllen könnten und dass hierfür **keine Sonderregelung** bzgl. der Einstufung in die Qualitätsklassen gewährt werden sollte. Die Regelung in der Vorfassung[8] des RL-Entwurfs hätte es den nationalen Rechtsvorschriften erlaubt, auch Beträge des Überschussfonds in die Qualitätsklasse 1 einzustufen, die nicht die Kriterien hierfür erfüllen.

11 **3. Von Art. 96 UAbs. 1 Nr. 1 Solva II-RL erfasste Beträge: Der Überschussfonds und sein eigenmittelfähiger Teil.** Maßgeblich für die auf Art. 91 Abs. 2 Solva II-RL beruhende Wirkung von Art. 96 Abs. 1 Solva II-RL ist der Umfang, in dem die nationalen Rechtsvorschriften in der durch Art. 91 Abs. 2 Solva II-RL gesetzten Grenze Beträge von der Berücksichtigung in den versicherungstechnischen Rückstellungen ausnehmen. Ausgangspunkt der Bestimmung der Grenze ist der Überschussfonds nach Art. 91 Abs. 1 Solva II-RL. Innerhalb dieses Postens wird durch Art. 91 Abs. 2 Solva II-RL der eigenmittelfähige Teil bestimmt.

12 **a) Der Begriff des Überschussfonds in Art. 91 Abs. 1 Solva II-RL.** Der Begriff des Überschussfonds bezieht sich auf **Verträge mit Überschussbeteiligung**.[9] Da die Überschussbeteiligung in den Mitgliedstaaten sehr unterschiedlich ausgestaltet ist, musste sich die Richtlinie einer sehr allgemeinen Sprache bedienen, die die für die Zwecke hier relevanten Merkmale aufgreift. Dies geschieht in den **unterschiedlichen Sprachfassungen** aber auf verschiedene Weise.

13 **aa) Der Begriff der Überschussbeteiligung (Art. 78 Nr. 3 Solva II-RL).** Der Begriff der Überschussbeteiligung[10] ist in der Solva II-RL nicht definiert. Letztlich können darunter sämtliche Leistungen im Rahmen des Vertrages verstanden werden, deren Erbringung wenigstens von dem **Auftreten von Überschüssen** bei der Abwicklung des betreffenden Vertrages oder einer Gruppe von Verträgen abhängig gemacht werden kann. Hierbei ist nicht ausgeschlossen, dass das Versicherungsunternehmen ggf. nach eigenem Ermessen auch mehr oder weniger als die aufgetretenen Überschüsse leisten oder die Leistung auf Grund des Überschusses auch noch von anderen Bedingungen wie z. B. dem Erleben des Endes der Versicherungsdauer abhängen kann. Art. 1 Abs. 35 Solva II-VO stellt klar, dass der Begriff der Überschussbeteiligung wenigstens die **Existenz bestimmter Mindestleistungen** erfordert. Damit wären Verträge mit an Fonds oder Indizes gebundene Leistungen oder auf die Ansprüche nur im Rahmen der verfügbaren Mittel bestehen,[11] keine Verträge mit Überschussbeteiligung.

14 Die deutsche und z. B. auch die schwedische Sprachfassung des Art. 78 Nr. 3 Solva II-RL beziehen sich allein auf die Überschussbeteiligung bzw. Beitragsrückerstattung (schwedisch: „återbäring"), **ohne eine Ermessensabhängigkeit** zu erwähnen. Sie fokussieren also auf die in Art. 1 Nr. 35 lit. a Solva II-VO genannten Gestaltungen. Einige Sprachfassungen beziehen sich hingegen überhaupt nicht auf eine Beteiligung am Überschuss, sondern **nur auf ermessensabhängige Zusatzleistungen** (Boni), z. B. die englische, „discretionary bonuses", und die dänische Fassung, „diskretionære bonusbeløb", wie sie

[5] Vgl. *Wehling* in: Wandt/Dreher 2009, S. 35.
[6] Vgl. Erwägungsgrund 51 S. 3 Solva II-RL.
[7] Plenarsitzungsdokument A6–0413/2008, S. 48 f.
[8] KOM(2008)0119.
[9] Vgl. Art. 78 Nr. 3 und Erwägungsgrund 50 Solva II-RL.
[10] Vgl. Art. 78 Nr. 3 Solva II-RL.
[11] Vgl. Art. 9 Abs. 1 Solva II-RL.

in Art. 1 Nr. 35 lit. b Solva II-VO beschrieben sind. Andere Sprachfassungen beziehen sich auf beide Elemente, also die **Ermessensabhängigkeit und die Beteiligung** (am Überschuss), so z. B. die französische („participations discrétionnaires“) und die niederländische („discretionaire winstdelingen“).

Hintergrund der unterschiedlichen Wortwahl ist die typische **Teilung des Überschussbeteiligungsprozesses** in mehrere Schritte.[12] Zuerst wird der in der Zukunft verteilungsfähige Überschuss der Vergangenheit, meist auf kollektiver Basis, bestimmt, um dann zwischen Versicherungsunternehmen und den Versicherungsnehmer, wiederum meist als Kollektiv, aufgeteilt zu werden. Das Bestimmungs- und Aufteilungsverfahren ist oft rechtlich geregelt, sodass hier das Ermessen des Versicherungsunternehmens nicht im Vordergrund steht, aber bei solch komplexen Bewertungen in einem gewissen Umfang vorhanden ist. Dies gilt meist auch für die **Aufteilung zwischen Versicherungsunternehmen und dem Kollektiv der Versicherungsnehmer**. Damit ergibt sich die Grundlage des oft wenigstens teilweise zur Verlustabdeckung verfügbaren kollektiven Überschussfonds nach Art. 91 Abs. 1 Solva II-RL, der noch der **Eigentumssphäre des Versicherungsunternehmens** zuzurechnen ist.[13] Hingegen ist der zweite Schritt, die tatsächliche **Verteilung der schon für die Überschussbeteiligung der Versicherungsnehmer gewidmeten Beträge** auf die einzelnen Verträge, auf die in Art. 78 Nr. 3 Solva II-RL Bezug genommen wird, oft bzgl. Zeitpunkt und Umfang durch das **Ermessen des Versicherungsunternehmens** geprägt.[14] Auch wenn das Versicherungsunternehmen hierbei oft bestimmten Grundsätzen unterliegt, insbesondere einer verursachungsorientierten Verteilung,[15] besteht dennoch bis zur Deklaration meist kein individueller Rechtsanspruch des einzelnen Versicherungsnehmers.[16] Die Wortwahl der einzelnen Sprachfassungen des Art. 78 Abs. 3 Solva II-RL richtete sich wohl danach, ob in dem jeweiligen Sprachraum in der Vorstellung der Übersetzer der oft rechtlich geregelte erste Schritt, in Deutschland also die Widmung von Überschüssen für die Überschussbeteiligung nach § 139 VAG und deren angemessene Zuführung zur RfB, oder die Ermessensabhängigkeit der im zweiten Schritt später erfolgenden Zuteilung an den einzelnen Vertrag im Vordergrund steht. 15

Bestimmte unterschiedliche Rechtsfolgen sind mit der unterschiedlichen Wortwahl aber nicht beabsichtigt. Letztlich wird durch Art. 1 Nr. 35 Solva II-VO der Begriff all dieser Gestaltungen umfassend definiert. In Art. 78 Nr. 3 Solva II-RL kommt es darauf an, dass alle erwarteten Zahlungen unter dem Vertrag, seien sie nun vom früheren Überschuss abhängig oder auf dem Ermessen des Versicherungsunternehmens beruhend, berücksichtigt werden. Hier ist allein **prospektiv** die zukünftige, erwartete Situation entscheidend. Hingegen ist es beim **Überschussfonds** erforderlich, dass die Beträge bereits vom Versicherungsunternehmen erwirtschaftet wurden und zum Bewertungsstichtag noch verfügbar sind, damit sie tatsächlich nachfolgend für einen Verlustausgleich verwendet werden können. Hier wird eine **retrospektive Sicht** eingenommen: Es geht um Beträge, die als schon tatsächlich erwirtschaftete Überschüsse erwartungsgemäß zukünftig einmal Versicherungsverträgen gutgebracht werden, wobei es aber nicht auf den Grad der rechtlichen Verpflichtung hierfür ankommt. 16

bb) Konsequenzen der Überschussbeteiligung für die Solvabilität. In Erwägungsgrund 50 Solva II-RL wird ein zentraler Aspekt einer möglichen Ausgestaltung der Überschussbeteiligung für die Bestimmung der aktuell verfügbaren Eigenmittel beschrieben. Wegen der Langfristigkeit der vertraglichen Vereinbarung muss das Versicherungsunternehmen nach Art. 209 Solva II-RL die Beiträge mit sehr hohen **Sicherheitsmargen** vereinbaren.[17] Ausgangspunkt der Überschussbeteiligung ist die Absicht, einen Teil der dann tatsächlich später **nicht benötigten Sicherheitsmargen** dem Versicherungsnehmer wieder zurück zu erstatten. Das Preis-Leistungsverhältnis soll nicht durch die wegen der Langfristigkeit der Vereinbarung notwendigen hohen Sicherheitsmargen in den Beiträgen im Ergebnis für den Versicherungsnehmer unwirtschaftlich werden. Der Versicherungsnehmer akzeptiert die sehr hohen Beiträge in **Erwartung einer Rückerstattung**, soweit sie tatsächlich nicht benötigt werden. Diese rückwirkende Korrektur bezieht sich im Grundsatz auf den **Gesamtsaldo des Überschusses aus der gesamten Vertragszeit**. Die Sicherheitsmargen bleiben konzeptionell als Risikokapital solange verfügbar, wie Risiken bestehen. 17

Da der Überschuss nur kollektiv festgestellt werden kann, kann er nicht jeweils gesondert bei Ende eines Vertrages für dessen Vertragslaufzeit bestimmt werden. Er muss also in gewissen Zeitabständen für alle Verträge bestimmt werden. Üblich wurde hier das **Geschäftsjahr**. Allerdings ist das Geschäftsjahr im Vergleich mit den Vertragslaufzeiten sehr kurz und vorläufig in einem Jahr errechnete Überschüsse können im weiteren Vertragsverlauf durch nachfolgende Verluste wieder zunichtewerden. Die Sicher- 18

[12] Vgl. Art. 1 Nr. 35 Solva II-VO; *Engeländer* NVersZ, 2000, 401, 405 ff.

[13] Vgl. Erwägungsgrund 50 Solva II-RL; für deutsches Recht, *BVerfG* Urt. v. 26.7.2005 – 1 BvR 80/95 Rn. 71, BVerfGE 114, 73 = NJW 2005, 2376 = VersR 2005, 1127.

[14] Vgl. Art. 1 Abs. 35 lit b Solva II-VO.

[15] Vgl. § 153 Abs. 2 VVG.

[16] Vgl. *BVerfG* Urt. v. 26.7.2005 – 1 BvR 782/94 Rn. 141, BVerfGE 114, 1 = NJW 2005, 2363 = VersR 2005, 1109.

[17] Dies entspricht dem in Erwägungsgrund 50 Solva II-RL erwähnten Beitrag zum Risikokapital des Versicherungsunternehmens.

heitsmargen in den im betreffenden Jahr vereinnahmten Beiträgen werden für mehr als ein Jahr benötigt. Daher wird die Jahresabrechnung oft nicht streng gehandhabt, sondern es gibt die Möglichkeit, im Sinne der Absicht der Überschussbeteiligung einen **Ausgleich der Ergebnisse** unterschiedlicher Jahre vorzunehmen. Hierzu werden in einzelnen Jahren vorläufig errechnete Überschüsse nicht sofort unwiderruflich einzelnen Versicherungsnehmern zugeteilt, sondern verbleiben teilweise im Versicherungsunternehmen zur Ermöglichung eines Ausgleichs mit ggf. zukünftig auftretenden Verlusten. Diese Beträge wirken damit bis zu ihrer unwiderruflichen Zuteilung an einzelne Versicherungsnehmer wie **Risikokapital**. In einigen Mitgliedstaaten ist der Ausgangspunkt der Überschussbeteiligung inzwischen gegenüber der Vorstellung einer Jahresabrechnung so in den Hintergrund geraten, dass die staatliche Regulierung den Ausgleich über Jahre hinweg nur noch sehr eingeschränkt ermöglicht. Entsprechend der tatsächlichen Möglichkeiten, vorläufig errechnete und noch nicht unwiderruflich verteilte Überschüsse, d. h. den **Überschussfonds**, noch wenigstens im nachfolgenden Jahr zum **Verlustausgleich** verwenden zu können, berücksichtigt Solvabilität II dies durch entsprechende Regelungen bei der Beurteilung der vorhandenen Eigenmittel.

19 **cc) Rechtsgrundlage des Überschussfonds.** Der Begriff des Überschussfonds bezieht sich nicht nur auf die Fälle, in denen tatsächlich ein **vertraglicher Anspruch** auf Überschussbeteiligung, wenigstens dem Grunde nach, besteht,[18] sondern auch auf die Fälle, in denen das Versicherungsunternehmen **erwartet**,[19] auch ohne vertragliche Grundlage in der Zukunft Zuteilungen aus dem Überschuss der Vergangenheit vorzunehmen. Die Erwartung des Versicherungsnehmers spielt hierbei keine Rolle. Allerdings ist im Fall freiwilliger Ausschüttungen nicht ohne Weiteres feststellbar, ob sie sich, wie in Art. 91 Abs. 2 Solva II-RL, aus zum Bewertungsstichtag bereits erzielten Überschüssen oder zukünftigen Überschüssen speisen. Eine sichere Rechtsgrundlage besteht z. B. dann, wenn eine Selbstverpflichtung über die beabsichtigte zukünftige Verwendung wie etwa in den §§ 341e Abs. 2 Nr. 2 HGB oder 139 f. VAG erfolgt ist. Allerdings kann vermutet werden, dass **zukünftig erwartete Bonuszahlungen** ohne jede Rechtsgrundlage, die zwar nicht durch zukünftige Erträge, wohl aber durch schon bereits vorhandene Vermögenswerte gedeckt sind, aus diesen finanziert werden, insoweit also ein Überschussfonds auch **ohne konkrete Festlegung** besteht.

20 **dd) Der Begriff der Deklaration (Art. 91 Abs. 1 Solva II-RL).** Bereits **unwiderruflich** dem Versicherungsnehmer zustehende Beträge sind nicht Bestandteil des Überschussfonds, da sie nicht oder nicht mehr (kollektiv) akkumuliert sind und, in der Rechtsfolge, auch nicht mehr zur **Verlustdeckung** zur Verfügung stehen. Sie erfüllen also die Kriterien in Art. 94 Abs. 1 Solva II-RL nicht. Damit ist im Ergebnis diese Einschränkung des Überschussfonds-Begriffs in Art. 91 Abs. 1 Solva II-RL im Hinblick auf seine nachfolgende Verwendung überflüssig.

21 Der **Ausschüttungsvorgang** wird in der deutschen Sprachfassung entsprechend der üblichen deutschen Vorgehensweise, aber abweichend von allen anderen Fassungen, nur im Hinblick auf die Deklaration durch das Versicherungsunternehmen, also einer **einseitigen Willenserklärung**, beschrieben. Alle anderen Fassungen beziehen sich ohne Rücksicht auf die Rechtsgrundlage nur auf das Faktum einer **endgültig anstehenden Ausschüttung**, also auf Beträge „made available for distribution" wie z. B. in der englischen Fassung. Erst im Verlauf des Richtliniensetzungsverfahrens wich die deutsche Fassung von den weiterhin einheitlichen anderen Fassungen ab. Die letzte gemeinsame Entwurfsfassung war Art. 90 KOM(2008)0119. Ob die Ausschüttungen auf Basis einer einseitigen Willenserklärung des Versicherungsunternehmens oder z. B. aufgrund eines aufgeschobenen und bedingten Rechtsanspruchs des einzelnen Versicherungsnehmers erfolgen, ist in dem Zusammenhang hier aber ohne Belang. Eingeschlossen sind z. B. auch solche Fälle, in denen z. B. auch Fälle umfasst, wo zwar der Vertrag konkret bestimmt, welche Anteile dem Vertrag zustehen, es also keiner Deklaration bedarf, aber zugleich die Unwiderruflichkeit für wenigstens ein Jahr zur Ermöglichung eines Ausgleichs in der Zwischenzeit auftretender Verluste aussetzt. In diesem Zusammenhang ist auch der Anspruch auf eine **Beteiligung an den Bewertungsreserven** nach § 153 Abs. 3 VVG zu nennen, der in der dort genannten oder vereinbarten Mindesthöhe nicht durch Deklaration, sondern direkt durch den Vertrag entsteht.

22 Nach deutschem Verständnis können aber Beträge auch **widerruflich deklariert** werden, z. B. ausdrücklich nur vorläufig und widerruflich deklarierte **Schlussüberschussanteile**, die nur der Information zur Überschussbeteiligung bei vorfälliger Leistung (z. B. bei Tod oder Rückkauf) dienen. Mit der Aussage in der deutschen Fassung der Richtlinie, dass nur noch nicht zur Ausschüttung an die Versicherungsnehmer und Anspruchsberechtigten deklarierte Beträge Überschussfonds sein können, sind solche widerruflichen Deklarationen nicht gemeint, sondern nur bereits für den Versicherungsnehmer verfügbare Ausschüttungen, also entstandene **konkrete und unwiderrufliche Ansprüche** des Versicherungsnehmers auf Ausschüttung. Dies ist unabhängig von der Bezeichnung. So sind z. B. unwiderruflich zugesagte, aber dennoch als Schlussüberschussanteile bezeichnete Beträge nicht Teil des Über-

---

[18] Vgl. § 153 VVG.
[19] Vgl. Art. 78 Nr. 3 Solva II-RL.

schussfonds.[20] Weiter ist unerheblich, ob technisch die Ausschüttung schon erfolgte bzw. wie der handelsrechtliche Ausweis erfolgt.

ee) Der Begriff der akkumulierten Gewinne (Art. 91 Abs. 1 Solva II-RL). Der Überschussfonds besteht aus in der Vergangenheit erzielten, seitdem „akkumulierten Gewinnen". Gemeint ist nicht der **Gewinnbegriff** der Rechnungslegung,[21] sondern der für den Überschussfonds namensgebende **Überschuss** bei der Erfüllung der Verträge, einzeln oder kollektiv. Dies sind die Beträge, die im Rahmen der Definition der **Überschussbeteiligung** in Art. 1 Nr. 35 lit. a Solva II-VO genannt sind. Nicht thematisiert wird in den europarechtlichen Vorschriften der Fall, in dem bereits das Auftreten solcher Überschüsse eine Verpflichtung des Versicherungsunternehmens gegenüber dem **Kollektiv der Versicherungsnehmer** beinhaltet, wie z. B. nach den §§ 139 f. VAG. Gerade diese Verpflichtung wird, soweit sie im Verlustfall keinen Bestand hat, durch Art. 91 Abs. 2 Solva II-RL für den, insbesondere für die Solvabilitätsbestimmung relevanten, Fall einer Verlustsituation außer Betracht gelassen. Es kommt daher im Zusammenhang mit der Solvabilitätsbestimmung nicht darauf an, ob eine solche Verpflichtungslage im Einzelfall besteht, solange die Beträge jedenfalls bis zur unwiderruflichen Zuteilung zur Verlustdeckung dienen können. 23

Frühere Entwurfs-Fassungen der RL waren nicht so allgemein formuliert, sondern bezogen sich auf einen Posten des Jahresabschlusses, z. B. „statutory annual accounts" in der englischen Fassung, in der deutschen Fassung noch als **„verfügbare Rücklagen für Beitragsrückerstattung"** bezeichnet.[22] Auch hier erfolgte die Begriffswahl nicht entsprechend der Rechnungslegung. Gemeint war vielmehr die **Rückstellung für Beitragsrückerstattung** nach § 341e Abs. 2 Nr. 2 HGB. Weiter bezogen sich die Entwurfs-Fassungen nur auf **realisierte Gewinne.**[23] Es wurde angenommen, dass überall die Überschussbeteiligung rechtlich auf dem Jahresabschluss oder gar nur auf realisierten Gewinnen beruht. Dies ist aber nicht zwingend: In Deutschland erfolgt nach § 153 Abs. 3 VVG eine Beteiligung an unrealisierten, in der Bilanz des Jahresabschlusses nicht enthaltenen Wertzuwächsen. 24

In der endgültigen Fassung wurde dann jede weitere Konkretisierung des Gewinnbegriffs aufgegeben, denn die Bewertung der Verpflichtungen eines Versicherungsunternehmens ist in der EU **nicht harmonisiert**. Bewertungssysteme wie z. B. HGB oder andere nationale Methoden in der EU, IFRS oder auch Solvabilität II unterscheiden sich u. a. gerade darin, wie sie die Überschüsse der Totalperiode den Perioden der Vergangenheit und der Zukunft zuordnen. Was als in der Vergangenheit erwirtschafteter Überschuss angesehen wird, ist also nicht eindeutig bestimmt, sondern hängt von der Sichtweise der verwendeten **Rechnungslegungsgrundsätze** ab. Damit besteht die Möglichkeit, dass der im Jahresabschluss ausgewiesene Wert nicht den wirtschaftlichen Verhältnissen entspricht, die für die Solvabilitätsbestimmung maßgebend sein sollen.[24] 25

Relevant ist, dass die in der Vergangenheit erwirtschafteten und seitdem akkumulierten Überschüsse im Rahmen der Solvabilitätsbestimmung zum **Verlustausgleich** im beginnenden Jahr schon **von Anfang an** zur Verfügung stehen. Damit ist letztlich für die Rechtsfolge der Begriff des Überschussfonds auf die tatsächlich nach der Bewertung unter Solvabilität II bereits entstandenen und noch nicht unwiderruflich Versicherungsnehmern zugewiesenen oder sonst unwiderruflich verwendeten Überschüsse begrenzt. Nur solche Beträge können letztlich Eigenmittelcharakter haben. Denn die nach Art. 91 Abs. 2 Teilsatz 2 Solva II-RL aus der Berechnung der versicherungstechnischen Rückstellung ausgenommenen Beträge tragen ohnehin nur insoweit zu den Basiseigenmitteln bei, wie sie tatsächlich nach der Bewertung gemäß Solvabilität II von Vermögenswerten bedeckt sind. Die Einstufungsvorgabe des Art. 96 Abs. 1 Solva II-RL kann nur in dem Umfang Wirkung entfalten, wie der Überschussfonds tatsächlich nach Art. 88 Solva II-RL Basiseigenmittel ist. 26

Damit ist es nicht zwingend, dass mit dem Überschussfonds in Deutschland die Rückstellung für Beitragsrückerstattung des Jahresabschlusses gemeint ist, oder in anderen EU-Mitgliedstaaten entsprechende Posten des Jahresabschlusses. Es ist durchaus auch möglich, hierunter den **erwarteten Anteil der Versicherungsnehmer** an in der Solvabilitätsübersicht gegenüber dem Jahresabschluss vorgezogen ausgewiesenen Wertzuwächsen oder –verlusten zu verstehen, soweit diese tatsächlich zum Verlustausgleich vom Bewertungsstichtag an zur Verfügung stehen. Erwägungsgrund 51 Solva II-RL spricht ausdrücklich von einem **wirtschaftlichen Ansatz** bei der Bestimmung des Überschussfonds. 27

Der Begriff „akkumuliert" erfordert aber eine gewisse **Identifizierbarkeit** und einen **Zusammenhang mit den zukünftigen Zahlungsströmen**, also den zukünftigen Ausschüttungen. Dies kann z. B. durch eine rechtliche Zweckbindung oder Widmung geschehen, gleichgültig ob oder wie sie handelsrechtlich abgebildet wird, ob sie sich unmittelbar aus dem Vertrag oder anwendbaren Rechtsvorschriften oder durch einseitige Erklärung des Versicherungsunternehmens ergibt. Weiter kann ein bestehender Rechtsanspruch, diese aus Sicht von Solvabilität II bereits erwirtschafteten Beträge für die Überschuss- 28

[20] Vgl. Begr. VAG-RegE 2014, BT-Drs. 18/2956, 262.
[21] Vgl. § 4 Abs. 1 EStG.
[22] Art. 90 KOM(2008)0119.
[23] Art. 90 KOM(2008)0119.
[24] Vgl. Erwägungsgrund 51 Solva II-RL.

beteiligung zu verwenden, sobald sie auch unter HGB als erwirtschaftet gelten, eine solche Identifizierung bewirken. Bei entsprechenden Bewertungsunterschieden im Jahresabschluss wird nach § 341e Abs. 2 Nr. 2 HGB eine zusätzliche, über die nach § 139 VAG bestimmten Beträge hinausgehende, auch als „**latent**" bezeichnete Rückstellung für Beitragsrückerstattung gebildet.[25] Nach § 341e Abs. 1 S. 2 HGB kann das Aufsichtsrecht nur eine bestimmte Mindesthöhe einer versicherungstechnischen Rückstellung i. S. d. HGB verlangen. Wenn diese latenten Bestandteile der Rückstellung für Beitragsrückerstattung auch unter Solvabilität II als Eigenmittel zur Verfügung stehen, könnten auch sie als Überschussfonds gelten.

29 **b) Der eigenmittelfähige Teil des Überschussfonds nach Art. 91 Abs. 2 Solva II-RL.** Vom Überschussfonds wird in Art. 91 Abs. 2 Solva II-RL der **eigenmittelfähige Teil**, der also nicht in den versicherungstechnischen Rückstellungen berücksichtigt wird, abgesondert. Soweit er von Vermögenswerten bedeckt ist, ergeben sich damit Basiseigenmittel. Eigenmittelfähig ist der Teil des Überschussfonds, der die „in Artikel 94 Absatz 1 [Solva II-RL] genannten Kriterien erfüllt." Durch Verweis sind hierfür die Anforderungen des Art. 93 Solva II-RL zu prüfen. Soweit durch die nationalen Rechtsvorschriften nicht konkreter geregelt, erfolgt diese Prüfung grundsätzlich im **Einzelfall** für jeden rechtlich gesondert geregelten Teilbetrag des Bestandes aufgrund der vorliegenden vertraglichen Verabredungen und der Rechtsvorschriften.

30 Wesentlich ist allerdings die in Art. 93 Abs. 2 S. 1 Solva II-RL genannte **zeitliche Komponente** einer möglichen Befristung der Erfüllung der Kriterien. Beträge im Überschussfonds werden, wegen ihres eigentlichen Zwecks, der Finanzierung zukünftiger Überschussanteile, regelmäßig dort nur befristet vorhanden sein, auch wenn sie im Normalfall immer wieder durch neue Beträge ersetzt werden. Zu beachten ist dabei aber der **Betrachtungshorizont** eines Jahres der Solvabilitätskapitalanforderung von Solvabilität II: Soweit nicht zu erwarten ist und auch bei unerwarteten Situationen keine Verpflichtung besteht, dass die Beträge innerhalb dieses Jahres durch Ausschüttung zu einer unwiderruflichen Verpflichtung werden, ist der Bedingung Genüge getan.[26]

31 **4. Konsequenz: Nicht-Berücksichtigung als Verbindlichkeit.** Der **verbundene Verpflichtungs- und Eigenmittelcharakter** des nach Art. 91 Abs. 2 letzter Teilsatz Solva II-RL eigenmittelfähigen Teils des Überschussfonds wird durch die dortige Ausnahme von der Berücksichtigung bei der Bewertung der versicherungstechnischen Rückstellung ausgelöst, die mit der Regelung in Art. 78 Nr. 3 letzter Teilsatz Solva II-RL korrespondiert. Allerdings bezieht sich Art. 78 Nr. 3 letzter Teilsatz Solva II-RL auf Zahlungen, also eine **prospektive Betrachtung**, während sich Art. 91 Abs. 2 letzter Teilsatz Solva II-RL auf die Verpflichtung aus dem Überschussfonds, also eine **retrospektive Sicht** („akkumulierte Gewinne"), bezieht. Der Überschussfonds ist ein aktueller **Nominalwert** in Höhe des meist kollektiven Anteils der Versicherungsnehmer an akkumulierten Überschüssen der Vergangenheit. Die versicherungstechnische Rückstellung stellt die Zahlungsströme dar, die zukünftig aus dieser Verpflichtung (Anteil der Versicherungsnehmer an den akkumulierten Gewinnen) resultieren. Dazwischen liegt der Schritt der **Zuteilung** des kollektiven Betrages zu individuellen Versicherungsnehmern, meist auf Grund einer Deklaration. Der zugeteilte Betrag wird dann einer **Verwendung** zugeführt, z. B. einer Bonusversicherung, die dann später zu Zahlungsströmen aufgrund von Leistungspflichten führt. Der Unterschied zwischen einer retrospektiven und einer prospektiven Betrachtung liegt sowohl in der **Zinswirkung** auf diese zukünftigen Zahlungsströme aufgrund von Zuteilung und Verwendung gegenüber dem Nominalwert des Überschussfonds als auch im Anteil des Versicherungsunternehmens an daraus noch entstehenden Überschüssen.

32 **Beispiel:** Am Bewertungsstichtag enthält der qualifizierte Teil des Überschussfonds 100 EUR akkumulierte Überschüsse, die also vollständig im beginnenden Jahr zur Verlustdeckung zur Verfügung stehen. Diese 100 EUR, die bis dahin sicherlich weitere akkumulierte Überschüsse aus Zinsen darauf bewirkt haben, werden fünf Jahre später einem Vertrag zugeteilt. Diese Zuteilung bewirkt in weiteren 15 Jahren aufgrund der Verwendung als Bonusversicherung eine zusätzliche Zahlung von 120 EUR (bei einem implizit in der Beitragskalkulation enthaltenen Rechnungszins von 1,25 % ohne Berücksichtigung weiterer erforderlicher Beitragsbestandteile). Bei einem angenommenen Diskontierungssatz („maßgebliche risikofreie Zinskurve" nach Art. 77 Abs. 2 Solva II-RL) von 2 % würde sich nach Art. 78 Nr. 3 letzter Teilsatz Solva II-RL die versicherungstechnische Rückstellung zum Bewertungsstichtag zu Beginn der Betrachtung durch Nicht-Berücksichtigung dieser Zahlung auf Grund der Diskontierung nur um 81 EUR mindern. Damit ergeben die beiden Regelungen einen Unterschied von 19 EUR bei den Basiseigenmitteln zum Bewertungszeitpunkt.

33 Hintergrund ist, dass Art. 78 Nr. 3 letzter Teilsatz Solva II-RL nur den Teil von der versicherungstechnischen Rückstellung ausnehmen kann, der tatsächlich sonst in ihr enthalten wäre. Und dies ist nur der Barwert der aus zukünftigen Zuteilungen in noch weiterer Zukunft resultierenden Zahlungen. Zu weiteren Einzelheiten vgl. Rn. 46 ff.

[25] Vgl. *Ellenbürger/Geib* VW 2008 1173, 1174 f.

[26] Vgl. Fall der Direktgutschrift in der Begr. VAG-RegE 2014, BT-Drs. 18/2956, 262.

5. Mitgliedstaatenwahlrecht. Die Sonderregelungen zum Überschussfonds, also die Ausnahme aus der versicherungstechnischen Rückstellung nach Art. 78 Abs. 2 letzter Teilsatz bzw. Art. 91 Abs. 2 Teilsatz 2 Solva II-RL und die Einstufung als Qualitätsklasse 1 nach Art. 96 Abs. 1 Solva II-RL, stehen nach Art. 91 Abs. 2 Teilsatz 1 Solva II-RL unter dem Vorbehalt der Erlaubnis durch die nationalen Rechtsvorschriften. Insofern besteht ein Mitgliedstaatenwahlrecht.[27] Dieses Wahlrecht ist insbesondere in der sehr unterschiedlichen, individuellen nationalen Ausgestaltung der Überschussfonds begründet. 34

Das Mitgliedstaatenwahlrecht beinhaltet nicht nur die Vorgabe bzw. das Verbot dieser Vorgehensweise, sondern kann auch die Vorgehensweise gegenüber dem **Rahmen in der Solva II-RL** einschränken. Der Begriff „sofern" in der deutschen Fassung ist, entsprechend der englischen Sprachfassung, als „soweit" zu verstehen. Ein **Wahlrecht**, die Vorgehensweise zu verwenden oder nicht, besteht für das einzelne Versicherungsunternehmen aber nicht. Nach dem Wortlaut des Art. 91 Abs. 2 Teilsatz 1 Solva II-RL ist die Vorgehensweise anzuwenden, wenn und soweit sie in den nationalen Rechtsvorschriften vorgesehen ist. Diesbezüglich ist **Einheitlichkeit** wenigstens auf nationaler Ebene gefordert, während die Unterschiede in der nationalen rechtlichen Gestaltung der Überschussbeteiligung durchaus Unterschiede in der Anwendung zwischen den Mitgliedsstaaten rechtfertigen können. 35

Der deutsche Gesetzgeber hat in § 93 Abs. 1 VAG i. V. m. § 84 Abs. 2 VAG von dem **Mitgliedsstaatenwahlrecht** in Art. 91 Abs. 2 Solva II-RL Gebrauch gemacht. Dabei wurden Einschränkungen vorgenommen, insbesondere durch eine Beschränkung auf bestimmte Verträge in § 93 Abs. 1 Nr. 1 bis 3 VAG als auch bzgl. des Betrages entsprechend der nationalen Gegebenheiten. Damit ist eine entsprechende Berücksichtigung eines Überschussfonds i. S. d. Art. 91 Solva II-RL nur für **Lebensversicherungen**, **Krankenversicherungen nach Art der Lebensversicherung** und **Unfallversicherungen mit Prämienrückgewähr** möglich. Nur bei diesen Verträgen gibt es eine gesetzliche Grundlage für die Bildung, Verwendung und vor allem für die **Verwendungssicherung** der Rückstellung für Beitragsrückerstattung. Auch bei anderen Versicherungsverträgen wäre es denkbar, durch vertragliche Vereinbarung entsprechende Gestaltungen im Rahmen des Art. 91 Solva II-RL zu bewirken. Doch beschränkt der Gesetzgeber die Umsetzung auf die Verträge im Anwendungsbereich des § 140 VAG i. V. m. den §§ 151 und 161 VAG. 36

Weder § 84 Abs. 2 VAG noch § 93 Abs. 1 VAG beziehen sich unmittelbar auf die Kriterien für die **Einstufung in die Qualitätsklasse 1** in den §§ 92 f. VAG, die den Art. 93 f. Solva II-RL entsprechen. Der Gesetzgeber interpretiert die nach deutschem Recht bestehende Situation, dahingehend, dass die sich ergebenden Beträge in die Qualitätsklasse 1 einzustufen sind, ohne dass noch eine Prüfung der Kriterien erfolgen muss. 37

6. Umfang der von § 93 Abs. 1 VAG erfassten Beträge. a) Rückstellung für Beitragsrückerstattung. Ausgangspunkt der Regelungen in den §§ 84 Abs. 2 und 93 Abs. 1 VAG ist die **Rückstellung für Beitragsrückerstattung** (RfB) i. S. d. § 341e Abs. 2 Nr. 2 HGB, also der auf dieser Grundlage gebildete Posten E. IV der Passivseite nach Formblatt 1 RechVersV.[28] Dieser Posten kann auch Beträge umfassen, die nicht auf Grund von § 139 VAG gebildet wurden, insoweit diese Rückstellung entsprechend handelsrechtlicher Grundsätze angesetzt wurde.[29] 38

Im Fall einer unterjährigen Feststellung der versicherungstechnischen Rückstellungen und der Eigenmittel ist der Betrag so zu bestimmen, wie er nach handelsrechtlichen Grundsätzen mindestens im Rahmen der **rechtlichen Verpflichtung** zur Zuführung zur RfB unter Berücksichtigung bereits erfolgter Entnahmen bestimmt werden müsste. Durch die Entnahmen ändert sich der eigenmittelfähige Teil der RfB nicht, da sich sowohl der Betrag der RfB wie auch der Abzugsbetrag der festgelegten Überschussanteile mindert, außer in den Fällen, in denen Entnahmen über die **Festlegungen zum Ende des vorherigen Geschäftsjahres** hinaus erfolgen. 39

Die in dem **unterjährigen Zeitraum** angefallenen Überschüsse werden teilweise als zusätzliche neue Rückstellung für Beitragsrückerstattung anzusehen sein. Dies entspricht insoweit der Bezugnahme in Art. 91 Abs. 1 Solva II-RL auf **akkumulierte Gewinne**.[30] Es erscheint nicht angemessen, den Begriff der „vorhandenen Rückstellung für Beitragsrückerstattung" in § 93 Abs. 1 VAG bzw. „zum Bewertungsstichtag vorhandenen Rückstellung für Beitragsrückerstattung"[31] auf die zuletzt in einem handelsrechtlichen Abschluss angesetzte RfB zu beziehen. Vielmehr soll klargestellt werden, dass es sich um die am Bewertungsstichtag tatsächlich **verfügbaren Beträge** handelt, die handelsrechtlich unter diesem Posten auszuweisen wären.[32] Der Umstand, dass die RfB nur im Rahmen eines handelsrechtlichen Abschlusses festgestellt wird, bedeutet nicht, dass sie bei unterjähriger Betrachtung unverändert existiert. Auch hier ist zu überlegen, wie sie nach den handelsrechtlichen Grundsätzen fortzuschreiben wäre. 40

[27] Vgl. Korinek/G. Saria/S. Saria/*Hummer-Mair* § 172 Rn. 32 zum öVAG.
[28] Vgl. BaFin-AE Überschussfonds nach Art. 91 der Solvency II-Richtlinie v. 4.12.2015, S. 1.
[29] Vgl. Rn 28.
[30] Vgl. Rn 23 ff.
[31] BaFin-AE Überschussfonds nach Art. 91 der Solvency II-Richtlinie v. 4.12.2015, S. 1.
[32] Vgl. Begr. VAG-RegE 2014, BT-Drs. 18/2956, 262.

41 Der wesentliche Unterschied zwischen dem nach Art. 91 Abs. 2 Solva II-RL eigenmittelfähigen Teil des Überschussfonds und der RfB nach § 341e Abs. 2 Nr. 2 HGB ist die **Zweckbindung**. Doch ist diese für die Frage des Eigenmittelcharakters in Verlustsituationen unerheblich; sie wird nur für die Begründung des Verbindlichkeitscharakters im Normalfall benötigt. Dennoch hat der Gesetzgeber von dem Mitgliedstaatenwahlrecht entsprechend beschränkend Gebrauch gemacht.[33] Dies hat z. B. zur Folge, dass eine durch § 5 Abs. 3 und 4 DeckRV gestärkte Deckungsrückstellung, die über der versicherungstechnischen Rückstellung der Solvabilitätsübersicht liegt und insoweit aus Sicht der Solvabilitätsübersicht „akkumulierte Gewinne" i. S. d. Art. 91 Abs. 1 Solva II-RL darstellt, nicht unter § 93 Abs. 1 VAG fällt. Damit schwächen Versicherungsunternehmen, die auch zu Lasten der RfB die handelsrechtliche Deckungsrückstellung stärken, letztlich ihre Basiseigenmittel.[34] Die Anbindung der Bewertung der versicherungstechnischen Rückstellung der Solvabilitätsübersicht an handelsrechtliche Posten führt damit zu unerwünschten Konsequenzen.

42 **b) Verwendung zum Ausgleich von Verlusten und festgelegte Überschussanteile.** Die Rückstellung für Beitragsrückerstattung ist nicht in voller Höhe berücksichtigungsfähig. Abzusetzen sind die Teile, die tatsächlich nicht zum Ausgleich von Verlusten zur Verfügung stehen. Der Ausschluss **festgelegter Überschussanteile** ist, im Einklang mit der identischen Formulierung in § 140 Abs. 1 S. 2 VAG, in diesem Sinne zu verstehen. Nur soweit die Festlegung unwiderruflich erfolgt ist und damit die betreffenden Beträge nicht mehr zum Ausgleich von Verlusten zur Verfügung stehen, sind sie ausgeschlossen. Wie auch immer gestaltete vorläufige Festlegungen von Überschussanteilen, die die Verlustausgleichsfähigkeit dieser Beträge nicht berühren, sind davon nicht betroffen, z. B. **widerrufliche Deklarationen** von Schlussüberschussanteilen. Andererseits sind auch alle Festlegungen in Form anderer einseitiger Willenserklärungen des Versicherers im Rahmen der Überschussbeteiligung daraufhin zu überprüfen, ob sie letztlich eine Einschränkung der Verlustausgleichsfähigkeit von Beträgen der RfB bedeuten. Dies kann z. B. bei einer deklarierten Direktgutschrift der Fall sein.[35] Als festgelegter Teil gilt insbesondere der Teil der Rückstellung für Beitragsrückerstattung entsprechend § 28 Abs. 8 Nr. 2 lit. a bis e RechVersV und, soweit für diese Beträge ein entsprechender Verpflichtungscharakter besteht, auch § 28 Abs. 8 Nr. 2 RechVersV lit. f und g.

43 Diese Trennung wird meist **buchhalterisch** möglich sein, denn Bestandteile der RfB, die nicht zum Verlustausgleich verwendet werden dürfen, sind im Normalfall bereits einzelnen Verträgen zugeordnet. Ausnahmen gibt es z. B. im Fall der gebundenen RfB für zusätzliche Versicherungsleistungen wie einem sog. **Todesfallbonus**, soweit er aus der RfB und nicht als Direktgutschrift zugeteilt wird. Hier steht der erwartete Empfänger noch nicht fest und kann auch ein nach dem Bewertungsstichtag zugehender Vertrag sein. Außerdem ist in diesem Fall auch das gesamte Volumen nicht sicher, da die gebundene RfB insoweit auf der Basis einer Schätzung gebildet wird. Auch hier ist zu unterstellen, dass die diesbezüglich erwarteten Zahlungsströme tatsächlich hierfür benötigt werden, also nicht für einen Verlustausgleich zur Verfügung stehen.

44 Letztlich kommt es darauf an, wie die Verlustausgleichsfähigkeit bestimmter Beträge nach den betreffenden vertraglichen Vereinbarungen und maßgeblichen Rechtsvorschriften, insbesondere § 140 Abs. 1 VAG, zu beurteilen ist. Ob für die betreffenden Beträge, bei gegebenem Anlass, dem Grunde nach eine **Zustimmung der Aufsichtsbehörde** nach § 140 Abs. 1 S. 2 VAG möglich ist, muss zum Zweck der Bewertung nach § 75 VAG im Rahmen der verwaltungsrechtlichen Grundsätze für diesen begünstigenden Verwaltungsakt beurteilt werden. Der begünstigende Verwaltungsakt kann nicht probeweise nur für diesen Zweck beantragt werden. Eine ähnliche Problemstellung besteht in § 108 VAG. Bei der Bewertung kann daher eine Managementregel, bei der das Aufsichtsverhalten entsprechend der rechtlichen Beurteilung dargestellt wird, verwendet werden.[36]

45 Da im Unterschied zu Art. 91 Abs. 2 Solva II-RL in § 93 Abs. 1 VAG keine Prüfung der entsprechend in den §§ 91 f. VAG umgesetzten Kriterien für die Eigenmitteleinstufung gefordert wird, ist davon auszugehen, dass sich bereits mit der grundsätzlichen Anwendbarkeit von § 140 Abs. 1 S. 2 VAG für einen Teilbetrag der RfB für diesen die Rechtsfolgen der §§ 84 Abs. 2 und 91 Abs. 1 VAG ergeben. Der deutsche Gesetzgeber hat darauf verzichtet, für die Beurteilung der Anwendbarkeit des § 140 Abs. 1 S. 2 VAG gesetzliche Vorgaben zu machen, im Unterschied etwa zu den §§ 159 Abs. 5 und 177 Abs. 5 öVAG.

46 **c) Bezugnahme auf die Zahlungsströme.** § 93 Abs. 1 VAG schränkt den als Qualitätsklasse 1 einzustufenden **Teilbetrag der RfB** noch weiter auf den besten Schätzwert der durch den eigenmittelfähigen Teil der RfB repräsentierten Verpflichtung ein. Ziel ist die Übereinstimmung mit dem nach § 84 Abs. 2 VAG von der Berücksichtigung in der versicherungstechnischen Rückstellung ausgenommenen

[33] Vgl. BaFin-AE Überschussfonds nach Art. 91 der Solvency II-Richtlinie v. 4.12.2015, S. 4.
[34] Vgl. *DAV*, Stellungnahme zur VAG-Novelle vom 8.8.2014, S. 6 f. (https://aktuar.de/politik-und-presse/positionen-und-stellungnahmen/Stellungnahmen/2014_08_08_VAG 2016_Stellungnahme_DAV_final.pdf).
[35] Vgl. Begr. VAG-RegE 2014, BT-Drs. 18/2956, S. 262; BaFin-AE Überschussfonds nach Art. 91 der Solvency II-Richtlinie v. 4.12.2015, S. 3.
[36] Vgl. Begr. VAG-RegE 2014, BT-Drs. 18/2956, 262.

Betrag. Nur für den Betrag, der ohnehin schon durch Anwendung des § 84 Abs. 2 VAG zu den Basiseigenmitteln gehört, soll die Sonderregelung des § 93 Abs. 1 VAG gelten.

Durch die **Bezugnahme auf die Zahlungsströme** wird klargestellt, dass alle zukünftigen Zahlungsströme, die sich aus dem Vorhandensein der jeweiligen RfB ergeben, betroffen sind. Dies gilt auch für sich nur mittelbar ergebende Zahlungsströme aus der nach Zuteilung erfolgenden Verwendung.[37] Dies sind z. B. erwartete Anteile der Versicherungsnehmer an zukünftigen Überschüssen, die sich aus nachfolgenden **Zinserträgen** auf die betreffenden Teilbeträge der RfB ergeben, aber auch der Anteil der Versicherungsnehmer an den Überschüssen aus der nachfolgenden Verwendung, insbesondere in Form von **Bonusversicherungen**.[38] Auch die auf die Zahlungsströme anzusetzende Risikomarge entfällt, d. h. sie ist nicht eigenmittelfähig.[39] Dies ist eine Konsequenz der geforderten wirtschaftlichen Betrachtungsweise.[40] Die dargestellten Konsequenzen entstehen allerdings nur, wenn die nachfolgende Verwendung der Überschüsse innerhalb der **Vertragsgrenzen** nach Art. 18 Solva II-VO liegt.[41] Eigenmittelfähig sind vor allem die Teile der RfB, die erwartungsgemäß nicht an **bestehende Verträge** ausgeschüttet werden. Der Anteil des Versicherungsunternehmens an derart begründeten, zukünftig erwarteten Überschüssen ist ohnehin nicht Bestandteil der versicherungstechnischen Rückstellung[42] und damit Basiseigenmittel. Damit ist letztlich trotz der Bezugnahme auf die Zahlungsströme der **Gesamtbetrag des Überschussfonds** bzw. der gesamte Betrag des verlustausgleichsfähigen Teils der RfB in den Basiseigenmitteln enthalten. Für den Anteil des Versicherungsunternehmens an den zukünftigen Überschüssen gilt allerdings die unmittelbare Einstufung in die Qualitätsklasse 1 nach § 93 Abs. 1 VAG nicht; vielmehr ist die Einstufung nach den §§ 91 ff. VAG erst zu prüfen. 47

Hiervon gibt es eine Ausnahme. Mit einer geringen Wahrscheinlichkeit werden in einzelnen Szenarien Teile der RfB zukünftig zur Deckung von **Verlusten aus den Leistungsversprechen** verwendet. Da diese Leistungsversprechen bereits abgebildet sind, führt die RfB insoweit nicht zu zusätzlichen Zahlungsströmen; daher kann der Erwartungswert dieser Beiträge nicht nach § 84 Abs. 2 VAG aus der versicherungstechnischen Rückstellung ausgenommen werden.[43] 48

Der Wert der Zahlungen nach Art. 78 Nr. 3 letzter Teilsatz Solva II-RL kann höher als der **qualifizierende Teil des Überschussfonds** sein, wenn die vertragliche Vereinbarung zur Zuteilung einen resultierenden Leistungsanspruch vorsieht, dessen Wert nach den Vorgaben von Solvabilität II höher ist, als die Zuteilung. Praktisch kann dies vorkommen, wenn vertraglich überholte, unzureichende Rechnungsgrundlagen für die Bestimmung der **Bonusversicherungssumme** vereinbart sind und das Versicherungsunternehmen demnach bei jeder Bonuszuteilung einen Verlust erleidet. In diesem Fall würde bei Verwendung des vorhandenen Überschussfonds zum Verlustausgleich zugleich der Verlust aus der ansonsten erwarteten zukünftigen Zuteilung entfallen. Dennoch ist der den Betrag des Überschussfonds übersteigende Wert der zukünftig erwarteten Zuteilungen bei **wirtschaftlicher Betrachtungsweise**[44] nicht als aus dem aktuell vorhandenen Überschussfonds finanziert anzusehen und fällt insoweit nicht unter die Beträge, die nach Art. 91 Abs. 2 Teilsatz 2 Solva II-RL bei der Berechnung der versicherungstechnischen Rückstellung ausgenommen werden dürfen.[45] 49

Beträge des Überschussfonds, die erwartungsgemäß bzw. in einzelnen Szenarien deshalb nicht zu Zahlungen an die Versicherungsnehmer führen, weil sie in diesen Fällen erwartungsgemäß zukünftig zum **Verlustausgleich** verwendet werden, können insoweit auch nicht von der Bewertung der versicherungstechnischen Rückstellung ausgenommen werden.[46] Sie stehen für einen aktuellen Verlustausgleich nicht zur Verfügung, da sie schon für einen zukünftigen Verlustausgleich vorgesehen sind. Zwar werden diese Beträge möglicherweise zur Finanzierung von Leistungen an die Versicherungsnehmer verwendet, doch ist der Rechtsgrund für diese Leistungen nicht der Überschussfonds im Rahmen eines Anspruchs auf Überschussbeteiligung, sondern ein unabhängig davon bestehender Leistungsanspruch. 50

In Umsetzung der §§ 84 Abs. 2 und 93 Abs. 1 VAG müssen die erwarteten Zahlungsströme aus zukünftigen Verwendungen zugeteilter Überschussanteile in diejenigen aus der am Bewertungsstichtag **vorhandenen RfB** und diejenigen aus **zukünftigen Überschüssen** aufgeteilt werden. Eine solche 51

---

37 Vgl. Rn. 31; vgl. auch BaFin-AE Überschussfonds nach Art. 91 der Solvency II-Richtlinie v. 4.12.2015, S. 4.

38 Vgl. BaFin-AE Überschussfonds nach Art. 91 der Solvency II-Richtlinie v. 4.12.2015, S. 5.

39 Vgl. Rn. 57.

40 Vgl. Erwägungsgrund 51 Solva II-RL; BaFin-AE Überschussfonds nach Art. 91 der Solvency II-Richtlinie v 4.12.2015, S. 1.

41 Vgl. EIOPA-BoS-14/165 DE Leitlinie zu Vertragsgrenzen. Die Verpflichtung aufgrund einer bestehenden RfB zu zukünftigen Zuteilungen, die jenseits der Vertragsgrenze liegen, können nur zum Nominalwert bewertet werden, da zwar eine ansatzpflichtige Verpflichtung besteht, die aber nicht in Form von Zahlungsströmen dargestellt werden kann. Ggf. können noch die erwartungsgemäß verdienten Kapitalerträge auf diese Beträge bis zur erwarteten Zuteilung berücksichtigt werden.

42 Vgl. BaFin-AE Überschussfonds nach Art. 91 der Solvency II-Richtlinie v. 4.12.2015, S. 7.

43 Vgl. BaFin-AE Überschussfonds nach Art. 91 der Solvency II-Richtlinie v. 4.12.2015, S. 3 f.

44 Vgl. Erwägungsgrund 51 Solva II-RL.

45 Vgl. BaFin-AE Überschussfonds nach Art. 91 der Solvency II-Richtlinie v. 4.12.2015, S. 4.

46 Vgl. BaFin-AE Überschussfonds nach Art. 91 der Solvency II-Richtlinie v. 4.12.2015, S. 3 f.

Aufteilung ist nicht durch vertragsrechtliche Ansprüche bestimmt. Die RfB ist ein großes **Sammelbecken** vergangener Überschüsse, auf das kein einzelner Versicherungsnehmer einen konkreten Anspruch hat. Die Zuführungen präjudizieren nicht die späteren Entnahmen. Die Aufteilung muss daher auf einer sachgerechten Grundlage erfolgen, basiert jedoch auf Annahmen. Für die Annahme, dass die zukünftigen Zuteilungen zuerst aus der zum Bewertungsstichtag vorhandenen RfB erfolgen,[47] während nachfolgende Zuführungen erst später zu Zuteilungen führen, sprechen zwei Gründe. Einmal sehen die sonst im Rahmen der Bewertung der Solvabilitätsübersicht nach Art. 9 Abs. 2 Solva II-VO anzuwendenden **IFRS** stets eine solche Vorgehensweise bei **Vorräten**, die mit der RfB vergleichbar sind, vor.[48] Außerdem verlangt § 153 Abs. 3 VVG ein **verursachungsorientiertes Vorgehen** bei der Beteiligung der Versicherungsnehmer am Überschuss. Damit steht im Einklang, dass die vergangenen, vom jeweils am Bewertungsstichtag vorhandenen Bestand verursachten, Überschüsse auch diesem und nicht späteren Verträgen zugewiesen werden.

52 **7. Verhältnis zu Art. 15 Solva II-VO (latente Steuern).** Die Höhe der tatsächlich von § 93 Abs. 1 VAG betroffenen Beträge hängt neben der Höhe der eigenmittelfähigen RfB von der sich nach § 89 Abs. 3 Nr. 1 VAG ergebenden Höhe der Basiseigenmittel ab. Diese werden von den nach Art. 15 Solva II-VO zu bildenden **latenten Steuern** mitbestimmt. Hierbei kommt es zu einem konzeptionellen Widerspruch, den der Verordnungsgeber der Solva II-VO nicht erkannt hat. In Solvabilität I galt die RfB nach § 53c Abs. 3 VAG a. F. weiter als versicherungstechnische Rückstellung; sie wurde nur künstlich nachfolgend dem handelsrechtlichen Eigenkapital bei der Bestimmung der Eigenmittel zugefügt. Damit ergab sich keine Notwendigkeit, Steuereffekte in der Bilanz für Solvabilität I zu berücksichtigen, da das steuerlich zu berücksichtigende Eigenkapital dort nicht verändert wurde. In Solvabilität II wird hingegen der Überschussfonds nach Art. 91 Abs. 2 Solva II-RL und § 84 Abs. 2 VAG schon aus der versicherungstechnischen Rückstellung ausgenommen, sodass die Solvabilitätsübersicht insoweit diesen Teil der steuerlich anrechenbaren Verpflichtung nicht mehr enthält. Bzgl. des Überschussfonds stellt die Solvabilitätsübersicht eine Situation dar, in der die sehr unwahrscheinlichen Verluste in einem den Überschussfonds absorbierenden Umfang aufgetreten sind. Die Verlustszenarien selbst werden hingegen in der Solvabilitätsübersicht nur mit einer meist sehr geringen Wahrscheinlichkeit angesetzt und mindern daher die nach Art. 15 Solva II-VO anzusetzende latente Steuerverpflichtung nur geringfügig. Die Solvabilitätsübersicht ist damit in sich inkonsistent und eine konsistente Anwendung des Art. 15 Solva II-VO würde insoweit auch zu nicht intendierten Konsequenzen führen. Die steuermindernd gebildete RfB würde bei einer Auflösung in einer Verlustsituation im Ergebnis nicht zu einer steuerlichen Belastung führen, da der als Bedingung für die Auflösung notwendigerweise entstandene Verlust auch noch nicht steuermindernd berücksichtigt ist.[49]

53 Da die Solvabilitätsübersicht insoweit nicht mehr der **Informationsfunktion** über die Finanzlage[50] genügt, ist es nicht zu rechtfertigen, die Beschreibung der Solvabilitätslage durch eine vermeintlich präzise Darstellung der latenten Steuerverpflichtung zu verzerren. Daher wird auf die Bewertungsdifferenz zwischen der nicht festgelegten RfB nach HGB und der Solvabilitätsübersicht, in der diese Beträge nicht enthalten sind, keine latente Steuerverpflichtung gebildet.[51]

54 **III. Ausgewählte Eigenmittelbestandteile der Qualitätsklasse 2.** § 93 Abs. 2 VAG regelt für **zwei bestimmte Eigenmittelbestandteile**, dass sie zur **Qualitätsklasse 2** gehören. Dies betrifft

- gemäß § 93 Abs. 2 Nr. 1 VAG **Kreditbriefe und Garantien**, die von einem unabhängigen Treuhänder als Treuhand für Versicherungsgläubiger gehalten und von Kreditinstituten herausgegeben wurden, die gemäß RL 2006/48/EG[52] über die Aufnahme und Ausübung der Tätigkeit von Kreditinstituten zugelassen wurden,
- gemäß § 93 Abs. 2 Nr. 2 VAG alle **künftigen Forderungen**, die **durch Reeder gegründete VVaG** mit variablen Beitragseinnahmen, die ausschließlich Geschäft in den Sparten See-, Binnensee- und Flussschifffahrtskasko sowie -haftpflicht und Rechtsschutz betreiben, mittels Aufforderung zur Beitragsnachzahlung innerhalb der folgenden zwölf Monate gegenüber ihren Mitgliedern geltend machen können.

Die Aufzählung in § 93 Abs. 2 VAG ist nicht abschließend, da Art. 74 Solva II-VO neben den in § 93 Abs. 2 Nr. 2 und 3 VAG enthaltenen noch weitere ergänzende Eigenmittelbestandteile aufzählt, die als Eigenmittel der Qualitätsklasse 2 einzustufen sind, wenn sie – nach Einforderung und Einzahlung

[47] Vgl. BT-Drs. 18/2956, 262; BaFin-AE Überschussfonds nach Art. 91 der Solvency II-Richtlinie v. 4.12.2015, S. 3.
[48] IAS 2.25.
[49] Zum Grundsatz zur Erfassung und Bewertung latenter Steuerforderungen und -verbindlichkeiten vgl. Erwägungsgrund 8 Solva II-VO.
[50] Vgl. Erwägungsgrund 38 Solva II-RL.
[51] Vgl. BaFin AE Latente Steuern auf versicherungstechnische Rückstellungen unter Solvency II v. 22.2.2016.
[52] RL 2006/48/EG wurde schon vor der Neufassung des VAG 2016 durch die CRD IV-RL ersetzt, in der Solva II-RL aber noch nicht korrigiert. Der Verweis ist nach Art. 163 CRD IV-RL als Verweis auf diese zu lesen.

– die in Art. 75 Solva II-VO enthaltenen Kriterien, d. h. die für die Einstufung von Basiseigenmitteln in die Qualitätsklasse 1 vorgesehenen Kriterien erfüllen.[53]

Der Bezug auf RL 2006/48/EG in § 93 Abs. 2 Nr. 1 VAG stellt klar, dass es sich bei den treuhänderisch verwalteten Kreditbriefe und Garantien um solche handeln muss, die nach europäischem Recht zugelassen sind.

Die Abgrenzung der gemäß § 93 Abs. 2 Nr. 2 VAG anrechenbaren Beträge unterscheidet sich insofern von den in Art. 96 UAbs. 1 Nr. 2 Solva II-RL und Art. 74 lit. g Solva II-VO genannten, als in den beiden europäischen Rechtsgrundlagen jeweils auch solche Forderungen der in § 93 Abs. 2 Nr. 2 VAG beschriebenen Art genannt werden, die von Vereinen eingefordert werden können, die den durch Reeder gegründeten VVaG mit variablen Beitragseinnahmen „ähnlich" sind. Eine Konkretisierung dessen, was die Ähnlichkeit – abgesehen von der Variabilität der Beitragseinnahmen – ausmacht, existiert jedoch weder in Solva II-RL und Solva II-VO noch in den EIOPA-LL Einstufung der Eigenmittel.[54]

IV. Verhältnis zu anderen Regelungen des VAG. 1. Einführung. § 93 Abs. 1 VAG bestimmt, dass – ohne die Erfordernis einer weiteren Prüfung – ein bestimmter zu errechnender Teilbetrag der Rückstellung für Beitragsrückerstattung (RfB) als Eigenmittel der Qualitätsklasse 1 einzustufen ist. Dieser Teilbetrag der RfB wird nachfolgend als **eigenmittelfähiger Teil der RfB** bezeichnet: Er entspricht dem „ökonomischen Wert des eigenmittelfähigen Überschussfonds" in BaFin-AE Überschussfonds nach Art. 91 der Solvency II-Richtlinie v. 4.12.2015.[55] 55

2. Verhältnis zu § 89 Abs. 3 VAG. Nach § 89 Abs. 3 Nr. 1 VAG i. V. m. § 84 Abs. 2 VAG ergibt sich, dass der eigenmittelfähige Teil der RfB Teil der **Basiseigenmittel** ist, soweit er mit nicht für sonstige Verpflichtungen benötigten Vermögenswerten bedeckt ist. Eine Bedeckung des eigenmittelfähigen Teils der RfB mit **Sicherungsvermögen** wird nach § 125 Abs. 2 Nr. 4 VAG nicht verlangt. In der Solvabilitätsübersicht können die Vermögenswerte wegen der **Umbewertung** der Vermögenswerte nach § 74 Abs. 2 VAG ggf. nicht ausreichen, um den eigenmittelfähigen Teil der RfB mit Vermögenswerten zu bedecken. Dann kann § 93 Abs. 1 VAG keine Wirkung entfalten, denn hiermit soll nur die Einstufung nach § 91 Abs. 1 VAG bestimmt werden. Die Bestimmung des Umfangs der Basiseigenmittel bestimmt sich nach § 89 Abs. 3 VAG und begrenzt insoweit die Wirkung des § 93 Abs. 1 VAG. 56

3. Unterschied im Wortlaut zwischen § 93 Abs. 1 VAG und § 84 Abs. 2 VAG. Die Beschreibung der jeweils qualifizierenden Beträge unterscheidet sich in § 93 Abs. 1 VAG und § 84 Abs. 2 VAG. Dies ist z. T. redaktionell begründet: „Ausgleich von Verlusten" bzw. „Deckung von Verlusten". Ansonsten ist dies systematisch begründet. § 84 Abs. 2 VAG beschreibt, welche Zahlungsströme in der Barwertbildung und Wahrscheinlichkeitsgewichtung nach § 77 Abs. 1 VAG und bzgl. der darauf zu bildenden Risikomarge nach § 78 VAG zu berücksichtigen bzw. nicht zu berücksichtigen sind. Hierbei handelt es sich um zukünftige Werte, deren heutiger Wert erst nachfolgend zu bestimmen ist. In § 93 Abs. 1 VAG handelt es sich aber um einen heutigen Wert dieser zukünftigen Zahlungsströme. Daher muss § 93 Abs. 1 VAG die Barwertbildung und Wahrscheinlichkeitsgewichtung auch noch entsprechend vorschreiben. Auch wenn es keinen Verweis zwischen beiden Vorschriften gibt, ist die Bestimmung nach § 93 Abs. 1 VAG identisch zu § 77 Abs. 1 VAG vorzunehmen. Dies folgt bei richtlinienkonformer Auslegung aus den Verweisen in den Art. 78 Nr. 3 und 96 UAbs. 1 Solva II-RL auf Art. 91 Abs. 2 Solva II-RL. Dies umfasst auch die Effekte aus den §§ 80 ff. und 351 ff. VAG, auch wenn diese sich nach dem Wortlaut nur auf den besten Schätzwert der Verpflichtung beziehen. Im Ergebnis bedeutet dies, dass die versicherungstechnische Rückstellung nach § 84 Abs. 2 VAG so zu bestimmen ist, als stünden die Beträge nach § 93 Abs. 1 VAG nicht zur Verfügung. 57

Nach § 84 Abs. 2 VAG entfällt die Berücksichtigung der betreffenden Zahlungsströme in der versicherungstechnischen Rückstellung insgesamt. Es wird also auch keine Risikomarge nach § 78 VAG angesetzt, wie sie sich auf diese Beträge nach der Zuteilung ergeben könnte. Auch diese potentielle Risikomarge mindert also nicht die Basiseigenmittel, auch wenn der betreffende Betrag nicht unter § 93 Abs. 1 VAG fällt. 58

Eigenmittel zur Einhaltung der Solvabilitätskapitalanforderung

94 (1) **Für die Einhaltung der Solvabilitätskapitalanforderung setzen sich die anrechnungsfähigen Eigenmittel zusammen aus Eigenmitteln der Qualitätsklasse 1 und aus anrechnungsfähigen Eigenmitteln der Qualitätsklassen 2 und 3.**

(2) **Die Eigenmittelbestandteile der Qualitätsklassen 2 und 3 sind nur anrechnungsfähig, soweit folgende Bedingungen erfüllt sind:**

[53] S. hierzu ausführlicher Kommentierung zu § 92 Rn. 29 ff.
[54] S. EIOPA-BoS-14/168.
[55] Vgl. BaFin AE Überschussfonds nach Art. 91 der Solvency II-Richtlinie v. 4.12.2015, S. 2.

1. die Eigenmittelbestandteile der Qualitätsklasse 1 betragen mindestens ein Drittel der Solvabilitätskapitalanforderung und
2. der anrechnungsfähige Betrag der Eigenmittelbestandteile der Qualitätsklasse 3 ist kleiner als ein Drittel der Solvabilitätskapitalanforderung.

1 **I. Allgemeines. 1. Entstehungsgeschichte.** § 94 VAG wurde im Zuge der Novellierung des VAG durch das Gesetz zur Modernisierung der Finanzaufsicht über Versicherungen vom 1.4.2015[1] in das VAG eingefügt. Wie bei allen Vorschriften des novellierten VAG, die Regelungen zu den Eigenmitteln und zu Kapitalanforderungen treffen, handelt es sich auch bei § 94 VAG um eine in dieser Form neue Vorschrift, die zur Umsetzung von Solvabilität II geschaffen wurde.

2 **2. Normzweck.** § 94 VAG dient der Festlegung **quantitativer Grenzen** zur **Anrechenbarkeit** der Eigenmittel der **einzelnen Qualitätsklassen** zur Einhaltung der **Solvabilitätskapitalanforderung**. Grundsätzlich können gemäß § 94 Abs. 1 VAG die Eigenmittel aller drei Qualitätsklassen zur Einhaltung der Solvabilitätskapitalanforderung herangezogen werden. § 94 Abs. 2 VAG beschränkt die Anrechenbarkeit von Eigenmitteln der Qualitätsklassen zwei und drei durch die Festlegung quantitativer Grenzen, die allerdings wegen der in **Art. 82 Abs. 1 Solva II-VO** festgelegten strengeren Grenzen und des **Anwendungsvorrangs des Gemeinschaftsrechts**[2] nicht zum Tragen kommen.

3 **3. Europarechtlicher Hintergrund.** § 94 VAG setzt die Vorschriften des Art. 98 Abs. 1 und 3 Solva II-RL in deutsches Recht um: § 94 Abs. 1 VAG enthält die Inhalte des Art. 98 Abs. 3 Solva II-RL, während § 94 Abs. 2 VAG den Art. 98 Abs. 1 Solva II-RL umsetzt. Der Wortlaut des Gesetzes weicht dabei jeweils von dem der Solva II-RL ab. Unter anderem betrifft dies die Verwendung von Begrifflichkeiten: Wie in den §§ 91 bis 93 sowie 95 VAG, die wie der § 94 VAG Regelungen zur Einstufung in Qualitätsklassen treffen, wird in § 94 VAG die Bezeichnung „**Qualitätsklasse**" verwendet, während die Solva II-RL auch in der deutschen Fassung jeweils den Begriff „Tier" enthält.

4 Die Vorschriften der Solva II-RL und des VAG werden auf der **zweiten Ebene** durch den auf Basis des Art. 99 Solva II-RL erlassenen Art. 82 Solva II-VO konkretisiert bzw. verschärft. Um eine Verschärfung handelt es sich, da die dort enthaltenen quantitativen Grenzen strenger ausfallen, als die auf der ersten Ebene festgelegten.

5 EIOPA-LL sowie AE der BaFin zu den quantitativen Grenzen zur Anrechnungsfähigkeit von Eigenmitteln zur Einhaltung der Solvabilitätskapitalanforderung existieren nicht.

6 **II. Anrechnungsfähige Eigenmittel zur Einhaltung der Solvabilitätskapitalanforderung (Abs. 1).** § 94 Abs. 1 VAG stellt klar, dass für die Anrechnung zur **Einhaltung der Solvabilitätskapitalanforderung** im Grundsatz **Eigenmittelbestandteile aller drei Klassen** in Frage kommen. Quantitative Begrenzungen werden hier noch nicht festgelegt. Vor dem Hintergrund der Definitionen von Basiseigenmitteln und ergänzenden Eigenmitteln sowie der Einstufungskriterien und insbesondere deren Konkretisierung in den Art. 69 ff. Solva II-VO eignen sich damit prinzipiell sämtliche hieraus resultierenden Beträge für eine Anrechnung auf die Einhaltung der Solvabilitätskapitalanforderung. Art. 76 lit. a iii) Solva II-VO bestimmt, dass ein sich aus der Solvabilitätsübersicht ergebender Aktivüberhang an latenten Steuern Eigenmittel der Qualitätsklasse 3 ist, vorbehaltlich der in § 95 Abs. 2 VAG bzw. Art. 82 Abs. 2 Solva II-VO festgelegten Grenzen.[3]

III. Mindestanforderungen zur Einhaltung der Solvabilitätskapitalanforderung (Abs. 2).
7 § 94 Abs. 2 VAG **begrenzt** die **Anrechnungsfähigkeit** von Eigenmitteln der „niedrigeren" **Qualitätsklassen 2 und 3** zur Einhaltung der **Solvabilitätskapitalanforderung.** Hierzu fordert § 94 Abs. 2 Nr. 1 VAG, dass die Eigenmittelbestandteile der höchsten Qualitätsklasse 1 mindestens ein Drittel der Solvabilitätskapitalanforderung betragen müssen. § 94 Abs. 2 Nr. 2 VAG bestimmt, dass die angerechneten Eigenmittel der Qualitätsklasse 3 nur weniger als ein Drittel der Solvabilitätskapitalanforderung betragen dürfen.

8 Implizit ergibt sich aus den in § 94 Abs. 2 VAG festgelegten Grenzen, dass **Eigenmittelbestandteile** der **Qualitätsklasse 1** grundsätzlich[4] **unbegrenzt** zur Einhaltung der Solvabilitätskapitalanforderung eingesetzt werden dürfen. Eine vollständige Abdeckung der Solvabilitätskapitalanforderung mit Eigenmitteln der Qualitätsklasse 1 wird sich aber mangels Verfügbarkeit bei kaum einem Unternehmen erreichen lassen.

9 Die **Umsetzung im VAG** stimmt insofern nicht mit dem Wortlaut der Solva II-RL überein, als § 94 Abs. 2 VAG die **Solvabilitätskapitalanforderung** als **Bezugsgröße** verwendet, während die in **Art. 98 Abs. 1 Solva II-RL** enthaltenen quantitativen Grenzen die insgesamt **anrechnungsfähigen Eigenmittel** als **Bezugsgröße** zugrunde legen. Der Gesetzesbegründung zur VAG-Novelle zufolge

[1] BGBl. 2015 I 434 v. 10.4.2015.
[2] Vgl. *EuGH* Urt. v. 9.3.1978 – Rs. 106/77 („Simmenthal II").
[3] S. insbesondere Rn. 10.
[4] Einschränkungen können sich infolge der Regelung des Art. 82 Abs. 3 Solva-II-VO ergeben, die jedoch von der Ermächtigungsgrundlage des Art. 99 Solva II-RL nicht gedeckt ist. Siehe Rn. 11.

entspricht die Bezugnahme auf die Solvabilitätskapitalanforderung jedoch „der Interpretation der Solva II-RL auf europäischer Ebene."[5]

Der auf Basis des Art. 99 Solva II-RL zur Konkretisierung der Bestimmungen des Art. 98 Solva II-RL (umgesetzt in § 94 VAG) erlassene **Art. 82 Solva II-VO** enthält ebenfalls **quantitative Grenzen** für die Berücksichtigung anrechnungsfähiger Eigenmittel der Qualitätsklassen 2 und 3 zur Einhaltung der Solvabilitätskapitalanforderung. Diese beziehen sich eindeutig auf die Solvabilitätskapitalanforderung und sehen in Art. 82 Abs. 1 Solva II-VO vor, zur Einhaltung der Solvabilitätskapitalanforderung **mindestens zur Hälfte anrechnungsfähige Eigenmittel der Qualitätsklasse 1** zu verwenden und zu **höchstens 15 % anrechnungsfähige Eigenmittel der Qualitätsklasse 3** einzusetzen. Damit stellt die Solva II-VO strengere Anforderungen an die Bedeckung der Solvabilitätskapitalanforderung mit anrechnungsfähigen Eigenmitteln als das VAG. 10

Über die quantitativen Anrechenbarkeitsgrenzen des Art. 82 Abs. 1 Solva II-VO hinaus, legt Art. 82 Abs. 3 Solva II-VO eine **weitere quantitative Begrenzung** fest. Diese betrifft die Berücksichtigung anrechnungsfähiger Eigenmittel der **Qualitätsklasse 1**: Demnach dürfen die in **Art. 82 Abs. 3 lit. a bis d Solva II-VO aufgeführten Basiseigenmittelbestandteile**, d. h. im einzelnen 11

- eingezahlte nachrangige Mitgliederkonten von VVaG,
- eingezahlte Vorzugsaktien und das zugehörige Emissionsagiokonto,
- eingezahlte nachrangige Verbindlichkeiten sowie
- im Rahmen der Übergangsregelung des Art. 308b Abs. 9 Solva II-RL (sog. Grandfathering-Regel, umgesetzt in § 345 VAG) als Eigenmittel der Qualitätsklasse 1 angerechnete nachrangige Verbindlichkeiten, die zwar nicht die Bedingungen von Solvabilität II hierfür erfüllen, aber unter Solvabilität I bis zu einer Höhe von maximal 50 % der Solvabilitätsspanne anrechenbar waren,

in Summe nicht mehr als **20 % des Gesamtbetrags** aller Eigenmittelbestandteile der **Qualitätsklasse 1** ausmachen. Der über diese Grenze hinausgehende Betrag ist gemäß Art. 73 Abs. 1 lit. j Solva II-VO als Eigenmittelbestandteil der Qualitätsklasse 2 zu berücksichtigen.[6] Die Begrenzung des Art. 82 Abs. 3 Solva II-VO ist von der **Ermächtigungsgrundlage** des **Art. 99 Solva II-RL**, der die EU-Kommission dazu ermächtigt, Standards der zweiten Regelungsebene zu erlassen, die die in Art. 98 Solva II-RL (umgesetzt in den §§ 94 u. 95 VAG) genannten quantitativen Grenzen festlegen, indessen **nicht gedeckt**, da hier entgegen der Bestimmung des Art. 98 Abs. 1 Solva II-RL nicht Begrenzungen in Bezug auf die Anrechenbarkeit der Qualitätsklassen 2 und 3 gesetzt werden, sondern solche, die die Anrechenbarkeit von Eigenmitteln der Qualitätsklasse 1 begrenzen können.

IV. Verhältnis zu anderen Regelungen des VAG. Es besteht eine enge Verbindung des § 94 VAG sowohl zu den §§ 91 bis 93 VAG, die die Einstufung von Eigenmittelbestandteilen zu einer der drei Qualitätsklassen regeln, als auch zu § 95 VAG, der quantitative Grenzen für die Anrechnungsfähigkeit von Eigenmitteln der zulässigen Qualitätsklassen zur Einhaltung der Mindestkapitalanforderung festlegt. Eine Verbindung besteht darüber hinaus auch zu den §§ 89 bis 91 VAG, die Bestimmungen zu Basis- und ergänzenden Eigenmitteln sowie den für die Einstufung in Qualitätsklassen maßgeblichen Kriterien treffen. 12

Eigenmittel zur Einhaltung der Mindestkapitalanforderung

95 (1) **Für die Einhaltung der Mindestkapitalanforderung setzen sich die anrechnungsfähigen Eigenmittel nur aus Eigenmitteln der Qualitätsklasse 1 und anrechnungsfähigen Basiseigenmitteln der Qualitätsklasse 2 zusammen.**

(2) **Die Eigenmittelbestandteile der Qualitätsklasse 1 bedecken mindestens die Hälfte der Mindestkapitalanforderung.**

I. Allgemeines. 1. Entstehungsgeschichte. § 95 VAG wurde im Zuge der Novellierung des VAG durch das Gesetz zur Modernisierung der Finanzaufsicht über Versicherungen vom 1.4.2015[1] in das VAG eingefügt. Es sich handelt sich um eine in dieser Form neue Vorschrift, die – äquivalent zu den anderen Vorschriften zur Solvabilitätsermittlung – im Rahmen der nach Solvabilität II geltenden neuen Konzeption der Eigenmittelbestimmung geschaffen wurde. 1

2. Normzweck. § 95 VAG dient der Festlegung **quantitativer Grenzen** zur **Anrechenbarkeit** der Eigenmittel der **einzelnen Qualitätsklassen** zur Einhaltung der **Mindestkapitalanforderung**. Diese beziehen sich **ausschließlich** auf die **Qualitätsklassen 1 und 2**, da gemäß § 95 Abs. 1 VAG nur die in diese Klassen eingestuften Eigenmittelbestandteile zur Einhaltung der Mindestkapitalanforderung herangezogen werden dürfen. § 95 Abs. 2 VAG legt einen Mindestanteil an für die Einhaltung der Mindestkapitalanforderung verwendbaren Eigenmittelbestandteilen der Qualitätsklasse 1 fest, der aber wegen des 2

[5] Begr. VAG-RegE 2014, BT-Drs. 18/2956, 262.
[6] Vgl. auch LL 20 EIOPA-LL Einstufung der Eigenmittel, EIOPA-BoS-14/168 Rn. 1.75.
[1] BGBl. 2015 I 434 v. 10.4.2015.

Anwendungsvorrangs des Gemeinschaftsrechts[2] gegenüber **Art. 82 Abs. 2 Solva II-VO** zurücktritt, da dort ein höherer Mindestanteil vorgeschrieben ist.

3 **3. Europarechtlicher Hintergrund.** § 95 VAG setzt die Vorschriften des Art. 98 Abs. 2 und 4 Solva II-RL in deutsches Recht um: § 95 Abs. 1 VAG transformiert dabei Art. 98 Abs. 4 Solva II-RL, während § 95 Abs. 2 VAG die Anforderungen des Art. 98 Abs. 2 Solva II-RL umsetzt, wobei der Wortlaut des Gesetzes jeweils von dem der Solva II-RL abweicht. U. a. wird, wie bereits in den §§ 91 bis 94 VAG, auch in § 95 VAG anstelle der in der deutschen Fassung der Solva II-RL enthaltenen Bezeichnung „Tier" die Bezeichnung Qualitätsklasse verwendet.

II. Anrechnungsfähige Eigenmittel zur Einhaltung der Mindestkapitalanforderung (Abs. 1).

4 § 95 Abs. 1 VAG legt fest, dass zur **Einhaltung der Mindestkapitalanforderung ausschließlich** Eigenmittelbestandteile in Frage kommen, die die Anforderungen für eine Einstufung in die oberen beiden **Qualitätsklassen 1 und 2** erfüllen. Dies führt u. a. dazu, dass ein Aktivüberhang latenter Steuern, der gemäß Art. 76 Solva II-VO als Eigenmittelbestandteil der Qualitätsklasse 3 anrechnungsfähig ist, zur Einhaltung der Mindestkapitalanforderung nicht eingesetzt werden darf. Die Beschränkung der für die Einhaltung der Mindestkapitalanforderung verwendeten Eigenmittelbestandteile auf Eigenmittel der Qualitätsklassen 1 und 2 entspricht der Rolle der Mindestkapitalanforderung als absolute Untergrenze für die aufsichtsrechtlich geforderte Kapitalausstattung (2,5 Mio. Euro für Nichtlebensversicherungsunternehmen; 3,7 Mio. Euro für Lebensversicherungsunternehmen; 3,6 Mio. Euro für Rückversicherungsunternehmen, wobei für firmeneigene Rückversicherungsunternehmen eine Mindestkapitalanforderung von mindestens 1,2 Mio. Euro gilt).[3] Äquivalent zum Aufbau des § 94 VAG zu den in Bezug auf die Einhaltung der Solvabilitätskapitalanforderung zulässigen Eigenmitteln,[4] enthält auch § 95 Abs. 1 VAG noch keine quantitativen Begrenzungen.

5 **III. Mindestanforderungen zur Einhaltung der Mindestkapitalanforderung (Abs. 2).** Gemäß § 95 Abs. 2 VAG müssen die zur **Einhaltung der Mindestkapitalanforderung angerechneten Eigenmittel** der **Qualitätsklasse 1 mindestens die Hälfte der Mindestkapitalanforderung** ausmachen. Das VAG verwendet hier den Begriff „bedecken", der insofern zu Missverständnissen führen könnte, als er üblicherweise im Zusammenhang mit den Anforderungen verwendet wird, einen auf Basis der versicherungstechnischen Passiva aus der Handelsbilanz aufsichtsrechtlich abgegrenzten Betrag mit qualifizierten Kapitalanlagen zu bedecken.[5] Die Festlegung eines **Mindestanteils** für das Vorhalten von Eigenmittelbestandteilen der **Qualitätsklasse 1** zur Erfüllung der Mindestkapitalanforderung impliziert, dass es grundsätzlich[6] **auch zulässig** – und im Sinne des Versicherungsnehmerschutzes als Zielsetzung der Versicherungsaufsicht – ist, die Einhaltung der Mindestkapitalanforderung **vollständig** mit Eigenmitteln dieser **höchsten Qualitätsklasse** zu gewährleisten. Die in Bezug auf die Solvabilitätskapitalanforderung getroffene Aussage, dass dies kaum erreichbar ist,[7] gilt aber auch in Bezug auf die Mindestkapitalanforderung, selbst wenn diese in den meisten Fällen geringer ausfallen wird als die Solvabilitätskapitalanforderung.

6 Wie im Hinblick auf die Festlegung quantitativer Grenzen für den Einsatz anrechnungsfähiger Eigenmittel zur Einhaltung der Solvabilitätskapitalanforderung in § 94 VAG, gilt auch für die quantitativen Grenzen, die § 95 Abs. 2 VAG festlegt, dass diese nicht dem Wortlaut der Solva II-RL entsprechen: Die in **Art. 98 Abs. 2 Solva II-RL** genannten quantitativen Grenzen legen die **anrechnungsfähigen Basiseigenmittel** als **Bezugsgröße** zugrunde, während die Bezugsgröße des in **§ 95 Abs. 2 VAG** genannten Mindestanteils die **Mindestkapitalanforderung** ist. Ausweislich der Gesetzesbegründung ist diese Abweichung aber – äquivalent zur Umsetzung des Art. 98 Abs. 1 Solva II-RL in § 94 Abs. 2 VAG – bewusst vorgenommen worden, da sie „der Interpretation der Richtlinie auf europäischer Ebene entspricht."[8] Über diese Abweichung hinaus existiert eine weitere geringfügige Abweichung zwischen der Vorgabe der Solva II-RL und der Umsetzung in § 95 Abs. 2 VAG, die darin besteht, dass im VAG ein Mindestanteil gefordert wird („mindestens"), während Art. 98 Abs. 2 S. 2 einen übersteigenden Anteil verlangt („über der Hälfte").

7 Dies bleibt allerdings ohne Auswirkung, da **Art. 82 Abs. 2 Solva II-VO** mit der Anforderung, dass der **anrechnungsfähige** Betrag der **Eigenmittel** der **Qualitätsklasse 1 mindestens 80 % der Mindestkapitalanforderung** betragen muss und spiegelbildlich der **anrechnungsfähige** Betrag der **Ei-**

[2] Vgl. *EuGH* Urt. v. 9.3.1978 – Rs. 106/77 („Simmenthal II").
[3] Zur Definition der Mindestkapitalanforderung s. § 122 VAG sowie insbesondere Art. 148 ff. Solva II-VO i. V. m. Art. 129 Abs. 1 lit. d Solva II-RL.
[4] S. Kommentierung zu § 94 Rn. 6.
[5] S. zur früheren Anwendung unter Solvabilität I § 54 VAG a. F. sowie die auf Basis des § 54 Abs. 3 VAG a. F. erlassene bis zum 31.12.2015 gültige Fassung der AnlV; zur Anwendung unter Solvabilität II, wenn auch in veränderter Ausprägung, s. §§ 125 ff. VAG.
[6] Einschränkungen können sich infolge der Regelung des Art. 82 Abs. 3 Solva II-VO ergeben, die jedoch von der Ermächtigungsgrundlage des Art. 99 Solva II-RL nicht gedeckt ist. S. Kommentierung zu § 94 Rn. 11.
[7] S. Kommentierung zu § 94 VAG, Rn. 8.
[8] Begr. VAG-RegE 2014, BT-Drs. 18/2956, 263.

genmittel der **Qualitätsklasse 2 nicht mehr als 20 % der Mindestkapitalanforderung** ausmachen darf, strengere Grenzen setzt. Die in **Art. 82 Abs. 3 Solva II-VO** geregelte **zusätzliche quantitative Grenze** für die Anrechenbarkeit von Eigenmittelbestandteilen der **Qualitätsklasse 1** gilt für die Anrechenbarkeit zur Einhaltung der **Mindestkapitalanforderung genauso** wie für die zur Einhaltung der Solvabilitätskapitalanforderung; daher wird auf die diesbezügliche Kommentierung zu § 94 VAG verwiesen.[9]

IV. Verhältnis zu anderen Regelungen des VAG. Es besteht eine enge Verbindung des § 95 VAG zu den §§ 91 bis 94 VAG, die die Einstufung von Eigenmittelbestandteilen zu einer der drei Qualitätsklassen sowie die quantitativen Grenzen für die Anrechnungsfähigkeit von Eigenmitteln der einzelnen Qualitätsklassen zur Einhaltung der Solvabilitätskapitalanforderung festlegen. Eine Verbindung besteht darüber hinaus auch zu den §§ 89 bis 91 VAG, die Bestimmungen zu Basis- und ergänzenden Eigenmitteln sowie den für die Einstufung in Qualitätsklassen maßgeblichen Kriterien treffen. 8

Unterabschnitt 2. Solvabilitätskapitalanforderung

Ermittlung der Solvabilitätskapitalanforderung

96 (1) [1]**Die Solvabilitätskapitalanforderung kann mit Hilfe einer Standardformel oder eines internen Modells ermittelt werden.** [2]**In beiden Fällen gelten für die Ermittlung der Solvabilitätskapitalanforderung die Vorschriften des § 97.**

(2) **Weicht das Risikoprofil des Versicherungsunternehmens wesentlich von den Annahmen ab, die der Berechnung mit der Standardformel zugrunde liegen, kann die Aufsichtsbehörde anordnen, dass das Versicherungsunternehmen ein internes Modell zur Berechnung der Solvabilitätskapitalanforderung oder der relevanten Risikomodule dieser Anforderung innerhalb eines angemessenen Zeitraums entwickelt und verwendet.**

Übersicht

Schrifttum: *Ellenbürger/Pfaffenzeller/Hammers,* Umsetzung von Solvency II im Versicherungsaufsichtsgesetz – Paradigmenwechsel mit Auswirkungen auf die Abschlussprüfung, WPg 2015, S. 886 ff.

I. Allgemeines. 1. Entstehungsgeschichte. § 96 VAG ist mit der Novellierung des VAG im Jahr 2015 durch Art. 1 des Gesetzes zur Modernisierung der Finanzaufsicht über Versicherungen[1] vom 1.4.2015 in das VAG eingefügt worden. 1

2. Normzweck. § 96 Abs. 1 VAG bestimmt grundsätzlich, dass die Solvabilitätskapitalanforderung unter Einhaltung der in § 97 VAG definierten Vorgaben entweder mit der Standardformel oder einem internen Modell zu ermitteln ist. Die Vorschrift dient der Vorgabe und damit der Begrenzung der zulässigen Vorgehensweisen zur Ermittlung der Soll-Solvabilität. 2

§ 96 Abs. 2 VAG regelt die Befugnisse der Aufsichtsbehörde in Bezug auf eine mögliche Anordnung gegenüber einem Versicherungsunternehmen, ein partielles oder vollständiges internes Modell zu verwenden. Da die Standardformel nicht das Risikoprofil aller Versicherungsunternehmen angemessen widerspiegeln kann,[2] soll § 96 Abs. 2 VAG sicherstellen, dass auch in den Fällen, in denen das Risikoprofil eines Unternehmens wesentlich von den Annahmen abweicht, die der Berechnung mit der Standardformel zugrunde liegen, eine angemessene Berechnung der Solvabilitätskapitalanforderung erfolgen kann. 3

3. Europarechtlicher Hintergrund. § 96 Abs. 1 VAG setzt Art. 100 S. 2 Solva II-RL in nationales Recht um. Dabei reicht der Verweis in der Solva II-RL auf die nachfolgenden, die Berechnung mit Standardformel oder internem Modell regelnden Vorschriften, wesentlich weiter als der des § 96 Abs. 1 4

[9] S. Kommentierung zu § 94 VAG Rn. 11; vgl. auch LL 20 EIOPA-LL Einstufung der Eigenmittel, EIOPA-BoS-14/168 Rn. 1.76.

[1] BGBl. 2015 I 434.

[2] Vgl. Erwägungsgrund 26 zur Solva II-RL; siehe auch die Kommentierung zu § 97 VAG, insbesondere Rn. 7 ff.

S. 2 VAG: Während in Art. 100 UAbs. 2 Solva II-RL auf Unterabschnitt 2 (Art. 103 bis 111 Solva II-RL) sowie Unterabschnitt 3 des Abschnitts 4 von Kap. VI der Solva II-RL (Art. 112 bis 127 Solva II-RL) verwiesen wird, bestimmt § 96 Abs. 1 S. 2 VAG ausschließlich, dass die Vorschriften des den Art. 101 Solva II-RL umsetzenden § 97 VAG zu beachten sind.

5 Mit § 96 Abs. 2 VAG wird Art. 119 Solva II-RL in nationales Recht transformiert. Dabei wurde die in der Solva-RL vorgesehene Notwendigkeit der Begründung der Entscheidung der Aufsichtsbehörde, die Entwicklung und Anwendung eines internen Modells von einem Unternehmen zu verlangen, weil das Risikoprofil von den der Standardformel zugrunde liegenden Annahmen abweicht, nicht in das VAG übernommen. Umgekehrt stellt die Regelung im VAG ergänzend zur Solva-RL klar, dass eine Anordnung mit einer angemessenen Frist zur Entwicklung und Anwendung des geforderten internen Voll- oder Partialmodells zu versehen ist.

Regelungen zur Konkretisierung der unmittelbaren Inhalte des § 96 VAG in den europäischen Rechtsgrundlagen auf den nachfolgenden Ebenen oder national in Form von AE der BaFin existieren nicht.

6 **II. Ermittlung der Solvabilitätskapitalanforderung (Abs. 1). 1. Allgemeiner Charakter der Solvabilitätskapitalanforderung.** § 96 Abs. 1 S. 1 VAG bestimmt grundlegend, dass die Berechnung der Solvabilitätskapitalanforderung „mit Hilfe einer Standardformel oder eines internen Modells" erfolgen kann und räumt den Versicherungsunternehmen damit ein Entscheidungsrecht bezüglich der Wahl des zur Berechnung verwendeten Modells ein. Mangels Regelung an einer anderen Stelle im Gesetz oder den Solvabilität II-Rechtsgrundlagen der nachfolgenden Ebenen handelt es sich bei der Vorschrift aber zunächst auch um die Grundlage dafür, dass die Unternehmen überhaupt zur Berechnung einer Solvabilitätskapitalanforderung verpflichtet sind.

7 Die Solvabilitätskapitalanforderung stellt die Soll-Größe für die unter Solvabilität II erforderliche Kapitalausstattung der Versicherungsunternehmen dar und bezeichnet den Betrag, in dessen Höhe die Versicherungsunternehmen „regelmäßig und langfristig" anrechnungsfähige Eigenmittel vorhalten müssen.[3] Wenn die Situation eintritt, dass der Betrag der anrechnungsfähigen Eigenmittel die Solvabilitätskapitalanforderung unterschreitet, aber noch über der Höhe der Mindestkapitalanforderung liegt, muss das Unternehmen geeignete Maßnahmen ergreifen, um die Einhaltung der Solvabilitätskapitalanforderung wieder herzustellen.[4] Die Solvabilitätskapitalanforderung tritt damit an die Stelle der Solvabilitätsspanne unter Solvabilität I. Die Bezeichnung „Solvabilitätskapitalanforderung" ist insofern passender als jeweils ein einzelner Soll-Wert zu ermitteln ist und nicht eine Bandbreite. Neben dem begrifflichen besteht aber vor allem ein inhaltlicher Unterschied gegenüber Solvabilität I, denn die Solvabilitätskapitalanforderung wird risikoorientiert ermittelt, d. h. in Abhängigkeit der von einem Versicherungsunternehmen im Zusammenhang mit seinen Versicherungsverträgen und Kapitalanlagen eingegangenen Risiken.[5] Die in Höhe der Solvabilitätskapitalanforderung vorgehaltenen anrechnungsfähigen Eigenmittel sollen auf diese Weise das Vorhandensein eines der Risikosituation des einzelnen Versicherungsunternehmens angemessenen Haftungskapitals sicherstellen und als Risikopuffer zur Verfügung stehen.[6] Die Berechnung der Solvabilitätskapitalanforderung erfolgt prospektiv, um i. S. d. von Solvabilität II verfolgten Marktperspektive zukünftige Entwicklungen mit einzubeziehen und auf diese Weise ein „angemessenes und zeitiges Eingreifen der Aufsichtsbehörden sicherzustellen."[7]

8 Unmittelbare Regelungen zur Berechnung der Solvabilitätskapitalanforderung enthält der § 96 Abs. 1 VAG indessen ebenso wenig wie eine explizite Begriffsdefinition. Es wird in § 96 Abs. 1 S. 2 VAG nur auf den § 97 VAG verwiesen, der übergreifende Anforderungen an die Berechnung enthält.

9 Auch die Implikationen einer Entscheidung für die Berechnung mit der Standardformel oder einem internen Modell lassen sich aus der Vorschrift des § 96 VAG nicht ableiten, da sie keine konzeptionellen Vorgaben zur Standardformel enthält. Äquivalent ergeben sich auch die Anforderungen an interne Modelle nicht unmittelbar aus § 96 VAG. Explizite Begriffsdefinitionen fehlen – passend zur fehlenden Definition der „Solvabilitätskapitalanforderung" an sich – sowohl für den Begriff „Standardformel" als auch für den Begriff „internes Modell" in den rechtlichen Grundlagen von VAG, Solva II-VO, EIOPA-LL oder AE der BaFin.

10 **2. Berechnung mit Hilfe von Standardformel oder internem Modell.** Als **„Standardformel"** wird unter Solvabilität II das in den Rechtsgrundlagen vorgesehene standardisierte Verfahren zur Berechnung der Solvabilitätskapitalanforderung bezeichnet. Wie die Standardformel konzipiert ist, ergibt sich aus den Vorgaben zu Risikokategorien/-arten und Parametern der §§ 97 bis 108 VAG und der Anlage 3 zum VAG, die die formelmäßige Fassung von Teilen der Standardformel enthält,[8] sowie

[3] Vgl. Begr. VAG-RegE 2014, BT-Drs. 18/2961, 260.
[4] Vgl. Begr. VAG-RegE 2014, BT-Drs. 18/2961, 260.
[5] Vgl. *Ellenbürger/Pfaffenzeller/Hammers* WPg 2015, 886, 888.
[6] Zur Funktion der Eigenmittel eines Versicherungsunternehmens als Haftungskapital vgl. Begr. VAG-RegE 2014, BT-Drs. 18/2961, 260.
[7] Begr. VAG-RegE 2014, BT-Drs. 18/2956, 261.
[8] Siehe hierzu ausführlicher die Kommentierung zu Anlage 3.

den Art. 83 bis 221 Solva II-VO (Titel I Kapitel V Solva II-VO) und den diese weiter konkretisierenden EIOPA-LL.[9] Der Standardformel liegt die Annahme zugrunde, dass sie das Risikoprofil der meisten Versicherungsunternehmen widerspiegelt.[10] Sofern das Risikoprofil des betreffenden Versicherungsunternehmens nicht wesentlich von den Annahmen der Standardformel abweicht, stellt die Anwendung der Standardformel die **einfachste Art der Berechnung** der Solvabilitätskapitalanforderung dar.

Versicherungsunternehmen können gem. § 109 Abs. 2 VAG mit **Genehmigung der Aufsichtsbehörde** bei der Berechnung der versicherungstechnischen Module der Standardformel eine Untergruppe von Parametern durch **unternehmensspezifische Parameter** ersetzen; dabei sind die in § 109 Abs. 2 VAG enthaltenen Anforderungen an die Bestimmung geeigneter unternehmensspezifischer Parameter zu beachten.[11] Bei wesentlicher Abweichung des Risikoprofils kann die Aufsichtsbehörde auf Basis von § 110 VAG die Verwendung unternehmensspezifischer Parameter verlangen.[12] 11

Als „**Internes Modell**" wird ein vom Versicherungsunternehmen entwickeltes Modell bezeichnet, welches zur Berechnung der Solvabilitätskapitalanforderung dient und von der jeweils für das Versicherungsunternehmen zuständigen nationalen Aufsichtsbehörde genehmigt wurde. Im Gegensatz zur Standardformel kann in einem internen Modell eine **unternehmensindividuelle Kalibrierung** und Zusammensetzung der **Risikokategorien/-arten** erfolgen. Über die Regelungen des § 97 VAG sowie der §§ 111 bis 120 VAG hinaus sind die Anforderungen an die Berechnung der Solvabilitätskapitalanforderung mit Hilfe interner Modelle in den Art. 222 bis 247 Solva II-VO (Titel I Kapitel VI Solva II-VO) enthalten. Unter einem internen Modell ist neben der Berechnung der gesamten Solvabilitätskapitalanforderung anhand eines unternehmensspezifischen Modells (vollständiges internes Modell) auch die Verwendung eines internen Modells nur für die Berechnung einzelner Risikomodule und -untermodule (partielles internes Modell) zu verstehen. 12

Wenn Versicherungsunternehmen nach Genehmigung durch die Aufsichtsbehörde die Solvabilitätskapitalanforderung für einzelne oder sämtliche Risikomodule mit einem internen Modell unternehmensspezifisch berechnen, sind die Definition der Risikokategorien/ -arten, die Berechnungsmethodik sowie die Kalibrierung der einzelnen Module und die Abhängigkeiten zwischen den Risiken unternehmensindividuell festzulegen bzw. zu bestimmen. Im Vergleich zur Standardformel bietet die Anwendung eines internen Modells eine genauere Risikomessung und damit eine der individuellen Risikosituation besser entsprechende, möglicherweise niedrigere Solvabilitätskapitalanforderung. Die unternehmensindividuelle Gestaltung des Modells führt zu einer Einsatzmöglichkeit bzw. einem Einsatzerfordernis über die Ermittlung der Solvabilitätskapitalanforderung als aufsichtsrechtlicher Soll-Größe hinaus. Denkbar ist bspw. ein Einsatz im Rahmen der internen Risikosteuerung des Versicherungsunternehmens. Erforderlich ist die Verwendung für Zwecke der gemäß § 27 VAG durchzuführenden unternehmensinternen Risiko- und Solvabilitätsbeurteilung (ORSA). 13

III. Befugnisse der Aufsichtsbehörde bei wesentlicher Abweichung des Risikoprofils von den der Standardformel zugrunde liegenden Annahmen. § 96 Abs. 2 VAG ermöglicht der Aufsichtsbehörde, von Unternehmen, deren Risikoprofil wesentlich von den Annahmen abweicht, die der Berechnung der Solvabilitätskapitalanforderung mit der Standardformel zugrunde liegen, die Entwicklung und Verwendung eines internen Voll- oder Partialmodells zu verlangen. Die Vorschrift besitzt daher nur für die Versicherer Relevanz, die ihre Solvabilitätskapitalanforderung mit Hilfe der Standardformel berechnen. 14

Entscheidend für das Bestehen eines Eingriffsrechts der Aufsichtsbehörde ist die Frage, ob bzw. ab wann von einer **wesentlichen Abweichung** des **Risikoprofils** von den der **Standardformel** zugrunde liegenden **Annahmen** auszugehen ist. Hierzu trifft § 96 Abs. 2 VAG keine Regelungen. Die Fragestellung der angemessenen Abbildung des Risikoprofils durch die Standardformel umfasst die Beurteilung der zugrunde liegenden Bewertungsmethodik für die Risiken, die angewendete Parametrisierung, die Aggregation zum Gesamtrisiko, die unterstellten Annahmen zu Abhängigkeiten der Risiken und die Frage der vollständigen Einbeziehung aller wesentlichen, quantifizierbaren Risiken bei der Bestimmung der Solvabilitätskapitalanforderung. Bei der Beurteilung, ob das Risikoprofil des Unternehmens durch die Standardformel angemessen abgebildet wird oder wesentliche Abweichungen bestehen, ist zudem der **Grundsatz der Proportionalität**[13] zu beachten. 15

Obwohl die Standardformel ein „ausgewogenes Verhältnis zwischen Risikosensitivität und Praktikabilität darstellen"[14] soll, kann für ein einzelnes Unternehmen z. B. die Verwendung **unternehmensspezifischer Parameter** zu einer besseren Abbildung des Risikoprofils führen. Dies kann v. a. bei **kleinen und mittleren Unternehmen** der Fall sein, so dass diese daran interessiert sein könnten, auf Basis von § 109 VAG von sich aus die Verwendung unternehmensspezifischer Parameter 16

[9] Zu einer Übersicht der in diesem Zusammenhang relevanten EIOPA-LL siehe Kommentierung zu § 97 Rn. 3.
[10] Vgl. Erwägungsgrund 26 zur Solva II-RL.
[11] Siehe hierzu Kommentierung zu § 109 VAG, insbesondere Rn. 22 ff.
[12] Siehe hierzu Kommentierung zu § 110 VAG, insbesondere Rn. 11 f.
[13] Allgemein zum Proportionalitätsgrundsatz s. § 296 VAG.
[14] Begr. VAG-RegE 2014, BT-Drs. 18/2956, 261.

bei der BaFin zu beantragen. Das auf § 96 Abs. 2 VAG basierende Eingriffsrecht der BaFin ist dann irrelevant.

17 Weder in der Solva II-RL und im VAG noch in der Solva II-VO finden sich konkretisierende Vorschriften dazu, anhand welcher Kriterien die Beurteilung einer angemessenen Abbildung des Risikoprofils erfolgen soll. Allerdings ist gemäß **§ 27 Abs. 2 Nr. 3 VAG** im Rahmen der mindestens einmal im Jahr durchzuführenden **unternehmenseigenen Risiko- und Solvabilitätsbeurteilung (ORSA)** auch eine Beurteilung der Wesentlichkeit von Abweichungen des Risikoprofils des Unternehmens von den Annahmen, die der Berechnung der Solvabilitätskapitalanforderung zugrunde liegen, vorzunehmen. Daher können die Ergebnisse des letzten ORSA zumindest Anhaltspunkte dafür bieten, ob eine solche wesentliche Abweichung vorliegt. Außerdem können die Regelungen, die in den EIOPA-LL ORSA[15] sowie der diese umsetzenden AE der BaFin geschaffen wurden, auch für die Beurteilung herangezogen werden, ob ein Eingriffsrecht der BaFin[16] auf Basis des § 96 Abs. 2 VAG besteht.

18 Hinweise auf sinnvolle Analyseschritte enthält der abschließende Bericht der EIOPA zu den **EIOPA-LL ORSA**: Hier werden z. B. ein Ranking der einzelnen für die Geschäftstätigkeit eines Unternehmens relevanten Risiken, eine Sensitivitätsanalyse der Standardformel in Bezug auf das Risikoprofil sowie die Analyse der Verwendung der Ergebnisse der Standardformel im Entscheidungsprozess des Unternehmens genannt.[17] In ihrer **AE ORSA** konkretisiert die BaFin, dass es „bei der Beurteilung der Wesentlichkeit der Abweichung des Risikoprofils von den Annahmen, die der Berechnung der Solvabilitätskapitalanforderung zugrunde liegen„, in erster Linie darum geht, „solche Abweichungen festzustellen, die zu einer **Unterschätzung der Risiken** des Unternehmens führen. Überschätzungen von Risiken sind zumindest aus aufsichtsrechtlicher Sicht kein Anlass zur Besorgnis und können von der Aufsichtsbehörde auch nur unter den Voraussetzungen von Art. 283 Abs. 7 Solva II-VO mit unterschätzten Risiken gegen gerechnet werden."[18] Eine **gegenseitige Aufrechnung** von Risiken ist nach Art. 283 Abs. 7 Solva II-VO ausschließlich dann zulässig, wenn die folgenden **drei Voraussetzungen kumulativ** erfüllt sind:

(1) Die Auswirkungen der Aspekte, die die Solvabilitätskapitalanforderung mindern, lassen sich „unter Verwendung angemessener, anwendbarer und einschlägiger versicherungsmathematischer und statistischer Techniken sowie unter Zugrundelegung exakter, vollständiger und angemessener Unternehmensdaten oder Daten von unmittelbarer Relevanz für die Geschäftstätigkeit des Unternehmens"[19] quantifizieren.[20]

(2) Es wäre wegen der Aspekte, deren Auswirkungen die Solvabilitätskapitalanforderung mindern, unangemessen, die Standardparameter durch unternehmensspezifische Parameter zu ersetzen oder ein internes Modell zu verwenden.[21]

(3) Die Gesamtsolvabilitätskapitalanforderung, die sich bei einer gegenseitigen Aufrechnung ergeben würde, berücksichtigt alle quantifizierbaren Risiken und bezieht sowohl die laufende Geschäftstätigkeit als auch die für die nächsten zwölf Monate erwarteten neuen Geschäfte in die Betrachtung ein.[22]

Es kommt außerdem nicht auf die Höhe der für einzelne Risiken bestehenden Abweichungen an, sondern darauf, ob die **Abweichungen insgesamt** als **wesentlich** einzustufen sind. Es sind sämtliche Abweichungen zu berücksichtigen, unabhängig davon, woraus sie resultieren: Die AE ORSA, mit der die BaFin die Anforderungen an die unternehmenseigene Risiko- und Solvabilitätsbeurteilung („Own Risk and Solvency Assessment" – ORSA) konkretisiert, benennt eine **Unterbewertung** der in der Berechnung der Solvabilitätskapitalanforderung berücksichtigten Risiken sowie eine **fehlende Berücksichtigung** „materielle(r) quantifizierbare(r) Risiken des Unternehmens in der Berechnung der Solvabilitätskapitalanforderung" als mögliche Abweichungsgründe.[23]

Zur Beurteilung, ab wann eine Abweichung spätestens als wesentlich zu betrachten ist, verweist die BaFin in ihrer AE ORSA auf die in **Art. 279 Solva II-VO** im Zusammenhang mit der Festlegung von Kapitalaufschlägen genannten **Schwellenwerte**, die Abweichungen von 10 % als i. d. R. wesentlich und Abweichungen von 15 % als unwiderlegbar wesentlich definieren.[24] Auch die **Veröffentlichung der EIOPA zu den der Standardformel zugrunde liegenden Annahmen**, einschließlich der von der

[15] S. EIOPA-LL ORSA, EIOPA-BoS-14/259.
[16] S. BaFin-AE ORSA.
[17] Vgl. Final Report zu den EIOPA-LL ORSA, EIOPA-BoS-14/259, Rn. 2.53.
[18] BaFin-AE ORSA Rn. 111 (abrufbar unter bafin.de).
[19] Art. 283 Abs. 4 Solva II-VO.
[20] Vgl. Art. 283 Abs. 7 lit. a Solva II-VO.
[21] Vgl. Art. 283 Abs. 7 lit. b Solva II-VO.
[22] Vgl. Art. 283 Abs. 7 lit. c Solva II-VO i. V. m. Art. 101.
[23] Vgl. BaFin-AE ORSA Rn. 112 sowie den Final Report zu den EIOPA-LL ORSA, EIOPA-BoS-14/259, Rn. 2.53.
[24] Vgl. BaFin-AE ORSA, Rn. 113; die in Art. 279 Solva II-VO verwendete Bezeichnung „erheblich" ist als Synonym zu dem in § 96 Abs. 2 VAG verwendeten Begriff „wesentlich" und dem in der AE ORSA der BaFin gewählten Begriff „signifikant" aufzufassen.

BaFin veranlassten deutschen Übersetzung,[25] wird in der AE ORSA als wichtiges mögliches **Hilfsmittel** genannt.[26]

Sofern Unternehmen im Rahmen der Beurteilung eine **wesentliche Abweichung** ihres Risikoprofils feststellen, zieht dies nicht automatisch ein Eingreifen der Aufsichtsbehörde nach sich. Vielmehr besteht die Möglichkeit, dass das betroffene Unternehmen den Zustand der Abweichung durch entsprechende **Maßnahmen** behebt. Dies umfasst z. B. die Möglichkeit einer Angleichung des Risikoprofils an die Standardformel zumindest insoweit, dass keine wesentliche Abweichung mehr vorliegt oder aber die Beantragung der Verwendung unternehmensspezifischer Parameter[27] oder eines internen Partial- oder Vollmodells, ohne dass dies von der Aufsichtsbehörde angeordnet wird.[28] Eine Verpflichtung zur Anpassung des Risikoprofils an die der Berechnung der Solvabilitätskapitalanforderung zugrunde liegenden Annahmen besteht für ein Unternehmen aber nicht. Ggf. kann bereits die „Verrechnung" von Abweichungen, bei denen die Risiken unterschätzt werden, mit Abweichungen, welche die Risiken überschätzen nach Art. 283 Abs. 7 Solva II-VO das Bestehen einer wesentlichen Abweichung verhindern.[29]

Eine von einem Unternehmen im Rahmen des ORSA identifizierte wesentliche Abweichung stellt für die **Aufsichtsbehörde** einen **Anlass** dar, „zu **prüfen**, ob das Unternehmen unternehmensspezifische Parameter verwenden sollte, ein (partielles) internes Modell benötigt oder ob die Voraussetzungen für einen Kapitalaufschlag gegeben sind."[30]

Zu beachten ist, dass sich in keiner der Rechtsgrundlagen Hinweise oder konkrete Regelungen zu zeitlichen Abläufen finden: Fraglich ist z. B., in welchem Zeitfenster die BaFin die Entwicklung eines internen Voll- oder Partialmodells infolge einer wesentlichen Abweichung des Risikoprofils von den der Standardformel zugrunde liegenden Annahmen auf Basis von § 96 Abs. 2 VAG anordnen kann, wenn sie die Anordnung auf Basis der Ergebnisse des letzten ORSA erlässt. Auch die Maßgaben für die Festlegung eines angemessenen Zeitraums zur Entwicklung eines internen Modells sind nicht spezifiziert und liegen damit im Ermessen der Aufsichtsbehörde. Schließlich bleibt über die rein zeitliche Betrachtung hinaus unklar, inwieweit die BaFin auf der Grundlage des § 96 Abs. 2 VAG die Initiative ergreifen und von einem Versicherungsunternehmen die Durchführung einer Analyse seines Risikoprofils im Vergleich zu den der Standardformel zugrunde liegenden Annahmen auch unabhängig von der Durchführung eines ORSA verlangen kann oder ob sie selbst diese Analyse durchführen muss. 19

IV. Verhältnis zu anderen Regelungen des VAG. Es besteht eine enge Verbindung zwischen dem § 96 VAG und den **§§ 97 und 98 VAG**, die weitere **grundlegende Regelungen** zur Berechnung der Solvabilitätskapitalanforderung enthalten und – wie der § 96 VAG – sowohl für Unternehmen gelten, die die Solvabilitätskapitalanforderung anhand der Standardformel berechnen als auch für solche, die interne Modelle verwenden. Auch zu den **weiteren Vorschriften**, die die Berechnung jeweils anhand der **Standardformel** (§§ 99 bis 108 VAG) bzw. mit Hilfe **interner Modelle** (§§ 111 bis 120 VAG) spezifizieren, besteht eine Verbindung. 20

Die Regelung des § 96 Abs. 2 VAG zur Befugnis der Aufsichtsbehörde, bei wesentlicher Abweichung des Risikoprofils von den der Berechnung mit der Standardformel zugrunde liegenden Annahmen ein internes Voll- oder Partialmodell zu verlangen, ist zudem insbesondere verbunden mit den Vorschriften der **§§ 109 Abs. 2 und 110 VAG**: § 109 Abs. 2 VAG ermöglicht den Unternehmen, mit Genehmigung der Aufsichtsbehörde bei der Berechnung der versicherungstechnischen Module in der Standardformel für eine Untergruppe von Parametern **unternehmensspezifische Parameter** zu verwenden. § 110 VAG befugt spiegelbildlich die Aufsichtsbehörde dazu, von Unternehmen, die die Standardformel anwenden, zu verlangen, dass sie bei der Berechnung der versicherungstechnischen Risikomodule eine Untergruppe der verwendeten Parameter durch unternehmensspezifische Parameter ersetzen. Es handelt sich bei **§ 110 VAG** damit um eine **Ergänzung zu** der mit **§ 96 Abs. 2 VAG** eingeräumten Befugnis für die Aufsichtsbehörde, unter den o. g. Voraussetzungen die Anwendung interner Modelle zu verlangen. 21

Da die Aufsichtsbehörde gemäß § 96 Abs. 2 VAG die Anwendung interner Modelle dann verlangen kann, wenn das Risikoprofil eines Unternehmens wesentlich von den der Berechnung der Solvabilitätskapitalanforderung mit der der Standardformel zugrunde liegenden Annahmen abweicht, besteht auch eine enge Verbindung zu **§ 27 Abs. 2 Nr. 3 VAG**, der die **Beurteilung** der **Wesentlichkeit** von **Abweichungen des Risikoprofils** des Unternehmens von den Annahmen, die der Berechnung der Solvabilitätskapitalanforderung mit der **Standardformel** oder dem **internen Modell** zugrunde liegen, als **Bestandteil** der unternehmenseigenen Risiko- und Solvabilitätsbeurteilung (**ORSA**) definiert. 22

[25] Siehe *EIOPA*, The underlying assumptions in the standard formula for the Solvency Capital Requirement calculation, EIOPA-14–322 (abrufbar unter bafin.de).
[26] Vgl. BaFin-AE ORSA Rn. 114.
[27] Siehe dazu auch Rn. 16.
[28] Vgl. Final Report zu den EIOPA-LL ORSA, EIOPA-BoS-14/259 Rn. 2.54 sowie BaFin-AE ORSA Rn. 117.
[29] Vgl. BaFin-AE ORSA Rn. 117.
[30] BaFin-AE ORSA Rn. 116.

23 Schließlich besteht eine Verbindung zu **§ 301 Abs. 1 Nr. 1 VAG**, der als eine der Situationen, in denen die Aufsichtsbehörde einen **Kapitalaufschlag** auf die von einem Unternehmen berechnete Solvabilitätskapitalanforderung verlangen kann, die nennt, dass ein Unternehmen, das auf Basis von § 96 Abs. 2 VAG von der Aufsichtsbehörde zur Entwicklung und Anwendung eines internen Modells aufgefordert wurde, dieser Aufforderung nicht nachgekommen ist oder aber sich ein infolge der Aufforderung vorgesehenes internes Modell noch in der Entwicklung befindet.

Berechnung der Solvabilitätskapitalanforderung

97 (1) **Die Berechnung der Solvabilitätskapitalanforderung hat unter der Annahme der Unternehmensfortführung zu erfolgen.**

(2) [1]**Die Solvabilitätskapitalanforderung muss so kalibriert werden, dass alle quantifizierbaren Risiken, denen ein Versicherungsunternehmen ausgesetzt ist, widergespiegelt werden.** [2]**Dabei sind sowohl der aktuelle Geschäftsumfang als auch die in den nächsten zwölf Monaten erwarteten neuen Geschäfte zugrunde zu legen.** [3]**In Bezug auf den aktuellen Geschäftsumfang deckt die Solvabilitätskapitalanforderung nur unerwartete Verluste ab.** [4]**Sie entspricht dem Value-at-Risk der Basiseigenmittel eines Versicherungsunternehmens zu einem Konfidenzniveau von 99,5 Prozent über einen Zeitraum von einem Jahr.**

(3) [1]**Der Betrag der Solvabilitätskapitalanforderung hat mindestens die folgenden Risiken abzudecken:**

1. das nichtlebensversicherungstechnische Risiko,
2. das lebensversicherungstechnische Risiko,
3. das krankenversicherungstechnische Risiko,
4. das Marktrisiko,
5. das Kreditrisiko und
6. das operationelle Risiko.

[2]**Das operationelle Risiko umfasst auch Rechtsrisiken.** [3]**Es umfasst jedoch weder Reputationsrisiken noch Risiken, die sich aus strategischen Entscheidungen ergeben.**

(4) **Bei der Ermittlung der Solvabilitätskapitalanforderung sind Auswirkungen von Techniken zur Risikominderung zu berücksichtigen, sofern dem Kreditrisiko und anderen Risiken, die sich aus dem Einsatz dieser Techniken ergeben können, in der Solvabilitätskapitalanforderung angemessen Rechnung getragen wird.**

Übersicht

Schrifttum: *Kriele/Wolf*, Wertorientiertes Risikomanagement von Versicherungsunternehmen, 2016; *Rohlfs/Brandes/Kaiser/Pütz*, Risikomanagement im Versicherungsunternehmen, 1. Aufl. 2016.

1 **I. Allgemeines. 1. Entstehungsgeschichte.** § 97 VAG ist bei der Neufassung des VAG im Jahr 2015 durch Art. 1 des Gesetzes zur Modernisierung der Finanzaufsicht über Versicherungen[1] vom 1.4.2015 in das VAG eingefügt worden.

2 **2. Normzweck.** § 97 VAG schafft einen einheitlichen Rahmen für die Berechnung der Solvabilitätskapitalanforderung, welcher sowohl für Anwender der Standardformel als auch für Anwender interner Modelle gilt.[2] Die Regelung des § 97 Abs. 1 VAG soll eine unvermittelte Liquidationsnotwendigkeit eines Versicherungsunternehmens vermeiden, ohne dass zuvor noch die Möglichkeit bestand, eine **Bestandsübertragung** vorzunehmen. Die Bestimmungen zur **Kalibrierung der Standardformel** in § 97 Abs. 2 VAG sollen eine realitätsnahe Abbildung der Risiken gewährleisten. Dazu wird u. a. klargestellt, dass sowohl der **aktuelle Geschäftsumfang** als auch die innerhalb der **nächsten 12 Monate**

[1] BGBl. 2015 I 434.
[2] Vgl. § 96 Abs. 1 S. 2 VAG.

zu erwartenden **neuen Geschäfte** in die Betrachtung einzubeziehen sind. Außerdem legt § 97 Abs. 2 S. 4 VAG das für die **Kalibrierung** zu verwendende **Risikomaß** fest. Mit der Vorgabe des § 97 Abs. 3 VAG zu den **einzelnen mindestens einzubeziehenden Risiken** schafft das Gesetz eine wesentliche Grundlage für den **Aufbau der Standardformel** und damit die standardisierte Berechnung der Solvabilitätskapitalanforderung. § 97 Abs. 4 VAG dient der Festlegung, dass bei der Berechnung der Solvabilitätskapitalanforderung die Auswirkungen von **Risikominderungstechniken** berücksichtigt werden dürfen und nennt als hierfür notwendige Voraussetzung die Berücksichtigung der mit ihnen verbundenen Risiken, insbesondere des Kreditrisikos.

3. Europarechtlicher Hintergrund. § 97 VAG setzt Art. 101 der Solva II-RL in national geltendes Recht um. Wenngleich sich der Wortlaut des § 97 VAG an einigen Stellen von dem des Art. 101 Solva II-RL unterscheidet, entspricht die Vorschrift inhaltlich den dort enthaltenen Vorgaben. Zusammen mit den §§ 98–108 VAG sowie der Anlage 3 wird die Berechnung der Solvabilitätskapitalanforderung mit Hilfe der Standardformel in den auf Basis der Ermächtigungsgrundlage des Art. 111 Solva II-RL von der EU-Kommission erlassenen Art. 83–221 Solva II-VO weitergehend geregelt bzw. konkretisiert. Dies betrifft insbesondere die Festlegung von Stressparametern zur Umsetzung der Kalibrierung der Solvabilitätskapitalanforderung gemäß § 97 Abs. 2 VAG. Tiefer gehende Erläuterungen zum Aufbau der Standardformel und deren Kalibrierung enthält ein von der EIOPA während der sog. Vorbereitungsphase[3] zu Solvabilität II im Jahr 2014 herausgegebenes Dokument zu den Annahmen, welche der Standardformel zugrunde liegen.[4] Konkretisierungen zur Abbildung der in § 97 Abs. 3 VAG genannten Risiken in der Standardformel, die sich aufgrund ihres Detaillierungsgrades jedoch eher auf die Folgevorschriften der §§ 101 ff. VAG bzw. der diesen zugrunde liegenden Regelungen der Solva II-RL beziehen, existieren in Form diverser LL der EIOPA, im Einzelnen 3

- den EIOPA-LL Basisrisiko,[5]
- den EIOPA-LL Umgang mit Markt- und Gegenparteirisikopositionen in der Standardformel,[6]
- den EIOPA-LL „Look-through-Ansatz,“[7]
- den EIOPA-LL Verlustausgleichsfähigkeit der versicherungstechnischen Rückstellungen und latenten Steuern,[8]
- den EIOPA-LL lebensversicherungstechnisches Risikomodul,[9]
- den EIOPA-LL Krankenversicherungskatastrophenrisiko,[10]
- den EIOPA-LL passive Rückversicherung im Untermodul Nichtlebenskatastrophenrisiko[11] sowie
- den EIOPA-LL unternehmensspezifische Parameter.

Als entsprechende, die Abbildung der in § 97 Abs. 3 VAG genannten Risiken konkretisierende Vorschriften für die Anwender interner Modelle sind in Bezug auf die zweite Ebene insbesondere die Art. 233 bis 240 Solva II-VO zu nennen. Diese werden auf der dritten Ebene schließlich durch die EIOPA-LL Verwendung interner Modelle[12] näher bestimmt. Die Regelungen des § 97 Abs. 4 VAG zur Berücksichtigung der Auswirkungen von Risikominderungstechniken bei der Berechnung der Solvabilitätskapitalanforderung präzisieren die Art. 208 bis 215 Solva II-VO. Weitere Konkretisierungen zur passiven Rückversicherung als Risikominderungstechnik enthalten die bereits genannten EIOPA-LL Berücksichtigung von Vereinbarungen über passive Rückversicherung im Untermodul Nichtlebenskatastrophenrisiko.[13]

II. Annahme der Unternehmensfortführung (Abs. 1). § 97 Abs. 1 VAG bestimmt, dass die Berechnung der Solvabilitätskapitalanforderung unter der **Annahme der Unternehmensfortführung** zu erfolgen hat. Allgemein gibt es zwei Prämissen, nach denen ein Unternehmen bewertet werden kann: die Annahme der Unternehmensfortführung (**Going-Concern**) und die Annahme der Liquidation (**Gone-Concern**). Bei Banken werden im Rahmen von **Basel III beide Sichten** abgebildet. Die Überwachung der Eigenkapitalausstattung von **Versicherungsunternehmen** erfolgt hingegen **nur** unter der Annahme der **Unternehmensfortführung**. Hintergrund ist, dass Versicherungsverträge regelmäßig bis zu ihrem Ende erfüllt werden sollen. Daher soll eine Liquidation eines Versicherungsunternehmens grundsätzlich dadurch vermieden werden, dass durch die geforderte Eigenkapitalausstat- 4

[3] Als Vorbereitungsphase bezeichnet man die Jahre 2014 und 2015, in denen die Regelungen von Solvabilität II bereits sukzessive und in noch nicht vollständiger Form vorbereitend eingeführt wurden.
[4] Verlautbarung der EIOPA 14–322 vom 25.7.2014, dort insbesondere unter Abschnitt 1.
[5] Vgl. EIOPA-BoS-14/172.
[6] Vgl. EIOPA-BoS 14/174.
[7] Vgl. EIOPA-BoS-14/171.
[8] Vgl. EIOPA-BoS-14/177.
[9] Vgl. EIOPA-BoS-14/175.
[10] Vgl. EIOPA-BoS-14/176.
[11] Vgl. EIOPA-BoS-14/173.
[12] Vgl. EIOPA-BoS-14/180.
[13] Vgl. EIOPA-BoS-14/173.

tung vorher noch genügend Zeit für eine Übertragung des jeweiligen Versicherungsbestandes verfügbar ist.

5 Die Annahme der Unternehmensfortführung ist gemäß § 252 Abs. 1 Nr. 2 HGB einer der **allgemeinen Bewertungsgrundsätze** der handelsrechtlichen Bilanzierung. Auch nach IFRS wird im Allgemeinen davon ausgegangen, dass das Unternehmen weder die Absicht hat noch gezwungen ist, seine Tätigkeit einzustellen oder deren Umfang wesentlich einzuschränken.[14] Zentraler Bestandteil dieser Annahme ist, dass damit der **Unternehmensrahmen erhalten** bleibt. Dieser ist für eine Reihe von **Bewertungsannahmen maßgeblich**, insbesondere für Skaleneffekte z. B. bzgl. der Gemeinkosten, aber auch für die Verfügbarkeit von Einrichtungen des Unternehmens.

6 **III. Kalibrierung der Standardformel und abzudeckende Risiken (Abs. 2 u. 3). 1. Abzudeckende Risiken.** Die Solvabilitätskapitalanforderung muss gemäß § 97 Abs. 2 S. 1 VAG „so kalibriert werden, dass **alle quantifizierbaren Risiken**, denen ein Versicherungsunternehmen ausgesetzt ist, widergespiegelt werden." Welche Risiken dies umfassen muss, spezifiziert § 97 Abs. 2 VAG nicht. Eine **Aufzählung von Risiken**, welche **mindestens** über den Betrag der Solvabilitätskapitalanforderung **abzudecken** sind, enthält **§ 97 Abs. 3 S. 1 VAG**, der die folgenden Risiken aufführt:

– das nichtlebensversicherungstechnische Risiko,
– das lebensversicherungstechnische Risiko,
– das krankenversicherungstechnische Risiko,
– das Marktrisiko,
– das Kreditrisiko und
– das operationelle Risiko.

Aus der expliziten Nennung der Risiken in der Vorschrift des § 97 Abs. 3 VAG lässt sich rückschließen, dass diese als quantifizierbar betrachtet werden können. Sie bilden eine wesentliche **Grundlage** für die in der **Standardformel vorgesehenen Module**, d. h. für jedes der in § 97 Abs. 3 S. 1 Nr. 1 bis 6 VAG aufgeführte Risiko existiert ein Berechnungsmodul zur standardisierten Berücksichtigung bei der Berechnung der Soll-Solvabilität. Detailliertere Vorgaben für die Gestaltung der Module zu den in § 97 Abs. 3 VAG genannten Risiken enthalten die §§ 101 bis 105 und 107 VAG sowie die Solva II-VO[15] und die EIOPA-LL.[16] Nur in Bezug auf das **operationelle Risiko** enthält – neben den detaillierteren Vorgaben des § 107 VAG – auch § 97 Abs. 3 VAG weitere **Konkretisierungen**: § 97 Abs. 3 S. 2 u. 3 VAG stellen klar, dass dieses **auch Rechtsrisiken**, **nicht** aber **Reputationsrisiken** oder solche **Risiken** umfasst, „die sich **aus strategischen Entscheidungen** ergeben."

Zu beachten ist, dass über die Berechnungsmodule zur Abdeckung der in § 97 Abs. 3 S. 1 Nr. 1 bis 6 VAG genannten Risiken hinaus weitere Komponenten der Standardformel zur Abbildung von Risiken existieren: So wird das sich aus dem Ansatz **immaterieller Vermögenswerte** ergebende Risiko in einem **eigenen Risikomodul** abgebildet, das ein Bestandteil der Basissolvabilitätskapitalanforderung ist.[17]

7 In der formelmäßigen Darstellung der Standardformel laut Anlage 3 zum VAG[18] werden die in § 97 Abs. 3 VAG aufgelisteten und dementsprechend mindestens in die Berechnung der Solvabilitätskapitalanforderung einzubeziehenden Risiken berücksichtigt.[19] Es werden dabei nicht zwangsläufig alle quantifizierbaren Risiken eines Unternehmens explizit in der Standardformel betrachtet. Vielmehr können auch einzelne nicht in der Standardformel enthaltene Risiken für ein Unternehmen relevant sein.

8 Weder aus dem Gesetz noch den Regelungen der Solva II-VO oder der EIOPA-LL sind die Unterschiede unmittelbar ersichtlich, die sich aus der Konzeption der Standardformel für die Abbildung auf der Solo- im Vergleich zur Gruppenebene ergeben können: Die **Standardformel** ist **aus** der **Sicht** eines **Einzelunternehmens** konzipiert und wird auf **Gruppen entsprechend** angewendet. Dies **kann** je nach Risikolage insofern zu **Unterschieden** führen, als sich die Betrachtungsebene auf die jeweils relevanten Stressszenarien auswirken kann: Risiken, die für ein Einzelunternehmen der Gruppe relevant sind, müssen nicht zwingend in derselben Form auch für die Gruppe insgesamt relevant sein. Z. B. können bei einzelnen Unternehmen Stornorückgangsrisiken bestehen, während in der Gruppe der Stornoanstieg als das maßgebliche Risiko betrachtet wird.

9 Anwender der Standardformel haben – genauso wie Anwender interner Modelle[20] – gemäß § 27 Abs. 1 VAG die Verpflichtung zur regelmäßigen Durchführung einer **unternehmenseigenen Risiko- und Solvabilitätsbeurteilung** („Own Risk and Solvency Assessment" – **ORSA**). Im Rahmen dessen

[14] IAS 1.25.
[15] Siehe zur Basissolvabilitätskapitalanforderung sowie den einzelnen Modulen Art. 87, 113, 114 bis 135, 136 bis 143, 144 bis 163, 164 bis 202, 203 sowie 205 Solva II-VO.
[16] Siehe die Aufzählung unter Rn. 3
[17] Vgl. Art. 87 Solva II-VO.; zur fehlenden Berücksichtigung des Risikomoduls für das Risiko immaterieller Vermögenswerte in der in Anlage 3 enthaltenen Formel siehe Kommentierung zu Anlage 3 Rn. 5.
[18] Zur fehlenden Berücksichtigung des Risikomoduls für das Risiko immaterieller Vermögenswerte in der in Anlage 3 enthaltenen Formel siehe Kommentierung zu Anlage 3 Rn. 5.
[19] In Anlage 3 wird das Kreditrisiko als Gegenparteiausfallrisiko bezeichnet.
[20] Siehe dazu Rn. 10.

ist zu beurteilen und nachzuweisen, dass das **Risikoprofil** durch die **Standardformel angemessen abgebildet** wird. Aus der eigenen Unternehmensperspektive heraus sind hierbei möglicherweise nicht über die Standardformel abgedeckte Risiken zu analysieren und, sofern vorhanden, unternehmensspezifisch mithilfe eigener Bewertungsansätze zu bewerten.[21]

Die in § 97 Abs. 3 VAG aufgeführten Risiken sind auch im Rahmen von **internen Modellen zwingend** zu **berücksichtigen**; dies ergibt sich aus **§ 116 Abs. 1 S. 2 VAG**. Anwender von internen Modellen haben bereits während der **Entwicklung** des internen Modells zu überprüfen, ob das Unternehmen **weiteren wesentlichen quantifizierbaren Risiken** ausgesetzt ist, welche nicht explizit in § 97 Abs. 3 VAG aufgeführt und **nicht angemessen** über andere bereits vorhandene Risikomodule **abgedeckt** werden. Sofern derartige Risiken identifiziert werden, sind hierfür ebenfalls **eigene Bewertungsmethoden** zu entwickeln. Darüber hinaus haben Anwender von internen Modellen im Rahmen des ORSA regelmäßig zu beurteilen und nachzuweisen, dass ihr Risikoprofil durch ihr internes Modell angemessen abgebildet wird.[22] 10

2. Geschäftsumfang. § 97 Abs. 2 S. 2 VAG bestimmt, dass der **aktuelle Geschäftsumfang** sowie das für die kommenden **zwölf Monate erwartete neue Geschäft** bei der Kalibrierung der Standardformel zugrunde zu legen ist. Unter Neugeschäft ist dabei einerseits im rechtlichen Sinne neu abgeschlossenes Geschäft zu verstehen, welches in den kommenden 12 Monaten abgeschlossen wird. Andererseits ist hierunter aber auch solches Geschäft zu verstehen, das aufgrund einer Vertragsgrenze nach Art. 18 Solva II-VO bisher nicht berücksichtigt wurde, aber im laufenden Jahr erwartungsgemäß hinzukommen wird. Dies betrifft insbesondere Vertragsverlängerungen, die rechtlich nicht als neuer Vertragsabschluss angesehen würden oder erwartete Leistungserhöhungen.[23] 11

In der Standardformel wird die Einbeziehung des Neugeschäfts je nach Risikokategorie unterschiedlich gehandhabt. So werden vereinfachend in den **szenariobasierten Berechnungen** die in den kommenden 12 Monaten erwarteten Veränderungen der Vermögenswerte und Verbindlichkeiten nicht berücksichtigt, da die Berechnungen der **Stressszenarien** auf Basis der **zum Stichtag gegebenen Situation** erfolgt. Auch die mit dem erwartungsgemäß in den kommenden Monaten hinzukommenden Geschäft verbundenen Gewinne und Verluste bleiben bei der Berechnung der Solvabilitätskapitalanforderung in den versicherungstechnischen Modulen deshalb außen vor. Die **formelbasierten Berechnungen** ermöglichen es hingegen, alle Risiken in Verbindung mit dem Neugeschäft zu erfassen, das voraussichtlich in den kommenden 12 Monaten abgeschlossen wird.[24] 12

Die genauen Vorgaben zur Bestimmung der Solvabilitätskapitalanforderung für die einzelnen Risikokategorien enthalten die §§ 101–107 VAG.[25] 13

3. Risikomaß und Kalibrierung. Gemäß § 97 Abs. 2 S. 4 VAG wird die **Solvabilitätskapitalanforderung** unter Verwendung des **Value at Risk** der **Basiseigenmittel** eines Versicherungsunternehmens zu einem **Konfidenzniveau von 99,5 %** über **ein Jahr** kalibriert. Dieses Kalibrierungsziel gilt für jedes einzelne Risikomodul und -untermodul.[26] 14

Der **„Value at Risk"** bezeichnet ein **Risikomaß**[27] und gibt an, welche Verlusthöhe innerhalb eines gegebenen Zeitraums mit einer gegebenen Wahrscheinlichkeit (Konfidenzniveau) nicht überschritten wird. Die Solvabilitätskapitalanforderung gibt also diejenige **Verlusthöhe** an, welche **innerhalb des Folgejahres** mit einer **Wahrscheinlichkeit von 99,5 % nicht überschritten** wird. Wenn ein Versicherungsunternehmen also Eigenmittel in genau der Höhe der Solvabilitätskapitalanforderung stellt, ist es mit einer Wahrscheinlichkeit von 99,5 % in den kommenden zwölf Monaten weiterhin in der Lage, seinen Verpflichtungen gegenüber den Versicherungsnehmern nachzukommen. **Nur in** den **0,5 % der ungünstigsten Szenarien** kann ein **größerer Verlust** entstehen, also im **ungünstigsten 200-Jahresereignis.**[28] Wird der so ermittelte Wert der Solvabilitätskapitalanforderung von allen Unternehmen als Eigenmittel vorgehalten, kommt es erwartungsgemäß in dem Folgejahr nur bei einem von 200 Unternehmen zur Insolvenz.[29] 15

Die Solvabilitätskapitalanforderung soll nach § 97 Abs. 2 S. 3 VAG in Bezug auf den **aktuellen Geschäftsumfang nur unerwartete Verluste** abdecken.[30] Dies bedeutet, dass die Solvabilitätskapital- 16

[21] Vgl. § 27 Abs. 2 VAG; siehe auch die Kommentierung zu § 27.
[22] Vgl. § 27 Abs. 2 VAG zur Möglichkeit der Anordnung der Verwendung eines internen Modells durch die Aufsichtsbehörde, falls das Risikoprofil wesentlich von den der Berechnung mit der Standardformel zugrunde liegenden Annahmen abweicht s. § 96 Abs. 2 VAG sowie die Kommentierung dazu.
[23] Vgl. LL 3 der EIOPA-LL Vertragsgrenzen, EIOPA-BoS-14/165, Rn. 1.10.
[24] *EIOPA,* The underlying assumptions in the standard formula for the Solvency Capital Requirement calculation, 2014 (EIOPA-14-322), S. 6.
[25] Siehe auch Rn. 6 sowie die Kommentierungen zu den §§ 101 bis 107 VAG.
[26] *EIOPA,* The underlying assumptions in the standard formula for the Solvency Capital Requirement calculation, 2014 (EIOPA-14-322), S. 7.
[27] Zur Definition eines Risikomaßes siehe § 7 Nr. 27 VAG.
[28] Vgl. *Kriele/Wolf,* Wertorientiertes Risikomanagement von Versicherungsunternehmen, 2016, S. 22.
[29] Vgl. Erwägungsgrund 64 zur Solva II-RL.
[30] Art. 101 Abs. 3 Solva II-RL.

anforderung grundsätzlich nur auf den Unterschiedsbetrag zwischen Value at Risk und erwartetem Eigenmittelzuwachs oder -minderung, d. h. der prognostizierten Entwicklung des Überschusses der Vermögenswerte über die Verbindlichkeiten in der Solvabilitätsübersicht, abstellen soll. Damit sind grundsätzlich nur unerwartete Abweichungen von der erwarteten Entwicklung für die Solvabiltitätskapitalanforderung maßgeblich. In der Standardformel wird dieses Prinzip jedoch nur rudimentär oder in Teilen berücksichtigt. Beispielsweise ist die Berechnung der Solvabilitätskapitalanforderung für die Marktrisiken in der Standardformel unmittelbar in Form einer Vor- und Nachstressbetrachtung auf Basis der Solvabilitätsübersicht vorzunehmen, ohne dass die Eigenmittelveränderung der nächsten zwölf Monate explizit betrachtet wird.

17 Im Gegensatz zur Standardformel können Anwender eines **internen Modells** auch einen **anderen Zeitraum** oder ein **anderes Risikomaß** verwenden, **wenn sichergestellt** ist, dass die Ergebnisse des internen Modells in einer Art und Weise zur Berechnung der Solvabilitätskapitalanforderung verwendet werden, die den Versicherten ein dem § 97 VAG **gleichwertiges Schutzniveau** gewährt. **Mögliche Alternativen** für den „Value at Risk", welcher nur das negative Ende der Wahrscheinlichkeitsverteilung betrachtet, sind der „**Tail Value at Risk**" oder der „**Expected Shortfall**".[31] Beim „Tail Value at Risk" handelt es sich um einen bedingten Erwartungswert, d. h. es wird der unter Zugrundelegen einer Verlustverteilung innerhalb eines betrachteten Zeitraums erwartete Verlust unter der Voraussetzung, dass dieser Verlust die definierte Verlustobergrenze nicht überschreitet, abgebildet.[32] Insgesamt stellt der Value at Risk aber den in der Finanzbranche gebräuchlichsten Ansatz dar, der sich außer im Risikomanagement von Banken auch im Risikomanagement von Versicherungsunternehmen etabliert hat.

18 **IV. Berücksichtigung der Auswirkungen von Risikominderungstechniken.** § 97 Abs. 4 VAG legt fest, dass die Ermittlung der Solvabilitätskapitalanforderung unter **Berücksichtigung der Auswirkungen des Einsatzes von Risikominderungstechniken** zu erfolgen hat, sofern auch die mit dem Einsatz der jeweils verwendeten Techniken **verbundenen Risiken** in die Berechnung **Eingang finden**. Risikominderungstechniken sind gemäß § 7 Nr. 28 VAG sämtliche Techniken, welche die Versicherungsunternehmen in die Lage versetzen, einen Teil oder die Gesamtheit ihrer Risiken auf eine andere Partei zu übertragen. Zu den Risikominderungstechniken i. S. d. § 7 Nr. 28 VAG gehören insbesondere die **passive Rückversicherung** und andere Risikominderungstechniken wie die **Risikoübertragung auf Zweckgesellschaften** i. S. d. Art. 211 Solva II-VO oder über **Kapitalmarktinstrumente** i. S. d. Art. 213 Solva II-VO.

19 Hiervon **abzugrenzen**, d. h. nicht als Risikominderungstechniken i. S. d. § 7 Nr. 28 VAG aufzufassen, sind Effekte mit risikomindernder Wirkung, die sich im Zusammenhang mit der **Verlustausgleichsfähigkeit der versicherungstechnischen Rückstellungen** und durch **latente Steuern** ergeben; diese werden in § 108 VAG behandelt.[33] Ebenfalls keine Risikominderungstechniken i. S. d. § 97 Abs. 4 VAG sind der **Risikoausgleich im Kollektiv** im Rahmen der Segmentierung, der die in der Standardformel abgebildeten Risiken mindert, sowie die **Diversifikationseffekte**, die in einzelnen Risikomodulen der Standardformel abgebildet werden[34] und die Soll-Solvabilität mindern.

20 Um eine einheitliche Berücksichtigung von Risikominderungstechniken im Rahmen der Berechnung der Solvabilitätskapitalanforderung sicherzustellen, enthalten die **Art. 209 bis 215 Solva II-VO qualitative Kriterien** für die Ansetzbarkeit von Risikominderungstechniken. Sie definieren, ob es sich bei einer risikomindernden Maßnahme um eine berücksichtigungsfähige Risikominderungstechnik i. S. d. § 97 Abs. 4 VAG handelt. Sie umfassen **allgemeine Anforderungen** an die **vertragliche Vereinbarung**, die einer Risikominderungstechnik zugrunde liegt, genauso wie **spezifische**, die jeweils ausschließlich für Risikominderungstechniken unter Nutzung von **Rückversicherungsverträgen** oder **Zweckgesellschaften** bzw. für solche mit Hilfe von **Kapitalmarktinstrumenten** gelten.

21 Für alle Instrumente bzw. Konstrukte, die als Risikominderungstechniken anerkannt werden sollen, gilt gemäß Art. 209 Abs. 1 lit. a i. V. m. Art. 210 Abs. 4 Solva II-VO, dass die ihnen zugrunde liegende vertragliche Vereinbarung in allen relevanten Rechtsordnungen **rechtswirksam** sowie **durchsetzbar** sein muss. Weitere allgemeine qualitative Kriterien sind z. B. die Fähigkeit des Versicherungsunternehmens, die **Wirksamkeit der Vereinbarung** und die hiermit verbundenen **Risiken laufend zu überwachen**[35] sowie das Bestehen eines **direkten Anspruches** gegenüber der **Gegenpartei**, falls diese **ausfällt**,[36] **insolvent** wird oder in den **Konkurs** geht, d. h. z. B., dass keine Nachrangabrede bestehen darf. Klargestellt wird auch, dass risikomindernde Effekte nicht doppelt gezählt werden dürfen, sowohl

[31] S. z. B. *Kriele/Wolf*, Wertorientiertes Risikomanagement von Versicherungsunternehmen, 2016, S. 41.
[32] Vgl. *Rohlfs/Brandes/Kaiser/Pütz*, Risikomanagement im Versicherungsunternehmen, S. 28 m. w. N.
[33] CEIOPS-DOC-26/09, Rn. 1.5; zur Verlustausgleichsfähigkeit der versicherungstechnischen Rückstellungen und latenten Steuern siehe auch EIOPA-LL Verlustausgleichsfähigkeit, EIOPA-BoS-14/177.
[34] Vgl. § 100 Abs. 3 VAG.
[35] Vgl. Art. 209 Abs. 1 lit. c Solva II-VO.
[36] Vgl. Art. 209 Abs. 1 lit. d Solva II-VO.

bei den Eigenmitteln als auch bei der Berechnung der Solvabilitätskapitalanforderung.[37] Grundsätzlich gilt, dass eine **Mindest(rest)laufzeit von einem Jahr** erforderlich ist;[38] weist die vertragliche Vereinbarung eine **kürzere Geltungsdauer** auf als die nächsten zwölf Monate, dann gelten die in Art. 209 Abs. 3 Solva II-VO festgelegten **zusätzlichen Bedingungen**.

Die mit der vertraglichen Vereinbarung erzielte **Risikoübertragung** muss nach Art. 210 Solva II-VO **klar definiert** und **unstrittig** sein und „darf **nicht** zu einem **wesentlichen Basisrisiko**[39] oder zur Entstehung **anderer Risiken** führen, es sei denn, dies spiegelt sich in der Berechnung der Solvabilitätskapitalanforderung wider."[40] Ein **Basisrisiko** ist gemäß Art. 210 Abs. 3 Solva II-VO dann als **wesentlich** aufzufassen, „wenn es zu einer fehlerhaften Darstellung des risikomindernden Effekts auf die Basissolvabilitätskapitalanforderung des (Rück-) Versicherungsunternehmens führt, die Adressaten (…) in ihren Entscheidungen oder Beurteilungen beeinflussen könnte." Die Formulierung des Art. 210 Solva II-VO lässt offen, ob eine Risikominderungstechnik nur dann berücksichtigungsfähig ist, wenn überhaupt kein wesentliches Basisrisiko besteht, oder ob das Bestehen eines wesentlichen Basisrisikos nicht hinderlich ist, solange es im Rahmen der **Berechnung der Solvabilitätskapitalanforderung** abgebildet wird. Die EIOPA-LL Basisrisiko[41] geben hierzu keine Hinweise. Da § 97 Abs. 4 VAG keine Differenzierung zwischen wesentlichem Basisrisiko und anderen Risiken vornimmt, sondern die Berücksichtigung von mit dem Einsatz einer Risikominderungstechnik verbundenem Kreditrisiko und anderen Risiken fordert, lässt sich u. E. aus der **Systematik** heraus **eine** generelle **Nicht-Akzeptanz** von **Risikominderungstechniken mit wesentlichem Basisrisiko** nicht begründen. Als Sonderregelung zur Berücksichtigung einer Risikominderungstechnik, auch dann, wenn ein wesentliches Basisrisiko besteht, das nicht vollumfänglich in der Berechnung der Solvabilitätskapitalanforderung abgebildet wird, bestimmt Art. 86 Solva II-VO, dass eine Risikominderungstechnik, bei deren Einsatz das **wesentliche Basisrisiko** aus **„Währungsinkongruenzen zwischen den versicherungstechnischen Risiken und der Risikominderungstechnik"** entsteht, unter den in **Art. 86 Solva II-VO genannten Bedingungen** dennoch die Solvabilitätskapitalanforderung mindern darf.

Für den Fall von Risikominderungstechniken unter Nutzung von **Rückversicherungsverträgen** 22
muss es sich nach Art. 211 Abs. 2 Solva II-VO bei der **Gegenpartei** der vertraglichen Vereinbarung außerdem um einen **(Rück-)Versicherer** handeln, der die **Solvabilitätskapitalanforderung erfüllt**. **Anderenfalls** ist eine **Berücksichtigung nur dann** zulässig, wenn das Unternehmen, das den jeweiligen Rückversicherungsvertrag als Risikominderungstechnik berücksichtigen möchte, **zusätzliche Nachweise** über einen von der Gegenpartei erstellten **Sanierungsplan** erbringt, aus dem die Wiederherstellung der Einhaltung der Solvabilitätskapitalanforderung innerhalb eines in dem Plan genannten **Zeitraums** hervorgeht.[42] Für die Risikoübertragung an **Zweckgesellschaften** gelten äquivalente Anforderungen.[43]

Bei Risikominderungstechniken, die eine Risikoübertragung über **Kapitalmarktinstrumente** vor- 23
sehen, ist es gemäß Art 212 Abs. 2 Solva II-VO erforderlich, dass die Investition in die für die Risikoübertragung eingesetzten Instrumente jeweils im Einklang mit den **unternehmensinternen Leitlinien zum Risikomanagement im Hinblick auf die Kapitalanlagen** steht. Darüber hinaus muss das Versicherungsunternehmen in der Lage sein, die mit der Risikominderungstechnik verbundenen **Vermögenswerte, Verbindlichkeiten** und **ggf. Finanzinstrumente zuverlässig** zu **beizulegenden Zeitwerten** zu **bewerten**.[44] Wenn die Risikominderungstechnik den Einsatz von **Finanzinstrumenten** vorsieht, haben diese außerdem eine **Bonitätseinstufung von 3 oder besser** gemäß den von Solvabilität II vorgesehenen Bonitätsstufen aufzuweisen.[45]

Sofern die jeweils relevanten qualitativen Kriterien erfüllt sind, dürfen die Risikominderungstech- 24
niken im Rahmen der Berechnung der Solvabilitätskapitalanforderung berücksichtigt werden und vermindern diese. Werden bei Einsatz von Risikominderungstechniken unter Nutzung von **Rückversicherungsverträgen** oder **Zweckgesellschaften** bzw. über **Kapitalmarktinstrumente** die **zusätzlichen qualitativen Kriterien nicht erfüllt**, dann ist die Berücksichtigung der Auswirkungen der Risikominderungstechniken nicht ausgeschlossen, sondern kann bei **Bestehen von Finanzsicherheiten**, die die in Art. 214 Solva II-VO festgelegten Kriterien erfüllen, oder bei **Ergänzung** der in Frage stehenden **Risikominderungstechnik durch eine weitere** unter bestimmten Bedingungen trotzdem erfolgen.[46] Auch **Garantien** können als Risikominderungstechniken anerkannt werden, wenn sie die Voraussetzungen des Art. 215 Solva II-VO erfüllen.

---

[37] Vgl. Art. 209 Abs. 1 lit. e Solva II-VO.
[38] Vgl. Art. 209 Abs. 2 Solva II-VO.
[39] Zur Definition eines wesentlichen Basisrisikos siehe EIOPA-LL Basisrisiko, EIOPA-BoS-14/172.
[40] Vgl. Art. 210 Abs. 1 u. 2 Solva II-VO.
[41] EIOPA-BoS-14/172.
[42] Vgl. Art. 211 Abs. 3 Solva II-VO.
[43] Vgl. Art. 211 Abs. 4 bis 6 Solva II-VO.
[44] Vgl. Art. 212 Abs. 3 Solva II-VO.
[45] Vgl. Art. 212 Abs. 5 Solva II-VO.
[46] Vgl. Art. 213 Abs. 1 lit. a u. lit. b Solva II-VO.

25 Zu beachten ist in jedem Fall, dass die mit dem **Einsatz von Risikominderungstechniken** in der Regel verbundenen **neuen Risiken** – wie Gesetz sowie Solva II-VO jeweils fordern – ebenfalls in die Berechnung der Solvabilitätskapitalanforderung einfließen müssen.[47] Hierzu gehören beispielsweise das Basisrisiko aus dem Hedging von Finanzinstrumenten und das Ausfallrisiko des Rückversicherers beim Einsatz passiver Rückversicherung.

26 Im Allgemeinen sind die Möglichkeiten, Risikominderungsinstrumente modellseitig abzubilden, in der Standardformel im Vergleich zu internen Modellen stärker beschränkt. Konkretisierende Bestimmungen zum Umgang mit **Risikominderungstechniken in internen Modellen** enthält Art. 235 Solva II-VO, der insbesondere die Grenzen der Möglichkeiten zur Abbildung von Risikominderungstechniken in internen Modellen aufzeigt. Dies betrifft insbesondere konkretisierende Regelungen dafür, dass die Risikominderungstechniken an Bedingungen geknüpft sind, dass die Techniken nicht umfassend (in allen Fällen) wirken oder rechtliche Einschränkungen oder Zweifel am Erfolg der Risikominderungstechniken bestehen.

27 **V. Verhältnis zu anderen Regelungen des VAG.** Es besteht eine Verbindung des § 97 VAG zu allen Vorschriften, die die Berechnung der Solvabilitätskapitalanforderung mit Hilfe der **Standardformel** regeln, d. h. zu den **§§ 98–108 VAG**. Eine enge Verbindung besteht auch zu **§ 96 VAG**, der u. a. grundlegend bestimmt, dass die Ermittlung des Solvabilitätskapitalanforderung anhand der Standardformel oder eines internen Modells erfolgen kann.

28 In Bezug auf die Vorschriften der §§ 111–120 VAG, die Regelungen zur Berechnung der Solvabilitätskapitalanforderung für **Anwender interner Modelle** betreffen, besteht eine Verbindung vor allem zu § 116 Abs. 1 S. 2 VAG, der die in § 97 Abs. 3 VAG aufgelisteten Risiken als auch für interne Modellanwender relevant erklärt.

29 Wegen der Anforderung des § 27 Abs. 2 Nr. 3 VAG, im Rahmen des ORSA die Wesentlichkeit von Abweichungen des Risikoprofils des jeweiligen Unternehmens von den der Standardformel zugrundeliegenden Annahmen zu analysieren, besteht auch eine Verbindung zu § 27 VAG.

Häufigkeit der Berechnung

98 (1) [1]**Die Versicherungsunternehmen müssen die Solvabilitätskapitalanforderung mindestens einmal im Jahr berechnen und das Ergebnis dieser Berechnung der Aufsichtsbehörde melden.** [2]**Die Versicherungsunternehmen überwachen laufend die Höhe der Solvabilitätskapitalanforderung und den Betrag der vorhandenen anrechnungsfähigen Eigenmittel.**

(2) **Weicht das Risikoprofil eines Versicherungsunternehmens wesentlich von den Annahmen ab, die Grundlage der zuletzt gemeldeten Solvabilitätskapitalanforderung waren, so hat das Unternehmen die Solvabilitätskapitalanforderung unverzüglich neu zu berechnen und der Aufsichtsbehörde zu melden.**

(3) **Rechtfertigen Tatsachen die Annahme, dass sich das Risikoprofil des Versicherungsunternehmens seit der letzten Meldung der Solvabilitätskapitalanforderung wesentlich verändert hat, kann die Aufsichtsbehörde von dem Unternehmen die Neuberechnung der Solvabilitätskapitalanforderung verlangen.**

1 **I. Allgemeines. 1. Entstehungsgeschichte.** § 98 VAG ist bei der Neufassung des VAG im Jahr 2015 durch Art. 1 des Gesetzes zur Modernisierung der Finanzaufsicht über Versicherungen[1] vom 1.4.2015 in das VAG eingefügt worden.

2 **2. Normzweck.** § 98 VAG schafft eine einheitliche Regelung für mögliche Anlässe und die Mindesthäufigkeit der Berechnung der Solvabilitätskapitalanforderung.

3 **3. Europarechtlicher Hintergrund.** Die Regelungen des § 98 VAG setzen Art. 102 Solva II-RL in deutsches Recht um, mit Ausnahme von Art. 102 Abs. 1 S. 2 Solva II-RL, welcher die Bedeckung[2] *der zuletzt gemeldeten* Solvabilitätskapitalanforderung mit anrechnungsfähigen Eigenmitteln fordert. Damit wird die in der Solva II-RL enthaltene und in das VAG übernommene unternehmenseigene Verpflichtung *zur kontinuierlichen Überwachung* der Eigenmittel und der Solvabilitätskapitalanforderung in der Richtlinie besonders hervorgehoben.

4 **II. Berechnungsdurchführung.** Die Anforderung einer **mindestens einmal jährlich** durchzuführenden Berechnung der Solvabilitätskapitalanforderung sowie der darauf basierenden Meldung an die Aufsichtsbehörde korrespondiert mit den Anforderungen an die **aufsichtliche Berichterstattung**

---

[47] Siehe auch Rn. 20.

[1] BGBl. 2015 I 434 ff.

[2] Obwohl die Solva II-RL von „Bedeckung" spricht, wäre der Begriff „Erfüllung" in Zusammenhang mit dem Verhalten anrechnungsfähiger Eigenmittel in Höhe der Solvabilitätskapitalanforderung zutreffender.

gemäß §§ 40, 43 und 344 VAG, Art. 312 Solva II-VO sowie DVO (EU) 2015/2450. Dabei sind insbesondere die quantitativen Berichtspflichten anhand der in DVO (EU) 2015/2450 enthaltenen Meldebögen zu beachten, welche Umfang und Detaillierung der Berichtspflichten vorgeben. Entsprechend der jeweils spezifischen Vorgaben der technischen Durchführungsstandards in den DVO (EU) 2015/2452 und DVO (EU) 2015/2450 sind diese quantitativen Berichtspflichten sowohl für die Berichterstattung an die Öffentlichkeit[3] als auch unmittelbar für die Berichterstattung an die Aufsichtsbehörde[4] zu erfüllen.[5] Über die entsprechenden Vorgaben zu den Berichtszeitpunkten ergeben sich konkrete Anforderungen an die Fristen, innerhalb derer Berechnung und ggf. vereinfachende Fortschreibungen, abgeschlossen und die Ergebnisse gemeldet sein müssen.[6]

Neben der vorgegebenen jährlichen Verpflichtung zur Berechnung der Solvabilitätskapitalanforderung ergibt sich für Versicherungsunternehmen, die im Hinblick auf die **Finanzmarktstabilität** als **relevant** eingestuft werden, eine zusätzliche Verpflichtung einer entsprechenden **quartalsweisen Berechnung und Meldung** der Solvabilitätskapitalanforderung.[7] 5

Für Versicherungsunternehmen, die ein internes Modell nutzen, lässt sich aus den Anforderungen zur Modellverwendung bzw. dem zu erbringenden Verwendungstest gemäß § 115 ff. VAG ableiten, dass das interne Modell angemessen in die internen Risikomanagement- und Entscheidungsfindungsprozesse einzubinden ist. Damit ergibt sich kein vorgegebener unterjähriger Mindestturnus zur Berechnung der Solvabilitätskapitalanforderung, jedoch muss die Häufigkeit der Berechnung bzw. Fortschreibung der Solvabilitätskapitalanforderung mittels internen Modells mit der Häufigkeit konsistent sein, mit dem das interne Modell für **Risikoerkennung, -messung, -überwachung, –management und -berichterstattung** genutzt wird. 6

III. Laufende Überwachung der Solvabilitätskapitalanforderung und der anrechnungsfähigen Eigenmittel. Die in § 98 Abs. 1 S. 2 VAG enthaltene Anforderung zur laufenden Überwachung der Höhe der Solvabilitätskapitalanforderung und des Betrags der vorhandenen anrechnungsfähigen Eigenmittel ist von den Versicherungsunternehmen als integraler Bestandteil der **internen Risikoüberwachung** zu beachten. Damit entsteht die Verpflichtung, das Regelwerk zur Solvabilitätsüberwachung nach Säule 1 von Solvabilität II mit dem qualitativen Risikomanagement gemäß Säule 2 von Solvabilität II zu verknüpfen. Eine weitere Konkretisierung dieser Verpflichtung resultiert aus § 27 VAG, in dem die Anforderungen an die unternehmenseigene Risiko- und Solvabilitätsbeurteilung (ORSA) dargestellt sind. Ein ORSA muss regelmäßig sowie im Fall wesentlicher **Änderungen des Risikoprofils** eines Unternehmens unverzüglich durchgeführt werden.[8] Bestandteile sind mindestens eine eigenständige Bewertung des Solvabilitätsbedarfs unter Berücksichtigung des spezifischen Risikoprofils[9] und eine Beurteilung der jederzeitigen Erfüllbarkeit der aufsichtsrechtlichen Eigenmittelanforderungen.[10] 7

In ihrem Rundschreiben 2/2017 (VA) zu Mindestanforderungen an die Geschäftsorganisation von Versicherungsunternehmen (MaGo) geht die BaFin mit ihren Anforderunen über die „laufende Überwachung" gemäß der Formulierung aus § 98 Abs 1 S. 2 VAG hinaus und fordert in Rn. 204 des Rundschreibens hinsichtlich der Höhe der Eigenmittel, dass auch kurzfristige Unterdeckungen unbeachtlich auftretender Schwankungen der aufsichtsrechtlichen Kapitalanforderungen zu vermeiden sind.[11] 8

IV. Wesentliche Abweichungen des Risikoprofils gegenüber den Annahmen zur zuletzt gemeldeten Solvabilitätskapitalanforderung. Entsprechend den unter Abschnitt II und III dargestellten Anforderungen muss das Versicherungsunternehmen das Risikoprofil fortlaufend überwachen und dementsprechend signifikante Unterschiede der **Modellgrundlagen** und **Annahmen** im Vergleich zur letztmalig durchgeführten und an die Aufsichtsbehörde berichteten Solvabilitätskapitalanforderung melden. Wesentliche Änderungen der zugrunde liegenden Annahmen können sich sowohl auf Grundlage veränderter unternehmerischer Entscheidungen zur Risikosteuerung als auch auf Grundlage eines veränderten Unternehmens- und Geschäftsumfelds ergeben. 9

Die Entscheidung, ob eine Änderung wesentlich ist, liegt dabei im Ermessen des Versicherungsunternehmens. Sie ist im Rahmen des ORSA nach einem **intern festgelegten Vorgehen** durchzuführen.[12] 10

[3] Art. 299 ff. Solva II-VO.
[4] Art. 304 ff. Solva II-VO.
[5] Dabei ist zu beachten, dass die Berichterstattung an die Öffentlichkeit in Form des Solvabilitäts- und Finanzberichts der Aufsichtsbehörde unverzüglich nach Veröffentlichung einzureichen ist.
[6] Art. 312 Solva II-VO.
[7] Vgl. LL 9 EIOPA-LL Berichterstattung zum Zwecke der finanziellen Stabilität, EIOPA-BoS-15/107 Rn. 36 ff.
[8] § 27 Abs. 1 VAG.
[9] § 27 Abs. 2 Nr. 1 VAG.
[10] § 27 Abs. 2 Nr. 2 VAG.
[11] Vgl. BaFin Rundschreiben 2/2017 (VA), Rn. 204.
[12] Zu einem möglicherweise für die Aufsichtsbehörde bestehenden Initiativrecht, von einem Versicherungsunternehmen auch unabhängig von der Durchführung des ORSA eine Analyse seines Risikoprofils im Vergleich mit den der Standardformel zugrundeliegenden Annahmen auf Basis von § 96 Abs. 2 VAG zu verlangen, s. § 96 Rn. 19.

Unter Bezugnahme auf Art. 305 Solva II-VO sind Änderungen in jedem Fall dann als wesentlich einzustufen, wenn die Unternehmensführung davon ausgehen muss, dass ein Verzicht auf eine veränderte oder neuerliche Berechnung und Meldung den aufsichtlichen Überwachungs- und Entscheidungsprozess sowie auch weitere Adressaten beeinflusst.[13] Dieses qualitative Kriterium zur Wesentlichkeit wird in der Solva II-VO an verschiedenen Stellen und für unterschiedliche Zwecke herangezogen und ist dementsprechend als maßgebliche Beurteilungsgrundlage zu betrachten.[14]

11 **V. Aufforderung zur Neuberechnung.** Die Aufforderung zur Neuberechnung obliegt der Aufsichtsbehörde. Sie trifft diese Entscheidungen im Rahmen ihrer Wahrnehmung der aufsichtlichen Überwachungsfunktion. Grundlage für die Aufforderungen können dabei neue Kenntnisse, die sich aus dem aufsichtlichen Berichtswesen oder der Einsicht in interne Unterlagen des Versicherungsunternehmens ergeben, oder sonstige wesentliche Änderungen im Unternehmensumfeld sein.

12 **VI. Verhältnis zu anderen Regelungen des VAG.** § 98 VAG steht mit den §§ 96 u. 97 VAG zur Berechnung der Solvabilitätskapitalanforderung eng in Verbindung. Die in § 98 Abs. 1 S. 2 VAG aufgeführte Überwachungspflicht ist Bestandteil der in § 27 Abs. 2 Nr. 2 VAG definierten Pflicht zur Überwachung der jederzeitigen Erfüllbarkeit der aufsichtsrechtlichen Eigenmittelanforderungen und somit auch Bestandteil der Risiko- und Solvabilitätsbeurteilung.

Struktur der Standardformel

99 Wird die Solvabilitätskapitalanforderung mit der Standardformel berechnet, so setzt sie sich aus den folgenden Bestandteilen zusammen:
1. der Basissolvabilitätskapitalanforderung gemäß den §§ 100 bis 106,
2. der Kapitalanforderung für das operationelle Risiko gemäß § 107 und
3. der Anpassung für die Verlustausgleichsfähigkeit der versicherungstechnischen Rückstellungen und latenten Steuern gemäß § 108.

Schrifttum: *GDV,* Kernpositionen zu Eigenmitteln unter Solvency II, 2009.

1 **I. Allgemeines. 1. Entstehungsgeschichte.** § 99 VAG ist bei der Neufassung des VAG im Jahr 2015 durch Art. 1 des Gesetzes zur Modernisierung der Finanzaufsicht über Versicherungen[1] vom 1.4.2015 in das VAG eingefügt worden.

2 **2. Normzweck.** Die Berechnung der Solvabilitätskapitalanforderung in der nach § 99 VAG festgelegten Struktur soll für alle Anwender der Standardformel eine **ganzheitliche Abbildung des Risikoprofils** des Versicherungsunternehmens nach gleichen Grundsätzen gewährleisten. Die berechneten Kapitalanforderungen basieren auf einer risikobasierten ökonomischen Sichtweise.[2] § 99 bestimmt die Bestandteile, die in den nachfolgenden Vorschriften näher ausgeführt werden.

3 **3. Europarechtlicher Hintergrund.** § 99 VAG stellt die Umsetzung von Art. 103 Solva II-RL in deutsches Recht dar. Die Übernahme erfolgte nicht wortgleich, jedoch ohne wesentliche Änderung.

Die Solva II-VO enthält in Art. 83 ff. weitere übergreifende Vorgaben zur Bestimmung der Solvabilitätskapitalanforderung. Tiefer gehende Erläuterungen des strukturellen Aufbaus der Standardformel wurden außerdem von EIOPA im Rahmen der Darlegung der Annahmen, welche der Standardformel zugrunde liegen, gegeben.[3] Diese betreffen insbesondere Grundlagen bei der Festlegung von Korrelationsparametern[4] und eine nicht abschließende Aufführung und Erläuterung zu Risiken, die nicht in der Standardformel explizit berücksichtigt sind.

4 **II. Struktur der Standardformel. 1. Prinzipielles Vorgehen.** Der Aufbau der Standardformel folgt dem Prinzip, dass zunächst alle einbezogenen Risiken für sich bewertet und danach auf Unternehmensebene aggregiert werden. Für die weitere Berücksichtigung einer risikomindernden Wirkung durch versicherungstechnische Rückstellungen bei überschussbeteiligtem Geschäft und durch latente Steuern gelten die Vorgaben von § 108 VAG.

5 **2. Basissolvabilitätskapitalanforderungen.** Die Basissolvabilitätskapitalanforderung[5] enthält Kapitalanforderungen bezüglich der folgenden Risiken: nichtlebensversicherungstechnisches Risiko,[6] lebens-

---

13 Zu Wesentlichkeit einer Abweichung vgl. auch Kommentierung zu § 96 VAG Rn. 14 ff.
14 Vgl. bereits Erwägungsgrund 1 der Solva II-VO.
1 BGBl. 2015 I 434 ff.
2 Vgl. *GDV* Kernpositionen zu Eigenmitteln unter Solvency II, S. 1–2.
3 Verlautbarung der EIOPA 14–322 vom 25. Juli 2014, dort insbesondere unter Abschnitt 1.
4 Vgl. Kommentierung zu § 100 VAG.
5 Vgl. Kommentierung zu § 100 VAG.
6 Vgl. Kommentierung zu § 101 VAG.

versicherungstechnisches Risiko,[7] krankenversicherungstechnisches Risiko,[8] Marktrisiko,[9] Gegenparteiausfallrisiko.[10] Weitere Erläuterungen finden sich in der Kommentierung zu § 100 VAG ff.

3. Kapitalanforderungen für das operationelle Risiko. Operationelle Risiken beschreiben „das **Verlustrisiko** das sich aus der **Unangemessenheit oder dem Versagen von internen Prozessen, Mitarbeitern oder Systemen oder durch externe Ereignisse** ergibt".[11] Es umfasst Rechtsrisiken, während Reputationsrisken und strategische Risiken nicht im operationellen Risiko inkludiert sind.[12] 6

Die grundlegenden gesetzlichen Vorgaben und Annahmen zur Ermittlung der Kapitalanforderungen für operationelle Risiken sind in § 109 VAG geregelt.

4. Anpassung für die Verlustausgleichsfähigkeit der versicherungstechnischen Rückstellungen und latenten Steuern. Anpassungen aufgrund der Verlustausgleichsfähigkeit versicherungstechnischer Rückstellungen und latenter Steuern reflektieren einen potentiellen Ausgleich bei **unerwartet eintretenden Verlusten**. Die Verlustausgleichsfähigkeit versicherungstechnischer Rückstellungen setzt zur Abfederung der Verluste die ausreichende Möglichkeit der Reduktion der zukünftigen Überschussbeteiligung aus Versicherungsverträgen voraus.[13] Die Anpassung der Verlustausgleichsfähigkeit latenter Steuern betrachtet die Auswirkung der Stressszenarien zur Solvabilitätskapitalberechung auf die Differenzen zwischen den steuerrelevanten regulatorischen Wertansätzen und den entsprechenden steuerlichen Werten. Sie setzt eine nachweisliche Werthaltigkeit für die zur Anwendung gebrachte Risikominderung voraus.[14] Weiterführende Erläuterungen finden sich in der Kommentierung zu § 108 VAG. 7

III. Verhältnis zu anderen Regelungen des VAG. Für die Berechnung der Solvabilitätskapitalanforderungen unter Bezugnahme der Standardformel müssen nach § 96 VAG die Anforderungen des § 97 VAG eingehalten werden. Hier werden neben Annahmen und dem Mindestumfang auch der Umgang mit Risikominderungstechniken bei der Ermittlung der Solvabilitätskapitalanforderung adressiert. 8

Die einzelnen Bestandteile der Standardformel werden in jeweils separaten Paragrafen des VAG adressiert. Die Module der Basissolvabilitätskapitalanforderung werden demnach in den §§ 100 bis 106 dargelegt. Die Kapitalanforderungen für das operationelle Risiko werden in § 107 VAG geregelt, die Anpassung für die Verlustausgleichsfähigkeit der versicherungstechnischen Rückstellungen und latenten Steuern richten sich nach § 108 VAG. 9

Aufbau der Basissolvabilitätskapitalanforderung

100 (1) [1]**Die Basissolvabilitätskapitalanforderung umfasst einzelne Risikomodule, die gemäß der Anlage 3 aggregiert werden.** [2]**Sie umfasst mindestens die folgenden Risikomodule:**

1. das nichtlebensversicherungstechnische Risiko,
2. das lebensversicherungstechnische Risiko,
3. das krankenversicherungstechnische Risiko,
4. das Marktrisiko und
5. das Gegenparteiausfallrisiko.

[3]**Versicherungsgeschäfte sind demjenigen versicherungstechnischen Risikomodul zuzuweisen, das der technischen Wesensart der zugrunde liegenden Risiken am besten entspricht.**

(2) **Die Korrelationskoeffizienten für die Aggregation der in Absatz 1 genannten Risikomodule und die Kalibrierung der Kapitalanforderungen für jedes Risikomodul müssen zu einer Gesamtsolvabilitätskapitalanforderung führen, die den in § 97 genannten Prinzipien genügt.**

(3) [1]**Jedes der in Absatz 1 genannten Risikomodule wird unter Verwendung des Risikomaßes Value-at-Risk zu dem Konfidenzniveau von 99,5 Prozent über den Zeitraum von einem Jahr kalibriert.** [2]**Gegebenenfalls sind Diversifikationseffekte beim Aufbau der Risikomodule zu berücksichtigen.**

(4) **Der Aufbau und die Spezifikationen für die Risikomodule müssen für alle Versicherungsunternehmen sowohl im Hinblick auf die Basissolvabilitätskapitalanforderung als auch im Hinblick auf Berechnungsvereinfachungen gemäß § 109 Absatz 1 gleich sein.**

[7] Vgl. Kommentierung zu § 102 VAG.
[8] Vgl. Kommentierung zu § 103 VAG.
[9] Vgl. Kommentierung zu § 104 VAG.
[10] Vgl. Kommentierung zu § 105 VAG.
[11] Vgl. § 7 Nr. 24 VAG.
[12] Vgl. § 97 Abs. 3 VAG.
[13] Vgl. Kommentierung zu § 108 VAG.
[14] Vgl. EIOPA-BoS-14/177 zur Verlustausgleichsfähigkeit der versicherungstechnischen Rückstellungen und latenten Steuern, S. 5.

(5) **Im Hinblick auf Risiken, die aus Katastrophen herrühren, können geographische Besonderheiten bei der Berechnung der lebensversicherungstechnischen, nichtlebensversicherungstechnischen und krankenversicherungstechnischen Module zugrunde gelegt werden.**

1 **I. Allgemeines. 1. Entstehungsgeschichte.** § 100 VAG ist bei der Neufassung des VAG im Jahr 2015 durch Art. 1 des Gesetzes zur Modernisierung der Finanzaufsicht über Versicherungen[1] vom 1.4.2015 in das VAG eingefügt worden.

2 **2. Normzweck.** § 100 VAG legt die **Struktur der Basissolvabiltitätskapitalanforderung** fest. Dazu werden die zu berücksichtigenden im Weiteren geregelten Risikoarten aufgeführt und weitere übergreifende Vorgaben zu deren Kalibrierung und Aggregation gemacht.

3 **3. Europarechtlicher Hintergrund.** § 100 VAG setzt Art. 104 Abs. 1–6 Solva II-RL um. Die Übernahme erfolgte nicht wortgleich, jedoch ohne inhaltliche Änderung. Die Umsetzung des Anh. IV Nr. 1 Solva II-RL (Berechnung der Basissolvabilitätskapitalanforderung (BSCR)) erfolgte wortgleich in Anl. 3 Nr. 1 VAG.

4 Die Formel zur Berechnung der Basissolvabilitätskapitalanforderung aus Teilbeträgen der einzelnen Risikomodule ist darüber hinaus auch in Art. 87 Solva II-VO festgelegt. Hinsichtlich deren Implementierung ist als gesonderte übergreifende Vorgabe der **Grundsatz der Durchschau** („Look-through") gemäß Art. 84 Solva II-VO hervorzuheben. Dieser gibt zunächst die Erfordernis einer Durchschau für andere indirekte Marktrisikopositionen als Organismen für gemeinsame Anlagen oder Anlagen in Fondsform sowie darüber hinaus auch die Durchschau für indirekte Versicherungsrisikopositionen und indirekte Gegenparteirisikopositionen vor. Weitergehende EIOPA-LL geben diesbezüglich Erläuterungen zur Handhabung einzelner Gestaltungsformen, beispielsweise zur Durchschau bzgl. Immobilienfonds und zur Behandlung von Katastrophenbonds und zur Berechnung des Konzentrationsrisikos.[2]

Tiefer gehende Erläuterungen des strukturellen Aufbaus der Standardformel wurden außerdem von EIOPA im Rahmen der Darlegung der Annahmen, welche der Standardformel zugrunde liegen, gegeben.[3] Diese betrifft insbesondere die Grundlagen bei der Festlegung von Korrelationsparametern.[4]

Die von EIOPA veröffentlichte LL zum „Basisrisiko" i. S. v. Art. 104 und 105 Solva II-RL befasst sich über die Vorgaben des § 100 VAG hinaus insbesondere mit den Grundsätzen zur Berücksichtigung von Risikominderungstechniken.[5] Die entsprechende gesetzliche Grundlage besteht in § 97 Abs. 4 VAG.

5 **II. Gliederung in Risikomodule.** Die Basissolvabilitätskapitalanforderung umfasst mindestens die fünf in § 100 Abs. 1 VAG aufgeführten **Risikomodule** für typischerweise mit dem Versicherungsbetrieb einhergehenden Risikoarten, ausgenommen das operationelle Risiko. Die konkreten Anforderungen an die einzelnen Risikomodule werden dabei in den §§ 101–106 VAG geregelt.[6]

6 Eine **Zuordnung** eines Versicherungsgeschäftes zum entsprechenden Risikomodul erfolgt auf Basis der **Wesensart** des jeweiligen Risikos. Dabei ist auf die Wesensart im Sinne einer inhaltlichen Ausprägung resultierender Risiken und weniger auf die rechtliche Ausgestaltung der Verpflichtung abzustellen. Bei einer Abdeckung von Risiken aus mehreren Geschäftsbereichen soll eine weitestgehende Aufteilung in die entsprechenden Geschäftsbereiche erfolgen. Im Falle eines Versicherungsunternehmens, dessen Tätigkeit sich sowohl auf die Bereiche Lebensversicherung und Schadenversicherung bezieht, erfolgt demnach eine Auf- und Zuteilung der Versicherungsverpflichtungen zum entsprechenden Risikomodul. Bei keiner eindeutigen Zuordnung der Versicherungsverpflichtungen zu einem Geschäftsbereich, fallen jene unter den Geschäftsbereich „sonstige Lebensversicherung".[7] Für das krankenversicherungstechnische Risikomodul erfolgt eine Klassifizierung danach, ob die Krankenversicherung nach Art der Lebensversicherung oder nach Art der Nichtlebensversicherung betrieben wird. In der Folge kann bei entsprechendem Untersuchungsergebnis eine Umgruppierung von Produkten notwendig werden.[8]

7 **III. Aggregationsmethodik und Kalibrierung der Korrelationskoeffizienten.** Die einzelnen Risikomodule der Basissolvabilitätskapitalanforderung werden gemäß Anl. 3 Nr. 1 VAG unter Beachtung der dort genannten Annahmen zur Korrelationen mittels **Kovarianzansatz (Wurzelformel)** aggregiert.[9] Dadurch werden Diversifikationseffekte zwischen den Risikomodulen abgebildet.

---

[1] BGBl. 2015 I 434 ff.
[2] Vgl. EIOPA LL 14–171.
[3] Verlautbarung der EIOPA 14–322 vom 25.7.2014, dort insbesondere unter Abschnitt 1.
[4] Vgl. hierzu auch die folgenden Einzelkommentierungen.
[5] Vgl. EIOPA LL 14–171.
[6] Vgl. hierzu die Kommentierung der §§ 101–106 VAG.
[7] Vgl. Art. 55 Solva II-VO.
[8] BaFin AE Zuordnung von Produkten in der Krankenversicherung v. 4.12.2015.
[9] Vgl. Anl. 3 Nr. 1 VAG und Anh. IV Solva II-RL.

Unter den gemäß § 100 Abs. 3 VAG ggf. einzubeziehenden Diversifikationseffekten versteht man „eine Reduzierung des Gefährdungspotenzials von Versicherungsunternehmen und –gruppen durch die Diversifizierung ihrer Geschäftstätigkeit, die sich aus der Tatsache ergibt, dass das negative Resultat eines Risikos durch das günstigere Resultat eines anderen Risikos ausgeglichen werden kann, wenn diese Risiken nicht voll korreliert sind.[10] Neben der unmittelbaren **Abbildung von Diversifikation** durch die Korrelationsannahmen zwischen den einzelnen Risikomodulen bzw. Submodulen kann diese auch bereits durch die Festlegung von Segmenten und Modellpunkten zur Bewertung einzelner Risiken Berücksichtigung finden. Im Einzelfall bleibt sie jedoch durch die Notwendigkeit der Betrachtung homogener Risikogruppen und die zugehörigen Nachweispflichten begrenzt.[11] 8

Die in der Standardformel zugrunde gelegten Korrelationsannahmen zwischen den einzelnen Risikomodulen unterliegen einer Kalibrierung, welche den Prinzipien des § 97 VAG genügt.[12] Das heißt, die resultierende Solvabilitätskapitalanforderung muss insbesondere einem einjährigen **Value-at-Risk** zum Konfidenzniveau 99,5 % entsprechen.[13] Dabei wird von EIOPA für die Standardformel vereinfachend unterstellt, dass sich die Abhängigkeiten zwischen den Verteilungen vollständig durch lineare Korrelationen erfassen lassen.[14] 9

Die zu verwendenden **Korrelationsparameter** selbst werden durch EIOPA vorgegeben und von dieser grundsätzlich jährlich aktualisiert. Die zur Bestimmung der Korrelation zugrundeliegenden unternehmensspezifischen Daten werden dabei von den Aufsichtsbehörden zur Verfügung gestellt.[15] 10

Die Struktur sowie die **Kalibrierung** der einzelnen Risikomodule muss für jedes Versicherungsunternehmen identisch sein und dabei sowohl den Anforderungen des § 97 VAG als auch des § 100 VAG entsprechen. Dies gilt gleichermaßen für Abweichungen von der Standardformel hinsichtlich Vereinfachungen gemäß § 109 VAG. Demnach können Versicherungsunternehmen unter gewissen Voraussetzungen eine vereinfachte Berechnung im Vergleich zur Anwendung der Standardformel heranziehen. Voraussetzung dafür ist jedoch eine Einhaltung der Vorgaben und Annahmen, die der Berechnung der Solvabilitätskapitalanforderung zugrunde liegen. 11

IV. Geographische Besonderheiten bei Katastrophenrisiken. Hinsichtlich Katastrophenrisiken werden geographische Besonderheiten bei der Berechnung der Risikomodule im Bereich Leben, Nichtleben und Kranken berücksichtigt. Das Katastrophenrisiko besteht in dem „**Risiko eines Verlustes** oder einer nachteiligen Veränderung des Werts der Versicherungsverbindlichkeiten, das sich aus einer **signifikanten Ungewissheit** in Bezug auf die Preisfestlegung und die Annahmen bei der Rückstellungsbildung für **extreme oder außergewöhnliche Ereignisse** ergibt".[16] 12

Insbesondere hinsichtlich Risiken aus Naturkatastrophen sollte eine Unterteilung in sog. homogene Sektoren, d. h. geographische Gebiete, erfolgen. Diese Gebiete sollten hinsichtlich des Risikos, denen das Versicherungs- oder Rückversicherungsunternehmen ausgesetzt ist, gleichmäßig aufgebaut sein.[17] Dabei erfolgt die Kalibrierung der Risikogewichte dieser Sektoren, sodass die jährliche Schadenquote und Versicherungssumme einem 200 Jahresereignis entspricht. Die Korrelationen zwischen den geographischen Sektoren spiegeln dabei auch nichtlineare Abhängigkeiten zwischen diesen wider. Die Bewertung des Katastrophenrisikos soll dabei maßgeblich auf Grundlage einer Analyse des zugrunde liegenden übernommenen Risikos erfolgen.[18] 13

Die **regionsspezifischen Parameter und Korrelationen** können Anh. V-XI Solva II-VO entnommen werden. 14

V. Verhältnis zu anderen Regelungen des VAG. Die in der Basissolvabilitätskapitalanforderung enthaltenen Risikomodule sind in §§ 101–106 VAG jeweils im Einzelnen geregelt.[19] Die Aggregation der Kapitalanforderungen der einzelnen Risikomodule zur Basissolvabilitätskapitalanforderung erfolgt dabei in Anl. 3 Nr. 1 VAG. Die Kalibrierung muss dabei den in § 97 VAG genannten Prinzipien genügen. Eine übergreifende gesetzliche Grundlage zur Berücksichtigung von Risikominderungsinstrumenten in den Submodulen ist in § 97 Abs. 4 VAG gegeben. 15

---

[10] Vgl. § 7 Nr. 5 VAG.
[11] Vgl. Erwägungsgrund 24 Solva II-VO.
[12] Für weiterführende Ausführungen siehe Kommentierung zu Anl. 3 Nr. 1 VAG i. V. m. CEIOPS Advice for Level 2 Implementing Measures on Solvency II: SCR Standard Formula Article 111 (d) Correlations (CEIOPS-DOC-70/10), CEIOPS Advice for Level 2 Implementing Measures on Solvency II: SCR Standard Formula Article 109 – Structure and Design of Market Risk Module (CEIOPS-DOC-40/09), QIS5 Calibration Paper (CEIOPS-SEC-40-10) Abschnitt 3.7.
[13] Vgl. hierzu Kommentierung zu § 97 VAG.
[14] Vgl. Verlautbarung der EIOPA 14–322 unter Abschnitt 1.1. Die Überprüfung der Angemessenheit dieser vereinfachenden Modellannahme ist u. a. Teil des Standardmodellabgleichs im Rahmen des ORSA gemäß § 27 VAG.
[15] Vgl. Art. 221 Solva II-VO.
[16] Art. 105 Nr. 2 lit. b bzw. Nr. 3 lit. g Solva II-RL.
[17] Vgl. Erwägungsgrund 53 der Solva II-VO.
[18] Art. 53 und 54 Solva II-VO.
[19] Vgl. hierzu die Kommentierung der §§ 101–105 VAG.

Nichtlebensversicherungstechnisches Risikomodul

101 (1) [1]**Das nichtlebensversicherungstechnische Risikomodul gibt das sich aus Nichtlebensversicherungsverpflichtungen ergebende Risiko in Bezug auf die abgedeckten Risiken und die verwendeten Prozesse bei der Ausübung des Geschäfts wieder.** [2]**Das Risikomodul hat die Ungewissheit der Ergebnisse der Versicherungsunternehmen im Hinblick auf die bestehenden Versicherungsverpflichtungen und auf die in den folgenden zwölf Monaten erwarteten neuen Geschäfte zu berücksichtigen.**

(2) **Das nichtlebensversicherungstechnische Risikomodul wird gemäß der Anlage 3 berechnet als eine Kombination der Kapitalanforderungen für mindestens dasjenige Risiko eines Verlusts oder einer nachteiligen Veränderung des Wertes der Versicherungsverbindlichkeiten, das sich ergibt aus:**

1. **Schwankungen in Bezug auf das Eintreten, die Häufigkeit und die Schwere der versicherten Ereignisse und in Bezug auf die Dauer und den Betrag der Schadenabwicklung (Nichtlebensversicherungsprämienrisiko und -reserverisiko) sowie**
2. **einer wesentlichen Ungewissheit in Bezug auf die Preisfestlegung und die Annahmen bei der Bildung der versicherungstechnischen Rückstellungen für extreme oder außergewöhnliche Ereignisse (Nichtlebenskatastrophenrisiko).**

Übersicht

1 **I. Allgemeines. 1. Entstehungsgeschichte.** § 101 VAG ist bei der Neufassung des VAG im Jahr 2015 durch Art. 1 des Gesetzes zur Modernisierung der Finanzaufsicht über Versicherungen[1] vom 1.4.2015 in das VAG eingefügt worden.

2 **2. Normzweck.** § 101 VAG dient der Bestimmung des Wertes des nichtlebensversicherungstechnischen Risikomoduls zur Berechnung der Solvabilitätsanforderungen laut § 97 VAG.

3 **3. Europarechtlicher Hintergrund.** § 101 VAG setzt Art. 105 Abs. 2 Solva II-RL um, welcher die Anforderungen an das versicherungstechnische Risiko definiert. Abgesehen von redaktionellen Anpassungen gibt es inhaltlich keine Unterschiede zwischen § 101 VAG und Art. 105 Abs. 2 Solva II-RL.

In Art. 114 – 135 Solva II-VO wird die Bestimmung der Kapitalanforderungen für das nichtversicherungstechnische Risikomodul umfassend geregelt. Weitergehende der Standardformel zugrunde

[1] BGBl. 2015 I 434 ff.

liegende Annahmen für die Berechnung der Solvabilitätskapitalanforderung wurden von EIOPA bereits im Jahr 2014 dargelegt.[2]

Art. 90 Solva II-VO enthält ergänzende Bestimmungen zum nichtlebensversicherungstechnischen Risiko bzgl. Vereinfachungen zu firmeneigenen Versicherungs- und Rückversicherungsunternehmen.

4 **II. Aufbau des nichtlebensversicherungstechnischen Risikomoduls.** Für den Standardansatz gemäß § 101 VAG wird das nichtlebensversicherungstechnische Risikomodul in die Untermodule für **Nichtlebensversicherungsprämienrisiko und -reserverisiko** sowie **Nichtlebensversicherungskatastrophenrisiko** unterteilt. Strukturell enthalten Art. 119 – 135 Solva II-VO eine Verfeinerung zum Aufbau des nichtlebensversicherungstechnischen Risikomoduls durch umfassende Vorgaben für ein eigenes „Untermodul" für das Katastrophenrisiko.[3]

Nach der Bestimmung der Solvabilitätskapitalanforderungen in den jeweiligen Untermodulen erfolgt unter Anwendung des Kovarianzansatzes (Wurzelformel) die Aggregation der Solvabilitätskapitalanforderung für das nichtlebensversicherungstechnische Risikomodul.[4] In Art. 114 Solva II-VO sind die Korrelationsannahmen für das Zusammenwirken der Untermodule Prämien- und Rückstellungsrisiko sowie Katastrophenrisiko für den Standardansatz untereinander bestimmt.[5]

Die dabei im Rahmen der Bestimmung des versicherungstechnischen Risikos anzuwendenden Stressfaktoren basieren maßgeblich auf Untersuchungen in Zusammenhang mit von der EIOPA zwischen 2004 und 2010 initiierten Feldtests.[6] Dabei wurden ausgehend von ersten Untersuchungen zur Bewertung der zugrunde liegenden Rückstellungen und der prinzipiellen Ausgestaltung des Modellansatzes, u. a. der getrennten Betrachtung des Nichtlebensversicherungsprämienrisikos und -rückstellungsrisikos versus des Nichtlebensversicherungskatastrophenrisikos, sukzessive Anpassungen und Verfeinerungen bei den Risikogewichten und Katastrophenszenarien, bei der Abbildung der Rückversicherung und den Annahmen zur Aggregation der Risiken bis hin zur Berücksichtigung von geographischer Diversifikation auf Solo-Ebene (ab QIS 4) vorgenommen. Ab QIS 5 erfolgte die Berechnung unternehmensspezifischer Risikokenngrößen nicht mehr obligatorisch sondern optional. Damit wurde die modellseitige Grundlage für weitergehende Anforderungen zu unternehmensspezischen Parametern gemäß §§ 109 Abs. 2 und 110 VAG entwickelt.

5 **III. Faktorbasierter Ansatz.** Die Bestimmung der Solvabilitätskapitalanforderungen für das nichtlebensversicherungstechnische Risikomodul zum Prämien- und Reserverisiko beruht auf einem faktorbasierten Modell, d. h. die Bewertung erfolgt unter Nutzung vorgegebener oder gewählter Risikofaktoren, welche auf unternehmensindividuelle Volumengrößen angewendet werden.[7] Die anzuwendenden Risikofaktoren werden dabei im Rahmen der Kalibrierung des Standardmodells von EIOPA einheitlich für die Versicherungsunternehmen vorgegeben. Alternativ können die Versicherungsunternehmen auf Grundlage von § 110 VAG und unter bestimmten in EIOPA-BoS-14/178, Leitlinien zu unternehmensspezifischen Parametern, genannten Bedingungen andere Faktoren ansetzen. Davon abgegrenzt soll die Bestimmung des Katastrophenrisikos auf Grundlage eines szenariobasierten Ansatzes erfolgen.[8]

6 **IV. Segmentierung.** Die Segmentierung bzgl. des nichtlebensversicherungstechnischen Risikomoduls erfolgt anhand vorgegebener Versicherungszweige (Lines of Business – LoBs), die in Anh. I Solva II-VO aufgeführt sind.[9] Diese besteht aus insgesamt **28 Geschäftsbereichen**, die mit weiteren formblattbasierten Berichtspflichten korrespondieren. Sie weicht jedoch in Einzelpunkten von der in Anl. 1 VAG bzw. von einer entsprechenden in Anh. I Solva II-RL vorgegebenen Segmentierung ab und unterscheidet sich auch von der in Art. 63 VersBilRL 91/674/EWG, der in § 51 Abs. 4 RechVersV und der in Anh. 1 BerVersV vorgegebenen Segmentierung.

Die Geschäftsbereiche 1 bis 3 sind dabei Sparten der Krankenversicherung nach Art Nicht-Leben, die Geschäftsbereiche 13 bis 15 deren proportionale Rückversicherung und der Geschäftsbereich 24 die nichtproportionale Krankenrückversicherung. Die Geschäftsbereiche 4 bis 12 sind Schaden-/Unfallsparten, die Geschäftsbereiche 13 bis 24 deren proportionale Rückversicherung und die Geschäftsbereiche 25 bis 28 die nichtproportionale Rückversicherung der Schaden-/Unfallsparten.

7 **V. Geographische Diversifikation.** Für das nichtlebensversicherungstechnische Risikomodul werden geographische Diversifikationseffekte gemäß Anh. III Solva II-VO berücksichtigt. Eine modellseitige Abbildung erfolgt mittels eines geographischen Diversifikationskoeffizienten in Verbindung mit

[2] Verlautbarung der EIOPA 14–322 vom 25. Juli 2014; zum versicherungstechnischen Risiko Nichtleben vgl. hierzu insbesondere Abschnitt 4 der Verlautbarung.
[3] Art. 114 Solva II-VO; vgl. Rn. 11 ff.
[4] Anh. IV Nr. 2 Solva II-RL; Art. 114 Sova II-VO
[5] Art. 114 Nr. 3 Solva II-VO, Korrelation (Prämien- u. Rückstellungsrisiko, Katastrophenrisiko)=0,25
[6] Quantitative Impact Studies (1–5), kurz: QIS (abrufbar unter eiopa.europa.eu).
[7] Vgl. Rn. 8.
[8] Vgl. Rn. 11 ff.
[9] Art. 55 Solva II-VO; Anh. I Solva II-VO.

dem Prämien- und Reservevolumen als ein für die Modellierung anzuwendendes Volumenmaß. Dabei liegt die Annahme zugrunde, dass geographisch diversifizierte Bestände im Hinblick auf Art und zeitliches Eintreten von Schadenfällen, mit denen ein Versicherungsunternehmen konfrontiert ist, diversifiziert sind.[10] Der geographische Diversifikationsfaktor selbst richtet sich weitgehend danach, wo das versicherte Risiko angesiedelt ist (Ort der Belegenheit des Risikos) und berechnet sich für jedes Segment. Im Prämien- und Reserverisiko wird der Diversifikationsfaktor wertneutral auf eins gesetzt, soweit nur inländisches Versicherungsgeschäft getätigt wird.[11] Beim Katastrophenrisiko erfolgt die Einteilung in Regionen nach den sogenannten CRESTA Zonen.[12]

8 **VI. Prämien- und Reserverisiko.** Unter dem in § 101 Abs. 2 Nr. 1 VAG definierten Prämienrisiko werden Risiken aus dem Eintritt von **Schäden aus in einer künftigen Periode (Risikoperiode) zu gewährendem Versicherungsschutz** verstanden, während das Reserverisiko die Unsicherheiten aus bereits zum Bewertungsstichtag angefallenen **Schäden aus der vergangenen Gewährung von Versicherungsschutz** abdeckt, auch wenn sie noch nicht gemeldet wurden. Bruttoprämienrisiko ist das Prämienrisiko ohne Berücksichtigung einer Rückversicherung. Abzugrenzen vom Prämienrisiko ist eine gesonderte zusätzliche Bewertung des Risikos aus dem Eintritt von Katastrophen innerhalb der zukünftigen Risikoperiode.

Im Standardmodell für das Prämien- und Reserverisiko wird vorbehaltlich einer von der BaFin gemäß § 109 Abs. 2 VAG genehmigten bzw. gemäß § 110 VAG geforderten Anwendung unternehmensspezifischer Parameter jedem Segment eine europaweit einheitliche marktspezifische Standardabweichung für das Bruttoprämienrisiko sowie für das Reserverisiko zugeordnet.[13] Ihre Kalibrierung wird von EIOPA auf Grundlage von Markterfahrungen, eingangs aus QIS-Studien, vorgegeben und basiert dabei auf der Auswertung (und anschließenden regionalen Gewichtung) von statistischen Daten aus den europäischen Versicherungsmärkten und der angenommenen Vereinfachung, dass das zugrunde liegende Risiko einer Normalverteilung oder einer Log-Normalverteilung folgt.[14]

Weitere Eingangsparameter zur Berechnung des Prämien- und Reserverisikos sind die Korrelationen bzgl. des Prämien- und Reserverisikos pro Segment.[15] Für die Zuordnung des Risikos aus Renten nach § 162 VAG gilt, dass Risiken aus Haftpflicht- und Kraftfahrtrenten entsprechend den Vorgaben für Lebensversicherungsrisiken und Risiken aus Unfallrenten entsprechend den Vorgaben der Krankenversicherungsrisiken bewertet werden.

9 **1. Prämienrisiko.** Das Prämienrisiko bezeichnet das Risiko, dass ein erwartetes versicherungstechnisches Ergebnis verfehlt wird. Dabei kann es sich sowohl um einen Gewinn als auch um einen Verlust handeln. Das Risiko soll den Risikoeintritt in der zukünftigen Risikoperiode abdecken. Dabei sind einerseits Risiken abzudecken, die aus zum Bewertungsstichtag bereits unterzeichneten und damit verbindlich übernommenen Risiken stammen und andererseits Risiken, welche das Versicherungsunternehmen im Verlauf der folgenden zwölf Monate nach dem Bewertungsstichtag voraussichtlich noch zusätzlich neu übernimmt.[16]

Eine vergleichsweise optimistische Schätzung des Geschäftsvolumens sowie der anzusetzenden Prämienraten würde im Standardmodell damit zu einer höheren Solvabilitätskapitalanforderung für das Prämienrisiko führen, da die Solvabilitätskapitalanforderung für das nichtlebensversicherungstechnische Risikomodul bei einer Erhöhung des Prämienvolumens steigt. Demgegenüber ist ein entsprechender Anstieg der Eigenmittel zu erwarten, falls das zugrunde liegende Versicherungsgeschäft insgesamt rentabel ist und unter barwertiger Betrachtung eine kombinierte Schadenkostenquote von unter 100% ausweist.

In der Anwendungspraxis sind die Bestimmung der Solvabilitätskapitalanforderungen für das Prämienrisiko auslegungsbedürftig. So ist es nach den eingangs genannten Grundprinzipien sachgerecht, bei der Bestimmung der Solvabilitätskapitalanforderung einen Jahresvertrag, der beispielsweise am 1.11.2021 mit Versicherungsbeginn 1.1.2022 geschlossen wurde (1.11.2021 ist damit der Ersterfassungs- bzw. Ansatzzeitpunkt des Vertrags in der Solvabilitätsübersicht), auch noch vollumfassend in die Bestimmung der Solvabilitätskapitalanforderung zum Stichtag 31.12.2020 einzubeziehen. Demgegenüber rechtfertigt die Anwendung der Vorgaben von Art. 116 Solva II-VO, insbesondere der Wortlaut in Art. 116 Abs. 3 Nr. d in Verbindung mit Abs. 3 Nr. a der Solva II-VO einen niedrigeren Ansatz, da im Fall des genannten Beispielvertrags der Deckungszeitraum vom 1.1.2022 bis 31.10.2022 für das Volumenmaß ausgenommen bleibt.[17] Auch Seitens EIOPA ist offenkundig geworden, dass im Hinblick auf das

---

[10] Vgl. Annahmen der Standardformel gemäß. EIOPA Guideline 14–322 vom 25.7.2014.
[11] Anh. III Solva II-VO.
[12] Vgl. Rn. 11 ff.
[13] Anh. II Solva II-VO.
[14] Vgl. Annahmen der Standardformel gemäß EIOPA Guideline 14–322 vom 25.7.2014.
[15] Anh. IV Solva II-VO.
[16] Art. 18 Solva II-VO, EIOPA Explanatory Text BoS-14/165 zu Vertragsgrenzen, Einleitung zur Solva II-VO unter Nr. 43.
[17] Vgl. Vorgaben in Art. 116 Abs. 3 a-d Solva II-VO und dabei insbesondere die Definition des Abzugsbetrags unter Nr. d.

Volumenmaß, welches der Prämienrückstellung zugrunde liegt, ggf. Überarbeitungs- bzw. Klarstellungsbedarf zu Art. 116 Abs. 3 Nr. d Solva II-VO besteht.[18]

2. Reserverisiko. Das Reserverisiko beschreibt das Risiko der Abweichung der letztendlich erfolgenden tatsächlichen Schadenzahlung von der gebildeten Schadenrückstellung, die in der versicherungstechnischen Sprache auch als „Reserve" bezeichnet wird. Es berechnet sich in Abhängigkeit der gebildeten Schadenrückstellungen. Die Berechnung erfolgt auf Netto-Basis, d. h. Rückerstattungen durch Rückversicherungen oder Zweckgesellschaften werden für das Volumenmaß der Schadenrückstellungen herausgerechnet, wenn die Voraussetzungen gemäß Art. 209 bis 211 sowie 213 Solva II-VO erfüllt sind.[19] Die Höhe der Schadenrückstellungen wird entsprechend der Bewertung nach § 77 in der Solvabilitätsübersicht als bester Schätzwert nach Abzinsung mit dem risikofreien Zins bestimmt.[20] 10

Für die Bestimmung des besten Schätzwerts gilt das Prinzip, dass dieser als wahrscheinlichkeitsgewichteter Wert unter Beachtung der Grundsätze der §§ 75 ff VAG bestimmt wird. Eine zu optimistische Kalkulation des besten Schätzwertes für die Schadenrückstellungen würde deshalb im Standardmodell zu einer zu niedrigen Solvabilitätskapitalanforderung für das nichtlebensversicherungstechnische Risikomodul führen und gleichzeitig eine Erhöhung der Eigenmittel bewirken. Die Bedeckungsquote wäre damit zweifach in ggf. nicht akzeptabler Weise beeinflusst.

VII. Katastrophenrisiko. Beim Nichtlebenskatastrophenrisiko wird in Art. 119 Solva II-VO unter den folgenden vier Kategorien unterschieden: 11

- Naturkatastrophenrisiken: Sturm, Erdbeben, Überschwemmung, Hagel und Bodensenkung/Erdrutsch.
- Katastrophenrisiko von nichtproportionaler Rückversicherung in der Sachversicherung.
- Risiko vom Menschen verursachter Katastrophen: Kraftfahrzeug-Haftpflicht, Seefahrt, Luftfahrt, Feuer, Haftpflicht, Kredit und Kaution.
- sonstige Nichtlebenskatastrophenrisiken.

Diese Risiken werden wiederum mittels Kovarianzansatz (Wurzelformel) aggregiert.[21] Dabei wird angenommen, dass Naturkatastrophenrisiken und Katastrophenrisiken aus der nicht-proportionalen Sachrückversicherung vollständig miteinander korrelieren und alle anderen Untermodule zueinander unkorreliert sind.[22]

Besondere Herausforderungen resultieren aus der Notwendigkeit der Berechnung auf Ebene der einzelnen Geschäftsbereiche, wenn der zu berücksichtigende Rückversicherungsschutz spartenübergreifend wirkt. Bei der Aufteilung und Zuordnung der Rückversicherung sind dann sachgerechte Näherungen notwendig.[23]

1. Naturkatastrophenrisiko. Die Solvabilitätskapitalanforderungen für die einzelnen Untermodule werden nach Art. 120 Solva II-VO mittels der Wurzelformel aggregiert. Dabei wird angenommen, dass die einzelnen zugrunde liegenden Naturkatastrophenereignisse untereinander unkorreliert sind. 12

a) Sturm. Die Faktoren zur Bestimmung des Sturmkatastrophenrisikos nach Art 121 Solva II-VO finden sich im Anh. V Solva II-VO und sind nach Regionen eingeteilt. Somit werden die regionalen Unterschiede bzgl. des Sturmrisikos miteinkalkuliert. Für die Berechnung des Sturmkatastrophenrisikos werden ferner ebenda die Korrelationsfaktoren zwischen den Regionen angegeben und somit das Risiko berücksichtigt, dass Stürme benachbarte Regionen treffen können. Im Sturmkatastrophenuntermodul dient der höhere Basiseigenmittelverlust von zwei vordefinierten Szenarien zur Auswirkung eines Aufeinanderfolgens von zwei Sturmereignissen (zwei mittleren Stürmen als erstes Szenario, ein großer Sturm gefolgt von einem kleineren Sturm als zweites Szenario) als Grundlage zur Berechnung der Solvabilitätskapitalanforderungen.[24] Dabei gilt allgemein die Annahme der Unabhängigkeit für die zwei aufeinanderfolgenden Ereignisse im jeweiligen Szenario. Außerdem erfolgt die Bewertung unter der Annahme, dass das beaufsichtigte Versicherungsunternehmen in der Periode zwischen den beiden Ereignissen abgesehen von einer erwarteten Wiederauffüllungsprämien bestehender Rückversicherungsdeckungen keine zusätzlichen Risikominderungsmaßnahmen vereinbart.[25] 13

Der Verlust der Basiseigenmittel wird über den unmittelbaren Verlust, der in einer speziellen Region durch den Sturm verursacht wurde, berechnet. Er bestimmt sich unter Verwendung des Sturmrisikofaktors nach Anhang V Solva II-VO und Aggregation der gewichteten Versicherungssummen der Geschäftsbereiche mit Hilfe der Wurzelformel. Dies betrifft die Geschäftsbereiche 7 (Feuer- und andere

[18] Vgl. EIOPA-CP-16/008, Abschnitt 5.
[19] Art. 116 Nr. 6 Solva II-VO.
[20] § 77 VAG.
[21] Art. 119 Solva II-VO.
[22] Art. 119 Solva II-VO.
[23] EIOPA Explanatory Text BoS-14/173 zur Berücksichtigung von Vereinbarungen über passive Rückversicherung im Untermodul Nichtlebenskatastrophenrisiko.
[24] Art. 121 Nr. 2–4 Solva II-VO.
[25] Art. 126 Solva II-VO.

Sachversicherung, 19 (proportionale Feuer- und andere Sach-Rückversicherung), 6 (See-, Luftfahrt- und Transportversicherung) und 18 (proportionale See-, Luftfahrt- und Transport-Rückversicherung).[26]

Bei der Berechnung der zu stellenden Kapitalanforderungen für das Sturmkatastrophenrisiko wird explizit mit dem Value at Risk[27] zum Konfidenznieau von 99,5 % gerechnet, um den Faktor für das Gewicht der Versicherungssumme beim Sturmrisiko sowie die benötigten Korrelationen beim spezifizierten Sturmverlust in einer Region zu bestimmen. In Anh. XIII Solva II-VO sind neun Regionen, für die das Katastrophenrisiko nicht in Abhängigkeit der Prämie kalkuliert wird, aufgelistet. Nur für diese Regionen wird die geographische Diversifikation zu den nicht europäischen Regionen nach Anh. III Solva II-VO anhand der Prämie in die Berechnung einbezogen.[28]

Besondere Herausforderungen resultieren aus der Notwendigkeit der Berechnung auf Ebene der einzelnen Geschäftsbereiche, wenn der zu berücksichtigende Rückversicherungsschutz spartenübergreifend wirkt. Bei der Aufteilung und Zuordnung der Rückversicherung sind dann sachgerechte Näherungen notwendig.[29]

14 **b) Erdbeben.** Die Berechnung des Untermoduls für das Erdbebenkatastrophenrisiko gemäß Art. 122 Solva II-VO erfolgt abgesehen von den jeweiligen Bewertungsfaktoren weitgehend analog zum Sturmkatastrophenrisiko, jedoch ohne die Unterscheidung zwischen zwei Szenarien beim Verlust der Basiseigenmittel. Die Faktoren für die Bestimmung des Erdbebenkatastrophenrisikos finden sich im Anh. VI Solva II-VO. Dies betrifft wie beim Sturmrisiko wiederum die Geschäftsbereiche Feuer- und andere Sachversicherung und deren Rückversicherung sowie See-, Luftfahrt- und Transportversicherung und deren Rückversicherung.[30]

15 **c) Überschwemmung.** Die Berechnung für das Untermodul des Überschwemmungskatastrophenrisikos gemäß Art. 123 Solva II-VO berechnet sich analog (abgesehen von den jeweiligen Faktoren) zum Sturmkatastrophenrisiko, einschließlich der Unterscheidung zwischen zwei Szenarien (zwei mittlere Überschwemmungen als erstes Szenario, eine große Überschwemmung gefolgt von einer kleineren Überschwemmung als zweites Szenario) bei der Bestimmung des Verlustes der Basiseigenmittel. Die Faktoren für die Bestimmung des Überschwemmungskatastrophenrisikos finden sich im Anh. VII Solva II-VO. Dies betrifft wie beim Sturmrisiko die Geschäftsbereiche Feuer- und andere Sachversicherung, See-, Luftfahrt- und Transportversicherung und die proportionale Rückversicherung der Sparten, sowie zusätzlich die Geschäftsbereiche Sonstige Kraftfahrtversicherungund Sonstige Kraftfahrt-Rückversicherung.[31]

16 **d) Hagel.** Die Berechnung für das Untermodul des Hagelkatastrophenrisikos gemäß Art. 124 Solva II-VO berechnet sich analog (abgesehen von den jeweiligen Faktoren) zum Sturmkatastrophenrisiko, einschließlich der Unterscheidung zwischen zwei Szenarien (zwei mittlere Hagelschläge als erstes Szenario, eine großer Hagelschlag gefolgt von einem kleineren Hagelschlag als zweites Szenario) bei der Bestimmung des Verlustes der Basiseigenmittel. Die Faktoren für die Bestimmung des Hagelkatastrophenrisikos finden sich im Anh. VIII Solva II-VO. Dies betrifft wie beim Überschwemmungsrisiko die Geschäftsbereiche Feuer- und andere Sachversicherung, See-, Luftfahrt- und Transportversicherung sowie Sonstige Kraftfahrtversicherung und die jeweilige proportionale Rückversicherung.[32]

17 **e) Bodensenkung und Erdrutsch.** Das Risiko für Bodensenkung gemäß Art. 125 Solva II-VO wird nur für Frankreich berücksichtigt und betrifft die Geschäftsbereiche Feuer- und andere Sachversicherungen und proportionale Feuer- und andere Sachrückversicherungen.[33] Die zu stellende Solvabilitätskapitalanforderung entspricht dem unmittelbaren Verlust an Basiseigenmittel, der durch Bodensenkung und Erdrutsch hervorgerufen wird. Die Berechnung des Verlustes aufgrund von Bodensenkung und Erdrutsch ist analog (abgesehen von den jeweiligen Faktoren) zu der Berechnung der Verlusts aufgrund des Sturmkatastrophenrisikos Die Faktoren für die Bestimmung des Bodensenkungs- und Erdrutschrisikos finden sich im Anh. IX Solva II-VO.

18 **2. Katastrophenrisiko der nichtproportionalen Sachrückversicherung.** Im Art. 127 Solva II-VO wird die Bestimmung des Risikos im Geschäftsbereich nichtproportionale Sachrückversicherung genauer erläutert.[34] Die zu stellende Solvabilitätskapitalanforderung entspricht dem unmittelbaren Verlust an Basiseigenmitteln verursacht durch Verpflichtungen im Geschäftsbereich nichtproportionale Sachrückversicherung, abgesehen von Verpflichtungen aus der nichtproportionalen Rückversicherung

---

[26] Art. 121 Nr. 7 Solva II-VO.
[27] Vgl. Kommentierung zu § 97.
[28] Art. 121 Nr. 9 Solva II-VO.
[29] EIOPA-LL Vertragsgrenzen.
[30] Rn. 13, betrifft Geschäftsbereiche Nr. 6, Nr. 7, Nr. 18 und Nr. 19.
[31] Geschäftsbereiche 6, 7, 18 und 19 sowie zusätzlich die Geschäftsbereiche 5 und 17.
[32] Geschäftsbereiche 5–7 und 17–19.
[33] Geschäftsbereiche 7 und 19.
[34] Geschäftsbereich 28.

für die Sparten Kredit- und Kautionsversicherung und deren proportionalen Rückversicherung.[35] Der faktorbasierte Ansatz hängt von den Größen des Schätzers für die verdienten Brutto-Prämien sowie der geographischen Diversifikation gemäß Anh. III Solva II-VO ab.

3. Vom Menschen verursachte Katastrophen. Die Solvabilitätskapitalanforderungen für die einzelnen Untermodule werden nach Art. 128 Solva II-VO mittels der Wurzelformel aggregiert. Dabei wird angenommen, dass die einzelnen vom Menschen verursachten Katastrophen-Untermodule untereinander unkorreliert sind. 19

a) Kraftfahrzeug-Haftpflicht. Die Solvabilitätskapitalanforderungen für die Kraftfahrzeug-Haftpflichtversicherung soll den unmittelbaren Verlust an Basiseigenmitteln abdecken, der durch eine Katastrophe in diesem Segment verursacht würde. Dabei wird gemäß Art. 129 Solva II-VO angenommen, dass dieser Verlust 6.000.000 EUR nicht übersteigt und die Höhe der Solvabilitätskapitalanforderungen von der Anzahl der versicherten Fahrzeuge abhängt. 20

b) Seefahrt. Die Solvabilitätskapitalanforderungen für Katastrophen aus der Seefahrt untergliedern sich laut Art. 130 Solva II-VO in zwei Untermodule (für Katastrophen verursacht durch eine Tankerkollision und für Katastrophen verursacht durch eine Plattformexplosion). Diese werden mittels der Wurzelformel unter Verwendung der Annahme der Unkorreliertheit aggregiert. Die Solvabilitätskapitalanforderung für Tankerkollisions-Katastrophen soll den unmittelbaren Verlust an Basiseigenmittel abdecken, der sich berechnet als die Summe der Versicherungssummen für Schiffskasko-, Seehaftpflicht- und Ölverschmutzungversicherungen und der jeweiligen proportionalen Rückversicherung für denjenigen versicherten Tanker, für den diese Summe maximal ist. Die Solvabilitätskapitalanforderung für Plattformexplosionen ist die Versicherungssumme der am höchsten versicherten Öl- und Gasplattform und deckt Schadenersatzverpflichtungen für Sachschäden, für die Beseitigung von Wrackteilen, für entgangene Produktionserträge, für Kosten zur Abdeckung und Sicherung des Bohrlochs sowie Verpflichtungen aus Haftpflichtversicherungen und -rückversicherungen ab. Katastrophen aus der Seefahrt sind in den Geschäftsbereichen See-, Luftfahrt- und Transportversicherung, proportionale See-, Luftfahrt- und Transport-Rückversicherung und nichtproportionale See-, Luftfahrt- und Transportrückversicherung berücksichtigt.[36] 21

c) Luftfahrt. Um die Solvabilitätskapitalanforderungen von Katastrophen aus der Luftfahrt abzudecken, ist nach Art. 131 Solva II-VO der unmittelbare Verlust an Basiseigenmitteln zu bestimmen, der sich als die Bruttoversicherungssumme des am höchsten versicherten Flugzeugs ergibt. Hierbei sind alle Verträge für Luftfahrt-Kasko, Luftfahrt-Haftpflicht und der proportionalen Rückversicherungen der selben Sparten auf dieses Flugzeug miteingeschlossen. Katastrophen aus der Luftfahrt sind in den Geschäftsbereichen See-, Luftfahrt- und Transportversicherung, proportionale See-, Luftfahrt- und Transport-Rückversicherung und nichtproportionale See-, Luftfahrt- und Transportrückversicherung berücksichtigt.[37] 22

d) Feuer. Die Solvabilitätskapitalanforderung für Katastrophen verursacht durch Feuer ergibt sich gemäß Art. 132 Solva II-VO als der unmittelbare Verlust der Basiseigenmittel aufgrund eines Schadens verursacht durch die stärkste Konzentration an Feuerrisiken, die gleich der Bruttoversicherungssumme für diesen Schaden ist. Unter der stärksten Konzentration an Feuerrisiken versteht man alle versicherten Gebäude, die vollständig oder teilweise in einem Radius von 200 Metern stehen und in den Geschäftsfeldern Feuer- und andere Sachversicherung und proportionale Feuer- und andere Sachrückversicherung mit einem oder mehreren Feuer- und Explosionsversicherungsverträgen abgesichert sind.[38] In diesem Untermodul werden auch Feuer- und Explosionsschäden in Folge von terroristischen Angriffen berücksichtigt. 23

e) Allgemeine Haftpflicht. Das Katastrophenrisiko für Allgemeine Haftpflicht berechnet sich nach Art. 133 Solva II-VO mittels der Wurzelformel, indem fünf Gruppen von Haftpflichtrisiken gemäß Anh. XI Solva II-VO aggregiert werden. Die entsprechenden Korrelationen zu den Gruppen sind ebenda angegeben. Der unmittelbare Verlust der Basiseigenmittel aufgrund von Allgemeinen Haftpflichtrisiken für eine Gruppe wird anhand des Produkts der verdienten Bruttoprämien der letzten zwölf Monate und eines Risikofaktors, der im Anh. XI Solva II-VO zu finden ist, berechnet. In Art. 133 Solva II-VO wird bestimmt, wie die Anzahl der zu wählenden Schäden für die jeweiligen Gruppen zu bestimmen ist. Dies geschieht in Abhängigkeit des Verlustes der Basiseigenmittel sowie der maximalen Deckungssumme in der jeweiligen Haftpflichtrisikogruppe. 24

f) Kredit und Kaution. Das Katastrophenrisiko für die Kredit- und Kautionsversicherung teilt sich nach Art. 134 Solva II-VO wiederum in zwei Unterkategorien: das Risiko eines Großkreditausfalls und 25

[35] Geschäftsbereiche 9 und 21.
[36] Geschäftsbereiche 6, 18 und 27.
[37] Geschäftsbereiche 6, 18 und 27.
[38] Geschäftsbereiche 7 und 19.

dem Rezessionsrisiko, für die jeweils Eigenmittel nach den Solvabilitätskapitalanforderungen zu stellen sind. Diese werden mittels der Kovarianzansatz (Wurzelformel) aggregiert, wobei angenommen wird, dass die beiden Risiken zueinander unkorreliert sind. Die Kapitalanforderungen für das Risiko eines Großkreditausfalls stellt den Verlust an Basiseigenmitteln dar, der sich bei einem unmittelbaren Ausfall der zwei größten Kreditversicherungsverträge aus den Geschäftsfeldern Kredit- und Kautionsversicherung und proportionale Kredit- und Kautionsrückversicherung ergibt. Die Verlustquote (Loss Given Default) sei dabei 10 Prozent der jeweiligen Versicherungssumme. Die Solvabilitätskapitalanforderungen für Rezessionsrisiken ergeben sich als 100 Prozent der verdienten Prämien für die Geschäftsfelder Kredit- und Kautionsversicherung und proportionale Kredit- und Kautionsrückversicherung.[39]

26 **g) Sonstige Nichtlebenskatastrophen.** Die sonstigen Katastrophen in Schaden/Unfall werden nach Art. 135 Solva II-VO mittels Wurzelformel bestimmt. Dabei werden fünf weitere Katastrophenkategorien unterschieden:

– See-, Luft- und Transportversicherungsverpflichtungen sowie die jeweilige proportionale Rückversicherung, abgesehen von See- und Luftfahrtversicherung sowie der jeweiligen Rückversicherung.[40]
– Nichtproportionale See-, Luftfahrt- und Transportrückversicherungsverpflichtungen, abgesehen von See- und Luftfahrtrückversicherung.[41]
– Verschiedene finanzielle Verluste, ausgenommen erweiterte Garantieversicherungs- und -rückversicherungsverpflichtungen, unter der Bedingung, dass das zugrunde liegende Portfolio stark diversifiziert ist und die Verpflichtungen keine Kosten für einen Produktrückruf abdecken.[42]
– Nichtproportionale Unfallrückversicherungsverpflichtungen außer Allgemeine Haftpflichtrückversicherung.[43]
– Nichtproportionale Rückversicherungsverpflichtungen, die sich auf Versicherungsverpflichtungen für Kredit- und Kautionsversicherungen und proportionale Kredit- und Kautionsrückversicherungen beziehen.[44]

Anhand der erwarteten Prämien für die nächsten zwölf Monate und den den fünf Kategorien zugeordneten Risikofaktoren wird das zu stellende Solvenzkapital bestimmt. Dabei wird für die ersten beiden oben beschriebenen Kategorien von einer absoluten Korrelation zueinander ausgegangen, alle anderen Kategorien sind untereinander unkorreliert.

27 **VIII. Stornorisiko.** In Übereinstimmung mit der Solva II-RL besteht das nichtlebensversicherungstechnische Risikomodul aus den Untermodulen Nichtlebensversicherungsprämien- und rückstellungsrisiko sowie dem Nichtlebensversicherungskatastrophenrisiko. Damit unterscheiden sie sich vom Aufbau der Solva II-VO, wo auch das nichtlebensversicherungstechnische Stornorisiko berücksichtigt wird.[45] Das Stornorisiko kann für das nichtlebensversicherungstechnische Risikomodul unberücksichtigt bleiben, da die meisten Verträge eine kurze Laufzeit haben und die Prämien zu Jahresanfang gezahlt werden. Somit verursacht das Stornorisiko in der Nichtlebensversicherung üblichererweise keine wesentlichen zusätzlichen Verluste.

28 **IX. Vereinfachte Berechnung für firmeneigene Versicherungsunternehmen.** Gemäß Art. 90 Solva II-VO sind firmeneigene Versicherungsunternehmen[46] bei Erfüllung der Art. 88 (Angemessenheit) der Solva-II-VO berechtigt, die Solvabilitätskapitalanforderung für das Nichtlebensversicherungsprämienrisiko und -rückstellungsrisiko vereinfacht zu berechnen, falls Art. 89 Solva II-VO erfüllt ist. Dafür müssen alle Versicherten und Anspruchsberechtigten der den Versicherungsverpflichtungen zugrundeliegenden Versicherungsverträge Unternehmen der Gruppe, der das firmeneigene Versicherungsunternehmen angehört, sein und die Versicherungsverträge dürfen sich nicht auf eine Haftpflichtversicherung aufgrund einer bestehenden Versicherungspflicht beziehen.

29 **X. Verhältnis zu anderen Regelungen des VAG.** § 112 Nr. 1 VAG stellt die Grundlage zur Genehmigung von internen Modellen in Form von Partialmodellen für die Berechnung des nichtlebensversicherungstechnischen Risikomoduls oder Untermodulen. Hinsichtlich der Verwendung von unternehmensspezischen Parametern sind § 109 Abs. 2 und § 110 VAG zu beachten. In Anl. 3 (Standardformel zur Berechnung der Solvabilitätskapitalanforderung) wird die Verwendung der Wurzelformel für die Berechnung des nichtlebensversicherungstechnischen Risikomoduls aus den Untermodulen Nichtlebensversicherungsprämien- und rückstellungsrisiko sowie dem Nichtlebenskatastrophenrisiko dargelegt.

---

[39] Geschäftsbereiche 9 und 21.
[40] Geschäftsbereiche 6 und 18.
[41] Geschäftsbereich 27.
[42] Geschäftsbereiche 12 und 24.
[43] Geschäftsbereich 26.
[44] Geschäftsbereiche 9 und 21.
[45] Art. 118 Solva II-VO.
[46] Sogenannte Captives, also Versicherungsunternehmen, die ausschließlich Risiken ihrer Muttergesellschaft oder deren Unternehmensgruppe absichern.

Lebensversicherungstechnisches Risikomodul

102 (1) **Das lebensversicherungstechnische Risikomodul gibt das sich aus Lebensversicherungsverpflichtungen ergebende Risiko in Bezug auf die abgedeckten Risiken und die verwendeten Prozesse bei der Ausübung des Geschäfts wieder.**

(2) **Das lebensversicherungstechnische Risikomodul wird gemäß der Anlage 3 berechnet als eine Kombination der Kapitalanforderungen für mindestens dasjenige Risiko eines Verlusts oder einer nachteiligen Veränderung des Wertes der Versicherungsverbindlichkeiten, das sich ergibt aus:**

1. **Veränderungen in der Höhe, im Trend oder in der Volatilität der Sterblichkeitsraten, wenn der Anstieg der Sterblichkeitsrate zu einem Anstieg des Wertes der Versicherungsverbindlichkeiten führt (Sterblichkeitsrisiko),**
2. **Veränderungen in der Höhe, im Trend oder in der Volatilität der Sterblichkeitsraten, wenn der Rückgang der Sterblichkeitsrate zu einem Anstieg des Wertes der Versicherungsverbindlichkeiten führt (Langlebigkeitsrisiko),**
3. **Veränderungen in der Höhe, im Trend oder in der Volatilität der Invaliditäts-, Krankheits- und Morbiditätsraten (Invaliditäts-, Morbiditätsrisiko),**
4. **Veränderungen in der Höhe, im Trend oder in der Volatilität der bei der Verwaltung von Versicherungsverträgen anfallenden Kosten (Lebensversicherungskostenrisiko),**
5. **Veränderungen in der Höhe, im Trend oder in der Volatilität der Revisionsraten für Rentenversicherungen auf Grund von Rechtsänderungen oder der gesundheitlichen Verfassung des Versicherten (Revisionsrisiko),**
6. **Veränderungen in der Höhe oder in der Volatilität der Storno-, Kündigungs-, Verlängerungs- und Rückkaufsraten von Versicherungspolicen (Stornorisiko) und**
7. **einer wesentlichen Ungewissheit in Bezug auf die Annahmen über extreme oder außergewöhnliche Ereignisse bei der Preisfestlegung und bei der Bildung versicherungstechnischer Rückstellungen (Lebensversicherungskatastrophenrisiko).**

Übersicht

1 **I. Allgemeines. 1. Entstehungsgeschichte.** § 102 VAG ist durch Art. 1 Gesetz zur Modernisierung der Finanzaufsicht über Versicherungen vom 1.4.2015 in das VAG eingefügt worden.[1]

2 **2. Normzweck.** § 102 VAG regelt die Bestimmung der Bewertung des lebensversicherungstechnischen Risikomoduls im Rahmen der Solvabilitätskapitalanforderung.

3 **3. Europarechtlicher Hintergrund.** Durch § 102 VAG wird Art. 105 Abs. 3 Solva II-RL umgesetzt.[2] Inhaltlich gibt es keine Unterschiede zur deutschen Fassung der Solva II-RL, auch wenn der Wortlaut redaktionell überarbeitet wurde. Von ihrem gemäß Art. 86 Abs. 1 lit. f Solva II-RL bestehenden Recht, die Vorgaben aus der Rechtlinie bzw. dem Gesetz zu konkretisieren, hat die EU-Kommission mit dem Erlass der Art. 136–143 Solva II-VO Gebrauch gemacht.

4 **II. Untermodule. 1. Allgemeine Anmerkungen.** Zur Bestimmung der Solvabilitätskapitalanforderung der einzelnen Untermodule wird ein sogenannter **szenariobasierter Ansatz** verwendet. Dafür sind „im ersten Schritt […] die Marktwerte der Aktiva sowie das Best Estimate der Verpflichtungen […] zu ermitteln. Im zweiten Schritt wird diese Marktwertbilanz einem bzw. mehreren Schockszenarien ausgesetzt. Diese nehmen Einfluss auf die Höhe der einzelnen Bilanzpositionen und verändern somit die vorhandenen Eigenmittel (Net Asset Value, NAV) gegenüber denen der Ausgangsbilanz. Das für das einzelne Risiko zu hinterlegende Risikokapital ergibt sich schlussendlich als Differenz der vorhandenen Eigenmittel“ [3] vor und nach Stress. Dabei soll die Risikomarge der versicherungstechnischen Rückstellungen nicht berücksichtigt werden, da davon ausgegangen wird, dass sich die Risikomarge in Stressszenarien nur unwesentlich ändert. Durch diese Vereinfachung wird ein Zirkelbezug in der Definition der Solvabilitätskapitalanforderung vermieden, weil die Höhe der Risikomarge von der Solvabilitätskapitalanforderung abhängt.[4] Ebensowenig sollen sich die Werte von latenten Steueransprüchen und –verbindlichkeiten sowie der Wert der zukünftigen Überschüsse in den versicherungstechnischen Rückstellungen verändern.[5] Der risikomindernde Effekt, der sich aus diesen Positionen ergibt wird gesondert in der Standardformel berücksichtigt. Da den verschiedenen Szenarien die Annahme zugrunde liegt, dass die Veränderungen plötzlich eintreten, bleibt der Geschäftsleitung keine Zeit, Maßnahmen zu treffen. Deshalb sollen während eines Szenarios keine solchen Maßnahmen (sogenannte Managementregeln) berücksichtigt werden.[6]

Wie in § 97 Abs. 2 VAG dargelegt, sorgt die EU-Kommission durch die Kalibrierung der Stresse dafür, dass die durch die Anwendung der Standardformel berechnete Solvabilitätskapitalanforderung einem einjährigen Value at Risk zum Konfidenzniveau 99,5 % entspricht.[7] Das Vorgehen bei der Kalibrierung der Stresse ist im Calibration Paper[8] beschrieben. Auf Einzelheiten wird bei den einzelnen Risiken (Unterpunkte 2.-8.) eingegangen.

Gemäß § 97 Abs. 2 VAG soll neben dem aktuellen Geschäftsumfang auch das Neugeschäft der nächsten 12 Monate bei der Bemessung des Risikokapitalbedarfs berücksichtigt werden. Davon wird jedoch in den Berechnungsvorschriften zum Standardmodell für das Leben-Risikomodul praktisch durchgängig kein Gebrauch gemacht und stattdessen aus Vereinfachungsgründen nur der Bestand bewertet. Ausnahme bildet als einziges das Stornomodul bei Rückversicherungsverträgen, welches auch Neugeschäft abdeckt.

Die sieben Untermodule des lebensversicherungstechnischen Risikomoduls können bis auf das Revisionsrisiko-Untermodul auch vereinfacht mit einem **faktorbasierten Ansatz**[9] berechnet werden, sofern die Bedingungen für eine vereinfachte Berechnung aus Art. 109 Solva II-RL bzw. Art. 88 Solva II-VO erfüllt sind.

5 **2. Sterblichkeitsrisiko. a) Definition.** Das Sterblichkeitsrisiko steht im Zusammenhang mit Versicherungs- und Rückversicherungsverpflichtungen, bei denen das Versicherungsunternehmen eine Einmalzahlung oder wiederkehrende Zahlungen garantiert, wenn der Versicherungsnehmer während der Vertragsdauer stirbt.[10] Das Sterblichkeitssubmodul ist daher anwendbar bei Versicherungsverpflichtungen, bei denen eine Erhöhung der Sterblichkeitswahrscheinlichkeiten zu einem Anstieg der versicherungstechnischen Rückstellungen ohne die Risikomarge führt.[11]

Die Solvabilitätskapitalanforderung für das Sterblichkeitsrisiko-Untermodul entspricht dem Rückgang der ökonomischen Eigenmittel, die durch einen sofortigen dauerhaften Anstieg der Sterblichkeitswahr-

[1] BGBl. 2015 I 434.
[2] Begr. VAG-RegE 2014, BT-Drs. 18/2956, 263.
[3] *Steria Mummert ISS GmbH/Assekurata Assekuranz Rating-Argentur GmbH/Carl von Ossietzky Universität Oldenburg/acs actuarial solutions GmbH* (abrufbar unter solvency-ii-kompakt.de).
[4] CEIOPS-SEC-40-10, Rn. 3.256.
[5] Art. 83 Abs. 1 Solva II-VO.
[6] Art. 83 Abs. 1 Solva II-VO.
[7] Vgl. Kommentierung § 97 VAG.
[8] CEIOPS-SEC-40-10.
[9] Art. 91 bis Art. 96 Solva-II VO.
[10] CEIOPS-DOC-42/09, Rn. 3.8.
[11] Art. 137 Abs. 2 Solva II-VO.

scheinlichkeiten, die bei der Berechnung der versicherungstechnischen Rückstellungen verwendet werden, um 15 % hervorgerufen wird.[12] Dieser Schock soll dabei nur auf diejenigen Versicherungsverträge angewandt werden, bei denen ein Anstieg der Sterblichkeitswahrscheinlichkeiten zu einer Erhöhung der versicherungstechnischen Rückstellungen (ohne Risikomarge, s. Rn. 2) führt.[13] Im Hinblick auf Rückversicherungsverpflichtungen gilt die Identifizierung der Verträge, bei denen ein Anstieg der Sterblichkeitsraten zu einem Anstieg der versicherungstechnischen Rückstellungen führt, nur für die zugrundeliegenden Versicherungsverträge.[14] EIOPA hat „Guidelines on the application of the life underwriting risk module" (Erläuterungen zu den Leitlinien zur Anwendung des lebensversicherungstechnischen Risikomoduls) veröffentlicht.[15] Demzufolge sollten die Unternehmen den Anstieg der Sterblichkeitsraten, auf den in Art. 137 Solva II-VO Bezug genommen wird, berücksichtigen, unabhängig davon, welche zeitliche Einheit den Raten zugrunde liegt (jährlich, monatlich, usw.).

b) Kalibrierung. Die Kalibrierung des Sterblichkeitsschocks beruht auf einer Studie von Watson 6
Wyatt aus dem Jahr 2004. Nach den Erkenntnissen der Studie liegt der Schock, der einem einjährigen Value at Risk zum Konfidenzniveau 99,5 % entspricht, im Bereich zwischen 10 % und 35 % mit einem Mittelwert von etwa 23 %.[16] Für die 2. quantitative Auswirkungsstudie (quantitative impact study 2, QIS 2) wurde deshalb ein Schock von 20 % angesetzt, der in QIS 3 und QIS 4 auf 10 % reduziert wurde. In QIS 4 gab es unterschiedliche Rückmeldungen zu der Kalibrierung des Schocks. Eine Analyse der Sterblichkeitsschocks von 21 Unternehmen, die ein internes Modell verwenden, ergab einen Mittelwert von 22 %, der damit deutlich über dem Wert der Standardformel aus QIS 4 lag. Für QIS 5 wurde deshalb der Stress auf 15 % angehoben.[17]

c) Vereinfachung. Voraussetzung für die Anwendbarkeit von Vereinfachungen ist, dass die Anforderungen des Art. 88 Solva II-VO erfüllt sind. Die in Art. 91 Solva II-VO angegebene Formel geht von der Annahme aus, dass die Auswirkung eines temporären Anstiegs der Sterblichkeitswahrscheinlichkeiten durch das riskierte Kapital approximiert werden kann. Dann ergibt sich die Solvabilitätskapitalanforderung aus dem Sterblichkeitsschock von 15 % multipliziert mit dem Produkt aus dem riskierten Kapital, der mittleren Sterblichkeitswahrscheinlichkeit für die nächsten zwölf Monate gewichtet mit der Versicherungssumme und der projizierten Sterblichkeitsverbesserung.

3. Langlebigkeitsrisiko. a) Definition. Das Langlebigkeitsrisiko steht im Zusammenhang mit Ver- 7
sicherungsverpflichtungen, bei denen das Versicherungsunternehmen wiederkehrende Zahlungen bis zum Tode des Versicherungsnehmers zusagt.[18] Das Langlebigkeitsuntermodul ist daher anwendbar bei Versicherungsverpflichtungen, bei denen ein Rückgang der Sterblichkeitswahrscheinlichkeiten zu einem Anstieg der versicherungstechnischen Rückstellungen führt.[19] Im Hinblick auf Rückversicherungsverpflichtungen gilt die Identifizierung der Verträge, bei denen ein Rückgang der Sterblichkeitsraten zu einem Anstieg der versicherungstechnischen Rückstellungen führt, nur für die zugrundeliegenden Versicherungsverträge.[20]

Die Solvabilitätskapitalanforderung für das Langlebigkeitsrisiko-Untermodul entspricht dem Rückgang der ökonomischen Eigenmittel, die durch einen sofortigen dauerhaften Rückgang der Sterblichkeitswahrscheinlichkeiten, die bei der Berechnung der versicherungstechnischen Rückstellungen verwendet werden, um 20 % hervorgerufen wird.[21] Dieser Schock soll dabei nur auf diejenigen Versicherungsverträge angewandt werden, bei denen ein Rückgang der Sterblichkeitsraten zu einer Erhöhung der versicherungstechnischen Rückstellungen (ohne Risikomarge, s. Rn. 2) führt.[22] Hängen verschiedene lebensversicherungstechnische Risiken von derselben versicherten Person ab, so sollen diese nicht entflochten werden.[23] Die Unternehmen sollten den Rückgang der Sterblichkeitsraten, auf den in Art. 138 Solva II-VO Bezug genommen wird, berücksichtigen, unabhängig davon, welche zeitliche Einheit den Raten zugrunde liegt (jährlich, monatlich, usw.).[24]

b) Kalibrierung. Die Kalibrierung des Langlebigkeitsschocks beruht auf einer Studie von Watson 8
Wyatt aus dem Jahr 2004. Nach den Erkenntnissen der Studie liegt der Schock, der einem einjährigen Value at Risk zum Konfidenzniveau 99,5 % entspricht, im Bereich zwischen 5 % und 35 % mit einem

[12] Art. 137 Abs. 1 Solva II-VO.
[13] Art. 105 Abs. 3 lit. a Solva-II-RL und Art. 137 Abs. 2 Solva II-VO.
[14] Art. 137 Abs. 3 Solva II-VO.
[15] LL 1 EIOPA-BoS-14/175 DE.
[16] CEIOPS-FS-14/07, Rn. 1.16.
[17] CEIOPS-SEC-40-10, Rn. 3.263, 3.265, 3.266.
[18] CEIOPS-DOC-42/09, Rn. 3.29.
[19] Art. 138 Abs. 2 Solva II-VO.
[20] Art. 138 Abs. 3 Solva II-VO.
[21] Art. 138 Abs. 1 Solva II-VO.
[22] Art. 138 Abs. 2 Solva II-VO.
[23] CEIOPS-DOC-42/09, Rn. 3.27.
[24] LL 2 EIOPA-BoS-14/175 DE.

Mittelwert von etwa 18 %. Jüngere Studien deuten jedoch auf einen Rückgang von etwa 25 % hin.[25] Für QIS 3 und QIS 4 wurde deshalb ein Schock von 25 % gewählt. Eine im Anschluss an QIS 4 durchgeführte Untersuchung der polnischen Aufsichtsbehörde bestätigte diesen Wert noch einmal.[26] Trotzdem wurde in QIS 5 der Wert ohne eine fachlich nachvollziehbare weitere Begründung auf 20 % reduziert.[27]

9 **c) Vereinfachung.** Voraussetzung für die Anwendbarkeit von Vereinfachungen ist, dass die Anforderungen des Art. 88 Solva II-VO erfüllt sind. Die in Art. 92 Solva II-VO angegebene Formel geht von der Annahme aus, dass die Auswirkung eines dauerhaften Rückgangs der Sterblichkeitswahrscheinlichkeiten durch den besten Schätzwert der versicherungstechnischen Rückstellungen approximiert werden kann. Dann ergibt sich die Solvabilitätskapitalanforderung aus dem Langlebigkeitsschock von 20 % multipliziert mit dem Produkt aus der modifizierten Duration, der mittleren Sterblichkeitswahrscheinlichkeit für die nächsten zwölf Monate gewichtet mit der Versicherungssumme, der projizierten Sterblichkeitsverbesserung und dem besten Schätzwert der versicherungstechnischen Rückstellungen. Wie bei der nicht vereinfachten Berechnung soll der Schock auch hier nur auf Policen angewandt werden, bei denen der Schock zu einer Erhöhung der versicherungstechnischen Rückstellungen führt.

10 **4. Invaliditäts- und Morbiditätsrisiko. a) Definition.** Das Invaliditäts- und Morbiditätsrisiko steht im Zusammenhang mit Versicherungsverpflichtungen zur Kompensation oder Erstattung von Schäden aufgrund von Krankheit, Unfall oder Invalidität.[28] Es wird jedoch erwartet, dass ein Großteil der Versicherungsverpflichtungen, denen ein Invaliditäts- bzw. Morbiditätsrisiko zugrunde liegt, eher durch das krankenversicherungstechnische Modul[29] abgedeckt werden. Das Invaliditäts- und Morbiditätsrisiko-Untermodul des lebensversicherungstechnischen Moduls sollte daher nur in Fällen, in denen eine Entflechtung von Verträgen nicht angemessen ist, anwendbar sein.[30]

Die Solvabilitätskapitalanforderung für das Invaliditäts- bzw. Morbiditätsrisiko-Untermodul entspricht dem Rückgang der ökonomischen Eigenmittel, die durch eine Kombination folgender sofortiger und dauerhafter Veränderungen hervorgerufen wird: eine Erhöhung der Invaliditäts- und Morbiditätswahrscheinlichkeiten, die bei der Berechnung der versicherungstechnischen Rückstellungen verwendet werden, um 35 % für die folgenden zwölf Monate, eine Erhöhung der Invaliditäts- und Morbiditätsraten, die bei der Berechnung der versicherungstechnischen Rückstellungen verwendet werden, um 25 % ab dem dreizehnten Monat für alle folgenden und einem Rückgang der Invaliditäts- und Morbiditätsreaktivierungswahrscheinlichkeiten, die bei der Berechnung der versicherungstechnischen Rückstellungen verwendet werden, um 20 % für alle Monate.[31] Die Unternehmen sollten den Anstieg bzw. Rückgang der Invaliditäts-/Morbiditätsraten, auf den in Art. 139 Solva II-VO Bezug genommen wird, berücksichtigen, unabhängig davon, welche zeitliche Einheit den Raten zugrunde liegt (jährlich, monatlich, usw.).[32] EIOPA-BoS-14/175 DE behandelt in LL 5 die Behandlung der Übergangsraten zwischen mehreren Gesundheitszuständen in Hinblick auf die Anforderungen von Art. 139 Solva II-VO.

11 **b) Kalibrierung.** Die Kalibrierung des Invaliditäts- bzw. Morbiditätsschocks beruht auf einer Studie von Watson Wyatt aus dem Jahr 2004. Nach den Erkenntnissen der Studie liegt der Schock, der einem einjährigen Value at Risk zum Konfidenzniveau 99,5 % entspricht, im Bereich zwischen 10 % und 60 % mit einem Mittelwert von etwa 40 %.[33] Da die 40 % etwas zu hoch erschienen, wurden für QIS 3 und QIS 4 35 % für die ersten zwölf Monate und danach 25 % gewählt.[34] Ein Rückgang der Reaktivierungswahrscheinlichkeiten wurde nicht berücksichtigt. Eine Untersuchung der schwedischen Aufsichtsbehörde im Anschluss an QIS 4 zeigte, dass ein Satz von 50 % für das erste Jahr zutreffender ist. Außerdem wurde ein Schock von 20 % auf die Reaktivierungswahrscheinlichkeiten vorgeschlagen.[35] Deshalb wurde in QIS 5 ein kombinierter Schock umgesetzt: eine Erhöhung der Sterblichkeitsraten und ein Rückgang der Reaktivierungswahrscheinlichkeiten. Die Erhöhung des Sterblichkeitsschocks auf 50 % im ersten Jahr wurde allerdings ohne eine nachvollziehbare weitere Begründung nicht übernommen.[36]

12 **c) Vereinfachung.** Voraussetzung für die Anwendbarkeit von Vereinfachungen ist, dass die Anforderungen des Art. 88 Solva II-VO erfüllt sind. Die in Art. 93 Solva II-VO angegebene Formel geht von der Annahme aus, dass die Auswirkung eines temporären Anstiegs der Invalidisierungswahrscheinlich-

---

[25] CEIOPS-FS-14/07, Rn. 1.21.
[26] CEIOPS-SEC-40-10, Rn. 3.272-3.274.
[27] CEIOPS, TS QIS 5, Art. SCR.7.28.
[28] CEIOPS-DOC-42/09, Rn. 3.55.
[29] S. § 104 VAG.
[30] CEIOPS-DOC-42/09, Rn. 3.56.
[31] Art. 139 Solva II-VO.
[32] LL 3 EIOPA-BoS-14/175 DE.
[33] CEIOPS-FS-14/07, Rn. 1.24.
[34] CEIOPS-FS-14/07, Rn. 1.26.
[35] CEIOPS-SEC-40-10, Rn. 3.288, 3.289.
[36] CEIOPS, TS QIS 5, Art. SCR.7.38.

keiten durch das riskierte Kapital angenähert werden kann und die eines Rückgangs durch den besten Schätzwert der versicherungstechnischen Rückstellungen. Dann ergibt sich die Solvabilitätskapitalanforderung für das Invaliditäts- und Morbiditätsrisiko als Summe der Solvabilitätskapitalanforderung für die drei in Rn. 10 beschriebenen Szenarien.

5. Lebensversicherungskostenrisiko. a) Definition. Das Kostenrisiko entsteht durch die Verände- 13
rung von Kosten, die bei der Verwaltung von Versicherungsverträgen entstehen. Das Lebensversicherungskostenrisikountermodul ist daher im ersten Zug für alle Versicherungsverpflichtungen anwendbar.[37] Kosten, deren Höhe zum Bewertungsstichtag bereits fixiert sind (z.B. Provisionen), unterliegen dem Stress nicht.[38] Kosten, die sich im Laufe der Vertragslaufzeit ändern können, sind unter Ansatz von realistischen Managemententscheidungen zu schätzen.

Die Solvabilitätskapitalanforderung für das Lebensversicherungskostenrisikountermodul entspricht dem Rückgang der ökonomischen Eigenmittel, der durch eine Kombination folgender sofortiger und dauerhafter Veränderungen hervorgerufen wird: einer Erhöhung des für die Berechnung der versicherungstechnischen Rückstellungen berücksichtigten Kostenbetrags um 10% und einer Erhöhung der für die Berechnung der versicherungstechnischen Rückstellungen verwendeten Kosteninflationsrate um einen Prozentpunkt.[39] Im Hinblick auf Rückversicherungsverpflichtungen wenden Versicherungsunternehmen diese Veränderungen auf ihre eigenen Kosten und, falls relevant, auch auf die Kosten der Zedenten an.[40]

b) Kalibrierung. Die Kalibrierung des Lebensversicherungskostenschocks beruht auf einer Studie 14
von Watson Wyatt aus dem Jahr 2004. Nach den Erkenntnissen der Studie liegt der Schock, der einem einjährigen Value at Risk zum Konfidenzniveau 99,5% entspricht, im Bereich zwischen 5% und 50% mit einem Mittelwert von etwa 26%.[41]

Jüngere Studien deuten jedoch auf eine Erhöhung von etwa 10% hin, zusammen mit einem jährlichen Anstieg der Rate der zukünftigen Kosteninflation zwischen 1% und 2%.[42] Für QIS 3 und QIS 4 wurde deshalb eine Kostenerhöhung von 10% und ein Anstieg der Kosteninflationsrate von jährlich 1% gewählt. Zusätzlich wurde für Policen, die ein Recht zur Kostenanpassung vorsehen, erlaubt, 75% dieser zusätzlichen Kosten nach zwei Jahren durch Kostenzuschläge, die vom Versicherungsnehmer zu zahlen sind, wieder auszugleichen.[43] Diese Möglichkeit wurde für QIS 5 jedoch wieder abgeschafft.

c) Vereinfachung. Voraussetzung für die Anwendbarkeit von Vereinfachungen ist, dass die Anforde- 15
rungen des Art. 88 Solva II-VO erfüllt sind. Die in Art. 94 Solva II-VO angegebene Formel geht von der Annahme aus, dass die zukünftigen Kosten durch die Verwaltungskosten der letzten zwölf Monate angenähert werden können. Die 1% Steigerung der erwarteten Kosteninflation wird als Differenz zweier geometrischer Reihen abgebildet.[44]

6. Revisionsrisiko. a) Definition. Im Rahmen des lebensversicherungstechnischen Risikomoduls 16
soll das Revisionsrisiko unerwartete nachteilige Veränderungen in Rentenhöhen erfassen.[45] Dieses Risikountermodul soll nur auf folgende zwei Sachverhalte angewandt werden: Renten, die aus Nichtleben-Schäden entstehen (inklusive Unfallversicherung jedoch ohne Arbeiterunfallversicherung, sog. Workers Compensation, welche dem Krankenmodul zugerechnet wird) und bei denen die Rentenhöhe im Laufe des nächsten Jahren angepasst werden kann, sowie Leistungen, die durch eine Lebensrente angenähert werden können, die aus Nichtleben-Schäden entsteht (inklusive Unfallversicherung jedoch ohne Arbeiterunfallversicherung) und bei der die Rentenhöhe im Laufe des nächsten Jahren angepasst werden kann.[46]

Die Solvabilitätskapitalanforderung für das Revisionsrisikountermodul entspricht dem Rückgang der ökonomischen Eigenmittel, der durch eine sofortige dauerhafte Erhöhung der Rentenleistungshöhen, die bei der Berechnung der versicherungstechnischen Rückstellungen verwendet werden, um 3% hervorgerufen wird. Dieser Schock soll dabei nur auf Rentenversicherungsleistungen angewandt werden, bei denen sich Leistungen aus den zugrunde liegenden Versicherungsverträgen aufgrund von Änderungen des rechtlichen Umfelds oder des Gesundheitszustandes der versicherten Person erhöhen können.[47]

[37] CEIOPS-DOC-42/09, Rn. 3.79, 3.80.
[38] LL 28 in EIOPA-BoS-14/166 DE.
[39] Art. 140 lit. a und b Solva II-VO.
[40] Art. 140 Solva II-VO.
[41] CEIOPS-FS-14/07, Rn. 1.29.
[42] CEIOPS-FS-14/07, Rn. 1.30.
[43] CEIOPS-FS-11/07, Art. I.3.166, *CEIOPS*, TS QIS 5, Art. TS. XI. F.3.
[44] CEIOPS-DOC 73/10 Rn. 3, 106-3.107.
[45] CEIOPS-DOC-42/09, Rn. 3.95.
[46] CEIOPS-DOC-42/09, Rn. 3.96.
[47] Art. 141 Solva II-VO.

17 **b) Kalibrierung.** Die Kalibrierung des Revisionsrisikos beruht trotz des Ausschlusses von Arbeiterunfallversicherung aus dem Lebensversicherungsmodul (vgl. Rn. 16) auf historischen Daten für laufende Renten für portugiesische Arbeiterunfallversicherungen.[48] Für QIS 3–5 wurde ein Schock von 3 % gewählt. CEIOPS geht davon aus, dass die Kalibrierung auch weiterhin angemessen ist.[49]

18 **c) Vereinfachung.** Voraussetzung für die Anwendbarkeit von Vereinfachungen ist, dass die Anforderungen des Art. 88 Solva II-VO erfüllt sind. Bei QIS 4 war eine vereinfachte Berechnung der Solvabilitätskapitalanforderung als 3 % mal den besten Schätzwert der versicherungstechnischen Rückstellungen erlaubt. In QIS 5 war keine Vereinfachung mehr erlaubt und auch in der Solva II-VO ist keine vorgesehen.

19 **7. Stornorisiko. a) Definition.** Unter **relevanten Optionen** versteht man im Kontext dieses Paragrafen alle gesetzlichen oder vertraglichen Rechte des Versicherungsnehmers, den Versicherungsschutz ganz oder teilweise zu beenden, zurückzukaufen, zu verringern, einzuschränken oder ruhen zu lassen oder den Versicherungsvertrag ablaufen zu lassen. Wenn es ein Recht gibt, Versicherungsschutz ganz oder teilweise neu abzuschließen, zu erneuern, zu erhöhen, zu erweitern oder wiederaufzunehmen, dann soll die Rate so angewandt werden, als ob dieses Recht nicht ausgeübt wird.[50]

Bei Rückversicherungsverträgen beziehen sich die relevanten Optionen sowohl auf die Rechte des Versicherungsnehmers des Rückversicherungsvertrages als auch auf die Rechte der Versicherungsnehmer der dem Rückversicherungsvertrag zugrundeliegenden Versicherungsverträge. Außerdem ist bei Rückversicherungsverträgen, die auch zukünftige Versicherungsverträge bedecken, zusätzlich das Recht der potentiellen Versicherungsnehmer zu berücksichtigen, den entsprechenden Vertrag nicht abzuschließen.[51]

Wenn Missverständnisse ausgeschlossen sind, werden alle diese relevanten Optionen im Folgenden auch vereinfachend mit Storno bezeichnet.

20 Die Solvabilitätskapitalanforderung für das Stornorisiko ist gleich der größten der folgenden drei Kapitalanforderungen:

(1) der Kapitalanforderung für das Risiko eines dauerhaften Anstieges der Stornoraten,
(2) der Kapitalanforderung für das Risiko eines dauerhaften Rückgangs der Stornoraten,
(3) der Kapitalanforderung für das Risiko eines Massenstornos.[52]

Die Solvabilitätskapitalanforderung für das Risiko eines **dauerhaften Anstieges** der Stornoraten entspricht dem Rückgang der ökonomischen Eigenmittel, der durch eine sofortige dauerhafte Erhöhung der Ausübungsraten der relevanten Optionen um 50 % hervorgerufen wird. Die erhöhte Ausübungsrate soll dabei jedoch 100 % nicht übersteigen. Dieser Schock soll nur auf diejenigen Versicherungsverträge angewandt werden, bei denen eine Erhöhung der Ausübungsraten der relevanten Optionen zu einer Erhöhung der versicherungstechnischen Rückstellungen (ohne Risikomarge, s. Rn. 3) führt.[53]

Die Solvabilitätskapitalanforderung für das Risiko eines **dauerhaften Rückgangs** der Stornoraten entspricht dem Rückgang der ökonomischen Eigenmittel, der durch eine sofortige dauerhafte Verringerung der Ausübungsraten der relevanten Optionen um 50 % hervorgerufen wird. Die Ausübungsquote darf sich maximal um 20 Prozentpunkte vermindern. Dieser Schock soll nur auf diejenigen Versicherungsverträge angewandt werden, bei denen eine Verringerung der Ausübungsraten der relevanten Optionen wiederum zu einer Erhöhung der versicherungstechnischen Rückstellungen (ohne Risikomarge, s. Rn. 3) führt.[54]

Die Solvabilitätskapitalanforderung für das Risiko eines **Massenstornos** entspricht dem Rückgang der ökonomischen Eigenmittel, der durch eine Kombination folgender sofortiger Veränderungen hervorgerufen wird:

a) dem Wegfall von 70 % der Versicherungsverträge aus der Verwaltung von Pensionsfonds von Gruppen nach Art. 2 Abs. 3 lit. b iii und iv Solva II- RL fallen (sog. Non-retail business), für die der Wegfall zu einer Erhöhung der versicherungstechnischen Rückstellungen (ohne Risikomarge, s. Rn. 3) führt;
b) dem Wegfall von 40 % der Versicherungsverträge, die nicht unter den ersten Punkt fallen und für die der Wegfall zu einer Erhöhung der versicherungstechnischen Rückstellungen (ohne Risikomarge, vgl. Rn. 3) führt;
c) Bei Rückversicherungsverträgen, die auch zukünftige Versicherungsverträge bedecken dem Wegfall von 40 % dieser zukünftigen Verträge, für die der Wegfall zu einer Erhöhung der versicherungstechnischen Rückstellungen (ohne Risikomarge, s. Rn. 3) führt.[55]

---

[48] CEIOPS-FS-14/07, Rn. 1.35.
[49] CEIOPS-SEC-40-10, Rn. 3.315.
[50] Art. 142 Abs. 4 Solva II-VO.
[51] Art. 142 Abs. 5 Solva II-VO.
[52] Art. 142 Abs. 2 Solva II-VO.
[53] Art. 142 Abs. 2 Solva II-VO.
[54] Art. 142 Abs. 3 Solva II-VO.
[55] Art. 142 Abs. 6 Solva II-VO.

b) Beeinflussung des Stornorisikos durch andere Risiken. Im szenariobasierten Ansatz der Standardformel wird im Allgemeinen eine Größe gestresst und alle anderen Parameter, die andere Risiken betreffen, bleiben unverändert. Bei dem Stornorisiko kann so ein einfacher Ansatz jedoch zu unrealistischen Ergebnissen führen, weil das Stornorisiko auch durch andere Risiken beeinflusst werden kann, was folgende **Beispiele** zeigen:[56] 21

(1) Storno ausgelöst durch eine Reduzierung der Überschussbeteiligung:
Die Reduzierung der Überschussbeteiligung ist eine Möglichkeit der Risikominderung um beispielsweise einen Aktienschock auszugleichen.[57] Falls die Überschüsse zur Reduzierung der zu zahlenden Prämien verwendet werden, steigen durch die Reduzierung der Überschussbeteiligung die von dem Versicherungsnehmer zu zahlenden Prämien. Steigende Prämien führen jedoch in der Regel zu steigenden Stornoraten, sodass in diesem Beispiel ein kausaler Zusammenhang zwischen Aktien- und Stornorisiko besteht.[58]

(2) Ausüben des Kapitalwahlrechts ausgelöst durch einen Anstieg der Zinssätze:
In der aufgeschobenen Rentenversicherung kann der Versicherungsnehmer bei Renteneintritt oft zwischen einer Einmalzahlung und einer vorher festgelegten Rente wählen. Die Ausübungsrate dieser Option hängt von der Höhe der Zinsen zu diesem Zeitpunkt ab: sind die Marktzinsen deutlich niedriger als der verwendete Rechnungszins, ist es für alle Versicherungsnehmer vernünftig, die Rente zu wählen. Wenn die Marktzinsen jedoch deutlich höher sind als der Rechnungszins, wählen viele Versicherungsnehmer die Einmalzahlung.[59]

(3) Storno ausgelöst durch eine Verschlechterung der finanziellen Lage:
Eine deutliche Verschlechterung der finanziellen Lage wird, wenn sie bekannt wird, ein Massenstorno auslösen, wodurch die finanzielle Notlage des Unternehmens noch weiter verstärkt wird.[60]

Diese Beispiele zeigen, dass die Ausübungswahrscheinlichkeiten der relevanten Optionen auch durch andere Risiken beeinflusst werden. Die Nichtbeachtung dieser Abhängigkeit kann zu einer wesentlichen Unterschätzung des 99,5 %-Konfidenzniveaus der Solvabilitätskapitalanforderung führen.[61] Dieses Manko kann auch nicht durch eine Erhöhung der Einträge in der Korrelationsmatrix behoben werden, da dadurch Abhängigkeiten zwischen anderen Risiken ungerechtfertigt erhöht würden.[62] 22

Eine bislang im Standardmodell bis QIS 5 nicht umgesetzte Möglichkeit, mit dem Problem umzugehen, ist es, den szenariobasierten Ansatz weiter zu definieren. Anstatt nur eine Größe zu ändern und alle anderen Parameter festzuhalten, sollten auch nachteilige Änderungen in den Optionsausübungswahrscheinlichkeiten in dem jeweiligen Szenario berücksichtigt werden.[63] Annahmen über nachteilige Änderungen in den Optionsausübungswahrscheinlichkeiten werden auch für die Berechnung des Werts der Optionen und Garantien für den besten Schätzwert der versicherungstechnischen Rückstellungen benötigt, sodass deren Erzeugung keine praktischen Probleme verursachen sollte.[64] Im Einklang mit dem Proportionalitätsprinzip sollen dabei nur wesentliche Änderungen in den Optionsausübungswahrscheinlichkeiten berücksichtigt werden.[65]

Durch dieses Vorgehen wird das Stornorisiko zweimal in der Standardformel berücksichtigt: einmal im Stornorisiko-Untermodul und einmal in jedem Szenario, das eine wesentliche nachteilige Auswirkung auf die Stornoraten hat. Dennoch führt dieses Vorgehen nicht zu einer doppelten Erfassung des Stornorisikos.[66]

Folgende zwei Elemente des Stornorisikos können unterschieden werden:

(1) Falsche Einschätzung der aktuellen Stornoraten,
Eine fehlerhafte Einschätzung der Stornoraten (aktuelle und zukünftige), die in der aktuellen Situation angemessen sind.

(2) Änderung der Stornoraten.
Eine Änderung der Stornoraten, die einer Änderung der aktuellen Situation geschuldet ist (s. auch Beispiele in Rn. 11).[67]

Die Berücksichtigung des Stornorisikos in den einzelnen Szenarien der Solvabilitätskapitalanforderung deckt nur das zweite Element des Stornorisikos ab und auch dies nicht vollständig, weil nicht alle möglichen Änderungen der aktuellen Lage, die das Stornorisiko beeinflussen könnte, berücksichtigt

[56] CEIOPS-DOC-42/09, Rn. 3.112.
[57] S. auch § 108 VAG.
[58] CEIOPS-DOC-42/09, Rn. 3.113-3.115.
[59] CEIOPS-DOC-42/09, Rn. 3.116-3.118.
[60] CEIOPS-DOC-42/09, Rn. 3.124.
[61] CEIOPS-DOC-42/09, Rn. 3.125.
[62] CEIOPS-DOC-42/09, Rn. 3.126.
[63] CEIOPS-DOC-42/09, Rn. 3.127.
[64] CEIOPS-DOC-42/09, Rn. 3.128.
[65] CEIOPS-DOC-42/09, Rn. 3.129.
[66] CEIOPS-DOC-42/09, Rn. 3.130.
[67] CEIOPS-DOC-42/09, Rn. 3.131.

werden.[68] Als Ergänzung berücksichtigt das Stornorisiko-Untermodul den Rest des zweiten Elements und das komplette erste Element des Stornorisikos, sodass es zu keiner doppelten Erfassung kommt.[69]

23 **c) Kalibrierung.** Die Kalibrierung des Stornoschocks beruht auf einer im Auftrag der britischen Aufsichtsbehörde durchgeführten Studie aus dem Jahr 2003, in der die Auswirkungen dauerhaft niedrigerer Stornoraten untersucht wurden.[70] Durch Extrapolation der Ergebnisse der Studie ergibt sich für den Schock, der einem einjährigen Value at Risk zum Konfidenzniveau 99,5 % entspricht, ein Wert von -50 %. In Ermangelung von Daten zu den Auswirkungen dauerhaft höherer Stornoraten wurde ein symmetrischer Stress von +50 % für dieses Szenario gewählt.[71] Eine Analyse des polnischen Lebensversicherungsmarktes durch die nationale Aufsichtsbehörde unterstützt diese Annahmen.[72] Für QIS 4 und QIS 5 wurde deshalb jeweils ein Schock von 50 % für Stornoanstieg und -rückgang gewählt.

Unter Solvabilität I waren Versicherungsunternehmen weniger vom Stornorisiko betroffen als jetzt unter Solvabilität II, da die versicherungstechnischen Rückstellungen immer mindestens so hoch wie der Rückkaufswert sein mussten. Dies ist jetzt nicht mehr der Fall, sodass es sein kann, dass die Vermögensgegenstände eines Versicherungsunternehmens die Rückkkaufswerte nicht mehr abdecken. Die Auswirkungen eines Massenstornos sind daher höher als früher. Jedoch gibt es kaum Daten, an denen das Massenstornoszenario kalibriert werden kann.[73] Für QIS 4 wurde ein Schock von 30 % verwendet für alle Verträge, bei denen Storno zu einer Erhöhung der versicherungstechnischen Rückstellungen führt. Dieser Wert beruhte auf einer Expertenschätzung auf Basis vergangener Massenstorni auf dem deutschen Lebensversicherungsmarkt.[74] Jedoch sind die Auswirkungen eines Massenstornos nicht für alle Geschäftszweige gleich groß. Für sogenanntes non-retail business (vgl. Rn. 9) ist das Risiko größer, weil es im Allgemeinen keine Abzüge für Rückkauf gibt und institutionelle Anleger tendenziell besser informiert sind und sich schnell aus ihren Investitionen zurückziehen.[75] Deshalb wurde für QIS 5 der Massenstorno-Schock für das non-retail business von 30 % auf 70 % erhöht.[76]

24 **d) Vereinfachung.** Voraussetzung für die Anwendbarkeit von Vereinfachungen ist, dass die Anforderungen des Art. 88 Solva II-VO erfüllt sind. Eine mögliche Vereinfachung ist es, die Berechnungen nicht einzelvertraglich sondern auf Ebene homogener Risikogruppen durchzuführen.[77] Außerdem können das Risiko eines **dauerhaften Anstieges** der Stornoraten und das Risiko eines **dauerhaften Rückgangs** der Stornoraten auch mit einem faktorbasierten Ansatz berechnet werden. Die Risikokapitalanforderung für das Risiko eines **dauerhaften Anstieges** der Stornoraten berechnet sich demnach als 50 % mal das Produkt aus der durchschnittlichen Stornorate (jedoch hierfür mindestens 67 %), der durchschnittlichen Restlaufzeit und der Differenz aus Rückkaufswert und der Höhe der versicherungstechnischen Rückstellungen. Die Risikokapitalanforderung für das Risiko eines **dauerhaften Anstieges** der Stornoraten berechnet sich als 50 % mal das Produkt aus der durchschnittlichen Stornorate (jedoch hierfür mindestens 40 %), der durchschnittlichen Restlaufzeit und der Differenz aus der Höhe der versicherungstechnischen Rückstellungen und dem Rückkaufswert. In beiden Fällen sollen nur diejenigen Versicherungspolicen angewandt werden, bei denen die jeweilige Änderung der Stornorate zu einer Erhöhung der versicherungstechnischen Rückstellungen führt.[78]

25 **8. Lebensversicherungskatastrophenrisiko. a) Definition.** Das Katastrophenrisiko ergibt sich aus extremen oder unregelmäßigen Ereignissen, deren Auswirkungen in anderen lebensversicherungstechnischen Risikountermodulen nicht richtig abgebildet sind, wie beispielsweise eine Pandemie oder eine Kernexplosion.[79]

Die Solvabilitätskapitalanforderung für das Lebensversicherungskatastrophenrisikountermodul entspricht dem Rückgang der ökonomischen Eigenmittel, der durch eine sofortige Erhöhung der Sterblichkeitswahrscheinlichkeiten, die bei der Berechnung der versicherungstechnischen Rückstellungen für die nächsten zwölf Monate verwendet werden, um 0,15 Prozentpunkte hervorgerufen wird. Dieser Schock soll dabei nur auf diejenigen Versicherungsverträge angewandt werden, bei denen ein Anstieg der Sterblichkeitsraten für die nächsten zwölf Monate zu einer Erhöhung der versicherungstechnischen Rückstellungen (ohne Risikomarge, s. Rn. 3) führt.[80]

---

[68] CEIOPS-DOC-42/09, Rn. 3.132.
[69] CEIOPS-DOC-42/09, Rn. 3.133.
[70] CEIOPS-DOC-42/09, Rn. 3.145.
[71] CEIOPS-DOC-42/09, Rn. 3.146.
[72] CEIOPS-DOC-42/09, Rn. 3.147.
[73] CEIOPS-DOC-42/09, Rn. 3.153-3.154.
[74] CEIOPS-DOC-02/2008, S. 5 Nr. 6.
[75] CEIOPS-DOC-42/09, Rn. 3.158.
[76] CEIOPS, TS QIS 5, Art. SCR.7.53.
[77] CEIOPS-DOC-42/09, Rn. 3.159.
[78] Art. 95 Solva II-VO.
[79] CEIOPS-DOC-42/09, Rn. 3.181.
[80] Abs. 1, 2 Art. 143 Solva II-VO.

b) Kalibrierung. Die Kalibrierung des Lebensversicherungskatastrophenschocks beruht auf einer von Swiss Re durchgeführten Studie aus dem Jahr 2007. Nach den Erkenntnissen der Studie liegt der Schock, der einem einjährigen Value at Risk zum Konfidenzniveau 99,5 % entspricht, im Bereich zwischen 0,1 und 0,15 Prozentpunkten. Da in dem zugrunde liegenden Modell einige Ereignisse wie beispielweise Terroranschläge oder Naturkatastrophen wie Erdbeben nicht abgebildet werden konnten, ist der erwartete Stress tendenziell noch größer. Hinzu kommt, dass allgemein wenig Datenmaterial zu Pandemien vorhanden ist, sodass alle Pandemiemodelle einer gewissen Unsicherheit unterliegen.[81] 26

In QIS 4 wurde die Solvabilitätskapitalanforderung für das Lebensversicherungskatastrophenrisikountermodul noch durch eine Kombination eines Sterblichkeits- und eines Morbiditätsschocks ermittelt.[82] Ab QIS 5 wird der Morbiditätsschock jedoch unter dem krankenversicherungstechnischen Risikountermodul[83] abgebildet.

In QIS 4 wurde außerdem die Anwendung des Sterblichkeitsschocks nicht auf Versicherungsverpflichtungen begrenzt, bei denen eine Erhöhung der Sterbewahrscheinlichkeit zu einer Erhöhung der versicherungstechnischen Rückstellungen führt. Beispielsweise bei Renten führt eine erhöhte Sterblichkeit zu einer Verringerung der versicherungstechnischen Rückstellungen. Da jedoch historische Daten zeigen, dass vor allem junge und gesunde Menschen bei Grippepandemien gestorben sind, scheint der dadurch verursachte Diversifikationseffekt in Wirklichkeit nicht zu existieren.[84] In QIS 5 wurde daher der Schock nur auf Versicherungsverträge angewandt, bei denen sich die versicherungstechnischen Rückstellungen durch den Schock erhöhen. Durch diese Einschränkung ist eine niedrigere Kalibrierung (es bleibt bei 0,15 Prozentpunkten) des Schocks gerechtfertigt.[85]

c) Vereinfachung. Voraussetzung für die Anwendbarkeit von Vereinfachungen ist, dass die Anforderungen des Art. 88 Solva II-VO erfüllt sind. Nach Art. 96 Solva II-VO kann die Solvabilitätskapitalanforderung als 0,15 % mal die Summe aller riskierten Kapitalien berechnet werden. Dabei sollen nur Versicherungsverträge berücksichtigt werden, bei denen das riskierte Kapital positiv ist. 27

III. Aggregation der Untermodule. Zur Aggregation der oben beschriebenen Untermodule wird die in Anl. 3 Abs. 3 VAG hinterlegte **Kovarianzformel (Wurzelformel)** angesetzt. Die in den Einzelerläuterungen zu dem lebensversicherungstechnischen Risikomodul vorgenommene Kommentierung von Anl. 3 Abs. 3 VAG enthält Hintergrundinformationen zum Aufbau der Kovarianzformel. 28

IV. Weitere Praxisfragen. Im deutschen Lebensversicherungsgeschäft gibt es Rentenverträge, die eine Anpassung der Rentenfaktoren vorsehen, falls die Sterblichkeitswahrscheinlichkeiten geringer ausfallen, als eingerechnet. Hier muss im Langlebigkeitsschock eine solche Anpassung als Reaktion berücksichtigt werden. 29

Bei dem Stornorisikountermodul ist a priori nicht klar, ob Massenstorno, Anhebung oder Absenkung der Stornoraten ausschlaggebend ist. Das Vorgehen, einzelvertraglich zu prüfen, welche Verträge zu einem Verlust führen und nur die Verluste aufzuaddieren, also keinen Ausgleich mit gewinnbringenden Verträgen zuzulassen, ist in der Praxis schwer umzusetzen. In den „Quantitative Impact Studies" waren daher die Berechnungen entsprechend der Vereinfachungsmethode nach Rn. 24 auf Rechnungszins-Generationen durchzuführen.

Krankenversicherungstechnisches Risikomodul

103 (1) [1]**Das krankenversicherungstechnische Risikomodul gibt das sich aus Krankenversicherungsverpflichtungen ergebende Risiko in Bezug auf die abgedeckten Risiken und verwendeten Prozesse bei der Ausübung des Geschäfts wieder.** [2]**Dies gilt unabhängig davon, ob die Krankenversicherung nach Art der Lebensversicherung betrieben wird.**

(2) **Das krankenversicherungstechnische Risikomodul umfasst mindestens das Risiko eines Verlusts oder einer nachteiligen Veränderung des Wertes der Versicherungsverbindlichkeiten, das sich ergibt aus**

1. **Veränderungen in der Höhe, im Trend oder in der Volatilität der bei der Bedienung von Versicherungsverträgen angefallenen Kosten,**
2. **Schwankungen in Bezug auf das Eintreten, die Häufigkeit und die Schwere der versicherten Ereignisse sowie in Bezug auf die Dauer und den Betrag der Regulierungen zum Zeitpunkt der Bildung der versicherungstechnischen Rückstellungen und**

---

[81] CEIOPS-DOC-42/09, Rn. 3.190-3.192.
[82] CEIOPS-DOC-42/09, Rn. 3.184.
[83] S. § 103 VAG.
[84] CEIOPS-DOC-42/09, Rn. 3.194-3.195.
[85] CEIOPS-DOC-42/09, Rn. 3.197.

3. einer wesentlichen Ungewissheit der Annahmen in Bezug auf die Preisfestlegung und die Bildung versicherungstechnischer Rückstellungen im Hinblick auf den Ausbruch größerer Epidemien sowie der ungewöhnlichen Häufung der unter diesen extremen Umständen auftretenden Risiken.

Übersicht

1 **I. Allgemeines. 1. Entstehungsgeschichte.** § 103 VAG ist durch Art. 1 Gesetz zur Modernisierung der Finanzaufsicht über Versicherungen vom 1.4.2015 in das VAG eingefügt worden.[1]

2 **2. Normzweck.** § 103 VAG regelt die Bestimmung der Bewertung des krankenversicherungstechnischen Risikomoduls im Rahmen der Solvabilitätskapitalanforderung.

3 **3. Europarechtlicher Hintergrund.** Der § 103 VAG setzt Art. 104 Solva II-RL mit marginalen Abweichungen in nationales Recht um. Von ihrem gem. Art. 86 Abs. 1 lit. f Solva II-RL bestehenden Recht, die Vorgaben aus Richtlinie bzw. Gesetz mithilfe delegierter Rechtsakte zu konkretisieren, hat die EU-Kommission mit dem Erlass der Art. 145–163 Solva II-VO Gebrauch gemacht. Art. 145–163 Solva II-VO konkretisieren diese allgemeinen gesetzlichen Anforderungen. Weiter liegen hierzu die LL zum Untermodul Krankenversicherungskatastrophenrisiko.[2] In Art. 111 Abs. 3 Solva II-RL wird die Möglichkeit der zukünftigen Anpassung von Methoden und Daten eröffnet: „Bis zum 31. Dezember 2020 nimmt die Kommission eine Bewertung der Angemessenheit der Methoden, Annahmen und Standardparameter vor, die bei der Berechnung der Solvabilitätskapitalanforderung nach der Standardformel verwendet werden."

4 **II. Allgemeine Anmerkungen zu den Geschäftsbereichen.** Die **Krankenversicherung nach Art der Schaden-Unfall-Versicherung** (nachfolgend **KV nAd SV**) erstreckt sich für Versicherungsunternehmen auf die Geschäftsbereiche Krankheitskostenversicherung, Berufsunfähigkeitsversicherung und Arbeitsunfallversicherung.[3] Aus dieser Einteilung werden insgesamt **sieben Geschäftsbereiche** der KV nAd SV abgeleitet, i. e. die drei genannten für Erstversicherungs- und proportionale Rückversicherungsverpflichtungen und ein weiterer Geschäftsbereich für die nichtproportionalen Rückversicherungsverpflichtungen. Dabei werden einschränkend nur solche Rückversicherungsverpflichtungen betrachtet, die auf den Geschäftsbereichen Krankheitskostenversicherung oder Berufsunfähigkeitsversicherung oder Arbeitsunfallversicherung basieren.[4] **Krankheitskostenversicherungen** sind Versicherungsverpflichtungen zur Bereitstellung der medizinischen Behandlung oder Pflege, einschließlich medizinischer Vorsorge- oder Heilbehandlung oder -pflege aufgrund von Krankheit, Unfall, Invalidität oder Gebrechlich-

[1] BGBl. 2015 I 434.
[2] LL zum Untermodul Krankenversicherungskatastrophenrisiko, EIOPA-BoS-14/176.
[3] Anh. I lit. A Nr. 1–3 Solva II-VO.
[4] Anh. I lit. B und Nr. 25 Solva II-VO.

keit oder zur Erstattung der durch eine solche Behandlung oder Pflege verursachten Kosten.[5] Beispiel ist die Pflegeversicherung. Die nach Art der Schadenversicherung betriebene Berufsunfähigkeitsversicherung oder die nach Art der Schadenversicherung betriebene Arbeitsunfallversicherung leistet Erstattungen für durch Krankheit, Unfall, Invalidität oder Gebrechlichkeit verursachte Einkommenseinbußen. Die Zuordnung von Verpflichtungen eines Versicherungs- und Rückversicherungsunternehmens die, unabhängig von der erwarteten Leistungsdauer, im Falle einer vollständigen oder teilweisen Berufs- bzw. Arbeitsunfähigkeit, Pflegebedürftigkeit, Erwerbsunfähigkeit bzw. Erwerbsminderung etc. Leistungen vorsehen, zu den Krankenversicherungsverpflichtungen ergibt sich aus einer BaFin Auslegungsentscheidung.[6] Allgemeiner gesprochen sind die typischen Merkmale für Risiken der Schadenversicherung die Prämien- und Reserverisiken. Dies wird in der BaFin-AE „Zuordnung von Produkten der Krankenversicherung zu den Geschäftsbereichen unter Solvency II" dargestellt.[7]

Der Bereich **Krankenversicherung nach Art der Lebensversicherung** (nachfolgend **KV nAd LV**) umfasst neben der in Deutschland nach dem Anwartschaftsdeckungsverfahren betriebenen Krankenversicherung nach Art der Lebensversicherung zusätzlich die Renten aus der Unfallversicherung und in Teilen die Unfallversicherung mit Prämienrückgewähr.[8] Diese Einteilung erstreckt sich wie oben wieder in vollem Umfang auf die inkludierten Rückversicherungsverträge.[9] Dementsprechend ordnet die BaFin in Anlehnung an Art. 55 Abs. 3 Solva II-VO in ihrer Auslegungsentscheidung „Zuordnung von Produkten der Krankenversicherung zu den Geschäftsbereichen unter Solvency II" die in Deutschland betriebene substitutive Krankenversicherung als Lebensversicherungsgeschäft ein. Langlaufende Krankenversicherungsverträge, bei denen die Wesensart der zugrunde liegenden Risiken wie bei der substitutiven Krankenversicherung typische Merkmale der Lebensversicherung aufweist oder durch diese dominiert ist, werden ebenfalls als Lebensversicherungsgeschäft behandelt.[10] Typische Risiken sind in diesem Zusammenhang „Tod" oder „Erleben", „Storno" und „Zins". In der BaFin-AE „Behandlung der Unfallversicherung mit Prämienrückgewähr unter Solvency II" konkretisiert die Aufsichtsbehörde eine Methode zur Entbündelung von Verträgen in der Unfallversicherung mit Prämienrückgewähr.[11] 5

Grundsätzlich spricht Art. 55 Abs. 5 und 6 Solva II-VO das Gebot der **Entbündelung** aus: „Deckt ein Versicherungs- oder Rückversicherungsvertrags Risiken der Lebens- und Schadenversicherung ab, werden die Versicherungs- oder Rückversicherungsverpflichtungen in Lebens- und Schadenversicherungsbestandteile entbündelt."

§ 109 VAG lässt **Abweichungen von der Standardformel** durch **Vereinfachungen** und **unternehmensspezifische Daten** zu: „Mit Genehmigung der Aufsichtsbehörde können Versicherungsunternehmen bei der Berechnung der versicherungstechnischen Module eine Untergruppe von Parametern durch unternehmensspezifische Parameter ersetzen. Derartige Parameter werden auf der Grundlage interner Daten des Unternehmens oder auf der Grundlage von Daten, die direkt für die Geschäfte dieses Unternehmens relevant sind, unter Verwendung standardisierter Methoden kalibriert. Die verwendeten Daten müssen genau, vollständig und angemessen sein."[12] Art. 218 Abs. 1 lit. c und 1 lit d Solva II-VO konkretisiert die Untergruppe von Standardparametern, die durch unternehmensspezifische Parameter ersetzt werden können. 6

III. Versicherungstechnisches Risiko für die Krankenversicherung nach Art der Schadenversicherung. Art. 145 Abs. 2 Solva II-VO bestimmt die Kapitalanforderung SCR_{NSLTh} für das versicherungstechnische Risiko der Krankenversicherung, die auf vergleichbarer versicherungstechnischer Basis betrieben wird wie die Schadenversicherung als: 7

$$SCR_{NSLTh} = \sqrt{SCR^2_{(NSLTh,pr)} + SCR^2_{(NSLTh,lapse)}}$$

Dabei bezeichnen:

- $SCR_{(NSLTh,pr)}$ die Kapitalanforderung für das Prämien- und Rückstellungsrisiko der Krankenversicherung, die auf vergleichbarer versicherungstechnischer Basis betrieben wird wie die Schadenversicherung und
- $SCR_{(NSLTh,lapse)}$ bezeichnet die Kapitalanforderung für das Stornorisiko der Krankenversicherung, die auf vergleichbarer versicherungstechnischer Basis betrieben wird wie die Schadenversicherung.[13]

---

[5] Art. 1 Abs. 3 Solva II-VO.
[6] Abrufbar unter bafin.de.
[7] Abrufbar unter bafin.de.
[8] Anh. I lit. d Nr. 29 und 33 Solva II-VO.
[9] Anh. I lit. d Nr. 35 Solva II-VO.
[10] Abs. 6 BaFin Auslegungsentscheidung.
[11] Abrufbar unter bafin.de.
[12] § 109 Abs. 2 VAG.
[13] Art. 145 Abs. 2 lit. a und Abs. 2 lit. b Solva II-VO.

Die Art. 145–148 und 150 Solva II-VO sind für die Berechnung des versicherungstechnischen Risikos für die Krankenversicherung nAd SV maßgebend. Diese Regelungen sind stark an die Art. 115–118 Solva II-VO angelehnt. Dort werden die nichtlebensversicherungstechnischen Risikountermodule bestimmt, vgl. auch § 101 VAG. Vereinfachungen zur Berechnung der Untermodule sind nicht gebräuchlich.

8 **1. Prämien- und Rückstellungsrisiko in der Krankenversicherung nach Art der Schadenversicherung. a) Definition.** Das Merkmal eines zukünftigen Schadenereignisses hinsichtlich Eintrittszeitpunkt, Häufigkeit und Umfang mit Unsicherheit behaftet zu sein, bedingt Abweichungen zwischen dem erwarteten und dem tatsächlich erwirtschafteten Ergebnis und wird kurz das **Prämienrisiko** genannt. Aus der Ungewissheit von Eintrittszeitpunkt, Häufigkeit und Umfang eines zukünftigen Schadenereignisses leitet sich eine Ungewissheit hinsichtlich der Auskömmlichkeit der gebildeten Rückstellungen („Reserven") ab, was kurz das **Reserverisiko** genannt wird. Die Kapitalanforderung für das Prämien- und Reservesrisiko der Krankenversicherung nAd SV errechnet sich nach folgender Formel:[14]

$SCR_{(NSLTh,\, pr)} = 3 \times \sigma_{NSLTh} \times V_{NSLTh.}$

Dabei bezeichnet σ_{NSLTh} die **Standardabweichung** für das Prämien- und Reserverisiko der Krankenversicherung nAd SV, vgl. Art. 148 Solva II-VO, und V_{NSLTh} bezeichnet das **Volumenmaß** für das Prämien- und Rückstellungsrisiko der Krankenversicherung nAd SV. Das Volumenmaß wird entsprechend Art. 147 Solva-II VO nach der folgenden Formel für eine bestimmt Sparte s errechnet:

$V_{NSLTH} = \Sigma\, V_s$ mit $V_s = (V_{(prem,s)} + V_{(res,s)}) \times (0{,}75 + 0{,}25 \times DIV_s)$

Die Aufsummierung erfolgt über die folgenden vier, in der Formel ersatzweise mit s bezeichneten Segmente:

{– Krankheitskostenversicherung und auf Krankheitskostenversicherung bezogene proportionale Rückversicherungsverpflichtungen; – Berufsunfähigkeitsversicherung und auf Berufsunfähigkeitsversicherung bezogene proportionale Rückversicherungsverpflichtungen; – Arbeitsunfallversicherung und auf Arbeitsunfallversicherung bezogene proportionale Rückversicherungsverpflichtungen; – nichtproportionale Rückversicherungsverpflichtungen}. Und es bezeichnet DIV_s den Faktor für die geografische Diversifizierung der Sparte s.[15] Für alle Sparten s entspricht der Standardfaktor für die geografische Diversifizierung 1 oder er wird alternativ in Einklang mit Anh. III Solva II-VO neu berechnet.[16] Das **Volumenmaß für das Prämienrisiko der Sparte s**, kurz $\mathbf{V_{(prem,s)}}$ wird wie folgt bestimmt:[17]

$\mathbf{V_{(prem,s)}} = \max\{P_s\ ,\ P_{(last,s)}\} + FP_{(existing,s)} + FP_{(future,s)}$. Dabei bezeichnet P_s einen Schätzwert der verdienten Netto-Prämien, die das Versicherungs- oder Rückversicherungsunternehmen in der betrachteten Sparte s in den folgenden zwölf Monaten verdienen wird;[18] $P_{(last,s)}$ bezeichnet die verdienten Netto-Prämien, die das Versicherungs- oder Rückversicherungsunternehmen in der Sparte s in den letzten zwölf Monaten verdient hat;[19] $FP_{(existing,s)}$ bezeichnet den erwarteten Barwert der verdienten Netto-Prämien, die das Versicherungs- oder Rückversicherungsunternehmen in der Sparte s nach den folgenden zwölf Monaten bezogen auf die bestehenden Verträge verdienen wird;[20] $FP_{(future,s)}$ bezeichnet den erwarteten Barwert der verdienten Netto-Prämien, die das Versicherungs- oder Rückversicherungsunternehmen in der Sparte s bezogen auf Verträge verdienen wird, bei denen der Ersterfassungszeitpunkt in den folgenden zwölf Monaten liegt, jedoch ausgenommen der Prämien, die in den zwölf Monaten nach dem Ersterfassungszeitpunkt verdient werden.[21] Absatz (4) von Artikel 147 kodifiziert drei Bedingungen, unter denen in der Formel für $V_{(prem,s)}$ der Term $P_{(last,s)}$ entfallen kann.

$\mathbf{V_{(res,s)}}$ bezeichnet das **Volumenmaß für das Rückstellungsrisiko der Sparte s**;[22] und es entspricht dem besten Schätzwert der Rückstellungen für noch nicht regulierte Ansprüche in diesem Segment, nach Abzug der aufgrund von Rückversicherungsverträgen und von Zweckgesellschaften einforderbaren Beträgen. [23] Zur Erläuterung der obigen Formel für $SCR_{(NSLTh,\, pr)}$ und hier insbesondere für σ_{NSLTh} sei s wiederum eine der vier Krankenversicherungssparten. Damit errechnet sich σ_{NSLTh}, die Standardabweichung für das Prämien- und Rückstellungsrisiko der Krankenversicherung nAd SV gemäß Art. 148 Abs. 1 Solva II-VO:

$$\sigma_{NSLTh} = \frac{1}{V_{NSLTh}} \cdot \sqrt{\sum_{s,t} CorrHS_{(s,t)} \cdot \sigma_s \cdot V_s \cdot \sigma_t \cdot V_t}$$

[14] Art. 146 Solva II-VO.
[15] Art. 147 Abs. 2 lit. c Solva II-VO.
[16] Art. 147 Abs. 7 Solva II-VO.
[17] Art. 147 Abs. 3 Solva II-VO.
[18] Art. 147 Abs. 3 lit. a und Abs. 5 Solva II-VO.
[19] Art. 147 Abs. 3 lit. b und Abs. 5 Solva II-VO.
[20] Art. 147 Abs. 3 lit. c und Abs. 5 Solva II-VO.
[21] Art. 147 Abs. 3 lit. d und Abs. 5 Solva II-VO.
[22] Art. 147 Abs. 2 lit. b Solva II-VO.
[23] Art. 147 Abs. 2 lit. a i.V.m. Art. 116 Abs. 6 Solva II-VO.

wobei die Summe über alle möglichen Kombinationen (s,t) der vier Sparten gebildet wird. **CorrHS $_{(s,t)}$** bezeichnet den Korrelationskoeffizienten für das Prämien- und Rückstellungsrisiko der Krankenversicherung. $CorrHS_{(s,t)}$ ist gemäß Anh. XV Solva II-VO 1 für s = t und ½ sonst. Für alle Sparten s wird dabei σ_s wie folgt bestimmt:

$$\sigma_s = \frac{\sqrt{\sigma^2_{(prem,s)} \cdot V^2_{(prem,s)} + \sigma_{(prem,s)} \cdot V_{(prem,s)} \cdot \sigma_{(res,s)} \cdot V_{(res,s)} + \sigma^2_{(res,s)} \cdot V^2_{(res,s)}}}{V_{(prem,s)} + V_{(res,s)}}$$

Dabei ist für alle Sparten s die Zahl $\sigma_{(prem,s)}$ bzw. die Zahl $\sigma_{(res,s)}$ jeweils der Tabelle in Anh. XIV Solva II-VO zu entnehmen.

b) Kalibrierung. Die in Anh. XIV Solva II-VO vorgelegte Tabelle zur amtlichen Festsetzung der Standardabweichungen σ(prem,s) und σ(res,s) und die angewendeten Berechnungsmethoden zur Bestimmung dieser Zahlen gehen auf das Consultation Paper No. 72, CEIOPS-CP-72/09 zurück. 9

2. Stornorisiko in der Krankenversicherung nach Art der Schadenversicherung. Das Stornorisiko in der Krankenversicherung ist im Wesentlichen dem Stornorisiko in der Lebensversicherung gleich. Die Ausübung relevanter Optionen zur Vertragsbeendigung können für die Versicherungsunternehmen Kapitalanforderungen begründen. Eine allgemeine Herleitung des Stornorisikos wird in der Kommentierung zu § 102 VAG behandelt. In der Konkretisierung entspricht die Kapitalanforderung für das Stornorisiko in der KV nAd SV, kurz $SCR_{(NSLTh,lapse)}$, dem Verlust an Basiseigenmitteln der Versicherungs- oder Rückversicherungsunternehmen, der sich aus einer Kombination der folgenden unmittelbaren Ereignisse ergäbe: (a) Beendigung von 40 % der Versicherungsverträge, deren Beendigung zu einem Anstieg der versicherungstechnischen Rückstellungen ohne die Risikomarge führen würde; (b) wenn Rückversicherungsverträge künftig abzuschließende Versicherungsverträge decken, ein Rückgang der Anzahl jener künftigen Versicherungsverträge, die bei der Berechnung der versicherungstechnischen Rückstellungen zugrunde gelegt wird, um 40 %. [24] Gemäß Art. 118 Abs. 3 Solva II-VO ist das Wort „Beendigung" im Sinne von „Unterbrechung / Beendigung" zu verstehen, vgl. Art. 1 Nr. 14 Solva II-VO.[25] Einzelvertraglich soll im Stressszenario der Unterbrechungstypus mit der höchsten negativen Auswirkung auf die Eigenmittel angesetzt werden. Der Verlust an Basiseigenmitteln ergibt sich aus der Differenz der versicherungstechnischen Rückstellungen nach und vor Schock abzüglich der Differenz der einforderbaren Beträge aus Rückversicherung nach und vor Schock. 10

IV. Versicherungstechnisches Risiko für die Krankenversicherung nach Art der Lebensversicherung. Die Geschäftsbereiche, auf die sich die KV nAd LV erstreckt, werden in Anh. 1 Nr. 29, 33 und 35 Solva II-VO bestimmt. Gemeint werden die in Deutschland nach dem Anwartschaftsdeckungsverfahren betriebene Krankenversicherung nach Art der Lebensversicherung und zusätzlich die Rentenversicherungen aus der Unfallversicherung und in Teilen die Unfall-Versicherung mit Prämienrückgewähr. Weitere Details, insbesondere zum Thema Entbündelung, entnimmt man oben der Passage zur KV nAd LV in Abschnitt I, 2 Normzweck. Entsprechend Art. 151 Solva II-VO wird das versicherungstechnische Risiko in der Krankenversicherung nAd LV, kurz $\mathbf{SCR_{SLTh}}$ unter Anwendung einer Kovarianzformel (Wurzelformel) durch Aggregation aus sechs noch näher zu erläuternden Risikountermodulen bestimmt:[26] 11

$$SCR_{SLTh} = \sqrt{\sum_{i,j} CorrSLTH_{(i,j)} \cdot SCR_i \cdot SCR_j}$$

Dabei umfasst die obige Summe alle möglichen Kombinationen (i,j) der SCR-Untermodule; *CorrSLTH(i,j)* bezeichnet den Korrelationsparameter für das versicherungstechnische Risiko der Krankenversicherung, die auf vergleichbarer versicherungstechnischer Basis betrieben wird wie die Lebensversicherung für die Untermodule i und j;[27] SCR_i und SCR_j bezeichnen die Kapitalanforderungen für das Risikountermodul i bzw. für das Risikountermodul j.[28] Die so bezeichneten Risikomodule sind: das Sterblichkeitsrisiko, das Langlebigkeitsrisiko, das Invaliditäts-/Morbiditätsrisiko, das Kostenrisiko, das Revisionsrisiko und das Stornorisiko. Die Berechnung der Solvabilitätskapitalanforderung erfolgt in jedem Untermodul einzeln durch die individuelle Betrachtung von Stressszenarien. Die von Seiten des Gesetzgebers vorgegebenen Stressszenarien sind mit den entsprechend § 102 VAG vorgegebenen Szena-

[24] Art. 150 Abs. 1 lit. a und b Solva II-VO.
[25] *GDV*, „Säule I-Anleitungen für Einzelunternehmen", S. 139.
[26] Art. 151 Abs. 2 Solva II-VO.
[27] Art. 151 Abs. 2 lit. b Solva II-VO.
[28] Art. 151 Abs. 2 lit. c Solva II-VO.

rien für das lebensversicherungstechnische Risikomodul vergleichbar, für das Sterblichkeitsrisiko, das Langlebigkeitsrisiko, das Kostenrisiko und das Stornorisiko sind die Szenarien identisch.[29] Die **Kalibrierung** der Stressszenarien wird im Rahmen der Kommentierung des § 102 VAG besprochen.[30] Entsprechend § 109 Abs. 1 VAG sind **Vereinfachungen** bei der Berechnung der Risikomodule u. U. zulässig. Die dabei anzuwendenden Vereinfachungsmethoden werden in Art 97–102 Solva II-VO explizit bestimmt. Diese Methoden sind zum Teil mit den Vereinfachungsmethoden für die Untermodule des lebensversicherungstechnischen Risikomoduls identisch und wurden dann bereits in der Kommentierung des § 102 VAG besprochen. Im Folgenden werden Vereinfachungen nur dann besprochen, wenn es methodische Abweichungen zum lebensversicherungstechnischen Risikomodul gibt.

12 **1. Sterblichkeitsrisiko.** Die Kapitalanforderung für das Sterblichkeitsrisiko der Krankenversicherung entspricht dem Verlust an Basiseigenmitteln der Versicherungsunternehmen, der sich aus einem unmittelbaren dauerhaften Anstieg der für die Berechnung der versicherungstechnischen Rückstellungen verwendeten Sterblichkeitsraten um 15 % ergäbe.[31] Der Anstieg der Sterblichkeitsraten gilt dabei nur für diejenigen Versicherungsverträge, bei denen ein Anstieg der Sterblichkeitsraten zu einem Anstieg der versicherungstechnischen Rückstellungen ohne die Risikomarge führt.[32]

13 **2. Langlebigkeitsrisiko.** Die Kapitalanforderung für das Langlebigkeitsrisiko der Krankenversicherung entspricht dem Verlust an Basiseigenmitteln der Versicherungsunternehmen, der sich aus einem unmittelbaren dauerhaften Rückgang der für die Berechnung der versicherungstechnischen Rückstellungen verwendeten Sterblichkeitsraten um 20 % ergäbe.[33] Der Rückgang der Sterblichkeitsraten gilt dabei nur für diejenigen Versicherungsverträge, bei denen ein Rückgang der Sterblichkeitsraten zu einem Anstieg der versicherungstechnischen Rückstellungen ohne die Risikomarge führt.[34]

14 **3. Invaliditäts-/Morbiditätsrisiko.** Die Kapitalanforderung für das Invaliditäts-/Morbiditätsrisiko der Krankenversicherung entspricht **der Summe** der Kapitalanforderung für das Invaliditäts-/Morbiditätsrisiko der **Krankenkostenversicherung** und der Kapitalanforderung für das Invaliditäts-/Morbiditätsrisiko der **Einkommensersatzversicherung**.[35]

Die Kapitalanforderung für das **Invaliditäts-/Morbiditätsrisiko der Krankenkostenversicherung** entspricht der höheren der folgenden Kapitalanforderungen: (a) Kapitalanforderung für den **Anstieg** der Zahlungen für Krankenbehandlungen; (b) Kapitalanforderung für den **Rückgang** der Zahlungen für Krankenbehandlungen.[36] Die Kapitalanforderung für den **Anstieg** der Zahlungen für Krankenbehandlungen entspricht dem Verlust an Basiseigenmitteln der Versicherungs- oder Rückversicherungsunternehmen, der sich aus der folgenden Kombination aus **unmittelbaren dauerhaften** Veränderungen ergäbe: (a) Anstieg der bei der Berechnung der versicherungstechnischen Rückstellungen zugrunde gelegten Zahlungen für Krankenbehandlungen um 5 %; (b) Anstieg der bei der Berechnung der versicherungstechnischen Rückstellungen zugrunde gelegten Inflationsrate für Zahlungen für Krankenbehandlungen (ausgedrückt als Prozentsatz) um einen Prozentpunkt.[37] Die Kapitalanforderung für den **Rückgang** der Zahlungen für Krankenbehandlungen berechnet sich analog aus dem Rückgang der Zahlungen für Krankenbehandlungen um 5 % und dem Rückgang der Inflationsrate der Zahlungen für Krankenbehandlungen um 1 %. [38]

15 Die Kapitalanforderung für das **Invaliditäts-/Morbiditätsrisiko der Einkommensersatzversicherung** entspricht dem Verlust an Basiseigenmitteln der Versicherungs- oder Rückversicherungsunternehmen, der sich aus der folgenden Kombination aus **unmittelbaren dauerhaften** Veränderungen ergäbe:[39]

(1) **Anstieg** der **Invaliditäts- und Morbiditätsraten** für die folgenden zwölf Monate um 35 %.

(2) nach diesen zwölf Monaten: **Anstieg** um 25 % (bezogen auf die Annahmen zur Berechnung des besten Schätzwertes).

(3) **Rückgang** der **Invaliditäts-/Morbiditäts-Reaktivierungsraten** um 20 %, wenn die bei der Berechnung der versicherungstechnischen Rückstellungen zugrunde gelegten Reaktivierungsraten niedriger als 50 % sind;

[29] CEIOPS-CP-72/09.3.91.
[30] Dort in II. (Untermodule).
[31] Art. 152 Abs. 1 Solva II-VO.
[32] Art. 152 Abs. 2 Solva II-VO.
[33] Art. 153 Abs. 1 Solva II-VO.
[34] Art. 153 Abs. 2 Solva II-VO.
[35] Art. 154 Abs. 1 Solva II-VO.
[36] Art. 155 Abs. 1 Solva II-VO.
[37] Art. 155 Abs. 2 Solva II-VO.
[38] Art. 155 Abs. 3 Solva II-VO.
[39] Art. 156 Solva II-VO.

(4) **Anstieg** der **Invaliditäts-/Morbiditätsverbleiberaten** um 20 %, wenn die bei der Berechnung der versicherungstechnischen Rückstellungen zugrunde gelegten Verbleiberaten gleich oder niedriger als 50 % sind.[40]

Entsprechend einer Anmerkung des PKV-Verbandes kommen die Invaliditäts- und Morbiditätsraten in der üblichen Kalkulation der Krankentagegeldversicherung nicht explizit vor. Daher sollten stattdessen die dafür vorgesehenen Stressfaktoren auf die Leistungen angewendet werden (Kopfschadenerhöhung).[41] Dem Anstieg der Reaktivierungs- bzw. Verbleiberaten um 20 % entspricht einer Kopfschadenerhöhung um 10 %.[42]

Voraussetzung für die Anwendbarkeit von Vereinfachungen ist, dass die Anforderungen des Art. 88 Solva II-RL erfüllt sind. Art 93 Solva II-VO regelt die vereinfachte Berechnung der Kapitalanforderung für das Invaliditäts- und Morbiditätsrisiko der Lebensversicherung. Art. 100 Solva II-VO wiederholt diese Regelungen wortgleich für die Berechnung der Kapitalanforderung für das Invaliditäts- und Morbiditätsrisiko der Einkommensersatzversicherung. 16

4. Kostenrisiko. Die Kapitalanforderung für das Kostenrisiko der Krankenversicherung entspricht dem Verlust an Basiseigenmitteln der Versicherungs- oder Rückversicherungsunternehmen, der sich aus der folgenden Kombination aus unmittelbaren dauerhaften Veränderungen ergäbe: (a) Anstieg der bei der Berechnung der versicherungstechnischen Rückstellungen berücksichtigten Kosten um 10 %; (b) Anstieg der bei der Berechnung der versicherungstechnischen Rückstellungen zugrunde gelegten Kosteninflationsrate (ausgedrückt als Prozentsatz) um einen Prozentpunkt.[43] Entsprechend Art. 157 Solva II-VO wenden Rückversicherer diese Veränderungen auf ihre eigenen Kosten und, falls relevant, auch auf die Kosten der Zedenten an. 17

5. Revisionsrisiko. Die Kapitalanforderung für das Revisionsrisiko der Krankenversicherung entspricht dem Verlust an Basiseigenmitteln der Versicherungs- oder Rückversicherungsunternehmen, der sich aus einem **unmittelbaren dauerhaften Anstieg des Betrags der Rentenleistungen um 4 %** bei lediglich denjenigen Rentenversicherungsverpflichtungen ergäbe, bei denen die nach den zugrundeliegenden Versicherungsverträgen zu zahlenden Leistungen infolge von Änderungen bezüglich der **Inflationsrate, des Rechtsumfelds oder der gesundheitlichen Verfassung** des Versicherten ansteigen könnten.[44] 18

6. Stornorisiko. Die Kapitalanforderung für das Stornorisiko in der Krankenversicherung wird in Analogie zu der Kapitalanforderung im lebensversicherungstechnischen Risikomodul, vgl. § 102 VAG bestimmt.[45] 19

V. Krankenversicherungskatastrophenrisiko. Die Kapitalanforderung für das Untermodul Krankenversicherungskatastrophenrisiko errechnet sich wie folgt:[46] 20

$$SCR_{healthCAT} = \sqrt{SCR_{ma}^2 + SCR_{ac}^2 + SCR_p^2}$$

SCR_{ma} bezeichnet die Kapitalanforderung für das Untermodul Massenunfallrisiko; SCR_{ac} bezeichnet die Kapitalanforderung für das Untermodul Unfallkonzentrationsrisiko; SCR_p bezeichnet die Kapitalanforderung für das Untermodul Pandemierisiko. Die Kapitalanforderung im Katastrophenfall wird in jedem der drei Untermodule szenariobasiert bestimmt. Berechnet wird die durch die Katastrophe ausgelöste und nachgelagert um eine bestimmte, unternehmensspezifische Rückversicherungsordnung adjustierte zusätzliche Kapitalanforderung. EIOPA hat mit Wirkung zum 1.4.2015 eine Leitlinie über die Berücksichtigung von Vereinbarungen über passive Rückversicherung im Untermodul Nichtlebenskatastrophenrisiko in Kraft gesetzt.[47] Dort erfolgen Spezifizierungen der Katastrophenereignisse, zum Beispiel hinsichtlich des erforderlichen Detailgrades. Die risikomindernde Wirkung der Rückversicherung soll besonders im Zusammenhang mit Katastrophenszenarien möglichst unternehmenskonform abgebildet werden.

EIOPA hat, ebenfalls mit Wirkung zum 1.4.2015, LL mit Bezug zum Krankenversicherungskatastrophenrisiko in Kraft gesetzt. Das Dokument „Leitlinien zum Untermodul Krankenversicherungskatastrophenrisiko" konkretisiert Berechnungsvorschriften für die mit dem Krankenversicherungskatastrophen

[40] Art. 156 Solva II-VO.
[41] *GDV* „Säule I-Anleitungen für Einzelunternehmen", S. 161.
[42] *GDV* „Säule I-Anleitungen für Einzelunternehmen", S. 162.
[43] Art. 157 Solva II-VO.
[44] Art. 158 Solva II-VO.
[45] Art. 159 Solva II-VO.
[46] Art. 160 Solva II-VO.
[47] EIOPA-BoS-14/173.

verbundenen Kapitalkosten, für die Versicherungssumme, für das pandemiebedingte Einkommensersatzrisiko und für den besten Schätzwert der Krankheitskosten.[48]

21 **1. Massenunfallrisiko.** Betroffen ist, bis auf die Arbeitsunfallversicherung, jede Art von Krankenversicherung, die im Falle eines Unfalls mit vielen betroffenen Personen leistet.[49] Die Kapitalanforderung SCR_{ma} für das Untermodul Massenunfallrisiko errechnet sich wie folgt:

$$SCR_{ma} = \sqrt{\sum_{s} SCR^2_{(ma,s)}}$$

Dabei bezeichnet $SCR_{(ma,s)}$ die Kapitalanforderung für das Massenunfallrisiko des Landes s.[50] Der Art. 161 Solva II-VO spezifiziert für die dort mit der Variablen e bezeichneten katastrophalen Ereignisarten: {Tod durch Unfall, dauerhafte Invalidität durch Unfall, zehn Jahre dauernde Invalidität durch Unfall, zwölf Monate dauernde Invalidität durch Unfall, medizinische Behandlung aufgrund eines Unfalls}.

Bezeichnet nun r_s den Anteil der Personen, die von dem Massenunfall in Land s betroffen sind;[51] und x_e den Anteil der Personen, die bei Eintritt von Ereignisart e Leistungen erhalten;[52] und $E_{(e,s)}$ den Gesamtwert der von dem Versicherungs- und Rückversicherungsunternehmen bei Eintritt von Ereignisart e in Land s zu zahlenden Leistungen. Dann ist die Brutto-Kapitalanforderung vor Berücksichtigung der unternehmendindividuellen Rückversicherungsordnung für das Risiko eines Massenunfalls im Land s gegeben durch:

$$r_s \cdot \sum_{e} x_e \cdot E_{(e,s)}$$

Einzelheiten zur Bestimmung der Leistungen sind den EIOPA-Leitlinien zum Untermodul Krankenversicherungskatastrophenrisiko zu entnehmen.[53] Die Prozentzahlen r_s und x_e sind in Anh. XVI Solva II-VO hinterlegt.

22 **2. Unfallkonzentrationsrisiko.** Das Unfallkonzentrationsrisiko betrifft Gruppen-Einkommensersatzversicherungen und Arbeitsunfallversicherungen. Entsprechend Art. 162 Abs. 1 Solva II-VO berechnet sich die Kapitalanforderung SCR_{ac} für das Untermodul Unfallkonzentrationsrisiko als Summe über alle betroffenen Länder c wie folgt:

$$SCR_{ac} = \sqrt{\sum_{c} SCR^2_{(ac,c)}}$$

Dabei bezeichnet $SCR_{(ac,c)}$ die Kapitalanforderung für das Unfallkonzentrationsrisiko eines Landes c. Diese Kapitalanforderungen $SCR_{(ac,c)}$ für das Unfallkonzentrationsrisiko eines Landes c entspricht dem Verlust an Basiseigenmitteln, der sich – wie oben, im ersten Zug ohne die Berücksichtigung der einforderbaren Beträge aus Rückversicherung – aus einem plötzlichen Schaden in einer Höhe von $L_{(ac,c)}$ ergibt. Dabei gilt:

$$L_{(ac,c)} = C_c \cdot \sum_{e} x_e \cdot CE_{(e,c)}$$

Dabei ist C_c die größte Unfallkonzentration des Versicherungsunternehmens im Lande c. Die Variable e bezeichnet – wie oben – die Ereignisarten {Tod durch Unfall, dauerhafte Invalidität durch Unfall, zehn Jahre dauernde Invalidität durch Unfall, zwölf Monate dauernde Invalidität durch Unfall, medizinische Behandlung aufgrund eines Unfalls} und x_e bezeichnet – wie oben – den Anteil der Personen, die bei Eintritt von Ereignisart e infolge des Unfalls Leistungen erhalten. $CE_{(e,c)}$ ist der Durchschnittswert der von Versicherungsunternehmen bei Eintritt von Ereignisart e für die größte Unfallrisikokonzentration in Land c zu zahlenden Leistungen.[54] Entsprechend Art. 162 Abs. 3 Solva II-VO bestimmt sich

[48] EIOPA-BoS-14/176.
[49] Art. 160 Abs. 2 lit. a Solva II-VO.
[50] Geographische Segmentierung entsprechend Anh. XVI Solva II-VO.
[51] Anhang XVI Solva II-VO.
[52] Anhang XVI Solva II-VO.
[53] EIOPA-BoS-14/176.
[54] Art. 162 Abs. 2 lit. a–d und Abs. 4 Solva II-VO.

C_c, die größte Unfallkonzentration des Versicherungsunternehmens im Land c, als die größte Anzahl von Personen, auf die folgende Bedingungen zutreffen: das Versicherungsunternehmen hat eine Arbeitsunfallversicherungsverpflichtung oder eine Gruppen-Einkommensersatzversicherungsverpflichtung in Bezug auf jede dieser Personen;[55] die Verpflichtungen gegenüber jeder dieser Personen decken mindestens eine der oben aufgezählten möglichen Ereignisse e ab;[56] die Personen arbeiten im selben Gebäude, das in Land c liegt.[57]

3. Pandemierisiko. Das Pandemierisiko betrifft alle Krankenversicherungen, die im Falle von Invalidität oder für Krankheitskosten aufgrund von Infektionskrankheiten leisten. Ausgenommen sind aber die Arbeitsunfallversicherungen. Die Kapitalanforderung SCR_p berechnet sich aus dem Verlust an Basiseigenmitteln der Versicherungs- oder Rückversicherungsunternehmen, der sich aus einem plötzlichen Schaden in einer Höhe ergäbe, der sich ohne Abzug der einforderbaren Beträge aus Rückversicherungsverträgen und gegenüber Zweckgesellschaften wie folgt errechnet: 23

$$L_p = 0{,}000075 \cdot E + 0{,}4 \cdot \sum_c N_c \cdot M_c$$

Dabei ist E das pandemiebedingte Einkommensersatzrisiko für sämtliche Versicherten des Versicherungsunternehmens, N_c die Anzahl der Versicherten, die im Land c wohnen und M_c der erwartete durchschnittliche Betrag, der von Versicherungs- oder Rückversicherungsunternehmen für einen Versicherten in Land c im Falle einer Pandemie zu zahlen ist.

VI. Aggregation der Teilrisiken. Die Zusammenführung der drei Teile, i. e. KV nAd SV, KV nAd LV und Krankenversicherungskatastrophenrisiko zu einer Kapitalanforderung für die Risiken der Krankenversicherung erfolgt mithilfe einer Kovarianzformel (Wurzelformel).[58] Die in Art. 144 Abs. 3 Solva II-VO genannten Korrelationsfaktoren sind verbindlich anzuwenden. Zur Kalibrierung dieser Korrelationsfaktoren gibt es keine ausreichende Datenbasis, die Wahl stützt sich deshalb auf die Einschätzung von Sachverständigen.[59] Der Korrelationsfaktor zwischen KV nAd SV und KV nAd LV wurde bereits im Jahr 2010 zur Durchführung der QIS 5 Studie von ehemals 75 % auf aktuell 50 % gesenkt.[60] 24

VII. Verhältnis zu anderen Regelungen des VAG. Das „krankenversicherungstechnische Risikomodul" regelt die Berechnung des krankenversicherungstechnischen Risikos entsprechend § 97 VAG. Gemäß § 100 VAG ist das krankenversicherungstechnische Risiko ein Teil der Basissolvabilitätskapitalanforderung. 25

Marktrisikomodul

104 (1) [1]**Das Marktrisikomodul deckt das Risiko ab, das sich ergibt aus der Höhe oder der Volatilität der Marktpreise von Finanzinstrumenten, die sich auf die Bewertung des Vermögens und der Verbindlichkeiten des Unternehmens auswirken.** [2]**Es hat die strukturelle Inkongruenz zwischen Vermögenswerten und Verbindlichkeiten, insbesondere bezüglich deren Laufzeit, angemessen widerzuspiegeln.**

(2) [1]**Das Marktrisikomodul wird gemäß der Anlage 3 berechnet als eine Kombination der Kapitalanforderungen im Hinblick auf die Sensitivität der Werte von Vermögensteilen, Verbindlichkeiten und Finanzinstrumenten in Bezug auf mindestens folgende Veränderungen:**
1. **Veränderungen der Zinskurve oder der Volatilität der Zinssätze (Zinsänderungsrisiko),**
2. **Veränderungen der Höhe oder der Volatilität der Marktpreise von Aktien (Aktienrisiko),**
3. **Veränderungen der Höhe oder der Volatilität der Marktpreise von Immobilien (Immobilienrisiko),**
4. **Veränderungen der Höhe oder der Volatilität der Kreditspreads über der risikofreien Zinskurve (Spread-Risiko) und**
5. **Veränderungen der Höhe oder der Volatilität der Wechselkurse (Wechselkursrisiko).**

[2]**Zusätzliche Risiken, die entweder durch eine mangelnde Diversifikation des Anlageportfolios oder durch eine hohe Exponierung gegenüber dem Ausfallrisiko eines einzelnen Wertpapieremittenten oder einer Gruppe verbundener Emittenten bedingt sind (Marktrisikokonzentrationen), sind ebenfalls zu berechnen.**

[55] Art. 162 Abs. 3 lit. a Solva II-VO.
[56] Art. 162 Abs. 3 lit. b Solva II-VO.
[57] Art. 162 Abs. 3 lit. c Solva II-VO.
[58] Art. 144 Abs. 2 Solva II-VO.
[59] CEIOPS-DOC-70/10, Rn. 3.99.
[60] SCR 8.6. in QIS5 Technical Specification.

Übersicht

1 **I. Allgemeines. 1. Entstehungsgeschichte.** § 104 VAG ist bei der Neufassung des VAG im Jahr 2015 durch Art. 1 des Gesetzes zur Modernisierung der Finanzaufsicht über Versicherungen[1] vom 1.4.2015 in das VAG eingefügt worden.

2 **2. Normzweck.** In § 104 VAG wird das nach § 100 Abs. 1 Nr. 4 VAG benötigte Marktrisiko und die Einzelrisiken, aus denen es sich zusammensetzt, bestimmt.

3 **3. Europarechtlicher Hintergrund.** § 104 VAG setzt Art. 105 Abs. 5 Solva II-RL um, in welchem das Marktrisikomodul und die zugehörigen Untermodule definiert werden. Der Paragraph entspricht inhaltlich Art. 105 der Solva II-RL, Unterschiede im Wortlaut sind redaktioneller Natur.

4 Auf der zweiten Regelungsebene hat die EU-Kommission auf Basis der Ermächtigungsgrundlage des Art. 111 Solva II-RL die technischen Regulierungsstandards der Art. 164 – 188 Solva II-VO erlassen, die konkretisierende Anforderungen für das Marktrisikomodul enthalten. Weiter spezifiziert werden die Anforderungen ferner in den EIOPA-LL zum Umgang mit Markt- und Gegenparteiausfallrisikopositionen in der Standardformel.[2] Einzelheiten zum Durchschauprinzip werden in den EIOPA-LL Look-through-Ansatz behandelt.[3]

5 Weitere Konkretisierungen ergeben sich aus diversen Durchführungsverordnungen der Europäischen Kommission. Diese beinhalten Regelungen zu regionalen und lokalen Gebietskörperschaften[4] im Zusammenhang mit der Anwendung des Spreadrisikomoduls sowie zur Bestimmung des Wechselkursrisikos für an den Euro gekoppelte Währungen.[5] Ferner werden die im Rahmen des Spreadrisikomoduls und des Marktrisikokonzentrationsmoduls herangezogenen Bonitätsstufen aus Ratings anerkannter Ratingagenturen abgeleitet. Die Herleitung der Bonitätsstufen aus den Ratings ist ebenfalls als Bestimmung der Ebene 3 im Rahmen einer Durchführungsverordnung geregelt.[6]

6 **II. Marktrisikomodul (Abs. 1). Ausgangspunkt** der Bestimmung des vorzuhaltenden Risikokapitals ist die **Solvabilitätsübersicht** als Gegenüberstellung der zu Marktwerten angesetzten Vermögenswerte und Verbindlichkeiten.

7 Zur Ermittlung dieser **Marktwerte** werden im Grundsatz entweder am Markt beobachtbare Werte herangezogen oder es erfolgt eine modellbasierte Bewertung, in die Marktparameter einfließen, vgl. hierzu auch Kommentierung zu § 74 VAG. Notierte Aktien werden z. B. mit an aktiven Märkten beobachtbare Börsenpreisen bewertet, für Darlehen werden hingegen i. d. R. Barwerte ermittelt, in die der risikolose Zins und der Spread als Marktparameter einfließen. Auch bei der Ermittlung der Marktwerte für Verbindlichkeiten fließen Marktparameter ein, zum einen bei der Diskontierung der Verbindlichkeiten, zum anderen bei auf Fremdwährung lautenden Verpflichtungen.

8 Derartige Parameter bzw. Werttreiber, die primär an Finanzmärkten zu beobachten sind, werden im Marktrisikomodul berücksichtigt. Hierbei sollen Risiken abgedeckt werden, die sich aus der Höhe und Volatilität der Marktparameter ergeben. In der Standardformel wird das Marktrisikomodul in die sechs Untermodule **Zins-, Aktien-, Immobilien-, Spread-, Wechselkurs- und Konzentrationsrisiko** unterteilt.[7] Die Kapitalanforderungen werden für jedes Untermodul einzeln bestimmt und im Anschluss anhand einer vorgegebenen Korrelationsmatrix zu einer Kapitalanforderung für das Marktrisiko aggregiert.[8] Dies erfolgt unter Verwendung der in Anl. 3 Nr. 4 VAG bestimmten Wurzelformel.

[1] BGBl. 2015 I 434 ff.
[2] EIOPA-BoS-14/174.
[3] EIOPA-BoS-14/171.
[4] DVO (EU) 2015/2011.
[5] DVO (EU) 2015/2017.
[6] DVO (EU) 2016/1800.
[7] Art. 106 Abs. 5 lit. a – f Solva II-VO.
[8] Art. 164 Abs. 2 u. 3 Solva II-VO.

9 Die **Zuordnung** der Vermögenswerte und Verbindlichkeiten zu den einzelnen Subrisikomodulen erfolgt in Abhängigkeit ihrer **Sensitivität gegenüber dem jeweiligen Risikofaktor**. So werden beispielsweise in Fremdwährung notierte Aktien dem Aktien-, Wechselkurs und Konzentrationsrisiko zugeordnet. In Euro notierte Anleihen reagieren dagegen sensitiv auf die Veränderung des risikolosen Zinssatzes und des in die Bewertung einfließenden Spreads. Entsprechend werden sie im Zins- und Spreadrisikomodul betrachtet.

10 Anschließend werden die Vermögenswerte und Verbindlichkeiten nach den speziellen Bestimmungen in den jeweiligen Risikosubmodulen behandelt, vgl. hierzu die nachfolgenden Erläuterungen zu den einzelnen Subrisikomodulen. Dabei erfolgt, basierend auf der Wirkung von unmittelbar nachfolgend angenommenen besonders ungünstigen Entwicklungen der jeweiligen Marktrisikofaktoren, eine Neubewertung der Vermögenswerte und Verbindlichkeiten. Eine solche Annahme besonders ungünstiger Entwicklungen wird technisch als „**Stress**" bezeichnet, dem die Zukunftsprognose insoweit unterworfen wird. Diese ungünstigen Entwicklungen werden insbesondere dann, wenn mehr als ein Parameter einem „Stress" unterworfen wird, auch als Stressszenarien bezeichnet[9] und Prognosen oder Bewertungsannahmen, bei denen solche Stressszenarien verwendet werden, sind damit „gestresst". Die **Veränderung des Überschusses der Vermögenswerte über die Verbindlichkeiten** nach Anwendung des jeweiligen Stressfaktors oder Stressszenarios verglichen mit dem Ist-Zustand zum jeweiligen Bewertungsstichtag bestimmt die Solvabilitätskapitalanforderung für dieses Subrisikomodul.

11 Die sechs Subrisikomodule des Marktrisikos wirken teilweise ausschließlich auf die Aktivseite der Solvabilitätsübersicht, teilweise sowohl auf die Aktiv- als auch auf die Passivseite. Sofern ein Risiko lediglich auf die Vermögenswerte wirkt, wie beispielsweise im **Aktien- und Immobilienrisikomodul**, werden Stressszenarien betrachtet, die zu einer Verminderung der Vermögenswerte führen. Der Rückgang der Vermögenswerte in der unterstellten Stresssituation entspricht in diesem Fall den Kapitalanforderungen für das entsprechende Subrisikomodul.

12 Werden hingegen sowohl Vermögenswerte als auch Verbindlichkeiten betrachtet, so ist es notwendig, zwei Stressszenarien zu berücksichtigen. Dies ergibt sich aus der Anforderung des § 104 Abs. 1 S. 2 VAG, dass **Inkongruenzen zwischen Aktiv- und Passivseite**, insbesondere in Bezug auf die Laufzeit der Vermögenswerte und Verbindlichkeiten, zu berücksichtigen sind. Betroffen hiervon sind das im folgenden Abschnitt erläuterte **Zins- und das Wechselkursrisiko**. Durch ein Stressszenario, das zu einer Verminderung der Marktwerte führt, geht sowohl der Wert der Aktivseite als auch der Wert der Passivseite zurück, bei einem marktwerterhöhenden Szenario ist es genau umgekehrt. Je nachdem, welche Seite der Solvabilitätsübersicht stärker auf das Stressszenario reagiert, werden die Eigenmittel erhöht oder vermindert. Im Fall von Untermodulen, die einen „Stress" sowohl nach oben als auch nach unten unterstellen (wie das Untermodul Zinsrisiko), ist jeweils das Szenario relevant, das zu der **stärkeren Verminderung des Überschusses** der Vermögenswerte über die Verbindlichkeiten (und somit zur höheren Kapitalanforderung) führt, siehe hierzu auch die Erläuterungen zu den einzelnen Subrisikomodulen. Auch im Spreadrisiko werden für Kreditderivate zwei Szenarien betrachtet, da Derivate je nach eingegangener Position unterschiedlich auf die Entwicklung des jeweiligen Bezugswertes reagieren.

13 Bei der Ermittlung des relevanten Stressszenarios ist die **Verlustausgleichswirkung** der versicherungstechnischen Rückstellungen gemäß Art. 206 Solva II-VO zu berücksichtigen. Dabei wird die Auswirkung des Stresses auf in den versicherungstechnischen Rückstellungen enthaltene künftige Überschussbeteiligungen betrachtet.[10] Sofern sich die Wahl des schlechteren Szenarios bei Berücksichtigung der Verlustausgleichswirkung der versicherungstechnischen Rückstellungen ändern würde, wird dieses Szenario als maßgeblich betrachtet.[11]

14 Die Verlustausgleichswirkung der versicherungstechnischen Rückstellungen ist zu unterscheiden von etwaigen risikomindernden Effekten aus Derivaten, die u. U. bei der Ermittlung der Kapitalanforderungen für das Marktrisikomodul berücksichtigt werden können. Derivate, die vom Versicherungs- oder Rückversicherungsunternehmen zur Risikominderung eingesetzt werden, reagieren auf Marktentwicklungen in der Regel entgegengesetzt zum abgesicherten Instrument. Wenn eine Aktie beispielsweise an Wert verliert, gewinnt eine zu ihrer Absicherung eingegangene Short-Position an Wert. Derartige **risikomindernde Derivate bzw. deren Effekt**, nämlich eine Verringerung der Kapitalanforderungen, dürfen nur angerechnet werden, sofern die Anforderungen der Art. 209, 210 und 212 Solva II-VO erfüllt sind. Diese stellen Anforderungen an die Qualität und Ausgestaltung der Sicherungsinstrumente und somit an die Wirksamkeit der Absicherung.

15 **III. Untermodule zum Marktrisikomodul (Abs. 2). 1. Zinsrisiko (Abs. 2 Nr. 1).** Unter das Zinsrisikomodul fallen sämtliche Vermögensgegenstände und Verbindlichkeiten, deren Zeitwert sensitiv auf Veränderungen des Zinsniveaus reagiert.[12] Dies ist insbesondere dann der Fall, wenn bei der Zeit-

[9] Synonym wird auch die Bezeichnung „Schock" oder „Schockszenario" verwendet.
[10] Art. 206 Abs. 2 Solva II-VO.
[11] Art. 165 Abs. 2, 179 Abs. 2 und 188 Abs. 7 Solva II-VO.
[12] EIOPA-BoS-14/174 Rn. 1.12.

wertermittlung ein Zinssatz eingeht und schließt auch sämtliche Verfahren zur **Zeitwertermittlung** ein, die eine Diskontierung beinhalten. Somit ist eine Vielzahl der Vermögensgegenstände und Verbindlichkeiten von (Rück-)Versicherungsunternehmen unter dem Zinsrisikomodul zu erfassen, z. B. festverzinsliche Wertpapiere, Derivate, aber auch versicherungstechnische Rückstellungen, Pensionsrückstellungen und andere Verbindlichkeiten auf Barwertbasis.

16 Für die Berechnung der Kapitalanforderungen für das Zinsrisiko sind je Währung zunächst zwei **Stressszenarien**, also extreme, ungünstige Veränderungen, auf die jeweils **bewertungsrelevante Zinskurve** anzuwenden.[13] Diese Stressszenarien stellen eine sofortige Verschiebung des risikolosen Basiszinssatzes nach oben bzw. nach unten dar. Die Verschiebung erfolgt anhand vorgegebener laufzeitabhängiger Faktoren.[14]

17 Die Notwendigkeit zur Betrachtung zweier Stressszenarien ergibt sich daraus, dass sich aus einer **Inkongruenz** der Vermögenswerte und Verbindlichkeiten in Bezug auf die Laufzeiten bei der Diskontierung sowohl eine Verschiebung der Zinskurve nach oben als auch nach unten negativ auswirken kann. So führt ein Zinsanstieg i. d. R. zu einem Rückgang des Wertes der Vermögenswerte, gleichzeitig geht der Wert der Verbindlichkeiten zurück. Ein Zinsrückgang hat den gegenteiligen Effekt auf Vermögensgegenstände und Verbindlichkeiten. Je nachdem, ob die Aktiv- oder die Passivseite stärker auf die Veränderung des Zinssatzes reagiert, führt entweder der Zinsanstieg oder -rückgang zu den höheren Kapitalanforderungen. Maßgeblich für die Berechnung der Kapitalanforderungen für das Zinsrisiko ist das Szenario, das für alle Laufzeiten in Summe zu der höheren Kapitalanforderung gemessen als Rückgang des Überschusses der Vermögenswerte über die Verbindlichkeiten im Vergleich zum Ist-Zustand am betrachteten Bewertungsstichtag führt. Bei Lebensversicherungsunternehmen wird aufgrund der im Vergleich zur Aktivseite tendenziell erheblich längeren Duration der Passivseite oft eine Zinssenkung das relevante Szenario darstellen. Zudem ist die **Verlustausgleichsfähigkeit** versicherungstechnischer Rückstellungen gem. Art. 206 Solva II-VO bei der Bestimmung des relevanten Zinsszenarios mit einzubeziehen.[15]

18 In der Solvabilitätsübersicht werden zur Bewertung der Vermögensgegenstände und Verbindlichkeiten zunächst unterschiedliche Zinskurven herangezogen: Während bei der Bewertung der Aktivseite am Markt beobachtbare Zinskurven eingesetzt werden, fließen in die Bewertung der versicherungstechnischen Rückstellungen die von der EIOPA jeweils vorgegebenen risikolosen Basiskurven ein. Um einen Gleichklang der Stressszenarien für die Aktiv- und Passivseite zu gewährleisten, wird bei Vermögensgegenständen daher zunächst der Spread über der von der EIOPA veröffentlichten risikolosen Basiskurve ermittelt, der bei einer Bewertung mit der EIOPA Kurve zu dem in der Solvabilitätsübersicht angesetzten Marktwert führen würde. Nur die risikolose Basiszinskurve wird dem „Stress" unterworfen – dies gilt im Übrigen auch für die Passivseite.[16] Die sich ergebende Zinskurve wird auch als **„gestresste Zinskurve**" bezeichnet. Auf Basis der gestressten Zinskurven erfolgt im Anschluss eine Neubewertung der relevanten Vermögensgegenstände und Verbindlichkeiten. Bei den Vermögensgegenständen wird dabei der wie oben ermittelte **Spread auf die gestresste Kurve aufgeschlagen.**[17]

19 Die anzuwendenden Stressfaktoren für den Zinsanstieg bzw. -rückgang werden in Art. 166 bzw. 167 Solva II-VO für Restlaufzeiten von einem Jahr bis 90 Jahren angegeben. Für längere bzw. kürzere Restlaufzeiten werden die Stressfaktoren von einem bzw. von 90 Jahren verwendet. Bei **Restlaufzeiten,** die nicht angegeben sind, wird der Wert des Anstiegs bzw. Rückgangs **linear interpoliert.**[18]

20 Die in Art. 166 bzw. 167 Solva II-VO angegebenen Stressfaktoren für steigende bzw. fallende Zinsen sind im Wesentlichen deckungsgleich zu den bereits unter QIS 5[19] angesetzten Stressfaktoren. Diese basierten auf **Zeitreihen** relativer Änderungen europäischer Zins- und Swapsätze[20] mit Historien, die maximal bis 1979 zurück reichen. Die Auswahl der Datensätze orientierte sich dabei an der Markttiefe und Liquidität, der den Zinskurven zugrundeliegenden Instrumente. Aus den gewählten Zeitreihen wurden mit Hilfe statistischer Verfahren die relevanten 99,5 % Quantile einer Zinsänderung für die jeweiligen Laufzeitbänder, sowohl für steigende als auch für fallende Zinsen bestimmt.[21]

21 Ein Nachteil der Ermittlung gestresster Zinsszenarien über die Multiplikation mit determinierten Stressfaktoren ist die geringe Auswirkung im Falle eines vorherrschenden **Niedrigzinsumfeldes.** Um

[13] Art. 165 Abs. 1 lit. a und b Solva II-VO.

[14] Art. 166 und 167 Solva II-VO.

[15] Art. 165 Abs. 2 Solva II-VO i. V. m. Art. 205 Abs. 2 Solva II-VO.

[16] Vgl. EIOPA-LL Umgang mit Markt- und Gegenparteirisikopositionen in der Standardformel EIOPA-BoS-14/174 Rn. 1.12–1.15.

[17] Bei den versicherungstechnischen Rückstellungen sind eine ggf. angewendete Matching-Anpassung, Volatilitätsanpassung oder Übergangsmaßnahme für den risikofreien Zinssatz auf die „gestresste" risikofreie Basiszinskurve zu addieren. Vgl. LL 4 EIOPA-LL mit Markt- und Gegenparteirisikopositionen in der Standardformel, EIOPA-BoS-14/174 Rn. 113.

[18] Art. 166 Abs. 1 bzw. Art. 167 Abs. 1.

[19] EIOPA-Report on the fifth Quantative Impact Study.

[20] Gemäß CEIOPS-SEC-40-10 handelt es sich dabei um EUR Government Zero Coupon Zinskurven, GBP Government Zero Coupon Zinskurven sowie EUR und GPB Libor/Swap Raten.

[21] CEIOPS-SEC-40-10 Rn. 3.4 ff.

dem entgegenzuwirken, wurde im Zinsanstieg ein Mindeststress je Laufzeitenband von mindestens einem Prozentpunkt festgelegt.[22] Bei bereits negativen risikolosen Basiszinssätzen wird ein weiterer Rückgang der Zinssätze ausgeschlossen, sodass in diesem Fall ein Stress von 0 % angesetzt wird.[23]

Eine Besonderheit ergibt sich für **Beteiligungen an Finanz- und Kreditinstituten** nach Art. 92 Abs. 2 Solva II-RL. Derartige Beteiligungen sind hinsichtlich eines Rückgangs der Zinskurve im Marktrisiko gemäß Art. 166 Abs. 3 sowie Art. 167 Abs. 3 Solva II-VO jeweils nur mit dem Wert zu berücksichtigen, der nicht gemäß Art. 68 Solva II-VO von den Eigenmitteln abgezogen wird. Diese Regelung soll sicherstellen, dass Beteiligungen, die nicht in die Eigenmittel einfließen, auch nicht einem Stress unterzogen werden. 22

Die im Rahmen der Standardformel definierten Stresse beziehen sich lediglich auf einen Zinsanstieg und eine Zinssenkung. Wertbeeinflussende Faktoren wie z. B. die Zinsvolatilität, welche insbesondere bei Vorliegen **langfristiger Finanzgarantien oder vertraglicher Optionen** i. S. v. § 85 VAG in der Lebensversicherung oder bei Beständen an Zinsoptionen wie z. B. Swaptions einen wesentlichen Einfluss auf den Zeitwert haben können, werden nicht weiter berücksichtigt, obwohl die Betrachtung der Volatilität in § 104 Abs. 1 S. 1 VAG explizit genannt wird. Diesem Umstand ist damit, soweit er materiell von Bedeutung ist, im Rahmen des ORSA gemäß § 27 VAG Rechnung zu tragen. 23

2. Aktienrisiko (Abs. 2 Nr. 2). Die Kapitalanforderung für Aktienrisiken ist definiert als der Rückgang des Überschusses der Vermögenswerte über die Verbindlichkeiten nach Anwendung vorgegebener Stresse. Der Begriff „Aktienrisiko" beschränkt sich dabei nicht auf Anteile an Aktiengesellschaften, sondern umfasst vielmehr, wie im Folgenden näher erläutert,[24] eine **Vielzahl von Instrumenten.** Im Aktienrisiko wird ein plötzlicher Rückgang des Wertes dieser Instrumente betrachtet. Das Stressszenario wirkt, im Gegensatz zum Zinsrisiko, nur auf die Aktivseite der Solvabilitätsübersicht. 24

Der jeweils anzuwendende Stress richtet sich nach den Charakteristika des jeweiligen Vermögensgegenstandes. Dazu erfolgt eine Unterscheidung in **Typ-1- und Typ -2-Aktienrisiken und in Risiken aus qualifizierten Eigenkapitalinvestitionen in Infrastrukturinvestments.**[25] Die Einstufung in die Risikokategorie bedingt die Höhe des Stresses und somit des vorzuhaltenden Kapitals. Die Kapitalanforderungen für Typ-2-Aktien sind höher als diejenigen für Typ-1-Aktien. Qualifizierte Eigenkapitalinvestitionen in Infrastrukturinvestments werden mit einem geringeren Stress belegt als die Typ-1- und Typ-2-Aktienrisiken. Die unterschiedliche Behandlung soll dem Risikopotential der verschiedenen Kategorien Rechnung tragen. 25

Die Solvabilitätskapitalanforderungen für Typ-1-Aktien, Typ-2-Aktien und Eigenkapitalinvestitionen in qualifizierte Infrastrukturinvestments werden über **vorgegebene Korrelationen** zur Kapitalanforderung für das Aktienrisikomodul **aggregiert.**[26] Dabei wird keine Korrelation zwischen Typ-2-Aktien und Eigenkapitalinformationen in qualifizierten Infrastrukturinvestments unterstellt. 26

Bei den **Typ-1-Aktien** handelt es sich um Aktien, die an regulierten Märkten in Mitgliedsstaaten des europäischen Wirtschaftsraums (EWR) oder der Organisation für wirtschaftliche Zusammenarbeit und Entwicklung (OECD) notiert sind.[27] Ferner fallen unter Typ-1-Aktien spezielle Fondsinvestments, die in Art. 168 Abs. 6 Solva II-VO definiert werden und die durch die im Vergleich zu den Typ-2-Risiken niedrigeren Kapitalanforderungen begünstigt werden sollen. Die in der Solva II-VO spezifizierten Vehikel umfassen qualifizierte Fonds für soziales Unternehmertum nach Art. 3 lit. b der VO (EU) Nr. 346/2013,[28] qualifizierte Risikofonds gemäß Art. 3 lit. b der VO (EU) Nr. 345/2013,[29] geschlossene, nicht hebelfinanzierte alternative Investmentfonds mit Sitz in der EU bzw. die in der EU gemäß Art. 35 bzw. 40 der RL 2011/61/EU vertrieben werden[30] oder langfristige europäische Infrastrukturfonds gemäß VO (EU) 2015/760.[31] Sofern eine Durchschau gem. Art. 84 Solva II-VO möglich ist, wird der Typ-1-Stress auf alle in derartigen Fonds gehaltenen Aktien angewandt. Ist hingegen eine vollständige Durchschau nicht möglich, werden die Fondsanteile als Typ-1-Aktien betrachtet.[32] Ausgenommen sind jeweils Eigenkapitalinvestitionen in qualifizierten Infrastrukturinvestments.[33] 27

Unter die **Typ-2-Aktienrisiken** fallen hingegen sowohl notierte Aktien in nicht EEA- oder OECD-Ländern als auch nicht notierte Aktien, Rohstoffe und andere alternative Investments. Zudem werden als Typ-2-Aktien alle Vermögensgegenstände eingestuft, die nicht unter dem Zins-, Immobilien- oder Spreadmodul erfasst sind. Weiterhin fallen darunter Vermögenswerte und indirekte Risikopositionen, 28

---

[22] Art. 166 Abs. 2 Solva II-VO.
[23] Art. 167 Abs. 2 Solva II-VO.
[24] Vgl. Rn. 25–29.
[25] Art. 168 Abs. 1 Solva II-VO.
[26] Art. 169 Abs. 4 Solva II-VO.
[27] Art. 168 Abs. 2 Solva II-VO.
[28] Art. 168 Abs. 6 lit. a Solva II-VO.
[29] Art. 168 Abs. 6 lit. b Solva II-VO.
[30] Art. 168 Abs. 6 lit. c Solva II-VO.
[31] Art. 168 Abs. 6 lit. d Solva II-VO.
[32] Art. 168 Abs. 6 Solva II-VO.
[33] Art. 164a Solva II-VO.

bei denen eine Durchschau (Look-through-Prinzip) nach Art. 84 Solva II-VO vorgesehen, aber nicht möglich ist.[34] Aufgrund dieser Definition kann die Kategorie der Typ-2-Aktienrisiken auch als eine Residualkategorie angesehen werden.

29 In Art. 164a Solva II-VO werden **Kriterien für qualifizierte Infrastrukturinvestments** im Sinne von Solvabilität II festgelegt. Im Zuge der Förderung von Investitionen in Infrastrukturinvestments werden diese mit geringeren Risikokapitalanforderungen belegt. Die so begünstigten Kapitalanlagen müssen dafür allerdings ein stabiles und vergleichsweise besseres Risikoprofil aufweisen als Investitionen in andere Unternehmen.[35] Diese Anforderungen an die Qualität der Anlagen werden über den Art. 164a Solva II-VO definiert. Unter das Aktienrisikountermodul fallen Investitionen in Eigenkapitalinstrumente solcher qualifizierter Infrastrukturinvestments. Die Einstufung als qualifiziertes Infrastrukturinvestment hat Vorrang vor der Einstufung als Typ-1- oder Typ-2-Aktie.

30 Abhängig von der jeweiligen Einstufung ist für Typ-1-Aktienrisiken ein sofortiger **Marktwertverlust** von **39 %**[36] und für Typ-2-Aktienrisiken ein sofortiger Marktwertverlust in Höhe von **49 %**,[37] jeweils bereinigt um einen symmetrischen Anpassungsfaktor i. S. d. § 106 Abs. 1 VAG, anzusetzen, der anhand der Regelungen des Art. 172 Solva II-VO zu bestimmen ist. Qualifizierte Eigenkapitalinvestitionen werden mit einem Stress in Höhe von **30 %**, bereinigt um 77 % der symmetrischen Anpassung, belegt.[38]

31 Eine Ausnahme von der Anwendung der o. g. Basisstresse besteht bei Vorliegen einer **strategischen Beteiligung**, auf die ein **Stressfaktor von lediglich 22 %** anzuwenden ist.[39] Art. 171 Solva II-VO gibt Hinweise, unter welchen Umständen von einer strategischen Beteiligung ausgegangen werden kann.[40] Für die Klassifizierung als strategische Beteiligung hat das Versicherungsunternehmen nachzuweisen, dass der Wert der gehaltenen Anteile in den folgenden zwölf Monaten aufgrund des strategischen Charakters des Investments sowie des durch das Versicherungsunternehmen ausgeübten Einflusses weniger Volatilität aufweisen wird als Anteile an vergleichbaren Unternehmen.[41] Zudem ist nachzuweisen, dass das jeweilige Investment einen strategischen Charakter besitzt. Kriterien, die auf einen strategischen Charakter hindeuten, gibt Art. 171 lit. b Solva II-VO vor. Sie umfassen den Beschluss und die Fähigkeit, die Beteiligung an dem Unternehmen für einen längeren Zeitraum zu halten, das Bestehen einer stabilen Beziehung und die Vereinbarkeit der Strategie im Halten der Beteiligung mit der Hauptstrategie, die die Aktivitäten des Unternehmens bestimmt oder limitiert. Sofern das Versicherungs- oder Rückversicherungsunternehmen Teil einer Gruppe ist, muss die Strategie zudem mit den Hauptstrategien der Gruppe vereinbar sein.

32 Für den Fall, dass das Versicherungs- oder Rückversicherungsunternehmen die Genehmigung zur Anwendung des **durationsbasierten Aktienrisikomoduls** gemäß Art. 304 Solva II RL erhalten hat, wird für Typ-1- und Typ-2-Aktien als auch für Investitionen in qualifizierte Infrastrukturinvestments ein **Stress in Höhe von 22 %** angewandt.

Beteiligungen an Finanz- und Kreditinstituten nach Art. 92 Abs. 2 Solva II-RL sind lediglich mit demjenigen Anteil zu berücksichtigen, der nicht bereits einen Abzug von den Eigenmitteln darstellt.[42]

33 **3. Immobilienrisiko (Abs. 2 Nr. 3).** Für **Immobilieninvestitionen** entspricht der Kapitalbedarf dem Rückgang des Überschusses der Vermögenswerte über die Verbindlichkeiten, der sich bei Anwendung eines **Stressfaktors von 25 %** auf die Marktwerte aller unter dem Immobilienrisiko erfassten Vermögensgegenstände ergibt.[43] Unter das Immobilienrisiko fallen sämtliche Vermögensgegenstände, die in ihrer Wertentwicklung von der Preisentwicklung an Immobilienmärkten beeinflusst werden. Wie beim Aktienrisikomodul handelt es sich um ein Stressszenario, das lediglich die Aktivseite der Solvabilitätsübersicht betrifft.

34 Wurde der anzuwendende Stressfaktor im Rahmen der QIS 3-Studien[44] noch auf Basis historischer Zeitreihen mehrerer nationaler Immobilienindizes ermittelt, wurde hier seit der QIS 5-Studie ausschließlich auf **monatliche Zeitreihen des britischen Immobilienmarktes** zurückgegriffen. Der Grund für dieses Vorgehen lag in der Tatsache begründet, dass Zeitreihen für die Wertentwicklung von Immobilien in den beteiligten Ländern in stark unterschiedlicher Historie vorlagen und somit für QIS 3 auf das kleinste gemeinsame Zeitintervall von 1998 bis 2005 zurückgegriffen werden musste. Da dies

---

[34] Art. 168 Abs. 3 Solva II-VO.
[35] Erwägungsgrund 6 Verordnung (EU) 2016/467.
[36] Art. 169 Abs. 1 lit. b Solva II-VO.
[37] Art. 169 Abs. 2 lit. b Solva II-VO.
[38] Art. 169 Abs. 3 lit. b Solva II-VO.
[39] Art. 169 Abs. 1 lit. a Solva II-VO bzw. Art. 169 Abs. 2 lit. a Solva II-VO.
[40] Weitere Hinweise zur Bestimmung einer strategischen Beteiligung enthält LL 3 EIOPA-LL Behandlung von verbundenen Unternehmen, einschließlich Beteiligungen, EIOPA-BoS-14/170. Zur Diskussion der Kriterien des Art. 171 Solva II-VO s. außerdem *Dreher* WM 2016, 1317, 1320 ff.
[41] Art. 171 lit. a Solva II-VO.
[42] Art. 168 Abs. 5 Solva II-VO; zum Beteiligungsabzug von den Eigenmitteln s. Kommentierung zu § 89 VAG Rn. 24.
[43] Art. 174 Solva II-VO.
[44] EIOPA-Report on the third Quantative Impact Study.

jedoch dem Ziel einer langfristigen Kalibrierung entgegensteht, wurde im Rahmen der QIS 5-Kalibrierung ausschließlich auf monatliche britische Immobilienzeitreihen, die einen Zeitraum von 1987 bis 2008 umfassen, abgestellt. Im Vergleich zu QIS 3 ergab sich daher ein um fünf Prozentpunkte erhöhter Stressfaktor, der auch in Art. 174 Solva II-VO beibehalten wurde.[45]

Da die Wertentwicklung des britischen Immobilienmarktes, der zudem stark von der Londoner Immobilienentwicklung beeinflusst wird, in seinen Merkmalen wie z. B. der Preisvolatilität nicht deckungsgleich mit anderen europäischen Immobilienmärkten ist, stellt die ausschließliche Fokussierung auf diese Zeitreihen einen der Hauptkritikpunkte der Kalibrierung des Immobilienstresses dar. Sofern das Risikoprofil des vom Versicherungsunternehmen gehaltenen Immobilienportfolios von dem der Kalibrierung **zugrunde liegenden Immobilienmarkt signifikant abweicht**, sollte dem im Rahmen des ORSA gemäß § 27 VAG Rechnung getragen werden. 35

Im Falle **indirekter Immobilieninvestments**, z. B. in Form von Immobiliensondervermögen, ist auf die Erfassung sämtlicher Risiken zu achten. Einer vollständigen und ausschließlichen Einordnung indirekter Investments in das Immobilienrisiko hat daher in den meisten Fällen eine Analyse in Bezug auf die Notwendigkeit einer Durchschau auf die Einzelinvestments (Look-through-Prinzip) voranzugehen. Maßgeblich sind die Bestimmungen gemäß Art. 84 Solva II-VO. Entscheidend ist, ob eine indirekte Marktexponierung vorliegt oder ob es sich um eine Beteiligung i. S. v. Art. 212 Abs. 1 lit. b Solva II-VO handelt. Von dieser ist regelmäßig dann auszugehen, wenn das Unternehmen über ein reines Halten von Immobilien hinaus **operative Tätigkeiten**, wie beispielsweise die Objektverwaltung, wahrnimmt. In diesen Fällen erfolgt eine Einordnung der Beteiligung in das Aktienrisikomodul. 36

4. Spreadrisiko (Abs. 2 Nr. 4). Das Spreadrisiko betrifft Vermögensgegenstände und Verbindlichkeiten, deren Zeitwert von der Veränderung des **Kreditspreads über dem risikolosen Basiszins** abhängt. Dabei ist ein Kreditspread die Differenz der Rendite eines Vermögensgegenstandes und des risikolosen Basiszinssatzes und stellt somit einen Risikoaufschlag dar. In den Anwendungsbereich des Spreadrisikomoduls fallen Anleihen und Kredite, Verbriefungspositionen und Kreditderivate.[46] 37

Im Gegensatz zum Zinsänderungsrisiko wird nicht eine Verschiebung der Zinskurve, sondern eine **Veränderung des Spreads** betrachtet. Gemäß § 104 Abs. 2 S. 1 Nr. 4 VAG sind sowohl Veränderungen der Höhe als auch der Volatilität des Spreads zu berücksichtigen. Die explizite Berücksichtigung der Volatilität ist im Rahmen des Standartmodells aufgrund der Komplexität nicht vorgesehen. Die Volatilität wird stattdessen implizit über die Kalibrierung der Stresse einbezogen.[47] 38

Die Stresse hängen jeweils von der **Duration und der Bonitätseinstufung bzw. dem Rating des Finanzinstruments ab**. Dies spiegelt die Tatsache wider, dass sich der Spread als Aufschlag auf den risikolosen Basiszins in der Regel nach dem Rating richtet. Dabei werden von der EIOPA ausgehend von den Ratings der verschiedenen Ratingagenturen sogenannte Bonitätsstufen zwischen 0 (höchste Bonität) und 6 (niedrigste Bonität) definiert.[48] 39

Die Kapitalanforderungen für das Spreadrisiko werden für die drei Klassen **Anleihen und Kredite, Anlagen in Verbriefungspositionen sowie Kreditderivate** zunächst einzeln gemäß spezifischer Bestimmungen berechnet. Dabei unterscheiden sich die Methoden bzw. die verwendeten Parameter. Anschließend ergibt sich die Kapitalanforderung aus dem Spreadrisiko als Summe der Kapitalanforderungen aus dem Spreadrisiko für Anleihen und Kredite, für Verbriefungspositionen und für Kreditderivate.[49] 40

Die Ermittlung der Kapitalanforderungen aus dem **Spreadrisiko für Anleihen und Kredite bzw. für Verbriefungspositionen** erfolgt strukturell analog zu den bisher betrachteten Untermodulen des Marktrisikomoduls. Sie ergeben sich jeweils aus dem unmittelbaren Rückgang des Überschusses der Vermögenswerte über die Verbindlichkeiten, der aus gestressten Marktwerten resultiert. Die verwendeten Stresse unterscheiden sich jedoch für die beiden Klassen. 41

Bei den Anleihen und Krediten wird der sofortige Rückgang der Marktwerte um einen Faktor betrachtet, der zum einen von der Bonitätsstufe der Anleihe, zum anderen von ihrer Duration in Jahren abhängt.[50] Die Solvabilitätskapitalanforderung ist jeweils auf maximal 100 % des Werts der Anleihe bzw. des Kredits beschränkt. Die **modifizierte Duration** ist nach unten durch ein Jahr beschränkt. Für variabel verzinsliche Anleihen oder Kredite wird die modifizierte Duration der modifizierten Duration einer Anleihe mit identischer Laufzeit und einer festen Verzinsung in Höhe des aktuellen Terminsatzes angesetzt.[51] Liegt kein Rating für die Anleihe vor, so werden gesonderte Risikofaktoren in Abhängigkeit von der modifizierten Duration vorgegeben. Die Kapitalanforderung liegt dabei zwischen den Anforderungen für eine Anleihe mit Bonitätsstufe 3 und einer Anleihe mit Bonitätsstufe 4.[52] 42

[45] CEIOPS-SEC-40-10 Rn. 3.155 ff.
[46] Art. 175 Solva II-VO.
[47] CEIOPS-DOC-40/09 Rn. 4.71.
[48] Art. 3 Solva II-VO.
[49] Art. 175 Solva II-VO.
[50] Art. 176 Abs. 2 Solva II-VO und Art. 175 Abs. 3 Solva II-VO.
[51] Art. 176 Abs. 2 Solva II-VO.
[52] Art. 176 Abs. 4 Solva II-VO.

43 Für Anleihen und Kredite, für die keine Bonitätsstufe vorliegt und für die eine **Sicherheit hinterlegt** ist, die die Kriterien des Art. 214 Solva II-VO erfüllt, sind gesonderte Stressfaktoren vorgesehen. Zur Bestimmung des Stressfaktors wird zunächst im Einklang mit den Art. 112, 197 und 198 Solva II-VO der risikobereinigte Wert der Sicherheit ermittelt. Dieser wird im Anschluss dem Wert der Anleihe oder des Kredits gegenübergestellt. Ist der risikobereinigte Wert der Sicherheit mindestens so hoch wie der Wert der Anleihe, so entspricht der anzuwendende Stress der Hälfte des Stresses für eine Anleihe oder einen Kredit ohne Rating und ohne Sicherheit mit identischer Laufzeit. Sofern der Wert der Anleihe bzw. des Kredits den risikobereinigten Wert der Sicherheit übersteigt, wird der Wert der Anleihe bzw. des Kredits nach Anwendung des entsprechenden Stresses für **nicht geratete, unbesicherte Anleihen bzw. Kredite** betrachtet. Liegt der Wert der risikobereinigten Sicherheit über diesem gestressten Wert, so ergibt sich der anzuwendende Stress als Durchschnitt aus dem Stress für nicht geratete, unbesicherte Anleihen bzw. Kredite mit entsprechender Laufzeit und der Differenz aus dem Wert der Anleihe bzw. des Kredits und dem risikobereinigten Wert der Sicherheit im Verhältnis zum Wert der Anleihe bzw. des Kredits. Durch die Bildung dieses Durchschnitts wird dem Sachverhalt Rechnung getragen, dass durch den risikobereinigten Wert der Sicherheit ein Teil des Stresses ohne Vorhandensein von Sicherheiten abgefangen wird. Für den Fall, dass der Wert der Anleihe bzw. des Kredits nach Anwendung des Stresses für nicht geratete, unbesicherte Anleihen bzw. Kredite den risikobereinigten Wert der Sicherheit noch übersteigt, wird dieser Stress angewandt. Die Sicherheit kann den Stress in diesem Fall gar nicht abfangen und findet aus diesem Grund auch keine Berücksichtigung.[53]

44 Weitere abweichende Faktoren für **spezifische Risikoexponierungen in Anleihen oder Krediten** werden in Art. 180 Solva II-VO definiert. Diese betreffen jeweils Positionen, die ein gesondertes Risikoprofil aufweisen. So werden beispielsweise für Schuldverschreibungen im Sinne des Art. 52 Abs. 4 RL 2009/65/EWG, sog. **gedeckte Pfandbriefe** (Covered Bonds), die eine Bonitätsstufe von 0 oder 1 aufweisen, verminderte Stressfaktoren angesetzt.[54] Anleihen und Kredite gegenüber der **europäischen Zentralbank, der Zentralstaaten und Zentralbanken der Mitgliedsstaaten**, die auf die jeweils einheimische Währung lauten, gegen **multilaterale Entwicklungsbanken und gegenüber internationalen Organisationen** werden mit einem Stress von 0 % belegt und gelten somit für die Bestimmung der aufsichtsrechtlichen Kapitalanforderungen als risikolos.[55] Auch für Anleihen oder Kredite gegenüber anderen Zentralbanken, die auf die entsprechende einheimische Währungen lauten und in dieser Währung finanziert werden und die über ein externes Rating einer anerkannten Ratingagentur verfügen, werden in Art. 180 Abs. 3 Solva II-VO gemilderte Stressfaktoren definiert.

45 Für **Risikoexponierungen in qualifizierten Infrastrukturinvestments** nach Art. 164a Solva II-VO, für die ein externes Rating vorliegt und die eine Bonitätsstufe zwischen 0 und 3 aufweisen gelten ebenfalls geringere Stressfaktoren, die in Art. 180 Abs. 11 Solva II-VO definiert werden. Liegt für derartige Investitionen kein Rating vor, wird der laufzeitabhängige Stress angesetzt, der der Bonitätsstufe 3 entspricht.[56] Ausgenommen sind Risikoexponierungen, die einem Matching-Anpassungs-Portfolio zugeordnet sind und dabei eine Bonitätsstufe zwischen 0 und 2 aufweisen.[57]

46 Weitere **Sonderbestimmungen** gibt es für **Anleihen oder Kredite von bzw. an Versicherungsunternehmen**. Sofern für diese kein Rating verfügbar ist und sie die Solvabilitätsanforderungen erfüllen, kann eine Bonitätsstufe aus der aktuellsten Solvabilitätsquote abgeleitet werden.[58] Es finden die Stresse für geratete, unbesicherte Anleihen mit entsprechender Bonitätsstufe Anwendung, wobei eine lineare Interpolation zwischen den der tatsächlichen Solvabilitätsquote am nächsten liegenden vorgegebenen Stufen vorgenommen wird. Dies gilt auch für nicht geratete Versicherungs- oder Rückversicherungsunternehmen aus einem Drittland, dessen Solvabilitätssystem als gleichwertig angesehen wird und das die entsprechenden Mindestsolvabilitätskapitalanforderungen erfüllt.[59] Für Versicherungs- oder Rückversicherungsunternehmen, für die kein externes Rating vorliegt und die die Mindestkapitalanforderungen nicht erfüllen, werden die Stresse für unbesicherte Anleihen mit der schlechtesten Bonitätsstufe angesetzt.[60]

47 Für **Anleihen oder Kredite gegenüber Kredit- und Finanzinstituten**, für die kein externes Rating vorliegt, gelten ähnliche Bestimmungen. Sofern sie ihre Solvabilitätsanforderungen gemäß RL 2013/36/EU erfüllen, werden analog zu Versicherungsunternehmen Bonitätsstufen in Abhängigkeit der Solvabilitätsquote zugeordnet. Die Solvabilitätskapitalanforderungen für derartige Anleihen oder Kredite bestimmen sich dann wieder nach den Vorschriften für geratete, unbesicherte Anleihen und Kredite.[61]

---

[53] Art. 176 Abs. 5 Solva II-VO.
[54] Art. 180 Abs. 1 Solva II-VO.
[55] Art. 180 Abs. 2 Solva II-VO.
[56] Art. 180 Abs. 13 Solva II-VO.
[57] Art. 180 Abs. 12 Solva II-VO.
[58] Art. 180 Abs. 4 Solva II-VO.
[59] Art. 180 Abs. 7 Solva II-VO.
[60] Art. 180 Abs. 5 Solva II-VO.
[61] Art. 180 Abs. 8 Solva II-VO.

Wie allgemein im Marktrisiko sind Beteiligungen an Finanz- und Kreditinstituten nach Art. 92 Abs. 2 Solva II-RL lediglich mit demjenigen Anteil zu berücksichtigen, der nicht bereits einen **Abzug von den Eigenmitteln** darstellt.[62] 48

Verbriefungen und Wiederverbriefungen im Sinne der regulatorischen Anforderungen richten sich nach den Definitionen in Art. 4 Abs. 1 Nr. 61 bzw. Nr. 63 VO (EU) Nr. 575/2013.[63] Voraussetzung für eine Verbriefung ist eine **Tranchierung** des Kreditrisikos aus einer Risikoposition oder einem Pool von Kreditrisikopositionen, d. h. eine Unterteilung der ursprünglichen Position in verschiedene Tranchen, die in unterschiedlichem Maße an den Rückflüssen aus der Risikoposition partizipieren und auch an Verlusten in unterschiedlichem Maße teilhaben. Ferner müssen die Zahlungen der Verbriefung von der Wertentwicklung der zugrundeliegenden Risikoposition abhängen und die Rangfolge der Tranchen muss über die Verteilung der Verluste während der Laufzeit entscheiden.[64] Im Rahmen des Spreadrisikountermoduls werden also lediglich Verbriefungen von Kreditrisiken betrachtet. Diese reagieren sensitiv auf die Ausweitung von Kreditspreads. Die besondere Ausgestaltung von Verbriefungspositionen im Vergleich zu Anleihen und Krediten wird durch eigene Stressfaktoren berücksichtigt. Hingegen soll eine Risikoposition, die eine direkte Zahlungsverpflichtung aus der Finanzierung oder dem Betrieb von Sachanlagen schafft, nicht als Verbriefung im Sinne von Solvabilität II gelten.[65] Hier ist zu prüfen, ob eine indirekte Marktrisikoposition i. S. v. Art. 84 Abs. 2 Solva II-VO vorliegt. 49

Zur Bestimmung der Solvabilitätskapitalanforderungen von Kreditverbriefungen wird zwischen **Typ-1-Verbriefungen, Typ-2-Verbriefungen und Wiederverbriefungen** unterschieden. Die Kapitalanforderungen werden zunächst für jeden Typ einzeln bestimmt und im Anschluss über Summenbildung aggregiert.[66] 50

Bei den **Typ-1-Verbriefungen** handelt es sich um Verbriefungspositionen, die kumulativ die in Art. 177 Abs. 2 Solva II-VO definierten Anforderungen an die Qualität der Verbriefung und der zugrundeliegenden Risiken erfüllen. Diese Anforderungen betreffen unter anderem die Bonitätseinstufung der Verbriefung und die zugrundeliegenden Risikopositionen. In Art. 177 Abs. 4 und 5 Solva II-VO werden zudem Sonderbestimmungen für vor Inkrafttreten von Solvabilität II aufgelegte Verbriefungen bzw. für Verbriefungen von Darlehen für Wohnimmobilien definiert. Typ-2-Verbriefungen sind alle Verbriefungspositionen, die die Anforderungen der Typ-1-Verbriefungen nicht erfüllen.[67] Wiederverbriefungen werden gem. Art. 4 Abs. 1 Nr. 63 der Richtlinie (EU) Nr. 575/2013 definiert.[68] 51

Bei der **Ermittlung der Stressfaktoren für die jeweilige Verbriefungsposition** fließen ebenfalls die modifizierte Duration und die Bonitätsstufe ein.[69] Der Marktwertrückgang ermittelt sich dabei als Produkt aus Marktwert der Verbriefungsposition, Risikofaktor und modifizierter Duration. Der Risikofaktor wird in Abhängigkeit der Bonitätsstufe gewählt. Ferner hängt der Risikofaktor insbesondere von der Art der Verbriefung ab. **Typ-1-Verbriefungen** werden wegen ihres geringeren Risikos je nach Laufzeit mit einem Stress zwischen **2,1 % und 100 %** belegt.[70] Bei **Typ-2-Verbriefungen** liegen die Stressfaktoren zwischen **12,5 % und 100 %**.[71] Bei einer **Wiederverbriefung** sind die Stresse für die einzelnen Bonitätsstufen jeweils höher und liegen zwischen **33 % und 100 %**.[72] Liegt kein Rating vor, so wird pauschal ein Faktor von 100 % angesetzt.[73] Die modifizierte Duration darf zudem nicht weniger als ein Jahr betragen.[74] 52

Sonderbestimmungen gelten für vollständig, vorbehaltlos und unwiderruflich vom **Europäischen Investitionsfonds** oder von der **Europäischen Investitionsbank** garantierte Typ-1-Verbriefungen. Für diese ist ein Stress in Höhe von 0 % anzusetzen, sofern die Garantie die Anforderungen nach Art. 215 Solva II-VO erfüllt.[75] 53

Für **Kreditderivate** wird zur Bestimmung der Solvabilitätskapitalanforderung aus dem Spreadrisiko eine andere Vorgehensweise gewählt, da diese je nach Ausgestaltung sowohl bei **Spreadverengungen** als auch bei **Spreadausweitungen** an Wert verlieren können. Es werden zwei Stresse auf den Spread des Basisinstruments des Kreditderivats angewandt.[76] Verglichen werden die Auswirkungen eines sofortigen relativen Rückgangs des Spreads um 75 % und eines absoluten Anstiegs des Spreads, der in Abhängigkeit der Bonitätsstufe zu wählen ist. Maßgeblich ist dann das Stressszenario, das nach Neube- 54

---

[62] Art. 176 Abs. 6 Solva II-VO.
[63] Art. 1 Nr. 19 Solva II-VO bzw. Art. 1 Nr. 20 Solva II-VO.
[64] Art. 4 Nr. 61 Verordnung (EU) 575/2013.
[65] Erwägungsgrund 92 Solva II-VO.
[66] Art. 177 Abs. 1 Solva II-VO.
[67] Art. 177 Abs. 3 Solva II-VO.
[68] Art. 1 Nr. 20 Solva II-VO.
[69] Art. 178 Abs. 1 Solva II-VO.
[70] Art. 178 Abs. 1 Solva II-VO.
[71] Art. 178 Abs. 2 Solva II-VO.
[72] Art. 178 Abs. 3 Solva II-VO.
[73] Art. 178 Abs. 5 Solva II-VO.
[74] Art. 178 Abs. 4 Solva II-VO.
[75] Art. 180 Abs. 10 Solva II-VO.
[76] Art. 179 Abs. 1 Solva II-VO.

wertung zu einem höheren Rückgang des Überschusses der Vermögenswerte über die Verbindlichkeiten führt.[77] Die Verlustausgleichswirkung der versicherungstechnischen Rückstellungen ist dabei bei der Wahl des maßgeblichen Szenarios einzubeziehen.[78]

55 Ist ein **Kreditderivat Teil einer Risikominderungstechnik**, d. h. wird es zur Absicherung von Kreditrisiken eingesetzt, wird es als neutral bezüglich des Spreadrisikos betrachtet, sofern sich entweder der Bezugswert, d. h. das der Besicherung zugrunde liegende Finanzinstrument oder eine Position, deren Basisrisiko sich unter keinen Umständen wesentlich von dem des Bezugswertes unterscheidet, im Bestand des Versicherungsunternehmens befinden.[79]

56 Sonderbestimmungen gelten für das **Spreadrisiko von Kreditderivaten**, bei denen das zugrundeliegende Finanzinstrument eine Anleihe oder ein Kredit gegenüber der **europäischen Zentralbank**, den **Zentralstaaten und Zentralbanken der Mitgliedsstaaten** ist und sofern die Darlehen die auf die einheimische Währung lauten und in dieser finanziert sind Risikoexponierungen gegenüber multilateralen Entwicklungsbanken und internationalen Organisationen sind. Für diese Spreadrisiken gilt analog zu den zugrundeliegenden Risiken eine Kapitalanforderung in Höhe von 0 %.[80]

57 Weitere Sonderbestimmungen für das Spreadrisiko ergeben sich gemäß Art. 181 Solva II-VO, wenn das Versicherungsunternehmen **Matching-Anpassungen** nach Art. 77b der Solva II-RL anwendet. In diesem Fall werden die im zugeordneten Portfolio enthaltenen Vermögenswerte zunächst den im Spreadrisikomodul definierten Stressszenarien ausgesetzt. Anschließend werden die versicherungstechnischen Rückstellungen neu berechnet, um die Auswirkung des unmittelbaren Schocks in diesen Stressszenarien auf die Vermögenswerte des zugeordneten Portfolios zu berücksichtigen. Die anzuwendenden Stressfaktoren werden in Art. 181 lit. b Solva II-VO definiert. Für Vermögenswerte im zugeordneten Portfolio, für die kein externes Rating einer anerkannten Ratingagentur vorliegt, ist ein Stressfaktor von 100 % anzuwenden.

58 **5. Wechselkursrisiko (Abs. 2 Nr. 5).** Das Wechselkursrisiko betrifft alle Vermögensgegenstände und Verbindlichkeiten, in deren Zeitwertermittlung der **Wechselkurs einer Fremdwährung** eingeht. Als Fremdwährungen gelten dabei alle Währungen außer derjenigen, in welcher das Versicherungsunternehmen seinen Jahresabschluss erstellt (lokale Währung).[81] Ferner entscheidet sich abhängig von der Art des getragenen Risikos (Exponierung), welche Fremdwährung maßgeblich ist.[82] Notierte Aktien werden als sensitiv gegenüber der Währung des Landes ihrer Hauptnotierung betrachtet. Bei nicht gelisteten Typ-2-Instrumenten, wie zum Beispiel bei nicht notierten Aktien oder Private Equities, ist die Währung des Landes maßgeblich, in dem der Emittent seinen Hauptsitz hat. Ferner sind Immobilien sensitiv gegenüber der Währung des Landes, in dem sie sich befinden.

59 Zur **Bestimmung der Kapitalanforderung** aus dem Wechselkursrisiko sind analog zum Zinsrisiko je Fremdwährung zwei Stressszenarien auf den jeweiligen Wechselkurs anzuwenden. Diese Stressszenarien entsprechen einer sofortigen **Auf- bzw. Abwertung der jeweiligen Fremdwährung** im Vergleich zur lokalen Währung **um 25 %**.[83] Maßgeblich ist je Fremdwährung immer derjenige Stress, der nach Neubewertung der betroffenen Vermögensgegenstände und Verbindlichkeiten zu einem höheren Rückgang des Überschusses der Vermögenswerte über die Verbindlichkeiten führt.[84] Bei der Wahl des Szenarios ist die Verlustausgleichswirkung der versicherungstechnischen Rückstellungen zu berücksichtigen.[85] Insgesamt ergibt sich die Kapitalanforderung aus dem Wechselkursrisiko dann als Summe der Kapitalanforderungen für jede einzelne Fremdwährung.

60 Diese Stressfaktoren wurden aus Zeitreihen von Wechselkursen abgeleitet. Im Rahmen der QIS 3-Kalibrierung wurden sie anhand eines **diversifizierten, gewichteten Portfolios aus sieben Währungen** ermittelt, das in etwa den Fremdwährungspositionen niederländischer Finanzinstitute entsprach. Im Vergleich dazu wurden bei der QIS 5-Studie Zeitreihen von Wechselkursen von jeweils 14 Fremdwährungen zum Britischen Pfund bzw. zum Euro betrachtet. Die Beobachtungen umfassten dabei den Zeitraum von 1971 bis 2009 für das Britische Pfund bzw. von 1999 bis 2009 für den Euro. Insbesondere waren unter den beobachteten Fremdwährungen unter QIS 5 mehr Währungen von Schwellenländern vertreten, als dies bei der QIS 3-Studie der Fall war. Die Stressszenarien wurden anhand statistischer Verfahren durch Bildung der 99,5 % Quantile ermittelt. Im Vergleich zur QIS 3-Kalibrierung ergaben sich unter QIS 5 jeweils um 5 Prozentpunkte höhere Auswirkungen der Stressszenarien, die in der heutigen Kalibrierung beibehalten wurden.[86]

---

[77] Art. 179 Abs. 1 Solva II-VO.
[78] Art. 179 Abs. 4 Solva II-VO.
[79] Art. 179 Abs. 3 Solva II-VO.
[80] Art. 180 Abs. 9 Solva II-VO.
[81] Art. 188 Abs. 1 Solva II-VO.
[82] Art. 188 Abs. 1 Solva II-VO.
[83] Art. 188 Abs. 3 Solva II-VO und Abs. 4 Solva II-VO.
[84] Art. 188 Abs. 2 Solva II-VO.
[85] Art. 188 Abs. 7 Solva II-VO.
[86] CEIOPS-SEC-40-10 Rn. 3.129 ff.

Eine Sonderregelung existiert für **Fremdwährungen, die an den Euro gekoppelt sind.** Für diese werden von der EIOPA spezielle, von den 25 % abweichende, Stressfaktoren vorgegeben. Voraussetzungen für abweichende Faktoren sind insbesondere die Teilnahme des Landes am europäischen Wechselkursmechanismus, die Anerkennung der Kopplung durch den Europäischen Rat und die Existenz gesetzlicher Bestimmungen zur Kopplung in den jeweiligen Ländern.[87] Zudem muss die vereinbarte Koppelung sicherstellen, dass die relative Änderung des Wechselkurses über den Zeitraum von einem Jahr im Falle extremer Marktereignisse nicht die relative Anpassung von 25 % überschreitet. Die für die an den Euro gekoppelten Währungen heranzuziehenden Stressfaktoren sind für die jeweiligen Währungen in EIOPA-BoS-15/121 festgelegt. 61

Gesondert behandelt werden außerdem **Beteiligungen an Finanz- und Kreditinstituten** nach Art. 92 Abs. 2 Solva II-RL. Das Wechselkursrisiko wird für diese nur für den Anteil berücksichtigt, der nicht bereits bei den Eigenmitteln zum Abzug gebracht wurde.[88] 62

6. Marktrisikokonzentration. Im Marktrisikokonzentrationsmodul sollen die Risiken erfasst werden, die aus einer **mangelnden Diversifikation** oder einer zu hohen **Konzentration in Einzeladressen** entstehen. Die Solvabilitätskapitalanforderungen für die Marktrisikokonzentration ergeben sich demnach auf Grundlage der eingegangenen Risikoposition (Exponierung) gegenüber Einzeladressen. Dabei werden Unternehmen, die zur selben Unternehmensgruppe gehören, als eine Einzeladresse betrachtet. Im Falle von Immobilien werden analog solche Objekte, die sich in einem Gebäudekomplex befinden, als eine einzige Immobilie betrachtet.[89] Für die Ermittlung des Konzentrationsrisikos ist daher die **Bestimmung der maßgeblichen Gegenpartei** entscheidend. 63

Im Vergleich zum Gegenparteiausfallrisikomodul nach § 105 VAG werden beim Konzentrationsrisiko als Teil des Marktrisikomoduls gezielt diejenigen Risiken betrachtet, die sich aus der erhöhten Volatilität und dem gesteigerten Ausfallrisiko eines einzelnen Emittenten bei einem Anlageportfolio mit geringer Diversifikation ergeben. Dabei wird für die Bestimmung der aufsichtsrechtlichen Kapitalanforderungen lediglich die **Konzentration bezüglich des Kontrahenten** bzw. im Fall von Anlagen in Immobilien bezüglich eines Gebäudes, nicht etwa bezüglich eines Sektors, einer Branche oder einer Region betrachtet.[90] 64

Zur Bestimmung der Kapitalanforderung aus dem Konzentrationsrisiko werden prinzipiell die Ausfallrisiken für alle Arten von Kapitalanlagebeständen, beispielsweise Aktien, Schuldscheindarlehen und Immobilien, betrachtet. Ausgeschlossen werden Kapitalanlagen, bei denen das **Anlagerisiko vollkommen vom Versicherungsnehmer getragen** wird, **latente Steueransprüche** und **immaterielle Vermögenswerte**.[91] Um eine doppelte Berücksichtigung zu vermeiden, sind zudem Risiken von der Betrachtung ausgenommen, die bereits durch das Gegenparteiausfallrisikomodul abgedeckt werden.[92] Beteiligungen an Finanz- und Kreditinstituten werden wiederum nur mit dem Anteil berücksichtigt, der nicht bereits bei den Eigenmitteln zum Abzug gebracht wurde.[93] Ausgenommen sind zudem Gegenparteien derselben Gruppe wie das Versicherungs- oder Rückversicherungsunternehmen, sofern es sich bei der Gegenpartei um ein vollkonsolidiertes Versicherungs- oder Rückversicherungsunternehmen, eine Versicherungsholdinggesellschaft, eine gemischte Finanzholdinggesellschaft oder ein Nebendienstleistungsunternehmen handelt, das seinen Sitz in der EU hat. Voraussetzung hierfür ist, dass die Gegenpartei identischen Verfahren zur Bewertung, Messung und zur Kontrolle von Risiken unterliegt wie das Versicherungs- oder Rückversicherungsunternehmen und das kein substantielles tatsächliches oder rechtliches Hindernis zur unverzüglichen Übertragung von Eigenmittel auf das Versicherungsunternehmen oder zur Rückzahlung von Verbindlichkeiten an das Rückversicherungsunternehmen besteht.[94] 65

Der Wert aller unter den **Anwendungsbereich des Marktrisikokonzentrationsmoduls** fallenden Vermögenswerte bilden die Berechnungsgrundlage für das Konzentrationsrisiko.[95] 66

Die **Ermittlung der Kapitalanforderung** aus der Marktrisikokonzentration erfolgt in vier Schritten. Zunächst wird für jeden Kontrahenten die Forderungshöhe ermittelt, die bei Ausfall des Kontrahenten im Risiko steht. Im Anschluss wird anhand eines Schwellenwerts überprüft, ob eine erhöhte Exponierung und damit einhergehend ein erhöhtes Risiko besteht. Danach ist zu ermitteln, wie hoch die Kapitalanforderungen sind, die sich aus dem Risiko für die risikobehafteten Kontrahenten ergeben. Abschließend werden die einzelnen Kapitalanforderungen aggregiert. 67

[87] Art. 188 Abs. 5 lit. b Solva II-VO.
[88] Art. 188 Abs. 6 Solva II-VO.
[89] Art. 182 Abs. 1 Solva II-VO.
[90] Eine ggf. aus Risikogesichtspunkten erforderliche erweiterte Betrachtung im Rahmen der Umsetzung des § 27 VAG steht dem nicht entgegen.
[91] Art. 184 Abs. 2 Solva II-VO.
[92] Art. 184 Abs. 2 lit. d Solva II-VO.
[93] Art. 184 Abs. 2 lit. c Solva II-VO.
[94] Art. 184 Abs. 2 lit. b Solva II-VO.
[95] Art. 184 Abs. 2 Solva II-VO.

68 Im ersten Schritt wird für jede **Einzeladresse die Forderungshöhe** bei Ausfall als Summe aller Ausfallrisiken, die gegenüber der jeweiligen Einzeladresse bestehen, bestimmt.[96] Bei einem Schuldscheindarlehen entspricht das Ausfallrisiko beispielsweise dem Marktwert. Exponierungen gegenüber verschiedenen Kontrahenten einer Gruppe werden zu einer Einzeladresse zusammengefasst.[97] Zusätzlich wird für den Geschäftspartner eine durchschnittliche Bonitätsstufe ermittelt, die sich als gerundeter, gewichteter Durchschnitt der Bonitätsstufen aller Positionen ergibt, die gegenüber diesem Kontrahenten bestehen. Die Gewichte bestimmen sich nach dem Anteil des Ausfallrisikos des jeweiligen Instruments am Nettoausfallrisiko des Kontrahenten.[98] Die Zuordnung zu den Bonitätsstufen erfolgt gemäß der Ratings bzw. der Bonitätsstufe der Risikoexponierungen. Sofern kein Rating vorliegt, wird für die Ermittlung des durchschnittlichen Ratings die Bonitätsstufe 5 zugeordnet.[99] Besteht für einen Kontrahenten beispielsweise ein Ausfallrisiko in Höhe von 10 Mio. Euro aus einem Finanzinstrument mit Bonitätsstufe 1 und ein weiteres Risiko in Höhe von 5 Mio. Euro aus einem Instrument der Bonitätsstufe 4, so ergibt sich für diesen Kontrahenten eine durchschnittliche Bonitätsstufe von 2.

69 Sofern gegenüber einer Einzeladresse Risikoexponierungen bestehen, die mit einem **Risikofaktor von 0 %** belegt werden und somit unter der Standardformel in Bezug auf das Konzentrationsrisiko als risikolos gelten, ist die Gesamtforderungshöhe bei Ausfall um den Wert dieser Positionen zu reduzieren.[100] Derartige Risikoexponierungen werden im Folgenden weiter erläutert, vgl. Rn. 76 und 79.

70 Im nächsten Schritt wird überprüft, ob eine **erhöhte Exponierung gegen einen Kontrahenten** vorliegt. Kapitalanforderungen für die Marktrisikokonzentration ergeben sich für die jeweilige Einzeladresse lediglich dann, wenn die Forderungshöhe bei Ausfall einen kritischen Wert übersteigt. Dies spiegelt den Grundgedanken des Konzentrationsrisikos wider, nur erhöhte Risikoexponierungen gegenüber einer Einzeladresse mit einer Kapitalanforderung zu belegen. Zu diesem Zwecke werden in Art. 185 Solva II-VO Konzentrationsschwellen in Abhängigkeit der durchschnittlichen Bonitätsstufe der Einzeladresse definiert. Diese liegen zwischen 1,5 % und 3,0 %.[101] Aufgrund der abweichenden Risikoprofile bestehen Sonderbestimmungen für Immobilien und gedeckte Pfandbriefe (Covered Bonds). Einzelnen Immobilien wird eine Konzentrationsschwelle von 10 % zugeordnet.[102] Covered Bonds mit einer Bonitätsstufe von 0 oder 1 werden als Risikoexponierung gegenüber einer Einzeladresse angesehen, ungeachtet anderer Risikoexponierungen derselben Gegenpartei. Ihnen wird eine Konzentrationsschwelle in Höhe von 15 % zugeordnet.[103]

71 Die Überschreitung der **Konzentrationsschwelle** wird ermittelt, indem der maßgebliche Prozentsatz mit der Berechnungsgrundlage für das Konzentrationsrisiko multipliziert wird und davon je Einzeladresse die Forderungshöhe bei Ausfall abgezogen wird. Sofern sich ein negativer Wert ergibt, wird die Überschreitung auf Null gesetzt und es ergeben sich keine Kapitalanforderungen.

72 Als nächster Schritt wird für jede Einzeladresse mit positiver Überschreitung der Konzentrationsschwelle die **Kapitalanforderung aus dem Konzentrationsrisiko** ermittelt. Die Überschreitung der Konzentrationsschwelle wird gestresst, indem sie mit einem Risikofaktor für die Marktrisikokonzentration multipliziert wird.[104] Dies entspricht einem sofortigen Rückgang des Wertes der unter Risiko stehenden Vermögenswerte. Der Risikofaktor für die Marktrisikokonzentration wird wie der Schwellenwert in der Regel in Abhängigkeit der gewichteten Bonitätsstufen der Einzeladresse ermittelt.

73 Der **Risikofaktor** liegt zwischen 12 % für Kontrahenten mit Bonitätsstufe 0 und 73 % für Kontrahenten mit Bonitätsstufe 6.[105] Die Faktoren entsprechen denen der QIS 5-Kalibrierung. Zur Festlegung der Faktoren wurde der Value at Risk[106] eines gut diversifizierten, repräsentativen Portfolios mit den Values at Risk einer Reihe von Portfolios mit sukzessive verringerter Diversifikation verglichen. Hierbei wurde ausgehend von dem diversifizierten Portfolio das Risiko gegenüber einer bestimmten Gegenpartei nach und nach um jeweils 1 % erhöht. In jedem Schritt fand ein Vergleich zwischen den beiden Portfolios statt. Mit Hilfe statistischer Verfahren wurde eine Funktion ermittelt, die den Zusammenhang zwischen dem Anstieg des Values at Risk und der zunehmenden Verringerung der Streuung beschreibt. Dieser Prozess wurde für jeden einzelnen Kontrahenten wiederholt, somit konnten die Parameter spezifisch für die verschiedenen Bonitätsstufen ermittelt werden.[107]

74 Für die zu verwendenden Risikofaktoren gibt es einige Sonderbestimmungen. So sind für Versicherungs- oder Rückversicherungsunternehmen, für die kein **externes Rating** verfügbar ist, die Faktoren zwischen 12 % und 73 % in Abhängigkeit der aktuellsten verfügbaren Bedeckungsquote der Solvabilitäts-

[96] Art. 184 Abs. 1 Solva II-VO.
[97] Art. 184 Abs. 3 Solva II-VO.
[98] Art. 184 Abs. 4 Solva II-VO.
[99] Art. 184 Abs. 5 Solva II-VO.
[100] Art. 184 Abs. 3 Solva II-VO.
[101] Art. 185 Solva II-VO.
[102] Art. 186 Abs. 2 Sovla II-VO.
[103] Art. 186 Abs. 1 Solva II-VO.
[104] Art. 183 Abs. 2 Solva II-VO.
[105] Art. 187 Abs. 1 Solva II-VO.
[106] Vgl. Kommentierung zu § 97 VAG.
[107] CEIOPS-SEC-40-10 Rn. 3.216 ff.

kapitalanforderung zu wählen. Der Faktor ist dabei mittels linearer Interpolation zwischen den Solvabilitätsquoten zu ermitteln, für die Risikofaktoren angegeben sind.[108] Erfüllt ein Versicherungsunternehmen die **Mindestkapitalanforderung** nicht, so ist in jedem Fall ein Faktor von 73 % zu verwenden.[109] Die Sonderregelungen finden erst nach erstmaliger Offenlegung des Berichts über die Solvabilität und Finanzlage gemäß § 40 VAG Anwendung. Zuvor wird für Versicherungs- und Rückversicherungsunternehmen, für die kein externes Rating verfügbar ist, ein Risikofaktor von 64,5 % angesetzt.[110] Dieser Faktor wird auch für Versicherungs- oder Rückversicherungsunternehmen in einem Drittland angewendet, für das kein externes Rating vorliegt, sofern das Solvabilitätssystem in diesem Land als zu Solvabilität II gleichwertig angesehen wird und das Unternehmen die Solvabilitätskapitalanforderungen des Drittlandes erfüllt.[111]

Ähnliche Bestimmungen gelten auch für Risiken gegenüber Einzeladressen bei **Kredit- und Finanzinstituten**. Sofern für diese kein externes Rating vorliegt und sie die Solvabilitätskapitalanforderungen gemäß RL 2013/36/EU und der VO (EU) Nr. 575/2013 erfüllen, wird ebenfalls ein Risikofaktor von 64,5 % zugrunde gelegt.[112] 75

Für die **Europäische Zentralbank, Regierungen und Zentralbanken von Mitgliedsstaaten der EU, multilaterale Entwicklungsbanken**, sowie für **international gelistete Institutionen** wurde ein Risikofaktor von 0 % festgelegt.[113] Für diese Kontrahenten ergeben sich somit keine Kapitalanforderungen aus dem Konzentrationsrisiko. Risikoexponierungen, für die eine vollständige, vorbehaltlose und unwiderrufliche Garantie einer der vorgenannten Gegenparteien vorliegt, die die Anforderungen des Art. 215 Solva II-VO erfüllt, wird ebenfalls ein Risikofaktor von 0 % zugeordnet.[114] Diese Exponierungen werden somit unter der Standardformel nicht mit Kapitalanforderungen für das Konzentrationsrisiko unterlegt und gelten in diesem Sinne als risikolos. Für alle weiteren Regierungen und Zentralbanken, die auf die einheimische Währung dieses Zentralstaates bzw. dieser Zentralbank lauten, ist in Abhängigkeit der Bonitätsstufe ein Faktor zwischen 0 % und 73 % zu verwenden.[115] 76

Weitere **Ausnahmeregelungen** gelten für Immobilien, für Bankguthaben mit staatlichem Bürgschaftsprogramm in der EU und für Gegenparteien, für die kein Rating vorliegt. 77

Für **Immobilien** wird ein Risikofaktor für die Marktrisikokonzentration in Höhe von 12 % festgelegt.[116] Damit gelten für Immobilien sowohl Sonderbestimmungen für die Konzentrationsschwelle als auch für den Risikofaktor. 78

Risikoexponierungen in Form von **Bankeinlagen** werden mit einem Faktor von **0 %** belegt, sofern sie vorgegebene Qualitätsanforderungen erfüllen. So müssen sie in voller Höhe durch das Einlagensicherungssystem der EU gedeckt sein und die Garantie muss ohne Restriktionen für das Versicherungs- bzw. Rückversicherungsunternehmen gelten. Zudem darf die Garantie im Rahmen der Berechnung der Solvabilitätskapitalanforderungen nicht doppelt gezählt werden.[117] 79

Abschließend werden im letzten Schritt die Kapitalanforderungen für die jeweiligen Einzeladressen zur **Kapitalanforderung für die Marktrisikokonzentration** aggregiert. Dazu werden die quadrierten Einzelkapitalanforderungen addiert, im Anschluss wird die Wurzel der Summe gezogen.[118] Es wird angenommen, dass keine Korrelation zwischen den Kapitalanforderungen von je zwei Kontrahenten besteht. Demnach werden keine Korrelationsfaktoren angesetzt. 80

7. Durchschau-Prinzip. Auf Grundlage einer ökonomischen Sichtweise bei der Risikobewertung ist bei der **Bestimmung der Risikoklassifizierung** nicht primär auf die rechtliche Hülle eines Vermögensgegenstandes abzustellen, sondern auf die **tatsächlich wertbeeinflussenden Faktoren.** Dies wird in Art. 84 Solva II-VO durch die Anwendung des Durchschauprinzips (Look-through) weiter spezifiziert. Nach Art. 84 Abs. 1 Solva II-VO hat bei Organismen für gemeinsame Anlagen und anderen Anlagen in Fondsform die Bestimmung der Solvabilitätskapitalanforderung auf Basis der einzelnen, den Vehikeln zugrunde liegenden Vermögenswerte zu erfolgen. Demnach sind z. B. Spezialfonds, Immobiliensondervermögen oder Zweckgesellschaften (Special Purpose Vehicles) aufgrund der tatsächlichen Investmentstruktur bzw. der zugrundeliegenden Vermögenswerte zu beurteilen. Bei einem Sondervermögen mit Fremdkapitalfinanzierung führt dies u. U. dazu, dass diese zusätzlich unter dem Zinsrisiko zu erfassen sind und damit weniger zur Diversifikation beitragen als direkte Immobilieninvestments. 81

Art. 84 Abs. 2 lit. a Solva II-VO erweitert den Anwendungskreis des Durchschauprinzips auf **andere indirekte Marktrisikopositionen**. So fallen **strukturierte Produkte**, deren Verzinsung beispielsweise 82

[108] Art. 186 Abs. 2 Solva II-VO.
[109] Art. 186 Abs. 3 Solva II-VO.
[110] Art. 186 Abs. 3 Solva II-VO.
[111] Art. 186 Abs. 4 Solva II-VO.
[112] Art. 186 Abs. 5 Solva II-VO.
[113] Art. 187 Abs. 3 Solva II-VO.
[114] Art. 187 Abs. 4 Solva II-VO.
[115] Art. 187 Abs. 5 Solva II-VO.
[116] Art. 187 Abs. 2 Solva II-VO.
[117] Art. 187 Abs. 5 Solva II-VO.
[118] Art. 183 Abs. 1 Solva II-VO.

an einen Aktienindex gekoppelt ist, unter diese Definition und sind daher, abhängig von der vertraglichen Ausgestaltung, u. U. sowohl unter dem Zins- als auch unter dem Aktienstress zu erfassen. Zudem sind gem. Art. 84 Abs. 2 lit. b und c Solva II-VO alle wesentlichen indirekten Versicherungsrisikoexpositionen und indirekten Gegenparteiausfallexpositionen betroffen, sofern auch diese Risiken im Rahmen der Standardformel Berücksichtigung finden.

83 Sofern eine Durchschau auf **Organismen in gemeinsamen Anlagen oder Anlagen in Fondsform** nicht angewendet werden kann, darf alternativ die Solvabilitätskapitalanforderung auf Basis der Zielallokation des Fonds bestimmt werden.[119] Voraussetzung hierfür ist, dass die Zielallokation in der zur Berechnung der Solvabilitätskapitalanforderung aller relevanten Risikountermodule gemäß Standardformel benötigten Detailtiefe vorhanden ist und dass der Basiswert streng nach der Zielallokation verwaltet wird. Zum Zwecke einer derartigen Berechnung dürfen Datengruppierungen vorgenommen werden, sofern diese vorsichtig sind.[120] Das bedeutet, dass die in Bezug auf die Solvabilitätskapitalanforderungen schlechteste Klassifikation zu wählen ist. Ist eine Zuordnung anhand der Zielallokation ebenfalls nicht möglich, sind die Vermögenswerte und indirekten Risikopositionen nach Art. 84 Abs. 1 und 2 Solva II-VO dem Aktienstress vom Typ-2 zuzuordnen.[121]

84 Eine Ausnahme von der Anwendung des Durchschauprinzips besteht für Investments, die im Sinne der Art. 212 Abs. 1 lit. b Solva II-VO und Abs. 2 Solva II RL unter die Definition einer **Beteiligung** fallen.[122]

85 **IV. Verhältnis zu anderen Regelungen des VAG.** § 104 VAG stellt einen Bestandteil der Basissolvabilitätskapitalanforderungen dar, die in § 100 VAG definiert werden. Zur Berechnung der in § 104 Abs. 2 VAG definierten Kapitalanforderungen für das Aktienrisikountermodul ist die in § 106 VAG definierte symmetrische Anpassung erforderlich. Abzugrenzen sind außerdem die in § 104 Abs. 5 VAG definierten Anforderungen zum Spreadrisiko von den Anforderungen zum Gegenparteiausfallrisiko nach § 105 VAG.[123]

Gegenparteiausfallrisikomodul

105 **(1) Das Gegenparteiausfallrisikomodul trägt möglichen Verlusten Rechnung, die sich aus einem unerwarteten Ausfall oder der Verschlechterung der Bonität von Gegenparteien und Schuldnern des Versicherungsunternehmens während der nächsten zwölf Monate ergeben.**

(2) [1] **Das Gegenparteiausfallrisikomodul umfasst**

1. **Verträge zur Risikominderung wie Rückversicherungsvereinbarungen, Verbriefungen und Derivate,**
2. **Forderungen gegenüber Vermittlern und**
3. **alle sonstigen Kreditrisiken, die nicht vom Spread-Risiko gemäß § 104 Absatz 2 Satz 1 Nummer 4 abgedeckt werden.**

[2] **Das Gegenparteiausfallrisikomodul berücksichtigt in angemessener Weise akzessorische und sonstige Sicherheiten zugunsten der Versicherungsunternehmen, einschließlich der mit diesen Sicherheiten verbundenen Risiken.**

(3) Das Gegenparteiausfallrisikomodul berücksichtigt für jede Gegenpartei die Gesamtrisikoexponierung des Versicherungsunternehmens in Bezug auf diese Gegenpartei unabhängig von der rechtlichen Ausgestaltung der vertraglichen Verpflichtungen gegenüber der Gegenpartei.

Übersicht

[119] Art. 84 Abs. 3 S. 1 Solva II-VO.
[120] Art. 84 Abs. 3 S. 2 Solva II-VO.
[121] Art. 168 Abs. 3 Solva II-VO.
[122] Art. 84 Abs. 4 Solva II-VO.
[123] Hierzu vgl. Abschnitt V der Kommentierung zu § 105 VAG.

I. Allgemeines. 1. Entstehungsgeschichte. § 105 VAG ist bei der Neufassung des VAG im Jahr 2015 durch Art. 1 des Gesetzes zur Modernisierung der Finanzaufsicht über Versicherungen[1] vom 1.4.2015 in das VAG eingefügt worden. 1

2. Normzweck. Durch § 100 Abs. 1 Nr. 5 VAG sind Versicherungsunternehmen verpflichtet, Kapital zur Absicherung des Ausfallrisikos von Gegenparteien zu halten. Durch § 105 VAG soll die Bewertung des Risikos des Ausfalls von Gegenparteien für spezifizierte Risiken, aber darüber hinaus auch Risiken, die nicht durch das in § 104 VAG definierte Spreadrisiko abgedeckt sind, geregelt werden. 2

3. Europarechtlicher Hintergrund. § 105 VAG setzt Art. 105 Abs. 6 Solva II-RL um, in welchem das Gegenparteiausfallrisikomodul definiert wird. Der Paragraph weicht im Wortlaut von Art. 105 Solva II-RL ab. Die Abweichungen betreffen die Formulierungen, eine inhaltliche Abweichung ergibt sich nicht. Auf der zweiten Ebene konkretisieren die auf Basis der Ermächtigungsgrundlage des Art. 111 Solva II-RL erlassenen Art. 189–202 Solva II-VO die Regelungen aus Gesetz und Solva II-RL. Weitere Spezifizierungen enthalten die EIOPA-LL Umgang mit Markt- u. Gegenparteirisikopositionen in der Standardformel. 3

II. Anwendungsbereich. Das Gegenparteiausfallrisiko betrifft gemäß Abs. 1 Verluste der nächsten zwölf Monate, die aus dem unerwarteten **Ausfall oder der Verschlechterung der Bonität von Kontrahenten** resultieren. Die Risiken, die von diesem Modul umfasst werden, sind unter § 105 Abs. 2 VAG aufgezählt. Das Gegenparteiausfallrisikomodul ist dabei so konzipiert, dass es die Veränderungen des Wertes von Vermögenswerten und Verbindlichkeiten, die durch einen unerwarteten Ausfall oder die Verschlechterung der Bonität einer unabhängigen Gegenpartei oder eines Schuldners verursacht werden, widerspiegelt.[2] Ausgangspunkt bei der Bestimmung des Gegenparteiausfallrisikos sind grundsätzlich die Wertansätze aus der Solvabilitätsübersicht. Darüber hinaus sind jedoch auch gegebene Garantien einzubeziehen. Folglich bleibt die Bestimmung des Gegenparteiausfallrisikos nicht alleine auf die Bewertung der Risiken aus der Aktivseite der Solvabilitätsübersicht beschränkt. 4

In der Solva-II-VO wird in Art. 189 der Anwendungsbereich des Gegenparteiausfallrisikos konkretisierend geregelt. Dabei findet gemäß Art. 189 Abs. 6 auch eine Negativabgrenzung zu anderen Risikomodulen statt, insbesondere hin zum Spread-Risiko als Untermodul des Marktrisikos.[3]

III. Grundverständnis zum Gegenparteiausfallrisiko. Für die Bestimmung des gesamten Gegenparteiausfallrisikos werden die Kapitalanforderungen für sog. **Typ-1- und Typ-2-Risiken** getrennt bestimmt und unter Annahme einer Korrelation zwischen beiden Risiken aggregiert.[4] Dabei regelt Art. 189 Solva II-VO das Begriffsverständnis und die Abgrenzung von Typ-1-Risiken (Art. 189 Abs. 2) und von Typ-2-Risiken (Art. 189 Abs. 3).[5] 5

Die **Berechnung der Kapitalanforderungen aus den Typ-1-Risiken** wird grundlegend in Art. 200 Solva II-VO geregelt. Darin geht die Standardabweichung der Verlustverteilung der Risiken ein, die sich als Wurzel aus der Varianz dieser Verteilung ergibt.[6] Art. 201 Solva II-VO regelt, dass sich diese Varianz als Summe von zwei Bestandteilen zusammensetzt und wie diese zu berechnen sind.[7] In die Berechnung gehen die Größen **Verlust bei Ausfall** (definiert in Artikel 192 Solva II-VO) und die **Ausfallwahrscheinlichkeiten** für die zu betrachtenden einzelnen Gegenparteien ein. [8] 6

Typ-2-Risiken bestehen ihrer Definition nach im Regelfall gegenüber Gegenparteien, für die kein externes Rating vorliegt. Im Portfolio des Versicherungsunternehmens sind i. d. R. viele derartiger Risiken vorhanden. Im Vergleich zum Gesamtrisiko ist das Ausfallrisiko eines einzelnen Kontrahenten relativ gering. 7

---

[1] BGBl. 2015 I 434 ff.
[2] Vgl. BaFin Erläuterungen zu den der Standardformel zugrunde liegenden Annahmen.
[3] Vgl. Abschnitt V zur Abgrenzung zum Spreadrisiko.
[4] Art. 189 Abs. 1 Solva II-VO.
[5] Vgl. Abschnitt IV zur Einordnung der Risiken in Typ-1- und Typ-2-Risiken.
[6] Art. 200 Abs. 4 Solva II-VO.
[7] Art. 201 Abs. 1 Solva II-VO.
[8] Vgl. hierzu Abschnitt VII und VIII dieser Kommentierung.

Die **Berechnung der Kapitalanforderungen für Typ-2-Risiken** wird deshalb nicht auf der Ebene der einzelnen Gegenpartei durchgeführt. Vielmehr wird das Risiko für das gesamte Portfolio mithilfe eines faktorbasierten Ansatzes quantifiziert.[9] Dabei ergibt sich die Kapitalanforderung als Rückgang der ökonomischen Eigenmittel um den gemäß der in Art. 202 Solva II-VO angegebenen Formel ermittelten Betrag. Dieser ergibt sich aus der Addition von 90% des Verlustes bei Ausfall aller Forderungen gegen Vermittler, die länger als drei Monate bestehen und von 15% der Verluste bei Ausfall aller übrigen Typ-2-Risiken.[10]

Die gesonderte Behandlung von länger als drei Monaten fälligen Forderungen sich gegenüber Vermittlern (i. d. R. Teil der Typ-2-Risiken) beruht auf der allgemeinen Erfahrung, dass derartige Forderungen sich i. d. R. mit deutlich geringerer Wahrscheinlichkeit als vollständig werthaltig erweisen als die übrigen Forderungen. Dementsprechend gehen sie mit einem höheren Faktor in die Berechnung der Solvabilitätskapitalanforderung ein.[11]

8 Die Solva II-VO enthält in Art. 190 gesonderte Vorgaben zur Handhabung von Kontrahenten als Einzelinteressen im Gegenparteiausfallrisikomodul. Demnach sind **Kontrahenten, die derselben Unternehmensgruppe angehören**, grundsätzlich als Risiko gegenüber einer Einzeladresse zu betrachten.[12] Weitere spezifische Vorgaben betreffen Versicherungspools.[13]

9 **IV. Einordnung der in Abs. 2 genannten Risiken in Typ-1- und Typ-2-Risiken.** Für die Berechnung der Kapitalanforderungen ist die Einordnung in Typ-1 und Typ-2 von entscheidender Bedeutung.[14] Eine besondere Herausforderung bei der Anwendung des § 105 VAG ist dabei, dass die Einteilung gemäß § 105 Abs. 2 VAG nicht deckungsgleich mit der gemäß Solva II-VO genannten Aufteilung in Typ-1-und Typ-2-Risiken ist.

10 Maßgeblich für die Zuordnung sind die in Art. 189 Solva II-VO genannten Kriterien. Demnach gilt, dass Risiken aus § 105 Abs. 2 S. 1 Nr. 1 VAG, d. h. Verträge zur Risikominderung wie Rückversicherungsvereinbarungen, Verbriefungen und Derivate unter die Typ-1-Risiken fallen.[15] Risiken aus Abs. 2 S. 1 Nr. 2, d. h. Forderungen gegenüber Vermittlern, fallen dagegen unter Typ-2-Risiken.[16]

11 Bzgl. der „sonstigen Risiken" im Sinne von Abs. 2 S. 1 Nr. 3 sowie der Bestimmung des Ausfallrisikos in Zusammenhang mit akzessorischen und sonstigen Sicherheiten sind die weiteren Einzelvorschriften von Artikel 189 Solva II-VO zu beachten. Unter diese sonstigen Risiken fallen auch Risiken in Zusammenhang mit abgegebenen Garantien, durch welche das Versicherungsunternehmen erklärt, für die Verbindlichkeiten eines anderen Unternehmens aufzukommen, falls dieses seinen Zahlungsverpflichtungen nicht mehr nachkommen kann.[17] Dies liegt darin begründet, dass eine Garantie zunächst eine Eventualverbindlichkeit darstellt. Durch den Ausfall der Gegenpartei (also des Unternehmens, für das die Garantie abgegeben wurde), wird die Eventualverbindlichkeit zu einer bestehenden Verbindlichkeit. Dies hat Einfluss auf die Höhe der ökonomischen Eigenmittel des Versicherungsunternehmens.[18] Wird die Garantie in Anspruch genommen, so wird sie zu einer Verbindlichkeit für das Versicherungsunternehmen. Für diese besteht kein Kreditrisiko mehr, die Verbindlichkeit fällt somit nicht unter das Gegenparteiausfallrisikomodul.

12 Für Kapitalgarantien bei Versicherungsverträgen, welche den Versicherungsnehmern von einer Drittpartei zugesprochen werden und für die das Versicherungsunternehmen bei Ausfall der Drittpartei haftbar gemacht werden kann, ist eine Sondervorschrift aus Artikel 189 Solva II-RL zu beachten, wonach diese unter dem Gegenparteiausfallrisikomodul als Derivate und damit als Typ-1 behandelt werden.[19]

13 Die ursprüngliche Konzeption der Typ-2 Zuordnung war dadurch motiviert, dass unter Typ-2 diejenigen Kreditrisiken zugeordnet werden, die üblicherweise diversifiziert sind, und bei denen i. d. R. kein Rating für die Gegenpartei vorliegt.[20] Sie umfasst dabei alle Kreditrisiken, die nicht durch das Spread-Risikountermodul abgedeckt werden und im Sinne einer Auffangkategorie nicht als Typ-1-Risiken klassifiziert werden, jedoch insbesondere auch Risiken aus[21]

– Forderungen gegenüber Versicherungsnehmern,
– Hypotheken, die die Anforderungen von Art. 191 Solva II-VO erfüllen,

---

[9] Art. 202 Solva II-VO.
[10] Art. 202 Solva II-VO.
[11] CEIOPS-DOC-23/09 Rn. 3.46.
[12] Art. 190 Abs. 1 Solva II-VO.
[13] Art. 190 Abs. 2 Solva II-VO i. V. m. Art. 193 Solva II-VO für Typ A Pool Forderungen, Art. 194 Solva II-VO für Typ B Pool Forderungen, Art. 195 Solva II-VO für Typ C Pool Forderungen.
[14] Vgl. Kommentierung im vorherigen Abschnitt unter Rn. 5 ff.
[15] Art. 189 Abs. 2a Solva II-VO.
[16] Art. 189 Abs. 3a Solva II-VO.
[17] Art. 189 Abs. 2e Solva II-VO.
[18] EIOPA-BoS-14/174 EIOPA-LL Umgang mit Markt- u. Gegenparteirisikopositionen in der Standardformel, LL 9.
[19] Art. 189 Abs. 7 Solva II-VO.
[20] CEIOPS-DOC-23/09 Rn. 3.22.
[21] Art. 189 Abs. 3 Solva II-VO.

– Einlagen bei Zedenten, sofern die Anzahl der Risikcexponierung gegenüber Einzeladressen 15 übersteigt,
– Verpflichtungen, die zugunsten des Versicherungsunternehmens bestehen und die eingefordert aber noch nicht eingezahlt sind, sofern die Anzahl der Risikoexponierungen gegenüber Einzeladressen 15 übersteigt.

V. Abgrenzung zum Spread-Risiko gemäß § 104 VAG. Gemäß Solva II-VO werden folgende Kreditrisiken nicht vom Gegenparteiausfallrisiko abgedeckt:[22] 14
– das durch Kreditderivate transferierte Kreditrisiko; dieses Risiko wird vom Spreadrisikountermodul abgedeckt;
– das Kreditrisiko aus Emissionen von Schuldtiteln durch Zweckgesellschaften; es fällt ebenfalls unter das Spreadrisikomodul;
– das versicherungstechnische Risiko aus Kredit- oder Bürgschaftsversicherungen, die unter dem nichtlebensversicherungstechnischen Risikomodul behandelt werden müssen;
– das Kreditrisiko aus Hypotheken, die nicht die Anforderungen des Art. 191 Solva II-VO erfüllen; diese fallen unter das Spreadrisiko; jedoch verbleiben unter dem Gegenparteiausfallrisikomodul diejenigen Hypotheken, die an natürliche Personen oder kleine oder mittlere Unternehmen ausgegeben wurden, mit Wohneigentum besichert sind und einen Investitionsbetrag von einer Million Euro nicht überschreiten.

VI. Sicherheiten zugunsten der Versicherungsunternehmen (Abs. 2 S. 2). Bei der Ermittlung des Verlustes bei Ausfall nach § 105 Abs. 2 S. 2 VAG sind **„akzessorische und sonstige Sicherheiten zugunsten des Versicherungsunternehmens**, einschließlich der mit diesen Sicherheiten verbundenen Risiken", vom Gegenparteiausfallrisikomodul in angemessener Weise zu berücksichtigen. Dies erfolgt im Rahmen der Ermittlung des Verlustes bei Ausfall für Risiken aus Rückversicherungsforderungen und Versicherungsverbriefungen und aus Derivaten durch Abzug eines Teils der gestellten Sicherheiten. Dazu ist ein sog. „risikobereinigter Wert" der Sicherheiten zu bestimmen, der mit einem Faktor multipliziert wird.[23] 15

In § 189 Abs 5 Solva II-VO ist ferner konkretisierend geregelt, dass „sofern ein Akkreditiv, eine Garantie oder eine äquivalente Risikominderungstechnik zur vollständigen Absicherung eines Risikos eingesetzt wird und diese Risikominderungstechnik die Anforderungen zur Anrechnung gemäß Art. 209–215 Solva II-VO erfüllt, die Gegenpartei dieser Risikominderungstechnik als Gegenpartei für das abgesicherte Risiko betrachtet werden (kann)." Dies ist insbesondere bei der Festlegung der Anzahl an Kontrahenten[24] und bei der Ermittlung von Ausfallwahrscheinlichkeiten für die einzelnen Gegenparteien[25] von Bedeutung. 16

VII. Ermittlung des Verlusts bei Ausfall als Grundlage für die Bestimmung der Gesamtrisikoexponierung. 1. Allgemeine Grundsätze. Der **Verlust bei Ausfall** für eine Risikoexponierung gegenüber einer Einzeladresse ist definiert als der Rückgang der ökonomischen Eigenmittel, den das Versicherungsunternehmen durch den Ausfall der jeweiligen Einzeladresse erleiden würde. Zur Bestimmung der Kapitalanforderung aus dem Gegenparteiausfallrisikomodul wird der Verlust bei Ausfall für jede Einzeladresse einzeln als Summe der Verluste bei Ausfall für jede einzelne Risikoexponierung gegenüber dieser Einzeladresse gebildet. 17

Dabei werden Verbindlichkeiten des Versicherungsunternehmens gegenüber dieser Einzeladresse in Abzug gebracht, sofern diese Verbindlichkeiten im Falle eines Ausfalls mit den Forderungen verrechnet werden können und sofern zusätzlich die Anforderungen der Art. 209 und 210 Solva II-VO erfüllt sind. Die Verrechnung der Verbindlichkeiten ist nicht zulässig, wenn diese voraussichtlich vor den Forderungen beglichen werden.[26]

Die Systematik zur Bestimmung des Verlustes bei Ausfall richtet sich nach der Art des betrachteten Kreditrisikos. Dadurch können Eigenschaften der einzelnen Risiken spezifisch berücksichtigt werden. Bei der Bestimmung des Verlustes bei Ausfall für Risiken müssen dann Besonderheiten berücksichtigt werden, wenn ein risikomindernder Effekt angerechnet wird. Bei der Ermittlung fließen der **Wert der im Risiko stehenden Position**, ein etwaiger **risikomindernder Effekt auf das versicherungstechnische Risiko bzw. Marktrisiko der Position** sowie der **risikobereinigte Wert einer etwaigen Sicherheit** ein, welche für die Position besteht. 18

2. Wert der im Risiko stehenden Position. Maßgabe für den Wert der im Risiko stehenden Position ist der Zeitwert der jeweiligen Risikoexponierung. Im Falle von Rückversicherungsvereinbarungen oder Versicherungsverbriefungen ist dies der beste Schätzwert der eingeforderten Beträge aus 19

[22] Art. 189 Abs. 6 Solva II-VO.
[23] Art. 192 Abs. 2 und 3 Solva II-VO und Rn. 22 ff.
[24] Art. 189 Abs. 5 Solva II-VO.
[25] Art. 199 Abs. 10 Solva II-VO.
[26] Art. 192 Abs. 1 Solva II-VO; zur Ermittlung der Ausfallwahrscheinlichkeiten vgl. Abschnitt VIII dieser Kommentierung.

der Rückversicherungsvereinbarung oder Versicherungsverbriefung und der entsprechenden Forderungen.[27] Den Wert der Risikoexponierung von Derivaten bzw. Hypothekendarlehen stellen deren nach den Grundsätzen des Art. 75 Solva II-RL ermittelte Zeitwerte.[28] Bei Hypotheken fließt der Wert des Darlehens bei der Ermittlung des Verlustes bei Ausfall voll ein.[29] Ein risikomindernder Effekt besteht nicht.

20 **3. Risikomindernder Effekt auf das versicherungstechnische Risiko bzw. auf das Marktrisiko der Position.** Eine Besonderheit ergibt sich bei Derivaten bzw. Rückversicherungsforderungen und Versicherungsverbriefungen. Sofern die Position eine Risikominderungstechnik darstellt, die bei der Ermittlung der Solvabilitätskapitalanforderungen im Marktrisiko bzw. im versicherungstechnischen Risiko angerechnet wird, wird dieser risikomindernde Effekt ebenfalls im Rahmen des Gegenparteiausfallrisikomoduls betrachtet. Er wird im Grundsatz bestimmt anhand der Differenz der Kapitalanforderungen ohne und mit Berücksichtigung des Risikominderungsinstruments. Durch diese Berücksichtigung wird dem Umstand Rechnung getragen, dass die Risikominderungstechnik einen Teil des Marktrisikos bzw. des versicherungstechnischen Risikos mindert. Der Ausfall der Gegenpartei der Risikominderungstechnik führt somit durch das erhöhte Marktrisiko bzw. versicherungstechnische Risiko ebenfalls zu einem Verlust der Eigenmittel, weswegen der risikomindernde Effekt in diesem Fall ebenfalls im Risiko steht.

21 Zur weiteren Bestimmung der Kapitalanforderungen wird dann die Summe aus Zeitwert der Risikoposition und der Hälfte eines etwaigen Risikominderungseffektes mit einem Prozentsatz multipliziert, der von der Art des Risikos und dem Vorhandensein von Sicherheiten abhängt. Für Derivate beträgt der Faktor stets 90 %.[30] Bei Risiken aus Rückversicherungsvereinbarungen beträgt der Faktor in der Regel 50 %.[31] Besteht die Rückversicherungsvereinbarung mit einem Versicherungsunternehmen eines Drittstaates und sind mindestens 60 % der Anlagegüter des Kontrahenten Teil von Sicherheitsvereinbarungen (sog. Collateral Arrangements), so ist ein Faktor von 90 % anzusetzen.[32]

22 Die in § 105 Abs. 2 S. 2 VAG genannten Sicherheiten dürfen schließlich voll oder in Teilen beim Verlust bei Ausfall berücksichtigt werden. Dazu ist, wie im Folgenden erläutert, ein risikobereinigter Wert der Sicherheiten zu bestimmen, der mit einem Faktor multipliziert wird.[33]

23 **4. Berücksichtigung des risikobereinigten Werts von Sicherheiten.** Die Höhe des risikobereinigten Wertes von Sicherungsrechten an einem Finanzaktivum hängt davon ab, ob zwei Bedingungen erfüllt werden, die Gegenpartei-Bedingung und die Drittpartei-Bedingung. Bei der **Gegenpartei-Bedingung** muss das Versicherungsunternehmen (oder, sofern das Versicherungsunternehmen Begünstigter eines Treuhandverhältnisses ist, der Treuhänder) das Recht haben, das Finanzaktivum im Falle des Ausfalls, der Insolvenz, bei Überschuldung oder Zahlungsunfähigkeit oder eines anderen Kreditereignisses der Gegenpartei zeitnah zu liquidieren oder einzubehalten.[34] Die **Drittpartei-Bedingung** fordert dieselben Rechte für das Versicherungsunternehmen oder den Treuhänder im Falle des Ausfalls, der Insolvenz, des Konkurses oder eines anderen Kreditereignisses einer Drittpartei, die das Finanzaktivum für die Gegenpartei hält.[35]

24 Bei der **Ermittlung des risikobereinigten Werts von Sicherungsrechten an einem Finanzaktivum**[36] wird zunächst ein Betrag für die Anpassung für das Marktrisiko berechnet. Dieser ergibt sich als Differenz der folgenden Kapitalanforderungen:[37]

– der hypothetischen Kapitalanforderung des (Rück-)Versicherungsunternehmen für das Marktrisiko, die sich ohne Berücksichtigung des als Sicherheit gehaltenen Vermögenswertes ergeben würde,
– der hypothetischen Kapitalanforderung des Versicherungsunternehmens für das Marktrisiko, die sich unter Berücksichtigung des Vermögenswertes ergeben würde.

Dabei wird das Wechselkursrisiko gemäß § 104 Abs. 2 Nr. 5 VAG berechnet, indem die Währung des Finanzaktivums mit der Währung des zugrundeliegenden Kreditrisikos verglichen wird.[38]

25 Sind sowohl die Gegenpartei-Bedingung als auch die Drittpartei-Bedingung erfüllt, so ergibt sich der risikobereinigte Wert dadurch, dass vom gemäß Art. 75 Solva II-RL ermittelten Wert des Finanzaktivums der Betrag für die Anpassung für das Marktrisiko zum Abzug gebracht wird.[39] Ist die Gegenpartei-Bedingung erfüllt, die Drittpartei-Bedingung jedoch nicht, so ist der risikobereinigte Wert unter

[27] Art. 192 Abs. 2 lit. a Solva II-VO.
[28] Art. 192 Abs. 3 lit. a Solva II-VO bzw. Art. 192 Abs. 4 lit. a Solva II-VO.
[29] Art. 192 Abs. 4 Solva II-VO.
[30] Art. 192 Abs. 3 Solva II-VO.
[31] Art. 192 Abs. 2 Solva II-VO.
[32] Art. 192 Abs. 2 Solva II-VO.
[33] Art. 192 Abs. 2 und 3 Solva II-VO; hinsichtlich des anzuwendenden Faktors vgl. Rn. 28.
[34] Art. 197 Abs. 1 lit. a Solva II-VO.
[35] Art. 197 Abs. 1 lit. b Solva II-VO.
[36] Wie in Art. 1 Abs. 26 lit. b Solva II-VO.
[37] Art. 197 Abs. 5 Solva II-VO.
[38] Art. 197 Abs. 6 Solva II-VO.
[39] Art. 197 Abs. 1 Solva II-VO.

den zusätzlichen Voraussetzungen der Art. 214 Solva II-VO 90% der Differenz aus Marktwert und Betrag der Anpassung für das Marktrisiko.[40] Sind ferner auch die Gegenpartei-Bedingung oder die Voraussetzungen des Art. 214 Solva II-VO nicht erfüllt, so ist der risikobereinigte Wert von Sicherungsrechten durch die Sicherheit null.[41] Die Sicherheit verfügt in diesem Fall nicht über die notwendigen qualitativen Voraussetzungen, um bei der Berechnung der Solvabilitätskapitalanforderungen aus dem Gegenparteiausfallrisiko mindernd berücksichtigt zu werden.

Wurde das Eigentum an der Sicherheit auf das Versicherungsunternehmen übertragen, so entspricht der risikobereinigte Wert der Sicherheit der Differenz aus dem Wert des Aktivums, das als Sicherheit gehalten wird,[42] und dem Betrag für die Anpassung für das Marktrisiko, sofern die Bedingungen des Art. 214 Solva II-VO erfüllt sind.[43] 26

Die Bestimmung des **risikobereinigten Werts einer Hypothek**, der bei einem Hypothekendarlehen in Abzug zu bringen ist, erfolgt nach den Grundsätzen zum Vorgehen bei Sicherungsrechten an einem Finanzaktivum. Der risikobereinigte Wert ergibt sich maßgeblich als Differenz aus dem Wert der Wohnimmobilie,[44] auf welcher die Hypothek lastet, und der Anpassung für das Marktrisiko.[45] Die Anpassung für das Marktrisiko ist dabei die Differenz aus den folgenden Kapitalanforderungen:[46] 27

– den hypothetischen Kapitalanforderungen des (Rück-)Versicherungsunternehmen aus dem Marktrisiko unter Einbeziehung der Wohnimmobilie, auf die die Hypothek besteht
– den hypothetischen Kapitalanforderungen des (Rück-)Versicherungsunternehmen aus dem Marktrisiko ohne Einbeziehung der Wohnimmobilie, auf die die Hypothek besteht.

Dabei wird das Wechselkursrisiko gemäß § 104 Abs. 2 Nr. 5 VAG berechnet, indem die Währung der Hypothek mit der Währung des zugrundeliegenden Darlehens verglichen wird.[47]

Der risikobereinigte Wert der Sicherheit bzw. Hypothek wird bei der Kalkulation des Verlustes bei Ausfall nicht immer in voller Höhe in Abzug gebracht. Vielmehr wird er vorab mit einem Faktor multipliziert. Dieser soll den ökonomischen Effekt der Sicherheitsvereinbarung in Bezug auf die Rückversicherungsvereinbarung bzw. das Derivat oder der Hypothek im Falle eines Kreditereignisses der Gegenpartei berücksichtigen.[48]

Für weitere **Risiken aus rechtsverbindlichen Verpflichtungen** ist der Verlust bei Ausfall definiert als die Differenz aus dem Nominalwert und dem Marktwert nach Art. 75 der Solva II-RL der Verpflichtung.[49] In allen anderen Fällen entspricht der anzusetzende Betrag für den Verlust bei Ausfall im Sinne von Art. 192 Solva II-VO dem nach Art. 75 Solva II-VO ermittelten Marktwert.[50] 28

5. Sonderbestimmungen für Pool-Forderungen. Sonderbestimmungen gelten für Pool-Forderungen, bei denen das Versicherungsunternehmen Risiken an einen Versicherungspool abgibt, sofern das Versicherungsunternehmen diese als gesonderte Risikoexponierung gegenüber einer Einzeladresse behandelt. Dabei wird unterschieden zwischen Typ-A-Forderungen, bei denen das Versicherungsunternehmen nicht Mitglied des Versicherungspools ist,[51] Typ-B-Forderungen, bei denen das Versicherungsunternehmen das Risiko an ein anderes Mitglied eines Versicherungspools abgibt, dessen Mitglied es selbst ist,[52] und Typ-C-Forderungen, bei denen ein Versicherungsunternehmen, das Mitglied eines Versicherungspools ist, die Forderungen an ein Unternehmen abgibt, das nicht Mitglied dieses Pools ist.[53] 29

Bei **Pool-Forderungen vom Typ A**, bei denen jedes Mitglied nur bis zur Höhe seines jeweiligen Anteils an der durch den Versicherungspool gedeckten Verpflichtung haftet, errechnet sich der Verlust bei Ausfall nach den oben erläuterten Bestimmungen zu Rückversicherungsforderungen und Versicherungsverbriefungen.[54] Für den Fall, dass jedes Mitglied bis zur Höhe des jeweiligen Gesamtwertes der durch den Versicherungspool gedeckten Verpflichtungen haftet, wird der derart ermittelte Verlust bei Ausfall zusätzlich mit einem sog. Risikoteilungsfaktor multipliziert.[55] Dieser Risikoteilungsfaktor errechnet sich nach den Bestimmungen des Art. 193 Abs. 1 lit. A–G Solva II-VO. Für die Berechnung werden dementsprechend auf Grundlage der Solva II-VO Faktoren, die in Abhängigkeit der Bonitätseinstufung, der aktuellsten, verfügbaren Solvabilitätsquote oder bei Pool-Mitgliedern in einem Drittstaat 30

[40] Art. 197 Abs. 2 Solva II-VO.
[41] Art. 192 Abs. 3 Solva II-VO.
[42] Bewertet gemäß Art. 75 Solva II-RL.
[43] Art. 198 Abs. 4 Solva II-VO.
[44] Ermittelt nach Art. 198 Abs. 2 Solva II-VO.
[45] Art. 198 Abs. 1 Solva II-VO.
[46] Art. 198 Abs. 3 Solva II-VO.
[47] Art. 198 Abs. 4 Solva II-VO.
[48] Art. 192 Abs. 2, Abs. 3 und Abs. 4 Solva II-VO.
[49] Art. 192 Abs. 5 Solva II-VO.
[50] Art. 192 Abs. 6 Solva II-VO.
[51] Art. 1 Nr. 29 Solva II-VO.
[52] Art. 1 Nr. 30 Solva II-VO.
[53] Art. 1 Nr. 31 Solva II-VO.
[54] Art. 193 Abs. 1 S. 1 Solva II-VO.
[55] Art. 193 Abs. 1 S. 2 Solva II-VO.

in Abhängigkeit des Vorhandenseins eines als gleichwertig anzusehenden Solvabilitätssystems ermittelt.[56] Für Poolmitglieder, die unter den Anwendungsbereich der Solva II-RL fallen, fließen zudem die anrechnungsfähigen Eigenmittel in die Berechnung ein. Für Poolmitglieder, die nicht unter den Anwendungsbereich dieser Richtlinie fallen, wird der Faktor mit dem jeweiligen Anteil des Poolmitglieds am Gesamtrisiko des Versicherungspools multipliziert.[57] Die Berechnung des Risikoteilungsfaktors erfolgt nach der in Art. 193 Abs. 1 Solva II-VO angegebenen Formel unter Verwendung der Exponentialfunktion.

Sofern das Versicherungsunternehmen das Risiko über den Vermittler eines zentralen Unternehmens an den Pool abtritt, ist dieses zentrale Unternehmen Teil des Versicherungsunternehmens. Der Risikoanteil dieses Unternehmens wird entsprechend berechnet.[58]

31 Bei **Pool-Forderungen vom Typ B** wird ebenfalls zwischen dem Fall, dass jedes Mitglied nur bis zur Höhe seines jeweiligen Anteils an der durch den Versicherungspool gedeckten Verpflichtung und dem Fall, dass jedes Mitglied bis zum Gesamtwert der durch den Versicherungspool gedeckten Forderungen haftet, unterschieden.[59]

In die Berechnung fließen jeweils der Risikoanteil des jeweiligen Mitglieds des Versicherungspools, der beste Schätzer der Verbindlichkeiten, die das Versicherungsunternehmen an den Pool abgegeben hat, eine Wiedereinbringungsquote in Abhängigkeit des Anteils der Vermögenswerte der Gegenpartei, die Gegenstand von Finanzsicherheiten sind, sowie der Beitrag des jeweiligen Mitglieds zu einem etwaigen risikomindernden Effekt ein. Für den Fall, dass die Mitglieder bis zur Höhe des Gesamtwerts der durch den Versicherungspool gedeckten Verpflichtungen haften, wird zudem der Risikoanteil des Versicherungsunternehmens gemäß der Bedingungen des Pools berücksichtigt. In beiden Fällen wird der risikobereinigte Wert von Sicherheiten unter Berücksichtigung eines Faktors wie bei Rückversicherungsforderungen oder Versicherungsverbriefungen in Abzug gebracht.[60]

32 Bei der Bestimmung des Verlustes bei Ausfall für **Poolforderungen vom Typ C** fließen ebenfalls der Risikoanteil des Unternehmens gemäß den Bedingungen des Versicherungspools, die Wiedereinbringungsquote in Abhängigkeit des Anteils der Vermögenswerte der externen Gegenpartei, die als Finanzsicherheiten unterliegen, der beste Schätzwert der Verbindlichkeiten, welche der Versicherungspool der nicht dem Versicherungspool angehörenden externen Gegenpartei abgetreten hat sowie der Beitrag der nicht dem Versicherungspool angehörenden externen Gegenpartei zum risikomindernden Effekt ein. Der risikobereinigte Wert der Sicherheit wird analog zu den Poolforderungen des Typs B in Abzug gebracht.[61]

33 **VIII. Ermittlung der Ausfallwahrscheinlichkeiten als Grundlage für die Bestimmung der Gesamtrisikoexponierung.** Zusätzlich zum Verlust bei Ausfall gehen bei Typ-1-Risiken in die Ermittlung der Solvabilitätskapitalanforderungen die Ausfallwahrscheinlichkeiten der einzelnen Kontrahenten ein. Die Ausfallwahrscheinlichkeit der Risikoexponierung gegenüber Einzeladressen entspricht dabei der durchschnittlichen Ausfallwahrscheinlichkeit aller Risikoexponierungen gegenüber Gegenparteien dieser Einzeladresse, gewichtet nach dem Verlust bei Ausfall dieser Risikoexponierung.[62]

34 Sofern ein **externes Rating** für die jeweilige Einzeladresse vorliegt, werden die Ausfallwahrscheinlichkeiten in Abhängigkeit der Bonitätsstufe ermittelt. Sie sind zwischen 0,002 % für die Bonitätsstufe 0 und 4,2 % für die Bonitätsstufe 6 vorgegeben.[63]

35 Bei **nicht gerateten Versicherungsunternehmen**, die unter die Solva II-RL fallen und die Mindestsolvabilitätsanforderung jeweils erfüllen, wird eine Ausfallwahrscheinlichkeit zwischen 0,01 % und 4,2 % in Abhängigkeit der zuletzt veröffentlichten Solvabilitätsquote gewählt.[64] Dabei sind in Art. 199 Abs. 2 Solva II-VO für festgelegte Solvabilitätsquoten entsprechende Wahrscheinlichkeiten angegeben. Für nicht angegebene Quoten wird die Wahrscheinlichkeit durch lineare Interpolation aus den angegebenen Werten bestimmt. Erfüllt ein Versicherungsunternehmen die Mindestsolvabilitätsanforderung nicht, so ist in jedem Fall eine Ausfallwahrscheinlichkeit von 4,2 % zu verwenden.[65] Andernfalls wird eine Ausfallwahrscheinlichkeit angesetzt, die einer Solvabilitätsquote von 100 % entspricht.[66]

Weitere Sonderregelungen bei der Bestimmung der Ausfallwahrscheinlichkeit gelten für Versicherungen aus Drittländern, für die kein Rating einer anerkannten Ratingagentur verfügbar ist. Für den Fall, dass in dem Land, in dem sie ihren Hauptsitz haben, ein Solvabilitätssystem besteht, das gemäß Art. 227

[56] Art. 193 Abs. 1 lit. e–g Solva II-VO.
[57] Art. 193 Abs. 1 lit. d Solva II-VO.
[58] Art. 193. Abs. 2 Solva II-VO.
[59] Art. 194 Abs. 1 und 2 Solva II-VO.
[60] Art. 194 Abs. 1 und 2 Solva II-VO.
[61] Art. 195 Solva II-VO.
[62] Art. 199 Abs. 1 Solva II-VO.
[63] Art. 199 Abs. 2 Solva II-VO.
[64] Art. 199 Abs. 3 Solva II-VO.
[65] Art. 199 Abs. 4 Solva II-VO.
[66] Art. 199 Abs. 5 Solva II-VO.

Solva II-RL als äquivalent zu Solvency II gilt, wird eine Ausfallwahrscheinlichkeit in Höhe von 0,5 % angesetzt.[67] Für Finanz- und Kreditinstitute, wie in Art. 4 Abs. 1 Nr. 1 und Nr. 26 VO (EU) 575/2013 beschrieben, die die Solvabilitätsanforderungen der RL 2013/36/EU erfüllen, wird ebenfalls eine Ausfallwahrscheinlichkeit von 0,5 % gewählt.

Für **Exponierungen gegenüber der Europäischen Zentralbank, gegenüber Zentralstaaten und Zentralbanken der Mitgliedsstaaten**, die auf die einheimische Währung des Staates bzw. der Zentralbank lauten, Exponierungen gegenüber multilateralen Entwicklungsbanken oder internationalen Organisationen gemäß Art. 118 der Verordnung (EU) 575/2013 wird ein Verlust bei Ausfall in Höhe von 0 % angesetzt.[68] 36

In allen anderen Fällen ist eine Wahrscheinlichkeit von 4,2 % zu verwenden.[69] 37

IX. Verhältnis zu anderen Regelungen des VAG. § 105 VAG stellt einen Bestandteil der Basissolvenzkapitalanforderungen dar, welche in § 100 VAG definiert werden. Die Abgrenzung zum Spreadrisiko gemäß § 104 VAG ist zu beachten.[70] 38

Aktienrisikountermodul

106 (1) **Das Aktienrisikountermodul schließt eine symmetrische Anpassung des Faktors im Szenario für Aktienanlagen ein, der das Risiko aus Veränderungen des Aktienkursniveaus erfasst.**

(2) [1]**Die Anpassung der gemäß § 100 Absatz 3 kalibrierten Standardkapitalanforderung für Aktienanlagen wird als Funktion der aktuellen Höhe eines geeigneten Aktienindexes und eines gewichteten Durchschnitts dieses Indexes berechnet.** [2]**Der gewichtete Durchschnitt wird über einen angemessenen Zeitraum ermittelt, der für alle Versicherungsunternehmen gleich ist.**

(3) **Die Anpassung darf nicht zu einem Faktor im Szenario für Aktienanlagen führen, der mehr als 10 Prozentpunkte über oder unter dem Standardfaktor für Aktienanlagen liegt.**

I. Allgemeines. 1. Entstehungsgeschichte. § 106 VAG ist bei der Neufassung des VAG im Jahr 2015 durch Art. 1 des Gesetzes zur Modernisierung der Finanzaufsicht über Versicherungen[1] vom 1.4.2015 in das VAG eingefügt worden. 1

2. Normzweck. Zweck der symmetrischen Anpassung ist die Berücksichtigung von Veränderungen der Aktienkurse bei der Risikobewertung durch das Aktienrisikountermodul.[2] Hierdurch soll übermäßigen potenziellen prozyklischen Auswirkungen des Finanzsystems entgegen getreten werden.[3] Das Risiko wird darin gesehen, dass in Krisenzeiten die regulatorischen Vorgaben zu einer weiteren Destabilisierung der Finanzmärkte führen, wenn im Krisenfall gleichzeitig viele Versicherungsunternehmen ihre Aktienbestände aufgrund zu hoher Kapitalanforderungen für diese Anlageklasse reduzieren müssten.[4] Versicherungsunternehmen sollen außerdem aufgrund nur vorübergehender negativer Entwicklungen auf den Finanzmärkten nicht übermäßig gezwungen sein, sich zusätzliches Kapital zu beschaffen oder Anlagen zu veräußern."[5] 2

3. Europarechtlicher Hintergrund. § 106 VAG setzt an dieser Stelle Art. 106 Solva II-RL um, in welchem der symmetrische Anpassungsmechanismus für das Aktienrisiko-Untermodul bestimmt ist. Die Vorschrift weicht nur redaktionell von Art. 106 Solva II-RL ab. 3

In Bezug auf den nach Art. 172 Solva II-VO bei der Bestimmung der symmetrischen Anpassung heranzuziehenden Aktienindex, einschließlich seiner Zusammensetzung, ist die DVO (EU) 2015/2016 maßgeblich.

II. Aktienrisikountermodul. Die durch § 106 VAG im nationalen Aufsichtsrecht verankerte symmetrische Anpassung wird **durch die EIOPA** bestimmt und entsprechend zusammen mit den zugehörigen Berechnungen monatlich veröffentlicht.[6] Damit bleiben **einheitliche Rahmenbedingungen** für die Bewertung des Aktienrisikos für alle Anwender (der Standardformel) in Europa gewährleistet. 4

Die symmetrische **Anpassung ist in Abhängigkeit eines Aktienindexes** zu bestimmen. Sie ergibt sich als Funktion aus dem aktuellen Stand des Indexes und eines gewichteten Durchschnitts dieses 5

---

[67] Art. 199 Abs. 6 Solva II-VO.
[68] Art. 199 Abs. 8 Solva II-VO.
[69] Art. 199 Abs. 9 Solva II-VO.
[70] Vgl. Abschnitt V dieser Kommentierung.
[1] BGBl. 2015 I 434 ff.
[2] Erwägungsgrund 61 Solva II-RL.
[3] Erwägungsgrund 61 Solva II-RL.
[4] Rn. 3.49 CEIOPS-SEC-40-10.
[5] Erwägungsgrund 61 Solva II-RL.
[6] Rn. 2.2 lit. b EIOPA-BoS-15/120.

Indexes über einen angemessenen Zeitraum.[7] Dieser Index muss dabei die folgenden Voraussetzungen erfüllen:[8]

– Der Aktienindex misst den Marktwert eines diversifizierten Aktienportfolios, das repräsentativ für den Aktienbestand eines Versicherungsunternehmens ist;
– der Stand des Aktienindexes ist öffentlich verfügbar;
– der Stand des Aktienindexes wird regelmäßig veröffentlicht, sodass es möglich ist, den aktuellen Stand als auch seine Durchschnittshöhe über die letzten 36 Monate zu ermitteln.

Damit der Aktienindex den Marktpreis **eines diversifizierten Aktienportfolios** eines Versicherungsunternehmens repräsentiert, sollte dieser sich aus mehreren bestehenden Aktienindizes für relevante Märkte zusammensetzen.[9]

Zur Kalkulation des gewichteten Durchschnitts werden alle täglichen Stände gleich gewichtet. Die Tage innerhalb der letzten 36 Monate, an denen der Index nicht ermittelt wurde, werden in die Berechnung des Durchschnitts nicht mit einbezogen.[10]

Bei der Berechnung der symmetrischen Anpassung wird die Differenz aus dem aktuellen Stand des Aktienindexes und dem gewichteten Durchschnitt der täglichen Aktienstände über den regelmäßigen **Betrachtungszeitraum der letzten 36 Monate** ins Verhältnis gesetzt. Dies misst die prozentuale Abweichung des aktuellen Indexstandes vom durchschnittlichen Index. Von diesem Verhältnis werden im Wege einer Normierung acht Prozentpunkte abgezogen. Die symmetrische Anpassung ergibt sich, indem diese Differenz halbiert wird.[11]

6 Durch die Solva II-VO ist für den Anpassungsfaktor eine **maximale Bandbreite von 10 %** über oder unter der Standardkapitalanforderung aus dem Aktienrisikountermodul vorgegeben.[12] Diese Bandbreite beschränkt den Anpassungsfaktor, sofern sich rechnerisch ein höherer oder niedrigerer Faktor ergäbe.

7 Die Bundesbank hat im Rahmen einer Stellungnahme anlässlich einer Anhörung im Finanzausschuss im Vorfeld der Novellierung des VAG kritisiert, dass für die Versicherungen zur Überwachung der Kapitalausstattungen übergreifend kein antizyklischer Kapitalpuffer vorgesehen ist und empfohlen, dass die **prozyklischen Effekte** von Solvency II durch weitere Auswirkungsstudien auch nach der endgültigen Kalibrierung von Solvency II untersucht werden sollten.[13] Dies verdeutlicht, dass auch die durch § 106 VAG etablierten Maßnahmen bei künftigen Krisen im Finanzsystem voraussichtlich allenfalls mindernd wirken und Herausforderungen aus prozyklischen Effekten auch in der Zukunft verbleiben.

8 **III. Verhältnis zu anderen Regelungen des VAG.** Der § 106 VAG spezifiziert die Bewertung der Marktrisiken gemäß § 104 VAG in Bezug auf das Aktienrisiko.

Kapitalanforderung für das operationelle Risiko

107 (1) [1] **Die Kapitalanforderung für das operationelle Risiko deckt operationelle Risiken ab, soweit diese nicht bereits in den in § 100 genannten Risikomodulen berücksichtigt werden.** [2] **Sie ist gemäß § 97 Absatz 2 zu kalibrieren.**

(2) **In Bezug auf Lebensversicherungsverträge, bei denen das Anlagerisiko von den Versicherungsnehmern getragen wird, muss die Berechnung der Kapitalanforderung für das operationelle Risiko den Betrag der Kosten berücksichtigen, die jährlich für die Verpflichtungen aus diesen Versicherungen angefallen sind.**

(3) [1] **In Bezug auf Versicherungsgeschäfte, die nicht unter Absatz 2 fallen, muss die Berechnung der Kapitalanforderung für das operationelle Risiko das Volumen dieser Geschäfte hinsichtlich der verdienten Prämien und der versicherungstechnischen Rückstellungen berücksichtigen, die für die Verpflichtungen aus diesen Versicherungen gehalten werden.** [2] **Dabei darf die Kapitalanforderung für die operationellen Risiken 30 Prozent der Basissolvabilitätskapitalanforderung für diese Versicherungsgeschäfte nicht überschreiten.**

Schrifttum: *Basel Committee on Banking Supervision* Operational Risk – Supervisory Guidelines for the Advanced Measurement Approaches 2011; *Basler Ausschuss für Bankenaufsicht* Internationale Konvergenz der Eigenkapitalmessung und der Eigenkapitalanforderungen – Überarbeitete Rahmenvereinbarung 2004; *Canadian Institute of Actuaries* Research Paper on Operational Risk 2014; *Aue/Kalkbrener* LDA at Work 2007; *GDV,* Operationale Risiken unter Solvency II aus Sicht der deutschen Versicherungswirtschaft und Versicherungsaufsicht 2007.

---

[7] Art. 106 Abs. 2 Solva II-RL.
[8] Art. 172 Abs. 1 Solva II-VO.
[9] Erwägungsgrund 1 DVO (EU) 2015/2016.
[10] Art. 172 Abs 3 Solva II-VO.
[11] Art. 172 Abs. 2 Solva II-VO.
[12] Art. 172 Abs. 4 Solva II-VO.
[13] Vgl. BT-Drs. 18/2956.

I. Allgemeines. 1. Entstehungsgeschichte. § 107 VAG ist bei der Neufassung des VAG im Jahr 2015 durch Art. 1 des Gesetzes zur Modernisierung der Finanzaufsicht über Versicherungen[1] vom 1.4.2015 in das VAG eingefügt worden. 1

2. Normzweck. § 107 VAG regelt in weiten Teilen die Zusammensetzung und Berechnung der Kapitalanforderung für das operationalle Risiko zur weiteren Berechnung der Solvabilitätskapitalanforderungen gemäß § 97 VAG. 2

3. Europarechtlicher Hintergrund. § 107 VAG setzt Art. 107 der Solva II-RL „Kapitalanforderung für das operationelle Risiko" in national geltendes Recht um. Die Berechnungsvorgaben werden im Detail in Art. 204 Solva II-VO definiert. 3

II. Definition und Abgrenzung. Das operationelle Risiko bezeichnet gemäß § 7 Nr. 24 VAG das Verlustrisiko, das sich aus der Unangemessenheit oder dem Versagen von internen Prozessen, Mitarbeitern oder Systemen oder durch externe Ereignisse ergibt. Die Definition des operationellen Risikos orientiert sich damit an der Definition von Basel II[2] und entspricht der Definition in der Solva II-RL.[3] 4

Der dem operationellen Risiko im Sinne von § 107 VAG **zugrunde liegende Begriff des operationellen Risikos** ist weit gefasst, was eine Abgrenzung des operationellen Risikos zu anderen Risikokategorien mitunter schwierig gestaltet.[4] Es umfasst gemäß § 97 Abs. 3 VAG auch Rechtsrisiken, jedoch weder Reputationsrisiken noch Risiken, die sich aus strategischen Entscheidungen ergeben.[5] 5

Das Risikomodul „operationelles Risiko" wurde in die Standardformel aufgenommen, um eine Kapitalanforderung für nicht explizit über andere Risikomodule abgedeckte Risiken zu berücksichtigen.[6] Somit liegen häufig Überschneidungen oder zumindest Berührungspunkte zu anderen Risikokategorien vor. Beispielsweise können betrügerische Handlungen in den Schadenquoten bzw. Schadendreiecken enthalten sein, welche zur Bestimmung des Prämienrisikos bzw. des Reserverisikos verwendet werden.[7] Infolge dessen kann sich damit ein doppelter Einfluss des operationellen Risikos auf die Höhe der Kapitalunterlegung insgesamt ergeben, explizit in der Umsetzung des § 107 VAG und implizit über den Einfluss der operationellen Risikos auf Bewertungsparametern in anderen Modulen.[8] 6

III. Kalibrierung. Dem Risikomodul für das operationelle Risiko liegt die Annahme zugrunde, dass die Kapitalanforderung für dieses Risiko durch den Value at Risk zu einem Konfidenzniveau von 99,5 % festgelegt werden kann.[9] Da es keine explizite Möglichkeit für die universelle Messung extremer Ereignisse in Bezug auf das operationelle Risiko gibt, wurden zur Kalibrierung **verfügbare Angaben von Anwendern interner Modelle** über die Kapitalanforderung für das operationelle Risiko als Maßstab herangezogen.[10] 7

IV. Berechnungsmethode Allgemein. Die Berechnung der Kapitalanforderung für das operationelle Risiko im Standardansatz basiert auf einem linearen Ansatz **mittels einer faktorbasierten Berechnungsmethode** gemäß Art. 204 Solva II-VO.[11] Die Kapitalanforderung für das operationelle Risiko setzt sich dabei zusammen aus einer Kapitalanforderung für Versicherungsverträge, bei denen das Anlagerisiko vom Versicherungsnehmer getragen wird, sowie einer Kapitalanforderung für sonstige Versicherungsgeschäfte.[12] 8

Das operationelle Risiko wird nicht, wie bei anderen Risiken sonst üblich, als Untermodul der Basissolvabilitätskapitalanforderung zugeordnet, sondern die Kapitalanforderung für das operationelle Risiko wird zu der Basissolvabilitätskapitalanforderung hinzuaddiert. Hierbei wird angenommen, dass **keine Diversifikation** zwischen dem operationellen Risiko zu den in den in § 100 VAG genannten Risiken besteht und somit auch keine Diversifikationseffekte angesetzt werden können.[13]

1. Verträge bei denen das Anlagerisiko von den Versicherungsnehmern getragen wird. Bei Versicherungsverträgen, bei denen das Anlagerisiko vom Versicherungsnehmer getragen wird, wie insbesondere bei der fonds- und indexgebundenen Lebensversicherung, besteht kein operationelles Risiko bezüglich der Rückstellungen für das Versicherungsunternehmen, so dass als Volumenmaß nur die 9

[1] BGBl. 2015 I 434 ff.
[2] Vgl. *Basler Ausschuss für Bankenaufsicht,* Internationale Konvergenz der Eigenkapitalmessung und der Eigenkapitalanforderungen – Überarbeitete Rahmenvereinbarung, 2004, Rn. 644.
[3] Vgl. Art. 13 Nr. 33 Solva II-RL.
[4] *ORX,* Operational Risk Reporting Standards (ORRS), 2011, S. 21.
[5] Vgl. dazu auch *Basler Ausschuss für Bankenaufsicht,* Internationale Konvergenz der Eigenkapitalmessung und der Eigenkapitalanforderungen – Überarbeitete Rahmenvereinbarung, 2004, Rn. 644.
[6] EIOPA-BoS-14/209, 2014, Rn. SCR.3.1.
[7] *Canadian Institute of Actuaries,* Research Paper on Operational Risk, 2014, S. 15.
[8] *Canadian Institute of Actuaries,* Research Paper on Operational Risk, 2014, S. 15.
[9] Zum Begriff des Value at Risk vgl. Kommentierung zu § 97 Abs. 2 VAG.
[10] EIOPA-14-322 vom 25.7.2014, S. 69.
[11] EIOPA-14-322 vom 25.7.2014, dort insbesondere unter Abschnitt 7.
[12] Art. 204 Abs. 1 Solva II-VO.
[13] *CEIOPS,* CEIOPS-SEC-40-10, 2010, Rn. 3.1207.

angefallenen Kosten vor Rückversicherung ohne Abschlusskosten gewählt werden.[14] Hierbei wird angenommen, dass sich die Abschlusskosten ausschließlich auf Versicherungsvermittler beziehen, durch die sich kein operationelles Risiko ergibt.[15] Der Faktor, mit dem die angefallenen Kosten für Lebensversicherungen, bei denen das Anlagerisiko von den Versicherungsnehmern getragen wird, entspricht 25 %.[16]

10 **2. Übrige Verträge.** Die Kapitalanforderung für Versicherungsgeschäfte, bei denen das Anlagerisiko nicht vom Versicherungsnehmer getragen wird, wird bestimmt, indem die Bewertung einerseits **auf Grundlage von verdienten Prämien** und andererseits **auf Grundlage der versicherungstechnischen Rückstellungen** durchgeführt wird. Maßgeblich ist dann der sich ergebende größere Betrag.[17] Abschließend ist zu beachten, dass die Kapitalanforderung nach oben auf 30 % der Basissolvabilitätskapitalanforderung beschränkt wird.[18] Die beiden Kapitalanforderungen berechnen sich nach folgender Systematik:

11 **a) Berechnung auf der Grundlage verdienter Prämien.** Allgemein werden hier Bruttoprämien, also ohne Abzug der Prämien für Rückversicherungsverträge, verwendet. Als Kapitalanforderung werden 4 % der verdienten Prämien aus der Lebensversicherung (ohne fondsgebundene Lebensversicherung) und 3 % der verdienten Prämien aus der Nichtlebensversicherung gewählt. Des weiteren wird bei der Berechnung des operationellen Risikos ein Anstieg der Prämien des Vorjahres im Vergleich zum vorletzten Jahr berücksichtigt. Bei einem Anstieg der Prämien von mehr als 20 %, jeweils separat betrachtet für Prämien aus der Lebens- und Nichtlebensversicherung, wird der Anteil über jenen 20 % doppelt berücksichtigt.[19]

12 **b) Ermittlung basierend auf den versicherungstechnischen Rückstellungen.** Hier werden die versicherungstechnischen Rückstellungen als Volumenmaß ohne Risikomarge und ohne Abzug der einforderbaren Beträge aus Rückversicherungsverträgen und gegenüber Zweckgesellschaften verwendet.[20] Wie in § 107 Abs. 2 VAG gefordert, werden Rückstellungen für Lebensversicherungsverpflichtungen, bei denen das Anlagerisiko vom Versicherungsnehmer getragen wird, nicht in die Berechnung einbezogen. Für Lebensversicherungsverpflichtungen werden 0,45 % und für die Nichtlebensversicherungsverpflichtungen 3 % der positiven Rückstellungen berücksichtigt. Die hierbei zu verwendenden versicherungstechnischen Rückstellungen entsprechen denen in der Solvabilitätsübersicht nach §§ 76 ff. VAG (bester Schätzwert).

13 **V. Verhältnis zu anderen Regelungen des VAG.** Das Risikomanagementsystem hat gemäß § 26 Abs. 5 VAG sämtliche Risiken des Versicherungsunternehmens zu umfassen und hierbei insbesondere auch die Steuerung operationeller Risiken abzudecken. Operationelle Risiken müssen somit auch beim Risikomanagement nach § 26 VAG (bzw. Art. 259 Solva II-VO und Art. 44 Abs. 2 Solva II-RL) Berücksichtigung finden.

Operationelle Risiken sind auch im Rahmen der Risiko- und Solvabilitätsbeurteilung nach § 27 VAG (bzw. Art. 45 Solva II-RL)zu berücksichtigen.

14 Für das operationelle Risiko ist dabei auch eine Beurteilung der Wesentlichkeit der Abweichungen des Risikoprofils des Unternehmens entsprechend § 27 Abs. 2 VAG von den Annahmen, die der Berechnung der Solvabilitätskapitalanforderung zugrunde liegen, vorzunehmen. Bei Anwendern der Standardformel unterliegt damit die gemäß § 107 VAG berechnete Kapitalanforderung einer notwendigen Angemessenheitsbeurteilung.

Anpassung für die Verlustausgleichsfähigkeit der versicherungstechnischen Rückstellungen und latenten Steuern

108 (1) **Die in § 99 Nummer 3 genannte Anpassung für die Verlustausgleichsfähigkeit der versicherungstechnischen Rückstellungen und latenten Steuern berücksichtigt den möglichen Ausgleich unerwarteter Verluste durch eine gleichzeitige Verringerung der versicherungstechnischen Rückstellungen, der latenten Steuern oder eine Kombination von beidem.**

(2) [1]**Diese Anpassung berücksichtigt den risikomindernden Effekt, den künftige Überschussbeteiligungen aus Versicherungsverträgen erzeugen, in dem Maße, wie Versicherungsunternehmen nachweisen können, dass eine Reduzierung dieser Überschussbeteiligungen zum Ausgleich unerwarteter Verluste verwendet werden kann.** [2]**Der durch künftige Über-**

[14] Art. 204 Abs. 1 Solva II-VO sowie Verlautbarung der EIOPA-14–322, Abschnitt 7.
[15] EIOPA-14–322 vom 25.7.2014, S. 70.
[16] Art. 204 Abs. 1 Solva II-VO.
[17] Art. 204 Abs. 1 Solva II-VO.
[18] § 107 Abs. 3 VAG.
[19] Art. 204 Solva II-VO.
[20] Art. 204 Solva II-VO.

schussbeteiligungen erzeugte risikomindernde Effekt darf nicht höher sein als die Summe aus versicherungstechnischen Rückstellungen und latenten Steuern, die mit diesen künftigen Überschussbeteiligungen in Verbindung stehen.

(3) **Für die Zwecke des Absatzes 2 wird der Wert der künftigen Überschussbeteiligungen unter ungünstigen Umständen mit dem Wert der Überschussbeteiligungen gemäß den Basisannahmen für die Berechnung des besten Schätzwerts verglichen.**

Übersicht

I. Allgemeines. 1. Entstehungsgeschichte. § 108 VAG ist bei der Neufassung des VAG im Jahr 2015 durch Art. 1 des Gesetzes zur Modernisierung der Finanzaufsicht über Versicherungen[1] vom 1.4.2015 in das VAG eingefügt worden. 1

2. Normzweck. Gemäß § 99 VAG entspricht die Solvabilitätskapitalanforderung der Summe aus der Basissolvabilitätskapitalanforderung,[2] der Kapitalanforderung für das operationelle Risiko[3] und der Anpassung für die Verlustausgleichsfähigkeit der versicherungstechnischen Rückstellungen und latenten Steuern. § 108 VAG dient dem Zweck, Vorgaben zur letzten Komponente, den Anpassungen für die Verlustausgleichsfähigkeit der versicherungstechnischen Rückstellungen und latenten Steuern, festzulegen. 2

3. Europarechtlicher Hintergrund. § 108 VAG setzt Art. 108 Solva II-RL in deutsches Recht um.[4] Die Unterschiede im Wortlaut sind nur redaktioneller Natur. 3

Weitere Vorschriften zur Verlustausgleichsfähigkeit der versicherungstechnischen Rückstellungen und latenten Steuern finden sich in Art. 205–207 Solva II-VO. Darüber hinaus beinhalten die „Leitlinien zur Verlustausgleichsfähigkeit der versicherungstechnischen Rückstellungen und latenten Steuern" Erläuterungen und Rahmenbedingungen zur Herleitung der Verlustausgleichsfähigkeit.[5] 4

4. Nationale Besonderheiten. Gerade bei der Anpassung für die Verlustausgleichsfähigkeit sind die deutschen Besonderheiten, einerseits in Zusammenhang mit dem Steuerrecht sowie andererseits in Bezug auf den **Überschussfonds** und die sog. **Going-Concern**-Reserve,[6] welche den auf zukünftige Versicherungsnehmer entfallenden Anteil der zukünftigen Überschüsse erfasst, von besonderer Bedeutung.[7] Die BaFin hat deshalb konkretisierende Auslegungsentscheidungen zu latenten Steuern und zur Wechselwirkung von Überschussbeteiligung und Neugeschäft erlassen. 5

II. Verlustausgleichsfähigkeit der versicherungstechnischen Rückstellungen und der latenten Steuern. Die Verlustausgleichsfähigkeit bzw. Risikominderung berücksichtigt die Möglichkeit der Unternehmen, im Fall einer ungünstigen Ergebnissituation die Überschussbeteiligung der Versicherungsnehmer herabzusetzen oder weniger Steuern zu zahlen, als sich im Erwartungswert dieser Zahlungsströme widerspiegelt. In der Folge ergibt sich eine reduzierte Kapitalanforderung, welche bei der Bestimmung der Solvenzkapitalanforderung von wesentlicher Bedeutung für das Ergebnis sein kann.[8] 6

III. Risikomindernder Effekt durch die Überschussbeteiligung. Gemäß § 84 Abs. 1 Nr. 3 VAG sind in den versicherungstechnischen Rückstellungen alle zukünftigen Zahlungen an Versicherungsnehmer und Anspruchsberechtigte enthalten. Diese beinhalten auch die zukünftige Überschussbeteiligung, unabhängig davon, ob auf diese ein vertraglicher Anspruch besteht oder nicht. Durch die Überschussbeteiligung werden Versicherungsnehmer zumeist im Rahmen von langfristigen Personenversicherungsverträgen an den erwirtschafteten handelsrechtlichen Erträgen beteiligt, die sich erwar- 7

[1] BGBl. 2015 I 434 ff.
[2] §§ 100–106 VAG.
[3] § 107 VAG.
[4] Begr. VAG-RegE 2014, BT-Drs. 18/2956, 264.
[5] EIOPA-BoS-14/177.
[6] BaFin-Auslegungsentscheid „Wechselwirkungen zwischen Überschussbeteiligung und Neugeschäft".
[7] Vgl. Kommentierung zu §§ 84 und 93 VAG.
[8] EIOPA Report on the fifth Quantitative Impact Study (QIS5) for Solvency II, S. 69.

tungsgemäß aus einer für diese Geschäfte nach § 138 Abs. 1 bzw. § 146 Abs. 1 Nr. 1 VAG vorgeschriebenen besonders vorsichtigen Kalkulation ergeben. Eine Beteiligung an etwaigen Verlusten erfolgt indes im überschussberechtigten Geschäft nicht, da die Gewährung von Mindestleistungen ein definierendes Merkmal der Überschussbeteiligung darstellt.

8 In Deutschland besteht zwar nach § 153 VVG ein abdingbarer vertraglicher Anspruch auf eine Überschussbeteiligung, doch ist der genaue Umfang nicht bestimmt.[9]

9 Die Unternehmen haben unter Abwägung ihrer geschäfts- und risikopolitischen Ziele die Möglichkeit, die Überschussbeteiligungssätze als ein Instrument der Ergebnissteuerung entsprechend herabzusetzen. Auf diese Weise können somit sich negativ auf die handelsrechtlichen Gewinne auswirkende ungünstige Ergebnissituationen kompensiert werden. Gemäß § 108 Abs. 1 VAG ist dieser risikomindernde Effekt der versicherungstechnischen Rückstellungen bei der Berechnung der Solvabilitätskapitalanforderung zu berücksichtigen.

10 Dem Art. 206 Abs. 1 Solva II-VO folgend berechnet sich die Anpassung für die Verlustausgleichsfähigkeit der versicherungstechnischen Rückstellungen maßgeblich aus der Differenz der Basissolvabilitätskapitalanforderung gemäß § 99 Nr. 1 VAG und der gemäß Art. 206 Abs. 2 Solva II-VO bestimmten Netto-Basissolvabilitätskapitalanforderung. Die **Definition der Risikominderung** erfolgt hierbei als negativer Ausdruck, d. h. als **Abzugsterm**. Zudem wird in der formelmäßigen Darstellung die maximale Verlustausgleichsfähigkeit auf den Wert der zukünftigen Überschussbeteiligung gemäß Berechnung des besten Schätzwerts in der eingangs zugrunde gelegten Solvabilitätsübersicht beschränkt. Hierdurch wird § 108 Abs. 2 VAG weiter konkretisiert, der die Verlustausgleichsfähigkeit der versicherungstechnischen Rückstellungen auf den Betrag limitiert, für den das Versicherungsunternehmen nachweisen kann, dass die Reduzierung der Überschussbeteiligung zum Ausgleich von unerwarteten Verlusten zur Verfügung steht.

11 Zum besseren Verständnis der Berechnungsweise ist es hilfreich, die szenariobasierte Struktur der Standardformel zu betrachten, bei der unabhängig voneinander berechnete Risikomodule für die einzelnen Risikokategorien aggregiert werden, um die Basis-Solvabilitätsskapitalanforderung abzuleiten.[10] Gemäß Art. 83 Abs. 1 lit. c Solva II-VO wird hierbei die Annahme zugrunde gelegt, dass die Auswirkungen einer jeweils angenommenen besonders ungünstigen Entwicklung (Stress-Szenario) in der Berechnung der Basissolvabilitätskapitalanforderung den Wert des in den versicherungstechnischen Rückstellungen enthaltenen Erwartungswertes der Zahlungsströme, einschl. der zukünftigen Überschussbeteiligung, nicht beeinflussen. Hieraus folgt unter anderem, dass die mit der zukünftigen Überschussbeteiligung in Verbindung stehenden Zahlungsströme unverändert bleiben und auch nicht neu diskontiert werden, sollte sich das Szenario auf die risikofreie Zinsstrukturkurve auswirken. Diese Anforderung ist auch bei der Festlegung der in die Berechnung einfließenden Annahmen zu den zukünftigen Managementmaßnahmen zu beachten.[11]

12 Bei der Bestimmung der Netto-Basissolvabilitätskapitalanforderung wird hingegen davon ausgegangen, dass die zukünftige Überschussbeteiligung in den einzelnen Stress-Szenarien unter bestimmten Bedingungen vom Versicherungsunternehmen angepasst werden kann.[12] Zur Ermittlung der Wirkung eines bestimmten Szenarios auf die zukünftige Überschussbeteiligung sind insbesondere die Auswirkungen des Szenarios auf die künftigen Gewinne des Unternehmens sowie die Maßnahmen des Managements hinsichtlich der Überschussbeteiligung der Versicherungsnehmer als Reaktion hierauf zu berücksichtigen.[13] Die hierbei festgelegten **zukünftigen Managementmaßnahmen** sollten in Übereinstimmung zur aktuellen Geschäftspraxis sein.[14] Eine Änderung der künftigen Überschussbeteiligungssätze sollte entsprechend die Art und das Ausmaß des jeweiligen Stresses im Umfang der vorgenommenen Anpassung beachten.[15]

13 Des Weiteren sind gemäß Art. 206 Abs. 3 Solva II-VO bei der Berechnung der Netto-Basissolvabilitätskapitalanforderung „etwaige **rechtliche, regulatorische und vertragliche Beschränkungen bezüglich der Ausschüttung der künftigen Überschussbeteiligung**" zu beachten. In Deutschland ist diesbezüglich neben den Bestimmungen des Vertrages die Berücksichtigung der Anforderungen in §§ 140 Abs. 2 bzw. § 151 Abs. 2 VAG jeweils i. V. m. der MindZV bzw. § 22 KVAV von besonderer Bedeutung.

14 Bei der Betrachtung der Differenz zwischen Basissolvabilitätskapitalanforderung und Netto-Basissolvabilitätskapitalanforderung als Wert für die Anpassung für die Verlustausgleichsfähigkeit der versicherungstechnischen Rückstellungen wird offenbar, dass dieser Wert in bestimmten Konstellationen, bedingt durch den modularen Ansatz des Standardmodells, den Betrag der zukünftigen Überschussbeteiligung im besten Schätzwert übersteigen kann. In diesem Fall ist dann gemäß Art. 206 Abs. 1 Solva II-

[9] Es sind jedoch die Vorgaben aus § 140 Abs. 2 VAG i. V. m. der MindZV zu beachten.
[10] Vgl. § 100 VAG.
[11] LL 1 EIOPA-BoS-14/177.
[12] LL 2 EIOPA-BoS-14/177.
[13] LL 3 EIOPA-BoS-14/177.
[14] LL 5 EIOPA-BoS-14/177.
[15] LL 4 EIOPA-BoS-14/177.

VO die zukünftige Überschussbeteiligung gemäß der Basisannahmen für die Berechnung des besten Schätzwerts anzusetzen.

IV. Risikomindernder Effekt durch latente Steuern. Mit der Anpassung für die Verlustausgleichsfähigkeit latenter Steuern wird einer möglichen Gegenfinanzierung durch realisierbare Steuerersparnisse bei einem Verlust Rechnung getragen, der sich aus einem in Art. 207 Abs. 1 Solva II-VO definierten plötzlichen Verschlechterung der Lage (Schockereignis) ergibt. 15

Zur Ermittlung der risikoabsorbierenden Wirkung wird jeweils auf einen Vergleich der aktivischen und passivischen latenten Steuerpositionen in der Solvabilitätsübersicht nach § 74 VAG jeweils vor und nach Betrachtung eines zu betrachtenden Schockereignisses abgestellt. Die risikoabsorbierende Wirkung latenter Steuern entspricht hierbei dem Veränderungsbetrag der latenten Steuern, der aus einem unmittelbaren Verlust in Höhe der Basissolvenzkapitalanforderung nach Anpassung für die Verlustausgleichsfähigkeit der versicherungstechnischen Rückstellungen sowie der Kapitalanforderung für das operationelle Risiko folgen würde.[16] 16

Bei der Bestimmung der latenten Steuern im Schockereignis sind aufgrund eines Rechtsverweises in Art. 207 Abs. 2 Solva II-VO die entsprechenden Bestimmungen zur Ermittlung in der Solvabilitätsübersicht gemäß Art. 15 Solva II-VO maßgeblich.[17] Dabei wird in Artikel 207 Abs. 2 Satz 2 ein kritischer Blick auf die Ansatzvoraussetzungen zur risikomindernden Wirkung latenter Steuern gefordert, indem klargestellt ist, dass eine Berücksichtigung nicht möglich ist, wenn kein **Werthaltigkeitstest** im Sinne von Artikel 15 Abs. 3 Solva II-VO bestanden wird. Demnach muss es unter Beachtung steuerrechtlicher Vorgaben wahrscheinlich sein, dass auch nach dem unmittelbaren Erleiden des Verlusts ausreichende künftige steuerliche Gewinne zur Aufrechnung gegen angesetzte Steueransprüche wahrscheinlich sind.[18] 17

Über die Vorgaben von Art. 15 Solva II-VO hinaus ist für den Ansatz und die Bewertung latenter Steuern in der Solvabilitätsübersicht auch der IAS 12 zu beachten.[19] Dieser enthält keine explizite quantitative Vorgabe für einen noch akzeptablen Maximalzeitraum für einen Werthaltigkeitstest aktiver latenter Steuern, sondern stellt nur auf qualitative Kriterien ab. Infolge des Verweises von Art. 207 Solva II-VO auf die Vorgaben zu Ansatz und Bewertung latenter Steuern in der Solvabilitätsübersicht ist deshalb davon auszugehen, dass die Regelungen aus der internationalen Rechnungslegung auch Ausstrahlungswirkung auf die Bestimmung der risikomindernden Wirkung latenter Steuern in den Solvabilitätskapitalanforderungen haben. 18

Die Pflicht zum Ansatz latenter Steuern besteht grundsätzlich auf alle temporären Differenzen zwischen Solvabilität II- und Steuerbilanzwerten, sofern die Auflösung in künftigen Geschäftsjahren voraussichtlich zu einer steuerlichen Be- oder Entlastung führen sollte.[20] Für die versicherungstechnischen Rückstellungen gelten hierbei alle Unterschiede aus der Bewertung für Solvabilitätszwecke und der Bewertung für Steuerzwecke im Sinne des IAS 12 als temporär.[21] 19

Der als Risikominderung ansetzbare Betrag ergibt sich entweder aus einem Rückgang der latenten Steuerverbindlichkeiten oder einem Anstieg der latenten Steuerforderungen, wobei eine Erhöhung der Kapitalanforderung aus Steuerlatenzen explizit ausgeschlossen ist.[22] 20

Neben einer Prüfung der steuerlichen Relevanz des Schockverlusts, d. h. der Ermittlung der rechnerischen latenten Steuern nach Schock, erfordert das Regelwerk eine Prüfung der steuerlichen Realisierbarkeit der Verluste im Falle der Neuentstehung bzw. Erhöhung einer aktivischen Steuerlatenz durch das Schockereignis. Diese ist nur dann als Risikominderung ansetzbar, wenn der Nachweis erfolgt, dass nach dem Schockereignis weitere steuerpflichtige Gewinne vorliegen, gegen die der latente Steueranspruch aufrechenbar ist.[23] Insofern erfordert der Nachweis implizit das **Vorliegen einer entsprechenden Steuerplanung** der Unternehmen. Zur Vermeidung einer Doppelzählung ist zudem zu beachten, dass der Werthaltigkeitsprüfung nicht dieselben künftigen steuerpflichtigen Gewinne oder latenten Steuerverbindlichkeiten wie bereits zur Stützung des Ansatzes aktivischer Steuerlatenzen in der Solvabilitätsübersicht zu Grunde gelegt werden.[24] 21

V. Verhältnis zu anderen Regelungen des VAG. Die Einbeziehung zukünftiger Überschüsse bei der Ermittlung der versicherungstechnischen Rückstellungen ist in § 84 Abs. 1 Nr. 3 VAG geregelt. Demnach sind „sämtliche Zahlungen an Versicherungsnehmer und Anspruchsberechtigte, einschließlich künftiger Überschussbeteiligungen, die die Versicherungsunternehmen erwarten vorzunehmen, unabhängig davon, ob sie vertraglich garantiert sind oder nicht“ zu berücksichtigen. 22

[16] Art. 207 Solva II-VO.
[17] Art. 207 Solva II-VO.
[18] Art. 207 Solva II-VO und EIOPA-BoS-14-177 Nr. 1.38.
[19] BaFin-AE „Latente Steuern auf versicherungstechnische Rückstellungen unter Solvency II“
[20] IAS 12.5.
[21] BaFin-AE „Latente Steuern auf versicherungstechnische Rückstellungen unter Solvency II“.
[22] Art. 207 Solva II-VO.
[23] Art. 207 Solva II-VO i. V. m. Art. 15 Solva II-VO.
[24] LL 11 EIOPA-BoS-14/177.

Im Übrigen verweisen folgende Paragraphen innerhalb des VAG auf § 108 VAG:
– § 99 (Struktur der Standardformel),
– § 111 (Verwendung interner Modelle),
– § 112 (Interne Modelle in Form von Partialmodellen),
– § 212 (Anzuwendende Vorschriften),
– § 257 (Zwischengeschaltete Versicherungs-Holdinggesellschaften).

Abweichungen von der Standardformel

109 (1) [1] **Versicherungsunternehmen können eine vereinfachte Berechnung für ein Untermodul oder Risikomodul verwenden, wenn Art, Umfang und Komplexität der Risiken dies rechtfertigen und es unverhältnismäßig ist, von dem Versicherungsunternehmen insoweit die Anwendung der Standardberechnung zu verlangen.** [2] **Die vereinfachten Berechnungen müssen gemäß § 97 Absatz 2 kalibriert werden.**

(2) [1] **Mit Genehmigung der Aufsichtsbehörde können Versicherungsunternehmen bei der Berechnung der versicherungstechnischen Module eine Untergruppe von Parametern durch unternehmensspezifische Parameter ersetzen.** [2] **Derartige Parameter werden auf der Grundlage interner Daten des Unternehmens oder auf der Grundlage von Daten, die direkt für die Geschäfte dieses Unternehmens relevant sind, unter Verwendung standardisierter Methoden kalibriert.** [3] **Die verwendeten Daten müssen genau, vollständig und angemessen sein.**

Übersicht

Schrifttum: *CEIOPS,* CEIOPS' Advice for Level 2 Implementing Measures on Solvency II: SCR standard formula Article 111 (l) Simplified calculations in the standard formula (former Consultation Paper 77) 2010 (CEIOPS-DOC-73/10); *CEIOPS* CEIOPS' Advice for Level 2 Implementing Measures on Solvency II: SCR standard formula – Article 111 j, k Undertaking-specific parameters (former Consultation Paper 75) 2010 (CEIOPS-DOC-71/10).

1 **I. Allgemeines. 1. Entstehungsgeschichte.** § 109 VAG ist bei der Neufassung des VAG im Jahr 2015 durch Art. 1 des Gesetzes zur Modernisierung der Finanzaufsicht über Versicherungen[1] vom 1.4.2015 in das VAG eingefügt worden.

2 **2. Normzweck.** § 109 VAG erlaubt unter bestimmten Voraussetzungen eine Abweichung von der Standardformel in Form von Vereinfachungen. Damit soll eine übermäßige Belastung kleinerer und mittlerer Unternehmen vermieden werden.[2]

3 **3. Europarechtlicher Hintergrund.** § 109 VAG setzt Art. 109 und Art. 104 Abs. 7 Solva II-RL um. Die Übernahme erfolgte nicht wortgleich. So verweist § 109 Abs. 1 VAG bzgl. der Grenzen der Zulässigkeit von Vereinfachungen auf Unverhältnismäßigkeit, während Art. 109 Solva II-RL auf das Kriterium der Unangemessenheit abstellt. Allerdings greift der unmittelbar geltende Art. 88 Solva II-VO die Wortwahl der Solva II-RL auf, so dass sie damit auch in Deutschland maßgeblich ist.

4 Spezifische Berechnungsvereinfachungen für einzelne Risikomodule sind in Art. 90–112 Solva II-VO geregelt.

5 Hinsichtlich der Möglichkeit der Verwendung unternehmensspezifischer Parameter in der Standardformel bestehen über § 109 Abs. 2 VAG hinaus in Art. 218 ff. Solva II-VO konkretisierende Vorgaben.

[1] BGBl. 2015 I 434 ff.
[2] Erwägungsgrund 66 Solva II-RL.

Dies schließt auch damit verbundene Datenanforderungen sowie die standardisierten Methoden zur Berechnung der unternehmensspezifischen Parameter ein. EIOPA hat dazu im Jahr 2014 eine konkretisierende Leitlinie zu unternehmensspezifischen Parametern verfasst.[3] Ein im Jahr 2015 erlassener technischer Durchführungsstandard gibt einen verpflichtenden europäischen Regelungsrahmen zur Durchführung des Verfahrens der Antragsstellung, der weitergehenden Prüfung und Genehmigung von unternehmensspezifischen Parametern.[4]

II. Vereinfachte Berechnungen. Es liegt in der Verantwortung des Versicherungsunternehmens, eine **angemessene Berechnungsmethode** zur Bestimmung der Solvabilitätskapitalanforderung zu wählen. Voraussetzung für die Anwendung vereinfachter Berechnungen ist die Durchführung folgender zwei Schritte: 6

(1) Beurteilung von Art, Umfang und Komplexität der Risiken,
(2) Beurteilung, ob die Anwendung einer bestimmten Vereinfachung angemessen ist.[5]

Zu beachten ist, dass die Kalibrierung der **vereinfachten Berechnungen** weiterhin den Anforderungen aus § 97 Abs. 2 VAG genügen muss. So ist auch bei einem Rückgriff auf Vereinfachungen auf eine Abdeckung aller quantifizierbaren Risiken zu achten, wobei die Solvabilitätskapitalanforderung dem Value-at-Risk[6] zu einem Konfidenzniveau von 99,5 % entspricht.[7] 7

Das **Kriterium der Angemessenheit** ist nicht erfüllt, wenn dies zu einer geringeren Solvabilitätskapitalanforderung führt. Eine konservativere, also höhere Solvabilitätskapitalanforderung aufgrund der vereinfachten Berechnungsmethodik widerspricht hingegen nicht dem Kriterium der Angemessenheit.[8] 8

III. Beurteilung von Art, Umfang und Komplexität der Risiken. Art. 88 Solva II-VO enthält grundlegende Vorgaben hinsichtlich der Einschätzung des angemessenen Umgangs mit den Anforderungen zu Art, Umfang und Komplexität der Risiken bei der Bestimmung der Solvabilitätskapitalanforderungen. Dementsprechend sind hierfür sowohl qualitative als auch quantitative Einschätzungen, einschließlich der Abschätzung von inhärenten Fehlerrisiken von Vereinfachungen notwendig. Für die Standardformel wird darüber hinaus in dem aktuell geltenden Solvabilität II-Vorschriftenwerk keine konkretisierende Vorgabe zur Durchführung entsprechender Einschätzungen gegeben. Vielmehr verbleibt die **Verantwortung einer sachgerechten Analyse** bei den Unternehmen, welche zu einer Einschätzung ihrer Risiken auf Ebene der einzelnen Risiko(unter)module und in einer Gesamtbetrachtung der Risiken kommen müssen. Anhaltspunkte bezüglich der Beurteilung von Art, Umfang und Komplexität können jedoch aus früheren Vorgaben abgeleitet werden. Nachfolgend werden die im Rahmen des Proportionalitätsprinzips gegebenen Konkretisierungen des CEIOPS Dokuments „Calibration of Market Risk Module" dargelegt.[9] Die dort aufgeführten grundlegenden Überlegungen haben über das Marktrisiko hinaus Ausstrahlungswirkung auch auf andere Risikomodule. Weitere Anhaltspunkte ergeben sich aus einer Übertragung der in den Leitlinien zu den technischen Rückstellungen aufgezeigten Vorgehensweise zur Analyse der Verhältnismäßigkeit, u. a. zur Prüfung der Art und Komplexität der Risiken, zur Ermittlung komplexer Risikostrukturen und zur Beurteilung des Umfangs der Risiken.[10] 9

1. Einzubeziehende Risiken. Vor der Beurteilung von Art, Umfang und Komplexität der Risiken sind die in die Analyse einzubeziehenden Risiken zu bestimmen. Diese Entscheidung ist insoweit vom betrachteten Untermodul oder Risikomodul abhängig, wie die Höhe der Eigenmittel des Versicherungsunternehmens beeinflusst werden. Deshalb muss im Sinne von Art. 88 Solva II-VO die Einschätzung, für welche Risiken eine vereinfachte Berechnung der Solvabilitätskapitalanforderung geeignet ist, auf Untermodul- bzw. Risikomodulebene erfolgen. Sie ist bei jeder Neu- bzw. Wiederberechnung der Solvabilitätskapitalanforderung erneut vorzunehmen. Dabei ist auch das Gesamtergebnis der Solvabilitätskapitalanforderung im Blick zu behalten und auf eine konsistente Behandlung der verschiedenen Elemente der Solvabilitätskapitalanforderung zu achten.[11] 10

2. Art und Komplexität der Risiken. Da hinter jedem Untermodul bzw. Risikomodul der Solvabilitätskapitalanforderung die Annahme steckt, dass das zugrunde liegende Risiko mathematisch modelliert werden kann, ist die Art des zugrunde liegenden Risikos durch eine Wahrscheinlichkeitsverteilungsfunktion einer Zufallsvariable beschrieben, die den Einfluss des zugrunde liegenden Risikos auf die Eigenmittel des Versicherungsunternehmens darstellt.[12] Die Komplexität von Risiken kann 11

[3] EIOPA-BoS-14/178 zu unternehmensspezifischen Parametern.
[4] Vgl. DVO (EU) 2015/498.
[5] Vgl. Art. 88 Solva II-VO.
[6] S. Kommentierung zu § 97 VAG.
[7] Vgl. § 109 VAG i. V. m. § 97 Abs. 2 S. 4 VAG.
[8] Vgl. Art. 88 Solva II-VO.
[9] CEIOPS-DOC-73/10.
[10] Vgl. EIOPA-BoS-14/178 zu unternehmensspezifischen Parametern, LL 14–166, insbesondere Nr. 44–49.
[11] CEIOPS-DOC-73/10, Rn. 3.13–3.14 bzw. EIOPA LL 14–166 analog.
[12] CEIOPS-DOC-73/10, Rn. 3.16.

grundsätzlich durch die **Anzahl der beinhalteten Unterrisiken** und den **Grad der Schwierigkeit, diese zu separieren**, beschrieben werden.[13]

12 Bei der Einschätzung von Art und Komplexität der Risiken sollten Informationen hinsichtlich vorherrschender Charakteristika und Besonderheiten zur Risikosituation berücksichtigt werden.[14] Dementsprechend können auch verwendete **Risikominderungstechniken** und ihr Einfluss auf das zugrunde liegende Risikoprofil in Betracht gezogen werden.[15] Der Komplexitätsgrad bzw. die Unsicherheit eines Risikos ist durch den Schwierigkeitsgrad der Berechnung und die Menge an Erfahrung, die für die Durchführung der Berechnung nötig ist, gekennzeichnet. Allgemein gilt, dass mit zunehmender Komplexität eines Risikos die Schwierigkeit, dieses zu modellieren und mögliche zukünftige Gewinne oder Verluste zu prognostizieren, zunimmt.[16] Um komplexere und weniger vorhersehbare Risiken angemessen analysieren und quantifizieren zu können, sind deshalb ggf. komplexere Techniken erforderlich. In einigen Fällen wird jedoch **keine ausreichende Datenbasis** für ein komplexes Modell verfügbar sein. In diesen Fällen sollte dann die Methode gewählt werden, welche unter Beachtung der Grenzen der Aussagefähigkeit anhand der verfügbaren Daten die **höchste Glaubwürdigkeit** liefert.[17]

13 **3. Risikoumfang.** Durch eine Abschätzung des Risikoumfangs können Versicherungsunternehmen Risiken identifizieren, für die eine vereinfachte Berechnung in Frage kommen könnte. Dadurch kann auch eine Einteilung in **wesentliche und unwesentliche Risiken** erfolgen.[18] Je nach Ziel der Einschätzung kann der Risikoumfang unterschiedlich interpretiert werden, beispielsweise als Risikoanfälligkeit im Hinblick auf den erwarteten Verlust, der durch das Risiko verursacht wird. In diesem Fall entspricht der Risikoumfang gleich der Risikoanfälligkeit, welche sich aus dem Produkt von Risikoeintrittswahrscheinlichkeit und der Auswirkung im Falle der Realisierung ergibt.[19]

14 Um den Risikoumfang zu messen und dabei über eine absolute Quantifizierung hinauszugehen, müssen Versicherungsunternehmen eine **Bezugsgröße (Benchmark)** oder einen **Referenzwert** einführen. Dadurch erfolgt die Einteilung in große und kleine Risiken relativ zu dieser Bezugsgröße.[20] Abhängig von der Situation können beispielsweise die **Gesamt-Solvabilitätskapitalanforderung**, die **Basissolvabilitätskapitalanforderung** oder die **Kapitalanforderung einzelner Risikomodule** oder Untermodule als Bezugsgröße verwendet werden. In diesem Fall entspricht der Risikoumfang dem Produkt aus Risikoeintrittswahrscheinlichkeit und relativer Auswirkung im Falle der Realisierung. Dies entspricht der jeweiligen Solvabilitätskapitalanforderung relativ zum Volumenmaß.[21]

15 Die Zielsetzung, ein allgemeingültiges Berechnungsschema zur Messung des Risikoumfangs zu definieren erweist sich ggf. nicht immer als praktikabel oder möglich. Versicherungsunternehmen können deshalb die Definition von Risikoumfang so wählen, dass er den spezifischen Umständen und dem **Risikoprofil des Unternehmens** am besten gerecht wird. Die gewählte Definition sollte dabei jedoch immer eine objektive und verlässliche Einschätzung der Gesamtsituation liefern.[22]

16 **4. Gesamteinschätzung.** Zwischen den drei Parametern **Art, Umfang und Komplexität** der Risiken, gibt es in der Praxis oft wechselseitige Abhängigkeiten. Deshalb sollten diese dann bei der Risikoeinschätzung, beispielsweise durch Kombination der drei Faktoren, berücksichtigt werden. Die Gesamteinschätzung, ob ein Risiko für eine vereinfachte Berechnung geeignet ist, beinhaltet daher neben quantitativen Analysen auch eine zumindest abschließende **qualitative Würdigung**. Eine ausschließliche einfache formelhafte Aggregation der Einzeleinschätzungen der drei Faktoren genügt in der Regel nicht.[23] Im Hinblick auf Art und Komplexität sollten bei der Einschätzung die Haupteigenschaften und -charakteristika identifiziert und deren Grad an Komplexität und Vorhersehbarkeit bewertet werden. Zusammen mit den Kriterien für den Risikoumfang kann diese Einschätzung als „Filter" verwendet werden, um zu entscheiden, ob die Anwendung einer vereinfachten Berechnung geeignet sein könnte. Dies kann beispielsweise durch eine zweidimensionale Risikomatrix geschehen.[24]

17 **IV. Beurteilung der Angemessenheit.** Um die Angemessenheit beurteilen zu können, muss das Versicherungsunternehmen analysieren, ob die in Frage kommende vereinfachte Berechnung, die im

[13] CEIOPS-DOC-73/10, Rn. 3.17.
[14] Vgl. entsprechend auch EIOPA-BoS-14/178 zu unternehmensspezifischen Parametern, LL 14–166, Nr. 45 und 46.
[15] CEIOPS-DOC-73/10, Rn. 3.20.
[16] CEIOPS-DOC-73/10, Rn. 3.21.
[17] CEIOPS-DOC-73/10, Rn. 3.22.
[18] CEIOPS-DOC-73/10, Rn. 3.24.
[19] CEIOPS-DOC-73/10, Rn. 3.25.
[20] Vgl. entsprechend auch EIOPA-BoS-14/178 zu unternehmensspezifischen Parametern, LL 14–166, Nr. 47.
[21] CEIOPS-DOC-73/10, Rn. 3.29–3.30.
[22] CEIOPS-DOC-73/10, Rn. 3.31–3.32.
[23] CEIOPS-DOC-73/10, Rn. 3.33.
[24] CEIOPS-DOC-73/10, Rn. 3.34.

ersten Schritt identifizierten Eigenschaften und Charakteristika angemessen abbildet und auch den Risikoumfang berücksichtigt.[25] Zusätzlich muss auch das Ziel der Aufsichtsbehörde, welches der Berechnung der Solvabilitätskapitalanforderung zugrunde liegt, beachtet werden.[26] Das bedeutet, dass eine **vereinfachte Berechnung** als angemessen angesehen wird, wenn das so berechnete Ergebnis nicht wesentlich vom „echten" Ergebnis, das ohne vereinfachte Berechnung ermittelt wird, abweicht. Dies impliziert einen durch die Methodenänderung nur unwesentlich verursachten Fehler.[27]

1. Wesentlichkeit im Rahmen der Berechnung der Solvabilitätskapitalanforderung. Die Definition von Wesentlichkeit soll mit den Grundsätzen der **IFRS-seitigen Definition** übereinstimmen.[28] Demnach sind Informationen wesentlich, wenn sie – einzeln oder gemeinsam – die basierend auf den Abschlüssen getroffenen ökonomischen Entscheidungen beeinflussen.[29] Im Rahmen einer vereinfachten Berechnung der Solvabilitätskapitalanforderung bedeutet das, dass der Fehler in einem Untermodul bzw. Risikomodul wesentlich ist, wenn er die **Entscheidungsfindung der Adressaten** und insbesondere der Aufsichtsbehörde beeinflusst.[30] 18

Aus der Notwendigkeit der Begründung von Wesentlichkeitsentscheidungen heraus ergibt sich die Notwendigkeit für die Versicherungsunternehmen, konkretisierende **Wesentlichkeitskriterien** zu definieren und weiterhin klar zu dokumentieren, auf welcher Basis die Entscheidung über die Wesentlichkeit eines möglichen Fehlers in der Solvabilitätskapitalanforderung getroffen wird.[31] Diese Wesentlichkeitskriterien sollten konsistent sein mit Wesentlichkeitsbedingungen in anderen Bereichen der Solvabilitätsbeurteilung und -berichterstattung und sich in der unternehmenseigenen Risiko- und Solvabilitätsbeurteilung nach § 27 VAG (ORSA) widerspiegeln.[32] 19

2. Bestimmung des Fehlers der vereinfachten Berechnung. Unabhängig von den für die Berechnung der Solvabilitätskapitalanforderung verwendeten Methoden muss eine Einschätzung ihrer Angemessenheit immer auch eine **Einschätzung des Fehlers** beinhalten, der durch die Verwendung von vereinfachten Berechnungsmethoden entsteht. Dies kann beispielsweise mit Hilfe von Sensitivitätsanalysen geschehen.[33] Eine genaue Bestimmung des Fehlers, der durch die vereinfachte Berechnung entsteht, wird oft mangels Vorhandensein eines aktuellen und formell richtigen Werts nicht möglich sein. Dennoch sollten die Versicherungsunternehmen zumindest plausibel darlegen können, dass der auftretende Fehler nicht wesentlich ist.[34] Versicherungsunternehmen sollten insbesondere in der Lage sein, die Hauptrisiken und wesentlichen Unsicherheiten der Bewertung qualitativ zu beschreiben.[35] 20

Generell dürfen Vereinfachungen nur angewandt werden, wenn die Verwendung der Standardformel eine **übermäßige Belastung** für das Versicherungsunternehmen wäre. Dies ist beispielsweise nicht der Fall, wenn die Berechnung nach der Standardformel schon durchgeführt wurde oder leicht durchgeführt werden kann.[36] 21

V. Unternehmensspezifische Parameter. Der Rückgriff auf **unternehmensspezifische Parameter** anstelle von Standardparametern in der Standardformel ist zulässig, sofern ein Rückgriff auf die Standardparameter zu einer nicht-adäquaten Abbildung der Risiken des Unternehmens führt. Demnach kann die Anwendung unternehmensspezifischer Parameter einen positiven Beitrag zu gutem Risikomanagement im Unternehmen liefern.[37] Die Untergruppen von Standardparametern, die durch unternehmensspezifische Parameter ersetzt werden können, werden in Abschn. V.1 dieser Kommentierung thematisiert. 22

Für die Berechnung der unternehmensspezifischen Parameter existieren verschiedene standardisierte Methoden (Abschn. V.2.). Zu beachten sind die **Anforderungen an Daten**. Diese müssen genau, vollständig und angemessen sein (Abschn. V.3). 23

Die Anwendung unternehmensspezifischer Parameter bedarf einer **Genehmigung** durch die Aufsichtsbehörde. Durch technische Standards soll dabei eine Harmonisierung des Genehmigungsprozesses sichergestellt werden.[38] 24

[25] CEIOPS-DOC-73/10, Rn. 3.37.
[26] CEIOPS-DOC-73/10, Rn. 3.38.
[27] CEIOPS-DOC-73/10, Rn. 3.39.
[28] CEIOPS-DOC-73/10, Rn. 3.42.
[29] Vgl. IAS 1.7.
[30] CEIOPS-DOC-73/10, Rn. 3.43, 3.46.
[31] CEIOPS-DOC-73/10, Rn. 3.45.
[32] Vgl. § 27 VAG.
[33] Vgl. CEIOPS-DOC-73/10, Rn. 3.47-3.48.
[34] Vgl. CEIOPS-DOC-73/10, Rn. 3.50.
[35] Vgl. CEIOPS-DOC-73/10, Rn. 3.49.
[36] Vgl. CEIOPS-DOC-73/10, Rn. 3.57.
[37] Vgl. EIOPA-BoS-14/178, Rn. 1.4.
[38] Vgl. EIOPA-BoS-14/178, Rn. 1.8.

25 **1. Untergruppen von Standardparametern, die durch unternehmensspezifische Parameter ersetzt werden können.** Art. 218 Solva II-VO bestimmt, welche Untergruppen von Standardparametern durch unternehmensspezifische Parameter ersetzt werden. Diese sind gemäß Art. 218 Abs. 1 Solva II-VO in folgenden Untermodulen zu sehen:
- Nichtlebensversicherungsprämien- und -rückstellungsrisiko,
- Lebensversicherungsrevisionsrisiko,
- Prämien- und Rückstellungsrisiko der Krankenversicherung,
- Revisionsrisiko der Krankenversicherung.

26 Hinsichtlich Schadenexzedenten-Rückversicherungsverträgen regelt dabei Art. 218 Abs. 2 Solva II-VO die Voraussetzungen für eine Anerkennungsfähigkeit sowie Abs. 3 den Umgang mit mehreren Schadenexzedenten-Rückversicherungsverträgen.[39]

2. Standardisierte Methoden zur Berechnung der unternehmensspezifischen Parameter.

27 Die Kalibrierung der unternehmensspezifischen Parameter hat unter Verwendung standardisierter Methoden zu erfolgen. Die Methoden sind in Anh. XVII Solva II-VO dargelegt:
- Prämienrisikomethode,
- Rückstellungsrisikomethode 1 und 2,
- Revisionsmethode,
- Nichtproportionale Rückversicherungsmethode.

28 Die Anwendung der jeweiligen Modelle auf die jeweiligen unternehmensspezifischen Parameter ist in Art. 220 Solva II-VO geregelt. Falls die Anwendung von mehr als einer standardisierten Methode möglich ist, ist die unter Berücksichtigung der Kalibrierungsanforderungen **exakteste Methode** zu wählen. Falls ein Nachweis der Genauigkeit der Ergebnisse nicht möglich ist, ist die **konservativste Methode** zu wählen.[40]

29 **3. Datenanforderungen.** Eine zentrale Rolle bei den unternehmensspezifischen Parametern kommt der **Datenqualität** zu. Damit diese als vollständig, exakt und angemessen einzustufen sind, muss ein in Art. 219 Abs. 1 Solva II-VO **spezifizierter Kriterienkatalog** erfüllt werden. Grundsätzlich sind die Anforderungen an Datenqualität, die bei der Berechnung der versicherungstechnischen Rückstellungen nach Art. 19 Solva II-VO eingefordert werden, mit Bezugnahme auf die Berechnung der unternehmensspezifischen Parameter, zu berücksichtigen. Hinsichtlich der standardisierten Methoden nach Abschn. 2.2 dieser Kommentierung müssen die Daten eine Beschaffenheit aufweisen, sodass sie zum einen in der entsprechenden Methode verwendet werden können als auch die zusätzlich durch die Methode gestellten Datenanforderungen erfüllen.[41] Ferner sind bezüglich Daten und Datenproduktion die in Art. 210 Abs. 1 lit. e Solva II-VO gennannten Dokumentationsanforderungen zu erfüllen. Bei Verwendung externer Daten sind zusätzliche Anforderungen zu berücksichtigen.[42]

30 Die EIOPA LL zu unternehmensspezifischen Parametern konkretisieren die zugehörigen Anforderungen an die Datenqualität. So sollen Unternehmen eine Einhaltung der Kriterien nach Art. 219 Solva II-VO ungeachtet der Wesentlichkeit des angewendeten Bereichs des unternehmensspezifischen Parameters beachten.[43] Eine **Bereinigung von historischen Daten** kann vorgenommen werden, um die Wirkung nicht maßgeblicher Risiken des vergangenen Jahres auszuschließen. Ferner sollen Anpassungen zum Ausschluss von **Katastrophenereignissen** sowie zur Sicherstellung einer Darstellung der aktuellen **Rückversicherungsverträge** bei Bedarf zur Anwendung kommen.[44]

31 **VI. Verhältnis zu anderen Regelungen des VAG.** Der Rückgriff auf vereinfachte Berechnungen befreit nicht von einer Berücksichtigung der zugrundeliegenden Kalibrierungsannahmen bei der Berechnung der Solvabilitätskapitalanforderung. Demnach müssen auch unter der Anwendung von Vereinfachungen die Anforderungen des § 97 Abs. 2 VAG eingehalten werden.

Wesentliche Abweichungen von den Annahmen, die der Berechnung mit der Standardformel zugrunde liegen

110 **[1]Ist die Berechnung der Solvabilitätskapitalanforderung nach der Standardformel nicht zweckmäßig, weil das Risikoprofil des Versicherungsunternehmens wesentlich von den der Standardformel zugrunde gelegten Annahmen abweicht, kann die Aufsichtsbehörde dem Unternehmen aufgeben, bei der Berechnung der versicherungstechnischen Risikomodule eine Untergruppe der für die Standardformel verwendeten Parameter durch**

[39] Vgl. Art. 218 Solva II-VO.
[40] Vgl. Art. 220 Solva II-VO.
[41] Vgl. Art. 219 Abs. 1 lit. b und d Solva II-VO.
[42] Vgl. Art. 219 Abs. 2 Solva II-VO.
[43] Vgl. EIOPA-BoS-14/178, Rn. 1.14.
[44] Vgl. EIOPA-BoS-14/178, Rn. 1.15–1.17.

unternehmensspezifische Parameter zu ersetzen. [2]**Bei der Berechnung dieser spezifischen Parameter hat das Unternehmen die Anforderungen des § 97 Absatz 2 und des § 109 Absatz 2 Satz 2 und 3 einzuhalten.**

I. Allgemeines. 1. Entstehungsgeschichte. § 110 VAG ist bei der Neufassung des VAG im Jahr 2015 durch Art. 1 des Gesetzes zur Modernisierung der Finanzaufsicht über Versicherungen[1] vom 1.4.2015 in das VAG eingefügt worden. 1

2. Normzweck. § 110 VAG regelt die Kompetenzen der BaFin, um bei eingeschränkter Eignung der Standardformel unternehmensindividuelle Anpassungen an der Standardformel verpflichtend einfordern zu können. 2

3. Europarechtlicher Hintergrund. § 110 VAG setzt Art. 110 Solva II-RL um. Die Übernahme erfolgte nicht wortgleich. Während die Solva II-RL als Kriterium für Abweichungen von den Annahmen der Standardformal noch auf eine „Signifikanz der Abweichung von den zugrunde liegenden Annahmen zur Standardformel" abstellt,[2] wird in § 110 VAG wie auch in § 96 Abs. 2 VAG von der Wesentlichkeit der Abweichung gesprochen. Inhaltliche Unterschiede sind damit nicht beabsichtigt. 3

II. Wesentliche Abweichungen des Risikoprofils i. S. v. § 110 VAG. Grundsätzlich soll die Kalibrierung der zugrunde liegenden Annahmen der Standardformel eine derartige Beschaffenheit aufweisen, sodass alle **materiellen und quantifizierbaren Risiken** eines Unternehmens in der Solvenzkapitalanforderung abgebildet sind.[3] Tatsächlich ist eine exakte Berücksichtigung des individuellen Risikoprofils eines Versicherungsunternehmens aufgrund des generischen Charakters der Standardformel nicht immer gegeben. Aus diesem Grund, sind in einem gewissen Umfang Abweichungen zwischen den zugrundeliegenden Annahmen der Standardformel und des Risikoprofils eines Unternehmens zulässig.[4] 4

Eine wesentliche Abweichung des Risikoprofils von den zugrundeliegenden Annahmen der Standardformel, welche eine mögliche Anordnung der Aufsicht nach § 110 VAG nach sich zieht, ist insbesondere dann in Betracht zu ziehen, wenn von einer **signifikanten Unterschätzung** der Solvabilitätskapitalanforderung auszugehen ist.[5] Im Falle eines Vorliegens einer solchen Abweichung kann die Aufsichtsbehörde dem Unternehmen aufgeben, bei der Berechnung der versicherungstechnischen Risikomodule eine Untergruppe der für die Standardformel verwendeten Parameter durch **unternehmensspezifische Parameter** zu ersetzen.[6] 5

Im Rahmen ihrer gemäß § 27 VAG verpflichtend vorgeschriebenen unternehmenseigenen Risiko- und Solvabilitätsbeurteilung (**ORSA**) sind Versicherungsunternehmen zu einer […] „Beurteilung der Wesentlichkeit von **Abweichungen des Risikoprofils** des Unternehmens von den Annahmen, die der Berechnung der Solvabilitätskapitalanforderung (SCR) mit der Standardformel oder mit dem internen Modell zugrunde liegen", verpflichtet.[7] Über die Ergebnisse ist die BaFin mindestens jährlich im Rahmen der Weiterleitung des ORSA-Berichts an die Aufsichtsbehörden zu informieren, so dass damit ein möglicher Ausgangspunkt für das Hinterfragen der Angemessenheit der Standardformel durch die BaFin gegeben ist. 6

Versicherungsunternehmen sollen sich bei der Feststellung, ob eine **signifikante Abweichung** des Risikoprofils von den zugrundeliegenden Annahmen vorliegt, an den **Schwellenwerten für Kapitalaufschläge** gemäß Art. 279 Solva II-VO orientieren.[8] So ist bei einer Abweichung von 10 % grundsätzlich von einer erheblichen Abweichung auszugehen, sofern nicht die Anhaltspunkte gemäß Art. 279 Solva II-VO zu einer gegenteiligen Einschätzung führen. Ab einer Abweichung von 15 % ist definitiv von einer erheblichen Abweichung auszugehen.[9] 7

Die Prüfung der Abweichungen des Risikoprofils von den Annahmen der Standardformel durch das Versicherungsunternehmen selbst verdeutlicht den Übergang von einem regelbasierten zu einem **prinzipienorientierten Ansatz** im Zuge von Solvabilität I auf Solvabilität II. Durch die Delegation der Verantwortung vom Regulator auf das Unternehmen ist es für das Versicherungsunternehmen unumgänglich, sich mit seinem Risikoprofil auseinanderzusetzen. Das Unternehmen soll demnach die Abweichungen des Risikoprofils von den einschlägigen Annahmen der Standardformel selbst beurteilen und analysieren. Als Hilfestellung wurde von EIOPA bereits im Jahr 2014 das Dokument zu „The underlying assumptions in the standard formula for the Solvency Capital Requirement calculation" 8

[1] BGBl. 2015 I 434 ff.
[2] Vgl. Art. 110 Satz 1 Solva II-RL.
[3] Vgl. *EIOPA,* The underlying assumptions in the standard formula for the Solvency Capital Requirement calculation, 2014 (EIOPA-14–322).
[4] Vgl. *BaFin,* Vorbereitung auf Solvency II: Berechnung der Solvabilitätskapitalanforderung (SCR), Nr. 4.
[5] Das Argument der Verhältnismäßigkeit bei der Anwendung der Standardformel ist in diesem Fall aufgrund der Vorgaben aus Art. 82 Abs. 2 Solva II-VO nicht mehr zulässig.
[6] Vgl. *BaFin,* Vorbereitung auf Solvency II: Berechnung der Solvabilitätskapitalanforderung (SCR), Nr. 6.
[7] § 27 Abs. 2 Nr. 3 VAG.
[8] Vgl. *BaFin,* Vorbereitung auf Solvency II: Berechnung der Solvabilitätskapitalanforderung (SCR), Nr. 8.
[9] Vgl. Art. 279 Solva II-VO.

herausgegeben, welches von der BaFin dann nach Inkrafttreten von Solvabilität II als deutsche Version veröffentlicht wurde.[10]

9 Für eine **Beurteilung der Abweichung** können ferner LL 16 der „Leitlinien zur vorausschauenden Beurteilung der eigenen Risiken (basierend auf den ORSA Grundsätzen)" sowie die von der BaFin veröffentlichten Erläuterungen herangezogen werden.[11] In einem ersten Schritt kann vom Unternehmen daher eine qualitative Analyse der Abweichung vorgenommen werden. Wenn aus der qualitativen Analyse Anzeichen für eine signifikante Abweichung vorliegen, ist dies in einer quantitativen Untersuchung weiterführend zu untersuchen.[12]

10 Die **Feststellung einer signifikanten Abweichung** ist auf Basis der Annahmen, die der SCR-Berechnung, der Korrelationen zwischen den Modulen und Submodulen sowie der Kategorisierung zu den einzelnen Modulen, vorzunehmen.[13] In den BaFin Erläuterungen ist ein **Kriterienkatalog für den Beurteilungsprozess** aufgeführt. Grundsätzlich sind dabei sowohl Abweichungen zu berücksichtigen, die sich aufgrund von Risiken ergeben, die nicht in der Standardformel abgedeckt sind, als auch Abweichungen zwischen in der Standardformel enthalten Risiken und dem tatsächlichen Risikoprofil. Bei einer Beurteilung der Gründe für die Abweichung ist eine Rangfolge der Risiken festzulegen. Im Beurteilungsprozess soll auch eine Sensitivitätsanalyse der Standardformel hinsichtlich Änderungen des Risikoprofils vorgenommen werden. Die Sensitivitätsanalyse soll ferner die Auswirkungen von Parameteränderungen auf das SCR beinhalten. Die Parameter der Standardformel sowie der unternehmensspezifischen Parameter sind auf Angemessenheit hin zu untersuchen, zudem sind die Gründe für etwaige Vereinfachungen anzugeben. Ferner soll der Beurteilungsprozess die Frage einer weiterführenden Verwendung der Ergebnisse nach der Standardformel aufgreifen. Dadurch ist ein unmittelbarer Anknüpfungspunkt an §§ 96 Abs. 2 und 110 VAG gegeben.

III. Unternehmensspezifische Parameter für die versicherungstechnischen Risikomodule.

11 Wenn eine **wesentliche Abweichung zwischen dem Risikoprofil und den der Standardformel** zugrunde liegenden Annahmen besteht, existieren verschiedene Möglichkeiten, diese seitens der Aufsicht aufzugreifen. Neben einer Angleichung an die Standardformel oder der Implementierung eines (partiellen) internen Modells kann die Aufsichtsbehörde den Rückgriff auf unternehmensspezifische Parameter bei der Berechnung der versicherungstechnischen Risikomodule aufgeben.[14]

12 Bei einer durch die Aufsicht geforderten Implementierung von unternehmensspezifischen Parametern sind die grundlegenden **Vorgaben zur Kalibrierung** aus § 97 Abs. 2 VAG zu beachten. Die Aufsicht kann demnach einfordern, dass die Kalibrierung der Solvabilitätskapitalanforderung nachweislich mindestens dem Konfidenzniveau des Value at Risk[15] der Basiseigenmittel von 99,5 % entspricht.[16] Der Ursprung der unternehmensspezifischen Parameter muss dabei unternehmensintern sein oder eine Geschäftsrelevanz aufweisen, wobei für die Kalibrierung auf standardisierte Methoden zurückgegriffen wird. Die unternehmensspezifischen Parameter müssen auch die Anforderungen an Genauigkeit, Vollständigkeit und Angemessenheit erfüllen.[17] Vgl. für weiterführende Informationen zu den unternehmensspezifischen Parametern zu § 109 VAG.

13 **IV. Verhältnis zu anderen Regelungen des VAG.** § 110 VAG steht neben § 109 VAG, welcher umgekehrt den gesetzlichen Rahmen für die Unternehmen für Anpassungen auf Grundlage des Verhältnismäßigkeitsgrundsatzes schafft.

Über den § 110 VAG hinaus hat die Aufsicht mit § 96 Abs. 2 VAG eine Rechtsgrundlage, um noch weitergehende Änderungen durch Anordnung der Verwendung eines internen Modells vorzunehmen bzw. mit § 301 Abs. 1 VAG die Möglichkeit, um unmittelbare Korrekturen bei der Bestimmung der Solvabilitätskapitalanforderung veranlassen zu können.

Unterabschnitt 3. Interne Modelle

Verwendung interner Modelle

111 (1) **Versicherungsunternehmen können für die Berechnung der Solvabilitätskapitalanforderung ein internes Modell in Form eines Voll- oder Partialmodells verwenden.**

---

[10] Vgl. die von BaFin über das Internet bereitgestellte Übersicht zu „Rechtsgrundlagen, Leitlinien und Auslegungsentscheidungen der BaFin und die am 7. Januar 2016 veröffentlichte deutsche Übersetzung zu „Zugrunde liegende Annahmen der Standardformel zur Bestimmung der Solvenzkapitalanforderung".

[11] Vgl. EIOPA-Dokument „Leitlinien für die unternehmenseigene Risiko- und Solvabilitätsbeurteilung", BoS-14/259.

[12] EIOPA-CP-13/09, LL 16.

[13] S. BaFin Erläuterungen zu EIOPA-CP-13/09, Nr. 4.32.

[14] Siehe *BaFin,* Erläuterungen zu EIOPA-CP-13/09, Nr. 4.34 i. V. m. VAG § 110.

[15] S. Kommentierung zu § 97 VAG.

[16] § 110 VAG i. V. m. § 97 Abs. 2 VAG.

[17] § 110 VAG i. V. m. § 109 Abs. 2 und 3 VAG.

(2) [1] **Zu dem Modell sind schriftliche interne Leitlinien zu erstellen, die bestimmen, welche Änderungen das Versicherungsunternehmen an dem internen Modell vornehmen kann.** [2] **Die internen Leitlinien müssen festlegen, wann eine Änderung als kleinere oder größere zu qualifizieren ist.**

(3) [1] **Die Verwendung eines Modells, die internen Leitlinien sowie ihre Änderungen, Änderungen des Modells sowie die Beendigung der Verwendung des Modells und die vollständige oder teilweise Rückkehr zur Standardformel müssen von der Aufsichtsbehörde genehmigt werden.** [2] **Satz 1 gilt nicht für kleinere Änderungen des Modells.** [3] **Die Aufsichtsbehörde genehmigt den Antrag, wenn die Systeme für die Risikoerkennung, die Risikomessung, die Risikoüberwachung, das Risikomanagement und die Risikoberichterstattung angemessen und insbesondere die in Absatz 4 genannten Anforderungen erfüllt sind.** [4] **Eine vollständige oder teilweise Rückkehr zur Standardformel darf nur genehmigt werden, wenn dafür eine hinreichende Rechtfertigung besteht.**

(4) **Zusammen mit dem Antrag auf Genehmigung sind die internen Leitlinien nach Absatz 2 sowie Unterlagen einzureichen, aus denen hervorgeht, dass das interne Modell den Anforderungen des § 112 Absatz 2 und der §§ 115 bis 121 genügt.**

(5) **Die Aufsichtsbehörde entscheidet über den Antrag auf Genehmigung innerhalb von sechs Monaten nach dem Zugang des vollständigen Antrags.**

(6) **Von Versicherungsunternehmen, denen die Aufsichtsbehörde die Verwendung eines internen Modells genehmigt hat, kann die Aufsichtsbehörde eine Schätzung der Solvabilitätskapitalanforderung gemäß der Standardformel nach den §§ 96 bis 110 verlangen.**

Übersicht

I. Allgemeines. 1. Entstehungsgeschichte. § 111 VAG ist bei der Neufassung des VAG im Jahr 2015 durch Art. 1 des Gesetzes zur Modernisierung der Finanzaufsicht über Versicherungen[1] vom 1.4.2015 in das VAG eingefügt worden. 1

2. Normzweck. § 111 VAG bestimmt einheitliche Grundlagen für die Verwendung eines von der Aufsichtsbehörde genehmigten internen Modells in Form eines Voll- oder Partialmodells für die Berechnung der Solvabilitätskapitalanforderung durch Versicherungsunternehmen, um vergleichbare Anforderungen zu erreichen. Dem dienen auch die Genehmigungspflicht und die dafür geltenden Regeln. 2

3. Europarechtlicher Hintergrund. § 111 VAG setzt die Art. 112, 115 und 117 Solva II-RL in deutsches Recht um. Dabei wurde auf eine wortgleiche Übernahme der Richtlinie verzichtet. Inhaltliche Abweichungen ergeben sich lediglich in Bezug auf die Vorgaben für den Fall einer **Ablehnung des Antrags** auf Verwendung eines internen Modells durch die Aufsicht. Während im Art. 112 Abs. 6 Solva II-RL eine Begründung der Ablehnung durch die Aufsicht vorgesehen ist, enthält § 111 VAG keine entsprechenden Vorgaben. 3

[1] BGBl. 2015 I 434 ff.

4 Die DVO (EU) 2015/460 zur Festlegung technischer Durchführungsstandards hinsichtlich des Verfahrens zur Genehmigung eines internen Modells regelt den geforderten **Umfang des Antrags** auf Verwendung bzw. Änderung des internen Modells und den Bewertungs- und Entscheidungsprozess durch die Aufsichtsbehörde.

5 Mit dem Ziel, die **Konvergenz der Aufsichtspraxis** bei der Beurteilung interner Modelle zu fördern, bieten die Ebene-3-Bestimmungen in Form der EIOPA-LL zur Verwendung interner Modelle einschließlich dem zugehörigen Erläuterungstext EIOPA Explanatory Text BoS-14/180 eine Anleitung dafür, was von den Aufsichtsbehörden und den Versicherungsunternehmen für die Genehmigung und Verwendung interner Modelle zu berücksichtigen ist.

6 **II. Vorantragsverfahren.** In Anlehnung an den Erwägungsgrund 5 DVO (EU) 2015/460, der eine Kommunikation zwischen der Aufsichtsbehörde und dem Versicherungsunternehmen bereits vor der Übermittlung des formellen Antrags auf Verwendung eines internen Modells in Betracht zieht, wird den Aufsichtsbehörden in LL 1 EIOPA-LL zur Verwendung interner Modelle die Einrichtung eines **Vorantragsverfahrens** vorgeschlagen.

7 Diese bezieht sich auf mögliche Vorantragsverfahren für Unternehmen, die nicht bereits mit dem ersten Tag des **Inkrafttretens** von Solvabilität II die Verwendung eines internen Modells eingeführt haben.

8 Grundsätzlich dient das Vorantragsverfahren der Aufsichtsbehörde dazu, sich eine Meinung zu bilden, wie gut ein Unternehmen auf die Einreichung eines Antrags auf Verwendung eines internen Modells sowie die Erfüllung entsprechender Anforderungen vorbereitet ist und ermöglicht eine entsprechende Planung der Ressourcen der Aufsicht. Basierend auf Angaben zum geplanten Zeitpunkt der Antragsstellung sowie einer Darstellung von Art, Ausmaß und Komplexität der Risiken in Verbindung mit einer Einschätzung zur Realisierbarkeit der Genehmigung kann die Aufsichtsbehörde eine **vorläufige Planung für das Genehmigungsverfahren** erstellen. Diese kann unter anderem einen Entwurf für einen möglichen Ablaufplan beinhalten, der Auskunft über geplante Termine, einzureichende Dokumentationen und Stellungnahmen durch die Aufsicht gibt sowie Dauer und Abhängigkeiten einzelner Schritte aufzeigt. Die Planung ist dabei regelmäßig zu überprüfen und zu aktualisieren.

9 Für eine **Einschätzung**, inwiefern das Versicherungsunternehmen ein zulässiges Modell im vorgesehenen Zeitrahmen entwickeln kann, soll die Aufsichtsbehörde durch das Vorantragsverfahren ein genaues Verständnis der technischen Eigenschaften des internen Modells und der dazugehörigen Prozesse erlangen. Mögliche Informationen, die zu diesem Zweck bei dem Versicherungsunternehmen angefordert werden können, beziehen sich beispielsweise auf technische Angaben zum Rechenkern und die Herleitung von Parametern, Leitlinien zur Modellüberprüfung und Modelländerungen oder auch Angaben zum Risikomanagementprozess und Governance-System. Dabei sollte die Einschätzung den Grundsatz der Proportionalität beachten.

10 Darüber hinaus hilft das Vorantragsverfahren dem Versicherungsunternehmen, ein **Rahmenkonzept für das interne Modell** zu entwickeln und sich dadurch auf die Einreichung eines entsprechenden Antrags vorzubereiten, aber auch zu überprüfen, ob und unter welchem Aufwand es in der Lage ist, den Anforderungen zu genügen.

11 Die Teilnahme an einem Vorantragsverfahren garantiert allerdings nicht die Genehmigung des schließlich eingereichten Antrags auf Verwendung des internen Modells. Das Vorantragsverfahren beinhaltet keine **Vorabgenehmigung** und stellt auch keine Genehmigung in Aussicht.

12 Das VAG und die Solva II-VO sehen ein Vorantragsverfahren nicht vor, untersagen dieses aber auch nicht. Das vorgeschlagene Vorantragsverfahren stellt somit für die Versicherungsunternehmen keine Verpflichtung dar, sondern ein **freiwilliges Angebot**. So können die Versicherungsunternehmen auch ohne die Teilnahme an einem Vorantragsverfahren einen Antrag auf Genehmigung der Verwendung eines internen Modells zur Berechnung der Solvabilitätskapitalanforderung bei der Aufsichtsbehörde einreichen.

13 **III. Internes Voll- und Partialmodell (Abs. 1).** Gemäß § 96 Abs. 2 VAG können Versicherungsunternehmen alternativ zur Standardformel ein **internes Modell** für die Berechnung der Solvabilitätskapitalanforderungen verwenden, sofern das Risikoprofil des betreffenden Versicherungs- oder Rückversicherungsunternehmens wesentlich von den der Berechnung mit der Standardformel zugrunde liegenden Annahmen abweicht.

14 Es wird dabei zwischen internem Modell in Form eines **Vollmodells** und internem Modell in Form eines **Partialmodells** unterschieden.

15 Im Rahmen eines internen Modells in Form eines **Vollmodells** entwickelt das Versicherungsunternehmen als Anwender des Vollmodells die Methodik der Berechnung der Solvabilitätskapitalanforderungen vollständig selbst.

16 Im Gegensatz zu einem internen Modell in Form eines Vollmodells findet ein internes Modell in Form eines **Partialmodells** gemäß § 112 Abs. 1 VAG nur für die Berechnung eines oder mehrerer Risikomodule oder Untermodule der Basissolvabilitätskapitalanforderung, der Kapitalanforderung für das operationelle Risiko oder der Anpassung Anwendung. Darüber hinaus können Partialmodelle für

die gesamte Geschäftstätigkeit oder nur für einen oder mehrere Hauptgeschäftsbereiche angewendet werden.

IV. Interne Leitlinien (Abs. 2). 1. Umfang der internen Leitlinien. Gemäß § 111 Abs. 2 VAG sind zu dem internen Modell zur Berechnung der Solvabilitätskapitalanforderung **schriftliche interne Leitlinien** zu verfassen. Grundsätzlich sollen diese den Rahmen festlegen, in dem die Unternehmen ihr internes Modell ändern können. Schließlich sind auch nach der Genehmigung Änderungen am Modell notwendig, damit das Modell selbst und die verwendeten Parameter stets auf dem aktuellen Stand sind. Vor diesem Hintergrund zielen die Leitlinien darauf ab, die Verfahren zu beschreiben, mit denen das Unternehmen die Angemessenheit und laufende Erfüllung der Anforderungen sicherstellt. 17

Im Kapitel 2 EIOPA-LL zur Verwendung interner Modelle werden verschiedene Leitsätze zum Thema **Modelländerungen** aufgestellt, die den Umfang und die zu treffenden Vorgaben der internen Leitlinien adressieren. In diesem Rahmen wird erwartet, dass die Leitlinien den gesamten Prozess für Modelländerungen abdecken. Ausgehend von der Berücksichtigung verschiedener Ursachen (Quellen), die zu einer Änderung des Modells führen können, ist der Rahmen für die Identifikation des Bedarfs einer Modelländerung zu definieren. Diese ist jeweils anschließend zu klassifizieren, d. h. es gilt zu bestimmen, wann es sich um eine größere oder kleinere Modelländerung handelt. In Abhängigkeit der Klassifizierung ist der weitere Umgang hinsichtlich Governance der Änderungen und der entsprechenden Meldung an die Aufsichtsbehörde in den Leitlinien festzulegen. 18

a) Quellen von Modelländerungen. In Bezug auf die verschiedenen Quellen, aus denen die Notwendigkeit von Änderungen am Modell resultieren kann, erläutert LL 6 EIOPA-LL zur Verwendung interner Modelle, dass zumindest **maßgebliche Änderungen** innerhalb des Governance-Systems, innerhalb der Übereinstimmung mit den Anforderungen zur Verwendung des internen Modells, innerhalb der Angemessenheit der technischen Angaben des internen Modells oder innerhalb des Risikoprofils des Versicherungsunternehmens zu berücksichtigen sind. 19

Darüber hinaus sind gemäß LL 6 EIOPA-LL auch die **Aktualisierungen von Modellparametern** potentielle Quellen für Modelländerungen, da die Aktualisierung von Parametern eine erhebliche Auswirkung auf die Modellergebnisse und somit die Solvabilitätskapitalanforderung haben kann. Dabei ist ein mögliches Zusammenspiel von Änderungen verschiedener Parameter zu berücksichtigen. Vor diesem Hintergrund sollte ein formalisiertes Verfahren zur Aktualisierung von Parametern einschließlich eines angemessenen Governance-Prozesses eingerichtet und entsprechend in den internen Leitlinien dokumentiert werden. Die Ergebnisse aus dem Verfahren könnten als zuverlässige Quelle für die Identifizierung von Modelländerungen herangezogen werden, wobei bereits Veränderungen einzelner Parameter als größere Modelländerung klassifiziert werden können. 20

Die **Aufnahme neuer Elemente** sollte allerdings nicht als Quelle für Modelländerungen angesehen werden. So ist beispielsweise für die Aufnahme zusätzlicher Risiken oder Geschäftseinheiten eine aufsichtliche Genehmigung einzuholen, wobei sich das entsprechende Antragsverfahren grundsätzlich an dem Vorgehen zur Genehmigung größerer Modelländerungen orientiert. 21

b) Unterscheidung zwischen größeren und kleineren Modelländerungen. § 111 Abs. 2 VAG fordert die **Klassifizierung von Modelländerungen** in kleinere und größere Änderungen als zentralen Inhalt der internen Leitlinien. 22

Konkretisiert wird die Definition einer **größeren Änderung** in LL 7 EIOPA-LL zur Verwendung interner Modelle. Dabei beschäftigt sich der Leitsatz mit der Verwendung der quantitativen Auswirkung der Modelländerung auf die (allgemeine oder komponentenweise) Solvabilitätskapitalanforderung als Indikator einer größeren Modelländerung. Dieser Indikator sollte allerdings nicht das einzige Kriterium darstellen, um größere Modelländerungen zu identifizieren, da er beispielsweise für solche Änderungen, die sich (momentan) nicht auf die Höhe der errechneten Solvabilitätskapitalanforderung auswirken, nicht anwendbar ist. Beispiele hierfür wären eine substantielle Veränderung im Governance-System oder in der Verwendung des internen Modells. Darüber hinaus hängt die Auswirkung einer Modelländerung auf die Solvabilitätskapitalanforderung auch sehr stark von der derzeitigen Parametrisierung des internen Modells, den aktuellen Marktbedingungen sowie über die Diversifikationseffekte von dem der Bewertung zugrundeliegenden Risikoprofil ab. 23

Aus diesem Grund erachtet die EIOPA es als notwendig, weitere qualitative und quantitative **Schlüsselindikatoren** für die Definition einer größeren Modelländerung zu konzipieren und ein entsprechendes System zur Klassifizierung von Modelländerungen zu entwickeln. Dieses sollte die verschiedenen Arten von Modelländerungen berücksichtigen und hinreichend flexibel sein, Neuerungen am Modell bei gleichzeitiger Transparenz gegenüber der Aufsicht zu ermöglichen. 24

Dabei hängt die angemessene **Klassifizierung der Modelländerungen** stark von der individuellen Situation des Versicherungsunternehmens ab, weshalb unternehmensspezifische Besonderheiten bei der Entwicklung der Indikatoren zu berücksichtigen sind. Die Ableitung der Indikatoren von vorhandenen Tests und Standards gilt in der Praxis als eine mögliche Herangehensweise. So können die Versicherungsunternehmen ihren Validierungsreport oder die Ergebnisse aus der Zuordnung der Gewinne und 25

Verluste heranziehen, um weitere Indikatoren zu erstellen. Ein weiterer Indikator könnte der Grad der benötigten Governance oder die benötigte Verfeinerung der Modellvalidierung sein, die die Änderung mit sich zieht. Die qualitativen Indikatoren können weiterhin die von der Änderung beeinflussten Bereiche des internen Modells (Governance-System, Berechnungsmethoden, Annahmen und Parameter), die Risikokategorien und relevante Segmentierungen umfassen.

26 **c) Governance von Modelländerungen.** LL 6 EIOPA-LL zur Verwendung interner Modelle fordert von den Unternehmen, im Rahmen der internen Leitlinien die Erfordernisse an die Governance bezüglich der Modelländerungen festzulegen. Dies umfasst sowohl die Verfahren zur internen Genehmigung von Modelländerungen als auch die interne Kommunikation, die Dokumentation und die Validierung. Dabei können sich die Verfahren in Abhängigkeit der Klassifizierung als größere oder kleinere Modelländerung unterscheiden.

27 **d) Berichterstattung zu kleineren Modelländerungen.** Während § 111 Abs. 3 VAG für größere Modelländerungen eine Genehmigung durch die Aufsicht vorschreibt, sind **kleinere Modelländerungen** von dieser Genehmigungspflicht ausgenommen. Vor diesem Hintergrund schlägt die EIOPA den Aufsichtsbehörden in den Erläuterungen zu den EIOPA-LL zur Verwendung interner Modelle vor, im Rahmen der Genehmigung der internen Leitlinien die Berichterstattung über kleinere Änderungen in den internen Leitlinien zu regeln.

28 Grundsätzlich sind gemäß LL 8 EIOPA-LL zur Verwendung interner Modelle kleinere Änderungen vierteljährlich, oder bei besonderen Umständen häufiger, der Aufsichtsbehörde in Form eines **zusammenfassenden Berichts** zu melden. Der Bericht sollte die Dokumentation der quantitativen und qualitativen Auswirkungen der Modelländerungen, die sowohl einzeln als auch in Kombination betrachtet werden, enthalten.

29 Insbesondere im Hinblick auf kleinere Änderungen infolge einer **Aktualisierung von Parametern** räumt die EIOPA ein, dass es nicht immer angemessen ist, Wertänderungen einzelner Parameter zu melden. Zur Ermittlung eines angemessenen Umfangs der zu übermittelnden Informationen können entsprechende Vorgaben zur Definition des zusammenfassenden Berichts in den Leitlinien getroffen werden. So könnte der Bericht als Mindestanforderung die übergreifenden Auswirkungen aus der Aktualisierung der Parameter auf die Solvabilitätskapitalanforderung, einschließlich einer Begründung der Änderungen unter Nennung der wichtigsten Parameter, beinhalten. Die wichtigsten Parameter könnten weiterhin zusammengefasst werden, beispielsweise nach Risikokategorien oder nach Parametern aus Expertenschätzungen. Neben der Auswirkung auf die Gesamtveränderung der Solvabilitätskapitalanforderung könnte die Berichterstattung zusätzlich auch auf Ebene der einzelnen Risikokategorien erfolgen. Dieses Vorgehen würde der Aufsicht weiterhin ermöglichen, die Veränderungen der Solvabilitätskapitalanforderungen zwischen zwei Bewertungsstichtagen nachzuvollziehen und zu verstehen, in welchem Umfang die Entwicklung der Kapitalanforderungen auf Veränderungen von Parametern zurückzuführen ist.

30 Grundsätzlich ist für die **Meldung kleinerer Änderungen** auch immer zu prüfen, inwiefern diese in Kombination zu einer größeren Änderung führen. In diesem Fall sind die kleineren Änderungen nicht nur zu melden, sondern es wird erwartet, dass diese der Aufsichtsbehörde zur Genehmigung vorgelegt werden.

31 In diesem Zusammenhang legt LL 8 EIOPA-LL zur Verwendung interner Modelle fest, dass für die Bewertung, ob die **Kombination mehrerer kleinerer Änderungen** eine große Änderung darstellt, das letzte von der Aufsichtsbehörde genehmigte interne Modell als Bezugspunkt herangezogen werden soll, sofern mit der Aufsicht keine andere Vorgehensweise festgelegt wurde. In die entsprechende Bewertung fließen daher sämtliche kleinere Änderungen ein, die seit der letzten Genehmigung durch die Aufsicht am Modell vorgenommen wurden.

32 Insgesamt soll der **Effekt** aus mehreren kleineren Modelländerungen sowohl separat als auch als Kombination ausgewertet werden, um ausgleichende Effekte, die bei einer zukünftig geänderten Parametrisierung auftreten können, zu vermeiden. Gleichzeitig soll der gemeinsame Effekt mehrerer kleinerer Modelländerungen, der möglicherweise aggregiert eine größere Modelländerung ergibt, bewertet werden.

33 **e) Spezifikationen für gruppeninterne Modelle.** In Verbindung mit der Verwendung gruppeninterner Modelle regelt LL 9 EIOPA-LL zur Verwendung interner Modelle, dass in den **gruppeninternen Leitlinien** einheitliche und auf die Gruppenstruktur abgestimmte Vorgaben hinsichtlich des Umgangs mit Modelländerungen getroffen werden und zielt dabei auf eine konsistente Umsetzung von Modelländerungen innerhalb der Gruppe ab. Dadurch soll vermieden werden, dass Modelländerungen auf Solo- und auf Gruppenebene unabhängig voneinander vorgenommen werden und dadurch unterschiedliche Modelle entstehen, um die Integrität des internen Modells zu wahren.

34 Die internen Leitlinien sollten daher eine **Abgrenzung kleinerer und größerer Modelländerungen** sowohl in Bezug auf die Gruppe, als auch in Bezug auf die jeweiligen Solo-Versicherungsunternehmen beinhalten. Gemäß EIOPA ist dabei jede größere Modelländerung eines in die Gruppe einbezoge-

nen Solo-Versicherungsunternehmens auch als größere Modelländerung auf Gruppen-Ebene anzusehen.

2. Antrag auf Änderung der internen Leitlinien. Änderungen des internen Modells, die gemäß den internen Leitlinien als größere Änderungen qualifiziert sind, sowie Änderungen der internen Leitlinien, die immer als größere Änderungen qualifiziert sind, unterliegen stets der vorherigen **Genehmigung** durch die Aufsichtsbehörde. 35

Betreffend die Änderungen der internen Leitlinien zur Änderung des internen Modells beinhaltet der Art. 8 DVO (EU) 2015/460 detailliertere Informationen. Im Sinne des Abs. 1 müssen die Versicherungsunternehmen eine **Begründung für Änderungen** dieser internen Leitlinien beim Antrag angeben und den Nachweis vorlegen, dass nach Aufnahme der Änderungen die Voraussetzungen für die Genehmigung dieser internen Leitlinien erfüllt würden. 36

Nach § 111 Abs. 2 VAG wird der Antrag nur genehmigt, wenn der Anwendungsbereich der Leitlinien umfassend ist und die beschriebenen Prozesse zur Änderung des internen Modells sicherstellen, dass die gesetzlichen Anforderungen dauerhaft erfüllt werden. 37

V. Antrags- und Genehmigungsverfahren. 1. Antrag auf Verwendung des internen Modells. § 111 Abs. 3–6 VAG umfassen Vorgaben an die allgemeinen Bestimmungen für die **Genehmigung eines internen Modells** zur Berechnung der Solvabilitätskapitalanforderung durch die Aufsichtsbehörde. Im Wesentlichen betreffen diese Vorgaben, die den Umfang hinsichtlich genehmigungspflichtiger Elemente des internen Modells, die Voraussetzungen für eine Genehmigung in Form eines angemessenen Governance-Systems, die Frist für die Genehmigung des Antrags sowie die Bedingungen für eine Rückkehr zur Standardformel regeln. 38

Die DVO (EU) 2015/460 zur Festlegung technischer Durchführungsstandards hinsichtlich des Verfahrens zur Genehmigung eines internen Modells konkretisiert die Vorgaben, indem die **Verfahren zur Genehmigung** von Anträgen auf Verwendung interner Modelle sowie von Anträgen auf größere Änderungen des internen Modells und der Leitlinien zur Änderung des internen Modells festgelegt werden. 39

In diesem Zusammenhang werden in Art. 2 DVO (EU) 2015/460 **Inhalte und Form des Antrags** auf Verwendung eines internen Modells bestimmt. So muss gemäß dessen Abs. 1 und 2 der Antrag bei der Aufsichtsbehörde schriftlich in der offiziellen Sprache des Mitgliedsstaats, in dem das Versicherungsunternehmen seinen Hauptsitz hat, oder in der von der Aufsichtsbehörde genehmigten Sprache eingereicht werden. 40

Gemäß Art. 2 Abs. 3 DVO (EU) 2015/460 müssen die Versicherungsunternehmen im Rahmen des Antrags **Unterlagen** einreichen, die belegen, dass das interne Modell den Anforderungen der Solva II-RL (Art. 101 Solva II-RL, Art. 120 bis 125 Solva II-RL sowie im Fall eines Partialmodells auch Art. 113 Solva II-RL bzw. §§ 111 bis 121 VAG) genügt. 41

Die in diesem Rahmen mindestens einzureichenden Unterlagen werden im Art. 2 Abs. 4 DVO (EU) 2015/460 aufgelistet. Diese sind nachfolgend in **Begleitschreiben** sowie **weitere Erläuterungen und Angaben** unterteilt. 42

a) Begleitschreiben. Die einzureichenden Unterlagen enthalten ein Begleitschreiben, das die folgenden Informationen enthalten soll: 43

Antrag auf Genehmigung der Verwendung des internen Modells zur Berechnung der Solvabilitätskapitalanforderung ab einem festgelegten Datum und eine allgemeine Erläuterung des internen Modells, die eine kurze Beschreibung des Aufbaus und des Anwendungsbereichs umfasst;

Bestätigung, dass das zu genehmigende interne Modell vor Antragstellung innerhalb des Risikomanagementsystems und der Entscheidungsprozesse verwendet wurde (vgl. Art. 120 Solva II-RL bzw. § 115 VAG);

Bestätigungen für die folgenden Sachverhalte: Vollständigkeit des Antrags, Bereitstellung einer präzisen Beschreibung des internen Modells im Anhang sowie für die inhaltliche Vollständigkeit bezogen darauf, dass keine wesentlichen Umstände ausgelassen wurden;

Bestätigung, ob das Versicherungsunternehmen Teil einer Gruppe ist, die ein internes Modell zur Berechnung der konsolidierten Gruppensolvabilitätskapitalanforderung verwendet oder ob ein Antrag auf Verwendung eines internen Modells zur Berechnung der konsolidierten Gruppensolvabilitätskapitalanforderung eingereicht wurde, aber noch keine Genehmigung vorliegt;

Auflistung weiterer Anträge, die in Art. 308a Solva II-RL hinsichtlich der schrittweisen Einführung von Solvabilität II aufgeführt sind und einer Genehmigung der Aufsichtsbehörde unterliegen, die vom Versicherungsunternehmen bereits eingereicht wurden oder innerhalb der nächsten sechs Monate geplant sind, einschließlich der Angabe des Datums der Antragstellung;

Kontaktinformationen der für die Entwicklung des internen Modells sowie der für weitere Dokumentenanfragen zuständigen Personen.

b) Weitere Erläuterungen und Angaben. Neben dem unterschriebenen Begleitschreiben müssen die einzureichenden Unterlagen auch die folgenden Dokumentationen umfassen: 44

45 **Erläuterung zur vollständigen Abdeckung** aller wesentlichen und quantifizierbaren Risiken. Bei Verwendung eines Partialmodells soll diese Erläuterung die entsprechenden Risiken des eingeschränkten Anwendungsbereichs umfassen und die Erfüllung der zusätzlichen Anforderungen an das Partialmodell gemäß Art. 113 Solva II-RL bzw. § 112 VAG darlegen. Darüber hinaus gilt es bei Verwendung eines Partialmodells, eine Begründung des eingeschränkten Modellumfangs einzureichen, welche Aufschluss über Gründe für die Einbeziehung der im Partialmodell modellierten Risiken und für die Nicht-Modellierung der Risiken außerhalb des eingeschränkten Anwendungsbereichs gibt. Zusätzlich sollen die Versicherungsunternehmen darlegen, warum im Vergleich zur Anwendung der Standardformel die unter Verwendung des Partialmodells errechnete Solvabilitätskapitalanforderung das Risikoprofil des Versicherungsunternehmens angemessener abbildet und warum die Standardformel für die mittels des Partialmodells nicht-modellierten Risiken angemessen ist. Bei Versicherungsgruppen ist eine Begründung erforderlich, falls das gruppeninterne Modell nicht alle Versicherungsunternehmen der Gruppe abdeckt, wie diese zugehörigen Unternehmen zukünftig in das Modell aufgenommen werden sollen.

46 **Erläuterung zur Funktion des internen Modells** im Rahmen des Governance-Systems sowie zur Angemessenheit und **Wirksamkeit der Einbindung in das Risikomanagementsystem**. In diesem Zusammenhang gilt es zu beschreiben, wie das interne Modell ausgerichtet ist, Risiken zu identifizieren, zu messen, zu beobachten, zu steuern und zu berichten. Dazu sind die relevanten Auszüge der Leitlinie für das Risikomanagement mit einzureichen. Das Versicherungsunternehmen soll einen adäquaten Analyseprozess vorweisen, der es dem Unternehmen ermöglicht, die Art der identifizierten Risiken, deren Ursprünge und deren Auswirkungen in Bezug auf Gewinne und Verluste zu verstehen. In Bezug auf die einzureichenden relevanten Auszüge der Leitlinie für das Risikomanagement sind nach Auffassung der EIOPA die folgenden Informationen anzugeben: eine klar definierte Risikostrategie, die die Ziele des Risikomanagements, Hauptprinzipien, Risikoneigung und Bestimmung der Verantwortlichkeiten umfasst, eine Definition und Kategorisierung der ausgesetzten Risiken, ein Nachweis darüber, dass die Risikomanagementfunktion die zusätzlichen Aufgaben gemäß Art. 44 Abs. 5 Solva II-RL erfüllt, Details zum unternehmenseigenen Risikoprofil (inklusive der Risikotoleranz) und ein Plan, wie dieses Risikoprofil stetig überprüft wird, um Auswirkungen auf die Solvabilitätskapitalanforderung frühzeitig zu erkennen;

47 Bewertung und Begründung der wesentlichen Stärken, Schwächen, Einschränkungen und Mängel des internen Modells, samt einer **Selbsteinschätzung** der Erfüllung der entsprechenden gesetzlichen Anforderungen. Das Versicherungsunternehmen soll zusätzlich den Plan zukünftiger Verbesserungen des internen Modells bzgl. adressierter festgestellter Schwächen, Einschränkungen oder Mängel oder zur Entwicklung bzw. Ausdehnung des Modells skizzieren. Dieser Plan soll auch eine Zeitskala enthalten, die angibt, in welcher Zeitperiode die Verbesserungen durchgeführt werden und eine Kategorisierung der Veränderungen in größere und kleinere Änderungen.

Im Falle einer Gruppenzugehörigkeit des Versicherungsunternehmens ist eine Begründung einzureichen, die belegt, warum das interne Gruppenmodell nicht zum individuellen Risikoprofil passt. Dazu sind die Unterschiede zwischen internem Gruppenmodell und individuellem Modell anzugeben.

48 **Technische Angaben des internen Modells**, die eine detaillierte Beschreibung des Aufbaus des internen Modells samt einer Liste und Begründung der im Modell verwendeten Annahmen, die bei Änderung signifikante Auswirkungen auf die resultierende Solvabilitätskapitalanforderung haben, umfassen. Diese technischen Angaben sollen in Bezug auf den Rechenkern des internen Modells die folgenden Informationen umfassen: eine Beschreibung der Hauptkomponenten und Hauptrechenschritte (inklusive der Verbindungen zwischen den einzelnen Komponenten), eine Erklärung der allgemeinen Methodik der Berechnung der Solvabilitätskapitalanforderung, eine Beschreibung der Unterschiede zwischen der Berechnungsmethodik der Basiseigenmittel und der Methodik zur Bestimmung des ökonomischen Werts des Versicherungsunternehmens gemäß des internen Modells, die verwendeten Maße und Methoden, berücksichtigte Handlungen des Managements und der Versicherungsnehmer, Aggregationsmethoden, Diversifikationseffekte und Techniken der Risikominderung. Im Falle einer Versicherungsgruppe soll der Antrag genau angeben, in welchem Maße sich diese technischen Angaben unterscheiden, wenn das interne Modell zur Berechnung der Solvabilitätskapitalanforderung der Gruppe oder von anderen gruppenzugehörigen Versicherungsunternehmen verwendet wird. Dies umfasst die Behandlung von inter-gruppen Transaktionen, die Liste der Parameter, die in Bezug auf die Verwendung des internen Modells der Gruppe zur Berechnung der Solvabilitätskapitalanforderung (sowohl auf Gruppen- als auch auf Solo-Ebene) abweichend wären und die Beschreibung der gruppenspezifischen Risiken, die ausschließlich für die Berechnung auf Gruppenebene relevant sind.

49 **Erläuterung der Angemessenheit des internen Kontrollsystems** unter Berücksichtigung des Aufbaus und Anwendungsbereichs des internen Modells. Das adäquate interne Kontrollsystem soll proportional zur Größe und operativen Charakteristik des Versicherungsunternehmens und zur Art und Komplexität der Risiken sein. Versicherungsunternehmen sollen erläutern, wie eine wirksame Kooperation, eine interne Berichterstattung und eine Kommunikation auf allen relevanten Unternehmensebenen gewährleistet werden. Des Weiteren soll sichergestellt werden, dass das Management einen

ausreichenden Grad an Verständnis bzgl. der Funktionsweise des internen Modells hat, und eine Erklärung, wie die Governance auf höchster Ebene wirksame und dokumentierte Kontrollen umfasst;

Erläuterung der Angemessenheit der Ressourcen, der Fähigkeiten und der Objektivität der für die Entwicklung und Validierung des internen Modells **verantwortlichen Personen**. Versicherungsunternehmen sollen dazu angeben, wie sichergestellt wird, dass der Validierungsbericht unabhängig erstellt wurde und wie diese Unabhängigkeit weiterhin gesichert wird. Zusätzlich soll beschrieben werden, wie das Verwaltungs-, Management- oder Aufsichtsorgan in diesem Prozess involviert war; 50

Interne Leitlinien zur Änderung des internen Modells gemäß Art. 115 Solva II-RL; 51

Im Falle der Verwendung von **externen Modellen** oder Daten gemäß Art. 125 Solva II-RL: Darlegung der Nicht-Beeinträchtigung der Erfüllung der gesetzlichen Anforderungen an das interne Modell (in Form eines Voll- oder eines Partialmodells) aufgrund der Verwendung der externen Modelle oder Daten, Eignung der Verwendung der externen Modelle oder Daten innerhalb des internen Modells und eine Erläuterung der Vorzüge der externen Modelle oder Daten gegenüber den internen Modellen oder Daten; 52

Schätzung der Solvabilitätskapitalanforderung als Resultat des internen Modells und der Standardformel für den letzten Zeitpunkt vor Antragstellung, als die Solvabilitätskapitalanforderung noch basierend auf der Standardformel berechnet wurde. Falls vor der Antragstellung noch keine Solvabilitätskapitalanforderung berechnet wurde, ist eine Schätzung der Solvabilitätskapitalanforderung basierend auf den Parametern der Standardformel erforderlich. Versicherungsunternehmen sollen zusätzlich die Allokation des Schätzwerts der Solvabilitätskapitalanforderung in der höchstmöglichen Granularität angeben; 53

Bestimmung der Geschäftsbereiche, die als **Hauptgeschäftsbereiche** klassifiziert wurden und eine Begründung dieser Einstufung. Versicherungsunternehmen sollen für jeden klassifizierten Hauptgeschäftsbereich folgende Informationen einreichen: Erklärung zur Unabhängigkeit zu anderen Bereichen des Unternehmens, Erklärung der Angemessenheit der zugeordneten Governance-Ressourcen und der Prozesse und eine Erklärung, inwiefern der Hauptgeschäftsbereich wesentliche Risiken im Bezug auf das Gesamtgeschäft des Unternehmens beinhaltet. 54

Im Falle eines Partialmodells: Beschreibung und Begründung der beabsichtigten Technik zur Integration bzw. **Einbindung des partiellen Modells**, insbesondere sofern eine von der Standardintegrationstechnik abweichende Methode verwendet wird. 55

Nach Art. 2 Abs. 5 DVO (EU) 2015/460 ist der Antrag zur Verwendung eines internen Modells durch die **Verwaltungs-, Management- oder Aufsichtsorgane** gemäß Art. 116 Solva II-RL zu genehmigen. Den Nachweis in Form von entsprechenden Unterlagen muss das Versicherungsunternehmen erbringen. 56

Das Versicherungsunternehmen erstellt gemäß Art. 2 Abs. 6 DVO (EU) 2015/460 eine **Aufstellung mit allen Dokumenten und Nachweisen**, die im Rahmen des Antrags eingereicht werden. Querverweise sind zulässig sofern die Inhalte von einem Dokument für andere Dokumente relevant sind. 57

2. Antrag auf Änderung des internen Modells. Gemäß § 111 Abs. 3 VAG müssen **größere Änderungen** des internen Modells, qualifiziert durch die internen Leitlinien zur Änderung des internen Modells, stets von der Aufsichtsbehörde genehmigt werden. 58

Art. 7 Abs. 1 DVO (EU) 2015/460 präzisiert die Anforderungen bzgl. Änderungen des internen Modells. So muss der **Antrag auf Genehmigung** einer größeren Änderung des internen Modells genehmigte Nachweise enthalten, dass nach der größeren Änderung den gesetzlichen Anforderungen an das interne Modell weiter genügt wird. 59

Weiter sind vom Versicherungsunternehmen nach Art. 7 Abs. 2 DVO (EU) 2015/460 die von der größeren Änderung betroffenen Dokumente samt Angabe derer Änderungen und einer Beschreibung der qualitativen und quantitativen Auswirkungen der größeren Modelländerung auf das bereits genehmigte interne Modell und dessen Ergebnisse einzureichen. 60

In Hinblick auf **gruppeninterne Modelle** wird in LL 10 EIOPA-LL zur Anwendung interner Modelle spezifiziert, dass sowohl die Erweiterung zur Berücksichtigung neuer Elemente auf Gruppen-Ebene als auch auf Solo-Ebene analog zu einer größeren Modelländerung zu genehmigen sind. Ebenfalls ist die Verwendung des internen Modells durch ein verbundenes Unternehmen, welches seine Solvabilitätskapitalanforderung gegenwärtig nicht über das interne Modell ermittelt aber grundsätzlich in den Anwendungsbereich des gruppeninternen Modells fällt, durch die Aufsicht zu genehmigen. 61

3. Genehmigungsverfahren der Aufsichtsbehörde. a) Prüfung des Antrags. Die Überprüfung des Antrags durch die Aufsichtsbehörde wird in Art. 3 DVO (EU) 2015/460 detailliert beschrieben. 62

In diesem Kontext bestätigt die Aufsichtsbehörde gemäß Art. 3 Abs. 1 DVO (EU) 2015/460 den Eingang des Antrags. 63

Gemäß Art. 3 Abs. 2 DVO (EU) 2015/460 entscheidet die Aufsichtsbehörde binnen **30 Tagen** nach Erhalt des Antrags, ob der Antrag als vollständig angesehen wird. Dabei wird der Antrag als vollständig angesehen, falls dieser alle geforderten Nachweise enthält. 64

Falls nach Art. 3 Abs. 3 DVO (EU) 2015/460 der Antrag auf Genehmigung als **nicht vollständig** angesehen wird, muss die Aufsichtsbehörde das Versicherungsunternehmen umgehend darüber infor- 65 mieren, dass die sechsmonatige Genehmigungsphase noch nicht begonnen hat und die Gründe des unvollständigen Antrags spezifizieren.

66 Falls die Aufsichtsbehörde den Antrag auf Genehmigung als **vollständig** ansieht, muss diese nach Art. 3 Abs. 4 DVO (EU) 2015/460 das Versicherungsunternehmen darüber informieren und das genaue Datum, ab wann die sechsmonatige Genehmigungsphase beginnt, spezifizieren. Dabei sollte es sich um das Datum, an dem der vollständige Antrag eingegangen ist, handeln.

67 Gemäß Art. 3 Abs. 5 DVO (EU) 2015/460 soll die Einstufung des Antrags als vollständig die Aufsichtsbehörde aber nicht davon abhalten, **weitere notwendige Informationen** vom Versicherungsunternehmen anzufordern. Die Aufsichtsbehörde begründet und spezifiziert die Anforderung der benötigten Informationen. Im Falle einer Versicherungsgruppe kann jede im Genehmigungsprozess des internen Modells involvierte Aufsichtsbehörde weitere zusätzliche Dokumente anfordern. In diesem Fall wird die Anfrage an die Gruppenaufsichtsbehörde weitergegeben, die diese dann mit dem Versicherungsunternehmen koordiniert.

68 Während des Überprüfungsprozesses muss das Versicherungsunternehmen nach Art. 3 Abs. 6 DVO (EU) 2015/460 sicherstellen, dass der Aufsichtsbehörde alle Dokumente, auch in **elektronischer Form**,[2] zugänglich sind.

69 Gemäß Art. 3 Abs. 7 DVO (EU) 2015/460 soll die Prüfung des Antrags eine **anhaltende Kommunikation** mit dem Versicherungsunternehmen umfassen und kann Anfragen seitens der Aufsichtsbehörde nach Änderungen bzw. Anpassungen des internen Modells und im Falle eines internen Partialmodells die Vorlage nach einem Übergangsplan gemäß § 112 Abs. 4 VAG verlangen.

70 Falls nach Art. 3 Abs. 8 DVO (EU) 2015/460 die Aufsichtsbehörde es als wahrscheinlich ansieht, dass das zu genehmigende interne Modell **Anpassungen** ausgesetzt sein wird, sollte die Aufsichtsbehörde das Versicherungsunternehmen darüber informieren.

71 Verlangt die Aufsichtsbehörde gemäß Art. 3 Abs. 9 DVO (EU) 2015/460 weitere Informationen oder Anpassungen des internen Modells, kann das Versicherungsunternehmen eine **Aufschiebung der sechsmonatigen Genehmigungsphase** gemäß § 111 Abs. 5 VAG beantragen, die dann fortfahren soll, sobald das Versicherungsunternehmen die erforderlichen Anpassungen durchgeführt hat und die Aufsichtsbehörde eine geänderte Fassung des Antrags auf Genehmigung samt der genehmigten Nachweise der Anpassungen erhalten hat. Die Aufsichtsbehörde informiert dann das Versicherungsunternehmen über das neue Ablaufdatum der Genehmigungsphase.

72 **b) Recht auf Zurückziehen des Antrags auf Genehmigung.** Gemäß Art. 4 DVO (EU) 2015/460 kann das Versicherungsunternehmen den Antrag auf Genehmigung der Verwendung des internen Modells zur Berechnung der Solvabilitätskapitalanforderung **zu jedem Zeitpunkt** vor der Entscheidung seitens der Aufsichtsbehörde durch eine schriftliche Benachrichtigung an die Aufsichtsbehörde zurückziehen.

73 Die Benachrichtigung, den Antrag auf Genehmigung zurückzuziehen, sollte vom **Verwaltungs-, Management- oder Aufsichtsorgan** des Versicherungsunternehmens genehmigt sein und umgehend nach interner Bestätigung an die Aufsichtsbehörde weitergegeben werden.

74 **c) Entscheidung über den Antrag.** Die Entscheidung über den Antrag ist in Art. 5 DVO (EU) 2015/460 weiterführend spezifiziert.

75 Nach Art. 5 Abs. 1 DVO (EU) 2015/460 genehmigt die Aufsichtsbehörde den Antrag nur dann, wenn sich diese vergewissert hat, dass die Systeme für die **Risikoerkennung, die Risikomessung, die Risikoüberwachung, das Risikomanagement und die Risikoberichterstattung** angemessen sind und das interne Modell insbesondere die gesetzlichen Anforderungen erfüllt.

76 Weiterhin erfolgt im Sinne des Art. 5 Abs. 2 DVO (EU) 2015/460 nur dann eine Genehmigung durch die Aufsichtsbehörde, wenn sich diese vergewissert hat, dass die Anforderungen nach § 111 Abs. 2 und Abs. 3 VAG, betreffend der **Leitlinien zur Änderung des Modells**, erfüllt sind. Nach der Entscheidung über den Antrag informiert die Aufsichtsbehörde umgehend in **schriftlicher Form** das Versicherungsunternehmen. Dabei beinhaltet die Entscheidung folgendes:

– Bei Genehmigung teilt die Aufsichtsbehörde das Startdatum mit, ab dem das interne Modell verwendet wird.
– Falls die Genehmigung an Bedingungen geknüpft ist, begründet die Aufsichtsbehörde die Bedingungen.
– Eine Begründung bei Ablehnung des Antrags.
– Nachweis über einen genehmigten Übergangsplan, sofern die Aufsichtsbehörde einen Übergangsplan gemäß § 112 Abs. 4 VAG anfordert.

77 Die Aufsichtsbehörde darf gemäß Art. 5 Abs. 3 DVO (EU) 2015/460 **nicht darüber informieren**, dass ein Versicherungsunternehmen einen Antrag auf Verwendung eines internen Modells eingereicht hat oder dass ein Antrag auf Verwendung abgelehnt bzw. zurückgezogen wurde.

[2] Art. 125 Solva II-RL.

VI. Verhältnis zu anderen Regelungen des VAG. Im Rahmen der Vorgaben zur Verwendung interner Modelle werden weitere Informationen und Standards bezüglich in den §§ 112 bis 121 VAG erläutert. 78

Darüber hinaus wird auf **Besonderheiten bei der Verwendung interner Modelle** in Verbindung mit dem Risikomanagement in § 26 Abs. 8 VAG, der Risiko- und Solvabilitätsbeurteilung in § 27 Abs. 5 VAG, der Berichterstattung an die Öffentlichkeit im Rahmen des Solvabilitäts- und Finanzberichts in § 40 Abs. 4 VAG und den allgemeinen Anforderungen zur Ermittlung der Solvabilitätskapitalanforderung in § 96 VAG eingegangen. 79

§ 262 VAG regelt die **Verwendung eines internen Modells für die Gruppe** und wird in den §§ 261, 263–265 und 269 VAG zur Gruppensolvabilität entsprechend berücksichtigt. 80

In § 285 VAG werden außergewöhnliche aufsichtsbehördliche Maßnahmen, zu denen unter anderem die Beschränkung der Verwendung des internen Modells zählt, erläutert. 81

Interne Modelle in Form von Partialmodellen

112 (1) [1]**Interne Modelle in Form von Partialmodellen werden genehmigt für die Berechnung**

1. eines oder mehrerer Risikomodule oder Untermodule der Basissolvabilitätskapitalanforderung gemäß den §§ 101 bis 106,
2. der Kapitalanforderung für das operationelle Risiko gemäß § 107 und
3. der Anpassung gemäß § 108.

[2]**Partialmodelle können für die gesamte Geschäftstätigkeit oder nur für einen oder mehrere Hauptgeschäftsbereiche angewendet werden.**

(2) [1]**Die §§ 115 bis 121 sind entsprechend anzuwenden; dem begrenzten Anwendungsbereich des Modells ist Rechnung zu tragen.** [2]**Darüber hinaus muss**

1. die sich aus dem Modell ergebende Solvabilitätskapitalanforderung dem Risikoprofil des Versicherungsunternehmens besser Rechnung tragen als die nach der Standardformel berechnete Solvabilitätskapitalanforderung und
2. das Modell
   a) den Grundsätzen der §§ 96 bis 98 entsprechen sowie
   b) vollständig in die Standardformel für die Solvabilitätskapitalanforderung integrierbar und in seinem Aufbau mit den §§ 96 bis 98 konsistent sein.

(3) **Das Versicherungsunternehmen muss in angemessenem Umfang begründen, dass der begrenzte Anwendungsbereich des Modells gerechtfertigt ist.**

(4) **Deckt das Partialmodell nur bestimmte Untermodule eines Risikomoduls oder einige Geschäftsbereiche eines Versicherungsunternehmens in Bezug auf ein spezielles Risikomodul oder Teile von beiden ab, kann die Aufsichtsbehörde die Ausdehnung des Anwendungsbereichs des Modells auf weitere Untermodule oder Geschäftsbereiche eines Risikomoduls im Wege eines Übergangsplans verlangen, bis der überwiegende Teil der Versicherungsgeschäfte in Bezug auf dieses Risikomodul abgedeckt ist.**

Übersicht

1 **I. Allgemeines. 1. Entstehungsgeschichte.** § 111 VAG ist bei der Neufassung des VAG im Jahr 2015 durch Art. 1 des Gesetzes zur Modernisierung der Finanzaufsicht über Versicherungen[1] vom 1.4.2015 in das VAG eingefügt worden.

2 **2. Normzweck.** § 112 VAG bestimmt ergänzend zu den Anforderungen an die Verwendung interner Modelle in § 111 VAG nähere Regelungen, wenn interne Modelle nicht ganzheitlich, sondern nur für bestimmte Teilbereiche verwendet werden sollen (Partialmodelle), insbesondere zum Zusammenwirken von internem Modell und Standardformel. Diese beziehen sich auf den zulässigen Anwendungsbereich und die Integration des internen Partialmodells in die Standardformel.

3 Vor dem Hintergrund des begrenzten Anwendungsbereichs von Partialmodellen werden zusätzliche Vorgaben in Verbindung mit der Angemessenheit des Anwendungsumfangs getroffen. Insbesondere begründet § 112 VAG das Recht der Aufsichtsbehörde, den Anwendungsbereich des Partialmodells zu erweitern.

4 **3. Europarechtlicher Hintergrund.** § 112 VAG übernimmt die folgenden Regelungen der Solva II-RL in national geltendes Recht: Art. 112 Abs. 2 und Abs. 3 S. 2 Solva II-RL sowie Art. 113 Solva II-RL zu den besonderen Bestimmungen für die Genehmigung interner Modelle in Form von Partialmodellen. Dabei steht § 112 in enger Verbindung mit § 111 VAG (bzw. Art. 112, Art. 115 und Art. 117 Solva II-RL), welcher die allgemeine Verwendung von internen Modellen in Form von Voll- oder Partialmodellen regelt.

5 Die Inhalte der Art. 112 Abs. 2 und Abs. 3 S. 2 sowie Art. 113 Solva II-RL werden unter dem Themengebiet „Interne Modelle in Form von Partialmodellen" auf vier Absätze aufgeteilt. Dabei wurde auf eine wortgleiche Übernahme der Richtlinie verzichtet und die Strukturierung gegenüber der Solva II-RL abgeändert. Von den Unterschieden fallen insbesondere der explizite Verweis auf die Grundsätze der §§ 96 – 98 VAG in § 112 Abs. 2 Nr. 2a VAG sowie die knapperen Formulierungen in Bezug auf einen Übergangsplan in § 112 Abs. 4 VAG ins Auge. Inhaltliche Unterschiede ergeben sich jedoch nicht. Mit Blick auf den Verweis auf §§ 96 – 98 VAG ist dies der Fall, weil deren inhaltliche Anforderungen zugleich in §§ 115 – 121 VAG sowie in die DVO (EU) 2015/460 eingefügt wurden.

6 Art. 113 Abs. 2 Solva II-RL fokussiert den vom Unternehmen zu erstellenden Übergangsplan, welcher realistisch sein soll und die Art und Weise der Ausdehnung des Anwendungsbereiches des Partialmodells darstellt. Dieser Plan muss so gestaltet sein, dass eine Ausdehnung des Anwendungsbereiches gewährleistet wird. Damit wird die besondere Verantwortung des Unternehmens für die Erreichung dieses Ziels betont. § 112 Abs. 4 VAG ermöglicht demgegenüber der Aufsichtsbehörde direkt, die Ausdehnung des Anwendungsbereiches zu verlangen; allerdings kann sie dies nicht unmittelbar, sondern im Wege eines Übergangsplans. In beiden Regelungen wird mit den gleichen Mitteln das gleiche Ziel erreicht.

7 Ergänzende Ausführungen bezüglich der Integration interner Partialmodelle werden in Art. 239 Solva II-VO dargelegt. Die Ausgestaltung eines Übergangsplans zur Ausdehnung des Anwendungsbereichs des Partialmodells wird in DVO (EU) 2015/460 geregelt.

8 **II. Interne Modelle in Form von Partialmodellen. 1. Anwendungsbereich des Partialmodells.** In § 112 Abs. 1 VAG wird der Begriff und der Anwendungsbereich von **Partialmodellen** bestimmt. Demnach können Partialmodelle für die Berechnung eines oder mehrerer Risikomodule oder Untermodule der Basissolvabilitätskapitalanforderung der Standardformel genehmigt werden. Beispielsweise könnte demnach das gesamte lebensversicherungstechnische Risikomodul oder auch nur das Sterblichkeitsrisiko als Untermodul des lebensversicherungstechnischen Risikomoduls Gegenstand eines Partialmodells sein.

9 Dem Aufbau der Standardformel folgend, können über die Elemente der Basissolvabilitätskapitalanforderung hinaus auch die Kapitalanforderung für das **operationelle Risiko** sowie die Ermittlung der **Anpassung für die Verlustausgleichsfähigkeit** der versicherungstechnischen Rückstellungen und latenten Steuern über ein internes Modell erfolgen.

10 Weiterhin gilt grundsätzlich, dass sowohl die gesamte Geschäftstätigkeit oder auch nur ein oder mehrere **Hauptgeschäftsbereiche** vom Partialmodell abgedeckt werden können. In diesem Zusammenhang sind Hauptgeschäftsbereiche gemäß Art. 1 Abs. 41 Solva II-VO auf Solo-Ebene definiert als ein bestimmtes Unternehmenssegment, welches unabhängig von anderen Unternehmensteilen betrieben wird sowie über eigene Governanceressourcen und -verfahren verfügt. Dies kann beispielsweise bei einer Zweigniederlassung der Fall sein, wenn diese eine ausreichende organisatorische Selbständigkeit aufweist. Die aus der zugrundeliegenden Geschäftstätigkeit resultierenden Risiken müssen darüber hinaus in Bezug auf die gesamte Geschäftstätigkeit wesentlich sein. Analog hierzu sind die Hauptgeschäftsbereiche auf Gruppen-Ebene in Art. 1 Abs. 42 Solva II-VO ebenfalls definiert als von anderen Teilen der Gruppe unabhängig betriebene Segmente mit eigenen Governanceressourcen und -verfahren, deren Risiken in Bezug auf die Gesamtheit der Geschäftstätigkeiten der Gruppe wesentlich sind. Dabei

[1] BGBl. 2015 I 434 ff.

ist jede zur Gruppe gehörende juristische Person als Hauptgeschäftsbereich anzusehen oder setzt sich aus mehreren Hauptgeschäftsbereichen zusammen. Der Begriff des Hauptgeschäftsbereiches ist damit deutlich anders gefasst als der **Segmentbegriff in der Rechnungslegung** im Sinne von § 297 Abs. 1 HGB oder IFRS 8 Operating Segments und führt insbesondere bei Gruppen mit einer großen Zahl an Tochterunternehmen dazu, dass eine größere Zahl von Hauptgeschäftsbereichen innerhalb eines Segments im Sinne der Rechnungslegung besteht.

Demnach ist die **Definition von Geschäftsbereichen** grundsätzlich an der Geschäftsorganisation 11 und in diesem Rahmen insbesondere an der Gestaltung des Governance-Systems sowie dem Risikoprofil ausgerichtet. Geschäftsbereiche, die sich nicht deutlich in der Geschäftsorganisation widerspiegeln, sind nicht als Hauptgeschäftsbereiche zu verstehen. Auf diese Weise soll eine eindeutige Definition des Anwendungsbereichs des Partialmodells erfolgen, um ein wählerisches Verhalten („Rosinenpicken") seitens der Versicherungsunternehmen auszuschließen. Insbesondere soll keine mangelnde Eindeutigkeit in Bezug auf Risiken, Aktivposten und/oder Passivposten, die im Hauptgeschäftsbereich enthalten bzw. ausgeschlossen sind, vorliegen.

Die Klassifizierung und Begründung der Hauptgeschäftsbereiche sind Teil des Governance-Prozesses 12 des internen Modells und stellen eine Komponente der für die **Genehmigung einzureichenden Antragsunterlagen** dar. Änderungen der Definition eines Hauptgeschäftsbereichs können in einer Erweiterung oder Einschränkung des Anwendungsbereichs oder in einer größeren Modelländerung resultieren.

Zusammenfassend ergeben sich auf Basis der verschiedenen Risikomodule und der jeweiligen Unter- 13 module in Verbindung mit den definierten Hauptgeschäftsbereichen verschiedene Konstellationen für den **Anwendungsumfang des Partialmodells**: eines oder mehrerer Risikomodule für die gesamte Geschäftstätigkeit; eines oder mehrerer Risikomodule für einen oder mehrere Hauptgeschäftsbereiche; eines oder mehrerer Unterrisikomodule für die gesamte Geschäftstätigkeit; eines oder mehrerer Unterrisikomodule aus dem gleichen oder aus verschiedenen Risikomodulen für einen oder mehrere Hauptgeschäftsbereiche; der Kapitalanforderung für das operationelle Risiko für die gesamte Geschäftstätigkeit oder eines oder mehrerer Hauptgeschäftsbereiche; und der Anpassung für die Verlustausgleichsfähigkeit der versicherungstechnischen Rückstellungen und latenten Steuern gemäß.

2. Integration in die Standardformel. Für die Verwendung eines internen Partialmodells gelten 14 besondere Bestimmungen hinsichtlich Konsistenz des Modells zum Aufbau sowie zu den allgemeinen Berechnungsgrundsätzen der Kapitalanforderungen, um eine vollständige Integrierbarkeit in die Standardformel zu gewährleisten. Darüber hinaus werden auch für die vom Unternehmen zu verwendenden Integrationsverfahren selbst Regelungen festgelegt.

a) Anforderungen hinsichtlich Konsistenz zur Standardformel. Als zentrale Anforderung des 15 § 112 Abs. 2 VAG an das Modell geht hervor, dass die aus dem Partialmodell resultierende Solvabilitätskapitalanforderung dem Risikoprofil des Versicherungsunternehmens besser Rechnung tragen muss als die nach der Standardformel berechnete Kapitalanforderung. Dabei gilt für das interne Partialmodell, dass dieses den allgemeinen Grundsätzen zur Berechnung der Solvabilitätskapitalanforderung entsprechen muss, die in den §§ 96 – 98 VAG bestimmt werden und auch der Standardformel zugrunde liegen. Diese betreffen die Ermittlung der Kapitalanforderungen unter der Annahme der Unternehmensfortführung, Anforderungen an das Risikomaß hinsichtlich des zugrunde zu legenden Geschäftsumfangs, Anforderungen an den Mindestumfang der abzudeckenden Risiken und der Berücksichtigung von Risikominderungstechniken sowie Vorgaben zur Häufigkeit der Berechnungen. Dabei muss der Aufbau des internen Partialmodells mit diesen Grundsätzen konsistent sein.

b) Wahl des Integrationsverfahrens. Für die Integration eines internen Partialmodells in die Stan- 16 dardformel zur Berechnung der Solvabilitätskapitalanforderung stellt Art. 239 Solva II-VO die wesentlichen Voraussetzungen dar. Im Hinblick auf die Auswahl einer geeigneten **Integrationsmethode** sind die Versicherungsunternehmen nach Art. 239 Abs. 1 Solva II-VO grundsätzlich verpflichtet, die **Standardintegrationstechnik** zu verwenden. Diese entspricht der Aggregation von Risikomodulen und Unter-Risikomodulen gemäß der Standardformel und greift dabei auf die jeweiligen Korrelationsmatrizen und das Aggregationsverfahren der Standardformel zurück.

Weist das Unternehmen gegenüber der Aufsicht nach, dass die Anwendung der Standardintegrations- 17 technik nach den in Art. 239 Abs. 5 Solva II-VO genannten Kriterien nicht angemessen ist, so sind gemäß Art. 239 Abs. 2 Solva II-VO von EIOPA **weitere Integrationstechniken** in Anh. XVIII Solva II-VO zur Auswahl festgelegt. Von den fünf festgelegten Integrationstechniken muss die Integrationstechnik ausgewählt werden, die nachweislich für das Versicherungsunternehmen am besten geeignet ist.

Gemäß Art. 239 Abs. 3 Solva II-VO kann das Unternehmen auch eine **alternative Integrations-** 18 **technik** verwenden, wenn es gegenüber der Aufsichtsbehörde nachweist, dass keine der festgelegten Techniken nach den Kriterien des Art. 239 Abs. 5 Solva II-VO angemessen ist und die alternative Integrationstechnik das Risikoprofil besser abbildet. Hierbei sind die allgemeinen Bestimmungen für die Berechnung der Solvabilitätskapitalanforderung mit einem internen Partialmodell gemäß Art. 100 bis

102 Solva II-RL sowie Art. 112 bis 127 Solva II-RL (in deutsches Recht umgesetzt in §§ 96–98 und 111–121 VAG) zu berücksichtigen, die durch Verweis unmittelbar anwendbar werden.

19 **Begründung mangelnder Angemessenheit**: Für die Begründung, warum die Standardintegrationstechnik bzw. die vorgeschlagenen Integrationstechniken gegebenenfalls nicht angemessen sind, muss eine der folgenden Bedingungen aus Art. 239 Abs. 5 Solva II-VO zutreffen:

– Die resultierende Solvabilitätskapitalanforderung entspricht nicht den zugrundeliegenden Anforderungen zur Berechnung der Kapitalanforderung.
– Die resultierende Solvabilitätskapitalanforderung bildet das Risikoprofil nicht angemessen ab.
– Die grundsätzliche Konformität des internen Partialmodells mit den regulatorischen Anforderungen ist vorhanden, jedoch besteht keine Möglichkeit zur Integration des Modells in die Standardformel zur Berechnung der Solvabilitätskapitalanforderung.

20 Unter Berücksichtigung dieser Vorgaben können die Versicherungsunternehmen die folgenden **Kriterien** in ihre Argumentation mit einbeziehen:

21 **Äquivalenz der Solvabilitätskapitalanforderung:** Um zu zeigen, dass die resultierende Solvabilitätskapitalanforderung nicht dem Value-at-Risk[2] der Basiseigenmittel bei einem Konfidenzniveau von 99,5 % über einen Zeitraum von einem Jahr entspricht, können Stress- und Szenariotests verwendet werden. Weiterhin ist zu berücksichtigen, dass die Kapitalanforderungen sowohl auf granularer Ebene als auch auf Ebene der Risikomodule dem Value-at-Risk bei einem Konfidenzniveau von 99,5 % über einen Zeitraum von einem Jahr entsprechen.

22 **Risikoprofil**: Um zu zeigen, dass aufgrund des Risikoprofils des Versicherungsunternehmens die einer Integrationsmethodik unterliegenden Annahmen nicht gegeben sind, können sowohl qualitative als auch quantitative Methoden herangezogen werden. So könnten dem Versicherungsunternehmen beispielsweise ausreichend Informationen über die nicht-modellierten Risiken und deren Abhängigkeitsstruktur zu den modellierten Risiken vorliegen, auf deren Basis gezeigt werden kann, dass die betrachtete Integrationsmethodik nicht angemessen ist.

23 **Daten**: Dem Versicherungsunternehmen könnten zusätzliche unternehmensspezifische Daten vorliegen, die eine Analyse der Korrelationen ermöglichen, und eine von der Standardformel abweichende Abhängigkeitsstruktur aufzeigen.

24 Neben der Begründung, warum die Standard- bzw. vorgeschlagene Integrationstechnik nicht angemessen ist, hat das Versicherungsunternehmen auch den Nachweis zu erbringen, dass die letztendlich **gewählte Methode tatsächlich geeignet** ist. Für eine entsprechende Beurteilung können die Versicherungsunternehmen beispielsweise eine oder mehrere Integrationstechniken bestimmen, die ihr Risikoprofil angemessen abbilden und auf dieser Basis tiefergehende Analysen durchführen.

25 **3. Anforderungen in Verbindung mit begrenztem Anwendungsbereich. a) Begrenzter Anwendungsbereich im Rahmen der allgemeinen Vorschriften für interne Modelle gemäß §§ 115–121 VAG.** Interne Partialmodelle müssen nach § 112 Abs. 2 VAG die gleichen Anforderungen der §§ 115–121 VAG wie interne Vollmodelle erfüllen. Dem begrenzten Anwendungsbereich des Partialmodells nach § 112 Abs. 1 VAG ist Rechnung zu tragen. Dies erfolgt dadurch, dass die Anforderungen nur für den Anwendungsbereich des Partialmodells nachzuweisen sind.

26 **b) Begründung des begrenzten Anwendungsbereichs.** Gemäß § 112 Abs. 3 VAG muss das Versicherungsunternehmen den **begrenzten Anwendungsbereich** des internen Partialmodells begründen und in diesem Rahmen darlegen, warum der gewählte Anwendungsbereich gerechtfertigt ist. Die Rechtfertigung kann sich aus den folgenden Sachverhalten ergeben:

– vorgesehene Weiterentwicklung zu einem internen Vollmodell,
– Mangel an zuverlässigen Informationen,
– Unverhältnismäßigkeit einer Modellierung weiterer Geschäftseinheiten oder Risikomodule,
– angemessene Risikoabbildung durch die Standardformel für die nicht im Anwendungsbereich liegenden Teile der Berechnung.

27 In Bezug auf Versicherungsgruppen kann der begrenzte Anwendungsbereich auch aus dem **Erwerb eines neuen Rechtsträgers** resultieren.

28 Das Unternehmen trägt die **Darlegungslast** für den begrenzten Anwendungsbereich. Falls die Aufsichtsbehörde Bedenken bzgl. der Begründung des begrenzten Anwendungsbereichs hat, kann sich diese das Recht vorbehalten, dem vorgeschlagenen Anwendungsbereich zu widersprechen und das Partialmodell abzulehnen, eine Genehmigung mit Einschränkung zu geben oder einen Übergangsplan zur Ausdehnung des Anwendungsbereichs des Partialmodells zu verlangen.

29 Zu den **Kriterien** für die Bewertung der Begründung des begrenzten Anwendungsbereichs durch die Aufsichtsbehörde können die folgenden Faktoren zählen: Erfüllung der Anforderungen an den Verwendungstest, Konsistenz mit der Zuordnung der Gewinne und Verluste, Erfüllung der Anforderungen an die Validierung, Art, Umfang und Komplexität der inhärenten Risiken, Geschäftsstrategie des Ver-

[2] Vgl. Kommentierung zu § 97 VAG.

sicherungsunternehmens, das Vorliegen eines Übergangsplans und die Ergebnisse aus dem ORSA-Prozess.[3]

c) Übergangsplan zur Ausdehnung des Anwendungsbereichs. § 112 Abs. 4 VAG ermächtigt die Aufsichtsbehörde, eine Ausdehnung des Anwendungsbereichs des Partialmodells im Rahmen eines **Übergangsplans** zu verlangen, falls das Partialmodell nur bestimmte Untermodule eines Risikomoduls oder nur einige Geschäftsbereiche in Bezug auf ein spezielles Risikomodul oder nur Teile von beiden abdeckt. Dabei kann die geforderte Ausdehnung des Anwendungsbereichs soweit reichen, bis der überwiegende Teil der Versicherungsgeschäfte in Bezug auf das betroffene Risikomodul abgedeckt ist. Eine Ausdehnung auf ein internes Vollmodell kann die Aufsichtsbehörde nach § 112 Abs. 4 VAG demzufolge dann nicht verlangen, wenn vollständige Risikomodule der Standardformel nicht im Anwendungsbereich des Partialmodells liegen. 30

Beispiele für Situationen, in denen die Aufsichtsbehörde möglicherweise von diesem **Eingriffsermessen** Gebrauch machen würde, wären, dass das Versicherungsunternehmen Risiken aus dem Anwendungsbereich des Partialmodells ausgeschlossen hat, die materiell sind oder die erfahrungsgemäß von ähnlichen Versicherungsunternehmen modelliert werden können. Auch wenn die Aufsichtsbehörde Bedenken hat, dass Risiken und/oder Geschäftseinheiten, die nicht in den Anwendungsbereich des Partialmodells fallen, nicht angemessen durch die Standardformel berücksichtigt werden, würde die Aufsichtsbehörde einen Übergangsplan zur Ausdehnung des Anwendungsbereichs verlangen. 31

Die **Anforderungen** in Verbindung mit einem entsprechenden Übergangsplan, die sowohl das Versicherungsunternehmen als auch die Aufsichtsbehörde betreffen, werden im Art. 6 DVO (EU) 2015/460 näher spezifiziert. So müssen die Aufsichtsbehörden dem Unternehmen die Gründe für ein Verlangen eines Übergangsplans erläutern und auch den minimalen Anwendungsbereich, den das interne Modell in Form des Partialmodells nach Umsetzung des Übergangsplans abdecken muss, festsetzen. Zwar verlangt die deutsche Fassung von Art. 6 DVO (EU) 2015/460, dass die Aufsichtsbehörde die Maßnahme begründen muss, doch ist dies nicht als Einschränkung des Eingriffsermessens nach § 112 Abs. 4 VAG zu verstehen, sondern ausweislich des Wortlautes der englischen Fassung als Pflicht zu einer Erläuterung über den Hintergrund und das Ziel der Maßnahme gegenüber dem Unternehmen. 32

Der Übergangsplan bedarf gemäß Art. 6 Abs. 2 DVO (EU) 2015/460 der **Genehmigung der Geschäftsleitung** und muss klar den Zeitrahmen zur Umsetzung des Übergangsplans, den Ausdehnungsbereich des Modellumfangs sowie die vorgesehenen Maßnahmen und Mittel zur Ausdehnung des Anwendungsbereichs des Partialmodells festsetzen. Die Aufsichtsbehörde bewertet anschließend den Übergangsplan und kann, falls notwendig, gemäß Art. 6 Abs. 2 DVO (EU) 2015/460 eine **geänderte Fassung** dieses Übergangsplans verlangen, welcher erneut vom Verwaltungs-, Management- oder Aufsichtsorgan des Unternehmens genehmigt werden muss. 33

Falls das Versicherungsunternehmen den Übergangsplan zur Ausdehnung des Anwendungsbereichs nicht zeitgerecht umsetzen kann, kann die Aufsichtsbehörde gemäß Art. 6 Abs. 3 DVO (EU) 2015/460 den **Zeitraum zur Umsetzung des Übergangsplans** verlängern, gegebenenfalls auch unter Einbezug von Anpassungen an dem ursprünglichen Plan. Darüber hinaus kann die Aufsichtsbehörde eine Schätzung der Solvabilitätskapitalanforderung gemäß der Standardformel verlangen oder den Anwendungsbereich des Partialmodells für eine erteilte Genehmigung zusätzlich einschränken. Die Aufsichtsbehörde kann diese Maßnahmen unbeschadet weiterer verfügbarer Maßnahmen anordnen. 34

Die Anforderung zur Erstellung eines Übergangsplans liegt gemäß Art. 6 Abs. 1 DVO (EU) 2015/460 im **Ermessen der Aufsichtsbehörde.** Falls die Aufsichtsbehörde überzeugt ist, dass der begrenzte Anwendungsbereich angemessen begründet ist, dass die resultierende Solvabilitätskapitalanforderung dem Risikoprofil des Versicherungsunternehmens besser Rechnung trägt sowie die Grundsätze der §§ 96 – 98 VAG erfüllt, und dass das Modell in seinem Aufbau mit diesen Grundsätzen konsistent ist sowie eine vollständige Integration in die Standardformel erlaubt, dann kann die Aufsichtsbehörde das Partialmodell als dauerhafte Lösung genehmigen. 35

III. Verhältnis zu anderen Regelungen des VAG und zu Parallelvorschriften im KWG. 1. Verhältnis zu sonstigen Regelungen des VAG. Weitere Informationen und Standards bezüglich der Verwendung interner Modelle in Form von Voll- oder Partialmodellen werden in §§ 112–121 VAG erläutert. 36

Darüber hinaus wird auf Besonderheiten bei der Verwendung interner Modelle in Verbindung mit dem Risikomanagement in § 26 Abs. 8 VAG, der Risiko- und Solvabilitätsbeurteilung in § 27 Abs. 5 VAG, der Berichterstattung an die Öffentlichkeit im Rahmen des Solvabilitäts- und Finanzberichts in 37

[3] Gemäß § 27 VAG gehört zum Risikomanagementsystem eines Versicherungsunternehmens eine unternehmenseigene Risiko- und Solvabilitätsbeurteilung (Own Risk and Solvency Assessment – ORSA), welche regelmäßig sowie im Fall wesentlicher Änderungen des Risikoprofils unverzüglich zu erfolgen hat. Bestandteil dieses Prozesses sind nach Abs. 2 unter anderem die eigenständige Bewertung des Solvabilitätsbedarfs unter Berücksichtigung des spezifischen Risikoprofils des Unternehmens sowie die Beurteilung der Wesentlichkeit von Abweichungen des Risikoprofils des Unternehmens von den Annahmen, die der Berechnung der Solvabilitätskapitalanforderungen mit der Standardformel oder mit dem internen Modell zugrunde liegen.

§ 40 Abs. 4 VAG und den allgemeinen Anforderungen zur Ermittlung der Solvabilitätskapitalanforderung in § 96 VAG eingegangen.

38 § 262 VAG regelt die Verwendung eines internen Modells für die Gruppe und wird in den §§ 261, 263 bis 265 und 269 VAG zur Gruppensolvabilität entsprechend berücksichtigt.

39 In § 285 VAG werden außergewöhnliche aufsichtsbehördliche Maßnahmen, zu denen unter anderem die Beschränkung der Verwendung des internen Modells zählt, erläutert.

40 **2. Verhältnis zum KWG.** In § 1 Abs. 34 KWG wird das „Modellrisiko" definiert. Es handelt sich um den möglichen Verlust, der auf der Grundlage fehlerhafter interner Modelle eintreten kann.

41 § 6b KWG regelt die aufsichtliche Überprüfung und Beurteilung von Kreditinstituten. In den aufsichtsrechtlichen Überprüfungsrahmen fällt dabei nach Abs. 2 Nr. 1 auch, ob bei der Verwendung eines internen Modells zur Bestimmung der Eigenmittelanforderungen für das Marktrisiko dieses geeignet ist, ein wirksames Risikomanagement und eine solide Risikoabdeckung zu gewährleisten.

42 Bei Einstufung einer Zweigniederlassung eines CRR-Instituts als bedeutend, regelt § 8 f. Abs. 1 KWG, dass die BaFin der zuständigen Stelle auch die Entscheidungen über das erstmalige oder das weitere Verwenden interner Ansätze übermittelt.

43 § 10 Abs. 1 KWG ermächtigt das BMF zum Erlass näherer Bestimmungen über die angemessene Eigenmittelausstattung von Kreditinstituten. Somit können Kreditinstitute unter Einhaltung dieser Bestimmungen ihre internen Modelle auch für die Bestimmung der Höhe der Unterlegung des Marktrisikos mit Eigenmitteln heranziehen.

Verantwortung des Vorstands; Mitwirkung Dritter

113 (1) **Der Vorstand ist selbst verantwortlich**

1. **für den Antrag auf Verwendung des internen Modells gemäß § 111 Absatz 3 und den Antrag auf Genehmigung späterer größerer Änderungen des Modells,**
2. **für die Einführung von Systemen, die sicherstellen, dass das interne Modell durchgehend ordnungsgemäß funktioniert,**
3. **für die kontinuierliche Angemessenheit des Aufbaus und der Funktionsweise des internen Modells und**
4. **dafür, dass das interne Modell jederzeit das Risikoprofil des Versicherungsunternehmens angemessen abbildet.**

(2) **Die vollständige oder teilweise Bereitstellung des Modells oder von Daten durch Dritte entbindet das Versicherungsunternehmen nicht von der Pflicht, die Anforderungen der §§ 115 bis 121 an das interne Modell zu erfüllen.**

1 **I. Allgemeines. 1. Entstehungsgeschichte.** § 113 VAG ist bei der Neufassung des VAG im Jahr 2015 durch Art. 1 des Gesetzes zur Modernisierung der Finanzaufsicht über Versicherungen[1] vom 1.4.2015 in das VAG eingefügt worden.

2 **2. Normzweck.** § 113 VAG erlangt unmittelbare Bedeutung für Versicherungsunternehmen, die für die Berechnung der Solvabilitätskapitalanforderung ein von der Aufsichtsbehörde genehmigtes internes Modell in Form eines Voll- oder Partialmodells verwenden. Zielsetzung der Regelung ist es, die umfassende Verantwortung des Vorstands bei Nutzung eines internen Modells klarzustellen. Ein Versicherungsunternehmen darf die Anforderungen gemäß den §§ 115–121 VAG nicht dadurch umgehen, dass es Funktionen oder Aufgaben an Dritte ausgliedert.

3 **3. Europarechtlicher Hintergrund.** § 113 Abs. 1 VAG setzt die Art. 116 und 120 Abs. 3 Solva II-RL und § 113 Abs. 2 VAG Art. 126 Solva II-RL um. Unterschiede zum Richtlinientext bestehen insbesondere in der Ausweitung der persönlichen Verantwortung auch auf § 113 Abs. 1 Nr. 1 VAG gegenüber nur einer „Billigung" laut Richtlinientext. Der Gesetzgeber sieht in der Billigung auch eine Übernahme der Verantwortung. Dies erlaubt redaktionell einen gemeinsamen Satzbeginn für die nachfolgenden Nummern. Im Unterschied zur Richtlinie wird eine ausdrückliche Billigung des Vorstandes für den Antrag nach § 113 Abs. 1 Nr. 1 VAG aber nicht gefordert. Dieser ist bei richtlinienkonformer Auslegung aber aus der Verantwortlichkeit zu lesen.[2]

4 **II. Abgrenzung der Verantwortlichkeiten.** Die Verantwortung des Vorstands für die in § 113 Abs. 1 VAG genannten Aufgaben ergibt sich bereits aus der allgemeinen Organisationsverantwortung

[1] BGBl. 2015 I 434 ff.

[2] Zur persönlichen Verantwortung des Vorstands gehört auch, dass seine Mitglieder ein weitreichendes Verständnis für das interne Modell haben und sich bei Entscheidungen dessen Auswirkungen auf das geforderte Solvabilitätskapital bewusst sind. Vor diesem Hintergrund besteht auch ein besonderer Zusammenhang mit den Anforderungen des Art. 225 Solva-II VO.

des Vorstands nach § 91 AktG. Vor diesem Hintergrund betont die Norm nochmals die **persönliche Verantwortung der Mitglieder des Vorstands** in Zusammenhang mit der Verwendung eines internen Modells oder Partialmodells und unterstreicht damit die hohe Bedeutung der in Abs. 1 genannten Aufgaben. Zugleich steht neben der Regelung die Verantwortlichkeit der Risikomanagementfunktion nach § 26 Abs. 8 VAG. Schließlich wird in der Gesetzesbegründung zwar die hohe Bedeutung der in den § 113 Abs. 1 Nr. 1–4 genannten Aufgaben betont, jedoch im Unterschied zur Gesetzesbegründung zu § 27 VAG eine Bezugnahme auf den Gesamtvorstand vermieden. Hieraus ergibt sich, dass § 113 Abs. 1 VAG einer Delegation der primären Vorstandsverantwortung für die in den Nr. 1–4 genannten Aufgaben auf ein einzelnes Vorstandsmitglied oder einen Ausschuss nicht entgegensteht. Darüber hinaus wird die Verantwortlichkeit der Risikomanagementfunktion nicht eingeschränkt. Sie ist eines der Instrumente, derer sich der Vorstand zur Erfüllung seiner Aufgaben nach § 113 Abs. 1 VAG bedient.

Die Struktur der Verantwortlichkeiten für die in § 113 Abs. 1 VAG genannten Aufgaben entspricht 5 also den üblichen Regeln für den **Vorstand als Kollegialorgan mit Ressortverteilung** und entsprechend geregelten Zuständigkeiten. Die Regelung des § 113 Abs. 1 VAG setzt nun jedoch den Pflichtenmaßstab sowohl für Vorstandsmitglieder mit Ressortverantwortlichkeit bezüglich des Risikomanagements wie auch alle anderen Vorstandsmitglieder herauf. Dies schlägt sich in einer gesteigerten Organisations- bzw. Überwachungsverantwortung nieder und setzt auch in größerem Umfang fachliche Kenntnisse des internen Modells voraus. Vor diesem Hintergrund müssen auch die Anforderungen an die Kenntnis des internen Modells seitens des Vorstands in Art. 225 Solva II-VO interpretiert werden.

III. Mitwirkung Dritter. § 113 Abs. 2 VAG stellt klar, dass auch bei vollständiger oder teilweiser 6 **Bereitstellung** von Modellen oder Daten **durch Dritte** die Verantwortlichkeit des Vorstands des Unternehmens nicht reduziert wird. Die Regelung entspricht den Grundsätzen des § 32 VAG und stellt insoweit nur klar, dass auch für die Regelungen zur Zulassung eines internen Modells die Verantwortlichkeit in jedem Fall beim Unternehmen liegt.

IV. Verhältnis zum KWG. Die persönliche Verantwortung des Vorstands bei der Verwendung 7 interner Modelle wird durch das KWG nicht gesondert betont. Allerdings werden im KWG neben einer übergreifenden Verantwortung einzelne spezifische Sachverhalte geregelt.

§ 25a Abs. 1 KWG fordert lediglich, dass die ordnungsgemäße Geschäftsorganisation eines Kredit- 8 instituts ein angemessenes und wirksames Risikomanagement umfasst, welches insbesondere Verfahren zur Ermittlung und Sicherstellung der Risikotragfähigkeit beinhalten muss. Die Verantwortung für die ordnungsgemäße Geschäftsorganisation obliegt der Geschäftsleitung.

§ 25c Abs. 3 Nr. 3 KWG fordert weiterhin, dass die Geschäftsleitung im Rahmen ihrer Gesamtver- 9 antwortung der Festlegung von Strategien und Risiken, insbesondere den Adressenausfallrisiken, den Marktrisiken und den operationellen Risiken, ausreichend Zeit widmet.

Zudem hat die Geschäftsleitung nach § 25c Abs. 4a Nr. 2a KWG dafür Sorge zu tragen, dass diese 10 wesentlichen Risiken regelmäßig und anlassbezogen im Rahmen einer Risikoinventur identifiziert und definiert werden (Gesamtrisikoprofil) sowie nach § 25c Abs. 4a Nr. 3f KWG regelmäßig angemessenen Stresstests unterworfen werden.

Nichterfüllung der Anforderungen an das interne Modell

114 (1) **Wenn Versicherungsunternehmen nach der Erteilung der aufsichtsbehördlichen Genehmigung zur Verwendung eines internen Modells nicht mehr die Anforderungen der §§ 115 bis 121 erfüllen, müssen sie der Aufsichtsbehörde unverzüglich einen Plan vorlegen, wie die Anforderungen innerhalb eines angemessenen Zeitraums wieder eingehalten werden können, oder den Nachweis erbringen, dass die Nichteinhaltung der Anforderungen sich nur unwesentlich auswirkt.**

(2) **Wird der Plan nach Absatz 1 nicht ordnungsgemäß umgesetzt, kann die Aufsichtsbehörde zur Berechnung der Solvabilitätskapitalanforderung die Rückkehr zur Standardformel anordnen.**

I. Allgemeines. 1. Entstehungsgeschichte. § 114 VAG ist bei der Neufassung des VAG im Jahr 1 2015 durch Art. 1 des Gesetzes zur Modernisierung der Finanzaufsicht über Versicherungen[1] vom 1.4.2015 in das VAG eingefügt worden.

2. Normzweck. § 114 VAG erlangt unmittelbare Bedeutung für Versicherungsunternehmen, die für 2 die Berechnung der Solvabilitätskapitalanforderung ein von der Aufsichtsbehörde genehmigtes internes Modell in Form eines Voll- oder Partialmodells verwenden.

[1] BGBl. 2015 I 434 ff.

§ 114 VAG regelt in Abs. 1 die unmittelbaren Pflichten und in Abs. 2 die Ermächtigung der Aufsichtsbehörde, die Rückkehr zur Standardformel zu verlangen, wenn Versicherungsunternehmen, die ein bereits zertifiziertes internes Modell betreiben, die Anforderungen der §§ 115–121 VAG später nicht mehr erfüllen.

3 **3. Europarechtlicher Hintergrund.** § 114 VAG setzt Art. 118 Solva II-RL um. Die Unterschiede in der Wortwahl von § 114 VAG zu Art. 118 Solva II-RL sind nur redaktioneller Natur.

4 Die Solva II-VO nimmt keinen direkten Bezug auf Art. 118 Solva II-RL. Indirekt ist über die Bezugnahme des § 114 Abs. 1 VAG auf die §§ 115 bis 121 VAG jedoch ein enger inhaltlicher Zusammenhang zu allen Regelungen im Kontext interner Modelle vorhanden. Dies gilt analog insbesondere auch für die Bestimmungen der Solva II-VO zur Festlegung technischer Durchführungsstandards hinsichtlich des Verfahrens zur Genehmigung eines internen Modells, sowie für die EIOPA-LL zur Verwendung interner Modelle (EIOPA-BoS-14/180).

5 **II. Vorgehen bei Nichteinhaltung der Anforderungen. 1. Feststellung einer Nichteinhaltung der §§ 115–121 VAG.** Die Anwendung des § 114 VAG setzt die Identifikation einer nicht mehr gegebenen Erfüllung der §§ 115 bis 121 VAG voraus. Die **Nichteinhaltung** kann z. B. identifiziert werden durch:

– die Schüsselfunktionen Risikomanagementfunktion und versicherungsmathematische Funktion der Versicherungsunternehmen im Rahmen der regelmäßigen internen Validierungsprozesse,
– die Schlüsselfunktion interne Revision im Rahmen von prozessunabhängigen planmäßigen oder außerplanmäßigen Prüfungshandlungen,
– den Vorstand im Rahmen seiner Aufgaben gemäß § 113 VAG,
– den Aufsichtsrat im Rahmen seiner allgemeinen Überwachungstätigkeit,
– die Aufsichtsbehörde im Rahmen von ordentlichen oder außerordentlichen Prüfungen oder auf Basis sonstiger Hinweise,
– sonstige externe Stellen, z. B. in Folge speziell beauftragter Prüfungstätigkeiten.

6 Abzugrenzen ist dabei die Nichteinhaltung von solchen Veränderungen, die im Rahmen der **innerbetrieblichen Leitlinien zu Modelländerungen** initiiert und umgesetzt werden. Solche Änderungen am Modell im Sinne des § 111 Abs. 2 VAG dienen gerade der dauerhaften Erfüllung der Anforderungen der §§ 115–121 VAG. Sofern daher kurzfristig keine Übereinstimmung mit den Anforderungen der §§ 115–121 VAG vorliegt, dies aber im Rahmen der Leitlinien zur Modelländerung behandelt und beseitigt wird, liegt normalerweise keine Nichteinhaltung im Sinne des § 114 VAG vor.

Sofern es sich um ein internes Modell in Form eines Partialmodells handelt ist nur eine solche Nichteinhaltung relevant, die sich auf den Anwendungsbereich des Partialmodells im Sinne von § 112 Abs. 2 VAG bezieht.

7 **2. Vorlagepflichten bei Nichteinhaltung der §§ 115–121 VAG.** Versicherungsunternehmen, denen die Verwendung eines internen Voll- oder Partialmodells genehmigt wurde, müssen im Fall einer **nicht unwesentlichen Nichteinhaltung** von §§ 115–121 VAG den Plan oder Nachweis nach § 114 Abs. 1 VAG einreichen, ohne dass es dazu einer Aufforderung durch die Aufsichtsbehörde bedarf. Dies begründet auch die Verpflichtung der Geschäftsleitung, entsprechende Überwachungsmechanismen einzurichten.

8 Aufgrund der großen Bedeutung eines internen Modells für das Risikomanagement eines Versicherungsunternehmens besteht, zumindest bei festgestellten Sachverhalten von bedeutender Tragweite für Risikomanagement und Risikosteuerung, die Notwendigkeit einer möglichst unmittelbaren **Behebung der festgestellten Verstöße**. Ein etwas weiterer Zeitrahmen könnte dort gerechtfertigt sein, wo das Unternehmen unmittelbar flankierende Maßnahmen ergreift, mit denen das Risiko falscher Unternehmensentscheidungen reduziert wird.

9 **Umfang und Detaillierungsgrad** eines nach § 114 Abs. 1 VAG einzureichenden Plans richten sich nach Umfang und Komplexität der erforderlichen Maßnahmen zur Beseitigung der Nichteinhaltung. Der Plan muss es der Aufsichtsbehörde ermöglichen, die Fortschritte bei der Beseitigung des Verstoßes kontinuierlich zu beurteilen. Insbesondere muss sie in der Lage sein zeitnah festzustellen, wenn der Plan nicht ordnungsgemäß umgesetzt wird. Die Intensität dieser Überwachung und damit Frequenz und Umfang der Berichte über die Umsetzung des Plans sollten jedenfalls von der Schwere des Verstoßes und dem Risiko, das dieser für das Funktionieren des Risikomanagements bedeutet, abhängen.

10 Die Vorlage bei der Aufsichtsbehörde hat **unverzüglich** zu erfolgen. Die Formulierung bezieht sich nicht alleine auf die Vorlage des fertigen Plans, sondern schließt die Erstellung und Genehmigung des Plans mit ein. Allerdings muss der Plan ausreichend belastbar und daher sorgfältig erstellt sein. Aufgrund der Betonung der Eilbedürftigkeit kann davon ausgegangen werden, dass im ersten Schritt ein kurzer, zeitnah vorgelegter Plan einem umfangreichen aber nicht zeitnah erstellten vorzuziehen ist. Im Zweifel kann ein knapper Plan noch weiter detailliert werden, während eine verspätete Vorlage nicht mehr geheilt werden kann. Eine eigenständige Mitteilungspflicht unmittelbar mit Kenntnis der Nichteinhaltung der §§ 115–121 ist jedoch nicht gegeben.

Vor diesem Hintergrund ergeben sich folgende **Mindestbestandteile** des einzureichenden Plans: 11
- kurze Beschreibung des festgestellten Verstoßes,
- Überblick über die vorgesehenen Maßnahmen,
- Darstellung der wesentlichen Schritte,
- Darstellung der wesentlichen Verantwortlichkeiten,
- Termine und wesentliche Elemente der vorgesehenen Berichterstattung über die Umsetzung des Plans,
- gegebenenfalls Beschreibung von flankierenden Maßnahmen zur Sicherstellung der Funktionsfähigkeit des Risikomanagements während der Behebung der Nichteinhaltung.

Eine **Berichterstattung** über die Umsetzung intern ist Teil der Organisationsverantwortung des Vorstands nach § 113 Abs. 1 VAG. Eine Berichterstattung gegenüber der Aufsichtsbehörde ist nicht ausdrücklich gesetzlich gefordert, ergibt sich jedoch aus dem Normzweck. Insbesondere kann die Aufsichtsbehörde über Maßnahmen nach Abs. 2 nur entscheiden, wenn ihr entsprechende Umsetzungsinformationen vorliegen. Bei Plänen mit einer kurzen Umsetzungsdauer, beispielsweise sechs Monate, kann auch eine einmalige Berichterstattung nach Abschluss der Umsetzung ausreichend sein. Aus dem Plan sollte auch die Einbindung der Geschäftsleitung ersichtlich sein. Sind umfangreiche Maßnahmen zu ergreifen, kann auch eine sukzessive Detaillierung der Planung der vorzunehmenden Schritte als Bestandteil des eingereichten Plans vorgesehen werden. 12

Der Plan ist seitens der Aufsichtsbehörde **nicht zustimmungsbedürftig**. Im Rahmen ihrer allgemeinen Befugnisse kann die Aufsichtsbehörde Nachbesserungen am Plan verlangen, wenn dieser nicht geeignet ist, die festgestellte Nichteinhaltung in angemessener Zeit zu beseitigen oder in ihren Auswirkungen so zu begrenzen, dass diese unwesentlich werden. Die Verpflichtung nach § 114 Abs. 1 VAG ist nur erfüllt, wenn der Plan den gesetzlichen Anforderungen genügt. Daher hat die Aufsichtsbehörde andernfalls Eingriffsmöglichkeiten nach § 298 VAG. 13

3. Unwesentliche Auswirkungen. Abhängig von der Zielsetzung der Regelung, die nicht eingehalten wird, ist die **Wesentlichkeit der Auswirkungen** quantitativ, qualitativ oder in der Kombination beider Dimensionen zu beurteilen. In diesem Fall ist ebenfalls eine Beschreibung der Nichteinhaltung erforderlich, zusammen mit einer Darstellung und Einordnung der Auswirkungen sowie einer Darstellung der Mechanismen zu ihrer Überwachung. Eine solche Überwachung ist erforderlich um sicherzustellen, dass die Auswirkungen kontinuierlich als unwesentlich eingestuft werden können. 14

Die Darstellung der Nichteinhaltung und die Begründung ihrer Unwesentlichkeit muss so ausgestaltet sein, dass der Aufsichtsbehörde eine **eigene Beurteilung** des Sachverhalts und seiner Einstufung ermöglicht wird. 15

4. Rückkehr zur Standardformel. Voraussetzung für eine Anordnung der Aufsichtsbehörde nach § 114 Abs. 2 VAG ist eine nicht ordnungsgemäße Umsetzung des eingereichten Plans. Es muss sich dabei um wesentliche Planabweichungen handeln, auf die das Unternehmen nicht angemessen reagiert oder die trotz Reaktion des Unternehmens die Zielerreichung nachhaltig gefährden. Dies ergibt sich aus der Bedeutung eines solchen Entzugs der Genehmigung für das Unternehmen. Eine nicht ordnungsgemäße Umsetzung kann auch in einer erheblichen Verzögerung bei der Behebung der Nichteinhaltung liegen. Maßstab muss dabei immer die **Funktionsfähigkeit des Risikomanagements** und die **Sicherung einer angemessenen Kapitalausstattung** des Unternehmens sein. Soweit das Unternehmen diesbezüglich entsprechende begleitende Gegenmaßnahmen ergreift, sind diese bei der Beurteilung durch die Aufsichtsbehörde zu berücksichtigen. 16

Die Aufsichtsbehörde ist bei nicht ordnungsgemäßer Umsetzung des Plans befugt, eine **Rückkehr zur Standardformel** anzuordnen. Durch diesen Verwaltungsakt wird die Genehmigung nach § 111 VAG, ein internes Modell zu verwenden, außer Kraft gesetzt. 17

Die Aufsichtsbehörde hat bei der Anordnung einer Rückkehr zur Standardformel einen Beurteilungsspielraum. Dieser ist durch die unklaren Rechtsbegriffe begründet, die mit der Einhaltung der §§ 115–121 VAG verbunden sind, insbesondere aber auch mit der **Beurteilung der Wesentlichkeit**. Sofern die Voraussetzungen dafür vorliegen, kommt als weniger schwerwiegende Maßnahme auch die Verhängung von Kapitalaufschlägen nach § 301 Abs. 1 Nr. 2 oder 3 in Betracht. Dies führt letztlich zu einem gesetzlichen Eingriffsermessen in § 114 Abs. 2 VAG, das allerdings durch den Gesetzeszweck und die Gleichbehandlungspflicht eingeschränkt ist. 18

III. Verhältnis zu anderen Regelungen des VAG. Die Regelungen des § 114 VAG ergänzen die Vorschriften zur Genehmigung interner Modelle. § 114 VAG bildet das Fundament für die laufende Überwachung, ob ein Unternehmen dauerhaft die Anforderungen an die Nutzung eines internen Modells einhält. 19

Verwendungstest

115 **(1) Das interne Modell muss in erheblichem Maße zur Unternehmenssteuerung verwendet werden und in der Geschäftsorganisation eine wichtige Rolle spielen, insbesondere**

1. im Risikomanagementsystem gemäß § 26 und in den Entscheidungsprozessen sowie
2. in der Beurteilung des ökonomischen Kapitals und Solvabilitätskapitals sowie in den Allokationsprozessen, einschließlich der Beurteilung gemäß § 27.

(2) Die Häufigkeit der Berechnung der Solvabilitätskapitalanforderung unter Verwendung des internen Modells muss mit der Häufigkeit konsistent sein, mit der das interne Modell für die nach Absatz 1 genannten Zwecke genutzt wird.

(3) Das Versicherungsunternehmen trifft die Beweislast dafür, dass die Anforderungen der Absätze 1 und 2 erfüllt sind.

Übersicht

1 **I. Allgemeines. 1. Entstehungsgeschichte.** § 115 VAG ist bei der Neufassung des VAG im Jahr 2015 durch Art. 1 des Gesetzes zur Modernisierung der Finanzaufsicht über Versicherungen[1] vom 1.4.2015 in das VAG eingefügt worden.

2 **2. Normzweck.** § 115 VAG erlangt unmittelbare Bedeutung für Versicherungsunternehmen, die für die Berechnung der Solvabilitätskapitalanforderung ein von der Aufsichtsbehörde genehmigtes internes Modell in Form eines Voll- oder Partialmodells verwenden.

3 Grundsätzlich regelt § 115 VAG die Einbindung des internen Modells in die Geschäftstätigkeit des Versicherungsunternehmens, wobei insbesondere die Integration des internen Modells in die Entscheidungsprozesse und in das Risikomanagementsystem hervorgehoben wird. Darüber hinaus werden die Konsistenz der Häufigkeit der Berechnungen mit den vorgesehenen Anwendungsbereichen sowie die Nachweispflicht der angemessenen Einbindung durch die Versicherungsunternehmen geregelt.

4 **3. Europarechtlicher Hintergrund.** § 115 VAG transformiert Art 120 Abs. 1 und 2 Solva II-RL in nationales Recht. Art. 120 Abs. 3 Solva II-RL wird durch § 113 VAG in nationales Recht transformiert. Die Inhalte der RL hinsichtlich der Verwendung des internen Modells werden in drei Absätzen dargestellt, wobei die inhaltlichen Anforderungen in Abs. 1 und 2 enthalten sind und die sich darauf beziehende Beweislast in Abs. 3 bestimmt wird. Auf eine wortgleiche Übernahme der Richtlinie wurde verzichtet.

5 Daraus ergibt sich eine abweichende Gewichtung hinsichtlich der geforderten Modellverwendung. Während § 115 Abs. 1 VAG vorschreibt, dass das interne Modell in erheblichem Maße zur Unternehmenssteuerung genutzt werden muss, wird diese Anforderung in der Solva II-RL allgemeiner gehalten und nicht auf die Unternehmenssteuerung bezogen. Die Anforderung der Verwendung in der Unternehmenssteuerung wird in Art 227 Solva II-VO aufgegriffen,

6 Art. 223–227 Solva II-VO bestimmen die Anforderungen zum Verwendungstest weitergehend.

7 Mit dem Ziel, die Konvergenz der Aufsichtspraxis bei der Beurteilung interner Modelle zu fördern, bieten die Level 3-Bestimmungen, EIOPA-LL zur Verwendung interner Modelle einschließlich dem

[1] BGBl. 2015 I 434 ff.

zugehörigen Erläuterungstext EIOPA Explanatory Text BoS-14/180, eine Anleitung dafür, was von den Aufsichtsbehörden und den Versicherungsunternehmen für die Genehmigung und Verwendung interner Modelle zu berücksichtigen ist. Dabei beziehen sich die LL 11–15 explizit auf den Verwendungstest.

II. Verwendung in der Unternehmenssteuerung und wichtige Rolle in der Geschäftsorganisation. 1. Hintergrund. Der **Verwendungstest** ist eine zentrale Anforderung für die Genehmigung der Verwendung eines internen Modells nach § 111 VAG. Die Möglichkeit zur Verwendung eines internen Modells resultiert aus dem risikoorientierten Aufsichtskonzept in Solvabilität II und der risikoorientierten Festlegung der Kapitalanforderung. Eng damit verbunden ist die Zielsetzung, gutes Risikomanagement der beaufsichtigten Unternehmen zu fördern. Da gutes Risikomanagement in der Steuerung des Unternehmens seinen praktischen Niederschlag findet, ist die Verwendung des internen Modells in der Unternehmenssteuerung Grundvoraussetzung für eine Genehmigung. Darüber hinaus stellt die Modellverwendung einen impliziten Gradmesser für die Qualität des Modells dar. Nur ein Modell, das von der Geschäftsleitung als so belastbar und verlässlich angesehen wird, dass wesentliche Steuerungsprozesse auf seinen Ergebnissen aufbauen, soll genehmigungsfähig sein. 8

2. Überblick. Das **Doppelkriterium** der Verwendung des internen Modells in der Unternehmenssteuerung und seiner wichtigen Rolle in der Geschäftsorganisation wird anhand der Dimensionen Risikomanagement, Entscheidungsprozesse und unternehmenseigene Beurteilung der Solvabilität konkretisiert; die Anforderungen hierzu werden durch die Art. 224–226 Solva II-VO weiter detailliert und spezifiziert. Ergänzend hierzu stellt Art 223 Solva II-VO klar, dass die Unternehmen eine Darlegungspflicht gegenüber der Aufsichtsbehörde haben. Diese bezieht sich insbesondere darauf, die Konsistenz unterschiedlicher Ergebnisse in unterschiedlichen Verwendungszusammenhängen darzulegen. Dieser Erläuterungspflicht können sich die Unternehmen auch nicht dadurch entziehen, dass sie das Modell für bestimmte Sachverhalte für nicht anwendbar erklären 9

Insgesamt stellen dabei die Kriterien der Art 224 f. Solva II-VO die Grundvoraussetzungen einer **Abstimmung auf die Geschäftstätigkeit** des Unternehmens und eines ausreichenden Modellverständnisses der Geschäftsleitung dar, ohne die eine sinnvolle und verantwortliche Verwendung des Modells schlechterdings kaum möglich erscheint. Art. 226 Solva II-VO geht dann genauer auf dessen Rolle in Entscheidungsprozessen und seine Integration ins Risikomanagement ein, wobei auf letzterem der größere Fokus liegt. Ein abschließender Kriterienkatalog wird dabei nicht gegeben. Die Rolle des internen Modells in der unternehmenseigenen Beurteilung der Solvabilität nach § 115 Abs. 1 Nr. 2 VAG wird in der Solva II-VO in diesem Zusammenhang nicht näher spezifiziert. 10

3. Abstimmung auf die Geschäftstätigkeiten. Die nach Art. 224 Solva II-VO geforderte **Abstimmung** auf die Geschäftstätigkeit stellt Anforderungen an die Methodik, die Unternehmenskommunikation und den Detaillierungsgrad der Modellergebnisse. Diese Abstimmung führt auch dazu, dass Änderungen in Art oder Umfang der Unternehmenstätigkeit als Modelländerung im Sinne von § 111 VAG zu behandeln sind. 11

Auf methodischer Ebene sollen die **Modellierungsansätze** nach Art. 224 lit. a Solva II-VO Art, Umfang und Komplexität der Risiken widerspiegeln, die den Geschäftstätigkeiten im Geltungsbereich des internen Modells inhärent sind. Für die verschiedenen Risikoarten haben sich in Wissenschaft und praktischer Anwendung jeweils Modellierungsansätze herausgebildet, sodass für die meisten Risikoarten ein zum Teil nur sehr begrenzter Kreis an grundsätzlichen Modellierungsansätzen zur Verfügung steht. Die Wahl des Modellierungsansatzes ist daneben abhängig vom Umfang der Risiken. An die Modellierungsansätze von Risiken mit geringerer Bedeutung werden geringere Anforderungen gestellt als an die Modellierungsansätze mit großer Bedeutung. Allerdings ist bei der Beurteilung der Bedeutung von Risiken weniger auf regelmäßige Ereignisse geringer Schwere, sondern vielmehr auf seltenere Ereignisse großer Bedeutung bis hin zu den möglichen Auswirkungen im Falle eines 200-Jahresschadens nach § 97 Abs. 2 VAG abzustellen. Unterschiede in der Komplexität der Risiken schlagen sich schließlich in der Modellierung einzelner Risikoarten wie auch der Modellierung der Abhängigkeitsstrukturen nieder. Kapitalmarktrisiken, die vom Verhalten der Versicherungsnehmer abhängen, verlangen einen anderen Modellierungsansatz als solche, bei denen das nicht der Fall ist. Da konkrete Modellierungsansätze nicht vorgeschrieben werden, muss die Festlegung im Einzelfall auch immer die zur Verfügung stehenden technischen Möglichkeiten und wissenschaftlichen Konzepte berücksichtigen. Hieraus ergibt sich im Umkehrschluss, dass die Wahl des Modellierungsansatzes nicht statisch ist, sondern einem zeitlichen Wandel unterworfen sein kann. 12

Auf der Ebene der Kommunikation verlangt Art. 224 lit. b Solva II-VO, dass die Ergebnisse des internen Modells und die Inhalte der internen und externen **Berichterstattung des Unternehmens kohärent** sind. Grundsätzlich ist das gesamte interne und externe Berichtswesen für diese Frage relevant. Besonders bedeutend sind aber die Risikoberichterstattung sowie die Berichterstattung zu Geschäftsverlauf und Planung gegenüber der Öffentlichkeit, Kapitalgebern und Unternehmensorganen. 13

Unter dieser Voraussetzung sollten die Ergebnisse des Modells eine **ausreichende Detailtiefe** aufweisen, die es erlaubt, einen zentralen Bestandteil für Entscheidungen des Managements darzustellen. In 14 diesem Zusammenhang räumt die EIOPA in den erläuternden Texten zu den EIOPA-LL ein, dass nicht für jede Entscheidung eine detaillierte Bewertung auf Basis des internen Modells erwartet wird, jedoch für die Entscheidungen mit einer erwartungsgemäß signifikanten Auswirkung entsprechend unterstützende Analysen über das interne Modell vorgenommen werden sollten.

15 Schließlich muss das Modell nach Art. 224 lit. c Solva II-VO in der Lage sein, Ergebnisse mit einer Detailtiefe zu erzeugen, dass diese **bei maßgeblichen Management-Entscheidungen eine wichtige Rolle spielen** können. Die betroffenen Entscheidungen werden dabei nicht näher spezifiziert, darunter fallen dürften aber auf jeden Fall Entscheidungen zur Unternehmensstrategie, zur Festlegung der jährlichen Planung, wesentliche Entscheidungen zur Produkt-, Kapitalanlagen- und Rückversicherungsstrategie. Dabei ist eine Mindest-Differenzierung in Geschäftsbereiche, Hauptgeschäftsbereiche und Risikokategorien erforderlich; insbesondere aus Gruppenperspektive bedeutet dies mit Blick auf die Festlegung in Art. 1 Nr. 42 Solva II-VO eine hohe Differenzierung mit mindestens separater Analysemöglichkeit der einzelnen juristischen Personen der Gruppe.

16 Weiterhin verankert Art. 224 lit. d Solva II-VO die Abstimmung des internen Modells auf die Geschäftstätigkeit des Unternehmens auch in den Leitlinien zur Änderung des internen Modells. Demnach ist in den internen Leitlinien nach § 111 VAG eine **Änderung des Umfangs oder der Art der Unternehmenstätigkeiten** als möglicher Auslöser für eine Modelländerung zu berücksichtigen. In den Erläuterungen der EIOPA-LL zur Verwendung interner Modelle werden als Beispiele für Änderungen der Geschäftstätigkeit Sanierungen, die Expansion in neue Märkte oder die Erschließung neuer Geschäftsbereiche genannt.

17 **4. Verständnis des internen Modells.** Die Anforderungen an die **Kenntnis des internen Modells** seitens der Unternehmensleitung zerfallen in allgemeine Aspekte und ein ressortspezifisch erforderliches Detailverständnis. Der Nachweis ist durch die Geschäftsleiter zu erbringen.

18 Die **allgemeinen Anforderungen** sind in Art. 225 Abs. 1 Solva II-VO festgelegt. Sie beziehen sich auf

– das Modell selbst, seine Struktur und Methodik (lit. a, c),
– den Geltungsbereich des Modells sowohl hinsichtlich der Geschäftstätigkeit als auch hinsichtlich der Risiken, sowie die Grenzen des Modells (lit. b, d) und
– seine Abstimmung auf die Geschäftstätigkeit und Integration ins Risikomanagementsystem (lit. a).

19 Insbesondere die Kenntnis der **Grenzen des Modells** ist für die Verwendung des Modells zur Unternehmenssteuerung von Bedeutung, um die Bedeutung und Verlässlichkeit der Modellaussagen in Relation zu den übrigen entscheidungsrelevanten Informationen in einer konkreten Entscheidungssituation angemessen werten zu können.

20 Darüber hinaus wird die Kenntnis der im Modell berücksichtigten **Diversifikationseffekte** verlangt (lit. e). Diversifikation hat regelmäßig die größten übergreifenden Auswirkungen auf die gesamte Kapitalanforderung und ergibt sich aus dem Zusammenwirken verschiedener Risikoarten. Daher wird ihre Kenntnis ressortunabhängig verlangt.

21 Ressortbezogen entsprechend den jeweiligen Zuständigkeiten müssen die Mitglieder der Geschäftsleitung nach Art. 225 Abs. 2 Solva II-VO außerdem ein ausreichendes **Detailverständnis** der Teile des internen Modells nachweisen, die in ihrem Verantwortungsbereich verwendet werden. Der erforderliche Detaillierungsgrad ist nicht näher spezifiziert. Vor dem Hintergrund, dass der Nachweis für eine angemessene Verwendung des internen Modells geführt werden soll, können hierunter Kenntnisse

– der grundsätzlichen Bestimmung und Wirkungsweise wichtiger Parameter,
– der Ursachen für konkrete Veränderungen der Modellergebnisse und
– der wichtigsten Ergebnisse der Modellvalidierung

fallen.

22 Hinsichtlich der Frage, in welcher Tiefe **Detailkenntnisse** nachgewiesen werden müssen ist zu beachten, dass die Kenntnisse ausreichend sein müssen zur Nutzung des internen Modells, nicht jedoch ausreichend zur eigenständigen technischen Implementierung, Parametrisierung oder Berechnung des Modells. Insoweit handelt es sich auch bei dem nachzuweisenden Detailverständnis um grundsätzliche Kenntnisse.

23 Als mögliche Nachweise für die ausreichende Kenntnis in den in Art. 225 Solva II-VO definierten Bereichen können nach Ansicht von EIOPA entsprechende **Schulungsnachweise** sowie **Sitzungsprotokolle** mit herangezogen werden. Trotz der damit verbundenen großen Subjektivität wird der Nachweis jedoch regelmäßig auch persönliche Diskussionen und Gespräche mit einbeziehen müssen.

24 **5. Wichtige Rolle im Risikomanagementsystem und den Entscheidungsprozessen.** Art. 226 Solva II-VO benennt neun **Mindestanforderungen** dafür, dass ein internes Modell in der Geschäftsorganisation breite Anwendung findet und eine wichtige Rolle spielt. Die Anforderungen in lit. a und d beziehen sich dabei auf die Unterstützung von Entscheidungsprozessen, die Anforderungen der lit. c sowie e – i auf die Integration in das Risikomanagement.

Die Anforderung des lit. b stellt ein übergreifendes Kriterium für die Rolle dar, die das interne Modell in der Geschäftsorganisation spielt. Demzufolge ist eine regelmäßige **Erörterung** und **Überprüfung** von Modell und Modellergebnissen seitens des Vorstands erforderlich. Diese Erörterung der Ergebnisse hängt dabei von der Frequenz der Modellberechnungen und der Art der Berechnung ab. So erfordern unterjährige, ggfs. vereinfachte Berechnungen nach Art. 227 Solva II-VO grundsätzlich eine geringere Intensität der Erörterung und Überprüfung als die mindestens jährliche Vollberechnung. Zugleich sollte die Erörterung und Überprüfung auch die Ergebnisse der unternehmenseigenen Validierungsprozesse und der unternehmenseigenen Risiko- und Solvabilitätsbeurteilung nach § 27 VAG aufgreifen. 25

a) Unterstützung von Entscheidungsprozessen. Von besonderer Bedeutung ist nach Art. 226 lit. a Solva II-VO die Unterstützung, die das interne Modell bei der **Festlegung der Geschäftsstrategie** gibt. Die Geschäftsstrategie definiert dabei die Eckpunkte der Geschäftspolitik des Unternehmens im Sinne des § 90 AktG. Daher ist auch zu erwarten, dass bei der Festlegung und Aktualisierung der Geschäftspolitik die Auswirkungen auf das interne Modell und den damit bestimmten Risikokapitalbedarf und das Risikoprofil ermittelt und bewertet werden. Zu den weiteren Entscheidungen, soweit sie nicht bereits im Rahmen der Geschäftsstrategie festgelegt sind, können beispielsweise Entscheidungen des Kapitalmanagements und der Aufnahme oder Einstellung von Geschäftsfeldern gehören. 26

Das interne Modell soll derartige Entscheidungen unterstützen. Es muss jedoch nicht alle entscheidungsrelevanten Aspekte und quantitativen Größen beinhalten und stellt damit nur eine von mehreren Entscheidungsgrundlagen dar. 27

Im Rahmen der **Festlegung der Geschäftspolitik** und anderen wesentlichen Entscheidungen, wie etwa dem Erwerb oder der Veräußerung von Geschäftsteilen mit signifikanter Auswirkung auf Risikoprofil oder Ertragskraft oder der Aufnahme oder Einstellung bedeutender Produktlinien ist nach Art. 226 lit. d Solva II-VO die Auswirkung auf das Risikoprofil, die zu erwartenden Ergebnisse und deren Variabilität zu bewerten. Der hier zugrunde gelegte Ergebnisbegriff kann sich nicht auf die Rechnungslegung nach handelsrechtlichen oder internationalen Grundsätzen beziehen, da im internen Modell Schwankungen der nach Solvabilität II-Grundsätzen bestimmten Eigenmittel modelliert und bewertet werden. Diese unterscheiden sich von Größen der Rechnungslegung systematisch. Eine eigenständige Ergebnisrechnung ist nach Solvabilität II nicht vorzunehmen, sodass auch für Zwecke solcher Entscheidungen keine solche Ergebnisrechnung zu simulieren ist. Allerdings kann auch nach den Bewertungsgrundsätzen von Solvabilität II die Vorteilhaftigkeit oder Nachteilhaftigkeit von Geschäftstätigkeiten bewertet werden. Deren Schwankungsanfälligkeit ist dann mit Hilfe des internen Modells und der dabei verwendeten Methoden abzuschätzen. 28

b) Integration in das Risikomanagementsystem. Das Risikomanagementsystem eines Versicherungsunternehmens umfasst nach § 26 Abs. 1 VAG die **Strategien**, **Prozesse** und **internen Meldeverfahren**, die erforderlich sind um die Risiken, denen das Unternehmen tatsächlich oder möglicherweise ausgesetzt ist, zu identifizieren, zu bewerten, zu überwachen, zu steuern sowie aussagefähig über diese Risiken zu berichten. Es muss dabei die in § 26 Abs. 5 VAG genannten Bereiche abdecken. Die unabhängige Risikocontrollingfunktion hat nach § 26 Abs. 8 VAG in diesem Zusammenhang besondere Aufgaben im Hinblick auf das interne Modell. 29

Art. 226 lit. c Solva II-VO enthält zunächst als Grundvoraussetzung für die Integration in das Risikomanagementsystem, dass alle **wesentlichen identifizierten Risiken** im Geltungsbereich des internen Modells von diesem abgedeckt werden. Das interne Modell muss damit nicht nur die in der Standardformel vorgegebenen Risikokategorien bewerten, sondern ggf. weitere Risiken abbilden, wenn diese wesentlich für das Unternehmen sind. Konkrete Beispiele hierzu können das Risiko sich ändernder Zinsvolatilitäten oder Ausfallrisiken bei Staatsanleihen sein. Die entsprechenden Ergebnisse des internen Modells sind nach Art. 226 lit. f Solva II-VO dann in die interne Berichterstattung zu integrieren. 30

Die Anforderungen von Art. 226 lit. e und g Solva II-VO stehen in einer intensiven Wechselbeziehung und bilden gleichzeitig den Kern der Integration in das Risikomanagementsystem. Neben der Festlegung allgemeiner Bedeckungsziele und Zielkapitalisierungsquoten, bei denen ohnehin eine Bezugnahme auf Ergebnisse des internen Modells erfolgen muss, fallen hierunter auch **konkrete Toleranzschwellen** und Strategien zur Minderung von Risikoexponierungen für einzelne Risikoarten. Dabei wird zwar nicht für jedes vom internen Modell abgedeckte Risiko eine explizite Formulierung der Risikostrategie unter Bezugnahme auf Größen des internen Modells verlangt, z. B. die Festlegung von Limiten. Für die bedeutendsten Risiken des internen Modells wird eine solche Formulierung jedoch regelmäßig gewählt. Die Überschreitung der gewählten Grenzen muss dann auch Risikomanagementmaßnahmen auslösen, sodass eine Nutzung des internen Modells als rein informatorisches Instrument nicht ausreichend ist. 31

Schließlich ist nach Art. 226 lit. h Solva II-VO erforderlich, dass Erkenntnisse aus der Modellvalidierung, soweit erforderlich, zu **Modelländerungen** im Sinne des § 111 Abs. 2 VAG führen. Gleiches gilt nach Art. 226 lit. i Solva II-VO, wenn Änderungen im Risikomanagementsystem Änderungen im Modell erforderlich machen. 32

6. Wichtige Rolle in der Beurteilung des ökonomischen Kapitals und Solvabilitätskapitals.
33 Das interne Modell hat bereits durch die Zielsetzung der unternehmenseigenen Risiko- und Solvabilitätsbeurteilung nach § 27 VAG bei dieser eine besondere Rolle, da sie nach § 27 Abs. 2 Nr. 2 VAG eine Beurteilung der dauernden Erfüllbarkeit der – nach Zertifizierung eben durch das interne Modell gegebenen – Kapitalanforderung beinhaltet. Darüber hinaus verfolgt die nach § 120 VAG erforderliche **Modellvalidierung** vergleichbare Aufgaben wie die Beurteilung nach § 27 Abs. 2 Nr. 3 VAG, wobei letztere allerdings umfassender anzulegen ist und sich nicht auf die vom internen Modell erfassten Risiken beschränkt. Diese wichtige Rolle kann sich beispielsweise darin äußern, dass Modellierungsansätze und -verfahren des internen Modells auch zur Durchführung von Analysen im Rahmen der Beurteilung nach § 27 VAG herangezogen werden.

34 Die Anforderung des § 115 Abs. 1 Nr. 2 VAG bezieht sich jedoch auch auf **Beurteilungs- und Allokationsprozesse** jenseits der im Rahmen des § 27 VAG durchgeführten. Da die Rolle bei Entscheidungen und Geschäftsorganisation bereits durch § 115 Abs. 1 Nr. 1 VAG normiert ist, bleibt als Regelungsgegenstand insbesondere die Rolle bei übrigen Aufgaben der Unternehmenssteuerung,

35 In Betracht zu ziehen sind dazu regelmäßig Fragestellungen, die für **Teilbereiche des Unternehmens** zu untersuchen sind. Praktische Fragen hierzu können sich z. B. fokussieren auf die Profitabilität und das Risiko von Produktlinien, Kundengruppen oder Vertriebswegen.

36 Die Terminologie weicht von der der §§ 89 ff. VAG ab. Die Regelung bezieht sich damit nicht unmittelbar auf die aufsichtsrechtlichen Eigenmittel und die Solvabilitätskapitalanforderung des Unternehmens. Diese Unterscheidung liegt jedoch darin begründet, dass es in den §§ 89 ff. VAG um das gesamte Unternehmen und seine Kapitalanforderung geht, hier jedoch um die **Unternehmenssteuerung** und damit regelmäßig um Fragestellungen, die für Teilbereiche des Unternehmens zu untersuchen sind. Ökonomisches Kapital ist dasjenige, das anhand ökonomischer Bewertungsstandards ermittelt wird. Insoweit ist das ökonomische Kapital konsistent mit dem Überschuss der Vermögenswerte über die Verbindlichkeiten nach § 89 Abs. 3 Nr. 1 VAG, wird jedoch für Teile des Unternehmens ermittelt.

37 Entsprechend bezieht sich der Begriff des Solvabilitätskapitals auf Teile der Solvabilitätskapitalanforderung, eingeschränkt auf im Rahmen der Unternehmenssteuerung **relevante Teileinheiten**. In der Praxis stellt sich dabei insbesondere die Frage, wie bei der Zuordnung von Risikokapital auf Teile des Unternehmens mit Diversifikationseffekten umzugehen ist. Bei den hier verwendeten Mechanismen wird wiederum dem internen Modell eine besondere Rolle zugewiesen.

38 **III. Häufigkeit der Berechnung und vereinfachte Berechnungen. 1. Häufigkeit der Berechnung.** Vollständige Berechnungen mit internen Modellen benötigen regelmäßig einen erheblichen personellen und zeitlichen Aufwand. Wichtige Parameter der zugrunde liegenden Verteilungen, insbesondere in der Versicherungstechnik, werden in einem **jährlichen Turnus** aktualisiert. Daher ist insbesondere ein regelmäßiger Turnus an Berechnungen erforderlich, um zu allen relevanten Zeitpunkten im Jahr eine aktuelle Entscheidungsgrundlage verfügbar zu haben.

39 Die wichtigsten Unternehmens- und Risikomanagementprozesse, die auch in Art. 226 Solva II-VO angesprochen werden, laufen dabei in der Praxis **jährlich** oder **quartalsweise** ab. Aufgrund des beschriebenen Aufwands stellt sich dabei die Frage nach vereinfachten Berechnungen.

40 **2. Vereinfachte Berechnungen.** Die Durchführung vereinfachter Berechnungen wird durch Art. 227 Solva II-VO geregelt. Dabei ist zu unterscheiden zwischen **bestimmten Berechnungs- und Analyseschritten**, die aufgrund des seltenen Eintreffens neuer Informationen und der langsamen Veränderung der zugrunde liegenden Prozesse nur einmal jährlich vorgenommen werden und einer vereinfachten Berechnung i. S. d. Art. 227 Solva II-VO.

41 Zu vielen Fragestellungen, beispielsweise der richtigen Parametrisierung von Sterblichkeits- und Langlebigkeitsrisiken, Naturgefahrenrisiken und Abwicklungsrisiken in der Schadenrückstellung verändern sich die maßgeblichen Einflussgrößen der zugrunde liegenden Abläufe normalerweise nur sehr langsam, und können nur indirekt beobachtet werden. Daher werden hier Studien und Untersuchungen zur Bestimmung der für ein Modell relevanten Parameter nicht quartalsweise durchgeführt. Die Verwendung der jeweils letzten vorliegenden Information in solchen Fällen stellt daher **keine Vereinfachung** im Sinne des Art. 227 Solva II-VO dar, auch wenn die entsprechende Datenbasis ggfs. nicht quartalsweise aktualisiert wird.

42 Eine vereinfachte Berechnung im Sinne des Art. 227 Solva II-VO ist jedoch gegeben, wenn eine Aktualisierung nicht wegen der langsamen Entwicklung und fehlender direkter Beobachtbarkeit der modellierten Größen unterbleibt, sondern aus **anderen Gründen**. Beispiel hierfür kann eine nur jährliche Aktualisierung des gesamten Naturgefahren-Risikos in der Erstversicherung sein. Neben den nicht direkt beobachtbaren geologischen oder metereologischen Größen ändert sich der versicherte Bestand laufend. Unterbleibt unterjährig die Aktualisierung der relevanten Bestandsinformationen, so handelt es sich hierbei um eine Vereinfachung im Sinne des Art. 227 Solva II-VO, die nach den Kriterien des Art. 227 Abs. 3 Solva II-VO zu beurteilen ist.

43 Ausgeschlossen von dieser Ausnahmeregelung sind gemäß Art. 227 Abs. 4 Solva II-VO die Berechnungen im Einklang mit Art. 102 Solva II-RL, die sich auf die jährliche Berechnung zur **Meldung der**

Ergebnisse an die Aufsicht beziehen oder die infolge erheblicher **Abweichungen des Risikoprofils** von den zugrundeliegenden Annahmen der letztmaligen Berechnung ad-hoc anzustellen sind.

IV. Verhältnis zu anderen Regelungen des VAG. Im Rahmen der Vorgaben zur Verwendung interner Modelle werden weitere Informationen und Standards bezüglich der Verwendung interner Modelle in den §§ 112–121 VAG erläutert. 44

Darüber hinaus wird auf Besonderheiten bei der Verwendung interner Modelle in Verbindung mit dem Risikomanagement in § 26 Abs. 8 VAG, der Risiko- und Solvabilitätsbeurteilung in § 27 Abs. 5 VAG, der Berichterstattung an die Öffentlichkeit im Rahmen des Solvabilitäts- und Finanzberichts in § 40 Abs. 4 VAG und den allgemeinen Anforderungen zur Ermittlung der Solvabilitätskapitalanforderung in § 96 VAG eingegangen. 45

§ 262 VAG regelt die Verwendung eines internen Modells für die Gruppe und wird in den §§ 261, 263–265 und 269 VAG zur Gruppensolvabilität entsprechend berücksichtigt. 46

In § 285 VAG werden außergewöhnliche aufsichtsbehördliche Maßnahmen, zu denen unter anderem die Beschränkung der Verwendung des internen Modells zählt, erläutert. 47

Statistische Qualitätsstandards für Wahrscheinlichkeitsverteilungsprognosen

116 (1) [1]**Das interne Modell muss alle wesentlichen Risiken des Versicherungsunternehmens abdecken.** [2]**Die in § 97 Absatz 3 genannten Risiken sind stets zu berücksichtigen.** [3]**Ungeachtet der gewählten Berechnungsmethode muss die Risikoeinstufung ausreichend sein, um zu gewährleisten, dass das interne Modell in der Geschäftsorganisation, insbesondere im Risikomanagement, in den Entscheidungsprozessen und der Kapitalallokation in erheblichem Maße verwendet wird und eine wichtige Rolle im Sinne des § 115 Absatz 1 spielt.**

(2) **Die Versicherungsunternehmen müssen jederzeit in der Lage sein, die Plausibilität der dem internen Modell zugrunde liegenden Annahmen gegenüber der Aufsichtsbehörde nachzuweisen.**

(3) [1]**Die Methoden zur Berechnung der dem internen Modell zugrunde liegenden Wahrscheinlichkeitsverteilungsprognose sind auf geeignete, passende und angemessene versicherungsmathematische und statistische Verfahren zu stützen.** [2]**Sie müssen mit den Methoden konsistent sein, die für die Berechnung der versicherungstechnischen Rückstellungen verwendet werden.**

(4) **Die Berechnung der Wahrscheinlichkeitsverteilungsprognose muss auf aktuellen und zuverlässigen Informationen sowie auf realistischen Annahmen aufbauen.**

(5) [1]**Die für das interne Modell verwendeten Daten müssen genau, vollständig und angemessen sein.** [2]**Die für die Berechnung der Wahrscheinlichkeitsverteilungsprognose verwendeten Datenreihen sind mindestens einmal jährlich zu aktualisieren.**

Übersicht

I. Allgemeines. 1. Entstehungsgeschichte. Die Einführung des § 116 VAG erfolgte im Zuge der Umsetzung der Richtlinie 2009/138/EG (Solva II-RL) des Europäischen Parlaments und des Rates vom 25. November 2009 betreffend die Aufnahme und Ausübung der Versicherungs- und Rückversicherungstätigkeit (Solvabilität II) in national geltendes Recht. 1

2 **2. Normzweck.** § 116 VAG erlangt unmittelbare Bedeutung für Versicherungsunternehmen,[1] die für die Berechnung der Solvenzkapitalanforderung ein von der Aufsichtsbehörde genehmigtes internes Modell in Form eines Voll- oder Partialmodells verwenden.

3 § 116 VAG in Verbindung mit § 117 VAG setzt Art. 121 Solva II-RL: Statistische Qualitätsstandards Abs. 1–4 in nationales Recht um.

4 **3. Europarechtlicher Hintergrund.** § 116 VAG setzt den Art. 121 Abs. 1–4 der Solva II-RL in nationales Recht um. Die übrigen Anforderungen des Art. 121 Solva II-RL werden durch § 117 VAG umgesetzt. Die Anforderungen des § 116 werden durch die Art. 228–233 Solva II-VO konkretisiert. Art. 121 Abs. 1–4 Solva II-VO wird dabei in § 116 VAG durch fünf Absätze zusammengefasst und beschreibt die Anforderungen an den Umfang und die Fähigkeit zur Risikoeinstufung des internen Modells, die Anforderungen, Methoden und Annahmen in Bezug auf die Wahrscheinlichkeitsverteilungsprognose sowie an die Qualität der Daten, die im internen Modell Anwendung finden. Dabei wurde auf eine wortgleiche Übernahme der Richtlinie verzichtet und die Reihenfolge und Gliederung der Absätze geändert.

5 Ergänzende Ausführungen zu diesen Themen sind in den Art. 228–233 Solva II-VO festgehalten, die in den Level 3-Bestimmungen der EIOPA-LL zur Verwendung interner Modelle und dem zugehörigen EIOPA Explanatory Text BoS-14/180 zu LL zur Verwendung interner Modelle spezifiziert werden.

6 **II. Abdeckung aller wesentlichen Risiken und Fähigkeit zur Risikoeinstufung. 1. Abdeckung aller wesentlichen Risiken.** § 116 Abs. 1 VAG stellt zunächst klar, dass im internen Modell **alle Risiken**, die bei der Berechnung nach der Standardformel berücksichtigt werden, zu erfassen sind. Die in der Standardformel gemessenen Risiken bilden jedoch keinen abschließenden Katalog von Risiken für ein internes Modell. Vielmehr ist zu überprüfen, inwiefern weitere wesentliche Risiken zu erfassen sind. Neben den in § 97 Abs. 3 VAG benannten zusätzlichen Risiken – strategisches Risiko und Reputationsrisiko – können weitere Risiken für die Abbildung im internen Modell in Frage kommen. Mögliche Beispiele sind das Liquiditätrisiko und das Risiko, dass aufgrund geänderter Geschäftsvolumina Fixkostenblöcke nicht gedeckt sind.

Das Verfahren, nach dem die Abdeckung aller wesentlichen Risiken zu überprüfen ist, wird in Art. 233 Solva II-VO weiter spezifiziert. Hierzu werden sogenannte qualitative und quantitative Indikatoren vorgegeben und eine mindestens vierteljährliche Bewertung verlangt. Dabei genügt es grundsätzlich, wenn einer oder mehrere der Indikatoren auf ein Risiko hinweisen. Je mehr Indikatoren auf ein nicht abgedecktes Risiko hindeuten, umso eher kann dies zu seiner Berücksichtigung führen.

7 Als **qualitative Indikatoren** gelten die unternehmenseigene Risikoidentifikation, die Existenz eines Risikomanagementprozesses sowie die Existenz spezifischer Risikominderungstechniken. Dabei stellt die unternehmenseigene Risikoidentifikation einen sehr schwachen Indikator dar, da diese grundsätzlich jede Art von Risiken aufgreifen und einer Beurteilung zuführen soll. Spezifische Risikomanagementprozesse existieren regelmäßig für Risiken, die nicht durch die Standardformel abgedeckt sind, etwa für Liquiditätsrisiken oder Compliance-Risiken. Das Vorhandensein von spezifischen Risikominderungstechniken stellt einen starken Indikator dar, da diese eine sehr exakte Definition und ggf. Übertragbarkeit der entsprechenden Risiken bedingen.

8 **Quantitative Indikatoren** sind die Kapitalallokation nach § 115 Abs. 1 VAG, im Rahmen des § 119 VAG der Umfang der nicht durch das Modell erklärten Gewinne und Verluste, sowie Ergebnisse von quantitativen Analysen und Ergebnisse der Modellvalidierung. Hierbei stellt der Verweis auf die Kapitalallokation das Gegenstück zu den Anforderungen im Verwendungstest nach § 115 VAG dar. Beide Anforderungen stellen gemeinsam eine wechselseitige Konsistenzanforderung zwischen internem Modell und Kapitalallokation her.

9 Inwiefern die eingetretenen Gewinne und Verluste durch das interne Modell erklärt werden, müssen Verwender eines internen Modells nach § 119 VAG **jährlich untersuchen**. In dieser Analyse werden die eingetretenen Veränderungen des Überschusses der Vermögenswerte über die Verbindlichkeiten in der Solvabilitätsübersicht, die nicht auf Eigenkapitaltransaktionen wie z. B. Ausschüttungen beruhen, auf Veränderungen der zugrunde liegenden Risikotreiber zurückgeführt. Soweit solche Veränderungen nicht durch die modellierten Risikotreiber erklärt werden können, stellt dies einen starken Hinweis auf entweder eine fehlerhafte Modellierung oder das Vorliegen weiterer Risikotreiber dar. Vorteil dieses Indikators ist, dass es sehr klare Belege für nicht im Modell erfasste Risiken liefert. Nachteil ist, dass mit diesem Indikator zwar ex post die abgebildeten Risiken überprüft werden, er jedoch nur bedingt erlaubt, Risiken zu antizipieren. Die Zuordnung der Gewinne und Verluste verlangt regelmäßig eine sehr aufwendige Analyse. Aufbauend auf dieser jährlichen Analyse haben die Unternehmen quartalsweise zu untersuchen, welche Bedeutung nicht durch das Modell abgedeckte Risikotreiber im Zeitablauf für das Versicherungsunternehmen haben. Ein Erfordernis, die nach § 119 VAG erforderliche jährliche Untersuchung quartalsweise durchzuführen, wird dadurch nicht konstituiert.

[1] Die Anforderungen gelten analog für Erst- und Rückversicherungsunternehmen. Im Folgenden wird nur noch der Begriff Versicherungsunternehmen verwendet.

Soweit im Rahmen der **Modellvalidierung** weitere Risiken identifiziert werden, stellt dies einen sehr starken Indikator dafür dar, dass das Modell noch nicht alle wesentlichen Risiken abdeckt. 10

Die Risiken, auf die diese Indikatoren hinweisen, müssen quantifizierbar und wesentlich sein. **Quantifizierbarkeit** ist Grundvoraussetzung. Dabei ist nicht auf die Quantifizierbarkeit im Rahmen der bestehenden technischen und prozessualen Möglichkeiten abzustellen, sondern auf die methodische Quantifizierbarkeit. Sofern ein Risiko zwar grundsätzlich quantifizierbar ist, dies nur im konkreten Modellumfeld nicht verwirklicht werden kann, ist im Zweifel über entsprechende Modelländerungen die Quanitifizierung herzustellen. Die Wesentlichkeit eines Risikos sollte nach dem jeweils unternehmensindividuellen Wesentlichkeitskonzept beurteilt werden. 11

2. Fähigkeit zur Risikoeinstufung. Die **Anforderungen** an die Risikoeinstufung des § 116 Abs. 1 S. 2 VAG werden durch Art. 232 Solva II-VO ergänzt. 12

Demzufolge muss das Unternehmen mit Hilfe des internen Modells in der Lage sein, alle im internen Modell berücksichtigten Risiken **einzustufen** bzw. eine **Risikoreihenfolge** zu bestimmen. Dies hat konsistent zu der im internen Modell und im Risikomanagementsystem definierten Risikoklassifizierung zu erfolgen. 13

Darüber hinaus sind **ähnliche Risiken** einheitlich im Versicherungsunternehmen und über die Zeit einzustufen. Die Reihenfolge der Risiken soll hierbei konsistent zur Kapitalallokation in Bezug auf Art. 115 Solva II-VO sein. 14

In der Praxis ermöglichen interne Modelle regelmäßig die Erstellung einer **Wahrscheinlichkeitsverteilungsprognose** i. S. d. § 7 Nr. 36 VAG für die einzelnen im internen Modell berücksichtigten Risiken. Diese Prognose besteht darin, dass den möglichen Ausprägungen des Risikos Wahrscheinlichkeiten zugeordnet werden. Hierdurch wird eine Wahrscheinlichkeitsverteilung des jeweiligen Risikos und seiner finanziellen Auswirkung im mathematischen Sinn modelliert. Dieses Modell macht dann Aussagen darüber, mit welcher Wahrscheinlichkeit sich das jeweilige Risiko in einer bestimmten Höhe realisiert. Die Kombination aus Eintrittswahrscheinlichkeit und finanzieller Auswirkung des Risikos erlaubt dann die Einstufung des Risikos i. S. d. § 116 Abs. 1 S. 2 VAG. Eine solche vollständige quantitative Beschreibung aller berücksichtigen Risiken wird allerdings nicht gefordert. 15

III. Nachweis der Plausibilität der Annahmen. Die Regelung ergänzt § 117 Abs. 4 VAG um eine gesonderte Nachweispflicht. In der Realität ist regelmäßig zu einem bestimmten Sachverhalt nicht nur eine einzige mögliche Annahmesetzung als realistisch anzusehen. Vielmehr existiert häufig eine **Bandbreite** ähnlicher, aber voneinander abweichender Annahmen, die als realistisch eingestuft werden. Die Wahl der Annahmen aus den möglichen realistischen Annahmen ist zu begründen. 16

Die Formulierung weicht vom Richtlinientext § 121 Abs. 2 S. 3 Solva II-VO ab. Letzterer verlangt, dass die Unternehmen die dem Modell zugrunde liegenden Annahmen **rechtfertigen** können müssen. Das VAG stellt demgegenüber klar, dass es hierbei um eine **inhaltliche Begründung** geht. Formale Begründungen oder Begründungen, die sich beispielsweise auf die Annahmen der Standardformel beziehen, scheiden damit zunächst einmal aus. Die Annahmen müssen nicht nur plausibel sein, wenn sie getroffen werden, ihre Plausibilität muss vielmehr jederzeit – auch unter sich ändernden Umständen – nachgewiesen werden können. Gleichzeitig bedeutet Plausibilität der Annahmen auch eine zeitliche Stetigkeit, sofern aus den Umständen keine Gründe für Änderungen abzuleiten sind. Dies korrespondiert mit der Konsistenzanforderung des Art. 22 Abs. 1 lit. d Solva II-VO. 17

IV. Methoden zur Berechnung der Wahrscheinlichkeitsverteilungsprognose. Der Begriff der **Wahrscheinlichkeitsverteilungsprognose** ist in § 7 Nr. 36 VAG als eine Funktion bestimmt, die einer ausreichenden Reihe einander ausschließender zukünftiger Ereignisse eine Wahrscheinlichkeit zuweist. Art 228 Solva II-VO vertieft die Anforderung an die Menge der zugrunde zu legenden Ereignisse und spezifiziert die Berechnungsebene für den Fall eines Partialmodells. 18

Demzufolge müssen die betrachteten zukünftigen Ereignisse ausreichend sein, um das Risikoprofil des Unternehmens darzustellen. Unter dem Stichwort der **Reichhaltigkeit** der Wahrscheinlichkeitsverteilungsprognose werden hierzu in Kapitel 6 EIOPA-LL zur Verwendung interner Modelle Anforderungen formuliert. Dabei geht es insbesondere um eine ausreichend detaillierte und differenzierte Bewertung extremer negativer Ereignisse, die für das Risikoprofil des Unternehmens maßgeblich sind. LL 26 befasst sich mit der Beurteilung der Reichhaltigkeit und LL 27 mit der Anreicherung der Wahrscheinlichkeitsverteilungsprognose. 19

Für Anwender eines Partialmodells ist die Wahrscheinlichkeitsverteilungsprognose auf der höchsten **Aggregationsebene** zu bestimmen. Verwendet ein Versicherungsunternehmen für mehrere Komponenten ein Partialmodell, so ist die Wahrscheinlichkeitsverteilungsprognose für jeden Bestandteil separat zu bestimmen. Beschränkt sich die Anwendung eines Partialmodells beispielsweise auf das Marktrisiko, so ist die Wahrscheinlichkeitsverteilungsprognose auf Ebene des Marktrisikos zu bestimmen. Wird in diesem Beispiel zusätzlich das lebensversicherungstechnische Risiko mit einem Partialmodell quantifiziert, so bestimmt das Versicherungsunternehmen zwei Wahrscheinlichkeitsverteilungsprognosen. 20

21 Die statistischen **Qualitätsstandards** der §§ 116 f. VAG stellen insgesamt eine Anforderung an die Wahrscheinlichkeitsverteilungsprognose dar. Dies kommt durch Art. 121 Abs. 1 Solva II-RL zum Ausdruck, demzufolge die Wahrscheinlichkeitsverteilungsprognose die Kriterien der Abs. 2–9 zu erfüllen hat.

22 Art. 229 Solva II-VO spezifiziert in acht **Unterpunkten**, was nach § 116 Abs. 3 VAG unter geeigneten, passenden und angemessenen versicherungsmathematischen und statistischen Verfahren zu verstehen ist. Diese lauten wie folgt:

23 Die **Konsistenz** der Methoden mit denen, die bei der Berechnung der versicherungstechnischen Rückstellungen verwendet werden, hat bei der Modellierung **langfristiger Versicherungsverträge** besondere Bedeutung. In der Praxis bedeutet dies für die Lebensversicherung und Krankenversicherung, dass die gleichen Modelle – einschließlich Bestandsabbildung, Rechenverfahren und Managementregeln – bei der Berechnung der versicherungstechnischen Rückstellungen und des Risikokapitals zum Einsatz kommen. Das Modell wird jedoch für Zwecke der Risikokapitalberechnung mit anderen Annahmen oder Eingangsparametern versehen, die die Realisierung des jeweiligen Risikos beschreiben.

24 Davon zu unterscheiden sind Modellierungsansätze in der **Schaden- und Unfallversicherung**. Häufig werden im Rahmen der Bestimmung des besten Schätzwerts der Verpflichtung nach § 77 VAG Änderungen an der Segmentierung, der konkreten Modellbildung und der Auswahl versicherungsmathematischer Rechenverfahren vorgenommen. Diese resultieren häufig aus Veränderungen im Bestand oder im Schadenverlauf. Die richtige Wahl der Modelle ist selbst wesentlicher Teil des Reserverisikos. Insofern werden in der Risikokapitalberechnung Methoden verlangt, die mit den Reservierungsverfahren konsistent sind, jedoch nicht vollständig identisch sein müssen.

25 Zu hinterfragen ist die Konsistenzforderung des § 116 Abs. 3 VAG vor dem Hintergrund des aufsichtsrechtlichen Genehmigungsprozesses bei **Modelländerungen** nach § 111 Abs. 3 VAG. In der Praxis kann es vorkommen, dass aufgrund neuer Sachverhalte oder Informationen Änderungen in den Methoden zur Bestimmung der versicherungstechnischen Rückstellungen erforderlich werden. Diese Änderungen können Folgewirkungen für die Risikokapitalberechnung haben und aus diesem Grunde als Modelländerung zu klassifizieren sein. Die aufsichtsrechtlichen Fristen für die Genehmigung von Modelländerungen einerseits und die aufsichtsrechtlichen Meldefristen oder die Veröffentlichungspraxis eines Unternehmens andererseits können dann in einem nicht auflösbaren Widerspruch stehen.

26 Praktisches Beispiel ist die Berücksichtigung möglicher **negativer Zinsen** bei der Ermittlung der versicherungstechnischen Rückstellungen. Während lange Zeit negative Zinsen in Wissenschaft und Praxis als unrealistisch angesehen und daher nicht in Modellen abgebildet wurden, hat sich dies mit der Einführung von Strafzinsen und anderen Maßnahmen beispielsweise durch die schweizerische Nationalbank und die Europäische Zentralbank geändert. Nunmehr sind Modelle, die tatsächlich vorhandene negative Zinsen nicht abbilden, abhängig von den Auswirkungen nicht als angemessen für die Bewertung der versicherungstechnischen Rückstellungen anzusehen.

27 In dieser Situation ist der **Angemessenheit** der versicherungstechnischen Rückstellungen in der Solvabilitätsübersicht vor der Konsistenz mit dem internen Modell der Vorrang einzuräumen. Dies ergibt sich bereits aus der Struktur der gesetzlichen Anforderung: § 116 Abs. 3 VAG stellt eine Anforderung an das interne Modell, nicht an die Solvabilitätsübersicht. Dies ist auch systematisch richtig, weil die Solvabilitätskapitalanforderung nach § 97 Abs. 2 VAG als Veränderung der Basiseigenmittel im Fall bestimmter Verluste definiert ist. Die Anforderungen an die Methoden zur Berechnung der versicherungstechnischen Rückstellungen der §§ 75 ff. VAG gewähren demgegenüber keine Rückausnahme. Allerdings kann die Konsistenzforderung des § 116 Abs. 3 VAG so interpretiert werden, dass alle im Einflussbereich des Unternehmens stehenden Maßnahmen für eine konsistente Ermittlung des Risikokapitalbedarfs, insbesondere die Vorbereitung und Beantragung entsprechender Modelländerungen, zu ergreifen sind.

28 **V. Informationen und Annahmen bei der Berechnung der Wahrscheinlichkeitsverteilungsprognose.** Art. 230 Abs. 1 Solva II-VO spezifiziert, wann Informationen als **zuverlässig** i. S. d. § 116 Abs. 4 VAG angesehen werden können. Art. 230 Abs. 2 Solva II-VO spezifiziert, wann Annahmen als realistisch i. S. d. § 116 Abs. 4 VAG angesehen werden können.

29 Die Anforderungen weichen von denen des Art. 22 Abs. 1 Solva II-VO für Annahmen bei der Berechnung des besten Schätzwertes der Verpflichtung ab. Die Abweichungen sind größtenteils durch die unterschiedliche **Zielsetzung** bei der Berechnung des Risikokapitalbedarfs erklärt. Die in Art. 22 Abs. 1 lit. d Solva II-VO gegebene zeitliche Konsistenzanforderung wird durch § 116 Abs. 2 VAG aufgegriffen.

30 Kapitel 4 EIOPA-LL zur Verwendung interner Modelle enthält LL zum Treffen von **Annahmen** und zu **Expertenmeinungen**.

31 Beim Treffen von Annahmen und insbesondere bei der Nutzung von Expertenmeinungen sollte die Wesentlichkeit der Auswirkungen der Verwendung der Annahmen berücksichtigt werden.

32 Des Weiteren sollte sichergestellt werden, dass alle Annahmen anhand eines **validierten und dokumentierten Prozesses** getroffen werden. Sollten Expertenmeinungen genutzt werden, so muss diese

Auswahl ebenfalls einem vorgeschriebenen Prozess folgen. Außerdem sollten die Annahmen sowohl zeitlich als auch unternehmensweit konsistent hergeleitet und verwendet werden.

Um die **Grenzen und Unsicherheiten** von auf Expertenmeinungen beruhenden Annahmen transparent zu machen, ist eine gute Kommunikation durch ein formelles und dokumentiertes Feedbackverfahren zwischen den Experten und den Nutzern von Expertenmeinungen erforderlich. 33

Der Prozess des Treffens von Annahmen und die Nutzung von Expertenmeinungen sollten auf **transparente Weise** dokumentiert werden. 34

Die erläuternden Texte zum Kapitel 3 EIOPA-LL verlangen, dass Fälle, in denen eine auf Expertenmeinung beruhende Annahme verwendet wird, leicht als solche **identifizierbar** sind und dass eine ausführliche und aussagekräftige **Dokumentation** aller wesentlichen Expertenmeinungen vorliegt. 35

In der **Dokumentation** sollten die resultierenden Annahmen und deren Wesentlichkeit, die beteiligten Experten, die beabsichtigte Verwendung und der Gültigkeitszeitraum aufgeführt werden. 36

Des Weiteren sollte die Begründung der Auffassung, einschließlich der verwendeten Informationsbasis, mit dem nötigen **Detailgrad** einbezogen werden, um eine transparente Darstellung der Annahmen, des Prozesses und der verwendeten Entscheidungskriterien für die Auswahl der Annahmen zu gewährleisten. 37

Zudem ist sicherzustellen, dass die Anwender wesentlicher Annahmen eindeutige und umfassende **schriftliche Informationen** über diese Annahmen erhalten. 38

Es wird erwartet, dass die Dokumentation des Modells die Annahmen **transparent** beschreibt, sodass ihre Gültigkeit von den Anwendern der Annahmen und den Aufsichtsbehörden beurteilt werden kann. 39

Daher sollte die **Dokumentation** mindestens die folgenden Punkte enthalten: eine Beschreibung darüber, wie und welche Art von Expertenmeinungen bei der Auswahl der Annahme eine Rolle spielen, die Wesentlichkeit beim Treffen von Annahmen, den Kontext der Verwendung der Expertenmeinung, die Gründe, weshalb die Annahme erforderlich ist, ein Nachweis der Fachkenntnis des Erbringers der Annahme und die Begründung der Annahme, einschließlich der verwendeten Informationsbasis. 40

Weiterhin ist von den Unternehmen sicherzustellen, dass der Prozess für die Auswahl von Annahmen und die Nutzung von Expertenmeinungen **validiert** wird. Auch dieser Prozess und die Instrumente für die Validierung der Annahmen sind angemessen zu dokumentieren. 41

VI. Datenqualität im internen Modell. 1. Anforderungen an die Datenqualität. Die Anforderungen an die im internen Modell verwendeten Daten werden in Art. 231 Solva II-VO spezifiziert. Dabei werden mit den Anforderungen der **Genauigkeit, Vollständigkeit und Angemessenheit** die gleichen Kriterien angesprochen, die nach Art. 19 Solva II-VO bei der Bestimmung des besten Schätzwertes der Verpflichtung gelten. 42

An Stelle des Begriffs der Genauigkeit verwenden Richtlinie und Solva II-VO den Begriff der **Exaktheit**. Exaktheit ist nach Art. 231 Abs. 1 Solva II-VO gegeben, wenn die Daten keine wesentlichen Fehler aufweisen und sie zeitnah und im Zeitverlauf einheitlich erfasst werden. Damit werden hohe Anforderungen an die Verlässlichkeit der Prozesse zur Datenerfassung und Datenaufbereitung gestellt. Außerdem müssen Daten aus unterschiedlichen Zeiträumen, die für dieselbe Schätzung verwendet werden, kohärent sein. 43

Die verwendeten Daten gelten nach Art. 231 Abs. 2 Solva II-VO als **vollständig**, sofern 44

(1) Die Daten ausreichende historische Informationen enthalten, um die Charakteristika des zugrunde liegenden Risikos zu bewerten und insbesondere Risikotrends zu ermitteln.

(2) Derartige Daten für alle relevanten Modellparameter zur Verfügung stehen und ohne Begründung keine relevanten Daten von der Verwendung im internen Modell ausgenommen werden.

Lange **historische Zeitreihen** sind insbesondere dort von Bedeutung, wo seltene Ereignisse zu bewerten sind oder Risikodaten nur in geringer Frequenz und Häufigkeit zur Verfügung stehen. Risikodaten dürfen insbesondere nicht übermäßig durch die aktuelle Marktsicht auf das jeweilige Risiko geprägt sein. Die Datenhistorie muss so lang sein, dass auch Krisen und extreme Ereignisse in ihnen enthalten sind, soweit sich solche bei dem jeweiligen Risiko bereits in der Vergangenheit manifestiert haben. Dies wirkt einer Unterschätzung der Risiken in vergleichsweise stabilen Wirtschaftsperioden und damit einer **Prozyklizität** der Risikomessung entgegen und hat für Markt- und Kreditrisiken, aber auch für langfristige versicherungstechnische Risiken wie Naturgefahrenrisiken, Pandemierisiken und Reserverisiken eine besondere Bedeutung. Die Ermittlung von Risikotrends geht demgegenüber in die entgegengesetzte Richtung: in ihrer Bedeutung wachsende, in der Vergangenheit nicht wesentliche Risiken müssen ebenfalls bewertet und in ihrer künftigen Bedeutung angemessen eingeschätzt werden. Deren Bedeutung ergibt sich dann nicht alleine aus den verfügbaren historischen Daten über die Auswirkung der Risiken, sondern in Verbindung mit einer Risikoanalyse über die relevanten Wirkungszusammenhänge und Risikotreiber. Ebenso können Trends zum sukzessiven Bedeutungsverlust und schließlich Wegfall von Risiken führen. Dabei ist allerdings deutlich zu unterscheiden zwischen Risiken, die sich in der jüngeren Vergangenheit nur nicht mehr manifestiert haben und solchen, für die die tatsächlichen Risikotreiber wegfallen oder die Auswirkungen gesunken sind.

45 Die verwendeten Daten sind nach Art. 231 Abs. 3 Solva II-VO nur als **angemessen** anzusehen, sofern alle nachfolgenden Bedingungen erfüllt werden:

(1) Die Daten sind für ihre Verwendungszwecke geeignet.
(2) Umfang und Art der Daten gewährleisten, dass die auf ihrer Grundlage im Rahmen des internen Modells vorgenommenen Schätzungen keinen wesentlichen Schätzfehler aufweisen.
(3) Die Daten stehen mit den Annahmen in Einklang, auf die sich die im Rahmen des internen Modells angewandten versicherungsmathematischen und statistischen Techniken stützen.
(4) Die Daten spiegeln die relevanten Risiken wider, denen das Versicherungsunternehmen ausgesetzt ist.
(5) Die Daten werden in transparenter und strukturierter Weise auf der Grundlage einer Spezifikation erhoben, verarbeitet und angewandt, die folgende Bereiche abdeckt:
– Definition und Bewertung der Datenqualität, einschließlich spezifischer qualitativer und quantitativer Standards für unterschiedliche Datensätze;
– Verwendung und Festlegung von Annahmen, die bei der Erhebung, Verarbeitung und Anwendung von Daten getroffen werden;
– Verfahren zur Datenaktualisierung, einschließlich der Intervalle der regelmäßigen Aktualisierung und der Umstände, unter denen zusätzliche Aktualisierungen vorgenommen werden.
– Unter Angemessenheit der Daten werden damit sowohl mathematisch-statistische Kriterien (lit. a–d) wie auch Kriterien, die für die Nachvollziehbarkeit und damit Überprüfbarkeit der Daten, ihrer Qualität und Interpretation erforderlich sind, zusammengefasst. Die Anforderungen des ersten Unterpunkts von lit. e beziehen sich auf alle vorhergehend genannten Merkmale der Datenqualität der Abs. 1, 2 und 3 lit. a–d.

46 Die Kriterien entsprechen dabei weitestgehend den **Kriterien für Datenqualität**, die in Art. 19 Solva II-VO für Daten, die bei der Bestimmung der versicherungstechnischen Rückstellungen verwendet werden.

47 Die allgemeinen Anforderungen an die Datenqualität sind auch im Rahmen der **Validierungsstandards** gemäß § 120 VAG, welche in Kapitel VI Abschnitt 7 Solva II-VO spezifiziert sind, und der **Dokumentationsstandards** gemäß § 121 VAG, welche in Kapitel VI Abschnitt 8 Solva II-VO detailliert dargestellt werden, zu berücksichtigen und entsprechend einzuhalten.

48 **2. Verwendung externer Daten.** Neben den allgemeinen Anforderungen an die Datenqualität sind bei der Verwendung von externen Daten **zusätzliche Vorgaben** zu berücksichtigen. Zu diesem Zweck liefern die EIOPA-LL zur Verwendung interner Modelle konkrete Anforderungen und reflektieren somit die Erwartungshaltung der Aufsichtsbehörde hinsichtlich der Verwendung von externen Daten. Als wesentliche Rechtsquelle der EIOPA-LL zur Verwendung von internen Modellen dient das Kapitel 11 „Externe Modelle und externe Daten", das in mehrere themenspezifische Leitlinien aufgeteilt ist.

49 Die LL 50 bezieht sich auf das **Verständnis**, das die Versicherungsunternehmen bei Verwendung von externen Daten vorweisen müssen. In Abhängigkeit von der Ausprägung der externen Daten sollten die Versicherungsunternehmen ein entsprechendes Verständnis nachweisen können. Vor allem sofern externe Daten Effekte wie Transformation, Überprüfung der Skalierung oder unterschiedliche Effekte im Jahresverlauf, enthalten.

50 Darüber hinaus wird von den Versicherungsunternehmen erwartet, die **Eigenschaften und Restriktionen** externer Daten beurteilen zu können und Prozesse mit Kontrollmechanismen aufzusetzen, die fehlende externe Daten und andere Restriktionen identifizieren können. Die auf Grundlage von fehlerbehafteten Daten durchgeführten Näherungen und auf dieser Basis durchgeführten Arbeitsschritte zur Sicherstellung der Datenqualität sollten vom Versicherungsunternehmen nachvollzogen werden. Weiterhin sind Prozesse zu entwickeln, die frühzeitig die Konsistenz der externen Daten sicherstellen und andere relevante Quellen zum Vergleich berücksichtigen, sofern die Beschaffung dieser Daten in einem angemessen Verhältnis zum Aufwand steht.

51 In LL 52 wird die Überprüfung der **Auswahl der externen Daten** behandelt. Demnach sollten die Versicherungsunternehmen ihre Begründung, die zur Auswahl der verwendeten externen Daten geführt hat, regelmäßig hinterfragen. Dies dient der Prävention einer unverhältnismäßigen Abhängigkeit von einem Anbieter solcher Daten. Außerdem sollten die Unternehmen einen Maßnahmenplan konzipieren, der bei Ausfall des Anbieters die Auswirkungen des Ausfalls begrenzt. Des Weiteren sind Aktualisierungen der externen Daten zu berücksichtigen, insbesondere wenn diese zu einer Verbesserung der Risikobeurteilung beitragen.

52 Die LL 54 präzisiert die Anforderungen der **Validierung** im Zusammenhang mit externen Daten. Demzufolge sollten die Versicherungsunternehmen eine unternehmenseigene Validierung für die Überführung der externen Daten in die internen Prozesse durchführen. Die Versicherungsunternehmen sollten die wesentlichen Erkenntnisse aus der Validierung in Verbindung mit Analysen des Anbieters oder weiteren Dritten festhalten. Dies soll gewährleisten, dass die Unabhängigkeit der Validierung keiner Beschränkung unterliegt und die Konsistenz der Analyse im Einklang mit den definierten Validierungs-

verfahren des Versicherungsunternehmens steht sowie in der vorhandenen Validierungsrichtlinie dokumentiert wird. Zudem müssen die Versicherungsunternehmen beachten, dass die Analyse des Anbieters von weiteren Dritten auf ausgeprägter subjektiver Basis durchgeführt werden könnte.

In LL 55 wird die **Dokumentation** im Zusammenhang mit externen Daten behandelt. Die Dokumentation externer Daten ist im Einklang mit den Dokumentationsstandards des Versicherungsunternehmens abzubilden. Dabei sollte die Dokumentation die wesentlichen Sachverhalte der externen Daten, die Auswirkungen auf das Risikoprofil haben, enthalten. Zudem sollte die Überführung der externen Daten in die internen Prozesse und demzufolge auch in das interne Modell dokumentiert werden, einschließlich der Datenquelle und Verwendungszweck. Bei der Verwendung von externen Anbietern erstellten Dokumentationen ist ein Abgleich mit den Dokumentationsstandards des Versicherungsunternehmens vorzunehmen. 53

Die LL 56 bezieht sich auf die **Verantwortung des Unternehmens** im Zusammenhang mit externen Daten. Die Verwendung von externen Daten entbindet die Versicherungsunternehmen nicht von ihrer Verantwortung für alle mit dem internen Modell in Zusammenhang stehenden Verpflichtungen. 54

In LL 57 sind die Anforderungen für die **Funktion von Dienstleistern** bei Verwendung externer Daten definiert. Stehen verschiedene Aufgaben, die von einem Dienstleister ausgeführt werden, in Verbindung zu den externen Daten, sollte das Versicherungsunternehmen mit dem Dienstleister eine Outsourcing-Vereinbarung schließen. 55

3. Aktualisierung der Daten. Die bei der Berechnung der Wahrscheinlichkeitsverteilungsprognose verwendeten Daten sind mindestens **jährlich zu aktualisieren**. Problematisch ist diese Anforderung in Fällen, bei denen aufwändige eigenständige Datenerhebungen und darauf aufbauende Analysen erforderlich sind. Mögliche Beispiele sind Untersuchungen zu Wechselwirkungen und Abhängigkeiten zwischen Risiken, seltenen Risikoereignissen oder schwer zu fundierenden Annahmen. 56

In diesen Fällen bedeutet die Forderung des § 116 Abs. 5 VAG, dass alle aktuell verfügbaren Informationen berücksichtigt werden, nicht jedoch dass alle darauf **aufbauenden Analysen und Untersuchungen** zwingend zu aktualisieren sind. Vielmehr kann es ausreichend sein, die aktuellen Beobachtungen mit den bisherigen zu vergleichen und darauf aufbauend abzuschätzen, ob die neuen Informationen zu signifikant anderen Ergebnissen führen würden. 57

VII. Verhältnis zu anderen Regelungen des VAG, zu Parallelvorschriften im KWG sowie zu anderen Normen. Weitere Anforderungen zur Genehmigung interner Modelle werden im Unterabschnitt 3 in den §§ 112–121 VAG erläutert. 58

Sonstige statistische Qualitätsstandards

117

(1) **Abhängigkeiten innerhalb der Risikokategorien sowie zwischen den Risikokategorien in Bezug auf Diversifikationseffekte können im internen Modell berücksichtigt werden, wenn die Systeme zur Messung der Diversifikationseffekte angemessen sind.**

(2) **Effekte von Risikominderungstechniken können im internen Modell berücksichtigt werden, wenn das Kreditrisiko und andere sich aus der Anwendung der Risikominderungstechniken ergebende Risiken angemessen widergespiegelt werden.**

(3) [1]**Risiken von wesentlicher Bedeutung aus Finanzgarantien und vertraglichen Optionen sind exakt zu bewerten.** [2]**Zusätzlich sind Risiken aus Optionen zugunsten der Versicherungsnehmer und anderer Versicherungsunternehmen zu bewerten.** [3]**Die Auswirkungen künftiger Veränderungen der Finanz- und Nichtfinanzbedingungen auf die Ausübung dieser Optionen sind zu berücksichtigen.**

(4) [1]**Künftigen Maßnahmen der Geschäftsleitung, die vernünftigerweise unter bestimmten Bedingungen zu erwarten sind, kann im internen Modell Rechnung getragen werden.** [2]**Die Zeit, die die Umsetzung derartiger Maßnahmen erfordert, ist zu berücksichtigen.**

(5) **Zu erwartende Zahlungen an Versicherte sind unabhängig davon, ob sie vertraglich garantiert sind oder nicht, im internen Modell zu berücksichtigen.**

Übersicht

1 **I. Allgemeines. 1. Entstehungsgeschichte.** Die Einführung des § 117 VAG erfolgte im Zuge der Umsetzung der Richtlinie 2009/138/EG (Solva II-RL) des Europäischen Parlaments und des Rates vom 25. November 2009 betreffend die Aufnahme und Ausübung der Versicherungs- und Rückversicherungstätigkeit (Solvabilität II) in national geltendes Recht.

2 **2. Normzweck.** § 117 VAG erlangt unmittelbare Bedeutung für Versicherungsunternehmen, die für die Berechnung der Solvabilitätskapitalanforderung ein von der Aufsichtsbehörde genehmigtes internes Modell in Form eines Voll- oder Partialmodells verwenden. § 117 VAG setzt dabei in Verbindung mit § 116 VAG die Anforderungen an die statistische Qualität der Modellierung in Art. 121 Abs. 5–9 in national geltendes Recht um.

3 **3. Europarechtlicher Hintergrund.** § 117 VAG setzt Art. 121 Abs. 5–9 Solva II-RL in nationales Recht um. Die statistischen Qualitätsstandards in Art. 121 Solva II-RL zählen zu den Kernanforderungen im Zusammenhang mit der Genehmigung interner Modelle. Sie sind im VAG in den §§ 116f. umgesetzt. Die Abs. 5–9 legen die Anforderungen in Bezug auf Aggregation und Diversifikation, Risikominderungstechniken, Optionen und Garantien, zukünftige Maßnahmen des Managements sowie nicht vertraglich vereinbarte Zahlungen an Versicherungsnehmer fest.

4 Die Anforderungen der Abs. 1, 2 und 4 werden durch die Art. 234–236 Solva II-VO weiter spezifiziert.

5 **II. Aggregation und Diversifikation.** Der Begriff der **Diversifikation** beschreibt gem. Art. 13 Abs. 37 Solva II-RL die Fragestellung, ob und inwiefern das Gesamtrisiko aus zwei unterschiedlichen Risiken der Geschäftstätigkeit von Versicherungs- und Rückversicherungsunternehmen und -gruppen, durch Ausgleichseffekte gemindert werden kann. Dabei wird das negative Resultat eines Risikos durch das günstigere Resultat eines anderen Risikos in Teilen aufgehoben, vorausgesetzt diese Risiken sind nicht voll korreliert. Diversifikation zwischen Risiken liegt dann vor, wenn das Risikomaß des Gesamtrisikos aus den Risiken zusammen geringer ist als die Summe der Risikomaße der isoliert betrachteten Risiken. Die Höhe der Differenz wird gemeinhin als Diversifikationseffekt bezeichnet. Der Diversifikationseffekt ist umso größer, je seltener sich die betrachteten Risiken gleichzeitig realisieren. Mathematisch wird hierfür der Begriff der Abhängigkeit verwendet. Je weniger abhängig zwei Risiken voneinander sind, desto größer ist der Diversifikationseffekt zwischen beiden Risiken. Als unabhängig oder weitestgehend unabhängig werden in der Praxis beispielsweise Risiken aus verschiedenen Naturgefahren – wie Erdbeben und Sturm – oder Risiken aus Naturgefahren und Marktrisiken betrachtet.

6 Von dem Begriff der Abhängigkeit ist der Begriff der **Korrelation** zu unterscheiden. Abhängigkeit oder Unabhängigkeit beschreibt die Frage, ob Zusammenhänge zwischen verschiedenen Größen in einem mathematischen Modell gegeben sind, die sich dann auf die Rechengesetze und Ergebnisse des Modells auswirken. Korrelation beschreibt das gemeinsame Auftreten von Ergebnissen zweier oder mehrerer zufälliger Größen. Eine hohe positive Korrelation liegt vor, wenn hohe Ausprägungen beider Größen bzw. niedrige Ausprägungen beider Größen regelmäßig gleichzeitig auftreten. Eine hohe negative Korrelation liegt vor, wenn hohe Ausprägungen der einen Größe regelmäßig mit niedrigen Ausprägungen der anderen Größe auftreten und umgekehrt. In beiden Fällen bestehen Abhängigkeiten zwischen beiden Größen. Von einer fehlenden Korrelation kann jedoch mathematisch nur unter engen Voraussetzungen auf Unabhängigkeit geschlossen werden. Korrelationen können aus tatsächlichen Beobachtungen geschätzt werden.

7 Insoweit geht es bei der Regelung in § 117 Abs. 1 VAG um die **Abbildung reduzierter Abhängigkeiten** im internen Modell in Hinblick auf gegebenenfalls vorliegende Diversifikationseffekte. Voraussetzung ist dabei, dass Systeme zur Messung der Diversifikationseffekte existieren und angemessen sind. Ein einfacher Rekurs auf die Diversifikationseffekte, die in der Standardformel berücksichtigt werden, genügt daher nicht.

8 Wenn die Veränderungen der beobachteten Größen unabhängig von der Höhe der Veränderung in einem **konstanten Verhältnis** zueinander stehen, wird von konstanten Korrelationen und linearen Abhängigkeiten gesprochen. Für viele tatsächlich beobachtete Größen sind die Korrelationen jedoch nicht unabhängig von der Höhe der jeweils eintretenden Risiken, insbesondere wenn es um Extremereignisse geht. Beispielsweise wird in einem normalen Marktumfeld häufig Unabhängigkeit zwischen Ausfallrisiken und Marktpreisänderungsrisiken angenommen und empirisch beobachtet. Im Fall extremer Ereignisse realisieren sich jedoch oft Ausfall- und Marktpreisänderungsrisiken gleichzeitig. Hier handelt es sich dann um Fälle von nichtlinearen Abhängigkeiten.

9 Art. 234 Solva II-VO spezifiziert die Bedingungen, welche erfüllt sein müssen, um in oben genanntem Sinne **angemessen** zu sein. Hierbei hat das System die wichtigsten maßgeblichen Größen zur

Bestimmung der Abhängigkeiten zu identifizieren. Des Weiteren muss das System allen folgenden Faktoren Rechnung tragen:

– etwaigen nichtlinearen Abhängigkeiten und fehlender Diversifikation bei extremen Szenarien,
– etwaigen Diversifikationsbeschränkungen, die sich aus dem Bestehen von Sonderverbänden oder Portfolien mit Matching-Adjustment ergeben,
– den Merkmalen des im internen Modell verwendeten Risikomaßes.

Schließlich müssen die dem System zugrunde liegenden Annahmen empirisch untermauert werden. 10

Die Abbildung von Diversifikation beziehungsweise die Modellierung von Abhängigkeiten zählt zu 11 den komplexesten Aufgaben im Rahmen der **Erstellung und Kalibrierung eines internen Modells**. Dies ist einerseits in der höheren Komplexität der mathematischen Modelle und Verfahren begründet, andererseits in der Knappheit der zur Verfügung stehenden Beobachtungen. Dies ist nicht verwunderlich: Liegen für extreme Ereignisse einzelner Risiken naturgemäß schon weniger Daten vor als für häufig auftretende Situationen, gilt dies erst recht für das gleichzeitige Auftreten seltener Ereignisse mehrerer Risiken. Gleichzeitig gehört Diversifikation alleine, und insbesondere die Höhe von Diversifikation bei Extremereignissen, zu den wichtigsten Einflussgrößen für die Höhe des Risikokapitalbedarfs, sofern mehrere vergleichbar große Einzelrisiken vorliegen.

Vor diesem Hintergrund ist insbesondere die Anforderung an die **empirische Untermauerung** des 12 Art. 234 lit. c Solva II-VO zu sehen. Grundsätzlich gelten für die Modellierung von Abhängigkeiten alle Anforderungen, die auch sonst an die Verwendung von Daten, die Setzung von Annahmen und die zu verwendenden Techniken gestellt werden. Da jedoch regelmäßig nur wenige Daten zur Validierung insbesondere der Diversifikation bei Extremereignissen verfügbar sind, müssen die Annahmen zur Diversifikation zusätzlich begründet werden. Diese Begründung wiederum darf nicht nur abstrakt erfolgen, sondern muss vielmehr die angenommenen Abhängigkeitsstrukturen auf empirisch begründbare Sachverhalte abstützen.

Die im internen Modell berücksichtigten Diversifikationseffekte zählen außerdem nach Art. 223 13 Solva II-VO zu den **nachzuweisenden Inhalten** in Bezug auf das Gesamtverständnis des Vorstands.

III. Risikominderungstechniken. Nach § 117 Abs. 2 VAG besteht für die Unternehmen die 14 Möglichkeit, **Risikominderungstechniken** im internen Modell abzubilden, wenn Risiken, welche sich aus der Anwendung der Risikominderungstechnik ergeben, adäquat berücksichtigt werden. Hiermit ist insbesondere das Risiko gemeint, dass die Risikominderungstechnik bei extremen Ereignissen nicht oder nur eingeschränkt funktioniert, weil die Gegenpartei, auf die das Risiko übertragen wurde, ausfällt. So können beispielsweise Rückversicherung oder Derivate risikoreduzierend abgebildet werden, wenn im Gegenzug die daraus resultierenden Kreditrisiken gegenüber dem Vertragspartner im internen Modell quantifiziert werden. Neben diesem Kreditrisiko existieren weitere Risiken im Rahmen von Risikominderungstechniken. Hierzu zählen Rechtsrisiken sowie das Risiko, dass die Ansprüche aus dem Derivat von dem realisierten Risiko abweichen, etwa weil die Absicherung auf Basis eines Index erfolgte (Basisrisiko).

Art. 235 Solva II-VO spezifiziert die Anforderungen zur **Abbildung von Risikominderungstechniken**. Zunächst werden durch dessen Abs. 1 Risiken benannt, die vorhanden sein können, jedoch nicht im internen Modell abgebildet werden müssen. Dies sind insbesondere Rechtsrisiken (Art. 235 Abs. 1 lit. a und c Solva II-VO). Außerdem stellt Art. 235 Abs. 1 lit. b Solva II-VO klar, dass für die Anerkennung einer Risikominderungstechnik keine eigenständige **Insolvenzsicherung** der eigenen Ansprüche erforderlich ist. Unabhängig davon wirkt sich eine solche Insolvenzsicherung jedoch auf die Höhe des Kreditrisikos aus der Risikominderungstechnik aus. 15

Im Falle eines Basisrisikos, wenn eine Risikominderungstechnik die **Risikoexponierung** nicht in 16 allen Fällen abdeckt, muss das Modell der verringerten Wirksamkeit der Risikominderungstechnik im internen Modell Rechnung tragen. Ansonsten kann diese nach Art. 235 Abs. 2 Solva II-VO nicht anerkannt werden.

Nach Art. 235 Abs. 3 Solva II-VO ist eine **verringerte Wirkung** der Risikominderungstechnik 17 abzubilden, sofern diese nur unter bestimmten Bedingungen wirksam wird, welche nicht direkt durch das Versicherungsunternehmen zu beeinflussen oder durchzusetzen sind.

IV. Optionen und Garantien. Die Anwender des internen Modells haben nach § 117 Abs. 3 VAG 18 Risiken aus **Finanzgarantien**, **Optionen** der Versicherungsnehmer einschl. sonstiger vertraglicher Optionen (einseitige vertragliche Gestaltungsrechte) zu berücksichtigen und zu bewerten. Hierbei sind auch Veränderungen in der Optionsausübung aufgrund von geänderten finanziellen und nichtfinanziellen Umständen zu quantifizieren. So sind beispielsweise Veränderungen in der Ausübung von Kapitalwahlrechten oder Storno langfristiger Versicherungsverträge zu berücksichtigen, welche sich ggf. in Abhängigkeit des Zinsumfelds ändern könnten.

Für die Praxis bedeutsam sind diese Anforderungen insbesondere bei der Modellierung der Risiken 19 aus langfristigen Versicherungsverträgen wie der kapitalbildenden Lebensversicherung, der Unfallversicherung mit Beitragsrückgewähr sowie der Krankenversicherung, die nach Art der Lebensversicherung betrieben wird. Sie korrespondiert mit der Anforderung zur Abbildung von Finanzgarantien und vertraglichen Optionen des § 85 VAG und spiegelt die grundsätzliche **Konsistenzanforderung** zwischen Bestimmung der Eigenmittel und Bestimmung des Risikokapitalbedarfs wider, die in der Definition der Solvabilitätskapitalanforderung des § 97 Abs. 2 VAG angelegt ist.

20 **V. Zukünftige Maßnahmen des Managements.** Die Berücksichtigung **zukünftiger Maßnahmen des Managements** korrespondiert mit den Anforderungen an die Bewertung der versicherungstechnischen Rückstellungen nach § 77 VAG und dessen Spezifikation in Art. 23 Solva II-VO für die Zwecke der Eigenmittel. Praktische Wirkung entfalten die Regelungen insbesondere, wenn die künftigen Leistungen des Versicherungsunternehmens von seiner **künftigen Kapitalanlage** sowie künftigen **Entscheidungen über eine Überschussbeteiligung** abhängen oder wenn wie in der Krankenversicherung Möglichkeiten zur Anpassung der Beiträge bestehen. Daneben werden die Regelungen angewendet, wenn die bestehenden Rückversicherungsdeckungen kürzer laufen als die eingegangenen Risikoexponierungen.

21 Art. 236 Solva II-VO detailliert die Anforderungen, wann Maßnahmen „**als vernünftigerweise zu erwarten sind**" gelten. Die Regelung entspricht weitestgehend, jedoch nicht vollständig den Regelungen des Art. 23 Solva II-VO. Hierzu sind die zukünftigen Maßnahmen nach Art. 236 Abs. 1 Solva II-VO objektiv zu bestimmen. So müssen die Maßnahmen realistisch und mit der aktuellen Geschäftsstrategie einschließlich angewandter Risikominderungstechniken, wie z. B. Rückversicherung konsistent sein. Sofern das Unternehmen seine zukünftigen Strategien oder Handlungsweisen nachweisbar ändert, müssen sich diese Änderungen auch im internen Modell widerspiegeln. Dabei sind auch alle veröffentlichten Informationen einzubeziehen. Des Weiteren müssen die künftigen Maßnahmen des Managements miteinander in Einklang stehen, den geltenden Rechtsvorschriften entsprechen und den Verpflichtungen gegenüber den Versicherungsnehmern nicht entgegenstehen.

22 Im Vergleich des Wortlauts mit Art. 23 Abs. 1 Solva II-VO wird in Art. 236 Abs. 1 Solva II-VO insbesondere zusätzlich gefordert, dass die angenommenen künftigen Maßnahmen **realistisch** sind. Dies bedeutet jedoch keine Verschärfung, da auch für die Zwecke der Eigenmittelbestimmung nach § 77 Abs. 2 VAG alle Annahmen grundsätzlich realistisch sein müssen und realistische Annahmen nach Art. 23 Abs. 2 und Art. 236 Abs. 2 Solva II-VO gleichermaßen gefordert sind.

23 Insbesondere wird nach Art. 236 Abs. 2 Solva II-VO ein Vergleich der **aktuell getroffenen Annahmen** über die zukünftigen Maßnahmen des Managements mit den **aktuell getroffenen Maßnahmen** verlangt sowie ein Vergleich dieser Annahmen mit den Annahmen über Managementmaßnahmen, die in früheren Berechnungen berücksichtigt wurden. Werden hierbei Abweichungen festgestellt, müssen die Unternehmen in der Lage sein, diese zu erklären.

24 Art. 23 Abs. 2 Solva II VO verlangt darüber hinaus die **Quantifizierung** der Auswirkungen in den versicherungstechnischen Rückstellungen, die sich bei Änderungen der Annahmen ergeben.

25 Um den Anforderungen nach Art. 236 Abs. 1 Solva II-VO zu genügen, muss der Vorstand einen **Plan für die zukünftigen Maßnahmen** des Managements verabschieden. Die Bestandteile dieses Plans sind in Art. 236 Abs. 3 Solva II-VO festgelegt.

26 Art. 236 Abs. 4 Solva II-VO stellt klar, dass neben der benötigten Zeit zur Umsetzung der zukünftigen Maßnahmen auch die aus der Umsetzung der Maßnahmen **resultierenden Kosten** berücksichtigt werden müssen.

27 Dies wird in LL 30 EIOPA-BoS-14/180 und den Erläuterungen zu den Leitlinien zur Verwendung interner Modelle der BaFin weiter **detailliert**. So kann der Anwender des internen Modells auch zukünftige Maßnahmen berücksichtigen, welche erst nach einem Jahr umgesetzt werden, falls sichergestellt ist, dass diese für die Solvabilitätszwecke zwischen Jahresanfang und -ende wirken und wirtschaftlich unter Berücksichtigung geänderter Rahmenbedingungen in Stressszenarien sinnvoll sind.

28 **VI. Zahlungen an Versicherungsnehmer.** § 117 Abs. 5 VAG stellt klar, dass **Zahlungen** an Versicherungsnehmer nicht alleine auf Basis bestehender vertraglicher Verpflichtungen, sondern auch darüber hinausgehend zu berücksichtigen sind, wenn diese **zu erwarten** sind. Diese Regelung korrespondiert mit § 84 Abs. 1 Nr. 3 VAG für die Berechnung der versicherungstechnischen Rückstellungen. Sie stellt klar, dass neben den garantierten Leistungen sowie den zusätzlichen Leistungen, die sich aufgrund der Entwicklung der einzelnen Überschussquellen als vertragliche und aufsichtsrechtliche Mindestbeteiligung an den Überschüssen ergeben, auch eine **freiwillige künftige Überschussbeteiligung** zu berücksichtigen ist. Die anzusetzende Höhe dieser freiwilligen Überschussbeteiligung ergibt sich aus den angenommenen künftigen Maßnahmen des Managements. Gewährt das Unternehmen aktuell eine freiwillige Überschussbeteiligung, werden die Annahmen über die künftigen Maßnahmen des Managements regelmäßig auch die Fortführung einer entsprechenden Überschussbeteiligungspraxis beinhalten müssen, um die Anforderungen des Art. 236 Solva II-VO zu erfüllen.

29 **VII. Verhältnis zu anderen Regelungen des VAG, zu Parallelvorschriften im KWG sowie zu anderen Normen.** Weitere Anforderungen zur Genehmigung interner Modelle sind im Unterabschnitt 3 in den §§ 112–121 VAG enthalten.

Kalibrierungsstandards

118 (1) **Die Versicherungsunternehmen können abweichend von § 97 Absatz 2 im internen Modell einen anderen Zeitraum oder ein anderes Risikomaß verwenden, wenn sichergestellt ist, dass die Ergebnisse des internen Modells in einer Art und Weise zur Berechnung der Solvabilitätskapitalanforderung verwendet werden, die den Versicherten ein dem § 97 gleichwertiges Schutzniveau gewährt.**

(2) [1] **Sofern es in der Praxis möglich ist, haben Versicherungsunternehmen die Solvabilitätskapitalanforderung direkt aus der Wahrscheinlichkeitsverteilungsprognose abzuleiten, die durch das interne Modell generiert wird.** [2] **Das Risikomaß Value-at-Risk gemäß § 97 ist zu verwenden.**

(3) **Die Aufsichtsbehörde kann Annäherungen für die Berechnung der Solvabilitätskapitalanforderung zulassen, wenn die Solvabilitätskapitalanforderung nicht direkt aus der durch das interne Modell generierten Wahrscheinlichkeitsverteilungsprognose abgeleitet werden kann und die Versicherungsunternehmen der Aufsichtsbehörde nachweisen, dass den Versicherungsnehmern ein Schutzniveau entsprechend § 97 Absatz 2 gewährt wird.**

(4) [1] **Auf Verlangen der Aufsichtsbehörde ist das interne Modell auf einschlägige Benchmark-Portfolios anzuwenden.** [2] **Dabei ist auf Verlangen der Aufsichtsbehörde von Annahmen auszugehen, die sich im Wesentlichen auf externe Daten stützen, um die Kalibrierung des internen Modells zu überprüfen und zu ermitteln, ob seine Spezifizierung der allgemein anerkannten Marktpraxis entspricht.**

I. Allgemeines. 1. Entstehungsgeschichte. § 118 VAG ist bei der Neufassung des VAG im Jahr 2015 durch Art. 1 des Gesetzes zur Modernisierung der Finanzaufsicht über Versicherungen[1] vom 1.4.2015 in das VAG eingefügt worden. 1

2. Normzweck. § 118 VAG erlangt unmittelbare Bedeutung für Versicherungsunternehmen, die für die Berechnung der Solvenzkapitalanforderung ein internes Modell im Sinne des § 111 VAG in Form eines Voll- oder Partialmodells betreiben. 2

Er legt die Anforderungen an das in einem solchen internen Modell verwendete Risikomaß fest.

3. Europarechtlicher Hintergrund. § 118 VAG setzt Art. 122 Solva II-RL um. Die Übernahme erfolgte nicht wortgleich, jedoch ohne wesentliche Änderung. Die Vorschrift erlangt unmittelbare Bedeutung für Versicherungsunternehmen, die für die Berechnung der Solvabilitätskapitalanforderung ein internes Modell i. S. d. § 111 VAG in Form eines Voll- oder Partialmodells betreiben. 3

Art. 238 Solva II-VO beinhaltet weitere Vorgaben im Zusammenhang mit Art. 122 Solva II-RL. 4

II. Kalibrierungsstandards. 1. Hintergrund und Anforderungen. Analog zum Risikomaß nach § 97 VAG im Falle einer Verwendung der Standardformel ist zur Bestimmung der Solvabilitätskapitalanforderungen grundsätzlich auf das 99.5 %-Quantil (**Value-at-Risk**)[2] der unerwarteten Verluste der Basiseigenmittel innerhalb eines Jahres abzuzielen („Standardrisikomaß").[3] Die Regelungen des § 118 VAG räumen den Anwendern eines internen Modells im Sinne des § 111 VAG jedoch ein, im internen Modell ein anderes **Risikomaß** zu verwenden. An Stelle der Basiseigenmittel kann eine andere Bezugsgröße gewählt werden sowie eine andere Messgröße als das 99,5 %-Quantil. Außerdem muss in der Modellierung nicht der Zeithorizont von einem Jahr verwendet werden.[4] 5

Die Möglichkeit, im internen Modell ein **abweichendes Maß** als das Standardrisikomaß zu verwenden, ist insbesondere vor dem Hintergrund der Anforderungen aus dem Verwendungstest gemäß § 115 VAG als folgerichtige Öffnungsmöglichkeit zu verstehen: Die Erkenntnisse des internen Modells sind in erheblichem Maße in die Unternehmenssteuerung einzubeziehen, was nur bei hinreichender Konsistenz zwischen verwendeter Bezugsgröße etc. und Unternehmensmodell strategisch und operativ konsistent erfolgen kann. Die Anforderungen des § 118 VAG gelten für Anwender von internen Voll- und Partialmodellen in gleicher Weise.[5] 6

Nach § 118 Abs. 1 VAG soll in solchen Fällen mindestens dasselbe **Schutzniveau** erreicht werden wie bei Verwendung des Value at Risk zum Sicherheitsniveau von 99,5 %, dem Standardrisikomaß des § 97 VAG. Für diesen Nachweis soll das Unternehmen nach § 118 Abs. 2 VAG das Standardrisikomaß unmittelbar aus der Wahrscheinlichkeitsprognose der im internen Modell verwendeten Bezugsgröße ableiten können. Sollte dies in der Praxis nicht unmittelbar möglich sein, kann die Aufsicht nach § 118 Abs. 3 VAG Näherungen zulassen, wenn die benannte Wahrung des Schutzniveaus durch das Unternehmen nachgewiesen wird. Um die Kalibrierung und Spezifizierungen des internen Modells vergleichbar 7

[1] BGBl. 2015 I 434 ff.
[2] Vgl. Kommentierung zu § 97 VAG.
[3] Vgl. *BaFin,* Erläuterungen zu Leitlinien zur Verwendung interner Modelle, Rn. 2.199.
[4] Vgl. *BaFin,* Erläuterungen zu Leitlinien zur Verwendung interner Modelle, Rn. 2.200.
[5] Vgl. *BaFin,* Erläuterungen zu Leitlinien zur Verwendung interner Modelle, Rn. 2.202.

zu machen, kann die Aufsicht dem Unternehmen nach § 118 Art. 4 VAG auferlegen, das interne Modell auf ein Musterportfolio (Benchmarkportfolio) anzuwenden.

8 Art. 238 Solva II-VO konkretisiert diese Anforderungen. So bezieht sich die Verwendbarkeit eines **alternativen Maßes** gemäß Art. 238 Abs. 1 Solva II-VO nicht nur auf das interne Modell als Ganzes, sondern auch auf die erfassten Risikokategorien und Geschäftsbereiche. Art. 238 Abs. 2 Solva II-VO präzisiert die Genauigkeitsanforderungen an die ggfs. vorgenommenen Approximationen bei der Überleitung vom verwendeten auf das Standardrisikomaß dadurch, dass die vorgesehenen Approximationen nicht zu einem wesentlichen Fehler bei der Solvabilitätskapitalanforderung oder zu einer geringeren Solvabilitätskapitalanforderung führen dürfen, als wenn diese nach Art. 101 Solva II-VO bzw. § 97 VAG als Value at Risk der Basiseigenmittel zu einem Sicherheitsniveau von 99,5 % über den Zeitraum eines Jahres berechnet würde. Wird ein abweichender Zeitraum zugrunde gelegt, so spezifiziert Art. 238 Abs. 2 S. 3 Solva II-VO eine Reihe von Sachverhalten, die bei der Näherung zu berücksichtigen sind. Hierzu gehören die

– zeitliche Verteilung der modellierten Ereignisse im modellierten Zeitraum,
– Angemessenheit des Zeitraums und Steuerung der Risiken innerhalb des Zeitraums,
– Abhängigkeiten der Risiken über aufeinander folgende Zeiträume.

Bei Zeiträumen über einem Jahr ist außerdem die Solvabilität des Unternehmens innerhalb dieses Zeitraums zu berücksichtigen.

Art. 238 Abs. 3 Solva II-VO sieht den Nachweis über die Einhaltung des Schutzniveaus mindestens einmal jährlich und zudem bei jeder signifikanten Änderung des Risikoprofils des Unternehmens vor.

9 Die **Einhaltung der Kalibrierungsstandards** ist eine notwendige Bedingung, um für die aufsichtsrechtlich geforderte Berechnung der Solvabilitätskapitalanforderungen ein internes Modell i. S. d. § 111 VAG betreiben zu dürfen[6] und ist nach § 121 Abs. 1 VAG entsprechend zu dokumentieren. Die bei der Überführung vom verwendeten Risikomaß zum Standardrisikomaß angewendeten Näherungen sind gemäß Art. 238 Abs. 4 Solva II-VO als Teil des internen Modells zu verstehen und sind somit den allgemeinen Anforderungen an ein internes Modell unterworfen.

10 **2. Praxis.** Abweichungen zwischen im internen Modell verwendetem Risikomaß und Standardrisikomaß sind insbesondere in Bezug auf eine oder mehrere der folgenden vier Komponenten relevant:

– Verwendung einer **anderen Bezugsgröße**, z. B. IFRS-Eigenkapital anstelle der Basiseigenmittel und Modellierung des entsprechenden Ergebnisverlaufs.
– Verwendung eines **anderen Risikomaßes**, z. B. Tail-Value-at-Risk statt Value-at-Risk: Ursache können beispielsweise entsprechende regulatorische Anforderungen in der Gruppe sein.
– Verwendung eines **anderen Konfidenzniveaus**, z. B. 99.8 % statt 99.5 %, um z.B. ein bestimmtes eigenes Ziel-Rating am Markt zu stützen.
– Verwendung eines **anderen Zeithorizontes** (z. B. die faktische Länge eines Geschäftszyklus statt ein Jahr).[7]

In jedem Falle muss – so die Konsistenzprüfung mit dem Standardrisikomaß nicht durch direkte Ableitung aus der Wahrscheinlichkeitsverteilungsprognose der verwendeten Bezugsgröße i. S. d. § 118 Abs. 2 VAG bestimmbar ist – sichergestellt sein, dass die genutzten Näherungen methodisch, inhaltlich und auch über die Zeit robust sind, auch und insbesondere in den durch die Schockszenarien des Modells simulierten extremen Verlustbedingungen.[8] Hierbei ist das Vorliegen z. B. von sprunghaften Veränderungen, insbesondere bei der Verwendung einer buchhalterischen Bezugsgröße, aber auch die Angemessenheit von skalierungs-, inter-/extrapolations- oder regressionsbasierten Ansätzen zu überprüfen.[9] Wechselwirkungen zwischen mehreren Näherungen sind entsprechend zu berücksichtigen.[10] Die Methoden und Ergebnisse dieser Analysen in Bezug auf die Angemessenheit der Näherungen sind selbst auf ihre Angemessenheit hin zu überprüfen und zu dokumentieren.[11] Diese Überprüfung und Dokumentation sind in den Gesamtüberprüfungsprozess des internen Modells zu integrieren.[12]

11 **3. Besondere Fragen bei Verwendung einer abweichenden Bezugsgröße.** Im Falle einer anderen Bezugsgröße stellt sich insbesondere die Frage nach der **Überleitbarkeit** zur Standardbezugsgröße Basiseigenmittel. Diese muss nicht nur zum Zeitpunkt der jeweiligen Berechnungen gegeben sein, sondern auch für die durch die Schockszenarien simulierte extreme Verlustsituation.[13] Zudem ist insbesondere die Monotonie des verwendeten Risikomaßes in Bezug auf die verwendete und die standard-

[6] Vgl. *BaFin,* Erläuterungen zu Leitlinien zur Verwendung interner Modelle, Rn. 2.227.
[7] Vgl. *BaFin,* Erläuterungen zu Leitlinien zur Verwendung interner Modelle, Rn. 2.204.
[8] Vgl. EIOPA-LL Verwendung interner Modelle, LL 28, Rn. 1.69.
[9] Vgl. *BaFin,* Erläuterungen zu Leitlinien zur Verwendung interner Modelle, Rn. 2.213 und 2.214.
[10] Vgl. *BaFin,* Erläuterungen zu Leitlinien zur Verwendung interner Modelle, Rn. 2.203.
[11] Vgl. *BaFin,* Erläuterungen zu Leitlinien zur Verwendung interner Modelle, Rn. 2.215 sowie Rn. 2.222.
[12] Vgl. *BaFin,* Erläuterungen zu Leitlinien zur Verwendung interner Modelle, Rn. 2.215.
[13] Vgl. EIOPA-LL Verwendung interner Modelle, LL 28, Rn. 1.71, und *BaFin,* Erläuterungen zu Leitlinien zur Verwendung interner Modelle, Rn. 2.219. bis 2.222.

mäßige Bezugsgröße im Auge zu behalten: Ein Ereignis wie eine Zinsbewegung, das dem 99.5%-Verlustquantil der verwendeten Bezugsgröße zugrunde liegt, muss nicht dem Ereignis entsprechen, das dem 99.5%-Verlustquantil der Standardbezugsgröße zugrunde liegt. Daher können nicht einfach nur die Ereignisse analysiert werden, die bei der verwendeten Bezugsgröße den Value at Risk zum Konfidenzniveau von 99,5% repräsentieren. Die zu diesen Ereignissen gehörende Basiseigenmittelveränderung entspricht nicht notwendig dem Value at Risk der Basiseigenmittel; ein einfaches „Einsetzen" des ersteren Ereignisses in die Standardbezugsgröße würde hier nicht zum richtigen Ergebnis führen. Vielmehr wäre das relevante Verlustereignis erst noch gesondert zu bestimmen.[14] Besonderes Augenmerk ist auch auf die Übertragbarkeit der Wirksamkeit von Managementmaßnahmen zu legen.[15]

III. Verhältnis zu anderen Regelungen des VAG. Die Einhaltung der Kalibrierungsstandards ist 12
eine notwendige Bedingung, um für die aufsichtsrechtlich geforderte Berechnung der Solvabilitätskapitalanforderungen ein internes Modell i. S. d. § 111 VAG betreiben zu dürfen.

Zuordnung von Gewinnen und Verlusten

119 [1]**Die Versicherungsunternehmen haben die Ursachen und Quellen von Gewinnen und Verlusten jedes Hauptgeschäftsbereichs mindestens einmal jährlich zu untersuchen.** [2]**Dabei prüfen sie, wie die im internen Modell gewählte Risikokategorisierung die Ursachen und Quellen der Gewinne und Verluste erklärt.** [3]**Die Risikokategorisierung und die Zuweisung von Gewinnen und Verlusten müssen das Risikoprofil der Versicherungsunternehmen widerspiegeln.**

I. Allgemeines. 1. Entstehungsgeschichte. § 119 VAG ist bei der Neufassung des VAG im Jahr 1
2015 durch Art. 1 des Gesetzes zur Modernisierung der Finanzaufsicht über Versicherungen[1] vom 1.4.2015 in das VAG eingefügt worden.

2. Normzweck. § 119 VAG erlangt unmittelbare Bedeutung für Versicherungsunternehmen, die für 2
die Berechnung der Solvenzkapitalanforderung ein internes Modell im Sinne des § 111 VAG in Form eines Voll- oder Partialmodells betreiben.

Hierdurch soll ein detaillierter Vergleich der eingetretenen Ereignisse eines Jahres sowie ihre Wirkung 3
auf die modellierten Größen des internen Modells mit den modellierten Risiken erreicht werden.

3. Europarechtlicher Hintergrund. § 119 VAG setzt Art. 123 Solva II-RL in nationales Recht 4
um. Die Übernahme erfolgte nicht wortgleich, jedoch ohne wesentliche Änderung.

II. Definitionen. 1. Hauptgeschäftsbereiche. Der Begriff „Hauptgeschäftsbereiche" wird in 5
Art. 1 Nr. 41 Solva II-VO in Bezug auf Versicherungs- oder Rückversicherungsunternehmen definiert als „bestimmtes **Unternehmenssegment**, das unabhängig von anderen Unternehmensteilen betrieben wird, innerhalb des Unternehmens über eigene Governance-Ressourcen und –Verfahren verfügt und mit Risiken einhergeht, die in Relation zur Gesamtheit der Geschäftstätigkeiten des Unternehmens wesentlich sind." Nr. 42 desselben Artikels überträgt diesen Begriff auf **Versicherungsgruppen**. Dabei wird jede juristische Person der Gruppe als Hauptgeschäftsbereich oder Kombination von Hauptgeschäftsbereichen gesehen. Mit Blick auf die praktischen gesellschaftsrechtlichen Gestaltungsmöglichkeiten erscheint diese Einordnung problematisch. In jedem Fall sollte für Gesellschaften, die als Teil der Versicherungsgruppe nach Vermögenslage und Risikoprofil nicht wesentlich sind, eine gesonderte Zuordnung von Gewinnen und Verlusten nicht erforderlich sein, da sich eben hieraus auch keine wesentlichen Erkenntnisse für das Gruppenmodell ergeben können.

2. Gewinne und Verluste. Gemäß Art. 240 Abs. 2 Solva II-VO sollen die zugeordneten Gewinnen 6
und Verluste Kohärenz aufweisen mit den Anstiegen und Rückgängen des monetären Betrags, der der Prognose der Wahrscheinlichkeitsverteilung des internen Modells zugrunde liegt. Dies sind in der Regel die Basiseigenmittel, es sei denn, das Unternehmen bezieht sich in seinem internen Modell auf eine andere Größe.[2] Insofern ist für die Gewinne und Verluste grundsätzlich auf eine Marktwertsicht abzustellen.

3. Risikokategorisierung. Eine Risikokategorisierung kann als Operationalisierung eines der zen- 7
tralen Bausteine von Solvabilität II, der umfassenden Erfassung des Risikoprofils des Unternehmens betrachtet werden.[3] Nach § 119 S. 3 VAG müssen die Risikokategorien das Risikoprofil der Unternehmung widerspiegeln. Nach Art. 224 Abs. 3 Solva II-VO hat das interne Modell insbesondere nach

[14] Vgl. *BaFin,* Erläuterungen zu Leitlinien zur Verwendung interner Modelle, Rn. 2.223.
[15] Vgl. EIOPA-LL Verwendung interner Modelle, LL 30, Rn. 1.72, und *BaFin,* Erläuterungen zu Leitlinien zur Verwendung interner Modelle, Rn. 2.225 und 2.226.
[1] BGBl. 2015 I 434 ff.
[2] Vgl. EIOPA-LL Verwendung interner Modelle, LL 31, Rn. 1.73.
[3] Vgl. *BaFin,* Erläuterungen zu Leitlinien zur Verwendung interner Modelle, Rn. 2.234.

Risikokategorien zu differenzieren. Diese Kategorien müssen in einer Granularität vorliegen, wie es für die Entscheidungs- und Risikomanagementprozesse im Unternehmen notwendig ist.[4]

8 **III. Zuordnung von Gewinnen und Verlusten.** Das Unternehmen soll durch die Zuordnung der Gewinne und Verluste analysieren, welcher Zusammenhang zwischen den in einer Periode tatsächlich beobachteten Gewinnen und Verlusten zu den **Risikotreibern**, also den modellierten Risiken im internen Modell besteht.[5] Gemäß § 119 S. 1 VAG haben die Versicherungsunternehmen die **Ursachen und Quellen von Gewinnen und Verlusten** jedes Hauptgeschäftsbereichs mindestens einmal jährlich zu untersuchen. Dabei sind gemäß Art. 240 Abs. 1 die Gewinne und Verluste den Risikokategorien und Hauptgeschäftsbereichen zuzuordnen. Die Zuordnung soll objektiv, transparent und im Zeitverlauf einheitlich erfolgen.

9 Durch die Analyse der Ursachen und Quellen sowie die transparente Zuordnung der Gewinne und Verlusten zu den innerhalb des **internen Modells** oder im Rahmen des **qualitativen Risikomanagements** betrachteten Risiken, können potentielle Lücken, unzureichende Granularität sowie Fehleinschätzungen (in Bezug auf Wesentlichkeit, Risikohöhen- oder Abhängigkeitsmodellierung) im internen Modell identifiziert werden.[6] Beispielsweise kann ein großer Betrag von unerklärten Gewinnen oder Verlusten ein Indikator für ein nicht oder nicht angemessen im Modell berücksichtigtes, jedoch im Sinne des Art. 222 Solva II-VO wesentliches Risiko sein.

10 Die Ergebnisse aus der Zuordnung von Gewinnen und Verlusten auf die Risikokategorien geben somit Hinweise auf die nach § 116 Abs. 1 S. 1 VAG geforderte **Vollständigkeit** bezüglich der Abbildung aller wesentlichen Risiken und die Verwendbarkeit des internen Modells im Rahmen von Entscheidungsprozessen im Sinne des Verwendungstests gemäß § 115 VAG,[7] bzw. auf einen entsprechenden Anpassungsbedarf am Modell. Art. 233 Abs. 3 Buchst. b Solva II-VO bzw. Art. 242 Solva II-VO benennen die Zuordnung von Gewinnen und Verlusten als Instrument zur Beurteilung der Vollständigkeit bzw. der **Validierung** (§ 120 VAG) eines internen Modells. Insofern ist die Zuordnung von Gewinnen und Verlusten in den Modellvalidierungsprozess zu integrieren.[8] Um die Verwendung der Zuordnung von Gewinnen und Verlusten als Validierungsinstrument zu ermöglichen, fordert Art. 240 Abs. 2 Solva II-VO die Kohärenz der Zuordnung mit der herzuleitenden Wahrscheinlichkeitsverteilungsprognose bezüglich Änderungen in den Basiseigenmitteln (bzw. der jeweils verwendeten Bezugsgröße).

11 Ausgehend vom internen Modell können die Erkenntnisse aus der Zuordnung von Gewinnen und Verlusten auch Informationen für die **Effektivität** der Ausgestaltung des bestehenden Governance-Systems (wie dem Limitsystem) des Unternehmens haben.[9]

Gemäß § 121 VAG muss die Einhaltung der Anforderungen des § 119 VAG **dokumentier**t werden.

Nach Art. 311 Abs. 3 lit. a Solva II-VO hat der regelmäßige aufsichtliche Bericht von Anwendern eines internen Modells Angaben zu den Ergebnissen der **Zuordnung von Gewinnen und Verlusten** zu beinhalten.

12 In der Praxis stellt die Zuordnung von Gewinnen und Verlusten die Unternehmen insbesondere vor die **Herausforderung**, die Ableitung der Gewinn- und Verlustbeträge **konsistent** mit der im internen Modell bei der Ableitung der Wahrscheinlichkeitsverteilungsprognose verwendeten Bezugsgröße vorzunehmen. Da eine Gewinn- und Verlustrechnung auf entsprechender (in der Regel Basiseigenmittel-) Basis als in sich geschlossenes Rechenwerk in der Regel nicht vorliegt, müssen die Beträge in der Regel aus anderen Daten abgeleitet werden (wie Bestands-, Bewegungs- oder Performance-Daten).

Die tatsächliche **Reinvermögensänderung** setzt sich gerade im Bereich der Markt- und Kreditrisiken immer aus Veränderungen mehrerer Variabler zusammen, die auf einen sich permanent verändernden Bestand wirken und im Bereich des gewinnbeteiligten Geschäfts noch über vielfache Wirkmechanismen mit anderen Risikotreibern verbunden sind. So ist zwar ein Abgleich erwarteter und eingetretener Verluste für ein festes Kapitalanlagenportfolio aufgrund der großen Masse an Marktdaten für einen gegebenen Zeitraum relativ gut bestimmbar. In Kombination mit den Bestandsveränderungen wird eine exakte Ermittlung jedoch bereits sehr aufwendig, wenn dies über einen längeren Zeitraum, z. B. ein Jahr, erfolgen soll. Wenn auch noch der Wert der Verbindlichkeiten, insbesondere in der Lebensversicherung an die Wertänderung der Aktiva anknüpft, kann aufgrund der komplexen stochastischen Modelle zu deren Bewertung nur noch eine näherungsweise Zuordnung der Reinvermögensänderung auf Risikotreiber erfolgen.

13 Andere Herausforderungen stellen sich bei den **versicherungstechnischen Risiken**. Hier ist die Datenlage im Vergleich zu den Marktrisiken vergleichsweise dünn, insbesondere liegen viele Risikodaten

[4] Vgl. *BaFin,* Erläuterungen zu Leitlinien zur Verwendung interner Modelle, Rn. 2.235.
[5] Vgl. EIOPA-LL Verwendung interner Modelle, LL 31, Rn. 1.75.
[6] Vgl. *BaFin,* Erläuterungen zu Leitlinien zur Verwendung interner Modelle, Rn. 2.238.
[7] Vgl. Art. 240 Abs. 3 DVO 2015/35.
[8] Vgl. Art. 233 Abs. 3 lit. b DVO 2015/35 und *BaFin,* Erläuterungen zu Leitlinien zur Verwendung interner Modelle, Rn. 2.236.
[9] Vgl. *BaFin,* Erläuterungen zu Leitlinien zur Verwendung interner Modelle, Rn. 2.237.

ohnehin nur auf Jahresbasis vor. Hier liegt eine der großen Herausforderungen darin, innerhalb der vereinnahmten Beiträge ein erwartetes Ergebnis zu identifizieren und auf Risikotreiber zuzuordnen, sodass ein Vergleich eingetretener Ergebnisse mit erwarteten Ergebnissen nach Risikotreibern erfolgen kann und dieser auch um Bestandsveränderungen bereinigt erfolgt.

IV. Verhältnis zu anderen Regelungen des VAG. Die Durchführung einer Zuordnung von Gewinnen und Verlusten ist eine notwendige Bedingung, um für die aufsichtsrechtlich geforderte Berechnung der Solvenzkapitalanforderungen ein internes Modell im Sinne des § 111 VAG betreiben zu dürfen. 14

Die Zuordnung von Gewinnen und Verlusten stellt ein Instrument zur Validierung des internen Modells in Bezug auf Vollständigkeit nach § 116 Abs. 1 VAG und Verwendbarkeit in Entscheidungssituationen nach § 115 VAG dar. Die Zuordnung von Gewinnen und Verlusten stellt auch eine Grundlage für die unternehmenseigene Risiko- und Solvabilitätsbeurteilung im Sinne des § 27 VAG als Ganzes dar. 15

In gewisser Weise erweitert § 119 VAG damit die Anforderung des § 87 VAG (Vergleich mit Erfahrungsdaten) um den Vergleich der Ergebnisse des internen Modells mit den Erfahrungswerten der tatsächlichen Gewinne und Verluste. 16

Validierungsstandards

120 (1) **Versicherungsunternehmen müssen über einen regelmäßigen Modellvalidierungszyklus verfügen, der die Kontrolle des Leistungsvermögens des internen Modells, die Überprüfung der kontinuierlichen Angemessenheit seiner Spezifikation und den Abgleich von Modellergebnissen und Erfahrungswerten umfasst.**

(2) **Der Modellvalidierungsprozess muss ein wirksames statistisches Verfahren für die Validierung des internen Modells umfassen, mit dem gegenüber der Aufsichtsbehörde nachgewiesen werden kann, dass die mit Hilfe des internen Modells berechneten Kapitalanforderungen angemessen sind.**

(3) **Die angewendeten statistischen Methoden haben die Angemessenheit der Wahrscheinlichkeitsverteilungsprognose im Vergleich zu beobachteten Verlusten und zu allen wesentlichen neuen Daten und dazugehörigen Informationen zu prüfen.**

(4) [1]**Der Modellvalidierungsprozess umfasst eine Analyse der Stabilität des internen Modells und insbesondere die Überprüfung der Sensitivität der Ergebnisse des internen Modells in Bezug auf Veränderungen der wichtigsten Annahmen, auf die sich das Modell stützt.** [2]**Er enthält auch eine Bewertung der Genauigkeit, Vollständigkeit und Angemessenheit der für das interne Modell verwendeten Daten.**

Übersicht

I. Allgemeines. 1. Entstehungsgeschichte. § 120 VAG ist bei der Neufassung des VAG im Jahr 2015 durch Art. 1 des Gesetzes zur Modernisierung der Finanzaufsicht über Versicherungen[1] vom 1.4.2015 in das VAG eingefügt worden. 1

[1] BGBl. 2015 I 434 ff.

2 **2. Normzweck.** § 120 VAG ist maßgeblich für Versicherungsunternehmen, die für die Berechnung der Solvenzkapitalanforderung ein von der Aufsichtsbehörde genehmigtes **internes Modell** in Form eines Voll- oder Partialmodells verwenden. Diese Versicherungsunternehmen haben ihr internes Modell anhand der in § 120 VAG definierten Standards zu validieren. Ziel der Validierung des internen Modells ist sicherzustellen, dass das interne Modell für eine angemessene Berechnung der Solvenzkapitalanforderungen geeignet ist und das Risikoprofil des Versicherungsunternehmens widerspiegelt.[2]

3 Gemäß § 111 Abs. 4 VAG ist bereits beim Antrag auf Genehmigung eines internen Modells nachzuweisen, dass das Versicherungsunternehmen die **Validierungsstandards** gemäß § 120 VAG erfüllt. Somit ist ein angemessener Validierungsprozess Grundlage für die Genehmigung eines internen Modells.

4 **3. Europarechtlicher Hintergrund.** § 120 VAG setzt Art. 124 Solva II-RL in nationales Recht um.[3] Dabei wurde der Wortlaut im Vergleich zur deutschen Fassung der Solva II-RL leicht angepasst, inhaltlich ist § 120 VAG aber dennoch konsistent zum englischen Original der Solva II-RL.

5 Zusätzliche Vorgaben zu Validierungsstandards werden in Art. 241 und 242 Solva II-VO gegeben. Des Weiteren sind in den von der EIOPA veröffentlichten **„Leitlinien zur Verwendung interner Modelle“** weitere Informationen zur Auslegung und Anwendung der Validierungsstandards zu finden.[4]

6 **II. Validierungsprozess. 1. Allgemeine Anforderungen.** Gemäß § 120 Abs. 1 VAG haben die Versicherungsunternehmen über einen regelmäßigen Zyklus zur Überprüfung (Validierung) des verwendeten Modells (**Modellvalidierungszyklus**) zu verfügen, „der die Kontrolle des Leistungsvermögens des internen Modells, die Überprüfung der kontinuierlichen Angemessenheit seiner Spezifikation und den Abgleich von Modellergebnissen und Erfahrungswerten umfasst“.

7 Art. 241 Solva II-VO präzisiert diese Validierungsstandards. Demnach sind alle Bereiche des internen Modells Gegenstand des Validierungsprozesses. Maßstab der Validierung sind die Anforderungen gemäß Art. 101, 112, 120–123 und 125 Solva II-RL. Im Falle der Anwendung eines Partialmodells beurteilt der Validierungsprozess zusätzlich, ob die Anforderungen gemäß Art. 113 Solva II-RL erfüllt werden.[5] Die entsprechenden Paragraphen des VAG sind in Abschnitt IV – „Verhältnis zu anderen Regelungen des VAG“ zu finden.

8 Des Weiteren muss der Validierungsprozess **unabhängig von der Entwicklung und dem Betrieb des internen Modells** durchgeführt werden.[6] Dies ist durch die Risikomanagementfunktion sicherzustellen,[7] wobei zu beachten ist, dass die Risikomanagementfunktion sowohl für das Design und die Implementierung als auch für die Validierung des internen Modells verantwortlich ist. Daher ist die Unabhängigkeit durch eine angemessene Aufgabenverteilung innerhalb der Risikomanagementfunktion sicherzustellen.[8] Art. 241 Abs. 2 Solva II-VO verlangt in diesem Zusammenhang insbesondere die personelle Trennung und die Freiheit von Weisungen im Verhältnis zu den Verantwortlichen für die Risikomodellierung. Eine vollständige organisatorische Trennung wird hingegen nicht gefordert.

9 Gemäß Art. 241 Abs. 4 Solva II-VO haben die Versicherungsunternehmen die **Qualität und Unabhängigkeit des Validierungsprozesses** zu bewerten. Dabei müssen für alle am Validierungsprozess beteiligten Personen deren Zuständigkeiten und Berichtspflichten berücksichtigt werden. Bei externen Validierungsprozessen sind zusätzlich die Vergütungsstruktur und ggf. sonstige Aufgaben der beteiligten Personen in die Beurteilung einzubeziehen.

10 Insgesamt sind mindestens die folgenden Aspekte des Modells durch den **Validierungsprozess** abzudecken: Daten, Methoden, Annahmen, Expertenwissen, Dokumentation, IT-Systeme, Modell-Governance und Verwendungstests.[9] Außerdem sind die konkreten Ziele der Validierung darzulegen, wobei neben **quantitativen auch qualitative Validierungsaussagen** miteinzubeziehen sind.[10]

11 Im Falle eines **gruppeninternen Modells**, ist zusätzlich zu berücksichtigen, dass die Validierungsstrategie auf Gruppenebene so festgelegt wird, dass sie sowohl auf Gruppen- als auch auf die Soloebene anwendbar ist.[11]

12 **2. Validierungsrichtlinie.** Zur Dokumentation des Validierungsprozesses haben die Versicherungsunternehmen eine **schriftliche Validierungsrichtlinie** zu erstellen, umzusetzen und zu pflegen,[12] wobei die unternehmensspezifischen Besonderheiten des Modells zu beachten sind.[13] Die Validierungsrichtlinie hat das Ziel darzulegen, auf welche Weise das Versicherungsunternehmen das interne Modell

---

[2] 2.243 EIOPA Explanatory Text BoS-14/180.
[3] Begr. VAG-RegE 2014, BT-Drs. 18/2956, 265.
[4] LL 32–42 EIOPA-BoS-14/180.
[5] Art. 241 Abs. 1 Solva II-VO.
[6] Art. 241 Abs. 2 Solva II-VO.
[7] LL 38 EIOPA-BoS-14/180.
[8] LL 38 EIOPA Explanatory Text BoS-14/180.
[9] LL 33 Rn. 2.262 EIOPA Explanatory Text BoS-14/180.
[10] LL 33 EIOPA-BoS-14/180.
[11] LL 39 EIOPA-BoS-14/180.
[12] LL 32 EIOPA-BoS-14/180.
[13] LL 32 EIOPA Explanatory Text BoS-14/180.

validiert und warum dieses Vorgehen angemessen ist. Gemäß Art. 241 Abs. 3 Solva II-VO sind dazu in der Validierungsrichtlinie folgende Vorgaben festzulegen:

- Bei der Validierung verwendete Prozesse/Methoden sowie deren Zielsetzung;
- Zeitintervalle, in denen die Validierung regelmäßig erfolgt (ggf. unterschiedliche Intervalle für einzelne Modellkomponenten) und Bedingungen, wann ggf. zusätzliche Validierungen erforderlich sind;
- zuständige Personen;
- Prozesse, wie vorzugehen ist, falls die Validierung zu Zweifeln an der Zuverlässigkeit des internen Modells führt. Dazu sind auch Entscheidungsverfahren festzulegen, auf welche Weise diese Probleme zu lösen sind.

In der Validierungsrichtlinie ist auch die **Granularität des Validierungsprozesses** vorzugeben. Dabei sollte insbesondere beachtet werden, dass neben den einzelnen Modellkomponenten das Modell in seiner Gesamtheit validiert wird, wobei insbesondere die **Validierung der Angemessenheit der Wahrscheinlichkeitsverteilungsprognosen** eine wesentliche Rolle spielt.[14] Anhand der Modellvalidierung des gesamten Modells kann das Versicherungsunternehmen gegebenenfalls Einschränkungen der Modellierung erkennen, die bei isolierter Betrachtung der verschiedenen Modellkomponenten nicht direkt erkennbar sind. Dies ist beispielsweise für die Aggregation der verschiedenen Modellkomponenten relevant. So kann es vorkommen, dass bei verschiedenen Modellkomponenten, die für sich betrachtet immateriell für das Versicherungsunternehmen sind, sich bei Kombination der Komponenten dennoch ein materieller Effekt ergibt. 13

Bei der Festlegung der **Granularität** ist zu berücksichtigen, dass es gegebenenfalls nicht praktikabel ist, alle Validierungsmethoden für alle Modellkomponenten auf der granularsten Ebene anzuwenden. Um festzustellen, welche Modellkomponenten aufgrund ihrer geringen Materialität zu vernachlässigen sind, können zum Beispiel Sensitivitätstests genutzt werden.[15] Außerdem sind Validierungsverfahren abhängig von **Art und Umfang zur Verfügung stehender Daten.** Hier bestehen naturgemäß große Unterschiede beispielsweise zwischen hochfrequenten, detaillierten Marktdaten einerseits und aggregierten, nur in größeren Zeitschritten verfügbaren Daten zu versicherungstechnischen Ergebnissen andererseits. Die Validierungsrichtlinie muss solche faktischen Unterschiede angemessen berücksichtigen. 14

Wie oben angeführt sind in der Validierungsrichtlinie auch die zuständigen Personen anzugeben. Obwohl Aufgaben innerhalb des Modellvalidierungsprozesses von anderen Parteien als die der **Risikomanagementfunktion** ausgeübt werden können, behält die Risikomanagementfunktion die Gesamtverantwortung bei. Dies beinhaltet die Koordination und Kontrolle der Durchführung der verschiedenen Aufgaben innerhalb des Validierungsprozesses.[16] Neben der Risikomanagementfunktion spielen in der Regel auch der Vorstand sowie die Versicherungsmathematische Funktion, die Interne Revision und die Compliance-Funktion eine wichtige Rolle.[17] 15

3. Validierungsbericht. Die Ergebnisse des Validierungsprozesses sind in einem **Validierungsbericht** festzuhalten, der von den leitenden Personen des Validierungsprozesses zu unterzeichnen ist. Im Validierungsbericht ist auf die Validierungsdatensätze,[18] auf die Stärken, die Schwächen und die Anwendbarkeit sowie auf die Einsatzbereiche des internen Modells einzugehen. Falls Teile der Validierung an interne oder externe Parteien delegiert wurden, sind auch diese Daten, Methoden und Ergebnisse im Validierungsreport zu dokumentieren.[19] Insbesondere sind Abweichungen zur Validierungsrichtlinie im Validierungsbericht zu begründen.[20] 16

Insgesamt hat das Versicherungsunternehmen, um die Qualität des Validierungsprozesses zu gewährleisten, alle **bekannten Einschränkungen des aktuellen Validierungsprozesses** und die genauen Umstände, unter denen diese Einschränkungen auftreten können, darzulegen und zu dokumentieren. Dabei sind diejenigen Modellkomponenten anzuführen, die nicht durch den Anwendungsbereich der Validierungsrichtlinie abgedeckt sind, wobei auch zu begründen ist, warum dies der Fall ist.[21] 17

Eine angemessene und detaillierte **Governance** für die Kommunikation und Berichterstattung in Form des Validierungsberichtes sollte in den Validierungsrichtlinien festlegt werden. Dabei ist auch ein **Eskalationsprozess** zu definieren, der darlegt in welchen Fällen die Ergebnisse aus dem Validierungsbericht innerhalb der Governance-Struktur zu eskalieren sind.[22] 18

III. Validierungsmethoden. Gemäß § 120 Abs. 2 VAG soll der Validierungsprozess des internen Modells ein **wirksames statistisches Verfahren** beinhalten, womit die Versicherungsunternehmen gegenüber der Aufsichtsbehörde die Angemessenheit der sich aus dem internen Modell ergebenden 19

[14] LL 33 EIOPA-BoS-14/180.
[15] LL 34 EIOPA-BoS-14/180.
[16] LL 37 EIOPA-BoS-14/180.
[17] LL 37 EIOPA Explanatory Text BoS-14/180.
[18] LL 32 EIOPA-BoS-14/180.
[19] LL 32 Rn. 2.250/2.251 EIOPA Explanatory Text BoS-14/180.
[20] LL 33 Rn. 2.261 EIOPA Explanatory Text BoS-14/180.
[21] LL 35 EIOPA-BoS-14/180.
[22] LL 36 EIOPA-BoS-14/180.

Kapitalanforderungen nachweisen können. Dieses statistische Verfahren hat gemäß § 120 Abs. 3 VAG die Angemessenheit der unterstellten Wahrscheinlichkeitsverteilungsprognose im Vergleich zu beobachteten Verlusten und zu allen wesentlichen neuen Daten und dazugehörigen Informationen zu prüfen.

20 Art. 242 Solva II-VO präzisiert diese Validierungsstandards anhand der nachfolgend beschriebenen **Validierungsinstrumente**. Eine Angemessenheit der oben genannten statistischen Verfahren (bzw. Validierungsinstrumente) setzt gemäß Art. 242 Abs. 3 Solva II-VO voraus, dass die Verfahren auf aktuellen Informationen beruhen und dass ein „Detailverständnis der Wirtschaftstheorie und der Versicherungsmathematik sowie der Annahmen, die den Methoden zur Berechnung der Wahrscheinlichkeitsverteilungsprognose des internen Modells zugrunde liegen" vorhanden ist.

21 **1. Validierungsinstrumente. a) Sensitivitätstest.** Der Modellvalidierungsprozess soll gemäß § 120 Abs. 4 VAG die Überprüfung der **Sensitivität der Modellergebnisse in Bezug auf Veränderungen der wichtigsten, dem Modell zugrunde liegenden Annahmen** umfassen. Das heißt falls Änderungen in den Annahmen signifikante Auswirkungen auf die sich aus dem internen Modell ergebenden Solvenzkapitalanforderungen haben, sind diese anhand von Sensitivitätstests zu analysieren. Dies beinhaltet insbesondere auch eine Prüfung der künftigen Managementmaßnahmen.[23]

22 **Sensitivitätstests** werden im Allgemeinen durchgeführt, indem zunächst eine der Annahmen geringfügig verändert und anschließend die Auswirkung dieser Änderung auf das Modellergebnis analysiert wird. Durch die gleichzeitige Änderung mehrerer Annahmen kann zusätzlich die Wechselwirkung zwischen den Annahmen untersucht werden. Neben Veränderungen der Managementparameter können auch verwendetes Expertenwissen sowie strukturelle Aspekte des internen Modells wie mathematische Methoden oder statistische Wahrscheinlichkeitsverteilungen getestet werden.[24]

23 **b) Vergleich mit Erfahrungswerten.** Die Versicherungsunternehmen haben die angewendeten Annahmen sowie die Einzel- und Gesamtergebnisse des internen Modells jährlich mit Erfahrungswerten und angemessenen Daten zu vergleichen. In Fällen, in denen die zugrundeliegenden Annahmen oder Ergebnisse des internen Modells signifikant von den Erfahrungswerten oder verglichenen Daten abweichen, sind die Abweichungen zu untersuchen.[25]

24 Die Überprüfung der Ergebnisse anhand von Erfahrungswerten wird allgemein als **„Backtesting"** bezeichnet und kann herangezogen werden, um Unterschiede zwischen Vorhersagen des internen Modells und tatsächlichen Realisierungen zu bewerten. Falls die tatsächlichen Realisierungen dem Versicherungsunternehmen nicht direkt vorliegen, können die Modellvorhersagen auch mit Realisierungen eines vergleichbaren Datenbestands geprüft werden, wobei das Versicherungsunternehmen die Angemessenheit des gewählten vergleichbaren Datenbestands zu begründen hat. Ziel des Backtesting ist herauszufinden, ob sich ergebende Unterschiede zum Beispiel durch fehlende Risikofaktoren entstehen oder ob die Unterschiede rein zufällig sind.[26]

25 **c) Stabilitätstest.** Gemäß § 120 Abs. 4 VAG soll der Validierungsprozess eine Analyse der Stabilität des internen Modells enthalten. Das heißt, die Versicherungsunternehmen haben zu prüfen, ob die **Ergebnisse aus verschiedenen Berechnungen bei gleichbleibendem Dateninput stabil** bleiben.[27] Ziel der Stabilitätstests ist zu gewährleisten, dass die Ergebnisse des internen Modells reproduzierbar sind und bei gleichem Dateninput ähnliche Ergebnisse generiert werden. Hierdurch kann zum Beispiel bei Simulationsverfahren validiert werden, ob die Anzahl der Simulationen ausreichend groß ist um eine Stabilität der Ergebnisse zu gewährleisten.[28]

26 **d) Stresstest und Szenarioanalyse.** Stresstests und Szenarioanalysen dienen dazu, Informationen über die extremen Bereiche („Tail") von Verlustverteilungen und die Abhängigkeitsstruktur der Risiken (u. a. in Hinblick auf Stresssituationen) zu erhalten. Während Stresstests zur Bewertung der Auswirkungen eines einzelnen **Stress-Events** dienen, betrachten Szenarioanalysen die Kombination mehrerer gleichzeitiger Stress-Events.[29]

27 Gemäß Art. 242 Abs. 6 Solva II-VO soll der Modellvalidierungsprozess insbesondere einen **Reverse-Stresstest** zur Identifikation der Stresse, die am wahrscheinlichsten das Fortbestehen des Versicherungsunternehmens bedrohen, enthalten. Dadurch soll das Versicherungsunternehmen veranlasst werden, auch andere als die im Markt verbreiteten Stresse zu betrachten.[30]

28 **e) Zuordnung von Gewinnen und Verlusten.** Gemäß Art. 242 Abs. 2 Solva II-VO haben die Versicherungsunternehmen die sich aus dem internen Modell ergebende Zuordnung von Gewinnen und Verlusten (gemäß Art. 123 Solva II-RL) zu analysieren.

[23] Art. 242 Abs. 4 Solva II-VO.
[24] LL 40 Rn. 2.323-2.327 EIOPA Explanatory Text BoS-14/180.
[25] Art. 242 Abs. 1 Solva II-VO.
[26] LL 40 Rn. 2.318-2.322 EIOPA Explanatory Text BoS-14/180.
[27] Art. 242 Abs. 5 Solva II-VO.
[28] LL 40 Rn. 2.328 EIOPA Explanatory Text BoS-14/180.
[29] LL 41 EIOPA-BoS-14/180.
[30] LL 40 Rn. 2.330-2.331 EIOPA Explanatory Text BoS-14/180.

f) Weitere Validierungsinstrumente. Neben den in Art. 242 Solva II-VO vorgegeben Validierungsinstrumenten können auch die folgenden Methoden genutzt werden, um ein internes Modell zu validieren:[31] 29

- Benchmarking,
- Veränderungsanalysen,
- Verwendung eines hypothetischen Portfolios,
- Vergleiche mit einem einfacheren bzw. leichter verständlichen Modell,
- Reproduktion einzelner Berechnungsschritte des internen Modells,
- Peer-Reviews.

2. Wahl und Anwendung der Validierungsinstrumente. Um das interne Modell angemessen validieren zu können, sollten die Versicherungsunternehmen über ein gutes Verständnis der verwendeten Validierungsmethoden verfügen. Zusätzlich sind bei der **Wahl der Validierungsinstrumente** die folgenden Faktoren zu berücksichtigen:[32] 30

- Eigenschaften und Beschränkungen der Validierungsinstrumente,
- Art des Validierungsinstruments: quantitativ oder qualitativ,
- erforderliche Kenntnisse um das Validierungsinstrument korrekt anzuwenden,
- erforderliche Informationen, wobei insbesondere eventuelle Einschränkungen aufgrund von externen/internen Validierungen zu beachten sind,
- Validierungszyklus.

Des Weiteren sollte die **Angemessenheit der Komplexität** des Validierungsinstruments für die jeweilige Fragestellung geprüft werden. Wie bereits erwähnt kann ggf. ein qualitatives Validierungsinstrument (wie zum Beispiel Expertenmeinungen) geeigneter sein als ein quantitatives.[33] 31

Außerdem sollte den Versicherungsunternehmen bewusst sein, dass spezielle Validierungsmethoden auch spezielle **Einschränkungen** haben. Diese Einschränkungen sind sowohl bei der Wahl des Validierungsinstruments, als auch bei den Schlussfolgerungen auf Basis der Ergebnisse zu berücksichtigen.[34] 32

Die Wahl der Validierungsinstrumente für die jeweiligen Modellkomponenten ist durch die Versicherungsunternehmen innerhalb des Validierungsberichtes zu **begründen**. Dazu sind die folgenden Punkte zu detaillieren:[35] 33
- Materialität der zu validierenden Modellkomponente,
- Anwendungsebene (z. B. einzelnes Risiko oder komplettes Modell),
- Zweck der Validierung,
- Erwartetes Ergebnis der Validierung.

Bei der Anwendung der Validierungsmethoden steht es den Versicherungsunternehmen frei, zuerst die Validierung der Modellkomponenten und anschließend des Gesamtmodells vorzunehmen **(„Bottom-Up")** oder in umgekehrter Reihenfolge **(„Top-Down")** vorzugehen.[36] 34

Gemäß § 120 Abs. 4 VAG sind neben den Validierungsinstrumenten auch die **Validierungsdaten** zu bewerten. Dazu ist insbesondere die Genauigkeit, Vollständigkeit und Angemessenheit der Daten sicherzustellen.[37] Insgesamt sind die Daten so zu wählen, dass sie es erlauben das interne Modell innerhalb einer großen Bandbreite an sowohl vergangenen als auch zukünftigen Bedingungen zu validieren.[38] Um Verzerrung in der Validierung zu vermeiden, sollten zusätzlich Daten verwendet werden, die unabhängig von den zur Modellkalibrierung verwendeten Daten sind.[39] Hiezu bieten sich insbesondere **Out-of-Sample-Tests** an. 35

IV. Verhältnis zu anderen Regelungen des VAG. Wie in Abschnitt II.1 angeführt, sind gemäß Art. 241 Abs. 1 Solva II-VO alle Anforderungen gemäß der Art. 101, 112 Abs. 5, 120–123 und 125 Solva II-RL und im Falle eines Partialmodells gemäß Art. 113 Solva II-RL zu erfüllen. Dies entspricht im VAG folgenden Paragraphen: 36

- § 97 VAG (Berechnung der Solvabilitätskapitalanforderung),
- § 111 Abs. 3 Satz 3 VAG (Verwendung interner Modelle),
- § 115 VAG (Verwendungstest),
- § 116 VAG (Statistische Qualitätsstandards für Wahrscheinlichkeitsverteilungsprognosen),
- § 117 VAG (Sonstige statistische Qualitätsstandards),
- § 118 VAG (Kalibrierungsstandards),

[31] LL 40 Rn. 2.333-2.339 EIOPA Explanatory Text BoS-14/180.
[32] LL 40 EIOPA-BoS-14/180.
[33] LL 40 Rn. 2.340-2.347 EIOPA Explanatory Text BoS-14/180.
[34] LL 40 Rn. 2.312-2.213 EIOPA Explanatory Text BoS-14/180.
[35] LL 40 EIOPA-BoS-14/180.
[36] LL 40 Rn. 2.311 EIOPA Explanatory Text BoS-14/180.
[37] Vgl. Kommentar zu § 79 VAG.
[38] LL 42 EIOPA-BoS-14/180.
[39] LL 42 Rn. 2.357 EIOPA Explanatory Text BoS-14/180.

– § 119 VAG (Zuordnung von Gewinnen und Verlusten),
– § 121 VAG (Dokumentationsstandards),
– § 112 VAG (Interne Modelle in Form von Partialmodellen).

37 Zusätzlich beziehen sich innerhalb des VAGs folgende Paragraphen auf § 120 VAG:

– § 111 VAG (Verwendung interner Modelle),
– § 112 VAG (Interne Modelle in Form von Partialmodellen),
– § 113 VAG (Verantwortung des Vorstands; Mitwirkung Dritter),
– § 114 VAG (Nichterfüllung der Anforderungen an das interne Modell),
– § 121 VAG (Dokumentationsstandards),
– § 212 VAG (Anzuwendende Vorschriften),
– § 257 VAG (Zwischengeschaltete Versicherungs-Holdinggesellschaften).

Dokumentationsstandards

121 (1) [1] **Der Aufbau und die Funktionsweise des internen Modells sind zu dokumentieren.** [2] **Aus dieser Dokumentation muss hervorgehen, dass die Anforderungen der §§ 115 bis 120 eingehalten werden.**

(2) **Die Dokumentation enthält eine detaillierte Erläuterung der theoretischen Grundlagen, der Annahmen sowie der mathematischen und der empirischen Basis, auf die sich das interne Modell stützt, und beschreibt alle Konstellationen, in denen das interne Modell nicht wirksam funktioniert.**

(3) **Versicherungsunternehmen haben alle größeren Veränderungen an ihrem internen Modell (§ 111 Absatz 2) zu dokumentieren.**

1 **I. Allgemeines. 1. Entstehungsgeschichte.** § 121 VAG ist bei der Neufassung des VAG im Jahr 2015 durch Art. 1 des Gesetzes zur Modernisierung der Finanzaufsicht über Versicherungen[1] vom 1.4.2015 in das VAG eingefügt worden.

2 **2. Normzweck.** § 121 VAG erlangt unmittelbare Bedeutung für Versicherungsunternehmen, die für die Berechnung der Solvenzkapitalanforderung ein von der Aufsichtsbehörde genehmigtes **internes Modell** in Form eines **Voll- oder Partialmodells** verwenden.

Dabei ist zwischen der Nutzung eines internen Modells und der Verwendung unternehmensspezifischer Parameter nach dem Standardmodell zu unterscheiden. Die Möglichkeit der Nutzung unternehmensspezifischer Parameter im Standardmodell wird in § 109 Abs. 2 VAG geregelt.

3 Im ersten Absatz wird auf die Anforderungen an die **Dokumentation** des Aufbaus und der Funktionsweise des internen Modells eingegangen. Der zweite Absatz regelt die Dokumentation der theoretischen Grundlagen, der Annahmen und der mathematischen und empirischen Basis. Im dritten Absatz wird der Umgang mit der Dokumentation von Veränderungen am internen Modell vorgegeben.

4 **3. Europarechtlicher Hintergrund.** § 121 VAG setzt Art. 125 der Solva II-RL um. Dabei wurde auf eine wortgleiche Übernahme der Richtlinie verzichtet.

Ergänzende Vorgaben zu diesem Thema sind in den Art. 243–246 der Solva II-VO enthalten.

5 Art. 243 Solva II-VO behandelt die **allgemeinen Bestimmungen für die Dokumentation** und Art. 244 Solva II-VO den **Mindestinhalt der Dokumentation**. Des Weiteren müssen in der Dokumentation alle Situationen beschrieben werden, in denen das interne Modell nicht wirksam funktioniert. Auf diese wird in Art. 245 Solva II-VO eingegangen. Art. 246 Solva II-VO beschreibt die Dokumentation von **Änderungen des internen Modells**.

Diese Vorgaben werden in der EIOPA-LL zur Verwendung interner Modelle in Kapitel 10: Dokumentation und dem zugehörigen Erläuterungstext EIOPA Explanatory Text BoS-14/180 zur Verwendung interner Modelle erläutert.

6 **II. Anforderungen an die Dokumentation des internen Modells. 1. Allgemeine Anforderungen.** Gemäß § 121 Abs. 1 VAG muss aus der Dokumentation des Aufbaus und der Funktionsweise des internen Modells die Einhaltung der Anforderungen der §§ 115 bis 120 VAG hervorgehen.

Die Level-2-Bestimmungen präzisieren diese Anforderung in Art. 243 Solva II-VO. Gemäß Abs. 1 muss die Dokumentation des internen Modells sicherstellen, dass eine **unabhängige, sachkundige dritte Partei** in der Lage ist, das **Design und die Funktionen des internen Modells** zu verstehen und eine gründliche Beurteilung in Bezug auf die Einhaltung der Anforderungen der §§ 115–120 VAG abzugeben.

7 Nach LL 47 EIOPA-LL zur Verwendung interner Modelle sollen als **Bestandteil der Dokumentation** des internen Modells Gebrauchsanweisungen oder Prozessbeschreibungen für die Anwendung des internen Modells enthalten sein, die hinreichend detailliert sind, um einem unabhängigen, sachkundigen Dritten die Handhabung und Anwendung des internen Modells zu ermöglichen.

[1] BGBl. 2015 I 434 ff.

Gemäß Art. 243 Abs. 2 Solva II-VO muss im Fall der Verwendung eines internen Modells in Form eines Partialmodells aus der Dokumentation zusätzlich noch die Einhaltung der Anforderungen des § 112 VAG, insbesondere in Bezug auf die Begründung des eingeschränkten Anwendungsbereichs und die Technik zur Integration des internen Partialmodells in die Standardformel, hervorgehen. Mithilfe der Dokumentation, die angemessen strukturiert, detailliert, vollständig und auf dem neuesten Stand sein muss, soll es gemäß Art. 243 Abs. 3 Solva II-VO möglich sein, die **Ergebnisse des internen Modells zu reproduzieren**.

Für die Aufbewahrung der Dokumentation gelten die allgemeinen Fristen des § 23 Abs. 5 VAG. 8
Dabei ist zu beachten, dass diese Frist erst beginnt, wenn die entsprechende Dokumentation nicht mehr dem aktuellen Stand entspricht. Solange die Dokumentation dem aktuellen Stand entspricht, ist sie nach § 121 VAG vorzuhalten. Damit ergeben sich zum Teil deutlich längere Zeiträume für die Aufbewahrung der Dokumentation ab Erstellung.

2. Mindestinhalt der Dokumentation. Die **Mindestbestandteile der Dokumentation** des in- 9
ternen Modells sind in Art. 244 Solva II-VO aufgeführt. Hierzu gehören

– aufbau- und ablauforganische Grundlagen wie die Leitlinie zur Änderung des internen Modells gemäß § 111 VAG, die Darstellung des Datenqualitätsprozesses und des Validierungsprozesses, die Darstellung des Prozesses zur Annahmensetzung und zur Zuordnung von Gewinnen und Verlusten und ein Dateninventar;
– Darstellungen der Modellprozesse zur Berechnung, der Prozesse zur Festlegung der Grundannahmen in der Modellierung, der Risikominderungstechniken und der verwendeten IT-Systeme;
– eine Beschreibung der im Modell konkret berücksichtigten künftigen Maßnahmen des Managements.

Die LL 43–49 EIOPA LL zur Verwendung interner Modelle **präzisieren** einige der oben genannten 10
Aspekte bezüglich der Anforderungen an die Dokumentation des internen Modells.

LL 43 verdeutlicht die **Kontrollverfahren** für die Dokumentation, die unter Rn. 9 oben bereits genannt wurden. Um eine lückenlose Qualität der Dokumentation gemäß § 121 VAG sicherzustellen, müssen mindestens ein wirksames Kontrollverfahren für die Dokumentation des internen Modells sowie entsprechende Versionskontrollsysteme eingerichtet sein:

Die Dokumentation von **Methoden** wird in LL 44 genauer erläutert. Sie sollte hinreichend detailliert sein, um ein tiefgreifendes Verständnis der im internen Modell verwendeten Methoden zu ermöglichen. Die Dokumentation sollte mindestens die zugrundeliegenden Annahmen, die Anwendbarkeit der Annahmen in Bezug auf das Risikoprofil des Unternehmens und mögliche Defizite der Methode oder Technik umfassen.

Des Weiteren sollten bei der Dokumentation der **Theorie**, der **Annahmen** sowie der **mathematischen und der empirischen Basis**, auf die sich eine im internen Modell verwendete Methode stützt, die wesentlichen Schritte der Entwicklung dieser, sowie eventuelle andere Methodiken, die in Betracht gezogen wurden, aufgenommen werden.

LL 49 präzisiert die Dokumentation von **Software und Modellierungsplattformen**. Für den Fall, 11
dass Versicherungsunternehmen Modellierungsplattformen oder Hardware-Systeme verwenden, soll die Dokumentation ausreichend Informationen enthalten, sodass die Versicherungsunternehmen deren Angemessenheit begründen und die Aufsichtsbehörde diese bewerten kann.

Außerdem ist es gemäß LL 46 angebracht, über **mehrere Niveaus** an Dokumentation zu verfügen, jeweils der Verwendung und der Zielgruppe entsprechend.

Die Dokumentation der **Verwendung von externen Modellen und externen Daten**, die oben in 12
Rn. 13p bereits erwähnt wurde, wird in LL 50 – 57 EIOPA LL zur Verwendung interner Modelle präzisiert.

Gemäß LL 55 Abs. 1 EIOPA LL zur Verwendung interner Modelle sollte die Dokumentation externer Modelle und externer Daten den **Dokumentationsstandards** entsprechen.

Gemäß LL 55 Abs. 2 EIOPA LL zur Verwendung interner Modelle sollte zumindest zu den folgenden 13
Punkten eine **Dokumentation erstellt** werden:

– die für das Risikoprofil des Unternehmens relevanten Aspekte des externen Modells und der externen Daten,
– die Integration des externen Modells oder der externen Daten in die unternehmenseigenen Prozesse und das interne Modell,
– die Integration von Daten, insbesondere von Eingangsdaten in das externe Modell oder von Ergebnissen des externen Modells, in die eigenen Prozesse und das interne Modell,
– die im internen Modell verwendeten **externen Daten** sowie deren **Quelle und Verwendung.**

3. Konstellationen, in denen das interne Modell nicht wirksam funktioniert. Gemäß § 121 14
Abs. 2 VAG muss die Dokumentation alle Situationen beschreiben, in denen das interne Modell **nicht wirksam funktioniert**.

Bei der **Bewertung und Dokumentation** dieser Situationen soll das Versicherungsunternehmen gemäß Art. 245 Solva II-VO die folgenden Aspekte berücksichtigen:

- nicht vom Modell abgedeckte Risiken,
- Einschränkungen der verwendeten Risikomodellierung,
- Informationen zu Modellunsicherheiten und Sensitivitätsberechnungen,
- quantitative und qualitative Datenmängel und daraus resultierende Risiken aus der Modellierung,
- Einschränkungen von IT Systemen.

Nach LL 45 EIOPA LL zur Verwendung interner Modelle soll die Dokumentation eine in einem einzigen Dokument zusammengefasste **allgemeine Zusammenfassung der wesentlichen Defizite** des internen Modells enthalten, die diese Aspekte beinhaltet.

15 **4. Größere Veränderungen am internen Modell.** Gemäß § 121 Abs. 3 VAG müssen die Versicherungsunternehmen alle größeren **Veränderungen** des internen Modells dokumentieren.

Art. 246 Solva II-VO zufolge soll die Dokumentation auch eine Aufzeichnung aller kleineren und größeren Veränderungen des internen Modells enthalten. Dabei sollen die entsprechenden Gründe und die Auswirkungen von Veränderungen dokumentiert werden. Im Falle von größeren Änderungen oder Kombinationen von kleineren Änderungen sind die Gesamteffekte zu untersuchen und dies zu dokumentieren

16 **III. Verhältnis zu anderen Regelungen des VAG.** Weitere Vorgaben und Standards bezüglich interner Modelle werden im Unterabschnitt 3 in den **§§ 112–120 VAG** bestimmt.

Unterabschnitt 4. Mindestkapitalanforderung

Bestimmung der Mindestkapitalanforderung; Verordnungsermächtigung

122 (1) **Die Mindestkapitalanforderung entspricht dem Betrag anrechnungsfähiger Basiseigenmittel, unterhalb dessen die Versicherungsnehmer und Anspruchsberechtigten bei einer Fortführung der Geschäftstätigkeit des Versicherungsunternehmens einem unannehmbaren Risikoniveau ausgesetzt sind.**

(2) [1] **Das Bundesministerium der Finanzen wird ermächtigt, durch Rechtsverordnung die Höhe der in Absatz 1 genannten Mindestkapitalanforderung festzulegen; dabei sind Artikel 129 Absatz 1 bis 3 der Richtlinie 2009/138/EG, delegierte Rechtsakte der Europäischen Kommission gemäß Artikel 130 der Richtlinie 2009/138/EG und Veröffentlichungen der Europäischen Kommission gemäß Artikel 300 der Richtlinie 2009/138/EG zu beachten.** [2] **Die Ermächtigung kann durch Rechtsverordnung auf die Bundesanstalt übertragen werden.** [3] **Rechtsverordnungen nach den Sätzen 1 und 2 bedürfen nicht der Zustimmung des Bundesrates.**

Übersicht

Schrifttum: *Ziegler*, Die künftigen Eigenkapitalvorgaben für Versicherungsunternehmen, 1. Aufl. 2014; *Europäische Kommission*, Solvabilität II: Grundsatzdebatte – Entwurf eines künftigen Aufsichtssystems in der EU (Empfehlungen der Kommissionsdienststellen), *MARKT/2503/03-DE (2003)*, 2003.

I. Allgemeines. 1. Entstehungsgeschichte. § 102 VAG ist durch Art. 1 Gesetz zur Modernisierung der Finanzaufsicht über Versicherungen vom 1.4.2015 in das VAG eingefügt worden.[1] **1**

2. Normzweck. Entsprechend der Begründung zur Einführung der Solva II-RL soll der Schutz der Versicherungsnehmer und Anspruchberechtigten weiter gestärkt werden.[2] „Der Schutz der Versicherungsnehmer setzt voraus, dass Versicherungsunternehmen wirksamen Solvabilitätsvorschriften unterliegen, die eine effiziente Kapitalallokation in der Europäischen Union bewirken."[3] Weiterhin verweist die Begründung darauf, dass das vorherige System die genannte Zweckbestimmung nicht mehr angemessen erfüllt, woraus ein Auftrag für eine Neuregelung abgeleitet wird.[4] Dementsprechend ist die Zielsetzung im Wortlaut des Art. 129 Abs. 1 lit. b Solva II-RL formuliert. **2**

Für die Mindestkapitalanforderung[5] in MARKT/2503/03-DE (2003), S. 4 wurde bereits der Fokus auf ein einfaches[6] und objektives Berechnungsverfahren gelegt. Insbesondere wurde auch empfohlen, dass unternehmensindividuelle interne Risikomodelle zur Ermittlung der Mindestkapitalanforderung nicht zugelassen werden.[7] **3**

Um ein mehrstufiges aufsichtsrechtliches Maßnahmen- und Eskalationsverfahren zu etablieren, sollte darüber hinaus zwischen der Solvabilitätskapitalanforderung und der Mindestkapitalanforderung ein „angemessener Raum für abgestufte Maßnahmen bestehen"[8] um „eine schrittweise Verschärfung der aufsichtlichen Maßnahmen zu ermöglichen".[9] Die Norm enthält dementsprechnd Bestimmungen über eine relative Unter- und Obergrenze der Mindestkapitalanforderung im Bezug zur Solvabilitätskapitalanforderung (vgl. Rn. 17 ff.). **4**

Im Zusammenhang mit § 304 Abs. 1 Nr. 2 VAG und dem zwingenden Entzug der Erlaubnis zum Geschäftsbetrieb bei andauernder Unterschreitung[10] der Mindestkapitalanforderung sind die detaillierten Vorgaben des Art. 129 Solva II-RL und der Art. 249 bis 251 Solva II-VO zu sehen. Dadurch ist insbesondere die Berechnung der Mindestkapitalanforderung nach einfach überprüfbaren, objektiven Kriterien (vgl. Rn. 2 sowie Rn. 12 ff.) sichergestellt. **5**

3. Europarechtlicher Hintergrund. Der europarechtliche Hintergrund des § 122 VAG sind die Art. 129 Abs. 1 bis 3 Solva II-RL sowie Art. 130 Solva II-RL. Abs. 1 der Norm setzt Art. 129 Abs. 1 lit. b Solva II-RL nahezu wortgleich um. Dadurch ist die Zweckbestimmung der Mindestkapitalanforderung definiert (vgl. Rn. 2). **6**

Auf eine direkte Umsetzung der übrigen in Rn. 6 genannten Regelungen der Solva II-RL wurde verzichtet, folglich ist Art. 129 Solva II-RL nur teilweise unmittelbar durch das Versicherungsaufsichtsgesetz umgesetzt.[11] Vielmehr enthält Abs. 2 S. 1 eine Ermächtigung das Bundesministerium für Finanzen zum Erlass von Rechtsverordnungen zur Festlegung der Höhe der Mindestkapitalanforderung, einschließlich einer Verpflichtung zur Berücksichtigung der Art. 129 Abs. 1 bis 3 Solva II-RL, Art. 130 Solva II-RL sowie von Veröffentlichungen der Europäischen Kommission nach Art. 300 Solva II-RL. **7**

Durch § 1 Abs. 1 KapAusstV erfolgt die Umsetzung des Art. 129 Abs. 3 Solva II-RL und durch § 1 Abs. 2 KapAusstV die des Art. 129 Abs. 1 lit. d i bis iii Solva II-RL. Des Weiteren setzt § 1 Abs. 1 KapAusstV die Art. 249 bis 251 Solva II-VO um, Art. 130 Solva II-RL bezieht sich auf ebendiese delegierten Rechtsakte.[12] **8**

Die Umsetzung der Grundsätze der Berechnung der Mindestkapitalanforderung gemäß Art. 129 Abs. 1 lit. a und c Solva II-RL sowie des Art. 129 Abs. 2 Solva II-RL erfolgen indirekt durch die Anwendung der Art. 249 bis 251 Solva II-VO in § 1 Abs. 1 KapAusstV. **9**

Art. 129 Abs. 1 lit. d iv Solva II-RL betrifft sogenannte nach Art. 73 Abs. 5 Solva II-RL europarechtlich zulässigen Kompositversicherer, die gemäß dem Spartentrennungsgebot des § 8 VAG nicht zugelassen sind. Dadurch erübrigt sich die Umsetzung, ebenso wie die Anwendung der Art. 252 und 253 der Solva II-VO. **10**

II. Bestimmung der Mindestkapitalanforderung (Abs. 1). 1. Einführung. Bereits in einer frühen Entwurfsphase eines künftigen europäischen Aufsichtssystems (Solvabilität II Grundsatzdebatte) wurde ein mehrstufiges Eskalationsverfahren der Aufsicht in Bezug auf Kapitalausstattung konzipiert. Neben der Festlegung eines **angestrebten Kapitalniveaus**, aus dem die Solvabilitätskapitalanforderung nach § 96 VAG hervorgegangen ist, wurde zusätzlich die Festlegung eines **Mindestkapitalniveaus** oder **11**

[1] BGBl. 2015 I 434.
[2] Vgl. Erwägungsgrund 16 Solva II-RL.
[3] Erwägungsgrund 14 Solva II-RL
[4] Vgl. Erwägungsgrund 14 Solva II-RL.
[5] Dort Mindestkapitalniveau bzw. „Sicherheitsnetz" genannt.
[6] Ebenso vgl. Erwägungsgrund 70 Solva II-RL.
[7] S MARKT/2503/03-DE (2003), S. 4; ebenso Erwägungsgrund 87 Solva II-VO.
[8] Erwägungsgrund 60 Solva II-RL.
[9] Erwägungsgrund 70 Solva II-RL.
[10] Das heißt: innerhalb von drei Monaten nicht behoben.
[11] Vgl. *Ziegler*, Die künftigen Eigenkapitalvorgaben für Versicherungsunternehmen, 1. Aufl. 2014, S. 80–86.
[12] Art. 130 Solva II-RL bezieht sich auch auf Art. 252 u. 253 Solva II-VO (vgl. Rn. 11).

„Sicherheitsnetzes“ (später Mindestkapitalanforderung) vorgeschlagen. Für die Mindestkapitalanforderung wurde eine eigenständige Berechnung vorgeschlagen. Die entsprechenden Regelungen des § 53c VAG a. F. enthielten keine vergleichbaren mehrstufigen Kapitalanforderungen, insbesondere keine eigenständige Berechnung eines angestrebten und eines Mindestkapitalniveaus.

12 **2. Berechnung der Mindestkapitalanforderungen. a) Grundsätze der Berechnung der Mindestkapitalanforderung.** Die Berechnungsregeln für die Mindestkapitalanforderung sollen klar und einfach sein sowie eine Überprüfbarkeit der Berechnung gewährleisten.[13] In Art. 129 Abs. 2 Solva II-RL ist die Methodik als lineare Funktion folgender Unternehmensparameter festgelegt: versicherungstechnische Rückstellungen des Unternehmens, verbuchte Prämien, Risikokapital, latente Steuern und Verwaltungsausgaben, wobei die Berechnung nach Abzug von berücksichtigungsfähigen[14] Anteilen der Rückversicherer erfolgt. Die Formulierung in Art. 129 Abs. 2 Solva II-RL ist hinsichtlich der Rückversicherungsanteile unklar, der englische Richtlinientext „net of reinsurance“ ist jedoch eindeutig. Die Regelungen des Art. 249 bis 251 Solva II-VO berücksichtigen keine latenten Steuern und Verwaltungsausgaben, sodass dadurch eine zusätzliche Eingrenzung der verwendeten Unternehmensparameter erfolgt, vgl. hierzu Rn. 21 bis 30.

13 Das Risikomaß ist wie bei der Berechnung der Solvabilitätskapitalanforderung der **Value-at-Risk.**[15] Die Linearparameter werden so kalibriert, dass die Mindestkapitalanforderung dem Value-at-Risk der Basiseigenmittel mit einem Konfidenzniveau von 85 % über den Zeitraum eines Jahres entspricht.[16] In Art. 129 Abs. 1 lit. c Solva II-RL ist insofern das Risikoniveau definiert,[17] welches nach Abs. 1 resp. Art. 129 Abs. 1 lit. b Solva II-RL als unannehmbar zu gelten hat.

14 Darüber hinaus gelten je nach Art des Versicherungsunternehmens **absolute Untergrenzen** der Mindestkapitalanforderung.[18] Gemäß der Formel in Art. 248 Nr. 1 Solva II-VO ergibt sich die Mindestkapitalanforderung aus der kombinierten Mindestkapitalanforderung (vgl. Rn. 17) unter Berücksichtigung der absoluten Untergrenze (vgl. Rn. 15).

15 **b) Absolute Untergrenze der Mindestkapitalanforderung.** Gemäß Art. 129 Abs. 1 lit. d Solva II-RL beträgt die Mindestkapitalanforderung für Nichtlebensversicherungsunternehmen, sofern diese keine Haftpflicht oder Kredit- und Kautionsrisiken[19] zeichnen, **2.500.000 EUR**. Für Lebensversicherungsunternehmen sowie Nichtlebensversicherungsunternehmen, die Haftpflicht oder Kredit- und Kautionsrisiken[20] zeichnen, beträgt die absolute Untergrenze **3.700.000 EUR**. Die absoluten Untergrenzen gelten für firmeneigene Versicherungsunternehmen[21] ebenso.

Für Rückversicherungsunternehmen beträgt die absolute Untergrenze **3.600.000 EUR**, ausgenommen firmeneigene Rückversicherungsunternehmen[22] für die eine geringere Untergrenze von **1.200.000 EUR** gilt.

16 Die unter Rn. 15 genannten Beträge unterliegen der **Anpassung** durch die Europäische Kommission alle fünf Jahre gemäß Art. 300 Solva II-RL.

17 **c) Kombinierte Mindestkapitalanforderung.**[23] Gemäß Art. 129 Abs. 3 S. 1 Solva II-RL darf die Mindestkapitalanforderung nicht weniger als 25 % und nicht mehr als 45 % der Solvabilitätskapitalanforderung des Unternehmens betragen. Liegt die lineare Mindestkapitalanforderung[24] (vgl. Rn. 19) außerhalb dieses Korridors, wird die kombinierte Mindestkapitalanforderung an die betroffene Unter- bzw. Obergrenze angepasst. Ansonsten entspricht die kombinierte Mindestkapitalanforderung der linearen Mindestkapitalanforderung.

18 Von dem **Wahlrecht** der nationalen Aufsichtsorgane zum Zwang zur Anwendung der Standardformel bis zum 31.12.2017 für die Berechnung einer Standardformel-Solvenzkapitalanforderung zur Festlegung Unter- und Obergrenze für die kombinierte Mindestkapitalanforderung gemäß Art. 129 Abs. 3 S. 2 Solva II-RL wird von den deutschen Aufsichtsbehörden kein Gebrauch gemacht.[25]

3. Lineare Formel der Mindestkapitalanforderung. a) Lineare Mindestkapitalanforderung.
19 Die lineare Mindestkapitalanforderung ergibt sich aus der Summe der Bestandteile der linearen Formeln

[13] Art. 129 Abs. 1 lit.a Solva II-RL.
[14] Berücksichtigungsfähig im Sinne des Art. 250 Nr. 2 bzw. Nr. 3 Solva II-VO (vgl. Rn. 22, 23 bzw. 26).
[15] Vgl. Kommentierung zu § 96 VAG.
[16] Art. 129 Abs. 1 lit. c Solva II-RL.
[17] Ein Insolvenzrisiko von über 15 % innerhalb eines Jahres ist demnach unannehmbar.
[18] Art. 129 Abs. 1 lit. d Solva II-RL.
[19] Zweige 10 bis 15 gemäß Anh. I Teil A Solva II-RL.
[20] Zweige 10 bis 15 gemäß Anh. I Teil A Solva II-RL.
[21] Definition vgl. Art. 13 Nr. 2 Solva II-RL.
[22] Definition vgl. Art. 13 Nr. 5 Solva II-RL.
[23] Definition gem. Art. 248 Nr. 2 Solva II-VO.
[24] Definition gem. Art. 248 Nr. 2 Solva II-VO.
[25] § 342 Abs. 3 VAG enthält eine eingeschränkte Umsetzung des Wahlrechts gemäß Art. 129 Abs. 3 S. 2 Solva II-RL, aber keinen Zwang zur Anwendung der Standardformel.

für Nichtlebensversicherungs- und Rückversicherungsverpflichtungen vgl. Rn. 20 ff. sowie Lebensversicherungs- und Rückversicherungsverpflichtungen vgl. Rn. 25 ff.[26]

Es ist im Allgemeinen nicht davon auszugehen, dass ein Versicherungsunternehmen ausschließlich Verpflichtungen in einem der beiden in Rn. 19 genannten Bestandteile hat. Einerseits können Lebensversicherungen ergänzende Leistungen anbieten aus denen Verpflichtungen nach Art der Nichtlebensversicherung entstehen und andererseits können insbesondere in der Haftpflichtversicherung Verpflichtungen nach Art der Leben bestehen. In CEIOPS-DOC-47/09, S. 17, wurde die Formel für die lineare Mindestkapitalanforderung dementsprechend als Summe von **vier Komponenten** unterteilt, wobei nach Art des Versicherungsunternehmens und nach Art der Verpflichtung unterschieden wurde. Für die Berechnung der Verpflichtungen wurde aber nicht nach Art des Versicherungsunternehmens unterschieden, sodass die Verdichtung der Formel in Art. 249 Solva II-VO in zwei Komponenten keine ergebnisrelevante Veränderung darstellt. 20

b) Bestandteil der linearen Formel für Nichtlebensversicherungs- und Rückversicherungsverpflichtungen. Der Bestandteil der linearen Formel für Nichtlebensversicherungs- und Rückversicherungsverpflichtungen[27] ergibt sich als Summe der Mindestkapitalanforderung für jedes im Anh. XIX Solva II-VO aufgeführte Segment. 21

Gemäß Art. 129 Abs. 2 Solva II-RL hängt die Mindestkapitalanforderung für ein Segment nur von den entsprechenden **versicherungstechnischen Rückstellungen ohne Risikomarge** (abzüglich einforderbare Beträge aus Rückversicherungsverträgen und gegenüber Zweckgesellschaften, vgl. Rn. 24), den in dem Segment **gebuchten Prämien der letzten zwölf Monate** (nach Abzug der Prämien für Rückversicherungsverträge, vgl. Rn. 24) sowie den in Anh. XIX Solva II-VO vorgegebenen Linearparamtern ab. 22

Die Kalibrierung der in der Solva II-VO festgeschriebenen Linearparameter erfolgte insbesondere unter Einbeziehung der Ergebnisse der **Quantitative Impact Studies** (QIS4 und QIS5).[28] Analog zu der Kalibrierung der Parameter für die versicherungstechnischen Risiken in der Standardformel für die Solvabilitätskapitalanforderung erfolgte diese zunächst anhand der Daten aus QIS4[29] mit der Quantilmethode und unter der Annahme, dass das Reserve- und Prämienrisiko normalverteilt sind. Es wird der 85 % Value-at-Risk (Rn. 13) anstelle des 99,5 % Value-at-Risk[30] verwendet. Die Volumenmaße sind die versicherungstechnischen Rückstellungen für das **Reserverisiko** und die in den letzten zwölf Monaten gebuchten Prämien für das **Prämienrisiko**. Zur Berücksichtigung anderer Risiken (z. B. Katastrophenrisiko, Marktrisiko, operationelles Risiko, Gegenparteiausfallrisiko, usw.) wird darüber hinaus ein proportionaler Aufschlag vorgenommen. Aufgrund der Einbeziehung der QIS5 Ergebnisse bei der Kalibrierung der Linearfaktoren im Anh. XIX Solva II-VO weichen diese von den in CEIOPS-DOC-69/10, S. 16 vorgeschlagenen[31] ab. 23

Einforderbare Beträge aus Rückversicherungsverträgen und gegenüber Zweckgesellschaften sind von den versicherungstechnischen Rückstellungen gemäß Rn. 22 abzuziehen, sofern Art. 250 Nr. 2 Solva II-VO in Verbindung mit Art. 41 Abs. 3 und 5 Solva II-VO (allgemeine Bestimmungen) sowie Art. 209, 210, 211, 213 und 235 Solva II-VO (Anforderung an Risikominderungstechniken) einer Anrechnung nicht entgegenstehen. Es gilt außerdem eine Untergrenze von Null. Insgesamt negative versicherungstechnische Rückstellungen, beispielsweise aufgrund negativer versicherungstechnischer Brutto-Rückstellungen oder aufgrund eines Überhangs der einforderbaren Beträge, bleiben unberücksichtigt. 24

Bei der Berechnung der **gebuchten Prämien** nach Abzug der Prämien für Rückversicherungsverträgen erfolgt analog zu Rn. 24 entsprechend den Einschränkungen in Art. 250 Nr. 3 Solva II-VO in Verbindung mit Art. 41 Abs. 3, Art. 209, 210, 211, 213 und 235 Solva II-VO sowie einer Untergrenze von Null. 25

c) Bestandteil der linearen Formel für Lebensversicherungs- und Rückversicherungsverpflichtungen. Gemäß Art. 129 Abs. 2 Solva II-RL hängt der Bestandteil der linearen Formel für Lebensversicherungs- und Rückversicherungsverpflichtungen[32] nur von den jeweiligen versicherungstechnischen Rückstellungen ohne Risikomarge (abzüglich einforderbare Beträge aus Rückversicherungsverträgen und gegenüber Zweckgesellschaften, vgl. Rn. 29) nach Art der versicherungstechnischen Rückstellung, dem Gesamtrisikokapital,[33] vgl. Rn. 30, sowie den in Art. 251 Nr. 1 Solva II-VO vorgegebenen Linearfaktoren ab. 26

[26] Vgl. Art. 249 Solva II-VO.
[27] Formel in Art. 250 Nr. 1 Solva II-VO.
[28] Hierzu siehe Rn. 22 bzw. Rn. 26.
[29] Vgl. CEIOPS-DOC-69/10, S. 6 ff.
[30] S. Kalibrierung der Standardformel, vgl. §§ 96 ff. VAG.
[31] Datenstand QIS4.
[32] Formel in Art. 251 Nr. 1 Solva II-VO.
[33] Gesamtrisikokapital = CAR in Art. 251 Nr. 1 Solva II-VO.

27 Die Kalibrierung der Linearfaktoren erfolgt zunächst anhand der QIS4 Unternehmensdaten mit einem **Mehrfaktormodell**, wobei die Zielfunktion so ausgestaltet wurde, dass die Mindestkapitalanforderung möglichst statistisch an 35 % der Solvenzkapitalanforderung genähert wird.[34] Weitere Unternehmensrisiken[35] wurden berücksichtigt, Parameteranpassungen wurden aufgrund von u. a. Korrelation der Daten[36] vorgenommen. Aufgrund der Einbeziehung der QIS5 Ergebnisse bei der Kalibrierung der Linearfaktoren nach Art. 251 Nr. 1 Solva II-VO weichen diese von den in CEIOPS-DOC-69/10, S. 16 vorgeschlagenen ab.

28 In Art. 251 Nr. 1 lit. a–d Solva II-VO wird nach folgenden versicherungstechnischen Rückstellungen unterschieden: versicherungstechnische Rückstellungen in Bezug auf:

- **garantierte Leistungen** für Lebensversicherungsverpflichtungen mit Überschussbeteiligung bzw. solchen Verpflichtungen zugrunde liegende Rückversicherungsverpflichtungen,
- **künftige Überschussbeteiligungen** aus Lebensversicherungsverpflichtungen mit Überschussbeteiligung,
- **indexgebundene und fondsgebundene** Lebensversicherungsverpflichtungen,
- **alle anderen** Lebensversicherungs- und Rückversicherungsverpflichtungen.

29 **Einforderbare Beträge** aus Rückversicherungsverträgen und gegenüber Zweckgesellschaften sind von den versicherungstechnischen Rückstellungen abzuziehen, in Analogie zu Rn. 24 entsprechend den Einschränkungen in Art. 251 Nr. 2 Solva II-VO in Verbindung mit Art. 41 Abs. 3, Art. 209–215 und Art. 235 Solva II-VO sowie einer Untergrenze von Null jeweils für alle in Rn. 28 genannten Arten von versicherungstechnischen Rückstellungen.

30 Die versicherungstechnischen Rückstellungen in Bezug auf künftige Überschussbeteiligungen aus Lebensversicherungsverpflichtungen bilden dabei einen Abzugsterm in der Kapitalanforderung. Ergänzend zu den Beträgen der versicherungstechnischen Rückstellungen werden die vertragsindividuellen Risikokapitalien, die in Art. 251 Nr. 1 lit. e Solva II-VO in sinngemäßer Entsprechung zu einem riskierten Kapital auf Solvency II-Basis definiert sind, in der linearen Formel berücksichtigt.

31 **III. Verordnungsermächtigung (Abs. 2). 1. Ermächtigung des Bundesministeriums für Finanzen zur Festlegung der Höhe der Mindestkapitalanforderungen.** Abs. 2 S. 1 enthält im Wortlaut eine Ermächtigung, aber keine explizite Verpflichtung, zum Erlass einer **Rechtsverordnung** über die Höhe der in Abs. 1 genannten Mindestkapitalanforderung. Eine Verpflichtung zum Erlass einer entsprechenden Verordnung ergibt sich europarechtlich aus der Verpflichtung zur Umsetzung der Solva II-RL (vgl. Rn. 7 ff., insbes. Rn. 8). Gemäß Abs. 2 S. 3 erfordert ein solcher Erlass nicht die Zustimmung des Bundesrates.

32 Der Erlass erfolgte in der **Verordnung zum Erlass von Verordnungen nach dem Versicherungsaufsichtsgesetz.**[37]

33 **2. Anforderung an Verordnungen zur Festlegung der Höhe der Mindestkapitalanforderungen.** Abs. 2 S. 1 enthält weiterhin die Verpflichtung die Art. 129 Abs. 1 bis 3 Solva II-RL, Art. 130 Solva II-RL sowie Veröffentlichungen der Europäischen Kommission nach Art. 300 Solva II-RL zu beachten. Eine Verpflichtung eine bestehende Verordnung anzupassen, in dem Fall der Änderung der absoluten Mindestkapitaluntergrenzen gemäß Art. 129 Abs 1 lit. d Solva II-RL in Verbindung mit einer Veröffentlichungen der Europäischen Kommission nach Art. 300 Solva II-RL ist dem Wortlaut der Norm nicht zu entnehmen.

34 **3. Übertragung der Verordnungsermächtigung auf die Bundesanstalt.** Gemäß Abs. 2 S. 2 kann die Ermächtigung (nach Rn. 31 ff.) an die BaFin übertragen werden.

35 **IV. Verhältnis zu anderen Regelungen des VAG.** Die Norm regelt die Durchführung der Berechnung der Höhe der Mindestkapitalanforderung für ein Versicherungs- und Rückversicherungsunternehmen. Die konkrete Kapitalanforderung, d. h. einerseits die Bedeckung durch bestimmte Eigenmittel, wird in § 95 VAG geregelt. Andererseits regelt § 123 VAG die regelmäßige Bestimmung der Mindestkapitalanforderung. Die aufsichtsrechtliche Eskalation bei Nichteinhaltung der Anforderungen ist darüber hinaus in §§ 135 und 304 VAG unter Berücksichtigung der Übergangsvorschriften des § 342 VAG geregelt.

36 Für kleine Versicherungsunternehmen[38] findet die Vorschrift gemäß § 212 Abs. 2 Nr. 5 VAG keine Anwendung.

37 § 122 VAG wird darüber hinaus in Bezug zu Vorschriften bei der Genehmigung der Geschäftstätigkeit von Versicherung mit Sitz außerhalb des europäischen Wirtschaftsraums in § 69 VAG zitiert sowie in den spezifischem Bestimmungen für Versicherungsvereine auf Gegenseitigkeit in §§ 191 und 192 VAG.

[34] Vgl. CEIOPS-DOC-69/10, S. 9 ff; hier Kalibrierung mit den Daten aus QIS4.
[35] Vgl. CEIOPS-DOC-69/10, S. 11.
[36] Vgl. CEIOPS-DOC-69/10, S. 14 und 15.
[37] § 1 KapAusstV im Bgbl. I 2016 Nr. 18 vom 21.4.2016.
[38] Definition gemäß § 211 VAG.

Berechnungsturnus; Meldepflichten

123 (1) [1] **Versicherungsunternehmen haben die Mindestkapitalanforderung vierteljährlich zu berechnen und das Berechnungsergebnis der Aufsichtsbehörde zu melden.** [2] **Für Zwecke der Bestimmung der Grenzwerte der Mindestkapitalanforderung ist keine vierteljährliche Berechnung der Solvabilitätskapitalanforderung erforderlich.**

(2) **Bestimmt einer der in Artikel 129 Absatz 3 der Richtlinie 2009/138/EG genannten Grenzwerte die Mindestkapitalanforderung eines Versicherungsunternehmens, hat dieses der Aufsichtsbehörde die Gründe dafür zu erläutern.**

I. Allgemeines. 1. Entstehungsgeschichte. § 123 VAG ist durch Art. 1 Gesetz zur Modernisierung der Finanzaufsicht über Versicherungen vom 1.4.2015 in das VAG eingefügt worden.[1] 1

2. Normzweck. Abs. 1 erlangt unmittelbare Bedeutung für Versicherungsunternehmen, in dem dieser die turnusmäßige unternehmenseigene Überprüfung und Meldung der Anforderungen aus § 95 VAG in Verbindung mit Berechnungsvorschrift gemäß § 122 VAG gewährleistet sowie die Kontrolle durch die Aufsicht ermöglicht wird. 2

Die Meldepflicht gemäß Abs. 2 ist im Zusammenhang mit Erwägungsgrund 70 Solva II-RL zu begründen. Wird die Mindestkapitalanforderung für einen wesentlichen Teil der Versicherungsunternehmen durch die Unter- und Obergrenze gemäß Art. 129 Abs. 3 Solva II-RL bestimmt, dann steht das im Widerspruch zu dem Ziel einer eigenständigen, einfachen Formel für die Berechnung der Mindestkapitalanforderung. Die erhobenen Daten und Gründe können mutmaßlich verwendet werden, falls aus diesem Grund Veränderungen an der linearen Berechnungsformel[2] erforderlich sein sollten. 3

3. Europarechtlicher Hintergrund. Die Norm setzt Art. 129 Abs. 4 Solva II-RL inhaltsgleich um. Dabei entspricht Abs. 1 den S. 1 und 2 und Abs. 2 dem S. 3. Auf eine wortgleiche Übernahme der Richtlinie wurde verzichtet, die Verpflichtungen der Versicherungsunternehmen wurden stärker betont. In Abs. 2 wird direkt auf die Art. 129 Abs. 3 Solva II-RL verwiesen, da die entsprechende Vorschrift nicht im VAG umgesetzt wurde.[3] 4

II. Berechnungsturnus (Abs. 1). 1. Vierteljährige Berechnung der Mindestkapitalanforderung. Die Berechnung der Mindestkapitalanforderung entsprechend der Vorgaben des § 123 Abs. 1 S. 1 VAG hat mindestens vierteljährig zu erfolgen. Die Mindestkapitalanforderung ist damit häufiger zu berechnen als die Solvabilitätskapitalanforderung.[4] 5

In Verbindung mit der laufenden Überwachung der Höhe der vorhandenen Anrechnungsfähigen Eigenmittel gemäß § 98 Abs. 1 S. 2 VAG ist dadurch die Überprüfung der Einhaltung der Mindestkapitalanforderung gemäß § 95 VAG in Verbindung mit § 135 VAG mindestens vierteljährig gewährleistet. 6

2. Fortschreibung der Solvabilitätskapitalanforderung zur Bestimmung der Unter- und Obergrenze der Mindestkapitalanforderung. Abs. 1 S. 2 stellt klar, dass sich aus der vierteljährigen Pflicht zur Berechnung der Mindestkapitalanforderung keine entsprechende Verpflichtung zur (vereinfachten) Berechnung der Solvabilitätskapitalanforderung ergibt. Zur Bestimmung der Unter- und Obergrenze der Mindestkapitalanforderung gemäß Art. 129 Abs. 3 Solva II-RL, falls der Berechnungstermin nicht mit einem Berechnungstermin nach § 98 VAG zusammenfällt, wird die zuletzt berechnete Solvabilitätskapitalanforderung herangezogen.[5] 7

III. Meldepflichten. 1. Vierteljährige Meldung der Mindestkapitalanforderung nach Abs. 1. Die Meldung der Mindestkapitalanforderung entsprechend der Vorgaben des § 123 VAG hat gemäß Abs. 1 S. 1 mindestens vierteljährig zu erfolgen. Sie ist Bestandteil des quartalsweisen Meldewesens nach § 39 Abs. 1 Nr. 2 VAG. 8

2. Meldepflicht nach Abs. 2. Die Kalibrierung der Parameter der linearen Formel[6] erfolgte so, dass die nach der linearen Formel berechnete Mindestkapitalanforderung im Erwartungswert etwa 35 % der Solvabilitätskapitalanforderung[7] beträgt. Weicht die nach der Formel in Art. 249 ff. Solva II-VO berechnete Mindestkapitalanforderung deutlich von diesem genannten Zielwert ab, sodass die Unter- und Obergrenze nach Art. 129 Abs. 3 Solva II-RL maßgeblich wird, dann hat das Unternehmen die Gründe dafür der Aufsichtsbehörde zu erläutern (vgl. auch Rn. 3). 9

---

[1] BGBl. 2015 I 434 ff.
[2] Lineare Formel für Mindestkapitalanforderung, s. Kommentierung des § 122 VAG.
[3] Umsetzung durch Rechtsverordnung § 1 Abs. 1 KapAusstV.
[4] Mindestens jährlich gemäß § 98 Abs. 1 VAG unter Vorbehalt des § 98 Abs. 2 VAG.
[5] Zu berücksichtigen sind ebenfalls Neuberechnungen nach § 98 Abs. 2 und 3 VAG.
[6] Vgl. Kommentierung zu § 122 VAG.
[7] Bei der Kalibrierung wurde von einer Berechnung der Solvabilitätskapitalanforderung mit der Standardformel ausgegangen, vgl. Kommentierung zu § 122 VAG.

10 **IV. Verhältnis zu anderen Regelungen des VAG.** Die Norm in Verbindung mit § 98 Abs. 1 S. 2[8] und § 122 VAG ergibt eine mindestens **vierteljährige Prüfung** der Anforderung aus § 95 VAG in Verbindung mit § 135 VAG. Die Überwachung der Erfüllung der Mindestkapitalanforderung und Meldung an die Aufsicht erfolgt insbesondere anlassunabhängig. **Die aufsichtsrechtliche Eskalation bei Nichteinhaltung der Mindestanforderung** ist in §§ 135 und 304 VAG unter Berücksichtigung der Übergangsregelungen des § 342 VAG geregelt. Für kleine Versicherungsunternehmen[9] findet die Vorschrift gemäß § 212 Abs. 2 Nr. 5 VAG keine Anwendung. Eine Befreiung von der Meldepflicht nach Abs. 1 S. 2 VAG ist gemäß § 45 VAG in jedem Fall ausgeschlossen.

Abschnitt 3. Anlagen; Sicherungsvermögen

Vorbemerkungen zu §§ 124–131

1 **I. Kapitalanlagevorschriften (§§ 124 f. VAG, AnlV, PKAV). 1. Duales Aufsichtsregime.** Die Umsetzung der Solva II-RL hat dazu geführt, dass zwei unterschiedliche Aufsichtsregime zur Anwendung kommen:

2 (1) das von Solvency II geprägte Aufsichtsregime ist der Regelfall; dessen Kernelement besteht darin, dass die Höhe der erforderlichen Eigenmittel sowohl durch das Risiko aus dem Versicherungsgeschäft (§§ 101 ff. VAG) als auch durch das Risiko aus den Kapitalanlagen (§§ 104 ff. VAG, Art. 164 ff. Solva II-VO) bestimmt wird;

3 (2) das sog Solvency I Regime, das für kleine Versicherungsunternehmen (§§ 211 ff. VAG), Sterbekassen (§§ 218 ff. VAG), Pensionskassen (§§ 232 ff. VAG) und Pensionsfonds (§§ 236 ff. VAG) gilt und für deren Bedarf an Eigenmittel weiterhin nur das versicherungstechnische Risiko berücksichtigt wird.

4 **2. Kapitalanlage Solva II-Unternehmen.** Die Solva II-RL schreibt für Versicherungsunternehmen, die dem Anwendungsbereich der RL unterliegen, für die Anlagetätigkeit nur mehr den Grundsatz der unternehmerischen Vorsicht fest. Für die Kapitalanlagetätigkeit ist neben § 124 VAG auch § 15 Abs. 1 VAG zu berücksichtigen, der die Vorgaben für den Einsatz von derivativen Finanzinstrumenten konkretisiert. Anforderungen an Kreditverbriefungen als Anlagegegenstände enthalten § 346 VAG sowie Art. 254 Solva II-VO. Spezielle Regeln kommen zum Tragen für Anlagen, bei denen das Risiko vom Versicherungsnehmer getragen wird, § 124 Abs. 2 VAG. Weitere Beschränkungen in der Kapitalanlage sind nicht zulässig. [10]Aus diesem Grunde ist die alte AnlV[11] zum 1.1.2016 aufgehoben worden.[12]

5 **3. Kapitalanlage Solva I-Unternehmen.** Für Versicherungsunternehmen, die das Kapitalanlagerisiko nicht mit Eigenmitteln unterlegen müssen, gelten zur Begrenzung des Risikos aus Kapitalanlagen für das Sicherungsvermögen weiterhin detaillierte Anlagevorschriften über die zulässigen Anlagegegenstände, quantitative Obergrenzen und limitierte Ausnahmen vom Grundsatz der Währungskongruenz. Die Vorschriften wurden neu erlassen, entsprechen aber inhaltlich im Wesentlichen der AnlV a. F.[13]

6 **4. Berichterstattung über Kapitalanlagen.** Die versicherungsaufsichtsrechtliche Berichterstattung über Kapitalanlagen ist bei Solva II Unternehmen Teil der regelmäßigen aufsichtlichen Berichterstattung (RSR) gem. Art. 304 Solva II-VO (vierteljährlich auf Basis der QRT – Quantitative Reporting Templates).

7 Darüberhinaus berichten Versicherungsunternehmen über die Zusammensetzung des Sicherungsvermögens[14] sowie über die Entwicklung der Kapitalanlagen auf Basis der Rechnungslegungsvorschriften.[15]

8 Weitere Berichtspflichten bestehen gegenüber der EZB[16] und der Deutschen Bundesbank.[17]

9 **II. Sicherungsvermögen (§§ 125 ff. VAG). 1. Begriff.** Mit Sicherungsvermögen wird jener Teil der Vermögensgegenstände (im Wesentlichen der Kapitalanlagen) bezeichnet, die zum Schutz der Gläubiger aus Versicherungsverhältnissen speziellen Regeln unterliegen. Gläubiger aus Versicherungsverhältnissen genießen Vorrechte an den Gegenständen des Sicherungsvermögens, und zwar in der Zwangsvollstreckung, § 130 Abs. 2 VAG, und in der Insolvenz, § 315 VAG.

[8] Laufende Überwachung der Eigenmittelbestände.
[9] Definition gemäß § 211 VAG.
[10] Vergleichender Überblick von alter und neuer Rechtslage: *Heukamp* S. 47 ff.
[11] Anlageverordnung vom 20.12.2001, zuletzt geändert durch Verordnung vom 3.3.2015, BGBl. 2015 I 188.
[12] Art. 3 Abs. 2 Nr. 4 Gesetz zur Modernisierung der Finanzaufsicht über Versicherungen, BGBl. 2015 I 434.
[13] Verordnung über die Anlage des Sicherungsvermögens von Pensionskassen, Sterbekassen und kleinen Versicherungsunternehmen (Anlageverordnung-AnlV) vom 18.4.2016, BGBl. 2016 I, 769 sowie Verordnung betreffend die Aufsicht über Pensionsfonds (Pensionsfonds-Aufsichtsverordnung – PFAV) vom 18.4.2016, BGBl. 2016 I. 842.
[14] § 9 Abs. 1 Nr. 2 BerVersV (Versicherungsberichterstattungs-Verordnung vom 19.7.2017, BGBl. 2017 I 2858).
[15] § 9 Abs. 1 Nr. 1 BerVersV.
[16] VO (EU) Nr. 1374/2014 der Europäischen Zentralbank vom 28.11.2014 über die statistischen Berichtspflichten der Versicherungsgesellschaften.
[17] § 2 Abs. 2 KWG i. V. m. § 14 KWG (Millionenkreditmeldungen)

2. Zugehörigkeit zum Sicherungsvermögen. In das Sicherungsvermögen gehen folgende Gegenstände ein: (1) Anlagewerte, die das Versicherungsunternehmen dem Sicherungsvermögen zuführt; der Zuführungsakt erfolgt durch Eintragung in das Vermögensverzeichnis (§ 126 Abs. 1 VAG); (2) Ansprüche auf Nutzungen der zum Sicherungsvermögen gehörenden Vermögensgegenstände (§ 126 Abs. 1 S. 3 VAG), eine Eintragung ins Vermögensverzeichnis erfolgt nicht; der Anspruch auf die erwirtschafteten, aber noch nicht fälligen Nutzungen wird in der Bilanz durch aktive Rechnungsabgrenzungsposten ausgewiesen; (3) die Anteile der Rückversicherer und Zweckgesellschaften an den Verpflichtungen des Versicherungsunternehmens (§ 126 Abs. 3 VAG); sie werden nicht ins Vermögensverzeichnis eingetragen und werden in der Bilanz nicht als Aktivposten ausgewiesen, solange dieser Anteil nicht als Abrechnungsforderung ausweisbar ist. Die Anteile der Rückversicherer oder Zweckgesellschaften an den Verpflichtungen des Versicherungsunternehmens werden nicht auf der Aktivseite ausgewiesen, sondern reduzieren auf der Passivseite die entsprechenden Rückstellungen des Versicherungsunternehmens (Davon-Vermerk). Diese werden damit netto, also nach Abzug der Anteile, ausgewiesen. 10

3. Anforderungen an die Vermögensgegenstände des Sicherungsvermögens. Spezifische Anforderungen an die Anlagegegenstände des Sicherungsvermögens gelten nur für Unternehmen, die in den Anwendungsbereich der AnlV bzw. der PFAV (§§ 16–20) fallen und für Lebensversicherungsverträge, bei denen das Anlagerisiko vom Versicherungsnehmer getragen wird, § 124 Abs. 2 VAG. 11

4. Treuhänder. Für Ansprüche aus bestimmten Versicherungsverhältnissen (Leben, substitutive Kranken, private Pflegepflichtversicherung, Unfall mit Prämienrückgewähr) ist der Gläubigerschutz dadurch besonders ausgestaltet, dass das Versicherungsunternehmen nur zusammen mit einem Treuhänder (§ 128 VAG) über Gegenstände des Sicherungsvermögens verfügen kann (§ 129 VAG). 12

5. Historie. Historisch gab es den bevorrechtigten Zugriff zunächst nur für Gläubiger aus Versicherungsverhältnissen von Leben, Kranken sowie Unfall mit Prämienrückgewähr; die entsprechenden Vermögenswerte waren als Deckungsstockvermögen bezeichnet. Da es EU-rechtlich durch die Zwangsliquidations-Richtlinie (2001/17/EG) geboten war, alle Gläubiger aus Versicherungsverhältnissen besonders zu sichern, wurde 2003 das **Deckungsstockvermögen** in Sicherungsvermögen umbenannt.[18] Gleichzeitig umfasste das Sicherungsvermögen nunmehr die Deckungswerte für Verpflichtungen aus allen Versicherungszweigen. Die Einschaltung eines Treuhänders blieb aber auf Leben und Kranken und (später) Pflegepflichtversicherung beschränkt. Mit Inkrafttreten des VAG nF zum 1.1.2016 wurde sie auf Unfall mit Prämienrückgewähr ausgedehnt. Im VAG a. F. gab es neben dem Sicherungsvermögen noch das sonstige gebundene Vermögen, die beide zusammen das **gebundene Vermögen** bildeten,[19] das der AnlV a. F. unterlag. Nunmehr gibt es nur noch das Sicherungsvermögen und das restliche[20] Vermögen. 13

Anlagegrundsätze

124 (1) [1] **Versicherungsunternehmen müssen ihre gesamten Vermögenswerte nach dem Grundsatz der unternehmerischen Vorsicht anlegen.** [2] **Dabei sind folgende Anforderungen einzuhalten:**

1. **Versicherungsunternehmen dürfen ausschließlich in Vermögenswerte und Instrumente investieren, deren Risiken sie hinreichend identifizieren, bewerten, überwachen, steuern, kontrollieren und in ihre Berichterstattung einbeziehen sowie bei der Beurteilung ihres Solvabilitätsbedarfs gemäß § 27 Absatz 2 Nummer 1 hinreichend berücksichtigen können;**
2. **sämtliche Vermögenswerte sind so anzulegen, dass Sicherheit, Qualität, Liquidität und Rentabilität des Portfolios als Ganzes sichergestellt werden; außerdem muss die Belegenheit der Vermögenswerte ihre Verfügbarkeit gewährleisten;**
3. **Vermögenswerte, die zur Bedeckung der versicherungstechnischen Rückstellungen gehalten werden, sind außerdem in einer der Art und Laufzeit der Erstversicherungs- und Rückverbindlichkeiten des Unternehmens angemessenen Weise anzulegen; diese Vermögenswerte sind im Interesse aller Versicherungsnehmer und Anspruchsberechtigten unter Berücksichtigung der Anlagepolitik anzulegen, sofern diese offengelegt worden ist;**
4. **im Fall eines Interessenkonflikts muss sichergestellt werden, dass die Anlage im Interesse der Versicherungsnehmer und Anspruchsberechtigten erfolgt;**
5. **die Verwendung derivativer Finanzinstrumente ist nur zulässig, sofern diese zur Verringerung von Risiken oder zur Erleichterung einer effizienten Portfolioverwaltung beitragen; diese Voraussetzung wird nicht erfüllt durch Geschäfte mit derivativen Finanz-**

[18] Gesetz zur Umsetzung aufsichtsrechtlicher Bestimmungen zur Sanierung und Liquidation von Versicherungsunternehmen und Kreditinstituten vom 10.12.2003, BGBl. 2003 I 2478.

[19] § 54 Abs. 1 VAG a. F.

[20] Terminologie § 9 Abs. 1 Nr. 2 BerVersV.

instrumenten, die lediglich den Aufbau reiner Handelspositionen (Arbitragegeschäfte) bezwecken oder bei denen entsprechende Wertpapierbestände nicht vorhanden sind (Leerverkäufe);

6. Anlagen und Vermögenswerte, die nicht zum Handel an einem geregelten Finanzmarkt zugelassen sind, sind auf einem vorsichtigen Niveau zu halten;

7. Anlagen sind in angemessener Weise so zu mischen und zu streuen, dass eine übermäßige Abhängigkeit von einem bestimmten Vermögenswert oder Emittenten oder von einer bestimmten Unternehmensgruppe oder einem geographischen Raum und eine übermäßige Risikokonzentration im Portfolio als Ganzem vermieden werden und

8. Vermögensanlagen bei demselben Emittenten oder bei Emittenten, die derselben Unternehmensgruppe angehören, dürfen nicht zu einer übermäßigen Risikokonzentration führen.

(2) [1] **Absatz 1 Nummer 5 bis 8 findet auf Lebensversicherungsverträge, bei denen das Anlagerisiko vom Versicherungsnehmer getragen wird, vorbehaltlich des Absatzes 2 Satz 2 Nummer 3 keine Anwendung.** [2] **Über Absatz 1 Nummer 1 bis 4 hinaus sind bei diesen Verträgen für die betroffenen Vermögenswerte,**

1. wenn die Leistungen aus einem Vertrag direkt an den Wert von Anteilen an Organismen für gemeinschaftliche Anlagen in Wertpapieren im Sinne der Richtlinie 2009/65/EG oder an den Wert von Vermögenswerten gebunden sind, die in einem von den Versicherungsunternehmen gehaltenen und in der Regel in Anteile aufgeteilten internen Fonds enthalten sind, die versicherungstechnischen Rückstellungen für diese Leistungen so genau wie möglich durch die betreffenden Anteile oder, sofern keine Anteile gebildet wurden, durch die betreffenden Vermögenswerte abzubilden;

2. wenn die Leistungen aus einem Vertrag direkt an einen Aktienindex oder an einen anderen als den in Nummer 1 genannten Referenzwert gebunden sind, die versicherungstechnischen Rückstellungen für diese Leistungen so genau wie möglich durch die Anteile, die den Referenzwert darstellen, abzubilden; sofern keine Anteile gebildet werden, sind die Rückstellungen durch Vermögenswerte mit angemessener Sicherheit und Realisierbarkeit abzubilden, die so genau wie möglich denjenigen Werten entsprechen, auf denen der jeweilige Referenzwert beruht und

3. wenn die in den Nummern 1 und 2 genannten Leistungen eine Garantie in Bezug auf das Anlageergebnis oder eine sonstige garantierte Leistung einschließen, auf die zur Bedeckung der entsprechenden zusätzlichen versicherungstechnischen Rückstellungen gehaltenen Vermögenswerte Absatz 1 Nummer 5 bis 8 anzuwenden.

(3) **Gehören Versicherungsverhältnisse zu einem selbständigen Bestand eines Versicherungsunternehmens in einem Staat außerhalb der Mitglied- oder Vertragsstaaten, sind die Absätze 1 und 2 anzuwenden, soweit nicht ausländisches Recht Abweichendes vorschreibt.**

Übersicht

I. Allgemeines. 1. Entstehungsgeschichte. Im VAG a. F. waren die Anlagegrundsätze in § 54 VAG geregelt. Auch wenn sich die allgemeinen Anlageprinzipien, wie sie in der Solva II-RL festgelegt sind, nicht wesentlich von den bisher geltenden Grundsätzen unterscheiden, ist § 124 VAG nunmehr in Wortwahl und Formulierung eng an Art. 132 Solva II-RL angelehnt. 1

2. Normzweck. § 124 VAG enthält eine Aufzählung der einzelnen Aspekte der unternehmerischen Vorsicht, die Versicherungsunternehmen bei allen Kapitalanlagen zu beachten haben (Abs. 1). Ausnahmen gelten bei Lebensversicherungsverträgen für jene Kapitalanlagen, bei denen der Versicherungsnehmer das Anlagerisiko trägt (Abs. 2). 2

3. Europarechtlicher Hintergrund. Die Vorschrift setzt um Art. 132 Abs. 1, 2 und 4 der Solva II-RL. Gleichzeitig dient die Vorschrift auch der (partiellen) Umsetzung unionsrechtlicher Vorschriften zur Kapitalanlage von Einrichtungen der betrieblichen Altersversorgung,[1] zu denen auch Pensionskassen gehören.[2] 3

4. Verwaltungsrichtlinien. a) EIOPA. Erläuterungen zum Prinzip der Vorsicht finden sich in den Leitlinien zum Governance-System,[3] Leitlinien Nr. 25–35. 4

b) BaFin. Die Aufsichtsbehörde hat ihr Verständmis vom Grundsatz der unternehmerischen Vorsicht im Rahmen der Solvency II Regimes in einer Auslegungsentscheidung dargelegt.[4] Weitere Auslegungsentscheidungen beziehen sich auf die Behandlung von Staatenrisiken unter Solvency II im Rahmen des Grundsatzes der unternehmerischen Vorsicht, im ORSA und im Rahmen der eigenen Kreditrisikobeurteilung[5] sowie mit der Verwendung von derivativen Finanzinstrumenten durch Solva II-Versicherungsunternehmen.[6] Weitere Rundschreiben zur Kapitalanlage richten sich nur an kleine Versicherungsunternehmen, Pensionskassen und Pensionsfonds. Sie betreffen den Einsatz von derivativen Finanzinstrumenten und strukturierten Produkten[7] und Hinweise zur Anlage des Sicherungsvermögens für Unternehmen, die nicht unter Solvency II fallen (Kapitalanlagerundschreiben).[8] Die allgemeinen Ausführungen zu den wesentlichen Elementen des Anlageprozesses und zu den geforderten Dokumentationsstandards in diesen Rundschreiben bzw. deren Neufassung beschreiben der Sache nach Mindeststandards auch für Solva II-Versicherungsunternehmen, soweit dazu nicht bereits spezifische Anforderungen im Solvency II-Regelwerk (Gesetz, Verordnungen, Leitlinien, Auslegungsentscheidungen) formuliert sind. 5

5. Anwendungsbereich. Die Vorschrift gilt nicht für kleine Versicherungsunternehmen (§ 212 Abs. 2 Nr. 5 VAG), für die stattdessen § 215 VAG zur Anwendung kommt. Für Pensionsfonds gilt § 124 Abs. 1 VAG entsprechend.[9] Im Übrigen gilt sie für alle Versicherungsunternehmen, auch Pensionskassen.[10] Die Vorgaben beziehen sich auf die gesamten Kapitalanlagen und nicht nur auf die Deckungswerte der versicherungstechnischen Rückstellungen und Verbindlichkeiten (Sicherungsvermögen). 6

II. Anforderungen an die Kapitalanlage. 1. Eigenmittelunterlegung für Kapitalanlagen. Das neue Aufsichtsregime erfordert, dass auch die Positionen der Aktivseite und damit die Kapitalanlagen 7

[1] Art. 18 Richtlinie 2003/41/EG, ABl. 2003 L 233, 10 („(PensionsfondsRL"); die Richtlinie wird allerdings aufgehoben wird mit Wirkung zum 13.1.2019 und ersetzt durch Richtlinie (EU) 2016/2341, ABl. 2016 L 345, 37. Dort finden sich die Anlagevorschriften in Art. 19.

[2] § 234 Abs. 2 S. 1 VAG verweist für Pensionskassen auf § 124 VAG.

[3] *EIOPA* Leitlinien BoS 14/253.

[4] *BaFin* Auslegungsentscheidung vom 21.12.2015 zum Grundsatz der unternehmerischen Vorsicht (Prudent Person Principle).

[5] *BaFin,* AE vom 7.4.2017, Behandlung von Staatenrisiken unter Solvency II im Rahmen des Grundsatzes der unternehmerischen Vorsicht, im ORSA und im Rahmen der eigenen Kreditrisikobeurteilung.

[6] *BaFin,* Auslegungsentscheidung vom 14.7.2017, Die Verwendung von derivativen Finanzinstrumenten im Rahmen des Grundsatzes der unternehmerischen Vorsicht (§ 124 VAG).

[7] *BaFin,* Rundschreiben 8/2017, Derivative Finanzinstrumente und strukturierte Produkte vom 30.8.2017.

[8] Noch nicht aufgehoben: *BaFin,* Rundschreiben R 4/2011 Kapitalanlagerundschreiben, R 1/2002 Anlagen in Asset-Backed-Securities (ABS) und Credit-Linked-Notes (CLN); R 7/2004 Anlagen in Hedgefonds, Hinweise zur Anlage in Unternehmensdarlehn vom 10.6.2013, Hinweise zu Anlagen im High-Yield-Bereich vom 24.6.2013 und zu schuldnerbezogenen Beschränkungen von Anlagen bei der EU, dem ESM sowie der EFSF vom 7.5.2014. Die genannten Verlautbarungen sollen in einem neuen Rundschreiben Kapitalanlage zusammengefasst und überarbeitet werden, die alten Verlautbarungen sollen aufgehoben werden. Der Entwurf des neuen Kapitalanlagerundschreibens ist veröffentlicht unter *BaFin,* Konsultation 16/2016.

[9] § 237 Abs. 2 S. 1 VAG.

[10] § 234 Abs. 2 S. 1 VAG.

mit Risikokapital unterlegt werden. Art und Umfang der konkret gehaltenen Anlagegegenstände gehen in die Ermittlung des Eigenmittelbedarfes ein, um auch Verluste auf der Anlagenseite absorbieren zu können. Dabei wird durch das Marktrisiko das Risiko einer negativen Marktpreisänderung (Marktrisiko, § 104 VAG) bis hin zum kompletten Ausfall[11] und das Risiko der Exponierung gegenüber einer Einzeladresse (Marktrisikokonzentration, § 104 Abs. 2 VAG) berücksichtigt. Vom Grundsatz her korreliert die Höhe der geforderten Eigenmittel mit der jeweiligen Risikoexposition eines Anlagegegenstandes (Risikogewichtung). Davon gibt es allerdings in der Standardformel systemwidrige politisch motivierte Ausnahmen ua für Staatsanleihen aller EU-Länder sowie diesen gleichgestellten regionalen und lokalen Gebietskörperschaften. Diese sind in der Standardformel mit Risikokapital zu unterlegen nur bezüglich ihres Zins- und Fremdwährungsrisikos, nicht aber für ihr Spread- und Konzentrationsrisiko.[12] Mit dem Solvency II-System ist somit eine – wie früher – gesetzlich vorgegebene Risikobeschränkung durch einen Anlagekatalog sowie Mischungs- und Streuungsquoten obsolet geworden, weil (abgesehen von der genannten Ausnahme) eine risikoreichere Portfoliozusammensetzung einen höheren Eigenmittelbedarf auslöst.

8 **2. Grundsätze der Kapitalanlage.** Art 132 ff. Solva II-RL legen für die Kapitalanlage daher nur folgende Rahmenbedingungen (mit einigen Spezifizierungen) fest:
- Grundsatz der unternehmerischen Vorsicht,
- begrenzter Einsatz von derivativen Finanzinstrumenten
- qualitative Anforderungen an Kreditverbriefungen
- Anlagefreiheit (dh keine Verpflichtung zu bestimmten Anlagen, keine Genehmigungserfordernisse),
- kein territoriales Belegenheitserfordernis.

9 Anstelle vorgegebener gesetzlicher Anlagekataloge und Obergrenzen sind nunmehr die Versicherungsunternehmen gehalten, in Leitlinien detaillierte qualitative, quantitative und prozedurale Festlegungen für die eigene Kapitalanlage zu treffen, § 26 Abs. 5 und EIOPA-LL Governance LL 25.

10 Rechtsgrundlage für die quartalsweise Berichterstattung über Kapitalanlagen: Art. 304 Abs. 1 lit. d Solva II-RL i. V. m. Art. 10 DVO (EU) 2015/2450. Die Sammelverfügung der BaFin vom 21.6.2011 – Anordnung betreffend die Anzeige- und Berichtspflichten der Versicherungsunternehmen über ihre Kapitalanlagen – beruht auf dem VAG a. F., ist bislang aber noch nicht aufgehoben oder überarbeitet worden.

11 **3. Ausprägungen des Grundsatzes der unternehmerischen Vorsicht (Abs. 1). a) Grundsatz der unternehmerischen Vorsicht (Abs. 1 Nr. 1).** Der Grundsatz bringt das regulatorische Konzept der Kapitalanlage auf den Punkt: es ist nicht mehr der Gesetzgeber, der die Geeignetheit von Anlagegegenständen vorgibt; die Entscheidung für einen Vermögensgegenstand ist eine genuin unternehmerische Entscheidung, die mit Blick auf die Anlageziele auf vorsichtiger Basis zu treffen ist. Jeder Anlagegegenstand muss durch das Risikomanagement des Versicherungsunternehmens erfasst und in die Eigenmittelbedarfsermittlung einbezogen sein. Das Prinzip der Vorsicht erfordert, dass sowohl die einzelne Investmententscheidung als auch die Portfoliozusammensetzung nicht nur unter dem Gesichtspunkt der Rendite, sondern auch unter dem Aspekt der Risikotragfähigkeit des Unternehmens getroffen wird. Eine weitere Ausprägung des Grundsatzes der Vorsicht besteht darin, dass vor dem erstmaligen Erwerb einer neuartigen Kapitalanlage die Prinzipien für deren Bewertung, Risiko-und Performancemessung sowie Abbildung im Rahmen der Rechnungslegung festzulegen sind.[13]Aus diesem Grund sind strukturierte Produkte[14] stets in ihre Bestandteile zu zerlegen, um deren Risikoprofil zutreffend zu ermitteln.[15] Die Tatsache, dass das Spread- und Konzentrationsrisiko von Staatsrisiken nicht Eigenmittel zu unterlegen ist, erfordert daher eine besonders intensive Prüfung des Risikoexposures im Rahmen der Anlageentscheidung.[16]

12 **b) Qualitative Anforderungen allgemein (Abs. 1 Nr. 2).** Die Gesetzesbegründung weist bereits darauf hin, dass die Formulierung in der RL etwas missverständlich ist und die Anforderungen für den

---

[11] Zum Marktpreisrisiko zählt auch das Spread-Risiko, § 104 Abs. 2 Nr. 4, seine Modulierung in der Standardformel erfasst implizit auch das Risiko des Ausfalls und der Herabstufung von Anleihen, siehe *EIOPA*, The underlying assumptions in the standard formula for the Solvency Capital Requirement calculation Punkt 2.5, v. 25.7.2014, eiopa.europa.eu. Soweit das Ausfallrisiko von Forderungen nicht im Spreadrisiko erfasst wird, geht es ein in das Gegenparteiausfallrisiko, § 105 Abs. 2 Nr. 3 VAG.

[12] Art. 109a Abs. 2 Solva II-RL, Art. 180 Nr. 2, Art. 187 Nr. 3 Art. 85, Solva II-VO i. V. m. Art. 1 DVO (EU) 2015/2011. Für ein internes Modell verlangt die Aufsichtsbehörde allerdings eine entsprechende Berücksichtigung. Zur Verpflichtung von Unternehmen, sich deshalb intensiv mit Staatsrisiken bei der Anlageentscheidung, ORSA und Kreditrisikobewertung auseinanderzusetzen s. *BaFin*, Auslegungsentscheidung vom 7.4.2017.

[13] Sogenannter Neue Produkte Prozess; s. auch *BaFin*, AE Prudent Person Principle Rn. 28 ff.

[14] Zum Begriff s § 215 Rn. 19.

[15] *BaFin*, AE Prudent Person Principle Rn. 56 f.; detailliert zu den Anforderungen bei strukturierten Produkten *BaFin*, R 8/2017, das formal jedoch nur auf Solva I-Versicherungsunternehmen adressiert ist.

[16] *BaFin*, Auslegungsentscheidung vom 7.4.2017, Textziffer 7.

gesamten Anlagebestand gelten. Die Anforderungen von Sicherheit, Qualität, Liquidität und Rentabilität sind auf das Portfolio als Ganzes bezogen, nicht auf das einzelne Investment.

aa) Sicherheit und Qualität. Die Anforderung bezieht sich auf die Bonität der Anlagen, dh der Realisierbarkeit ihrer Werte. Dem Begriff der Qualität kommt dabei keine eigenständige Bedeutung zu, die Formulierung resultiert aus einer wortwörtlichen Übernahme von Art. 132 Art. 2 Solva II-RL. Für die Beurteilung der Bonität sind externe Ratings einzubeziehen,[17] doch das Investment muss auch von einer eigenen Risikobewertung getragen sein, § 28 VAG.[18] 13

bb) Rentabilität. Rentabilität bedeutet Ertragskraft in Form laufender Erträge oder einer Marktwertsteigerung oder einer Kombination von beidem. 14

cc) Liquidität. Das Portfolio muss so strukturiert sein, dass das Versicherungsunternehmen jederzeit seinen Zahlungsverpflichtungen nachkommen kann. 15

dd) Belegenheit. Im Gegensatz zur bisherigen Rechtslage gibt es keine Anforderungen an die Belegenheit iS einer geografisch definierten „örtlichen" Verankerung des Anlagegegenstandes. Ein örtlich definiertes Belegenheitsgebot ist für Verpflichtungen von EU-Risiken nicht zulässig.[19] Allerdings muss gewährleistet sein, dass durch die Belegenheit nicht die Verfügbarkeit über Anlagegenstände beeinträchtigt ist. Die Verfügbarkeit kann stark eingeschränkt oder überhaupt nicht vorhanden sein, wenn z. B. durch Kapitalverkehrskontrollen der Zugriff auf das Objekt, seine Veräußerbarkeit oder der Transfer des Veräußerungserlöses Beschränkungen unterliegt. 16

c) Aktiv-Passiv-Management (Abs. 1 Nr. 3). Nr. 3 beschreibt einen wichtigen Aspekt des Aktiv-Passiv Managements,[20] der risikoorientierten Abstimmung von Aktiv- und Passivseite, welche wiederum zu einem der wesentlichen Bestandteile des Risikomanagementsystems zählt.[21] Es geht um die Reduktion von Zinsänderungs- und Liquiditätsrisiken.[22] Zu den wesentlichen Techniken des ALM zählen das cashflow matching[23] und das duration matching. [24] Der Kern der Anforderung von Nr. 3 besteht darin, jene Vermögenswerte, die mit oder ohne direkte Zuordnung dazu dienen, die versicherungstechnischen Verpflichtungen (Rückstellungen und Verbindlichkeiten) zu bedecken, in Art (z. B. Währung) und (durchschnittlicher) Laufzeit dem Profil der Verpflichtungen (Währung, durchschnittlicher Fälligkeit) entsprechen. Je mehr diese Profile voneinander abweichen („mismatch"), umso höher ist der Bedarf an Eigenmitteln. Eine weitgehende Kongruenz von Laufzeit und Währung ist ein Element, das die Fähigkeit unterstützen soll, zu jedem gegebenen Zeitpunkt die fälligen Verpflichtungen zu erfüllen. Damit werden die Risiken reduziert, in Zeiten ungünstiger Marktentwicklung die Liquidation von Anlagen tätigen zu müssen, um den eigenen Verpflichtungen nachkommen zu können.[25] Allerdings kann bei langlaufenden Verpflichtungen (Lebensversicherung) ein striktes Asset-Liability-Matching mit anderen Risiken verbunden sein (z. B. langfristige Festschreibung niedriger Einstandsrenditen, ggf. handelsbilanzieller Abschreibungsbedarf von niedrigverzinslichen Anleihen bei Zinsanstieg). Hinweise der Aufsichtsbehörde zum ALM-Prozess finden sich auch im Rundschreiben zu den Mindestanforderungen an die Geschäftsorganisation von Versicherungsunternehmen.[26] 17

d) Interessenkonflikt (Abs. 1 Nr. 4). Der in Nr. 4 angesprochene Interessenkonflikt bezieht sich auf möglicherweise widerstreitende Interessen von Berechtigten aus Versicherungsverträgen (Versicherungsnehmer, Geschädigte, Bezugsberechtigte) und Interessen des Unternehmens, von Kapitalgebern, Konzerngesellschaften oder anderen Beteiligten. Das Gesetz postuliert eine klare Entscheidung zugunsten der Interessen von Versicherungsnehmern und Anspruchsberechtigten. 18

---

[17] Gem. Art. 4 Abs. 1 VO (EG) Nr. 1060/2009 können Versicherungen externe Ratings für aufsichtliche Zwecke nur verwenden, wenn die Agenturen die Anforderungen dieser VO erfüllen (ua Sitz und Registrierung in der EU). Zur Nutzung externer Ratings durch Versicherungsunternehmen: *Dreher/Ballmaier* WM 2015, 1357.

[18] *EIOPA*-LL Governance LL 27, *BaFin,* AE Prudent Person Principle, Rn. 10 ff., *BaFin,* Hinweise zur Verwendung externer Ratings und zur Durchführung eigener Kreditrisikobewertungen, AE vom 23.10.2013, zuletzt geändert am 24.4.2014 (bezüglich Verpflichtung zur Vornahme eigener Kreditrisikobewertungen). Die Europäische Wertpapier- und Marktaufsichtsbehörde ESMA unterhält auf ihrer Internetseite eine Datenbank, die Zugang zu aktuellen Ratinginformationen gibt (Europäische Ratingplattform RRP).

[19] Art. 134 Abs. 1 Solva II-RL.

[20] Gleichbedeutend: Asset-Liability-Management (ALM), Bilanzstrukturmanagement.

[21] § 26 Abs. 5 Nr. 2 VAG, es ist Teil des Risikomanagementsystems.

[22] Ausführlich *Führer,* Asset-Liability-Management in der Lebensversicherung, 2010; Überblick: *Nguyen/Romeike,* Versicherungswirtschaftslehre, 2013, S. 479 ff.

[23] Abstimmung der künftig zu erwartenden Zahlungsströme.

[24] Abstimmung der mittleren Restbindungsdauer (Duration) der Anlagen auf der Aktivseite mit jener der künftigen Leistungsverpflichtungen auf der Passivseite.

[25] Dazu auch EIOPA-LL Governance LL 25.

[26] *BaFin,* Rundschreiben 2/2017 vom 25.1.2017 Aufsichtsrechtliche Mindestanforderungen an die Geschäftsorganisation von Versicherungsunternehmen (MaGo), Rn. 172 ff.

19 **e) Derivative Finanzinstrumente (Abs. 1 Nr. 5). aa) Begriff.** § 2 Abs. 3 WpHG in der Fassung vom 3.1.2018 enthält eine Legaldefinition, sie basiert auf unionsrechtlichen Bestimmungen.[27] Allgemein lässt sich ein Derivat beschreiben als „a) ein Vertragsverhältnis, b) dessen Wert auf Änderungen des Wertes eines Basisobjekts, z. B. eines Zinssatzes, Wechselkurses, Rohstoffpreises, Preis- oder Zinsindexes oder einer anderen Variablen reagiert, c) bei dem Anschaffungskosten nicht oder nur in sehr geringem Umfang anfallen und d) das erst in der Zukunft erfüllt wird".[28] Darunter fallen Optionen, bestimmte Termingeschäfte, finanzielle Differenzgeschäfte, Kreditderivate. Die besonderen Risiken von derivativen Finanzinstrumenten bestehen darin, dass ihre Abhängigkeit von der Wertentwicklung des Basiswertes bei gleichzeitig erheblich geringeren Anschaffungskosten (im Vergleich zum Basiswert) zu einer großen Hebelwirkung (leverage) führt. So kann – abhängig von der Ausgestaltung des Finanzinstrumentes – eine relativ geringe Wertveränderung des Basisinstrumentes zu einer hohen Wertveränderung (positiv wie negativ) des Finanzinstruments führen. Aus diesem Grund kommt das Prinzip der Vorsicht in besonderer Weise zum Tragen.

20 **bb) Zulässigkeit der Verwendung.** Beim Einsatz von Derivaten sind zwei Grundkonstellationen zu unterscheiden: (1) das Instrument wird eingesetzt, um von der (durch die Hebelwirkung potenzierten) Wertsteigerung der Basisinstrumente zu profitieren;[29] (2) das Instrument wird eingesetzt zur Absicherung des eigenen Portfoliobestandes. Letzteres ist der Fall, wenn das Risikoprofil des derivativen Finanzinstruments gegenläufig ist zu Risikoprofil des abzusichernden Bestandes. Beispiel: Kursverluste einer Aktie werden kompensiert durch eine entsprechende Verkaufsoption auf diese Aktie (Long Put), weil der Wert der Verkaufsoption bei einem Wertverlust des Basiswertes steigt. Unter den Aspekt der Absicherung fällt auch der Einsatz von Derivaten zur Antizipation von beabsichtigten Veränderungen im Portfoliobestand (wie Umschichtung, Erhöhung).[30] Darüber hinaus können mittels Derivaten zusätzliche Renditenchancen aus dem vorhandenen Bestand realisiert werden,[31] ohne dass dafür zunächst Transaktionen mit den Basisinstrumenten im Portfolio vorgenommen werden müssen.[32] Art. 132 Abs. 4 Solva II-RL beschränkt den Einsatz von Derivaten auf die Verringerung von Risiken und zur Erleichterung einer effizienten Portfolioverwaltung.[33] Dieser Ansatz wird in § 15 Abs. 1 S. 2 VAG umgesetzt, in dem der Einsatz von derivativen Instrumenten auf Absicherung[34] und Generierung von Zusatzerträgen bei gleichbleibendem Risikoprofil beschränkt wird. § 124 Abs. 1 Nr. 5 VAG bringt ergänzend zum Ausdruck, was nicht zulässig ist, nämlich der Einsatz zum Aufbau einer Handelsposition (Kauf eines Derivates, um es zu einem höheren Preis zu verkaufen, Arbitragegeschäfte) oder bei denen entsprechende Wertpapierbestände nicht vorhanden sind (Leerverkäufe).[35]

21 Zu den Erwartungen der BaFin beim Einsatz von Derivaten bei Solva II-Unternehmen: BaFin-AE zum Grundsatz der unternehmerischen Vorsicht, dort Rn. 63 ff. sowie BaFin-AE zur Verwendung von derivativen Finanzinstrumenten vom 14.7.17. Zur Nutzung von derivativen Finanzinstrumenten, den Anforderungen bei der Abwicklung der Geschäfte, Dokumentation und Risikomanagement bei kleinen Versicherungsunternehmen, Pensionskassen und Pensionsfonds: Rundschreiben R 8/2017.[36] Anlage 1 dieses Rundschreibens enthält eine Übersicht der derivativen Finanzinstrumente, die von der BaFin auf der Grundlage von § 15 Abs. 2 S. 2 VAG für zulässig erachtet werden. Da § 15 VAG auf alle Versicherungsunternehmen Anwendung findet, dürften die allgemeinen Ausführungen der Aufsichtsbehörde zum Einsatz der Derivate über den genannten Adressatenkreis hinaus relevant sein. Der Einsatz von

[27] Anhang I Abschnitt C Nummer 4 – 10 der RL 2004/39/EG (Finanzmarkt-RL, MiFiD) i. V. m. Art. 38, 39 VO (EG) Nr. 1287/2006. Im Rahmen der Umsetzung der RL 2014/65/EU über Märkte für Finanzinstrumente (MiFiD II) wurde die Legaldefinition an die deren Vorgaben angepasst und befindet sich nun in § 2 Abs. 3 WpHG n. F. Derivative Geschäfte bestimmen sich dann nach Anhang I Abschnitt C Nummer 4 bis 10 der RL 2014/65/ EU.

[28] MüKoHGB/*Böcking/Morawietz/Torabian* § 340e Rn. 41; allgemein zu Derivaten: *Kumpan,* in: Baumbach/Hopt/*Kumpan* § 2 WpHG Rn. 5–14; MüKoHGB/*Böcking/Morawietz/Torabian* § 340e Rn. 59–70; *Schäfer* in: Assmann/Schütze, Handbuch des Kapitalanlagerechts, 2015, § 20; *Fuchs,* WpHG, 2016, § 2; ausführlich *Kurz/Streck,* in: Zerey, Finanzderivate Rechtshandbuch, 2016, § 28.

[29] Arbitragegeschäft, d. h. Aufbau einer reinen Handelsposition.

[30] Erwerbsvorbereitungsgeschäfte, z. B. Kauf von Futures, Verkauf Kaufoption (short put), Kauf einer Kaufoption (long call)

[31] Ertragsvermehrungsgeschäfte, z. B. Verkauf einer Kaufoption (short call), Zins-, Währungsswaps; mit der Chance einer zusätzlichen Rendite ist natürlich auch das Risiko einer Renditeminderung verbunden.

[32] Die können aber anfallen, wenn beim Settlement nicht eine Wertdifferenz auszugleichen ist, sondern physische Lieferung der Basisinstrumente (im Portfolio gehaltene Anlagegegenstände) vereinbart ist.

[33] Legaldefinition in Art. 11 RL 2007/16/EG; danach fällt unter effiziente Portfolioverwaltung ein Derivateeinsatz mit den Zielen Risikosenkung, Kostensenkung oder Generierung von zusätzlichem Ertrag. Beispiele in *BaFin,* AE vom 14.7.17.

[34] Absicherung des vorhandenen Bestandes sowie des geplanten späteren Erwerbs.

[35] Beispiel: Future bzw. Option (Short Call), bei denen man sich zum Verkauf von Aktien verpflichtet, die man nicht im Bestand hat; hinter einem Leerverkauf bzw. der Stillhalterposition von Calls steht die Erwartung, dass zum Fälligkeitstermin der Marktpreis des Basiswertes unter dem vereinbarten Ausübungspreis (strike price) liegt.

[36] *BaFin,* R 8/2017 vom 30.8.2017, Rundschreiben zu derivativen Finanzinstrumenten und strukturierten Produkten.

derivativen Finanzinstrumenten in Fonds für Arbitragezwecke und Leerverkäufe ist im Rahmen von Fonds (Investmentvermögen) möglich,[37] diese Instrumente werden im Rahmen der Berechnung der Standardformel als Typ-2-Aktien behandelt.[38]

cc) Zusätzliche Anforderungen. Versicherungsunternehmen gelten als finanzielle Gegenpartei i. S. v. Art. 2 Abs. 8 VO(EU) 648/2012.[39] Sie haben deshalb bei Nutzung außerbörslich gehandelter Derivate (OTC-Derivate) den Anforderungen dieser Verordnung hinsichtlich Clearing, Meldung und Risikomanagement nachzukommen.[40] Die Abschlussprüfer haben die Pflicht, über die Einhaltung der Anforderungen im Prüfbericht zu berichten, § 35 Abs. 1 S. 1 Nr. 3 VAG. 22

f) Handel in einem geregelten Finanzmarkt (Abs. 1 Nr. 6). Die Vorschrift enthält eine Konkretisierung des Prinzips der unternehmerischen Vorsicht. Bei Anlagen, die nur außerhalb eines geregelten Finanzmarkts gehandelt werden, ist die Veräußerbarkeit höheren Unsicherheiten ausgesetzt, sowohl hinsichtlich des erzielbaren Preises als auch hinsichtlich des Zeitpunktes. Aus diesem Grund sind sie auf einem vorsichtigen Niveau zu halten. 23

aa) Geregelter Finanzmarkt. Für den Begriff des geregelten Marktes verweist Art. 13 Nr. 22 Solva II-RL auf Art. 4 Abs. 1 Nr. 12 RL 2004/39/EG (Finanzmarkt-RL); dem unionsrechtlichen Begriff des „geregelten" Marktes entspricht in der Terminologie des WpHG der Begriff des „organisierten Marktes", § 2 Abs. 5 WpHG.[41] Ein organisierter Markt ist dadurch gekennzeichnet, dass er einer staatlichen Zulassung bedarf und überwacht wird. Diese Anforderung erfüllen in Deutschland jene Handelsmärkte, die auf Basis von §§ 32 ff. BörsG zugelassen sind (Börsen). Der Freiverkehr (§ 48 BörsG) ist ein nicht-geregelter Finanzmarkt. 24

Auf Grundlage von Art. 47 RL 2004/39/EG führt die European Securities and Markets Authority (ESMA) ein Register, in dem alle Institutionen innerhalb der EU aufgeführt sind, die als geregelter Markt zugelassen sind[42] 25

Ein geregelter Markt kann sich auch außerhalb von EU/EWR befinden. Art. 13 Nr. 22 lit. b Solva II-RL stellt für die Qualifikation eines Drittlandmarktes darauf ab, ob er vom Herkunftsland des Versicherungsunternehmens anerkannt ist und die Qualität der dort gehandelten Finanzinstrumente mit denen jener im Herkunftsland vergleichbar ist. Als Indikator für die Qualifikation als „geregelter Markt" kann die Liste herangezogen werden, die die BaFin gem. § 193 Abs. 1 Nr. 2 und 4 KAGB veröffentlicht.[43] 26

bb) Vorsichtiges Niveau. Die Anforderung, diese Anlagen auf einem vorsichtigen Niveau zu halten, ist in der potentiell reduzierten Liquidierbarkeit der Anlagen begründet. Ein vorsichtiges Maß bedeutet nicht notwendigerweise ein prozentual niedriger Anteil. Welcher Anteil der nicht notierten Anlagen am Gesamtvermögen noch als ein vorsichtiges Maß betrachtet werden kann, entzieht sich einer pauschalen Beurteilung, sondern bedarf einer gesamtheitlichen Betrachtung, bei der folgende Kriterien zum Tragen kommen: die beobachtbare faktische Fungibilität der einzelnen Anlage,[44] das Risiko einer Bonitätsverschlechterung des Schuldners (was die Liquidierbarkeit ggf. weiter beeinträchtigen würde), der Umfang derjenigen Anlagen des Versicherungsunternehmens, die über eine sehr hohe Fungibilität verfügen, sowie das Ausmaß, in dem die Anforderungen aus Nr. 3 (Aktiv-Passiv-Management)umgesetzt sind.[45] 27

---

[37] Dies folgt auch aus einem Dokument von *EIOPA*, EIOPA-14–322 „The underlying assumptions in the standard formula for the SCR calculation", 24.7.2014); in deutscher Übersetzung auf der BaFin-Website verfügbar: „Zugrunde liegende Annahmen der Standardformel für die Berechnung der Solvenzkapitalanforderung" vom 19.2.2015. Unter Punkt 2.2 wird explizit auf Anlagen in Hedgefonds eingegangen, die für die Eigenmittelunterlegung als Typ-2-Aktien (type 2 equity) klassifiziert werden. Leerverkäufe und Leverage (auch über Derivate) sind kennzeichnende Anlagestrategien von Hedgefonds (§ 283 KAGB). Da für die Ermittlung der Risikokapitalunterlegung von Anlagegegenständen ohnehin der Look-Through-Ansatz (Art. 84 Solva II DVO) vorgegeben ist, gibt es für die Verwendung solcher Instrumente in anderen als Hedgefonds keinen Ausschlussgrund, soweit das erhöhte Risiko durch eine entsprechende Eigenmittelunterlegung gepuffert wird. Auch in der Vorbemerkung von R 8/2017 ist klargestellt, dass die Ausführungen, die der Konkretisierung von § 15 VAG dienen, nicht für indirekt gehalten Vermögensanlagen gelten.

[38] Art. 168 Abs. 3 Solva II DVO.

[39] Benannt auch European Market Infrastructure Regulation (EMIR) Verordnung.

[40] Zur Einhaltung der Meldepflichten nach dieser Verordnung: *BaFin,* Auslegungsentscheidung vom 18.2.2014 – European Market Infrastructure Regulation (EMIR) in der Versicherungsaufsicht; dazu auch Delegierte Verordnung (EU) 2016/2251 vom 4.10.2016 zur Ergänzung der Verordnung (EU) Nr. 648/2012 ABl. 2016 L 340, 9.

[41] S. Gesetzesbegründung zum Finanzmarktrichtlinie-Umsetzungsgesetz BT-Drs. 16/4028; MüKoBGB/*Lehmann* Internationales Finanzmarktrecht Rn. 140. Mit Wirkung zum 3.1.2018 findet sich die Vorschrift in § 2 Abs. 11 WpHG.

[42] Zugang zum Register über die Website von ESMA.

[43] *BaFin* Website, Liste der zugelassenen Börsen und der anderen organisierten Märkte, WA 43 – Wp 2100 – 2013/0003.

[44] Sie kann – abhängig von der Bonität des Schuldners und dem Volumen auch bei nicht notierten bzw. notierbarer Schuldtiteln hoch sein.

[45] Zur Erläuterung des „vorsichtigen Maßes" in den Mischungsvorschriften in § 2 Abs. 1 Nr. 2, Nr. 8 AnlV: *BaFin* R x/2017 (Kapitalanlage) Punkt B.3.4

28 **cc) Zum geregelten Markt zugelassene, aber nicht regelmäßig gehandelte Titel.** EIOPA-LL Governance LL 33 setzt nicht zum Handel in einem geregelten Markt zugelassene Anlagen gleich mit solchen Vermögenswerten, die zugelassen, aber nicht oder nicht regelmäßig gehandelt werden.[46] Dies ist nicht vom Wortlaut der Normen gedeckt und in der generellen Form auch von der Sache her nicht geboten. Ein unregelmäßiger Handel allein ist nicht zwingend ein Indiz für eine reduzierte Veräußerbarkeit, wenn die Qualität der Anlage bzw. Anlagetypus und die Nachfrage nach entsprechenden Titeln weiterhin gegeben sind. Soweit geringe oder fehlende Handelsumsätze dadurch bedingt sind, dass bestimmte Anleihen zwar gesucht sind, aber sich für die Titel keine Verkaufsinteressenten finden, ist kein erhöhtes Risiko gegeben.[47] In diesem Fall ist der zusätzlich geforderte Dokumentationsaufwand nicht gerechtfertigt.

29 **g) Mischung und Streuung (Abs. 1 Nr. 7).** Die Vorschrift umschreibt die Anforderungen an die Diversifikation der Kapitalanlagen. Folgende Aspekte sind dabei zu beachten:

30 **aa) Mischung. (1) Prinzip der Diversifikation.** Das Erfordernis einer angemessenen Mischung verlangt die Verteilung des Vermögens auf verschiedene Anlageformen (Darlehen, Anleihen, Fondanteile, Aktien, Grundstücke etc.). Eine einseitige Zusammensetzung bzw. übermäßige Konzentration auf bestimmte Anlageformen widerspricht dem Mischungsgrundsatz.

31 **(2) Geographischer Raum.** Neu ist, dass unter dem Gesichtspunkt der Mischung auch eine übermäßige Abhängigkeit von einem geographischen Raum zu vermeiden ist. Die Dimension des „geographischen Raumes" ist schwierig zu fassen, im englischen Text der Solva II-RL ist in diesem Zusammenhang von „region" die Rede. Daraus lässt sich schließen, dass von einem geographischen Konzentrationsrisiko nur dann gesprochen werden kann, wenn sich die Investments auf ein eher kleinräumiges Gebiet konzentrieren, in dem ein einzelnes gravierendes oder katastrophenähnliches Ereignis den gesamten Wirtschaftsraum beschädigen und die dort gebundenen Investments aufs Schwerste treffen könnte.

32 **bb) Streuung.** Erforderlich ist die Verteilung der Anlagen auf verschiedene Schuldner (verschiedene Emittenten) bzw. verschiedene Objekte. Für die Streuung ist nicht nur auf die Rechtsperson des Emittenten abzustellen, sondern auf die Unternehmensgruppe, zu welcher der Emittent gehört. Konkret bedeutet dies, dass z. B. Anleihen, die von unterschiedlichen Unternehmen einer Gruppe[48] begeben werden, unter dem Gesichtspunkt der Streuung als Anleihen eines einzigen Emittenten zu betrachten sind.

33 Die Formulierung, dass Mischung und Streuung so zu gestalten sind, dass eine übermäßige Abhängigkeit vermieden wird, weist darauf hin, dass eine gewisse Abhängigkeit nicht gegen das Streuungsgebot verstößt. In jedem Fall ist die Qualität und damit das für die Anlage verbundene Risiko zu berücksichtigen. Auch im Aufsichtssystem mit festen Obergrenzen war und ist die Höhe der Mischungs- und Streuungsquoten abhängig von Art und Risiko der Anlage.[49]

34 **h) Risikokonzentration (Abs. 1 Nr. 8).** Die Vermeidung einer übermäßigen Risikokonzentration[50]erfordert, nicht nur die Risiken aus der Anlage in das Instrument eines Emittenten (bzw. seiner Gruppe) zu betrachten, sondern auch sonstige Risiken aus anderen Engagements (z. B. Versicherungsdeckungen) einzubeziehen.

35 **4. Anlage in Kreditverbriefungen, Art. 254 Solva II-VO, § 346 VAG.** Als Ausnahme vom Grundsatz der Anlagefreiheit eröffnet Art. 135 Solva I-RL die Möglichkeit, qualitative Anforderungen an Kreditverbriefungen zu stellen, die Versicherungsunternehmen als Anlage erwerben wollen. Die Kommission hat von der Ermächtigung in Art. 254 f. Solva II-VO Gebrauch gemacht. Die wichtigste Anforderung besteht darin, dass der Originator, Sponsor oder ursprüngliche Kreditgeber mindestens 5 % des Engagements selbst behält (Risikoselbstbehalt). § 346 VAG enthält eine Bestandsschutzregelung für bestimmte Anlagen, die nicht den Anforderungen von Art. 254 Solva II-VO entsprechen.

36 **5. Anlagerisiko getragen vom Versicherungsnehmer (Abs. 2).** Abs. 2 regelt die Anlage von Deckungswerten für jene Lebensversicherungsverträge, bei denen die Höhe der Leistungen von der Wertentwicklung bestimmter Kapitalanlagen abhängt, die bei Vertragsbeginn festgelegt worden sind (häufig als fondsgebundene Lebensversicherung bezeichnet). Für diese Deckungswerte ist jeweils ein gesonderter Anlagestock zu bilden, § 125 Abs. 5 VAG.

37 **a) Grundsatz (Abs. 2 S. 1).** Für die Anlage dieser Werte gilt nur Abs. 1 Nr. 1–4. Das bedeutet im Umkehrschluss, dass ein größerer Spielraum zur Verfügung steht für derivative Finanzinstrumente und Werte, die nicht an einem geregelten Finanzmarkt zugelassen sind, und dass das Gebot der Mischung und Streuung nicht zu beachten ist.

[46] Ebenso *BaFin* Auslegungsentscheidung vom 21.12.2015 Prudent Person Principle Rn. 53.
[47] Beispiel: höherverzinsliche Pfandbriefemissionen in Niedrigzinsphasen.
[48] Zur Legaldefinition der Gruppe i. S. d. VAG: § 7 Nr. 13 VAG.
[49] vgl. §§ 3,4 AnlV.
[50] Legaldefinition Risikokonzentration: § 7 Nr. 26 VAG.

b) Leistungsversprechen mit Garantieelementen (Abs. 2 S. 1 letzter Hs., S. 2 Nr. 3). Bei Versicherungen, in denen der Versicherungsnehmer das Anlagerisiko trägt, gibt es auch Leistungsversprechen mit Garantieelementen, z. B. dass das eingezahlte Kapital ganz oder in einem festgelegten Mindestumfang erhalten bleibt. In solchen Fallgestaltungen, bei denen die Versicherungsleistungen eine Garantie für das Anlageergebnis oder eine sonstige garantierte Leistung beinhalten, sind Abs. 1 Nr. 5–8 zu beachten. 38

c) Leistungen ohne Garantie und abhängig von der Entwicklung bestimmter Referenzwerte (Abs. 2 S. 2). Auch wenn keine Leistung garantiert wird, weil das Anlagerisiko vollumfänglich beim Versicherungsnehmer liegt, gibt es in der Regel vertragliche Festlegungen darüber, wie die Bedeckungswerte angelegt werden sollen. Für diese Fälle sieht Nr. 1 und Nr. 2 vor, dass die Vermögensanlage möglichst genau die festgelegte Anlagestrategie zu replizieren hat. Folgende Konstellationen sind zu unterscheiden: 39

aa) Bindung an Fondsanteile (Abs. 2 S. 2 Nr. 1). Anteile an Organismen für die gemeinschaftliche Anlagen in Wertpapieren im Sinne der Richtlinie 2009/65/EG: gemeint sind Anteile an Investmentfonds, die den Anforderungen dieser Richtlinie entsprechen. In Deutschland sind die Kapitalverwaltungsgesellschaften[51] und Fondsvermögen, die den Anforderungen der Richtlinie entsprechen, geregelt in den §§ 17 ff., 113 ff., 192 ff. KAGB. Die Vorschrift in Nr. 1 erfasst zwei Gestaltungen: in einem Fall ist die Leistung direkt an den Wert von Fondsanteilen einer OWAG-Kapitalverwaltungsgesellschaft oder Anteilen an einer OWAG-Investmentaktiengesellschaft gebunden. In diesen Varianten sind Kapitalverwaltungsgesellschaft bzw. Investmentaktiengesellschaft die formellen Inhaber der Vermögenswerte, die wirtschaftlich durch Anteile repräsentiert sind. Im zweiten Fall ist der Wert an die Vermögenswerte eines internen Fonds gebunden, dh dass formeller Inhaber der Vermögenswerte das Versicherungsunternehmen ist und diese als separate Vermögensmasse führen. Für diese „internen Fonds" gelten die Vorschriften des KAGB nicht. Für beide Gestaltungen wird gefordert, dass die Deckungswerte den (internen oder externen) Fondsanteilen entsprechen. 40

bb) Bindung an Referenzwerte (Abs. 2 S. 2 Nr. 2). Sind die Versicherungsleistungen an die Wertentwicklung eines Aktienindexes oder eines anderen Referenzwert gebunden (ohne dass die Konstellation von Nr. 1 vorliegt), sind die Deckungswerten so genau wie möglich durch die Anteile, die den Referenzwert darstellen, zu replizieren (z. B. Indexfonds). Gibt es solche Anteile nicht (z. B. bei Kombination von mehreren Indices), müssen solche Bedeckungswerte mit angemessener Sicherheit und Realisierbarkeit gewählt werden, die möglichst genau den Werten entsprechen, auf die sich der Referenzwert bezieht. 41

6. Selbständiger Bestand (Abs. 3). Der Anwendungsbereich von Abs. 3 bezieht sich auf selbstständige Versicherungsbestände in Staaten außerhalb von EU/EWR. 42

a) Selbstständiger Bestand. Erfasst sind Bestände von Versicherungsverträgen eines Versicherungsunternehmens mit Sitz in Deutschland, die betriebstechnisch gesondert z. B. in einer Niederlassung in einem Drittstaat zusammen gefasst sind und dort den lokalen Aufsichtsnormen unterliegen. 43

b) Anlagevorschriften. Primär maßgebend für die Anlage der Deckungswerte des ausländischen Bestandes ist das Recht am Ort der Niederlassung. Die Absätze 1 und 2 gelten mithin nur subsidiär. 44

Sicherungsvermögen

125 (1) [1]**Der Vorstand eines Erstversicherungsunternehmens hat schon im Laufe des Geschäftsjahres Beträge in solcher Höhe dem Sicherungsvermögen zuzuführen und vorschriftsmäßig anzulegen, wie es dem voraussichtlichen Anwachsen des Mindestumfangs nach Absatz 2 entspricht.** [2]**Wenn Erstversicherungsunternehmen Vermögen in**

1. Darlehensforderungen,
2. Schuldverschreibungen und Genussrechten,
3. Schuldbuchforderungen,
4. Aktien,
5. Beteiligungen,
6. Grundstücken und grundstücksgleichen Rechten,
7. Anteilen im Sinne des § 215 Absatz 2 Satz 1 Nummer 6 oder
8. laufenden Guthaben und Einlagen bei Kreditinstituten

anlegen, sind diese Vermögenswerte bis zur Höhe der in Absatz 2 genannten Summe der Bilanzwerte dem Sicherungsvermögen zuzuführen. [3]**Die in Satz 2 genannten Vermögens-**

[51] Frühere Terminologie des aufgehobenen InvG: Kapitalanlagegesellschaft.

werte sollen insgesamt im Hinblick auf Sicherheit, Liquidität, Rentabilität und Qualität mindestens dem Niveau des Gesamtportfolios entsprechen.

(2) [1]**Der Umfang des Sicherungsvermögens muss mindestens der Summe aus den Bilanzwerten folgender Beträge entsprechen:**

1. der Beitragsüberträge,
2. der Deckungsrückstellung,
3. der Rückstellung für
  a) noch nicht abgewickelte Versicherungsfälle und Rückkäufe,
  b) erfolgsunabhängige Beitragsrückerstattung und
  c) unverbrauchte Beiträge aus ruhenden Versicherungsverträgen,
4. der Teile der Rückstellung für erfolgsabhängige Beitragsrückerstattung, die auf bereits festgelegte, aber noch nicht zugeteilte Überschussanteile entfallen,
5. der Verbindlichkeiten aus dem selbst abgeschlossenen Versicherungsgeschäft gegenüber Versicherungsnehmern sowie
6. der als Prämie eingenommenen Beträge, die ein Versicherungsunternehmen zu erstatten hat, wenn ein Versicherungsvertrag oder ein in § 2 Absatz 2 genanntes Geschäft nicht zustande gekommen ist oder aufgehoben wurde.

[2]**Bilanzwerte im Sinne des Satzes 1 sind die Bruttobeträge für das selbst abgeschlossene Versicherungsgeschäft vor Abzug der Anteile für das in Rückdeckung gegebene Versicherungsgeschäft.**

(3) [1]**Unbelastete Grundstücke und grundstücksgleiche Rechte sind für das Sicherungsvermögen mit ihrem Bilanzwert anzusetzen.** [2]**Ist der Bilanzwert höher als der Verkehrswert, so ist der Verkehrswert anzusetzen.** [3]**Die Aufsichtsbehörde kann eine angemessene Erhöhung des Wertansatzes zulassen, wenn und soweit durch ein Sachverständigengutachten nachgewiesen ist, dass der Verkehrswert den Bilanzwert um mindestens 100 Prozent überschreitet.** [4]**Für belastete Grundstücke und grundstücksgleiche Rechte setzt die Aufsichtsbehörde den Wert im Einzelfall fest.**

(4) [1]**Das Sicherungsvermögen ist gesondert von jedem anderen Vermögen zu verwalten und im Gebiet der Mitglied- oder Vertragsstaaten aufzubewahren.** [2]**Die Art der Aufbewahrung ist der Aufsichtsbehörde anzuzeigen.** [3]**Diese kann genehmigen, dass die Werte des Sicherungsvermögens an einem anderen Ort aufbewahrt werden.**

(5) **Für jede Anlageart ist eine Abteilung des Sicherungsvermögens (Anlagestock) zu bilden, soweit Lebensversicherungsverträge Versicherungsleistungen**

1. in Anteilen an einem offenen Investmentvermögen im Sinne von § 1 Absatz 4 des Kapitalanlagegesetzbuchs anlegen,
2. in von einer Investmentgesellschaft ausgegebenen Anteilen vorsehen,
3. in Vermögensgegenstände im Sinne von § 2 Absatz 4 des Investmentgesetzes in der bis zum 21. Juli 2013 geltenden Fassung, ausgenommen Geld, vorsehen oder
4. direkt an einen Aktienindex oder andere Bezugswerte binden.

(6) [1]**Mit Genehmigung der Aufsichtsbehörde können selbständige Abteilungen des Sicherungsvermögens gebildet werden.** [2]**Was für das Sicherungsvermögen und die Ansprüche daran vorgeschrieben ist, gilt dann entsprechend für jede selbständige Abteilung.**

Übersicht

I. Allgemeines. 1. Entstehungsgeschichte. Zum einen übernimmt die Vorschrift Teile des § 66 a. F. VAG, zum anderen adaptiert sie die materiellen Anforderungen an die Anlagegegenstände des Sicherungsvermögens an Art. 133 Solva II RL. 1

2. Normzweck. Das Sicherungsvermögen gewährt den Gläubigern aus Versicherungsverhältnissen eine bevorrechtigte Stellung bei Zwangsvollstreckung und Insolvenz des Schuldners, §§ 130 Abs. 2, 315 VAG. Zur effektiven Gewährleistung dieses Vorrechtes enthält die Vorschrift Regelungen 2
– zu den zulässigen Gegenständen des Sicherungsvermögens (Abs. 1),
– zur erforderlichen Höhe (Mindestumfang; Abs. 2),
– zum Anrechnungswert für Grundstücke und grundstücksgleiche Rechte (Abs. 3),
– zu Verwaltung und Aufbewahrung (Abs. 4),
– zu Anlagestock und selbständigen Abteilungen (Abs. 5, 6).

3. Europarechtlicher Hintergrund. Unionsrechtlich ist für alle Ansprüche aus Versicherung ein besonderer Schutz in der Insolvenz gefordert.[1] Die **ZwangsliquidationsRL** ist im Rahmen der Einbettung ihrer Vorschriften in die Solva II-RL aufgehoben worden, ihre Bestimmungen finden sich nun in den Art. 267 ff. Solva II-RL. Vor Erlass der Richtlinie gab es in Deutschland bereits das Konzept des **Deckungsstocks**, einer separierten Vermögensmasse, die jedoch nur für Versicherungen mit Ansparelement (Leben, Kranken, Unfall mit Prämienrückgewähr) eine Privilegierung in der Insolvenz gewährleistete. Mit Umsetzung der RL 2001/17/EG wurde das Konzept der separierten Vermögens- 3

[1] RL 2001/17/EG über die Sanierung und Liquidation von Versicherungsunternehmen (ZwangsliquidationsRL).

masse dann auf alle Ansprüche aus Versicherungsverhältnissen ausgedehnt und die Vermögensmasse erhielt die Bezeichnung Sicherungsvermögen.[2]

4 Mit Blick auf die materiellen Anforderungen an die Anlagegegenstände des Sicherungsvermögens war bei der Neufassung des VAG außerdem Art. 133 Solva II RL Rechnung zu tragen, so dass nunmehr auch beim Sicherungsvermögen keine speziellen gesetzlichen Beschränkungen gegeben sind.

5 **4. Anwendungsbereich.** Der Wortlaut von § 125 VAG beschränkt den Anwendungsbereich auf Erstversicherungsunternehmen, so dass Rückversicherungsunternehmen nicht erfasst sind. Ebenso wenig gilt die Vorschrift für Versicherungs-Zweckgesellschaften, § 168 Abs. 2 VAG. Rückversicherungsunternehmen haben für die Deckungswerte der versicherungstechnischen Rückstellungen ein sogenanntes „qualifiziertes Vermögen" zu bilden, § 165 Abs. 2–5 VAG. Für kleine Versicherungsunternehmen, Pensions- und Sterbekassen gelten Abs. 1 S. 2 und 3 nicht, für Pensionsfonds gelten nicht Abs. 1 S. 2 und 3, Abs. 5 und 6 (§ 237 Abs. 1 S. 2 VAG).

6 **II. Sicherungsvermögen. 1. Begriff und Funktion des Sicherungsvermögens.** Mit Sicherungsvermögen wird die Vermögensmasse eines Erstversicherungsunternehmen bezeichnet, die der vorrangigen Befriedigung von Ansprüchen aus Versicherungsverhältnissen vorbehalten ist (§ 130 Abs. 2, § 315 VAG). Das Konzept des Sicherungsvermögens entspricht den Anforderungen von Art. 275 Abs. 1 lit. a Solva II-RL an den Schutz von Versicherungsnehmern in der Insolvenz. Neben dem Sicherungsvermögen gibt es bei einem Erstversicherungsunternehmen nunmehr keine weiteren Vermögensmassen, für die besondere Anforderungen oder sonstige Regelungen bestehen. Das im § 54 VAG a. F. verwendete Konzept des **gebundenen Vermögens**, unterteilt in Sicherungsvermögen und übrigem gebundenen Vermögen, ist durch das geltende VAG obsolet geworden.

7 **2. Anforderungen an das Sicherungsvermögen.** Um die Vermögenswerte des Sicherungsvermögens vor dem Zugriff der Massegläubiger zu schützen und eine möglichst hohe Werthaltigkeit zu gewährleisten, stellt das Gesetz folgende Anforderungen:
- Präferenz für die Zuführung aus bestimmten Anlagekategorien (Abs. 1),
- von anderem Vermögen gesonderte Verwaltung (Abs. 4),
- Verwahrung im Gebiet von EU/EWR (Abs. 4),
- für Deckungswerte aus bestimmten Versicherungszweigen zusätzlich noch Sicherstellung der Vermögensgegenstände durch einen Treuhänder § 128 Abs. 1 S. 1 VAG.

8 **3. Struktur des Sicherungsvermögens.** Auch wenn das Gesetz stets nur von „dem" Sicherungsvermögen eines Versicherungsunternehmens spricht, können bei einem Versicherungsunternehmen mehrere Sicherungsvermögen zu unterscheiden sein. Der Grund dafür ist, dass für bestimmte Versicherungszweige das Gesetz zusätzlich einen Treuhänder verlangt (§ 128 Abs. 1 VAG). Betreibt ein Versicherungsunternehmen z. B. Unfallversicherung gem. § 161, dann ist für das Sicherungsvermögen aus diesem Zweig ein Treuhänder zu bestellen, für das Sicherungsvermögen aus anderen Zweigen nicht. Aufgrund der unterschiedlichen gesetzlichen Anforderungen liegen damit zwei verschiedene Sicherungsvermögen vor. Darüber hinaus kann ein Sicherungsvermögen selbständige Abteilungen aufweisen, die entweder aufgrund gesetzlicher Anordnung (Abs. 5) oder mit Genehmigung der Aufsichtsbehörde eingerichtet werden (Abs. 6).

9 **4. Mindesthöhe des Sicherungsvermögens.** Sie ist geregelt in Abs. 2 (Rn. 18 ff.) und definiert durch die Höhe der Verpflichtungen aus Versicherungsverhältnissen, wie sie auf der Passivseite der Bilanz ausgewiesen sind.

10 **5. Zuführung zum Sicherungsvermögen (Abs. 1 S. 1). a) Anwachsen der Verpflichtungen gegenüber den Versicherungsnehmern.** Die Zuführung zum Sicherungsvermögen ist geboten, um bei wachsenden Verpflichtungen zu gewährleisten, dass die Mindesthöhe erreicht wird. Auch wenn die Meldung an die Aufsichtsbehörde über die vorschriftsmäßige Bedeckung nur zum Stichtag des Geschäftsjahresendes erfolgt, muss die Zuführung bereits im Laufe des Geschäftsjahres erfolgen.

11 **b) Entnahme.** Wird dem Sicherungsvermögen ein Gegenstand entnommen, ist dies nur möglich, wenn gleichzeitig ein anderer Vermögensgegenstand in entsprechender Höhe zugeführt wird, soweit das Soll des Sicherungsvermögens unverändert geblieben ist (arg. e § 130 Abs. 1 VAG).

12 **c) Unterdeckung.** Steht fest, dass der Mindestbetrag nicht erreicht wird, ist der fehlende Betrag unverzüglich zuzuführen, § 127 Abs. 1 VAG.

13 **d) Anordnung.** Die Aufsichtsbehörde kann höhere Zuführungen anordnen, § 127 Abs. 2 VAG.

14 **6. Berichterstattung.** Über die Zusammensetzung der Deckungswerte des Sicherungsvermögens und die zu bedeckenden Rückstellungen ist Bericht zu erstatten gem. § 9 Abs. 1 Nr. 2 BerVersV.

---

[2] Ausführlich: *Männle*, Die Richtlinie 2001/17/EG über die Sanierung und Liquidation von Versicherungsunternehmen und ihre Umsetzung ins deutsche Recht, 2007.

III. Vermögensgegenstände des Sicherungsvermögens (Abs. 1. S. 2–3). 1. Anwendungsbereich. S. 2–3 gelten nicht für kleine Versicherungsunternehmen, Sterbekassen und Pensionskassen, § 212 Abs. 2 Nr. 5, § 219 Abs. 1, § 234 Abs. 1 VAG; für sie gilt § 215 VAG. 15

2. Anlagefreiheit. Auf Basis von Art. 133 Solva II-RL sind für Unternehmen, die dem Solvency II Regime unterliegen, die Anlagevorschriften aufgehoben worden. Damit sind auch die speziellen Anforderungen an die Vermögensgegenstände des Sicherungsvermögens entfallen. Abs. 1 enthält keine Vorschriften dahin gehend, in welche Wert investiert werden darf bzw. nicht investiert werden darf. **Abs. 1 S. 2** trifft allerdings Festlegungen dazu, dass Vermögensgegenstände bestimmter Anlageklassen dem Sicherungsvermögen dann zuzuführen sind, wenn das Unternehmen diese in seinem Bestand hält. Bei den aufgezählten Anlageformen handelt es sich um klassische Anlagetypen, die auch bislang den größten Anteil der Kapitalanlage eines jeden Versicherungsunternehmens darstellen. 16

– Darlehensforderungen: §§ 488 ff. BGB; dazu zählen alle Arten von verzinslichen Rückzahlungsforderungen, die nicht verbrieft sind, z. B. Schuldscheindarlehen, also Darlehen, über die nur eine Urkunde (Schuldschein) erstellt worden ist oder Schuldbuchforderungen (fungible, handelbare Darlehen öffentlich-rechtlicher Emittenten, die in ein öffentliches Register eingetragen sind).[3] Trotz ihrer Finanzierungstätigkeit gelten Versicherungsunternehmen weder als Kredit- noch als Finanzdienstleistungsinstitute, § 2 Abs. 1 Nr. 4, Abs. 6 S. 1 Nr. 4 KWG, sie müssen jedoch die Meldepflichten gem. § 2 Abs. 2 i. V. m. § 14 KWG beachten (Millionenkreditmeldungen).[4]
– Schuldverschreibung: eine verbriefte Forderung auf Rückzahlung und Verzinsung von zur Verfügung gestelltem Kapital; zu Rechtsgrundlagen für Schuldverschreibungen nach deutschem Recht: § 793 BGB, SchVG, PfandBG.
– Genussrechte: sie gewähren dem Inhaber schuldrechtliche Ansprüche, in der Regel auf gewinnabhängige Verzinsung, gegen ein Unternehmen, ohne dass der Genussrechtsinhaber eine Stellung als Gesellschafter mit dessen Rechten erlangt; eine Legaldefinition gibt es nicht.[5]
– Aktien: körperschaftliches Mitgliedschaftsrecht, von seiner Ausgestaltung her fungibel.
– Beteiligungen: § 271 HGB.
– Grundstücke, grundstücksgleich Rechte, sowohl als Alleineigentum als auch als Bruchteilseigentum (§ 1008 BGB); Grundstücke § 873 BGB, grundstücksgleiche Rechte: Wohn- und Teileigentum gem. WEG, Erbbaurecht (§ 11 ErbbauRG), Bergwerkseigentum (§ 9 BBergG), Schiffe (§ 4 Abs. 2 SchiffsRegG).
– Anteile i. S. v. § 215 Abs. 2 S. 1 Nr. 6 VAG: gemeint sind Anteile an einer Investmentgesellschaft oder dem Sondervermögen einer Kapitalverwaltungsgesellschaft (Investmentfonds), die den Anforderungen der OGAW-RL 2009/65/EG entsprechen. Die auf Basis des Unionsrechts harmonisierten Bestimmungen finden sich im KAGB.

Die Verpflichtung zur Zuführung aus den genannten Anlagearten besteht nur bis zur Höhe des Mindestbetrages, Abs. 1 S. 2. Das Versicherungsunternehmen ist jedoch frei festzulegen, welche Vermögensgegenstände seines gesamten Portfolios dem Sicherungsvermögen zugeführt werden sollen. Die Parteien (Gläubiger, Schuldner) eines Vermögensgegenstandes sind auch frei zu vereinbaren, dass ein Vermögensgegenstand dem Sicherungsvermögen nicht zugeführt werden darf oder dass im Einzelfall die Zustimmung des Schuldners erforderlich ist.[6] Für die einzelnen Anlagegegenstände gibt es hinsichtlich Ausgestaltung, Qualität, Belegenheit, etc. keine Anforderungen, die über jene von § 124 VAG hinausgehen. Allerdings ist sicherzustellen, dass das Sicherungsvermögen als Ganzes unter den Gesichtspunkten Sicherheit, Liquidität, Rentabilität und Qualität nicht unter dem Niveau des Gesamtportfolios des Versicherungsunternehmens liegt, **Abs. 1 S. 3.** 17

IV. Mindesthöhe des Sicherungsvermögens (Abs. 2). Die Mindesthöhe des Sicherungsvermögens (Sicherungsvermögens-Soll) wird bestimmt durch die Summe aller bis zum jeweiligen Zeitpunkt aufgelaufenen Leistungsansprüche der Versicherten, auch wenn die Verpflichtungen dem Grunde und der Höhe nach noch mit Unsicherheiten behaftet sind. In dieser Höhe muss Sicherungsvermögen vorhanden sein. Das Sicherungsvermögen selbst ist – von Ausnahmen abgesehen – in den Aktivposten der Bilanz erfasst. 18

1. Relevante Bilanzpositionen (Abs. 2 S. 1). Die Verpflichtungen aus Versicherungsverhältnissen werden in folgenden Bilanzpositionen der Passivseite ausgewiesen: 19

[3] Zu Besonderheiten der Vertragsdokumentation bei gewerblichen Immobilienfinanzierungen durch Versicherungsunternehmen *Lange* WM 2014, 2304.
[4] Dazu *BaFin*, Merkblatt – Hinweise zur Bereichsausnahme für Versicherungsunternehmen vom 15.11.2010, zuletzt geändert am 25.1.2016.
[5] Überblick zu den Ausgestaltungsmöglichkeiten *Sagasser,* in: Assmann/Schütze, Handbuch des Kapitalanlagerechts, 2015, Rn. 587 ff.
[6] Vgl. Deutscher Rahmenvertrag für Finanztermingeschäfte, Anhang für Deckungsgeschäfte – Hypothekenpfandbriefe (Bank) bzgl. Eintragung ins Deckungsregister.

20 **a) Beitragsüberträge (Abs. 2 S. 1 Nr. 1: § 341e Abs. 2 Nr. 1 HGB, § 24 RechVersV – Bilanzposten E. I.).** Es handelt sich um einen passivischen Rechnungsabgrenzungsposten für Beiträge, die sich auf eine Deckungsverpflichtung in einem künftigen Wirtschaftsjahr beziehen und bereits bezahlt worden sind.

21 **b) Deckungsrückstellung (Abs. 2 S. 1 Nr. 2: § 341 f HGB, § 25 RechVersV – Bilanzposten E. II. 1).** Es handelt sich um eine Rückstellung, in der u. a. die Sparanteile von Lebensversicherungsverträgen zurückgestellt sind.

22 **c) Rückstellung für noch nicht abgewickelte Versicherungsfälle und Rückkäufe (Abs. 2 S. 1 Nr. 3 lit. a: § 341g HGB, § 26 RechVersV – Bilanzposten E. III.).** Die Rückstellung betrifft Leistungsverpflichtungen, die dem Grunde oder der Höhe nach oder unter beiden Gesichtspunkten noch nicht feststehen.

23 **d) Rückstellung für erfolgsunabhängige Beitragsrückerstattung (Abs. 2 S. 1 Nr. 3 lit b: § 341e Abs. 2 Nr. 2 HGB, § 28 Abs. 3 RechVersV – Bilanzposten E. IV.).** Darunter fällt insbesondere die Alterungsrückstellung bei der Krankenversicherung.

24 **e) Rückstellung für unverbrauchte Beiträge aus ruhenden Versicherungsverträgen (Abs. 2 S. 1 Nr. 3 lit c: § 31 Abs. 2 Nr. 2 RechVersV – Bilanzposten E. VI.):** Es handelt sich um eine sonstige versicherungstechnische Rückstellung.

25 **f) Teile der Rückstellung für erfolgsabhängige Beitragsrückerstattung, die auf bereits festgelegte, aber noch nicht zugeteilte Überschussanteile entfallen (Abs. 2 S. 1 Nr. 4: § 341e Abs. 2 Nr. 2 HGB, § 28 Abs. 8 Nr. 2 RechVersV – Bilanzposten E. IV).** Hierbei handelt es sich um die sog. „festgelegte" Rückstellung für Beitragsrückerstattung, dh die im Geschäftsbericht verbindlich festgelegte Deklaration von Überschussanteilen (laufende Überschussanteile u. Schlussüberschussanteile) für das Folgejahr. Erfasst ist auch der gebundene Teil des Schlussüberschussanteilsfonds (vgl. § 28 Abs. 6 RechVersV). Da nur die für die Ausschüttung im Folgejahr festgelegten Teile der Rückstellung für Beitragsrückerstattung in die Ermittlung eingehen, ist die sog. „freie" Rückstellung für Beitragsrückerstattung, dh der Teil der Rückstellung für Beitragsrückerstattung, der nicht festgelegt ist, nicht für das Sicherungsvermögen zu berücksichtigen.

26 **g) Verbindlichkeiten aus dem selbst abgeschlossenen Versicherungsgeschäft gegenüber dem Versicherungsnehmer aus dem Versicherungsvertrag (Abs. 2 S. 1 Nr. 5: Bilanzposten I. I. 1).** Diese Position umfasst sämtliche Forderungen aus Versicherungsverhältnissen (z. B. auf Versicherungsleistungen oder gutgeschriebene Überschussanteile), die dem Grunde und der Höhe nach feststehen und erfüllbar sind. Die Beschränkung auf das „selbstabgeschlossene Geschäft" bedeutet, dass Verpflichtungen aus aktivem Rückversicherungsgeschäft (d. h., dass das ErstVU selbst Rückversicherungsrisiken gezeichnet hat), nicht durch Sicherungsvermögen zu bedecken sind.

27 **h) Rückerstattungsbeträge bei Nichtzustandekommen oder Aufhebung eines Versicherungsvertrages (Abs. 2 S. 1 Nr. 6: vgl. Bilanzposten I. V., sonstige Verbindlichkeiten).** Dies betrifft im Wesentlichen Rückzahlungsverpflichtungen aus stornierten Verträgen.

28 **2. Wertansatz (Abs. 2 S. 2).** Für die Ermittlung der Höhe des Sicherungsvermögens sind die Bruttowerte der genannten Passivposten anzusetzen, dh ohne Abzug der Anteile der Rückversicherer.

29 **V. Anrechnungswert von Grundstücken, grundstücksgleichen Rechten (Abs. 3). 1. Grundsatz.** Zugeführte Vermögensgegenstände werden grundsätzlich mit dem Wert, mit dem sie in der Bilanz ausgewiesen sind (Buchwert, Bilanzwert) auf das Sicherungsvermögen angerechnet. Änderungen des Buchwertes von Gegenständen des Sicherungsvermögens führen auch zu Änderungen des Anrechnungswertes. Die Veränderung ist unverzüglich im Vermögensverzeichnis[7] einzutragen.[8] Für Grundstücke und grundstücksgleiche Rechte sieht Abs. 3 gewisse Ausnahmen von diesem Grundsatz vor. Dabei ist zwischen belasteten und unbelasteten Grundstücken bzw. grundstücksgleichen Rechten zu unterscheiden. Grundstücksgleiche Rechte s. Abs. 1 Nr. 6.

30 **2. Anrechnungswert unbelasteter Grundstücke bzw. grundstücksgleicher Rechte. a) Bilanzwert (Abs. 3 S. 1).** Auch bei Grundstücken ist Anrechnungswert grundsätzlich der Bilanzwert, dh also der handelsrechtliche Buchwert (§§ 341b Abs. 1 S. 1, 253 HGB) Er ergibt sich nach Vornahme aktivierungsfähiger Aufwendungen und Durchführung handelsrechtlicher Ab- und Zuschreibungen.

31 **b) Verkehrswert (Abs. 3 S. 2).** Ist der Verkehrswert niedriger als der Buchwert, so ist der Verkehrswert maßgeblich. Da bei voraussichtlich dauerndem Absinken des Verkehrswertes unter den Buchwert auch handelsrechtlich der niedrigere Wert in der Bilanz anzusetzen ist (§ 253 Abs. 2 S. 3 HGB), hat

[7] § 126 VAG.

[8] Rundschreiben der BaFin R 7/2016 bzw. R 6/2017 jeweils Punkt 2.3. Vereinfachungen gelten danach bei Wertpapieren, wenn es sich um Kursschwankungen handelt.

Satz 2 eigenständige Bedeutung nur für den Fall, dass der Verkehrswert voraussichtlich nur kurzfristig niedriger ist als der Buchwert und deshalb einstweilen der höhere Buchwert in der Handelsbilanz beibehalten werden kann. Die Ermittlung des Verkehrswertes ist von den Unternehmen zu veranlassen. Maßgeblich für die Ermittlung des Verkehrswerts ist die Immobilienwertermittlungsverordnung (ImmoWertV).

c) Genehmigter erhöhter Anrechnungswert (Abs. 3 S. 3). Ein über dem Buchwert liegender Anrechnungswert kann nur unter den folgenden kumulativen Voraussetzungen angesetzt werden: (1) der Verkehrswert überschreitet den Buchwert um mindestens 100 %; (2) die Höhe des aktuellen Verkehrswertes wird nachgewiesen durch das Gutachten eines Sachverständigen, (3) Genehmigung durch die Aufsichtsbehörde. 32

d) Anrechnungswert belasteter Grundstücke, grundstücksgleicher Rechte (Abs. 3 S. 4). Sind die Objekte belastet, wird der Anrechnungswert von der Aufsichtsbehörde festgesetzt. 33

VI. Verwaltung und Aufbewahrung des Sicherungsvermögens (Abs. 4). 1. Allgemeines. Zur Sicherung und Durchsetzung der Rechte der bevorrechtigten Gläubiger (§§ 130 Abs. 2, 315 VAG) ordnet Abs. 4 die gesonderte Verwaltung und Aufbewahrung der Sicherungsvermögenswerte an. Sie sind am Sitz des Unternehmens, bei Doppelsitz an einem Sitz des Unternehmens, aufzubewahren. Der sich aus der Aufbewahrung am Sitz ergebende Zwang zur Lokalisierung ist zu unterscheiden von der Belegenheit der Vermögensgegenstände nach § 124 Abs. 1 Nr. 2 VAG, § 5 AnlV.[9] 34

2. Richtlinien zur Aufbewahrung und Verwaltung des Sicherungsvermögens; gesonderte Verwaltung (Abs. 4 S. 1). Die Aufsichtsbehörde hat zu den Anforderungen an Aufbewahrung und Verwaltung zwei Rundschreiben erlassen.[10] Der Begriff der gesonderten Verwaltung ist nach Sinn und Zweck der Vorschrift eng zu verstehen: Es muss gewährleistet sein, dass die Gegenstände des Sicherungsvermögens jederzeit und eindeutig identifizierbar sind. Diese Funktion ist bereits dadurch gewährleistet, dass sie in ein separates Vermögensverzeichnis aufzunehmen sind.[11] Alle weiteren Aktivitäten, die der Verwaltung (Abwicklung der Transaktionen, Verbuchung etc.) von Vermögensanlagen dienen, müssen nicht getrennt ausgeführt werden. 35

3. Gesonderte Aufbewahrung in EU/EWR. Die Urkunden über die Vermögensgegenstände sind gesondert aufzubewahren. Darüber hinaus gilt für den Ort der Aufbewahrung, dass er sich im EU/EWR Gebiet befinden muss. Bei Aufbewahrung durch Dritte verlangt die Aufsichtsbehörde eine Verzichtserklärung für das Pfandrecht, das sie aus dem Aufbewahrungsverhältnis haben bzw. sich haben einräumen lassen, (Ausnahme: Wertpapierdepots bei der Bundesrepublik Deutschland Finanzagentur GmbH).[12] 36

4. Aufbewahrung außerhalb EU/EWR (Abs. 4 S. 3). Mit Genehmigung der Aufsichtsbehörde ist auch eine Aufbewahrung außerhalb EU/EWR möglich. Ein maßgebliches Kriterium für die Genehmigung ist vor allem, dass der ungehinderte Zugang und Zugriff auf die Vermögenswerte im Fall der Insolvenz des Versicherungsunternehmens gewährleistet ist. 37

5. Verwaltung außerhalb EU/EWR. Die Verwaltung außerhalb EU/EWR ist ohne Genehmigung der Aufsichtsbehörde möglich. Soweit ein Fall der Ausgliederung vorliegt, ist § 32 zu beachten. 38

6. Anzeigepflicht (Abs. 4 S. 2). Die Art der Aufbewahrung ist der Aufsichtsbehörde anzuzeigen. 39

VII. Selbständige Abteilungen des Sicherungsvermögens. Innerhalb eines Sicherungsvermögens können selbständige Abteilungen eingerichtet werden, entweder aufgrund gesetzlicher Anordnung (Abs. 5) oder mit Genehmigung der Aufsichtsbehörde (Abs. 6). Die Gegenstände des Sicherungsvermögens einer Abteilung stehen nur den Versicherten dieser Abteilung gem. §§ 130 Abs. 2, 315 Abs. 2 VAG zur Verfügung. Ein etwaiger Deckungsüberschuss würde im Fall der Eröffnung eines Insolvenzverfahrens der Insolvenzmasse zugutekommen.[13] Bei selbständigen Abteilungen ist für jede Abteilung ein selbständiges Sicherungsvermögen zu bilden und ein Vermögensverzeichnis zu führen, Abs. 6 S. 2. 40

1. Gesetzlich vorgeschriebene selbständige Abteilungen in der Lebensversicherung (Abs. 5). Vorgeschrieben ist die Bildung von selbständigen Abteilungen des Sicherungsvermögens in der Lebensversicherung, soweit die Versicherungsleistungen durch die Wertentwicklung vorab fest- 41

[9] Soweit die AnlV zur Anwendung kommt, ist die Belegenheit im Bereich der Mitgliedstaaten und Vertragsstaaten des EWR eine Voraussetzung für die Anlagefähigkeit von Vermögensgegenständen, die Lokalisierungspflicht besteht unabhängig davon.

[10] *BaFin*, Rundschreiben 7/2016 vom 1.12.2016 (betrifft kleine Versicherungsunternehmen, Pensionskassen und Pensionsfonds) und Rundschreiben 7/2017 vom 13.6.2017 (betrifft die übrigen Versicherungsunternehmen).

[11] Ebenso FKBP/*Kaulbach* § 66 Rn. 27.

[12] R 03/2016 Punkt 3.6., R 7/2016 Punkt 3.3.2, R 6/2017, Punkt 3.3.2.

[13] Ebenso Goldberg/Müller/*Müller* § 77 Rn. 12, *Hopt* DB 1975,1067.

gelegter Vermögensgegenstände definiert sind (sog. Anlagestock). Für diese Leistungsversprechen gibt es in § 124 Abs. 2 VAG auch spezielle Vorgaben für die Kapitalanlage. In diesen Fällen ist für jeden Typus von Leistungsversprechen eine eigene Abteilung zu bilden. Abs. 5 zählt dabei folgende Arten von Leistungsversprechen auf:

42 (1) **Nr. 1:** die Versicherungsleistung ergibt sich aus dem Wert den Fondsanteilen gem. § 1 Abs. 4 KAGB.

43 (2) **Nr. 2:** die Versicherungsleistung besteht in einer Sachleistung, und zwar in Anteilen an einer Investmentgesellschaft.

44 (3) **Nr. 3**: die Versicherungsleistungen bestehen in einer Sachleistung, und zwar in Vermögensgegenständen i. S. v. § 2 Abs. 4 InvestmentG in der Fassung vom 21.7.2013 (also dem Tag, bevor das Gesetz aufgehoben worden ist). Auf diese Form des Leistungsversprechens bezieht sich § 124 Abs. 2 S. 2 Nr. 1 Var. 2 VAG („interner Fonds"). § 2 Abs. 4 Investmentgesetz a. F. lautet wie folgt:

Vermögensgegenstände im Sinne dieses Gesetzes sind
1. Wertpapiere,
2. Geldmarktinstrumente,
3. Derivate,
4. Bankguthaben,
5. Grundstücke, grundstücksgleiche Rechte und vergleichbare Rechte nach dem Recht anderer Staaten (Immobilien),
6. Beteiligungen an Gesellschaften, die nach dem Gesellschaftsvertrag oder der Satzung nur Immobilien sowie die zur Bewirtschaftung der Immobilien erforderlichen Gegenstände erwerben dürfen (Immobilien-Gesellschaften),
7. Anteile oder Aktien an inländischen Investmentvermögen sowie an entsprechenden ausländischen Investmentvermögen,
8. für Investmentvermögen im Sinne des § 90a sowie für vergleichbare ausländische Investmentvermögen Beteiligungen an ÖPP-Projektgesellschaften, wenn der Verkehrswert dieser Beteiligungen ermittelt werden kann,
9. für inländische Investmentvermögen im Sinne des § 90g sowie für vergleichbare ausländische Investmentvermögen als weitere Vermögensgegenstände Edelmetalle, unverbriefte Darlehensforderungen und Unternehmensbeteiligungen, wenn der Verkehrswert dieser Beteiligungen ermittelt werden kann,
9a. für inländische Investmentvermögen im Sinne des § 90l als weitere Vermögensgegenstände unverbriefte Darlehensforderungen gegen Unternehmen, die ihren Arbeitnehmern einen Vorteil im Sinne des § 3 Nummer 39 des Einkommensteuergesetzes zum Erwerb von Anteilen an diesen Investmentvermögen gewähren, und Beteiligungen einschließlich stiller Beteiligungen im Sinne des § 230 des Handelsgesetzbuchs an diesen Unternehmen, wenn der Verkehrswert der Beteiligungen ermittelt werden kann,
10. für inländische Investmentvermögen im Sinne des § 112, für vergleichbare ausländische Investmentvermögen und für Investmentaktiengesellschaften stille Beteiligungen im Sinne des § 230 des Handelsgesetzbuchs an einem Unternehmen mit Sitz und Geschäftsleitung im Geltungsbereich des Gesetzes, wenn deren Verkehrswert ermittelt werden kann,
11. für inländische Investmentvermögen im Sinne des § 112 sowie für ausländische Investmentvermögen, die hinsichtlich der Anlagepolitik Anforderungen unterliegen, die denen nach § 112 Abs. 1 vergleichbar sind, als weitere Vermögensgegenstände Edelmetalle und Unternehmensbeteiligungen, wenn deren Verkehrswert ermittelt werden kann.

45 (4) **Nr. 4**: die Versicherungsleistungen sind an die Wertentwicklung eines Aktienindexes oder eines anderen Bezugswertes gebunden.

46 **2. Selbständige Abteilung bei Anlagen für Deckungswerte in Nicht-EWR Währung.** Die Aufsichtsbehörde genehmigt die Einrichtung einer selbständigen Abteilung für die Deckungswerte von Versicherungsleistungen, die in einer anderen Währung als einer EWR- Währung zu erfüllen sind,[14] eine Verpflichtung dafür, eine solche einzurichten, besteht jedoch mangels gesetzlicher Grundlage nicht

47 **3. Selbständige Abteilungen mit Genehmigung der Aufsichtsbehörde (Abs. 6).** Das Gesetz erlaubt die freiwillige Einrichtung selbständiger Abteilungen, sie bedarf aber der Genehmigung der Aufsichtsbehörde. Die gesetzlichen Anforderungen (Vermögensverzeichnis etc.) und Rechtsfolgen des Sicherungsvermögens (Gläubigerprivilegierung) gelten auch für jede gem. Abs. 6 S. 1 gebildeten selbständigen Abteilungen (Satz 2).

48 Zur Erwartung der Aufsichtsbehörde, bei Kapitalisierungsgeschäften i. S. v. § 1 Abs. 2 S. 2 VAG eine selbständige Abteilung einzurichten, BaFin AE zur Zulässigkeit von Kapitalisierungsgeschäften (VA) vom 4.10.2005.

49 **VIII. Ordnungswidrigkeit.** Die unterlassene oder nicht rechtzeitige Zuführung zum Sicherungsvermögen stellt eine Ordnungswidrigkeit dar, § 332 Abs. 1 Nr. 3 VAG.

[14] R 6/2017 Punkt 1.4.2.

Vermögensverzeichnis

126 **(1) [1]Das Versicherungsunternehmen hat dafür zu sorgen, dass die Bestände des Sicherungsvermögens in ein Vermögensverzeichnis einzeln eingetragen werden. [2]Die Vorschriften über das Sicherungsvermögen gelten für alle Vermögensgegenstände, die im Vermögensverzeichnis eingetragen sind. [3]Ansprüche auf Nutzungen, die die zum Sicherungsvermögen gehörenden Vermögensgegenstände gewähren, gehören auch ohne Eintragung in das Vermögensverzeichnis zum Sicherungsvermögen. [4]Forderungen aus Vorauszahlungen oder Darlehen auf die eigenen Versicherungsscheine des Unternehmens, soweit sie zu den Beständen des Sicherungsvermögens gehören, brauchen nur in einer Gesamtsumme nachgewiesen zu werden. [5]Bei Forderungen, die durch eine Grundstücksbelastung gesichert und in Teilbeträgen zurückzuzahlen sind, ist das Vermögensverzeichnis nach näherer Bestimmung der Aufsichtsbehörde zu berichtigen; dasselbe gilt für Grundstücksbelastungen, die keine persönliche Forderung sichern.**

(2) [1]Am Schluss eines jeden Geschäftsjahres hat das Versicherungsunternehmen der Aufsichtsbehörde eine Abschrift der im Laufe des Geschäftsjahres vorgenommenen Eintragungen vorzulegen; der Vorstand hat die Richtigkeit der Abschrift zu bescheinigen. [2]Die Aufsichtsbehörde hat die Abschrift aufzubewahren.

(3) [1]Die Anteile der Rückversicherer sowie die Anteile der zum Geschäftsbetrieb zugelassenen Zweckgesellschaften im Sinne des Artikels 211 der Richtlinie 2009/138/EG an den versicherungstechnischen Bruttorückstellungen im Sinne der §§ 341e bis 341h des Handelsgesetzbuchs des selbst abgeschlossenen Versicherungsgeschäfts gehören auch ohne Eintragung in das Vermögensverzeichnis zum Sicherungsvermögen. [2]Für Forderungen an Versicherungs-Zweckgesellschaften mit Sitz in einem Drittstaat gilt dies nur dann, wenn die Versicherungs-Zweckgesellschaft im Sitzland entsprechend den Anforderungen des § 168 zum Geschäftsbetrieb staatlich zugelassen ist und beaufsichtigt wird sowie über eine vergleichbare Ausstattung mit Kapitalanlagen verfügt.

(4) [1]Absatz 3 gilt für die Lebensversicherung, die Krankenversicherung der in § 146 genannten Art, die private Pflegepflichtversicherung nach § 148 und die Unfallversicherung mit Prämienrückgewähr nach § 161, nur für die Beitragsüberträge nach § 341e Absatz 2 Nummer 1 des Handelsgesetzbuchs und die Rückstellung für noch nicht abgewickelte Versicherungsfälle nach § 341g des Handelsgesetzbuchs. [2]In den genannten Versicherungszweigen hat das Unternehmen die anteiligen Werte des Sicherungsvermögens mit Ausnahme der Beitragsüberträge nach § 341e Absatz 2 Nummer 1 des Handelsgesetzbuchs und der Rückstellung für noch nicht abgewickelte Versicherungsfälle nach § 341g des Handelsgesetzbuchs auch für den in Rückdeckung gegebenen Anteil selbst aufzubewahren und zu verwalten.

Übersicht

1 **I. Allgemeines. 1. Entstehungsgeschichte.** Die Vorschrift entspricht § 66 Abs. 6 S. 1–5 VAG a. F. Die Erfassung von Vermögenswerten, die bevorrechtigt Gläubigern aus Versicherungsverträgen zur Verfügung stehen, in einem speziellen Verzeichnis, war bereits vor Inkrafttreten der RL 2001/17/EG,[1] geltendes Recht. Abs. 4 geht zurück auf § 67 VAG a. F.

2 **2. Normzweck.** Im Vermögensverzeichnis sind die Vermögenswerte des Sicherungsvermögens aufgeführt. Das Verzeichnis ist damit Grundlage für die Abschirmung der Gegenstände des Sicherungsvermögens gegenüber Zugriffen nicht bevorrechtigter Gläubiger. Die Vorschrift enthält Vorgaben dazu, in welcher Weise das Vermögensverzeichnis zu führen ist.

3 **3. Europarechtlicher Hintergrund.** Erfolgt die Insolvenzsicherung durch einen bevorrechtigten Zugriff der Gläubiger auf die Deckungswerte der versicherungstechnischen Rückstellungen,[2] wie dies der deutsche Gesetzgeber normiert hat, ist die Führung eines Vermögensverzeichnisses auch europarechtlich obligatorisch, Art. 275 Abs. 3 Solva II-RL. Weitere Anforderungen über die Führung des Verzeichnisses enthält Art. 276 Solva II-RL.

4 **4. Verwaltungsrichtlinien.** Die Aufsichtsbehörde hat die technischen Details an die Führung des Vermögensverzeichnisses ausführlich geregelt im Rundschreiben R 7/2016[3] sowie R 6/2017.[4]

5 **II. Erfassung der Vermögensgegenstände (Abs. 1). 1. Grundsatz: Einzelerfassung.** Das Vermögensverzeichnis ist das Bestandsverzeichnis aller Werte des Sicherungsvermögens. Grundsätzlich sind die Vermögensgegenstände einzeln zu erfassen. Abweichend von diesem Grundsatz können Forderungen aus Vorauszahlungen oder Darlehen auf die eigenen Versicherungsscheine als Gesamtsumme ausgewiesen werden, Abs. 1 S. 4. Gemeint sind damit Policendarlehen. Bei Vorauszahlungen ist maßgeblich, dass durch die Vorauszahlung ein Rückzahlungsanspruch begründet wird und nicht bereits die Leistung vorab ausgezahlt wird.[5]

6 **2. Ausnahme.** Keiner Eintragung bedürfen Vermögensgegenstände, die aufgrund gesetzlicher Zuordnung zum Sicherungsvermögen gehören. Dazu zählen die Ansprüche auf Nutzungen (§ 100 BGB) von Gegenständen des Sicherungsvermögens (Abs. 1 S. 3), sowie die Anteile der Rückversicherer an den versicherungstechnischen Rückstellungen (Abs. 3). Davon zu unterscheiden sind die Abrechnungsforderungen gegenüber dem Rückversicherer, die der Eintragung bedürfen, um zum Sicherungsvermögen zu zählen.

7 **3. Zeitpunkt der Eintragung. a) Zugänge.** Die Eintragung der Zugänge ist vorzunehmen in zeitlicher Reihenfolge und unverzüglich, nachdem der Erwerb erfolgt ist, z. B. Depotgutschrift; für den Rechtserwerb konstitutive Eintragungen. Maßgeblich ist der Zeitpunkt der Erlangung der materiellen Rechtsposition.

8 **b) Abgänge.** Sie sind einzutragen, wenn der Vermögensgegenstand wirtschaftlich nicht mehr zum Vermögen des Versicherungsunternehmens gehört oder – bei einem Deckungsüberschuss – dem sonstigen Vermögen des Unternehmens zugeordnet werden soll. Das Gläubigerrecht muss durch Tilgung erloschen oder das Eigentum oder das Gläubigerrecht auf einen anderen übergegangen sein. Etwa noch ausstehende Benachrichtigungen oder grundbuchamtliche Eintragungen stehen dem nicht entgegen.

9 **4. Abschrift (Abs. 2).** Der Aufsichtsbehörde ist am Schluss jeden Geschäftsjahres eine Abschrift des Vermögensverzeichnisses vorzulegen, das durch den Vorstand des Versicherungsunternehmens unterschrieben sein muss. Zur Sicherung der Rechte der vorrangigen Gläubiger hat auch die Aufsichtsbehörde die Abschrift aufzubewahren, Abs. 2 S. 2.

10 **5. Anteile der Rückversicherer (Abs. 3). a) Hintergrund.** Für das Verständnis von Abs. 3 muss man die Bilanzierungsvorschriften für die versicherungstechnischen Rückstellungen im Blick haben.

11 Versicherungsunternehmen stellen für jene Verpflichtungen, die dem Grunde, der Höhe, oder dem Zeitpunkt nach ungewiss sind, Rückstellungen (§ 341e HGB für die Rechnungslegung). Die Passivseite einer Versicherungsbilanz besteht zum größten Teil aus versicherungstechnischen Rückstellungen. Der Umfang, in dem sich die wirtschaftliche Verpflichtungslast durch Leistungen aus Rückversicherung reduziert, wird jedoch nicht als Position auf der Aktivseite ausgewiesen, sondern geht quasi als Element der Bewertung der Rückstellung ein. Grund dafür ist, dass auf der Grundlage des Imparitätsprinzips (§ 252 HGB) Ansprüche erst aktiviert werden, die dem Grunde und der Höhe nach feststehen. Das ist für die Deckungsansprüche aus Rückversicherung solange nicht der Fall, als das Versicherungsunterneh-

[1] RL 2001/17/EG (ZwangsliquidationsRL) überführt in die Art. 267 ff. Solva II-RL.

[2] Eine der in Art. 275 Abs. 1 Solva II-RL vorgesehenen Sicherungsalternativen.

[3] *BaFin*, Rundschreiben 7/2016 vom 1.12.16, Aufstellung und Führung des Vermögensverzeichnisses Vorlage des Ausdrucks und Aufbewahrung des Sicherungsvermögens (Adressat: kleine Versicherungsunternehmen, Pensionskassen, Pensionsfonds).

[4] *BaFin*, Rundschreiben 6/2017 vom 13.6.2017 Aufstellung und Führung des Vermögensverzeichnisses, Vorlage des Ausdrucks und Aufbewahrung des Sicherungsvermögens (Adressat: alle übrigen Erstversicherungsunternehmen).

[5] FKBP/*Kaulbach* § 66 Rn. 30.

men seinerseits für die Verpflichtung nur eine Rückstellung und keine Verbindlichkeit ausweisen kann. Die Rückstellungen gehen also in die Bilanz mit ihren Nettowert ein, dem Betrag, der verbleibt, wenn man den durch Rückversicherung gedeckten Teil der Verpflichtungen abzieht. Der Bruttobetrag der Rückstellung und der Anteil der Rückversicherer erscheinen lediglich nachrichtlich (§ 23 RechVersV, Davon-Vermerk).

Auf der Aktivseite der Bilanz finden sich Vermögenswerte ebenfalls nur in Höhe der Nettorückstellungen sowie in Höhe der übrigen ausgewiesenen Passivpositionen einschließlich des Eigenkapitals. 12

Der Mindestumfang des Sicherungsvermögens ist aber durch die Höhe der Bruttorückstellungen definiert, Abs. 2 S. 2. Zwischen den Bedeckungswerten (in Höhe der Nettorückstellungen) und dem Bruttobetrag der Rückstellungen ergibt sich also eine Lücke. Diese Lücke wird durch Abs. 3 geschlossen, wonach die Anteile der Rückversicherer qua Gesetz zum Sicherungsvermögen zählen. 13

b) Anteile der Rückversicherer (Abs. 3 S. 1). Bei den Anteilen der Rückversicherer handelt es sich um eine rechnerische Größe, basierend auf dem Umfang der Rückversicherungsdeckungen; sie sind aber (noch) nicht in der Weise konkretisiert, dass sie als ein (übertragbarer) Vermögensgegenstand behandelbar wären. 14

Die Höhe der Anteile ermittelt das Versicherungsunternehmen selbst auf Basis seiner eigenen Rückstellungen und seiner Vereinbarungen zum Rückversicherungsschutz. Der Rückversicherer erhält in regelmäßigen Abständen Meldungen über die – voraussichtliche – Höhe seiner Verpflichtungen, aber die Meldungen begründen noch keine konkrete Forderung. Der Anteil des Rückversicherers konkretisiert sich erst dann zu einem Anspruch des Erstversicherungsunternehmens gegenüber dem Rückversicherer, wenn er durch und im Rahmen der Abrechnung (in der Regel Periodenkontokorrent, § 355 HGB) ermittelt wird. Sobald der Deckungsanspruch gegenüber dem Rückversicherer in einen Kontokorrentsaldo eingeflossen ist, liegt eine Abrechnungsforderung vor und die Position „Anteile der Rückversicherer" vermindert sich entsprechend. 15

Die Abrechnungsforderung ist ein (zu aktivierender) Vermögensgegenstand[6] und war unter der Geltung des VAG a. F. dem Sicherungsvermögen erst zuführbar nach einer Änderung der AnlV a. F.[7] Auch bei Abrechnungsforderungen erfolgt die Zuführung zum Sicherungsvermögen durch Eintragung ins Vermögensverzeichnis.[8] Während die Anteile der Rückversicherer qua Gesetz zum Sicherungsvermögen gehören, gilt dies also für die Abrechnungsforderungen nicht, sie bedürfen der Aufnahme ins Vermögensverzeichnis, sie zählen zudem nicht zu den prioritär zuzuführenden Vermögensgegenständen gem. § 125 Abs. 1 S. 2 VAG. 16

Unter Anteile der Rückversicherer fallen alle Deckungen aus passiver Rückversicherung, egal, ob die Deckung von Versicherungsunternehmen gewährt werden, die ausschließlich Rückversicherung betreiben oder von Erstversicherungsunternehmen, die auch aktives Rückversicherungsgeschäft betreiben, dh selbst Rückversicherungsschutz gewähren (in der Rechnungslegung als übernommenes Versicherungsgeschäft bezeichnet). Unternehmen, die Rückversicherung übernommen haben, können ihren Sitz auch in einem Drittstaat haben; maßgeblich ist allein, ob sie über eine Zulassung verfügen, die ihnen (auch) die Zeichnung von Rückversicherungsgeschäft ermöglicht. 17

c) Anteile von EU-Zweckgesellschaften (Abs. 3 S. 1). Der Begriff „Zweckgesellschaft" umfasst zunächst eine Vielzahl von Gesellschaften mit einem sehr eng definierten Gesellschaftszweck, vorwiegend im Finanzbereich. Der Verweis auf Art. 211 Solva II-RL stellt klar, dass Abs. 3 sich nur auf sog. Versicherungs-Zweckgesellschaften bezieht. § 168 VAG enthält eine Legaldefinition zur Versicherungs-Zweckgesellschaft. Die Zweckgesellschaft muss die Zulassung in einem Mitgliedsstaat der EU/EWR haben.[9] 18

d) Anteil von Zweckgesellschaften aus Drittstaaten (Abs. 3 S. 2). Für Versicherungs-Zweckgesellschaften mit Sitz in einem Drittstaat (§ 7 Nr. 6) werden die Anteile an den Rückstellungen nur dann dem Sicherungsvermögen zugerechnet, wenn die Zweckgesellschaft entsprechend § 168 VAG organisiert ist. Da es für Drittstaat-Zweckgesellschaften kein Anerkennungsverfahren bei der nationalen Aufsichtsbehörde gibt, muss das Versicherungsunternehmen dafür Sorge tragen, dass die Erfüllung der Voraussetzungen gem. Abs. 3 S. 2 nachweisbar ist. 19

e) Anwendungsbereich. Die Regelung von Abs. 3 gilt für die Lebensversicherung, substitutive Krankenversicherung, private Pflegeversicherung und Unfallversicherung mit Prämienrückgewähr nur eingeschränkt, nämlich für Beitragsüberträge und die Rückstellung für noch nicht abgewickelte Versicherungsfälle, siehe Abs. 4. Für die übrigen versicherungstechnischen Rückstellungen (Deckungsrückstellung etc.) enthält Abs. 4 S. 2 eine Sonderregelung. 20

[6] Liquide positive Salden aus den laufenden Abrechnungen mit Rückversicherern, § 16 RechVersV.
[7] Einfügung von § 2 Abs. 1 Nr. 2c AnlV durch die Verordnung zur Änderung der Anlageverordnung und der Pensionsfonds-Kapitalanlagenverordnung vom 3.3.2015, BGBl. 2015 I, 188.
[8] Vordruck VV 5, Anlage 5 zu R 7/2016.
[9] DVO (EU) 2015/462 enthält Standards für die Zulassung von Versicherungs-Zweckgesellschaften.

21 **6. Sonderregelung Lebensversicherung und ähnliche (Abs. 4).** Bei Verpflichtungen aus Versicherungen mit Ansparelementen (Leben, substitutive Kranken, Pflege, Unfall mit Prämienrückgewähr) ist bei der Zurechnung der Anteile der Rückversicherer zu unterscheiden:

22 **a) Gesetzliche Zuordnung der Anteile der Rückversicherer/Versicherungs-Zweckgesellschaften zum Sicherungsvermögen (Abs. 4 S. 1).** Die gesetzliche Zuordnung gilt nur für die Anteile der Rückversicherer an den Beitragsüberträgen (§ 341e Abs. 2 HGB) und die Rückstellung für noch nicht abgewickelte Versicherungsfälle (§ 341g HGB).

23 **b) Eigenständige Aufbewahrung der Bruttowerte ohne Anrechnung der Anteile der Rückversicherer (Abs. 4 S. 2).** Für die übrigen versicherungstechnischen Positionen von § 125 Abs. 2 S. 1 VAG (Deckungsrückstellung, Beitragsrückerstattung, Verbindlichkeiten gegenüber Versicherungsnehmer) gilt, dass das Unternehmen die Deckungswerte in voller Höhe der Bruttorückstellung selbst aufzubewahren und zu verwalten hat. Soweit Versicherungsunternehmen auch in diesen Zweigen einen Teil des Risikos über Rückversicherungsdeckungen abgeben und dafür entsprechende Prämienanteile an den Rückversicherer abzugeben sind, haben sich in der Praxis zwei Wege entwickelt, die es den Versicherungsunternehmen erlauben, den Anforderungen von Abs. 4 S. 2 gerecht zu werden.

24 **aa) Bardepot.** Der Rückversicherer überlässt dem Erstversicherer einen Betrag, der der Höhe des Rückversicherungsanteils an den Bruttorückstellungen entspricht. Damit stehen dem Erstversicherer die Mittel zur Verfügung, auf der Aktivseite Deckungswerte in Höhe der Bruttorückstellungen auszuweisen.

25 Auf der Passivseite weist der Erstversicherer neben den Nettorückstellungen eine Depotverbindlichkeit (in Höhe des Bardepots) aus,[10] denn der Rückversicherer hat ja einen (Rück)Zahlungsanspruch. Im Ergebnis „verlängert sich die Bilanz" des Erstversicherers durch das Bardepot, d. h. Aktiv- und Passivseite erhöhen sich um denselben Betrag ohne Auswirkung in der Gewinn- und Verlustrechnung. Die durch das Bardepot zur Verfügung stehenden Mittel werden durch das Erstversicherungsunternehmen in Anlagegegenstände investiert und dem Sicherungsvermögen zugeführt, indem sie ins Vermögensverzeichnis eingetragen werden.

26 Der Rückversicherer weist in seiner Bilanz auf der Aktivseite in Höhe des Bardepots eine Depotforderung aus.[11] Auf der Passivseite stellt er die auf seinen Anteil entfallende Rückstellung (und gegebenenfalls zusätzlich die Differenz zwischen dieser und der nach seinen eigenen Rechnungsgrundlagen berechneten Rückstellung). Der Rückversicherer erhält vom Erstversicherer für das gestellte Bardepot Zinsen, deren Höhe zwischen den Parteien vereinbart wird.

27 **bb) Wertpapierdepot.** Beim Wertpapierdepot stellt der Rückversicherer in Höhe seines Anteils an den Bruttorückstellungen des Erstversicherers Sicherheiten durch Einrichtung eines Wertpapierdepots. Das Wertpapierdepot muss zugunsten des Zedenten verpfändet oder zur Sicherheit übertragen sein. Der Rückversicherer bleibt Eigentümer der Wertpapiere, er trägt das Kursrisiko und erhält die erzielten Erträge.

28 Der dem Sicherungsvermögen zuzuordnende Deckungswert besteht beim Wertpapierdepot in der Forderung des Erstversicherers gegen den Rückversicherer, sich zu beteiligen an der Stellung von Deckungswerten und zwar in Höhe seines Anteils an den Bruttorückstellungen des Erstversicherungsunternehmens. Das Wertpapierdepot besichert diese Forderung.[12] Die Forderung einschließlich ihrer Sicherheiten ist in das Vermögensverzeichnis einzutragen.

29 Im Rahmen eines Wertpapierdepots gibt es für den Bilanzausweis keine Besonderheiten. Da die mit einem Wertpapierdepot besicherte Forderung der Höhe nach weiterhin unsicher ist, wird sie nicht als Aktivposten bilanziert und die Deckungsrückstellung wird ebenfalls nur mit ihrem Nettowert angesetzt. Entscheidend ist, dass im Sicherungsvermögensverzeichnis die mit dem Wertpapierdepot besicherte Forderung gegen den Rückversicherer enthalten ist. Der Erstversicherer wird also bei Vereinbarung eines Wertpapierdepots den Anforderungen von Abs. 4 S. 2 gerecht. Beim Rückversicherer werden die verpfändeten Wertpapiere unmittelbar unter den Kapitalanlagen ausgewiesen, da er weiterhin wirtschaftlicher Eigentümer bleibt.

30 **7. Ordnungswidrigkeit.** Die fehlende Eintragung ins Vermögensverzeichnis stellt eine Ordnungswidrigkeit dar gem. § 332 Abs. 1 Nr. 4 VAG.

Zuführungen zum Sicherungsvermögen

127 (1) [1]**Erreicht das Sicherungsvermögen nicht den Mindestumfang nach § 125 Absatz 2, hat der Vorstand den fehlenden Betrag unverzüglich dem Sicherungsvermögen zuzuführen.** [2]**Die Zuführung zum Sicherungsvermögen darf so weit unterbleiben,**

[10] Formblatt 1 RechVersV, Posten H. Passivseite.

[11] Depotforderung aus dem in Rückdeckung übernommenen Versicherungsgeschäft; Posten C. IV. Aktivseite, Formblatt 1 RechVersV.

[12] Vgl. *BaFin*, Konsultation 16/2016 Punkt B.4.2 Buchstabe c).

wie im Ausland zugunsten bestimmter Versicherungen eine besondere Sicherheit aus den eingenommenen Versicherungsentgelten gestellt werden muss.

(2) [1]**Die Aufsichtsbehörde kann anordnen, dass dem Sicherungsvermögen über den Mindestumfang nach § 125 Absatz 2 hinaus Beträge zugeführt werden, wenn dies zur Wahrung der Belange der Versicherten geboten erscheint.** [2]**Eine Zuführung kann insbesondere unter Berücksichtigung der niedrigeren Zeitwerte der Vermögensgegenstände des Sicherungsvermögens geboten sein.**

I. Allgemeines. 1. Entstehungsgeschichte. Die Regelung war in § 66 VAG a. F. als Abs. 2 und 4 integriert. **1**

2. Normzweck. Soweit bestimmte Vermögensgegenstände nicht automatisch zum Sicherungsvermögen gehören, bedarf es einer expliziten Zuführung durch Eintragung in das Vermögensverzeichnis. Die Norm gibt vor, wann entsprechende Zuführungen vorzunehmen sind. **2**

3. Europarechtlicher Hintergrund. Die Regelung ist technischer Natur, für die es keine europarechtlichen Vorgaben gibt. **3**

II. Zuführungspflicht. 1. Unterschreiten des Soll-Betrages (Abs. 1 S. 1). Aus § 125 Abs. 1 S. 1 VAG ergibt sich die Verpflichtung, das Sicherungsvermögen laufend in Höhe des Soll-Betrages (§ 125 Abs. 2 VAG) zu halten. Das impliziert bereits, dass bei einem Unterschreiten Anlagegegenstände in der erforderlichen Höhe unverzüglich[1] zuzuführen sind. Dass die Sicherungsvermögenswerte gegebenenfalls erst nach dem Schluss des Geschäftsjahrs dem Sicherungsvermögen vollständig zugeführt werden, weil erst im Rahmen des Jahresabschlusses der Soll-Betrag exakt ermittelt ist, ist nicht zu vermeiden und hindert den Treuhänder nicht, seinen Bestätigungsvermerk zu geben. **4**

2. Auslandsgeschäft, außerhalb EU/EWR (Abs. 1 S. 2). Bei Versicherungsgeschäft in Drittstaaten vermindert sich der Zuführungsumfang um die Werte, die nach ausländischen Vorschriften oder aufsichtsbehördlichen Anordnungen der Bedeckung der Bilanzposten i. S. v. § 125 Abs. 2 VAG dienen und im Drittland zu hinterlegen sind. Der Anwendungsbereich von Abs. 1 S. 2 VAG beschränkt sich auf das in § 124 Abs. 3 VAG genannte Versicherungsgeschäft in Staaten außerhalb EU/EWR. **5**

3. Anordnung von Zuführungen über den Mindestumfang hinaus (Abs. 2). a) Materielle Voraussetzungen. Die Aufsichtsbehörde kann im Einzelfall Zuführungen über den Soll-Betrag hinaus anordnen, wenn dies zur Wahrung der Belange der Versicherten erforderlich ist, **Satz 1.** Ein solcher Umstand könnte vorliegen, wenn sich Sicherungsvermögenswerte in unvorhersehbarer Weise als schwer verwertbar oder unverwertbar erweisen, wenn Anlagen des Sicherungsvermögens im Vergleich zu den gegenüberstehenden Verpflichtungen in unvorhersehbarer Weise an Wert verlieren. **6**

Satz 2 nennt als einen Fall, in dem eine Anordnung zur Wahrung der Belange der Versicherten in Betracht kommt, den Umstand, dass auf Grund niedrigerer Zeitwerte von Vermögensgegenständen eine Auffüllung des Sicherungsvermögens erforderlich erscheint. Diese Bestimmung ist in Zusammenhang mit § 341b Abs. 2 HGB zu sehen. Danach haben Versicherungsunternehmen die Möglichkeit, in der Handelsbilanz die Bewertung von Aktien, Investmentanteilen und Wertpapieren vorzunehmen nach den Vorschriften, die für das Anlagevermögen gelten, wenn sie dazu bestimmt werden, dauernd dem Geschäftsbetrieb zu dienen. Für die Bewertung des Anlagevermögens gilt: ist der Zeitwert der Wertpapiere zum Abschlussstichtag niedriger als der Buchwert, müssen außerplanmäßige Abschreibungen nur dann vorgenommen werden, wenn die Wertminderung voraussichtlich dauerhaft ist (§ 253 Abs. 3 S. 5 HGB). Abs. 2 S. 2 trägt dem Fall Rechnung, dass ein Versicherungsunternehmen in der Handelsbilanz für die genannten Anlagen im Sicherungsvermögen nach Maßgabe von § 341b Abs. 2 VAG keine Abschreibung vornimmt, so dass die Zeitwerte niedriger als der Bilanzwerte sind. Ob bei Unterschreiten der Zeitwerte gegenüber den Bilanzwerten die Aufsichtsbehörde eine entsprechende Anordnung erlässt, ist eine Ermessensentscheidung, bei der auch der Grundsatz der Verhältnismäßigkeit, § 296 Abs. 1 VAG, zum Tragen kommt. **7**

b) Verfahren. Die Anordnung ist ein Verwaltungsakt; da die Anordnung nach § 127 Abs. 2 VAG nicht in § 310 Abs. 2 VAG aufgeführt ist, bleibt der Suspensiveffekt von Rechtsbehelfen gewahrt. **8**

Treuhänder für das Sicherungsvermögen

128 (1) [1]**Zur Überwachung des Sicherungsvermögens für die Lebensversicherung, die Krankenversicherung der in § 146 genannten Art, die private Pflegepflichtversicherung nach § 148 und die Unfallversicherung mit Prämienrückgewähr nach § 161 sind ein Treuhänder und ein Stellvertreter für diesen zu bestellen.** [2]**Öffentlich-rechtliche Versicherungsunternehmen müssen keinen Treuhänder bestellen.** [3]**Kleinere Vereine im Sinne des**

[1] Legaldefinition § 121 BGB.

§ 210 Absatz 1 Satz 1 müssen einen Treuhänder nur bestellen, wenn es die Aufsichtsbehörde anordnet.

(2) **Für den Stellvertreter gelten die Vorschriften über den Treuhänder entsprechend.**

(3) [1] **Den Treuhänder bestellt der Aufsichtsrat.** [2] **Hat ein kleinerer Verein keinen Aufsichtsrat, bestellt der Vorstand den Treuhänder.**

(4) [1] **Wer als Treuhänder vorgesehen ist, muss vor Bestellung der Aufsichtsbehörde benannt werden.** [2] **Hat diese gegen die Bestellung Bedenken, kann sie verlangen, dass innerhalb einer angemessenen Frist eine andere Person benannt wird.** [3] **Unterbleibt das oder hat die Aufsichtsbehörde auch gegen die Bestellung dieser neu benannten Person Bedenken, so kann sie den Treuhänder selbst bestellen.** [4] **Die Sätze 2 und 3 gelten auch, wenn die Aufsichtsbehörde Bedenken dagegen hat, dass ein bestellter Treuhänder sein Amt weiter verwaltet.**

(5) **Der Treuhänder hat, ohne dass diese Pflicht die Verantwortlichkeit der zur Vertretung des Unternehmens berufenen Stellen berührt, im Jahresabschluss unter der Bilanz zu bestätigen, dass das Sicherungsvermögen vorschriftsmäßig angelegt und aufbewahrt ist.**

(6) **Streitigkeiten zwischen dem Treuhänder und dem Versicherungsunternehmen über seine Obliegenheiten entscheidet die Aufsichtsbehörde.**

Übersicht

Schrifttum: *Grote*, Die Rechtsstellung der Prämien-, Bedingungs- und Deckungsstocktreuhänder nach dem VVG und dem VAG, 2002, sowie Zusammenfassung in: ZVersWiss 2002, 621; *Jakoby*, Das private Amt, 2007, S. 150 ff.; *Kraft/Mayr*, Zum Treuhänder des Sicherungsvermögens unter dem neuen Versicherungsaufsichtsgesetz – Auswirkungen der Solvency II-Umsetzung, ZVersWiss 2016, 567.

1 **I. Allgemeines. 1. Entstehungsgeschichte.** Im VAG a. F. waren die Vorschriften über den Treuhänder verteilt auf die §§ 70, 71, 73, 75, 76, 79, 79a VAG, nunmehr sind sie in § 128 VAG zusammengefasst. Gegenüber der bisherigen Rechtslage ist neu die Verpflichtung, auch für die Unfallversicherung gem. § 161 VAG einen Treuhänder zu bestellen.

2 **2. Normzweck.** In einigen Versicherungszweigen ist die Verfügungsbefugnis des Versicherungsunternehmens über die zum Sicherungsvermögen gehörenden Anlagen in der Weise eingeschränkt, dass das Versicherungsunternehmen nur zusammen mit einem unabhängigen Dritten, dem Treuhänder, über Anlagegegenstände verfügen kann. Auf diese Weise wird die rechtliche Position der bevorrechtigten Gläubiger durch die Einschaltung eines Dritten auch in faktischer Hinsicht gesichert. Die Norm beschreibt Rahmenbedingungen und Verpflichtungen aus dem Treuhänderamt.

3 **3. Europarechtlicher Hintergrund.** Für die Institution des Treuhänders gibt es keine europarechtlichen Vorgaben.

4. Verwaltungsrichtlinien. Die Aufsichtsbehörde hat ihr Verständnis von den Aufgaben des Treuhänders und der Art und Weise, wie sie zu erfüllen sind, in Rundschreiben veröffentlicht, zuletzt im Rundschreiben 3/2016.[1] Das Rundschreiben befasst sich ausführlich mit Auswahl, Bestellung, Abberufung des Treuhänders, seinen Aufgaben und Befugnissen, sowie der Sicherstellung, Aufbewahrung und Verwaltung des Sicherungsvermögens. 4

II. Treuhänder. 1. Treuhänder für das Sicherungsvermögen. In der Governance eines Versicherungsunternehmens gibt es verschiedene Aufgaben, die durch einen unabhängigen Dritten, einem sog. Treuhänder zu erfüllen sind (z. B. Anpassung von Beiträgen oder Bedingungen, §§ 163, 203 VVG, Sicherstellung des Sicherungsvermögens, § 128 VAG).[2] Aufgrund der Verschiedenheit der Aufgaben und damit unterschiedlichen fachlichen Anforderungen werden die Treuhänderfunktionen in der Regel auch von unterschiedlichen Personen wahrgenommen. 5

Der Treuhänder i. S. v. § 128 VAG bezieht sich ausschließlich auf Sicherstellung, Verwahrung und Überwachung der Kapitalanlagen des Sicherungsvermögens. Die Kernfunktion des Treuhänders besteht darin zu gewährleisten, dass die Vorrechte der privilegierten Gläubiger in Zwangsvollstreckung und Insolvenz gewahrt bleiben, dh vor dem Zugriff der übrigen Gläubiger geschützt bleiben. Kernaufgaben des Treuhänders sind: 6

- Überwachung der ausreichenden (quantitativ) und gesetzeskonformen (qualitativ) Bedeckung, §§ 128 Abs. 1, 129 Abs. 4, 130 VAG,
- Sicherstellung des Vermögens zugunsten des Treuhänders, § 129 VAG,
- Überwachung der Führung des Vermögensverzeichnisses,
- Bestätigungsvermerk unter Bilanz, Abs. 5.

2. Erfordernis eines Treuhänders (Abs. 1). a) Relevante Versicherungszweige (Abs. 1. S. 1). Ein Treuhänder (und Stellvertreter) ist zu stellen für die Lebensversicherung, die substitutive Krankenversicherung (§ 146 VAG), die Pflegepflichtversicherung (§ 148 VAG) und – mit Inkrafttreten des neuen VAG – für die Unfallversicherung mit Prämienrückgewähr (§ 161 VAG). Die versicherungstechnischen Rückstellungen in den genannten Versicherungszweigen reflektieren in großem Umfang Ansparvorgänge der Versicherungsnehmer (Deckungsrückstellungen, Alterungsrückstellungen). Damit kommt der Kapitalanlage und der eindeutigen Zuordnung und Sicherstellung der Deckungswerte im Insolvenzfall eine besondere Bedeutung zu. 7

b) Öffentlich-rechtliche Versicherungsunternehmen (Abs. 1 S. 2). Öffentlich-rechtliche Versicherungsunternehmen müssen keinen Treuhänder bestellen. 8

c) Kleinere Vereine (Abs. 1 S. 3). Kleinere Vereine müssen in den betreffenden Versicherungszweigen einen Treuhänder bestellen, wenn die Aufsichtsbehörde dies anordnet. Von dieser Befugnis hat die BaFin in R 3/16 im Rahmen einer Allgemeinverfügung Gebrauch gemacht. Danach sind zur Bestellung verpflichtet: Pensions- und Sterbekassen, deren Vermögenswerte – ohne Rechnungsabgrenzungsposten – 2 Mio. EUR überschreiten sowie Krankenversicherungsunternehmen, deren Jahresbeitragseinnahme 2 Mio. EUR überschreiten. 9

d) Pensionskassen. Sie sind zur Bestellung verpflichtet gem. § 234 Abs. 1 VAG i. V. m. § 212 Abs. 1 VAG. 10

e) Sterbekassen. Sterbekassen sind zur Bestellung verpflichtet gem. § 219 Abs. 1 VAG i. V. m. § 212 Abs. 1 VAG. 11

f) Pensionsfonds. Pensionsfonds sind zur Bestellung verpflichtet gem. § 237 Abs. 1 VAG i. V. m. § 212 Abs. 1 VAG. 12

g) Freiwillige Bestellung. Unternehmen können einen Treuhänder für das Sicherungsvermögen auch freiwillig bestellen. Die BaFin verlangt für die freiwillige Bestellung eine entsprechende Satzungsbestimmung,[3] um die Anwendung der §§ 128 ff. VAG als eine Form der geschäftsplanmäßigen Bindung zu gewährleisten. Aufgrund der satzungsmäßigen Verankerung einer freiwilligen Treuhänderbestellung wird auch der Verzicht darauf genehmigungspflichtig.[4] 13

Die freiwillige Bestellung eines Treuhänders hat lediglich Auswirkung auf die Verfügungsbeschränkung für das Versicherungsunternehmen. Für den insolvenzrechtlichen Gläubigervorrang ist allein maßgebend, ob die Vermögensgegenstände zum Sicherungsvermögen gehören oder nicht. Erstreckt sich die freiwillige Bestellung eines Treuhänders nur auf jene Teile des Sicherungsvermögens, die bestimmte Versicherungsportfolios abdecken, kann eine Bevorrechtigung der betreffenden Gläubiger gegenüber 14

[1] *BaFin,* Rundschreiben 3/2016, Treuhänder zur Überwachung des Sicherungsvermögens vom 25.5.16.
[2] Zur rechtlichen Stellung des Treuhänders umfassend *Grote,* Die Rechtsstellung der Prämien-, Bedingungs- und Deckungsstocktreuhänder nach dem VVG und dem VAG, 2002.
[3] Formulierungsvorschlag in R 3/2016 Punkt B.
[4] § 9 Abs. 2 Nr. 1 i. V. m. § 11 Abs. 1 S. 1 VAG.

anderen Gläubigern des Sicherungsvermögens nur erreicht werden, wenn dafür auch eine selbständige Abteilung des Sicherungsvermögens (§ 125 Abs. 6 VAG) eingerichtet wird.

15 **3. Überwachung des Sicherungsvermögens (Abs. 1). a) Umfang der Überwachung.** Die Überwachung erstreckt sich auf die ausreichende Bedeckung des Mindestbetrages, der Qualifikation der Anlagen für das Sicherungsvermögen und auf deren korrekte Erfassung im Vermögensverzeichnis.[5]

16 **b) Prüfung der vorschriftsmäßigen Anlage.** Das Gesetz überträgt dem Treuhänder die Aufgabe, das Sicherungsvermögen dahin gehend zu überwachen, dass es vorschriftsmäßig angelegt ist (arg. e Abs. 5). „Vorschriftsmäßig" bezieht sich dabei auf die Einhaltung gesetzlicher Vorschriften und nicht auf interne Richtlinien. Das ergibt sich zum einen aus der Tatsache, dass der Wortlaut von Abs. 5 mit § 73 VAG a. F. identisch ist und im Übrigen in der Vergangenheit die Einhaltung interner Richtlinien auch in den Rundschreiben der Aufsichtsbehörde nicht als Gegenstand der Überwachung genannt war (vgl. R 4/2014). Darüber hinaus ist für die Konkretisierung und Auslegung der Überwachungspflichten das Governance Regime zu berücksichtigen, dem ein Versicherungsunternehmen unterliegt, um dem Grundsatz der Verhältnismäßigkeit (§ 296 VAG) Rechnung zu tragen. Dieser Grundsatz ist auch für die Aufgabenstellung des Treuhänders von Relevanz, weil – abhängig von der Unternehmensgröße – aufsichtsrechtlich unterschiedliche Anforderungen für Kapitalanlage und Governance von Versicherungsunternehmen gelten. Diese Unterschiede wirken sich auch auf Auslegung und Konkretisierung Pflichten des Treuhänders im Einzelfall aus, anderenfalls würde es entweder zu Lücken oder zu weitgehenden Überlappungen der unterschiedlichen Funktionen kommen.

17 **aa) Prüfungsumfang bei Solva II-Unternehmen.** Ein maßgeblicher Gesichtspunkt für das Ausmaß der Überwachungspflichten ist der Umstand, ob ein Versicherungsunternehmen bereits durch Gesetz gehalten ist, unabhängige Schlüsselfunktionen zu implementieren, deren gesetzliche Aufgabe es ist, laufend die Einhaltung interner Anlagerichtlinien (Risikocontrolling, § 26 Abs. 8 i. V. m. Abs. 5 Nr. 3 VAG) und gesetzlicher Vorschiften (Compliance, § 29 Abs. 1 VAG) zu überwachen. Dies ist der Fall bei Versicherungsunternehmen, die dem Solvency II-Regime unterliegen. Auf Basis des Governance System von Solvency II ist mithin eine intensive Überwachung der Kapitalanlage und damit auch des Sicherungsvermögens bereits institutionalisiert. Damit liegt in diesen Fällen der Schwerpunkt der Funktion des Treuhänders auf der Sicherstellung der Vermögenswerte für die privilegierten Gläubiger. Eine qualitative Überprüfung der Vermögensgegenstände obliegt dem Treuhänder noch insoweit, als dem Sicherungsvermögen bis zur Höhe des Mindestumfangs vorrangig Gegenstände aus dem Katalog gem. § 125 Abs. 1 S. 2 VAG zuzuführen sind.

18 Demgegenüber vertritt in R 3/2016 Punkt B 3.3 die Aufsicht die Auffassung – ohne die ganz unterschiedlichen Konstellationen von Solva II-Versicherungsunternehmen und Solva I-Versicherungsunternehmen angemessen zu berücksichtigen –, der Treuhänder habe zu überwachen, ob die internen Anlagerichtlinien eingehalten sind. Die Anforderung der Aufsichtsbehörde, auch die Einhaltung der internen Anlagerichtlinien zu überprüfen, ist neu und mag davon motiviert sein, dass die gesetzlichen Anlagekataloge entfallen sind. Abgesehen davon, dass eine so weitgehende Ausdehnung vom Gesetzeswortlaut nicht gedeckt ist, ist sie auch mit Blick auf den Gläubigerschutz nicht erforderlich. Denn der Wegfall der detaillierten Anlageregeln ist gesetzlich bereits durch die Pflicht zur laufenden Überwachung der Kapitalanlage durch das Risikocontrolling geregelt.

19 **bb) Prüfungsumfang bei Versicherungsunternehmen mit Solvency I-Regime.** Soweit es um die Aufgaben des Treuhänders von kleinen Versicherungsunternehmen, Pensions- und Sterbekassen sowie Pensionsfonds geht, ist zu berücksichtigen, dass diese Unternehmen nicht nur ohne gesetzlich verankerte unabhängige Schlüsselfunktionen operieren, sondern auch den Vorgaben der AnlV unterliegen. Da aus der AnlV heraus nur bestimmte Gegenstände dem Sicherungsvermögen zugeführt werden können und der Treuhänder nur die dort aufgeführten Anlagen für das Sicherungsvermögen akzeptieren kann, erstreckt sich in diesen Fällen seine Prüfung auch auf die Einhaltung der Anlagevorschriften, bei denen es sich aber um Gesetze im materiellen Sinn (und nicht um interne Richtlinien) handelt. Im Ergebnis führt das unterschiedliche Aufsichtsregime dazu, dass sich auch die Aufgaben des Treuhänders unterschiedlich darstellen, je nach dem, welchem Regime das Versicherungsunternehmen unterliegt.

20 **4. Stellvertreter (Abs. 2).** Ein Stellvertreter ist stets zu bestellen, damit die Handlungsfähigkeit des Versicherungsunternehmens im Bereich der Kapitalanlagetätigkeit gewährleistet ist. Soweit für die Funktionsfähigkeit erforderlich können auch mehrere Stellvertreter bestellt werden. Die fachlichen und persönlichen Anforderungen an den Stellvertreter sind identisch mit denen an den Treuhänder. Dasselbe gilt für den Umfang seiner Aufgaben, Rechte und Pflichten, wenn er den Treuhänder vertritt. Auch kann im Fall der Mitversicherung der Treuhänder des führenden Versicherungsunternehmens zum stellvertretenden Treuhänder des nichtführenden bestellt werden, wenn das führende im Auftrag der Mitbeteiligten die Sicherungsvermögenswerte verwahrt und verwaltet.[6] Ein Spezialfall der Stellvertre-

[5] ausführlich R 3/2016 Punkt B 3.2 ff.
[6] BAV GB 1979, 43.

tung ist die einverständliche Beteiligung mehrerer Versicherungsunternehmen an einem Anlagebestand (Konsortium).

5. Bestellungsverfahren (Abs. 3 und 4). a) Anzeige bei der Aufsichtsbehörde (Abs. 4). Die Aufsichtsbehörde ist vorab darüber zu informieren, wer als Treuhänder bestellt werden soll. In den einzureichenden Unterlagen[7] müssen auch Angaben über Fachkenntnisse und die Unabhängigkeit des Treuhänders enthalten sein. 21

Die Benennung muss rechtzeitig erfolgen, denn die Aufsichtsbehörde kann bei Bedenken die Benennung einer anderen Person verlangen. R 3/2016 empfiehlt eine Mindestfrist von 4 Wochen. Vom Gesetzeswortlaut nicht gedeckt ist die Interpretation der BaFin, dass eine Bestellung erst erfolgen darf, wenn die Unbedenklichkeit durch die Aufsichtsbehörde bestätigt ist. Die Behörde hat das Recht, Bedenken zu äußern, und eine vorschnelle Ernennung birgt das Risiko, anschließend ggf. durch Abberufung den Bedenken der Aufsichtsbehörde Rechnung tragen zu müssen. Erfüllt die weitere benannte Person ebenfalls nicht die Anforderungen bzw. wird keine neue Person benannt, kann die Behörde selbst einen Treuhänder bestellen, Abs. 4 S. 3. 22

b) Bestellung (Abs. 3). Durch die Bestellung wird der Treuhänder mit seinem Amt betraut. Zuständig ist der Aufsichtsrat. Wenn ein kleinerer Verein keinen Aufsichtsrat hat, ist der Vorstand für die Bestellung zuständig.[8] Aus der Zuständigkeit für die Bestellung folgt auch die Zuständigkeit für die Abberufung als „actus contrarius". Unter den Voraussetzungen von Abs. 4 S. 3 und 4 erfolgt die Bestellung und Abberufung durch die Aufsichtsbehörde. Bestellung und Abberufung durch die Aufsichtsbehörde ergehen als Verwaltungsakt. 23

c) Amtszeit. Die Amtszeit beginnt mit der Bestellung und endet (1) mit Ablauf der Zeit, für die der Treuhänder berufen ist (2) durch Abberufung, (3) durch Niederlegung des Amtes durch den Treuhänder oder (4) durch Eröffnung der Insolvenz. 24

d) Vertragliche Grundlage. Zivilrechtliche Grundlage der Tätigkeit ist ein Dienstvertrag, in dem die Modalitäten, Dauer, Kündigungsrecht etc. zwischen dem Treuhänder und dem Versicherungsunternehmen geregelt sind. 25

e) Treuhänderbescheinigung. Auf Antrag stellt die Aufsichtsbehörde nach Bestellung eine Treuhänderbescheinigung aus.[9] 26

6. Bestätigung unter der Bilanz (Abs. 5). Der Treuhänder hat unter der Bilanz zu bestätigen, dass das Sicherungsvermögen vorschriftsmäßig angelegt und aufbewahrt ist.[10] Die Aufsichtsbehörde erwartet – über den Gesetzeswortlaut hinausgehend – auch eine entsprechende Erklärung zum Vermögensverzeichnis. Ist das Sicherungsvermögen-Soll nicht vollständig bedeckt, ist der Bestätigungsvermerk dahin gehend zu modifizieren, dass der Betrag anzugeben ist, bis zu dem die Vermögensanlagen vorschriftsmäßig sichergestellt sind. 27

Die vorsätzliche oder fahrlässige Abgabe einer nicht richtigen Bestätigung ist als Straftatbestand in § 331 Abs. 2 Nr. 2, Abs. 3 VAG erfasst. 28

7. Streitigkeiten über Obliegenheiten des Treuhänders (Abs. 6). Nur Streitigkeiten, die Inhalt und Umfang der Aufgaben aus dem Amt des Treuhänders betreffen, sind der Aufsichtsbehörde zur Entscheidung zugewiesen. Dazu gehört z. B., ob Vermögensgegenstände nach den Anlagevorschriften sicherungsvermögensfähig sind, wie weit das Recht der Büchereinsicht (§ 129 Abs. 4 VAG) geht, ob der Bestätigungsvermerk (Abs. 5) zu Unrecht verweigert wurde, ob die Zustimmung zu einer Verfügung zu erteilen und ein Sicherungsvermögenswert herauszugeben ist. Die Obliegenheiten sind zugleich die Rechte des Treuhänders und – soweit zu ihrer Ausübung eine Mitwirkung des Unternehmens nötig ist – die Pflichten des Vorstandes. 29

8. Entscheidung der Aufsichtsbehörde. Soweit die Aufsichtsbehörde zur Entscheidung berufen ist, ist für Treuhänder und Versicherungsunternehmen der ordentliche Rechtsweg ausgeschlossen. Die Entscheidung der Aufsichtsbehörde ergeht als Verwaltungsakt. Für sonstige Streitigkeiten, die nicht die Rechte und Pflichten des Treuhänderamtes, sondern die schuldrechtlichen Beziehungen zwischen Treuhänder und Versicherungsunternehmen betreffen (Vergütung und dergleichen), steht der ordentliche Rechtsweg offen. 30

---

[7] R 3/2016 Punkt B 1.1

[8] Da § 210 Abs. 1 VAG nicht auf § 189 VAG verweist, muss ein kleinerer Verein keinen Aufsichtsrat bestellen, kann dies aber in der Satzung vorsehen, vgl. § 210 Abs. 2 S. 3 VAG.

[9] R 3/2016 Punkt B 1.1.

[10] Formulierungsvorschlag in R 3/2016 Punkt B 3.10.1.

Sicherstellung des Sicherungsvermögens

129 (1) **Das Sicherungsvermögen ist so sicherzustellen, dass nur mit Zustimmung des Treuhänders darüber verfügt werden kann.**

(2) [1]**Der Treuhänder hat insbesondere die Bestände des Sicherungsvermögens unter Mitverschluss des Versicherungsunternehmens zu verwahren.** [2]**Der Treuhänder darf einen Sicherungsvermögenswert nur herausgeben, wenn die übrigen Werte zur Bedeckung des Mindestumfangs des Sicherungsvermögens gemäß § 125 Absatz 2 ausreichen oder das Versicherungsunternehmen Zug um Zug eine anderweitige Bedeckung des Sicherungsvermögens stellt.** [3]**Ist das Versicherungsunternehmen zur Herausgabe einer Urkunde verpflichtet, muss der Treuhänder der Herausgabe zustimmen, auch wenn die in Satz 2 genannten Voraussetzungen nicht vorliegen; § 127 Absatz 1 ist entsprechend anzuwenden.** [4]**Benötigt das Versicherungsunternehmen eine Urkunde zum vorübergehenden Gebrauch, so hat der Treuhänder sie herauszugeben, ohne dass das Versicherungsunternehmen verpflichtet ist, eine anderweitige Bedeckung zu stellen.**

(3) **Der Treuhänder kann einer Verfügung nur schriftlich zustimmen; soll ein Gegenstand im Vermögensverzeichnis gelöscht werden, so genügt es, dass der Treuhänder neben oder unter den Löschungsvermerk seinen Namen schreibt.**

(4) **Der Treuhänder kann jederzeit die Bücher und Schriften des Versicherungsunternehmens einsehen, soweit sie sich auf das Sicherungsvermögen beziehen.**

Übersicht

1 **I. Allgemeines. 1. Entstehungsgeschichte.** Der Inhalt der Vorschrift fasst die Regelungen von § 72 und § 74 VAG a. F. zusammen.

2 **2. Normzweck.** Die Vorschrift bezieht sich nur auf die Sicherungsvermögen, für die gem. § 128 Abs. 1 VAG ein Treuhänder zu bestellen ist und präzisiert die Anforderungen, in welcher Weise der Treuhänder bei der Verfügung über Gegenstände des Sicherungsvermögens einbezogen werden muss. Dabei geht es sowohl um rechtliche Mitwirkungserfordernisse, als auch um deren faktische Absicherung bei der Verwahrung der Anlagegenstände.

3 **3. Europarechtlicher Hintergrund.** Europarechtliche Vorgaben bestehen nicht.

4 **4. Verwaltungsrichtlinien.** Das Rundschreiben der BaFin R 3/2016 enthält auch detaillierte Erläuterungen zur Sicherstellung, Aufbewahrung und Verwaltung des Sicherungsvermögens.

5 **II. Sicherstellung. 1. Gesetzliche Verfügungsbeschränkung durch Zustimmungserfordernis (Abs. 1).** Abs. 1 Hs. 1 enthält ein gesetzliches Veräußerungsverbot i. S. v. § 135 Abs. 1 BGB, indem es die wirksame Verfügung über Gegenstände des Sicherungsvermögens von der Zustimmung des Treuhänders abhängig macht.[1] Es handelt sich um eine relative Verfügungsbeschränkung, da sie nur den

[1] H. M., KG JW 1934, 1126; Goldberg/Müller/*Müller* § 72 Rn. 2; R 3/2016. Punkt 3.5.1; a. A. *Blomeyer,* FS E. E. Hirsch, 1968, S. 44 f., FKBP/*Kaulbach* § 72 Rn. 1; *Sieg* VersR 1990, 469.

Schutz der am Sicherungsvermögen berechtigten Versicherten bezweckt. Gemäß § 135 Abs. 2 BGB ist jedoch gutgläubiger Erwerb möglich.

a) Verfügung. Der Begriff der Verfügung in Abs. 1 ist nicht nur im Sinne eines rechtsgeschäftlichen Aktes sondern auch als Innehalten der faktischen Verfügungsmacht zu verstehen.[2] Mangels Verfügung des Versicherungsunternehmens ist keine Treuhänderzustimmung erforderlich, wenn ein Gläubiger aus einem Grundpfandrecht in ein belastetes Grundstück des Sicherungsvermögens vollstrecken will.[3] 6

b) Zustimmungserfordernis. Die Zustimmung des Treuhänders ist Voraussetzung für die Wirksamkeit einer Verfügung über Sicherungsvermögenswerte. Eine Verpflichtung, der Verfügung über bzw. Herausgabe von einem Sicherungsvermögenswert zuzustimmen, besteht für den Treuhänder immer dann, wenn er gem. **Abs. 2 S. 4** zur vorübergehenden oder gem. § 130 VAG zur endgültigen Herausgabe verpflichtet ist. Weigert sich der Treuhänder, seine Zustimmung zu einer Verfügung zu erteilen, so kann das Unternehmen die Entscheidung der Aufsichtsbehörde beantragen.[4] Keiner Zustimmung bedarf das der Verfügung zugrunde liegende Verpflichtungsgeschäft. 7

c) Zeitpunkt. In der juristischen Terminologie umfasst der Begriff der Zustimmung sowohl die Einwilligung (vorherige Zustimmung) als auch die Genehmigung (nachträglich), §§ 182–185 BGB. Die Aufsicht geht jedoch von einem Gebot der vorherigen Zustimmung aus,[5] d. h., dass der Treuhänder die Zustimmung erklären muss, bevor der Sicherungsvermögenswert den Tresor oder das mit dem Sperrvermerk versehene Depot verlässt oder bevor der neue Inhaber des Vermögensgegenstandes als Berechtigter ins Grundbuch eingetragen wird. 8

d) Form (Abs. 3). Die Verfügung ist schriftlich, mit Datum, inhaltlich eindeutig und genauer Bezeichnung der betroffenen Sicherungsvermögenswerte zu erklären; die Aufsichtsbehörde verlangt Einzelzustimmung, wobei Gegenstände listenmäßig zusammengefast sein können.[6] Die Zustimmung kann auch durch qualifizierte elektronische Signatur erfolgen. Die Abzeichnung eines Abgangs im Vermögensverzeichnis durch den Treuhänder genügt den Erfordernissen einer Zustimmungserklärung, nicht jedoch ein bloßer Rückzahlungsvermerk im Tresorbuch.[7] Für die Löschung eines Gegenstandes im Vermögensverzeichnis genügt die Abzeichnung des Löschungsvermerkes, Hs. 2. 9

2. Faktische Sicherstellung (Abs. 1 und 2). Neben der rechtlichen Verfügungsbeschränkung fordert das Gesetz durch zusätzliche Maßnahmen, die Anlagegegenstände durch die Art der Verwahrung so zu sichern, dass die theoretische Möglichkeit gutgläubigen Erwerbs faktisch ausgeschlossen wird.[8] 10

a) Gegenstand der Sicherstellung. Alle ins Vermögensverzeichnis eingetragenen Anlagegegenstände sind sicherzustellen, und zwar einschließlich solcher Urkunden, die einen Sicherungsvermögenswert verbriefen, wie Hypotheken- und Schuldurkunden. Die Sicherstellung erfolgt durch Mitverschluss, und zwar in zwei Formen, durch Eintragung eines Sperrvermerks oder durch Verwaltung der Sicherungsvermögenswerte unter Doppelverschluss des Treuhänders. 11

b) Sicherstellung durch Sperrvermerk. aa) Betroffene Sicherungsvermögenswerte. Diese Sicherung kommt in Frage für die in einem Bankdepot verwahrten Urkunden sowie für alle nicht urkundlich verbrieften Sicherungsvermögenswerte, für Grundstücke, Buchhypotheken und Buchgrundschulden, für Schuldbuchforderungen sowie für Termin- und Festgelder, für Gesellschaftsanteile, für Genussrechte im Gesellschafts- bzw. Genussrechtsvertrag.[9] 12

bb) Sperrvermerk. Es ist ein Sperrvermerk dahingehend einzutragen, dass über den betreffenden Gegenstand nur mit Zustimmung des Treuhänders oder seines Stellvertreters verfügt werden darf. Der Treuhänder hat sich davon zu überzeugen, dass jede in das Vermögensverzeichnis eingetragene Vermögensanlage, die nicht unter Doppelverschluss genommen wird, zu seinen Gunsten durch einen inhaltlich richtigen Sperrvermerk [10] gesperrt ist. Er hat die Anwendung des Sperrvermerks durch das Versicherungsunternehmen, Kreditinstitute, Grund- und Schuldbuchämter bzw. die entsprechenden Registerbehörden der anderen EU-Mitglied- bzw. EWR-Vertragsstaaten zu überwachen. 13

cc) Eintragung ins Grundbuch. Die Verfügungsbeschränkung zugunsten des Treuhänders ist eintragungsfähig.[11] Da die Verfügungsbeschränkung kraft Gesetzes eintritt, ist der spätere Antrag auf 14

---

[2] Vgl. Abs. 2 S. 1, wo Mitverschluss als Unterfall („insbesondere“) der gemeinsamen Verfügung genannt ist.
[3] *BAV*, GB 1984, 47.
[4] Dazu § 128 Abs. 6 VAG.
[5] R 3/2016 Punkt B 3.8.
[6] R 3/2016 Punkt B 3.9.1.
[7] *BAV*, GB 1985, 49
[8] R 3/2016 Punkt B 3.5.2.
[9] Weiter R 3/2016 Punkt B 3.5.4.2 ff.
[10] Formulierungsvorschlag für Wortlaut des Sperrvermerks: R 3/2016 Punkt B 3.5.4.2.2.
[11] *KG* JW 1934, 1126; vgl. auch *BayObLG* Urt. v. 24.11.1964 – 2 Z 224/64, VersR 1965, 125.

Eintragung der Verfügungsbeschränkung ein Berichtigungsantrag gem. § 22 GBO[12] und bedarf deshalb gem. § 30 GBO nicht der Form des § 29 GBO.[13] Antragsberechtigt ist das Unternehmen oder der Grundeigentümer,[14] nicht aber die Aufsichtsbehörde[15] oder der Treuhänder. Dem Antrag ist in der Form des § 29 GBO der Nachweis beizufügen, dass das Grundstück oder das dingliche Recht zum Sicherungsvermögen gehört, z. B. durch eine Bescheinigung der Aufsichtsbehörde[16] oder Erklärung des Vorstandes oder des Treuhänders. Die Aufsichtsbehörde erteilt eine Bescheinigung darüber, dass das betreffende Grundstück bzw. dingliche Recht in das Vermögensverzeichnis eingetragen worden ist.[17] Bewilligt der Grundstückseigentümer den Sperrvermerk zugleich mit der Bestellung der Hypothek, so bedarf es eines Antrags des Versicherers ebenso wenig wie seiner Erklärung über die Zugehörigkeit zum Sicherungsvermögen.[18] Von Amts wegen braucht das Grundbuchamt die Zugehörigkeit zum Sicherungsvermögen nicht festzustellen.[19]

15 Bei nachträglichem Eintrag eines Sperrvermerkes ist nur das Versicherungsunternehmen als Grundschuldgläubiger bewilligungs- und antragsbefugt, die Eintragung eines Sperrvermerkes kann erst beantragt werden, wenn die Zuführung zum Sicherungsvermögen durch Eintragung ins Vermögensverzeichnis erfolgt ist.[20] Gehört zum Sicherungsvermögen nicht das gesamte Grundstück, sondern nur ein Miteigentumsanteil daran, so hat sich der Sperrvermerk auf den Miteigentumsanteil, nicht auf das gesamte Grundstück zu beziehen.[21] Bei Eintragungen betreffend ein Briefgrundpfandrecht, das für ein Versicherungsunternehmen eingetragen ist, hat das Grundbuchamt nicht nachzuprüfen, ob das betroffene Recht zum Sicherungsvermögen gehört und ob der Treuhänder seine Zustimmung zu der Rechtsänderung erteilt hat.[22] Soll eine Rechtsänderung mit dinglicher Wirkung für ein Grundstück oder ein Grundbuchrecht herbeigeführt werden, bei dem ein Sperrvermerk zugunsten des Treuhänders eingetragen ist, muss das Grundbuchamt prüfen, ob die Zustimmung des Treuhänders erteilt worden ist[23] und ob die als Treuhänder auftretende Person wirklich mit diesem Amt betraut worden ist;[24] Zustimmung und Nachweis bedürfen der Form des § 29 GBO.[25] Der Nachweis kann durch die Bescheinigung der Aufsichtsbehörde über die Treuhänderbestellung geführt werden.[26]

16 **c) Sicherstellung durch Doppelverschluss. aa) Betroffene Sicherungsvermögenswerte.** Diese Sicherung kommt in Frage für alle physisch verwahrten Nicht-Buchrechte, insbesondere Geld und verbriefte Forderungen, Briefhypotheken, Briefgrundschulden, zusätzliche Sicherheiten zu Grundbuchrechten und anderen Sicherheiten (z. B. Bürgschaftserklärungen, Versicherungspolice). Bei festverzinslichen Wertpapieren erstreckt sich der Mitverschluss nicht nur auf den Bogen sondern auch auf die Zinscoupons.[27]

17 **bb) Doppelverschluss.** Der Doppelverschluss durch den Treuhänder schafft rechtlich Mitbesitz (§ 866 BGB), der so beschaffen sein muss, dass keiner der Mitbesitzer allein den Zugang zu den verwahrten Gegenständen hat. Praktisch wird dieser Zustand dadurch hergestellt, dass Treuhänder und Versicherungsunternehmen zwei verschiedene Safe-Schlüssel erhalten. Bei Tresoröffnung sollen der Treuhänder sowie auch Mitarbeiter des Versicherungsunternehmens während der Dauer der Öffnung anwesend sein.[28]

18 **d) Sicherstellung von Depots.** Je nach Art des Depots erfolgt die Sicherstellung durch Eintragung eines Sperrvermerkes oder durch Doppelverschluss.

19 **aa) Offenes Depot bei einer Bank. aaa) Sonderverwahrung.** Es muss ein besonderes Sicherungsvermögen-Konto angelegt werden. Die Bank hat sicherzustellen, dass das Versicherungsunternehmen über dieses Konto nur mit Zustimmung des Treuhänders verfügen darf; sie hat zu erklären, dass sie auf

---

[12] *OLG Frankfurt* a. M. Beschl. v. 25.10.1971 – 6 W 485/71, VersR 1972, 61.
[13] *KG* JW 1934, 1126; *BAV* GB 1962, 17.
[14] *BayObLG* Urt. v. 24.11.1964 – 2 Z 224/64, VersR 1965, 125.
[15] *BAV* GB 1964, 22.
[16] *BAV* GB 1959/60, 17; 1961, 23; 1962, 17.
[17] *BAV* GB 1984, 46.
[18] *BayObLG* Urt. v. 24.11.1964 – 2 Z 224/64, VersR 1965, 125.
[19] *KG* JW 1934, 1126.
[20] *OLG Zweibrücken* Beschl. v. 22.12.2010 – 3 W 202/10, Rpfleger 2011, 318.
[21] *BAV* GB 1990, 59.
[22] *OLG Schleswig* Beschl. v. 16.3.2011 – 2 W 49/10.
[23] *LG Dortmund* v. 8.6.1990 – 9 T 320/90, Rpfleger 1990, 454, anders bei Briefhypotheken oder Briefgrundschulden, bei denen kein Sperrvermerk ins Grundbuch eingetragen wird. Zum Inhalt der Treuhändererklärung bei Löschung eines Sperrvermerks im Grundbuchverfahren: *OLG Hamm* Beschl. v. 4.11.2014 – 15 W 412/14.
[24] *LG Hamburg* v. 17.10.1980 – 71 T 72/80, Rpfleger 1981, 62.
[25] *OLG Frankfurt a. M.* Urt. v. 27.8.1992 – 16 W 35/92, VersR 1993, 1341.
[26] Vgl. *BAV* GB 1984, 46.
[27] *BAV* GB 1989, 54.
[28] R 3/2016 Punkt B 3.5.4.1.

die Geltendmachung eines Pfandrechts, eines Zurückbehaltungsrechts oder irgendeines sonstigen Rechts hinsichtlich der Urkunden verzichtet.[29]

bbb) Sammelverwahrung. Das Kreditinstitut, das die Sammelverwahrung bei einer Wertpapiersammelbank vermittelt, muss im Verwahrungsbuch (§ 14 DepotG) vermerken, dass der Sammelanteil zum Sicherungsvermögen gehört und dass darüber nur mit Zustimmung des Treuhänders (Stellvertreters) verfügt werden kann, und es muss auf die Geltendmachung von Pfandrechten, Zurückbehaltungsrechten oder sonstigen Rechten, insbesondere auch auf eine Aufrechnung, in Bezug auf die Sammelanteile verzichten. 20

bb) Geschlossenes Depot bei einer Bank. Es ist sicherzustellen, dass das Tresorfach nur unter Mitwirkung des Treuhänders geöffnet werden kann. Die Bank muss eine Erklärung wie beim offenen Depot abgeben. 21

e) Sicherstellung von Bankkonten. Es muss mit einem Sperrvermerk zugunsten des Treuhänders versehen sein. Die Bank muss, wie beim offenen Depot, auf die Geltendmachung ihr zustehender Rechte verzichten. 22

f) Refinanzierungsregister. Zur Sicherstellung bei Konsortialfinanzierungen unter Verwendung eines Refinanzierungsregisters: BaFin, Verlautbarung zum Refinanzierungsregister, AE vom 1.1.2014.[30] 23

g) Sicherstellung durch spezielle Schuldnerinformation. Nach Verwaltungsauffassung[31] sind Schuldner von Darlehensforderungen (Namensschuldverschreibungen, Schuldscheinforderungen, sonstige Darlehen) bzw. schuldenverwaltende Stellen gegen Empfangsbestätigung unverzüglich zu informieren, dass Verfügungen über die entsprechende Forderung nur mit vorheriger schriftlicher Zustimmung des Treuhänders wirksam sind. 24

III. Einsichtsrecht in Unterlagen (Abs. 4). Einsicht in Bücher und Schriften: dazu zählen auch ausschließlich elektronisch zugängliche Unterlagen und nur persönlich. Ist der Treuhänder verhindert, muss er die Feststellungen durch seinen Stellvertreter treffen lassen. 25

IV. Aufklärungen und Nachweise. In Anlehnung an § 320 Abs. 2 HGB kann der Treuhänder (über die Büchereinsicht hinaus) vom Vorstand alle Aufklärungen und Nachweise verlangen, die im Rahmen seiner Überwachungspflicht notwendig sind. Er kann insbesondere in Berechnungen und Schätzungen des Versicherungsunternehmens über die Höhe des Sicherungsvermögen-Solls, die in gewissen Zeitabständen zu erstellen und der Aufsichtsbehörde vorzulegen sind, Einsicht nehmen; dies gilt auch für zusätzliche Schätzungen des Versicherungsunternehmens über das voraussichtliche unterjährige Anwachsen des Sicherungsvermögen-Solls oder Hochrechnungen auf der Grundlage des Zuwachses der Vorjahre.[32] 26

Entnahme aus dem Sicherungsvermögen

130 (1) **Dem Sicherungsvermögen dürfen außer den Mitteln, die zur Vornahme und Änderung der Kapitalanlagen erforderlich sind, nur die Beträge entnommen werden, die durch Eintritt oder Regulierung des Versicherungsfalls, durch Rückkauf oder dadurch frei werden, dass sonst ein Versicherungsverhältnis beendet oder der Geschäftsplan geändert wird.**

(2) [1] **Durch Zwangsvollstreckung oder Arrestvollziehung darf über die Bestände des Sicherungsvermögens nur so weit verfügt werden, wie für den Anspruch, zu dessen Gunsten verfügt wird, die Zuführung zum Sicherungsvermögen gemäß § 125 Absatz 1 bis 3, § 126 Absatz 3 und § 127 vorgeschrieben und tatsächlich erfolgt ist.** [2] **Satz 1 ist entsprechend anzuwenden für die Aufrechnung gegen Ansprüche, die zu den Beständen des Sicherungsvermögens gehören.**

I. Allgemeines. 1. Entstehungsgeschichte. Die Vorschrift übernimmt den Inhalt von § 77 VAG a. F. 1

2. Normzweck. Das Sicherungsvermögen steht vorrangig zur Verfügung für die Gewährleistung der Befriedigung der Versicherten bzw. der aus Versicherungsverträgen Anspruchsberechtigten und soll in der dafür erforderlichen Höhe erhalten bleiben. Aus diesem Grund gibt es Beschränkungen für die Entnahme von Anlagegegenständen im normalen Geschäftsbetrieb (Abs. 1) und für die Vollstreckung Dritter in Werte des Sicherungsvermögens (Abs. 2). Die Formulierung von Abs. 1 (unveränderte 2

[29] R 3/2016 Punkt B 3.6.2.
[30] Zur Vertragsdokumentation: *Grunnert/Püttgen* WM 2014, 1316, 1319.
[31] R 3/2016 Punkt B 3.5.5.1
[32] R 3/2016 Punkt B 3.2.1.

Fassung von § 77 Abs. 1 VAG a. F.) beschreibt eine Vorgehensweise, die so nicht (mehr) den Abläufen entspricht. Abs. 1 ist daher nach Sinn und Zweck der Vorschrift zu interpretieren.

3 **3. Europarechtlicher Hintergrund.** Die Vorschrift hat keinen europarechtlichen Hintergrund.

4 **II. Entnahme im Rahmen des gewöhnlichen Geschäftsbetriebes (Abs. 1).** Die Zulässigkeit einer Entnahme ist unter denselben Voraussetzungen möglich, wie die Herausgabe eines Wertes durch den Treuhänder (§ 129 Abs. 2 S. 1 VAG). Liegt der Wert des Sicherungsvemögens (auf Basis der gesetzlichen Ansatzwerte) über dem Mindestbetrag (§ 125 Abs. 2 VAG), kann der Treuhänder Anlagen bis zur Höhe des überschießenden Betrages herausgeben; damit können die Anlagegegenstände auch dem Sicherungsvermögen entnommen werden. Eine Überdeckung, die eine Entnahme ermöglicht, kann verursacht sein dadurch, dass sich (1) der Verpflichtungsumfang gem. § 125 Abs. 2 VAG reduziert hat,[1] dass sich (2) der Wert des Sicherungsvermögens erhöht hat[2] oder dass (3) aus Vorsichtsgründen bewusst über den Mindestbetrag hinaus Zuführungen vorgenommen worden sind.

5 **III. Vollstreckung in Sicherungsvermögenswerte (Abs. 2).** Vollstreckungsmaßnahmen in Vermögensgegenstände des Sicherungsvermögens unterliegen Beschränkungen zugunsten der Gläubiger von Forderungen aus Versicherungsverhältnissen. Für die Vollstreckung in Vermögenswerte, die nicht dem Sicherungsvermögen zugewiesen sind, gibt es keinerlei Beschränkungen.

6 **1. Bevorrechtigte Forderungen.** In Gegenstände, die zum Sicherungsvermögen gehören, darf im Wege der Zwangsvollstreckung (§§ 704 ZPO ff.) oder eines Arrestes (§§ 916 ZPO ff.) vollstreckt werden nur wegen Ansprüchen aus Versicherungsverhältnissen (einschließlich gesetzlicher Direktansprüche). Gläubiger des Versicherungsunternehmens, deren Forderungen auf anderen Rechtsansprüchen beruhen, sind auf die sonstigen (dh nicht im Vermögensverzeichnis aufgeführten) Vermögensgegenstände des Versicherungsunternehmens beschränkt.

7 **2. Selbständige Abteilungen.** Bei Vorhandensein mehrerer selbständiger Abteilungen des Sicherungsvermögens (§ 125 Abs. 6 VAG) kann nur in jene Werte vollstreckt werden, die zur entsprechenden Abteilung des Sicherungsvermögens gehören.

8 **3. Umfang.** Für eine bevorrechtigte Forderung ist die Vollstreckung begrenzt auf die Höhe, in der für den individuellen Anspruch eine Zuführung zum Sicherungsvermögen auch tatsächlich erfolgt ist. Daraus ergeben sich zwei Einschränkungen: ist die Verpflichtung, wegen der vollstreckt wird, in den Bilanzpositionen von § 125 Abs. 2 VAG tatsächlich als Verpflichtung nicht erfasst, (ggf. unter Verstoß gegen die Rechnungslegungsvorschriften), kann insoweit auch nicht von einer Zuführung ausgegangen werden. Ist das Sicherungsvermögen insgesamt geringer als der Mindestbetrag, schlägt die Unterdeckungsquote durch auf die Forderung, aus der vollstreckt werden soll. Denn Zuführungen zum Sicherungsvermögen werden vorgenommen auf Basis des Saldos der genannten Bilanzpositionen (die die Vollstreckungsforderung des Gläubigers als Verpflichtung des Versicherungsunternehmens enthalten) und nicht auf Basis der Verbuchung der Einzelverpflichtung.

9 **IV. Aufrechnung (Abs. 2 S. 2). 1. Zulässigkeit.** Das Sicherungsvermögen ist auch dadurch geschützt, dass nur in beschränktem Rahmen gegen eine Forderung des Sicherungsvermögens aufgerechnet werden kann. Sie ist zulässig, wenn die Hauptforderung des Gläubigers zu jenen Verpflichtungen des Versicherungsunternehmens gehört, die durch das Sicherungsvermögen bedeckt werden. Beispiel: Forderung auf Auszahlung der Lebensversicherungssumme (bevorrechtigte Forderung) aufrechenbar mit Rückzahlungsverpflichtung (des Gläubigers) aus Hypothek, wenn diese zum Sicherungsvermögen des Versicherungsunternehmens gehört (und soweit die übrigen Voraussetzungen der Aufrechnung gegeben sind, §§ 387 ff. BGB).

10 **2. Zugehörigkeit der Gegenforderung zu den Beständen des Sicherungsvermögens.** Ob die Gegenforderung zum Sicherungsvermögen gehört, ergibt sich aus dem Vermögensverzeichnis, soweit die Zugehörigkeit nicht aus dem Gesetz folgt (§ 126 Abs. 1 S. 3 VAG).

11 **3. Aufrechnung bei Forderungen aus Rückversicherungsverträgen.** Die Beschränkung der Aufrechnung hat auch Relevanz für die gegenseitigen Forderungen aus Rückversicherungsdeckungen (Prämien- und Schadenzahlungen, Kostenerstattungen). Für die Aufrechenbarkeit von Forderungen des Rückversicherers mit einer Gegenforderung des Erstversicherungsunternehmens ist entscheidend, ob über das Vermögen des Erstversicherungsunternehmens Insolvenz eröffnet ist oder nicht.

12 **a) Forderung aus Rückversicherung vor Insolvenzeröffnung über das Vermögen des Versicherungsunternehmens. aa) Kontokorrentabrede.** Regelmäßig ist im Rückversicherungsvertrag hinsichtlich der Abwicklung der gegenseitigen Ansprüche eine Kontokorrentabrede enthalten. Die anfallenden Einzelforderungen jeder Partei werden in das Kontokorrent eingestellt und nur der Saldo

---

[1] Z. B. durch Regulierung, Rückkauf etc.
[2] Z. B. durch Zuschreibung wegen des Wertaufholungsgebotes, § 341a Abs. 1 i. V. m. § 253 Abs. 5 S. 1 HGB.

am Periodenende ist durch Zahlung auszugleichen. Die Verrechnung gegenseitiger Forderungen innerhalb einer Abrechnungsperiode steht nicht im Widerspruch zu Abs. 2 S. 2, auch wenn die Anteile der Rückversicherer an den Rückstellungen zum Sicherungsvermögen gehören. Denn die Deckungsansprüche aus den einzelnen Schadenfällen gegenüber dem Rückversicherer entwickeln sich nicht zu einzelnen Zahlungsansprüchen, sondern sie gehen auf Basis der Kontokorrentabrede als Abrechnungsposten in die laufende Rechnung ein. Eine Forderung (sowohl des Erstversicherungsunternehmens wie des Rückversicherungsunternehmens) entsteht erst nach Verrechnung aller Positionen als Forderung auf einen etwaigen Saldenüberschuss.[3] Die durch den Periodenabschluss entstandenen Abrechnungsforderungen bzw. Abrechnungsverbindlichkeiten sind durch Zahlung auszugleichen und erst bei ihnen stellt sich die Frage, ob der Rückversicherer seine Abrechnungsverbindlichkeit durch Aufrechnung gegen eine Abrechnungsforderung des Erstversicherungsunternehmens erfüllen kann.

bb) Zugehörigkeit der Abrechnungsforderung des Erstversicherungsunternehmens zum Sicherungsvermögen. Der Gesetzgeber hat Abrechnungsforderungen – noch unter Geltung des Solvency I-Regimes – für das Sicherungsvermögen als Deckungswerte zugelassen mit Einführung des § 2 Abs. 1 Nr. 2c AnlV a. F.[4] Abrechnungsforderungen sind also dem Sicherungsvermögen zuführbar, sie bedürfen – wie alle anderen Forderungen auch – für die Zuführung der Eintragung in das Vermögensverzeichnis. Die Änderung der AnlV im Jahr 2015 belegt, dass sich die gesetzliche Zugehörigkeit gem. § 126 Abs. 3 VAG nur auf die (noch nicht aktivierbaren) Anteile der Rückversicherer, nicht aber auf die Abrechnungsforderungen aus der Kontokorrentabrede erstreckt, sonst hätte es der Änderung in der AnlV[5] nicht bedurft. Dem Verständnis des BGH, dass sich die gesetzliche Zuordnung der Anteile der Rückversicherer zum Sicherungsvermögen als die Zugehörigkeit der Saldoforderung konkretisiere, lag ein Fall der Insolvenz zugrunde. Der Gesetzgeber hat mit Einführung von § 2 Abs. 1 Nr. 2c AnlV a. F. (und gleichlautender Bestimmung in der AnlV n. F.) jedenfalls für die Phase des laufenden Geschäftsbetriebs zum Ausdruck gebracht, dass § 126 Abs. 3 S. 1 VAG sich nicht auf die Abrechnungsforderungen erstreckt. Solange eine Abrechnungsforderung des Versicherungsunternehmens nicht dem Sicherungsvermögen zugeführt ist oder aufgrund vertraglicher Vereinbarung nicht zuführbar ist, wird die Aufrechnung durch Abs. 2 S. 2 nicht beschränkt. 13

b) Forderungen aus Rückversicherung nach Insolvenzeröffnung. Mit Eröffnung der Insolvenz wird die Kontokorrentabrede für die Zukunft hinfällig;[6] damit entfällt auch die dem Kontokorrent inhärente Verrechnungsabrede. Mit der Abwicklung der Schadenfälle im Rahmen der Insolvenz konkretisieren sich die Anteile der Rückversicherer zu direkten Zahlungsansprüchen, die wegen § 126 Abs. 3 S. 1 VAG zum Sicherungsvermögen zählen und damit dem Aufrechnungsverbot unterliegen. 14

V. Entnahmen im Rahmen eines Insolvenzverfahrens. Im Rahmen eines Insolvenzverfahrens des Versicherungsunternehmens gilt für die Befriedigung aus dem Sicherungsvermögen § 315 VAG. 15

VI. Ordnungswidrigkeit. Entnahmen unter Verstoß gegen Abs. 1 stellen eine Ordnungswidrigkeit gem. § 332 Abs. 1 Nr. 5 VAG dar. 16

Verordnungsermächtigung

131 (1) **Das Bundesministerium der Finanzen wird ermächtigt, für Versicherungsunternehmen, die nicht der Aufsicht durch die Aufsichtsbehörden der Länder unterliegen, durch Rechtsverordnung unter Berücksichtigung von delegierten Rechtsakten der Europäischen Kommission gemäß Artikel 135 der Richtlinie 2009/138/EG Vorschriften zu erlassen über**

1. die Berichterstattung der Versicherungsunternehmen über ihre gesamten Vermögensanlagen;
2. die Identifikation, Bewertung, Überwachung, Steuerung und Berichterstattung von oder über
 a) Risiken, die aus Kapitalanlagen entstehen, und
 b) spezifische Risiken, die aus Anlagen in derivative Finanzinstrumente entstehen, sowie
3. die Festlegung von Anforderungen im Zusammenhang mit der Verbriefung von Krediten in handelbare Wertpapiere und in andere Finanzinstrumente, und zwar
 a) Anforderungen, die der Originator erfüllen muss, damit es Versicherungsunternehmen gestattet ist, in nach dem 1. Januar 2011 begebene Wertpapiere oder Finanzinstrumente

[3] *BGH* Urt. v. 20.7.2011 – IV ZR 177/09 Rn. 16, VersR 2011,1315.
[4] Verordnung zur Änderung der Anlageverordnung und der Pensionsfonds-Kapitalanlagenverordnung vom 3.3 2015, BGBl. 2015 I, 188.
[5] Auch in der neu erlassenen AnlV vom 18.4.2016 werden die liquiden Abrechnungsforderungen in § 2 Abs. 1 Nr. 2c aufgeführt.
[6] *BGH* Urt. v. 20.7.2011 – IV ZR 177/09 Rn. 22.

dieser Art zu investieren, einschließlich solcher, die sicherstellen, dass der Originator einen ökonomischen Nettoanteil von nicht weniger als 5 Prozent zurückbehält und

b) qualitative Anforderungen, die Versicherungsunternehmen erfüllen müssen, die in diese Wertpapiere oder Finanzinstrumente investieren.

(2) **Die Ermächtigung nach Absatz 1 kann durch Rechtsverordnung auf die Bundesanstalt übertragen werden.**

(3) **Rechtsverordnungen nach den Absätzen 1 und 2 bedürfen nicht der Zustimmung des Bundesrates.**

1 Nach der Gesetzesbegründung beruht die Ermächtigung auf Art. 135 Solva II-RL.[1] In Anbetracht der Tatsache, dass Art. 135 Solva II-RL ausschließlich der Kommission Regulierungsbefugnisse überträgt, ohne dabei den Mitgliedsstaaten Zuständigkeiten einzuräumen oder vorzubehalten, ist der Bezug zu Art. 135 Solva II-RL nicht ersichtlich. Von der Ermächtigung kann also nur insoweit Gebrauch gemacht werden, als die Adressaten nicht den Berichterstattungspflichten nach Solvency II unterliegen.

Abschnitt 4. Versicherungsunternehmen in besonderen Situationen

Vorbemerkung zu §§ 132–137 VAG

1 Der vierte Abschnitt der §§ 132–137 VAG setzt die Regelungen in Art. 136–142 der Solva II-RL um, der in der Sache treffender mit „Versicherungs- und Rückversicherungsunternehmen in schwierigen oder einer regelwidrigen Lage" überschrieben ist. Gemeint sind Situationen, in denen sich die Solvabilität eines Versicherungsunternehmens verschlechtert, die Solvabilitätskapitalanforderung und/oder die Mindestkapitalanforderung unterschritten zu werden droht bzw. bereits unterschritten ist. Für diese Situationen normieren die §§ 132–137 VAG unternehmensorganisatorische Pflichten der Versicherungsunternehmen sowie spezielle Anzeige- und Vorlagepflichten gegenüber der BaFin. Gleichzeitig sieht der Abschnitt spezielle Eingriffsermächtigungen zugunsten der BaFin vor.

2 Dabei steigt die Intensität sowohl der Anzeige- und Vorlagefristen als auch der Eingriffsbefugnisse der BaFin mit zunehmender Verschlechterung der Unternehmenssituation. Das Regelungssystem wird von der Europäischen Kommission und CEIOPS bereits seit den Vorbereitungsarbeiten an der Solva II-RL treffend als **„supervisory ladder" („Aufsichtsleiter")** beschrieben.[1] Nach zutreffender Ansicht besteht die Aufsichtsleiter aus **vier Stufen**.[2] Dabei bildet die Verschlechterung der finanziellen Lage nach § 132 Abs. 2 VAG die erste Stufe der Aufsichtsleiter, die drohende oder schon eingetretene Nichtbedeckung der Solvenzkapitalanforderung nach § 134 Abs. 1 VAG die zweite Stufe und eine fortschreitende Verschlechterung der Solvabilität nach § 137 Abs. 1 VAG die dritte Stufe der Aufsichtsleiter. Die vierte und letzte Stufe ist mit der drohenden oder schon eingetretenen Nichtbedeckung der Mindestkapitalanforderung nach § 135 Abs. 1 VAG erreicht. Für das Verhältnis der einzelnen Kontrollebenen zueinander ist festzustellen, dass bei Erreichen einer höheren Stufe die für die vorherige Stufe angeordneten Rechtsfolgen unverändert bestehen bleiben und die sich aus dem Erreichen der höheren Stufe ergebenden Pflichten und Befugnisse hinzukommen.[3]

3 Die §§ 132 ff. VAG sind **Teil der Finanzaufsicht** iS. d. § 294 Abs. 4 VAG. Dementsprechend sind sie im Katalog des § 62 Abs. 1 S. 2 VAG nicht in Bezug genommen. Anknüpfungspunkt der gesamten Aufsichtsleiter sind die Solvabilitätssituation eines Versicherungsunternehmens im Allgemeinen sowie die Bedeckung der Solvabilitätskapitalanforderung sowie der Mindestkapitalanforderung im Besonderen.

4 In sachlicher Hinsicht findet die Aufsichtsleiter Anwendung auf **Erstversicherungsunternehmen** und **Rückversicherungsunternehmen**. Anwendung findet sie darüber hinaus auch auf **kleine Versicherungsunternehmen** im Sinne von § 211 VAG. Denn § 212 Abs. 2 Nr. 5 VAG erklärt lediglich § 133 VAG für unanwendbar, der nicht Teil der Aufsichtsleiter ist. Des Weiteren findet die Aufsichts-

[1] BR-Drs. 430/14 zu § 131.

[1] S. etwa Europäische Kommission, Framework for Consultation (MARKT/F/3/UL D[2004] 19589 v. 23.12.2004) Annex 2 S. 39; CEIOPS, Answers to the European Commission on the second wave of Calls for Advice in the framework of the Solvency II project (CEIOPS-Doc. 07/05), Oktober 2005, Rn. 15.4.: *„the solvency control levels are to be understood as a supervisory action 'ladder'"*.

[2] *Sehrbrock* ZVersWiss 2014, 130 ff.; *ders.* VersR 2016, 1017 ff.; *ders.*, Die „Aufsichtsleiter" für Versicherungsunternehmen in kritischen Solvabilitätssituationen", 2016, S. 173 ff.

[3] BaFin, Auslegungsentscheidung zur Unterdeckung der Solvabilitätskapitalanforderung oder der Mindestkapitalanforderung, v. 27.7.2016, Rn. 10; *Sehrbrock*, Die „Aufsichtsleiter" für Versicherungsunternehmen in kritischen Solvabilitätssituationen", 2016, S. 189 ff.

leiter Anwendung auf **Pensionskassen** und **Pensionsfonds**, wenngleich für diese die neuen Solvabilitätsgrößen der zweiten Säule von Solvency II nicht gelten und partiell Abweichungen normiert sind.[4]

Flankiert werden die Anzeigepflichten gegenüber der BaFin nach den §§ 132 ff. VAG durch entsprechende **Veröffentlichungspflichten gegenüber der Allgemeinheit**. So ist eine wesentliche Nichteinhaltung der Solvabilitätskapitalanforderung während des Berichtszeitraums gemäß § 40 Abs. 5 VAG in den **Bericht über Solvabilität und Finanzlage** aufzunehmen, eine Nichteinhaltung der Mindestkapitalanforderung ebenfalls, und zwar unabhängig vom Ausmaß der Unterdeckung. Ferner kann eine unterjährige wesentliche Nichteinhaltung der Solvabilitätskapitalanforderung eine **Aktualisierungspflicht** des Berichts über Solvabilität und Finanzlage auslösen. Dies gilt nach § 42 Abs. 1 S. 2 Nr. 2 VAG jedoch nur dann, wenn die BaFin innerhalb der Vorlagefrist des § 134 Abs. 2 VAG entweder gar keinen oder einen Sanierungsplan erhält, den sie nicht als realistisch betrachtet. Wird eine Unterdeckung der Solvabilitätskapitalanforderung nicht binnen der Sanierungsfrist beseitigt, löst dies ebenfalls eine Pflicht zur unterjährlichen Aktualisierung des Berichts aus (§ 42 Abs. 2 S. 3 VAG). Entsprechende Aktualisierungspflichten sieht § 42 Abs. 1 S. 2 Nr. 1, Abs. 2 VAG für die unterjährige Nichteinhaltung der Mindestkapitalanforderung vor. 5

Ausweislich der Entwurfsbegründung zu den §§ 132 ff. VAG bewirken die Neuregelungen zu Versicherungsunternehmen in besonderen Situationen partiell eine Verschärfung gegenüber der bisherigen Rechtslage nach Maßgabe der Vorgängerregelung des § 81b VAG a. F., insbesondere durch eine **Verschärfung der Fristenregelungen**.[5] Nichts geändert hat sich indes an der gesetzgeberischen Zielrichtung, mit den Vorgaben für Versicherungsunternehmen in regelwidrigen Lagen zu erreichen, dass vor dem Zeitpunkt der Insolvenzreife Sanierungsmaßnahmen ergriffen werden. Es bleibt mithin bei dem Grundsatz **„Sanierung vor Liquidation"**,[6] wobei – gleichsam als Zwischenstufe – aus aufsichtsbehördlicher Sicht Bestandsübertragungen auf Sicherungsfonds nach Maßgabe der §§ 222 ff. VAG der Liquidation vorgeschaltet sind. Diese Zielrichtung ist auch der Solva II-RL immanent, so dass diesbezüglich keine Zweifel an einer richtlinienkonformen Umsetzung mit Blick auf den Vollharmonisierungsansatz der Richtlinie bestehen. 6

Nicht unproblematisch ist indes, dass der nationale Gesetzgeber an der einen oder anderen Stelle in den §§ 132 ff. VAG Relikte aus der Vorgängerregelung des § 81b VAG a. F. beibehalten hat, die teils durchaus mit den Richtlinienvorgaben in Konflikt geraten (s. z. B. unten § 132 Rn. 15 ff.). Besondere Schwierigkeiten wirft der **Regelungsmix aus umgesetzten Richtlinienvorgaben und der partiellen Beibehaltung des „alten" Gesetzeswortlauts** bei **kleinen Versicherungsunternehmen** im Sinne des § 211 VAG sowie bei **Pensionskassen und Pensionsfonds** auf. Denn diese Unternehmen unterfallen nicht der Solva II-RL. Vielmehr soll es für sie an sich „weitgehend bei der bisherigen Aufsicht bleiben."[7] Dementsprechend bleibt es für kleine Versicherungsunternehmen – dasselbe gilt für Pensionskassen und Pensionsfonds – auch bei der bisherigen Solvabilitätsspanne und dem bisherigen Garantiefonds.[8] Dann aber besteht für diese Unternehmen an sich kein Anlass für eine Fristenverschärfung gegenüber dem bisherigen Recht. Erkannt hat der Gesetzgeber dies für Pensionskassen und Pensionsfonds.[9] Dort hat er in § 234 Abs. 3 Nr. 4 VAG bzw. in § 237 Abs. 3 Nr. 5 VAG jeweils Möglichkeiten der BaFin normiert, die Sanierungsfrist zur Vorlage eines Sanierungsplans „um einen angemessenen Zeitraum" zu verlängern. Eine Parallelregelung für kleine Versicherungsunternehmen fehlt indes, so dass der BaFin mit Blick auf den klaren Wortlaut des § 134 Abs. 3 VAG die Hände gebunden sind. Insoweit besteht gesetzgeberischer Nachjustierungsbedarf. 7

Was Pensionsfonds anbelangt, stellt sich darüber hinaus insbesondere die Frage, in welchem Verhältnis die Vorgaben der Aufsichtsleiter der §§ 132 ff. VAG auf der einen Seite zu den Spezialregelungen zur Unterdeckung in § 239 Abs. 3, 4 VAG stehen. Letztere knüpfen an eine Deckung der handelsbilanziellen versicherungstechnischen Rückstellungen nach §§ 341e bis 341h HGB an. Anders als die Vorgaben zur Aufsichtsleiter beziehen sie sich mithin nicht auf die Solvabilitätsbilanz (die für Pensionsfonds ohnehin unanwendbar sind, § 237 Abs. 1 S. 1 VAG). Mit Blick auf die Differenzhaftung des Arbeitgebers wird nach § 239 Abs. 3, 4 VAG unter den dort geregelten Voraussetzungen eine Unterdeckung der HGB-Rückstellungen von 5 % bei versicherungsförmigen Leistungen und bis 10 % bei nicht-versicherungsförmigen Leistungen akzeptiert, sofern sich Arbeitgeber und Pensionsfonds auf einen Bedeckungsplan zur Wiederbedeckung des Sicherungsvermögens einigen, der der Zustimmung der BaFin bedarf. Angesichts der unterschiedlichen Bezugspunkte der Vorgaben und des umfänglichen Verweises in § 237 Abs. 1 S. 1 VAG auf die Vorgaben zur Aufsichtsleiter nach den §§ 132 ff. VAG legt die Systematik des Gesetzes an sich nahe, dass beide Regelungssysteme parallel nebeneinander Anwendung finden müssen. Da sich die Vorgaben zur Unterdeckung auf die Handelsbilanz beziehen, ließe sich argumentieren, dass § 239 Abs. 3, 4 VAG keine Spezialregelungen für Pensionsfonds sind, die die 8

[4] S. dazu und den daraus resultierenden Friktionen Rn. 6 sowie § 134 Rn. 12.
[5] BT-Drs. 18/2956, 268.
[6] Prölss/*Kollhosser*, 12. Aufl. § 81b Rn. 9 a. i. V. m. § 89 Rn. 1.
[7] BT-Drs. 18/2956, 276, zu kleinen Versicherungsunternehmen.
[8] S. § 213 VAG und BT-Drs. 18/2956, 277.
[9] Kritisch *Schaaf*, in: Dreher/Wandt, 2016, S. 99, 130 ff.

§§ 132 ff. VAG verdrängen. Jedoch ist nicht zu verkennen, dass eine parallele Anwendung – gerade weil Pensionsfonds nicht den Solvabilitätsanforderungen der Solva II-RL unterfallen – in der Praxis ein partielles Leerlaufen der Vorgaben zur Unterdeckung bewirken würden. Denn gerade in der Solvency I-Welt dürfte eine Unterdeckung der Solvabilitätskapitalanforderung regelmäßig mit einer Unterdeckung der handelsbilanziellen Rückstellungen zusammenfallen. Ein Auseinanderdriften von Solvabilitäts- und HGB-Bilanz steht bei Pensionsfonds mithin nicht zu besorgen. Griffen aber § 134 VAG und § 239 Abs. 3, 4 VAG nebeneinander ein, würde der Bedeckungsplan hinsichtlich der Bedeckungsfrist, die ausweislich § 239 Abs. 4 S. 2 VAG bis zu zehn Jahre betragen kann, ggf. durch die kürzere Sanierungsfrist des § 134 Abs. 3 VAG ausgehebelt. Dies wiederum spricht dafür, die Anwendbarkeit der Aufsichtsleiter zu sperren, solange der betreffende Pensionsfonds mit seinem aufsichtsbehördlich genehmigten Bedeckungsplan im Soll liegt. Jedenfalls aber verdeutlicht diese noch offene Rechtsfrage pars pro toto, dass die Vorgaben der Aufsichtsleiter auf Versicherungsunternehmen zugeschnitten sind, die der Solva II-RL unterfallen, nicht hingegen auf Solvency I-Unternehmen wie kleine Versicherungsunternehmen, Pensionskassen und eben Pensionsfonds.

Feststellung und Anzeige einer sich verschlechternden finanziellen Lage

132 (1) **Ein Versicherungsunternehmen muss über geeignete Verfahren verfügen, um eine Verschlechterung seiner finanziellen Lage festzustellen.**

(2) **Eine Verschlechterung der finanziellen Lage, die die Erfüllbarkeit der Verpflichtungen aus Versicherungen oder die Zahlungsfähigkeit des Versicherungsunternehmens gefährden könnte, hat das Versicherungsunternehmen unverzüglich der Aufsichtsbehörde anzuzeigen.**

Übersicht

1 **I. Allgemeines. 1. Entstehungsgeschichte.** Die Vorschrift des § 132 VAG wurde mit der 10. VAG-Novelle neu in das VAG eingefügt. Dass ein Versicherungsunternehmen nach § 132 Abs. 1 VAG über geeignete Verfahren verfügen muss, um eine Verschlechterung seiner finanziellen Lage festzustellen, stellt gleichwohl keine neue Pflicht dar. Es handelt sich dabei vielmehr um die **Kernaufgabe eines jeden Risikomanagementsystems**. Daher bringen die neu kodifizierten Unternehmensorganisationspflichten des § 132 Abs. 1 VAG vom Ansatz her keine Neuerung gegenüber § 64a Abs. 1 S. 3, 4 VAG a. F. mit sich. Neu ist lediglich die Bezugnahme auf das neue Solvabilitätsregime, namentlich das Monitoring hinsichtlich der Abdeckung der Solvabilitätskapitalanforderung und der Mindestkapitalanforderung.

2 Was die Anzeigepflicht gegenüber der BaFin bei Verschlechterung der finanziellen Lage nach § 132 Abs. 2 VAG anbelangt, so greift diese – was im Umkehrschluss aus § 134 Abs. 1, 2. Fall VAG folgt – bereits dann ein, wenn trotz der Verschlechterung eine Unterschreitung der Solvabilitätskapitalanforderung noch nicht „droht". Insofern enthält die Vorschrift eine **Neuerung gegenüber der Vorgängerregelung des § 81b VAG a. F.** Denn danach bestand eine Anzeigepflicht gegenüber der BaFin erst dann, wenn die Eigenmittel drohten geringer zu werden als die Solvabilitätsspanne.

3 **2. Normzweck.** Vor diesem Hintergrund ist **§ 132 Abs. 1 VAG als Bindeglied zwischen der ersten Säule von Solvency II und den Governance-Anforderungen der zweiten Säule** zu sehen. Damit steht die Vorschrift in unmittelbarem Zusammenhang mit § 26 VAG betreffend das Risikomanagementsystem von Versicherungsunternehmen sowie insbesondere mit § 27 VAG. Letzterer normiert Vorgaben für die unternehmenseigene Risiko- und Solvabilitätsbeurteilung (**ORSA**). Diese hat insbesondere eine Bewertung des Solvabilitätsbedarfs, die jederzeitige Erfüllbarkeit der Eigenmittelanforderungen sowie eine Beurteilung der Wesentlichkeit von Abweichungen des unternehmensindividuellen Risikoprofils von den Annahmen, die der Berechnung der Solvabilitätskapitalanforderung zugrunde liegen, zu umfassen. Damit bildet ORSA die Basis für die in § 132 Abs. 1 VAG genannten Pflichten.

Indem der Gesetzgeber die Pflichten des § 132 Abs. 1 VAG vom Standort her nicht in unmittelbarem Zusammenhang mit § 27 VAG, sondern in unmittelbarem Zusammenhang mit der Aufsichtsleiter geregelt hat (ersteres hätte an sich näher gelegen), will er die immense Bedeutung des Risikomanagementsystems eines Versicherungsunternehmens als **Krisenprophylaxe** und Frühwarnindikator verdeutlichen, um Schieflagen zu vermeiden.

Demgegenüber verfolgt **§ 132 Abs. 2 VAG** den Zweck, die Aufsichtsbehörde schon frühzeitig über Verschlechterungen der finanziellen Lage zu informieren. Die Vorschrift dient mithin der **präventiven Versicherungsaufsicht**, zumal sie eine Anzeigepflicht, wie erwähnt, bereits dann auslöst, wenn ungeachtet der festgestellten Verschlechterung die Solvabilitätskapitalanforderung noch bedeckt ist und eine Nichteinhaltung auch nicht „droht" im Sinne von § 134 Abs. 1, 2. Fall VAG. Die Anzeigepflicht nach § 132 Abs. 2 VAG auf der ersten Stufe der Aufsichtsleiter dient mithin als **„Frühwarnindikator"** für die BaFin,[1] wenngleich sie – anders als die Stufen zwei bis vier – unmittelbar keine aufsichtsbehördlichen Eingriffsbefugnisse auslöst. 4

3. Europarechtlicher Hintergrund. Europarechtlicher Hintergrund des **§ 132 Abs. 1 VAG** ist die Regelung des Art. 136 Hs. 1 der Solva II-RL, die – angereichert um die Vorgabe, dass die zu implementierenden Verfahren „geeignet" sein müssen (was sich freilich schon aus Sinn und Zweck der Regelung ergibt) – wortlautgetreu übernommen wurde. 5

§ 132 Abs. 2 VAG setzt Art. 136 Hs. 2 der Solva II-RL um. Problematisch mit Blick auf die mit der Richtlinie intendierte Vollharmonisierung ist indes, dass Art. 136 Hs. 2 der Solva II-RL weiter gefasst ist als § 132 Abs. 2 VAG. Nach der Richtlinie haben die Versicherungsunternehmen schlicht „nach Eintritt der Verschlechterung" – mithin jeder Verschlechterung – die BaFin zu informieren. § 132 VAG ist demgegenüber enger formuliert. Die Vorschrift löst eine Anzeigepflicht nämlich nur aus, wenn die Verschlechterung die Erfüllbarkeit der Verpflichtungen aus Versicherungen oder die Zahlungsfähigkeit des Versicherungsunternehmens gefährden könnte.[2] 6

II. Organisationspflichten (Abs. 1). Nach § 132 Abs. 1 VAG haben Versicherungsunternehmen geeignete Verfahren zur Feststellung einer Verschlechterung der finanziellen Lage vorzuhalten. Wie eingangs ausgeführt, steht die Vorschrift damit in **unmittelbarem sachlichen Zusammenhang** mit den Vorgaben des § 26 VAG zum **Risikomanagement** im Allgemeinen sowie zu den Vorgaben des § 27 VAG zum **ORSA** im Besonderen. Insofern fragt sich, ob die Unternehmensorganisationspflicht des § 132 Abs. 1 VAG überhaupt einen eigenständigen Regelungsgehalt halt. Im Schrifttum wird dies teils verneint.[3] Dieser Ansicht ist zu folgen. In der Tat weist die BaFin in ihrer Auslegungsentscheidung zum ORSA vom 23.12.2015,[4] darauf hin, dass der ORSA-Prozess sicherzustellen hat, dass Probleme bei der Einhaltung der gesetzlichen Kapitalanforderungen und der Anforderungen an die versicherungstechnischen Rückstellungen rechtzeitig erkannt werden um noch erfolgreich gegen steuern zu können. Damit sieht offenbar auch die BaFin den Pflichtenkreis des § 132 Abs. 1 VAG – in der Sache zutreffend – als dem ORSA zugehörig an. Dementsprechend werden die Unternehmensorganisationspflichten des § 132 Abs. 1 VAG in der Auslegungsentscheidung der BaFin zur Aufsichtsleiter vom 27.7.2016 auch nicht gesondert erwähnt.[5] Dies hätte indes nahe gelegen, wenn den Governance-Vorgaben ein eigener Regelungsgehalt beizumessen wäre. 7

Ein eigener Regelungsgehalt des § 132 Abs. 1 VAG ergäbe sich nur, wenn dieser insofern über die Pflichten des ORSA hinausreichte, als er sich nicht explizit auf sich etwaig ergebende Schwierigkeiten bei der Einhaltung der gesetzlichen Solvabilitätsanforderungen beschränkte. Stattdessen stellt er – vom Wortlaut her allgemeiner gehalten – auf eine Verschlechterung der finanziellen Lage des Versicherungsunternehmens ab, die mittels der zu implementierenden Verfahren rechtzeitig erkannt werden soll. Der Begriff der finanziellen Lage wird nicht nur in § 132 VAG, sondern auch in § 134 Abs. 7 VAG sowie in Art. 138 Abs. 5 und der Überschrift von Art. 141 der Solva II-RL verwendet. Dabei ist insbesondere die zuletzt genannte Regelung des Art. 141 der Solva II-RL aufschlussreich für die Auslegung des Merkmals „finanzielle Lage". Obwohl Art. 141 der Solva II-RL mit „Aufsichtsbefugnisse im Falle einer Verschlechterung der finanziellen Lage" überschrieben ist, knüpft er im Tatbestand allein an eine „Verschlechterung der Solvabilität" an.[6] Dies legt nahe, dass die Begrifflichkeiten **„Verschlechterung der finanziellen Lage"** und **„Verschlechterung der Solvabilität" synonym** zu verstehen sind.[7] 8

[1] *Sehrbrock,* Die „Aufsichtsleiter" für Versicherungsunternehmen in kritischen Solvabilitätssituationen, 2016, S. 199.

[2] Zur Auflösung dieses Konflikts s. unten Rn. 15 ff.

[3] *Sehrbrock,* Die „Aufsichtsleiter" für Versicherungsunternehmen in kritischen Solvabilitätssituationen, 2016, S. 204 f.

[4] S. BaFin, Auslegungsentscheidung zu ORSA v. 21.12.1015 Rn. 14.

[5] BaFin, Auslegungsentscheidung zur Unterdeckung der Solvabilitätskapitalanforderung oder der Mindestkapitalanforderung v. 27.7.2016.

[6] Ebenso die französische Fassung der Richtlinie, die in der Überschrift auf eine „détérioration des conditions financières" abstellt, im Tatbestand indes auf „détérioration de la solvabilité,,.

[7] So auch *Sehrbrock,* Die „Aufsichtsleiter" für Versicherungsunternehmen in kritischen Solvabilitätssituationen, 2016, S. 205 f.

9 Einen klaren Fingerzeig in diese Richtung liefert die englische Fassung von Art. 141 der Solva II-RL. Dort findet sich – anders als in der deutschen Fassung – nämlich keine entsprechende Zweiteilung. Vielmehr wird in Überschrift und Tatbestand einheitlich von einer „deterioration of the solvency position" gesprochen. Gerade vor dem Hintergrund eines einheitlichen Anknüpfungspunkts der Aufsichtsleiter, die in den Stufen zwei bis vier unzweifelhaft auf Verschlechterungen der Solvabilität abstellt, ist das Tatbestandsmerkmal „Verschlechterung der finanziellen Lage" im Rahmen des § 132 Abs. 1 VAG richtlinienkonform restriktiv im Sinne einer Verschlechterung der Solvabilität auszulegen.

10 Ist mit einer „Verschlechterung der Solvabilität" somit der sachliche Anknüpfungspunkt des ORSA-Prozesses (präzise: einer der sachlichen Anknüpfungspunkte desselben) auf der einen Seite und der Pflichten nach **§ 132 Abs. 1 VAG** identisch, dann kommt der zuletzt genannten Vorschrift in der Tat **kein eigenständiger Regelungsgehalt** zu. Sie hat vielmehr rein deklaratorischen Charakter.

11 Aufgrund der Zugehörigkeit zum ORSA-Prozess gilt auch in Bezug auf die Pflichten nach § 132 Abs. 1 der **Grundsatz der Proportionalität und der Materialität**. Mithin genügen die zu implementierenden Verfahren den aufsichtsrechtlichen Anforderungen, wenn sie alle wesentlichen (potentiellen) Verschlechterungen rechtzeitig feststellen. In diesem Sinne ist auch die Richtlinienvorgabe des Art. 136 Hs. 1 Solva II-RL restriktiv auszulegen.

12 **III. Erste Stufe der Aufsichtsleiter: Anzeigepflicht bei Verschlechterung der Solvabilität (Abs. 2).** § 132 Abs. 2 VAG verpflichtet die Versicherungsunternehmen, eine Verschlechterung der finanziellen Lage – gemeint ist eine Verschlechterung der Solvabilität[8] – unverzüglich der BaFin anzuzeigen.

13 **1. Rückgang der Solvabilitätsquote als quantitativer Anknüpfungspunkt für Verschlechterung der Solvabilität.** Quantitativ wird eine Verschlechterung der Solvabilität als **Rückgang der Solvenzquote** ausgedrückt (auch als Solvency Ratio oder SCR-Quote bezeichnet).[9] Die Solvenzquote setzt die anrechenbaren Eigenmittel ins Verhältnis zur Solvabilitätskapitalanforderung. Ursachen für eine Solvabilitätsverschlechterung können mithin eine Verringerung der anrechenbaren Eigenmittel und/oder eine Erhöhung der Solvabilitätskapitalanforderung sein.

14 Was die **Bedeckungsquoten der Versicherungsunternehmen** zum 1.1.2016 anbelangt, ist entsprechend der **BaFin-Auswertung zum Day 1-Reporting**, deren Ergebnisse am 9.8.2016 veröffentlicht wurden,[10] nach Sparten zu differenzieren. In der Lebensversicherung wiesen alle 84 berichtspflichtigen Versicherungsunternehmen zum 1.1.2016 eine ausreichende Bedeckung bei einer SCR-Quote von im Durchschnitt 283 % nach, wobei knapp die Hälfte der Lebensversicherer Transitionals in Anspruch nahm. In der Krankenversicherung wiesen alle 41 berichtspflichtigen Versicherungsunternehmen eine ausreichende Bedeckung mit einer durchschnittlichen SCR-Quote von 528 % zum 1.1.2016 nach, wobei acht Versicherungsunternehmen Transitionals in Anspruch nehmen. In der Schaden- und Unfallversicherung belief sich die durchschnittliche SCR-Bedeckung von den 186 berichtspflichtigen Versicherungsunternehmen zum 1.1.2016 auf 278 %, wobei drei Versicherungsunternehmen die Solvabilitätskapitalanforderung zum Stichtag nicht bedecken konnten.

15 **2. Anzeigepflichtige Verschlechterung der Solvabilität.** Fraglich ist, unter welchen Voraussetzungen eine Verschlechterung vorliegt, die nach § 132 Abs. 2 VAG eine Anzeigepflicht gegenüber der BaFin auslöst. Der Gesetzgeber hat ausweislich der Entwurfsbegründung erkannt, dass „nicht bereits jede geringe Verschlechterung" der Solvabilität eine Anzeigepflicht gegenüber der BaFin auslösen kann und darf.[11] Deshalb hat der Gesetzgeber in Anlehnung an § 81b Abs. 2a S. 1 VAG a. F. die Anzeigepflicht auf solche Fälle beschränkt, in denen die Verschlechterung entweder die Erfüllbarkeit der Verpflichtungen aus den Versicherungsverträgen oder die Zahlungsfähigkeit des Versicherungsunternehmens gefährden könnte. Mit Blick darauf, dass Art. 136 der Solva II-RL eine solche Einschränkung nicht vorsieht, wird diese teils für richtlinienwidrig erachtet, was an der Wirksamkeit des § 132 Abs. 2 VAG aber nichts ändere.[12] Der Gesetzgeber sei jedoch aufgefordert, eine richtlinienkonforme Regelung dahingehend zu schaffen, dass nur „wesentliche" Solvabilitätsverschlechterungen nach § 132 Abs. 2 VAG angezeigt werden müssen. Solche seien – in Anlehnung an die in Art. 279 DVO für Kapitalaufschläge definierten Wesentlichkeitsschwellen – per se ab einer Solvabilitätsverschlechterung um einen Anteil von 15 % gegeben.[13]

16 Dieser Ansicht ist nicht zu folgen. Die **Annahme einer starren Wesentlichkeitsschwelle** erscheint **nicht sachgerecht.** Sie ist nicht mit der risikoorientierten Sichtweise von Solvency II in Einklang zu bringen. Exemplarisch ausgehend von einer durchschnittlichen Solvabilitätsquote von 528 % zum

---

[8] S. oben Rn. 8.
[9] BaFin, Informationsübermittlung an die zuständigen nationalen Aufsichtsbehörden während der Vorbereitungsphase auf Solvency II, 20.6.2014, Rn. 8.
[10] Abrufbar unter bafin.de.
[11] BT-Drs. 18/2965, 268 f.
[12] *Sehrbrock* ZVersWiss 2014, 489, 493, *ders.* VersR 2016, 1017, 1020 f.; *ders.*, Die „Aufsichtsleiter" für Versicherungsunternehmen in kritischen Solvabilitätssituationen", 2016, S. 206 ff.
[13] *Sehrbrock* VersR 2016, 1017, 1021.

1.1.2016 im Krankenversicherungsbereich läge die Bedeckung selbst bei einer Verschlechterung um 20 % noch immer bei 422 %. Die Solvabilitätsquote wäre in seinem solchen Fall noch immer äußerst komfortabel, so dass eine verstärkte Wachsamkeit der BaFin infolge eines „Erklimmens" der ersten Stufe der Aufsichtsleiter weder aus krisenprophylaktischer Sicht angezeigt noch eine entsprechende Anzeigepflicht des Versicherungsunternehmens verhältnismäßig wäre. Auch erscheint die **Einschränkung**, die der nationale Gesetzgeber in § 132 Abs. 2 VAG unter Bezugnahme auf eine Gefährdung der Erfüllung der Verpflichtungen oder der Zahlungsfähigkeit des Versicherungsunternehmens vorgenommen hat, **nicht notwendig europarechtswidrig,** nur weil sie sich wörtlich in der Richtlinie nicht wiederfindet. Zutreffend hat der Gesetzgeber erkannt, dass Art. 136 der Solva II-RL entgegen seines zu weit gefassten Wortlauts kaum darauf abzielen kann, die nationalen Behörden einer wahren Flut von Anzeigen auszusetzen, ohne dass den Anzeigen ein Gefährdungspotential hinsichtlich der Solvabilitätssituation des anzeigenden Versicherungsunternehmens inne wohnt. Vor diesem Hintergrund bedarf Art. 136 der Solva II-RL – der europarechtlich-autonom auszulegen ist – seinerseits einer teleologischen Reduktion dahingehend, dass der Verschlechterung ein gewisses Gefährdungspotential anhaften muss. Genau eine solche teleologische Reduktion hat der nationale Gesetzgeber versucht und in § 132 Abs. 2 VAG normiert. Dass der für die Einschränkung gewählte Wortlaut an den des § 81b Abs. 2a S. 1 VAG a. F. angelehnt (nicht: mit diesem identisch) ist, macht den Versuch des Gesetzgebers, eine Richtlinienbestimmung restriktiv auszulegen und in diesem Sinne eng ins nationale Recht umzusetzen, ebenfalls nicht per se europarechtswidrig. Dies gilt umso mehr, als die Erfüllbarkeit der Verpflichtungen gegenüber den Versicherten in der Solva II-RL, z. B. in den Erwägungsgründen 53 und 64, mehrfach zum Schutzzweck des Versicherungsaufsichtsrechts erklärt wird. Nach hier vertretener Ansicht ist die in § 132 Abs. 2 VAG enthaltene Beschränkung der Anzeigepflicht auf Gefährdungslagen hinsichtlich der Erfüllbarkeit der Verpflichtungen gegenüber den Versicherten oder der Zahlungsfähigkeit des Versicherungsunternehmens europarechtskonform und daher anzuwenden. Eines gesonderten Wesentlichkeitsvorbehaltes bedarf es daher nicht.

Bei der Prüfung, ob die **Zahlungsfähigkeit** eines Versicherungsunternehmens gefährdet ist, ist auf den insolvenzrechtlichen Tatbestand des § 17 Abs. 2 S. 1 InsO abzustellen. Danach liegt Zahlungsunfähigkeit vor, wenn der Schuldner nicht in der Lage ist, die fälligen Zahlungsverpflichtungen zu erfüllen. **17**

Entscheidende Bedeutung kommt im Rahmen der Prüfung, ob eine Anzeigepflicht nach § 132 Abs. 2 VAG besteht, sowohl hinsichtlich des Bezugspunktes der Erfüllbarkeit der Verpflichtungen gegenüber den Versicherten als auch der Zahlungsfähigkeit des Versicherungsunternehmens jeweils dem **Merkmal der Gefährdung** zu. Einerseits darf der Konkretisierungsgrad der Gefährdung nicht zu niedrig angesetzt werden, um ein unverhältnismäßig hohes Anzeigeaufkommen ohne jedwede sachliche „Nähe" der einzelnen Anzeigen zu den nächsten Stufen der Aufsichtsleiter (insbesondere dem Drohen der Unterschreitung der Solvabilitätskapitalanforderung gemäß § 134 Abs. 1, 2. Fall VAG) zu verhindern. Ein solches überbordendes Anzeigeaufkommen soll durch das Korrektiv gerade verhindert werden. Andererseits darf die Gefährdungsschwelle aber auch nicht zu hoch angesetzt werden, damit die Frühwarnfunktion der Anzeigepflicht, die Art. 136 der Solva II-RL immanent ist, nicht ausgehöhlt wird. Letztlich kann nur eine **Einzelbetrachtung** vorgenommen werden, unter **Berücksichtigung der Solvenzquote** eines Versicherungsunternehmens, aber auch der erheblichen **Volatilität** der Solvabilitätskapitalanforderung. Als wesentliche Treiber für die Volatilität der Solvabilitätskapitalanforderung sind die Kapitalmarktzinsen und die Risikoexponierung anzuführen. Die hohe Volatilität der Solvabilitätskapitalanforderung legt nahe, angesichts des Normzwecks des § 132 Abs. 2 VAG die Gefährdungsschwelle etwas niedriger anzusetzen, als sie an sich ausgehend von der aktuellen Solvabiliätsquote her angezeigt erschiene. Diese **„Pufferung"** soll dem durchaus denkbaren Fall vorzubeugen, dass ein Unternehmen bei gegebener Verschlechterung der Solvabilität von einer Anzeige nach § 132 Abs. 2 VAG absieht und kurze Zeit später unmittelbar die zweite Stufe der Aufsichtsleiter erreicht, indem eine SCR-Unterdeckung droht oder gar schon eingetreten ist. Denn das gesetzliche Leitbild der vierstufigen Aufsichtsleiter geht davon aus, dass ein Versicherungsunternehmen in kritischer Lage – wenn überhaupt – die (Eskalations-)Stufen der Aufsichtsleiter nacheinander erreicht und nicht „in einem Rutsch" gleich mehrere Stufen nimmt. Letzteres dürfte erwartungsgemäß vielmehr den praktischen Ausnahmefall bilden. **18**

Mit Blick auf die Maßgeblichkeit einer Einzelfallbetrachtung kann es z. B. sachgerecht sein, eine anzeigeauslösende Gefährdung abzulehnen, wenn sich die Solvenzquote eines Versicherungsunternehmens von vormals 580 % auf 380 % – und damit um 34 % – verschlechtert. Indes kann eine die Anzeige nach § 132 Abs. 2 VAG auslösende Gefährdung durchaus anzunehmen sein, wenn sich die Solvabilitätsquote von vormals 130 % auf 120 % verschlechtert, wenngleich es sich um einen Rückgang von weniger als 10 % handelt. Je mehr die Solvabilitätssituation eines Versicherungsunternehmens sich der zweiten Stufe der Aufsichtsleiter, namentlich dem Drohen einer Unterdeckung der Solvabilitätskapitalanforderung innerhalb der nächsten drei Monate i. S. v. § 134 Abs. 1, 2. Fall VAG annähert, umso eher wird eine Anzeigepflicht nach § 132 Abs. 2 VAG zu bejahen sein. **19**

20 Anzuzeigen ist im Übrigen nicht nur die erstmalige Verschlechterung der Solvabilität, sondern auch **jede weitere Verschlechterung** der Solvabilität im Sinne des § 132 Abs. 2 VAG im Übrigen.[14] Da jede weitere wesentliche Verschlechterung die Entfernung zum Erreichen der zweiten Stufe der Aufsichtsleiter verringert, wird die Gefährdungsschwelle für jede weitere Verschlechterung entsprechend niedriger anzusetzen sein.

21 **3. Unverzüglichkeit der Anzeige.** Nach dem Gesetzeswortlaut des § 132 VAG hat die Anzeige der Verschlechterung der Solvabilität unverzüglich zu erfolgen. Unverzüglich bedeutet **ohne schuldhaftes Zögern.**[15] Es gilt mithin keine starre Frist, sondern es ist in jedem Einzelfall gesondert zu beurteilen, ob die Anzeige unverzüglich erfolgt ist oder nicht. Anhaltspunkte für die Erwartungshaltung der Aufsichtsbehörde an die Rechtzeitigkeit der Anzeige liefert die **Auslegungsentscheidung der BaFin** zur Unterdeckung der Solvabilitätskapitalanforderung oder der Mindestkapitalanforderung vom 27.7.2016. Darin postuliert die BaFin für die Unverzüglichkeit einer Anzeige bei drohender Unterdeckung der Solvabilitätskapitalanforderung (zweite Stufe der Aufsichtsleiter) den Eingang der Anzeige binnen fünf Arbeitstagen seit Feststellung. Im Fall der drohenden Unterdeckung der Mindestkapitalanforderung (vierte Stufe der Aufsichtsleiter) erwartet die BaFin die Anzeige binnen drei Arbeitstagen seit Feststellung.[16] Dem lässt sich entnehmen, dass die aufsichtsbehördlichen Anforderungen an die Unverzüglichkeit der Anzeige von Stufe zu Stufe der Aufsichtsleiter zunehmen. Eine solche **Staffelung** erscheint mit Blick auf die Bedrohlichkeit der jeweiligen Unternehmenssituation vom Grundsatz her auch sachgerecht. Vor diesem Hintergrund wird man – absolute einzelfallübergreifende Aussagen verbieten sich freilich mit Blick darauf, dass der Gesetzgeber bewusst keine starre Frist vorgegeben hat – eine **Anzeige nach § 132 Abs. 2 VAG binnen sieben Arbeitstagen nach Feststellung** jedenfalls im Regelfall ohne weiteres als unverzüglich anzusehen haben.

22 Bedeutsam ist in diesem Zusammenhang, dass die BaFin in der vorgenannten Auslegungsentscheidung vom 27.7.2016 davon ausgeht, dass **bloße Anhaltspunkte für eine Unterdeckung noch keine Feststellung** derselben begründen. Erst wenn sich die Anhaltspunkte nach – dann ihrerseits unverzüglich durchzuführenden – (Nach-)Berechnungen verifiziert haben, sei eine anzeigepflichtbegründende Feststellung gegeben.[17] Dies lässt sich ohne weiteres auf die erste Stufe der Aufsichtsleiter und die Anzeigepflicht nach § 132 Abs. 2 VAG übertragen. Hat ein Versicherungsunternehmen lediglich Anhaltspunkte für eine Verschlechterung im Sinne der Vorschrift, dann hat es diese zunächst unverzüglich zu überprüfen. Erst wenn sich die Anhaltspunkte im Rahmen der Prüfung bestätigen, ist die Verschlechterung festgestellt und erst ab dann läuft die Anzeigefrist.

23 **4. Inhalt und Form der Anzeige.** Ausdrückliche Vorgaben für den (Mindest-)Inhalt und die Form der Anzeige gegenüber der BaFin enthält § 132 Abs. 2 VAG nicht. Indes wird mit Blick auf Sinn und Zweck der Anzeigepflicht zu verlangen sein, dass diese das **Ausmaß der Verschlechterung** und – soweit angesichts der Pflicht zu einer unverzüglichen Anzeige zeitlich möglich – die vom anzeigenden Versicherungsunternehmen ausgemachten **Ursachen für die Verschlechterung der Solvabilität** angibt. Ferner wird das Versicherungsunternehmen darzustellen haben, ob (das Unternehmen „bewegt" sich immerhin in einem Bereich über 100 % Solvenzquote) und wenn ja, welche **Maßnahmen zur Gegensteuerung** erforderlich sind, vom Unternehmen ergriffen werden und binnen welcher Fristigkeit sie erwartungsgemäß welche Effekte erzielen werden. Soweit die zuletzt genannten Angaben nicht binnen der kurzen Anzeigepflicht aussagekräftig und belastbar zusammengestellt werden können, sind sie so schnell wie möglich nachzuholen.

24 Einen Umkehrschluss aus § 134 Abs. 6 VAG dahingehend anzustrengen, dass die Darlegung von Gegensteuerungsmaßnahmen im Rahmen der Anzeige nach § 132 Abs. 2 VAG nicht erforderlich sei, weil der Wortlaut des § 132 Abs. 2 VAG solche im Gegensatz zur Regelung des § 134 Abs. 6 VAG nicht verlangt, überzeugt in dieser Pauschalität nicht.[18] Richtig ist, dass § 134 Abs. 6 VAG konkrete Vorgaben an die periodische Fortschrittsberichterstattung hinsichtlich Gegensteuerungsmaßnahmen stellt und ein Versicherungsunternehmen in dieser Situation auf der zweiten Stufe der Aufsichtsleiter

[14] So auch *Sehrbrock,* Die „Aufsichtsleiter" für Versicherungsunternehmen in kritischen Solvabilitätssituationen, 2016 S. 216.

[15] Übernommen wir die Legaldefinition der Unverzüglichkeit aus § 121 BGB. In der zivilrechtlichen Judikatur werden dabei unterschiedliche Maßstäbe für die Unverzüglichkeit angelegt. Exemplarisch sei auf die Rechtsprechung zu § 30 VVG eingegangen, betreffend die Anzeige des Versicherungsfalls durch den Versicherungsnehmer. Hierzu nimmt etwa das *OLG Rostock* Beschl. v. 16.7.2007 – 6 U 171/06, VersR 2008, 72, 74, im Rahmen der Unverzüglichkeit eine Mindestreaktionszweit von 14 Tagen an (s. im Übrigen die Rechtsprechungsnachweise bei *Wandt,* in: Münchener Kommentar VVG, 2. Aufl. 2016, § 30 Rn. 29). Im hier interessierenden aufsichtsrechtlichen Zusammenhang wird eine solche 14-Tagesfrist indes allenfalls als Obergrenze herangezogen werden können, bei deren Überschreiten ein unverzügliches Handeln ohne schuldhaftes Zögern kaum mehr darzulegen sein wird.

[16] BaFin, Auslegungsentscheidung zur Unterdeckung der Solvabilitätskapitalanforderung oder der Mindestkapitalanforderung, 27.7.2016, Rn. 3.

[17] BaFin, Auslegungsentscheidung zur Unterdeckung der Solvabilitätskapitalanforderung oder der Mindestkapitalanforderung, 27.7.2016, Rn. 6.

[18] So aber *Sehrbrock,* Die „Aufsichtsleiter" für Versicherungsunternehmen in kritischen Solvabilitätssituationen, 2016, S. 216 f.

schon tiefer in der Sanierungsplanung befindlich ist. Es wird daher, auch dem obligatorisch quartalsweisen Rhythmus der Fortschrittsberichterstattung geschuldet, eher in der Lage sein, präzise zur Wirkung und Fristigkeit der ergriffenen Maßnahmen zur Stärkung der Eigenmittel oder zur Senkung des Risikoprofils vorzutragen als ein Versicherungsunternehmen, das sich erstmals mit der unverzüglichen Anzeigepflicht nach § 132 Abs. 2 VAG konfrontiert sieht und gerade einmal die erste Stufe der Aufsichtsleiter erreicht hat. Daraus ist indes nicht zu folgern, dass die Darstellung bereits ergriffener oder noch zu ergreifender Maßnahmen (wenn solche erforderlich sind) auf erster Stufe der Aufsichtsleiter entbehrlich ist. Mit Blick auf die **Frühwarnfunktion** der ersten Stufe der Aufsichtsleiter für Aufsicht und Unternehmen kann es nicht um das „Ob" der Darstellung, sondern allenfalls um das „Wie" gehen. Mithin hat die Darstellung etwaiger Gegensteuerungsmaßnahmen im Rahmen des § 132 Abs. 2 VAG im Rahmen des Möglichen zu erfolgen, muss aber – da auf der ersten Stufe der Aufsichtsleiter die Solvabilitätskapitalanforderung noch bedeckt ist – nicht die Detailtiefe eines Fortschrittsberichts nach § 134 Abs. 6 VAG aufweisen.

Hinsichtlich der **Form der Anzeige** ist die Auslegungsentscheidung der BaFin zur Unterdeckung der Solvabilitätskapitalanforderung oder der Mindestkapitalanforderung vom 27.7.2016 aufschlussreich.[19] Zwar verhält sich diese nicht explizit zur Anzeigepflicht nach § 132 Abs. 2 VAG, dh zur ersten Stufe der Aufsichtsleiter. Jedoch lässt die BaFin darin für die Stufen zwei bis vier zur Fristwahrung eine fernmündliche Anzeige oder eine Anzeige per Telefax genügen, die außerdem umgehend abzusendende postalische Mitteilung könne später eingehen. Dabei hat die **Anzeige** gegenüber der BaFin **durch den Vorstand** des Versicherungsunternehmens zu erfolgen. Diese Grundsätze dürften entsprechend auch für die erste Stufe der Aufsichtsleiter gelten. Dafür spricht nicht nur ein Gleichlauf hinsichtlich der Form von Anzeigen gegenüber der BaFin über alle Stufen der Aufsichtsleiter hinweg, sondern auch die für Vorstand, Versicherungsunternehmen und BaFin gleichermaßen nicht alltägliche Tatsache, dass die erste Stufe der Aufsichtsleiter erreicht und allseits eine besondere Wachsamkeit angezeigt ist. 25

IV. Verhältnis zur Generalklausel des § 298 VAG. Gerade vor dem Hintergrund, dass die Vorgängerregelung des § 81b VAG a. F. unmittelbar durch ihren Gesetzeswortlaut das Verhältnis zur Generalklausel des § 81 Abs. 2 VAG a. F. klärte[20] und entsprechende Regelungen in § 132 VAG fehlen, stellt sich die Frage nach dem Verhältnis der Vorschrift zu § 298 Abs. 1 VAG. Dies umso mehr, als § 132 Abs. 2 VAG – anders als die §§ 134 und 135 VAG – über die Anzeigepflicht des betreffenden Versicherungsunternehmens hinaus keine speziellen Eingriffsbefugnisse der BaFin normiert. Mit Blick auf die nach wie vor weite Legaldefinition des Missstandes in § 298 Abs. 1 S. 2 i. V. m. § 294 Abs. 2 S. 2, 3 VAG fragt sich daher, ob die BaFin eine Verschlechterung der Solvabilität, die eine Anzeige nach § 132 Abs. 2 VAG auslöst, als Missstand im Sinne der Generalklausel betrachten darf, mit der Konsequenz, dass sie dem anzeigenden Versicherungsnehmen per Verwaltungsakt z. B. konkrete Maßnahmen zur Stärkung der Eigenmittel oder zur Senkung des Risikoprofils aufgeben darf (z. B. Erhöhung der passiven Rückversicherung oder die Vorgabe bestimmter Zeichnungsrichtlinien). Die Frage ist zu verneinen. Richtigerweise muss die **Generalklausel auf der ersten Stufe der Aufsichtsleiter gesperrt** sein.[21] Denn wäre die BaFin bereits auf der ersten Stufe der Aufsichtsleiter im Nachgang zu einer Anzeige gemäß § 132 Abs. 2 VAG berechtigt, dem anzeigenden Versicherungsunternehmen konkrete Steuerungsmaßnahmen vorzugeben, würde die gesetzgeberische Wertung des § 134 Abs. 2 VAG konterkariert. Danach obliegt es nämlich dem Versicherungsunternehmen, im Fall einer Unterdeckung der Solvabilitätskapitalanforderung der BaFin in einem realistischen Sanierungsplan aufzuzeigen, welche konkreten Sanierungsmaßnahmen es ergreift. Darf ein Versicherungsunternehmen nach dem gesetzlichen Leitbild noch auf der zweiten Stufe der Aufsichtsleiter selbst über Steuerungsmaßnahmen entscheiden, so dass die BaFin – solange diese realistisch und aus ex ante-Sicht erfolgsversprechend sind – diesbezüglich keine Vorgabebefugnisse hat, dann muss ein Versicherungsunternehmen erst recht auf der ersten Stufe der Aufsichtsleiter noch autonom über die Auswahl von Steuerungsmaßnahmen entscheiden können. Diese gesetzgeberische Wertung darf durch eine extensive Anwendung der Generalklausel nicht ausgehöhlt werden. 26

Dadurch ist die BaFin freilich nicht daran gehindert, im Rahmen der Missstandsaufsicht andere Eingriffsmaßnahmen gegenüber dem anzeigenden Versicherungsunternehmen zu erlassen. Gedacht sei etwa an den Fall, dass im Zuge der Anzeige nach § 132 Abs. 2 VAG **Mängel** beim anzeigenden Versicherungsunternehmen **in den Bereichen Risikomanagement, ORSA oder Kapitalanlage** offenbar werden. Am Erlass von Eingriffsmaßnahmen, die diese Missstände beseitigen (sollen), ist die BaFin durch die Systematik der Aufsichtsleiter nicht gehindert. Gleiches gilt in Bezug auf Eingriffsmaßnahmen gestützt auf eine vermeintlich nicht gegebene **fachliche Eignung** von Organmitgliedern oder Schlüsselfunktionsträgern. Der BaFin ist es lediglich verwehrt, auf der ersten Stufe der Aufsichts- 27

[19] S. BaFin, Auslegungsentscheidung zur Unterdeckung der Solvabilitätskapitalanforderung oder der Mindestkapitalanforderung, 27.7.2016, Rn. 3 f.

[20] Statt vieler Prölss/*Kollhosser,* 12. Aufl., § 81b Rn. 3.

[21] Zutreffend *Sehrbrock,* Die „Aufsichtsleiter" für Versicherungsunternehmen in kritischen Solvabilitätssituationen 2016, S. 185.

leiter gestützt auf die Generalklausel Eingriffsmaßnahmen zu erlassen, die an der Verschlechterung der Solvabilität als solcher anknüpfen.[22]

Unzureichende Höhe versicherungstechnischer Rückstellungen

133 (1) **Sofern ein Versicherungsunternehmen auf Grund einer Verletzung der in den §§ 74 bis 88 geregelten Pflichten nur unzureichende versicherungstechnische Rückstellungen bildet, kann die Aufsichtsbehörde die freie Verfügung über die Vermögenswerte des Unternehmens einschränken oder untersagen.**

(2) **Absatz 1 ist entsprechend anzuwenden, wenn ein Versicherungsunternehmen keine ausreichenden versicherungstechnischen Rückstellungen im Sinne der §§ 341e bis 341h des Handelsgesetzbuchs bildet.**

(3) **Hat die Aufsichtsbehörde die Absicht, die freie Verfügung über die Vermögenswerte nach Absatz 1 zu untersagen oder einzuschränken, so hat sie zuvor die Aufsichtsbehörde des Mitglied- oder Vertragsstaats, in dem das Unternehmen eine Zweigniederlassung unterhält oder Dienstleistungen erbringt, davon zu unterrichten und die Vermögenswerte zu bezeichnen, die Gegenstand der beabsichtigten Maßnahme sein sollen.**

1 **I. Allgemeines. 1. Entstehungsgeschichte. § 133 Abs. 1 und 3 VAG**, die an die Passivseite der Solvabilitätsbilanz eines Versicherungsunternehmens anknüpfen, hat der Gesetzgeber im Zuge der Umsetzung der Solva II-RL neu in das VAG mitaufgenommen.

2 Hingegen entspricht **§ 133 Abs. 2 VAG** dem Kern der bisherigen Regelung des § 81b Abs. 4 VAG.[1] Nicht mehr aufgegriffen wird in § 133 Abs. 2 VAG jedoch der von § 81b Abs. 4 VAG a. F. noch erfasste Tatbestand, dass ein Versicherungsunternehmen die handelsrechtlichen versicherungstechnischen Rückstellungen zwar zutreffend gebildet, aber unzureichend bedeckt hat. Insofern bleibt der BaFin nunmehr lediglich, Eingriffsmaßnahmen auf die Generalklausel des § 298 Abs. 1 VAG zu stützen, unter Berücksichtigung der gesetzlichen Wertung, dass ein relatives Veräußerungsverbot mit den Wirkungen der §§ 135, 136 BGB im Unterschied zur bisherigen Rechtslage in diesem Fall nicht mehr erlassen werden darf. Die Regelung des § 133 Abs. 2 VAG bildet in ihrer Gesamtheit insofern eine Art **„Fremdkörper" im Normengefüge der §§ 132 ff. VAG**, als sie als einzige nicht an die Solvabilitätsbilanz bzw. an die neuen Solvabilitätsanforderungen anknüpft, sondern an die handelsrechtlichen versicherungstechnischen Rückstellungen.

3 **2. Normzweck.** Ausweislich § 75 Abs. 1 S. 1 u. 2 VAG haben Versicherungsunternehmen (Erst- und Rückversicherungsunternehmen gleichermaßen) auf der Passivseite der Solvabilitätsbilanz für sämtliche Versicherungsverpflichtungen gegenüber Versicherungsnehmern und Anspruchsberechtigten auf marktnahe, gleichwohl aber vorsichtige, verlässliche und objektive Art und Weise versicherungstechnische Rückstellungen zu bilden. Diese Rückstellungen sind auf der Aktivseite der Solvabilitätsbilanz mit Vermögenswerten zu bedecken, die ebenfalls auf marktnaher fair-value-Basis zu bewerten sind. Hat ein Versicherungsunternehmen nur unzureichende Rückstellungen gebildet, etwa weil der best estimate-Schätzwert untersetzt ist, folgt daraus, dass die marktnah bewerteten Vermögenswerte zum Bewertungsstichtag in der Regel nicht ausreichen, um die ebenfalls marktnah bewerteten Verpflichtungen des Versicherungsunternehmens gegenüber den Versicherten vollständig zu bedecken. Daran knüpft **§ 133 Abs. 1 VAG** an und gibt der BaFin die Befugnis, die freie Verfügung über die Vermögenswerte des Unternehmens einzuschränken oder zu untersagen, um in einer solchen Situation Mittelabflüsse zu verhindern. Es handelt sich mithin um eine Art **vorläufige Sicherungsmaßnahme** der BaFin. Gleichzeitig wird sie das betreffende Versicherungsunternehmen nach § 88 Abs. 2 VAG anhalten, die versicherungstechnischen Rückstellungen bis zu der gesetzlich geforderten Höhe aufzufüllen.

4 **§ 133 Abs. 2 VAG** verfolgt letztlich denselben Zweck, knüpft aber an die Bewertung der versicherungstechnischen Rückstellungen in der **Handelsbilanz** an. Insoweit erfolgt die Bildung von Rückstellungen nach §§ 341e–341h HGB anders als in der Solvabilitätsbilanz nicht marktnah, sondern nach dem in § 252 Abs. 1 Nr. 4 HGB normierten Vorsichtsprinzip. Die Dopplung der Anknüpfungspunkte in § 133 Abs. 1 und 2 VAG, nämlich einmal der Anknüpfung an die Solvabilitätsbilanz und einmal an die Handelsbilanz, kann mithin durchaus als Zeichen eines nicht unbegrenzten Vertrauens des Gesetzgebers in die – mitunter prozyklisch wirkende – fair value-Bewertung verstanden werten, auf die die Solva II-RL setzt.

5 **§ 133 Abs. 3 VAG** sichert letztlich die Effektivität eines von der BaFin erlassenen behördlichen Veräußerungsverbots ab, wenn das betreffende Versicherungsunternehmen grenzüberschreitend im Wege der Niederlassungsfreiheit oder des freien Dienstleistungsverkehrs im EU-/EWR-Raum Versicherungsgeschäft betreibt.

[22] So auch *Sehrbrock,* Die „Aufsichtsleiter" für Versicherungsunternehmen in kritischen Solvabilitätssituationen, 2016 S. 189.

[1] BT-Drs. 18/2956, 269.

3. Europarechtlicher Hintergrund. Die Regelungen in § 133 Abs. 1 und 3 VAG setzen die Vorgaben von Art. 137 der Solva II-RL um. Entsprechend den obigen Ausführungen übernimmt § 133 Abs. 2 VAG Teile der bisherigen Regelung in § 81b Abs. 4 VAG a. F. Er hat demnach keinen europarechtlichen Hintergrund, was mit Blick auf die Vollharmonisierung unbedenklich ist, weil sich Solvency II zwar zur Solvabilitätsbilanz, nicht aber zur Rechnungslegung im eigentlichen Sinne verhält. 6

II. Quantitativ regelwidriger Zustand außerhalb der Aufsichtsleiter. § 133 VAG bildet **keine Stufe der Aufsichtsleiter.**[2] Er erfasst zwar ebenfalls einen quantitativ regelwidrigen Zustand, knüpft jedoch nicht unmittelbar – insbesondere nicht in § 133 Abs. 2 VAG, der auf die Rückstellungsbildung nach der Handelsbilanz abstellt – an eine Verschlechterung der Solvabilität an. Erkennt ein Versicherungsunternehmen, dass die versicherungstechnischen Rückstellungen in der Solvabilitätsbilanz nur unzureichend erfasst waren, etwa weil die best estimate-Schätzwerte fehlerhaft ermittelt wurden, wird es in der Regel gleichzeitig sein tatsächliches Risikoprofil zu überprüfen haben, das die Grundlage für die Berechnung der Solvabilitätskapitalanforderung bildet. Wird die Solvabilitätskapitalanforderung daraufhin neu berechnet und stellt das Versicherungsunternehmen im Zuge dessen eine Verschlechterung der Solvabilität oder eine (drohende) Unterschreitung der Solvabilitätskapitalanforderung fest, dann greifen regulär die vier Stufen der Aufsichtsleiter ein. 7

III. Unzureichende versicherungstechnische Rückstellung in der Solvabilitätsbilanz (Abs. 1). 1. Unzureichende Rückstellungsbildung wegen Verstoß gegen §§ 74–88 VAG. § 133 Abs. 1 VAG setzt eine unzureichende Bildung versicherungstechnischer Rückstellungen in der Solvabilitätsbilanz voraus, für die ein Verstoß gegen die in den §§ 74–88 VAG geregelten Pflichten ursächlich sein muss. Erfasst sind damit insbesondere Pflichtverletzungen bei der Ermittlung der Best-estimate-Schätzwerte, bei der Berechnung der Risikomarge, bei der Berechnung der Matching-Anpassung oder bei der Vornahme der Volatitätsanpassung. 8

2. Rechtsfolge: Einschränkung oder Aufhebung der Verfügungsbefugnis über Vermögenswerte. Auf Rechtsfolgenebene sieht § 133 Abs. 1 VAG eine Eingriffsbefugnis zugunsten der BaFin vor, die freie Verfügung über die Vermögenswerte einzuschränken oder zu untersagen. Da die aufsichtsbehördliche Verfügungsbeschränkung nur den Schutz bestimmter Personen, nämlich der Versicherten bezweckt (zumal die Vermögenswerte im Fall des § 133 Abs. 1 VAG stichtagsbezogen bei marktnaher Bewertung nicht ausreichen, um die Verpflichtungen des Versicherungsunternehmens gegenüber den Versicherten zu decken), handelt es sich um ein **relatives Verfügungsverbot i. S. d. §§ 136, 135 BGB**. Verbotswidrig vorgenommene Verfügungen sind relativ, dh den Versicherten gegenüber, unwirksam.[3] 9

Ob ein solches behördliches Veräußerungsverbot im Einzelfall angeordnet wird, steht im **Ermessen der BaFin**. Bei § 133 Abs. 1 VAG handelt es sich ausdrücklich um eine „Kann"-Vorschrift, so dass es der BaFin unbenommen bleibt, gestützt auf die aufsichtsrechtliche Generalklausel des § 298 Abs. 1 VAG andere Eingriffsmaßnahmen zu erlassen. Dabei ist der Verhältnismäßigkeitsgrundsatz strikt zu beachten. Insbesondere wird dabei das Ausmaß zu berücksichtigen sein, in dem die versicherungstechnischen Rückstellungen hinter dem gesetzlich verlangten Niveau zurückbleiben. Dies gilt nicht nur im Verhältnis zwischen dem Erlass einer Verfügungsbeschränkung zu anderen Maßnahmen außerhalb des § 133 VAG, sondern auch zwischen einer Verfügungsbeschränkung und einer Verfügungsuntersagung innerhalb des § 133 VAG. Als milderes Mittel ist der Verfügungsbeschränkung im Rahmen der aufsichtsbehördlichen Ermessenausübung bei gleicher Wirksamkeit der Vorrang gegenüber der noch schwerer wiegenden Untersagung einzuräumen.[4] 10

IV. Unzureichende versicherungstechnische Rückstellungen in der Handelsbilanz (Abs. 2). Nach der Regelung des § 133 Abs. 2 VAG kann die BaFin dieselben Eingriffsmaßnahmen wie im Rahmen des Absatzes 1 ergreifen – mithin die Verfügung über die Vermögenswerte des Versicherungsunternehmens einschränken oder untersagen – wenn diese keine ausreichenden versicherungstechnischen Rückstellungen nach den §§ 341e–341h HGB bildet. Auch insoweit steht es im Auswahlermessen der BaFin, ob sie ein behördliches Verfügungsverbot im Sinne der §§ 135, 136 VAG erlässt oder im Rahmen der Missstandsaufsicht andere Eingriffsmaßnahmen ergreift. 11

V. Einbindung der Aufsichtsbehörden in anderen EU-/EWR-Staaten (Abs. 3). § 133 Abs. 3 VAG betrifft Versicherungsunternehmen mit Sitz in Deutschland in der Situation des § 133 Abs. 1 VAG, die grenzüberschreitend tätig sind und auch in anderen Mitglied- oder Vertragsstaaten im EU-/EWR- 12

[2] Zutreffend *Sehrbrock*, Die „Aufsichtsleiter" für Versicherungsunternehmen in kritischen Solvabilitätssituationen, 2016, S. 180 f.

[3] Prölss/*Kollhosser*, 12. Aufl., § 81b Rn 4 aE; Goldberg/Müller/*Müller* § 81b Rn 11; a. A. FKBP/*Bähr* § 81b Rn. 14, der die Anwendbarkeit der §§ 135, 136 BGB ablehnt, da die Versicherten als durch das Verfügungsverbot zu schützender Personenkreis die Verfügung nicht genehmigen könnten.

[4] Vgl. auch BT-Drs. 12/6959, 84, wonach die freie Verfügung eines Versicherungsunternehmens über seine Vermögensgegenstände „nur unter außergewöhnlichen Bedingungen" eingeschränkt oder gar aufgehoben werden darf.

Raum Versicherungsgeschäft betreiben. Hintergrund der Regelung ist, dass die BaFin mit dem Erlass einer aufsichtsbehördlichen Verfügungsbeschränkung im Rahmen der Finanzaufsicht tätig wird,[5] für die sie als Herkunftslandbehörde ausschließlich zuständig ist. Es liefe jedoch dem Schutzzweck der Verfügungsbeschränkung zuwider, wenn Vermögenswerte des betreffenden Versicherungsunternehmens, die etwa am Ort der Niederlassung im EU-/EWR-Ausland belegen sind, wider die Verfügungsbeschränkung veräußert werden und die Tätigkeitslandbehörde vor Ort „zusieht", weil sie von der Verfügungsbeschränkung, die die BaFin erlassen hat, schlicht nichts weiß. Dem schafft die in § 133 Abs. 3 VAG geregelte Unterrichtungspflicht der BaFin gegenüber den Tätigkeitslandbehörden Abhilfe, die wohlgemerkt zeitlich noch vor Erlass der Verfügungsbeschränkung eingreift. Dh nach dem gesetzlichen Leitbild unterrichtet die BaFin als Herkunftslandbehörde zunächst die Tätigkeitslandsbehörde und erlässt sodann das betreffende Verfügungsverbot. Die Unterrichtung versetzt die Tätigkeitslandbehörden in die Lage, im Tätigkeitsland wirksame aufsichtsbehördliche Maßnahmen zu ergreifen, damit dort nicht gegen das Verfügungsverbot verstoßen wird. Ungeachtet dessen, dass – anders als in § 134 Abs. 8 VAG – eine ausdrückliche Regelung in § 133 Abs. 3 VAG fehlt, kann die BaFin die Aufsichtsbehörden in den Tätigkeitsländern auch aktiv auffordern, vor Ort entsprechend tätig zu werden. Dies folgt schon aus einer teleologischen Auslegung des § 133 Abs. 3 VAG, um die Effektivität der Maßnahmen nach § 133 Abs. 1 VAG nicht zu gefährden. Zu diesem Zweck hat die BaFin sämtliche Vermögenswerte genau zu bezeichnen, die Gegenstand der beabsichtigten Maßnahme sein sollen.

13 Unterlässt die BaFin die Unterrichtung oder nimmt sie diese erst nach Erlass einer Verfügungsbeschränkung vor, so wird diese dadurch nicht unwirksam – allenfalls weniger effektiv. Denn bei der Unterrichtungspflicht handelt es sich letztlich um eine **besondere Ausprägung des § 326 VAG betreffend die grenzüberschreitende Zusammenarbeit zwischen den Aufsichtsbehörden**. Sollte die Anzeige Wirksamkeitsvoraussetzung für einen von der BaFin im Rahmen des § 133 Abs. 3 VAG geregelten Verwaltungsakts sein, hätte dies im Gesetz klar zum Ausdruck gebracht werden müssen. Auch Art. 137 der Solva II-RL lässt sich derartiges nicht entnehmen.

14 Ist die Anzeige nach hier vertretener Ansicht nicht Wirksamkeitsvoraussetzung, folgt daraus zugleich, dass die BaFin nach pflichtgemäß erfolgter Unterrichtung im Sinne des § 133 Abs. 3 VAG bei Erlass einer Verfügungsbeschränkung durchaus **auch andere Vermögenswerte „verstricken"** kann als diejenigen, die sie den Aufsichtsbehörden in den Aufsichtsbehörden in den betreffenden Tätigkeitsländern zuvor im Zuge der Unterrichtung angezeigt hat. Auch dies berührt die Wirksamkeit des Verwaltungsaktes gegenüber dem Versicherungsunternehmen nicht, sondern allenfalls die Effektivität desselben.

Nichtbedeckung der Solvabilitätskapitalanforderung

134 (1) **Ist die Solvabilitätskapitalanforderung nicht mehr bedeckt oder droht dieser Fall innerhalb der nächsten drei Monate einzutreten, hat das Versicherungsunternehmen die Aufsichtsbehörde unverzüglich darüber zu unterrichten.**

(2) **Innerhalb von zwei Monaten, nachdem das Versicherungsunternehmen festgestellt hat, dass die Solvabilitätskapitalanforderung nicht bedeckt ist, hat es der Aufsichtsbehörde einen realistischen Sanierungsplan zur Genehmigung vorzulegen.**

(3) [1]**Das Versicherungsunternehmen hat innerhalb von sechs Monaten, nachdem es die Nichtbedeckung der Solvabilitätskapitalanforderung festgestellt hat, durch angemessene Maßnahmen die anrechnungsfähigen Eigenmittel aufzustocken oder das Risikoprofil zu senken, bis die Solvabilitätskapitalanforderung wieder bedeckt ist.** [2]**Die Aufsichtsbehörde kann die Frist um drei Monate verlängern.**

(4) [1]**Hat die Europäische Aufsichtsbehörde für das Versicherungswesen und die betriebliche Altersversorgung den Eintritt außergewöhnlicher widriger Umstände im Sinne des Artikels 138 Absatz 4 der Richtlinie 2009/138/EG festgestellt, kann die Aufsichtsbehörde, die in Absatz 3 Satz 2 genannte Frist für betroffene Unternehmen unter Berücksichtigung aller relevanten Faktoren um maximal sieben Jahre verlängern.** [2]**Die Möglichkeit zur Fristverlängerung endet, sobald die Europäische Aufsichtsbehörde für das Versicherungswesen und die betriebliche Altersversorgung festgestellt hat, dass außergewöhnliche widrige Umstände nicht mehr vorliegen.**

(5) [1]**Die Europäische Aufsichtsbehörde für das Versicherungswesen und die betriebliche Altersversorgung trifft die Feststellung für das Vorliegen außergewöhnlicher widriger Umstände auf Antrag einer Aufsichtsbehörde.** [2]**Die Bundesanstalt kann den Antrag stellen, wenn Versicherungsunternehmen, die einen wesentlichen Anteil am Markt oder an den betroffenen Geschäftsbereichen ausmachen, aller Voraussicht nach eine der in Absatz 3 genannten Bedingungen nicht erfüllen werden.**

---

[5] S. Vor §§ 132 ff. Rn. 3.

(6) [1] **Im Fall des Absatzes 4 Satz 1 haben die betroffenen Versicherungsunternehmen der Aufsichtsbehörde alle drei Monate einen Fortschrittsbericht vorzulegen.** [2] **In diesem sind die Maßnahmen zur Aufstockung der anrechnungsfähigen Eigenmittel zur Einhaltung der Solvabilitätskapitalanforderung oder zur Senkung des Risikoprofils bis zur erneuten Einhaltung der Solvabilitätskapitalanforderung sowie der hierbei erzielte Fortschritt darzustellen.** [3] **Die nach Absatz 4 Satz 1 gewährte Verlängerung ist zu widerrufen, wenn aus dem Fortschrittsbericht hervorgeht, dass zwischen dem Zeitpunkt der Feststellung der Nichtbedeckung der Solvabilitätskapitalanforderung und dem der Übermittlung des Fortschrittsberichts kein wesentlicher Fortschritt bei der Wiederherstellung der Einhaltung der Solvabilitätskapitalanforderung stattgefunden hat.**

(7) **Rechtfertigen Tatsachen die Annahme, dass sich die finanzielle Lage des betreffenden Versicherungsunternehmens weiter verschlechtern wird, kann die Aufsichtsbehörde die freie Verfügung über die Vermögenswerte des betreffenden Versicherungsunternehmens einschränken oder untersagen; § 133 Absatz 3 ist entsprechend anzuwenden.**

(8) [1] **Hat die Aufsichtsbehörde die freie Verfügung über die Vermögenswerte nach Absatz 7 eingeschränkt oder untersagt, unterrichtet sie die Aufsichtsbehörden der Mitglied- oder Vertragsstaaten, in dem das Unternehmen eine Zweigniederlassung unterhält oder Dienstleistungen erbringt, davon.** [2] **Sie kann diese ersuchen, die gleichen Maßnahmen zu treffen.** [3] **In diesem Fall bezeichnet sie die Vermögenswerte, die Gegenstand der Maßnahme sein sollen.**

Übersicht

I. Allgemeines. 1. Entstehungsgeschichte. Die Vorschrift des § 134 VAG wurde im Zuge der Umsetzung der Solva II-RL neu in das VAG aufgenommen. Sie ersetzt § 81b Abs. 1, 2, 2a VAG a. F., der schon nach bisherigem Recht ein abgestuftes System an aufsichtsbehördlichen Eingriffsbefugnissen bei drohender oder bereits eingetretener Unterschreitung der Ziel-Solvenzkapitalgröße (früher Solvabilitätsspanne gemäß § 53c Abs. 1 S. 1 VAG a. F.) sowie weiterer Verschlechterung der Solvabilitätslage vorsah. Dies gilt insbesondere im Hinblick auf die aufsichtsrechtliche Anforderung an die Versicherungsunternehmen, der BaFin realistische Pläne für die Sanierung des Unternehmens zur Genehmigung vorzulegen. Gleichwohl bringt die neue Vorschrift des § 134 VAG insoweit diverse **bedeutende Änderungen gegenüber der bisherigen Rechtslage** mit sich. Besonders hervorzuheben sind insoweit die Verschärfung bei den Sanierungsfristen sowie die Regelung des § 134 Abs. 1, 2 VAG,[1] wonach 1

[1] S. unten Rn. 19.

bei einem nur drohenden Unterschreiten der Ziel-Solvenzkapitalgröße – anders als gemäß § 81b Abs. 1 VAG a. F. – kein Sanierungsplan mehr vorzulegen ist.[2]

2 **2. Normzweck.** § 134 VAG regelt die **zweite Stufe der Aufsichtsleiter**. Erfasst § 132 Abs. 2 VAG auf erster Stufe der Aufsichtsleiter eine Verschlechterung der Solvabilität oberhalb der Solvabilitätskapitalanforderung, dh greift diese bereits dann ein, wenn die Solvabilitätskapitalanforderung noch einigermaßen komfortabel bedeckt ist, so knüpft § 134 Abs. 1 bis 3 VAG an ein Drohen der Nichteinhaltung der Solvabilitätskapitalanforderung oder an eine bereits eingetretene Nichteinhaltung an. Dementsprechend verschärft sind die Rechtspflichten für das betreffende Versicherungsunternehmen. Über die auch auf zweiter Stufe der Aufsichtsleiter obligatorische Anzeigepflicht gegenüber der BaFin hinaus (§ 134 Abs. 1 VAG) sieht § 134 Abs. 2 VAG für den Fall einer Unterdeckung der Solvabilitätskapitalanforderung die Vorlage eines realistischen Sanierungsplans zur aufsichtsbehördlichen Genehmigung vor. Dieser hat aufzuzeigen, wie das Versicherungsunternehmen innerhalb der in § 134 Abs. 3 VAG normierten, verkürzten sechsmonatigen Sanierungsfrist die Bedeckung der Solvabilitätskapitalanforderung wiederherstellen will. Weitere Eingriffsbefugnisse der BaFin jenseits der Genehmigung des Sanierungsplans kommen ihr ausweislich § 134 Abs. 7 VAG erst dann zu, wenn die Tatsachen die Annahme rechtfertigen, dass sich die finanzielle Lage weiter verschlechtern wird. Dann kann die BaFin aufsichtsbehördliche Verfügungsverbote erlassen. Strukturell bildet die Regelung des **§ 134 Abs. 7 VAG keine eigenständige Stufe der Aufsichtsleiter**, sondern eine Eskalationsstufe innerhalb der zweiten Stufe.[3] Die dritte Stufe der Aufsichtsleiter (§ 137 VAG) ist hingegen erst erreicht, wenn sich die im Rahmen des § 134 Abs. 7 VAG besorgte Verschlechterung der Solvabilität fortschreitend manifestiert hat. § 134 Abs. 4 und 5 VAG geben den Rahmen für Verlängerungen der Sanierungsfrist vor. § 134 Abs. 8 VAG enthält – ähnlich wie § 133 Abs. 3 VAG – eine Unterrichtungspflicht der BaFin gegenüber anderen Aufsichtsbehörden im EU-/EWR-Raum bei grenzüberschreitender Geschäftstätigkeit des betreffenden Versicherungsunternehmens, wenn Maßnahmen nach § 134 Abs. 7 VAG ergriffen werden.

3 **3. Europarechtlicher Hintergrund.** § 134 VAG nF setzt Art. 138 Solva II-RL um.[4]

4 **II. Anzeigepflicht bei (drohender) Nichteinhaltung der SCR (Abs. 1).** § 134 Abs. 1 VAG statuiert eine unverzügliche Anzeigepflicht des Versicherungsunternehmens, wenn die Solvabilitätskapitalanforderung nicht mehr bedeckt (Alt. 1) ist bzw. eine Unterdeckung droht (Alt. 2). Dabei ist die **Tatbestandsalternative des Drohens** einer Unterdeckung der Solvabilitätskapitalanforderung der Unterdeckung als solcher **nicht notwendig zeitlich vorgelagert**. So kommt es durchaus vor – wenngleich eher der Ausnahmefall in der Praxis sein dürfte –, dass ein Versicherungsunternehmen eine gemäß § 134 VAG anzeigepflichtige Situation erst dann feststellt, wenn die Solvabilitätskapitalanforderung bereits unterdeckt ist, es aber zuvor das Drohen dieses Szenarios gar nicht erkannt hat, sei es aufgrund unzureichender interner Verfahren (z. B. Mängel beim ORSA) oder aufgrund der Unvorhersehbarkeit bestimmter Entwicklungen, etwa solcher am Kapitalmarkt. Dazu trägt auch die erhebliche Volatilität der Solvabilitätskapitalanforderung bei.

5 **1. Nichteinhaltung der Solvabilitätskapitalanforderung (Abs. 1, 1. Fall).** Definitionsgemäß liegt eine Nichteinhaltung des SCR vor, wenn die Solvenzquote (s. § 132 Rn. 13) niedriger als 100% ist. Bedeutsam ist in diesem Zusammenhang, dass nach dem Wortlaut des § 134 Abs. 1 VAG **Auslöser der Anzeigepflicht** – wie bislang in § 81b Abs. 1 VAG a. F. – der Eintritt der Nichteinhaltung der Solvabilitätskapitalanforderung als solcher ist. Indes sieht Art. 138 Abs. 1 der Solva II-RL die Anzeigepflicht erst bei „Feststellung" der Nichteinhaltung vor. § 134 Abs. 1 Alt. 1 VAG nF ist somit **richtlinienkonform** dahingehend **auszulegen**, dass die **Anzeigepflicht ab dem Zeitpunkt der Feststellung** der Nichtbedeckung und nicht bereits ab dem Zeitpunkt der Nichtbedeckung selbst besteht. Zur Feststellung tragen die in § 133 Abs. 1 VAG angesprochenen internen Verfahren, namentlich Risikomanagement und ORSA bei, dies im Zusammenhang mit der in § 98 Abs. 1 S. 2 VAG geregelten Pflicht, die Solvabilitätskapitalanforderung „laufend" zu berechnen (was die Verpflichtung umschließt, deren Bedeckung zu überprüfen, wenn sich eine Erhöhung der Solvabilitätskapitalanforderung ergibt). Die Praxis stellt dies vor erhebliche Herausforderungen, zumal sich die Bedeckung der Solvabilitätskapitalanforderung nicht „auf Knopfdruck" ermitteln lässt, sondern derzeit im Zuge des ORSA quartalsweise ermittelt wird.

6 **2. Drohende Nichteinhaltung der Solvabilitätskapitalanforderung (Abs. 1, 2. Fall).** Wann die Nichteinhaltung der Solvabilitätskapitalanforderung im Sinne von § 134 Abs. 2 VAG „droht", darüber schweigen sich sowohl die Gesetzesmaterialien zur 10. VAG-Novelle als auch die Auslegungsentscheidung der BaFin vom 27.7.2016 aus. Indes ist das **Merkmal des Drohens** dem VAG nicht fremd. Es war vielmehr bereits im Rahmen des § 81b VAG a. F. enthalten. Was das Drohen der Nichteinhaltung der

[2] S. unten Rn. 11.

[3] Zutreffend *Sehrbrock,* Die „Aufsichtsleiter" für Versicherungsunternehmen in kritischen Solvabilitätssituationen, 2016, S. 287 ff.

[4] BT-Drs. 18/2956, 269.

Solvabilitätskapitalanforderung anbelangt, so war nach bisherigem Recht eine **Gefahrenprognose** vorzunehmen. Näher ausgeformt hat diese das VG Frankfurt a. M., das wörtlich wie folgt ausführt:

> *„Das Unterschreiten der Solvabilitätsspanne droht dann, wenn dieses Unterschreiten bei ungehindertem Ablauf des objektiv zu erwartenden Geschehens mit hinreichender Wahrscheinlichkeit erfolgt […]. Für ein „Drohen" nicht ausreichen kann hingegen eine existierende Sachlage, deren Weiterentwicklung eventuell zu einer entsprechenden gefährlichen Situation führen kann. Zu unterscheiden ist Drohendes von Ungewissem, wobei dem Drohenden ein bestimmter Wahrscheinlichkeitsgrad immanent ist. […] „Drohend" bedeutet hingegen, dass der Verlust nicht nur möglich, sondern einigermaßen wahrscheinlich ist."*[5]

Nicht zu verkennen ist insoweit, dass Art. 138 Abs. 1 der Solva II-RL den Terminus „Drohen" gar nicht verwendet. Dort ist vielmehr davon die Rede, dass eine Anzeigepflicht gegenüber der BaFin besteht, wenn „die Gefahr besteht", dass die Unterdeckung der Solvabilitätskapitalanforderung innerhalb der nächsten drei Monate eintritt. Dass der Gesetzgeber bei der Umsetzung der Richtlinie bewusst von deren Wortlaut abgewichen ist und anstelle auf eine Gefahr der Unterdeckung der Solvabilitätskapitalanforderung auf das Drohen einer solchen abstellt, kann mithin nur dahingehend verstanden werden, dass insoweit **an der bisherigen Rechtslage festgehalten werden** soll. Im Hinblick auf den Vollharmonisierungsansatz der Solva II-RL ist eine solche Abweichung im Wortlaut bei der Transformation in nationales Recht zwar – zumal ohne Not – kritisch zu hinterfragen. Auch ist das Festhalten am bisherigen nationalen Recht in Bezug auf das Erfordernis einer autonomen Auslegung des Europarechts kritisch zu sehen. In der Sache bleibt die Abweichung im Wortlaut zwischen Solva II-RL und nationalem Recht indes ohne Auswirkungen. Denn ersichtlich meint Art. 138 Abs. 1 der Solva II-RL, wenn er auf die Gefahr einer Unterdeckung der Solvabilitätskapitalanforderung abstellt, mit Blick auf Sinn und Zweck der Vorschrift nicht eine bloß abstrakte Gefahr, sondern eine **konkrete, objektivierbare Gefährdungslage**. Liegt aber eine konkrete, objektivierbare Gefahr einer Unterdeckung der Solvabilitätskapitalanforderung vor, dann wird stets zugleich ein „Drohen" nach obigem Verständnis gegeben sein. Aufgrund dieses **inhaltlichen Gleichlaufs** erscheint das Festhalten des Gesetzgebers am Tatbestandsmerkmal des Drohens unter Aufrechterhaltung der bisherigen Auslegung desselben im Ergebnis unproblematisch. Eine **Bagatellgrenze** gibt es mit Blick auf den eindeutigen Wortlaut im Übrigen nicht,[6] dh die Anzeigepflicht entfällt nicht, wenn das betreffende Versicherungsunternehmen davon ausgeht, dass die Unterdeckung der Solvabilitätskapitalanforderung binnen der nächsten drei Monate nur marginal sein wird. 7

Fraglich ist hinsichtlich des Drohens einer Unterschreitung der Solvabilitätskapitalanforderung, inwieweit – gerade auch mit Blick auf die Volatilität der Größe – **kurzfristig wirkende Gegensteuerungsmaßnahmen** berücksichtigt werden dürfen. Hierzu führt die BaFin in der Auslegungsentscheidung vom 27.7.2016 im Einklang mit der Entwurfsbegründung zu § 134 VAG lediglich knapp aus, dass das unmittelbare Ergreifen von Maßnahmen, die die drohende Unterdeckung abwenden, nicht von der Anzeigepflicht nach § 134 Abs. 1 VAG entbinde.[7] Dies ist zutreffend.[8] Hat ein Versicherungsunternehmen einmal festgestellt, dass die Unterdeckung der Solvabilitätskapitalanforderung binnen der nächsten drei Monate droht und ergreift es danach – wenngleich unmittelbar danach – Gegensteuerungsmaßnahmen, dann ist der Vorgang anzeigepflichtig. Denn führten die Gegensteuerungsmaßnahmen zum Wegfall der Anzeigepflicht, dann liefe der Tatbestand des Drohens im Rahmen des § 134 Abs. 1 VAG weitgehend leer. Anders zu beurteilen ist freilich der Fall, in dem ein Versicherungsunternehmen proaktiv Maßnahmen ergreift, noch bevor es das Drohen der Unterdeckung binnen der nächsten drei Monate festgestellt hat. Greifen die Maßnahmen planmäßig, wird sich in einem solchen Fall gar kein anzeigepflichtauslösendes Drohen mehr feststellen lassen. Für die Praxis ist dabei nicht zu verkennen, dass die **Abgrenzung** der beiden Fälle voneinander mitunter **nicht trennscharf** gelingen wird. Hinzu kommt, dass der neu eingeführten Zeitspanne von drei Monaten ein gewisses **Missbrauchspotential** inne wohnt.[9] So wird sich nicht immer trennscharf markieren lassen, ob eine Unterdeckung der Solvabilitätskapitalanforderung binnen drei oder vier Monaten einzutreten droht, so dass – geht ein Unternehmen bei Ausnutzung gewisser Beurteilungsspielräume von einer Zeitspanne von mehr als drei Monaten aus – es noch die Möglichkeit hat, Gegenmaßnahmen zu ergreifen, bevor eine Anzeigepflicht gegenüber der Aufsichtsbehörde ausgelöst ist. 8

Was den Zeitpunkt der Anzeigeverpflichtung anbelangt, so ist der Tatbestand im Übrigen richtlinienkonform – wie oben bereits in Bezug auf die Alternative der bereits eingetretenen Unterdeckung der Solvabilitätskapitalanforderung ausgeführt[10] – dahingehend auszulegen, dass die **Anzeigepflicht erst ab** 9

---

[5] *VG Frankfurt a. M.* Beschl. v. 21.6.2005 – 1 G 1525/05, VersR 2007, 189 ff., m. Anm. *Bürkle*.

[6] BaFin, Auslegungsentscheidung zur Unterdeckung der Solvabilitätskapitalanforderung oder der Mindestkapitalanforderung, v. 27.7.2016, Rn. 2.

[7] BaFin, Auslegungsentscheidung zur Unterdeckung der Solvabilitätskapitalanforderung oder der Mindestkapitalanforderung, v. 27.7.2016, Rn. 2.

[8] In diese Richtung auch die Entwurfsbegründung, s. BT-Drs. 18/2956, 269.

[9] S. unten bei Rn. 10.

[10] S. o. bei Rn. 5.

der Feststellung der drohenden Unterschreitung besteht. Insoweit gilt, dass eine drohende Unterdeckung bereits dann festgestellt ist, wenn das Unternehmen selbst von einer zukünftigen Unterdeckung ausgeht, auch wenn noch keine genaue Berechnung der erwarteten Unterdeckung vorgenommen wurde.[11]

10 Nicht unproblematisch ist, dass § 134 Abs. 1 VAG die maßgebliche Zeitspanne hinsichtlich der Alternative des Drohens dahingehend konkretisiert, dass eine Unterdeckung der Solvabilitätskapitalanforderung „innerhalb der nächsten drei Monate" drohen muss. Eine solche Konkretisierung kannte die Vorgängerregelung des § 81b Abs. 1 VAG a. F. nicht. Zwar wird durch die Angabe eines Zeitraums von drei Monaten – durch Art. 138 der Solva II-RL vorgegeben – auf der einen Seite die **Rechtssicherheit** auf Unternehmensseite erhöht. Schließlich bleibt klar, dass eine Feststellung, wonach die Unterdeckung der Solvabilitätskapitalanforderung in einem halben Jahr drohen dürfte, (noch) nicht anzeigepflichtig ist. Jedoch eröffnet das Kriterium auf der anderen Seite durchaus Spielräume im Rahmen des **„self assessment"** der Versicherungsunternehmen, die zur Vermeidung des Erreichens der zweiten Stufe der Aufsichtsleiter geneigt sein könnten, nach Begründungsansätzen zu suchen, dass und warum ein Drohen der Unterdeckung erst einige Tage bzw. Wochen nach der Dreimonatsfrist auszumachen ist. Insofern ist der neu eingeführten Zeitspanne ein gewisses Missbrauchspotential immanent. Ob bei der internen Beurteilung, ob eine Unterdeckung binnen drei Monaten droht oder nicht, etwaige Beurteilungsspielräume der Unternehmen vertretbar angewendet oder unvertretbar überdehnt wurden, ist damit letztlich der aufsichtsbehördlichen Prüfung im Rahmen der repressiven Versicherungsaufsicht zugewiesen.

11 **Droht die Unterdeckung lediglich**, dann bleibt es im Rahmen des § 134 VAG bei der Anzeigepflicht des betreffenden Versicherungsunternehmens gegenüber der BaFin. Die **Vorlage eines Sanierungsplans** ist dann **nicht erforderlich**. Dies stellt eine bedeutsame Neuerung gegenüber dem bisherigen Recht dar. Denn auf Grundlage von § 81b Abs. 1 VAG a. F. hatten Versicherungsunternehmen einen Solvabilitätsplan bereits dann zu erstellen, wenn eine Unterschreitung der Solvabilitätsspanne drohte. Der Gesetzgeber rechtfertigt das Bestehen einer Anzeigepflicht vor Eintritt einer Unterdeckung der Solvabilitätskapitalanforderg damit, „der Aufsichtsbehörde ein rechtzeitiges Eingreifen gegen die drohende regelwidrige Lage zu ermöglichen und sie zu informieren, dass eine intensivere Überwachung des Unternehmens indiziert ist".[12]

12 Diese **Verkürzung der aufsichtsbehördlichen Eingriffsbefugnisse** erscheint gerechtfertigt, soweit Versicherungsunternehmen die Solvabilitätskapitalanforderung nach Maßgabe des Solvency II-Regimes zu bedecken haben, da diese auf ein Konfidenzniveau von 99,5 % kalibriert ist. Soweit für Unternehmen – und dies ist insbesondere bei **kleinen Versicherungsunternehmen** sowie bei **Pensionskassen** und **Pensionsfonds** der Fall – indes nach wie vor die Solvabilitätsspanne im Sinne von § 53c Abs. 1 VAG a. F. maßgeblich ist, dann besteht an sich kein sachlicher Grund, von der bisherigen Regelung abzuweichen.[13] Dabei fällt die Verkürzung der aufsichtsbehördlichen Eingriffsbefugnisse bei Pensionskassen in besonderem Maße ins Gewicht, da diese zum einen bedingt durch ihr Geschäftsmodell (durch Fokus auf Rentenverpflichtungen) stärker als Lebensversicherungsunternehmen von der noch immer anhaltenden Niedrigzinsphase getroffen sind. Zum anderen sind sie naturgemäß schwächer kapitalisiert als Lebensversicherungsunternehmen, da das Geschäft von (deregulierten) Pensionskassen im Wesentlichen erst seit Inkrafttreten des Altersvermögensgesetzes mit Wirkung seit dem 1.1.2002 erfolgte. Gründe dafür, warum die Eingriffsbefugnisse der BaFin im Fall des Drohens einer Unterdeckung der Solvabilitätsspanne durch die neuen Vorgaben zur Aufsichtsleiter verkürzt werden sollten, lassen sich der Gesetzesbegründung zur 10. VAG-Novelle nicht entnehmen.

13 **3. Unverzüglichkeit der Anzeige.** In Bezug auf die Unverzüglichkeit der Anzeige ist es nach der og Auslegungsentscheidung der BaFin auf der zweiten Stufe der Aufsichtsleiter erforderlich, dass die Anzeige binnen **fünf Arbeitstagen nach der Feststellung** des Drohens einer Nichteinhaltung der Solvabilitätskapitalanforderung bzw. der Nichteinhaltung eingeht. Die Anzeige hat durch den Vorstand zu erfolgen.[14] „In Stein gemeißelt" ist eine solch starre fünftägige Frist freilich nicht, zumal der Gesetzgeber bewusst und im Einklang mit Art. 138 der Solva II-RL keine starre Frist normiert hat. Stattdessen hat der den flexibleren, eine Einzelfallbeurteilung erforderlich machenden Begriff der Unverzüglichkeit gewählt. Gleichwohl werden Versicherungsunternehmen schon mit Blick darauf, dass die Anzeigepflicht nach § 134 Abs. 1 VAG – in beiden Alternativen – ordnungsgeldbewährt ist, gut beraten sein, die fünftägige Frist einzuhalten. Denn nimmt ein Versicherungsunternehmen die Anzeige nicht, nicht richtig, nicht vollständig oder nicht rechtzeitig vor, stellt dies eine Ordnungswidrigkeit nach § 332 Abs. 1 Nr. 6 VAG dar, die nach § 332 Abs. 5 VAG nF mit einer Geldbuße von bis zu 50.000 EUR belegt werden kann.

---

[11] BaFin, Auslegungsentscheidung vom 27.2.2016, Rn. 5.

[12] BT-Drs. 18/2956, 269.

[13] Ausführlich *Schaaf*, in: Dreher/Wandt, 2016, S. 99, 133 f.

[14] BaFin, Auslegungsentscheidung zur Unterdeckung der Solvabilitätskapitalanforderung oder der Mindestkapitalanforderung v. 27.7.2016, Rn. 4.

III. Vorlage eines Sanierungsplans. Nach § 134 Abs. 2 VAG hat das Versicherungsunternehmen der BaFin binnen zwei Monaten, nachdem es festgestellt hat, dass die Solvabilitätskapitalanforderung unterdeckt ist – nicht hingegen, solange dieser Fall nur einzutreten droht –[15] der BaFin einen realistischen Sanierungsplan vorzulegen. 14

Im Gegensatz zur bisherigen Rechtslage, die ausweislich § 81b Abs. 1 S. 1, Abs. 2 S. 1 VAG a. F. die Vorlage eines Solvabilitätsplans nur auf Anordnung der Aufsichtsbehörde vorsah, verlangt § 134 Abs. 3 VAG die **Vorlage eines realistischen Sanierungsplans auf eigene Initiative des Versicherungsunternehmens** hin. Einer vorherigen Anordnung seitens der BaFin bedarf es nicht mehr.[16] 15

Für die Erstellung des Sanierungsplans hat das Unternehmen ab Feststellung der Unterdeckung eine **Vorlagefrist von zwei Monaten**. Bedeutsam ist, dass die Vorlagefrist – im Gegensatz zur Sanierungsfrist, für die § 134 Abs. 3 S. 2, Abs. 4 VAG eine Verlängerungsmöglichkeit ausdrücklich anordnet – von der BaFin **nicht verlängert** werden kann.[17] Wenngleich die Begründung des Regierungsentwurfs zu § 134 VAG einen Fingerzeit in diese Richtung liefern mag, wenn dort ausgeführt wird, dass „eine Frist [scil. zur Vorlage des Sanierungsplans bei der BaFin] von *höchstens* zwei Monaten" besteht, kann die Vorlagefrist nicht qua aufsichtsbehördlicher Verfügung verkürzt werden. Eine entsprechende Befugnis hat schließlich keinen Einzug in den Wortlaut des § 134 VAG erhalten, der die Dauer der Vorlagefrist nicht in das aufsichtsbehördliche Ermessen stellt. Aus praktischer Sicht kommt hinzu, dass die Vorlagefrist von zwei Monaten ohnehin sehr knapp bemessen ist, um die Ursachen der Unterdeckung der Solvabilitätskapitalanforderung belastbar zu analysieren und ein Paket an Sanierungsmaßnahmen zu schnüren, mittels derer binnen der verkürzten Sanierungsfrist die Bedeckung der Solvabilitätskapitalanforderung wiederherzustellen ist. Die Unternehmen werden daher gut beraten sein, im Rahmen des Risikomanagements Vorüberlegungen für den Fall der Unterdeckung der Solvabilitätskapitalanforderung zu treffen und vorsorglich Sanierungsmaßnahmen zu erwägen, die ggf. Einzug in einen Sanierungsplan erhalten können. Dies wird sich auch insofern empfehlen, als **Nachbesserungen am vorgelegten Sanierungsplan nur innerhalb der Vorlagefrist zulässig** sind.[18] Nur wenn ein Versicherungsunternehmen die Vorlagefrist nicht ausschöpft, bis es einen Sanierungsplan vorlegt, kann es mithin noch – wenn die Vorlage früh genug erfolgte und die Bearbeitungszeit bei der Aufsichtsbehörde entsprechend kurz genug war – auf Beanstandungen der BaFin reagieren, um den Plan nachzubessern und ggf. genehmigungsfähig zu machen. 16

Fraglich ist, welche **Rechtsfolgen** eintreten, **wenn** die **Vorlagefrist verstrichen** ist, ohne dass ein realistischer Sanierungsplan vorgelegt wurde. Nach der Entwurfsbegründung soll dann, wenn innerhalb der zwei Monate kein oder kein realistischer Plan vorgelegt wird, die Aufsichtsbehörde selbst über die notwendigen Maßnahmen entscheiden können.[19] Die Entwurfsbegründung legt mithin nahe, dass dem Versicherungsunternehmen bei fruchtlosem Verstreichen der Vorlagefrist stets die Entscheidungshoheit über die Auswahl der Sanierungsmaßnahmen genommen wird. Indes ließe eine solche Auslegung die notwendige Differenziertheit missen, insbesondere hinsichtlich der Ursachen für das Verstreichenlassen der Vorlagefrist und der Wahrung des Verhältnismäßigkeitsgrundsatzes.[20] So begründet es ersichtlich einen wertungsmäßigen Unterschied, ob ein Versicherungsunternehmen schlicht nicht in der Lage ist, einen Sanierungsplan vorzulegen, nicht innerhalb der Vorlagefrist und auch nicht nach Ablauf derselben, oder ob ein Versicherungsunternehmen wenige Tage nach Ablauf der Vorlagefrist einen realistischen Sanierungsplan vorlegt, der, wäre er innerhalb der Vorlagefrist vorgelegt worden, von der Aufsichtsbehörde hätte genehmigt werden müssen. Unzweifelhaft erscheint es im zuerst genannten Fall verhältnismäßig, dem betreffenden Versicherungsunternehmen das Heft des Handelns aus der Hand zu nehmen, mit der Konsequenz, dass die BaFin im Interesse der Sanierung des Versicherungsunternehmens die aus ihrer Sicht notwendigen Maßnahmen erlässt (z. B. im Rahmen der aufsichtsbehördlichen Möglichkeiten Sanierungsmaßnahmen selbst anstößt und/oder einen Sonderbeauftragten implementiert). Im zuletzt genannten Fall hingegen erschiene es unverhältnismäßig, wenn die Aufsichtsbehörde, den zwar verspätet vorgelegten, aber inhaltlich realistischen Sanierungsplan als rechtliches Nullum 17

[15] S. o. Rn. 11.

[16] Eine Anordnung der BaFin zur Vorlage eines Sanierungsplans kann es mithin allenfalls noch in dem eher theoretischen Fall geben, wenn die BaFin z. B. im Rahmen einer örtlichen Prüfung eine Nichtbedeckung der Solvabilitätsanforderung festgestellt hat, die dem Versicherungsunternehmen bis dato unbekannt war. Indes wird mit Feststellen der Unterdeckung durch die BaFin und Kommunikation mit dem betreffenden Versicherungsunternehmen ohnehin (auch) die Feststellung durch das betreffende Versicherungsunternehmen und damit die Vorlagefrist des § 134 Abs. 2 VAG ausgelöst – und idR Anlass zu aufsichtsbehördlichem Einschreiten in Bezug auf Versäumnisse in punkto Risikomanagement, ORSA, etc. gegeben sein.

[17] BaFin, Auslegungsentscheidung zur Unterdeckung der Solvabilitätskapitalanforderung oder der Mindestkapitalanforderung v. 27.7.2016, Rn. 9.

[18] BT-Drs. 18/2956, 269; s. auch Art. 5 Abs. 3 des techn. Regulierungsstandards (EIOPA-BoS-15/052, S. 14) und EIOPA, Final Report, BoS-14/062, S. 8, wo es wörtlich heißt: „(…) The supervisory authority decides how the non-compliance is to be remedied"; ebenso BaFin, Auslegungsentscheidung zur Unterdeckung der Solvabilitätskapitalanforderung oder der Mindestkapitalanforderung v. 27.7.2016, Rn. 9.

[19] BT-Drs. 18/2956, 269.

[20] Ähnlich *Sehrbrock*, Die „Aufsichtsleiter" für Versicherungsunternehmen in besonderen Solvabilitätsituationen, 2016, S. 254 ff.

behandelt und ihrerseits Maßnahmen ergreift. Dies gilt jedenfalls dann, wenn die von der BaFin avisierten Sanierungsmaßnahmen für das betreffende Versicherungsunternehmen belastender, dabei aber nicht wirksamer sind als die im Sanierungsplan dargestellten. Mithin hat die BaFin einen ihr verspätet vorgelegten Sanierungsplan vor Erlass von Eingriffsmaßnahmen unter Wahrung des Verhältnismäßigkeitsgrundsatzes auszuwerten, inwieweit die darin vorgesehen Sanierungsmaßnahmen innerhalb der verbleibenden Sanierungsfrist erwartungsgemäß eingreifen und in ihrer Entscheidungsfindung insoweit zu berücksichtigen, als sie selbst keine geeigneteren Maßnahmen sieht, die das Versicherungsunternehmen weniger belasten, jedoch effektiver wie die im Sanierungsplan vorgesehen sind. Mithin ist ein **verspätet vorgelegter Sanierungsplan** entgegen der Entwurfsbegründung **nicht per se unbeachtlich**, sondern abhängig von den Umständen des Einzelfalls (va Inhalt des verspätet vorgelegten Sanierungsplans, Effektivität der vorgesehenen Maßnahmen, Zeitpunkt der Vorlage) von der BaFin im Rahmen ihrer Ermessensentscheidung hinsichtlich der Auswahl der zu erlassenden Maßnahmen zu berücksichtigen.

18 **IV. Anforderungen an einen realistischen Sanierungsplan. 1. Aufsichtsbehördliche Entscheidung über Genehmigungsfähigkeit eines Sanierungsplans.** Legt ein Versicherungsunternehmen binnen der zweimonatigen Vorlagefrist einen realistischen Sanierungsplan vor, so ist dieser seitens der Aufsichtsbehörde zu genehmigen. Es handelt sich dabei um eine **gebundene Entscheidung** der Aufsichtsbehörde, mit Blick darauf, dass das Versicherungsunternehmen auf der zweiten Stufe der Aufsichtsleiter, solange es die Vorlagefrist einhält, die Auswahlhoheit hinsichtlich der zu treffenden Sanierungsmaßnahmen inne hat. Missverständlich ist insoweit der Hinweis in der Entwurfsbegründung darauf, dass der vorgelegte Sanierungsplan „nach Auffassung der Aufsichtsbehörde" realistisch sein muss.[21] Sicherlich wird die Aufsichtsbehörde einen Sanierungsplan de facto nur genehmigen, wenn er ihr realistisch erscheint. Gleichwohl – und dies ist im Hinblick auf den verwaltungsgerichtlichen Rechtsschutz der Versicherungsunternehmen von entscheidender Bedeutung – unterliegt es nicht dem (subjektiven) Beurteilungsspielraum der BaFin, ob ein Sanierungsplan realistisch ist oder nicht, sondern ist dies **objektiv zu bestimmen**. Anderenfalls wäre die Frage der Genehmigungsfähigkeit eines der BaFin vorgelegten Sanierungsplans nicht justitiabel und die Versicherungsunternehmen hinsichtlich der Verweigerung der Genehmigung nahezu rechtsschutzlos gestellt. Ansonsten würde zudem die Entscheidungshoheit der Versicherungsunternehmen hinsichtlich der Auswahl der Sanierungsmaßnahmen ausgehöhlt.[22] Ein solches Verständnis legen im Übrigen sowohl der Wortlaut des Art. 138 Abs. 2 der Solva II-RL nahe als auch der Verweis in der Entwurfsbegründung darauf, wonach ein Sanierungsplan realistisch ist, wenn er aus ex ante-Sicht geeignet ist, „die aufgetretene Unterdeckung innerhalb der zur Verfügung stehenden Zeitspanne zu heilen".[23]

19 **2. Einhaltung der Sanierungsfrist.** Für die Genehmigungsfähigkeit eines Sanierungsplans ist mithin entscheidend, dass die vom Versicherungsunternehmen avisierten Sanierungsmaßnahmen – aus ex ante Sicht – eine Wirkung innerhalb der **sechsmonatigen Sanierungsfrist** des § 134 Abs. 3 S. 1 VAG und eine Wiederbedeckung der Solvabilitätskapitalanforderung versprechen. Ausweislich des insoweit eindeutigen Gesetzeswortlauts endet die Sanierungsfrist sechs Monate nach Feststellung der Unterdeckung. Gemäß § 134 Abs. 3 S. 2 VAG kann die BaFin die Sanierungsfrist um drei Monate auf **maximal neun Monate** verlängern. Dies stellt eine Fristenverschärfung gegenüber dem bisherigen Recht dar.[24] Denn § 81b VAG a. F. kannte keine starre Sanierungsfrist.[25] Die Länge der Sanierungsfrist war vielmehr in das Ermessen der BaFin gestellt. In der aufsichtsbehördlichen Praxis hatte sich zwar eine Sanierungsfrist von rund einem Jahr herausgebildet.[26] Diese war jedoch „nicht in Stein gemeißelt", sondern konnte seitens der BaFin beim Vorliegen entsprechender sachlicher Gründe im Einzelfall auch verlängert werden. Über diese Flexibilität verfügt die BaFin nunmehr nicht mehr. Nur wenn EIOPA den Eintritt außergewöhnlicher Umstände festgestellt hat, kann die BaFin die Sanierungsfrist über neun Monate hinaus auf bis maximal sieben Jahre verlängern, solange die außergewöhnlichen Umstände fortbestehen.[27] Insoweit besteht ein gesetzgeberischer Nachjustierungsbedarf.

20 Allein für **Pensionskassen** hat der Gesetzgeber in § 234 Abs. 3 Nr. 4 VAG eigens eine Befugnis der BaFin normiert, die Sanierungsfrist im Einzelfall eben doch „um einen angemessenen Zeitraum zu verlängern." Eine entsprechende Regelung sieht § 237 Abs. 3 Nr. 5 VAG für **Pensionsfonds** vor. Warum

[21] BT-Drs. 18/2656, 269. Eine ähnlich missverständliche Formulierung enthält Art. 5 Abs. 3 EIOPA, Final Report on public consultation no. 14/062 (EIOPA-BoS-15/052 v. 27.3.2015), wo es wörtlich wie folgt heißt: „The supervisory authority shall only approve a recovery plan or finance scheme where it considers that the plan or scheme is likely to result in the re-establishment of compliance with the Solvency Capital Requirement or the Minimum Capital Requirement within the available recovery period."

[22] So bereits zur aufsichtsbehördlichen Genehmigung des Solvabilitätsplans nach § 81b Abs. 1 VAG a. F., Prölss/*Kollhosser*, 12. Aufl., § 81b Rn. 3.

[23] BT-Drs. 18/2956, 269.

[24] BT-Drs. 18/2956, 268.

[25] Prölss/*Kollhosser*, 12. Aufl., § 81b Rn. 3.

[26] FKBP/*Bähr* § 81b Rn. 7; *Sehrbrock* VersR 2016, 1017, 1023.

[27] S. § 134 Abs. 4–6 VAG sowie unten Rn. 37 ff.

kleine Versicherungsunternehmen im Sinne von § 211 VAG, anders als Pensionskassen und Pensionsfonds, ausweislich § 212 Abs. 2 Nr. 5 VAG nicht in den Genuss einer solchen flexiblen Fristverlängerung kommen sollen, ist nicht nachvollziehbar. Insoweit besteht gesetzgeberischer Nachjustierungsbedarf.

3. Auswahl geeigneter Sanierungsmaßnahmen. Was den **Inhalt des Sanierungsplans** anbelangt, so ist dieser – im Sinne von Mindestvorgaben, die freilich nicht mehr als eine Art grober Rahmen für den Plan darstellen –, in § 136 VAG geregelt.[28] § 134 Abs. 3 VAG beschränkt sich im Wesentlichen darauf, die Wirkungsweise und Zielvorgabe für die vom Versicherungsunternehmen auszuwählenden Sanierungsmaßnahmen zu definieren. Die Vorschrift beschreibt lediglich die beiden denkbaren Hebel von Maßnahmen, mittels derer eine Wiederbedeckung der Solvabilitätskapitalanforderung erreicht werden kann. Danach kann eine Maßnahme entweder darauf abzielen, die anrechnungsfähigen Eigenmittel aufzustocken oder das Risikoprofil zu senken. In der **Auswahl der Sanierungsmaßnahmen** ist ein Versicherungsunternehmen auf der zweiten Stufe der Aufsichtsleiter – im Rahmen der Genehmigungsfähigkeit des Sanierungsplans, dh soweit dieser realistisch ist – grundsätzlich frei. Als Sanierungsmaßnahmen kommen aus Sicht der Versicherungsunternehmen – ohne Anspruch auf Vollständigkeit – insbesondere die nachfolgend aufgelisteten Maßnahmen in Betracht:[29] 21

a) Maßnahmen zur Aufstockung der anrechnungsfähigen Eigenmittel. Bei Sanierungsmaßnahmen, die an der Eigenmittelseite ansetzen, ist stets zu beachten, dass die gesetzlich vorgegebenen **Anrechnungsgrenzen** eingehalten werden. Die Anrechenbarkeit des Eigenkapitals richtet sich für die Bedeckung der Solvabilitätskapitalanforderung nach § 94 Abs. 1 VAG, der auf der Einordnung von Eigenmittelbestandteilen in Qualitätsklassen (sog. Tiers) basiert. Während Eigenmittelbestandteile aus Qualitätsklasse 1 immer anrechnungsfähig sind, hängt dies bei Eigenmittelbestandteilen der Qualitätsklassen 2 oder 3 stets davon ab, wie hoch der Anteil der jeweiligen Qualitätsklasse in Bezug auf die Solvabilitätskapitalanforderung ist. So muss der Anteil der Eigenmittelbestandteile der Qualitätsklasse 1 mindestens ein Drittel der Solvabiliätskapitalanforderung betragen (§ 94 Abs. 2 Nr. 1 VAG). Gleichzeitig müssen die anrechnungsfähigen Eigenmittel aus Qualitätsklasse 3 weniger als ein Drittel der Solvabiliätskapitalanforderung ausmachen (§ 94 Abs. 2 Nr. 2 VAG). 22

aa) Kapitalerhöhung/„Finanzspritzen". Bei Versicherungs-AG (ebenso für Versicherungs-SE) – naturgemäß nicht bei VVaG – kommt als Maßnahme zur Aufstockung der anrechnungsfähigen Eigenmittel eine **Kapitalerhöhung** in Betracht. Gedacht ist dabei im hier interessierenden Zusammenhang vornehmlich an Außenfinanzierungen, dh an ordentliche, genehmigte und bedingte Kapitalerhöhungen. Diese können effektiv und kurzfristig wirken, etwa dann, wenn das betreffende Versicherungsunternehmen gruppenzugehörig ist und die Konzernmutter als Mehrheits- oder gar Alleinaktionärin die Maßnahme anstößt. Je nach Zusammensetzung der Aktionärsstruktur kann indes eine ordentliche Kapitalerhöhung nach Maßgabe der §§ 182 bis 191 AktG, im Zuge derer nach satzungsänderndem Beschluss junge Aktien zu einem festgelegten Emissionspreis ausgegeben werden, worüber sodann neues Kapital eingesammelt wird, hinsichtlich der kurzen Sanierungsfristen von grundsätzlich sechs Monaten bei Unterdeckung der Solvabilitätskapitalanforderung indes an ihre (zeitlichen) Wirkungsgrenzen stoßen. Hinzu kommt, dass sich die Bereitschaft von unternehmensfernen finanzrationalen Investoren, sich an einer Kapitalerhöhung zu beteiligen, mit Blick auf die durchaus kritische Situation, in der sich das Versicherungsunternehmen befindet, oftmals in Grenzen halten und nur bei einer langfristig positiven Prognose gegeben sein wird. 23

Als Sanierungsmaßnahme in Betracht kommt daher insbesondere **eine „Finanzspritze" durch einen Mehrheits- oder Alleinaktionär**. Ein solcher **Eigenmittelzuschuss** wirkt effektiv und wird – bei entsprechender Bereitschaft des Aktionärs – regelmäßig ohne weiteres innerhalb der kurzen Sanierungsfristen vollziehbar sein. Gegenüber Drittinvestoren dürfte die Investitionsbereitschaft des Mehrheits- oder Alleinaktionärs vor allem dann höher sein, wenn Aktionär und betroffenes Versicherungsunternehmen derselben Versicherungsgruppe angehören. So kann es im Konzerninteresse liegen, ein angeschlagenes gruppenzugehöriges Versicherungsunternehmen „nicht im Regen stehen zu lassen", sondern diesem mittels einer Finanzspritze unter die Arme zu greifen. Dies insofern, als anderenfalls gravierende Reputationsschäden zu erwarten sein dürften, die sich in erheblichem Maße nachteilig auf das Neugeschäft nicht nur des angeschlagenen Versicherungsunternehmens selbst, sondern auch und vor allem auf das Neugeschäft der an sich gesunden Konzernschwestern niederschlagen könnten. Denn aus Kundensicht wird ein Versicherungskonzern – wenngleich dies rechtlich betrachtet undifferenziert sein mag – oftmals als einheitlicher Anbieter und einheitliche Marke angesehen. 24

Indes ist nicht zu verkennen, dass ein grundsätzlich solventer **Mehrheits- oder Alleinaktionär** eines angeschlagenen Versicherungsunternehmens **qua gesetzlicher Nachschusspflicht nicht zu einer Finanzspritze gezwungen** werden kann, wenn er „freiwillig" zu einer solchen nicht bereit ist.[30] Ausweislich § 54 Abs. 1 AktG wird die Verpflichtung der Aktionäre zur Leistung der Einlagen durch 25

[28] S. dazu im Einzelnen § 136 Rn. 5 ff.
[29] Ausführlich zu denkbaren Sanierungsmaßnahmen *Schaaf*, in: Dreher/Wandt, 2016, S. 99 ff.
[30] Wie hier Bähr/*Deckers* § 30 Rn. 50.

den Ausgabebetrag der Aktien begrenzt. Exakt diesen Betrag schuldet der jeweilige Aktionär aufgrund seiner Mitgliedschaft, nicht weniger (Kapitalaufbringung zum Schutze der Gläubiger) und – das stellt § 54 Abs. 1 AktG klar – nicht mehr. Indem die Vorschrift die Begründung selbständiger mitgliedschaftlicher Nebenleistungspflichten mit Blick auf die §§ 23 Abs. 5 S. 1 AktG, 241 Nr. 3 HGB ausschließt, beschränkt sie das Risiko der Aktionäre, stärkt die Haftungsbeschränkung und begünstigt die Fungibilität der Anteile.[31] Diese aktienrechtliche Wertung gilt uneingeschränkt auch für Versicherungs-Aktiengesellschaften. Insbesondere wird sie nicht durch die Vorschriften zur Inhaberkontrolle, namentlich durch das Erfordernis der „finanziellen Solidität des Erwerbers" in § 18 Abs. 1 Nr. 6 VAG (§ 104 Abs. 1b S. 1 Nr. 1 VAG a. F.) überlagert. Zwar war ein entsprechender Haftungstatbestand des Mehrheitsaktionärs im Zuge des Gesetzes zur Änderung des Versicherungsaufsichtsgesetzes und anderer Gesetze vom 28.10.2004[32] ausweislich des seinerzeitigen Regierungsentwurfs einmal angedacht.[33] Gestützt wurde das Vorhaben seinerzeit insbesondere auf die Erwägung, dass bei den Marktteilnehmern die Erwartung bestehen könnte, dass geschlossen auftretende und in einem Konzern verbundene Unternehmen ggf. auf die Finanzkraft des Konzerns zurückgreifen könnten.[34] Diese Markterwartung in Verbindung mit dem Vertrauen der Versicherungsnehmer in die dauernde Erfüllbarkeit der Leistungen sowie dem Postulat, dass der Inhaber einer bedeutenden Beteiligung in der Lage sein müsse, „weitere finanzielle Unterstützung für den Versicherer zu leisten", war Auslöser für das teilweise politische Streben eines entsprechenden Haftungstatbestands für Inhaber bedeutender Beteiligungen. Indes ist ein solcher gerade nicht Gesetz geworden. Deutlich wird dies durch die Beschlussempfehlung des seinerzeit federführenden Finanzausschusses zu § 104a Abs. 1a VAG a. F., in der dieser wörtlich ausführte, die entsprechende Änderung gegenüber dem Regierungsentwurf stelle klar, „dass im VAG nicht ein über das Aktienrecht hinausgehender Haftungstatbestand für Anteilseigner an einem Versicherungsunternehmen geschaffen werden soll."[35] Entscheidend sei vielmehr, dass die BaFin das Konzept eines Erwerbers auch mit Blick auf dessen finanziellen Möglichkeiten hin prüfen könne, um so den Erwerb eines Versicherungsunternehmens zur anschließenden Zerschlagung zum alleinigen Vorteil des Erwerbers zu verhindern. An dieser Feststellung haben weder der zwischenzeitlich etwas geänderte Wortlaut des § 104 VAG a. F. noch die 10. VAG-Novelle etwas geändert. Liegt es im Konzerninteresse, ein verbundenes Versicherungsunternehmen oder eine verbundene Pensionskasse nicht mit einer „Finanzspritze" zu stützen, z. B. weil der Zuschuss kaufmännisch nicht sinnvoll wäre, die Pensionskasse nicht relevant für das Kerngeschäft der Versicherungsgruppe ist und der Gruppe bei einer Insolvenz allenfalls überschaubare Reputationsrisiken drohten, ist eine „Finanzspritze" des Mehrheitsaktionärs mithin aufsichtsrechtlich nicht erzwingbar. Die Entscheidung zwischen Sanierung und Insolvenz obliegt dann – kann der Vorstand des betroffenen konzernierten Unternehmens die Insolvenz aus eigenen Kräften bzw. „mit Bordmitteln" im Niedrigzinsumfeld nicht abwenden – in letzter Konsequenz der Konzernführung.

26 **bb) Nachranganleihen und -darlehen.** Als weitere Sanierungsmaßnahme, die an der Eigenmittelsituation ansetzt, wäre schließlich die **Auflage einer Nachranganleihe** in Betracht zu ziehen. Nachteilhaft an einer solchen wird erwartungsgemäß sein, dass angesichts der Bonität des finanziell angeschlagenen Versicherungsunternehmens ein hoher Kupon auf die Anleihe gegeben werden muss. Durch die hohen Zinsverpflichtungen würde der Entlastungseffekt durch die Begebung der Anleihe verwässert. Denn diese wirken sich negativ auf künftige Jahresergebnisse aus und gehen somit ihrerseits zulasten anderer Eigenmittel in der Solvabilitätsbilanz. Hinzu können Schwierigkeiten hinsichtlich der Anrechnungsgrenzen treten. So sind insbesondere Nachranganleihen mit einer Laufzeit weniger als zehn Jahren gemäß § 92 Abs. 4 VAG in Qualitätsklasse 3 einzustufen. Da es sich bei Nachranganleihen gemäß § 89 Abs. 3 Nr. 2 VAG um Basiseigenmittel handelt, ist indes bei mindestens zehnjähriger Laufzeit und Vorliegen der Voraussetzungen des § 91 Abs. 3, 4 VAG auch eine Einordnung in Qualitätsklasse 2 denkbar (§ 92 Abs. 2 VAG). Für **Nachrangdarlehen** gilt Entsprechendes.

27 **cc) Thesaurierung von Jahresgewinnen.** Als weitere – wenngleich typischerweise isoliert betrachtet nur bedingt wirksame – Sanierungsmaßnahmen kommt die in § 137 Abs. 2 Nr. 2 VAG mittelbar angesprochene Thesaurierung von Jahresgewinnen in Betracht. Dh die Gewinne des Versicherungsunternehmens würden nicht an die Anteilseigner der Versicherungsunternehmen ausgeschüttet, sondern einbehalten. Indes wird der Entlastungseffekt der Maßnahme in den hier interessierenden kritischen Situationen typischerweise gering ausfallen, da der Jahresgewinn der betreffenden Versicherungsunternehmen zumeist gering sein wird. Vorteil der Maßnahme ist deren verfahrensmäßig leichte Umsetzbarkeit. Gemäß § 174 AktG genügte ein Vorstandsbeschluss und die entsprechende Zustimmung der Hauptversammlung.

---

[31] Statt vieler *Grigoleit/Rachlitz*, in: Grigoleit, AktG, 2014, § 54 Rn. 4.
[32] BGBl. 2004 I 3416.
[33] BR-Drs. 322/04, 36.
[34] BR-Drs. 322/04, 36.
[35] BT-Drs. 15/3976, 34.

dd) Maßnahmen bei Lebensversicherungsunternehmen. Speziell bei Lebensversicherungsunternehmen kann zudem die **Überschussbeteiligung** – im Rahmen des Zulässigen – als Steuerungsinstrument zur Erhöhung der anrechnungsfähigen Eigenmittel dienen. So lassen sich etwa über eine Senkung der laufenden Überschussbeteiligung zu Gunsten einer entsprechenden Erhöhung der Schlussüberschussbeteiligung die anrechnungsfähigen Eigenmittel der Qualitätsklasse 1 erhöhen. Denn es erfolgt dann eine partielle Verlagerung weg von einer unwiderruflichen Zuteilung der laufenden Überschüsse hin zu einem Mehr an einer widerruflichen Zuteilung der Schlussüberschüsse.[36] Unabhängig davon, dass jede Deklaration der Überschussbeteiligung verursachungsorientiert i. S. d. § 153 VVG sein muss, woraus sich Grenzen für das skizzierte Vorgehen ergeben können, ist im vorliegenden Zusammenhang mit Blick auf die nur sechsmonatige Sanierungsfrist des § 134 Abs. 3 S. 1 VAG anzumerken, dass die Maßnahme auf der Eigenmittelseite eher für eine mittel- als für eine kurzfristige Entlastungwirkung sorgt. Hinzu kommt, dass jedenfalls dann, wenn die Sanierungsfrist außerhalb des Deklarationszeitraums verläuft, die Senkung der laufenden Überschussbeteiligung aus Gründen der Fristigkeit zumeist nur als flankierende Maßnahme in Betracht kommen wird. Kurzfristig wirken können hingegen Solvabilitäts- und HGB-Bilanz-wirksame Rückversicherungslösungen zur **Gegenfinanzierung der Zinszusatzreserve.** 28

b) Maßnahmen zur Absenkung des Risikoprofils. Der andere Hebel, an dem Sanierungsmaßnahmen ansetzen können, ist die Absenkung des Risikoprofils. Hier kommen namentlich die folgenden Maßnahmen in Betracht: 29

aa) Solvabilitätseffiziente Ausgestaltung des Neugeschäfts. Maßnahmen zur Absenkung des Risikoprofils können einerseits am **Neugeschäft** ansetzen. Im **Schaden- und Unfallversicherungsbereich** ist insoweit etwa die Einführung neuer interner Zeichnungsrichtlinien denkbar, nach denen eine stärkere Risikodiversifizierung zu erfolgen hat (z. B. könnte in der Betriebsausfall-, Betriebshaftpflicht- oder der D&O-Versicherung ein breiterer Mix an Branchen vorgegeben werden) oder nach denen bestimmte Risiken gar nicht mehr gezeichnet werden dürfen (z. B. in der Elementarschadenversicherung). 30

Ebenso sind **Maßnahmen im Produktdesign** denkbar, die das Produkt solvabilitätseffizienter machen. Dies betrifft namentlich den **Lebensversicherungsbereich** mit Blick auf die hohen Zinsrisiken und Garantiekosten, die das Stellen einer traditionellen Garantie aus Unternehmenssicht mit sich bringt. Unabhängig davon, dass die Nachfrage nach derartigen konventionellen Garantieprodukten im Lebens- und Rentenversicherungsbereich in der noch immer anhaltenden Niedrigzinsphase am Markt gering ist, wenden sich Lebensversicherungsunternehmen zunehmend von konventionellen Garantien ab, weil die langfristigen Garantien in ganz erheblichem Umfang Eigenmittel binden. Daraus resultiert zum einen eine zunehmende **Verlagerung des Angebots auf fondsgebundene Produkte, auf Hybridprodukte sowie im konventionellen Bereich auf neue, aus Solvabilitätsgesichtspunkten günstigere Garantiemodelle** andererseits. Zu den letzteren zählen etwa sog. Abschnittsgarantien oder endfällige Garantien. Zum anderen folgt aus den genannten Solvabilitätszwängen heraus ein verstärkter **Fokus auf reine Biometrieprodukte** (z. B. Risikolebensversicherung, Berufsunfähigkeitsversicherung). Derartige Sanierungsmaßnahmen wirken freilich eher mittel- bis langfristig und werden – für sich genommen – selten geeignet sein, eine Wiederbedeckung der Solvabilitätskapitalanforderung binnen der kurzen Sanierungsfrist sicherzustellen. 31

bb) Sanierungsmaßnahmen in Bezug auf den Bestand. In Bezug auf den Bestand sind die Sanierungsmaßnehmen naturgemäß begrenzt. Hier wird ein Versicherungsunternehmen im **Schaden- und Unfallbereich** ausgehend von seiner Risikoexponation insbesondere prüfen, inwieweit es sich auf **Prämienanpassungsklauseln** berufen kann, um eine über die Jahre ggf. in Schieflage geratene Äquivalenz zwischen Prämie und versichertem Risiko durch eine Prämienerhöhung wiederherzustellen. Im Hinblick auf besonders exponierte Risiken wird es zudem die Ausübung ordentlicher sowie etwaiger außerordentlicher Kündigungsrechte zu erwägen haben, um sein Risikoprofil zu verbessern. 32

Letzteres ist namentlich im Bereich der **Lebensversicherung** mit Blick auf die Regelung des § 166 VVG schwierig, wonach dem Versicherer kein ordentliches Kündigungsrecht zusteht und die Kündigung des Versicherers etwa im Fall des Folgeprämienverzugs nicht zur Vertragsbeendigung, sondern nur zur Beitragsfreistellung führt.[37] Indes belasten gerade die Zinsrisiken, die auf den hohen Zinsverpflichtungen im Bestand liegen, ein Lebensversicherungsunternehmen im Niedrigzinsumfeld gewaltig.[38] Dieses Zinsrisikoprofil zu senken, ist indes schwierig. Breit angelegte **Umdeckungsinitiativen**, mittels 32a

---

[36] Ausführlich *Schaaf*, in: Dreher/Wandt, 2016, S. 99, 113.

[37] Statt vieler Prölss/Martin/*Reiff* § 166 Rn. 1.

[38] Verwiesen sei auf eine Studie der Ratingagentur Assekurata, wonach die Garantieverzinsung im Bestand im arithmetischen Durchschnitt im Jahr 2015 3,01 % betrug (2014: 3,07 %, 2013: 3,12 %), bei höchsten beobachteten Werten der 57 bis 60 im Referenzzeitraum untersuchten Lebensversicherungsunternehmen von 3,37 % (2014: 3,40 % 2013: 3,45 %), was dadurch zustande kommt, dass ca. ein Drittel der Bestandsverträge einen Rechnungszins von 4 % oder 3,25 % aufweist. Die Studie ist abrufbar unter assekurata.de.

derer die alten „Hochprozenter" systematisch in neue fondsgebundene Produkte umgedeckt werden sollen, sind nicht nur Haftungsrisiken im Hinblick auf etwaige Beratungspflichtverletzungen ausgesetzt. Als Sanierungsmaßnahmen werden sie innerhalb der kurzen Sanierungsfristen zudem kaum für spürbare Entlastung sorgen. Zielführender kann es hingegen sein, die Versicherungsbedingungen für **Dynamikerhöhungen** daraufhin zu untersuchen, inwieweit diese die Durchführung von Beitragsdynamiken zu den im Erhöhungstermin aktuellen Rechnungsgrundlagen erlauben (und damit nicht auf Basis des bei Vertragsabschluss geltenden Rechnungszinses vorzunehmen sind). Im Übrigen ist eine **Rechnungszinsanpassung** zu erwägen, sofern wirksam vereinbart, über eine Anpassungsklausel in den Allgemeinen Versicherungsbedingungen. Versicherungsunternehmen, die keine Anpassungsklausel wirksam vereinbart haben, die sie bei Eintritt der darin definierten Konstellationen zur einseitigen Anpassung des Rechnungszins mit Wirkung ex nunc berechtigen, sind mit der Frage konfrontiert, ob die gesetzliche Vorschrift des § 163 VVG zur Prämien- oder Leistungsänderung qua Anpassung des Rechnungszinses berechtigt. Entgegen einer im Schrifttum teilweise vertretenen Ansicht[39] lässt sich die höchstrichterlich noch ungeklärte Rechtsfrage, ob der Fall einer unvorhergesehenen Rechnungszinsänderung von § 163 VVG (analog) erfasst ist, mit überzeugenden Argumenten bejahen.[40]

33 **cc) Rückversicherungsnahme.** Als weitere Sanierungsmaßnahme zur Reduktion des Risikoprofils kommt eine **Erhöhung der passiven Rückversicherung** in Betracht. Freilich hängt das Entlastungspotential einer gesteigerten Rückversicherungsnahme mit Blick auf die Solvabilitätsquote und das Risikoprofil wesentlich von der Höhe der Rückversicherungsprämie und dem auf dem Markt zum gegebenen Zeitpunkt erhältlichen Rückversicherungsschutz ab.

34 **dd) Asset Allocation.** Eine weitere denkbare Sanierungsmaßnahme ist eine (partielle) **Neuverteilung der Kapitalanlagen**. So würde eine Reduktion z. B. der Kapitalanlage in Unternehmensanleihen zu einer spürbaren Senkung des Kreditrisikos eines Versicherungsunternehmens führen. Indes sind vor Vornahme einer neu gestalteten Asset Allocation stets auch die Wechselwirkungen der avisierten Steuerungsmaßnahmen in den Blick zu nehmen. In die Analyse des Nutzens einer Neuausrichtung wäre im obigen Beispiel mithin insbesondere der Effekt einzustellen, dass z. B. als Folge der Reduktion von Kapitalanlagen in Unternehmensanleihen zwar die Kreditrisiken reduziert würden. Jedoch fiele gleichzeitig die recht attraktive Verzinsung aus den Unternehmensanleihen weg, zumal alternative, risikoärmere Anlagen zumeist eine niedrigere Rendite versprechen werden. Vor Neuverteilung der Kapitalanlagen sind daher sämtliche Effekte, die damit einhergehen, sorgfältig zu analysieren und die Gesamtauswirkungen auf das Risikoprofil auszumessen.

35 **ee) Kosteneinsparungsprogramme.** Schließlich könnten neue **Kosteneinsparungsprogramme** aufgesetzt werden, etwa der Abbau bzw. die Verschlankung von Prozessen mittels verstärktem Outsourcing. In der Annahme, dass ein Versicherungsunternehmen, das sich mit den Stufen zwei bis vier der Aufsichtsleiter konfrontiert sieht, regelmäßig bereits an der „Kostenschraube gedreht" haben wird, dürfte das Entlastungspotential indes zumeist überschaubar sein, ebenfalls die Wirksamkeit innerhalb der kurzen Sanierungsfristen.

36 **V. Verlängerung der Sanierungsfrist um maximal sieben Jahre bei Feststellung außergewöhnlicher Umstände durch EIOPA (Abs. 4 u. 5).** Der einzige Fall, in dem die BaFin die sechsmonatige Sanierungsfrist bei Versicherungsunternehmen über neun Monate hinaus bis zu einer Zeitspanne von maximal sieben Jahren verlängern kann, ist in § 134 Abs. 4 Satz 1 VAG geregelt. Dies setzt jedoch voraus, dass EIOPA den Eintritt außergewöhnlicher widriger Umstände im Sinne des Art. 138 Abs. 4 der Solva II-RL festgestellt hat. Da es sich bei § 134 Abs. 4 Satz 1 VAG um eine „Kann"-Regelung handelt, steht sowohl das **Ob einer Verlängerung der Sanierungsfrist über neun Monate hinaus als auch die Zeitspanne der Fristverlängerung**, die bis zu sieben Jahre betragen kann, **im Ermessen der BaFin**.[41] Anknüpfungspunkt der Fristverlängerung nach § 134 Abs. 4 VAG ist erklärtermaßen die in § 134 Abs. 3 Satz 2 VAG genannte Frist, dh die bereits um drei Monate auf insgesamt neun Monate verlängerte Sanierungsfrist. Dass Letztere zu laufen begonnen hat, ist indes nicht erforderlich. Mithin kann die BaFin die Fristverlängerung nach § 134 Abs. 4 Satz 1 VAG gleichzeitig mit der Verlängerung nach § 134 Abs. 3 Satz 2 VAG gewähren.[42]

37 **1. Außergewöhnliche widrige Umstände.** Sinn und Zweck der Regelung ist ausweislich der Entwurfsbegründung, der Aufsichtsbehörde zu ermöglichen, die Frist für die Wiederherstellung der Einhaltung der Solvabilitätskapitalanforderung zur **Vermeidung von prozyklischen Effekten oder Verwerfungen auf dem Versicherungsmarkt** in einer akuten, schwer krisenhaften Ausnahmesituati-

[39] Namentlich *Wandt* VersR 2015, 918 ff.
[40] S. Looschelders/Pohlmann/*Krause*, 3. Aufl. 2016, § 163 Rn. 10 ff.; *Brinkmann/Krause/Wolfsdorf*, VW 2012, 518; Bruck/Möller/*Winter* § 163 Rn. 15; sowie ausführlich zum Streitstand *Schaaf*, in: Dreher/Wandt, 2016, S. 99, 116 ff.
[41] BT-Drs. 18/2956, 269.
[42] Zutreffend *Sehrbrock*, Die „Aufsichtsleiter" für Versicherungsunternehmen in kritischen Solvabilitätssituationen, 2016, S. 263 ff.; 271 ff.

on unternehmensindividuell auf einen Zeitraum von bis maximal sieben Jahre zu verlängern.[43] Die Regelung ist mithin auf extreme Ausnahmesituationen zugeschnitten.

Außergewöhnliche widrige Umstände sind dabei im Sinne von Art. 138 Abs. 4 UAbs. 1 der Solva II-RL nur solche Umstände, die sich auf ein Versicherungs- oder Rückversicherungsunternehmen auswirken, die einen wesentlichen Anteil am Markt oder an den betroffenen Geschäftsbereichen ausmachen. Ausweislich der Legaldefinition in Art. 138 Abs. 4 UAbs. 2 S. 3 der Solva II-RL sind außergewöhnliche widrige Umstände gegeben, wenn „die finanzielle Situation von Versicherungs- oder Rückversicherungsunternehmen, die einen wesentlichen Anteil am Markt oder an den betroffenen Geschäftsbereichen ausmachen, erheblich oder nachteilig durch eine oder mehrere der folgende Umstände beeinträchtigt wird: 38

– einen unvorhergesehenen heftigen und steilen Einbruch an den Finanzmärkten (lit. a);
– ein von dauerhaft niedrigen Zinssätzen geprägtes Umfeld (lit. b);
– ein katastrophales Ereignis mit schweren Folgen (lit. c)."

Dabei ist zu beachten, dass nicht das Vorliegen der beschriebenen Umstände als solche die Feststellung außergewöhnlicher widriger Umstände rechtfertigt (z. B. nicht das Vorliegen einer anhaltenden Niedrigzinsphase als solcher), sondern erst die aus den Umständen resultierende Sondersituation am Versicherungsmarkt.

Welche Kriterien EIOPA im Rahmen der Entscheidungsfindung, ob außergewöhnliche widrige Umstände vorliegen, zu berücksichtigen hat, ist in Art. 288 DVO geregelt. Verkürzt hat EIOPA danach insbesondere zu berücksichtigen, 39

– welche **Auswirkungen** die (erhebliche) Verlängerung der Sanierungsfrist **auf die Finanzmärkte**, auf die Verfügbarkeit von Versicherungs- und Rückversicherungsprodukten sowie auf Versicherungsnehmer und Anspruchsberechtigte hat (lit. a);
– die **Anzahl, die Größe und den Marktanteil der** von den außergewöhnlichen widrigen Umständen **betroffenen Versicherungs- und Rückversicherungsunternehmen** unter Prüfung negativer systemischer Auswirkungen auf die Finanzmärkte oder Versicherungs- und Rückversicherungsmärkte (lit. b);
– mögliche **prozyklische Effekte** einer Wiederherstellung der Einhaltung der Solvabilitätskapitalanforderung, einschließlich Notverkäufen von Vermögenswerten auf den Finanzmärkten (lit. c);
– die **Möglichkeit** für Versicherungs- und Rückversicherungsunternehmen, **ergänzende Eigenmittel** auf den Finanzmärkten **aufzubringen** (lit. d);
– das Vorhandensein eines **aktiven Marktes für** die von Versicherungs- und Rückversicherungsunternehmen gehaltenen **Vermögenswerte** und die Liquidität des betreffenden Marktes (lit. e);
– die Rückversicherungs- und Retrozessionskapazitäten des Rückversicherungsmarktes (lit. f);
– die **Verfügbarkeit adäquater Risikominderungstechniken** einschließlich Finanzinstrumenten auf den Finanzmärkten (lit. g) sowie
– die **Verfügbarkeit anderer Mittel zur Reduzierung der Risikoexponation** von Versicherungs- und Rückversicherungsunternehmen auf den Finanzmärkten (lit. h).

2. Auswirkungen einer Negativ-Feststellung durch EIOPA auf Fristverlängerungsbefugnis der BaFin. Ausweislich § 134 Abs. 4 VAG überwacht EIOPA das Vorliegen außergewöhnlicher widriger Umstände. EIOPA stellt nicht nur positiv fest, dass außergewöhnliche widrige Umstände vorliegen, sondern stellt auch negativ fest, dass und seit wann diese nicht mehr vorliegen. Sobald EIOPA festgestellt hat, dass außergewöhnliche widrige Umstände nicht mehr vorliegen, endet jedoch nach § 134 Abs. 4 S. 2 VAG die Möglichkeit der BaFin, die Sanierungsfrist über einen Zeitraum von neun Monaten hinaus zu verlängern. Der Gesetzeswortlaut ist dabei insoweit eindeutig, als die BaFin nach der Negativ-Feststellung von EIOPA keine Verlängerungen der Sanierungsfrist mehr gewähren kann, die über die in § 134 Abs. 3 S. 2 VAG genannten drei Monate hinausgehen kann (so dass die maximal neunmonatige Sanierungsfrist nach § 134 Abs. 3 VAG ausgeschöpft ist) – ganz unabhängig davon, ob das betreffende Versicherungsunternehmen die Unterdeckung der Solvabilitätskapitalanforderung vor oder nach der Negativ-Feststellung von EIOPA festgestellt hat. 40

Fraglich ist indes, welche **Auswirkungen** die Feststellung von EIOPA, dass außergewöhnliche widrige Umstände nicht mehr vorliegen, **auf** durch die BaFin **bereits** über einen Zeitraum von neun Monaten hinaus **verlängerte Sanierungsfristen** hat. Nach einer engen Wortlautauslegung des § 134 Abs. 4 S. 2 VAG bleiben bereits gewährte Fristverlängerungen von einer Negativ-Feststellung seitens EIOPA, dass außergewöhnliche widrige Umstände nicht mehr vorliegen, unberührt. [44] Denn nach der Regelung soll lediglich die (zukünftige) „Möglichkeit zur Fristverlängerung" der BaFin enden. Jedoch liegt es mit Blick auf Sinn und Zweck der Regelungen in § 134 Abs. 4 und 5 VAG auf der Hand, dass Fristverlängerungen durch nationale Aufsichtsbehörden im Fall außergewöhnlicher widriger Umstände 41

---

[43] BT-Drs. 18/2956, 269.

[44] S. auch EIOPA, Consultation Paper on the draft proposal for guidelines on the extension of the recovery period in exceptional advorce situations (EIOPA-CP-14/046 v. 27.11.2014), Rn. 2.9.

nicht gänzlich von der Entscheidungshoheit von EIOPA, ob und wie lange außergewöhnliche widrige Umstände vorliegen, entkoppelt werden dürfen. Dem entspricht der Appell in den EIOPA-Leitlinien vom 14.9.2015 an die mitgliedsstaatlichen Aufsichtsbehörden, auslaufende Sanierungsfristen im Fall des Vorliegens außergewöhnlicher widriger Umstände „eher erneut zu verlängern, anstatt bereits zu Beginn eine sehr lange Verlängerung der Frist für die Wiederherstellung gesunder Finanzverhältnisse zu gewähren". Weiter appelliert EIOPA, dass die nationalen Aufsichtsbehörden die Verlängerung der Sanierungsfrist gemäß § 134 Abs. 4 S. 1 VAG mit einem **Vorbehalt** zu versehen haben, wonach die Verlängerung gekürzt oder widerrufen werden kann.[45] Dies ist für den Fall, dass sich die der Fristverlängerung zugrunde liegenden Umstände in einer Art und Weise geändert haben, dass die Aufsichtsbehörde unter den neuen Umständen keine Verlängerung oder nur eine beschränktere Verlängerung gewährt hätte.[46] Weiter nimmt EIOPA die nationalen Aufsichtsbehörden in die Pflicht, dann, wenn EIOPA festgestellt hat, dass die außergewöhnlichen widrigen Umstände nicht mehr vorliegen, alle bereits gewährten Fristverlängerungen baldmöglichst zu überprüfen.[47]

42 Letztlich gehen die Forderungen von EIOPA im vorliegenden Zusammenhang dahin, dass die nationalen Aufsichtsbehörden – hier die BaFin im Rahmen ihrer Fristverlängerungsmöglichkeit nach § 134 Abs. 4 S. 1 VAG – die Sanierungsfristen nur für eine verhältnismäßig kurze Zeitspanne verlängern soll. Mit Blick darauf, dass die Fristverlängerungsmöglichkeit des § 134 Abs. 4 S. 1 VAG auf bis zu sieben Jahre angelegt ist und über die dreimonatige Fristverlängerung des § 134 Abs. 3 S. 2 VAG hinausgeht, erscheinen vom Ansatz her **Fristverlängerungen in Halbjahresintervallen praktikabel**. Dies in Anlehnung an § 134 Abs. 3 VAG, der einen Zeitraum von sechs Monaten als Regelsanierungsfrist ansieht. Jedoch wird der zeitliche Umfang der Fristverlängerung in Abhängigkeit der vorstehenden außergewöhnlichen widrigen Umstände gesondert zu beurteilen sein, so dass – je nach Zuschnitt derselben – eine sechsmonatige Verlängerung der Sanierungsfrist aus aufsichtsbehördlicher Sicht im Einzelfall auch zu kurz und eine ein- oder mehrjährige Verlängerung angezeigt erscheinen mag.

43 Jedenfalls bei einer sechsmonatigen Verlängerung der Sanierungsfrist wird seitens der Aufsichtsbehörde auf die von EIOPA geforderten **Widerrufsvorbehalte** im Sinne von §§ 36 Abs. 2 Nr. 3, 49 Abs. 2 Nr. 1, 2. Fall VwVfG verzichtet werden können. Denn angesichts der Kürze des Intervalls ist eine Entkopplung zwischen den Feststellungen von EIOPA und der Fristverlängerungspraxis der nationalen Aufsichtsbehörden von vorneherein nicht zu besorgen. Daher bereitet es auch keine Probleme, dass der Widerruf einer Sanierungsfristverlängerung im Sinne von § 134 Abs. 4 S. 1 VAG erwartungsgemäß schwer fallen wird, wenn ein Widerrufsvorbehalt nicht wirksam ausbedungen ist. Denn die EIOPA-Leitlinien stellen als untergesetzliches soft law keine Rechtsvorschriften im Sinne von § 49 Abs. 2 Nr. 1, 1. Fall VwVfG dar. Zwar ließe sich ggf. mit Blick auf § 49 Abs. 2 Nr. 3 VwVfG annehmen, dass sich Tatsachen nach Erlass des fristverlängernden Verwaltungsaktes (nämlich diejenigen, die zu der Negativ-Feststellung von EIOPA führten) geändert haben, aufgrund derer die BaFin die Fristverlängerung nicht mehr gewährt hätte. Jedoch wäre für die Zulässigkeit eines Widerrufs darüber hinaus erforderlich, dass ohne den Widerruf das öffentliche Interesse gefährdet wäre. Dies wird sich freilich selten annehmen lassen, wenn ein Versicherungsunternehmen eine ihm gewährte Verlängerung der Sanierungsfrist ausnutzen will, um die Solvabilitätskapitalanforderung wieder zu bedecken. Jedenfalls gilt dies, solange das Versicherungsunternehmen mit der Umsetzung des Sanierungsplans bis dato im Soll ist.

44 Einen **Verlängerungsautomatismus** für den Fall, dass die BaFin im Rahmen ihrer Befugnisse nach § 124 Abs. 4 S. 1 VAG zunächst nur eine verhältnismäßig kurze Sanierungsfristverlängerung gewährt, **gibt es nicht**. Dh die Versicherungsunternehmen dürfen sich nicht von vorneherein darauf verlassen, dass ihnen über die gewährte Fristverlängerung hinaus seitens der BaFin noch eine weitere genehmigt wird. Vielmehr sind sie gehalten, die Sanierungsmaßnahmen so auszurichten, dass sie innerhalb der ihnen gewährten Sanierungsfristverlängerung zu einer Wiederbedeckung der Solvabilitätskapitalanforderung führen. Dies folgt schon aus der in § 134 Abs. 6 VAG etablierten Fortschrittsberichterstattung und der der BaFin diesbezüglich vorgegebenen gebundenen Entscheidung, die Fristverlängerung zu widerrufen, wenn kein wesentlicher Fortschritt bei der Wiederbedeckung der Solvabilitätskapitalanforderung stattgefunden hat.[48] Damit korreliert freilich die Pflicht der BaFin, die Fristverlängerung in Abhängigkeit von den Umständen des Einzelfalls so (großzügig) zu bemessen, damit eine Wiederbedeckung innerhalb der verlängerten Sanierungsfrist realistischerweise gelingen kann. Geht die Aufsichtsbehörde selbst davon aus, dass eine Wiederbedeckung der Solvabilitätskapitalanforderung unter den festgestellten außergewöhnlichen Umständen realistischerweise nicht binnen einer z. B. um (weitere) sechs Monate verlängerten Sanierungsfrist gelingen kann, dann muss sie Fristverlängerung entsprechend großzügiger

[45] EIOPA, Leitlinie für die Verlängerung der Frist für die Wiederherstellung gesunder Finanzverhältnisse im Falle außergewöhnlicher widriger Umstände (EIOPA-BoS-15/108 v. 14.9.2015), Leitlinie 2, Rn. 1.15.

[46] EIOPA, Leitlinie für die Verlängerung der Frist für die Wiederherstellung gesunder Finanzverhältnisse im Falle außergewöhnlicher widriger Umstände (EIOPA-BoS-15/108 v. 14.9.2015), Leitlinie 2, Rn. 1.15.

[47] EIOPA, Leitlinie für die Verlängerung der Frist für die Wiederherstellung gesunder Finanzverhältnisse im Falle außergewöhnlicher widriger Umstände (EIOPA-BoS-15/108 v. 14.9.2015), Leitlinie 2, Rn. 1.16.

[48] S. unten bei Rn. 52 ff.

gewähren – entsprechend den obigen Ausführungen dann ggf. verbunden mit einem Widerrufsvorbehalt im Sinne von § 36 Abs. 2 Nr. 3 VwVfG.

3. Kriterien für die BaFin für Gewährung und Dauer einer Fristverlängerung. Der delegierte Rechtsakt auf Level 2 beschränkt sich nicht darauf, EIOPA die og Kriterien vorzugeben, die bei der Feststellung des Vorliegens außergewöhnlich widriger Umstände zu berücksichtigen sind. Darüber hinaus gibt Art. 289 DVO den **nationalen Aufsichtsbehörden** vor, von welchen **Erwägungen** sie sich bei ihrer **Ermessensentscheidung über die Gewährung einer Verlängerung der Sanierungsfrist und deren Dauer** nach § 134 Abs. 4 S. 1 VAG leiten lassen sollen. Insbesondere hat die BaFin danach in ihre Entscheidung über eine Fristverlängerung miteinzubeziehen: 45

- die Auswirkungen einer Verlängerung für die Versicherungsnehmer und Anspruchsberechtigten des Versicherungs- oder Rückversicherungsunternehmens (lit. a);
- den Umfang, in dem das betreffende Versicherungs- oder Rückversicherungsunternehmen von den außergewöhnlich widrigen Umständen betroffen ist (lit. b);
- welche Mittel und Wege dem betreffenden Unternehmen zur Verfügung stehen, um die Solvabilitätskapitalanforderung wieder zu bedecken (lit. c);
- Gründe und Grad der Nichtbedeckung der Solvabilitätskapitalanforderung (lit. d);
- die Zusammensetzung der vom Versicherungs- oder Rückversicherungsunternehmen gehaltenen Eigenmittel (lit. e);
- die Zusammensetzung der vom Versicherungs- oder Rückversicherungsunternehmen gehaltenen Vermögenswerte (lit. f);
- die Art und Dauer der versicherungstechnischen Rückstellungen und anderen Verbindlichkeiten des betreffenden Versicherungs- oder Rückversicherungsunternehmens (lit. g);
- ggf. die Möglichkeit einer finanziellen Unterstützung durch andere Unternehmen der Gruppe, der das Versicherungs- oder Rückversicherungsunternehmen angehört (lit. h), und
- etwaige vom Versicherungs- oder Rückversicherungsunternehmen getroffene Maßnahmen, die darauf abzielen, Kapitalabflüsse und die Verschlechterung seiner Solvabilität einzudämmen (lit. i).

Dabei ist insbesondere die **Berücksichtigung von Unterstützungsmöglichkeiten innerhalb der Versicherungsgruppe** als Kriterium für das Ob einer Verlängerung der Sanierungsfrist insoweit **nicht unbedenklich**, als – wie bereits ausgeführt[49] – qua legem keine Nachschusspflicht des Mehrheitsaktionärs besteht. Gerade wenn außergewöhnliche widrige Umstände vorliegen, darf die BaFin eine solche Nachschusspflicht nicht wider das aktienrechtliche Leitbild mittels des Druckmittels der Entscheidungshoheit über eine zu gewährende (weitere) Sanierungsfristverlängerung und deren Dauer gleichsam durch die Hintertür durchsetzen. 46

VI. Antragsbefugnis der BaFin (Abs. 5). Gemäß § 134 Abs. 5 S. 1 VAG trifft EIOPA die Feststellung für das Vorliegen außergewöhnlicher widriger Umstände auf **Antrag einer nationalen Aufsichtsbehörde**. Die Antragsbefugnis der BaFin ist in § 134 Abs. 5 S. 2 VAG geregelt. Danach kann die BaFin den Antrag stellen, wenn Versicherungsunternehmen, die einen wesentlichen Anteil am Markt oder an den betroffenen Geschäftsbereichen ausmachen, aller Voraussicht nach eine der in § 134 Abs. 3 VAG genannten Bedingungen nicht erfüllen werden. Die einzelnen Voraussetzungen der Antragsbefugnis sind auslegungsbedürftig. 47

Mit Blick darauf, dass die Antragsbefugnis für die Feststellung des Vorliegens außergewöhnlicher widriger Umstände bei den Aufsichtsbehörden der Mitgliedsstaaten liegt, liegt nahe, dementsprechend in Ansehung des **sachlich relevanten Marktes** auf den mitgliedsstaatlichen Versicherungsmarkt und nicht auf den europäischen Versicherungsbinnenmarkt abzustellen. Ansonsten drohte die Antragsbefugnis der mitgliedsstaatlichen Aufsichtsbehörden gerade in kleinen EU-/EWR-Staaten leer zu laufen, weil die dort ansässigen Versicherungsunternehmen zumeist keinen nennenswerten Anteil am europäischen Versicherungsbinnenmarkt haben werden. 48

Sodann stellt sich die Frage, unter welchen Voraussetzungen ein **wesentlicher Anteil am Versicherungsmarkt** betroffen ist, der die BaFin zum Antrag im Sinne von § 134 Abs. 5 S. 1 VAG befugt. Entsprechend den Vorgaben des Art. 138 Abs. 4 der Solva II-RL hat der Gesetzgeber insoweit darauf verzichtet, fixe Marktanteilsschwellen vorzugeben. Auch verhalten sich die EIOPA-Leitlinien und -Konsultationspapiere dazu nicht. Dies eröffnet der BaFin **Beurteilungsspielräume**. Dabei wird zu beachten sein, dass die Wesentlichkeitsschwelle nicht zu hoch angesetzt wird. Dies insbesondere um ggf einen Antrag bei EIOPA stellen zu können, wenn („nur") eine Vielzahl kleiner und mittelständischer Versicherungsunternehmen erwartungsgemäß nicht binnen der gemäß § 134 Abs. 3 VAG auf maximal neun Monate verlängerbaren Sanierungsfrist die Solvabilitätskapitalanforderung wiederbedecken wird. Exemplarisch vom deutschen Lebensversicherungsmarkt ausgehend, bei dem lediglich die ersten drei Lebensversicherungsunternehmen Marktanteile von mehr als 5 % haben, kann dies Anlass sein, von 49

[49] S. oben bei Rn. 25.

aufsichtsbehördlicher Seite aus einen wesentlichen Marktanteil im Sinne von § 134 Abs. 5 S. 2 VAG bereits dann anzunehmen, wenn kumuliert 10 – 15 % des Marktes betroffen sind.

50 Zu klären bleibt zudem der **Begriff des „Geschäftsbereiches"**, an den die Antragsbefugnis ebenfalls geknüpft ist. Im Sinne einer richtlinienkonformen Auslegung ist davon auszugehen, dass der in Art. 138 Abs. 4 Solva II-RL verwendete Begriff der „Geschäftsbereiche" diejenigen Geschäftsbereiche meint, die gemäß Art. 86 Abs. 1 lit. I der Solva II-RL iVm Art. 55 DVO in deren Anhang 1 aufgelistet sind. Damit wird in der Sache letztlich zum Ausdruck gebracht, dass auf die **(Teil-)Märkte in den jeweiligen Sparten** abzustellen ist, etwa auf den Markt in der Kraftfahrzeug-Haftpflichtversicherung, der Rechtsschutzversicherung, der Lebensversicherung oder der Kredit- und Kautionsversicherung. Mit Blick darauf, dass sich die Geschäftsbereiche i. S. v. Anhang 1 DVO nicht exakt mit den Sparten im Sinne von Anlage 1 zum VAG decken, wäre hier eine weitere Klarstellung von gesetzgeberischer Seite im Sinne der Rechtssicherheit wünschenswert gewesen.

51 Schlicht umständlich ist schließlich die Formulierung in § 134 Abs. 5 S. 2 VAG, wonach die betroffenen Versicherungsunternehmen, die einen wesentlichen Anteil am Markt ausmachen müssen, aller Voraussicht nach – dies liegt im Ermessen der BaFin – **eine der in Abs. 3 genannten Bedingungen nicht erfüllen** werden. Damit ist nach Sinn und Zweck der Vorschrift letztlich nichts anderes gemeint, als dass die betroffenen Versicherungsunternehmen nach Einschätzung der BaFin nicht in der Lage sein werden, binnen der auf maximal neun Monate verlängerbaren Sanierungsfrist des § 134 Abs. 3 VAG die Solvabilitätskapitalanforderung wieder zu bedecken.

52 **VII. Quartalsweise Fortschrittsberichtserstattung (Abs. 6).** Mit Blick darauf, dass sich die Fristverlängerung im Falle der Feststellung außergewöhnlicher widriger Umstände auf maximal sieben Jahre erstrecken kann, ordnet § 134 Abs. 6 S. 1 VAG eine quartalsweise, periodische Fortschrittsberichterstattung der betroffenen Versicherungsunternehmen an. Da eine **Fortschrittsberichterstattung in § 134 Abs. 3 VAG in den ersten neun Monaten der Sanierungsfrist nicht vorgesehen** ist, ist mithin im Falle des § 134 Abs. 4 S. 1 VAG der erste Fortschrittsbericht zum Ende des 12. Monats der Sanierungsfrist vorzulegen. Was den Inhalt des Fortschrittsberichts anbelangt, so sind in diesem die ergriffenen Sanierungsmaßnahmen, mittels derer Solvabilitätskapitalanforderungen wieder bedeckt werden sollen, sowie der jeweils hierbei erzielte Fortschritt darzustellen.

53 Geht aus dem Fortschrittsbericht hervor, dass zwischen dem Zeitpunkt der Feststellung der Nichtbedeckung der Solvabilitätskapitalanforderung und dem der Übermittlung des Fortschrittsberichts kein wesentlicher Fortschritt hinsichtlich der Wiederbedeckung der Solvabilitätskapitalanforderung stattgefunden hat, hat die BaFin die nach § 134 Abs. 4 S. 1 VAG gewährte Fristverlängerung zu widerrufen. Nach dem eindeutigen Gesetzeswortlaut kommt der BaFin hierbei kein Ermessensspielraum zu. Es handelt sich vielmehr um eine **gebundene Entscheidung**.

54 Gesteigerte praktische Bedeutung kommt daher der Frage zu, unter welchen **Voraussetzungen** ein vorgelegter Fortschrittsbericht **„keinen wesentlichen Fortschritt"** hinsichtlich der Wiederbedeckung der Solvabilitätskapitalanforderung offenbart. Aufschlussreich ist insoweit die Entwurfsbegründung, wonach für einen Fortschritt hinsichtlich der Wiederbedeckung der Solvabilitätskapitalanforderung „die Veränderung der Solvabilitätssituation" das maßgebende Kriterium ist.[50] Dementsprechend hat die BaFin für die Beurteilung der Frage, ob ein Versicherungsunternehmen mit seiner Sanierungsplanung im Soll ist, bei der Auswertung der Fortschrittsberichte die Entwicklung der Solvenzquote[51] in den Blick zu nehmen. In der Tat wird die Entwicklung der Solvenzquote regelmäßig Aufschluss darüber geben, wie wahrscheinlich es ist, ob das betreffende Versicherungsunternehmen seinen Sanierungsplan noch erfüllen wird, der zur Wiederbedeckung der Solvabilitätskapitalanforderung führt.[52] Aufgrund der Volatilität der Solvabilitätskapitalanforderung als solcher und der Solvenzquote verbieten sich gleichwohl einzelfallübergreifende und schematische Betrachtungen. So kann etwa ein unvorhergesehener Einbruch an den Kapitalmärkten gerade im Lebensversicherungsbereich dazu führen, dass sich die Solvenzquote kurzfristig verschlechtert (und die Verschlechterung im Fortschrittsbericht angegeben und erläutert wird). Ein solcher kurzfristiger Ausschlag hinsichtlich der Entwicklung der Solvabilitätsquote nach unten rechtfertigt daher keinesfalls per se die Annahme, dass kein wesentlicher Fortschritt hinsichtlich der Wiederherstellung der Einhaltung der Solvabilitätskapitalanforderung stattgefunden hat und kann nicht reflexartig zum Widerruf der Fristverlängerung führen. Vielmehr wird ergänzend in den Blick zu nehmen sein, welche Gegensteuerungsmaßnahmen das betreffende Versicherungsunternehmen ergriffen hat und ob sich der kurzfristige Ausschlag der Solvenzquote nach unten ebenso schnell, wie er aufgetreten ist, wieder nach oben korrigieren wird, so dass die notwendige Wahrscheinlichkeit der Erfüllung des Sanierungsplans nach wie vor gegeben ist.

---

[50] BT-Drs. 18/2956, 270.
[51] S. bei § 132 Rn. 13.
[52] EIOPA, Leitlinie für die Verlängerung der Frist für die Wiederherstellung gesunder Finanzverhältnisse im Falle außergewöhnlicher widriger Umstände (EIOPA-BoS-15/108 v. 14.9.2015), Leitlinie 9, Rn. 1.25.

VIII. Anhaltspunkte für weitere Verschlechterung der Solvabilität (Abs. 7). Bei § 134 Abs. 7 55
VAG handelt es sich um eine spezielle Eingriffsbefugnis der BaFin noch auf der zweiten Stufe der Aufsichtsleiter.[53] Liegen Tatsachen vor, die die Annahme rechtfertigen, dass sich die Solvabilität – die sich bereits auf einem **Niveau unterhalb der Bedeckung der Solvabilitätskapitalanforderung** befindet – weiter verschlechtern wird, kann die BaFin die freie Verfügung über die Vermögenswerte des betreffenden Versicherungsunternehmens einschränken oder untersagen.[54] Unklar bleibt nach dem Gesetzeswortlaut, welcher Gefährdungsgrad hinsichtlich einer weiteren Verschlechterung der Solvabilität zu verlangen ist, um die weitergehenden Eingriffsbefugnisse der BaFin auszulösen. Im Sinne einer rechtssystematischen Auslegung spricht viel dafür, auch im Rahmen des § 134 Abs. 7 VAG, letztlich wie bei § 132 Abs. 2 VAG und bei § 134 Abs. 1, 2. Fall VAG eine Gefahrenprognose zu verlangen, nach der sich bei ungehindertem Ablauf des objektiv zu erwartenden Geschehens mit hinreichender Wahrscheinlichkeit eine weitere Verschlechterung der Solvabilität einstellt. Mit Blick darauf, dass Art. 138 Abs. 5 S. 1 der Solva II-RL hinsichtlich des behördlichen Verfügungsverbotes klarstellt, dass dieses nur unter „außergewöhnlichen Umständen" angeordnet werden darf, hat die BaFin dieses unter strikter Beachtung des Verhältnismäßigkeitsgrundsatzes restriktiv anzuwenden. Unverständlich ist freilich, warum der nationale Gesetzgeber diese Einschränkung nicht bei der Umsetzung der Richtlinie unmittelbar in den Wortlaut des § 147 Abs. 7 VAG übernommen hat. Hinsichtlich der Rechtsnatur des Verfügungsverbotes gilt das zu § 133 Abs. 1 VAG Gesagte.[55]

IX. Unterrichtungspflicht der BaFin bei grenzüberschreitendem Versicherungsgeschäft. 56
Hat die BaFin ein behördliches Verfügungsverbot i. S. v. § 134 Abs. 7 VAG erlassen, hat sie die Aufsichtsbehörden der EU-/EWR-Staaten, in denen das betreffende Unternehmen im Wege des Niederlassungs- oder freien Dienstleistungsverkehrs tätig ist, zu unterrichten. Ob die BaFin diese Tätigkeitsleitbehörde ersucht, die gleichen Maßnahmen zu treffen, liegt in ihrem Ermessen. Im Falle eines solchen Ersuchens hat sie die betreffenden Vermögenswerte, auf die sich die Maßnahme beziehen soll, näher zu bezeichnen. Insoweit gilt das zu § 133 Abs. 3 VAG Gesagte.[56] Eine spiegelbildliche Regelung enthält im Übrigen § 326 Abs. 3 VAG für den Fall, dass die BaFin selbst Tätigkeitsleitbehörde ist.

X. Verhältnis zu anderen Vorschriften. 1. Verhältnis zur Generalklausel des § 298 VAG. Mit 57
Blick darauf, dass § 134 VAG abgesehen von der besonderen Eskalationsstufe des § 134 Abs. 7 VAG der BaFin über die Genehmigung des Sanierungsplans hinaus keine weiteren Eingriffsbefugnisse zubilligt, spricht viel dafür, dass die **aufsichtsrechtliche Generalklausel des § 298 Abs. 1 VAG auf der zweiten Stufe der Aufsichtsleiter gesperrt** ist.[57] Denn könnte die BaFin gestützt auf die Generalklausel weitergehende Maßnahmen erlassen, die an der Solvabilitätssituation ansetzen und darauf abzielen, diese zu verbessern, würde die im Gesetz angelegte Systematik, wonach die Intensität der aufsichtsbehördlichen Eingriffsbefugnisse von Stufe zu Stufe der Aufsichtsleiter zunimmt, verwässert.[58] Danach sollen der Aufsichtsbehörde erst auf dritter Stufe generalklauselartige Eingriffsbefugnisse zukommen. Dies folgt aus § 137 VAG, der die BaFin zum Erlass „aller Maßnahmen" (freilich bei Berücksichtigung des Verhältnismäßigkeitsgrundsatzes) zur Beseitigung des Missstands einer fortschreitenden Verschlechterung der Solvabilität unterhalb des Niveaus der Solvabilitätskapitalanforderung befugt. Dazu stünde es in Widerspruch, wenn die BaFin bereits auf zweiter Stufe der Aufsichtsleiter, für die § 134 VAG eine entsprechende Eingriffsbefugnis nicht anordnet, gestützt auf die Generalklausel, „alle Maßnahmen" zur Verbesserung der Solvabilitätssituation ergreifen könnte. Dafür lässt sich auch das Sicherheitsniveau der Solvabilitätskapitalanforderung anführen, die so kalibriert ist, dass statistisch betrachtet 99,5 % aller Versicherungsunternehmen, bei denen das SCR zu 100 % gedeckt ist, im Berechnungsjahr vor einer Insolvenz geschützt sind. Aufgrund des hohen Konfidenzniveaus billigt der Gesetzgeber der BaFin weitere Eingriffsmaßnahmen ausweislich § 134 Abs. 7 VAG erst dann zu, wenn Annahmen vorhanden sind, die eine weitere Verschlechterung der Solvabilität drohen lassen und nicht bereits dann, wenn die Solvabilitätskapitalanforderung unterdeckt ist. Dabei ist nicht zu verkennen, dass die aufsichtsbehördlichen Eingriffsbefugnisse nach § 134 Abs. 7 VAG auf Verfügungsbeschränkungen oder -verbote be-

[53] S. oben Rn. 2.

[54] Wie in § 132 Abs. 2 VAG stellt der Gesetzeswortlaut auch im Falle des § 134 Abs. 7 VAG auf eine Verschlechterung der finanziellen Lage und nicht ausdrücklich auf eine Verschlechterung der Solvabilitätssituation ab. Gleichwohl ist – wie im Rahmen des § 132 Abs. 2 VAG – auch insoweit allein eine Verschlechterung der Solvabilität gemeint, siehe § 132 Rn. 8.

[55] S. § 133 Rn. 9 ff.

[56] S. § 133 Rn. 12 ff.

[57] Eingehend *Sehrbrock*, Die „Aufsichtsleiter" für Versicherungsunternehmen in kritischen Solvabilitätssituationen, 2016, S. 185 ff., der die aufsichtsbehördlichen Eingriffsbefugnisse im Sinne eines „Konzepts zur beaufsichtigten Selbsthilfe" versteht.

[58] Davon unberührt bleibt freilich die Befugnis der BaFin, andere Eingriffsmaßnahmen zu erlassen und diese auf die Generalklausel des § 298 VAG zu stützen, wenn diese nicht die Solvabilitätssituation als Bezugspunkt haben, sondern etwa Mängel im Bereich des Risikomanagement, des ORSA, Zweifel hinsichtlich der fachlichen Eignung von Organmitgliedern oder Schlüsselfunktionsträgern, etc., s. dazu § 132 Rn. 27.

schränkt sind und der BaFin keine vergleichbare Bandbreite an Maßnahmen eröffnen, wie sie im Fall des § 137 Abs. 1 VAG auf der dritten Stufe der Aufsichtsleiter gegeben ist.

58 **2. Verhältnis zu Berichtspflichten nach den §§ 40, 42 VAG.** Eine **wesentliche Nichteinhaltung der Solvabilitätskapitalanforderung** ist gemäß § 40 Abs. 5 VAG im Bericht über Solvabilität und Finanzlage zu **veröffentlichen**, unter Angabe des maximalen Betrages der Nichteinhaltung, der Gründe und Folgen der Nichteinhaltung und unter Darstellung der ergriffenen und geplanten Abhilfemaßnahmen.[59] Diese Veröffentlichungspflicht ist im Kontext des § 134 VAG namentlich insoweit zu beachten, als sie die Auswahl der Sanierungsmaßnahmen beeinflussen mag.[60] Mit Blick darauf, dass eine derartige Veröffentlichung durchaus **mediale Aufmerksamkeit** erlangen kann und dadurch insbesondere **nachteilige Auswirkungen auf die Reputation und das Neugeschäft** des betreffenden Versicherungsunternehmens haben kann, kann die Veröffentlichungspflicht z. B. dazu führen, dass – auch aufgrund eines konzernpolitischen Interesses – eher ein Eigenmittelzuschluss seitens der Konzernspitze als Mehrheits- oder Alleinaktionärs des betreffenden Versicherungsunternehmens als Sanierungsmaßnahme gewählt wird. Dies, um der Öffentlichkeit zu demonstrieren, dass der Konzern das betreffende Versicherungsunternehmen stützt, seine finanzielle Robustheit (partiell) wiederherstellt und damit sicherstellt, dass die Erfüllbarkeit der Verpflichtungen gegenüber dem Versicherungsnehmer nicht gefährdet ist. Gleichzeitig kann die Erwartung negativer Presseberichterstattung Auswirkungen auf die Vornahme oder die Sinnhaftigkeit von Änderungen am Produktdesign für das Neugeschäft haben.

59 Verwiesen sei weiter auf die **unterjährliche Aktualisierungspflicht** des Berichts über Solvabilität und Finanzlage nach § 42 Abs. 1 S. 2 Nr. 2 VAG, die jedoch nur dann besteht, wenn das betreffende Versicherungsunternehmen der BaFin binnen der zweimonatigen Vorlagefrist des § 134 Abs. 2 VAG keinen realistischen Sanierungsplan vorgelegt hat.

60 **3. Verhältnis zu § 332 Abs. 1 Nr. 6, Abs. 5 VAG.** Was die Bußgeldvorschriften in Teil 7 des VAG anbelangt, ist hervorzuheben, dass nach § 332 Abs. 1 Nr. 6 VAG ordnungswidrig handelt, wer entgegen § 134 Abs. 1 VAG eine Unterrichtung der BaFin nicht, nicht richtig oder nicht rechtzeitig vornimmt. Die Ordnungswidrigkeit kann mit einer **Geldbuße von bis zu 50.000 EUR** geahndet werden (§ 332 Abs. 5 VAG). Adressat ist der Vorstand des betreffenden Versicherungsunternehmens, der die Anzeige an die BaFin hinsichtlich des Drohens einer Nichteinhaltung der Solvabilitätskapitalanforderung oder der bereits eingetretenen Nichteinhaltung vorzunehmen hat.[61] Dabei ist zu beachten, dass ein Ordnungsgeldverfahren gegen ein Vorstandsmitglied, dass (vermeintlich) Pflichten aus § 134 Abs. 1 VAG verletzt haben soll, von vorneherein nur dann im Einzelfall Zweifel hinsichtlich der Fit & Proper-Anforderungen begründen kann, wenn der entsprechende Tatbestand verfassungsrechtlich hinreichend bestimmt ist, objektiv und subjektiv vorwerfbar verwirklicht wurde und die vorwerfbare Handlung mit einer Geldbuße ahndungsbedürftig ist. Darüber hinaus setzt die Einleitung eines Ordnungswidrigkeitsverfahrens in formeller Hinsicht voraus, dass die BaFin zuvor ihrer Betreuungs- und Aufklärungspflicht nach § 25 Abs. 1 VwVfG genügt und dem betreffenden VU Gelegenheit zur Nachbesserung eingeräumt hat. Letzteres lässt sich mit einer Parallelwertung zu der am 27.6.2017 in Kraft getretenen insolvenzrechtlichen Vorschrift des § 15a InsO begründen. Mit Einführung der Norm hat der Gesetzgeber der Ausweitung einer Sanktionierung wegen eines nicht richtig gestellten Eröffnungsantrags explizit entgegengewirkt und deutlich gemacht, dass dem Insolvenzschuldner eine Chance zur Nachbesserung seines unrichtigen und/oder unvollständigen Antrags einzuräumen ist.[62] Jedenfalls was den Vorwurf einer nicht richtigen sowie einer nicht rechtzeitigen Anzeige nach § 134 Abs. 1 VAG anbelangt, dürfte es an einer hinreichend bestimmten gesetzlichen Handlungspflicht des Vorstands fehlen. Denn der Inhalt und die Anzeigepflicht werden im formellen Gesetzesrecht nur sehr vage durch unbestimmte Rechtsbegriffe vorgegeben und erst auf untergesetzlicher Ebene durch die Auslegungsentscheidung der BaFin vom 27.7.2016 zur Unterdeckung der Solvabilitätskapitalanforderung oder der Mindestkapitalanforderung näher ausgeformt. Diese nur untergesetzliche Konkretisierung genügt den verfassungsrechtlichen Bestimmtheitsanforderungen nicht, zumal es sich bei der Auslegungsentscheidung nur um eine norminterpretierende Verwaltungsvorschrift handelt, die lediglich die Rechtsansicht der BaFin wiedergibt, ohne unmittelbare rechtliche Bindungswirkung gegenüber den beaufsichtigten Unternehmen und den in die Pflicht genommenen Vorstandsmitgliedern zu entfalten.[63]

61 **4. Verhältnis zu Übergangsmaßnahmen.** Zu klären bleibt das Verhältnis von § 134 VAG zu den Übergangsmaßnahmen im Zusammenhang mit der Umsetzung der Solva II-RL. Dies gilt zunächst mit Blick auf **§ 348 Abs. 1 VAG**. Erfüllt ein Versicherungsunternehmen abweichend von § 134 VAG die

---

[59] S. § 40 Rn. 123 ff.
[60] S. *Schaaf*, in: Dreher/Wandt, 2016, S. 99, 124 ff.
[61] S. o. Rn. 13.
[62] BT-Drs. 18/10823, 26 f.
[63] Eingehend zur Wahrung des Bestimmtheitsgebots bei der Verwendung unbestimmter Rechtsbegriffe im Ordnungswidrigkeitsverfahren *Gerhold*, in: Beck´scher Online-Kommentar OWiG, Stand 15.7.2017, § 3 Rn. 27 ff. m. w.Nachw.

Solvabilitätskapitalanforderung im Jahr 2016 nicht, wohl aber die nach dem Solvency I-Regime geforderte Solvabilitätsspanne, dann gewährt die BaFin auf Antrag Fristverlängerung bis 31.12.2017, wenn ihr ein schlüssiger Maßnahmenplan zur Erreichung der Solvabilitätskapitalanforderung innerhalb der verlängerten Frist vorgelegt wird und ihr alle drei Monate Fortschrittsberichte übermittelt werden. Die Fortschrittsberichterstattung entspricht funktionell derjenigen nach § 134 Abs. 6 VAG, zumal § 348 Abs. 2 VAG ebenfalls einen Widerruf der Fristverlängerung vorsieht, falls sich aus dem Fortschrittsbericht keine wesentlichen Fortschritte in Richtung Bedeckung der Solvabilitätskapitalanforderung ergeben. Dabei erfolgt der Nachweis, dass die Solvabilitätskapitalanforderung bis zum 31.12.2017 eingehalten ist, durch Vorlage eines Sanierungsplans, der von der BaFin zusammen mit der Fristverlängerung genehmigt wird.[64] Dabei gilt die zweimonatige Vorlagefrist des § 134 Abs. 2 VAG auch im Rahmen von § 348 VAG ab Feststellung der Unterdeckung der Solvabilitätskapitalanforderung, dh die Vorlagefrist berechnet sich nicht etwa starr ab 1.1.2016.[65] § 348 VAG kommt konsequenterweise nicht zur Anwendung, wenn die Vorlagefrist fruchtlos verstrichen ist. Nach einem Widerruf der Fristverlängerung, wenn sich anhand der Fortschrittsberichte keine wesentlichen Fortschritte ergeben, ordnet die BaFin an, wie die fortbestehende Unterdeckung schnellstmöglich zu beseitigen ist. Insoweit gilt dann § 137 VAG analog.

Zu klären bleibt weiter das Verhältnis zwischen § 134 VAG und den Vorgaben zu den Zins- und Rückstellungstransitionals der §§ 351, 352 VAG. Solange ein Versicherungsunternehmen die Transitionals in Anspruch nimmt und mit diesen Erleichterungen die Solvabilitätskapitalanforderung bedeckt, greift § 134 VAG nicht ein. Ansonsten ist die Regelung des § 353 Abs. 2 VAG für die Abgrenzung maßgebend. Stellt ein Versicherungsunternehmen fest, dass es die Solvabilitätskapitalanforderung ohne die Transitionals nicht einhalten würde, so legt es der BaFin danach binnen zwei Monaten nach Feststellung einen Sanierungsplan vor, in dem die schrittweise Einführung der Maßnahmen dargelegt wird, so dass Einhaltung der SCR am Ende der Übergangszeit wiederhergestellt ist. § 353 Abs. 3 VAG normiert für diesen Fall eine jährliche Fortschrittsberichterstattung gegenüber der BaFin. Wird aus dem Fortschrittsbericht deutlich, dass eine erneute Einhaltung der Solvabilitätskapitalanforderung am Ende des Übergangszeitraums unrealistisch ist, hat die BaFin im Wege einer gebundenen Entscheidung die Genehmigung für die Nutzung der Transitionals zu widerrufen. Nach Widerruf der Genehmigung für die Nutzung der Transitionals greift sodann § 134 VAG ein.[66] 62

Nichtbedeckung der Mindestkapitalanforderung

135 (1) **Ist die Mindestkapitalanforderung nicht mehr bedeckt oder droht dieser Fall innerhalb der nächsten drei Monate einzutreten, hat das Versicherungsunternehmen die Aufsichtsbehörde unverzüglich darüber zu unterrichten.**

(2) [1]**Innerhalb eines Monats, nachdem das Versicherungsunternehmen festgestellt hat, dass die Mindestkapitalanforderung nicht bedeckt ist, legt es der Aufsichtsbehörde einen kurzfristigen und realistischen Finanzierungsplan zur Genehmigung vor.** [2]**Dieser Plan legt dar, wie die anrechnungsfähigen Basiseigenmittel innerhalb von drei Monaten mindestens auf die Höhe des Betrags der Mindestkapitalanforderung aufgestockt werden sollen oder das Risikoprofil so gesenkt werden soll, dass die Mindestkapitalanforderung wieder bedeckt ist.**

(3) **Die Aufsichtsbehörde kann die freie Verfügung über die Vermögenswerte des Versicherungsunternehmens einschränken oder untersagen; § 133 Absatz 3 und § 134 Absatz 8 sind entsprechend anzuwenden.**

I. Allgemeines. 1. Entstehungsgeschichte. Die Regelung des § 135 VAG wurde im Zuge der 10. VAG-Novelle neu geschaffen. Sie löst die Vorgängerregelung des § 81b Abs. 2 S. 1 VAG a. F. ab, wonach die Versicherungsunternehmen auf Verlangen der BaFin dieser einen Finanzierungsplan vorzulegen hatten, wenn die Eigenmittel geringer als der Garantiefonds (§ 53c Abs. 1 S. 2 VAG a. F.) oder auf denselben nicht in dem erforderlichen Umfang anrechenbar waren. 1

2. Normzweck. § 135 VAG regelt die **vierte und höchste Stufe der Aufsichtsleiter.** Ist die Mindestkapitalanforderung unterdeckt oder droht dieser Fall binnen der nächsten drei Monate einzutreten, besteht für das betreffende Versicherungsunternehmen im Sinne einer letzten Eskalationsstufe der Vorinsolvenzphase die Gelegenheit, kurzfristig wirkende Sanierungsmaßnahmen zu ergreifen, um zunächst die Mindestkapitalanforderung und sodann die Solvabilitätskapitalanforderung wiederzubedecken.[1] Gelingt es dem Unternehmen nicht, innerhalb von drei Monaten nach Feststellung der Unter- 2

[64] BT-Drs. 18/2956, 301.
[65] BT-Drs. 18/2956, 301.
[66] BT-Drs. 18/2956, 304: „Infolge des Widerrufs der Genehmigung der Übergangsmaßnahme tritt unmittelbar eine Unterdeckung der Solvabilitätskapitalanforderung ein. Für die Wiederherstellung der Bedeckung gilt dann § 134 VAG mit seiner kurzen Wiederherstellungsfrist von sechs bzw. neun Monaten."
[1] Die Entwurfsbegründung (BT-Drs. 18/2956, 228) spricht von einer „letzten aufsichtsrechtlichen Eingriffsschwelle, bevor dem Versicherungsunternehmen die Zulassung entzogen wird".

deckung den genehmigten Finanzierungsplan zur Wiederbedeckung der Mindestkapitalanforderung zu erfüllen, sieht § 304 Abs. 1 S. 1 VAG zwingend den **Widerruf der Erlaubnis** seitens der BaFin vor. Hintergrund dafür ist, dass die Höhe der Mindestkapitalanforderung lediglich auf zwischen 25 % und 45 % der Solvabilitätskapitalanforderung kalibriert ist.[2] Daher beträgt die Wahrscheinlichkeit, dass das Unternehmen innerhalb eines Jahres nicht insolvent wird, bei einer Bedeckung in Höhe der Mindestkapitalanforderung nur noch 85 %.[3] Dementsprechend geht die Entwurfsbegründung davon aus, dass die Interessen der Versicherungsnehmer ernsthaft gefährdet wären, wenn das betreffende Versicherungsunternehmen seine Geschäftstätigkeit bei Unterdeckung der Mindestkapitalanforderung fortsetzte.[4] Diese Erwartung rechtfertigt auch die **Verkürzung der Sanierungsfrist** auf drei Monate ab Feststellung der Nichtbedeckung der Mindestkapitalanforderung gemäß § 135 Abs. 1 VAG gegenüber der sechsmonatigen Sanierungsfrist des § 134 Abs. 3 S. 1 VAG bei Unterdeckung der Solvabilitätskapitalanforderung.

3 **3. Europarechtlicher Hintergrund.** § 135 VAG setzt Art. 139 der Solva II-RL um.

4 **II. (Drohende) Nichtbedeckung der Mindestkapitalanforderung (Abs. 1).** § 135 Abs. 1 VAG begründet eine unverzügliche Anzeigepflicht der Versicherungsunternehmen für den Fall, dass entweder eine Unterdeckung der Mindestkapitalanforderung innerhalb der nächsten drei Monate droht oder eine solche bereits eingetreten ist. Die Anzeigepflicht ist eng an diejenige des § 134 Abs. 1 VAG angelehnt.

5 Folglich gelten die dort dargestellten Anforderungen an ein „Drohen" einer Unterdeckung der Solvabilitätskapitalanforderung entsprechend. Auch im Fall des § 135 Abs. 1 VAG ist mithin für ein **Drohen** im Sinne der Vorschrift zu verlangen, dass eine Nichteinhaltung der Mindestkapitalanforderung bei ungehindertem Ablauf des objektiv zu erwartenden Geschehens mit hinreichender Wahrscheinlichkeit eintreten wird.[5]

6 Hinsichtlich des zeitlichen Erfordernisses einer unverzüglichen Anzeige auch gegenüber der BaFin legt der Gesetzeswortlaut des § 135 Abs. 1 VAG an sich einen Gleichlauf mit § 134 Abs. 1 VAG nahe. Indes will die BaFin in der Auslegungsentscheidung vom 27.7.2016 differenzieren. Während die BaFin im Fall des § 134 Abs. 1 VAG für die Unverzüglichkeit eine Anzeige binnen fünf Arbeitstagen verlangt, fordert sie im Fall des § 135 Abs. 1 VAG eine Anzeige innerhalb einer Frist von lediglich **drei Arbeitstagen**.[6] Zwar lässt sich eine derartige Staffelung über eine teleologische Auslegung angesichts der gesteigerten Bedrohlichkeit der Unternehmenssituation im Falle des Drohens der Unterdeckung der Mindestkapitalanforderung bzw. erst recht im Fall der bereits eingetretenen Unterdeckung rechtfertigen. Auch mag eine Anzeigepflicht binnen drei Arbeitstagen im Regelfall sachgerecht erscheinen. Jedoch ist nicht zu verkennen, dass der Gesetzgeber bewusst auf die Angabe einer starren Anzeigefrist verzichtet, sondern stattdessen den unbestimmten Rechtsbegriff der Unverzüglichkeit gewählt hat. Mithin bleibt es auch im Rahmen des § 135 Abs. 1 VAG dabei, dass **einzelfallabhängig** zu beurteilen ist, ob die Anzeige ohne schuldhaftes Zögern erfolgt ist oder nicht. Relevanz hat dies nicht zuletzt für die Verwirklichung des Ordnungswidrigkeitstatbestandes in § 332 Abs. 3 Nr. 4, Abs. 5 VAG, wonach die nicht rechtzeitige Anzeige nach § 135 Abs. 1 VAG mit einer Geldbuße von bis zu 50.000 EUR bewährt ist. Dieser ist – da es eben einer einzelfallabhängigen Prüfung bedarf – nicht per se verwirklicht, wenn die Anzeige, dass eine Unterdeckung der Mindestkapitalanforderung droht oder bereits eingetreten ist, z. B. erst am vierten Arbeitstag bei der BaFin eingegangen ist. In besonderem Maße gilt dies für die Anzeige eines bloßen Drohens der Unterdeckung der Mindestkapitalanforderung (vgl. § 134 Rn. 60).

7 Zum **Inhalt der Anzeige** nach § 135 Abs. 1 VAG verhält sich das Gesetz nicht, wohl aber die Auslegungsentscheidung der BaFin vom 27.7.2016. Danach verlangt die BaFin, dass jede Anzeige über eine bereits eingetretene Unterdeckung der Mindestkapitalanforderung Angaben

– zum Zeitpunkt der Feststellung der Unterdeckung und dazu wie das Unternehmen auf die Unterdeckung aufmerksam geworden ist,
– dazu, wie lange die Unterdeckung wahrscheinlich schon besteht,
– zur Höhe der Unterdeckung sowie
– zu den bereits eingeleiteten Maßnahmen, sofern bereits Gegenmaßnahmen ergriffen wurden,

zu enthalten hat.[7] Besondere Bedeutung kommt naturgemäß der **Angabe des Zeitpunktes der Feststellung der Unterdeckung** zu, da davon sowohl die Berechnung der einmonatigen Vorlagefrist

[2] Art. 129 Abs. 3 Solva II-RL.
[3] Art. 129 Abs. 1 lit. c Solva II-RL.
[4] BT-Drs. 18/2956, 228. Vgl. auch IAIS, Glossary, September 2011, S. 10, wo das Konfidenzniveau der Mindestkapitalanforderung wie folgt umschrieben wird: „The level of solvency at which, if breached, the supervisor would invoke its strongest actions, in the absence of appropriate corrective action by the insurer" (International Association of Insurance Supervisors, Glossary, September 2011, S. 10).
[5] S. § 134 Rn. 6 ff.
[6] BaFin, Auslegungsentscheidung zur Unterdeckung der Solvabilitätskapitalanforderung oder der Mindestkapitalanforderung v. 27.7.2016, Rn. 3.
[7] BaFin, Auslegungsentscheidung zur Unterdeckung der Solvabilitätskapitalanforderung oder der Mindestkapitalanforderung v. 27.7.2016, Rn. 8.

für den Finanzierungsplan als auch der dreimonatigen Sanierungsfrist des § 135 Abs. 2 VAG abhängt. Weiter stellt die Auslegungsentscheidung klar, dass ein Versicherungsunternehmen, soweit es einzelne der og Angaben noch nicht erteilen kann (in der Praxis wird dies namentlich Gegensteuerungsmaßnahmen betreffen, die noch nicht beschlossen bzw. ergriffen sind), diese unverzüglich nachzuholen hat, wobei die unverzügliche Meldung an die Aufsichtsbehörde nicht verzögert werden darf, weil noch Informationen fehlen.[8]

Für den ebenfalls eine Anzeigepflicht nach § 135 Abs. 1 VAG auslösenden Tatbestand des Drohens einer Unterdeckung der Mindestkapitalanforderung verlangt die BaFin in der Auslegungsentscheidung vom 27.7.2016, hinsichtlich des Inhaltes der Anzeige die Angabe des Zeitpunktes der Feststellung der drohenden Unterdeckung (relevant für § 332 Abs. 3 Nr. 4 VAG), des Zeitpunktes ihres voraussichtlichen Eintritts sowie der potentiellen Höhe der Unterdeckung.[9] 8

Zur Erfüllung der Pflicht einer unverzüglichen Anzeige – dies gilt für beide Fälle des § 135 Abs. 1 VAG gleichermaßen – reichen ein Anruf oder ein Fax bei dem zuständigen Aufseher bzw. eine E-Mail an das Postfach des zuständigen Referats aus; die außerdem umgehend vorzunehmende postalische Mitteilung kann später eingehen.[10] Wie in den Fällen der §§ 132 Abs. 2, 134 Abs. 1 VAG hat auch die **Anzeige** nach § 135 Abs. 1 VAG **durch den Vorstand** zu erfolgen. 9

III. Vorlage eines Finanzierungsplans bei Unterdeckung der Mindestkapitalanforderung (Abs. 2). Im Fall der Unterdeckung der Mindestkapitalanforderung – nicht bei einem Drohen der Unterdeckung innerhalb der nächsten drei Monate – hat das betreffende Versicherungsunternehmen binnen einer Vorlagefrist von einem Monat ab Feststellung der Unterdeckung einen kurzfristigen, realistischen Finanzierungsplan vorzulegen. Wie im Rahmen des § 134 Abs. 2 VAG ist die **Vorlagefrist** auch bei Unterdeckung der Mindestkapitalanforderung **nicht verlängerbar**. Genehmigungsfähig ist ein Finanzierungsplan nur dann, wenn er innerhalb der einmonatigen Vorlagefrist vorgelegt wird, auch ggf. erforderliche Nachbesserungen des Planes um Genehmigungshindernisse auszuräumen, sind nur innerhalb dieser Fristen möglich.[11] 10

Bedeutsam ist das **Verhältnis zwischen Finanzierungs- und Sanierungsplanung**. Wie einleitend ausgeführt,[12] lässt das Erreichen einer höheren Eskalationsstufe der Aufsichtsleiter die Mechanismen und Maßnahmen der niedrigeren Stufen unberührt. Dh für den Regelfall, in dem ein Versicherungsunternehmen erst die zweite Stufe der Aufsichtsleiter in Form einer Unterdeckung der Solvabilitätskapitalanforderung erreicht und erst danach – in Fortsetzung des Abwärtstrends – die dritte und vierte Stufe der Nichtbedeckung der Mindestkapitalanforderung, entbindet die nach § 135 Abs. 2 VAG einsetzende dreimonatige Finanzierungsplanung das Unternehmen nicht davon, seinen Sanierungsplan im Sinne von § 134 Abs. Abs. 2 VAG einzuhalten. Allenfalls kann die Sanierungsfrist im Rahmen des Zulässigen nach § 134 Abs. 3 S. 2, Abs. 4 VAG verlängert werden. Mithin lebt die sechsmonatige Sanierungsfrist des § 134 Abs. 3 S. 1 VAG nicht etwa nach Erfüllung des Finanzierungsplans und Wiederbedeckung der Mindestkapitalanforderung neu auf. Dies stellt die BaFin in der Auslegungsentscheidung vom 27.7.2016 klar, indem sie darauf hinweist, dass dann, wenn sowohl eine Unterdeckung der Solvabilitätskapitalanforderung als auch eine Unterdeckung der Mindestkapitalanforderung vorliegt, die Fristen für beide Ereignisse unabhängig voneinander ab dem Zeitpunkt der Feststellung der jeweiligen Unterdeckung laufen.[13] Gleiches gilt in dem (Ausnahme-)Fall, dass die Stufen der Aufsichtsleiter nicht nacheinander erreicht werden, sondern dass, etwa im Falle extremer Kapitalmarktbewegungen, „in einem Rutsch" die ersten vier Stufen der Aufsichtsleiter genommen werden und unmittelbar eine Unterdeckung der Mindestkapitalanforderung festgestellt wird. 11

1. Dreimonatige Sanierungsfrist. Die **Sanierungsfrist** beträgt im Fall der Unterdeckung der Mindestkapitalanforderung drei Monate. Eine richtlinienkonforme Auslegung des § 135 Abs. 2 VAG im Lichte des Art. 139 Abs. 2 der Solva II-RL ergibt dabei, dass die Mindestkapitalanforderung binnen **drei Monaten ab Feststellung der Unterdeckung** wiederbedeckt sein muss. Dem Gesetzeswortlaut des § 135 Abs. 2 VAG selbst lässt sich dies nicht in wünschenswerter Klarheit entnehmen. 12

Da eine § 134 Abs. 3 S. 2 VAG entsprechende Regelung in § 135 VAG fehlt, ist die **Sanierungsfrist** im Rahmen der vierten Stufe der Aufsichtsleiter **nicht verlängerbar**. Damit hat der Gesetzgeber – freilich europarechtlich vorgegeben – gegenüber der bisherigen Rechtslage auf Grundlage des § 81b Abs. 2 VAG a. F. eine **empfindliche Fristenverschärfung** normiert. Denn die Vorgängerregelung des 13

[8] BaFin, Auslegungsentscheidung zur Unterdeckung der Solvabilitätskapitalanforderung oder der Mindestkapitalanforderung v. 27.7.2016, Rn. 8.

[9] BaFin, Auslegungsentscheidung zur Unterdeckung der Solvabilitätskapitalanforderung oder der Mindestkapitalanforderung v. 27.7.2016, Rn. 4.

[10] BaFin, Auslegungsentscheidung zur Unterdeckung der Solvabilitätskapitalanforderung oder der Mindestkapitalanforderung v. 27.7.2016, Rn. 3.

[11] BaFin, Auslegungsentscheidung zur Unterdeckung der Solvabilitätskapitalanforderung oder der Mindestkapitalanforderung v. 27.7.2016, Rn. 9.

[12] Vor § 132 Rn. 2.

[13] BaFin, Auslegungsentscheidung zur Unterdeckung der Solvabilitätskapitalanforderung oder der Mindestkapitalanforderung v. 27.7.2016, Rn. 10.

§ 81b Abs. 2 VAG a. F. sah keine starren Fristen für die Wiederbedeckung des Garantiefonds vor, sondern verlangte nur die Vorlage eines „kurzfristigen" Finanzierungsplans.[14] Die BaFin bestimmte die ihr als verhältnismäßig erscheinende Sanierungsfrist bislang mithin einzelfallabhängig.[15] Insofern kam der Vorgabe eines „kurzfristigen" Finanzierungsplans in § 81b Abs. 2 VAG a. F. noch eigenständige Bedeutung zu. Dies hat sich insofern geändert, als § 135 Abs. 2 S. 2 VAG n. F. nunmehr eine starre Sanierungsfrist von drei Monaten ab Feststellung der Unterdeckung der Mindestkapitalanforderung normiert. Deshalb kommt dem Merkmal der Kurzfristigkeit im Rahmen des § 135 Abs. 2 S. 2 VAG kein eigenständiger Regelungsgehalt mehr zu.[16] Dass der Gesetzgeber an dem Begriff festgehalten hat, ist im Übrigen auch nicht im Sinne eines partiellen Erhalts der bisherigen Regelung des § 81b Abs. 2 S. 2 VAG a. F. zu sehen, sondern allein durch die Umsetzung des Art. 139 Abs. 2 der Solva II-RL motiviert, der – obwohl mit Blick auf die Kürze der Sanierungsfrist an sich überflüssig – ebenfalls einen „kurzfristigen" Finanzierungsplan verlangt.

14 Naturgemäß engt die empfindliche Fristenverschärfung die betreffenden Versicherungsunternehmen bei der Auswahl der in den Finanzierungsplan aufzunehmenden Sanierungsmaßnahmen ganz erheblich ein. Bereits in Bezug auf die sechsmonatige Sanierungsfrist des § 134 Abs. 3 S. 1 VAG hat ein Überblick über die grundsätzlich zur Verfügung stehenden Sanierungsmaßnahmen,[17] die gleichermaßen im Rahmen der Finanzierungsplanung in Erwägung zu ziehen sind ergeben, dass ein beträchtlicher Teil der grundsätzlich in Betracht kommenden Sanierungsmaßnahmen zur Aufstockung der Eigenmittel und/oder zur Senkung des Risikoprofils erwartungsgemäß nicht derart kurzfristig wirken wird, dass die Unterdeckung der Solvabilitätskapitalanforderung binnen sechs Monaten ab Feststellung geheilt wird. Im Rahmen der Finanzierungsplanung gemäß § 135 Abs. 2 VAG gilt dies freilich umso mehr. Das **Angebot an effektiv wirkenden Sanierungsmaßnahmen verknappt sich** zum einen aufgrund der mit nur drei Monaten erheblich kürzeren Sanierungsfrist. Zum anderen kommt hinzu, dass in Bezug auf Sanierungsmaßnahmen, die an der Eigenmittelseite ansetzen, die Spielräume insofern enger sind, als die Mindestkapitalanforderung ausweislich § 95 VAG nur durch Eigenmittel der Qualitätsklassen 1 und 2 bedeckt werden kann. Dabei muss mindestens die Hälfte der Mindestkapitalanforderung durch Eigenmittel der Qualitätsklasse 1 bedeckt sein. Als Sanierungsmaßnahmen in Betracht kommen daher in erster Linie Finanzspritzen in Form von Eigenmittelzuschüssen seitens des Mehrheits- oder Alleinaktionärs, ggf. auch Nachrangdarlehen oder -anleihen, die die Standards der Qualitätsklasse 2 erfüllen.[18]

15 **IV. Einschränkung der freien Verfügung über Vermögenswerte (Abs. 3).** § 135 Abs. 3 VAG befugt die BaFin, die Verfügung über die Vermögenswerte einzuschränken oder zu untersagen. Die Vorschrift ist systematisch im **Zusammenhang mit §§ 133 Abs. 1, 3; 134 Abs. 7, 8 VAG und § 137 Abs. 1 S. 1 VAG** zu sehen. Bedeutsam ist indes, dass der Erlass des Verfügungsverbots anders als namentlich in § 134 Abs. 7 VAG nicht von einschränkenden Voraussetzungen abhängig gemacht wird. Auf der vierten und letzten Stufe der Aufsichtsleiter handelt es sich bei der Verhängung eines Verfügungsverbots auch nicht mehr um eine Maßnahme, die nur „unter außergewöhnlichen Umständen" erlassen werden kann, sondern um ein, isoliert betrachtet, recht mildes Mittel.[19] Indes ist die Verhängung eines Verfügungsverbots – wie in den vorgenannten Parallelvorschriften – auch im Rahmen des § 135 VAG in das Ermessen der BaFin gestellt. Gemäß § 135 Abs. 3 Hs. 2, 3 VAG sind schließlich im Fall grenzüberschreitender Geschäftstätigkeit die sich aus den §§ 133 Abs. 3, 134 Abs. 8 VAG ergebenden Mitteilungspflichten an die betroffenen Tätigkeitslandbehörden in anderen Mitgliedstaaten zu erfüllen.[20]

16 **V. Verhältnis zu anderen Vorschriften. 1. Verhältnis zur Generalklausel (§ 298 Abs. 1 VAG).** Was die Frage der Anwendbarkeit der Generalklausel auf der vierten und letzten Stufe der Aufsichtsleiter anbelangt, so ist zunächst festzustellen, dass § 135 VAG anders als § 81b Abs. 2 S. 2 VAG a. F. nicht mehr expressis verbis auf die Generalklausel verweist. Dementsprechend wird im Schrifttum vertreten, dass die Anwendbarkeit der Generalklausel auch auf der vierten Kontrollebene der Aufsichtsleiter gesperrt ist.[21] Bei Lichte betrachtet dürfte es sich bei der Frage nach der Anwendbarkeit der Generalklausel auf der vierten Stufe der Aufsichtsleiter um eine **rein akademische Diskussion** handeln. Denn bei (drohender) Unterdeckung der Mindestkapitalanforderungen kommen der Aufsichtsbehörde ohnehin die Eingriffsbefugnisse nach § 137 VAG der dritten Stufe der Aufsichtsleiter zu. Ausweislich § 137 Abs. 1 S. 1 VAG umfassen diese „alle Maßnahmen", die zur Wahrung der Interessen

[14] Die fehlende Klarheit hinsichtlich der Fristigkeit im bisherigen Recht wurde indes im Schrifttum teils kritisiert, so FKBP/*Bähr* § 81b Rn. 11, der de lege ferenda die Normierung einer Maximaldauer postulierte, innerhalb derer der Garantiefonds wiederzubedecken ist.

[15] Eingehend Prölss/*Kollhosser*, 12. Aufl., § 81b Rn. 7.

[16] Zutreffend *Sehrbrock*, Die „Aufsichtsleiter" für Versicherungsunternehmen in kritischen Solvabilitätssituationen, 2016, S. 318 ff.

[17] S. § 134 Rn. 21 ff.

[18] Zur Fristigkeit der einzelnen Sanierungsmaßnahmen s. § 134 Rn. 21 ff.

[19] So aber auf der zweiten Stufe der Aufsichtsleiter, s. 134 Abs. 7 VAG iVm Art. 138 Abs. 5 Solva II-RL.

[20] S. hierzu § 133 Rn. 12.

[21] *Sehrbrock*, Die „Aufsichtsleiter" für Versicherungsunternehmen in kritischen Solvabilitätssituationen, 2016, S. 188.

der Versicherten und zur Erfüllung der Verpflichtungen aus den Versicherungsverträgen geeignet, erforderlich und angemessen sind. Da die Eingriffsbefugnisse des § 137 VAG mithin ohnehin generalklauselartig ausgestaltet sind, ergeben sich für die Praxis keine spürbaren Unterschiede, ob die BaFin Eingriffsmaßnahmen auf der vierten Stufe der Aufsichtsleiter auf § 137 VAG oder auf die Generalklausel des § 298 VAG stützt. Rechtsdogmatisch sprechen indes in der Tat die besseren Gründe dafür, dass die Generalklausel durch die speziellere Ermächtigungsgrundlage des § 137 VAG verdrängt wird und gesperrt ist.

2. Verhältnis zu den Berichtspflichten der §§ 40, 42 VAG. Eine **Nichteinhaltung der Mindestkapitalanforderung** ist **stets** im Bericht über Solvabilität und Finanzlage **zu veröffentlichen**. Anders als bei der Nichteinhaltung der Solvabilitätskapitalanforderung gilt dies gemäß § 40 Abs. 5 VAG auch dann, wenn die Nichteinhaltung nicht wesentlich ist, was sich durch die besondere Bedrohlichkeit der Unternehmenssituation, in der sich das betreffende Versicherungsunternehmen befindet, rechtfertigt. 17

Eine unterjährliche **Aktualisierungspflicht** in Bezug auf den Bericht über Solvabilität und Finanzlage normiert § 42 Abs. 1 S. 2 Nr. 1 VAG für den Fall, dass eine Nichteinhaltung der Mindestkapitalanforderung festgestellt wurde und der BaFin kein realistischer Finanzierungsplan eingereicht werden kann oder innerhalb der einmonatigen Vorlagefrist kein solcher vorgelegt wurde. Im zuerst genannten Fall, indem etwa aufgrund der Ausweglosigkeit der Solvabilitätssituation von vorneherein klar ist, dass eine Sanierung binnen drei Monaten nicht erfolgen können wird, besteht die Aktualisierungspflicht mithin bereits vor Ende der einmonatigen Vorlagefrist des § 135 Abs. 1 VAG. 18

3. Verhältnis zu § 332 Abs. 3 Nr. 4, Abs. 5 VAG. Wer die Anzeige gegenüber der BaFin nach § 135 Abs. 1 VAG nicht, nicht richtig, nicht vollständig oder nicht rechtzeitig vornimmt, handelt gemäß § 332 Abs. 2 Nr. 4 VAG ordnungswidrig. Da die Anzeige dem Vorstand obliegt, ist dieser Adressat der Regelung. Gemäß § 332 Abs. 5 VAG ist der Tatbestand mit einer Geldbuße von 50.000 EUR belegt. Verfassungsrechtlich nicht frei von Bedenken ist dabei, dass die Unvollständigkeit einer Anzeige bußgeldbewehrt ist, obwohl § 135 VAG die Anforderungen an den Inhalt der Anzeige nicht transparent vorgibt (die Ausfühungen bei § 134 Rn. 60 gelten entsprechend). 19

Sanierungs- und Finanzierungsplan

136 (1) **Sanierungsplan und Finanzierungsplan umfassen mindestens die folgenden Angaben:**

1. Schätzungen der Betriebskosten, insbesondere laufende allgemeine Ausgaben und Provisionen,
2. die geschätzten Einnahmen und Ausgaben für das Erstversicherungsgeschäft sowie das übernommene und übertragene Rückversicherungsgeschäft,
3. eine Prognose der Solvabilitätsübersicht,
4. Schätzungen der Finanzmittel, mit denen die versicherungstechnischen Rückstellungen, die Solvabilitätskapitalanforderung und die Mindestkapitalanforderung bedeckt werden sollen, und
5. die Rückversicherungspolitik insgesamt.

(2) **Ist der Aufsichtsbehörde ein Sanierungsplan oder ein Finanzierungsplan vorzulegen, so kann sie eine Bescheinigung nach § 13 Absatz 2 Nummer 1 erst ausstellen, wenn sie der Auffassung ist, dass die Rechte der Versicherungsnehmer nicht mehr gefährdet sind.**

I. Allgemeines. 1. Entstehungsgeschichte. § 136 VAG wurde im Zuge der 10. VAG-Novelle neu aufgenommen. Anders als die Vorgängerregelung des § 81b VAG a. F., die in Abhängigkeit von der Solvabilitätssituation zwischen einem Solvabilitätsplan (§ 81b Abs. 1 VAG a. F.), einem Finanzierungsplan (§ 81b Abs. 2 VAG a. F.) und einem finanziellen Sanierungsplan (§ 81b Abs. 2a VAG a.F) unterschied, aber nur für den zuletzt genannten finanziellen Sanierungsplan in § 81b Abs. 2a S. 3 VAG a. F. Anforderungen an den Planinhalt vorgab, normiert § 136 VAG inhaltliche Mindestanforderungen für den Sanierungsplan (§ 134 Abs. 2 VAG) und den Finanzierungsplan (§ 135 Abs. 2 VAG) gleichermaßen. Diese decken sich in der Sache mit den bislang in § 81b Abs. 2a S. 3 VAG a. F. normierten Inhaltsvorgaben. 1

2. Normzweck. Mit Blick auf die kurzen Vorlagefristen für Sanierungsplan (zwei Monate ab Feststellung der Unterdeckung der Solvabilitätskapitalanforderung, § 134 Abs. 2 VAG) und Finanzierungsplan (ein Monat ab Feststellung der Unterdeckung der Mindestkapitalanforderung, § 135 Abs. 2 S. 1 VAG) und darauf, dass der BaFin vorgelegte Pläne nur innerhalb der jeweiligen Vorlagefrist nachgebessert werden können,[1] kommt der Rechtssicherheit auf Unternehmensseite hinsichtlich der Anforderun- 2

[1] S. § 134 Rn. 16, § 135 Rn. 10.

gen an den Planinhalt gesteigerte Bedeutung zu. Dem trägt **§ 136 Abs. 1 VAG** Rechnung, der untergliedert in fünf Themenfelder zwingende Mindestinhalte vorgibt. Die Anforderungen gelten dabei für Sanierungsplan und Finanzierungsplan gleichermaßen.

3 **§ 136 Abs. 2 VAG** enthält eine Sonderregelung hinsichtlich der Zustimmungspflicht der BaFin, wenn ein im EU-/EWR-Ausland ansässiges Versicherungsunternehmen, einen Teilbestand von Verträgen auf ein inländisches Versicherungsunternehmen übertragen will, das aber die Solvabilitätskapitalanforderung gegenwärtig unterdeckt hat.

4 **3. Europarechtlicher Hintergrund.** § 136 VAG setzt Art. 142 der Solva II-RL um. In europarechtlicher Hinsicht ist ferner die Ermächtigung zugunsten von EIOPA in Art. 143 Abs. 2 der Solva II-RL zu berücksichtigen, technische Regulierungsstandards auszuarbeiten, die die Einzelheiten zu Sanierungs- und Finanzierungsplänen regeln. Insoweit ist zunächst das Konsultationspapier von EIOPA vom 27.11.2014 zu beachten. Auf Basis desselben und der Eingaben im Zuge des Konsultationsverfahrens veröffentlichte die EIOPA am 27.3.2015 die endgültige Ausarbeitung des technischen Standards.[2] In diesem – einschließlich der Annexe I bis III – immerhin 54 Seiten starken Papier konkretisiert EIOPA die Anforderungen an die in Art. 142 Abs. 1 VAG genannten – und in § 136 Abs. 1 Nr. 1 bis 5 VAG übernommenen – fünf Themenfelder. Darüber hinaus führt EIOPA insgesamt sechs weitere Themenfelder auf, die das Unternehmen im Sanierungs- und Finanzierungsplan zu behandeln hat.[3] Gebündelt finden diese sich in Rn. 11 f. der Auslegungsentscheidung der BaFin vom 27.7.2016 wieder.

5 **II. Inhalt von Sanierungs- und Finanzierungsplan (Abs. 1).** Ein Blick auf die inhaltlichen Anforderungen an Sanierungs- und Finanzierungspläne überrascht insoweit etwas, als das für die Genehmigungsfähigkeit des Plans zentrale, notwendige realistische Aufzeigen des Weges, der zur Wiederbedeckung der Solvabilitätskapitalanforderung bzw. der Mindestkapitalanforderung führen soll, in § 136 VAG nicht im Vordergrund steht. Dass genau dies gleichwohl den Kern eines jeden Sanierungs- und Finanzierungsplans bildet, lässt sich lediglich mittelbar den Vorgaben des § 136 Abs. 1 Nr. 3 und 4 VAG entnehmen. Anders als § 136 VAG legen sowohl EIOPA im og Final Report vom 27.3.2015 als auch die BaFin in der Auslegungsentscheidung vom 27.7.2016 indes den Schwerpunkt bei den inhaltlichen Vorgaben an beide Pläne auf das Aufzeigen eines – aus ex ante-Sicht – realistischen Weges in Richtung Wiederbedeckung der unterdeckten Solvabilitätsgröße(n). Im Einzelnen verlangt die BaFin in vorgenannter Auslegungsentscheidung:

- **Schätzungen der Solvabilitätskapitalanforderung und der Mindestkapitalanforderung für drei Zeithorizonte**, nämlich das Ende der Wiederherstellungsfrist, das Ende des Geschäftsjahres, in dem die Wiederherstellungsfrist endet und das Ende des folgenden Geschäftsjahres. Nach dem Final Report von EIOPA vom 27.3.2015 sind die Schätzungen auf die einzelnen Risikomodule herunterzubrechen, soweit das betreffende Versicherungsunternehmen die Standardformel benutzt sowie auf die einzelnen Risikokategorien, soweit das betreffende Versicherungsunternehmen ein internes Modell benutzt.[4] Zudem werden – ebenfalls auf die drei og Zeithorizonte bezogen – Schätzungen der Eigenmittel unter Angabe ihrer Hauptbestandteile und Qualitätsklassen verlangt, mit denen Solvabilitätskapitalanforderung und Mindestkapitalanforderung jeweils bedeckt werden sollen.[5] Letzteres entspricht den Vorgaben des **§ 136 Abs. 1 Nr. 4 VAG**. Klarzustellen ist insoweit, dass nach den technischen Regulierungsstandards stets beide Solvabilitätsgrößen in die Berichte einzubeziehen sind. Dh die Anforderungen sind nicht so zu verstehen, dass sich die Schätzungen in einem Sanierungsplan nur auf die Solvabilitätskapitalanforderung bzw. in einem Finanzierungsplan nur auf die Mindestkapitalanforderungen beziehen müssen.[6]
- Die Darlegung der **Annahmen und Methoden**, die zur Ermittlung der Schätzungen verwendet worden sind, einschließlich der Annahmen bezüglich ökonomischer Szenarien.[7]
- Eine Analyse des Unternehmens über die **Gründe für die Nichteinhaltung** der Solvabilitätskapitalanforderung bzw. der Mindestkapitalanforderung.[8]
- Eine **Darlegung der bereits ergriffenen und der geplanten Wiederherstellungsmaßnahmen**, einschließlich des Zeitplanes und der erwarteten Effekte dieser Maßnahmen in Bezug auf die Wiederherstellung der Solvabilitätskapitalanforderung bzw. Mindestkapitalanforderung und in Bezug auf den Geschäftsbetrieb des Unternehmens.[9]

[2] Vgl. *EIOPA*, Final Report on public consultation no. 14/062 on […] on recovery plan, finance scheme and supervisory powers in deteriorating financial conditions (EIOPA-BoS-15/052 v. 27.3.2015).
[3] *EIOPA*, Consultation Paper […] on recovery plan, finance scheme and supervisory powers in deteriorating financial conditions (EIOPA-CP-14/062 v. 27.11.2014), S. 8 f.
[4] Art. 1 Abs. 1 lit. a) des technischen Regulierungsstandards (EIOPA-BoS-15/052 v. 27.3.2015).
[5] Art. 1 Abs. 1 lit. b) des technischen Regulierungsstandards (EIOPA-BoS-15/052 v. 27.3.2015).
[6] Vgl. Technischer Regulierungsstandard (EIOPA-BoS-15/052 v. 27.3.2015), sub Analysis.
[7] Entspricht Art. 1 Abs. 1 lit. c) des technischen Regulierungsstandards (EIOPA-BoS-15/052 v. 27.3.2015).
[8] Entspricht Art. 1 Abs. 1 lit. d) des technischen Regulierungsstandards (EIOPA-BoS-15/052 v. 27.3.2015).
[9] Art. 1 Abs. 1 lit. e) des technischen Regulierungsstandards (EIOPA-BoS-15/052 v. 27.3.2015).

– Eine Analyse, inwiefern die Maßnahmen angemessen sind, eine **nachhaltige**, d. h. dauerhafte, **Einhaltung der Solvabilitätskapitalanforderung bzw. Mindestkapitalanforderung** sicherzustellen.[10]
– etwaige **Bedenken oder Vorbehalte**, die der Vorstand in Bezug auf den Sanierungs-/Finanzierungsplan hegt. Sofern Wiederherstellungsmaßnahmen Verpflichtungen Dritter beinhalten, sollten entsprechende Nachweise über die von den Dritten eingegangenen Verpflichtungen vorgelegt werden.[11]

Nach **§ 136 Abs. 1 Nr. 1 VAG** muss ein Sanierungsplan oder Finanzierungsplan zunächst **Schätzungen der Betriebskosten**, insbesondere der laufenden allgemeinen Ausgaben und Provisionen enthalten. Die Anforderung entspricht der bisherigen Rechtslage nach Maßgabe des § 81b Abs. 2a S. 3 lit. a VAG a. F. Soweit Kosteneinsparungsprogramme Teil der Sanierungsplanung sind, sind diese im Rahmen der Darlegung zu berücksichtigen und zu erläutern. 6

Was die in **§ 136 Abs. 1 Nr. 2 VAG** geforderten Angaben zu den **geschätzten Einnahmen und Ausgaben für das Erstversicherungsgeschäft sowie das übernommene und übertragene Rückversicherungsgeschäft** anbelangt, so werden die berichtenden Unternehmen namentlich auch die (nachteiligen) Auswirkungen auf das Neugeschäft zu berücksichtigen haben, die eine Publikation der Unterdeckung von Solvabilitäts- oder Mindestkapitalanforderung im Bericht über Solvabilität und Finanzlage haben kann.[12] 7

Bedeutsam ist weiter, dass die Pläne gemäß **§ 136 Abs. 1 Nr. 3 VAG** eine **Prognose der Solvabilitätsübersicht** enthalten müssen. Hierzu verhält sich EIOPA in Art. 2 des Final Reports vom 27.3.2015. Dort wird klargestellt, dass die Prognose auf realistischen Annahmen sowohl in Bezug auf die Entwicklung des Versicherungsgeschäfts des betreffenden Versicherungsunternehmens als auch im Hinblick auf konjunkturelle Entwicklungen basieren muss.[13] Des Weiteren sind die Auswirkungen der erwogenen (im Plan vorgesehenen) Sanierungsmaßnahmen auf die Solvabilitätsbilanz zu berücksichtigen, all dies wiederum bezogen auf die drei og Zeithorizonte, das Ende der Wiederherstellungsfrist, das Ende des Geschäftsjahres, in dem die Wiederherstellungsfrist endet und das Ende des folgenden Geschäftsjahres.[14] 8

Was die nach **§ 136 Abs. 1 Nr. 5 VAG** notwendigen **Angaben zur Rückversicherungspolitik** insgesamt anbelangt, verlangen die technischen Regulierungsstandards, dass der Sanierungs- oder Finanzierungsplan der Aufsichtsbehörde aufzeigt, welche Änderungen sich in der Rückversicherungspolitik des betroffenen Versicherungsunternehmens durch die initiierten Sanierungsmaßnahmen ergeben und welche Auswirkungen diese auf das Rückversicherungsprogramm zeitigen.[15] Denn mittels der Erhöhung der passiven Rückversicherung lässt sich bestimmungsgemäß das Risikoprofil senken und dadurch die Solvabilitätskapitalanforderung reduzieren.[16] 9

III. Kombinierter Finanzierungs- und Sanierungsplan. Erwähnenswert sind schließlich die Ausführungen von EIOPA im og Final Report vom 27.3.2015 zu dem Fall, dass ein Versicherungsunternehmen „in einem Rutsch" unter Solvabilitätskapitalanforderung und unter die Mindestkapitalanforderung fällt. Für diesen Fall führt EIOPA aus, dass die mitgliedstaatlichen Aufsichtsbehörden es den betreffenden Versicherungsunternehmen im Regelfall gestatten sollen, einen Finanzierungs- und Sanierungsplan in Form eines einheitlichen Dokuments vorzulegen.[17] Grundsätzlich sind derartige **kombinierte Finanzierungs- und Sanierungspläne** mithin – vorbehaltlich ihres Inhalts – **genehmigungsfähig**. Dies setzt jedoch voraus, dass sie der Aufsichtsbehörde innerhalb der kürzeren einmonatigen Vorlagefrist des § 135 Abs. 2 VAG vorgelegt werden. Letzteres erscheint konsequent, kann doch die Tatsache, dass beide Solvabilitätsgrößen auf einmal „gerissen" werden, ersichtlich nicht dazu führen, dass dem betreffenden Versicherungsunternehmen einen Monat mehr Zeit für die Vorlage eines Finanzierungsplans gewährt wird, als anderen Versicherungsunternehmen, die lediglich die Solvabilitätskapitalanforderung unterdecken, die Mindestkapitalanforderung jedoch permanent bedeckt halten. Dies gilt umso mehr, als die Bedrohlichkeit der Lage hinsichtlich der Interessen der Versicherten in dem Ausnahmefall, dass beide Solvabilitätsgrößen auf einmal genommen werden, regelmäßig höher sein wird als in dem „Regelfall", in dem die Aufsichtsleiter Stufe für Stufe genommen wird. Gleichwohl können die Aufsichtsbehörden nach dem technischen Regulierungsstandard bei gegebenem Anlass auch auf die Vorlage separater Pläne bestehen. Letztlich handelt es sich um einen Fall **intendierten aufsichtsbehördlichen Ermessens** dahingehend, dass kombinierte Pläne zulässig sind, sofern nicht im Einzelfall triftige objektivierbare Gründe entgegenstehen. 10

[10] Art. 1 Abs. 1 lit. f) des technischen Regulierungsstandards (EIOPA-BoS-15/052 v. 27.3.2015).
[11] Art. 1 Abs. 1 lit. g) und Abs. 2 des technischen Regulierungsstandards (EIOPA-BoS-15/052 v. 27.3.2015).
[12] S. dazu § 40 Rn. 123 ff.
[13] S. Art. 2 lit. a) des technischen Regulierungsstandards (EIOPA-BoS-15/052 v. 27.3.2015).
[14] S. Art. 2 lit. b) und c) des technischen Regulierungsstandards (EIOPA-BoS-15/052 v. 27.3.2015).
[15] S. Art. 3 des technischen Regulierungsstandards (EIOPA-BoS-15/052 v. 27.3.2015).
[16] S. § 134 Rn. 33.
[17] S. Art. 4 des technischen Regulierungsstandards (EIOPA-BoS-15/052 v. 27.3.2015).

11 Insofern wird es sich angesichts der knappen Vorlagefrist aus Unternehmenssicht in dem beschriebenen Fall, dass beide Solvabilitätsgrößen auf einmal unterdeckt werden, aus Unternehmenssicht empfehlen, direkt mit der Anzeige der Unterdeckung gemäß §§ 134 Abs. 1, 135 Abs. 1 VAG, falls beabsichtigt, die **Vorlage eines kombinierten Finanzierungs- und Sanierungsplans anzukündigen**. Dies um der BaFin die Gelegenheit zu geben, etwaige Vorbehalte diesbezüglich unmittelbar zu kommunizieren, damit diesen noch innerhalb der Vorlagefrist bei Erstellung der Pläne Rechnung getragen werden kann. Denn auch bei kombinierten Plänen gilt, dass Nachbesserungen nur innerhalb der Vorlagefrist möglich sind. Je nach dem, zu welchem Punkt die Aufsichtsbehörde etwaige Beanstandungen hat, auf die reagiert werden soll, ist insoweit entweder die einmonatige Vorlagefrist des § 135 Abs. 2 VAG oder die zweimonatige Vorlagefrist des § 134 VAG maßgebend. Dh, legt ein Versicherungsunternehmen binnen der Monatsfrist des § 135 Abs. 2 VAG einen kombinierten Sanierungs- und Finanzierungsplan vor und beanstandet die Aufsichtsbehörde eine Sanierungsmaßnahme, die aufgrund der Anrechnungsgrenzen lediglich Auswirkungen auf die Bedeckung der Solvabilitätskapitalanforderung hat, dann kann das betreffende Versicherungsunternehmen noch bis Ablauf der Zweimonatsfrist des § 134 Abs. 2 VAG nachbessern. Umgekehrt ist eine Nachbesserung auf behördliche Beanstandungen, soweit diese die Mindestkapitalanforderung betreffen, nach Ablauf der einmonatigen Vorlagefrist nicht mehr möglich.

12 **IV. Aufsichtsbehördliche Bescheinigung bei Bestandsübertragung (Abs. 2).** § 136 Abs. 2 VAG normiert eine **Sonderregelung für grenzüberschreitende Bestandsübertragungen**. Ausweislich des Verweises auf § 13 Abs. 2 S. 1 Nr. 1 VAG ist der Fall in Bezug genommen, dass ein in einem anderen EU-/EWR-Mitgliedstaat ansässiges Versicherungsunternehmen einen Teilbestand an Versicherungsverträgen auf ein Versicherungsunternehmen mit Sitz im Inland übertragen will und dieses die Solvabilitätskapitalanforderung und/oder die Mindestkapitalanforderung nicht einhält und dementsprechend in der Sanierung befindlich ist. In einem solchen Fall darf die für die Genehmigung zuständige Herkunftslandbehörde am Sitzland des übertragenden Versicherungsunternehmens der Bestandsübertragung nur zustimmen, wenn die BaFin nach § 13 Abs. 2 S. 1 Nr. 1 VAG eine Bescheinigung darüber ausstellt, dass das übernehmende Versicherungsunternehmen, für das sie zuständig ist, nach der Bestandsübertragung ausreichende Eigenmittel zur Einhaltung der Solvabilitätskapitalanforderung hat. Hat das betroffene inländische übernehmende Versicherungsunternehmen der BaFin einen Sanierungs- oder Finanzierungsplan vorzulegen, wird die BaFin die Bescheinigung erst ausstellen, wenn sie der Auffassung ist, dass die Rechte der Versicherungsnehmer nicht mehr gefährdet sind. Zu welchem Zeitpunkt dies möglich sein wird, dh ob zu Beginn oder erst gegen Ende der Sanierungsfrist, lässt sich einzelfallunabhängig nicht sagen, da dies erheblich von der Auswahl der getroffenen Sanierungsmaßnahmen und deren (gesicherter) Effektivität abhängt.[18]

Fortschreitende Verschlechterung der Solvabilität

137 (1) [1]**Im Fall einer fortschreitenden Verschlechterung der Solvabilität eines Versicherungsunternehmens kann die Aufsichtsbehörde neben den in den §§ 134 und 135 genannten Maßnahmen alle Maßnahmen ergreifen, die zur Wahrung der sich aus den Versicherungsverträgen ergebenden Interessen der Versicherungsnehmer oder zur Erfüllung der Verpflichtungen aus Rückversicherungsverträgen geeignet, erforderlich und angemessen sind.** [2]**Bei der Auswahl der Maßnahme müssen Grad und Dauer der Verschlechterung der Solvabilitätssituation des Versicherungsunternehmens berücksichtigt werden.**

(2) **Insbesondere kann die Aufsichtsbehörde**

1. **verlangen, einen höheren Betrag an anrechungsfähigen Eigenmitteln bereitzustellen als zur Einhaltung der Solvabilitätskapitalanforderung erforderlich ist,**
2. **Entnahmen aus den Rücklagen sowie die Ausschüttung von Gewinnen untersagen oder beschränken,**
3. **Maßnahmen untersagen oder beschränken, die dazu dienen, einen Jahresfehlbetrag auszugleichen oder einen Bilanzgewinn auszuweisen.**

1 **I. Allgemeines. 1. Entstehungsgeschichte.** Die Regelung des § 137 VAG wurde im Zuge der 10. VAG-Novelle in das VAG aufgenommen. Jedoch behält § 137 Abs. 2 VAG – soweit im Rahmen der Umsetzung der Solva II-RL möglich – Teile der Vorgängerregelung des § 81b Abs. 2 VAG bei.[1]

2 **2. Normzweck.** § 137 VAG bildet die **dritte Stufe der Aufsichtsleiter**. Dies ist insofern zu betonen, als die Stufen der Aufsichtsleiter damit von ihrer numerischen Anordnung innerhalb der §§ 132 ff. VAG her nicht durchgängig der Reihe nach angeordnet sind. Dennoch ginge es fehl, die Regelung des § 137 VAG außerhalb der – dann nur dreistufigen – Aufsichtsleiter zu verorten. Denn die

[18] Zur Auswahl der Sanierungsmaßnahmen s. § 134 Rn. 21 ff. und § 135 Rn. 14.
[1] BT-Drs. 18/2956, 270.

Entwurfsbegründung stellt unmissverständlich klar, dass die darin normierten aufsichtsbehördlichen Eingriffsbefugnisse nur möglich sind, soweit die fortschreitende Verschlechterung der Solvabilität „während einer Unterdeckung der Solvabilitätskapitalanforderung oder der Mindestkapitalanforderung" eintritt.[2] Da § 137 VAG mithin im Fall einer fortschreitenden Verschlechterung der Solvabilität unterhalb der Solvabilitätskapitalanforderung, aber noch oberhalb der Mindestkapitalanforderung eingreift, ist es gerechtfertigt, die Regelung als dritte Stufe der Aufsichtsleiter zwischen § 134 VAG und § 135 VAG einzuordnen. Diese Einordnung ist insofern bedeutsam, als die generalklauselartige Eingriffsermächtigung des § 137 Abs. 1 VAG dann (noch) nicht eingreift, wenn sich die Solvabilitätssituation eines Versicherungsunternehmens zwar fortschreitend verschlechtert, jedoch noch oberhalb des Niveaus der Solvabilitätskapitalanforderung. Zum einen ist § 137 VAG damit unanwendbar, wenn die Unterdeckung der Solvabilitätskapitalanforderung nur droht im Sinne von § 134 Abs. 1, 2. Fall VAG sowie zum anderen, wenn eine bloße Verschlechterung der Solvabilität im Sinne von § 132 Abs. 2 VAG vorliegt. Mit Blick darauf, dass die Solvabilitätssituation bei fortschreitender Verschlechterung unterhalb der Solvabilitätskapitalanforderung und erst recht unterhalb der Mindestkapitalanforderung bedrohlich ist, sind die Eingriffsbefugnisse der Aufsichtsbehörde nach § 137 VAG generalklauselartig weit gefasst. Danach kann die BaFin schlechterdings „alle Maßnahmen" ergreifen, die zur Wahrung der Belange der Versicherten und zur dauernden Erfüllbarkeit der Verpflichtungen verhältnismäßig sind. Mithin büßt das betreffende Versicherungsunternehmen die ihm noch auf der zweiten Stufe der Aufsichtsleiter zukommende weitgehende Entscheidungshoheit betreffend die Auswahl der Mittel zur Sanierung auf der dritten Stufe der Aufsichtsleiter weitgehend ein. Daraus folgt im Umkehrschluss, dass die Eingriffsbefugnisse der Aufsichtsbehörde bei Unterdeckung der Solvabilitätskapitalanforderung ohne fortschreitende Verschlechterung nicht vergleichbar weit reichen. Ansonsten würde der in § 134 VAG geregelte Mechanismus der Sanierungsplanung, im Rahmen dessen der BaFin in erster Linie die Genehmigungsbefugnis zukommt, ausgehebelt. Gleiches gilt im Hinblick auf den Eskalationstatbestand des § 134 Abs. 7 VAG, der ebenfalls durch eine verfrühte Anwendung des § 137 VAG umgangen würde. Letzterer gelangt nach dem gesetzlichen Leitbild mithin erst dann zur Anwendung, wenn sich die im Rahmen des § 134 Abs. 7 VAG prognostizierten Umstände manifestiert haben.

Eine Anzeigepflicht des betreffenden Versicherungsunternehmens gegenüber der BaFin regelt § 137 Abs. 1 VAG auf der dritten Stufe der Aufsichtsleiter nicht. Einer solchen bedarf es insofern nicht, als sich ein Versicherungsunternehmen, das eine Unterdeckung des Solvabilitätskapitals festgestellt hat, ohnehin bereits in „Manndeckung" der BaFin genommen sein wird.[3] 3

3. Europarechtlicher Hintergrund. Die Vorschrift des § 137 VAG setzt Art. 141 der Solva II-RL um. 4

II. Sachlicher Anwendungsbereich des § 137 VAG. Entsprechend den obigen Ausführungen gewährt § 137 Abs. 1 VAG der Aufsichtsbehörde generalklauselartige Eingriffsbefugnisse. Zur näheren Konturierung der dritten Stufe der Aufsichtsleiter ist daher zu prüfen, unter welchen Voraussetzungen die BaFin berechtigt ist, Maßnahmen nach § 137 VAG zu ergreifen. Der Gesetzeswortlaut, wonach die Eingriffsbefugnis „neben den in den §§ 134 und 135 VAG genannten Maßnahmen" besteht, ist auslegungsbedürftig. So sieht § 134 VAG an behördlichen Maßnahmen zum einen die Genehmigung des Sanierungsplans und zum anderen – im Sinne einer richtlinienkonformen Auslegung jedoch nur unter außergewöhnlichen Umständen – das behördliche Verfügungsverbot im Sinne des § 134 Abs. 7 VAG. Vor diesem Hintergrund ist der **Wortlaut des § 137 Abs. 1 VAG zu weit gefasst**. Er ließe sich nämlich dahingehend interpretieren, dass die Aufsichtsbehörde berechtigt ist, gestützt auf § 137 Abs. 1 VAG Maßnahmen zur Gegensteuerung zu ergreifen, die an der Solvabilitätssituation des betreffenden Versicherungsunternehmens ansetzen, sobald eine der beiden vorgenannten Maßnahmen im Rahmen des § 134 VAG eröffnet ist. Mit Blick auf die Systematik der Aufsichtsleiter liegt indes auf der Hand, dass eine solche weite Auslegung des § 137 Abs. 1 VAG unzutreffend wäre. Dies gilt zunächst insofern, als ein Versicherungsunternehmen nach Feststellung der Unterdeckung der Solvabilitätskapitalanforderung zunächst einmal – knapp bemessene – zwei Monate zur Verfügung hat, um der BaFin einen realistischen Sanierungsplan vorzulegen. Dabei kennzeichnet die zweite Stufe der Aufsichtsleiter, dass die Auswahlhoheit hinsichtlich der zu ergreifenden Sanierungsmaßnahmen beim Versicherungsunternehmen liegt.[4] Infolge dieser gesetzlichen Wertung kann es ersichtlich nicht sein, dass die Aufsichtsbehörde Eingriffsmaßnahmen gegen das betreffende Versicherungsunternehmen auf § 137 Abs. 1 VAG stützt, ohne dass zuvor die Vorlagefrist abgelaufen ist. Grundsätzlich ist **§ 137 VAG** daher **sachlich erst dann anwendbar**, **wenn** die **Vorlagefrist** des § 134 Abs. 2 VAG **abgelaufen** ist. Abweichendes mag allenfalls dann 5

[2] BT-Drs. 18/2956, 270.

[3] A. A. *Sehrbrock*, Die „Aufsichtsleiter bei Versicherungsunternehmen in kritischen Solvabilitätssituationen, 2016, S. 302, der bei fortschreitender Verschlechterung unterhalb der Solvabilitätskapitalanforderung einen Anwendungsfall des § 132 Abs. 2 VAG annimmt. Dagegen spricht indes, dass § 132 Abs. 2 VAG, was sich aus einer systematischen Auslegung im Lichte des § 134 VAG ergibt, eben bestimmungsgemäß (nur) auf einem Niveau oberhalb eines Drohens einer Unterdeckung der Solvabilitätskapitalanforderung eingreift.

[4] S. § 134 Rn. 2, 21 ff.

gelten, wenn offenbar ist, dass das betreffende Versicherungsunternehmen binnen der Vorlagefrist keinen realistischen Sanierungsplan vorlegen können wird.

6 Darüber hinaus liegt § 134 Abs. 2 VAG die Wertung zugrunde, dass ein Versicherungsunternehmen **im Fall eines genehmigten Sanierungsplans** Zeit hat, die im Regelfall sechsmonatige **Sanierungsfrist auszuschöpfen**, um innerhalb derselben die Solvabilitätskapitalanforderung wiederzubedecken. Insofern fragt sich, ob und, falls ja, ab welchem Zeitpunkt innerhalb der Sanierungsfrist die Aufsichtsbehörde von der generalklauselartigen Eingriffsbefugnis Gebrauch machen darf. Dieser Frage, die in der Auslegungsentscheidung der BaFin vom 27.7.2016 ungeklärt bleibt, ist sich von den beiden Extremen her betrachtet anzunähern. Einerseits liegt es auf der Hand, dass dann, wenn sich eine fortschreitende Verschlechterung der Solvabilität des betreffenden Versicherungsunternehmens innerhalb der Sanierungsfrist manifestiert, diese Verschlechterung vom sanierenden Versicherungsunternehmen im Rahmen seiner Sanierungsplanung nicht einkalkuliert war und es zudem als wahrscheinlich erscheint, dass der genehmigte Sanierungsplan bei weiterer Umsetzung innerhalb der Sanierungsfrist nicht mehr zur Wiederbedeckung der Solvabilitätskapitalanforderung führt, die generalklauselartige Eingriffsermächtigung des § 137 Abs. 1 VAG zum Schutz der Versicherten eröffnet sein muss. Andererseits bestehen keine Zweifel daran, dass – je nach dem, welche Sanierungsmaßnahmen der genehmigte Sanierungsplan vorsieht – die ergriffenen Sanierungsmaßnahmen nicht unmittelbar ad hoc wirken oder ergriffen werden können, sondern einige Wochen oder Monate zur Umsetzung und zur Entfaltung ihrer Wirkung erforderlich sein können. Gedacht sei etwa an den Fall des Begebens einer Nachranganleihe oder der Durchführung einer Kapitalerhöhung. Bis diese Maßnahmen erfolgreich durchgeführt sind, kann sich die Solvabilität des betreffenden Versicherungsunternehmens durchaus kontinuierlich verschlechtern. Solange ein Versicherungsunternehmen indes mit der Umsetzung des Sanierungsplans im Soll liegt, muss die weit reichende Eingriffsbefugnis der Aufsichtsbehörde nach § 137 VAG aber gesperrt sein. Schließlich hat die Aufsichtsbehörde selbst die betreffenden Sanierungsmaßnahmen mit dem Sanierungsplan genehmigt. Vor diesem Hintergrund spricht viel dafür, dass die Eingriffsbefugnisse der Aufsichtsbehörde nach § 137 VAG innerhalb der Sanierungsfrist des § 134 Abs. 3, 4 VAG erst und nur dann möglich sind, wenn eine fortschreitende Verschlechterung der Solvabilität eintritt, das betreffende Versicherungsunternehmen mit der Umsetzung seines Sanierungsplans nicht mehr im Soll ist und/oder dieser mit überwiegender Wahrscheinlichkeit selbst bei planmäßiger Umsetzung – entgegen der Erwartung des betreffenden Versicherungsunternehmens und der Aufsichtsbehörde (ansonsten hätte sie den Plan nicht genehmigt) z. B. aufgrund unvorhersehbarer kurzfristiger Entwicklungen am Kapitalmarkt – nicht mehr innerhalb der ggf. noch verlängerbaren Sanierungsfrist nicht zur Wiederbedeckung führen wird.[5]

7 **§ 137 Abs. 1 S. 2 VAG** hat indes **nur deklaratorische Bedeutung**. Dass die Aufsichtsbehörde beim Erlass von Maßnahmen auf der dritten Stufe der Aufsichtsleiter Grad und Dauer der Verschlechterung der Solvabilitätssituation berücksichtigen muss, folgt aus Art. 141 S. 2 der Solva II-RL, vor allem aber aus dem Verhältnismäßigkeitsgrundsatz, an dem sich jedwede aufsichtsbehördliche Maßnahmen messen lassen müssen, die in Rechte der beaufsichtigten Versicherungsunternehmen eingreifen. Ebenfalls nur deklaratorisch ist der Hinweis in § 137 Abs. 1 S. 1 aE VAG darauf, dass die ergriffenen aufsichtsbehördlichen Maßnahmen geeignet, erforderlich und angemessen sein müssen. Damit wird lediglich die Verhältnismäßigkeitsprüfung umschrieben, die die Aufsichtsbehörde bei Eingriffen auf der dritten Stufe per se vorzunehmen hat.

8 **III. Eingriffsinstrumentarium der Aufsichtsbehörde („supervisory toolkit").** Nach § 137 Abs. 1 VAG kann die BaFin, bei fortschreitender Verschlechterung der Solvabilität unter Wahrung des Verhältnismäßigkeitsgrundsatzes grundsätzlich „alle Maßnahmen" zur Gegensteuerung ergreifen. Dabei besteht auch von aufsichtsbehördlicher Seite Einigkeit, dass es unmöglich sein dürfte, ex ante und einzelfallübergreifend vorzugeben, welche Maßnahmen unter welchen Umständen getroffen werden soll.[6] Welche Kriterien die Aufsichtsbehörde bei der Ausübung ihres Auswahlermessens zu berücksichtigen hat, dazu verhält sich EIOPA in Art. 6 Abs. 2 des Final Reports vom 27.3.2015. Zu den Kriterien gehören danach insbesondere die Ursachen für die Verschlechterung, Dauer und Ausmaß derselben, das Verhältnis zwischen Solvabilitätskapitalanforderung und Mindestkapitalanforderung und das Geschäfts- und Risikoprofil des betreffenden Versicherungsunternehmens.

---

[5] Ähnlich im Ergebnis *Sehrbrock*, Die „Aufsichtsleiter" für Versicherungsunternehmen in kritischen Solvabilitätssituationen, 2016, S. 301; s. auch EIOPA, Final Report, sub Supervisory powers in deteriorating financial conditions, sub analysis, wonach EIOPA den mitgliedstaatlichen Aufsichtsbehörden innerhalb der Sanierungsfrist zunächst einmal die Rolle des kritischen Beobachters beimisst, wenn es dort heißt „[…] the supervisory authority should consider carefully whether the undertaking can still be considered capable of timely recovery. […] More generally, when deciding on supervisory measures the supervisory authority should take into account any measures the undertaking concerned itself has considered to be appropriate in case of financial stress. Such information could be found in any plan the undertaking has developed to address such financial stress. Supervisory authorities should also not solely focus on the short term problem; […]."

[6] S. nur EIOPA, Final Report, sub Supervisory powers in deteriorating financial conditions, sub analysis, wo es wörtlich heißt: „It is also not deemed possible to describe which measures should be taken in which circumstances."

Ein nicht abschließender Katalog an denkbaren Maßnahmen ist sodann zur Konkretisierung in § 137 Abs. 2 VAG aufgeführt. Insoweit geht § 137 Abs. 2 VAG hinsichtlich der Regelungstiefe – da es sich nur um eine exemplarische Aufzählung handelt, europarechtlich unbedenklich – über den Regelungsinhalt des Art. 141 Solva II-RL hinaus. Denn die Rahmenrichtlinie selbst konkretisiert das Eingriffsinstrumentarium der Aufsichtsbehörde auf der dritten Stufe der Aufsichtsleiter nicht. Stattdessen ermächtigt Art. 143 Abs. 2 der Solva II-RL EIOPA, technische Regulierungsstandards auszuarbeiten, die das Eingriffsinstrumentarium (sog. „**supervisory toolkit**"[7]) näher ausformen. 9

Was die in § 137 Abs. 2 VAG angeführten Eingriffsmaßnahmen anbelangt, so zeigen bereits diese auf, dass der Gesetzgeber auch der BaFin **keine Allheilmittel** in Bezug auf kritische Solvabilitätslagen von Versicherungsunternehmen an die Hand geben kann. Vielmehr werden nicht wenige der genannten Maßnahmen erwartungsgemäß von begrenzter Wirksamkeit sein. Dies gilt insbesondere insofern, als namentlich die in § 137 Abs. 2 Nr. 2 VAG angesprochene Untersagung einer Ausschüttung von Gewinnen erwartungsgemäß in den meisten Fällen, in denen ein Versicherungsunternehmen die dritte Stufe der Aufsichtsleiter erreicht hat, eher wenig zur Verbesserung der Solvabilitätssituation beitragen wird, zumal bei den meisten Versicherungsunternehmen in dieser Lage keine nennenswerten Gewinne mehr vorhanden sein dürften. Entsprechend limitiert werden erwartungsgemäß die rechnungslegungsrechtlichen Spielräume sein, einen Bilanzgewinn auszuweisen, deren Ausnutzung nach § 137 Abs. 2 Nr. 3 VAG aufsichtsbehördlich untersagt werden kann. Was die in § 137 Abs. 2 Nr. 1 VAG angesprochene Verfügung anbelangt, zu verlangen, dass höhere Beträge an anrechnungsfähigen Eigenmitteln bereitgestellt werden, stoßen die Eingriffsbefugnisse der BaFin insofern an rechtliche Grenzen, als auch Mehrheits- oder Alleinaktionäre von Versicherungsunternehmen qua legem keiner Nachschussverpflichtung unterliegen.[8] Kurzfristig helfen können freilich – wie dies vereinzelt bei Pensionskassen praktiziert wird – vorübergehende Erleichterungen beim Stellen der Zinszusatzreserve. 10

Die im Rahmen des „supervisory toolkit" in Art. 6 des Final Reports[9] vorgesehenen Maßnahmen lassen sich in **vier Kategorien** unterteilen. 11

Die erste Kategorie (Art. 6 Abs. 1 lit. a des Final Reports) bilden solche aufsichtsbehördliche Maßnahmen, die darauf abzielen, das **Risikoprofil** eines Versicherungsunternehmens zu **reduzieren**. Dazu zählen die Einstellung des Neugeschäfts und das Verbot von Prolongationen bestehender Verträge in solchen Bereichen, in denen das Zeichnen neuer Risiken den Solvabilitätskapitalbedarf erhöhte. Solche Maßnahmen dürften angesichts der gegenwärtigen Niedrigzinsphase jedenfalls im Lebensversicherungsbereich keine wirksame Option sein, zumal dort, soweit überhaupt noch konventionelle Garantien angeboten werden, nicht das Neugeschäft die Versicherungsunternehmen unter Solvabilitätsgesichtspunkten belastet, sondern der mit einem hohen Rechnungszins und Garantieversprechen ausgestattete Bestand.[10] Weiter werden aufsichtsbehördliche Maßnahmen angesprochen, die auf eine Neuausrichtung der Kapitalanlage abzielen vor dem Hintergrund der Reduktion von Markt- und Kreditrisiken. Diese werden nicht selten mit einer Einbuße der Rentabilität einhergehen, zumal die Kreditrisiken typischerweise dort am größten sind, wo die Rentabilität entsprechend hoch ist. Dann wären Wechselwirkungen zu berücksichtigen, aufgrund derer die Maßnahme insgesamt ggf. sogar zu Lasten der Solvabilitätssituation gehen kann. 12

Als zweite Kategorie an Maßnahmen (Art. 6 Abs. 1 lit. b des Final Reports) werden **aufsichtsbehördliche Verfügungsverbote** adressiert, wie sie etwa in § 133 Abs. 1, 2 VAG oder in § 134 Abs. 7 VAG vorgesehen sind. 13

Die dritte Kategorie (Art. 6 Abs. 1 lit. c des Final Reports) fasst unterschiedliche **Erweiterungen der bestehenden versicherungsaufsichtsrechtlichen Berichtspflichten** der betreffenden Versicherungsunternehmen gegenüber der Aufsichtsbehörde zusammen. Sie gehen letztlich von einer Turnuserhöhung bestimmter Berichtsformate zur Solvabilitätsentwicklung über die Vorlage mittelfristiger Pläne zum Kapitalmanagement bis hin zu der Auflage, vor jedweder wesentlichen unternehmerischen Entscheidung die vorherige Zustimmung der Aufsichtsbehörde einholen zu müssen. 14

Als vierte Kategorie (Art. 6 Abs. 1 lit. d des Final Reports) sind letztlich **Maßnahmen der Unternehmensorganisation** vorgesehen, die an Governance-Strukturen ansetzen und bestimmungsgemäß auf eine Verbesserung insbesondere des Risikomanagement und des ORSA ansetzen sollen. Solche Maßnahmen mögen im Einzelfall durchaus notwendig sein – für sich alleine genommen werden sie jedoch erwartungsgemäß nicht ausreichen, um die kritische Solvabilitätssituation auf der dritten Stufe der Aufsichtsleiter zu heilen. 15

IV. Verhältnis zur Generalklausel des § 298 Abs. 1 VAG. Mit Blick darauf, dass die Ermächtigungsgrundlage des § 137 VAG generalklauselartig ausgestaltet ist, verdrängt sie als lex specialis die 16

[7] Begriffsbildend CEIOPS, Answers to the European Commission on the second wave of Calls for Advice in the framework of the Solvency II project (CEIOPS-Doc. 07/05), Oktober 2005, Rn. 15.31.
[8] S. § 134 Rn. 25.
[9] EIOPA, Final Report vom 27.3.2015.
[10] Zu bestandswirksamen Maßnahmen im Lebensversicherungsbereich s. § 134 Rn. 32 sowie *Schaaf*, in: Dreher/Wandt, 2016, S. 99, 114 f.

allgemeine Generalklausel des § 298 Abs. 1 VAG. Praktische Unterschiede hinsichtlich der Reichweite der auf dritter Stufe der Aufsichtsleiter zulässigen behördlichen Eingriffe ergeben sich daraus nicht, zumal die in § 137 Abs. 2 VAG genannten Maßnahmen erklärtermaßen nicht abschließend aufgezählt sind.

Kapitel 3. Besondere Vorschriften für einzelne Zweige

Abschnitt 1. Lebensversicherung

Prämienkalkulation in der Lebensversicherung; Gleichbehandlung

138 (1) [1]**Die Prämien in der Lebensversicherung müssen unter Zugrundelegung angemessener versicherungsmathematischer Annahmen kalkuliert werden und so hoch sein, dass das Lebensversicherungsunternehmen allen seinen Verpflichtungen nachkommen und insbesondere für die einzelnen Verträge ausreichende Deckungsrückstellungen bilden kann.** [2]**Hierbei kann der Finanzlage des Versicherungsunternehmens Rechnung getragen werden, ohne dass planmäßig und auf Dauer Mittel eingesetzt werden dürfen, die nicht aus Prämienzahlungen stammen.**

(2) **Bei gleichen Voraussetzungen dürfen Prämien und Leistungen nur nach gleichen Grundsätzen bemessen werden.**

Übersicht

Schrifttum: *Derks,* Der Gleichbehandlungsgrundsatz im Versicherungsaufsichtsrecht, 2002; *Ebers,* Die Überschussbeteiligung in der Lebensversicherung, 2001; *Hartwig,* Die Geltung des Gleichbehandlungsgrundsatzes für Versicherungs-Aktiengesellschaften als Ausfluss verfassungsrechtlicher Grundsätze, 2002; *Krömmelbein,* Der versicherungsrechtliche Gleichbehandlungsgrundsatz zwischen Deregulierung und Diskriminierung, 2007; *Müller,* Finanzaufsicht im Versicherungswesen, 2003; *Rehberg,* Der Versicherungsabschluss als Informationsproblem, 2003; *Richter,* Gleichbehandlungspflichten in der Privatversicherung, 2011; *Schroer,* Der Verantwortliche Aktuar in der Lebensversicherung, 2000; *Schumacher,* Der Rückkaufswert von Lebensversicherungen, 2012.

1 **I. Allgemeines. 1. Entstehungsgeschichte.** § 138 VAG entspricht § 11 VAG a. F. und ist lediglich **geringfügig** redaktionell **angepasst** worden.[1]

2 **2. Normzweck.** Die gesetzlichen Vorgaben zur Prämienkalkulation und zur Gleichbehandlung stellen Schutzvorschriften zur **Sicherstellung eines funktionierenden Versichertenkollektivs** dar. Nur wenn die Prämien ausreichend sind und eine Gleichbehandlung der Versicherten sichergestellt ist, kann die Lebensversicherung für eine effektive Altersvorsorge[2] genutzt werden. Die Vorschriften dienen insoweit auch dem Verbraucherschutz.[3]

§ 138 VAG, der diese Vorgaben enthält, steht dabei an der Spitze der speziellen Vorschriften für die Lebensversicherung. Viele dieser Bestimmungen sind bereits mit dem Dritten Durchführungsgesetz/EWG zum VAG[4] zusammengezogen worden. Mit Umsetzung der Solva II-Richtlinie sind weitere Bestimmungen diesem Kanon hinzugefügt worden, so dass nunmehr ein einziger Abschnitt alle spezifischen Lebensversicherungsregelungen vereint,[5] unbeschadet vereinzelter gesonderter Maßgaben. Der Gesetzgeber hat damit für gewisse Rahmenregelungen als **„Sicherungsmechanismen"**[6] gesorgt. Diese stehen im Zusammenhang mit der besonderen sozialpolitischen Bedeutung der Lebensversicherung.[7] Dass Lebensversicherungsverträge für die weitere Lebensgestaltung besonders wichtig sind, macht

[1] RegE VAG 2014, 270 (zu § 138 VAG).
[2] *Michaels* WM 1997, 59; *Rupprecht* ZGW 2000, 364 f.
[3] *Wolfsdorf,* FS 100 Jahre Hamburger Verein, 2016, S. 855, 865 u. 878 f.
[4] BGBL. I 1630.
[5] RegE VAG 2014, 270 (zu Kapitel 3 Abschnitt 1).
[6] *Bost,* in: F. Wagner, Aktuelle Fragen in der Versicherungswirtschaft, 2005, S. 25, 28.
[7] Vgl. Gesetzesbegründung, BR-Drs. 23/94, 165.

staatliche Schutzmaßnahmen unabweisbar, auch damit dieses „System der privaten Zukunftssicherung"[8] grundgesetzkonform bleibt. Von der Versicherungswirtschaft ist dabei in der Vergangenheit auch wiederholt in Kauf genommen worden, dass bestimmte Maßgaben schwerpunktmäßig deutsche Unternehmen treffen. Das ist als „Qualitätsmerkmal der deutschen Lebensversicherung" begriffen und insofern auch begrüßt worden.[9]

3. Europarechtlicher Hintergrund. § 138 Abs. 1 VAG fußt auf Art. 209 der **Solva II-RL.** § 138 Abs. 2 VAG liegen hingegen rein nationale Wertungen zugrunde, die mitunter teilweise im Kontext mit europäischem Richtlinienrecht[10] und korrespondierender Rechtsprechung der EuGH[11] zu interpretieren und entsprechend fortzuschreiben sind. 3

II. Betrieb nach versicherungsmathematischen Grundsätzen (Abs. 1). Die Prämien müssen unter **Zugrundelegung angemessener versicherungsmathematischer Annahmen** so hoch sein, dass der Versicherer seinen Verpflichtungen nachkommen kann (§ 138 Abs. 1 S. 1 VAG). Der Finanzlage des Unternehmens kann hierbei Rechnung getragen werden (§ 138 Abs. 1 S. 2 VAG). Der der Vorschrift des § 138 Abs. 1 VAG zugrundeliegende Art. 209 der Solva II-Richtlinie lautet: 4

Die Prämien für die neuen Geschäfte müssen – von angemessenen versicherungsmathematischen Hypothesen ausgehend – hoch genug sein, damit das Lebensversicherungsunternehmen all seinen Verpflichtungen nachkommen und insbesondere angemessene versicherungstechnische Rückstellungen bilden kann.
Hierbei kann allen Aspekten der Finanzlage des Lebensversicherungsunternehmens Rechnung getragen werden, ohne dass Mittel, die keine Prämien sind und nicht von Prämien stammen, systematisch und auf Dauer eingebracht werden, die die Solvenz des betreffenden Unternehmens langfristig gefährden könnte.

Unter Hinweis auf diese Richtlinienvorgabe bzw. die entsprechende inhaltlich identische Vorgängerregelung wird die Auffassung vertreten, Richtlinie und VAG seien dahingehend zu verstehen, dass nur etwas über die Mindesthöhe der Beiträge ausgesagt werde, nichts aber über die Zusammensetzung der Beiträge. Es könne somit nicht verlangt werden, dass die Beiträge selbst nach angemessenen versicherungsmathematischen Annahmen bestimmt werden müssen.[12] Dem kann nicht gefolgt werden.[13] Der insoweit maßgeblichen Richtlinienbestimmung ist zu entnehmen, dass die Prämien auf angemessenen versicherungsmathematischen Hypothesen beruhen müssen. Diese sind somit Voraussetzung für das Gebot hinsichtlich der **Mindesthöhe der Beiträge**. Dafür spricht nicht nur der Wortlaut, sondern auch die Entstehungsgeschichte der Bestimmung. Ursprünglich wollte sich die Richtlinie zur Prämienkalkulation verschweigen. Damit sollte angelsächsischen Vorstellungen Rechnung getragen werden, denen zufolge sich die Prämienfestsetzung ausschließlich an kommerziellen Gesichtspunkten zu orientieren hat. Diese Philosophie hat sich der Richtliniengeber aber im Ergebnis nicht zu Eigen gemacht, sondern hat sich nach ausführlicher Diskussion für bestimmte Vorgaben entschieden.[14] Zu sehen ist dabei auch der systematische Zusammenhang mit Art. 182 UAbs. 2 der Solva II -Richtlinie (umgesetzt in § 143 VAG), demzufolge die systematische Übermittlung der für die Berechnung der Tarife verwendeten technischen Grundlagen gefordert werden kann. Der Richtliniengeber geht damit implizit von der Annahme aus, dass es derartige technische Grundlagen gibt und dass diese auch aufsichtsrechtlich relevant sind. Die Vorlage derartiger Unterlagen darf lediglich nicht zur Voraussetzung einer Aufnahme des Versicherungsgeschäfts gemacht werden. Aus alledem ergibt sich, dass es kein europarechtliches Verbot einer Kalkulationsvorschrift gibt, sondern im Gegenteil eine solche europarechtlich gefordert ist. 5

Hierauf basierend ergibt sich aus § 138 Abs. 1 VAG die Notwendigkeit einer versicherungsmathematisch ausgerichteten Kalkulation und hiermit untrennbar verbunden das Erfordernis einer bestimmten Mindestprämienhöhe (§ 138 Abs. 1 **S. 1**). Die in § 138 VAG vorausgesetzten angemessenen versicherungsmathematischen Annahmen, die die Angabe von geeigneten Modellen für die Berechnung und Prinzipien für die Wahl geeigneter Parameter umfassen,[15] machen individuell berechnete Prämien notwendig, bei denen im Regelfall das **Alter** der versicherten Person[16] berücksichtigt wird. Dazu bedarf es gemäß § 20 Abs. 2 S. 2 AGG entsprechender statistischer Erhebungen, die eine entsprechende Risikobewertung gestatten. Eine geschlechtsabhängige Kalkulation ist hingegen nicht mehr zulässig.[17] 6

---

[8] *BVerfG* Urt. v. 26.7.2005 – 1 BvR 782/94 u. 957/96, VersR 2005, 1109; *BVerfG* Urt. v. 26.7.2005 – 1 BvR 80/95, VersR 2005, 1127 = NJW 2005, 2376.

[9] S.nur *Pestenhofer*, in: Dieter Farny und die Versicherungswissenschaft, 1994, S. 381, 384.

[10] EU-Richtlinie zur Verwirklichung des Grundsatzes der Gleichbehandlung von Männern und Frauen beim Zugang zu und bei der Versorgung mit Gütern und Dienstleistungen, ABl. EU 2004 L 373, 37.

[11] *EuGH* Urt. v. 1.3.2011 – C-236/09, VersR 2011, 3277 = NJW 2011, 907 – Test-Achats.

[12] *Engeländer* NVersZ 2001, 289, 290 f.; *ders.* VersR 2007, 1297, 1302 Fn. 44; *Schumacher*, Der Rückkaufswert von Lebensversicherungen, 2012, S. 121 f.

[13] *Winter*, S. 191.

[14] Vgl. im einzelnen *Janotta-Simons*, in: Münchener Blätter zur Versicherungsmathematik, Heft 21, August 1992 S. 13 f.; *H. Müller*, Versicherungsbinnenmarkt, München, 1995, Rn. 80.

[15] *Zwiesler* VersWissStud (Bd. 2), S. 155, 159.

[16] Vgl. *Claus* VerBAV 1986, 239, 242; *Raulf/Gunia* NZA 2003, 534, 535.

[17] Vgl. Rn. 17 f.

7 Entscheidend ist, dass die Kalkulation[18] **versicherungsmathematisch abgesichert** ist, also nicht auf rein willkürlichen Festlegungen beruht,[19] was allerdings etwa in der Restschuldversicherung Pauschalprämien nicht ausschließt.[20] Damit ist eine Kalkulation ausgeschlossen, die sich an versicherungsmathematisch nicht begründbaren Merkmalen ausrichtet.[21] Insofern besteht auch ein Zusammenhang zu dem Gleichbehandlungsgrundsatz von § 138 Abs. 2 VAG. Eine Identität des Rechnungszinssatzes für die Prämien- und Deckungsrückstellungsberechnung – nur für letztere ist die Festsetzung eines Höchstzinssatzes nach § 88 Abs. 3 S. 1 Nr. 1 VAG möglich – ist nicht geboten,[22] eine Annäherung ist aber indiziert.[23] Heranzuziehen sind insoweit – wie im Falle der Bestimmung des Rückkaufswerts nach § 169 Abs. 3 VVG – anerkannte Regeln der Versicherungsmathematik,[24] wenngleich damit noch nicht zwingend die Angemessenheit der Annahmen begründet ist.[25] Die Kompetenz zur endgültigen Konkretisierung obliegt dabei nicht der Aufsicht, sondern steht letztlich den Gerichten zu.[26]

8 Bereits unmittelbar aus der Notwendigkeit einer versicherungsmathematisch ausgerichteten Kalkulation lässt sich das Erfordernis ableiten, dass die zugesagten Leistungen auch finanziell erfüllt werden können. Dazu reicht es nicht, wenn die Prämie lediglich „im Mittel" ausreicht, sondern es muss auch „praktisch sicher" sein, dass die Verpflichtungen dauerhaft erfüllbar sind.[27] Ob dem durch die unmittelbare Einrechnung von Sicherheitsmargen Rechnung getragen wird oder ob dem durch andere geeignete versicherungsmathematische Ansätze entsprochen wird, ist Sache des einzelnen Versicherers.[28] Die eingerechneten Kosten müssen jedenfalls ausreichend sein, also mindestens den Aufwendungen (einschließlich Abschlusskosten)[29] entsprechen.[30] Zur Sicherstellung der dauernden **Erfüllbarkeit** der Verpflichtungen gehört, wie von § 138 Abs. 1 S. 1 VAG ausdrücklich angesprochen, die Bildung ausreichender Deckungsrückstellungen. Dies setzt die Wahl geeigneter Rechnungsgrundlagen voraus. Namentlich sind die aktuellen Sterblichkeiten ausreichend zu berücksichtigen.[31] Die DAV-Sterbetafeln 2004 R und 2008 T erfüllen gegenwärtig (noch) diese Bedingung. In Betracht können auch unternehmensindividuelle Statistiken kommen, sofern diese aussagekräftig sind.[32] Bei den Deckungsrückstellungen handelt es sich um versicherungstechnische Rückstellungen,[33] die durch die Mittel des Sicherungsvermögens bedeckt werden.[34] Im Insolvenzfall bestehen entsprechende Vorrechte der Versicherten auf bevorzugte Befriedigung.[35]

9 Die Vorgaben zielen insgesamt auf eine **vorsichtige Prämienkalkulation**.[36] Diese bedingt es, dass aus Gründen der Gerechtigkeit den Versicherten dabei entstehende Überschüsse gutzubringen sind.[37] Diese sind der Rückstellung für Beitragsrückerstattung zuzuführen, soweit nicht eine Direktgutschrift erfolgt. Einzelheiten legt § 140 VAG und die auf § 145 Abs. 2 u. 3 VAG beruhende Rechtsverordnung, die MindZV, fest. Überschüsse müssen dabei verursachungsorientiert verteilt werden. Diese sich aus § 153 Abs. 2 VVG ergebende Verpflichtung überlagert und verdrängt die vormalige von der Aufsicht entwickelte und von der Rechtsprechung[38] bestätigte Pflicht zu einer zeitnahen und verursachungsgerechten Überschussbeteiligung.[39]

---

[18] Das gilt auch im Falle von späteren Prämienänderungen; a. M. *Engeländer* VersR 2000, 274, 283.
[19] Vgl. Arbeitsgruppe Aktuarielle Interpretation des § 11 Abs. 2 VAG a. F., in: Der Aktuar 1997, 141, 144.
[20] BaFin-Verlautbarung BaFin Journal 10/07, S. 3.
[21] *Brömmelmeyer*, Der Verantwortliche Aktuar in der Lebensversicherung, 2002, S. 189.
[22] *Claus* ZfV 1994, 139, 140; *ders.*, in: Münchener Blätter zur Versicherungsmathematik, Heft 26, Februar 1994, S. 17; *Will* FS D. Farny, 1994, 305, 310; Schwintowski/Brömmelmeyer/*Ortmann*, § 169 VVG Rn. 30.
[23] *Müller*, Rn. 650; *ders.*, Finanzaufsicht im Versicherungswesen, 2003, S. 25; *Janotta-Simons* ZfV 1993, 30, 32 f.; *Schroer*, Der Verantwortliche Aktuar in der Lebensversicherung, 2000, S. 98 f.
[24] Vgl. *Neuburger* VersWissStud [4. Bd.], S. 37 f.
[25] *Brömmelmeyer*, Der Verantwortliche Aktuar in der Lebensversicherung, 2002, S. 178 f.
[26] *Vieweg* VersWissStud [2. Bd.], S. 163, 177.
[27] *Neuburger* VersWissStud [4. Bd.], S. 37, 39.
[28] *Neuburger* VersWissStud [4. Bd.], S. 37, 39.
[29] Vgl. *BGH* Urt. v. 12.10.2005 – IV ZR 162/03, VersR 2005, 1565 = NJW 2005, 3559.
[30] Vgl. Arbeitsgruppe Aktuarielle Interpretation des § 11 Abs. 2 VAG a. F., in: Der Aktuar 1997, 141, 144.
[31] S. hierzu auch bezogen auf sog Riesterverträge die Antwort der Bundesregierung auf eine Kleine Anfrage, BT-Drs. 17/10889, 6 (zu Nr. 12).
[32] *Segerer*, in: Vom Versicherungsmathematiker zum Aktuar, 1995, S. 45, 54.
[33] Vgl. § 341f HGB.
[34] Vgl. § 125 Abs. 2 Nr. 2 VAG.
[35] Vgl. § 315 Abs. 1 VAG.
[36] *Armbrüster* ZVersWiss 2003, 745, 748; *Knappmann* NJW 2005, 2892.
[37] Vgl. Gesetzesbegründung, BR-Drs. 23/94, 251 f.; *BVerfG* Urt. v. 26.7.2005 – 1 BvR 782/94 + 957/96, VersR 2005, 1109 = JuS 2005, 1026; *BVerfG* Urt. v. 26.7.2005 – 1 BvR 80/95, VersR 2005, 1127 = NJW 2005, 2376; *Brömmelmeyer* VersR 2003, 939, 944; *Heiss*, in: Albrecht/ Bartels/ Heiss (Hrsg.), Das Urteil des Bundesverfassungsgerichts vom 26. Juli 2005 (1 BvR 80/95), 2006 S. 7, 11; *Lensing* VuR 2006, 249; skeptisch *Laars* § 11 Rn. 6 f.
[38] *BVerwG* Urt. v. 12.9.1989 – 1 A 32/87, VersR 1990, 73 = NJW 1990, 1003; BaFin-Verlautbarung VerBaFin 7/ 2004, S. 3, 5.
[39] Schwintowski/Brömmelmeyer/*Ortmann* § 153 VVG Rn. 56 u. 59; Prölss/Martin/*Reiff* § 153 VVG Rn. 19. S. a. § 139 VAG Rn. 10.

Bei der Kalkulation darf die **Finanzlage** des Unternehmens berücksichtigt werden (§ 138 Abs. 1 **S. 2** VAG). Das bedeutet, dass außer den Prämien auch sonstige finanzielle Mittel herangezogen werden können, beispielsweise Kapitalerträge oder Nachschüsse der Aktionäre.[40] Nicht zulässig ist es jedoch, entsprechende Mittel planmäßig und auf Dauer einzusetzen.[41] Dieser auf Art. 209 UAbs. 2 der Solva II-Richtlinie zurückgehende Zusatz soll Garant dafür sein, dass einer dauerhaften Subventionierung von Verträgen mit unzureichenden Prämien begegnet werden kann (sog Verbot der Quersubventionierung). Damit hat sich der Richtliniengeber im Ergebnis gegen angelsächsische Vorstellungen gestellt, die in einer derartigen Subventionierung kein Problem sahen.[42] Hieran hat sich auch das Verständnis von § 138 Abs. 1 S. 2 VAG zu orientieren.[43] Das verbietet es etwa, bei der Prämienkalkulation generell Überschüsse heranzuziehen[44] oder einen zu niedrig festgelegten Rechnungszins auf Dauer durch voraussichtlich eintretende Sterblichkeitsgewinne auszugleichen.[45] Hiermit wird zusätzlich Sorge für den Erhalt der Solvabilität getroffen.[46] Damit ist im Grundsatz auch das Äquivalenzprinzip vorgegeben, bei dem die Prämie genau der Leistung entspricht,[47] so wie dies bis Jahresmitte 1994 durch die aufsichtsbehördliche Genehmigung gewährleistet war.[48] Gegen eine Produktausgestaltung, die (aus Vorsichtgründen) während der Laufzeit einen niedrigen Garantiezins und hierzu ergänzend lediglich bei Endfälligkeit eine zusätzliche Leistung zusagt, ist aufsichtsrechtlich nichts einzuwenden. Das gilt allerdings nur, solange eine angemessene Überschussbeteiligung auch ansonsten gewährleistet ist und ein Rückgriff auf Eigenmittel zur Sicherstellung der endfälligen Garantie lediglich in krassen Ausnahmefällen, nämlich bei nicht ausreichenden Überschüssen während der Laufzeit des Vertrags erfolgt. Entscheidend in vertragsrechtlicher Hinsicht ist dabei die Herstellung ausreichender Transparenz für den Versicherungsnehmer durch ausdrücklichen Verweis auf die Besonderheiten derartiger Abreden. 10

III. Gleichbehandlungsgrundsatz (Abs. 2). Bei **gleichen** Voraussetzungen dürfen Prämien und Leistungen nur nach gleichen Grundsätzen bemessen werden (§ 138 Abs. 2 VAG). Insbesondere die sozialpolitische Bedeutung der Lebensversicherung und die hierdurch bedingt besondere Schutzbedürftigkeit des Versicherungsnehmers hat den Gesetzgeber zu dieser Maßgabe veranlasst.[49] Damit unvereinbar wäre es, wenn einzelne Versicherungsnehmer zu Lasten anderer Versicherungsnehmer benachteiligt oder bevorzugt würden.[50] Erreicht werden soll namentlich, dass von bestimmten Versicherungsnehmern oder Versicherungsnehmergruppen nicht höhere Prämien als notwendig verlangt werden können.[51] Auch bei der Überschussbeteiligung soll eine unterschiedliche Behandlung unterbunden werden, sofern diese nicht durch die Tarifstruktur gerechtfertigt ist.[52] Der Grundsatz erfasst auch Policendarlehen. 11

§ 138 Abs. 2 VAG enthält **keinen verallgemeinerungsfähigen Grundsatz**, der eine Gleichbehandlung auch in anderen Versicherungssparten – unbeschadet der UPR (§ 161 Abs. 1 VAG) und der nach Art der Lebensversicherung betriebenen Krankenversicherung (§ 146 Abs. 2 S. 1, § 147 VAG) – gebietet.[53] Der Gesetzgeber hat vielmehr nur für bestimmte Sparten eine derartige Vorgabe gemacht. Diese Entscheidung, denen vor allem besondere Schutzüberlegungen zugrunde liegen, würde konterkariert, wenn die Regelung über ihren Anwendungsbereich hinaus erstreckt würde. Insoweit ist auch kein Raum mehr für weitergehende aufsichtsbehördliche Wertungen, die vormals insbesondere in Gestalt der Tarifgenehmigungserfordernisse eine Gleichbehandlung sicherstellte.[54] Angesichts der klaren gesetzlichen Wertung dürfte auch der frühere aufsichtsbehördliche Standpunkt[55] überholt sein, 12

---

40 *Hohlfeld* FS E. Lorenz 1994, 295, 303.

41 *Winter*, S. 193 f.

42 Vgl. im einzelnen *Janotta-Simons,* in: Münchener Blätter zur Versicherungsmathematik, Heft 21, August 1992, S. 13,14.

43 *H. Müller*, Finanzaufsicht im Versicherungswesen, 2003, S. 24 zu § 11 VAG a. F.

44 BAV-Rundschreiben R 1/95, VerBAV 1995, 287; BaFin-Auslegungsentscheidung v. 10.11.2006 zur Überschussverwendung in der Rentenversicherung, Ziff. II.2; *Ebers*, Die Überschussbeteiligung in der Lebensversicherung, 2001, S. 39 FN 35; *Schroer*, Der Verantwortliche Aktuar in der Lebensversicherung, 2000, S. 98; *H. Müller*, Rn. 650; *Fahr* VersR 1992, 1033, 1046; *Janotta-Simons* ZfV 1993, 30, 32; a. M. *Dreher* ZVersWiss 1996, 499, 515.

45 *H. Müller*, Finanzaufsicht im Versicherungswesen, 2003, S. 24.

46 Vgl. Gesetzesbegründung, BR-Drs. 23/94, 165.

47 *Jaeger* VersR 1999, 26, 28; a. M. *Engeländer* NVersZ 2001, 289, 290.

48 Vgl. Arbeitsgruppe Aktuarielle Interpretation des § 11 Abs. 2 VAG a. F., in: Der Aktuar 1997, 141, 143.

49 Vgl. Gesetzesbegründung, BR-Drs. 23/94, 165.

50 *BVerwG* Urt. v. 23.6.2010 – 8 C 42/09, Rn. 38 = VersR 2010, 1345.

51 Vgl. Gesetzesbegründung, BR-Drs. 23/94, 165; *Schroer*, Der Verantwortliche Aktuar in der Lebensversicherung, 2000, S. 100.

52 Vgl. Gesetzesbegründung, BR-Drs. 23/94, 165; kritisch *Brachmann* VW 2004, 1072.

53 *Derks*, Der Gleichbehandlungsgrundsatz im Versicherungsaufsichtsrecht, 2002, S. 96; *Krömmelbein*, Der versicherungsrechtliche Gleichbehandlungsgrundsatz zwischen Deregulierung und Diskriminierung, 2007, S. 99 f.; *Richter* Gleichbehandlungspflichten in der Privatversicherung, 2011, S. 75; *Rehberg*, Der Versicherungsabschluss als Informationsproblem, 2003, S. 93, 301.

54 Vgl. *Jannott* FS E. Lorenz, 1994, S. 341, 343 f.

55 Vgl. *Wöhrle*, in: H. Müller/Golz/Washausen-Richter/Trommeshauser, 100 Jahre materielle Versicherungsaufsicht in Deutschland, 2001, S. 65, 76; ebenso *Jannott* FS E. Lorenz, 1994, 341, 342 und von *Koppenfels-Spies* VersR 2004, 1085, 1087 ff.

wonach der Gleichbehandlungsgrundsatz dem Versicherungsgeschäft immanent sei.[56] Wenn dieser weiterhin richtig wäre,[57] hätte es einer gesetzlichen Festlegung gar nicht bedurft. Hiergegen lässt sich auch nicht einwenden, dem Gesetz komme insoweit nur Klarstellungsfunktion zu. Nicht zuletzt aus den Gesetzesmaterialien ergibt sich dezidiert, dass unmittelbarer Regelungsbedarf gesehen wurde und zwar – gestützt auf besondere Schutzüberlegungen – nur für bestimmte Sparten.[58] Gegen die Geltung eines allgemeinen Gleichbehandlungsgrundsatzes werden schließlich auch europarechtliche Gründe geltend gemacht.[59]

13 Zu beachten sind allerdings **weitere Gleichbehandlungsgebote**, die sich aus dem VAG, dem AltZertG, dem AGG und dem PflVG ergeben. Hierzu zählen der aufsichtsrechtliche Gleichbehandlungsgrundsatz für VVaG und Pensionsfondsvereine auf Gegenseitigkeit[60] und das Verbot für Sondervergütungen und Begünstigungsverträge.[61] Für Altersvorsorgeverträge sieht § 1 Abs. 1 S. 1 Nr. 2 AltZertG als Ausprägung des Gleichbehandlungsgrundsatzes ausdrücklich nur eine geschlechtsneutrale Kalkulation zu.[62] Hinsichtlich des AGG[63] sind namentlich die Vorschriften der §§ 19, 20 AGG heranzuziehen.[64] In der Kraftfahrzeug-Haftpflichtversicherung besteht in modifizierter Form ein Gleichbehandlungsgrundsatz. Hier gelten Anträge auf Vertragsschluss als zum allgemeinen Unternehmenstarif als angenommen, sofern der Versicherer ihn nicht innerhalb einer bestimmten Frist ablehnt oder wegen einer nachweisbaren höheren Gefahr ein vom allgemeinen Unternehmenstarif abweichendes schriftliches Angebot unterbreitet.[65]

14 Diskriminierungsverbote enthält das **europäische Recht**.[66] So ist eine Diskriminierung ua wegen des Geschlechts, der Rasse, der ethnischen Herkunft, einer Behinderung oder des Alters verboten.[67] Korrespondierendes gilt für die Staatsangehörigkeit.[68] Die Gleichheit von Frauen und Männern ist zudem zusätzlich festgeschrieben.[69] Flankierend bestehen zudem eine Richtlinie zur Anwendung des Gleichbehandlungsgrundsatzes ohne Unterschied der Rasse oder der ethnischen Herkunft[70] und eine Richtlinie zur Verwirklichung des Grundsatzes der Gleichbehandlung von Männern und Frauen[71], die ihre Umsetzung in Deutschland mit dem AGG gefunden haben.[72] Darüber hinaus ist der Europäische Rat ua auch zu Maßnahmen ermächtigt, mit denen Diskriminierungen aus Gründen einer Behinderung oder des Alters bekämpft werden.[73] Art. 157 AEUV bestimmt eine Gleichbehandlung von Männern und Frauen hinsichtlich des Arbeitsentgelts. Hiervon erfasst werden im Grundsatz auch Leistungen eines Betriebsrentensystems, wie sie von Pensionskassen erbracht werden.[74] Für die betrieblichen Systeme der sozialen Sicherheit sind spezielle Richtlinienvorgaben in Bezug auf die Verwirklichung des Grundsatzes der Chancengleichheit und Gleichbehandlung von Männern und Frauen zu beachten.[75] Daneben besteht eine Richtlinie zur Festlegung eines allgemeinen Rahmens für die Verwirklichung der Gleichbe-

---

[56] *Derks*, Der Gleichbehandlungsgrundsatz im Versicherungsaufsichtsrecht, 2002, S. 234, 236; *Looschelders,* FS 100 Jahre Hamburger Verein, 2016, 209, 223 f.

[57] Dies ausdrücklich verneinend *Lorenz*, 25 Jahre Karlsruher Forum, Beilage zu VersR 1983, Heft 41, S. 162, 165 ff.; *Jung* VersR 2003, 282, 284; *Petersen*, Versicherungsunternehmensrecht, 2003, Rn. 168.

[58] Vgl. Gesetzesbegründung, BR-Drs. 23/94, 165.

[59] *Krömmelbein*, Der versicherungsrechtliche Gleichbehandlungsgrundsatz zwischen Deregulierung und Diskriminierung, 2007, S. 315

[60] § 177, § 237 Abs. 3 Nr. 1 Hs. 2 VAG.

[61] Basierend auf § 298 Abs. 4 VAG, sofern der Verordnungsgeber hiervon Gebrauch macht. Vgl. die Aufhebung der entsprechenden Verordnungen basierend auf dem früheren Recht zum 1.7.2017 durch Art. 5 der Rechtsverordnung v. 16.12.2015, BGBl. I 2345.

[62] Vgl. Art. 7 Nr. 1 des Alterseinkünftegesetzes v. 5.7.2004, BGBl. I 1427; hierzu *Zypries*, Rechtspolitik für die Versicherungswirtschaft und die Versicherten – Bilanz und Perspektive, Vortrag auf der GDV-Mitgliederversammlung am 13.11.2003, S. 4; kritisch hierzu 15. Hauptgutachten der Monopolkommission 2002/2003, Kurzfassung, Rn. 222; *Risthaus* DB 2004, 1383, 1384; *Schmidt-Gallas* VW 2004, 893; *Becker* JZ 2004, 846, 853. Die Regelung wurde dabei seinerzeit als nicht verallgemeinerungsfähig angesehen, vgl. *Lorenz* VW 2004, 1640, 1644 f.; *Michaels*, in: E. Lorenz, Karlsruher Forum 2004: Haftung wegen Diskriminierung nach derzeitigem und zukünftigem Recht, 2005, S. 170, 171.

[63] Zu dessen Bedeutung für die Privatversicherung vgl. nur *Armbrüster* VersR 2006, 1297, 1306.

[64] Vgl. bezogen auf Versicherungen va Gesetzesbegründung BR-Drs. 329/06, 25; kritisch *Wolfsdorf*, in: Der Aktuar 2005, 2, 3 ff.; *Armbrüster* ZRP 2005, 41, 43 f.; *Thüsing/von Hoff* VersR 2007, 1, 2 u. 4; *Wagner* ZRP 2005, 136 f.; *Braun* ZRP 2005, 135, 136; zu den grundsätzlichen Bedenken des Bundesrats im Vorfeld vgl. BT-Drs. 15/5915, 1 ff.; 16/1852, 1 ff. Zu den Implikationen im Einzelnen vgl. die Erläuterungen unter Rn. 17 ff.

[65] § 5 Abs. 3 PflVG.

[66] Vgl. die Übersicht samt Analyse von *Basedow* ZEuP 2008, 230 ff.

[67] Art. 21 Abs. 1 GR-Charta.

[68] Art. 21 Abs. 2 GR-Charta.

[69] Art. 23 GR-Charta.

[70] ABl. EG 2000 L 180, 22.

[71] ABl. EU 2004 L 373, 37.

[72] BGBl. 2006 I 1897.

[73] Art. 19 AEUV.

[74] *EuGH* Urt. v. 9.10.2001 – C-379/99, NJW 2001, 3693 zu Art. 141 EG-Vertrag a. F.

[75] ABl. EU 2006 L 204, 23; s. a. *BGH* Urt. v. 1.6.2005 – IV ZR 100/02, VersR 2005, 1228 = NJW-RR 2005, 1161.

handlung in Beschäftigung und Beruf.[76] Auch diese Richtlinien sind mit dem AGG in Deutschland umgesetzt worden.

15 Das Grundgesetz verpflichtet zur Gleichbehandlung aller Menschen vor dem Gesetz und schreibt die Gleichberechtigung von Männern und Frauen fest. Niemand darf namentlich wegen seines Geschlechtes, seiner Abstammung oder seiner Rasse benachteiligt oder bevorzugt werden. Niemand darf wegen seiner Behinderung benachteiligt werden.[77] Diese Vorgaben sind nicht nur von der Gesetzgebung, der Gerichtsbarkeit und der Verwaltung zu beachten. Auch für öffentlich-rechtliche Unternehmen, denen von Gesetzes wegen bestimmte Aufgaben zugewiesen sind, gilt der Grundsatz unmittelbar selbst wenn die Aufgaben mit Mitteln des Privatrechts erfüllt werden.[78] Das bedeutet im Einzelnen das Verbot einer ungerechtfertigten Ungleichbehandlung verschiedener Personen oder Personengruppen sowie die Beachtung des Willkürverbots.[79] Auch für private Unternehmen im staatlichen Besitz gelten korrespondierende Beschränkungen.[80] Über die Generalklauseln des Zivilrechts, insbesondere §§ 134, 138, 242, 307 BGB, wirken diese Grundsätze schließlich auch darüber hinaus in den Privatverkehr hinein (sog **Drittwirkung der Grundrechte**). Hieraus lässt sich allerdings für private Versicherungsunternehmen und Pensionsfonds noch kein allgemeines (versicherungs-)rechtliches Gleichbehandlungsgebot herleiten.[81] Namentlich sind gewisse Typisierungen und Generalisierungen nicht von vornherein ausgeschlossen.[82] Insgesamt ist jedoch festzuhalten, dass Gleichbehandlungsgebote bezogen auf den Versicherungssektor, die mitunter auch als Schutzvorschriften vor „statistischer Ungleichbehandlung" – also vor „Fremdbildzuschreibung durch die typisierende Vorgehensweise der Versicherer"[83] – interpretiert werden, einen „Gegenbelang" zur Privatautonomie und unternehmerischen Freiheit der Versicherer bilden.[84]

16 Der Gleichbehandlungsgrundsatz von § 138 Abs. 2 VAG ist verletzt, wenn sich ein vernünftiger, sich aus der Natur der Sache ergebender oder sonstwie einleuchtender Grund für die **Differenzierung** oder Gleichbehandlung nicht finden lässt.[85] Darüber hinaus ist der Grundsatz verletzt, wenn eine Gruppe von Betroffenen im Vergleich zu einer anderen anders behandelt wird, obwohl zwischen beiden Gruppen keine Unterschiede von solcher Art und solchem Gewicht bestehen, dass sie die unterschiedliche Behandlung rechtfertigen können. Diese vom BVerfG zu Art. 3 GG entwickelten Maßstäbe[86] kommen auch bei § 138 Abs. 2 VAG zum Zuge,[87] wobei Bezugspunkt die Versicherungsnehmer sind. Die Gleichbehandlung bzw. Differenzierung bezieht sich hier auf die Prämien und Leistungen (einschließlich Überschussbeteiligung)[88]. Eindeutig grundlose Zahlungen an bestimmte Versicherungsnehmer verletzen den Gleichbehandlungsgrundsatz.[89] Das bedeutet aber nicht, dass jegliche Kulanzleistung bereits gegen § 138 Abs. 2 VAG verstößt. Sofern Kulanzleistungen gewährt werden, ist vielmehr darauf zu achten, dass unter den gleichen Voraussetzungen dieselben Kulanzleistungen gewährt werden, was allerdings aufsichtsrechtlich dort seine Grenze findet, wo die Erfüllbarkeit anderweitiger Verpflichtungen tangiert ist. Da der Prämienkalkulation angemessene versicherungsmathematische Annahmen zugrunde liegen müssen, ist aktuariell Sorge zu treffen, dass dabei auch die Gleichbehandlung gewährleistet bleibt. Dabei sind sachgerechte Vereinfachungen zulässig.[90] Die Einhaltung dieser Grundsätze obliegt dem Verantwortlichen Aktuar.[91] Er ist dabei an die sich aus dem Gleichbehandlungsgrundsatz ergebenden Maßgaben gebunden. Diese stehen maW nicht zu seiner Disposition.[92]

17 Eine geschlechtsabhängige Kalkulation ist nicht mehr gestattet, da der korrespondierende Rechtfertigungsgrund des § 20 Abs. 2 S. 1 AGG a. F. in Umsetzung eines Urteils des EuGH gestrichen worden

---

76 ABl. EG 2000 L 303, 16.
77 Art. 3 GG.
78 *BGH* Urt. v. 11.3.2003 – XI ZR 403/01, ZIP 2003, 714 = NJW 2003, 1658.
79 *BGH* Urt. v. 11.3.2003 – XI ZR 403/01, ZIP 2003, 714 = NJW 2003, 1658.
80 *BGH* Urt. v. 2.12.2003 – XI ZR 397/02, ZIP 2004, 351 = NJW 2004, 1031.
81 *Derks*, Der Gleichbehandlungsgrundsatz im Versicherungsaufsichtsrecht, 2002, S. 31 f.; a. M. *Hartwig*, Die Geltung des Gleichbehandlungsgrundsatzes für Versicherungs-Aktiengesellschaften als Ausfluss verfassungsrechtlicher Grundsätze, 2002, S. 81.
82 *BGH* Urt. v. 26.11.2003 – IV ZR 186/02, VersR 2004, 183 = NVwZ-RR 2004, 517.
83 *Richter*, Gleichbehandlungspflichten in der Privatversicherung, 2011, S. 245.
84 *Richter*, Gleichbehandlungspflichten in der Privatversicherung, 2011, S. 246.
85 *BVerwG* Urt. v. 23.6.2010 –8 C 42.09 Rn. 38, VersR 2010, 1345.
86 Vgl. nur *BVerfG* Urt. v. 6.3.2002 – 2 BvL 17/99, DB 2002, 557; *BVerfG* Urt. v. 17.7.2002 – 1 BvF 1/01, 1 BvF 2/01, NJW 2002, 2543; *BVerfG* Urt. v. 3.4.2001 – 1 BvR 1681/94, NJW 2001, 1707 u. 1716.
87 *BVerwG* Urt. v. 23.6.2010 –8 C 42.09 Rn. 38, VersR 2010, 1345 = BeckRS 2010, 50373; BaFin VerBaFin 7/2004, S. 3, 4; *Häßler*, in: Der Aktuar 1997, 140; *Brömmelmeyer*, Der Verantwortliche Aktuar in der Lebensversicherung, 2002, S. 190; *Armbrüster* VersR 2013, 385, 388 jeweils zu § 11 Abs. 2 VAG a. F.
88 Vgl. Gesetzesbegründung, BR-Drs. 23/94, 165; *Ebers*, Die Überschussbeteiligung in der Lebensversicherung, 2001, S. 115; *Brömmelmeyer*, Der Verantwortliche Aktuar in der Lebensversicherung, 2002, S. 217; *Didden*, in: Der Aktuar 1997, 179, 181; *Derks*, Der Gleichbehandlungsgrundsatz im Versicherungsaufsichtsrecht, 2002, S. 95.
89 *Benkel*, Der Versicherungsverein auf Gegenseitigkeit, 2002, S. 133.
90 Arbeitsgruppe Aktuarielle Interpretation des § 11 Abs. 2 VAG, in: Der Aktuar 1997, 141, 142; *Brömmelmeyer*, Der Verantwortliche Aktuar in der Lebensversicherung, 2002, S. 189 f.
91 § 141 Abs. 5 Nr. 1 VAG.
92 *Brömmelmeyer*, Der Verantwortliche Aktuar in der Lebensversicherung, 2002, S. 185.

ist.[93] Das wirkt unmittelbar auch auf das Verständnis von § 138 Abs. 2 VAG.[94] Theoretisch lässt § 20 Abs. 1 S. 1 AGG zwar eine Rechtfertigung aufgrund eines sachlichen Grundes zu.[95] Der einzig denkbare Grund ist aber bzgl. des Kriteriums **Geschlecht** mit Streichung des § 20 Abs. 2 S. 1 AGG a. F. entfallen. Einzubeziehen sind zudem die Wertungen des EuGH, denen zufolge Art. 21 u. 23 der GR-Charta letztlich geschlechtsneutrale Prämien (und Leistungen) gebieten und abweichende Regelungen nur für eine Übergangszeit noch zu rechtfertigen waren.[96] Gemäß Festsetzung des EuGH ist mit Wirkung vom 21.12.2012 eine geschlechtsabhängige Kalkulation nicht mehr aufrechtzuerhalten,[97] wenngleich eine geschlechtsbezogene Kalkulation vormals stets als Ausfluss einer risikogerechten Kalkulation verstanden worden war[98] bzw. das Verbot einer geschlechtsabhängigen Kalkulation aus dem Gleichbehandlungsgrundsatz als nicht ableitbar angesehen wurde.[99] Bedeutung erlangt die Vorgabe nur für Verträge, die seit diesem Stichtag geschlossen worden sind bzw. bei Änderungen von zuvor geschlossenen Verträgen, die einem Neuabschluss gleichkommen.[100] Weiterhin zulässig ist die Berücksichtigung geschlechtsspezifischer Umstände für Rückversicherungen sowie für rein interne Risikobewertungen von Erstversicherern. Geschlechtsspezifische Differenzierungen sind ferner bei der Bewertung des Gesundheitszustands eines Versicherten im Rahmen der Risikoprüfung möglich. Auch eine Berücksichtigung bei Marketingstrategien ist nicht unzulässig, ebenso wenig geschlechtsspezifische Versicherungsprodukte.[101] Kosten im Zusammenhang mit Schwangerschaft und Mutterschaft stellen hingegen keinen Grund für Differenzierungen dar.[102]

18 Auch wenn die **betriebliche Altersversorgung** vom Anwendungsbereich der Richtlinie grundsätzlich ausgenommen ist, die den Ausgangspunkt der EuGH-Entscheidung gebildet hat,[103] lassen sich die Wertungen auch hierauf übertragen. Dem steht auch nicht § 2 Abs. 2 S. 2 AGG entgegen, der für die betriebliche Altersversorgung auf das Betriebsrentengesetz verweist, das seinerseits aber keine hinreichenden Regelungen zu der hier interessierenden Fragestellung enthält,[104] so dass ihr auch höchstrichterlich nur die Bedeutung einer Kollisionsregel zugewiesen worden ist.[105] Die mit der Regelung verbundene Ankündigung einer Prüfung der Auswirkungen auf die betriebliche Altersversorgung[106] ist ohnehin unterblieben. Allerdings enthält Art. 9 Abs. 1 lit. h der EU-Richtlinie zur Verwirklichung des Grundsatzes der Chancengleichheit und Gleichbehandlung von Männern und Frauen[107] eine ausdrückliche Regelung, derzufolge gewisse geschlechtsspezifische Differenzierungen als Ausfluss versicherungs-

[93] Vgl. § 19 Abs. 1 AGG sowie Art. 8 des Gesetzes v. 3.4.2013, BGBl. I 610; hierzu Beschlussempfehlung und Bericht des BT-Finanzausschusses, BT-Drs. 17/11395, 24 (zu Art. 9). Korrespondierende Leitlinien der EU-Kommission enthält die Mitteilung v. 22.12.2011, ABl. EU 2012 C 11, 1.

[94] *Purnhagen* NJW 2013, 113, 117.

[95] S. hierzu die von *Hoffmann* VersR 2012, 1073, 1075; *ders.* ZIP 2011, 1445, 1451 geltend gemachten formalen Bedenken, denen aber mit einer richtlinienkonformen Auslegung Rechnung getragen werden kann.

[96] *EuGH* Urt. v. 1.3.2011 – C-236/09 Rn. 32 f., VersR 2011, 377; s. a. *EuGH* Urt. v. 3.9.2014 – C-318/13, VersR 2015, 349 = NZS 2014, 738 (zur gesetzlichen Unfallversicherung).

[97] *EuGH* Urt. v. 1.3.2011 – C-236/09 Rn. 34, VersR 2011, 377; vgl. die korrespondierende Regelung des § 33 Abs. 5 AGG; zu Abgrenzungsfragen bzgl. der von der neuen Rechtslage erfassten Verträge vgl. Mitteilung der EU-Kommission v. 22.12.2011, Rn. 12, ABl. EU 2012 C 11, 1, 3; zur Kritik an dem Urteil vgl. *Kroll-Ludwigs* JZn 2011, 734, 735 f.; *Mönnich* VersR 2011, 1092, 1094–1096; *Looschelders* JZ 2012, 105, 109; *ders.* VersR 2011, 421, 426; *Kahler* NJW 2011, 894, 895 f.; *Wolfsdorf* ZfV 29011, 183 f.

[98] Vgl. DAV-Stellungnahme, in: Der Aktuar 2004, 2 f.; Jahresgutachten 2003/04 des Sachverständigenrats zur Begutachtung der gesamtwirtschaftlichen Entwicklung, Berlin, 2003, Rn. 356; *Meyer*, Auswirkungen des EG-Diskriminierungsverbots von Mann und Frau auf die private und betriebliche Krankheits- und Altersvorsorge in Europa, 1994, S. 415 f.; *Steinmeyer* NZA 2004, 1257, 1258 f.; Sodan ZVersWiss 2004, 539, 541 f., 549 u. 551; *Armbrüster* ZRP 2005, 41, 42; *Schareck* FS Lorenz, 2004, 687, 702; *Sahmer* PKV-Publik 2003, 99 f.; *Schwark*, in: Wirtschaftsdienst 2003, 647, 650 u. 654; *Wolfsdorf* FS Helten, 2004, 693, 703 f.; *Riesenhuber/Franck* JZ 2004, 529, 535 u. 538; *Diewald* VW 2004, 87; *Risthaus* DB 2004, 1383, 1384; *Schmidt-Gallas* VW 2004, 893; *Winter* ZVersWiss 2005, 105, 114 f.; *Looschelders* ZVersWiss 2015, 481, 488; *Präve* VersR 2004, 39 ff.; so wohl auch von *Koppenfels/Spies* VersR 2004, 1085, 1090; mit gewissen Modifizierungen ebenso *Wandt* VersR 2004, 1341, 1345 Fn. 41; *ders./ Ehlers*, in: Forschung Frankfurt 1/2005, S. 20, 22 u. 24; *Lorenz* VW 2004, 1640, 1645 f.; s. a. *BVerfG* Urt. v. 18.3.1993 – 1 BvR 1927/92, VersR 1993, 733 = NJW 1994, 785.

[99] *Lorenz* VW 2004, 1640, 1642, 1644 f.; *Raulf/Gunia* NZA 2003, 534, 535; *Höfer*, Beilage NJW-Heft 27/2004, S. 27 f., 29; *ders.*, in: Höfer/Steinmeyer, Private und betriebliche Altersvorsorge zwischen Sicherheit und Selbstverantwortung, 2004, S. E 37 f. u. 50.

[100] Mitteilung der EU-Kommission v. 22.12.2011, Rn. 12 f., ABl. EU 2012 C 11, 1; *Beyer/Britz* VersR 2013, 1219 f. u. 1223; *Armbrüster* VW 2012, 752 f.; *ders.* NJW-aktuell 5/2013, S. 10; *Looschelders* VersR 2013, 653, 659; *Hoffmann* ZIP 2011, 1445, 1452; *Mönnich* VersR 2011, 1092, 1097; *Ballmaier/Häußler* EWS 2011, 280, 284; *Looschelders* VersR 2011, 421, 428; *Kahler* NJW 2011, 894, 896 f.; *Schwintowski VuR 2011, 191;* inkonsistent bzgl. der Erstreckung auf Altverträge *Purnhagen* NJW 2013, 113, 115 u. 118 versus *ders.* EuR 2011, 690, 703 f.

[101] Zu weiterhin erlaubten geschlechtsspezifischen Versicherungspraktiken vgl. Mitteilung der EU-Kommission v. 22.12.2011, Rn. 14 f., ABl. EU 2012 C 11, 1, 3 f.

[102] § 20 Abs. 2 S. 1 AGG.

[103] Art. 3 Abs. 4 S. 1 der EU-Richtlinie zur Verwirklichung des Grundsatzes der Gleichbehandlung von Männern und Frauen, ABl. EU 2004 L 373, 37

[104] *Bepler* FS Höfer, 2011, 1, 2 f.

[105] *BAG* Urt. v. 11.12.2007 – 3 AZR 249/06 Rn. 25, NJW 2008, 2458.

[106] Beschlussempfehlung und Bericht des BT-Familienausschusses, BT-Drs. 15/5717, 36 (zu § 2 Abs. 2 AGG).

[107] ABl. EU 2006 L 204, 23.

technischer Berechnungsfaktoren erlaubt sein sollen. Die bisherige Rechtsprechung des EuGH erfasst diesen Fall nicht ausdrücklich. Ihr ist allerdings ein deutliches Präjudiz zu entnehmen.[108] Zu bedenken ist zusätzlich, dass nicht alle Konstellationen von der Richtlinie zur Verwirklichung des Grundsatzes der Chancengleichheit und Gleichbehandlung von Männern und Frauen erfasst werden.[109] Zu beachten ist zudem der Vorbehalt ihrer Vereinbarkeit mit dem Primärrecht. Neben den Art. 21 u. 23 der GR-Charta ist hier zusätzlich Art. 157 Abs. 1 AEUV heranzuziehen, demzufolge hinsichtlich des Entgelts im Erwerbsleben Männer und Frauen gleichzustellen sind. Allgemein wird ein sehr hohes Risiko gesehen, dass Art. 9 Abs. 1 lit. h der Richtlinie ebenfalls europarechtswidrig ist.[110]

Eine Übertragbarkeit der Wertung des EuGH auf eine altersabhängige Kalkulation verbietet sich hingegen,[111] da für das Kriterium **Alter** bereits keine primärrechtliche starre Gleichheitsvorgabe wie im Falle des Merkmals Geschlecht besteht. Auch eine sekundärrechtliche Vorgabe in Gestalt einer entsprechenden europäischen Richtlinienvorgabe fehlt, wenngleich sie nach Art. 19 Abs. 1 AEUV grundsätzlich möglich wäre. Es existiert hier insofern lediglich ein Diskriminierungsverbot (Art. 21 Abs. 1 der GR-Charta), das eine sachliche Rechtfertigung für eine altersabhängige Kalkulation erlaubt. Diese ist mit § 20 Abs. 2 S. 2 AGG getroffen worden. Das zum Kriterium Alter Gesagte gilt entsprechend auch für das Kriterium der **Behinderung**.[112] Es obliegt insofern dem Versicherer, eine entsprechende Risikobewertung vorzunehmen.[113] Die Rasse oder die ethnische Herkunft muss hingegen für die Kalkulation von vornherein irrelevant bleiben.[114] Die allgemeine Problematisierung sog. personalisierter Preise aus Verbraucher- und Datenschutzgründen[115] stößt im Versicherungssektor vor diesem Hintergrund an ihre Grenzen. Die vermeintlichen Gefahren einer Diskriminierung und einer fehlenden Preistransparenz bestehen unter Beachtung des soeben Ausgeführten hier – auch unter Berücksichtigung einer umfassenden Beaufsichtigung - nicht. 19

Denkbar für die Kalkulation ist auch die Heranziehung **weicher Tarifierungsmerkmale**, wie sie von *Kokott*[116] zur Diskussion gestellt worden sind. Dazu zählen namentlich die Berufstätigkeit, Freizeitaktivitäten, Ernährungsgewohnheiten sowie das familiäre und soziale Umfeld. Zu bedenken ist allerdings, dass diese veränderlich und daher auch nicht immer hinreichend feststellbar sind.[117] Versicherungstechnisch dürften sie daher teilweise nur schwer abbildbar sein. Zu berücksichtigen ist zudem, dass der Lebensversicherer das Risiko von Veränderungen in der Regel zu tragen hat und ihm Vertragsanpassungen oder gar eine Kündigung grundsätzlich nicht gestattet sind.[118] Nicht unbedenklich ist zudem die mit einer möglichen Datenerhebung verbundene Beeinträchtigung des informationellen Selbstbestimmungsrechts des Versicherten.[119] Keinen Zugriff hat der Lebensversicherer dabei von vornherein auf Daten aus prädiktiven genetischen Untersuchungen oder Analysen, es sei denn, es handelt sich um hochsummige Verträge.[120] Die Vornahme genetischer Untersuchungen oder Analysen darf er auch bei hochsummigen Verträgen nicht verlangen.[121] Hiervon abgesehen tritt bei zu starker Ausrichtung an „weichen" Kriterien die Gefahr der Fragmentierung des Versichertenkollektivs. Ihnen steht aber grundsätzlich § 138 Abs. 2 VAG nicht entgegen, sofern mit ihnen ein hinreichender Differenzierungsgrund abgebildet werden kann.[122] Soweit derartige Merkmale eine mittelbare Diskriminierung wegen des Geschlechts enthalten, ist zu berücksichtigen, dass diese gerechtfertigt ist, wenn das damit verfolgte Ziel legitim ist und die Mittel zur Erreichung des Ziels angemessen und erforderlich sind.[123] 20

Aus § 138 Abs. 2 VAG lässt sich kein Gebot einer gerechten Prämie folgern.[124] Anders als bei der nach Art der Lebensversicherung betriebenen Krankenversicherung[125] müssen ferner die Prämien für 21

[108] *Temming* BetrAV 2012, 391, 401.
[109] Hierzu Mitteilung der EU-Kommission v. 22.12.2011, Rn. 21 ff., ABl. EU 2012 C 11, 1, 5.
[110] *Temming* BetrAV 2012, 391, 401; *Birk* DB 2011, 819, 820; *ders.* BetrAV 2012, 7; *Jurk/Wilhelm* BB 2012, 381, 382; *Hessling* BetrAV 2012, 289; *Ulbrich* DB 2011, 2775, 2777 f.; *Beyer/ Britz* VersR 2013, 1219, 1223 f.
[111] Vgl. Mitteilung der EU-Kommission v. 22.12.2011, Rn. 18, ABl. EU 2012 C 11, 1, 4.
[112] S. a. Mitteilung der EU-Kommission v. 22.12.2011, Rn. 18, ABl. EU 2012 C 11, 1, 4.
[113] *BGH* Beschl. v. 25.5.2011 – IV ZR 191/09, VersR 2011, 1249 = r+s 2011, 419.
[114] § 19 Abs. 2 AGG.
[115] S. hierzu Beschluss der Frühjahrskonferenz der Justizminister vom 21. und 22.6.2017, TOP I, 10; ferner *Zander-Hayat* VuR 2016, 403, 405 f. u. 409.
[116] Schlussanträge der Generalanwältin Kokott vom 30.9.2010, Rn. 62 u. 66; abgedruckt in: VersR 2010, 1571.
[117] *Mönnich* VersR 2011, 1092, 1098 f.; *Looschelders* VersR 2011, 421, 427; *Lüttringhaus* EuZW 2011, 296, 299; im Grundsatz auch problematisiert von *Kokott* VersR 2010, 1571, 1577 Rn. 66.
[118] *Looschelders* VersR 2011, 421, 427.
[119] *Looschelders* VersR 2011, 421, 427.
[120] § 18 Abs. 1 GenDG. Vgl. hierzu *Präve* VersR 2009, 857, 860–862; *Armbrüster* VW 2010, 1309; *Schreier*, in: Botta/Armbrüster, The impact genetic data on medicine and insurance practice, 2014, S. 249, 257 f.; *Looschelders* VersR 2011, 421, 427. S. auch Art. 21 Abs. 1 GR-Charta.
[121] § 18 Abs. 1 GenDG.
[122] S. a. *Armbrüster* NJW-Editorial Heft 6/2015, S. 3; speziell zu sog. Vitalitätstarifen *Brömmelmeyer* r+s 2017, 225, 227 f.
[123] Mitteilung der EU-Kommission v. 22.12.2011, Rn. 16, ABl. EU 2012 C 11, 1, 3 f.; s. hierzu auch *Looschelders* VersR 2011, 421, 428.
[124] *Ebers*, Die Überschussbeteiligung in der Lebensversicherung, 2001, S. 116.
[125] § 146 Abs. 2, § 147 VAG.

das Neugeschäft nicht niedriger sein als die Prämien, die sich im Altbestand für gleichaltrige Versicherte ergeben würden.[126] Eine doppelte Versicherungssumme muss allerdings zu einer doppelt so hohen Prämie führen, wenn alle anderen Leistungskomponenten und Umstände identisch sind, unbeschadet geringfügiger Abweichungen.[127] Hingegen begründen unterschiedlich definierte versicherte Ereignisse regelmäßig unterschiedliche Prämien.[128] Verträge, die identisch kalkuliert sind und dieselben Leistungen umfassen, haben dieselben **Rückkaufswerte** auszuweisen.[129] Hinsichtlich der **Überschussbeteiligung** ist durch die Bildung von Bestandsgruppen und Gewinnverbänden sowie durch die Wahl geeigneter Schlüsselungsverfahren sicherzustellen, dass auch insoweit dem Gleichbehandlungsgrundsatz Rechnung getragen wird.[130] Kommt es zur Sicherstellung einer garantierten Verzinsung zu einer Quersubventionierung der Bestände mit höherem Rechnungszins durch die Bestände mit niedrigerem Rechnungszins, so ist sobald wie möglich ein Ausgleich vorzunehmen.[131]

22 In der **Kollektivlebensversicherung** ist eine eindeutige Bestimmung des Personenkreises sicherzustellen. Auch muss das Kollektiv so zusammengesetzt sein, dass eine Benachteiligung anderer Versicherter ausgeschlossen ist. Das Kollektiv muss sich also selbst tragen.[132] Eine Quersubventionierung innerhalb eines Lebensversicherers ist damit insofern ausgeschlossen.[133]

23 **Alt- und Neugeschäftskunden** müssen grundsätzlich gleichbehandelt werden.[134] Eine Festschreibung für alle Zeiten ist damit allerdings unbeschadet gesetzlicher Intervention nicht verbunden. Der Versicherer kann vielmehr in neuen Tarifen Modifizierungen sowohl bei der Prämienfestsetzung als auch bei der Gestaltung der Leistungen vornehmen.[135] Auch das Prämien-/Leistungsverhältnis kann dabei verändert werden. Das Verständnis des § 138 Abs. 2 VAG als absoluter Gleichbehandlungsgrundsatz wäre hingegen nicht nur innovationsfeindlich und würde als unverhältnismäßiger Eingriff in grundrechtliche Rechtspositionen der Versicherer zu werten sein. Ein derartig überzogenes Gerechtigkeitsbestreben würde auch den wohlverstandenen Interessen der Versicherten widersprechen, da Unternehmen, die an derartige starre Regelungen gebunden würden, im Wettbewerb mit anderen Gesellschaften, etwa aus dem EWR-Ausland, für die der Gleichbehandlungsgrundsatz nicht gilt,[136] nicht bestehen könnten. Insofern besteht für das Verbot eine zeitliche Interdependenz.[137] Ihr kann der Versicherer durch eine Erweiterung seiner Tarifstruktur Rechnung tragen, die auch vom Gesetzgeber als relevante Bezugsgröße angesehen wird.[138] Der Versicherer kann darüber hinaus auch von einer bisherigen Praxis abweichen, vorausgesetzt diese Änderungen werden auch für bestehende Verträge generell und willkürfrei vorgenommen.[139] Soweit diese für die Versicherungsnehmer ausschließlich von Vorteil sind, ist eine entsprechende Anpassung bestehender Verträge auch rechtlich unbedenklich. Ist die Änderung aber zumindest auch von Nachteil, ist diese nur zulässig, wenn entweder der Versicherungsnehmer ausdrücklich zustimmt oder ein wirksamer Änderungsvorbehalt in den Verträgen vorhanden ist, der eine entsprechende Anpassung gestattet.[140]

24 In der Lebensversicherung widerspricht eine Überschussbeteiligung, deren Höhe sich nach der vertraglich versprochenen Garantieverzinsung richtet, nicht per se dem Gleichbehandlungsgrundsatz.[141] So ist es zulässig, bei Verträgen mit einem niedrigeren Garantiezins eine prozentual höhere laufende Gesamtverzinsung vorzunehmen, allerdings nur soweit dies aufgrund der Kosten einer Zinsgarantie aktuariell gerechtfertigt werden kann.[142] Diese sog. **risiko-adjustierte Gesamtverzinsung** findet vor dem Hintergrund der hohen Garantiezinsdifferenz im Vertragsbestand der Lebensversicherer (zwischen

126 Argumentum e contrario; vgl. *Brömmelmeyer*, Der Verantwortliche Aktuar in der Lebensversicherung, 2002, S. 188.

127 Arbeitsgruppe Aktuarielle Interpretation des § 11 Abs. 2 VAG a. F., in: Der Aktuar 1997, 141, 142.

128 Arbeitsgruppe Aktuarielle Interpretation des § 11 Abs. 2 VAG a. F., in: Der Aktuar 1997, 141, 143.

129 *Häßler*, in: Der Aktuar 1997, 140, 141.

130 BaFin-Verlautbarung VerBaFin 7/2004, S. 3, 4; *Ebers*, Die Überschussbeteiligung in der Lebensversicherung, 2001, S. 117 ff.

131 BaFin-Verlautbarung VerBaFin 7/2004, S. 3, 5.

132 *Koch* BetrAV 1995, 147, 148.

133 *Dreher* ZVersWiss 1996, 499, 508 f., 516; s. a. *Renger*, Die Verantwortung des Treuhänders in der privaten Krankenversicherung, 1997, S. 13.

134 *Jannott* FS E. Lorenz, 1994, 341, 361; *Hartwig*, Die Geltung des Gleichbehandlungsgrundsatzes für Versicherungs-Aktiengesellschaften als Ausfluss verfassungsrechtlicher Grundsätze, 2002, S. 116.

135 *BVerwG* Urt. v. 23.6.2010 – 8 C 42.09 Rn. 38, BVerwGE 137, 179 = VersR 2010, 1345; *Armbrüster* VersR 2013, 385, 388 f.

136 § 62 Abs. 1 S. 2 Nr. 5 VAG.

137 *Brömmelmeyer*, Der Verantwortliche Aktuar in der Lebensversicherung, 2002, S. 187 f.; *Ebers*, Die Überschussbeteiligung in der Lebensversicherung, 2001, S. 119 f.; *Winter*, S. 208.

138 Vgl. Gesetzesbegründung, BR-Drs. 23/94, 165.

139 *BVerwG* Urt. v. 25.11.1986 – 1 C 54/81, VersR 1987, 297 = NJW 1987, 1900 zu § 21 VAG a. F.

140 Vgl. im Einzelnen *Präve*, in: von Westphalen, Vertragsrecht und AGB-Klauselwerke, 2016, Stichwort: Allgemeine Versicherungsbedingungen, Rn. 89 ff. mwN.

141 A. M. *Pirner* VW 2004, 656, 658; kritisch auch BaFin-Verlautbarungen VerBaFin 7/2004, S. 3, 4 u. GB BaFin 2004, 155.

142 Vgl. hierzu *Kling/Ruß* VW 2004, 254, 256.

1,25 und 4 Prozent) und dem gegenwärtig unverändert niedrigen Zinsniveau am Kapitalmarkt ihre Rechtfertigung,[143] weil sie im Ergebnis zu einem gleich-hohen versicherungsmathematischen Wert bei allen Versicherungsverträgen führt.[144] Zu beachten sind allerdings die in den AVB enthaltenen Bestimmungen zur Ausgestaltung der Überschussbeteiligung im Einzelnen. Nicht relevant sind darüber hinausgehende bloße Erwartungen von Versicherungsnehmern.[145]

IV. Bedeutung der Vorschrift. Ein Verstoß gegen § 138 VAG berechtigt die Aufsichtsbehörde zu einem Einschreiten nach § 298 Abs. 1 S. 1 u. 2 i. V. m. Abs. 2 S. 2 u. Abs. 3 VAG. Soweit noch aufsichtsbehördliche Genehmigungserfordernisse für Tarife bestehen, wie dies bei Sterbekassen und regulierten Pensionskassen der Fall ist,[146] ist § 138 VAG auch zulassungsrelevant. **Privatrechtlich** entfaltet die Vorschrift hingegen keine unmittelbare Rechtswirkung. Namentlich führt ein Verstoß gegen § 138 VAG nicht zur Unwirksamkeit entsprechender Versicherungsverträge. Auch können Versicherungsnehmer aus § 138 VAG unmittelbar keine Rechte herleiten.[147] Die Vorschrift zielt auf die Sicherstellung der dauernden Erfüllbarkeit der Verträge insgesamt und ist insofern strikt aufsichtsrechtlich geprägt. Das gilt auch für den Gleichbehandlungsgrundsatz,[148] der mit einer versicherungsmathematischen Kalkulation in unmittelbarem Zusammenhang steht. Eine Interpretation dahingehend, dass § 138 VAG auch individuelle Ansprüche begründet, würde schon von vornherein nicht mit der aufsichtsrechtlichen Zielsetzung harmonieren, die nicht das individuelle Risiko, sondern die Risiken insgesamt (mit entsprechenden Pauschalierungen und Vereinfachungen) im Fokus hat.[149] 25

V. Anwendungsbereich. § 138 VAG gilt für die **gesamte Lebensversicherung**, umfasst daher auch die Pensions-[150] und Sterbekassen.[151]. Für Lebensversicherungsverträge, die bis Jahresende 1994 zu aufsichtsbehördlich genehmigten Konditionen geschlossen worden sind, sind die genehmigten Geschäftspläne weiterhin maßgeblich.[152] § 138 VAG findet entsprechend Anwendung auf die UPR[153] und hinsichtlich des Absatzes 2 auch auf die nach Art der Lebensversicherung betriebene Krankenversicherung.[154] Für EWR-ausländische Versicherer, die der Solva II-Richtlinie unterliegen, findet § 138 VAG keine Anwendung.[155] Für Dritt-Staaten-Versicherer sowie für EWR-ausländische Versicherer, die der Solva II-Richtlinie nicht unterliegen, ist § 138 VAG aber maßgeblich.[156] Für Pensionsfonds ist ebenfalls § 138 VAG heranzuziehen.[157] 26

Die Vorgaben des § 138 VAG gelten auch, soweit Lebensversicherer Altersvorsorge- und Basisrentenverträge (sog. **Riester- und Rürupverträge**) anbieten. Zu beachten sind hier aber ergänzende Anforderungen, die für Riesterverträge § 1 Abs. 1 AltZertG und für Rürupverträge § 2 Abs. 1 u. 1a (i. V. m. § 10 Abs. 1 Nr. 2 lit. b EStG) enthalten und die auch unmittelbar kalkulationsrelevant sind. Eine geschlechtsunabhängige Kalkulation ist dabei für Altersvorsorgeverträge ausdrücklich vorgegeben.[158] Die Anforderungen des AltZertG und des EStG müssen alle Anbieter von Altersvorsorgeverträgen erfüllen. Hingegen besteht eine Vorgabe wie § 138 VAG nur für Lebensversicherer, da im Banken- und Wertpapieraufsichtsrecht keinen vergleichbaren Bestimmungen existieren. Im Hinblick auf den Wettbewerb, in dem die verschiedenen Finanzprodukte insbesondere im Altersvorsorgemarkt stehen, ist dies nicht unproblematisch.[159] Das kann de lege lata aber nicht dazu führen, die Anforderungen des § 138 VAG zu relativieren. 27

Eine ausdrücklich Erstreckung von § 138 VAG auf den **Sicherungsfonds** für die Lebensversicherung fehlt. Auch ohne eine ausdrückliche Regelung muss jedoch davon ausgegangen werden, dass diese § 138 VAG Grundlage eines vom Sicherungsfonds übernommenen Versicherungsbestands ist.[160] Die Verträge müssen von dem bisherigen Versicherer entsprechend kalkuliert sein. Auch der Sicherungsfonds ist daran gebunden, wie dies der maßgeblichen Gesetzesbegründung zu entnehmen ist. Danach unterliegt „der übernommene Versicherungsbestand … materiell weiter den bisherigen Anforderungen des VAG".[161] 28

[143] *Buchwald/M. Müller* VW 2004, 876, 878.
[144] *Albrecht* VW 2004, 659.
[145] Anders *Pirner* VW 2004, 656, 658.
[146] § 219 Abs. 3 Nr. 1, § 233 Abs. 1 S. 4 VAG.
[147] *Häßler*, in: Der Aktuar 1997, 140.
[148] *Pirner* VW 2004, 656, 658.
[149] Instruktiv hierzu auch *Brömmelmeyer*, Der Verantwortliche Aktuar in der Lebensversicherung, 2002, S. 189 f.
[150] § 234 Abs. 1 iVm § 212 Abs. 2 VAG.
[151] § 218 Abs. 2 S. 1 VAG, s. aber den Vorbehalt gemäß § 234 Abs. 3 S. 2 VAG.
[152] § 336 VAG, Art. 16 § 2 S. 2 des Dritten Durchführungsgesetzes/EWG zum VAG v. 21.7.1994, BGBl. I 1630.
[153] § 161 Abs. 1 VAG.
[154] § 146 Abs. 2 S. 1, § 147 VAG.
[155] § 62 Abs. 1 S. 2 VAG.
[156] § 65 Abs. 2, § 67 Abs. 2 VAG)
[157] § 237 Abs. 1 i. V. m. § 212 Abs. 2 VAG.
[158] § 1 Abs. 1 S. 1 Nr. 2 Hs. 1 AltZertG.
[159] *Egbers*, Die Solvabilitätsvorschriften im Banken- und Versicherungsaufsichtsrecht, 2002, S. 106 f.
[160] *Präve* VersR 2005, 1023, 1029.
[161] Gesetzentwurf der Bundesregierung, BT-Drs. 15/3418, 26 zu § 125 VAG.

Das lässt sich mittelbar auch aus § 223 Abs. 2 S. 2 VAG ableiten, wonach der Sicherungsfonds die Verträge weiterzuführen hat.

Überschussbeteiligung

139 (1) **Die für die Überschussbeteiligung der Versicherten bestimmten Beträge sind, soweit sie den Versicherten nicht unmittelbar zugeteilt wurden, in der Bilanz in eine Rückstellung für Beitragsrückerstattung einzustellen.**

(2) [1]**Bei Versicherungsaktiengesellschaften bestimmt der Vorstand mit Zustimmung des Aufsichtsrats die Beträge, die für die Überschussbeteiligung der Versicherten zurückzustellen sind.** [2]**Jedoch dürfen Beträge, die nicht auf Grund eines Rechtsanspruchs der Versicherten zurückzustellen sind, für die Überschussbeteiligung nur bestimmt werden, soweit aus dem verbleibenden Bilanzgewinn noch ein Gewinn in Höhe von mindestens 4 Prozent des Grundkapitals verteilt werden kann.** [3]**Ein Bilanzgewinn darf nur ausgeschüttet werden, soweit er einen etwaigen Sicherungsbedarf nach Absatz 4 überschreitet.**

(3) **Bewertungsreserven aus direkt oder indirekt vom Versicherungsunternehmen gehaltenen festverzinslichen Anlagen und Zinsabsicherungsgeschäften sind bei der Beteiligung der Versicherungsnehmer an den Bewertungsreserven gemäß § 153 des Versicherungsvertragsgesetzes nur insoweit zu berücksichtigen, als sie einen etwaigen Sicherungsbedarf aus den Versicherungsverträgen mit Zinsgarantie gemäß Absatz 4 überschreiten.**

(4) [1]**Der Sicherungsbedarf aus den Versicherungsverträgen mit Zinsgarantie ist die Summe der Sicherungsbedarfe der Versicherungsverträge, deren maßgeblicher Rechnungszins über dem maßgeblichen Euro-Zinsswapsatz zum Zeitpunkt der Ermittlung der Bewertungsreserven (Bezugszins) liegt.** [2]**Der Sicherungsbedarf eines Versicherungsvertrags ist die versicherungsmathematisch unter Berücksichtigung des Bezugszinses bewertete Zinssatzverpflichtung des Versicherungsvertrags, vermindert um die Deckungsrückstellung.** [3]**Sterbekassen können den Sicherungsbedarf aus den Versicherungsverträgen mit Zinsgarantie mit Genehmigung der Aufsichtsbehörde nach einem abweichenden Verfahren berechnen.**

Übersicht

1 **I. Allgemeines. 1. Entstehungsgeschichte.** Die Regelung des § 139 VAG entspricht § 56a Abs. 1 bis 4 VAG a. F.[1] Zuvor ist die Vorschrift einer wichtigen Änderung unterworfen worden. Mit dem Lebensversicherungsreformgesetz (**LVRG**) v. 1.8.2014[2] wurde eine lange Zeit umstrittene Änderung zur Beteiligung an den Bewertungsreserven vollzogen und § 153 VVG durch dezidierte aufsichtsrechtliche Anforderungen bzgl. der Berücksichtigung eines Sicherungsbedarfs präzisiert.[3] Dies war noch zuvor im Rahmen des sog. SEPA-Begleitgesetzes v. 3.4.2013[4] gescheitert,[5] die Bundesregierung hatte aber an dem Ziel der mit der Änderung beabsichtigten Stärkung der Risikotragfähigkeit der Lebensversicherer in einem anhaltenden Niedrigzinsumfeld festgehalten und dies in einer Protokollerklärung zum SEPA-Begleitgesetz auch ausdrücklich bekundet. Mit dem **SEPA-Begleitgesetz** wurde allerdings eine gesonderte Vorschrift zur Rückstellung für Beitragsrückerstattung geschaffen (§ 56b VAG a. F.), die zuvor von § 56a VAG a. F. mitumfasst war.[6] Diese Fassung des § 56a VAG a. F. beruhte wiederum auf dem Gesetz v. 23.12.2007.[7]

[1] Die Verordnungsermächtigung des § 56a Abs. 5 VAG a. F. hat Aufnahme in § 145 Abs. 1 u. 5 VAG gefunden, vgl. RegE VAG 2014 S. 270 (zu § 139 VAG).
[2] BGBl. I 1330.
[3] Vgl. nur Gesetzentwurf der Bundesregierung, BR-Drs. 242/14, 20 ff. (zu Art. 1 Nr. 3).
[4] BGBl. I 610.
[5] Vgl. nur Bundesrat-Mitteilung Nr. 3/2013 v. 26.2.2013.
[6] Vgl. Art. 6 Nr. 5 u. 6 des SEPA-Begleitgesetzes v. 3.4.2013, BGBl. I 610.
[7] BGBl. I 3248. Hierzu Beschlussempfehlung und Bericht des BT-Finanzausschusses, BT-Drs. 16/7152, 10 (zu § 56a VAG).

2. Normzweck. § 139 VAG enthält die zentrale aufsichtsrechtliche Regelung zur Überschussbeteiligung, die um Vorgaben nach § 140 VAG sowie um eine Rechtsverordnung nach § 145 Abs. 1 bis 3 VAG, die MindZV, ergänzt wird. § 139 VAG korrespondiert dabei mit vertrags- und aktienrechtlichen Bestimmungen. So bildet sie eine Einheit mit **§ 153 VVG**[8] und ergänzt für Aktiengesellschaften § 58 Abs. 4 AktG um einen gesetzlichen Vorbehalt, der eine Berücksichtigung von Versicherteninteressen gebietet. Hiermit sollen letztlich die Interessen der einzelnen Versicherten, der Versichertenkollektivs, des Versicherers und der Aktionäre in einen Ausgleich gebracht werden. Im aufsichtsrechtlichen Fokus steht dabei das Versichertenkollektiv, was Relativierungen zulasten einzelner Versicherter (wie durch § 139 Abs. 3 u. 4 VAG) erzwingt. Deutlich wird dies aber auch durch die aufsichtsrechtlich eröffnete Möglichkeit, die für die Überschussbeteiligung vorgesehenen Beträge in einer Rückstellung für Beitragsrückerstattung (RfB) einzustellen, was zu einer Glättung der durchaus schwankenden Überschussbeteiligung für sämtliche Verträge führt. Zu berücksichtigen ist bei alledem, dass Überschüsse auch Folge einer aufsichtsrechtlich vorgegebenen vorsichtigen Prämienkalkulation[9] sind.[10] Diese bedingt es, dass aus Gründen der Gerechtigkeit den Versicherten dabei entstehende Überschüsse gutzubringen sind.[11] 2

Bis zu dem am 1.1.2008[12] in Kraft getretenen Gesetz zur Reform des Versicherungsvertragsrechts v. 23.11.2007[13] bestand für die Überschussbeteiligung lediglich eine aufsichtsrechtliche Regulierung. Dies wurde als nicht mehr ausreichend empfunden, da die Überschussbeteiligung ein zentrales Leistungsversprechen des Lebensversicherers darstellt.[14] Auch zwangen verfassungsgerichtliche Vorgaben zur Ausgestaltung einer angemessenen Überschussbeteiligung und der hiermit einhergehenden Stärkung der Transparenz,[15] was aus Sicht des Gesetzgebers zusätzliche vertragsrechtliche Normierungen erforderlich machte.[16] Die **Verzahnung von Aufsichts- und Vertragsrecht** ist dabei auch vor dem Hintergrund der aufsichtsrechtlichen Kalkulationsvorgabe des § 138 Abs. 1 VAG zu sehen. Der dort verankerte Vorsichtsgrundsatz für die Prämienkalkulation zieht zwangsläufig Überschüsse nach sich, an denen die Versicherten bereits aus Gründen der Gerechtigkeit zu beteiligen sind.[17] 3

§ 139 VAG erlangt nur Bedeutung, sofern eine Überschussbeteiligung gewährt wird. Gemäß § 153 Abs. 1 VAG besteht die Möglichkeit eines ausdrücklichen **Ausschluss**es der Überschussbeteiligung. Dies ist aber nur zulässig, wenn diese insgesamt abbedungen wird.[18] Hintergrund sind entsprechende P[redacted]staltungen im europäischen Ausland, die auch grenzüberschreitend angeboten werden. In e[redacted]all ist § 139 VAG gegenstandslos. 4

3. Europa[redacted]cher Hintergrund. § 139 VAG geht nicht zurück auf europarechtliche Vorgaben, sondern beruht auf **nationale**n **Erwägungen**. Dies ist auch unproblematisch, denn die Solva II-RL hindert derartige Festlegungen nicht, die letztlich mit vertrags- und gesellschaftsrechtlichen Regulierungen im Zusammenhang stehen. Insofern ist es auch unzutreffend, wenn mitunter plakativ von einer Vollharmonisierung des Aufsichtsrechts durch die Solva II-RL gesprochen wird.[19] 5

II. Zuteilung der Überschüsse (Abs. 1). Das Aufsichtsrecht eröffnet zwei Möglichkeiten für eine Zuteilung der Überschüsse an die Versicherten, entweder in Form der **Direktgutschrift** oder über die **RfB** (§ 139 Abs. 1 VAG). Beide Möglichkeiten stehen gleichberechtigt nebeneinander. Im ersten Fall erfolgt eine unmittelbare Gutschrift für den individuellen Vertrag. Im zweiten Fall erfolgt eine Zuweisung in die RfB. Damit soll eine Verstetigung der Überschussbeteiligung erreicht werden. Zugleich führt dies zur Bildung von Puffern.[20] Mit Überschussbeteiligung ist dabei in Anknüpfung an § 153 Abs. 1 Hs. 1 VVG die Überschussbeteiligung im engeren Sinne (laufende Überschussbeteiligung, Schlussüberschussbeteiligung) sowie die Beteiligung an den Bewertungsreserven gemeint. 6

Die RfB, die eine **versicherungstechnische Rückstellung** darstellt (§ 341e Abs. 2 Nr. 2 HGB), setzt sich aus einem gebundenen und einem ungebundenen Teil zusammen. Auf den gebundenen Teil entfallen die dem einzelnen Versicherten aufgrund der Vorstandsdeklaration im Folgejahr zu gewährenden Überschussbeteiligung einschl. der Beteiligung an den Bewertungsreserven. Ebenfalls gebunden sind die für die Finanzierung der Schlussüberschussbeteiligung und der Mindestbeteiligung an den Bewer- 7

---

[8] Vgl. Art 2 Abs. 49 Nr. 3 des Gesetzes v. 1.4.2015, BGBl. I 434.
[9] Vgl. § 138 Abs. 1 VAG. S. hierzu § 138 VAG Rn. 4 ff.
[10] *Armbrüster* ZVersWiss 2003, 745, 748; *Knappmann* NJW 2005, 2892.
[11] Vgl. Gesetzesbegründung, BR-Drs. 23/94, 251 f.; *BVerfG* Urt. v. 26.7.2005 – 1 BvR 782/94 + 957/96, BVerfGE 114, 1 = VersR 2005, 1109; *BVerfG* Urt. v. 26.7.2005 – 1 BvR 80/95, VersR 2005, 1127 = r+s 2005, 429; *Brömmelmeyer* VersR 2003, 939, 944; *Heiss*, in: Albrecht/ Bartels/Heiss (Hrsg.), Das Urteil des Bundesverfassungsgerichts vom 26. Juli 2005 (1 BvR 80/95), 2006, S. 7, 11; *Lensing* VuR 2006, 249.
[12] S. bezogen auf § 153 VVG insbes. auch Art. 4 Abs. 1 EGVVG.
[13] BGBl. I 2631.
[14] Vgl. nur Gesetzentwurf der Bundesregierung, BT-Drs. 16/3945, 51 f. u. 54.
[15] *BVerfG* Urt. v. 26.7.2005 – 1 BvR 80/95, VersR 2005, 1127, 1132 ff. = r+s 2005, 429.
[16] Gesetzentwurf der Bundesregierung, BT-Drs. 16/3945, 54.
[17] Vgl. § 138 VAG Rn. 9.
[18] Prölss/Martin/*Reiff* § 153 VVG Rn. 13.
[19] Etwas präziser *Dreher/Lange* VersR 2011, 825, 833 f.
[20] Bruck/Möller/*Winter* § 153 VVG Rn. 110.

tungsreserven vorgesehenen Anteile,[21] die innerhalb der RfB den sog Schlussüberschussanteilfonds bilden.[22] Die Teile, die nicht gebunden sind, stellen den freien Teil der RfB dar, dem die Pufferfunktion zukommt.[23] Soweit die RfB bereits festgelegte, aber noch nicht zugeteilte Überschussanteile enthält, gehört sie zum Sicherungsvermögen.[24] Soweit die RfB nicht festgelegte Überschussanteile umfasst, die zur Deckung von Verlusten herangezogen werden kann,[25] ist sie als Eigenmittel anerkannt.[26] Der RfB wird insofern eine Doppelfunktion zuerkannt, weil sie einerseits „ein Instrument der Überschussbeteiligung" darstellt und andererseits „auch ein(en) Baustein der Kapitalausstattung" bildet.[27] Dies wird mitunter pointiert als Quelle von Fehlanreizen interpretiert, da nach dieser Lesart die Gefahr bestehe, möglichst viele Mittel in der ungebundenen RfB zu binden.[28]

8 In der Vergangenheit ist immer wieder eine zeitliche Verzögerung von Ausschüttungen problematisiert worden. So ist eine Vorenthaltung von Überschüssen auf Kritik gestoßen, ebenso die über viele Jahre verschleppte Gutschrift an solche Versicherte, die an der Erwirtschaftung der Überschüsse gar nicht oder nur zu einem geringen Anteil beteiligt waren. Eine derartige Verfahrensweise wurde als mit dem Sinn und Zweck der RfB unvereinbar angesehen.[29] Eine steuerrechtliche Begrenzung besteht mit § 21 Abs. 2 S. 2 Nr. 1 KStG, wonach eine Ausschüttung spätestens im dritten Jahr nach der Zuführung zu erfolgen hat.[30] Davon unberührt bleibt allerdings die handelsrechtliche Erfassung, wie sie die RfB abbildet.[31] Die Aufsicht hat ihrerseits in der Vergangenheit Begrenzungsregeln für die Beitragsrückerstattung aufgestellt.[32] In Zeiten von Finanzkrisen und im Umfeld anhaltender Niedrigzinsen wurde auf der anderen Seite zunehmend das Problem der Abschmelzung von Puffern und eine Verminderung der Eigenmittel gesehen.[33] Mit dem Lebensversicherungsreformgesetz ist schließlich auch eine aufsichtsrechtliche Begrenzung normiert worden, in dem ein Höchstbetrag des ungebundenen Teils der RfB sowie eines über das Folgejahr hinaus festgelegten Teils der RfB festgelegt worden ist.[34] Die Regelung ist in § 13 der Rechtsverordnung nach 145 Abs. 1 VAG, der MindZV, überführt worden.[35] Damit wird eine hinreichend zeitnahe Überschussbeteiligung intendiert und zugleich eine Koppelung an die Nettoverzinsung vorgenommen, um für Phasen niedriger Zinsen höhere **Sicherheitspuffer** sicherzustellen.[36] Im Falle eines Überschreitens der Grenze ist die Aufsichtsbehörde zu unterrichten, die letztlich auf eine Beseitigung der Überschreitung hinwirken wird.[37] Eine Anpassung der steuerrechtlichen Begrenzungsregelung an diese aufsichtsrechtliche Maßgabe steht noch aus.

9 Überschüsse können aus **drei Quellen** entstehen, den Kapitalerträgen, dem Risikoer[redacted]n übrigen Ergebnis. Aufsichtsrechtlich sind für alle Quellen Mindestzuführungssätze v[redacted] §§ 6 bis 8 MindZV sehen für Kapitalerträge und das Risikoergebnis jeweils einen Satz von 90 Prozent und für das übrige Ergebnis 50 Prozent vor. Positive Ergebnisse – und nur an diesen erfolgt eine Beteiligung –[38] können sich beim Risikoergebnis etwa ergeben, wenn die tatsächliche Lebensdauer der Versicherten (in der Rentenversicherung) kürzer oder (in der Todesfallversicherung) die Sterblichkeit niedriger ist als bei der Tarifkalkulation angenommen. Ein positives übriges Ergebnis kann insbesondere entstehen, wenn die Kosten niedriger als angenommen sind oder der Versicherer andere Einnahmen erzielt, etwa aus Dienstleistungen für andere Unternehmen. Bewertungsreserven entstehen, wenn der Marktwert der Kapitalanlagen über dem Wert liegt, mit dem die Kapitalanlagen im Geschäftsbericht ausgewiesen sind.

10 Die Überschussbeteiligung muss nach einem **verursachungsorientiert**en oder nach einem anderen angemessenen Verfahren erfolgen (§ 153 Abs. 2 VVG). Eine verursachungsgerechte und zeitnahe Überschussbeteiligung ist nicht geboten. Mit der Wertentscheidung des Gesetzgebers für eine Verursachungsorientierung im Zuge der Reform des VVG ist eine Absage an frühere, aus der aufsichtsrechtlichen Generalklausel abgeleitete Forderungen nach Verursachungsgerechtigkeit und Zeitnähe der Überschuss-

[21] § 28 Abs. 8 Nr. 2 lit. a bis g RechVersV.
[22] § 28 Abs. 6 RechVersV.
[23] § 28 Abs. 8 Nr. 2 lit. h RechVersV; vgl. Bruck/Möller/*Winter* § 153 VVG Rn. 110 f.; BaFin-Auslegungsentscheidung v. 26.1.2011 zur Begrenzung der RfB.
[24] § 125 Abs. 2 S. 1 Nr. 4 VAG.
[25] Vgl. § 140 VAG Rn. 4 ff.
[26] § 84 Abs. 2, § 214 Abs. 1 S. 1 Nr. 6 VAG.
[27] *Brömmelmeyer* VuR 2015, 203, 204.
[28] *Brömmelmeyer* VuR 2015, 203, 204 u. 209.
[29] *BVerwG* Urt. v. 12.9.1989 – 1 A 32/87 Ziff. 2c), VersR 1990, 73 = NJW 1990, 1003.
[30] Vgl. die besonderen Maßgaben von § 34 Abs. 8 KStG, die zeitweilige Einschränkungen enthalten; kritisch hierzu *Brömmelmeyer* VuR 2015, 203, 205.
[31] Prölss/*Kölschbach* 12. Aufl., 2005, § 56a VAG Rn. 21.
[32] BaFin-Rundschreiben 10/2008 (VA); BaFin-Auslegungsentscheidung v. 26.1.2011 zur Begrenzung der RfB.
[33] Bruck/Möller/*Winter* § 153 VVG Rn. 122; BaFin-Auslegungsentscheidung v. 26.1.2011 zur Begrenzung der RfB.
[34] Art. 6 Nr. 6 (§ 9) des Gesetzes v. 1.8.2014, BGBl. I 1330.
[35] Zur Begründung vgl. Gesetzentwurf der Bundesregierung, BR-Drs. 242/14, 31 (zu § 9 der MindZV a. F.).
[36] Vgl. Gesetzentwurf der Bundesregierung, BR-Drs. 242/14, 31 (zu § 9 der Mindestzuführungsverordnung).
[37] Vgl. § 14 MindZV; s. hierzu Gesetzentwurf der Bundesregierung, BR-Drs. 242/14, 31 (zu § 10 der MindZV a. F.).
[38] § 6 Abs. 2 S. 2, § 7 S. 3, § 8 S. 3 MindZV.

beteiligung[39] verbunden.[40] Das hat der Gesetzgeber für die Verursachungsgerechtigkeit auch ausdrücklich klargestellt.[41] Für die Zeitnähe kann nichts Anderes gelten,[42] da der Verursachungsorientierung bereits ein zeitliches Moment innewohnt und durch weitere aufsichtsrechtliche Vorgaben, nämlich durch eine Begrenzung der RfB, ein hinreichendes Korrektiv besteht.[43] § 153 Abs. 2 VVG gilt für sämtliche Lebensversicherungsverträge, die seit dem 1.1.2008 bestehen. Das erfasst auch Verträge, die zuvor geschlossen worden sind.[44] Unberührt hiervon bleiben nur Vereinbarungen, die andere Verteilungsgrundsätze enthielten und für die der Gesetzgeber eine Angemessenheitsfiktion formuliert hat. Hier kann es insoweit mit den entsprechenden Abreden sein Bewenden haben.

Zur Umsetzung der gesetzlichen Maßgaben werden gleichartige Versicherungen zu **Gewinngruppen** zusammengefasst. Die Überschüsse werden auf die einzelnen Gruppen in dem Maß verteilt, wie die Gewinngruppen zur Entstehung von Überschüssen beigetragen haben. Der einzelne Versicherungsvertrag enthält Anteile an den Überschüssen der Gewinngruppe, der er zugeordnet ist. Nähere Einzelheiten zur Ausgestaltung sind in den AVB enthalten. Dazu zählen Festlegungen zu den Voraussetzungen der Fälligkeit, der Form und der Verwendung der Überschussanteile sowie deren Bemessungsgrößen. Zu nennen sind ferner die maßgeblichen Rechnungsgrundlagen (Sterbetafel, Rechnungszins) für die Ermittlung der Tarifkalkulation, die die Basis auch für die Ermittlung der Bemessungsgrößen für die Überschussanteile bilden.[45] 11

III. Zuweisungsbefugnis (Abs. 2). Für Versicherungsaktiengesellschaften legt § 139 Abs. 2 **S. 1** VAG fest, dass der **Vorstand** die Befugnis zur Zuweisung der maßgeblichen Beträge für die Überschussbeteiligung der Versicherten hat. Der Beschluss bedarf der Zustimmung des Aufsichtsrats. Wenngleich § 139 Abs. 2 S. 1 VAG expressis verbis die Beträge anspricht, die für die Überschussbeteiligung „zurückzustellen" sind, sind hiermit alle Beträge gemeint, die Versicherten zugewiesen werden, also nicht nur die, die in die RfB eingestellt werden. Das erhellt auch die Vorschrift zur vorgelagerten Kompetenz des Verantwortlichen Aktuars, der entsprechende Beschränkungen bereits von vornherein nicht zu entnehmen sind.[46] 12

Der Vorstand trifft seine Entscheidung basierend auf den Vorschlägen des **Verantwortlichen Aktuars**, der dabei auch der Sicherstellung der dauernden Erfüllbarkeit der Verträge verpflichtet ist.[47] Auch der Vorstand ist hierauf verpflichtet. Folgerichtig muss er daher für den Fall, dass er vom Vorschlag des Verantwortlichen Aktuars abweicht, der Aufsicht die Gründe hierfür mitteilen. Die Hauptversammlung ist wiederum an die Festlegung durch Vorstand und Aufsichtsrat gebunden.[48] Sie kann allerdings, sofern die Satzung sie hierzu ermächtigt,[49] auch eine zusätzliche Gewinnverwendung für die Versicherten beschließen.[50] 13

§ 139 Abs. 2 **S. 2** VAG bestimmt einen **Mindestbilanzgewinn für die Aktionäre** in Höhe von vier Prozent des Grundkapitals. Hieran sind Vorstand und Aufsichtsrat bei der Festlegung der maßgeblichen Beträge für die Überschussbeteiligung der Versicherten gebunden. Berücksichtigt werden insofern dem Wortlaut gemäß allerdings nur die Beträge, die nicht auf Grund eines Rechtsanspruchs der Versicherten ohnehin zurückzustellen sind. Ein solcher Rechtsanspruch auf Überschussbeteiligung ergibt sich nicht nur aus dem Versicherungsvertrag, sondern ist mit § 153 Abs. 1 VVG gesetzlich vorgegeben,[51] auch wenn dieser noch keinen Zahlungsanspruch darstellt.[52] Der Rechtsanspruch steht dabei als „Eigentum im Werden" unter dem Schutz von Art. 14 Abs. 1 GG.[53] Anspruchsbasis ist eine verursachungsorientierte oder eine andere angemessene Verfahrensweise. Vorstand und Aufsichtsrat können insofern theoretisch hierüber hinausgehend noch – unter Wahrung des Gleichbehandlungsgrundsatzes (§ 138 Abs. 2 VAG) – weitere Beträge für die Überschussbeteiligung der Versicherten bestimmen. Sie dürfen dabei aber nicht den Mindestbilanzgewinn für die Aktionäre negieren. Mit der im VAG gewählten Bezugsgröße des Grundkapitals ist das Grundkapital gemäß § 1 Abs. 2 AktG gemeint, das strikt vom Gesellschaftsvermögen zu unterscheiden ist. Abzuziehen sind allerdings im Einklang mit den übrigen aktien- 14

[39] *BVerwG* Urt. v. 12.9.1989 – 1 A 32/87, VersR 1990, 73 = NJW 1990, 1003.

[40] Prölss/Martin/*Reiff* § 153 VVG Rn. 19; Bruck/Möller/*Winter* § 153 VVG Rn. 123 u. 190; *Armbrüster* VersR 2013, 385, 388 u. 400.

[41] Gesetzentwurf der Bundesregierung, BT-Drs. 16/3945, 96 (zu § 153 Abs. 2 VVG).

[42] Bruck/Möller/*Winter* § 153 VVG Rn. 196; a. M. *Brömmelmeyer* VuR 2015, 203, 206.

[43] Vgl. Erläuterung unter Rn. 8.

[44] Bruck/Möller/*Winter* § 153 VVG Rn. 28; Langheid/Rixecker/*Langheid* § 153 VVG Rn. 35; a. M. Prölss/Martin/*Reiff* § 153 VVG Rn. 19.

[45] Vgl. etwa Fn. 12 der unverbindlichen Musterbedingungen des GDV für die Rentenversicherung mit aufgeschobener Rentenzahlung (Stand: 2.2.2016), abrufbar unter gdv.de.

[46] § 141 Abs. 5 Nr. 4 VAG.

[47] § 141 Abs. 5 Nr. 4 VAG.

[48] Prölss/*Kölschbach* 12. Aufl., § 56a VAG Rn. 11.

[49] § 58 Abs. 3 S. 2 AktG.

[50] Prölss/*Kölschbach* 12. Aufl., § 56a VAG Rn. 12.

[51] Prölss/Martin/*Reiff* § 153 VVG Rn. 11; Bruck/Möller/*Winter* § 153 VVG Rn. 131.

[52] Prölss/Martin/*Reiff* § 153 VVG Rn. 12; Bruck/Möller/*Winter* § 153 VVG Rn. 131.

[53] *BVerfG* Urt. v. 26.7.2005 – 1 BvR 782/94 + 957/96, BVerfGE 114, 1 = VersR 2005, 1109.

rechtlichen Bestimmungen[54] noch nicht geleistete Einlagen. Deren Einrechnung würde eine unangemessene Beschränkung der Überschussbeteiligung der Versicherten bedeuten.[55] Eine mögliche weitergehende Risikotragung des Aktionärs, die zu korrespondierenden Gewinnbeteiligungsansprüchen führen müsste,[56] muss aufgrund der unveränderten aktiengesetzlichen Wertungen unberücksichtigt bleiben.

15 Eine Ausschüttung des Bilanzgewinns steht allerdings unter dem Vorbehalt des § 139 Abs. 2 **S. 3** VAG. Er muss hierfür den **Sicherungsbedarf** nach § 139 Abs. 4 VAG übersteigen. Hiermit soll sichergestellt werden, dass keine Mittel abfließen, die für die Erfüllung der Versicherungsverträge nötig werden. Das trifft Versicherte und Aktionäre gleichermaßen, da die Sperre jegliche Ausschüttung erfasst.[57] Damit werden auch aktienrechtliche Bestimmungen überlagert.

16 Für **VVaG** und **öffentlich-rechtliche Versicherungsunternehmen**[58] gilt § 139 Abs. 2 VAG nicht, da insofern in Ermangelung entsprechender divergierender Interessen kein Regelungsbedarf besteht.

17 **IV. Berücksichtigung von Bewertungsreserven (Abs. 3).** Während § 153 VVG im Kern eine hälftige Beteiligung der Versicherten an den gesamten Bewertungsreserven vorschreibt, relativiert § 139 Abs. 3 VVG diesen Anspruch. Die Verzahnung erfolgt dabei in der Weise, dass § 139 Abs. 3 VAG die Vorschrift des § 153 VVG unmittelbar in Bezug nimmt und zudem in § 153 Abs. 3 S. 3 VVG ein Vorbehalt unter Hinweis auf § 139 Abs. 3 u. 4 VAG besteht.[59] Das bedeutet, dass die Regelung nicht nur von aufsichtsrechtlicher Bedeutung ist, vielmehr der vertragsrechtliche Anspruch des Versicherten entsprechend eingeschränkt wird, um das **Versichertenkollektiv** zu schützen. Damit dürfen bestimmte Bewertungsreserven bei der Überschussbeteiligung nur insoweit herangezogen werden, als sie den Sicherungsbedarf gemäß § 139 Abs. 4 VAG übersteigen. Betroffen sind hiervon Bewertungsreserven aus festverzinslichen Anlagen und Zinsabsicherungsgeschäften. Eine nähere Spezifizierung der festverzinslichen Anlagen und Zinsabsicherungsgeschäfte erfolgt durch § 10 MindZV. Zinsabsicherungsgeschäfte sind zudem bereits in § 15 Abs. 1 S. 2 VAG in Bezug genommen worden,[60] so dass insoweit ergänzend auf die diesbezügliche Erläuterung verwiesen werden kann.[61]

18 Hintergrund der Beschränkung der Ansprüche auf Beteiligung an den Bewertungsreserven ist das anhaltende **Niedrigzinsumfeld** gewesen, das zu Verwerfungen geführt hat, weil einerseits Bewertungsreserven bezogen auf festverzinsliche Anlagen gewachsen waren, andererseits der Finanzierungsbedarf für Versicherungsverträge mit Zinsgarantien gestiegen ist.[62] Für Zinsabsicherungsgeschäfte ergibt sich das Problem, dass ihre Absicherungsfunktion infrage gestellt ist, wenn sie zugleich weitere Ansprüche der Versicherten gerieren. Diese Problematik ist längere Zeit zwar artikuliert worden,[63] hat aber erst – einen vergeblichen gesetzgeberischen Vorstoß eingeschlossen[64] – mit dem Lebensversicherungsreformgesetz eine Auflösung gefunden.[65] Hiervon unberührt bleiben Ansprüche auf die Beteiligung an allen anderen Bewertungsreserven wie solchen auf Aktien und Immobilien.[66] Nicht betroffen ist ferner die Überschussbeteiligung aus realisierten Kapitalerträgen.[67]

19 § 139 Abs. 3 (u. 4) VAG erfasst allerdings nur Lebensversicherer mit Sitz in Deutschland sowie Versicherer aus dem EWR-Ausland, auf die die Solva II-Richtlinie keine Anwendung findet,[68] sowie Drittstaatenversicherer.[69] Als Folge des **Sitzlandsprinzip**s findet die Vorschrift keine Anwendung auf EWR-ausländische Versicherer, die von der Solva II-Richtlinie erfasst werden.[70] Zu sehen ist allerdings, dass auch solche Versicherer grundsätzlich deutsches Vertragsrecht und damit auch § 153 VVG anzuwenden haben.[71] Gewähren diese Versicherer dieser Norm gemäß eine Überschussbeteiligung, kann ihnen nicht verwehrt werden, bezüglich der Beteiligung an den Bewertungsreserven die zum Schutz des Versichertenkollektivs nötigen Begrenzungen ebenfalls vorzunehmen. Das findet auch eine unmittelbare Stütze in § 153 Abs. 3 S. 3 VVG, der auf § 139 Abs. 3 (u. 4) VAG verweist. Kraft dieser Verweisung erlangt § 139 Abs. 3 (u. 4) VAG damit auch für diese Unternehmen entsprechende Bedeutung. Es kann

[54] § 60 Abs. 2 S. 1, § 113 Abs. 3 S. 1, § 254 Abs. 1 AktG.
[55] So jedenfalls vormals Prölss/*Kölschbach* 12. Aufl., § 56a VAG Rn. 15, Vorbehalte in Rn. 16 andeutend.
[56] Vgl. Prölss/*Kölschbach* 12. Aufl., § 56a VAG Rn. 16.
[57] Gesetzentwurf der Bundesregierung, BR-Drs. 242/14, 20 f. (zu Art. 1 Nr. 3).
[58] S. a. § 1 Abs. 3 VAG, demzufolge § 139 VAG für Zusatzversorgungskassen des öffentlich Dienstes nicht gilt.
[59] Art. 2 Abs. 49 Nr. 1 des Gesetzes v. 1.4.2015, BGBl. I 434.
[60] Vgl. Gesetzentwurf der Bundesregierung, BR-Drs. 242/14, 21 (zu Art. 1 Nr. 3).
[61] Vgl. § 15 VAG Rn. 35 u. 38.
[62] Vgl. Gesetzentwurf der Bundesregierung, BR-Drs. 242/14, 21 (zu Art. 1 Nr. 3); Antwort der Bundesregierung, BT-Drs. 17/21258, 5 (unter Ziff. 14).
[63] Vgl. nur *Erdland* VW 2013, 24; *Franz* ZfV 2012, 284 ff. u. 327 ff.; *Präve* ZfV 2013, 369 ff. Zur Kritik der Deutschen Bundesbank an der vormaligen Rechtslage vgl. Finanzstabilitätsbericht 2013, S. 73 ff.
[64] Vgl. Beschlussempfehlung und Bericht des BT-Finanzausschusses, BT-Drs. 17/11395, 4 f. u. 21 f.; hierzu *Krause/Menning* NJOZ 2013, 289 ff.
[65] Art. 1 Nr. 3 des Lebensversicherungsreformgesetzes v. 1.8.2014, BGBl. I 1330.
[66] Gesetzentwurf der Bundesregierung, BR-Drs. 242/14, 21 (zu Art. 1 Nr. 3).
[67] Gesetzentwurf der Bundesregierung, BR-Drs. 242/14, 21 (zu Art. 1 Nr. 3).
[68] § 56 Abs. 2 iVm § 67 Abs. 2 S. 1 VAG.
[69] § 67 Abs. 2 S. 1 VAG.
[70] Vgl. § 62 Abs. 1 Nr. 5 VAG.
[71] Vgl. Art. 7 Abs. 3 lit. c Rom I-VO, ABl. EU 2008 L 177, 6.

im Ergebnis nämlich nicht darauf ankommen, ob die Begrenzung der Beteiligung an den Bewertungsreserven ausschließlich vertragsrechtlich geregelt ist oder, wie hier, auch aufsichtsrechtlich. EWR-ausländischen Versicherern diesen Rekurs zu verwehren, würde diese diskriminieren.

Die Regelung des § 139 Abs. 3 VAG ist **verfassungsrechtlich** unbedenklich. Zwar hat das BVerfG Ansprüche der Versicherten auf Überschussbeteiligung als von Art. 14 Abs. 1 GG erfasst bewertet.[72] Das begründet aber keine schrankenlose Rechtsposition, also keine Ausrichtung nur am Interesse des einzelnen (ggf. ausscheidenden) Versicherten. Vielmehr ist eine umfassende Interessenabwägung vorzunehmen, bei der auch dem „Grundgedanken einer Risikogemeinschaft" Rechnung zu tragen ist.[73] § 139 Abs. 3 VAG greift dies auf, indem es zum Schutz des Versichertenkollektivs Verwerfungen wie oben dargestellt unterbindet.[74] 20

V. Sicherungsbedarf (Abs. 4). § 139 Abs. 4 VAG bestimmt den Sicherungsbedarf. Dieser ergibt sich aus dem Vergleich zwischen einem **Bezugszins** und dem maßgeblichen **Rechungszins**. Betroffen hiervon sind ausschließlich Versicherungsverträge mit Zinsgarantie, da sich nur hier das Problem entsprechender Verwerfungen stellt. Bezugszins (§ 139 Abs. 4 **S. 1** VAG) ist dabei der zum Zeitpunkt der Ermittlung der Bewertungsreserven maßgebliche Euro-Zinsswapsatz. Dieser ist der von der Deutschen Bundesbank gemäß § 7 der Rückstellungsabzinsungsverordnung veröffentlichte Null-Kupon-Euro-Zinsswapsatz mit einer Laufzeit von zehn Jahren. Maßgeblich ist der jeweilige Zinssatz am Ende des Monats, der dem Zeitpunkt der Ermittlung der Bewertungsreserven vorausgeht.[75] Zu vergleichen ist der Bezugszins mit dem höchsten in den nächsten fünfzehn Jahren für einen Vertrag maßgeblichen Rechnungzins.[76] Maßgeblich ist gemäß § 139 Abs. 4 **S. 2** VAG die aus der entsprechenden Differenz ermittelte Zinssatzverpflichtung, vermindert um die Deckungsrückstellung (§ 341f HGB). 21

Für **Sterbekassen** (§ 218 VAG) kann mit aufsichtsbehördlicher Genehmigung ein abweichendes Verfahren gewählt werden (§ 139 Abs. 4 **S. 3** VAG), wenn die Anwendung des gesetzlich vorgegebenen Verfahrens für diese unverhältnismäßig wäre.[77] Entsprechendes gilt für regulierte Pensionskassen.[78] Im Kern werden hier aber ähnliche Grundsätze heranzuziehen sein. Genehmigungsmaßstab ist die ausreichende Wahrung der Belange der Versicherten,[79] wobei die gesetzgeberische Grundentscheidung von § 153 VVG zur Beteiligung der Versicherten an den Bewertungsreserven ebenso wie die Sicherstellung der dauernden Erfüllbarkeit der Verträge[80] zu berücksichtigen sind. 22

VI. Anwendungsbereich. § 139 VAG gilt neben der Lebensversicherung (einschließlich dem Sicherungsfonds für die Lebensversicherung)[81] auch für die **UPR**.[82] § 139 Abs. 1 u. 2 S. 1 und 2 VAG ist auf **Krankenversicherungs**verträge, die eine erfolgsabhängige Beitragsrückerstattung vorsehen, entsprechend anzuwenden.[83] Für **Pensionsfonds** ist § 139 Abs. 3 u. 4 VAG nicht anwendbar. Die Vorschrift gilt schließlich auch für ausländische Versicherer[84] mit Ausnahme der EWR-ausländischen Versicherer, die von der Solva II-Richtlinie erfasst werden.[85] Allerdings gelten auch für diese bei Anwendung deutschen Rechts, was regelmäßig gegeben ist, aufgrund der Bezugnahme in § 153 VVG die in § 139 Abs. 3 u. 4 VAG enthaltenen Maßgaben. 23

Rückstellung für Beitragsrückerstattung

140 (1) [1]**Die der Rückstellung für Beitragsrückerstattung zugewiesenen Beträge dürfen nur für die Überschussbeteiligung der Versicherten einschließlich der durch § 153 des Versicherungsvertragsgesetzes vorgeschriebenen Beteiligung an den Bewertungsreserven verwendet werden.** [2]**In Ausnahmefällen kann die Rückstellung für Beitragsrückerstattung, soweit sie nicht auf bereits festgelegte Überschussanteile entfällt, mit Zustimmung der Aufsichtsbehörde im Interesse der Versicherten herangezogen werden, um**

---

[72] *BVerfG* Urt. v. 26.7.2005 – 1 BvR 782/94 + 957/96, BVerfGE 114, 1 = VersR 2005, 1109, 1119. Die Wertung bezog sich auf die Überschussbeteiligung im engeren Sinne. Für die Beteiligung an den Bewertungsreserven kann insofern aber nichts Anderes gelten.

[73] *BVerfG* Urt. v. 26.7.2005 – 1 BvR 80/95, VersR 2005, 1127, 1134 = r+s 2005, 429; kritisch in Bezug auf den Rekurs des Gesetzgebers auf diese Vorgabe *Brömmelmeyer* VuR 2015, 203, 207, der von einer „mystischen `Gemeinschaft der Versicherten´„ spricht, die zur Begründung eines Interessenausgleichs nicht herangezogen werden könne. Zu dieser grundsätzlichen Problematik vgl. *Präve* VersR 2012, 657 ff. mwN.

[74] Gesetzentwurf der Bundesregierung, BR-Drs. 242/14, 22 (zu Art. 1 Nr. 3).

[75] Vgl. § 11 MindZV.

[76] Vgl. § 12 MindZV.

[77] Gesetzentwurf der Bundesregierung, BR-Drs. 242/14, 21 (zu Art. 1 Nr. 3).

[78] § 233 Abs. 1 S. 6 u. 7 VAG.

[79] § 294 Abs. 2 S. 2 Hs. 2 VAG.

[80] § 294 Abs. 4 VAG.

[81] § 222 Abs. 4 S. 3 VAG.

[82] § 161 Abs. 1 VAG.

[83] § 151 Abs. 1 VAG.

[84] § 65 Abs. 2, § 67 Abs. 2 VAG

[85] Vgl. § 62 Abs. 1 S. 2 Nr. 5 VAG.

1. einen drohenden Notstand abzuwenden,
2. unvorhersehbare Verluste aus den überschussberechtigten Versicherungsverträgen auszugleichen, die auf allgemeine Änderungen der Verhältnisse zurückzuführen sind, oder
3. die Deckungsrückstellung zu erhöhen, wenn die Rechnungsgrundlagen auf Grund einer unvorhersehbaren und nicht nur vorübergehenden Änderung der Verhältnisse angepasst werden müssen.

³Bei Maßnahmen nach Satz 2 Nummer 2 oder 3 sind die Versichertenbestände verursachungsorientiert zu belasten.

(2) **¹Ein die Belange der Versicherten gefährdender Missstand liegt vor, wenn bei überschussberechtigten Versicherungen**
1. keine angemessene Zuführung zur Rückstellung für Beitragsrückerstattung erfolgt oder
2. keine angemessene Verwendung der Mittel in der Rückstellung für Beitragsrückerstattung erfolgt.

²Das ist insbesondere dann anzunehmen, wenn
1. im Fall des Satzes 1 Nummer 1 die Zuführung zur Rückstellung für Beitragsrückerstattung eines Lebensversicherungsunternehmens unter Berücksichtigung der Direktgutschrift und der rechnungsmäßigen Zinsen nicht der gemäß § 145 Absatz 2 durch Rechtsverordnung festgelegten Mindestzuführung entspricht und
2. im Fall des Satzes 1 Nummer 2 der ungebundene Teil der Rückstellung für Beitragsrückerstattung den gemäß § 145 Absatz 3 durch Rechtsverordnung festgelegten Höchstbetrag überschreitet.

(3) **Die Aufsichtsbehörde kann verlangen, dass ihr**
1. ein Plan zur Sicherstellung angemessener Zuführungen zur Rückstellung für Beitragsrückerstattung (Zuführungsplan) vorgelegt wird, wenn die Zuführung zur Rückstellung nicht den Mindestanforderungen der Rechtsverordnung nach § 145 Absatz 2 entspricht, oder
2. ein Plan zur angemessenen Verwendung der Mittel in der Rückstellung für Beitragsrückerstattung (Ausschüttungsplan) vorgelegt wird, wenn der ungebundene Teil der Rückstellung den Höchstbetrag der Rechtsverordnung nach § 145 Absatz 3 überschreitet.

(4) **Lebensversicherungsunternehmen können innerhalb der Rückstellung für Beitragsrückerstattung einen kollektiven Teil oder mehrere kollektive Teile einrichten, der beziehungsweise die den überschussberechtigten Verträgen insgesamt zugeordnet ist beziehungsweise sind.**

1 **I. Allgemeines. 1. Entstehungsgeschichte.** § 140 VAG fasst Regelungen zusammen, die vormals in § 56b und § 81c VAG a. F. enthalten waren, verbunden mit redaktionellen und aufbaubedingten Änderungen.[1] Damit vereint § 140 VAG Vorschriften zur Zuführung und Entnahme von Mitteln der Rückstellung für Beitragsrückerstattung (RfB). In § 140 VAG sind dabei Regelungen aufgegangen, wie sie mit dem **SEPA-Begleitgesetz** v. 3.4.2013[2] getroffen worden waren. Diese zielten auf die teilweise Aufhebung der Trennung zwischen Altbestand (Verträge bis 31.12.1994) und Neubestand (Verträge seit 1.1.1995) in der RfB, was schlagwortartig als Teilkollektivierung bezeichnet wird.[3] Damit folgte der Gesetzgeber der Jahre zuvor verfolgten Linie, Differenzierungen zwischen Alt- und Neubestand aufzugeben, wie dies durch das Gesetz v. 23.12.2007 geschehen war.[4] Diese Änderungen, die ebenso in § 140 VAG Eingang gefunden haben, stellten sicher, dass bei der Berechnung der Mindestüberschussbeteiligung nicht mehr zwischen Alt- und Neubestand differenziert wird. Auch verfassungsgerichtliche Hinweise zur sog. Querverrechnung wurden aufgegriffen.[5] Schließlich wurden weitergehende Entnahmen aus der RfB gestattet.[6] Damit wurde insgesamt eine grundlegende inhaltliche Neuausrichtung vorgenommen, bezogen auf die Mindestzuführung ist dies der zweite wesentliche

[1] RegE VAG 2014 S. 270 f. (zu § 140 VAG). Die Verordnungsermächtigungen von § 56b Abs. 2 und § 81c Abs. 3 VAG a. F. haben in § 145 VAG Aufnahme gefunden.

[2] BGBl. I 610.

[3] Art. 6 Nr. 6 des SEPA-Begleitgesetzes v. 3.4.2013, BGBl. I 610; hierzu Beschlussempfehlung und Bericht des BT-Finanzausschusses, BT-Drs. 17/11395, 22 f. (zu Nr. 6) und Beschlussempfehlung des Vermittlungsausschusses, BT-Drs. 17/12464, 2 (Anlage). S. ferner die RfB-Verordnung v. 10.3.2015 (BGBl. I 300) samt entsprechender Modifizierung gemäß der Ersten Verordnung zur Änderung der RfB-Verordnung v. 19.7.2017 (BGBl. I 3037).

[4] BGBl. I 3248

[5] Art. 1 Nr. 16 des Gesetzes v. 23.12.2007, BGBl. I 3248; hierzu Gesetzentwurf der Bundesregierung, BR-Drs. 599/07, 33 f. (zu § 81c VAG).

[6] Art. 1 Nr. 11a des Gesetzes v. 23.12.2007, BGBl. I 3248; hierzu Beschlussempfehlung und Bericht des BT-Finanzausschusses, BT-Drs. 16/7152, 10 (zu § 56a VAG).

gesetzliche Eingriff der im Jahre 1983 geschaffenen[7] und 1994 wesentlich geänderten[8] gesetzlichen Vorgabe[9] gewesen.

2. Normzweck. Die Vorschrift des § 140 VAG dient der Sicherstellung der Funktion der RfB, indem sie den Verwendungszweck der in die RfB eingestellten Beträge **abschließend** regelt. Danach dürfen die entsprechenden Beträge grundsätzlich nur für die Überschussbeteiligung der Versicherten verwendet werden. Nur in eng begrenzten Ausnahmefällen darf die RfB mit aufsichtsbehördlicher Zustimmung für andere Zwecke herangezogen werden. Darüber hinaus soll durch weitere gesetzliche Maßgaben erreicht werden, dass über die RfB eine angemessene Überschussbeteiligung durch entsprechende Zuführungen und Abflüsse (an die Versicherten) auch tatsächlich erfolgt. Damit wird im Ergebnis eine öffentlich-rechtliche Flankierung des gesetzlichen Anspruchs auf Überschussbeteiligung gemäß § 153 VVG statuiert. 2

3. Europarechtlicher Hintergrund. Die Solva II-Richtlinie enthält **keine** Regelungen, die konkret Maßgaben enthalten, wie sie mit § 140 VAG getroffen werden. Allerdings gibt es allgemeine Vorgaben für versicherungstechnische Rückstellungen[10] sowie zum Ziel der Aufsicht, nämlich dem Schutz der Versicherten.[11] An diese Vorgaben knüpft § 140 VAG an. Es zeigt sich auch hier, dass die These von einer Vollharmonisierung des Aufsichtsrechts[12] durch die Solva II-Richtlinie so nicht haltbar ist. So ist etwa der Kontext zu dem im Wesentlichen national geprägten Vertragsrecht zu sehen, der auch aufsichtsrechtlichen Handlungsbedarf begründet, ohne dass ein Verstoß gegen europarechtliche Vorgaben mit Erfolg geltend gemacht werden könnte. 3

II. Verwendungszweck (Abs. 1). § 140 Abs. 1 **S. 1** VAG gibt vor, dass die der RfB[13] zugewiesenen Beträge nur für die Überschussbeteiligung der Versicherten verwendet werden dürfen. Das umfasst auch die Beteiligung an den Bewertungsreserven, die ebenfalls aus der RfB finanziert wird, soweit nicht eine Direktgutschrift erfolgt.[14] Das bedeutet zugleich, dass eine Auflösung von Bewertungsreserven nur nötig ist, wenn die Mittel der RfB insofern nicht ausreichen würden.[15] Für bereits festgelegte Überschussanteile in der gebundenen RfB[16] ist auch nicht ausnahmsweise ein anderer Verwendungszweck möglich. Für die nicht festgelegten Überschussanteile kann unter bestimmten Voraussetzungen eine Heranziehung zu anderen Zwecken in Betracht kommen. § 140 Abs. 1 **S. 2** VAG ermöglicht dies in **drei Fällen**, die allesamt zunächst voraussetzen, dass die abweichende Verfahrensweise dem Interesse der Versicherten entspricht und die Aufsichtsbehörde insoweit ihre Zustimmung gibt. Die Fälle sind die Abwendung eines drohenden Notstands, der Ausgleich unvorhersehbarer Verluste und die Erhöhung der Deckungsrückstellung aufgrund einer unvorhersehbaren Änderung. Im Hinblick auf die überragende Bedeutung der RfB als Instrument der Überschussbeteiligung und deren auch verfassungsrechtlicher Grundierung als Eigentum im Werden[17] sind die Ausnahmetatbestände grundsätzlich **eng auszulegen**. Die aufsichtsbehördliche Zustimmung stellt einen Verwaltungsakt dar, der einen Antrag des Versicherers voraussetzt. Maßstab für die Zustimmung ist, dass zumindest einer der drei Tatbestände erfüllt ist und – als Ausprägung des Verhältnismäßigkeitsgrundsatzes und im Hinblick auf die Grundrechtsrelevanz des Eingriffs für die Versicherten – nicht andere mildere Maßnahmen in Betracht kommen. 4

Mit einem **drohenden Notstand** (§ 140 Abs. 1 S. 2 **Nr. 1** VAG) ist die Gefahr einer Insolvenz gemeint.[18] Dass insofern Abhilfe geschaffen wird, dürfte regelmäßig auch im Interesse der Versicherten sein. Eine Insolvenz würde den Versicherten verwehren, ihre Verträge fortzuführen. Das würde dem wohlverstandenen Interesse der Versicherten an einer Sicherstellung ihrer Altersversorgung zuwiderlaufen. Die Aufsicht wäre zudem vor einer Insolvenz noch zu wesentlich drastischeren Maßnahmen befugt, die den zeitweisen Verbot von Gewinnverteilungen und die Herabsetzung von Vertragsverpflichtungen einschließen.[19] Auch die Überführung in die gesetzliche Sicherungseinrichtung würde keinen adäquaten Ausweg darstellen, da in diesem Fall ebenso eine Herabsetzung von Leistungen und Begrenzungen vorzeitiger Vertragsbeendigungen drohen können.[20] Drohender Notstand im Sine von § 140 Abs. 1 S. 2 Nr. 1 VAG meint dabei noch nicht, dass das Unternehmen insolvenzreif ist, sondern – wie 5

[7] Vgl. Gesetzentwurf der Bundesregierung, BT-Drs. 9/1493, 27 f. (zu Nr. 27).
[8] Vgl. Gesetzentwurf der Bundesregierung, BR-Drs. 23/94, 251–254 (zu § 81c VAG).
[9] Vgl. zu der früheren Rechtslage ausführlich Prölss/*Kollhosser* 12. Aufl., § 81c Rn. 4 ff.
[10] Art. 76 ff. Solva II-RL.
[11] Art. 27 Solva II-Rl.
[12] Vgl. § 139 Rn. 5.
[13] Vgl. § 139 VAG Rn. 7.
[14] Vgl. § 139 VAG Rn. 6.
[15] *BGH* Urt. v. 11.2.2015 – IV ZR 213/14 Rn. 16, VersR 2015, 433, 434 f. = NJW 2015, 2809.
[16] Vgl. § 139 VAG Rn. 7.
[17] *BVerfG* Urt. v. 26.7.2005 – 1 BvR 782/94 + 957/96, VersR 2005, 1109, 1119 = r+s 2005, 472.
[18] Prölss/*Kölschbach* 12. Aufl., § 56a VAG Rn. 26.
[19] § 314 Abs. 1 S. 2 u. Abs. 2 S. 1 VAG.
[20] § 222 Abs. 5 VAG

der Zusatz „drohend" – verdeutlicht, dass sich eine Insolvenzreife, also eine Überschuldung abzeichnet.[21] Dazu bedarf es konkreter, belastbarer Anhaltspunkte.

6 Ein **Ausgleich unvorhersehbarer Verluste**, die auf allgemeine Änderungen zurückzuführen sind (§ 140 Abs. 1 S. 2 **Nr. 2** VAG), ist nur bei Fallkonstellationen anzunehmen, die vom Versicherer nicht beeinflussbar und daher von ihm auch nicht zu vertreten sind.[22] Es müssen externe Gründe vorliegen, die zu den Verlusten geführt haben. Sind Fehlentscheidungen des Managements ursächlich für den Eintritt der Verluste, ist die Voraussetzung nicht erfüllt. Das ist beispielsweise gegeben, wenn der Versicherer zu spät oder gar nicht auf absehbare externe Entwicklungen reagiert hat. Die Änderungen dürfen darüber hinaus nicht nur von vorübergehender Natur sein, da der Eingriff in einem solchen Fall nicht verhältnismäßig wäre. Die Verluste müssen zudem eine gewisse Erheblichkeitsschwelle überschreiten. Insofern ist zu fordern, dass die Geschäftsgrundlage messbar tangiert sein muss. Ein Notstand muss in Abgrenzung zu § 140 Abs. 1 S. 2 Nr. 1 VAG aber nicht drohen. Die Heranziehung von Mitteln der RfB darf schließlich nicht weiterreichen, als dies mit den allgemeinen Änderungen in Zusammenhang steht. Etwas anderes lässt sich auch nicht aus der Zuordnung der RfB als Eigenmittel im Sinne von § 214 Abs. 1 S. 1 Nr. 6 VAG folgern, soweit sie zur Deckung von Verlusten verwendet werden darf und nicht auf festgelegte Überschussanteile entfällt. Wenngleich hierauf basierend die Verwendung der RfB-Mittel in den in § 140 Abs. 1 S. 2 VAG genannten Fällen ausschließlich für Leistungen an die Versicherten erfolgt,[23] ist die eigentliche Zweckbestimmung der RfB zur Sicherstellung der Überschussbeteiligung vorrangig zu beachten. Eine Verlustabdeckung darf daher nur unter den in § 140 Abs. 2 S. 2 genannten engen Voraussetzungen erfolgen.

7 Eine Heranziehung von RfB-Mitteln zur **Erhöhung der Deckungsrückstellung** (§ 341f HGB) wegen einer Anpassung der Rechnungsgrundlagen auf Grund unvorhersehbarer und nicht nur vorübergehender Änderungen der Verhältnisse (§ 140 Abs. 1 S. 2 **Nr. 3** VAG) setzt ebenfalls voraus, dass die Änderungen vom Versicherer nicht beeinflussbar und von ihm auch nicht zu vertreten sind.[24] Sind die Rechnungsgrundlagen von vornherein unzureichend angesetzt, kann auf § 140 Abs. 1 S. 2 Nr. 3 VAG nicht mit Erfolg rekurriert werden, es sei denn, die Fehleinschätzung war unvermeidbar. Auch hier muss zudem die Geschäftsgrundlage messbar tangiert sein, ein Notstand muss nicht drohen. RfB-Mittel dürfen nur insofern herangezogen werden, als dies auf die unvorhersehbaren Änderungen zurückzuführen ist.

8 Die Versichertenbestände sind schließlich in den Fällen des § 140 Abs. 1 S. 2 Nr. 2 u. 3 VAG **verursachungsorientiert** zu belasten (§ 140 Abs. 1 **S. 3** VAG). Damit übernimmt das VAG eine Begrifflichkeit des § 153 Abs. 2 S. 1 VVG. Die dort eröffnete Möglichkeit einer anderen vergleichbaren Verteilung wird aber ausdrücklich nicht übernommen. Nicht nötig ist eine Verursachungsgerechtigkeit.[25] Die Verursachungsorientierung wird durch eine Zusammenfassung gleichartiger Versicherungen zu Gewinngruppen und die entsprechende adäquate Heranziehung der einzelnen Gruppen und Verträge erreicht.[26] Dass im Falle eines drohenden Notstandes im Sinne von § 140 Abs. 1 S. 2 Nr. 1 VAG eine derartige Maßgabe nicht besteht, erklärt sich aus dem besonderen Gefahrenmoment, der eine pauschale Heranziehung von RfB-Mitteln nötig macht.

9 **III. Maßgaben zur Sicherstellung der Überschussbeteiligung (Abs. 2).** § 140 Abs. 2 **S. 1** VAG soll sicherstellen, dass eine angemessene Zuführung zur RfB und eine angemessene Verwendung von Mitteln der RfB erfolgt. Zu diesem Zweck wird der aufsichtsrechtliche **Missstandstatbestand**, wie er in § 298 Abs. 1 S. 2 VAG umschrieben wird, **konkretisiert**, wenngleich hierfür der unbestimmte Rechtsbegriff „angemessen" verwendet wird. Diese Vorgabe korrespondiert dabei zugleich mit der verfassungsgerichtlichen Anforderung, für eine angemessene (Schluss-) Überschussbeteiligung Sorge zu tragen.[27] Darauf zielt letztlich auch § 140 Abs. 2 S. 1 VAG, soweit die Überschussbeteiligung über die RfB erfolgt. Eine weitere Konkretisierung erfolgt basierend auf § 140 Abs. 2 **S. 2** VAG, wonach sich die Angemessenheit nach den Vorgaben der nach § 145 Abs. 2 u. 3 VAG erlassenen Rechtsverordnung, der MindZV, richtet.[28] Für die Aufsicht besteht bzgl. des Maßstabs der Angemessenheit kein Ermessensspielraum. Einer Ermessensentscheidung bedarf hingegen das Ob eines aufsichtsrechtlichen Eingriffs.[29]

10 **IV. Aufsichtsrechtliche Maßnahmen (Abs. 3).** Gemäß § 140 Abs. 3 VAG ist die Aufsicht gegenüber den Unternehmen befugt, (im Falle einer unangemessenen Zuführung zur RfB) einen Zuführungsplan und (im Falle einer unangemessenen Verwendung von RfB-Mitteln) einen Ausschüttungsplan zu verlangen. Maßstab bilden hierfür die entsprechenden Anforderungen der MindZV. **Zuführungs-**

[21] Beschlussempfehlung und Bericht des BT-Finanzausschusses, BT-Drs. 16/7152, 10 (zu § 56a VAG).
[22] Beschlussempfehlung und Bericht des BT-Finanzausschusses, BT-Drs. 16/7152, 10 (zu § 56a VAG).
[23] Darauf weist die Beschlussempfehlung und Bericht des BT-Finanzausschusses, BT-Drs. 16/7152, 10 (zu § 56a VAG) ausdrücklich hin.
[24] Beschlussempfehlung und Bericht des BT-Finanzausschusses, BT-Drs. 16/7152, 10 (zu § 56a VAG).
[25] Vgl. § 139 VAG Rn. 10.
[26] Vgl. § 139 VAG Rn. 11.
[27] *BVerfG* Urt. v. 26.7.2005 – 1 BvR 80/95, VersR 2005, 1127 = r+s 2005, 429.
[28] Vgl. § 139 VAG Rn. 8 f.
[29] Vgl. Prölss/*Kollhosser* 12. Aufl., § 81c VAG Rn. 14 zur früheren Rechtslage.

und Ausschüttungspläne sind nicht Bestandteil des genehmigungsbedürftigen Geschäftsplans, da sie von § 9 Abs. 2 VAG nicht erfasst werden. Sie bedürfen daher auch nicht der gesonderten Genehmigung. Im Gegensatz zum früheren Recht wird auf den klarstellenden Hinweis verzichtet, dass Maßnahmen aufgrund anderer aufsichtsrechtlicher Vorschriften unberührt bleiben. Die Gesetzesbegründung geht auf die Streichung dieses Hinweises nicht ein.[30] In Betracht zu ziehen sind somit auch Maßnahmen nach § 298 Abs. 1 S. 1 VAG (Generalbefugnis zur Missstandsbeseitigung) und § 304 Abs. 3 Nr. 2 VAG (Widerruf der Erlaubnis bei schwerwiegenden Verstößen). Es ist nämlich nicht zu erkennen, dass § 140 Abs. 3 VAG eine Sperrwirkung entfaltet. Vielmehr ist davon auszugehen, dass – auch aufgrund des Schweigens des Gesetzgebers zu der Änderung – die bisherige Rechtslage aufrechterhalten bleiben sollte. Das ist auch sachgerecht, da § 140 Abs. 2 u. 3 VAG lediglich die Missstandsaufsicht konkretisiert (arg. § 140 Abs. 2 S. 1 VAG: „ein die Belange der Versicherten gefährdender Missstand"). Der Aufsicht kommt folglich neben dem Eingriffsermessen[31] auch ein Auswahlermessen zu. Soweit nicht besondere Umstände bestehen, wird nach Bejahung des Ob eines Eingriffs zumindest als erste Maßnahme – unbeschadet eines vorherigen informellen Einwirkens – das Verlangen nach Vorlage entsprechender Pläne nach § 140 Abs. 3 VAG zu artikulieren sein.[32] Dieses Verlangen stellt einen belastenden Verwaltungsakt dar.[33]

V. Kollektivierung der RfB (Abs. 4). § 140 Abs. 4 VAG ermächtigt zur Einrichtung sog. kollektiver Teile der RfB. Damit wird die vormalige **starre Trennung von Altbestand** (Verträge bis 31.12.1994) **und Neubestand** (Verträge seit 1.1.1995) **teilweise beseitigt**.[34] Ein Ausgleich zwischen Alt- und Neubestand war zuvor insofern unterbunden, was dazu geführt hat, dass die RfB des Altbestands überdurchschnittlich angestiegen war, während die RfB des Neubestands zurückblieb. Das hat zunehmend im Ergebnis dazu geführt, dass der Altbestand überproportional profitierte, ohne dass dies mit den gezahlten Prämien zu rechtfertigen war.[35] Es handelte sich gewissermaßen um ein „Zufallsgeschenk" an diese Versicherten,[36] die mit der – auch europarechtlich angreifbaren[37] – Festschreibung einer Aufteilung im Bestand durch § 336 VAG (vormals: § 11c VAG a. F.) und Art. 16 § 2 des Dritten Durchführungsgesetzes/EWG zum VAG[38] verbunden war.[39] Die näheren Vorgaben enthält die RfBV.[40] Gegen diese sog Teilkollektivierung der RfB bestehen auch verfassungsrechtlich keine Bedenken.[41] Die Umverteilung von Mitteln innerhalb der RfB vom Alt- auf den Neubestand erfolgte zum Zwecke einer gerechten Verteilung unter Wahrung des Besitzstandes.[42] Vertrauensschutz können Altversicherte dabei nur insofern geltend machen, als sie nicht schlechter gestellt werden dürfen, als sie ohne die im Jahre 1994 verfügte Trennung vom Neubestand stünden.[43] Das ist mit der RfBV gewährleistet. Ein mögliches Vertrauen in den Fortbestand der vormaligen Regelung ist hingegen schon deshalb nicht schutzwürdig, weil für die allermeisten Versicherten bei Vertragsschluss eine Zäsur wie die des Jahres 1994 nicht absehbar war und sie daher keine entsprechende berechtigte Erwartung auf eine letztlich überproportionale Überschussbeteiligung hegen konnten.[44] § 140 Abs. 4 VAG ist nach alledem unter der Prämisse, dass lediglich eine Teilkollektivierung und keine umfassende Kollektivierung erfolgt, als verfassungskonform anzusehen.[45] Unternehmen können demzufolge, anders als dies die Wortwahl der Vorschrift zunächst nahelegt, nicht unbegrenzt eine Kollektivierung vornehmen. Sie sind vielmehr zwingend an die – verfassungsrechtlich abgesicherten – Vorgaben der RfBV gebunden. 11

VI. Anwendungsbereich. § 140 VAG gilt für alle Lebensversicherungsunternehmen, für ausländische[46] mit Ausnahme der EWR-ausländischen Versicherer, die der Solva II-Richtlinie unterliegen.[47] Maßgaben gibt es für Pensions- und Sterbekassen. So gelten für regulierte **Pensionskassen** § 140 Abs. 2 12

---

[30] RegE VAG 2014 S. 270 (zu § 140 Abs. 2 u. 3 VAG).
[31] Vgl. Rn. 9.
[32] Vgl. Prölss/*Kollhosser* 12. Aufl., § 81c VAG Rn. 14 zur früheren Rechtslage.
[33] Vgl. Prölss/*Kollhosser* 12. Aufl., § 81c VAG Rn. 14 zur früheren Rechtslage.
[34] Art. 6 Nr. 6 des SEPA-Begleitgesetzes v. 3.4.2013, BGBl. I 610.
[35] Beschlussempfehlung und Bericht des BT-Finanzausschusses, BT-Drs. 17/11395, 22 f. (zu Nr. 6) und Beschlussempfehlung des Vermittlungsausschusses, BT-Drs. 17/12464, 2 (Anlage).
[36] *Armbrüster* VersR 2013, 385, 401.
[37] Vgl. § 336 VAG Rn. 3 f.
[38] BGBl. 1994 I 1630.
[39] *Armbrüster* VersR 2013, 385, 391–393 u. 395 f. verweist zusätzlich auf die Ziele der Verhinderung einer Ungleichbehandlung im Altbestand und der Sicherung der Solvabilität.
[40] RfB-Verordnung v. 10.3.2015, BGBl. I 300 samt Modifizierung gemäß der Ersten Verordnung zur Änderung der RfB-Verordnung v. 19.7.2017 (BGBl. I 3037).
[41] *Armbrüster* VersR 2013, 385, 393 ff.
[42] Im Kern auch von *Brömmelmeyer* VuR 2015, 203, 205 u. 208 anerkannt.
[43] *Armbrüster* VersR 2013, 385, 401.
[44] S. ergänzend *Armbrüster* VersR 2013, 385, 401.
[45] *Armbrüster* VersR 2013, 385, 400 weist darauf hin, dass die Konkretisierung in einer Rechtsverordnung „unumgänglich" sei.
[46] § 65 Abs. 2, § 67 Abs. 2 VAG.
[47] Vgl. § 62 Abs. 1 S. 2 Nr. 5 VAG.

S. 2 u. Abs. 4 VAG nicht.[48] Für **Sterbekassen** finden die Regelungen von § 140 Abs. 2 bis 4 VAG keine Anwendung.[49] Für die **UPR** gilt lediglich § 140 Abs. 1 VAG entsprechend.[50] § 140 Abs. 1 S. 1 u. 2 Nr. 1 VAG ist auf **Krankenversicherungs**verträge, die eine erfolgsabhängige Beitragsrückerstattung vorsehen, entsprechend anzuwenden.[51] § 140 Abs. 2 u. 3 VAG findet auf den Sicherungsfonds unter einer bestimmten Voraussetzung Anwendung.[52] Für Pensionsfonds bestehen Maßgaben bezogen auf § 140 Abs. 2 VAG.[53]

Verantwortlicher Aktuar in der Lebensversicherung

141 (1) [1] **Jedes Lebensversicherungsunternehmen hat einen Verantwortlichen Aktuar zu bestellen.** [2] **Er muss zuverlässig und fachlich geeignet sein.** [3] **Fachliche Eignung setzt ausreichende Kenntnisse in der Versicherungsmathematik und Berufserfahrung voraus.** [4] **Eine ausreichende Berufserfahrung ist regelmäßig anzunehmen, wenn eine mindestens dreijährige Tätigkeit als Versicherungsmathematiker nachgewiesen wird.**

(2) [1] **Der in Aussicht genommene Verantwortliche Aktuar muss vor Bestellung der Aufsichtsbehörde unter Angabe der Tatsachen, die für die Beurteilung seiner Zuverlässigkeit und fachlichen Eignung gemäß Absatz 1 wesentlich sind, benannt werden.** [2] **Wenn Tatsachen vorliegen, aus denen sich ergibt, dass der in Aussicht genommene Verantwortliche Aktuar nicht zuverlässig oder nicht fachlich geeignet ist, so kann die Aufsichtsbehörde verlangen, dass eine andere Person benannt wird.** [3] **Werden nach der Bestellung Umstände bekannt, die einer Bestellung entgegengestanden hätten oder erfüllt der Verantwortliche Aktuar die ihm nach diesem Gesetz obliegenden Aufgaben nicht ordnungsgemäß, so kann die Aufsichtsbehörde verlangen, dass ein anderer Verantwortlicher Aktuar bestellt wird.** [4] **Erfüllt in den Fällen der Sätze 2 und 3 auch der in Aussicht genommene oder der neue Verantwortliche Aktuar die Voraussetzungen nicht oder unterbleibt eine neue Bestellung, so kann die Aufsichtsbehörde den Verantwortlichen Aktuar bestellen.** [5] **Das Ausscheiden des Verantwortlichen Aktuars ist der Aufsichtsbehörde unverzüglich mitzuteilen.** [6] **Ist die Kündigung des mit dem Verantwortlichen Aktuar geschlossenen Vertrags oder dessen einvernehmliche Aufhebung beabsichtigt, so hat das in Absatz 3 genannte Organ dies der Aufsichtsbehörde vorab unter Darlegung der Gründe mitzuteilen.**

(3) **Der Verantwortliche Aktuar wird vom Aufsichtsrat oder, wenn ein solcher nicht vorhanden ist, von dem entsprechenden obersten Organ bestellt oder entlassen.**

(4) [1] **Der Verantwortliche Aktuar hat an der Sitzung des Aufsichtsrats über die Feststellung des Jahresabschlusses teilzunehmen und über die wesentlichen Ergebnisse seines Erläuterungsberichts zur versicherungsmathematischen Bestätigung zu berichten.** [2] **Der Aufsichtsrat hat in seinem Bericht an die Hauptversammlung zu dem Erläuterungsbericht des Verantwortlichen Aktuars Stellung zu nehmen.**

(5) **Der Verantwortliche Aktuar**

1. **hat sicherzustellen, dass bei der Berechnung der Prämien und der Deckungsrückstellungen die Grundsätze des § 138 und des § 341f des Handelsgesetzbuchs sowie die Grundsätze der auf Grund des § 88 Absatz 3 erlassenen Rechtsverordnung eingehalten werden; dabei muss er die Finanzlage des Unternehmens insbesondere daraufhin überprüfen, ob die dauernde Erfüllbarkeit der sich aus den Versicherungsverträgen ergebenden Verpflichtungen jederzeit gewährleistet ist;**
2. **hat, sofern es sich nicht um einen kleineren Verein im Sinne des § 210 handelt, unter der Bilanz zu bestätigen, dass die Deckungsrückstellung nach § 341f des Handelsgesetzbuchs sowie der auf Grund des § 88 Absatz 3 erlassenen Rechtsverordnung gebildet ist (versicherungsmathematische Bestätigung); § 341k des Handelsgesetzbuchs über die Prüfung bleibt unberührt; in einem Bericht an den Vorstand des Unternehmens hat er zu erläutern, welche Kalkulationsansätze und weiteren Annahmen der Bestätigung zugrunde liegen;**
3. **hat, sobald er bei der Erfüllung der ihm obliegenden Aufgaben erkennt, dass er möglicherweise die Bestätigung gemäß Nummer 2 nicht oder nur mit Einschränkungen wird abgeben können, den Vorstand und, wenn dieser der Beanstandung nicht unverzüglich abhilft, sofort die Aufsichtsbehörde zu unterrichten; stellt er bei der Ausübung seiner Tätigkeit Tatsachen fest, die den Bestand des Unternehmens gefährden oder dessen Entwicklung**

[48] § 233 Abs. 1 S. 5 VAG.
[49] § 219 Abs. 2 S. 1 VAG.
[50] § 161 Abs. 1 VAG.
[51] § 151 Abs. 1 VAG.
[52] § 222 Abs. 4 S. 3 Hs. 2 VAG.
[53] § 237 Abs. 3 Nr. 6 VAG.

wesentlich beeinträchtigen können, hat er den Vorstand und die Aufsichtsbehörde unverzüglich zu unterrichten und

4. hat für die Versicherungsverträge mit Anspruch auf Überschussbeteiligung dem Vorstand Vorschläge für eine angemessene Beteiligung am Überschuss vorzulegen; dabei hat er die dauernde Erfüllbarkeit der sich aus den Versicherungsverträgen ergebenden Verpflichtungen des Unternehmens zu berücksichtigen; in einem Bericht an den Vorstand des Unternehmens hat er zu erläutern, aus welchen Tatsachen und Annahmen sich die Angemessenheit seines Vorschlags ergibt.

(6) **Der Vorstand des Unternehmens ist verpflichtet,**

1. dem Verantwortlichen Aktuar sämtliche Informationen zugänglich zu machen, die zur ordnungsgemäßen Erledigung seiner Aufgaben gemäß Absatz 5 erforderlich sind,

2. der Aufsichtsbehörde den Erläuterungsbericht zur versicherungsmathematischen Bestätigung gemäß Absatz 5 Nummer 2 sowie den Angemessenheitsbericht nach Absatz 5 Nummer 4 vorzulegen und

3. der Aufsichtsbehörde den Vorschlag des Verantwortlichen Aktuars gemäß Absatz 5 Nummer 4 unverzüglich vorzulegen und mitzuteilen, wenn er beabsichtigt, eine vom Vorschlag des Verantwortlichen Aktuars abweichende Überschussbeteiligung festzusetzen; die Gründe für die Abweichung sind der Aufsichtsbehörde schriftlich oder elektronisch mitzuteilen.

Übersicht

Schrifttum: *Brömmelmeyer*, Der Verantwortliche Aktuar in der Lebensversicherung, 2000; *Bürkle*, Der Sonderbeauftragte der Bundesanstalt für Finanzmarktaufsicht im Versicherungssektor, 2013; *Eilfort*, Der Verbraucherschutzgedanke in der deutschen privaten Krankenversicherung nach der Dritten Richtlinie Schadenversicherung – Die Entwicklungsgeschichte der Richtlinien und rechtspolitischer Ausblick, 1999; *Gebhard*, Gefahren für die finanzielle Stabilität der auf dem deutschen Markt vertretenen Lebensversicherer im Zuge des europäischen Binnenmarktes, 1995; *Grote*, Die Rechtsstellung der Prämien-, Bedingungs- und Deckungsstocktreuhänder nach dem VVG und dem VAG, 2002; *Hoppmann*, Vorstandskontrolle im Versicherungsverein auf Gegenseitigkeit, 2000; *Rabe*, Liberalisierung und Deregulierung im Europäischen Binnenmarkt für Versicherungen, 1997; *Schroer*, Der Verantwortliche Aktuar in der Lebensversicherung, 2000; *Spindler*, Unternehmensorganisationspflichten, 2001.

I. Allgemeines. 1. Entstehungsgeschichte. § 141 VAG ist die zentrale Norm, die die Voraussetzungen für die Eignung des Verantwortlichen Aktuars nennt, das Bestell- und Abrufverfahren regelt sowie die Aufgaben des Verantwortlichen Aktuars festlegt. Ergänzend bestimmt § 9 Abs. 4 Nr. 1 lit. a VAG, dass auch im Zulassungsverfahren Angaben über den Verantwortlichen Aktuar zu machen sind. Eine Regelung über den Verantwortlichen Aktuar ist erstmals durch Art. 1 Nr. 10 des Dritten Durchführungsgesetzes/EWG zum VAG v. 21.7.1994[1] in das VAG getroffen worden. Von einigen Änderungen abgesehen – zu nennen sind vornehmlich die bereits im Jahre 2007 erfolgte Zuweisung der Bestellungsaufgabe an den Aufsichtsrat[2] sowie die Stärkung der Rolle des Verantwortlichen Aktuars durch weitere 1

[1] BGBl. I 1630.

[2] Vgl. Art. 1 Nr. 8 des Gesetzes v. 28.5.2007, BGBl. I 923.

gesetzliche Maßgaben im Jahre 2009[3] – ist sie (§ 11a VAG a. F.) in § 141 VAG überführt worden.[4] Die Etablierung eines Verantwortlichen Aktuars steht in Zusammenhang mit der 1994 abgeschafften aufsichtsbehördlichen AVB- und Tarifgenehmigungspflicht. Der Gesetzgeber hat insofern eine damalige Empfehlung in der Ratsprotokollerklärung zur 3. Lebensversicherungs-Richtlinie aufgegriffen und mit der Pflicht zur Bestellung eines Verantwortlichen Aktuars namentlich Vorkehrungen für eine zutreffende Berechnung der technischen Grundlagen der Lebensversicherungsverträge getroffen.[5] Pate bei der Einführung eines Verantwortlichen Aktuars stand der britische **Appointed Actuary**.[6] Dies ist entstehungsgeschichtlich bedeutsam. Die Auslegung von § 141 VAG hat sich hieran aber nicht weiter zu orientieren,[7] da es insoweit auf die deutschen und nicht auf die britischen Verhältnisse ankommt.

2 **2. Normzweck.** Der Verantwortliche Aktuar **kompensiert Defizite**, die durch den Wegfall der umfassenden aufsichtsbehördlichen Kontrolle anderenfalls unausweichlich geworden wären. So würde die Aufsicht für sich genommen zum einen zu kurz, zum anderen zu spät greifen.[8] Der Verantwortliche Aktuar ersetzt folglich nicht die Versicherungsaufsicht,[9] sondern ergänzt sie lediglich.[10] Aktuar ist ein Synonym für Versicherungsmathematiker,[11] das Beiwort „Verantwortlicher" weist auf die besondere Funktion und Stellung dieses Aktuars hin.[12] Diese ist auch wettbewerbsrechtlich abgesichert. So verstößt die unzutreffende Verwendung dieser Bezeichnung gegen §§ 3, 5 UWG.

3 Der Verantwortliche Aktuar ist ebenso wie die Versicherungsaufsicht zur ausreichenden **Wahrung der Versichertenbelange** verpflichtet.[13] Das bedeutet allerdings nicht, dass er auf Unternehmensbelange keine Rücksicht zu nehmen hat. Ohne eine umfassende Auslotung aller Interessen und deren Bewertung kann weder die Versicherungsaufsicht noch der Verantwortliche Aktuar der Aufgabenstellung gerecht werden.[14] Auch kann nicht von einem permanenten Interessengegensatz zwischen dem Unternehmen und seinen Versicherten die Rede sein. Vielmehr dürfte die Sicherstellung der dauernden Erfüllbarkeit der Verpflichtungen dem gemeinsamen Interesse von Unternehmen und Versicherten entsprechen. Demgemäß wäre es eine Überzeichnung, den Verantwortlichen Aktuar als ausschließlichen Vertreter der Versicherteninteressen zu verstehen,[15] wenngleich der Schutz dieser Interessen Aufgabe des Verantwortlichen Aktuars ist.[16] Vereinzelt ist erwogen worden, auch für Kreditinstitute eine dem Verantwortlichen Aktuar entsprechende Person vorzusehen, hier allerdings namentlich um den Aufsichtsrat bei seiner Tätigkeit zu unterstützen.[17] Diese Anregung ist bisher aber nicht aufgegriffen worden.

4 **3. Europarechtlicher Hintergrund.** Die Solva II-Richtlinie enthält **keine** Vorgabe für einen Verantwortlichen Aktuar. Die Richtlinie sieht lediglich die Schaffung einer versicherungsmathematischen Funktion vor,[18] die allerdings – versehen mit gewissen Maßgaben – mit der Funktion des Verantwortlichen Aktuars gebündelt werden kann.[19] Der Solva II-Richtlinie lässt sich hiervon unberührt nicht entnehmen, dass an dem Verantwortlichen Aktuar – unter Einbeziehung der früheren Ratsprotokollerklärung zur 3. Lebensversicherungs-Richtlinie[20] – nicht festgehalten werden darf.

---

[3] Vgl. Art. 2 Nr. 7 des Gesetzes v. 29.7.2009, BGBl. I 2305

[4] RegE VAG 2014 271 (zu § 141 VAG).

[5] Vgl. Gesetzesbegründung, BR-Drs. 23/94, 166; *Schroer*, Der Verantwortliche Aktuar in der Lebensversicherung, 2000, S. 22.

[6] Vgl. Gesetzesbegründung, BR-Drs. 23/94, 166 ff.; zu dessen Ausgestaltung vgl. *Brömmelmeyer*, Der Verantwortliche Aktuar in der Lebensversicherung, 2000, S. 56 ff., 65 ff.; *Schroer*, Der Verantwortliche Aktuar in der Lebensversicherung, 2000, S. 44 ff., 275 ff.

[7] A. M. offenbar *Schroer*, Der Verantwortliche Aktuar in der Lebensversicherung, 2000, S. 44.

[8] *Präve* VersR 1995, 733; *Schroer*, Der Verantwortliche Aktuar in der Lebensversicherung, 2000, S. 21.

[9] Missverständlich *Boetius* VersR 2007, 1589, 1590; *Bode* BetrAV 1995, 20, 23.

[10] *Brömmelmeyer*, Der Verantwortliche Aktuar in der Lebensversicherung, 2000, S. 49 f.; *Balleer*, in: H. Müller/Golz/Washausen-Richter/Trommeshauser (Hrsg.), 100 Jahre materielle Versicherungsaufsicht in Deutschland, 2001, Bd. II, S. 941, 953 u. 955.

[11] *Schroer*, Der Verantwortliche Aktuar in der Lebensversicherung, 2000, S. 24; zur historischen Entwicklung des Aktuars vgl. *Koch* VW 2003, 1787 ff.; *Helten*, in: Vom Versicherungsmathematiker zum Aktuar, 1995, S. 1, 2 ff.; *Balleer*, in: Der Aktuar 1996, 70; *Schwintowski* VersWissStud (4. Bd.), S. 11, 15 ff.; *Schroer*, Der Verantwortliche Aktuar in der Lebensversicherung, 2000, S. 26 ff.; *Winter* ZVersWiss 2005, 105, 153; zum Berufsbild des Aktuars vgl. Der Aktuar 2005, 174 f.

[12] Zur Bedeutung des Versicherungsmathematikers vor der Deregulierung vgl. *Segerer*, in: Vom Versicherungsmathematiker zum Aktuar, 1995, S. 45 ff.

[13] Gesetzesbegründung, BR-Drs. 23/94, 167; BaFin-Rundschreiben 2/2017 (VA) – MaGo, Rn. 123; *Schroer*, Der Verantwortliche Aktuar in der Lebensversicherung, 2000, S. 133.

[14] In diese Richtung gehend auch *Schroer*, Der Verantwortliche Aktuar in der Lebensversicherung, 2000, S. 162 im Kontrast zu den Ausführungen auf S. 133 f., 190.

[15] Zum Nachfolgenden grundlegend BAV-Rundschreiben R 3/95, VerBAV 1995, 311 f.; DAV-Ausarbeitung, in: Der Aktuar 1995, 26 ff.; *Brömmelmeyer*, Der Verantwortliche Aktuar in der Lebensversicherung, 2000, S. 49 ff.; *Schroer*, Der Verantwortliche Aktuar in der Lebensversicherung, 2000, S. 59 ff.; *Bode* BetrAV 1995, 20, 21 ff.; *Rappich* VersR 1996, 413, 414 ff.; *Wolfsdorf*, FS E. Helten, 2004, 693, 702 f.; *Präve* VersR 1995, 733 ff.

[16] Vgl. Gesetzentwurf der Bundesregierung, BT-Drs. 16/1937, 46 (zu § 11a VAG).

[17] *Wittmann* DB 2007, 2579, 2581 f.

[18] Art. 48 Solva II-RL, umgesetzt in § 31 VAG.

[19] Vgl. hierzu Rn. 17.

[20] Hierzu Prölss/*Präve*, 12. Aufl., § 11a VAG Rn. 1 f.

5 **II. Bestellung des Verantwortlichen Aktuars (Abs. 1 S. 1).** Lebensversicherer haben einen Verantwortlichen Aktuar zu bestellen (§ 141 Abs. 1 S. 1 VAG). Die Bestellung setzt das Einverständnis des Betroffenen voraus.[21] Sie ist **schriftlich**, also nicht mündlich oder fernmündlich zu vollziehen. Das ergibt sich aus Bedeutung und Aufgabenstellung des Verantwortlichen Aktuars, die klare und beweisbare Grundlagen erfordern.[22] Die Eignung der betreffenden Person als Verantwortlicher Aktuar ist keine Wirksamkeitsvoraussetzung für die Bestellung. Hierbei handelt es sich um eine öffentlich-rechtliche Verpflichtung des Unternehmens, die die zivilrechtliche Wirksamkeit nicht berührt.[23] Dasselbe gilt für das Einverständnis der Aufsicht mit der auserkorenen Person sowie die Einhaltung der Schriftform bei der Bestellung.[24]

6 Die Ausgestaltung der Bestellung obliegt im Wesentlichen den Unternehmen. Heranzuziehen sind allerdings aktienrechtliche Vorschriften, die für Vorstände Festlegungen zur Höchstdauer und zum Widerruf einer Bestellung enthalten. Auch wenn Verantwortliche Aktuare nicht wie Vorstände Organe darstellen, bedarf es gewisser Vorkehrungen, die zum einen den Verantwortlichen Aktuaren schützen und zum anderen die Interessen des Aufsichtsrats wahren. Daher ist der Widerruf einer Bestellung nur zulässig, wenn ein wichtiger Grund vorliegt (§ 84 Abs. 3 AktG analog). Hierdurch wird der Verantwortliche Aktuar **vor** einer **Abberufung geschützt.**[25] Um eine Umgehung zu verhindern, ist zudem eine Mindestdauer der Bestellung zu beachten, die – wenn nicht besondere Umstände vorliegen – ein Jahr betragen sollte.[26] Andererseits ist die Bestellung auf höchstens fünf Jahre zu beschränken (§ 84 Abs. 1 AktG analog).[27]

7 Auch wenn der Verantwortliche Aktuar öffentlich-rechtliche Pflichten zu erfüllen hat, sagt dies noch nichts über die **Rechtsnatur des Bestellungsverhältnisses** aus. Zu berücksichtigen ist dabei, dass zwischen Aufsicht und Verantwortlichem Aktuar nur rudimentär eine rechtliche Beziehung existiert, im Übrigen das Unternehmen in der Verantwortung steht. Das ist auch folgerichtig, da der Aufgabenbereich des Verantwortlichen Aktuars primär einem Sektor zuzurechnen ist, der einer systematischen staatlichen Präventivkontrolle entzogen ist. Vor diesem Hintergrund muss davon ausgegangen werden, dass der Gesetzgeber den Verantwortlichen Aktuar nicht als Hoheitsträger ausgestalten wollte. Seine Stellung ist vielmehr privatrechtlich geprägt.[28] Zu unterscheiden ist dabei zwischen der Bestellung und dem durch schuldrechtliche Vereinbarungen geprägten Grundverhältnis.[29]

8 **III. Eignung des Verantwortlichen Aktuars (Abs. 1 S. 2–4).** Das Gesetz nennt für den Verantwortlichen Aktuar **zwei Eignungsvoraussetzungen**. Er muss zuverlässig und fachlich geeignet sein.

1. Zuverlässigkeit. Zur Zuverlässigkeit (§ 141 Abs. 1 **S. 2** VAG) gilt im Kern das für Personen im Sinne von § 24 VAG Gesagte entsprechend. Auch hier sind ähnlich strenge Anforderungen zu stellen.[30] Diese sind **funktionsbezogen** zu sehen. So muss der Verantwortliche Aktuar charakterlich imstande sein, die ihm gesetzlich zugewiesenen Aufgaben zu erfüllen.[31] Das setzt auch unbeschränkte Geschäftsfähigkeit voraus.[32] Es genügt zur Verneinung der Zuverlässigkeit nicht, sich auf bloße Vermutungen zu stützen. Auch reicht es nicht aus, lediglich Tatsachen aus der Vergangenheit zusammenzutragen. Es kommt vielmehr auf die Prognose für die Zukunft an. Die Zuverlässigkeit braucht und kann dabei nicht positiv nachgewiesen werden. Eine Differenzierung in den Anforderungen etwa nach der Größe des Unternehmens ist dabei anders als bei der fachlichen Eignung grundsätzlich nicht möglich.

9 Die Zuverlässigkeit soll anhand von bestimmten **Unterlagen**, die der Aufsicht vorzulegen sind, dargetan werden. Hierzu zählen ein Führungszeugnis, eine Erklärung der betreffenden Person zu möglichen Straf-, Ordnungswidrigkeiten- und anderen Verfahren sowie ggf. ein Auszug aus dem Gewerbezentralregister. Schließlich sind auch Angaben über mögliche familiäre Beziehungen zu Vorstands- und Aufsichtsratsmitgliedern des betreffenden Versicherers zu machen.[33] Diese Offenlegungspflichten sind im Wesentlichen geboten und können auch nicht als unverhältnismäßig abgetan werden.[34]

---

[21] *Schroer*, Der Verantwortliche Aktuar in der Lebensversicherung, 2000, S. 196.
[22] *Schroer*, Der Verantwortliche Aktuar in der Lebensversicherung, 2000, S. 196.
[23] *Schroer*, Der Verantwortliche Aktuar in der Lebensversicherung, 2000, S. 199.
[24] *Schroer*, Der Verantwortliche Aktuar in der Lebensversicherung, 2000, S. 199.
[25] *Brömmelmeyer*, Der Verantwortliche Aktuar in der Lebensversicherung, 2000, S. 157 f.
[26] *Brömmelmeyer*, Der Verantwortliche Aktuar in der Lebensversicherung, 2000, S. 159.
[27] *Schwintowski* VersWissStud (4. Bd.), S. 11, 19; *Brömmelmeyer*, Der Verantwortliche Aktuar in der Lebensversicherung, 2000,S. 159 f.
[28] *Schroer*, Der Verantwortliche Aktuar in der Lebensversicherung, 2000, S. 141 ff.
[29] *Schroer*, Der Verantwortliche Aktuar in der Lebensversicherung, 2000, S. 145 f.; *Brömmelmeyer*, Der Verantwortliche Aktuar in der Lebensversicherung, 2000, S. 128; *Mohr*, in: Der Aktuar 1997, 32, 34; zum Inhalt des Grundvertrags *Schroer*, Der Verantwortliche Aktuar in der Lebensversicherung, 2000, S. 170 ff.
[30] Vgl. vormalige Gesetzesbegründung zu § 11a VAG a. F., BR-Drs. 23/94, 167.
[31] *Schroer*, Der Verantwortliche Aktuar in der Lebensversicherung, 2000, S. 72 f.; *Brömmelmeyer*, Der Verantwortliche Aktuar in der Lebensversicherung, 2000, S. 72, 75; *Schwintowski* VersWissStud (4. Bd.), S. 11, 21.
[32] *Schroer*, Der Verantwortliche Aktuar in der Lebensversicherung, 2000, S. 65.
[33] BAV-Rundscheiben R 3/95, VerBAV 1995, 311 unter I.
[34] *Schroer*, Der Verantwortliche Aktuar in der Lebensversicherung, 2000, S. 78.

10 Allerdings ist hinsichtlich der Erklärung zu möglichen **familiären Beziehungen** zu beachten, dass Unzuverlässigkeit nicht automatisch bei Vorliegen einer derartigen Verbindung anzunehmen ist. Die Abstammung alleine bildet noch keine Tatsache, die das Verdikt der Unzuverlässigkeit begründen kann.[35] Hinzutreten müssen vielmehr noch weitere Umstände, die den Schluss erlauben, dass trotz ansonsten einwandfreier charakterlicher Eignung Unzuverlässigkeit anzunehmen ist. Sofern der Verantwortliche Aktuar Angestellter oder Vorstandsmitglied des betreffenden Versicherers ist, ist sicherzustellen, dass Interessenkonflikte möglichst vermieden werden.[36] Eine gleichzeitige Tätigkeit als Treuhänder für das Sicherungsvermögen und Verantwortlicher Aktuar kommt schon wegen der Sicherstellung der Unabhängigkeit des Treuhänders nicht in Betracht.[37] Dasselbe gilt für eine Parallel-Tätigkeit als Prämien- oder Bedingungsänderungstreuhänder.

11 **Unzuverlässigkeit** wird im Übrigen namentlich anzunehmen sein, wenn sich die betreffende Person wegen Vermögens-, Konkurs- oder Urkundsdelikten strafbar gemacht hat[38] oder fortgesetzt gegen aufsichtsrechtliche Bestimmungen verstößt.[39] Dasselbe gilt, wenn ihr privates oder geschäftliches Verhalten gezeigt hat, dass sie zu einer Aufgabenerledigung nicht in der Lage ist.[40] Nicht jede Vorstrafe und auch nicht jedes sonstige Fehlverhalten reichen aus. Zu beachten sind auch gesetzliche Tilgungsfristen, wie sie die §§ 45 ff. BZRG (fünf bis zwanzig Jahre) und § 153 GewO (drei bzw. fünf Jahre) enthalten. Taten, die getilgt worden sind oder getilgt hätten werden müssen, dürfen grundsätzlich nicht mehr herangezogen werden. Die Zuverlässigkeit ist bei Spiel- und Trunksucht zu verneinen. Neben ethisch vorwerfbarem Verhalten können auch Umstände, die die betreffende Person nicht beeinflussen kann, zur Annahme der Unzuverlässigkeit führen. Das ist beispielsweise anzunehmen bei körperlichen oder geistigen Defekten, wie manifesten krankhaften Störungen und gravierenden persönlichen Schwächen. Eine starre Höchstaltersgrenze besteht nicht. Entscheidend ist insofern die körperliche und geistige Verfasstheit, die die Ausübung der Tätigkeit erlauben muss.

12 **2. Fachliche Eignung.** Die fachliche Eignung (§ 141 Abs. 1 S. 2 VAG) soll sich aus dem Lebenslauf ergeben, der der Aufsicht vorzulegen ist.[41] Hierzu hat der Lebenslauf Angaben über die Ausbildungsstationen und den beruflichen Werdegang zu enthalten. Die Tätigkeit als Verantwortlicher Aktuar setzt ausreichende Kenntnisse in der Versicherungsmathematik und eine entsprechende Berufserfahrung voraus (§ 141 Abs. 1 **S. 3** VAG). Hinreichende Kenntnisse sind gegeben, wenn die betreffende Person eine mathematische Ausbildung an einer Universität, Technischen Hochschule oder Fachhochschule mit Erfolg abgeschlossen hat und über ausreichendes **aktuarielles Wissen** verfügt. Die Kenntnisse können sowohl im In- als auch im Ausland erworben worden sein.[42] In Betracht kann auch eine gleichwertige berufspraktische Qualifikation kommen.[43] Eine Mitgliedschaft in einer berufständischen Organisation kann nicht verlangt werden.[44] Sie alleine kann umgekehrt auch noch nicht als Nachweis der fachlichen Eignung angesehen werden.[45]

13 Angemessene Rechtskenntnisse[46] können nicht zur obligatorischen Voraussetzung erklärt werden. Der Gesetzgeber hat selber ausdrücklich auf versicherungsmathematische Kenntnisse abgestellt, so dass sich darüber hinausgehende allgemeine Anforderungen verbieten.[47] **Rechtskenntnisse** können daher nur insoweit erwartet werden, wie sie in unmittelbarem Zusammenhang mit der versicherungsmathematischen Eignung stehen.[48]

14 Hinreichende **Berufserfahrung** ist regelmäßig anzunehmen, wenn die betreffende Person eine mindestens dreijährige Tätigkeit als Versicherungsmathematiker ausgeübt hat (§ 141 Abs. 1 **S. 4**). Das ist bei einer lückenlosen einschlägigen Praxis als Aktuar während der letzten drei Jahre in einem vergleichbaren Unternehmen zu bejahen, vorausgesetzt die bisherige Tätigkeit hat die wesentlichen aktuariellen Funktionen in vergleichbarem Umfang umfasst.[49] Die Tätigkeit kann auch im Ausland ausgeübt worden sein.[50] Die vorangegangene Aktuartätigkeit muss aber keine leitende Tätigkeit gewesen sein. Ein solches Erfordernis liefe darauf hinaus, dass sich Verantwortliche Aktuare im Wesentlichen nur aus ihrem

[35] *Bode* BetrAV 1995, 20, 22.
[36] Vgl. BAV-Rundschreiben R 3/95, VerBAV 1995, 311 unter II.2.
[37] Vgl. BAV-Rundschreiben R 4/96, VerBAV 1996, 43 unter B. 1.3.5.
[38] *Schroer*, Der Verantwortliche Aktuar in der Lebensversicherung, 2000, S. 74; *Schwintowski* VersWissStud (4. Bd.), S. 11, 21.
[39] *Brömmelmeyer*, Der Verantwortliche Aktuar in der Lebensversicherung, 2000, S. 83.
[40] *Schroer*, Der Verantwortliche Aktuar in der Lebensversicherung, 2000, S. 75.
[41] BAV-Rundschreiben R 3/95, VerBAV 1995, 311 unter I.1.
[42] BAV-Rundschreiben R 3/95, VerBAV 1995, 311 unter II.1; DAV-Ausarbeitung, in: Der Aktuar 1995, 26, 27.
[43] *Schwintowski* VersWissStud (4. Bd.), S. 11, 22; *Brömmelmeyer*, Der Verantwortliche Aktuar in der Lebensversicherung, 2000, S. 87; DAV-Ausarbeitung, in: Der Aktuar 1995, 26, 27.
[44] *Schroer*, Der Verantwortliche Aktuar in der Lebensversicherung, 2000, S. 84 f.
[45] *Brömmelmeyer*, Der Verantwortliche Aktuar in der Lebensversicherung, 2000, S. 84, 87.
[46] *Schwintowski* VersWissStud (4. Bd.), S. 11, 23 f.; *Brömmelmeyer*, Der Verantwortliche Aktuar in der Lebensversicherung, 2000, S. 91, 93 f.
[47] *Schroer*, Der Verantwortliche Aktuar in der Lebensversicherung, 2000, S. 84.
[48] Sehr weitgehend *Kölschbach/Engeländer* VW 2003, 1248, 1251.
[49] BAV-Rundschreiben R 3/95, VerBAV 1995, 311 unter II.1.
[50] BAV-Rundschreiben R 3/95, VerBAV 1995, 311 unter II.1.

eigenen Personenkreis rekrutieren könnten, was zur Funktionsunfähigkeit des Aktuarsystems führen müsste.[51]

3. Natürliche Person. Mit den Erfordernissen der Zuverlässigkeit und fachlichen Eignung hat der Gesetzgeber mittelbar auch eine Entscheidung darüber getroffen, dass als Verantwortlicher Aktuar **nur** eine **natürliche Person** in Betracht kommt.[52] Die Anforderungen kann nämlich nur eine natürliche Person erfüllen. Hätte der Gesetzgeber auch juristische Personen zulassen wollen, hätte er regeln müssen, welche natürliche Personen anstelle der jeweiligen juristischen Person die Voraussetzungen zu beachten haben, wie er dies etwa für die Inhaber bedeutender Beteiligungen festgelegt hat (vgl. § 16 S. 2 VAG). Zudem würde die Vorschrift des § 331 Abs. 2 Nr. 2 lit. b VAG, derzufolge die falsche Abgabe einer versicherungsmathematischen Bestätigung durch den Verantwortlichen Aktuar strafbewehrt ist, im Falle juristischer Personen leerlaufen, was dem gesetzgeberischen Willen ebenso zuwiderläuft.[53] Insofern besteht auch Gleichklang mit dem Treuhänder für das Sicherungsvermögen, der aufgrund der gesetzgeberischen Wertungen ebenfalls nur eine natürliche Person sein kann.[54] 15

4. Interner und externer Verantwortlicher Aktuar. Der Verantwortliche Aktuar kann eine unternehmensinterne oder eine externe Person sein.[55] Der Gesetzgeber hat keine der Möglichkeiten ausgeschlossen und auch keiner dezidiert den Vorzug eingeräumt.[56] Soweit der Verantwortliche Aktuar eine unternehmensinterne Person ist, lassen sich freilich **Interessenkonflikte** nicht völlig ausschließen. Umgekehrt kann einer externen Person zum Nachteil gereichen, dass sie mit den Unternehmensgegebenheiten nicht so vertraut ist wie eine interne Person. Ein Angestellter des Versicherers ist wiederum darauf angewiesen, dass er mit der notwendigen Machtfülle ausgestattet ist, die eine ordnungsgemäße Aufgabenerfüllung sicherstellt. Insofern kommen für diese Funktion im Unternehmen regelmäßig nur Angestellte in Führungspositionen in Betracht.[57] In der Praxis übernehmen zudem nicht selten Vorstandsmitglieder die Funktion des Verantwortlichen Aktuars. Auch hiergegen ist de lege lata nichts einzuwenden,[58] berücksichtigt man die bestehenden standesrechtlichen Bindungen.[59] Allerdings ist sicherzustellen, dass in einem solchen Fall nicht von vornherein Interessenkonflikte unausweichlich sind. Daher wird namentlich ein Vertriebsvorstand nicht zugleich die Aktuarsfunktion übernehmen können.[60] Bei einem Vorstandsvorsitzenden sind hingegen keine vergleichbaren Interessenkollisionen zu erkennen.[61] 16

5. Zusammenfassung mit der Versicherungsmathematischen Funktion. Eine Zusammenfassung der Funktion des Verantwortlichen Aktuars mit der Versicherungsmathematischen Funktion (§ 31 VAG) ist **grundsätzlich möglich**,[62] da sich die Aufgabenstellungen überschneiden. Diese sind aber keineswegs vollständig kompatibel. Dabei ist auch die Einbindung der Versicherungsmathematischen Funktion in das Risikomanagement zu sehen (s. nur § 31 Abs. 2 S. 2 VAG), während der Verantwortliche Aktuar eine gesonderte, hiervon grundsätzlich losgelöste Funktion mit Betonung des Versicherten- 17

[51] *Präve* VersR 1995, 733, 735.

[52] BAV-Rundschreiben R 3/95, VerBAV 1995, 311 unter II.2; *Schroer*, Der Verantwortliche Aktuar in der Lebensversicherung, 2000, S. 68 f.; *Bode* BetrAV 1995, 20, 21; *Rappich* VersR 1996, 413, 415; *Spindler*, Unternehmensorganisationspflichten, 2001, S. 257; *Eilfort*, Der Verbraucherschutzgedanke in der deutschen privaten Krankenversicherung nach der Dritten Richtlinie Schadenversicherung – Die Entwicklungsgeschichte der Richtlinien und rechtspolitischer Ausblick, 1999, S. 173; *Präve* VersR 1995, 733, 734 f.; im Ergebnis ebenso *Schwintowski* VersWissStud (4. Bd.), S. 11, 20; a. M. *Brömmelmeyer*, Der Verantwortliche Aktuar in der Lebensversicherung, 2000, S. 97, 103.

[53] *Präve* VersR 1995, 733, 734 f.; *Rappich* VersR 1996, 413, 415.

[54] So ausdrücklich zum früheren Deckungsstocktreuhänder BAV-Rundschreiben R 4/96, VerBAV 1996 unter B. 1; *Grote*, Die Rechtsstellung der Prämien-, Bedingungs- und Deckungsstocktreuhänder nach dem VVG und dem VAG, 2002, S. 44 f.; s. a. zum Treuhänder zur Überwachung des Sicherungsvermögens BaFin-Rundschreiben 4/2014 (VA).

[55] *Schroer*, Der Verantwortliche Aktuar in der Lebensversicherung, 2000, S. 41; *Rappich* VersR 1996, 413, 415.

[56] Vgl. Gesetzesbegründung, BR-Drs. 23/94, 166.

[57] *Brömmelmeyer*, Der Verantwortliche Aktuar in der Lebensversicherung, 2000, S. 114; *Schroer*, Der Verantwortliche Aktuar in der Lebensversicherung, 2000, S. 155.

[58] *Schwintowski* VersWissStud (4. Bd.), S. 11, 20 f.; *Schroer*, Der Verantwortliche Aktuar in der Lebensversicherung, 2000, S. 160; *Brömmelmeyer*, Der Verantwortliche Aktuar in der Lebensversicherung, 2000, S. 140, 144; *Balleer*, in: Der Aktuar 1996, 70, 72; *Mohr*, in: Der Aktuar 1997, 32 f.; *ders.*, in: Peiner (Hrsg.), Grundlagen des Versicherungsvereins auf Gegenseitigkeit, 1995, S. 115, 127; *Benkel*, Der Versicherungsverein auf Gegenseitigkeit, 2002, S. 192; *Rabe*, Liberalisierung und Deregulierung im Europäischen Binnenmarkt für Versicherungen, 1997, S. 249; *Hoppmann*, Vorstandskontrolle im Versicherungsverein auf Gegenseitigkeit, 2000, S. 365; *Kaltenegger/Speyer*, in: McGee/Heusel (Hrsg.), Rechtsfragen bei Versicherungsleistungen im Europäischen Binnenmarkt, 1994, S. 110, 115; *Spindler*, Unternehmensorganisationspflichten, 2001, S. 257; *J. Rudolph*, Von der Alterungsrückstellung bis zum Basistarif, 2009, S. 65 f.; *Bürkle*, Der Sonderbeauftragte der Bundesanstalt für Finanzmarktaufsicht im Versicherungssektor, 2013, S. 133; *Präve* VersR 1995, 733, 735; unklar *Rappich* VersR 1996, 413, 415 u. 417.

[59] Vgl. Rn. 45 f.

[60] *Schwintowski* VersWissStud (4. Bd.), S. 11, 24; *Brömmelmeyer*, Der Verantwortliche Aktuar in der Lebensversicherung, 2000, S. 144; in diese Richtung gehend auch *Schroer*, Der Verantwortliche Aktuar in der Lebensversicherung, 2000, S. 160 f. und *Bode* BetrAV 1995, 20, 21.

[61] *Brömmelmeyer*, Der Verantwortliche Aktuar in der Lebensversicherung, 2000, S. 142.

[62] BaFin-Rundschreiben 2/2017 (VA) – MaGo, Rn. 124; so bereits auch BaFin-Auslegungsentscheidung v. 21.12.2015 zur versicherungsmathematischen Funktion in Versicherungsunternehmen, Rn. 38 f.

schutzes innehat. Verantwortlicher Aktuar und Versicherungsmathematische Funktion zielen aber beide auf die Sicherstellung verlässlicher versicherungsmathematischer Grundlagen. Ein Problemfall kann aber namentlich die dem Verantwortlichen Aktuar überantwortete Aufgabe sein, zur Überschussbeteiligung Vorschläge zu unterbreiten, die sich primär am Interesse der Versicherten ausrichten. Wichtig ist daher, mögliche Interessenkonflikte auszuschließen, damit der Verantwortliche Aktuar in seiner Aufgabenstellung nicht beeinträchtigt wird. Insofern wären bei einer Zusammenfassung der Aufgaben interne Vorkehrungen zu treffen, die eine vollständige Durchmischung der Aufgabenstellungen verhindern.[63]

18 **IV. Einbindung der Aufsicht (Abs. 2).** Vor Bestellung ist die für die Position des Verantwortlichen Aktuars in Aussicht genommene Person der Aufsicht zu **benennen**. Dabei sind die Tatsachen anzugeben, die für die Beurteilung der Eignung wesentlich sind (§ 141 Abs. 2 **S. 1**, § 9 Abs. 4 Nr. 1 lit. a VAG). Hierzu zählen ein Lebenslauf, ein Führungszeugnis neuesten Datums, ggf. ein Auszug aus dem Gewerbezentralregister und eine Erklärung der benannten Person über Straf-, Ordnungswidrigkeiten- oder sonstige relevante Verfahren.[64] Die Aufsicht hat hierauf basierend zu prüfen, ob die Person den Anforderungen von § 141 Abs. 1 S. 2 VAG gerecht wird. Diese Prüfung muss in angemessener Zeit erfolgen. Das Unternehmen ist über das Ergebnis zu unterrichten.[65] Dabei ist die vorherige Zustimmung der Aufsicht keine Bestellungsvoraussetzung.[66] Liegen Tatsachen vor, die den Schluss erlauben, die Eignung sei nicht gegeben, kann die Aufsicht die Benennung einer anderen Person verlangen (§ 141 Abs. 2 **S. 2** VAG). Die Entscheidung wird in das Ermessen der Aufsicht gestellt. Allerdings ist von einer Ermessensreduzierung auf Null auszugehen, wenn die Eignung zu verneinen ist. In diesem Fall bleibt der Aufsicht nichts anderes übrig, als die Benennung einer anderen Person zu verlangen.[67] Dieses Verlangen stellt einen Verwaltungsakt dar.[68]

19 Auch **im laufenden Geschäftsbetrieb** kann die Aufsicht entsprechend intervenieren, wenn der Verantwortliche Aktuar seine Aufgaben nicht ordnungsgemäß erfüllt oder wenn nachträglich Umstände bekannt werden, die einer Bestellung entgegengestanden hätten § 141 Abs. 2 **S. 3** VAG. Allerdings berechtigt nicht jedes Fehlverhalten zu derartigen Maßnahmen. Zu berücksichtigen ist namentlich auch die grundrechtlich geschützte Position des Verantwortlichen Aktuars. Das Verlangen der Aufsicht nach Bestellung einer anderen Person als Verantwortlicher Aktuar hat für den bisherigen Verantwortlichen Aktuar weitreichende Folgen. Die betreffende Person verliert zunächst einmal ihre Funktion in dem konkreten Unternehmen. Darüber hinaus wird sie auch bei anderen Unternehmen kaum mehr als Verantwortlicher Aktuar in Betracht kommen.[69] Wegen dieser Folgen wird auch unter Berücksichtigung der überragenden Funktion und Wichtigkeit des Verantwortlichen Aktuars für das Wohl und Wehe des Unternehmens und seiner Versicherten ein Abberufungsverlangen nur zu rechtfertigen sein, wenn Fehler mit gewissen Gewicht vorliegen. Das ist namentlich bei Abgabe einer falschen versicherungsmathematischen Bestätigung zu bejahen. Im Übrigen wird auf die Erkennbarkeit der Pflichtverletzung sowie deren Folgen abzustellen sein.

20 Liegen die eben genannten Voraussetzungen vor, kann die Aufsicht mittels Verwaltungsakt[70] die **Bestellung einer anderen Person** verlangen und, soweit diese ungeeignet ist oder eine Benennung unterbleibt, selber eine Bestellung vornehmen (§ 141 Abs. 2 **S. 2 bis 4** VAG). Das Verlangen nach Bestellung einer anderen Person ist in der aufsichtsbehördlichen Verfügung dahingehend zu konkretisieren, dass eine Neubestellung sowie eine Abberufung des bisherigen Verantwortlichen Aktuars zu erfolgen hat.[71] Dieser ist Beteiligter mit den entsprechenden Rechten auf Anhörung (§ 28 VwVfG) und Akteneinsicht (§ 29 VwVfG). Der Verwaltungsakt muss auch ihm bekannt gemacht werden (§ 41 Abs. 1 VwVfG),[72] zwecks Fristwahrung ist auch er entsprechend zu belehren (§ 58 VwGO).[73] Die Aufsicht darf ebenso intervenieren, wenn der Verantwortliche Aktuar seine Tätigkeit einstellt, etwa wegen längerer Krankheit oder Tod, und das Unternehmen keine Neubesetzung vornimmt. In diesem Fall ist § 141 Abs. 2 S. 3 VAG entsprechend anzuwenden. Das bedeutet, dass die Aufsicht grundsätzlich zunächst die Bestellung eines neuen Verantwortlichen Aktuars zu verlangen hat, ehe sie eine Bestellung selber vornimmt. Hierbei handelt es sich um das mildere Mittel, das von § 141 Abs. 2 S. 4 VAG mitumfasst wird. Weitergehende Maßnahmen etwa nach § 298 Abs. 1, § 304 VAG scheiden grundsätzlich aus, da insofern der Sonderregelung des § 141 VAG der Vorrang gebührt.[74]

[63] Vgl. BaFin-Rundschreiben 2/2017 (VA) – MaGo, Rn. 125; so bereits auch BaFin-Auslegungsentscheidung v. 21.12.2015 zur versicherungsmathematischen Funktion in Versicherungsunternehmen, Rn. 40 und BaFin-Verlautbarung zur Vorbereitung auf Solvency II v. 24.6.2015, Rn. 40.

[64] BAV-Rundschreiben R 3/95, VerBAV 1995, 311 unter I.

[65] *Schroer*, Der Verantwortliche Aktuar in der Lebensversicherung, 2000, S. 182 f.

[66] *Schroer*, Der Verantwortliche Aktuar in der Lebensversicherung, 2000, S. 183.

[67] *Brömmelmeyer*, Der Verantwortliche Aktuar in der Lebensversicherung, 2000, S. 55 f..

[68] *Schroer*, Der Verantwortliche Aktuar in der Lebensversicherung, 2000, S. 183, 185.

[69] *Schroer*, Der Verantwortliche Aktuar in der Lebensversicherung, 2000, S. 222.

[70] *Schroer*, Der Verantwortliche Aktuar in der Lebensversicherung, 2000, S. 183, 201.

[71] *Schroer*, Der Verantwortliche Aktuar in der Lebensversicherung, 2000, S. 219 f.

[72] Vgl. *Schroer*, Der Verantwortliche Aktuar in der Lebensversicherung, 2000, S. 219.

[73] Vgl. *Schroer*, Der Verantwortliche Aktuar in der Lebensversicherung, 2000, S. 223.

[74] *Schroer*, Der Verantwortliche Aktuar in der Lebensversicherung, 2000, S. 202.

21 Die **behördliche Ersatzbestellung**, die das Einverständnis der auserkorenen Person des Verantwortlichen Aktuars voraussetzt,[75] ist dabei als ultima ratio anzusehen,[76] wobei zu berücksichtigen ist, dass bereits das Verlangen nach einer Neubestellung mit Mitteln des Verwaltungszwangs durchgesetzt werden kann. Mit einer Ersatzbestellung wird kein Rechtsverhältnis zwischen Aufsicht und Verantwortlichem Aktuar begründet.[77] Vielmehr tritt die Aufsicht insofern an die Stelle des Unternehmens (und seiner Organe), um die Bestellung zu vollziehen. Ein ausdrückliches schuldrechtliches Grundverhältnis wird hiermit aber noch nicht begründet.[78] Es ist aber von einem konkludenten Vertragsschluss auszugehen.[79] Bei der Ersatzbestellung handelt es sich um einen privatrechtsgestaltenden Verwaltungsakt. Für die Annahme einer Maßnahme der Verwaltungsvollstreckung[80] fehlt es hingegen an einer Grundverfügung, die vollstreckt werden könnte.

22 Die **Bestellung** des Verantwortlichen Aktuars **erlischt** mit dem Tod der betreffenden Person. Im Übrigen endet sie durch Kündigung von Seiten des Aufsichtsrats (wozu ein wichtiger Grund vorliegen muss) bzw. entsprechende Willensbekundung des Verantwortlichen Aktuars (unbeschadet möglicher Bindungen aus dem Grundvertrag) sowie durch Zeitablauf im Falle der Befristung.[81] Das Verlangen der Aufsicht nach Bestellung einer anderen Person stellt einen Widerrufsgrund für die Bestellung dar.[82] Die aufsichtsbehördliche Ersatzbestellung führt wiederum zu einem Erlöschen der Bestellung des bisherigen Verantwortlichen Aktuars,[83] da in diesem Fall die Aufsicht an die Stelle des ansonsten widerrufsberechtigten Unternehmens tritt. Ist der Verantwortliche Aktuar von der Aufsicht bestellt worden, bedarf dessen Abberufung – in Ermangelung einer entsprechenden Rechtsgrundlage – keiner Zustimmung der Aufsicht. Vielmehr verbleibt es auch hier bei der Zuständigkeit des entsprechenden Unternehmensorgans.[84] Unberührt von der Beendigung der Bestellung bleiben mögliche Schadenersatzansprüche, die sich etwa aus der Verletzung grundvertraglicher Abreden ergeben können.[85] Das Ausscheiden des Verantwortlichen Aktuars ist der Aufsicht unverzüglich anzuzeigen (§ 141 Abs. 2 **S. 5** VAG). Die Unterrichtungspflicht greift ein, sobald dem Aufsichtsrat bekannt ist, dass der Verantwortliche Aktuar definitiv ausscheidet. Für die Anzeige gegenüber der Aufsicht genügt eine mündliche oder fernmündliche Mitteilung. Aus Beweisgründen empfiehlt sich allerdings die Schriftform.[86] Bereits vorab ist die Aufsicht über eine Kündigung oder eine einvernehmlichen Aufhebung des Vertrags mit dem Verantwortlichen Aktuar zu unterrichten (§ 141 Abs. 2 **S. 6** VAG). Dabei sind ihr auch die Gründe des Ausscheidens zu nennen, damit die Aufsicht die ggf. notwendigen Maßnahmen veranlassen kann. Der Gesetzgeber verspricht sich von dieser zusätzlichen Maßgabe, dass die Gefahr verringert werden soll, kritische Aktuare zu entlassen.[87]

23 In Ermangelung entsprechender gesetzlicher Regelungen kommt die Bestellung eines **stellvertretenden Verantwortlichen Aktuars** nicht in Betracht. Insofern kann eine Parallele zu dem Hauptbevollmächtigten von Versicherungsunternehmen gezogen werden, für den das Gesetz ebenso wenig eine Vertretung vorsieht.[88] Anders liegt hingegen der Fall des Treuhänders für das Sicherungsvermögen, für den ausdrücklich ein Stellvertreter vorgeschrieben ist.[89] Zu berücksichtigen ist bei alledem, dass dem Verantwortlichen Aktuar als ständige Aufgabe die Überprüfung der Finanzlage des Unternehmens obliegt. Das impliziert, dass jederzeit im Unternehmen (auch für die Aufsicht) verlässlich die entsprechende Verantwortlichkeit festgestellt werden muss. Damit unvereinbar wäre die Bestellung zweier Personen, die abwechselnd oder gar nebeneinander die entsprechende Funktion wahrnehmen würden.[90] Unbenommen bleiben interne Vorkehrungen, die, sofern erforderlich, die Bestellung einer anderen Person im Falle längerer Abwesenheit des Verantwortlichen Aktuars erlaubt.

24 **V. Zuständigkeit für die Bestellung (Abs. 3).** Die Bestellung und die Entlassung des Verantwortlichen Aktuars erfolgt durch den **Aufsichtsrat** des Unternehmens.[91] Ist ein solcher nicht vorhanden, tritt an dessen Stelle die oberste Vertretung. Diese Zuständigkeitsregelung unterstreicht die herausgehobene Funktion, die der Verantwortliche Aktuar zu erfüllen hat. Der Gesetzgeber hat hiermit die Stellung

[75] *Schroer*, Der Verantwortliche Aktuar in der Lebensversicherung, 2000, S. 207.
[76] *Schroer*, Der Verantwortliche Aktuar in der Lebensversicherung, 2000, S. 206.
[77] *Schroer*, Der Verantwortliche Aktuar in der Lebensversicherung, 2000, S. 202.
[78] *Schroer*, Der Verantwortliche Aktuar in der Lebensversicherung, 2000, S. 207.
[79] *Schroer*, Der Verantwortliche Aktuar in der Lebensversicherung, 2000, S. 208.
[80] *Schroer*, Der Verantwortliche Aktuar in der Lebensversicherung, 2000, S. 204 f.
[81] *Schroer*, Der Verantwortliche Aktuar in der Lebensversicherung, 2000, S. 209 f.
[82] *Schroer*, Der Verantwortliche Aktuar in der Lebensversicherung, 2000, S. 210.
[83] A. M. *Schroer*, Der Verantwortliche Aktuar in der Lebensversicherung, 2000, S. 220.
[84] *Schroer*, Der Verantwortliche Aktuar in der Lebensversicherung, 2000, S. 213.
[85] *Schroer*, Der Verantwortliche Aktuar in der Lebensversicherung, 2000, S. 217.
[86] *Schroer*, Der Verantwortliche Aktuar in der Lebensversicherung, 2000, S. 212.
[87] Gesetzentwurf der Bundesregierung, BT-Drs. 16/12783, 19 (zu § 11a VAG).
[88] BAV-Verlautbarung GB BAV 1972, 49.
[89] § 128 Abs. 1 S. 1 VAG.
[90] *Schroer*, Der Verantwortliche Aktuar in der Lebensversicherung, 2000, S. 62 ff., 218; *Präve* VersR 1995, 733, 736; unklar *Bode* BetrAV 1995, 20, 22.
[91] *Bode* BetrAV 1995, 20, 21; *Brömmelmeyer*, Der Verantwortliche Aktuar in der Lebensversicherung, 2000, S. 156; *Hoppmann*, Vorstandskontrolle im Versicherungsverein auf Gegenseitigkeit, 2000, S. 364; *Präve* VersR 1995, 733, 736.

des Verantwortlichen Aktuars insoweit derjenigen des Wirtschaftsprüfers angeglichen,[92] der ebenfalls vom Aufsichtsrat bestellt wird.[93] Vormals, als die Zuständigkeit noch dem Vorstand zugewiesen war,[94] hatte eine unmittelbare Bestellung und Entlassung durch den Aufsichtsrat aber auch bereits dann zu erfolgen, wenn es sich bei dem Verantwortlichen Aktuar um ein Vorstandsmitglied handelte und nicht anderweitige Regularien bestanden, die eine Mitwirkung der betreffenden Person an der Vorstandsentscheidung unterbunden haben.[95]

25 **VI. Teilnahme an Aufsichtsratssitzung (Abs. 4).** Der Verantwortliche Aktuar hat an der Sitzung des Aufsichtsrats über die Feststellung des Jahresabschlusses teilzunehmen (§ 141 Abs. 4 S. 1 VAG). Auf ihr muss er über die wesentlichen Ergebnisses seines Erläuterungsberichts zur versicherungsmathematischen Bestätigung (§ 141 Abs. 5 Nr. 2 VAG) berichten. Der Aufsichtsrat hat hierzu in seinem Bericht an die Hauptversammlung Stellung zu beziehen (§ 141 Abs. 4 S. 2 VAG). Mit dieser **Teilnahme- und Berichtspflicht** ist die Stellung des Verantwortlichen Aktuars an die des Wirtschaftsprüfers angeglichen worden.[96]

26 **VII. Aufgaben des Verantwortlichen Aktuars (Abs. 5).** Dem Verantwortlichen Aktuar werden gesetzlich zahlreiche Aufgaben zugewiesen. Hierbei handelt es sich um **öffentlich-rechtliche Pflichten,**[97] die als abschließend zu verstehen sind. Das bedeutet, dass weitere Aufgaben, die nicht per se ausgeschlossen sind, vom Verantwortlichen Aktuar nicht als solchem, also nicht in dieser Eigenschaft zu erfüllen sind.[98] In diesem Fall sind Vorkehrungen zu treffen, um Interessenkonflikte zu vermeiden.[99]

27 **1. Berechnung von Prämien und Deckungsrückstellungen (Nr. 1).** Der Verantwortliche Aktuar hat sicherzustellen, dass bei der Berechnung der Prämien und Deckungsrückstellungen § 138 VAG, § 341f HGB sowie die auf § 88 Abs. 3 VAG basierende Rechtsverordnung eingehalten werden (§ 141 Abs. 5 Nr. 1 VAG). Damit trifft den Verantwortlichen Aktuar namentlich eine **unmittelbare Verantwortlichkeit** für die Berücksichtigung angemessener versicherungsmathematischer Annahmen bei der Prämienberechnung,[100] die Einhaltung des Gleichbehandlungsgrundsatzes[101] sowie die Bildung ausreichender Deckungsrückstellungen.[102] Das schließt die Prüfung ein, ob der in § 2 DeckRV für die Berechnung der Deckungsrückstellungen festgesetzte Höchstzinssatz tatsächlich zugrunde gelegt werden soll oder nicht ein niedrigerer Zinssatz zu wählen ist.[103] Der Verantwortliche Aktuar hat – sofern gegeben – die sog. Zillmerung gemäß § 4 DeckRV zu berücksichtigen, also die Verrechnung der ersten Beiträge mit den Abschlusskosten.[104] Schließlich sind die allgemeinen und besonderen Bilanzierungsgrundsätze zu beachten, die für die Bildung entsprechender Rückstellungen bestehen.[105] Hinsichtlich der bis Ende 1994 geschlossenen Versicherungsverträge, denen aufsichtsbehördlich genehmigte Bedingungen zugrunde liegen, hat sich der Verantwortliche Aktuar an den aufsichtsbehördlich genehmigten Geschäftsplänen zu orientieren.[106]

28 Der Verantwortliche Aktuar hat in dem aufgezeigten Rahmen auf den **Vorstand** einzuwirken. Im Konfliktfall kann er allerdings nicht selber für Abhilfe sorgen. Er bleibt vielmehr auf die Intervention der Aufsicht verwiesen.[107] Wird der Verantwortliche Aktuar der Aufgabe nicht gerecht, wird die Aufsicht die Bestellung eines neuen Verantwortlichen Aktuars verlangen (§ 141 Abs. 2 S. 3 VAG). Sofern die entsprechenden Voraussetzungen gegeben sind, kann die Aufsicht zudem gegenüber den Unternehmen nach §§ 298, 301 VAG tätig werden.[108] Gegenüber dem Verantwortlichen Aktuar kann sie hingegen keine unmittelbaren Maßnahmen ergreifen.

---

[92] Vgl. Gesetzentwurf der Bundesregierung, BT-Drs. 16/1937, 46 (zu § 11a VAG).
[93] § 341k Abs. 2 S. 1 HGB.
[94] Das war vor Inkrafttreten des Gesetzes v. 28.5.2007, BGBl. I 923.
[95] *Schroer,* Der Verantwortliche Aktuar in der Lebensversicherung, 2000, S. 193.
[96] Vgl. Gesetzentwurf der Bundesregierung, BT-Drs. 16/1937, 46 (zu § 11a VAG) unter Bezugnahme auf § 171 Abs. 1 S. 2 u. Abs. 2 S. 1 AktG.
[97] *Schroer,* Der Verantwortliche Aktuar in der Lebensversicherung, 2000, S. 126.
[98] *Engeländer* NVersZ 2000, 401, 406.
[99] Vgl. Rn. 17.
[100] *Schroer,* Der Verantwortliche Aktuar in der Lebensversicherung, 2000, S. 90, 97 f.
[101] *Schroer,* Der Verantwortliche Aktuar in der Lebensversicherung, 2000, S. 99 f.; *Brömmelmeyer,* Der Verantwortliche Aktuar in der Lebensversicherung, 2000, S. 182; *Rappich* VersR 1996, 413, 416.
[102] *Schroer,* Der Verantwortliche Aktuar in der Lebensversicherung, 2000, S. 97.
[103] *Schroer,* Der Verantwortliche Aktuar in der Lebensversicherung, 2000, S. 101.
[104] *Schroer,* Der Verantwortliche Aktuar in der Lebensversicherung, 2000,S. 102 ff.; *Brömmelmeyer,* Der Verantwortliche Aktuar in der Lebensversicherung, 2000, S. 197 f.; *Schwintowski* VersWissStud (4. Bd.), S. 11, 27 f.; s. zu den Maßgaben bzgl. eines Mindestwerts für die von Ende 1994 bis Ende 2007 geschlossenen Versicherungsverträge *BGH* Urt. v. 17.10.2012 – IV ZR 202/10, VersR 2013, 213. 216 f. = r+s 2013, 447; *BGH* Urt. v. 25.7.2012 – IV ZR 201/10, VersR 2012, 1149, 1153 f. = r+s 2012, 503, für die seitdem geschlossenen Verträge s. § 169 Abs. 3 S. 1 VVG; für Altersvorsorgeverträge nach dem AltZertG s. § 1 Abs. 1 S. 1 Nr. 8 AltZertG.
[105] *Schroer,* Der Verantwortliche Aktuar in der Lebensversicherung, 2000, S. 108.
[106] *Schroer,* Der Verantwortliche Aktuar in der Lebensversicherung, 2000, S. 97.
[107] *Brömmelmeyer,* Der Verantwortliche Aktuar in der Lebensversicherung, 2000, S. 171.
[108] *Schroer,* Der Verantwortliche Aktuar in der Lebensversicherung, 2000, S. 97.

Dem Verantwortlichen Aktuar obliegt im Rahmen der Kontrolle nach § 141 Abs. 3 Nr. 1 VAG auch die Prüfung der Finanzlage des Unternehmens mit dem Ziel, dass die **dauernde Erfüllbarkeit** der Versicherungsverträge jederzeit gewährleistet ist und das Unternehmen ausreichend solvabel ist. Diese Zielsetzung entspricht der der Aufsicht.[109] Die Verpflichtung auf diese Grundsätze zeigt, dass der Verantwortliche Aktuar funktional als verlängerter Arm bzw. Vorposten der Aufsicht verstanden werden kann,[110] ohne dass hiermit bereits eine Aussage über die Qualifikation der Rechtsverhältnisse zwischen Aufsicht, Unternehmen und Verantwortlichem Aktuar verbunden ist. Der Verantwortliche Aktuar hat sich fortlaufend über die aktuelle Vermögenslage des Unternehmens zu informieren, damit er diese bei der Kalkulation berücksichtigen kann. Seine Prüfung bleibt somit nicht auf die Passivposten der Bilanz beschränkt, sondern erfasst auch die Aktivposten.[111] Entsprechendes gilt für die Prüfung der Solvabilität nach Maßgabe von §§ 80 ff. VAG. Besondere Maßgaben bestehen für den Verantwortlichen Aktuar in diesem Zusammenhang nicht nur, wenn unternehmensindividuelle Besonderheiten gegeben sind, sondern auch wenn die allgemeine Wirtschaftssituation, namentlich die Kapitalmarktsituation angespannt ist.[112] 29

Der Verantwortliche Aktuar übernimmt hiermit aber **nicht** die Verantwortung für die Vermögenslage des Unternehmens,[113] auch nicht die für die Einhaltung von § 124 VAG und der Rechtsverordnung nach § 131 VAG. Die **Risiko- und Solvabilitätsbeurteilung** ist Aufgabe auch und vor allem des Risikomanagements[114] und hat in letzter Konsequenz der Vorstand zu verantworten.[115] Zu sehen sind zudem die Verantwortlichkeiten des Abschlussprüfers[116] und des Treuhänders für das Sicherungsvermögen.[117] Dem Verantwortlichen Aktuar obliegt hier keine Oberkontrolle.[118] § 141 VAG sieht insofern lediglich vor, dass der Verantwortliche Aktuar seine Prüfung auf die genannten Punkte zu erstrecken, hierzu aber keine unmittelbare Bestätigung abzugeben hat.[119] So trägt die Verantwortung, dass ein Sicherungsvermögen gebildet und sichergestellt ist, alleine der Treuhänder für das Sicherungsvermögen.[120] Für den Bestätigungsvermerk nach § 322 HGB und den Prüfungsbericht nach § 321 HGB hat der Abschlussprüfer einzustehen. 30

2. Versicherungsmathematische Bestätigung und Erläuterungsbericht (Nr. 2 u. 3). Der Verantwortliche Aktuar hat unter der Bilanz zu bestätigen, dass die Deckungsrückstellung nach § 341f HGB und der Rechtsverordnung nach § 88 Abs. 3 VAG (DeckRV) gebildet ist (sog **versicherungsmathematische Bestätigung**; § 141 Abs. 3 Nr. 2 VAG).[121] Die Begrifflichkeit „versicherungsmathematische Bestätigung" geht auf eine Empfehlung des Bundestags-Finanzausschusses zurück. Damit soll einer Verwechslungsgefahr mit dem Bestätigungsvermerk des Abschlussprüfers nach § 322 HGB vorgebeugt werden.[122] Die Bestätigung begründet eine unmittelbare Verantwortlichkeit des Verantwortlichen Aktuars bezüglich der Einhaltung der für die Deckungsrückstellung relevanten Rechtsvorschriften.[123] Für den Altbestand, also für Verträge, die bis Jahresende 1994 zu aufsichtsbehördlich genehmigten Bedingungen geschlossen worden sind, ist unverändert der aufsichtsbehördlich genehmigte Geschäftsplan maßgebend. Der Verantwortliche Aktuar ist allerdings gehalten, auf mögliche Änderungen des Geschäftsplans hinzuwirken, sofern dies zur Sicherstellung der dauernden Erfüllbarkeit der Verträge geboten ist.[124] Der genaue Wortlaut der positiven Bestätigung wird durch die Rechtsverordnung nach § 145 Abs. 4 VAG (AktuarV) vorgegeben.[125] Abweichungen sind nicht zulässig.[126] Kann die Bestätigung nicht 31

[109] Vgl. § 11 Abs. 1 Nr. 1, § 298 Abs. 4 VAG; s. a. *Brömmelmeyer,* Der Verantwortliche Aktuar in der Lebensversicherung, 2000, S. 176.

[110] *Bode* BetrAV 1995, 20; *Rabe,* Liberalisierung und Deregulierung im Europäischen Binnenmarkt für Versicherungen, 1997, S. 249; *Benkel,* Der Versicherungsverein auf Gegenseitigkeit, 2002, S. 191; *Sahmer* ZfV 1996, 483, 486; *Gebhard,* Gefahren für die finanzielle Stabilität der auf dem deutschen Markt vertretenen Lebensversicherer im Zuge des europäischen Binnenmarktes, 1995, S. 129; *Spindler,* Unternehmensorganisationspflichten, 2001, S. 256, 258; *Wagner* VersRdsch 1995, 12, 14; *Boetius* VersR 2007, 1589, 1590; *Präve* VW 1994, 800; ders. ZfV 1994, 199, 201; ähnlich *Wolfsdorf* FS E. Helten, 2004, 693, 701 f.)

[111] *Brömmelmeyer,* Der Verantwortliche Aktuar in der Lebensversicherung, 2000, S. 60; *Schaumlöffel* BetrAV 1995, 153, 157.

[112] Vgl. *Neuburger,* in: Der Aktuar 2002, 128 f.

[113] Vgl. Gesetzesbegründung, BR-Drs. 23/94, 168; DAV-Ausarbeitung, in: Der Aktuar 1995, 26, 28; *Schaumlöffel* BetrAV 1995, 153, 157.

[114] § 27 VAG.

[115] So bereits zum alten Recht: *Schroer,* Der Verantwortliche Aktuar in der Lebensversicherung, 2000, S. 95, 111.

[116] § 341k HGB.

[117] § 128 HGB.

[118] Vgl. *Schroer,* Der Verantwortliche Aktuar in der Lebensversicherung, 2000, S. 111.

[119] S. hierzu auch *Rappich* VersR 1996, 413, 418.

[120] Noch zum alten Recht: *Brömmelmeyer,* Der Verantwortliche Aktuar in der Lebensversicherung, 2000, S. 60.

[121] Gesetzesfassung nach Maßgabe einer Beschlussempfehlung des Vermittlungsausschusses, BT-Drs. 12/7831, 2

[122] Vgl. Beschlussempfehlung des BT-Finanzausschusses, BT-Drs. 12/7595, 106.

[123] Vgl. Gesetzesbegründung, BR-Drs. 23/94, 168; *Rappich* VersR 1996, 413, 416.

[124] *Schaumlöffel* BetrAV 1995, 153, 157.

[125] Zum Hintergrund (noch bezogen auf die frühere Rechtslage) vgl. *Claus,* in: Der Aktuar 1997, 10, 11 f.

[126] *Claus,* in: Der Aktuar 1997, 10, 11.

oder nur eingeschränkt gegeben werden, sind ergänzende Erläuterungen aufzunehmen. Die vorsätzliche oder fahrlässige Abgabe einer falschen versicherungsmathematischen Bestätigung ist strafbewehrt.[127]

32 Für **kleinere Vereine** (§ 210 VAG) ist keine versicherungsmathematische Bestätigung abzugeben. Hiervon erfasst werden die Sterbekassen, die regelmäßig kleinere Vereine sind, sowie regulierte Pensionskassen mit einer entsprechenden Rechtsform. Bei diesen Kassen besteht bereits aufgrund einer weiterreichenden aufsichtsbehördlichen Kontrolle kein Bedarf für eine entsprechende Bestätigung.[128]

33 Unberührt bleibt **§ 341k HGB**. Hiermit wird klargestellt, dass der Abschlussprüfer seinerseits die nach handelsrechtlichen Vorschriften gebotene Prüfung umfassend vorzunehmen hat, also auch bezüglich der vom Testat erfassten Bilanzposten.[129]

34 Der Verantwortliche Aktuar hat dem Vorstand einen **Erläuterungsbericht** vorzulegen. Der Erläuterungsbericht hat die Kalkulationsansätze und die weiteren Annahmen darzustellen, die der Bestätigung zugrunde liegen. Einzelheiten enthält die AktuarV. Danach ist insbesondere darzulegen, wie die Deckungsrückstellung berechnet und welche Rechnungsgrundlagen verwendet worden sind.[130] Für den Altbestand genügt im Wesentlichen der Hinweis auf den aufsichtsbehördlich genehmigten Geschäftsplan. Der Erläuterungsbericht ist dem Vorstand bei Abgabe der Bestätigung zuzuleiten. Dieser hat den Bericht unverzüglich nach Aufstellung des Jahresabschlusses der Aufsicht einzureichen (§ 141 Abs. 6 Nr. 2 VAG). Damit wird die Aufsicht befähigt, rechtzeitig auf mögliche Gefährdungslagen zu reagieren. Der Bericht ist dabei insofern sowohl für die Beurteilung der finanziellen Lage des Unternehmens[131] als auch der Qualität der Arbeit des Verantwortlichen Aktuars bedeutsam.[132]

35 Sobald der Verantwortliche Aktuar erkennt, dass er die Bestätigung möglicherweise nicht oder nur mit Einschränkungen abgeben kann, hat er den **Vorstand** zu informieren und, wenn der Beanstandung nicht unverzüglich abgeholfen wird, hat er auch die **Aufsicht** zu unterrichten (§ 141 Abs. 5 **Nr. 3** VAG), um dieser rechtzeitig Gelegenheit zum Eingreifen zu geben.[133] Die Information ist an keine Form gebunden. Sie kann sowohl mündlich als auch schriftlich gegeben werden. Letzteres empfiehlt sich nicht zuletzt wegen der Beweisbarkeit.[134] Mit einer möglichen Einschaltung der Aufsicht gewinnt die Information an zusätzlichem Gewicht.[135] Auch wenn der Vorstand zur unverzüglichen Abhilfe verpflichtet ist, kann von ihm nichts Unmögliches verlangt werden. Ihm muss daher angemessene Zeit bleiben, ehe der Verantwortliche Aktuar unmittelbar an die Aufsicht herantreten darf. Nur unter dieser Voraussetzung lässt sich eine entsprechende Berichtspflicht rechtfertigen, die über das zuständige Unternehmensorgan hinweggeht. Parallel zum Vorstand hat der Verantwortliche Aktuar die Aufsicht für den Fall unverzüglich zu informieren, dass der Bestand oder die Entwicklung des Unternehmens gefährdet bzw. wesentlich beeinträchtigt wird. In diesem Fall ist der Solvenzschutz von so großer Bedeutung, dass er eine unmittelbare Information an die Aufsicht rechtfertigt, damit diese so schnell wie möglich tätig werden kann.

36 **3. Vorschläge zur Überschussbeteiligung (Nr. 4).** Der Verantwortliche Aktuar hat schließlich dem Vorstand Vorschläge für eine angemessene Überschussbeteiligung zu unterbreiten (§ 141 Abs. 3 Nr. 4 VAG). Das gilt nur für Verträge mit Anspruch auf Überschussbeteiligung. Der Verantwortliche Aktuar wird damit zu einer **Schlüsselfigur der Überschussbeteiligung**.[136] Allerdings verbleibt die Verantwortung für die tatsächliche Verteilung des Überschusses bei Vorstand und Aufsichtsrat (§ 139 VAG). Der Verantwortliche Aktuar hat insofern lediglich ein Vorschlagsrecht. Im Rahmen der Prüfung der Finanzlage hat er die Überschusslage einschließlich -quellen festzustellen.[137] Die Angemessenheit der Überschussbeteiligung hat sich basierend auf den entsprechenden Vertragsabreden[138] an § 153 VVG, §§ 139 f.[139] und der Rechtsverordnung gemäß § 145 Abs. 1 bis 3 u. 6 VAG auszurichten. Ferner ist der Gleichbehandlungsgrundsatz des § 138 Abs. 2 VAG zu beachten.[140] Auch sonstige Erwartungen der

---

127 § 331 Abs. 2 Nr. 2 lit. b, Abs. 3 VAG.

128 Vgl. Beschlussempfehlung des BT-Finanzausschusses, BT-Drs. 12/7595, 106.

129 *Klein* VW 1996, 1068, 1069; *Schroer*, Der Verantwortliche Aktuar in der Lebensversicherung, 2000, S. 117 f.; *Brömmelmeyer*, Der Verantwortliche Aktuar in der Lebensversicherung, 2000, S. 63.

130 Vgl. (bezogen noch auf das frühere Recht) *Claus*, in: Der Aktuar 1997, 10, 12 f.; *Brömmelmeyer*, Der Verantwortliche Aktuar in der Lebensversicherung, 2000, S. 64 f.; zu Beanstandungen durch die Aufsicht vgl. GB BaFin 2002, 122 f.

131 Vgl. Gesetzesbegründung, BR-Drs. 23/94, 169.

132 *Schroer*, Der Verantwortliche Aktuar in der Lebensversicherung, 2000, S. 118 f.

133 Vgl. Gesetzesbegründung BR-Drs. 23/94, 169; Bode BetrAV 1995, 20, 23.

134 *Schroer*, Der Verantwortliche Aktuar in der Lebensversicherung, 2000, S. 120.

135 *Rappich* VersR 1996, 413, 418.

136 Gesetzesbegründung, BT-Drs. 16/12783, 19 (zu § 11a VAG); *Brömmelmeyer*, Der Verantwortliche Aktuar in der Lebensversicherung, 2000, S. 210.

137 *Engeländer* NVersZ 2000, 401, 406; *Didden*, in: Der Aktuar 1997, 179, 180.

138 *Schwintowski* VersWissStud (Bd. 4), S. 11, 30; *Brömmelmeyer*, Der Verantwortliche Aktuar in der Lebensversicherung, 2000, S. 212 f., 241.

139 *Engeländer* NVersZ 2000, 401, 406 Fn 42.

140 Gesetzesbegründung, BR-Drs. 23/94, 169; *Schroer*, Der Verantwortliche Aktuar in der Lebensversicherung, 2000, S. 126; *Brömmelmeyer*, Der Verantwortliche Aktuar in der Lebensversicherung, 2000, S. 214, 217; *Didden*, in: Der Aktuar 1997, 179, 181.

Versicherungsnehmer dürfen nicht ausgeblendet bleiben, sofern sie auf einer für den Verantwortlichen Aktuar nachvollziehbaren Grundlage beruhen (etwa auf einer Versicherteninformation). Eine weitergehende Orientierung an derartigen Erwartungshaltungen,[141] die etwa auf entsprechende Vertragsverhandlungen zurückgehen, kann vom Verantwortlichen Aktuar aber nicht erwartet werden.[142] Daraus ergibt sich im Ergebnis, dass grundsätzlich eine verursachungsorientierte Überschussbeteiligung zu wahren ist.[143] Zu berücksichtigen hat der Verantwortliche Aktuar auch hier die Wahrung der dauernden Erfüllbarkeit der Verpflichtungen.

Die Vorschläge hat der Verantwortliche Aktuar in einem **Bericht an den Vorstand** näher zu erläutern, dh zu begründen.[144] Hiermit soll erreicht werden, dass namentlich eine mögliche Bevorzugung verkaufsoffener Tarife und die Außerachtlassung der Finanzlage aus Wettbewerbsgründen unterbleibt.[145] Sowohl aus der Aufgabe selber als auch aus der gewählten Wortwahl („Vorschläge … vorzulegen", „in einem Bericht … zu erläutern") ist zu folgern, dass die Vorschläge des Verantwortlichen Aktuars schriftlich, also nicht mündlich oder fernmündlich zu unterbreiten sind.[146] **37**

VIII. Verpflichtungen des Vorstands (Abs. 6). Die Stellung des Verantwortlichen Aktuars ist vorrangig durch seine **Unabhängigkeit** geprägt. Dabei begründen die öffentlich-rechtlichen Pflichten nach § 141 Abs. 5 VAG innerhalb des Unternehmens weder Weisungs- noch Entscheidungsbefugnisse des Verantwortlichen Aktuars. Dieser nimmt daher – außerhalb der Testats- und Berichtspflichten – eine rein beratende Funktion wahr.[147] Er unterliegt hierbei keinen Weisungen.[148] Das folgt zwingend aus Funktion und Aufgabenstellung, wie sie § 141 VAG entnommen werden kann. Das Direktionsrecht von Vorgesetzten ist daher entsprechend einzuschränken. Das gilt sowohl für den Verantwortlichen Aktuar selber als auch für seine Hilfspersonen.[149] Obwohl das **Weisungsverbot** nicht ausdrücklich festgeschrieben ist, ist es als gesetzliches Verbot im Sinne von § 134 BGB zu werten.[150] Das Weisungsverbot hat zwingend ein Benachteiligungsverbot zur Folge, das den Verantwortlichen Aktuar vor mittelbarer Einflussnahme (etwa durch personelle Maßnahmen) schützt.[151] So kommt ein Widerruf der Bestellung nur aus wichtigem Grund in Betracht.[152] Das Abberufungsverlangen der Aufsicht stellt einen derartigen wichtigen Grund dar. Auch bei dem Benachteiligungsverbot handelt es sich um ein Verbot im Sinne von § 134 BGB.[153] **38**

Der Vorstand ist verpflichtet, dem Verantwortlichen Aktuar sämtliche **Informationen zugänglich zu machen**, die zur Erledigung dessen Aufgaben erforderlich sind (§ 141 Abs. 6 **Nr. 1** VAG). Das erfasst alle relevanten Informationen,[154] wobei diese jederzeit für den Verantwortlichen Aktuar erreichbar sein müssen.[155] Welche Informationen relevant sind, ist im Zweifel vom Verantwortlichen Aktuar im Hinblick auf die gesetzlich vorgegebene Aufgabenstellung zu bestimmen.[156] Der Vorstand kann sich dabei nicht auf ein rein passives Zugänglichmachen beschränken, sondern ist seinerseits verpflichtet, gegebenenfalls von sich aus aktiv zu werden und dem Verantwortlichen Aktuar auch ohne Aufforderung relevante Informationen zur Verfügung stellen und ihn ggf. auch in Entscheidungsprozesse einzubinden, sofern diese den Zuständigkeitsbereich des Verantwortlichen Aktuars berühren.[157] Vorsorge ist des Weiteren für eine angemessene sachliche, personelle und finanzielle Ausstattung zu treffen, damit der Verantwortliche Aktuar seine Aufgaben auch insoweit erfüllen kann.[158] Den Vorstand trifft ferner die Pflicht, den Verantwortlichen Aktuar anzuhören, wenn dieser ihn nach § 141 Abs. 5 Nr. 3 VAG unterrichten will.[159] Diese Pflichten sind zwar öffentlich-rechtlich geprägt, aber auch privatrechtlich bedeutsam.[160] Ein zivilrechtlicher Erfüllungsanspruch wird allerdings praktisch kaum relevant werden, da in **39**

[141] Vgl. Gesetzesbegründung, BR-Drs. 23/94, 169.
[142] *Brömmelmeyer*, Der Verantwortliche Aktuar in der Lebensversicherung, 2000, S. 214; s.a. *Engeländer* NVersZ 2000, 401, 406 Fn 41.
[143] Vgl. § 139 VAG Rn. 10f.
[144] Die Vorgabe geht zurück auf Art. 2 des Gesetzes v. 29.7.2009, BGBl. I 2305; hierzu Gesetzesbegründung, BT-Drs. 16/12783, 19 (zu § 11a VAG).
[145] Gesetzesbegründung, BT-Drs. 16/12783, 19 (zu § 11a VAG).
[146] Ähnlich *Schroer*, Der Verantwortliche Aktuar in der Lebensversicherung, 2000, S. 126.
[147] *Schroer*, Der Verantwortliche Aktuar in der Lebensversicherung, 2000, S. 127, 132.
[148] *Schroer*, Der Verantwortliche Aktuar in der Lebensversicherung, 2000, S. 134; *Brömmelmeyer*, Der Verantwortliche Aktuar in der Lebensversicherung, 2000, S. 113.
[149] *Schroer*, Der Verantwortliche Aktuar in der Lebensversicherung, 2000, S. 134.
[150] *Schroer*, Der Verantwortliche Aktuar in der Lebensversicherung, 2000, S. 135; vgl. zu derartigen Verboten auch *BGH* Urt. v. 19.12.1968 – VII ZR 83, 84/66, BGHZ 51, 255, 262 = NJW 1969, 750.
[151] *Schroer*, Der Verantwortliche Aktuar in der Lebensversicherung, 2000, S. 136.
[152] *Brömmelmeyer*, Der Verantwortliche Aktuar in der Lebensversicherung, 2000, S. 157.
[153] *Schroer*, Der Verantwortliche Aktuar in der Lebensversicherung, 2000, S. 137.
[154] Vgl. Gesetzesbegründung, BR-Drs. 23/94, 169f.
[155] *Schroer*, Der Verantwortliche Aktuar in der Lebensversicherung, 2000, S. 129.
[156] *Schroer*, Der Verantwortliche Aktuar in der Lebensversicherung, 2000, S. 129; *Rappich* VersR 1996, 413, 417.
[157] *Schroer*, Der Verantwortliche Aktuar in der Lebensversicherung, 2000, S. 130, 133.
[158] *Schroer*, Der Verantwortliche Aktuar in der Lebensversicherung, 2000, S. 130.
[159] *Schroer*, Der Verantwortliche Aktuar in der Lebensversicherung, 2000, S. 131.
[160] *Brömmelmeyer*, Der Verantwortliche Aktuar in der Lebensversicherung, 2000, S. 114.

derartigen Konfliktfällen eher davon ausgegangen werden muss, dass der Verantwortliche Aktuar sein Amt niederlegen wird. Der Vorstand hat der Aufsicht ferner den Erläuterungsbericht zur versicherungsmathematischen Bestätigung und den Angemessenheitsbericht zu dem Vorschlag des Verantwortlichen Aktuars zur Überschussbeteiligung vorzulegen (§ 141 Abs. 6 **Nr. 2** VAG).

40 Schließlich hat der Vorstand der Aufsicht auch den **Vorschlag** des Verantwortlichen Aktuars zur Überschussbeteiligung unverzüglich zu **übermitteln**. Unverzüglich heißt dabei, dass der Vorschlag, sobald er den Vorstand erreicht hat und bewertet worden ist, weiterzureichen ist. Eine Bewertung ist deshalb nötig, da das Gesetz die Weiterleitung mit einer zusätzlichen Mitteilung verbindet. Will der Vorstand nämlich von dem Vorschlag des Verantwortlichen Aktuars abweichen, hat er dies der Aufsicht schriftlich oder elektronisch zu unterbreiten (§ 141 Abs. 6 **Nr. 3** VAG). Elektronisch meint dabei – wie die gewählte Diktion zeigt – nicht zwingend die elektronische Form. In Betracht kann auch eine E-Mail kommen. Entscheidend ist, dass eine mündliche oder fernmündliche Übermittlung ausgeschlossen werden soll. Im Ergebnis genügt somit die Textform. Die Weiterleitung des Vorschlags samt Angemessenheitsbericht zur Überschussbeteiligung ist durch Art. 2 Nr. 7 lit. c des Gesetzes v. 29.7.2009[161] in das VAG aufgenommen worden. Hiermit soll eine möglichst zeitnahe aufsichtsrechtliche Begleitung sichergestellt werden, um zu verhindern, dass wettbewerblich bedingt verkaufsoffene Tarife bei der Überschussbeteiligung bevorzugt werden.[162] Dabei ist für die Aufsicht nicht minder entscheidend, dass die Finanzkraft des Unternehmens gewahrt bleibt und die Überschussbeteiligung hiermit korrespondiert.

41 Die Verantwortlichen Aktuare selber **unterstehen der Aufsicht** – außerhalb des Regelungssystems des § 141 VAG – **nicht**. So scheiden auch Maßnahmen der Aufsicht nach § 298 VAG aus. Zwar sind danach Anordnungen nicht nur gegenüber den Unternehmen zulässig, sondern auch gegenüber den Geschäftsleitern und den die Unternehmen kontrollierenden Personen. Zu letzteren zählen die Aufsichtsratsmitglieder.[163] Die Verantwortlichen Aktuare sind hierzu nicht zu rechnen. Vielmehr legt § 141 VAG insoweit abschließend die aufsichtsbehördlichen Einwirkungsmöglichkeiten fest. Danach besteht namentlich auch kein Weisungsrecht der Aufsicht gegenüber dem Verantwortlichen Aktuar.[164]

42 Das VAG begründet für den Verantwortlichen Aktuar **keine Organstellung.** Unter Organen sind die gesetz- oder verfassungsmäßig vorgesehenen Institutionen einer juristischen Person zu verstehen, insbesondere deren gesetzliche Vertreter. Der Verantwortliche Aktuar ist kein gesetzlicher Vertreter[165] und auch kein sonstiges Unternehmensorgan.[166] Auch der Rekurs auf die Rechtsprechung des BGH zur Stellung des Abschlussprüfers hilft nicht weiter. Der BGH hat diesem zwar Organqualität zugesprochen und dies mit der Unabhängigkeit seiner Tätigkeit sowie seine Eingliederung in die Organisation der Gesellschaft begründet.[167] Gerade die Unabhängigkeit spricht aber gegen diese Zuordnung. So ist der Abschlussprüfer gerade nicht in die Gesellschaft eingeordnet.[168] Er ist vielmehr außenstehende Kontrollinstanz mit öffentlicher Funktion.[169] Entsprechende Aussagen lassen sich auch für den Verantwortlichen Aktuar treffen. Er ist eine unabhängige Kontrollinstanz. Die Unabhängigkeit ist durch Weisungs- und Benachteiligungsverbote geprägt. Insoweit ist der Verantwortliche Aktuar auch nicht unmittelbar in das unternehmensverfassungsrechtliche System eingefügt.[170] Dass der Verantwortliche Aktuar auch eine unternehmensinterne Person sein kann, vermag hieran ebenso wenig zu ändern wie seine Beteiligung an Entscheidungsprozessen des Unternehmens. Wie dargestellt, ist der Verantwortliche Aktuar trotz seiner herausragenden Funktion insofern nur beratend und nicht entscheidend tätig. Damit scheidet namentlich eine Haftungszurechnung aus, die bei Organen über § 31 bzw. §§ 31, 89 BGB analog besteht. Der Verantwortliche Aktuar ist damit auch kein Organ i. S. v. § 307 VAG.[171]

43 **IX. Zivilrechtliche Haftung des Verantwortlichen Aktuars. 1. Haftung gegenüber dem Unternehmen.** Verletzt der Verantwortliche Aktuar die Pflichten des § 141 Abs. 5 VAG, begründet dies alleine noch keine zivilrechtliche Haftung. Eine solche wird sich jedoch regelmäßig daraus ergeben, dass sich der Verantwortliche Aktuar im Rahmen des Grundverhältnisses zur Einhaltung der öffentlich-

[161] BGBl. I 2305.

[162] Gesetzesbegründung, BT-Drs. 16/12783, 19 (zu § 11a VAG).

[163] Vgl. Gesetzesbegründung, BR-Drs. 23/94, 246.

[164] *Schroer*, Der Verantwortliche Aktuar in der Lebensversicherung, 2000, S. 138, 143.

[165] *Schroer*, Der Verantwortliche Aktuar in der Lebensversicherung, 2000, S. 147.

[166] Prölss/*R. Schmidt*, 11. Aufl., § 11a VAG Rn. 22; *Benkel*, Der Versicherungsverein auf Gegenseitigkeit, 2002, S. 191; *Hoppmann*, Vorstandskontrolle im Versicherungsverein auf Gegenseitigkeit, 2000, S. 364; *Bürkle*, Der Sonderbeauftragte der Bundesanstalt für Finanzmarktaufsicht im Versicherungssektor, 2013, S. 132 f.; *Thole* VersR 2010, 447; a. M. *Schwintowski* VersWissStud (4. Bd.), S. 11, 18 ff.; *Brömmelmeyer*, Der Verantwortliche Aktuar in der Lebensversicherung, 2000, S. 123; *Schroer*, Der Verantwortliche Aktuar in der Lebensversicherung, 2000, S. 149; *Mohr*, in: der Aktuar 1997, 32 f.; *Schünemann* VW 2003, 26, 28; unklar *Wolfsdorf* FS E. Helten, 2004, 693, 700.

[167] *BGH* Urt. v. 15.12.1954 – II ZR 322/53, BGHZ 16, 17, 25 = NJW 1955, 499; *BGH* Urt. v. 24.3.1980 – II ZR 88/79, WM 1980, 526 = NJW 1980, 1689.

[168] *Simitis* FS R. Reinhardt, 1972, 329, 333; *Ebke*, Wirtschaftsprüfer und Dritthaftung, 1983, S. 14 f.; *Benkel*, Der Versicherungsverein auf Gegenseitigkeit, 2002, S. 194.

[169] *BayObLG* Beschl. v. 17.9.1987 – 3 Z 76/87, WM 1987, 1361, 1365 = NJW-RR 1988, 163.

[170] Insofern zutreffend *Schroer*, Der Verantwortliche Aktuar in der Lebensversicherung, 2000, S. 189 f.

[171] *Schroer*, Der Verantwortliche Aktuar in der Lebensversicherung, 2000, S. 150; *Spindler*, Unternehmensorganisationspflichten, 2001, S. 258.

rechtlichen Pflichten des § 141 Abs. 5 VAG verpflichtet hat. In Betracht kommen insofern **Schadenersatzansprüche** des betreffenden Unternehmens.[172] Voraussetzung ist jedoch ein Verschulden des Verantwortlichen Aktuars (§ 276 BGB). Der Anspruch ist durch den Vorstand des Unternehmens (§ 78 AktG, § 188 VAG) bzw., sofern der Verantwortliche Aktuar selber Vorstandsmitglied ist, durch den Aufsichtsrat (§ 112 AktG, § 189 Abs. 3 VAG) geltend zu machen. Zu beachten sind mögliche Haftungsbegrenzungen und -ausschlüsse. Sofern der Verantwortliche Aktuar ein Angestellter des Unternehmens ist, kommen die Grundsätze der Beschränkung der Arbeitnehmerhaftung[173] zum Zuge.[174] Deliktische Ansprüche des Unternehmens sind hingegen kaum denkbar. Namentlich ist § 141 VAG kein Schutzgesetz i. S. v. § 823 Abs. 2 BGB, da es nicht unmittelbar auf den Schutz des Unternehmens zielt.[175] § 331 Abs. 2 Nr. 2 lit. b VAG ist zwar Schutzgesetz,[176] ein Schadenersatzanspruch setzt aber einen entsprechenden vorsätzlichen Verstoß voraus.

2. Haftung gegenüber Dritten. Eine vertragsrechtliche Haftung gegenüber Versicherungsnehmern oder sonstigen Dritten **besteht nicht.**[177] Namentlich begründet die versicherungsmathematische Bestätigung keine auskunftsvertraglichen Rechtsbeziehungen[178] und auch keinen Tatbestand für eine Vertrauenshaftung.[179] Auch scheidet eine zivilrechtliche Prospekthaftung aus, da die Bestätigung für sich genommen für den einzelnen Versicherten letztlich nicht abschlussrelevant ist.[180] Ebenso wenig kommt dem Grundverhältnis zwischen Versicherungsunternehmen und Verantwortlichem Aktuar drittschützende Wirkung zu.[181] Einer Schadensliquidation im Drittinteresse steht die Risikohäufung entgegen, die mit einer möglichen Pflichtverletzung zwangsläufig verbunden ist.[182] Deliktische Ansprüche von Dritten sind ebenfalls kaum vorstellbar. § 141 VAG ist auch in dieser Hinsicht nicht als Schutzgesetz i. S. v. § 823 Abs. 2 BGB zu werten, da diese Norm auf die Wahrung der Versichertenbelange insgesamt abzielt, nicht aber auf das Interesse des einzelnen Versicherten.[183] 44

X. Berufsständische Verfassung. Die Aktuare sind berufsständisch in der Deutschen Aktuarvereinigung (**DAV**) organisiert. Diese ist ihrerseits Mitglied in der Actuarial Association of Europe, der Dachorganisation der Aktuarsvereinigungen in Europa. Die DAV arbeitet ferner in der International Actuarial Association mit. Die DAV hat sich 1993 konstituiert.[184] Der Gesetzgeber misst dieser berufsständischen Verfassung große Bedeutung bei. Beim Erlass des Dritten Durchführungsgesetzes/EWG zum VAG hat er die Erwartung geäußert, dass die Standesorganisation mit ihren Berufsrichtlinien dazu beitragen wird, dass es zu keinen Interessenkonflikten zwischen dem Verantwortlichen Aktuar und dem Versicherer als seinem Arbeitgeber kommen wird.[185] Diese Berufsrichtlinien liegen in Gestalt von Standesregeln und Fachgrundsätzen vor. Die Standesregeln entsprechen den Regeln der Groupe Consultatif Actuariel Européen.[186] Sie gelten für alle Aktuare, also nicht nur für Verantwortliche Aktuare. Danach ist der Aktuar an die Grundsätze der Unabhängigkeit, Eigenverantwortlichkeit, Gewissenhaftigkeit und Verschwiegenheit gebunden. 45

Die Unabhängigkeit ist durch das Fehlen fachbezogener Weisungsabhängigkeiten gekennzeichnet. Eine Tätigkeit in abhängiger Position schadet aber nicht. Auch darf er nebenberuflich als Makler oder Agent tätig sein, solange diese Tätigkeit einen geringen Umfang aufweist. Der Aktuar darf mit Rechtsanwälten, Steuerberatern und Wirtschaftsprüfern kooperieren. Der Zusammenschluss mit 46

---

[172] *Schroer*, Der Verantwortliche Aktuar in der Lebensversicherung, 2000, S. 226 f.; *Brömmelmeyer*, Der Verantwortliche Aktuar in der Lebensversicherung, 2000, S. 248; *Boetius* VersR 2007, 1589, 1590; so wohl auch *Schwintowski* VersWissStud (4. Bd.), S. 11, 32 f.

[173] *BAG* Beschl. v. 27.9.1994 – GS 1/89 (A), VersR 1995, 607 = NJW 1995, 210, 211 f.

[174] *Brömmelmeyer*, Der Verantwortliche Aktuar in der Lebensversicherung, 2000, S. 247 f.; *Thole* VersR 2010, 447; Prölss/R. Schmidt, 11. Aufl. § 11a VAG Rn. 22.

[175] *Schroer*, Der Verantwortliche Aktuar in der Lebensversicherung, 2000, S. 233; *Brömmelmeyer*, Der Verantwortliche Aktuar in der Lebensversicherung, 2000, S. 255 f.

[176] *Schroer*, Der Verantwortliche Aktuar in der Lebensversicherung, 2000, S. 232; *Brömmelmeyer*, Der Verantwortliche Aktuar in der Lebensversicherung, 2000, S. 266 f.; *Schwintowski* VersWissStud (4. Bd.), S. 11, 33; *Benkel*, Der Versicherungsverein auf Gegenseitigkeit, 2002, S. 193.

[177] A. M. *Schwintowski* VersWissStud (4. Bd.), S. 11, 33 f.

[178] *Schroer*, Der Verantwortliche Aktuar in der Lebensversicherung, 2000, S. 247 f.

[179] *Schroer*, Der Verantwortliche Aktuar in der Lebensversicherung, 2000, S. 257 f.; *Benkel*, Der Versicherungsverein auf Gegenseitigkeit, 2002, S. 193.

[180] *Schroer*, Der Verantwortliche Aktuar in der Lebensversicherung, 2000, S. 255 f.; *Benkel*, Der Versicherungsverein auf Gegenseitigkeit, 2002, S. 193; im Ergebnis ebenso *Brömmelmeyer*, Der Verantwortliche Aktuar in der Lebensversicherung, 2000, S. 268 f.; a. M. *Schwintowski* VersWissStud (4. Bd.), S. 11, 34 f.

[181] *Schroer*, Der Verantwortliche Aktuar in der Lebensversicherung, 2000, S. 252, *Brömmelmeyer*, Der Verantwortliche Aktuar in der Lebensversicherung, 2000, S. 264; *Thole* VersR 2010, 447, 448 f.; a. M. *Rappich* VersR 1996, 413, 418.

[182] *Schroer*, Der Verantwortliche Aktuar in der Lebensversicherung, 2000, S. 257.

[183] *Schroer*, Der Verantwortliche Aktuar in der Lebensversicherung, 2000, S. 265; a. M. *Mohr*, in: Der Aktuar 1997 32, 34; *Boetius* VersR 2007, 1589, 1591.

[184] *Balleer*, in: H. Müller/Golz/Washausen-Richter/Trommeshauser (Hrsg.), 100 Jahre materielle Versicherungsaufsicht in Deutschland, 2001, Bd. II, S. 941, 954; *Schroer*, Der Verantwortliche Aktuar in der Lebensversicherung, 2000, S. 37.

[185] Gesetzesbegründung, BR-Drs. 23/94, 167.

[186] *Schroer*, Der Verantwortliche Aktuar in der Lebensversicherung, 2000, S. 38.

gewerblich Tätigen ist ihm aber standesrechtlich verwehrt. Besteht die Besorgnis einer Interessenkollision hat er die entsprechende Tätigkeit einzustellen. Unzulässig ist die Vereinbarung eines Erfolgshonorars. Die **Standesregeln** legen dem Aktuar den Abschluss einer Berufshaftpflichtversicherung nahe.[187] Die Vereinbarung von Haftungsbeschränkungen und Haftungsausschlüssen ist zulässig.[188] Zu beachten ist allerdings, dass diesen berufsständischen Grundsätzen keine Rechtsnormqualität beizumessen ist.[189] Auch Fachgrundsätze der DAV sind nicht eo ipso maßgebend. Ihnen kommt allerdings eine bedeutsame Indizwirkung für die Güte versicherungsmathematischer Grundlagen und Methoden zu.[190] Auch wenn sie somit nicht automatisch zum alleinigen Maßstab erklärt werden können, wird jedenfalls umgekehrt im Regelfall davon auszugehen sein, dass ihre Beachtung nicht ohne Weiteres im Rahmen der fachmathematischen Kompetenz einen aufsichtsrechtlichen Missstand begründet.

47 **XI. Anwendungsbereich.** § 141 VAG gilt für Lebensversicherer (einschließlich dem Sicherungsfonds für die Lebensversicherung).[191] Erfasst werden auch Pensions- und Sterbekassen, für die aber einige Besonderheiten bestehen.[192] Auch kleine Versicherungsunternehmen müssen einen Verantwortlichen Aktuar bestellen.[193] Die Verpflichtung des § 141 VAG trifft ferner ausländische Lebensversicherer,[194] allerdings nicht Unternehmen mit Sitz im EWR-Ausland, die der Solva II-Richtlinie unterliegen und insofern der ausschließlichen Sitzlandaufsicht unterstellt sind.[195] Kraft Verweisung gilt § 141 VAG für die nach Art der Lebensversicherung betriebene **Krankenversicherung**,[196] für die **UPR**[197] und eingeschränkt auch für die Allgemeine Haftpflicht-, die Kraftfahrzeug-Haftpflicht-, die Kraftfahrt-Unfall- und die Allgemeine Unfallversicherung.[198] Für **Pensionsfonds** gilt § 141 VAG mit einer bestimmten Maßgabe entsprechend.[199] Aufgrund der großen Parallelität zwischen Pensionsfonds und der Lebensversicherung bedeutet dies für den Verantwortlichen Aktuar ein analoges Anforderungsprofil.[200] § 141 VAG gilt schließlich auch für Sicherungsfonds.[201]

Treuhänder in der Lebensversicherung

142 **[1] Soweit bei den nach dem 28. Juli 1994 geschlossenen Lebensversicherungsverträgen die Prämien mit Wirkung für bestehende Versicherungsverträge geändert werden können, dürfen entsprechende Änderungen erst in Kraft gesetzt werden, nachdem ihnen ein unabhängiger Treuhänder zugestimmt hat. [2] Für den Treuhänder gilt § 157 Absatz 1 und 2 entsprechend. [3] Die Mitwirkung des Treuhänders entfällt, wenn Änderungen nach Satz 1 der Genehmigung der Aufsichtsbehörde bedürfen.**

Übersicht

187 S. a. *Schroer*, Der Verantwortliche Aktuar in der Lebensversicherung, 2000, S. 239.
188 Vgl. im Einzelnen die bei *Schroer*, Der Verantwortliche Aktuar in der Lebensversicherung, 2000, S. 285 ff. abgedruckten Standesregeln; aktuelle Fassung abrufbar unter aktuar.de.
189 *Schroer*, Der Verantwortliche Aktuar in der Lebensversicherung, 2000, S. 93 f.
190 *Schroer*, Der Verantwortliche Aktuar in der Lebensversicherung, 2000, S. 94.
191 § 222 Abs. 4 S. 3 VAG.
192 § 234 Abs. 3 Nr. 5, § 219 Abs. 3 Nr. 2 u. 3 VAG. Zur Vorgeschichte vgl. Prölss/*Präve* 12. Aufl., 2005, § 11a VAG Rn. 39.
193 § 212 Abs. 3 Nr. 11 VAG verbunden mit einer Maßgabe.
194 § 65 Abs. 2, § 67 Abs. 2 VAG.
195 § 62 S. 2 Nr. 5 VAG.
196 §§ 147, 156 VAG.
197 § 161 Abs. 1 VAG.
198 § 162 VAG; zu den Aufgaben des Aktuars in der Nichtlebensversicherung vgl. *Hipp*, in: Vom Versicherungsmathematiker zum Aktuar, 1995, S. 21 ff.
199 § 237 Abs. 3 VAG.
200 *Kölschbach/Engeländer* VW 2003, 1248, 1251.
201 § 222 Abs. 4 S. 3 VAG.

Schrifttum: *Eilfort*, Der Verbraucherschutzgedanke in der deutschen privaten Krankenversicherung nach der Dritten Richtlinie Schadenversicherung – Die Entwicklungsgeschichte der Richtlinien und rechtspolitischer Ausblick, 1999; *Grote*, Die Rechtsstellung der Prämien-, Bedingungs- und Deckungsstocktreuhänder nach dem VVG und dem VAG, 2002; *Hoppmann*, Vorstandskontrolle im Versicherungsverein auf Gegenseitigkeit, 2000; *Renger*, Die Verantwortung des Treuhänders in der privaten Krankenversicherung, 1997.

I. Allgemeines. 1. Entstehungsgeschichte. Die Vorschrift geht zurück auf Art. 1 Nr. 10 des Dritten Durchführungsgesetzes/EWG zum VAG v. 21.7.1994[1] und damit auf die Deregulierung des Aufsichtsrechts, basierend auf den 3. EG-Versicherungs-Richtlinien. Die Regelung ist seitdem **kleineren Änderungen** unterzogen worden und beruht in ihrer heutigen Fassung letztlich auf Art. 7 Nr. 5 des Gesetzes zur Reform des VVG v. 23.11.2007.[2] Im Zuge der Umsetzung der Solva II-Richtlinie sind lediglich die Bezugnahmen auf andere Vorschriften angepasst worden.[3] 1

2. Normzweck. Die Regelung schafft eine **Kompensation** für den Abbau aufsichtsrechtlicher Produktregulierung, wie sie bis zum Jahre 1994 bestanden hat. So war es zu Zeiten aufsichtsbehördlicher Bedingungs- und Tarifgenehmigung möglich und zulässig, Prämien- und Bedingungsänderungen von einer aufsichtsbehördlichen Genehmigung bzw. Zustimmung abhängig zu machen. In der Lebensversicherung standen einige, nicht unbedeutende Bestimmungen der AVB, namentlich die über die Überschussbeteiligung und die Rückkaufswerte, unter einem entsprechenden Vorbehalt.[4] In der Berufsunfähigkeits- und Pflegerentenversicherung bestanden entsprechende Prämienanpassungsklauseln.[5] 2

Für vertragliche **Änderungsvorbehalte** gilt, dass der Versicherer die Änderungsanlässe und die abänderbaren AVB zu bezeichnen hat.[6] Dabei müssen die in der Vorbehaltsklausel zu nennenden Voraussetzungen und Folgen einer Änderung die Interessen des Versicherungsnehmers angemessen berücksichtigen. Die Tatbestandsvoraussetzungen und die Rechtsfolgen sind hierzu so genau zu beschreiben, dass für den Versicherer keine ungerechtfertigten Beurteilungsspielräume entstehen. Das bedeutet, dass ein Änderungsvorbehalt im Zeitpunkt des Vertragsschlusses, auf den es für die Wirksamkeit einer entsprechenden Klausel ankommt, eine Beurteilung der möglichen Anwendungsfälle" gestatten muss,[7] der Versicherungsnehmer maW jedenfalls vorhersehen können muss, in welchen Bereichen er mit Änderungen zu rechnen hat.[8] Prämienanpassungsklauseln hat das BVerwG darauf basierend nur dann für angemessen angesehen, wenn sie nur bei den Versicherungsnehmern zu einer Prämienerhöhung führen, deren versicherte Risiken von den Änderungen der für die Prämiengestaltung wesentlichen Grundlagen tatsächlich betroffen sind.[9] Darüber hinaus sind zahlreiche weitere Anforderungen zu erfüllen.[10] 3

Die genannten Bestimmungen in den aufsichtsbehördlich genehmigten AVB genügten diesen Anforderungen nicht. Sie waren dessen ungeachtet wirksam, weil das aufsichtsbehördliche Genehmigungs- bzw. Zustimmungserfordernis den **Ersatz für eine Konkretisierung** bildete.[11] Die Notwendigkeit der 4

[1] BGBl. I 1630; Fassung nach Maßgabe der Beschlussempfehlung des Vermittlungsausschusses, BT-Drs. 12/7831, 2.
[2] BGBl. I 2561.
[3] RegE VAG 2014 S. 271 (zu § 142 VAG).
[4] Vgl. § 17 ALB a. F., VerBAV 1986, 209, 213.
[5] § 5 Abs. 4 AVB für die Berufsunfähigkeitsversicherung a. F., VerBAV 1990, 472, 474; § 5 Abs. 6 AVB für die Pflegerentenversicherung a. F., VerBAV 1986, 342, 344.
[6] *EuGH* Urt. v. 21.3.2013 – C-92/11, EuZW 2013, 461, 462 f.; *BGH* Urt. v. 19.10.1999 – XI ZR 8/99, ZIP 2000, 16, 18 = NJW 2000, 651; *BGH* Urt. v. 23.2.1977 – IV ZR 75/76, VersR 1977, 446; *OLG Hamm* Urt. v. 11.7.1986 – 20 W 15/86, VersR 1987, 145, 146 = BeckRS 1986, 31364000; BAV-Verlautbarung VerBAV 2000, 191; *Fricke* VersR 2000, 257, 259 f.; 1996, 1449, 1452; *Präve* ZfV 1992, 221, 222; s. a. *BGH* Urt. v. 16.3.1988 – IV a ZR 247/84, VersR 1988, 1281 = NJW-RR 1988, 819, 821.
[7] *BGH* Urt. v. 21.12.1983 – VIII ZR 195/82, BGHZ 89, 206, 213 = NJW 1984, 1182; s. a. *OLG Hamm* Urt. v. 25.6.1993 – 20 U 342/92, VersR 1993, 1342 = r+s 1994, 270.
[8] *BGH* Urt. v. 11.10.2007 – III ZR 63/07, WM 2007, 2202 = NJW-RR 2008, 134; *BGH* Urt. v. 17.3.1999 – IV ZR 218/97, VersR 1999, 697, 698 = NJW 1999, 1865; *v. Fürstenwerth* r+s 2009, 221, 228 f.; kritisch *Bartmuss* VuR 2000, 299, 302; s. a. *EuGH* Urt. v. 21.3.2013 – C-92/11, ZIP 2013, 676, 678 f.
[9] *BVerwG* Urt. v. 14.10.1980 – 1 A 12/78, VersR 1981, 221, 225 f. = BeckRS 1980 30422245. Zur Zulässigkeit von Prämienanpassungsklauseln s. a. *BGH* Urt. v. 1.7.1992 – IV ZR 191/91, VersR 1992, 1211 = r+s 1992, 350, 351; *BGH* Urt. v. 16.3.1988 –IV a ZR 247/84, VersR 1988, 1281, 1283 = r+s 1988, 249.
[10] Vgl. nur *Präve*, in: von Westphalen/Thüsing (Hrsg.), Vertragsrecht und AGB-Klauselwerke, 38. Ergänzung, 2016, Stichwort: Allgemeine Versicherungsbedingungen, Rn. 95 mwN.
[11] *BGH* Urt. v. 9.7.1991 – XI ZR 72/90, NJW 1991, 2559, 2563 f.; *BGH* Urt. v. 23.11.1973 – IV ZR 34/73, VerBAV 1974, 101, 104 = NJW 1974, 137; *BGH* Urt. v. 24.11.1972 – IV ZR 149/71, VersR 1973, 176, 177 = NJW 1973, 284; *Präve* ZfV 1992, 221; 1993, 214 u. 216; *ders.* in: von Westphalen/Thüsing (Hrsg.), Vertragsrecht und AGB-Klauselwerke, 36. Ergänzung, 2015, Stichwort: Allgemeine Versicherungsbedingungen, Rn. 103; wohl übersehen von *LG Augsburg* Urt. v. 15.10.1997 – 6 O 2849/97, NJWE-VHR 1998, 25 = BeckRS 9998, 03114 und *LG München I* Urt. v. 26.10.1998 – 27 O 8644/98, NVersZ 1999, 74, 75 = BeckRS 9998, 23604; a. M. offenbar *Freund*, Die Änderung Allgemeiner Geschäftsbedingungen in bestehenden Verträgen, 1998, S. 161.

behördlichen Genehmigung bindet nämlich jede Änderung an die Kriterien, die das zugrunde liegende Gesetz für die Prüfung aufstellt.[12] Nach Wegfall der Bedingungs- und Tarifgenehmigungserfordernisse ließen sich derartige Klauseln nicht mehr aufrechterhalten. Auch andere aufsichtsrechtliche Instrumente, die auf eine Änderung der AVB etwa durch aufsichtsbehördliche Rechtsverordnung zielten, schieden aus.[13] Der Gesetzgeber hat statt dessen in der Lebensversicherung dem berechtigten Anliegen der Versicherer, Vertragsänderungen vornehmen zu können, durch die Schaffung der Institution eines Treuhänders Rechnung getragen.

5 Mit § 142 VAG und den Vorschriften der §§ 163, 164 VVG wird ein **sachgerechter Interessenausgleich** begründet. Einerseits wird dem Änderungsbedarf der Lebensversicherer bei langfristigen Verträgen Rechnung getragen,[14] bei denen das ordentliche Kündigungsrecht des Versicherers ausgeschlossen ist.[15] Insofern wird eine Beseitigung von Äquivalenzstörungen bezweckt.[16] Andererseits werden Änderungen grundsätzlich nicht der alleinigen, einseitigen Gestaltungsmacht des Versicherers überantwortet, sondern der Kontrolle eines unabhängigen Dritten unterstellt, um die Belange der Versicherten zu wahren.[17] Der Gesetzgeber hat dieses Grundprinzip allerdings insoweit durchbrochen, als er für die Bedingungsanpassung nach § 164 VVG von dem Erfordernis einer Treuhänderzustimmung mit der Novelle des VVG zum 1.1.2008 Abstand genommen hat. Er verweist insofern auf Erfahrungen, die darauf hingewiesen hätten, dass ein zusätzlicher Schutz für die Versicherten mit der Einbindung eines Treuhänders nicht erreicht worden sei. Zudem könnte beim Versicherungsnehmer der Eindruck entstehen, dass wegen einer Treuhänderzustimmung eine gerichtliche Überprüfung erfolglos sei. Der Gesetzgeber verweist den Versicherungsnehmer daher auf die gerichtliche Kontrolle. Diese Gründe überzeugen nicht. Die Erfahrungen, auf die der Gesetzgeber verweist, gelten Vertragsanpassungen infolge der vom BGH erklärten Unwirksamkeit von Rückkaufswertklauseln in der Lebensversicherung.[18] Die Rechtsprechung des BGH, die letztlich erfolgte Anpassungen durch den Treuhänder verworfen hat,[19] ist ihrerseits wenig berechenbar gewesen[20] und betraf letztlich einen einzigen Regelungskomplex. Es ist unbefriedigend, den Versicherungsnehmer insofern nur auf den Rechtsweg zu verweisen. Mit dem Treuhänder besteht ein Korrektiv, das aus unabhängiger Warte die Einhaltung der entsprechenden gesetzlichen Kautelen überprüft. Mit dem Verzicht auf eine Treuhändereinbindung im Falle der Bedingungsanpassung entsteht auch ein Wertungswiderspruch zu dem Fall der Prämienanpassung, für die der Gesetzgeber mit Recht an dem Erfordernis festhält, sowie der Bedingungsanpassung im Sinne von § 203 Abs. 3 VVG.

6 **3. Europarechtlicher Hintergrund.** In der Solva II-Richtlinie findet sich keine Regelung, auf die § 142 VAG zurückgeht. § 142 VAG ist vielmehr eine **Annexvorschrift zu § 163 VVG** und damit zu einer Regelung des Versicherungsvertragsrechts, das auf europäischer Ebene im Wesentlichen nicht harmonisiert ist. Daher ist insoweit europarechtlich nichts zu reklamieren. Hinzu kommt, dass der Treuhänder im Sinne von § 142 VAG eine Privatperson ist, der keiner behördlichen Funktion zukommt.[21] Art. 21 der Solva II-Richtlinie verbietet wiederum nur Genehmigungsvorbehalte für AVB und Tarife und ist insofern ebenso wenig berührt.

7 **II. Treuhändervorbehalt bei Prämienanpassungen (S. 1 u. 3).** Für Lebensversicherungsverträge, die **nach dem 28.7.1994** (dem Inkrafttreten des Dritten Durchführungsgesetzes/EWG zum VAG) geschlossen worden sind und noch werden, bedarf eine Prämienanpassung der Zustimmung eines Treuhänders (§ 142 **S. 1** VAG). Für Verträge, die vor diesem Zeitpunkt zustande gekommen sind, gilt § 336 VAG. Zu beachten ist, dass gemäß Art. 16 § 2 S. 2 des Dritten Durchführungsgesetzes/EWG zum VAG hiervon auch solche Lebensversicherungsverträge erfasst werden, die noch bis Jahresende 1994 unter Verwendung aufsichtsbehördlich genehmigter AVB abgeschlossen wurden, so dass es für die im zweiten Halbjahr 1994 geschlossenen Verträge mit § 142 **S. 3** VAG sein Bewenden hat.[22]

8 Die Zulässigkeit von Prämienänderungen, wie sie § 142 VAG zum Gegenstand hat, beurteilt sich regelmäßig nach dem Privatrecht.[23] Insofern kommt § 142 VAG nur eine **ergänzende Funktion** zu. Die Vorschrift ist jedoch nicht entbehrlich, sondern dient der aufsichtsrechtlichen Absicherung der nach

---

[12] S. a. *BGH* Urt. v. 1.7.1992 – IV ZR 191/91, VersR 1992, 1211, 1212 = r+s 1992, 350 zur Krankenversicherung.
[13] Vgl. im einzelnen *Präve* ZfV 1994, 255, 260.
[14] Vgl. Gesetzesbegründung zu § 164 VVG, BT-Drs. 16/3945, 100 (zu § 164 Abs. 1 VVG).
[15] Das Kündigungsverbot folgt aus der Natur des Vertrags; vgl. nur Prölss/Martin/*Reiff* § 166 VVG Rn. 1; *Präve* VersR 1995, 733, 737 Fn. 29.
[16] Vgl. *Grote*, Die Rechtsstellung der Prämien-, Bedingungs- und Deckungsstocktreuhänder nach dem VVG und dem VAG, 2002, S. 437, S. 269 f.
[17] *Präve* VersR 1995, 733, 737.
[18] *BGH* Urt. v. 9.5.2001 – IV ZR 138/99, VersR 2001, 839 = r+s 2001, 433; *BGH* Urt. v. 9.5.2001 – IV ZR 121/00, VersR 2001, 841 = r+s 2001, 386.
[19] *BGH* Urt. v. 12.10.2005 – IV ZR 162/03, VersR 2005, 1565 = NJW 2005, 3559.
[20] Vgl. *Präve* VersR 2012, 1159 ff.
[21] *Grote*, Die Rechtsstellung der Prämien-, Bedingungs- und Deckungsstocktreuhänder nach dem VVG und dem VAG, 2002, S. 437.
[22] S. ferner Rn. 33.
[23] *Renger* VersR 1995, 866, 870 f.

§ 163 VAG zulässigen Prämienänderungen in Gestalt dezidierter Vorgaben zur Bestellung und Eignung der Treuhänder.[24]

Die nach **§ 163 VVG** bestehende Möglichkeit zur Prämienanpassung besteht für alle Lebensversicherungsverträge, wenngleich sie unter Anknüpfung an das frühere Recht (§ 172 Abs. 1 S. 2 VVG a. F.) in der Praxis bisher Bedeutung nur für Verträge erlangt hat, die Versicherungsschutz für ein Risiko bieten, bei dem der Eintritt der Verpflichtung des Versicherers ungewiss ist. Ein Verzicht des Versicherers auf eine Prämienanpassung nach § 163 VVG ist rechtlich möglich, da weder § 163 VVG noch § 142 VAG die Unternehmen zu einer entsprechenden Verfahrensweise verpflichten. Allerdings wächst durch den Verzicht die Verlustgefahr für die Unternehmen, was aufsichtsrechtlich nicht völlig irrelevant ist.[25] **9**

Eine Anpassung nach § 163 VVG ist nur bei einer nicht nur als vorübergehend anzusehenden und nicht vorhersehbaren **Veränderung des Leistungsbedarfs** zulässig.[26] Damit ist es dem Versicherer – wie bei der Krankenversicherung (§ 155 Abs. 3 S. 4 VAG) – grundsätzlich verwehrt, eine unzureichende Erst- oder Neukalkulation im Nachhinein zu korrigieren,[27] es sei denn, der Kalkulationsfehler war unvermeidbar. Die Anpassung darf im Übrigen nicht weiterreichen, als dies erforderlich erscheint, um die dauernde Erfüllbarkeit der Versicherungsleistung zu gewährleisten. Die Verbesserung der Ertragslage des Unternehmens genügt für sich genommen also nicht. Auch wenn § 163 VVG im Grundsatz darauf zielt, die dauernde Erfüllbarkeit der Verpflichtungen sicherzustellen,[28] wird hiervon nicht jede denkbare Gefährdungslage erfasst. Voraussetzung ist stets eine Änderung des Leistungsbedarfs gegenüber den Rechnungsgrundlagen der vereinbarten Prämie, was namentlich eine Prämienanpassung nach dieser Vorschrift infolge negativer Kapitalmarktentwicklungen ausschließt.[29] Diese Beschränkung führt auch nicht zu unvertretbaren Ergebnissen, da mit dem Aufsichtsrecht ein darüber hinausgehendes Korrektiv auch im Falle von derartigen Gefährdungslagen besteht.[30] Schließlich hat ein unabhängiger Treuhänder die Änderungsvoraussetzungen zu überprüfen und deren Angemessenheit zu bestätigen.[31] Für die Bestätigung (§ 142 VAG spricht von Zustimmung, meint hiermit aber dasselbe) sieht das Gesetz keine besonderen Formerfordernisse vor. Es empfiehlt sich aber – nicht zuletzt aus Beweisgründen –, die Bestätigung schriftlich zu geben. Ohne die Mitwirkung des Treuhänders ist eine Prämienänderung unwirksam bzw., sofern sie noch nachgeholt werden kann, schwebend unwirksam.[32] Da eine Begründung für die Bestätigung des Treuhänders von Gesetzes wegen nicht notwendig ist (wenngleich sie sich bereits aus Gründen der Nachvollziehbarkeit der Entscheidung empfiehlt)[33], lässt ihr Fehlen hingegen die Wirksamkeit der Anpassung unberührt. **10**

III. Bestellung und Eignung des Treuhänders (S. 2). Bezüglich der Bestellung und Eignung des Prämienänderungstreuhänders in der Lebensversicherung verweist § 142 S. 2 VAG auf § 157 Abs. 1 und 2 VAG, die insoweit entsprechend heranzuziehen sind. **11**

1. Bestellung. Anders als beim Verantwortlichen Aktuar (§ 141 VAG) besteht in Bezug auf den Prämienänderungstreuhänder in der Lebensversicherung keine generelle Pflicht, eine derartige Person zu bestellen. Da der Treuhänder **keine Daueraufgabe** nicht übernimmt, genügt es, wenn Unternehmen im Bedarfsfall einen Treuhänder beauftragen, also wenn eine Prämienanpassung vorgenommen werden soll. Die Bestellung setzt das Einverständnis des Betroffenen voraus. Sie ist schriftlich, also nicht mündlich oder fernmündlich zu vollziehen. Das ergibt sich aus Bedeutung und Aufgabenstellung des Treuhänders, die klare und beweisbare Grundlagen (auch gegenüber Versicherten) notwendig machen. Die Eignung der betreffenden Person als Treuhänder ist Wirksamkeitsvoraussetzung der Bestellung, da, anders als beim Verantwortlichen Aktuar, eine korrespondierende zivilrechtliche Verpflichtung (§ 163 VVG) besteht. Ausdrücklich nennt zwar § 163 VVG nur die Unabhängigkeit des Treuhänders, inzident sind hiermit aber auch die übrigen aufsichtsrechtlichen Voraussetzungen hinsichtlich der Eignung der Person erfasst.[34] Das Einverständnis der Aufsicht mit der auserkorenen Person ist hingegen eine ausschließlich öffentlich-rechtliche Verpflichtung (§ 157 Abs. 2 VAG analog) und daher auch keine Wirksamkeitsvoraussetzung. **12**

Die Bestellung des Treuhänders erfolgt durch den Vorstand des Unternehmens.[35] Dieser benötigt hierfür keiner Mitwirkung anderer Organe, es sei denn, die Satzung oder der Aufsichtsrat bestimmen **13**

[24] Vgl. Gesetzesbegründung, BR-Drs. 23/94, 304.
[25] Vgl. BAV-Verlautbarung VerBAV 2000, 63.
[26] Zu Einzelheiten vgl. *Gerwins*, in: Der Aktuar 1996, 84, 86.
[27] § 163 Abs. 1 S. 2 VVG; s. hierzu auch *Buchholz-Schuster* NVersZ 1999, 297, 298.
[28] *Wandt* VersR 2015, 918, 919.
[29] *Wandt* VersR 2015, 918, 921, 924 f. u. 926; Schwintowski/Brömmelmeyer/*Ortmann*, § 163 VVG Rn. 6.
[30] So mit Recht *Wandt* VersR 2015, 918, 926.
[31] *Engeländer* VersR 2000, 274, 282.
[32] Vgl. § 163 Abs. 1 S. 1 Nr. 3 VAG; s. hierzu auch *Renger* VersR 1994, 1257, 1258; *ders.* VersR 1993, 678, 681.
[33] Vgl. *Drews* VW 2002, 450, 45.
[34] Differenzierend Langheid/Wandt/*Wandt* § 163 VVG Rn. 59 f.
[35] *Grote*, Die Rechtsstellung der Prämien-, Bedingungs- und Deckungsstocktreuhänder nach dem VVG und dem VAG, 2002, S. 497; *Hoppmann*, Vorstandskontrolle im Versicherungsverein auf Gegenseitigkeit, 2000, S. 366; *Brendle* VW 1993, 1498; *Benkel*, Der Versicherungsverein auf Gegenseitigkeit, 2002, S. 189.

eine Zustimmungspflicht dieses Gremiums.[36] Die **Rechtsnatur des Bestellungsverhältnisses** ist privatrechtlicher Natur und Wirksamkeitsvoraussetzung für die Treuhänderbestätigung gemäß § 163 VVG.[37] Auch wenn der Treuhänder Aufgaben wahrnimmt, die vormals der Versicherungsaufsicht oblagen, bedeutet dies noch nicht, dass die Bestellung öffentlich-rechtlich geprägt ist. Der Treuhänder wird vielmehr in einem Bereich tätig, der einer systematischen präventiven aufsichtsbehördlichen Einwirkung entzogen ist. Sedes materiae ist das Vertragsrecht, das selber die Notwendigkeit einer Treuhändereinbindung begründet. Zu unterscheiden ist dabei zwischen der Bestellung und dem schuldrechtlich geprägten Grundverhältnis, also dem zwischen Versicherer und Treuhänder zu schließenden Geschäftsbesorgungsvertrag mit Werkvertragscharakter,[38] in deren Schutzbereich die Versicherten einbezogen sind,[39] der aber seinerseits nicht Wirksamkeitsvoraussetzung für eine Treuhänderbestätigung gemäß § 163 VVG ist.[40] Dass mit der Bestellung ein Amtsverhältnis und mit dem Vertragsschluss ein Amtswalterverhältnis begründet wird,[41] suggeriert, es werde ein öffentliches Amt übernommen, obwohl die Treuhändertätigkeit – nicht zuletzt wegen der europarechtlichen Vorgaben – auf privatrechtlicher Basis versehen wird. Insofern kann einer derartigen Zuschreibung nicht beigepflichtet werden.

14 Vor der Bestellung ist die für die Position eines Treuhänders in Aussicht genommene Person der Aufsicht zu **benennen**. Dabei sind die Tatsachen anzugeben, die für die Beurteilung der Eignung wesentlich sind. Insoweit gilt für die Treuhänder in der Lebensversicherung § 157 Abs. 2 S. 1 VAG entsprechend. Hierzu ist der Aufsicht namentlich ein Lebenslauf, ein Führungszeugnis und eine Erklärung der betreffenden Person zu Straf-, Ordnungswidrigkeiten- oder sonstige relevante Verfahren vorzulegen. Die Aufsicht hat zu prüfen, ob die Person den Anforderungen von § 142 S. 2 iVm § 157 Abs. 1 VAG entspricht. Diese Prüfung muss in angemessener Zeit erfolgen. Das Unternehmen ist über das Ergebnis zu unterrichten. Dabei ist die vorherige Zustimmung der Aufsicht keine Bestellungsvoraussetzung. Liegen Tatsachen vor, die den Schluss erlauben, die Zuverlässigkeit und fachliche Eignung sei nicht gegeben, kann die Aufsicht die Benennung einer anderen Person verlangen (§ 157 Abs. 2 S. 2 VAG analog). Die Entscheidung wird in das Ermessen der Aufsicht gestellt. Allerdings ist von einer Ermessensreduzierung auf Null auszugehen, wenn die Eignung zu verneinen ist. In diesem Fall bleibt der Aufsicht nichts anderes übrig, als die Benennung einer anderen Person zu verlangen. Dieses Verlangen stellt einen Verwaltungsakt dar. Erfüllt auch diese Person nicht die notwendigen Voraussetzungen, kann die Aufsicht den Treuhänder selbst bestellen. Das gilt auch, wenn eine Bestellung unterbleibt (§ 157 Abs. 2 S. 4 VAG analog).

15 Auch **im laufenden Geschäftsbetrieb** kann die Aufsicht entsprechend intervenieren, wenn der Treuhänder seine Aufgaben nicht ordnungsgemäß erfüllt oder wenn nachträglich Umstände bekannt werden, die einer Bestellung entgegengestanden hätten. Allerdings berechtigt nicht jedes Fehlverhalten zu derartigen Maßnahmen. Ein Abberufungsverlangen wird im Hinblick auf die weitreichenden Konsequenzen für den Treuhänder, der nicht nur seine Funktion in dem betreffenden Unternehmen einbüßt, sondern auch bei anderen Unternehmen kaum mehr als Treuhänder in Betracht kommen dürfte, nur zu rechtfertigen sein, wenn Fehler mit gewissen Gewicht vorliegen. Dabei wird auf die Erkennbarkeit der Pflichtverletzung sowie deren Folgen abzustellen sein. Ein willkürlicher, von der Sache her nicht begründbarer Eingriff verbietet sich.[42] Liegen die entsprechenden Voraussetzungen vor, kann die Aufsicht (mittels Verwaltungsakt) die Bestellung einer anderen Person verlangen und, soweit diese ungeeignet ist oder eine Benennung unterbleibt, selber eine Bestellung vornehmen (§ 157 Abs. 2 S. 3 u. 4 VAG analog). Das Verlangen nach Bestellung einer anderen Person ist in der aufsichtsbehördlichen Verfügung dahingehend zu konkretisieren, dass eine Neubestellung sowie eine Abberufung des bisherigen Treuhänders zu erfolgen hat. Dieser ist Beteiligter mit den entsprechenden Rechten auf Anhörung (§ 28 VwVfG) und Akteneinsicht (§ 29 VwVfG). Der Verwaltungsakt muss auch ihm bekannt gemacht werden (§ 41 Abs. 1 VwVfG), zwecks Fristwahrung ist auch er entsprechend zu belehren (§ 58 VwGO).

16 Die **behördliche Ersatzbestellung**, die das Einverständnis der für die Funktion auserkorenen Person voraussetzt, ist wie im Falle des Verantwortlichen Aktuars als ultima ratio anzusehen,[43] wobei zu berücksichtigen ist, dass die Aufsicht auch nicht gehindert ist, statt einer Ersatzbestellung den Versicherer erneut

---

[36] § 111 Abs. 4 AktG, § 189 Abs. 3 S. 1 VAG.

[37] Langheid/Wandt/*Wandt* § 163 VVG Rn. 57.

[38] §§ 631, 675 BGB; vgl. *BVerfG* Beschl. v. 28.12.1999 – 1 BvR 2203/98, VersR 2000, 214, 215 = r+s 2000, 167; *Renger*, Die Verantwortung des Treuhänders in der privaten Krankenversicherung, 1997, S. 16 f.; Prölss/Martin/*Reiff* § 163 VVG Rn. 10; a. M. Schünemann VersR 2004, 817, 821, der von einem freien Dienstvertrag ausgeht.

[39] *Renger*, Die Verantwortung des Treuhänders in der privaten Krankenversicherung, 1997, S. 19 f.; *Schünemann* VersR 2004, 817, 821.

[40] Langheid/Wandt/*Wandt* § 163 VVG Rn. 57.

[41] *Grote*, Die Rechtsstellung der Prämien-, Bedingungs- und Deckungsstocktreuhänder nach dem VVG und dem VAG, 2002, S. 62, 64, 501; *ders.* ZVersWiss 2002, 621, 624 f.

[42] *Renger* VersR 1994, 1257, 1260.

[43] *Renger* VersR 1994, 1257.

zur Benennung einer anderen Person aufzufordern.[44] Mit einer Ersatzbestellung wird kein Rechtsverhältnis zwischen Aufsicht und Treuhänder begründet. Vielmehr tritt die Aufsicht insofern an die Stelle des Unternehmens (und seiner Organe), um die Bestellung zu vollziehen. Ein ausdrückliches schuldrechtliches Grundverhältnis wird hiermit aber noch nicht begründet. Es ist aber von einem konkludenten Vertragsschluss auszugehen. Bei der Ersatzbestellung handelt es sich um einen privatrechtsgestaltenden Verwaltungsakt. Die nach § 11b S. 2 iVm **§ 12d** Abs. 2 VAG a. F. bestehende Möglichkeit, dass die Aufsichtsbehörde selber für eine Übergangszeit die Treuhänderfunktion wahrnehmen kann, ist seit Streichung von § 12d Abs. 2 VAG a. F.[45] gegenstandslos geworden.[46]

Das **Ausscheiden** des Treuhänders ist der Aufsicht unverzüglich zu melden (§ 157 Abs. 2 S. 5 VAG analog). Die Bestellung des Treuhänders endet durch Zeitablauf im Falle der Befristung bzw. im Falle der einmaligen Beauftragung mit einer bestimmten Aufgabenstellung mit deren Erledigung. Im Übrigen erlischt die Bestellung mit dem Tod der betreffenden Person, durch Entlassung von Seiten des Unternehmens (wozu ein wichtiger Grund vorliegen muss) bzw. entsprechende Willensbekundung des Treuhänders (unbeschadet möglicher Bindungen aus dem Grundvertrag).[47] Das Verlangen der Aufsicht nach Bestellung einer anderen Person stellt einen Widerrufsgrund für die Bestellung dar. Die aufsichtsbehördliche Ersatzbestellung führt wiederum zu einem Erlöschen der Bestellung des bisherigen Treuhänders, da in diesem Fall die Aufsicht an die Stelle des ansonsten widerrufsberechtigten Unternehmens tritt. Ist der Treuhänder von der Aufsicht bestellt worden, bedarf dessen Abberufung – in Ermangelung einer entsprechenden Rechtsgrundlage – keiner Zustimmung der Aufsicht. Vielmehr verbleibt es auch hier bei der Zuständigkeit der entsprechenden Unternehmensorgane. Unberührt von der Beendigung der Bestellung bleiben mögliche Schadenersatzansprüche, die sich etwa aus der Verletzung grundvertraglicher Abreden ergeben können. 17

In Ermangelung entsprechender gesetzlicher Regelungen kommt die Bestellung eines **stellvertretenden Treuhänders** nicht in Betracht.[48] Anders liegt hingegen der Fall des Treuhänders für das Sicherungsvermögen, für den ausdrücklich ein Stellvertreter vorgeschrieben ist.[49] Zu berücksichtigen ist hinsichtlich des Prämienänderungstreuhänders, dass zum Eingriff in bestehende Versicherungsverträge auch vertragsrechtlich nur die Person befugt ist, die hierzu bestellt worden ist. Damit unvereinbar wäre die Bestellung weiterer Personen, die abwechselnd oder gar nebeneinander die entsprechende Funktion wahrnehmen.[50] Unberührt hiervon bleiben interne Festlegungen für eine Ersatzperson.[51] 18

2. Eignung. Das Gesetz nennt für den Prämienänderungstreuhänder **drei Eignungsvoraussetzungen**. Er muss zuverlässig, fachlich geeignet und unabhängig sein (§ 142 S. 2 iVm § 157 Abs. 1 S. 1 u. 2 VAG). Zudem darf der Treuhänder nur eine bestimmte Anzahl von entsprechenden Mandaten haben (§ 142 S. 2 iVm § 157 Abs. 1 S. 1 u. 2 VAG). Diese Voraussetzungen sind nicht nur aufsichtsrechtlich relevant.[52] Sie bilden zugleich eine Wirksamkeitsvoraussetzung für eine Vertragsanpassung nach § 163 VVG. Dieser Vorschrift ist immanent, dass ohne die Einbindung einer entsprechend geeigneten Person ein Eingriff in bestehende Lebensversicherungsverträge nicht zu rechtfertigen ist.[53] Insofern unterliegt deren Eignung nicht nur der aufsichtsrechtlichen, sondern auch der zivilgerichtlichen Kontrolle.[54] 19

a) Zuverlässigkeit. Die Anforderungen an die Zuverlässigkeit (§ 142 S. 2 iVm **§ 157 Abs. 1 S. 1** VAG) sind **funktionsbezogen** zu sehen. So muss der Treuhänder charakterlich imstande sein, die ihm gesetzlich zugewiesene Aufgabe zu erfüllen.[55] Das setzt auch unbeschränkte Geschäftsfähigkeit voraus. Die Zuverlässigkeit soll anhand von bestimmten Unterlagen, die der Aufsicht vorzulegen sind, dargetan werden. Hierzu zählen ein Führungszeugnis und eine Erklärung der betreffenden Person zu möglichen 20

---

[44] *Grote*, Die Rechtsstellung der Prämien-, Bedingungs- und Deckungsstocktreuhänder nach dem VVG und dem VAG, 2002, S. 475.

[45] Vgl. Art. 1 Abs. 2 Nr. 12 lit. b des Gesetzes v. 21.12.2000, BGBl. I 1857.

[46] Zur Problematik dieser zuletzt nur noch für die Pflegepflichtversicherung Bedeutung erlangenden Regelung vgl. *Präve* VersR 2001, 133, 136; *ders.* ZfV 1994, 168, 172 f.

[47] Zu den Beendigungsgründen vgl. *Grote*, Die Rechtsstellung der Prämien-, Bedingungs- und Deckungsstocktreuhänder nach dem VVG und dem VAG, 2002, S. 509

[48] *Grote*, Die Rechtsstellung der Prämien-, Bedingungs- und Deckungsstocktreuhänder nach dem VVG und dem VAG, 2002, S. 691.

[49] § 128 Abs. 1 VAG.

[50] *Präve* VersR 1995, 733, 738 f.

[51] *Renger* VersR 1994, 1257, 1259; so wohl auch *Gerwins*, in: Der Aktuar 1996, 84, 85.

[52] So aber *Grote*, Die Rechtsstellung der Prämien-, Bedingungs- und Deckungsstocktreuhänder nach dem VVG und dem VAG, 2002, S. 505.

[53] *Renger* VersR 1994, 1257, 1259; Prölss/Martin/*Voit* § 203 VVG Rn. 25; dies dahingehend einschränkend, dass jedenfalls in Bezug auf die Unabhängigkeit des Treuhänders nur die Zustimmung eines ordnungsgemäß bestellten Treuhänders ausreichen soll, *ders.* VersR 2017, 727, 733; differenzierend auch Langheid/Wandt/*Wandt* § 163 VVG Rn. 59 f.

[54] *Renger* VersR 1994, 1257, 1259; s. a. *BGH* Urt. v. 16.6.2004 – IV ZR 117/02 Ziff. II.1. a) bb), VersR 2004, 991 = NJW 2004, 2679.

[55] *Grote*, Die Rechtsstellung der Prämien-, Bedingungs- und Deckungsstocktreuhänder nach dem VVG und dem VAG, 2002, S. 479.

Straf-, Ordnungswidrigkeiten- und anderen relevanten Verfahren.[56] Unzuverlässigkeit wird namentlich bei gravierenden bzw. einschlägigen Straftaten anzunehmen sein. Dasselbe gilt, wenn die betreffende Person durch ihr privates oder geschäftliches Verhalten gezeigt hat, dass sie zu einer soliden Aufgabenerledigung nicht in der Lage ist,[57] etwa durch Trunk- oder Spielsucht.[58] Eine starre Höchstaltersgrenze besteht nicht.[59] Entscheidend ist insofern die körperliche und geistige Verfasstheit, die die Ausübung der Tätigkeit erlauben muss.

21 **b) Fachliche Eignung.** Die fachliche Eignung (§ 142 S. 2 iVm **§ 157 Abs. 1 S. 2** VAG) soll sich aus dem Lebenslauf ergeben, der der Aufsicht vorzulegen ist. Hierzu hat der Lebenslauf Angaben über die Ausbildungsstationen und den beruflichen Werdegang zu enthalten. Die Tätigkeit als Prämienänderungstreuhänder setzt grundsätzlich eine Ausbildung zum Mathematiker an einer Hoch- oder Fachhochschule voraus. Dabei sind auch entsprechende **versicherungsmathematische Kenntnisse** nachzuweisen. Die Kenntnisse können sowohl im In- als auch im Ausland erworben worden sein. Zusätzlich zu diesen theoretischen Erkenntnissen ist es regelmäßig unverzichtbar, dass die jeweilige Person praktische Erfahrungen auf dem Gebiet der Prämienkalkulation in der Lebensversicherung gesammelt hat. Ein Verantwortlicher Aktuar eines Lebensversicherers dürfte diese Voraussetzung ohne weiteres erfüllen.[60] Auch wenn das Gesetz – anders als im Fall des Verantwortlichen Aktuars (§ 141 Abs. 1 S. 4 VAG) – nicht ausdrücklich auf eine dreijährige Berufserfahrung abstellt, ist von einem solchen Zeitrahmen auch hier auszugehen.[61] Neben dem reinen Versicherungsmathematiker kommt für die Tätigkeit ein entsprechend mathematisch geschulter Betriebswirt oder Wirtschaftsprüfer in Betracht, vorausgesetzt er verfügt über eine adäquate praktische Erfahrung.[62] Auch eine sonstige gleichwertige berufspraktische Qualifikation reicht aus. Angemessene Rechtskenntnisse sind nicht obligatorisch notwendig. Der Gesetzgeber hat selber primär auf versicherungsmathematische Kenntnisse abgestellt. **Rechtskenntnisse** können und müssen aber erwartet werden, soweit diese in unmittelbarem Zusammenhang mit der versicherungsmathematischen Eignung stehen.[63]

22 Dem Treuhänder muss ferner die Erfüllung seiner Aufgaben auch **in zeitlicher Hinsicht möglich** sein, weshalb er grundsätzlich bei nicht mehr als zehn Versicherungsunternehmen oder Pensionsfonds gleichzeitig als Treuhänder oder Verantwortlicher Aktuar tätig sein darf (§ 142 S. 2 iVm **§ 157 Abs. 1 S. 3** VAG).[64] Im Hinblick auf die Möglichkeit, dass die Aufsicht Abweichungen von diesem Grundsatz zulassen darf (§ 142 S. 2 iVm **§ 157 Abs. 1 S. 4** VAG), ist bei der danach notwendigen Bewertung der Schutzzweck der Vorschrift heranzuziehen. Sichergestellt werden soll durch das Gesetz eine ordnungsgemäße Ausübung der Treuhändertätigkeit.[65] Zu berücksichtigen ist dabei, dass in der Lebensversicherung jedenfalls gegenwärtig unverändert kein regelmäßiger Anpassungsbedarf für Prämien besteht, also nur zu seltenen Anlässen ein Treuhänder heranzuziehen ist. Anders sieht dies namentlich für den regelmäßigen Prämienänderungsbedarf in der Krankenversicherung aus. Der Arbeitsaufwand ist demzufolge in der Lebensversicherung entsprechend beschränkt, weshalb hier in besonderer Weise – und unter Berücksichtigung der Grundrechtsposition des Treuhänders – Abweichungen angebracht erscheinen.[66] Die Entscheidung der Aufsichtsbehörde nach § 157 Abs. 1 S. 4 VAG hat unmittelbare Wirkung gegenüber dem Unternehmen sowie Drittwirkung gegenüber dem jeweiligen Treuhänder bzw. der für dieses Amt nominierten Person.

23 **c) Unabhängigkeit.** Die vom Treuhänder zu erfüllende Unabhängigkeit (§ 142 S. 2 iVm **§ 157 Abs. 1 S. 1** VAG) verbietet einen Anstellungs- oder anderweitigen Dienstvertrag (auch als Verantwortlicher Aktuar oder Treuhänder für das Sicherungsvermögen)[67] mit dem jeweiligen Unternehmen. Ebenso wenig dürfen entsprechende Verträge mit verbundenen Unternehmen i. S. v. § 15 AktG ge-

[56] *Präve* VersR 1995, 733, 738.
[57] *Drews* VW 2002, 450.
[58] *Grote*, Die Rechtsstellung der Prämien-, Bedingungs- und Deckungsstocktreuhänder nach dem VVG und dem VAG, 2002, S. 480.
[59] Sie ist in der Vergangenheit allerdings mitunter gefordert worden, vgl. *Grote*, Die Rechtsstellung der Prämien-, Bedingungs- und Deckungsstocktreuhänder nach dem VVG und dem VAG, 2002, S. 495. Einer derartigen Begrenzung dürfte aber nunmehr § 1, 2 Abs. 1 Nr. 1 u. 2 AGG entgegenstehen.
[60] *Präve* VersR 1995, 733, 738. Zu beachten ist allerdings, dass Treuhänder nur derjenige werden kann, der unabhängig von dem betreffenden Unternehmen ist, also mit diesem keinen Anstellungs- oder sonstigen Dienstvertrag geschlossen hat.
[61] *Grote*, Die Rechtsstellung der Prämien-, Bedingungs- und Deckungsstocktreuhänder nach dem VVG und dem VAG, 2002, S. 483.
[62] *Renger* VersR 1994, 1257, 1259; *Grote*, Die Rechtsstellung der Prämien-, Bedingungs- und Deckungsstocktreuhänder nach dem VVG und dem VAG, 2002, S. 483.
[63] *Grote*, Die Rechtsstellung der Prämien-, Bedingungs- und Deckungsstocktreuhänder nach dem VVG und dem VAG, 2002, S. 483.
[64] Die Regelung ist durch Art. 1 Nr. 7 u. 9 des Gesetzes v. 10.12.2003 (BGBl. I 2478) in das VAG aufgenommen worden.
[65] Vgl. Gesetzesbegründung, BT-Drs. 15/1653, 22.
[66] *Bürkle* VersR 2004, 826, 828 u. 831.
[67] Zu letzterem (dem damaligen Deckungsstocktreuhänder) vgl. BAV-Rundschreiben R 4/96, VerBAV 1997, 43 unter B.1.3.5.

schlossen sein. Dienstverhältnisse des Versicherers mit Angehörigen des Treuhänders schaden nicht. Der Auffassung, jedenfalls bei nahen Angehörigen (Ehegatten, Geschwistern, Kindern und Eltern) wäre die Unabhängigkeit wegen der Gefahr einer **Interessenkollision** nicht gewahrt,[68] findet im Gesetz keine Stütze. § 157 Abs. 1 S. 1 VAG erklärt ausdrücklich nur Dienstverhältnisse des Treuhänders selber für unzulässig. Es würde auch eine Überbetonung der Unabhängigkeit bedeuten, würde jede mögliche Interessenkollision von vornherein zum Ausschluss der betreffenden Person führen. Eine verwandtschaftliche Bindung begründet zudem nicht per se Gefahren für die Unabhängigkeit. Dass der Treuhänder als solcher vom Unternehmen bestellt und bezahlt wird, steht seiner Unabhängigkeit ebenso wenig entgegen. Dies ist vielmehr zwangsläufige Folge der gesetzlichen Ausgestaltung.[69] Allerdings ist es mit der Unabhängigkeit nicht vereinbar, wenn die Vergütung eines Prämienänderungstreuhänders die Mehrprämie als Bezugspunkt hat, die mit der beabsichtigten Prämienänderung erreicht werden soll. Mit der Unabhängigkeit unvereinbar wäre ferner eine Zugehörigkeit zum Aufsichtsrat, eine Berufung als Beiratsmitglied oder eine frühere Vorstandstätigkeit innerhalb des betreffenden Unternehmens.[70] Versorgungsansprüche aus einer vormaligen Tätigkeit stehen einer Treuhändertätigkeit ebenfalls entgegen,[71] ebenso sonstige aktuelle Ansprüche, die sich aus einem Arbeits- oder Dienstvertrag ergeben.[72] Hingegen schaden eigene Lebensversicherungsverträge des Treuhänders bei dem betreffenden Versicherer per se nicht.[73] Auch Tätigkeiten für andere Versicherer sind für sich genommen noch kein Hinderungsgrund,[74] es sei denn diese sind so beschaffen, dass sie aus verständiger Sicht der Aufgabenerfüllung entgegenstehen.[75]

Der Treuhänder muss nicht nur rechtlich, sondern **auch wirtschaftlich unabhängig** sein. So ist die vom Gesetz vorausgesetzte Eigenständigkeit der Beurteilung als gefährdet anzusehen, wenn die Lebensgrundlage eines Treuhänders auf der Tätigkeit für ein Unternehmen und die mit ihm verbundenen Gesellschaften fußt. Das gilt in besonderem Maße, wenn sich ein Treuhänder an diese Gesellschaften über einen längeren Zeitraum gebunden hat. Insofern ist die für Abschlussprüfer geltende Regelung heranzuziehen,[76] der zufolge Abschlussprüfer grundsätzlich nicht sein darf, wer in den letzten fünf Jahren jeweils mehr als dreißig Prozent der Gesamteinnahmen aus der Tätigkeit für diese Gesellschaft und von solchen Unternehmen, an denen diese Gesellschaft mehr als zwanzig Prozent der Anteile besitzt, bezogen hat und dies auch im laufenden Geschäftsjahr zu erwarten ist.[77] Eine Unabhängigkeit ist ferner nicht mehr gegeben, wenn die betreffende Person eine bedeutende Beteiligung i. S. v. § 7 Nr. 3 VAG an dem jeweiligen Unternehmen hält.[78] Verfahren zur Abgabe einer eidesstattlichen Versicherung gemäß § 807 ZPO bzw. eine Überschuldung können nicht nur der Zuverlässigkeit, sondern auch der Unabhängigkeit entgegenstehen.[79] 24

d) Natürliche Person. Mit den Erfordernissen der Zuverlässigkeit und fachlichen Eignung hat der Gesetzgeber mittelbar auch eine Entscheidung darüber getroffen, dass als Treuhänder **nur eine natürliche Person** in Betracht kommt.[80] Die Anforderungen kann nämlich nur eine natürliche Person erfüllen. Hätte der Gesetzgeber auch juristische Personen zulassen wollen, hätte er regeln müssen, welche 25

---

[68] *Drews* VW 2002, 450, 454.

[69] Langheid/Wandt/*Wandt* § 163 VVG Rn. 62.

[70] *Renger* VersR 1994, 1257, 1259; *Brendle* VW 1993, 1498; *Aumüller,* in: Neue Rechtsentwicklungen in der privaten Krankenversicherung, 1997, S. 35, 36; *Behne,* in: Neue Rechtsentwicklungen in der privaten Krankenversicherung, 1997, S. 49, 51; *Grote,* Die Rechtsstellung der Prämien-, Bedingungs- und Deckungsstocktreuhänder nach dem VVG und dem VAG, 2002, S. 488; *Präve* VersR 1995, 733, 738.

[71] *Drews* VW 2002, 450, 453; *Renger* VersR 1994, 1257, 1259; *Aumüller,* in: Neue Rechtsentwicklungen in der privaten Krankenversicherung, 1997, S. 35, 36; *Behne,* in: Neue Rechtsentwicklungen in der privaten Krankenversicherung, 1997, S. 49, 51; *Grote,* Die Rechtsstellung der Prämien-, Bedingungs- und Deckungsstocktreuhänder nach dem VVG und dem VAG, 2002,S. 488; Langheid/Wandt/*Wandt* § 163 VVG Rn. 61.

[72] Vgl. Klarstellung durch Art. 1 Nr. 7 u. 9 des Gesetzes v. 10.12.2003, BGBl. I 2478; hierzu Gesetzesbegründung BT-Drs. 15/1653, 22 (zu § 12b VAG).

[73] *Drews* VW 2002, 450, 453, *Grote,* Die Rechtsstellung der Prämien-, Bedingungs- und Deckungsstocktreuhänder nach dem VVG und dem VAG, 2002,S. 490; Langheid/Wandt/*Wandt* § 163 VVG Rn. 63; Dasselbe gilt – allerdings insofern entgegen *Drews* VW 2002, 450, 453 – für die Treuhänder der privaten Krankenversicherung bezüglich eigener Krankenversicherungsverträge, auch wenn aus ihnen mehr oder weniger regelmäßig Leistungen beansprucht werden.

[74] *Grote,* Die Rechtsstellung der Prämien-, Bedingungs- und Deckungsstocktreuhänder nach dem VVG und dem VAG, 2002, S. 489.

[75] Vgl. *Gerwins,* in: Der Aktuar 1996, 84.

[76] § 319 Abs. 3 S. 1 Nr. 5 HGB; vgl. *Präve* VersR 1995, 733, 738.

[77] *Drews* VW 2002, 450, 454; *Grote,* Die Rechtsstellung der Prämien-, Bedingungs- und Deckungsstocktreuhänder nach dem VVG und dem VAG, 2002, S. 638 f.; differenzierend Langheid/Wandt/*Wandt* § 163 VVG Rn. 61; *Voit* VersR 2017, 727, 730 und AG Potsdam, Urt. v. 18.10.2016 – 29 C 122/16, Rn. 21 f., VersR 2017, 746 f.

[78] *Grote,* Die Rechtsstellung der Prämien-, Bedingungs- und Deckungsstocktreuhänder nach dem VVG und dem VAG, 2002, S. 490; Langheid/Wandt/*Wandt* § 163 VVG Rn. 61; *Präve* VersR 1995, 733, 738.

[79] Vgl. *Behne,* in: Neue Rechtsentwicklungen in der privaten Krankenversicherung, 1997, S. 49, 51.

[80] BAV-Verlautbarung GB BAV 1995 A S. 40 f.; *Präve* VersR 1995, 733, 737; *Drews* VW 2002, 450; *Gerwins,* in: Der Aktuar 1996, 84; *Grote,* Die Rechtsstellung der Prämien-, Bedingungs- und Deckungsstocktreuhänder nach dem VVG und dem VAG, 2002, S. 495; *Eilfort,* Der Verbraucherschutzgedanke in der deutschen privaten Krankenversicherung nach der Dritten Richtlinie Schadenversicherung – Die Entwicklungsgeschichte der Richtlinien und rechtspolitischer Ausblick, 1999, S. 178; *Voit,* VersR 2017, 727, 729; zurückhaltender *Sahmer* ZfV 1996, 483, 487.

natürliche Personen anstelle der jeweiligen juristischen Person die Voraussetzungen zu beachten haben, wie er dies etwa für die Inhaber bedeutender Beteiligungen festgelegt hat.[81]

26 **IV. Stellung des Treuhänders.** Die Treuhänder sind **Vertreter der Versicherten.**[82] Wie eingangs erläutert, sind die Treuhänder an die Stelle der Aufsicht getreten.[83] Bereits diese Entstehungsgeschichte deutet darauf hin, dass die Treuhänder nicht anders als die Aufsicht Wahrer der Versicherteninteressen sind, wobei nicht auf den einzelnen Versicherten, sondern auf die Gesamtheit der Versicherten abzustellen ist.[84] Dies findet eine Bestätigung dadurch, dass Änderungen, sofern sie nicht durch einen hinreichend konkreten Änderungsvorbehalt abgedeckt sind, grundsätzlich der Zustimmung der Versicherten bedürfen. § 163 VVG enthält ein derartiges Zustimmungserfordernis nicht. Vielmehr tritt an dessen Stelle die Mitwirkung des jeweiligen Treuhänders.[85] Dieser hat daher, um einen Eingriff in bestehende Verträge rechtfertigen zu können, die Interessen dieser Klientel wahrzunehmen. Demgemäß ist es auch folgerichtig, dass dem Versicherungsnehmer der Name des Treuhänders auf Nachfrage mitzuteilen ist.[86]

27 Die Stellung der Treuhänder ist durch ihre **Unabhängigkeit** geprägt. Die Treuhänder sind kein Unternehmensorgan,[87] sie unterliegen von Seiten der sie bestellenden Unternehmen keinen Weisungen. Als Ausfluss der Unabhängigkeit kommt ein Widerruf der Bestellung, sofern sie nicht befristet ist oder aufgabenbezogen erfolgt ist, nur aus wichtigem Grund in Betracht. Das Abberufungsverlangen der Aufsicht stellt einen derartigen wichtigen Grund dar. Den Unternehmensvorstand trifft die Pflicht, dem jeweiligen Treuhänder alle Unterlagen vorzulegen, die dieser benötigt, um seine Aufgabe erfüllen zu können.[88] Der Treuhänder hat hierauf allerdings keinen einklagbaren Anspruch. Er kann im Weigerungsfalle lediglich der beabsichtigten Vertragsanpassung seine Bestätigung verweigern.[89] Zu beachten ist allerdings, dass der Versicherer einen Anspruch auf ordnungsgemäße Wahrnehmung der Aufgaben durch den Treuhänder hat und diesen ggf. auch auf Erteilung der notwendigen Bestätigung verklagen kann.[90]

28 Die Treuhänder **unterstehen** auch **nicht der Aufsicht**,[91] sie sind auch nicht deren Hilfsorgan.[92] Die Aufsicht hat vielmehr lediglich im Bestellungsverfahren, aber auch im laufenden Geschäftsbetrieb Einwirkungsmöglichkeiten bezüglich der Person, die die Treuhänderfunktion wahrnimmt bzw. wahrnehmen soll. Die diesbezüglichen Maßnahmen, die sich primär gegen das betreffende Unternehmen richten, haben insofern Drittwirkung auf den Treuhänder. Ihnen gegenüber kann die Aufsicht aber keine unmittelbaren Anordnungen treffen. Es besteht insofern auch keine vertragsrechtliche oder sonstige Beziehung zwischen Aufsicht und Treuhänder. Auch im Falle einer Ersatzbestellung durch die Aufsicht gilt nichts Anderes. In diesem Fall wird lediglich die Zustimmung des Unternehmens durch die Entscheidung der Aufsicht ersetzt.[93] Der Ansicht, der Treuhänder bewege sich in einem aufsichtsfreien Raum,[94] ist angesichts der bestehenden Wechselwirkung zwischen Vertrags- und Aufsichtsrecht allerdings nicht beizupflichten. Eine Unterrichtungspflicht der Treuhänder gegenüber der Aufsicht besteht im Falle von Meinungsunterschieden mit dem Unternehmen über das Erfordernis einer Vertragsanpassung nicht.

29 **V. Zivilrechtliche Haftung des Treuhänders. 1. Haftung gegenüber dem Unternehmen.** Eine Haftung des Treuhänders gegenüber dem Unternehmen, das ihn bestellt hat, kommt in Betracht, wenn der Treuhänder gegen die mit der Bestellung verbundene Verpflichtung zur ordnungsgemäßen Wahrnehmung seiner Aufgaben verstößt, namentlich wenn er die nach § 163 VVG vorgesehene Bestätigung

---

[81] § 16 S. 2 VAG.

[82] *Renger* VersR 1995, 866, 874; 1994, 1257, 1259; *Aumüller,* in: Neue Rechtsentwicklungen in der privaten Krankenversicherung, 1997, S. 35, 38; *Behne,* in: Neue Rechtsentwicklungen in der privaten Krankenversicherung, 1997, S. 49, 51 u. 52 f.; *Gerwins,* in: Der Aktuar 1996, 84, 85; *Präve* VersR 1995, 733, 739 f.

[83] *Brendle* VW 1993, 1498; *Präve* VW 1994, 800, 804.

[84] *Behne,* in: Neue Rechtsentwicklungen in der privaten Krankenversicherung, 1997, S. 49, 52 f.; mit anderer Akzentuierung *Renger* VersR 1994, 1257, 1259.

[85] *Renger* VersR 1994, 1257, 1258; *Benkel,* Der Versicherungsverein auf Gegenseitigkeit, 2002, S. 190.

[86] BAV-Verlautbarung VerBAV 1995, 338; *Römer,* Der Prüfungsmaßstab bei der Missstandsaufsicht nach § 81 VAG und der AVB-Kontrolle nach § 9 AGBG, 1996, S. 23 f.; Langheid/Wandt/*Wandt* § 163 VVG Rn. 55; *Gerwins,* in: Der Aktuar 1996, 84, 85; a. M. *Grote,* Die Rechtsstellung der Prämien-, Bedingungs- und Deckungsstocktreuhänder nach dem VVG und dem VAG, 2002, S. 506.

[87] *Benkel,* Der Versicherungsverein auf Gegenseitigkeit, 2002, S. 189; *Hoppmann,* Vorstandskontrolle im Versicherungsverein auf Gegenseitigkeit, 2000, S. 366; a. M. *Schünemann* VW 2003, 26, 28.

[88] *Langheid/Grote* NVersZ 2002, 49, 52.

[89] *Langheid/Grote* NVersZ 2002, 49, 52 f.

[90] *Langheid/Grote* NVersZ 2002, 49, 53.

[91] *Renger* VersR 1995, 866, 874; 1994, 1257, 1258; *ders.,* Die Verantwortung des Treuhänders in der privaten Krankenversicherung, 1997, S. 25; *Aumüller,* in: Neue Rechtsentwicklungen in der privaten Krankenversicherung, 1997, S. 35, 38; *Gerwins,* in: Der Aktuar 1996, 84, 85; *Präve* VersR 1995, 733, 739.

[92] *Renger,* Die Verantwortung des Treuhänders in der privaten Krankenversicherung, 1997, S. 25.

[93] *Präve* VersR 1995, 733, 739.

[94] *Renger* VersR 1994, 1257, 1258.

zu Unrecht verweigert. In diesem Fall besteht ein **Schadensersatzanspruch** nach § 280 Abs. 1 BGB wegen positiver Forderungsverletzung.[95]

30 **2. Haftung gegenüber Versicherungsnehmern.** Auch gegenüber den Versicherungsnehmern kommt eine Haftung in Betracht. So besteht ein **Schadensersatzanspruch** im Falle der Verletzung von Obliegenheiten zum Nachteil der Versicherten, also wenn der Treuhänder eine Bestätigung nach § 163 VVG abgibt, obwohl die hierfür notwendigen Voraussetzungen nicht gegeben sind. In einem solchen Fall haftet der Treuhänder gemäß § 280 Abs. 1 S. 1, § 311 Abs. 3 S. 1 BGB aus dem Bestellungsvertrag, der als Vertrag mit Schutzwirkung zugunsten Dritter zu qualifizieren ist.[96] Die Schutzwirkung ergibt sich daraus, dass der Vertrag – korrespondierend zu der Funktion des Treuhänders, der Vertreter der Versicherten ist – auf den Schutz der Versicherten zielt.[97] Da dem Versicherungsnehmer in einem solchen Fall allerdings eigene Ansprüche gegen den Versicherer zustehen, dürften Ansprüche gegen den Treuhänder praktisch kaum zum Tragen kommen.[98]

31 § 163 VVG ist Schutzgesetz im Sinne von **§ 823 Abs. 2 VVG**, so dass sich aus dessen Verletzung auch deliktische Schadensersatzansprüche ergeben können.[99] Die Versicherungsnehmer haben zudem bei einem Verstoß gegen § 163 VVG unmittelbare Ansprüche gegen den Versicherer auf Erstattung zuviel gezahlter Prämie nach § 812 Abs. 1 S. 1 BGB. Versicherer und Treuhänder haften dabei gesamtschuldnerisch.[100]

32 **VI. Anwendungsbereich.** § 142 VAG gilt für die Lebensversicherung und kraft Verweisung auch in der **UPR** (§ 161 Abs. 1 VAG). Für die nach Art der Lebensversicherung betriebene **Krankenversicherung** bestimmen §§ 155, 157 VAG Näheres, wobei § 142 VAG seinerseits auf § 157 Abs. 1 u. 2 VAG Bezug nimmt. Für **Pensionsfonds** fehlen ausdrückliche zivilrechtliche Vorschriften zu Vertragsänderungen (das VVG erfasst nur Versicherungsverträge),[101] so dass § 142 VAG (als aufsichtsrechtliche Begleitvorschrift) schon deswegen keine weitere Bedeutung zukommt.

33 Bei **Pensions- und Sterbekassen** bestehen Besonderheiten. Soweit es sich um Kassen handelt, deren Tarife und AVB nach wie vor aufsichtsbehördlich genehmigt werden, wie dies bei allen Sterbekassen und den regulierten Pensionskassen gegeben ist, bleibt es dabei, dass Prämien- und Bedingungsänderungen der aufsichtsbehördlichen Genehmigung bedürfen (§ 142 S. 3 VAG). Dasselbe gilt für den Altbestand von Lebensversicherungsverträgen im Sinne von § 336 VAG und Art. 16 § 2 S. 2 des Dritten Durchführungsgesgesetzes/EWG zum VAG,[102] also bezüglich der bis Jahresende 1994 geschlossenen Lebensversicherungsverträge, denen ein aufsichtsbehördlich genehmigter Geschäftsplan zugrunde liegt.

34 § 142 VAG gilt sowohl für in- als auch für ausländische Versicherer.[103] Eingeschlossen ist auch der **Sicherungsfonds** für die Lebensversicherung.[104] § 142 VAG ist auch insofern für den Sicherungsfonds heranzuziehen, als dieser gemäß § 222 Abs. 6 S. 2 bis 4 VAG die Befugnis zur Bedingungsänderung zwecks Vereinheitlichung besitzt. Allerdings ist der hier einzubindende Treuhänder Bedingungsänderungstreuhänder und muss daher dem Anforderungsprofil des § 157 Abs. 3 S. 2 VAG und nicht dem des § 142 S. 2 iVm § 157 Abs. 1 S. 2 VAG entsprechen. § 157 Abs. 3 S. 2 VAG ist insofern analog (bezogen auf die Lebensversicherung) anzuwenden. Erfasst wird die gesamte Lebensversicherung (Nr. 19–22 der Anlage 1 zum VAG), auch Kapitalisierungsgeschäfte (Nr. 23 der Anlage 1 zum VAG), soweit diese von Lebensversicherern betrieben werden. Für die Geschäfte der Verwaltung von Versorgungseinrichtungen (Nr. 24 der Anlage 1 zum VAG) kommt § 142 VAG aufgrund der Art dieser Geschäfte hingegen nicht in Betracht.

Besondere Anzeigepflichten in der Lebensversicherung

143 Nach Erteilung der Erlaubnis zum Betrieb der Lebensversicherung hat das Unternehmen unverzüglich der Aufsichtsbehörde die Grundsätze für die Berechnung der Prämien und Deckungsrückstellungen einschließlich der verwendeten Rechnungsgrundlagen, mathematischen Formeln, kalkulatorischen Herleitungen und statistischen Nachweise

[95] *Drews* VW 2002, 450, 452; *Grote*, Die Rechtsstellung der Prämien-, Bedingungs- und Deckungsstocktreuhänder nach dem VVG und dem VAG, 2002, S. 714; *Langheid/Grote* NVersZ 2002, 49, 53; *Renger,* Die Verantwortung des Treuhänders in der privaten Krankenversicherung, 1997, S. 18.

[96] *Grote*, Die Rechtsstellung der Prämien-, Bedingungs- und Deckungsstocktreuhänder nach dem VVG und dem VAG, 2002, S. 715 f.; *Schünemann* VersR 2004, 817, 821 f.

[97] *Renger,* Die Verantwortung des Treuhänders in der privaten Krankenversicherung, 1997, S. 19 f.

[98] *Renger,* Die Verantwortung des Treuhänders in der privaten Krankenversicherung, 1997, S. 20; *Langheid/Grote* VersR 2004, 823, 825.

[99] *Grote*, Die Rechtsstellung der Prämien-, Bedingungs- und Deckungsstocktreuhänder nach dem VVG und dem VAG, 2002, S. 717; *Langheid/Grote* VersR 2004, 823, 825.

[100] *Grote*, Die Rechtsstellung der Prämien-, Bedingungs- und Deckungsstocktreuhänder nach dem VVG und dem VAG, 2002, S. 718 f.

[101] Vgl. *Eilert* BetrAV 2001, 624; a. M. *Engeländer/Slota* VW 2003, 243, 244 u. 248.

[102] BGBl.1994 I 1630.

[103] § 62 Abs. 1 S. 2 Nr. 5, § 65 Abs. 2, § 67 Abs. 2 VAG.

[104] § 222 Abs. 4 S. 3 VAG.

unter deren Beifügung anzuzeigen; dies gilt entsprechend bei der Verwendung neuer oder geänderter Grundsätze.

1 **I. Allgemeines. 1. Entstehungsgeschichte.** § 143 VAG, der eine eigenständige, von der Zulassung losgelöste Anzeigepflicht des Lebensversicherers enthält, geht zurück auf Art. 1 Nr. 14 des Dritten Durchführungsgesetzes/EWG zum VAG v. 21.7.1994.[1] Sie war in § 13d VAG a. F. neben vielen weiteren Anzeigepflichten enthalten. Während diese versehen mit vielen **Modifizierungen** in § 47 VAG Aufnahme gefunden haben,[2] sind spartenbezogene Regelungen in das Kapitel für einzelne Versicherungszweige verschoben worden. Hierzu zählt § 13d Nr. 6 VAG a. F., der in § 143 VAG aufgegangen ist.[3]

2 **2. Normzweck.** § 143 VAG zielt auf bei der Berechnung der Prämien und Deckungsrückstellungen in der Lebensversicherung einzuhaltenden Vorgaben.

3 **3. Europarechtlicher Hintergrund.** Der deutsche Gesetzgeber hat mit § 143 VAG von der Option des Art. 21 Abs. 1 UAbs. 2 der **Solva II-Richtlinie** Gebrauch gemacht.

4 **II. Anzeigepflicht für Berechnungsgrundsätze. 1. Zeitpunkt und Form der Anzeige.** Die Anzeigepflicht des § 143 Hs. 1 VAG bezüglich der Berechnungsgrundsätze der Prämien und Deckungsrückstellungen ist gegenüber der zuständigen Aufsichtsbehörde **unverzüglich** zu erfüllen, dh ohne schuldhaftes Zögern. Voraussetzung ist Kenntnis des zuständigen Unternehmensorgans. Das ist im Regelfall der Vorstand. Die Angabe ist unmittelbar nach Aufnahme eines entsprechenden Geschäftsbetriebs zu machen.

5 Für die Anzeige besteht **kein Formerfordernis**. Die Mitteilung muss allerdings der Aufsicht in einer Weise zur Verfügung gestellt werden, die die notwendige Urheberschaft zweifelsfrei feststellen lässt und eine ausreichende Dokumentation verbürgt. Eine mündliche oder fernmündliche Anzeige scheidet daher aus, zumal der Umfang der notwendigen Angaben dies nicht zulässt. Die Anzeige kann namentlich per Post, Telefax oder Computerfax (mit entsprechender Kennung) erfolgen. In Betracht kommt auch die Übermittlung elektronischer Dokumente (§ 3a Abs. 1 VwVfG).

6 **2. Inhalt der Anzeige.** Die Vorlage der Grundsätze für die Berechnung der Prämien und Deckungsrückstellungen in der Lebensversicherung (§ 143 **Hs. 1** VAG) greift in Übereinstimmung mit der Vorgabe von Art. 21 Abs. 1 UAbs. 2 der Solva II-Richtlinie erst **nach Erteilung der Erlaubnis** ein[4] und umfasst die Rechnungsgrundlagen, mathematischen Formeln, kalkulatorischen Herleitungen und statistischen Nachweise. Die ausdrückliche Erwähnung der Herleitungen und Nachweise ist durch Art. 1 Abs. 2 Nr. 16 lit. d Doppelbuchstabe bb des Gesetzes v. 21.12.2000[5] verfügt worden. Den Unternehmen ist es unbenommen, bei Verwendung der Aufsicht zugänglicher, externer Daten auf diese zu verweisen.[6] Neue oder geänderte Grundsätze sind ebenfalls anzuzeigen (§ 143 **Hs. 2** VAG). Die Aufsicht hat ein Mitteilungsformular entwickelt, das die Unternehmen verwenden können, um der Anzeigepflicht nachzukommen.[7] Der Annahme, die Aufsicht verlange hiermit unzulässigerweise die Vorlage der gesamten Tarife,[8] kann nicht beigepflichtet werden.

7 **3. Rechtsfolgen einer Anzeigepflichtverletzung.** Ein Verstoß gegen § 143 VAG rechtfertigt aufsichtsrechtliche Maßnahmen nach § 298 Abs. 1 S. 1 u. 2 iVm § 294 Abs. 3 VAG. **Zivilrechtlich** kommt einer Verletzung des § 143 VAG hingegen keine Bedeutung zu.

8 **III. Anwendungsbereich.** § 143 VAG gilt für alle inländischen Lebensversicherer. Für Sterbekassen und regulierte Pensionskassen geht die Vorgabe dabei in dem allgemeinen Genehmigungsvorbehalt auf.[9] Für EWR-ausländische Versicherer, die der Solva II-Richtlinie unterliegen, findet § 143 VAG keine Anwendung,[10] für die übrigen ausländischen Versicherer ist sie aber maßgeblich.[11] Bei **Pensionsfonds** sind die Berechnungsgrundsätze Bestandteil der Pensionspläne,[12] die der Aufsicht vorzulegen sind,[13] für 143 VAG bleibt somit kein Raum. Für die **UPR** gilt eine korrespondierende Vorgabe,[14] die sich im Ergebnis auf die Lebensversicherungskomponente dieses Produkts bezieht.[15]

[1] BGBl. I 1630.
[2] RegE VAG 2014 S. 252 (zu § 47 VAG).
[3] RegE VAG 2014 S. 271 (zu § 143 VAG).
[4] *Präve* ZfV 1994, 199.
[5] BGBl. I 1857.
[6] *Präve* VersR 2001, 133, 137.
[7] BAV-Verlautbarung VerBAV 1994, 191, 192 f.
[8] *Engeländer* NVersZ 2001, 289, 292 f.
[9] § 219 Abs. 3 Nr. 1, § 233 Abs. 1 S. 4 VAG.
[10] Vgl. § 62 Abs. 1 S. 2 Nr. 5 VAG.
[11] § 65 Abs. 2, § 67 Abs. 2 VAG.
[12] *Weigel*, Rechtliche und wirtschaftliche Aspekte des Pensionsfonds nach deutschem Recht, 2002, S. 11.
[13] § 237 Abs. 3 Nr. 2 u. 3 VAG.
[14] § 161 Abs. 2 VAG.
[15] Vgl. § 161 VAG Rn. 5 u. 8.

Information bei betrieblicher Altersversorgung

144 (1) [1] **Soweit Lebensversicherungsunternehmen Leistungen der betrieblichen Altersversorgung erbringen, stellen sie den Versorgungsanwärtern und Versorgungsempfängern, die nicht zugleich Versicherungsnehmer sind, mindestens folgende Informationen zur Verfügung:**

1. bei Beginn des Versorgungsverhältnisses:

a) Name, Anschrift, Rechtsform und Sitz des Anbieters und der etwaigen Niederlassung, über die der Vertrag abgeschlossen werden soll,

b) die Vertragsbedingungen einschließlich der Tarifbestimmungen, soweit sie für das Versorgungsverhältnis gelten, sowie die Angabe des auf den Vertrag anwendbaren Rechts,

c) Angaben zur Laufzeit des Versorgungsverhältnisses,

d) allgemeine Angaben über die für diese Versorgungsart geltende Steuerregelung,

e) die mit dem Altersversorgungssystem verbundenen finanziellen, versicherungstechnischen und sonstigen Risiken sowie die Art und Aufteilung dieser Risiken und

f) Angaben darüber, ob und wie der Anbieter ethische, soziale und ökologische Belange bei der Verwendung der eingezahlten Beiträge berücksichtigt sowie

2. während der Laufzeit des Versorgungsverhältnisses:

a) Änderungen von Namen, Anschrift, Rechtsform und Sitz des Anbieters und der etwaigen Niederlassung, über die der Vertrag abgeschlossen wurde,

b) jährlich, erstmals bei Beginn des Versorgungsverhältnisses;

aa) die voraussichtliche Höhe der den Versorgungsanwärtern zustehenden Leistungen,

bb) die Anlagemöglichkeiten und die Struktur des Anlagenportfolios sowie Informationen über das Risikopotenzial, über die Kosten der Vermögensverwaltung sowie über sonstige mit der Anlage verbundene Kosten, sofern der Versorgungsanwärter das Anlagerisiko trägt, und

cc) eine Kurzinformation über die Lage der Einrichtung sowie über den aktuellen Stand der Finanzierung der individuellen Versorgungsansprüche sowie

c) auf Anfrage:

aa) den Jahresabschluss und den Lagebericht des vorangegangenen Geschäftsjahres; sofern sich die Leistung aus dem Versorgungsverhältnis in Anteilen an einem nach Maßgabe der Vertragsbedingungen gebildeten Sondervermögen bestimmt, zusätzlich den Jahresbericht für dieses Sondervermögen gemäß § 234 Absatz 4 und § 237 Absatz 4,

bb) die Erklärung über die Grundsätze der Anlagepolitik gemäß § 239 Absatz 2,

cc) die Höhe der Leistungen im Fall der Beendigung der Erwerbstätigkeit und

dd) die Modalitäten der Übertragung von Anwartschaften auf eine andere Einrichtung der betrieblichen Altersversorgung im Fall der Beendigung des Arbeitsverhältnisses.

[2] **Die Informationen müssen ausführlich und aussagekräftig sein.**

(2) **Auf Versicherungsgeschäfte in anderen Mitglied- oder Vertragsstaaten ist Absatz 1 anzuwenden, wenn den Versicherungsverträgen deutsches Recht zugrunde liegt.**

Übersicht

1 **I. Allgemeines. 1. Entstehungsgeschichte.** § 144 VAG geht zurück auf Art. 10 Nr. 12 lit. b des Altersvermögensgesetzes v. 26.6.2001[1] und Art. 1 Nr. 6 und Nr. 59 lit. b des Gesetzes v. 10.12.2003.[2] Mit dem zuletzt genannten Gesetz sind erstmals im VAG Informationspflichten im Bereich der betrieblichen Altersversorgung für Lebensversicherer geschaffen worden, wofür an die bereits zuvor geltenden Regelungen für Pensionsfonds angeknüpft worden ist. Die Pflichten sind noch einmal durch Art. 1 Nr. 39 des Gesetzes v. 29.8.2005[3] **erweitert** worden. Mit Art. 1 des Gesetzes zur Umsetzung der Solva II-Richtlinie v. 1.4.2015[4] ist die Vorschrift des § 10a Abs. 2 iVm mit Anlage Teil D zum VAG a. F. in § 144 VAG aufgegangen.[5]

2 **2. Normzweck.** Die Vorschrift dient der **Unterrichtung** der Versorgungsanwärter und -empfänger in der betrieblichen Altersversorgung, soweit Lebensversicherer derartige Leistungsverpflichtungen eingehen. Daneben bestehen noch Auskunftspflichten gemäß § 4a BetrAVG, die vorrangig allerdings den Arbeitgeber treffen,[6] aber auch den externen Versorgungsträger verpflichten.[7]

3 **3. Europarechtlicher Hintergrund.** Mit § 144 VAG wird der EU-**Richtlinie über die betriebliche Altersversorgung**[8] Rechnung getragen.[9] Der deutsche Gesetzgeber ist dabei über die Richtlinienvorgaben hinausgegangen, was unproblematisch ist, da die Richtlinienvorgaben lediglich Mindestanforderungen enthalten.[10] Zum 13.1.2019 sind basierend auf der Richtlinie über die Tätigkeit und die Beaufsichtigung von Einrichtungen der betrieblichen Altersversorgung[11] die Informationspflichten neu zu fassen.[12]

4 **II. Urheber und Adressat der Informationen (Abs. 1 S. 1).** Im Bereich der betrieblichen Altersversorgung hat der Lebensversicherer neben den Versicherungsnehmern auch die Versorgungsanwärter und -empfänger zu informieren. Betroffen sind die sog **versicherungsförmigen Durchführungswege**, nämlich die Direktversicherungs- und die Pensionskassenzusage.[13] Verpflichtet ist ferner der Pensionsfonds (§ 237 Abs. 3 Nr. 9 VAG) bzgl. der **Pensionsfondszusage**. Dazu hat das jeweilige Unternehmen, also der Lebensversicherer bzw. die Pensionskasse oder der Pensionsfonds die Pflichten gemäß § 144 Abs. 1 S. 1 VAG zu erfüllen.[14] Den Versicherungsnehmern sind vom Lebensversicherer wiederum die Informationen nach § 7 Abs. 1 S. 1 VVG iVm §§ 1, 2 u. 4 VVG-InfoV zu geben. Diese waren vor Inkrafttreten der umfassenden Reform des VVG[15] ebenfalls in § 10a VAG aufsichtsrechtlich normiert gewesen und dann in das Zivilrecht überführt worden. Bei Pensionskassen sind die Versorgungsanwärter und -empfänger auch als Versicherungsnehmer gemäß § 144 VAG zu informieren.[16] Bei Pensionsfonds hat der Arbeitnehmer die Informationen zu erhalten.[17] Auch für ausländische Versicherer findet § 144 VAG Anwendung.[18] Ggf. gilt dies auch für Tätigkeiten deutscher Unternehmen im Ausland.[19] Damit werden im Ergebnis alle vom VAG erfassten Anbieter im Bereich der betrieblichen Altersversorgung gleichermaßen erfasst.[20] Nicht erfasst werden Rückdeckungsversicherungen, bei denen die Versorgungsanwärter und -empfänger über keinen direkten Anspruch gegen den Versicherer verfügen.[21] Zur Erfüllung der Pflichten ist der Versicherer bzw. der Pensionsfonds auf Informationen des jeweiligen Arbeitgebers angewiesen.[22]

5 **III. Ausgestaltung der Information (Abs. 1 S. 1 u. S. 2).** Die Informationen müssen ausführlich und **aussagekräftig** sein (§ 144 Abs. 1 **S. 2** VAG). Das bedeutet, dass klar und verständlich zu

[1] BGBl. I 1310.
[2] BGBl. I 2478.
[3] BGBl. I 2546.
[4] BGBl. 2015 I.
[5] RegE VAG 2014 S. 271 (zu § 144 VAG).
[6] *Höfer,* in: Höfer, Betriebsrentenrecht (BetrAVG), Bd. 1, 18. Aufl., Stand: August 2015, § 4a BetrAVG Rn. 7 f.; *Walldörfer/Wilhelm* DB 2016, 1935, 1939 f.
[7] *Höfer,* in: Höfer, Betriebsrentenrecht (BetrAVG), Bd. 1, 18. Aufl., Stand: August 2015, § 4a BetrAVG Rn. 7 u. 9.
[8] ABl. EU 2003 L 235, 10.
[9] Art. 9 Abs. 1 lit. f, Art. 11 der EU-Richtlinie über die betriebliche Altersversorgung.
[10] Vgl. Art. 11 Abs. 1 der EU-Richtlinie über die betriebliche Altersversorgung („zumindest").
[11] ABl. EU 2016 L 354, 37.
[12] Vgl. Art. 36 ff. der Richtlinie.
[13] *Höfer/Reich,* in: Höfer, Betriebsrentenrecht (BetrAVG), Bd. 1, 18. Aufl., Stand: August 2015, Kap. 13 Rn. 72.
[14] *Reinecke* RdA 2005, 129, 130 u. 132. Eine unmittelbare Verpflichtung der Arbeitgeber enthält das VAG nicht, vgl. *Jaeger* VersR 2006, 1033, 1036.
[15] Gesetz v. 23.11.2007, BGBl. I 2631; s. zu der generellen Ausrichtung der Informationspflichten insbes. Gesetzentwurf der Bundesregierung, BT-Drs. 16/3945, 47 f.
[16] § 234 Abs. 3 S. 1 Nr. 7 VAG.
[17] § 237 Abs. 3 Nr. 9 VAG.
[18] § 62 Abs. 1 S. 2 Nr. 5, § 65 Abs. 2, § 67 Abs. 2 VAG
[19] § 144 Abs. 2 VAG.
[20] Vgl. Gesetzesbegründung, BT-Drs. 15/1653, 22.
[21] Vgl. Gesetzesbegründung. BT-Drs. 15/1653, 22.
[22] S. hierzu Näheres bei *Höfer/Reich,* in: Höfer, Betriebsrentenrecht (BetrAVG), Bd. 1, 18. Aufl., Stand: August 2015, Kap. 13 Rn. 72.

informieren ist. Die Vorgabe der Ausführlichkeit ist dabei nicht so zu verstehen, dass sie im Vordergrund steht. Vielmehr wird im Widerstreit zwischen dem Verständlichkeits- und dem Vollständigkeitsgebot Ersterem im Zweifel der Vorrang einzuräumen sein, da die Informationen anderenfalls ihr Ziel der Unterrichtung gar nicht erreichen. Insofern ist eine Parallele zu den Vorgaben des § 7 Abs. 1 S. 1 VVG zu ziehen, die die Klarheit und Verständlichkeit der Information expressis verbis herausstellen. Es ist kein Grund ersichtlich, für die Pflicht nach § 144 VAG trotz der abweichenden Wortwahl etwas Anderes annehmen zu wollen, insbesondere wenn der europarechtliche Hintergrund berücksichtigt wird.[23] Zur Wahrung hinreichender Transparenz ist aber sicherzustellen, dass die Informationen nicht an völlig untergeordneten Stellen versteckt oder durch werbende Zusätze entwertet werden. Auch darf der Versicherungsnehmer nicht irregeführt oder verwirrt werden. Es bedarf aber nicht zwingend einer zusammenhängenden Information, wie dies die Überschrift von § 144 VAG nahelegt. Es genügt vielmehr auch, die Informationen einzeln aufbereitet zur Verfügung zu stellen. Bezüglich allgemeiner Informationen kommt auch die Zusammenfassung in einem Formblatt in Betracht.[24]

Auch wenn § 144 VAG keine ausdrückliche Verpflichtung hinsichtlich der Form enthält, ist im Hinblick auf den Informationsinhalt unter Heranziehung von § 7 Abs. 1 S. 1 VVG davon auszugehen, dass die Informationen in **Textform** zu geben sind. Möglich ist somit namentlich eine Übermittlung in Papierform, per Fax oder via E-Mail. Eine mündliche oder fernmündliche Information genügt bereits wegen des Umfangs der Informationen nicht. Zudem ist davon auszugehen, dass der Informationsempfänger die Informationen in einer Weise zu erhalten hat, dass sie für ihn auch dauerhaft verfügbar sind.[25] Ein Verzicht auf die Information ist nicht möglich. Die maßgebliche EU-Richtlinie sieht eine solche Möglichkeit ebenso wenig vor wie das VAG. Damit ist ein Rekurs auf § 7 Abs. 1 S. 3 Hs. 2 VVG, der einen Informationsverzicht für die vom VVG erfassten Informationen ausdrücklich eröffnet, versperrt. 6

Der Zusatz, dass § 144 Abs. 1 **S. 1** VAG nur Mindestvorgaben beinhaltet, bedeutet **keine zwingende Ausweitung**. Die Versorgungsträger bleiben aufsichtsrechtlich insofern nur zu den ausdrücklich genannten Angaben verpflichtet. Dass ihnen weitergehende Informationen unbenommen bleiben, ist insofern selbstverständlich. 7

IV. Zeitpunkt und Inhalt der Information (Abs. 1 S. 1 Nr. 1 u. 2). Die Informationen umfassen zu Beginn des Versorgungsverhältnisses die Adresse des Unternehmens, die Vertragsbedingungen, die Laufzeit und Angaben über die Steuerregelung sowie Angaben über Risiken und die Berücksichtigung ethischer Belange (nachfolgend Ziff. 1). Während der Laufzeit sind Änderungen der Adresse des Unternehmens mitzuteilen, ferner jährlich die voraussichtliche Höhe der Leistungen, die Anlagemöglichkeiten und -kosten sowie die Lage des Unternehmens und schließlich auf Anfrage den Jahresabschluss, die Erklärung über die Grundsätze der Anlagepolitik, die Leistungshöhe bei Beendigung der Erwerbstätigkeit und die Modalitäten der Übertragung von Anwartschaften (nachfolgend Ziff. 2). 8

1. Information zu Beginn des Versorgungsverhältnisses. Als maßgeblichen **Zeitpunkt** der zu erteilenden vorvertraglichen Information bestimmt § 144 VAG den Beginn des Versorgungsverhältnisses. Damit ist eine Information im Bereich der betrieblichen Altersversorgung noch rechtzeitig, wenn sie mit Aufnahme des Versorgungsverhältnisses erfolgt, während § 7 Abs. 1 S. 1 VVG für die Information des Versicherungsnehmers einen früheren Zeitpunkt bestimmt. Dies wird insofern mit Recht als eine Sonderregelung verstanden.[26] 9

a) Adresse des Unternehmens. Mitzuteilen sind Name, Anschrift, Rechtsform und Sitz des Versorgungsträgers einschließlich einer etwaigen Niederlassung (§ 144 Abs. 1 S. 1 **Nr. 1 lit. a** VAG). Mit **Niederlassung**[27] sind sowohl Niederlassungen ausländischer Unternehmen in Deutschland als auch im Falle des grenzüberschreitenden Geschäfts inländischer Unternehmen (bei Vereinbarung deutschen Rechts[28]) deren Niederlassungen im EWR-Ausland gemeint. 10

b) Vertragsbedingungen und anwendbares Recht. Mit der Vorgabe bezüglich der Vertragsbedingungen, zu denen auch Tarifbestimmungen gehören,[29] erfüllt der Gesetzgeber augenscheinlich Art. 9 Abs. 1 lit. f der EU-Richtlinie über die betriebliche Altersversorgung. Damit soll der Versorgungsberechtigte zur Durchsetzung seines Leistungsanspruchs gegenüber dem Versorgungsträger befähigt werden.[30] Das ist nur sicherzustellen, wenn die Vertragsbedingungen **ausgehändigt** werden. Der missverständliche Hinweis in der Gesetzesbegründung, es müsse eine „Information über die Vertragsbedin- 11

[23] Vgl. Erwägungsgrund 23 der EU-Richtlinie über die betriebliche Altersversorgung, ABl. EU 2003 L 235, 10.
[24] *Höfer/Reich*, in: Höfer, Betriebsrentenrecht (BetrAVG), Bd. 1, 18. Aufl., Stand: August 2015, Kap. 13 Rn. 72.
[25] Vgl. Langheid/Wandt/*Armbrüster* § 7 VVG Rn. 105 f.
[26] *Franz* VersR 2008, 1565, 1575.
[27] Zur Begrifflichkeit vgl. §§ 57–60 Rn. 9–11.
[28] § 144 Abs. 2 VAG.
[29] *Präve*, in: von Westphalen/Thüsing, Vertragsrecht und AGB-Klauselwerke, 36. Ergänzung, März 2015, Stichwort: Allgemeine Versicherungsbedingungen, Rn. 268.
[30] Vgl. Gesetzesbegründung, BT-Drs. 15/1653, 31.

gungen" gegeben werden,[31] vermag an dieser, sich aus dem Gesetz unmittelbar ergebenden umfassenderen Verpflichtung nichts zu ändern. Dass nur Vertragsbestimmungen bezüglich des Versorgungsverhältnisses zur Verfügung zu stellen sind, ergibt sich unmittelbar aus dem Kontext der Verpflichtung sowie aus dem Sinnzusammenhang.[32] Zu benennen ist darüber hinaus das anwendbare Recht (§ 144 Abs. 1 S. 1 **Nr. 1 lit. b** VAG). Dazu bedarf es aber weder einer Bezeichnung der entsprechenden einschlägigen Gesetze[33] noch gar einer Erläuterung derselben.[34] Nötig ist nur der Hinweis auf die Maßgeblichkeit der entsprechenden (deutschen) Rechtsordnung.

12 **c) Laufzeit.** Obligatorisch sind des Weiteren Angaben zur Laufzeit (§ 144 Abs. 1 S. 1 **Nr. 1 lit. c** VAG) zu machen, also zur Anwartsphase.[35]

13 **d) Steuerregelung.** Es sind allgemeine Angaben über die für diese Versorgungsart geltende Steuerregelung zu machen (§ 144 Abs. 1 S. 1 **Nr. 1 lit. d** VAG). Eine detaillierte Darstellung der steuerrechtlichen Bestimmungen ist nicht notwendig.[36]

14 **e) Risiken.** Geschuldet sind Angaben über die Risiken des gewählten Altersversorgungssystems (§ 144 Abs. 1 S. 1 **Nr. 1 lit. e** VAG). Gemeint sind hiermit alle Risiken einschl. der finanziellen und versicherungstechnischen. Zu Art und Aufteilung der Risiken sind entsprechende Ausführungen zu machen. Dabei ist aber die **„Laienperspektive"** zu beachten, dh gefragt sind nicht technische und detaillierte Erläuterungen, sondern nur eine Beschreibung von Kernrisiken, die mit einer Lebensversicherung als betriebliche Altersversorgung einhergehen mögen. Ggf. ist klarzustellen, dass es bestimmte Risiken hier auch nicht gibt. Die Vorgabe geht (teilweise) auf Art. 11 Abs. 4 S. 1 lit. c der EU-Richtlinie über die betriebliche Altersversorgung zurück.

15 Bei Direktversicherungen ist auf die hohe Sicherheit einer garantierten Leistung hinzuweisen, Bzgl. der Überschussbeteiligung ist herauszustellen, dass diese nicht garantiert ist. Bei fondsgebundenen Verträgen ist das **Anlagerisiko** deutlich hervorzuheben. Aufzuklären ist ferner über den Umfang des Versicherungsschutzes, nämlich ob nur Alters- oder auch Invaliditäts- oder Todesfallleistungen gewährt werden.[37] Ggf. ist ergänzend auf die AVB zu verweisen. Im Falle einer Beitragszusage mit Mindestleistung (§ 1 Abs. 2 Nr. 2 BetrAVG) ist auf die damit verbundene Limitierung beim Leistungsversprechen aufmerksam zu machen.[38]

16 **f) Berücksichtigung ethischer Belange.** Darüber hinaus ist zu informieren, ob und wie der Anbieter ethische, soziale und ökologische Belange berücksichtigt (§ 144 Abs. 1 S. 1 **Nr. 1 lit. f** VAG) Für Altersvorsorge- und Basisrentenverträge besteht eine diesbezügliche jährliche Informationspflicht.[39] Hier wie dort genügt es de lege lata, wenn mitgeteilt wird, dass derartige Belange nicht berücksichtigt werden,[40] wobei die Angabe – anders als dies die Gesetzesbegründung nahelegt[41] – gemäß § 144 VAG nur bei Beginn des Versorgungsverhältnisses zu machen ist. Anderenfalls ist eine **grundsätzliche Aussage** darüber zu treffen, inwiefern entsprechende Belange berücksichtigt werden. Eine Aufschlüsselung bezogen auf jede Vermögensanlage ist dafür nicht nötig. Es genügt eine allgemeine Beschreibung.[42] Die Information wird mitunter als „Verbeugung vor dem Zeitgeist" verstanden und mag dem Arbeitnehmer zur „Schaffung eines guten Gewissens" dienen.[43] Tatsächlich stehen bei der Altersversorgung Aspekte der Sicherheit und Rentabilität absolut im Vordergrund.

17 **2. Information während des Versorgungsverhältnisses.** Die Informationen während des Versorgungsverhältnisses sind anlassbezogen (Buchstabe a), jährlich (Buchstabe b) oder auf Anfrage (Buchstabe c) zu geben.[44]

a) Anlassbezogen: Adressänderung. Mitzuteilen sind Änderungen von Namen, Anschrift, Rechtsform und Sitz des Anbieters einschließlich einer etwaigen Niederlassung (§ 144 Abs. 1 S. 1 **Nr. 2 lit. a** VAG). Hiermit soll sichergestellt werden, dass Versorgungsanwärter und –empfänger stets über die

[31] BT-Drs. 15/1653, 31.
[32] Vgl. auch Gesetzesbegründung, BT-Drs. 15/1653, 31.
[33] A. M. offenbar *Höfer/Reich*, in: Höfer, Betriebsrentenrecht (BetrAVG), Bd. 1, 18. Aufl., Stand: August 2015, Kap. 13 Rn. 75.
[34] *Höfer/Reich*, in: Höfer, Betriebsrentenrecht (BetrAVG), Bd. 1, 18. Aufl., Stand: August 2015, Kap. 13 Rn. 75.
[35] *Höfer/Reich*, in: Höfer, Betriebsrentenrecht (BetrAVG), Bd. 1, 18. Aufl., Stand: August 2015, Kap. 13 Rn. 76.
[36] *Höfer/Reich*, in: Höfer, Betriebsrentenrecht (BetrAVG), Bd. 1, 18. Aufl., Stand: August 2015, Kap. 13 Rn. 77 mit Beschreibung des nötigen Inhalts der entsprechenden Information.
[37] *Höfer/Reich*, in: Höfer, Betriebsrentenrecht (BetrAVG), Bd. 1, 18. Aufl., Stand: August 2015, Kap. 13 Rn. 78.
[38] *Höfer/Reich*, in: Höfer, Betriebsrentenrecht (BetrAVG), Bd. 1, 18. Aufl., Stand: August 2015, Kap. 13 Rn. 78.
[39] § 7a Abs. 1 S. 2 AltZertG.
[40] Zum Hintergrund der Vorgabe vgl. Gesetzesbegründung BT-Drs. 15/5618, 17 (zu § 115 Abs. 4 VAG).
[41] RegE VAG 2004, 271 (zu § 144 VAG).
[42] *Höfer/Reich*, in: Höfer, Betriebsrentenrecht (BetrAVG), Bd. 1, 18. Aufl., Stand: August 2015, Kap. 13 Rn. 84.
[43] Prölss/*Weigel* 12. Aufl., § 115 Rn. 45 u. 47.
[44] Zu praktischen Problemen hinsichtlich ausgeschiedener Arbeitnehmer vgl. *Höfer/Reich*, in: Höfer, Betriebsrentenrecht (BetrAVG), Bd. 1, 18. Aufl., Stand: August 2015, Kap. 13 Rn. 79 f.

aktuelle Anschrift verfügen, um eine evtl. notwendige Korrespondenz abwickeln zu können. Die Angaben sind daher unverzüglich zu machen.

b) Jährlich. Jährlich, erstmals bei Beginn des Versorgungsverhältnisses sind weitere Angaben geschuldet. 18

aa) Höhe der Leistungen. Dem Versorgungsanwärter sind Angaben über die **voraussichtliche** Höhe der ihm zustehenden Leistungen zu machen (§ 144 Abs. 1 S. 1 **Nr. 2 lit. b Doppelbuchstabe aa** VAG). Während das VAG insofern eine kontinuierliche Information vorgibt, setzt Art. 11 Abs. 4 S. 1 lit. a der EU-Richtlinie über die betriebliche Altersversorgung eine entsprechende Anfrage des Versorgungsempfängers voraus. § 144 Abs. 1 S. 1 Nr. 2 lit. c Doppelbuchstabe cc VAG sieht wiederum für eine korrespondierende Informationspflicht im Falle der Beendigung der Erwerbstätigkeit eine entsprechende Anfrage voraus und folgt insofern Art. 11 Abs. 4 S. 1 lit. b der EU-Richtlinie.

Sichergestellt werden soll, dass der Versorgungsberechtigte den Umfang seiner künftigen Versorgungsleistungen einschätzen kann, auch um ggf. noch weitere Vorsorge zu treffen. Anzugeben ist hierzu die Höhe der zu erwartenden Leistungen im Alter unter Beachtung der gegenwärtigen Ertragslage des Unternehmens, was mit einem entsprechenden **Unverbindlichkeitsvorbehalt** zu verbinden ist.[45] Dazu gehört allerdings auch stets die Angabe der jeweils garantierten Leistung.[46] 19

bb) Anlagemöglichkeiten und Kosten. Dem Versorgungsanwärter sind des Weiteren Informationen über die Anlagemöglichkeiten, die Struktur des Anlagenportfolios, das Risikopotential und die Kosten der Vermögensverwaltung zu geben, sofern der Versorgungsanwärter das Anlagerisiko trägt (§ 144 Abs. 1 S. 1 **Nr. 2 lit. b Doppelbuchstabe bb** VAG) Die Informationen sollen den Versorgungsanwärter befähigen, das **Anlagerisiko abzuschätzen**. Damit wird Art. 9 Abs. 1 lit. f, Art. 11 Abs. 4 S. 1 lit. c der EU-Richtlinie über die betriebliche Altersversorgung entsprochen. Nötig sind die Angaben nur dann, wenn ein Anlagerisiko getragen wird. Das ist namentlich bei einer fondsgebundenen Direktversicherung, aber auch bei einer Beitragszusage mit Mindestleistung (§ 1 Abs. 2 Nr. 2 BetrAVG) und bei einer reinen Beitragszusage gegeben.[47] Hier ist über die unterschiedlichen Anlagen und ihre Risiken zu unterrichten. Zu nennen sind zudem die Kosten der Vermögensanlage und –verwaltung.[48] 20

Wird eine Versorgungsleistung **garantiert**, sind keine Angaben geschuldet. Dass die Überschussbeteiligung nicht garantiert werden kann, begründet dabei für sich genommen keine weitere Informationspflicht, da hierüber bereits nach § 144 Abs. 1 S. 1 Nr. 1 lit. e VAG informiert werden muss.[49] 21

cc) Lage der Einrichtung. Schließlich ist eine Kurzinformation über die Lage der Einrichtung nötig, die um den Stand der Finanzierung der individuellen Versorgungsansprüche zu ergänzen ist (§ 144 Abs. 1 S. 1 **Nr. 2 lit. b Doppelbuchstabe cc** VAG). Hiermit wird Art. 11 Abs. 4 S. 2 der EU-Richtlinie über die betriebliche Altersversorgung umgesetzt. Es genügt, wenn zur Erfüllung dieser Informationspflicht **eine kurze Zusammenfassung** des Lageberichts des Unternehmens erstellt wird.[50] Es bleibt dem Versorgungsanwärter und -empfänger unbenommen, weitere Unterlagen anzufordern (vgl. § 144 Abs. 1 S. 1 Nr. 2 lit. c Doppelbuchstabe aa). Bezüglich des Finanzierungsstands der individuellen Versorgungsansprüche ist der Stand der ihm zugeordneten Finanzmittel zu nennen. Wird die Versorgungsleistung nicht garantiert, ist der Kurswert des entsprechenden Vermögens zu einem zeitnahen Stichtag offenzulegen.[51] 22

c) Auf Anfrage. Lediglich auf Anfrage hat der Versicherer weitere Information zu geben. Die Vorgaben sind dabei nicht als abschließend zu verstehen, da anlassbezogen auch weitere Informationen nötig werden können. 23

aa) Jahresabschluss. Zur Verfügung zu stellen sind der Jahresabschluss und der Lagebericht des vorhergegangenen Geschäftsjahrs (§ 144 Abs. 1 S. 1 **Nr. 2 lit. c Doppelbuchstabe aa** VAG). Damit wird Art. 11 Abs. 2 lit. a der EU-Richtlinie über die betriebliche Altersversorgung Rechnung getragen. Sofern relevant, sieht § 144 VAG darüber hinaus die Übermittlung des Jahresberichts über das Sondervermögen gemäß § 234 Abs. 4 VAG (bei Pensionskassen) u. § 237 Abs. 4 VAG (bei Pensionsfonds) vor.

bb) Grundsätze der Anlagepolitik. Auszuhändigen ist bei Pensionsfonds die Erklärung über die Grundsätze der Anlagepolitik gemäß § 239 Abs. 2 VAG (§ 144 Abs. 1 S. 1 **Nr. 2 lit. c Doppelbuchstabe bb** VAG). Diese Information ist, da Adressat der Erklärung die Aufsichtsbehörde ist, sehr fachlich geprägt und für einen durchschnittlichen Versorgungsberechtigten wenig geeignet.[52] Da die Unterlage 24

[45] *Höfer/Reich,* in: Höfer, Betriebsrentenrecht (BetrAVG), Bd. 1, 18. Aufl., Stand: August 2015, Kap. 13 Rn. 82.
[46] Anders offenbar *Höfer/Reich,* in: Höfer, Betriebsrentenrecht (BetrAVG), Bd. 1, 18. Aufl., Stand: August 2015, Kap. 13 Rn. 83.
[47] *Höfer/Reich,* in: Höfer, Betriebsrentenrecht (BetrAVG), Bd. 1, 18. Aufl., Stand: August 2015, Kap. 13 Rn. 83.
[48] *Höfer/Reich,* in: Höfer, Betriebsrentenrecht (BetrAVG), Bd. 1, 18. Aufl., Stand: August 2015, Kap. 13 Rn. 83.
[49] *Höfer/Reich,* in: Höfer, Betriebsrentenrecht (BetrAVG), Bd. 1, 18. Aufl., Stand: August 2015, Kap. 13 Rn. 83.
[50] *Höfer/Reich,* in: Höfer, Betriebsrentenrecht (BetrAVG), Bd. 1, 18. Aufl., Stand: August 2015, Kap. 13 Rn. 85.
[51] *Höfer/Reich,* in: Höfer, Betriebsrentenrecht (BetrAVG), Bd. 1, 18. Aufl., Stand: August 2015, Kap. 13 Rn. 85.
[52] *Höfer/Reich,* in: Höfer, Betriebsrentenrecht (BetrAVG), Bd. 1, 18. Aufl., Stand: August 2015, Kap. 13 Rn. 87.

nur auf Anfrage herauszugeben ist, wird sich dieser hierauf einzurichten haben. Der Grundsatz der hinreichenden Transparenz[53] wird insofern durchbrochen.

25 **cc) Höhe der Leistungen bei Ende der Erwerbsfähigkeit.** Die Höhe der Leistungen im Fall der Beendigung der Erwerbstätigkeit (§ 144 Abs. 1 S. 1 **Nr. 2 lit. c Doppelbuchstabe cc** VAG) ist auf Anfrage zu nennen, so wie dies Art. 11 Abs. 4 S. 1 lit. b der EU-Richtlinie über die betriebliche Altersversorgung vorsieht. Eine Beendigung der Erwerbstätigkeit muss hierzu noch nicht erfolgt sein. Vielmehr soll die Information den Versorgungsberechtigten befähigen, eine Entscheidung über den exakten Beginn der Altersleistung zu treffen.[54]

26 **dd) Übertragung von Anwartschaften.** Für den Fall der Beendigung des Arbeitsverhältnisses sind die Modalitäten der Übertragung von Anwartschaften auf andere Einrichtungen der betrieblichen Altersversorgung mitzuteilen (§ 144 Abs. 1 S. 1 **Nr. 2 lit. c Doppelbuchstabe dd** VAG), wie dies Art. 11 Abs. 4 S. 1 lit. d der EU-Richtlinie über die betriebliche Altersversorgung gebietet. Die Pflicht setzt nicht voraus, dass eine Beendigung des Arbeitsverhältnisses bereits eingetreten ist.

27 **V. Bedeutung und Reichweite der Vorschrift (Abs. 2).** § 144 VAG ist als **gewerberechtliche Ordnungsvorschrift** konzipiert Die Aufsicht kann im Rahmen von § 298 Abs. 1 S. 1 u. 2 iVm § 294 Abs. 3 VAG einschreiten, wenn der Vorschrift zuwidergehandelt wird und der Geschäftsbetrieb so ausgerichtet ist, dass keine oder nur eine unzureichende Information gegeben wird. Dasselbe gilt, wenn der Versicherer regelmäßig die rechtzeitige Zusendung der Verbraucherinformation unterlässt.

28 Die Regelung des § 144 VAG ist aber auch **privatrechtlich** von Bedeutung. Insoweit ist von einer Doppelnatur der Vorschrift auszugehen. Demgemäß sieht § 144 **Abs. 2** VAG ausdrücklich vor, dass die Informationspflichten auch im EWR-Ausland zu erfüllen sind, wenn den Versicherungsverträgen deutsches Recht zugrunde liegt. Die Verletzung von Informationspflichten kann folglich zivilrechtliche Folgen zeitigen. In Betracht kommen namentlich Schadensersatzansprüche nach §§ 280, 311 BGB. Für die Grundsätze einer erweiterten, über § 144 VAG hinausgehenden Prospekthaftung verbleibt angesichts der als abschließend zu verstehenden gesetzlichen Regelung hingegen kein Raum. Allerdings können den Versicherer zusätzliche Beratungspflichten treffen, deren Verletzung Schadenersatzansprüche begründen.

29 § 144 VAG ist bereits aufgrund seiner öffentlich-rechtlichen Ausgestaltung weder Verbotsgesetz i. S. v. **§ 134 BGB** noch Schutzgesetz gemäß **§ 823 Abs. 2 BGB**. Auch lässt sich keine Sittenwidrigkeit i. S. v. § 138 BGB begründen, wenn § 144 VAG verletzt wird. § 144 VAG stellt zwar eine gesetzliche Vorschrift i. S. v. § 4 Nr. 11 **UWG** dar, da sie dazu bestimmt ist, auch das Marktverhalten zu regeln. Ansprüche auf Unterlassung, Schadenersatz bzw. Gewinnabschöpfung nach §§ 8–10 UWG sind jedoch nur dann begründet, wenn ein derartiger Rechtsverstoß geeignet ist, den Wettbewerb nicht nur unerheblich zu beinträchtigen. § 144 VAG stellt keine Verbraucherschutzvorschrift im Sinne von **§ 2 UKlaG** dar. Die Einhaltung der Vorschrift sicherzustellen, obliegt vielmehr der Aufsicht. Damit ist dem Anliegen des Verbraucherschutzes umfänglich Rechnung getragen, so dass es insofern keine Rechtfertigung für eine Einschaltung weiterer Stellen gibt.

30 **VI. Anwendungsbereich.** § 144 VAG gilt für in- und ausländische Lebensversicherer[55] und **Pensionsfonds** (mit der Maßgabe, dass der Arbeitnehmer die Informationen erhält).[56] **Pensionskassen** haben die Informationen gemäß § 144 VAG den Versorgungsanwärtern und -empfängern auch als Versicherungsnehmer zu geben.[57]

Verordnungsermächtigung

145

(1) Das Bundesministerium der Finanzen kann durch Rechtsverordnung nähere Einzelheiten festlegen bezüglich

1. der in das Verfahren gemäß § 139 Absatz 3 einzubeziehenden festverzinslichen Anlagen und Zinsabsicherungsgeschäfte;
2. der Festlegung des maßgeblichen Euro-Zinsswapsatzes gemäß § 139 Absatz 4 Satz 1;
3. der Methode zur Bewertung der Zinssatzverpflichtung eines Versicherungsvertrags gemäß § 139 Absatz 4 Satz 2.

(2) [1] **Das Bundesministerium der Finanzen wird ermächtigt, durch Rechtsverordnung zur Wahrung der Belange der Versicherten unter Berücksichtigung der Marktverhältnisse und des Solvabilitätsbedarfs der Lebensversicherungsunternehmen zu § 140 Absatz 2 Vorschriften zu erlassen über die Zuführung zur Rückstellung für Beitragsrückerstattung, insbesondere über**

---

[53] Vgl. Rn. 5.
[54] *Höfer/Reich*, in: Höfer, Betriebsrentenrecht (BetrAVG), Bd. 1, 18. Aufl., Stand: August 2015, Kap. 13 Rn. 88.
[55] § 62 Abs. 1 S. 2 Nr. 5, § 65 Abs. 2, § 67 Abs. 2 VAG.
[56] § 237 Abs. 3 Nr. 9, § 241 VAG.
[57] § 234 Abs. 3 Nr. 7 VAG.

die Mindestzuführung in Abhängigkeit von den Kapitalerträgen, dem Risikoergebnis und den übrigen Ergebnissen. [2]Dabei ist zu regeln, ob und wie weit negative Erträge und Ergebnisse mit positiven Erträgen und Ergebnissen verrechnet werden dürfen. [3]Für Versicherungsverhältnisse, denen genehmigte Geschäftspläne zugrunde liegen, ist die Mindestzuführung gesondert zu ermitteln. [4]Wird ein kollektiver Teil der Rückstellung für Beitragsrückerstattung im Sinne des § 140 Absatz 4 eingerichtet, ist auch für diesen die Mindestzuführung gesondert zu ermitteln.

(3) **Das Bundesministerium der Finanzen wird ermächtigt, durch Rechtsverordnung einen Höchstbetrag des ungebundenen Teils der Rückstellung für Beitragsrückerstattung festzulegen.**

(4) **Das Bundesministerium der Finanzen wird ermächtigt, durch Rechtsverordnung den Wortlaut der versicherungsmathematischen Bestätigung und nähere Einzelheiten zum Inhalt und Umfang sowie zur Vorlagefrist des Erläuterungsberichts gemäß § 141 Absatz 5 Nummer 2 sowie nähere Einzelheiten zum Inhalt und Umfang und zur Vorlagefrist des Berichts gemäß § 141 Absatz 5 Nummer 4 festzulegen.**

(5) [1]**Die Ermächtigungen in den Absätzen 1 bis 4 können durch Rechtsverordnung auf die Bundesanstalt übertragen werden.** [2]**Rechtsverordnungen nach den Absätzen 1 bis 4 und Satz 1 bedürfen nicht der Zustimmung des Bundesrates.**

(6) [1]**Das Bundesministerium der Finanzen wird ermächtigt, durch Rechtsverordnung mit Zustimmung des Bundesrates zur Wahrung der Belange der Versicherten nähere Einzelheiten zur Ausgestaltung der kollektiven Teile der Rückstellung für Beitragsrückerstattung zu regeln, insbesondere zur Begrenzung der kollektiven Teile sowie zu Zuführungen zu und Rückführungen aus den kollektiven Teilen an die nichtkollektiven Teile der Rückstellung für Beitragsrückerstattung festzulegen.** [2]**Das Bundesministerium der Finanzen kann die Ermächtigung durch Rechtsverordnung mit Zustimmung des Bundesrates auf die Bundesanstalt übertragen.** [3]**Die Bundesanstalt erlässt die Rechtsverordnung ohne Zustimmung des Bundesrates im Einvernehmen mit den Aufsichtsbehörden der Länder.**

I. Allgemeines. 1. Entstehungsgeschichte. § 145 VAG fasst sämtliche Verordnungsermächtigungen, die sich ausschließlich auf die Lebensversicherung beziehen, zusammen.[1] Im Einzelnen handelt es sich dabei um folgende Regelungskomplexe: 1

- **Überschussbeteiligung**: § 145 Abs. 1 VAG ermächtigt zur Konkretisierung von Vorgaben des § 139 Abs. 3 u. 4 S. 1 u. 2 VAG. Die Regelungen sind in der Mindestzuführungsverordnung (MindZV) getroffen worden. Vormals war die Verordnungsermächtigung in § 56a Abs. 5 VAG a. F. enthalten.
- **Rückstellung für Beitragsrückerstattung**: § 145 Abs. 2, 3 u. 6 VAG eröffnet die Möglichkeit für nähere Regelungen zu § 140 Abs. 2 u. 4 VAG. Die Bestimmungen enthalten die MindZV und die RfB-Verordnung. Vormals waren die Verordnungsermächtigungen in § 81c Abs. 3 u. 3a sowie § 56b Abs. 2 S. 2 bis 4 VAG a. F. enthalten.
- **Versicherungsmathematische Bestätigung**: § 145 Abs. 4 VAG erlaubt Festlegungen zur Ausgestaltung und Vorlage der versicherungsmathematischen Bestätigung samt Erläuterungsbericht gemäß § 141 Abs. 5 Nr. 2 VAG und des Berichts zur Überschussbeteiligung gemäß § 145 Abs. 5 Nr. 4 VAG. Die Vorgaben sind der Aktuarverordnung zu entnehmen. Vormals war die Verordnungsermächtigung in § 11a Abs. 6 VAG a. F. enthalten.

2. Normzweck. Mit § 145 VAG wird die Möglichkeit zur **Ausgliederung** von Lebensversicherungsrecht in Rechtsverordnungen eröffnet. Damit wird erreicht, dass das VAG nicht mit Regelungen va technischer Natur überfrachtet wird. Zugleich wird nicht zuletzt wegen möglichen Änderungsbedarfs, der sich auch durch eine Beschleunigung der Zeitläufe immer wieder ergibt, ein flexibler Weg geschaffen, entsprechenden Bedürfnissen schneller und unkomplizierter Rechnung zu tragen. 2

3. Europarechtlicher Hintergrund. Es bestehen **keine** expliziten europarechtlichen Vorgaben.[2] 3

II. Ausgegliedertes Lebensversicherungsrecht (Abs. 1–6). Der Erlass der erwähnten Rechtsverordnungen erfolgte im Bundesgesetzblatt v. 21.4.2016. Die **MindZV** ist hier auf S. 831 ff. enthalten,[3] die AktuarV auf S. 776 ff. die RfB-Verordnung[4] ist erst später durch die Erste Verordnung zur Änderung der RfB-Verordnung vom 19.7.2017[5] – lediglich in redaktioneller Hinsicht – an das neue VAG angepasst worden. Hintergrund der Verzögerung war, dass hier eine Zustimmung des Bundesrats erforderlich war. Die vormals geltenden Rechtsverordnungen waren mit Ausnahme dieser Verordnung zuvor zum 4

[1] RegE VAG 2014 S. 271 (zu § 145 VAG).
[2] Zum Hintergrund vgl. die Erläuterungen zu den entsprechenden Vorschriften des VAG, auf die § 145 VAG rekurriert.
[3] Änderungen durch Art. der Verordnung vom 19.7.2017, BGBl I 323.
[4] BGBl. 2015 I 300.
[5] BGBl. 2017 I 3037.

1.1.2016 aufgehoben worden.[6] Bis auf wenige Ausnahmen stimmen die Vorgaben der Rechtsverordnungen aber mit den zuvor geltenden Rechtsverordnungen selbst vom Wortlaut her überein. Der Gesetzgeber begründet die gewählte Verfahrensweise, also die Aufhebung der vormaligen Rechtsverordnungen und den Erlass neuer Verordnungen mit Gründen der Rechtssicherheit und der Sicherstellung einer handlungsfähigen Aufsicht.[7] Vor diesem Hintergrund kann in Bezug auf Auslegungsfragen auch auf vormalige Verordnungsbegründungen zurückgegriffen werden, sofern die Regelungen inhaltlich unverändert gelassen worden sind. Die zwischen der Aufhebung der Verordnungen und ihrem Neuerlass bestehende Rechtslücke geht im Wesentlichen auf zusätzlichen Prüfbedarf bei den zuständigen Ministerien zurück. Sie hat aber praktisch keine Konsequenzen, da in dieser besonderen Ausgangslage im Zweifelsfall nötige Präzisierungen auch im Rahmen der allgemeinen Missstandsaufsicht unter Rekurs auf die jeweils maßgebliche Regelung des VAG ableitbar sind.

5 Die Ermächtigung ist dem **BMF** eingeräumt, kann aber auf die BaFin übertragen werden, wie dies § 145 Abs. 5 u. 6 S. 2 VAG vorsieht. Von dieser Ermächtigung ist aber bisher kein Gebrauch gemacht worden. Zu beachten ist, dass einer Zustimmung des Bundesrats nur die Rechtsverordnung nach § 145 Abs. 5 bedarf, ansonsten ist eine Zustimmung des Bundesrats ausdrücklich ausgeschlossen (§ 145 Abs. 5 S. 2 VAG). Im Falle des Erlasses der Rechtsverordnung nach § 145 Abs. 6 VAG durch die BaFin ist eine Zustimmung des Bundesrats ebenfalls nicht nötig. Hier genügt gemäß § 145 Abs. 6 S. 3 VAG das Einvernehmen mit den Aufsichtsbehörden der Länder. Gemeint ist hiermit deren Zustimmung. Die Festlegungen entsprechen den vormaligen Vorgaben gemäß § 11a Abs. 6 S. 2 bis 4, § 56a Abs. 5 S. 2 u. 3, § 56b Abs. 2 S. 3 u. 4, § 81d Abs. 3 S. 2 bis 4 VAG a. F.

6 **III. Anwendungsbereich.** Die Ermächtigungsgrundlage erfasst in- und ausländische Lebensversicherer,[8] mit Ausnahme der EWR-ausländischen Unternehmen, die der Solva II-Richtlinie unterliegen.[9]

Abschnitt 2. Krankenversicherung

Substitutive Krankenversicherung

146 (1) **Soweit die Krankenversicherung ganz oder teilweise den im gesetzlichen Sozialversicherungssystem vorgesehenen Kranken- oder Pflegeversicherungsschutz ersetzen kann (substitutive Krankenversicherung), darf sie im Inland vorbehaltlich des Absatzes 3 nur nach Art der Lebensversicherung betrieben werden, wobei**

1. die Prämien auf versicherungsmathematischer Grundlage unter Zugrundelegung von Wahrscheinlichkeitstafeln und anderen einschlägigen statistischen Daten zu berechnen sind, insbesondere unter Berücksichtigung der maßgeblichen Annahmen zur Invaliditäts- und Krankheitsgefahr, zur Sterblichkeit, zur Alters- und Geschlechtsabhängigkeit des Risikos und zur Stornowahrscheinlichkeit sowie unter Berücksichtigung von Sicherheits- und sonstigen Zuschlägen sowie eines Rechnungszinses,

2. die Alterungsrückstellung nach § 341f des Handelsgesetzbuchs zu bilden ist,

3. in dem Versicherungsvertrag das ordentliche Kündigungsrecht des Versicherungsunternehmens ausgeschlossen sein muss, in der Krankentagegeldversicherung spätestens ab dem vierten Versicherungsjahr, sowie eine Erhöhung der Prämien vorbehalten sein muss,

4. dem Versicherungsnehmer in dem Versicherungsvertrag das Recht auf Vertragsänderungen durch Wechsel in andere Tarife mit gleichartigem Versicherungsschutz unter Anrechnung der aus der Vertragslaufzeit erworbenen Rechte und der Alterungsrückstellung einzuräumen ist,

5. in dem Versicherungsvertrag die Mitgabe des Übertragungswerts desjenigen Teils der Versicherung, dessen Leistungen dem Basistarif im Sinne des § 152 Absatz 1 entsprechen, bei Wechsel des Versicherungsnehmers zu einem anderen privaten Krankenversicherungsunternehmen vorzusehen ist; dies gilt nicht für vor dem 1. Januar 2009 abgeschlossene Verträge und

6. dem Interessenten vor Abschluss des Vertrags ein amtliches Informationsblatt der Bundesanstalt auszuhändigen ist, welches über die verschiedenen Prinzipien der gesetzlichen sowie der privaten Krankenversicherung aufklärt; der Empfang des Informationsblattes ist von dem Interessenten zu bestätigen.

(2) [1]**Auf die substitutive Krankenversicherung ist § 138 Absatz 2 entsprechend anzuwenden.** [2]**Die Prämien für das Neugeschäft dürfen nicht niedriger sein als die Prämien, die sich**

[6] Art. 1 der Verordnung zur Aufhebung von Verordnungen aufgrund des VAG v. 16.12.2015 BGBl. I S. 2345.
[7] Begründung der Verordnung zur Aufhebung von Verordnungen aufgrund des VAG v. 23.9.2015, S. 6; Begründung der Verordnung zum Erlass von Verordnungen nach dem VAG v. 23.9.2015, S. 163.
[8] § 65 Abs. 2, § 67 Abs. 2 VAG.
[9] Vgl. § 62 Abs. 1 S. 2 Nr. 5 VAG.

im Altbestand für gleichaltrige Versicherte ohne Berücksichtigung ihrer Alterungsrückstellung ergeben würden. [3] Satz 2 gilt nicht für einen Prämienunterschied, der sich daraus ergibt, dass die Prämien für das Neugeschäft geschlechtsunabhängig berechnet wurden.

(3) **Substitutive Krankenversicherungen mit befristeten Vertragslaufzeiten nach § 195 Absatz 2 und 3 des Versicherungsvertragsgesetzes sowie Krankentagegeldversicherungen nach Vollendung des 65. Lebensjahres des Versicherten nach § 196 des Versicherungsvertragsgesetzes können ohne Alterungsrückstellung kalkuliert werden.**

Übersicht

Schrifttum: *Baier*, Der Basistarif der privaten Krankenversicherung, 2012; *Bastiani*, Die private Krankenversicherung in ausgewählten Ländern der Europäischen Union, 1995; *Eilfort*, Der Verbraucherschutzgedanke in der deutschen privaten Krankenversicherung nach der dritten Richtlinie Schadenversicherung: die Entwicklungsgeschichte der Richtlinien und rechtspolitischer Ausblick, 1997; *Gutachten* der Unabhängigen Expertenkommission zur Untersuchung der Problematik steigender Beiträge der privat Krankenversicherten im Alter, abgedruckt in: Verband der privaten Krankenversicherung e. V. (Hrsg.)], Zu den Altersbeiträgen der Privatversicherten, PKV-Dokumentation 19, 1997; *Hartwig*, Die Geltung des Gleichbehandlungsgrundsatzes für Versicherungs-Aktiengesellschaften als Ausfluss verfassungsrechtlicher Grundsätze, 2002; *Kirsten*, Der Tarif- und Versichererwechsel des Versicherungsnehmers in der privaten Krankenversicherung, 2005; *Männer* (Hrsg.), Langfristige Versicherungsverhältnisse, 1997; *Milbrodt*, Aktuarielle Methoden der deutschen Privaten Krankenversicherung, 2005; *Sodan* (Hrsg.), Handbuch des Krankenversicherungsrechts, 2. Aufl., 2014; *ders.* Private Krankenversicherung und Gesundheitsreform 2007, 2006.

I. Allgemeines. 1. Entstehungsgeschichte. § 146 VAG steht an der Spitze der aufsichtsrechtlichen Vorschriften zur privaten Krankenversicherung. Der Abschnitt (§§ 146–160 VAG) fasst die früheren Regelungen der §§ 12 bis 12h sowie § 13d Nr. 7 u. 8, § 81d, § 103a und § 111a Abs. 2 VAG zusammen, teils mit einzelnen **Modifizierungen**.[1] § 146 VAG enthält dabei Vorgaben für die substitutive Krankenversicherung. Die Regelung geht zurück auf Art. 1 Nr. 11 des Dritten Durchführungsgesetzes/EWG zum VAG v. 21.7.1994.[2] Die Norm ist immer wieder Anpassungen unterworfen worden, nämlich durch Art. 14 Nr. 2 des GKV-Gesundheitsreformgesetzes 2000 v. 22.12.1999,[3] Art. 1 Abs. 2 Nr. 9 des Gesetzes v. 21.12.2000,[4] Art. 44 Nr. 5 des Gesetzes v. 26.3.2007[5] sowie Art. 6 Nr. 3 des Gesetzes v. 3.4.2013[6] und zuletzt durch Art. 1 des Gesetzes v. 1.4.2015,[7] mit dem die Solva II-Richtlinie umgesetzt worden ist. Die zuletzt genannte Änderung hat die vormaligen Regelungen des § 12 Abs. 1, 5 u. 6 sowie § 10a Abs. 3 VAG a. F. in § 146 VAG überführt, wobei dies zu Modifizierungen etwa bei § 12 Abs. 4 VAG a. F. (jetzt § 146 Abs. 2 VAG) und zu einer punktuellen Korrektur des § 12 Abs. 6 VAG a. F. (jetzt § 146 Abs. 3 VAG) geführt hat.[8] 1

2. Normzweck. § 146 VAG bezweckt einen angemessenen **Schutz für die Versicherten** in der substitutiven Krankenversicherung. Dazu enthält die Vorschrift zahlreiche Vorgaben, die bei der Ausgestaltung der substitutiven Krankenversicherung zwingend zu beachten sind. Daneben bestehen für die private Krankenversicherung vertrags- und sozialversicherungsrechtliche Vorschriften (§§ 192 bis 208 VVG, § 257 SGB V), wobei § 203 Abs. 1 VVG die aufsichtsrechtlichen Kalkulationsvorgaben unmittel- 2

[1] VAG RegE 2014, 271 f. (zu Abschnitt 2).
[2] BGBl. I 1630.
[3] BGBl. I 2626; Einfügung des Absatzes 4a: heutiger § 149 VAG.
[4] BGBl. I 1857; Folgeänderung zur Einfügung des Absatzes 2a: heutiger § 156 VAG.
[5] BGBl. I 378; Einfügung von Nr. 5 in Abs. 1 und weiterer Bestimmungen zum Basistarif: heutiger § 146 Abs. 1 Nr. 5 u. § 152 VAG.
[6] BGBl. I 610; Einfügung in Abs. 4 S. 2: heutiger § 146 Abs. 2 S. 3 VAG in modifizierter Form.
[7] BGBl. I 434.
[8] VAG RegE 2014, 171 (zu § 146 VAG).

bar in das Vertragsverhältnis überträgt.[9] Damit besteht in Deutschland ein relativ engmaschiges Normennetz, das einen ausreichenden Schutz der Versicherten verbürgen soll.[10]

3 **3. Europarechtlicher Hintergrund.** Das Regelwerk, das die §§ 146 ff. VAG umfasst, ist an die Stelle der vormaligen umfassenden aufsichtsbehördlichen Genehmigungsvorbehalte getreten, die aus europarechtlichen Gründen nicht mehr aufrechtzuerhalten waren.[11] Anders als in anderen Sparten hat der europäische Gesetzgeber einen besonderen Bedarf für zusätzliche Maßgaben gesehen[12] und mit Art. 54 der 3. EG-Schadenversicherungs-Richtlinie,[13] der in **Art. 206 der Solva II-Richtlinie**[14] aufgegangen ist,[15] den Mitgliedstaaten eine Möglichkeit hierfür eröffnet. Von diesem Mitgliedstaatenwahlrecht hat Deutschland Gebrauch gemacht und die Kernanforderungen in § 12 VAG a. F., dem heutigen § 146 VAG verankert. Danach darf ein Mitgliedstaat vorschreiben, dass eine Krankenversicherung, die die im gesetzlichen Sozialversicherungssystem vorgesehene Krankenversicherung ganz oder teilweise ersetzen kann, nach Art der Lebensversicherung zu betreiben ist. Das rechtfertigt – der Richtlinie folgend – bestimmte Vorgaben. Diese beziehen sich auf die versicherungsmathematische Ausrichtung der Prämienkalkulation, die Bildung einer Alterungsrückstellung, Beschränkungen hinsichtlich des Kündigungsrechts des Versicherers, den Vorbehalt einer Prämienanpassung und die Möglichkeit des Versicherten zur Umwandlung seines Vertrags. Mit diesen Maßgaben wird der Bedeutung dieser Form der sozialen Sicherung Rechnung getragen.[16]

4 **II. Betrieb nach Art der Lebensversicherung (Abs. 1).** § 12 Abs. 1 VAG legt fest, dass die substitutive Krankenversicherung im Inland grundsätzlich nur nach Art der Lebensversicherung betrieben werden darf. Die Vorschrift bestimmt, welche **Voraussetzungen** hierfür im Einzelnen zu erfüllen sind. Hierzu zählen die Prämienkalkulation auf versicherungsmathematischer Grundlage (Nr. 1) und die Bildung einer Alterungsrückstellung (Nr. 2), die einen derartigen Betrieb konstituieren.[17] Daneben bestehen weitere Anforderungen in vertragsrechtlicher Hinsicht (Ausschluss des Kündigungsrechts des Versicherers, Prämienänderungsvorbehalt, Tarifwechselrecht des Versicherungsnehmers; Nr. 3 u. 4). Damit wird auch vorgegeben, was für die nicht-substitutive Krankenversicherung, die nach Art der Lebensversicherung betrieben wird, gilt (§ 147 VAG). Hinzu treten noch Vorgaben bezüglich des Wechsels des Versicherers (Nr. 5) und bezüglich der Information des Versicherungsinteressenten (Nr. 6).

5 Das Erfordernis des Betriebs nach Art der Lebensversicherung erfasst mit der **substitutiven Krankenversicherung** die Krankenversicherung, die geeignet ist, die gesetzliche Krankenversicherung ganz oder teilweise zu ersetzen. Der Begriff der substitutiven Krankenversicherung ist durch das Dritte Durchführungsgesetz/EWG zum VAG[18] geprägt worden und hat mit ihm Eingang nicht nur in das VAG, sondern auch in das VVG gefunden. Für die substitutive Krankenversicherung gelten seitdem bestimmte aufsichts- und vertragsrechtliche Maßgaben. So dürfen entsprechende Versicherungsverträge grundsätzlich nur unbefristet abgeschlossen werden.[19] Die Erlaubnis zum Betrieb einer substitutiven Krankenversicherung und anderer Versicherungssparten schließen einander aus.[20] Die entscheidenden Vorgaben enthält allerdings § 146 Abs. 1 VAG. Allgemein wird von einer hohen Sozialbindung der substitutiven Krankenversicherung ausgegangen.[21]

6 Mit dem Begriff der substitutiven Krankenversicherung, der synonym auch in § 195 Abs. 1 S. 1 VVG verwendet wird, wird allerdings nicht grundlegend Neues umschrieben. Vielmehr handelt es sich im Kern um die **Krankheitskostenversicherung**, deren Vorläufer in die Mitte der 30er Jahre des vorangegangenen Jahrhunderts zurückweist.[22] Entscheidend ist, dass Krankenversicherungsverträge hinsichtlich der Leistungsseite der gesetzlichen Absicherung entsprechen müssen, um von der Ausnahmevorschrift des Art. 206 der Solva II-Richtlinie erfasst zu werden. Dabei muss keine vollständige Identität bestehen. Vielmehr genügt es, wenn sich die Leistungen zumindest teilweise entsprechen.[23] Selbstbeteiligungen ändern daher nichts am substitutiven Charakter einer privaten Krankenversicherung.[24] Verträge, die ausschließlich Leistungen zum Gegenstand haben, die von der gesetzlichen Versicherung

[9] *BVerwG* Urt. v. 23.6.2010 – 8 C 42.09 Rn. 22, VersR 2010, 1345.
[10] *A. Surminski* ZfV 1997, 414, 420.
[11] Art. 21 Abs. 1 UAbs. 1, Abs. 2 Solva II-RL.
[12] Auf die Gefahren einer umfassenden Deregulierung ist im Vorfeld der entsprechenden europäischen Rechtsakte dezidiert hingewiesen worden; vgl. etwa *Sahmer* ZfV 1991, 214, 218; *A. Surminski* ZfV 1992, 286, 289 f.
[13] ABl. EG 1992 L 228, 1.
[14] ABl. EU 2009 L 335, 1.
[15] S. a. Erwägungsgründe 84 f. Solva II-RL.
[16] *v. Maydell/Schulte* ZVersWiss 1993, 513, 525.
[17] *Sahmer* ZfV 1996, 483, 485.
[18] BGBl. 1994 I 1630.
[19] § 195 VVG.
[20] § 8 Abs. 4 S. 2 Hs. 2 VAG.
[21] *Boetius* VersR 2005, 297, 300; *Brömmelmeyer,* FS 100 Jahre Hamburger Verein, 2016, S. 581, 599.
[22] *Sahmer* ZfV 1996, 483.
[23] *Boetius* VersR 2005, 297, 300; Langheid/Wandt/*Boetius* Vor § 192 Rn. 574 f.
[24] *Sahmer* ZfV 1996, 483, 484; *Kirsten,* Der Tarif- und Versichererwechsel des Versicherungsnehmers in der privaten Krankenversicherung, 2005, S. 22 f.; *Präve* VersR 1997, 1301, 1307.

ausgeschlossen sind, können hingegen der substitutiven Krankenversicherung nicht zugerechnet werden.[25]

Damit sind der substitutiven Krankenversicherung Krankheitskostenversicherungen zuzurechnen,[26] 7
also Versicherungen für ambulante, stationäre und zahnärztliche[27] Heilbehandlung.[28] Sie sind Spiegelbild der in der GKV vorgesehenen Leistungen[29] und stellen für den eingangs beschriebenen Personenkreis den **Ersatz für die gesetzliche Absicherung** dar.[30] Hierzu zählt eine Krankheitskostenversicherung, mit der der Versicherungspflicht gemäß § 193 Abs. 3 S. 1 VVG entsprochen wird,[31] wie dies beispielsweise beim Basistarif gegeben ist.[32] Auch Krankentagegeldversicherungen, die den Verdienstausfall bei Arbeitsunfähigkeit abdecken sollen,[33] sind substitutiv, da sie bei der gesetzlichen Krankenversicherung der Gewährung von Krankengeld entsprechen.[34] Dasselbe gilt für Ausbildungskrankenversicherungen.[35] Von einer substitutiven Krankenversicherung ist dabei auch dann auszugehen, wenn Versicherungsverträge bestimmten gesetzlichen Maßgaben, wie sie im VAG und im VVG darüber hinaus angelegt sind, nicht genügen.[36] Ggf. ist insofern aufsichtsrechtlich gegen entsprechende defizitäre Ausgestaltungen im Rahmen von § 298 Abs. 1 iVm Abs. 3 VAG vorzugehen.

Hingegen stellen **Zusatzversicherungen** für Risiken, die die gesetzliche Krankenversicherung nicht 8
abdeckt, keine substitutive Krankenversicherung dar. Hierzu zählen Krankenhaustagegeldversicherungen,[37] Versicherungen für die Deckung eines vorübergehenden Bedarfs wie die Auslands(reise)krankenversicherung[38] und die Restschuld-Krankentagegeldversicherung[39] sowie reine Zusatztarife zur GKV.[40] Auch Tarife für Wahlleistungen bei einem Krankenhausaufenthalt gehören hierzu,[41] denn diese gewähren Leistungen, die die gesetzliche Krankenversicherung nicht ersetzt. Dass Wahlleistungen geeignet sind, die anderenfalls übliche Krankenhausunterbringung und -behandlung zu ersetzen,[42] vermag nichts daran zu ändern, dass die genannten Zusatzversicherungen regelmäßig nicht hierauf, sondern auf die zusätzliche Absicherung abzielen. Allerdings ist zu berücksichtigen, dass für den Fall, dass ein privat Versicherter nach dem Baukastenprinzip mehrere Tarife wählt, darunter auch einen Zusatztarif für Wahlleistungen, im Ergebnis nicht anders gestellt sein kann ist als der Versicherungsnehmer, der einen Kompakttarif wählt. Unter dieser Voraussetzung strahlt die Substitutivfunktion auch auf die nach dem Baukastenprinzip gewählte Zusatzversicherung aus.[43] Entsprechendes gilt für sogenannte Kurtarife, sofern sie Leistungen beinhalten, die über die Leistungen der gesetzlichen Krankenversicherung hinausgehen.[44]

Schließlich kommt der privaten **Pflegepflichtversicherung** in Bezug auf die Regelungen des 9
SGB XI Substitutivfunktion zu.[45] Insofern ist es folgerichtig, dass gemäß § 148 VAG die Maßgaben des § 146 Abs. 1 Nr. 1 bis 4 und Abs. 2 VAG im Grundsatz entsprechend gelten. Dabei ist zu berücksichtigen, dass die Pflegeversicherung generell der Sparte Krankheit zuzurechnen ist.[46] Die sonstige

---

[25] *Kirsten*, Der Tarif- und Versichererwechsel des Versicherungsnehmers in der privaten Krankenversicherung, 2005, S. 25.

[26] Langheid/Wandt/*Boetius* Vor § 192 Rn. 78.

[27] Speziell zur Substitutivfunktion von Versicherungen für zahnärztliche Leistungen als Unterfall ambulanter Heilbehandlung vgl. *Kaulbach/Schneider* VersR 2013, 1469, 1472.

[28] S. a. § 192 Abs. 1 VVG. Zum Spezialfall einer Krankenversicherung für Personen mit befristetem Aufenthaltsrecht in Deutschland vgl. *Kaulbach/Schneider* VersR 2013, 1469, 1474 f.

[29] § 27 SGB V.

[30] Vgl. vormalige Gesetzesbegründung, BR-Drs. 23/94, 177; *Boetius* VersR 2005, 297, 300; *Kirsten*, Der Tarif- und Versichererwechsel des Versicherungsnehmers in der privaten Krankenversicherung, 2005, S. 27.

[31] *Hanefeld*, in: BaFin Journal Juli 2015, 21, 23.

[32] Vgl. § 152 Abs. 1 VAG; *Baier*, Der Basistarif der privaten Krankenversicherung, 2012, S. 68 f.

[33] § 192 Abs. 5 VVG.

[34] §§ 44 ff. SGB V; vgl. vormalige Gesetzesbegründung, BR-Drs. 23/94, 177; Prölss/Martin/*Voit* § 195 VVG Rn. 4; *Kirsten*, Der Tarif- und Versichererwechsel des Versicherungsnehmers in der privaten Krankenversicherung, 2005, S. 29; *Kaulbach/Schneider* VersR 2013, 1469, 1475; *Präve* VersR 1997, 1301, 1305.

[35] *Kirsten*, Der Tarif- und Versichererwechsel des Versicherungsnehmers in der privaten Krankenversicherung, 2005, S. 30.

[36] *Hanefeld* BaFin Journal Juli 2015, 21, 23 f.

[37] § 192 Abs. 4 VVG; vgl. Prölss/Martin/*Voit* § 195 VVG Rn. 4; Langheid/Wandt/*Boetius* Vor § 192 Rn. 581; *Kaulbach/Schneider* VersR 2013, 1469, 1473.

[38] *Kaulbach/Schneider* VersR 2013, 1469, 1473 f.

[39] Vgl. vormalige Gesetzesbegründung, BR-Drs. 23/94, 177 f.; *Sahmer* ZfV 1996, 483, 485; *Kirsten*, Der Tarif- und Versichererwechsel des Versicherungsnehmers in der privaten Krankenversicherung, 2005, S. 28, 31 f.; *Kaulbach/Schneider* VersR 2013, 1469, 1474.

[40] Prölss/Martin/*Voit* § 195 VVG Rn. 3; Langheid/Wandt/*Boetius* Vor § 192 Rn. 575, 581.

[41] Vgl. vormalige Gesetzesbegründung, BR-Drs. 23/94, 177 f.; *Kirsten*, Der Tarif- und Versichererwechsel des Versicherungsnehmers in der privaten Krankenversicherung, 2005, S. 27; *Boetius* VersR 2005, 297, 300.

[42] Vgl. *Sahmer* ZfV 1996, 483, 485.

[43] *Kirsten*, Der Tarif- und Versichererwechsel des Versicherungsnehmers in der privaten Krankenversicherung, 2005, S. 23 f.; *Präve* VersR 1997, 1301, 1305.

[44] *Präve* VersR 1997, 1301, 1305.

[45] Langheid/Wandt/*Boetius* Vor § 192 Rn. 577; *A. Surmninski* ZfV 1997, 414, 420.

[46] Anlage 1 Nr. 2 zum VAG; vgl. Langheid/Wandt/*Boetius* Vor § 192 Rn. 577.

freiwillige Pflegekrankenversicherung[47] ist allerdings nicht substitutiv,[48] da sie seit Einführung der Sozialen Pflegeversicherung keine Entsprechung bei der gesetzlichen Krankenkasse mehr findet. Eine Sonderrolle nimmt die geförderte Pflegevorsorge ein, für die der Gesetzgeber ausdrücklich die entsprechende Anwendbarkeit von § 146 Abs. 1 Nr. 1 bis 4 und Abs. 2 VAG anordnet.[49]

10 **1. Versicherungsmathematische Grundlage (Nr. 1).** Die Prämienkalkulation auf versicherungsmathematischer Grundlage (§ 146 Abs. 1 Nr. 1 VAG) vollzieht sich auf der Basis **geeigneter statistischer Daten** einschließlich Wahrscheinlichkeitstafeln, die die BaFin veröffentlicht (§ 159 VAG). Zu berücksichtigen sind Annahmen zur Gefahr der Invalidität, Krankheit und Sterblichkeit, zur Alters- und Geschlechtsabhängigkeit[50] des Risikos sowie zur Stornowahrscheinlichkeit. Dabei ist die **Geschlechts**abhängigkeit für die Kalkulation in Umsetzung eines Urteils des EuGH[51] im Ergebnis nur noch für Verträge bedeutsam, die vor dem 21.12.2012 geschlossen worden sind. Das ergibt sich allerdings nicht aus dem VAG selber, sondern lediglich aus § 27 Abs. 3 KVAV. Die Umsetzung im VAG muss somit als wenig geglückt und als missverständlich angesehen werden,[52] denn diesem kann die Wertung unmittelbar gar nicht entnommen werden.

11 Für die Prämienkalkulation wird des Weiteren die Berücksichtigung von Sicherheits- und sonstigen **Zuschläge**n vorgegeben, was im Einklang mit Art. 206 Abs. 2 der Solva II-Richtlinie steht[53] und im Hinblick auf die besondere Schutzbedürftigkeit der in Rede stehenden Versicherten auch keinen durchgreifenden ordnungspolitischen Bedenken begegnet. Die genaue Ausgestaltung[54] nimmt §§ 1 ff. KVAV vor. Die Verordnung legt die Rechnungsgrundlagen im Einzelnen fest, insbes. Rechnungszins, Ausscheideordnung, Kopfschäden, Sicherheitszuschlag und sonstige Zuschläge, schließt dabei aber auch die Wahl anderer geeigneter Rechnungsgrundlagen nicht aus.[55] Des Weiteren wird bestimmt, dass die Prämienberechnung für jede versicherte Person altersabhängig und auch ansonsten risikogerecht zu erfolgen hat. Jede Beobachtungseinheit eines Tarifs ist dabei getrennt zu kalkulieren. Sowohl für die Prämienberechnung des Neuzugangs als auch für die Prämienanpassungen werden Formeln vorgegeben, wobei die Verwendung anderer geeigneter Formeln gestattet wird.

12 Diese Vorgaben machen es erforderlich, dass die Prämien für jeden einzelnen Versicherten **risikogerecht** zu ermitteln sind, was ein hohes Maß an Gerechtigkeit verkörpert.[56] Eine risikogerechte Pauschalierung wird nur insofern vorgenommen, als auf die Krankheitsrisiken einer Gruppe gleichartiger Versicherter abgestellt wird. Die Prämie ist so zu bemessen, dass sie den durchschnittlich zu erwartenden Schaden dieser Versicherten (den rechnungsmäßigen Kopfschaden) sowie die Kosten des Unternehmens deckt und einen Sicherheitszuschlag enthält,[57] was ua auch zur Verwendung einer aktuellen Sterbetafel zwingt.[58] Unter dieser Prämisse entsprechen sich die Barwerte der Beiträge und Leistungen (sog Äquivalenzprinzip).[59] Darüber hinaus muss die Prämienkalkulation so beschaffen sein, dass auch eine Ansammlung in der Alterungsrückstellung sichergestellt ist (sog Sparanteil der Prämie). Ein derartiges Verfahren zur Finanzierung der Verpflichtungen aus Versicherungsverträgen wird Anwartschaftsdeckungsverfahren genannt.[60]

13 Die Vorgaben, die auch vertragsrechtlich zwingend sind,[61] zielen insgesamt auf eine **vorsichtige Prämienkalkulation**. Dies bedingt, dass bereits aus Gründen der Gerechtigkeit den Versicherten dabei

[47] § 192 Abs. 6 VVG.
[48] *Sahmer* ZfV 1996, 483, 485; *Kirsten*, Der Tarif- und Versichererwechsel des Versicherungsnehmers in der privaten Krankenversicherung, 2005, S. 30.
[49] § 148 S. 1 VAG.
[50] S. hierzu *BGH*, Urt. v. 16.6.2004 – IV ZR 117/02, VersR 2004, 991, 993 = r+s 2005, 27; *Wandt*, in: Lorenz (Hrsg.), Karlsruher Forum 2004: Haftung wegen Diskriminierung nach derzeitigem und künftigem Recht, 2005, S. 117, 122 f., 132.
[51] *EuGH* Urt. v. 1.3.2011 – C 236/09, VersR 2011, 377 = NJW 2011, 907; s. hierzu § 138 Rn. 17.
[52] S. hierzu auch die kritischen Anmerkungen von *Hoffmann* VersR 2012, 1073, 1074 f. sowie der Vorhalt von *Rolfs/Binz* VersR 2011, 714, 716.
[53] *Eilfort*, Der Verbraucherschutzgedanke in der deutschen privaten Krankenversicherung nach der dritten Richtlinie Schadenversicherung: die Entwicklungsgeschichte der Richtlinien und rechtspolitischer Ausblick, 1997, S. 167 f.
[54] Zu den aktuariellen Grundlagen s. die umfassende Darstellung von *Milbrodt*, Aktuarielle Methoden der deutschen Privaten Krankenversicherung, 2005, S. 37 ff.
[55] Vgl. *Sommer* ZfV 1998, 68.
[56] *Bruns* JZ 2008, 209, 211. Zur Diskussion um sog. personalisierte Preise vgl. § 138 VAG Rn. 19.
[57] Vgl. Gutachten der Unabhängigen Expertenkommission zur Untersuchung der Problematik steigender Beiträge der privat Krankenversicherten im Alter, abgedruckt in: Verband der privaten Krankenversicherung e. V. (Hrsg.), Zu den Altersbeiträgen der Privatversicherten, PKV-Dokumentation 19, 1997, S. 15, 39; *Wandt* VersR 2004, 1341, 1342.
[58] BaFin-Verlautbarung VerBaFin 6/2003.
[59] Vgl. *BVerfG* Beschl. v. 13.2.2008 – BvL 1/06, VersR 2008, 1241, 1245 = NJW 2008, 1868; *Bastiani*, Die private Krankenversicherung in ausgewählten Ländern der Europäischen Union, 1995, S. 15; *Sodan*, in: Sodan (Hrsg.), Handbuch des Krankenversicherungsrechts, 2. Aufl., 2014, § 1 Rn. 25; *Boetius* VersR 2005, 297, 302 f.; *ders.* VersR 2001, 661, 663; Langheid/Wandt/*Boetius* Vor § 192 Rn. 91; *Bohn* ZfV 1996, 166, 167; mehr semantische Vorbehalte gegen die Bezeichnung „Äquivalenzprinzip" meldet *Bruns* JZ 2008, 209, 211 an.
[60] *Boetius* VersR 2005, 297, 302; *ders.* VersR 2001, 661, 664; zur Entwicklung vgl. *Sommer*, in: H. Müller/Golz/Washausen-Richter/Trommeshauser (Hrsg.), 100 Jahre materielle Versicherungsaufsicht in Deutschland, 2001, S. 222 f.
[61] Vgl. § 203 Abs. 1 S. 1 VVG.

entstehende Überschüsse gutzubringen sind.[62] Diese sind der Rückstellung für erfolgsabhängige Beitragsrückerstattung zuzuführen. Einzelheiten legt § 151 VAG und § 22 KVAV fest.

14 **2. Alterungsrückstellung (Nr. 2).** Die Bildung einer Alterungsrückstellung ist einer nach Art der Lebensversicherung betriebenen Krankenversicherung immanent und wird demgemäß auch durch § 146 Abs. 1 Nr. 2 VAG vorgeheben.[63] Die Notwendigkeit ergibt sich bereits aus § 341f Abs. 3 HGB, weshalb § 146 VAG insofern nur klarstellende Bedeutung zukommt.[64] Die Bildung dieser **versicherungstechnischen Rückstellung**[65] dient dazu, den ansonsten erforderlichen Anstieg der Prämien mit dem Älterwerden des Versicherten aufzufangen, da mit zunehmendem Alter das Krankheitsrisiko und damit auch die Krankheitskosten steigen.[66] Damit wird auch ein Beitrag zur Nachhaltigkeit geleistet.[67] Bei der Prämienkalkulation ist sicherzustellen, dass die in der Alterungsrückstellung angesammelten Sparanteile der Prämie ausreichen, um eine derart bedingte Steigerung der Krankheitskosten für die gesamte Lebensdauer des Versicherten abzudecken, soweit diese zum Zeitpunkt der Risikoübernahme erkennbar war.[68] Einzubeziehen sind also absehbare Zukunftsentwicklungen (sog prospektive Methode, die gemäß § 341f Abs. 1 S. 1 HGB einer rein vergangenheitsbezogenen, retrospektiven Betrachtung vorzuziehen ist). Maßstab ist dabei – in Ermangelung anderer Erkenntnisse – das durchschnittliche Gesamtrisiko.[69] Mitunter wird darüber hinausgehend postuliert, dass die Alterungsrückstellung auch andere Faktoren, die mit dem Alterungsprozess im Zusammenhang stehen, zu berücksichtigen hat, etwa die mit den altersbedingt steigenden Krankheitskosten verbundenen erhöhten Schadenregulierungsaufwendungen.[70] Die Alterungsrückstellung ist jedenfalls eine kalkulierte Rückstellung, da sie für alle Versicherten kollektiv in die Prämien eingerechnet wird.[71] Es handelt sich also weder um eine individuelle noch um eine individualisierbare Größe.[72]

15 Die Alterungsrückstellung wird aus den **Sparanteilen der Prämie** – verzinst mit dem rechnungsmäßigen Zinssatz – gespeist.[73] Hinzu kommt im Falle einer Limitierung von Prämienanpassungen durch Einsatz von Mitteln aus der Rückstellung für (erfolgsabhängige und erfolgsunabhängige) Beitragsrückerstattung der entsprechende Barwert des Prämiennachlasses in Gestalt eines Einmalbeitrags.[74] Schließlich dienen auch die Überzinszuschreibung nach § 150 VAG[75] und der Prämienzuschlag nach § 149 VAG der Aufstockung der Alterungsrückstellung.[76] Die Bildung einer Alterungsrückstellung schützt freilich nicht vor anderweitig bedingten Prämiensteigerungen.[77]

---

[62] Vgl. Gesetzesbegründung, BR-Drs. 23/94, 254; speziell zur Lebensversicherung s. *BVerfG* Urt. v. 26.7.2005 – 1 BvR 782/94 + 957/96, VersR 2005, 1109, 1118 f.; *BVerfG* Urt. v. 26.7.2005 – 1 BvR 80/95, VersR 2005, 1127, 1131.

[63] Ohne Alterungsrückstellung kalkuliert werden dürfen aufgrund besonderer gesetzlicher Vorgabe die in § 146 Abs. 3 VAG genannten substitutiven Krankenversicherungen.

[64] Zur Vorrangstellung der handelsrechtlichen Bilanzierungsvorschriften s. a. *Boetius* VersR 2016, 428, 431 u. 435.

[65] *Boetius* VersR 2001, 661, 667.

[66] Gutachten der Unabhängigen Expertenkommission zur Untersuchung der Problematik steigender Beiträge der privat Krankenversicherten im Alter, abgedruckt in: Verband der privaten Krankenversicherung e. V. (Hrsg.), Zu den Altersbeiträgen der Privatversicherten, PKV-Dokumentation 19, 1997, S. 39 f.; *Sodan*, in: Sodan (Hrsg.), Handbuch des Krankenversicherungsrechts, 2. Aufl., 2014, § 46 Rn. 5; *Bastiani*, Die private Krankenversicherung in ausgewählten Ländern der Europäischen Union, 1995, S. 16; *Kirsten*, Der Tarif- und Versichererwechsel des Versicherungsnehmers in der privaten Krankenversicherung, 2005, S. 43; *BGH* Urt. v. 20.12.2006 – IV ZR 175/05, VersR 2007, 196, 197.

[67] *Bruns* JZ 2008, 209, 212.

[68] *U. Meyer*, in: Männer (Hrsg.), Langfristige Versicherungsverhältnisse, 1997, S. 177, 181; *Boetius* VersR 2001, 661, 664.

[69] *Boetius* VersR 2001, 661, 665 f.

[70] *Boetius* VersR 2016, 428, 432.

[71] *Bohn* ZfV 1996, 166, 168; s. a. *BGH* Urt. v. 20.12.2006 – IV ZR 175/05, VersR 2007, 196, 198 = r+s 2007, 109.

[72] *Abt/Hofer/Richter/Riedel/Zachow*, in: Der Aktuar 2003, 7, 8 f.; *Boetius* VersR 2001, 661, 677; *ders.* FS Schirmer, 2005, 29, 42;*Schoenfeldt* ZVersWiss 2002, 137, 151; *Scholz* FS Maydell, 2002, 633, 636 u. 645; *Bieback/Brockmann/Goertz* ZVersWiss 2006, 471, 477 f.; zu den Begrifflichkeiten und Einordnungen vgl. *Boetius* VersR 2001, 661, 668 ff.; Gutachten der Unabhängigen Expertenkommission zur Untersuchung der Problematik steigender Beiträge der privat Krankenversicherten im Alter, abgedruckt in: Verband der privaten Krankenversicherung e. V. (Hrsg.), Zu den Altersbeiträgen der Privatversicherten, PKV-Dokumentation 19, 1997, S. 117 ff.

[73] Vgl. Gutachten der Unabhängigen Expertenkommission zur Untersuchung der Problematik steigender Beiträge der privat Krankenversicherten im Alter, abgedruckt in: Verband der privaten Krankenversicherung e. V. (Hrsg.), Zu den Altersbeiträgen der Privatversicherten, PKV-Dokumentation 19, 1997, S. 40; *Boetius* VersR 2001, 661, 672.

[74] *Boetius* VersR 2014, 140, 141 f.; *ders.* VersR 2001, 661, 672; *Sodan*, in: Sodan (Hrsg.), Handbuch des Krankenversicherungsrechts, 2. Aufl., 2014, § 46 Rn. 12.

[75] Vgl. die vormalige Gesetzesbegründung, BT-Drs. 14/1245, 119 f.; *Sodan*, in: Sodan (Hrsg.), Handbuch des Krankenversicherungsrechts, 2. Aufl., 2014, § 46 Rn. 14; *Boetius* VersR 2014, 140, 142 u. 147 f.

[76] Vgl. die vormalige Gesetzesbegründung, BT-Drs. 14/1245, 119; *Boetius* VersR 2014, 140, 142 u. 147; Langheid/Wandt/*Boetius* Vor § 192 Rn. 815; *Sodan*, in: Sodan (Hrsg.), Handbuch des Krankenversicherungsrechts, 2. Aufl., 2014, § 46 Rn. 13

[77] Vgl. *U. Meyer*, in: Männer (Hrsg.), Langfristige Versicherungsverhältnisse, 1997, S. 177,193 u. 197; Gutachten der Unabhängigen Expertenkommission zur Untersuchung der Problematik steigender Beiträge der privat Krankenversicherten im Alter, abgedruckt in: Verband der privaten Krankenversicherung e. V. (Hrsg.), Zu den Altersbeiträgen der Privatversicherten, PKV-Dokumentation 19, 1997, S. 42–44.

16 Bei **Tarif- oder Versichererwechsel** ist dem Versicherungsnehmer die (kalkulatorische) Alterungsrückstellung nach § 204 VVG, § 146 Abs. 1 Nr. 4 u. 5 VAG anzurechnen bzw. anteilig mitzugeben.[78] Bei Ausscheiden des Versicherten durch Tod oder im Falle einer bloßen Kündigung besteht aber kein korrespondierender Anspruch.[79] Vielmehr kommt die Alterungsrückstellung in diesen Fällen den übrigen Versicherten beitragsmindernd zugute.[80] Verfassungsrechtlich ist hiergegen nichts einzuwenden,[81] da die Alterungsrückstellung nicht die Voraussetzungen eines eigentumsfähigen Individualrechts für die Versicherten erfüllt.[82] Die korrespondierenden Vermögenswerte zählen vielmehr zum Eigentum des Versicherers.[83] Daran vermag auch nichts zu ändern, dass das Eigentum letztlich dem Schutz der Versicherten dient.[84] Die Alterungsrückstellung ist insofern Voraussetzung dafür, dass der Versicherer sein Leistungsversprechen auch mit steigendem Alter der Versicherten erfüllen kann.[85]

17 **3. Ausschluss des Kündigungsrechts, Prämienänderungsvorbehalt (Nr. 3).** Der Ausschluss des ordentlichen Kündigungsrecht des Versicherers (§ 146 Abs. 1 Nr. 3 Hs. 1 VAG) stellt sicher, dass die für den Versicherten wesentliche Absicherung im Krankheitsfall (namentlich mit zunehmendem Alter des Versicherten) nicht zur Disposition des Versicherers steht. In der Krankentagegeldversicherung ist das Kündigungsrecht allerdings erst ab dem vierten Versicherungsjahr auszuschließen. **Unberührt** von diesen Vorgaben bleibt das Recht des Versicherers zur außerordentlichen Kündigung, etwa wegen Obliegenheitsverletzungen, Prämienzahlungsverzug oder aus wichtigem Grund. Der Bestimmung des § 146 Abs. 1 Nr. 3 Hs. 1 VAG kommt Bedeutung nur für die Klassifizierung einer nach Art der Lebensversicherung betriebenen Krankenversicherung zu. Insoweit wird die Bestimmung auch nicht vom VVG überlagert, das teilweise Abweichendes bestimmt. Diese Regelungen (§§ 206, 208 VVG) bleiben insofern unberührt.[86] Entsprechendes gilt in Bezug auf die Pflegepflichtversicherung (§ 110 Abs. 4 SGB XI).[87]

18 Der Versicherer muss sich des Weiteren eine Erhöhung der Prämien vorbehalten (§ 146 Abs. 1 Nr. 3 Hs. 2 VAG). Hiermit soll die dauernde **Erfüllbarkeit der Verträge** garantiert werden, da die Kalkulation zwar vorhersehbare Entwicklungen zu berücksichtigen hat, daneben aber weitere nicht steuerbare Umstände bestehen, die Anpassungsbedarf begründen. Der Prämienänderungsvorbehalt ist insofern Spiegelbild des Ausschluss des ordentlichen Kündigungsrechts bei derart langfristig angelegten Verträgen. Mit § 203 Abs. 2 VVG und der korrespondierenden Vorschrift des § 155 VAG stehen die notwendigen gesetzlichen Mechanismen zur Verfügung, wobei diese auch eine Senkung der Prämien gebieten können.

19 **4. Tarifwechselrecht (Nr. 4).** Ferner ist dem Versicherungsnehmer das Recht auf Wechsel in andere Tarife mit gleichartigem Versicherungsschutz einzuräumen (§ 146 Abs. 1 Nr. 4 VAG). Dabei sind die aus der Vertragslaufzeit erworbenen **Rechte und** die **Alterungsrückstellung anzurechnen**. Damit soll der Versicherungsnehmer vornehmlich vor der Gefahr einer möglichen „Vergreisung" in einem Tarif geschützt werden, dem es an Neuzugang von Versicherten mangelt.[88] §§ 12, 13 KVAV bestimmen Näheres zur Gleichartigkeit des Versicherungsschutzes und zur Anrechnung der erworbenen Rechte und der Alterungsrückstellung. Tarife mit gleichartigem Versicherungsschutz sind danach Tarife mit gleichen Leistungsbereichen. Die Rechtsverordnung nennt folgende Leistungsbereiche: Kostenerstattung für ambulante Heilbehandlung, Kostenerstattung für stationäre Heilbehandlung sowie Krankenhaustagegeldversicherungen mit Kostenersatzfunktion, Kostenerstattung für Zahnbehandlung und Zahnersatz, Krankenhaustagegeld, Krankentagegeld, Kurtagegeld und Kostenerstattung für Kuren, Pflegekosten und -tagegeld. Diese Aufzählung ist als nicht abschließend zu verstehen („insbesondere").[89] Der Umfang des Versicherungsschutzes muss dabei aber nicht identisch sein.[90] Keine Gleichartigkeit

[78] Vgl. Rn. 20 u. 22.
[79] *BGH* Urt. v. 21.4.1999 – IV ZR 192/98, VersR 1999, 877, 879 f.; *OLG Karlsruhe* Urt. v. 2.7.1998 – 12 U 302/97, VersR 1999, 571 = NVersZ 1999, 129.
[80] Vgl. Gutachten der Unabhängigen Expertenkommission zur Untersuchung der Problematik steigender Beiträge der privat Krankenversicherten im Alter, abgedruckt in: Verband der privaten Krankenversicherung e. V. (Hrsg.), Zu den Altersbeiträgen der Privatversicherten, PKV-Dokumentation 19, 1997, S. 40; *Bohn* ZfV 1996, 166, 168.
[81] *Scholz* FS Maydell, 2002, 633, 642.
[82] *BVerfG* Urt. v. 10.6.2009 – 1 BvR 706/08 ua Rn. 202, VersR 2009, 957 = NZS 2009, 436; *Scholz* FS Maydell, 2002, 633, 646; *Sodan* NJW 2006, 3617, 3619 f.; *ders.* Private Krankenversicherung und Gesundheitsreform 2007, 2006, S. 49 f.; a. M. *Depenheuer*, in: PKV Publik 2005, S. 88 f. in Bezug auf die Alterungsrückstellungen der privaten Pflegepflichtversicherung.
[83] *Papier/Schröder* VersR 2013, 1201, 1202 f.
[84] *Papier/Schröder* VersR 2013, 1201, 1203.
[85] *Papier/Schröder* VersR 2013, 1201, 1206.
[86] Grundlegend hierzu *BGH* Urt. v. 7.12.2011 – IV ZR 105/11 Rn. 13 ff., VersR 2012, 304 = JZ 2012, 625.
[87] Grundlegend auch hierzu *BGH* Urt. v. 7.12.2011 – IV ZR 105/11 Rn. 31 ff., VersR 2012, 304 = JZ 2012, 625,.
[88] *BVerwG* Urt. v. 21.3.2007 –6 C 26.06 Rn. 32, VersR 2007, 1253 = NJW 2007, 2871; *Boetius* VersR 2005, 297, 303; Langheid/Wandt/*Boetius* Vor § 192 Rn. 647; *Sodan*, in: Sodan (Hrsg.), Handbuch des Krankenversicherungsrechts, 2. Aufl., 2014, § 46 Rn. 16.
[89] Vgl. auch vormalige Verordnungsbegründung, BR-Drs. 414/96, 27.
[90] Kalakani BaFin Journal Juli 2015, 16, 18.

liegt zwischen einem gesetzlichen Versicherungsschutz mit Ergänzungsschutz der PKV und einer substitutiven Krankenversicherung vor. Das bedeutet, dass der Versicherungsschutz stets insgesamt bei einem privaten Krankenversicherer bestehen muss.[91] Voraussetzung für einen Wechsel ist darüber hinaus, dass der Versicherte auch für den aufnehmenden Tarif versicherungsfähig ist.[92] Mit Versicherungsfähigkeit ist eine personengebundene Eigenschaft des Versicherten gemeint, deren Wegfall bedingt, dass der Versicherte in dem Tarif nicht mehr versichert bleiben kann.

Zu den bei einem Tarifwechsel anzurechnenden Rechte, bei denen es sich ausschließlich um den **20** Versicherungsnehmer begünstigende, sich aus den Vertragsabreden und dem Vertragsablauf ergebende **Rechtspositionen** handelt,[93] gehören die bisherige Risikoeinstufung des Versicherers, der Ablauf oder der Verzicht auf eine Wartezeit, der Ausschluss des Rücktrittsrechts des Versicherers wegen Anzeigepflichtverletzung sowie eine Erhöhung von Höchstsätzen bei einzelnen Leistungen.[94] Dem Versicherer bleibt es aber unbenommen, einen **Risikozuschlag** zu verlangen, sofern dieser nicht auf einer neuen, für den Versicherungsnehmer ungünstigen Risikoskala beruht, sondern in einer anderweitigen Kalkulation des aufnehmenden Tarifs begründet liegt.[95] Nicht nur erworbene Rechte sind anzurechnen, sondern auch die Alterungsrückstellung. § 13 KVAV bestimmt, dass dem Versicherten der ihm kalkulatorisch zugerechnete Anteil der Alterungsrückstellung grundsätzlich voll anzurechnen ist.[96]

Mit **§ 204 VVG** besteht die notwendige vertragsrechtliche Grundlage für einen Tarifwechsel. Dieser **21** bleibt auf den Wechsel innerhalb des Versicherers beschränkt, bei dem der ursprüngliche Vertrag geschlossen worden ist. Das schließt de lege lata auch einen Wechsel zwischen Konzernunternehmen aus.[97] Mit dem Wechsel wird kein neuer Versicherungsvertrag geschlossen, sondern der bisherige nach Maßgabe des neuen Tarifs geändert[98] fortgesetzt,[99] auch wenn in Art. 206 Abs. 2 S. 1 lit. e der Solva II-Richtlinie untechnisch von einer Umwandlung in einen neuen Vertrag die Rede ist. Nur hinsichtlich einer eventuellen Mehrleistung im Zieltarif hat der Vertrag den Charakter einer Zusatzversicherung, die auch eine (lediglich hierauf bezogene) Gesundheitsüberprüfung begründen kann.[100] Beschränkungen bestehen in Bezug auf einen Wechsel in den Basistarif, der Wechsel von einem Unisex-Tarif in einen geschlechtsabhängigen Tarif ist ausgeschlossen.[101] Die Erhebung von Zuschlägen wird in § 204 Abs. 1 S. Nr. 1 VVG abschließend geregelt,[102] so dass namentlich kein allgemeiner Tarifstrukturzuschlag erhoben werden darf.[103] Informationspflichten bezogen auf das Tarifwechselrecht enthalten § 3 Abs. 1 Nr. 4 und § 6 Abs. 2 VVG-InfoV.

5. Versichererwechsel (Nr. 5). In Erweiterung des in § 146 Abs. 1 Nr. 4 VAG und § 204 Abs. 1 **22** VVG geregelten Tarifwechselrechts enthält § 146 Abs. 1 Nr. 5 VAG Maßgaben in Bezug auf die Mitgabe der Alterungsrückstellung bei einem Versichererwechsel. Problematisch hieran ist zunächst einmal, dass damit über die in Art. 206 Abs. 1 S. 1 lit. e der Solva II-Richtlinie genannten konstitutiven Merkmale[104] eine weitere Voraussetzung für die substitutive Krankenversicherung postuliert wird. Im Ergebnis wird dem Gesetzgeber allerdings eine solche Regelung zur Förderung des Wettbewerbs unter Hinweis auf die Solva II-Richtlinie nicht grundsätzlich verwehrt werden können, zumal die nähere Ausgestaltung in der nationalen Kompetenz liegt. Der Gesetzgeber hätte aber darauf verzichten sollen, insofern ein weiteres konstitutives Merkmal festzuschreiben. Im Falle eines Versichererwechsels, der zum Abschluss eines neuen substitutiven Krankenversicherungsvertrags führt,[105] ist ein **Übertragungswert** mitzugeben, dessen Berechnung sich nach § 14 KVAV richtet.[106] Er beschränkt sich auf den Teil der Versicherung, dessen Leistungen dem Basistarif (§ 152 VAG) entspricht. Für den Basistarif (§ 152 VAG) ist damit zugleich die Protabilität der Alterungsrückstellung in vollem Umfang vorgegeben.[107] Die

---

[91] Vgl. vormalige Verordnungsbegründung, BR-Drs. 414/96, 27.
[92] Kalakani BaFin Journal Juli 2015, 16, 18.
[93] *BVerwG* Urt. v. 23.6.2010 – 8 C 42.09 Rn. 33, VersR 2010, 1345.
[94] *BVerwG* Urt. v. 5.3.1999 – 1 A 1/97, VersR 1999, 743, 744 = NVersZ 1999, 376.
[95] *BVerwG* Urt. v. 5.3.1999 – 1 A 1/97, VersR 1999, 743, 745 = NVersZ 1999, 376; *BGH* Urt. v. 15.7.2015 – IV ZR 70/15 Rn. 14 u. 16 f., VersR 2015, 1012 = r+s 2015, 402.
[96] Zu Einzelheiten vgl. vormalige Verordnungsbegründung, BR-Drs. 414/96, 27 f.; *Sommer* ZfV 1998, 68, 71.
[97] BAV-Verlautbarung VerBAV 1998, 136, 139; *Schoenfeldt* ZVersWiss 2002, 137, 143.
[98] Langheid/Wandt/*Boetius* § 204 Rn. 195 ff.
[99] *BGH* Urt. v. 13.4.2016 – IV ZR 393/15, Rn. 13, VersR 2016, 718, 719; *BVerwG* Urt. v. 21.3.2007 –6 C 26.06 Rn. 33, VersR 2007, 1253 = NJW 2007, 2871; *BVerwG* Urt. v. 5.3.1999 – 1 A 1/97, VersR 1999, 743, 744 f. = NVersZ 1999, 376; Kalakani BaFin Journal Juli 2015, 16, 18.
[100] *BGH* Urt. v. 20.7.2016 – IV ZR 45/16, Rn. 15, VersR 2016, 1109, 1110 m. w. N.
[101] § 204 Abs. 1 VVG.
[102] *BVerwG* Urt. v. 23.6.2010 – 8 C 42.09 Rn. 20., VersR 2010, 1345.
[103] *BVerwG* Urt. v. 23.6.2010 – 8 C 42.09 Rn. 28, VersR 2010, 1345; *BGH* Urt. v. 15.7.2015 – IV ZR 70/15 Rn. 13, VersR 2015, 1012, = r+s 2015, 402.
[104] Auf den abschließenden Charakter der (vormaligen, inhaltlich gleichen) Richtlinienvorgabe weist *Boetius* VerSR 2005, 297, 300 hin.
[105] *Grote/Bronkars* VersR 2008, 580, 586.
[106] *Sodan*, in: Sodan (Hrsg.), Handbuch des Krankenversicherungsrechts, 2. Aufl., 2014, § 46 Rn. 19.
[107] Gesetzesbegründung, BT-Drs. 16/3100, 206 (zu § 178f VVG).

Regelung gilt gemäß der Vorgabe des VAG nur für die ab dem 1.1.2009 geschlossenen Verträge.[108] Nähere Maßgaben enthält § 204 VVG, wonach im Falle des Abschlusses eines Vertrags im Basistarif auch solche Verträge einbezogen werden, die vor dem 1.1.2009 geschlossen und vor dem 1.7.2009 gekündigt worden sind.[109] § 14 KVAV enthält für diesen Fall gesonderte Vorgaben, die allerdings von der Ermächtigungsgrundlage im VAG (§ 161 Abs. 1 S. 1 Nr. 3 iVm § 146 Abs. 1 Nr. 5 VAG) nicht gedeckt sind, da diese eine derartige Fallkonstellation gar nicht erfasst. Dem Versicherungsnehmer ist der Übertragungswert gemäß § 6 Abs. 2 S. 9 VVG-InfoV jährlich sowie auf Anfrage mitzuteilen.[110]

23 **6. Informationsblatt (Nr. 6).** Schließlich hat der Versicherungsinteressent vor Abschluss des Vertrags ein aufsichtsbehördliches Informationsblatt zu erhalten, welches über die verschiedenen Prinzipien der Krankenversicherung aufklärt (§ 146 Abs. 1 Nr. 6 VAG). Der Inhalt des Blattes wird durch **BaFin-Rundschreiben** 01/2016 (VA) vorgegeben.[111] Die Überführung der vormals in § 10a Abs. 3 VAG enthaltenen Pflicht in § 146 VAG ist in zweierlei Hinsicht fragwürdig. Zum einen besteht insofern keine Entsprechung mit Art. 206 Abs. 1 S. 1 lit. e der Solva II-Richtlinie, der Kriterien für eine substitutive Krankenversicherung aufstellt. Zum anderen handelt es sich um eine vertragsrechtliche Regelung, auch wenn das maßgebliche Blatt von der BaFin stammt. Insofern hätte eine Aufnahme der Pflicht in die VVG-InfoV nahe gelegen.

24 Das Blatt muss **vor Vertragsschluss** zur Verfügung gestellt werden, also vor dem Zeitpunkt, vor dem der Versicherungsnehmer eine vertragliche Bindung eingeht. Der Empfang des Blattes ist zu bestätigen. Damit soll sichergestellt werden, dass dem Interessenten die Bedeutung des Informationsblattes bewusst wird. § 309 Nr. 12 BGB kommt nicht zur Anwendung, da das Erfordernis der Bestätigung gesetzlich vorgegeben wird und insofern zwingend damit auch eine Verschlechterung der Beweisposition des Versicherungsinteressenten, vor der § 309 Nr. 12 BGB ansonsten bewahren will.[112] Damit ist ein gesondert unterschriebenes Empfangsbekenntnis nicht nötig. Eine elektronische Übermittlung im Falle eines online geschlossenen Vertrags ist möglich, da das Gesetz auch kein Schriftformerfordernis aufstellt. Allerdings ist auch hier eine Bestätigung (online) einzuholen. Ein Verstoß gegen die Informationspflicht begründet aufsichtsrechtliche Folgen, ggf. auch Schadenersatzforderungen.

25 **III. Gleichbehandlungsgrundsatz (Abs. 2).** Für die substitutive Krankenversicherung gilt der Gleichbehandlungsgrundsatz des § 138 Abs. 2 VAG entsprechend (§ 146 Abs. 2 S. 1 VAG). Das bedeutet, dass auch hier – wie bei der Lebensversicherung – bei **gleichen** Voraussetzungen Prämien und Leistungen nur nach gleichen Grundsätzen bemessen werden dürfen.[113] Insofern ist auf die Erläuterungen zu § 138 Abs. 2 VAG zu verweisen. Eine **altersabhängige Prämienkalkulation** ist für die substitutive Krankenversicherung auf der Basis von § 10 Abs. 1 KVAV geboten. Sie steht auch in Übereinstimmung mit dem Gleichbehandlungsgrundsatz, da eine derartige Kalkulation risikogerecht ist. Hinsichtlich der Geschlechtsabhängigkeit ist zu beachten, dass diese nur noch für Verträge maßgeblich ist, die vor dem 21.12.2012 geschlossen worden sind.[114] Die Nutzung von sog. **Wearables,** die fortlaufend körper- und leistungsbezogene Daten erfassen (z. B. Fitnessarmbänder und Smart Watches) bzw. der Einsatz von Gesundheitsapps, die Körperdaten sammeln und dokumentieren, sind kein prämienrelevantes Kriterium, da deren Nutzung nach derzeitigem Kenntnisstand für sich genommen nicht risikorelevant ist.

26 Keine grundsätzlichen Bedenken bestehen gegen die – aufsichtsrechtlich ausdrücklich vorgesehene – Heranziehung von Mitteln aus der Rückstellung für erfolgsabhängige Beitragsrückerstattung in der Krankenversicherung, die der **Limitierung von Prämienerhöhungen** dient.[115] Eine einseitige Verwendung von entsprechenden Mitteln nur für bestimmte Personenkreise, ohne dass dies sachlich gerechtfertigt wäre, wäre allerdings nicht zulässig.[116] Kein zulässiges Kriterium ist insofern die Zahlung des Prämienzuschlags nach § 149 VAG.[117] Bei Nichtinanspruchnahme von Leistungen ist es allerdings sachlich gerechtfertigt, wenn solche Versicherten eine Beitragsrückerstattung erhalten, da diese Versicherten keine Kosten für tarifliche Leistungen verursacht haben und daher relativ mehr zum Beitragsaufkommen beigetragen haben.[118] Die besonderen Maßgaben des § 150 Abs. 4 VAG, die eine nicht

[108] Vgl. Gesetzesbegründung, BT-Drs. 16/4247, 68 f. (zu § 12 Abs. 1 Nr. 5 VAG).

[109] Lücken, die diese Vorgaben aufweisen, sind dabei hinzunehmen, eine erweiternde verfassungskonforme Auslegung dieser Norm ist nicht möglich, vgl. *BGH* Beschl. v. 24.10.2012 – IV ZR 143/11 Rn. 13, VersR 2013, 612 = r +s 2013, 238; *BGH* Beschl. v. 6.3.2013 – IV ZR 143/11 Rn. 4 u. 5, VersR 2013, 612 = r+s 2013, 239.

[110] Prölss/Martin/*Voit* § 204 VVG Rn. 46.

[111] BaFin-Rundschreiben 1/2016 (VA) v. 8.1.2016 – VA 15-I 4202-Kra-2015/0001.

[112] Wolf/Lindacher/Pfeiffer/*Dammann* § 309 Nr. 12 Rn. 50–52.

[113] Vgl. Gesetzesbegründung, BR-Drs. 23/94, 178.

[114] Vgl. § 27 Abs. 3 KVAV; s. ferner § 138 VAG Rn. 17.

[115] *Grote*, Die Rechtsstellung der Prämien-, Bedingungs- und Deckungsstocktreuhänder nach dem VVG und dem VAG, 2002, S. 394; a. M. *Hartwig*, Die Geltung des Gleichbehandlungsgrundsatzes für Versicherungs-Aktiengesellschaften als Ausfluss verfassungsrechtlicher Grundsätze, 2002, S. 123.

[116] *Gerwins* NVersZ 2000, 353, 359.

[117] BaFin-Verlautbarung VerBaFin 5/2006, 2 f.

[118] *BVerwG* Urt. v. 6.12.1983 – 1 A 74/83, VersR 1984, 1033.

verursachungsgerechte Überzinszuschreibung für ältere Versicherte gebieten, werden mitunter als eine gesetzliche Ausnahme vom Gleichbehandlungsgrundsatz angesehen, sind aber letztlich auch sachlich begründet. Beim Erlass von Wartezeiten, also von Zeiten, in denen der Versicherungsnehmer dem Versicherer bereits die Prämie schuldet, ohne seinerseits Leistungen beanspruchen zu können, spricht nichts dagegen, wenn Versicherer zwischen Versicherten unterscheiden, die sich ärztlich untersuchen lassen und solchen, die dies nicht tun. Gegen einen generellen Verzicht auf Wartezeiten ist ebenso wenig einzuwenden, auch wenn Alt- und Neubestände insoweit auseinander dividiert werden. Es gibt nämlich insbesondere kein aus dem Gleichbehandlungsgrundsatz ableitbares Gebot, dass eine bestimmte Geschäftspraxis für alle Zeiten festgeschrieben wird.[119] Hingegen wäre es mit dem Gleichbehandlungsgrundsatz nicht zu vereinbaren, wenn Versicherungsnehmer Anspruch auf eine Vertragsanpassung nach § 199 Abs. 2 VVG hätten und hierbei Alterungsrückstellungen berücksichtigt würden, zu denen diese Versicherungsnehmer selber nichts beigetragen hätten.[120]

Darüber hinaus besteht die Maßgabe, dass die Prämien für das **Neugeschäft** nicht niedriger sein 27
dürfen als die Prämien – ohne Berücksichtigung der Alterungsrückstellung – für gleichaltrige Versicherte im Bestand (§ 146 Abs. 2 S. 2 VAG). Damit soll unterbunden werden, dass der Versicherer bei der Prämienkalkulation für den Bestand höhere Prämien zugrunde legt als die, mit denen er Versicherungsinteressenten umwirbt. Eine derartige Praxis wäre bereits wettbewerbsrechtlich fraglich. Sie würde, und darauf stellt § 146 Abs. 2 S. 2 VAG ab, die Bestandskunden prämienmäßig schlechter stellen als Neukunden,[121] also Neukunden privilegieren.[122] Hierin besteht der Kontext zum Gleichbehandlungsgrundsatz. Das gilt freilich nicht, wenn der Prämienunterschied in dem Umstand der Geschlechtsabhängigkeit der Kalkulation (was nur bei Verträgen, die vor dem 21.12.2012 geschlossen worden sind, zulässig war) [123] begründet liegt (§ 146 Abs. 2 S. 3 VAG).

IV. Verzicht auf eine Alterungsrückstellung (Abs. 3). Auf die Bildung einer Alterungsrückstel- 28
lung kann für bestimmte substitutive Krankenversicherungen **verzichtet** werden. Dabei handelt es sich um die in § 146 Abs. 3 VAG genannten Versicherungen. Im Einzelnen sind dies Krankenversicherungen mit befristeten Vertragslaufzeiten nach § 195 Abs. 2 u. 3 VVG und um Krankentagegeldversicherungen nach Vollendung des 65. Lebensjahres des Versicherten nach § 196 VVG.

V. Anwendungsbereich. Die Regelung des § 146 VAG gilt für inländische Unternehmen (einschl. 29
dem Sicherungsfonds für die substitutive Krankenversicherung)[124], wobei das Gebot, dass die substitutive Krankenversicherung nur nach Art der Lebensversicherung betrieben werden darf, nur für das Inlandsgeschäft dieser Unternehmen gilt (§ 146 Abs. 1 S. 1 VAG: „im Inland").[125] Für ausländische Unternehmen gilt die Vorschrift entsprechend.[126] Für **kleinere Vereine** kann die Aufsicht Abweichungen nach § 210 Abs. 3 VAG gestatten. Auf die private **Pflege**pflicht**versicherung** und die geförderte Pflegevorsorge findet nur § 146 Abs. 1 Nr. 1 bis 4 sowie Abs. 2 Anwendung, soweit dem nicht die Regelungen des SGB XI entgegenstehen.[127]

Sonstige Krankenversicherung

147

Sofern die nicht-substitutive Krankenversicherung nach Art der Lebensversicherung betrieben wird, sind § 146 Absatz 1 Nummer 1 bis 4 und Absatz 2 sowie § 156 entsprechend anzuwenden.

I. Allgemeines. 1. Entstehungsgeschichte. Mit § 147 VAG erfolgt eine inhaltliche Übernahme 1
von § 12 Abs. 5 VAG a. F. [1]

2. Normzweck. Ziel der Regelung ist es, dass für jede nach Art der Lebensversicherung betriebene 2
Krankenversicherung die Voraussetzungen des § 146 Abs. 1 Nr. 1 bis 4, Abs. 2 und § 156 VAG gelten.

3. Europarechtlicher Hintergrund. Für die Erstreckung der Vorgaben von Art. 206 der Solva II- 3
Richtlinie auf die nicht-substitutive Krankenversicherung ist in Ermangelung einer entsprechender europarechtlichen Grundlage im Grundsatz kein Raum.[2]

---

119 *Präve* VersR 1999, 15, 18.
120 *BGH* Urt. v. 20.12.2006 – IV ZR 175/05, VersR 2007, 196, 198 = r+s 2007, 109.
121 Vgl. Gesetzesbegründung, BR-Drs. 23/94, 179.
122 *BVerwG* Urt. v. 23.6.2010 –8 C 42.09 Rn. 37, VersR 2010, 1345.
123 Vgl. Rn 25 u. § 138 VAG Rn. 17.
124 § 222 Abs. 4 S. 3 VAG.
125 Vgl. Gesetzesbegründung, BR-Drs. 23/94, 175.
126 § 62 Abs. 1 S. 2 Nr. 5, § 65 Abs. 2, § 67 Abs. 2 VAG. Zu Problemen mit EWR-ausländischen Versicherern im Bereich der substitutiven Krankenversicherung vgl. *Hanefeld* BaFin Journal Juli 2015, 21, 22 ff.
127 § 148 VAG.
1 VAG RegE 2014 S. 271 (zu § 147 VAG).
2 Zur Bewertung dieses Befundes vgl. Rn. 5.

4 **II. Vorgaben für die nicht-substitutive Krankenversicherung.** Für jede nach Art der Lebensversicherung betriebene Krankenversicherung, also auch für die nicht-substitutive, sind gemäß § 147 VAG die Voraussetzungen des § 146 Abs. 1 Nr. 1 bis 4, Abs. 2 und § 156 VAG maßgeblich. Danach sind die Prämien auf versicherungsmathematischer Grundlage zu berechnen (§ 146 Abs. 1 Nr. 1 VAG),[3] eine Alterungsrückstellung zu bilden (§ 146 Abs. 1 Nr. 2 VAG),[4] das ordentliche Kündigungsrecht des Versicherers auszuschließen sowie ein Prämienänderungsvorbehalt aufzunehmen (§ 146 Abs. 1 Nr. 3 VAG)[5] und ein Tarifwechselrecht einzuräumen (§ 146 Abs. 1 Nr. 4 VAG).[6] **Nicht vorgegeben** ist hingegen die Mitgabe eines Übertragungswerts beim Versichererwechsel (§ 146 Abs. 1 Nr. 5 VAG) und die Aushändigung eines Informationsblatts über die Prinzipien der Krankenversicherung (§ 146 Abs. 1 Nr. 6 VAG). Darin unterscheiden sich die Vorgaben gemäß § 147 VAG von denen des § 146 VAG zur substitutiven Krankenversicherung. Ebenso wie dort ist allerdings der Gleichbehandlungsgrundsatz zu beachten (§ 146 Abs. 2 VAG)[7] und ein Verantwortlicher Aktuar zu bestellen (§ 156 VAG).[8] Ein Prämienzuschlag gemäß § 149 VAG ist hingegen nur in der substitutiven Krankheitskostenversicherung nötig.

5 § 147 VAG überlässt es den Unternehmen, ob sie eine nicht-substitutive Krankenversicherung nach Art der Lebens- oder nach Art der Schadenversicherung betreiben wollen.[9] Sie verpflichtet maW **nicht zwingend** zur Einhaltung der in der Vorschrift genannten Vorgaben. Die Bestimmung des § 147 VAG stellt insofern nur sicher, dass für den Fall eines Betriebs nach Art der Lebensversicherung ein- und dieselben Vorgaben beachtet werden. Das ist folgerichtig und behindert die Unternehmen nicht in ihrer unternehmerischen Freiheit. Daher begegnet die Bestimmung des § 147 VAG auch keinen durchgreifenden europarechtlichen Bedenken.[10]

6 **III. Anwendungsbereich.** § 147 VAG gilt für in- und ausländische Versicherer gleichermaßen[11] (einschl. dem Sicherungsfonds für die substitutive Krankenversicherung).[12]

Pflegeversicherung

148 [1]**Vorbehaltlich der §§ 110 und 111 des Elften Buches Sozialgesetzbuch sind § 146 Absatz 1 Nummer 1 bis 4 und Absatz 2 sowie die §§ 155 bis 157 und 160 auf die private Pflege-Pflichtversicherung und die geförderte Pflegevorsorge entsprechend anzuwenden.** [2]**In Versicherungsverträgen zur privaten Pflege-Pflichtversicherung ist die Mitgabe des Übertragungswerts bei Wechsel des Versicherungsnehmers zu einem anderen privaten Krankenversicherungsunternehmen vorzusehen.**

Übersicht

[3] Vgl. § 146 VAG Rn. 10 ff.
[4] Vgl. § 146 VAG Rn. 14 ff.
[5] Vgl. § 146 VAG Rn. 17 f.
[6] Vgl. § 146 VAG Rn. 19 ff.
[7] Vgl. § 146 VAG Rn. 25 ff.
[8] Vgl. § 156 VAG Rn. 1 ff.
[9] A. M. offenbar *Boetius* FS Kollhosser 2004, Bd. I, S. 39, 53.
[10] Vgl. vormalige Gesetzesbegründung, BR-Drs. 23/94, 179; a. M. *Eilfort*, Der Verbraucherschutzgedanke in der deutschen privaten Krankenversicherung nach der Dritten Richtlinie Schadenversicherung – Die Entwicklungsgeschichte der Richtlinien und rechtspolitischer Ausblick, 1999, S. 174 f.
[11] § 62 Abs. 1 S. 2 Nr. 5, § 65 Abs. 2, § 67 Abs. 2 VAG.
[12] § 222 Abs. 4 S. 3 VAG.

I. Allgemeines. 1. Entstehungsgeschichte. Durch Art. 1 Abs. 2 Nr. 13 des Gesetzes v. **21.12.2000**[1] ist in das VAG erstmals eine ausdrückliche Regelung zur Pflegepflichtversicherung aufgenommen worden. Zuvor fehlte es hieran, was zunächst mit zeitlichen Überschneidungen in Zusammenhang stand, die den Gesetzgeber bei der Neuordnung des Kranken- und Pflegeversicherungsrechts im Jahre 1994 von entsprechenden aufsichtsrechtlichen Vorschriften Abstand nehmen ließ. Das insoweit maßgebende Dritte Durchführungsgesetz/EWG zum VAG datierte vom 21.7.1994,[2] das Pflege-Versicherungsgesetz vom 26.5.1994.[3] Trotz entsprechender Hinweise[4] ist auch nach Erlass dieser Gesetze zunächst keine explizite aufsichtsrechtliche Regelung geschaffen worden. Mittlerweile ist die Vorschrift zwei inhaltlichen Änderungen unterzogen worden. Zum einen ist mit Art. 11 des Pflege-Weiterentwicklungsgesetzes v. 28.5.2008[5] eine Regelung zur Mitgabe des Übertragungswertes bei einem Versichererwechsel geschaffen worden. Zum anderen ist mit Art. 15 Nr. 1 des Pflege-Neuausrichtungsgesetzes v. 23.10.2012[6] die sog geförderte Pflegevorsorge in die Regelung einbezogen worden.[7] Schließlich ist mit dem Art. 1 des Gesetzes zur Umsetzung der Solva II-Richtlinie v. 1.4.2015[8] diese Norm (§ 12f VAG a. F.) in § 148 VAG überführt worden.[9] 1

2. Normzweck. § 148 VAG verdeutlicht den **Vorrang der sozialrechtlichen Normen,**[10] so dass aufsichtsrechtliche Vorschriften nur dann heranzuziehen sind, wenn sie diesen nicht widersprechen. Zugleich wird wie für die Pflegepflichtversicherung korrespondierend zur privaten Krankenversicherung[11] die Möglichkeit zum Versichererwechsel erleichtert. 2

3. Europarechtlicher Hintergrund. § 148 VAG liegen keine europarechtlichen Vorgaben zugrunde. 3

II. Vorrang sozialrechtlicher Regelungen (S. 1 Hs. 1). Die private Pflegepflichtversicherung wird vorrangig durch sozialrechtliche Regelungen (§§ 110, 111 SGB XI) determiniert. Entsprechendes gilt für die geförderte Pflegevorsorge (§ 127 SGB XI). Dies wird durch § 148 S. 1 Hs. 1 VAG zum Ausdruck gebracht. In Bezug auf die **geförderte Pflegevorsorge** muss die Regelung des VAG allerdings als missglückt angesehen werden, da eine entsprechende Bezugnahme auf das SGB XI nicht aufgenommen worden ist. Insofern muss von einem Redaktionsversehen ausgegangen werden, da für derartige Verträge eine Förderung in Gestalt staatlicher Zulagen zwingend die Einhaltung der sozialrechtlichen Regelungen erforderlich macht. Die Vorschriften des VVG und des VAG sind insofern sowohl im Bereich der Pflegepflichtversicherung als auch der geförderten Pflegevorsorge nur ergänzend heranzuziehen. Auf die sonstige freiwillige Pflegekrankenversicherung finden die Vorschriften des SGB XI hingegen keine Anwendung.[12] Diese ist aber auch nicht Gegenstand der Regelung des § 148 VAG. 4

1. Kautelen für die private Pflegepflichtversicherung. a) Vertragliche Grundlage. Die private Pflegepflichtversicherung kommt **nicht** unmittelbar **durch Gesetz**, sondern durch einen Vertrag zwischen Versicherer und Versicherungsnehmer zustande.[13] Diese Voraussetzung ist auch bei der erst- 5

---

[1] BGBl. I 1857.
[2] BGBl. I 1630.
[3] BGBl. I 1014.
[4] *Präve* ZfV 1996, 58, 64.
[5] BGBl. I 874.
[6] BGBl. I 2246.
[7] Die gesetzliche Regelung basiert auf der Beschlussempfehlung des BT-Gesundheitsausschusses, BT-Drs. 17/10157. Die maßgebliche Begründung ist dem Bericht des BT-Gesundheitsausschusses, BT-Drs. 17/10170 zu entnehmen.
[8] BGBl. I 434,
[9] VAG RegE 2014, S. 271 (zu § 148 VAG).
[10] Vgl. Gesetzesbegründung, BT-Drs. 14/4453, 74.
[11] Vgl. § 146 VAG Rn. 22.
[12] *BVerfG* Urt. v. 3.4.2001 – 1 BvR 2014/95, VersR 2001, 627 = NJW 2001, 1709, 1710; *Wittich* ZfV 1996, 354, 358 jeweils bezogen auf die Pflegepflichtversicherung.
[13] Vgl. § 23 Abs. 1 S. 1, § 110 Abs. 1 Nr. 1, § 112 Abs. 1 Nr. 1 SGB XI; hierzu *BVerfG* Urt. v. 3.4.2001 – 1 BvR 2014/95, VersR 2001, 627 = NJW 2001, 1709, 1710; *Koch*, in: Kasseler Kommentar Sozialversicherungsrecht, Band 3, Stand: 1. April 2015, § 110 SGB XI Rn. 6 u. 27; *Wittich* ZfV 1996, 331; *Besche*, Die neue Pflegeversicherung, 1996, S. 13; *Schneider* BB 1994, 1925; *Wiesner* VersR 1995, 134, 135; *Isensee* FS Gitter 1995, 401, 403 f.

maligen Begründung entsprechender Versicherungsverträge im Jahre 1994 erfüllt worden.[14] Zwar haben damals die Unternehmen ein vereinfachtes Verfahren gewählt. So haben sie ihren Versicherungsnehmern einen Versicherungsschein und ein Merkblatt für die Pflegepflichtversicherung zugesandt. Mit dem Merkblatt informierten sie die Versicherungsnehmer über ihr Recht auf Wechsel zu einem anderen Versicherer, das innerhalb von sechs Monaten ausgeübt werden müsse (§ 23 Abs. 2 SGB XI). Bei Nichtausübung dieses Rechts komme, so hieß es weiter, ein Versicherungsvertrag konkludent zustande. Der Beitrag für die Pflegeversicherung werde ohne weitere Erklärung des Kontoinhabers abgebucht, sofern eine Lastschriftermächtigung erteilt worden sei und der Kontoinhaber nicht innerhalb einer bestimmten Frist widerspreche. Wenngleich das Schweigen des Versicherten auf dieses Vertragsangebot noch nicht als Annahmeerklärung gewertet werden kann,[15] ist jedenfalls von einem konkludent erklärten Einverständnis auszugehen, wenn der Versicherungsnehmer bei bestehender Versicherungspflicht einem fortgesetzten Prämieneinzug nicht widersprochen und auch weiterhin für ausreichende Deckung seines Kontos gesorgt hat[16] bzw. eine Leistung aus dem Pflegeversicherungsvertrag geltend gemacht hat.[17]

6 **b) Versicherungspflicht.** Es besteht eine Versicherungspflicht nach Maßgabe von **§§ 22, 23 SGB XI**. Dieser unterliegen namentlich alle privat Krankenversicherten mit Anspruch auf allgemeine Krankenhausleistungen und die von der Versicherungspflicht in der sozialen Pflegeversicherung nach § 22 SGB XI befreiten Personen. Personen, die keiner Versicherungspflicht unterliegen, steht es nach Maßgabe von § 26a SGB XI frei, entweder den sozialen Pflegekassen beizutreten oder entsprechende private Versicherungsverträge zu schließen. Mit diesem Beitrittsrecht[18] hat der Gesetzgeber einem Anliegen des BVerfG[19] Rechnung getragen. Unabhängig vom Bestehen eines privaten Krankenversicherungsschutzes[20] sind Personen zum Abschluss privater Pflegepflichtversicherungsverträge verpflichtet, die nach beamtenrechtlichen Vorschriften oder Grundsätzen bei Pflegebedürftigkeit Anspruch auf Beihilfe haben und für die keine Versicherungspflicht in der sozialen Pflegeversicherung besteht. Entsprechendes gilt für Heilfürsorgeberechtigte und Mitglieder der Postbeamtenkrankenkasse und der Krankenversorgung der Bundesbahnbeamten (§ 23 Abs. 4 SGB XI). Die Versicherungspflicht bezieht sich nicht nur auf den Abschluss eines entsprechenden Pflegeversicherungsvertrags, sondern zwingt den Versicherten auch zu dessen Aufrechterhaltung (§ 23 Abs. 1 S. 1 SGB XI).

7 **c) Kontrahierungszwang.** Für die Ausgestaltung des Versicherungsschutzes bestehen bestimmte gesetzliche Maßgaben, die den privatautonomen Gestaltungs- und Handlungsspielraum der Unternehmen stark einschränken, was mit der sozialen Funktion in Zusammenhang steht, die die Pflegeplichtversicherung erfüllt.[21] So besteht für Versicherer Kontrahierungszwang (§ 110 Abs. 1 Nr. 1, Abs. 3 Nr. 1 SGB XI). Er korrespondiert mit der **Versicherungspflicht**, der die Versicherten unterliegen. Erst der Kontrahierungszwang stellt sicher, dass Betroffene ihrer Versicherungspflicht auch gerecht werden können. Der Gesetzgeber verpflichtet allerdings nur diejenigen Krankenversicherer zum Vertragsschluss, die ihrerseits überhaupt die private Pflegepflichtversicherung anbieten, also nicht Versicherer, die lediglich eine freiwillige Pflegekrankenversicherung oder überhaupt keine Pflegeversicherung vorhalten.[22] Zum Abschluss von Krankenversicherungsverträgen, die ihrerseits private Pflegepflichtversicherungsverträge nach sich ziehen, sind die Versicherer allerdings nicht verpflichtet. Der Kontrahierungszwang erfasst nur die zuletzt genannten Verträge, so dass es den Unternehmen überlassen bleibt, durch Nichtannahme des Antrags auf Abschluss eines Krankenversicherungsvertrags auch das Zustandekommen eines Pflegepflichtversicherungsvertrags zu unterbinden.[23] Rücktritts- und Kündigungsrechte des Versicherers bezüglich der Pflegepflichtversicherungsvertrags sind ausgeschlossen, solange der Kontrahierungszwang besteht (§ 110 Abs. 4 SGB XI, § 206 Abs. 1 S. 2 VVG). Das erfasst auch eine Kündigung gemäß § 314 BGB.[24]

8 **d) Vorerkrankungen.** Vorerkrankungen der Versicherten dürfen **nicht ausgeschlossen** werden (§ 110 Abs. 1 Nr. 2 lit. a, Abs. 3 Nr. 2 lit. a SGB XI), was Risikozuschläge (unter Wahrung der Maßgaben von § 110 Abs. 1 Nr. 2 lit. e, Abs. 3 Nr. 5 SGB XI) nicht ausschließt.[25] Für die zum Zeitpunkt des Inkrafttretens des Pflege-Versicherungsgesetzes bei privaten Krankenversicherungsunter-

[14] Im Ergebnis ebenso *Isensee* FS Gitter 1995, 401, 414 f.; *Besche*, Die neue Pflegeversicherung, 1996, S. 14.
[15] A. M. *Isensee* FS Gitter 1995, 401, 415; *Traupe* NZS 1999, 89, 90.
[16] SG Koblenz [4. Kammer] NZS 1999, 89; *Präve* r+s 1998, 441, 445; *ders.* VW 1998, 888, 890; *ders.* VersR 1998, 1099, 1101 f.; a. M. SG Koblenz [3. Kammer] VersR 1998, 1097, 1098 f.
[17] *SG Koblenz* Urt. v. 21.8.1997 – S 3 P 123-97, VersR 1998, 1097, 1099 = NZS 1998, 34.
[18] Eingefügt durch Art. 1 Nr. 1c des Pflegeleistungs-Ergänzungsgesetzes v. 14.12.2001, BGBl. I 3728.
[19] *BVerfG* Urt. v. 3.4.2001 – 1 BvR 81/98, VersR 2001, 920 = NJW 2001, 1716, 1718.
[20] *Wittich* ZfV 1996, 294, 295 f.
[21] *Koch*, in: Kasseler Kommentar Sozialversicherungsrecht, Band 3, Stand: 1. April 2015, § 110 SGB XI Rn. 3.
[22] *Rolfs*, Das Versicherungsprinzip im Sozialversicherungsrecht, 2000, S. 44; *Wittich* ZfV 1996, 354, 358; 385, 389; *Besche*, Die neue Pflegeversicherung, 1996, S. 17; *Uleer* ZfV 1994, 190, 193; *Leube* NZS 2003, 449, 452.
[23] *Wittich* ZfV 1996, 354, 360.
[24] *BGH* Urt. v. 7.12.2011 – IV ZR 105/11 Rn. 33, VersR 2012, 304 = NJW 2012, 1365.
[25] *Koch*, in: Kasseler Kommentar Sozialversicherungsrecht, Bd. 3, Stand: 1. April 2015, § 110 SGB XI Rn. 23.

nehmen Versicherten (sog. Altversicherte) gilt, dass auch bereits pflegebedürftige Personen nicht ausgeschlossen werden dürfen (§ 110 Abs. 1 Nr. 2 lit. b SGB XI).

e) Prämienstaffelung. Die Prämienstaffelung darf sich **nicht nach dem Geschlecht** ausrichten (§ 110 Abs. 1 Nr. 2 lit. d, Abs. 3 Nr. 3 SGB XI). Für Altversicherte darf sie sich auch nicht nach dem Gesundheitszustand der Versicherten bemessen (§ 110 Abs. 1 Nr. 2 lit. d SGB XI). 9

f) Wartezeit. Die Wartezeit darf **nicht länger als in der sozialen Pflegeversicherung** sein (§ 110 Abs. 1 Nr. 2 lit. c, Abs. 3 Nr. 4 SGB XI). Diese ergibt sich aus § 33 Abs. 2 SGB XI. Danach setzt die erstmalige Stellung eines Leistungsantrags (seit dem 1.7.2008) voraus, dass das Versicherungsverhältnis innerhalb der letzten zehn Jahre vor Stellung des Leistungsantrags mindestens zwei Jahre bestanden haben muss. 10

g) Prämienhöhe. Die Prämienhöhe darf den **Höchstbeitrag der sozialen Pflegeversicherung** nicht übersteigen, sofern der Versicherungsnehmer über eine bestimmte Vorversicherungszeit (von mindestens fünf Jahren) verfügt (§ 110 Abs. 3 Nr. 5 SGB XI). Bei Altversicherten gilt dies, auch ohne dass diese Voraussetzung gegeben ist (§ 110 Abs. 2 Nr. 2 lit. e SGB XI). 11

h) Mitversicherung. Die Mitversicherung der Kinder hat unter den Voraussetzungen des **§ 25 SGB XI** beitragsfrei zu erfolgen (§ 110 Abs. 1 Nr. 2 lit. f, Abs. 3 Nr. 6 SGB XI). Damit soll eine finanzielle Überforderung kinderreicher Familien verhindert werden.[26] 12

i) Prämienbegrenzung für Altversicherte. Ferner bestehen für Altversicherte weitergehende Maßgaben hinsichtlich der Prämienhöhe für Ehegatten und Lebenspartner (§ 110 Abs. 2 Nr. 2 lit. g SGB XI) sowie im Falle von Versicherten im Basistarif (§ 110 Abs. 2 S. 3 bis 5 SGB XI). So ist für Ehegatten und Lebenspartner eine **Beitragsermäßigung** bei Unterschreiten bestimmter Einkommensgrenzen vorgegeben. 13

j) Sonderregelung Basistarif. Für Personen, die im Basistarif (§ 152 VAG) versichert sind, gelten die Maßgaben bezüglich des Ausschlusses von Vorerkrankungen, des Ausschlusses bereits pflegebedürftiger Personen, der Beschränkung der Wartezeit, des Verbots der Prämienstaffelung nach Geschlecht und Gesundheitszustand, der Begrenzung der Prämienhöhe und der Mitversicherung der Kinder ebenso (§ 110 Abs. 2 S. 2 SGB XI). Im Falle der Hilfsbedürftigkeit wird zudem der entsprechende Beitrag um die Hälfte halbiert. Eine Beitragsermäßigung für Ehegatten und Lebenspartner gibt es hier aber generell **nicht** (§ 110 Abs. 2 S. 2 u. 3 SGB XI).[27] 14

k) Risikoausgleich. Versicherungsunternehmen, die die private Pflegepflichtversicherung betreiben, sind verpflichtet, sich an einem in **§ 111 SGB XI** näher beschriebenen Risikoausgleich zu beteiligen. Dieser soll die unterschiedlichen Belastungen der Unternehmen ausgleichen, die aus der verschiedenartigen Struktur der Versichertenbestände herrühren. Darüber hinaus dient der Risikoausgleich auch der Aufbringung von Fördermitteln zur Weiterentwicklung von Versorgungsstrukturen im Sinne von § 45c SGB XI.[28] 15

Der Risikoausgleich ist vor dem **Hintergrund** der in § 110 SGB XI für private Pflegeversicherungsverträge vorgeschriebenen Rahmenbedingungen zu sehen, die wesentlich von den in der Privatversicherung sonst üblichen Kalkulationsprinzipien einer versicherungstechnischen Risikoäquivalenz abweichen. Zu nennen sind die beitragsfreie Mitversicherung der Kinder und die Prämiendeckelung, aber auch die noch weiter wirksamen Besonderheiten, die für Altversicherte gesetzlich festgelegt worden sind.[29] Hierdurch entstehen bei den Unternehmen Beitragsausfälle, die durch den übrigen Bestand an Pflegeversicherten getragen werden müssen. Unternehmen mit einem größeren Anteil ungünstiger Risiken (etwa langjährige Versicherer mit mehr älteren und damit pflegenahen Versicherten) sind den aus den Gesetzesvorgaben resultierenden Belastungen stärker ausgesetzt als Versicherern mit überwiegend günstigen Risiken (etwa neu gegründete Versicherer mit überwiegend jüngeren Versicherten). Hierin liegt der Grund für einen alle Unternehmen erfassenden Ausgleich, der das mit dem Betrieb der privaten Pflegepflichtversicherung verbundene Risiko auf die Gesamtheit der Versicherer umlegt.[30] Insofern wird das auch in der Pflegepflichtversicherung maßgebliche Anwartschaftsdeckungsverfahren um Umlageelemente ergänzt. 16

Der in § 111 SGB XI vorgeschriebene branchenübergreifende Risikoausgleich bewirkt eine **„Poolung" der Risiken** der gesamten privaten Pflegepflichtversicherung. Damit wird erreicht, dass einzelne Unternehmen nicht finanziell überfordert werden und ihren Verpflichtungen aus den abgeschlossenen Verträgen auf Dauer nachkommen können. Zur Durchführung des Risikoausgleichs haben sich die privaten Pflegeversicherungsunternehmen zur einer Gesellschaft bürgerlichen Rechts zusammen- 17

[26] *Koch*, in: Kasseler Kommentar Sozialversicherungsrecht, Bd. 3, Stand: 1. April 2015, § 110 SGB XI Rn. 17.
[27] *Koch*, in: Kasseler Kommentar Sozialversicherungsrecht, Bd. 3, Stand: 1. April 2015, § 110 SGB XI Rn. 20 d.
[28] Eingeführt durch Art. 1 Nr. 6 u. 7 des Pflegeleistungs-Ergänzungsgesetzes v. 14.12.2001, BGBl. I 3728.
[29] *Wittich* ZfV 1996, 385.
[30] *Koch*, in: Kasseler Kommentar Sozialversicherungsrecht, Bd. 3, Stand: 1. April 2015, § 111 SGB XI Rn. 3.

geschlossen. Die Gesellschaft trägt den Namen „Pflege-Pool". Die Geschäftsführung und Vertretung der Gesellschaft ist dem Verband der privaten Krankenversicherung e. V., Köln, übertragen worden, der mit seinen satzungsmäßigen Organen nach Weisung der Gesellschafter tätig wird[31]. Der Gesellschaftsvertrag regelt die Beitragskalkulation, den Belastungsausgleich, die Führung einer Gemeinschaftsstatistik und die Kontrolle der Risikoprüfung und der Schadenregulierung.[32]

18 Entsprechend der Vorgabe in § 111 SGB XI werden die Beiträge ohne die Kosten auf der Basis gemeinsamer Kalkulationsgrundlagen einheitlich für alle Pflegeversicherungsunternehmen ermittelt. Der **Belastungsausgleich** vollzieht sich, entsprechend den Vereinbarungen im Gesellschaftsvertrag, in zwei Schritten, dem Beitragsausgleich und dem Leistungsausgleich. Hierbei handelt es sich um zwei Komponenten eines einheitlichen Ausgleichsverfahrens.

19 Der erste Schritt des Ausgleichsverfahrens erfolgt auf der **Beitragsseite**.[33] Hierzu wird für jedes beteiligte Versicherungsunternehmen die Differenz zwischen den tatsächlich eingenommenen Nettobeiträgen – also ohne Kostenzuschläge – und den Bedarfsbeiträgen ermittelt. Das sind die Nettobeiträge, die bei versicherungsmathematisch regelrechter Kalkulation des jeweiligen Versichertenbestandes nach dem Äquivalenzprinzip eigentlich erforderlich gewesen wären. Sodann wird in Bezug auf alle Unternehmen die Summe der negativen Differenzen der Summe der positiven Differenzen gegenübergestellt. Nunmehr erhalten die Unternehmen mit negativem Ergebnis ihren Fehlbetrag ganz oder teilweise erstattet. Zur Deckung werden die Unternehmen mit positivem Ergebnis herangezogen, und zwar im Verhältnis ihrer positiven Beitragsdifferenz zur Gesamtsumme aller positiven Differenzen. Ein vollständiger Ausgleich der negativen Beitragsdifferenzen kann nur erfolgen, wenn die Summe der positiven Ergebnisse die der negativen erreicht. Ist das nicht der Fall, beschränkt sich der Beitragsausgleich auf eine anteilige Verteilung der Summe der positiven Ergebnisse.

20 Der zweite Schritt des Ausgleichsverfahrens betrifft den **Leistungsbereich**.[34] Hierzu wird wiederum für jedes Unternehmen eine Differenz ermittelt, und zwar zwischen den rechnungsmäßigen Schäden, das heißt den bei der Beitragskalkulation zugrunde gelegten statistischen Schäden, und den tatsächlich für Versicherungsfälle bedingungsgemäß geleisteten Aufwendungen. Die Summe der negativen Ergebnisse wird auch hier der Summe der positiven Differenzen gegenübergestellt. Erreicht die Summe der positiven Ergebnisse die der negativen, erhalten die Unternehmen, deren tatsächliche Aufwendungen die Summe der rechnungsmäßigen Schäden übersteigen, einen Ausgleich aus dem rechnungsmäßigen Überschuss der Versicherer mit positiver Differenz. Reicht die Gesamtsumme der positiven Differenzen für einen vollständigen Risikoausgleich nicht aus, werden die einheitlich kalkulierten Sicherheitszuschläge und ggf. auch Kapitalerträge aus der verzinslichen Anlage der Alterungsrückstellungen anteilig zur Verlustdeckung herangezogen. Reicht auch der Einsatz dieser weiteren Mittel nicht für einen vollständigen Risikoausgleich aus, erfolgt auch hier lediglich ein anteiliger Ausgleich. Beim Leistungsausgleich geht es also darum, die unterschiedlich starke Belastung der Unternehmen auf der Leistungsseite auszugleichen.

21 Der Ausgleich erfolgt **jährlich**. Jedem neuen Marktteilnehmer, also jedem in- oder ausländischen Unternehmen, das die private Pflegepflichtversicherung betreiben will, steht der Zugang zu dem Ausgleichssystem offen. Dieser erfolgt durch Eintritt in die bestehende Gesellschaft bürgerlichen Rechts („Pflege-Pool") als weiterer Gesellschafter mit den gleichen Rechten und Pflichten, wie sie nach dem Gesellschaftsvertrag für die bisherigen Gesellschafter gelten.

22 § 111 Abs. 2 SGB XI unterstellt die Errichtung, Ausgestaltung, Änderung und Durchführung des Risikoausgleichs der **Aufsicht** der BaFin. Damit soll gewährleistet werden, dass die mit § 111 SGB XI angestrebten Ziele, nämlich über einen gerechten Ausgleich zwischen den einzelnen Versicherungsunternehmen das System der privaten Pflegeversicherung funktionstüchtig zu erhalten und gleichzeitig ein Mindestmaß an freiem Wettbewerb zu gewährleisten, gegenwärtig und in der Zukunft erreicht werden. Die staatliche Aufsicht dient als Kontrolle und ggf. auch als Korrektiv für die in die autonome Gestaltungskompetenz der Versicherungsunternehmen gegebene Errichtung und Durchführung des Risikoausgleichs.

23 **l) Verfassungsrechtliche Grundlage.** Die gesetzliche Ausgestaltung der privaten Pflegepflichtversicherung begegnet in verfassungsrechtlicher Hinsicht keinen durchgreifenden Bedenken. Zwar weist die private Pflegepflichtversicherung zahlreiche Merkmale auf, die einer privaten (Kranken-)Versicherung ansonsten fremd sind. Diese auf §§ 110, 111 SGB XI beruhenden Besonderheiten führen aber nicht dazu, in kompetenzrechtlicher Hinweise eine Gesetzgebungszuständigkeit nach Art. 74 Abs. 1 Nr. 11 GG (privatrechtliches Versicherungswesen) zu verneinen.[35] Die Maßgaben vermögen nämlich nichts daran zu ändern, dass die private Pflegepflichtversicherung auf einem Vertrag beruht und die

[31] *Wiesner* VersR 1995, 134, 139 f.
[32] *Wittich* ZfV 1996, 385 f.; Langheid/Wandt/*Boetius* Vor § 192 Rn. 1046.
[33] Langheid/Wandt/*Boetius* Vor § 192 Rn. 1048.
[34] Langheid/Wandt/*Boetius* Vor § 192 Rn. 1049.
[35] *BVerfG* Urt. v. 3.4.2001 – 1 BvR 2014/95, VersR 2001, 627 = NJW 2001, 1709, 1710 f.; *Wittich* ZfV 1996, 331, 332.

Prämienkalkulation auf versicherungsmathematischer Grundlage erfolgt.[36] Die gesetzlichen Vorgaben zum Abschluss und zur Aufrechterhaltung eines Pflegeversicherungsvertrags sind durch legitime Zwecke des Gemeinwohls **gerechtfertigt** und auch verhältnismäßig.[37] Der Einführung einer privaten Pflegepflichtversicherung standen keine Gesichtspunkte des Vertrauensschutzes entgegen, auch nicht für Beamte.[38] Eine unechte Rückwirkung, die insoweit an Art. 20 Abs. 3 GG zu messen wäre, liegt nicht vor.[39] Gegen die Zuordnung der Versicherten zur sozialen Pflegeversicherung auf der einen Seite und zur privaten Versicherung auf der anderen Seite ist nichts Entscheidendes einzuwenden, da insofern ein weiter Spielraum für den Gesetzgeber bestanden hat, den er auch nicht unzulässig ausgefüllt hat.[40] Dass im Einzelfall Versicherte in der privaten Pflegepflichtversicherung höhere Beiträge zahlen müssen, als die, die sie als Mitglieder der sozialen Pflegeversicherung zu tragen hätten, begegnet keinen durchgreifenden Bedenken, da der Gesetzgeber zu Typisierungen, die Derartiges mit sich bringen können, befugt ist.[41] Auch der Umstand, dass bei der Prämienfestsetzung eine Kinderbetreuung und -erziehung unberücksichtigt bleibt, ist verfassungsrechtlich nicht zu beanstanden, solange in der privaten Pflegepflichtversicherung – trotz Umlageelementen – das Anwartschaftsdeckungsverfahren praktiziert wird.[42]

2. Kautelen für die geförderte Pflegevorsorge. Auch wenn im VAG die einschlägigen Normen des SGB XI zur geförderten Pflegevorsorge (sog. **Pflege-Bahr**,[43] benannt nach dem damaligen Bundesgesundheitsminister) nicht ausdrücklich benannt sind, ist davon auszugehen, dass diese Vorrang vor anderen aufsichts- und vertragsrechtlichen Vorgaben haben. Es handelt sich hierbei namentlich um §§ 127, 129 SGB XI und ergänzend um § 15 PflvDV. Ziel der Regelungen ist der Aufbau einer ergänzenden Pflegevorsorge durch möglichst viele Bürger.[44] Anreiz soll eine staatliche Förderung[45] in Gestalt von Zulagen bieten.[46] Zulageberechtigt sind grundsätzlich alle in der sozialen oder privaten Pflegeversicherung Versicherten, ausgenommen sind Kinder und Jugendliche sowie pflegebedürftige Personen.[47] Um die Geeignetheit entsprechender Vertragsabreden sicherzustellen, enthält das Gesetz bestimmte Maßgaben für die Versicherer. Die Zulageberechtigung setzt folgerichtig voraus, dass die entsprechenden Verträge diese Voraussetzungen erfüllen. 24

a) Kalkulation nach Art der Lebensversicherung. Die geförderte Pflegevorsorge muss nach Art der Lebensversicherung kalkuliert werden (§ 127 Abs. 2 S. 1 Nr. 1 SGB XI). Es gilt insofern allerdings nur § 146 Abs. 1 Nr. 1 u. 2 VAG. Das bedeutet, dass die Prämien auf **versicherungsmathematischer Grundlage** zu berechnen sind und eine **Alterungsrückstellung** zu bilden ist. Nicht zulässig ist dabei eine Differenzierung nach Geschlecht,[48] auf das Alter darf aber abgestellt werden.[49] 25

b) Kontrahierungszwang. Alle zulagenberechtigten Personen haben **Anspruch** auf den Abschluss einer geförderten Pflegevorsorge (§ 127 Abs. 2 S. 1 Nr. 2 SGB XI). Damit besteht für Versicherer ein Kontrahierungszwang.[50] Der Gesetzgeber verpflichtet allerdings nur diejenigen Versicherer zum Vertragsschluss, die ihrerseits überhaupt eine entsprechende Pflegeversicherung anbieten. Zu beachten ist, dass die Förderfähigkeit für bestehende Vertragsverhältnisse erhalten bleibt, wenn ein Versicherer für die Zukunft keine privaten Pflegevorsorgeverträge mehr anbietet.[51] Der Kontrahierungszwang für Neukunden entfällt dann. 26

c) Kündigungs- und Risikoprüfungsverzicht. Der Versicherer hat auf das ordentliche **Kündigungsrecht** sowie auf eine **Risikoprüfung** zu verzichten (§ 127 Abs. 2 S. 1 Nr. 3 SGB XI). Unberührt hiervon bleibt hiervon das Recht zur außerordentlichen Kündigung. Nicht zulässig sind Risiko- und Leistungsausschlüsse. 27

---

[36] *BVerfG* Urt. v. 3.4.2001 – 1 BvR 2014/95, VersR 2001, 627 = NJW 2001, 1709, 1710 f. Vgl. Rn. 5 u. 37.
[37] *BVerfG* Urt. v. 3.4.2001 – 1 BvR 1681/94, VersR 2001, 627 = NJW 2001, 1707, 1708; NJW 2001, 1709, 1711 f.; *Wittich* ZfV 1996, 354, 355 u. 359.
[38] *BVerfG* Beschl. v. 25.9.2001 – 2 BvR 2442/94, VersR 2002, 1094, 1095 f. = JuS 2002, 934.
[39] *BVerfG* Urt. v. 3.4.2001 – 1 BvR 1681/94, VersR 2001, 627 = NJW 2001, 1707 f.
[40] *BVerfG* Urt. v. 3.4.2001 – 1 BvR 1681/94, VersR 2001, 627 = NJW 2001, 1707, 1708.
[41] *BVerfG* Urt. v. 3.4.2001 – 1 BvR 1681/94, VersR 2001, 627 = NJW 2001, 1707, 1708.
[42] *BVerfG* Urt. v. 3.4.2001 – 1 BvR 1681/94, VersR 2001, 627 = NJW 2001, 1708, 1709.
[43] Siehe nur VP 2013, 6 f.
[44] Gesetzesbegründung, BT-Drs. 17/10170, 20 (zu § 127 SGB XI).
[45] Gesetzesbegründung, BT-Drs. 17/10170, 20 (zu Nr. 49).
[46] Vgl. § 127 Abs. 1 SGB XI.
[47] § 126 SGB XI; hierzu *Koch*, in: Kasseler Kommentar Sozialversicherungsrecht, Bd. 3, Stand: 1. April 2015, § 126 SGB XI Rn. 4 f.
[48] Vgl. § 146 VAG Rn. 10. Zu bedenken ist dabei, dass die geförderte Pflegevorsorge erst zum 1.1.2013 eingeführt worden ist, Art. 16 Abs. 2 PNG v. 23.10.2012, BGBl. I 2246.
[49] *Koch*, in: Kasseler Kommentar Sozialversicherungsrecht, Bd. 3, Stand: 1. April 2015, § 127 SGB XI Rn. 6.
[50] Gesetzesbegründung, BT-Drs. 17/10170, 20 (zu § 127 SGB XI); *Koch*, in: Kasseler Kommentar Sozialversicherungsrecht, Bd. 3, Stand: 1. April 2015, § 127 SGB XI Rn. 7.
[51] Gesetzesbegründung, BT-Drs. 17/10170, 20 (zu § 127 SGB XI); *Koch*, in: Kasseler Kommentar Sozialversicherungsrecht, Bd. 3, Stand: 1. April 2015, § 127 SGB XI Rn. 8.

28 **d) Geldleistungen.** Für jede Pflegestufe muss ein Anspruch auf **Auszahlung von Geldleistungen** eingeräumt werden. Diese werden für die in § 15 Abs. 1 SGB XI genannte Pflegestufe III auf mindestens 600 EUR festgelegt. Nicht überschritten werden darf die jeweils geltende Höhe der Leistungen des SGB XI. Eine inflationsbedingte Dynamisierung ist zulässig. Der förderfähige Tarif darf ferner keine weiteren Leistungen vorsehen (§ 127 Abs. 2 S. 1 Nr. 4 SGB XI). Zulässig ist aber ein Vertrag, der sowohl förderfähige als auch nicht förderfähige Tarife umfasst.[52]

29 **e) Verfahrensvorgaben.** Einzuhalten sind bei der Feststellung des Versicherungsfalls sowie der Festsetzung der Pflegestufen die Verfahrensvorgaben der **§§ 18, 45a SGB XI** (§ 127 Abs. 2 S. 1 Nr. 5 SGB XI). Damit soll eine möglichst unbürokratische Auszahlung der Versicherungsleistung gewährleistet werden. Maßgeblich ist hierfür die Entscheidung der Pflegekasse bzw. des privaten Versicherungsunternehmens.[53]

30 **f) Wartezeit.** Die Wartezeit ist auf **fünf Jahre** beschränkt (§ 127 Abs. 2 S. 1 Nr. 6, § 129 SGB XI), beginnend mit dem Vertragsbeginn.[54]

31 **g) Hilfebedürftige.** Hinzu treten Vorgaben für Hilfebedürftige, was Personen einschließt, die durch die Zahlung des Beitrags zur geförderten Pflegevorsorge hilfebedürftig sind. Dieser Personenkreis darf den Vertrag ruhen lassen bzw. kündigen (§ 127 Abs. 2 S. 1 Nr. 7 SGB XI). Hiermit wird von § 205 VVG abgewichen.[55] Vermieden werden soll damit eine Belastung, die das verfassungsrechtliche **Existenzminimum** tangieren könnte.[56]

32 **h) Kostenbegrenzung.** Die in Ansatz gebrachten **Abschluss- und Verwaltungskosten** werden begrenzt (§ 127 Abs. 2 S. 1 Nr. 8 SGB XI). Die eingerechneten unmittelbaren Abschlusskosten dürfen dabei das Zweifache der auf den ersten Monat entfallenden Bruttoprämie nicht übersteigen. Mittelbare Abschlusskosten sowie Verwaltungskosten dürfen nur bis zu einer Höhe von zehn Prozent der Bruttoprämie eingerechnet werden.[57]

33 **i) Brancheneinheitliche Vertragsmuster.** Der Verband der privaten Krankenversicherung e. V., der insoweit der Fachaufsicht des Bundesgesundheitsministeriums untersteht,[58] ist damit beliehen, Vertragsmuster für die private Pflegevorsorge zu entwickeln, die von den Versicherern zu übernehmen sind (§ 127 Abs. 1 S. 2 SGB XI). Das ist mit den **MB/GEPV 2013** geschehen.[59]

34 **j) Risikoausgleich.** Der Verband der privaten Krankenversicherung e. V., der auch insoweit der Fachaufsicht des Bundesgesundheitsministeriums untersteht,[60] ist ferner damit beliehen, einen **Ausgleich für sog. Überschäden** einzurichten und zu unterhalten (§ 127 Abs. 1 S. 3 SGB XI). Damit soll Vorsorge getroffen werden, um zu verhindern, dass Versicherer wegen einer Häufung schlechter Risiken finanziell überfordert werden.[61] Die Versicherer, die derartige Verträge anbieten, müssen sich, sofern ein derartiger Risikoausgleich geschaffen wird, hieran beteiligen (§ 127 Abs. 1 S. 3 iVm § 111 Abs. 1 S. 1 SGB XI), denn nur so kann ein Ausgleich überhaupt geschaffen werden.[62]

35 **III. Entsprechende Anwendung aufsichtsrechtlicher Vorschriften (S. 1 Hs. 2).** Die private Pflegepflichtversicherung, der **Substitutivfunktion** im Hinblick auf die soziale Pflegeversicherung zukommt (vgl. § 23 Abs. 1 S. 2 SGB XI), ist ebenso wie die geförderte Pflegevorsorge und die sonstige freiwillige Pflegekrankenversicherung der Sparte Krankheit zuzuordnen.[63] Die private Pflegepflichtversicherung und die geförderte Pflegevorsorge weichen in vielfacher Hinsicht von der übrigen Privatversicherung ab.[64] Von einer „beispiellosen Verzahnung von privater und sozialer Versicherung" ist die Rede,[65] auch von einer „Sozialversicherung über Privatversicherer"[66] bzw. von privaten Versicherern,

[52] Gesetzesbegründung, BT-Drs. 17/10170, 20 (zu § 127 SGB XI); *Koch*, in: Kasseler Kommentar Sozialversicherungsrecht, Bd. 3, Stand: 1. April 2015, § 127 SGB XI Rn. 9.
[53] Gesetzesbegründung, BT-Drs. 17/10170, 20 (zu § 127 SGB XI); *Koch*, in: Kasseler Kommentar Sozialversicherungsrecht, Bd. 3, Stand: 1. April 2015, § 127 SGB XI Rn. 10.
[54] Gesetzesbegründung, BT-Drs. 17/10170, 20 (zu § 127 SGB XI); *Koch*, in: Kasseler Kommentar Sozialversicherungsrecht, Bd. 3, Stand: 1. April 2015, § 127 SGB XI Rn. 8.
[55] *Koch*, in: Kasseler Kommentar Sozialversicherungsrecht, Bd. 3, Stand: 1. April 2015, § 127 SGB XI Rn. 12.
[56] Gesetzesbegründung, BT-Drs. 17/10170, 20 (zu § 127 SGB XI).
[57] § 15 PflvDV, BGBl. 2012 I 2994.
[58] § 127 Abs. 1 S. 4 SGB XI.
[59] Abrufbar unter pkv.de.
[60] § 127 Abs. 1 S. 4 SGB XI.
[61] Gesetzesbegründung, BT-Drs. 17/10170, 20 (zu § 127 SGB XI); *Koch*, in: Kasseler Kommentar Sozialversicherungsrecht, Bd. 3, Stand: 1. April 2015, § 127 SGB XI Rn. 16.
[62] Unscharf in Bezug auf die Verpflichtung zum Beitritt: Gesetzesbegründung, BT-Drs. 17/10170, 20 (zu § 127 SGB XI); dies unkritisch übernehmend *Koch*, in: Kasseler Kommentar Sozialversicherungsrecht, Bd. 3, Stand: 1. April 2015, § 127 SGB XI Rn. 16.
[63] Anlage 1 Nr. 2 zum VAG; vgl. *Rolfs*, Das Versicherungsprinzip im Sozialversicherungsrecht, 2000, S. 43.
[64] Vgl. Rn. 6 ff. u. 26 ff.
[65] *Rolfs*, Das Versicherungsprinzip im Sozialversicherungsrecht, 2000, S. 43.
[66] *Isensee* FS Gitter 1995, 401; *Leube* NZS 2003, 449 f., 456.

die faktisch Sozialversicherungsträger geworden seien.[67] Die Verwobenheit von Privat- und Sozialversicherung zeigt sich auch darin, dass für Angelegenheiten der privaten Pflegepflichtversicherung der Rechtsweg zu den Sozialgerichten eröffnet ist,[68] wobei Beitragsansprüche der Versicherer vorab im Mahnverfahren vor dem Amtsgericht geltend gemacht werden können.[69]

Die Krankenversicherer, die die private Pflegepflichtversicherung betreiben, unterliegen auch hinsichtlich dieses Geschäfts der **vollumfänglichen Versicherungsaufsicht**. Die fraglichen Versicherer stellen – trotz des starken sozialrechtlichen Einschlags – keine Sozialversicherungsträger dar, weshalb der diesbezügliche Ausnahmetatbestand im Sinne von § 1 Nr. 1 iVm § 7 Nr. 33 VAG nicht greift. Die Versicherungsaufsicht zielt bei der Pflegepflichtversicherung wie bei der übrigen Privatversicherung auf die ausreichende Wahrung der Belange der Versicherten und die Sicherstellung der dauernden Erfüllbarkeit der Verträge. Diese Zielsetzung korrespondiert mit der Vorgabe des § 110 Abs. 1 Hs. 1 SGB XI. Die entsprechende Anwendbarkeit von § 146 Abs. 1 Nr. 1 bis 4, Abs. 2 und §§ 155 bis 157 sowie § 160 VAG rechtfertigt sich aus dem Gedanken, dass die Pflegepflichtversicherung die soziale Pflegeversicherung ersetzt, also Substitutivfunktion hat. Für eine derartige Versicherung bedarf es einer besonderen aufsichtsrechtlichen Einbettung, wie sie der Gesetzgeber auch für die substitutive Krankenversicherung im Sinne von § 146 VAG vorgenommen hat. Für die geförderte Pflegevorsorge gilt Entsprechendes, wenngleich diese keine Substitutivfunktion erfüllt. Hier werden allerdings wegen der Bedeutung ausreichenden Zusatzschutzes für den Pflegefall parallele Vorkehrungen vorgegeben, um eine staatliche Förderung rechtfertigen zu können. Bei der Anwendung der genannten aufsichtsrechtlichen Bestimmungen ist sowohl bei der Pflegepflicht- als auch bei der geförderten Pflegevorsorge das Primat der sozialrechtlichen Regelungen zu beachten. 36

§ 146 Abs. 1 Nr. 1 VAG erzwingt eine **Prämienkalkulation** auf versicherungsmathematischer Grundlage,[70] allerdings unter Berücksichtigung zahlreicher Einschränkungen gemäß § 110 bzw. § 127 SGB XI. Die Kalkulation erfolgt alters-, aber nicht geschlechtsabhängig. Heranzuziehen sind die Wahrscheinlichkeitstafeln und andere aussagekräftige statistische Daten, die die BaFin veröffentlicht (§ 59 VAG). 37

§ 146 Abs. 1 Nr. 2 VAG macht die Bildung einer **Alterungsrückstellung** notwendig. Damit ist das Anwartschaftsdeckungsverfahren maßgeblich, wenngleich dieses um Umlageelemente nach § 111 bzw. ggf. nach § 127 Abs. 2 S. 2 SGB XI ergänzt wird.[71] 38

Der nach **§ 146 Abs. 1 Nr. 3** VAG gebotene **Ausschluss des ordentlichen Kündigungsrechts** des Versicherers) wird in der privaten Pflegepflichtversicherung durch § 110 Abs. 1 Nr. 1, Abs. 3 Nr. 1 SGB XI überlagert, da hiernach für den Versicherer ein Kontrahierungszwang besteht. Bei der geförderten Pflegevorsorge besteht eine korrespondierende Vorgabe gemäß § 127 Abs. 2 S. 1 Nr. 3 SGB XI. Der Prämienänderungsvorbehalt gemäß § 146 Abs. 1 Nr. 3 VAG gilt uneingeschränkt auch für die private Pflegepflichtversicherung und die geförderte Pflegevorsorge. 39

Das **Tarifwechselrecht** des Versicherten, das **§ 146 Abs. 1 Nr. 4** VAG voraussetzt, ist in der privaten Pflegepflichtversicherung Ermangelung anderer geeigneter Tarife gegenstandslos, da die Versicherer regelmäßig nur einen entsprechenden Tarif anbieten. Entsprechendes dürfte für die geförderte Pflegevorsorge gelten. 40

Maßgeblich ist für die private Pflegepflichtversicherung und die geförderte Pflegevorsorge der **Gleichbehandlungsgrundsatz** in der Ausprägung gemäß **§ 146 Abs. 2** VAG. Hinsichtlich der Prämiengestaltung ist in der privaten Pflegepflichtversicherung auf die Maßgaben des § 110 SGB XI zu achten. 41

Prämienänderungen sind nur mit Zustimmung eines unabhängigen Treuhänders nach **§ 155** VAG zulässig. Für die Pflegeversicherung, bei der die Prämie nach Art der Lebensversicherung berechnet wird und bei der das ordentliche Kündigungsrecht des Versicherers ausgeschlossen ist, besteht im Rahmen des PSG II[72] gemäß § 143 SGB XI[73] ein Sonderanpassungsrecht für AVB und technische Berechnungsgrundlagen, für das § 155 Abs. 1 u. 2 VAG (Bezugnahme gilt noch § 12b Abs. 1 u. 1a VAG a. F.) ebenfalls heranzuziehen ist.[74] 42

Der Aufgabenbereich des **Verantwortlichen Aktuar**s nach **§ 156** VAG umfasst auch die private Pflegepflichtversicherung und die geförderte Pflegevorsorge. 43

Maßgeblich sind ferner die Vorgaben für den **Bedingungs- und Prämienänderungstreuhänder** nach **§ 157 VAG**. 44

---

[67] *Wittich* ZfV 1996, 294; *Lorenz* VW 2004, 1640, 1644; ähnlich *Igl* NJW 1994, 3185, 3192.

[68] § 51 Abs. 1 Nr. 2 SGG; so bereits zuvor *BSG*, Urt. v. 8.8.1996 – 3 BS 1/96, VersR 1998, 486, 487 f. = NZS 1996, 588.

[69] § 182a SGG.

[70] Vgl. *BVerfG* Urt. v. 3.4.2001 – 1 BvR 2014/95, VersR 2001, 627 = NJW 2001, 1709, 1711.

[71] Vgl. zur privaten Pflegepflichtversicherung *BVerfG* Urt. v. 3.4.2001 – 1 BvR 1681/94, VersR 2001, 627 = NJW 2001, 1707, 1709; *Wittich* ZfV 1996, 385; *Besche*, Die neue Pflegeversicherung, 1996,S. 38.

[72] BGBl. 2015 I 2424.

[73] Art. 2 Nr. 50 des PSG II.

[74] Vgl. im Einzelnen Gesetzesbegründung, BT-Drs. 18/5926, 145 (zu § 143 Abs. 2).

45 Schließlich findet auch **§ 160 VAG** Anwendung. Damit gilt im Ergebnis die auf dieser Rechtsgrundlage erlassene **Rechtsverordnung**, soweit sie entsprechende Regelungen enthalten.

46 **IV. Versichererwechsel bei der privaten Pflegepflichtversicherung (S. 2).** Bei der privaten Pflegepflichtversicherung ist nach Vorbild der substitutiven Krankenversicherung im Falle eines Versichererwechsels durch den Versicherungsnehmer diesem auch für die Pflegepflichtversicherung der **Übertragungswert** mitzugeben (§ 148 S. 2 VAG). Dieser ist gemäß § 14 Abs. 6 KVAV die Alterungsrückstellung. Im Übrigen gilt das zu § 146 VAG Gesagte.[75]

47 **V. Anwendungsbereich.** § 148 VAG gilt für inländische Versicherer (einschl. dem Sicherungsfonds für die substitutive Krankenversicherung).[76]

Für **EWR-ausländische Versicherer**, auf die die Solva II-Richtlinie Anwendung findet, gilt gemäß § 62 Abs. 1 S. 2 Nr. 5 VAG die Vorschrift des § 148 VAG nicht. Entgegen der Gesetzesbegründung, wonach § 62 VAG insoweit eigentlich unverändert sein soll,[77] wird damit aber eine nachhaltige inhaltliche Änderung vorgenommen. So sah das VAG vormals eine Anwendung der Vorgängervorschrift des § 12f VAG a. F. mit Ausnahme der Verweise auf § 12 Abs. 2 u. 3 VAG a. F. vor. Diese wiederum erst durch Art. 1 Nr. 46 lit. d Doppelbuchstabe aa des Gesetzes v. 10.12.2003[78] eingeführte Regelung stellte klar, dass die Maßgaben für die private Pflegepflichtversicherung (die geförderte Pflegevorsorge existierte noch nicht) im Grundsatz unabhängig vom Sitz der anbietenden Gesellschaft zu erfüllen sind.[79] Die fehlende Anwendbarkeit der in § 12f VAG a. F. in Bezug genommenen Vorschriften des § 12 Abs. 2 und 3 VAG a. F. trugen dem Umstand Rechnung, dass dem nationalen Gesetzgeber Vorgaben gegenüber EWR-ausländischen Versicherern im Bereich der Finanzaufsicht (zu denen diese genannten Vorschriften zu rechnen waren) aufgrund der insoweit ausschließlichen Sitzlandzuständigkeit generell entzogen sind. Vor diesem Hintergrund muss von einem Redaktionsversehen des Gesetzgebers ausgegangen werden. Im Ergebnis ist die Lücke daher nach Vorbild der früheren Rechtslage zu schließen. Das bedeutet, dass § 148 auch für die genannten Versicherer heranzuziehen ist. Ausgenommen hiervon ist lediglich die Geltung von § 156 VAG.

Für alle anderen ausländischen Versicherer ist § 148 VAG vollumfänglich maßgebend.[80]

Prämienzuschlag in der substitutiven Krankenversicherung

149 **[1]In der substitutiven Krankheitskostenversicherung ist spätestens mit Beginn des Kalenderjahres, das auf die Vollendung des 21. Lebensjahres des Versicherten folgt und endend in dem Kalenderjahr, in dem die versicherte Person das 60. Lebensjahr vollendet, für die Versicherten ein Zuschlag von 10 Prozent der jährlichen gezillmerten Bruttoprämie zu erheben. [2]Dieser ist der Alterungsrückstellung nach § 341f Absatz 3 des Handelsgesetzbuchs jährlich direkt zuzuführen und zur Prämienermäßigung im Alter nach § 150 Absatz 3 zu verwenden. [3]Für Versicherungen mit befristeten Vertragslaufzeiten nach § 195 Absatz 2 und 3 des Versicherungsvertragsgesetzes sowie bei Tarifen, die regelmäßig spätestens mit Erreichen der gesetzlichen Altersgrenze enden, sowie für den Notlagentarif nach § 153 gelten die Sätze 1 und 2 nicht.**

1 **I. Allgemeines. 1. Entstehungsgeschichte.** Für die substitutive Krankheitskostenversicherung ordnet § 149 VAG die Erhebung eines zehnprozentigen Prämienzuschlags an. Diese Vorgabe ist durch Art. 14 Nr. 2 des GKV-Gesundheitsreformgesetzes 2000 v. 22.12.1999[1] – seinerzeit als § 12 Abs. 4a VAG a. F. – eingefügt worden. Damit hat der Gesetzgeber eine Empfehlung der Unabhängigen Expertenkommission zur Untersuchung der Problematik steigender Beiträge der privat Krankenversicherten im Alter[2] aufgegriffen. Eine Änderung ist mit Art. 4 Nr. 2 lit. b des Gesetzes v. 15.7.2013 in Gestalt der Einbeziehung des Notlagentarifs erfolgt.[3] Mit Umsetzung der Solva II-Richtlinie ist § 12 Abs. 4a VAG a. F. **inhaltlich unverändert** in § 149 VAG überführt worden.[4]

---

[75] § 146 VAG Rn. 22.
[76] § 222 Abs. 4 S. 3 VAG.
[77] RegE VAG 2014 S. 293 (zu § 62 Abs. 1 VAG).
[78] BGBl. I 2478.
[79] Vgl. Gesetzesbegründung, BT-Drs. 15/1653, 29.
[80] § 65 Abs. 2, § 67 Abs. 2 VAG.
[1] BGBl. I 2626.
[2] Gutachten der Unabhängigen Expertenkommission zur Untersuchung der Problematik steigender Beiträge der privat Krankenversicherten im Alter, in: Verband der privaten Krankenversicherung e. V. [Hrsg.], Zu den Altersbeiträgen der Privatversicherten, PKV-Dokumentation 19, 1997, S. 19, 101.
[3] BGBl. I 2423.
[4] VAG RegE 2014 S. 271 (zu § 149 VAG).

2. Normzweck. Ziel des Prämienzuschlags ist es, im Zusammenwirken mit weiteren Maßnahmen[5] die **Steigerungen der Gesundheitskosten** im Alter **abzufangen.**[6] Dass der Gesetzgeber insofern eine entsprechende Vorsorge obligatorisch macht,[7] bildet zwar einen gewissen Fremdkörper in einer auf Vertragsfreiheit fußenden Wirtschaftsordnung,[8] ist aber im Hinblick auf das achtenswerte Ziel als noch verhältnismäßig und verfassungsrechtlich zulässig anzusehen. Der Prämienzuschlag zielt dabei auf eine möglichst hinreichende Dotierung der Alterungsrückstellung und weist insofern – wie die Alterungsrückstellung[9] – kollektiven Charakter auf.[10] 2

3. Europarechtlicher Hintergrund. Europarechtlich ist diese Maßgabe – entgegen vereinzelt geäußerter Vorbehalte[11] – zu rechtfertigen. Art. 206 Abs. 2 lit. b der **Solva II-Richtlinie** sieht die Bildung einer Alterungsrückstellung ausdrücklich vor. Die Bestimmung überlässt dabei die Entscheidung über die nähere Ausgestaltung dem nationalen Gesetzgeber. 3

II. Erhebung und Bemessung des Prämienzuschlags (S. 1). § 149 S. 1 VAG sieht die Erhebung eines zehnprozentigen Prämienzuschlags vor. **Bezugsgrundlage** ist die jährliche gezillmerte Bruttoprämie, die in Anlage I Teil A KVAV definiert ist. Diese Bezugsgröße gilt unabhängig davon, ob der Versicherer das Zillmerverfahren tatsächlich anwendet oder nicht, denn der Gesetzgeber hat insofern eine einheitliche Bezugsgröße vorgegeben, die nicht von der jeweiligen Praxis der Unternehmen abhängig gemacht wird.[12] Abzustellen ist auf die kalkulierte Bruttoprämie.[13] Eventuelle Risikozuschläge, die ohnehin keine Sparanteile zwecks Zuführung zur Alterungsrückstellung enthalten, bleiben außer Betracht.[14] Der Zuschlag ist nur in der substitutiven Krankheitskostenversicherung[15] verpflichtend.[16] Hierzu zählt – bereits von der Diktion her – nicht die private Pflegepflichtversicherung, für die ohnehin anderweitige Vorkehrungen gegen zu stark steigende Prämien im Alter getroffen worden sind.[17] Nicht zu erheben ist der Prämienzuschlag in der Krankentagegeldversicherung.[18] Bei ihr handelt es sich zwar um eine substitutive Krankenversicherung, nicht aber um eine substitutive Krankheitskostenversicherung.[19] Schließlich greift § 149 VAG nicht in der nicht-substitutiven Krankenversicherung ein,[20] selbst wenn diese nach Art der Lebensversicherung betrieben wird.[21] Der Erhebungszeitraum für den Zuschlag erstreckt sich zwingend auf die Zeit zwischen dem Beginn des Kalenderjahres, das auf die Vollendung des 21. Lebensjahrs des Versicherten folgt, und dem Kalenderjahr, in dem der Versicherte das 60. Lebensjahr vollendet. Dass der Gesetzgeber hinsichtlich des Endes nicht ausdrücklich auf das Ende des Kalenderjahres abstellt, lässt nur den Schluss zu, dass auf das Ende des Monats abzustellen ist, in dem der Versicherte das 60. Lebensjahr vollendet.[22] Die Festlegung für den Beginn erklärt sich aus dem Umstand, dass Jugendliche, die in der substitutiven Krankheitskostenversicherung mitversichert sind, nach ihrer Berufsausbildung oftmals versicherungspflichtig werden und daher aus der privaten Krankenversicherung wieder ausscheiden.[23] 4

III. Zuführung zur Alterungsrückstellung (S. 2). Der Prämienzuschlag ist gemäß § 149 S. 2 VAG der Alterungsrückstellung[24] zuzuführen und zur Prämienermäßigung nach § 150 Abs. 3 VAG[25] zu 5

[5] Vgl. Erläuterungen zu § 150 VAG.
[6] Vgl. Gutachten der Unabhängigen Expertenkommission zur Untersuchung der Problematik steigender Beiträge der privat Krankenversicherten im Alter, in: Verband der privaten Krankenversicherung e. V. [Hrsg.], Zu den Altersbeiträgen der Privatversicherten, PKV-Dokumentation 19, 1997,S. 89.
[7] Vgl. *Wasem*, Stand der Reformbestrebungen in der Krankenversicherung unter besonderer Berücksichtigung des Gutachtens der Kommission Krankenversicherung, 1997, S. 18.
[8] Vgl. *Sahmer* VersWissStud [11. Bd.], S. 145, 147.
[9] Vgl. § 146 VAG Rn. 14.
[10] *Abt/Hofer/Richter/Riedel/Zachow*, in: Der Aktuar 2003, 7, 10; *Bieback/ Brockmann/ Goertz* ZVersWiss 2006, 471, 478 f.; a. M. *Kirsten*, Der Tarif- und Versichererwechsel in der privaten Krankenversicherung, 2005, S. 182.
[11] *Sahmer* VersWissStud [11. Bd.], S. 145, 147 f.
[12] A. M. Langheid/Wandt/*Boetius* § 203 Rn. 284 f.
[13] Langheid/Wandt/*Boetius* § 203 Rn. 288.
[14] Langheid/Wandt/*Boetius* § 203 Rn. 289.
[15] Vgl. hierzu § 146 VAG Rn. 6 f.
[16] Diese Vorgabe lässt sich, auch wenn die Überschrift der Vorschrift weiter gefasst ist, nicht erweiternd auf die gesamte substitutive Krankenversicherung auslegen. Der schlagwortartigen Überschrift kommt insofern kein zusätzlicher Regelungscharakter zu.
[17] Vgl. Langheid/Wandt/*Boetius* § 203 Rn. 271.
[18] Vgl. Gutachten der Unabhängigen Expertenkommission zur Untersuchung der Problematik steigender Beiträge der privat Krankenversicherten im Alter, in: Verband der privaten Krankenversicherung e. V. [Hrsg.], Zu den Altersbeiträgen der Privatversicherten, 1997, S. 75.
[19] A. M. Langheid/Wandt/*Boetius* § 203 Rn. 274, wonach nur befristete Krankentagegeldversicherungen ausgenommen sein sollen.
[20] Langheid/Wandt/*Boetius* § 203 Rn. 276.
[21] Auch gemäß § 47 VAG ist § 149 VAG nicht anzuwenden.
[22] Langheid/Wandt/*Boetius* § 203 Rn. 279.
[23] Vgl. vormalige Gesetzesbegründung, BT-Drs. 14/1245, 119.
[24] Vgl. § 146 VAG Rn. 14 ff.
[25] Vgl. § 150 VAG Rn. 9.

verwenden. Die Zuführung zur Alterungsrückstellung ist eine Form der **Zuschreibung** im Sinne von § 341f Abs. 3 S. 1 Hs. 2 HGB.[26]

6 **IV. Ausnahmen (S. 3).** § 149 S. 3 VAG stellt klar, dass für **Versicherungen mit befristeten Vertragslaufzeiten** nach § 195 Abs. 2 u. 3 VVG kein Zuschlag zu erheben ist. Hintergrund der Ausnahmeregelung ist, dass sich hier die Problematik von Beitragssteigerungen im Alter nicht stellt.[27] Auch für Tarife, die regelmäßig spätestens mit Erreichen der gesetzlichen Altersgrenze enden, besteht keine derartige Verpflichtung. Gemeint sind hiermit **Beamtentarife**, die von § 149 VAG aber nur insoweit ausgenommen sind, als sie wegen einer Erhöhung des Beihilfesatzes zum Zeitpunkt der Pensionierung entsprechend befristet sind.[28] Bei Versicherungsverträgen, die vor dem 1.1.2000 geschlossen worden sind, bestehen bestimmte Maßgaben (§ 338 VAG). Schließlich gilt § 149 S. 1 u. 2 VAG nicht für den Notlagentarif (§ 153 VAG).

7 **V. Anwendungsbereich.** § 149 VAG gilt für in- und ausländische Unternehmen[29] (einschl. dem Sicherungsfonds für die substitutive Krankenversicherung)[30] gleichermaßen.

Gutschrift zur Alterungsrückstellung; Direktgutschrift

150 (1) [1]**Das Versicherungsunternehmen hat den Versicherten in der nach Art der Lebensversicherung betriebenen Krankheitskosten- und freiwilligen Pflegekrankenversicherung (Pflegekosten- und Pflegetagegeldversicherung) jährlich Zinserträge gutzuschreiben, die auf die Summe der jeweiligen zum Ende des vorherigen Geschäftsjahres vorhandenen positiven Alterungsrückstellung der betroffenen Versicherungen entfallen.** [2]**Diese Gutschrift beträgt 90 Prozent der durchschnittlichen, über die rechnungsmäßige Verzinsung hinausgehenden Kapitalerträge (Überzins).**

(2) [1]**Den Versicherten, die den Beitragszuschlag nach § 149 geleistet haben, ist bis zum Ende des Geschäftsjahres, in dem sie das 65. Lebensjahr vollenden, von dem nach Absatz 1 ermittelten Betrag der Anteil, der auf den Teil der Alterungsrückstellung entfällt, der aus diesem Beitragszuschlag entstanden ist, jährlich in voller Höhe direkt gutzuschreiben.** [2]**Der Alterungsrückstellung aller Versicherten sind von dem verbleibenden Betrag jährlich 50 Prozent direkt gutzuschreiben.** [3]**Der Prozentsatz nach Satz 2 erhöht sich ab dem Geschäftsjahr des Versicherungsunternehmens, das im Jahr 2001 beginnt, jährlich um 2 Prozent, bis er 100 Prozent erreicht hat.**

(3) [1]**Die Beträge nach Absatz 2 sind ab der Vollendung des 65. Lebensjahres des Versicherten zur zeitlich unbefristeten Finanzierung der Mehrprämien aus Prämienerhöhungen oder eines Teils der Mehrprämien zu verwenden, soweit die vorhandenen Mittel für eine vollständige Finanzierung der Mehrprämien nicht ausreichen.** [2]**Nicht verbrauchte Beträge sind mit der Vollendung des 80. Lebensjahres des Versicherten zur Prämiensenkung einzusetzen.** [3]**Zuschreibungen nach diesem Zeitpunkt sind zur sofortigen Prämiensenkung einzusetzen.** [4]**In der freiwilligen Pflegetagegeldversicherung können die Versicherungsbedingungen vorsehen, dass anstelle einer Prämienermäßigung eine entsprechende Leistungserhöhung vorgenommen wird.**

(4) [1]**Der Teil der nach Absatz 1 ermittelten Zinserträge, der nach Abzug der nach Absatz 2 verwendeten Beträge verbleibt, ist für die Versicherten, die am Bilanzstichtag das 65. Lebensjahr vollendet haben, für eine erfolgsunabhängige Beitragsrückerstattung festzulegen und innerhalb von drei Jahren zur Vermeidung oder Begrenzung von Prämienerhöhungen oder zur Prämienermäßigung zu verwenden.** [2]**Die Prämienermäßigung nach Satz 1 kann so weit beschränkt werden, dass die Prämie des Versicherten nicht unter die des ursprünglichen Eintrittsalters sinkt; der nicht verbrauchte Teil der Gutschrift ist dann zusätzlich gemäß Absatz 2 gutzuschreiben.**

1 **I. Allgemeines. 1. Entstehungsgeschichte.** § 150 VAG geht zurück auf Art. 1 Nr. 12 des Dritten Durchführungsgesetzes/EWG zum VAG v. 21.7.1994.[1] Die hierin niedergelegten Vorgaben bezüglich der Verwendung eines sog Überzinses sind – unter Berücksichtigung von Überlegungen der im Jahre 1994 vom BMF eingesetzten Unabhängigen Expertenkommission zur Untersuchung der Problematik

[26] Langheid/Wandt/*Boetius* § 203 Rn. 267.
[27] Vgl. vormalige Gesetzesbegründung, BT-Drs. 14/1245, 119.
[28] Vgl. vormalige Gesetzesbegründung, BT-Drs. 14/1245, 119; Gutachten der Unabhängigen Expertenkommission zur Untersuchung der Problematik steigender Beiträge der privat Krankenversicherten im Alter, in: Verband der privaten Krankenversicherung e. V. [Hrsg.], Zu den Altersbeiträgen der Privatversicherten, 1997, S. 75; Langheid/Wandt/*Boetius* § 203 Rn. 274.
[29] § 62 Abs. 2 S. 2 Nr. 5, § 65 Abs. 2, § 67 Abs. 2 VAG.
[30] § 222 Abs. 4 S. 3 VAG.
[1] BGBl. I 1630.

steigender Beiträge der privat Krankenversicherten im Alter[2] – fortentwickelt worden. Die entspreche Vorschrift (§ 12a VAG a. F.) ist demgemäß durch Art. 14 Nr. 3 des GKV-Gesundheitsreformgesetzes 2000 v. 22.12.1999[3] neu gefasst worden.[4] Mit Umsetzung der Solva II-Richtlinie ist diese Norm in § 150 VAG **leicht modifiziert** aufgegangen.[5]

2. Normzweck. § 150 VAG zielt auf eine **Begrenzung des Prämienanstiegs** im Alter. 2

3. Europarechtlicher Hintergrund. Mit § 150 VAG werden Vorgaben im Zusammenhang mit der Alterungsrückstellung gemacht, deren Bildung Gegenstand von Art. 206 Abs. 2 lit. b der **Solva II-Richtlinie** ist. Soweit darauf hingewiesen wird, dass derart explizite Vorgaben, wie sie § 150 VAG zum Gegenstand hat, in der Richtlinie nicht enthalten sind,[6] ist dies zutreffend. Daraus ergeben sich aber keine durchgreifenden Bedenken. Sofern Mitgliedstaaten von dem Wahlrecht des Art. 206 der Solva II-Richtlinie Gebrauch machen, kann es ihnen auch nicht verwehrt sein, Maßnahmen zu treffen, die letztlich auf eine ausreichende Dotierung der Alterungsrückstellung zielen. 3

II. Vorgaben für den Überzins (Abs. 1). § 150 **Abs. 1 S. 1** VAG gebietet eine **jährliche Gutschrift** von Zinserträgen an die Versicherten. Bezugspunkt der Erträge sind die Kapitalanlagen, welche die Alterungsrückstellung bedecken.[7] Zu berücksichtigen sind dabei nur die positiven Rückstellungen.[8] Die Vorgabe gilt für die nach Art der Lebensversicherung betriebene Krankheitskosten- und freiwillige Pflegekrankenversicherung (Pflegekosten- und Pflegetagegeldversicherung). Während die Pflegetagegeldversicherung somit von § 150 VAG erfasst wird, bleiben die Krankentagegeld- und Krankenhaustagegeldversicherung außen vor, da sich hier (aufgrund einer entsprechenden Beendigung der Verträge mit Erreichen der Altersgrenze) das Problem der Prämienerhöhung im Alter nicht stellt[9] bzw. keine gesetzlichen Maßgaben erforderlich macht. Nicht erfasst wird die anderen Grundsätzen folgende[10] private Pflegepflichtversicherung,[11] während wiederum die geförderte Pflegevorsorge[12] als freiwillige Pflegekrankenversicherung einbezogen ist. 4

Die Krankenversicherer unterliegen – ähnlich wie die Lebensversicherer – weitreichenden **Beschränkungen hinsichtlich der Verwendung** von erzielten **Gewinnen**. So stehen Versicherungsnehmern in der Lebensversicherung mindestens 90 Prozent der Nettoerträge aus denjenigen Kapitalanlagen zu, die für künftige Versicherungsleistungen vorgesehen sind;[13] bei Lebensversicherungsverträgen, denen noch genehmigte AVB zugrunde liegen (Verträge im Sinne von § 336 VAG und Art. 16 § 2 S. 2 des Dritten Durchführungsgesetzes/EWG zum VAG), ist geschäftsplanmäßig eine Überschussbeteiligung von mindestens 90 Prozent des Rohüberschusses festgelegt.[14] In der Krankenversicherung, die nach Art der Lebensversicherung betrieben wird, sind der Rückstellung für erfolgsabhängige Beitragsrückerstattung mindestens 80 Prozent der Summe aus dem gesamten Jahresüberschuss und den Aufwendungen für erfolgsabhängige Beitragsrückerstattung zuzuführen, wobei gutgeschriebene Überzinsen abzuziehen sind.[15] 5

§ 150 Abs. 1 VAG hat diese Gutschrift zum Gegenstand, die 90 Prozent der durchschnittlichen, über die rechnungsmäßige Verzinsung hinausgehenden Kapitalerträge (des sog. Überzinses) ausmacht (§ 150 **Abs. 1 S. 2** VAG),[16] wobei der **Überzins** nach Maßgabe von § 19 KVAV ermittelt wird. 6

Die Maßgaben finden sowohl in der Lebens- als auch in der Krankenversicherung im Wesentlichen ihre Rechtfertigung in einer auf vorsichtigen Rechnungsgrundlagen beruhenden **Kalkulation**. Diese führt zwangsläufig zu Überschüssen, so dass es ein Gebot der Gerechtigkeit ist, die Versicherten hieran zu beteiligen.[17] Allerdings ist die Vorstellung, dass die diesbezüglichen Prämien vom Versicherer nur zu verwalten seien,[18] irrig, denn die Prämien bilden die Gegenleistung für die Leistungen des Versicherers und gehen demzufolge vollständig in dessen Eigentum über. Bei der Krankenversicherung gewinnt hierüber hinaus noch ein weiterer Umstand Bedeutung, der ebenfalls in der Prämienkalkulation begründet liegt. Diese vermag zwar absehbare Entwicklungen zu berücksichtigen, hingegen bleiben 7

---

[2] Vgl. Gutachten der Unabhängigen Expertenkommission zur Untersuchung der Problematik steigender Beiträge der privat Krankenversicherten im Alter, in: Verband der privaten Krankenversicherung e. V. [Hrsg.], Zu den Altersbeiträgen der Privatversicherten, PKV-Dokumentation 19, 1997, S. 15 ff.
[3] BGBl. I 2626.
[4] Endgültige Fassung gemäß Beschlussempfehlung des Vermittlungsausschusses, BT-Drs. 14/2369, 30 f.
[5] VAG RegE 2014, 271 (zu § 150 VAG).
[6] *Sahmer* VersWissStud [11. Bd.], S. 145, 146 f.
[7] Langheid/Wandt/*Boetius* § 203 Rn. 296.
[8] Langheid/Wandt/*Boetius* § 203 Rn. 302.
[9] Vgl. vormalige Gesetzesbegründung, BR-Drs. 23/94, 180; Langheid/Wandt/*Boetius* § 203 Rn. 304.
[10] Langheid/Wandt/*Boetius* § 203 Rn. 306.
[11] § 148 VAG Rn. 5 ff.
[12] § 148 VAG Rn. 24 ff.
[13] § 6 MindZV.
[14] Vgl. nur *Lorenz* ZVersWiss 1993, 283, 286; *Basedow* ZVersWiss 1992, 419, 424.
[15] § 22 Abs. 1 KVAV.
[16] Langheid/Wandt/*Boetius* § 203 Rn. 296.
[17] Vgl. vormalige Gesetzesbegründungen zu § 81c und § 81d VAG a. F., BR-Drs. 23/94, 251, 254.
[18] *Basedow* ZVersWiss 1992, 419, 424.

kostensteigernde Entwicklungen wie die Inflation und die mit dem technischen Fortschritt verbundenen Weiterungen (etwa neue Untersuchungs- und Behandlungsmethoden) unberücksichtigt.[19]

8 Die Vorgaben werden mitunter in verfassungsrechtlicher Hinsicht problematisiert. Das gilt zum einen für den Eingriff in den unternehmerischen Handlungsspielraum als solchen.[20] Zum anderen wird darauf hingewiesen, dass die zur Erfüllung der Solvabilitätsanforderungen erforderlichen Eigenmittel aus dem Überschuss gebildet werden müssten, der durch die Überzinszuschreibung erheblich gemindert werde.[21] Im Hinblick auf den Zweck einer Prämienverstetigung im Alter und unter Berücksichtigung der insoweit schützenswerten Interessen der Versicherten ist der Eingriff des § 150 VAG in die unternehmerische Handlungsfreiheit als **nicht unverhältnismäßig** anzusehen, auch wenn er dazu führt, dass den Unternehmen der Einsatz von Mitteln zu anderen Zwecken, etwa für Barausschüttungen bei schadenfreiem Versicherungsverlauf, erschwert wird.[22] Eine Beeinträchtigung der Solvabilität der Unternehmen ist weder dargetan noch ersichtlich.[23]

9 **III. Zuführung zur Alterungsrückstellung (Abs. 2 u. 3).** Der Überzins ist den Versicherten jährlich gutzuschreiben (§ 150 Abs. 1 S. 1 VAG). Dabei ist zunächst den Versicherten, die einen Beitragszuschlag nach § 149 VAG gezahlt haben, der Anteil, der auf den Teil der Alterungsrückstellung, der aus diesem Beitragszuschlag entstanden ist, gutzubringen. Das gilt bis zum Ende des Geschäftsjahres, in dem die Versicherten das 65. Lebensjahr vollenden (§ 150 **Abs. 2 S. 1** VAG). Von dem verbleibenden Betrag sind der Alterungsrückstellung 50 Prozent zuzuführen (§ 150 **Abs. 2 S. 2** VAG), wobei sich dieser Prozentsatz seit dem Geschäftsjahr 2001 jährlich um zwei Prozent erhöht, bis 100 Prozent erreicht sind (§ 150 **Abs. 2 S. 3** VAG). Damit wird ein vollständiger Übergang zu einer **verursachungsgerechten Überzinsbeteiligung** vollzogen, für den nur deshalb ein Zeitraum von 25 Jahren festgeschrieben ist, weil gegenwärtig noch immer weitergehende Vorkehrungen zur Prämienstabilisierung im Alter nach § 150 Abs. 4 VAG erforderlich sind.[24] Hierdurch soll insbesondere die **Realwertsicherung** der Alterungsrückstellung erreicht werden.[25] Ab Vollendung des 65. Lebensjahres des Versicherten sind die der Alterungsrückstellung zugeführten Beträge zur Prämienentlastung einzusetzen (§ 150 **Abs. 3 S. 1** VAG). Nicht verbrauchte Beträge sind mit Vollendung des 80. Lebensjahres des Versicherten zur Prämiensenkung einzusetzen (§ 150 **Abs. 3 S. 2** VAG). Nach dem 80. Lebensjahr ist die Direktgutschrift zur sofortigen Prämiensenkung zu verwenden (§ 150 **Abs. 3 S. 3** VAG). In der freiwilligen Pflegetagegeldversicherung kann anstelle einer Prämienermäßigung[26] eine Leistungserhöhung vorgenommen werden (§ 150 **Abs. 3 S. 4** VAG), da bei dieser Versicherung, die Summenversicherung ist, nicht mit erheblichen Prämienerhöhungen zu rechnen ist.[27] Die Leistungserhöhung erfolgt in Gestalt einer Erhöhung des Pflegetagegelds.[28]

10 **IV. Nicht verursachungsgerechte Überzinsbeteiligung (Abs. 4).** Die verbleibenden Beträge, die aufgrund der stetigen Erhöhung der Zuführung zur Alterungsrückstellung nach § 150 Abs. 2 S. 3 VAG von Jahr zu Jahr prozentual abnehmen und innerhalb eines Zeitraums von 25 Jahren ab 2001 auf Null sinken werden,[29] sind für Versicherte, die das 65. Lebensjahr vollendet haben (unabhängig davon, ob sie selber einen Prämienzuschlag nach § 149 VAG gezahlt haben oder nicht)[30], für eine **erfolgsunabhängige Beitragsrückerstattung** festzulegen und innerhalb von drei Jahren zur Prämienbegrenzung einzusetzen (sog nicht verursachungsgerechte Überzinsbeteiligung, § 150 **Abs. 4 S. 1** VAG).[31] Soweit dies zu einer Absenkung der Prämie unter die des ursprünglichen Eintrittsalters führt, kann an Stelle einer Prämienermäßigung eine Gutschrift nach § 150 Abs. 2 erfolgen (§ 12a **Abs. 4 S. 2** VAG). Unter dem Strich ist festzuhalten, dass die nicht verursachungsgerechte Überzinsbeteiligung nach § 150 Abs. 4 VAG zurückgeführt und schließlich – der Empfehlung der Unabhängigen Expertenkommission zur Untersuchung der Problematik steigender Beiträge der privat Krankenversicherten im Alter gemäß[32] – vollständig abgebaut wird.

---

[19] Langheid/Wandt/*Boetius* § 203 Rn. 299.
[20] *Sahmer* VersWissStud [11. Bd.], S. 145, 146.
[21] *Sahmer* VersWissStud [11. Bd.], S. 145, 146.
[22] Vgl. vormalige Gesetzesbegründung, BT-Drs. 14/1245, 120.
[23] Vgl. vormalige Gesetzesbegründung, BT-Drs. 14/1245, 121.
[24] Vgl. vormalige Gesetzesbegründung, BT-Drs. 14/1245, 120 f.; zur Verteilung dieser Beträge vgl. § 20 KVAV.
[25] Vgl. Gutachten der Unabhängigen Expertenkommission zur Untersuchung der Problematik steigender Beiträge der privat Krankenversicherten im Alter, in: Verband der privaten Krankenversicherung e. V. [Hrsg.], Zu den Altersbeiträgen der Privatversicherten, PKV-Dokumentation 19, 1997,S. 57 ff.; Langheid/Wandt/*Boetius* § 203 Rn. 299.
[26] Speziell zu dieser Maßgabe vgl. Langheid/Wandt/*Boetius* § 203 Rn. 322.
[27] Vgl. vormalige Gesetzesbegründung, BR-Drs. 23/94, 181.
[28] Langheid/Wandt/*Boetius* § 203 Rn. 322.
[29] Vgl. vormalige Gesetzesbegründung, BT-Drs. 14/1245, 120.
[30] Vgl. BaFin-Verlautbarung VerBaFin 5/2006, 2 f.
[31] Zur Verteilung der entsprechenden Beträge vgl. § 21 KVAV.
[32] Vgl. Gutachten der Unabhängigen Expertenkommission zur Untersuchung der Problematik steigender Beiträge der privat Krankenversicherten im Alter, in: Verband der privaten Krankenversicherung e. V. [Hrsg.], Zu den Altersbeiträgen der Privatversicherten, PKV-Dokumentation 19, 1997,S. 16 f.

V. Anwendungsbereich. § 150 VAG ist für in- und ausländische Unternehmen (einschl. dem Sicherungsfonds für die substitutive Krankenversicherung)[33] gleichermaßen maßgeblich,[34] für EWR-ausländische Versicherer, die in den Anwendungsbereich der Solva II-Richtlinie fallen, gilt allerdings nur § 150 Abs. 1 bis 3 VAG.[35] 11

Überschussbeteiligung der Versicherten

151 (1) **§ 139 Absatz 1 und 2 Satz 1 und 2 sowie § 140 Absatz 1 mit Ausnahme von § 140 Absatz 1 Satz 2 Nummer 2 und 3 sind auf Krankenversicherungsverträge, die eine erfolgsabhängige Beitragsrückerstattung der Versicherten vorsehen, entsprechend anzuwenden.**

(2) [1]**In der nach Art der Lebensversicherung betriebenen Krankenversicherung liegt ein die Belange der Versicherten gefährdender Missstand auch dann vor, wenn keine angemessene Zuführung zur Rückstellung für erfolgsabhängige Beitragsrückerstattung erfolgt.** [2]**Das ist, soweit nicht eine Überschussbeteiligung nach der Art des Geschäfts ausscheidet, insbesondere dann anzunehmen, wenn die Zuführung zur Rückstellung für erfolgsabhängige Beitragsrückerstattung eines Krankenversicherungsunternehmens nicht dem in der Rechtsverordnung nach § 160 Satz 1 Nummer 6 festgelegten Zuführungssatz entspricht.**

(3) **Die Aufsichtsbehörde kann verlangen, dass ihr ein Plan zur Sicherstellung angemessener Zuführungen zur Rückstellung für erfolgsabhängige Beitragsrückerstattung (Zuführungsplan) vorgelegt wird, wenn die Zuführung zur Rückstellung nicht den Mindestanforderungen der Rechtsverordnung nach § 160 Satz 1 Nummer 6 entspricht.**

I. Allgemeines. 1. Entstehungsgeschichte. § 151 VAG geht zurück auf Art. 1 Nr. 39 des Dritten Durchführungsgesetzes/ EWG zum VAG vom 21.7.1994 (§ 81d VAG a. F.).[1] Änderungen, die mit Art. 1 Nr. 33 des Gesetzes v. 21.12.2000[2] und diese Änderung mit aufnehmend mit Art. 15 Nr. 2 des Gesetzes v. 23.10.2012[3] vollzogen worden, finden sich nach Umsetzung der Solva II-Richtlinie und der Überführung in § 151 VAG **entgegen der** hierfür gegebenen **Gesetzesbegründung**, die von einer inhaltlich unveränderten Regelung spricht,[4] in der Vorschrift nicht mehr wieder, sondern lediglich in der Verordnungsermächtigung des § 160 S. 1 Nr. 6 VAG. 1

2. Normzweck. Mit § 151 VAG soll eine **ausreichende Mindestzuführung** zur Rückstellung für erfolgsabhängige Beitragsrückerstattung sichergestellt werden. Hintergrund ist, dass Überschüsse hier ähnlich wie in der Lebensversicherung[5] Folge einer aufsichtsrechtlich vorgegebenen vorsichtigen Prämienkalkulation sind. Für die Krankenversicherung enthalten § 146 Abs. 1 Nr. 1 VAG und die Rechtsverordnung nach § 160 Nr. 1 VAG diesbezügliche Vorgaben. Bereits aus Gründen der Gerechtigkeit sind den Versicherten daher entsprechende Überschüsse gutzubringen.[6] 2

3. Europarechtlicher Hintergrund. In der **Solva II-Richtlinie** findet sich ebenso wenig wie in dem vorangegangenen Richtlinienrecht eine korrespondierende Vorgabe. Letztlich gründet § 151 VAG jedoch auf dem europäisch vorgegebenen Ziel der Aufsicht, nämlich dem Schutz der Versicherten.[7] 3

II. Entsprechende Anwendbarkeit aufsichtsrechtlicher Vorschriften (Abs. 1). § 151 Abs. 1 VAG sieht für Krankenversicherungsverträge, die eine **erfolgsabhängige Beitragsrückerstattung** vorsehen, die entsprechende Anwendbarkeit bestimmter aufsichtsrechtlicher Vorschriften zur Lebensversicherung vor. Die Aufnahme dieser Bestimmung in § 151 VAG rekurriert dabei auf die vormaligen Festlegungen in § 56a und § 56b VAG a. F., soweit diese nicht nur auf die Lebensversicherung bezogen waren. Mit der Neuordnung des Gesetzes im Zuge der Umsetzung der Solva II-Richtlinie, das zu separaten Abschnitten für die Lebens-, Kranken- und sonstige Nichtlebensversicherung geführt hat, erwies sich die Ergänzung um einen neuen Absatz im Unterschied zur Vorgängerregelung des § 81d VAG a. F. als nötig. Absatz 1 enthält dabei – anders als Absatz 2 – keine ausdrückliche Beschränkung auf die nach Art der Lebensversicherung betriebene Krankenversicherung, sondern stellt nur darauf ab, dass Krankenversicherungsverträge eine erfolgsabhängige Beitragsrückerstattung vorsehen. Das ist allerdings regelmäßig nur der Fall, wenn eine nach Art der Lebensversicherung betriebene Krankenversicherung 4

[33] § 222 Abs. 4 S. 3 VAG.
[34] § 65 Abs. 2, § 67 Abs. 2 VAG.
[35] § 62 Abs. 1 S. 2 Nr. 5 VAG.
[1] BGBl. I 1630.
[2] BGBl. I 1857.
[3] BGBl. I 2246.
[4] VAG RegE 2014, S. 272 (zu § 151 VAG).
[5] Vgl. § 138 VAG Rn. 4 ff.
[6] Vgl. vormalige Gesetzesbegründung, BR-Drs. 23/94, 254 (zu § 81d VAG); Prölss/*Kollhosser* 12. Aufl., § 81d Rn. 2.
[7] Art. 27 Solva II-RL.

gegeben ist. Insoweit dürfte diese Voraussetzung auch in Absatz 1 hineinzulesen sein. Dafür spricht auch, dass die in Bezug genommenen Vorschriften der Lebensversicherung zugeordnet sind.

5 Anwendbar sind § 139 Abs. 1 u. 2 S. 1 u. 2 sowie § 140 Abs. 1 S. 1, S. 2 Nr. 1 u. S. 3 VAG. Das bedeutet, dass somit auch in Bezug auf die nach Art der Lebensversicherung betriebene Krankenversicherung gesetzliche Maßgaben für die Zuweisung der Überschüsse,[8] die Zuweisungsbefugnis[9] sowie den Verwendungszweck bestehen.[10] Im **Unterschied zur Lebensversicherung** ist dabei zu berücksichtigen, dass im VVG keine Regelung zur Überschussbeteiligung in der Krankenversicherung enthalten ist. Auch § 151 VAG begründet keinen zivilrechtlichen Anspruch.[11] Dies bedenkend kann insofern auf die Erläuterungen zu § 139 und § 140 VAG verwiesen werden.

6 **III. Zuführung zur Rückstellung (Abs. 2).** Für die nach Art der Lebensversicherung betriebene Krankenversicherung, die die substitutive Krankenversicherung im Sinne von § 146 VAG[12], die in § 147 VAG bezeichnete Krankenversicherung[13] sowie die Pflegepflicht-[14] und die geförderte Pflegevorsorge[15] umfasst, definiert § 151 Abs. 2 **S. 1** VAG eine nicht angemessene Zuführung zur Rückstellung für erfolgsabhängige Beitragsrückerstattung als **Missstand**. Die gewählte Formulierung verrät den ursprünglichen Standort der Regelung in § 81d VAG, der in Ergänzung zur Ausrichtung der Aufsicht auf eine Vermeidung und Beseitigung von Missständen (§ 81 Abs. 2 S. 1 u. 2 VAG a. F.) einen besonderen Missstand definierte. Dieser räumlich unmittelbare Kontext ist aufgrund der Neuordnung des Gesetzes etwas verloren gegangen. Er ist aber trotzdem noch in Gestalt von § 298 Abs. 1 VAG vorhanden. Das erklärt auch die unverändert gewählte Begrifflichkeit nicht nur die des Missstandes, sondern auch die Wortwahl „auch dann". Eine nicht angemessene Zuführung zur Rückstellung für erfolgsabhängige Beitragsrückerstattung berechtigt danach zu einem Einschreiten der Aufsicht. Aus § 151 Abs. 2 VAG kann aber kein darüber hinausgehender Tatbestand abgeleitet werden. Vielmehr bleibt insoweit nur der Rekurs auf § 298 Abs. 1 VAG.

7 Keine angemessene Zuführung zur Rückstellung für erfolgsabhängige Beitragsrückerstattung liegt gemäß § 151 Abs. 2 **S. 2** VAG vor, wenn der in § 22 KVAV genannte **Zuführungssatz** nicht eingehalten wird. Eine Ausnahme besteht dann, wenn eine Überschussbeteiligung nach der Art des Geschäfts ausscheidet. Das Gesetz selber lässt Raum auch für andere Fallgestaltungen, in denen keine angemessene Zuführung gegeben ist.[16] Das wird deutlich durch den Zusatz „insbesondere". Für die substitutive Krankenversicherung (§ 146 Abs. 1 VAG), die private Pflegepflichtversicherung und die geförderte Pflegevorsorge (§ 148 S. 1 VAG) gelten jeweils gesonderte Zuführungssätze. Das ergibt sich – anders als nach früherem Recht – nicht mehr aus der Vorschrift über die Überschussbeteiligung der Versicherten selber, sondern aus der in § 160 S. 1 Nr. 6 VAG separat enthaltenen Ermächtigungsgrundlage für den Erlass einer entsprechenden Rechtsverordnung. Die Vorgabe gesonderter Zuführungssätze hat der Gesetzgeber für erforderlich gehalten, da die versicherten Personenkreise nicht identisch sind.[17] Die maßgebliche Rechtsverordnung sieht demgemäß entsprechende Prozentsätze aus der Summe von Jahresüberschuss und Aufwendungen für die erfolgsabhängige Beitragsrückerstattung vor. Bei der Berechnung der Mindestzuführung sind Erträge zu berücksichtigen, die den Versicherten gemäß § 150 Abs. 1 VAG gutgebracht worden sind.[18] Ferner ist dem durchschnittlichen Solvabilitätsbedarf des Versicherers Rechnung zu tragen.

8 **IV. Zuführungsplan (Abs. 3).** Entspricht die Zuführung zur Rückstellung für erfolgsabhängige Beitragsrückerstattung nicht den Anforderungen der Rechtsverordnung nach § 160 S. 1 Nr. 6 VAG kann die Aufsicht die Vorlage eines Plans zur Sicherstellung angemessener Zuführungen (sog **Zuführungsplan**) verlangen. Diese Entscheidung steht im Ermessen der Aufsicht. Ihr ist es unter Wahrung des Verhältnismäßigkeits- und des Proportionalitätsgrundsatzes (§ 296 VAG) unbenommen, auch anderweitige Maßnahmen gestützt auf § 298 Abs. 1 S. 1 iVm § 151 Abs. 2 S. 1 VAG zu treffen. § 151 Abs. 3 VAG eröffnet der Aufsicht lediglich eine zusätzliche Option. Die Vorschrift entfaltet insofern aber keine Sperrwirkung. Für die Lebensversicherung gibt es mit § 140 Abs. 3 Nr. 1 VAG eine parallele Regelung, von der sich der Gesetzgeber auch für die Krankenversicherung hat leiten lassen.[19] Insofern gilt das zur Lebensversicherung Gesagte hier entsprechend.[20]

---

[8] Vgl. § 139 VAG Rn. 6.
[9] Vgl. § 139 VAG Rn. 12–14.
[10] Vgl. § 139 VAG Rn. 4 f., 8.
[11] Prölss/*Kollhosser* 12. Aufl., § 81d Rn. 1.
[12] Vgl. § 146 VAG Rn. 5 ff.
[13] Vgl. § 147 VAG Rn. 1 f.
[14] Vgl. § 146 VAG Rn. 9, § 148 VAG Rn. 5 ff.
[15] Vgl. § 148 VAG Rn. 24 ff.
[16] Prölss/*Kollhosser* 12. Aufl., § 81d Rn. 5.
[17] Vgl. Gesetzesbegründungen BT-Drs. 14/4453, 85 (zu § 81d VAG) u. 17/10170, 28 (zu § 81d VAG).
[18] Vgl. § 22 Abs. 1 S. 4 KVAV; s. ferner vormalige Gesetzesbegründung BR-Drs. 23/94, 254n (zu § 81d VAG); Langheid/Wandt/*Boetius* § 203 Rn. 339.
[19] Gemeint ist die Vorgängervorschrift des § 81c Abs. 1 S. 4 (später S. 3) VAG a. F., vgl. Gesetzesbegründung BR-Drs. 23/94, 254 (zu § 81d VAG).
[20] § 140 VAG Rn. 10.

V. Anwendungsbereich. § 151 VAG gilt für in- und ausländische Versicherer[21] (einschl. dem Sicherungsfonds für die substitutive Krankenversicherung).[22] **Ausgenommen** sind aber **EWR-ausländische Versicherer**, die in den Anwendungsbereich der Solva II-Richtlinie fallen.[23] Das ist nicht konsequent, da § 151 VAG der rechtlichen Aufsicht im Sinne von § 294 Abs. 3 VAG und nicht der Finanzaufsicht im Sinne von § 294 Abs. 4 VAG zuzurechnen ist. § 151 VAG dient nämlich nicht dem Solvenzschutz (nur insoweit hat der deutsche Gesetzgeber für die genannten Versicherer als Folge des Sitzlandsprinzips keine Regelungskompetenz),[24] sondern dient dem Schutz der Versicherten.[25] 9

Basistarif

152 (1) [1] **Versicherungsunternehmen mit Sitz im Inland, die die substitutive Krankenversicherung betreiben, haben einen branchenweit einheitlichen Basistarif anzubieten, dessen Vertragsleistungen in Art, Umfang und Höhe jeweils den Leistungen nach dem Dritten Kapitel des Fünften Buches Sozialgesetzbuch, auf die ein Anspruch besteht, vergleichbar sind.** [2] **Der Basistarif muss jeweils eine Variante vorsehen für**

1. **Kinder und Jugendliche; bei dieser Variante werden bis zur Vollendung des 21. Lebensjahres keine Alterungsrückstellungen gebildet und**
2. **Personen, die nach beamtenrechtlichen Vorschriften oder Grundsätzen bei Krankheit Anspruch auf Beihilfe haben sowie für deren berücksichtigungsfähige Angehörige; bei dieser Variante sind die Vertragsleistungen auf die Ergänzung der Beihilfe beschränkt.**

[3] **Den Versicherten muss die Möglichkeit eingeräumt werden, Selbstbehalte von 300, 600, 900 oder 1 200 Euro zu vereinbaren und die Änderung der Selbstbehaltsstufe zum Ende des vertraglich vereinbarten Zeitraums mit einer Frist von drei Monaten zu verlangen.** [4] **Die vertragliche Mindestbindungsfrist für Verträge mit Selbstbehalt im Basistarif beträgt drei Jahre; führt der vereinbarte Selbstbehalt nicht zu einer angemessenen Reduzierung der Prämie, kann der Versicherungsnehmer vom Versicherer jederzeit eine Umstellung des Vertrags in den Basistarif ohne Selbstbehalt verlangen; die Umstellung muss innerhalb von drei Monaten erfolgen.** [5] **Für Beihilfeberechtigte ergeben sich die möglichen Selbstbehalte aus der Anwendung des durch den Beihilfesatz nicht gedeckten Prozentsatzes auf die Werte 300, 600, 900 oder 1 200 Euro.** [6] **Der Abschluss ergänzender Krankheitskostenversicherungen ist zulässig.**

(2) [1] **Der Versicherer ist verpflichtet, folgenden Personen eine Versicherung im Basistarif zu gewähren:**

1. **allen freiwillig in der gesetzlichen Krankenversicherung Versicherten innerhalb von sechs Monaten nach Beginn der im Fünften Buch Sozialgesetzbuch vorgesehenen Wechselmöglichkeit im Rahmen ihres freiwilligen Versicherungsverhältnisses,**
2. **allen Personen mit Wohnsitz in Deutschland, die nicht in der gesetzlichen Krankenversicherung versicherungspflichtig sind, nicht zum Personenkreis nach Nummer 1 oder § 193 Absatz 3 Satz 2 Nummer 3 und 4 des Versicherungsvertragsgesetzes gehören und die nicht bereits eine private Krankheitskostenversicherung mit einem in Deutschland zum Geschäftsbetrieb zugelassenen Versicherungsunternehmen vereinbart haben, die der Pflicht nach § 193 Absatz 3 des Versicherungsvertragsgesetzes genügt,**
3. **allen Personen, die beihilfeberechtigt sind oder vergleichbare Ansprüche haben, soweit sie zur Erfüllung der Pflicht nach § 193 Absatz 3 Satz 1 des Versicherungsvertragsgesetzes ergänzenden Versicherungsschutz benötigen, sowie**
4. **allen Personen mit Wohnsitz in Deutschland, die eine private Krankheitskostenversicherung mit einem in Deutschland zum Geschäftsbetrieb zugelassenen Versicherungsunternehmen vereinbart haben und deren Vertrag nach dem 31. Dezember 2008 abgeschlossen wurde.**

[2] **Ist der private Krankheitskostenversicherungsvertrag vor dem 1. Januar 2009 abgeschlossen, kann bei Wechsel oder Kündigung des Vertrags der Abschluss eines Vertrags im Basistarif beim eigenen oder bei einem anderen Versicherungsunternehmen unter Mitnahme der Alterungsrückstellungen gemäß § 204 Absatz 1 des Versicherungsvertragsgesetzes nicht verlangt werden.** [3] **Der Antrag nach Satz 1 muss bereits dann angenommen werden, wenn bei einer Kündigung eines Vertrags bei einem anderen Versicherer die Kündigung nach § 205 Absatz 1 Satz 1 des Versicherungsvertragsgesetzes noch nicht wirksam geworden ist.** [4] **Der Antrag darf**

[21] § 65 Abs. 2, § 67 Abs. 2 VAG.
[22] § 222 Abs. 4 S. 3 VAG.
[23] Vgl. § 62 Abs. 1 S. 2 Nr. 5 VAG.
[24] Vgl. § 1 VAG Rn. 60.
[25] So bereits zu § 81d VAG a. F. Prölss/*Kollhosser* 12. Aufl., § 81d Rn. 4.

nur abgelehnt werden, wenn der Antragsteller bereits bei dem Versicherer versichert war und der Versicherer

1. den Versicherungsvertrag wegen Drohung oder arglistiger Täuschung angefochten hat oder

2. vom Versicherungsvertrag wegen einer vorsätzlichen Verletzung der vorvertraglichen Anzeigepflicht zurückgetreten ist.

(3) [1]**Der Beitrag für den Basistarif ohne Selbstbehalt und in allen Selbstbehaltsstufen darf den Höchstbeitrag der gesetzlichen Krankenversicherung nicht überschreiten.** [2]**Dieser Höchstbeitrag ergibt sich aus der Multiplikation des allgemeinen Beitragssatzes zuzüglich des durchschnittlichen Zusatzbeitragssatzes nach § 242a Absatz 2 des Fünften Buches Sozialgesetzbuch mit der jeweils geltenden Beitragsbemessungsgrenze in der gesetzlichen Krankenversicherung.** [3]**Für Personen mit Anspruch auf Beihilfe nach beamtenrechtlichen Grundsätzen gelten die Sätze 1 und 2 mit der Maßgabe, dass an die Stelle des Höchstbeitrags der gesetzlichen Krankenversicherung ein Höchstbeitrag tritt, der dem prozentualen Anteil des die Beihilfe ergänzenden Leistungsanspruchs entspricht.**

(4) **Besteht Hilfebedürftigkeit im Sinne des Zweiten oder des Zwölften Buches Sozialgesetzbuch oder würde allein durch die Zahlung des Beitrags nach Absatz 3 Satz 1 oder 3 Hilfebedürftigkeit entstehen, vermindert sich der Beitrag für die Dauer der Hilfebedürftigkeit oder für die Zeit, in der Hilfebedürftigkeit entstehen würde, um die Hälfte; die Hilfebedürftigkeit ist vom zuständigen Träger nach dem Zweiten oder dem Zwölften Buch Sozialgesetzbuch auf Antrag des Versicherten zu prüfen und zu bescheinigen.**

(5) **Die Beiträge für den Basistarif ohne die Kosten für den Versicherungsbetrieb werden auf der Basis gemeinsamer Kalkulationsgrundlagen einheitlich für alle beteiligten Unternehmen ermittelt.**

Übersicht

Schrifttum: *Baier*, Der Basistarif der privaten Krankenversicherung, 2012; *Rosenbrock*, Die risikogerechte Übertragung von Alterungsrückstellungen in der Privaten Krankenversicherung, 2012; *Sodan* (Hrsg.), Handbuch des Krankenversicherungsrechts, 2. Aufl., 2014.

1 **I. Allgemeines. 1. Entstehungsgeschichte.** Die Schaffung des Basistarifs zum 1.1.2009, wie er nun in § 152 VAG verankert ist, geht zurück auf Art. 44 Nr. 5 des GKV-Wettbewerbsstärkungsgesetzes v. 26.3.2007.[1] Verbunden war dies mit einer teils parallelen Regelung im VVG, die hierüber hinausgehend unter anderem eine Versicherungspflicht für alle Personen mit inländischem Wohnsitz statuiert hat.[2] In Bezug auf das VAG sind später noch folgende Ergänzungen vorgenommen worden. Durch Art. 2 Nr. 2 des Gesetzes v. 24.4.2013[3] ist die Regelung zum Selbstbehalt beim Basistarif modifiziert worden. Durch Art. 11 des GKV-Finanzstruktur- und Qualitäts-Weiterentwicklungsgesetzes v. 21.7.2014[4] ist eine zusätzliche Vorschrift zum Höchstbeitrag im Basistarif in das VAG eingefügt worden, die sich nach Umsetzung der Solva II-Richtlinie in § 152 Abs. 3 S. 2 VAG wiederfindet. Die Solva II-Richtlinienumsetzung hat insgesamt gesehen § 12 Abs. 1a bis 1c u. 4b VAG a. F. in § 152 VAG **inhaltlich unverändert** überführt.[5] Danach ist noch durch Art. 3 Abs. 6 des 9. Gesetzes zur Änderung des

[1] BGBl. I 378.

[2] Art. 43 Nr. 01 des Gesetzes v. 26.3.2007, BGBl. I 378. Die Regelung hat mittlerweile Aufnahme in § 193 VVG gefunden.

[3] BGBl. I 932.

[4] BGBl. I 1133.

[5] VAG RegE 2014, S. 272 (zu § 152 VAG).

Zweiten Buches des SGB v. 26.7.2016[6] eine seit dem 1. Januar 2017 geltende Folgeänderung von § 152 Abs. 4 VAG vorgenommen worden.

2. Normzweck. Mit dem Basistarif hat der Gesetzgeber Sorge getroffen, dass der Versicherungspflicht für alle Personen mit inländischem Wohnsitz entsprochen wird. Dabei stellt der Basistarif nur einen **(Auffang-)Tarif** dar, mit dem der Versicherungspflicht Genüge getan werden kann. Der Gesetzgeber macht ergänzend geltend, mit dem Basistarif die Wahl- und Wechselmöglichkeiten für die Versicherten zu verbessern.[7] Allgemein wird in dem Tarif ein Schritt der privaten Krankenversicherung hin zur gesetzlichen Krankenversicherung[8] und damit zu einer staatlich dominierten privaten Krankenversicherung gesehen.[9] Mitunter wird pointiert der Basistarif als gemischt privat-öffentlich-rechtlich beschrieben und die Versicherer des Basistarifs als gemischt wirtschaftlich-solidarische Unternehmen[10] bzw. Einheitsversicherer.[11] Das BVerfG sieht in dem Basistarif eine zulässige, sozialstaatliche Indienstnahme der privaten Krankenversicherungsunternehmen zum gemeinen Wohl.[12] Es hat hierauf basierend Verfassungsbeschwerden von Unternehmen und Versicherten zurückgewiesen.[13] 2

3. Europarechtlicher Hintergrund. In der **Solva II-Richtlinie** findet sich in den Erwägungsgründen Hinweise, dass Versicherungsnehmer unabhängig von ihrem Alter und ihrem Risikoprofil tatsächlich Krankenversicherungsschutz erlangen können.[14] Demgemäß könne auch vorgeschrieben werden, dass Unternehmen Standardverträge anzubieten haben, die denselben Schutz wie das gesetzliche Sozialversicherungssystem vorsehen. Das kann auch eine Beitragslimitierung und eine Beteiligung an einem Verlustausgleichssystem umfassen.[15] Die nähere Ausgestaltung bleibt danach dem nationalen Gesetzgeber überantwortet, wovon Deutschland Gebrauch gemacht hat. 3

II. Inhalt des Basistarifs (Abs. 1). § 152 Abs. 1 VAG gibt den Unternehmen auf, einen Basistarif anzubieten und statuiert hierzu nähere Maßgaben zur Ausgestaltung des Tarifs. Die Pflicht des Angebots trifft alle Unternehmen mit **inländischem Sitz**, die die substitutive Krankenversicherung (§ 146 VAG) betreiben (§ 152 Abs. 1 **S. 1** VAG). Substitutive Krankenversicherung ist gegeben, wenn die Voraussetzung des § 146 Abs. 1 S. 1 Hs. 1 VAG erfüllt ist. Das ist v. a. bei der Krankheitskostenversicherung gegeben,[16] erfasst aber auch andere Versicherungen.[17] Mit Sitz ist der Hauptsitz gemeint.[18] Damit unterliegen ausländische Unternehmen auch dann nicht dieser Pflicht, wenn sie mit einer Niederlassung in Deutschland vertreten sind. Auch § 193 Abs. 5 VVG, der keine nähere Spezifizierung des verpflichteten Versichererkreises enthält, ist zur Wahrung der Einheit der Rechtsordnung unter Heranziehung von § 152 Abs. 1 VAG so auszulegen, da die Beschränkung des § 152 Abs. 1 VAG anderenfalls hinfällig würden.[19] 4

Bedenken gegen eine derartige Ausgrenzung könnten v. a. in dem Umstand gesehen werden, dass die Versicherten ausländischer Unternehmen vom Arbeitgeberzuschuss nach § 257 SGB V ausgeschlossen sind, da dieser das Angebot eines Basistarifs voraussetzt.[20] Das stellt einen empfindlichen Wettbewerbsnachteil dar und würde bei **EWR-ausländischen Unternehmen** die Niederlassungs- und Dienstleistungsfreiheit gemäß Art. 49, 56 AEUV tangieren.[21] Dem Gesetz lässt sich allerdings nicht entnehmen, dass ausländische Versicherer gehindert wären, einen Basistarif anzubieten.[22] Diese Möglichkeit wird auch nicht dadurch versperrt, dass insofern eine besonders ausgestaltete Aufsicht besteht. So unterliegen selbst EWR-ausländische Versicherer einer rechtlichen Aufsicht der BaFin, zu der auch die Einhaltung der gesetzlichen Vorgaben zum Basistarif gehört.[23] Im Vordergrund stehen dabei auch nicht Aspekte der 5

---

[6] BGBl. I 1824

[7] Gesetzesbegründungen BT-Drs. 16/3100, 2 f.; 16/4247, 2

[8] *Sodan* NJW 2007, 1313, 1319; *Rosenbrock*, Die risikogerechte Übertragung von Alterungsrückstellungen in der Privaten Krankenversicherung, 2012, S. 4; zurückhaltender *Boss*, in: Frankfurter Allgemeine Zeitung v. 20.1.2007, S. 13.

[9] *Baier*, Der Basistarif der privaten Krankenversicherung, 2012, S. 131.

[10] *Baier*, Der Basistarif der privaten Krankenversicherung, 2012, S. 391.

[11] *Nell/Rosenbrock* ZVersWiss Supplement Jahrestagung 2007, 39, 49.

[12] *BVerfG* Urt. v. 10.6.2009 – 1 BvR 706, 814, 819, 832, 837/08 Rn. 187, VersR 2009, 957, 964 = NJW 2009, 2033, 2041.

[13] *BVerfG* Urt. v. 10.6.2009 – 1 BvR 706, 814, 819, 832, 837/08, VersR 2009, 957 = NJW 2009, 2033; zur verfassungskonformen Auslegung des Kontrahierungszwangs für kleinere VVaG vgl. Rn. 13.

[14] 84. Erwägungsgrund der Solva II-RL.

[15] 85. Erwägungsgrund der Solva II-RL.

[16] *Sodan*, in: Sodan (Hrsg.), Handbuch des Krankenversicherungsrechts, 2. Aufl. 2014, § 45 Rn. 7.

[17] Vgl. im Einzelnen § 146 VAG Rn. 5–7 u. 9.

[18] Langheid/Wandt/*Boetius* Vor § 192 Rn. 961; so wohl auch *Sodan*, in: Sodan (Hrsg.), Handbuch des Krankenversicherungsrechts, 2. Aufl. 2014, § 45 Rn. 7.

[19] Davon geht auch Prölss/Martin/*Voit* § 193 VVG Rn. 32 aus.

[20] § 257 Abs. 2a Nr. 2 SGB V.

[21] *Baier*, Der Basistarif der privaten Krankenversicherung, 2012, S. 72 f.

[22] So auch Schwintowsk/Brömmelmeyer/*Brömmelmeyer* § 193 VVG Rn. 27.

[23] Vgl. § 294 Abs. 3 VAG.

Finanzaufsicht,[24] was eine zusätzliche Bestätigung durch die Vorschrift des § 62 Abs. 1 S. 2 Nr. 5 VAG findet, der für EWR-ausländische Unternehmen, die der Solva II-Richtlinie unterliegen, ausdrücklich § 152 Abs. 1 bis 4 VAG für entsprechend anwendbar erklärt. Dass Einzelheiten des Tarifs vom PKV-Verband gemäß § 158 Abs. 2 VAG festgelegt werden, stellt auch keinen Hinderungsgrund dar, zumal insofern in Gestalt der Fachaufsicht des BMF[25] ein hinreichendes Korrektiv besteht und auch nicht dem PKV-Verband angehörende Unternehmen die Bestimmungen ohne Weiteres übernehmen können. Misslich bleibt lediglich, dass die Teilnahme an einem Risikoausgleich, wie er § 154 VAG bezogen auf den Basistarif vorgesehen ist, für EWR-ausländische Versicherer, die der Solva II-Richtlinie unterliegen, wiederum nicht obligatorisch ausgestaltet ist. Auch § 62 VAG erfasst die entsprechende Bestimmung insofern nicht. Eine Teilnahmemöglichkeit wird hierdurch aber nicht per se ausgeschlossen.

6 In der verpflichtenden Ausgestaltung des Basistarifs nur für inländische Versicherer könnte eine sog Inländerdiskriminierung gesehen werden.[26] Europarechtliche Bedenken bestehen hier bereits von vornherein nicht.[27] Kritisch wäre insofern nur eine Inländerprivilegierung. **Verfassungsrechtlich** ist hiergegen ebenso wenig etwas mit Erfolg einzuwenden. Der Gesetzgeber verfolgt mit dieser Regelung den Zweck, einen hinreichenden Versicherungsschutz zur Erfüllung der Versicherungspflicht nach § 193 Abs. 3 VAG sicherzustellen. Dieses Ziel wird durch die Verpflichtung auf einen Basistarif erreicht. Dass die Pflicht nur Unternehmen mit Sitz in Deutschland auferlegt wird, ist vor dem Hintergrund der Marktausgestaltung[28] jedenfalls nicht willkürlich.

7 Der Basistarif muss von Gesetzes wegen branchenweit einheitlich sein und **Leistungen** vorsehen, die in Art, Umfang und Höhe den im Dritten Kapitel des SGB V genannten vergleichbar sind, soweit Versicherte hierauf einen Anspruch haben. Das gilt gemäß § 11 SGB V namentlich für Leistungen zur Behandlung einer Krankheit, zur Verhütung und Früherkennung von Krankheiten, zur Rehabilitation sowie bei Schwangerschaft und Mutterschaft. In Betracht kommen danach die Erstattung von Aufwendungen und Sachleistungen. Der Basistarif stellt somit eine substitutive Krankheitskostenversicherung dar.[29] Es besteht aber keine Notwendigkeit, sämtliche Detailregelungen der gesetzlichen Krankenversicherung zu übernehmen.[30] In dieser Ausgestaltung ist daher gegen die gesetzlichen Vorgaben auch verfassungsrechtlich nichts einzuwenden.[31] Eine nähere Konkretisierung erfolgt mit den Allgemeinen Versicherungsbedingungen für den Basistarif, die vom Verband der privaten Krankenversicherung basierend auf § 158 Abs. 2 S. 1 VAG herausgegeben worden sind.[32] Varianten bestehen aufgrund der Vorgabe von § 152 Abs. 1 **S. 2** VAG für Kinder und Jugendliche sowie für nach dem Beamtenrecht beihilfeberechtigte Personen und ihre berücksichtigungsfähigen Angehörigen. Während im ersten Fall bis zur Vollendung des 21. Lebensjahres keine Alterungsrückstellung gebildet wird, sind im zweiten Fall die Leistungen auf die Ergänzung der Beihilfe beschränkt.[33]

8 Die Vereinbarung von **Selbstbehalte**n muss ebenso eröffnet werden wie eine Änderung derselben. § 152 Abs. 1 **S. 3** VAG sieht Selbstbehalte von 300, 600, 900 und 1.200 EUR vor. Eine Änderung der Selbstbehalte kann zum Ende des vertraglich vereinbarten Zeitraums mit einer Frist von drei Monaten erreicht werden. Die Mindestbindungsfrist beträgt insofern gemäß § 152 Abs. 1 **S. 4** Hs. 1 VAG drei Jahre. Damit soll die Möglichkeit einer Risikoselektion begrenzt werden.[34] Das bedeutet aber zugleich, dass eine entsprechende Bindungsfrist festzulegen ist. Diese ist auch in § 152 Abs. 1 S. 3 VAG gemeint, wenn auf den insofern vertraglich vereinbarten Zeitraum abgestellt wird. Diese Vorgaben verdrängen das gesetzliche Anpassungsrecht des Versicherers zur Anpassung eines Selbstbehalts gemäß § 203 Abs. 2 S. 2 VVG.[35] Eine Änderung des Selbstbehalts kann im Basistarif nur der Versicherungsnehmer herbeiführen, der insofern seinerseits auf die Auswahl der gesetzlich vorgegebenen Selbstbehaltssätze beschränkt bleibt.

9 Eine **Höchstfrist** ist nicht vorgegeben. Aus dem Sinn und Zweck der Regelungen, die dem Versicherungsnehmer wegen des Selbstbehalts eine Änderungsmöglichkeit eröffnen will, ist allerdings zu folgern, dass die Bindung an den Selbstbehalt nicht unangemessen lange sein darf. Dies spricht dafür, dass die Mindestbindungsfrist, die mit drei Jahren nicht kurz bemessen ist, zwar nicht zugleich als Höchstbindungsfrist verstanden werden kann. Sie sollte aber auch nicht bedeutend länger sein. Maximal erscheint eine Frist von fünf Jahren als noch vertretbar, bedenkt man die wesentlichen kürzeren Fristen, die das VVG (§ 11 Abs. 4 VVG) und die AGB-rechtlichen Vorschriften des BGB (§ 309 Nr. 9 BGB)

---

[24] A. M. Langheid/Wandt/*Boetius* Vor § 192 Rn. 964 bezogen allerdings noch auf die frühere Rechtslage.
[25] § 158 Abs. 2 S. 2 VAG.
[26] Hierzu auch *Baier*, Der Basistarif der privaten Krankenversicherung, 2012, S. 72 f.
[27] S. a. 85. Erwägungsgrund der Solva II-RL.
[28] Vgl. hierzu auch *BVerfG* Beschl. v. 10.6.2009 – 1 BvR 825 u. a. Rn. 45, VersR 2009, 1057, 1060.
[29] Vgl. § 146 Rn. 7.
[30] *BVerfG* Urt. v. 10.6.2009 – 1 BvR 706/08 u. a. Rn. 185, VersR 2009, 957, 964 = NJW 2009, 2033, 2040.
[31] *BVerfG* Urt. v. 10.6.2009 – 1 BvR 706/08 u. a. Rn. 185, VersR 2009, 957, 964 = NJW 2009, 2033, 2040.
[32] Abrufbar unter pkv.de; abgedruckt in: Dörner (Hrsg.), Allgemeine Versicherungsbedingungen, 7. Aufl. 2015, Nr. 27.
[33] S. hierzu auch *Sodan*, in: Sodan (Hrsg.), Handbuch des Krankenversicherungsrechts, 2. Aufl. 2014, § 45 Rn. 11.
[34] Gesetzesbegründung, BT-Drs. 16/3100, 207 (zu § 12 VAG, lit. b.
[35] *Sodan*, in: Sodan (Hrsg.), Handbuch des Krankenversicherungsrechts, 2. Aufl. 2014, § 45 Rn. 13.

für vertraglich fest vorgegebene Bindungen vorsieht. Dabei ist bereits der Umstellungsaufwand für den Versicherer mitbedacht, der mit fortlaufenden Änderungen des Selbstbehalts verbunden ist.

10 Immerhin eröffnet § 152 Abs. 1 S. 4 Hs. 2 VAG dem Versicherungsnehmer auch die Möglichkeit einen **Wegfall des Selbstbehalts** zu verlangen. Voraussetzung ist allerdings, dass der Selbstbehalt nicht zu einer angemessenen Reduzierung der Prämie führt. Wann ein solcher Fall gegeben ist, ist im hohen Maße wertungsabhängig. Die Prämienreduzierung ist dabei in das Verhältnis zu dem vereinbarten Selbstbehalt zu setzen. Auch bei einem niedrigen Selbstbehalt muss aber eine messbar geringere Prämie die Folge sein, so dass der Zweck eines Selbstbehalts erfüllt wird.[36] Anderenfalls stellt sich zusätzlich die Frage, ob nicht eine Verletzung der Beratungspflicht vorliegt, die dem Versicherer und dem Vermittler aufgegeben ist (§ 6 Abs. 1, § 61 Abs. 1 VVG). Bei Wahl eines Selbstbehalts besteht nämlich regelmäßig ein hinreichender Anlass, auf die Auswirkungen desselben hinzuweisen.[37] Der Versicherungsnehmer kann eine entsprechende Vertragsumstellung jederzeit verlangen. Der Versicherer muss die Umstellung dann gemäß § 152 Abs. 1 S. 4 Hs. 3 VAG binnen drei Monaten ab Zugang des Umstellungsverlangens vornehmen.

11 Eine **Sonderregelung** besteht gemäß § 153 Abs. 1 **S. 5** VAG dahingehend, dass die Selbstbehalte dem durch den Beihilfesatz nicht gedeckten Prozentsatz entsprechen, also entsprechend reduziert werden müssen. Schließlich wird mit § 152 Abs. 1 **S. 6** VAG klargestellt, dass Versicherungsnehmer des Basistarifs ergänzende Krankheitskostenversicherungen abschließen dürfen.

12 **III. Kontrahierungszwang (Abs. 2).** Die Pflicht der Versicherer, gemäß § 152 Abs. 1 VAG einen Basistarif anzubieten, wird durch § 152 Abs. 2 VAG und § 193 Abs. 5 VVG um einen Kontrahierungszwang ergänzt, gegen den verfassungsrechtliche Bedenken nicht bestehen.[38] Ziel ist die **Sicherung der Daseinsvorsorge**. Hiervon unberührt bleibt die privatrechtliche Natur des Vertragsverhältnisses.[39] Der Kontrahierungszwang begründet ein Recht der von der Regelung Begünstigten auf einen Vertragsschluss.[40] Er erlaubt es auch Personen mit erheblichen Vorerkrankungen einen passenden privaten Krankenversicherungsschutz zu finden.[41] Überflüssig ist allerdings die Doppelregelung im VVG und im VAG. Eine aufsichtsrechtliche Spiegelung, wie sie in § 152 Abs. 2 VAG enthalten und vom Gesetzgeber ausdrücklich gewünscht worden ist,[42] wäre entbehrlich gewesen,[43] da der Aufsicht gemäß § 294 Abs. 3 die Einhaltung der Vorschriften des VVG ohnehin obliegt.[44]

13 **1. Verpflichteter Versichererkreis.** Verpflichtet sind gemäß § 152 Abs. 2 VAG die in § 152 Abs. 1 S. 1 VAG spezifizierten Versicherer.[45] Für **kleinere VVaG** (§ 210 VAG) ist zu berücksichtigen, dass der Kontrahierungszwang in die Vereinigungsfreiheit des Art. 9 Abs. 1 GG eingreift. Zu gewichten ist hier – sofern vorhanden – die starke personale Komponente, die sich in einer entsprechenden Selbstbeschränkung kleinerer VVaG hinsichtlich ihres Mitgliederkreises niederschlägt.[46] In verfassungskonformer Auslegung gilt der Kontrahierungszwang daher für diese Versicherer nur gegenüber Antragstellern aus ihrem nach der Satzung vorgesehenen Mitgliederkreis.[47]

14 **2. Begünstigter Personenkreis.** Der Kontrahierungszwang gilt gegenüber folgenden Personen:

(1) Freiwillig in der gesetzlichen Krankenversicherung Versicherte (§ 152 Abs. 2 **S. 1 Nr. 1** VAG): Den Kreis der Personen, die der gesetzlichen Krankenversicherung freiwillig beitreten können, legt § 9 SGB V fest. Diesem Personenkreis[48] ist der Abschluss eines Basistarifs innerhalb von sechs Monaten nach Beginn der im SGB V vorgesehenen Wechselmöglichkeiten zu gewähren. Derartige Wechselmöglichkeiten eröffnen § 175 Abs. 4 SGB V und § 53 Abs. 8 SGB V nach Ablauf bestimmter Bindungsfristen. Das erfasst aber auch den Fall, dass eine Kündigung gemäß § 175 Abs. 4 S. 5 oder basierend auf § 53 Abs. 8 S. 3 SGB V erfolgt, da § 152 Abs. 2 S. 1 Nr. 1 VAG die Wechselmöglichkeiten nicht eingeschränkt bzw. spezifiziert hat.[49]

15 (2) Personen mit inländischem Wohnsitz, die in der gesetzlichen Krankenversicherung weder versicherungspflichtig noch freiwillig versichert sind und auch nicht anderweitig abgesichert sind (§ 152 Abs. 2 **S. 1 Nr. 2** VAG): Ein inländischer Wohnsitz im Inland ist gegeben, wenn sich eine Person dort

[36] Gesetzesbegründung, BT-Drs. 17/11469, 15 (zu § 12 VAG).
[37] Gesetzesbegründung, BT-Drs. 17/11469, 16 (zu § 12 VAG).
[38] *BVerfG* Urt. v. 10.6.2009 – 1 BvR 706/08 u. a. Rn. 162 ff., VersR 2009, 957, 961 ff. = NJW 2009, 2033, 2038 ff.
[39] *BVerfG* Urt. v. 10.6.2009 – 1 BvR 706/08 u. a. Rn. 156, VersR 2009, 957, 961 = NJW 2009, 2033, 2037; *Baier*, Der Basistarif der privaten Krankenversicherung, 2012, S. 141 f.
[40] *Baier*, Der Basistarif der privaten Krankenversicherung, 2012, S. 142.
[41] *BVerfG* Urt. v. 10.6.2009 – 1 BvR 706/08 u. a. Rn. 173, VersR 2009, 957, 963 = NJW 2009, 2033, 2039,.
[42] Gesetzesbegründung, BT-Drs. 16/4247, 69 (zu § 12 VAG, lit. b, Abs. 1b).
[43] *Baier*, Der Basistarif der privaten Krankenversicherung, 2012, S. 152.
[44] *Baier*, Der Basistarif der privaten Krankenversicherung, 2012, S. 148.
[45] Vgl. Rn. 4. Auch § 193 Abs. 5 VVG ist in diesem Sinne zu verstehen, vgl. *Baier*, Der Basistarif der privaten Krankenversicherung, 2012, S. 153.
[46] *BVerfG* Beschl. v. 10.6.2009 – 1 BvR 825/08 u. a. Rn. 45, VersR 2009, 1057, 1060.
[47] *BVerfG* Beschl. v. 10.6.2009 – 1 BvR 825/08 u. a. Rn. 45 f. u. 51, VersR 2009, 1057, 1060.
[48] Näheres hierzu bei *Baier*, Der Basistarif der privaten Krankenversicherung, 2012, S. 155 f.
[49] Anders *Baier*, Der Basistarif der privaten Krankenversicherung, 2012, S. 158 ff.

ständig niederlässt (§ 7 Abs. 1 BGB), also ihren räumlichen Lebensmittelpunkt gewählt hat.[50] Bei einem Doppelwohnsitz (§ 7 Abs. 2 BGB) genügt es, wenn einer im Inland besteht. Ein Kontrahierungszwang besteht gemäß § 152 Abs. 2 S. 1 Nr. 2 VAG aber nur in Bezug auf die Personen mit inländischem Wohnsitz, die nicht bereits abgesichert sind. Sofern eine anderweitige Absicherung gegeben ist, besteht von vornherein kein Bedarf, so dass sich ein Kontrahierungszwang für den Versicherer auch nicht rechtfertigen ließe.[51] Damit greift der Kontrahierungszwang nicht ein für Versicherungspflichtige in der gesetzlichen Krankenversicherung (§ 5 SGB V), freiwillig Versicherte im Sinne von § 152 Abs. 2 S. 1 Nr. 1 VAG,[52] Personen mit Ansprüchen auf Leistungen nach dem AsylbLG (§ 193 Abs. 3 S. 2 Nr. 3 VVG), Bezieher von Leistungen nach dem 3., 4., 6., 7. Kapitel des SGB XII mit Beginn des Leistungsbezugs vor dem 1.1.2009 (§ 193 Abs. 3 S. 2 Nr. 4 VVG)[53] sowie Versicherte in der privaten Krankenversicherung mit einem Versicherungsschutz im Sinne von § 193 Abs. 3 VVG.[54]

16 (3) Beihilfeberechtigte (§ 152 Abs. 2 **S. 1 Nr. 3** VAG): In Bezug auf Beihilfeberechtigte und Personen, die vergleichbare Ansprüche haben, besteht der Kontrahierungszwang des Versicherers nur insoweit, als dies zur Erfüllung der Versicherungspflicht dieser Personen nach § 193 Abs. 3 S. 1 VVG nötig ist. Bei diesen Personen handelt es sich um Beamte, Richter, Soldaten und sonstige Beschäftigte im öffentlichen Dienst, aber auch um Geistliche und Lehrer, soweit sie nach beamtenrechtlichen Vorschriften entsprechende Beihilfeansprüche haben.[55] Erfasst werden auch Personen mit Beamtenstatus auf EU-Ebene.[56] Lediglich bezüglich des Eigenvorsorgeanteils, der nicht von der Beihilfe abgedeckt wird, besteht für den Versicherer hier die Pflicht zu einer entsprechenden Absicherung durch den Basistarif.[57] Anspruchsberechtigt ist dabei nur der Beihilfeberechtigte. Seine Angehörigen können aber Ansprüche aufgrund anderer gesetzlicher Tatbestände geltend machen.[58] Ihre Einbeziehung in den ergänzenden beihilfekonformen Versicherungsschutz, den § 152 Abs. 1 S. 2 Nr. 2 VAG bereits nahelegt, ist in diesem Fall in den vom Verband der privaten Krankenversicherung herausgegebenen Allgemeinen Versicherungsbedingungen für den Basistarif auch festgeschrieben.[59]

17 (4) Privatkrankenversicherte, die eine Krankheitskostenversicherung nach dem 31.12.2008 geschlossen haben (§ 152 Abs. 2 **S. 1 Nr. 4** VAG): Voraussetzungen für einen entsprechenden Anspruch gegenüber dem Versicherer sind ein inländischer Wohnsitz sowie eine nach dem 31.12.2008 geschlossene private Krankheitskostenversicherung mit einem zum Geschäftsbetrieb zugelassenen Unternehmen. Bezüglich des Wohnsitzes ist auf die Erläuterung zu § 152 Abs. 2 Nr. 2 VAG zu verweisen.[60]

18 Eine private Krankheitskostenversicherung muss die **Voraussetzungen des § 193 Abs. 3 VVG** erfüllen, wie sich dies ausdrücklich aus § 195 Abs. 5 Nr. 4 VVG ergibt. § 152 Abs. 2 S. 1 Nr. 4 VAG muss in diesem Sinne verstanden werden, wenngleich hier ein ausdrücklicher Verweis auf § 193 Abs. 3 VVG fehlt. Es ist nämlich nicht davon auszugehen, dass der Kontrahierungszwang insoweit unterschiedlichen Vorgaben zu folgen hätte. Eine Krankheitskostenversicherung kann dabei auch ein Vertrag gemäß dem Basistarif sein, wenn der Versicherungsnehmer einen Wechsel anstrebt.[61] Der Kontrahierungszwang wird hierdurch stark ausgeweitet, denn der Versicherungsnehmer verfügt vorliegend bereits über einen hinreichenden Versicherungsschutz, der der Versicherungspflicht gemäß § 193 Abs. 3 VVG genügt.[62] Zu erklären ist die Regelung daher nur unter dem Gesichtspunkt der Stärkung des Wettbewerbs, da Wechselwillige insofern unterstützt werden.

19 Ein zum Geschäftsbetrieb **zugelassenes Unternehmen** erfasst dabei in- und ausländische Versicherer gleichermaßen. Namentlich kann der Formulierung keine Beschränkung auf inländische Versicherer entnommen werden,[63] da nicht nur diese, sondern auch ausländische Versicherer, die befugtermaßen Geschäfte betreiben, über eine Zulassung (und einer ggf. zusätzlichen Anmeldung)[64] verfügen.[65] Etwas

---

[50] Palandt/*Ellenberger* § 7 BGB Rn. 1.
[51] Deutlich angesprochen von *Baier*, Der Basistarif der privaten Krankenversicherung, 2012, S. 175.
[52] Vgl. Rn. 14.
[53] Vgl. zu diesem Personenkreis Prölss/Martin/*Voit* § 193 VVG Rn. 20.
[54] Vgl. zu diesem Personenkreis Prölss/Martin/*Voit* § 193 VVG Rn. 11–13.
[55] Vgl. § 6 Abs. 1 Nr. 2, 4, 5, 6 SGB V. S. hierzu *Baier*, Der Basistarif der privaten Krankenversicherung, 2012, S. 186 f.
[56] Vgl. § 6 Abs. 1 Nr. 8 SGB V. S. hierzu *Baier*, Der Basistarif der privaten Krankenversicherung, 2012, S. 187.
[57] *Baier*, Der Basistarif der privaten Krankenversicherung, 2012, S. 188.
[58] *Baier*, Der Basistarif der privaten Krankenversicherung, 2012, S. 188.
[59] Abschnitt A Abs. 3 der Allgemeinen Versicherungsbedingungen für den Basistarif (AVB/BT 2009); abrufbar unter pkv.de und abgedruckt in: *Dörner* (Hrsg.), Allgemeine Versicherungsbedingungen, 7. Aufl. 2015, Nr. 27.
[60] Vgl. Rn. 15.
[61] *Baier*, Der Basistarif der privaten Krankenversicherung, 2012, S. 191; in diese Richtung gehend Gesetzesbegründung, BT-Drs. 16/4247, 68 (zu 178a Abs. 7 VVG); so wohl auch Prölss/Martin/*Voit* § 193 VVG Rn. 27.
[62] *Baier*, Der Basistarif der privaten Krankenversicherung, 2012, S. 193 u. 195.
[63] Prölss/Martin/*Voit* § 193 VVG Rn. 10; a. M. Looschelders/Pohlmann/*Reinhard* § 193 VVG Rn. 7; *Schüffner/Franck*, in: Sodan (Hrsg.), Handbuch des Krankenversicherungsrechts, 2. Aufl., 2014, § 43 Rn. 153.
[64] § 65 Abs. 1, § 67 Abs. 1 VAG. Bei EWR-ausländischen Versicherern, die der Solva II-Richtlinie unterliegen, erteilt die Zulassung die zuständige Sitzlandbehörde. Diese bedürfen dann nur noch einer Anmeldung gemäß § 61 Abs. 2 bis 4 VAG.
[65] So mit Recht bezogen auf EWR-ausländische Versicherer auch Schwintowski/Brömmelmeyer/*Brömmelmeyer* § 193 VVG Rn. 27.

anderes ist auch nicht aus dem Umstand zu folgern, dass nur inländische Versicherer verpflichtet sind, einen Basistarif anzubieten.[66] Auch ausländischen Unternehmen steht ein solches Angebot frei.[67] Zudem sind die entsprechenden Pflichten nach § 193 Abs. 3 S. 1 VVG und § 152 Abs. 1 S. 1 VAG insofern erkennbar nicht identisch ausgestaltet. Bezogen auf die EWR-ausländischen Versicherer ist diese Wertung auch durch das europäische Primärrecht in Gestalt der Niederlassungs- und Dienstleistungsfreiheit[68] vorgeprägt. Die gemeinschaftskonforme Auslegung von § 152 Abs. 2 S. 1 Nr. 4 VAG und § 193 Abs. 5 Nr. 4 VAG muss sich hieran orientieren.[69]

Von lediglich klarstellender Bedeutung ist § 152 Abs. 2 **S. 2** VAG, wonach im Falle eines Vertragsschlusses vor dem 1.1.2009 der Versicherungsnehmer bei einem Wechsel oder einer Kündigung eine Mitgabe der Alterungsrückstellung gemäß § 204 Abs. 1 VVG nicht fordern kann. Die vormalige Fassung der Vorschrift gebot, dass eine Mitgabe der Alterungsrückstellung in diesem Fall nur bis zum 30.6.2009 verlangt werden konnte. Diesen Inhalt hat nach wie vor § 193 Abs. 5 S. 2 VVG, während die Parallelregelung des § 152 Abs. 2 S. 2 VAG im Zuge der Umsetzung der Solva II-Richtlinie entsprechend modifiziert worden ist. Sinn der ursprünglichen Vorschrift war die Begründung eines Kontrahierungszwangs zu Lasten der Versicherer, obwohl Altversicherte im Übrigen gerade nicht von der Regelung erfasst sind.[70] Die Vorschrift ist aber durch Zeitablauf **obsolet** und damit verzichtbar geworden. Das Wechselrecht selber ist im Übrigen unter Einbeziehung des Basistarifs umfassend in § 204 VVG geregelt ist. 20

3. Präzisierung des Kontrahierungszwangs. § 152 Abs. 2 **S. 3** VAG präzisiert den Kontrahierungszwang des Versicherers dahingehend, dass im Falle einer Kündigung eines Vertrags **bei einem anderen Versicherer** diese noch nicht wirksam geworden sein muss. Damit besteht der Zwang zum Vertragsschluss für den Versicherer bereits dann, wenn noch eine andere Versicherung besteht, diese aber enden wird.[71] Die nötige Risikoprüfung darf der ausgewählte neue Versicherer aber hiervon unberührt vor Abgabe seiner Vertragserklärung noch vornehmen.[72] Nicht erfasst wird der Fall, dass der Versicherungsnehmer lediglich den Tarif bei ein- und demselben Versicherer wechselt. Einschlägig ist dann § 204 Abs. 1 Nr. 1 VVG.[73] 21

Schließlich eröffnet § 152 Abs. 2 **S. 4** VVG dem Versicherer die (eingeschränkte) Möglichkeit, trotz grundsätzlich bestehenden Kontrahierungszwangs einen **Antrag** auf Vertragsschluss **abzulehnen**. Voraussetzung ist, dass der Versicherungsinteressent bereits zuvor bei diesem Unternehmen versichert war und der entsprechende Versicherungsvertrag wegen Drohung oder arglistiger Täuschung angefochten worden ist (§ 123 Abs. 1 BGB) bzw. der Versicherer von dem Vertrag wegen einer vorsätzlichen Verletzung der vorvertraglichen Anzeigepflicht zurückgetreten ist (§ 19 Abs. 2 u. 3 S. 1 VVG). 22

Eine Ausnahme vom Kontrahierungszwang besteht nur für den **Versicherer**, bei dem das Verhalten der betreffenden Person zu einer **Anfechtung** oder zu einem **Rücktritt** geführt hat. Das ergibt sich aus dem klaren Wortlaut der Vorschrift und findet eine Rechtfertigung darin, dass nur dieser Versicherer in der Vergangenheit konkret betroffen worden ist. Mögliche Implikationen für andere Versicherer bleiben insofern außer Betracht.[74] 23

Nicht zwingend erforderlich ist, dass der Antragsteller zuvor bereits selbst **Versicherungsnehmer** bei dem Unternehmen gewesen ist. Es genügt auch, wenn er versicherte Person war und eine Anfechtung oder ein Rücktritt auf sein Verhalten (das dem Versicherungsnehmer gemäß § 193 Abs. 2 VVG zuzurechnen ist) zurückzuführen war. Das folgt bereits aus dem Wortlaut der Vorschrift („versichert war"), korrespondiert aber auch mit dem Gerechtigkeitsgedanken, der der Regelung zugrundeliegt.[75] 24

Das vormalige **Versicherungsverhältnis** muss bei dem Versicherer bestanden haben, bei dem nun ein Antrag auf Abschluss eines Basistarifs gestellt worden ist. Wie dieser Vertrag beschaffen ist, namentlich, ob es sich um eine substitutive Krankenversicherung[76] oder um einen ergänzenden Versicherungsvertrag gehandelt hat, ist nicht maßgeblich. Entscheidend ist die negative Erfahrung, die der Versicherer insoweit gemacht hat. Eine Erstreckung auf konzernverbundene Unternehmen sieht das Gesetz nicht vor.[77] Im Falle einer Bestandsübertragung nach § 13 VAG kann § 152 Abs. 2 S. 4 VAG nur zum Zuge kommen, wenn die Anfechtung oder der Rücktritt nach vollzogener Bestandsübertragung erfolgt ist. Anderenfalls besteht kein Unterschied zu anderen nicht betroffenen Versicherern.[78] Im Falle einer Umwandlung nach § 14 VAG ist hingegen diese Betroffenheit wiederum gegeben. 25

---

[66] So aber Langheid/Wandt/*Boetius* Vor § 192 Rn. 968 f.
[67] Vgl. Rn. 5.
[68] Art. 49, 56 AEUV.
[69] Schwintowski/Brömmelmeyer/*Brömmelmeyer* § 193 VVG Rn. 27.
[70] *Baier*, Der Basistarif der privaten Krankenversicherung, 2012, S. 204 f.
[71] *Baier*, Der Basistarif der privaten Krankenversicherung, 2012, S. 210.
[72] *Baier*, Der Basistarif der privaten Krankenversicherung, 2012, S. 211.
[73] *Baier*, Der Basistarif der privaten Krankenversicherung, 2012, S. 210.
[74] *Baier*, Der Basistarif der privaten Krankenversicherung, 2012, S. 213.
[75] *Baier*, Der Basistarif der privaten Krankenversicherung, 2012, S. 213.
[76] So *Baier*, Der Basistarif der privaten Krankenversicherung, 2012, S. 214.
[77] Prölss/Martin/*Voit* § 193 VVG Rn. 31.
[78] Zweifelnd Prölss/ Martin/*Voit* § 193 VVG Rn. 31.

26 Für den Ausschlusstatbestand genügt es nicht, wenn der Versicherer Rechte auf Anfechtung oder Rücktritt zwar geltend gemacht hat, hierbei aber erfolglos geblieben ist. Erst in der **wirksamen Ausübung** der Rechte kann ein hinreichender Rückschluss auf ein entsprechendes Fehlverhalten des Antragstellers (bzw. seines Vertreters) gesehen werden.[79] Soweit bei Gruppenversicherungen oder gesetzlichen bzw. behördlich angeordneten Vertretungen einer Person jegliche Einflussnahme auf den Vertragsschluss bzw. die Vertretung verwehrt ist, entfällt insofern der Grund für einen entsprechenden Rekurs des Versicherers auf eine Anfechtung bzw. einen Rücktritt. § 152 Abs. 2 S. 4 VAG ist dann entsprechend einschränkend auszulegen.[80]

27 Der Gesetzgeber hat den Kontrahierungszwang ausdrücklich nur für den Fall einer Anfechtung und eines Rücktritts den Kontrahierungszwang durchbrochen. Begründet wird dies mit dem nicht-vertragstreuen Verhalten des Versicherungsnehmers.[81] Ein solcher Fall liegt aber auch vor, wenn der Versicherer den Vertrag aus wichtigem Grund gemäß **§ 314 BGB** gekündigt hat, was im Übrigen selbst bei einer Krankheitskostenversicherung, mit der die Versicherungspflicht nach § 193 Abs. 3 S. 1 VVG erfüllt wird, trotz der Regelung des § 206 Abs. 1 S. 1 VVG grundsätzlich zulässig ist.[82] Es ist daher gerechtfertigt, eine Kündigung aus wichtigem Grund den im Gesetz ausdrücklich genannten Fällen gleichzustellen.[83]

28 **4. Bestimmungen zum Tarifwechsel.** § 13 Abs. 2 KVAV trifft nähere Bestimmungen zum Wechsel in den Basistarif und zu einem darauf folgenden Wechsel aus dem Basistarif.

29 **IV. Beitrag (Abs. 3).** Der Beitrag für den Basistarif ist **gesetzlich gedeckelt**. Hinzu tritt die Maßgabe, dass weder ein Risikozuschlag noch ein Leistungsausschluss vereinbart werden darf. Dies ergibt sich aus § 203 Abs. 1 S. 2 VVG. Eine Risikoprüfung darf insofern nicht erfolgen.[84] Sie würde auch angesichts der gesetzlichen Maßgaben für den Basistarif keinen Sinn machen.[85] Mit diesen Vorgaben wird das sog Äquivalenzprinzip[86] aufgehoben.[87] Verfassungsrechtlich sind diese Maßgaben zulässig, da ihnen legitime Gemeinwohlinteressen zugrunde liegen.[88]

30 Die Beitragsdeckelung wird in § 152 Abs. 3 VAG geregelt. Gemäß § 152 Abs. 3 **S. 1** VAG darf der Beitrag dabei den **Höchstbeitrag der gesetzlichen Krankenversicherung** nicht übersteigen, unabhängig davon, ob ein Selbstbehalt vereinbart wird oder nicht. Hiermit soll die Bezahlbarkeit der Prämien im Basistarif sichergestellt werden.[89] Der Höchstbeitrag errechnet sich gemäß § 152 Abs. 3 **S. 2** VAG aus der Multiplikation des allgemeinen Beitragssatzes zuzüglich des durchschnittlichen Zusatzbeitragssatzes mit der jeweils geltenden Beitragsbemessungsgrenze. Der allgemeine Beitragssatz in der gesetzlichen Krankenversicherung wird in § 241 SGB V festgelegt (2015: 14,6 Prozent der beitragspflichtigen Einnahmen der Mitglieder). Hinzu kommen ggf. Zusatzbeiträge, die Krankenkassen gemäß § 242 SGB V erheben dürfen. Für die Berechnung des Höchstbeitrags gemäß § 152 Abs. 3 VAG ist diesbezüglich auf den durchschnittlichen Zusatzbeitragssatz nach § 242a SGB V abzustellen. Dieser Wert wird jährlich vom BMG festgelegt und im Bundesanzeiger bekannt gemacht. Die Beitragsbemessungsgrenze wird wiederum jährlich von der Bundesregierung gemäß § 160 SGB VI durch Rechtsverordnung festgelegt. Sie ändert sich zum 1. Januar eines jeden Jahres in dem Verhältnis, in dem die Bruttolöhne und -gehälter im vergangenen Jahr zu denen im vorvergangenen Kalenderjahr stehen.[90] Für beihilfeberechtigte Personen tritt gemäß § 152 Abs. 3 **S. 3** VAG ein Höchstbeitrag, der dem prozentualen Anteil des die Beihilfe ergänzenden Leistungsanspruchs entspricht. Die Beitragsbegrenzungen korrespondieren mit den Leistungsverpflichtungen. Beide richten sich nach den Maßgaben für die gesetzliche Krankenversicherung. Vor Abgabe seiner Vertragserklärung ist der Versicherungsnehmer gemäß § 3 Abs. 1 Nr. 4 VVG-InfoV über die Beitragskappung zu informieren.

31 **V. Hilfebedürftigkeit (Abs. 4).** Zusätzlich zu der allgemeinen Deckelung des Beitrags nach § 152 Abs. 3 VAG hat der Gesetzgeber ergänzende Regelungen für den Fall der Hilfebedürftigkeit getroffen. Verfassungsrechtlich ist dies nicht zu beanstanden.[91] Mit den entsprechenden Maßgaben soll sichergestellt

---

[79] *Baier*, Der Basistarif der privaten Krankenversicherung, 2012, S. 214-

[80] *Baier*, Der Basistarif der privaten Krankenversicherung, 2012, S. 220–223.

[81] Gesetzesbegründung, BT-Drs. 16/4247 (zu § 178a Abs. 7 VVG).

[82] *BGH* Urt. v. 7.12.2011 – IV ZR 105/11 Rn. 13; VersR 2012, 304 = JZ 2012, 625, 626

[83] *BGH* Urt. v. 7.12.2011 – IV ZR 105/11 Rn. 42; VersR 2012, 304 = JZ 2012, 625, 630; *Baier*, Der Basistarif der privaten Krankenversicherung, 2012, S. 224 f.; Looschelders/Pohlmann/*Reinhard* § 193 VVG Rn. 19; Bach/Moser/*Kalis* § 193 VVG Rn. 13; widersprüchlich Prölss/Martin/*Voit* § 193 VVG Rn. 29 u. 30.

[84] Eine Risikoprüfung ist gemäß § 203 Abs. 1 S. 3 VVG nur für Zwecke des Risikoausgleichs (§ 154 VAG) und für einen späteren Tarifwechsel (§ 204 VVG) gestattet, vgl. *Sodan,* in: Sodan (Hrsg.), Handbuch des Krankenversicherungsrechts, 2. Aufl., 2014, § 45 Rn. 29.

[85] *Marlow/Spuhl* VersR 2009, 593, 600.

[86] Vgl. § 146 VAG Rn. 12.

[87] *Sodan,* in: Sodan (Hrsg.), Handbuch des Krankenversicherungsrechts, 2. Aufl. 2014, § 1 Rn. 39 u. § 45 Rn. 36.

[88] *BVerfG* Urt. v. 10.6.2009 – 1 BvR 706/08 u. a. Rn. 181, VersR 2009, 957, 963 = NJW 2009, 2033, 2040.

[89] Gesetzesbegründung, BT-Drs. 16/3100, 207 (zu § 12 VAG, lit. b.

[90] § 159 SGB VI.

[91] *BVerfG* Urt. v. 10.6.2009 – 1 BvR 706/08 u. a. Rn. 184, VersR 2009, 957, 964 = NJW 2009, 2033, 2040.

werden, dass **die Betroffenen nicht finanziell überfordert** werden.[92] § 152 Abs. 4 **Hs. 1** VAG sieht dementsprechend vor, dass sich der Beitrag für die Zeit von Hilfebedürftigkeit um die Hälfte vermindert. Eine Reduzierung des Selbstbehalts erfolgt allerdings nicht,[93] ebenso wenig eine Leistungskürzung.[94] Voraussetzung für die Beitragsreduktion ist, dass sich entweder die Hilfebedürftigkeit allein durch die Zahlung des Beitrags gemäß § 152 Abs. 3 VAG ergibt oder hiervon unabhängig eine solche anzunehmen ist. Hilfebedürftigkeit ist gegeben, wenn jemand seinen Lebensunterhalt nicht oder nicht ausreichend sichern kann.[95] Solange der Beitrag halbiert ist, kann der Versicherer gemäß § 193 Abs. 11 VVG verlangen, dass Zusatzversicherungen ruhen. Der zuständige Sozialversicherungsträger hat die Hilfebedürftigkeit gemäß § 152 Abs. 4 **Hs. 2** VAG zu prüfen und zu bescheinigen.

VI. Beitragsermittlung (Abs. 5). Die Beiträge werden **einheitlich für alle Unternehmen** ermittelt. § 152 Abs. 5 VAG geht dabei von der Basis gemeinsamer Kalkulationsgrundlagen aus, die sich letztlich aus §§ 1 ff. KVAV ergeben. Erreicht wird hiermit ein hohes Maß an Transparenz und Nachvollziehbarkeit. Auch soll sichergestellt werden, dass das unternehmensübergreifende Wechselrecht gemäß § 204 Abs. 2 VVG gewährleistet ist.[96] Die Kosten für den Versicherungsbetrieb bleiben davon unberührt. Mit diesen Festlegungen wird zugleich die Basis für den Risikoausgleich nach § 154 VAG geschaffen. 32

VII. Anwendungsbereich. § 152 VAG gilt gleichermaßen für in- und ausländische Versicherer[97] (einschl. dem Sicherungsfonds für die substitutive Krankenversicherung).[98] Für **EWR-ausländische Versicherer**, die der Solva II-Richtlinie unterliegen, findet gemäß § 62 Abs. 1 S. 2 Nr. 5 VAG allerdings nur § 152 Abs. 1 bis 4 VAG Anwendung. 33

Notlagentarif

153

(1) [1]**Nichtzahler nach § 193 Absatz 7 des Versicherungsvertragsgesetzes bilden einen Tarif im Sinne des § 155 Absatz 3 Satz 1.** [2]**Der Notlagentarif sieht ausschließlich die Aufwendungserstattung für Leistungen vor, die zur Behandlung von akuten Erkrankungen und Schmerzzuständen sowie bei Schwangerschaft und Mutterschaft erforderlich sind.** [3]**Abweichend davon sind für versicherte Kinder und Jugendliche zudem insbesondere Aufwendungen für Vorsorgeuntersuchungen zur Früherkennung von Krankheiten nach gesetzlich eingeführten Programmen und für Schutzimpfungen, die die Ständige Impfkommission beim Robert Koch-Institut gemäß § 20 Absatz 2 des Infektionsschutzgesetzes empfiehlt, zu erstatten.**

(2) [1]**Für alle im Notlagentarif Versicherten ist eine einheitliche Prämie zu kalkulieren, im Übrigen gilt § 146 Absatz 1 Nummer 1 und 2.** [2]**Für Versicherte, deren Vertrag nur die Erstattung eines Prozentsatzes der entstandenen Aufwendungen vorsieht, gewährt der Notlagentarif Leistungen in Höhe von 20, 30 oder 50 Prozent der versicherten Behandlungskosten.** [3]**§ 152 Absatz 3 ist entsprechend anzuwenden.** [4]**Die kalkulierten Prämien aus dem Notlagentarif dürfen nicht höher sein, als es zur Deckung der Aufwendungen für Versicherungsfälle aus dem Tarif erforderlich ist.** [5]**Mehraufwendungen, die zur Gewährleistung der in Satz 3 genannten Begrenzungen entstehen, sind gleichmäßig auf alle Versicherungsnehmer des Versicherers mit einer Versicherung, die eine Pflicht aus § 193 Absatz 3 Satz 1 des Versicherungsvertragsgesetzes erfüllt, zu verteilen.** [6]**Auf die im Notlagentarif zu zahlende Prämie ist die Alterungsrückstellung in der Weise anzurechnen, dass bis zu 25 Prozent der monatlichen Prämie durch Entnahme aus der Alterungsrückstellung geleistet werden.**

I. Allgemeines. 1. Entstehungsgeschichte. Die Regelungen zum Notlagentarif sind mit Art. 4 Nr. 3 des Gesetzes v. 15.7.2013 in das VAG aufgenommen worden und am 1.8.2013 in Kraft getreten.[1] Die aufsichtsrechtliche Norm **flankiert § 193 Abs. 6–10 VVG und Art. 7 EGVVG**, die mit demselben Gesetz geschaffen worden sind. Mit Umsetzung der Solva II-Richtlinie ist die aufsichtsrechtliche Bestimmung (§ 12h VAG a. F.) in § 153 VAG überführt worden.[2] 1

[92] Gesetzesbegründung, BT-Drs. 16/3100, 207 (zu § 12 VAG, lit. b. Zur späteren Anpassung der Regelung an die Neufassung von § 26 SGB II vgl. Gesetzesbegründung, BT-Drs. 18/8041, 64 (zu Art. 3 Abs. 6).

[93] Prölss/Martin/*Voit* § 193 VVG Rn. 35.

[94] Prölss/Martin/*Voit* § 193 VVG Rn. 38.

[95] § 9 SGB II, §§ 19, 41 SGB XII.

[96] *Baier*, Der Basistarif der privaten Krankenversicherung, 2012, S. 98.

[97] § 65 Abs. 2, § 67 Abs. 2 VAG. Dabei besteht gemäß § 152 Abs. 1 S. 1 VAG eine Pflicht zum Angebot eines Basistarifs nur für inländische Versicherer, vgl. hierzu Rn. 4 f.

[98] § 222 Abs. 4 S. 3 VAG.

[1] BGBl. I 2423.

[2] RegE VAG 2014, S. 272 (zu § 153 VAG).

2 **2. Normzweck.** § 153 VAG steht ebenso wie § 193 Abs. 6–10 und Art. 7 EGVVG im Zusammenhang mit der Versicherungspflicht gemäß § 193 Abs. 3 VVG, die mit Art. 43 Nr. 01 des Gesetzes v. 26.3.2007[3] begründet worden ist. Da eine Kündigung entsprechender Verträge durch den Versicherer ausgeschlossen ist,[4] stellt sich das Problem, wie zu verfahren ist, wenn der Versicherungsnehmer den Beitrag ganz oder teilweise nicht zahlt. Der Gesetzgeber legte zunächst fest, dass in diesem Fall der Vertrag ruhend gestellt wird. Während der Ruhenszeit kommt der Versicherer im Wesentlichen nur noch für die Behandlung akuter Erkrankungen auf.[5] An dieser Grundentscheidung wird im Wesentlichen festgehalten. Als ein großes Problem erwies sich allerdings die stetig wachsende Zahl von **Nichtzahlern**.[6] Der Gesetzgeber versucht diese Problematik mit der Einführung des Notlagentarifs zu lösen, in den die entsprechenden Versicherten überführt werden.[7] Damit sollen eine weitere Überschuldung Betroffener verhindert, eine **Notfallversorgung** gewährleistet und die Versichertengemeinschaft entlastet werden.[8] Diese Regulierung wird als ein Novum für die private Krankenversicherung verstanden.[9] Bemängelt wird va, dass hiermit zum wiederholten Male „in das bereits bis zur Unkenntlichkeit eingeengte Äquivalenzprinzip"[10] eingegriffen werde.[11] Dass hiermit die Zahlungsmoral der Versicherten gesteigert wird, wird kritisch hinterfragt.[12] Die Regelungskomplexität, die der Gesetzgeber mit dem Basis- und dem Notlagentarif geschaffen hat, darf in der Tat als einzigartig gesehen werden. Die Nachhaltigkeit dieser Regulierung erscheint als fragwürdig, der Schaden für das private Krankenversicherungssystem ist nicht unbeachtlich.

3 **3. Europarechtlicher Hintergrund.** Wie beim Basistarif[13] besteht in europarechtlicher Hinsicht auch für den Notlagentarif ein Anknüpfungspunkt in Gestalt der Erwägungsgründe 84 und 85 der **Solva II-Richtlinie**, ohne dass dort bereits eine derart umfassende Regulierung im Detail angelegt ist.

4 **II. Versichertenkreis, Inhalt des Notlagentarifs (Abs. 1).** § 153 Abs. 1 VAG legt den **Versichertenkreis** sowie den Inhalt des Notlagentarifs fest.[14] Versichert im Notlagentarif sind die Versicherungsnehmer, deren Vertrag gemäß § 193 Abs. 6 VVG ruht (§ 153 Abs. 1 **S. 1** VAG). Das ist gegeben, wenn der Versicherungsnehmer trotz zweimaliger Mahnung mit mehr als einem Monatsbeitrag im Rückstand ist, es sei denn der Versicherungsnehmer oder die versicherte Person ist oder wird hilfebedürftig (§ 193 Abs. 6 S. 4 u. 5 VVG). Parallel zur Regelung des § 193 Abs. 7 S. 1 VVG bestimmt § 153 Abs. 1 S. 1 VAG für diesen Fall, dass der Versicherungsnehmer als im Notlagentarif versichert gilt. Der Notlagentarif ist dabei Tarif im Sinne von § 155 Abs. 3 S. 1 VAG, was bedeutet, dass er kostendeckend zu kalkulieren ist.[15] Ein ausdrücklicher **Vertragsschluss** erfolgt zwischen Versicherer und Versicherungsnehmer nicht. Dieser wird vielmehr von Gesetzes wegen fingiert. Diese Fiktion erfasst nach Art. 7 S. 1 EGVVG auch Versicherungsnehmer, für die am 1.8.2013 das Ruhen der Leistungen festgestellt worden ist. Zudem gilt die Fiktion gemäß Art. 7 S. 2 EGVVG auch rückwirkend, sofern die monatliche Prämie des Notlagentarifs niedriger ist als die bisher geschuldete Prämie.[16] Damit sollen die Beitragsschulden auch vergangenheitsbezogen reduziert werden. Das soll zugleich das Versichertenkollektiv entlasten.[17]

5 § 153 Abs. 1 **S. 2** VAG bestimmt, dass der Versicherer **nur eingeschränkte Leistungen** erbringt. Dabei handelt es sich um Leistungen zur Behandlung akuter Erkrankungen und Schmerzzuständen sowie bei Schwangerschaft und Mutterschaft. Diese Festlegungen sind als abschließend zu verstehen, also nicht um weitere Leistungen erweiterbar. Eine Erstattung entsprechender Aufwendungen setzt zudem voraus, dass sie erforderlich sind. Für **Kinder und Jugendliche** sind gemäß § 153 Abs. 1 **S. 3** VAG zusätzlich Aufwendungen für Vorsorgeuntersuchungen und Schutzimpfungen zu erstatten, was wiederum im Umkehrschluss bedeutet, dass diese für Erwachsene nicht vom Notlagentarif gedeckt sind. Bezüglich der Kinder und Jugendlichen, für die der Gesetzgeber von einer generellen besonderen Schutzbedürftigkeit ausgeht,[18] wird insofern auf gesetzliche eingeführte Programme sowie auf Empfehlungen der Ständigen Impfkommission gemäß § 20 Abs. 2 des Infektionsschutzgesetzes abgestellt. Das Gesetz eröffnet hier noch einen gewissen Spielraum, da es diese zusätzlichen Leistungen nicht abschließend festlegt („insbesondere"). Eine Verpflichtung zu darüber hinausgehenden Leistungen für Kinder und Jugendliche ist der Regelung aber nicht zu entnehmen. Der Verband der privaten Krankenver-

[3] BGBl. I 378.
[4] § 178i Abs. 1 S. 1 VVG a. F., entspricht § 206 Abs. 1 S. 1 VVG.
[5] § 178a Abs. 8 VVG a. F.
[6] *Mandler* VersR 2014, 167.
[7] Gesetzesbegründung, BT-Drs. 17/13079, 2.
[8] Gesetzesbegründung, BT-Drs. 17/13079, 6 (unter A. I.).
[9] *Mandler* VersR 2014, 167, 171.
[10] Vgl. § 146 VAG Rn. 12, § 152 VAG Rn. 29.
[11] *Mandler* VersR 2014, 167.
[12] *Mandler* VersR 2014, 167, 171.
[13] Vgl. § 152 VAG Rn. 3.
[14] Gesetzesbegründung, BT-Drs. 17/13079, 10 (zu § 12h Abs. 1 VAG).
[15] Siehe auch Gesetzesbegründung, BT-Drs. 17/13079, 31 (zu Art. 5).
[16] Hierzu *BGH* Urt. v. 6.7.2016 – IV ZR 169/15, Rn. 18 ff., VersR 2016, 1107, 1108.
[17] Gesetzesbegründung, BT-Drs. 17/13079, 31 f. (zu Art. 5).
[18] Gesetzesbegründung, BT-Drs. 17/13947, 31 (zu Art. 4 Nr. 3).

sicherung hat basierend auf § 158 Abs. 2 S. 1 VAG mit den Allgemeinen Versicherungsbedingungen für den Notlagentarif[19] die näheren Bestimmungen getroffen.

III. Prämienkalkulation (Abs. 2). § 153 Abs. 2 **S. 1** VAG hält die Versicherer zur Kalkulation einer **einheitlichen Prämie** im Notlagentarif an. Die Vorschrift eröffnet darüber hinaus die Anwendbarkeit von § 146 Abs. 1 Nr. 1 u. 2 VAG zur aufsichtsrechtlichen Präzisierung der Kalkulationsvorgaben. Mit der Festschreibung einer einheitlichen Prämie ist allerdings zwingend verbunden, dass in Abweichung von § 146 Abs. 1 Nr. 1 VAG auch keine altersabhängige Kalkulation möglich ist.[20] Das führt im Ergebnis dazu, dass in dem Tarif auch keine Alterungsrückstellung gebildet wird,[21] was beitragsentlastend wirkt.[22] Lediglich die bis zur Überführung in den Notlagentarif gebildete Alterungsrückstellung ist zu berücksichtigen, so dass nur insofern der Rekurs auf § 146 Abs. 1 Nr. 2 VAG einen gewissen Sinn macht. Da Risikozuschläge, Leistungsausschlüsse und Selbstbehalte im Notlagentarif entfallen,[23] kommt § 146 Abs. 1 Nr. 1 VAG auch insofern nur eingeschränkt zur Anwendung. Sichergestellt soll insofern aber grundsätzlich ein kostendeckender Beitrag,[24] was allerdings wiederum durch die Vorschriften des § 153 Abs. 2 S. 5 u. 6 VAG ein Stück weit relativiert wird. 6

§ 153 Abs. 2 **S. 2** VAG enthält Maßgaben für den Fall, dass vertraglich nur die Erstattung eines Prozentsatzes der Aufwendungen vorgesehen ist. Bedeutung erlangt dies für Personen, die **beihilfeberechtigt** sind oder vergleichbare Ansprüche haben. Aus Vereinfachungsgründen gilt dann ein Satz von 20, 30 oder 50 Prozent. Maßgeblich ist, wie § 193 Abs. 7 S. 5 VVG präzisiert, der Prozentsatz der dem ursprünglich vereinbarten Erstattungssatz am nächsten ist. Die Parallelregelung im VAG erweist sich damit zugleich als überflüssig und im Kontext mit den übrigen Regelungen zur Prämienkalkulation auch als fehl am Platz. 7

§ 153 Abs. 2 **S. 3** VAG erklärt § 152 Abs. 3 VAG für entsprechend anwendbar. Damit erfolgt – wie beim Basistarif – eine **Beitragsdeckelung.**[25] Aufgrund der im Notlagentarif vorgesehenen niedrigeren Leistungen und des Verzichts auf die Bildung einer Alterungsrückstellung wird der für den Basistarif maßgebliche Höchstbeitrag entsprechend unterschritten werden müssen. Davon geht auch der Gesetzgeber aus,[26] verabsäumt aber eine konkrete Festlegung. Da § 152 Abs. 3 VAG nur für entsprechend anwendbar erklärt wird, ist die Maßgabe einer entsprechenden Absenkung bei der Kalkulation zwingend mit zu berücksichtigen. Mit § 153 Abs. 2 **S. 4** VAG wird als Reflex hierauf vorgegeben, dass die Prämienkalkulation im Notlagentarif (nur) alle tatsächlich entstandenen Kosten im Zusammenhang mit der Leistungserbringung erfasst.[27] Das schließt **Verwaltungskosten** ein, wenngleich die im Gesetz ausdrücklich gewählte Formulierung „Aufwendungen für Versicherungsfälle" insofern unglücklich gewählt, aber in dem eben umschriebenen Sinne – insofern der Gesetzesbegründung folgend – zu verstehen ist.[28] Auf den ersten Blick könnte mit diesen Regelungen von der grundsätzlichen Maßgabe einer vorsichtigen Prämienkalkulation abgewichen werden, wie sie aus § 146 Abs. 1 Nr. 1 VAG ableitbar ist.[29] Es ist nämlich ungewöhnlich, dass derartige aufsichtsrechtliche Regelungen zur Prämienlimitierung getroffen werden, da zur Sicherstellung der dauernden Erfüllbarkeit der Verträge eine hinreichend auskömmliche Prämie wichtig ist. Tatsächlich kommt § 153 Abs. 2 S. 4 VAG insofern aber nur klarstellende Bedeutung zu. Erklärbar werden diese Maßgaben vor dem Hintergrund der sozialpolitisch motivierten Notfalllösung. § 146 Abs. 1 Nr. 1 VAG wird demgemäß, wie bereits erwähnt, auch ausdrücklich für entsprechend anwendbar erklärt. 8

Zu beachten ist aber, dass tatsächlich **Mehraufwendungen** entstehen können, um die Beitragsdeckelung darzustellen. Mit diesen werden gemäß § 153 Abs. 2 **S. 5** VAG alle Versicherte belastet, die der Versicherungspflicht gemäß § 193 Abs. 3 S. 1 VVG unterliegen. Herangezogen wird ferner die Alterungsrückstellung des Beitragsschuldners und zwar gemäß § 153 Abs. 2 **S. 6** VAG in der Weise, dass bis zu 25 Prozent der monatlichen Prämie hierdurch finanziert wird. Damit soll weiteren Beitragsschulden jedenfalls teilweise vorgebeugt werden.[30] Zugleich wird hiermit wiederum die Versichertengemeinschaft entlastet.[31] Der Versicherungsnehmer ist gemäß § 193 Abs. 8 S. 2 VVG auf die Folgen dieser Anrechnung in herausgehobener Form hinzuweisen. Eine derartige Anrechnung findet allerdings nicht rückwirkend statt.[32] 9

---

[19] Abrufbar unter www.pkv.de.
[20] *Kalis,* in: Sodan (Hrsg.), Handbuch des Krankenversicherungsrechts, 2. Aufl. 2014, § 42 Rn. 19.
[21] Gesetzesbegründung, BT-Drs. 17/13079, 10 (zu § 12h Abs. 2 VAG).
[22] *Kalis,* in: Sodan (Hrsg.), Handbuch des Krankenversicherungsrechts, 2. Aufl. 2014, § 42 Rn. 19.
[23] Vgl. § 193 Abs. 7 S. 2 VVG.
[24] Vgl. Gesetzesbegründung, BT-Drs. 17/13079, 10 (zu § 12h Abs. 2 VAG).
[25] Vgl. § 152 VAG Rn. 29 f.
[26] Gesetzesbegründung, BT-Drs. 17/13079, 10 (zu § 12h Abs. 2 VAG).
[27] Vgl. Gesetzesbegründung, BT-Drs. 17/13079, 10 (zu § 12h Abs. 2 VAG).
[28] *Mandler* VersR 2014, 167, 171.
[29] Vgl. § 146 VAG Rn. 13.
[30] Gesetzesbegründung, BT-Drs. 17/13079, 10 (zu § 12h Abs. 2 VAG).
[31] *Mandler* VersR 2014, 167, 171.
[32] Art. 7 S. 4 EGVVG. S. a. *Sodan,* in: Sodan (Hrsg.), Handbuch des Krankenversicherungsrechts, 2. Aufl. 2014, § 46 Rn. 20a.

10 **IV. Anwendungsbereich.** § 153 VAG findet auf in- und ausländische Unternehmen Anwendung[33] (einschl. dem Sicherungsfonds für die substitutive Krankenversicherung).[34] **EWR-ausländische Unternehmen**, die von der Solva II-Richtlinie erfasst werden, werden hiervon im VAG allerdings ausgenommen, da § 62 Abs. 2 S. 2 die Regelung des § 153 nicht für entsprechend anwendbar erklärt. Da auch bei einem Vertragsverhältnis mit einem solchen Versicherer grundsätzlich deutsches Recht Anwendung findet, wird hiervon aber auch § 153 VAG durch die entsprechenden Verweisungen in § 193 Abs. 7, 8 u. 9 VVG erfasst.

Risikoausgleich

154 (1) [1]**Die Versicherungsunternehmen, die einen Basistarif anbieten, müssen sich zur dauerhaften Erfüllbarkeit der Verpflichtungen aus den Versicherungen am Ausgleich der Versicherungsrisiken im Basistarif beteiligen und dazu ein Ausgleichssystem schaffen und erhalten, dem sie angehören.** [2]**Das Ausgleichssystem muss einen dauerhaften und wirksamen Ausgleich der unterschiedlichen Belastungen gewährleisten.** [3]**Mehraufwendungen, die im Basistarif auf Grund von Vorerkrankungen entstehen, sind auf alle im Basistarif Versicherten gleichmäßig zu verteilen; Mehraufwendungen, die zur Gewährleistung der in § 152 Absatz 3 und 4 genannten Begrenzungen entstehen, sind auf alle beteiligten Versicherungsunternehmen so zu verteilen, dass eine gleichmäßige Belastung dieser Unternehmen bewirkt wird.**

(2) **Die Errichtung, die Ausgestaltung, die Änderung und die Durchführung des Ausgleichs unterliegen der Aufsicht der Bundesanstalt.**

1 **I. Allgemeines. 1. Entstehungsgeschichte.** Die Regelung zum Risikoausgleich ist zeitgleich mit den Regelungen zum Basistarif durch Art. 44 Nr. 7 des Gesetzes v. 26.3.2007[1] in das VAG aufgenommen worden. Diese Vorschrift (§ 12g VAG a. F.) hat nach Umsetzung der Solva II-Richtlinie in § 154 VAG Aufnahme gefunden.[2]

2 **2. Normzweck.** Mit dem Risikoausgleich sollen Belastungen ausgeglichen werden, die sich mit der Einführung des Basistarifs für die Unternehmen und die jeweiligen Versichertenkollektive in unterschiedlicher Weise ergeben.[3] Ein solcher Ausgleich stellt **keine** verfassungswidrige **Sonderabgabe** dar[4] und ist auch ansonsten verfassungsrechtlich unbedenklich.[5]

3 **3. Europarechtlicher Hintergrund.** In der **Solva II-Richtlinie** findet sich ein Anknüpfungspunkt mit Erwägungsgrund 85, der in Bezug auf Standardverträge, die denselben Schutz wie das gesetzliche Sozialversicherungssystem vorsehen, ausdrücklich die Vorgabe eines Verlustausgleichssystems ermöglicht. Gegen derartige Ausgleichssysteme bestehen – hiervon unberührt – auch keine anderweitigen grundsätzlichen europarechtlichen Bedenken.[6]

4 **II. Ausgestaltung des Risikoausgleichs (Abs. 1).** Verpflichtet sind die Versicherungsunternehmen, die einen Basistarif anbieten.[7] Diese müssen sich gemäß § 154 Abs. 1 **S. 1** VAG an dem Risikoausgleich beteiligen. Das umfasst die Schaffung und Erhaltung eines entsprechenden Systems. Hintergrund sind die zahlreichen gesetzlichen Restriktionen, die für den Basistarif gemäß § 152 VAG bestehen. Diese können zu einer ungleichmäßigen Belastung der Unternehmen und ihrer Versichertenkollektive führen,[8] was wiederum die dauernde Erfüllbarkeit der Verpflichtungen gefährden kann. Ziel des Aufsichtsrechts ist es jedoch, genau dieses zu unterbinden.[9] Ziel des Risikoausgleichs ist es daher, wie dies § 154 Abs. 1 **S. 2** VAG umschreibt, dauerhaft und wirksam einen **Ausgleich dieser unterschiedlichen Belastungen** sicherzustellen. Demgemäß sind Belastungen, die auf Vorerkrankungen zurückzuführen sind, die im Rahmen des Basistarifs für die Prämienkalkulation unberücksichtigt bleiben müssen,[10] gemäß § 154 Abs. 1 **S. 3** Hs. 1 VAG auf alle im Basistarif Versicherten gleichmäßig zu verteilen. § 203 Abs. 1 S. 3 VVG eröffnet ausdrücklich für Zwecke des Risikoausgleichs eine entsprechende Risikoprüfung. Belastungen, die aufgrund der Vorgaben von § 152 Abs. 3 u. 4 VAG in Bezug auf die Beitragslimitierungen entstehen, sind gemäß § 154 Abs. 1 S. 3 Hs. 2 VAG auf alle

[33] § 65 Abs. 2, § 67 Abs. 2 VAG.
[34] § 222 Abs. 4 S. 3 VAG.
[1] BGBl. I 378.
[2] VAG RegE S. 272 (zu § 154 VAG).
[3] Gesetzesbegründung, BT-Drs. 16/3100, 208 (zu § 12g VAG).
[4] *BVerfG* Urt. v. 10.6.2009 – 1 BvR 706/08 u. a. Rn. 121, NJW 2009, 2033, 2034.
[5] *BVerfG* Urt. v. 10.6.2009 – 1 BvR 706/08 u. a. Rn. 167, VersR 2009, 957, 962 = NJW 2009, 2033, 2038.
[6] *EuG* Urt. v. 12.2.2008 – T-289/03 Rn. 238 u. 297; *Baier*, Der Basistarif der privaten Krankenversicherung, 2012, S. 122.
[7] Vgl. Rn. 6 und § 152 VAG Rn. 4 f.
[8] Vgl. Gesetzesbegründung, BT-Drs. 16/3100, 208 (zu § 12g VAG).
[9] § 294 Abs. 4 VAG.
[10] Im Basistarif ist gemäß § 203 Abs. 1 S. 2 VVG weder die Vereinbarung eines Risikozuschlags noch die eines Leistungsausschlusses zulässig.

beteiligten Versicherungsunternehmen gleichmäßig zu verteilen. Damit wird eine Verfahrensweise gewählt, die vormals auch für den sog Standardtarif bestanden hat,[11] der vom Basistarif verdrängt worden ist.[12]

IV. Beaufsichtigung des Risikoausgleichs (Abs. 2). Gemäß § 154 Abs. 2 VAG unterliegt der Risikoausgleich der **Aufsicht** der BaFin. Das gilt dem Gesetz zufolge für dessen Errichtung, Ausgestaltung, Änderung und Durchführung. Damit besteht eine vollumfängliche Beaufsichtigung, die dem Ziel der Wahrung der Belange der Versicherten[13] und dabei auch der Sicherstellung der dauernden Erfüllbarkeit der Verpflichtungen dient.[14] Im Vordergrund steht dabei die Sicherstellung eines angemessenen Ausgleichs der Risiken nach Maßgabe von § 154 Abs. 1 VAG. Dazu gehört auch die Unterbindung von Missbrauch durch Falschmeldungen beteiligter Unternehmen.[15] Der Aufsicht unterstellt ist somit die „Basis-Pool" Gesellschaft bürgerlichen Rechts, mit der die gesetzliche Pflicht zur Bildung eines Risikoausgleichs erfüllt wird.[16] Gesellschafter sind die betroffenen Versicherer.[17] Eine parallele Einrichtung besteht für die private Pflegepflichtversicherung,[18] auf die der Gesetzgeber insofern auch als Vorbild verwiesen hat. 5

V. Anwendungsbereich. § 154 VAG gilt zunächst für inländische Unternehmen[19] (einschl. dem Sicherungsfonds für die substitutive Krankenversicherung).[20] Das ergibt sich aus dem Umstand, dass § 154 VAG die Beteiligung am Risikoausgleich ausschließlich an das Angebot eines Basistarifs anknüpft. Die Pflicht zur Einführung eines Basistarifs trifft wiederum nur Versicherer mit Sitz im Inland (§ 152 Abs. 1 S. 1 VAG). Im Reflex hierauf besteht eine Pflicht zur Beteiligung am Risikoausgleich nicht für **ausländische Unternehmen**. Bezüglich der EWR-ausländischen Versicherer sieht demgemäß § 62 Abs. 1 S. 2 Nr. 5 VAG auch keine Anwendung von § 154 VAG vor. Ausländischen Unternehmen steht aber bei Einführung eines Basistarifs die Möglichkeit des Beitritts zum Risikoausgleich offen.[21] 6

Prämienänderungen

155 (1) [1]**Bei der nach Art der Lebensversicherung betriebenen Krankenversicherung dürfen Prämienänderungen erst in Kraft gesetzt werden, nachdem ein unabhängiger Treuhänder der Prämienänderung zugestimmt hat. [2]Der Treuhänder hat zu prüfen, ob die Berechnung der Prämien mit den dafür bestehenden Rechtsvorschriften in Einklang steht. [3]Dazu sind ihm sämtliche für die Prüfung der Prämienänderungen erforderlichen technischen Berechnungsgrundlagen einschließlich der hierfür benötigten kalkulatorischen Herleitungen und statistischen Nachweise vorzulegen. [4]In den technischen Berechnungsgrundlagen sind die Grundsätze für die Berechnung der Prämien und Alterungsrückstellung einschließlich der verwendeten Rechnungsgrundlagen und mathematischen Formeln vollständig darzustellen. [5]Die Zustimmung ist zu erteilen, wenn die Voraussetzungen des Satzes 2 erfüllt sind.**

(2) [1]**Der Zustimmung des Treuhänders bedürfen**

1. **der Zeitpunkt und die Höhe der Entnahme sowie die Verwendung von Mitteln aus der Rückstellung für erfolgsunabhängige Beitragsrückerstattung, soweit sie nach § 150 Absatz 4 zu verwenden sind, und**
2. **die Verwendung der Mittel aus der Rückstellung für erfolgsabhängige Beitragsrückerstattung.**

[2]**Der Treuhänder hat in den Fällen des Satzes 1 Nummer 1 und 2 darauf zu achten, dass die in der Satzung und den Versicherungsbedingungen bestimmten Voraussetzungen erfüllt und die Belange der Versicherten ausreichend gewahrt sind. [3]Bei der Verwendung der Mittel zur Begrenzung von Prämienerhöhungen hat er insbesondere auf die Angemessenheit der Verteilung auf die Versichertenbestände mit einem Prämienzuschlag nach § 149 und ohne einen solchen zu achten sowie dem Gesichtspunkt der Zumutbarkeit der prozentualen und absoluten Prämiensteigerungen für die älteren Versicherten ausreichend Rechnung zu tragen.**

[11] Vgl. Gesetzesbegründung, BT-Drs. 16/3100, 208 (zu § 12g VAG).
[12] *Sodan*, in: Sodan (Hrsg.), Handbuch des Krankenversicherungsrechts, 2. Aufl. 2014, § 45 Rn. 5; *Baier*, Der Basistarif der privaten Krankenversicherung, 2012, S. 65.
[13] § 294 Abs. 3 VAG.
[14] § 294 Abs. 4 VAG.
[15] Zu dieser Problematik siehe auch *Baier*, Der Basistarif der privaten Krankenversicherung, 2012, S. 119 f.
[16] *Baier*, Der Basistarif der privaten Krankenversicherung, 2012, S. 116.
[17] *Baier*, Der Basistarif der privaten Krankenversicherung, 2012, S. 116.
[18] Vgl. § 148 VAG Rn. 17.
[19] § 65 Abs. 2, § 67 Abs. 2 VAG.
[20] § 222 Abs. 4 S. 3 VAG.
[21] Vgl. § 152 VAG Rn. 5.

(3) [1]**Das Versicherungsunternehmen hat für jeden nach Art der Lebensversicherung kalkulierten Tarif zumindest jährlich die erforderlichen mit den kalkulierten Versicherungsleistungen zu vergleichen. [2]Ergibt die der Aufsichtsbehörde und dem Treuhänder vorzulegende Gegenüberstellung für einen Tarif eine Abweichung von mehr als 10 Prozent, sofern nicht in den allgemeinen Versicherungsbedingungen ein geringerer Prozentsatz vorgesehen ist, hat das Unternehmen alle Prämien dieses Tarifs zu überprüfen und, wenn die Abweichung als nicht nur vorübergehend anzusehen ist, mit Zustimmung des Treuhänders anzupassen. [3]Dabei darf auch ein betragsmäßig festgelegter Selbstbehalt angepasst und ein vereinbarter Prämienzuschlag entsprechend geändert werden, soweit der Vertrag dies vorsieht. [4]Eine Anpassung erfolgt insoweit nicht, als die Versicherungsleistungen zum Zeitpunkt der Erst- oder einer Neukalkulation unzureichend kalkuliert waren und ein ordentlicher und gewissenhafter Aktuar dies insbesondere anhand der zu diesem Zeitpunkt verfügbaren statistischen Kalkulationsgrundlagen hätte erkennen müssen. [5]Ist nach Auffassung des Treuhänders eine Erhöhung oder eine Senkung der Prämien für einen Tarif ganz oder teilweise erforderlich und kann hierüber mit dem Unternehmen eine übereinstimmende Beurteilung nicht erzielt werden, hat der Treuhänder die Aufsichtsbehörde unverzüglich zu unterrichten.**

(4) [1]**Das Versicherungsunternehmen hat für jeden nach Art der Lebensversicherung kalkulierten Tarif jährlich die erforderlichen mit den kalkulierten Sterbewahrscheinlichkeiten durch Betrachtung von Barwerten zu vergleichen. [2]Ergibt die der Aufsichtsbehörde und dem Treuhänder vorzulegende Gegenüberstellung für einen Tarif eine Abweichung von mehr als 5 Prozent, hat das Unternehmen alle Prämien dieses Tarifs zu überprüfen und mit Zustimmung des Treuhänders anzupassen. [3]Absatz 3 Satz 3 bis 5 ist entsprechend anzuwenden.**

Übersicht

Schrifttum: *Abschlussbericht* der Kommission zur Reform des Versicherungsvertragsrechts vom 19. April 2004, VersR-Schriftenreihe Nr. 25, 2004; *Grote*, Die Rechtsstellung der Prämien-, Bedingungs- und Deckungsstocktreuhänder nach dem VVG und dem VAG, 2002; *Gutachten* der Unabhängigen Expertenkommission zur Untersuchung der Problematik steigender Beiträge der privat Krankenversicherten im Alter, in: Verband der privaten Krankenversicherung e. V. [Hrsg.], Zu den Altersbeiträgen der Privatversicherten, PKV-Dokumentation 19, 1997; *Renger*, Die Verantwortung des Treuhänders in der privaten Krankenversicherung, 1997; *Sahmer*, Richterliche Überprüfung der Beitragsanpassung in der privaten Krankenversicherung, 2000.

1 **I. Allgemeines. 1. Entstehungsgeschichte.** Die Vorschrift ist durch Art. 1 Nr. 12 des Dritten Durchführungsgesetzes/EWG zum VAG v. 21.7.1994[1] in das VAG aufgenommen worden. Sie ist seitdem immer wieder Änderungen unterworfen worden. Nennenswert ist insbesondere die mit Art. 7 Nr. 7 lit. b des Gesetzes zur Reform des Versicherungsvertragsrechts vom 23.11.2007[2] erfolgte Ergänzung, die auf eine Prämienüberprüfung auch im Falle geänderter Sterbewahrscheinlichkeiten abzielt. Vormals ist die Regelung in § 12b VAG a. F. verankert gewesen. Sie ist mit Umsetzung der Solva II-Richtlinie überwiegend in § 155 VAG aufgegangen.[3]

2 **2. Normzweck.** § 155 VAG stellt im Zusammenwirken mit § 203 Abs. 1 u. 2 VVG sicher, dass in der privaten Krankenversicherung, die nach Art der Lebensversicherung betrieben wird, die dauernde **Erfüllbarkeit der Verpflichtungen** gewahrt wird.[4] Damit soll die nötige Äquivalenz zwischen Leistung und Gegenleistung auf Dauer vor bestimmten externen Störungen geschützt werden.[5]

3 **3. Europarechtlicher Hintergrund.** § 155 VAG steht im Kontext mit der europarechtlichen Deregulierung des Aufsichtsrechts. So bestanden in der privaten Krankenversicherung bis Mitte 1994

[1] BGBl. I 1630.
[2] BGBl. I 2631.
[3] RegE VAG 2014, S. 272 (zu § 155 VAG). Die übrigen Bestimmungen des § 12 VAG a. F. haben im Übrigen in § 157 VAG Aufnahme gefunden.
[4] *BGH* Urt. v. 16.6.2004 – IV ZR 117/02, Ziff. II.1.a), VersR 2004, 991.
[5] Langheid/Wandt/*Boetius* § 203 VVG Rn. 662.

umfassende aufsichtsbehördliche Genehmigungsvorbehalte. Prämienänderungen waren gemäß den entsprechenden Tarifbestimmungen zulässig, wenn diese von der Aufsichtsbehörde genehmigt worden waren.[6] Ein derartiger Genehmigungsvorbehalt ließ sich aber aufgrund entsprechender europarechtlicher Vorgaben nicht aufrechterhalten.[7] Das änderte aber nichts daran, dass ein Änderungsbedarf bezüglich der Prämien anzuerkennen ist.[8] Die europarechtlichen Vorgaben, die mittlerweile in die Solva II-Richtlinie überführt worden sind,[9] erzwingen insofern lediglich, in diesem Zusammenhang auf die Einbindung einer staatlichen Stelle zu verzichten. Mit der Etablierung eines nicht hoheitlich tätigen Dritten, nämlich eines unabhängigen Treuhänders, hat der Gesetzgeber einerseits dem Europarecht Genüge getan und andererseits Sorge dafür getragen, dass Vertragsanpassungen möglich bleiben, ihrerseits aber nicht nur von der Entscheidung des Versicherers abhängen.[10] § 155 VAG fußt dabei in Bezug auf die substitutive Krankenversicherung unmittelbar auf Art. 206 Abs. 2 lit. a und d der **Solva II-Richtlinie.**

II. Einbindung des Treuhänders (Abs. 1 u. 2). Die Aufgaben des in § 155 VAG angesprochenen Treuhänders beziehen sich zum einen auf die Überprüfung der Berechnung der Prämien sowie die Zustimmung zu Prämienanpassungen (nachfolgend unter 1.), zum anderen auf die Kontrolle von Entnahmen aus der Rückstellung für Beitragsrückerstattung (nachfolgend unter II.). 4

1. Prämienänderungen (Abs. 1). § 155 Abs. 1 **S. 1** VAG bestimmt, dass bei der nach Art der Lebensversicherung betriebenen Krankenversicherung (§§ 146, 147 VAG)[11] Prämienänderungen der Zustimmung eines unabhängigen Treuhänders (§ 157 VAG) bedürfen. Korrespondierendes sieht § 203 Abs. 2 S. 1 VVG vor, wenngleich diese Vorschrift lediglich den Ausschluss des ordentlichen Kündigungsrechts voraussetzt. Ein solcher Ausschluss ist der nach Art der Lebensversicherung betriebenen Krankenversicherung immanent.[12] 5

Die Zulässigkeit von Vertragsänderungen richtet sich vornehmlich nach dem Privatrecht. Der Regelung des § 155 VAG kommt insofern **ergänzende Funktion** zu, da sie der aufsichtsrechtlichen Absicherung der nach § 203 Abs. 2 VVG zulässigen Vertragsänderungen dient, die dem Versicherungsnehmer entsprechend mitzuteilen sind.[13] § 155 VAG enthält dabei inhaltliche Maßgaben bezüglich einer Prämienkalkulation und –anpassung, die durch die entsprechende Bezugnahme in § 203 Abs. 1 VVG in das Vertragsrecht überführt werden. Insofern bedingen sich die Regelungen gegenseitig,[14] wobei mitunter der Schwerpunkt mehr im Vertragsrecht,[15] mitunter mehr im Aufsichtsrecht gesehen wird.[16] 6

§ 203 Abs. 2 VVG und § 155 VAG stellen Vorschriften dar, die eine ausdrückliche Vereinbarung zwischen Versicherer und Versicherungsnehmer nicht voraussetzen Die Anpassungsmöglichkeit wird **von Gesetzes wegen** eingeräumt, so dass kein Raum für die Anwendung AGB-rechtlicher Vorschriften bleibt. Es steht den Versicherern im Grundsatz frei, sich weitere Anpassungsmöglichkeiten vorzubehalten. Diese sind jedoch an den AGB-rechtlichen Vorschriften des BGB zu messen. Die Nichteinhaltung von § 203 VVG bzw. § 155 VAG berechtigt die Aufsicht zu einem Einschreiten nach § 298 Abs. 1 iVm § 294 Abs. 3 u. 4 VAG. § 203 VVG stellt aber ebenso wenig wie § 155 VAG ein Verbraucherschutzgesetz i. S. v. § 2 UklaG dar.[17] 7

Eine Prämienanpassung setzt gemäß § 203 Abs. 2 S. 1 VVG eine als nicht nur vorübergehend anzusehende Veränderung des Schadensbedarfs sowie eine Überprüfung und Zustimmung des Treuhänders voraus. Diese Prüfung bezieht gemäß § 155 Abs. 1 **S. 2** VAG auf die **Einhaltung der maßgeblichen Rechtsvorschriften**. Bei den einschlägigen Rechtsvorschriften handelt es sich um die Bestimmungen von § 203 VVG und § 155 VAG sowie der §§ 1 ff., 15 ff. KVAV. Dem Treuhänder sind hierzu nach § 155 Abs. 1 **S. 3** VAG die notwendigen technischen Berechnungsgrundlagen vorzulegen, die die kalkulatorischen Herleitungen und Nachweise[18] sowie nach § 155 Abs. 1 S. 4 VAG die Grundsätze der Berechnung der Prämien und Alterungsrückstellung umfassen.[19] 8

Der Treuhänder erteilt gemäß § 155 Abs. 1 **S. 5** VAG die **Zustimmung** zu einer Prämienänderung, wenn er festgestellt hat, dass die Berechnung der Prämien mit den maßgeblichen Rechtsvorschriften in 9

---

[6] Hierzu *BGH* Urt. v. 22.9.2004 – IV ZR 97/03, VersR 2004, 1446, 1447 = r+s 2005, 162.

[7] Art. 8 Abs. 3 UAbs. 2 der 1. EG-Schadenversicherungs-Richtlinie; Art. 29 der 3. EG-Schadenversicherungs-Richtlinie.

[8] *Gerwins* NVersZ 1999, 53, 54; *Sahmer* ZfV 1996, 483, 486; 1994, 246, 248.

[9] Art. 21 Abs. 1 UAbs. 1, Abs. 2 Solva II-RL.

[10] Vgl. Gesetzesbegründung, BR-Drs. 23/94, 182 f.; *Wriede* VersR 1994, 251, 253; *Lorenz* VR 10/2005, 2, 8.

[11] Vgl. im Einzelnen § 146 VAG Rn. 4 ff. u. § 147 VAG Rn. 1.

[12] §V 147 iVm § 146 Abs. 1 Nr. 3 VAG.

[13] Vgl. § 203 Abs. 5 VVG.

[14] *Präve* VersR 1995, 733, 739.

[15] *Renger* VersR 1994, 1257, 1258.

[16] *Grote*, Die Rechtsstellung der Prämien-, Bedingungs- und Deckungsstocktreuhänder nach dem VVG und dem VAG, 2002, S. 457 f.

[17] *LG Düsseldorf* Urt. v. 4.5.2005 – 12 O 192/04, VersR 2005, 1273, 1274; *LG Köln* Urt. v. 20.7.2005 – 26 O 225/04, VersR 2005, 1274, 1275 (jeweils zu § 178g Abs. 3 VVG a. F.).

[18] Klargestellt durch Art. 1 Abs. 2 Nr. 10 des Gesetzes v. 21.12.2000, BGBl. I 1857.

[19] Zum Rechtscharakter dieser Verpflichtung gilt das zu § 142 VAG Rn. 27 Gesagte entsprechend.

Einklang steht. Die Zustimmung (§ 182 BGB)[20] wird als einseitiges empfangsbedürftiges Rechtsgeschäft erst mit Zugang wirksam.[21] Für sie sieht das Gesetz keine besonderen Formerfordernisse vor. Es empfiehlt sich aber – nicht zuletzt aus Beweisgründen –, die Zustimmung schriftlich zu erteilen[22] und darüber hinaus für eine ausreichende Dokumentation Sorge zu tragen.[23] Wirksamkeitsvoraussetzung ist dies freilich nicht. Dem Treuhänder steht – unbeschadet gewisser, in der Natur der Aufgabe liegender Beurteilungsspielräume – kein Ermessen bei seiner Entscheidung zu.[24] Er hat vielmehr, wenn die Voraussetzungen erfüllt sind, die Zustimmung zu erteilen.[25]

10 Zu einer weitergehenden Prüfung der **Angemessenheit** ist der Prämienänderungstreuhänder ebenfalls nicht befugt.[26] Die Annahme eines Redaktionsversehens des Gesetzgebers, der die Aufnahme einer Angemessenheitsprüfung „schlicht vergessen" habe,[27] entbehrt der Grundlage. Vielmehr legen das VAG und die KVAV im Einzelnen fest, unter welchen Voraussetzungen und in welchem Umfang Prämienanpassungen zulässig sind,[28] so dass sich eine derartige Prüfung erübrigt. Damit ist auch kein Raum für eine Anwendung von § 315 BGB mehr,[29] wonach im Zweifel anzunehmen wäre, dass für den Fall, dass die Leistung durch einen der Vertragspartner bestimmt wird, die Bestimmung nach billigem Ermessen zu treffen ist. Auch § 317 BGB, der im Falle der Einschaltung eines Dritten denselben Prüfungsmaßstab vorgibt (mit abgeschwächter Überprüfungsmöglichkeit nach § 319 Abs. 1 BBG),[30] greift nicht ein.

11 Das hat besondere Bedeutung auch für die **gerichtliche Kontrolle**, die nicht allein mit Rücksicht auf Geheimhaltungsinteressen der Versicherer gänzlich versagt werden darf.[31] Die Ansicht, der zufolge sich die Wirksamkeit einer Prämienerhöhung nach § 315 BGB bestimmt,[32] lässt sich nach Erlass von § 12b VAG a. F. (aufgegangen in §§ 155, 157 VAG), wie eben dargestellt, nicht mehr aufrechterhalten.[33] Die Auffassung, der Versicherte könne nur das Verfahren einer Prämienanpassung überprüfen lassen,[34] greift allerdings zu kurz. Vielmehr ist im Bedarfsfall gerichtlich zu klären, ob das vorgesehene Verfahren eingehalten und die einschlägigen gesetzlichen Grundlagen beachtet worden sind.[35] Nur auf diese Weise ist ein sachangemessener Rechtsschutz sichergestellt.[36] Geheimhaltungsbedürfnissen der Versicherer lässt sich dabei nach Maßgabe von § 172 Nr. 2 (Ausschluss der Öffentlichkeit von der Verhandlung), § 173 Abs. 2 (Ausschluss der Öffentlichkeit von der Urteilsverkündung), § 174 Abs. 3 S. 1 GVG (Nicht öffentliche Verhandlung über Ausschluss der Öffentlichkeit) Rechnung tragen,[37] wobei nur die Kalkulationsgrundlagen offenzulegen sind, die für die konkrete Prämienanpassung überhaupt relevant sind.[38] Zu beachten ist dabei, dass Gegenstand der gerichtlichen Überprüfung nur die Unterlagen sind, die der

---

[20] Vgl. *Renger*, Die Verantwortung des Treuhänders in der privaten Krankenversicherung, 1997, S. 21 u. 27.

[21] *Renger*, Die Verantwortung des Treuhänders in der privaten Krankenversicherung, 1997, S. 23.

[22] *Renger*, Die Verantwortung des Treuhänders in der privaten Krankenversicherung, 1997, S. 23; *Grote*, Die Rechtsstellung der Prämien-, Bedingungs- und Deckungsstocktreuhänder nach dem VVG und dem VAG, 2002, S. 621.

[23] *Gerwins* NVersZ 2000, 353, 360; *Grote* VersR 2003, 1118.

[24] Vgl. ursprüngliche Gesetzesbegründung, BR-Drs. 23/94, 183; *BGH* Urt. v. 16.6.2004 – IV ZR 117/02,VersR 2004, 991, 992 = r+s 2005, 27.

[25] *Sahmer* ZfV 1996, 483, 487.

[26] *BGH* Urt. v. 16.6.2004 – IV ZR 117/02, VersR 2004, 991, 992 = r+s 2005, 27; *Sahmer*, Richterliche Überprüfung der Beitragsanpassung in der privaten Krankenversicherung, 2000, S. 12, 15; *dies.* ZfV 1996, 483, 487; *Drews* VersR 1996, 422, 424; *Schramm* VersR 1996, 424, 425; *Wedler* VW 1997, 447, 449 f.; *Benkel*, Der Versicherungsverein auf Gegenseitigkeit, 2002, S. 190; *Behne*, in: Neue Rechtsentwicklungen in der privaten Krankenversicherung, 1997, S. 49, 54 ff.; *Egger* r+s 2006, 353, 355; a. M. *Küntzel* VersR 1996, 148, 149 ff.; *Gerwins*, in: Der Aktuar 1996, 84, 86; *Renger* VersR 1995, 866, 874; *ders.*, Die Verantwortung des Treuhänders in der privaten Krankenversicherung, 1997, S. 18; *Grote* ZVersWiss 2002, 621, 626.

[27] *Grote*, Die Rechtsstellung der Prämien-, Bedingungs- und Deckungsstocktreuhänder nach dem VVG und dem VAG, 2002, S. 524.

[28] Vgl. Begründung zur vormaligen KalV, BR-Drs. 414/96, 18: „Ohne die nach § 12c VAG zu erlassende Verordnung hätten die Zivilgerichte im Streit jeweils im Einzelfall die Angemessenheit einer Prämienberechnung nach § 315 BGB zu beurteilen."

[29] Offen gelassen von *LG Saarbrücken* Urt. v. 13.3.2003 – 2 S 432/96, VersR 2003, 1115, 1116 f.; hierzu auch *Grote* VersR 2003, 1118, 1119; zum Parallelfall einer vertraglich umfassend geregelten Preisanpassungsklausel eines Fernwärmevertrags vgl. BGH Urt. v. 11.10.2006 – VIII ZR 270/05, ZIP 2007, 920, 922.

[30] Vgl. *Reinhard* VersR 2000, 216, 217.

[31] *BVerfG* Beschl. vom 28.12.1999 –1 BvR 2203/98, VersR 2000, 214, 216.

[32] *OLG Hamm* Urt. v. 25.6.1993 – 20 U 342/92, VersR 1993, 1342, 1343 f.; *Grote*, Die Rechtsstellung der Prämien-, Bedingungs- und Deckungsstocktreuhänder nach dem VVG und dem VAG, 2002, S. 414, 687.

[33] *BGH* Urt. v. 16.6.2004 – IV ZR 117/02, VersR 2004, 991, 992 = r+s 2005, 27.

[34] *LG Köln* Urt. v. 28.5.1997 – 23 S 61–96, VersR 1998, 90.

[35] *OLG Köln* Urt. v. 27.5.1998 – 5 U 222/97, VersR 1999, 87, 88; Prölss/Martin/*Voit* § 203 VVG Rn. 30.

[36] Vgl. *BVerfG* Beschl. v. 28.12.1999 – 1 BvR 2203/98, VersR 2000, 214, 216 = r+s 2000, 167.

[37] Vgl. *BVerfG* Beschl. v. 28.12.1999 – 1 BvR 2203/98, VersR 2000, 214, 216 = r+s 2000, 167; *BGH* Urt. v. 9.12.2015 – IV ZR 272/15 Rn. 4–6, VersR 2016, 177, 178; *Sahmer*, Richterliche Überprüfung der Beitragsanpassung in der privaten Krankenversicherung, 2000, S. 18; *Grote*, Die Rechtsstellung der Prämien-, Bedingungs- und Deckungsstocktreuhänder nach dem VVG und dem VAG, 2002, S. 331; Langheid/ Wandt/*Boetius* § 203 VVG Rn. 815; Schwintowski/Brömmelmeyer/*Brömmelmeyer* § 203 VVG Rn. 22.

[38] *Grote*, Die Rechtsstellung der Prämien-, Bedingungs- und Deckungsstocktreuhänder nach dem VVG und dem VAG, 2002, S. 332; zur Bedeutung der verfassungsrechtlichen Vorgaben für die Lebensversicherung vgl. *Schwintowski* VuR 2000, 108, 110.

Versicherer dem Treuhänder zur Prüfung vorgelegt hat. Eine Nachbesserung ist nur bei erkennbaren Rechenfehlern oder geringfügigen und offensichtlichen Unrichtigkeiten zulässig.[39] Eine vollumfängliche Aushändigung dieser Unterlagen ist im Hinblick auf das Geheimhaltungsinteresse des Versicherers nicht geboten,[40] was allerdings die Einbeziehung früherer Berechnungsgrundlagen in die gerichtliche Überprüfung nicht hindert.[41]

Für die Pflegeversicherung, bei der die Prämie nach Art der Lebensversicherung berechnet wird und bei der das ordentliche Kündigungsrecht des Versicherers ausgeschlossen ist, besteht im Rahmen des PSG II[42] gemäß § 143 SGB XI[43] ein Sonderanpassungsrecht für AVB und technische Berechnungsgrundlagen, für das § 155 Abs. 1 VAG (Bezugnahme gilt noch § 12b Abs. 1 VAG a. F.) ebenfalls heranzuziehen ist.[44]

2. Entnahmen und Verwendung von RfB-Mitteln (Abs. 2). Dem Prämienänderungstreuhänder obliegt hierüber hinaus, wie durch Art. 14 Nr. 4 lit. a des GKV-Gesundheitsreformgesetzes 2000[45] in das VAG eingefügt, auch die Kontrolle von Entnahmen und die Verwendung von Mitteln aus der Rückstellung für Beitragsrückerstattung (RfB). Hierzu werden gemäß § 155 Abs. 2 **S. 1** VAG entsprechende Verfügungen unter den Vorbehalt der Zustimmung des Treuhänders gestellt. Dass es sich hierbei um eine **zusätzliche Aufgabe** des Prämienänderungstreuhänders handelt, ergibt sich bereits aus dem Wortlaut des § 155 Abs. 2 S. 1 u. 2 VAG, der unmittelbar auf den in § 155 Abs. 1 VAG genannten Treuhänder Bezug nimmt. Dies findet seine Bestätigung in der vom Gesetzgeber im Einzelnen dargestellten engen Verknüpfung der Aufgaben.[46] Demgemäß nimmt die maßgebliche Gesetzesbegründung ausdrücklich auf den Prämienänderungstreuhänder Bezug.[47] Aufgabe des Treuhänders ist es, sicherzustellen, dass bei Entnahmen und Verwendung von Mitteln aus der Rückstellung für erfolgsunabhängige Beitragsrückerstattung, soweit sie nach § 150 Abs. 4 VAG zu verwenden sind, sowie bei der Verwendung von Mitteln aus der Rückstellung für erfolgsabhängige Beitragsrückerstattung die satzungs- und bedingungsmäßigen Voraussetzungen erfüllt und die **Belange der Versicherten** ausreichend gewahrt sind, wie sich aus § 155 Abs. 2 **S. 2** VAG ergibt. Bezugspunkt ist dabei die Gesamtheit der Versicherten und nicht der einzelne Versicherte.[48] Damit wird auch an eine frühere Praxis angeknüpft, die vor der Deregulierung Mitte der neunziger Jahre durch entsprechende aufsichtsbehördliche Zustimmungsvorbehalte geprägt war.[49] 12

Bei der Verwendung von Mitteln zur Begrenzung von Prämienerhöhungen hat der Treuhänder gemäß § 155 Abs. 2 **S. 3** VAG auf eine **angemessene Verteilung** unter besonderer Berücksichtigung der Zumutbarkeit von Prämienerhöhungen für ältere Versicherten zu achten. Hintergrund dieser Regelungen ist die Verfahrensweise bei Prämienanpassungen. Zur Limitierung von Prämienerhöhungen werden nämlich Mittel sowohl aus der Rückstellung für erfolgsunabhängige Beitragsrückerstattung[50] als auch aus der Rückstellung für erfolgsabhängige Beitragsrückerstattung[51] entnommen.[52] Hierdurch soll eine Prämienverstetigung erreicht werden.[53] Entnahmen kommen jedoch auch für andere Verwendungszwecke in Betracht (etwa Barausschüttungen, Leistungserhöhungen). Damit sichergestellt wird, dass ein ausreichender Anteil der Rückstellungen für Prämienlimitierungen zur Verfügung steht,[54] obliegt es nicht mehr einzig der Entscheidung des Unternehmens, wann, in welcher Höhe und zu welchem Zweck derartige Mittel entnommen werden. Vielmehr ist der Gesetzgeber mit der Regelung in § 155 Abs. 2 VAG Empfehlungen der Unabhängigen Expertenkommission zur Untersuchung der Problematik steigender Beiträge der privat Krankenversicherten im Alter gefolgt[55] und hat dem Treuhänder ein Mitwirkungsrecht eingeräumt. Die originäre Entscheidung hat allerdings nach wie vor der Versicherer zu treffen.[56] 13

---

[39] *BGH* Urt. v.16.6.2004 – IV ZR 117/02, VersR 2004, 991, 992 = r+s 2005, 27; Prölss/Martin/*Voit* § 203 VVG Rn. 32; Langheid/Wandt/*Boetius* § 203 VVG Rn. 815; a. M. *Reinhard* VersR 2005, 489, 490.

[40] *OLG Stuttgart* Beschl. v. 18.1.2007 – 10 W 84/06, VersR 2007, 639, 640.

[41] *OLG Celle* Urt. v. 13.3.2008 – 8 U 152/07, VersR 2008, 1198, 1199.

[42] BGBl. 2015 I 2424.

[43] Art. 2 Nr. 50 des PSG II.

[44] Vgl. im Einzelnen Gesetzesbegründung, BT-Drs. 18/5926, 145 (zu § 143 Abs. 2).

[45] BGBl. I 2626.

[46] Vgl. auch *Grote*, Die Rechtsstellung der Prämien-, Bedingungs- und Deckungsstocktreuhänder nach dem VVG und dem VAG, 2002, S. 367.

[47] Gesetzesbegründung, BT-Drs. 14/1245, 121.

[48] Vgl. *Reinhard* VersR 2003, 952, 954 f.; s. im Einzelnen auch § 11 VAG Rn. 17.

[49] Vgl. *Sommer* ZfV 1999, 319, 322.

[50] Vgl. § 150 Abs. 4 VAG

[51] Vgl. § 150 Abs. 3 VAG.

[52] Vgl. hierzu bereits BAV-Verlautbarung VerBAV 1970, 166 f.

[53] Vgl. bereits Gesetzesbegründung, BT-Drs. 14/1245.

[54] Vgl. Gesetzesbegründung, BT-Drs. 14/1245, 122; *Gerwins* NVersZ 2000, 353 f.)

[55] Gutachten der Unabhängigen Expertenkommission zur Untersuchung der Problematik steigender Beiträge der privat Krankenversicherten im Alter, in: Verband der privaten Krankenversicherung e. V. [Hrsg.], Zu den Altersbeiträgen der Privatversicherten, PKV-Dokumentation 19, 1997, S. 23 f., 109–111.

[56] *Reinhard* VersR 2003, 952, 954.

14 Eine einseitige Verwendung von entsprechenden Mitteln nur für bestimmte Personenkreise, ohne dass dies sachlich gerechtfertigt wäre, ist nicht zulässig.[57] Unter dieser Voraussetzung bestehen gegen die Heranziehung von entsprechenden Mitteln zur Prämienverstetigung auch keine grundsätzlichen Bedenken im Hinblick auf den **Gleichbehandlungsgrundsatz** des § 146 Abs. 2 iVm § 138 Abs. 2 VAG.[58] Der Treuhänder wird sich allerdings an dem Interesse älterer Versicherter an bezahlbarem Krankenversicherungsschutz leiten lassen müssen.[59] Generell ist davon auszugehen, dass auch zukünftig insofern namhafte Beträge zur Limitierung von Prämiensteigerungen einzusetzen sind. Zu berücksichtigen ist in diesem Gesamtzusammenhang, dass es Verträge gibt, bei denen zur Beitragsermäßigung im Alter ein Beitragszuschlag nach § 149 VAG gezahlt wird, und solche, bei denen dies nicht der Fall ist, weil der Versicherungsnehmer dem nach § 338 Nr. 4 VAG (bei Verträgen, die vor dem 1. Januar 2000 geschlossen worden sind) widersprochen hat.[60] Diesem Umstand muss insofern Rechnung getragen werden, als er weder zu einer Bevorzugung noch zu einer Benachteiligung dieser zuschlagszahlenden Versicherungsnehmer führt.[61] Mittelentnahmen für andere Zwecke als für eine Prämienlimitierung sind durch die Vorgaben des § 155 VAG auch weiterhin nicht ausgeschlossen,[62] solange nur sichergestellt ist, dass in ausreichendem Umfang Mittel für eine Limitierung zur Verfügung stehen.[63] De lege ferenda ist vorgeschlagen worden, dass der Prämienänderungstreuhänder auch auf die Angemessenheit hinsichtlich von Risikoselektionsprozessen in Folgen des Tarifwechselsrechts des Versicherungsnehmers achten soll.[64] Der Gesetzgeber hat diese Anregung aber nicht aufgegriffen.

Für die Pflegeversicherung, bei der die Prämie nach Art der Lebensversicherung berechnet wird und bei der das ordentliche Kündigungsrecht des Versicherers ausgeschlossen ist, besteht im Rahmen des PSG II[65] gemäß § 143 SGB XI[66] ein Sonderanpassungsrecht für AVB und technische Berechnungsgrundlagen, für das § 155 Abs. 2 VAG (Bezugnahme gilt noch § 12b Abs. 1a VAG a. F.) ebenfalls heranzuziehen ist.[67]

15 **III. Prämienüberprüfung und -anpassung (Abs. 3 u. 4).** Hinsichtlich der Prämienberechnung bestehen dezidierte aufsichtsrechtliche Vorgaben, die unmittelbar auf die privatrechtliche Ausgestaltung einwirken.[68] **Aufsichtsrechtlich zwingend** vorgegeben ist dabei eine Prämienüberprüfung und dem folgend eine Prämienanpassung in Bezug auf die erforderlichen Versicherungsleistungen (§ 155 Abs. 3 VAG) und die geänderten Sterbewahrscheinlichkeiten (§ 155 Abs. 4 VAG). Dies ist auch vertragsrechtlich maßgeblich. Diese Vorgaben sind zugleich als abschließend zu verstehen, wie § 203 Abs. 2 S. 3 VVG ausdrücklich klarstellt. Das bedeutet, dass Veränderungen in Bezug auf andere Rechnungsgrundlagen keine auslösenden Faktoren für eine Prämienüberprüfung nach § 203 VVG, § 155 VVG darstellen.[69] Damit scheidet auch eine Veränderung des Rechnungszinses zur Begründung einer entsprechenden Prämienanpassung aus.[70] Der Gesetzgeber ist insofern einer anderweitigen Empfehlung der Kommission zur Reform des Versicherungsvertragsrechts[71] nicht gefolgt.

16 **1. Abgleich mit den erforderlichen Versicherungsleistungen (Abs. 3).** Gemäß § 155 Abs. 3 **S. 1** VAG hat das Versicherungsunternehmen für jeden nach Art der Lebensversicherung kalkulierten Tarif **zumindest jährlich** (ggf. also auch in kürzeren Zeiträumen)[72] die erforderlichen mit den kalkulierten Versicherungsleistungen zu vergleichen. Einzelheiten legt § 15 KVAV fest. Danach ist die Gegenüberstellung für jede Beobachtungseinheit eines Tarifs getrennt durchzuführen.[73] Die Gegenüberstellung ist sowohl der Aufsicht als auch dem Treuhänder nach Maßgabe von § 17 KVAV vorzulegen, ohne dass hiermit ein selbständiger Anspruch des Treuhänders auf die Unterlage begründet

---

[57] *Gerwins* NVersZ 2000, 353, 359.
[58] *Grote*, Die Rechtsstellung der Prämien-, Bedingungs- und Deckungsstocktreuhänder nach dem VVG und dem VAG, 2002, S. 394; *Reinhard* VersR 2003, 952, 957.
[59] *Reinhard* VersR 2003, 952, 957.
[60] Vgl. Gutachten der Unabhängigen Expertenkommission zur Untersuchung der Problematik steigender Beiträge der privat Krankenversicherten im Alter, in: Verband der privaten Krankenversicherung e. V. [Hrsg.], Zu den Altersbeiträgen der Privatversicherten, PKV-Dokumentation 19, 1997, S. 110; *Gerwins* NVersZ 2000, 353, 359; *Reinhard* VersR 2003, 952, 955.
[61] BaFin-Verlautbarung VerBaFin 5/2006, S. 2 f.
[62] Vgl. *Gerwins* NVersZ 2000, 353, 360 (zur früheren Rechtslage).
[63] *Reinhard* VersR 2003, 952, 954.
[64] *U. Meyer* VersWissStud (25. Bd.), S. 67, 82.
[65] BGBl. 2015 I 2424.
[66] Art. 2 Nr. 50 des PSG II.
[67] Vgl. im Einzelnen Gesetzesbegründung, BT-Drs. 18/5926, 145 (zu § 143 Abs. 2).
[68] *BGH* Urt. v. 16.6.2004 – IV ZR 117/02, VersR 2004, 991= r+s 2005, 27.
[69] Langheid/Wandt/*Boetius* § 203 VVG Rn. 792.
[70] Prölss/Martin/*Voit* § 203 VVG Rn. 21; Schwintowski/Brömmelmeyer/*Brömmelmeyer* § 203 VVG Rn. 12; Langheid/Rixecker/*Langheid* § 203 VVG Rn. 2.
[71] Abschlussbericht der Kommission zur Reform des Versicherungsvertragsrechts vom 19. April 2004, VersR-Schriftenreihe Nr. 25, 2004, S. 181, 271 (Gesetzesvorschlag für § 195 VVG).
[72] *Reinhard* VersR 2005, 489, 491.
[73] Vgl. *BGH* Urt. v. 16.6.2004 – IV ZR 117/02, VersR 2004, 991, 992 = r+s 2005, 27.

wird.[74] Ergibt die Gegenüberstellung für einen Tarif eine Abweichung von mehr als 10 Prozent, besteht eine Pflicht zur Prämienüberprüfung und, wenn die **Abweichung** als nicht nur vorübergehend anzusehen ist, auch eine Pflicht zur Prämienanpassung nach Zustimmung des Treuhänders (§ 155 Abs. 3 **S. 2** VAG). Eine nicht nur vorübergehende Änderung ist gegeben, wenn deren Ende nicht abzusehen ist oder deren absehbare Dauer nicht unerheblich ist.[75] Den Versicherern bleibt es im Übrigen unbenommen, an Stelle des Schwellenwerts von 10 Prozent auch einen geringeren Schwellenwert in den AVB festzulegen.[76] Damit wird insgesamt ein zu Zeiten umfassender staatlicher Regulierung praktiziertes Verfahren[77] fortgeschrieben, wobei die staatliche Mitwirkung an einer Prämienanpassung durch die Beteiligung eines Treuhänders ersetzt wird.[78] Die Notwendigkeit eines solchen Verfahrens erklärt sich aus externen Faktoren, die Prämiensteigerungen erforderlich machen. Hierzu zählen inflationsbedingte Preissteigerungen, die hierüber noch hinausgehenden Kostensteigerungen im Gesundheitswesen, der Anstieg der allgemeinen Lebenserwartung sowie Gegebenheiten in der Ausgestaltung der Sozialversicherungssysteme.[79] Eine Prämienanpassung bleibt dabei – auch als Reflex aus § 15 KVAV[80] – auf die Beobachtungseinheiten beschränkt, bei denen die maßgebliche Grenze überschritten worden ist,[81] und muss dort einheitlich, also auch zu demselben Zeitpunkt, vollzogen werden.[82]

Angepasst werden dürfen unter dieser Voraussetzung nicht nur die Prämie, sondern auch ein betragsmäßig festgelegter **Selbstbehalt** und ein vereinbarter **Prämienzuschlag**. Hierzu bedarf es allerdings einer entsprechenden vertraglichen Festlegung (§ 155 Abs. 3 **S. 3** VAG). § 203 Abs. 1 S. 2 VVG sieht Entsprechendes vor. Ausgenommen ist hiervon lediglich der Basistarif. Kostenzuschläge werden nur erfasst[83], sofern sich diese aufgrund einer Erhöhung des Schadensbedarfs verändert haben.[84] Soweit die Versicherungsleistungen auf einer unzureichenden Erst- oder Neukalkulation beruhen, darf eine Vertrags- und Prämienpassung nicht erfolgen, sofern ein ordentlicher und gewissenhafter Aktuar dies hätte erkennen können (§ 155 Abs. 3 **S. 4** VAG). Diese Festlegung, die durch Art. 14 Nr. 4 lit. b des GKV-Gesundheitsreformgesetzes 2000 v. 22.12.1999[85] in das Gesetz aufgenommen wurde, stellt klar, dass vermeidbare **Kalkulationsirrtümer** zu Lasten des Versicherers gehen,[86] was bereits im Wesen der gesetzlichen Anpassungsregelung begründet liegt.[87] Mit der ausdrücklichen Festschreibung ist eine Empfehlung der Unabhängigen Expertenkommission zur Untersuchung der Problematik steigender Beiträge der privat Krankenversicherten im Alter aufgegriffen worden.[88] Soweit mitunter die Auffassung vertreten wird, auch voraussehbare Veränderungen berechtigten zur Prämienanpassung,[89] kann dem nicht gefolgt werden. In einem solchen Fall hätte dies ein gewissenhafter Aktuar erkennen und bei der Prämienkalkulation entsprechend berücksichtigen müssen. **17**

Sofern der Treuhänder über eine Prämienanpassung keine übereinstimmende Beurteilung mit dem Unternehmen erzielen kann, hat der Treuhänder die **Aufsicht** unverzüglich zu unterrichten (§ 155 Abs. 3 **S. 5** VAG). Hierbei handelt es sich um eine öffentlich-rechtliche Pflicht und nicht nur um eine Berechtigung des Treuhänders. Die gegenteilige Auffassung[90] lässt sich weder mit dem insoweit eindeutigen Gesetzeswortlaut[91] noch mit dem Sinn und Zweck der Vorschrift vereinbaren. Mit § 155 Abs. 3 S. 5 VAG soll nämlich sichergestellt werden, dass die Aufsicht ggf. nach § 298 Abs. 1 VAG **18**

---

[74] *Grote,* Die Rechtsstellung der Prämien-, Bedingungs- und Deckungsstocktreuhänder nach dem VVG und dem VAG, 2002, S. 539.
[75] Vgl. hierzu Langheid/Wandt/*Boetius* § 203 VVG Rn. 703 f.
[76] Vgl. Gesetzesbegründung, BR-Drs. 23/94, 184.
[77] Zu Einzelheiten vgl. *Grote,* Die Rechtsstellung der Prämien-, Bedingungs- und Deckungsstocktreuhänder nach dem VVG und dem VAG, 2002, S. 273 ff.
[78] Vgl. Gesetzesbegründung, BR-Drs. 23/94, 183 f.
[79] Vgl. im einzelnen Gutachten der Unabhängigen Expertenkommission zur Untersuchung der Problematik steigender Beiträge der privat Krankenversicherten im Alter, in: Verband der privaten Krankenversicherung e. V. [Hrsg.], Zu den Altersbeiträgen der Privatversicherten, PKV-Dokumentation 19, Köln, 1997, S. 42 ff.
[80] Vgl. vormalige Verordnungsbegründung, BR-Drs. 414/96, 29.
[81] *BGH* Urt. v. 16.6.2004 – IV ZR 117/02, VersR 2004, 991, 992 f. = r+s 2005, 27; BaFin-Verlautbarung VerBaFin 8/2004, S. 4; *Sommer* ZfV 1999, 319, 320; *Gerwins* NVersZ 1999, 53, 56; *Schramm* VW 2004, 1427 f.
[82] *Renger,* Die Verantwortung des Treuhänders in der privaten Krankenversicherung, 1997, S. 24 f.
[83] *Grote,* Die Rechtsstellung der Prämien-, Bedingungs- und Deckungsstocktreuhänder nach dem VVG und dem VAG, 2002, S. 401.
[84] *Renger,* Die Verantwortung des Treuhänders in der privaten Krankenversicherung, 1997, S. 24; *ders.* VersR 1995, 866, 874.
[85] BGBl. I 2626.
[86] Vgl. Gesetzesbegründung, BT-Drs. 14/1245, 122. Eine Finanzierung muss der Versicherer in einem solchen Fall aus Eigenmitteln finanzieren, vgl. Langheid/Wandt/*Boetius* § 203 VVG Rn. 788.
[87] Vgl. *Grote,* Die Rechtsstellung der Prämien-, Bedingungs- und Deckungsstocktreuhänder nach dem VVG und dem VAG, 2002, S. 270 f.; *ders.* ZVersWiss 2002, 621, 627.
[88] Gutachten der Unabhängigen Expertenkommission zur Untersuchung der Problematik steigender Beiträge der privat Krankenversicherten im Alter, in: Verband der privaten Krankenversicherung e. V. [Hrsg.], Zu den Altersbeiträgen der Privatversicherten, PKV-Dokumentation 19, Köln, 1997, S. 24 f., 111 f.
[89] Langheid/Wandt/*Boetius* § 203 VVG Rn. 793.
[90] *Renger* VersR 1994, 1257, 1260.
[91] *Präve* VersR 1995, 733, 739.

intervenieren kann.[92] Das Erfordernis einer Prämienanpassung gilt, wie § 155 Abs. 3 S. 5 VAG zusätzlich klarstellt, nicht nur für den in der Praxis regelmäßig bedeutenden Fall einer Erhöhung der Prämie, sondern auch für den Fall einer Prämiensenkung. Auch § 203 Abs. 2 VVG ist in diesem Sinne zu verstehen.[93]

19 **2. Abgleich mit geänderten Sterbewahrscheinlichkeiten (Abs. 4).** Gemäß § 155 Abs. 4 VAG kann sich eine Prämienanpassung auch aufgrund geänderter Sterbewahrscheinlichkeiten ergeben. Dem Versicherungsunternehmen ist insofern für nach Art der Lebensversicherung kalkulierte Tarife gemäß § 155 Abs. 4 **S. 1** VAG ein **jährlicher Abgleich** der erforderlichen mit den kalkulierten Sterbewahrscheinlichkeiten aufgegeben. Der Vergleich gilt den Barwerten, wie dies § 16 KVAV näher regelt. Liegt eine Abweichung von mehr als 5 Prozent vor, hat gemäß § 155 Abs. 4 **S. 2** VAG eine Überprüfung und Anpassung der Prämien mit Zustimmung des Treuhänders zu erfolgen. Für den Abgleich sind die von der Aufsicht gemäß § 159 VAG veröffentlichten Sterbewahrscheinlichkeiten heranzuziehen. Den Versicherern ist alternativ auch die Ansetzung niedriger Werte möglich, wenn hierfür Anlass besteht.[94] Bei der Änderung von Sterbewahrscheinlichkeiten ist dabei stets von einer nicht nur vorübergehenden Änderung auszugehen, so dass – anders als beim Abgleich mit Versicherungsleistungen (§ 155 Abs. 3 S. 2 VAG) – diese Voraussetzung nicht zusätzlich in das Gesetz aufgenommen worden ist. Wie im Falle von § 155 Abs. 3 VAG gilt hier, dass eine Prämienanpassung auf die jeweilige Beobachtungseinheit beschränkt ist, bei der die maßgebliche Grenze überschritten worden ist.[95] Sie muss auch hier zudem einheitlich, namentlich zu demselben Zeitpunkt, vollzogen werden. § 155 Abs. 4 **S. 3** VAG schreibt vor, § 155 Abs. 3 S. 3 bis 5 entsprechend anzuwenden. Insofern wird auf die Erläuterungen unter Rn. 17 f. verwiesen.

20 **IV. Anwendungsbereich.** § 155 VAG gilt für die nach Art der Lebensversicherung betriebene Krankenversicherung, die private Pflegepflichtversicherung und die geförderte Pflegevorsorge (§ 148 S. 1 VAG).

21 Anders als in der Lebensversicherung (vgl. § 142 VAG) ist im Falle von Vertragsanpassungen nicht zwischen dem Zeitpunkt vor und nach Inkrafttreten des Dritten Durchführungsgesetzes/EWG zum VAG zu unterscheiden. Vielmehr findet § 155 VAG in allen Fällen Anwendung. Hinsichtlich der Prämienänderung bestimmt das Gesetz ausdrücklich, dass bei vormaligen Verträgen an die Stelle der aufsichtsbehördlichen Genehmigung die Zustimmung des Treuhänders getreten ist (§ 337 VAG).[96] Zu beachten ist, dass im Falle von **Altverträgen** der Versicherer dem Versicherungsnehmer eine Änderung der Tarife unter Kenntlichmachung der Unterschiede spätestens einen Monat vor Inkrafttreten mitzuteilen und ihn schriftlich über sein Kündigungsrecht zu belehren hat.[97] Für Krankenversicherungsverhältnisse, bei denen eine Vereinbarung über eine Prämienanpassung nicht getroffen worden und das ordentliche Kündigungsrecht des Versicherers nicht ausgeschlossen war, ist der Versicherer ermächtigt, die Prämie neu festzusetzen, wenn ein unabhängiger Treuhänder die Berechnungsgrundlage überprüft und der Prämienanpassung zugestimmt hat.[98]

22 § 155 VAG gilt für in- und ausländische Gesellschaften gleichermaßen[99] (einschl. dem Sicherungsfonds für die substitutive Krankenversicherung).[100]

Verantwortlicher Aktuar in der Krankenversicherung

156 (1) [1] **Versicherungsunternehmen, die die substitutive Krankenversicherung betreiben, haben einen Verantwortlichen Aktuar zu bestellen.** [2] **§ 141 Absatz 1 Satz 2 bis 4 und Absatz 2 und 3 ist entsprechend anzuwenden.**

(2) [1] **Dem Verantwortlichen Aktuar obliegt es,**

1. sicherzustellen, dass bei der Berechnung der Prämien und der versicherungstechnischen Rückstellungen im Sinne der §§ 341e bis 341h des Handelsgesetzbuchs, insbesondere der Alterungsrückstellung, die versicherungsmathematischen Methoden gemäß § 146 Absatz 1 Nummer 1 und 2 eingehalten und dabei die Regelungen der nach § 160 erlassenen Rechtsverordnung beachtet werden; dabei muss er die Finanzlage des Unternehmens insbesonde-

[92] Vgl. Gesetzesbegründung, BR-Drs. 23/94, 185.

[93] Prölss/Martin/*Voit* § 203 VVG Rn. 19; Langheid/Wandt/*Boetius* § 203 VVG Rn. 707. S. hierzu auch *OLG Köln* Urt. v. 20.7.2012 – 20 U 149/11, Ziff. 1. a) aa), VersR 2013, 1561, 1562 samt kritischen Anmerkungen von *Wandt* VersR 2013, 1564, 1565u,. 1568 sowie von *Boetius* VersR 2013, 1568, 1569 f.

[94] Gesetzesbegründung, BT-Drs. 16/3945, 122 (zu § 12b VAG, lit. b).

[95] Gesetzesbegründung, BT-Drs. 16/3945, 122 (zu § 12b VAG, lit. b).

[96] *Grote*, Die Rechtsstellung der Prämien-, Bedingungs- und Deckungsstocktreuhänder nach dem VVG und dem VAG, 2002, S. 468 f.

[97] Art. 16 § 7 Abs. 1 des Dritten Durchführungsgesetzes/EWG zum VAG v. 21.7.1994, BGBl. I 1630.

[98] Art. 16 § 7 Abs. 2 des Dritten Durchführungsgesetzes/EWG zum VAG v. 21.7.1994, BGBl. I 1630.

[99] § 62 Abs. 1 S. 2 Nr. 5, § 65 Abs. 2, § 67 Abs. 2 VAG.

[100] § 222 Abs. 4 S. 3 VAG.

re daraufhin überprüfen, ob die dauernde Erfüllbarkeit der sich aus den Versicherungsverträgen ergebenden Verpflichtungen jederzeit gewährleistet ist und

2. unter der Bilanz zu bestätigen, dass die Alterungsrückstellung nach Nummer 1 berechnet ist (versicherungsmathematische Bestätigung); dies gilt nicht für kleinere Vereine im Sinne des § 210.

[2]**§ 141 Absatz 5 Nummer 3 und Absatz 6 Nummer 1 ist entsprechend anzuwenden.**

I. Allgemeines. 1. Entstehungsgeschichte. Die Regelung über den Verantwortlichen Aktuar in der Krankenversicherung geht zurück auf Art. 1 Nr. 11 des Dritten Durchführungsgesetzes/EWG zum VAG v. 21.7.1994.[1] Mit Umsetzung der Solva II-Richtlinie ist sie (§ 12 Abs. 2 u. 3 VAG a. F.) – versehen mit einer inhaltlichen Änderung – in § 156 VAG überführt worden.[2] 1

2. Normzweck. § 156 VAG stellt eine Annexvorschrift zu der zentralen Norm des **§ 141 VAG,** mit der der Verantwortliche Aktuar in der Lebensversicherung gesetzlich verankert ist.[3] § 141 VAG hat dabei Leitbildfunktion auch für die Krankenversicherung, weshalb § 156 VAG sich lediglich auf gewisse Ergänzungen beschränkt. 2

3. Europarechtlicher Hintergrund. Die **Solva II-Richtlinie** enthält zwar keine explizite Vorgabe für einen Verantwortlichen Aktuar, hindert eine solche aber auch nicht.[4] 3

II. Bestellung und Eignung des Verantwortlichen Aktuars (Abs. 1). Ebenso wie bei der Lebensversicherung ist bei der substitutiven und der sonstigen nach Art der Lebensversicherung betriebenen Krankenversicherung (vgl. § 147 VAG) ein Verantwortlicher Aktuar zu bestellen (§ 156 Abs. 1 S. 1 VAG). § 141 Abs. 1 S. 2 bis 4, Abs. 2 und 3 gelten entsprechend (§ 156 Abs. 1 S. 2 VAG). Das bedeutet, dass der Verantwortliche Aktuar zuverlässig und fachlich geeignet sein muss und der Aufsicht vor Bestellung, die durch den Aufsichtsrat erfolgt, zu benennen ist. Insofern wird auf die Erläuterungen zu § 141 VAG verwiesen.[5] Eine Zusammenfassung der Tätigkeit des Verantwortlichen Aktuars mit der der Versicherungsmathematischen Funktion ist grundsätzlich möglich. Möglichen Interessenkonflikten ist aber vorzubeugen.[6] 4

III. Aufgaben des Verantwortlichen Aktuars (Abs. 2). Dem Verantwortlichen Aktuar obliegen **zwei Aufgaben.**[7] Zum einen hat er sicherzustellen, dass bei der Berechnungen der Prämien und der mathematischen Rückstellungen (insbes. der Alterungsrückstellung) die versicherungsmathematischen Methoden gemäß § 146 Abs. 1 Nr. 1 u. 2 VAG[8] eingehalten und die Regelungen der KVAV beachtet werden. Ebenso wie bei der Lebensversicherung hat er die Finanzlage des Unternehmens zu prüfen und dabei insbesondere auf die dauernde Erfüllbarkeit der Verträge zu achten (§ 156 Abs. 2 S. 1 Nr. 1 VAG). Zum anderen hat er unter der Bilanz zu bestätigen, dass die Alterungsrückstellung gemäß § 156 Abs. 2 Nr. 1 VAG berechnet ist, es sei denn, es handelt sich um einen kleineren Verein im Sinne von § 210 VAG (§ 156 Abs. 2 S. 1 Nr. 2 VAG). Für den Wortlaut dieser versicherungsmathematischen Bestätigung gibt es keine Vorgabe. Die AktuarV enthält in Ermangelung einer entsprechenden Rechtsgrundlage keine diesbezügliche Regelung. Dessen ungeachtet ist die Bestätigung analog der dort vorgesehenen Vorgabe abzugeben,[9] wobei zu berücksichtigen ist, dass es in der Krankenversicherung – anders als in der Lebensversicherung (§ 336 VAG) – keinen Altbestand gibt. § 141 Abs. 5 Nr. 3 (Unterrichtungspflicht des Verantwortlichen Aktuars) und Abs. 6 Nr. 1 (Beschaffungspflicht des Vorstands) gilt entsprechend (§ 156 Abs. 2 S. 2 VAG), so dass auf die diesbezüglichen Erläuterungen verwiesen werden kann.[10] 5

IV. Anwendungsbereich. § 156 VAG gilt für die nach Art der Lebensversicherung betriebene Krankenversicherung (§ 147 VAG), die private Pflegepflichtversicherung und die geförderte Pflegevorsorge (§ 148 S. 1 VAG). Die Vorschrift erfasst in- und ausländische Gesellschaften gleichermaßen[11] (einschl. dem Sicherungsfonds für die substitutive Krankenversicherung).[12] Für **EWR-ausländische Versicherer**, die von der Solva II-Richtlinie erfasst werden. gilt nur § 156 Abs. 1 VAG.[13] 6

---

[1] BGBl. I 1630.
[2] RegE VAG 2014, S. 272 (zu § 156 VAG).
[3] Vgl.§ 141 VAG Rn. 2 f.
[4] Vgl. § 141 VAG Rn. 4.
[5] Vgl. § 141 VAG Rn. 8 ff.
[6] S. hierzu im Einzelnen BaFin-Rundschreiben 2/2017 (VA) – MaGo, Rn. 127; so bereits auch BaFin-Auslegungsentscheidung vom 21.12.2015 zur versicherungsmathematischen Funktion in Versicherungsunternehmen, Rn. 42.
[7] Vgl. *Sahmer* ZfV 1996, 483, 486.
[8] Vgl. § 146 VAG Rn. 10 ff., 14 ff.
[9] So schon zur früheren Rechtslage *Boetius* VersR 2007, 1589, 1590.
[10] Vgl. § 141 VAG Rn. 35 u. 39.
[11] § 65 Abs. 2, § 67 Abs. 2 VAG.
[12] § 222 Abs. 4 S. 3 VAG.
[13] § 62 Abs. 1 S. 2 Nr. 5 VAG.

Treuhänder in der Krankenversicherung

157 (1) [1] **Zum Treuhänder darf nur bestellt werden, wer zuverlässig, fachlich geeignet und von dem Versicherungsunternehmen unabhängig ist, insbesondere keinen Anstellungsvertrag oder sonstigen Dienstvertrag mit dem Versicherungsunternehmen oder einem mit diesem verbundenen Unternehmen abgeschlossen hat oder aus einem solchen Vertrag noch Ansprüche gegen das Unternehmen besitzt.** [2] **Die fachliche Eignung setzt ausreichende Kenntnisse auf dem Gebiet der Prämienkalkulation in der Krankenversicherung voraus.** [3] **Zum Treuhänder kann grundsätzlich nicht bestellt werden, wer bereits bei zehn Versicherungsunternehmen oder Pensionsfonds als Treuhänder oder Verantwortlicher Aktuar tätig ist.** [4] **Die Aufsichtsbehörde kann eine höhere Zahl von Mandaten zulassen.**

(2) [1] **Der in Aussicht genommene Treuhänder muss vor seiner Bestellung der Aufsichtsbehörde unter Angabe der Tatsachen, die für die Beurteilung der Anforderungen gemäß Absatz 1 wesentlich sind, benannt werden.** [2] **Wenn Tatsachen vorliegen, aus denen sich ergibt, dass der in Aussicht genommene Treuhänder die Anforderungen nach Absatz 1 nicht erfüllt, kann die Aufsichtsbehörde verlangen, dass eine andere Person benannt wird.** [3] **Werden nach der Bestellung Umstände bekannt, die nach Absatz 1 einer Bestellung entgegenstehen würden oder erfüllt der Treuhänder die ihm nach diesem Gesetz obliegenden Aufgaben nicht ordnungsgemäß, insbesondere bei Zustimmung zu einer den Rechtsvorschriften nicht entsprechenden Prämienänderung, kann die Aufsichtsbehörde verlangen, dass ein anderer Treuhänder bestellt wird.** [4] **Erfüllt in den Fällen der Sätze 2 und 3 der in Aussicht genommene oder der neue Treuhänder die Voraussetzungen nicht oder unterbleibt eine Bestellung, so kann die Aufsichtsbehörde den Treuhänder selbst bestellen.** [5] **Das Ausscheiden des Treuhänders ist der Aufsichtsbehörde unverzüglich mitzuteilen.**

(3) [1] **Auf die Bestellung eines Treuhänders im Fall einer Vertragsanpassung nach § 203 Absatz 3 des Versicherungsvertragsgesetzes sind Absatz 1 Satz 1, 3 und 4 sowie Absatz 2 entsprechend anzuwenden.** [2] **Die fachliche Eignung setzt ausreichende Rechtskenntnisse, insbesondere auf dem Gebiet der Krankenversicherung, voraus.**

1 **I. Allgemeines. 1. Entstehungsgeschichte.** § 157 VAG geht zurück auf Art. 1 Nr. 12 des Dritten Durchführungsgesetzes/EWG zum VAG v. 21.7.1994.[1] Änderungen des damaligen § 12b VAG erfolgten namentlich durch Art. 1 Nr. 10 lit. b des Gesetzes v. 21.12.2000[2] und Art. 7 Nr. 7 lit. c des Gesetzes zur Reform des Versicherungsvertragsrechts v. 23.11.2007.[3] Mit Umsetzung der Solva II-Richtlinie ist § 12b Abs. 3–5 in § 157 VAG überführt worden.[4] Unglücklicherweise ist hierbei der Zusammenhang mit der Vorschrift des § 12b Abs. 1 bis 2a VAG a. F. verloren gegangen, die in § 155 VAG aufgegangen sind. Bei der Umsetzung wurde überflüssigerweise zwischen § 155 und § 157 VAG, die eine Regelungseinheit bilden, § 156 VAG mit einer Regelung über den Verantwortlichen Aktuar dazwischen geschoben.

2 **2. Normzweck.** § 157 VAG enthält die nötige **aufsichtsrechtliche Begleitvorschrift** zu Vertragsanpassungen in der privaten Krankenversicherung. Das erfasst sowohl den Fall der Prämien- (§ 203 Abs. 2 VVG) als auch den der Bedingungsanpasssung (§ 203 Abs. 3 VAG). Nicht betroffen hiervon ist eine Bedingungsanpassung nach § 203 Abs. 4 VVG, die keiner Treuhänderzustimmung bedarf.[5]

3 **3. Europarechtlicher Hintergrund.** Soweit § 157 Prämienänderungen betrifft, kann auf die Erläuterungen zu § 155 VAG verwiesen werden.[6] In Bezug auf Bedingungsänderungen gilt das zu § 142 VAG Gesagte entsprechend.[7]

4 **II. Bestellung und Eignung des Prämienänderungstreuhänders (Abs. 1 u. 2).** § 157 Abs. 1 u. 2 VAG gilt dem Prämienänderungstreuhänder, wie er von § 155 VAG vorausgesetzt wird. Hinsichtlich seiner Bestellung und Eignung des Treuhänders gilt das zu § 142 VAG Gesagte.[8] Das trifft auch in Bezug auf die Stellung und Haftung des Treuhänders zu.[9] Im Hinblick auf den laufenden Prämienänderungsbedarf und möglicher Entnahmen aus der Rückstellung für Beitragsrückerstattung ist es zur Vermeidung eines aufsichtsrechtlichen Missstandes unverzichtbar, dass die Unternehmen einen Prämienänderungs-

---

[1] BGBl. I 1630.
[2] BGBl. I 1857.
[3] BGBl. I 2631.
[4] RegE VAG 2014, S. 272 (zu § 157 VAG).
[5] Vgl. insoweit zum Parallelfall des § 164 VVG in der Lebensversicherung § 142 VAG Rn. 5.
[6] § 155 VAG Rn. 3.
[7] § 142 VAG Rn. 6.
[8] § 142 VAG Rn. 11 ff.
[9] § 142 VAG Rn. 26 ff., 29 ff.

treuhänder **auf Dauer** bestellen.[10] Die gegenteilige Ansicht[11] ist spätestens seit Überantwortung zusätzlicher Aufgaben an den Prämienänderungstreuhänder (vgl. § 155 Abs. 2 VAG) nicht mehr aufrechtzuerhalten.[12] Ebenso wenig vereinbar ist hiermit die Bestellung mehrerer Prämienänderungstreuhänder,[13] da die Aufgaben einer Überprüfung von Prämienanpassungen und einer Kontrolle der Entnahmen aus der Rückstellung für Beitragsrückerstattung kraft Sachzusammenhangs sinnvoll nur von einer Person wahrgenommen werden können. Bei der fachlichen Eignung ist zu berücksichtigen, dass sich bei dem Prämienänderungstreuhänder die Kenntnisse und Erfahrungen auf die Prämienkalkulation in der Krankenversicherung beziehen müssen (§ 157 Abs. 3 S. 2 VAG).

III. Einbeziehung des Bedingungsänderungstreuhänders (Abs. 3). § 157 Abs. 3 VAG erstreckt die aufsichtsrechtlichen Anforderungen nach § 158 Abs. 3 **S. 1** VAG auch auf den Bedingungsänderungstreuhänder gemäß **§ 203 Abs. 3 VVG**. Das gilt für die Bestellung und Eignung (§ 157 Abs. 1 S. 1, 3 u. 4 VAG) und die entsprechende Einbindung der Aufsicht (§ 157 Abs. 2 VAG). Der Bedingungsänderungstreuhänder, der erst durch Art. 1 Abs. 2 Nr. 10 lit. b des Gesetzes v. 21.12.2000[14] im VAG Berücksichtigung gefunden hat,[15] benötigt Rechtskenntnisse und Erfahrungen insbesondere auf dem Gebiet der Krankenversicherung (§ 157 Abs. 3 **S. 2** VAG). Er entscheidet eigenverantwortlich und ist nicht gehalten, insofern den Prämienänderungstreuhänder zu konsultieren.[16] Aufgrund der unterschiedlichen Aufgabenstellung und der hiermit einhergehenden Qualifikationsanforderungen ist es auch de lege ferenda nicht empfehlenswert, den Prämienänderungstreuhänder mit Aufgaben der Bedingungsänderung zu betrauen.[17] Hinsichtlich des Bedingungsänderungstreuhänders genügt, wie in der Lebensversicherung, im Grundsatz eine anlassbezogene Bestellung. Es bleibt den Unternehmen aber unbenommen, hier wie bei der Prämienanpassung eine dauerhafte Bestellung vorzunehmen. § 157 Abs. 3 VAG ist auch insofern für den Sicherungsfonds für die substitutive Krankenversicherung heranzuziehen, als dieser gemäß § 222 Abs. 6 S. 2 bis 4 VAG die Befugnis zur Bedingungsänderung zwecks Vereinheitlichung besitzt. 5

IV. Anwendungsbereich. § 157 VAG gilt in Bezug auf Prämienänderungen wie § 155 VAG für die nach Art der Lebensversicherung betriebene Krankenversicherung,[18] die private Pflegepflichtversicherung und die geförderte Pflegevorsorge (§ 148 Satz 1 VAG). In Bezug auf Bedingungsänderungen ist nichts Abweichendes anzunehmen. Die Vorschrift erfasst in- und ausländische Gesellschaften gleichermaßen[19] (einschl. dem Sicherungsfonds für die substitutive Krankenversicherung).[20] Für **EWR-ausländische Versicherer**, die von der Solva II-Richtlinie erfasst werden, gilt nur § 157 Abs. 1 VAG.[21] 6

Besondere Anzeigepflichten in der Krankenversicherung; Leistungen im Basis- und Notlagentarif

158

(1) **Krankenversicherungsunternehmen haben der Aufsichtsbehörde unverzüglich anzuzeigen:**

1. **in der Krankenversicherung im Sinne des § 146 Absatz 1 die beabsichtigte Verwendung neuer oder geänderter allgemeiner Versicherungsbedingungen unter deren Beifügung;**
2. **in der Krankenversicherung im Sinne des § 146 Absatz 1 die beabsichtigte Verwendung neuer oder geänderter Grundsätze im Sinne des § 9 Absatz 4 Nummer 5 unter Beifügung aller dort bezeichneten Unterlagen.**

(2) [1]**Der Verband der privaten Krankenversicherung wird damit beliehen, Art, Umfang und Höhe der Leistungen im Basistarif nach Maßgabe des § 152 Absatz 1 und im Notlagentarif nach Maßgabe des § 153 Absatz 1 festzulegen.** [2]**Die Fachaufsicht übt das Bundesministerium der Finanzen aus.**

I. Allgemeines. 1. Entstehungsgeschichte. § 158 VAG fasst zwei völlig unterschiedliche Normenkomplexe zusammen. Absatz 1 enthält spezielle Anzeigepflichten in der privaten Krankenversiche- 1

[10] *Grote*, Die Rechtsstellung der Prämien-, Bedingungs- und Deckungsstocktreuhänder nach dem VVG und dem VAG, 2002, S. 474.
[11] *Renger* VersR 1994, 1257, 1259.
[12] Siehe auch *Renger*, Die Verantwortung des Treuhänders in der privaten Krankenversicherung, 1997, S. 28.
[13] So noch *Renger* VersR 1994, 1257, 1259.
[14] BGBl. I 1857.
[15] Vgl. Gesetzesbegründung, BT-Drs. 14/4453, 73; *Präve* VersR 2001, 133, 136; *Fricke* NVersZ 2001, 97, 99. S. aber auch die Einschränkung bzgl. einer Bedingungsänderung gemäß § 203 Abs. 4 VAG, die keiner Treuhänderzustimmung (mehr) bedarf.
[16] A. M. *Gerwins* VW 2003, 1837.
[17] A. M. *Gerwins* VW 2003, 1837, 1839.
[18] Vgl. § 155 Abs. 1 Satz 1 VAG.
[19] § 65 Abs. 2, § 67 Abs. 2 VAG.
[20] § 222 Abs. 4 Satz 3 VAG.
[21] § 62 Abs. 1 Satz 2 Nr. 5 VAG.

rung, Absatz 2 die Grundlage für die Beleihung des Verbands der privaten Krankenversicherung mit bestimmten Aufgaben.

Die Regelung, die § 158 Abs. 1 VAG enthält, ist durch Art. 1 Nr. 14 des Dritten Durchführungsgesetzes/EWG zum VAG v. 21.7.1994[1] in das Gesetz aufgenommen worden. Sie ist durch Art. 1 Abs. 2 Nr. 16 des Gesetzes v. 21.12.2000[2] **geringfügig modifiziert** und mit Umsetzung der Solva II-Richtlinie von § 13d Nr. 7 u. 8 VAG in § 158 Abs. 1 VAG überführt worden.[3]

Die Regelung des § 158 Abs. 2 VAG geht auf Art. 44 Nr. 5 lit. c des GKV-Wettbewerbsverstärkungsgesetzes v. 26.3.2007[4] zurück, soweit der Basistarif angesprochen wird. Bzgl. des Notlagentarifs beruht die Bestimmung auf Art. 4 Nr. 2 lit. a des Gesetzes vom 15.7.2013.[5] Die Umsetzung der Solva II-Richtlinie hat zu einer Verschiebung dieser Vorschriften von § 12 Abs. 1d nach § 158 Abs. 2 VAG geführt.[6]

2 **2. Normzweck.** Mit den Anzeigepflichten des § 158 Abs. 1 VAG soll sichergestellt werden, dass die substitutive Krankenversicherung ihre Substitutivfunktion erfüllt. Dazu bedarf es der aufsichtsbehördlichen Kenntnis der AVB und der technischen Berechnungsgrundsätze, damit ggf. sehr zeitnah korrigierend eingegriffen werden kann.[7] § 158 Abs. 2 VAG soll die nähere Ausgestaltung des Basis- (§ 152 VAG) und des Notlagentarifs (§ 153 VAG) sicherstellen. Anders als in der Lebensversicherung, wo der Gesetzgeber mit gesetzlichen Vorgaben und einem Zertifizierungsverfahren Vorkehrungen für sog Altersvorsorge- und Basisrentenverträgen getroffen hat,[8] überantwortet er im Bereich der Krankenversicherung die Ausgestaltung dem Verband der privaten Krankenversicherung, indem er diesen entsprechend beleiht und insofern auch einer Aufsicht unterstellt.

3 **3. Europarechtlicher Hintergrund.** § 158 Abs. 1 Nr. 1 VAG beruht auf Art. 206 Abs. 1 lit. b, § 158 Abs. 1 Nr. 2 VAG auf Art. 206 Abs. 2 UAbs. 4 u. 5 der **Solva II-Richtlinie**. § 158 Abs. 2 VAG steht im Zusammenhang mit den Erwägungsgründen 84 und 85 der Solva II-Richtlinie.[9]

4 **II. Anzeigepflichten (Abs. 1). 1. Bedeutung und Zeitpunkt der Anzeigen.** Den Anzeigepflichten kommt lediglich aufsichtsrechtliche Bedeutung zu. Ein Verstoß gegen § 158 Abs. 1 VAG rechtfertigt demgemäß aufsichtsrechtliche Maßnahmen nach § 298 Abs. 1 iVm § 294 Abs. 3 u. 4 VAG. **Zivilrechtlich** kommt einer Verletzung des § 158 Abs. 1 VAG hingegen keine Bedeutung zu.

5 Die Anzeigepflichten des § 158 Abs. 1 VAG sind gegenüber der zuständigen Aufsichtsbehörde **unverzüglich** zu erfüllen, dh ohne schuldhaftes Zögern. Bereits eine entsprechende Absicht zur Verwendung von AVB bzw. von technischen Berechnungsgrundsätzen genügt hierfür. Von einer Absicht ist auszugehen, wenn unternehmensintern die notwendigen Entscheidungsfindungsprozesse abgeschlossen sind.

6 **2. Form und Inhalt der Anzeigen.** Für die Anzeige besteht **kein Formerfordernis**. Die Mitteilung muss allerdings der Aufsicht in einer Weise zur Verfügung gestellt werden, die die notwendige Urheberschaft zweifelsfrei feststellen lässt und eine ausreichende Dokumentation verbürgt. Eine mündliche oder fernmündliche Anzeige scheidet daher aus, zumal der Umfang der notwendigen Angaben dies nicht zulässt. Die Anzeige kann namentlich per Post, Telefax oder Computerfax (mit entsprechender Kennung) erfolgen. In Betracht kommt auch die Übermittlung elektronischer Dokumente (§ 3a Abs. 1 VwVfG).

7 § 158 Abs. 1 VAG **ergänzt** die Regelungen des Zulassungsverfahrens, die eine Vorlage technischer Berechnungsgrundsätze und der AVB in der substitutiven Krankenversicherung (§ 146 Abs. 1 VAG) gebieten (§ 9 Abs. 4 Nr. 5 VAG). Neue und geänderte AVB[10] (§ 158 Abs. 1 **Nr. 1** VAG) bzw. neue und geänderte technische Grundsätze (§ 158 Abs. 1 **Nr. 2** VAG) sind der Aufsicht somit im laufenden Geschäftsbetrieb vorzulegen. In Bezug auf die technischen Berechnungsgrundsätze sind alle Unterlagen (einschl. Herleitungen und Nachweise)[11] erfasst, die in § 9 Abs. 4 Nr. 5 lit. a VAG aufgeführt sind.[12]

8 **III. Beleihung des PKV-Verbandes (Abs. 2).** Gemäß § 158 Abs. 2 **S. 1** VAG wird der **Verband der privaten Krankenversicherung** damit beliehen, für den Basis- (§ 152 VAG) und den Notlagen-

[1] BGBl. I 1630.
[2] BGBl. I 1857.
[3] RegE VAG 2014, S. 272 (zu § 158 Abs. 1 VAG).
[4] BGBl. I 378.
[5] BGBl. I 2423.
[6] RegE VAG 2014, S. 272 (zu § 158 Abs. 2 VAG).
[7] Vgl. vormalige Gesetzesbegründung, BR-Drs. 23/94, 202.
[8] Vgl. insbesondere §§ 1, 2, 5 u. 5a AltZertG.
[9] Vgl. hierzu § 152 VAG Rn. 3 u. § 153 VAG Rn. 3.
[10] Vgl. § 9 VAG Rn. 117 f.
[11] Vgl. hierzu *BVerwG* Urt. v. 4.5.1999 – 1 A 2/97, VersR 1999, 1001, 1002 ff.
[12] Vgl. hierzu im Detail § 9 VAG Rn. 121 f.

tarif (§ 153 VAG) Art, Umfang und Höhe der Leistungen festzulegen. Mit der Herausgabe Allgemeiner Versicherungsbedingungen für den Basis- und Notlagentarif[13] hat der Verband diese Aufgabe erfüllt.

Durch die **Beleihung** wird der Verband zum Hoheitsträger, allerdings nur in Bezug auf die ihm insoweit übertragenen Aufgaben. Zwischen ihm und dem Staat besteht ein entsprechendes verwaltungsrechtliches Sonderverhältnis.[14] Ursprünglich war erwogen worden, dass der Verband der privaten Krankenversicherung das Nähere zur Ausgestaltung jedenfalls des Basistarifs mit Genehmigung der BaFin festlegen sollte.[15] Dem ist der Gesetzgeber aber letztlich nicht gefolgt, da er hiermit ein brancheneinheitliches Angebot nicht gewährleistet sah.[16] Erst mit der Beleihung sah er dies sichergestellt.[17] Sie ermöglicht dem Verband der privaten Krankenversicherung den notwendigen Sachverstand beizusteuern. Zugleich sollen mit der Beleihung interessenpolitische Erwägungen ausgeschlossen werden.[18] Diese Verfahrensweise hat der Gesetzgeber auf den Notlagentarif erstreckt, um auch insofern eine brancheneinheitliche Vorgehensweise sicherzustellen und zugleich die Rechtssicherheit für Versicherer und Versicherte zu erhöhen.[19] 9

Die Regulierung wird zusätzlich durch eine **Fachaufsicht des BMF** flankiert, wie sie **§ 158 Abs. 2 S. 2** VAG vorsieht. Diese Aufsicht umfasst eine Rechtmäßigkeits- und Zweckmäßigkeitskontrolle.[20] Dem Verband steht der Verwaltungsrechtsweg offen, wenn er Weisungen des BMF überprüfen lassen will.[21] 10

IV. Anwendungsbereich. § 158 Abs. 1 VAG gilt für in- und ausländische Unternehmen[22] (einschl. dem Sicherungsfonds für die substitutive Krankenversicherung).[23] Für **EWR-ausländische Versicherer**, die von der Solva II-Richtlinie erfasst werden, findet die Vorschrift gemäß § 62 Abs. 1 S. 2 Nr. 5 VAG keine Anwendung. Bezüglich § 158 Abs. 1 Nr. 1 VAG muss insofern von einem Redaktionsversehen ausgegangen werden, da gemäß früherem Recht[24] die entsprechende Anzeigepflicht auch für diese Unternehmen gegolten hat und der Gesetzgeber bei Umsetzung der Solva II-Richtlinie die Vorschrift insofern inhaltlich unverändert lassen wollte.[25] 11

Ausschließlicher Adressat von § 158 Abs. 2 VAG ist der Verband der privaten Krankenversicherung. 12

Statistische Daten

159 (1) [1]**Die Bundesanstalt veröffentlicht nicht tarifspezifische allgemeine Wahrscheinlichkeitstafeln und andere einschlägige statistische Daten für die Krankenversicherung im Sinne des § 146 Absatz 1.** [2]**§ 318 Absatz 3 ist entsprechend anzuwenden.**

(2) [1]**Erstversicherungsunternehmen mit Sitz im Inland, die die Krankenversicherung betreiben, sind verpflichtet, die für die Veröffentlichung nach Absatz 1 benötigten Daten anhand der Daten ihrer Versicherungsbestände der Bundesanstalt jährlich mitzuteilen.** [2]**In der in § 160 genannten Rechtsverordnung ist festzulegen, welche Versicherungsbestände und Daten hierbei zu berücksichtigen sind.**

(3) **Die Bundesanstalt übermittelt die gemäß Absatz 1 veröffentlichten Daten zur Krankenversicherung den Aufsichtsbehörden der Herkunftsstaaten.**

I. Allgemeines. 1. Entstehungsgeschichte. Die Vorschrift geht zurück auf Art. 1 Nr. 51 u. 68 des Dritten Durchführungsgesetzes/EWG zum VAG v. 21.7.1994.[1] Mit Umsetzung der Solva II-Richtlinie sind die Bestimmungen der §§ 103a, 111a Abs. 2 VAG a. F. in § 159 VAG zusammengefasst worden.[2] 1

2. Normzweck. § 159 VAG dient der Transparenz und stellt dabei zugleich sicher, dass Krankenversicherer über die für den Geschäftsbetrieb maßgeblichen Daten verfügen. 2

3. Europarechtlicher Hintergrund. Die Regelung beruht auf Art. 206 Abs. 2 UAbs. 3 der **Solva II-Richtlinie**. 3

---

[13] Abrufbar unter www.pkv.de; die AVB für den Basistarif sind zudem abgedruckt in: *Dörner* (Hrsg.), Allgemeine Versicherungsbedingungen, 7. Aufl. 2015, Nr. 27.

[14] *Baier*, Der Basistarif der privaten Krankenversicherung, 2012, S. 79.

[15] So Art. 44 Nr. 5 des Gesetzentwurfs der Fraktionen der CDU/(CSU und FDP, BT-Drs. 16/3100, 81 f. samt Begründung (S. 207 zu § 12 VAG, lit. b).

[16] Vgl. Gesetzesbegründung, BT-Drs. 16/4247, 69 (zu § 12 VAG, lit. c).

[17] Gesetzesbegründung, BT-Drs. 16/4247, 69 (zu § 12 VAG, lit. c).

[18] Gesetzesbegründung, BT-Drs. 16/4247, 69 (zu § 12 VAG, lit. c).

[19] Gesetzesbegründung, BT-Drs. 17/13079, 10 (zu § 12 VAG, lit. a).

[20] *Baier*, Der Basistarif der privaten Krankenversicherung, 2012, S. 79.

[21] *Baier*, Der Basistarif der privaten Krankenversicherung, 2012, S. 80.

[22] § 65 Abs. 2, § 67 Abs. 2 VAG.

[23] § 222 Abs. 4 S. 3 VAG.

[24] § 110a Abs. 4 Nr. 2 iVm § 13d Nr. 7 VAG a. F.

[25] VAG RegE 2014, S. 255 (zu § 62 Abs. 1 VAG).

[1] BGBl. I 1630

[2] RegE VAG 2014, S. 272 (zu § 159 VAG).

4 **II. BaFin-Veröffentlichungen (Abs. 1).** Die BaFin ist gemäß § 159 Abs. 1 **S. 1** VAG zur Veröffentlichung von **Wahrscheinlichkeitstafeln** und anderer statistischer Daten für die substitutive Krankenversicherung (§ 146 Abs. 1 Nr. 1 VAG) verpflichtet. Damit verschafft sie den Unternehmen die nötige versicherungsmathematische Grundlage für die Kalkulation.[3] Die Daten sind auch für die sonstige nach Art der Lebensversicherung betriebene Krankenversicherung relevant (§ 147 VAG). Gemäß § 159 Abs. 1 **S. 2** VAG muss die Veröffentlichung unter einer elektronischen Adresse verfügbar sein. Insofern kommt § 318 Abs. 3 VAG zum Zuge, der wiederum auf Art. 31 Abs. 2 UAbs. 3 der Solva II-Richtlinie beruht. Damit soll sichergestellt werden, dass die Daten europaweit abgerufen werden können. Gemeint ist dabei eine einheitliche Adresse, die auch die Daten gemäß § 318 Abs. 1 u. 2 VAG umfasst.

5 **III. Pflichten der Krankenversicherer (Abs. 2).** Um eine Veröffentlichung der BaFin gemäß § 159 Abs. 1 VAG zu ermöglichen, werden die Krankenversicherer[4] zur **Zulieferung** von Datenmaterial auf der Basis von § 159 Abs. 2 S. 1 VAG verpflichtet. Die Zulieferung hat jährlich zu erfolgen. § 23 KVAV spezifiziert die hierfür von den Unternehmen benötigten Daten.

6 **IV. Übermittlung an andere Aufsichtsbehörden (Abs. 3).** Schließlich ist die BaFin – unbeschadet der Veröffentlichungspflicht gemäß § 159 Abs. 1 VAG – angehalten, die von ihr gewonnenen Daten an die Aufsichtsbehörden des EWR-Auslands zu übermitteln. Dabei kommt es nicht darauf an, ob sich Unternehmen in den jeweiligen Staaten mit entsprechenden Absichten einer Krankenversicherungstätigkeit in Deutschland tragen.[5] Diese wären für die BaFin auch nicht verlässlich zu ermitteln, da entsprechende Unterlagen erst im Rahmen der aufsichtsrechtlichen Notifikation die BaFin erreichen würden.

7 **V. Anwendungsbereich.** § 159 VAG gilt, soweit sie Versicherer verpflichten (nämlich gemäß § 159 Abs. 2 VAG), nur für Krankenversicherungsunternehmen mit Sitz im Inland. Mit Sitz ist der Hauptsitz gemeint.[6] Damit unterliegen **ausländische Unternehmen** auch dann nicht dieser Regelung, wenn sie mit einer Niederlassung in Deutschland vertreten sind. Der Verweis für EWR-ausländische Versicherer, die der Solva II-Richtlinie unterliegen, auf § 159 VAG (mit Ausnahme der Verweisung auf § 160 VAG)[7] geht somit ins Leere. Krankenversicherer im Sinne von § 159 Abs. 2 VAG sind dabei Versicherer, die die Krankenversicherung nach Art der Lebensversicherung betreiben.[8]

Verordnungsermächtigung

160 **[1] Das Bundesministerium der Finanzen wird ermächtigt, durch Rechtsverordnung für die nach Art der Lebensversicherung betriebene Krankenversicherung**

1. die versicherungsmathematischen Methoden zur Berechnung der Prämien einschließlich der Prämienänderungen und der versicherungstechnischen Rückstellungen im Sinne der §§ 341e bis 341h des Handelsgesetzbuchs, namentlich der Alterungsrückstellung, insbesondere zur Berücksichtigung der maßgeblichen Annahmen zur Invaliditäts- und Krankheitsgefahr, zur Pflegebedürftigkeit, zur Sterblichkeit, zur Alters- und Geschlechtsabhängigkeit des Risikos und zur Stornowahrscheinlichkeit sowie die Höhe des Sicherheitszuschlags und des Zinssatzes und die Grundsätze für die Bemessung und Begrenzung der sonstigen Zuschläge festzulegen;
2. nähere Bestimmungen zur Gleichartigkeit des Versicherungsschutzes sowie zur Anrechnung der erworbenen Rechte und der Alterungsrückstellung bei einem Tarifwechsel gemäß § 146 Absatz 1 Nummer 4 zu erlassen;
3. nähere Bestimmungen zur Berechnung des Übertragungswerts nach § 146 Absatz 1 Nummer 5 und § 148 Satz 2 zu erlassen;
4. nähere Bestimmungen zum Wechsel in den Basistarif gemäß § 152 Absatz 2 und zu einem darauf folgenden Wechsel aus dem Basistarif zu erlassen;
5. festzulegen, wie der Überzins nach § 150 Absatz 1 zu ermitteln, wie die Beträge auf die berechtigten Versicherten gemäß § 150 Absatz 2 und 4 zu verteilen sind und wie die Prämie des ursprünglichen Eintrittsalters ermittelt wird;
6. zur Wahrung der Belange der Versicherten Vorschriften über die Mindestzuführung zur Rückstellung für erfolgsabhängige Beitragsrückerstattung gemäß § 151 Absatz 2 zu erlassen, insbesondere über die Höhe und Berechnung des Zuführungssatzes; als Zuführungssatz getrennt für die Krankenversicherung im Sinne des § 146 Absatz 1 Satz 1, für die

---

[3] § 146 VAG Rn. 10. Die Wahrscheinlichkeitstafeln sind abrufbar unter www.bafin.de/Publikationen & Daten/Statistiken.
[4] Vgl. zum Kreis der verpflichteten Versicherer Rn. 7.
[5] A. M. Prölss/*Kollhosser*, 12. Aufl., § 111a VAG Rn. 5.
[6] S. zu einer Parallelregelung § 152 VAG Rn. 4.
[7] § 62 Abs. 1 S. 2 Nr. 5 VAG.
[8] §§ 146, 147 VAG.

private Pflege-Pflichtversicherung im Sinne des § 148 und für die geförderte Pflegevorsorge im Sinne des § 148 ist ein Prozentsatz aus der Summe von Jahresüberschuss und den Aufwendungen für die erfolgsabhängige Beitragsrückerstattung festzulegen; hierbei sind eine Direktgutschrift und ein durchschnittlicher Solvabilitätsbedarf der Krankenversicherungsunternehmen zu berücksichtigen;

7. das Verfahren zur Gegenüberstellung der erforderlichen mit den kalkulierten Versicherungsleistungen und den zuletzt veröffentlichten Sterbewahrscheinlichkeiten nach § 155 Absatz 3 sowie die Frist für die Vorlage der Gegenüberstellung an die Aufsichtsbehörde und den Treuhänder festzulegen.

[2]Die Ermächtigung kann durch Rechtsverordnung auf die Bundesanstalt übertragen werden. [3]Rechtsverordnungen nach den Sätzen 1 und 2 bedürfen nicht der Zustimmung des Bundesrates; sie sind, mit Ausnahme von Satz 1 Nummer 6, im Einvernehmen mit dem Bundesministerium der Justiz und für Verbraucherschutz zu erlassen.

I. Allgemeines. 1. Entstehungsgeschichte. Die Verordnungsermächtigung fasst die vormaligen Ermächtigungen von § 12c und § 81d Abs. 3 VAG a. F. zusammen.[1] Eingeführt in das Gesetz wurden entsprechende Verordnungsermächtigungen erstmals durch Art. 1 Nr. 12 u. 39 des Dritten Durchführungsgesetzes/EWG zum VAG v. 21.7.1994.[2] 1

2. Normzweck. Mit § 145 VAG wird die Möglichkeit zur **Ausgliederung** von Krankenversicherungsrecht in Rechtsverordnungen eröffnet. Damit wird erreicht, dass das VAG nicht mit Regelungen va technischer Natur überfrachtet wird. Zugleich wird nicht zuletzt wegen möglichen Änderungsbedarfs, der sich auch durch eine Beschleunigung der Zeitläufe immer wieder ergibt, ein flexibler Weg geschaffen, entsprechenden Bedürfnissen schneller und unkomplizierter Rechnung zu tragen. 2

3. Europarechtlicher Hintergrund. Der maßgebliche europarechtliche Hintergrund entspricht dem der in § 160 VAG vorausgesetzten und in Bezug genommenen Rechtsvorschriften, nämlich §§ 146, 148, 150 bis 152 sowie 155 VAG.[3] 3

II. Ausgegliedertes Krankenversicherungsrecht. § 160 VAG erfasst folgende Regelungskomplexe, die allesamt in der Krankenversicherungsaufsichtsverordnung (KVAV) ihren Niederschlag gefunden haben: 4

(1) Versicherungsmathematische Methoden: § 160 **S. 1 Nr. 1** VAG ermächtigt zur Festlegung versicherungsmathematischer Methoden zur Berechnung der Prämien und der mathematischen Rückstellungen. Damit sollen die gesetzlichen Vorgaben von § 146 Abs. 1 Nr. 1 VAG konkretisiert werden. Die KVAV gebietet hierzu die Verwendung bestimmter Rechnungsgrundlagen und macht Vorgaben für die Berechnung.[4] Für die Berechnung der Prämien und der Alterungsrückstellung sind dabei die gleichen Rechnungsgrundlagen zu verwenden (§ 3 KVAV). Die Bestimmungen der KVAV, die der Sicherstellung der dauernden Erfüllbarkeit der Verträge dienen und insofern die unternehmerische Handlungsfreiheit (in zulässiger Weise) einschränken,[5] verankern das Äquivalenzprinzip und das Anwartschaftsdeckungsverfahren.[6] Die Festlegung von Rechnungsgrundlagen (Rechnungszins, Ausscheideordnung, Kopfschäden, Sicherheitszuschlag, sonstige Zuschläge, Krankheitsdauern, Leistungstage, Anzahl der Krankenhaus- und der Pflegetage, Krankenhaus- und Pflegehäufigkeit, Krankheits- und Pflegekosten bezogen auf den Leistungstag) ist als nicht abschließend zu verstehen.[7] Vielmehr lässt § 2 Abs. 2 KVAV ausdrücklich die Verwendung anderer geeigneter Rechnungsgrundlagen zu.[8] Die Rechnungsgrundlagen sind mit ausreichenden Sicherheiten zu versehen, um unverhältnismäßige Prämiensprünge auszuschließen (§ 2 Abs. 3 KVAV).[9] Das gilt für jede einzelne Rechnungsgrundlage.[10] Explizit einzurechnen ist ein Sicherheitszuschlag von mindestens 5 Prozent der Bruttoprämie (§ 7 KVAV), der dazu dienen soll, mögliche Verluste, die aus den unterschiedlichsten Gründen entstehen können, abzufangen. Die Regelung schafft Rechtssicherheit, wobei die Mindesthöhe des Zuschlags, wenn schon nicht aktuariell unstreitig, jedenfalls aber willkürfrei festgelegt worden ist.[11] Der Rechnungszins ist mit höchstens 3,5 Prozent festgesetzt (§ 4 KVAV). Die Kalkulation der Kopfschäden, also die auf einen Versicherten entfallenden durchschnittlichen Versicherungsleistungen müssen auf aussagekräftigen Statistiken beru-

[1] RegE VAG 2014 S. 272 (zu § 160 VAG).
[2] BGBl. I 1630.
[3] Vgl. die Erläuterungen dort.
[4] Vgl. im Einzelnen *Sommer* ZfV 1998, 68 ff. (noch zur früheren Rechtslage).
[5] Vgl. *Sommer* ZfV 1998, 68.
[6] Vgl. vormalige Verordnungsbegründung, BR-Drs. 414/96, 2; zu den Begrifflichkeiten vgl. § 146 VAG Rn. 12.
[7] *Boetius* VersR 2016, 428, 434.
[8] Vgl. vormalige Verordnungsbegründung, BR-Drs. 414/96, 20.
[9] Vgl. vormalige Verordnungsbegründung, BR-Drs. 414/96, 20.
[10] *Sommer* ZfV 1998, 68.
[11] *Sommer* ZfV 1998, 68, 69.

hen. Hierzu sind die von der Versicherungsaufsicht veröffentlichten Wahrscheinlichkeitstafeln oder andere geeignete Statistiken heranzuziehen (§ 6 Abs. 2 KVAV).

(2) Tarif- und Versichererwechsel des Versicherten: § 160 **S. 1 Nr. 2 u. 3** VAG ermächtigt zu näheren Bestimmungen im Zusammenhang mit einem Tarif- und Versichererwechsel gemäß § 146 Abs. 1 Nr. 4 u. 5 sowie § 148 S. 2 VAG. Demgemäß legt die KVAV unter anderem fest, unter welchen Voraussetzungen bei einem Tarifwechsel von einem gleichartigen Versicherungsschutz ausgegangen werden kann. Abzustellen ist dabei auf die Identität der Leistungsbereiche. Leistungsbereiche sind gemäß § 12 Abs. 1 S. 2 KVAV Kostenerstattung für ambulante Heilbehandlung, Kostenerstattung für stationäre Heilbehandlung sowie Krankenhaustagegeldversicherungen mit Kostenersatzfunktion, Kostenerstattung für Zahnbehandlung und -ersatz, Krankenhaustagegeld (ohne Kostenersatzfunktion), Krankentagegeld, Kurtagegeld und Kostenerstattung für Kuren sowie Pflegekosten und -tagegeld. Die Aufzählung der KVAV ist nicht abschließend („insbesondere"). Die Annahme der Gleichartigkeit bleibt aber in jedem Fall auf privaten Versicherungsschutz beschränkt,[12] so dass zwischen einem gesetzlichen Versicherungsschutz mit privater Zusatzversicherung auf der einen Seite und einer substitutiven Krankenversicherung keine Gleichartigkeit besteht (§ 12 Abs. 3 KVAV). Neben gleichen Leistungsbereichen ist desweiteren Voraussetzung, dass für den Versicherten im aufnehmenden Tarif Versicherungsfähigkeit (Legaldefinition in § 12 Abs. 2 KVAV) gegeben sein muss (§ 12 Abs. 1 S. 1 KVAV). Ebenso wie bei der Prämienanpassung (§ 11 KVAV) ist bei Tarifwechsel dem Versicherten der ihm kalkulatorisch zugerechnete Anteil der Alterungsrückstellung vollständig prämienmindernd anzurechnen (§ 13 Abs. 1 KVAV; Ausnahme: § 13 Abs. 2 KVAV). Schließlich trifft die KalV Bestimmungen zur Berechnung des Übertragungswerts für den Fall eines Versichererwechsels (§ 14 KVAV).

(3) Basistarif: § 160 **S. 1 Nr. 4** VAG ermächtigt zu Festlegungen im Falle eines Wechsels in dem Basistarif nach § 152 VAG und zu einem späteren Wechsel aus dem Basistarif. Die Bestimmungen sind in § 13 Abs. 2 KVAV enthalten.

(4) Überzins: § 160 **S. 1 Nr. 5** VAG ermächtigt zu Festlegungen zum Überzins gemäß § 150 VAG, die in der KVAV getroffen worden sind. Zur Ermittlung des Überzinses ist ein der Durchschnittsrendite aller Kapitalanlagen entsprechender Durchschnittszinssatz zu ermitteln (§ 19 Abs. 1 S. 1 KVAV). Hierdurch soll sichergestellt werden, dass die zusätzliche Zuführung zur Alterungsrückstellung bei allen Unternehmen nach einheitlichen Grundsätzen erfolgt.[13] Einzelheiten der Verteilung der Beträge nach § 150 Abs. 2 u. 3 VAG enthalten die §§ 20, 21 KVAV.[14]

(5) Mindestzuführung zur RfB: § 160 **S. 1 Nr. 6** VAG ermächtigt zu Vorschriften über die Mindestzuführung zur Rückstellung für erfolgsabhängige Beitragsrückerstattung gemäß § 151 Abs. 2 VAG. Die Bestimmungen sind in § 22 KVAV enthalten. Die Verordnungsermächtigung enthält eine redaktionell fehlerhafte Bezugnahme auf § 146 VAG (statt „§ 146 Absatz 1 Satz 1" muss es heißen „§ 146 Absatz 1").

(6) Prämienänderungen: § 160 **S. 1 Nr. 7** VAG gestattet Festlegungen zur Überprüfung von Prämienanpassungen gemäß § 155 Abs. 3 VAG, die in der KVAV erfolgt sind. So werden das Verfahren zur Gegenüberstellung der erforderlichen und der kalkulierten Versicherungsleistungen sowie die entsprechenden Vorlagefristen in den §§ 15, 17 KVAV geregelt. Danach hat die für eine Prämienanpassung notwendige Gegenüberstellung für jede Beobachtungseinheit eines Tarifs getrennt zu erfolgen (§ 15 Abs. 1 S. 1 KVAV). Kinder und Jugendliche können zu einer Beobachtungseinheit zusammengefasst werden (§ 15 Abs. 1 S. 2 KVAV). Für die Ermittlung der tatsächlichen Grundkopfschäden ist eine bestimmte, in Anlage 2 Abschnitt A der KVAV wiedergegebene Formel zu verwenden (§ 15 Abs. 2 KalV), für die Berechnung der erforderlichen Versicherungsleistungen ist entweder die Formel des Anlage 2 Abschnitt B der KVAV oder ein anderes gleichwertiges (der Aufsicht gegenüber darzulegendes) Verfahren zu verwenden (§ 15 Abs. 3 KalV). Dem Prämienänderungstreuhänder und der Aufsicht ist spätestens vier Monate nach dem Ende des Beobachtungszeitraums eine kommentierte Gegenüberstellung der erforderlichen und der kalkulierten Versicherungsleistungen vorzulegen (§ 17 Abs. 1 S. 1 KalV). Damit soll eine rechtzeitige Information über den Schadenverlauf in den einzelnen Tarifen sichergestellt werden.[15]

(7) Datenübermittlung an die BaFin: Gemäß **§ 159 Abs. 2 S. 2** VAG sind in der Rechtsverordnung nach § 160 VAG Festlegungen zu treffen, welche Daten Erstversicherer mit Sitz im Inland der BaFin jährlich zu übermitteln haben. Die Bestimmungen sind in § 23 KVAV enthalten.

5 Die Krankenversicherungsaufsichtsverordnung (**KVAV**) v. 18.4.2016 ist im BGBl. I 780 verkündet und durch Art. 3 der Verordnung v. 19.7.2017[16] in redaktioneller Hinsicht modifiziert worden. Die vormals geltenden Rechtsverordnungen waren zuvor zum 1.1.2016 aufgehoben worden.[17] Bis auf wenige Ausnahmen stimmen die Vorgaben der KVAV aber mit den zuvor geltenden Rechtsverordnun-

[12] Vgl. vormalige Verordnungsbegründung, BR-Drs. 414/96, 27.
[13] Vgl. vormalige Verordnungsbegründung, BR-Drs. 445/96, 6.
[14] Vgl. im einzelnen Verordnungsbegründungen, BR-Drs. 559/95, 7 u. 445/96, 6.
[15] Vgl. vormalige Verordnungsbegründung, BR-Drs. 414/96, 31.
[16] BGBl. I 3023.
[17] Art. 1 der Verordnung zur Aufhebung von Verordnungen aufgrund des VAG vom 16.12.2015 (BGBl. I 2345).

gen selbst vom Wortlaut her überein. Der Gesetzgeber begründet die gewählte Verfahrensweise, also die Aufhebung der vormaligen Rechtsverordnungen und den Erlass neuer Verordnungen mit Gründen der Rechtssicherheit und der Sicherstellung einer handlungsfähigen Aufsicht.[18] Vor diesem Hintergrund kann in Bezug auf Auslegungsfragen auch auf vormalige Verordnungsbegründungen zurückgegriffen werden, sofern die Regelungen inhaltlich unverändert gelassen worden sind. Die zwischen der Aufhebung der Verordnungen und ihrem Neuerlass in Gestalt der KVAV bestehende Rechtslücke geht im Wesentlichen auf zusätzlichen Prüfbedarf bei den zuständigen Ministerien zurück. Sie hat aber praktisch keine Konsequenzen, da in dieser besonderen Ausgangslage im Zweifelsfall nötige Präzisierungen auch im Rahmen der allgemeinen Missstandsaufsicht unter Rekurs auf die jeweils maßgebliche Regelung des VAG ableitbar sind.

Die Vorschrift enthält, wie sich aus § 160 S. 1 VAG ergibt, eine Verordnungsermächtigung für das **BMF** mit der Möglichkeit einer Delegation an die BaFin gemäß § 160 **S. 2** VAG, von der allerdings kein Gebrauch gemacht worden ist. Eine Bundesratszustimmung ist gemäß § 160 **S. 3** Hs. 1 VAG weder für die Rechtsverordnung noch für die Delegationsverordnung nötig. Bezüglich der Verordnungen ist aber gemäß § 160 S. 3 Hs. 2 VAG das Einvernehmen mit dem BMJV nötig. Ausgenommen hiervon ist lediglich § 160 S. 1 Nr. 6 VAG. 6

III. Anwendungsbereich. § 160 VAG gilt für die nach Art der Lebensversicherung betriebene Krankenversicherung (§ 146 Abs. 1, § 147 VAG) sowie die Pflegepflichtversicherung und die geförderte Pflegevorsorge.[19] § 160 VAG ist, wenngleich § 222 Abs. 4 VAG die Norm nicht ausdrücklich für entsprechend anwendbar erklärt wird, auch für den Sicherungsfonds in der substitutiven Krankenversicherung (§ 221 Abs. 1 VAG) maßgeblich. Die Vorgaben gelten für in- und ausländische Unternehmen.[20] Für **EWR-ausländische Unternehmen**, die der Solva II-Richtlinie unterliegen, sieht das VAG allerdings keine Anwendbarkeit von § 160 VAG vor und unterstreicht dies durch den ausdrücklichen Ausschluss einer Geltung von § 160 über § 159 VAG..[21] Das entspricht der früheren Rechtslage allerdings nur insoweit, als Mindestzuführungen zur RfB in Rede stehen. Alle übrigen Bestimmungen sollten hingegen auch für diese Unternehmen gelten.[22] Ausweislich der Gesetzesbegründung zu § 62 VAG sollte an der früheren Rechtslage insofern nichts geändert werden. Das spricht dafür, einen Redaktionsfehler anzunehmen und § 160 S. 1 Nr. 1 bis 5 und 7 VAG und die hierauf fußenden Festlegungen auch auf diese Unternehmen anzuwenden. Etwas anderes gilt nur bezüglich § 160 S. 1 Nr. 6 VAG sowie in Bezug auf § 159 Abs. 2 VAG, da hier der Gesetzgeber ausdrücklich eine abweichende Regelung getroffen hat.[23] 7

Abschnitt 3. Sonstige Nichtlebensversicherung

Unfallversicherung mit Prämienrückgewähr

161 (1) **Soweit Unfallversicherungsunternehmen Versicherungen mit Rückgewähr der Prämie übernehmen, gelten die §§ 138, 139, 140 Absatz 1, die §§ 141, 142 und 145 Absatz 4 sowie § 336 entsprechend.**

(2) **Unverzüglich nach Aufnahme des Betriebs der Unfallversicherung mit Prämienrückgewähr hat das Versicherungsunternehmen die Grundsätze für die Berechnung der Prämien und Deckungsrückstellungen einschließlich der verwendeten Rechnungsgrundlagen, mathematischen Formeln, kalkulatorischen Herleitungen und statistischen Nachweise unter deren Beifügung der Aufsichtsbehörde anzuzeigen; dies gilt entsprechend bei der Verwendung neuer oder geänderter Grundsätze.**

I. Allgemeines. 1. Entstehungsgeschichte. § 161 VAG steht an der Spitze eines Abschnitts, in dem Vorschriften zur Schaden- und Unfallversicherung zusammengefasst worden sind.[1] Dieser Abschnitt folgt entsprechenden Abschnitten zur Lebens- und Krankenversicherung. Er umfasst Vorschriften zur Unfall- (§§ 161, 162 VAG), Haftpflicht- (§ 162 VAG) und Kraftfahrzeug-Haftpflicht- (§§ 162, 163 VAG) sowie zur Rechtsschutzversicherung (§ 164 VAG). 1

Die Vorschrift, die in § 161 Abs. 1 VAG enthalten ist, ist als § 11d VAG a. F. durch Art. 1 Nr. 10 u. 14 des Dritten Durchführungsgesetzes/EWG zum VAG[2] in das Gesetz eingefügt worden. Die in § 161 Abs. 2 VAG lokalisierte Bestimmung geht zurück auf Art. 1 Abs. 2 Nr. 16 lit. d Doppelbuchstabe aa des 2

---

[18] Begründung der Verordnung zur Aufhebung von Verordnungen aufgrund des VAG vom 23.9.2015, S. 6; Begründung der Verordnung zum Erlass von Verordnungen nach dem VAG vom 23.9.2015, S. 163.
[19] § 148 VAG.
[20] § 65 Abs. 2, § 67 Abs. 2 VAG.
[21] Vgl. § 62 Abs. 1 S. 2 VAG.
[22] Vgl. § 110a Abs. 4 VAG a. F. nahm insofern § 12c VAG a. F. in Bezug, nicht aber § 81d VAG.
[23] Anders § 110a Abs. 2 Nr. 2, § 103a Abs. 2 S. 2 VAG a. F. mit jeweiliger Bezugnahme auf § 12c VAG a. F.
[1] RegE VAG 2014, S. 272 (zu Abschnitt 3).
[2] BGBl. I 1630.

Gesetzes v. 21.12.2000,[3] mit dem § 13d Nr. 6 VAG a. F. entsprechend erweitert worden ist. Mit Umsetzung der Solva II-Richtlinie sind die genannten Vorschriften bezüglich der Unfallversicherung mit Prämienrückgewähr (UPR) in § 161 VAG **zusammengefasst** worden.[4]

3 **2. Normzweck.** § 161 VAG zielt auf die Sicherstellung einer hinreichenden aufsichtsrechtlichen Regulierung **analog der Lebensversicherung**. Das ist folgerichtig, da die UPR eine Unfallversicherung mit Elementen der Lebensversicherung darstellt. Der Lebensversicherungsteil ist dabei in versicherungstechnischer Hinsicht als eine kapitalbildende Lebensversicherung auf den Todes- und Erlebensfall mit gleichmäßig steigender Versicherungssumme zu verstehen. Durchschnittlich sollen 80 % des Beitrags auf den Lebensversicherungsteil entfallen.[5]

4 **3. Europarechtlicher Hintergrund.** In der **Solva II-Richtlinie** findet die UPR keine ausdrückliche Würdigung. Da die UPR allerdings einen nicht unbedeutenden Lebensversicherungsanteil aufweist, ist es folgerichtig und im Ergebnis auch europarechtlich nicht zu beanstanden, wenn die UPR in die aufsichtsrechtliche Regulierung der Lebensversicherung, soweit geboten, einbezogen wird. Das gilt sowohl für die mit § 161 Abs. 1 VAG erfolgte Heranziehung einzelner Vorschriften des VAG aus dem Bereich der Lebensversicherung als auch für die § 143 VAG nachgebildete Anzeigepflicht gemäß § 161 Abs. 2 VAG.

5 Obwohl für die Schaden- und Unfallversicherung gemäß Art. 21 Abs. 1 UAbs. 1 der Solva II-Richtlinie ein ausnahmsloses Verbot für die systematische **Übermittlung von Berechnungsgrundlagen** besteht,[6] ist der Rekurs auf Art. 21 Abs. 1 UAbs. 2 der Solva II-Richtlinie, der für die Lebensversicherung eine entsprechende Übermittlung gestattet, auch für die UPR zulässig. Das gilt allerdings nur für den Lebensversicherungsteil der UPR. Im Übrigen bleibt es bei der Maßgeblichkeit des für die Schaden- und Unfallversicherung generell geltenden Übermittlungsverbots.[7] Das bedeutet, dass die Vorlagepflicht gemäß § 161 Abs. 2 VAG dahingehend richtlinienkonform auszulegen ist, dass sie auf die Lebensversicherungskomponente beschränkt bleibt.

6 **II. Entsprechende Anwendbarkeit aufsichtsrechtlicher Vorschriften (Abs. 1).** § 161 Abs. 1 VAG erklärt für die Unfallversicherung mit Prämienrückgewähr (UPR) die Regelungen der §§ 138, 139, 140 Abs. 1, §§ 141, 142, 145 Abs. 3 u. § 336 VAG für entsprechend anwendbar. Damit gelten **zentrale Vorschriften der Lebensversicherung** auch für die UPR. Im Einzelnen bedeutet dies, dass die Vorgaben des § 138 VAG hinsichtlich der Prämienkalkulation und des Gleichbehandlungsgrundsatzes auch für die UPR eingreifen. Die Anbieter der UPR müssen ferner die Vorgaben des § 139 VAG zur Überschussbeteiligung sowie die hiermit korrespondierende Vorschrift des § 140 Abs. 1 VAG zur Rückstellung für Beitragsrückerstattung beachten. Ebenso wie Lebensversicherer haben sie einen Verantwortlichen Aktuar nach § 141 VAG bestellen. Für die Abfassung der vom Verantwortlichen Aktuar abzugebenden versicherungsmathematischen Bestätigung ist § 2 Abs. 5 AktuarV maßgeblich. Eine Zusammenfassung der Tätigkeit des Verantwortlichen Aktuars mit der der Versicherungsmathematischen Funktion ist grundsätzlich möglich. Möglichen Interessenkonflikten ist aber unter Berücksichtigung des Umfangs des UPR-Geschäfts und der hiermit einhergehenden Risiken vorzubeugen.[8]

7 Hinsichtlich des Prämienänderungstreuhänders nach **§ 142 VAG** ist zu beachten, dass für die UPR eine vertragsrechtliche Regelung wie § 163 VVG fehlt. Es muss allerdings davon ausgegangen werden, dass insoweit § 142 VAG unmittelbar zum Zuge kommt.[9] Das bedeutet, dass eine Anpassung von Gesetzes wegen zulässig ist, ohne dass dies vertraglich vereinbart werden muss. Eine Vereinbarung ist wiederum nicht an den AGB-rechtlichen Bestimmungen des BGB zu messen, soweit sie § 163 VVG entspricht. Die Erstreckung der Geltung von § 145 Abs. 3 VAG steht im Zusammenhang mit der entsprechenden Geltung der Vorschrift des § 140 Abs. 1 VAG zur Rückstellung für Beitragsrückerstattung. Schließlich gilt auch § 336 VAG entsprechend, nicht aber Art. 16 § 2 S. 2 des Dritten Durchführungsgesetzes/EWG zum VAG v. 21.7.1994.[10]

8 **III. Anzeigepflicht (Abs. 2).** § 161 Abs. 2 VAG sieht vor, dass der Aufsicht die Grundsätze für die Berechnung der Prämien und Deckungsrückstellungen zu übermitteln sind. Das gilt allerdings, wie oben ausgeführt,[11] nur für den **Lebensversicherungsteil** der UPR. Die Vorlagepflicht greift unmittelbar nach Aufnahme des entsprechenden Geschäftsbetriebs und erfasst danach auch neue oder geänderte

[3] BGBl. I 1857.
[4] RegE VAG 2014, S. 272 f. (zu § 161 VAG).
[5] Vgl. Gesetzesbegründung, BR-Drs. 23/94, 173.
[6] Die Anbieter einer UPR benötigen eine Zulassung gemäß Anlage 1 Nr. 1 zum VAG. Zur Zuordnung der UPR zur Unfallversicherung vgl. *Präve* VersR 2001, 133, 137 f.
[7] *Präve* VersR 2001, 133, 137 f.; *Fricke* NVersZ 2001, 97, 99 f.
[8] BaFin-Rundschreiben 2/2017 (VA) – MaGo, Rn. 126 unter Verweis auf Rn. 125; so bereits auch BaFin-Auslegungsentscheidung vom 21.12.2015 zur versicherungsmathematischen Funktion in Versicherungsunternehmen, Rn. 41.
[9] *Präve* ZfV 1994, 199, 201.
[10] BGBl. I 1630.
[11] Vgl. Rn. 5.

Grundsätze. Für Lebensversicherer besteht eine entsprechende Verpflichtung nach § 143 VAG. Insoweit kann auf die diesbezüglichen Ausführungen verwiesen werden.[12]

IV. Anwendungsbereich. § 161 VAG kommt Bedeutung nur für inländische Unternehmen zu, weil ausländische Unternehmen keine UPR anbieten.[13] § 62 Abs. 1 S. 2 VAG nimmt demgemäß für EWR-ausländische Versicherer, die der Solva II-Richtlinie unterliegen, § 161 VAG nicht in Bezug, § 65 Abs. 2 und § 67 Abs. 2 VAG erfassen hingegen für die übrigen **ausländischen Unternehmen** theoretisch diese Regelung. 9

Deckungsrückstellung für Haftpflicht- und Unfall-Renten

162 Für die Berechnung der Deckungsrückstellung von Renten in der Allgemeinen Haftpflichtversicherung, der Kraftfahrzeug-Haftpflichtversicherung, der Kraftfahrt-Unfallversicherung sowie der Allgemeinen Unfallversicherung ohne Rückgewähr der Prämie sind § 141 Absatz 1 bis 3, 5 und 6 sowie § 145 Absatz 4 entsprechend anzuwenden.

I. Allgemeines. 1. Entstehungsgeschichte. Die Vorschrift ist durch Art. 1 Nr. 10 des Dritten Durchführungsgesetzes/EWG zum VAG[1] in das Gesetz eingefügt worden. Im Zuge der Umsetzung der Solva II-Richtlinie hat diese Bestimmung (§ 11e VAG a. F.) Aufnahme in § 162 VAG gefunden.[2] 1

2. Normzweck. Für die Allgemeine Haftpflicht-, die Kraftfahrzeug-Haftpflicht-, die Kraftfahrt-Unfall- und die Allgemeine Unfallversicherung ohne Prämienrückgewähr ist nach **Vorbild der Lebensversicherung** die Bestellung eines Verantwortlichen Aktuars verpflichtend. Dessen Aufgabe bezieht sich allerdings ausschließlich auf die Berechnung der Deckungsrückstellung von Renten in den genannten Sparten.[3] Ziel ist es, eine korrekte Berechnung der zu bildenden Deckungsrückstellung sicherzustellen. Bis Mitte der neunziger Jahre des vergangenen Jahrhunderts war dies durch entsprechende aufsichtsbehördliche Genehmigungsvorbehalte garantiert. Nach deren Wegfall hat der Gesetzgeber mit der Verpflichtung, insoweit einen Verantwortlichen Aktuar zu bestellen und ihn einer entsprechenden Kontrollaufgabe zu betrauen, einen Ersatz geschaffen.[4] 2

3. Europarechtlicher Hintergrund. § 162 VAG ist europarechtlich gerechtfertigt. Die Sicherstellung ausreichender versicherungstechnischer Rückstellungen ist in Art. 76 ff. der **Solva II-Richtlinie** festgeschrieben. Dass insofern mit dem Verantwortlichen Aktuar eine zusätzliche Kontrollinstanz geschaffen wird, wird durch die Richtlinie nicht unterbunden. Sie entspricht auch dem Geist der Richtlinie. 3

II. Entsprechende Anwendbarkeit aufsichtsrechtlicher Vorschriften. § 162 VAG sieht die entsprechende Anwendbarkeit von § 141 Abs. 1 bis 3, 5 u. 6 sowie von § 145 Abs. 4 VAG vor. Das gilt für die Allgemeine Haftpflicht-, die Kraftfahrzeug-Haftpflicht-, die Kraftfahrt-Unfall- und die Allgemeine Unfallversicherung ohne Prämienrückgewähr, allerdings **nur bezüglich der Berechnung der Deckungsrückstellung von Renten.**[5] Nur insofern ist ein Verantwortlicher Aktuar nach Vorbild der Lebensversicherung vorzusehen. Bezüglich seiner Bestellung, seiner Eignung und seinen Aufgaben sowie der Verpflichtungen des Vorstands gilt das zur Lebensversicherung Gesagte entsprechend.[6] Das trifft auch in Bezug auf Ausführungen zur Haftung und berufsständischen Verfassung des Verantwortlichen Aktuars zu.[7] § 2 Abs. 5 AktuarV legt den Wortlaut der vom Verantwortlichen Aktuar abzugebenden versicherungsmathematischen Bestätigung gemäß § 141 Abs. 5 Nr. 2 VAG fest. Für den Erläuterungsbericht nach § 4 AktuarV gibt es einen Gliederungsvorschlag der DAV.[8] Bereits im Hinblick auf den eingeschränkten gesetzlichen Auftrag hat der Verantwortliche Aktuar basierend auf § 162 VAG kein Vorschlagsrecht zur Überschussbeteiligung gemäß § 141 Abs. 5 Nr. 4 VAG. Auch ist er von Gesetzes wegen nicht zur Teilnahme an Aufsichtsratssitzungen verpflichtet. § 141 Abs. 4 VAG findet nämlich keine Anwendung. Das hindert allerdings nicht, ihn bei Bedarf zu einer solchen Sitzung hinzuziehen. Eine Zusammenfassung der Tätigkeit des Verantwortlichen Aktuars mit der der Versicherungsmathematischen Funktion ist möglich.[9] 4

---

[12] § 143 VAG Rn. 4 ff.
[13] *Präve* ZfV 1994, 168, 171.
[1] BGBl. I 1630.
[2] RegE VAG 2014, S. 273 (zu § 162 VAG).
[3] Vgl. Gesetzesbegründung, BR-Drs. 23/94, 175.
[4] Vgl. Gesetzesbegründung, BR-Drs. 23/94, 174. S. ferner § 141 VAG Rn. 2 f.
[5] Vgl. Rn. 2.
[6] § 141 VAG Rn. 5 ff.
[7] § 141 VAG Rn. 43 ff.
[8] Abgedruckt in: Der Aktuar 2005, 170 f.
[9] BaFin-Rundschreiben 2/2017 (VA) – MaGo, Rn. 128; so bereits auch BaFin-Auslegungsentscheidung vom 21.12.2015 zur versicherungsmathematischen Funktion in Versicherungsunternehmen, Rn. 43.

5 **III. Anwendungsbereich.** § 162 VAG gilt für in- und ausländische Unternehmen,[10] allerdings nicht für **EWR-ausländische Gesellschaften**, die der Solva II-Richtlinie unterliegen.[11] Für diese ist insofern das Sitzlandrecht maßgebend.

Schadenregulierungsbeauftragte in der Kraftfahrzeug-Haftpflichtversicherung

163 **(1) ¹Für die Erlaubnis zur Deckung der in der Anlage 1 Nummer 10 Buchstabe a genannten Risiken hat das Versicherungsunternehmen in allen anderen Mitglied- oder Vertragsstaaten einen Schadenregulierungsbeauftragten zu benennen. ²Dieser hat im Auftrag des Versicherungsunternehmens Ansprüche auf Ersatz von Personen- und Sachschäden zu bearbeiten und zu regulieren, die wegen eines Unfalls entstanden sind, der sich in einem anderen Mitglied- oder Vertragsstaat als dem Wohnsitzmitgliedstaat des Geschädigten ereignet hat und der durch die Nutzung eines Fahrzeugs verursacht wurde, das in einem Mitglied- oder Vertragsstaat versichert ist und dort seinen gewöhnlichen Standort hat.**

(2) Die Bestellung jedes Schadenregulierungsbeauftragten ist der Aufsichtsbehörde unter Beifügung der in § 9 Absatz 4 Nummer 6 genannten Unterlagen unverzüglich anzuzeigen.

(3) ¹Der Schadenregulierungsbeauftragte muss in dem Staat ansässig oder niedergelassen sein, für den er benannt ist. ²Er kann auf Rechnung eines oder mehrerer Versicherungsunternehmen handeln. ³Er muss über ausreichende Befugnisse verfügen, um das Versicherungsunternehmen gegenüber Geschädigten zu vertreten und um deren Schadenersatzansprüche in vollem Umfang zu befriedigen. ⁴Er muss in der Lage sein, den Fall in der Amtssprache oder den Amtssprachen des Staats zu bearbeiten, für den er benannt ist.

(4) ¹Der Schadenregulierungsbeauftragte trägt im Zusammenhang mit Ansprüchen, die durch ein bei diesem Unternehmen versichertes Fahrzeug verursacht worden sind, alle zu deren Regulierung erforderlichen Informationen zusammen. ²Hat sich der Unfall in einem Drittstaat ereignet, gilt dies nur, sofern

1. der Geschädigte seinen Wohnsitz in einem Mitglied- oder Vertragsstaat hat,
2. das Fahrzeug, das den Unfall verursacht hat, seinen gewöhnlichen Standort in einem dieser Staaten hat und
3. das nationale Versicherungsbüro im Sinne des Artikels 1 Nummer 3 der Richtlinie 2009/103/EG des Europäischen Parlaments und des Rates vom 16. September 2009 über die Kraftfahrzeug-Haftpflichtversicherung und die Kontrolle der entsprechenden Versicherungspflicht (ABl. L 263 vom 7.10.2009, S. 11) des Staats, in dem sich der Unfall ereignet hat, dem System der Grünen Karte beigetreten ist.

³In diesem Fall gilt § 3a Absatz 1 Nummer 1 und 2 des Pflichtversicherungsgesetzes entsprechend.

(5) Die Bestellung eines Schadenregulierungsbeauftragten durch ein ausländisches Versicherungsunternehmen im Inland stellt für sich allein keine Errichtung einer Zweigniederlassung dar; der Schadenregulierungsbeauftragte gilt nicht als Niederlassung.

1 **I. Allgemeines. 1. Entstehungsgeschichte.** Die in § 163 VAG enthaltenen Regelungen, die die Versicherer in der Kraftfahrzeug-Haftpflichtversicherung zur Benennung von Schadenregulierungsbeauftragten in sämtlichen Staaten des EWR verpflichten, sind durch Art. 2 Nr. 3 u. 4 des Gesetzes zur Änderung des Pflichtversicherungsgesetzes und anderer versicherungsrechtlicher Vorschriften v. 10.7.2002[1] als § 7b und des § 13d Nr. 9 in das VAG eingefügt worden. Eine punktuelle Änderung erfolgte durch Art. 2 Nr. 1 des Gesetzes v. 10.12.2007.[2] Mit Umsetzung der Solva II-Richtlinie sind diese Regelungen in § 163 VAG **zusammengefasst** worden.[3]

2 **2. Normzweck.** Mit § 163 VAG bzw. der entsprechenden Vorgängervorschrift werden im Zusammenwirken mit Vorschriften des Pflichtversicherungsgesetzes[4] Defizite behoben, die zuvor bei der Schadenregulierung von Unfällen im Ausland bestanden haben. Der Geschädigte musste sich in der Vergangenheit stets unmittelbar mit dem Versicherer des Unfallverursachers in Verbindung setzen. Das sog Grüne-Karten-System kam und kommt nicht zum Zuge, da es sich nur auf Verkehrsunfälle bezieht, die der Geschädigte im eigenen Wohnsitzstaat erleidet.[5] Die Verfolgung von Ansprüchen bei Unfällen im Ausland war regelmäßig mit Rechts-, Sprach- und Distanzproblemen und nicht selten – auch unabhängig hiervon – mit der Schwierigkeit einer zeitnahen Abwicklung verbunden. Zwar zielte bereits

[10] § 65 Abs. 2, § 67 Abs. 2 VAG.
[11] Vgl. § 62 Abs. 1 S. 2 VAG.
[1] BGBl. I 2586.
[2] BGBl. I 2833.
[3] RegE VAG 2014, S. 273 (zu § 163 VAG).
[4] Vgl. im Einzelnen *Backu* DAR 2003, 145 ff.
[5] Vgl. *Looschelders* NZV 1999, 57.

das sog Besucherschutzabkommen des Council of Bureaux von 1994 auf eine Verbesserung. In der Praxis hat sich hierdurch aber nichts Wesentliches verändert.[6] Auch eine Lösung über eine sog. Difference in conditions-Deckung setzte sich nicht durch.[7] Mit dem Schadenregulierungsbeauftragten hat der Geschädigte mittlerweile einen **Ansprechpartner in seinem eigenen Land.**[8] Zugleich bestehen gesetzliche Maßgaben, die zur Beschleunigung der Abwicklung beitragen. Auf europäischer Ebene war geplant, dem Schadenregulierungsbeauftragten hierüber hinausgehend auch die Regulierung von sog Grüne Karten-Fällen ihres jeweiligen Versicherers zu überlassen,[9] obwohl hierfür keine zwingende Notwendigkeit besteht.[10] Der Plan ist nicht weiterverfolgt worden. § 163 VAG hat abschließenden Charakter. Die Tätigkeit des Schadenregulierungsbeauftragten stellt demgemäß auch – anders als die Wahrnehmung der Schadenabwicklung eines Rechtsschutzversicherers durch ein anderes Unternehmen (§ 164 Abs. 1 S. 2 VAG) – keine Ausgliederung i. S. v. § 32 VAG dar.

3. Europarechtlicher Hintergrund. Zugrunde liegen Bestimmungen der **4. Kraftfahrzeughaftpflicht-Richtlinie,**[11] die in der kodifizierten Fassung der Kraftfahrzeughaftpflicht-Richtlinie aufgegangen ist.[12] Die Richtlinie zielt auf eine Verbesserung des Geschädigtenschutzes im Falle eines Verkehrsunfalls im Ausland[13] und änderte zu diesem Zweck auch die 1. und 2. EU-Schadenversicherungs-Richtlinie.[14] Diese ist wiederum mittlerweile in der Solva II-Richtlinie aufgegangen. Die 4. Kraftfahrzeughaftpflicht-Richtlinie findet nicht nur innerhalb der EU, sondern ist gemäß Beschluss des Gemeinsamen EWR-Ausschusses Nr. 4/2001 vom 31.1.2001 von Beginn an im gesamten EWR maßgeblich.[15] 3

II. Benennung der Schadenregulierungsbeauftragten (Abs. 1 S. 1). Schadenregulierungsbeauftragte in der Kraftfahrzeug-Haftpflichtversicherung (Anlage 1 Nr. 10 lit. a VAG) haben gemäß § 163 Abs. 1 S. 1 VAG **alle inländischen Versicherer** zu benennen, soweit sie entsprechende Geschäfte im Inland betreiben. Irrelevant ist, ob der Versicherer in den einzelnen Staaten oder überhaupt im Ausland tätig wird.[16] Der inländische Betrieb der Kraftfahrzeug-Haftpflichtversicherung zieht die Benennung von Schadenregulierungsbeauftragten in allen anderen Staaten des EWR zwingend nach sich. Das stellt zwar für Unternehmen, die sich von vornherein auf eine Inlandstätigkeit beschränken, eine besondere Belastung dar. Letztlich erscheint aber diese Belastung im Hinblick auf den erstrebten Schutz der Geschädigten als noch hinnehmbar.[17] 4

Die Benennung ist **Zulassungsvoraussetzung.**[18] Demgemäß hat das Unternehmen bereits im Zulassungsverfahren entsprechende Angaben zu machen (§ 9 Abs. 4 Nr. 6 VAG). Auch im laufenden Geschäftsbetrieb trifft den Versicherer eine korrespondierende Anzeigepflicht gegenüber der Versicherungsaufsicht (§ 163 Abs. 2 VAG). Unterbleibt eine Benennung, ist die Erlaubnis zwingend zu versagen. Das ergibt sich aus der insoweit eindeutigen Festlegung in § 163 Abs. 1 S. 1 VAG („für die Erlaubnis zur Deckung der… Risiken"), die nur den Schluss erlaubt, dass eine mangelnde Benennung den Erlaubnisversagungsgrund von § 11 Abs. 4 lit. a VAG („nicht ausreichende Wahrung der Belange der Versicherten")[19] erfüllt. Damit wird zugleich Art. 18 Abs. 1 lit. h der Solva II-Richtlinie und Erwägungsgrund 37 der Kraftfahrzeughaftpflicht-Richtlinie Rechnung getragen, demzufolge die Benennung zulassungsrelevant ist. 5

Die Pflicht zur Benennung von Schadenregulierungsbeauftragten nach § 163 VAG trifft auch **ausländische Unternehmen**, die in Deutschland die Kraftfahrzeug-Haftpflichtversicherung betreiben.[20] Sie gilt allerdings nicht für EWR-ausländische Versicherer, die der Solva II-Richtlinie unterliegen.[21] Für diese bestehen entsprechende Maßgaben des jeweiligen Sitzlandes.[22] 6

III. Aufgaben der Schadenregulierungsbeauftragten (Abs. 1 S. 2). Die Schadenregulierungsbeauftragten haben gemäß § 163 Abs. 1 S. 2 VAG Ansprüche auf Ersatz von **Schäden** bei solchen Unfällen zu **bearbeiten und** zu **regulieren**, die sich außerhalb des Wohnsitzlandes des Geschädigten 7

[6] *Lemor* VW 2001, 28; *ders.* DAR 1998, 253, 254.
[7] *Lemor* VW 2001, 28.
[8] *Schewior* VersR 1998, 671, 673; *Baran* VersRdsch 2002, 212 f.; *Weber* NVersZ 2002, 545, 546.
[9] Vgl. Art. 4 Abs. 4 des Vorschlags für eine Richtlinie über die Kraftfahrzeug-Haftpflichtversicherung, ABl. EG 2002 C 277 E, 387.
[10] *Lemor/Becker* VW 2003, 30, 32 f.
[11] ABl. EG 2000 L 181, 65.
[12] ABl. EU 3009.L 263, 11.
[13] 34. Erwägungsgrund der Kraftfahrzeughaftpflicht-Richtlinie.
[14] Vgl. Art. 8, 9 der 4. Kraftfahrzeughaftpflicht-Richtlinie.
[15] ABl. EG 2001 L 066, 46.
[16] Vgl. Gesetzesbegründung, BT-Drs. 14/8770, 10; *Lemor* DAR 1998, 253, 258; *ders.* SVZ 1998, 336, 339; Prölss/Martin/*Knappmann* § 3a PflVG Rn. 2.
[17] *Schewior* VersR 1998, 671, 673; *Looschelders* NZV 1999, 57, 60 u. 63.
[18] *Lemor* DAR 1998, 253, 255; *Weber* NVersZ 2002, 545, 547; *Notthoff* ZfS 2003, 105, 108.
[19] Zu dem weit zu verstehenden Versichertenbegriff vgl. § 11 Rn. 17.
[20] § 65 Abs. 2, § 67 Abs. 2 VAG. vgl. auch Art. 162 Abs. 2 lit. g der Solva II-Richtlinie und 39. Erwägungsgrund der Kraftfahrzeughaftpflicht-Richtlinie.
[21] Vgl.§ 62 Abs. 2 VAG, der nicht § 163 VAG in Bezug nimmt.
[22] Vgl. *Backu* DAR 2003, 145, 148.

ereignet haben und durch ein Fahrzeug verursacht wurden, das in einem Mitglied- bzw. Vertragsstaat versichert ist und dort seinen gewöhnlichen Standort hat.[23] Ziel ist, hierdurch Unfallopfern ihr Vorgehen zu erleichtern und es ihnen namentlich zu ermöglichen, ihre Ansprüche in ihrer eigenen Sprache geltend zu machen.[24] Die Beauftragten sind hiermit korrespondierend befugt, alle zur Schadenregulierung erforderlichen Maßnahmen zu ergreifen. Dazu zählt insbesondere die Zahlung von Entschädigungen. Darüber hinaus sind sie auch zur Vertretung gegenüber Behörden befugt.[25] Eine Vertretung gegenüber Gerichten wird durch die insoweit maßgebliche Kraftfahrzeug-Haftpflicht-Richtlinie nicht begründet.[26] Auch § 163 Abs. 1 VAG gebietet keine derartige Befugnis. Die Beauftragten sind insofern lediglich zur Entgegennahme gerichtlicher Schriftstücke bevollmächtigt, die für die Einleitung eines gerichtlichen Verfahrens zur Schadenregulierung nötig sind.[27] Durch Tätigkeiten von Schadenregulierungsbeauftragten wird kein Gerichtsstand am Wohnsitz des Geschädigten verankert.[28] Die Beauftragten werden im Auftrag des jeweiligen Versicherers tätig, dessen Weisungen sie unterliegen.[29] Dem Versicherer obliegt auch die Auswahl der Beauftragten;[30] die Ausgestaltung des Auftragsverhältnisses bleibt den Vertragspartnern überlassen.[31]

8 Die Schadenregulierungsbeauftragten haben auch die Befugnis, nicht nur Ansprüche von Geschädigten zu regulieren, sondern **auch Ansprüche von Dritten** aus übergegangenem Recht, wie beispielsweise Ansprüche von Sozialversicherungsträgern. Die Richtlinienvorgaben verbieten eine derartige Verfahrensweise nicht. Es verhält sich vielmehr so, dass eine effektive Schadenregulierung mittels Beauftragter die Einbeziehung etwa von Sozialversicherungsträgern geradezu erzwingt.[32]

9 **IV. Anzeigepflicht gegenüber der Aufsicht (Abs. 2).** In der Kraftfahrzeug-Haftpflichtversicherung sind der Aufsicht **Namen und Anschrift** der Schadenregulierungsbeauftragten nach § 163 Abs. 2 VAG mitzuteilen. Diese Regelung steht im Zusammenhang mit Art. 21 Abs. 1 UAbs. 1 der Kraftfahrzeughaftpflicht-Richtlinie. Sie stellt sicher, dass über das Zulassungsverfahren hinaus[33] dem Erfordernis von Schadenregulierungsbeauftragten im EWR-Ausland auch im laufenden Geschäftsbetrieb Rechnung getragen wird. Dabei kommt es nicht darauf an, ob der Versicherer selber entsprechendes Versicherungsgeschäft im Ausland betreibt.[34]

10 Unterbleibt im laufenden Geschäftsbetrieb eine entsprechende Benennung vollständig, stellt dies einen Grund für den Widerruf der Erlaubnis dar.[35] Enthält die Anzeige gegenüber der Aufsicht lediglich unzureichende Angaben (etwa lückenhafte Adressangaben), wird die Behörde auf Nachbesserung dringen. In letzter Konsequenz kann sie auch dann – im Zulassungsverfahren – die Erlaubnis versagen[36] bzw. – während des laufenden Geschäftsbetriebs – Maßnahmen nach § 298 Abs. 1 iVm § 294 Abs. 2 S. 2, Abs. 3 VAG treffen. Auf eine Bußgeldbewehrung, wie im früheren Recht,[37] hat der Gesetzgeber verzichtet. Dessen ungeachtet wird aufgrund der übrigen aufsichtsrechtlichen Einbettung davon auszugehen sein, dass eine ausreichende **Sanktionierung** im Sinne von Art. 27 der Kraftfahrzeughaftpflicht-Richtlinie sichergestellt ist.

11 **V. Anforderungen an den Schadenregulierungsbeauftragten (Abs. 3).** Der Schadenregulierungsbeauftragte muss gemäß § 163 Abs. 3 **S. 1** VAG in dem Staat, für den er benannt ist, **ansässig oder niedergelassen** sein.[38] Er kann basierend auf § 163 Abs. 3 **S. 2** VAG für mehrere Versicherer tätig werden.[39] Zugleich kann er auch die Aufgabe des Schadenregulierungsvertreters i. S. v. § 59 Abs. 1 S. 3 Nr. 2 VAG übernehmen.[40]

12 Der Versicherer muss den Beauftragten gemäß § 163 Abs. 3 **S. 3** VAG **ausreichende Befugnisse** verleihen, damit dieser das Unternehmen gegenüber Geschädigten vertreten und deren Schadensersatzansprüche befriedigen kann.[41] Dem Geschädigten bzw. seinem Versicherer bleibt es unbenommen,

[23] Vgl. 34. u. 37. Erwägungsgrund, Art. 21 der Kraftfahrzeughaftpflicht-Richtlinie.
[24] *EuGH* Urt. v. 10.10.2013 – C-306/12, Rn. 24.
[25] Erwägungsgrund 37 der Kraftfahrzeughaftpflicht-Richtlinie.
[26] *Buse* DAR 2015, 445, 449; a. M. *Italienischer Kassationshof* Urt. v. 18.5.2015 – R. G. N. 25422.2011, DAR 2015, 474, 476 f.
[27] *EuGH* Urt. v. 10.10.2013 – C-306/12 Rn. 25, NJW 2014, 44; *Buse* DAR 2015, 445 u. 449.
[28] 38. Erwägungsgrund der Kraftfahrzeughaftpflicht-Richtlinie.
[29] *Schewior* VersR 1998, 671, 673; *Lemor* DAR 1998, 253, 255.
[30] Vgl. Art. 21 Abs. 2 UAbs. 1 der Kraftfahrzeughaftpflicht-Richtlinie; *Lemor* VW 2001, 28, 30; *ders.* DAR 1998, 253, 255.
[31] *Lemor* VW 2001, 28, 30.
[32] *Lemor* VW 2001, 28, 31 f.; *Notthoff* ZfS 2003, 105, 107; *Backu* DAR 2003, 145, 147.
[33] § 9 Abs. 4 Nr. 6 VAG.
[34] Vgl. Rn. 4.
[35] § 304 Abs. 3 Nr. 1 VAG.
[36] § 11 Abs. 2 S. 3 VAG.
[37] Vgl. § 144 Abs. 1 Nr. 1a VAG a. F.
[38] Vgl. Art. 21 Abs. 1 UAbs. 3 der Kraftfahrzeughaftpflicht-Richtlinie.
[39] Vgl. Art. 21 Abs. 3 der Kraftfahrzeughaftpflicht-Richtlinie; *Lemor* VW 2001, 28, 30.
[40] *Lemor* SVZ 1998, 336, 337.
[41] Vgl. Art. 21 Abs. 5 UAbs. 1 der Kraftfahrzeughaftpflicht-Richtlinie.

unmittelbar gegen den Unfallverursacher bzw. dessen Versicherer vorzugehen.[42] Ihm steht mit dem Schadenregulierungsbeauftragten insofern nur ein zusätzlicher Ansprechpartner zur Verfügung.[43] Die Schadenregulierungsbeauftragten sind befugt, alle außergerichtlichen Maßnahmen zur Schadenregulierung zu ergreifen. Dazu zählt insbesondere die Zahlung von Entschädigungen.[44] Die Beauftragten sind auch zur Vertretung gegenüber Behörden befugt.[45] Sie haben desweiteren eine passive Zustellungsvollmacht für gerichtliche Schriftstücke.[46] Eine Vertretung gegenüber Gerichten wird durch die Kraftfahrzeughaftpflicht-Richtlinie hingegen nicht unmittelbar begründet.[47] Ein Gerichtsstand am Wohnsitz des Geschädigten wird ebenso wenig verankert.[48] Vielmehr bleibt es in der Regel bei der Zuständigkeit der Gerichte des Unfalllandes.[49]

Hinsichtlich der Eignung der Schadenregulierungsbeauftragten bestimmt das Gesetz mit § 163 Abs. 3 **S. 4** VAG lediglich, dass der Beauftragte in der Lage sein muss, den Fall in der Amtssprache bzw. den Amtssprachen des Staates zu bearbeiten, für den er benannt ist.[50] Das setzt zum einen eine entsprechende **sprachliche Fähigkeit** voraus, zum anderen aber auch eine ausreichende **fachliche Kompetenz**. Diese wird zwar – entgegen einem ersten Richtlinienentwurf[51] – weder in der Richtlinie noch in dem Umsetzungsgesetz ausdrücklich festgeschrieben.[52] Sie ist jedoch eine unerlässliche Voraussetzung, da anderenfalls der Beauftragte seine Aufgabe nicht erfüllen kann.[53] Daher muss der Beauftragte ausreichende Kenntnisse vom Recht des Landes haben, für das er benannt ist, da im Regelfall dieses Recht maßgeblich ist.[54] Hingegen kann von ihm schlechterdings nicht erwartet werden, weitere Rechtsordnungen zu kennen, die uU in Einzelfällen ebenfalls zum Tragen kommen können.[55] Die bloße Einschaltung einer Mailbox zwischen Versicherer und Geschädigten genügt vor diesem Hintergrund nicht.[56] 13

Schadenregulierungsbeauftragte können sowohl **natürliche** als auch **juristische Personen** sein. In Betracht kommen Rechtsanwälte und Makler, die Niederlassungen des Versicherers, die Niederlassungen anderer Versicherer oder die Büros der Grünen Karte.[57] Für den Fall, dass eine Niederlassung des Versicherers die Aufgabe des Schadenregulierungsbeauftragten übernimmt, wird auch hierdurch kein Gerichtsstand am Sitz des Beauftragten begründet. Art. 7 Nr. 5 der Verordnung über die gerichtliche Zuständigkeit und die Anerkennung und Vollstreckung von Entscheidungen in Zivil- und Handelssachen[58] begründet eine entsprechende Zuständigkeit nur insoweit, als es sich um Streitigkeiten aus dem Betrieb der Niederlassung handelt, was im Falle einer – zusätzlichen – Tätigkeit als Schadenregulierungsbeauftragter zu verneinen ist.[59] 14

Die Schadenregulierungsbeauftragten haben die Vorgaben des § 3a PflVG (für den Fall, dass deutsches Recht zur Anwendung kommt) bzw. der korrespondierenden ausländischen Vorschriften zu beachten. Das bedeutet, dass bestimmte **Bearbeitungszeiten** einzuhalten sind.[60] Deren Nichtbeachtung berechtigt die Aufsicht im Rahmen ihrer Sitzlandzuständigkeit zu einem Einschreiten nach § 298 Abs. 1 iVm § 294 Abs. 2 S. 2 VAG. Auch im Rahmen ihrer Tätigkeitslandzuständigkeit kann die Aufsicht eingreifen,[61] also gegenüber einem EWR-ausländischen Versicherer nach Maßgabe von § 62 Abs. 3 VAG verfahren. Sie bleibt in allen Fällen auf Maßnahmen gegen den jeweiligen Versicherer beschränkt. Gegenüber den weisungsabhängigen Schadenregulierungsbeauftragten kann sie keine unmittelbaren Maßnahmen treffen, da diese weder Geschäftsleiter noch die Unternehmen kontrollierende Personen im Sinne von § 298 Abs. 1 VAG darstellen. 15

VI. Informationsbeschaffung (Abs. 4). Die Schadenregulierungsbeauftragten haben gemäß § 163 Abs. 4 **S. 1** VAG alle für die Regulierung erforderlichen Informationen zusammenzutragen, die im 16

[42] Vgl. Art. 21 Abs. 4 UAbs. 2 der Kraftfahrzeughaftpflicht-Richtlinie.
[43] *Lemor* VW 2001, 28, 30.
[44] 37. Erwägungsgrund der Kraftfahrzeughaftpflicht-Richtlinie.
[45] 37. Erwägungsgrund der Kraftfahrzeughaftpflicht-Richtlinie.
[46] *EuGH* Urt. v. 10.10.2013 – C-306/12 Rn. 23 u. 31, NJW 2014, 44; s. hierzu auch *Armbrüster* EuZW 2015, 614, 619.
[47] 37. Erwägungsgrund der Kraftfahrzeughaftpflicht-Richtlinie.
[48] 38. Erwägungsgrund der Kraftfahrzeughaftpflicht-Richtlinie; vgl. *Schewior* VersR 1998, 671, 672 f. u. 674; Prölss/Martin/*Knappmann* § 3a PflVG Rn. 3; siehe auch *EuGH* Urt. v. 10.10.2013 – C-306/12 Rn. 22 f., NJW 2014, 44.
[49] *Lemor* VW 2001, 28, 29; *ders.* SVZ 1998, 336, 337.
[50] Vgl. Art. 21 Abs. 5 UAbs. 2 der Kraftfahrzeughaftpflicht-Richtlinie.
[51] Vgl. nur Art. 3 Abs. 4 des Geänderten Vorschlags für eine 4. Kraftfahrzeughaftpflicht-Richtlinie, ABl. EG 1999 C 171, 4.
[52] Kritisch *Notthoff* ZfS 2003, 105, 110.
[53] Vgl. *Lemor* VW 2001, 28, 30; *ders.*, DAR 1998, 253, 258.
[54] *Backu* DAR 2003, 145, 147.
[55] *Lemor* VW 2001, 28, 30; *Notthoff* ZfS 2003, 105, 107.
[56] *Lemor* DAR 1998, 253, 258; *ders.* SVZ 1998, 336, 340.
[57] *Schewior* VersR 1998, 671, 673; *Lemor* VW 2001, 28, 30; *ders.* SVZ 1998, 336, 337.
[58] ABl. EU 2012 L 351, 1.
[59] *Looschelders* NZV 1999, 57, 60.
[60] *Lemor* VW 2001, 28, 32.
[61] § 62 Abs. 1 S. 2 Nr. 6 VAG.

Zusammenhang mit Ansprüchen stehen, die sich auf das bei diesem Unternehmen versicherte Fahrzeug beziehen.[62]

17 Die Tätigkeit der Schadenregulierungsbeauftragten ist im **Grundsatz** auf **Unfälle innerhalb des EWR** beschränkt. Ausnahmsweise erstreckt sie sich gemäß § 163 Abs. 4 **S. 2** VAG auch auf Unfälle in Staaten außerhalb des EWR, wenn der Geschädigte in einem EWR-Staat seinen Wohnsitz hat (**Nr. 1**), das Fahrzeug, mit dem der Unfall verursacht worden ist, seinen gewöhnlichen Standort im EWR hat (**Nr. 2**) und das nationale Versicherungsbüro des Staates, in dem sich der Unfall ereignet hat, dem System der Grünen Karte beigetreten ist (**Nr. 3**).[63] § 3a Nr. 1 u. 2 PflVG gilt für diesen Fall gemäß § 163 Abs. 4 **S. 3** entsprechend. Mit dem Verweis auf § 3a Nr. 1 u. 2 PflVG soll – unbeschadet des ansonsten auf das Unfallereignis anzuwendenden Rechts – auch bei Unfällen in Drittstaaten eine zeitnahe Schadenregulierung gewährleistet werden.[64]

18 **VII. Schadenregulierungsbeauftragte ausländischer Unternehmen (Abs. 5).** § 163 Abs. 5 VAG bestimmt, dass Schadenregulierungsbeauftragte ausländischer Versicherer in Deutschland für sich alleine **keine Niederlassung** darstellen. Damit wird Art. 21 Abs. 6 der Kraftfahrzeughaftpflicht-Richtlinie umgesetzt. Das bedeutet, dass Schadenregulierungsbeauftragte aufsichtsrechtlich nicht als Niederlassung zu bewerten sind, mit der Folge, dass vor Tätigkeitsaufnahme keine Anzeigepflichten i. S. v. § 61 Abs. 2 VAG zu erfüllen sind. Zugleich ist – dies berücksichtigend – davon auszugehen, dass die Benennung von Schadenregulierungsbeauftragten keine Niederlassung im Sinne der Verordnung über die gerichtliche Zuständigkeit und die Anerkennung und Vollstreckung von Entscheidungen in Zivil- und Handelssachen[65] begründen.

19 **VIII. Anwendungsbereich.** § 163 VAG gilt für in- und ausländische Versicherer mit Ausnahme **EWR-ausländischer Versicherer**, die der Solva II-Richtlinie unterliegen. Voraussetzung ist der Betrieb der Kraftfahrzeug-Haftpflichtversicherung im Inland.[66]

Schadenabwicklung in der Rechtsschutzversicherung

164 (1) [1]**Ein Versicherungsunternehmen, das die Rechtsschutzversicherung zusammen mit anderen Versicherungssparten betreibt, hat die Leistungsbearbeitung in der Rechtsschutzversicherung einem anderen Unternehmen mit einer in § 8 Absatz 2 genannten Rechtsform oder der Rechtsform einer sonstigen Kapitalgesellschaft (Schadenabwicklungsunternehmen) zu übertragen.** [2]**Die Übertragung gilt als Ausgliederung.**

(2) **Das Schadenabwicklungsunternehmen darf außer der Rechtsschutzversicherung keine anderen Versicherungsgeschäfte betreiben und in anderen Versicherungssparten keine Leistungsbearbeitung durchführen.**

(3) [1]**Für die Geschäftsleiter des Schadenabwicklungsunternehmens gilt § 24 Absatz 1 entsprechend.** [2]**Sie dürfen nicht zugleich für ein Versicherungsunternehmen tätig werden, das außer der Rechtsschutzversicherung andere Versicherungsgeschäfte betreibt.** [3]**Beschäftigte, die mit der Leistungsbearbeitung betraut sind, dürfen eine vergleichbare Tätigkeit nicht für ein solches Versicherungsunternehmen ausüben.**

(4) [1]**Die Mitglieder des Vorstands und die Beschäftigten eines unter Absatz 1 fallenden Versicherungsunternehmens dürfen dem Schadenabwicklungsunternehmen keine Weisungen für die Bearbeitung einzelner Versicherungsfälle erteilen.** [2]**Die Geschäftsleiter und die Beschäftigten des Schadenabwicklungsunternehmens dürfen einem solchen Versicherungsunternehmen keine Angaben machen, die zu Interessenkollisionen zum Nachteil der Versicherten führen können.**

(5) **Die Absätze 1 bis 4 gelten nicht für die Rechtsschutzversicherung, wenn sich diese auf Streitigkeiten oder Ansprüche bezieht, die aus dem Einsatz von Schiffen auf See entstehen oder mit diesem Einsatz verbunden sind.**

1 **I. Allgemeines. 1. Entstehungsgeschichte.** Die Vorschrift geht zurück auf Art. 1 Nr. 4 des Zweiten Durchführungsgesetzes/EWG zum VAG.[1] Mit Umsetzung der Solva II-Richtlinie ist sie von § 8a nach § 164 VAG verschoben worden, ohne dass inhaltliche Änderungen erfolgt sind.[2] Es wurden lediglich Anpassungen an entsprechenden Verweisen und Bezugnahmen vorgenommen.

[62] Vgl. 37. Erwägungsgrund, Art. 21 Abs. 4 UAbs. 1 der Kraftfahrzeughaftpflicht-Richtlinie.
[63] *Lemor* VW 2001, 28, 29.
[64] Vgl. Gesetzesbegründung, BT-Drs. 14/8770, 17.
[65] ABl. EU 2012. L 351, 1.
[66] Vgl. Rn. 4 u. 6.
[1] BGBl. 1990 I 1249.
[2] RegE VAG 2014, S. 273 (zu § 164 VAG).

2. Normzweck. § 164 VAG zielt auf die **Unterbindung von Interessenkollisionen**, die bei einem Betrieb der Rechtsschutzversicherung mit anderen Versicherungssparten unausweichlich wären. 2

3. Europarechtlicher Hintergrund. § 164 VAG hat seinen Ursprung in Vorgaben der Rechtsschutzversicherungs-Richtlinie,[3] die mittlerweile in der Solva II-Richtlinie aufgegangen ist. Die Richtlinie unterbindet die Fortführung des vormaligen Spartentrennungsgebots für die Rechtsschutzversicherung[4] und sieht statt dessen anderweitige Vorkehrungen vor.[5] Eröffnet werden drei Optionen, nämlich eine getrennte Verwaltung, die Einrichtung eines Schadenabwicklungsunternehmens oder die Einschaltung eines Rechtsanwalts.[6] Der deutsche Gesetzgeber hat sich für die **zweite Variante** entschieden.[7] Dies begegnet auch keinen primärrechtlichen Bedenken und zwingt demgemäß auch zu keiner erweiternden Auslegung von § 164 VAG. Dass die Geschäftstätigkeit eines Versicherers im EWR-Raum hierdurch im Rahmen des Niederlassungs- und Dienstleistungsverkehrs tangiert werden kann,[8] ist einzuräumen, liegt allerdings im Umstand einer derartigen Regulierung. Daraus kann aber weder gefolgert werden, dass eine Vollharmonisierung primärrechtlich zwingend erforderlich ist, noch, dass in Abweichung von der jeweiligen nationalen Festlegung für das betreffende Unternehmen ein Wahlrecht zwischen dem Recht des Sitz- und dem des Tätigkeitslands besteht. Soweit Letzteres mitunter gefordert wird, wird von dieser Seite ua auf die intendierte Vollharmonisierung nach dem Richtlinienrecht verwiesen.[9] Hiermit wird die Rechtslage allerdings ein wenig überzeichnet, da eine solche Vollharmonisierung mit der Solva II-Richtlinie gerade nicht erfolgt ist.[10] Zu berücksichtigen ist zudem, dass die Niederlassungsfreiheit nicht als solche in Frage gestellt ist. Dass zusätzliche Gegebenheiten Berücksichtigung finden müssen, ist, solange eine vollständige Harmonisierung nicht erzielt wird, grundsätzlich hinzunehmen. In viel höherem Maße ist dies auch gelebte Praxis in Bezug auf das im Wesentlichen nicht harmonisierte Vertragsrecht, ohne dass hier bisher Entsprechendes mit Erfolg eingewandt worden wäre. Dass vor diesem Hintergrund auch der deutsche Gesetzgeber gegenwärtig keine Veranlassung zu einer Rechtsänderung beim VAG trotz der umfassenden Reform im Zuge der Umsetzung der Solva II-Richtlinie gesehen hat,[11] rundet das Bild ab. 3

II. Errichtung eines Schadenabwicklungsunternehmens (Abs. 1 u.2). Ein Kompositversicherer, der auch die Rechtsschutzversicherung betreibt, ist nach § 164 **Abs. 1 S. 1** VAG gehalten, die Leistungsbearbeitung in der Rechtsschutzversicherung einem anderen Unternehmen zu übertragen. Dieses sog Schadenabwicklungsunternehmen muss **rechtlich selbständig** sein.[12] Im VAG hat dies seine Entsprechung in Rechtsformvorgaben gefunden. Danach muss ein Schadenabwicklungsunternehmen eine Aktiengesellschaft, eine Europäische Gesellschaft (SE), ein VVaG oder eine öffentlich-rechtliche Körperschaft oder Anstalt sein. Auch eine sonstige Kapitalgesellschaft kommt in Betracht, also neben der Aktiengesellschaft die Kommanditgesellschaft auf Aktien (KGaA) und die Gesellschaft mit beschränkter Haftung (GmbH). Bei einer Ausgliederung in das EWR-Ausland, die wie bei allen Ausgliederungen grundsätzlich möglich ist,[13] ist auf die hiermit korrespondierenden Rechtsformen abzustellen.[14] § 164 Abs. 1 **S. 2** VAG stellt dabei klar, dass die Übertragung der Schadenabwicklung als **Ausgliederung** (§ 7 Nr. 2, § 32 VAG) gilt, also sowohl im Zulassungsverfahren (§ 9 Abs. 4 Nr. 1 lit. c VAG) als auch während des laufenden Geschäftsbetriebs anzeigebedürftig ist (§ 47 Nr. 8 u. 9 VAG). Neben den sich aus § 32 VAG ergebenden Anforderungen bestehen zur Ausschaltung von Interessenkollisionen weitergehende Maßgaben. So muss sich das Schadenabwicklungsunternehmen gemäß § 164 **Abs. 2** VAG allen Tätigkeiten in Versicherungssparten außerhalb der Rechtsschutzversicherung enthalten. Handelt es sich bei dem Schadenabwicklungsunternehmen um einen Versicherer, muss sich dieser folglich auf die Rechtsschutzversicherung beschränken.[15] Diese Vorgabe hindert nicht, wenn mehrere Rechtsschutzversicherer ihre Leistungsbearbeitung auf ein Schadenabwicklungsunternehmen ausgliedern.[16] 4

III. Anforderungen an die Geschäftsleiter (Abs. 3). Für die Geschäftsleiter eines Schadenabwicklungsunternehmens gelten gemäß § 164 Abs. 3 VAG die Anforderungen des **§ 24 Abs. 1 VAG entsprechend**. Das bedeutet, dass die gleichen Anforderungen wie für Geschäftsleiter eines Versicherungs- 5

---

[3] ABl. EG 1987 L 185, 72.
[4] Art. 205 Solva II-RL (vormals Art. 8 Rechtsschutz-RL).
[5] Art.199, 200 Solva II-RL (vormals Art. 3 Rechtsschutz-RL).
[6] Zu den Hintergründen vgl. *Müller*, Rn. 40 ff.
[7] Zum Hintergrund vgl. *Müller* VW 1988, 1354, 1358 f.
[8] *Grote* Liber amicorum Ehlers, 2015, S. 117, 122.
[9] *Grote* Liber amicorum Ehlers, 2015, S. 117, 124.
[10] Siehe hierzu etwa auch § 139 VAG Rn. 5, § 140 VAG Rn. 3.
[11] Darauf weist auch *Grote* Liber amicorum Ehlers, 2015, S. 117, 127 hin, der auch eine Änderung auf europäischer Ebene ins Gespräch bringt.
[12] Art. 200 Abs. 3 iVm Art. 199 Solva II-RL (vormals Art. 3 Abs. 2 lit. b Rechtsschutz-RL).
[13] Vgl. § 9 VAG Rn. 99.
[14] *Wendt* DB 2014, 1241, 1243.
[15] Vgl. Gesetzesbegründung, BT-Drs. 11/6341, 22.
[16] *Wendt* DB 2014, 1241, 1243.

unternehmens bestehen,[17] hier freilich bezogen auf die Tätigkeit für das Schadenabwicklungsunternehmen.[18] Keine Anwendung findet § 24 Abs. 3 VAG. Zu berücksichtigen ist hiervon unbeschadet allerdings, dass Geschäftsleiter von Schadenabwicklungsunternehmen nicht derart viele weitere Tätigkeiten ausüben, dass ihnen die Wahrnehmung der Aufgabe nicht oder nur noch eingeschränkt möglich ist. Weder die Geschäftsleiter noch Beschäftigte, die mit der Leistungsbearbeitung betraut sind, dürfen gemäß § 164 Abs. 3 S. 2 u. 3 VAG für Versicherungsunternehmen außerhalb der Rechtsschutzversicherung tätig sein. Die Vorgaben von § 164 Abs. 3 S. 2 u. 3 VAG sind bußgeldbewehrt.[19]

6 **IV. Weisungsverbot (Abs. 4).** Vom Kompositversicherer dürfen dem Schadenabwicklungsunternehmen gemäß § 164 Abs. 4 S. 1 VAG **keine Weisungen bezüglich der Bearbeitung einzelner Versicherungsfälle** erteilt werden. [20] Das hindert allerdings nicht die Erteilung allgemeiner Weisungen, wie sie einer Ausgliederung immanent sind.[21] Aufgrund von § 164 Abs. 4 S. 1 VAG haben allerdings Weisungen zu unterbleiben, die dem Schadenabwicklungsunternehmen konkrete Vorgaben für inhaltliche Wertungen im Detail machen.[22] Hiermit unvereinbar sind dabei nicht nur Weisungen, die in einem konkreten Einzelfall gegeben werden, sondern auch Vorgaben genereller Natur, die letztlich die Erledigung bestimmter Fallkonstellationen von vornherein in eine bestimmte Richtung lenken. Damit wären nämlich Einflussnahmen möglich, vor denen die Ausgliederung in ein Schadenabwicklungsunternehmen gerade schützen will. Das Weisungsverbot ist daher weit auszulegen. Soweit mitunter erwogen wird, namentlich Weisungen im Zusammenhang mit der Auslegung einzelner AVB und ihrer Anwendung für zulässig zu erachten,[23] ist dem nicht zu folgen. Entsprechendes gilt für Weisungsrechte im Rahmen von Unternehmensverträgen, die ein Kompositversicherer mit einem Schadenabwicklungsunternehmen schließt.[24] Umgekehrt dürfen von Seiten des Schadenabwicklungsunternehmens dem Versicherer gemäß § 164 Abs. 4 S. 2 VAG keine Angaben gemacht werden, die zu Interessenkollisionen zum Nachteil der Versicherten führen. Nach Abschluss der Schadenregulierung dürfte im Regelfall gegen eine Informationsweitergabe nichts einzuwenden sein.

7 **V. Ausnahme (Abs. 5).** § 164 Abs. 5 VAG schränkt den Anwendungsbereich der Vorschrift ein. Danach finden in Übereinstimmung mit Art. 198 Abs. 2 UAbs. 1 lit. a der Solva II-Richtlinie[25] die Maßgaben des § 164 Abs. 1 bis 4 VAG keine Anwendung auf die Rechtsschutzversicherung, wenn sich diese auf Streitigkeiten oder Ansprüche bezieht, die aus dem Einsatz von Schiffen auf See entstehen oder mit diesem Einsatz verbunden sind. Hierdurch soll es Reedern möglich bleiben, umfassenden Versicherungsschutz auch bei sog. **P & I-Clubs** zu erlangen.[26] Reeder, bei denen es sich um Kaufleute handelt, werden insofern nicht für derart schutzbedürftig angesehen, dass es gesetzlicher Reglementierungen der dargestellten Art bedarf.

8 **VI. Anwendungsbereich.** § 164 VAG ist allerdings nur zwingend für inländische Versicherer, Versicherer aus Staaten außerhalb des EWR sowie EWR-ausländische Versicherer, die nicht der Solva II-Richtlinie unterliegen.[27] Für **EWR-ausländische Versicherer**, die der Solva II-Richtlinie unterliegen, gilt § 164 VAG nicht.[28] Für diese Unternehmen sind die jeweiligen Bestimmungen des Sitzlands entscheidend.[29] Umgekehrt muss es für deutsche Unternehmen hinsichtlich ihrer Tätigkeit im EWR-Ausland sein Bewenden mit § 164 VAG haben. Auch wenn die Maßgabe des § 164 VAG nicht alleine als Ausfluss der Finanzaufsicht zu werten ist,[30] bleibt festzuhalten, dass die Ausgliederung der Schadenabwicklung zulassungsrelevant ist und insofern das Sitzlandrecht maßgebend bleibt. Etwas anderes lässt sich auch nicht aus dem europäischen Primärrecht ableiten.[31]

---

[17] Vgl. Gesetzesbegründung, BT-Drs. 11/6341, 22.
[18] *Wendt* DB 2014, 1241, 1243.
[19] § 332 Abs. 1 Nr. 7 u. 8 VAG.
[20] Zu Tätigkeitsbeschränkungen von Vorstandsmitgliedern eines Rechtsschutzversicherers s. GB BAV 1995 Teil A S. 53 und BaFin Journal 08/10, S. 3 f.
[21] § 32 Abs. 4 VAG.
[22] So auch im Ansatz *Wendt* DB 2014, 1241, 1244.
[23] *OLG Celle* Urt. v. 29.9.2011 – 8 U 146/11, Rn. 34; *Wendt* DB 2014, 1241, 1244.
[24] Dies vertiefend *Wendt* DB 2014, 1241, 1242, 1246. Es gilt aber auch insofern der eben gemachte Vorbehalt.
[25] Vormals Art. 2 Abs. 2 Spiegelstrich 1 der Rechtsschutz-RL.
[26] Vgl. Gesetzesbegründung, BT-Drs. 11/6341, 22.
[27] § 65 Abs. 2, § 67 Abs. 2 VAG.
[28] § 62 Abs. 1 S. 2 nimmt § 164 VAG nicht in Bezug.
[29] *Wendt* DB 2014, 1241, 1242.
[30] Vgl. *Müller,* Rn. 486; *Zens,* Die Zusammenarbeit der Versicherungsaufsichtsbehörden in der Europäischen Gemeinschaft, 2005, S. 111 f.
[31] So allerdings *Grote* Liber amicorum Ehlers, 2015, S. 117, 122 ff. Vgl. hierzu oben Rn. 3.

Abschnitt 4. Rückversicherung

Rückversicherungsunternehmen in Abwicklung

165 (1) **Auf Rückversicherungsunternehmen, die den Abschluss neuer Rückversicherungsverträge bis zum 10. Dezember 2007 eingestellt haben und ausschließlich ihr Portfolio mit dem Ziel verwalten, ihre Tätigkeit einzustellen, finden die nachstehenden Absätze und die für kleine Versicherungsunternehmen geltenden Vorschriften mit Ausnahme des § 215 Anwendung.**

(2) [1] **Zu den Vermögensbeständen, die der dauernden Erfüllbarkeit der Verpflichtungen aus den Rückversicherungsverhältnissen dienen, gehören Vermögenswerte in Höhe der versicherungstechnischen Rückstellungen im Sinne der §§ 341e bis 341h des Handelsgesetzbuchs sowie der aus Rückversicherungsverhältnissen entstandenen Verbindlichkeiten und Rechnungsabgrenzungsposten (qualifiziertes Vermögen).** [2] **Diese Bestände sind unter Berücksichtigung der Art des betriebenen Versicherungsgeschäfts sowie der Unternehmensstruktur so anzulegen, dass möglichst große Sicherheit und Rentabilität bei jederzeitiger Liquidität des Rückversicherungsunternehmens unter Wahrung angemessener Mischung und Streuung erreicht wird.** [3] **Dies gilt mit der Maßgabe, dass eine ausreichende Währungskongruenz gewährleistet ist und die Angemessenheit der Mischung und Streuung unter Berücksichtigung der Besonderheiten des jeweiligen Rückversicherungsunternehmens zu bewerten ist.** [4] **Hierbei sind auch die Kapitalausstattung sowie die gesamte Finanzsituation des Unternehmens und seine Konzernstruktur zu beachten.** [5] **Anlagen in derivativen Finanzinstrumenten sind zulässig, sofern sie zur Verringerung von Anlagerisiken oder zur Erleichterung der Portfolioverwaltung beitragen.**

(3) [1] **Bei der Ermittlung der sicherzustellenden Verpflichtungen sind solche Verbindlichkeiten nicht zu berücksichtigen, bei denen die Sicherstellung durch beim Vorversicherer gestellte Bardepots erfolgt.** [2] **Die Anteile, die auf Retrozessionare und auf zum Geschäftsbetrieb zugelassene Zweckgesellschaften im Sinne des Artikels 13 Nummer 26 der Richtlinie 2009/138/EG entfallen, bleiben außer Betracht.** [3] **Anteile, die auf Zweckgesellschaften mit Sitz in einem Drittstaat entfallen, bleiben nur dann außer Betracht, wenn die Versicherungs-Zweckgesellschaft im Sitzland entsprechend den Anforderungen der nach Artikel 211 Absatz 2 der Richtlinie 2009/138/EG erlassenen delegierten Rechtsakte zum Geschäftsbetrieb staatlich zugelassen ist und beaufsichtigt wird und über eine vergleichbare Ausstattung mit Kapitalanlagen verfügt.**

(4) **Gehören Rückversicherungsverhältnisse zu einem selbständigen Bestand eines Rückversicherungsunternehmens in einem Drittstaat, so gelten Absatz 2 sowie § 125 Absatz 1 entsprechend auch für die aus diesen Rückversicherungsverhältnissen entstandenen Vermögensbestände, soweit das ausländische Recht nichts Abweichendes vorschreibt.**

I. Allgemeines. 1. Entstehungsgeschichte. Die Vorschrift wurde durch das Gesetz zur Modernisierung der Finanzaufsicht über Versicherungen vom 1.4.2015[1] neu in das VAG eingefügt. 1

2. Normzweck. Die Norm enthält eine **Sonderregelung für Rückversicherungsunternehmen,** 2 die den Abschluss neuer Rückversicherungsverträge bis zum 10.12.2007 eingestellt haben und nur noch ihren bestehenden Vertragsbestand mit dem Ziel verwalten, den Geschäftsbetrieb einzustellen (nachfolgend: **Rückversicherungsunternehmen in Abwicklung**). Für diese Unternehmen gelten nicht die Regelungen von Solvency II, sondern die Vorgaben für Erstversicherungsunternehmen nach Solvency I sowie gesonderte Vorschriften zur Kapitalanlage. § 165 VAG hat eine sehr geringe praktische Bedeutung.[2]

3. Europarechtlicher Hintergrund. Mit der Vorschrift setzt der deutsche Gesetzgeber **Art. 12** 3 **Solva II-RL** um. Nach Art. 12 Solva II-RL fallen Rückversicherungsunternehmen, die seit dem 10.12.2007 kein Neugeschäft betreiben, nicht in den Anwendungsbereich der Richtlinie.

II. Einzelerläuterungen. § 165 Abs. 1 VAG erklärt für Rückversicherungsunternehmen in Abwick- 4 lung die **Vorschriften für kleine Versicherungsunternehmen (§§ 211 ff. VAG)** für anwendbar. Damit gelten für Rückversicherungsunternehmen in Abwicklung die Vorgaben von **Solvency I für Erstversicherungsunternehmen.** Diese Abweichung von den bisherigen Solvency I-Regelungen für

[1] BGBl. 2015 I, 434 ff.

[2] Begr. VAG-RegE, BT-Drs. 15/4053, 320 zu § 165; nach Angaben der BaFin tätigten im Jahr 2015 sechs Rückversicherungsunternehmen kein Neugeschäft mehr, vgl. BaFin (Hrsg.), Jahresbericht 2015, S. 199, wobei unklar bleibt, wie viele dies bereits seit dem 10.12.2007 nicht mehr tun, die Zahl dürfte sehr gering sein.

Rückversicherungsunternehmen hat der Gesetzgeber bewusst hingenommen.[3] Soweit die Vorgaben von Solvency I für Erstversicherer auf Rückversicherungsunternehmen nicht als passend erachtet werden, hat der Gesetzgeber in § 165 VAG Sonderregeln getroffen. So gelten für Rückversicherungsunternehmen in Abwicklung die Anlagegrundsätze für das Sicherungsvermögen nach § 215 VAG nicht, da Rückversicherer unter Solvency I ein solches Sicherungsvermögen nicht zu bilden hatten. Für das nunmehr in § 165 Abs. 2 S. 1 VAG legal definierte **„qualifizierte Vermögen"** eines Rückversicherungsunternehmens in Abwicklung werden vielmehr in § 165 Abs. 2–4 VAG besondere Anlagegrundsätze formuliert.

5 Die Anlagegrundsätze in § 165 Abs. 2–4 VAG entsprechen im Wesentlichen der Regelung des **§ 121b VAG a. F.** In § 165 Abs. 2 S. 1 VAG wird das qualifizierte Vermögen eines Rückversicherungsunternehmens definiert, für das die Anlagegrundsätze gelten. Dieses Vermögen ist nach § 165 Abs. 2 S. 2 und 3 nach den Grundsätzen der **Sicherheit, Rentabilität, Liquidität, Mischung und Streuung sowie unter Wahrung einer ausreichenden Währungskongruenz** anzulegen. Dabei sind stets die Art des betriebenen Versicherungsgeschäfts, die Unternehmens- und Konzernstruktur, die Besonderheiten des jeweiligen Rückversicherungsunternehmens sowie darüber hinaus die gesamte Finanzsituation des Unternehmens zu beachten. In der Praxis können sich Besonderheiten insbesondere daraus ergeben, dass ein Rückversicherungsunternehmen zugleich eine **Holdingfunktion** ausübt und die Aktiva daher zu einem wesentlichen Teil aus Beteiligungsbuchwerten bestehen.[4] § 165 Abs. 3 VAG regelt Besonderheiten bei der Berücksichtigung von Bardepots sowie für den Fall der Retrozession und der Beteiligung von Zweckgesellschaften.

6 § 165 Abs. 4 VAG sieht vor, dass für selbständige, inländische Bestände eines Rückversicherungsunternehmens in Abwicklung **mit Sitz in einem Drittstaat** die Anlagegrundsätze nach § 165 Abs. 2 VAG sowie § 125 Abs. 1 VAG, also die Vorschrift über das Sicherungsvermögen bei Erstversicherern, entsprechend gelten. Dies gilt allerdings nur, sofern das Recht des Drittstaats keine abweichende Regelung enthält.

7 **III. Verhältnis zu anderen Regelungen.** § 165 VAG ist für Rückversicherungsunternehmen in Abwicklung die **lex specialis** im Verhältnis zu den Vorschriften des VAG für solche Rückversicherungsunternehmen, die regulär Solvency II unterliegen.

Bestandsübertragungen; Umwandlungen

166 (1) [1]**Jeder Vertrag, durch den ein Versicherungsbestand eines inländischen Rückversicherungsunternehmens ganz oder teilweise auf ein anderes Versicherungsunternehmen mit Sitz in einem Mitglied- oder Vertragsstaat übertragen werden soll, bedarf der Genehmigung der Bundesanstalt.** [2]**Der Bestandsübertragungsvertrag bedarf der Schriftform; § 311b Absatz 3 des Bürgerlichen Gesetzbuchs ist nicht anzuwenden.** [3]**Die Genehmigung wird erteilt, wenn durch eine Bescheinigung der zuständigen Behörde des Mitglied- oder Vertragsstaats nachgewiesen ist, dass das übernehmende Unternehmen unter Berücksichtigung der Übertragung über anrechnungsfähige Eigenmittel zur Einhaltung der Solvabilitätskapitalanforderung verfügt.** [4]**Die Rechte und Pflichten des übertragenden Unternehmens aus den Rückversicherungsverträgen gehen mit der Bestandsübertragung auch im Verhältnis zu den Vorversicherern auf das übernehmende Unternehmen über; § 415 des Bürgerlichen Gesetzbuchs ist nicht anzuwenden.** [5]**Die Genehmigung der Bestandsübertragung ist im Bundesanzeiger zu veröffentlichen.** [6]**Sobald die Bestandsübertragung wirksam geworden ist, hat das übernehmende Versicherungsunternehmen unverzüglich die Vorversicherer über die Bestandsübertragung schriftlich zu informieren.**

(2) [1]**Die vollständige oder teilweise Übertragung eines Versicherungsbestandes durch ein inländisches Rückversicherungsunternehmen auf eine Niederlassung eines Versicherungsunternehmens eines Drittstaats bedarf der Genehmigung durch die Bundesanstalt.** [2]**Die Genehmigung darf nur erteilt werden, wenn die übernehmende Drittstaatenniederlassung nachweist, dass sie nach der Übertragung über anrechnungsfähige Eigenmittel zur Einhaltung der Solvabilitätskapitalanforderung verfügt.** [3]**Wird die Kapitalausstattung der Drittstaatenniederlassung von der Aufsichtsbehörde eines anderen Mitglied- oder Vertragsstaats überwacht, hat der Nachweis durch eine Bescheinigung der zuständigen Behörde des anderen Mitglied- oder Vertragsstaats zu erfolgen.** [4]**Absatz 1 Satz 2, 4 bis 6 ist entsprechend anzuwenden.**

(3) [1]**Jede Umwandlung eines Rückversicherungsunternehmens nach den §§ 1 und 122a des Umwandlungsgesetzes, bei der Rückversicherungsverträge zu den von der Umwandlung erfassten Vermögensgegenständen gehören, bedarf der Genehmigung der Aufsichtsbehörde.**

[3] Begr. VAG-RegE, BT-Drs. 15/4053, 320 zu § 165.
[4] FKBP/*Bähr* § 121b Rn. 3.

[2] **Absatz 1 Satz 3 und 4 ist entsprechend anzuwenden.** [3] **Die Genehmigung kann auch versagt werden, wenn die Vorschriften über die Umwandlung nicht beachtet worden sind.** [4] **Die Absicht der Umwandlung eines Rückversicherungsunternehmens nach den §§ 1 und 122a des Umwandlungsgesetzes, soweit sie nicht der Genehmigungspflicht nach Satz 1 unterliegt, ist der Aufsichtsbehörde unverzüglich anzuzeigen.**

Schrifttum: Vgl. Angaben zu § 13 VAG.

I. Allgemeines. 1. Entstehungsgeschichte. Die Vorschrift entspricht inhaltlich unverändert dem § 121f VAG a. F. In § 166 Abs. 3 S. 4 VAG wurde zudem die umwandlungsbezogene Regelung des § 121a Abs. 3 VAG a. F. übernommen. 1

2. Normzweck. § 166 Abs. 1 und 2 VAG enthalten **Sonderregelungen für die Übertragung von Rückversicherungsbeständen** in bestimmten Konstellationen. In § 166 Abs. 3 VAG sind besondere Vorschriften für die **Umwandlung von Rückversicherungsunternehmen** vorgesehen. Die Vorschriften bilden damit das **Pendant zu den §§ 13, 14 VAG**, welche die Bestandsübertragung und die Umwandlung für den Bereich der Erstversicherung regeln. Sonderregelungen sind hier insoweit erforderlich, da bei Bestandsübertragungen und Umwandlungen im Rückversicherungsbereich teilweise andere Maßstäbe anzulegen sind als im Erstversicherungsbereich, wo der Schutz der Versicherungsnehmer bei der Bestandsübertragung eine größere Rolle spielt. Weiterhin ergänzt § 166 VAG die Vorschrift des **§ 73 VAG**, welcher die Übertragung von Erst- und Rückversicherungsbeständen durch eine inländische Niederlassung eines Versicherungsunternehmens mit Sitz in einem Drittstaaten zum Gegenstand hat. 2

3. Europarechtlicher Hintergrund. Mit der Vorschrift des § 166 Abs. 1 VAG setzt der deutsche Gesetzgeber **Art. 39 Abs. 1 Solva II-RL** in nationales Recht um. Die Vorgängervorschrift des § 121f VAG a. F. basierte noch auf Art. 18 der Rückversicherungsrichtlinie[1] aus dem Jahr 2005 und wurde mit der VAG-Novelle 2007[2] in das Gesetz eingefügt. 3

II. Einzelerläuterungen. 1. Bestandsübertragungen. a) Struktur der Abs. 1 und 2. Die Vorschriften der § 166 Abs. 1 und 2 VAG erfassen zwei unterschiedliche Konstellationen der Übertragung von Rückversicherungsbeständen. Ausgangspunkt ist dabei stets, dass der **Vertragsbestand eines Rückversicherungsunternehmens mit Sitz im Inland** vollständig oder teilweise übertragen wird. § 166 Abs. 1 VAG erfasst den Fall, dass der Rückversicherungsbestand auf ein **Versicherungsunternehmen mit Sitz in einem Mitgliedsstaat** der EU oder einem anderen Vertragsstaat des EWR übertragen wird. § 166 Abs. 2 VAG hingegen regelt die Übertragung von Rückversicherungsbeständen auf **die Niederlassung eines Unternehmens, das seinen Sitz in einem Drittstaat hat**. 4

b) Bestandsübertragungen auf ein Versicherungsunternehmen mit Sitz innerhalb der EU bzw. des EWR (Abs. 1). Überträgt ein inländisches Rückversicherungsunternehmen einen Bestand an Rückversicherungsverträgen durch Vertrag vollständig oder teilweise auf ein Versicherungsunternehmen mit Sitz in einem Mitgliedstaat der EU bzw. Vertragsstaat des EWR, muss dieser Vertrag **durch die BaFin genehmigt** werden. Die Genehmigung durch die BaFin ist **Wirksamkeitserfordernis**, d. h. erst mit der Genehmigung kann die Bestandsübertragung vollzogen werden. Sie ist nach § 166 Abs. 1 S. 5 VAG im **Bundesanzeiger** zu veröffentlichen. Die Genehmigung wird nach § 166 Abs. 1 S. 3 VAG durch die BaFin nur dann erteilt, wenn das übernehmende Unternehmen mittels einer **Bescheinigung der Aufsichtsbehörde des Sitzlands** nachweist, dass es auch nach der Bestandsübertragung die **Solvabilitätskapitalanforderungen** erfüllt. 5

Der Vertrag über die Bestandsübertragung bedarf nach § 166 Abs. 1 S. 2 VAG der **Schriftform**, nicht jedoch der notariellen Beurkundung nach § 311b Abs. 3 BGB. Die **Rechte und Pflichten aus den Rückversicherungsverträgen** des übertragenden Unternehmens gehen mit Wirksamkeit der Bestandsübertragung **vollständig auf das übernehmende Unternehmen über**, vgl. § 166 Abs. 1 S. 4 VAG. Die Bestandsübertragung ermöglicht damit die vollständige Auswechslung einer Partei der Rückversicherungsverträge, nämlich des Rückversicherungsunternehmens. Da es sich bei dem Rückversicherer nicht nur um einen Gläubiger, sondern auch um einen Schuldner der betroffenen Erst- oder Rückversicherers (Vorversicherer) handelt, wird die Vorschrift des **§ 415 BGB** nach § 166 Abs. 1 S. 4 Hs. 2 VAG bei der Bestandsübertragung für **unanwendbar** erklärt. Denn nach den allgemeinen zivilrechtlichen Grundsätzen in Deutschland ist ein Schuldnerwechsel nur mit Zustimmung des Gläubigers möglich. An die Stelle der Zustimmung des Gläubigers tritt hier die Genehmigung durch die Aufsichtsbehörde. Die **Interessen der betroffenen Vorversicherer** werden dadurch gewahrt, dass die Genehmigung der BaFin nur dann erfolgt, wenn die **ausreichende Kapitalausstattung** des übernehmenden Unternehmens durch die Aufsichtsbehörde des Sitzlands bescheinigt wird. Daher hat das 6

[1] Richtlinie 2005/68/EG des Europäischen Parlaments und des Rates vom 16.11.2005 über die Rückversicherung, ABl. EU 2005 L 323, 1.

[2] Achtes Gesetz zur Änderung des Versicherungsaufsichtsgesetzes sowie zur Änderung des Finanzdienstleistungsaufsichtsgesetzes und anderer Vorschriften v. 28.5.2007 (BGBl. I 923).

übernehmende Unternehmen nach § 166 Abs. 1 S. 6 VAG die betroffenen Vorversicherer auch lediglich über die Wirksamkeit der Bestandsübertragung zu **informieren**.

7 Probleme können sich hier allerdings ergeben, wenn sich in dem betroffenen Bestand **Rückversicherungsverträge mit ausländischen Vorversicherern**, insbesondere solchen mit Sitz in Drittstaaten, befinden und diese Verträge nicht dem deutschen Zivilrecht unterliegen. Dies dürfte aufgrund des international ausgerichteten Rückversicherungsgeschäfts regelmäßig der Fall sein. Denn kennt die ausländische Rechtsordnung eine § 415 BGB vergleichbare Regelung, kann diese **nicht kraft deutschen Verwaltungsrechts** nach § 166 Abs. 1 S. 4 Hs. 2 VAG für unanwendbar erklärt werden. Auch kann die **Genehmigung der BaFin** in Deutschland eine **Zustimmung der ausländischen Vorversicherer** als Gläubiger des übertragenden Rückversicherungsunternehmens **nicht ersetzen**. Zur Umgehung derartiger Schwierigkeiten kann eine **Novation** der Rückversicherungsverträge gegenüber einer Bestandsübertragung nach § 166 VAG vorzugswürdig sein.

8 Die Vorschrift des § 166 Abs. 1 VAG ist in seinen Voraussetzungen und Rechtsfolgen **eng an § 13 VAG angelehnt**. Vorgaben des § 13 VAG wurden übernommen, soweit sie für die Übertragung von Rückversicherungsbeständen durch den Gesetzgeber als sinnvoll erachtet wurden. Außer Acht geblieben sind solche Vorgaben des § 13 VAG, die dem besonderen Schutz der Versicherungsnehmer – gerade im Bereich der Lebensversicherung/bei Verträgen mit Überschussbeteiligung – dienen. Denn im Bereich der Rückversicherung ist ein derartiger Schutz der Vorversicherer als Versicherte naturgemäß nicht erforderlich. Zu den teilweise identischen Vorgaben kann daher auf die Ausführungen zu § 13 Abs. 1, Abs. 2 S. 2 Nr. 1, Abs. 5, Abs. 6 und Abs. 7 Satz 1 VAG verwiesen werden (vgl. Erläuterungen zu § 13 VAG).

9 **c) Bestandsübertragung auf die Niederlassung eines Unternehmens mit Sitz in einem Drittstaat (§ 166 Abs. 2 VAG).** § 166 Abs. 2 VAG erstreckt das Genehmigungserfordernis auf die Übertragung von Vertragsbeständen eines **inländischen Rückversicherungsunternehmens** auf die **Niederlassung eines Versicherungsunternehmens mit Sitz in einem Drittstaat.** Die Vorschrift stellt eine **überschießende Umsetzung** des Art. 39 Solva II-RL dar, da diese Konstellation von den europäischen Vorgaben nicht erfasst wird. In der Folge können mit **Niederlassungen i. S. d. § 166 Abs. 2 VAG nur solche im Inland** gemeint sein, da der deutsche Gesetzgeber für Niederlassungen in anderen Mitgliedstaaten der EU bzw. des EWR keine Regelungskompetenz besitzt. Die Genehmigungsvoraussetzungen und weiteren Modalitäten entsprechen weitgehend denen des § 166 Abs. 1 VAG. Insbesondere werden in § 166 Abs. 2 S. 4 VAG die Vorschriften des § 166 Abs. 1 S. 2, 4 und 6 VAG für entsprechend anwendbar erklärt.

10 Auch die inländische Niederlassung eines Versicherungsunternehmens aus einem Drittstaat hat nach § 166 Abs. 2 S. 2 VAG den Nachweis zu erbringen, dass sie nach der erfolgten Bestandsübertragung die **Solvabilitätskapitalanforderungen** erfüllt. § 166 Abs. 2 S. 3 VAG sieht entsprechend § 166 Abs. 1 S. 3 VAG vor, dass dieser Nachweis in Form einer **Bescheinigung der Aufsichtsbehörde** eines anderen Mitgliedstaats der EU bzw. des EWR geführt werden muss, sofern diese Aufsichtsbehörde die Aufsicht über die Kapitalausstattung der Niederlassung eines Versicherungsunternehmens mit Sitz in einem Drittstaat führt. Dafür, welche Fallkonstellationen von der Variante des § 166 Abs. 2 S. 3 VAG erfasst sein sollen, gibt es allerdings **keine Anhaltspunkte**, da lediglich inländische Niederlassungen erfasst sein können.

11 **2. Umwandlungen.** § 166 Abs. 3 S. 1 VAG unterwirft Umwandlungen von Rückversicherungsunternehmen nach den §§ 1 und 122a UmwG einem **Genehmigungserfordernis, sofern Rückversicherungsverträge zu den Vermögenswerten zählen, die von der Umwandlung betroffen sind.** Genehmigungspflichtig sind dann die **Verschmelzung, Spaltung, Vermögensübertragung und der Formwechsel** von Rechtsträgern eines Rückversicherungsunternehmens. Erfasst ist durch den Verweis auf § 122a UmwG auch ausdrücklich die **grenzüberschreitende Verschmelzung**. Gehören keine Rückversicherungsverträge zu den Vermögenswerten, die von der Umwandlung erfasst werden, ist die Umwandlung nach § 166 Abs. 3 S. 4 VAG lediglich gegenüber der Aufsichtsbehörde **anzuzeigen**. Dies stellt einen wesentlichen Unterschied zu der parallelen Vorschrift des § 14 VAG für den Erstversicherungsbereich dar, da hier die Umwandlung unabhängig davon, ob Versicherungsverträge betroffen sind, genehmigungspflichtig ist. Ebenso prüft die Aufsichtsbehörde bei Umwandlungen im Rückversicherungsbereich – wie bei der Bestandsübertragung auch – naturgemäß **nicht die Belange der Versicherten**.

12 In § 166 Abs. 3 S. 2 VAG werden die Vorschriften des § 166 Abs. 1 S. 3 und 4 VAG für Umwandlungssachverhalte entsprechend anwendbar erklärt. Das heißt, dass eine Umwandlung nur dann genehmigt wird, wenn sichergestellt ist, dass der übernehmende Rechtsträger nach der Umwandlung die **Solvabilitätskapitalanforderungen** erfüllt. Ebenso gehen die **Rechte und Pflichten aus den Rückversicherungsverträgen** auf den übernehmenden Rechtsträger über, wobei die Genehmigung an die Stelle der Zustimmung der Vorversicherer tritt. § 166 Abs. 3 S. 3 VAG sieht – ebenso wie § 14 Abs. 2 VAG im Erstversicherungsbereich – vor, dass die Aufsichtsbehörde die Genehmigung auch dann versagen kann, wenn die **Vorschriften über die Umwandlung** nicht beachtet worden sind. Eine Ver-

letzung umwandlungsrechtlicher Vorschriften kann sich damit im Rahmen des Ermessens der Aufsichtsbehörde darauf auswirken, ob die Genehmigung erteilt wird.

III. Verhältnis zu anderen Regelungen. **§ 13 VAG** regelt Bestandsübertragungen im Erstversiche- 13
rungsbereich, § 166 Abs. 1 und 2 VAG im Rückversicherungsbereich. Zu Abgrenzungsschwierigkeiten kann es kommen, wenn ein Erstversicherungsunternehmen einen **gemischten Bestand an Erst- und Rückversicherungsverträgen** aufweist und lediglich eine **Teilbestandsübertragung** vornimmt. Überträgt ein Erstversicherer nämlich lediglich seinen Teilbestand an Rückversicherungsverträgen, wäre es unsachgemäß, allein wegen des Wortlauts des § 13 VAG, der sich ausdrücklich an Erstversicherungsunternehmen wendet, diese Vorschrift auf die Teilbestandsübertragung anzuwenden. Auf derartige Teilbestandsübertragungen, die sich ausschließlich auf Rückversicherungsverträge beziehen, sollten daher § 166 Abs. 1 und 2 VAG angewendet werden.

Keine Friktionen können zwischen § 166 Abs. 2 VAG und **§ 73 VAG** entstehen. Denn während 14
§ 166 Abs. 2 VAG Bestandsübertragungen **auf** die Niederlassung eines Versicherungsunternehmens mit Sitz in einem Drittstaat regelt, sieht § 73 VAG Vorschriften für Bestandsübertragungen **durch** eine solche Niederlassung vor.

Finanzrückversicherung

167 (1) [1]**Eine Finanzrückversicherung ist eine Rückversicherung, bei der das übernommene wirtschaftliche Gesamtrisiko, das sich aus der Übernahme sowohl eines erheblichen versicherungstechnischen Risikos als auch des Risikos hinsichtlich der Abwicklungsdauer ergibt, die Prämiensumme über die Gesamtlaufzeit des Versicherungsvertrags um einen begrenzten, aber erheblichen Betrag übersteigt (hinreichender Risikotransfer), wenn dabei zumindest**

1. **Verzinsungsfaktoren (Zeitwert des Geldes) ausdrücklich und in erheblichem Umfang berücksichtigt werden oder**
2. **durch vertragliche Bestimmungen sichergestellt ist, dass die wirtschaftlichen Ergebnisse zwischen den Vertragsparteien über die Gesamtlaufzeit des Vertrags ausgeglichen werden, um einen gezielten Risikotransfer zu ermöglichen.**

[2]**Die Vorschriften dieses Gesetzes, die an das Bestehen einer Rückversicherung anknüpfen, finden nur auf Verträge mit hinreichendem Risikotransfer Anwendung; Verträge ohne hinreichenden Risikotransfer gehören vorbehaltlich der Vorschriften über versicherungsfremde Geschäfte zum Geschäftsbetrieb.**

(2) **Versicherungsunternehmen, die Finanzrückversicherungsverträge schließen oder Finanzrückversicherungsgeschäfte tätigen, müssen sicherstellen, dass sie die aus diesen Verträgen oder Geschäften erwachsenden Risiken angemessen identifizieren, bewerten, überwachen, steuern, kontrollieren und über diese berichten können.**

Schrifttum: *Dreher/Lange*, Der „hinreichende Risikotransfer" bei der Finanzrückversicherung, WM 2009, 193 ff.; *Kellermann*, Risikotransfer bei Versicherungsunternehmen mit Konzepten der Rückversicherung und des Alternativen Risikotransfers, 2001; *Liebwein*, Klassische und moderne Formen der Rückversicherung, 2. Aufl. 2009, *Luer/Schwepcke*, Rückversicherungsrecht, 2013.

I. Allgemeines. 1. Entstehungsgeschichte. Die Vorschrift entspricht in weiten Teilen dem § 121e 1
Abs. 1 VAG a. F., mit dem der deutsche Gesetzgeber im Zuge der **Achten VAG-Novelle im Jahr 2007** erstmals eine Regelung zur Finanzrückversicherung in das deutsche VAG eingefügt hatte.[1] Im Zuge notwendiger Anpassungen an die Solva II-RL wurde § 167 in Abs. 1 ergänzt und ein neuer Absatz 2 geschaffen. Die zuvor in § 121e Abs. 2 VAG a. F. vorgesehene Verordnungsermächtigung wurde angepasst und in die eigenständige Vorschrift des § 170 VAG überführt.

2. Normzweck. § 167 VAG verfolgt den Zweck, die praktisch bedeutsame Finanzrückversicherung 2
als Instrument des „Alternativen Risikotransfers" (ART) zu definieren,[2] sie damit von anderen Finanzinstrumenten abzugrenzen und so den **Anwendungsbereich der aufsichtsrechtlichen Vorgaben für Finanzrückversicherungsverträge zu bestimmen**. Die Vorschrift zieht damit die Grenze zwischen aufsichtspflichtigem Finanzrückversicherungsgeschäft und solchen Finanzinstrumenten, die nicht als Finanzrückversicherung einzustufen sind. Eine solche Abgrenzung ist erforderlich, weil der Begriff der Finanzrückversicherung (häufig auch: „Financial Reinsurance", „Finite Risk Reinsurance" oder kurz „Finite Re") im internationalen Kontext sehr uneinheitlich verwendet wird und – je nach

[1] Achtes Gesetz zur Änderung des Versicherungsaufsichtsgesetzes sowie zur Änderung des Finanzdienstleistungsaufsichtsgesetzes und anderer Vorschriften v. 28.5.2007 (BGBl. I 923).

[2] A. A. *Liebwein*, S. 359 ff., 431 ff., der die Finanzrückversicherung nicht als Instrument des „Alternativen Risikotransfers" sieht.

Unternehmenspraxis und Aufsichtskultur – unterschiedliche Vertragsgestaltungen darunter gefasst werden.[3]

3 Die Notwendigkeit einer Regulierung der Finanzrückversicherung ergibt sich nicht zuletzt auch aus ihrer potenziellen Missbrauchsanfälligkeit. Denn sie kann **neben ihrer originären Risikotransfer- und Finanzierungsfunktion auch zu bilanzgestalterischen Zwecken** eingesetzt werden.[4] Ein solcher Einsatz ist in den meisten Fällen durchaus auch sachgerecht und erwünscht. Denn mit der Finanzrückversicherung geht naturgemäß ein Risikoausgleich über die Zeit einher, der eine Stabilität der Bilanzkennzahlen über mehrere Geschäftsjahre hinweg bewirkt und der sich daher als sinnvoll erweist. Da die Finanzrückversicherung als „echter" Rückversicherungsvertrag trotz ihres darlehensähnlichen Charakters erfolgswirksam bilanziert wird, steht dem Mittelzufluss bei dem Erstversicherer auf der Aktivseite der Bilanz jedoch bilanziell zunächst keine Rückzahlungsforderung auf der Passivseite gegenüber. Diese Art der Bilanzierung führt dazu, dass der anfängliche Mittelzufluss bei dem Erstversicherer zu einer **verzerrten Sicht auf die Liquidität des Erstversicherers** führen kann. Nachvollziehbare Kriterien, wann es sich aufsichtsrechtlich um einen Finanzrückversicherungsvertrag und nicht nur um ein bloßes Finanzierungsgeschäft handelt, sind daher regulatorisch geboten. Auch wenn diese Kriterien seit dem Jahr 2008 in Deutschland existieren, beschäftigte die Abgrenzung eines Finanzrückversicherungsvertrags von einem Darlehen auch in jüngerer Zeit die Gerichte.[5]

4 Weiterhin soll mit der Vorschrift gewährleistet werden, dass ein Unternehmen, das Finanzrückversicherungsverträge abschließt, die daraus resultierenden Risiken in **Geschäftsorganisation**, insbesondere im Rahmen seines Internen Kontrollsystems (IKS) und des Risikomanagements, angemessen berücksichtigt.

5 **3. Europarechtlicher Hintergrund.** Eine europarechtliche Regelung zur Finanzrückversicherung fand sich erstmals in Art. 2 Abs. 1 lit. q der **Rückversicherungsrichtlinie**[6] aus dem Jahr 2005, deren Umsetzung in § 121e Abs. 1 VAG a. F. erfolgte. Eine erweiterte europäische Rechtsgrundlage findet sich nunmehr in **Art. 210 Solva II-RL**. Dieser sieht neben der materiellen Begriffsbestimmung sowie den Vorgaben für das Risikomanagement insbesondere in Art. 210 Abs. 2 Solva II-RL eine Ermächtigung der Europäischen Kommission zum Erlass delegierter Rechtsakte für den Bereich der Finanzrückversicherung vor.

6 **II. Einzelerläuterungen. 1. Begriffsbestimmung (Abs. 1 S. 1).** In § 167 Abs. 1 S. 1 VAG wird der Begriff der Finanzrückversicherung im Sinne des VAG legal definiert. Zum Verständnis dieser Definition ist die Kenntnis der **Entstehungsgeschichte** der Finanzrückversicherung hilfreich. Denn die Finanzrückversicherung wurde aus solchen Finanzprodukten entwickelt, die ursprünglich dem Zweck der reinen Risikofinanzierung ohne jeglichen Risikotransfer dienten. Diese wurden insbesondere seit den achtziger Jahren des vergangenen Jahrhunderts über Offshore-Finanzzentren als Alternative zur klassischen Rückversicherung angeboten. Die klassische Rückversicherung hingegen basiert auf einem Versicherungsvertrag, durch den sich das Rückversicherungsunternehmen verpflichtet, bei Eintritt des Versicherungsfalls im Verhältnis zwischen dem Erstversicherer und dessen Versicherungsnehmer die Aufwendungen des Erstversicherers vollständig oder teilweise zu ersetzen. Es erfolgt somit ein vollständiger oder teilweiser Risikotransfer auf den Rückversicherer.

7 In der Folge kam es zunehmend häufig zu Vertragsgestaltungen, welche den **klassischen Risikotransfer mit einer Finanzierungsfunktion** kombinierten.[7] Für diese Vertragstypen hat sich der Begriff **„Finanzrückversicherung"** eingebürgert. Diese Verträge sind typischerweise **darlehensähnlich** ausgestaltet, denn bei Abschluss stellt der Rückversicherer dem Erstversicherer regelmäßig einen bestimmten Betrag (sog. „Bardepot") zur Verfügung, auf den Prämien- und Zinszahlungen des Erstversicherers sowie Schadenleistungen des Rückversicherers im Rahmen eines laufenden Kontokorrents verrechnet werden und in regelmäßigen Abständen eine Saldoforderung bestimmt wird.

8 Bei dieser Art von kombinierten Risikotransfer- und Finanzierungsprodukten stellt sich aufsichtsrechtlich die Frage, **ab welchem Punkt ein aufsichtspflichtiges (Finanz-)Rückversicherungsgeschäft vorliegt**. Die Definition des § 167 Abs. 1 S. 1 VAG bestimmt dazu als **zentrales Kriterium den hinreichenden Risikotransfer**.[8] Das Element des Risikotransfers muss also gegenüber dem gewünschten Finanzierungseffekt so gewichtig sein, dass aufsichtsrechtlich von dem Vorliegen eines

---

[3] Zu der Vielfalt internationaler Gestaltungen vgl. etwa Bähr/*Laudage* § 24 Rn. 1 sowie Lüer/Schwepke/*Schwer* § 14 Rn. 8 ff.

[4] Dazu bereits ausführlich *Dreher/Lange* WM 2009, 193, 194 f.; vgl. auch *Schradin* FS Helten, 2004, 577, 591; *Farny* VW 2005, 1808, 1811 ff.

[5] Vgl. etwa *BGH*, Beschl. v. 1.7.2015 – II ZB 29/12 = VersR 2015, 362 ff.

[6] Richtlinie 2005/68/EG des Europäischen Parlaments und des Rates vom 16.11.2005 über die Rückversicherung, ABl. EG 2005 L 323, 1 ff.

[7] Vgl. dazu auch *Bähr* VW 2007, 388 sowie *Wehling/Treber* FS Winter, 2007, 633 ff.; ausführlich auch *Kellermann*, Risikotransfer bei Versicherungsunternehmen mit Konzepten der Rückversicherung und des Alternativen Risikotransfers, 2001, S. 70 f.

[8] Hierzu bereits ausführlich *Dreher/Lange* WM 2009, 193, 195 ff.; zur Abgrenzung der Finanzrückversicherung gegenüber der traditionellen Rückversicherung auch Lüer/Schwepke/*Schwer* § 14 Rn. 3 ff.

aufsichtspflichtigen Finanzrückversicherungsvertrags ausgegangen werden kann. Ein solch hinreichender Risikotransfer soll nach § 167 Abs. 1 S. 1 VAG in Übereinstimmung mit Art. 210 Abs. 3 Solva II-RL dann vorliegen, wenn das wirtschaftliche Gesamtrisiko, das sich aus dem versicherungstechnischen Risiko („underwriting risk") und dem Risiko der Abwicklungsdauer („timing risk") ergibt, die Prämiensumme über die Gesamtlaufzeit in begrenztem Umfang, aber doch erheblich übersteigt. Dabei sollen nach § 167 Abs. 1 Nr. 1 und 2 VAG auch Verzinsungsfaktoren berücksichtigt werden und ein Ausgleich der wirtschaftlichen Ergebnisse über die Gesamtlaufzeit zwischen den Vertragsparteien sichergestellt werden.

Vorgaben oder zumindest Anhaltspunkte dafür, **ab welcher Schwelle ein hinreichender Risikotransfer und damit das Vorliegen einer Finanzrückversicherung anzunehmen ist**, enthalten weder Art. 210 Abs. 3 Solva II-RL noch § 167 VAG. Hierzu sind auch keine materiellen Festlegungen der EU-Kommission in delegierten Rechtsakten nach Art. 210 Abs. 2 Solva II-RL zu erwarten. Denn diese Ermächtigung zum Erlass delegierter Rechtsakte bezieht sich ausschließlich auf Art. 210 Abs. 1 Solva II-RL, also die Vorschrift zur Integration der Finanzrückversicherungsgeschäfte in die Geschäftsorganisation und das Risikomanagement der beteiligten Versicherungsunternehmen. Nicht hingegen ist die EU-Kommission zu inhaltlichen Präzisierungen der Definition des Art. 210 Abs. 3 Solva II-RL ermächtigt. 9

Der europäische Gesetzgeber überlässt damit Festlegungen zu Kriterien für einen hinreichenden Risikotransfer **den nationalen Aufsichtsrechtsordnungen der Mitgliedstaaten**. Der deutsche Gesetzgeber hatte von dieser Möglichkeit bereits durch die Verordnungsermächtigung des § 121e Abs. 2 VAG a. F. Gebrauch gemacht und bereits im Jahr 2008 die Finanzrückversicherungsverordnung (FinRVV)[9] erlassen. Auch unter Geltung des § 167 VAG bleibt diese Verordnungsermächtigung in § 170 VAG erhalten. Die neue FinRVV ist am 22.4.2016 in Kraft getreten.[10] Materielle Änderungen im Vergleich zur Vorgängerverordnung gab es nur hinsichtlich der Berichtspflichten (§ 8 FinRVV a. F.), die jährliche Berichtspflicht ist in der neuen Verordnung entfallen. Zentrale Vorschrift ist daher weiterhin **§ 4 FinRVV**, der die allgemeinen Anforderungen an einen hinreichenden Risikotransfer zum Gegenstand hat.[11] In dem Bereich der Nichtlebensversicherung soll demnach ein hinreichender Risikotransfer und damit ein Finanzrückversicherungsvertrag gegeben sein, wenn bei dem Rückversicherer mindestens eine Verlustwahrscheinlichkeit von 1 % der Prämieneinnahmen gegeben ist (§ 4 Abs. 2 FinRVV). Sind Risiken aus der Lebensversicherung Gegenstand des Rückversicherungsvertrags, gelten hingegen keine festen mathematischen Grenzen. Vielmehr soll hier im Wege einer wirtschaftlichen Gesamtbetrachtung für das Vorliegen einer Finanzrückversicherung genügen, dass das Risiko eines nicht unerheblichen Verlusts des Rückversicherers besteht, das rückversicherte Risiko des Vorversicherers aus einem Versicherungsvertrag resultiert und eine Verbindung zwischen den wechselseitigen Verpflichtungen des Rückversicherers und Vorversicherers zu dem zugrundeliegenden Versicherungsgeschäft besteht (§ 4 Abs. 3 FinRVV). Derart unbestimmte Kriterien, die darüber entscheiden, ob eine Aufsichtspflicht nach dem VAG besteht, sind rechtsstaatlich nicht unbedenklich, in Ermangelung versicherungsmathematisch präziser Bestimmungsmöglichkeiten aber wohl – zumindest vorläufig – in Kauf zu nehmen.[12] 10

2. Finanzrückversicherung und (rück-)versicherungsfremdes Geschäft (Abs. 1 S. 2). § 167 Abs. 1 S. 2 Hs. 1 VAG kommt eine **klarstellende Funktion** zu. In der Vorschrift wird bestimmt, dass die aufsichtsrechtlichen Vorschriften über die Rückversicherung nur auf solche Verträge Anwendung finden, welche einen hinreichenden Risikotransfer aufweisen. Dies ist selbstverständlich, da nur diese Verträge als „echte" Rückversicherung i. S. d. VAG angesehen werden. 11

Weitreichendere Wirkung hat hingegen **§ 167 Abs. 1 S. 2 Hs. 2 VAG**. Denn dort wird festgelegt, dass auch **Verträge ohne hinreichenden Risikotransfer** vorbehaltlich der Vorschriften über versicherungsfremde Geschäfte zum **Geschäftsbetrieb eines (Rück-)Versicherungsunternehmens** gehören. Die Vorschrift ist dahingehend zu verstehen, dass auch Verträge ohne hinreichenden Risikotransfer nicht per se unzulässig sind, sondern grundsätzlich von der Erlaubnis zum Geschäftsbetrieb eines Erst- oder Rückversicherungsunternehmens gedeckt sind und nicht gegen das Verbot des Betreibens (rück-)versicherungsfremder Geschäfte in § 15 VAG verstoßen. Diese Klarstellung ist insbesondere für Erstversicherungsunternehmen, die Verträge ohne hinreichenden Risikotransfer schließen, erforderlich. Denn während Verträge ohne hinreichenden Risikotransfer bei Rückversicherungsunternehmen als verbundene Geschäfte und Dienstleistungen eines Rückversicherers i. S. d. § 15 Abs. 2 S. 1 VAG und damit als zulässig anzusehen sind, könnte bei Erstversicherern das **„Kreditaufnahmeverbot" des § 15 Abs. 1 S. 3 VAG** einem Abschluss von Verträgen ohne hinreichenden Risikotransfer entgegenstehen 12

[9] Verordnung über Finanzrückversicherungsverträge und Verträge ohne hinreichenden Risikotransfer vom 14.7.2008, BGBl. 2008, S. 1291 ff.; vgl. dazu auch *Stunz/Wilhelm* VW 2008, 1428 ff.

[10] Verordnung über Finanzrückversicherungsverträge und Verträge ohne hinreichenden Risikotransfer vom 18.4.2016, BGBl. 2016, S. 838 ff.

[11] Zu den qualitativen und quantitativen Anforderungen an Finanzrückversicherungsverträge auch ausführlich Bähr/ *Laudage*, § 24 Rn. 20 ff.

[12] Zu der rechtsstaatlichen Notwendigkeit rechtlich überprüfbarer Abgrenzungskriterien bereits *Dreher/Lange* WM 2009, 193, 197 f.

Verträge ohne hinreichenden Risikotransfer nähern sich stark Darlehensverträgen an und könnten daher ohne die Vorschrift des § 167 Abs. 1 S. 2 Hs. 2 VAG als unzulässige Kreditaufnahme seitens des Erstversicherers eingestuft werden. Indem jedoch hier klargestellt wird, dass auch solche Verträge zum Geschäftsbetrieb gehören, besteht keine Möglichkeit der Aufsichtsbehörden, derartige Vertragskonstruktionen als versicherungsfremdes Geschäft zu untersagen. Dies gilt auch trotz des Vorbehalts im Hinblick auf das Verbot versicherungsfremder Geschäfte. Denn dieser Vorbehalt ist nach dem Sinn und Zweck des § 167 Abs. 1 S. 2 Hs. 2 VAG darauf zu beschränken, dass ein Vertrag jenseits des Kriteriums eines hinreichenden Risikotransfers seinem Gegenstand und Inhalt nach den Anforderungen an ein Versicherungsgeschäft im Sinne des VAG nicht mehr genügt.[13]

13 **3. Finanzrückversicherung und Geschäftsorganisation (Abs. 2).** § 167 Abs. 2 VAG dient der Umsetzung von Art. 210 Abs. 1 Solva II-RL. Mit der Vorschrift soll sichergestellt werden, dass die Vertragsparteien eines Finanzrückversicherungsvertrags die daraus resultierenden, spezifischen Risiken **angemessen in ihrer Geschäftsorganisation berücksichtigen**. Eine entsprechende Verpflichtung sah allerdings bereits § 7 FinRVV a. F. und sieht auch der neue § 7 FinRVV vor, so dass die Vorgabe für die Unternehmen keine Neuerung darstellt. Die Vorschrift richtet sich gleichermaßen an Erst- und Rückversicherungsunternehmen. Mit der Identifikation, Bewertung, Überwachung, Steuerung und Kontrolle entsprechender Risiken nimmt die Vorschrift Bezug auf nahezu sämtliche ablauforganisatorischen Möglichkeiten des Internen Kontrollsystems und des Risikomanagements eines Versicherungsunternehmens. Die Vorschrift verpflichtet die betroffenen Unternehmen daher, den Risiken aus Finanzrückversicherungsverträgen besondere Beachtung zu schenken und dies in ihre Geschäftsorganisation zu integrieren.

14 § 167 Abs. 2 VAG a. E. erfasst zudem die Verpflichtung der betroffenen Unternehmen, über entsprechende Risiken berichten zu können. Auch wenn die jährliche Berichtspflicht nach § 8 FinRVV a. F. künftig nicht mehr gilt, sind die Unternehmen weiterhin verpflichtet dafür Sorge zu tragen, auf eine entsprechende Anfrage der Aufsichtsbehörde hin **über ihre Finanzrückversicherungsverhältnisse in angemessener Weise berichten zu können**.

15 **III. Verhältnis zu anderen Regelungen.** Das Verhältnis zum Verbot (rück-)versicherungsfremder Geschäfte nach § 15 VAG wird in § 167 Abs. 1 S. 2 VAG geklärt (vgl. oben Rn. 11 f.). Der Betrieb von Finanzrückversicherungsgeschäften durch Rückversicherer und der Abschluss von Finanzrückversicherungsverträgen durch Erstversicherer wird als **Versicherungsgeschäft** eingestuft, so dass grundsätzlich sämtliche relevanten Vorschriften des VAG für Erst- bzw. Rückversicherungsgeschäfte maßgeblich sind.

Versicherungs-Zweckgesellschaften

168 (1) [1]**Eine Versicherungs-Zweckgesellschaft ist eine Kapitalgesellschaft oder eine Personengesellschaft, die kein bestehendes Versicherungsunternehmen ist und Risiken von Versicherungsunternehmen übernimmt, wobei sie die Schadenrisiken vollständig über die Emission von Schuldtiteln oder einen anderen Finanzierungsmechanismus absichert, bei dem die Rückzahlungsansprüche der Darlehensgeber oder der Finanzierungsmechanismus den Rückversicherungsverpflichtungen der Gesellschaft nachgeordnet sind.** [2]**Die Laufzeit der Schuldtitel oder des anderen Finanzierungsmechanismus muss derjenigen des Rückversicherungsvertrags mindestens entsprechen.** [3]**Versicherungs-Zweckgesellschaften mit Sitz oder Hauptverwaltung im Inland bedürfen zur Aufnahme des Geschäftsbetriebs der Erlaubnis der Aufsichtsbehörde.**

(2) **Für Versicherungs-Zweckgesellschaften gelten die §§ 4, 8 Absatz 3, § 9 Absatz 1, § 10 Absatz 1, die §§ 11, 16, 24, 25, 47 Nummer 1, 2, 5, § 294 Absatz 2 Satz 1, 3 und 4 und Absatz 3, 6 und 7, die §§ 305, 306, 307 und 310 bis 315 mit Ausnahme des § 312 Absatz 1 entsprechend.**

(3) [1]**Sind die Mittel einer Versicherungs-Zweckgesellschaft nicht ausreichend im Sinne der nach Artikel 211 Absatz 2 der Richtlinie 2009/138/EG erlassenen Durchführungsmaßnahme der Europäischen Kommission, hat die Versicherungs-Zweckgesellschaft auf Verlangen der Aufsichtsbehörde dieser einen Plan zur Wiederherstellung gesunder Finanzverhältnisse zur Genehmigung vorzulegen.** [2]**Die Aufsichtsbehörde kann die Erlaubnis zum Geschäftsbetrieb widerrufen, wenn die Versicherungs-Zweckgesellschaft außerstande ist, innerhalb einer angemessenen, von der Aufsichtsbehörde gesetzten Frist wieder ausreichende Mittel vorzuweisen.**

Schrifttum: *Dreher/Lange*, Der „hinreichende Risikotransfer" bei der Finanzrückversicherung, WM 2009, 193 ff.; *Kellermann*, Risikotransfer bei Versicherungsunternehmen mit Konzepten der Rückversicherung und des Alternativen Risikotransfers, 2001; *Liebwein*, Klassische und moderne Formen der Rückversicherung, 2. Aufl. 2009.

[13] Dazu bereits unter Geltung des VAG a. F. *Dreher/Lange* WM 2009, 193, 195; ähnlich auch FKBP/*Bähr* § 121e Rn. 3.

I. Allgemeines. 1. Entstehungsgeschichte. Die Vorschrift entspricht weitgehend dem § 121g Abs. 1 VAG a. F., mit dem der deutsche Gesetzgeber im Zuge der **Achten VAG-Novelle im Jahr 2007** erstmals eine Regelung zur Beaufsichtigung von Versicherungs-Zweckgesellschaften in das deutsche VAG eingefügt hatte.[1] Da die materiellen Anforderungen an die Geschäftstätigkeit von Versicherungs-Zweckgesellschaften künftig durch delegierte Rechtsakte der EU-Kommission geregelt werden sollen (vgl. Art. 211 Abs. 2 Solva II-RL), hat der deutsche Gesetzgeber den Regelungsgehalt der Vorschrift gegenüber der Vorgängervorschrift des § 121g VAG a. F. beschränkt. 1

2. Normzweck. Mit der Vorschrift werden besondere Aufsichtsstandards für Versicherungs-Zweckgesellschaften gesetzt. Dies ist erforderlich, da es sich bei einer Versicherungs-Zweckgesellschaft per definitionem um **„kein bestehendes Versicherungsunternehmen"** handelt (§ 168 Abs. 1 S. 1 VAG). Damit unterliegen Versicherungs-Zweckgesellschaften nicht bereits der allgemeinen Aufsicht nach dem VAG. 2

3. Europarechtlicher Hintergrund. Der europäische Gesetzgeber schuf erstmals mit Art. 46 der **Rückversicherungsrichtlinie**[2] aus dem Jahr 2005 die Möglichkeit für die Mitgliedstaaten, die Gründung von Versicherungs-Zweckgesellschaft im nationalen Recht zuzulassen. Außerdem sah die Richtlinie bereits einzelne materielle Anforderungen an die Geschäftstätigkeit von Versicherungs-Zweckgesellschaften vor. Die **Solva II-RL** enthält demgegenüber modifizierte Vorgaben in **Art. 13 Nr. 26 (Definition)** sowie in **Art. 211 (spezielle aufsichtsrechtliche Bestimmungen)**. Diese Vorgaben hat der deutsche Gesetzgeber in § 168 VAG umgesetzt. Weiterhin sieht Art. 211 Abs. 2 Solva II-RL eine Ermächtigung der EU-Kommission zum **Erlass delegierter Rechtsakte** mit aufsichtsrechtlichen Vorgaben für Versicherungs-Zweckgesellschaften vor. Die Ermächtigung erstreckt sich dabei auf den Umfang der Zulassung, die Anforderungen an die Zuverlässigkeit und fachliche Eignung von Geschäftsleitern, Gesellschaftern bzw. Mitgliedern einer Versicherungs-Zweckgesellschaft sowie auf die Rechnungslegungs-, Aufsichts- und Solvabilitätsanforderungen. Auch kann die EU-Kommission nach Art. 211 Abs. 2 lit. b Solva II-RL bestimmte Vorgaben zur Gestaltung von Verträgen mit einer Versicherungs-Zweckgesellschaft machen. Diese Ermächtigungen hat die EU-Kommission genutzt, entsprechende Vorschriften wurden in den **Art. 318 ff. DVO** geschaffen. Weiterhin bestimmen Art. 211 Abs. 2a und 2b Solva II-RL, dass die EU-Kommission unter Mitwirkung von EIOPA technische Durchführungsstandards zum Ablauf des Genehmigungsverfahrens und zur Zusammenarbeit der Aufsichtsbehörden bei grenzüberschreitender Geschäftstätigkeit einer Versicherungs-Zweckgesellschaft erlassen kann. 3

II. Einzelerläuterungen. 1. Definition der Versicherungs-Zweckgesellschaft, Erlaubnispflicht (Abs. 1). Eine Versicherungs-Zweckgesellschaft ist nach der gesetzlichen Definition in § 168 Abs. 1 S. 1 VAG **kein bestehendes Versicherungsunternehmen**. Sie betreibt damit keine Erst- oder Rückversicherungsgeschäfte im aufsichtsrechtlichen Sinne und unterliegt nicht der allgemeinen Aufsicht nach dem VAG. Folglich gilt für sie auch nicht der Rechtsformzwang nach § 8 Abs. 2 VAG, sie kann vielmehr in beliebiger Form als **Personen- oder Kapitalgesellschaft** organisiert werden. 4

Die Versicherungs-Zweckgesellschaft übernimmt **Risiken von Versicherungsunternehmen** und gibt diese durch die Emission von Schuldverschreibungen oder anderen Finanzierungsmechanismen[3] mit derivativem Charakter **in vollem Umfang an den Kapitalmarkt** weiter. Die Schuldverschreibungen bzw. Finanzierungsmechanismen sind dabei regelmäßig so gestaltet, dass die Zinszahlung und/oder die Rückzahlung des Kapitals am Ende der Laufzeit von dem Eintritt bestimmter Schadensereignisse („Trigger") abhängt. Die Rendite der Anleger bestimmt sich bei derartigen Produkten unmittelbar nach der **Entwicklung des versicherungstechnischen Risikos.**[4] Die Rückzahlungsansprüche der Erwerber der Schuldverschreibungen bzw. der Finanzierungsmechanismus müssen dabei den Verpflichtungen der Versicherungs-Zweckgesellschaft aus dem Vertrag mit dem zedierenden Versicherungsunternehmen nachgeordnet sein. Die **Laufzeit** der Schuldverschreibungen bzw. des Finanzierungsmechanismus hat nach § 168 Abs. 1 S. 2 VAG mindestens der Laufzeit des Vertrags mit dem Zedenten zu entsprechen. Damit soll ein Gleichlauf zwischen den Verpflichtungen der Versicherungs-Zweckgesellschaft gegenüber dem Zedenten und den Verpflichtungen gegenüber den Anlegern am Kapitalmarkt gewährleistet werden. 5

Der Transfer von Versicherungsrisiken auf den Kapitalmarkt erfüllt **wirtschaftlich gesehen** die **Funktion der Rückversicherung bzw. diejenige der Retrozession**, sofern Rückversicherungsrisiken zediert werden. Die Versicherungs-Zweckgesellschaft ist jedoch der Definition nach **kein bestehendes Erst- oder Rückversicherungsunternehmen**, so dass es sich bei der vertraglichen 6

[1] Achtes Gesetz zur Änderung des Versicherungsaufsichtsgesetzes sowie zur Änderung des Finanzdienstleistungsaufsichtsgesetzes und anderer Vorschriften v. 28.5.2007 (BGBl. I S. 923).
[2] Richtlinie 2005/68/EG des Europäischen Parlaments und des Rates vom 16.11.2005 über die Rückversicherung, ABl. EG 2005 L 323, 1 ff
[3] Zu möglichen Instrumenten ausführlich *Liebwein*, S. 453 ff.
[4] *Dreher/Lange* WM 2009, 193, 198; *Bähr* VW 2007, 388, 389 f.; *Galahn* VW 2007, 390, 392 f.

Vereinbarung mit dem zedierenden Versicherungsunternehmen **nicht um einen (Rück-)Versicherungsvertrag** handeln kann.[5] Denn würde die Versicherungszweckgesellschaft Versicherungsverträge schließen, würde sie Versicherungsgeschäfte betreiben und unterläge damit der allgemeinen Aufsicht nach dem VAG. Die Vereinbarung zwischen dem Zedenten und der Versicherungs-Zweckgesellschaft kann auch schon deshalb nicht als Versicherungsvertrag qualifiziert werden, da es an dem wesentlichen **Element der Risikotragung** seitens der Versicherungszweckgesellschaft fehlt. Die Versicherungs-Zweckgesellschaft dient vielmehr nur als **Bindeglied** zwischen dem zedierenden Versicherungsunternehmen einerseits und den Anlegern am Kapitalmarkt andererseits.[6] Die Wortwahl in § 168 Abs. 1 VAG ist insofern zumindest als verwirrend zu bezeichnen, da von „Rückversicherungsverpflichtungen" (Satz 1) bzw. von einem „Rückversicherungsvertrag" (Satz 2) die Rede ist.[7] Auch in Art. 318 lit. a DVO findet sich der Begriff des Rückversicherungsvertrags, während Art. 318 lit. c, 319–321 DVO zutreffend von **„vertraglichen Vereinbarungen"** über die Risikotragung sprechen. Sofern in § 168 VAG von Rückversicherungsverträgen mit der Versicherungs-Zweckgesellschaft die Rede ist, ist davon auszugehen, dass der Begriff im untechnischen, wirtschaftlich-funktionalen Sinne verwendet wird.

7 § 168 Abs. 1 S. 3 VAG sieht eine **Erlaubnispflicht** vor Aufnahme des Geschäftsbetriebs durch eine Versicherungs-Zweckgesellschaft mit Sitz im Inland vor. Die Voraussetzungen sowie der Umfang der Zulassung bestimmen sich dabei im Wesentlichen nach **Art. 318 DVO**, § 168 Abs. 2 VAG erklärt zudem bestimmte Zulassungsvorschriften aus dem VAG für anwendbar.

8 **2. Entsprechende Geltung von Vorschriften (Abs. 2).** In § 168 Abs. 2 VAG werden bestimmte **Vorschriften aus dem Bereich der allgemeinen Aufsicht** über Versicherungsunternehmen für entsprechend anwendbar erklärt. Dies betrifft namentlich die Vorschrift über die Feststellung der Aufsichtspflicht (§ 4 VAG) sowie bestimmte **Zulassungsvorschriften** bezüglich Sitz, Antrag, Umfang und Versagung der Erlaubnis (§§ 8 Abs. 3, 9 Abs. 1, 10 Abs. 1, 11 VAG). Weiterhin gelten auch die Vorgaben für **Inhaber bedeutender Beteiligungen** entsprechend (§ 16 VAG). Für die Geschäftsorganisation von Versicherungs-Zweckgesellschaften gelten weiterhin die Vorgaben zur **Zuverlässigkeit und fachlichen Eignung** (§ 24 VAG) sowie zur **Vergütung** (§ 25 VAG), wobei auch bestimmte **Anzeigepflichten** nach § 47 Nr. 1, 2 und 5 VAG zu erfüllen sind.

9 Die **Aufgaben der Aufsichtsbehörde** bei der Beaufsichtigung von Versicherungs-Zweckgesellschaften bestimmen sich entsprechend § 294 Abs. 2 S. 1, 3 und 4, Abs. 3, 6 und 7 VAG. Diese selektive Geltung des § 294 VAG ergibt sich daraus, dass bei Versicherungs-Zweckgesellschaften der Schutz der Versicherungsnehmer vollständig in den Hintergrund tritt und lediglich eine **allgemeine Rechts- und Finanzaufsicht** – auch im Hinblick auf die Sicherstellung der Finanzstabilität – notwendig erscheint. Weiterhin hat die Aufsichtsbehörde auch gegenüber Versicherungs-Zweckgesellschaften das Recht auf **Befragung und Auskunft** nach § 305 VAG und die Befugnis, die **Geschäftsräume** zu betreten, zu durchsuchen und Beschlagnahmen durchzuführen (§ 306 VAG). Auch kann die Aufsichtsbehörde nach § 307 VAG einen **Sonderbeauftragten** in einer Versicherungs-Zweckgesellschaft einrichten. Schließlich gelten auch die Vorschriften über Nebenbestimmungen zu und aufschiebende Wirkung von Verwaltungsakten der BaFin (§ 310) sowie wesentliche Befugnisse zu **sichernden Maßnahmen** der BaFin (§§ 311–315 VAG) mit Ausnahme des Erfordernisses, dass die Aufsichtsbehörde den Insolvenzantrag stellen muss (§ 312 Abs. 1 VAG), entsprechend.

10 Der Katalog von Vorschriften des VAG, die für Versicherungs-Zweckgesellschaften entsprechend gelten, ist auch deshalb beschränkt, weil wesentliche Vorgaben bereits seitens des europäischen Gesetzgebers erfolgt sind. In den unmittelbar geltenden Art. 318 ff. DVO sind Festlegungen zum **Umfang der Zulassung**, zu Anforderungen an die **Zuverlässigkeit und fachliche Eignung** von Leitungspersonen, zur **Kontrolle von Inhabern bedeutender Beteiligungen**, zu wesentlichen Fragen der **Geschäftsorganisation** (Risikomanagement, interne Kontrollen, Art. 324 DVO) sowie zur **Berichterstattung** gegenüber der Aufsichtsbehörde (Art. 325 DVO) getroffen worden. Außerdem hat der europäische Gesetzgeber die **Solvabilitätsanforderungen** sowie Grundsätze über die **Kapitalanlage** in den Art. 326 f. DVO normiert.

11 **3. Solvabilitätsanforderungen, Befugnisse der Aufsichtsbehörde (Abs. 3).** Die Vorschrift des § 168 Abs. 3 S. 1 VAG nimmt auf die **Solvabilitätsanforderungen nach den Art. 326 f. DVO** Bezug. Erfüllt eine Versicherungs-Zweckgesellschaft diese Anforderungen nicht (mehr), hat sie auf Verlangen der Aufsichtsbehörde dieser einen **Plan zur Wiederherstellung gesunder Finanzverhältnisse** zur Genehmigung vorzulegen. Die Vorschrift ist angelehnt an § 134 Abs. 2 VAG, der Versicherungsunternehmen dazu verpflichtet, im Falle einer Unterdeckung des erforderlichen Solvenzkapitals (SCR) der Aufsicht einen Sanierungsplan vorzulegen, bzw. an § 135 Abs. 2 VAG, der für den Fall eines Bruchs der Mindestkapitalanforderungen (MCR) einen Finanzierungsplan fordert. Nach § 168 Abs. 3

[5] Anders etwa *Kößler,* Die Versicherungsaufsicht über Rückversicherungsunternehmen, 2008, S. 185, der davon ausgeht, dass es sich bei Versicherungs-Zweckgesellschaften „wesensmäßig" um Rückversicherungsunternehmen handelt, die von der allgemeinen Aufsicht ausgenommen werden.

[6] *Dreher/Lange* WM 2009, 193, 198.

[7] So bereits *Dreher/Lange* WM 2009, 193, 199.

S. 1 VAG ist die Vorlage eines entsprechenden Plans durch Versicherungs-Zweckgesellschaften allerdings nur **nach Aufforderung** durch die Aufsichtsbehörde vorzulegen.

§ 168 Abs. 3 S. 2 VAG gibt der Aufsichtsbehörde schließlich die Befugnis, die **Erlaubnis zum Geschäftsbetrieb zu widerrufen**, wenn die Versicherungs-Zweckgesellschaft innerhalb angemessener Zeit nicht dazu in der Lage ist, die Solvabilitätsanforderungen zu erfüllen. Diese Vorschrift findet ihre Entsprechung in der Befugnis nach § 304 Abs. 1 Nr. 2 VAG, nach dem bei einem Versicherungsunternehmen die Erlaubnis zum Geschäftsbetrieb durch die Aufsichtsbehörde widerrufen werden kann, wenn das Unternehmen das MCR innerhalb der nächsten drei Monate nach dem Bruch nicht erfüllen kann. Im Unterschied zu § 304 Abs. 1 Nr. 2 VAG sieht § 168 Abs. 3 S. 2 VAG jedoch keine feste Frist vor, sondern legt die Festsetzung einer angemessenen Frist in die Hände der Aufsichtsbehörde. Zudem räumt § 168 Abs. 3 S. 2 VAG hinsichtlich des Widerrufs der Erlaubnis zum Geschäftsbetrieb der Aufsichtsbehörde **Ermessen** ein, während ein Widerruf nach § 304 Abs. 1 Nr. 2 VAG bei dauerhafter MCR-Unterschreitung zwingend erfolgen muss. 12

III. Verhältnis zu anderen Regelungen. Bei der entsprechenden Geltung von Vorgaben zur Zuverlässigkeit und fachlichen Eignung (§ 24 VAG) sowie bei der Kontrolle der Inhaber bedeutender Beteiligungen (§ 16 VAG) für Versicherungs-Zweckgesellschaften kann es zu Friktionen mit den europäischen Vorgaben der **Art. 322 f. DVO** kommen. In diesen Fällen gilt europarechtlich der **Anwendungsvorrang** der unmittelbar geltenden DVO. 13

Rückversicherungsunternehmen mit Sitz in einem anderen Mitglied- oder Vertragsstaat

169 (1) [1] **Rückversicherungsunternehmen mit Sitz in einem anderen Mitglied- oder Vertragsstaat, die eine behördliche Zulassung nach den Rechtsvorschriften besitzen, die in dem Herkunftsstaat zur Umsetzung des Artikels 14 der Richtlinie 2009/138/EG erlassen worden sind, dürfen das Rückversicherungsgeschäft im Inland durch eine Niederlassung oder im Dienstleistungsverkehr betreiben. [2] Die Aufsicht mit Ausnahme der Finanzaufsicht obliegt der Bundesanstalt, die hierbei mit der zuständigen Aufsichtsbehörde des Herkunftsstaats zusammenzuarbeiten hat.**

(2) [1] **Stellt die Bundesanstalt fest, dass ein Rückversicherungsunternehmen im Sinne des Absatzes 1 die für die Ausübung seiner Tätigkeiten zu beachtenden Rechtsvorschriften nicht einhält, so fordert sie das Unternehmen auf, diese Unregelmäßigkeiten abzustellen. [2] Gleichzeitig unterrichtet sie die Aufsichtsbehörde des Herkunftsstaats. [3] Die Bundesanstalt unterrichtet die Aufsichtsbehörde des Herkunftsstaats auch, wenn sie Gründe für die Annahme hat, dass die Tätigkeiten des Rückversicherungsunternehmens zu einer Beeinträchtigung seiner finanziellen Solidität führen könnten. [4] Auf Antrag der Aufsichtsbehörde des Herkunftsstaats des Rückversicherungsunternehmens trifft die Bundesanstalt in den in den §§ 133, 134 und 135 geregelten Fällen die dort vorgesehenen Maßnahmen. [5] Die Aufsichtsbehörde des Herkunftsstaats hat die Vermögenswerte zu bezeichnen, die Gegenstand dieser Maßnahme sein sollen.**

(3) [1] **Verstößt das Rückversicherungsunternehmen trotz der eingeleiteten Maßnahmen nach Absatz 2 auch weiterhin gegen die zu beachtenden Rechtsvorschriften, so kann die Bundesanstalt nach erneuter Unterrichtung der zuständigen Behörde des Herkunftsstaats selbst alle erforderlichen Maßnahmen zur Beseitigung früherer und zur Verhütung künftiger Verstöße ergreifen. [2] Sind hierbei Versuche, Anordnungen mit Zwangsmitteln durchzusetzen oder wegen Zwangsgelds zu vollstrecken, aussichtslos oder erfolglos, kann die Bundesanstalt, wenn andere Maßnahmen nicht zum Ziel führen oder nicht angebracht sind, die weitere Geschäftstätigkeit im Inland ganz oder teilweise untersagen. [3] Darüber hinaus kann die Bundesanstalt gemäß Artikel 19 der Verordnung (EU) Nr. 1094/2010 die Europäische Aufsichtsbehörde für das Versicherungswesen und die betriebliche Altersversorgung mit der Angelegenheit befassen und um Unterstützung bitten.**

(4) [1] **Für die Aufsicht der Bundesanstalt nach Absatz 1 gelten neben den Absätzen 2 und 3 die §§ 4, 68 Absatz 2 Satz 4, die §§ 298, 299 Nummer 1, die §§ 303, 305 Absatz 1 Nummer 2, Absatz 3 und 5, § 306 Absatz 1 Satz 1 Nummer 1 bis 3, Absatz 2 Satz 1 Nummer 2, Absatz 5 bis 8, § 310 und § 17 des Finanzdienstleistungsaufsichtsgesetzes entsprechend. [2] § 305 Absatz 1 Nummer 1 findet mit der Maßgabe entsprechende Anwendung, dass an die Stelle der Versicherungsnehmer die Vorversicherer treten.**

I. Allgemeines. 1. Entstehungsgeschichte. Die Vorschrift entspricht dem früheren § 121h VAG a. F. Diese Vorgängervorschrift wurde durch die VAG-Novelle 2007 in das VAG eingefügt. 1

2. Normzweck. Die Vorschrift regelt die **Bedingungen**, unter denen Rückversicherungsunternehmen mit Sitz in einem anderen Mitgliedstaat der EU oder Vertragsstaats des EWR im Wege der 2 europäischen **Niederlassungs- und Dienstleistungsfreiheit** Geschäfte in Deutschland tätigen dürfen. Die Vorschrift findet daher ihre Entsprechung in den §§ 61, 62 VAG für den Erstversicherungsbereich. Sie ist Ausprägung der primär- und sekundärrechtlichen Vorgaben für den europäischen Versicherungsbinnenmarkt und dient der – europarechtlich determinierten – Festlegung von **Aufsichtskompetenzen**. Weiterhin werden die **materiell-rechtlichen Eingriffsgrundlagen** für die deutsche Aufsicht gegenüber grenzüberschreitend tätigen Rückversicherungsunternehmen bestimmt.

3 **3. Europarechtlicher Hintergrund.** Mit der Vorschrift setzt der deutsche Gesetzgeber **Art. 158 Solva II-RL** um. Bereits die inhaltsgleiche Vorgängervorschrift des § 121h VAG wurde zur Umsetzung europäischer Vorgaben, nämlich der von Art. 4 der Rückversicherungsrichtlinie aus dem Jahr 2005, in das VAG a. F. eingefügt.

4 **II. Einzelerläuterungen. 1. Verteilung der Aufsichtskompetenzen (Abs. 1).** § 169 Abs. 1 S. 1 VAG hat lediglich eine **klarstellende Funktion**. Nach dieser Vorschrift dürfen Rückversicherungsunternehmen mit Sitz in einem anderen Mitgliedstaat der EU bzw. einem anderen Vertragsstaat des EWR, sofern sie über eine Solvency II-konforme Zulassung verfügen, in Deutschland durch eine Niederlassung oder im Wege des Dienstleistungsverkehrs Rückversicherungsgeschäfte betreiben. Dies ist aufgrund des versicherungsaufsichtsrechtlich geltenden **„single-license-Prinzips“** innerhalb der EU ohnehin selbstverständlich und darüber hinaus durch die primärrechtlich gewährleisteten europäischen wirtschaftlichen **Grundfreiheiten** der Niederlassungs- und Dienstleistungsfreiheit gewährleistet.

5 § 169 Abs. 1 S. 2 VAG stellt weiterhin die **Verteilung der Aufsichtskompetenzen** im Versicherungsbinnenmarkt klar. Während die **Finanzaufsicht** ausschließlich durch die Aufsichtsbehörde des **Sitzlandes** eines grenzüberschreitend tätigen Rückversicherungsunternehmens vorgenommen wird (Sitzlandaufsicht), kooperieren bei der **Tätigkeitslandaufsicht** die Aufsichtsbehörden des Sitz- und des Tätigkeitslandes. Dabei ist die Formulierung in § 169 Abs. 1 S. 2 VAG insofern ungenau, als der BaFin hier nicht die gesamte übrige Aufsicht über das grenzüberschreitend tätige Rückversicherungsunternehmen „mit Ausnahme der Finanzaufsicht“ zusteht, sondern lediglich ein **Teilbereich der allgemeinen Rechtsaufsicht**, die ihr in Kooperation mit der Aufsichtsbehörde des Herkunftsmitgliedstaates zusteht. Konkret geht es seitens der BaFin um die Überwachung der **Einhaltung von Rechtsvorschriften**, welche das Rückversicherungsunternehmen bei seiner Geschäftstätigkeit in Deutschland beachten muss.

6 **2. Eingriffsbefugnisse der BaFin bei Rechtsverstößen (Abs. 2 u. 3).** Die Absätze 2 und 3 des § 169 VAG sind im Zusammenhang zu sehen. Sie regeln **konkrete Eingriffsbefugnisse** der BaFin für den Fall, dass diese feststellt, dass ein grenzüberschreitend tätiges Rückversicherungsunternehmen in Deutschland relevante Rechtsvorschriften im Rahmen seiner Geschäftstätigkeit nicht beachtet. Die Vorschriften sehen hierbei einen **abgestuften Eskalationsmechanismus** vor. Zunächst hat die BaFin – gleichsam als mildestes Mittel – das grenzüberschreitend tätige Rückversicherungsunternehmen **aufzufordern**, die „Unregelmäßigkeiten“, dh die Rechtsverstöße, abzustellen, und die Aufsichtsbehörde des Sitzlandes darüber zu **informieren**, vgl. § 169 Abs. 2 S. 1, 2 VAG.

7 Gelingt es dem betroffenen Rückversicherungsunternehmen nicht, die beanstandeten Rechtsverstöße abzustellen, gibt § 169 Abs. 3 S. 1 VAG der BaFin nach erneuter Unterrichtung der Aufsichtsbehörde des Sitzlandes die Möglichkeit, selbst **„alle erforderlichen Maßnahmen“** zur Beseitigung früherer oder zur Verhütung künftiger Rechtsverstöße zu treffen. Unter der Voraussetzung, dass derartige Anordnungen der BaFin aufgrund rechtlicher oder praktischer Hemmnisse nicht durchgesetzt werden können, dh nach dem Wortlaut des Gesetzes „aussichtlos“ für die Zukunft oder „erfolglos“ mit Blick auf die Vergangenheit sind, gibt § 169 Abs. 3 S. 2 VAG der BaFin die Befugnis, dem betroffenen Rückversicherungsunternehmen die **Geschäftstätigkeit in Deutschland zu untersagen**. Diese Befugnis der BaFin zur Untersagung der Geschäftstätigkeit ist allerdings insofern **subsidiär**, als sich zuvor erwiesen haben muss, dass mildere Maßnahmen nicht „zum Ziel“ führen oder „nicht angebracht“ sind. Die Auslegung derartiger Begrifflichkeiten, die der Alltagssprache entlehnt und mit der Kodifikation im VAG in die Sphäre der Rechtsbegriffe überführt wurden, dürften den Handlungsspielraum der BaFin in der Anwendungspraxis zumindest prima facie nicht gerade einengen. Insofern kann nur der Grundsatz **uneingeschränkter Überprüfbarkeit unbestimmter Rechtsbegriffe** durch die deutsche Verwaltungsgerichtsbarkeit betont werden. Angesichts der weitgehenden Befugnisse, welche der BaFin in § 169 Abs. 3 S. 1 und 2 VAG zumindest dem Wortlaut nach eingeräumt werden, dürfte weiterhin die Möglichkeit nach § 169 Abs. 3 S. 3 VAG, die europäische Aufsichtsbehörde EIOPA gemäß Art. 19 EIOPA-Verordnung anzurufen und um Unterstützung zu bitten, praktisch eher von untergeordneter Bedeutung sein.

8 § 169 Abs. 2 S. 3 bis 5 VAG erweitert im Zusammenspiel mit § 169 Abs. 3 VAG die Eingriffsbefugnisse der BaFin gegenüber grenzüberschreitend tätigen Rückversicherungsunternehmen unter bestimmten Umständen und entgegen § 169 Abs. 1 S. 2 VAG in den Bereich der **Finanzaufsicht**. Obwohl die Finanzaufsicht nach der Kompetenzverteilung im europäischen Versicherungsbinnenmarkt alleinige Aufgabe der Aufsichtsbehörde des Sitzlandes ist, räumen die genannten Vorschriften der BaFin die Befugnis ein, unter bestimmten Umständen auch diesbezüglich gegenüber grenzüberschreitend tätigen

Rückversicherungsunternehmen tätig zu werden. Voraussetzung dafür ist ein entsprechender **Antrag der Aufsichtsbehörde des Sitzlandes**, vgl. § 169 Abs. 2 S. 4 VAG. Führt das Geschäftsgebaren des grenzüberschreitend tätigen Rückversicherungsunternehmens zu einer **Gefährdung seiner finanziellen Solidität** und hat die BaFin die Aufsichtsbehörde des Sitzlandes über ihre diesbezügliche Einschätzung nach § 169 Abs. 2 S. 3 VAG unterrichtet, so kann die Aufsichtsbehörde des Sitzlandes bei der BaFin beantragen, dass diese auch im Rahmen der Finanzaufsicht tätig wird. Konkret angesprochen sind in § 169 Abs. 2 S. 3 VAG die **§§ 133–135 VAG**. Dies betrifft die Fälle der unzureichenden Höhe versicherungstechnischer Rückstellungen ebenso wie die Fälle der Unterdeckung der Solvenzkapitalanforderungen (SCR) und der Mindestkapitalanforderungen (MCR). Nach § 169 Abs. 2 S. 5 VAG hat die Aufsichtsbehörde des Sitzlandes allerdings zu bestimmen, welche Vermögenswerte des betroffenen Rückversicherungsunternehmens von den Maßnahmen der BaFin betroffen sein sollen. Primär dürften im Inland befindliche Vermögenswerte Ansatzpunkt für Aufsichtsmaßnahmen der BaFin sein. Zu den konkreten Eingriffsbefugnissen der BaFin in diesen Fällen vgl. die Kommentierung zu §§ 133–135 VAG.

3. Entsprechende Anwendbarkeit von Vorschriften (Abs. 4). Für die Aufsicht der BaFin über 9
Rückversicherungsunternehmen aus anderen Mitgliedstaaten der EU oder Vertragsstaaten des EWR, die in Deutschland grenzüberschreitend Geschäfte tätigen, erklärt § 169 Abs. 4 VAG bestimmte Vorschriften für entsprechend anwendbar. Diese gelten **zusätzlich zu den Vorgaben des § 169 Abs. 2 und 3 VAG**. Konkret handelt es sich dabei zum einen um **formale aufsichtsrechtliche Vorgaben** wie die Feststellung der Aufsichtspflicht nach § 4 VAG und die Pflicht zur Eintragung des Hauptbevollmächtigten in das Handelsregister nach § 68 Abs. 2 S. 4 VAG. Zum anderen werden für die BaFin **weitere Eingriffsbefugnisse** für entsprechend anwendbar erklärt: Neben der Generalklausel-Vorschrift des § 298 VAG und der Erweiterung ihres Anwendungsbereichs nach § 299 Nr. 1 VAG auf Dienstleister im Rahmen von Ausgliederungen betrifft dies vor allem das mögliche Abberufungsverlangen der BaFin nach § 303 VAG, Befragungs- und Auskunftsrechte nach § 305 VAG sowie Betretungs- und Durchsuchungsrechte nach § 306 VAG. Weiterhin kann die BaFin auch im Bereich der Aufsicht über grenzüberschreitend tätige Rückversicherungsunternehmen Verwaltungsakte nach § 310 Abs. 1 VAG mit Nebenbestimmungen versehen. Widerspruch und Anfechtungsklage gegen Maßnahmen der BaFin haben nach § 310 Abs. 2 VAG in den dort genannten Fällen auch im Bereich der Aufsicht über grenzüberschreitend tätige Rückversicherungsunternehmen keine aufschiebende Wirkung.

Die entsprechende Geltung von Eingriffsbefugnissen nach § 169 Abs. 4 VAG ist dem Wortlaut nach 10
sehr weitgehend ausgestaltet. Insbesondere wird die **Generalklausel-Vorschrift des § 298 VAG** vollumfänglich für entsprechend anwendbar erklärt. Der Gesetzgeber hat in § 169 Abs. 4 VAG trotz der unterschiedlichen Vorgaben des § 298 VAG für die Erst- und Rückversicherungsaufsicht im Hinblick auf den Aufsichtsmaßstab nicht weiter differenziert. Dem Wortlaut nach würden der BaFin gegenüber grenzüberschreitend tätigen Rückversicherungsunternehmen damit auch die **Befugnisse der Missstandsaufsicht des § 298 Abs. 1 VAG** zustehen. Damit würde der deutsche Gesetzgeber gegenüber Rückversicherungsunternehmen aus anderen Mitgliedstaaten der EU oder Vertragsstaaten des EWR einen **strengeren Aufsichtsmaßstab** anlegen als bei der Aufsicht über Rückversicherungsunternehmen mit Sitz in Deutschland. Denn für diese gilt nach § 298 Abs. 2 VAG ausdrücklich und in Übereinstimmung mit Art. 34 Solva II-RL der Maßstab einer **reinen Rechtsaufsicht (Legalitätsaufsicht)**. Unabhängig von der Frage, ob die Missstandsaufsicht über Erstversicherungsunternehmen nach § 298 Abs. 1 VAG mit den europäischen Vorgaben der Solva II-RL vereinbar ist, wäre es jedenfalls europarechtlich unzulässig, für EU-ausländische Rückversicherungsunternehmen einen strengeren Aufsichtsmaßstab vorzusehen als für Rückversicherungsunternehmen mit Sitz in Deutschland. Denn dies würde einen **Verstoß gegen die europäischen Grundfreiheiten** der Niederlassungs- und Dienstleistungsfreiheit darstellen. § 169 Abs. 4 VAG ist daher **europarechtskonform eng auszulegen**. Die entsprechend anwendbaren Vorschriften über Befugnisse der BaFin gegenüber grenzüberschreitend tätigen Rückversicherungsunternehmen können demzufolge nur insoweit gelten, als diese nicht über das Maß der Rechtsaufsicht über Rückversicherungsunternehmen mit Sitz im Inland hinausgehen. Dies gilt in gleicher Weise für die besonderen Aufsichtsbefugnisse nach § 169 Abs. 2 und 3 VAG.

III. Verhältnis zu anderen Regelungen. Potenzielle Konflikte mit anderen Vorschriften des VAG 11
sind nicht erkennbar.

Verordnungsermächtigung

170 [1] **Das Bundesministerium der Finanzen wird ermächtigt, durch Rechtsverordnung Vorschriften zu erlassen**

1. **über die Ausgestaltung der Pflichten nach § 167 Absatz 2, soweit der Bereich nicht durch delegierte Rechtsakte der Kommission gemäß Artikel 210 Absatz 2 der Richtlinie 2009/138/EG geregelt ist, und**

2. für die Finanzrückversicherung im Sinne des § 167 Absatz 1 für Finanzrückversicherungsverträge und Verträge ohne hinreichenden Risikotransfer darüber,
a) unter welchen Voraussetzungen ein Risikotransfer als hinreichend anzusehen ist,
b) welche Mindestbestimmungen in jedem Finanzrückversicherungsvertrag enthalten sein müssen und
c) wie Unternehmen durch geeignete interne Verfahren den Risikotransfer unter einem Vertrag zu ermitteln haben.

[2]Die Ermächtigung kann durch Rechtsverordnung auf die Bundesanstalt übertragen werden. [3]Rechtsverordnungen nach den Sätzen 1 und 2 bedürfen nicht der Zustimmung des Bundesrates.

1 Die Vorschrift enthält die Ermächtigung des BMF zum Erlass von Rechtsverordnungen, um die **Vorgaben des § 167 VAG zur Finanzrückversicherung** zu präzisieren. Gemäß § 170 Satz 2 VAG kann diese Ermächtigung durch Rechtsverordnung auf die BaFin übertragen werden. Rechtsverordnungen nach § 170 VAG bedürfen nicht der Zustimmung des Bundesrats. Von der Ermächtigung zum Erlass von Rechtsverordnungen sind **zwei Bereiche** erfasst.

2 Nach § 170 Satz 1 Nr. 1 VAG können die Pflichten nach § 167 Abs. 2 VAG im Verordnungswege präzisiert werden. Dies betrifft die **Anforderungen an die Geschäftsorganisation**, insbesondere zur Einbeziehung der Risiken aus Finanzrückversicherungsverträgen in das Interne Kontrollsystem und das Risikomanagement der beteiligten Erst- und Rückversicherungsunternehmen (vgl. § 167 Rn. 13 f.). Allerdings gilt die Ermächtigung zum Erlass von Rechtsverordnungen hier nur insoweit, wie nicht die EU-Kommission von der Möglichkeit nach Art. 210 Abs. 2 Solva II-RL Gebrauch gemacht hat, delegierte Rechtsakte zu erlassen. Dieser Festlegung kommt angesichts des ohnehin bestehenden Anwendungsvorrangs des unmittelbar gelten europäischen Verordnungsrechts lediglich klarstellende Bedeutung zu.

3 In § 170 S. 1 Nr. 2 VAG wurde die frühere Ermächtigung des § 121e Abs. 2 a. F. übernommen. Demnach können qua Rechtsverordnung Vorschriften erlassen werden, wann ein **hinreichender Risikotransfer i. S. d. § 167 Abs. 1 VAG** und damit ein Finanzrückversicherungsvertrag bzw. ein Vertrag ohne hinreichenden Risikotransfer gegeben ist (vgl. § 167 Rn. 8 ff.). Zudem kann der Mindestinhalt von Finanzrückversicherungsverträgen ebenso vorgegeben werden wie die internen Verfahren der betroffenen Unternehmen zur Bestimmung des Risikotransfers.

4 Von der Verordnungsermächtigung nach § 170 S. 1 VAG hat das BMF bereits Gebrauch gemacht und im April 2016 eine neue **Finanzrückversicherungsverordnung (FinRVV)** erlassen.[1]

Kapitel 4. Versicherungsvereine auf Gegenseitigkeit

Vorbemerkung zu §§ 171–206

Übersicht

[1] Verordnung über Finanzrückversicherungsverträge und Verträge ohne hinreichenden Risikotransfer vom 18.4.2016, BGBl. 2016 I, S. 838 ff.

Schrifttum: *Benkel,* Das Gesellschaftsrecht der großen konzernfreien Versicherungsvereine auf Gegenseitigkeit, Diss. Darmstadt 1994; *ders.,* Der Versicherungsverein auf Gegenseitigkeit, Handbuch, 2. Aufl. 2002; *Breuer,* Versicherungsverein versus Versicherungsaktiengesellschaft, Diss. Köln 1999; *Bürkle,* Rechtliche Rahmenbedingungen für Versicherungsvereine auf Gegenseitigkeit, 2008; *Dreher,* FS Egon Lorenz, 2004, Recht und Ökonomie der Versicherung S. 175; *Fahl,* Corporate Governance im Versicherungsverein a. G., Diss. Trier 2004; *Farny,* Über eine künftige Typologie von Versicherern auf Gegenseitigkeit: FS Egon Lorenz, Kontinuität und Wandel des Versicherungsrechts, 2004, S. 231 ff.; *Hoppmann,* Vorstandskontrolle im Versicherungsverein auf Gegenseitigkeit, Diss. Osnabrück 2000; *H. Müller,* Der Versicherungsverein auf Gegenseitigkeit, 2003; *Pohl,* Analyse der Entwicklungsperspektive des Versicherungsvereins auf Gegenseitigkeit, 2001; *Schradin,* Ist der Shareholder-Value-Ansatz eine geeignete Steuerungskonzeption für den großen Versicherungsverein auf Gegenseitigkeit?; *Wandt/Reiff/Looschelders,* Kontinuität und Wandel des Versicherungsrechts, FS Lorenz, 2004, S. 797 ff.

Weitere Angaben s. bei § 171.

I. Besonderheiten des Unternehmensrechts in der Versicherungswirtschaft. 1. Zulässige Unternehmensformen in der Versicherungswirtschaft. Versicherer dürfen ihre Tätigkeit nur in eigens dafür gesetzlich zugelassenen Rechtsformen ausüben (**Marktzugangsschranke**). Der Grund hierfür ist vornehmlich in der ausdifferenziert entwickelten Rechtskultur der zugelassenen Rechtsformen, in der Gewährleistung von Transparenz und gesellschaftsrechtlicher Kontrolle der Leitungsmacht aufgrund der Strukturen dieser Rechtsformen und in ihrer – zumindest theoretisch nachhaltigen – Fähigkeit zur Finanzierung der notwendigen Eigenmittel zu sehen. Der letztere Gesichtspunkt hat durch die 10. VAG-Novelle, die bei der Ermittlung des erforderlichen Solvenzkapitals eine ganzheitliche Risikobetrachtung zugrunde legt, noch mehr an Bedeutung gewonnen.[2] Das Recht zur Zulassung zum Geschäftsbetrieb darf somit von den Aufsichtsbehörden des Herkunftsmitgliedlandes nur diesen für die Ausübung der Versicherungstätigkeit europarechtlich als geeignet angesehenen Unternehmenstypen erteilt werden. Maßgeblich hierfür ist Anhang III RL 2009/138/EG (Solvabilität II). Nach dem genannten Anhang III sind dies unter 1

– A Nr. 5,
– B Nr. 5,
– C Nr. 5

[2] Begründung VAG-RegE 2012, BT-Drs. 17/9342, 134.

für Deutschland in der Nicht-Lebensversicherung, der Lebensversicherung und der Rückversicherung die „Aktiengesellschaft", der „Versicherungsverein auf Gegenseitigkeit" und das „öffentlich-rechtliche Versicherungsunternehmen" (Körperschaften und Anstalten des öffentlichen Rechts).

2 Für alle Sparten wird alternativ nach Nr. 28 jeweils die Rechtsform der Europäischen Aktiengesellschaft (SE) gemäß der Definition in der VO (EG) Nr. 2157/2001 genannt.[3] In Umsetzung dieser europarechtlichen Vorgaben darf nach § 8 Abs. 2 VAG die Erlaubnis zum Geschäftsbetrieb nur Aktiengesellschaften einschließlich der europäischen Aktiengesellschaft (SE), Versicherungsvereinen auf Gegenseitigkeit sowie Körperschaften und Anstalten des öffentlichen Rechts (AöR) erteilt werden.

3 Rechtsgrundlage für das Recht des VVaG sind die §§ 171–210 mit Verweisen auf das Aktienrecht und Vereinsrecht des BGB, für das Recht der Versicherungsaktiengesellschaft das Aktienrecht mit ergänzenden Regeln im Versicherungsaufsichtsrecht (z. B. im Hinblick auf die Gewinnverwendung in der Lebens- und privaten Krankenversicherung) und für das Recht der öffentlich-rechtlichen Körperschaften oder Anstalten Landesgesetze und errichtete Landessatzungen.[4]

Alle nachstehenden Ausführungen beziehen sich auf den sog. großen VVaG soweit speziellere Regelungen für kleinere Vereine (§ 210 VAG) Anwendung finden, werden sie dort kommentiert.

4 Der durch den Rechtsformzwang eingeschränkte Marktzugang zur Ausübung des Versicherungsbetriebes bezweckt die Sicherung der Interessen der Versicherungsnehmer und dient damit auch der Finanzmarktstabilität. Durch die abschließende Aufzählung zulässiger Rechtsformen sind die Genossenschaft und die GmbH sowie der eingetragene Verein als mögliche juristische Rechtsträger von Versicherungsgeschäften ausgeschlossen.

5 **2. Geänderter Gesetzesaufbau.** Auch das VAG 2016 behält die Regelung des Unternehmensrechts des VVaG als Gesetzesbestandteil und die daraus resultierenden spezifischen Beaufsichtigungsregelungen bei. Nunmehr finden sich diese teilweise dem Gesellschaftsrecht, teilweise dem Aufsichtsrecht zuzuordnenden Normen (legislatives Konglomerat zweier verschiedener Regelungsbereiche) im Teil 2, Kapitel 4, des Gesetzes (§§ 171–210 VAG) nach den allgemeinen und spartenspezifischen aufsichtsrechtlichen Regelungen für Versicherer.[5] Die Bestimmungen umfassen weitgehend auch die auf „kleinere Vereine" anwendbaren Vorschriften. Es schließen sich dann in den §§ 211–220 VAG die Normen für „kleine Versicherungsunternehmen und Sterbekassen" im Kapitel V des 2. Teils an. Zahlreiche Verweise auf Bestimmungen des Handels- und Aktienrechts ergänzen die Regeln für den „Großen Versicherungsverein auf Gegenseitigkeit"; für den „kleineren Verein" gelten daneben Verweisungen auf Bestimmungen des Vereins- und Genossenschaftsrechts.

6 Da der VVaG ausschließlich Versicherungsgeschäfte betreiben kann, ist die Regelung dieses Gesellschaftstyps im VAG zwar vertretbar. Einzelne Bestimmungen aus dem VVaG-Recht werden auch auf das Recht der Aktiengesellschaft für anwendbar erklärt und sind damit das Ergebnis aufsichtsrechtlicher Grundsätze. Dies bringt den Lex-specialis-Gedanken (Aufsichtsrecht vor Gesellschaftsrecht) zum Ausdruck. Dennoch bleibt das Unternehmensrecht des VVaG im VAG ein Fremdkörper.

7 Die §§ 171 ff. VAG sind ihrem Charakter und Regelungsinhalt nach gesellschaftsrechtliche Spezialnormen für einen Versicherungstyp, der sein Geschäft nach der Grundstruktur eines Vereins führt. Alle anderen das Eingriffsrecht des Staates beinhaltenden VAG-Normen gelten Rechtsform unabhängig zusätzlich auch für den VVaG, soweit ihre Anwendbarkeit nicht ausgeschlossen ist. Dies gilt insbesondere auch für die Eigenmittelanforderungen nach den §§ 74–123 VAG (insbesondere sei auf die VVaG-relevanten Bestimmungen der §§ 89 Abs. 4 Nr. 1 und 2, 90, 92 Abs. 3, 94 Abs. 2 Nr. 1, 95 VAG hingewiesen).

8 **3. Die zulässigen Rechtsformen aus aufsichtsrechtlicher Sicht.** Die Versicherer stehen unabhängig von ihrer jeweiligen individuellen rechtsformspezifischen Ausprägung in einem intensiven Wettbewerb miteinander. Dies gilt für alle Erstversicherungszweige, aber auch – trotz einer geringeren Zahl von Marktteilnehmern – für die Rückversicherer. Dabei spielt die Rechtsform – wenn überhaupt – bei der Marktprofilierung nur eine nachgeordnete Rolle. Rückversicherer sind in Deutschland ganz überwiegend als Aktiengesellschaft (24) organisiert; hinzu treten zwei SE, ein VVaG und zwei AöR. In einzelnen Erstversicherungssparten hat sich seit der Einführung der Deregulierung 1994 der Wettbewerb deutlich verändert; war die Krankenversicherungssparte vor der Deregulierung ganz eindeutig dominant in der Rechtsform des VVaG präsent, wurden nach der Regulierung eine Vielzahl von Aktiengesellschaften als Tochterunternehmen gegründet und komplettieren damit das Produktangebot großer Versicherungsgruppen am Markt. Nunmehr stehen 23 VVaG (darin enthalten acht kleinere VVaG) 25 Aktiengesellschaften im privaten Krankenversicherungsmarkt gegenüber. Die Einheitlichkeit der Versicherungsaufsichtsregeln, die für die verschiedenen Unternehmensformen unterschiedslos gelten, verstärkt die Tendenz zu einem einheitlichen Geschäftsgebaren und Marktauftritt der Unternehmen. Der Produktwettbewerb und das darin zum Ausdruck kommende Streben um Marktanteile bestimmt weit mehr

[3] ABl. 2001 L 294, 1.
[4] Zum Unterschied Körperschaft und Anstalt *Farny* S. 226
[5] *Farny* S. 205.

den Markt als Unterschiede der Rechtsform der Versicherungsunternehmen. Dieser Trend zu markteinheitlichen Verhaltensweisen wird durch die Versicherungsaufsicht, die mit dem VAG 2016 nunmehr schwerpunktmäßig Finanzaufsicht, daneben aber auch kollektive konsumentenschützende Produktaufsicht – etwa durch Geschäftsführungs-, Transparenz- und Dokumentationsanforderungen – darstellt, unterstützt.[6]

Diese, die Rechtsform eher vernachlässigende Einheitlichkeit des Marktauftritts wird durch die für alle Unternehmensformen gleichermaßen geltenden Regeln der Versicherungsaufsicht gefördert. Diese Standardisierungswirkung der Regeln ist überall anzutreffen, kommt aber in den zentralen Regulierungsfeldern wie Bilanzierung, Risikomanagement, Eigenmittelanforderung, Treuhänderregelungen, Transparenzanforderungen, Dokumentationspflichten, Berichts- und Meldepflichten besonders zum Ausdruck. 9

Soweit die Unternehmen ihre Rechtsform als Teil ihres Unternehmensprofils nutzen wollen, bedarf es daher unternehmenseigener Entscheidungen auf dem Feld des Marketings, des Vertriebs, des Service und des Marktauftritts allgemein. Dabei kommt es entscheidend darauf an, dass sich die Unternehmensleiter über die verschiedenen Rechtsstrukturen im Klaren sind, d. h. auch was jede Rechtsform am Markt zu leisten vermag und wo ihre spezifischen Stärken liegen. Einheitliche Managementansätze und -konzepte tragen dann eher ebenfalls zur Verwischung der gesellschaftsrechtlichen Strukturunterschiede und Potentiale bei. 10

4. Bedeutung des VVaG im deutschen Versicherungsmarkt. Am 31.12.2013 standen 586 Versicherungsunternehmen unter Bundesaufsicht,[7] hiervon waren 559 Unternehmen tätig. Der Landesaufsicht unterlagen Ende 2012 838 Versicherer. Seit Einführung der Deregulierung im Jahre 1994 hat die Anzahl der unter Bundesaufsicht stehenden Unternehmen um 83 Versicherer abgenommen. 11

Zum Zeitpunkt der Einführung der Deregulierung in der Versicherungsbranche standen 1492 Unternehmen unter Landesaufsicht. Nunmehr sind 838 Unternehmen geblieben, was einer Reduzierung um 654 Versicherer oder rund 44 % entspricht. Von den 838 Unternehmen sind neun öffentlich-rechtliche Anstalten (AöR) und die übrigen sind in der Rechtsform des VVaG, und zwar überwiegend als kleine Versicherungsvereine tätig. Die zurückgehenden Unternehmenszahlen machen deutlich, dass der **Konzentrationsprozess** unter den unter Landesaufsicht stehenden Unternehmen beachtlich ist und bei den unter Bundesaufsicht stehenden Unternehmen seine Spuren hinterlässt. Der Rechtsform nach verteilen sich die Anzahl der unter Bundesaufsicht stehenden Unternehmen Ende 2013 auf 286 Aktiengesellschaften, 178 kleine VVaG, 78 VVaG, acht öffentlich-rechtliche Anstalten, fünf Niederlassungen und vier SE.[8] Zum Zeitpunkt der Deregulierung standen noch 325 VVaG (inkl. kleine Versicherungsvereine) unter Bundesaufsicht, nunmehr hat sich ihre Anzahl auf 256 reduziert. Auch bei den öffentlich-rechtlichen Unternehmen ergibt sich seit 1994 eine Reduzierung von 34 auf nunmehr acht Versicherer. Der Anzahl nach betreiben Ende 2013 das Lebensversicherungsgeschäft 17 VVaG (insgesamt 90 Unternehmen; VVaG-Anteil 19 %); das Pensionskassengeschäft 122 VVaG, darin 116 kleine VVaG (insgesamt 147 Unternehmen; VVaG-Anteil rund 83 %);das Krankenversicherungsgeschäft 23 VVaG, darin acht kleine VVaG (insgesamt 48 Unternehmen; VVaG-Anteil rund 48 %); das Schaden- und Unfallversicherungsgeschäft 58 VVaG, darin enthalten 14 kleine VVaG (insgesamt 209 Unternehmen; rund 28 % VVaG-Anteil); das Rückversicherungsgeschäft 1 VVaG (insgesamt 29 Unternehmen; VVaG-Anteil rund 3 %) und die Tätigkeit als Sterbekasse: 35 VVaG, darin 34 kleine VVaG (insgesamt 36 Unternehmen; VVaG-Anteil rund 97 %). 12

Den verdienten Bruttobeiträgen nach haben VVaG und kleine VVaG einen Marktanteil in der Lebensversicherungssparte von 13,6 %; im Pensionskassengeschäft: 48,2 %, in der Krankenversicherungssparte: 42,8 %; in der Schaden- und Unfallsparte: 10,5 %; in der Rückversicherungssparte: 0,05 % und bei Sterbekassen von 76,3 %. Der Schwerpunkt der Marktanteile der VVaG liegt demnach bei der Personenversicherung. 13

Rechnet man die verdienten Prämien des Pensionssicherungsvereins bei den Schaden- und Unfallversicherern heraus (der PSVaG deckt den Ausfall von betrieblichen Altersversorgungszusagen der Arbeitgeber), verbleiben den VVaG im Bereich der Schaden- und Unfallversicherungen noch 8,9 % Marktanteil. 14

Auch bei den Aktiengesellschaften (1994: 310) ist nunmehr ein Rückgang auf 286 Marktteilnehmer unter Bundesaufsicht festzustellen, was deutlich macht, dass trotz der Gründungswelle bei den privaten Krankenversicherern im Formsegment Aktiengesellschaft in der Zeit nach 1994 auch hier der Konzentrationsprozess seine Spuren hinterließ.

Hinzu kommt, dass große Sachversicherer wie Gothaer und VHV heute ihr Schadens- und Unfallversicherungsgeschäft ganz überwiegend von Aktiengesellschaften betreiben lassen. Auffällig ist insbesondere, dass es bis auf den Pensionsfondsmarkt schon viele Jahre keine Neugründung von Ver- 15

[6] *Hufeld* in BaFin-Jahresbericht 2014, S. 143; sowie *Hahn* in BaFin-Jahresbericht 2014, S. 45, Art. 1, Kleinanlegerschutz – Entwurf.
[7] Statistik der Bundesanstalt für Finanzdienstleistungsaufsicht 2013, Tabellenteil.
[8] Statistik der Bundesanstalt für Finanzdienstleistungsaufsicht 2013, Tabellenteil.

sicherern in der Rechtsform des VVaG gibt. Dämpfend auf das Wachstum der VVaG wirkt sich zudem der fehlende Zugang zum Kapitalmarkt und die Komplexität bei der Gruppenbildung aus.[9] [10]

16 **5. Wesentliche Unterscheidungsmerkmale der verschiedenen Rechtsformen der Versicherer und aufsichtsrechtliche Einflüsse. a) Primärzweck der Aktiengesellschaft.** Wegen der heute angepassten Verhaltensweise der Wettbewerber unterschiedlicher Rechtsformen muss man bei der Beschreibung der Rechtsidee meist recht weit in der Geschichte zu den Anfängen der Unternehmen zurückgehen, um ausmachen zu können, welcher Gedanke bei den verschiedenen Rechtsformen Pate stand.[11]

Bei den Aktiengesellschaften war und ist dies der Gedanke einer von Aktionären getragenen Kapitalgesellschaft mit Gewinnerzielungsabsicht für die Aktionäre. Dies ist der Primärzweck der Rechtsform. Die Aktiengesellschaft stellt gleichsam eine Allround-Rechtsform dar, die sich für die verschiedensten Geschäftsmodelle eignet. Deshalb ist auch im Versicherungsaufsichtsrecht das Verbot der versicherungsfremden Geschäfte erforderlich (§ 16 Abs. 1, 2 VAG). Im Hinblick auf die Bedeutung des Konsumentenschutzes in der Versicherungsbranche unterliegt auch die Realisierung der Gewinnerzielungsabsicht bestimmten aufsichtsrechtlichen Regelungen und Begrenzungen (§§ 139 Abs. 2, 151 Abs. 1 VAG), die sowohl den Schutz der Versicherungsnehmer als auch der Aktionäre zum Gegenstand haben. Der Primärzweck der SE ist mit der Aktiengesellschaft identisch. Allerdings kann sich die innere Struktur der SE von der deutschen Aktiengesellschaft unterscheiden, denn sie kennt sowohl das monistische System, bei dem ein Verwaltungsrat das Unternehmen leitet und überwacht, als auch das dualistische System, das der deutschen Trennung von Aufsichtsrat und Vorstand entspricht.

17 **b) Modifizierung der gesellschaftsrechtlichen Normen des Aktienrechts durch Aufsichtsrecht.** Wird die Aktiengesellschaft zum Betrieb des Versicherungsgeschäfts eingesetzt, so werden die Zielsetzungen der Versicherungsaufsicht in weiteren rechtlichen Bestimmungen konkretisiert, die sich im Aktienrecht, im Umwandlungsgesetz und teilweise im HGB finden:

– § 182 Abs. 4 S. 2 AktG lässt Satzungsbestimmungen von Versicherungsgesellschaften zu, wonach eine Kapitalerhöhung auch möglich ist, wenn ausstehende Einlagen auf das bisherige Grundkapital noch erlangt werden können.
– § 209 Abs. 5 AktG legt fest, dass der Abschlussprüfer bei Versicherungsgesellschaften vom Aufsichtsrat bestimmt wird; § 209 Abs. 5 S. 1 AktG erklärt Abs. 4 S. 1 für sinngemäß anwendbar (Fiktion der Wahl).
– § 178 Abs. 1, 2 UmwG regelt die Anwendbarkeit der Bestimmungen des UmwG bei einer Übertragung des Vermögens einer Aktiengesellschaft auf einen VVaG oder ein öffentlich-rechtliches Versicherungsunternehmen.
– Entsprechende Verweisungsregeln enthält § 179 UmwG für die Teilübertragung
– § 325 Abs. 1 HGB erfüllt mit seiner Offenlegungspflichtt nicht nur die Interessen der Aktionäre, sondern auch der interessierten Öffentlichkeit. Dies reicht für Versicherungsgesellschaften nicht. Hier statuiert § 47 Abs. 3 VAG für jeden Versicherten einen Anspruch auf Übersendung des Jahresabschlusses und des Lageberichts.
– § 341–341p HGB bilden den zweiten Unterabschnitt im 4. Abschnitt des HGB: „Ergänzende Vorschriften für Unternehmen bestimmter Geschäftszweige"; sie enthalten ergänzende Vorschriften zum Jahresabschluss und Lagebericht von Versicherungsunternehmen und Pensionsfonds, insbesondere wichtige Bewertungsregeln, mit denen sowohl der Natur des Versicherungsgeschäfts entsprochen wird, als auch eine gewisse Stabilisierung der Unternehmensergebnisse erreicht werden kann.

18 Dem VAG kommt gegenüber dem AktG die Bedeutung eines Spezialgesetzes zu. Demzufolge schränken einige VAG-Bestimmungen die aktienrechtlichen Regelungen ein. In diesem Zusammenhang wird gelegentlich auf die Anwendbarkeit der Bestimmungen für VVaG verwiesen.

– Da ist zunächst auf die Verweisungsnorm in § 33 VAG und insbesondere auf Abs. 1 zu verweisen, der die für VVaG geltenden Vorschriften der §§ 188 Abs. 191 und § 195 Abs. 3 VAG auch für Versicherungsaktiengesellschaften für anwendbar erklärt.
– § 58 Abs. 1 und 2 AktG (Verwendung des Jahresüberschusses) wird durch § 139 Abs. 2 und 4 VAG (Überschussbeteiligung) modifiziert. Dadurch will der Gesetzgeber eine Balance zwischen der Überschussbeteiligung der Versicherten einerseits und Aktionärsdividenden erreichen und den Vorrang des Sicherungsbedarfs aus Versicherungsverträgen mit Zinsgarantien andererseits gewährleisten.
– § 76 Abs. 2 S. 1 und 2 AktG geht die Regelung im § 33 Abs. 1 VAG hinsichtlich der Zahl der Vorstandsmitglieder vor.
– § 92 Abs. 2 AktG wird durch § 314 Abs. 1 VAG verdrängt, wonach bei Zahlungsunfähigkeit und Überschuldung keine Zahlungen mehr vom Vorstand der AG geleistet werden dürfen.

---

[9] *Weigel* VersR 1993, 1429.
[10] *Klüver*, Konzentrationsursachen der europäischen Versicherungsmärkte – eine theoretische und empirische Untersuchung, Diss. Erlangen, 2002.
[11] *Farny* S. 227.

– § 109 Abs. 1 AktG und § 118 Abs. 1 AktG wird von § 306 Abs. 1 Nr. 4 VAG ergänzt (Befugnis der Aufsichtsbehörde zur Teilnahme an Aufsichtsratssitzungen und Hauptversammlungen inklusive Rederecht).
– § 119 Abs. 1 Nr. 5 AktG und 179 Abs. 1 AktG wird ebenfalls durch § 33 Abs. 1 VAG modifiziert (Ermächtigung des Aufsichtsrats durch die Hauptversammlung zur Satzungsänderung, wenn die Aufsichtsbehörde vor Genehmigung des Änderungsbeschlusses Änderungen verlangt).
– § 170 Abs. 1 und § 175 Abs. 1 S. 2 AktG wird durch § 37 Abs. 1 VAG ergänzt (Pflicht des Versicherungsunternehmens den von den gesetzlichen Vertretern aufgestellten – sowie später den festgestellten – Jahresabschluss und den Lagebericht unverzüglich der Aufsichtsbehörde vorzulegen).
– § 175 Abs. 1 S. 2 AktG wird durch § 341a Abs. 5 S. 1 2. Hs. HGB dergestalt geändert, dass die Hauptversammlung eines ausschließlich die Rückversicherung betreibenden Versicherers spätestens 14 Monate nach dem Ende des vergangenen Geschäftsjahres stattfinden muss. Im Übrigen gilt für Erstversicherer die Fristenregelung des § 341a Abs. 1 HGB.

Hinzu treten zahlreiche weitere ergänzende Vorschriften des VAG im Zusammenhang mit der Abschlussprüfung (vgl. § 35 ff. VAG).

c) Primärzweck des VVaG. Der Primärzweck des VVaG fußt auf dem Zusammenschluss natürlicher Personen mit gleichartigem Schutzbedarf vor ungewissen Ereignissen. Die Versicherungsnehmer sind in aller Regel zugleich Mitglied und damit Träger des VVaG, der juristische Person ist und auf den zahlreiche Bestimmungen des HGB (§ 172 VAG) Anwendung finden. 19

Ausgangspunkt dieser Rechtskonstruktion ist also eine zweckgerichtete identische Bedarfsdeckungsabsicht einer ausreichend großen Anzahl von Versicherungsnehmern, gleichgültig, ob es sich um natürliche oder juristische Personen handelt, die sich in dieser Gemeinschaft gegenseitig Schutz durch ihren Zusammenschluss, also durch das Gesetz der großen Zahl, verschaffen und die sich eine diesem Zweck angemessene Rechtsstruktur geben, die sie im Dienstleistungs- und Rechtsverkehr als selbständige Einheit handlungsfähig macht. Die Gegenleistung für den Versicherungsschutz erschöpft sich hier nicht im Entrichten des Versicherungsbeitrags, sondern entscheidend kommt hinzu, dass der VVaG Anspruch darauf hat, dass der Versicherte Mitglied wird.[12]

Als mit der Mitgliedschaft in der Praxis noch weitere Rechtsfolgen verbunden waren (z. B. Nachschusspflicht etc.) wurde die Bedeutung dieses Strukturunterschiedes besonders sinnfällig. Das Gesetz sieht auch heute noch in den §§ 179 (Nachschüsse, Umlagen, Beiträge je nach Bedarf), 180 (Beitragspflicht ausgeschiedener oder eingetretener Mitglieder), 181 (Aufrechnungsverbot) und 182 (Ausschreibung von Umlagen und Nachschüssen) Regelungen vor, die diese Konsequenz aus der mit der Mitgliedschaft einhergehenden Trägerschaft des Unternehmens beinhalten – allerdings haben diese Regelungen praktisch für die im Wettbewerb stehenden VVaG nur noch geringe Bedeutung. Heute findet sich der Gedanke der aus der Trägerschaft fließenden Verpflichtungen des Mitglieds insbesondere noch bei den Leistungskürzungsrechten der Pensionskassen im Gewande des VVaG. 20

Die Gewinnerzielungsabsicht für den VVaG ist zweifelsohne für den dauerhaften Erhalt der Einrichtung des VVaG notwendig, sie steht aber nicht im Vordergrund dieser Rechtsform. Bei Versicherungsaktiengesellschaften stehen die Interessen der Versicherungsnehmer der Rechtskonstruktion nach nicht im Fokus der das Unternehmen tragenden Aktionäre. Dies begründet die aufsichtsrechtliche Modifizierung zahlreicher aktienrechtlicher Bestimmungen (siehe oben Rn. 17 f.). Beim VVaG ist grundsätzlich eine personale Identität von Versicherungsnehmer und Mitglied (§§ 176, 177 Abs. 2 VAG) gegeben; damit werden die Interessen der Versicherungsnehmer rechtsformkonstruktiv zu Interessen des Versicherers. 21

d) Einfluss des Rechts der Aktiengesellschaft auf den VVaG. Andererseits enthalten die gesellschaftsrechtlichen Regelungen im VAG zum Versicherungsverein auf Gegenseitigkeit weitgehend – nur die für diese Rechtsform spezifischen – exklusiven Regeln, was zur Komplettierung eines gesamten Unternehmerrechts zahlreiche Verweisungen auf anderes Unternehmens- und Gesellschafts-/Verbandsrecht – vornehmlich auf das Aktienrecht[13] erforderlich macht: 22

– § 188 VAG verweist für den Vorstand auf zahlreiche aktienrechtliche Bestimmungen.
– Entsprechendes gilt für die Verweisungsregelung in § 189 Abs. 3 VAG (Regeln für den Aufsichtsrat).
– Das Reglement der obersten Vertretung übernimmt in § 191 VAG weitgehend aktienrechtliche Regelungen für die Hauptversammlung.
– Entsprechendes gilt für die Rechte von Minderheiten durch die Verweisung in § 192 VAG.
– Das Abwicklungsverfahren in § 204 Abs. 3 VAG greift ebenfalls auf das Aktienrecht zurück.
– Lediglich die Regelung des Umlageverfahrens im Insolvenzfall verweist in § 209 Abs. 1, 2 VAG auf das Genossenschaftsrecht.
– Für kleinere Vereine verweist § 210 Abs. 2, 3 VAG auf Bestimmungen des BGB und des GenG.

[12] *Wörner,* Der Versicherungsverein auf Gegenseitigkeit, 1903, S. 21 f.
[13] Zur entsprechenden Geltung aktienrechtlicher Vorschriften beim Versicherungsverein auf Gegenseitigkeit: *Hadding/Klatt,* FS Lwowski, 2014, S. 317 ff.

23 Auf die aktienrechtlichen Straf- und Bußgeldvorschriften in den §§ 399–408 AktG verweist das Recht des VVaG nicht. Es gelten vielmehr die Straf- und Bußgeldvorschriften der §§ 326–329 VAG. Ein Rückgriff auf aktienrechtliche Sanktionsvorschriften ist somit ausgeschlossen; er stünde zudem im Widerspruch zum strafrechtlichen Analogieverbot.[14]

24 Der Gesetzgeber hat erneut, wie für den VVaG, davon abgesehen, durch eine generelle Verweisung auf das Aktienrecht das Recht der in öffentlich-rechtlicher Rechtsform tätigen Privatversicherer zu regeln.[15]

25 **e) Öffentlich-rechtliche Versicherungsunternehmen.** Auch bei den weitgehend nach dem Territorialprinzip arbeitenden öffentlich-rechtlichen Versicherern ist heute – ähnlich wie beim VVaG – die ursprüngliche Rechtsidee verblasst. Auch hier ging es um die, als notwendig angesehene Deckung eines Bedarfs aufgrund eines Versicherungsfalls – meistens ausgehend von Versicherungszweigen, die als Pflicht- oder Monopolversicherung ausgestaltet waren, wie zum Beispiel die Gebäudeversicherung gegen Feuergefahr.

Initiator der Errichtung einer solchen Versicherungsanstalt oder öffentlich rechtlichen Körperschaft war der Staat oder staatliche Stellen, die im Sinne moderner Daseinsvorsorge zur Abwendung bestimmter existentieller Schäden vom Fürsorgeprinzip geleitet diese Einrichtung zum Schutz der Bevölkerung schufen.[16] Zur Entstehung dieser Anstalten und Körperschaften führte also meist ein öffentliches Interesse. Die aufsichtsrechtlichen Vorschriften des VAG gelten auch für die öffentlich-rechtlichen Versicherer (§ 1 Abs. 1 S. 1 VAG) und gehen dem Landesrecht und den Satzungen vor; demgemäß finden auch die Bußgeldvorschriften der §§ 326–329 VAG Anwendung. Bei der Heranziehung gesellschaftsrechtlicher Vorschriften hingegen ist im Einzelfall zu prüfen, ob eine Heranziehung zulässig, geboten, interessengemäß bzw. sachgemäß ist. Für öffentlich-rechtliche Versicherer sieht § 33 Abs. 2 VAG die entsprechende Anwendbarkeit der §§ 80 und 91 Abs. 2 AktG (Angaben auf Geschäftsbriefen/Pflicht zur Einrichtung eines Frühwarnsystems) für das Geschäftsführungsorgan und § 80 AktG für das Überwachungsorgan vor.

26 Für öffentlich-rechtliche Versicherungsunternehmen des öffentlichen Dienstes oder der Kirchen, die ausschließlich die Alters-, Invaliditäts- oder Hinterbliebenenversorgung zum Gegenstand haben gelten nur die §§ 12 Abs. 1, 13, 37 Abs. 1, 38 Abs. 1, 39, 47 Nr. 12, 294–298, 300, 302, 305–307, 310–312 und 314 VAG. Abweichende Bestimmungen des Landesrechts sind zulässig. Für öffentlich-rechtliche Versorgungseinrichtungen, die im Wege freiwilliger Versicherung Leistung der Altersvorsorge anbieten, enthält § 2 Abs. 1, 2 VAG insoweit eine Spezialregelung, als auf den hierfür separat zu führenden Abrechnungsverband die Vorschriften des VAG über Pensionskassen entsprechend anzuwenden sind.

27 **f) Grundzüge der Finanzierung der unterschiedlichen Rechtsformen.** Die Träger der einzelnen Unternehmensformen stellen die notwendigen Finanzmittel zum Betrieb der Versicherer zur Verfügung und erfüllen damit (zum Teil) die Solvabilitätskapitalanforderungen. Bei der Aktiengesellschaft sind dies die Aktionäre, beim VVaG die Mitglieder (zum Gründungsstock s. § 178 VAG) und bei der öffentlich-rechtlichen Anstalt oder Körperschaft waren dies die Bundesländer und Landschaftsverbände an deren Stelle heute überwiegend Landesbanken und Sparkassen getreten sind. Additiv zu dieser Trägerschaft ist die so genannte Gewährträgerhaftung zu berücksichtigen, für die es aber oft an einer klaren gesetzlichen Regelung fehlt und deren Durchsetzung im Ernstfall Zweifeln unterliegt.[17]

Einzig und allein die Aktiengesellschaft hat damit – sieht man von der Begebung von Genussrechten und nachrangigen Verbindlichkeiten ab – Zugang zum Kapitalmarkt, wobei sich dieser Zugang faktisch meist auf die Muttergesellschaft großer Versicherungskonzerne beschränkt.

28 Der VVaG ist auf die Finanzierung durch seine Mitglieder und die ausreichende Erwirtschaftung eines Bilanzgewinnes angewiesen, der den Eigenmitteln zugerechnet werden kann. Diese Eigenmittelbildung unterliegt der Körperschaftssteuer; das einmal gebildete Eigenkapital ist aber nicht mehr mit der Notwendigkeit einer Gewinnausschüttung belastet.

29 Die Finanzierung öffentlich-rechtlicher Anstalten und Körperschaften geschieht ähnlich wie bei VVaG aus einbehaltenen und versteuerten Gewinnen, die in Rücklagen eingestellt werden.[18] Ebenso wie der VVaG kann die öffentlich-rechtliche Anstalt ihre Eigenmittelanforderungen dauerhaft nur erfüllen, wenn sie Gewinn erzielt und dann kann sie auch nur wachsen und den steigenden Anforderungen gerecht werden. Die Unternehmenskonstruktion der Aktiengesellschaft zwingt in Folge der Erwartungen der Aktionäre und ihrer Bedeutung für die Existenzfähigkeit der Gesellschaft zu effizienter, gewinnorientierter Unternehmensführung – dies sichert gleichzeitig den Bestand des Unternehmens und schützt die Versicherungsnehmer.

---

[14] *Frels* VersR 1965, 737.

[15] Bähr/*Armbruster* § 11 Rn. 156 ff.

[16] *Farny* S. 227.

[17] *Farny* S. 228; *Michaels/Rieger/Vogelsang* Öffentlich-rechtliche Versicherungsunternehmen in Handwörterbuch der Versicherung S. 1140.

[18] *Farny* S. 229.

Bei VVaG und öffentlich-rechtlicher Körperschaft / Anstalt steht die Gewinnerzielung nicht qua Rechtsstruktur der Unternehmen im Vordergrund, sondern ergibt sich erst mittelbar aus der Erfüllung aufsichtsrechtlicher Anforderungen und dem jeder Unternehmung natürlicherweise inne wohnenden Bestreben nach Wachstumsfinanzierung und dauerhafter Existenzsicherung. Große VVaG sind heute ohne effiziente Unternehmenssteuerung nicht denkbar. 30

g) Trägerschaft der unterschiedlichen Rechtsformen. Die Träger bei Aktiengesellschaften sind die kapitalgebenden Aktionäre, bei VVaG sind die Versicherungsnehmer als Mitglieder Träger des Unternehmens und bei öffentlich-rechtlichen Körperschaften und Anstalten sind dies heute meist öffentlich-rechtliche Banken. Die allein beim VVaG gegebene Idee der mitgliedschaftlichen Mitverantwortung des Versicherungsnehmers als Träger des Versicherungsvereins, ist heute aus dem Blickwinkel geraten. Allerdings ist zu beachten, dass die Trägerschaft durch Mitglieder, die dem Unternehmen durch einen Versicherungsvertrag verbunden sind, eine besonders stabile Form aufweist. Aktionäre, die ein rein kapitalmäßiges Interesse am Unternehmen haben, können durch Verkauf ihrer Anteile sehr viel flexibler sein, mit der Folge, dass das Unternehmen plötzlich eine neue Eigentümerstruktur hat. In der Versicherungswirtschaft findet sich daher nicht selten das Instrument der vinkulierten Namensaktie (§ 68 AktG).[19] 31

h) Gesellschaftsrechtliche Beteiligungsrechte des Versicherungsnehmers. Unternehmensbezogene Beteiligungsrechte im Sinne einer partiell Gesellschafter-ähnlichen Stellung hat weder der Versicherungsnehmer einer Aktiengesellschaft noch der Versicherungsnehmer einer öffentlich-rechtlichen Anstalt oder Körperschaft. Diese Rechte gewährt alleine die mitgliedschaftliche Stellung beim VVaG; z.B. Entscheidung über die Entlastung von Vorstand und Aufsichtsrat in der obersten Vertretung. Ist diese jedoch als Mitgliedervertreterversammlung ausgestaltet, verbleiben den befugten Mitgliedern nur die Schutzrechte, wie sie Minderheiten bei Aktiengesellschaften zustehen (vgl. § 192 VAG). 32

II. Aspekte des Umwandlungsrechts mit Bezug auf den VVaG. 1. Allgemeines. Die einmal gewählte Rechtsform muss nicht für immer beibehalten werden. Kooperations-, Finanzierungs- und allgemeine Wettbewerbsgründe können einen **Wandel der Rechtsform** oder aber die Abgabe bestimmter Geschäftszweige bzw. der nicht notwendigerweise zum Kern des Versicherungsgeschäfts gehörenden Betriebsteile nahelegen. Das VAG enthält keine diesbezüglichen spezifischen, die Strukturveränderung ermöglichenden Rechtsvorschriften; diese finden sich vielmehr im Umwandlungsgesetz vom 28.10.1994.[20] 33

Das Umwandlungsgesetz unterscheidet zwischen
– der Verschmelzung (§§ 2–122 UmwG),
– der Spaltung (§§ 123–173 UmwG),
– der Vermögensübertragung (§§ 174–189 UmwG),
– und dem Formwechsel (§§ 190–304 UmwG).

Bei allen **Strukturmaßnahmen** müssen die aufsichtsrechtlichen Rahmenbedingungen für den Betrieb von Versicherungsgeschäften eingehalten werden. Dazu zählen die Beachtung des Spartentrennungsprinzips[21] und – bei VVaG – die Beachtung des wirtschaftlichen Interesses der Mitglieders.

2. Die Verschmelzung. Die Verschmelzung unter Beteiligung von Aktiengesellschaften ist in §§ 60–77 UmwG, die Verschmelzung unter Beteiligung von VVaG in den §§ 109–113 UmwG geregelt.[22] Bei der Verschmelzung können Rechtsträger unter Auflösung ohne Abwicklung durch Vermögensübertragung (Gesamtrechtsnachfolge) auf einen anderen Rechtsträger (ggf. einen neu von zwei übertragen Rechtsträgern gegründeten Rechtsträger) übergehen. 34

Dabei muss der aufnehmende Rechtsträger den Anteilsinhabern oder Mitgliedern des übertragenden Rechtsträgers Anteilrechte oder Mitgliedschaften gewähren. An einer Verschmelzung können nur Versicherungsaktiengesellschaften und VVaG – nicht öffentlich-rechtliche Versicherungsunternehmen – beteiligt sein (§ 3 Abs. 1 Nr. 2 und 6 UmwG); die Verschmelzung ist sowohl bei Rechtsträgern derselben als auch bei unterschiedlichen Rechtsformen (§ 3 Abs. 4 UmwG, § 109 UmwG) möglich. Allerdings lässt § 109 UmwG die Verschmelzung einer Versicherungs-Aktiengesellschaft auf einen VVaG nicht zu; offenbar sieht der Gesetzgeber in der Möglichkeit des VVaG den Verlust der Aktionärsstellung durch Einräumung einer Mitgliedschaft auszugleichen keine adäquate Kompensation für die Aktionärsstellung.

Auch die Ausgabe von Genussrechten stellt nach Auffassung des Gesetzgebers keinen gleichwertigen Ersatz für den Verlust der Aktionärsstellung dar. Dies verwundert, lässt doch § 226 UmwG die Umwandlung einer Kapitalgesellschaft in eine eingetragene Genossenschaft zu. Der Verschmelzungsbeschluss seitens der Obersten Vertretung bedarf einer Mehrheit von drei Vierteln der abgegebenen

[19] *Farny* S. 239.
[20] BGBl. I 3210, ber. 1995 I S. 428 i. d. F. v. 22.12.2011 (BGBl. I 3044).
[21] Bähr/*Wilm* § 20 Rn. 171.
[22] *Hersch* NZG 2016, 611 ff.

Stimmen. Die Satzung kann aufgrund entsprechender Beschlüsse der obersten Vertretung eine größere Mehrheit und weitere Erfordernisse bestimmen.

35 Grenzüberschreitende Verschmelzungen sind nur für Kapitalgesellschaften i. S. d. Art. 2 Nr. 1 RL 2005/56/EG[23] möglich; VVaG sind davon also ausgenommen.

36 Für die Verschmelzung auf ein öffentlich-rechtliches Unternehmen bestimmt das maßgebliche Bundes- oder Landesrecht, ob der Vertrag über die Vermögensübertragung zu seiner Wirksamkeit auch der Zustimmung eines anderen als des zur Vertretung befugten Organs des öffentlich-rechtlichen Versicherungsunternehmens oder einer anderen Stelle und welcher sonstiger Erfordernisse die Zustimmung bedarf (§ 178 Abs. 3 UmwG).

37 Hinsichtlich des Verschmelzungsvertrages enthält § 110 UmwG eine Erleichterung für VVaG (Verzicht auf Mindestangaben im Verschmelzungsvertrag). Diese Erleichterung kann aber gerade bei Personenversicherern mit dem aufsichtsrechtlichen Grundsatz „der Wahrung der Belange der Versicherten" kollidieren, wenn es um die Überschussbeteiligung und auch um den Wert der Mitgliedschaft vor und nach der Verschmelzung geht.[24] Hier sind im Einzelfall doch Angaben erforderlich, um den Nachweis führen zu können, dass die Verschmelzung die Mitglieder des übertragenden Vereins nicht benachteiligt. Es sind eine Vielzahl von Aspekten zu berücksichtigen: Zusammensetzung des Bestandes mit den, den Bestand kennzeichnenden biometrischen bzw. schadensbezogenen Merkmalen; durchschnittlicher Garantiezins in der Lebensversicherung, Höhe der Zinszusatzreserve (Finanzierung), Solvabilitätsquote, Kostendeckung, Wachstumspotential.

38 **3. Aufspaltung; Abspaltung; Ausgliederung.** Eine andere mögliche Strukturmaßnahme ist die Aufspaltung/Abspaltung bzw. Ausgliederung nach § 123 UmwG, mit der bewirkt werden kann, dass unter Auflösung ohne Abwicklung eine vollständige oder teilweise Vermögensaufspaltung auf andere bestehende oder neu gegründete Rechtsträger gegen Gewährung von Anteilen oder Mitgliedschaften erfolgt.

Spaltungsfähige Rechtsträger sind dieselben, die auch für die Verschmelzung zugelassen sind (§ 124 UmwG i. V. m. § 3 Abs. 1 UmwG). Die Spaltung unter Beteiligung von VVaG kann nur durch Aufspaltung oder Abspaltung (§ 124 UmwG) in der Weise erfolgen, dass das Vermögen auf bestehende VVaG oder VersAG übergeht; eine Spaltung einer VersAG mit Vermögensübergang auf einen VVaG ist nicht zulässig (§ 151 UmwG).

39 Ein VVaG kann Teile, die nicht das Versicherungsgeschäft betreffen, im Wege der Ausgliederung eines Vermögensteils auf eine neue oder bestehende GmbH übertragen (§ 151 S. 2 UmwG); so z. B. den Betrieb einer Kantine. Hierbei berührt die Kompensationsregel in § 123 Abs. 3 UmwG keine Versicherungsnehmer-Interessen.

40 **4. Vermögensübertragung.** Bei der Vermögensübertragung überträgt ein Rechtsträger unter Auflösung ohne Abwicklung sein Vermögen als Ganzes auf einen anderen bestehenden Rechtsträger gegen Gewährung einer Gegenleistung an die Anteilsinhaber des übertragenden Rechtsträgers, die nicht in Anteilen oder Mitgliedschaften bestehen darf. (§ 174 Abs. 1 UmwG).

Übertragende Rechtsträger können nach § 175 Abs. 1 Nr. 1 UmwG sein:

– Kapitalgesellschaften, wenn übernehmender Rechtsträger der Bund, ein Land, eine Gebietskörperschaft oder ein Zusammenschluss von Gebietskörperschaften ist; bzw. sind nach Nr. 2 Vermögensübertragungen zulässig:
– von einer VersAG auf einen VVaG oder auf ein öffentlich-rechtliches Versicherungsunternehmen;
– von einem VVaG auf eine VersAG oder auf ein öffentlich-rechtliches Versicherungsunternehmen;
– von einem öffentlich-rechtlichen Versicherungsunternehmen auf eine VersAG oder einen VVaG.

Da im letzten Fall keine Anteilrechte oder Mitgliedschaften kompensativ eingeräumt werden müssen, ist die volle Rechtsform-flexibilität bei der Vermögensübertragung gegeben.

41 Bei der Vollübertragung des Vermögens eines VVaG auf eine
VersAG oder ein öffentlich-rechtliches Versicherungsunternehmen ist § 180 Abs. 3 UmwG zu beachten:

Hat ein Mitglied oder ein Dritter (z. B. Gründungsstockinhaber) nach der Satzung des Vereins ein unentziehbares Recht auf den Abwicklungsüberschuss oder einen Teil davon, so bedarf der Beschluss über die Vermögensübertragung der Zustimmung des Mitglieds oder des Dritten; die Zustimmung muss notariell beurkundet werden. Macht die Größe des Vereins eine Mitgliedervertretung als oberstes Organ nötig, muss die Zustimmung des obersten Organs reichen, da sonst die Vermögensübertragung für VVaG praktisch undurchführbar wäre. Es sei denn, dass sich die begünstigende Rechtsposition hinsichtlich des Abwicklungsüberschusses nur auf einen oder einzelne wenige Mitglieder, die entsprechend bekannt sind, bezieht. Dann ist neben dem Beschluss der obersten Vertretung auch die Zustimmung des begünstigten Mitglieds erforderlich.

[23] ABl. 2005 L 310, 1.
[24] Bähr/*Wilm* § 20 Rn. 120.

Nach § 128 UmwG wird ein Spaltungs- und Übernahmevertrag, bei dem die Anteile oder Mitgliedschaften der übernehmenden Rechtsträger nicht in dem Verhältnis zugeteilt werden, wie dies ihrer Beteiligung an dem übertragenden Rechtsträger entspricht, erst wirksam, wenn alle Anteilsinhaber des übertragenden Rechtsträgers zustimmen. Die Vorschrift wird im Schrifttum im Sinne einer die Verhältnismäßigkeit wahrenden Spaltung so interpretiert, dass nur die Mitglieder zustimmen müssen, deren Versicherungsverhältnisse im Zuge der Spaltung übergehen.[25] **42**

Für Teilübertragungen gilt nach § 184 Abs. 2 UmwG entsprechendes. Auch hier kommt es zur Problematik des § 128 UmwG, wonach alle Mitglieder des übertragenden Vereins zustimmen müssten, obwohl nur die übertragenen Versicherungsverhältnisse eine mitgliedschaftliche Veränderung erfahren. Gegen die Ansicht, nur die betroffenen Mitglieder müssen im Falle des § 128 UmwG der Teil-Vermögensübertragung zustimmen,[26] ließe sich argumentieren, dass mit einer solchen Teilübertragung die Bestandszusammensetzung geändert wird und der verbleibende Bestand möglicherweise ein Interesse daran hat, dass es nicht zu Teilübertragung kommt, weil dies ggf. zu einer Verschlechterung der Kennziffern des Bestandes führen könnte. Es ist also durchaus zu überlegen, ob nicht auch in diesem Falle eine Zustimmung der gesamten obersten Vertretung erforderlich ist. **43**

Für die Vermögensübertragung eines öffentlich-rechtlichen Versicherungsunternehmens auf eine VersicherungsAG oder einen VVaG gelten §§ 188–189 UmwG. **44**

Kleine VVaG können ihr Vermögen nur im Wege der Vollübertragung auf eine VersAG oder ein öffentlich-rechtliches Versicherungsunternehmen übertragen. Für die Anmeldung und Bekanntmachung gelten in diesem Fall § 186 UmwG. **45**

Auf die Verschmelzung kleinerer Vereine im Sinne des § 210 sind die §§ 110–113 und §§ 114–117 UmwG entsprechend anzuwenden. Für die Anmeldung zur Eintragung und die Bekanntmachung gilt § 118 Abs. 1 S. 2 UmwG.

Vorschriften für die Spaltung unter Beteiligung kleinerer VVaG sind nicht vorgesehen.

5. Rechtsformwechsel. Schließlich eröffnet das UmwG (§ 290 UmwG) auch die Möglichkeit des **Rechtsformwechsels** und zwar für den VVaG (§ 191 Abs. 1 Nr. 5 UmwG). Versicherungsvereine auf Gegenseitigkeit, die keine kleineren Vereine im Sinne des § 210 VAG sind, können aufgrund eines Umwandlungsbeschlusses die Rechtsform einer AG annehmen. Eine andere Umwandlungsmöglichkeit besteht nicht. Eine VersAG kann nicht die Rechtsform eines VVaG annehmen (§ 226 UmwG). Nach § 291 Abs. 1 UmwG ist der Formwechsel aber nur möglich, wenn auf jedes Mitglied des VVaG, das an der AG beteiligt wird, mindestens eine volle Aktie entfällt. Durch den Formwechsel werden die bisherigen Mitgliedschaften zu Aktien- und Teilrechten (§ 298 UmwG). Auf jedes Mitglied, das die Rechtsstellung eines Aktionärs erlangt, sollen, wenn andere Festsetzungen der Höhe des Grundkapitals nicht möglich sind, möglichst volle Aktien entfallen (§ 294 Abs. 2 S. 3 UmwG). In dem Umwandlungsbeschluss kann bestimmt werden, dass Mitglieder, die dem Verein weniger als 3 Jahre vor dem Umwandlungsbeschluss angehört haben, von der Beteiligung an der Aktiengesellschaft ausgeschlossen werden können. Widersprechenden Mitgliedern ist nach § 300 UmwG ein Abfindungsangebot zu machen. Sollen nicht alle Mitglieder eines VVaG eine gleichhohe Beteiligung an der durch Umwandlung entstehenden Aktiengesellschaft erhalten (§ 294 Abs. 3 UmwG), so dürfen für die Festsetzung der Beteiligungshöhe nur folgende Maßstäbe herangezogen werden (§ 294 Abs. 3 UmwG): **46**

- die Höhe der Versicherungssumme;
- die Höhe der Beiträge;
- die Höhe der Deckungsrückstellungen in der Lebensversicherung;
- der in der Satzung (des VVaG) bestimmte Maßstab für die Verteilung des Überschusses;
- ein in der Satzung (des VVaG) bestimmter Maßstab für die Verteilung des Vermögens;
- die Dauer der Mitgliedschaft.

Die Maßstäbe müssen vor § 177 VAG Bestand haben. Nach § 296 i. V. m. § 246 Abs. 2 UmwG sind die Vorstandsmitglieder neu zu bestellen. Wenn nicht die Mitglieder des VVaG die Beendigung des Amtes der Aufsichtsratsmitglieder im Umwandlungsbeschluss beschließen, bleiben diese nach Umwandlung im Amt, wenn der Aufsichtsrat der AG in gleicher Weise gebildet und zusammengesetzt wird wie bei dem VVaG (§ 203 UmwG). **47**

Nach § 293 UmwG ist ein besonders hohes Quorum für die Zustimmung der obersten Vertretung erforderlich (3/4 der abgegebenen Stimmen; bei Widerspruch von mindestens 100 Mitgliedern spätestens mit Ablauf des 3. Tages vor der Versammlung erhöht sich das Zustimmungserfordernis auf 9/10 der abgegebenen Stimmen). Die Satzung kann weitere Erschwernisse vorsehen. Dies zeigt, welche starke Stellung die Mitglieder hinsichtlich der Bewahrung der Rechtsform eines VVaG haben. **48**

Körperschaften und Anstalten des öffentlichen Rechts ist nach § 301 UmwG nur ein Wechsel in die Rechtsform der Kapitalgesellschaft gestattet. **49**

[25] Bähr/*Wilm* § 20 Rn. 175.
[26] Bähr/*Wilm* § 20 Rn. 186.

50 Der Prozess des Rechtsformwechsels hat in Deutschland nicht die Bedeutung erlangt, die er im angelsächsischen Raum mittlerweile einnimmt. Dies hat vielfältige Gründe: Die Umwandlung führt zu einer Hebung der stillen Reserven; auf den Formwechseln sind nach § 197 UmwG die für die neue Rechtsform anzuwendenden Gründungsvorschriften anzuwenden (vgl. § 197 UmwG). Zum anderen haben große Vereine mitunter Konzernstrukturen gebildet, die es ihnen erlauben, dass Ober-Gesellschaft ein VVaG bleibt und die operativen Versicherer als Tochtergesellschaften in der Rechtsform von Aktiengesellschaften geführt werden. Schließlich ist die Kapitalmarktaffinität in Deutschland weniger ausgeprägt als in anderen Wirtschaftsräumen.

51 Für die Beibehaltung der bestehenden Rechtsformvielfalt lassen sich gute Gründe finden. Die Rechtsformen AG, VVaG und öffentlich rechtliche Wettbewerbsgesellschaften erfüllen – von unterschiedlichen Ausgangspunkten kommend – ihre Aufgaben. Der vielfach konstatierte Angleichungsprozess[27] ist auch Resultat einer **sich gegenseitig befruchtenden Konkurrenz der Rechtsformen**. In der Vergangenheit gingen zahlreiche Innovationen von den Versicherungsvereinen aus, die von den anderen beiden Rechtsformen übernommen wurden. Der Wegfall dieses Reibungsprozesses würde die notwendige Auseinandersetzung mit konkurrierenden Unternehmensstrukturen und deren Kulturen entfallen lassen.[28] Die deutschen VVaG wollen **an der Rechtsform des VVaG festhalten**. Das österreichische Reformmodell wird in der Branche überwiegend abgelehnt, nachdem sich die Überzeugung durchgesetzt hat, dass damit letztlich die Überführung eines bestehenden Versicherungs(!)-Vereins in einen **Holding**-Verein partiell oder in Gänze verbunden ist. Wächst das operative Versicherungsgeschäft bei den in der Rechtsform der AG betriebenen Tochtergesellschaften, so ist auf Grund des steigenden Solvabilitätsbedarfs der Zeitpunkt absehbar, zu dem der Holding-Verein weniger als 26 % der Anteile der Tochtergesellschaft halten kann mit dem Ergebnis, dass der Verein gänzlich vom Markt verschwindet. In Deutschland ist derartigen Überlegungen in der Vergangenheit allerdings mit Recht stets entgegengehalten worden, dass hierbei der Versicherungsbetrieb in wesentlichem Umfang durch das Kapital außenstehender Dritter finanziert wird und damit systembedingt eine Tendenz zur Verdrängung des Einflusses der versicherten Mitglieder bzw. zur Aushebelung des Gegenseitigkeitsgedankens durch Umgestaltung in eine Kapitalgesellschaft besteht.

52 Der **VVaG** stellt die **natürliche Rechtsform eines VersUnternehmens** dar. *Farny* spricht vom Prototyp des Versicherers. [29] Der Grundsatz der Gegenseitigkeit ist in seiner allgemeinen Ausprägung Grundprinzip jeder Versicherung. Das mitunternehmerische Prinzip des Versicherungsvereins, wonach die Versicherungsnehmer selbst – als Mitglieder – Rechtsträger des das Risiko übernehmenden Unternehmens sind, setzt den Gegenseitigkeitsgedanken in der Weise um, dass daraus ein gesellschaftsrechtlicher Zusammenhang entsteht. Die Organe des Versicherungsvereins müssen sich bei Festlegung ihrer unternehmenspolitischen Ziele der Ableitung ihrer Legitimation aus dem Versicherungsnehmerinteresse bewusst sein. Dieses – abstrakte – Interesse kann im Laufe der Zeit, entsprechend dem Wandel der Marktgegebenheiten, neu zu definieren sein. Keineswegs kann es nur auf billige oder günstige Prämien ausgerichtet sein, weil eine solche Politik den Fortbestand des VVaG in Frage zu stellen geeignet ist. Die Interessen der Versicherungsnehmer als Mitglieder sind daher solche wie sie ein vernünftiger Kaufmann hat, der selbst einen Geschäftsbetrieb betreibt. Reine Prämieninteressen der Mitglieder eines Vereins, wären – auch aus Sicht des Versicherungsnehmers – verkürzte Interessenstandpunkte und lassen sich nicht aus der mitgliedschaftlichen Stellung begründen. Diese ganzheitliche Sicht gehört zur mitgliedschaftlichen Stellung des Versicherungsnehmers eines VVaG, auch wenn sie in der Praxis mangels entsprechender Hinweise der VVaG häufig fehlt.

53 Der VVaG ist zudem **eine konzentrationshemmende Rechtsform**, da VVaG-Unternehmen nicht von Konkurrenzunternehmen oder dritten Investoren übernommen werden können. In aller Regel ist mit solchen Maßnahmen die Beseitigung eines (lästigen) Mitbewerbers verbunden. Die Einflussnahme außenstehender Dritter ist beim Versicherungsverein somit weitgehend ausgeschlossen. Der VVaG ist daher ein Rechtsgebilde, in dem, wenn auch nur mit sehr mittelbarem Wirkungsgrad, die Kunden auf die Grundsätze der Versicherungsdienstleistung Einfluss haben. Der VVaG leistet damit auch einen Beitrag in die Einsicht und Verbreitung der Wirkungszusammenhänge der Privatversicherung.

54 Gegen den VVaG wird kritisch eingewandt, dass rechtsformbedingt eine echte **Kontrolle des Managements** durch interessiertes Kapital nicht zu verwirklichen ist. Kapitalgeber führen aber ihrerseits weitgehend nur eine Effizienzkontrolle, die sich an ihren Investoreninteressen misst, durch. Schlaglichtartig deutlich wird der Unterschied in der Themenwahl der Hauptversammlung einer VersAG und der Mitglieder(vertreter)versammlung eines VVaG: die Diskussion der vom Vorstand für notwendig gehaltenen neuen Versicherungsbedingungen oder Prämien findet auf der Tagesordnung von VersAG – zu Recht – keinen Platz. Die Entwicklung des Wertes einer VersAG – besonders unter dem Aspekt Shareholder value – taucht als Thema der Organsitzungen von VVaG allerdings dann auf, wenn es um

[27] *Hübner*, Strukturunterschiede zwischen VVaG und VersAG, Frankfurter Vorträge Heft 13, S. 5 ff.

[28] *Brenzel*, Der Versicherungsverein auf Gegenseitigkeit, Unternehmensform und Rechtsstruktur im Wandel, 1975, S. 23.

[29] *Weigel* VersR 1993, 1429, 1442; *Farny* S. 210.

Tochter AGs geht. Das **Vertreter- und das Kooptationsprinzip** werden gelegentlich kritisch gesehen. Diese Prinzipien sind aber für die im Massengeschäft tätigen VVaG unerlässlich, um das Prinzip der qualifizierten Mitwirkung der Versicherten zu gewährleisten und eine effiziente Arbeit des Gremiums zu garantieren. Im Übrigen ist die Gefahr manipulativer Fraktionsbildung bei einer Urwahl nicht ausgeschlossen, da die große Mehrzahl der Mitglieder solche Wahlen nur mit geringem Interesse verfolgt. Die besonders an einer Kandidatur interessierten Mitglieder können aber auf eine relativ leicht beeinflussbare Mitgliedschaft treffen. Es sollte daher dem Bereich der gesellschaftsrechtlichen Vereinsautonomie vorbehalten bleiben, welches der Verfahren ein Gegenseitigkeitsverein zur Bildung seines obersten Organs satzungsgemäß festlegt. Umso wichtiger erscheint es, dass gleichsam als Balance in der Verbandsstruktur des VVaG die Minderheitenrechte der Mitglieder klarer als bisher strukturiert und konkretisiert werden.

Der VVaG ist eine **äußerst flexible Rechtsform** mit großem Gestaltungsspielraum für die Satzung.[30] 55
Die Personenbezogenheit der VVaG ist ein Motor für Innovationen, die von den VVaG gerade in der Versicherungstechnik ausgingen und die verdeutlichen, dass sich VVaG immer wieder von innen heraus erneuern.[31] Die Rechtsform des VVaG gilt es daher zu erhalten und rechtsformspezifische durch gesetzgeberische Defizite entstandene Benachteiligungen (Möglichkeiten der Eigenkapitalbildung, Möglichkeiten der Konzern- und Gruppenbildung, Steuerrecht) zu beseitigen. Es ist daher zu bedauern, dass aus unterschiedlichen Gründen Lebens- und Kompositversicherer ihre Versicherungsbestände immer wieder auf Aktiengesellschaften übertragen haben (vgl. Rundbrief des GDV 1618/2003 vom 11.9.2003).

6. Genehmigungserfordernis der Umwandlung. Jede Umwandlung gemäß § 1 und § 122a 56
UmwG bedarf nach § 14 Abs. 1 VAG der Genehmigung der Aufsichtsbehörde. Es empfiehlt sich, im Falle einer Umwandlung frühzeitig Kontakt mit der Aufsichtsbehörde aufzunehmen, um den komplexen Prozess von Anfang an richtig aufzusetzen und um die Voraussetzungen zu schaffen, die für die aufsichtsrechtliche Genehmigung zwingend erforderlich sind.

Auf die Genehmigung besteht ein Rechtsanspruch, wenn „die Belange der Versicherten gewahrt 57
sind" und „die Erfüllung der Verpflichtungen aus den Versicherungen als dauerhaft erfüllbar dargetan sind" (§ 14 Abs. 1 i. V. m. § 13 Abs. 1 S. 2 VAG).

Im Übrigen finden die Vorschriften in § 13 Abs. 2, 4 und 5 VAG, die auch für die Bestandsüber- 58
tragung gelten, auf den Umwandlungsprozess Anwendung. Bei der Regelung „die Belange der Versicherten gewahrt" handelt es sich ebenso wie bei der Formulierung „die Erfüllung der Verpflichtungen aus den Versicherungen als dauerhaft erfüllbar dargetan sind" um unbestimmte Rechtsbegriffe, die ein weites Feld für aufsichtsrechtliches Ermessen (§ 297 VAG) eröffnen. Es fällt auf, dass § 14a Satz 2 i. V. m. § 14 Abs. 1 Satz 3 und § 8 Abs. 1 Nr. 3 VAG a. F. noch formulierte „die Belange der Versicherten **nicht ausreichend** gewahrt" und „die Verpflichtungen aus den Versicherungsverträgen **nicht genügend** als dauerhaft erfüllbar dargetan…".

In § 13 Abs. 1 VAG 2016 fehlen also die Wertungsbegriffe „nicht ausreichend" und „nicht genü- 59
gend". Gleichwohl geht die Begründung zum Entwurf eines 10. Gesetzes zur Änderung des Versicherungsaufsichtsgesetzes[32] davon aus: „Die Vorschrift entspricht dem bisherigen § 14 a. F." Da es sich bei den hier zu prüfenden Tatbeständen um Wertungen, die häufig aufgrund von mathematisch-bilanziellen Bewertungen vorzunehmen sind, handelt, ist davon auszugehen, dass es dem Gesetzgeber bewusst war, dass eine 100%ige Erfüllung der Ziele, jedenfalls bei Verschmelzung durch Aufnahme oder Neugründung, schwerlich zu erreichen sein wird.

Auch bei einer **formwechselnden Umwandlung** muss dies berücksichtigt werden, so dass die 60
strikte Formulierung des VAG 2016 wohl weiterhin im Sinne einer umfassenden vergleichenden Wertung des Status nach dem Formwechsel mit dem Status quo ante zu interpretieren ist.

III. Konzentration am Versicherungsmarkt unter besonderer Berücksichtigung von VVaG. 61
1. Erscheinungsformen der Konzentration. Die Konzentration am Versicherungsmarkt kann auf vielfältigen Wegen erfolgen: Liquidation, Teilaufgabe von Geschäftsfeldern, Bestandsübertragung, Funktionsausgliederungen bzw. –zusammenfassungen, Konzernbildung oder Fusionen.[33]

Die Konzernbildung als Zusammenfassung von Versicherern verschiedener Sparten unter einer einheitlichen Leitung kann als Antwort auf die bedarfsorientierte spartenübergreifende Nachfrage der Versicherungsnehmer verstanden werden; das Ergebnis sind „Mehrfinanz-„, „Allfinanz-„, „Bedarfs-„ oder „Verbundfinanz-Angebote". Dabei können im Einzelfall die Grenzen zwischen Versicherungs- und Bankdienstleistung aus vertrieblich-strategischer Sicht fließend sein. Die Zusammenfassung von Versicherungs- und Bankgeschäften in einem Konzern unter einheitlicher Leitung bedarf allerdings einer besonderen Ausstattung mit der notwendigen Kompetenz und Erfahrung. So sehr vom Kunden her gedacht, es sich insgesamt um Finanzprodukte handelt, die den Bedarf eines einheitlichen Lebenssach-

---

[30] FKBP/*Kaulbach* Vor § 15 Rn. 5 f.
[31] *Peiner* VW 1993, 697.
[32] BT-Drs. 17/9342, S. 144 zu Nr. 20 (§ 14).
[33] *Farny* S. 252 ff.

verhaltes bedienen können, so sehr sind andererseits die Geschäftsmodelle einer Bank und eines Versicherers und dementsprechend die Risikolage verschieden.

62 Häufig ist die Folge von Konzentrationsprozessen die Reduzierung der Zahl der Anbieter – also Marktverdichtung; dies muss aber nicht in allen Fällen der Konzentration geschehen, der Prozess kann auch zur Zusammenfassung (Reduzierung) von dezentraler Entscheidungsbefugnis führen und endet dann häufig in einer Reduzierung von Dienstleistungszentren und Markenvielfalt vor Ort. Bestandsübertragung und Fusion unterscheiden sich dadurch, dass die Bestandsübertragung portfoliobezogen, die Fusion hingegen unternehmensbezogen ist. Bei der Bestandsübertragung bleibt zumindest der rechtliche Mantel des den Bestand übertragenden Unternehmens erhalten, der dann für andere Geschäftszwecke zur Verfügung steht; bei der Fusion hingegen findet eine Marktbereinigung durch Reduzierung der Anzahl der Anbieter statt. Auch in der Ausgliederung kann eine gewisse Konzentration gesehen werden, weil das Unternehmen bestimmte Kompetenzen abgibt. Bei der Ausgliederung ist zwischen der Ausgliederung von Funktionen und Versicherungstätigkeiten nach § 32 Abs. 1 und 2 VAG und der Ausgliederung wichtiger Funktionen und Versicherungstätigkeiten nach § 32 Abs. 3 VAG zu unterscheiden. Die letztere Maßnahme ist nach § 9 Abs. 4 Nr. 1c VAG genehmigungspflichtig. Es wird der weiteren Auslegung überlassen, was unter „wichtiger Funktion" zu verstehen ist. Es kann dabei an die in Teil 2 Abschnitt 3 des VAG aufgeführten Funktionen Risikomanagement, internes Kontrollsystem, interne Revision, versicherungsmathematische Funktion, verantwortlicher Aktuar gedacht werden.

63 **2. Rahmenbedingungen für Konzentrationsprozesse.** Ursachen der Konzentration am Versicherungsmarkt sind vornehmlich der **Grundsatz der Spartentrennung** (§ 8 Abs. 4 VAG) und **das Verbot, versicherungsfremde Geschäfte** zu betreiben (§ 15 VAG).[34] Die Konsequenz der Spartentrennung besteht darin, dass aus Kundenschutzinteressen bestimmte Versicherungszweige (§ 8 Abs. 4 VAG) nicht von ein und demselben Rechtsträger betrieben werden dürfen. Hierdurch wird insbesondere eine rechnungslegungsmäßige und haftungsrechtliche Trennung von Sicherungsvermögen erreicht, die die Ansprüche anderer – nicht kongenialer – Versicherungssparten bedecken (§ 315 VAG).

64 Gewinnabführungs- und Beherrschungsverträge zwischen Versicherern gleicher oder anderer Sparten sind demnach wegen der Verlustübernahmeverpflichtung nach § 302 AktG nicht genehmigungsfähig. Die Spartentrennung verursacht – streng für jeden einzelnen Anbieter durchgeführt – hohe Kosten. Dies resultiert daraus, dass jedes spartengetrennte Unternehmen die gesetzlich notwendigen Unternehmensfunktionen vorhalten muss. Dies ist der Anlass, der zu Bündelung nicht spartenspezifischer Funktionen Rechnungslegung, Kapitalanlagen, Vertrieb, mathematische Grundsatzfragen, Personal, Recht, Corporate Governance, Controlling, Revision und Risikomanagement führt. Im Rahmen einer Konzern- oder Gruppenbildung können durch Funktionszusammenfassungen und Funktionsausgliederungen (z. B. auf eine Holding-Gesellschaft) Doppelstrukturen vermieden werden.

Der Grundsatz des Verbots versicherungsfremder Geschäfte markiert die Grenze der Konzentration. Fusionen mit Unternehmen, die kein sparten-kongeniales Versicherungsgeschäft betreiben, sind unzulässig.

65 **3. Ziele der Konzentrationsstrategien.** Ganz im Vordergrund steht die **Nutzung von Synergien** (was im günstigsten Fall zu einer Qualitätssteigerung der Zusammenlegung von Funktionen führen kann), die Ergebnisoptimierung, die Steigerung des Vertriebserfolges und die Bündelung des Marktauftritts. Zum Teil signifikante Unterschiede zeigen die Resultate bzgl. Marktanteils- und Kostenentwicklung der Fusionen etwa gleichgroßer oder unterschiedlich großer Versicherer, unabhängig von der Rechtsform. Unterschiede treten dabei zusätzlich hinzu, wenn Personen- und Nicht-Personen-Versicherer, unabhängig getrennt betrachtet werden. *Führer/Köhler*[35] kommen in einer Studie zu dem Ergebnis, dass „Sinn und Zweck von Fusionen in der Versicherungswirtschaft zumindest mit Blick auf die verwendeten strategischen Erfolgsfaktoren in weiten Teilen zweifelhaft erscheinen".

66 Die Herstellung konzernmäßiger Beziehung zwischen Versicherern unterliegt einer umfangreichen aufsichtsrechtlichen Kontrolle.[36]

Mehrere Versicherer können auf verschiedene Weise als wirtschaftliche Einheit zusammengefasst unter einheitliche Leitung gestellt werden und so die Merkmale eines Konzerns erfüllen. Diese Zusammenfassung kann – je nach Rechtsform der beteiligten Unternehmen – durch Kapitalbeteiligung, vertragliche Abreden oder durch Identität der Entscheidungsträger im Aufsichtsrat und Vorstand der Unternehmen hergestellt werden. Dabei führen Identität der Entscheidungsträger im VVaG-geführten Konzern zum faktischen Konzern gegenüber den Tochterunternehmen und können im Zusammenwirken zweier VVaG zum Gleichordnungskonzern führen.

---

[34] *Klüver*, Konzentrationsursachen der europäischen Versicherungsmärkte – eine theoretische und empirische Untersuchung, Diss. Passau 2002; *Schertzinger*, Creating Value in Insurance Mergers and Acquisitions, Diss. Oestrich-Winkel 2009.

[35] ZVersWiss 2006, 371 ff.

[36] *Rittner/Dreher*, Europäisches und Deutsches Versicherungsrecht, 3. Aufl. 2007, § 31 Rn. 63.

4. VVaG und Konzernbildung / Gruppenbildung. Das Aktienrecht kennt in den §§ 15–19 AktG verschiedene rechtliche Formen der Unternehmensverbindung. Generell nennt das Gesetz die Unternehmen, die entweder kapitalmäßig miteinander verflochten sind, oder die Vertragspartner eines Unternehmensvertrages sind (§§ 291, 292 AktG) „Verbundene Unternehmen" und unterscheidet 67
- in Mehrheitsbesitz stehende Unternehmen und mit Mehrheit beteiligte Unternehmen (§ 16 AktG);
- abhängige und herrschende Unternehmen mit der Folge, dass das herrschende Unternehmen einen beherrschenden Einfluss auf das abhängige Unternehmen ausüben kann (§ 17 AktG).

Da der VVaG von Mitgliedern getragen wird, kennt er keine gesellschaftsrechtlichen Eigentümerrechte, die in Form von Anteilen erworben werden können und womit Einfluss über Beteiligungsbesitz ausgeübt werden könnte. Daher kann der VVaG weder ein in Mehrheitsbesitz stehendes (§ 15 i. V. m. § 16 Abs. 1 AktG) noch ein abhängiges (§ 15 i. V. m. § 17 Abs. 1 AktG) und auch nicht ein unter einheitlicher Leitung stehendes, abhängiges Unternehmen (§ 15 i. V. m. § 18 Abs. 1 AktG) sein. Auch wechselseitig beteiligte Unternehmen (§ 19 Abs. 1 AktG) können VVaG nicht sein. 68

Ein VVaG kann rechtsformbedingt kein in Mehrheitsbesitz stehendes Unternehmen i. S. d. § 16 AktG sein. Auch durch Anteilsrechte am Gründungsstock kann keine Mehrheitsbeteiligung am VVaG entstehen, da er zu tilgen ist und lediglich die Funktion eines Startkapitals hat. 69

Die Begründung einer **Abhängigkeit eines VVaG** über mehr Stimmrechte in der obersten Vertretung ist wegen des Gedankens der Gegenseitigkeit abzulehnen. Gegenseitigkeit heißt, dass sich in der genossenschaftsähnlichen Verbindung des Risikokollektivs die Interessen der versicherten Mitglieder wiederfinden und ein wirtschaftlich fairer – von Gegenseitigkeit bestimmter Ausgleich der Interessen des Kollektivs und des Einzelrisikos stattfindet. Dies schließt eine von außen kommende Steuerung der Mitglieder in der obersten Vertretung aus.[37] [38] 70

Auch ein Beherrschungsvertrag kann mit einem VVaG nicht abgeschlossen werden. VVaG sind daher von der Rechtsform her gegen Übernahmen immunisiert, wenn sie nicht im Wege eines Demutualisierungsprozesses ihre Rechtsform aufgeben.[39] Der Vorstand hat nach § 188 Abs. 1 VAG in Verbindung mit § 76 Abs. 1 AktG den VVaG unter eigener Verantwortung zu leiten. Dabei muss der Vorstand auch das Gegenseitigkeitsprinzip beachten. Danach sind das Sicherungsvermögen und seine Erträge allein für die Interessen des Mitgliederkollektivs und nicht für außenstehende Dritte zu verwenden.[40] 71

Auch sonstige Möglichkeiten der Beherrschung über die Zeichner des Gründungsstocks (Tilgungspflicht nach § 178 Abs. 1 VAG) oder über die Verabredung einer Stimmrechtsmehrheit in der obersten Vertretung sind – weil gegen den Gegenseitigkeitsgedanken verstoßend – abzulehnen.[41] Der Gegenseitigkeitsgedanke steht jeder von außen kommenden oder Kapital/Rendite orientierten Einflussnahme entgegen. Ein satzungsmäßiges Entsendungsrecht in die oberste Vertretung analog § 101 Abs. 2 AktG erscheint nicht möglich, da das Entsendungsrecht nach § 101 Abs. 2 AktG an eine spezielle 72

Aktionärsstellung geknüpft ist und eine solche Rechtsstellung beim VVaG nicht gegeben ist. Zum andern regelt § 101 Abs. 2 AktG die Entsendung in den Aufsichtsrat, sodass eine analoge Anwendung auf die Besetzung der obersten Vertretung schon wegen der unterschiedlichen Organe nicht möglich erscheint.[42]

Da der VVaG nur dann als zugelassene Rechtsform gilt, wenn er Versicherungsgeschäft betreibt, muss jeder VVaG-geführte Konzern im Rahmen der VVaG-Obergesellschaft Versicherungsgeschäfte betreiben. Auf Größe und Umfang des Geschäfts kommt es nicht an.[43] 73

Allerdings ist offen, wer bei VVaG mit einer Mitgliedervertreterversammlung, die im Wege der Kooptation ergänzt wird, tiefgreifenden Strukturänderungen – Ausgliederung, Gründung einer nachgeordneten Zwischenholding, Erwerb und Veräußerung wesentlicher Beteiligungen, Bestandsübertragung u. ä. – im Hinblick auf wesentliche Kennzeichnungsmerkmale des VVaG mitwirken muss. Ob bei der Mitgliederversammlung mit Kooptationsrecht wegen der Verkümmerung der Teilhaberrechte der Mitglieder dies die Anwendung der vom BGH in der Holzmüller-Entscheidung[44] und in den später ergangenen Gelatine-Entscheidungen[45] entwickelten Grundsätze zu den ungeschriebenen Teilhaberrechten von Aktionären bei tiefgreifenden Strukturveränderungen im Konzern notwendig macht, ist umstritten.[46] Zum Umfang der mitgliedschaftlichen Rechte im Rahmen der Kooptationsproblematik siehe die Kommentierung zu § 176.

[37] Goldberg/Müller/*Müller* § 21 Rn. 1; *Müller-Wiedenhorn* S. 176; *Großfeld* Der Versicherungsverein auf Gegenseitigkeit im System der Unternehmensformen S. 22 ff.
[38] Ausführlich zum Grundsatz der Gegenseitigkeit: *Lorenz* FS Stuttgarter Lebensversicherung, 1 ff.
[39] *Dreher* FS Stuttgarter Lebensversicherung, 2008, 139.
[40] *Schirmer* FS Farny, 1994, 392 ff.
[41] *Schirmer* FS Farny, 1994, 403 f.
[42] Zu der Konstruktion qualifiziert faktischer Konzern vgl. statt vieler *Benkel* S. 12.
[43] *Dreher* FS Stuttgarter Lebensversicherung, 2008,144.
[44] *BGH* Urt. v. 25.2.1982 - II ZR 174/80, BGHZ 1983, 123.
[45] *BGH* Urt. v. 26.4.2004 - II ZR 155/02, BGHZ 159, 30; *BGH* Urt. v. 26.4.2004 - II ZR 154/02, ZIP 2004, 1001.
[46] *Dreher* FS Stuttgarter Lebensversicherung, 2008, 148.

74 Wechselseitig beteiligte Unternehmen scheiden als Möglichkeit der Konzern- oder Gruppenbildung mit VVaG ebenfalls aus, da hierfür nur Kapitalgesellschaften in Betracht kommen. Von den anderen unter Rn. 67 genannten Alternativen bleibt mangels einer Beteiligungsmöglichkeit an einem VVaG nur der mit Mehrheit beteiligte VVaG (§ 16 Abs. 1 AktG), der VVaG als herrschendes Unternehmen (§ 17 Abs. 1 AktG) und der VVaG als Konzernobergesellschaft (§ 18 AktG) übrig. Auch über den wechselseitigen Austausch von Nachrangdarlehen zwischen zwei VVaG oder einem VVaG und einer Kapitalgesellschaft oder dem Austausch von Genussrechten kann das die Mitglieder schützende und von diesen für den jeweiligen VVaG auszuübende Prinzip der Gegenseitigkeit nicht ausgehebelt werden.

75 Übt der **VVaG als Obergesellschaft** über ein oder mehrere abhängige Unternehmen die einheitliche Leitung aus, bilden die Unternehmen einen Konzern (§ 18 Abs. 1 AktG).

76 Allerdings ist auch hier das **Prinzip der Spartentrennung** zu beachten; demnach dürfen Lebens- und Krankenversicherungsunternehmen jedenfalls nicht als Obergesellschaft Vertragspartner eines Beherrschungs- oder Gewinnabführungsvertrags sein. Dies wird als Ausfluss des Spartentrennungsprinzips (§ 8 Abs. 4 VAG) gesehen,[47] obgleich dem Wortlaut dieser Bestimmung nach durch den Beherrschungs- oder Gewinnabführungsvertrag kein Verstoß gegen die Spartentrennung vorliegt.

77 Ähnliche Überlegungen greifen, wenn ein VVaG Lebensversicherer einen Beherrschungs- oder Gewinnabführungsvertrag mit einem anderen Lebensversicherer schließt. Hier liegt zwar kein Verstoß gegen das Prinzip der Spartentrennung vor; der Grundsatz der Gegenseitigkeit wird aber verletzt, da die Gemeinschaft der Mitglieder des herrschenden VVaG ggf. Risiken der Gemeinschaft der Mitglieder des beherrschten Unternehmens zu tragen hat.[48]

78 **Der Grundsatz der Spartentrennung** zielt auf den satzungsmäßigen Zweck des Geschäfts und zwingt so die Versicherer, Formen der Zusammenarbeit zu finden, die – wenn sie dauerhaft stabil sein sollen – ohne eine gesellschaftsrechtliche (also in aller Regel anteilsmäßige) Verbindung nicht auskommen. Da VVaG die Fähigkeit fehlt, in die Rolle eines abhängigen Unternehmens zu schlüpfen, fällt den Versicherern in der Rechtsform des VVaG stets die Rolle einer Obergesellschaft, die in der Regel mit Mehrheit an einem anderen Versicherer beteiligt ist, zu.

79 **Beherrschungsverträge, Gewinnabführungsverträge eines VVaG mit beherrschten Unternehmen** begegnen Bedenken, da die Folge dieser Konstruktion jeweils die Gewinnabführungspflicht des beherrschten Unternehmens ist, kombiniert mit Verlustübernahmepflichten des herrschenden Unternehmens (§ 302 AktG), was dem Spartentrennungsgebot zuwider läuft. Beherrschungsverträge bzw. Gewinnabführungsverträge mit Lebensversicherern oder privaten Krankenversicherern, die die substitutive Krankenversicherung betreiben in der Rechtsform des VVaG bzw. mit Pensionsfonds aG, stellen einen Verstoß gegen das Spartentrennungsgebot dar, sind aber jedenfalls mit dem Grundsatz der Gegenseitigkeit nicht vereinbar, da die Gemeinschaft von Mitgliedern des herrschenden Lebens-/Kranken-VVaG ggf. Risiken einer anderen Versicherten-gemeinschaft (des beherrschten Versicherers) zu tragen hat (vgl. Raiser VW 1977 S. 1172, 1.276).[49]

80 Eine Möglichkeit, den die Konzernbildung beschränkenden Regelungen für operativ tätige Versicherungsunternehmen zu entgehen, stellt die Holdingstruktur dar. Dabei wird der Konzern von einer Kapitalgesellschaft geführt, die selbst kein Versicherungsgeschäft betreibt;[50] eine Variante, die so VVaG nicht nutzen können. Für VVaG-Versicherer als Konzernspitze kann aber das Quasi-Holding-Modell eine Möglichkeit der Konzernbildung darstellen.[51]

81 Auch das Modell des Gleichordnungskonzerns, bei dem zwei VVaG auf Vertragsbasis miteinander verbunden sind, ist gelegentlich anzutreffen.

Neben dem Grundsatz der Spartentrennung ist auch der Grundsatz des Verbotes des Betreibens versicherungsfremder Geschäfte bei der Konzernbildung zu beachten (§ 15 VAG). Versicherer dürfen demnach keine Leitungsfunktion gegenüber Unternehmen ausüben, deren Geschäftszweck nicht mit Versicherungsgeschäften in unmittelbarem Zusammenhang steht.

82 **Der Gleichordnungskonzern** wird durch das Merkmal der einheitlichen Leitung gekennzeichnet; eine Abhängigkeit zwischen den den Gleichordnungskonzern bildenden Unternehmen besteht nicht. Nach GB BAV 69, 36 ist eine einheitliche Leitung anzunehmen, wenn die Vorstandsämter bei zwei oder mehreren Unternehmen identisch besetzt sind.[52] Es ist aber zweifelhaft, ob diese Personalidentität bereits zur einheitlichen Leitung führt; eine stabile Struktur hierfür ist erst gegeben, wenn die Personenidentität in den Vorständen durch vertragliche Abreden, die die Grundsätze der einheitlichen Leitung regeln, ergänzt wird. Auch unterschiedliche Besetzungen der Aufsichtsräte machen diese Struktur anfällig. Nach Farny[53] „kann nicht sichergestellt werden, dass die obersten Entscheidungsorgane mit gleichen Personen besetzt sind. Der VVaG-Gleichordnungskonzern ist also eine labile Konstruktion."

---

[47] Bähr/*Wilms* § 19 Rn. 23.
[48] *Farny* FS Schirmer, 2005, 108.
[49] *Grossfeld*, Der Versicherungsverein auf Gegenseitigkeit im System des Unternehmensfonds, 1988, S. 29.
[50] Bähr/*Krämer* § 15 Rn. 43–48.
[51] Bähr/*Wilm* § 20 Rn. 159 ff.
[52] Müller-Wiedenhorn/*Wiedenhorn* S. 206, 210.
[53] *Farny,* FS Egon Lorenz, 2004, S. 243, 244.

Die einheitliche Leitung im Gleichordnungskonzern kann auch durch ein gemeinsames Koordinierungsorgan mit dem Ziel einer einheitlichen Konzernleitung abgebildet werden. Hierfür kann eine BGB-Gesellschaft mit ihren vielfältigen Gestaltungsmöglichkeiten in Betracht kommen.[54] Sowohl aus rechtlichen Gründen (keine Weisungsbefugnis des Koordinierungsorgans) als auch aus steuerrechtlichen Gründen (Umsatzsteuer) darf sich das Koordinierungsorgan nur auf die Vorbereitung der zu treffenden Maßnahmen beschränken, was aber diese Einrichtung hinsichtlich ihrer Notwendigkeit und Effizienz selbst wieder in Frage stellt. **83**

Strukturgebende Regeln zum Gleichordnungskonzern finden sich im AktG nicht. Allerdings stellt die häufig für die Errichtung eines Gleichordnungskonzerns auf VVaG-Ebene gewählte Methode der teilweisen und vollständigen Mandatsidentität für den Vorstand und Aufsichtsrat dann ein Problem dar, wenn hierdurch die Anwendung der Regeln über den qualifizierten faktischen Konzern – mithin eine analoge Anwendung der §§ 302, 303 AktG – ausgelöst wird.[55, 56] Die Frage wird in der Literatur teilweise verneint, da es an einem Interessenkonflikt zwischen den an einem Gleichordnungskonzern beteiligten Unternehmen fehle[57] und teilweise bejaht.[58] Inhalt eines Gleichordnungskonzerns ist gerade der Verzicht auf die Einflussnahme und Weisung gegenüber einem Vertragspartner; also die Verabredung, die beteiligte Unternehmen gemeinsam gleichberechtigt unter Verzicht auf Nachteile für einen Beteiligten zu führen. Ist dies im Einzelfall nicht möglich, hat die geplante Maßnahme zu unterbleiben. Kommt es dennoch im Einzelfall zu einer, der am Gleichordnungskonzern beteiligten Unternehmen benachteiligenden Maßnahme, dann ist zunächst festzuhalten, dass der Nachteil für ein Unternehmen nur freiwillig – nicht durch Weisung – durch den Vorstand des betroffenen Unternehmens entstehen kann, also im Wege einer Vereinbarung. Dann ist es aber die Pflicht des Vorstandes des nachteilig betroffenen Unternehmens bei Verabredung der benachteiligten Maßnahme für den erforderlichen Ausgleich zu sorgen. Einer besonderen Treuebindung zwischen den Unternehmen bedarf es dann aber nicht.[59] Die Angemessenheit des Schadensersatzes oder einer Kompensationsleistung ist von den Vorständen jeweils eigenverantwortlich zu bewerten und von den Wirtschaftsprüfern zu prüfen. Die Frage, ob Gleichordnungskonzerne mit paritätisch besetzten Leitungsorganen per se (auf der Grundlage dieser Struktur) zur Annahme eines Haftungstatbestandes führt, ist abzulehnen.[60] Fortgesetzt schädigendes Verhalten des Leitungsorganes führt zur Aufhebung des Gleichordnungskonzerns durch eigenes widersprüchliches Verhalten (contradictio in adjecto). Kommt es hingegen zu einer Einflussnahme, die einen Ausgleich im Wege der Einzelfallentscheidung nicht mehr möglich macht, so ist davon auszugehen, dass kein Gleichordnungskonzern mehr vorliegt, sondern die Regel über einen faktisch qualifizierten Konzern (Unterordnungkonzern) anzuwenden sind. Der Vorstand eines VVaG darf aber wegen des Grundsatzes der Gegenseitigkeit in eine solche Konzernstruktur nicht eintreten. In diesem Fall wären die Organe der beteiligten Unternehmen und die Wirtschaftsprüfer gehalten, den Gleichordnungskonzern in Frage zu stellen und ggf. durch Kündigung der Vereinbarung aufzulösen. **84**

Die Personalidentität im Vorstand der am Gleichordnungskonzern beteiligten VVaG begründet keine Grundlage für die Annahme von Haftungsregeln im Konzern: „Wenn das Gesetz aber den Gleichordnungskonzern akzeptiert und zwar ohne an seiner Existenz eine umfassende Haftungsfolge zu knüpfen, kann darauf gefolgert werden, dass das Gesetz gleichfalls ohne besondere Rechtsfolge akzeptiert, dass sich dieser Konzern die zur einheitlichen Leitung erforderlichen Einrichtungen schafft".[61] **85**

Im Grundsatz findet unter den gleichgeordneten Gesellschaften weder ein **Haftungsdurchgriff** statt, noch bilden die Gleichordnungspartner eine **Verlustgemeinschaft**.[62] Im gesellschaftsrechtlichen Schrifttum wird entgegen der in der Vergangenheit ganz h. M. eine Verlustübernahmeverpflichtung bzw. Ausfallhaftung auch innerhalb eines Gleichordnungskonzerns für möglich gehalten,[63] soweit der Sachverhalt einer „qualifizierten Gleichordnung" vorliegt, d. h. auf den Fall, dass „gleichgeordnete Gesellschaften, bar jeder Eigenverantwortlichkeit, nur noch als Betriebsabteilung eines Unternehmens geführt werden".[64] **86**

Bei spartengetrennt arbeitenden VVaG, die einen Gleichordnungskonzern bilden, würde die Herbeiführung einer solchen gesellschaftsrechtlichen Verbindung die Aufsichtsbehörde zum Einschreiten zwingen.

---

[54] *Mohr* VW 1987, 560, 561 f.; Müller-Wiedenhorn/*Wiedenhorn* S. 199.
[55] *Dreher,* FS Lorenz, 2004, S. 175 ff.
[56] *Luther/Drygalla* ZGR 1995, 557 ff.
[57] Vgl. hierzu die Literaturangaben *Luther/Drygalla* ZGR 1995, 557 ff. (Fn. 11 f.).
[58] Vgl. *Luther/Drygalla* ZGR 1995, 557 ff. (Fn. 20, 21, 24).
[59] A. A. *Luther/Drygalla* ZGR 1995, 566.
[60] *Luther/Drygalla* ZGR 1995, 570.
[61] *Luther/Drygalla* ZGR 1995, 574.
[62] MüKoAktG/*Heider* § 1 Rn. 65 ff.; *Luther/Drygalla,* Grenzen der Personalverflechtung und Haftung im Gleichordnungskonzern in Peiner, Grundlagen des VVaG, 1995, S. 202 f.
[63] *K. Schmidt* ZHR 1991, 432 ff.; *Raiser,* Recht der Kapitalgesellschaften, 3. Aufl. 2001, § 56 Rn. 8.
[64] *K. Schmidt* ZHR 1991, 432 ff.

87 Die aktienrechtlichen Regeln sehen eine einheitliche Leitung als Funktionsvoraussetzung für eine Konzernbildung, nicht aber eine einheitliche Kontrolle vor, deshalb ist auch beim Gleichordnungskonzern darauf zu achten, dass die übrigen Organe (Aufsichtsrat, oberste Vertretung) so besetzt sind, dass nicht die Mandate mit identischer Besetzung die Oberhand gewinnen.[65]

88 Häufig organisieren sich VVaG geführte Versicherungsunternehmen auch als **Versicherungsgruppe**, d. h. sie verzichten auf das Element der einheitlichen Leitung und verabreden stattdessen die Kooperation hinsichtlich bestimmter Funktionen (Rechnungslegung, Personal, Vertrieb). Sie vermeiden damit die Konsequenz der Vorschriften für Konzerne.[66]

88a Nicht verwechselt werden darf der hierbei verwendete **Gruppenbegriff** mit dem des § 7 Nr. 13 VAG. Das VAG sieht im Rahmen seiner Begriffsbestimmungen vor, dass VVaG Teil einer Gruppe sein können, die eine Einrichtung von vertraglichen oder sonstigen starken und nachhaltigen finanziellen Beziehungen zwischen den eingebundenen Unternehmen darstellt, sofern ein Unternehmen einen beherrschenden Einfluss auf die Entscheidungen der der Gruppe angehörenden Unternehmen ausübt und die Einrichtung und Auflösung dieser Beziehung gemäß den Vorschriften zur Gruppenaufsicht der vorherigen Genehmigung durch die Gruppenaufsichtsbehörde bedarf.

Das Gesetz spricht in § 7 Nr. 13 VAG unter Buchst. a) bb) von „für die Zwecke dieses Titels", obwohl das VAG keine Titel kennt. Hier wurde wortgleich die Übersetzung aus Titel III, Kapitel 1, Abschnitt 1 Art. 212 Abs. 1 lit. c ii 2. Spiegelstrich über die Beaufsichtigung der Versicherungs- und Rückversicherungsunternehmen einer Gruppe übernommen. Dabei handelt es sich um die bekannten Konzernstrukturen wie sie im AktG definiert sind.

89 Die zunehmende Bedeutung des Konzernabschlusses für das Unternehmensrating und die Notwendigkeit, dass auch VVaG-Gleichordnungskonzerne ihre wirtschaftliche Gesamtleistung in einem Konzernabschluss und nicht in ggf. mehreren Teilkonzernabschlüssen sollten darstellen können, führt zur Frage nach der Möglichkeit eines Konzernabschlusses für VVaG-Gleichordnungskonzerne. Gleichzeitig könnte bei Zulassung der Konzernrechnungslegung im Gleichordnungskonzern dem Konzernabschluss befreiende Wirkung für die dem VVaG-Gleichordnungskonzern angehörenden VVaG dergestalt zukommen, dass sie keine Teilkonzernabschlüsse erstellen müssen. Zunächst könnte der Erstellung einer einheitlichen (Gesamt-) Konzernbilanz im VVaG-Gleichordnungskonzern entgegenstehen, dass es zwischen gleichordnenden VVaG kein Abhängigkeitsverhältnis geben kann (§ 17 Abs. 2 AktG). Aber nach § 18 Abs. 2 AktG ist auch auf anderem Wege – durch personelle Verflechtungen in den Gesellschaftsorganen (Vorstand, Aufsichtsrat, Mitgliedervertretung) – ein Konzernverhältnis begründbar. Ob diese Struktur für die Erstellung eines einheitlichen (Gesamt–) Konzernabschlusses mit Befreiungswirkung für die beteiligten VVaG ausreicht, scheint an der Mutter-Tochter-Voraussetzung des § 291 Abs. 1 S. 1 HGB zu scheitern.

90 Somit gibt es nach geltender **HGB-Rechtslage keine Möglichkeit, einen Konzernabschluss für den Gleichordnungskonzern** zu erstellen (§ 341i Abs. 1 HGB). Der Grund hierfür ist wohl auch darin zu sehen, dass es keine spezifischen Regeln beim Gleichordnungskonzern gibt. Das VAG spricht beim Gleichordnungskonzern von einer horizontalen Unternehmensgruppe (§ 7 Nr. 15 VAG).

„Sofern im Gleichordnungskonzern die einheitliche Leitung nicht einem Konzernmitglied und auch nicht einer Leitungsgesellschaft übertragen wird, sondern alle Glieder an der einheitlichen Leitung partizipieren, ist davon auszugehen, dass keine Konzernrechnungslegungspflicht vorliegt, da in diesem Fall kein Konzernunternehmen zur Gänze unter der einheitlichen Leitung eines anderen Unternehmens steht, sondern jedes Glied des Konzerns auch an der einheitlichen Leitung seines eigenen Unternehmens partizipiert".[67]

91 Auch die Entstehung des § 290 Abs. 1 HGB spricht gegen eine Anwendung auf Gleichordnungskonzerne, denn aus Artikel 1 Abs. 2 7. EG-Richtlinie geht hervor, dass die Konzernrechnungslegungspflicht nur für Über- und Unterordnungsverhältnisse gelten soll.[68] Demnach entfällt im Gleichordnungskonzern auch der Abhängigkeitsbericht unter den den Gleichordnungskonzern – horizontal – bildenden Unternehmen. Abhängigkeitsberichte haben aber diejenigen Tochterunternehmen in Gleichordnungskonzernen zu erstellen, die nach §§ 16, 17, 18 Abs. 1 AktG abhängig sind, d. h., im vertikal-strukturierten Konzernteil gelten die Regeln zur Konzernrechnungslegung.

92 **5. Besondere Aspekte der VVaG-geführten Konzern-/Gruppenstruktur.** Da VVaG aufgrund ihrer Konstruktion nur beherrschendes aber nicht beherrschtes Unternehmen sein können, fragt es sich, ob VVaG wegen der Spartentrennung Konzernmutterfunktionen wahrnehmen dürfen, bzw. ob sie ein mit Mehrheit an einem anderen Versicherer beteiligtes Unternehmen sein können. Besonders wenn Lebens- oder Krankenversicherer in der Rechtsform der VVaG Konzernmutter sind und Kompositversicherer oder z. B. Bausparkassen in der Rechtsform der Aktiengesellschaft als Tochterunternehmen

[65] *Luther/Drygalla* ZGR 1995, 576.
[66] *Farny* S. 296.
[67] *Adler/Düring/Schmalz* § 290 HGB Rn. 43.
[68] *Adler/Düring/Schmalz* § 290 HGB Rn. 100.

halten, stellt sich die Frage nach dem Unterlaufen des Sinns und der Ordnungsfunktion der Spartentrennung.

Schlechte Ergebnisse der Tochterunternehmen schlagen auf die Ergebnisse der Lebens-/Kranken- **93** versicherer/Schadensversicherer als Obergesellschaft z. B. in Form von ausfallenden Dividendenerträgen oder verstärkten Kapitalanforderungen (Solvabilitätsbedarf der Tochterunternehmen) durch. Solche Konzernbeteiligungen haben aber in aller Regel strategische Bedeutung, sind schwer zu veräußern und damit auch in ihrer Fungibilität eingeschränkt.

Demnach ließ § 1 Abs. 1 Ziff. 13 Verordnung über die Anlage des gebundenen Vermögens von **94** Versicherungsunternehmen (AnlV) vom 20.12.2001,[69] die Anlage in Konzernbeteiligungen nicht für das gebundene Vermögen zu, es sei denn, es handelte sich um Finanzholdings, die keine Anteile an Konzernunternehmen halten.

Nunmehr gelten die allgemeinen Anlagegrundsätze nach § 124 Abs. 1 Nr. 1–4 i. V. m. § 125 Abs. 1 **95** VAG, so dass es in der Verantwortung der jeweiligen Unternehmen steht, ob und in welchem Umfang sie Anteile an beherrschten Unternehmen dem Sicherungsvermögen zuführen. Jedenfalls ist der bisher bestehende Zwang für VVaG Konzernmütter weggefallen, ihre Konzernbeteiligungen aus freiem Vermögen finanzieren zu müssen. **Wirtschaftliche Schieflagen von Tochterunternehmen können damit künftig zu Lasten des Sicherungsvermögens gehen.** Hier wird die Aufsicht im Rahmen der Finanzaufsicht – insbesondere bei der Beurteilung der Risikomodelle – besonders darauf zu achten haben, dass der Grundsatz der Spartentrennung nicht ökonomisch unterlaufen wird.

Diese Überlegungen machen deutlich: für VVaG ist der Aufbau schon eines Mehrspartenkonzerns, **96** geschweige denn eines All-Finanzkonzerns schwieriger als für eine VersAG, zumal bei den Versicherungskonzernen, die aus Kapitalgesellschaften gebildet werden, eine reine Finanzholding die Obergesellschaft bilden kann.

VVaG sollten beim Aufbau eines Konzerns eher zurückhaltend sein und vorsichtig disponieren, wenn **97** es um die Erweiterung ihres Produkt- und Marktspektrums durch Tochtergesellschaften geht. Klare Beherrschbarkeit der Risiken, strenges Controlling und konsequente Ergebnissteuerung der Tochterunternehmen samt der Einhaltung der notwendigen Solvabilitätsanforderungen sind Pflichten, die der Vorstand der VVaG-Mutter seinen Mitgliedern schuldet. Statt des Ausbaus großer Gruppen kann es sich für VVaG lohnen, ihre Kompetenz in der eigenen Markttiefe zu verstärken, statt in die Marktbreite zu investieren.

Die **Beachtung der Risiken von Beteiligungsunternehmen bei der Erfüllung der Anforde- 98 rungen an Solvency II** „wirken gleichsam als indirekte Anlagevorschriften ….". Da die den Kapitalanlagen inne wohnenden Marktrisiken aber unterlegt und damit kapitalmäßig kompensiert werden, ist davon auszugehen, dass das individuelle Limitsystem der Kapitalanlage bei weitem nicht den Restriktionsgrad der aktuellen AnlV aufweisen muss. Klargestellt sei, dass die Pflicht zur Implementierung eines individuellen Anlagelimitsystems nicht dahingehend missverstanden werden darf, dass die Aufsicht dazu ermächtigt wäre, im Wege allgemein verbindlicher Vorgaben an die Anlagelimitsysteme de facto eine ‚Anlageverordnung light' zu etablieren und so den europarechtlich vorgegebenen Systemwechsel gleichsam durch die Hintertür zu unterlaufen.[70]

IV. Aufsichtsrechtliche Schranken und Eingriffsbefugnisse gegenüber Versicherungskonzer- 99 nen und Gruppen. Sowohl die Grundsätze der **transparenten Unternehmensführung**, der dauernden Erfüllbarkeit der Verträge, der Vorhaltung ausreichender Liquidität als auch der Verhinderung von Missständen allgemein bilden die Grundlage für eine Reihe konzernrechtsspezifischer Eingriffsbefugnisse der BaFin, die neben die deutlich ausgebaute Gruppenaufsicht in Teil 5 des VAG (§§ 245 ff. VAG) treten.

Nach § 11 Abs. 2 Nr. 1 VAG kann die Erlaubnis versagt werden, wenn Tatsachen die Annahme **100** rechtfertigen, die Aufsicht über das Unternehmen werde durch die **Struktur des Beteiligungsgeflechts oder die mangelhafte wirtschaftliche Transparenz** beeinträchtigt. Das Gesetz gibt keine Anhaltspunkte für das Vorlegen transparenter Konzernstrukturen und mangelhafter wirtschaftlicher Transparenz. Ein wichtiges Element bei der Beurteilung kann die Spartentrennung und die daraus resultierende eindeutige unverfälschte Zuordnung des Spartenergebnisses sein. Daneben dürfte die Transparenz von Organverantwortung ein wesentliches Beurteilungskriterium sein. Auch der Erwerb einer bedeutenden Beteiligung oder deren Erhöhung können untersagt werden (§ 18 Abs. 1 Nr. 2 VAG), wenn Tatsachen die Annahme rechtfertigen, dass das Versicherungsunternehmen nicht in der Lage ist oder bleiben wird, den Aufsichtsanforderungen (gemeint sind hier alle zu erfüllenden Aufsichtspflichten) zu genügen, oder dass das Versicherungsunternehmen durch die zu beanstandende bedeutende Beteiligung mit dem Inhaber der bedeutenden Beteiligung in ein Beteiligungsgeflecht eingebunden würde, das die Finanzaufsicht beeinträchtigen kann. Das gleiche gilt, wenn diese Aufsichtsbeeinträchtigung durch mangelhafte wirtschaftliche Transparenz in Folge des Erwerbs oder der Erhöhung einer

[69] BGBl. 2001 I 3913.

[70] *Gal/Sehrbrock*, Die Umsetzung der Solvency II-Richtlinie durch die 10. VAG-Novelle, 2013 (Frankfurter Vorträge zum Versicherungswesen Heft 38), S. 30.

bedeutenden Beteiligung sich ergeben kann. Wollen Konzerne einen Krankenversicherer gründen und rechtfertigt dies die Annahme, dass das zu gründende Unternehmen gleichartige Tarife nach 204 VVG einführen will, kann die BaFin dies ebenfalls untersagen, um zu verhindern, dass alte Tarife des schon bestehenden Konzern-Krankenversicherers zum Schaden der Versicherungsnehmer geschlossen werden (§ 11 Abs. 1 Nr. 4c VAG).

101 Ist ein Versicherungsunternehmen an einem nicht der Aufsicht unterliegenden Versicherungsunternehmen beteiligt und „ist die Beteiligung nach ihrer Art oder ihrem Umfang geeignet, das Versicherungsunternehmen zu gefährden", so kann die Aufsicht die Fortsetzung der Beteiligung untersagen oder nur unter der Bedingung gestatten, dass sich das Unternehmen nach § 341k HGB sowie nach den §§ 35, 36 VAG prüfen lässt (§ 302 VAG).

102 **V. Ergänzende Gesellschaftsrechtliche Spezialgesetze und ihre Bedeutung für den VVaG. 1. Allgemeines.** Hinsichtlich der Verfassung des Versicherungsvereins auf Gegenseitigkeit verweist § 173 Abs. 1 VAG zunächst auf die Satzung, soweit nicht die nachfolgenden Vorschriften verfassungsbezogen, also gesellschaftsstrukturelle Regelungen enthalten. Diese Regelung ist vergleichbar mit dem Vereinsrecht (§ 25 BGB); auch hier steht primär die Satzung im Vordergrund und ergänzend wird auf die weiteren Vorschriften verwiesen. Diese Grundlegung der Verfassungsstruktur entspricht der mitgliedschaftlichen Trägerschaft des VVaG; Aufgabe der Mitglieder ist es, in der Satzung die wesentlichen gesellschaftsrechtlichen Unternehmensmerkmale des VVaG festzulegen. In den „folgenden Vorschriften" finden sich für den „großen VVaG" bezüglich der Unternehmensstruktur nahezu ausschließlich Verweise auf das Aktiengesetz: § 188 VAG (Vorstand); § 189 VAG (Aufsichtsrat); § 191 VAG (oberste Vertretung) und § 192 VAG (Rechte von Minderheiten). Auch für die Ersatzpflicht der schädigenden Einflussnahme auf Organe oder Bevollmächtigte des VVaG gilt die entsprechende Regelung im Aktienrecht (§ 190 VAG i. V. m. § 117 AktG). Schon seit geraumer Zeit steht im Vordergrund gesetzgeberischer Aktivitäten auf dem Gebiete des Gesellschaftsrechts der Schutz von Investoren. Zahlreiche Regelungen knüpfen daher an den Tatbestand an, ob ein Unternehmen den Kapitalmarkt in Anspruch nimmt. Gerade um die Jahrtausendwende hat die Zunahme der Bedeutung des Kapitalmarkts den Gesetzgeber veranlasst, die Regelungen für börsennotierte Unternehmen weiter zu entwickeln, teilweise ging es auch um die Übernahme internationaler Standards und die Abwehr von Kapitalmarktkrisen.

103 Dies gilt auch für die Bezugnahme auf aktienrechtliche Vorschriften, auf die die §§ 189–192 VAG verweisen und in denen sich Regelungen für börsennotierte Unternehmen finden. Zwar können VVaG auch Genussrechte begeben, aber gleichwohl verbietet sich aus der unterschiedlichen Struktur von AG und VVaG eine automatische Anwendung der in den Verweisungsvorschriften angesprochenen Regelungen des Aktiengesetzes auf den VVaG. Auch mit der Begebung von Genussrechten wird der VVaG nicht zu einer börsennotierten Gesellschaft im Sinne des § 3 Abs. 2 AktG. Damit steht nicht in Frage, dass es sich bei Verweisungen des VAG auf das Aktiengesetz um sog. dynamische Verweisungen[71] handelt, wonach die aktienrechtlichen Vorschriften in ihren jeweils gültigen Fassungen auf den VVaG Anwendung finden. Bei der Heranziehung der aktienrechtlichen Vorschriften ist aber zu prüfen, ob diese vom Sinn und Zweck her einen auch beim VVaG anzutreffenden Regelungsbedarf / Interessenkonflikt ansprechen oder nicht. Nur im ersteren Fall scheint eine Anwendung dieser Vorschriften auch auf den VVaG nahezuliegen.[72]

104 **2. Gesetz zur Kontrolle und Transparenz im Unternehmensbereich (KontraG) vom 27.4.1998 (BGBl I S. 786).** Bei den Verweisungsregeln des VAG auf das Aktienrecht stellt sich die Frage, wie mit den spezifisch für börsennotierte Aktiengesellschaften geschaffenen Regelungen im Hinblick auf ihre Anwendbarkeit im Recht des VVaG umzugehen ist. **Dabei verhindert nicht schon der Bezug im Aktienrecht auf ein börsennotiertes Unternehmen die Anwendung der Verweisungsregelung im VAG**; vielmehr muss im Einzelfall geprüft werden, ob im Hinblick auf die unterschiedlichen Trägerschaften von VVaG (Mitglieder) und AG (Aktionäre) ein vergleichbarer Interessensachverhalt zu klären ist oder die Anwendung der Bestimmung nur im Hinblick auf den Schutz von Aktionären oder auf die Besonderheiten des Kapitalmarkts Sinn macht. Folgt man diesen Überlegungen, so bestehen gegen die Anwendung der §§ 100 Abs. 2 S. 1 Nr. 1 und Satz 2, Satz 3 AktG i. V. m. § 189 Abs. 3 VAG (persönliche Voraussetzung für Aufsichtsratsmitglieder); § 129 Abs. 1 S. 1 AktG i. V. m. § 191 VAG (Geschäftsordnung für die oberste Vertretung); § 125 Abs. 1 S. 5 AktG i. V. m. § 191 VAG (Angabe zu bestehenden Mitgliedschaften in anderen gesetzlich zu bildenden Aufsichtsräten bei dem Vorschlag zur Wahl eines Aufsichtsratsmitgliedes); § 171 Abs. 1 S. 2 AktG i. V. m. § 341a Abs. 4 HGB (Teilnahme der Abschlussprüfer an den Verhandlungen des Aufsichtsrats und Berichtspflicht über die wesentlichen Ergebnisse der Prüfung, insbesondere zu den Schwächen des internen Kontroll- und Risikomanagements bezogen auf den Rechnungslegungsprozess; dies zieht auch die Anwendbarkeit des § 317 Abs. 4 HGB-Prüfung des Überwachungssystems nach sich); § 341a Abs. 4 HGB i. V. m. § 171 Abs. 2 S. 2 und Abs. 3 AktG (Angaben im Bericht des Aufsichtsrats welche Ausschüsse gebildet wurden,

[71] *Lorenz* VersR 1995, 514.

[72] *Mutter* FS Stuttgarter Lebensversicherung, 2008, S. 91 ff.

sowie die Zahl seiner Sitzungen und die der Ausschüsse; Vorlagefrist des Berichts des Aufsichtsrats an den Vorstand) und § 188 Abs. 1 VAG i. V. m. § 91 Abs. 2 AktG VAG (Pflicht des Vorstands zur Einrichtung eines Überwachungssystems) keine Bedenken. Bezüglich der über die Verhandlung der obersten Vertretung zu erstellenden Niederschrift hat der Gesetzgeber durch die eingeschränkte Verweisung in § 191 VAG auf 130 Abs. 1 und Abs. 2 AktG die Erleichterung in § 130 Abs. 1 S. 3 AktG auch in der Neufassung des VAG für nicht angemessen erklärt. (So schon der Verfasser in der 11. Auflage 1997 § 36 Rn. 16). Alle diese Regelungen haben nicht-aktienrechtliche Spezifika sondern allgemein die Herstellung transparenter Verhältnisse, die Information über wichtige Tatbestände bei Gesellschaften mit einer weit gestreuten anonymen Trägerschaft und die Ordnungsmäßigkeit der Führung dieser Unternehmen zum Inhalt.

Auch die Erleichterung für nicht börsennotierte Gesellschaften in § 110 Abs. 3 S. 2 AktG sollte nicht **105** nur des Wortlauts wegen, sondern nach der hier vertretenen Interessen-Verweisungstheorie (Rn. 104) auf VVaG Anwendung finden. Börsennotierte Aktiengesellschaften unterliegen einer periodischen Berichtspflicht, hinzu treten ad hoc Informationspflichten. Diese spezifische kapitalmarktbezogene Transparenzpflicht kennt der VVaG nicht, da seine Träger Mitglieder sind. Somit kann der Aufsichtsrat großer VVaG beschließen, nur eine Sitzung im Kalenderhalbjahr abzuhalten.

Nach § 341a Abs. 4 HGB finden auf den VVaG außerdem Anwendung: **106**

- § 152 Abs. 2 AktG (Angabe zur Kapitalrücklage in der Bilanz),
- § 152 Abs. 3 AktG (Angaben zu den einzelnen Posten der Gewinnrücklagen der Bilanz oder im Anhang jeweils gesondert),
- §§ 170–176 AktG (Prüfung des Jahresabschlusses durch den Aufsichtsrat, Angaben zur Feststellung des Jahresabschlusses, Einberufung des obersten Organs samt Vorlagen und Anwesenheit des Abschlussprüfers).

3. Gesetz zur Namensaktie und zur Erleichterung der Stimmrechtsausübung (NaStraG) vom 18.1.2001 (BGBl. I S. 123). Dieses an Aktiengesellschaften adressierte Gesetz hat über die dynamische Verweisungsregelung der §§ 188–192 VAG nur vergleichsweise kleine Änderungen für VVaG gebracht: **107**

- Nach § 189 Abs. 3 S. 1 VAG sind – vorausgesetzt die Satzung oder die Geschäftsordnung des Aufsichtsrats enthält diese Regelung – schriftliche, fernmündliche oder andere vergleichbare Formen der Beschlussfassung (z. B. per E-Mail) des Aufsichtsrats und seiner Ausschüsse zulässig, wenn kein Mitglied diesem Verfahren widerspricht. Dieses Vetorecht eines Mitglieds bezieht sich auf den einzelnen zur Abstimmung stehenden Sachverhalt oder auch – falls eine gesamte Sitzung auf diese Weise abgehalten werden soll – auf die Durchführung einer Sitzung insgesamt. Für die Niederschrift über die Beschlussfassung verweist § 189 Abs. 3 VAG auf § 107 Abs. 2 AktG. Zu den Anforderungen an die formellen Voraussetzungen einer Niederschrift über Aufsichtsratsbeschlüsse, um die Wirksamkeit dieser Beschlüsse herbeizuführen, hat sich das BAG kürzlich in einer grundsätzlichen Entscheidung geäußert.[73]
- Eine eng begrenzte Erleichterung hält § 125 Abs. 2 AktG für VVaG bereit. Die Mitteilung über die Einberufung der Hauptversammlung ist unter der Voraussetzung des § 125 Abs. 2 AktG nur noch „zu machen", was auch eine elektronische Information zulässt.[74] Die Vorschrift findet aber nur auf Aktionäre, die es verlangen oder zu Beginn des 14. Tages vor der Versammlung als Aktionär im Aktienregister der Versammlung eingetragen sind, Anwendung. Die zuletzt genannte Gruppe ist beim VVaG nicht anzutreffen, wenn das oberste Organ des VVaG als Mitgliedervertretung organisiert ist. Dann ist den nicht zum obersten Organ zählenden Mitgliedern das Stimmrecht entzogen und grundsätzlich steht Ihnen ein Recht nach § 125 Abs. 2 AktG nicht zu. Ist die oberste Vertretung die Mitgliederversammlung, steht allen Mitgliedern das Stimmrecht zu und § 125 Abs. 2 AktG ist anzuwenden. Im Rahmen einer dynamischen Verweisung macht die Anwendung des § 125 Abs. 2 AktG auf VVaG auch im Rahmen der Wahrnehmung von Minderheitenrechten einen Sinn; verlangt ein Mitglied, das nicht der obersten Vertretung angehört, die Mitteilung, dann kann dies zur Prüfung der Minderheitenrechte geschehen. Demnach ist diesem Mitglied die Mitteilung „zu machen". Für VVaG ist also der Terminus Aktionär in § 125 Abs. 2 AktG als „Mitglied" zu lesen.
- Das Teilnehmerverzeichnis der obersten Vertretung ist jedem Teilnehmer der Versammlung vor der ersten Abstimmung gem. § 129 Abs. 4 S. 1 AktG i. V. m. § 191 S. 1 VAG zugänglich zu machen – das verlangt mehr als nur das Auslegen der Liste und nach § 191 S. 1 VAG i. V. m. § 129 Abs. 4 S. 2 AktG ist jedem Mitglied der obersten Vertretung auf Verlangen bis zu zwei Jahren nach der Hauptversammlung eine Einsicht in das Teilnehmerverzeichnis zu gewähren.

4. Transparenz- und Publizitätsgesetz (TransPuG) vom 19.7.2002 (BGBl. I S. 2681). Kernpunkt dieses Gesetzes ist die Pflicht von Vorstand und Aufsichtsrat börsennotierter Gesellschaften, jährlich zu erklären, „dass den vom Bundesministerium der Justiz im amtlichen Teil des Bundesanzeigers **108**

---

[73] *BAG*, Urt. v. 20.9.2016 – 3 AZR 77/15, NZG 2017, 69; kommentiert von *Hersch* NZG 2017, 854 ff.
[74] BT-Drs. 14/4051, 12.

bekannt gemachten Empfehlungen der **„Regierungskommission Deutscher Corporate Governance Kodex"** entsprochen wurde und wird oder welche Empfehlungen nicht angewendet wurden oder werden und warum nicht".

109 Ein direktes Verweisungsrecht des VVaG zu diesen Vorschriften findet sich nicht. Das Problem der Anwendbarkeit von aktienrechtlichen und handelsrechtlichen Vorschriften auf VVaG wird verstärkt durch die Ausrichtung der aktienrechtlichen und handelsrechtlichen Vorschriften auf das Kriterium der börsennotierten Gesellschaft. Damit wird das Ziel verfolgt, den Herausforderungen der Kapitalmärkte Antwort zu geben. Gleichzeitig stellt sich allerdings die Frage, ob der VVaG als nicht-kapitalmarktorientierte Unternehmensform von diesen Regeln dennoch betroffen sein kann.[75] [76]

110 Allerdings verweist § 172 VAG auf die Anwendung der handelsrechtlichen Vorschriften des ersten und vierten Buches des HGB, soweit das VAG selbst nicht anderes vorschreibt. Die fehlende Verweisung auf § 161 AktG im HGB kann nicht als eine solche andere Regelung gesehen werden, denn der Vorbehalt in § 172 VAG bezieht sich eindeutig auf ausdrückliche Regelungen. Hier gilt aber qua dieser Verweisungsregelung auch § 285 Satz 1 Nr. 16 HGB,[77] wonach im Anhang zu Bilanz und Gewinn- und Verlustrechnung anzugeben ist, „dass die nach § 161 AktG vorgeschriebene Erklärung abgegeben und wo sie öffentlich zugänglich gemacht worden ist".[78] Damit besteht zumindest eine Erklärungspflicht für Vorstand und Aufsichtsrat im Rahmen des § 161 AktG, die auch die Erklärung zulässt, dass Teile des Kodex aus bestimmten Rechtsformspezifischen Gründen nicht zur Anwendung kommen.

111 Es kommt also nicht darauf an, ob man den VVaG unter bestimmten Voraussetzungen analog zu börsennotierten Gesellschaft beurteilen kann, sondern die grundsätzliche **Erklärungspflicht** ergibt sich aus der genannten handelsrechtlichen Vorschrift und ist **Teil der Sorgfaltspflichten** von Vorstand und Aufsichtsrat (§§ 188 Abs. 1 und 189 Abs. 3 VAG i. V. m. §§ 93, 116 AktG).[79]

112 Schließlich ist nicht nur der Investorenbezug des Corporate Governance Kodex zu sehen. Da der Kodex über weite Passagen allgemein gültige Standards guter Unternehmensführung enthält,[80] haben auch diejenigen Kapitalmarktteilnehmer, die Ziel der Anlagepolitik von VVaGs sind, also ihre institutionellen Schuldner – ein Interesse daran, zu wissen, welcher rechtliche und faktische Ordnungsrahmen für die Leitung und Überwachung dieser Unternehmen gilt, die ihre Gläubiger sind.

113 Schließlich hat das TransPuG eine Fülle weiterer Veränderungen gebracht, die im Rahmen der dynamischen Verweisung für VVaG anzuwenden sind. Hoehnen/Eberhardt sehen jedoch weder die Möglichkeit einer direkten noch analogen Anwendung, da der Kodex ihrer Auffassung nach überwiegend auf Kapitalanlegerschutz zielt. Für den VVaG wird ein eigener Kodex empfohlen.[81]

Bei aller VVaG-bezogen geführten Auseinandersetzung ist aber auch hier die über den deutschen Rechtsrahmen hinausgehende Dimension der europarechtlichen Grundlagen zu beachten. Nach Art. 41 Abs. 1 RL 2009/138[82] schreiben „die Mitgliedstaaten allen Versicherungs- und Rückversicherungsunternehmen vor, über ein wirksames Governance-System zu verfügen, das ein solides und vorsichtiges Management des Geschäfts gewährleistet". Dieser an den nationalen Gesetzgeber gerichtete Auftrag umfasst Versicherer aller Rechtsformen.

113a Schließlich beinhalten die Regelungen in den §§ 23–32 VAG wichtige Elemente einer „good governance" für Versicherer aller Rechtsformen; Teile dieser Regelungsinhalte finden sich auch im Corporate Governance Kodex, so dass schon deshalb seine Anwendung auf VVaG – jedenfalls was diese Teile betrifft – bejaht werden muss. Daneben sind für die Inhaltsbestimmung und Auslegung der sich mit der Governance befassenden VAG-Bestimmungen und die EIOPA-Leitlinien zum Governance-System (EIOPA-BoS-14/253), die seit dem 1.1.2016 in Kraft sind, zu beachten (Grundsatz des Vorrangs des Europarechts).

114 **5. Gesetz zur Unternehmensintegrität und Modernisierung des Anfechtungsrechts (UMAG) vom 22.9.2005.** Wesentlicher Regelungspunkt dieses Gesetzes[83] ist die Einführung der **Business Judgement Rule** für Vorstände in § 93 Abs. 1 AktG und Aufsichtsratsmitglieder durch Verweisung in § 160 Abs. 1 AktG, wonach die genannten Organmitglieder keine Pflichtverletzung begehen, wenn sie bei einer unternehmerischen Entscheidung vernünftigerweise annehmen durften, auf der Grundlage angemessener Informationen zum Wohle der Gesellschaft zu handeln.[84]

---

[75] *Fahl,* Corporate Governance im Versicherungsverein a. G., Diss. Trier, 2004, S. 156.
[76] *Benkel,* FS H. Schneider, 2011, S. 113.
[77] *Fahl,* Corporate Governance im Versicherungsverein a.G, Diss. Trier 2004, S. 214.
[78] *Fahl,* Corporate Governance im Versicherungsverein a.G, Diss. Trier 2004, S. 214.
[79] *Fahl,* Corporate Governance im Versicherungsverein a.G, Diss. Trier 2004, S. 210; *Mutter.* FS Stuttgarter Lebensversicherung, 2008, S. 97.
[80] *Ringleb/Kremer/Lutter/v. Werder,* Deutsche Corporate Governance Kodex, 2003, Rn. 105.
[81] *Hoehnen/Eberhardt,* FS Lorenz, 2004, S. 309, 316, 318, 331.
[82] ABl. 2009 L 335, 1.
[83] BGBl. I 2802.
[84] Ausführlich zu dieser Thematik: *Bührle,* Unternehmerische Gestaltungsfreiheit versus aufsichtsrechtliche Regulierung. Der Vorstand in Banken- und Versicherungsunternehmen im Spannungsfeld zwischen unternehmerischer Gestaltungsfreiheit und aufsichtsrechtlicher Regulierung, Berlin 2016.

Durch die Verweisungsregelung in § 188 Abs. 1 und § 189 Abs. 3 VAG gelten diese tatbestandlichen Eingrenzungen für die Annahme einer Pflichtverletzung auch für die Vorstands- und Aufsichtsratsmitglieder von VVaG. Für Aktiengesellschaften geht diese Regelung mit einer Absenkung der Schwellenwerte für die klageweise Wahrnehmung von Minderheitenrechten einher (§§ 148 Abs. 1, 142 Abs. 2 AktG). Die hieraus sich für VVaG ergebenden Konsequenzen werden bei § 192 VAG behandelt, ebenso die Nicht-Erwähnung von § 148 AktG in der Verweisungsregelung des § 192 VAG. **115**

Weitere Regeln des UMAG betreffen **116**

- die Vorbesitzzeit von Antragstellern gem. § 122 Abs. 1 S. 3, § 142 Abs. 2 S. 2 AktG, was für VVaG Auswirkungen auf die Stellung als Mitglied des Unternehmens hat (siehe die Verweisungsregelung in § 191 VAG);
- die Einberufungsfrist für die Hauptversammlung nach § 123 Abs. 1 AktG, die entsprechend für die Einberufung des obersten Organs nach § 192 VAG gilt;
- die Kompetenz des Versammlungsleiters nach § 131 Abs. 2 S. 2 AktG (§ 191 VAG) das Frage- und Rederecht der Mitglieder der obersten Vertretung zu beschränken;
- das Auskunftsverweigerungsrecht des Vorstands bzgl. der Informationen, die auf der Internetseite des Unternehmens mindestens sieben Tage vor Beginn der Mitglieder(vertreter)versammlung durchgängig zugänglich sind (§ 191 VAG i. V. m. § 131 Abs. 3 S. 1 Nr. 7 AktG);
- die Regelung der Heilung der Nichtigkeit eines Beschlusses der Hauptversammlung nach § 241 Nr. 1, 3 oder 4 AktG gem. § 242 Abs. 2 AktG sowie des Freigabeverfahrens nach § 246a AktG jeweils i. V. m. § 191 VAG;
- das Antragsrecht von Minderheiten, einen Sonderprüfer zu bestellen, nach § 192 VAG i. V. m. § 258 Abs. 2 S. 3 AktG.

6. Gesetz über elektronische Handelsregister und Genossenschaftsregister sowie das Unternehmensregister (EHUG) vom 10.11.2006 (BGBl. I S. 2553). Diese Anpassung handelsrechtlicher Vorschriften an die technische Entwicklung ist Rechtsform-unabhängig und gilt nach § 172 VAG grundsätzlich auch für den VVaG. Nach § 186 Abs. 1 Nr. 4 VAG sieht nun das Recht des VVaG hinsichtlich des Inhalts der Anmeldung einer Gesellschaft zur Eintragung in das Handelsregister die gleiche Regelung wie für Aktiengesellschaften nach § 37a Abs. 4 Nr 3a AktG vor. Für die Bekanntmachung einer Änderung im Aufsichtsrat gilt nach der Verweisungsregelung des § 189 Abs. 3 VAG § 106 AktG. **117**

Für die Einreichung von Unterlagen zur Anmeldung beim Handelsregister verweist § 186 Abs. 2 VAG auf § 12 Abs. 2 HGB, der grundsätzlich bestimmt, Dokumente sind elektronisch einzureichen, dann aber zu Urschriften, einfachen Abschriften und Dokumenten für die die Schriftform bestimmt ist, einerseits und notariell beurkundeten Dokumenten bzw. öffentlich beglaubigten Abschriften andererseits nach seinem zweiten Halbsatz unterscheidet. Beide Varianten finden demnach auch auf den VVaG Anwendung.[85] **118**

Nach § 188 Abs. 1 VAG gilt § 80 Abs. 1 S. 1 AktG für den Umfang und die Art und Weise der notwendigen Angaben des VVaG zur Rechtsform, Sitz der Gesellschaft, des Registergerichts des Unternehmens, der Nummer der Eintragung im Handelsregister sowie der Angaben zu allen Vorstandsmitgliedern und dem Vorsitzenden des Aufsichtsrats. Mit der Aufhebung des § 81 Abs. 4 AktG ist die Pflicht der Vorstände weggefallen, ihre Namensunterschrift unter Aufbewahrung beim Registergericht zu leisten (vgl. § 188 Abs. 1 VAG). Die Auslage von Dokumenten in der obersten Vertretung in elektronischer Form regelt § 341a Abs. 4 HGB i. V. m. § 175 Abs. 3 S. 4 AktG. Allerdings wird die Regelung in § 175 AktG für lückenhaft und anfechtungsträchtig angesehen.[86] **119**

7. Transparenzrichtlinie-Umsetzungsgesetz (TUG) vom 5.1.2007 (BGBl. I S. 10). Der VVaG wird von diesem, das WpHG-Gesetz ändernden Gesetz betroffen, soweit er als Emittent von Wertpapieren (Genussrechten) auftritt. **120**

VI. Aufsichtsrechtliche Einwirkungen auf das Unternehmensrecht im Allgemeinen und bezogen auf den VVaG. In Teil 2, Kapitel 1, Abschnitt 3 enthält das VAG nunmehr in den §§ 23–34 Regelungen, die unmittelbar auf die Führung der Versicherungsunternehmen einwirken und damit Bestimmungen enthalten, die als zwingendes Recht dem Gesellschaftsrecht vorgehen und unabhängig von der Rechtsform Gültigkeit haben. Das Gesetz spricht dort von „Versicherungsunternehmen" oder „Unternehmen". Die zentrale Norm ist § 23 VAG, der die allgemeinen Anforderungen an die Geschäftsorganisation enthält. Zu diesen, eine gute Führung durch die Versicherungsunternehmen durch allgemeine aufsichtsrechtliche Standards sicherstellenden Regeln, gehört nach § 132 VAG auch die Feststellung und Anzeige einer sich verschlechternden finanziellen Lage. **121**

Da die Versicherungsunternehmen grundsätzlich vergleichbaren Risiken unterliegen, rechtfertigen sich solche generellen, unabhängig von der Rechtsform die Unternehmen verpflichtenden Normen. Die Regelung in Teil 2, Kapitel 1, Abschnitt 3 gelten für die Einzelaufsicht eines jeden Versicherers. In **122**

[85] A. A. *Mutter* FS Stuttgarter Lebensversicherung, 2008, S. 101.
[86] *Mutter* FS Stuttgarter Lebensversicherung, 2008, S. 102.

Teil 5, Kapitel 2, Abschnitt 3 werden diese Regeln auf Gruppenebene für entsprechend anwendbar erklärt (§ 275 Abs. 1 S. 1 VAG) mit der Maßgabe, dass das Risiko- und das Kontrollsystem sowie das Berichtssystem so konzipiert sein müssen, dass sie auf Gruppenebene gesteuert und kontrolliert werden können (§ 275 Abs. 1 S. 2 VAG). Dies erfordert eine Aggregierung der Systeme und Harmonisierung.

123 **VII. Steuerrechtliche Besonderheiten im VVaG-Unternehmensrecht. 1. Körperschaftssteuer.** VVaG sind grundsätzlich unbeschränkt körperschaftssteuerpflichtig (§ 1 Abs. 1 Nr. 3 KStG). Beschränkt steuerpflichtig sind vorwiegend Niederlassungen ausländischer VersUnternehmen mit ihren inländischen Einkünften (§ 2 KStG).

Pensions-, Sterbe-, Kranken- und Unterstützungskassen sind unter bestimmten Voraussetzungen von der Körperschaftssteuer befreit (§ 5 Abs. 1 Nr. 3 KStG). Zu den Einschränkungen der Steuerfreiheit vgl. § 6 KStG und §§ 1–3 KStDVO. Kleinere VVaG sind unter den Voraussetzungen des § 5 Abs. 1 Nr. 4 KStG von der Körperschaftssteuer befreit. Die mögliche Steuerbefreiung des Pensionssicherungs-Vereins aG ist in § 5 Abs. 1 Nr. 15 KStG geregelt. Zur Befreiung öffentlich-rechtlicher VersUnternehmen, die nur bestimmten Berufsgruppen zum Zweck der Vorsorge Dienstleistungen anbieten, vgl. § 5 Abs. 1 Nr. 8 KStG.

124 Der Körperschaftssteuersatz für einbehaltene Gewinne wurde ab Veranlagungszeitraum 1994 von 50 auf 45 % und für ausgeschüttete Gewinne von 36 auf 30 % gesenkt (§§ 23 Abs. 1 und 27 Abs. 1 KStG). Der ermäßigte Körperschaftssteuersatz für VVaG ist von 46 auf 42 % abgesenkt worden (§ 23 Abs. 2 S. 1 i. V. m. § 1 Abs. 1 Nr. 3 KStG). Mit dem StEntlG v. 24.3.1999[87] wurde der allgemeine Steuersatz auf 40 % gesenkt, der u. a. für VVaG ermäßigte Steuersatz entfiel. Lässt man die einjährige Ausnahme für den Veranlagungszeitraum 2003 (Flutopfersolidaritätsgesetz vom 19.9.2002, BGBl I 02 S. 3651) außer Betracht, gilt ab Veranlagunszeitraum 2001 rechtformunabhängig sowohl für thesaurierte als auch für ausgeschüttete Gewinne von Versicherungsgesellschaften der Satz von 25 % (§ 23 Abs. 1 KStG vom 23.10.2000).[88]

125 **2. Umsatzsteuer.** Verschiedene Umsätze eines VersUnternehmenes bilden die Bemessungsgrundlage im Umsatzsteuergesetz (UStG) bzw. im Versicherungssteuergesetz (VersStG) oder im Feuerschutzsteuergesetz (FeuerSchStG).

Die versicherungstechnischen Umsätze werden grundsätzlich mit Versicherungssteuer, teilweise zusätzlich mit Feuerschutzsteuer belastet, die nicht-versicherungstechnischen Umsätze sind Gegenstand der Besteuerung durch das UStG bzw. im Falle von Grundstücksgeschäften im GrEStG. EU-weit gilt die Regelung, dass das Recht zur Besteuerung von Versicherungsprämien mit solchen indirekten Steuern und steuerähnlichen Abgaben ausschließlich dem Mitgliedstaat zugewiesen ist, in dem das Risiko belegen ist (Art. 46 Abs. 2 RL 92/49/EWG v. 18.6.1992[89] und Art. 44 Abs. 2 RL 92/96 EWG v. 10.11.1992.[90] Durch das EWR-AusführungsG v. 27.4.1993[91] gilt dies seit dem 1.1.1994 auch für das VersSteuerG und das FeuerschStG auch im Verhältnis zu sämtlichen Vertragsstaaten des EWR. Die im Inland ausgeführten Umsätze von VersUnternehmen sind grundsätzlich nach § 1 Abs. 1 UStG steuerpflichtig. Der weit überwiegende Teil dieser Umsätze ist jedoch nach § 4 UStG umsatzsteuerbefreit, da sie unter das VersStG fallen (§ 4 Nr. 10a UStG) oder nach § 4 Nr. 8a, 10b, 11 oder 12 UStG steuerbefreit sind.

126 **3. Verdeckte Gewinnausschüttung. a) Entwicklung der Rechtspraxis.** Bis zur Steuerreform 1934 waren die VVaG bezüglich ihres Mitgliedergeschäfts praktisch steuerfrei. Seither sind die Mitgliederbeiträge des VVaG steuerpflichtige Betriebseinnahmen. Die Kalkulation unzureichender Prämien kann zur Annahme einer verdeckten Gewinnausschüttung führen. Auf der Ebene der Beitragsrückerstattung (vgl. § 21 KStG) werden Gewinnausschüttungen auch bei den VVaG gewinnmindernd zugelassen, soweit sie aus Überschüssen des versicherungstechnischen Geschäfts herrühren und die ausgeschütteten Gewinnanteile damit wirtschaftlich den Charakter einer Rückzahlung übererhobener Versicherungsbeiträge haben (vgl. § 25 Abs. 2 Nr. 1 Erste KStDVO 1935; Abschnitt II. 3 I, 3 des Runderlasses des Reichsministers der Finanzen vom 25.7.1936.[92] Der RFH hat die Verrechnung verstechnischer Verluste mit nicht-verstechnischen Erträgen als Vorteile zugunsten der VVaG-Mitglieder aufgrund des Mitgliedschaftsverhältnisses angesehen und angenommen, dass ein ordentlicher und gewissenhafter Unternehmensleiter fremden Dritten solche Vorteile nicht gewährt hätte.[93] Somit läge eine verdeckte Gewinnausschüttung an die Mitglieder vor. Unter Vermischung der eigenständigen Institute „Verdeckte Gewinnausschüttung" und „Beitragsrückerstattung" hat das Gericht festgestellt, Beitrags-

[87] BGBl. 1999 I S. 402.
[88] BGBl. 2000 I S. 1433.
[89] ABl. 1992 L 228, 1.
[90] ABl. 1992 L 360, 1.
[91] BGBl. 1993 I S. 512 ff.
[92] RStBl. I 1936 I, 825. Ausdrücklich bestätigend: *BFH* Urt. v. 13.11.1991 - I R 45/90, BStBl. II 1992, 429 = BB 1992, 1406, 1408.
[93] *RFH* Urt. v. 21.4.1937, RStBl. 1937, 911; *RFH* Urt. v. 31.5.1938, RStBl. 1938, 821.

rückerstattungen von VVaG seien verdeckte Gewinnausschüttungen, soweit der Gesetzgeber die Beitragsrückerstattung nicht ausdrücklich für steuerlich abzugsfähig erklärt.[94]

Mit Urteil vom 14.7.1976 nimmt der BFH eine verdeckte Gewinnausschüttung ausnahmslos an, wenn in einem Geschäftsjahr nicht-verstechnische Erträge mit verstechnischem Aufwand verrechnet werden, auch wenn die Beiträge auf Dauer vielleicht ausreichend bemessen sein mögen (in ausdrücklicher Abkehr vom Urteil RFH vom 19.11.1940).[95]

Es ist aber unzutreffend, aus der Zuordnung der Kapitalerträge in der GuV eines Versicherers zum verstechnischen oder nicht-verstechnischen Ergebnis eine Abteilung für das Vorliegen einer verdeckten Gewinnausschüttung vorzunehmen.

In der Lebens- und in der privaten Krankenversicherung gehören die Erträge aus Kapitalanlagen ebenso wie in der Unfallversicherung mit Prämienrückgewähr und Haftpflichtversicherung wegen des zu bildenden Sicherungsvermögens konstruktiv zur verstechnischen Rechnung.[96] **127**

In anderen Zweigen der Schaden- und Unfallversicherung fehlt es zwar an einer solchen konstruktiven Verknüpfung, deshalb gehören dort die Kapitalerträge (bis auf eine Ausnahme in der Kfz-Versicherung) nicht zur verstechnischen Rechnung. Sie sollen dort je nach Ergebnisverlauf zur Disposition des Unternehmens stehen, das sie entweder – aus Schadenverlaufs- und Wettbewerbsgründen – zum Ausgleich der verstechnischen Rechnung benötigt oder zur Ausschüttung oder Eigenmittelzuführung verwendet.

b) Aktuelle Praxis. In **Abmilderung der höchstrichterlichen Rechtsprechung** hat das *BMF* mit Schreiben vom 24.11.1981[97] festgestellt, dass bei VVaG eine verdeckte Gewinnausschüttung nicht anzunehmen ist, wenn ein verstechnischer Verlust (nach Spartenausgleich) auf die folgenden drei Wirtschaftsjahre vorgetragen und mit verstechnischen Gewinnen dieser drei Jahre verrechnet wird. Mit Urteil vom 13.11.1991[98] hat der *BFH* die Verwaltungsregelung gemäß BMF-Schreiben vom 24.11.1981 als revisionsrechtlich bedenkenlos qualifiziert. In **teilweiser Abkehr** von der bisherigen Rechtsprechung ist danach für die Beurteilung einer verdeckten Gewinnausschüttung die Erhebung eines kostendeckenden Beitrags i. S. d. § 24 VAG a. F. entscheidend, wie ihn ein ordentlicher und gewissenhafter Kaufmann erheben würde. Der *BFH* führt darin unter anderem aus: **128**

„Zwar hat der erkennende Senat in seinem Urteil vom 11. Februar 1987 – I R 43/83 (BFHE 149, 217, BStBl. II 1987, 643) die Auffassung vertreten, die Annahme einer verdeckten Gewinnausschüttung i. S. d. § 8 Abs. 3 Satz 2 KStG 1984 setze die Beteiligung des Empfängers an der die Leistung gewährenden Körperschaft i. S. d. § 20 Abs. 1 Nr. 1 des Einkommensteuergesetzes (EStG) voraus. An dieser Auffassung hat er jedoch schon im Urteil vom 9.8.1989 – I R 4/84 (BFHE 158, 510, BStBl. II 1990, 237) nicht mehr festgehalten. Er hat stattdessen darauf abgestellt, ob die eintretende Vermögensminderung bzw. verhinderte Vermögensmehrung geeignet ist, einen Vermögensvorteil für denjenigen auszulösen, der über Mitgliedschaftsrechte oder mitgliedschaftsähnliche Rechte den Einfluss auf die der Körperschaftsteuer unterliegende Person hat. Diese Grundsätze gelten für einen VVaG entsprechend. Die Mitglieder des VVaG haben über ihre Teilhaberrechte an der Verwaltung die Möglichkeit, Einfluss auf den VVaG zu nehmen. Vermögensminderungen, die durch derartige Einflussnahmen veranlasst sind, dürfen das Einkommen (den Gewinn) des VVaG nicht mindern. Sie sind steuerrechtlich als verdeckte Gewinnausschüttungen i. S. d. § 8 Abs. 3 S. 2 KStG 1984 zu beurteilen, ohne dass es darauf ankommt, ob die Mitglieder einen Anspruch auf einen Anteil an dem jährlichen Überschuss (§ 38 VAG) bzw. an einem Liquidationsüberschuss (§ 48 Abs. 2 VAG) haben. (…) **129**

Die im Mitgliedergeschäft erhobenen Beiträge müssen gemäß § 24 VAG so bemessen sein, dass sie die gesamten Ausgaben des VVaG abdecken. Erhebt deshalb ein VVaG im Mitgliedergeschäft keine kostendeckenden Beiträge (Vorbeiträge, Nachschüsse oder Umlagen), so entspricht dieses Verhalten nicht der gesetzlichen Konzeption des VVaG. Ein ordentlicher und gewissenhafter Geschäftsleiter des VVaG würde kostendeckende Beiträge erheben. Der Verzicht auf kostendeckende Beiträge im Mitgliedergeschäft ist daher eine durch das Mitgliedschaftsverhältnis veranlasste verhinderte Vermögensmehrung. Sie ist steuerrechtlich als verdeckte Gewinnausschüttung i. S. d. § 8 Abs. 3 Satz 2 KStG 1984 zu beurteilen."

In der vorgesehenen Frist im BMF-Rundschreiben vom 24.11.1981 (Verlustausgleich innerhalb von drei Wirtschaftsjahren) sieht der BFH in dem genannten Urteil „eine unter Billigkeitsgesichtspunkten erlassene Fristenregelung, die ausschließlich zugunsten der VVaG wirkt und deshalb revisionsrechtlich keinen Bedenken unterliegt". **130**

Hierzu ist anzumerken, dass **mit einer sorgfältigen Beitragskalkulation eine systematische Einbeziehung von nichttechnischen Erträgen in der Schadensversicherung (cash flow underwriting) sicherlich nicht zu vereinbaren ist**. **131**

[94] *BFH* Urt. v. 13.3.1963 – I 248/61 U, BStBl. III 1963, 244, 246 linke Spalte.
[95] *RFH* Urt. v. 19.11.1940, RStBl. 1941, 75; *BFH* Urt. v. 14.7.1976 – I R 239/73, BStBl. II 1976, 731.
[96] *Schloßmacher* DB 1999, 1573 ff.
[97] DB 1981, 2517.
[98] *BFH* Urt. v. 13.11.1991 – I R 45/90, BStBl. II 1992, 429.

Die Argumentation des *BFH*, ein VVaG müsse bei der Deckung von Verlusten mit Erlösen aus dem nicht-versicherungstechnischen Geschäft so behandelt werden, als ob er den Überschuss aus dem nichtverstechnischen Geschäft an seine Mitglieder ausgeschüttet und anschließend von diesen gleich hohe Nachschüsse zur Deckung eines Verlusts im versicherungstechnischen Geschäft erhoben hätte; ist lebens- und marktfremd. Diese Sichtweise entspricht nicht der üblichen Herangehensweise an die Beitragskalkulation bei Schadensversicherern unabhängig von der Rechtsform.

132 Mit der Einordnung der Dreijahresfrist als einer Billigkeitserwägung entsprechend, übersieht der BFH, dass es in der Versicherungsbranche das Phänomen des **Ausgleichs in der Zeit** gibt. Dann ist aber die Einräumung einer Frist zum Abbau des Verlustes keine Billigkeitserwägung sondern sachlogisch notwendig.

133 Die **Kapitalanlage ist dem Versicherungsgeschäft immanent** – weil zwischen Prämieneinnahme und Zahlung im Versicherungsfall in der ganz überwiegenden Zahl der Versicherungsverträge eine Zeitspanne liegt. Dieser Zeithorizont ist in der Schaden- und Unfallversicherung tendenziell kurzfristig (demgemäß ist auch der Umfang der Kapitalanlagen von Schaden- und Unfallversicherern eher geringer) und in der Lebens- und Krankenversicherung tendenziell längerfristig.

Es kommt eben darauf an, ob die durch Kapitalanlagen üblicherweise in der Versicherungsbranche erzielbaren Erträge noch als Teil der zur Finanzierung der Aufwendungen für Versicherungsfälle angesehen werden können oder aber ob schon von fehlender Aufwandsdeckung zu sprechen ist, wenn der Beitrag als solcher (ohne Hinzuziehung der Kapitalerträge) nicht zur Deckung von Versicherungsleistungen reicht. Da aber die Kapitalerträge aus der Summe der geleisteten nicht verbrauchten Versicherungsbeiträge resultieren, sind sie eindeutig dem Versicherungsverhältnis zuzuordnen und nicht der Mitgliedschaft. Etwas anderes käme nur in Betracht, wenn die Mitglieder eines VVaG neben dem Versicherungsbeitrag einen hiervon unabhängigen Mitgliedsbeitrag entrichten würden.

134 Die Oberfinanzdirektion Frankfurt am Main hat mit Verfügung vom 29.4.1997[99] grundsätzlich an der Rechtsprechung des *BFH* festgehalten. Zur Ermittlung einer verdeckten Gewinnausschüttung sind danach folgende Berechnungen anzustellen:

- „Berechnung des versicherungstechnischen Überschusses für die zusammengefassten Versicherungssparten.
- Zinszuführung zum Deckungskapital bzw. Deckungsrückstellung und zur Schwankungsrückstellung sind auf der Einnahmeseite der Überschussrechnung zu berücksichtigen.
- Der Überschuss ist um den Netto-Kapitalertrag zu erhöhen, der durchschnittlich aus der einjährigen Kapitalanlage von 75 v. H. der liquiden Bruttoeigenbehaltsprämie des Geschäftsjahres erzielt wird.
- Ein danach noch verbleibender Verlust kann auf die folgenden fünf Wirtschaftsjahre vorgetragen werden. Er ist jeweils in Höhe des Vortrags bei der Berechnung des Überschusses des Folgejahres zu berücksichtigen.

Der am Ende des fünften Wirtschaftsjahres noch nicht verrechnete Verlust des VVaG ist in diesem Jahr als verdeckte Gewinnausschüttung anzusetzen. Die Berechnung der abziehbaren Beitragsrückerstattung nach § 21 KStG bleibt beim VVaG von dem Verfahren der Feststellung einer verdeckten Gewinnausschüttung unberührt."

Damit trägt die Finanzverwaltung in gewissem Umfang der Tatsache Rechnung, dass zwischen Beitragseinnahme und Schadenszahlung eine Zeitspanne liegt und durch die Einräumung der Fünfjahresfrist wird dem Gedanken des Ausgleichs in der Zeit besser Rechnung getragen.

135 **c) Abschließende Stellungnahme.** Durch die vollständig eingeführte Dienstleistungsfreiheit im Europäischen Wirtschaftsraum sind angesichts des Margendrucks verstärkt Verlustphasen im verstechnischen Geschäft zu befürchten.

Letztlich reduziert sich das Problem auf die Frage, warum in den Schadenversicherungszweigen VersAGs ohne steuerrechtliche Probleme mit Schadenquoten (combined ratios) > 100 % arbeiten können, bei VVaG bei solchen Ergebnissen aber durch den Verlustausgleich mit Hilfe von Kapitalerträgen steuerrechtliche Nachteile verbunden sein sollen. Die **Wettbewerbssituation und die Unvorhersehbarkeit** der Schadenverläufe führen immer wieder zu solchen Unternehmensergebnissen unabhängig von der Rechtsform der Versicherer. Für die Frage, ob eine verdeckte Gewinnausschüttung i. S. v. § 8 Abs. 3 S. 2 KStG (bei VVaG verhinderte Vermögensmehrung) gegeben ist, kommt es auf die durch einen **Branchenvergleich zu ermittelnde Angemessenheit des technischen Verlustes** an. Nur wenn ein VVaG planmäßig gegen den Grundsatz der Ausgabendeckung durch Erhebung ausreichender (marktüblicher) Vorausbeiträge in der Weise verstößt, dass der VVaG die Vorausbeiträge offensichtlich systematisch abweichend von dem branchenüblichen Spektrum ansetzt und damit planmäßig in branchenunübliche, technische Verluste hineingerät, kann eine VGA vorliegen. Dabei ist als Maßstab die im Markt bedarfsübliche – auf Besonderheiten des Kundensegments des VVaG eingehende – Prämie heranzuziehen. Verhalten sich die Beiträge/Verluste in der branchenüblichen Höhe, liegt kein durch das Mitgliedschaftsverhältnis veranlasste, die Mitglieder begünstigender Tatbestand vor. Geschäfts-

[99] Az. S-2775A-12-St II 10.

leiter eines VVaG, die darauf achten, dass ihr Unternehmen wettbewerbsfähige Beiträge erhebt, sichern den Bestand des Unternehmens und verhalten sich wie ein ordentlicher und gewissenhafter Geschäftsleiter.[100] Dem Element der Wettbewerbsfähigkeit bei der Prämienfestsetzung kommt bei den VVaG, soweit sie im Massengeschäft tätig sind, das maßgebliche Beurteilungskriterium zu.[101] **Geschäftsleiter, die sich wettbewerbsorientiert bei der Prämienfestsetzung verhalten, entsprechen dem Bild des ordentlichen und gewissenhaften Geschäftsleiters, auch wenn das versicherungstechnische Gesamtergebnis mit einem Verlust abschließt.** Es muss dabei den markstrategischen Unternehmenszielen vorbehalten bleiben, ob ein Versicherer im Rahmen der aufsichtsrechtlichen Rahmenbedingungen die eine oder andere Sparte umsatzmäßig stärker fördern möchte. Da durch zahlreiche steuerrechtliche Eingriffe das Steuerergebnis der Steuerbilanz ein fiskalisch erwünschtes aber nicht immer ein kaufmännisch verantwortbares Ergebnis darstellt, kann sich ein Indiz für das Vorliegen einer verdeckten Gewinnausschüttung nur aus dem handelsrechtlichen, versicherungstechnischen Ergebnis herleiten lassen.[102] Gehören aber die Kapitalerträge aufgrund der zeitlichen Differenz zwischen Prämienvereinnahmung und Schadenszahlung zwangsläufig zum Herstellungsprozess Versicherung, so müssen diese Zinserträge im Rahmen einer verantwortungsbewussten Unternehmensführung auch zum Verlustausgleich eingesetzt werden können. Jede an der Rechtsform festmachende Differenzierung ist dabei abzulehnen. Demzufolge ist auch die Praxis der Finanzverwaltung abzulehnen.[103] Längst geht es heute nicht mehr darum, dass sich ein VVaG durch „willkürliche" Beitragsrückerstattung körperschaftssteuerlich „arm" oder „auf Null" rechnet, sondern darum, was im Rahmen des Wettbewerbs als Ergebnis zugelassen wird und im Rahmen der Eigenmittel-Innenfinanzierung als Zuführung zur Solvabilität notwendig ist.[104]

Schließlich bleibt grundsätzlich festzuhalten, dass Kapitalerträge aus nicht für Versicherungsfälle verbrauchten Beiträgen nicht dem Mitgliedschaftsverhältnis sondern dem Versicherungsverhältnis zuzuordnen sind. **136**

4. Steuerrechtliche Besonderheiten im VVaG-geführten Konzern. a) Organschaft. Bestehen zwischen zwei Unternehmen besonders enge – über eine beherrschende Beteiligung hinausreichende – Verbindungen, so können Einkommen und Umsätze dem Träger der Organgesellschaft (Organträger) unter bestimmten Voraussetzungen zuzurechnen sein. **137**

Ab dem Veranlagungszeitraum 2002 waren Lebens- und Krankenversicherungsunternehmen gem. § 14 Abs. 2 KStG a. F. als Obergesellschaften nicht mehr zugelassen. Diese Regelung zielte insbesondere darauf ab, mittels der in einer Organschaft gegebenen Verrechnung von Gewinnen der einen mit Verlusten der anderen Gesellschaft im Falle von Versicherungskonzernen die steuerliche Zusammenfassung der gewinnträchtigen Sachversicherung und verlustbringenden Lebens- und Krankenversicherungsunternehmen zu vermeiden.[105] Hiergegen hatte der GDV wiederholt Bedenken auch verfassungsrechtlicher Natur mit Verweis auf mögliche Verstöße gegen Art. 19 und 3 GG vorgetragen.[106] **138**

Durch das JStG 2009 wurde § 14 Abs. 2 KStG ersatzlos gestrichen. Diese Änderung ist im Zusammenhang mit § 21 Abs. 1 Nr. 1 KStG erfolgt. Auf übereinstimmenden Antrag ist daher in o. g. Fällen eine Organschaft ab dem VA 2008 bereits möglich. Die **Voraussetzungen für die körperschaftsrechtliche und gewerbesteuerrechtliche Organschaft** sind in den §§ 14, 17, 18 KStG und 2 GewStG geregelt; die Voraussetzungen für die umsatzsteuerrechtliche Organschaft finden sich in § 2 Abs. 2 Nr. 2 UStG. Die Organschaftsvoraussetzungen knüpfen an dem tatsächlichen Bild zweier miteinander auf gesellschaftsrechtlicher Ebene verbundener Unternehmen an und zwar dergestalt, dass – je nach Organschaftsrecht – eine mehr oder weniger ausgeprägte Unselbständigkeit der Organgesellschaft vorliegen muss. Diesen Voraussetzungen können VVaG auf der Ebene des Gleichordnungskonzerns nicht entsprechen.[107] Die jeweils erforderliche unterschiedlich starke finanzielle Eingliederung ist nicht darstellbar. Eine vom BFH[108] trotz teilweise fehlender finanzieller Eingliederung ausnahmsweise bei vollständiger wirtschaftlicher und organisatorischer Eingliederung anerkannte umsatzsteuerliche Organschaft scheidet aus, da die Beherrschung der Mitglieder(vertreter)versammlung eines VVaG durch einen anderen VVaG aufsichts- und gesellschaftsrechtlich nicht möglich ist und regelmäßig auch nicht gewollt ist. **139**

Für die **umsatzsteuerrechtliche Organschaft** müssen also nach wie vor die „klassischen" Voraussetzungen, nämlich finanzielle, wirtschaftliche und organisatorische Eingliederung der Organgesellschaft in den Organträger gegeben sein.[109] Das Steuerrecht zieht bislang keine Konsequenzen daraus, dass **140**

---

[100] Vgl. *BFH* Urt. v. 13.11.1991 – I R 45/90, BStBl. II 1992, 429.
[101] *Schlossmacher* DB 1999, 1573 ff.
[102] A. A. *Görg* VW 2001, 1733 ff.; *Punken/Vollert* VW 2002, 27.
[103] *Benkel* S. 255 (Fn. 180).
[104] Vgl. zur Problematik *GDV,* Rundschreiben 1301/1999 v. 29.6.1999 – Z1 AI 5.
[105] Loseblattsammlung *Walter* in: EY, KStG-Kommentar, Stand: Oktober 2016, § 14, Rn. 58.1.
[106] *Pezzer* in: Tipke/Lang, Steuerrecht, 17. Aufl. 2002, § 11 Rn. 114.
[107] Vgl. *Weigel/Baer* VersR 1993, 777.
[108] *BFH* Urt. v. 23.4.1994 – V 184/61 U, BStBl. III 1964, 346 zum Genossenschaftsrecht.
[109] *Kressenbrock* in: Kessler/Kröner/Köhler, Konzernsteuerrecht, 2004, § 6 Anm. 4 und 29 ff.

Gegenseitigkeitsgesellschaften nur auf der Ebene der Gleichordnung Organisationsformen finden können, mit der eine konzernmäßige Verbindung erreichbar ist. Insofern ist zu fordern, dass die Regelungen der umsatzsteuerlichen Organschaft für alle Versicherungssparten für VVaG jedenfalls dann anwendbar sein müssen, wenn sie mit dem Ziel einer dauerhaft engen Verbindung im Rahmen eines Gleichordnungskonzerns Leistungen austauschen; andernfalls unterliegen Konzerne, an denen VVaG beteiligt sind, steuerlich erheblichen Wettbewerbsnachteilen im Vergleich zur Konzernbildung bei VersAG. Das ist im Hinblick auf die betriebswirtschaftlich analoge Situation für VVaG unter verfassungsrechtlichen Aspekten nicht hinnehmbar. Selbst wenn man die VVaG & Co. KGaA als zulässige Rechtsform eines Versicherers akzeptierte[110] wird hierdurch das Austauschverhältnis zwischen gleichgeordneten VVaG und ihren Tochterunternehmen nicht geregelt.[111] Einmal kann die von Baumann in den VVaG als eingegliedert angesehene GmbH & Co. KGaA selbst kein Versicherungsgeschäft betreiben, zum anderen ist im Gleichordnungskonzern keine Eingliederung dieser GmbH & Co. KGaA bei den übrigen VVaG möglich; es wird also jeweils nur einen Organträger – den Komplementär-VVaG – geben, die übrigen zum Gleichordnungskonzern gehörenden VVaG können an der Organgesellschaft (KGaA) keine Organträgerstellung erlangen.[112]

141 Zwar ist es nach höchstrichterlicher Rechtsprechung zulässig, dass nicht alle Eingliederungsvoraussetzungen gleich stark ausgeprägt sind und daher eine stärker ausgeprägte Eingliederung eine andere schwächer ausgeprägte Eingliederung kompensieren kann.[113] Gleichwohl reicht diese Kompensationsmöglichkeit nicht soweit, dass zwei stark ausgeprägte Eingliederungen eine gar nicht vorhandene kompensieren könnten.[114] Daher sind in den vorbezeichneten Fällen auch dann keine umsatzsteuerlichen Organschaften gegeben, wenn stark ausgeprägte organisatorische und wirtschaftliche Eingliederungen bestehen, jedoch keine finanzielle Eingliederung vorliegt.

142 Auch die **öffentlich-rechtlichen Wettbewerbsgesellschaften** sind in ihrer Kooperationsfähigkeit mit Gesellschaften des gleichen Rechtstypus oder auch VVaG umsatzsteuerrechtlich behindert. Ziel der Rechtsfortbildung muss sein, bei dauerhaften konzernmäßigen Verbindungen von VVaG und öffentlich-rechtlichen Wettbewerbsversicherern die Innenumsätze umsatzsteuerfrei zu stellen. Es ist nicht haltbar, dass diese Formen bei einer aus der Spartentrennung heraus notwendigen Zusammenarbeit der 19%igen Umsatzsteuer unterliegen oder ausschließlich auf komplizierte Rechtskonstruktionen wie Mehrfacharbeitsverhältnisse verwiesen sind. Es fehlt auch eine Regelung, die **eine organschaftliche Einbindung der von mehreren VVaG gemeinsam gehaltener Tochterunternehmen** zulässt. Zu erwägen wäre die Anerkennung einer umsatzsteuerlichen Organschaft für den Fall, dass im Wege des Gleichordnungskonzerns verbundene VVaG zusammen mehrheitlich die Anteile an Tochterunternehmen halten. Wegen der möglichen unterschiedlichen Finanzkraft und Größe der die Beteiligung gemeinschaftlich haltenden VVaG ist das Erfordernis einer jeweils gegebenen 50%-Beteiligung abzulehnen.[115]

143 **b) Bewertungsrechtliches Schachtelprivileg; gewerbesteuerrechtliches Schachtelprivileg.** Das Schachtelprivileg nach § 102 BewG wurde durch das Gesetz zur Fortsetzung der Unternehmenssteuerreform vom 29.10.1997[116] mit Wirkung ab 1.1.1998 aufgehoben. Das gewerbesteuerrechtliche Schachtelprinzip nach § 9 Nr. 2a S. 5, Nr. 7 S. 8 GewStG findet auf VVaG als Lebens- bzw. Krankenversicherer und Pensionsfonds, die als Gleichordnungskonzern miteinander „verbunden" sind, keine Anwendung, da von VVaG stammende Gewinne nicht bei dem empfangenden VVaG gekürzt werden dürfen.[117] Allerdings dürften solche Gewinnströme auch höchst selten vorkommen.

144 **c) Körperschaftssteuerliches Anrechnungsverfahren; Halbeinkünfteverfahren.** Das mit der Körperschaftssteuerreform 1977 eingeführte Anrechnungsverfahren[118] konnte im Verhältnis von VVaG zueinander nicht angewandt werden, da es eine Beteiligungs- und Ausschüttungssituation voraussetzt. Aus demselben Grund kann auch das Halbeinkünfteverfahren im Verhältnis von VVaG untereinander (z. B. im Gleichordnungskonzern) nicht zur Anwendung kommen. Das die Miteigentümerschaft begründende Verhältnis an einem VVaG kann nur durch Abschluss eines Versicherungsvertrags begründet werden.[119] Auch die neue Regelung nach Art. 3 Ziff. 2c (betr. § 8b Abs. 8 KStG) des Gesetzes zur Umsetzung der Protokollerklärung der Bundesregierung zur Vermittlungsempfehlung zum Steuerver-

---

110 Vgl. *Schlossmacher* VW 1999, 1758 ff.; *Baumann* VW 2000, 1117)

111 *Görg,* Steuerliche Sonderprobleme von VVaG, in: Grundlagen des Versicherungsvereins auf Gegenseitigkeit, 1995, S. 245; *Piojda,* Marktadäquate Konzernstrukturen bei Versicherungsvereinen auf Gegenseitigkeit, 1997, S. 101.

112 *Diehl* VW 2000, 110 ff.; *Mohr* VW 1995, 150 ff.

113 *BFH* Urt. v. 29.10.2008 – XI R 74/07, DB 2009, 37 ff.

114 *BFH* Urt. v. 3.4.2008 – XI R 74/07, DB 2008, 1544 ff.

115 *Görg* Steuerliche Sonderprobleme von VVaG S. 235, 238 ff.; *Peiner* VW 1992, 920, 923 ff.; *ders.* VW 1993, 697, 698 ff.; *Schirmer* FS Farny, 1994, S. 391, 409 ff.

116 BGBl. 1997 I S. 2590.

117 Zu den zulässigen Unternehmensformen vgl. *Glanegger/Güroff/Selder/Penker,* Gewerbesteuergesetz, 5. Aufl. 2002, § 9 Nr. 2a Rn. 2.

118 Dazu *Weigel/Baer* VersR 1993, 777 f.

119 Zum Anrechnungsverfahren und Halbeinkünfteverfahren vgl. *Streck,* Körperschaftssteuergesetz, 6. Aufl. 2003, Vor § 1 Ziff. 15 ff.

günstigungsabbaugesetz vom 22.12.2003 – „Korb II" –[120] findet auf VVaG untereinander keine Anwendung. Dies gilt unverändert ab Einführung des Halbeinkünfteverfahrens.

d) Die lohnsteuerrechtliche Behandlung von Mehrfacharbeitsverhältnissen. Aus umsatzsteuerrechtlichen Gründen werden im VVaG-Gleichordnungskonzern häufig Mehrfacharbeitsverhältnisse mit der Folge mehrerer Lohnsteuerkarten und dem Lohnsteuerabzug nach Steuerklasse VI auf die weiteren Beschäftigungsverhältnisse abgeschlossen. Mit dem Steueränderungsgesetz 2003[121] wurde § 38 EStG ergänzt und geändert. Nach § 38 Abs. 3a EStG wird nun bei mehreren Beschäftigungsverhältnissen (z. B. in einem Konzern) auf Antrag und mit jeweiliger Zustimmung des Finanzamtes des Arbeitgebers und des Dritten die Durchführung des Lohnsteuerabzugs über eine einzige Lohnsteuerkarte durch einen Dritten (weiterer Arbeitgeber) möglich. Hiermit wird die Administration und Akzeptanz von Mehrfacharbeitsverhältnissen im VVaG-Gleichordnungskonzern erleichtert. **145**

VIII. Entwicklungstendenzen und Ausblick. 1. Europäische Gegenseitigkeitgesellschaft; Gegenseitigkeitsverein. Die EG-Kommission hat vor geraumer Zeit einen geänderten Vorschlag für eine Verordnung (EWG) des Rates über das Statut einer Europäischen Gegenseitigkeitsgesellschaft vorgelegt,[122] daneben einen geänderten Vorschlag für eine Richtlinie des Rates zur Ergänzung des Statuts der Europäischen Gegenseitigkeitsgesellschaft hinsichtlich der Rolle der Arbeitnehmer.[123] Die dem Projekt zugrunde liegende Idee, „für die in allen Mitgliedstaaten gemeinhin anerkannten Gegenseitigkeitsgesellschaften angemessene rechtliche Instrumente zur Verfügung zu stellen, die eine Entwicklung ihrer länderübergreifenden Tätigkeiten fördern können" (vgl. die Erwägungsgründe im dritten Absatz), wird dadurch beeinträchtigt, dass sich der Gesetzestext an dem **Leitbild kleiner Gegenseitigkeitsgesellschaften**, die wohl am wenigsten länderübergreifende Aktivitäten entwickeln, orientiert (z. B. Verbot der Bezahlung der Verwaltungsorgane, Generalversammlung der Mitglieder ohne Möglichkeit der Bildung einer Mitgliedervertreterversammlung). Bezüglich der **Finanzierungsmöglichkeiten** verweist Art. 45 lediglich auf das nationale Recht. Vorschriften zur Konzernbildung fehlen. **146**

Anhang I sieht als juristische Personen, die eine EUGGES gründen können, für Deutschland auch die gesetzlichen Krankenkassen gemäß dem Sozialgesetzbuch (SGB V) und die Berufsgenossenschaften gem. §§ 545, 632, 719a, 762 RVO vor. Die **Aufnahme kollektiver Sozialversicherungsträger**, die auf dem System der Zwangsmitgliedschaft basieren und Aufgaben der staatlichen Daseinsvorsorge wahrnehmen, in den Kreis der Gründungsmitglieder der EUGGES ist jedoch im Hinblick auf eine Wettbewerbsverzerrung im Verhältnis zu den Privatversicherern abzulehnen. Die Sozialversicherungsträger haben qua Gesetz bestimmte Aufgabenfelder zugewiesen erhalten, in denen sie sowohl was ihre Mitgliedschaft als auch ihre Dienstleistungserbringung anbelangt, zwar untereinander im Wettbewerb stehen. Keinesfalls wäre es aber unbedenklich, wenn Sozialversicherungsträger auf der Grundlage ihrer gesetzlich begründeten Mitgliedschaftsverhältnisse in eine Wettbewerbssituation zu Privatversicherern eintreten könnten, denn dann müssten sie auch den essentiellen Regularien der Privatversicherer (z. B. der Eigenmittelausstattung) unterworfen werden. Den Privatversicherern ist verwehrt, sich auf dem Feld der Sozialversicherung zu betätigen; dies muss auch in die andere Richtung für die Sozialversicherungsträger gelten. Insgesamt ist der vorliegende Entwurf nicht geeignet, ein praktikables Instrument für große länderübergreifende VVaG abzugeben. Bis heute kann nicht abgeschätzt werden, wann die Europäische Kommission durch Verabschiedung eines praxisfähigen Statuts für den Europäischen Gegenseitigkeitsverein (ME) gleiche Wettbewerbsbedingungen für diese Rechtsform herstellt. Der GDV hat als Antwort auf einen Fragebogen der *High Level Group of Company Law Experts* zur Europäisierung des VVaG ausgeführt: „Zwischenzeitlich ist vom Rat auch die Verordnung über die Europäische Aktiengesellschaft erlassen worden, sodass schon allein um eine Wettbewerbsgleichheit der Versicherungsvereine auf Gegenseitigkeit gegenüber den Versicherungsaktiengesellschaften zu schaffen, die Zurverfügungstellung einer praxisgerechten Rechtsgrundlage für eine europäische Rechtsform der Versicherungsvereine auf Gegenseitigkeit mehr als drängend ist."[124] **147**

2. Ausblick (Vorschläge zur Verbesserung der Rechtsform VVaG). Sinkende Marktanteile, ein weitgehend fehlender Zugang zum Kapitalmarkt und ein durch Verweis auf aktienrechtliche Vorschriften unselbständiges Gesellschaftsrecht, das den strukturell unterschiedlichen Interessen von Versicherten und Mitgliedern nur unzureichend Rechnung trägt, machen den VVaG vor dem Hintergrund des raschen und gravierenden Wandels der Rahmenbedingungen für Versicherer zu einer Rechtsform mit **148**

---

[120] BGBl. 2003 I 2840.

[121] BGBl. 2003 I 2645.

[122] ABl. 1993 C 236, 40.

[123] ABl. 1993 C 236, 56; *Präve* VW 1992, 466, 554 ff.; *Peiner* VW 1992, 920). Allgemein zum Statut der Europäischen Gegenseitigkeitsgesellschaft *Benkel* Diss. S. 493 ff.; *ders.* S. 320 ff.; *von Moltke* VW 1993, 688; *ders.*, Zukunftsentwicklungen – Der Entwurf der Kommission zum Statut der Europäischen Gegenseitigkeitsgesellschaft in Peiner, Grundlagen des VVaG, 1995, S. 285 ff.; *Müller*, Versicherungsbinnenmarkt, 1995, Rn. 203–219; *Müller-Wiedenhorn* S. 248 ff.; vgl. auch *Sammer/Mohr/Frels/Pophal* FS Gerhardt, 1975, 349 ff.

[124] *GDV*, Rundschreiben 1362/2002 v. 19.6.2002 – Fragebogen der European High Level Group of Company Law Experts.

eingeschränkten Reaktionsmöglichkeiten.[125] Hinzu kommt, dass die VVaG selbst meist wenig dazu beitragen, das Ideengut des VVaG im Versicherungsmarkt bewusst zu machen. Obwohl die VVaG aufgrund ihrer Rechtsform vor Übernahmen sicher sind, begünstigen die genannten Rahmenbedingungen eine in zeitlichen Abständen immer wieder aufkommende Diskussion über die Demutualisierung und den Charakter als Versicherungsverein auf Gegenseitigkeit weitgehend zurückdrängende Modifizierungen des VVaG hin zu einer mehr kapitalmarktfinanzierten Gesellschaftform (z. B. VVaG & Co.; KGaA mit dem VVaG als Komplementär oder durch Begebung von Gegenseitigkeit-Wertrechten).

149 Diesen Bemühungen steht entgegen, dass diese Konstruktionen nicht originär aus dem geltenden Gesellschaftsrecht des VVaG entwickelt werden können sondern eher wie juristische Krücken anmuten und in aller Regel gedankliche Anleihen bei anderen Rechtsformen suchen müssen. Es fehlt an einer rechtlich überzeugenden Struktur und Ausformung des Gegenseitigkeitsprinzips, das in seinen Ursprüngen kraft Überschaubarkeit glaubwürdig gelebt werden konnte, später dann aber Opfer der in größere Dimensionen hineingewachsenen Unternehmen wurde.[126]

150 In besonderer Weise macht sich auch **das Fehlen inhaltlicher Vorschriften bezüglich der Mitgliedschaft und ihre Wertbestimmung** nachteilig bemerkbar. Die Regelung im § 176 VAG beschränkt sich leider nur auf die Fixierung des Beginns und des Endes der Mitgliedschaft und schließt eine Mitgliedschaft ohne Abschluss eines Versicherungsverhältnisses aus, bleibt also bei formalen Beschreibungen der Mitgliedschaft stehen. Ein Ansatz inhaltlicher Bestimmung der Mitgliedschaft enthält § 177 VAG, § 201 VAG und § 13 Abs. 3 VAG (Gleichbehandlung, begrenzte Zulassung der Versicherung gegen festes Entgelt als Abgrenzung zur mitgliedschaftlichen Versicherung bzw. Barabfindung (bei Teil–) Verlust der Mitgliedschaft in Folge einer Bestandsübertragung). Dies macht deutlich, dass die Mitgliedschaft eine eigenständige, neben dem Versicherungsverhältnis bestehende Rechtsbeziehung begründet. Auch die an der Mitgliedschaft angebundenen Überschussregelungen nach den §§ 194, 205 Abs. 2, 207, 209 VAG sind als Teile einer inhaltlichen Regelung des Mitgliedschaftsrechts zu verstehen. Es handelt sich hierbei aber um weitgehend dispositive Regeln und ihre im Gesetz verstreute Ansiedlung macht die unsystematische Behandlung der der Mitgliedschaft innewohnenden Rechtsposition deutlich. Generell versäumt es der Gesetzgeber nun schon seit Jahrzehnten, das Gesellschaftsrecht des VVaG in einem eigenen Gesetz zu kodifizieren, stattdessen wächst die Zahl der an vielen Orten verteilten Verweisungen, was der Bedeutung des VVaG und der notwendigen Rechtsklarheit nicht gerecht wird.[127] Zielsetzungen und Inhalte der Versicherungsaufsicht haben sich im Laufe der Zeit in einer Weise gewandelt, dass rechtliche Regeln, die sich nur auf eine spezifische Rechtsform beziehen, überholt wurden. Auch wenn in der Rechtsform des VVaG nur eine beaufsichtigende Tätigkeit (das privatrechtliche Versicherungsgeschäft) getätigt werden kann, ist das Versicherungsaufsichtsrecht der falsche Platz, um ein Unternehmensrecht zu kodifizieren. Den zeitgemäßen Erfordernissen wird nur ein eigenständiges Gesetz gerecht.

151 Dem steht auch nicht entgegen, dass der VVaG seine Rechtsfähigkeit mit der Zulassung zum Geschäftsbetrieb erlangt bzw. existentiell von seinen Mitgliedern getragen wird. Nach § 13 Abs. 3 i. V. m. § 200 und § 201 Abs. 1 VAG stehen die Rechte aus der Mitgliedschaft unter besonderem aufsichtsrechtlichem Schutz. Auch bedarf der Auflösungsbeschluss eines VVaG nach § 198 Nr. 2 VAG der Genehmigung der Aufsichtsbehörde. Beim VVaG begegnen sich also im Prinzip der Gegenseitigkeit sowohl privatrechtliche unternehmerische Strukturen als auch aufsichtsrechtliche Schutztatbestände, die die VersAG so nicht kennt. Diese Spezialtatbestände rechtfertigen nicht, das Unternehmensrecht des VVaG im Aufsichtsrecht zu regeln.

152 Die bislang diskutierten Verbesserungsvorschläge zur Rechtsform des VVaG überzeugen nicht. Der richtige Ansatz wäre wohl am Träger des VVaG, dem Mitglied anzusetzen.

153 Beispielhaft für den Diskussionsstand seien hier die nachstehenden Überlegungen erwähnt.

154 Der **Verzicht auf** die in § 22 Abs. 4 S. 2 VAG a. F. **vorgesehene Tilgung des Gründungsstocks** wird von der h. M. abgelehnt, da der dauerhafte Bestand des prinzipiell als zeitlich begrenzt vorgesehenen Gründungsstocks dem Wesen der Gegenseitigkeit widerspreche.[128] Die Erhebung von **Eintrittsgeldern oder Aufnahmegebühren** ist aus Wettbewerbsgründen abzulehnen.[129] Die Ausgabe von **Geschäftsanteilen an außenstehende Dritte** nach dem Vorbild der schweizerischen Versicherungsgenossenschaften,[130] wobei zwischen kapitalmäßig interessierten Mitgliedern (Genossen) und rein schuldrechtlich interessierten Versicherungsnehmern unterschieden wird, begegnet Bedenken, da ein

[125] *Mohr,* Der VVaG braucht eine neue Rechtsform – Versicherungsvereine auf Gegenseitigkeit unter neuem Blickpunkt, VW 1999 150; *Fahl,* Corporate Governance im Versicherungsverein a. G., 2005, S. 255 ff.

[126] Siehe auch: *H. P. Westermann* NZG 2017, 921.

[127] *Bürkle* FS Stuttgarter Lebensversicherung, 2008, S. 223 m. w. N.; Müller/Wiedenhorn/*Wiedenhorn* S. 228.

[128] *Brenzel,* Der Versicherungsverein auf Gegenseitigkeit. Unternehmensform und Rechtsstruktur im Wandel, 1975, S. 93; *Schirmer,* Dieter Farny und die Versicherungswirtschaft, 1994, S. 391; *Benkel* Diss. S. 351, 355. Zur Auflegung eines Gewährstocks *Kalwar/Weigel* ZVersWiss 1980, 610; Kalwar Frankfurter Vorträge zum Versicherungswesen Heft 5 S. 15; *Reckhenrich,* Versicherungsunternehmen auf Gegenseitigkeit in Frankreich, 1987, S. 158; *Benkel* Diss. S. 358.

[129] *Kalwar/Weigel* ZVersWiss 1980, 604.

[130] Vgl. *Ullmann* VW 1969, 169.

solcher Verein nur schwer von der AG zu unterscheiden wäre.[131] Werden **Geschäftsanteile** nur an **VVaG-Mitglieder** ausgegeben, die spätestens mit Beendigung der Mitgliedschaft rückzahlbar sein sollen, so wären die Modalitäten eines Kündigungsrechts auch vor Beendigung der Mitgliedschaft zu klären, damit eine Anerkennung der Mittel als Eigenmittel in Betracht gezogen werden kann (z. B. analog wie bei nachrangigen Darlehen). **Die Einführung eines Grundkapitals** ist abzulehnen, da der VVaG damit in eine Kapitalgesellschaft umgestaltet würde.[132] Die **Schwankungsrückstellung** bei Schaden- und Unfallversicherern ist ebenfalls nicht geeignet, die Funktion von Auffangkapital zu übernehmen,[133] ihr kommt kein Eigenmittelcharakter zu. Die Ausgabe von **Genussrechten** erweist sich mitunter als ertragsschmälernd, da sich die aus dem aufgenommenen Kapital getätigten

Investitionen höher rentieren müssen als die Zinslast der Genussrechte.[134] Ob das durch strategische oder strukturelle Maßnahmen im Unternehmen positiv dargestellt werden kann, ist im Einzelfall zu prüfen. Ist dies nicht zu erreichen, geht die Bedienung der Zinslast der Genussscheine zu Lasten der Beteiligung der Mitglieder am Kapitalertrag. Dies könnte als Verstoß gegen den Grundsatz der Gegenseitigkeit gewertet werden. Andererseits könnte man hierin auch den Beitrag der Mitglieder zur finanziellen Stärkung des VVaG sehen und eine solche kompensatorische Betrachtung durchaus als mit dem Gegenseitigkeitsprinzip gedeckt ansehen, zumal, wenn die oberste Vertretung der Begebung der Genussrechte zugestimmt hat. Zu notwendigen satzungsmäßigen Voraussetzungen siehe die Kommentierung zu § 176 VAG.[135]

Durch Nr. 18 Buchstabe c cc und e Drittes DurchführungsG/EWG zum VAG vom 21.7.1994 (BGBl I 1630) wurde die Kapitalaufnahme gegen Aufnahme von **nachrangigen Verbindlichkeiten** rechtsformneutral als Eigenmittel anerkannt (§ 53c Abs. 3 Nr. 3a i. V. m. Abs. 3b und Abs. 3c VAG a. F.). Die in Art. 24 RL 92/94/EWG und Art. 25 RL 92/96/EWG anerkannte VVaG-spezifische Möglichkeit der Schaffung von s. g. **Mitgliederkonten**[136] hat der Gesetzgeber nicht aufgegriffen.[137] Zu denken ist weiterhin an die Ausgabe von **Gegenseitigkeitswertrechten**.[138] Generell ist zu sagen, dass die gemachten Reformvorschläge entweder schwerfällig zu realisieren sind, eine deutlich geringere Transparenz als Aktien aufweisen und den „Wertrechten" generell ein Markt fehlt, an dem es zu transparenten Preisfestsetzungen kommt. 155

In der Richtlinie 2014/51/EU vom 16.4.2014[139] wurde nunmehr in Anhang III Teil A, B und C denjenigen Mitgliedstaaten, die das Betreiben des Nichtlebensversicherungsgeschäfts, des Lebensversicherungsgeschäfts und des Rückversicherungsgeschäfts durch die Rechtsform einer Genossenschaft vorsehen optional das Recht eingeräumt, dies auch in der Rechtsform der Europäischen Genossenschaft (SCE) gemäß der Definition VO (EG) EG Nr. 1435/2003 zuzulassen. Schließlich ist im Hinblick auf die aktuelle Entwicklung auf das Dokument: „Application Paper on the Regulation and Supervision of Mutuals, Cooperatives and Community-based Organisations in increasing access to insurance Markets – Consultation Draft 16 June 2016 –," der International Association of Insurance Supervision hinzuweisen. 156

Rechtsfähigkeit

171 Ein Verein, der die Versicherung seiner Mitglieder nach dem Grundsatz der Gegenseitigkeit betreiben will, wird dadurch rechtsfähig, dass ihm die Aufsichtsbehörde erlaubt, als Versicherungsverein auf Gegenseitigkeit Geschäfte zu betreiben.

Übersicht

[131] *Brenzel* Fn. 83 S. 94; *Reckhenrich* Fn. 84 S. 156.
[132] Ebenso *Raiser* VW 77, 1276; *Benkel* Diss. S. 357.
[133] Vgl. *Weigel* VersR 1993, 1433.
[134] *Weigel* Fn. 89, 1437.
[135] Zu Genussscheinen mit Wertzuwachsvergütung *Frantzen*, Genussscheine, 1993, S. 120.
[136] Vgl. dazu *Schirmer* S. 394; *Weigel* VW 1993, 690, 692.
[137] Ablehnend schon *Fahr* VersR 1992, 1033, 1042.
[138] Vgl. *Weigel* VW 1992, 693 ff.; *ders.* VersR 1993, 1437 ff.; dazu *Schirmer*, FS Farny, 1994, 396.
[139] ABl. 2014 L 153, 1.

Schrifttum: *Angerer,* Dienstleistungen zwischen verbundenen Versicherungsunternehmen VW 1982, 1456 ff.; *Auchinleck/Komar/Mühlbauer,* Optionen für Versicherungsvereine: Demutualisieren oder restrukturieren?, VW 2002, 455 ff.; Bähr/*Wilm* § 20; *Baumann,* Der Versicherungsverein auf Gegenseitigkeit mit kooptierter Vertreterversammlung: Typenvermischung von Körperschaft und Stiftung, 1986; *ders.,* Unternehmenspolitik und Rechtsstrukturen der VVaG-Allfinanzkonzeptionen durch Kooperation und Konzern, Frankfurter Vorträge zum Versicherungswesen, Heft 15, 1986; *ders.,* Rechtliche Grundprobleme der Umstrukturierung von Versicherungsvereinen auf Gegenseitigkeit in Versicherungs-Aktiengesellschaften, VersR 1992, S. 905 ff.; *ders.* Re-Mutualisierung des VVaG: Neue gesellschaftsrechtliche Modelle gesucht: Die VVaG & Co. KG aA – eine Skizze aus wissenschaftlicher Sicht, VW 2000, S. 1117 ff.; *Benkel,* Der Versicherungsverein auf Gegenseitigkeit – Handbuch, 2002; *Brenzel,* Der Versicherungsverein auf Gegenseitigkeit. Unternehmensform und Rechtsstruktur im Wandel, 1975; *Büchner,* Der Begriff der Gegenseitigkeit und seine mehrfache Bedeutung im Versicherungswesen, ZVersWiss 1965, S. 435; *Farny,* Versicherungsbetriebslehre, 5. Aufl. 2011; *ders.,* Frankfurter Vorträge zum Versicherungswesen, Heft 13 1986; *Frommknecht,* Zur Geschichte der berufsständischenVVaG in: Peiner, Grundlagen des VVaG 1995, S. 76; *v. Gierke,* Die Versicherungsvereine auf Gegenseitigkeit nach deutschem Recht, 1942; *Goldberg/Müller,* Versicherungsaufsichtsgesetz und Bundesaufsichtsgesetz, 1980, § 15 Rn. 1; *Großfeld,* Der Versicherungsverein auf Gegenseitigkeit im System der Unternehmensformen, 1985; *ders.,* Wandel der Unternehmensverfassung, NZG 2005, 1 ff.; *Haasen,* Das Recht auf den Überschuss bei den privaten Versicherungsgesellschaften, 1955; *Hauth,* Unternehmensverfassungsrechtliche Probleme des Versicherungsvereins auf Gegenseitigkeit, 1984; *Heidelbach,* Der kleinere Versicherungsverein auf Gegenseitigkeit, 1994; *Hübner,* Zur Einordnung von Mitgliedschaft und Versicherungsverhältnis beim Versicherungsverein auf Gegenseitigkeit in: Peiner,Grundlagen des Versicherungsvereins auf Gegenseitigkeit, 1995, S. 158 ff.; *Kagelmacher,* Dienstleistungsverträge und Funktionsausgliederungen im Versicherungsaufsichtsrecht, 1989; *Kalwar,* Der Versicherungsverein auf Gegenseitigkeit in der Bundesrepublik Deutschland – Historische Entwicklung, wirtschaftliche Bedeutung und zukünftige Tendenzen, Mutualite 1984, S. 79 ff.; *Kisch,* Das Recht des Versicherungsvereins auf Gegenseitigkeit, 1951; *Koch,* Die historische Entwicklung des VVaG in Peiner, Grundlagen des VVaG, 1995, S. 13; *E. Lorenz,* Ausgewählte Fragen zur Unternehmenspolitik von Versicherungsvereinen auf Gegenseitigkeit, ZVersWiss 1984, S. 367 ff.; *ders.,* Versicherungsvereine auf Gegenseitigkeit, in: Handwörterbuch der Versicherung, 1988, S. 1147 ff.; *Maasjost,* Beitragspolitik, Überschussentstehung und -verwendung bei Versicherungsvereinen auf Gegenseitigkeit, 1987; *Müller,* Der Versicherungsverein auf Gegenseitigkeit – Chancen und Risiken aus Sicht eines Versicherungsaufsehers in: Frankfurter Vorträge zum Versicherungswesen Heft 30, 2000; *Müller-Wiedenhorn,* Versicherungsvereine auf Gegenseitigkeit im Unternehmensverbund – Eine Untersuchung zum Recht und zu konzentrationsrechtlichen Fragen des Versicherungsvereins auf Gegenseitigkeit, 1993; *Petersen,* Versicherungsunternehmensrecht, 2003; *Pohl,* Analysen der Entwicklungsperspektiven des Versicherungsvereins auf Gegenseitigkeit, 2001; *Reckhenrich,* Versicherungsunternehmen auf Gegenseitigkeit in Frankreich, 1987; *Sasse,* Überlegungen zur Überschussverteilung beim Versicherungsverein auf Gegenseitigkeit, ZVersWiss 1975, 565; *Sieg,* Rechtsfragen zur Überschussverwendung beim Versicherungsverein auf Gegenseitigkeit, FS R. Schmidt, 1976, S. 593; *Ullrich,* Die Bildung der obersten Organe der großen Versicherungsvereine auf Gegenseitigkeit, 1951; *Wick/Gräve,* Status des kleineren Versicherungsvereins und Einzelfragen VerBAV 1993, 288 mit Anmerkung *Krämer,* VW 1993, 288; *Wörner,* Der Versicherungsverein auf Gegenseitigkeit, 1904; *Zimmerer,* Ausgliederung von Betriebsteilen im Versicherungsaufsichtsrecht, 1989; *Zöllner,* Der große Versicherungsverein auf Gegenseitigkeit und die Aktienrechtsreform, ZVersWiss 1964, S. 295.

1 **I. Allgemeines.** Die Vorschrift stimmt wörtlich mit § 15 VAG a. F. überein.

Das VAG unterscheidet zwei Arten von VVaG: Als Regelform den sog. **„großen VVaG"**, dessen Unternehmensrecht in den §§ 171 – 209 VAG geregelt ist und den „**kleineren Verein**", für den § 210 VAG durch zahlreiche Verweisungen und Nicht-Anwendungsregeln eine spezielle Normenwelt schafft. Die Aufsichtsbehörde entscheidet, ob ein Verein ein kleinerer ist (§ 210 Abs. 4 VAG).[1] Man spricht von sog. „gemischten" (großen) VVaG, wenn die Satzung – in Abschwächung des Gegenseitigkeitsgedanken – auch erlaubt, Nicht-Mitglieder zu versichern (§ 177 Abs. 2 VAG). Der größere Teil der genannten Vorschriften enthält gesellschaftsrechtliche Regelungen, die im Aufbau und weitgehend inhaltlich sowohl den HGB-Bestimmungen als auch dem Aktienrecht nachgebildet sind. Im Übrigen gelten grundsätzlich die Gesetze, Ausführungsbestimmungen und Verwaltungsanordnungen, die für alle Versicherungsunternehmen Rechtsform unabhängig in Betracht kommen.[2]

[1] Zum kleineren Verein allgemein vgl. *Wick/Gräve* VerBAV 1993, 288 ff.; kritisch *Kremer* VW 1993, 1443 ff.
[2] Goldberg/Müller/*Müller* § 15 Rn. 5.

Wenn die Gegenseitigkeit (dazu unten Rn. 16 ff.), das essentielle Element der VVaG ist, steht damit die wirtschaftliche Wechselwirkung zwischen dem Einzelrisiko – in seiner Doppelrolle als Versicherungsnehmer und Mitglied (Träger des VVaG) – und dem Risikokollektiv - als gesamthaftem Risikoträger in Form des Versicherungsvereins – im Zentrum der Rechtsstruktur des VVaG. 2

II. Geschichtliche Entwicklung. Die geschichtliche Wurzel des VVaG wird verschiedentlich in den mittelalterlichen Personenvereinigungen auf genossenschaftlicher Grundlage gesehen,[3] andererseits auch in den auf freiwilligem Zusammenschluss beruhenden Brandgilden.[4] Die neuere Geschichte des VVaG in Deutschland beginnt in der ersten Hälfte des 19. Jahrhunderts mit der Gründung der „Gothaer Feuerversicherungsbank" und der „Gothaer Lebensversicherungsbank" als VVaG.[5] Gleichgerichtete wirtschaftliche Interessen, die gemeinsame Sorge eines Vermögensverlustes, verbunden mit der Erkenntnis, dass der Einzelne den Verlust, dessen Zeitpunkt in aller Regel überraschend kommt, nicht ausgleichen kann, wohl aber eine Gemeinschaft, deren Mitglieder nicht alle zur gleichen Zeit von demselben Ereignis betroffen sind, führen zum Entstehen der Versicherungsvereine, deren Wesensmerkmal also durch die selbsthelfende Autonomie des Zusammenschlusses der Versicherungsschutzsuchenden geprägt ist. Es fehlen beim VVaG grundsätzlich also „Beteiligte" – also Träger –, die am Abschluss eines Versicherungsvertrags kein Interesse haben (Fehlen assekuranz-fremder Interessen). 3

Das Recht der Versicherungsvereine auf Gegenseitigkeit ist erst seit dem Reichsgesetz über die privaten Versicherungsunternehmen vom 12.5.1901[6] einheitlich im damaligen Gebiet Deutschlands geregelt worden. Davor gab es nur eine in Elsaß-Lothringen geltende französische Verordnung vom 22.1.1868 (Decret portant reglement d'administration publique pour la constitution des societies d'assurances) und ein sächsisches Gesetz vom 15.6.1868, die juristischen Personen betreffend,[7] die auch Bestimmungen bezüglich des VVaG enthielten. 4

Vor 1901 wurde dieser gesetzesfreie Raum maßgeblich „nach den von Wissenschaft und Rechtsprechung aufgestellten Grundsätzen" geprägt, wobei *Viktor Ehrenberg* aus Göttingen eine besondere Bedeutung zukommt.[8] *Wörner* arbeitet den Unterschied des VVaG zu anderen Einrichtungen sehr klar heraus:[9]

„Während sonach der Versicherungsanspruch des Mitglieds eines V. a. G. inhaltlich dem eines durch Versicherungsvertrag bei einer Erwerbsunternehmung Versicherten entspricht, weist der Anspruch des Vereins auf Gegenleistung seinem Inhalt nach einen wesentlichen Unterschied von dem des Erwerbsversicherers auf. Letzterer verlangt von dem Versicherungsnehmer die Zahlung der Prämie, also eines bestimmten Geldbetrags. Der V. a. G. dagegen verlangt von seinen Versicherungsnehmern als Gegenleistung den Erwerb der Mitgliedschaft beim Verein (…). Mitgliedschaft und Versicherungsnahme sind dadurch einander bedingt, sie werden nicht durch zwei selbständige Verträge, einen Versicherungsvertrag und einen Mitgliedschaftsvertrag begründet, sondern durch einen einzigen Rechtsakt. Das Gesetz bringt dies dadurch zum Ausdruck, dass es bestimmt: ‚Der Erwerb der Mitgliedschaft setzt die Begründung eines Versicherungsverhältnisses mit dem Verein voraus, das Voraussetzen in logischer, nicht in zeitlicher Beziehung gedacht'." 5

In Zeiten eines noch überschaubaren Kreises von Mitgliedern war es auch möglich, nur gute Risiken als Mitgesellschafter aufzunehmen, also solche, die fähig und bereit waren, die fälligen Beiträge zu zahlen und sorgfältig mit dem versicherten Gut umzugehen bereit waren bzw. solche Mitglieder, von denen man annehmen durfte, dass sie bei der Auswahl, der mit der Obhut dieser Güter betrauten Personen, verantwortlich handelten. Später – in Zeiten des Wachstums – verlor dieser Gedanke an Unmittelbarkeit. Heute – bei den großen Vereinen –, kommt den Vorständen der Versicherungsvereine – qua Delegation durch die Mitglieder – die Aufgabe zu, diese Qualitätsmerkmale des Versicherungsnehmerportefeuilles im Interesse der versicherten Mitglieder im Rahmen der Zeichnungspolitik Beachtung zu schenken. Aus diesem Gedanken heraus verbietet sich für VVaG auch eine dominante Wachstumspolitik ohne Rücksicht auf rentabilitätsorientierte Qualitätsmerkmale des Neugeschäfts, da für alle Versicherungsnehmer hierdurch notwendig werdenden Beitragsanpassungen (Problem des Niveaus des Bestandsbeitrags im Verhältnis zum Neugeschäftsbeitrag) nicht im Interesse der Mitglieder liegen; ebenso wird durch eine solche Geschäftspolitik die Kraft zur Innenfinanzierung geschwächt. Die Interessen der Mitglieder bilden also die Grundlage für die strategische Ausrichtung der Geschäftspolitik des VVaG. 6

III. Strukturmerkmale des VVaG. 1. Wesentliche Merkmale des VVaG; gesetzgeberische Motive. Der VVaG ist im Kern seiner Struktur Verein und nicht Gesellschaft.[10] Seiner ganzen Erscheinungsform nach ist der VVaG damit auf das personale Element, das die Grundlage des Unternehmens 7

[3] Vgl. *Zöllner* ZVersWiss 1964, 295, 296 m. w. N.; *Büchner* ZVersWiss 1965, 435, 441; *Müller-Wiedenhorn* S. 5.
[4] Ähnlich *Peiner* VW 1992, 920.
[5] HdV/*Lorenz* HdV S. 1147.
[6] *Wörner,* Der Versicherungsverein auf Gegenseitigkeit, 1903, S. 11.
[7] RGBl 1901, 139.
[8] GVBl. 1868, 1 Abt., 315.
[9] *Wörner,* Der Versicherungsverein auf Gegenseitigkeit, 1903, S. 21 f.
[10] Motive zum Versicherungsaufsichtsgesetz, Nachdruck 1963, S. 36.

bildet, ausgerichtet, und nicht auf Kapital bereitstellende Investoren. Dies kommt darin zum Ausdruck, dass der VVaG die Versicherung seiner Mitglieder betreibt und Mitglied kann nur werden, wer als Versicherungsschutzsuchender mit dem Verein einen Versicherungsvertrag abschließt. Das schließt nicht aus, dass auch Nicht-Mitglieder unter bestimmten Voraussetzungen (§ 177 Abs. 2 VAG) Versicherungsschutz von einem VVaG erhalten können; sie sind aber nicht wesensentscheidend für die Beschreibung der Elemente, die einen VVaG ausmachen. Neben das personale Element tritt der Grundsatz der Gegenseitigkeit, er ist letztlich ein Ausfluss des personalen Elements; Zweck des VVaG ist der Betrieb der Versicherung seiner Mitglieder nach dem Grundsatz der Gegenseitigkeit, das heißt, die Gesamtheit der Mitglieder macht durch die Summe ihrer Beitragszahlung den Schutz des einzelnen Mitglieds möglich. Die Gegenseitigkeit weist also auf eine rechtlich/finanzielle Interdependenz vom Kollektiv der Versicherungsnehmer / Mitglieder und dem einzelnen Versicherungsnehmer und Mitglied hin. Schließlich zählt es zum Kennzeichen des VVaG, dass er für sich (als solcher) – im Gegensatz zu Kapitalgesellschaften – keine originäre Gewinnerzielungsabsicht hat. Natürlich kann der VVaG auch nur bestehen, wenn er Überschüsse erzielt, seine Eigenmittel durch Rücklagenstärkung aufbaut und auch hinsichtlich der versicherungstechnischen Resultate mit wettbewerbsfähigen Ergebnissen aufwarten kann. Aber sein Primärziel ist nicht die Kapitalrendite.

8 Diese Überschuss-Strategie hat aber nicht den VVaG als Rechtsperson im Fokus, sondern die Gesamtheit der Interessen der vereinsmäßig miteinander verbundenen Mitglieder. Daraus ergeben sich wichtige Konsequenzen für die Mitgliedschaft selbst:

- Gleichbehandlung gleicher Mitglieder als Ausfluss des personalen Prinzips (§ 177 VAG);
- grundsätzliche Teilhabe der Mitglieder am Willensbildungsprozess der VVaG (§ 191 VAG);
- Minderheitenschutz für Mitglieder (§ 192 VAG);
- Anspruch der Mitglieder auf Verteilung des nach § 194 Abs. 1 VAG verteilungsfähigen Überschusses. Verteilungsfähig ist der Teil des erzielten Überschusses, der nach § 194 Abs. 1 VAG nicht für die Stärkung der Position der Gesamtheit der Mitglieder (Risikodeckungsaufgabe) benötigt wird. Hieran wird deutlich, dass das Interesse des einzelnen Mitglieds auf die Interessen der Gesamtheit der Mitglieder Rücksicht zu nehmen hat (Gegenseitigkeit). Dies begründet auch die Legitimation des VVaG durch Beschluss der obersten Vertretung in der Satzung festzulegen, ob und unter welchen Voraussetzungen die Mitglieder an den stillen Reserven beteiligt werden können.
- kein unentgeltlicher Entzug der Mitgliedschaft (§ 201 VAG);
- ggf. Heranziehen der Mitglieder zu Nachschüssen und Umlagen (§§ 179 Abs. 2 und 3; 180; 182; § 203 Abs. 2 S. 2 VAG);
- Aufrechnungsverbot für Forderungen der Mitglieder gegen Beitragspflichten gegenüber dem VVaG (§ 181 VAG);
- Vermögensverteilung nach Schuldenberichtigung des zur Zeit der Auflösung des VVaG verbliebenen Vermögens an die Mitglieder gemäß dem sonst geltenden Grundsatz für die Überschussverteilung (§ 205 Abs. 2 VAG);
- Anspruch der Mitglieder gegen den Insolvenzverwalter auf den nach Befriedigung aller Gläubiger im Insolvenzverfahren vorhandenen Liquidationserlös nach § 209 Abs. 2 VAG i. V. m. § 115 Abs. 3 GenG.

9 **2. Vereinseigenschaft des VVaG; BGB-Gesellschaft.** Nach dem Gesetzeswortlaut handelt es sich beim VVaG um einen Verein. Der VVaG ist ein ausschließlich im Versicherungswesen vorkommender Spezialverein, der als solcher nur dann besteht, wenn er neben dem Strukturmerkmal des Vereins weitere Voraussetzungen erfüllt. Er erlangt Rechtsfähigkeit mit der Zulassung zum Geschäftsbetrieb (§ 171 2. Hs. VAG). Insofern besteht ein Unterschied zur Versicherung Aktiengesellschaft, die Rechtsfähigkeit durch Eintragung ins Handelsregister erlangt (§ 41 Abs. 1 S. 1 AktG)

10 Streitig ist, ob der VVaG heutiger Prägung noch als Personalverein angesehen werden kann („strukturell von seinen Mitgliedern getragener Personalverein").[11]

11 Schwach ausgeprägte Mitverwaltungsrechte des Einzelmitglieds machen den VVaG jedenfalls nicht zur Anstalt; die Rechtsordnung kennt keine privatrechtlichen Anstalten.[12] Streitig ist auch die Einordnung als Mischung zwischen Körperschaft und Stiftung.[13] Der VVaG ist jedenfalls insofern ein Personalverein als seine Existenz auf der Mitgliedschaft der Versicherungsnehmer beruht und nicht auf einer Kapitalbeteiligung. Diese Mitgliedschaft wird in der Regel durch den Abschluss eines Versicherungsvertrages begründet (Ausnahme: Nicht-Mitgliedergeschäft). Träger des Vereins sind seine Mitglieder. Der große Verein trägt aber deutlich anonyme Züge einer juristischen Person, in der für die Beteiligten nicht nachvollziehbar eine große Zahl von Risiken zusammengefasst und transferiert wird.

---

[11] Vgl. *Zöllner* ZVersWiss 1964, 302; *Brenzel* S. 35 ff.; Müller-Wiedenhorn/*Wiedenhorn* S. 13.

[12] *Baumann*, Der Versicherungsverein auf Gegenseitigkeit mit kooptierter Vertreterversammlung, 1986, S. 27; Müller-Wiedenhorn/*Wiedenhorn* S. 33.

[13] *Baumann*, Der Versicherungsverein auf Gegenseitigkeit mit kooptierter Vertreterversammlung, 1986, S. 25; dagegen *Mohr* VW 1990, 163.

12 Der VVaG ist ein Versicherungsunternehmen, zugleich aber auch im Rechtssinn Verein,[14] womit sein Zweck auf einen wirtschaftlichen Geschäftsbetrieb gerichtet ist. Damit unterliegt der VVaG der Konzessionierungspflicht (§ 22 S. 1 BGB).

13 Obwohl der VVaG rechtsfähiger Verein ist und im Kern seines Wesens einen Verein darstellt, finden wegen der ausführlichen Regelung, die das VAG zum Teil durch Verweisung auf andere Gesetze, wie das AktG getroffen hat, Bestimmungen des BGB über eingetragene Vereine nur in geringem Umfang Anwendung. Es kommen nur die §§ 24 (Sitz = Ort der Verwaltung), 31 (Haftung des Vereins für Schäden durch Vereinsorgane), 35 (Sonderrechte eines Mitglieds), 38 (Übertragung der Mitgliedschaft und Ausübung der Mitgliedschaft), 39 (Austritt aus dem Verein) in Frage. Die Anwendbarkeit des § 39 BGB und ihre Bedeutung für die Satzung des VVaG ist ein Hinweis darauf, dass es sich bei dem Versicherungsvertrag und der Mitgliedschaft um zwei getrennte Rechtsverhältnisse handelt. Im Gründungsstadium kommen nach h. M. über 54 BGB die §§ 705 f. BGB zur Anwendung. Dies ist für die Mindestzahl der notwendigen Gründungsmitglieder (zwei oder sieben) entscheidend.[15] Da es sich hier um eine Unternehmensgründung und nicht eine typische Vereinsgründung mit der Gefahr des Missbrauchs und möglicher mangelnder Ernsthaftigkeit handelt, sollten zwei Gründungsmitglieder reichen, zumal das Unternehmen generell und qua Rechtsform einem weiten Geflecht aufsichtsrechtlicher Regelungen unterliegt.

14 **3. Versicherung der Mitglieder; Trägerschaft des VVaG. a) Versicherungsgeschäft als ausschließlicher Zweck der Rechtsform.** Der VVaG verfolgt dem vom Gesetz definierten Geschäftszweck nach die Versicherung seiner (Vereins-) Mitglieder nach dem – nicht näher definierten – Grundsatz der Gegenseitigkeit. Dieses Geschäft muss er als Hauptzweck betreiben.[16] Da nach der Idee des VVaG die Mitglieder grundsätzlich die einzigen Träger des VVaG sind, die über dem aus dem Versicherungsverhältnis geschuldeten Beitragsverhältnis hinaus finanziell für die Belange des VVaG herangezogen werden können, muss auch das Mitgliedergeschäft der Hauptzweck sein. Andere Regeln wären systemwidrig. Geschäfte, die außerhalb dieses Zweckes liegen und versicherungsfremde Geschäfte gem. § 15 VAG dürfen ebenso wenig wie von Versicherern in anderen Unternehmensformen betrieben werden.[17] Gibt der VVaG für einen nicht unerheblichen Zeitraum seine Versicherungstätigkeit auf, so kann er als solcher nicht fortbestehen und verliert seine Rechtsfähigkeit.[18] Die Versicherung von Nicht-Mitgliedern darf nur Nebenzweck sein, da sie eine Ausnahme von dem auf Mitgliedschaft beruhenden Gegenseitigkeitsprinzip bildet und die Trägerschaft des VVaG schwächen würde. **Nicht vereinbar** mit dem Wesen des VVaG ist nach Auffassung des Verfassers, wenn sich der Verein auf eine **reine Beteiligungsverwaltung** beschränken würde, also das Versicherungsgeschäft seitens des VVaG als Obergesellschaft ausschließlich über Tochter- oder Enkelunternehmen in der Rechtsform einer VersAG betreiben würde. Soweit §§ 124, 125 VAG die Anlage von liquiden Mitteln in Beteiligungswerten zulassen, ist als begrenzendes Korrektiv § 124 Abs. 1 Ziff. 1 und Ziff. 8 VAG zu beachten. Darüber hinaus entspricht es auch nicht dem Wesen und der Aufgabenstellung eines VVaG, wenn sein mitgliedschaftlich-orientiertes Geschäft auf eine Restgröße reduziert wird, und er quasi zur Versicherungs-Holding mutiert. Die Satzungen der VVaG bestimmen regelmäßig, dass der Verein berechtigt ist, VersVerträge in allen VersZweigen, die er nicht selbst betreibt, sowie Bausparverträge und andere Sparverträge zu vermitteln.[19]

15 **b) Mitgliedschaft und Versicherungsverhältnis: Zwei miteinander verknüpfte Rechtsverhältnisse.** Grundsätzlich treffen die Begründung der Mitgliedschaft und der Beginn des Versicherungsverhältnisses zusammen, gleiches gilt für die Beendigung. Die Satzung kann hier jedoch – aus Unternehmensinteresse – Differenzierungen sowohl hinsichtlich des Zusammenfallens bei der Begründung als auch bei der Beendigung des Rechtsverhältnisses zulassen.[20] Diese Differenzierungen lassen sich nur schlüssig begründen, wenn man dogmatisch sauber zwischen dem organisationsrechtlichen Verhältnis qua Satzung und der schuldrechtlichen Beziehung qua Versicherungsvertrag unterscheidet.[21] Diese satzungsgemäße Differenzierungsfreiheit kann aber nicht grenzenlos sein, sonst würde sie das Element der Gegenseitigkeit aushöhlen. Sowohl eine nach Begründung des Versicherungsverhältnisses erst einsetzende Mitgliedschaft als auch eine über das Ende des Versicherungsverhältnisses hinausreichende Mitgliedschaft können nur satzungsgemäß legitim begründet werden, wenn die Regelung weder überraschend ist und sie dem Prinzip der Gegenseitigkeit (siehe unten Rn. 13) nützt und somit betriebswirtschaftlich sinnvoll und angemessen ist. Keinesfalls kann durch die Trennung von Mitgliedschaft und

[14] *BGH* Urt v. 23.4.2013 – II ZR 161/11, VersR 2013, 1129.
[15] Bähr/*Wilm* § 20 Rn. 11.
[16] FKBP/*Kaulbach* § 15 Rn. 2.
[17] Goldberg/Müller/*Müller* § 7 Rn. 3; a. M. *Kisch*, Das Recht des Versicherungsvereins auf Gegenseitigkeit, 1951 S. 20.
[18] *BGH* Urt. v. 26.6.1995 - II ZR 282/93, WM 1995, 1446.
[19] *Benkel* Diss. S. 435. Zur Vermittlung von Investmentfondsanteilen durch VVaG VerBAV 1991, 302; 1993, 154, 7a.
[20] Vgl. hierzu FKBP/*Kaulbach* § 15 Rn. 6.
[21] Zum Stand des Meinungsstreits vgl. *Benkel* S. 116 ff., insb. S. 124.

Versicherungsverhältnis der VVaG zur „versicherungsfreien / mitgliederfreien" Holding gemacht werden. Sein Zweck ist das Betreiben von Versicherungsgeschäft und nicht das Halten von Beteiligungen.

16 **4. Grundsatz der Gegenseitigkeit. a) Allgemeines.** Nach Kaulbach ist der Begriff der Gegenseitigkeit „substanzlos".[22] Der VVaG betreibt die Versicherung seiner Mitglieder nach dem Grundsatz der Gegenseitigkeit. Eine Legaldefinition dieses grundlegenden Begriffes fehlt. Nach *Farny* erläutert das Gesetz den Grundsatz der „Gegenseitigkeit" nicht. Wesentliche Erklärungsmerkmale dafür sind die „Risikogemeinschaft" der Mitglieder, die in ihrer Gesamtheit den Versicherer bilden und damit auch die Träger des VVaG als solche einer personenbezogenen Rechtsform darstellen.[23] Als besonderes Wesensmerkmal des VVaG bedeutet Gegenseitigkeit jedenfalls mehr als ein bloß allgemeines Grundprinzip von Versicherung.[24] Zunächst einmal ist festzustellen, dass sich das **Prinzip der Gegenseitigkeit als Ordnungsprinzip des VVaG auf das Innenverhältnis zwischen Unternehmen und Mitgliedern bezieht**. In diesem Verhältnis umschreibt Gegenseitigkeit das demzufolge faire Austauschverhältnis zwischen Mitgliedern und VVaG. Das Gegenseitigkeitsprinzip wird konkretisiert durch eine Reihe von Einzelvorschriften des VAG[25] und die Angaben, die sich in den Motiven zum VAG finden. Es ist vielfach neu und weiter interpretiert worden.[26] Einige Strukturelemente, die das Vorverständnis des historischen Gesetzgebers vom Begriff der Gegenseitigkeit mitgeprägt haben (z. B. Mitglieder, Nachschusspflicht), können entweder in einer veränderten Wettbewerbslandschaft zumindest für den großen VVaG nicht mehr in Reinkultur verlangt werden oder müssen neu überdacht werden. Bei Benkel finden sich elf Erklärungstheorien aufgelistet, die aber – isoliert – als Erklärungsversuche der Gegenseitigkeit meistens deshalb ungeeignet sind, da ihre Inhalte auch auf VersicherungsAGs zutreffen.[27] Das Element der Gegenseitigkeit soll aber gerade den Unterschied des VVaG zur VersAG als eigenständiges Profil kennzeichnen.

17 **b) Inhalt des Prinzips der Gegenseitigkeit.** Die in der Literatur zu findenden Erklärungsversuche der Gegenseitigkeit stellen zumeist ein Element als Unterscheidungskriterium in den Vordergrund. Die Gegenseitigkeit entzieht sich aber einer solchen absoluten Theoriebildung, sondern kann eher beschreibend als Bündel von Elementen verstanden werden. Hierzu zählen die weitgehende Identität von Mitgliedern und Versicherungsnehmern; mit dieser Doppelposition wird der Grundstein für die Finanzstruktur des Vereins gelegt. Die Finanzstruktur des VVaG ist darauf gerichtet, dass sowohl seine versicherungstechnischen Rückstellungen, aber auch alle sonstigen Rückstellungen und grundsätzlich auch alle expliziten und impliziten Eigenmittel aus den von den Versicherungsnehmern, die zugleich Mitglieder sind, aufgebrachten Beiträgen finanziert werden müssen. Sobald die aktivierten Aufwendungen für die Ingangsetzung des Geschäftsbetriebs vollständig abgeschrieben sind, muss die Tilgung des Gründungsstocks beginnen und damit der Grundsatz der vollständigen Innenfinanzierung (Ausnahmen siehe § 89 Abs. 3 Ziff. 2 VAG) verwirklicht werden. Dieser Grundsatz der Innenfinanzierung bewirkt, dass Überschüsse nur entweder zur Stärkung der Finanzkraft des Unternehmens, dessen Eigentürmer die Mitglieder sind, Verwendung finden können oder als Gewinn an die Mitglieder auszukehren sind. Gleichermaßen bewirkt das Prinzip, dass alle für die Aufrechterhaltung des Geschäftsbetriebs notwendigen Mittel von den Versicherungsnehmern / Mitgliedern aufzubringen sind, d. h. sie tragen auch gemeinschaftlich die Verlustgefahr. Zum Prinzip der Innenfinanzierung tritt der bei VVaG gesetzlich besonders ausgeprägte Gedanke der Gleichbehandlung hinzu, der nicht als allgemeiner Grundsatz der Versicherungsbranche zu verstehen ist (§ 177 VAG). Ergänzt werden diese Elemente durch die Selbstverwaltung der VVaG in Form der obersten Vertretung (§ 191). Mögliche Nachschusspflichten (§§ 179, 182 VAG) sind nicht ein konstitutives Element der Gegenseitigkeit, sondern Konsequenz der Gegenseitigkeit.

18 Die Identität von Mitglied und Versicherungsnehmer, die daraus resultierende Finanz- und Organisationsstruktur (Zusammensetzung der obersten Vertretung) und die Gleichbehandlung der Mitglieder und die interessenmäßige Wechselbezüglichkeit von Einzelrisiko und Risikokollektiv ergeben zusammengenommen das Prinzip der Gegenseitigkeit. Unternehmens- und Mitgliederinteressen sind – jedenfalls theoretisch – identisch. Gegenseitigkeit bedeutet dann, eine an die Beteiligten (Unternehmen und Mitglieder) gerichtete Forderung zur Rücksichtnahme auf die jeweils anderen Interessen, da andernfalls der Fortbestand des Unternehmens oder die Wettbewerbsfähigkeit im Extremfall gefährdet wäre. Die Unternehmenspolitik wird nicht von kurzfristigen Ergebnissen, Analystenerwartungen oder dem Ziel, eine Risikoprämie für die Eigentümer auf das investierte Kapital erwirtschaften zu müssen, geprägt. Zweifellos muss der VVaG auch nach Gewinn, d. h. einem Überschuss der Erträge über die Aufwendungen, streben, da er sonst seiner Aufgabe, synchron mit dem Wachstum und der Veränderung der Risikosituation seine Eigenmittel durch Innenfinanzierung zu stärken, nicht nachkom-

---

[22] FKBP/*Kaulbach* § 15 Rn. 3.
[23] *Farny,* FS Lorenz, 2004, S. 234, 235.
[24] Dazu *Büchner* ZVersWiss 1965, 435.
[25] So *Büchner* ZVersWiss 1965, 447.
[26] Vgl. *Büchner* ZVersWiss 1965, 435.
[27] HdV/*Lorenz* S. 1148; Müller-Wiedenhorn/*Müller* S. 19; *Benkel* S. 43 ff., 94 f.

men kann.[28] Begreift man **Gegenseitigkeit als miteinander verbundenes Geflecht von Teilprinzipien** in der hier dargestellten Weise, dann kommt es auch darauf an, dass die Unternehmenswirklichkeit diesem Inhalt der Gegenseitigkeit entspricht. Die fehlende gesetzliche Definition der Gegenseitigkeit und die Gestaltungsfreiheit der Satzung legitimieren nicht eine Unternehmenswirklichkeit, die das Prinzip der Gegenseitigkeit unkenntlich macht oder so verändert, dass die eigenständige Wesensart des VVaG nicht mehr erkennbar ist.

c) Überschussbeteiligung, Nachschusspflicht. Als charakteristische Folgen der Gegenseitigkeit 19
sind Überschussbeteiligung und Nachschusspflicht anzusehen. Wer nicht Mitglied des Vereins wird (Nichtmitgliedergeschäft) hat auch weder einen Anteil am verteilungsfähigen Überschuss (dieser Unternehmensüberschuss darf nicht mit dem versicherungstechnischen Überschuss z. B. in der Lebensversicherung verwechselt werden) noch unterliegt er einer Nachschusspflicht. Das Nichtmitglied steht zum VVaG ebenso ausschließlich in einer Versicherungsnehmerstellung wie der VersKunde einer VersAG. Auch eine Inanspruchnahme gemäß § 197 Abs. 3 S. 2 VAG kommt nicht in Betracht. Die Überschussbeteiligung gemäß § 194 Abs. 1 S. 1 VAG ist ebenfalls Ausfluss des Gegenseitigkeitsprinzips.[29] Der Anspruch auf den Unternehmensüberschuss erweist sich jedoch als wirtschaftlich schwach, da ein solcher Überschuss wegen der planmäßigen Thesaurierung der Überschüsse (Solvabilitätsfinanzierung) regelmäßig nicht entsteht. Es stünde aber in der Macht der obersten Vertretung, dies zu ändern; häufig fehlt es hierzu am Bewusstsein.

d) Zusammenfassung. Als tragende Strukturmerkmale des (großen) VVaG, die aus dem Gegen- 20
seitigkeitsprinzip abgeleitet sind, wird man verlangen müssen: Das Vorhandensein von Mitgliedern mit dem grundsätzlichen Anrecht auf Bilanz-Überschuss; die Abhängigkeit des Erwerbs der Vereinsmitgliedschaft vom Bestehen eines VersVerhältnisses mit dem Verein (die Mitglieder des Vereins sind gleichzeitig seine Versicherten und damit seine Kunden); die Aufbringung der Eigen-Mittel grundsätzlich im Wege der Innenfinanzierung und eine Organisationsstruktur, bei der der Wille der Mitglieder in einer hinreichenden Weise an den der obersten Vertretung vorbehaltenen Entscheidungen beteiligt ist.

Gewinne sind den Mitgliedern zurückzuerstatten, soweit sie nicht gemäß den gesetzlichen Solvabilitätsvorschriften (vgl. dazu §§ 89 ff. VAG) oder nach vernünftigen kaufmännischen Grundsätzen zu thesaurieren oder aufgrund aufsichtsrechtlicher versicherungsvertragsrechtlicher Regelungen den Versicherungsnehmern gut zu bringen sind. Die Verluste werden von den Mitgliedern getragen. Alle Mitglieder sind gleich zu behandeln. Soweit Teile der Eigenmittel im Wege nachrangiger Darlehen oder Genussrechte von Dritten oder während der Startphase des Unternehmens von den Inhabern des Gründungsstocks aufgebracht werden, ist dies stets nur eine zeitlich begrenzte oder aber eine im Umfang deutlich reduzierte Außenfinanzierung. Da Nichtmitglieder über ihre Pflicht zur Beitragszahlung hinaus nicht zur Innenfinanzierung herangezogen werden können, darf das Risiko aus diesem Geschäftsanteil nicht zu hoch werden; das Nichtmitgliedergeschäft darf also nur einen geringen betriebswirtschaftlich nicht bedeutenden Anteil am Gesamtgeschäft umfassen.

5. Abgrenzung zur Genossenschaft und anderen Rechtsformen. Der VVaG ist von der Idee 21
her mit der Genossenschaft eng verwandt.[30] Das genossenschaftliche Prinzip ist z. B. daran erkennbar, dass die Mitglieder grundsätzlich selbst die Mittel für den VersBetrieb aufbringen.[31] Zu beachten ist allerdings, dass der Gesetzgeber es den Genossenschaften ausdrücklich verwehrt hat, VersGeschäfte zu betreiben.[32] Es lässt sich die Auffassung vertreten, dass der VVaG die spezielle für die Betätigung auf dem Felde des VersSchutzes ausgestaltete Rechtsform der Genossenschaft ist. Das Genossenschaftsrecht selbst ist für vielfältige wirtschaftliche Aufgaben einsetzbar und beschränkt sich somit auf allgemeinere Regelungen. Bei der Genossenschaft geht es nicht um Risikoabdeckung und Risikotransfer, sondern um die Stärkung des wirtschaftlichen Einflusses und Potential der Genossen. Letztlich ist die Genossenschaft wegen der Kündigungsmöglichkeit der Mitgliedschaft und der damit verbundenen Auszahlung des Genossenschaftsanteils an den ausscheidenden Genossen für das Versicherungsgeschäft und seine Notwendigkeit zur dauerhaften Risikotragung aus Solvabilitätsgründen zu instabil. Diese Konsequenz der Rückzahlung der Einlage des Genossen im Falle der Kündigung rührt daher, dass der Genosse bei seinem Eintritt eine Einlage leistet, also eine echte Beteiligungsfinanzierung vorliegt. Dies ist beim VVaG – wenn keine Mitgliedsbeiträge erhoben werden - nicht gegeben. Scheidet ein Mitglied eines VVaG aufgrund der Kündigung seines Versicherungsvertrages aus dem Kreis der Mitglieder aus, verbleiben die aus seinen Beitragsteilen herrührenden Teile der innen-finanzierten Eigenmittel beim Unternehmen, soweit nicht Spezialregelungen (z. B. im VVG) aus dem Versicherungsverhältnis heraus

[28] Vgl. die unterschiedlichen Ansichten bei: v. *Gierke*, die Versicherungsvereine auf Gegenseitigkeit, 1942, S. 49; *Brenzel*, Der Versicherungsverein auf Gegenseitigkeit, 1975, S. 17; Müller-Wiedenhorn/*Wiedenhorn* S. 65; *Benkel* S. 63; HdV/*Lorenz* S. 1151; *Baumann* VersR 1992, 905, 913.

[29] HdV/*Lorenz* S. 1152; Müller-Wiedenhorn/*Wiedenhorn* S. 40; *Hübner* Frankfurter Vorträge Heft 13 S. 5, 16.

[30] *Farny* S. 207.

[31] Vgl. *Büchner* ZVersWiss 1965, 435.

[32] Mot. S. 33. Zur Funktion des Ehrenamtes als Abgrenzungskriterium zwischen Genossenschaft und VVaG vgl. *Benkel* S. 59.

eine Beteiligung an stillen Reserven vorsehen oder der Verlust der Mitgliedschaft auszugleichen ist. Soweit sich in der Literatur die Auffassung findet, - zumindest – der große VVaG sei als Anstalt, Körperschaft oder Stiftung anzusehen vgl. die Darstellung bei *Benkel.*[33]

22 **IV. Gründung. 1. Allgemeines.** Zur **Entstehung** des rechtsfähigen Vereins sind **ein privater (korporativer) Willensakt (Gründung)** und ein **Verwaltungsakt (Erlaubnis zum Geschäftsbetrieb)** erforderlich **(Konzessionssystem).** Der VVaG kann ausschließlich durch eine (Neu)Gründung entstehen. Die formwechselnde Umwandlung einer VersAG in einen VVaG ist nicht möglich (vgl. Vor § 171 Rn. 46) Die Vermögensübertragung einer VersAG ist nur auf einen bereits bestehenden VVaG zulässig (§ 175 Nr. 2a UmwG). Bei der Rechtsformwahl eines zu gründenden Versicherers haben die an der Gründung Beteiligten die Kriterien einer Gründung als Kapitalgesellschaft oder als VVaG gegeneinander abzuwägen.[34]

23 **2. Die Zahl der Gründer.** Die Zahl der notwendigen Gründungsmitglieder eines VVaG ist durch das VAG nicht geregelt. Nach h. M. sind gemäß §§ 705, 54 BGB mindestens zwei Personen erforderlich.[35] Der Wille der Gründer ist auf die Errichtung eines Unternehmens gerichtet. An die Errichtung eines Vereins im Sinne des BGB dürften die Gründer am wenigsten denken; wenn sie aber ein Unternehmen ins Leben rufen wollen, dann ist die BGB-Gesellschaft in der Gründungsphase eine nahe liegende „Übergangs-Rechtsform". Auch bei der Gründung eines rechtsfähigen Vereins liegt vor der Feststellung der Satzung eine VorgründungsGbR vor.[36] Auch aus einem anderen Grund sollten zwei Gründer für einen VVaG ausreichen; das BGB-Vereinsrecht will mit der Mindestmitgliederzahl von 7 (§ 56 BGB) verhindern, dass unbedeutende Vereine rechtsfähig werden.[37] Die Bedeutung eines VVaG – auch eines kleineren – sollte aber nicht an der Gründerzahl festgemacht werden, die – wirtschaftliche – Bedeutung wird vielmehr durch die Erfüllung der Solvabilitätsanforderungen belegt und schließlich schließt das Erlaubniserfordernis der BaFin die Entstehung unbedeutender, nicht lebensfähiger VVaG aus. Es erscheint daher nicht sachgerecht, in analoger Anwendung von § 56 BGB die Zahl von mindestens sieben Personen zu fordern,[38] auch wenn man der Auffassung folgt, die Gründer bildeten bis zur Zulassung – ebenso wie bei der Gründung eines rechtsfähigen Vereins – einen nicht rechtsfähigen Verein gemäß § 54 BGB.[39]

24 **3. Gründungsakt.** Der eigentliche Gründungsakt besteht darin, dass sich die Gründer über die Errichtung des VVaG und über die Verbindlichkeit einer **Satzung** (zum Inhalt: § 173 Rn. 9 ff.) einig werden (Feststellung der Satzung). Die Gründer müssen nach § 176 Satz 2 VAG den Willen haben, zugleich eine Versicherung abzuschließen.[40] Sie werden sich sinnvollerweise über diejenigen Voraussetzungen einigen, von denen die Zulassung zum Geschäftsbetrieb abhängt (§ 9 Abs. 2–4 VAG), d. h. neben der Satzung (§ 9 Abs. 2 Nr. 1 VAG) über alle Angaben, die Bestandteil des Geschäftsplans sind und die nach § 9 Abs. 4 VAG zusätzlich einzureichenden Unterlagen. Aufgrund der Deregulierung gelten für die einzelnen Versicherungssparten unterschiedliche Regelungen hinsichtlich der einzureichenden allgemeinen Versicherungsbedingungen (§ 9 Abs. 4 Nr. 4 und Nr. 5b VAG) und der technischen Grundlagen (§ 9 Abs. 3 Nr. 5a und b, 6, Abs. 4 Nr. 5a VAG). Erforderlich ist die Berufung der Vereinsorgane, durch die die Anmeldung zum Geschäftsbetrieb vorgenommen werden soll.[41] Die Geschäftsleiter müssen über die erforderliche Qualifikation verfügen (§ 24 VAG). Für den Gründungsakt ist eine Form nicht vorgesehen; üblich ist ein Protokoll. Die Feststellung der Satzung erfordert gerichtliche oder notarielle Beurkundung, § 173 Abs. 2 VAG; bei kleineren Vereinen wird keine Form verlangt (§ 210 Abs. 1 S. 1 VAG). Eine Gründungsprüfung wie bei der VersAG (vgl. §§ 32–35 AktG) findet nicht statt.[42]

25 Zum Gründungsprozess gehören der vollständige Antrag bei der BaFin, die Erlaubnis der Behörde zum Geschäftsbetrieb, womit die BGB-Vorgesellschaft in einen rechtsfähigen VVaG übergeht, die Anmeldung des VVaG durch alle Mitglieder des Aufsichtsrats und des Vorstands zur Eintragung in das Handelsregister. Der Mindestinhalt der Anmeldung ergibt sich aus § 187 VAG; die Genehmigungsurkunde ist in beglaubigter Form der Anmeldung beizufügen; der Prüfung der Unterlagen durch den Registerrichter folgt im Falle der Erfüllung der gesetzlichen Eintragungsvoraussetzungen die Eintragung im Handelsregister. Nach der Aufhebung des § 33 VAG a. F. gilt für die Veröffentlichung der Eintragung § 10 HGB. Die Erlangung der Rechtsfähigkeit ist beim VVaG also an die Erlaubnis der Aufsichtsbehörde

---

[33] *Benkel* S. 59, 60.
[34] *Farny* S. 238, 239.
[35] Goldberg/Müller/*Müller* § 15 Rn. 5; *Farny* S. 220.
[36] Bamberger/Roth/*Schöpflin* § 21 Rn. 112, 113.
[37] Bamberger/Roth/*Schöpflin* § 56, Rn. 1.
[38] *Benkel* S. 106.
[39] *Reichtert/Dannecker*, Handbuch des Vereins- und Verbandsrechts, 5. Aufl. 1993, Rn. 3.
[40] *Kisch*, Das Recht des Versicherungsvereins auf Gegenseitigkeit, 1951, S. 51; *v. Gierke*, Die Versicherungsvereine auf Gegenseitigkeit nach deutschen Recht, 1942, S. 14 (Anm. 1); Goldberg/Müller/*Goldberg* § 15 Rn. 5.
[41] *Kisch*, Das Recht des Versicherungsvereins auf Gegenseitigkeit, 1951, S. 52; *Farny* S. 220.
[42] *Starke* VersR 1950, 46.

zum Geschäftsbetrieb geknüpft; im Gegensatz hierzu erlangt die VersAG erst mit der Eintragung in das Handelsregister die Rechtsfähigkeit (§ 41 Abs. 1 AktG). Zwischen der BGB-Vorgesellschaft und dem rechtsfähigen VVaG besteht Identität.[43]

Die **Rechtsnatur der Gründung** eines Vereins ist im Einzelnen streitig. Die Praxis sieht in der Satzung überwiegend einen zunächst von den Gründern geschlossenen Vertrag, der sich mit der Entstehung des Vereins von der Person der Gründer löst und – als „Konstitutiv- oder Gestaltungsakt" – zur körperschaftlichen Verfassung wird, mit der Folge, dass die Satzung ähnlich wie gesetzliche Normen behandelt wird.[44] Auf den Gründungsvertrag finden die für Rechtsgeschäfte geltenden gesetzlichen Bestimmungen Anwendung.[45] Auch soweit in der Gründung ein sog. Gesamtakt gesehen wird, d. h. eine Mehrheit einseitiger auf denselben Erfolg gerichteter Willenserklärungen, die parallel laufen, besteht jedenfalls Einigkeit darüber, dass die Erklärung des einzelnen Gründers den Vorschriften des bürgerlichen Rechts über Willenserklärungen untersteht.[46] Wie lange Willensmängel angefochten werden können, ist streitig. Der Konstitutivakt der Eintragung ins Handelsregister gibt einer fehlerhaft gegründeten AG grundsätzlich Bestandsschutz.[47] Für den VVaG muss aus Praktikabilitätsgründen im Ergebnis auch ein Zeitpunkt fixiert werden, ab dem Bestandsschutz eintritt, auch wenn der Eintragung des VVaG nicht dieselbe konstitutive Bedeutung wie der Eintragung einer Aktiengesellschaft zukommt.[48] Beim VVaG ist der Bestandsschutz ab Genehmigung durch die BaFin anzunehmen, da hierdurch die Rechtsfähigkeit erlangt wird, auch wenn die Gründung fehlerhaft war. Ab dann kann eine fehlerhafte Gründung nur mit ex-nunc-Wirkung geltend gemacht werden (Nichtigkeit/Anfechtung).[49] 26

Für das Gründungsstadium des VVaG gibt es keine VAG-Regelungen. Vor der Erteilung der Erlaubnis zum Geschäftsbetrieb (Zulassung) ist der VVaG nach weit verbreiteter Meinung ein nicht rechtsfähiger Verein gem. § 54 BGB,[50] der von den für die Zeit nach Erlangung der Rechtsfähigkeit vorgesehenen Organen vertreten wird. Diese können die Haftung aus Rechtsgeschäften auf das Vereinsvermögen beschränken[51] und eine solche Beschränkung der Vertretungsmacht sei stillschweigend anzunehmen bzw. dem rechtsgeschäftlichen Willen der Gründer zu unterstellen, da es der Absicht aller Beteiligten entspräche, den Rechtszustand vor Erwerb der Rechtsfähigkeit demjenigen der späteren Zeit anzugleichen.[52] Zur persönlichen Haftung der Handelnden siehe die angegebene Literatur.[53] Erlangt der Verein Rechtsfähigkeit, so sind Schulden und Vermögen des nicht rechtsfähigen Vereins ohne weiteres seine Schulden und sein Vermögen (Identität des Rechtssubjektes). 27

Die Auffassung, dass vor Erteilung der Erlaubnis zum Geschäftsverkehr ein nicht rechtsfähiger Verein vorliegt, entspricht jedoch nicht dem Gründerwillen. Die Gründer wollen einen VVaG gründen und haben sich hierzu gemeinsam verabredet. Von seinem Zweck her ist der Vor-VVaG auf ein unternehmerisches Handeln gerichtet, dessen Zweck in der Erlangung der Zulassung zum Geschäftsbetrieb (Rechtsfähigkeit) und in der Durchführung die Aufnahme des Geschäftsbetriebs vorbereitender Handlungen liegt, so dass die Vorschriften der BGB-Gesellschaft (§§ 705 ff. BGB) besser die Rechtsnatur des Vor-VVaG kennzeichnen (vgl. oben Rn. 23). *Benkel* nimmt diese Rechtsnatur nur bis zur Feststellung der Satzung durch die Gründer an und geht danach bis zur Erteilung der Erlaubnis durch die Aufsichtsbehörde von einem nicht rechtsfähigen Verein aus.[54] Gegen dieses Durchlaufen mehrerer Rechtszustände des Vor-VVaG spricht, dass die Feststellung der Satzung durch die Gründer ein Rechtsakt ohne Außenwirkung ist und daher dem Rechtsverkehr und Dritten nicht publik wird. Allein die Feststellung der Satzung bewirkt somit keine Veränderung der Rechtsnatur des Vor-VVaG. Der in Gründung befindliche VVaG ist – wegen der fehlenden Erlaubnis der Aufsichtsbehörde – seinem Wesen nach auf eine Innengesellschaft angelegt, muss aber zur Erlangung der Rechtsfähigkeit auch Rechtsgeschäfte eingehen (z. B. Berater, Notar, Eröffnung eines Bankkontos). Aus diesem Grund sind die Haftungskonsequenzen sorgfältig unter den Gründern zu regeln und ggf. im Rechtsverkehr den 28

[43] *Benkel* S. 110.

[44] *Kisch,* Das Recht des Versicherungsvereins auf Gegenseitigkeit, 1951, S. 52; *Reichert/Dannecker,* Handbuch des Vereins- und Verbandsrechts, 5. Aufl. 1993, Rn. 70 f.

[45] *Reichert/Dannecker,* Handbuch des Vereins- und Verbandsrechts, 5. Aufl. 1993, Rn. 72; Bamberger/Roth/*Schöpflin* § 21 Rn. 108.

[46] Goldberg/Müller/*Müller* § 15 Rn. 5; *Kisch,* Das Recht des Versicherungsvereins auf Gegenseitigkeit, 1951, S. 53.

[47] *K. Schmidt,* Gesellschaftsrecht, 4. Aufl. 2002, S. 667.

[48] A. A. *Kisch,* Das Recht des Versicherungsvereins auf Gegenseitigkeit, 1951, S. 52; *Reichert/Dannecker,* Handbuch des Vereins- und Verbandsrechts, 5. Aufl. 1993, S. 53; *v. Gierke* S. 18 stellt entscheidend auf die Erlaubnis zum Geschäftsbetrieb ab.

[49] *Benkel* S. 107; a. A. *Kisch,* Das Recht des Versicherungsvereins auf Gegenseitigkeit, 1951, S. 52; *Reichert/Dannecker,* Handbuch des Vereins- und Verbandsrechts, 5. Aufl. 1993, S. 53; *v. Gierke,* Die Versicherungsvereine auf Gegenseitigkeit nach deutschen Recht, 1942, S. 18; Bamberger/Roth/*Schöpflin* § 21 Rn. 110.

[50] Goldberg/Müller/*Müller,* § 15 Rn. 5; *Mohr* in: Peiner, Grundlagen des VVaG, 1995, S. 115, 123; *Benkel* S. 110.

[51] Vgl. RGZ 143, 212.

[52] *Kisch,* Das Recht des Versicherungsvereins auf Gegenseitigkeit, 1951, S. 52; *Reichert/Dannecker,* Handbuch des Vereins- und Verbandsrechts, 5. Aufl. 1993, S. 55.

[53] *Kisch,* Das Recht des Versicherungsvereins auf Gegenseitigkeit, 1951, S. 52; *Reichert/Dannecker,* Handbuch des Vereins- und Verbandsrechts, 5. Aufl. 1993, S. 55; *Zier,* Die eingetragene Genossenschaft und der VVaG, 1968, S. 75.

[54] *Benkel* S. 110.

jeweiligen Vertragspartnern publik zu machen, da andernfalls eine Haftung mit dem Privatvermögen greift.[55]

29 **V. Erlaubnis zum Geschäftsbetrieb und Widerruf. 1. Allgemeines.** Die Erlaubnis zum Geschäftsbetrieb hat doppelte Bedeutung.

Sie verleiht dem VVaG automatisch (ohne dass es eines weiteren, besonderen Rechtsaktes bedürfte) die Rechtsfähigkeit; sie ist außerdem Zulassung zum Geschäftsbetrieb im engeren Sinn, also begünstigender Verwaltungsakt, durch den das generelle Gewerbeverbot aufgehoben wird, nicht anders als bei einer VersAG. Im Gegensatz zur AG (vgl. §§ 39, 41 AktG) fallen beim VVaG die Erlangung der Rechtsfähigkeit und die Zulassung zum Geschäftsbetrieb zusammen. Mit der Erlaubnis zum Geschäftsbetrieb ist der VVaG als solcher – außerhalb des Handelsregisters - entstanden. Zum Umfang der Erlaubnis vgl. § 10 VAG. Zur Versagung und Beschränkung der Erlaubnis siehe § 11 VAG.

30 **2. Zulassungsverfahren.** Der Antrag auf Zulassung ist bei der zuständigen Aufsichtsbehörde zu stellen – das ist nach § 4 Abs. 1 FinDAG die Bundesanstalt für Finanzdienstleistungsaufsicht. Dem Antrag sind die in § 9 VAG genannten Unterlagen beizufügen. Die Satzung ist nur insoweit einzureichen, als sie sich nicht auf Allgemeine Versicherungsbedingungen bezieht.

31 Ferner müssen dem Genehmigungsantrag nach § 9 Abs. 2 VAG die zum Geschäftsplan gehörenden Unterlagen – wozu auch der Organisationsfonds (Nr. 5) zählt – eingereicht werden. Es sind die für die Beurteilung notwendigen Unterlagen einzureichen, die erforderlich sind, um zu prüfen, ob die Personen, die das Unternehmen tatsächlich leiten oder andere Schlüsselaufgaben wahrnehmen, den hierfür erforderlichen Anforderungen genügen (§ 9 Abs. 4 Nr. 1a i. V. m. § 24 Abs. b VAG). Wer 10 % oder mehr Anteile am Gründungsstock eines VVaG hält, verfügt über eine bedeutende Beteiligung im Sinne des § 7 Nr. 3 VAG, demensprechend sind zusätzliche Angaben gem. § 9 Abs. 4 Nr. 2a VAG erforderlich. Die Einreichung der Unterlagen ist Sache des Vorstandes.[56] Die Zulassung ist ebenso wie die Versagung der Zulassung gem. § 11 Abs. 3 VAG ein gebundener Verwaltungsakt. Strafrechtliche Sanktionen (z. B. bei unwahren Angaben gegenüber der Aufsichtsbehörde) sah bislang § 134 VAG a. F. ausdrücklich vor. Nunmehr enthält § 131 VAG Regelungen, die sich auf erlaubnispflichtige Tätigkeiten ohne Erlaubnis beziehen. Das setzt aber bei unwahren Angaben zunächst den Widerruf der Erlaubnis voraus. Der Tatbestand der unwahren Angaben fehlt als eigener Straftatbestand in § 131 VAG. Eine Nichtigkeit der Erlaubnis nach § 44 VwVfG kann – auch aus Gründen des Schutzes der Versicherungsnehmer – nicht angenommen werden.[57]

32 **3. Heilung von Gründungsmängeln.** Die Erlaubnis heilt alle Mängel des Gründungsakts, auch wenn sie nicht hätte erteilt werden dürfen. Bei der Eintragung des großen VVaG in das Handelsregister ist der Richter nicht befugt zu prüfen, ob der VVaG wirksam zustande gekommen ist, ob die Satzung vollständig ist und dem Gesetz entspricht usw.; sein Prüfungsrecht beschränkt sich auf die Fragen, ob der Eintragungsantrag in der gehörigen Form vollständig und von den hierzu legitimierten Personen gestellt worden ist.[58] Anders ist die Rechtslage bei der VersAG (vgl. § 38 Abs. 1 S. 1 AktG).

33 **4. Versagung der Erlaubnis und Widerruf (nach § 304 Abs. 6 VAG).** Wird die Erlaubnis zum Geschäftsbetrieb nicht erteilt, so löst sich nach herrschender Meinung der nicht-rechtsfähige Verein von selbst auf, da der Gründungsakt unter der auflösenden Bedingung des Erwerbs der Rechtsfähigkeit steht. Die Abwicklung erfolgt entsprechend den §§ 730 ff. BGB (§§ 54 S. 1, 726 BGB), da der nicht-rechtsfähige Verein faktisch bestanden hat.[59] Verpflichtungen aus Versicherungsverhältnissen können nicht bestehen, da diese vor Erteilung der Erlaubnis nicht begründet werden können. Durch die Verweisung in § 54 S. 1 BGB tritt hier keine unterschiedliche Rechtsfolge je nachdem welche Rechtsform man dem Vor-VVaG zumisst auf. Der Gründungsstock fällt im Verhältnis der erfolgten Zeichnungen an die Zeichner zurück abzüglich der gemeinschaftlich getragenen Aufwendungen. Allerdings ist nicht davon auszugehen, dass sich bei Versagen der Erlaubnis der Vor-VVaG von selbst auflöst, vielmehr werden – dem BGB-Gesellschaftszweck folgend – die Gründer zunächst nachbessern und alle Anstrengungen unternehmen, um die Erlaubnis zum Geschäftsbetrieb doch noch zu erhalten.

34 Die in § 304 VAG geregelten Voraussetzungen für den Widerruf der Erlaubnis sind rechtsformunabhängig. Hinzuweisen ist auf § 304 Abs. 6 VAG, der vorsieht, dass bei Versicherungsvereinen auf Gegenseitigkeit der Widerruf der Erlaubnis für den gesamten Geschäftsbetrieb wie ein Auflösungs-

[55] Palandt/*Sprau* § 714 Rn. 11.

[56] *Kisch*, Das Recht des Versicherungsvereins auf Gegenseitigkeit, 1951, S. 57; *v. Gierke*, Die Versicherungsvereine auf Gegenseitigkeit nach deutschen Recht, 1942, S. 16; vgl. auch Merkblatt-Hinweise für die Zulassung von Versicherungsvereinen auf Gegenseitigkeit zum Betrieb der Schaden- und Unfallversicherung in der Bundesrepublik Deutschland vom 22.8.2008 (BaFin).

[57] Palandt/*Ellenberger* § 134 Rn. 11.

[58] Begr. zu § 30 a. F. (VA 1904, VAG, 113); *Kisch*, Das Recht des Versicherungsvereins auf Gegenseitigkeit, 1951, S. 63; *v. Gierke*, Die Versicherungsvereine auf Gegenseitigkeit nach deutschen Recht, 1942, S. 18; *Benkel* S. 109.

[59] Im Ergebnis so auch Goldberg/Müller/*Müller* § 15 Rn. 14; a. M. – Anwendung des § 179 BGB – die h. M., *Kisch*, Das Recht des Versicherungsvereins auf Gegenseitigkeit, 1951, S. 55 f.

beschluss wirkt, auf Anzeige der Aufsichtsbehörde wird der Widerruf in das Handelsregister eingetragen. Die Wirkung wie ein Auflösungsbeschluss zieht danach die Rechtsfolgen des § 199 VAG nach sich.

Die zur Eintragung des rechtsfähigen Vereins entwickelten Grundsätze der Eintragung von Vereinen mit wesentlichen Mängeln im Gründungsverfahren sind beim VVaG wegen der Trennung von aufsichtsrechtlichem Erlaubnisverfahren und handelsregisterlichem Vollzug der Eintragung in das Handelsregister so nicht anzuwenden.[60] Insbesondere ist hier auch der Schutz möglicher Versicherungsnehmer zu beachten. Im Rahmen der Rechtsaufsicht muss aber ein Löschungsverfahren auf Antrag der BaFin möglich sein, wenn der begünstigende Verwaltungsakt nach § 44 Abs. 1 und Abs. 2 VwVfG nichtig ist. 35

VI. Der VVaG als Rechtssubjekt und Sonstiges. 1. Allgemeines. Mit der Erlaubnis zum Geschäftsbetrieb (vgl. Rn. 29 ff.) erlangt der VVaG Rechtsfähigkeit. Die Rechts- und Parteifähigkeit geht verloren, wenn der VVaG für einen nicht unerheblichen Zeitraum seine VersTätigkeit aufgibt.[61] Ob dies auch schon bei vorübergehender, kurzzeitiger Nichtausübung der Fall ist, lässt der BGH offen. Das Vereinsvermögen steht im Eigentum des VVaG, nicht der Mitglieder, die – solange der Verein besteht – keinen Anteil am Vereinsvermögen haben.[62] Zwar sind die Mitglieder im wirtschaftlichen Sinn Unternehmensträger,[63] der VVaG als juristische Person ist aber Inhaber aller Recht der VVaG-Vermögenswerte, genauso ist auch ausschließlich der VVaG Schuldner aller gegen ihn gerichteten Ansprüche. Ein Durchgriff auf Mitglieder findet nicht statt (§ 175 VAG), auch nicht im Falle einer satzungsmäßig geregelten Nachschusspflicht; diese regelt ausschließlich die Beziehung zwischen VVaG und Mitglied. Der Verein ist Rechtsträger und hat die Eigentumsrechte am Vermögen. Das gilt dementsprechend grundsätzlich auch für die stillen Reserven, sofern nicht durch spartenspezifische aufsichtsrechtliche bzw. versicherungsvertragsrechtliche Regelungen unabhängig von der Rechtsform des Versicherers eine Teilhabe der Versicherungsnehmer an den stillen Reserven geregelt wird (z. B. Verordnung über die Mindestbeitragsrückerstattung in der Lebensversicherung MindZV vom 18.4.2016).[64] Der Verein ist mehr als die Summe von Einzelinteressen, denn er hat Gesamtverantwortung für das Risikokollektiv als Ganzes. Das Vereinsvermögen wird somit auch nicht lediglich treuhänderisch vom VVaG für die Versicherten verwaltet. Das Verfügungsrecht liegt bei der Gesamtheit der Mitglieder (Mitgliedervertreter) als den Trägern des VVaG. Der VVaG entscheidet durch seine Organe über die Verwendung der Mittel. Mit der Zulassung zum Geschäftsbetrieb sind auf den VVaG ergänzend auch die Vorschriften des rechtsfähigen Vereins anzuwenden; der VVaG ist zugleich auch wirtschaftlicher Verein i. S. d. § 22 S. 1 BGB. Somit können, soweit das VAG keine abweichenden Vorschriften enthält, ergänzend die §§ 21 bis 53 BGB herangezogen werden. Ihre Bedeutung ist jedoch gering. Als rechtsfähiger Verein hat der Verein als solcher Vermögen und Verbindlichkeiten, **ist prozess- und parteifähig** (die Mitglieder können Zeugen und Sachverständige sein und Prozessen als Nebenintervenienten beitreten); er ist **insolvenzfähig** und besitzt einen eigenen **allgemeinen Gerichtsstand** (§ 22 ZPO); über den Umfang dieses Gerichtsstandes (Klagen des VVaG aus § 215 Abs. 1 VVG).[65] Das BAV hält die Berufung auf § 22 ZPO bei Klagen gegen Mitglieder/Versicherungsnehmer für unerwünscht.[66] Zwar entspricht die Berufung auf § 22 ZPO durchaus einer sparsamen, im Interesse aller Mitglieder des Vereins liegenden Prozessführung, aber wegen der eindeutigen Regelung in § 215 Abs. 1 S. 2 VVG kann der VVaG seine Mitglieder, die zugleich Versicherungsnehmer sind, nur am für den Wohnsitz des Versicherungsnehmers zuständigen Gericht (bzw. gewöhnlicher Aufenthaltsort) verklagen. Etwas anderes kann nur gelten für Klagen, die ausschließlich das Mitgliedschaftsverhältnis zum Gegenstand haben. 36

Zur Anmeldung zum Handelsregister, Eintragung in das Handelsregister, Veröffentlichung (bei großen VVaG): §§ 185–187 VAG. 37

2. Kleinere Vereine. § 171 gilt auch für kleinere Vereine (§ 210 Abs. 1 S. 1 VAG). 38

3. Ausländische Gegenseitigkeitsunternehmen. Für ausländische VVaG gilt § 171 nicht. Gründungsakt und Erlangung der Rechtsfähigkeit bestimmen sich nach dem Recht des Sitzlandes. 39

Anwendung handelsrechtlicher Vorschriften

172 [1] **Soweit dieses Gesetz nichts anderes vorschreibt, gelten die Vorschriften des Ersten und Vierten Buchs des Handelsgesetzbuchs über Kaufleute mit Ausnahme der §§ 1**

[60] Palandt/*Ellenberger* § 21 Rn. 13 und Vorbem. § 55 Rn. 2.

[61] So *BGH* WM 1995, 1446.

[62] Müller/Wiedenhorn/*Wiedenhorn* S. 10; *Kisch*, Das Recht des Versicherungsvereins auf Gegenseitigkeit, 1951, S. 22.

[63] *Farny* S. 210.

[64] BGBl. 2016 I S. 831.

[65] Vgl. die sich widersprechenden Urteile der *LG Karlsruhe und Hannover* NJW 1965, 1607.

[66] R 3/77, VerBAV 1977 205; GB 1985, 42; vgl. auch die – aufgehobenen – R 2/76, VerBAV 1976, 120 und R 4/74, VerBAV 1974, 138; zur Zulässigkeit *OLG Celle* Urt. v. 20.6.1975 - 8 U 29/75, VersR 1975, 993; *LG Hannover* Urt. v. 3.3.1978 - 4 O 355/77, VersR 1979, 341, *LG Karlsruhe* Urt. v. 25.6.1976 - 9 S 214/76, VersR 1976, 1029; krit. *Voosen* VersR 1975, 499, a. A. dazu *Löwe* VersR 1975, 1069.

bis 7 entsprechend auch für Versicherungsvereine auf Gegenseitigkeit. [2] Für die Rechnungslegung gelten die Vorschriften des Zweiten Unterabschnitts des Vierten Abschnitts in Verbindung mit den Vorschriften des Ersten und Zweiten Abschnitts des Dritten Buchs des Handelsgesetzbuchs entsprechend.

1 **I. Der VVaG und die Kaufmannseigenschaft (Satz 1).** Die Vorschrift des § 172 VAG stimmt mit § 16 VAG a. F. überein. Der gemischte VVaG, der außer Mitgliedern auch Nicht-Mitglieder zu fester Prämie, ohne Rücksicht auf den Umfang der Nicht-Mitglieder-Versicherung versichert, war Kaufmann gem. § 1 Abs. 2 Nr. 3 HGB a. F. (Übernahme von Versicherungen gegen Prämie). Mit Wegfall des § 1 Abs. 2 Nr. 3 HGB stellt sich die Frage nach der Kaufmannseigenschaft für den **„gemischten"** und den **„reinen"** VVaG.

2 Der „reine" VVaG, der also nur Mitglieder versichert, war nach h. M. weder Kaufmann noch galt er als Kaufmann,[1] wurde aber in mancher Hinsicht wie ein Kaufmann behandelt.[2] Die Beiträge der Mitglieder eines VVaG waren nicht unter § 1 Abs. 2 Nr. 3 HGB zu subsumieren. Hintergrund dieser Vorschrift und der h. M. war letztlich die historisch gewachsene Vorstellung, dass dem VVaG die Erwerbsabsicht fehle und er deshalb kein Handelsgewerbe betreiben könne.[3] Auch der Große VVaG ist jedoch – wie die AG – schon aus Wettbewerbsgründen gezwungen, Überschüsse zu erzielen und verhält sich dennoch grundsätzlich wie ein ordentlicher Kaufmann.

3 Durch die Neufassung des § 1 Abs. 2 HGB ist die Grundlage für die Annahme entfallen dass die Beiträge von Nicht-Mitgliedern nach § 1 Abs. 2 Nr. 3 HGB a. F. dem VVaG zur Kaufmannseigenschaft verhelfen. Somit bleibt zu fragen, ob der VVaG ein Handelsgewerbe betreibt. Zwar wird im Schrifttum weitgehend die Auffassung vertreten, dass die Gewinnerzielungsabsicht nicht zum Begriff des Handelsgewerbes zähle; stattdessen solle eine entgeltliche Tätigkeit am Markt genügen. Und schließlich genügt für die Annahme eines Handelsgewerbes ein nach Art und Umfang in kaufmännischer Weise eingerichteter Geschäftsbetrieb eines jeden Gewerbebetriebes. Unzweifelhaft benötigt der VVaG, einen nach Art und Umfang in kaufmännischer Weise eingerichteten Geschäftsbetrieb. Diese Auffassung ließe es also zu, dem VVaG die Kaufmannseigenschaft zuzusprechen, auch wenn ihm die für einen typischen Gewerbebetrieb kennzeichnende Gewinnerzielungsabsicht zumindest in ihrer direkten Ausprägung fehlt.

4 Der Wortlaut des § 172 VAG zwingt jedoch zu der Feststellung, dass der VVaG grundsätzlich von der direkten Anwendung der HGB-Vorschriften (§§ 1–7 HGB) ausgeschlossen ist, obwohl er „eigentlich" als Kaufmann am Markt auftritt.[4] Teilweise wird es als sachgerecht angesehen, den sog. großen VVaG schon aufgrund seiner Rechtsform dem Handelsrecht zu unterstellen und als Formkaufmann anzusehen.[5] Auch die Anwendung des § 5 HGB (Kaufmann kraft Eintragung) kann aufgrund des klaren Wortlauts des § 172 VAG keine Anwendung finden. Die gesetzliche Nicht-Anerkennung des VVaG als Kaufmann ist auch vom Gesetzgeber des VAG 2016 erneut bestätigt worden, so dass der klare gesetzgeberische Wille bei der Beurteilung der Rechtslage Berücksichtigung finden muss. Es kommt dem Gesetzgeber offenbar darauf an, die fehlende Gewinnerzielungsabsicht des VVaG weiterhin als Wesensmerkmal dieser Unternehmensform zu betonen. Schon in den Motiven heißt es zu § 16 VAG a. F.:[6]

„Da der Versicherungsverein auf Gegenseitigkeit als solcher keine Gewinnerzielung bezweckt, die Übernahme der Versicherung seiner Mitglieder also nicht gegen „Prämie" im Sinne des § 1 Abs. 2 Nr. 3 HGB erfolgt und da er in Ermangelung der Erwerbsabsicht auch nicht als „gewerbliches Unternehmen" im Sinne des § 2 aaO angesehen werden kann, so gilt sein Geschäftsbetrieb nicht als Handelsgewerbe, er selbst nicht als Kaufmann im Sinne des HGB …der Entwurf erkennt damit zugleich, dass die Versicherungsgesellschaften auf Gegenseitigkeit an sich nicht zu den Kaufleuten gehören und nur in den hier fraglichen Richtungen durch besondere Vorschrift vom Gesetzgeber jenen gleichgestellt sein sollten."

5 Es geht also darum, als gesetzliches Unterscheidungsmerkmal nicht die Gewinnerzielungsabsicht des VVaG generell zu verneinen; zum Aufbau der Verlustrücklage (§ 193 VAG) und zum Bestehen im Wettbewerb muss der VVaG Ergebnisse erzielen, die seine Aufwendungen übersteigen. Aber der VVaG verfolgt qua Rechtsnatur nicht das Ziel, Gewinne zu erzielen, um ihrer selbst Willen – losgelöst vom Versicherungsgeschäft – um Dritten eine Rendite auf ihr eingesetztes Kapital zu verschaffen. Damit trägt der VVaG gemeinwirtschaftliche Züge.

---

[1] Vgl. Prölss/*Weigel*, 12. Aufl., § 16 Rn. 2.

[2] Baumbach/Hopt/*Hopt* § 1 Rn. 27 und § 6 Rn. 1; *Brenzel*, Der Versicherungsverein auf Gegenseitigkeit, 1975, S. 8; *Farny* S. 205; Goldberg/Müller/*Müller* § 16 Rn. 1; *Kisch*, Das Recht des Versicherungsvereins auf Gegenseitigkeit, 1951, S. 31; *Reckhenrich*, Versicherungsunternehmen auf Gegenseitigkeit in Frankreich, 1987, S. 64 f.; FKBP/*Kaulbach* § 16 Rn. 1.

[3] Mot. S. 36.

[4] FKBP/*Kaulbach* § 16 Rn. 2.

[5] *Benkel* S. 105; Baumbach/Hopt/*Roth* Einl. Vor § 105 Rn. 8, 9.

[6] Mot. S. 36.

Eine umfangreiche Darstellung der verschiedenen Auffassungen zur Kaufmannseigenschaft des VVaG findet sich bei *Benkel*.[7] Die Kann-Kaufmann-Regelung nach § 2 HGB kann keine Anwendung finden, da diese Bestimmung für Kleingewerbetreibende gilt und auch vom Wortlaut des § 172 ausgeschlossen wird. Das gilt auch für die Anwendbarkeit des § 6 HGB (Handelsgesellschaften/Formkaufmann). 6

II. Anwendbare Teile des HGB. 1. Verweisung auf das Erste Buch des HGB (Handelsstand). Grundsätzlich finden die §§ 8–104 HGB entsprechende Anwendung. Einige dieser Vorschriften kommen allerdings schon von ihrer Struktur her auch für eine entsprechende Anwendung nicht in Betracht (vgl. z. B. §§ 13d, weite Teile des 3. Abschnitts des Ersten Buches zur Handelsfirma). Nicht anwendbar sind aufgrund von Spezialvorschriften: § 29 HGB (§ 185 VAG), § 31 HGB (§§ 196, 197, 204 Abs. 3 VAG i. V. m. § 273 Abs. 1 AktG), § 33 HGB (§ 185 VAG), § 34 HGB (§§ 196, 197, 204 Abs. 3 VAG i. V. m. § 273 Abs. 1 AktG).[8] 7

2. Verweisung auf das Dritte Buch des HGB (Rechnungslegung, Satz 2). Zunächst gelten für VVaG aus dem Dritten Buch (Handelsbücher) die Vorschriften des Ersten Abschnitts und des Zweiten Abschnitts (§§ 238–335 HGB). Die Rechnungslegung der Versicherungsunternehmen wird im Zweiten Unterabschnitt des Vierten Abschnitts des Dritten Buches des HGB speziellen Regeln unterworfen. Der Zweite Unterabschnitt ist grundsätzlich auf Versicherungsunternehmen anzuwenden, die nicht Träger der Sozialversicherung sind (vgl. § 341 Abs 341 Abs. 1 S. 1 HGB). Zu den Ausnahmen für öffentlich-rechtliche Vers-Unternehmen (vgl. § 341 Abs. 1 S. 2 HGB). Nach letzterer Bestimmung fallen VVaG auch dann unter den Zweiten Unterabschnitt, wenn sie ausschließlich ihren Mitgliedern Leistung erbringen, also kein Nicht-Mitgliedergeschäft betreiben. Die Bestimmungen des Zweiten Unterabschnitts sollen für den VVaG allerdings nach wie vor „nur" entsprechend gelten (§ 172 S. 2). Der Reg.-Entwurf sah demgegenüber in Anlehnungen an Art. 2 Abs. 1 VersBilanzRL noch ausdrücklich vor, dass der Zweite Unterabschnitt Rechtsform-unabhängig anzuwenden ist. Der entsprechende Verweis legt nahe, bei jeder Vorschrift zu prüfen, ob ihre Anwendbarkeit vorbehaltlos auf den VVaG vorgenommen werden kann oder ob die VVaG-Struktur Modifikationen erfordert. 8

3. Verweisung auf das Vierte Buch des HGB (Handelsgeschäfte). Entsprechend anwendbar sind die §§ 343-350, 352-359, 361, 363-366, 368-369, 371-371 HGB. Die Abschnitte zum Handelskauf, Kommissionsgeschäft, Frachtgeschäft, Speditionsgeschäft und Lagergeschäft haben keine Relevanz für den VVaG. 9

III. Prozesse. Klagen gegen einen VVaG aus Vers-Verhältnissen, die für das Mitglied Handelsgeschäfte sind, gehören vor die Kammer für Handelssachen (vgl. § 95 Ziff. 4 lit. a–f und § 5 GVG).[9] 10

IV. Kleinere Vereine. Für kleinere Vereine gilt § 172 S. 1 VAG nicht, siehe § 210 Abs. 1 S. 1 VAG. Damit gelten die Vorschriften des Ersten und Dritten Buches des HGB über Kaufleute für kleinere Vereine nicht. Infolge dessen entfallen für den kleineren Verein auch im VAG alle Vorschriften, die eine Eintragung im Handelsregister voraussetzen, also §§ 185–187, 196, 199 Abs. 2 S. 2, 202 VAG. Zur Erteilung einer Prokura oder Handlungsvollmacht vgl. GB 1968, 52. Die in § 171 S. 2 VAG genannten Rechnungslegungsvorschriften gelten gem. § 210 Abs. 1 S. 1 VAG auch für kleinere Vereine. Zur Einführung von Befreiungen und Vereinfachungen für kleinere VVaG vgl. die Kommentierung zu § 210 VAG 11

Satzung

173 (1) **Die Verfassung eines Versicherungsvereins auf Gegenseitigkeit wird durch die Satzung bestimmt, soweit sie nicht auf den folgenden Vorschriften beruht.**

(2) **Die Satzung muss notariell beurkundet sein.**

Übersicht

[7] *Benkel* S. 60 ff.
[8] Im Übrigen siehe zur Anwendbarkeit der §§ 8–104 HGB im Einzelnen FKBP/*Kaulbach* § 16 Rn. 3.
[9] Goldberg/Müller/*Müller* § 16 Rn. 5.

1 **I. Die Satzung als Verfassung des VVaG (Abs. 1).** Die Bestimmung über die Satzung stimmt mit § 17 VAG a. F. überein.

2 § 173 Abs. 1 VAG stellt klar, dass die Unternehmens**verfassung** eines VVaG durch die Satzung bestimmt wird; damit kommt dieser Bestimmung generalklauselartige Bedeutung zu. Die Verfassung eines Unternehmens regelt „wer in einer am ökonomischen Prinzip orientierten privatrechtlichen Organisationseinheit die **Grundlagen**- und **Geschäftsführungsentscheidungen** treffen kann" und wem die laufende Geschäftsführung, die Vertretung nach außen und die Kontrolle des geschäftsführenden Organs obliegt.[1] Schließlich bedürfen die handelnden/kontrollierenden Organe einer Legitimation derer, die den VVaG tragen (die Mitglieder).

3 Zur Frage der rechtlichen Einordnung des Gesellschaftsvertrags bzw. der Satzung vgl. *Karsten Schmidt*.[2] Durch die Satzung wird also das **Organisationsrecht** des VVaG normiert; die Satzung ist wichtiger Teil der Corporate Governance.[3] Das Recht des VVaG enthält keine dem § 23 AktG vergleichbare Vorschrift, die den notwendigen Inhalt der Satzung beschreibt. Eine § 9 VAG a. F. vergleichbare Vorschrift enthält das VAG nicht mehr. Dadurch kommt der für den Verein maßgebliche weite Rahmen der Satzungsautonomie zur Geltung. Es muss gleichwohl zum einen auf die allgemeinen Grundsätze einer Unternehmenssatzung zurückgegriffen werden, um die Bedeutung von § 173 VAG zu verdeutlichen, denn der VVaG nimmt als Unternehmen am Markt teil. Zum Satzungsinhalt gehören daher notwendigerweise neben der Festlegung der Organe des VVaG ihre Kompetenzen, die formalen Vorschriften über Einladungsfristen, Häufigkeit der Sitzung und Veröffentlichungspflichten, Beschlussfähigkeit u. ä. Weitere notwendige Inhalte der Satzung des VVaG werden zum anderen durch zahlreiche Einzelbestimmungen (z. B. §§ 174, 176, 178, 179, 180 Abs. 3, 182, 183, 184, 193, 194, 197 Abs. 2 und 3 VAG) geregelt. Schließlich fällt die nahezu identische Fassung mit § 25 BGB auf, was die Heranziehung der zum Vereinsrecht entwickelten Grundsätze nahelegt. Die Satzung des Vereins stellt seine rechtliche Grundordnung dar und enthält als solche die Identitätsbeschreibung des Vereins: Name, Zweck, Sitz sowie Regeln für die Träger des Vereins (Erwerb und Verlust der Mitgliedschaft) samt Rechten und Pflichten. Nicht zu verwechseln ist die Satzung mit der Satzungsurkunde.[4]

4 Nach dem ersatzlosen Wegfall des § 10 Abs. 2 VAG a. F. besteht für VVaG weiterhin die Möglichkeit, AVB in die Satzung aufzunehmen; dies folgt aus dem Umkehrschluss zu § 9 Abs. 2 Nr. 1 VAG. Schon *Kisch* musste aber einräumen, dass die AVB jedenfalls einen „relativ selbständigen Bestandteil gegenüber denjenigen Teilen der Satzung" eines VVaG bilden, „die sich auf dessen Organisation und auf die rein genossenschaftlichen Rechte und Pflichten der Mitglieder beziehen."[5] Folgt man der Auffassung, dass beim VVaG Mitgliedschaftsrechte und Rechte aus dem VersVerhältnis zwei voneinander getrennte Rechtsverhältnisse darstellen (dazu ausführlich § 176 Rn. 12 ff.), so ist notwendigerweise zu differenzieren: Das rein schuldrechtliche synallagmatische Austauschverhältnis mit dem Versicherungsnehmer kann nicht Gegenstand einer Verfassungsregelung i. S. d. § 173 VAG sein. Wird dagegen auf der Ebene des Mitgliedschaftsverhältnisses auf das VersVerhältnis eingewirkt, so sind dies Regelungen, die notwendigerweise in der Satzung als Verfassung des VVaG wurzeln. Schon im Rahmen des Genehmigungsverfahrens sind nur die Teile der Satzung Gegenstand der Erlaubnisprüfung, die sich nicht auf allgemeine Versicherungsbedingungen beziehen (§ 9 Abs. 2 Ziff.1 VAG). Überall dort, wo die Regelung nach dem Gesetz zwingend nur in der Satzung vorgenommen werden kann, handelt es sich daher um eine Verfassungs, also Mitgliedschaftsfrage (vgl. §§ 176, 179, 180 Abs. 3, 182, 194, 197 Abs. 2 und 3 VAG), die über das synallagmatische Austauschverhältnis eines Versicherungsvertrages, wie er ebenso gut mit einer VersAG abgeschlossen werden könnte, hinausgeht (vgl. insbesondere § 197 Rn. 13).

5 Dies ist stets der Fall bei den Muss-Bestimmungen der Satzung, die als zwingende Verfassungsnorm im Rahmen der Satzungsautonomie des Vereins nicht außer Kraft gesetzt werden können, da die Verfassung auf ihnen „beruht".[6] Auch bei den Soll-Vorschriften handelt es sich überwiegend um „echte" Verfassungsfragen, zum Beispiel Bestimmungen über den Beginn der Mitgliedschaft gem. § 176 S. 1 VAG; Ausschreibung und Einziehung von Nachschüssen und Umlagen gem. § 182 Abs. 1 und 2 VAG. Zur Festlegung der eigenen Identität gehört auch nach dem Wegfall des § 9 VAG die Feststellung der betriebenen Versicherungszweige und ob das Versicherungsgeschäft nur unmittelbar oder mittelbar bzw.

[1] *Wiedemann,* Gesellschaftsrecht, Bd. I, 1980, S. 307; *Hauth,* Unternehmensverfassungsrechtliche Probleme des VVaG, 1984, S. 13.
[2] *K. Schmidt,* Gesellschaftsrecht, 3. Aufl. 2002, S. 75 ff.
[3] *Benkel* S. 72.
[4] Palandt/*Ellenberger* § 25 Rn. 2.
[5] *Kisch,* Das Recht des Versicherungsvereins auf Gegenseitigkeit, 1951, S. 72 f.
[6] So ausdrücklich *Bischoff* VersR 1961, 97.

unmittelbar und zugleich auch mittelbar betrieben werden soll. Die Grundsätze der Vermögensanlage gehören nicht zum Kernbereich einer Satzung, sollten im Sinne einer guten Corporate Governance als Grundsatzregelung in der Satzung jedoch enthalten sein; wodurch gleichzeitig eine gewisse Marktprofilierung des VVaG erreicht werden kann.

Bei den Kann-Vorschriften ist notwendigerweise zu differenzieren zwischen Bestimmungen, die eine Option zwischen Regelung in der Satzung bzw. außerhalb ermöglichen und solchen, die – falls man sich im Rahmen der insoweit bestehenden Satzungsautonomie zur Festlegung einer derartigen Bestimmung entschließt – zwingend nur in der Satzung verankert werden können, da es sich um unternehmensbezogene, organisationsrechtliche Regelungen handelt (z. B. §§ 176 S. 3, 177 Abs. 2, 179 Abs. 3, 180 Abs. 3, 197 Abs. 3 S. 2 VAG). 6

II. Die Satzung als Bestandteil des Geschäftsplans (§ 9 Abs. 2 Nr. 1 VAG). Die Satzung ist Bestandteil des Geschäftsplans soweit sie sich nicht auf AVB bezieht. VVaG – und öffentlich-rechtliche Versicherungsunternehmen – können somit mitgliedschaftliche Regelungen und vertragsrechtliche Bedingungen trennen und ihre Satzung weiterhin, entweder umfassend, bezogen auf beide Rechtsverhältnisse oder reduziert auf organisationsrechtliche bzw. beim VVaG mitgliedschaftsrechtliche/gesellschaftsrechtliche Tatbestände gestalten. Die Satzung ist bei der Zulassung zum Geschäftsbetrieb (= Erwerb der Rechtsfähigkeit § 171 VAG) von der AufsBehörde zu genehmigen (§ 10 Abs. 1 i. V. m. § 11 VAG). Die Genehmigung der Satzung im Rahmen des Erlaubnisverfahrens ergibt sich aus § 8 Abs. 1 VAG (Geschäftsbetrieb-Aufnahme bedarf der Erlaubnis) i. V. m. § 9 Abs. 1 VAG (prüfungspflichtige Antragsunterlagen für die Erlaubnis – Geschäftsplan mit seinen Bestandteilen). Nach § 186 Abs. 2 VAG ist die Satzung zusammen mit der Urkunde über die Erlaubnis und weiteren Tatsachen zur Anmeldung beim Handelsregister einzureichen. Es fällt auf, dass § 11 VAG die Versagung der Erlaubnis als gebundenen Verwaltungsakt (§ 11 Abs. 3 VAG) u. a. nur an die nicht genügend als dauernd erfüllbaren Verpflichtungen – aus den Versicherungen – festlegt, nicht aber eine Gefährdung der mitgliedschaftlichen Rechte als Versagungsgrund kennt; offenbar sieht der Gesetzgeber diesen, dem privaten unternehmerischen Risikobereich zugehörenden Aspekt als aufsichtsrechtlich nicht schützenswert an. 7

Als Bestandteil des Geschäftsplans darf jede Änderung der Satzung eines VVaG erst dann in Kraft gesetzt werden, wenn sie von der Aufsichtsbehörde genehmigt wurde (§§ 12 Abs. 1 S. 1; vgl. auch § 195 Abs. 3 VAG). 8

Bei der Genehmigung der Satzung ist die BaFin u. a. verpflichtet, zu prüfen, ob die Belange der Versicherten nicht ausreichend gewahrt sind.[7] 8a

Die zitierten Entscheidungen des VG Frankfurt a. M. und des VGH Kassel sind für die Themen aufsichtsrechtliche Überwachungsintensität und Eingriffsbefugnis sowie Überwachungsumfang im gesellschaftlichen Bereich von besonderer Bedeutung.[8]

III. Umfang und Inhalt der Satzungsautonomie. Nach Abs. 1 wird die Verfassung des VVaG durch die Satzung bestimmt, soweit sie nicht auf den nachfolgenden Vorschriften beruht (vgl. demgegenüber § 23 Abs. 5 AktG, wonach von Vorschriften des AktG nur abgewichen werden darf, wenn es ausdrücklich zugelassen ist, ebenso § 18 S. 2 GenG). In dieser unterschiedlich weiten Gestaltungsfreiheit für VVaG einerseits und AG und Genossenschaft andererseits zeigt sich letztlich die Vereinsautonomie des VVaG, die insoweit der Vereinsautonomie beim BGB-Verein vergleichbar und nachgebildet ist.[9] Die Satzungsautonomie, auch des VVaG, ist allerdings durch die Verweisung auf das Aktienrecht im Rahmen des Rechts der Organe des VVaG stark eingeschränkt (vgl. § 188 Abs. 1 S. 2 VAG für den Vorstand, § 189 Abs. 3 VAG für den Aufsichtsrat, § 191 S. 1-3 VAG für die oberste Vertretung). Für die Satzung des VVaG herrscht eine deutlich stärkere Normierungsdichte als für den BGB-Verein. Auf den weitgehend zwingenden Charakter des Rechts, der auch für einen Missbrauch der Satzungsbestimmungen wenig Raum lässt, verweist *Hauth*[10] (zu den daraus gezogenen Konsequenzen im Hinblick auf eine richterliche Satzungskontrolle vgl. unten Rn. 14 ff.). Der Inhalt der Satzung ist teils durch zwingende Gesetzesvorschriften (Muss-Vorschriften), teils durch Ordnungsvorschriften (Soll-Vorschriften) und teilweise auch durch vollständige Gestaltungsfreiheit (Kann-Vorschriften) vorgegeben.[11] Die Satzungsautonomie wird grundsätzlich nur durch zwingende Vorschriften eingeschränkt. Die Abweichung von Soll-Vorschriften muss durch hinreichend sachliche Gründe begründet werden. 9

1. Zwingende Satzungsbestimmungen. Zwingend muss in der Satzung Name, Firma und Sitz des Vereins (§ 174 Abs. 1, Abs. 2 S. 2) enthalten sein.[12] Ferner ist in der Firma oder in einem Zusatz zur Firma auszudrücken, dass der Geschäftsbetrieb in der Rechtsform eines VVaG erfolgt. Außerdem 10

[7] *VG Frankfurt a. M.* Urt. v. 1.7.2015 – 7K315/14.f und *VGH Kassel* Beschl. v. 1.7.2016 – 6A 1590/15.z, VersR 2017, 405.

[8] *Bürkle* VersR 2017, 408 (Anmerkung zu VG Frankfurt a. M. und VGH Kassel).

[9] *Großfeld*, Der Versicherungsverein auf Gegenseitigkeit im System der Unternehmensformen, 1985, S. 20; *Baumann*, Der Versicherungsverein auf Gegenseitigkeit mit kooptierter Vertreterversammlung, 1986, S. 7.

[10] *Hauth*, Unternehmensverfassungsrechtliche Probleme des VVaG, 1984, S. 99.

[11] *Kisch*, Das Recht des Versicherungsvereins auf Gegenseitigkeit, 1951, S. 67.

[12] *Benkel* Diss. S. 117.

müssen enthalten sein: die betriebenen Versicherungszweige und ob das Versicherungsgeschäft nur unmittelbar oder zugleich auch mittelbar betrieben wird. Diese Angaben sind deshalb unverzichtbar, weil sie sowohl Konsequenzen für die Überschussermittlung und -verteilung als auch für die Solvabilitätskapitalanforderung und den Umfang der Aufsicht haben; letztlich gehören sie zur Grundordnung des VVaG und machen im Rahmen des Satzungsinhalts auch den Geschäftsumfang für jedes beitretende Mitglied deutlich:

Vorschriften über den Gründungsstock (§ 178 VAG), über Beiträge/Umlagen/Nachschüsse (§ 179 Abs. 1 und 2 VAG), Bekanntmachung des Vereins (§ 183 VAG), über die Bildung des Vorstands, des Aufsichtsrats und der obersten Vertretung (§ 184 VAG), über die Bildung einer Verlustrücklage (§ 193 VAG), über die Verteilung der jährlichen Überschüsse (§ 194 VAG), über die qualifizierte Minderheit (§ 192 VAG), der die Rechte aus §§ 93 Abs. 4 S. 3; 117 Abs. 4; 120 Abs. 1; 122; 142 Abs. 2; Abs. 4; 147, 258 Abs. 2 S. 3; 260 Abs. 1 S. 1; Abs. 3 S. 4 AktG zustehen. Eine zeitliche Begrenzung für die Tätigkeit des VVaG (Dauer des Vereins) ist ebenfalls in die Satzung aufzunehmen und im Handelsregister einzutragen; daraus kann nicht gefolgert werden, dass generell in die Satzung eine Bestimmung über die Dauer des Vereins aufzunehmen ist (arg. e § 187 Abs. 2 VAG).

11 **2. Soll-Vorschriften (Ordnungsvorschriften).** Grundsätze für die Vermögensanlage, die Aufnahme des Sitzes in die Firma des Vereins (§ 174 Abs. 2 S. 1 VAG), Bestimmungen über Beginn und Ende der Mitgliedschaft (§ 176 VAG), Einzelheiten über den Gründungsstock (§ 178 Abs. 1 S. 2, Abs. 2 S. 3 VAG), Regeln über die Voraussetzungen für Umlagen und Nachschüsse und die Art ihre Ausschreibung und Einziehung (§ 182 VAG) fallen unter die Soll-Vorschriften der Satzung. Letztlich handelt es sich hier um so wesentliche, für die Erlaubniserteilung wichtige Elemente, dass der Verzicht, diese Angaben in der Satzung zu machen, unweigerlich dazu führt, dass diese Angaben an anderer Stelle als Bestandteil des Geschäftsplans der BaFin vorgelegt werden müssen. Zum anderen ist auch zu bedenken, dass die Satzung als Grundordnung des Vereins auch die Funktion eines Sammlungspunktes für alle für den Geschäftsbetrieb grundlegenden Regeln hat. Hierzu zählen aber auch gerade die hier genannten Soll-Regelungen, so dass sich eine Aufnahme in die Satzung empfiehlt, denn es handelt sich hierbei weitgehend um die aus der Mitgliedschaft folgenden Rechte und Pflichten (gesellschaftsrechtliche Regelungen).

12 **3. Kann-Vorschriften (Optionale Vorschriften).** Die AVB können Teil der Satzung sein (arg. § 9 Abs. 2 Ziff. 1 VAG); ebenso die Möglichkeit der Versicherung von Nicht-Mitgliedern zu fester Prämie (§ 177 Abs. 2 VAG), die Überschussbeteiligung der Garanten (§ 178 Abs. 3 S. 2 VAG), die Ermächtigung des Vorstands – mit Zustimmung des Aufsichtsrats – AVB einzuführen oder zu ändern (§ 197 Abs. 2 S. 1 VAG), ggf. Ermächtigung des Aufsichtsrats durch die oberste Vertretung (Kompetenzregelung erforderlich), die AVB vorläufig zu ändern (§ 197 Abs. 2 VAG), Bestimmungen durch die die Beschlussmodalitäten für die Gewährung von Genussrechten nach § 214 Abs. 2 VAG der obersten Vertretung geregelt werden; Vorschriften für die Bestimmung einer Minderheit von Mitgliedern zur Bestellung und Abberufung von Abwicklern im Abwicklungsverfahren (§ 204 Abs. 2 VAG), Bestimmung von Anfallberechtigten bei der Verteilung des Vermögens (§ 205 Abs. 3 VAG), Wirkung von Änderungen der AVB auch auf bestehende Versicherungsverhältnisse (§ 197 Abs. 3 S. 2 VAG), Fortdauer des Mitgliedschaftsverhältnisses bei Beendigung der Versicherungsverhältnisses (§ 176 S. 3 VAG), Höchstbetrag für Nachschüsse und Umlagen (§ 179 Abs. 3 S. 1 VAG), Kürzung von Versicherungsansprüchen bei Ausschluss von Nachschüssen (§ 179 Abs. 2 2. Hs. VAG), abweichende Bestimmungen von der Regel zur Umlage und Nachschusspflicht ausgeschiedener Mitglieder (§ 190 Abs. 3 VAG) und schließlich die Bestellung anderer Personen als Vorstandsmitglieder zum Abwickler (§ 204 Abs. 1 VAG). Die Liste über die Kann-Vorschriften ist im Vergleich zu den Soll-Vorschriften nicht konsequent, da sie eine Reihe von Regelungen enthält, die sich auf die Mitgliedschaft beziehen und die Mitgliedschaft gerade im Sinne der Trägerschaft des Vereins ein wesentliches Element des Vereins ist. Daher sollten alle Aspekte, die die Mitgliedschaft berühren zumindest zu den Soll-Vorschriften gehören und nicht als Kann-Vorschrift vernachlässigbar erscheinen.

13 **IV. Notarielle Beurkundung (Abs. 2).** Zwingend erforderlich ist die notarielle Beurkundung. Einfache Schriftform führt zur Unwirksamkeit der Satzung.

14 **V. Fehlerhafte Satzung.** Ist bei der Zulassung zum Geschäftsbetrieb eine Satzung genehmigt worden, obwohl sie mit Mängeln behaftet ist – z. B. Geschäftsunfähigkeit der errichtenden Personen, Formfehler, Fehlen des gesetzlich vorgeschriebenen Inhalts – so ändert dies nichts daran, dass der Verein rechtsfähig geworden ist (h. M.; es gelten hier die bei § 171 Rn. 32 dargestellten Grundsätze über Gründungsmängel). Die Rechtsfähigkeit des Vereins ist lediglich durch die Erlaubnis nach § 8 Abs. 1 VAG, nicht durch die Erfüllung der gesetzlichen Voraussetzungen des Gründungsaktes bedingt.[13] Eine einzelne zwingenden gesetzlichen Vorschriften widersprechende Bestimmung der Satzung bleibt indessen un-

[13] Mot. S. 61.

wirksam.[14] Es ist Sache der Aufsichtsbehörde, hier gem. § 294 Abs. 2 VAG einzuschreiten, da Gegenstand der Rechtsaufsicht auch die Satzungskontrolle im Rahmen der Überwachung der (rechtlichen) Grundlagen des Geschäftsplans (§ 305 Abs. 1 Nr. 1 VAG) ist (§ 294 Abs. 3 i. V. m. § 9 Abs. 1 VAG).

VI. Richterliche Satzungskontrolle. Ob die Satzungen von Körperschaften einer inhaltlichen Kontrolle durch die Gerichte unterliegen (vgl. auch unten Rn. 16), ist im Einzelnen streitig und für den VVaG auch hinsichtlich der organisationsrechtlichen Bestimmungen der Satzung nicht zweifelsfrei geklärt. Eine Sonderproblematik gilt für die Ausgestaltung der Leistungsbeziehungen, da der VVaG gemäß § 9 Abs. 2 Nr. 1 VAG die Möglichkeit hat, seine AVB in die Satzung einzustellen und daher eine Kontrolle nach § 305 BGB auch für Satzungsbestimmungen in Betracht kommen kann. **15**

1. Kontrolle gemäß § 242 BGB. Die inhaltliche Kontrolle von Satzungen am Maßstab des § 242 BGB wird vom *BGH* bislang nur bei Publikums-KG vorgenommen.[15] Das *BAG* unterzieht Satzungsänderungen von Versorgungseinrichtungen einer Billigkeitskontrolle;[16] in der Literatur finden sich darüber hinaus auch Stimmen für eine Inhaltskontrolle von Vereinssatzungen.[17] *Becker* spricht sich eindeutig für die Anwendung der Bereichsausnahme in § 310 Abs. 4 BGB auf Satzungsregelungen aus, die sich auf das mitgliedschaftliche Verhältnis beziehen. Im Hinblick auf den VVaG votiert Baumann[18] für eine Inhaltskontrolle der Satzung, soweit aufgrund der Kooptation die Mitwirkungsmöglichkeiten des einzelnen Mitglieds auch rechtlich beschränkt sind. Gegen eine Inhaltskontrolle gem. § 242 BGB argumentieren *Hauth, Fastrich.*[19] Von diesen Autoren wird darauf verwiesen, dass durch weitgehend zwingende Verweisungen auf aktienrechtliche Bestimmungen beim VVaG mangels Möglichkeit des Missbrauchs der Satzungsautonomie für eine inhaltliche Kontrolle der Satzung kein Bedürfnis besteht.[20] **16**

2. Organisationsrecht des VVaG. Die Frage einer Inhaltskontrolle von Satzungen des VVaG ist zunächst für den Bereich des Organisationsrechts zu beantworten. Dabei ist zu berücksichtigen, dass nach traditioneller Ansicht für die Vereinssatzung der Grundsatz der (uneingeschränkten) Satzungsautonomie gilt, der eine generelle Inhaltskontrolle von Satzungsbestimmungen ausschließt.[21] Die in Rn. 16 dargestellte, eine Inhaltskontrolle ablehnende Meinung, übersieht jedoch, dass die einzelnen Mitglieder beim großen VVaG keine Einwirkungsmöglichkeiten auf den Inhalt der Satzung haben, wenn sie im Wege des Beitritts durch Abschluss eines Versicherungsvertrages den Mitgliedsstatus erwerben.[22] Sowohl beim großen VVaG als auch beim kleineren VVaG sind an der Feststellung der Satzung, die durch zwei Personen erfolgen kann, die Mitglieder nicht beteiligt. Es ist daher nicht auszuschließen, dass die Satzung – insbesondere Minderheitenrechte – und hier besonders die Befugnis der Antragstellung in der obersten Vertretung, über Gebühr eingeschränkt oder in ihrer Wahrnehmung erschwert werden. Von den allgemeinen Regeln der Fairness, die über §§ 242, 138 BGB nachprüfbar bleiben, kann letztlich auch die Satzungsautonomie nicht befreien.[23] Die Anwendung des § 242 BGB darf aber die Grundsätze der Satzungsautonomie und mithin der gesellschaftsrechtlichen Gestaltungsfreiheit nicht verdrängen. Wichtig für die rechtliche Beurteilung der Wirksamkeit einer Satzungsbestimmung kann auch sein, ob bei Vertragsschluss durch ausreichende Information dem Versicherungsnehmer deutlich wird, dass er zugleich Mitglied wird und er hinreichend über die Satzungsbestimmungen informiert wird. Diese Überlegungen greifen insbesondere bei satzungsmäßiger Festlegung einer Nachschusspflicht, die aus akquisitorischen Gründen – dort, wo sie noch besteht – möglicherweise in den Hintergrund gedrängt wird. Demzufolge sind VVaG-Satzungen zwar gem. § 310 Abs. 4 BGB von der Anwendung des 2. Abschnitts des Zweiten Buchs des BGB befreit; eine Überprüfung der gesellschaftsrechtlichen Satzungsinhalte nach § 242 BGB wird aber von § 310 Abs. 4 BGB nicht ausgeschlossen. **17**

3. Satzungsmäßige Regeln über Leistungsbeziehungen im Versicherungsverhältnis. Ein Sonderproblem stellt die Ausgestaltung der Leistungsbeziehung zwischen dem VVaG und seinen Mitgliedern dar, wenn diese nicht über die Ebene der versicherungsvertraglichen Austauschbeziehung erfolgt, sondern über die Ebene der Mitgliedschaft. Satzungsregeln nach § 197 Abs. 3 S. 2 VAG beziehen sich dem Wortlaut der Vorschrift nach nur auf „bestehende Versicherungsverhältnisse" – von der Mitglied- **18**

---

[14] *Kisch* Fn. 5 S. 68, Fn. 12; *v. Gierke*, die Versicherungsvereine auf Gegenseitigkeit nach deutschem Recht, 1942, S. 18.

[15] Grundlegend *BGH* Urt. v. 14.4.1975 - II ZR 147/73, BGHZ 64, 238 = NJW 1975, 1318.

[16] *BAG* Urt. v. 4.5.1993 - 3 AZR 625/92, VersR 1994, 334 = ZIP 1994, 148.

[17] *Ulmer* in: Ulmer/Brandner/Hensen, AGB-Recht, 9. Aufl. 2001, § 23 AGBG Rn. 26 ff., Rn. 29 ff.; Bamberger/Roth/*Becker* § 310 Rn. 28–33.

[18] *Baumann*, Der VVaG mit kooptierter Vertreterversammlung, 1986, S. 54.

[19] *Hauth*, Unternehmensverfassungsrechtliche Probleme des VVaG, 1984, S. 98 ff.; *Fastrich*, Richterliche Inhaltskontrolle im Privatrecht, 1992, S. 149.

[20] Vgl. insoweit auch *Wiedemann*, Gesellschaftsrecht, Bd. I, 1980, S. 172.

[21] *Fastrich*, Richterliche Inhaltskontrolle im Privatrecht, 1992, S. 138, vgl. *BGH* Urt. v. 21.2.1978 - KZR 6/77, BGHZ 70, 331, 332 für die KG.

[22] Ähnlich *Wiedemann*, Gesellschaftsrecht I, 1980, S. 172: „… soweit im Erwerb der Mitgliedschaft keine Willenslegitimation, sondern nur eine Willensakklamation liegt."

[23] Vgl. *Benkel* S. 284.

schaft ist nicht die Rede. Soweit sich Satzungsbestimmungen auf das synallagmatische Austauschverhältnis zwischen Versicherer und Versicherungsnehmer beziehen – finden sie sich „zufällig" in der Satzung, sie könnten auch in separaten AVB-Bestimmung enthalten sein und dort gehören sie hin. Demnach gilt für diese Bestimmungen auch der gesamte Kodex der Inhaltskontrolle von AVB. Soweit aber die satzungsmäßigen Bestimmungen ausschließlich das Mitgliedschaftsverhältnis berühren (z. B. Regelungen nach § 194 Abs. 1, 197 Abs. 3 S. 2 oder 201 VAG) kommt nur eine Inhaltskontrolle nach den §§ 242, 315 BGB in Betracht, nicht die entsprechende oder gar direkte Anwendung der Regelungen der §§ 305 ff. BGB. Der *BGH* hat bislang nur für das Genossenschaftsrecht eine Inhaltskontrolle nach dem AGBG für ausschließlich (!) auf satzungsmäßiger Grundlage beruhende Leistungsbeziehungen ausdrücklich abgelehnt,[24] allerdings die Möglichkeit einer Inhaltskontrolle auf der Grundlage seiner Rechtsprechung zu Publikumspersonengesellschaft ausdrücklich offen gelassen.[25] Mit Urteil vom 23.11.1994[26] hat der *BGH* im Rahmen des sog. Nold II-Urteils zur Überschussbeteiligung der Versicherungsnehmer eines Lebens-VVaG ausgesprochen, dass § 23 Abs. 1 AGBG jedenfalls nicht die Teile der Satzung und der AVB erfasst, die das VersVerhältnis zwischen dem VVaG und dem Mitglied als Versicherungsnehmer regeln. Daraus lässt sich aber nicht entnehmen, dass Anpassungsbestimmungen in Satzungen von VVaG in jedem Fall der Inhaltskontrolle nach dem BGB unterliegen. Es muss nämlich zwischen gesellschafts-(mitgliedschafts)rechtlichen Regelungen und allgemeinen (versicherungsvertraglichen) Regeln unterschieden werden. Betrifft die Satzungsregelung eine die Vertragsparteien des Versicherungsvertrages berührende schuldrechtliche Austauschbeziehung, so kommt die Bereichsausnahme des § 310 Abs. 4 BGB (früher § 23 Abs. 1 AGBG) nicht zur Anwendung; diese Regelungen unterfallen also der Nachprüfung nach § 305 ff. BGB. Nur auf die schuldrechtlichen Austauschbeziehungen konnte das AGB und können nun die §§ 305 ff. BGB Anwendung finden. Derselbe Ansatzpunkt wird auch in der Entscheidung des LG Hannover vom 23.5.1995[27] zugrunde gelegt. Im Gegensatz zum BGH, der diese Frage nicht zu entscheiden brauchte, kommt das LG Hannover aber ohne weiteres auch in Bezug auf Anpassungsbestimmungen in der Satzung von VVaG zu einer Anwendung des AGBG. Die maßgebende Bestimmung des § 41 Abs. 3 S. 2 VAG a. F. wird hier allerdings überhaupt nicht erwähnt und dementsprechend auch nicht gewürdigt. Vielmehr werden Anpassungsbestimmungen ohne Zustimmung der Mitglieder generell für unzulässig gehalten, was aber nur bei Änderungen gem. § 41 Abs. 3 S. 1 VAG a. F. zutrifft. Satzungsbestimmungen nach § 197 Abs. 3 S. 2 VAG (früher § 41 Abs. 3 S. 2 VAG a. F.) hingegen sind wegen ihres den Bestand des VVaG sichernden Charakters (Sanierungsklauseln) nicht dem Versicherungsvertragsrecht, sondern dem Gesellschaftsrecht zuzuordnen (vgl. § 197 Rn. 19 ff.). Zu Recht wird auch in dieser Entscheidung ausgeführt, dass der eigentliche Gesellschaftsvertrag, die Satzung und andere mitgliedschaftlich geprägte Satzungsinhalte nicht dem AGBG unterliegen. In der Satzungsautonomie liegt ein den Konsumentenschutzregeln früher des ABG und jetzt des BGB (§§ 305 ff.) entzogener Regelungsraum.[28] Satzungsänderungen, die sich auf Versicherungsverhältnisse zu Anstalten des öffentlichen Rechts beziehen, unterliegen nach der Rechtsprechung des BAG der gerichtlichen Billigkeitskontrolle.[29]

19 **4. Kontrolle nach dem AGBG bzw. BGB.** Gem. § 23 Abs. 1 AGBG waren alle Verträge auf dem Gebiet des Gesellschaftsrechts von der Anwendung des AGBG ausgeschlossen. Seit dem 1.1.2002 ist § 310 Abs. 4 BGB an die Stelle von § 23 Abs. 1 ABGB getreten. Im Bezug auf das Organisationsrecht des Vereins in der Satzung fallen VVaG unstreitig unter diesen Ausschlusstatbestand.[30]

20 Aufgrund von § 9 Abs. 2 Nr. 1 VAG können AVB in die Satzung integriert werden. Dies rechtfertigt nach wohl überwiegender Ansicht nicht, dass die Versicherungsverhältnisse betreffende Satzungsrecht aufgrund von § 310 Abs. 4 BGB vom Anwendungsbereich der §§ 305 ff. BGB (Konsumentenschutz) auszunehmen.[31] Dieser Ansicht ist zuzustimmen, da es sich letztlich um Regelungen handelt, die sich allein auf das VersVerhältnis zwischen VVaG und Versicherungsnehmer beziehen, nicht aber auf das mitgliedschaftliche Verhältnis. Wenn ein Versicherer in der Rechtsform der VersAG dieselben Regelungen trifft, unterliegen diese unstreitig einer entsprechenden AGB-rechtlichen Kontrolle. Die allein formale Integrationsmöglichkeit in die Satzung gem. § 9 Abs. 2 Nr. 1 VAG ermöglicht beim VVaG

---

[24] *BGH* Urt. v. 8.2.1988 - II ZR 228/87, BGHZ 103, 219, 224 ff. = WM 1988, 707.

[25] *BGH* Urt. v. 8.2.1988 - II ZR 228/87, BGHZ 103, 219, 226.

[26] *BGH* Urt. v. 23.11.1994 - IV ZR 124/93, VersR 1995, 77.

[27] *LG Hannover* Urt. v. 23.5.1995, VerBAV 1995, 352.

[28] *K. Schmidt*, Gesellschaftsrecht, 3. Aufl., 2002, S. 83 ff.

[29] *BAG* VersR 1994, 334.

[30] MüKoBGB/*Basedow*, 4. Aufl. 2001, § 23 AGBG, Rn. 13; *Ulmer* in: Ulmer/Brandner/Hensen, AGB-Recht, 3. Aufl., 2011, § 23 Rn. 22 und für die BGB-Regelung Bamberger/Roth/*Becker*, BGB 3. Aufl., 2012,§ 305 Rn. 28 – 31.

[31] *Benkel* Diss. S. 446; FKBP/*Kaulbach*, § 17 Rn. 4; *Helm* NJW 1978, 129; *Müller-Wiedenhorn*, Versicherungsvereine auf Gegenseitigkeit im Unternehmensverbund, 1993, S. 15; *Sieg* VersR 1977, 489; *Ulmer* in: Ulmer/Brandner/Hensen, AGB-Recht, 3. Aufl., 2011, § 23 AGBG Rn. 22; Wolf/Horn/Lindacher/*Horn*, AGB-Gesetz, 3. Aufl., 1994, § 23 Rn. 79; a. A. *Fastrich*, Richterliche Inhaltskontrolle im Privatrecht, 1992, S. 152; Goldberg/Müller/*Goldberg*, § 10 Rn. 2; *Löwe/v. Westfalen/Trinkner*, Großkommentar zum AGB-Gesetz, 2. Aufl. 1983, § 23 AGBG Rn. 15.

keine andere Bewertung. Eine Ausnahme von der Anwendung des Zweiten Buchs, Zweiter Abschnitt, BGB, muss allerdings für Satzungsregeln gelten, die allein aufgrund des Mitgliedschaftsverhältnisses über § 197 Abs. 3 S. 2 VAG auf die Versicherungsverträge einwirken.

Diese am Mitgliedschaftsverhältnis orientierte und auf das Versicherungsverhältnis wirkende Regelung kann z. B. bei der Ausschreibung von Umlagen und Nachschüssen vorliegen. Dass es sich bei Umlagen und Nachschüssen nicht um Regelungen handelt, die sich auf das Versicherungsverhältnis beziehen, folgt aus § 179 Abs. 3 VAG, wonach Nachschüsse und Umlagen nicht nur in dem Umfang ausgeschrieben werden, um die Versicherungsansprüche der Mitglieder zu decken. Hier wird also deutlich, dass die Umlagen und Nachschüsse auch das Unternehmensrisiko mit abdecken müssen und damit wird deutlich, dass die Mitglieder diese Zusatzleistungen als Träger des VVaG schulden. 21

Es kommt entscheidend darauf an, wo die Trennlinie zwischen Gesellschaftsrecht und Versicherungsvertragsrecht verläuft. Nach Wegfall der vorherigen Bedingungskontrolle durch die BaFin ist im Rahmen der AGB-Kontrolle das sog. Transparenzgebot besonders zu beachten.[32] Das Transparenzgebot in seiner früher im AGBG und jetzt in §§ 305 ff. BGB enthaltenen Ausprägung ist letztlich eine spezielle Ausformung der allgemeinen aus § 242 BGB folgenden Grundsätze. 22

VII. Mustersatzungen. RAA und BAV haben in der Vergangenheit folgende **Mustersatzungen** (als Anhalt) veröffentlicht: für größere Tierversicherungsvereine,[33] für kleinere Tierversicherungsvereine,[34] für kleinere Schlachttierversicherungsvereine,[35] für kleinere Kaskoversicherungsvereine,[36] für kleinere Krankenversicherungsvereine,[37] für Sterbekassen,[38] und für kleinste Sterbekassen.[39] Hierher können auch die Richtlinien für die Genehmigung von Satzungsänderungen bei kleinen Feuerversicherungsvereinen a. G.[40] und bei kleineren Glasversicherungsvereinen a. G.[41] gerechnet werden. Für Pensionsfonds hat die BaFin eine Mustersatzung im Internet bereitgestellt.[42] 23

VIII. Revisionsmöglichkeit von Gerichtsentscheidungen in Satzungsangelegenheiten. Die Auslegung einer Satzung kann durch das Revisionsgericht in vollem Umfang nachgeprüft werden, wenn sich der Wirkungskreis des VVaG über den Bezirk eines OLG hinaus erstreckt.[43] Die Entscheidung des BGH v. 13.6.1978[44] basierte dabei auf der Klage auf Feststellung der Unwirksamkeit eines Beschlusses, durch den ein Mitglied aus dem beklagten VVaG ausgeschlossen worden war. Der BGH stellte in diesem Zusammenhang fest, dass die Prüfung der ordentlichen Gerichte sich – abgesehen von der Gesetz- und Sittenwidrigkeit einer Maßnahme – nur darauf erstrecken kann, ob dem Ausschluss eine offensichtlich willkürliche Tatsachenfeststellung oder Unterordnung des Sachverhalts unter die Satzungsbestimmungen zugrunde liegt und ob das Ermessen der Vereinsorgane, im Einzelfall von einem satzungsmäßigen Ausschließungsgrund Gebrauch zu machen, offenbar unbillig ausgeübt worden ist. 24

IX. Kleinere VVaG. Für kleinere VVaG gelten die in Rn. 10 ff. aufgeführten Bestimmungen nur teilweise (siehe jeweils dort). § 173 Abs. 1 VAG gilt auch für kleinere Vereine, § 173 Abs. 2 gilt nicht (vgl. § 210 Abs. 1 S. 1 VAG). Es genügt daher für kleinere VVaG eine, in privatschriftlicher Form vorgelegte Satzung. Wegen der für den Satzungsinhalt bei kleineren VVaG maßgeblichen gesetzlichen Vorschriften vgl. § 210 Rn. 23 ff. 25

Firma

174

(1) **Die Satzung hat den Namen (die Firma) und den Sitz des Vereins zu bestimmen.**

(2) [1]**Die Firma soll den Sitz des Vereins erkennen lassen.** [2]**Auch ist in der Firma oder einem Zusatz auszudrücken, dass Versicherung auf Gegenseitigkeit betrieben wird.**

I. Allgemeines; Name; Sitz. Der Text des § 174 VAG ist mit der Fassung des § 18 VAG a. F. identisch. 1

[32] Aus der Rechtsprechung vgl. *BGH* Urt. v. 8.10.1997 – IV ZR 220/96, VersR 1997, 1517; vgl. *BGH* Urt. v. 11.2.1992 - XI ZR 151/91, DB 1992, 678; *Benkel* Diss. S. 215.

[33] VerBAV 1955, 157.

[34] VA 1909, 55 mit Änderungen VA 1935, 108.

[35] VerBAV 1979, 172, vorher: VerBAV 1953, 119; dazu *Renker* VerBAV 1954, 69.

[36] VA 1909, 244 mit Änderungen VA 1938, 132.

[37] VA 1951, 45.

[38] VerBAV 1963, 102; 1977, 4; 1986, 306, 379; 1998, 75.

[39] VA 1948 Nr. 3 Beilage.

[40] VerBAV 1958, 3; 1962, 26).

[41] VerBAV 1961, 158.

[42] Wegen der Pensionskassen vgl. GB 1963, 39.

[43] Vgl. *BGH* Urt. v. 12.3.1964 - II ZR 226/62, VersR 1964, 497; *BGH* Urt. v. 6.7.1972 – VII ZR 75/71VersR 1972, 38.

[44] *BGH* Urt. v. 13.6.1978 - VI ZR 39/77, BGHZ 72, 38.

2 **1. Name (Abs. 1).** Der Name (Abs. 1) ist analog § 4 AktG dem Gegenstand des Unternehmens zu entnehmen („Vers“ oder Hauptzweig oder ein dem Begriff Versicherung im Sprachgebrauch entsprechend, z. B. „Kasse“).

Ob die Firma, abgesehen von den Erfordernissen des § 174 VAG den sonstigen Anforderungen an eine Firma entspricht, wird vom Registerrichter und im Rahmen der Erteilung der Erlaubnis zum Geschäftsbetrieb (§§ 8 Abs. 1, 9 Abs. 1 Nr. 1 VAG) auch von der Aufsichtsbehörde geprüft, da die Satzung als Bestandteil des Geschäftsplans nach wie vor der Genehmigung bedarf.[1] Die Prüfungsbefugnis der BaFin und die des Registerrichters stehen in einer gewissen Konkurrenz zueinander. Es kann jedoch nicht angenommen werden, dass der Registerrichter aufgrund der BaFin-Erlaubnis gezwungen sein könnte, eine wettbewerbsrechtlich bedenkliche Firma einzutragen. Aus § 6 Abs. 2 VAG ist vielmehr zu entnehmen, dass der BaFin eine – abschließende – Prüfungskompetenz hinsichtlich der Führung der in § 6 Abs. 1 VAG aufgeführten Bezeichnungen zukommt. Hinsichtlich der abschließenden Beurteilung der wettbewerbsrechtlichen Zulässigkeit einer Firma erscheint jedoch die Kompetenz des Registerrichters sachgerecht; d. h., die Firma ist zum einen unter Einhaltung der aufsichtsrechtlichen Vorschriften und zum anderen – vom Registergericht – unter wettbewerbsrechtlichen Aspekten zu prüfen. Eine solche Kompetenzzuordnung dient auch der einheitlichen Beurteilung der Zulässigkeit der einzutragenden Firmen, die den Prinzipien der Firmenwahrheit, Firmenklarheit und – Unterscheidbarkeit und Firmenführungspflicht entsprechen müssen.[2]

3 **2. Sitz.** Der Sitz ist zugleich der allgemeine Gerichtsstand (§ 17 ZPO) und Gerichtsstand für Klagen gegen die Mitglieder (§ 22 ZPO; siehe dazu § 171 Rn. 33). Die Zulässigkeit eines Doppelsitzes wurde nur bis zur Wiedervereinigung bejaht.[3]

4 **3. Inhalt der Firma.** Absatz 1 ist Muss-Vorschrift. Der gem. Absatz 2 erforderliche Hinweis auf den Gegenseitigkeitscharakter braucht nicht in den Worten „auf Gegenseitigkeit“ zu bestehen: „V. a. G.“, „a. G.“, „gegenseitig“ genügt.[4]

5 **II. Kleinere VVaG.** Abs. 1 gilt für kleinere VVaG; Abs. 2 gilt nicht (§ 210 Abs. 1 S. 1 VAG); Dies folgt aus dem eingeschränkten und meist regional begrenzten Wirkungskreis der kleineren VVaG, so dass dessen Sitz und Rechtsform im Allgemeinen als bekannt vorausgesetzt werden dürfen.

Haftung für Verbindlichkeiten

175 [1] **Für alle Verbindlichkeiten des Vereins haftet den Vereinsgläubigern nur das Vereinsvermögen.** [2] **Die Mitglieder haften den Vereinsgläubigern nicht.**

1 **I. Allgemeines; Haftung des VVaG gegenüber Dritten.** Die Bestimmung stimmt mit dem Wortlaut des § 19 VAG a. F. überein.

2 **1. Haftung des VVaG.** Satz 1 beschreibt nicht nur einen für eine juristische Person selbstverständlichen Grundsatz (vgl. § 1 Abs. 1 S. 2 AktG), sondern will auch negativ besagen, dass die Satzung die Haftung des Vereins nicht auf einzelne Vermögenswerte beschränken kann. Zum Vermögen gehören sämtliche Aktiva des Vereins einschließlich des Gründungsstocks und der Beitrags/-Nachschuss-Umlageforderungen gegen Mitglieder (hinsichtlich ausgeschiedener Mitglieder vgl. §§ 180, 207 Abs. 2 VAG) sowie die Prämienforderung gegenüber versicherten Nicht-Mitgliedern. Die Bestimmung differenziert zutreffender Weise nicht zwischen Ansprüchen der Versicherungsnehmer, der Mitglieder oder Ansprüchen von Dritten; der Insolvenzschutz der Versicherungsnehmeransprüche ist Rechtsform-unabhängig in § 130 VAG geregelt.

3 **2. Haftung der Mitglieder generell.** Auch **Satz 2** enthält nicht nur einen selbstverständlichen Grundsatz (§ 1 AktG) sondern will verhindern, dass „eine mit dem Wesen der juristischen Person durchaus vereinbare Haftung der Mitglieder neben der des Vereins festgesetzt werde, sei es als prinzipale oder als gleichgeordnete oder als subsidiäre, sei es als eine geteilte.“[1] Die Vorschrift des Satz 2 ist zwingend.[2] Zur unmittelbaren Geltendmachung von Ersatzansprüchen des Vereins gegenüber Mitgliedern des Vorstands und des Aufsichtsrats sowie Abwicklern vgl. §§ 93 Abs. 2–5, 116, 268 Abs. 2 AktG; §§ 188, 189 (insb. Abs. 5), 190 VAG i. V. m. § 117 Abs. 2 AktG, i. V. m. § 268 Abs. 2 AktG; § 203 Abs. 2 VAG i. V. m. § 268 Nr. 2 AktG.

---

[1] Goldberg/Müller/*Müller* § 18 Rn. 4; *v. Gierke*, Die Versicherungsvereine nach deutschem Recht, 1942, S. 19; *Kisch*, Das Recht der Versicherungsvereine auf Gegenseitigkeit, 1951, S. 35.

[2] FKBP/*Kaulbach* § 18 Rn. 2.

[3] *Benkel* Diss. S. 434; *Zier*, Die eingetragene Genossenschaft und der Versicherungsverein auf Gegenseitigkeit, 1968, S. 43; Goldberg/Müller/*Müller* § 18 Rn. 3.

[4] H. M., VA 1903, 116; VA 1904, 113; KG VA 1903 Nr. 3; *BGH* Urt. v. 27.4.1967 - II ZR 74/65, GB 1967, 34.

[1] *Kisch*, Das Recht der Versicherungsvereine auf Gegenseitigkeit, 1951, S. 23

[2] *Kisch*, Das Recht der Versicherungsvereine auf Gegenseitigkeit, 1951, S. 23; Goldberg/Müller/*Müller* § 19 Rn. 3.

3. Haftung der Mitglieder gegenüber dem VVaG. Die Mitglieder – auch ausgeschiedene – haften lediglich gegenüber dem VVaG (im Rahmen der §§ 179, 180, 181, 182 VAG) und zwar für alle (vgl. § 207 Abs. 2 VAG) seine Schulden mit ihren Beiträgen, Umlagen und Nachschüssen (vgl. § 207 Abs. 1 VAG) und zwar grundsätzlich unbeschränkt. Diese Haftungskonstruktion ist letztlich Ausfluss der Gegenseitigkeitsbeziehung zwischen Mitglied und VVaG. **Ausnahme:** Diese Haftung ist beschränkt, wenn Nachschüsse ausgeschlossen werden (dazu §§ 182, 207 VAG); dann beschränkt sich die Haftung auf den Beitrag und entfällt ganz, wenn er bezahlt ist. Sie ist des Weiteren beschränkt, wenn für Nachschüsse und Umlagen ein Höchstbetrag festgesetzt wird (dazu §§ 179 Abs. 3 VAG). Eine Beschränkung von Umlagen und Nachschüssen nur zu dem Zweck, Versicherungsansprüche der Mitglieder zu decken (§ 179 Abs. 3 VAG) ist unzulässig. Damit wird die gesellschafterähnliche Stellung der Mitglieder (Trägerschaft), ihre auf das ganze Unternehmen bezogene Verantwortung, deutlich. 4

II. Gläubiger eines Mitglieds. Gläubiger können sich nicht an einen „Anteil" eines Mitglieds am Vereinsvermögen halten, insbesondere nicht die Auflösung eines Vereins herbeiführen. Erst in der Abwicklung können sich Gläubiger eines Mitglieds aus dem Überschussanteil des Mitglieds an dem Verein befriedigen (§ 205 Abs. 2 VAG). Der Gedanke der Gegenseitigkeit schließt das Vorhandensein einzelner individueller zuordnungsfähiger Anteile am VVaG aus; die Mitglieder sind während des Bestehens des VVaG gesamthaft miteinander verbunden, ohne dass ein Dritter die Auflösung des VVaG betreiben könnte (vgl. hierzu auch § 176 Rn. 58). Dies ist im Hinblick auf die finanzielle Stabilität des VVaG als Risikoträger ein wesentliches, die spezifische Finanzstruktur des VVaG ergänzendes Merkmal. Da die Mitglieder keine Einlage leisten, erwächst ihnen auch kein Anteilsrecht, über das bei ihrem Ausscheiden eine Auseinandersetzung herbeizuführen wäre.[3] Einzelne Forderungen des Mitglieds an den Verein z. B. auf VersLeistungen, Prämienrückerstattung, Gewinnanteile können gepfändet und dem Gläubiger zur Einziehung überwiesen werden. Zur Zwangsvollstreckung in die Deckungsstockwerte (Sicherungsvermögen) siehe § 130 Abs. 2 VAG. 5

III. Kleinere Vereine. Die Vorschrift gilt auch für kleinere Vereine; § 210 Abs. 1 S. 1 VAG. 6

Mitgliedschaft

176 **[1]Die Satzung soll Bestimmungen über den Beginn der Mitgliedschaft enthalten. [2]Mitglied kann nur werden, wer ein Versicherungsverhältnis mit dem Verein begründet. [3]Soweit die Satzung nichts anderes bestimmt, endet die Mitgliedschaft, wenn das Versicherungsverhältnis aufhört.**

Übersicht

[3] *Benkel* S. 141.

1 **I. Die Bedeutung der Mitgliedschaft im VVaG.** Die Bestimmung des § 176 VAG stimmt mit der Vorschrift des § 20 VAG a. F. im Wesentlichen inhaltlich überein. Sie weist lediglich geringfügige sprachliche Unterschiede auf. Die Regelungen in § 176 VAG bauen auf der in § 171 VAG gelegten Grundlage für den VVaG auf, wonach der Versicherungsverein auf Gegenseitigkeit ein Verein ist, der „die Versicherung seiner Mitglieder" betreibt. Damit greift der Gesetzgeber auf bekannte Rechtsbegriffe aus dem Vereinsrecht zurück: Verein und Mitglieder. Als weiteres Merkmal tritt hinzu, dass die Mitgliedschaft nur im Zusammenhang mit dem Abschluss eines Versicherungsvertrags erworben werden kann. Zweck dieses Spezialvereins ist es, Versicherungsschutz seinen Mitgliedern nach dem Grundsatz der Gegenseitigkeit zu bieten. Dieser Betriebszweck des VVaG ist das Wesensmerkmal des VVaG und unterscheidet ihn von anderen Unternehmensformen. Der Zweck bildet den wesentlichen Charakter und das vom Gesetzgeber vorgegebene Geschäftsmodell des VVaG ab. Der VVaG ist demnach strukturell eine mitgliederbezogene, also personenbezogene und nicht kapitalbezogene Rechtsform.[1] Die Mitgliedschaft als Ausdruck der Rechtsbeziehung zwischen Mitglied und Verein ist nicht übertragbar und nicht vererblich (§ 38 BGB). Die mitgliedschaftlichen Rechte müssen persönlich ausgeübt werden. Die Regelung des VVaG-Rechts im VAG setzt den Begriff des Mitglieds und der Mitgliedschaft als gegeben voraus, dies macht den Rückgriff auf das Vereinsrecht des BGB auch ohne Verweisung erforderlich und möglich. In der ausgestalteten Mitgliedschaft kommt das personale Element der Unternehmensstruktur besonders deutlich zum Ausdruck. Die Mitglieder sind die Träger des VVaG. Mit ihren Beiträgen finanzieren sie den VVaG und die wirtschaftlichen Ergebnisse aus der Gesamtheit der Finanzströme mit den Mitgliedern entscheiden maßgeblich darüber, ob die Innenfinanzierung des VVaG gelingt. Da die Innenfinanzierung die bei weitem bedeutsamste Quelle für die finanzielle Stabilität des VVaG ist, wird die Bedeutung der Trägerfunktion der Mitglieder hierin deutlich. Diese wechselseitige Abhängigkeit der Zweckerreichung (hier Bereitstellung von Versicherungsschutz, dort Beitrag zur Finanzierung dieses Bereitstellungsprozesses) bringt den Inhalt der Gegenseitigkeit sinnfällig zum Ausdruck.

2 **II. Voraussetzung der Mitgliedschaft.** Nach dem Gesetz kann jede rechtsfähige natürliche oder juristische Person Mitglied eines VVaG werden. Die Satzung kann aber besondere Voraussetzungen für die Mitgliedschaft schaffen (Zugehörigkeit zu einem bestimmten Beruf, einem bestimmten Betrieb, einem bestimmten Verein, Wohnsitz innerhalb eines bestimmten Gebietes, Alter, bestimmte Dauer des Versicherungsverhältnisses u. ä.); wegen der Wirkung auf den Aufnahmevertrag siehe unten Rn. 9 ff. Mitglied kann auch werden, wer nicht ein eigenes Interesse oder die eigene Person versichern möchte, sondern als Versicherungsnehmer für fremde Rechnung auftritt (§ 43 i. V. m. § 150 Abs. 2 VVG, § 179 VVG), z. B. können Mitglieder einer Angestellten-Pensionskasse, die Unternehmer sein, die die Beiträge aufbringen, selbst wenn die Ansprüche aus dem Versicherungsverhältnis den Angestellten zustehen sollten;[2] nicht aber könnten in diesem Fall die Angestellten Mitglieder sein.[3]

3 **III. Versicherungsverhältnis (Satz 2) im Wechselbezug zur Mitgliedschaft.** Da das Versicherungsverhältnis für die Begründung der Mitgliedschaft konstitutiv ist (zum Verhältnis von Versicherung und Mitgliedschaft Rn. 18 ff.), kennt der VVaG keine „passiven", „fördernden Mitglieder"; jedes Mitglied muss bei dem VVaG versichert sein und seinen finanziellen Teil zum Unternehmenszweck – der Risikoübernahme – durch Beiträge erbringen; „Ehrenmitgliedern" (unechte Mitglieder, die in gewissem Umfang an der Verwaltung des Vereins teilnehmen).[4] Mitglieder, die in keinem Versicherungsverhältnis zu dem Verein stehen, sind grundsätzlich keine Mitglieder im Rechtssinne, außer wenn ihr Verhältnis mit dem Verein erloschen ist und die Satzung bestimmt, dass sie gleichwohl Mitglieder bleiben (vgl. Satz 3 und Rn. 48). Letzteres gilt insbesondere für den Fall von (Teil-)Bestandsübertragungen (vgl. unten Rn. 50). [5] Dass das Versicherungsverhältnis noch oder vorübergehend keinen materiellen Inhalt

[1] *Farny* FS Lorenz, 2004, 234; vgl. auch ausführlich zur Mitgliedschaft im VVaG *Paul*, Die Gesellschafterfähigkeit von Gesamthandsgemeinschaften, Diss. Saarbrücken 2004, S. 165 ff.
[2] *Kisch*, Das Recht des Versicherungsvereins auf Gegenseitigkeit, 1951, S. 20; Goldberg/Müller/*Müller* § 20 Rn. 10.
[3] VA 1932, 210. Zum Anspruch auf Aufnahme vgl. *Benkel* S. 115.
[4] Vgl. VA 1904, 114, 136.
[5] *BVerwG* Urt. v. 21.12.1993 – 1 A 35/91, NJW 1994, 2559.

hat (z. B. es soll ein künftig entstehendes Interesse decken, § 80 Abs. 1 VVG; der Versicherer ist gem. § 23 Abs. 1 i. V. m. § 26 Abs. 1 VVG, § 28 Abs. 2 VVG von der Verpflichtung zur Leistung frei), ist ohne Belang. Hierbei handelt es sich um Rechtsfolgen aus dem bestehenden Versicherungsverhältnis. Dass jemand ohne Vertragspartner des VVaG zu sein aus eigenem Recht Ansprüche aus einem Versicherungsverhältnis haben könnte (Hypothekengläubiger, § 143 VVG, 100 Abs. 1 VVG, § 115 i. V. m., § 117 Abs. 1 VVG, § 3 PflVG, § 3 Nr. 1, 2 PflVG, unwiderruflich Bezugsberechtigte in der Lebensversicherung nach § 159 Abs. 2 VVG) reicht für die Mitgliedschaft nicht aus, denn es fehlt an der Beitragspflicht dieser Gläubiger. Schuldner- und Gläubigerstellung müssen in ein und derselben Rechtspersönlichkeit vorliegen, erst dann ist die Mitgliedschaftsfähigkeit im Gegenseitigkeitsverein gegeben. Bestehen mit einem VVaG mehrere Versicherungsverhältnisse (Grund- und Zusatztarif), ein Feuer-, ein Haftpflicht- und ein Autokaskoversicherungsvertrag, so existieren nicht etwa so viele Mitgliedschaften wie Versicherungsverhältnisse, sondern nur eine Mitgliedschaft.[6] Wenn durch Abschluss eines Versicherungsvertrages die Mitgliedschaft bei dem VVaG begründet wurde, kann sie durch den Abschluss eines weiteren Versicherungsvertrages nicht noch einmal begründet werden. Lediglich der Umfang für eine Nachschusspflicht oder für eine Umlage oder für sonstige aus der Mitgliedschaft folgende Pflichten kann sich durch den Abschluss eines zusätzlichen Versicherungsvertrages entsprechend erweitern. Auch hieraus wird deutlich, dass das Mitgliedschaftsverhältnis eine eigenständige Rechtsbeziehung zum VVaG begründet.

IV. Begründung der Mitgliedschaft. 1. Allgemeines. Die Mitgliedschaft wird – falls nicht schon durch die Teilnahme am Gründungsakt (§ 171 VAG) – nach herkömmlicher Auffassung durch einen aus Beitrittserklärung und Aufnahme bestehenden Vertrag begründet.[7] Aus der Begründung der Mitgliedschaft im Rahmen eines „Gestaltungsvertrages", sollen dann mittelbare Rechte und Pflichten aus dem Versicherungsvertrag wachsen. Diese Auffassung korrespondiert mit der von der h. M. vertretenen sog. Mitgliedschafts- bzw. Einheitstheorie, wonach zwischen VVaG und Mitglied ein einheitliches Mitgliedschaftsverhältnis besteht, in das das Versicherungsverhältnis untrennbar eingebettet ist (dazu ausführlich Rn. 15 ff.). Sofern die Satzung nichts anderes bestimmt, werden die Mitgliedschaft und das Versicherungsverhältnis uno actu begründet, allerdings hat dieser Begründungsakt einen zweifachen rechtsgeschäftlichen Inhalt. 4

Diese Uno-actu-Theorie bezieht sich aber nur auf das Zustandekommen von Mitgliedschaft und Versicherungsverhältnis. Sie besagt nicht, ob dem ein oder zwei Rechtsverhältnisse zugrunde liegen. Nach anderer Auffassung sind demgegenüber durchaus zwei voneinander trennbare Rechtsverhältnisse zu unterscheiden (dazu im einzelnen Rn. 12). Gleichwohl wird auch nach dieser Auffassung ein einheitlicher Beitrittsvertrag anerkannt, der im Rahmen des Abschlusses eines Vertrages gleichzeitig die Einbeziehung in die Organisation der vertraglichen Rechte und Pflichten der Satzungen bewirkt,[8] auf deren Ausgestaltung der beitretende Versicherungsnehmer keine Einflussmöglichkeiten hat. Der Versicherungsvertrag wird regelmäßig einen Passus dahingehend enthalten, dass derjenige, der einen Versicherungsvertrag abschließt, damit auch die Mitgliedschaft im Verein erwirbt, sofern nicht ein Fall des Nicht-Mitglieder-Geschäfts vorliegt. 5

2. Der Erwerb der Mitgliedschaft als rechtsgeschäftlicher Akt sui generis. Für den Beitrittsvertrag gelten die **gewöhnlichen Regeln über Rechtsgeschäfte**. Die Aufnahme geschieht durch den Vorstand oder sonstige von dem VVaG zu seiner Vertretung Ermächtigte. Für die Aufnahmeerklärung ist dem Verein in der Satzung oder den AVB, zuweilen auch im Gesetz (vgl. § 5 Abs. 3 PflVG) eine Frist gesetzt; § 176 VAG sieht eine besondere Form nicht vor.[9] In der Feuerversicherung war in § 81 Abs. 1 VVG a. F. eine Annahmefrist für den Versicherer vorgesehen, die nicht in das neue VVG übernommen wurde. Mit dem Versicherungsantrag erklärt der Antragsteller, sich in der Regel für einen bestimmten Zeitraum an den Antrag gebunden (vgl. § 145 BGB). Diese Antragsbindungsfrist ist für den Versicherer eine Annahmefrist (§ 148 BGB), nach deren Verstreichen erlischt der Antrag, wenn er nicht angenommen wurde.[10] Für die im Zusammenhang mit dem Abschluss des Versicherungsvertrags einzuhaltenden Informationspflichten gilt § 7 Abs. 1 und 2 VVG; von ihrer Erfüllung hängt u. a. der Lauf der Widerrufsfrist nach § 8 VVG (vgl. § 8 Abs. 2 VVG) ab. Die Aufnahme im Rahmen des Beitrittsvertrags, mit dem der Antragsteller Mitglied des VVaG wird, fällt mit dem Abschluss des Versicherungsvertrages zusammen (uno actu) und liegt in der Regel in der Aushändigung des Versicherungsscheins (§ 3 Abs. 1 VVG; Vertragsschluss sui generis). Allerdings kann hier die Satzung Regelungen vorsehen, welche 6

[6] Vgl. dazu *Starke* VersR 1950, 142.

[7] *Kisch,* Das Recht des Versicherungsvereins auf Gegenseitigkeit, 1951, S. 114.

[8] *Benkel* S. 146; *Hübner* in: Peiner, Grundlagen des VVaG, 1995, S. 164; *Petersen,* Versicherungsunternehmensrecht, 2003, S. 30 ff.; *Reichert-Dannecker,* Handbuch des Vereins- und Verbandsrechts, 9. Aufl. 2003, Rn. 623; und zur Dogmatik der Mitgliedschaft als verbandsrechtliche Position allgemein *K. Schmidt,* Gesellschaftsrecht, 4. Aufl. 2002, S. 547 ff.

[9] Zum Thema Antrag und Annahme vgl. *Wandt* in: Halm/Engelbrecht/Krahe, Handbuch des Fachanwalts Versicherungsrecht, 5. Aufl. 2005, 1. Kap. Rn. 1, 73.

[10] *Wandt,* Versicherungsrecht, 4. Aufl. 2008, Rn. 251.

Informationen dem Mitglied im Zusammenhang mit der Aufnahme als Mitglied, auszuhändigen sind. Bei der nichtwirksamen Begründung des für die Mitgliedschaft konstitutiven Versicherungsverhältnisses kommt ein Mitgliedschaftsverhältnis ebenfalls nicht zustande. Es bedarf deshalb einer, für die Begründung des Versicherungsverhältnisses entsprechenden Vorschrift für die Mitgliedschaft nicht. Ein Widerrufsrecht gem. § 312 Abs. 1 i. V. m. § 355 Abs. 1 BGB im Zusammenhang mit Haustürgeschäften steht dem Antragsteller nicht zu, da nach § 312 Abs. 6 BGB die Regelung nicht auf Versicherungsverträge Anwendung findet; hier ist das VVG lex specialis. Die genannten BGB-Vorschriften finden auch nicht auf den Erwerb der Mitgliedschaft Anwendung, weil es sich bei der Mitgliedschaft nicht um eine entgeltliche Leistung (§ 312 Abs. 1 BGB)[11] des Versicherers handelt und die gem. § 176 VAG dort vorgesehene Konnexität zwischen Mitgliedschaft und Versicherungsnehmerstellung nicht vom Antragsteller durchbrochen werden kann. Wer kein Mitglied qua Versicherungsvertragsschluss werden will, muss die Nicht-Mitgliederversicherung nach § 177 Abs. 2 VAG wählen (Typenstrenge der Vertragspartnermodelle beim VVaG).[12] Spätestens mit Aushändigung des Verssicherungsscheines muss dem Mitglied auch die Satzung ausgehändigt werden.[13] Der Beitritt kann mit einem anderen Rechtsverhältnis, z. B. einem Dienstvertrag so gekoppelt sein, dass er in dem Abschluss dieses Vertrages liegt.[14] Insbesondere die mitgliedschaftliche Stellung ihrer Versicherungsnehmer prädestiniert den VVaG zur konsumentenorientierten Fortentwicklung der Dienstleistung Verssicherungsschutz.

7 Eine **Verpflichtung zur Aufnahme** besteht für den VVaG **nicht**, ausgenommen in der Kraftfahrzeug-Haftpflichtversicherung (§ 5 Abs. 2 PflVersG); die Ablehnung eines VersAntrags ist hier auch nach dem 3. DurchführungsG/EWG zum VAG nur ausnahmsweise möglich - § 5 Abs. 2–4 PflVersG blieb in modifizierter Form erhalten[15] und stellt nach Auffassung des BAV grundsätzlich einen Missstand im Sinne des § 81 VAG a. F. dar.[16] Im Fall des § 5 Abs. 3 PflVersG kann die Mitgliedschaft sogar stillschweigend entstehen, wenn der Antrag seitens des VVaG nicht binnen 14 Tagen abgelehnt wird; die Bestimmung eröffnet darüber hinaus die Möglichkeit, einen Antrag zum allgemeinen Unternehmenstarif wegen einer nachweisbaren höheren Gefahr abzulehnen und innerhalb der 14-Tage-Frist ein schriftliches Angebot zu unterbreiten (§ 150 Abs. 2 BGB); wobei die modifizierte Ausnahmeregel nach § 5 Abs. 1 und 2 VVG greift. Darüber hinaus ist eine Ablehnung unter den Voraussetzungen des § 5 Abs. 4 PflVG möglich. Auch durch Bestandsübertragung nach § 13 VAG und Verschmelzung nach §§ 109 ff. UmwG kann eine Mitgliedschaft bei dem VVaG begründet werden, der den Bestand übernimmt bzw. bei dem VVaG auf den die beteiligten VVaG miteinander verschmolzen werden. Eine weitere Einschränkung der Satzungsautonomie und damit eine Pflicht zur nicht-diskriminierenden Aufnahmeregelung in der Satzung ergibt sich nach dem Wegfall des § 81e VAG a. F. (jetzt § 298 Abs. 1 S. 2 i. V. m. § 294 Abs. 2 S. 2 VAG und den Regelungen des AGG) aus dem Diskriminierungsverbot des AGG (§ 19 i. V. m. § 33 Abs. 4 und 5 AGG). Für bestimmte kleinere VVaG, deren Wirkungskreis auf eine Berufsgruppe beschränkt ist, kann auch § 2 Abs. 1 Ziff. 4 AGG zur Anwendung kommen, was Benachteiligungen aus den in § 1 AGG genannten Gründen verbietet, nicht aber die Beschränkung der Mitgliedschaft auf in § 2 Abs. 1 Nr. 4 AGG genannte Berufsgruppen.

8 **3. Mängel des Aufnahmevertrags.** Die Beitrittserklärung kann an **Willensmängeln** leiden: sie ist z. B. von einem geschäftsunfähigen abgegeben worden; der Abgebende befand sich in einem nach § 119 BGB wesentlichen Irrtum, er wollte z. B. nicht mit einem VVaG abschließen oder war über die finanzielle Lage des Vereins oder seiner bisherigen Geschäftsergebnisse **getäuscht**, bzw. nicht über die Umlage- oder Nachschusspflicht aufgeklärt worden.[17] Unbeachtlich ist ein Motivirrtum z. B. über die Entwicklung des VVaG oder die Vermögenslage des Vereins.[18] Die Berufung auf die Unwirksamkeit und die Anfechtung wegen Irrtums und arglistiger Täuschung sind unbeschränkt zulässig, im Gegensatz zu Geltendmachung von Willensmängeln im Bereich des Gründungsstadiums (vgl. § 171 Rn. 32). Dort kommt - wie überhaupt nach Gesellschaftsrecht – eine Anfechtung von Willensmängeln nicht mehr in Betracht, wenn die Gesellschaft nach außen erkennbar tätig geworden ist. Anders aber bei nachträglichem Beitritt: „Der individualistische Versicherungsvertrag überwuchert in dieser Hinsicht die sozialrechtliche Beitrittserklärung".[19] Die Billigungsklausel des § 5 VVG schließt eine Anfechtung wegen Irrtums über den Charakter des Vereins nicht aus. Nach § 1 Abs. 1 Nr. 1 VVG-InfoV hat der Ver-

[11] Palandt/*Grüneberg* § 312 Rn. 7.

[12] Früher zum HWiG OLG Karlsruhe NJW 1991, 433 ff. Jetzt Palandt/*Grüneberg* § 312 Rn. 29; MükoBGB/*Ulmer*, 3. Aufl. 1992, § 1 HWiG Rn. 12; *Müller-Wiedenhorn*, Versicherungsvereine auf Gegenseitigkeit im Unternehmensverbund, 1995, S. 20; vgl. aber auch OLG München Urt. v. 18.5.1995 - 29 U 6014/94, ZIP 1995, 1362.

[13] VA 1938, 63.

[14] Fall: *RG* JW 1936, 3451.

[15] Vgl. Art. 5 Nr. 2, 3, DurchführungsG/EWG zum VAG vom 21.7.1994 (BGBl. I 1630, 1663), dazu BT-Drs. 12/6959, 109.

[16] VerBAV 1995, 119; 1983, 276; 1995, 372.

[17] *Kisch*, Das Recht des Versicherungsvereins auf Gegenseitigkeit, 1951, S. 116.

[18] Goldberg/Müller/*Müller* § 20 Rn. 2.

[19] So anschaulich *v. Gierke*, Die Versicherungsvereine auf Gegenseitigkeit nach deutschen Recht, 1942, S. 15, der auch darauf hinweist, dass es ansonsten zu verschiedenen Ergebnissen zwischen VVaG und Versicherungsverträgen mit VersAG kommen würde.

sicherer den Versicherungsnehmer über die Identität des Versicherers gem. § 7, Abs. 1 S. 1 VVG zu informieren. Zur Identität gehört auch die Angabe über die Rechtsform des Versicherers.[20] Zu fragen ist aber, ob im normalen Geschäftsverkehr mit Privatkunden der bloße Hinweis auf VVaG reicht und damit ein Versicherungsnehmer hinreichend über die Identität des Versicherers informiert ist.

Die Aufnahme durch den Verein kann **im Widerspruch zu Bestimmungen der Satzung stehen**, 9 die den Erwerb der Mitgliedschaft an einschränkenden Voraussetzungen knüpfen. Sind diese Bestimmungen nur als Anweisung an den Vorstand oder der Beschränkung seiner Vertretungsmacht gegenüber Dritten gedacht, so wirken sie nicht gegen das neu aufgenommene Mitglied, im letzteren Fall schon nicht wegen der Unbeschränkbarkeit der Vertretungsmacht des Vorstands (§§ 186 Abs. 1 VAG, 82 Abs. 1 AktG) bei großen VVaG (RG 60, 409). Aber auch wenn das betreffende Merkmal privatrechtliche Voraussetzung einer wirksam begründeten Mitgliedschaft sein sollte, wird man dem VVaG nicht gestatten können, sich darauf zu berufen. Auch die Berufung auf das Fehlen von verstechnisch normierten Voraussetzungen, die Gegenstand der vorvertraglichen Anzeigepflicht sein können, wirkt nur insoweit gegen das neue Mitglied, als die §§ 19 ff. VVG einen Rücktritt des Versicherers nicht ausschließen.[21] Nach anderer Auffassung muss sich der Beitretende jede, die Mitgliedschaft ausschließende Bestimmung der Satzung entgegenhalten lassen.[22]

Auch der im VersRecht besonders ausgeprägte Grundsatz von Treu und Glauben verbietet eine 10 Berufung auf beschränkende Bestimmungen der Satzung gegenüber einem einmal aufgenommenen Mitglied.[23] Bei arglistiger Täuschung durch den Antragsteller hat der Verein das Recht der Anfechtung (§§ 123 BGB, 22 VVG).[24] Bei schuldhafter Verletzung der Anzeigepflicht (§§ 19 ff. VVG) kann das Rücktrittsrecht des Versicherers greifen. Der Rücktritt nach § 19 Abs. 1–4 und § 21 VVG macht die Aufnahme ex nunc unwirksam; die erfolgreiche Anfechtung führt zur ex tunc Unwirksamkeit der Aufnahme.

Die Nichtigkeit des Versicherungsverhältnisses (z. B. §§ 74 Abs. 2 VVG, 80 Abs. 3 VVG) macht auch 11 den Aufnahmevertrag über die Mitgliedschaft nichtig (Konnexität von Mitgliedschaft und Versicherungsverhältnis). Praktisch besteht bei Willensmängeln aufseiten eines der beiden Vertragspartner oder Nichtigkeit des VersVerhältnisses kein Unterschied zu einem Versicherungsvertrag mit einer AktG. Etwas anderes gilt ausdrücklich für den kleineren Verein, bei dem die Vertretungsmacht des Vorstands ausdrücklich gegenüber Dritten eingeschränkt werden kann (§§ 210 VAG Abs. 1 und 2, 26 Abs. 1 S. 3 BGB). Es ist daher empfehlenswert, dass sich das neue Mitglied eines kleineren Vereins jeweils mit den Satzungsbestimmungen zur Aufnahme vertraut macht. Die einschränkende, nach außen wirkende Beschränkung der Vorstandskompetenz soll offensichtlich den kleineren Verein vor dem Abschluss nachteiliger Geschäfte schützen. In diesem Fall bedeutet die Außenwirkung der Vollmachtsbegrenzung des Vorstandes, dass auch ein Versicherungsvertrag nicht wirksam begründet werden kann und somit auch kein Mitgliedschaftsverhältnis entsteht.

V. Das Nebeneinander von Versicherungsverhältnis und Mitgliedschaft (Einheit oder doppelte Rechtsbeziehung). 1. Herkömmliche Auffassung. Von den zahlreichen hierzu vertretenen 12 Lehrmeinungen wird von der wohl noch herrschenden Meinung in Literatur und Aufsichtspraxis die **Mitgliedschaftstheorie (Einheitstheorie)** vertreten.[25] Danach ist das Rechtsverhältnis, das den VVaG und seine Mitglieder verbindet, ein einheitliches Rechtsverhältnis, das sowohl ein Versicherungsverhältnis wie ein gesellschaftsrechtliches Verhältnis umschließt. Die vertragsrechtlichen Ansprüche haben ihre Grundlage demnach in der Mitgliedschaft allein.[26] Als Konsequenz wird gefolgert, dass Mitglieds- und Versichertenstellung nicht getrennt werden können.[27] Gegen die Mitgliedschaftstheorie wird kritisch eingewandt, dass hierbei die organisationsrechtlichen Beziehungen des Mitglieds aufgrund der Satzung sehr stark in den Hintergrund treten. In Literatur und Rechtsprechung sind darüber hinaus drei weitere Theorien zum Verhältnis von Versicherung und Mitgliedschaft vertreten worden.Nach der **Versicherungsvertragstheorie**[28] ist das Versicherungsverhältnis von zentraler Bedeutung. Die Mitgliedschaft ist nach ihr nur Folge des Versicherungsverhältnisses und inhaltlich gegenüber dem versrecht-

[20] Prölss/Martin/*Knappmann* § 1 VVG-InfoV Rn. 3.
[21] Zum VVG a. F. *Möller* JR 1937, 209.
[22] *Kisch*, Das Recht des Versicherungsvereins auf Gegenseitigkeit, 1951, S. 123; Goldberg/Müller/*Müller*, § 20 Rn. 2.
[23] RGZ 153, 62: außerhalb des satzungsmäßigen Geschäftsbereichs wohnende Mitglieder.
[24] Vgl. OLG *Hamm* Urt. v. 24.6.1981 – 20 U 301/80, VersR 1982, 85.
[25] Mot., Begr. zu § 20, Spalte 62; Goldberg/Müller/*Müller*, § 20 Rn. 1; *Kisch*, Das Recht des Versicherungsvereins auf Gegenseitigkeit, 1951, S. 160 ff.; *Brenzel*, Der Versicherungsverein auf Gegenseitigkeit. Unternehmensform und Rechtsstruktur im Wandel, 1975, S. 72; *Reckhenrich*, Versicherungsunternehmen in Frankreich, 1987, S. 109; wohl auch *Farny*, S. 208; *Baumann*, Der Versicherungsverein auf Gegenseitigkeit mit kooptierter Vertreterversammlung, Typenvermischung von Körperschaft und Stiftung, 1986, S. 33; *Präve* ZfV 1991, 494; VerBAV 1991, S. 299; *BGH* VersR 1964, 497; *BFH* BStBl. II 1992, 429 (431); vgl. auch *Hübner* in Peiner, Grundlagen des Versicherungsvereins auf Gegenseitigkeit 1995, Zur Einordnung von Mitgliedschaft und Versicherungsverhältnis beim VVaG, S. 161.
[26] *Kisch*, Das Recht des Versicherungsvereins auf Gegenseitigkeit, 1951, S. 161; Müller/*Wiedenhorn* S. 28 f.
[27] So etwa VerBAV 1991, 300.
[28] *Kisch*, Das Recht des Versicherungsvereins auf Gegenseitigkeit, 1951, S. 153; *Benkel* S. 118.

lichen Element nebensächlich. Die Rechte und Pflichten des Mitglieds, die etwa aus den §§ 177 Abs. 1, 179–182, 191, 192, 194, 195 Abs. 3 S. 2, 200 S. 3, 201, 203 Abs. 2 S. 2, 205 Abs. 2 VAG erwachsen, lassen sich aber schlechterdings nicht aus dem VersVerhältnis heraus begreifen.[29] Ein individualrechtliches Schuldverhältnis an sich kann nie mitgliedschaftliche Bestandteile enthalten,[30] allerdings bestehen beim VVaG über die Satzung einseitige Einwirkungsmöglichkeiten auf die mit den Mitgliedern bestehenden VersVerträge.[31] Die **Kombinationstheorie** betrachtet die Beziehung der Versicherten zum VVaG als einheitliches Rechtsverhältnis, welches das VersVerhältnis und die Mitgliedschaft verbindet.[32] Das einheitliche Rechtsverhältnis werde durch einen VersAufnahmevertrag als Vertrag sui generis oder gemischten Vertrag begründet. Zur Feststellung der Rechtsfolgen habe eine Abwägung nach den praktischen Bedürfnissen zu erfolgen.[33] Nach der **Trennungs- oder Mehrheitstheorie** sind Mitgliedschafts- und Versicherungsverhältnis getrennt zu betrachten.[34] Die Mitgliedschaft beruht auf dem Vereinsbeitritt, das Verssicherungsverhältnis auf dem Versicherungsvertrag. Beide Rechtsverhältnisse werden durch zwei Verträge (auf den Erwerb der Mitgliedschaft bezogener Beitrittsvertrag neben den der Versicherungsvertrag als sachlogischer Folgevertrag tritt) getrennt voneinander aber uno actu begründet, sind voneinander zu unterscheiden und folgen ihren eigenen Regeln.[35]

13 **2. Neuere Tendenzen in Literatur und Rechtsprechung.** Nicht zu verkennen ist, dass verstärkt diskutiert wird, ob und inwieweit eine Abgrenzung zwischen Versicherungsverhältnis und Mitgliedschaft möglich ist (für die Trennungstheorie).[36] Der *BFH*[37] kommt – formal in der Anwendung der Einheitstheorie – zu dem Schluss, dass das auslösende Moment einer bestimmten Aufwendung dem Versicherungs- oder dem Mitgliedschaftsverhältnis zugeordnet werden kann. Der *BGH* hat in seiner Entscheidung vom 8.10.1997[38] die Trennung von Versicherungsvertrag und Mitgliedschaft sehr deutlich herausgearbeitet.

14 Hingewiesen wird verstärkt darauf, dass die Beziehungen zwischen dem VVaG und seinen Mitgliedern eine doppelgleisige Struktur (Unterscheidung zwischen mitgliedschaftlicher und Versicherungsvertraglicher Beziehung) erkennen lassen.[39] Das Versicherungsverhältnis folgt „in großem Umfang besonderen, ohne Rücksicht auf die Unternehmensform geltenden Versicherungsvertraglichen Regelungen".[40] Das BVerwG bejaht die Möglichkeit einer verbleibenden (Teil-)Mitgliedschaft im VVaG für durch Bestandsübertragung ausscheidende Versicherungsnehmer.[41]

15 **3. Stellungnahme.** Die Entscheidung des BVerwG steht im Einklang mit § 176 S. 3 VAG, wonach das Ende der Mitgliedschaft und des Versicherungsverhältnisses auseinander fallen können.[42] Beachte ferner: §§ 201 Abs. 1 VAG (Verlust der Mitgliedschaft bei einer Übertragung des Versicherungsbestandes, 208 Abs. 1 S. 2 VAG; Bestehenbleiben des Versicherungsverhältnisses trotz Untergang des Mitgliedschaftsverhältnisses).[43] dies führt zu der Erkenntnis, dass die – oft bestrittene – Unterscheidung zwischen zwei Rechtsbeziehungen sachlich geboten ist. Auch der Gesetzgeber geht hiervon aus, wenn er in § 9 Abs. 2 Nr. 1 VAG die Satzung hinsichtlich der AVB – also des Versicherungsverhältnisses – einer Genehmigungspflicht nicht mehr unterwirft. Rein auf den Versicherungsvertrag bezogene – schuldrechtliche – Beziehungen des Mitgliedes zum VVaG entstehen jedenfalls dann, wenn das Mitglied seiner Korporation wie ein außenstehender Dritter gegenübertritt.[44] Drittgeschäfte sollen grundsätzlich nur dann zu einer gesonderten reinen schuldrechtlichen Beziehung führen, wenn korporative Rechte und Pflichten nicht berührt werden, d. h. das Drittgeschäft der körperschaftsfreien Sphäre zugeordnet werden kann. Dies soll jedoch dann nicht der Fall sein, wenn der Zweck des Vereins gerade darin liegt, die in

---

[29] *Hübner* in: Peiner, Grundlagen des Versicherungsvereins auf Gegenseitigkeit, 1995, S. 164.
[30] *Benkel* S. 119.
[31] *Benkel* Diss. S. 445.
[32] *Kisch*, Das Recht des Versicherungsvereins auf Gegenseitigkeit,1951, S. 159; Peiner/*Hübner*, Grundlagen des Versicherungsvereins auf Gegenseitigkeit, 1995, S. 165.
[33] *Hagen*, in: Ehrenberg, Handbuch des gesamten Handelsrechts, 8. Bd, I. Abteilung, 1922, S. 120; *Meerkatz*, Die Mitgliedschaft im VVaG, 1910, S. 19.
[34] *Benkel*, S. 124, 125; *Hübner* in: Peiner, Grundlagen des Versicherungsvereins auf Gegenseitigkeit, 1995, S. 164; *Kisch*, Das Recht des Versicherungsvereins auf Gegenseitigkeit, 1951, S. 160.
[35] Vgl. ROHGE 8, 181 ff.; RGZ 4, 394, 396.
[36] *Benkel* S. 124, 125; FKBP/*Kaulbach* § 15 Rn. 6; *Müller-Wiedenhorn*, Versicherungsvereine auf Gegenseitigkeit im Unternehmensverbund, 1995, S. 20, der für die Begründung des Rechtsverhältnisses der Einheitstheorie folgt, in der weiteren Entwicklung jedoch die Trennung der Mitgliedschaftsrechte und der Rechte aus dem Versicherungsverhältnis für möglich hält; *Mohr* VW 1990, 162 sowie den Diskussionsentwurf 1/89 für eine 15. VAG Novelle.
[37] *BFH* Urt. v. 13.11.1991 - I R 45/90, BStBl. II 1992, 429, 431.
[38] *BGH* Urt. v. 8.10.1997 – IV ZR 220/96, NJW 1998, 454.
[39] *Farny*, S. 208 f.; *Schüler* ZVersWiss 1992, 245; *Benkel* S. 124.
[40] So schon Prölss/*Frey* 10. Aufl. 1989, § 15 Rn. 6.
[41] *BVerwG* Urt. v. 21.12.1993 - 1 A 35/91, VerBAV 94, 169 = NJW 1994, 2559.
[42] Vgl. *Müller-Wiedenhorn*, Versicherungsvereine auf Gegenseitigkeit im Unternehmensverbund, 1995, S. 37.
[43] Siehe auch FKBP/*Kaulbach* § 15 Rn. 6.
[44] Vgl. für das Recht der Genossenschaft *BGH* Urt. v. 8.2.1988 - II ZR 228/87, BGHZ 103, 219.

Rede stehenden Austauschbeziehungen einzugehen.[45] Das Gesetz unterscheidet beim VVaG, dessen Zweck in der Begründung von Versicherungsverhältnissen liegt (§ 171 VAG), deutlich zwischen Versicherungsvertrag, also der schuldrechtlichen Ebene (vgl. § 13 VAG), und Satzung (gesellschaftsrechtlichen Beziehung, §§ 176, 201 VAG).

Diese klare Trennung der Rechtsbeziehungen zum VVaG hindert nicht die Feststellung, dass die Verbindung von Versicherungsverhältnis und Mitgliedschaft für den VVaG am Beginn der Mitgliedschaft konstitutiv (§ 176 S. 2 VAG) bleibt; zwingende tatbestandliche Voraussetzung für den Erwerb der Mitgliedschaft ist die Begründung eines Versicherungsverhältnisses mit dem Verein. Hieraus lässt sich aber nicht zwangsläufig das Bestehen eines einheitlichen Rechtsverhältnisses ableiten. Vielmehr zeigt § 176 S. 3 VAG dass durch den möglichen auseinander fallenden Zeitpunkt des Endes der Mitgliedschaft und der Versicherungsnehmerstellung zwei Rechtsverhältnisse, die während ihres Bestehens in einem engen, sich gegenseitig bedingenden Verhältnis stehen, gegeben sind. Auch der Beginn der Mitgliedschaft kann zeitlich der Begründung des Versicherungsverhältnisses nachfolgen (§ 176 S. 1 VAG). Die getrennte Betrachtung der Rechtsbeziehungen ermöglicht eine bessere Zuordnung der Rechte und Pflichten zum gesellschaftsrechtlichen (mitgliedschaftlichen) bzw. zum rein schuldrechtlichen (versicherungsvertraglichen) Bereich. Die Analyse des Inhalts der mitgliedschaftlichen, organisationsrechtlichen Rechtsbeziehung (siehe unten Rn. 21 ff.) zeigt, dass die Mitgliedschaft eine Vielzahl von Rechten und Pflichten enthält, die einem Versicherungsvertrag nicht zugeordnet werden können, sondern die sich ausschließlich aus der vom Vereinsrecht kommenden mitgliedschaftlichen organisationsrechtlichen Rechtsbeziehung zum VVaG herleiten lassen. Der VVaG gewinnt seine Legitimation erst aus der Tatsache, dass er ein „Versicherungs"-Verein ist.[46] Deshalb führt die Einstellung der Versicherungstätigkeit des VVaG zum Verlust der Rechtsfähigkeit und damit zur Existenz des VVaG. Eine Mitgliedschaft beim VVaG ohne Bezug zu einem einmal begründeten Versicherungsverhältnis ist rechtskonstruktiv nicht möglich. 16

VI. Beginn der Mitgliedschaft. Der Beginn der (vollen) Mitgliedschaft fällt grundsätzlich mit dem Beginn des Versicherungsverhältnisses zusammen, wenn die Satzung keine anderweitigen Regelungen enthält (176 S. 1 VAG). Die Satzung kann (und soll, S. 1) den Beginn möglichst genau präzisieren; sie eröffnet andererseits einen „großen Freiraum".[47] Sie kann für den Beginn der Mitgliedschaft eine Rückwirkung auf einen vor Versicherungsvertragsschluss liegenden Zeitpunkt vorsehen. Ein langsames Hineinwachsen in die volle mitgliedschaftliche Position ist denkbar.[48] Es ist möglich, genossenschaftliche Rechte (z. B. Stimmrecht in der Mitgliederversammlung) erst nach Ablauf einer gewissen Frist zu gewähren, ohne Rücksicht auf den Beginn des Versicherungsverhältnisses, oder an äußere Ereignisse, z. B. die Zahlung der ersten Prämie, zu knüpfen. 17

VII. Abgrenzung des rechtsgeschäftlichen Inhalts des Versicherungsverhältnisses vom Inhalt der Mitgliedschaft. 1. Inhalt des Versicherungsverhältnisses. Die Rechte und Pflichten aus dem Versicherungsverhältnis bestimmen sich nach dem VVG und den AVB bzw. – je nach Sparte – nach entsprechenden Spezialvorschriften (z. B. PflVG); auch aufsichtsrechtliche Regelungen konkretisieren die Rechtsposition des Versicherungsnehmers. Ebenso spielen die geschriebenen Klauseln eine das Vertragsverhältnis präzisierende Rolle. Die Rechte und Pflichten des Versicherungsnehmers sind somit rechtsformunabhängig. Die Speziellen Vorschriften der §§ 171 VAG sind Teil des VVaG-Unternehmensrechts und können daher nur einen Bezug auf das organisationsrechtliche Mitgliedschaftsverhältnis haben. Eine völlige Identität zwischen der Rechtsposition eines Versicherungsnehmers eines VVaG und einer VersAG ist nur bei der Nichtmitgliederversicherung gegeben. Das Versicherungsverhältnis eines Mitglieds eines VVaG hingegen kann – je nach Ausgestaltung des mitgliedschaftlichen Verhältnisses – zusätzlichen Einflüssen unterliegen. Diese aus der Mitgliedschaft fließenden Einflüsse hängen konstitutiv von dem Erwerb der Mitgliederstellung ab, sind aber von den versicherungsvertraglichen Rechten und Pflichten zu trennen. 18

Über seine Ansprüche aus dem Versicherungsverhältnis kann jedes Mitglied im Rahmen der Satzung und des VVG in gleicher Weise verfügen wie der Versicherungsnehmer einer AG.[49] Bei den Rechten aus dem Versicherungsverhältnis handelt es sich **nicht um Sonderrechte i. S. v. § 35 BGB,**[50] da es sich hierbei nicht um Rechtspositionen handelt, die von der allgemeinen Rechtsstellung eines Versicherungsnehmers existentiell unabhängig sein können. Letztlich handelt es sich wegen der engen Ver- 19

[45] Vgl. *KG* Urt. v. 2.11.1984 - 4 U 3344/83, MDR 1985, 230; *BGH* Urt. v. 25.1.1990 - I ZR 19/87, BGHZ 110, 156; *BGH* Urt. v. 25.10.1989 - VIII ZR 105/88, BGHZ 109, 152; *BGH* Urt. v. 24.10.1988 - II ZR 311/87, BGHZ 105, 306, 322 = NJW 1989, 1726.

[46] In diesem Zusammenhang *BGH* Urt. v. 26.6.1995 - II ZR 282/93, WM 1995, 1446.

[47] FKBP/*Kaulbach* § 20 Rn. 1.

[48] FKBP/*Kaulbach* § 20 Rn. 1.

[49] *LG Bremen* Urt. v. 24.2.1955 2 - U 86/54, VersR 1956, 773.

[50] *Benkel* Diss. S. 238; *Kisch,* Das Recht des Versicherungsvereins auf Gegenseitigkeit, 1951, S. 150; Bamberger/Roth/*Schöpflin* § 35 Rn. 4; a. A. *v. Gierke*, Die Versicherungsvereine auf Gegenseitigkeit nach deutschem Recht, 1942, S. 46; Palandt/*Ellenberger* § 35 Rn. 2, der im Versicherungsanspruch gegen den VVaG ein Wertrecht sieht, das als Recht auf Benutzung der Vereinseinrichtungen definiert wird – a. a. O., § 38 Rn. 1a.

bindung zwischen Versicherungsvertrag und Mitgliedschaft (der Erwerb der Mitgliedschaft ist ohne Abschluss des Versicherungsvertrags oder einen hierauf gerichteten zeitlich später umzusetzenden Willen nicht denkbar) um zwei sich gegenseitig beeinflussende Gläubigerrechte und Pflichtenkreise, die jeweils ihre Grundlage in den beiden auseinander zu haltenden Rechtsverhältnissen haben. Das Mitgliedschaftsverhältnis ist akzessorisch zum Versicherungsverhältnis (ohne Versicherungsvertrag keine Mitgliedschaft). Allerdings ist stets zu berücksichtigen, dass die Rechte eines Versicherungsnehmers, der zugleich auch Mitglied ist, im Rahmen der gesetzlichen Regelungen (z. B. §§ 179 Abs. 2, 197 Abs. 2, aber auch § 177 VAG) einer besonderen korporationsrechtlichen Beeinflussbarkeit unterliegen. Diese mitgliedschaftlichen, parallel zum Versicherungsverhältnis bestehenden Sonderregelungen ergeben sich aus dem betriebswirtschaftlichen Aspekt der Gegenseitigkeit, denn nur die Mitglieder (soweit keine Genussrechtsinhaber oder ähnliche Eigenmittelquellen vorhanden sind) und keine außenstehenden Dritten gewährleisten mit ihren Beiträgen die dauernde Erfüllbarkeit der Versicherungsverträge. Die Rechte aus dem Versicherungsverhältnis sind, soweit sie nicht durch das Mitgliedschaftsverhältnis „belastet" sind, unentziehbar und unterliegen auch nicht der Verfügung der Mitglieder(vertreter)-versammlung.[51] Entgegen LG Kiel[52] kann auch in der Satzung nicht der Rechtsweg für Ansprüche aus dem Versicherungsverhältnis ausgeschlossen werden.[53]

20 **2. Inhalt der Mitgliedschaft. a) Grundsätzliches zur mitgliedschaftlichen Rechtsstellung.** Die mitgliedschaftliche Rechtsposition stellt ein „sonstiges Recht" i. S. d. §§ 823 BGB dar.[54] Die Mitgliedschaft ist damit zivilrechtliche eine vermögenswerte Rechtsposition, die gegen Verletzungen durch Dritte, aber auch durch Gesellschaftsorgane (§§ 823 Abs. 1 i. V. m. § 31 BGB) geschützt ist.[55] In der Praxis ist diese Qualität des Mitgliedschaftsrechts wenig bekannt. Die Konsequenz aus dieser Rechtsposition ist, dass Vorstände von VVaG bei allen das Mitgliedschaftsrecht beeinflussenden Entscheidungen sich durch Beschlüsse der Mitgliederversammlung/Mitgliedervertreterversammlung absichern sollten.[56] Die mitgliedschaftlichen Rechte können nicht übertragen werden (§ 38 S. 1 BGB), dies folgt auch daraus, dass sich die Mitgliedschaft aus einem bestehenden oder zumindest zuvor abgeschlossenen Versicherungsvertrag herleitet. Die Ausübung der Mitgliedschaftsrechte kann nach § 38 S. 2 BGB einem anderen nicht überlassen werden. Diese Regelung kann für VVaG mit Mitgliedervertreterversammlung für die Wahrnehmung von Minderheitenschutzrechten keine entsprechende Anwendung finden, denn hier ist das ein Minderheitenschutzrecht wahrnehmende Mitglied darauf angewiesen, dass ein Mitgliedervertreter in der Mitgliedervertreterversammlung das Anliegen vorträgt (siehe hierzu auch Rn. 23). Die Mitgliedschaft ist also ein höchst persönliches Recht.[57] Für den rechtsfähigen Verein erklärt § 40 BGB die Bestimmung des § 38 BGB für durch Satzungsrecht modifizierbar. Ist die oberste Vertretung die Mitgliederversammlung, so kann sich ein Mitglied (vgl. § 191 S. 3 VAG) jedoch nicht durch einen Bevollmächtigten entsprechend § 134 Abs. 3 AktG vertreten lassen. Im Falle der Mitgliedervertreterversammlung gilt die Vertretungsbefugnis nicht; Minderheitenrechte müssen durch gewählte Mitgliedervertreter wahrgenommen werden. Dies unterscheidet die Mitgliedervertreterversammlung von der Hauptversammlung, der grundsätzlich jeder Aktionär angehören kann und der sich nach§ 134 Abs. 3 AktG dann auch durch einen Bevollmächtigten vertreten lassen kann. Wegen des Übergangs der Mitgliedschaft vgl. Rn. 45–46. Die mitgliedschaftlichen Rechte können – wegen § 177 VAG – nur nach objektiven Grundsätzen einheitlich, nicht aber gegenüber einem einzelnen Mitglied eingeschränkt werden.

21 **b) Mitgliedschaftliche Rechte.** Die Rechtsposition des Mitglieds ergibt sich aus einer Fülle von Einzelbestimmungen des Rechts des VVaG. Hierzu zählen:

- **Freiheit der Haftung** des Mitglieds gegenüber den Vereinsgläubigern (§ 175 S. 2 VAG).
- **Anspruch auf Gleichbehandlung** (§ 177 VAG): Spezielle Ausformung des Gleichheitsgebots ist § 177 Abs. 2 VAG. Da die Mitglieder – jedenfalls nach den gesetzlichen Rahmenbedingungen – für die Gesamtfinanzierung des VVaG einzustehen haben, ist es konsequent, dass die Begründung von reinen Versicherungsverhältnissen (Nichtmitgliedergeschäft) von den Mitgliedern in der Satzung zu regeln ist. Die Unterscheidung, wer gegebenenfalls qua Mitgliedschaft z. B. zum Nachschuss verpflichtet ist und wer nicht, darf nicht Entscheidung des Vorstands sein, sondern muss organisationsrechtlich – auch aus Gründen der finanziellen Stabilität des VVaG – in der Satzung geregelt werden. Auch wenn viele große VVaG heute die Verpflichtung zum Nachschuss gänzlich aufgehoben haben, bedeutet dies nicht, dass auch diese VVaG unter bestimmten wirtschaftlichen Voraussetzungen eine Nachschusspflicht wieder einführen könnten (vgl. dazu unten § 179 Rn. 15–17). Der Grundsatz der Gleichbehandlung bezieht sich im Rahmen der VVaG-Regelungen ausschließlich auf das Mitglied-

[51] *BGH* Urt. v. 12.3.1964 - II ZR 226/62, VersR 1964, 497; Bamberger/Roth/*Schöpflin* § 35 Rn. 4.
[52] *LG Kiel* Urt. v. 18.4.1961 - 2 O 1/61, VersR 1961, 649.
[53] So auch *Lange* VersR 1961, 649.
[54] Vgl. *BGH* Urt. v. 12.3.1990 - II ZR 179/89, BGHZ 110, 323.
[55] *Benkel* S. 144.
[56] *Hadding* FS Kellermann, 1991, 106, 113.
[57] Palandt/*Ellenberger* § 38 Rn. 3.

schaftsverhältnis; für das Versicherungsverhältnis gilt allgemeines Aufsichtsrecht bzw. Vertragsrecht. Der Teil des VAG, der die gesellschaftsrechtlichen Regelungen des VVaG enthält, ist von diesen allgemeinen aufsichtsrechtlichen Normen zu trennen. Daher hat der Grundsatz der Gleichbehandlung nach § 177 VAG ausschließlich Bedeutung für das mitgliedschaftliche Verhältnis. Hier findet sich auch wieder ein Anknüpfungspunkt an das Prinzip der Gegenseitigkeit. Gegenseitigkeit bedingt, dass alle Mitglieder, die über ihren Versicherungsbeitrag hinaus aufgrund von Satzungsrecht zur finanziellen Stabilität des VVaG herangezogen werden können, hinsichtlich ihrer Rechte und Pflichten gleich behandelt werden müssen. Zur Zulässigkeit differenzierter Stimmrechte in der Mitglieder(vertreter) versammlung siehe § 177 Rn 9.

Organisationsrechtliche Teilhaberrechte: je nach Ausgestaltung der Satzung haben die Mitglieder Rechte, am Willensbildungsprozess ihres VVaG teilzuhaben. Diese organisationsrechtlichen Teilhaberechte können durch kollektiv rechtliche Regelungen aus Praktikabilitätsgründen eingeschränkt, aber nicht vollständig entzogen werden. Bei allen Regelungen, die mit Praktikabilität, Kostenersparnis, Verwaltungsvereinfachung oder in diesem Zusammenhang begründet werden, muss darauf geachtet werden, dass das Grundprinzip der personalen Struktur des VVaG erhalten bleibt und nicht bedeutungslos wird. Zu diesen organisationsrechtlichen Teilhaberechten zählen: 22

- **Teilnahme** an den Sitzungen der obersten Vertretung einschließlich Stimmrecht und Antragsrecht; wird eine Mitgliedervertretung durch Kooptation gebildet, so können diese Rechte auf die Mitgliedervertreter beschränkt werden. Diesen Weg lässt § 191 VAG zu, da er § 134 Abs. 1 AktG nicht für entsprechend anwendbar erklärt.[58] Demzufolge kann das Stimmrecht für einzelne Mitglieder (auch wenn es sich dabei bei großen VVaG um den ganz überwiegenden Teil der Mitglieder handelt) gänzlich ausgeschlossen werden, nicht aber für alle Mitglieder. Eine Mitgliedervertretung muss allerdings eine angemessene Anzahl von Mitgliedern aufweisen, die auch einen repräsentativen Querschnitt der Mitglieder darstellt. Hierauf hat die BaFin bei Genehmigung der Satzung und im Wege der laufenden Aufsicht zu achten. Dazu siehe die Anmerkungen zu § 191 VAG.
- **Minderheitenschutzrechte;** zum organisationsrechtlichen Teilhaberecht bei Unternehmensstrukturen mit Mitgliedervertretung gehört unentziehbar ein Minderheitenschutz, demzufolge eine bestimmte Anzahl von Mitgliedern berechtigt sein muss, einen Antrag zur Abstimmung in der Mitgliedervertreterversammlung zu stellen.[59] Die Mindestzahl der antragsberechtigten Mitglieder darf nicht unangemessen hoch sein, um die Ausübung des Minderheitenschutzrechtes nicht über Gebühr zu erschweren. Dieses Minderheitenschutzrecht umfasst sowohl Antrags- als auch Wahlvorschlags- und Wahleinspruchsrechte. Diese mitgliedschaftlichen Rechtspositionen zählen zum Kern des Willensbildungsprozesses eines personenbezogenen körperschaftlichen Verbandes. Ein Ausschluss dieser Rechte lässt die Mitgliedschaft zur formalen inhaltslosen Hülse werden und verhindert einen Kontrollmechanismus im VVaG wie er auch in anderen Gesellschaftsformen zur rechtskonstruktiven notwendigen Ausstattung des Willensbildungsprozesses gehört. Durch das Konstrukt der kooptierten Mitgliedervertreterversammlung darf sich der VVaG hier nicht nur keinen Vorteil bei der Kompetenzkontrolle der Unternehmensorgane verschaffen. Der VVaG muss vielmehr gerade an dieser Stelle darauf achten, dass er eine den Grundsätzen von Transparenz und Kontrolle zeitgemäße Lösung findet. Die Einzelheiten der Rechte von Minderheiten werden bei § 192 VAG kommentiert. Hier geht es nur darum festzustellen, dass unabhängig von der rechtlichen Ausgestaltung ein Kernbereich von Minderheitenschutzrechten unentziehbar zur Mitgliedschaft gehört. Besonders bei großen VVaG mit der Struktur einer durch Kooptation zu ergänzenden Mitgliedervertreterversammlung besteht nicht nur theoretisch die Gefahr der Insichkontrolle. Hier können klar definierte Minderheitenschutzrechte eine gewisse Optimierung der Kontrollprozesse im VVaG herbeiführen. Dieser Gedanke der unentziehbaren Minderheitenschutzrechte lässt sich allgemein auch aus den Regeln anderer Gesellschaftformen als ein Mindeststandard von Rechtspositionen der Angehörigen korporationsrechtlicher Verbände ableiten (vgl. §§ 53a, 122, 137, 245, 251 Abs. 2 AktG; §§ 45, 46 Abs. 3, 47 Abs. 4, 48 Abs. 3 S. 2, 51 Abs. 2 GenG; § 50, 51a GmbHG). Dies sind Elemente eines Mindeststandards moderner corporate governance, der sich der VVaG nicht entziehen kann. Auch wenn der VVaG über keine individuell zuordenbaren und handelbaren Anteilsrechte verfügt, erwirbt das Mitglied durch seinen Beitritt einen Mindeststandard an korporationsrechtlichem Verbandsschutzrecht, der Ausdruck der erworbenen Mitgliedschaft ist und der auch nicht durch den Hinweis auf die große Gestaltungsfreiheit der Satzung entzogen werden kann, weil dies sonst ein Verstoß gegen die Typizität der Unternehmensform wäre (Prinzip der Gegenseitigkeit). 23
- Eine spezielle Komponente des Umfangs des Minderheitenschutzrechtes stellt die Frage nach einem **Einsichtsrecht in die Mitgliederliste** des VVaG dar. Mangels gesetzlicher Grundlage in VAG, AktG oder BGB ist der VVaG – soweit die Satzung dies nicht ausdrücklich vorsieht – nicht verpflichtet, eine **Mitgliederliste** zu führen (vgl. demgegenüber § 30 Abs. 1 GenG). Im Unterschied zum GenG ist nach dem VAG die Eintragung in eine Mitgliederliste für Erwerb oder Verlust von Mitgliedschaft oder 24

---

[58] *Benkel* S. 135.
[59] *Benkel* S. 134.

Geschäftsanteilen nicht konstitutiv, so dass der erhebliche Aufwand hierfür (vgl. Schaffland, NJW 1994, 503 für die Genossenschaft) zwecks Wahrnehmung von Antrags-, Wahlvorschlags- und Wahleinspruchsrechten durch einzelne Mitglieder gegenüber dem Gesamtkollektiv auch unter dem Gesichtspunkt des Minderheitenschutzes nicht gerechtfertigt erscheint. Dementsprechend kommt auch ein Herausgabeanspruch durch das einzelne Mitglied nicht in Betracht, zumal selbst das in dieser Hinsicht sehr weitgehende GenG (vgl. dort § 31 Abs. 1) dem Genossen nur ein Einsichtsrecht gewährt, eine Abschrift kann er nur hinsichtlich der ihn betreffenden Eintragungen erhalten; ausnahmsweise kann auch die Abschrift der vollständigen Liste verlangt werden, wenn ein berechtigtes Interesse (z. B. ob Rechte nach § 45 GenG oder § 43a Abs. 7 GenG bestehen) dargetan wird.[60] Gleiches gilt für ein Einsichtsrecht.[61] Letztlich kann der Einzelne von der Gesamtheit nicht einen unangemessenen Aufwand verlangen, mit dem er seine eigenen Individualrechte – auch Minderheitenrechte – verfolgt. Darüber hinaus sprechen datenschutzrechtliche Gründe gegen die Herausgabe von Mitgliederlisten: der Schutz des Versicherungsgeheimnisses geht dem Individualrecht vor. Gerade im Hinblick auf den Vorrang des Versicherungsgeheimnisses als absolutes Schutzrecht des Versicherungsnehmers – mit dem Beitritt zu einem VVaG will sich das Mitglied nicht dieses Schutzes begeben – muss darauf geachtet werden, dass die Ausübung der Minderheitenrechte nicht durch eine unangemessen hohe Zahl von Mitgliedern, die für das wirksame Zustandekommen des Antrags eines Mitglieds erforderlich sind, über Gebühr erschwert wird. Hier helfen dem Mitglied inzwischen auch neue Techniken, wie z. B. das Internet, um in Kontakt zu anderen Mitgliedern treten zu können. Letztlich ist aber aus der Nichtregelung dieser Frage im VAG und der sehr eingehenden Regelung im GenG (§§ 30, 31) zu schließen, dass der Gesetzgeber bei VVaG weder das Führen einer Mitgliederliste noch ein Einsichtsrecht den Mitgliedern eines VVaG einräumen wollte.

25 – Das **passive Wahlrecht**; es steht jedem Mitglied zu und bedeutet, dass jedes Mitglied als Mitgliedervertreter in die oberste Vertretung gewählt werden kann, es sei denn, es liegen seine Geschäftsfähigkeit hindernde Umstände vor. Mitarbeiter des VVaG sollten qua Satzung generell von der Zuwahl zu einer Mitgliedervertreterversammlung ausgeschlossen sein da sie ansonsten bei der Wahrnehmung ihrer mitgliedschaftlichen Rechte in Interessenkonflikte geraten könnten; entsprechendes sollte auch gelten, wenn eine Mitgliederversammlung die oberste Vertretung darstellt.[62] Dies entspricht auch den Grundsätzen einer guten Corporate Governance.

26 – Das **aktive Wahlrecht**; auch dieses Recht steht grundsätzlich jedem Mitglied zu. Es kann jedoch durch Bildung einer Mitgliedervertreterversammlung weitgehend und durch Bestimmung des Kooptationsprinzips als Wahlverfahren für die Zuwahl zur Mitgliedervertretung gänzlich ausgeschlossen werden. Hier kommen dann gegebenenfalls die oben beschriebenen Minderheitenschutzrechte zum Tragen. Dieser weitgehende Ausschluss des Wahlrechts ist in der Literatur umstritten. *Großfeld* weist zu Recht darauf hin, dass das Recht des VVaG im Unterschied zur Aktiengesellschaft und der Genossenschaft kein zwingendes Wahlrecht für Mitglieder vorschreibt.[63] Hieraus folgert er, dass das aktive Wahlrecht nicht bei allen Gesellschaftformen zum unverzichtbaren Kern des Mitgliedschaftsrechts zählt; es ist vielmehr ein disponibles Recht. Ob sich diese Überlegungen heute noch uneingeschränkt vertreten lassen, ist zweifelhaft. Der völlige Ausschluss einer Urwahl führt zu einer solchen Verkümmerung des Wahlrechts von Mitgliedern eines VVAG, die noch nicht einmal Mitglieder gesetzlicher Krankenkassen kennen. Zumindest de lege ferenda wäre hier eine Anpassung des VVaG-Unternehmensrechts wünschenswert, um durch mehr Transparenz auch die Akzeptanz der Rechtsform positiv zu beeinflussen. Zur Kooptation siehe die Kommentierung zu § 191 VAG.

27 – Das Recht zur **Nichtigkeitsklage**; es ist ein im Aktienrecht besonders ausgebildetes Klagerecht, das jedem Aktionär bei behaupteter Nichtigkeit der Beschlüsse der Hauptversammlung (§§ 241, 249 AktG), bei behaupteter Nichtigkeit der Wahl von Aufsichtsratsmitgliedern (§ 250 Abs. 3 AktG), bei der behaupteten Nichtigkeit der Beschlüsse über die Verwendung des Bilanzgewinns (§ 253 i. V. m. § 249 AktG) und bei der behaupteten Nichtigkeit des festgestellten Jahresabschlusses (§ 256 i. V. m. § 249 AktG) zusteht. Nach § 191 S. 1 VAG sind diese aktienrechtlichen Bestimmungen auch auf den VVaG anwendbar.

28 Unzweifelhaft ist, dass allen Mitgliedern ein solches Klagerecht zusteht, wenn die oberste Vertretung von der Mitgliederversammlung gebildet wird. Umstritten ist, ob bei der Bildung einer Mitgliedervertreterversammlung die Nichtigkeitsklage in den hier genannten Fällen nur den Mitgliedervertretern zusteht. Aufgrund der klaren Verweisungsvorschrift in § 191 VAG, die allein der obersten Vertretung und damit ausschließlich ihren Mitgliedern diese Klagebefugnis einräumt, ist davon auszugehen, dass im Falle der Mitgliedervertreterversammlung denjenigen Mitgliedern, die der obersten Vertretung

[60] Vgl. zur Rechtssituation bei der Genossenschaft *Geibel* in: Henssler/Strohm, Gesellschaftsrecht, 2. Aufl., 2014, § 31 GenG Rn. 1.

[61] *Wörner* LZ 1908, Sp. 292 ff..

[62] *Benkel* S. 137.

[63] *Großfeld*, Der Versicherungsverein auf Gegenseitigkeit im System der Unternehmensformen, 1985, S. 69 f.; so auch *Benkel* S. 138.

nicht angehören, das Klagerecht nicht zusteht. Dies ist eine sehr weitgehende Einschränkung des Mitgliedschaftsrechts bei der – trotz der klaren Rechtslage in § 191 VAG – zweifelhaft bleibt, ob sie von der Satzungsautonomie gedeckt ist, denn immerhin handelt es sich hierbei um schwerwiegende Verstöße, die einem Mitglied nicht zugemutet werden können.[64] Gerade bei solch weitgehenden Einschränkungen mitgliedschaftlicher Rechte drängt sich die Frage nach der Kompensation z. B. durch umfassendere Wahlrechte auf; aber auch hier könnte de lege ferenda die Zulassung der Nichtigkeitsklage für alle Mitglieder oder ein Quorum der Mitglieder, die nicht Mitgliedervertreter sind, erwogen werden.

Das Recht zur **Anfechtungsklage**; auch hierbei handelt es sich um ein im Aktienrecht besonders ausgebildetes Recht, das bei behauptetem gesetz- oder satzungswidrigem Beschluss – je nach Anfechtungsgrund – bestimmten oder allen Aktionären (§ 243, 245 AktG insbes. § 245 Ziff. 3 i. V. m. § 243 Abs. 2 AktG) zusteht. Soweit mit der Anfechtungsklage geltend gemacht wird, dass durch einen Beschluss der obersten Vertretung Gesetz oder Satzungsrecht verletzt sei, kann dies nur ein Mitglied (bei Mitgliederversammlung), der in der Sitzung der Mitgliederversammlung anwesend war und Widerspruch zu Protokoll erklärt hat; entsprechendes gilt für Mitgliedervertreter einer Mitgliedervertreterversammlung. Im letzteren Fall haben die übrigen Mitglieder keine Anfechtungsbefugnis. Wenn schon bei der – schwerwiegenderen – Nichtigkeitsklage aufgrund des eindeutigen Gesetzeswortlauts kein Klagerecht des „einfachen" Mitglieds gegeben ist, ist konsequent auch davon auszugehen, dass ein solches Recht beim Vorliegen bloßer Anfechtungsgründe nicht gegeben ist.[65] 29

Allerdings wäre aus denen bei *Benkel* erwähnten Gründen de lege ferenda ebenfalls die Zulassung der Anfechtungsklage für alle Mitglieder zu fordern. Jeder Mitgliedervertreter, der zur Mitgliedervertreterversammlung oder jedes Mitglied, das zur Mitgliederversammlung zu Unrecht nicht zugelassen wurde oder wenn sonstige Mängel bei der Einberufung der Versammlung (§ 245 Ziff. 2 AktG) vorliegen, ist zur Anfechtungsklage befugt. Diese Klagebefugnis kann dann aber auch nur den Mitgliedern zustehen, die befugt sind, an einer Sitzung der obersten Vertretung teilzunehmen und das sind eben nicht alle Mitglieder. Problematisch ist die Anfechtungsbefugnis des Mitglieds zu beurteilen, wenn sich die Anfechtung auf die Behauptung stützt, ein Mitglied habe mit der Ausübung des Stimmrechts für sich oder einen Dritten Sondervorteile zum Schaden des VVaG oder der anderen Mitglieder zu erlangen gesucht und der Beschluss geeignet ist, diesem Zweck zu dienen und den anderen Mitgliedern kein Ausgleich für den Schaden gewährt wird. Hier handelt es sich um einen fundamentalen Verstoß gegen den die Gegenseitigkeit prägenden Grundsatz der Gleichbehandlung. Man könnte daher auch annehmen, dass ein solcher Beschluss „mit dem Wesen des VVaG nicht zu vereinbaren ist" (vgl. § 241 Nr. 3 AktG) und daher sogar Anlass für eine Nichtigkeitsklage besteht. Es ist daher nur zutreffend, dass die herrschende Meinung in diesem Anfechtungsfall davon ausgeht, dass die Klagebefugnis zu dieser Anfechtungsklage jedem Mitglied – auch wenn die oberste Vertretung von einer Mitgliedervertreterversammlung gebildet wird – zusteht.[66] Hier überlagert das Fundamentalrecht des § 177 VAG den Wortlaut des § 191 VAG. 30

- Das **Recht auf Überschuss**; die mitgliedschaftlichen Rechte werden nicht nur durch organisationsrechtliche, sondern auch durch vermögensmäßige Positionen gekennzeichnet. Hierzu zählt das Recht der Teilhabe am Unternehmensüberschuss, dem Bilanzgewinn/ Jahresüberschuss der bisherigen Formblätter 2–4 der RechVersicherungsv. Zwar weisen in der Regel VVaG keinen Bilanzgewinn/ Jahresüberschuss aus, weil positive Jahresergebnisse für die Rückstellung für Beitragsrückerstattung oder die Einstellung in Gewinnrücklagen zuvor Verwendung gefunden haben. Im Einzelnen siehe § 194 Rn. 2 ff. Aber das Recht am Jahresüberschuss gehört grundsätzlich zur Mitgliedschaft. 31
- Das **Recht auf den Liquidationserlös** steht nach § 205 Abs. 2 und 3 VAG nach der Berichtigung der Schulden des VVaG nach den Grundsätzen, die auch für die Verteilung des Überschusses (§ 194 VAG) gelten, den Mitgliedern zu, die zum Zeitpunkt der Auflösung vorhanden sind. Die Verteilung des Vermögens kann durch die Satzung abweichend geregelt werden; durch die Satzung kann der obersten Vertretung die Bestimmung anderer Anfallberechtigter übertragen werden. 32

c) Mitgliedschaftliche Pflichten. Bei den mitgliedschaftlichen Pflichten geht es um belastende Rechtsfolgen, die nicht aufgrund des Versicherungsvertrags, sondern aufgrund der mitgliedschaftlichen Rechtsstellung auf das Mitglied zukommen können – je nach Ausgestaltung der Satzung. Hier ist ein weites Feld für die Satzungsautonomie, wobei natürlich als Grenze die Grundsätze der Gegenseitigkeit und hierbei insbesondere § 177 Abs. 1 VAG beachtet werden muss. Zu diesen mitgliedschaftlichen Pflichten zählen optional: 33

- **Pflicht zur Einlage:** Üblicherweise erschöpft sich die Zahlungspflicht des Mitglieds in der Begleichung des geschuldeten Versicherungsbeitrags. Eintrittsgelder, Aufnahmegelder, Einlagen oder sonstige über den Versicherungsbeitrag hinausgehende Geldleistungen zur Erlangung der Mitgliedschaft sind nicht untersagt, aber aus Wettbewerbsgründen weitgehend marktunüblich. Die Satzung als gesell- 34

[64] *Benkel* S. 142.
[65] *Benkel* S. 143.
[66] *Benkel* S. 142 ff.

schaftsrechtliche Grundlage zur Regelung der mitgliedschaftlichen Beziehung kann natürlich solche besonderen Leistungsverpflichtungen festlegen; diese treten dann neben die Beitragspflicht aus dem Versicherungsvertrag. Im Mittelpunkt der Zahlungspflicht des Mitglieds steht jedenfalls heute der Versicherungsbeitrag, über dessen Zahlweise und Ausgestaltung die Satzung nähere Bestimmungen treffen kann. Weitgehend geschieht dies aber in den AVB. Zum Regelungsbedarf in der Satzung siehe § 179 Abs. 1 VAG.

35 – **Nachschusspflicht:** Sofern die Beiträge im Voraus zu erheben sind, kann die Situation eintreten, dass die Beiträge nicht ausreichen, um die Aufwendungen für den Versicherungsbetrieb zu decken. Für diesen Fall hat die Satzung zu bestimmen, ob Nachschüsse vorbehalten oder ausgeschlossen sein sollen. Durch die Ausschreibung von Nachschüssen (§ 182 VAG) und ihre Beitreibung können dann Verluste des VVaG ausgeglichen werden und zwar sowohl solche, die durch die versicherungstechnische als auch durch die nicht-versicherungstechnische Rechnung entstehen. Auch die Erhebung von Nachschüssen ist heute weitgehend aus Wettbewerbsgründen unüblich.

36 – **Anspruchskürzung:** Diese Gestaltungsmöglichkeit ergibt sich mittelbar aus dem Gesetz (§ 179 Abs. 2 VAG), wonach bei ausgeschlossenen Nachschüssen zu bestimmen ist, ob die Versicherungsansprüche gekürzt werden dürfen. Ist die Nachschusserhebungsmöglichkeit kraft betragsmäßiger Begrenzung erschöpft, müsste ebenfalls die Möglichkeit der Anspruchskürzung aufgrund des § 179 Abs. 2 VAG greifen. Erkennbar will der Gesetzgeber die Kürzung von Versicherungsansprüchen stets nachrangig behandelt wissen. Es ist also keine Beliebigkeit zwischen Nachschuss und Kürzung der Versicherungsansprüche in der Satzung regelbar. Beide Instrumente können auch nicht parallel nebeneinander stehen, sondern nur, wenn der VVaG keine Möglichkeit mehr hat, Nachschüsse zu erheben, steht ihm die Option der Kürzung der Versicherungsansprüche zu. Hier realisiert sich, ebenso wie beim Nachschuss, die Unternehmensträgerrolle der Mitglieder.[67] Sofern keine Nachschüsse vorgesehen sind, ist in der Satzung zu bestimmen, ob Versicherungsansprüche gekürzt werden können. Dies ist z. B. auch häufig bei Pensionskassen der Fall, insbesondere bei den Pensionskassen, die nicht dereguliert sind (§ 233 Abs. 1 VAG). Dabei steht es in der Befugnis des VVaG, alle die Vereinbarungen mit seinen Mitgliedern treffen zu können, die für das Überleben des VVaG geeignet sind. Die Anspruchskürzung ist nur gegenüber Mitgliedern möglich, nicht gegenüber Versicherungsnehmern gegen feste Prämie.

37 – **Umlagepflicht:**
Mit Hilfe des Umlageverfahrens wird das gesamte Risikoergebnis des VVaG – nicht nur das versicherungstechnische – von den Unternehmensträgern ähnlich wie bei der Nachschusserhebung getragen, sofern die Satzung hierzu Regelungen vorsieht.[68]

38 – **Aufrechnungsverbot:** Das Aufrechnungsverbot nach § 181 VAG ist ebenfalls Ausfluss der mitgliedschaftlichen Stellung und dient der finanziellen Stabilität des VVaG (Liquiditätssicherung). Das Aufrechnungsverbot bezieht sich auf die Ansprüche des VVaG, die sich aus der Beitragspflicht des Mitglieds als Versicherungsnehmer ergeben. Das Aufrechnungsverbot bezieht sich auch auf Umlagen und Nachschüsse, weil nach der Überschrift des § 181 VAG der Gesetzgeber offenbar Nachschüsse und Umlagen zur Beitragspflicht zählt (Beitragspflicht im weiten Sinne). [69] Das Aufrechnungsverbot gilt auch entsprechend für ein Zurückbehaltungsrecht, weil auch hierdurch die Liquidität des VVaG beeinträchtigt wird. Zulässig sind aber der Abschluss eines Aufrechnungsvertrages (hierbei liegt nicht eine für den VVaG überraschende einseitige Ausübung eines Gestaltungsrechts vor); ferner ist die Wiederklage zulässig, weil auch sie die Liquidität nicht unvorhersehbar berührt. Nach dem Wortlaut des § 181 VAG steht den Nichtmitgliedern das Aufrechnungsrecht zu.

39 – **Allgemeine Treuepflichten:** Die Mitglieder sind durch den allgemeinen Grundsatz der Gegenseitigkeit ebenfalls untereinander verpflichtet, die Sicherung der Existenz des VVaG nicht zu beeinträchtigen. Allgemein ausgedrückt heißt dies: „Verlange nur das, wozu du auch selbst beigetragen hast." **Treuepflichten zwischen den Mitgliedern** werden für den Großen VVaG mit der Begründung verneint, dass bei hohen Mitgliederzahlen eine Gemeinschaftsbindung mit daraus folgender Pflichtenstellung rechts tatsächlich nicht begründbar ist.[70] Vertreten wird auch die Auffassung, dass allgemein, also auch für den Kleineren VVaG Beziehungen nur zwischen dem einzelnen Mitglied und dem Verein bestehen, nicht aber zwischen den Mitgliedern unter sich.[71] Nach anderer Auffassung können allerdings auch beim VVaG derartige Treuepflichten bestehen, wenn die innere Struktur des Verbandes bzw. die Satzung als Organisationsvertrag dies vorschreiben.[72] Dieser Auffassung ist zuzustimmen, da auch im Aktienrecht von Literatur und Rechtsprechung eine Treuepflicht zwischen den Aktionären, unabhängig von der Zahl der Aktionäre grundsätzlich für möglich

[67] *Farny* S. 210.
[68] *Farny* S. 210; *Benkel* S. 131.
[69] *Petersen,* Versicherungsunternehmensrecht, 2003, S. 40 f.
[70] *Reiser* VW 1977, 1272, 1274.
[71] *Kisch,* Das Recht des Versicherungsvereins auf Gegenseitigkeit, 1951, S. 330.
[72] *Müller-Wiedenhorn,* Versicherungsvereine auf Gegenseitigkeit im Unternehmensverbund, 1993, S. 64, *Dreyer* VersR 1994, 287; *Benkel* Diss. S. 247. Ferner für die AG *Henze* BB 1996, 489, 492.

gehalten wird.[73] Nach der Rechtsprechung des *BGH* ist davon auszugehen, dass die Treuepflicht im Gesellschaftsrecht rechtsformübergreifend Bestandteil jeder Gesellschaft ist, unabhängig davon, ob es sich um eine Personen- oder Kapitalgesellschaft handelt, unabhängig davon, wie sie als Gesellschaftstyp (personalistisch/kapitalistisch) strukturiert ist.[74] Dies hat somit auch für die Mitglieder eines VVaG zu gelten, selbst wenn man der Auffassung sein sollte, der (große) VVaG sei wegen Schwächung seiner spezifisch vereinsrechtlichen Struktur eher in der Nähe einer Kapitalgesellschaft einzuordnen. Für eine Treuepflicht spricht insoweit auch § 243 Abs. 2 AktG, der über § 191 VAG auch auf den (großen) VVaG Anwendung findet. Treuepflichten unter den Gesellschaftern/Trägern eines Unternehmens können nur dann zum Tragen kommen, wenn nicht gleichzeitig Interessen der Gesellschaft verletzt sind.[75] Der Inhalt der Treuepflicht wird wie im Aktienrecht zum einen durch Handlungs- und Unterlassungspflichten, zum anderen durch ihre Schrankenfunktion bestimmt.[76] Die Wahrnehmung von Mitgliedschaftsrechten – auch Minderheitsrechten – ist beschränkt durch die den anderen Mitgliedern geschuldeten Treuepflicht. Allgemein kann gesagt werden, die Treuepflicht begründet die Pflicht zur Rücksichtnahme auf die Belange der anderen Mitglieder in ihrer Gesamtheit bei der Verfolgung eigener Interessen. Darüber hinaus gebietet die Treuepflicht im Verhältnis zum VVaG – also der Gemeinschaft aller Mitglieder – eine Zurückhaltung bei der Verfolgung eigener Interessen in dem Sinne, dass die Art und Weise der Rechts- und Interessenverfolgung zur Erreichung des Ziels notwendig und angemessen ist. Soweit diese durch die Treuepflichten gegebenen Grenzen überschritten werden, stellt dies einen Verstoß gegen den Grundsatz der Gegenseitigkeit dar.[77] Letztlich ist die Treuepflicht eine allgemeine Ausprägung des Grundsatzes von Treu und Glauben.[78] In einem kleinen Verein, in dem man sich untereinander kennt, ist die Intensität der Treuepflicht größer als in Vereinen mit großer Mitgliederzahl.[79] Die mitgliedschaftliche Treuepflicht verbietet es daher allen Mitgliedern, Sondervorteile zu erstreben (vgl. § 191 S. 1 i. V. m. § 243 Abs. 2 AktG). Für die Mitglieder der Mitgliedervertretung oder bestimmter Gruppen der Mitgliedervertretung können sich z. B. beim Gleichordnungskonzern aus dem Mandat heraus zusätzliche Treuepflichten/ Loyalitätspflichten gegenüber dem VVaG, dessen Organmitglied die Mitglieder sind, ergeben.[80] Diese Treuepflicht gegenüber dem „eigenen" VVaG kann in den Interessenwiderstreit zu den Interessen eines Gleichordnungskonzerns geraten.

– **Schädigungsverbot:** Das Schädigungsverbot des § 117 AktG in Verbindung mit § 190 VAG ist keine typisch mitgliedschaftliche Verpflichtung, sondern richtet sich sowohl an Mitglieder, Versicherungsnehmer und Dritte. Voraussetzung ist hier nur die Benutzung des eigenen Einflusses auf die Gesellschaft, um ein Mitglied des Vorstands, Aufsichtsrats, Prokuristen oder Handlungsbevollmächtigte dazu zu bestimmen, zum Schaden des VVaG zu handeln. Solche Konstellationen sind z. B. auch im Gleichordnungskonzern denkbar und zwar auch im Hinblick auf die Einflussnahme auf die Führung von Tochterunternehmen eines gleichgeordneten VVaG. Die Interessenwahrnehmung eines „faktisch" dominanten VVaG innerhalb eines Gleichordnungskonzerns darf nicht Interessen der Mitglieder des anderen dem Gleichordnungskonzern angehörenden VVaG in dem Sinne überlagern, dass hieraus diesem VVaG ein Schaden zugefügt wird. Was als Schaden anzusehen ist, bedarf der Analyse im Einzelfall. Liegt ein nachweisbarer Schaden vor, ist jedes Mitglied befugt vom Schädiger Schadenersatz an die Gesellschaft zu verlangen. 40

d) Transparenzgebot hinsichtlich der Pflichtenlage der Mitglieder. Wichtig für alle aus der Mitgliedschaft erwachsenden Pflichten ist, dass das Mitglied vor Begründung der Mitgliedschaft eindeutig und ausreichend über die qua Satzung bestehenden Pflichten bzw. Möglichkeiten der Auferlegung solcher Pflichten informiert wird. Der reine Verweis auf die Satzung genügt der ausreichenden Information über die Bedeutung der Begründung des mitgliedschaftlichen Verhältnisses nicht. Bedenkt man, welche finanziellen Konsequenzen die Ausschöpfung der, den Organen qua Gesetz zustehenden Regelungskompetenzen für das einzelne Mitglied haben kann, so bedarf es einer eindeutigen Information über die Rechte und Pflichten als Mitglied.[81] Enthält die Satzung **optionale Regelungen**, dass z. B. mit einer bestimmten Mehrheit das oberste Organ Nachschüsse und Umlagen **auch für bestehende Mitgliedschaftsverhältnisse** beschließen kann, so umfasst diese Regelung auch den schon vorhandenen Bestand an Mitgliedern (vgl. § 197 Abs. 3 S. 2 VAG). 41

[73] *BGH* Urt. v. 1.2.1988 - II ZR 75/87, BGHZ 103 184 und *Preis* ZIP 95, 899 – Girmes, Stimmrechtsbündelung"; vgl. hierzu *Hüffer/Koch*, AktG 12. Aufl. 2016, § 53a Rn. 20 ff.; *Ziemons/Binnewis,* Handbuch Aktiengesellschaft, 2016, 7. Abschnitt Rn. 7.55.

[74] *BGH* Urt. v. 1.2.1988 - II ZR 75/87, BGHZ 103, 184; *BGH* Urt. v. 5.6.1975 - II ZR 23/74, BGHZ 65, 16 (18); *Henze* BB 1996, 489 (499).

[75] *Henze* BB 1996, 489, 493; *Hennrichs* AcP 1995, 221, 255; *Lutter* ZHR 1989, 446, 467, 468 f.

[76] *Henze* BB 1996, 493.

[77] Zur Treuepflicht der Aktionäre vgl. *Grunewald*, Gesellschaftsrecht, 8. Aufl., 2011, 2 C Rn. 39 ff., und speziell zur Genossenschaft 2 G, Rn. 6 ff.

[78] *Grunewald,* Gesellschaftsrecht 8. Aufl., 2011, 2 A Rn. 13 ff., 70.

[79] *Grunewald,* Gesellschaftsrecht 8. Aufl., 2011, 2 A Rn. 13.

[80] *Benkel* S. 146.

[81] *Benkel* S. 131.

Zwar gilt die Satzung in ihrer jeweiligen Fassung für alle Mitglieder (vgl. § 33 BGB), aber die **Neueinführung** der Erhebung von Nachschüssen und Umlagen durch die oberste Vertretung, die zu jedem Zeitpunkt in der Satzung nach § 197 Abs. 3 S. 1 VAG vorgesehen werden kann, wirkt nur mit Zustimmung der betroffenen „Versicherten" – richtig müsste es heißen „Mitglieder" auch für den Bestand sofern keine Regelung nach § 197 Abs. 3 S. 2 VAG vorliegt. Solche Regelungen beziehen sich auf das mitgliedschaftliche Verhältnis (– denn Nachschüsse oder Umlagen dürfen nicht ausschließlich zum Zweck ausgeschrieben werden, um Versicherungsansprüche der Mitglieder zu decken –) und nicht den Versicherungsvertrag. Damit können die VVaG auch bei einer sich abzeichnenden Schieflage auf dieses Instrument mit Zustimmung ihrer Mitglieder – damit ist nicht die Zustimmung des obersten Organs – sondern jedes einzelnen Mitglieds – gemeint, zurückgreifen. Eine denkbare Kündigungswelle wird durch § 180 VAG abgefedert. Entsprechendes gilt für die Anspruchskürzung, denn sie greift direkt in den Versicherungsvertrag ein. Hier ist bei nachträglicher Einfügung in die Satzung (§ 179 Abs. 2 2. Hs. VAG) – um eine Wirkung für bestehende Versicherungsverhältnisse der Mitglieder zu erreichen – deren Zustimmung erforderlich (vgl. § 197 Abs. 3 S. 1 VAG). Diese Überlegungen machen deutlich, dass der VVaG bei Begründung des Mitgliedschaftsverhältnisses die Konsequenzen der Mitgliedschaft hinreichend in verständlicher Form kommunizieren muss.

42 **VIII. Sonstige Gläubigerrechte eines Mitglieds.** Zu den Gläubigerrechten eines Mitgliedes zählen – neben den Rechten aus dem Versicherungsverhältnis – Ansprüche, die aus anderen Rechtsverhältnissen als der Mitgliedschaft entstanden sind (z. B. Kaufvertrag, Werkvertrag, Genussrechtsvereinbarung u. ä.) oder die sich aus dem Mitgliedschaftsverhältnis abgespalten haben (Recht auf den festgestellten Anteil am Jahres- oder Liquidationsüberschuss).[82] Gläubigerrechte unterliegen nicht der Verfügung der Mitglieder(Vertreter)versammlung.[83]

43 **IX. Änderungen des Inhalts und Umfangs der mitgliedschaftlichen Rechte.** Änderungen der Mitgliedschaft sind – soweit es sich nicht um unentziehbare Rechte der in Rn. 21 ff. geschilderten Art handelt – durch Änderung der Satzung (§§ vgl. 195, 196, 197 VAG) oder der AVB jederzeit möglich; haben diese Änderungen eine Wirkung auf bestehende Versicherungsverhältnisse vgl. § 197 Abs. 3 VAG.

44 **X. Übertragung der mitgliedschaftlichen Stellung.** Eine Übertragung der mitgliedschaftlichen Stellung im Ganzen ist ohne Übergang des Versicherungsverhältnisses nicht zulässig und möglich; die Satzung könnte nichts anderes vorschreiben. Die Notwendigkeit einer Unterscheidung zwischen Versicherungs- und Mitgliedschaftsverhältnis ändert hieran nichts, da jedenfalls während des Bestehens der Mitgliedschaft zwei enge, sich gegenseitig bedingende, akzessorische Rechtsverhältnisse bestehen. Dem würde eine isolierte Übertragung des Mitgliedschaftsverhältnisses zuwider laufen. Dem steht auch die Entscheidung des BVerwG vom 12.12.1993[84] nicht entgegen, da es im dortigen Fall nicht um eine Übertragung, sondern gerade um den Verbleib von (Teil-)Mitgliedschaftsrechten bei Übertragung von Versicherungsverhältnissen ging. Aus der Tatsache, dass Mitgliedschafts- und Versicherungsverhältnisse ein unterschiedliches Schicksal insbesondere hinsichtlich ihrer Beendigung haben können, kann nicht gefolgt werden, dass eine isolierte Übertragung des Mitgliedschaftsverhältnisses zulässig wäre.

45 Die starre Regelung des § 38 BGB (die Bestimmung spricht auch nur von einer „aktiven" Übertragung, nicht von einem akzessorischen Übergang) passt jedoch nur auf das Vereinsrecht. Im Unternehmensrecht des VVaG, bei dem die Mitgliedschaft durch Abschluss eines Versicherungsvertrages begründet wird, kommt es aus verschiedenen Lebenssachverhalten heraus zu Mobilität des versicherten Interesses. Hierzu zählen Erbfolge, Veräußerung (§§ 95 Abs. 1, 102 Abs. 2, 122 VVG, Zwangsversteigerung (§ 99 VVG), Übernahme aus Nießbrauchvertrag oder eines ähnlichen Verhältnisses (§ 102 Abs. 2 VVG).[85] Dann wird aus der Mitgliederversicherung eine Nichtmitgliederversicherung. Dies gilt auch für den Fall des § 170 VVG. In all diesen Fällen hat der VVaG die Möglichkeit, den Versicherungsvertrag durch Kündigung zum nächsten Kündigungstermin zu beenden. Ein Übergang kann auch mittelbar dadurch ausgeschlossen sein, dass der Erwerber einer versicherten Sache nicht zu dem Personenkreis gehört, auf den die Satzung die Mitgliedschaft beschränkt hat. Dann schließt das Wesensmerkmal des Erwerbers die Mitgliedschaft qua Definition der Zugehörigkeit zum VVaG aus. Einen weiteren Fall des Übergangs enthält § 170 VVG.

46 **XI. Das Ende der Mitgliedschaft. 1. Beendigung des Versicherungsverhältnisses. a) Grundsatz.** Gem. § 176 S. 3 VAG endet die Mitgliedschaft grundsätzlich – soweit die Satzung nichts anderes bestimmt (vgl. Rn. 48) – in den Fällen, in denen das Versicherungsverhältnis endet; z. B. durch **Ablauf der vereinbarten Dauer**, durch **(ordentliche) Kündigung** des Mitgliedes oder des Vereins (vgl. §§ 19, 24, 29, 37, 38 Abs. 3, 92, 96 VVG), durch einverständliche **Aufhebung** des Vertrages, durch

[82] *Kisch*, Das Recht des Versicherungsvereins auf Gegenseitigkeit, 1951, S. 147 ff.
[83] Palandt/*Ellenberger* § 38 Rn. 1b.
[84] *BVerwG* Urt. v. 21.12.1993 - 1 A 35/91, NJW 1994, 2559.
[85] H. M., vgl. *Kisch*, Das Recht des Versicherungsvereins auf Gegenseitigkeit, 1951, S. 126 f.; Goldberg/Müller/*Müller* § 20, Rn. 4.

fristlose Kündigung des Mitgliedes wegen unsicher werden des Vereins (§§ 314 Abs. 1, 321 BGB), was auch bei einem VVaG möglich ist,[86] durch **Kündigung** eines der Beteiligten wegen **positiver Vertragsverletzung**, durch **Konkurseröffnung** (§§ 16 VVG, 316 VAG), durch Eintritt des Versicherungsfalles, wenn dieser nur einmal eintreten kann (z. B. Pensionierung bei einer Pensionskasse). Zu **Rücktritt** und **Anfechtung,** die das Versicherungsverhältnis und damit die Mitgliedschaft ex nunc (bei der Anfechtung ex tunc) vernichten, vgl. Rn. 10 und 11 oben.

b) Weiterbestehen der Mitgliedschaft trotz Beendigung des Versicherungsverhältnisses. Trotz Beendigung des (wirksam begründeten) Versicherungsverhältnisses kann die Satzung bestimmen, 47 dass die Mitgliedschaft fortdauert, obwohl das Versicherungsverhältnis unabdingbar zur Mitgliedschaft dem Grundsatz nach gehört; die Bindung an den VVaG beschränkt sich dann auf das mitgliedschaftliche Rechtsverhältnis einschließlich der daraus fließenden Vermögensrechte, wenn nicht die Verteilung des Jahres- oder Liquidationsüberschusses nach Merkmalen geschieht, die nur bei Bestehen eines Versicherungsverhältnisses gegeben sein können. Soweit das Mitgliedschaftsverhältnis qua Satzung und Gesetz das Versicherungsverhältnis überdauert, geht es um Nachwirkungen, der während des Bestehens des Versicherungsvertrages gleichzeitig vorhandenen Mitgliedschaftsrechte und -pflichten. Die Vorschrift ist auf das einzelne Mitgliedsverhältnis zugeschnitten. Keinesfalls kann ihr entnommen werden, dass der Gesetzgeber den Status eines rechtsfähigen VVaG auch einer Personenvereinigung zuerkennen wollte, die keinerlei VersTätigkeit (mehr) betreibt.[87] Zur Möglichkeit des Weiterbestehens einer (Teil–)Mitgliedschaft im VVaG bei einer Bestandsübertragung vgl. unten Rn. 51.

2. Beendigungstatbestände. a) Untergang des Vereins infolge Abwicklung nach Auflösung 48 **(vgl. §§ 202, 203 i. V. m. § 273 AktG).** Während der Abwicklung gelten die gleichen Vorschriften wie vor der Abwicklung, soweit sich aus den speziellen Abwicklungsvorschriften (§ 204 VAG) oder aus dem Zweck der Abwicklung nichts anderes ergibt. Daraus folgt, dass mit der Auflösung des Vereins nach § 198 VAG das Versicherungsverhältnis endet, in der sich anschließenden Abwicklung aber aus dem Mitgliedschaftsverhältnis heraus Nachschüsse und Umlagen ausgeschrieben und eingezogen werden können.

b) Verlust der satzungsmäßigen Voraussetzung. Die Satzung kann den Verlust der Mitgliedschaft 49 an bestimmte Voraussetzungen knüpfen, z. B. Wegzug aus dem Geschäftsgebiet des VVaG, Ausscheiden aus dem Unternehmen, dessen Angestellte bei dem Verein versichert sind.

c) Übertragung des Versicherungsbestandes/Fusion. Durch Übertragung des Versicherungs- 50 bestandes auf ein anderes Versicherungsunternehmen oder durch Fusion mit einem anderen Versicherer kann die Mitgliedschaft bei dem übertragenden VVaG verloren gehen. Sofern die Bestandsübertragung auf einen anderen VVaG erfolgt oder die Fusion mit einem anderen VVaG durchgeführt wird, verwandelt sich aber die bisherige Mitgliedschaft in eine neue Mitgliedschaft bei dem neuen Unternehmen. Eine Teilmitgliedschaft kann erhalten bleiben.[88] Nach der genannten Entscheidung kann unter ausdrücklicher Bezugnahme auf § 20 S. 3 VAG a. F. (jetzt § 176 S. 3 VAG) der Erhalt einer Teilmitgliedschaft in VVaG bei Übertragung des Versicherungsbestandes eingeräumt werden.[89]

d) Austritt des Mitglieds. Ein Austritt des Mitglieds aus dem VVaG ist identisch mit der Kündigung 51 des Versicherungsvertrages; § 39 Abs. 2 BGB ist nicht anwendbar.[90] Ebenso wenig kann die Zahlung einer Austrittsvergütung verlangt werden.[91] Allerdings kann der VVaG in seiner Satzung eine bestimmte Form der Austrittserklärung vorschreiben, z. B. eingeschriebener Brief.

e) Tod des Mitglieds. Mit dem Tod des Mitglieds erlischt grundsätzlich die Mitgliedschaft, die nicht 52 vererblich ist (§ 38 BGB; vgl. Rn. 46). Nachschussverpflichtungen zählen dann zu den Nachlassverbindlichkeiten.

f) Vorliegen von Ausschließungsgründen. aa) Grundsatz. Als Ausschließungsgrund kommen 53 nur Umstände in Betracht, die innerhalb des Mitgliedschafts- bzw. des Versicherungsverhältnisses liegen.[92] Auch ohne satzungsmäßige Grundlage ist ein Ausschluss aus wichtigem Grund stets möglich, da gem. § 242 BGB jedes Dauerrechtsverhältnis bei Unzumutbarkeit der Fortsetzung kündbar ist.[93]

[86] *BGH* Urt. v. 4.4.1951 - II ZR 10/50, BGHZ 1, 334 = OLG Celle VersR 1951, 132; Looschelders/Pohlmann/*Klenk* § 16 VVG Rn. 16.
[87] *BGH* Urt. v. 26.6.1995 - II ZR 282/93, WM 1995, 1446.
[88] *BVerwG* Urt. v. 21.12.1993 - 1 A 35/91, NJW 1994, 2559.
[89] Vgl.§ 171 Rn. 43 und § 200 Rn. 9.
[90] *Kisch*, Das Recht des Versicherungsvereins auf Gegenseitigkeit, 1951, S. 132.
[91] *Kisch*, Das Recht des Versicherungsvereins auf Gegenseitigkeit, 1951, vgl. *RG* Urt. v. 20.4.1894 - III 16/94, RGZ 33, 66; *RG* Urt. v. 9.11.1898 - I 265/98, RGZ 42, 82.
[92] *Hornmuth* VersR 1976, 912, *BGH* Urt. v. 9.6.1997 – II ZR 303/95, ZIP 1997, 1591, dazu *Gehrlein* ZIP 1997, 1912 ff.; *LG Hamburg* Beschl. v. 14.7.1956 – 2 SH 36/56; *Benkel* S. 116.
[93] *Sasse* VersR 56, 75; Goldberg/Müller/*Goldberg* § 20 Rn. 7; *Reichert/Dannecker,* Handbuch des Vereins- und Verbandsrecht, 1987, Rn. 1625; *BGH* Urt. v. 10.7.1989 – II ZR 30/89, NJW 1990, 40 (42).

Darüber hinaus kann auch die Satzung weitere Ausschlusstatbestände festlegen. Soweit jedoch das VVG Tatbestände und ihre Rechtsfolgen zwingend normiert, die zu einer Beendigung des Versicherungsverhältnisses führen, ist der Ausschluss nur im Rahmen dieser zwingenden Normen möglich.[94]

54 **bb) Gerichtliche Überprüfung.** Noch in VersR 1972, 37 ging auch der BGH davon aus, dass sich die gerichtliche Überprüfung des Ausschlusses darauf beschränkt, ob er gesetzes- oder sittenwidrig ist, ob er auf offensichtlich willkürlicher Feststellung der Einordnung von Tatsachen beruht oder ob die Ermessensfreiheit für das Gebrauchmachen satzungsmäßiger Ausschließungsgründe offensichtlich unbillig ausgeübt wurde. Nunmehr unterliegen schon beim Idealverein die Tatsachenfeststellungen, aufgrund derer eine Vereinsstrafe verhängt wurde, der vollen gerichtlichen Überprüfung.[95] Im Hinblick auf den wirtschaftlichen Zweck des VVaG und insbesondere den Kündigungscharakter des Ausschlusses und seine wirtschaftlichen Folgen wird daraus zu schließen sein, dass der Ausschluss sowohl in rechtlicher wie in tatsächlicher Hinsicht in vollem Umfang gerichtlich nachprüfbar ist. [96]

55 **cc) Ausschließungsverfahren.** Vielfach sieht die Satzung eine besonderes Ausschließungsverfahren vor; im Rahmen dieses Verfahrens pflegt auch bestimmt zu werden, wer für die Ausschließung zuständig ist. Im Zweifel sind dies die für den Verein Vertretungsberechtigten.[97] Ist ein Verfahren vorgeschrieben, so können die Gerichte auch prüfen, ob es eingehalten worden ist.[98] Weitere Ausschließungsgründe können im Prozess nicht nachgeschoben werden, da sich die gerichtliche Überprüfung des Ausschlusses nur auf den Ausschließungsbeschluss mit demjenigen Inhalt und mit derjenigen Begründung erstreckt, der im verbandsrechtlichen Ausschließungsverfahren zustande gekommen ist.[99]

56 **XII. Rechtsfolgen der Beendigung der Mitgliedschaft.** Die Rechte und Pflichten aus der Mitgliedschaft und zwar sowohl jene aus dem Versicherungsverhältnis wie aus dem mitgliedschaftlichen Verhältnis, erlöschen mit dessen Ende. Vorher begründete Vermögensansprüche (aus dem Versicherungsverhältnis, auf einen Teil des Jahresüberschusses) und Ansprüche, die dem Mitglied aus dem Versicherungsverhältnis für den Fall des Ausscheidens zustehen (z. B. auf Rückerstattung anteiliger Beiträge, § 39 VVG) bleiben unberührt. Ebenso bleiben ausgeschiedene Mitglieder zu Umlagen und Nachschüssen nach Maßgabe der § 180, 207 VAG verpflichtet. Die Nachhaftung der im letzten Jahr vor dem Insolvenzantrag oder nach dem Antrag ausgeschiedenen Mitglieder ist insbesondere zu beachten (§ 207 Abs. 2 VAG). Dies ist zwingendes Recht und kann nicht durch Satzungsrecht ausgeschlossen werden. Die ausgeschiedenen Mitglieder erhalten keinen Anteil am Vermögen des Vereins, doch kann in der Satzung vorgesehen sein, dass gewisse von ihnen aufgebrachte Beiträge an sie zurückfließen, z. B. ein Teil der Beiträge nach mehrjähriger Mitgliedschaft bei einer Pensions- und Sterbekasse, das Eintrittsgeld bei einem Schiffskaskoversicherungsverein aG. Die Mitgliedschaft kann das Ende des Versicherungsverhältnisses überdauern, wenn die Satzung dies bestimmt. Handelt es sich nicht um das Ausscheiden eines einzelnen Mitgliedes, sondern wickelt der Verein ab, so sind mit der Eintragung des Schlusses der Abwicklung (§§ 204 Abs. 3 VAG i. V. m. 273 Abs. 1 AktG) sämtliche Rechte und Pflichten aus der Mitgliedschaft erloschen.

57 **XIII. Die Mitgliedschaft – ein Vermögensrecht.** Die Trennung von Mitgliedschaft und Versicherungsverhältnis ist auch nicht bloß eine akademische Frage. Im Rahmen der Rechnungslegung nach internationalen Standards wird zu prüfen sein, ob und inwieweit der Wert der mitgliedschaftlichen Stellung (die hieraus ableitbaren Ansprüche des VVaG) aktivierungsfähig sind. Dazu ist eine Trennung – unbundling – von Mitgliedschaft und Versicherungsverhältnis geboten. Die Qualifizierung der Mitgliedschaft als Vermögenswert wird entscheidend von ihrer Ausgestaltung und dem daraus ableitbaren eigenen kommerziellen Gewicht gegenüber dem Versicherungsverhältnis abhängen. Letztlich wird die in zwei Richtungen wirkende (VVaG und Mitglied) finanzielle Bedeutung der neben dem Versicherungsverhältnis stehenden Mitgliedschaft auch an den Regeln des § 201, der dem durch Art. 1 Nr. 10 VAG[100] eingefügten § 44a VAG a. F. entspricht, deutlich. Bei der akzessorisch an den Versicherungsvertrag geknüpften Mitgliedschaft handelt es sich um ein im Sinne des § 857 Abs. 3 ZPO unveräußerliches Recht (vgl. § 38 BGB). Da die Ausübung der Rechte aus der Mitgliedschaft nicht einem Dritten überlassen werden kann, ist eine Zwangsvollstreckung in das Vermögensrecht der Mitgliedschaft so lange nicht möglich, als es sich nicht in einen geldwerten Abfindungsanspruch gegen den VVaG verwandelt hat (vgl. § 200 S. 3 i. V. m. § 201 VAG).

---

[94] *Benkel* S. 116.
[95] *BGH* Urt. v. 30.5.1983 - II ZR 138/82, BGHZ 87, 344.
[96] Vgl. zur Inhaltskontrolle des Ausschlusses *Westermann* in: Erman, BGB, 11. Aufl. 2004, § 25, Rn. 4 und § 39 Rn. 4 ff.; vgl. im Übrigen Bamberger/Roth/*Schöpflin* § 25 Rn. 79 u. 82.
[97] Anders: *Kisch*, Das Recht des Versicherungsvereins auf Gegenseitigkeit, 1951, S. 134.
[98] OLG Nürnberg VersR 1980, 1137.
[99] *BGH* Urt. v. 21.10.1971 - II ZR 123/70, VersR 1972, 38; *BGH* Urt. v. 29.6.1966 - IV ZR 86/65, NJW 1966, 1753; Bamberger/Roth/*Schöpflin,* § 25 Fn. 71.
[100] FKBP/*Kaulbach* § 44a Rn. 1.

XIV. Kleinere Vereine; ausländische Vereine. Die Vorschrift ist auch auf kleinere Vereine anzuwenden, gilt jedoch nicht für **ausländische VVaG.** Hier entscheidet über Begründung, Änderung, Erlöschen der Mitgliedschaft das Recht des ausländischen Sitzes. Ob das – deutschem Recht unterstehende – Versicherungsverhältnis auf das mitgliedschaftliche Rechtsverhältnis „abfärben" kann, ist im Einzelfall zu prüfen. 58

Gleichbehandlung

177

(1) Mitgliedsbeiträge und Vereinsleistungen an die Mitglieder dürfen bei gleichen Voraussetzungen nur nach gleichen Grundsätzen bemessen sein.

(2) Versicherungsgeschäfte gegen feste Entgelte, ohne dass die Versicherungsnehmer Mitglieder werden, darf der Verein nur betreiben, soweit es die Satzung ausdrücklich gestattet.

Übersicht

I. Grundsatz der Gleichbehandlung (Abs. 1). 1. Allgemeines. Die Vorschrift des § 177 VAG stimmt mit § 21 VAG a. F. überein. Der Grundsatz der Gleichbehandlung ist für die Mitglieder eines VVaG in besonderer Weise in § 177 VAG statuiert. Auch an anderer Stelle findet sich im Aufsichtsrecht die Verankerung eines nach gleichen Grundsätzen zu handhabenden Bemessungsgebotes: Bei gleichen Voraussetzungen dürfen Prämien und Leistungen nur nach gleichen Grundsätzen bemessen werden. Dies gilt für die Lebensversicherung (§ 138 Abs. 2 VAG), für die Unfallversicherung mit Prämienrückgewähr (§ 161 Abs. 1 VAG), für die substitutive Krankenversicherung (§ 146 Abs. 2 VAG) und für die nicht-substitutive Krankenversicherung (§ 147 VAG). Das rechtsform- und spartenunabhängige Diskriminierungsverbot nach § 81e VAG a. F. wurde aufgehoben. Zum Verbot der Diskriminierung in privatrechtlichen Versicherungsverträgen ist nunmehr das AGG und die Rechtsprechung des Europäischen Gerichtshofs zu beachten,[1] zu dem speziellen Thema des Provisionsabgabeverbots wird auf die Spezialliteratur verwiesen.[2] 1

Die Vorschrift des § 177 VAG bezieht sich nur auf die aus den Versicherungsverhältnissen der Mitglieder abzuleitenden Konsequenzen, während §§ 138 Abs. 2, 146 Abs. 2, 147 VAG auch auf das Nicht-Mitgliedergeschäft der VVaG Anwendung finden. Der Gleichbehandlungsgrundsatz nach § 177 VAG betrifft nach überwiegender Meinung nur das VersVerhältnis (Beiträge einschl. Eintrittsgeld, Nachschüsse, Ordnungsstrafen, Beteiligung an den Überschüssen aus dem Versicherungsgeschäft, Verhältnis von Beiträgen und Leistung), nicht den Komplex der mitgliedschaftlichen Rechte und Pflichten.[3] Insoweit sollte sich das Verbot ein einzelnes Mitglied schlechter zu behandeln als die übrigen Mitglieder aus dem allgemeinen Grundsatz des Rechts auf gleichmäßige Behandlung im Vereinsrecht ergeben.[4] 2

[1] Palandt/*Grüneberg* § 20 AGG Rn. 8.

[2] *Dreher* VersR 2001 S. 1; *Winter* VersR 2002, 1055; § 1 Abs. 2 VersSoV (aufgehoben ab 1.7.2017); § 48b VAG-E BT-Drs. 18/11627 (Stand 22.3.2017).

[3] VA 13, 201, 202.

[4] OLG Hamburg Urt. v. 19.9.1968 – 2 U 108/67, VersR 1968, 1077; *Benkel* Diss. S. 224 m. w. N (Fn. 130); *Müller-Wiedenhorn*, Versicherungsvereine auf Gegenseitigkeit im Unternehmensverbund, 1993, S. 60; Palandt/*Ellenberger* § 35 Rn. 3.

3 **2. Anwendbarkeit des Abs. 1 auf VersAG und öffentlich-rechtliche Versicherungsunternehmen. a) Meinungsstand.** Streitig ist, inwieweit der Gleichbehandlungsgrundsatz des Abs. 1 über das Recht des VVaG hinaus allgemeine Bedeutung auch für die Versicherungsnehmer von VersAG hat.[5] Eine Mittelmeinung vertritt *Scholz*.[6] Der Gleichbehandlungsgrundsatz soll neben VVaG auch für öffentlich-rechtliche Versicherungsunternehmen gelten sowie in monopolistischen und von vorneherein auf inhaltliche Gestaltungsidentität angelegten massentypischen Vertragsverhältnissen unter konkreter Güterabwägung zwischen Gleichbehandlung und Vertragsfreiheit. Für öffentlich-rechtliche Versicherungsunternehmen kann es aufgrund ihres öffentlich-rechtlichen Status und aufgrund ihres öffentlichen Auftrags spezifische Gleichbehandlungsgrundsätze geben.[7] Bei all diesen Darstellungen ist zu berücksichtigen, dass durch die Deregulierung ein markanter Einschnitt in die Rechtsentwicklung der Versicherungsverhältnisse vollzogen worden ist. Von einer einheitlichen Gleichbehandlung kann in diesem Sinne nicht mehr gesprochen werden, vielmehr liegt in der Aufhebung der materiellen Produktaufsicht zunächst einmal die Möglichkeit der objektiv begründbaren Differenzierung und damit auch der unterschiedlichen Behandlung von Versicherungsnehmern je nach spezifischen Merkmalen innerhalb der zu beachtenden gesetzlichen Rahmenbedingungen (VAG/BGB/AGG). Dabei ist darauf zu achten, dass die unterschiedlichen Merkmale eine valide Differenzierung erlauben und nicht willkürlich gesetzt sind; und schließlich darf eine aus Wettbewerbsgründen erfolgende kundenspezifische Differenzierung nicht den Ausgleich im Kollektiv aus den Augen verlieren, was gerade für den VVaG im Hinblick auf den Grundsatz der Gegenseitigkeit von Bedeutung ist.

4 **b) Stellungnahme.** Im Verhältnis der VersAG zu ihren Versicherungsnehmern ist der Gleichbehandlungsgrundsatz – jedenfalls soweit er nicht für bestimmte Sparten gesetzlich verankert ist[8] - nur im Sinne einer nach Tunlichkeit zu wahrenden, von Fall zu Fall auch einmal nicht anzusetzenden geschäftspolitischen Maxime anzuerkennen.[9] Grundsätzlich gilt bis an die Grenze des Missstandes (und an die Grenze der zu beachtenden gesetzlichen Rahmenbedingungen) sowohl Vertrags- als auch Produktgestaltungsfreiheit. Diese Elemente dürfen durch eine undifferenzierte Anwendung des Gleichbehandlungsgebotes nicht verdrängt werden.[10] Der Versicherungsbestand einer VersAG bzw. eines öffentlich-rechtlichen Versicherers stellt keinen verbandsrechtlichen Zusammenschluss dar; § 177 Abs. 1 VAG stellt ein ausschließlich auf das Versicherungsverhältnis der Mitglieder eines VVaG ausgedehnten speziellen Anwendungsfalls eines körperschaftsrechtlichen Grundsatzes dar.[11]

Ähnlich regelt § 53a AktG die Gleichbehandlung der Aktionäre. Praktisch sagt § 177 VAG: „Mitglieder sind unter gleichen Voraussetzungen gleich zu behandeln"; damit trägt das Gesetz der Tatsache Rechnung, dass der VVaG ein personaler Verband ist, dessen Träger die Mitglieder sind. Ohne den Grundsatz der Gleichbehandlung kann ein personal strukturierter Verband wie ein VVaG nicht funktionieren. Daher ist es unzutreffend, wenn *Kaulbach*[12] von einem weitgehend überholten Programmsatz spricht. Man kann die entscheidenden Wesensmerkmale – Gegenseitigkeit/Gleichbehandlung – so gering juristisch ansetzen, dass von der Eigenart des VVaG nichts mehr übrig bleibt. Ohne Änderung des § 177 VAG bestimmt nunmehr § 138 Abs. 2 VAG für die Lebensversicherung § 146 Abs. 2 VAG in Verbindung mit § 147 VAG für die substitutive Krankenversicherung bzw. § 146 Abs. 2 VAG für die nicht-substitutive Krankenversicherung sowie § 161 Abs. 1 VAG für die Unfallversicherung mit Prämienrückgewähr, dass Prämien und Leistungen bei gleichen Voraussetzungen nur nach gleichen Grundsätzen bemessen werden dürfen.[13] Insoweit – aber nur insoweit – sind bereits nach der VAG-Novellierung durch das 3. DurchführungsG zum VAG auch VersAG und öffentlich-rechtliche Versicherer zur Gleichbehandlung ihrer Versicherungsnehmer bei der Produktgestaltung im Rahmen aufsichtsrechtlicher Bestimmungen zur Gleichbehandlung verpflichtet. Das Gleichbehandlungsgebot ist nur in den genannten Sparten als Ausdruck aufsichtsrechtlicher Prinzipien ausdrücklich normiert, gleichsam in

[5] *BGH* Urt. v. 3.3.1982 - IVa ZR 256/80, VersR 1982, 482; VA 1947, 30; 1949, 107; 1950, 51; GB 1961, 42; *Arnold* VerBAV 1954, 146; *Bischoff* VerBAV 1957, 284; *Büchner* VW 1948, 93; *W. Bühler*, Der Grundsatz der gleichmäßigen Behandlung der Versicherten, Diss. Tübingen, 1959; *Fritz* ZVersWiss 1961, 133, *L. Raiser* ZHR 111, 75 ff.; *Vetter*, Der Grundsatz der Gleichbehandlung in den privaten Versicherungsunternehmennternehmen, Diss. Hamburg, 1947; *J. Prölss* FS Larenz, 1983, S. 488, 530 ff.; a. A. *Brenzel,* Der Versicherungsverein auf Gegenseitigkeit.Unternehmensform und Rechtsstruktur im Wandel, 1975, S. 21; *P. Frey*, Gibt es eine Rechtspflicht zur Gleichbehandlung der bei einer VersAG Versicherten, 1959; *ders.* VersR 1959, 88; *G. Hueck*, Der Grundsatz der gleichmäßigen Behandlung im Privatrecht, 1958, S. 272; *Kisch*, Das Recht des Versicherungsvereins auf Gegenseitigkeit, 1951, S. 156; *Gärtner*, Privatversicherungsrecht, 2. Aufl. 1980, S. 322 ff.; *Lenz*, Die Kulanzleistung des Versicherers, 1993, S. 116; HdV/*Lorenz* S. 147; *Müller-Wiedenhorn*, Versicherungsvereine auf Gegenseitigkeit im Unternehmensverbund, 1993, S. 59 ff.; *R. Schmidt* FS Klingmüller, 1974, S. 398 f.; *ders.* in Versicherungswirtschaftliches Studienwerk, 1991, S. 509b f.; Looschelders/Pohlmann/*Looschelders* Einleitung A Rn. 72 ff.; Prölss/Martin/*Armbrüster* Einl. Rn. 296 ff.

[6] ZVersWiss 1984, 1.

[7] FKBP/*Kaulbach* § 21 Rn. 1, 5 f.

[8] *Mohr* in: Peiner, Grundlagen des VVaG, 1995, S. 115 ff.

[9] *Reiser* VersR 1967, 317.

[10] Looschelders/Pohlmann/*Looschelders* Einleitung A Rn. 60 ff.

[11] *Weber* VW 1981, 1378; *Benkel* Diss. S. 224.

[12] FKBP/*Kaulbach* § 21 Rn. 2.

[13] *Präve* ZfV 1994, 227; *ders.* VW 1994, 806 f.

Form von speziellen Regelungen, so dass eine darüber hinausgehende, auf § 177 VAG gestützte Erstreckung des Gleichbehandlungsgrundsatzes wegen des Vorrangs des Grundsatzes der Vertragsfreiheit und vor dem Hintergrund des Vorhandenseins von Spezialregelungen (AGG) gerade nicht angenommen werden kann. Dies ist der besonderen sozialpolitischen Bedeutung dieser Versicherungszweige geschuldet.[14] Daneben tritt durch die jüngere Entwicklung das AGG, das allgemeine Bedeutung und nicht nur Relevanz für die Versicherungswirtschaft hat. Die Bestimmung des § 177 VAG hat demgegenüber ihre speziellen Wurzeln im „Wesen der Gegenseitigkeit", [15] sie ist der Trägerschaft der Mitglieder geschuldet und ist als Abgrenzung zur Nicht-Mitgliedschaft zu verstehen. Letztlich muss die Auslegung des § 177 VAG der Tatsache Rechnung tragen, dass er seinen Platz im Gesellschaftsrecht (Recht des VVaG) hat und demzufolge das Gleichbehandlungsgebot nur an der Mitgliedschaft (Träger des Unternehmens) anknüpfen kann (siehe Rn. 6 ff.).

3. Die besondere Ausprägung des Gleichbehandlungsgebots für VVaG. Mitgliederbeiträge 5
und Vereinsleistungen müssen den Gleichheitsprinzipien entsprechen, wenn auch bei großen VVaG eine, auf Dauerhaftigkeit angelegte Gemeinschaft von Unternehmensträgern entstehen soll. Das Prinzip hat auch eine große Bedeutung für die differenzierte Behandlung von Mitgliedern, die bereits zum VersNehmer-Bestand des Vereins gehören und solchen, die mittels Neugeschäft gewonnen werden sollen. Eine Differenzierung ist hier nur in dem Rahmen möglich, in dem unterschiedliche Sachverhalte vorliegen. Schließlich bietet § 177 VAG auch den rechtlichen Einstieg in eine Bestandssanierung mittels Satzungsbestimmung, wenn sie von der obersten Vertretung satzungsgemäß festgelegt wurde (197 Abs. 3 S. 2 VAG). Der Verein ist demnach gehalten, bei technischen Verlusten nicht einseitig einen Ausgleich über hohe Prämien des Neugeschäfts zu suchen oder bis zur nächsten Prämienfälligkeit/Kündigungsmöglichkeit zu warten; vielmehr müssen gleichmäßig auch die Risiken herangezogen werden, die den Verlust verursacht haben. Umgekehrt ist es dem Verein bei identischen Risikomerkmalen (Tatbeständen) grundsätzlich auch nicht möglich, mit unzureichend kalkulierten Beiträgen das Neugeschäft anzukurbeln, da hierdurch die Bestandsmitglieder benachteiligt werden, möglicherweise sogar später wegen des niedrigeren Prämienniveaus des Neugeschäfts zu notwendigen Sanierungsmaßnahmen herangezogen werden müssen. Die satzungsmäßig vorgesehenen und zum Teil bestandswirksamen Sanierungsmöglichkeiten haben daher für den VVaG nicht nur positive, sondern auch den Handlungsspielraum einengende Wirkung.[16] Allerdings kann sich der VVaG nicht bei jedem negativen Spartenergebnis auf § 197 Abs. 3 S. 1 VAG oder gar – wenn dies die Satzung zulässt – auf § 197 Abs. 3 S. 2 VAG hinsichtlich der Bestandswirksamkeit von Bedingungen und Beitragssätzen berufen. Die normale Portefeuille-Sanierung kann bei VVaG nicht anders organisiert werden wie bei der VersAG. Konsumentenschutz, Zivil- und Versicherungsvertragsrecht (BGB, VVG, AGG) finden insoweit gleichmäßige Anwendung, ohne dass ein Ansatz für differenzierte Betrachtung im Hinblick auf die Rechtsform geboten erscheint. Veränderte Kosten- und Schadenverhältnisse, die Ausdruck der allgemeinen Entwicklung sind, befugen natürlich auch den VVaG zu Neukalkulation für neue Tarife. Lediglich soweit die Existenz des Vereins bedroht ist, zwingt das mitgliedschaftliche Verhältnis bei der Durchsetzung des Aufwandsdeckungsprinzips (§§ 179, 180, 181, 182, 197 Abs. 3 S. 2 VAG), alle Mitglieder auf der Grundlage des § 177 VAG gleichmäßig in Anspruch zu nehmen. Das ist Ausdruck des Gegenseitigkeitsprinzips. Die Sicherung des Bestandes des VVaG kann nicht nur der Konditionenpolitik des Neugeschäfts vorbehalten bleiben. Im übrigen sind es die Tatbestände, die nach allgemeiner Rechtsauffassung aufgrund identischer Voraussetzungen zu identischen Folgen führen, die den VVaG zwingen, den Bestand in gleicher Weise zu behandeln wie das Neugeschäft. Der VersAG ist selbst bei Vorliegen identischer Voraussetzungen gestattet, hieran unterschiedliche Folgen zu knüpfen, soweit nicht gesetzliche Bestimmungen entgegenstehen, da die VersAG dem gesellschaftsrechtlich orientierten Gleichbehandlungsgebot des § 177 VAG nicht unterliegt. Die Beseitigung einer Unternehmensschieflage eines VVaG ist die schärfste Herausforderung des auch den Bestand erfassenden Gleichbehandlungsgebots, da alle Mitglieder aufgrund ihrer trägerschaftlichen Stellung gleichermaßen verpflichtet sind, zur Erhaltung des VVaG beizutragen.

II. Inhalt und Positionierung des Gleichbehandlungsgebots. Die Vorschrift des § 177 VAG 6
kann nicht als Verankerung eines allgemeinen Gleichheitsgrundsatzes im Versicherungsvertrags- oder im Versicherungsgesellschaftsrecht angesehen werden. Hiergegen spricht die Stellung der Vorschrift im Gesellschaftsrecht des VVaG und der von der Vorschrift erfasste (geschützte) Personenkreis: die Mitglieder. Wie das Vorhandensein der Spezialvorschriften der §§ 138 Abs. 2, 161 Abs. 1, 146 Abs. 2 S. 2, 147 und 298 Abs. 4 VAG zeigt, ist das Gleichbehandlungsgebot entweder nur in den Personenversicherungssparten mit üblicherweise langen Vertragslaufzeiten oder im Zusammenhang mit spezifischen Diskriminierungstatbeständen – hier § 11 Abs. 2 VAG verwirklicht. Ein generelles Gleichbehandlungsgebot würde unzulässigerweise sowohl den Grundsatz der Vertragsfreiheit als auch die Verbandsautonomie (Art. 9 GG) über Gebühr einschränken. Ein generelles Gebot privatrechtlicher Gleichbehandlung lässt

[14] Looschelders/Pohlmann/*Looschelder*, Einleitung A Rn. 73.
[15] So schon Mot., S. 37.
[16] *Surminsky* ZfV 1994, 66.

sich weder aus Art. 3 GG noch aus § 242 BGB herleiten. Ausnahmen sind lediglich bei solchen Rechtsbeziehungen denkbar, die als Teil eines Systems gleichartiger Rechtsverhältnisse und durch eine ausgeprägte soziale oder gemeinschaftsbezogene Komponente charakterisiert sind, wie etwa im Arbeits-, Vereins- und Gesellschaftsrecht.[17] Um solche gleichgerichteten Rechtsverhältnisse handelt es sich bei den Mitgliedern eines VVaG.

7 Gerade in der Abgrenzung zu den genannten VAG-Vorschriften stellt sich dann aber die Frage, **welche Bedeutung § 177 VAG neben den anderen speziellen, die Gleichbehandlung regelnden Vorschriften, hat.**[18] Offensichtlich wollte der Gesetzgeber einerseits weit über nur einige Diskriminierungstatbestände hinaus und andererseits unabhängig von bestimmten Sparten die Gleichbehandlung der Mitglieder im Rahmen des VVaG-Unternehmensrechtes absichern. Die Bestimmung spricht daher **sowohl** die mitgliedschaftliche Position als auch die Versicherungsnehmerstellung an. Soweit § 177 VAG nur von Mitgliedsbeiträgen spricht, sind nicht Vereinsbeiträge im Sinne des Vereinsrechts gemeint, sondern auch Beiträge i. S. d. § 179 VAG,[19] also Versicherungsprämien (Versicherungsbeiträge vgl. § 1 Abs. 2 VVG). Soweit von Vereinsleistung die Rede ist, sind sowohl Leistungen an das Mitglied in seiner Eigenschaft als Versicherungsnehmer, als auch als Mitglied umfasst, denn in § 179 Abs. 2 VAG spricht das Gesetz nur von Versicherungsansprüchen; hier hat die Regelung also das Versicherungsverhältnis im Auge, während § 177 VAG mit Mitgliedsbeiträgen und Vereinsleistungen die Gesamtheit aller Ansprüche des Mitglieds aus dem Versicherungsverhältnis und der vereinsrechtlich-trägerschaftlichen Stellung umfasst.

8 Damit kann festgestellt werden, dass das Gleichbehandlungsgebot nach § 177 VAG sowohl **die versicherungsvertragliche, als auch die mitgliedschaftliche Position** regeln will. Als Versicherungsnehmer soll das Mitglied nicht deshalb ungleich behandelt werden, weil die Versicherungsnehmerstellung als selbständiges Rechtsverhältnis neben die vereinsrechtliche Beziehung als Mitglied tritt. Eine andere Behandlung wegen der Mitgliedschaft können Versicherungsnehmer nur erfahren, wenn Gesetz und Satzung dies zulassen (z. B. Nachschusspflicht, Anspruchskürzung). Andererseits sollen den Mitgliedern als solche (als Träger des VVaG) keine ungleichen Vereinsleistungen zukommen. Somit bestimmt § 177 VAG, dass die Stellung als Mitglied keine Ungleichbehandlung als Versicherungsnehmer erlaubt und die Mitglieder als solche bei gleichen Voraussetzungen nur nach gleichen Grundsätzen bemessene Vereinsleistungen erhalten dürfen. Die Verteilung des Überschusses nach § 194 VAG ist eine solche Vereins-(Unternehmens-)Leistung.

9 Weiter reicht der Gleichbehandlungsgrundsatz des § 177 VAG nicht. Daher ist z. B. eine sachlich gerechtfertigte, an der Höhe der Beitragsleistung des einzelnen Mitglieds ausgerichtete Differenzierung bei den Stimmrechten zulässig.[20] Letztlich hat das Gleichbehandlungsgebot des § 177 VAG somit für den gesamten Bereich der finanziellen Verbindlichkeiten und Ansprüche des Mitglieds/Versicherungsnehmers Bedeutung. Hinsichtlich besonderer Entsendungsrechte in den Aufsichtsrat vgl. § 189 Rn. 14.

10 Der Grundsatz der Gleichbehandlung besagt nicht, dass unter allen Umständen Gleichheit der Mitglieder bestehen muss; die Gleichbehandlung ist vielmehr davon abhängig, dass die Voraussetzungen dieselben sind. Nur innerhalb der Gruppe, deren Angehörige die gleichen Voraussetzungen erfüllen, gilt der Grundsatz und zwar in der Weise, dass einzelne Gruppenangehörige weder schlechter noch besser als die übrigen Mitglieder der Gruppe behandelt werden dürfen. Verboten ist damit nur die ungleichartige Behandlung „gleicher Tatbestände".[21] Ebenso widerspricht dem Gleichbehandlungsgrundsatz die Abweichung von einer ständig geübten Praxis im und für den Einzelfall; zulässig ist jedoch diese Praxis auch für bestehende Mitgliedschaften für die Zukunft generell und willkürfrei durch einen eindeutig dokumentierten Beschluss des Vorstands zu ändern.[22] Eine absolut gleichmäßige Behandlung (Durchschnittsbeitrag, Durchschnittsleistung) trotz Verschiedenheit der Voraussetzungen würde einen Verstoß gegen den Grundsatz der Gleichbehandlung bedeuten. [23] Irgendeine Art von Relation zwischen den einzelnen Gruppen (z. B. in der Beitragsbemessung) ist vom Gesetz nicht vorgesehen. Beispiele: Festsetzung eines geringeren Beitrags in der Tierversicherung für Bezirke in einem vom Durchschnitt nur wenig abweichenden Schadensatz;[24] Umlageberechnung bei einem Schiffsversicherungsverein.[25, 26] Letztlich muss gefordert werden, dass es unterschiedliche Tatbestände von Gewicht und einer gewissen Dauerhaftigkeit sind, die eine Differenzierung als sachlich gerechtfertigt erscheinen lassen.

---

[17] Bamberger/Roth/*Sutschet* § 242 Rn. 24.
[18] *Krömmelbein*, Der versicherungsrechtliche Gleichbehandlungsgrundsatz zwischen Deregulierung und Diskriminierung, 3. Aufl. 2007.
[19] *Petersen*, Versicherungsunternehmensrecht, 2003, Rn. 86.
[20] *Petersen*, Versicherungsunternehmensrecht, 2003, Rn. 86.
[21] *BGH* Urt. v. 17.12.1956 – II ZR 47/56; BGHZ 22, 375.
[22] *BVerwG* Urt. v. 25.11.1986 – 1 C 54/81, VersR 1987, 297.
[23] *BGH* Urt. v. 13.10.1971 – IV ZR 56/70, VersR 1971, 1138.
[24] GB 1953/1954, 31.
[25] GB 1968, 68. Zum Verhältnis von Überschussverteilung und Gleichbehandlungsprinzip siehe im einzelnen *Sieg* FS R. Schmidt, 1976, 602. Zu Begrenzungsklauseln in Pensionskassensatzungen *BAG* Urt. v. 21.11.1966 – 6 TaBV 6/66, BB 1967, 247; *BAG* Beschl. v. 29.11.1967 – GS 1/67, BB 1968, 993; VerBAV 1969, 209.
[26] *Sieg* FS R. Schmidt, 1976, 602.

11 **III. Voraussetzung für eine ungleiche Behandlung. 1. Allgemeines.** Als Voraussetzungen im Sinne von Abs. 1 kommen nur versicherungstechnisch bedeutsame Umstände in Betracht, z. B. in der Krankenversicherung das Alter, in der Schadenversicherung der Wohnsitz in einer Großstadt oder auf dem Lande, in der Lebensversicherung das Beitrittsalter, die Dauer des Versicherungsverhältnisses, in der Schadenversicherung die Verschiedenheit der Gefahr, der die versicherten Gegenstände ausgesetzt sind, die Verschiedenheit der Versicherungssummen, geringere Kosten bei Kollektivverträgen, nicht dagegen solche, die nach den Grundsätzen der Versicherungstechnik ohne jeden Einfluss auf das Risiko des VVaG sind (z. B. Zugehörigkeit zu einem bestimmten Verband).[27] Bei einer Pensionskasse sind Ansprüche aus Anwartschaften und solche aus schon laufenden Pensionen im Falle der Auflösung gleich zu behandeln.[28] Daneben bezieht sich das Tatbestandsmerkmal „gleiche Voraussetzungen" auch auf die Grundlagen, die der Verteilung von Bilanzüberschüssen oder Liquidationserlösen zugrunde zu legen sind. Generell ist zu sagen, dass der Vorstand eines VVaG im Bewusstsein der auf Gegenseitigkeit gegründeten Rechtsform dem Merkmal der Gleichbehandlung bei der Unternehmensführung eine besondere Aufmerksamkeit widmen sollte

12 **2. Gesetzliche Ausnahmen vom Gleichbehandlungsgebot.** Der Grundsatz der gleichmäßigen Behandlung wird vielfach durchbrochen:

– Durch § 197 Abs. 3 S. 1 VAG bei Änderungen der AVB, sofern nicht die Satzung nach § 197 Abs. 3 S. 2 entsprechende Bestimmungen enthält.
– Bei Übertragungen des Versicherungsbestandes (mit oder ohne Fusion) auf einen anderen VVaG, doch müssen hier nach Ablauf der Vertragsdauer die Grundsätze des übernehmenden VVaG angewendet werden.[29]
– In gewisser Weise kann auch die aufsichtsrechtliche Möglichkeit nach § 314 Abs. 2 S. 2 VAG als eine Durchbrechung des Gleichbehandlungsgrundsatzes gesehen werden.

13 Eine Ausnahme vom Gleichbehandlungsprinzip generell stellt auch die Zulassung des Nicht-Mitgliedergeschäfts dar, denn diese Versicherungsnehmer zählen wegen der fehlenden mitgliedschaftlichen Bindung an den VVaG nicht zu den Unternehmensträgern des VVaG und können daher auch für spezielle Sanierungsmaßnahmen nicht herangezogen werden. Es ist daher sachgerecht, dass die Zulassung dieses Ausnahmetatbestandes der Begründung einer Rechtsbeziehung zum VVaG des Beschlusses des obersten Organs bedarf.

14 **IV. Verstöße gegen das Gleichbehandlungsgebot.** Der Gleichbehandlungsgrundsatz ist nicht abdingbar; Verstöße haben öffentlich-rechtliche und privatrechtliche Folgen.

15 **1. Allgemeines.** Entspricht schon die **Satzung** (oder eine **Satzungsänderung**) dem Grundsatz der Gleichbehandlung nicht, so wird die Aufsichtsbehörde sie nicht genehmigen (§§ 11 Abs. 1, 4a, 9 Abs. 2 Nr. 1; 12 Abs. 1 VAG); wird durch Ungleichbehandlung der Satzung zuwider gehandelt, so ist die Aufsichtsbehörde zum Einschreiten verpflichtet, sie kann Maßnahmen auf §§ 294 Abs. 2, 304 Abs. 3 Nr. 1 und Abs. 4 VAG stützen.[30]

16 **2. Gesellschaftsrechtlich verursachte Verstöße.** Verstößt ein Beschluss der obersten Vertretung gegen einen Gleichbehandlungsgrundsatz in seinem hier dargestellten Wirkungsumfang, ist nach §§ 191 S. 1, 241 Nr. 3 AktG dieser Beschluss nichtig, weil die Gleichbehandlung nach § 177 VAG zum Wesen des VVaG gehört.[31] Die abweichende Ansicht – im Rahmen des AktG nur Anfechtbarkeit anzunehmen – trägt aber der Bedeutung des Gleichbehandlungsgrundsatzes beim VVaG nicht ausreichend Rechnung.

17 **3. Vertragsrechtlich herbeigeführte Verstöße. Verträge**, die § 177 VAG zuwider laufen sind nicht nichtig und bleiben wirksam, da sich das gesetzliche Verbot des § 177 VAG nur an den VVaG und seine Organe sowie an die Aufsichtsbehörde richtet.[32] Die Rechtsgeschäfte sind jedoch anfechtbar.[33]

---

[27] *BVerwG* Beschl. v. 6.12.1938 – 1 A 74/83, VersR 1984, 1033; *BVerwG* VersR 1984, 1033; VA 1930, 122; 1905, 110; 1913, 199; *LG Hamburg* VA 1915 Nr. 897.

[28] VA 1936, 68; VA 1933, 215.

[29] VA 1936, 83.

[30] *Müller-Wiedenhorn*, Versicherungsvereine auf Gegenseitigkeit im Unternehmensverbund, 1993, S. 61; Goldberg/Müller/*Müller* § 21 Rn. 9; a. A. FKBP/*Kaulbach* § 21 Rn. 2, wonach es sich – entgegen der h. M. – bei § 21 I VAG a. F. um einen weitgehend überholten Programmsatz handele, der ausschließlich innerverbandlicher Kontrolle unterliege.

[31] A. A. *Hoffmann-Becking* in: Münchner Handbuch des Gesellschaftsrechts, Bd. 4, 2. Aufl. 1999, § 17 Rn. 13, der bei gegen das Gleichbehandlungsgebot verstoßenden Hauptversammlungsbeschlüssen nur Anfechtbarkeit annimmt.

[32] H. M., z. B. *Kisch*, Das Recht des Versicherungsvereins auf Gegenseitigkeit, 1951, S. 184 ff.; Goldberg/Müller/*Müller* § 21 Rn. 11; *Schwarz* NJW 1995, 491.

[33] *K. Schmidt,* Gesellschaftsrecht, 3. Aufl. 2002, S. 471.

Der Vorstand kann regresspflichtig gemacht werden, wenn er gegen § 177 Abs. 1 VAG verstoßende Verträge mit Mitgliedern geschlossen hat und die benachteiligten Mitglieder auf Gleichbehandlung klagen.[34]

18 **V. Die Nicht-Mitgliederversicherung (Abs. 2). 1. Allgemeines.** Eine Ausnahme von dem auf Mitgliedschaft beruhenden Gleichheitsgrundsatz bildet die Versicherung von Nicht-Mitgliedern zu fester Prämie. Eine Zulassung dieser Nicht-Mitgliederversicherung wurde aus **verspolitischen Erwägungen** z. B. Deckung schwer versicherbarer Risiken, die mit den vom VVaG übernommenen im Zusammenhang stehen, vom historischen Gesetzgeber zugelassen (vgl. § 21 VAG).[35] **Zwingende Gründe**, derartige Verträge als Nicht-Mitgliedergeschäft zu führen, sind allerdings **nicht ersichtlich**. Auch bei kurzfristigen Versicherungen kann der Versicherungsnehmer durchaus Vereinsmitglied werden; allerdings – und dies spricht dafür, kurzfristige Versicherungen als Nichtmitgliederversicherung zu führen – fehlt diesen Versicherungsverhältnissen die für die finanzielle Stabilität des VVaG notwendige Kontinuität und Langfristigkeit des Mitgliedergeschäfts.

19 **2. Abgrenzungskriterien zwischen Mitglieder- und Nichtmitgliederversicherung.** Aus § 177 Abs. 2 VAG wird vielfach gefolgert, bei einem VVaG komme die Versicherung gegen feste Prämie nur für Nichtmitglieder, nicht aber auch für Mitglieder in Frage.[36] Auch große VVaG, die im Wettbewerb mit AG stehen, schließen in der Regel aber VersVerträge zum „Festpreis" ab. die Erhebung einer Nachschusspflicht ist auch für das Mitgliedergeschäft nicht konstitutiv. Die Finanzierungspflicht des Mitglieds beschränkt sich i. d. R. auf die Zahlung des versicherungsvertraglich vereinbarten Versicherungsbeitrags. Allerdings finden sich insbesondere in der Sachversicherung auch heute viele VVaG, die sich die Erhebung von Nachschüssen und Regelungen gem. § 197 Abs. 3 S. 2 VAG satzungsgemäß vorbehalten.[37]

20 Es spielt dabei keine Rolle, dass die genannten rechtlichen Möglichkeiten von den großen VVaG nur spärlich angewandt werden; entscheidend ist, dass die rechtliche Möglichkeit gegeben ist, die Mitglieder per Satzungsbeschluss zu einem wirtschaftlichen Beitrag heranziehen zu können, wenn der VVaG in eine finanziell bedrohliche Situation gerät. Auf Nichtmitglieder finden demgegenüber §§ 177 Abs. 1, 179, 180, 181, 197 Abs. 3 S. 2 VAG keine Anwendung. Dies ist die notwendige Folge, wenn mit Nichtmitgliedern eine Versicherung zu fester Prämie geschlossen wird. Da damit diese Versicherungsverhältnisse **prinzipiell (qua Gesellschaftsrecht) nicht zur Sanierung** bei einer finanziellen Schieflage herangezogen werden können (keine Nachschusspflicht, keine satzungsmäßige Kürzung von Ansprüchen, kein satzungsmäßiger Eingriff in bestehende VersVerhältnisse im Wege der Gleichbehandlung) rechtfertigt sich die Aufsichtspraxis, dass Nichtmitgliedergeschäfte nur eine geringe Bedeutung im Rahmen des Geschäfts eines VVaG erlangen dürfen (vgl. Rn. 13). Auch aus § 179 Abs. 3 S. 2 VAG, wonach die dort vorgesehenen Maßnahmen nicht nur zum Schutz von Versicherungsansprüchen der Mitglieder eingesetzt werden dürfen, also auch die Nichtmitglieder von Umlagen und Nachschüssen profitieren, wird deutlich, dass die Versicherung zu festen Prämien im Nichtmitgliedergeschäft nur eine untergeordnete Rolle spielen darf.

21 **3. Ansprüche von Nichtmitgliedern.** Nichtmitglieder haben einen Anspruch auf den versicherungsvertraglich zugesagten Überschuss.[38] Sie haben aber keinen Anspruch auf einen satzungsmäßig zugesagten Überschuss, weil die Satzung als Gesellschaftsvertrag nur im Verhältnis zu Mitgliedern gilt. Nichtmitglieder haben keine vermögenswerten Mitgliedschaftsrechte (Anspruch auf den Liquidationserlös gem. § 205 Abs. 2 VAG, mitgliedschaftlicher Überschuss gem. § 194 VAG und keine vereinsrechtlichen Rechte (Teilnahme an der Mitglieder(vertreter)versammlung, Stimmrecht usw.).

22 **4. Voraussetzungen. a)** Erforderlich zum Betreiben des Nichtmitgliedergeschäfts ist eine entsprechende **Satzungsbestimmung**, die nach § 11 Abs. 1 Nr. 1; § 12; § 9 Abs. 2 Nr. 1 VAG von der Aufsichtsbehörde genehmigt werden muss. Damit beschließen die Mitglieder (oberstes Organ), in einem gewissen Umfang Geschäfte mit solchen VersNehmern abzuschließen, die über ihre Prämienverpflichtung hinaus nicht zu anderen Beiträgen an den Verein herangezogen werden können. Der Verein übernimmt damit Risiken, die zu versicherungstechnischen Verlusten führen können, ohne dass diese Versicherungsnehmer zu Zusatzleistungen wie Mitglieder herangezogen werden können.[39] Die BaFin kann sich bei der Verweigerung der Genehmigung nur auf Rechtsgründe berufen. Aus dem Nebeneinander von Mitglieder- und Nichtmitgliedervers. („gemischter Verein") können Gefahren für die

[34] *Müller-Wiedenhorn*, Versicherungsvereine auf Gegenseitigkeit im Unternehmensverbund, 1993, S. 62; Goldberg/Müller/*Müller* § 21 Rn. 14; für die Anrufung der Aufsichtsbehörde *Kisch*, Das Recht des Versicherungsvereins auf Gegenseitigkeit, 1951, S. 185; *Arnold* VerBAV 1954, 146; *Petersen* Versicherungsunternehmensrecht Rn. 87 f.

[35] Vgl. *Frels* VersR 1965, 202; *Schulz* ZfV 1963, 872.

[36] *Präve* r+s 1996, 249 f.; *Frels* VersR 1965, 202 f.

[37] *Benkel* Diss. S. 219.

[38] Vgl. schon die Hinweise von *Frels* VersR 1965, 204 f., auf die Amtspraxis des BAV, wonach die bei einem VVaG versicherten Nichtmitglieder hinsichtlich der Überschussbeteiligung nicht schlechter gestellt werden dürfen als die Versicherungsnehmer einer AG.

[39] *Petersen*, Versicherungsunternehmensrecht, 2003, Rn. 59.

Mitglieder entstehen, da sie auch für die Ergebnisse aus der Nichtmitgliedervers. ggf. herangezogen werden können (vgl. § 179 Abs. 2, Abs. 3 S. 2; 180 Abs. 1 VAG) und im Involvenzfall die Ansprüche der Mitglieder denen der Nichtmitglieder nachstehen (§ 208 Abs. 1 S. 2 VAG). Auch hieran wird die Stellung der Mitglieder als Träger des VVaG deutlich.

b) Die **Nicht-MitgliederVers** darf nach der Praxis des BAV den Rahmen eines **unbedeutenden** 23 **Geschäftszweigs** nicht übersteigen.[40] Gestattet ist bislang die Versicherung von Nicht-Mitgliedern gegen feste Prämie bis zu einem Zehntel der gesamten Beitragseinnahmen.[41] Da das VAG diese starre Grenze nicht kennt, ist fraglich, ob wegen der Beschränkung der BaFin auf eine reine Finanz- und Rechtskontrolle diese Praxis, die bereits in der Vergangenheit schon einmal aufgegeben worden war,[42] aufrechterhalten werden kann. Allerdings wäre es der BaFin möglich, im Rahmen der Finanzaufsicht entsprechende Grundsätze zu entwickeln. Werden Nicht-Mitglieder entgegen der Satzung versichert (die Satzung sieht überhaupt keine Nicht-Mitgliederversicherung vor) oder der von der Aufsichtsbehörde zugelassene Umfang der Mitgliederversicherung wird überschritten oder es werden Mitglieder als Nicht-Mitglieder versichert, so kann das Anlass zu aufsichtsrechtlichem Einschreiten gem. § 294 Abs. 1-3 VAG sein; privatrechtlich sind aber die Verträge gültig.[43]

VI. Das Verhältnis von § 177 VAG zu § 35 BGB. Die Regelungen im VAG schließen eine 24 Anwendung der vereinsrechtlichen Vorschriften des BGB nicht aus. Wenn es in § 210 Abs. 2 VAG für kleinere Vereine heißt, dass mit Ausnahme der in Abs. 1 genannten Bestimmungen „nur die §§ 24–53 des BGB" gelten, kann dies als Hinweis verstanden werden, dass für den VVaG auch die Bestimmungen des Vereinsrechts herangezogen werden können. „Der Gleichbehandlungsgrundsatz markiert eine immanente Grenze legitimer Mehrheitsherrschaft. Er (gemeint ist der Gleichbehandlungsgrundsatz) begründet nach heute wohl allgemeiner Auffassung kein Sonderrecht. Er ist ein **objektivrechtliches Postulat** und kein dem einzelnen Mitglied zugewiesenes Recht (schon gar nicht ein Vorzugsrecht) aber er steht der Einräumung von Vorzugsrechten auch nicht entgegen."[44]

Sonderrechte sind unentziehbare oder mehrheitsfeste Rechte. Sie können sowohl gesellschaftsrecht- 25 lich organisationsrechtlicher Art (z. B. Recht auf Entsendung von Organmitgliedern) sein als auch vermögensrechtliche Aspekte beinhalten (erhöhte Liquidationsquote).[45] Wie alle Rechte, stehen auch Sonderrechte unter dem Vorbehalt des wichtigen Grundes, sie werden nicht qua Rechtsgeschäft sondern gesellschaftsvertraglich, also durch Satzungsbestimmung begründet und sind daher auch als Gestaltungsmerkmal einer VVaG-Satzung zulässig.[46] Demgegenüber ist das Prinzip der Gleichbehandlung ein gesellschaftsrechtliches Ordnungsprinzip des VVaG, das den Gestaltungsspielraum der Satzung begrenzt.

VII. Kleinere Vereine. § 177 Abs. 1 VAG gilt auch für kleinere Vereine (§ 210 Abs. 1 VAG). Jedoch 26 schließt § 210 Abs. 1 VAG das Nicht-Mitgliedergeschäft für kleinere Vereine aus. Auch dies ist ein Hinweis darauf, dass die Zulässigkeit des Nicht-Mitgliedergeschäfts hinsichtlich ihres zulässigen Umfangs danach zu beurteilen ist, ob von diesem Geschäft eine Bestandsgefährdung des VVaG ausgehen kann. Der Gesetzgeber geht bei kleineren Vereinen generell davon aus, dass in Anbetracht der in aller Regel geringen Zahl der Mitglieder schon kleine defizitäre Portefeuille-Teile den VVaG gefährden können und deshalb der VVaG auch uneingeschränkt die Möglichkeit haben muss, die vom Gesetz vorgesehenen Sanierungsmöglichkeiten gegenüber allen seinen Versicherungsnehmern, die dann auch Mitglieder sind, zu ergreifen. Das Gegenseitigkeitsprinzip setzt sich also beim kleineren VVaG hinsichtlich des Versicherungsbestandes ohne Ausnahme durch.

Gründungsstock

178 (1) [1]**In der Satzung ist vorzusehen, dass ein Gründungsstock gebildet wird, der die Kosten der Vereinserrichtung zu decken sowie als Gewähr- und Betriebsstock zu dienen hat.** [2]**Die Satzung soll die Bedingungen enthalten, unter denen der Gründungsstock dem Verein zur Verfügung steht und besonders bestimmen, wie der Gründungsstock zu tilgen ist sowie ob und in welchem Umfang die Personen, die ihn zur Verfügung gestellt haben, berechtigt sein sollen, an der Vereinsverwaltung teilzunehmen.**

(2) [1]**Der Gründungsstock kann nur in gesetzlichen Zahlungsmitteln, in von der Deutschen Bundesbank bestätigten Schecks, durch Gutschrift auf ein Konto im Inland bei der Deutschen Bundesbank oder einem Kreditinstitut des Vereins oder des Vorstands zu seiner freien Ver-**

[40] GB BAV 1962, 33; GB 1955/1956, 26.
[41] GB BAV 1962, 33.
[42] VA 1939, 119.
[43] H. M., *Kisch,* Das Recht des Versicherungsvereins auf Gegenseitigkeit, 1951, S. 172; Goldberg/Müller/*Müller* § 21 Rn. 11; vgl. auch *RG* VA 1916 Nr. 910; zu Problemen bei der Fusion zweier VVaG vgl. *BayObLG* Urt. v. 15.3.1966 - 2 Z 89/65, VersR 1966, 555.
[44] *K. Schmidt,* Gesellschaftsrecht, 4. Aufl. 2002, S. 469, 559.
[45] *K. Schmidt,* Gesellschaftsrecht, 4. Aufl. 2002, S. 478.
[46] *K. Schmidt,* Gesellschaftsrecht, 4. Aufl. 2002, S. 711.

fügung eingezahlt werden. [2]Forderungen des Vorstands aus diesen Einzahlungen gelten als Forderungen des Vereins. [3]Die Satzung kann statt der Einzahlung die Hingabe eigener Wechsel gestatten.

(3) [1]**Den Personen, die den Gründungsstock zur Verfügung gestellt haben, darf kein Kündigungsrecht eingeräumt werden. [2]In der Satzung kann ihnen außer einer Verzinsung aus den Jahreseinnahmen eine Beteiligung an dem Überschuss nach der Jahresbilanz zugesichert werden; die Aufsichtsbehörde entscheidet, welchen Prozentsatz des bar eingezahlten Betrags die Zinsen und die gesamten Bezüge nicht überschreiten dürfen. [3]Der Gründungsstock darf in Anteile zerlegt werden, über die Anteilscheine ausgegeben werden können.**

(4) **Getilgt werden darf der Gründungsstock nur aus den Jahreseinnahmen und nur so weit, wie die Verlustrücklage nach § 193 angewachsen ist; die Tilgung muss beginnen, sobald die aktivierten Aufwendungen für die Ingangsetzung des Geschäftsbetriebs vollständig abgeschrieben sind.**

Übersicht

1 **I. Der Begriff des Gründungsstocks.** Die Vorschrift stimmt – bis auf eine unbedeutende sprachliche Veränderung und Änderung in Abs. 3 (Wegfall des freien Ermessens) – mit § 22 VAG a. F. überein. Im Gegensatz zur AG verfügt der VVaG über kein „gezeichnetes" Kapital i. S. v. § 272 Abs. 1 HGB. Allerdings steht dem VVaG als Finanzierungshilfe ein sog. Gründungsstock (Mittel für Errichtungs- und Ingangsetzungskosten sowie zur Deckung von Versicherungsansprüchen als Gewähr- und Betriebsstock) zur Verfügung, der unter genau bestimmten Voraussetzungen zu tilgen ist. Der Gründungsstock ist mithin eine Besonderheit des VVaG. Bilanziell wird er als Passivposten A I anstelle des Passivpostens Gezeichnetes Kapital als Eigenkapital geführt (vgl. Formblatt RechverSV vom 8.11.1994 i. d. F. vom 17.7.2015).[1]

2 Der Gründungsstock nimmt allerdings eine „eigenartige" Mittelstellung zwischen Fremd- und Eigenkapital ein".[2] Selbstverständlich muss der Gründungsstock nicht nur die zur betrieblich-funktionalen

[1] BGBl. 1994 I 3378; BGBl. I 1245.

[2] *Braeß* ZVersWiss 53 (1964), 4; *Farny* ZVersWiss 53 (1964), 445; *Hertel*, Die Solvabilität Deutscher Lebensversicherungsunternehmen 1984, S. 106; *Benkel*, Diss. S. 368; *Petersen*, Versicherungsunternehmensrecht, 2003, Rn. 111 ff.

Ingangsetzung erforderlichen Mittel umfassen, sondern auch die Anforderungen an die Solvabilitätskapitalanforderungen nach § 89 VAG erfüllen (vgl. hierzu unten Rn. 4, 27). Insoweit ist der Gesetzeswortlaut hier in der traditionellen Fassung des VAG verhaftet geblieben und hat nicht die neuen Voraussetzungen über die Zulassung zum Geschäftsbetrieb auch als Norm für die Dotierung des Gründungsstocks übernommen. Die **Mittel des Gründungsstocks haften** im Insolvenzfall **wie Eigenkapital** und ihre Berücksichtigung bei der Solvabilität verleihen diesem „Fremdkapital" Eigenkapitalcharakter. Der Gründungsstock ist mangels Aktienkapital das Startkapital für den VVaG, dem – im Unterschied zum Aktienkapital – gesetzlich nur eine vorübergehende Existenz erlaubt wird. Der Gründungsstock verschwindet aus der Bilanz, sobald der VVaG aus den Beiträgen seiner Mitglieder in der Lage ist, die gesetzlich geforderten Finanzmittel aus eigenen Ergebnissen darzustellen. Das sieht der Gesetzgeber spätestens dann als gegeben an, sobald die aktivierten Aufwendungen für die Ingangsetzung des Geschäftsbetriebs vollständig abgeschrieben sind (vgl. hierzu unten Rn. 31). Zu diesem Zeitpunkt belasten diese Abschreibungen das Jahresergebnis nicht mehr und der Gesetzgeber folgt der Überlegung, dass dann aus dem normalen Geschäftsbetrieb auch die Tilgung des Gründungsstocks möglich sein muss. Das Tilgungserfordernis verhindert, dass die Zeichner des Gründungsstocks, die keine Mitglieder sein müssen, aufgrund ihrer finanziellen Beziehung zum VVaG geschäftspolitisch dauerhaft bestimmenden Einfluss erhalten und damit das mitgliedschaftliche Kernelement des VVaG überlagern oder verdrängen würden. Der VVaG ist nach der gesetzlichen Konstruktion **frei von Einflüssen externer Geldgeber**.[3]

II. Anforderungen an den Gründungsstock. Im Rahmen des Genehmigungsverfahrens hat der VVaG i. Gr. Angaben über die Basiseigenmittelbestandteile, die die absolute Grenze der Mindestkapitalanforderung (vgl. § 89 Abs. 1 S. 2 i. V. m. Abs. 3 VAG) bedecken sollen (§ 9 Abs. 2 Nr. 4) sowie den Nachweis, der für den Organisationsfonds benötigten Mittel zu erbringen (§ 9 Abs. 2 Nr. 5 VAG). 3

Ergänzend hat das Unternehmen für die ersten drei Geschäftsjahre eine Plan-Bilanz und eine Plan-Gewinn- und Verlustrechnung (§ 9 Abs. 3 Nr. 1 VAG) sowie Schätzungen der künftigen Solvabilitätskapitalanforderungen auf der Grundlage dieser Plan-Bilanzen und Plan-Gewinn- und Verlustrechnungen sowie die hierfür angewandte Berechnungsmethode vorzulegen (§ 9 Abs. 3 Nr. 2 VAG). Zusätzlich ist eine Schätzung der künftigen Mindestkapitalanforderung auf der Grundlage der vorstehend genannten Plan-Jahresabschlüsse samt Berechnungsmethode vorzulegen (§ 9 Abs. 3 Nr. 3 VAG). Ergänzt werden müssen diese Angaben um Schätzungen, welche finanziellen Mittel zur Bedeckung hierzu voraussichtlich zur Verfügung stehen (§ 9 Abs. 3 Nr. 4 VAG). Es kommt also entscheidend darauf an, dass zum Zeitpunkt der Gründung mit dem Gründungsstock die finanziellen Mittel für die Erfüllung der Mindestkapitalanforderung und des Organisationsfonds zur Verfügung stehen. 4

Da § 89 Abs. 1 VAG davon spricht: „Versicherungsunternehmen haben stets über anrechnungsfähige Eigenmittel mindestens in Höhe der Solvabiliätskapitalanforderung zu verfügen" bedeutet dies, dass unmittelbar nach erfolgter Genehmigung und der daran anschließenden erfolgten Geschäftsaufnahme die Mittel gemäß der Solvabilitäskapitalanforderung (Standardmodell oder internes Modell – § 96 Abs. 1 VAG) vorhanden sein müssen. 5

Die Unterscheidung zwischen Solvabilitätskapitalanforderung und Mindestkapitalanforderung ist für die Qualifizierung der Eigenmittel als Basis-Eigenmittel und ergänzende Eigenmittel wichtig (§ 89 Abs. 1 S. 2, Abs. 2, Abs. 3, Abs. 4 VAG). Ergänzende Eigenmittel (§ 89 Abs. 4 VAG) dürfen nur mit vorhergehender Genehmigung als Eigenmittel angesetzt werden (§ 90 Abs. 1 VAG); die Einstufung der Eigenmittel in verschiedene Klassen erfolgt – von der erwähnten Genehmigung unabhängig – nach den §§ 91, 92, 93 VAG. Die Einstufung hat Bedeutung für die Höhe der Eigenmittel, die nach den verschiedenen Klassen tatsächlich zur Bedeckung der Solvabilitätskapitalanforderung (§ 96 VAG) vorhanden sein müssen (§ 94 VAG). 6

Außerdem hat die Einstufung der Eigenmittel nach Qualitätsklassen Bedeutung für die Erfüllung der Mindestkapitalanforderung (§ 95 VAG).

III. Funktion und Abgrenzung des Gründungsstocks. 1. Allgemeines. Die Mittel des Gründungsstocks sind – soweit sie nicht für die Ingangsetzung des VVaG bestimmt sind – als Basiseigenmittel im Sinne des § 89 Abs. 2 VAG anzusehen. Der nicht eingezahlte Teil des Gründungsstocks zählt zu den ergänzenden Eigenmitteln im Sinne des § 89 Abs. 4 Nr. 1 VAG, ebenso wie die künftigen Forderungen im Rahmen variabler Nachschussverpflichtungen, wenn der VVaG diese innerhalb der folgenden 12 Monate einfordert (§ 89 Abs. 4 Nr. 2 VAG). Mit der Einforderung sind die Nachschüsse als Vermögenswert zu behandeln und zählen zu den Basis-Eigenmitteln (§ 89 Abs. 5 VAG). Der Gründungsstock dient verschiedenen betriebswirtschaftlichen Zwecken; für die Aufnahme des Geschäftsbetriebs durch einen VVaG ist er unverzichtbar. 7

2. Kosten der Vereinserrichtung. Der Gründungsstock steht zur Verfügung für die **Kosten der Vereinserrichtung**. Unter dem Begriff der Errichtungskosten versteht man alle Kosten, die aufgewen- 8

[3] Zur möglichen Friktion der Gründungsfinanzierung beim VVaG mit der betriebs- und finanzwirtschaftlichen Realität siehe *Farny* S. 868 u. S. 225.

det worden sind, um den VVaG rechtlich ins Leben zu rufen.[4] Die Kosten der Vereinserrichtung umfassen auch alle Aufwendungen für die Ingangsetzung (Kosten für den Aufbau der Unternehmensorganisation) und auch für die Erweiterung des Geschäftsbetriebs. Nicht hierunter fallen Gerichts- und Notariatskosten sowie Kosten der Eigenkapitalbeschaffung, wie z. B. Kapitalverkehrssteuern. Ingangsetzungskosten sind alle Aufwendungen für den Aufbau und den Start des Geschäftsbetriebs.[5] Mit dem Wegfall des § 269 HGB durch das BilMoG 2009 und nach Inkrafttreten des Versicherungsbilanzgesetzes (VersRiLiG) dürfen Errichtungskosten nicht mehr als Aktivposten in der Bilanz aufgenommen werden, da § 248 Abs. 1 HGB auch für VVaG gilt (absolutes Bilanzierungsverbot). Die Vorschrift des § 36a VAG a. F., nach der – unter Nicht-Anwendung der §§ 269, 282 HGB – der VVaG nur mit Zustimmung der Aufsichtsbehörde Errichtungs- und Einrichtungskosten aktivieren konnte, ist entfallen.[6]

9 **3. Gewährsstock.** Der Gründungsstock dient als **Gewährsstock,** d. h. er übernimmt die Funktion der (nicht oder noch nicht ausreichend dotierten) Verlustrücklage (zu deren Funktion: § 193 Rn. 1). Hier kommt der eigene Charakter des Gründungsstocks, seine Solvenzfunktion, besonders deutlich zum Ausdruck. Er erfüllt also die Anforderungen der §§ 89 ff. VAG und darf deshalb die Höhe der Mindestkapitalanforderung nicht unterschreiten.

10 **4. Betriebsstock.** Der Gründungsstock dient als **Betriebsstock,** d. h. zur Deckung laufender Ausgaben, die nach der Errichtung und Einrichtung anfallen; da zu diesem Zeitpunkt in aller Regel noch nicht ausreichende Erträge aus dem Geschäft zur Deckung der Aufwendungen zur Verfügung stehen. Er muss deshalb in Anspruch genommen werden bevor an eine Kürzung der Versicherungsansprüche gedacht wird.[7] Als Betriebsstock dient der Gründungsstock auch den Zwecken, für die im laufenden Geschäftsbetrieb etablierter VVaG die Verlustrücklage vorgesehen ist.

11 **5. Organisationsfonds.** Ein vom **Gründungsstock** zu unterscheidender, gesonderter Finanzierungsbeitrag stellt der **Organisationsfonds** (vgl. § 9 Abs. 2 Nr. 5 VAG) dar. Der Organisationsfonds ist von den Zeichnern des Gründungsstocks zusätzlich bereit zu stellen.[8] Die Garanten müssen mit dem Genehmigungsantrag eine nach aufsichtsrechtlichem Muster unterzeichnete Verpflichtungserklärung über die Bereitstellung des Organisationsfonds bei der BaFin einreichen. Der Organisationsfonds ist bei allen Versicherungsunternehmen zu bilden; er stellt die Deckungsmasse, für die Aufwendungen, die für den Aufbau der Verwaltung und des Vertreternetzes erforderlich sind, dar. Bilanziell erscheint der Organisationsfonds unter den Eigenkapitalpositionen als Bestandteil der Kapitalrücklage, die bestimmungsgemäß verbraucht wird.

12 **IV. Verbesserungsvorschläge für die Eigenmittelausstattung von VVaG.** Im Rahmen der Diskussion über die Verbesserung der Eigenkapitalbildung bei VVaG wird auch die **nachträgliche Auflage eines weiteren Gründungsstocks** erörtert, [9, 10] da dieser nicht zwingend ausschließlich in der Gründungsphase zur Finanzierung gebildet werden muss. Implizit ergibt sich aus § 89 Abs. 4 Nr. 1 VAG, dass der eingezahlte Teil des Gründungsstocks zu den Basis-Eigenmitteln gehört.

13 Problematisch jedoch ist im Hinblick auf das Ziel einer dauerhaften Verbesserung der Eigenmittelsituation der gesetzliche **Zwang** zur Tilgung des Gründungsstocks. Dem könnte man durch hintereinander geschaltete Gründungsstöcke entgegenwirken, wobei eine Umgehung des Tilgungszwangs – und damit das Prinzip der Fernhaltung externer Einflüsse – jedenfalls dann nicht angenommen werden kann, wenn die Zeichner der hintereinander geschalteten Gründungsstöcke nicht identisch sind.[11] Allerdings kann auch aus der eindeutigen Zuordnung des Gründungsstocks zur Gründungsphase des VVaG geschlossen werden, dass diese Finanzierungsart als dem mitgliedschaftlich/vereinsrechtlichen Wesen des VVaG fremd nach Abschluss der Tilgungsphase nicht wieder erneut aufgelegt werden kann. Dann müssen die übrigen ergänzenden Eigenmittel-Instrumente des § 89 Abs. 4 VAG zur Anwendung kommen. Das erscheint nach den neuen Solvabilitätsregeln auch sachgerecht, weil der im Betrieb befindliche VVaG die notwendigen Bestandteile der Basis-Eigenmittel aus seinem eigenen Geschäftsbetrieb erwirtschaften muss und die ergänzenden Eigenmittel dann nur noch für die über den Bedarf der Basis-Eigenmittel hinausgehenden erforderlichen Eigenmittel als Bedeckung dienen können. Zu besonderen Tatbeständen, die eine Pflicht zur Bildung eines Gründungsstocks vorsehen, siehe Rn. 14.

14 **V. Pflicht zur Bildung des Gründungsstocks.** Ein Gründungsstock ist grundsätzlich immer bei der Gründung eines VVaG zu bilden. Die Aufsichtsbehörde forderte ihn bislang darüber hinaus auch bei bestehenden VVaG z. B. bei Sanierung, bei der Neuaufnahme von Versicherungszweigen, bei der

[4] Vgl. Prölss/*Frey*, 10. Aufl. 1989, § 36a Rn. 2.
[5] *Morck* in Koller/Roth/Morck, HGB, 4. Aufl. 2003, § 269, Rn. 1.
[6] Vgl. Art. 4 VersRiLiG vom 24.6.1994 (BGBl. I 273, 279). Zu den Aufwendungen für die Ingangsetzung und Erweiterung des Geschäftsbetriebs vgl. *Richter* in: Peiner, Grundlagen des VVaG, 1995, S. 171, 174 ff.
[7] Bähr/*Schwenzer* § 21 Rn. 21.
[8] Vgl. FKBP/*Kaulbach* § 22 Rn. 1.
[9] *Schirmer* FS Farny, 1994, 391 ff.; *Zloch* FS Farny, 1994, 193, *Weigel* VersR 1993, 1429 ff.
[10] *Schirmer* FS Farny, 1994, S. 391, 392.
[11] A. A. *Schirmer* FS Farny, 1994, 392.

Ausdehnung des Geschäftsbetriebs sowie zur Deckung überrechnungsmäßiger Kosten in der Lebensversicherung während einer Anlaufphase bis zu zehn Jahren.[12] Da es sich um eine Frage der Kapitalausstattung handelt, entscheidet sich die Frage der Neubildung oder Auffüllung rein aufsichtsrechtlich danach, ob die erforderliche Solvabilitätsspanne mit Eigenmitteln (§ 89 ff. VAG) belegt ist. Bislang konnte nach § 53b VAG a. F. die Aufsichtsbehörde kleineren Vereinen gestatten, bis zum 31.12.2003 keinen Gründungsstock zu bilden. Diese Vorschrift war schon in der alten Fassung des VAG zum Zeitablauf obsolet. Für kleinere Vereine kommt nun § 210 i. V. m. § 212 VAG (für kleine Versicherungsunternehmen geltende Vorschriften) zur Anwendung. Die Neuauflage eines Gründungsstocks kann auch im Zusammenhang mit der genehmigungspflichtigen Geschäftsplanänderung einer Fortsetzung des VVaG nach § 206 Abs. 1 VAG in Betracht kommen.

VI. Aufbringung des Gründungsstocks. 1. Zeichnung durch Garanten. Der Gründungsstock wird aufgebracht, indem sog. Garanten bestimmte Anteile des Gründungsstocks zeichnen, d. h. sich verpflichten, den von ihnen übernommenen Betrag dem VVaG zur Verfügung zu stellen. Die Zeichnung (also die Übernahme der Verpflichtung) kann bei der Gründung oder später geschehen. Die Garanten können – müssen aber nicht – Gründungs(-mitglieder) des VVaG sein. Im Rahmen der Beaufsichtigung der Inhaber einer bedeutenden Beteiligung an VersUnternehmen wird die Zeichnung eines Anteils von mindestens 10 % des Kapitals als eine **bedeutende Beteiligung** definiert (§ 7 Nr. 3 VAG). Mit „diesem rechtsformunspezifischen Begriff Kapital" ist sowohl das Grundkapital bei VersAG als auch der Gründungsstock bei VVaG oder das als Einlage zur Verfügung gestellte Beteiligungskapital durch Träger-Körperschaften bei öffentlich-rechtlichen Versicherungsunternehmen zu verstehen. Bei Unterschreitung dieses Zeichnungsvolumens reicht es für die Kontrolle einer bedeutenden Beteiligung, wenn ein maßgeblicher Einfluss auf die Geschäftsführung ausgeübt werden kann. Da nach § 178 Abs. 1 S. 2 VAG den Zeichnern in der Satzung Verwaltungsrechte eingeräumt werden können, sind diese Rechte unter dem Aspekt der §§ 16, 18 VAG zu prüfen. Durch die Zeichnung muss klar die Höhe der zur Verfügung gestellten Mittel, der Zeitpunkt ihrer zur Verfügungstellung und die Art und Weise der Hingabe festgelegt werden. Ebenso muss präzise vereinbart werden, welche Rechte den Garanten im Zusammenhang mit der Zeichnung des Gründungsstocks eingeräumt werden, als da sind: Zins, Überschussbeteiligung, Verwaltungsrechte. Schließlich sind die Voraussetzungen festzulegen, die die Tilgungsphase des Gründungsstocks auslösen.[13] 15

2. Rechtsnatur der Zeichnung. Die Zeichnung ist als schuldrechtlicher Vertrag zu verstehen, in dem sich der Garant zur Leistung eines Geldbetrages an den VVaG verpflichtet.[14] Die Verpflichtungserklärung zur Leistung stellt ein Schuldversprechen nach § 780 BGB dar. Ist eine Rückzahlung durch den VVaG nicht vorgesehen, so handelt es sich um ein (formbedüftiges) Schenkungsversprechen, § 518 BGB, nach *Kisch*[15] soll allerdings eine schenkweise Zuwendung nicht möglich sein.[16] Eine „interne" Tilgung hat auch bei schenkweiser Zuwendung zu erfolgen[17] und zwar durch Umbuchung auf das Konto „Verlustrücklage", § 193 VAG. Besteht eine Rückzahlungsverpflichtung, so handelt es sich um ein Darlehen bzw. bei Ausgabe wertpapiermäßig verbriefter Anteilscheine um ein Schuldversprechen (§ 780 BGB).[18] Darlehen bzw. Schuldversprechen sind entgeltlich, wenn Verzinsung oder Überschussbeteiligung vereinbart sind. Die Zeichnung, d. h. das Eingehen der Verpflichtung ist durch die Ablehnung der Zulassung zum Geschäftsbetrieb stillschweigend auflösend bedingt. Auch eine Befristung der Zeichnung ist möglich, namentlich in der Weise, dass die Verpflichtung entfällt, wenn nicht innerhalb bestimmter Zeit der Verein die Zulassung zum Geschäftsbetrieb erhält oder eingetragen worden ist. 16

3. Gestaltungsrechte (Abs. 3 S. 1). Gemäß Abs. 3 S. 1 darf den Zeichnern weder in der Satzung noch einzelvertraglich ein Kündigungsrecht eingeräumt werden. Diese Regelung ist für die finanzielle Stabilität des VVaG unverzichtbar. Der Ausschluss des Kündigungsrechts entspricht betriebswirtschaftlich dem Rückgewährverbot des § 57 Abs. 1 AktG bei der VersAG. Einreden aus §§ 320, 321 BGB sind nicht zulässig,[19] ebenso wenig Einwendungen oder Gestaltungsrechte, die die Funktion des Gründungsstocks in Frage stellen würden, auch jene nicht, dass die Zahlung zur Tilgung von Verbindlichkeiten nicht erforderlich sei. 17

4. Erfüllung der Verpflichtung zur Leistung (Abs. 2). a) Grundsatz (S. 1). Abs. 2 sieht eine abschließende Aufzählung der Mittel vor, die zur Aufbringung des Gründungsstocks hinsichtlich des bar einzuzahlenden Teiles zugelassen sind. Die Aufsichtsbehörde gestattet darüber hinaus bei der Zulassung 18

[12] GB 1973, 43; 1976, 45.
[13] FKBP/*Kaulbach* § 22 Rn. 4.
[14] *Mohr* in: Peiner, Grundlagen des VVaG, 1995, S. 115, 129.
[15] *Kisch*, Das Recht des Versicherungsvereins auf Gegenseitigkeit, 1951, S. 250.
[16] Goldberg/Müller/*Müller* § 22 Rn. 12.
[17] Vgl. dazu Rn. 22 sowie FKBP/*Kaulbach* § 22 Rn. 11; *Müller-Wiedenhorn*, Versicherungsvereine auf Gegenseitigkeit im Unternehmensverbund, 1993, S. 167; Goldberg/Müller/*Müller* § 22 Rn. 29.
[18] A. M.; ebenso Goldberg/Müller/*Müller* § 22 Rn. 12; *Kisch*, Buchtitel, Jahr, S. 2478, *Benkel*, Diss., S. 368; Bähr/*Schwenzer* § 21 Rn. 41.
[19] *OLG Braunschweig* VA 1907, Nr. 276; Bähr/*Schwenzer* § 21 Rn. 40.

keinerlei Ausnahmen.[20] Mit der Zeichnung allein steht dem VVaG der übernommene Betrag noch nicht zur freien Verfügung, dies erfolgt allein durch die Erfüllung der Zeichnungsverpflichtung. Der Nachweis hierüber ist nach § 186 Abs. 1 Nr. 5 VAG zu führen, wobei nach bisheriger Aufsichtspraxis die Einzahlung der Mittel zusätzlich durch eine Bestätigung des kontoführenden Instituts nachzuweisen ist. Zum Inhalt der Erklärung vergleiche Merkblatt ‚Hinweise für die Zulassung von Versicherungsvereinen auf Gegenseitigkeit zum Betrieb der Schaden- und Unfallversicherung in der Bundesrepublik Deutschland' vom 22.8.2008 und auch § 37 Abs. 1 AktG. Erfüllt werden kann durch Barzahlung in gesetzlichen Zahlungsmitteln, durch Scheck, durch Überweisung auf ein inländisches Konto des VVaG oder des Vorstandes bei der Deutschen Bundesbank oder bei einem Kreditinstitut. Sacheinlagen sind nicht zulässig.[21] Aus Gründen der Sorgfalt und finanziellen Sicherstellung wird man „Kreditinstitut" in § 178 Abs. 2 S. 1 VAG als Kreditinstitut im Sinne des § 125 Abs. 1 Nr. 8 VAG lesen müssen, auch wenn es sich bei der Bedeckung der Eigenmittel nicht um gebundenes Vermögen (Sicherungsvermögen) handelt. Dies folgt auch im Hinblick auf § 124 Abs. 1 VAG („gesamtes Vermögen"), wonach die Generalklausel für die Anlagegrundsätze zu beachten ist.

19 **b) Hingabe eigener Wechsel (S. 3).** Erfüllung durch Hingabe eigener Wechsel (also Solawechsel der Gründungsstockzeichner) ist möglich, wenn die Satzung dies vorsieht. Die Erfüllung der Zahlungsverpflichtung ist auch derart möglich, dass ein Teil der Garanten Zahlungen leistet, ein Teil eigene Wechsel gibt.[22] oder ein Garant teils in bar zahlt, teils in Wechseln. Bei den Wechseln ist auf Art. 34 Abs. 1 S. 2 und 3 WG Bedacht zu nehmen und eine wesentlich kürzere Vorlegungsfrist als ein Jahr zu bestimmen. Schließlich muss durch die Erfüllung des Zeichnungsvertrags dem VVaG möglichst bald Liquidität zufließen, damit mittels des Gründungsstocks die seinem Zweck entsprechenden Maßnahmen finanziert werden können (Vereinseinrichtung, Gewährsstock, Betriebsstock). Dies ist auch erforderlich, damit der Vorstand die Erklärung nach § 186 Abs. 1 Nr. 5 VAG abgeben kann. Ein Verzicht auf die Sicherstellung durch eigene Wechsel ist nicht möglich.[23] Ob und in welchem Umfang der Verein eigene Wechsel annehmen kann, muss, wenn die Hereinnahme von Wechseln überhaupt in Frage kommt, in der Satzung bestimmt sein und unterliegt der Prüfung durch die Aufsichtsbehörde bei Zulassung, ebenso die Sicherheit des Solawechsel (§ 8 Abs. 1 Nr. 3 a. F. VAG – nunmehr § 11 Abs. 1 Nr. 3 und Nr. 4a VAG).[24] Unter bestimmten Voraussetzungen (z. B. Zeichnung des Gründungsstocks durch eine einzige Person, durch ausländische Unternehmen) verlangt die Aufsichtsbehörde besondere Sicherheit von den Zeichnern der Wechsel.[25] Die Hingabe von Wechseln begründet eine abstrakte Verpflichtung neben der Zeichnung; die Einlösung der Wechsel tilgt beide Verpflichtungen. Grundsätzlich ist der Verein jederzeit berechtigt, die Wechselforderung gegen den Garanten geltend zu machen oder sie zu diskontieren, sofern nicht aus den Bedingungen der Zeichnung etwas anderes hervorgeht. Die Stellung eines Wertpapierdepots anstelle von Bargeld und eigenen Wechseln kann – wegen des Kursrisikos – nicht zugelassen werden.[26]

20 **c) Verfügbarkeit des Erfüllungsanspruches.** Die Ansprüche des Vereins gegen die Zeichner des Gründungsstocks können entsprechend den für AG und GmbH geltenden Grundsätzen nur gegen gleichwertige, dem Verein zufließende Gegenleistungen abgetreten werden.[27]

21 **VII. Anlage der Mittel des Gründungsstocks.** Der dem Gründungsstock zugeflossene Betrag kann wie das nicht gebundene Vermögen angelegt werden, unterliegt also nicht der Spezialbestimmung des § 125 VAG. Allerdings ist die Generalklausel des § 124 VAG zu beachten. Der Vorstand wird bei der Anlage dieser Mittel, die ja in der Startphase die finanzielle Solidität des Unternehmens gewährleisten sollen, besondere Vorsicht walten lassen und sich eher an den Sicherheitsparametern des § 125 VAG orientieren.

22 **VIII. Zeichnungsbedingungen (Abs. 1 S. 2; Abs. 3 S. 2).** Die Bedingungen, unter denen die Zeichnung des Gründungsstocks erfolgt, sollen in der Satzung enthalten sein; bestimmte Regelungen sind zwingend in die Satzung aufzunehmen. Zweckmäßigerweise sollten sie auch in die etwa über die Beteiligung am Gründungsstock ausgegebenen Anteilscheine aufgenommen werden.

23 **1. Verzinsung und Überschussbeteiligung.** Soll den Garanten für die Zeichnung und Bereitstellung der Mittel im Gründungsstock eine Verzinsung und eine Beteiligung am Überschuss eingeräumt werden, so müssen hierfür die Voraussetzungen in der Satzung geschaffen werden. Das Gesetz räumt der BaFin die Befugnis ein, zu entscheiden, welchen Prozentsatz des bar eingezahlten Betrags die Zinsen und die gesamten Bezüge der Garanten nicht übersteigen dürfen. Gegenüber der alten Fassung des VAG

[20] GB 1967, 34.
[21] FKBP/*Kaulbach* § 22 Rn. 5.
[22] VA 1910, 127.
[23] VA 1910, 13.
[24] VA 1904, 88.
[25] VA 1906, 56.
[26] GB 1967, 34.
[27] *BGH* Urt. v. 18.11.1969 – II ZR 83/68, NJW 1970, 469.

wurden die Worte „nach freiem Ermessen" gestrichen; es findet § 40 VwVfG Anwendung, wonach die Ermessensentscheidung der BaFin sich am Zweck der Ermächtigung zu orientieren hat und gesetzliche Grenzen des Ermessens einzuhalten sind (siehe auch § 297 Abs. 1 VAG).

Die **„gesamten Bezüge"** umfassen die Zinsen und eine etwa zusätzlich gewährte Gewinnbeteiligung.[28] „Bezüge" sind also lediglich die Früchte der Garanten aus dem zur Verfügung gestellten Gründungsstock und nicht etwa Gehälter. Deshalb erscheint es auch fraglich, in dieser Vorschrift ein aufsichtsrechtlich – zeitlich begrenztes – Instrument zur Kostendämpfung zu sehen.[29] Vielmehr handelt es sich in der Startphase des VVaG um eine finanzwirtschaftlich sehr sensible Phase, in der die Garanten des VVaG auf der einen Seite eine attraktive Rendite für das zur Verfügung gestellte Risikokapital erwarten und andererseits sich nicht unangemessen hohe „Risikoprämien" im Zeichnungsvertrag verschaffen sollen. Auch an anderer Stelle im VVaG müssen die Risikoträger eines Versicherungsunternehmens hinter den Ansprüchen der Versicherungsnehmer zurückstehen (§ 139 Abs. 2 VAG). In diesem Sinn ist das Ermessen der BaFin zweckgerichtet auszuüben. 24

Im Übrigen rechnen die Bezüge der Garanten nicht zu den versicherungstechnischen Aufwendungen der Gewinn- und Verlustrechnung. Die Aufsichtsbehörde hat also in der Startphase eines VVaG durch § 178 Abs. 3 S. 2 VAG eine spezielle Aufgabe im Rahmen der Finanzaufsicht zugewiesen bekommen; die Vorschrift ist daher nicht als obsolet anzusehen.[30] Die Entscheidung der BaFin ist eine **Ermessensentscheidung,** d. h. die Behörde hat alle finanziellen Umstände in verantwortlicher Weise selbst zu würdigen (§ 40 VwVfG, § 297 VAG) und kann Nebenbestimmungen nach § 36 VwVfG mit dem begünstigenden Verwaltungsakt verknüpfen. 25

2. Teilnahme an der Verwaltung. Die Teilnahme der Garanten an der Verwaltung des VVaG kann in der Satzung geregelt werden. Die Teilnahme ist möglich als Mitglied des Vorstands – unter den für den Vorstand geltenden Beschränkungen (namentlich in zeitlicher Hinsicht, § 84 Abs. 1 AktG) – oder nach aufsichtsrechtlicher Ansicht als Mitglied des Aufsichtsrats.[31] Da in § 189 Abs. 3 S. 1 VAG die Verweisung auf § 101 Abs. 2 AktG fehlt, ist die Ansicht abzulehnen, dass Garanten auch ein Entsenderecht in den Aufsichtsrat zugebilligt werden kann.[32] Damit wird auch der Grundsatz der Selbstverwaltung des VVaG (Gegenseitigkeit) unterstützt. Nicht in Betracht kommt die Teilnahme an der Mitgliederversammlung oder die Beteiligung als Mitgliedervertreter, wenn der Garant nicht Mitglied ist.[33] Allerdings ist hier zu prüfen, ob nicht ein Conflict of Interest vorliegen kann. Ein Vetorecht gegen Beschlüsse der obersten Vertretung oder Handlungen anderer Organe wird man den Garanten nicht zugestehen können; das würde über eine Teilnahme an der Verwaltung des Vereins hinausgehen.[34] Die Garanten sind lediglich an der Verwaltung zu „beteiligen", ein darüber hinaus gehender Einfluss wäre nicht mehr mit dem Gegenseitigkeitsprinzip vereinbar. Folglich muss **der überwiegende Einfluss auf die Bestellung von Aufsichtsrat und Vorstand den Mitgliedern (die nicht zugleich Garanten sind), verbleiben**. Nur eine Minderheit von Aufsichtsräten und Vorständen kann aus dem Kreis der Garanten stammen.[35] Sowohl die Teilnahme an der Verwaltung (§ 178 Abs. 1 S. 2 VAG) als auch die Einräumung einer Verzinsung und Beteiligung am Überschuss (§ 178 Abs. 3 S. 2 VAG) müssen in der Satzung geregelt sein und stellen – wenn die Garanten zugleich Mitglieder des VVaG sind – mehrheitsfeste Sonderrechte i. S. d. § 35 BGB dar. 26

3. Weitere Bestimmungen. Andere Bestimmungen darüber, dass die Ansprüche aus der Zeichnung von Wechseln der Garanten nur unter bestimmten Voraussetzungen geltend gemacht werden können, z. B. nach der Erschöpfung der Nachschusspflicht der Mitglieder usw. sind abzulehnen, denn eine solche Handhabung würde die anfänglich benötigte Liquidität des VVaG maßgeblich beeinflussen. Die Erfüllung der Zeichnungspflicht der Garanten muss unter allen Umständen vorrangig vor der Inanspruchnahme der Mitglieder gesehen werden. Eine andere Handhabung würde den Start des VVaG gefährden und vor allem die Einhaltung der Solvabilitätskapitalanforderungen nicht erfüllen können. 27

IX. Notwendige Höhe des Gründungsstocks. Für die Höhe des Gründungsstocks gibt es keine Sonderregelung. Es gelten, wie bei der VersAG, die Vorschriften über die Kapitalausstattung (§ 89 ff. VAG) und den Organisationsfonds bei Zulassung (§ 9 Abs. 2 Nr. 5 VAG). Die Regeln für die Kapitalausstattung haben sich durch die Einführung von Solvency II grundlegend geändert.[36] Die Mindest- 28

[28] FKBP/*Kaulbach* § 22 Rn. 8 f.
[29] FKBP/*Kaulbach* § 22 Rn. 9.
[30] A. A. FKBP/*Kaulbach* § 22 Rn. 10.
[31] VA 1933, 229; siehe auch § 189 VAG.
[32] FKBP/*Kaulbach* § 29 Rn. 3.
[33] VA 1933, 229; *Mohr* in: Peiner, Grundlagen des VVaG, 1995, S. 129.
[34] *Müller-Wiedenhorn*, Versicherungsvereine auf Gegenseitigkeit im Unternehmensverbund, 1993, S. 166; a. A. *Kisch*, Das Recht des Versicherungsvereins auf Gegenseitigkeit, 1951, S. 253.
[35] *Müller-Wiedenhorn*, Versicherungsvereine auf Gegenseitigkeit im Unternehmensverbund, 1993, S. 166 f.
[36] *Gal/Sehrbrock*, Die Umsetzung der Solvency II-Richtlinie durch die 10.VAG-Novelle, Frankfurter Vorträge zum Versicherungswesen, Heft 38; *Kraft*, Die Umsetzung der Solvency II-Gruppenaufsicht im Deutschen Versicherungsaufsichtsgesetz (VAG): Inwieweit gilt deutsches Recht für die Beaufsichtigung internationaler Versicherungsgruppen, ZVersWiss 2015, 389.

kapitalanforderungen (Minimum Capital Requirement – MCR) tritt an die Stelle des bisher nach § 53c VAG a. F. erforderlichen Garantiefonds. Die Rechtsgrundlage für die Berechnung der Mindestkapitalanforderung und ihre summenmäßige Begrenzung ergibt sich aus Art. 129 Abs. 1 und Abs. 3 Solva II-RL. Für Sterbekassen gilt §§ 218, 212, 217 Nr. 1 und 2 VAG zur Berechnung der Solvabilität und Mindestkapitalanforderung; entsprechendes gilt für Pensionskassen (§§ 232, 235 Abs. 1 Nr. 1 und 2 VAG), für regulierte Pensionskassen finden §§ 233, 234, 235 Abs. 1 Nr. 1 und 2 VAG jeweils in Verbindung mit der Verordnung über die Kapitalausstattung von Versicherungsunternehmen, Anwendung (siehe §§ 2–8, 17 f. KapAusstV). Der nicht eingezahlte Teil des Gründungsstocks, der nicht eingefordert wurde, zählt zu den ergänzenden Eigenmitteln (§ 89 Abs. 4 Nr. 1 VAG). Dabei ist das Genehmigungserfordernis nach § 90 VAG – dort auch Abs. 4 – zu beachten.

29 **X. Stellung der Garanten.** Der Garant wird durch Leistung der für den Gründungsstock gezeichneten Mittel zum Darlehensgläubiger des Vereins (wenn nicht Schenkung vorliegt), nicht zum Mitglied. Natürlich kann er auch Mitglied des Vereins sein; die Mitgliedschaft wird jedoch durch den Abschluss eines Versicherungsvertrages (nach Erteilung der Genehmigung) erlangt. Er ist als Garant auch dann nicht Mitglied, wenn er berechtigt ist, an der Verwaltung des Vereins teilzunehmen. Abweichend sieht *Müller-Erzbach* den Garanten als Mitglied an.[37] Über die Fälligkeit der Tilgungsbeiträge entscheidet die Vereinbarung. Soweit die Hingabe von Mitteln für den Gründungsstock Darlehen ist, kann der Anspruch auf Rückzahlung (Tilgung) frei abgetreten, verpfändet oder gepfändet werden, falls nichts Abweichendes mit dem VVaG vereinbart ist. Im Abwicklungsstadium und im Insolvenzfall des VVaG werden die Gläubiger des Rückzahlungsanspruchs stets als Letzte befriedigt, § 205 Abs. 1 VAG (Abwicklung), § 208 Abs. 1 VAG (Insolvenz). Zur Aktivierung der für den Gründungsstock zur Verfügung gestellten Mittel bei Garanten, die Versicherungunternehmen sind.[38]

30 **XI. Ausgabe von Anteilscheinen.** Die Anteilscheine über die Beteiligung am Gründungsstock (Abs. 3 S. 3) können in ungleiche Anteile und „krumme", zueinander in keinem Verhältnis stehende Beträge zerlegt sein und als einfache Schuldscheine, Legitimationspapiere oder Wertpapiere ausgegeben werden. Als Wertpapiere können sie Namens- oder Inhaberpapiere sein. Die Übertragung des als Schuldschein oder Namenspapier gestalteten Anteilscheines kann an die Genehmigung des Vereins (Vorstand, Aufsichtsrat, oberstes Organ) geknüpft werden. Im Hinblick auf die Transparenz des Gründungsvorgangs und im Hinblick auf § 16 ff. VAG sollte dies stets in der Satzung vorgesehen werden.

31 **XII. Die Tilgung des Gründungsstocks. 1. Allgemeines.** Tilgung des Gründungsstocks bedeutet Rückzahlung der von den Garanten gestellten Mittel. Die Tilgungsbedingungen sollen in der Satzung bestimmt sein (Abs. 1 S. 2). Die Tilgung ist immer notwendig, auch wenn der Gründungsstock schenkweise zur Verfügung gestellt worden ist; in diesem Falle erfolgt sie gemäß Abs. 4 Hs. 1 durch Umbuchung auf die gesetzliche Rücklage des § 193 VAG. Zu tilgen ist der Gründungsstock in ursprünglicher Höhe,[39] auch wenn er als Betriebsstock durch Entnahme zur Finanzierung der Startphase genutzt wurde, falls nicht nach den mit seinen Zeichnern vereinbarten Bedingungen nur der nicht aufgebrauchte Teil zurückzuzahlen ist;[40] dann braucht die Differenz zwischen der ursprünglichen Höhe des Gründungsfonds und seinem nach Entnahmen geringeren Betrag nicht als „Gründungsfondsrückzahlungskonto" passiviert zu werden.

32 **2. Form der Tilgung.** Getilgt wird der bar gezahlte Teil des Gründungsstocks durch Rückzahlung von Geld; Wechsel werden[41] jährlich abgeschrieben und nach völliger Abschreibung dem Aussteller zurückgegeben. Einfacher ist es, auf den Wechseln Teilquittungen zu vermerken (Art. 39 Abs. 3, 77 WG), die Wechsel auf der Aktivseite der Bilanz entsprechend geringer zu bewerten und sie mit der Quittung über die letzte Tilgungsrate zurückzugeben.[42] Die Tilgung braucht nicht gleichmäßig zu geschehen; es kann auch eine bestimmte Rangordnung vereinbart sein, z. B. bei Ausgabe von Anteilscheinen Auslosung zum vollen Betrag.[43] Die Tilgung ist auf den etwa ausgegebenen Anteilscheinen zu vermerken.

33 **3. Zeitpunkt des Tilgungsbeginns.** Nachdem die Bilanzhilfe des § 269 HGB (Aktivierung von Kosten für die Ingangsetzung des Geschäftsbetriebs) durch das BilMoG vom 25.5.2009[44] weggefallen ist, hätte eigentlich § 178 Abs. 4 Hs. 2 VAG nicht mehr an der vollständigen Abschreibung der Ingangsetzungskosten anknüpfen dürfen. Es verbleibt nunmehr als Beginn der Tilgung des Gründungsstocks ausnahmslos der Beginn des Aufbaus der Verlustrücklage. Nach der jetzigen Gesetzeslage „darf" der

---

[37] *Müller-Erzbach*, Das private Recht der Mitgliedschaft, 1948, S. 128, 207, 135–138, 317.
[38] VA 1937, 44.
[39] Vgl. *Farny* S. 869.
[40] VA 1904, 88, 114.
[41] *Kisch*, Das Recht des Versicherungsvereins auf Gegenseitigkeit, 1951, S. 255 (mit ausführlicher juristischer Konstruktion).
[42] Vgl. VA 1907, 122.
[43] *Kisch*, Das Recht des Versicherungsvereins auf Gegenseitigkeit, 1951, S. 256.
[44] BGBl. I S. 1102.

Gründungsstock getilgt werden; durch den inhaltlichen Wegfall des § 178 Abs. 4 Hs. 2 VAG fällt aber der bilanzielle Auslöser zum Tilgungsbeginn weg. Das könnte den Gedanken nahelegen, dass der Gründungsstock nicht notwendigerweise zu tilgen ist. Diese Systematik verstößt aber gegen die von Dritten (also Personen, die nicht Mitglieder sind) einflussfreie Grundstruktur des VVaG. Eine systemkonforme Gesetzesanwendung hat daher davon auszugehen, dass mit dem Aufbau der Verlustrücklage auch der Gründungsstock zu tilgen ist. Dies folgt auch daraus, dass die Satzung zu bestimmen hat, wie der Gründungsstock zu tilgen ist. Allerdings verlangt weder § 178 Abs. 1 noch Abs. 4 VAG, dass die Tilgung in gleichem Umfang wie der Aufbau der Verlustrücklage zu erfolgen hat. Hier besteht Spielraum mit dem Ziel, dass der Gründungsstock in angemessener – den Sicherheitsbedürfnissen des VVaG entsprechender – Zeit zu tilgen ist.

4. Tilgungsbeschränkung (Abs. 1 1. Hs.). Für das Tempo der Tilgung, das nach Abs. 1 S. 2 in der Satzung festgelegt werden soll und Mittel aus denen die Tilgung vorzunehmen ist, gelten zwei Beschränkungen: 34

a) Nur die **Jahreseinnahmen** dürfen zur Tilgung verwendet werden. Der Begriff der Jahreseinnahmen ist nicht gleichbedeutend mit Jahresüberschüssen (wenn auch mit den Garanten vereinbart werden kann, dass nur aus Überschüssen getilgt zu werden braucht). Betriebswirtschaftlich wird der Begriff der Jahreseinnahmen so auszulegen sein, dass eine Rückzahlung aus dem Anfangsvermögen, also durch Bilanzverkürzung unzulässig ist.[45] Zu den Jahreseinnahmen gehören beim tätigen VVaG auch Umlagen und Nachschüsse, aber auch Erträgnisse aus der Anlage der Mittel des Gründungsstocks.[46] Nachschüsse und Umlagen dürfen bei der Abwicklung und im Insolvenzfall aber nicht zum Zwecke der Tilgung des Gründungsstocks erhoben werden (vgl. § 205 Abs. 2; § 208 Abs. 2 VAG). Dies unterstreicht den Charakter des Gründungsstocks als Risikokapital. 35

b) Als **„antizipierte Verlustrücklage"** darf der Gründungsstock nur insoweit getilgt werden als die nach § 193 VAG zu bildende Verlustrücklage angewachsen ist. Gründungsstock und Verlustrücklage verhalten sich zueinander wie kommunizierende Röhren. Gründungsstock und Verlustrücklage müssen zusammen mindestens immer den ursprünglichen Nominalbetrag des Gründungsstocks ergeben. Darüber hinaus ist zu berücksichtigen, ob inzwischen durch die Geschäftstätigkeit die Solvabilitätskapitalanforderung gestiegen ist. Dann darf eine Tilgung nur insoweit erfolgen, als Verlustrücklage und Rest-Garantieforderung die Höhe des notwendigen Eigenkapitals nicht unterschreiten. „Gründungsstock" im Sinne der Tilgungsbeschränkungen ist stets der jeweilige Betrag des Gründungsstocks unter Beachtung des Gründungsstocksrückzahlungskontos. Werden der Verlustrücklage 100.000 EUR zugewiesen, so kann der Gründungsstock in Höhe von 100.000 EUR getilgt werden. Betrug der Gründungsstock 500.000 EUR und ist er durch Entnahmen in den ersten Jahren auf 400.000 EUR geschrumpft, so kann, wenn der gesetzlichen Rücklage (Verlustrücklage) 150.000 EUR zugewiesen werden, das Konto Gründungsstockrückzahlung ausgeglichen und das Konto Gründungsstock von 400.000 EUR auf 350.000 EUR vermindert (getilgt) werden; eine einfache Umbuchung vom Konto „Gründungsstock" auf das Konto „gesetzliche Rücklage" (wie im Falle der Schenkung des Gründungsfonds, vgl. Rn. 22) ist ausgeschlossen. Die Auffüllung der gesetzlichen Rücklage zieht nicht notwendig die Tilgung im gleichen Umfang nach sich, es kann auch vereinbart werden, dass in geringerer Höhe als in der Höhe des Anwachsens der Verlustrücklage getilgt wird. Eine Tilgung ohne Rücksicht auf Abs. 4 und das Jahresergebnis darf nicht vereinbart werden.[47] Der Gründungsstock hilft also, die Anlaufphase zu finanzieren, bis der VVaG aus eigenen Mitteln (Verlustrücklage) die Voraussetzung für die notwendigerweise vorzuhaltenden Eigenmittel erfüllt.[48] 36

Der Zwang, mit der **Tilgung** zu einem festen Zeitpunkt nach Geschäftsbeginn zu starten (mit dem Beginn des Aufbaus der Verlustrücklage) unterstützt den Gedanken der Gegenseitigkeit in der Weise, dass der VVaG **von außenstehenden „fremden" Mitteln befreit** wird und damit in die Phase der Innenfinanzierung eintritt. Der Vorstand ist daher gehalten, vor der Aufnahme der Tätigkeit einen mittelfristigen Finanzplan zu erstellen, der erkennen lässt, wann der VVaG voraussichtlich mit der Tilgung des Gründungsstocks beginnen kann. Eine dauerhafte oder eine über einen unverhältnismäßig langen Zeitraum sich erstreckende Abhängigkeit von Garanten ist nicht zulässig. 37

5. Sanktionen. Das Gesetz sieht Schadenersatzpflichten für den Fall der Tilgung vor, die entgegen den Beschränkungen des Gesetzes vorgenommen werden (§§ 188 Abs. 2 Nr. 1; 189 Abs. 5 VAG). 38

XIII. Handelsregister. Die Anmeldung und die Eintragung sowie die Bekanntmachung des Gründungsstocks erfolgen gem. § 186 Abs. 1 Nr. 5; 187 Abs. 1 Nr. 3; § 10 HGB. 39

XIV. Steuerfragen. Mitgliederleistungen zum Gründungsstock unterliegen der Verssicherungsteuer.[49] 40

---

[45] *Famy* S. 869.
[46] VA 1907, 122; Goldberg/Müller/*Müller* § 22 Rn. 31.
[47] GB 1955/1956, 32.
[48] *Petersen*, Versicherungsunternehmensrecht, 2003, Rn. 118.
[49] *BFH* Urt. v. 16.6.1971 – II 46/65, VersR 1972, 285.

41 **XV. Kleinere Vereine.** § 178 VAG gilt auch für kleinere Vereine (§ 210 Abs. 1 VAG). Die Aufsichtsbehörde kann jedoch diejenigen VVaG, die nicht in das Handelsregister eingetragen werden müssen, unter bestimmten Voraussetzungen von der Aufsicht freistellen (§ 5 Abs. 1 VAG). Insoweit schreibt das Gesetz etwas „anderes" i. S. v. § 172 S. 1 VAG vor. Auf diese Unternehmen findet nach § 5 Abs. 2 VAG die Vorschrift über den Gründungsstock keine Anwendung.

Beiträge

179 (1) **Die Satzung hat zu bestimmen, ob die Ausgaben durch einmalige oder wiederkehrende Beiträge gedeckt werden sollen, die im Voraus erhoben werden, oder durch Beiträge, die je nach Bedarf umgelegt werden.**

(2) **Sind Beiträge im Voraus zu erheben, so hat die Satzung ferner zu bestimmen, ob Nachschüsse vorbehalten oder ausgeschlossen sind; sollen sie ausgeschlossen sein, so ist außerdem zu bestimmen, ob die Versicherungsansprüche gekürzt werden dürfen.**

(3) [1] **Die Satzung kann für Nachschüsse und Umlagen einen Höchstbetrag festsetzen.** [2] **Eine Beschränkung, derzufolge Nachschüsse oder Umlagen nur ausgeschrieben werden dürfen, um Versicherungsansprüche der Mitglieder zu decken, ist unzulässig.**

Übersicht

1 **I. Fassung; Zweck des § 179 VAG. 1. Allgemeines.** Die Vorschrift entspricht ganz weitgehend sprachlich § 24 VAG a. F. Soweit Umstellungen oder ein anderer Wortlaut vorliegen, führt dies nicht zu einer anderen inhaltlichen Regelung. Diese Bestimmung, die häufig nur als eine Spezialvorschrift für die Beitragszahlungspflicht interpretiert wird, ist eine Kernvorschrift des VVaG, mit deren Hilfe sich der Anwendungsumfang weiterer Vorschriften und die Wirkungsweise des Prinzips der Gegenseitigkeit erschließt. Sie ist ein wesentlicher Ausdruck der Vereinsautonomie und kennzeichnet die Selbstverantwortung des VVaG bzw. seiner Organe für die Erhaltung der finanziellen Stabilität des VVaG. Wichtig ist, dass § 179 VAG das Ziel verfolgt, beim VVaG allein mit den erhobenen Beiträgen eine **Aufwandsdeckung** sicherzustellen (somit keine Finanzierungspflicht des Mitglieds zur Erbringung einer festen Einlage; keine gesetzliche Regelung zur Ausstattung eines VVaG mit einem festen Eigenkapital wie eine AG).[1]

2 Die Beiträge dienen dazu, alle Aufwendungen, auch jene aus Verlusten des Unternehmens oder aus Verlusten der Versicherung von Nicht-Mitgliedern (Abs. 3 S. 2) und die Aufwendung für die Tilgung des Gründungsstocks zu decken. Für die Tilgung des Gründungsstocks dürfen in den Fällen der §§ 205 Abs. 1 S. 2, 208 Abs. 2 VAG keine Nachschüsse oder Umlagen erhoben werden; dies würde offenkundig machen, dass der VVaG nicht in der Lage ist, aus den erhobenen Beiträgen seine Solvabilität zu finanzieren. Zum anderen würde durch eine mögliche Nachschuss- oder Umlagenerhebung in diesen Fällen die Eigenschaft des Gründungsstocks als echtes Risikokapital beseitigt. In diesem Zusammenhang ist auch das Aufrechnungsverbot des § 181 VAG zu beachten, das seinen Grund darin hat, dass die

[1] *Benkel* Diss., S. 218.

Beiträge jederzeit zur Abdeckung der Verbindlichkeiten zur Verfügung stehen müssen.[2] Um dieses betriebswirtschaftliche Ziel der Aufwandsdeckung sicherzustellen, lässt § 179 VAG vielfältige Gestaltungsmöglichkeiten zu: Im Voraus zu zahlende einmalige oder wiederkehrende Beiträge (Abs. 1 Alt. 1), nach Bedarf umgelegte Beiträge (Abs. 1 Alt. 2), Nachschüsse im Zusammenhang mit im Voraus erhobenen Beiträgen (Abs. 2 Hs. 2), Limitierung von Nachschüssen und Umlagen (Abs. 3 S. 1). Damit enthält § 179 VAG notwendige Instrumente, um mit Mitteln der Mitglieder im Falle einer finanziellen Schieflage, ein die Aufwendungen eines Geschäftsjahres deckendes Ergebnis erreichen zu können. Die Vorschrift hat besondere Bedeutung für Versicherungssparten mit volatilen Ergebnissen (Kfz-Versicherung, Rechtschutzversicherung, Haftpflichtversicherung, Feuerversicherung, Elektronikversicherung u. ä.).

2. Das Prinzip der Aufwandsdeckung. Ihre Zwecksetzung, die Voraussetzung zur Aufwandsdeckung zu sichern, kann die Bestimmung des § 179 VAG nur erreichen, wenn – mit Zustimmung des obersten Organs – kraft Satzungsbeschluss auch eine rückwirkende Veränderung des synallagmatischen Leistungsverhältnisses zwischen Versicherungsunternehmen und Versicherungsnehmer aufgrund des parallel gegebenen Mitgliedschaftsverhältnisses möglich ist; § 179 VAG ermöglicht somit – ergänzt durch §§ 180 und 182 VAG – eine rechtsformspezifische und rechtsformspezifisch notwendige Abweichung vom Grundsatz pacta sunt servanda für alle Mitgliedschaftsverhältnisse. Hier wird offenkundig, dass die Versicherungsnehmer des VVaG, soweit sie auch **Mitglieder** sind, **Träger des VVaG** sind und damit auch am **Existenzrisiko des VVaG** beteiligt werden.[3] Dies bedingt allerdings, dass „diese Seite des Rechtsverhältnisses der Mitglieder zum Verein, in der sich die wesentlichste Unterscheidung der Gegenseitigkeitsversicherung von der Erwerbsversicherung offenbart, den beitretenden Mitgliedern zum Bewusstsein gebracht und nach allen Seiten hin klar gestellt wird."[4] Diese Überlegungen werden einerseits in solchen Sparten praktische Bedeutung entfalten, in denen eine Volatilität der Schadenleistung geschäftstypisch ist (vgl. Rn. 1); andererseits wird diese Struktur aber auch dann ihre Wirksamkeit entfalten können, wenn bei langfristigen Verträgen sich die Annahmen der Kalkulation im weiteren Verlauf als nicht mehr mit der Wirklichkeit übereinstimmend herausstellen. 3

Auch bei nicht-deregulierten Pensionskassen kann sich durch Missmatch von Verbindlichkeiten und Vermögensanlage die Notwendigkeit zur Leistungsherabsetzung oder Beitragsanhebung kraft Satzungsregelung ergeben. Den Satzungsbestimmungen ist daher nicht nur in der Schadenversicherung sondern auch in der Personenversicherung besondere Bedeutung beizumessen. 4

Im Übrigen stellt § 179 VAG – gleichsam unter Verhältnismäßigkeitsgrundsätzen – erkennbar auf die **Aufwandsdeckung eines Geschäftsjahres ab** und kann für sich genommen damit keine dauerhafte in die Zukunft wirkende Beitragserhöhung in den Fällen begründen, in denen ein Schadentrend deutlich macht, dass die Unternehmensergebnisse mit einer einmaligen Nachschusserhebung nicht im Sinne der dauernden Erfüllbarkeit der Versicherungsverträge über das Geschäftsjahr hinaus abgesichert werden können. Hierzu bedarf es einer interpretatorischen Gesamtbetrachtung. Mit § 197 Abs. 3 S. 2. Aus § 179 Abs. 1 und Abs. 2 lässt sich also nur der Grundsatz herleiten, dass die Beiträge eines VVaG unter den gegebenen Umständen, so wie sie zum Zeitpunkt der Kalkulation bekannt sind, und als für die nahe Zukunft gesichert angesehen werden können, ausreichend zur Deckung des aktuellen Aufwands sein müssen. Die Nachschusserhebung taugt als kurzfristig wirksames Sanierungselement im Falle nicht vorhergesehener Aufwandsausschläge mit vorübergehendem Charakter. 5

II. Festlegung des Beitragssystems durch die Satzung. 1. Die Beitragssysteme als wesentliche Finanzierungsgrundlage des VVaG. Zwei Beitragssysteme kommen zur Deckung der Aufwendungen des VVaG in Betracht: das System der Vorbeiträge und das Umlagesystem. Das nachschüssige Umlageverfahren kommt in der Praxis nur noch bei kleinsten VVaG vor.[5] Welches System in welcher Ausgestaltung gewählt wird, muss die Satzung klarstellen (Abs. 1). Man könnte geneigt sein, die Frage zu stellen, inwieweit nach der VAG-Novelle durch das 3. DurchführungsG/EWG zum VAG hinsichtlich der Gestaltungsmöglichkeit des § 179 VAG noch ein Genehmigungserfordernis seitens der Aufsichtsbehörden verlangt werden kann, da die Beitragsgestaltung dem einzelnen Versicherungsnehmer gegenüber über den Versicherungsvertrag erfolgt und insoweit entgegen stehen könnte, dass AVB und Beiträge nicht mehr genehmigungsbedürftig sind (§ 9 Abs. 2 Nr. 1).[6] 6

Die allgemeine Festlegung der Beitragsgestaltung und der Satzung ist aber eine organisationsvertragliche Regelung, die – vorbehaltlich einer Satzungsänderung – den Handlungsspielraum des Vereins im Hinblick auf die mitgliedschaftlich begründeten Einwirkungsmöglichkeiten auf die Versicherungsverhältnisse festlegt und somit stellen diese Regelungen keine AVB dar. Es handelt sich bei § 179 VAG nicht um die Bestimmung bloß versicherungsvertraglicher Inhalte, sondern um die organisationsrecht- 7

[2] *Müller-Wiedenhorn*, Versicherungsvereine auf Gegenseitigkeit im Unternehmensverbund, 1993, S. 40.
[3] *Farny* S. 210.
[4] Mot. S. 67 (zu § 24).
[5] *Farny* S. 210.
[6] Vgl. *Präve* ZfV 1994, 173 zu § 5 Abs. 3 Nr. 1 VAG a. F., der bei Genehmigung von Satzung auf die Abgrenzungsschwierigkeiten von mitgliedschaftlichen und vertragsrechtlichen Regelungen hinweist.

liche/korporationsrechtliche Verfassung des VVaG. Es geht um die Festlegung von Regeln und die Legitimation unternehmerischer Entscheidungen, die über das Synalagma des Versicherungsvertrags hinaus gehen.[7] Zur Regelung des Prinzips der Aufwandsdeckung schreibt Abs. 1 entsprechende Satzungsbedingungen zwingend vor; dies könnte also nicht außerhalb der Satzung in den AVB geregelt werden.[8] Eine Satzungsbestimmung gem. Abs. 1 unterliegt daher auch nach wie vor einem Genehmigungserfordernis seitens der Aufsichtsbehörde (§§ 9 Abs. 2 Nr. 1; 12 Abs. 1 S. 3 VAG). Ein Wechsel des Beitragssystems ist somit unter den normalen Voraussetzungen der Satzungsänderung möglich. Die Beiträge an den Pensionssicherungsverein sind öffentlich-rechtlicher Natur (§ 10 BetrAVG).

8 **2. Der Beitrag nach § 179 VAG als Prämie des VVG.** Durch die Satzung ist der Verein gem. Abs. 1 zu der Festlegung verpflichtet, nach welchem Beitragssystem die **Aufwandsdeckung** des VVaG erfolgen soll. **Die konkrete Beitragspflicht der Mitglieder** hat dabei **in dem jeweils abgeschlossenen Versicherungsverhältnis ihre Grundlage**.[9] Aus dem Versicherungsverhältnis mit einem VVaG folgen grundsätzlich dieselben Rechte und Pflichten wie aus dem Versicherungsvertrag mit einer Aktiengesellschaft.[10] Das VVG vom 23.11.2007[11] definiert in § 1 S. 2 VVG das vom Versicherungsnehmer zu leistende Entgelt als Prämie; der Hinweis, dass als Prämie auch der Beitrag zu verstehen ist, findet sich im Gesetz nicht mehr. Die Klarstellung, dass „als Prämien auch die bei Versicherungsvereinen auf Gegenseitigkeit (VVaG) zu entrichtenden Beiträge (vgl. §§ 21 Abs. 1, 24 f. VAG a. F.) gelten" hielt der Reformgesetzgeber für entbehrlich. Die Praxis setzt die Begriffe „Prämie" und „Beitrag" vielfach rechtsformübergreifend gleich und hält die Bezeichnung „Prämie" teils sogar für veraltet.[12] Der Beitrag nach § 179 VAG entspringt also nicht aus dem mitgliedschaftlichen Rechtsverhältnis (was zur Folge hätte, dass jede Änderung der Beitragsgrundsätze auch auf bestehende Versicherungsverhältnisse einwirken könnte), sondern aus dem Versicherungsverhältnis. § 197 Abs. 3 S. 1 VAG sieht grundsätzlich vor, dass eine Änderung der Satzung oder der AVB ein bestehendes Versicherungsverhältnis nicht berührt. Ausnahmen: ausdrückliche Zustimmung des Versicherten oder die Satzung sieht ausdrücklich die Änderungsmöglichkeit auch für bestehende Versicherungsverhältnisse vor (Abs. 3 S. 2). Der Beitrag ist somit Leistung zur Erlangung einer Gegenleistung, nicht aber einseitige Erfüllung einer aus der Mitgliedschaft erwachsenen Pflicht.[13] Wie gezeigt, kann aber je nach Satzungsgestaltung über den schuldrechtlich geschuldeten Versicherungsbeitrag hinaus auch eine rein mitgliedschaftliche begründete Finanzierungspflicht – etwa in Form der Nachschusspflicht – hinzutreten.

9 **III. Versicherung von Mitgliedern gegen feste Beiträge?** Wer nicht verpflichtet ist, Beiträge zu zahlen, kann nicht Mitglied, sondern nur „unechtes Mitglied" sein. Der bei einem „reinen" VVaG abgeschlossene Versicherungsvertrag zu fester Prämie ist auch im Mitgliedergeschäft bei entsprechender Satzungsbestimmung (vgl. § 177 Abs. 2 VAG) ohne weiteres zulässig, da Abs. 1 eine solche Finanzierungsform zulässt. Die These, dass die gegen feste Prämie Versicherten nicht Vereinsmitglied werden können, lässt sich nicht aufrecht erhalten.[14] Der Wettbewerb mit anderen Anbietern, insbesondere den AG, hat dazu geführt, dass der große VVaG auch im Mitgliedergeschäft in erster Linie die Zahlung eines festen, im Voraus zu entrichtenden Versicherungsbeitrags unter Ausschluss der Nachschusspflicht und ohne spätere Kürzungsmöglichkeit der Versicherungsansprüche verlangt. In einem solchen Fall wird der VVaG aber über ausreichende Reserven, eine gute Eigenmittelausstattung und über eine extreme Ausschläge abfangende Rückversicherung verfügen müssen. In der Schadenversicherung finden sich allerdings auch große VVaG, die sich die Erhebung von Nachschüssen vorbehalten.[15] Im Übrigen ist die Einführung der Nachschusspflicht jederzeit per Satzungsänderung möglich. Zwar ist es nachvollziehbar, dass VVaG im Wettbewerb mit VersAG die **Diskussion über** in der Satzung geregelte **Nachschüsse** scheuen.

10 Andererseits handelt es sich aber hierbei um ein zum **Kern des Wesens des VVaG** gehörendes Instrument der Selbstbehauptung im Markt und der Stabilisierung der eigenen Finanzkraft, die den Mitgliedern und Nicht-Mitgliedern zugute kommen kann. Würden die VVaG bereit sein, bei Abschluss eines Versicherungsvertrages mehr über die gleichzeitige Erlangung der Mitgliedschaft und ihre Bedeutung zu kommunizieren und würde die Mitgliedschaft attraktiver ausgestaltet sein, wäre es auch leichter, die durchaus vorhandenen guten Argumente für eine Nachschusspflicht zu transportieren. Gerade in

---

[7] Looschelders/Pohlmann/*Pohlmann* § 1 Rn. 71.

[8] *Präve* ZfV 1994, 173 der darauf hinweist, dass VVaG von AVB-Inhalten in Satzungen ohne weiteres Abstand nehmen können.

[9] *Müller-Wiedenhorn*, Versicherungsvereine auf Gegenseitigkeit, 1993, S. 38; *Benkel* Diss., S. 216.

[10] *Reckhenrich*, Versicherungsunternehmen auf Gegenseitigkeit in Frankreich, 1987, S. 109; *Benkel* Diss., S. 216; vgl. auch § 1 Abs. 2 S. 2 VVG a. F.: „als Prämien im Sinne dieses Gesetzes gelten auch die bei Versicherungunternehmen zu entrichtenden Beiträge."

[11] BGBl. I 2631.

[12] Looschelders/Pohlmann/*Stagl* § 33 Rn. 2; Prölss/Martin/*Knappmann* § 33 Rn. 4; Beckmann/Matuschke-Beckmann/*Hahn*, 2004, § 12 Rn. 1.

[13] So aber *Kisch*, Das Recht des Versicherungsvereins auf Gegenseitigkeit, 1951, S. 203 f.

[14] *Frels* VersR 1965, 202, 203.

[15] *Benkel* Diss. S. 218 ff., *Bischoff* VW 1960, 699 ff.

einer Epoche großer Volatilität der Schadensverläufe und der Kapitalmärkte, sowie erhöhter Solvabilitätsanforderungen könnte es leichtfertig sein, auf die Erhebungsmöglichkeit von Nachschüssen zu verzichten.

IV. Die Beitragssysteme im Einzelnen. 1. Der Grundsatz der Vorbeiträge. Die Vorbeiträge werden auf der Grundlage mehr oder weniger sicherer kalkulatorischer Annahmen erhoben und sollen so bemessen werden, dass sie voraussichtlich ausreichen.[16] Reichen die Vorbeiträge nicht aus, so müssen entweder Nachschüsse erhoben oder die Versicherungsleistungen gekürzt oder beide Maßnahmen kombiniert werden. Im Falle einer Sanierung z. B. bei stark gestiegenen Kosten – können Beitragserhöhungen und Leistungskürzungen nur in dem Umfang vorgenommen werden, der zur Beseitigung des Fehlbetrags notwendig ist.[17] Daran anschließen muss sich eine Beitragssanierung. 11

2. Umlagesystem. Das Umlageverfahren ist aus Gründen der Praktikabilität nur noch vereinzelt bei sehr kleinen VVaG anzutreffen. Umlagen werden nicht im Voraus, sondern erst nach Eintritt eines Bedarfs erhoben, sei es, dass dieser sich während des Jahres ergibt (jedes Mal beim Tode eines Mitglieds in der Form des Versicherten-Sterbegeldes) oder nach Schluss eines Jahres (z. B. Kapitaldeckungsverfahren, bei dem der Kapitalwert der Versicherten-Renten berechnet und auf die Mitglieder umgelegt wird). Da dem Umlageverfahren, selbst wenn es mit einer möglichen Kürzung der Leistungen kombiniert wird, zahlreiche Mängel anhaften, (stark schwankende Umlagen, wenn die Leistungen nicht im Voraus festgelegt werden, z. B. in der Tier- und Hagelversicherung: stark schwankende Leistungen, wenn zwar die Umlagen, aber nicht die Leistungen festgelegt worden sind; ständig erhöhte Umlagebeiträge bei festgelegten Leistungen, wenn die Zahl der Mitglieder beträchtlich sinkt; keine Bildung von Reserven) ist es nur in beschränktem Rahmen anwendbar; so z. B. nicht in der Lebens- und Krankenversicherung, wo bei steigendem Alter der Mitglieder das Risiko des Vereins zunimmt. Das RAA hat deshalb das Umlageverfahren nur dann zugelassen, wenn aus besonderen Gründen (z. B. Beitrittszwang) ein regelmäßiger Zugang jüngerer Mitglieder sichergestellt ist.[18] 12

3. Die Beitragsfestsetzungskompetenz. Zuständig für die Festsetzung der Beiträge (Vorbeiträge, Nachschüsse, Umlagen) und ihre Änderung ist der Vorstand (§§ 76 Abs. 1 AktG, 188 Abs. 1 S. 2 VAG). Die Interessen der Versicherungsnehmer werden über den Verbraucherschutz (§§ 305 ff. BGB) gewahrt. Soweit Satzungsbestimmungen den Vorstand eines VVaG zu Beitragsänderungen für den Bestand ermächtigen, gelten die allgemeinen Grundsätze zum Verbraucherschutz dann, wenn Satzung und mitgliedschaftliche Konsequenzen nicht vorgehen. Insbesondere zahlreiche Spezialvorschriften des VVG lassen eine solche Einwirkung rechtsformunabhängig auf das Versicherungsverhältnis zu (vgl. z. B. §§ 163, 203 VVG u. a.). Für diese AVB/VVG-abgeleitete Beitragsänderungskompetenz mit Bestandswirkung ist der Vorstand zuständig ggf. unter Mitwirkung des mathematischen und des juristischen Treuhänders. Hier greift die im Rahmen bestehender Verhältnisse zu praktizierende Geschäftsführungsverantwortung (Vereinsautonomie und kalkulatorisch/unternehmerische Verantwortung, vgl. GB 78, 35). Hiervon zu unterscheiden ist die aus dem Mitgliedschaftsverhältnis abgeleitete – gegebenenfalls sogar bestandswirksame – Einwirkungsmöglichkeit auf das Versicherungsverhältnis wie z. B.: § 197 Abs. 3 S. 2. Hierfür gelten die Vorschriften des § 305 ff. BGB nicht, weil es sich um gesellschaftsrechtliche Regelungen (§ 310 Abs. 4 BGB) handelt. 13

4. Die Ausschreibung von Nachschüssen und Umlagen. Über Art und Weise der Ausschreibung der Nachschüsse und Umlagen: § 182 Abs. 2 VAG im Insolvenzfall: §§ 207, 208. Heranziehung ausgeschiedener Mitglieder zu Nachschüssen und Umlagen: § 180 VAG. Bei der Ausschreibung von Umlagen und Nachschüssen ist zu beachten, dass sie nicht der Höhe nach begrenzt werden dürfen, um lediglich die Versicherungsansprüche der Mitglieder zu decken (Abs. 3); die Nachschüsse und Umlagen müssen also ausreichen, um auch die Ansprüche der Nicht-Mitglieder-Versicherung zu decken. Hier kommt wieder die Trägerrolle der Mitglieder zur Bedeutung. Bleiben ausgeschriebene Nachschüsse oder Umlagen fünf Monate über die Fälligkeit rückständig, so hat der Vorstand zu prüfen, ob sich bei Nichtberücksichtigung dieser Nachschüsse und Umlagen Überschuldung ergibt (§ 311 Abs. 2 VAG). 14

V. Nachschusspflicht (Abs. 2 S. 3). 1. Allgemeines. Wird das System der Vorbeiträge gewählt, so hat die Satzung zwingend zu bestimmen, ob Nachschüsse vorbehalten oder ausgeschlossen sein sollen (Abs. 2, Hs. 1). **Die Nachschusspflicht ist eine typische Besonderheit des VVaG.** Der Nachschuss ist rechtlich nicht ein nachzuzahlender Beitrag, sondern eine auf § 179 Abs. 2 VAG beruhende und von bestimmten in der Satzung näher zu regelnden Voraussetzungen abhängige Leistung des Mitglieds, die sich wirtschaftlich wie eine Erhöhung des zu zahlenden Beitrags auswirkt.[19] Die Nachschusspflicht ist 15

[16] VA 1913, 19; in der Hagelversicherung ist dies jedoch mangels Feststellbarkeit eines „Normalschadenjahres" nicht möglich, mit der Folge, dass regelmäßig nur ein Teil der Prämie als Vorprämie und der Rest als Nachschuss erhoben wird.

[17] GB 1976, 51; GB 1975, 45.

[18] VA 1903, 98; 1904, 84; 1905, 110; *KG* VA 1908 Nr. 355.

[19] *Frels* VersR 1965, 203, 205.

ein sich **aus der Trägerrolle des Mitglieds ergebender Zusatzbeitrag** zur Beseitigung von Verlusten des VVaG, die er anderweitig nicht abfangen kann. Die Nachschusspflicht folgt damit aus dem gesellschaftlichen/mitgliedschaftlichen Verhältnis zum Verein – also nicht aus der rein schuldrechtlichen versicherungsvertraglichen Beziehung –, was sich auch daran erkennen lässt, dass eine Nachschusspflicht nur die Mitglieder eines VVaG, nicht aber die Versicherungsnehmer, die im Rahmen des Nicht-Mitgliedergeschäfts versichert sind, treffen kann.[20] Wesentlich ist dabei letztlich nicht die Tatsache, dass die Satzung einen entsprechenden Vorbehalt enthält; entscheidend ist vielmehr, dass der obersten Vertretung auch bei vorliegendem satzungsmäßigen Ausschluss einer Nachschussmöglichkeit nach § 179 Abs. 2 VAG jederzeit die Möglichkeit offensteht, bei einer finanziellen Notlage eine entsprechende Regelung mit der für Satzungsänderungen erforderlichen Mehrheit einzuführen. Allerdings greift eine solche Nachschusspflicht in aller Regel erst mit Verzögerung, es sei denn, eine Satzungsbestimmung nach § 197Abs. 3 S. 2 VAG lässt die Einführung des Nachschusses auch für den Bestand zu. Eine erst neu in die Satzung eingefügte Nachschusspflicht kann diese rückwirkende Bestandswirkung aber nicht entfalten. Der VVaG ist ein Zusammenschluss von Risikoschutzsuchenden, die durch dieses gemeinschaftliche Interesse die Grundlage für die Entstehung des Versicherungsvereins auf Gegenseitigkeit bilden. Dies bewirkt das Entstehen einer juristischen Person, mit dem Ergebnis, dass die risikoschutzsuchenden Mitglieder selbst nicht für die Verbindlichkeiten des qua Gemeinschaft entstandenen Rechtsträgers haften.

16 Aber die Mitglieder des VVaG sind seine Träger, sie sind nicht nur versicherungsvertraglich mit den Unternehmen verbunden, als Träger haben sie neben ihrer vertraglichen Stellung eine gesellschaftsrechtliche Verknüpfung zum VVaG. Die gemeinschaftlich Risikoschutzsuchenden übertragen ihre Risiken auf den VVaG, der aber nur so viel Risiko tragen kann, soweit seine Risikotragfähigkeit reicht. Ist diese erschöpft oder deutlich reduziert, realisiert sich konstruktiv die Funktion der Trägerschaft in Form der Mitgliedschaft, d. h. beim VVaG verbleibt nicht nur ökonomisch ein **Restrisiko beim Versicherungsnehmer/Mitglied** (wie das Insolvenzrisiko bei einer VersAG), sondern auch rechtskonstruktiv qua Mitgliedschaft. Würden die VVaG diese Zusammenhänge klarer kommunizieren (bei der VersAG hängt der Bestand des Unternehmens am Schluss von der Bereitschaft der Aktionäre ab, der VersAG die benötigten Mittel zur Verfügung zu stellen; beim VVaG hängt dies von der Bereitschaft der am Versicherungsschutz interessierten Mitglieder ab) so ließe sich das Institut der Nachschusspflicht leichter im Markt vertreten. Die Konsequenz dieser Überlegung ist, dass bei VVaG mit variabler Nachschussverpflichtung die künftigen Forderungen, die der Verein seinen Mitgliedern gegenüber hat, zu den ergänzenden Eigenmitteln gehören, wenn der VVaG innerhalb der folgenden zwölf Monate diese Nachschüsse einfordert (§ 89 Abs. 4 Nr. 2 VAG). Dabei ist das Genehmigungserfordernis nach § 90 VAG – dort insbesondere auch Abs. 4 – zu beachten.

17 Die Kompetenz zur Erhebung von Nachschüssen ist in den einschlägigen Satzungsbestimmungen zumeist dem Vorstand zugewiesen, folgt aber auch schon aus dessen Funktion als gesetzlichem Vertreter (§§ 76 Abs. 1 AktG, 188 Abs. 1 S. 2 VAG). Vorstellbar ist, dass die Zustimmung des Aufsichtsrats aufgrund einer vom Vorstand zu beachtenden Geschäftsordnung erforderlich ist.[21] Bei Bestehen einer Nachschusspflicht ist das Mitglied auf diese im Antrag auf Abschluss des Versicherungsvertrages gesondert hinzuweisen. Eine lediglich in der Satzung im Wege der Verweisung angesprochene Nachschusspflicht könnte als überraschend angesehen werden[22] und zur Anfechtbarkeit des Erwerbs der Mitgliedschaft führen. Dies ist auch der Fall bei arglistiger Täuschung über die Wahrscheinlichkeit oder Höhe eines Nachschuss durch einen Agenten, was zur Anfechtung des Beitrittsvertrages führen kann. Im Hinblick auf **eine transparente Gestaltung der Mitgliedschaftsverhältnisse** erscheint es auch im Rahmen von § 242 BGB geboten, bei Vertragsabschluss das Mitglied darauf hinzuweisen, dass das oberste Organ mit der erforderlichen Mehrheit befugt ist, bei Schieflagen des VVaG eine Nachschusspflicht, die nach Abs. 3 begrenzt werden kann, zu beschließen. Hierauf und auf das Bestehen einer Nachschusspflicht hat der Versicherungsvermittler im Rahmen seiner Beratungspflicht hinzuweisen (§ 61 VVG).

18 **2. Die Erhebung von Nachschüssen.** Nachschüsse werden meist in Prozentsätzen des Vorbeitrags errechnet und entweder unbeschränkt erhoben (dies ist die Regel, die bei Schweigen der Satzung gilt) [23] oder beschränkt (z. B. auf das einfache oder ein mehrfaches des Vorbeitrags). In beiden Fällen kann die Einführung einer Nachschusspflicht dadurch erschwert werden, dass vor Erhebung von Nachschüssen oder nach Erhebung von (Teil–)Nachschüssen bestimmten Umfangs satzungsgemäß erst Rücklagen, z. B. des Gründungsstocks oder die gesetzlichen Rücklage nach § 193 VAG herangezogen werden müssen. Gemäß § 182 Abs. 1 VAG soll dies in der Satzung geregelt werden. Fehlt es an solchen Satzungsbestimmungen, hat der Vorstand ein weites Ermessen, ob er zuerst auf Eigenmittel zurückgreifen oder zuerst Nachschüsse einfordern möchte. Dabei hat er sich an dem Unternehmens-

[20] *Frels* VersR 1965, 203, 205.
[21] *Benkel* Diss. S. 221.
[22] *Benkel* Diss. S. 221.
[23] VA 1903, 117.

interesse zu orientieren. Zur Behandlung von Bagatellbeiträgen.[24] Eine mehrfache Erhebung von Nachschüssen in demselben Jahr ist zulässig.[25] Zum Thema Nachschüsse bei der Umwelthaftpflichtversicherung.[26]

3. Die Nachschussversicherung. a) Eine Möglichkeit der Nachschussversicherung kann in der Form dargestellt werden, dass die Mitglieder einen bestimmten (festen) **Zuschlag** zu ihrem Vorbeitrag leisten und der VVaG diesen Zuschlag an einen anderen Versicherer weiterleitet, mit der Maßgabe, dass der andere Versicherer, wenn Nachschüsse ausgeschrieben werden, anstelle der Mitglieder den Nachschuss für den abführenden VVaG aufzubringen hat (Absicherung des Nachschusserhebungsrisikos). 19

b) Eine andere Möglichkeit besteht in der Rückversicherungsstruktur. Der VVaG kann sich gegen die Notwendigkeit, Nachschüsse von seinen Mitgliedern erheben zu müssen, **rückversichern**. Die Mittel dafür entnimmt er aus den Vorbeiträgen oder einem zu diesem Zweck gebildeten Fonds oder aus Zuschlägen zu den Vorbeiträgen von seinen Mitgliedern.[27] In keinem der beiden Fälle (a) und b)) wird bei Insolvenz des Nachschuss-(Rück-)Versicherers die Nachschusspflicht des Mitgliedes aufgehoben,[28] so dass es nicht angeht, bei Abdeckung der Nachschusspflicht durch Rückversicherung von einer festen Prämie zu sprechen.[29] 20

VI. Die Kürzung der Leistungen – ggf. nach (teilweiser) Heranziehung von Rücklagen. 1. Allgemeines. Die Möglichkeit der Kürzung von Versicherungsleistungen beschränkt sich nicht auf solche Leistungen, die auf Versicherungsfälle im Bilanzjahr entfallen; die Satzung kann vorsehen, dass alle im Bilanzjahr fällig werdenden Leistungen gekürzt werden, bei Lebensversicherern, dass die – in späteren Jahren fällig werdenden – Versicherungssummen unter Herabsetzung der Deckungsrückstellung vermindert werden. Die Möglichkeit der Leistungskürzung, die der Gesetzgeber in § 179 Abs. 2 Hs. 2 in das Ermessen der Organe des VVaG stellt und ihnen damit die Kompetenz zur **selbstverordneten Sanierung** gibt, hat der Gesetzgeber der BaFin in § 314 VAG generell gegenüber allen Versicherern, gleichgültig in welcher Rechtsform sie tätig sind, eingeräumt. Allerdings ist in § 179 Abs. 2 Hs. 2 VAG die Leistungskürzung als Korrektiv für nicht zulässige Nachschüsse vorgesehen. Im Hinblick auf § 177 Abs. 1 VAG kommt nur eine proportional gleichmäßige Kürzung der Ansprüche der betroffenen Mitglieder in Frage, so dass etwa über einen später festzusetzenden Kürzungssatz hinaus erbrachte Leistungen dem Verein zurückzuerstatten sind.[30] Eine Stundung (statt einer Kürzung) ist nicht möglich,[31] da damit zwar die Liquidität nicht aber die Bilanz verbessert wird; allenfalls ist an eine Kürzung von Überschüssen zu denken. Bei später verbesserter Überschusssituation kann dann eine Erhöhung der Überschusssätze ins Auge gefasst werden, die faktisch zu einer Nachzahlung von Überschüssen führen kann. Die Satzung muss nicht vorsehen, wer über die Kürzung zu beschließen hat, da die Führung der Geschäfte in die Zuständigkeit des Vorstands fällt (§ 76 I AktG, § 188 Abs. 1 S. 2 VAG).[32] Erforderlich ist in einem solchen Fall ggf. die Zustimmung des Aufsichtsrats aufgrund einer vom Vorstand zu beachtenden Geschäftsordnung. 21

2. Die Reichweite der Nachschusserhebungs- und Leistungskürzungsbefugnis. Die Befugnis, Nachschüsse zu erheben bzw. Leistungen zu kürzen, ist eingebettet in das gesamte Umfeld aufsichts- und vertragsrechtlicher Normen, darf also nicht – insbesondere hinsichtlich der Regelungsreichweite – undifferenziert auf alle Versicherungszweige Anwendung finden. Die **Befugnis zur Nachschusserhebung** und Leistungskürzung muss stets als **Ausfluss der gesellschaftsrechtlichen Stellung des Mitglieds** verstanden werden. Tritt sie in Konkurrenz zu vertragsrechtlichen Regelungen, so stellen die VVaG-Vorschriften im VAG eine vorrangige Spezialvorschrift dar, die die vertragsrechtlichen Ansprüche nach VVG überlagert. Andernfalls könnte sich die Trägerfunktion der Mitglieder nicht realisieren. Diese Überlagerung der konsumentenschützenden Vorschriften gilt aber nicht für die Nichtmitglieder-Versicherung; hier entfalten die gesellschaftsrechtlichen Regeln der §§ 171 ff. VAG keine Wirkung. Die Erhebung eines Nachschusses bzw. die Leistungskürzung kommt insbesondere vorrangig in den ergebnisvolatilen Schaden- und Unfallversicherungsverhältnissen zum Tragen. 22

In der Lebensversicherung (aber auch in der privaten Krankenversicherung) sind im Rahmen der Regelkonkurrenz VVG/VAG die diese Versicherungszweige besonders prägenden verbraucherschützenden Bestimmungen zu beachten. Andererseits muss auch den in diesen Sparten tätigen VVaG das 23

[24] GB 1971, 35.
[25] Siehe ältere Aufsichtspraxis VA 1913, 19; *KG* 1905 Nr. 154 gegen *OLG Posen* VA 1905, 114.
[26] *Brands* in: Peiner, Grundlagen des VVaG 1995, S. 265, 268; verschiedene Beispiele zu Nachschuss- und Umlageregelungen finden sich bei *Benkel* S. 129 ff.
[27] Zu beiden Fällen vgl. *Kisch*, Das Recht des Versicherungsvereins auf Gegenseitigkeit, 1951, S. 192/194; *Sieg* FS Möller, 1972, 466; VA 1906, 16, 96; 09, 183.
[28] *LG Berlin* JR 1928, 221.
[29] VA 1906, 16, 96; 1931, 139.
[30] Eine Befriedigung der Versicherungsansprüche „nach Maßgabe der vorhandenen Mittel" vgl. *Kisch*, Das Recht des Versicherungsvereins auf Gegenseitigkeit, 1951, S. 196 (Fn. 24), steht im Widerspruch zu § 177 VAG.
[31] *Kisch*, Das Recht des Versicherungsvereins auf Gegenseitigkeit, 1951, S. 196.
[32] *Benkel* Diss. S. 221 für den Fall der Nachschusspflicht.

gesellschaftsrechtliche Sanierungsinstrumentarium zur Verfügung stehen. Die Konsequenz des Nebeneinanders von VAG und VVG-Bestimmungen ist, dass Differenzierungsmöglichkeiten nach der Rechtsform des Versicherers nur dann; d. h. Lebensversicherer als VVaG können einseitig die Beiträge anheben oder Leistungen kürzen, durchsetzbar sind, wenn dies im Rahmen der Satzung als Ausfluss der Mitgliedschaft klar geregelt und ebenso klar mit dem VersNehmer kommuniziert (dokumentiert) wird. Die Konkurrenz des § 179 VAG besteht besonders mit folgenden Bestimmungen:

- Nach § 163 VVG ist es nur in speziellen Fällen möglich, die Prämie mit Zustimmung eines Prämientreuhänders entsprechend den berichtigten Berechnungsgrundlagen neu festzusetzen. Die Vorschrift findet nurmehr für alle Lebensversicherungsverträge Anwendung.[33] Zu denken ist, dass § 163 VVG z. B. auch für die Darstellung von Zinsgarantien bei fundamental verändertem Kapitalmarktumfeld Anwendung finden könnte.
- Im Übrigen gilt für Lebensversicherer – rechtsformunabhängig – die Verpflichtung zu festen Beiträgen und Leistungen, wie sie sich aus § 2 Abs. 2 DeckRV vom 18.4.2016[34] ergibt. Danach muss der bei Vertragsschluss verwendete Rechnungszins während des gesamten Vertragsverhältnisses beibehalten werden. Eine Ausnahme gilt nur – rechtsformunabhängig – wenn es zur Anwendbarkeit des § 341 f Abs. 2 HGB i. V. m. § 5 Abs. 3 DeckRV kommt.
- Eine weitere – eine Leistungskürzung zulassende Ausnahme (wiederum rechtsformunabhängig) – enthält § 314 Abs. 2 VAG für den Fall, dass nach Abwägung der BaFin die Abwendung einer Unternehmensinsolvenz zum Besten der Versicherten ist. Diese Kürzungsmöglichkeit ist aber Ausfluss des Aufsichtsrechts, nicht des Gesellschaftsrechts.
- Lediglich nicht-deregulierte Pensionskassen – die alle in der Form eines VVaG organisiert sind – enthalten mitunter in ihren Satzungen Bestimmungen zur Leistungskürzung bzw. Prämienanpassung. Rechtsgrundlage hierfür bietet der von der Versicherungsaufsicht genehmigte Geschäftsplan und § 2 Abs. 3 S. 2 DeckRV.
- Ähnliche, mit der Satzungsautonomie konkurrierende Bestimmungen, enthalten §§ 15–17 Krankenversicherungsaufsichtsverordnung KVAV vom 18.4.2016 (BGBl I S. 780). Zwar ist der Druck bei privaten Krankenversicherern wegen der Beitragsanpassungsklauseln nicht so stark wie bei den Versicherungssparten, die mit unveränderbaren Rechnungsgrundlagen arbeiten müssen; aber im Rahmen der Kalkulation der Alterungsrückstellung (§§ 4, 18 KVAV) entstehen vergleichbare Probleme durch die Zinsgarantie.

24 Durch die Aufspaltung von Versicherungsverhältnis und Mitgliedschaft ist also der VVaG qua Satzungsautonomie in der Lage durch Einwirkung auf das Mitgliedschaftsverhältnis eine versicherungsvertragliche Lage zu schaffen, die ihm sonst qua konsumentenrechtlichem Aufsichtsrecht oder versicherungsvertraglicher Schutzvorschriften verwehrt ist. Um diese, den versicherungsvertraglichen Anspruch schützende Schranke zu vermeiden, bleibt dem VVaG nur die Möglichkeit, in der Satzung eindeutig getrennt vom Versicherungsverhältnis das Recht zu statuieren, unter bestimmten wirtschaftlichen Voraussetzungen von seinen Mitgliedern als Trägern des VVaG einen Zusatzbeitrag erheben oder Leistungen kürzen zu können. Dies muss bei der Begründung der Mitgliedschaft verständlich und klar erkennbar kommuniziert werden. Dies bedeutet, dass auch unabhängig von § 163 VVG ein VVaG-Lebensversicherer einen Nachschuss erheben könnte, wenn er dies bei Vertragsschluss eindeutig und klar als mögliche Folge des Erwerbs der mitgliedschaftlichen Stellung kommuniziert. Im Hinblick auf den scharfen Wettbewerb der Unternehmen untereinander ist dies ein Thema, das eine besondere Kommunikationsleistung eines VVaG hinsichtlich des Funktionierens und der Strukturen eines VVaG verlangt. Andererseits böte sich hier die Möglichkeit – wenn die satzungsmäßigen Voraussetzungen eindeutig sind und kommunikativ gut erklärt wurden – dass ein VVaG **Nachschüsse zur Finanzierung der Zinszusatzreserve** verlangen könnte, was der Stabilität des VVaG, der Schonung seiner stillen Reserven, der Abfederung der Realisierung des Risikos der Wiederanlage in einer Zeit dient, in der aufgrund der politisch motivierten Zinspolitik der EZB-Politik die Geschäftsgrundlage bei Abschluss des Versicherungsvertrages und die daraus abgeleitete Höhe der Zinsgarantie weggefallen ist. Da die Zinszusatzreserve-Rückstellung bei steigenden Zinsen wieder aufzulösen ist,[35] könnte in diesem Fall die Nachschusserhebung mit der Zusage einer Rückzahlung an die Mitglieder bei Auflösung der Zinszusatzreserve verknüpft werden. Es zeigt sich, dass das Streben der VVaG möglichst unterschiedslos einer VersAG zu gleichen, nicht dem Erhalt der Struktur des VVaG dient. Eine solche Strategie kann in regulierten Märkten aufgehen, in deregulierten Märkten kommt es jedoch darauf an, die unternehmensformspezifischen Merkmale zu nutzen.

25 **VII. Sonstiges. 1. Gerichtsstand.** Für die Geltendmachung von Beitragsforderungen aus dem Mitgliedschaftsverhältnis (sonst siehe § 172 Rn. 36): § 22 ZPO.

---

[33] HK-VVG/*Brambach* § 163 vor Rn. 1 (S. 759).
[34] BGBl. I 767.
[35] *Rockel/Elten/Ott/Sauer*, Versicherungsbilanzen Rechnungslegung nach HGB und IFRS, 3. Aufl. 2012, S. 198.

2. Abtretung; Pfändung. Der Anspruch auf Vorbeiträge, Nachschüsse und Umlagen kann abgetreten und gepfändet werden, Ansprüche auf Nachschüsse und Umlagen jedoch erst mit ihrer Ausschreibung.[36] 26

3. Kleinere Vereine. § 179 gilt auch für kleinere Vereine (§ 210 Abs. 1 S. 1 VAG). 27

Beitragspflicht ausgeschiedener oder eingetretener Mitglieder

180

(1) [1] **Zu den Nachschüssen oder Umlagen haben auch die im Laufe des Geschäftsjahres ausgeschiedenen oder eingetretenen Mitglieder beizutragen.** [2] **Die Beitragspflicht bemisst sich danach, wie lange sie in dem Geschäftsjahr dem Verein angehört haben.**

(2) **Bemisst sich der Nachschuss- oder Umlagebetrag eines Mitglieds nach dem im Voraus erhobenen Beitrag oder der Versicherungssumme, so ist, wenn während des Geschäftsjahres der Beitrag oder die Versicherungssumme herauf- oder herabgesetzt worden ist, der höhere Betrag bei der Berechnung zugrunde zu legen.**

(3) **Die Absätze 1 und 2 gelten nur, soweit die Satzung nichts anderes bestimmt.**

I. Regelungsinhalt. Bis auf die Überschrift stimmt diese Regelung mit § 25 VAG a. F. überein. Die Vorschrift ist in Zusammenhang mit der allgemeinen, die Aufwandsdeckung gewährleistenden Regelung des § 179 VAG zu sehen. Sie erlegt auch den im Geschäftsjahr ausgeschiedenen Mitgliedern noch nachwirkende Pflichten aus der Funktion als ehemaliger Unternehmensträger auf. Dies ist ein Fall, bei dem Versicherungsvertragsverhältnis und Mitgliedschaft auseinanderfallen. § 180 VAG beruht darauf, dass Umlagen und Nachschüsse meist (Ausnahme: Hagelversicherung) nur aufgrund der Ergebnisse eines vollen Jahres errechnet werden können und dass der zu deckende Bedarf sich erst aus der im folgenden Jahr aufzustellenden Bilanz ergibt. Ohne Belang ist es dabei, ob es sich um Verluste handelt, deren Gründe in früheren Jahren liegen, wenn sie nur jetzt bilanzmäßig in Erscheinung treten.[1] 1

II. Beitragsverpflichtete (Abs. 1). Herangezogen werden auch außer den im Laufe des Geschäftsjahres eingetretenen (aufgenommenen) die im Laufe des Jahres ausgeschiedenen Mitglieder, d. h. solche, die wirksam Mitglieder geworden und solche, deren Mitgliedschaft, aus welchen Gründen auch immer, erloschen ist, nicht aber solche, deren Aufnahme durch Anfechtung (§§ 123 BGB, 22 VVG) oder Rücktritt (z. B. nach § 19 Abs. 2 VVG, 21 Abs. 2 VVG) ex tunc (nunc) aufgelöst worden ist.[2] Die Beitragspflicht überlebt – als Nachschuss bzw. Umlagepflicht – das vertragliche Ende des Versicherungsvertrags. Eine Erweiterung der Beitragspflicht für ausgeschiedene Mitglieder gilt auch im Insolvenzfall § 207 Abs. 2 VAG. Die ausgeschiedenen Mitglieder haften – anders als nach § 115b GenG – in einer Reihe mit den dem Verein noch angehörenden Mitgliedern. An dem Auseinanderfallen von Versicherungsvertrag und Mitgliedschaftsverhältnis wird deutlich, dass es sich hier um zwei getrennte Rechtsverhältnisse handelt. 2

III. Umfang der Beitragspflicht. 1. Allgemeines. Die Beitragspflicht der ausgeschiedenen oder neu eingetretenen Mitglieder beschränkt sich auf Nachschüsse und Umlagen, sie entfällt also, wenn die Nachschusspflicht ausgeschlossen ist. Eine nach seinem Ausscheiden beschlossene Erhöhung des Vorbeitrages trifft den Ausgeschiedenen nicht mehr.[3] Mit einem solchen Beschluss kann, auch wenn er Satzungsrecht wird, das beendete Mitgliedschaftsverhältnis nachträglich nicht verändert werden. Bei einem ausgeschiedenen Mitglied geht es lediglich um Nachwirkungen eines beendeten Mitgliedschaftsverhältnisses, dann können diese Nachwirkungen aber auch nur in den Rechtsfolgen bestehen, die aufgrund des Inhalts der beendeten Mitgliedschaft möglich sind. Geschuldet werden Umlagen oder Nachschüsse für das Jahr des Ausscheidens oder Eintritts nur pro rata temporis, Abs. 1 S. 2. 3

2. Wechsel der Berechnungsgrundlage. Hat die Berechnungsgrundlage während des Jahres des Ausscheidens oder Eintritts gewechselt (Herauf- oder Herabsetzung des Beitrags oder der Versicherungssumme), so ist der (anteilige) Nachschuss (die anteilige Umlage) nach dem Grundsatz pro rata temporis jeweils unter Zugrundelegung des höheren Betrags zu ermitteln, wenn das Mitglied Vorausbeiträge schuldete. Es handelt sich dabei um einen allgemeinen Grundsatz, der z. B. auch im Umlageverfahren bei Übertritt in eine andere Gefahrenklasse anzuwenden ist.[4] Letztlich ist dies ein Ausfluss des Aufwandsdeckungsprinzips, weil sonst die zu schließende Deckungslücke nicht bilanziell bereinigt werden könnte. Ohne Bedeutung für die Höhe einer Umlage oder eines Nachschusses ist die Änderung des Höchstzinssatzes nach der Verordnung über Rechnungsgrundlagen für die Deckungsrückstellung. Die Folgen der Änderung des Höchstzinssatzes richten sich nach § 2 Abs. 2 und 3 DeckRV. 4

---

[36] Mot., Begr. zu § 19 VAG.
[1] H. M., *OLG Stuttgart* VA 1906 Nr. 233; anders *OLG Hamburg* VA 1906 Nr. 175.
[2] *Kisch*, Das Recht des Versicherungsvereins auf Gegenseitigkeit, 1951, S. 200 (Anm. 41).
[3] OLG Hamburg Wallm. 1916, 1556.
[4] *Kisch*, Das Recht des Versicherungsvereins auf Gegenseitigkeit, 1951, S. 203.

5 **IV. Abdingbarkeit / Satzungsautonomie (Abs. 3).** Die Satzung kann neu eingetretene und ausgeschiedene Mitglieder anders behandeln, also diese von der Nachschuss- und Umlagepflicht gänzlich befreien, bei ausgeschiedenen Mitgliedern nach dem Grund des Ausscheidens differenzieren, eingetretene und ausgeschiedene Mitglieder so behandeln, als wären sie das ganze Jahr hindurch Mitglied gewesen. Die summarische Berechnungsweise des Gesetzes kann bei Änderung der Berechnungsfaktoren in eine dem Mitglied günstige, genaue Berechnungsweise verwandelt werden, die das Gesetz aus Vereinfachungsgründen nicht vorgeschrieben hat.[5] Insgesamt ist aber der VVaG verpflichtet, die Mitglieder entsprechend dem Gleichbehandlungsgrundsatz nach § 177 VAG zu behandeln, dies verbietet willkürliche Differenzierung zwischen den einzelnen Mitgliedergruppen.

6 **V. Kleinere Vereine.** § 180 gilt auch für Kleinere Vereine (§ 210 Abs. 1 S. 1 VAG).

Aufrechnungsverbot

181 **Gegen eine Forderung des Vereins aus der Beitragspflicht kann das Mitglied nicht aufrechnen.**

1 **I. Regelungsinhalt.** Die Vorschrift stimmt inhaltlich mit § 26 a. F. VAG überein, das gedanklich – sachlich mit §§ 66 Abs. 1 S. 2 AktG, 22 Abs. 2 GenG übereinstimmende – Aufrechnungsverbot (vgl. auch § 19 Abs. 2 S. 2 GmbHG) soll gewährleisten, dass die für den Betrieb des VVaG nötigen Finanzmittel auch tatsächlich aufgebracht werden.[1] Das Aufrechnungsverbot beschränkt nur die Aufrechnungsmöglichkeit als einseitige Verfügung der Mitglieder, auch ausgeschiedener, (soweit sie zu Nachschüssen und Umlagen beizutragen haben §§ 180, 203 Abs. 2 S. 2, 207 Abs. 2 VAG) und deren Rechtsnachfolger.

2 Unter einer Forderung des Vereins aus der Beitragspflicht versteht man dabei – je nach praktizierter Finanzierungsform – Forderungen des VVaG auf Zahlung von festen Beiträgen, die auch im Mitgliedergeschäft üblich sind, sowie auf Nachschüsse und Umlagen.[2] Die Vergleichbarkeit der Regelung zu der genannten aktienrechtlichen bzw. genossenschaftlichen Regelung zeigt, wie in den §§ 179, 180, 181 VAG die trägerschaftliche Mitverantwortung des einzelnen Mitglieds für die Ergebnissituation des VVaG einem gesellschaftsrechtlich an Kapitalgesellschaften beteiligten Rechtsträger vergleichbar ist. Das Aufrechnungsverbot betrifft nicht den Verein, der gegen Ansprüche des Mitglieds mit Beitragsforderungen aufrechnen kann. Welcher Art die theoretisch aufrechenbaren Ansprüche des Mitglieds sind, ist gleichgültig. Das Aufrechnungsverbot gilt auch während der Abwicklung und während des Insolvenzverfahrens.[3] Erlass und Stundung des Beitrags sind durch § 181 VAG nicht berührt, ebenso wenig hindert § 181 VAG die vertraglich vereinbarte Aufrechnung.

3 **II. Forderung des Vereins aus der trägerbezogenen Beitragspflicht.** Gegen alle anderen Forderungen des Vereins – zum Bespiel aus Kaufverträgen, wegen Rückforderung einer zu Unrecht gezahlten Entschädigung – kann das Mitglied aufrechnen, da dort das mitgliedschaftlich begründete Versicherungsverhältnis nicht berührt ist.

4 **III. Aufrechnungsvertrag.** Ein Aufrechnungsvertrag ist wirksam, wenn die gegenüberstehenden Verbindlichkeiten beide fällig sind und bei Fälligkeit der Verein weder überschuldet, noch zahlungsunfähig ist, die Forderung des Mitglieds gegen ihn also vollwertig ist.[4] Die Zulässigkeit eines Vertrags ergibt sich aus der „Kann"-Vorschrift. Der VVaG kann auf den Schutz, den ihm § 181 VAG verschafft, verzichten, wenn dies die wirtschaftlichen Umstände erlauben. Auch hierbei hat der Vorstand den Gleichbehandlungsgrundsatz zu beachten. Ist die Aufrechnungsvereinbarung Bestandteil der AVB, so ist, wenn die Aufrechnung nach dem Gesagten unwirksam ist, nicht etwa der Beitrittsvertrag im Ganzen unwirksam, sondern nur der sich auf die Aufrechnung beziehende Teil der AVB.[5] Die Bestimmung soll den VVaG vor der überraschenden einseitigen Ausübung des Gestaltungsrechts schützen.

5 **IV. Zurückbehaltungsrecht.** Nach dem Zweck des § 181 VAG – Sicherstellen der Liquidität; Aufrechterhaltung des Grundsatzes der Gleichbehandlung (§ 177 VAG) für den Fall der Überschuldung – kann gegenüber einer Beitragsforderung auch kein Zurückbehaltungsrecht ausgeübt werden.[6] Nach *Krekeler* soll auch eine Widerklage des Mitglieds unzulässig sein.[7]

---

[5] *Kisch*, Das Recht des Versicherungsvereins auf Gegenseitigkeit, 1951, S. 201 f.

[1] *Hübner* in: Peiner, Grundlagen des VVaG, 1995, S. 158, 162.

[2] *Benkel* S. 131.

[3] *KG* VA 1914 Nr. 821; 1918 Nr. 1064.

[4] *Berliner/Fromm,* VAG, 4. Aufl. 1932, § 26 Rn. 2e; *Kisch,* Das Recht des Versicherungsvereins auf Gegenseitigkeit, 1951, S. 205.

[5] *Berliner/Fromm,* VAG, 4. Aufl. 1932, Rn. 2 f.; *Kisch*, Das Recht des Versicherungsvereins auf Gegenseitigkeit, 1951, S. 206; RG VA 1916 Nr. 910.

[6] *BGH* Urt. v. 18.12.1954 - II ZR 206/53, BGHZ 16, 37; *OLG Frankfurt* a. M. VA 1908 Nr. 376; *KG* VA 1914 Nr. 821; 1918 Nr. 1064.

[7] VersR 1967, 1137.

V. Kleinere Vereine. Die Vorschrift ist auch auf kleinere Vereine anwendbar (§ 210 Abs. 1 S. 1 VAG), ebenso auf ausländische, zum Geschäftsbetrieb im Inland zugelassene Vereine.[8] 6

Ausschreibung von Umlagen und Nachschüssen

182 (1) **Die Satzung soll bestimmen, unter welchen Voraussetzungen Nachschüsse oder Umlagen ausgeschrieben werden dürfen, insbesondere, inwieweit zuvor andere Deckungsmittel wie Gründungsstock oder Rücklagen verwendet werden müssen.**

(2) **Die Satzung soll ferner bestimmen, wie die Nachschüsse oder Umlagen ausgeschrieben und eingezogen werden.**

I. Regelungsinhalt. Die Regelung stimmt inhaltlich mit § 27 VAG a. F. überein. 1

Im Wege einer Soll-Bestimmung wird die Regelung von Voraussetzungen (Abs. 1) und Form (Abs. 2) für die Ausschreibung von Umlagen und Nachschüssen in der Satzung verlangt. Es soll danach festgestellt werden, dass die Mitglieder (auch ausgeschiedene, §§ 180 Abs. 1, 207 Abs. 2 VAG) Umlagen oder Nachschüsse zu leisten haben und in welchem Umfang. Zu der Aufnahme der Berechnungsgrundlagen in die Satzung und einer etwaigen Beschränkung der Höhe nach vgl. § 179 VAG Rn. 18.

II. Voraussetzung der Ausschreibung. Selbstverständliche Voraussetzung ist ein Verlust aus dem gesamten Geschäftsbetrieb (nicht nur aus der Versicherung der Mitglieder, § 179 Abs. 3 S. 2 VAG), der sich entweder aus dem Jahresabschluss oder (wie z. B. in der Hagelversicherung) während des Geschäftsjahrs ergibt. Zu den in Abs. 1 vorgesehenen Vorschriften gehört im zweiten Fall auch eine Bestimmung darüber, auf welchen Grundlagen die Feststellung (oder Schätzung) eines Verlustes beruhen muss und wer diese Feststellung (oder Schätzung) vornimmt (z. B. der Vorstand mit oder ohne Genehmigung des Aufsichtsrats). Für Grund und Umfang der Umlage- und Nachschusserhebung ist eine Angabe darüber unentbehrlich, welche Rangordnung zwischen sämtlichen zur Beseitigung eines Verlustes in Betracht kommenden Mitteln (Eigenmittel, Nachschüsse, Umlagen, Leistungskürzung) besteht – siehe Abs. 1 2. Hs. –. Dabei ist § 94 Abs. 2 VAG zu beachten, damit die einzelnen Beschränkungen der Qualitätsklassen der Eigenmittel nicht verletzt werden. 2

Es kann z. B. bestimmt werden, dass zunächst ein entsprechend definierter Teil der Rücklagen (Gründungsstock, gesetzliche Rücklage, Verlustrücklage/Reservefonds nach § 193 VAG) zur Deckung des Verlusts heranzuziehen ist, bevor Nachschüsse und Umlagen ausgeschrieben werden. Bei Beschränkung der Nachschüsse und Umlagen (§ 179 Abs. 2, 3 VAG) kann eine weitere Inanspruchnahme nach Erschöpfung der durch Umlagen und Nachschüssen aufgebrachten Mitteln vorgesehen werden. Dabei ist auch eine Regelung möglich, dass freie Rücklagen überhaupt nicht angegriffen werden dürfen, z. B. um die Solvabilitätskapitalanforderungen nicht zu unterschreiten. 3

Da die Regelung in der Satzung zu verankern ist, haben die Mitglieder(Vertreter) es in der Hand, welche Regelung getroffen werden soll. Es gilt der **Grundsatz der gesellschaftsrechtlichen Gestaltungsfreiheit** (Satzungsautonomie). Die präzise Festlegung der Voraussetzung der Ausschreibungen, Umlagen und Nachschüssen ist erforderlich, um die gerichtliche Nachprüfbarkeit der Inanspruchnahme des Mitglieds frei von willkürlichen Entscheidungen des VVaG ermöglichen zu können. Zwar schützt Art. 9 Abs. 1 GG die Verbands- und Satzungsautonomie und bildet die Grundlage für einen weiten Gestaltungsraum, zumal die Satzungsautonomie des VVaG nicht durch eine § 23 Abs. 5 AktG (Grundsatz der Satzungsstrenge) vergleichbare Vorschrift eingeengt wird. Für VVaG gelten vielmehr als allgemeine, das Satzungsrecht regelnde Vorschriften, die §§ 173 VAG, 25 BGB. 4

Im Hinblick auf die im Einzelfall beachtlichen, wirtschaftlichen Konsequenzen für das Mitglied bedürfen die, die Ausschreibung und Form von Umlagen und Nachschüssen regelnden Bestimmungen, aber einer Inhaltskontrolle, vergleichbar der bei sozial-mächtigen Vereinen.[1] Neben der Beachtung der Vorschriften der §§ 134, 138 BGB kommt hierbei insbesondere den Vorschriften §§ 242, 315 BGB die Satzungsautonomie begrenzende Bedeutung zu. Bei der Realisierung des Aufwandsdeckungsprinzips durch Inanspruchnahme der Mitglieder mittels Umlagen und Nachschüssen/Leistungskürzungen ist daher sowohl auf die Einhaltung des Grundsatzes der Gleichbehandlung als auch des billigen Ermessens zu achten. Zu den „Belangen der Versicherten" i. S. d. § 294 Abs. 2 S. 2 VAG zählen Umlagen und Nachschüsse nicht, da sie Ausfluss der mitgliedschaftlichen Rechtsbeziehung sind und über eine Leistungsaustauschsbeziehung des Versicherungsvertrags hinausgehen. Auch soweit die BaFin sich auf § 294 Abs. 3 VAG bezieht, ist die hier geschilderte Gestaltungsfreiheit der Satzung als Grenze bei der Ausübung der Versicherungsaufsicht zu beachten. 5

III. Verfahrensvorschriften (Abs. 2). Die Verfahrensvorschriften für die Ausschreibung der Umlagen und Nachschüsse sollten vor allem eine Bestimmung darüber enthalten, welches der Vereinsorgane die Feststellung zu treffen hat, dass die satzungsgemäß festgelegten Voraussetzungen für die Einforderung 6

[8] *BGH* Urt. v. 18.12.1954 – II ZR 206/53, NJW 1955, 419.

[1] Bamberger/Roth/*Schöpflin* § 25 Rn. 28.

von Umlagen und Nachschüssen von den Mitgliedern vorliegen. In Frage kommt hier für den Regelfall nur der Vorstand (der an die Zustimmung des Aufsichtsrats gebunden werden kann; vgl. § 111 Abs. 4 AktG).[2] Die oberste Vertretung kann darüber nur nach Maßgabe von §§ 191 S. 1 VAG i. V. m. 119 Abs. 2 AktG entscheiden. Nach § 119 Abs. 2 AktG kann die Satzung zusätzlich zu den gesetzlichen Vorschriften festlegen, in welchen Fällen die Hauptversammlung (oberste Vertretung) den Beschluss zu fassen hat. Die Bestimmungen werden Regelungen enthalten über die Form der Zahlungsaufforderung (z. B. Bekanntmachung im Bundesanzeiger und den sonstigen Geschäftsblättern), die Zahlungsfrist, die gerichtliche Einziehung nach Fristablauf (§§ 104 Abs. 2, 106 Abs. 3, 108 Abs. 2, 109 GenG gelten nur im Insolvenzfall; § 209 Abs. 1 VAG) und über etwaige sonstige Folgen des Zahlungsverzugs (z. B. Ausschluss aus dem Verein; Verzugszinsen usw.).

7 **IV. Einwendungen.** Gegen die Ausschreibung können Einwendungen durch Feststellungsklage oder in dem vom Verein angestrengten Zahlungsprozess geltend gemacht werden.[3] Das Gericht hat zu prüfen, ob die Ausschreibung satzungskonform und mit dem Gesetz übereinstimmt, sowie von betriebswirtschaftlich richtigen Annahmen ausgeht. Eine objektiv unrichtige Schätzung des Fehlbetrags wird allerdings noch nicht dazu führen, der Ausschreibung dem Grunde oder der Höhe nach ihre Wirkung zu nehmen.[4]

8 **V. Rechnungslegung.** Die zur Deckung eines Verlusts ausgeschriebenen Umlagen und Nachschüsse sind in der Bilanz als ergänzende Eigenmittel zu aktivieren (vgl. § 89 Abs. 4 Nr. 2 VAG), wenn der VVaG innerhalb der folgenden zwölf Monate die Nachschüsse einfordert. Ebenso sind die im Laufe eines Geschäftsjahres (Hagelversicherung) ausgeschriebenen Nachschüsse und Umlagen zu behandeln; entsprechendes gilt auch für die in diesem Jahr nicht eingegangenen Nachschüsse und Umlagen, soweit sie einbringlich erscheinen (valide Forderungen). Ein Verlustvortrag ist (bei Vereinen mit Nachschusspflicht) bis zur Höhe des „verfügbaren Teils der Rücklagen" zulässig; insoweit wird die Erhebung eines Nachschusses nicht umgangen, geringe Fehlbeträge können unbedeckt bleiben.[5] Im Lagebericht hat der VVaG zu erläutern, in welcher Weise ein erhobener Nachschuss ermittelt wurde (vgl. § 57 Abs. 3 RechVersV).

9 **VI. Nachschüsse und Umlagen im Insolvenzfall.** Für den Insolvenzfall ist bei der Ausschreibung von Nachschüssen und Umlagen § 209 VAG zu beachten. Hier tritt der Insolvenzverwalter an die Stelle des Vorstands und hat das Verfahren entsprechend in Gang zu setzen und durchzuführen (siehe Kommentierung zu § 209 VAG).

VII. Anrechnung als Eigenmittel bei kleinen Versicherungsunternehmen. Sofern der VVaG als kleines Versicherungsunternehmen i. S. d. § 212 VAG nicht die Lebens- und Krankenversicherung betreibt, kann auf Antrag und mit Zustimmung der BaFin die Hälfte der Differenz zwischen den satzungsgemäß in einem Jahr zulässigen und den tatsächlich geforderten Nachschüssen als Eigenmittel angesetzt werden (§ 214 Abs. 1 Nr. 7 VAG).

10 **VIII. Kleinere Vereine.** § 182 VAG gilt auch für kleinere Vereine (§ 210 Abs. 1 VAG).

Bekanntmachungen

183 (1) **Die Satzung hat zu bestimmen, wie die Vereinsbekanntmachungen erlassen werden.**

(2) **Vereinsbekanntmachungen sind im Bundesanzeiger zu veröffentlichen.**

1 **I. Regelungsinhalt und Anwendungsbereich.** Abs. 1 stimmt mit § 28 Abs. 1 a. F. VAG überein; Abs. 2 enthält nicht mehr den Zusatz „elektronisch", da der Bundesanzeiger nur noch so geführt wird. § 183 VAG betrifft nur die von dem VVaG ausgehenden Bekanntmachungen, nicht die das Unternehmen betreffenden Bekanntmachungen des Registergerichts. Bekannt zu machen sind beispielsweise: Einberufung der obersten Vertretung (§§ 121 Abs. 3, 124 Abs. 1 AktG i. V. m. § 191 VAG); Änderungen im Aufsichtsrat (§ 106 AktG i. V. m. § 189 VAG); Jahresabschluss (§ 325 Abs. 2 HGB i. V. m. § 341 Abs. 2 HGB) bei großen VVaG Gläubigeraufruf bei Auflösung (§ 267 AktG i. V. m. § 204 Abs. 3 VAG). Für nicht in das Handelsregister einzutragende Versicherungsunternehmen sind die Unterlagen bei dem für den Sitz des Versicherungsunternehmens zuständigen Registergericht einzureichen (vgl. § 341 Abs. 1 und 2 HGB).

2 **II. Satzung.** Die **Satzung** hat zu bestimmen, was außer den in Rn. 1 erwähnten, aus dem Gesetz folgenden Aufgaben, bekannt zu machen, d. h. den Mitgliedern und/oder der Öffentlichkeit mitzuteilen ist. Auch wie oft und innerhalb welcher Fristen, soweit nicht die gesetzlichen Bestimmungen bereits

[2] Vgl. ferner VA 1913, 22; FKBP/*Kaulbach* § 27 Rn. 2.
[3] *OLG Naumburg* OLGE 32, 198.
[4] *Kisch*, Das Recht des Versicherungsvereins auf Gegenseitigkeit 1951, S. 199, 200.
[5] VerBAV 1972, 36; kritisch *Frels* ZVersWiss 71, 592.

Vorschriften darüber enthalten. Gesetzliche Veröffentlichungen, z. B. zum Jahresabschluss bleiben unberührt.[1]

III. Pflichtorgan. Nunmehr sind auch vom Gesetz keine Ausnahmen mehr zugelassen, nachdem die BaFin grundsätzlich keine Ausnahmen gestattete. Bekanntmachungen können nur noch im Bundesanzeiger vorgenommen werden. 3

IV. Kleinere Vereine. Für **kleinere Vereine** gilt gem. § 210 Abs. 1 S. 1 nur Abs. 1. Da Abs. 2 nicht gilt, brauchen kleinere Vereine, auch wenn sich ihr Geschäftsbetrieb über mehrere Bundesländer erstreckt, ihre Bekanntmachung nicht im Bundesanzeiger zu veröffentlichen; bei Beschränkungen der Geschäftstätigkeit auf ein Land gilt Abs. 1, d. h. die Satzung hat ein Veröffentlichungsblatt zu bestimmen. 4

Organe

184 Die Satzung hat zu bestimmen, wie ein Vorstand, ein Aufsichtsrat und eine oberste Vertretung (oberstes Organ; Versammlung von Mitgliedern oder von Vertretern der Mitglieder) zu bilden sind.

Übersicht

I. Vorbemerkung. Die Bestimmung entspricht dem Wortlaut des § 29 VAG a. F. Die Bedeutung des § 184 VAG zielt in zwei Richtungen: zum einen bestimmt sie die Organe, über die ein VVaG verfügen muss (Vorstand, Aufsichtsrat und oberste Vertretung), zum anderen überlässt die Regelung die Art und Weise wie diese Organe gebildet werden der Satzung und damit der Vereinsautonomie (siehe hierzu insbes. Rn. 4). Für alle drei Organe sieht das Gesetz spezielle Regelungen vor: § 188 VAG für den Vorstand, § 189 VAG für den Aufsichtsrat und § 191 VAG für die oberste Vertretung. Kennzeichnend für alle drei Organe ist der Verweis auf aktienrechtliche Vorschriften. Diese Regeln sind einerseits zwingend andererseits entsprechend auf die Bildung der Organe anzuwenden, sie schränken insoweit die Satzungsautonomie des Vereins ein.[1] 1

II. Die Organe im Einzelnen. 1. Vorstand. Der **Vorstand** wird gem. § 188 VAG i. V. m. § 84 AktG vom Aufsichtsrat bestellt und abberufen; für Satzungsbestimmungen bleibt daher nur ergänzender Spielraum. Näheres zum Vorstand: § 188 VAG. Bei der Bestellung zum Vorstandsmitglied ist zwischen dem organisationsrechtlichen/gesellschaftsrechtlichen Akt der Bestellung und dem schuldrechtlichen Anstellungsvertrag zu unterscheiden, für dessen Ausgestaltung und Abschluss ebenfalls der Aufsichtsrat zuständig ist.[2] 2

2. Aufsichtsrat. Die Mitglieder des **Aufsichtsrats** werden von der obersten Vertretung gewählt, § 189 VAG i. V. m. § 101 Abs. 1 AktG, soweit nicht gem. § 1 Abs. 1 Ziff. 4 i. V. m. § 4 DrittelbG vom 18.5.2004 ein Drittel der Aufsichtsratsmitglieder von den Arbeitnehmern zu wählen ist; für Satzungsbestimmungen bleibt nur ergänzender Spielraum. 3

Im Hinblick auf den **Legitimationsfluss**: oberste Vertretung → Aufsichtsrat → Vorstand genügt es der personalen Grundstruktur des VVaG, wenn die oberste Vertretung nach § 191 S. 1 VAG i. V. m. § 124 Abs. 3 AktG bei der Wahl von Aufsichtsratsmitgliedern über Vorschläge, die – **ausschließlich** (keine informelle Abstimmung zwischen Aufsichtsrat und Vorstand mit der Gefahr, dass der Vorstand die 4

[1] *Beschlusskammer des BAV* VerBAV 1976, 250.
[1] Zu § 184: *Hadding/Klatt,* FS Lwowski 2014, S. 317 ff.
[2] *Bürgers/Israel* in: Bürgers/Körber, AktG, 1. Aufl. 2008, § 84 Rn. 13 ff.

Personalentscheidung prägt, also Vermeidung von Selbstkontrolle) – der von den Mitgliedern (Mitgliedervertretern) gewählte Aufsichtsrat macht, abstimmt.[3]

Die Mitglieder(vertreter)versammlung hat dann darauf zu achten, dass die vorgeschlagenen über die für die Ausübung der Aufsichtsratstätigkeit erforderliche Kompetenz und Eignung verfügen.

Allerdings lässt § 191 S. 1 VAG daneben durch die Verweisung auf § 127 AktG es auch zu, dass Mitglieder (Mitgliedervertreter) selbst einen Vorschlag zur Wahl von Aufsichtsratsmitgliedern (oder von Abschlussprüfern) machen. Im Falle der Mitgliedervertretung steht dieses Recht nur den Mitgliedern zu, die Angehörige dieses Organs sind. Die Norm enthält ein die Opposition schützendes Minderheitenrecht.[4] Näheres zum Aufsichtsrat: § 189 VAG. Die Nicht-Erwähnung des VVaG in § 1 Abs. 1 Nr. 1 MitbestG ist in der Literatur umstritten. Grundsätzlich ist zu sagen, dass sich auch beim VVaG Kapital (Gesamtheit Interessen der Mitglieder) und Arbeit im klassischen Sinne „gegenüber stehen". Gleichwohl wird die geltende Regelung nicht als verfassungswidrig angesehen.[5] Letztlich wird auch deutlich, dass der Gesetzgeber die Nicht-Erwähnung des VVaG in § 1 Abs. 1 MitbestG vor dem Hintergrund der von ihm vorgenommenen Interessenwertung geregelt hat, denn nach Abs. 4 haben die Arbeitnehmer der Unternehmen, die den Aufsichtsrat nicht nach Abs. 1 bilden nur einen Anspruch nach dem DrittelbG. Auf VVaG trifft der klassische Gegensatz zwischen Kapital und Arbeit, wie er für die in Abs. 1 Ziff. 1 MitbestG genannten Gesellschaften kennzeichnend ist, nicht zu.[6]

5 Die umwandlungsrechtliche Vorschrift des § 116 Abs. 2 S. 3 UmwG, wonach bei der Verschmelzung durch Neugründung in der Bekanntmachung der Tagesordnung für Vorschläge hinsichtlich der zu wählenden Aufsichtsräte bei Unternehmen, bei denen der Aufsichtsrat auch aus Aufsichtsratsmitgliedern der Arbeitnehmer besteht, die Beschlussvorschläge zur Wahl von Aufsichtsratsmitgliedern nur der Mehrheit der Stimmen der Aufsichtsratsmitglieder, die von der obersten Vertretung bestimmt wurden, bedarf, ist konsequent, da über Arbeitnehmervertreter im Aufsichtsrat die Arbeitnehmer beschließen. Die „fraktionelle Zusammensetzung" des Aufsichtsrats spiegelt sich demnach auch beim Vorschlagsrecht wider. Ein Recht, Mitglieder in den Aufsichtsrat zu entsenden, kann bestimmten Mitgliedern als **Sonderrecht** nicht eingeräumt werden, da § 189 Abs. 3 die Anwendbarkeit des § 101 Abs. 2 AktG ausschließt (Grenze der Satzungsautonomie). Eine Teilhabe am Aufsichtsrat kann satzungsgemäß als Sonderrecht nur den Gründern, die den Gründungsstock zur Verfügung stellen nach § 178 Abs. 1 VAG ermöglicht werden.

6 **3. Sonderorgane.** Kein Organ des VVaG ist ein **Beirat**, der zu Unterstützung des Aufsichtsrats eingesetzt wird.[7] Gleiches gilt für den **Treuhänder** zur Überwachung des Sicherungsvermögens (§ 128 VAG) und dessen Stellvertreter sowie für den Aktuar.[8] Treuhänder und Aktuar nehmen spezifisch öffentlich-rechtliche Aufgaben in den Unternehmen ohne Rücksicht auf die Rechtsform wahr. Organe sind nur solche Gremien, denen gesellschaftsrechtlich, organisatorische Kompetenz zur Führung und Kontrolle des Unternehmens und seiner Organe zukommt.[9] [10] Besondere Vertreter nach § 30 BGB stellen ein zusätzliches, neben dem Vorstand stehendes Vereinsorgan dar.[11] Sie können nicht in einem VVaG bestellt werden, weil § 184 VAG die beim VVaG möglichen Organe abschließend aufzählt und die Verweisung auf die aktienrechtlichen Vorschriften im Organisationsrecht des VVaG, den Rückgriff auf BGB-Vorschriften beim „großen" VVaG verbietet.

7 **4. Die oberste Vertretung. a) Allgemeines. Die oberste Vertretung** ist die Mitglieder- oder die Vertreterversammlung, allerdings nicht in dem Sinne, dass sie dem Vorstand und dem Aufsichtsrat übergeordnet oder weisungsberechtigt wäre (anders beim kleineren VVaG, vgl. § 210 Rn. 94).[12] Es bleibt für den großen VVaG bei der strengen Trennung der Funktionen zwischen Vorstand (Geschäftsführung), Aufsichtsrat (Kontrollorgan) und obersten Vertretung (Vertreter der Mitgliederinteressen und Wahlorgan für den Aufsichtsrat). Damit wird eine Teilung der Macht in dem Unternehmen erreicht und gleichzeitig auch eine gewisse Ausbalancierung der den Organen verliehenen Kompetenzen erreicht wie sie auch das AktG für die Organe der AG vorsieht. Über Angelegenheiten der Geschäftsführung kann die oberste Vertretung nur unter den Voraussetzungen von § 191 VAG i. V. m. § 119 Abs. 2 AktG entscheiden. Streitig ist, ob der Vorstand bei bestimmten Geschäftsführungsmaßnahmen

[3] *Fahl*, Corporate Governance im Versicherungsverein aG, Diss. 2004, S. 13 ff. „… es etabliere sich ein mit Vorstand und Aufsichtsrat eng verbundener Führungszirkel …".

[4] *Koch* in Hüffner/Koch AktG, 12. Aufl. 2016, § 127 Rn. 1, § 126 Rn. 1.

[5] *Petersen*, Versicherungsunternehmensrecht, 2003, S. 712; a. A. *Hauth*, Unternehmensverfassungsrechtliche Probleme des Versicherungsvereins auf Gegenseitigkeit, 1984, S. 185.

[6] *Farny* S. 234.

[7] *Benkel* S. 315; Goldberg/Müller/*Müller* § 29 Rn. 12; *Frels* in: Peiner, Grundlagen des VVaG, 1995, S. 130, 139.

[8] *Arnold* VerBAV 1954, 171, 173; *ders.* VerBAV 1953, 272.

[9] Zur Stellung von Ehrenvorsitzenden *Benkel*, S. 194.

[10] Über Sonderorgane des VVaG *Frels* AG 58, 79.

[11] Palandt/*Ellenberger* § 30 Rn. 1 f.

[12] *Benkel* S. 177; *Großfeld,* Der Versicherungsverein auf Gegenseitigkeit im System der Unternehmensformen, 1985, S. 72; *Müller-Wiedenhorn*, Versicherungsvereine auf Gegenseitigkeit im Unternehmensverbund, 1993, S. 30.

nicht nur berechtigt, sondern sogar verpflichtet ist, eine Entscheidung der obersten Vertretung herbeizuführen.[13] In diesem Zusammenhang ist die sog. „Holzmüller-Entscheidung" des BGH von Bedeutung, in der der Hauptversammlung ein Mitspracherecht aus Anlass strukturändernder Maßnahmen eingeräumt wird.[14] Ausgehend von dieser Entscheidung kann bei Fehlen der Zustimmung der Mitglieder(Vertreter)Versammlung das einfache Mitglied (bzw. ein Mitgliedervertreter bei Bestehen einer Vertreterversammlung), das Fehlen der Zustimmung gerichtlich geltend machen, wenn es um schwerwiegende Eingriffe in die Rechtssphären und Interessen der Mitglieder geht,[15] soweit die Geltendmachung des Anspruchs nicht satzungsmäßigen Beschränkungen unterliegt.[16] Abgesehen davon kann die Mitgliederversammlung bzw. -vertreterversammlung nur insoweit als oberste Vertretung bezeichnet werden, als sie den Aufsichtsrat wählt, der seinerseits den Vorstand bestellt. Mitgliederversammlung und Mitgliedervertreterversammlung stehen nach der Struktur des § 184 VAG gleichberechtigt nebeneinander.[17]

b) Zusammensetzung. Die oberste Vertretung ist entweder die Versammlung der Mitglieder – umfasst also dann alle Mitglieder des VVaG – oder eine Versammlung von Vertretern der Mitglieder (Vertreterversammlung). Der Gesetzgeber macht durch den Wechsel der Bezeichnung von „oberster Vertretung" vor der Klammer deutlich, dass dieses Organ ein Vertretungsorgan der Mitglieder ist und auf vielfältige Weise (siehe Klammerzusätze) gebildet werden kann. Damit hat der Gesetzgeber die verschiedenen Formen der Vertretung der Mitgliederinteressen der Satzungsautonomie vorbehalten und stellt diese verschiedenen Strukturen gleichwertig nebeneinander. Bei den großen VVaG überwiegt aus praktischen Gründen die Vertreterversammlung. Es ist allgemein anerkannt, dass die Repräsentation der Mitglieder durch Vertreter nicht den Grundsätzen demokratischer Organisation widerspricht (s. § 43a GenG).[18] Fraglich ist vielmehr, ob bei einem großen VVaG mit hohen Mitgliederzahlen eine Mitgliederversammlung überhaupt noch effektive Kontrollfunktionen wahrnehmen könnte. „Die Erfahrung hat … gezeigt, dass von einer bestimmten Mitgliederzahl an die mittelbare Demokratie einer Vertreterversammlung den Gesamtwillen der Mitglieder oft zuverlässiger widerspiegeln als die unmittelbare Demokratie einer großen Mitgliederversammlung, deren Zusammensetzung und Meinungsbildung vielfach von Zufällen (Anwesenheit) und Stimmungen abhängt."[19] Zweckmäßigkeit, Praktikabilität, Kostenaspekte, Sicherung des Sachverstandes – all dies sind Elemente, die im Rahmen der Satzungsautonomie berücksichtigt werden können und dürfen. Einzuhalten sind die allgemeinen, die Satzungsautonomie einschränkenden Regelungen[20] Eine „basisdemokratische" Mitgliederversammlung kann hieraus aber – unabhängig von der Größe des VVaG – nicht abgeleitet werden. Mangels einer vom Mitglied zu leistenden Einlage (über den Versicherungsbeitrag hinaus) fehlt es auch an der sachlichen Legitimation für solche Forderungen. Schließlich ist auch zu bedenken, dass bei großen AGs das Depotstimmrecht die Durchführbarkeit solcher Großveranstaltungen erst ermöglicht. Möglichkeiten über neue Medien (z. B. Internet) erzwingen nicht eine Änderung der in der Rechtsform begründeten Regelungsautonomie, zumal hierdurch die Bedenken gegen eine umfassende Beteiligung aller Mitglieder großer VVaG nicht entkräftet werden. Eine ganz andere Frage ist, wie die Wahlverfahren für eine Mitgliedervertreterversammlung ausgestaltet sein müssen, damit eine sachgerechte Repräsentanz der Mitglieder im obersten Organ erreicht wird und dem Grundsatz der Transparenz von Macht und Kontrolle entsprochen und Interessenkonflikte vermieden werden. 8

Unabänderliche Voraussetzung für eine wirksame Wahrnehmung der Selbstverwaltung ist, dass die Mitgliedervertreter selbst Mitglieder des VVaG sind.[21] Abzulehnen ist daher die Auffassung, wonach die Mitglieder der obersten Vertretung kein Rechtsverhältnis mit dem Verein haben müssen.[22] § 184 VAG verlangt eine Versammlung „von Mitgliedern oder Vertreter der Mitglieder"; das Bestehen eines Vers-Verhältnisses ist aber konstitutiv für die Mitgliedschaft im „Versicherungs"verein. Das Recht des Mitglieds auf Wahl zur Mitgliedervertreterversammlung kann ihm grundsätzlich weder entzogen, noch kann die Mitgliedschaft auf dritte Außenstehende übertragen werden. Dazu mehr bei der Frage der Zulässigkeit des Kooptationsverfahrens. 9

[13] *Benkel* S. 180.
[14] *BGH* Urt. v. 25.2.1982 – II ZR 174/80, NJW 1982, 1703.
[15] *OLG München* Urt. v. 12.5.1993 - 27 U 459/92, AG 1994, 134, 135.
[16] *Benkel* Diss., S. 333.
[17] *Großfeld*, Der Versicherungsverein auf Gegenseitigkeit im System der Unternehmensformen, 1985, S. 73, der hinsichtlich eines etwaigen „Defizits an privatautonomer Einflußstärke" auf das weitgehend zwingende Gesetzesrecht verweist.
[18] *Ullrich*, Die Bildung der obersten Organe der großen Versicherungsvereine auf Gegenseitigkeit, 1951, S. 58 ff.; *Kisch*, Das Recht des Versicherungsvereins auf Gegenseitigkeit, 1951, S. 102, Fn. 3a; *Brenzel*, Der Versicherungsverein auf Gegenseitigkeit, 1975, S. 25.
[19] *Turner*, Die eingetragene Genossenschaft im System des Gesellschaftsrechts, 1992 S. 56 ff.; für die Genossenschaft; vgl. auch die Begr. zum VAG Mot. S. 42.
[20] Zur Angemessenheitsprüfung: Bamberger/Roth/*Schöpflin* § 25 Rn. 28–32.
[21] *Müller-Wiedenhorn*, Versicherungsvereine auf Gegenseitigkeit im Unternehmensverbund, 1993, S. 45.
[22] FKBP/*Kaulbach* § 29 Rn. 8.

10 In die oberste Vertretung können Personen, die den Gründungsfonds zur Verfügung gestellt haben, nicht gewählt werden, soweit sie nicht Mitglieder sind.[23]

11 Zur Wahl von Aufsichtsratsmitgliedern zu Mitgliedervertretern hat sich die Aufsicht geäußert (vgl. § 189 VAG Rn. 5).[24] Eine in der Satzung vorgesehene Berufung in die Mitgliedervertretung durch eine andere Stelle als die Mitglieder und die Mitgliedervertretung soll dann mit dem Gedanken der Selbstverwaltung vereinbar sein, wenn dafür Sorge getragen ist, dass die Mehrzahl der Mitgliedervertreter von den Mitgliedern oder Mitgliedervertretern gewählt wird.[25] Die Auffassung ist abzulehnen, sie widerspricht dem **Gedanken der Selbstverwaltung,** zu dem auch die Selbstverantwortung gehört. Das Entsenderecht Außenstehender führt zu externen Einflüssen auf den VVaG und zur Konsequenz, dass die Entsendeberechtigten wichtige personelle Entscheidungen für die Organisation des VVaG treffen, ohne selbst zur Verantwortung gezogen werden zu können (vgl. allgemeine Treuepflicht nach § 191 S. 1 VAG i. V. m. § 243 Abs. 2 AktG).[26] Zum Entsenderecht in den Aufsichtsrat vgl. unten § 189 VAG Rn. 13.

12 **c) Satzungsbestimmungen.** Die Satzung muss Bestimmungen darüber enthalten, ob die oberste Vertretung Mitglieder- oder Vertreterversammlung ist. Im Übrigen trifft das Gesetz keine Regelungen für den Satzungsinhalt. Allerdings weist bereits die Formulierung „Die Satzung hat zu bestimmen, … von Mitgliedern oder von Vertretern der Mitglieder zu bilden sind", dass die oberste Vertretung nur aus Mitgliedern bestehen kann. Außerdem ist dadurch eindeutig geklärt, dass eine **Vertreterversammlung** zulässig ist.[27]

13 Eine feste **Zahl** von Mitgliedervertretern ist nicht zwingend erforderlich, auch keine Höchstzahl.[28] Zulässig ist vielmehr, wenn manche Satzungen nur eine Mindestzahl und andere eine Höchstzahl vorsehen, ebenso die Festlegung einer Mindest- und einer Höchstzahl.[29] Da die Versammlung in bestimmten Fällen mit ¾-Mehrheit entscheiden muss – z. B. Gewährung von Genussrechten (§ 191 S. 5 VAG), Auflösungsbeschluss gemäß § 199 VAG – ist eine Mindestzahl von vier Mitgliedern zu empfehlen. In nahezu allen Fällen großer VVaG wird und muss eine deutlich größere Anzahl von Mitgliedervertretern bestimmt werden. Die Satzung muss auch keine Bestimmungen hinsichtlich der **Voraussetzungen für das Amt** des Mitgliedervertreters – etwa hinsichtlich Dauer der Mitgliedschaft, MindestVerssumme, gewisses Lebensalter etc.- enthalten. Das passive Wahlrecht steht grundsätzlich jedem Vereinsmitglied zu.[30] Entsprechend regelt § 43a Abs. 2 GenG, dass als Vertreter grundsätzlich jedes Mitglied der Genossenschaft, das nicht dem Vorstand oder Aufsichtsrat angehört, wählbar ist. Allerdings nimmt das VAG nicht auf § 43a GenG Bezug. Auch Regelungen zur **Amtsdauer** schreibt das Gesetz nicht vor. Die Versicherungsaufsichtsbehörde hat Satzungen genehmigt, die eine Amtsdauer von bis zu neun Jahren vorsehen (vgl. auch § 43a Abs. 4 GenG: Amtszeit bis zu vier Jahren zulässig).[31]

14 **III. Wahlen zur obersten Vertretung.** In der Praxis haben sich unterschiedliche Verfahrensweisen herangebildet. Allerdings ist bei denjenigen Formen der Bildung der obersten Vertretung, bei denen die große Mehrzahl der Mitglieder von dem Willensbildungsprozess des obersten Organs ausgeschlossen bleibt, darauf zu achten, dass hiermit nicht eine satzungsmäßig verankerte vollständige Entrechtung des einzelnen Mitglieds verbunden ist.[32]

15 **1. Urwahl.** Das System der **Urwahlen**[33] setzt, wenn sie nicht in der Mitgliederversammlung bereits zu Beginn der Geschäftsaufnahme beschlossen wurde, eine Wahlordnung voraus, die auch Bestandteil der Satzung sein kann und bei größerer Vielfalt im Einzelnen meist folgendes vorsieht: Ein Wahlausschuss bereitet die Wahl vor und führt sie durch;[34] es werden Wahlbezirke in einem bestimmten Verhältnis zur Mitgliederzahl gebildet; für diese Wahlbezirke werden Vorschlagslisten aufgestellt, sei es vom Wahlausschuss, sei es von einer bestimmten Anzahl der Mitglieder, die Wahl findet schriftlich statt oder auf Versammlungen der Mitglieder in den einzelnen Wahlbezirken; bei schriftlicher Wahl ent-

[23] VA 33, 229.

[24] GB 1967, 34.

[25] Durch die Organe eines dem VVaG besonders nahe stehenden Berufsstandes; durch die Vertreter eines Unternehmens, dessen Angestellte Mitglieder des VVaG sind und das die Beiträge ganz oder zum Teil aufbringt; durch den Betriebsrat der Muttergesellschaft einer Firmenkasse, GB 1971, 54; weitgehend *Kisch*, Das Recht des Versicherungsvereins auf Gegenseitigkeit, 1951, S. 102; a. A. *Brenzel*, Der Versicherungsverein auf Gegenseitigkeit, 1975, S. 54 ff.

[26] Vgl. im Übrigen zum Meinungsstand *Benkel* S. 85.

[27] Zu den Wählbarkeitsvoraussetzungen grundsätzlich *Benkel* S. 77, der eine andere Regelung als mit dem Gegenseitigkeitsprinzip und dem Gedanken der Repräsentation nicht für vereinbar hält.

[28] *Müller-Wiedenhorn*, Versicherungsvereine auf Gegenseitigkeit im Unternehmensverbund, 1993, S. 45.

[29] So zu Recht *Benkel* Diss. S. 127.

[30] *Benkel* Diss. S. 128; *Reichert/Dannecker*, Handbuch des Vereins- und Verbandsrechts, 5. Aufl., 1993, Rn. 2694.

[31] Zu Einzelheiten *Benkel* Diss. S. 131.

[32] Vgl. *Benkel* S. 95.

[33] Dazu *Brenzel*, Der Versicherungsverein auf Gegenseitigkeit, 1975, S. 29 ff.

[34] Zur Bestellung vgl. *Großfeld*, Der Versicherungsverein auf Gegenseitigkeit im System der Unternehmensformen, 1985, S. 63.

scheidet die Stimmenmehrheit. Gegen das Urwahlverfahren wird eingewendet, dass die Teilnahme regelmäßig verschwindend gering ist, so dass eine Mitgliedervertretung nicht als wirklich repräsentativ angesehen werden kann.[35] Bei großen VVaG kann die Urwahl schon aus Kostengründen unzumutbar sein.[36] Nicht zu verkennen ist aber auch, dass der Aufstellung der Kandidatenliste entscheidende Bedeutung für die konfliktfreie Wahrung der repräsentativen Interessen der Mitglieder zukommt und die Wahl durch die Mitglieder zu einer reinen Formalität werden kann.[37] Schließlich ist zu bedenken, dass sich unabhängige und sachkundige Personen Massenwahlen nicht gerne stellen.[38] Andererseits besteht bei entsprechendem Wahlaufwand einzelner Mitglieder die Gefahr der Manipulation der Zusammensetzung der durch Urwahl gebildeten Mitgliedervertretung; zumal die zu wählenden Mitgliedervertreter in aller Regel den Mitgliedern nicht bekannt sind. Der Vorteil des Systems der Urwahl ist, dass es dem Gedanken der Gegenseitigkeit am ehesten entspricht.

2. Einspruchssystem. Gewählt sind die Mitglieder, die auf einer von einem Wahlausschuss gewählten Liste stehen, wenn nicht eine bestimmte Anzahl von wahlberechtigten Mitgliedern innerhalb einer bestimmten Frist widerspricht (dann meist Wahl durch schriftliche Abstimmung, bei der die Stimmenmehrheit entscheidet). Die für den Einspruch erforderlichen Zahlen bewegen sich zwischen 500 und 3.000, vielfach werden auch 5% oder 10% der Gesamtmitgliederzahl verlangt.[39] Das Einspruchssystem wird ganz überwiegend für zulässig erachtet.[40] Man wird allerdings darauf achten müssen, dass das für den Einspruch erforderliche Quorum nicht zu hoch angesetzt wird. Andernfalls könnte hier eine unzulässige Entrechtung der Mitgliederrechte vorliegen. Schließlich ist auch zu fordern, dass die Mitglieder in ausreichender Form auf die Möglichkeit des Einspruchs hinzuweisen sind. Die häufig in der Praxis anzutreffenden Argumente des Desinteresses der Mitglieder am Schicksal ihres VVaG sind genau so wenig geeignet, eine totale Zurückbildung des mitgliedschaftlichen Organisationsrechts zu begründen, wie dies auch bei der Aktiengesellschaft anzutreffen wäre. Das Desinteresse der Mitglieder eines VVaG resultiert aber auch oft aus der Art und Weise wie ein VVaG seine Mitglieder behandelt. Den Mitgliedern bleibt beim Einspruchssystem ein gewisser Einfluss auf die Zusammensetzung der Mitgliedervertretung erhalten. Der Wahlausschuss kann fach- und sachkundige Mitgliedervertreter auswählen.[41] Nach Ansicht von *Hauth* und *Brenzel* sollen dem Wahlausschuss, der die Vorschlagsliste erstellt, keine Mitglieder von Aufsichtsrat und Vorstand angehören (Interessenkonflikte).[42] Ein unverbindlicher Meinungsaustausch zwischen Vorstand und Aufsichtsrat kann möglicherweise Defizite im Rahmen des Willensbildungsprozesses des Wahlausschusses beseitigen helfen; allerdings ist in der Satzung sicherzustellen, dass dem Wahlausschuss keine Vorstands- und Aufsichtsratsmitglieder angehören dürfen und der Wahlausschuss berechtigt ist, allein zu tagen (Grundsatz des organisationsrechtlichen Legitimationsflusses und der Interessenkonfliktvermeidung).[43] 16

3. Die Kooptation. Bei der Kooptation (Selbstergänzung) werden die Vorschläge meist von Vorstand und/oder Aufsichtsrat gemacht, doch geben manche Satzungen einer Mindestzahl von Mitgliedern das Recht, zuzuwählende Mitglieder vorzuschlagen und diesen Vorschlag durch einen von ihnen entsandten Vertreter in der Mitgliedervertreterversammlung zu begründen.[44] Das Vorschlagsrecht kann auch bei einem ausschließlich aus Mitgliedern bestehenden Wahlausschuss liegen. Die neuen Mitgliedervertreter werden beim Kooptationsverfahren von der Vertreterversammlung selbst gewählt. Allerdings lässt sich bei diesem System mit Recht fragen, welche Mitgliedervertreterversammlung wird ernsthaft dem von Aufsichtsrat und Vorstand zur Zuwahl vorgeschlagenen Mitgliedervertreter widersprechen? Das System der Kooptation ist nach herrschender Meinung **rechtmäßig** und mit **körperschaftsrechtlichen** 17

[35] *Benkel* Diss. S. 158; *Großfeld*, Der Versicherungsverein auf Gegenseitigkeit im System der Unternehmensformen, 1985, S. 59; *v. Wick/Greve* VerBAV 1993, 29; *Hübner* in: Peiner, Grundlagen des Versicherungsvereins auf Gegenseitigkeit, 1995, S. 13; *Müller-Wiedenhorn*, Versicherungsvereine auf Gegenseitigkeit im Unternehmensverbund, 1993, S. 49.

[36] *Klein* VW 1993, 686; *Brunn*, Die privatrechtliche Gegenseitigkeitsversicherung in sechs Mitgliedstaaten der EWG, 1973, S. 98/99.

[37] Vgl. *Großfeld*, Der Versicherungsverein auf Gegenseitigkeit im System der Unternehmensformen, 1985, S. 59.

[38] *Großfeld*, Der Versicherungsverein auf Gegenseitigkeit im System der Unternehmensformen, 1985, S. 59; *Müller-Wiedenhorn*, Versicherungsvereine auf Gegenseitigkeit im Unternehmensverbund, 1993, S. 49.

[39] *Großfeld*, Der Versicherungsverein auf Gegenseitigkeit im System der Unternehmensformen, 1985, S. 59.

[40] So *Brenzel*, Der Versicherungsverein auf Gegenseitigkeit, 1975, S. 32; *Hauth*, Unternehmensverfassungsrechtliche Probleme des Versicherungsvereins auf Gegenseitigkeit, 1984, S. 144 ff. m. w.N; a. A. *Thees* VW 1949, 172.

[41] *Müller-Wiedenhorn*, Versicherungsvereine auf Gegenseitigkeit im Unternehmensverbund, 1993, S. 49; kritisch zur Geeignetheit des Einspruchssystems *Großfeld*, Der Versicherungsverein auf Gegenseitigkeit im System der Unternehmensformen, 1985, S. 59; *Raiser* ZVersWiss 1965, 468 ff.; *Müller-Wiedenhorn*, Versicherungsvereine auf Gegenseitigkeit im Unternehmensverbund, 1993, S. 49.

[42] *Huth*, Unternehmensverfassungsrechtliche Probleme des Versicherungsvereins auf Gegenseitigkeit, 1984, S. 147. *Brenzel*, Der Versicherungsverein auf Gegenseitigkeit, 1975, S. 64.

[43] Zum Wahlverfahren *G. Frels* FS Samwer, 1941, 67 ff.; *Ullrich*, Die Bildung der obersten Organe der großen Versicherungsvereine auf Gegenseitigkeit, 1959, S. 36 ff.; *Thees* VW 1949, 172; *Raiser* VW 1949, 143.

[44] *Brenzel*, Der Versicherungsverein auf Gegenseitigkeit, 1975, S. 333 ff.; *G. Frels* S. 67; *Ullrich,* Die Bildung der obersten Organe der großen Versicherungsvereine auf Gegenseitigkeit, 1959,S. 45 ff.

Grundsätzen vereinbar.[45] Die Zweckmäßigkeit des Kooptationsprinzips ist in der Praxis unbestritten, in der Aufsichtspraxis wird es seit jeher – aber nicht unumstritten – anerkannt. Das weiterhin fortbestehende Genehmigungserfordernis für die Satzung des VVaG (§ 9 Abs. 2 Ziff. 1 VAG) verschafft dem Kooptationsprinzip zusätzliche Legitimation. *Baumann*[46] geht von der Zulässigkeit der Kooptation aus, die Ausdruck einer Typenvermischung von Körperschaft und Stiftung sei. Um etwa bestehende Legitimationsdefizite auszugleichen, postuliert er eine richterliche Inhaltskontrolle gemäß § 242 BGB von Satzung bzw. Satzungsänderungen. Wichtig ist, dass auch die im Wege der Kooptation zusammengesetzte oberste Vertretung der Mitglieder einen repräsentativen Querschnitt der Mitglieder des VVaG abbildet und so eine Legitimation zur Interessenvertretung besitzt (vgl. § 171 Rn. 8). Urwahl und Einspruchssystem gewährleisten bei großen Vereinen keinesfalls per se eine sachgerechtere Interessenwahrnehmung der Mitgliederinteressen. Angesichts der tatsächlichen Verhältnisse bei Urwahl- und Einspruchssystem ist die **Repräsentation der Mitgliederinteressen** beim Kooptationssystem mindestens ebenso stark.[47] Letztlich liegt hier ein in gewissem Sinne unauflöslicher Widerspruch zwischen dem zur Selbstverwaltung gehörenden unentziehbaren organisationsrechtlichen Kernbereich der Mitgliedschaft und der Sicherung der Funktionsfähigkeit der obersten Vertretung und damit wiederum der Selbstverwaltung vor.

18 Funktionsfähigkeit der Organe sowie Kontinuität und Verlässlichkeit der Entscheidungsträger erfordern es, dass die Bestellung der Organmitglieder nicht von Zufälligkeiten abhängt. Solange die getroffenen Regelungen angemessen im Sinne des Interessenausgleichs VVaG – Mitglied sind, ist das Kooptationsprinzip von der Satzungsautonomie grundsätzlich gedeckt. Auch bei VersAG ist die Besetzung der Organe in aller Regel nicht dem Zufall überlassen. Bei großen VVaG können solche Entwicklungen schon ihrer wirtschaftlichen Bedeutung wegen nicht hingenommen werden. Allerdings ist auch zu bedenken, dass die Aktiengesellschaft in der Hauptversammlung ebenfalls mit einer „ungefilterten" Präsenz der Aktionäre rechnen muss und es dann insbesondere auf das Geschick des Versammlungsleiters ankommt, die Hauptversammlung sachbezogen zu leiten. Das Kooptationsprinzip gewährleistet, dass Kompetenz in der Mitgliedervertreterversammlung vorhanden und eine Stabilität der Entscheidungsträger gewährleistet ist. Auf diesem Weg kann auch sichergestellt werden, dass die Mitglieder der obersten Vertretung sich ihrer besonderen Verantwortung als Träger des Unternehmens bewusst sind und dieser Aufgabe gerecht werden. In der Literatur wird aber zu bedenken gegeben, dass auch bei angemessener Repräsentation der Mitgliederinteressen, dem einzelnen Mitglied ein **unentziehbarer Kern** hinsichtlich des Rechts der **Selbstverwaltung** verbleiben müsse.[48]

19 Die Satzungen der großen VVaG mit Kooptationsprinzip räumen dementsprechend häufig allen Mitgliedern außerhalb der Mitgliedervertretung weitere Rechte ein (z. B. Vorschlagsrechte zur Beschlussfassung oder zur Wahl der Mitgliedervertreter, Auskunftsrechte, Antragsrechte zusammen mit einer definierten Anzahl weiterer Mitglieder). Auf das Vorhandensein solcher Rechte hat die Aufsichtsbehörde bei der Zulassung zu achten.[49] Allerdings werden durch diese Minderheitsrechte häufig nur einzelne Tagesordnungspunkte einer Mitgliedervertreterversammlung berührt, eine zumindest rechtsdogmatisch abgesicherte, theoretische Einflussnahme auf die Zusammensetzung der obersten Vertretung durch die Mitglieder im Sinne der Ableitung der Legitimation von den Mitgliedern wird hierdurch nicht erreicht.[50] Reine Praktikabilitätserwägungen vermögen jedoch das Kooptationsverfahren nicht ausreichend zu begründen.[51] Allerdings könnte aus der durch § 40 BGB begründeten Dispositionsfähigkeit des § 32 BGB durchaus geschlossen werden, das Praktikabilitätserwägungen bezüglich der Organisation einer Mitgliederversammlung zulässig sind und damit auch eine Delegiertenversammlung nicht ausgeschlossen ist.[52] Gegen den Gedanken der Anwendbarkeit der §§ 40, 32 BGB auf den VVaG sprechen allerdings die eindeutigen Regelungen in den §§ 188, 189, 191 VAG mit ihren Verweisen auf das Aktienrecht, woraus evident zu entnehmen ist, dass für den VVaG der weite Rahmen der privatautonomen Gestaltungsfreiheit des BGB-Vereins nicht gegeben sein soll. Die Regelungen in §§ 40, 32 BGB

---

[45] So auch die h. M., vgl. *Müller-Wiedenhorn*, Versicherungsvereine auf Gegenseitigkeit im Unternehmensverbund, 1993, S. 49 ff.; FKBP/*Kaulbach* § 29 Rn. 6; *Frels* in: Peiner, Grundlagen des VVaG, 1995, S. 135 f.; *Benkel* S. 99; *Kisch*, Das Recht des Versicherungsvereins auf Gegenseitigkeit, 1951, S. 102 (Fn. 3a); *Raiser* ZVersWiss 1965, 465; *ders.* VW 1977, 1272; *Winter* FS R. Schmidt, 1976, 121; *Brenzel*, Der Versicherungsverein auf Gegenseitigkeit, 1975, S. 40; *Farny* ZVersWiss 84, 337; *Großfeld*, Der Versicherungsverein auf Gegenseitigkeit im System der Unternehmensformen, 1985, S. 68 ff.; *Lorenz* ZVersWiss 86, 303 ff.; Goldberg/Müller/*Müller* § 39 Rn. 9; zustimmend auch schon der Gesetzgeber des Jahres 1901, vgl. Mot. S. 42; a. A. *Thees* VW 49, 172; *Hauth*, Unternehmensverfassungsrechtliche Probleme des Versicherungsvereins auf Gegenseitigkeit, 1984, S. 30 ff., 137 ff.

[46] *Baumann*, Der VVaG mit kooptierter Vertreterversammlung, 1986, S. 49 ff.

[47] *Großfeld*, Der Versicherungsverein auf Gegenseitigkeit im System der Unternehmensformen, 1985, S. 61.

[48] *Benkel* Diss., S. 171 f.; *Neumann*, Rechtliche Möglichkeiten der Mitglieder zur Teilnahme an der Willensbildung der eingetragenen Genossenschaft, 1982, S. 58 ff.; *Frels* in: Peiner, Grundlage des VVaG, 1995, S. 138.

[49] *Großfeld*, Der Versicherungsverein auf Gegenseitigkeit im System der Unternehmensformen, 1985, S. 67; *Raiser* ZVersWiss 65, 482.

[50] Zur massiven Kritik an der Kooptation die Hinweise bei *Benkel* S. 97, 98.

[51] Kritisch zur Professionalität der obersten Vertretung, *Farny* S. 212.

[52] *Reichert*, Handbuch des Vereins- und Verbandsrechts, 9. Aufl. 2003, Rn. 2796 ff.; Bamberger/Roth/*Schwarz* § 32 Rn. 45.

bringen zum Ausdruck, dass vom Idealbild her im Vereinsrecht die Mitgliederversammlung die oberste Vertretung ist und alle anderen Organe (Vorstand, besondere Vertreter) direkt ihre Legitimation von ihr ableiten.

Bei der Ausfüllung der Satzungsautonomie müssen aber die der Mitgliedschaft inne wohnenden organisationsrechtlichen Kernrechte in die richtige Richtung des Legitimationsflusses (oberste Vertretung → Aufsichtsrat → Vorstand) beachtet werden. Dies führt dazu, das Kooptationsverfahren als zulässig anzusehen, wenn bei der Güterabwägung zwischen Praktikabilität/Funktionalität einerseits und dem mitgliedschaftlichen Teilhaberrecht an der Organisation des VVaG andererseits diese organisationsrechtlichen Kernrechte nicht unverhältnismäßig eingeschränkt werden. Die Trennlinie der Verhältnismäßigkeit wird immer umstritten sein. Die Verhältnismäßigkeit kann als gewahrt angesehen werden, wenn stets ein Wahlausschuss, der aus der Mitte der Mitgliedervertreter gebildet wird, über die Vorschläge zur Wahl der Mitgliedervertretung entscheidet, der sich ausschließlich (Vorauflage: mehrheitlich) aus Mitgliedern zusammensetzt. Ferner muss den nicht in der Mitgliedervertretung vertretenen Mitgliedern ein eigenes Vorschlagsrecht für die Wahl zur Mitgliedervertretung zustehen, das sie mit einem nicht zu hoch anzusetzenden Quorum ausüben können. Über dieses Gestaltungsrecht sind die Mitglieder zu informieren, sobald eine Ergänzungswahl ansteht. Schließlich gehört zum organisationsrechtlichen Kernrecht der Teilhabe an der Zusammensetzung der Mitgliedervertretung auch ein Einspruchsrecht, für das durchaus ein deutlich höheres Quorum (z. B. 1 % der Mitglieder) verlangt werden kann. Inhalt eines solchen Einspruchsrechts wäre ein Vetorecht in dem Sinne, dass beim Zustandekommen des Einspruchs der Wahlausschuss einen anderen Wahlvorschlag unterbreiten muss. Auch hierüber sind die Mitglieder zu informieren, wenn eine Zuwahl ansteht. Auf alle Fälle muss die Satzung aber zur Wahrung der **mitgliedschaftlichen Kernrechte auf Teilhabe an der Willensbildung im Verein** sicherstellen, dass Vorstand und Aufsichtsrat kein Vorschlagsrecht im Rahmen des Kooptationsverfahrens haben. Dies würde dem oben dargestellten Legitimationsfluss widersprechen und kann deshalb zu Interessenkonflikten führen. Es wäre als Verstoß gegen den Grundsatz Good Governance anzusehen; das Gegenseitigkeitsprinzip – als Teil der Good Governance – wäre verletzt. 20

Die **Kommunikation** des VVaG mit seinen Mitgliedern über die **mitgliedschaftlichen Kernrechte** und die im Interesse der Mitglieder anstehenden Entscheidungen ist ein wichtiges Element der Gegenseitigkeit und kann durchaus kostensparend im Rahmen der dem Mitglied aus anderen Anlässen (vertragsrechtliche Information/Marketingkampagnen) zugeleitete Postsendungen zugeleitet werden. Andererseits darf das Kostenargument der Realisierbarkeit organisationsrechtlicher Kernrechte nicht rechtsverdrängend entgegenstehen; zumal moderne Kommunikationsmittel in vielen Fällen eine kostensparende Kommunikation erlauben. 21

4. Das gemischte System. Bei einem **gemischten System** gilt an sich das Prinzip der Urwahl, doch werden Lücken, die zwischen der Wahl im Urwahlverfahren entstehen, durch Kooptation ergänzt.[53] 22

IV. Rechtsverhältnis zwischen VVaG und Mitgliedervertretern; Haftungsfragen. Zwischen den Mitgliedervertretern und dem VVaG entsteht kein eigenes neues Rechtsverhältnis, etwa einem Dienstvertrag oder Auftrag vergleichbar.[54] Es ist fraglich, ob die Mitglieder nach § 190 VAG i. V. m. § 117 Abs. 1 und § 116 AktG haften.[55] Die Anwendbarkeit des § 116 AktG erscheint nicht sachgemäß, da die Sorgfaltspflichten eines Aufsichtsrates (§ 116 AktG) nicht mit der eines Mitgliedervertreters deckungsgleich sind. Unterstützt wird diese Auffassung durch die Stellung des § 190 VAG, der die Schadenersatzpflicht gem. § 117 AktG für anwendbar erklärt und **nach** den Bestimmungen für den Vorstand und den Aufsichtsrat aber **vor** der Bestimmung zur obersten Vertretung steht. Erkennbar sollen die haftungsrechtlichen Bestimmungen (§§ 116, 117 AktG) nur für Vorstand und Aufsichtsrat Anwendung finden. Auf die Mitgliedervertreter trifft aber die allgemeine Treuepflicht aus § 191 S. 1 VAG i. V. m. § 243 Abs. 2 AktG in besonderer – durch sein Amt ausgeprägter – Weise. Hierzu zählt insbesondere die Verantwortlichkeit für die Gesamtheit der Interessen der Mitglieder und zwar nicht nur im Hinblick auf kurzfristige Ziele, sondern auch im Bezug auf die dauerhafte, nachhaltige Sicherung der Wettbewerbsfähigkeit des VVaG. Abgeleitet wird diese **allgemeine Treuepflicht** aus der mitgliedschaftlichen Förderpflicht des Gesellschaftszwecks (§ 705 BGB).[56] Diese umfasst dann auch Tatbestände, 23

[53] *Benkel* Diss. S. 138; *Winter* FS R. Schmidt, 1976, 121.

[54] *Frels* VersR 1958, 430 (Körperschaftliches Rechtsverhältnis – Bestellung und Anstellung wie bei den Vorstands- und Aufsichtsratsmitgliedern); a. A. *Benkel* S. 142: Bei Unentgeltlichkeit Auftragsverhältnis gem. §§ 662 ff. BGB, bei Vergütung auf Geschäftsbesorgung gerichteter Dienstvertrag gem. § 655 BGB i. V. m. §§ 611 ff. BGB.

[55] *Frels* VersR 1962, 1032; *Mohr.* Der Mitgliedervertreter als Repräsentant der Mitglieder eines Versicherungsvereins auf Gegenseitigkeit, 1986, S. 45 ff.; a. A. *Benkel* S. 144: Im Hinblick auf die ehrenamtliche Tätigkeit und darauf, dass der Gesetzgeber keine besonderen Haftungsvorschriften für Mitgliedervertreter geschaffen hat, sei eine analoge Anwendung der aktienrechtlichen Haftungsvorschriften für Vorstände und Aufsichtsräte auf Mitgliedervertreter unzulässig.

[56] Vgl. zur Treuepflicht bei der AG *Ziemons* in: Ziemons/Binnewies, Handbuch Aktiengesellschaft, Gesellschaftsrecht, Stand: 2016, Rn. I 7.50 ff., insbes. 7.65.

wie sie in § 117 AktG geregelt sind. Die Erstattung von Aufwendungen an die Mitglieder(-vertreter) ist zulässig.[57]

24 **V. Kleinere Vereine.** § 184 VAG gilt nicht für kleinere Vereine (§ 210 Abs. 1 VAG).

Anmeldung zum Handelsregister

185 (1) [1]**Sämtliche Vorstands- und Aufsichtsratsmitglieder haben den Verein bei dem Gericht, in dessen Bezirk er seinen Sitz hat, zur Eintragung ins Handelsregister anzumelden. [2]In der Anmeldung ist anzugeben, welche Vertretungsbefugnis die Vorstandsmitglieder haben.**

(2) **Die Aufsichtsbehörde hat dem Registergericht jede Erlaubnis zum Geschäftsbetrieb im Sinne des § 171 mitzuteilen.**

1 **I. Vorbemerkung / Regelungsinhalt (Abs. 1). 1. Form der Anmeldung.** Die Bestimmung stimmt mit § 30 VAG a. F. überein.

Die **Anmeldung** durch sämtliche Vorstands- und Aufsichtsratsmitglieder genügt im Gegensatz zu § 36 Abs. 1 AktG (auch alle Gründer müssen anmelden). Demnach haben die Garanten bei der Anmeldung nicht mitzuwirken. Für die **Form** bestimmt § 12 Abs. 1 HGB öffentliche Beglaubigung der Anmeldung. Die Anmeldung kann geschehen durch Einreichung der Anmeldung mit öffentlich beglaubigter Unterschrift – §§ 129 Abs. 1 BGB, 40 BeurkG –, durch Einreichung einer beglaubigten Abschrift der öffentlich beglaubigten Anmeldung oder durch Einreichen des notariellen Protokolls – §§ 129 Abs. 2 BGB, 8 ff. BeurkG. Es wird gesetzlich vermutet, dass der Notar bevollmächtigt ist, die Eintragung zu beantragen (§ 378 Abs. 2 FamFG).

2 **2. Inhalt der Anmeldung.** Die Anmeldung muss nach Satz 2 auch die Vertretungsbefugnis der Vorstandsmitglieder angeben, also ob Gesamtvertretung (§ 78 Abs. 2 AktG) oder unechte Gesamtvertretung (§ 78 Abs. 3 AktG) besteht. Die Einzelvertretung war stets aufsichtsrechtlich unerwünscht,[1] was aufsichtsrechtlich auch durch § 188 Abs. 1 S. 1 VAG unterlegt wird. Beizufügen sind die in § 186 VAG erwähnten Unterlagen. Wird die Anmeldung verzögert, so können – anders als bei einer AG, die erst durch die Eintragung entsteht und bei der deshalb Zwangsgelder entbehrlich sind (§§ 407 Abs. 2, 36 AktG) – gem. §§ 172 VAG, 14 HGB Zwangsgelder verhängt werden.

3 **II. Informationspflicht der BaFin gegenüber dem Handelsregister.** Nach Abs. 2 hat die Aufsichtsbehörde dem Registergericht jede Erlaubnis zum Geschäftsbetrieb i. S. d. § 171 VAG mitzuteilen, das umfasst die Erlaubnis nach §§ 10, 12 VAG.

4 **III. Kleinere Vereine.** § 185 gilt nicht für kleinere Vereine (§ 210 Abs. 1 S. 1 VAG); sie führen ein Leben außerhalb des Handelsregisters.

Unterlagen zur Anmeldung

186 (1) **Der Anmeldung zum Handelsregister sind beizufügen:**
1. die Urkunde über die Erlaubnis zum Geschäftsbetrieb,
2. die Satzung,
3. die Urkunden über die Bestellung des Vorstands und des Aufsichtsrats,
4. eine von den Anmeldenden unterschriebene Liste der Mitglieder des Aufsichtsrats, aus welcher Name, Vorname, ausgeübter Beruf und Wohnort der Mitglieder ersichtlich sind,
5. die Urkunden über die Bildung des Gründungsstocks mit einer Erklärung des Vorstands und des Aufsichtsrats, in welchem Umfang und in welcher Weise der Gründungsstock eingezahlt ist und dass der eingezahlte Betrag endgültig zur freien Verfügung des Vorstands steht sowie
6. eine Übersicht darüber, ob die Ausgaben durch im Voraus erhobene oder durch nachträglich umgelegte Beiträge gedeckt werden sollen und, wenn im Voraus Beiträge erhoben werden sollen, ob Nachschüsse vorbehalten oder ausgeschlossen sind, ob die Beitragspflicht beschränkt ist und ob die Versicherungsansprüche gekürzt werden dürfen.

---

[57] *Frels* VersR 1962, 1126.
[1] Vgl. Vor § 171 VAG Rn. 17 f.

(2) **Für die Einreichung von Unterlagen nach diesem Gesetz gilt § 12 Absatz 2 des Handelsgesetzbuchs entsprechend.**

I. Vorbemerkung. Die Vorschrift stimmt mit § 31 hinsichtlich Abs. 1 Nr. 1, 2, 3 VAG a. F. überein. Nr. 4 alte Fassung wurde nun Nr. 5, Nr. 4 ist neu; Abs. 2 a. F. wurde ebenso wie Abs. 3 a. F., an dessen Stelle Abs. 2 (neu) getreten ist, aufgehoben. 1

II. Die einzureichenden Unterlagen. 1. Erlaubnisurkunde. Es handelt sich um den schriftlichen Zulassungsbescheid gem. §§ 10, 12, 14 VAG. 2

2. Satzung (Abs. 1 Nr. 2). Die Satzung ist in der von der Aufsichtsbehörde genehmigten Fassung vorzulegen. 3

3. Bestellungsurkunden (Abs. 1 Nr. 3). Beizufügen ist das Protokoll, aus dem sich ergibt, wer in den ersten Vorstand und in den ersten Aufsichtsrat berufen worden ist. 4

4. Liste der Mitglieder des Aufsichtsrats (Nr. 4). Mit Wegfall des § 33 Nr. 4 VAG a. F. war es erforderlich, die Angaben über Beruf und Wohnort der Mitglieder des Aufsichtsrats an anderer Stelle zu regeln. 5

5. Urkunden über die Bildung des Gründungsstocks (Abs. 1 Nr. 5). Es handelt sich hier nicht um die Satzungsbestimmungen über den Gründungsstock (§ 178 Abs. 1, 2 S. 1, 3 S. 2 VAG; 2), sondern die Erklärungen, aus denen sich ergibt, inwieweit und in welcher Weise der in der Satzung vorgesehene Gründungsstock gezeichnet ist. Die Erklärung muss von allen Mitgliedern des Vorstands und des Aufsichtsrats abgegeben werden (zum Nachweis vgl. § 178 Rn. 18). Nur solche Geldmittel sind eingezahlt und stehen dem Vorstand endgültig zur freien Verfügung, die sich im Einklang mit § 178 Abs. 2 VAG in bar in der Kasse des Vereins oder als Guthaben auf einem Bank- oder Postgirokonto des Vereins befinden, über das dessen Organe jederzeit verfügen können. Ausreichend ist ein Guthaben auf einem Bankkonto, das auf den Namen so vieler Vorstandsmitglieder geführt wird, als zur Vertretung des Vereins nach der Satzung erforderlich (und genügend) sind. Einen Nachweis (etwa wie nach § 37 Abs. 1 S. 2–4 AktG) haben Vorstand und Aufsichtsrat nicht zu erbringen; es ist Sache der Aufsichtsbehörde, vor Erteilung der Erlaubnis zum Geschäftsbetrieb im Rahmen der Prüfung der finanziellen Grundlagen (§ 9 Abs. 2, 3 VAG) festzustellen, ob dem Verein die nach der Satzung erforderlichen Mittel zur Verfügung stehen. Der Registerrichter kann, muss aber nicht prüfen, ob die Erklärungen richtig sind. Über den Umfang des Prüfungsrechts des Registerrichters vgl. § 174 Rn. 2. 6

III. Kleinere Vereine. § 186 gilt nicht für kleinere Vereine, vgl. § 210 Abs. 1 S. 1 VAG. 7

Eintragung

187

(1) [1] **Bei der Eintragung ins Handelsregister sind anzugeben:**
1. die Firma und der Sitz des Vereins,
2. die Versicherungszweige, auf die sich der Betrieb erstrecken soll,
3. die Höhe des Gründungsstocks,
4. der Tag, an dem der Geschäftsbetrieb erlaubt worden ist, und
5. die Vorstandsmitglieder.

[2] **Ferner ist einzutragen, welche Vertretungsbefugnis die Vorstandsmitglieder haben.**

(2) **Bestimmt die Satzung etwas über die Dauer des Vereins, so ist auch das einzutragen.**

I. Vorbemerkung; Eintragung. Die Bestimmung des § 187 VAG hat gegenüber § 32 VAG a. F. einen anderen Aufbau, ist aber inhaltlich mit dieser Bestimmung identisch. Die Eintragung hat, anders als bei der AG (§ 41 Abs. 1 S. 1 AktG) keine konstitutive, sondern nur deklaratorische Bedeutung, da der VVaG schon durch die Zulassung zum Geschäftsbetrieb (§ 171 VAG) entsteht. 1

Zum inhaltlichen Umfang der Eintragung ist zu vermerken, dass die Versicherungssparten nach Anlage 1 zum VAG, nicht die Versicherungsrisiken (z. B. Summenversicherung, Kostenversicherung) einzutragen sind.[1] Begrenzungen auf Teilbereiche sind ebenfalls einzutragen. Eintragungspflichtig ist auch die Vertretungsbefugnis der Vorstandsmitglieder. 2

II. Kleinere Vereine. § 187 gilt nicht für kleinere Vereine (§ 210 Abs. 1 S. 1 VAG). 3

Vorstand

188

(1) [1] **Der Vorstand besteht aus mindestens zwei Personen.** [2] **Für den Vorstand gelten § 76 Absatz 1, 3 und 4, die §§ 77 bis 91 und 93 Absatz 1, 2 und 4 bis 6 sowie § 94 des**

[1] VA 21, 218.

Aktiengesetzes entsprechend mit der Maßgabe, dass an die Stelle der Beschlüsse der Hauptversammlung die Beschlüsse der obersten Vertretung treten. [3]An die Stelle des § 93 Absatz 3 des Aktiengesetzes tritt die Vorschrift des Absatzes 2.

(2) **Die Vorstandsmitglieder sind insbesondere zum Ersatz verpflichtet, wenn entgegen dem Gesetz**

1. **der Gründungsstock verzinst oder getilgt wird,**
2. **das Vereinsvermögen verteilt wird,**
3. **Zahlungen geleistet werden, nachdem die Zahlungsunfähigkeit des Vereins eingetreten ist oder sich seine Überschuldung ergeben hat; dies gilt nicht für Zahlungen, die auch nach diesem Zeitpunkt mit der Sorgfalt eines ordentlichen und gewissenhaften Geschäftsleiters vereinbar sind oder**
4. **Kredit gewährt wird.**

Übersicht

1 **I. Der Vorstand des VVaG. 1. Allgemeines.** Die Vorschrift stimmt inhaltlich mit § 34 VAG a. F. überein. Die Vorstandsmitglieder sind entweder ordentliche oder stellvertretende (§ 94 AktG) Vorstandsmitglieder. Ein Vorsitzender des Vorstands kann nach § 84 Abs. 2 AktG durch den Aufsichtsrat ernannt werden; die Satzung kann dies verpflichtend vorschreiben. Die „entsprechende" Anwendung der **wesentlichen Vorschriften des AktG** bedeutet, dass die in Bezug genommenen Bestimmungen **nicht schematisch auch auf den VVaG** anzuwenden sind, sondern jeweils im Einzelfall geprüft werden muss, ob sie auch für den VVaG passen.[1] Für den Vorstand eines VVaG ergibt sich allerdings die fast vollständige Übereinstimmung mit dem Vorstand einer VersAG.[2] In der Verweisung des § 188 VAG ist § 92 AktG ausgenommen, weil es für diese Sachverhalte in den §§ 134 VAG und 312 VAG Spezialvorschriften für Versicherer gibt.

2 **2. Persönliche Voraussetzungen.** Es gilt § 76 Abs. 3 AktG über § 188 Abs. 1 S. 2 VAG (nur natürliche, unbeschränkt geschäftsfähige Personen; keine Verurteilung wegen Insolvenzstraftaten; kein einschlägiges Berufsverbot. Geschäftsleiter müssen **zuverlässig und fachlich geeignet** sein (§ 24 VAG). Bei der Zulassung zum Geschäftsbetrieb sind §§ 9 Abs. 4 Nr. 1a i. V. m. 24 VAG zu beachten. Zu den aufsichtsrechtlichen Erfordernissen wird auf die entsprechende Literatur verwiesen.[3]

[1] Frels in: Peiner, Grundlagen des VVaG, 1995, S. 130, 131.
[2] *Frels* in: Peiner, Grundlagen des VVaG, 1995, S. 132; *Famy* S. 188.
[3] VerBAV 1994, 286 siehe ferner Merkblatt der BaFin zur Überwachung der fachlichen Eignung von Vorstands- und Aufsichtsratsmitgliedern; Bähr/*Waclawik*, § 4 Rn. 11 ff., zur Zuverlässigkeit und fachlichen Eignung.

Die Satzung kann weitere, auch strengere Voraussetzungen festlegen, zum Beispiel die Mitgliedschaft im VVaG.[4] Ein Amt im Vorstand ist unvereinbar mit einem Amt im Aufsichtsrat (§ 189 Abs. 3 i. V. m. § 105 AktG). Es können mehrere Vorstandsmandate in ein und derselben Unternehmensgruppe (Vorstandsdoppelmandate) ausgeübt werden.[5] Die Ausübung einer Vorstandstätigkeit ist grundsätzlich unvereinbar mit der eines Vermittlers.[6] 3

3. Anzahl der Vorstandsmitglieder. Die Zahl der Vorstandsmitglieder ist in Satz 1 festgelegt. Es sind mindestens zwei natürliche, unbeschränkt geschäftsfähige Personen als Mitglieder des Vorstands zu bestellen (Vier-Augen-Prinzip). Die Satzung kann eine höhere Zahl vorschreiben. Die Vorschrift des § 76 Abs. 2 AktG gilt nicht, wonach auch ein Ein-Personen-Vorstand für Aktiengesellschaften grundsätzlich möglich ist. Allerdings bestimmt das Aktiengesetz auch schon, dass der Vorstand bei einer Gesellschaft mit einem Grundkapital mit mehr als 3 Mio. Euro mindestens aus zwei Personen zu bestehen hat, es sei denn, die Satzung bestimmt, dass er aus einer Person besteht. Dies zeigt, dass auch im allgemeinen Aktienrecht **das Vier-Augen-Prinzip** dort zum Durchbruch kommt, wo die wirtschaftliche Verantwortung deutlich an Umfang zunimmt. Im Übrigen entscheidet § 33 VAG die Frage auch für die VersAG. Die Satzung muss weder die Zahl der Vorstandsmitglieder noch die Regeln, nach denen diese Zahl festgelegt ist, vorschreiben (anders § 23 Abs. 3 Nr. 6 AktG für VersAG). Im Hinblick auf das in der Aufsichtspraxis schon lange für die verantwortliche Leitung eines Versicherungsunternehmens verankerte Vier-Augen-Prinzip verwundert es, dass für große VVaG die Anwendbarkeit des § 78 Abs. 4 AktG nicht ausgeschlossen ist. Nach dieser Bestimmung können zur Gesamtvertretung befugte Vorstandsmitglieder einzelne von ihnen zur Vornahme bestimmter Geschäfte oder bestimmter Arten von Geschäften ermächtigen. Dies gilt singemäß, wenn ein einzelnes Vorstandsmitglied in Gemeinschaft mit einem Prokuristen zur Vertretung der Gesellschaft befugt ist. Diese für das Aktienrecht geltende Vorschrift ist für VVaG nicht ausgeschlossen. 4

Nach § 33 Abs. 1 AktG gilt dieses Vier-Augen-Prinzip auch für VersAG (entsprechende Anwendung spezieller gesellschaftsrechtlicher Vorschriften des VVaG auf die VersAG). 5

II. Die Bestellung der Vorstandsmitglieder und die Beendigung des Vorstandsmandats. 1. Die Bestellung. Gemäß § 47 Nr. 1 VAG haben Versicherungsunternehmen die Absicht der Bestellung eines Geschäftsleiters unter Angabe der Tatsachen, die für die Beurteilung der **Zuverlässigkeit und fachlichen Eignung** bedeutsam sind, anzuzeigen. Bedeutsam sind alle Tatsachen, die für die sachgerechte Ausübung des Beurteilungsspielraums der BaFin relevant sind. Daraus folgt, dass rechtzeitig **vor** der Bestellung eines Vorstandsmitglieds die Absicht des Aufsichtsrats, ein Vorstandsmitglied zu bestellen, vom Vorstand der Gesellschaft der BaFin anzuzeigen ist. Damit erhält die BaFin ausreichend Zeit, das Vorliegen der Qualifikationsmerkmale nach § 24 Abs. 1 VAG zu prüfen. 6

Die Vorstandsmitglieder werden vom Aufsichtsrat bestimmt (§§ 188 Abs. 1 S. 2 VAG i. V. m. 84 Abs. 1 S. 1 AktG). Die Beschlussfassung des Aufsichtsrats darf wegen §§ 189 Abs. 3 VAG i. V. m. 111 Abs. 5 AktG weder von der Mitgliedervertretung, noch durch die Satzung an die **Zustimmung Dritter** gebunden werden. Auch wären Satzungsbestimmungen nicht genehmigungsfähig, die die Bestellung durch Dritte vorsehen.[7] Die „Anhörung" eines Dritten, also die Entgegennahme der Äußerung eines Dritten, kann vorgeschrieben werden, wenn klargestellt ist, dass der Aufsichtsrat nicht verpflichtet ist, der Auffassung des Dritten (einer dritten Stelle) zu folgen.[8] Die Bestellung eines Vorstandsmitgliedes bedarf als körperschaftlicher Akt der Zustimmung des Vorstandsmitglieds.[9] Der Aufsichtsrat kann einen Vorstandsvorsitzenden benennen (§§ 188 Abs. 1 S. 1 VAG i. V. m. 84 Abs. 1 S. 1 u. 2 AktG). 7

Die Bestellung erfolgt auf höchstens 5 Jahre, wiederholte Bestellung oder Verlängerung der Amtszeit ist zulässig (§ 188 Abs. 1 S. 2 VAG i. V. m. § 84 Abs. 1 S. 1, 2 AktG). Zur Bestellung durch das Registergericht: § 85 AktG; bei Vakanz in dringenden Fällen auf Antrag eines Beteiligten durch das Gericht des Sitzes der Gesellschaft (§ 14 AktG). Die vorübergehende Bestellung eines Aufsichtsratsmitglieds zum Stellvertreter von fehlenden oder verhinderten Vorstandsmitgliedern richtet sich nach §§ 189 VAG i. V. m. 105 Abs. 2 AktG. Zur Bestellung allgemein mit zahlreichen Nachweisen siehe die entsprechende aktienrechtliche Literatur.[10] 8

Nach § 24 Abs. 3 VAG kann nicht zum Mitglied des Vorstands bestellt werden, wer bereits bei zwei Versicherungsunternehmen, Pensionsfonds, Versicherungs-Holding-Gesellschaften oder Versicherungs- 9

---

[4] *Benkel* Diss. S. 262 m. w. N.

[5] *Wiesner* in: Münchner Handbuch des Gesellschaftsrecht, Bd. 4, 2. Aufl. 1999, § 20 Rn. 10; zu konzernrechtlichen Folgen vgl. *Karsten Schmidt,* Gesellschaftsrecht, 4. Aufl. 2002, S. 813 ff.; zur Beschränkung der Anzahl der Mandate vgl. im Übrigen § 24 Abs. 3 VAG; vgl. auch Merkblatt der BaFin zu Geschäftsleiter-Mehrfachmandaten vom 15.6.2010 – VA 52-I 2234-2010/0004; Zur Wissenszurechnung im Konzern siehe *Schürnbrand,* ZHR 181 (2017), 357 ff.

[6] GB 1996, 20.

[7] GB 1978, 26.

[8] *Adler* VersR 1953, 411.

[9] *Henn,* Handbuch des Aktienrechts, 7. Aufl. 2002, S. 280; *Benkel* Diss. S. 264.

[10] Z. B. *Henn,* Handbuch des Aktienrechts, 7. Aufl. 2002, S. 276 ff.; *Ziemons/Binnewis,* Handbuch Aktiengesellschaft, Rn. I 8.115 ff.

Zweck-Gesellschaften diese Funktion ausübt. Damit soll durch eine **Beschränkung der Berufsfreiheit** die ordnungsgemäße Wahrung der Geschäftsleiterpflichten bei beaufsichtigten Unternehmen gewährleistet werden. Da die Spartentrennung das Vorhandensein mehrerer Versicherer innerhalb einer ggf. von einem VVaG geführten Versicherungsgruppe zur Folge haben kann, kann die Versicherungsaufsicht mehrere Mandate zulassen (zustimmungspflichtiger Verwaltungsakt). Die Bestellung als Mitglied des Vorstands ist mit der Ausübung einer Funktion nach § 7 S. 1 Nr. 9 VAG vereinbar. Gem. § 188 Abs. 1 VAG i. V. m. § 88 AktG hat der Aufsichtsrat im VVaG geführten Konzern zuzustimmen, wenn ein Vorstandsmitglied die Vorstandsfunktion auch in Tochtergesellschaften ausüben soll.[11]

10 **2. Die Abberufung.** Der Widerruf der Bestellung zum Vorstandsmitglied und der Ernennung zum Vorsitzenden des Vorstands erfolgt gem. § 84 Abs. 3 AktG. Die Bestimmung des § 84 Abs. 4 AktG gilt, obwohl nicht ausdrücklich von der Anwendung ausgenommen, nicht, weil für VVaG kein Arbeitsdirektor vorgeschrieben ist, auch nicht durch das MitbestG (vgl. § 189 Rn. 3). Die Abberufung führt nur zur **Beendigung der Organstellung**, sie lässt das Anstellungsverhältnis selbst unberührt. Das Ausscheiden eines Geschäftsleiters bzw. der Entzug der Befugnis zur Vertretung des Versicherungsunternehmens ist unter Angabe der Gründe, sofern diese für die Beurteilung der Qualifikation des Betroffenen bedeutsam sind (§ 47 Nr. 2 VAG) der Aufsichtsbehörde unverzüglich anzuzeigen. Die vorläufige Amtsenthebung eines Vorstandsmitglieds ist nur zulässig, wenn ein wichtiger Grund i. S. v. § 84 Abs. 3 AktG vorliegt (z. B. nachhaltig gestörtes Vertrauensverhältnis zum Aufsichtsrat, grobe Pflichtverletzung, Unfähigkeit zur ordnungsgemäßen Geschäftsführung u. ä.).[12]

11 **3. Die Kündigung des Anstellungsvertrages.** Von der organschaftlichen Bestellung des Vorstands ist dessen Anstellungsvertrag zu unterscheiden.[13] Eine fristlose Kündigung des Anstellungsvertrages ist zulässig bei wichtigem Grund nach § 626 BGB. Die Kündigung muss innerhalb der gesetzlichen Frist ausgesprochen werden. Wenn ein Vorstandsmitglied in einer ungewöhnlich schwierigen Lage (z. B. massive Gefährdung der Interessen des VVaG durch ein Aufsichtsratsmitglied) unter Umgehung des Aufsichtsrats die Aufsichtsbehörde einschaltet, rechtfertigt das nicht in jedem Fall eine außerordentliche Kündigung.[14] Hat ein Vorstandsmitglied den Widerruf seiner Bestellung verschuldet, so muss das Vorstandsmitglied sich unter Umständen mit einer seinen Kenntnissen und Fähigkeiten angemessenen anderen leitenden Stellung zufrieden geben, wenn es eine sofortige Kündigung auch des Anstellungsvertrages vermeiden will.[15]

12 **III. Die Aufgaben des Vorstands. 1. Allgemeines.** Zentrale Aufgaben des Vorstandes sind **die Leitung des Unternehmens, die Geschäftsführung**, die (gesetzliche) **Vertretung des VVaG, Berichtspflichten** und die **Pflicht der Risikoüberwachung** (§ 76–78, 90, 91 AktG) mit der gesetzlich vorgeschriebenen Sorgfalt (§ 93 AktG) unter Beachtung aller gesetzlichen Vorschriften und aufsbehördlichen Anordnungen. Jedem Vorstandsmitglied obliegt eine **Aufsichtspflicht** hinsichtlich der Umsetzung der vom Vorstand beschlossenen strategischen Unternehmenspolitik in den einzelnen Vorstandsressorts.[16] Daneben tritt die allgemeine Gesamtverantwortung der Vorstandsmitglieder, die sich in einer internen gegenseitigen Kontrolle der Vorstandsmitglieder konkretisiert. Allerdings muss auch jedes Vorstandsmitglied darauf vertrauen können, dass das für ein Ressort zuständige Mitglied seine Aufgaben in eigener Verantwortung sorgfältig erledigt. Für ein Eingreifen in ein anderes Ressort bedarf es objektiver Anhaltspunkte, die für ein anderes Vorstandsmitglied auch erkennbar gewesen sein müssen. Das Urteil des VG Frankfurt a. M. erscheint daher überzogen.[17] Die Rechts- und Verwaltungsgrundsätze der BaFin hat er in eigener Verantwortung zu beachten. Dabei sind insbesondere die durch den Übergang auf prinzipienorientierte aufsichtsrechtliche Regelungen im Vergleich zu den bislang regelungsbasierten Bestimmungen zu beachten.

12a Der Vorstand ist unter gesellschaftsrechtlichen Aspekten für die Umsetzung der Prinzipien des VVaG – insbesondere des Gegenseitigkeitsprinzips – und für die Wahrung der mitgliedschaftlichen Rechte verantwortlich. Dies unterscheidet seine Aufgabenstellung grundsätzlich von der Führung einer Aktiengesellschaft, schließt aber im Sinne einer Erhaltung des Unternehmens und seiner Zukunftssicherung die Erzielung von (Bilanz)überschüssen zur Stärkung der Solvabilität zwingend mit ein.[18]

13 **a) Leitung.** Der Vorstand des VVaG hat die Gesellschaft unter eigener Verantwortung zu leiten (§ 188 S. 2 VAG i. V. m. § 76 Abs. 1 AktG). Unter die nicht delegationsfähige Leitungsmacht des Vorstands

[11] Zur Wissenszurechnung bei Doppelmandaten siehe *Schürnbrand* ZHR 181 (2017), 357 ff.

[12] Zur Abberufung: *Henn,* Handbuch des Aktienrechts, 7. Aufl. 2002, S. 281 ff.; *Hoppmann*, Vorstandskontrolle im Versicherungsverein auf Gegenseitigkeit, 2000, S. 339.

[13] Dazu *Benkel* Diss. S. 267.

[14] *BGH* Urt. v. 14.7.1966 – II ZR 212/64, WM 1966, 968.

[15] *BGH* Urt. v. 14.7.1966 – II ZR 212/64, WM 1966, 968.

[16] *Benkel* Diss., S. 252; Bührle, Unternehmerische Gestaltungsfreiheit versus aufsichtsrechtliche Regulierung, Schriften zum Wirtschaftsrecht, Berlin, Band 289, 2016.

[17] *VG Frankfurt a. M.* Urt. v. 8.7.2004 – 1 E 7363/03 [01], VersR 2005, 57 – Bruderhilfe.

[18] Schradin, Ist der Shareholder-Value-Ansatz eine geeignete Steuerungskonzeption für den großen Versicherungsverein auf Gegenseitigkeit? in FS Egon Lorenz, 2004 Kontinuität und Wandel des Versicherungsrechts, S. 797, 809.

fallen folgende Führungsaufgaben: Unternehmensplanung, -koordinierung, -kontrolle, Besetzung der oberen und mittleren Führungsstellen, eigene Sicherheits- und Risikopolitik.[19] Mit Rundschreiben R2/2017 (VA) hat die BaFin unter Aufhebung des Rundschreibens R3/2009 (VA; MaRisk) zum 31.12.2015 die Mindestanforderungen an die Geschäftsorganisation von Versicherungsunternehmen im Einklang mit den Solvency II-Regeln neu formuliert.[20]

b) Geschäftsführung. Der Umfang der Geschäftsführungsaufgaben richtet sich danach, ob Leitungsfunktion nur für einen einzelnen VVaG oder auch für einen Unternehmensverbund besteht.[21] Die Vorstandsmitglieder haben bei ihrer Geschäftsführung die Sorgfalt eines ordentlichen und gewissenhaften Geschäftsleiters anzuwenden (§ 93 Abs. 1 S. 1 AktG, § 188 Abs. 1 S. 2 VAG). Von der Geschäftsführung ist der Aufsichtsrat ausgeschlossen; er kann nur bestimmen, dass bestimmte Arten von Geschäften seiner Zustimmung bedürfen (§ 111 Abs. 4 S. 1, 2 AktG). In diesem Fall kann der Aufsichtsrat nur zustimmen oder ablehnen, eine inhaltliche Mitwirkung an den zustimmungsbedürftigen Geschäften ist ihm im Hinblick auf die Trennung von eigenverantwortlicher Leitung des Unternehmens durch den Vorstand (§ 76 Abs. 1 AktG) und Beaufsichtigung der Geschäftsführung durch den Aufsichtsrat (§ 111 AktG) nicht möglich. Für eine funktionale Trennung in diesem Sinne sprechen auch § 105 AktG (Unvereinbarkeit der gleichzeitigen Zugehörigkeit zu Vorstand und Aufsichtsrat) und haftungsrechtliche Überlegungen (§ 117 Abs. 2 AktG). Umgekehrt kann der Vorstand dem Aufsichtsrat keine Frage der Geschäftsführung zur Entscheidung vorlegen oder überlassen, er kann nur eine gegebenenfalls notwendige Zustimmung des Aufsichtsrats zu einem zustimmungspflichtigen Geschäft einholen (§ 111 Abs. 4 AktG). Die oberste Vertretung kann über Fragen der Geschäftsführung nur entscheiden, wenn der Vorstand es verlangt (§ 119 AktG); sie ist auch zuständig im Fall des § 111 Abs. 4 S. 3 AktG, wenn der Aufsichtsrat bei zustimmungspflichtigen Geschäften die Zustimmung ablehnt. 14

2. Ständige Aufgaben. Ständige Aufgaben des Vorstand sind: 15

- Berichterstattung an den Aufsichtsrat (§§ 90 AktG i. V. m. 188 Abs. 1 S. 2 VAG).
- Verbot der Kreditgewährung an Vorstände und an leitende Angestellte ohne Zustimmung des Aufsichtsrats (§§ 89 AktG; 188 Abs. 1 S. 2 VAG), wenn der Kredit ein Monatsgehalt übersteigt.
- Buchführung und Erarbeitung eines Überwachungssystems zur Früherkennung von den Fortbestand des Unternehmens gefährdenden Entwicklungen (§§ 91 AktG; 188 Abs. 1 S. 2 VAG).
- Einführung und Pflege eines Risikomanagementsystems samt den gesetzlich vorgeschriebenen Teilinstrumenten – namentlich die Entwicklung einer auf die Steuerung des Unternehmens abgestimmten Risikostrategie, die Initiierung der Aufstellung einer Leitlinie zum Risikomanagement, die Einrichtung eines Aktiv-Passiv-Managements, sowie der Aufbau einer Risiko-Controlling-Funktion, sowie als fester Bestandteil der Geschäftsstrategie ein unternehmenseigenes Risiko- und Solvabilitäts-Beurteilungssystem samt ggf. langfristiger Risikotragfähigkeitsanalyse (§§ 26, 27 VAG). Dabei handelt es sich um ein deutlich detaillierteres System als das nach § 91 Abs. 2 AktG, weil es auch Gefahren erfasst, die nicht unmittelbar eine Gefährdung des Unternehmens zur Folge haben. Bei der Umsetzung der aufsichtsrechtlichen Regelungen zur Geschäftsorganisation hat der Vorstand das ab 1.2.2017 im Umlauf befindliche Rundschreiben R2/2017 – Mindestanforderungen an die Geschäftsorganisation von Versicherungsunternehmen (MaGo) vom 25.1.2017 zu beachten, das an die Stelle des R3/2009 (MaRisk-VA) der BaFin getreten ist (vgl. begleitender Text der BaFin zur Veröffentlichung des Rundschreibens „MaGo" vom 26.1.2017, Abschnitt Hintergrund, 2. Absatz). Für das Risikomanagement gelten daneben die Auslegungsentscheidungen vom (1) 31.10.2013 – Hinweis zur Verwendung externer Ratings und zur Durchführung eigener Kreditrisikobewertungen, (2) 30.8.2016 – Betrieb des Rückversicherungsgeschäfts im Inland durch Versicherer mit Sitz in Drittstaaten, (3) 20.12.2016 – Aspekte der Vergütung (Art 275DVO); sowie die Rundschreiben (4) RD /2013 (VA) – Mindestanforderung an die Beschwerdebearbeitung durch die Versicherungsunternehmen nebst Sammelverfügung vom 20.9.2013, (5) R10/2014 (VA) – Zusammenarbeit mit Versicherungsvermittlern, Risikomanagement im Vertrieb nebst Sammelverfügung vom 10.12.2015, (6) R3/2016 (VA) – Treuhänder zur Überwachung des Sicherungsvermögens.
- Einberufung der Versammlung der obersten Vertretung (§§ 121 Abs. 2, 175 Abs. 1 AktG i. V. m. 191 VAG u. § 341a Abs. 4 HGB).
- Auskünfte an Mitglieder der obstersten Vertretung (§§ 131 AktG, 191 VAG) und Sonderprüfer (§§ 145 Abs. 1, 2 AktG i. V. m. 191 VAG).
- regelmäßige Überprüfung der Geschäftsorganisation gem. § 23 Abs. 2 VAG.
- Einrichtung und Pflege eines internen Kontrollsystems mit Compliance-Funktion nach § 29 VAG.
- Einrichtung und Pflege einer Internen Revision (§ 30 VAG).
- Einrichtung und Pflege einer mathematischen Funktion (§ 31 VAG).

---

19 *Benkel* Diss., S. 252 m. w. N.

20 Vgl. BaFin, Thema Governance, www.bafin.de/DE/Aufsicht/Versicherer Pensionsfonds Gov vom 1.1.2016

21 *Benkel* Diss., S. 256.

– Die Einrichtung und Führung der unabhängigen Risiko-Controlling-Funktion (§ 26 VAG), der Compliance-Funktion (§ 29 VAG), der internen Revision (§ 30 VAG) und der versicherungsmathematischen Funktion (§ 31 VAG) stellen die vier zwingend für alle Rechtsformen vorgeschriebenen Schlüsselfunktionen dar. Bei der Besetzung sind die Qualifikationsanforderungen des BaFin-Merkblatts zur fachlichen Eignung und Zuverlässigkeit von Personen, die für Schlüsselfunktionen verantwortlich sind oder für Schlüsselfunktionen tätig sind gemäß VAG vom 23.11.2016 zu beachten.
– Vorbereitung und Ausführung der Beschlüsse der obersten Vertretung sowie Mitteilung an die Aufsichtsräte vgl. §§ 83 AktG i. V. m. 188 Abs. 1 S. 2 VAG; §§ 124 Abs. 3, 125 Abs. 3 AktG i. V. m. 191 VAG.
– Zuführung zum Sicherungsvermögen (vgl. §§ 125 Abs. 1, 127 Abs. 1 VAG).
– vorschriftsmäßige Aufbewahrung des Sicherungsvermögens (§ 125 Abs. 4 VAG).
– Erstellung und Führung eines Vermögensverzeichnisses (§ 122 VAG).
– Sicherstellung der organisatorischen Maßnahmen im Zusammenhang mit dem Geldwäschegesetz (§§ 52 ff. VAG) samt der verstärkten Sorgfaltspflichten nach § 56 VAG.
– Selbstverantwortlichkeit des Vorstands für den Antrag auf Verwendung eines internen Modells nach § 113 VAG.
– Einhaltung der Grundsätze für die Zusammenarbeit mit Vermittlern nach §§ 48 ff. VAG.

3. Erfüllung von Publizitäts- und regelmäßig wiederkehrenden anderen Meldepflichten. a) Externe Rechnungslegung.

16 – Aufstellung und Vorlage des Jahresabschlusses und Lageberichts bei der BaFin (§§ 264, 341a Abs. 1 u. 4 HGB i. V. m. § 37 Abs. 1 VAG samt Solvabilitätsübersicht und Prüfungsbericht der Abschlussprüfer (§ 37 Abs. 2 VAG),
– Vorlage eines Gewinnverteilungsvorschlags (§§ 170 Abs. 2 AktG i. V. m. 341a Abs. 4 HGB),
– Anzeige der vom Aufsichtsrat bestimmten Abschlussprüfer (§ 36 Abs. 1 VAG),
– Auskunftspflicht gegenüber dem Abschlussprüfer (§§ 320 Abs. 2, 341k Abs. 1 HGB),
– Vorlage des Prüfungsberichts der Abschlussprüfer an Aufsichtsrat und Aufsichtsbehörde (§§ 170 Abs. 1 AktG, 341a Abs. 4 HGB i. V. m. 37 Abs. 5 VAG),
– Einreichung des Jahresabschlusses und weiterer Unterlagen zum Handelsregister und Bekanntmachung (§ 341 Abs. 1 HGB),
– Beachtung der nach § 39 VAG vom Bundesfinanzminister erlassenen Vorschriften.

b) Meldepflichten gegenüber der BaFin, interne Rechnungslegung und Risikosteuerung.

17 – Erfüllung der Anzeigen- und Meldepflichten nach der gemäß § 39 Abs. 1 VAG erlassenen Versicherungs-Meldeverordnung (VersMeldeV) vom 18.4.2016 (BGBl. I S. 793).
– Aufstellung eines internen Berichts.
– Auf Verlangen der BaFin die Erstellung von Prognoserechnungen nach § 44 VAG.
– Vorlage eines Sanierungs- und ggf. eines Finanzierungsplans nach §§ 134, 135, 136 VAG.
– Anzeigen nach § 47 VAG; diese Bestimmung enthält eine ganze Sammlung von Anzeigepflichten die verschiedenen Geschäftsbereiche betreffend; besonders ist im Rahmen der Kapitalanlage Nr. 11 u. 12 zu beachten.
– Bericht über die gesamten Vermögensanlagen gem. § 131 Abs. 1 Nr. 1 VAG i. V. m. der noch zu erlassenden Verordnung (bisher AnlV vom 20.12.2001 i. d. F. vom 11.2.2011.
– Eintragung der Bestände des Sicherungsvermögens ins Vermögensverzeichnis und Bericht an die Aufsichtsbehörde samt Bestätigung der Richtigkeit durch den Vorstand (§ 126 Abs. 2 VAG).
– Stresstests gemäß den EIOPA-Grundsätzen (vgl. 2016 EIOPA Insurance Stress Test Report) und nach den BaFin-Grundsätzen zur Risikomessung bei Lebensversicherern.[22]
– Erteilung von Auskünften über alle Geschäftsangelegenheiten (§ 305 Abs. 1 VAG),
– Anzeige der Zahlungsunfähigkeit nach § 311 Abs. 1 VAG; bleiben ausgeschriebene Nachschüsse oder Umlagen fünf Monate über die Fälligkeit rückständig, hat der Vorstand die Pflicht, nach § 311 Abs. 2 VAG zu handeln.

18 **IV. Die gesetzliche Vertretung.** Der Vorstand vertritt die Gesellschaft gerichtlich und außergerichtlich (§ 188 Abs. 1 S. 2 VAG i. V. m. § 78 Abs. 1 AktG). Die gesetzliche Vertretung (Organvertretungsmacht) des VVaG durch den Vorstand ist von der rechtsgeschäftlichen Vertretung gem. §§ 49 f. HGB zu trennen.[23] Die Satzung kann bestimmen, ob Einzel- oder Gesamtvertretungsmacht bestehen soll (§ 78 Abs. 2, 3 AktG vgl. hierzu aber oben Rn. 3). Über § 188 Abs. 1 S. 2 VAG ist auch § 78 Abs. 3 AktG anwendbar. Danach ist es grundsätzlich zulässig, dass in der Satzung vorgesehen werden kann, dass ein Vorstandsmitglied allein oder gemeinsam mit einem Prokuristen den VVaG vertreten kann. Diese Bestimmung kann auch der Aufsichtsrat treffen, wenn ihn die Satzung hierzu ermächtigt. Soweit das Aktiengesetz hier Einzelvertretung zulässt, kollidiert diese Bestimmung mit der aufsichtsrechtlichen Praxis zum Vier-Augen-Prinzip. Theoretisch können zur Gesamtvertretung befugte Vorstandsmitglieder

[22] *Farny*, S. 345, 548, 550.
[23] GB 1969, 37.

auch einzeln zur Vornahme bestimmter Geschäfte oder Art von Geschäften ermächtigt sein (§ 188 Abs. 1 2 i. V. m. § 78 Abs. 4 AktG). Die BaFin müsste gegen entsprechende Satzungsbestimmungen einschreiten.

V. Die persönliche Haftung der Vorstandsmitglieder. 1. Allgemeines. Gemäß § 188 VAG richtet sich die Sorgfaltspflicht der Vorstandsmitglieder nach § 93 Abs. 1 AktG, die Schadensersatzpflicht nach § 93 Abs. 2 AktG sowie deren Geltendmachung durch Gläubiger des VVaG nach § 93 Abs. 5 AktG.[24] Anstelle von § 93 Abs. 3 AktG konkretisiert § 188 Abs. 2 VAG haftungsbegründende Pflichtverletzungen von Vorstandsmitgliedern. Eine § 41 Abs. 1 S. 2 AktG entsprechende Haftungsregelung gegenüber z. B. den Gründungsstock bereit Stellenden findet sich für Handlungen vor Erteilung der Genehmigung der BaFin nicht. 19

2. Haftungstatbestände nach Abs. 2. a) Nr. 1: Die Haftung greift, wenn für den Gründungsstock eine vom Gesetz abweichende Tilgung und Verzinsung geleistet wird (vgl. § 178 Abs. 3, 4 VAG § 205 Abs. 1 VAG). 20

b) Nr. 2: Die gesetzeswidrige Verteilung von Vereinsvermögen z. B. ohne Liquidation (vgl. §§ 205 ff. VAG) oder entgegen § 206 Abs. 2, 3 VAG löst ebenfalls eine Haftung der Vorstände aus. 21

c) Nr. 3: Werden Zahlungen nach Zahlungsunfähigkeit oder Überschuldung vorgenommen, so sieht das VAG eine der Vorschrift des § 93 Abs. 3 Nr. 6 AktG entsprechende Haftungsregelung vor. 22

d) Nr. 4: Eine gesetzeswidrige Kreditgewährung führt ebenfalls entsprechend der Regelung in § 93 Abs. 3 Nr. 8 AktG zur Haftung und betrifft die Kreditgewährung an leitende Angestellte und Vorstände ohne Genehmigung des Aufsichtsrats (vgl. §§ 89 Abs. 2–4 AktG). 23

e) § 117 Abs. 2 AktG: Schließlich haften die Vorstände bei der Mitwirkung an der Schädigung des Vereins (vgl. § 190 VAG i. V. m. § 117 Abs. 2 AktG). 24

3. Anspruchsberechtigte. Die Haftungstatbestände sind so ausgestaltet, dass Anspruchsberechtigter aus Pflichtverletzungen regelmäßig der VVaG, vertreten durch den Aufsichtsrat, ist.[25] Ersatzansprüche der Gesellschaft können auch von den Gläubigern des VVaG geltend gemacht werden (§ 188 Abs. 1 S. 2 VAG i. V. m. § 93 V AktG), soweit die Gläubiger von der Gesellschaft keine Befriedigung erlangen können. 25

Diese Regelung könnte damit auch **auf Mitglieder/Versicherungsnehmer** anwendbar sein, die entsprechende Haftungstatbestände geltend machen können. Es fragt sich, ob es auch Haftungstatbestände gibt, bei denen die Vorstände unmittelbar von den Mitgliedern – ähnlich der Entwicklung im Aktienrecht – in Anspruch genommen werden können.[26] Zwar wird die Diskussion im Aktienrecht vorwiegend im Zusammenhang mit fehlerhaften Informationen des Kapitalmarkts geführt. Sie geht aber auch darüber hinaus.[27] Dabei wird zu klären sein, ob der **Vorstand eines VVaG gegenüber Mitgliedern spezielle Treuepflichten** hat, deren Verletzung zu einer unmittelbaren Inanspruchnahme führen kann. Hoppmann leitet derartige Direktansprüche des Mitglieds gegen den Vorstand aus der möglichen Verletzung der Mitgliedschaft als eigenständigem Rechtsverhältnis her (§§ 280 Abs. 1 BGB i. V. m. § 31 BGB; bzw. § 831 BGB i. V. m. § 31 BGB).[28] 26

VI. Aufsichtsrechtliche Überwachung der Vorstandsmitglieder. 1. Grundsatz. Nach § 298 Abs. 1 VAG kann die Aufsichtsbehörde „gegenüber … den Mitgliedern des Vorstands … alle Maßnahmen ergreifen, die geeignet und erforderlich sind, um Missstände zu vermeiden und zu beseitigen." Ein Missstand ist danach jedes Verhalten eines Versicherungsunternehmens, das den Aufsichtszielen des § 294 Abs. 2 VAG widerspricht (§ 298 Abs. 1 S. 2 VAG). Damit steht der BaFin ein weiteres Feld der Überwachung von Vorstandsmitgliedern – bis zur Abberufung – zu. Zur Vertiefung dieser Thematik und den Fragen des Rechtschutzes der Vorstände gegen aufsichtsrechtliche Maßnahmen wird auf die vorliegenden Ausführungen von Bähr verwiesen.[29] 27

2. Straf- und Bußgeldvorschriften. Straf- und Bußgeldtatbestände enthalten §§ 331, 332 i. V. m. 333, 334 VAG. 28

VII. Vergütungsfragen. Vergütungsfragen spielen im Gesellschaftsrecht eine wichtige und bei beaufsichtigten Unternehmen eine besondere, spezifisch am öffentlichen Interesse orientierte Rolle. Schon bisher war im Rahmen der für den VVaG geltenden Regelungen die aktienrechtliche Vorschrift des § 87 AktG anzuwenden. Danach war der Aufsichtsrat gehalten, die **Vergütung angemessen im Verhältnis zur Aufgabe, Leistung und Lage der Gesellschaft festzusetzen und die Üblichkeit bei der Höhe zu beachten.** Bei börsennotierten Aktiengesellschaften soll die Vergütungsstruktur auf 29

[24] *Schmidt-Salzer* BB 1992, 1866, 1869 f.; *Thamm* DB 1994, 1021 f.
[25] *Jaeger* in Zimous/Binnewies, Handbuch AG, 2016, Teil I Rz. 174, insbes. 176.
[26] Bundesministerium der Justiz und Bundesministerium der Finanzen, Pressemitteilung Nr. 10/03 v. 25.2.2003; *Seibert* BB 2003, S. 693 ff.; *Kiethe* ZIP 2003, S. 707 ff.
[27] *Schmitz*, Die Haftung des Vorstands gegenüber den Aktionären, 2004.
[28] *Hoppmann*, Vorstandskontrolle im Versicherungsverein auf Gegenseitigkeit, 2000, S. 266 f. m. w. N.
[29] *Bähr* FS 100jähriges Bestehen der Stuttgarter Lebensversicherung aG, 2008, S. 69 ff.

eine nachhaltige Unternehmensentwicklung ausgerichtet sein. Gleichwohl hat diese Regelung manchen Missstand bei Aktiengesellschaften außerhalb der Versicherungsbranche nicht verhindert. Die bisherige Rechtslage gilt unverändert über § 188 Abs. 1 S. 2 i. V. m. § 87 AktG. Daneben treten ergänzend mit § 25 und § 34 Abs. 2 S. 1 VAG (bisher § 64b VAG a. F.), bekannte aufsichtsrechtliche Normen zur Bemessung und Begrenzung der Vergütung für Vorstandsmitglieder, Mitarbeiter und Aufsichtsräte.[30] Diese aufsichtsrechtlichen Normen gelten unabhängig von der Rechtsform des Versicherers. Im Aufsichtsrecht sind als **Pflichtfelder bei der Vergütungsgestaltung** neben der Angemessenheit auch die Transparenz der Vergütungsregelung und – auch bei festen Bezügen – eine Ausrichtung auf die nachhaltige Entwicklung des Versicherers zu beachten. Übergeordnete Unternehmen – z. B. ein VVaG-Mutterunternehmen – hat sicherzustellen, dass die Vergütungssysteme für Geschäftsleiter, Mitarbeiter und Aufsichtsratsmitglieder innerhalb der gesamten Gruppe angemessen, transparent und auf eine nachhaltige Entwicklung ausgerichtet sind. Das BAV hatte bereits im Laufe seiner Aufsichtstätigkeit zusätzlich eine Verwaltungspraxis entwickelt, wonach die Vergütung für Vorstandsmitglieder weder an die Gesamt-Beitragseinnahme, noch an das Neugeschäft oder die Vermittlung von Versicherungsverträgen angeknüpft werden darf. Hierin sieht die Aufsicht die Gefahr der Auslösung von Fehlanreizen.[31] Nähere Einzelheiten enthält die auf § 34 Abs. 2 VAG gestützte VersVergV vom 18.4.2016. Zunächst sind §§ 2, 3 VersVergV zu beachten und für Geschäftsleiter bedeutender Unternehmen § 4 VersVergV (Besondere Anforderungen).

30 **VIII. Weitere Vorschriften.** Dazu zählen Angaben auf Geschäftsbriefen (§§ 188 Abs. 1 S. 2 i. V. m. 80 AktG), Angaben im Anhang zum Geschäftsbericht (§§ 285 Nr. 10 VAG i. V. m. 341a Abs. 1 HGB), Unvereinbarkeit gleichzeitiger Tätigkeit als Vorstandsmitglied, Abschlussprüfer, Treuhänder oder Agent (§§ 319 Abs. 3 Nr. 2 i. V. m. 341k Abs. 1 HGB); Regeln zu verwandtschaftlichen Verhältnissen zwischen Vorstands- und Aufsichtsratsmitgliedern; Entlastung §§ 191 Abs. 1 VAG i. V. m. 120 AktG. Vorstandsmitglieder eines VVaG sind – ebenso bei der VersAG – keine Arbeitnehmer des Vereins.[32]

Vorstandsmitglieder einer AG sind nach § 27 Abs. 2 Nr. 5 SGB III und § 1 S. 3 SGB IV nicht versicherungspflichtig beschäftigt. Konzernunternehmen i. S. d. § 18 AktG gelten als ein Unternehmen.

Für Vorstandsmitglieder eines „großen" VVaG, die auf Grund der Verweisungsregelung in § 188 Abs. 1 S. 2 VAG den Vorständen einer AG rechtlich gleichgestellt sind, ist § 27 Abs. 1 Nr. 5 SGB III und § 1 S. 3 SGB IV analog anzuwenden.[33]

Die übrigen Sozialversicherungszweige kennen hingegen keine § 27 Abs. 1 Nr. 5 SGB III und § 1 S. 3 SGB IV vergleichbare Regelung. Zur Beurteilung der gesetzlichen Kranken-, Pflege- und Unfallversicherung ist zu klären, ob die Vorstandsmitglieder „Beschäftigte" i. S. d. § 7 Abs. 1 SGB IV sind. Der 4. und der 12. Senat des BSG[34] nehmen dies in ständiger Rechtsprechung ebenso wie der überwiegende Teil des sozialversicherungsrechtlichen Schrifttums[35] an. Der 2. Senat des BSG[36] nimmt ebenso wie das gesellschaftsrechtliche Schrifttum[37] wegen der Organstellung der Vorstandsmitglieder kein Beschäftigungsverhältnis an und lehnt die Sozialversicherungspflicht hinsichtlich der Unfallversicherung ab.

Zukunftssicherungsleistungen, die das Vorstandsmitglied vom VVaG erhält, gehören nach § 19 Abs. 1 Nr. 1 EStG i. V. m. § 2 Abs. 2 Nr. 3 LStDV zum steuerpflichtigen Einkommen.[38]

31 **IX. Kleinere Vereine.** § 188 Abs. 1 S. 1 VAG gilt auch für kleinere Vereine (§ 210 Abs. 1 S. 1 VAG). Bislang war § 34 VAG a. F. vollständig von der Anwendbarkeit auf kleinere Vereine ausgeschlossen. Mit der Einbeziehung des § 188 Abs. 1 S. 1 VAG in die Anwendbarkeit auf kleinere Versicherungsvereine ist geklärt, dass der kleinere VVaG einen Vorstand benötigt und dass dieser zwingend aus zwei Personen bestehen muss. Ein Rückgriff auf § 26 BGB ist insoweit nunmehr entbehrlich.

Aufsichtsrat

189 (1) [1] **Der Aufsichtsrat besteht aus drei Personen.** [2] **Die Satzung kann eine bestimmte höhere Zahl festsetzen, die durch drei teilbar sein muss. Die Höchstzahl der Aufsichtsratsmitglieder beträgt 21.**

[30] *Dreher/Wandt,* Solvency II in der Rechtsanwendung 2016: Vergütungsfragen nach VAG und Solveny II; Aufsicht über Versicherungsunternehmen in besonderen Finanzsituationen. Versicherungswissenschaften an der Universität Frankfurt/M, Band 34, 2017.

[31] *Hoppmann,* Vorstandskontrolle im Versicherungsverein auf Gegenseitigkeit, 2000, S. 338.

[32] *Benkel* Diss. S. 267.

[33] *BSG* Urt. v. 27.3.1980 – 12 Rar 1/79, BB 1980, 1473 ff.; *Fuchs,* in Gagel, SGB III, 66. EL, Stand: Juni 2017, § 27 Rn. 8.

[34] *BSG* Urt. v. 31.5.1989 – 4 RA 22/88, BSGE 65, 113, 116 f.

[35] Z. B. *Ulmer* in: Beck'scher Onlinekommentar zum Sozialrecht, 45. Ed., Stand: 1.6.2017, SGB III § 27 Rn. 1.

[36] *BSG* Urt. v. 14.12.1999 – B 2 U 38/98 R, BSGE 85, 214 ff.

[37] *Fleischer* in: Spindler/Stilz, AktG, 3. Aufl. 2015, § 84 Rn 30.

[38] *Höfer,* Gesetz zur Verbesserung der betrieblichen Altersversorgung, Bd. 2, 16. Aufl., 2016, Kap. 44 Rn. 323, 324.

(2) [1]**Der Aufsichtsrat setzt sich bei Vereinen, für die nach § 1 Absatz 1 Nummer 4 des Drittelbeteiligungsgesetzes das Drittelbeteiligungsgesetz gilt, zusammen aus Aufsichtsratsmitgliedern, die von der obersten Vertretung gewählt werden, und aus Aufsichtsratsmitgliedern der Arbeitnehmer.** [2]**Bei den übrigen Vereinen setzt sich der Aufsichtsrat nur aus Aufsichtsratsmitgliedern zusammen, die von der obersten Vertretung gewählt werden.**

(3) [1]**Für den Aufsichtsrat gelten § 30 Absatz 2 und 3 Satz 1 und 2 erster Halbsatz, § 96 Absatz 4, die §§ 97 bis 100, 101 Absatz 1 und 3, die §§ 102 und 103 Absatz 1 und 3 bis 5 sowie die §§ 104 bis 116 des Aktiengesetzes entsprechend.** [2]**Die dort der Hauptversammlung übertragenen Aufgaben hat hier die oberste Vertretung wahrzunehmen.** [3]**Das Antragsrecht nach § 98 Absatz 2 Nummer 3 und § 104 Absatz 1 Satz 1 des Aktiengesetzes steht jedem Mitglied der obersten Vertretung zu.** [4]**An die Stelle des § 113 Absatz 3 und neben § 116 des Aktiengesetzes treten die Vorschriften der Absätze 4 und 5.**

(4) [1]**Wird den Aufsichtsratsmitgliedern eine Gewinnbeteiligung gewährt, so berechnet sich diese nach dem Jahresüberschuss abzüglich eines Verlustvortrags und der Einstellungen in die Gewinnrücklagen; der Anteil am Überschuss, der nach § 178 Absatz 3 den Personen zugesichert ist, die den Gründungsstock zur Verfügung gestellt haben, ist abzusetzen.** [2]**Entgegenstehende Festsetzungen sind nichtig.**

(5) **Die Aufsichtsratsmitglieder sind insbesondere zum Ersatz verpflichtet, wenn mit ihrem Wissen und ohne ihr Einschreiten die in § 188 Absatz 2 genannten Handlungen vorgenommen werden.**

Übersicht

Schrifttum: Vgl. Angaben zu §§ 171 u. 184 VAG.

I. Struktur des Aufsichtsrats. 1. Allgemeines. Die Bestimmung des § 189 VAG ist, wenn auch sprachlich und im Aufbau teilweise unterschiedlich gegenüber § 35 VAG a. F., so doch inhaltlich mit der alten Fassung identisch. Der Aufsichtsrat ist notwendiges Organ des großen VVaG, für den im Wesentlichen die entsprechenden Vorschriften des AktG gelten. 1

2. Zahl der Aufsichtsratsmitglieder. Die Zahl der Aufsichtsratsmitglieder beträgt mindestens drei (§ 189 Abs. 1 S. 1 VAG). Die Satzung kann eine höhere, durch drei teilbare Zahl (§ 189 Abs. 1 S. 2 VAG), höchstens aber 21 Mitglieder (§ 189 Abs. 1 S. 3 VAG) bestimmen. Die Änderung der Mitgliederzahl des Aufsichtsrates bedarf einer Satzungsänderung. Bei mehr als drei Mitgliedern muss die 2 höhere Zahl „bestimmt" sein, die Satzung darf also keinen Spielraum lassen. Abs. 1 gilt unabhängig davon, ob im Aufsichtsrat Arbeitnehmer gem. § 1 Abs. 1 Ziff. 4 DrittelbG vertreten sind oder nicht.

3 **3. Zusammensetzung des Aufsichtsrats. a) Allgemeines.** Der Aufsichtsrat setzt sich aus den, von der obersten Vertretung gewählten Personen zusammen, soweit nicht gem. § 1 Abs. 1 Nr. 4 i. V. m. § 4 DrittelbG ein Drittel der Aufsichtsratsmitglieder von den Arbeitnehmern zu wählen ist. Die Vertretung der Arbeitnehmer richtet sich nicht nach dem MitbestG, § 1 Abs. 1 S. 1 MitbestG; das MitbestG klammert den VVaG aus dem Anwendungsbereich des MitbestG aus.[1] Arbeitnehmervertreter sind im Aufsichtsrat des VVaG vertreten, wenn dieser mehr als 500 Arbeitnehmer beschäftigt (vgl. § 1 Abs. 1 Ziff. 4 DrittelbG). Dabei kommt es auf die Zahl der ständig besetzten Arbeitsplätze an.[2] Bei weniger als 500 Arbeitnehmern soll die Entsendung von Arbeitnehmervertretern durch die Satzung nicht eingeführt werden dürfen.[3] Gleiches soll für die Erweiterung der Drittel-Parität durch die Satzung gelten.[4] Es kommt bei der **Anwendung der Drittel-Parität auf die Anzahl der besetzten Arbeitsplätze** an; also zählen auch Teilzeitarbeitsplätze. Für den durch die Gründer bestellten ersten Aufsichtsrat gilt § 189 Abs. 3 VAG i. V. m. 30 Abs. 2, 3 S. 1 u. S. 2 Hs. 1 AktG.

4 **b) Ungeklärte Zusammensetzung.** Die für die Zusammensetzung des Aufsichtsrats maßgebenden Umstände können sich ändern oder umstritten sein. Dann bleibt der Aufsichtsrat solange unverändert bis aufgrund der durchzuführenden Verfahren feststeht, wie er sich zusammensetzt (§ 189 Abs. 3 VAG i. V. m. § 96 Abs. 2 AktG). Die Klärung kann durch eine Bekanntmachung des Vorstands herbeigeführt werden (§ 189 Abs. 3 i. V. m. § 97 AktG), oder durch eine gerichtliche Entscheidung (§ 189 Abs. 3 VAG i. V. m. § 98 AktG). Die Gerichte für Arbeitssachen sind nicht zuständig wenn die Nicht-Anwendbarkeit des BetrVG behauptet wird.[5]

5 **c) Bedeutung der Satzungsbestimmungen.** Für die Satzung, die nach § 184 VAG zu bestimmen hat, wie ein Aufsichtsrat zu bilden ist, bleibt nur noch die Bestimmungsmöglichkeit offen, aus wieviel Personen der Aufsichtsrat im Rahmen der durch Abs. 1 gezogenen Grenzen gebildet wird, für welche Wahlzeit die Mitglieder gewählt werden (§ 102 AktG), mit welcher Mehrheit die gewählten Aufsichtsratsmitglieder von der Versammlung der obersten Vertretung abberufen werden können (§ 103 Abs. 1 3 AktG), wie der Vorsitzende und sein Stellvertreter zu wählen sind (§ 107 Abs. 1 S. 1 AktG) und ob die Aufsichtsratsmitglieder sich in den Sitzungen durch nicht dem Aufsichtsrat Angehörige vertreten lassen können (§ 109 Abs. 3 AktG). Zur Niederschrift über die Sitzungen (§ 107 Abs. 2 AktG) siehe oben Vor § 171 Rn. 107. Für die Abberufung nicht von der obersten Vertretung gewählter Mitglieder des Aufsichtsrats gilt nach § 103 Abs. 4 AktG das DrittelbG. Zur Satzungsbestimmung über die persönlichen Voraussetzungen einer Mitgliedschaft im Aufsichtsrat vgl. unten Rn. 6.

6 **4. Hinderungsgründe bei der Bestellung als Mitglied des Aufsichtsrats.** Wer Mitglied der Geschäftsleitung eines Versicherungsunternehmens war, kann nicht zum Mitglied des Aufsichtsrats dieses Unternehmens bestellt werden, wenn bereits zwei ehemalige Geschäftsleiter (Vorstandsmitglieder) dieses Versicherers im Aufsichtsrat vertreten sind. Damit soll verhindert werden, dass die ehemaligen Vorstandsmitglieder eine unabhängige und objektive Kontrolle der Vorstandsarbeit bzw. eine ggf. notwendige Änderung der Geschäftsstrategie verhindern (§ 24 Abs. 3 VAG). Die Regelung entfaltet aber kaum Wirkung, wenn Aufsichtsratsgremien nur drei Aufsichtsratsmitglieder aufweisen.

7 Außerdem kann nicht zum Aufsichtsratsmitglied bestellt werden, wer bereits fünf Kontrollmandate in Unternehmen, die unter Aufsicht der BaFin stehen, ausübt. Damit ist das Aufsichtsrecht (§ 24 Abs. 4 VAG) deutlich strenger als das Aktienrecht für nicht beaufsichtigte Unternehmen (§ 100 Abs. 2 Nr. 1 AktG). Wiederum als Konzession in Folge der Spartentrennung regelt das VAG in § 24 Abs. 4 S. 2 Hs. 2 VAG, dass Mandate bei derselben Versicherungs- oder Unternehmensgruppe nicht mitgezählt werden.

8 Die Tätigkeit des Aufsichtsratsmitglieds zugleich als Abschlussprüfer ist mit seiner Kontrollfunktion unvereinbar. Dies gilt auch für eine etwaig gleichzeitig ausgeübte Tätigkeit als Treuhänder oder Agent (vgl. §§ 319 Abs. 2 Nr. 2, 341k Abs. 1 HGB).[6]

9 Im Hinblick auf den **Grundsatz der Legitimation** (Ableitung von Befugnissen) kann ein Mitglied/Mitgliedervertreter nicht Mitglied des Aufsichtsrats sein. Für Zeichner des Gründungsstocks gilt entsprechend die Vorschrift des § 319 Abs. 3 Nr. 1 HGB.

10 Nach der Begründung zu § 24 Abs. 1[7] unterfallen die **Mitglieder des Aufsichtsrats den Personen, die** andere **Schlüsselaufgaben wahrnehmen**. Sie müssen nach § 24 Abs. 1 VAG zuverlässig und

[1] *Hauth*, Unternehmensverfassungsrechtliche Probleme des Versicherungsvereins auf Gegenseitigkeit, 1984, S. 149 ff. m. w. N.; *Lorenz* ZVersWiss 1986, 304.
[2] *BAG* Urt. v. 15.12.1961 – 1 AZR 207/59, DB 1962, 306.
[3] *Dietz/Richardi*, BetrVG, 6. Aufl., 1982, § 77 BetrVG 1952 Rn. 34.
[4] *Benkel* Diss. S. 275; siehe aber dazu kritisch unten Rn. 15.
[5] *BAG* Urt. v. 25.7.1957 – 2 AZR 93/56, DB 1957, 750.
[6] Bähr/*Bürkle/Schell* § 13 Rn. 31.
[7] BT-Drs. 18/2956, S. 240.

fachlich geeignet sein. Diese in § 24 Abs. 1 VAG aufgestellten Voraussetzungen werden dort näher beschrieben. Sie gelten für alle Mitglieder des Aufsichtsrats – auch die Arbeitnehmervertreter.[8]

II. Von der obersten Vertretung gewählte Aufsichtsratsmitglieder (Legitimationsfluss), Gerichtsbeschluss. 1. Allgemeines. Dem Aufsichtsrat können nur natürliche, unbeschränkt geschäftsfähige Personen angehören (§ 189 Abs. 3 S. 1 VAG i. V. m. § 100 Abs. 1 AktG). Das Aufsichtsratsmitglied braucht nicht Mitglied des VVaG zu sein,[9] die Satzung kann dies allerdings vorsehen. 11

2. Überkreuzverflechtungen, Mehrfachmandate. Das Verbot der Überkreuzverflechtung (§ 100 Abs. 2 Nr. 3 AktG) ist auch auf VVaG anzuwenden.[10] Mitglied des Aufsichtsrats eines VVaG kann auch nicht sein, wer schon Mitglied des Aufsichtsrats von 10 Handelsgesellschaften ist. Bei der Anwendung des § 100 Abs. 2 Nr. 1 AktG auf VVaG zählen Aufsichtsratssitze **bei VVaG** jedoch ebenso wenig mit wie bei der unmittelbaren Anwendung, da sie **keine Handelsgesellschaften** sind.[11] Diese Auffassung begegnet – obwohl sie in der Literatur nicht bestritten wird – gleichwohl Bedenken. Die Auffassung gründet sich auf der Annahme, der VVaG betreibe kein Handelsgewerbe nach § 1 Abs. 2 HGB.[12] Diese Sichtweise erscheint aber formalistisch und wird dem Zweck der Begrenzung der Aufsichtsratsmandate – eine **effiziente Vorstandskontrolle durch Begrenzung der Mandate** zu gewährleisten – nicht gerecht, denn die Belastung der Aufsichtsratsmitglieder ist auch gegeben, wenn sie diese Aufsichtsfunktionen in 10 VVaG wahrnehmen. Zu weiteren im AktG geregelten persönlichen Voraussetzungen siehe §§ 100, 105 AktG. 12

Daneben sind aber die speziellen aufsichtsrechtlichen Bestimmungen in § 24 VAG zu beachten (siehe oben Fn. 6).

3. Einwirkung Dritter. Einwirkung Dritter auf die Wahlen zum Aufsichtsrat ist in folgender Weise möglich: 13

(1) Bestellung des ersten Aufsichtsrats durch die Gründer entsprechend § 30 Abs. 2 und 3 AktG (Verweis § 189 Abs. 3 VAG).

(2) Satzungsmäßige Verpflichtung der obersten Vertretung, Personen die den Gründungsstock zur Verfügung gestellt haben, in den Aufsichtsrat zu wählen (§ 178 Abs. 1 S. 2 VAG).

(3) Satzungsmäßiges Recht bestimmter Personen, Vorschläge für die Wahl in den Aufsichtsrat zu machen, an die die oberste Vertretung gebunden ist. Diese Auffassung ist umstritten.[13] Entgegen der Auffassung in der Vorauflage wird das Entsenderecht als nicht in allen Fällen zulässig angesehen. Hierfür spricht die ausdrückliche Nichterwähnung des § 101 Abs. 2 AktG in § 189 VAG. Beim Entsenderecht nach § 101 Abs. 2 AktG handelt es sich um ein Sonderrecht nach § 35 BGB.[14] Die Begründung eines Sonderrechts in der Satzung qua Satzungsänderung ist nur möglich, wenn die begünstigten Mitglieder als auch die Mitglieder, die ein solches Recht nicht erhalten sollen, zustimmen, „weil vom Grundsatz der gleichmäßigen Behandlung abgewichen wird".[15] Das Gleichbehandlungsgebot des § 177 VAG erfasst nur die finanziellen Austauschbeziehungen zwischen Mitglied und VVaG und zwischen Mitglied und Mitglied. Bedenken gegen ein Entsenderecht können daher nicht unmittelbar auf § 177 VAG, sondern auf den **allgemeinen verbandesrechtlichen Grundsatz der Gleichbehandlung** gestützt werden wie er z. B. auch in § 53a AktG seinen Ausdruck gefunden hat. Die Verbandsautonomie (Art. 9 GG) findet ihre Grenze in der Angemessenheit und Willkürfreiheit satzungsmäßiger Regelungen (§ 242 BGB).[16] Demgemäß legitimiert nicht alleine die Höhe der Prämienzahlung die Begründung eines Entsenderechts, denn bei ordentlicher Kalkulation zahlt jedes Mitglied die richtige, für sein Risiko angemessene Prämie. Große Gruppenversicherungsverträge in der Lebens- und Krankenversicherungssparte können aber im Einzelfall eine Grundlage für ein Entsenderecht bilden, wenn durch diese Vertragsbeziehung der embadded value des VVaG nachhaltig positiv beeinflusst wird (zulässige Differenzierung). Träger eines solchen Rechts kann nur ein Vereinsmitglied sein.[17] Hieran wird auch deutlich, dass Mitglieder der obersten Vertretung nur Vereinsmitglieder sein können.

Auch die abschließende Anbindung des Entsendungsrechts im Gesellschaftsrecht der Aktiengesellschaft nach § 101 Abs. 2 AktG an die Aktionärsstellung macht deutlich, dass einer trägerfremden Person kein Entsenderecht zugebilligt werden kann; demnach ist ein Entsenderecht beim VVaG – wenn es denn im Einzelfall unter Wahrung der verbandsrechtlichen Gleichbehandlung zulässig ist – immer an die 14

[8] Bähr/*Bürkle/Scheel* § 13 Rn. 35 ff.
[9] VA 1904, 114.
[10] *Mohr* VersR 1965, 920.
[11] *Mohr* VersR 1965, 917; *Geßler/Hefermehl/Eckardt/Kropf*, AktG, 1973, § 100 Rn. 13; *Mertens* in: Kölner Kommentar zum AktG, 3. Aufl. 2004, § 100 Rn. 12; *Hüffer/Koch*, AktG, 12. Aufl. 2016, § 100 Rn. 9; *Benkel* S. 169.
[12] *Roth* in: Koller/Roth/Morck, HGB, 4. Aufl. 2016, § 1 Rn. 34; MüKoAktG/*Habersack* § 100 Rn. 18.
[13] Vgl. *Benkel* S. 171.
[14] *Hüffer/Koch*, AktG, 12. Aufl., § 101 Rn. 10.
[15] Bamberger/Roth/*Schöpflin* § 35 Rn. 5.
[16] Bamberger/Roth/*Schöpflin* § 25 Rn. 30.
[17] Bamberger/Roth/*Schöpflin* § 35 Rn. 6.

Mitgliedschaft des Entsendeberechtigten gebunden. Würde z. B. einem Nicht-Mitglied ein Entsenderecht zugestanden, gelänge der VVaG ggf. unter fremden, d. h. nicht-mitgliedschaftlichen Einfluss. Ohne Entsenderecht kann auch z. B. eine Entsendeübung (z. B. eines gesetzlichen Vertreters eines bedeutenden Geschäftspartners, der Mitglied ist) praktiziert werden. Das lässt dem VVaG Freiheit und zwingt bei veränderten Verhältnissen nicht zur Satzungsänderungen. Da der **Gleichbehandlungsgrundsatz der Mitglieder eines Vereins**[18] – obgleich ungeschriebener Rechtsgrundsatz – zum zwingenden Vereinsrecht zählt, sind Satzungsbestimmungen, die diesen Grundsatz verletzen, nichtig.[19] Das VAG in der alten Fassung hat von einer gesetzlichen Vorschrift für das Entsenderecht bewusst abgesehen. Es ist deshalb konsequent, dass § 189 Abs. 3 VAG die Verweisung auf § 103 Abs. 2 AktG ausschließt; die Anwendung des § 103 Abs. 3 S. 3 u. 4 AktG ist dann unter Beachtung dieser Einschränkung anzuwenden. Wählt die oberste Vertretung abweichend von dem in der Satzung – rechtmäßig gem. Gleichbehandlungsgrundsatz - statuiertem Entsenderecht einen anderen Kandidaten in den Aufsichtsrat, so kann hierein eine Verletzung des Sonderrechts nach § 35 BGB liegen. Die Abberufung eines qua Sonderrechts entsandten Aufsichtsratsmitglieds durch die oberste Vertretung verletzt das Sonderrecht nicht,[20] wenn die Abberufung rechtfertigende zwingende Gründe (§ 27 Abs. 2 BGB) vorliegen.

15 **4. Gerichtliche Bestellung und Abberufung.** Zur Bestellung und Abberufung durch das Gericht siehe §§ 104, 103 Abs. 3 AktG auf die § 189 Abs. 3 VAG verweist.

16 **III. Von Arbeitnehmern gewählte Aufsichtsratsmitglieder. 1. Allgemeines.** Gemäß § 1 Nr. 4 DrittelbG sind bei mehr als 500 Arbeitnehmern deren Vertreter auch im Aufsichtsrat vertreten.[21] Ein VVaG, der nicht mehr als 500 Arbeitnehmer beschäftigt, kann auch durch Satzung die Entsendung von Arbeitnehmervertretern vorsehen. Dies entspricht der Satzungsautonomie.[22] Die Satzung unterliegt nach §§ 242, 315 BGB der richterlichen Inhaltskontrolle.[23] Danach darf die Satzung nicht gegen zwingendes Recht verstoßen. Das DrittelbG sieht nur in § 1 Abs. 1 Nr. 4 und § 4 Abs. 1 vor, dass der Aufsichtsrat eines VVaG, der dort beschriebenen Art zu einem Drittel aus Arbeitnehmern bestehen muss; damit verbietet das Gesetz aber nicht die Anwendung dieser Regeln auf VVaG, die weniger als 500 Mitarbeiter haben.

17 Die §§ 4 ff. DrittelbG regeln die Zusammensetzung des Aufsichtsrats, die Wahl der Aufsichtsratsmitglieder der Arbeitnehmer, deren Amtszeit sowie den Widerruf der Bestellung vor Ablauf der Amtszeit durch Beschluss der wahlberechtigten Arbeitnehmer. Für die Wahl von Ersatzmitgliedern gilt § 100 Abs. 3 AktG entsprechend § 189 Abs. 3 S. 1 VAG. Ist ein Vertreter der Arbeitnehmer zu wählen, muss er in einem Betrieb des VVaG als Arbeitnehmer beschäftigt sein (§ 3 DrittelbG i. V. m. § 4 DrittelbG). Eine Berücksichtigung von unterschiedlichen Arbeitnehmergruppen (§ 76 Abs. 2 S. 3 BetrVG 1952) sieht das DrittelbG nicht mehr vor. Frauen und Männer sollen entsprechend ihrem zahlenmäßigen Verhältnis im Unternehmen vertreten sein (§ 4 Abs. 4 DrittelbG).

18 Zu den weiteren persönlichen Voraussetzungen vgl. §§ 100, 105 Abs. 1 AktG. Bezüglich Wahl und Abberufung der Arbeitnehmervertreter im Aufsichtsrat sind die entsprechenden Vorschriften der WO zu beachten. Nach § 13 DrittelbG ist die Bundesregierung ermächtigt, im Wege einer Rechtsverordnung, Vorschriften über das Verfahren über die Wahl und die Abberufung von Aufsichtsratsmitgliedern der Arbeitnehmer zu erlassen. An der Wahl für den Aufsichtsrat des herrschenden VVaG eines Versicherungskonzerns nehmen die Arbeitnehmer der weiteren Konzernunternehmen teil, vgl. § 2 DrittelbG.[24] Fragen zur Bestellung und Abberufung durch das Gericht sind in §§ 104, 103 Abs. 3 u. 4 AktG geregelt.

Die nach § 111 Abs. 5 AktG für mitbestimmte Unternehmen anzuwendende Frauenquote findet auf VVaG keine Anwendung, da das MitbestG den VVaG von der Anwendung ausnimmt.

19 **2. Rechtliche Stellung der Arbeitnehmervertreter im Aufsichtsrat.** Die einmal gewählten Aufsichtsratsmitglieder der Arbeitnehmer haben die gleichen Rechte und Pflichten wie die Aufsichtsratsmitglieder, die von der obersten Vertretung gewählt werden. Das gilt auch für die Verschwiegenheitspflicht, §§ 116, 93 Abs. 1 S. 2 AktG.[25] An Aufträge und Weisungen (z. B. ihrer Wähler oder der Gewerkschaften) sind sie nicht gebunden. Der Abschluss einer Haftpflichtversicherung seitens des VVaG für ein Aufsichtsratsmitglied zieht – anders als bei Vorstandsmitgliedern – keinen Mindestselbstbehalt der Aufsichtsratsmitglieder nach sich (§ 189 Abs. 3 S. 1 VAG i. V. m. §§ 116, 93 Abs. 2 S. 3 AktG).

[18] Bamberger/Roth/*Schöpflin* § 38 Rn. 21.
[19] VA 1929, 38 f.
[20] Bamberger/Roth/*Schöpflin* § 35 Rn. 9.
[21] *Mohr* VersR 1954, 44; kritisch *Zöllner* ZVersWiss 1964, 304.
[22] So schon die 12. Aufl. in Änderung der Auffassung der 11. Aufl.
[23] Bamberger/Roth/*Schöpflin* § 25 Rn. 28.
[24] Zur alten Rechtslage: *Meik* BB 1991, 2441, 2444 f.
[25] *BGH* Urt. v. 5.6.1975 – II ZR 156/73, NJW 1975, 1412.

IV. Aufgaben des Aufsichtsrats. 1. Vorbemerkung. Die Aufgaben eines Aufsichtsratsmitglieds können nicht auf einen anderen übertragen werden, sie sind persönlich wahrzunehmen (§ 111 Abs. 5 AktG). Hilfspersonen können unter bestimmten Voraussetzungen hinzugezogen werden.[26] 20

2. Zentrale Aufgaben des Aufsichtsrats (Sicherstellung des Legitimationsflusses im Gesellschaftsrecht). Zu den zentralen Aufgaben des Aufsichtsrats zählen wesentlich: 21

- die Bestellung und Abberufung der ordentlichen und stellvertretenden Vorstandsmitglieder (§ 188 Abs. 1 S. 2 VAG i. V. m. §§ 84, 94 AktG).
- die Ernennung zum Vorstandsvorsitzenden und der Widerruf (§ 188 Abs. 1 S. 2 VAG i. V. m. § 84 Abs. 2 u. 3).
- Erlass einer Geschäftsordnung für den Vorstand (es sei denn, die Satzung trifft hierzu keine Regelung), die die Aufgabenverteilung samt Vertretung und die Ordnung des Vorstands (Verfahrensabläufe) regelt (vgl. § 188 Abs. 1 S. 2 VAG i. V. m. § 77 Abs. 2 u. 3 AktG).
- Entgegennahme und Anforderung von Vorstandsberichten (§ 90 AktG).
- des Weiteren die Kontrolle der Geschäftsführung (§ 189 Abs. 3 S. 1 VAG i. V. m. § 111 AktG).[27]
- Weitere Hauptaufgabe ist die gerichtliche und außergerichtliche Vertretung des VVaG gegenüber seinen Vorstandsmitgliedern (§ 189 Abs. 3 S. 1 VAG i. V. m. § 112 AktG). Diese Funktionalität wird u. a. bei der Geltendmachung von Schadensersatzansprüchen gegen pflichtwidrig handelnde Vorstandsmitglieder gem. §§ 112, 116 AktG relevant.[28]
- Nach 341k HGB bestimmt der Aufsichtsrat den Abschlussprüfer des Jahresabschlusses und des Konzernabschlusses und hat nach § 318 Abs. 1 S. 4 HGB den Abschlussprüfern unverzüglich den Prüfungsauftrag zu erteilen.

Zu haftungsgeneigten Personalentscheidungen des Aufsichtsrats und zu seinen Überwachungsaufgaben im Konzern siehe die umfangreiche aktienrechtliche Literatur.[29] Eine § 41 Abs. 1 S. 2 AktG entsprechende Haftungsregelung findet sich für Handlungen vor Erteilung der Genehmigung der BaFin nicht.

3. Geschäftsführende Tätigkeit. Die **Geschäftsführung** kann der Aufsichtsrat nicht an sich ziehen (§ 189 Abs. 3 S. 1 VAG i. V. m. § 111 Abs. 4 AktG). Umgekehrt kann der Vorstand dem Aufsichtsrat eine Frage der Geschäftsführung zur Entscheidung vorlegen (arg. § 119 Abs. 2 AktG). Die Kontrolle des Vorstands wird je nach Bedeutung der geplanten Maßnahme mitunter bereits bei der Vorbereitung wichtiger nur schwer rückgängig zu machender Entscheidungsvorbereitungen und nicht erst nach abgeschlossener Entscheidung einzusetzen haben.[30] Verweigert der Aufsichtsrat bei zustimmungsbedürftigen Geschäften seine Zustimmung, kann der Vorstand verlangen, dass die Hauptversammlung über die Zustimmung entscheidet (§ 111 Abs. 4 S. 3 AktG). Die Überwachung der Geschäftsführung erstreckt sich auch auf Tätigkeiten nachgeordneter Ebenen.[31] 22

4. Weitere gesellschaftsrechtlich begründete Aufgaben des Aufsichtsrats. 23

- Zustimmung zur Kreditgewährung an Vorstands- und Aufsichtsratsmitglieder sowie leitende Angestellte (§ 188 Abs. 1 VAG i. V. m. §§ 89, 115 AktG),
- Vertretung des VVaG gegenüber Vorstandsmitgliedern (§ 189 Abs. 3 VAG i. V. m. § 112 AktG),
- Zustimmung zu bestimmten Geschäften, wenn die Satzung oder ein Aufsichtsratsbeschluss bzw. die Geschäftsordnung für den Vorstand dies vorsehen (§ 188 Abs. 1 VAG i. V. m. § 111 Abs. 4 S. 2 AktG),
- Einberufung einer Versammlung der obersten Vertretung (§ 189 Abs. 3 VAG i. V. m. § 111 Abs. 3 AktG),
- Teilnahme an den Versammlungen der obersten Vertretung (§ 191 VAG i. V. m. § 118 Abs. 2 AktG),
- Anhörung bei der Bestellung von Sonderprüfern (§ 191 VAG i. V. m. § 142 Abs. 5 AktG),
- Prüfung und Feststellung des Jahresabschlusses samt Bericht an die oberste Vertretung ggf. unter Erwähnung der Beschlüsse von Vorstand und Aufsichtsrat im Zusammenhang mit der Feststellung des Jahresabschlusses (§ 341a Abs. 4 HGB, § 172 S. 2 AktG. §§ 171 Abs. 1, 172 AktG),
- Legitimation zur Erhebung von Nichtigkeits- und Anfechtungsklagen (vgl. § 191 i. V. m. §§ 245 Nr. 5, 250 Abs. 3 AktG),
- Antragsrecht auf Entscheidung über die Zusammensetzung des Aufsichtsrats (vgl. § 189 Abs. 3 VAG i. V. m. § 98 Abs. 2 Nr. 2 AktG).

---

26 *Lutter/Krieger* DB 1995, 257.

27 *Baer/Scheurer* DB 1994, 793; *Ziemons/Binnewies/Jaeger,* Handbuch Aktiengesellschaft, Teil I, Stand 2016, Rn. 9.114 ff.

28 *OLG Düsseldorf* Urt. v. 22.6.1995 – 6 U 104/94, NJW-RR 1995, 1371, dazu *Raiser* NJW 1996, 552 m. w. N.

29 U. a. *Peltzer,* FS Semler, 1993, 261 f., *Scheffler* DB 1994, 793.

30 *Mertens,* in: Kölner Kommentar zum AktG, 3. Aufl. 2004, § 95, Rn. 2; *Hüffer/Koch,* AktG, 12. Aufl. 2016, § 111 Rn. 5 stellt auf Vergangenheitsbezug ab.

31 *Hüffer/Koch,* AktG, 12. Aufl. 2016, § 111 Rn. 4.

5. Aufgaben auf der Grundlage des VAG.

24 – Anmeldung des neu gegründeten Vereins durch sämtliche Aufsichtsratsmitglieder gemeinsam mit sämtlichen Vorstandsmitgliedern zum Handelsregister (§ 185 Abs. 1 VAG);
– Bestimmung des Abschlussprüfers (§ 36 Abs. 1 VAG i. V. m. § 341k Abs. 2 HGB);
– Änderung einer von der obersten Vertretung geänderten Satzungsbestimmung, wenn die Aufsichtsbehörde dies verlangt (§ 195 Abs. 3 VAG), oder wenn es um die Fassung der Satzung geht (§ 195 Abs. 2 VAG);
– wenn die Satzung den Vorstand zur Einführung neuer oder Änderung bestehender allgemeiner Versicherungsbedingungen ermächtigt, erfordert diese Einführung oder Änderung die Zustimmung des Aufsichtsrats (§ 197 Abs. 2 S. 1 VAG);
– sofern die Satzung eine solche Ermächtigung nicht enthält, kann die oberste Vertretung den Aufsichtsrat ermächtigen, bei dringendem Bedarf die – bestehenden – allgemeinen Versicherungsbedingungen vorläufig zu ändern (§ 197 Abs. 2 S. 2 VAG). Diese Änderungen sind der obersten Vertretung bei ihrem nächsten Zusammentreffen vorzulegen und können durch Beschluss der obersten Vertretung aufgehoben werden.

25 **V. Ausschüsse des Aufsichtsrats. 1. Zulässigkeit und Pflicht zur Ausschussbildung.** Gemäß § 189 Abs. 3 VAG i. V. m. § 107 Abs. 3 AktG kann der Aufsichtsrat aus seiner Mitte einen oder mehrere Ausschüsse, insbesondere zur Vorbereitung seiner Verhandlungen und Beschlüsse, sowie zur Überwachung der Durchführung seiner Beschlüsse bestellen. Dem Ausschuss können auch durch den Aufsichtsrat Aufgaben zur Beschlussfassung zugewiesen werden; in diesem Fall muss der Ausschuss mit mindestens drei Mitgliedern besetzt sein. Der Aufsichtsrat entscheidet autonom, weder Satzung noch oberste Vertretung können ihn verpflichten, Ausschüsse zu bilden. Die Regelung in § 107 Abs. 3 VAG nennt beispielhaft optional als mögliche Ausschüsse, den Prüfungsausschuss, der sich mit der **Überwachung des Rechnungslegungsprozesses, der Wirksamkeit der internen Kontrollsysteme, des Risikomanagementsystems, des Internen Revisionssystems und der Abschlussprüfung** (insbesondere der Unabhängigkeit der Abschlussprüfer und der vom Abschlussprüfer zusätzlich erbrachten Leistungen) befasst.

26 Der ebenfalls über § 189 Abs. 3 VAG anwendbare § 107 Abs. 3 S. 3 AktG bestimmt, welche Aufgaben nicht an einen Ausschluss überwiesen werden dürfen. Begibt ein VVaG Genussrechte in Form verbriefter Wertpapiere und sind diese an einem organisierten Markt zum Handel zugelassen, so findet § 264d HGB auf den VVaG Anwendung und für die Besetzung eines von dem VVaG gebildeten Prüfungsausschuss des Aufsichtsrats gilt § 107 Abs. 4 AktG.

27 Nunmehr soll es für VVaG nicht mehr in das Ermessen der Aufsichtsräte gestellt sein, einen Prüfungsausschuss zu bilden. § 27a AReG[32] verpflichtet nunmehr auch Aufsichtsräte eines VVaG, einen solchen Ausschuss, der die in § 107 Abs. 3 AktG niedergelegten Aufgaben hat, zu bilden. Daran knüpfen sich bei entsprechendem Fehlverhalten Straf- und Ordnungswidrigkeitsvorschriften an (§§ 341m, 341l HGB).

28 **2. Grenzen der Aufgabenübertragung.** Die folgenden, ggf. auch für VVaG relevanten Aufgaben dürfen einem Ausschuss nicht zur Beschlussfassung überwiesen werden (§ 189 Abs. 3 S. 1 VAG i. V. m. § 107 Abs. 3 S. 2 AktG):
– Erlass einer Geschäftsordnung für den Vorstand (§ 77 Abs. 2 S. 1 AktG),
– Bestellung von Vorstandsmitgliedern (§ 84 Abs. 1 S. 1 und 3, Abs. 2 und Abs. 3 S. 1 AktG),
– Einhaltung der Vergütungsregelungen gem. § 188 Abs. 1 VAG i. V. m. § 87 AktG i. V.m VersVergV,
– Prüfung des Jahresabschlusses, des Lageberichts und des Gewinnverwendungsabschlusses sowie Erstellung des Berichts des Aufsichtsrats (§ 171 AktG i. V. m. § 341a Abs. 4 HGB).

29 Es ist dem Aufsichtsrat ferner untersagt, zu beschließen, dass einem Ausschuss anstelle des Aufsichtsrats zur Beschlussfassung die Entscheidung darüber überlassen wird, zu bestimmen, dass bestimmte Arten von Geschäften nur mit seiner Zustimmung vorgenommen werden dürfen. Dies bedeutet, dass der Aufsichtsrat jeweils selbst zu beschließen hat, welche Geschäfte zustimmungspflichtig sein sollen, die Zustimmung im Einzelfall kann dann wiederum einem Ausschuss übertragen werden (§ 189 Abs. 3 VAG i. V. m. § 111 Abs. 4 S. 2 AktG).

30 **3. Besetzung der Ausschüsse.** Hat der Aufsichtsrat auch aus Mitgliedern der Arbeitnehmer zu bestehen, so ist bei der Besetzung der Ausschüsse zu beachten, dass die Arbeitnehmervertreter im Aufsichtsrat nicht generell von der Beteiligung an Aufsichtsratsausschüssen ausgeschlossen werden dürfen. Ihre Beteiligung wird vielmehr in solchen Ausschüssen für erforderlich, oder zumindest geboten gehalten, die sich mit sozialpolitischen und arbeitsplatzrelevanten Fragen befassen.[33] Für eine entsprechende Berücksichtigung von Frauen in den Ausschüssen wird man entsprechende Überlegungen

[32] Entwurf AReG, BT-Drs. 18/7219 (Art. 1 Ziff. 19b, Ziff. 20 f.).
[33] *Hüffer/Koch*, AktG, 12. Aufl. 2016, § 107 Rn. 20 f., 30f,.

heranziehen müssen, wenn Frauen Mitglieder im Aufsichtsrat sind. Allerdings ist zu beachten, dass auf VVaG das MitBestG keine Anwendung findet (vgl. oben Rn. 18).

VI. Die Vergütung der Aufsichtsratsmitglieder. Den Aufsichtsratsmitgliedern kann aufgrund Satzungsbestimmungen oder Beschluss der obersten Vertretung eine Vergütung gewährt werden (§ 189 Abs. 3 i. V. m. § 113 Abs. 1 AktG).[34] Haben die Aufsichtsratsmitglieder Anspruch auf Gewinnbeteiligung, so schreibt § 189 Abs. 4 VAG zwingend den Berechnungsmodus vor. Die Bestimmung stellt klar, dass zur Ermittlung der Gewinnbeteiligung vom Jahresüberschuss auszugehen ist, also dem Betrag, in dem Abschreibungen, Rückstellungsbildung und Wertberichtigungen sowie Steuern bereits berücksichtigt sind. Zudem ist die Gewinnverwendung (Einstellung in Rücklagen und ein Verlustvortrag sowie der Betrag, der nach § 178 Abs. 3 VAG den Gründungsstockzeichnern zugesagt ist) abzuziehen.[35] Die Zulässigkeit der Zahlung eines Ehrensoldes an den Ehrenvorsitzenden des Aufsichtsrates ist strittig.[36] Auch für Aufsichtsräte ersetzt nunmehr § 25 die Bestimmung des § 64 VAG a. F. und stellt nicht nur auf die Angemessenheit, sondern auch auf die Transparenz der Vergütungsregelung ab und darauf, dass sie auf eine nachhaltige Entwicklung des Unternehmens ausgerichtet ist. Siehe im Übrigen § 25 Abs. 2, 3 und 5 VAG. Die Anwendbarkeit des § 25 Abs. 4 VAG auf Aufsichtsräte ist nach dem Wortlaut zumindest unklar, denn in Satz 1 wird die aufsichtsrechtliche Kompetenz zur Begrenzung variabler Vergütungsbestandteile nur auf Vorstände und Mitarbeiter erstreckt, nach Satz 3 müssen die Unternehmen der entsprechenden Anordnungs-, Untersagungs- und Beschränkungsbefugnis in entsprechenden vertraglichen Vereinbarungen mit ihren Geschäftsleitern, Mitarbeitern und Aufsichtsratsmitgliedern Rechnung tragen. Wenn der BaFin aber gegenüber den Aufsichtsratsmitgliedern nach Satz 1 u. 2 kein Kürzungsrecht zusteht, kann auch eine solche Vereinbarung nicht nach Satz 3 von der Aufsichtsbehörde verlangt werden. Im Übrigen vgl. zu Vergütungsfragen § 188 Fn. 24a. 31

VII. Die Haftung der Aufsichtsratsmitglieder. Zunächst regelt das VAG selbst in § 189 Abs. 5 VAG für besondere Tatbestände die Haftung der Aufsichtsratsmitglieder. Danach muss mit ihrem Wissen und ohne ihr Einschreiten der Vorstand Pflichtverletzungen nach § 188 Abs. 2 VAG begangen haben (typisches Überwachungsverschulden). 32

Daneben verweist aber § 189 Abs. 3 S. 1 VAG auf § 116 AktG (Sorgfaltspflichten und Verantwortlichkeit der Aufsichtsratsmitglieder), der wiederum – mit Ausnahme des Absatzes 2 Satz 3 – hinsichtlich der Sorgfaltspflicht und Verantwortlichkeit auf die für Vorstände anzuwendende Vorschrift des § 93 AktG verweist. Für Aufsichtsräte gilt demnach die Selbstbehaltsregelung des § 93 Abs. 2 S. 3 AktG nicht. Schon die Formulierung in § 189 Abs. 5 VAG „insbesondere" macht deutlich, dass es sich hierbei nicht um eine abschließende Spezialregelung handelt. Für eine Haftung in den Fällen des § 188 Abs. 2 VAG wird aber stets ein „wissentliches Wegsehen" zu fordern sein. In den Fällen der Sorgfaltspflichtverletzung nach § 93 AktG trifft die Aufsichtsräte die Beweislastumkehr nach § 93 Abs. 2 S. 2 AktG. In den Fällen der §§ 116, 93 AktG reicht – im Gegensatz zu den Tatbeständen des § 189 Abs. 5 VAG – Fahrlässigkeit.[37] Zur Wissenszurechnung bei Mehrfachmandaten vgl. § 188 Fn. 5.

VIII. Weitere Vorschriften. Nach dem Gesetzeswortlaut gilt § 80 AktG nicht für den Aufsichtsrat. Dies würde bedeuten, dass auf den Geschäftsbriefen keine Angabe zum Vorsitzenden des Aufsichtsrats zu machen ist. Dies verwundert, da § 188 Abs. 1 VAG die Anwendbarkeit des § 80 AktG für den Vorstand regelt, entsprechendes gilt gem. § 33 Abs. 2 VAG für öffentlich-rechtliche Versicherungsunternehmen und auch für das Überwachungsorgan öffentlich-rechtlicher Versicherungsunternehmen; in § 189 jedoch, der die Regelung für den Aufsichtsrat enthält, fehlt eine entsprechende Bezugnahme in Abs. 3 auf § 80 AktG. Dies ist wohl als Redaktionsversehen zu bewerten, da es im Hinblick auf die Transparenz und auf die Befugnis der Vertretungskompetenz des Aufsichtsrats in bestimmten Fällen geboten erscheint, dass auch der Aufsichtsratsvorsitzende auf den Geschäftsbriefen angegeben wird. 33

Sondervergütungen kann der Aufsichtsrat an Mitarbeiter und Führungskräfte des Unternehmens nicht gewähren, da dies Teil der Geschäftsführungstätigkeit ist; anderes gilt für die Vergütung von Vorständen, die dem Aufsichtsrat obliegt.[38] 34

Umstritten ist das Verwandtenrundschreiben des BAV.[39]Danach erklärt die Aufsichtsbehörde, dass ein Verwandtschafts- oder Schwägerschaftsverhältnis 1. oder 2. Grades zu einem Mitglied des Aufsichtsrates bzw. eheliche Beziehungen zwischen Vorstand und Aufsichtsrat grundsätzlich die Unzulässigkeit des

---

[34] VerBAV 1978, 104; zur Weiterbildung dazu noch VerBAV 1994, 287.

[35] S. zu den Regelungen in §§ 108, 113, 114 Abs. 1 AktG *OLG Köln* Urt. v. 27.5.1994 – 19 U 289/93, NJW-RR 1995, 230 (Beratervertrag mit einem Aufsichtsratsmitglied).

[36] Vgl. *Benkel* S. 195.

[37] Vgl. Bähr/*Armbrüster* § 11 Rn. 126 ff., und die umfangreichen Literaturangaben und Darstellung möglicher Pflichtverletzungen bei Ziemons/Binnewies/*Jaeger*, Handbuch Aktiengesellschaft, Teil I, 2016, Rn. 9.321 ff. (auch zur Frage der Außenhaftung von Aufsichtsratsmitgliedern).

[38] *Hüffer/Koch*, AktG, 12. Aufl. 2016, § 87 Rn. 1 f.; *OLG Düsseldorf* Urt. v. 16.11.1987 – 6 U 280/66, VerBAV 1968, 115.

[39] VerBAV 1974, 50.

Bewerbers begründe.[40] Die Aufsichtsbehörde hat im Jahre 1994 diese Auffassung ausdrücklich bekräftigt und hält an ihr bis heute fest.[41] Das VAG gibt für einen solchen Eingriff in die persönliche Freiheit und Berufsfreiheit keine direkte Grundlage. Auch § 24 VAG stellt lediglich auf die Zuverlässigkeit und fachliche Eignung ab, nennt aber nicht das Bestehen eines (engen) verwandtschaftlichen Verhältnisses (Verwandtschaftsverhältnis nach § 1589 BGB, Schwägerschaftsverhältnis nach § 1590 BGB) oder Ehegattenverhältnis als Hinderungsgrund für die Berufung in den Vorstand oder Aufsichtsrat. Auch der „Deutsche Corporate Governance Kodex" enthält keine entsprechende Einschränkung.[42]

Ebenso enthalten § 77 Abs. 3 und § 100 AktG keinen Ausschlussgrund, der sich auf die persönliche Nähe zu einer Person bezieht. Andererseits ist nicht zu leugnen, dass durch solche Konstellationen in den Organen eines Unternehmens nach aller Lebenserfahrung Interessenkonflikte heraufbeschworen werden können. Ob eine solche Konstellation mit dem Grundsatz der „soliden und umsichtigen Leitung des Unternehmens" vereinbar ist, bleibt daher zweifelhaft.

35 Für die Entlastung der Mitglieder des Aufsichtsrats gelten die § 191 S. 1 VAG i. V. m. § 120 AktG.

36 Nach § 306 Abs. 1 Nr. 4 und Nr. 5 VAG ist die BaFin befugt, zu Sitzungen des Aufsichtsrats Vertreter zu entsenden, denen auf Verlangen das Wort zu erteilen ist sowie die Einberufung einer Aufsichtsratssitzung samt Ankündigung von Gegenständen zur Beschlussfassung zu verlangen.

37 Aufsichtsrechtliche Straf- und Bußgeldvorschrift: §§ 326, 328, 332, 333 VAG

38 **IX. Kleinere Vereine.** § 189 VAG gilt nicht für kleinere Vereine (§ 210 Abs. 1 VAG). Diese können aber per Satzung einen Aufsichtsrat einrichten (vgl. § 210 Abs. 2 S. 3, dazu im einzelnen § 210 Rn. 91 ff.).[43] Die Satzung kann auch regeln, dass dem Aufsichtsrat Arbeitnehmer angehören müssen.[44] Dies entspricht der Satzungsautonomie.

Schadenersatzpflicht

190 § 117 des Aktiengesetzes gilt entsprechend.

1 **I. Tatbestand und Wirkungsumfang.** Die Stellung dieser auf eine spezielle Haftungsnorm im AktG verweisende Regelung macht deutlich, dass sie für Vorstände und Aufsichtsräte, sowie andere, mit Leitungsfunktionen betraute Personen des VVaG Anwendung findet, nicht aber einen Haftungstatbestand für Mitglieder oder Mitgliedervertreter begründet, es sei denn, diese haben durch die schädigenden Handlungen einen Vorteil erlangt und die Beeinflussung vorsätzlich veranlasst (entsprechende Anwendung des § 117 Abs. 3 AktG; vgl. im Übrigen § 184 Rn. 23).

2 Der Normzweck liegt in dem Schutz der Integrität des Verwaltungshandelns, dem Schutz des Gesellschaftsvermögens und im Schutz der Aktionäre (Mitglieder).[1] Die Vorschrift richtet sich allgemein an jeden (nicht nur Aktionäre), der seinen Einfluss auf Organe oder leitende Mitarbeiter einer Aktiengesellschaft ausüben kann. Da Aktionäre durch die Höhe des Anteilbesitzes ganz anders als Mitglieder/Mitgliedervertreter in der Lage sind, Einfluss auf Unternehmensorgane ausüben zu können, wird die **Anwendbarkeit auf Mitglieder und Mitgliedervertreter** nur in Ausnahmefällen zum Zug kommen.

3 **II. Die entsprechende Anwendung.** Zur Erfüllung dieses Tatbestandes ist nicht erforderlich, dass der Handelnde vereinsfremde Vorteile erlangen wollte.[2] Entsprechende Anwendung bedeutet, dass die im § 117 Abs. 1 AktG genannten Handelnden zum Schaden des VVaG oder seinen Mitgliedern bestimmt werden; das bedeutet auch, dass vorsätzlich Handelnde unter Umständen den Mitglieder haften, wenn diese durch die Einflussnahme mit schädigender Wirkung in ihrem Mitgliedschaftsrecht geschädigt wurden. Als entlastender Beschluss für Vorstand und Aufsichtsrat i. S. § 117 Abs. 2 AktG tritt der Beschluss der obersten Vertretung an die Stelle des Hauptversammlungsbeschlusses. Für Versicherungsgruppen ist § 117 Abs. 7 AktG zu beachten (Bestimmung zur schädigenden Handlung durch Leitungsmacht aufgrund eines Beherrschungsvertrags oder aufgrund der Eingliederung einer abhängigen Gesellschaft in einer Hauptgesellschaft).

4 **III. Kleinere Vereine.** Die Regelung des § 190 VAG gilt nicht für kleinere Vereine (§ 210 Abs. 1 S. 1 VAG).

[40] Bähr/*Bürkle/Schell* § 13 Rn. 34.
[41] VerBAV 1994, 287.
[42] *Ringleb* in: Ringleb/Kremer/Lutter/v. Werder, Deutscher Corporate Governance Kodex, 2003, Rn. 599, 603.
[43] *Heidelbach*, Der kleinere Versicherungsverein auf Gegenseitigkeit unter besonderer Berücksichtigung der gesellschaftsrechtlichen Probleme, 1994, S. 135 ff.; ferner zur alten Fassung des VAG: *Fitting/Kaiser/Heither/Engels*, BetrVG, 19. Aufl. 1998, § 78 BetrVG 52 Rn. 2.
[44] *Dietz/Richardi*, BetrVG, 1982, § 77 BetrVG 1952 Rn. 3236.
[1] Siehe Hüffer/*Koch*, AktG, 12. Aufl. 2016, § 117, Rn. 1.
[2] *Mohr* VersR 1965, 921; im Übrigen siehe die Kommentierung zu § 117 AktG bei *Hüffer/Koch*, AktG, 12. Aufl. 2016.

Oberste Vertretung

191 [1]**Für die oberste Vertretung gelten entsprechend die für die Hauptversammlung geltenden Vorschriften der §§ 118, 119 Absatz 1 Nummer 1 bis 3, 5, 7 und 8 sowie Absatz 2, von § 120 Absatz 1 bis 3 und § 121 Absatz 1 bis 4, 5 Satz 1 und Absatz 6, der §§ 122 und 123 Absatz 1, der §§ 124 bis 127, 129 Absatz 1 und 4, des § 130 Absatz 1 Satz 1 und 2 sowie Absatz 2 bis 5, der §§ 131 bis 133 und 134 Absatz 4 sowie der §§ 136, 142 bis 149, 241 bis 253 und 257 bis 261 des Aktiengesetzes.** [2]**§ 256 des Aktiengesetzes gilt entsprechend.** [3]**Ist die oberste Vertretung die Mitgliederversammlung, so gilt auch § 134 Absatz 3 des Aktiengesetzes entsprechend.** [4]**Genussrechte im Sinne des § 214 Absatz 2 dürfen nur auf Grund eines Beschlusses der obersten Vertretung gewährt werden.** [5]**Der Beschluss bedarf einer Mehrheit von drei Vierteln der abgegebenen Stimmen.** [6]**Die Satzung kann eine andere Mehrheit und weitere Erfordernisse bestimmen.**

Übersicht

I. Allgemeines; Regelungsumfang. Bis auf kleine sprachliche Veränderungen enthält die Bestimmung drei Neuerungen gegenüber der alten Fassung. Zum einen erstreckt sich die Verweisung auf § 120 AktG nur auf die Absätze 1–3 nicht aber auf den ab dem 5.8.2009 geltenden Abs. 4,[1] der der Hauptversammlung einer Aktiengesellschaft das Recht einräumt, über die Billigung des Systems zur Vergütung der Vorstandsmitglieder zu beschließen. Hiervon bleibt also die oberste Vertretung ausgeschlossen, weil § 120 Abs. 4 AktG dem Wortlaut nach seine Schutzfunktion nur für börsennotierte Unternehmen entfaltet. Zum anderen sind jetzt nicht nur die §§ 142 – 147 AktG, sondern darüber hinaus bis 149 AktG entsprechend anwendbar. **Das Klagezulassungsverfahren für Aktionäre nach § 148 AktG** hängt von der Beteiligungshöhe des Aktionärs ab. Generell sieht 192 VAG eine Regelung für den Schutz von Minderheiten vor, die im Aktienrecht näher ausgestaltet ist und auf die das VAG verweist: Beim VVaG müssen die Minderheiten in der Satzung definiert werden. Allerdings erfasst § 192 VAG nicht 148 AktG, so dass hier eine Regelungslücke besteht. Es stellt sich die Frage, ob das Klagezulassungsverfahren nach § 180 AktG etwa an die Höhe der vom Mitglied dem VVaG geschuldeten Beiträge geknüpft werden kann. Da lediglich § 191 auf § 148 AktG Bezug nimmt, ist davon auszugehen, dass der Gesetzgeber lediglich die Mitglieder der obersten Vertretung als zulässige Kläger eines Klagezulassungsverfahrens nach § 148 AktG einstuft. Die Vorschrift fällt also nicht unter den Minderheitenschutz nach § 192 VAG. Ist die oberste Vertretung die Versammlung aller Mitglieder steht also das Klagezulassungsverfahren jedem Mitglied zu. Ist die oberste Vertretung die Mitgliedervertreterversammlung steht das Klagezulassungsverfahren nur den Angehörigen der obersten Vertretung zu. Entsprechend gilt dann auch die Regelung zur Bekanntmachungspflicht zur Haftungsklage gem. § 149 AktG. 1

Schließlich ist die Verweisung auf 53c Abs. 3a VAG a. F. durch § 214 Abs. 2 VAG ersetzt worden.[2] 2

[1] Eingeführt durch Art. I VorstAG vom 31.7.2009 (BGBl. I 2509).

[2] Zur Literatur über die oberste Vertretung vgl. die Nachweise bei §§ 171, 184.

Nach den Satzungsbestimmungen ist entweder die Mitgliederversammlung oder die Mitgliedervertreterversammlung oberstes Organ. Zur Zusammensetzung der obersten Vertretung siehe § 184 Rn. 8 ff.

3 **Der Gesetzgeber hat die Mitgliedervertreterversammlung der Mitgliederversammlung von Beginn an gleichberechtigt gegenüber gestellt.**[3] Dies ergibt sich auch aus Satz 3, der für den Ausnahmefall, dass die oberste Vertretung Mitgliederversammlung ist, die Ausübung des Stimmrechts durch Bevollmächtigte regelt.

4 Die **oberste Vertretung** des VVaG entspricht **funktional der Hauptversammlung** der AG. Dementsprechend treten bei Verweisungen auf das AktG, die Beschlüsse und Aufgaben der „Hauptversammlung" betreffend, an deren Stelle die „oberste Vertretung" (§§ 188 Abs. 1 S. 2, 189 Abs. 3 S. 2 VAG).

5 Das am 3. August 1994 in Kraft getretene – „Gesetz für kleine Aktiengesellschaften und zur Deregulierung des Aktienrechts"[4] hat auch eine Reihe von Vorschriften des AktG überarbeitet, die nach § 191 VAG auf die oberste Vertretung eines VVaG „entsprechend" anzuwenden sind (vgl. §§ 121 Abs. 1–3, 4 S. 1; 124; 130; 241; 242 und 256 AktG).[5] Die Vorschriften betreffen hauptsächlich die Einberufung und die notarielle Beurkundung der Hauptversammlung sowie die Rechtsfolgen bestimmter Einberufungs- und Beschlussmängel. Mit Einführung des Gesetzes für kleine Aktiengesellschaften blieb § 36 VAG a. F. zunächst unverändert. § 36 VAG a. F. enthielt wie nunmehr auch § 191 VAG eine dynamische Verweisung und verwies damit auch auf das „Gesetz für kleine AG".[6] Die Auswirkungen auf den VVaG sind im Ergebnis gering; in einigen Detailfragen bestand allerdings Klärungsbedarf. Der Gesetzgeber hat daher im Rahmen der Umsetzung der s. g. BCCI-Richtlinie auch die Verweisungsvorschrift des § 36 VAG a. F. überarbeitet, um insoweit wieder eine eindeutige Rechtslage herbeizuführen.[7]

6 **II. Befugnisse der obersten Vertretung. 1. Allgemeine Aufgaben der obersten Vertretung.** Grundsätzlich üben die Mitglieder ihre Rechte in den Angelegenheiten des VVaG in der Versammlung der obersten Vertretung aus, soweit das Gesetz oder die Satzung nichts anderes bestimmen. Damit wird zunächst die vom Gesetzgeber vorgegebene **Grundstruktur der mitgliedschaftlichen, vereinsrechtlichen Stellung umschrieben**. Bei Satzungsregeln, die z. B. die Kooptation vorsehen, darf dieses Grundmuster nicht völlig beiseite geschoben werden (vgl. § 184 Rn. 20). Im Einzelnen bezieht sich die Kompetenz der obersten Vertretung durch Verweisung auf aktienrechtliche Vorschriften auf folgende Sachverhalte:

- Von dem in § 119 Abs. 1 AktG genannten Aufgabenkatalog der Hauptversammlung finden Nr. 4 (die Bestellung der Abschlussprüfer) und Nr. 6 (Maßnahmen der Kapitalbeschaffung und der Kapitalherabsetzung) keine Anwendung (vgl. aber § 191 S. 4 VAG). Für die Bestellung der Abschlussprüfer des Jahresabschlusses und des Konzernabschlusses ist nach § 341k Abs. 2 HGB der Aufsichtsrat zuständig; es sei denn § 191 S. 1 VAG i. V. m. § 127 S. 1 VAG kommt zur Anwendung.
- Die oberste Vertretung ist in den durch Gesetz oder Satzung bestimmten Fällen einzuberufen und stets dann, wenn das Wohl der Gesellschaft es erfordert (§ 121 Abs. 1 AktG). Sie ist außerdem einzuberufen, wenn es eine Minderheit (§ 122 AktG) verlangt. Zum Begriff der Minderheit vgl. die Kommentierung zu § 192 VAG.
- Die oberste Vertretung bestellt die Mitglieder des Aufsichtsrats und beruft sie ab (§§ 101, 103, 119 Abs. 1 S. 1 AktG).
- Die Verwendung des Bilanzgewinns (§ 119 Abs. 1 Nr. 2 AktG; hiermit ist der Überschuss nach § 194 VAG gemeint). Die oberste Vertretung ist weitgehend durch Satzungsrecht gebunden.[8]
- Die Entlastung der Mitglieder des Vorstands und des Aufsichtsrats (§ 119 Abs. 1 Nr. 3 AktG i. V. m. § 120 AktG).
- Satzungsänderungen (§ 119 Abs. 1 Nr. 5 AktG, § 195 VAG).
- Änderungen der AVB (§§ 195 Abs. 1, 197 Abs. 1 VAG).
- die Bestellung von Prüfern zur Prüfung von Vorgängen bei der Gründung oder der Geschäftsführung (§ 119 Abs. 1 Nr. 7 AktG).
- Feststellung des Jahresabschlusses, wenn Vorstand und Aufsichtsrat sich für die Feststellung durch die oberste Vertretung entscheiden oder der Aufsichtsrat den Jahresabschluss nicht billigt (§ 341a Abs. 4 HGB; §§ 172, 173 AktG).
- die Auflösung der Gesellschaft (§ 198 Nr. 2 VAG i. V. m. § 119 Abs. 1 Nr. 8 AktG).
- über Fragen der Geschäftsführung, wenn der Vorstand es verlangt (§ 119 Abs. 2 AktG).
- Geltendmachung von Ersatzansprüchen (§ 147 AktG) und der Verzicht auf solche Ansprüche (§§ 93 Abs. 4 S. 3, 116 AktG); samt Klagezulassungsverfahren nach § 148 AktG.

---

[3] *Benkel* Diss. S. 125; *Großfeld*, Der Versicherungsverein auf Gegenseitigkeit im System der Unternehmensformen, 1985, S. 73.

[4] BGBl. 1961 I.

[5] *Grossfeld/Merdausl* in: Peiner, Grundlagen des VVaG, 1995, S. 107, 109, 113; *Frels*, ebenda, S. 130, 131.

[6] *Lorenz* VersR 1995, 514; *Präve* ZfV 1996, 66.

[7] *Präve* ZfV 1996, 58, 66.

[8] Beispiele zu weiteren Finanzentscheidungen finden sich bei *Benkel*, S. 179.;

– Auskunftsrecht des Mitglieds der obersten Vertretung (§ 131 AktG); hierbei handelt es sich um das Recht der Mitglieder, die gem. Satzung legitimiert sind, Mitglied der obersten Vertretung zu sein.
– Bestellung von Sonderprüfern (§ 142 AktG).
– Die Begebung von Genussrechten (vgl. § 214 Abs. 1 Nr. 4 VAG) ist eine Maßnahme der Kapitalbeschaffung und steht ebenfalls in der ausschließlichen Kompetenz der obersten Vertretung (vgl. die nicht anwendbare Vorschrift in § 119 Abs. 1 Nr. 6 AktG ist durch § 191 S. 4 VAG ersetzt); diese Reduktion der Anwendbarkeit aktienrechtlicher Vorschriften zur Kapitalbeschaffung deutet darauf hin, dass der Gesetzgeber davon ausgeht, dass VVaG nur Genussrechte begeben dürfen, die die Voraussetzung als Eigenmittel anerkannt zu werden erfüllen und demgemäß die Bedingungen nach § 214 Abs. 2 und 4 VAG einhalten.
– Feststellung der Eröffnungsbilanz und des Jahresabschlusses während der Abwicklung und Entlastung der Abwickler (§§ 204 Abs. 3 i. V. m. 270 Abs. 2 S. 1 AktG.
– Bestellung von Abwicklern, falls der Vorstand nicht die Abwicklung besorgt, oder die Satzung etwas anderes bestimmt (§ 204 Abs. 1 VAG).
– Beschluss über die Fortsetzung des aufgelösten Vereins (§ 206 VAG).

2. Spezielle Aufgaben nach dem UmwG. Vermögensübertragungen von einem VVaG auf eine VersAG oder auf ein öffentlich-rechtliches Versicherungsunternehmen bedürfen der Beschlussfassung durch die oberste Vertretung (vgl. §§ 175 Nr. 2b, 180–187; insb. §§ 109–119, 13, 36 UmwG. Dies gilt ebenso für den Formwechsel (vgl. § 191 Abs. 1 Nr. 5 i. V. m. § 293 UmwG) und die Spaltung (vgl. §§ 151 i. V. m. 125, 13 UmwG) und auch die Verschmelzung (vgl. §§ 109–119 UmwG). 7

3. Spezielle Aufgaben nach der Satzung. Die Satzung kann der obersten Vertretung weitere Aufgaben übertragen (vgl. § 191 Abs. 1 VAG i. V. m. 119 Abs. 1 AktG), aber nur soweit, als dadurch nicht in die gesetzliche Zuständigkeit des Vorstands, des Aufsichtsrats, der Abschlussprüfer, des Aktuars und des Treuhänders eingegriffen wird und soweit diese Aufgaben einzeln in der Satzung erwähnt sind, z. B. Bestimmung von Anfallberechtigten für die Verteilung des Vereinsvermögens (§ 205 Abs. 3 VAG), Wahl der Mitgliedervertreter (§ 184 VAG), Wahl der Mitglieder eines Wahlausschusses, Wahl von Ausschüssen, zur Vorbereitung von Angelegenheiten für die die oberste Vertretung.[9] 8

Der **Abschlussprüfer** des Jahresabschlusses wird nicht von der obersten Vertretung, sondern vom Aufsichtsrat bestimmt (§§ 341k Abs. 2, 318 Abs. 1 S. 1 HGB). Ein Unterschied zur VersAG besteht insoweit nicht, da § 119 Abs. 1 Nr. 4 AktG auch für die VersAG durch die Sondervorschriften §§ 341k Abs. 2, 318 Abs. 1 HGB verdrängt wird.[10]

III. Formalien der Versammlung der obersten Vertretung. 1. Vorbemerkung. Nachdem schon durch die Verweisung auf § 121 Abs. 6 AktG in der alten Fassung des VAG klargestellt war, dass die oberste Vertretung eine Universalversammlung abhalten kann, ist ein zuvor nur durch dynamische Verweisung möglicher Weg[11] gesetzlich geregelt. Die oberste Vertretung kann Beschlüsse ohne Einhaltung der §§ 121 Abs. 1 bis 4, 5 S. 1, Abs. 6; 122; 123 Abs. 1; 124–127; 130–132 AktG fassen, wenn sämtliche Mitglieder der obersten Vertretung erschienen oder vertreten sind und kein Mitglied der Beschlussfassung widerspricht. Dies wird wohl nur der Fall sein, wenn die oberste Vertretung eine Mitgliedervertreterversammlung ist, da nur dann mit einer Vollversammlung der zur Teilnahme an der obersten Vertretung legitimierten Mitglieder zu rechnen ist.[12] 9

2. Formerfordernisse. Die oberste Vertretung ist in den durch Gesetz oder Satzung bestimmten Fällen oder wenn das Wohl der Gesellschaft es fordert, einzuberufen (§ 190 S. 1 VAG i. V. m. § 121 Abs. 1 AktG). Die oberste Vertretung wird durch den Vorstand einberufen (§ 191 S. 1 i. V. m. § 121 Abs. 2 AktG); im Falle des § 111 Abs. 3 AktG geschieht dies durch den Aufsichtsrat (§ 189 Abs. 3 VAG). Aufgrund des an den Vorstand zu richtenden Verlangens einer qualifizierten Mehrheit von Mitgliedern bzw. Mitgliedervertretern hat ebenfalls die Einberufung der obersten Vertretung zu erfolgen, wobei das Vorliegen einer antragsberechtigten Minderheit in der Satzung zu klären ist (§ 192 VAG). Schließlich hat die Aufsichtsbehörde das Recht die oberste Vertretung einzuberufen (§ 306 Abs. 1 Nr. 5 VAG). Für die **Form der Einberufung** gilt grundsätzlich die Veröffentlichung der Tagesordnung und der Einladung mit Ort und Zeit der Sitzung in den Geschäftsblättern (§§ 121, 124 AktG). Ist die oberste Vertretung die Mitgliedervertretung sind alle stimmberechtigten Vertreter namentlich bekannt, dann kann die Einladung nach § 121 Abs. 4 AktG mit eingeschriebenem Brief erfolgen, wenn die Satzung nichts anderes bestimmt. Bedenklich ist die Folge einer solchen Vollversammlung, weil nach § 121 Abs. 6 AktG dann im Rahmen einer solchen Versammlung ohne Einhaltung der formalen Einladungserfordernisse über Gegenstände abgestimmt werden kann, die völlig an allen anderen Mitgliedern vorbei 10

[9] *Frels* in: Peiner, Grundlagen des VVaG, 1995, S. 139.
[10] *Hüffer/Koch*, AktG, 12. Aufl. 2016, § 119, Rn. 5.
[11] *Lorenz* VersR 1995, 515.
[12] *Lorenz* VersR 1995, 515.

gehen und ihnen damit auch die Möglichkeit genommen wird, zu prüfen, ob sie von ihren Minderheitsrechten Gebrauch machen sollten.[13]

11 Die Einberufung hat mindestens 30 Tage vor dem Tag der Versammlung (§§ 123 Abs. 1, 124 Abs. 1 AktG) zu erfolgen. Der Ort der Versammlung ist grundsätzlich der Sitz des Vereins, wenn nicht die Satzung etwas anderes bestimmt (§ 121 Abs. 5 S. 1 AktG). Den Vorsitz in der Versammlung führt entsprechend den Satzungsbestimmungen der dort Benannte, sonst wird der Vorsitz aufgrund einer Wahl durch die oberste Vertretung bestimmt. In den Fällen des § 306 Abs. 1 Nr. 5 VAG bleibt es bei den satzungsgemäß festgelegten Verfahren zur Einberufung der obersten Vertretung wie es sich aus der Formulierung, dass dem Entsandten „auf Verlangen das Wort zu erteilen ist" (Nr. 4) bzw. die Einberufung zu verlangen sowie „die Ankündigung von Gegenständen zur Beschlussfassung zu verlangen" (Nr. 5) ergibt.

12 **3. Bekanntmachungen/Minderheitenschutz.** Die Tagesordnung ist zusammen mit der Einberufung bekannt zu machen (§ 121 Abs. 3 und Abs. 4 AktG); dabei sind die Vorschläge der Verwaltung mit anzugeben (§ 124 Abs. 3 AktG). Die Bestimmung des § 191 VAG verweist ohne Einschränkung auf § 125 AktG (Mitteilung der Einberufung der Hauptversammlung an Kreditinstitute, Vereinigung von Aktionären und auf Verlangen an Aktionäre und an Aufsichtsratsmitglieder). Ist die oberste Vertretung die Mitgliedervertretung, so erhalten alle Mitgliedervertreter bereits über § 124 AktG die notwendigen Informationen. **Letztlich passt § 125 Abs. 1 AktG nicht zum VVaG, da es beim VVaG kein Depotstimmrecht und keine Vereinigung von Mitgliedern gibt**. Fraglich ist, ob § 125 AktG insbes. § 125 Abs. 2 AktG auch bei Vorhandensein einer Mitgliedervertretung auf die Mitglieder anzuwenden ist, **die nicht der obersten Vertretung angehören**. Mit der zulässigen Einsetzung einer Mitgliedervertretung als oberste Vertretung ist – bis auf nicht entziehbare Minderheitenrechte (z. B. § 204 Abs. 2 VAG) – das organisationsrechtliche Mitwirkungsrecht den Mitgliedern, die der Mitgliedervertretung nicht angehören, grundsätzlich entzogen.

13 Um **Minderheitenrechte** wahrnehmen zu können, müssen die Mitgliedervertreter zuvor aber auch Informationen über die Tagesordnung der obersten Vertretung haben. Dies führt aber nicht zu einer generellen Anwendbarkeit des § 125 AktG (§ 191 VAG verweist völlig undifferenziert auf diese Bestimmung) auf die Gesamtheit der Mitglieder. Lediglich eine entsprechende Anwendung des § 125 Abs. 2 AktG kann in Betracht gezogen werden bzgl. der Mitglieder, die die Information verlangen. Dann würde § 125 Abs. 2 AktG praktisch zum Bereich des Minderheitenschutzes gehören. Mit einem solchen Informationsrecht wird das einzelne Mitglied eines VVaG ggf. in die Lage versetzt, andere Mitglieder zu finden, die mit ihm zusammen das Quorum zur Wahrnehmung von Minderheitenrechten erfüllen. Die übrigen Alternativen in § 125 AktG sind auf VVaG nicht übertragbar.

14 Nachdem nunmehr bei Mitgliedervertretungen eine Einladung zur Hauptversammlung mittels eingeschriebenem Brief (§ 121 Abs. 4 AktG) erfolgen kann, erfahren die Mitglieder, die nicht der obersten Vertretung angehören, nicht mehr über die Gesellschaftsblätter, dass eine solche Versammlung stattfindet. Hierdurch wird die Ausübung von Minderheitenrechten nach §§ 125 – 127 AktG erheblich erschwert. Es wäre zu überlegen, ob diese VVaG nicht zumindest verpflichtet werden müssten, die Einberufung und Tagesordnung auf ihrer Homepage zu veröffentlichen.

15 Diesen Überlegungen steht auch nicht § 192 VAG entgegen, der nur für die dort aufgezählten Verweisungen auf das Aktiengesetz bestimmt, dass diese Minderheitenrechte nur den Mitgliedern der obersten Vertretung zustehen. **Die § 125–127 AktG sind aber in der Aufzählung des § 192 VAG nicht enthalten**, wohl aber verweist § 191 VAG auf diese Schutzbestimmungen im Aktiengesetz. Damit sind bei einer Mitgliedervertretung diejenigen Mitglieder, die nicht an den Sitzungen der obersten Vertretung teilnahmeberechtigt sind, von den in § 192 VAG genannten Minderheitenrechten ausgeschlossen, **nicht** aber von der Anwendbarkeit der §§ 125–127 AktG. Gemeinsam ist diesen Bestimmungen, dass sie keinerlei Mindesthöhe des Aktienbesitzes voraussetzen, um die angesprochenen Rechte entstehen zu lassen. Diese Regelungen gehören also zum Kernbereich der mitgliedschaftlichen Teilnahme an der AG/dem VVaG. Die Regelung in § 125 Abs. 2 AktG bezieht sich auf das Informationsrecht jedes Aktionärs über die Einberufung einer Hauptversammlung (Abs. 1). Die Vorschrift des § 126 AktG bezieht sich auf Gegenanträge der Aktionäre zu Tagesordnungspunkten der Hauptversammlung; § 127 AktG regelt Wahlvorschläge von Aktionären zur Wahl von Aufsichtsratsmitgliedern.

Die Bestimmung des § 191 VAG enthält keine § 192 VAG entsprechende Regelung zur Bestimmung des Quorums, das zur Ausübung dieser Rechte befugt sein soll. Hier muss über eine ergänzende Auslegung des § 191 VAG und unter Heranziehung des Gedankens des § 38 BGB geholfen werden.

16 Die Vorschrift des § 121 Abs. 4 AktG passt daher nicht auf große VVaG. Ihre Einbeziehung in die Verweisung des § 191 S. 1 VAG ist ein rechtstechnischer Fehler. Bei entsprechender Anwendung der §§ 125, 126, 127 AktG auf VVaG ist ebenfalls zwischen VVaG mit Mitgliederversammlung bzw. Mitgliedervertretung zu unterscheiden. Soweit eine Mitgliederversammlung besteht, stehen die Antrags-

[13] *Hoppmann*, Vorstandskontrolle im Versicherungsverein aG, 2000, S. 191.

rechte nach §§ 126–127 AktG und das Informationsrecht nach § 125 AktG jedem einzelnen Mitglied zu; soweit eine Mitgliedervertretung besteht, sind die Stimm- und Antragsrechte sowie das Informationsrecht der Mitglieder satzungsgemäß ausgeschlossen, soweit sie nicht der obersten Vertretung angehören. In diesen Fällen (§§ 125–127 AktG) kommen die satzungsmäßig verankerten Minderheitenrechte zur Anwendung. Diesen in der Satzung zahlenmäßig festgelegten Gruppen von Mitgliedern stehen die Antragsrechte nach §§ 126, 127 AktG zu; diese Anträge oder Wahlvorschläge können die Minderheiten bei Bestehen einer Mitgliedervertretung nur über an der obersten Vertretung teilnahmeberechtigte Mitglieder in die Versammlung einbringen.[14] Für die Pflicht des Vorstands zur Information der Mitglieder über die Minderheitenrechte gilt das oben zu § 184 Rn. 21 Gesagte. Die Pflicht des Vorstands, die Gegenanträge und Wahlvorschläge von Mitgliedern/Minderheiten zugänglich zu machen, besteht gegenüber den nach § 126 Abs. 1 AktG Berechtigten (§ 191 S. 1 VAG). Die eingeschränkte Bedeutung des § 125 AktG für VVaG macht letztlich deutlich, dass die Regeln, die Aktionäre mit geringem Aktienbesitz schützen sollen, nicht für den Minderheitenschutz bei VVaG taugen. Letztlich wird der Gesetzgeber den Interessenlagen von Mitgliedern, die qua Satzung keinerlei gesellschaftsrechtliche/organisatorische Mitspracherechte haben, durch einen Verweis auf Vorschriften, die die Rechtsposition von Kleinaktionären mit Stimm- und Auskunftsrecht verstärken sollen, nicht gerecht. Generell gilt, dass für die Gesamtstruktur des VVaG einmal der Legitimationsfluss von Organ zu Organ zu wahren ist und wegen der Wurzel des VVaG im Vereinsrecht ein Kernbereich auf Teilhabe den Mitgliedern nicht entzogen werden darf.

4. Teilnahmeberechtigung. Jedes Mitglied der obersten Vertretung (§ 191 S. 1 VAG i. V. m. § 118 Abs. 1 AktG) darf an der obersten Vertretung teilnehmen, sofern nicht die Satzung Einschränkungen enthält (z. B. Besitz einer Eintrittskarte, die auf Verlangen bei Anmeldung der Teilnahmeabsicht ausgehändigt wird; Nichtvorhandensein eines Prämienrückstandes; bestimmte Dauer der Mitgliedschaft u. ä.). Fraglich ist, ob ein Bevollmächtigter eines Mitgliedes an der obersten Vertretung teilnehmen kann. **Die Mitgliedervertreter** einer obersten Vertretung üben ihr Recht als **höchstpersönliches Recht** aus (Mandat auf Grund einer Persönlichkeitswahl). Demzufolge enthält auch § 191 S. 1 VAG keinen Verweis auf § 134 Abs. 3 AktG. Bei einer Mitgliederversammlung hingegen kann sich jedes teilnahmeberechtigte Mitglied vertreten lassen, wenn die Satzung dies zulässt (§ 38 S. 2 i. V. m. § 40 S. 1 BGB). 17

Mitgliedervertreter, die eine Vergütung für die Teilnahme an der Sitzung erhalten, stehen in einem auf eine Geschäftsbesorgung gerichteten Dienstverhältnis zum VVaG (§§ 675, 611 BGB)[15] und können sich auch deshalb gem. § 613 BGB nicht vertreten lassen. Dies folgt auch aus der in § 184 fehlenden Verweisung auf § 134 Abs. 3 AktG.[16] Die Mitglieder des Vorstands und des Aufsichtsrats sind gem. § 118 Abs. 2 AktG ebenso teilnahmeberechtigt wie die Entsandten der Aufsichtsbehörde in den Fällen des § 306 Abs. 1 Nr. 4 VAG. Die BaFin kann nach § 306 Abs. 1 Nr. 5 VAG die Einberufung einer Tagung der obersten Vertretung sowie die Ankündigung von Gegenständen zur Beschlussfassung verlangen.

5. Stimmberechtigung. Jedes Mitglied der obersten Vertretung (§ 184 VAG) hat eine Stimme, die Satzung kann unter Wahrung des ungeschriebenen Rechtsgrundsatzes der Gleichbehandlung der Mitglieder[17] und unter Beachtung des auch auf die Mitgliedschaft wirkenden Gleichbehandlungsgrundsatzes nach § 177 VAG etwas anderes vorsehen, z. B. bei Mitgliedervertretern Stimmen nach vollen 1000 Wahlberechtigten eines Wahlbezirks gewähren. Das Mitglied hat jedoch kein Stimmrecht, wenn es entlastet oder von einer Verpflichtung befreit oder wenn ein Anspruch gegen das Mitglied geltend gemacht werden soll (§ 136 Abs. 1 AktG). Ein Vertreter ist stimmberechtigt, wenn die oberste Vertretung die Mitgliederversammlung ist, § 191 VAG i. V. m. § 134 Abs. 3 AktG.[18] Die Zeichner des Gründungsstocks sind nicht zwingend Mitglieder der obersten Vertretung und ohne Mitgliederstatus nicht stimmberechtigt (vgl. § 178 Rn. 29). 18

Stimmbindungsverträge der Mitglieder und Mitgliedervertreter sind unter Beachtung der nach § 136 AktG untersagten Verpflichtungen zulässig. Da sich der VVaG nicht über die Begebung von Finanztiteln finanziert, ist ein Depotstimmrecht nicht denkbar; § 191 VAG verweist daher auch nicht auf § 135 AktG. Für den Ausschluss des Stimmrechts gilt § 136 AktG (siehe § 191 S. 1 VAG). 19

6. Auskunftsrecht. Das Auskunftsrecht der Mitglieder der obersten Vertretung ist in den §§ 131 ff. AktG geregelt. Ist die oberste Vertretung die Mitgliederversammlung, bestehen gegen eine entsprechende Anwendung des § 131 AktG keine Bedenken. Im Falle einer Mitgliedervertreterversammlung stellt 20

[14] Teilweise anderer Auffassung: *Benkel* S. 182 ff.; *Hoppmann*, Vorstandskontrolle im Versicherungsverein aG, 2000, S. 191.

[15] *Benkel* S. 87.

[16] *Benkel* Diss. S. 313; *Reichert/Dannecker*, Handbuch des Vereins- und Verbandsrechts, 9. Aufl. 2003, Rn. 2712; a. A. *Kisch*, Das Recht des Versicherungsvereins auf Gegenseitigkeit, 1951, S. 107; *Großfeld*, Der Versicherungsverein auf Gegenseitigkeit im System der Unternehmensformen, 1985, S. 32.

[17] Bamberger/Roth/*Schöpflin* § 25 Rn. 4.

[18] Vgl. im Übrigen zu Mehrstimmrechten und der Möglichkeit eines Stimmrechtsausschlusses *Großfeld*, Der Versicherungsverein auf Gegenseitigkeit im System der Unternehmensformen, 1985, S. 21.

sich aber auch hier die Frage nach einem ausreichenden Minderheitenschutz, da die nicht der Mitgliedervertretung angehörenden Mitglieder **kein Teilnahmerecht an den Sitzungen** der obersten Vertretung haben. Die Auffassung, dass Mitglieder ihr Auskunfts- und Informationsrecht grundsätzlich nur in der Mitglieder(vertreter)versammlung realisieren können, übersieht, dass die Mehrzahl der Mitglieder bei großen VVaG per Satzungsrecht von der Mitgliederversammlung ausgeschlossen ist.[19] Hier wäre es Aufgabe des Gesetzgebers, eindeutige Regeln für den Minderheitenschutz zu erlassen (vgl. oben § 176 VAG Rn. 24).[20]

21 Mit Art. 1 UMAG vom 22.9.2005[21] wurde § 127a AktG (Aktionärsforum) in das Aktiengesetz eingefügt. Der Gesetzgeber hat leider im Rahmen des VAG nicht die Chance zur Fortentwicklung des VVaG-Rechts genutzt. Ein Verweis auf § 127a AktG enthält § 191 VAG nicht. Die Konzeption eines Mitgliederforums könnte gerade beim VVaG, der das Kooptationsprinzip praktiziert, ein geeigneter Weg sein, einen Kompromiss zwischen stimmlosen Mitgliedern und dem Kern des Vereinsrechts auf Teilhabe herzustellen.

22 **7. Vertagung.** Ist die Versammlung vom Vorsitzenden geschlossen worden, bevor die Tagesordnung erledigt war, so ist eine Fortsetzung oder Neueröffnung dieser Sitzung unter einem anderen Vorsitzenden nicht möglich.[22]

23 **IV. Beschlüsse der obersten Vertretung. 1. Beschlussfähigkeit.** Für die Beschlussfassung ist es, wenn nicht die Satzung etwas anderes vorschreibt, gleichgültig, wie viele Mitglieder (Mitgliedervertreter) an der Versammlung teilnehmen oder sich an der Abstimmung beteiligen.

24 **2. Abstimmungsmehrheit. a) Einfache Stimmenmehrheit.** Das Gesetz verlangt den Grundsatz einer **einfachen Stimmenmehrheit** (§ 191 S. 1 VAG i. V. m. § 133 Abs. 1 AktG), d. h. die Mehrheit der abgegebenen Stimmen. Änderungen von AVB kann die oberste Vertretung mit einfacher Mehrheit entscheiden, soweit die Satzung die Einführungs- und Änderungskompetenzen nicht auf den Vorstand übertragen hat (§ 197 VAG). Dies ergibt sich daraus, dass in § 197 Abs. 1 VAG nicht auf § 195 Abs. 4 VAG verwiesen wird. Die Satzung kann etwas anderes als eine einfache Mehrheit bestimmen, § 191 S. 1 VAG i. V. m. § 133 Abs. 1 AktG; wo das Gesetz sich mit einfacher Mehrheit begnügt, kann die Satzung eine qualifizierte Mehrheit vorschreiben (Ausnahme: Bestellung von Sonderprüfern gem. §§ 142 Abs. 1 S. 1 i. V. m. § 23 Abs. 5 AktG).[23] Wo das Gesetz Dreiviertelmehrheit verlangt, kann die Satzung in den vom Gesetz vorgesehenen Fällen (§§ 191 S. 5, 195 Abs. 4 S. 1, 199 Abs. 1 S. 1, 200 Abs. 2, 206 Abs. 1 S. 2 VAG) andere Mehrheit festlegen. **Aus dem Wortlaut der hier genannten Bestimmungen folgt aber, dass Dreiviertelmehrheit nicht unterschritten werden darf** (Änderung zur Vorauflage). Zwar ist die Fassung des Gesetzes nicht überall gleichlautend, teilweise wird lediglich davon gesprochen, dass die Satzung etwas anderes bestimmen kann, teilweise wird ausdrücklich festgelegt, dass die Satzung eine größere Mehrheit verlangen kann (§§ 112 Abs. 3 S. 2, 180 Abs. 1 UmwG); teilweise findet sich die Formulierung, dass die Satzung „noch anderes fordern" kann (§ 195 Abs. 4 S. 1 VAG). Es macht wenig Sinn, wenn man in einer nicht als Soll-Bestimmung gefassten Regelung eine Abweichungsvermutung in beide Richtungen sieht. Das jeweilige gesetzlich vorgesehene Mehrheitserfordernis erscheint in Anbetracht der Bedeutung der jeweiligen Beschlussgegenstände als Mindesterfordernis.

25 Für Wahlen kann die Satzung von dem einfachen Mehrheitserfordernis absehen und andere Bestimmungen treffen (§ 191 S. 1 VAG i. V. m. § 133 S. 2 AktG). Soll die Mehrheit der anwesenden Mitglieder entscheidend sein, muss dies aus der Satzung hervorgehen.[24]

26 **b) Dreiviertelmehrheit.** Eine Mehrheit von **drei Viertel der abgegebenen Stimmen** wird nach dem Gesetz in folgenden Fällen gefordert:

– Gewährung von Genussrechten (§ 191 S. 5 VAG);
– Aufgabe eines VersZweiges oder Einführung eines neuen VersZweiges (§ 195 Abs. 4 S. 1 VAG);
– Satzungsänderungen (§ 195 Abs. 1, Abs. 4 S. 2 VAG), Ausnahme: bei Herabsetzung der in der Satzung geregelten Vergütung für den Aufsichtsrat (§ 189 Abs. 3 i. V. m. § 113 Abs. 1 S. 4 AktG – hier genügt einfache Mehrheit);
– Auflösung des Vereins (§ 199 Abs. 1 VAG);
– Übertragung eines VersBestandes gem. § 13 VAG (§ 200 Abs. 2 VAG);
– Verschmelzung mit einem anderen VVaG (§ 112 Abs. 3 UmwG);

[19] Bamberger/Roth/*Schöpflin* § 38 Anm. 19.
[20] Zum Auskunftsrecht vgl. *KG* Beschl. v. 30.6.1994 - 2 W 4531/93, 2 W 4642/93, BB 1994, 1730 und zur Auswirkung des Auskunftsrechts § 131 AktG siehe *Joussen* DB 1994, 2485.
[21] BGBl. I 2802.
[22] *KG* VA 1933, Nr. 2522, 80; *BayObLG* Beschl. v. 6.7.1989 – BReg 3 Z 22/89, BayObLGZ 1989, 298 (303); *KG* Beschl. v. 8.6.1989 – 16 U 765/89, OLGZ 1990, 316 (318).
[23] *Hüffer/Koch*, AktG, 12. Aufl. 2016, § 142 Rn. 9.
[24] *BGH* Urt. v. 12.1.1987 – II ZR 152/86, BB 1987, 993 in Ergänzung zu *BGH* Urt. v. 4.2.1982 - X ZR 61/80, BGHZ 83, 85.

– Vermögensübertragung auf eine VersAG oder öffentlich-rechtliches VersUnternehmen (§ 180 Abs. 1 UmwG);
– Spaltung (§ 293 UmwG);
– Fortsetzung eines aufgelösten VVaG (§ 206 Abs. 1 S. 2 VAG);
– Zustimmung zu zustimmungsbedürftigen Geschäften des Vorstands (§ 189 Abs. 3 i. V. m. § 111 Abs. 4 S. 4 AktG). Die Satzung kann hiervon keinerlei abweichende Erfordernisse bestimmen (§ 111 Abs. 4 S. 5 AktG).

3. Form der Abstimmung. Die Form der Abstimmung richtet sich nach der Satzung (§ 191 S. 1 i. V. m. § 134 Abs. 4 AktG); eine schriftliche Beschlussfassung ist nicht zulässig, selbst wenn dieser Abstimmungsmodus einstimmig beschlossen wird.[25] 27

4. Beurkundung der Niederschrift. Jeder Beschluss der obersten Vertretung ist gem. § 191 S. 1 i. V. m. 130 Abs. 1 S. 1 AktG durch eine notariell aufgenommene Niederschrift zu beurkunden.[26] Schon § 36a VAG a. F. verwies nicht mehr auf § 130 Abs. 1 S. 3 AktG. Somit findet die für kleinere, personalistisch strukturierte Aktiengesellschaft eingeführte Erleichterung auf große VVaG keine Anwendung. Im Übrigen ist ein Teilnehmerverzeichnis zu erstellen, durch den Vorsitzenden zu unterzeichnen (§ 191 S. 1 VAG i. V. m. § 129 Abs. 1, 4 AktG) allen Teilnehmern zugänglich zu machen und der Niederschrift beizufügen.[27] 28

5. Fehlerhafte Beschlüsse des obersten Organs. a) Nichtigkeit. Die Nichtigkeit von Beschlüssen der obersten Vertretung ist ebenfalls entsprechend den aktienrechtlichen Bestimmungen geregelt (vgl. § 191 S. 1 VAG i. V. m. §§ 241, 250, 253, 256 AktG).[28] 29

Die Heilungsmöglichkeit spezieller Nichtigkeitsgründe: ergibt sich aus § 191 S. 1 VAG i. V. m. § 242 AktG. 30

b) Anfechtung. § 191 S. 1 VAG verweist hinsichtlich der Anfechtungsmöglichkeiten von Beschlüssen der obersten Vertretung ebenfalls auf die entsprechende Anwendung aktienrechtlicher Vorschriften in den §§ 243, 251, 257. Im Falle der §§ 243 Abs. 2, 245 Nr. 3 AktG (Sondervorteile) ist jedes Mitglied des Vereins anfechtungsberechtigt.[29] Dies ist gerechtfertigt, da es sich bei der Sondervorteilsnahme um einen schwerwiegenden Verstoß gegen den Grundsatz der Gleichbehandlung und damit auch der Gegenseitigkeit handelt. Ein Beschluss der obersten Vertretung (§ 243 AktG) kann in den übrigen Fällen nach entsprechender Anwendung des § 245 Abs. 1 Nr. 1 AktG nur von Mitgliedern der obersten Vertretung angefochten werden.[30] Eine Anfechtung nach § 254 AktG wegen der Verwendung des Bilanzgewinns (Überschuss nach § 194 VAG) ist nicht vorgesehen; offenbar soll der VVaG hier große Freiheit haben. 31

V. Haftung der Mitgliedervertreter/Mitglieder. Eine Anwendung des § 117 AktG auf Mitgliedervertreter/Mitglieder kommt nicht in Betracht, da die Verweisungsvorschrift des § 181 VAG diese Verweisung nicht enthält und die Stellung des § 190 VAG, der auf § 117 AktG Bezug nimmt, deutlich macht, dass nur Vorstand und Aufsichtsrat von dieser Haftungsregelung erfasst werden (siehe Kommentierung oben zu § 190 Rn. 1a).[31] Auch wenn den Mitgliedervertretern für die Teilnahme an den Sitzungen eine Vergütung gezahlt wird, erscheint – mangels ausdrücklicher gesetzlicher Regelung – die entsprechende Anwendung der §§ 93, 116 AktG überzogen. Die Mitgliedervertreter/Mitglieder kommen regelmäßig nur einmal jährlich zusammen, haben nur einen begrenzten Einblick in das Unternehmensgeschehen und verstehen ihre Tätigkeit eher der einer ehrenamtlichen Aufgabe vergleichbar.[32] Selbstverständlich muss das Mitglied seine Aufgabe in der Mitglieder(vertreter)versammlung pflichtbewusst und sorgfältig ausüben. Diese Verpflichtung entspricht der **allgemeinen Treuepflicht** des Vereinsmitglieds. Ein Verstoß gegen diese Pflicht kann Unterlassungs- und Erfüllungsansprüche nach sich ziehen, auch Schadensersatzansprüche der Mitglieder untereinander, als auch des VVaG gegen ein Mitglied. Vorsatz ist nur in Ausnahmefällen für die Anspruchsbegründung erforderlich, z. B. bei einer Treuepflichtsverletzung durch die Ausübung von Vereinsrechten. [33] 32

Die aktienrechtliche Literatur unterscheidet hinsichtlich der Ausübung von Mitgliedsrechten zwischen fremdnützigen und eigennützigen Mitgliedschaftsrechten und differenziert, welchen Interessen bei 33

---

[25] *Kisch*, Das Recht des Versicherungsvereins auf Gegenseitigkeit, 1951, S. 104; *Stuckert* VW 1949, 421; *Benkel* Diss. S. 312; a. A. für den kleineren Verein *Starke* VersR 1950, 29.
[26] Vgl. für die VersAG *BGH* Urt. v. 19.9.1994 – II ZR 248/92, NJW 1994, 3094.
[27] *Benkel* Diss. S. 309; vgl. für die AG *Obermüller* NJW 1969, 265.
[28] *Baums*, Eintragung und Löschung von Gesellschafterbeschlüssen, 1981, S. 157 f.
[29] *Brenzel*, Der Versicherungsverein auf Gegenseitigkeit, 1975, S. 47; a. A. *Mohr* VersR 1965, 922.
[30] *Großfeld*, Der Versicherungsverein auf Gegenseitigkeit im System der Unternehmensformen, 1985, S. 65; a. A. *Brenzel*, Der Versicherungsverein auf Gegenseitigkeit, 1975, S. 49: jedes Mitglied bei unverzüglichem Widerspruch.
[31] A. A. *Frels* VersR 1962, 1032; *Mohr*, Die Mitgliedervertreter als Repräsentant des VVaG, Frankfurter Vorträge zum Versicherungswesen, Heft 13, 1986, S. 35, 45;.
[32] *Benkel* S. 87 f.
[33] Bamberger/Roth/*Schöpflin* § 38 Rn. 27 f.

der Ausübung der Rechte der Vorrang eingeräumt werden kann. Das hat auch Auswirkungen auf das notwendige Verschulden im Zusammenhang mit einer Treuepflichtverletzung.[34]

34 **VI. Kleinere Vereine.** § 191 VAG gilt nicht für kleinere Vereine (§ 210 Abs. 1 S. 1 VAG).

Rechte von Minderheiten

192 Soweit die Vorschriften des Aktiengesetzes, die nach den §§ 188, 190 und 191 entsprechend gelten, einer Minderheit von Aktionären Rechte gewähren (§ 93 Absatz 4 Satz 3, § 117 Absatz 4, § 120 Absatz 1, §§ 122, 142 Absatz 2 und 4, §§ 147, 258 Absatz 2 Satz 3 sowie § 260 Absatz 1 Satz 1 und Absatz 3 Satz 4 des Aktiengesetzes), hat die Satzung die erforderliche Minderheit der Mitglieder der obersten Vertretung zu bestimmen.

1 **I. Vorbemerkung.** Besonders hervorzuheben ist, dass Minderheitenrechte nach § 192 VAG nur von einem in der Satzung zu bestimmenden Teil der Mitglieder der obersten Vertretung wahrgenommen werden können. **Damit wird** in aller Regel **der allergrößte Teil der Mitglieder von der Möglichkeit qua Minderheitenschutz, Rechte geltend machen zu können, ausgeschlossen**. Dies ist ein fundamentaler Unterschied zur Aktiengesellschaft und trägt nicht dazu bei, dem Mitglied eines VVaG seine Rolle als Träger des Unternehmens bewusst zu machen. Allerdings ist auch zu beachten, dass diese Einschränkung von Minderheitenrechten nur gilt, soweit Vorschriften des Aktiengesetzes einer Minderheit Rechte gewähren. Soweit das VAG selbst Minderheitenrechte gewährt (wie z. B. in § 204 VAG; siehe dort Rn. 11) gilt diese Einschränkung nicht. Der Umfang des Minderheitenschutzes wird zunächst durch den Verweis auf Schutzvorschriften für Aktionäre bestimmt. Die qualitativ/quantitative Ausgestaltung des Schutzes selbst (Bestimmung der Minderheit) geschieht ausschließlich durch die Satzung, ohne dass der Gesetzgeber hierfür irgendwelche Anhaltspunkte festgelegt hat. Der Gesetzgeber überlässt damit den Minderheitenschutz der Vereinsautonomie. Ob dies für beaufsichtigte Versicherer, deren Mitglieder Träger dieses Finanzdienstleisters sind, der richtige Ansatz ist, erscheint zweifelhaft.

Allen hier aufgezählten **Minderheitenrechten ist gemeinsam**, dass sie nur gegeben sind, wenn der Aktionär in einer relevanten Höhe an der AG beteiligt ist. Dies muss „entsprechend" beim VVaG durch die Festsetzung des notwendigen Quorums kompensiert werden. Soweit das Gesetz **Minderheitenschutz außerhalb des § 192 VAG** vorsieht, gilt die Beschränkung auf die „Minderheit der Mitglieder der obersten Vertretung" nicht (vgl. § 191 Rn. 14, 15).

II. Überblick über die geregelten Tatbestände.

2 – Widerspruch einer Minderheit gegen Vergleich oder Verzicht über bzw. auf Ersatzanspruch gegen Vorstandsmitglieder (§ 93 Abs. 4 S. 3 AktG);
– Wiederspruch einer Minderheit gegen Vergleich oder Verzicht über bzw. auf Schadenersatzanspruch nach § 117 Abs. 4 AktG;
– Verlangen einer Minderheit, einzeln über die Entlastung eines Mitglieds des Vorstands oder des Aufsichtsrats abzustimmen (§ 120 Abs. 1 AktG);
– Einberufung einer Hauptversammlung auf Verlangen einer Minderheit (§ 122 Abs. 1 AktG);
– Verlangen einer Minderheit Gegenstände bekannt zu machen, die zur Beschlussfassung in der Hauptversammlung anstehen (§ 122 Abs. 2 AktG);
– gerichtliches Antragsrecht einer Minderheit auf Bestellung von Sonderprüfern (§ 142 Abs. 2, 4 AktG);
– Verlangen einer Minderheit, Ersatzansprüche geltend zu machen (§ 147 Abs. 2 AktG);
– gerichtliches Antragsrecht einer Minderheit zur Bestellung von Sonderprüfern wegen unzulässiger Unterbewertung (§ 258 Abs. 2 S. 3 AktG);
– gerichtliches Antragsrecht einer Minderheit, gegen abschließende Feststellungen der Sonderprüfer nach § 259 Abs. 2 und 3 AktG (siehe auch § 260 Abs. 1 S. 1 AktG);
– Beschwerde einer Minderheit gegen eine gerichtliche Entscheidung nach § 260 Abs. 2 AktG (vgl. § 260 Abs. 3 S. 4 AktG);
– als besondere Minderheitenrechte für die Mitglieder der obersten Vertretung ist das Recht nach § 189 Abs. 3 S. 3 i. V. m. § 98 Abs. 2 Nr. 3 AktG (gerichtliche Entscheidung über die Zusammensetzung des Aufsichtsrats) und § 104 Abs. 1 S. 1 AktG (gerichtliche Bestellung eines Aufsichtsratsmitglieds) anzusehen. Der Gesetzgeber hat damit die Rechte der der obersten Vertretung zugehörigen Mitglieder hinsichtlich der gesetzeskonformen Besetzung des Aufsichtsrats nachhaltig gestärkt (Legitimationsfluss).

3 Hinsichtlich dieser Rechte hat der VVaG keine optionale Freiheit, ob er in der Satzung diese Minderheitenrechte aufnimmt, er hat vielmehr die jeweils erforderlichen Minderheiten zu bestimmen. Der

[34] Vgl. *Hüffer/Koch*, AktG, 12. Aufl. 2016, § 53a, Rn. 13 ff.; *Ziemons* in: Ziemons/Binnewies, Handbuch Aktiengesellschaft, Bd. 1, 2016 Teil I, Rn. 7.65 ff.

Gesetzeswortlaut gibt demnach eine klare Anweisung.[1] Dabei wird es bei der obersten Vertretung in der Form der Mitgliedervertretung darum gehen, ein angemessenes Verhältnis zwischen den erforderlichen Quoren und der Gesamtgröße der Mitgliedervertretung zu finden; bei Mitgliederversammlungen darf das Quorum nicht so hochgesetzt werden, dass das Recht als Minderheitenrecht entwertet wird. Andererseits widerspricht eine Nichtberücksichtigung dieser Minderheitenrechte in der Satzung der klaren Vorgabe des Gesetzgebers, den Minderheitenschutz in der Satzung zu gewährleisten. Hier zeigt sich dann, wie ernst ein Unternehmen seine Rechtsform nimmt.[2] In diesem Fall müsste die BaFin qua Rechtsaufsicht einschreiten.

Eine Verweisung auf § 148 AktG (Klagezulassungsverfahren) fehlt. Wenn Hauptzweck des § 148 AktG die Beseitigung von Durchsetzungsdefiziten von Schadenersatzansprüchen gegen den Vorstand seitens des Aufsichtsrats ist[3], begegnet die Nichtaufnahme von § 148 AktG in § 192 VAG Bedenken. Andererseits kann zur Vermeidung von missbräuchlichen Klagen nicht jedem Mitglied oder Mitgliedervertreter ein solches Recht eingeräumt werden. Aber an eine Quorum-Regelung könnte gedacht werden. 3a

III. Stellungnahme. Allen dem Aktienrecht entliehenen Minderheitenrechte nach § 192 VAG, die entsprechend den Schutz von Minderheiten beim VVaG gewährleisten sollen, ist gemeinsam, dass sie letztlich eine Ergänzung – teils einschränkend, teils erweiternd – des allgemeinen Teilhaberechts des Mitglieds als Träger des VVaG nach § 191 VAG i. V. m. § 118 Abs. 1 AktG darstellen. So beinhalten die Bestimmungen, die den Minderheitenschutz im Aktienrecht an ein Quorum knüpfen, eine Einschränkung des jeweils aus dem Aktienrecht fließenden mitgliedschaftlichen Rechts und wollen verhindern, dass sich die Rechtsausübung der Aktionäre auf kleinste Aktienbestände zersplittert. Zum andern schaffen gerichtliche Antragsrechte auch eine Erweiterung des Ausübungsrechts der Aktionärsstellung, auch über die Hauptversammlung hinaus. 4

Damit unterscheidet sich der Sachverhalt grundlegend von einem Mitglied eines VVaG im Rahmen einer Mitgliedervertreterversammlung, denn dort ist einer ganz überwiegenden Zahl von Mitgliedern das mitgliedschaftliche Stimmrecht in der Mitgliederversammlung genommen und damit auch das Recht, Minderheitenrechte geltend machen zu können. Der Unterschied zwischen einer Aktiengesellschaft und einem Großen VVaG besteht darin, dass 100.000 Aktionäre der AG alle im Gesetz vorgesehenen Informationen im Zusammenhang mit der Durchführung einer Hauptversammlung erhalten, von 100.000 Mitgliedern eines VVaG erhalten diese Information aber nur 30 bis 50 Mitgliedervertreter, je nach Größe der obersten Vertretung.

Das ist eine unter Corporate Governance-Gesichtspunkten schwer hinnehmbare informationelle Schieflage des VVaG. Besonders offenkundig wird diese Unausgewogenheit der informationellen Teilhabe am Unternehmensgeschehen beim Auskunftsrecht. Nach § 131 AktG ist jedem Aktionär in der Hauptversammlung vom Vorstand Auskunft über Angelegenheiten der Gesellschaft zu geben, soweit sie zur sachgemäßen Beurteilung des Gegenstandes der Tagesordnung erforderlich ist; dieses Recht ist beim VVaG nur auf die nach Satzung der obersten Vertretung angehörenden Mitglieder beschränkt. Der Unterschied zur AG besteht darin, dass bei der AG jeder Aktionär an der Hauptversammlung teilnehmen kann, wenn er sich ordnungsgemäß angemeldet hat, beim VVaG bleiben hingegen alle Mitglieder ausgesperrt, die nicht qua Satzung und/oder Wahl der obersten Vertretung angehören. Die Bestimmung des § 131 AktG enthält keine Begrenzung des Auskunftsrechts auf einen Mindestbestand an Aktien, sondern spricht von „jedem Aktionär". Demzufolge enthält sie auch keine in den Minderheitenschutz nach § 192 VAG übernahmefähige Regelung. Damit ist ein wichtiges Mitgliedsrecht – das Recht auf Auskunft – in aller Regel bei großen VVaG mehr als 99 % der Mitglieder versperrt, ohne dass es eine Regelung gäbe, die den VVaG zwänge, per Satzung ein Auskunftsrecht für Minderheiten festzulegen. Freiwillig kann ein VVaG im Rahmen der Vereinsautonomie in der Satzung einem Quorum von Mitgliedern, die nicht der obersten Vertretung angehören, Minderheitenrecht – zumindest das Recht auf Auskunft – einräumen. Auch an die Entwicklung eines Mitgliederforums in Anlehnung an § 127a AktG könnte man denken. 5

IV. Kleinere Vereine. Nach § 210 Abs. 1 VAG findet § 192 VAG auf kleinere Vereine keine Anwendung. 6

Verlustrücklage

193 Die Satzung hat zu bestimmen, dass zur Deckung eines außergewöhnlichen Verlusts aus dem Geschäftsbetrieb eine Rücklage (Verlustrücklage, Reservefonds) zu bilden ist, welche Beträge jährlich zurückzulegen sind und welchen Mindestbetrag die Rücklage erreichen muss.

---

[1] A. A. FKBP/*Kaulbach* § 36b Rn. 2.

[2] Zu den Minderheitenrechten ausführlich: *Hoppmann*, Vorstandskontrolle im Versicherungsverein auf Gegenseitigkeit, Diss. Osnabrück, 2000, S. 239 ff.

[3] *Koch* in: Hüffer/Koch, AktG, 12. Aufl. 2016, § 148 Rn. 1.

1 **I. Die Bedeutung der Verlustrücklage. 1. Vorbemerkung. a) große VVaG.** Die Vorschrift stimmt wörtlich mit § 37 VAG a. F. überein. Die aus versteuerten Gewinnen zu bildende Verlustrücklage entspricht in ihrer wirtschaftlichen Bedeutung der gesetzlichen Rücklage der VersAG gem. § 150 AktG. Die Verlustrücklage erfüllt die Voraussetzungen als Basis-Eigenmittel i. S. v. § 89 Abs. 3 VAG und ist der **wichtigste explizit ausgewiesene Teil der Eigenmittel** des VVaG. Sie soll außergewöhnliche und einzeln auftretende Verluste auffangen.[1] Die **Verlustrücklage** ist insofern ein **Garantiefonds**, der in erster Linie den Interessen der Gläubiger, einschließlich der versicherten Mitglieder und Nicht-Mitglieder dient,[2] den der Gesetzgeber auch als Reservefonds bezeichnet. Soweit die Verlustrücklage den satzungsmäßigen Mindestbetrag erreicht hat, kann der VVaG durch die Thesaurierung versteuerter Gewinne andere Gewinnrücklagen bilden.[3] Dabei sind die entsprechenden aufsichtsrechtlichen Mindestvorgaben (Solvabilitätskapitalanforderung) für die Höhe der Eigenmittel des seitens des VVaG betriebenen Geschäfts zu beachten. Inwieweit vor Ausschreibung von Nachschüssen oder Umlagen die Rücklagen zu verwenden sind, soll durch die Satzung geregelt werden (§ 182 Abs. 1 VAG).

1a Nach den bisherigen Bestimmungen ermäßigte sich der Mindestbetrag des Garantiefonds bei VVaG um 25 % bezogen auf 3,5 Millionen EUR (vgl. § 5 KapAusstV vom 13.12.1983 i. d. F. vom 29.7.2009). Eine solche rechtsformspezifische Regelung findet sich in Art. 129 RL/2009/138/EG vom 25.11.2009 nicht und demzufolge enthält auch § 122 VAG keine Grundlage für eine dementsprechende Verordnungsregelung. Große VVaG werden nunmehr also beim Mindestbetrag des Garantiefonds Aktiengesellschaften gleichgestellt.

2 **b) VVaG von geringer wirtschaftlicher Bedeutung und dem Betrieb bestimmter Versicherungssparten.** Die bisherige Vorschrift des § 156a VAG a. F. ist entfallen. Inwieweit die bislang für diese Unternehmen gültigen Aufsichtsgrundsätze[4] unter der Regie des neuen VAG noch zur Anwendung kommen, bleibt abzuwarten und wird im Abschnitt kleine Versicherungsunternehmen § 211 Rn. 20, 51 VAG und hier unter Rn. 14 behandelt.

3 **c) Pensionssicherungsverein aG.** Beim **Pensionssicherungsverein** tritt neben die Verlustrücklage noch ein Ausgleichsfonds, § 10 Abs. 2 S. 1 BetrVG.[5]

4 **2. Die Höhe der Verlustrücklage und die Befugnis zur Zuweisung von Überschüssen.** Der Mindestbetrag der Verlustrücklage ist in der Satzung zu bestimmen und von der Aufsichtsbehörde bei der Zulassung im Rahmen des §§ 89, 122 VAG zu prüfen. Dabei finden nunmehr die neuen Solvabilitätsregeln Anwendung. Auch die Festsetzung eines Höchstbetrages in der Satzung ist zulässig, wenngleich nicht nötig und auch deshalb nicht vorgeschrieben. Zum anderen ist die Satzungsautonomie hinsichtlich der Mindesthöhe der Verlustrücklage verdrängt durch die aufsichtsrechtlichen Regelungen zur Solvabilität (§§ 89–123 VAG). Eine gesetzliche Obergrenze besteht nicht; bei Verstoß gegen entsprechende Satzungsbestimmungen ist der Jahresabschluss nach § 191 S. 2 VAG i. V. m. § 256 Abs. 1 Nr. 4 AktG nichtig; eine Anfechtung nach § 254 AktG kommt nicht in Betracht, da § 191 VAG nicht auf § 254 AktG Bezug nimmt. Ein indirekter Zuführungszwang zur Verlustrücklage ergibt sich aus der Bestimmung über die Tilgung des Gründungsstocks; der Gründungsstock darf nur insoweit getilgt werden, als die Verlustrücklage anwächst (§ 178 Rn. 31 ff.).

5 Durch die Einführung der Solvabilitäts II-Regeln macht die Regelung über die Verlustrücklage einen antiquierten Eindruck. Jedenfalls müssen VVaG wie die Versicherer anderer Rechtsformen nunmehr über Eigenmittel in Höhe der Solvabilitätskapitalanforderungen (Solvency II-Regime) verfügen. Der Ausweis, der in der Verlustrücklage angesammelten Mittel ist dann eine Frage des Bilanzschemas; **die Verlustrücklage zählt innerhalb der Solvabilitätskapitalanforderungen zu den Basiseigenmitteln** (§ 89 Abs. 3 Nr. 1 VAG). Andererseits kann man aber in der Verlustrücklage nach wie vor ein vereinstypisches Instrument sehen, das je nach Ausgestaltungen der Satzung, den Mitgliedern eine indirekte Mitsprache beim Aufbau der Eigenmittel einräumt.

5a Als ergänzende Eigenmittel nach § 89 Abs. 4 Nr. 2 VAG zählen bei Versicherungsvereinen auf Gegenseitigkeit mit variabler Nachschussverpflichtung die künftigen Forderungen, die der Verein gegenüber seinen Mitgliedern hat, wenn er innerhalb der folgenden zwölf Monate Nachschüsse einfordert.

5b Die Solvabilitätskapitalanforderungen sind unter Heranziehung bestimmter Risikomodule (§ 100 ff. VAG) zu ermitteln. Unternehmen, deren Geschäftsmodell hinsichtlich Art, Umfang und Komplexität

---

[1] *Müller-Wiedenhorn*, Versicherungsvereine auf Gegenseitigkeit im Unternehmensverbund, 1993, S. 43.

[2] *Kisch*, Das Recht des Versicherungsvereins auf Gegenseitigkeit, 1951, S. 235.

[3] *Benkel* Diss. S. 350.

[4] R7/91, S. 9 – Schwankungsrückstellung; BMF-Schreiben v. 2.1.1979 Nr. 4.2, BStBl. I 1979, 580 VerBAV 1979, 118; dort auch zu steuerlichen Ausweisfragen.

[5] *Wohlleben/Berenz*, 40 Jahre Insolvenzsicherung der betrieblichen Altersversorgung, 2004. *Melchiors* BetrAV 2014, 717.

der Risiken dies rechtfertigt, können gemäß § 109 VAG Abweichungen von der Standardformel verwenden.

3. Zuführungen zur Verlustrücklage. Aus dem Jahresüberschuss ist in die Verlustrücklage der aus der Satzung bestimmte oder prozentual festgelegte Betrag einzustellen. Häufig sehen die Satzungen vor, dass ein bestimmter Prozentsatz des Beitrags oder die Erträge der die Verlustrücklage bedeckenden Vermögenswerte oder etwa erhobene Vertragsstrafen der Verlustrücklage zugeführt werden sollen. Diese Bindung findet aber ihre Grenze in der Höhe des Jahresüberschusses, soweit die Satzung den Zuführungsbetrag nicht ohne dies absolut oder relativ beschränkt. Mehr als der Jahresüberschuss kann in keinem Falle der Verlustrücklage zugeführt werden. 6

Häufig stellen Vorstand und Aufsichtsrat den Jahresabschluss in der Weise fest, dass keinerlei Beschlussspielraum für die oberste Vertretung verbleibt, dann wird in der Regel der Jahresüberschuss im festgestellten Jahresabschluss direkt den Gewinnrücklagen oder anderen Rücklagen bzw. der Verlustrücklage zugeführt. In diesem Fall ist zu beachten, dass nach § 341a Abs. 4 HGB i. V. m. § 172 AktG die Beschlüsse des Vorstands und des Aufsichtsrats in den Bericht des Aufsichtsrats an die oberste Vertretung aufzunehmen sind. Da § 58 Abs. 2 AktG (Zuführungsgrenze wenn Vorstand und Aufsichtsrat einer Aktiengesellschaft den Jahresabschluss feststellen, in Höhe von in der Regel 50 % des Jahresüberschusses) nicht für VVaG anwendbar ist, können Vorstand und Aufsichtsrat auch 100 % des Jahresüberschusses in die Verlustrücklage einstellen, wenn die Satzung nichts anderes regelt. 7

Allerdings fördert eine solche Verfahrensweise nicht die **Kultur eines VVaG;** gerade die Erörterung der Entstehung des Überschusses sowie seine Verwendung und die Beschlussfassung hierüber stärken die oberste Vertretung und erlauben es den Mitgliedern der obersten Vertretung das **Überschussthema zentral bei der Verabschiedung des Jahresabschlusses zu erörtern.** 8

Es gehört zum Wesen des VVaG, dass aus der gemeinschaftlichen Deckung von Risiken ein Geschäftsmodell entsteht, dann sollte auch diese Gemeinschaft durch ihr Interessenorgan (oberste Vertretung) stets über die Entstehung des Überschusses beraten und über die Einstellung in die Verlustrücklage beschließen. Dies folgt auch aus dem Wortlaut: „Die Satzung **hat** zu bestimmen". 9

II. Die Entnahmen aus der Verlustrücklage. Entnahmen aus der Verlustrücklage sind nur zulässig „zur Deckung eines außergewöhnlichen Verlustes aus dem Geschäftsbetrieb", ohne Rücksicht darauf, ob er aus dem technischen Geschäft, aus der allgemeinen Kostensituation, aus Verlusten der Kapitalanlage oder aus anderen Gründen (z. B. Veruntreuung, Schadenersatz) herrührt: **Jeder Verlust des Vereins kommt in Frage**, wenn er außergewöhnlich ist. Außergewöhnlich sind unerwartete Verluste, für die die Gesellschaft nicht schon nach kaufmännischer Vorsicht Rückstellungen gebildet hat bzw. bilden konnte. Gerade das Merkmal der „Außergewöhnlichkeit" zwingt im Falle des Nichtvorliegens dazu, Verluste ggf. zuvor auch aus den gebildeten Rückstellungen zu decken. Ein Verstoß macht den Jahresabschluss nach § 191 S. 2 VAG i. V. m. § 256 Abs. 1 Nr. 4 AktG nichtig. Dies bedeutet, dass auch Verluste aus dem Nicht-Mitgliedergeschäft – falls kein anderer Ausgleich möglich ist – über die Verlustrücklage zu decken sind. Technische Verluste, für die eine Schwankungsrückstellung zu bilden ist, müssen in erster Linie aus dieser Rückstellung finanziert werden, bevor die Verlustrücklage herangezogen werden darf. Das Unternehmen ist nicht verpflichtet, die Verlustrücklage in Anspruch zu nehmen, es kann Verluste vielmehr auch mit anderen Mitteln decken, z. B. aus freien Rücklagen, durch satzungsgemäße Umlagen, Nachschüsse usw. Auch können – sofern es nicht um größere Verluste bei VVaG mit Nachschusspflicht geht – diese vorgetragen werden (siehe § 189 Abs. 4 VAG),[6] was allerdings die Solvabilität beeinträchtigt. 10

Umgekehrt kann die Verlustrücklage in Anspruch genommen werden, auch wenn freie, zum Ausgleich von Wertminderungen und zur Deckung von sonstigen Verlusten gebildete Rücklagen vorhanden sind, da § 150 Abs. 3, 4 AktG in der Bestimmung des § 341a Abs. 4 HGB nicht mit aufgeführt ist. Über die Reihenfolge, in der andere Mittel und die Verlustrücklagen zur Deckung von Verlusten herangezogen werden müssen, soll die Satzung nähere Bestimmungen enthalten (§ 182 Abs. 1 VAG). Fehlen sie, so liegt es im **pflichtgemäßen Ermessen des Vorstands und des Aufsichtsrats** (§ 172 AktG i. V. m. § 341a Abs. 4 HGB) ob und in welchem Umfang Mittel aus der Verlustrücknahme entnommen oder wie anderweitig der Verlust gedeckt werden soll. Die Entnahme aus der Verlustrücklage muss bereits bei der Aufstellung der Bilanz vorgenommen werden (§ 270 Abs. 1 HGB i. V. m. § 341a Abs. 1, 2 HGB). Der BFH hat sich unter anderem mit der Frage beschäftigt, ob Entnahmen aus der Verlustrücklage zur Deckung technischer Verluste als verdeckte Gewinnausschüttung anzusehen sind.[7] 11

III. Die Auflösung der Verlustrücklage. Eine Auslösung und Verteilung der Verlustrücklage ist grundsätzlich nur nach Auflösung des VVaG möglich. Bei einer überdotierten Verlustrücklage ist eine teilweise Auflösung möglich, um ein Missverhältnis zwischen Höhe der Verlustrücklage und dem 12

---

[6] VA 1906, 26.

[7] Vgl. *Hölzl* in Rechnungslegung und Prüfung der Versicherungsunternehmen, 2008, Kapitel C Rn. 189; siehe die Kommentierung vor § 171 VAG Rn. 126 ff.

Bilanzumfang zu vermeiden.[8] Dies kann insbesondere bei einer stark verminderten Mitgliederzahl erforderlich werden. Eine solche Auflösung der Verlustrücklage ist nur auf der Grundlage einer entsprechenden Satzungsbestimmung, die auch den Höchstbetrag der Verlustrücklage und das Zustimmungserfordernis der Aufsichtsbehörde enthalten muss, möglich.[9] Die Bestimmungen über die Solvabilitätskapitalanforderungen sind zu beachten.

13 **IV. Anlagevorschriften.** Die Verlustrücklage ist Bestandteil des Solvenzkapitals. Nunmehr gelten für die Anlage auch dieses Vermögens die allgemeinen Anlagegrundsätze des § 124 VAG; insbesondere ist auf § 124 Abs. 1 Nr. 1 und 2 VAG hinzuweisen. Hinsichtlich der Belegenheit dieser Vermögenswerte ist nicht die für das Sicherungsvermögen geltende Regel des § 125 Abs. 5 VAG zu beachten, vielmehr muss die Belegenheit des Vermögens (das die Eigenmittel bedeckt) seine Verfügbarkeit gewährleisten.

14 **V. Kleinere Vereine.** § 193 VAG gilt auch für kleinere Vereine (§ 210 Abs. 1 S. 1 VAG). Auf nach § 5 VAG von der Versicherungsaufsicht freigestellte Unternehmen findet § 193 VAG keine Anwendung. Bei kleineren LebensVersVereinen konnte die Aufsichtsbehörde bis Ende 2003 auf die Bildung einer Verlustrücklage verzichten (§ 53b 2 VAG a. F.), wenn nach der Eigenart der Geschäfte oder durch besondere Einrichtungen eine andere Sicherheit gegeben war. Diese Vorschrift ist durch Zeitablauf überholt; d. h. diese Unternehmen sind nun nach den auf sie anzuwendenden Vorschriften (z. B. Pensionskassen) zu behandeln.

15 Entsprechende Überlegungen gelten auch für Unternehmen, die bislang nach § 156a VAG a. F. zu behandeln waren; sie können nun – wenn die Voraussetzungen vorliegen – nach § 5 Abs. 1 VAG von der laufenden Aufsicht nach dem VAG freigestellt werden. Auf diese Unternehmen ist nach § 5 Abs. 2 S. 1 VAG § 193 nicht anzuwenden, sie müssen demnach keine Verlustrücklage bilden. VVaGs, die nicht eingetragen zu werden brauchen (§ 5 Abs. 1 VAG) sind kleinere Vereine i. S. d. § 210 Abs. 1 VAG, da diese Bestimmung § 185 VAG von der Anwendbarkeit auf kleinere Vereine ausschließt.

Überschussverwendung

194 (1) [1] **Ein sich nach der Bilanz ergebender Überschuss wird, soweit er nicht nach der Satzung der Verlustrücklage oder anderen Rücklagen zuzuführen oder zur Verteilung von Vergütungen zu verwenden oder auf das nächste Geschäftsjahr zu übertragen ist, an die in der Satzung bestimmten Mitglieder verteilt.** [2] **§ 214 Absatz 2 bleibt unberührt.**

(2) **Die Satzung hat zu bestimmen, welcher Maßstab der Verteilung zugrunde zu legen ist und ob der Überschuss nur an die am Schluss des Geschäftsjahres vorhandenen oder auch an ausgeschiedene Mitglieder verteilt werden soll.**

1 **I. Vorbemerkung; Änderung des Gesetzestextes.** Die Regelung stimmt einschließlich der Verweisung auf § 214 Abs. 2 VAG inhaltlich mit § 38 VAG a. F. überein. In § 214 Abs. 2 VAG ist Satz 6 von 53c Abs. 3a weggefallen, was jedoch ohne rechtliche Bedeutung ist. Nachdem § 269 HGB, der die Aktivierungsfähigkeit der Aufwendungen für die Ingangsetzung des Geschäftsbetriebs und seiner Erweiterung regelte, aufgehoben wurde, konnte in § 194 Abs. 1 S. 2 VAG der Verweis auf § 269 HGB entfallen. Der Verweis in § 38 Abs. 1 S. 2 auf § 53c Abs. 3a VAG a. F. wurde nunmehr durch den Verweis in § 194 Abs. 1 S. 2 VAG auf § 214 Abs. 2 VAG ersetzt, der sich mit den Voraussetzungen, unter denen Genussrechtskapital den Eigenmitteln zuzurechnen ist, befasst. Durch diesen Verweis wird generell zugelassen, dass im Rahmen der Schaffung von zulässigen Genussrechten der damit gegebene teilweise Abfluss von „Überschuss" an Nicht-Mitglieder erlaubt ist. Im Übrigen ist die Bestimmung mit § 38 VAG a. F. identisch.

2 **II. Der verteilungsfähige Überschuss des VVaG. 1. Begriff.** Der **mitgliedschaftliche Überschuss** i. S. d. § 194 VAG erweist sich als eine **eigenständige Größe**, die sich nicht vollständig mit dem handelsrechtlichen Begriff des Bilanzgewinns oder Jahresüberschuss gleichsetzen lässt; dies ist historisch bedingt. Während nach handelsrechtlichem Verständnis der Bilanzgewinn auch den Gewinnvortrag für das Folgejahr enthält, umfasst der Überschuss i. S. d. § 194 VAG lediglich den an die Mitglieder verteilungsfähigen Teil des Bilanzgewinns abzüglich Gewinnvortrag. Das ist der sich nach der Bilanz ergebende Überschuss. Es muss beachtet werden, dass

– die satzungsgemäße Dotierung der Verlustrücklage,
– oder anderer Rücklagen,
– die Verteilung von Vergütungen oder
– der Gewinnvortrag

der Überschussverteilung an die in der Satzung bestimmten Mitglieder vorgeht.

[8] VerBAV 1987, 18.
[9] Bähr/*Schwenzer* § 21 Rn. 77.

Dies ist aus Gründen der Finanzverfassung die eindeutige Grundentscheidung für den **Vorrang der Innenfinanzierung des VVaG** unter der Beachtung von Vergütungsansprüchen. Da es sich beim Überschuss nach § 194 VAG um den verbleibenden Jahresüberschuss nach Rücklagendotierung und Gewinnvortrag handelt, darf dieser Begriff nicht mit dem oftmals verkürzt als Überschuss bezeichneten Rohüberschuss verwechselt werden, aus dem zunächst die Aufwendungen für die erfolgsabhängige Rückstellung für Beitragsrückerstattung finanziert werden.[1] Der in § 194 angesprochene Überschuss ist somit eine bilanzielle Restgröße, entsprechende Satzungsregelungen vorausgesetzt. *Farny* verweist darauf, dass der Überschussbegriff des § 194 VAG weder mit den geltenden Rechnungslegungsvorschriften, noch mit dem Steuerrecht korreliert. Letztlich kennt die Versicherungswirtschaft den Rohüberschuss und den Jahresüberschuss. Aus dem Rohüberschuss ist in der Lebens-, Kranken- und Unfallversicherung mit Beitragsrückgewähr die erfolgsabhängige Beitragsrückerstattung als weiterer Aufwand gemäß den aufsichtsrechtlichen Anordnungen und steuerrechtlichen Rahmenbedingungen zu finanzieren. Der danach verbleibende „Überschuss" ist der Jahresüberschuss, aus dem nach § 193 VAG entsprechend die Verlustrücklage oder anderen Rücklagen gespeist oder Vergütungen geleistet werden. Erst der danach verbleibende Teil des Überschusses steht für Maßnahmen nach § 194 VAG zur Verfügung. 3

2. Ermittlung des Überschusses (Abs. 1). Der verteilungsfähige Überschuss wird auf der Grundlage des Jahresabschlusses ermittelt. Er ergibt sich aus dem Jahresüberschuss nach Rücklagendotierung, überschussabhängigen Vergütungen, überschussabhängigen Tilgungen auf eine Darlehnsweise eingelegten Gründungsstock zuzüglich Zinsen und dem Gewinnvortrag auf das folgende Jahr. **Problematisch ist der Begriff der „Verteilung von Vergütungen"**; dies klingt nach einer Entscheidung nach „Gutdünken". Dies kann aber aufgrund der Strukturelemente (insbesondere § 177 VAG) des VVaG nicht sein. Auch Vergütungen nach § 194 VAG sind Vereinsleistungen i. S. d. § 177 Abs. 1 VAG. 4

Alle versicherungstechnischen Verbindlichkeiten sind vor der Überschussermittlung nach § 194 VAG bereits in der GuV berücksichtigt, ebenfalls die Zuführung zur erfolgsabhängigen und erfolgsunabhängigen Rückstellung für Beitragsrückerstattung. Da die zu verteilende Vergütung aus dem zu versteuernden Bilanzüberschuss finanziert wird, kann es sich nur um Zahlungen aus versteuertem Unternehmensgewinn handeln. Gewinnberechtigt in diesem Sinne können nur Mitglieder sein. Es scheiden also als Vergütungsempfänger aus: Nicht-Mitglieder, Führungskräfte, Vorstände, Aufsichtsräte, Vertriebspartner. Zahlungen an diesen vorstehend genannten Personenkreis als „gewinnabhängige" Vergütungen unterfallen grundsätzlich den abzugsfähigen Betriebsausgaben. Die Vorschrift hat keine Entsprechung im Aktiengesetz (§ 174 AktG) und auch nicht im Genossenschaftsgesetz (§ 48 GenG), sodass auch nicht durch analoge Schlüsse die Bedeutung des § 194 VAG im Hinblick auf den Begriff der Vergütungen herausgearbeitet werden kann. 5

Die Vergütung nach § 194 VAG kann nicht Entgelt für eine erbrachte (Dienst-)Leistung sein, weil sie somit Aufwand zu Lasten des Jahresüberschusses wäre. Auch aus den Motiven zu § 38 VAG a. F.[2] lassen sich keine weiteren Hinweise zur Definition der Vergütungsempfänger finden. Möglicherweise ging der Gesetzgeber davon aus, dass diejenigen, die den Gründungsstock zur Verfügung stellen, in aller Regel auch Mitglieder werden und ihnen dann nach § 178 Abs. 3 S. 2 VAG „eine Beteiligung an dem Überschuss nach der Jahresbilanz zugesichert werden kann". Hierin kann man eine Vergütung nach § 194 VAG sehen.[3] 6

Weiterhin bleibt auch die Möglichkeit offen, dass Empfänger der Vergütung Mitglieder (Träger) des VVaG sein können, weil nur sie Empfänger von Leistungen des VVaG aus versteuertem Jahresgewinn sein können. Damit stehen diese Empfänger der Vergütung in einer gewissen Konkurrenz zu den in der Satzung bestimmten überschussberechtigten Mitgliedern (§ 194 Abs. 1 VAG). Es könnte daraus geschlossen werden, dass der Gesetzgeber dem Vorstand hiermit auch ein flexibles Instrument für die Verwendung des Überschusses an die Hand geben wollte, sodass neben den satzungsgemäß berechtigten auch andere Mitglieder unter Beachtung des § 177 VAG am Überschuss beteiligt werden können (dies wäre als Sonderrecht nach § 35 BGB zu qualifizieren).[4] Vergütungen, die aus dem Überschuss verteilt werden, sind solche, die erst durch einen Beschluss der obersten Vertretung entstehen und geschuldet werden. Besteht auf eine gewinnabhängige Vergütung jedoch ein Rechtsanspruch, so ist sie als Aufwand einzustufen, der den Jahresüberschuss mindert.[5] Soweit der VVaG über Genussrechtskapital i. S. v. § 214 Abs. 1 S. 4 VAG verfügt, vermindert sich der verteilungsfähige Überschuss außerdem um die den Genussrechtsinhabern zugesagte Gewinnbeteiligung. Die Verweisung in Abs. 1 Satz 2 hat klarstellende Bedeutung.[6] 7

3. Zuweisung des Überschusses/Verwendung. Der verteilungsfähige Überschuss kann einzelnen VersZweigen oder „Abteilungen" zugeschrieben werden. Dies muss die Satzung bestimmen, die auch 8

---

[1] *Farny* S. 217.
[2] Mot. S. 44.
[3] Siehe Bähr/*Schwenzer* § 21 Rn. 135.
[4] A. A. Bähr/*Schwenzer* § 21 Rn. 135.
[5] *Farny* S. 218.
[6] FKBP/*Kaulbach* § 38 Rn. 4.

den Rechengang der Verteilung regeln sollte. Schließt von mehreren VersZweigen nur ein Zweig mit einem Überschuss ab, soll nach Auffassung der BaFin eine Zuweisung zu diesem Zweig nicht zulässig sein, wenn dadurch in der Handelsbilanz ein Verlust entstünde;[7] ob im technischen Geschäft insgesamt ein Überschuss erwirtschaftet wurde, soll keine Rolle spielen. Besteht ein Verlustvortrag, muss dieser erst getilgt werden, ehe eine Zuweisung in Betracht kommen kann.[8] Insgesamt ist bei der Verteilung § 177 VAG zu beachten.

9 **4. Beschlussfassung über die Überschussverwendung.** Der verteilungsfähige Überschuss ergibt sich aus dem festgestellten Jahresabschluss und stellt den verteilungsfähigen Restgewinn dar. Über die Verwendung des Restgewinns hat stets die oberste Vertretung zu beschließen (§ 341a Abs. 4 HGB i. V. m. § 174 Abs. 1 AktG). Die nach § 194 VAG vorgesehenen Maßnahmen sind Gewinnverwendung. Billigt der Aufsichtsrat zusammen mit dem Vorstand den Jahresabschluss, so ist er festgestellt, es sei denn, Vorstand und Aufsichtsrat überlassen die Feststellung des Jahresabschlusses dem obersten Organ (§§ 341a Abs. 4 HGB i. V. m. § 172 AktG).

10 **III. Verteilungsmaßstab (Abs. 2). 1. Zuständigkeit.** Die Entscheidung über den Verteilungsmaßstab ist allein Sache der obersten Vertretung.[9]

11 **2. Pflicht zur Verteilung des Überschusses.** Sofern Satzungsbestimmungen nicht eine andere Verwendung des Überschusses vorsehen, muss er verteilt werden.[10] Nur wenn die Satzung zwingend die Zuführung zu offenen Rücklagen oder einen Gewinnvortrag vorschreibt, sind diese Posten stets vorab zu dotieren. Verbleibt dann kein Überschuss, der verteilungsfähig ist, gehen die Mitglieder leer aus.

12 **3. Der Verteilungsmaßstab im Einzelnen.** Der Verteilungsmaßstab muss in der Satzung bestimmt sein (Abs. 2 1. Hs.) und muss dem Gleichbehandlungsgebot (§ 177 VAG) entsprechen.[11] Das bedeutet, dass niemand von der Überschussverteilung ausgeschlossen werden darf, der dieselben Voraussetzungen wie die überschussberechtigten Mitglieder erfüllt und niemand an der Überschussverteilung teilnehmen darf, der diese Voraussetzungen nicht erfüllt. Innerhalb dieses Rahmens ist die Satzung aber frei, beliebige Voraussetzungen zu schaffen, auch – von der Seite der Empfangsberechtigten her gesehen – mehrere „überschussberechtigte Mitgliedergruppen" innerhalb desselben Versicherungszweiges zu begründen, wobei nicht dieselben Merkmale zugrunde gelegt werden müssen, die für die Tarifierung nach § 177 VAG maßgebend sind.[12]

13 **4. Verteilungsformen.** Verteilt wird durch Zahlung, wenn nicht die Satzung etwas anderes bestimmt. Praktisch kommen in Betracht die unmittelbare Auskehrung oder die Zuweisung aus dem Überschuss an die Rückstellung für gutgeschriebene Gewinnanteile mit späterer Verteilung an die Berechtigten. Als mittelbare Auskehrung kommen die Erhöhung der Versicherungsleistung in Betracht (z. B. Erhöhung der Versicherungssumme, Verkürzung der Laufzeit), die Gutschrift eines (zusätzlichen) Gewinnanteils oder die Verrechnung mit fälligen oder künftigen Beiträgen.

14 **IV. Der Anspruch auf den Überschuss nach § 194 VAG. 1. Inhaber des Anspruchs.** Die Inhaber des Anspruchs sind die Mitglieder, die am Bilanzstichtag Mitglieder des Vereins sind, auch wenn sie nachher ausscheiden. Nicht-Mitgliedern steht kein Anspruch zu. Die Satzung muss entscheiden, ob es bei diesem Grundsatz bleibt oder ob auch ehemalige, während des Bilanzjahrs bereits ausgeschiedene Mitglieder an der Überschussverteilung beteiligt werden. Nachdem die Satzung auch die Beitragspflicht ausgeschiedener Mitglieder festlegen kann (§ 180 VAG) ist es sachgerecht dann auch ausgeschiedene Mitglieder am Überschuss teilhaben zu lassen. Die Satzung kann weitere Voraussetzungen für die Überschussberechtigung statuieren (z. B. schadenfreien Verlauf, längere Mitgliedschaft).[13]

15 **2. Rechtsnatur.** Der Anspruch ist ein Mitgliedschaftsrecht aber kein Sonderrecht nach § 35 BGB.[14] Es geht – z. B. – nicht um den einzelvertraglichen Anspruch auf eine Prämienrückgewähr, der bei gemischten Vereinen auch Nicht-Mitgliedern zusteht. Über die Rechtsnatur des Überschussanspruches aus § 194 VAG werden verschiedene Theorien vertreten.[15]

16 **3. Verfügungsbefugnis.** Bei dem Anspruch auf Überschuss handelt es sich um ein **Individualrecht**, das nicht einzelnen Mitgliedern durch Mehrheitsbeschluss entzogen werden kann, und zwar weder das Recht auf den Überschussanteil überhaupt, noch der konkretisierte zahlenmäßig fixierte Anspruch auf

[7] VerBAV 1972, 9.
[8] VerBAV 1972, 36.
[9] *Sasse* ZVersWiss 1975, 570 ff.; *Sieg* FS Schmidt, 1976, 599.
[10] *V. Gierke* S. 60; *Haasen*, Recht auf den Überschuss bei den privaten Versicherungsgesellschaften, 1955; *Minz-Koll* WPg 1968, 145; *Sieg* FS Schmidt, 1976, 596.
[11] *Sieg* FS Schmidt, 1976, 602 f.
[12] *Brenzel*, Eigenkapitalbildung im VVaG/Gewinnverteilungsmaßstab (§ 38 VAG) – Zwei Diskussionsbeiträge, Frankfurter Vorträge zum Versicherungswesen, Heft 13, 1986, S. 32 ff.
[13] *Sieg* FS Schmidt, 1976, 600 ff.
[14] *OLG Düsseldorf* Urt. v. 9.12.58 – 4 U 109/57, VersR 1959, 121.
[15] *Haasen*, Recht auf den Überschuss bei den privaten VersGesellschaften, 1955, S. 23 ff., 29 ff., 37.

den Überschussanteil eines bestimmten Jahres („Gläubigerrecht). Der Anspruch auf den Überschussanteil eines bestimmten Geschäftsjahres ist abtretbar und pfändbar, wenn nicht in der Satzung (oder durch Beschluss der obersten Vertretung) eine „Verteilungsart" zwingend vorgesehen ist, die das Entstehen eines selbständigen, auf Geldzahlung gerichteten Anspruchs ausschließen. Bei Veräußerung der versicherten Sache geht das Recht auf den Überschussanteil für das laufende Geschäftsjahr auf den Erwerber über;[16] bei Kündigung durch den Erwerber verbleibt das Überschussrecht bei dem Veräußerer.[17] Fällig wird der Anspruch auf den Überschussanteil eines bestimmten Geschäftsjahres mit dem Beschluss der obersten Vertretung über die Verteilung (§§ 341a Abs. 4 HGB; 174 AktG).

V. Bedeutung des Anspruchs. Bei allen rechtlichen Sicherungen bleibt der **Anspruch wirtschaftlich schwach** und zwar deswegen, weil sich häufig aufgrund des vom Aufsichtsrat festgestellten Jahresabschlusses kein verteilungsfähiger (Rest)Überschuss ergibt. Dies liegt daran, dass VVaG (wie auch VersAG) vertraglich oder nach der Satzung allen Versicherten Rechtsansprüche auf den ganzen technischen Gewinn oder einen hohen Teil davon einräumen,[18] so dass für den, der mitgliedschaftlichen Stellung entsprechenden Überschussanspruch nach § 194 VAG kein Raum bleibt. Diese Situation wird ebenfalls durch die aufsichtsrechtlichen Gewinnverwendungsregelungen zusätzlich begrenzt und beeinflusst. Buchungsmäßig sind diese versicherungsvertraglich begründeten Überschussansprüche bereits in die Gewinn- und Verlustrechnung eingegangen. Zur Verfügung der obersten Vertretung steht dann nur noch eine Restgröße und nicht einmal diese, wenn ein möglicher mitgliedschaftlicher Überschuss infolge der Zuführungen an die Rücklagen bzw. an die Verlustrücklage durch den vom Aufsichtsrat festgestellten Jahresabschluss verbraucht wird. Die mitgliedschaftliche Überschussbeteiligung wird damit praktisch gegenstandslos.[19] 17

VI. Folgen einer vorschriftswidrigen Überschussverwendung. Vorschriftswidrige Überschussverwendungen konnten bislang für Vorstands- und Aufsichtsratsmitglieder eine Ordnungswidrigkeit nach § 144 Abs. 1 Nr. 1 VAG a. F. nach sich ziehen. Eine § 144 Abs. 1 Nr. 1 VAG a. F. entsprechende Regelung enthält § 332 VAG nicht mehr. 18

VII. Kleinere Vereine. § 194 VAG gilt für kleinere Vereine, § 210 Abs. 1 S. 1 VAG. 19

Änderung der Satzung

195

(1) **Nur die oberste Vertretung kann die Satzung ändern.**

(2) **Die oberste Vertretung kann das Recht zu Änderungen, die nur die Fassung betreffen, dem Aufsichtsrat übertragen.**

(3) **Die oberste Vertretung kann den Aufsichtsrat ermächtigen, für den Fall, dass die Aufsichtsbehörde, bevor sie den Änderungsbeschluss genehmigt, Änderungen verlangt, dem zu entsprechen.**

(4) [1] **Ein Beschluss der obersten Vertretung, wonach ein Versicherungszweig aufgegeben oder ein neuer eingeführt werden soll, bedarf einer Mehrheit von drei Vierteln der abgegebenen Stimmen; die Satzung kann noch anderes fordern.** [2] **Andere Beschlüsse nach den Absätzen 1 bis 3 bedürfen einer solchen Mehrheit nur, wenn die Satzung nichts anderes vorschreibt.**

I. Regelungsgegenstand und Reichweite der Bestimmung. § 195 VAG ist im Wesentlichen inhaltsgleich mit § 39 VAG a. F. Die Bestimmung regelt die Änderung der Satzung, die als Verfassung des Vereins grundsätzlich durch die oberste Vertretung zu erfolgen hat. In gesetzlich bestimmten Ausnahmefällen (Absätze 2, 3) kann die Änderung der Satzung bei entsprechender Ermächtigung auch durch den Aufsichtsrat erfolgen. § 195 VAG erfasst nicht unmittelbar die Änderung von AVB, die in der Satzung enthalten sein können. Die Änderung der in der Satzung integrierten AVB richtet sich nach § 197 VAG (entsprechende Anwendung von § 195 Abs. 1 und 2 VAG vorbehaltlich § 197 Abs. 2 VAG). Ebenso wenig fallen darunter Änderungen von Teilen des Geschäftsplans, die nicht in der Satzung enthalten oder durch eine Verweisung zum Inhalt der Satzung gemacht worden sind. Zu den erforderlichen Mehrheiten der Beschlussfassung durch die oberste Vertretung vgl. § 191 Rn. 1, 24 ff. 1

II. Genehmigung von Satzungsänderungen durch die Aufsichtsbehörde. Eine Satzungsänderung bedarf als Änderung des Geschäftsplans der Genehmigung durch die Aufsichtsbehörde, soweit sie sich nicht auf AVB bezieht (§§ 9 Abs. 2 Nr. 1; 12 Abs. 1). Auf diese Genehmigung besteht ein Rechts- 2

[16] H. M. z. B. *Kisch*, Das Recht des Versicherungsvereins auf Gegenseitigkeit, 1951, S. 222.

[17] *Kisch*, Das Recht des Versicherungsvereins auf Gegenseitigkeit, 1951, S. 223, derselbe auch zu weiteren bei der Veräußerung möglichen Varianten.

[18] *BGH* Urt. v. 23.11.1994 – IV ZR 124/93, BB 1995, 423; hinsichtlich der Überschussbeteiligung der Versicherungsnehmer einer Kapital-Lebensversicherung.

[19] *Benkel* Diss. S. 414; *Farny* S. 219.

anspruch, wenn gesetzliche Hinderungsgründe nicht vorliegen (§ 11 Abs. 3).[1] Die Erhöhung des Gründungsstocks war bislang nach Auffassung des Gesetzgebers[2] keine Kapitalerhöhung i. S. § 13 Abs. 1 S. 2 VAG a. F. (vgl. auch § 13d Nr. 3 VAG a. F.), so dass entsprechende Satzungsänderungen genehmigungspflichtig waren. Hieran hat sich durch die Fassung des § 12 Abs. 1 S. 3 VAG und die Begründung zu § 12[3] VAG nichts geändert.

3 Der vollständige Wortlaut der Änderungen muss aus der Niederschrift über den Beschluss der obersten Vertretung oder aus einer mit ihr fest verbundenen Anlage ersichtlich sein.[4] Es ist zweckmäßig, vorgesehene Satzungsänderungen vor der Beschlussfassung durch die oberste Vertretung der Aufsichtsbehörde vorzulegen.[5] Die Versagungsgründe für eine Genehmigung sind in § 11 VAG geregelt. Ein Mitglied hat kein Rechtschutzinteresse für eine Klage gegen die Aufsichtsbehörde auf Feststellung der Nichtigkeit der Genehmigung zu einem Satzungsänderungsbeschluss, etwa wegen Unzuständigkeit des beschließenden Organs, da diese Genehmigung den Zuständigkeitsmangel nicht heilt und das Mitglied sich jederzeit auf die Ungültigkeit des Beschlusses berufen kann.[6]

4 **III. Die Zuständigkeit zu Änderungen der Satzung. 1. Oberste Vertretung.** Die **oberste Vertretung (Abs. 1)** übt ihre grundsätzlich bestehende Änderungskompetenz im Rahmen einer durch Verweisungen auf das AktG eingeschränkten Satzungsautonomie („Kernpunkt der Vereinsautonomie") aus.[7] Durch die Gesetzesformulierung „nur…." unterstreicht der Gesetzgeber die **Verantwortung der obersten Vertretung für die Verfassung des VVaG und hebt die Bedeutung der mitgliedschaftlichen Trägerschaft in besonderer Weise hervor.**

5 **2. Änderung durch den Aufsichtsrat (Abs. 2). a) Ermächtigung durch die oberste Vertretung.** Der Aufsichtsrat ist zuständig, wenn er für einen Einzelfall oder allgemein gem. Absatz 2 von der obersten Vertretung dazu ermächtigt wurde. Der Ermächtigungsbeschluss der obersten Vertretung erfordert dieselben Formalien wie eine Satzungsänderung durch die oberste Vertretung selbst. Soweit die Satzung nichts regelt, ist daher grundsätzlich Dreiviertelmehrheit erforderlich (vgl. Abs. 4 S. 1). Der Vorstand hat dagegen in keinem Fall das Recht, die Satzung zu ändern, gleichgültig ob es sich um materielle oder redaktionelle Änderungen handelt. Beschlüsse der obersten Vertretung oder des Aufsichtsrats, die den Vorstand ermächtigen, redaktionelle Satzungsänderungen vorzunehmen, sind unwirksam.[8]

6 **b) Reine Fassungsänderung (Abs. 2).** Die Übertragung des Rechts zu Änderungen, die nur die Fassung betreffen, bezieht sich nur auf rein formale sprachliche Änderungen von Satzungsbestimmungen (vgl. auch § 179 Abs. 1 S. 2 AktG; anders § 16 Abs. 1 GenG: die ausschließliche Zuständigkeit der Generalversammlung gilt auch für die redaktionelle Überarbeitung des Status).[9] Ob lediglich eine Fassungsänderung vorliegt, entscheidet die Aufsichtsbehörde im Genehmigungsverfahren mit bindender Wirkung gegenüber dem Registerrichter, nicht aber gegenüber den Mitgliedern.[10] Das Recht zur formellen Satzungsänderung kann gem. § 189 Abs. 3 S. 1 VAG i. V. m. arg. e contr. § 107 Abs. 3 S. 3 AktG auch auf einen Ausschuss des Aufsichtsrats übertragen werden.[11] Aus § 107 Abs. 3 AktG folgt, dass grundsätzlich auch beschließende Ausschüsse gebildet werden können.[12] Für die Form der Beschlussfassung gilt §§ 189 Abs. 3 S. 1 VAG i. V. m. 107 Abs. 2 S. 1; eine Beurkundung ist nicht erforderlich, schriftliche Niederlegung genügt.

7 **c) Änderung auf Verlangen der Aufsichtsbehörde (Abs. 3).** Wenn die Aufsichtsbehörde von der obersten Vertretung beschlossene Satzungsänderungen nicht in der beschlossenen Form, sondern nur mit Änderungen genehmigen will, kann der Aufsichtsrat auf entsprechendes Verlangen Änderungen formeller und materieller Art vornehmen, wenn die oberste Vertretung hierzu die Ermächtigung erteilt hat. Das Änderungsverlangen muss die Rechtsqualität eines Verwaltungsaktes erlangen, ein bloßer Hinweis genügt nicht.[13] Ob ein „Verlangen" der Aufsichtsbehörde vorliegt, kann der Registerrichter vor Eintragung der Änderung (§ 196 VAG) nicht nachprüfen, nachdem die vom Aufsichtsrat vorgenommene Änderung durch die Aufsichtsbehörde genehmigt worden ist.[14] Gem. § 33 Abs. 1 VAG gilt § 195

[1] *BVerwG* Urt. v. 21.12.1993 – 1 A 35/91, NJW 1994, 2559.
[2] BT-Drs. 12/6959, 64.
[3] BT-Drs. 18/2956, S. 237 zu § 12.
[4] GB 1966, 45.
[5] GB 1968, 53.
[6] *BVerwG* Urt. v. 21.12.1961 – I C 210.58, VersR 1962, 437.
[7] *Flume* FS Coing, Bd. 2, 1982, 102; *Benkel* Diss. S. 298.
[8] GB 1971, 54.
[9] *OLG Stuttgart* Urt. v. 5.8.1977 – 8 W 124/77, DB 1977, 1938; *Müller*, GenG 2. Aufl., 1991, § 16 Rn. 4.
[10] Anders für die AG, *LG Stuttgart* VerBAV 1968, 167.
[11] A. A. Goldberg/Müller/*Müller*, § 39, Rn. 3.
[12] *Hüffer/Koch*, AktG 12. Aufl., 2016, § 107 Rn. 27, 29.
[13] FKBP/*Kaulbach* § 39 Rn. 3.
[14] VA 1903, 32; VA 1934, 182.

Abs. 3 VAG auch für die **VersAG** (Einwirkung aufsichtsrechtl. Bestimmungen auf das Aktienrecht, siehe Vor § 171 Rn. 18).

3. Änderung der Satzung durch die Aufsichtsbehörde. In den Fällen des § 300 VAG kann die Aufsichtsbehörde unmittelbar, ohne Mitwirkung der obersten Vertretung oder des Aufsichtsrats, Änderungen des Geschäftsplans, und damit auch der Satzung verlangen. Da die Wirkung des § 300 S. 2 VAG sich nur auf bestehende oder noch nicht abgewickelte Versicherungsverhältnisse bezieht, können demnach von dieser Vorschrift nur AVB, nicht aber gesellschaftsrechtliche Teile der Satzung betroffen sein, die in die Satzung integriert sind. § 300 VAG hat also keine Wirkung für die Verfassung des Vereins als solche.[15] Bei allen anderen, von der Aufsicht verlangten Änderungen ist grundsätzlich die oberste Vertretung erneut mit der Satzungsänderung zu befassen, es sei denn, die oberste Vertretung hat den Aufsichtsrat ermächtigt, einen im Verwaltungsakt verlangten Änderungsverlangen der BaFin zu entsprechen. Es wird dabei darauf ankommen, dass die oberste Vertretung ihre Ermächtigung präzise fasst und dabei auch deutlich macht, unter welchen Voraussetzungen sie erneut mit der Satzungsänderung befasst werden will/muss. 8

IV. Erforderliche Stimmenmehrheit bei Beschlussfassung durch die oberste Vertretung (Abs. 4). Die Regelung normiert den Grundsatz: Danach erfordern Beschlüsse der obersten Vertretung für Satzungsänderungen grundsätzlich eine Dreiviertelmehrheit, solange die Satzung insoweit keine Verschärfung vorsieht. Bei Aufhebung oder Neueinführung eines Versicherungszweiges (vgl. § 12 S. 2 VAG) ist die Dreiviertelmehrheit zwingend; sie kann durch die Satzung nur verschärft werden. Allgemein zu den notwendigen Abstimmungsmehrheiten bei Beschlüssen der obersten Vertretung vgl. § 191 Rn. 24 ff. Die Formulierung „die Satzung kann noch anderes fordern" deutet darauf hin, dass bei Aufgabe oder Einführung eines Versicherungszweigs nur Verschärfungen oder zusätzliche Erfordernisse für das Zustandekommen der drei Viertel-Mehrheit vorgesehen werden können. Andere Beschlüsse im Zusammenhang mit Satzungsänderungen können auch mit einfacher Mehrheit gefasst werden, wenn die Satzung nichts anderes vorschreibt (§ 195 Abs. 4 S. 2 VAG). 9

V. Wirksamwerden der Satzungsänderung. Die Satzungsänderung wird mit ihrer Eintragung ins Handelsregister wirksam, § 196 Abs. 3 VAG. 10

VI. Wirkung der Satzungsänderung für die Mitglieder. Die Änderung der Satzung entfaltet Wirkung für alle gegenwärtigen und künftigen Mitglieder, soweit das Mitgliedschaftsverhältnis als gesellschaftsrechtliches Rechtsverhältnis zum Verein betroffen ist. Dazu zählen neben den organisationsvertraglichen Regelungen z. B. der mitgliedschaftliche Anspruch auf den Überschuss im Sinne des § 194 VAG, der Anspruch auf den Liquidationserlös (§ 205 Abs. 2 VAG), dies betrifft aber auch den Fall, dass durch das Mitgliedschaftsverhältnis auf den Versicherungsvertrag eingewirkt wird (§ 197 Abs. 3 S. 2 VAG). Hier wird die trägerschaftliche Rolle der Mitglieder angesprochen. 11

VII. Satzungsänderungen bei kleineren Vereinen. § 195 Abs. 1–3 VAG gilt auch für kleinere Vereine, anstelle von Abs. 4 gelten §§ 32, 33 Abs. 1 BGB (§ 210 Abs. 2 VAG). Im Übrigen ausführlich zu Satzungsänderungen bei kleineren Vereinen § 210 Rn. 112. 12

Eintragung der Satzungsänderung

196 (1) [1]**Die Satzungsänderung ist zur Eintragung ins Handelsregister anzumelden.** [2]**Der Anmeldung ist die Genehmigungsurkunde beizufügen.** [3]**Es ist ferner der vollständige Wortlaut der Satzung beizufügen; er muss mit der Bescheinigung eines Notars versehen sein, dass die geänderten Bestimmungen der Satzung mit dem Beschluss über die Satzungsänderung und die unveränderten Bestimmungen mit dem zuletzt zum Handelsregister eingereichten vollständigen Wortlaut der Satzung übereinstimmen.**

(2) **Bei der Eintragung kann auf die dem Gericht eingereichten Urkunden über die Änderung verwiesen werden, es sei denn, die Änderung betrifft die Angaben nach § 187.**

(3) **Die Änderung wirkt nicht, bevor sie bei dem Gericht, in dessen Bezirk der Verein seinen Sitz hat, ins Handelsregister eingetragen worden ist.**

I. Die Anmeldung zum Handelsregister (Abs. 1). 1. Die Anmeldepflicht. Die Bestimmung ist inhaltsgleich mit § 40 VAG a. F. Zur Anmeldung verpflichtet ist der Vorstand, d. h. so viele Vorstandmitglieder als zur Vertretung der Gesellschaft ausreichen,[1] vgl. demgegenüber § 185 Abs. 1 VAG, der vorschreibt, dass sämtliche Vorstands- und Aufsichtsratsmitglieder den Verein zur Eintragung ins Handelsregister anzumelden haben. Diese Vorschrift ist speziell für die erstmalige Eintragung des Vereins 1

[15] *Benkel* Diss. S. 433 für die alte Fassung VAG.
[1] *KG* Beschl. v. 15.5.1930 - 1b X 239/30, JW 1930, 3640.

anzuwenden. Im Hinblick auf Abs. 3 können zur Erzwingung keine Zwangsgelder festgesetzt werden (§§ 181, 407 Abs. 2 AktG sind analog anzuwenden).[2] Hier gilt also § 14 HGB nicht.

2 **2. Form der Anmeldung.** Die Anmeldung hat in öffentlich-rechtlich beglaubigter Form gem. §§ 172 S. 1 VAG i. V. m. 12 HGB zu erfolgen. Hat die oberste Vertretung die Satzung geändert, so hat der Vorstand eine öffentlich beglaubigte Niederschrift nebst Verzeichnis der Teilnehmer und Belegen über die ordnungsgemäße Einberufung der Versammlung der obersten Vertretung unverzüglich zum Handelsregister einzureichen § 191 S. 1 i. V. m. § 130 Abs. 5 AktG. Zu beachten ist, dass § 191 S. 1 VAG nicht mehr auf § 130 Abs. 1 S. 3 AktG verweist, daher ist jetzt stets über die Verhandlung der obersten Vertretung eine notarielle Beurkundung der Niederschrift über die Sitzung vorzunehmen. Die Pflicht zur Einreichung der Urkunde beim Registergericht kann abweichend von § 402 Abs. 2 AktG erzwungen werden (§ 14 HGB).

3 **3. Beizufügende Unterlagen.** Es sind die Genehmigungsurkunde der Aufsichtsbehörde, der vollständige Wortlaut der Satzung, die notarielle Bescheinigung über die geänderten Bestimmungen und dass die unveränderten Bestimmungen mit dem zuletzt zum Handelsregister eingereichten vollständigen Wortlaut der Satzung übereinstimmen, vorzulegen.

4 **II. Die Prüfungskompetenz des Registerrichters.** Der Registerrichter hat nicht zu prüfen, ob die Satzungsänderung materiell zulässig ist oder ob sie ordnungsgemäß zustande gekommen ist.[3] Zumindest beim VVaG hat die BaFin die ausschließliche Prüfungskompetenz.[4] Diese materiellrechtlich-aufsichtsrechtliche Prüfung steht jedoch allein der Aufsichtsbehörde zu, die die Satzungsänderung als Geschäftsplanänderung gem. §§ 12 Abs. 1 S. 1, 9 Abs. 2 S. 1 VAG zu genehmigen hat. Unrichtig in der Begründung des OLG Hamburg,[5] wonach beim VVaG die Bindung des Registergerichts ihre Rechtfertigung darin findet, dass die Genehmigung hier rechtsbegründende Wirkung hat. Diese Auffassung steht bei Satzungsänderungen jedoch in Widerspruch zu § 196 Abs. 3 VAG.[6] Allgemein gilt, dass es sich bei der Genehmigung einer Satzungsänderung um einen Verwaltungsakt handelt, der vor ordentlichen Gerichten nicht nachprüfbar ist.[7] Würde der Registerrichter ein eigenes Nachprüfungsrecht hinsichtlich des den Antragsteller begünstigenden Verwaltungsaktes der BaFin haben, würde er entgegen der Bestandskraft des Verwaltungsaktes (§ 30 VwVfG) praktisch das Prüfungsverfahren neu in Gang setzen.

5 Denkbar sind lediglich Fragen hinsichtlich des Firmenrechts, die Bedenken gegen die Eintragung beim Handelsregister begründen können, da der Handelsrichter **nicht zur Eintragung einer offensichtlich gegen Namens- und Wettbewerbsrecht verstoßenden Firmierung verpflichtet** sein kann (§ 174 Rn. 2). In diesem Fall erscheint es sinnvoll, dass sich der Registerrichter unmittelbar mit der BaFin ins Benehmen setzt, um eine Abänderung des begünstigenden Verwaltungsakts zu erreichen. Zu den verbleibenden Prüfungsaufgaben des Registerrichters vgl. § 171 Rn. 2. Die Eintragung heilt Mängel des Beschlusses nicht.[8]

6 **III. Eintragung (Abs. 2 S. 1). 1. Der Umfang der Eintragung.** Beziehen sich die Satzungsänderungen auf die nach § 187 VAG eintragungspflichtigen Angaben, so sind sie in das Handelsregister einzutragen; im Übrigen reicht Bezugnahme auf die eingereichten Urkunden. Gegebenenfalls sind also nur Angaben der geänderten Bestimmungen der Satzung nach Artikel oder Paragraphen unter Verweisung auf die Urkunden einzutragen.

7 **2. Die Bekanntmachung der Eintragung (Abs. 2 S. 2 a. F.).** Diese Bestimmung wurde, da § 33 VAG a. F. inzwischen aufgehoben worden ist, ersatzlos gestrichen. Für die Bekanntmachung gilt nunmehr § 10 HGB.

8 **IV. Das Wirksamwerden der Satzungsänderung (Abs. 3).** Die Änderung wird den Mitgliedern wie auch Dritten gegenüber erst mit Eintragung ins Handelsregister wirksam. Maßgebend ist die Eintragung ins Handelsregister der Hauptniederlassung auf Eintragung ins Register der Zweigniederlassung kommt es entgegen § 15 Abs. 4 HGB auch für den Geschäftsbetrieb der Zweigniederlassung nicht an; § 196 Abs. 3 VAG ist insoweit lex specialis beim in Kraft treten genehmigter Satzungs-

---

[2] A.A *Kisch*, Das Recht des Versicherungsvereins auf Gegenseitigkeit, 1951, S. 71, Fn. 30; Goldberg/Müller/*Müller* § 40 Rn. 1 (Erzwingung nach §§ 16 VAG a. F., 14 HGB); zur Möglichkeit der analogen Anwendung von aktienrechtlichen Vorschriften *Benkel* Diss. S. 118.

[3] Für eine Prüfungskompetenz hinsichtlich der formellen Voraussetzungen Goldberg/Müller/*Müller* § 40 Rn. 1; FKBP/*Kaulbach* § 40 Rn. 2.

[4] Ausdrücklich *OLG Hamburg* Beschl. v. 4.4.1984 – 2 W 25/80, DB 1984, 1616, das allerdings für VersAG eine Prüfungskompetenz bejaht; ebenso *LG Stuttgart* Urt. v. 19.12.1967 – 4 KfH T 13/67, VerBAV 1968, 167, allerdings offen hinsichtlich der Bewertung beim VVaG siehe auch GB 1968, 34: die Registergerichte nehmen in zunehmendem Maße ein eigenes materielles Prüfungsrecht in Anspruch, so dass mehr und mehr die Änderungsentwürfe mit dem Registerrichter abgestimmt werden.

[5] *OLG Hamburg* Beschl. v. 4.4.1984 – 2 W 25/80, DB 1984, 1616.

[6] GB 1974, 52 f.

[7] Goldberg/Müller/*Müller* § 40 Rn. 1.

[8] *Baums*, Eintragung und Löschung von Gesellschafterbeschlüssen, 1981, S. 98 ff.

änderungen.[9] Ist das Inkrafttreten von einer schriftlichen Benachrichtigung der Mitglieder abhängig, ist die Benachrichtigung erst nach der Eintragung im Handelsregister zulässig.

V. Kleinere Vereine. § 196 VAG gilt nicht für kleinere Vereine (§ 210 Abs. 1 S. 1). 9

Änderung der allgemeinen Versicherungsbedingungen

197 (1) **§ 195 Absatz 1 und 2 gilt vorbehaltlich des Absatzes 2 entsprechend auch für Änderungen der allgemeinen Versicherungsbedingungen.**

(2) [1]**Die Satzung kann den Vorstand ermächtigen, mit Zustimmung des Aufsichtsrats allgemeine Versicherungsbedingungen einzuführen oder zu ändern.** [2]**Sind Vorstand und Aufsichtsrat nicht durch Satzung zur Änderung von allgemeinen Versicherungsbedingungen ermächtigt, so kann die oberste Vertretung den Aufsichtsrat ermächtigen, bei dringendem Bedarf die allgemeinen Versicherungsbedingungen vorläufig zu ändern; die Änderungen sind der obersten Vertretung bei ihrem nächsten Zusammentritt vorzulegen und außer Kraft zu setzen, wenn diese es verlangt.**

(3) [1]**Eine Änderung der Satzung oder der allgemeinen Versicherungsbedingungen berührt ein bestehendes Versicherungsverhältnis nur, wenn der Versicherte der Änderung ausdrücklich zustimmt.** [2]**Dies gilt nicht für solche Bestimmungen, für die die Satzung ausdrücklich vorsieht, dass sie auch mit Wirkung für die bestehenden Versicherungsverhältnisse geändert werden können.**

Übersicht

I. Allgemeines zur Einführung und Änderung von AVB. 1. Anwendungsbereich der Bestimmung. Die Bestimmung ist inhaltsgleich mit § 41 VAG a. F. (Wegfall der Verweisung auf § 10 VAG a. F., der im neuen VAG ersatzlos aufgehoben wurde). Der Gesetzgeber hat bei VVaG zunächst die **Änderung der AVB grundsätzlich an dieselben Bedingungen geknüpft wie Änderungen der Satzung.**[1] Mit dem Hinweis auf Abs. 2 wird deutlich, dass die oberste Vertretung qua Satzungsbeschluss 1

[9] GB 1974, 52.

[1] *Kisch,* Das Recht des Versicherungsvereins auf Gegenseitigkeit, 1951, S. 73; eine zusammenfassende Darstellung zu Änderungsbefugnis und Inhaltskontrolle findet sich bei *Benkel* S. 277 ff.

ihre Befugnis auf Vorstand und Aufsichtsrat delegieren oder bei Dringlichkeit den Aufsichtsrat aufgrund eines Beschlusses ermächtigen kann, vorläufig die AVB zu ändern. Wieder wird der Kompetenz- und Legitimationsfluss deutlich: oberste Vertretung → Aufsichtsrat → Vorstand. Die Bestimmung des § 197 VAG gilt sowohl für AVB, die Teil der Satzung sind, als auch für solche, die außerhalb der Satzung stehen. Dies folgt daraus, dass § 9 Abs. 2 Nr. 1 VAG allgemeine Versicherungsbedingungen als Bestandteil der Satzung ausdrücklich erwähnt und § 197 VAG nicht darauf Bezug nimmt, ob die AVB Teil der Satzung sind oder nicht, vielmehr macht Abs. 3 S. 1 die Wirksamkeit geänderter AVB für bestehende Versicherungsverträge von denselben Voraussetzungen abhängig, gleichgültig ob sie sich in der Satzung befinden oder nicht. Mit dieser Regelung wird unterstrichen, dass **die Gestaltung der AVB primär eine Aufgabe der obersten Vertretung ist,** auch dies ist Ausdruck der Gegenseitigkeit. Die Gemeinschaft der Risikoschutz Suchenden gibt sich selbst die Regeln, die für jeden einzelnen gegenüber dem Risikoträger gelten und umgekehrt.

2 Nach der hier vertretenen Auffassung ist § 197 VAG einerseits eine Spezialvorschrift für die AVB-Änderung eines VVaG, unabhängig davon, ob die AVB Teil der Satzung sind oder nicht, und andererseits eine lex specialis für bestandswirksame Satzungsänderungen (Abs. 3), die die Mitgliedschaft betreffen. Soweit es um die Änderungskompetenz für AVB geht, wird die Notwendigkeit schnellen Handelns angeführt.

3 Der Gesetzgeber hat in den §§ 195, 197 VAG hinsichtlich der Verteilung der Kompetenz fein zwischen satzungsbezogenen, verfassungsmäßigen, also den Gesellschaftsvertrag des VVaG berührenden, und versicherungsvertragsbezogenen Tatbeständen unterschieden. Eine Rückwirkung ist danach grundsätzlich nur mit der Zustimmung des Versicherungsnehmers (das Gesetz spricht fälschlich von dem „Versicherten") zulässig, es sei denn, die Verfassung (Satzung) des VVaG enthält Bestimmungen, die die rückwirkende Regelung regeln (Prinzip des Vorrangs des Satzungsrechts vor einfachem Vertragsrecht). Diese Satzungsregelungen müssen präzise und eindeutig sein und den Voraussetzungen der §§ 305 ff. BGB entsprechen.[2]

4 Zu den Änderungen zählt auch die Einführung eines neuen Bedingungswerks.[3] § 197 VAG regelt nur die Änderung von AVB der **Mitgliederversicherung**; gegenüber Nicht-Mitgliedern, die zu fester Prämie versichert sind, ist allein der Vorstand ohne einer Ermächtigung nach Abs. 2 zu bedürfen, befugt, die AVB zu ändern, weil es an der kooperationsrechtlichen Anknüpfung des Versicherungsverhältnisses fehlt. Demnach werden die Nicht-Mitglieder auch nicht von der Regelung in § 197 Abs. 3 VAG erfasst. Da § 197 Abs. 3 S. 2 VAG als kooperationsrechtliche Bestimmung in engem Zusammenhang mit § 177 Abs. 1 VAG (Grundsatz der Gleichbehandlung), sowie den §§ 179–182 VAG zu sehen ist (Prinzip der Aufwandsdeckung) kommt eine Anwendung auf Nicht-Mitglieder nicht in Betracht.[4] Mit der Verweisung auf § 195 Abs. 1, 2 VAG in § 197 Abs. 1 VAG wird unterstrichen, dass – ungeachtet von Abs. 2 – die **grundsätzliche Kompetenz zur Einführung und Änderung von AVB beim VVaG bei der obersten Vertretung liegt**; dieser verbleibt auch bei der Ermächtigung des Vorstands gem. § 197 Abs. 2 S. 1 VAG qua Satzung die Regelungshoheit. Mit Abs. 2 kann die Satzung den Vorstand mit Zustimmung des Aufsichtsrats zur Einführung oder Änderung von AVB ermächtigen. Der VVaG erhält damit bezüglich der Einführung/Änderung von AVB die nach allgemeiner Einschätzung unter den geänderten Wettbewerbsverhältnissen des EG-Binnenmarkts nötige größere Flexibilität und schnellere Handlungsmöglichkeit.[5] Die Satzungsgestaltung nach Abs. 2 S. 1 macht eine Beschlussfassung durch die oberste Vertretung ebenso entbehrlich wie die Prüfung der Frage, ob bei vorläufigen Änderungen der AVB durch den Aufsichtsrat ein Fall der Dringlichkeit (§ 197 Abs. 2 S. 2 VAG) gegeben ist. Die danach mögliche Gleichstellung der Handlungsmöglichkeiten mit der VersAG führt nicht zur vollständigen Beseitigung der Einwirkungsmöglichkeiten der obersten Vertretung, da dieser die unentziehbare jederzeitige Möglichkeit verbleibt, diese Kompetenz über eine Satzungsänderung wieder an sich zu ziehen, wenn sie dies für erforderlich hält.

5 Im Übrigen wird die oberste Vertretung ggf. bei der Diskussion über die Entlastung von Vorstand und Aufsichtsrat Kritik an den vom Vorstand geänderten AVB üben. Auch die Minderheitenrechte bleiben in diesem Zusammenhang wirksam und können ggf. zu einer Kompetenzverlagerung von Vorstand und Aufsichtsrat zurück auf die oberste Vertretung führen. Schließlich kann die oberste Vertretung – gestützt auf § 197 Abs. 1 VAG i. V. m. § 195 Abs. 1 VAG – jederzeit die vom Vorstand mit Zustimmung des Aufsichtsrats eingeführten oder geänderten AVB aufheben.

Allerdings sollte jeder VVaG für sich die Frage beantworten, ob er es im Sinne einer **guten VVaG-Kultur** für sinnvoll hält, in den wenigen Fällen, in denen wirklich ein rasches Handeln erforderlich ist, zu dem Mittel des zunächst vollständigen Ausschlusses der Beteiligung der obersten Vertretung an Bedingungseinführungen oder Bedingungsänderungen zu greifen.

---

[2] FKBP/*Kaulbach* § 41 Rn. 4.

[3] *Benkel* Diss. S. 436; *Brenzel*, Der Versicherungsverein auf Gegenseitigkeit, 1975, S. 96; *Deisenhofer* VersR 1969, 1059; Goldberg/Müller/*Müller* § 41 Rn. 1; *Köppen* VersR 1970, 292; *Mohr* VersR 1961, 964.

[4] VA 1904, 165; VA 1905, 75; *Kisch*, Das Recht des Versicherungsvereins auf Gegenseitigkeit, 1951, S. 179 f.

[5] BT-Drs. 12/6955, 69.

2. Bedingungs- und Beitragsanpassung in der Lebensversicherung sowie der substitutiven und nach Art der Lebensversicherung betriebenen Krankenversicherung (§§ 164, 203 Abs. 4 VVG). § 164 Abs. 1 VVG und § 203 Abs. 4 VVG normieren für die Lebensversicherung bzw. die private Krankenversicherung die Befugnis, im Falle gerichtlich oder aufsichtsrechtlich rechtskräftig für unwirksam erklärter AVB, diese durch neue Bedingungen zu ersetzen. Beide Vorschriften erlauben eine Änderung von Bedingungen auch **mit Wirkung für bestehende Versicherungsverhältnisse.**[6] Die in §§ 164 Abs. 1 VVG bzw. 203 Abs. 4 VVG vorgesehene Bestandswirkung ist Rechtsform unabhängig und von der den Mitgliederbestand berührenden Bestandswirkung des § 197 Abs. 3 S. 2 VAG zu unterscheiden. Die §§ 164, 203 Abs. 4 VVG gelten auch für das Nicht-Mitgliedergeschäft. Beitragsanpassungen sind in der Lebensversicherung unter den Voraussetzungen des § 163 VVG in der privaten Krankenversicherung gem. § 203 Abs. 2 VVG zulässig. Für diese auf aktuarieller Grundlage erfolgenden Beitragsanpassungen bei unverändertem Risiko ist allein der Vorstand zuständig. Hier ist nicht die trägerschaftliche Mitgliederstellung berührt. 6

3. Bedingungs- und Beitragsanpassung in der Kompositversicherung. Entsprechende gesetzliche Anpassungsmöglichkeiten, die es dem Versicherer erlauben, ohne vereinbarte Anpassungsklausel die Prämie oder die Leistung zu verändern,[7] bestehen für die Kompositversicherung (vgl. jetzt § 40 Abs. 1 VVG) nicht. Leistungs- und Prämienanpassungen können aufgrund bestimmter AVB-Regelungen mit Wirkung für bereits bestehende Vertragsverhältnisse im Rahmen des allgemeinen Vertrags- und AGB-Rechts vertraglich auf der Grundlage des § 40 VVG bestandwirksam durchgeführt werden.[8] Dann steht aber dem VN ein Kündigungsrecht zu. [9] Demgegenüber sieht § 197 Abs. 3 S. 2 VAG eine rechtsformspezifische Regelung für VVaG vor, die allerdings nur unter engen tatbestandlichen Voraussetzungen eine Wirkung für den Versichertenbestand entfaltet (vgl. dazu unten Rn. 13-19). Eine Änderung – gestützt auf dieser satzungsmäßigen Grundlage – kann nicht zu einem Kündigungsrecht führen, da hierdurch die trägerschaftlich begründete Finanzstabilität des VVaG unterlaufen würde. 7

II. Zuständigkeit. 1. Grundsätzliche Kompetenz der obersten Vertretung (Abs. 1). Soweit keine anders lautenden Satzungsbestimmungen gem. Abs. 2 bestehen, ist nur die oberste Vertretung gem. §§ 197 Abs. 1; 195 Abs. 1, 2 VAG für eine Änderung der AVB zuständig. Erforderlich ist nur eine einfache Mehrheit, da auf § 195 Abs. 4 VAG nicht verwiesen wird. Auch dies spricht dafür, dass § 197 VAG rechtsformspezifische lex specialis für die Änderung von AVB ist. Diese einfache Mehrheit gilt unabhängig davon, ob die AVB innerhalb oder außerhalb der Satzung dokumentiert werden.[10] Die oberste Vertretung ist dennoch nicht gehindert, mit einfacher Mehrheit zu beschließen, dass eine Dreiviertelmehrheit für die Einführung/Änderungen von AVB erforderlich ist. Durch die Einschaltung der obersten Vertretung bei Bedingungsanpassungen ist mithin ein institutionalisierter Interessenvertreter der Versicherungsnehmer an der Ausgestaltung der AVB beteiligt (Prinzip der Gegenseitigkeit). Dies hat Auswirkungen auch auf die Frage der inhaltlichen Satzungskontrolle. Hinsichtlich bestandswirksamer Beitragsanpassungen ist bezüglich der Zuständigkeit zu beachten, dass die BaFin bereits in der Vergangenheit, also vor der Novellierung des § 41 Abs. 2 VAG a. F. eine Kompetenz des Vorstands für zulässig erklärt hat.[11] Hierbei handelt es sich um Beitragsanpassungen im Bestand aufgrund spezialgesetzlicher Zulässigkeit (vgl. zum Beispiel §§ 163, 203 VVG). Auch hier ist wieder hinsichtlich vertragsrechtlicher und satzungsrechtlich/gesellschaftsrechtlicher Causa der Vertragsanpassung zu unterscheiden. 8

2. Erleichterung zugunsten einer reaktionsschnellen Unternehmensführung (Abs. 2). a) Die Ermächtigung des Vorstands. Bereits seit jeher wurde zu bedenken gegeben, dass angesichts der Tatsache, dass die oberste Vertretung normalerweise nur einmal jährlich zusammen tritt und eine außerordentliche Einberufung Zeit und einen erheblichen organisatorischen und finanziellen Aufwand erfordert, eine schnelle und reibungslose Anpassung der AVB an sich rasch ändernde Umstände nicht ohne weiteres ermöglicht.[12] Vor dem Hintergrund der Deregulierung der Versicherungsmärkte und zur Erhaltung der Wettbewerbsfähigkeit ist die Kompetenz zur Einführung/Änderung von AVB auch gem. § 197 Abs. 2 S. 1 VAG bei Vorliegen einer entsprechenden Satzungsbestimmung auch dem **Vorstand** zugewiesen, der der **Zustimmung des Aufsichtsrats** zu Wirksamkeit seines Vorschlags bedarf (Legitimationsrückkoppelung).[13] Durch die Verknüpfung mit dem Zustimmungserfordernis seitens des Aufsichtsrats kommt indirekt die oberste Vertretung zweimal kontrollierend zum Zug: bei der Wahl der Aufsichtsratsmitglieder und bei der Entlastung von Vorstand und Aufsichtsrat. Aber es bleibt die Frage, ob diese Eilbedürftigkeit stets gegeben ist und nicht auch die vorläufige Änderungskompetenz des 9

[6] *Präve* VersR 1995, 733, 736 ff.; *Ränger* VersR 1994, 1257, 1258 ff.
[7] BK/*Harrer* § 31 Rn. 6.
[8] Vgl. für den älteren Rechtszustand im Rahmen der BAV-Genehmigung von AVB VerBAV 1994, 39, 58; 1993, 299.
[9] Prölss/Martin/*Knappmann* § 40 Rn. 1 ff.
[10] *Mohr* VersR 1961, 964.
[11] GB 1978, 35.
[12] Vgl. etwa *Mohr* VersR 1961, 964 f.
[13] *Mohr* in: Peiner, Grundlagen des VVaG, 1995, S. 115, 120 f.

Aufsichtsrats völlig ausreichend ist, um der nötigen Flexibilität zu genügen. Die Ausschaltung der obersten Vertretung schwächt die Bedeutung des obersten Organs und verdrängt Kernelemente des VVaG.

10 **b) Die beschränkte Ermächtigung des Aufsichtsrats.** Fehlt es an einer Kompetenzzuweisung an den Vorstand, kann der Aufsichtsrat – wie schon nach bisheriger Rechtslage – von der obersten Vertretung ermächtigt werden, bei **dringendem Bedürfnis** die AVB (formell oder materiell) vorläufig zu ändern (§ 197 Abs. 2 S. 2). Ein dringendes Bedürfnis wird jedenfalls vorliegen, wenn die Aufsichtsbehörde eine Änderung von AVB im Wege der nachträglichen Kontrolle verlangt (§ 294 Abs. 2 S. 2 i. V. m. § 298 Abs. 1 VAG). Nur selten werden Wettbewerbssituationen, die den Vorstand zum Handeln veranlassen, der Dringlichkeit zuzuordnen sein, da sich diese Entwicklungen meist längerfristig abzeichnen! Soweit die Satzung sagt, dass der Beschluss des Aufsichtsrats nur außer Kraft tritt, wenn die oberste Vertretung dies verlangt, ist diesem Organ auch die Nachprüfung der Dringlichkeitsfrage übertragen. In einem zustimmenden Beschluss liegt auch die Bejahung der Dringlichkeit.[14] Diese Regelungskompetenz des Aufsichtsrats drängt dieses Organ auf ein Gebiet der Geschäftsführung; dies widerspricht jedenfalls bislang der strengen Aufgabentrennung von Vorstand und Aufsichtsrat (Geschäftsführung/Kontrolle) und passt somit nicht zur gegenwärtigen Grundstruktur des deutschen Gesellschaftsrechts. Hier liegt eine gesellschaftsrechtlich spezifische Ausprägung des VVaG-Unternehmensrechts vor. Der Gesetzgeber will wohl eine Restwirkung mitgliedschaftlicher Entscheidungsbefugnis durch die – von der obersten Vertretung gewählten – Aufsichtsräte sicherstellen.

11 **III. Die Kontrollbefugnis der Aufsichtsbehörde bei Satzungsänderungen mit Wirkung für das Versicherungsverhältnis. 1. Die Geschäftsplankontrolle der BaFin.** Gemäß § 300 VAG kann die Aufsichtsbehörde einen Geschäftsplan mit Wirkung für bestehende oder noch nicht abgewickelte Versicherungsverhältnisse ändern oder aufheben. Nach der im Zuge der Deregulierung erfolgten Herausnahme der AVB und Tarife aus allen Geschäftsplänen mit Ausnahme der (nicht deregulierten) Pensions- sowie Sterbekassen hat die Bestimmung im Neugeschäft aber keine Bedeutung für die AVB-Kontrolle. Für Pensionsfonds ist § 237 Abs. 3 Nr. 3 VAG i. V. m. § 12 Abs. 1 VAG zu beachten. Die VO über die Anwendungen allgemeiner Versicherungsbedingungen vom 29.11.1940 aufgrund derer das BAV durch Rechtsverordnung bestehende Versicherungsverträge ändern konnte, ist aufgehoben.[15]

12 **2. Der Genehmigungsvorbehalt für die Satzung.** Soweit die Aufsichtsbehörde Satzungen genehmigt hat, besteht Bestandsschutz. Die Satzungskontrolle ist auf diejenigen Teile der Satzung beschränkt, zu denen ein Änderungs- und Ergänzungsantrag gestellt ist.[16] Jede neue Satzung und jede Änderung einer genehmigten Satzung bedarf der Genehmigung der BaFin nach § 9 Abs. 2 Nr. 1 und § 12 Abs. 1 VAG.

13 **3. Neue Satzungsbestimmungen nach Abs. 3 S. 2.** Da AVB auch dann nicht mehr Teil des Geschäftsplans sind, wenn sie innerhalb der Satzung geführt werden (arg § 9 Abs. 2 Nr. 1 VAG) besteht insoweit keine Genehmigungspflicht. Dies soll auch für Anpassungsklauseln gem. § 197 Abs. 3 S. 2 VAG gelten.[17] In § 197 Abs. 3 VAG wird aber nicht nur die Wirkung der Änderung von AVB, sondern auch von Satzungsbestimmungen, die das Versicherungsverhältnis berühren, geregelt. Satzungsbestimmungen nach § 197 Abs. 3 S. 2 VAG gehören aber nicht zu den AVB sondern zu den finanzwirtschaftlichen Regeln des VVaG und sind Teil des Aufwandsdeckungsprinzips (§§ 179–181VAG), also Bestandteil des Gesellschaftsrechts. Bei Satzungsbestimmungen, die dem Mitgliedschaftsverhältnis zuzuordnen sind, handelt es sich zwingend um den dem gesellschaftsrechtlichen Teil des Satzungsrechts zuzuordnende Regelungsinhalt, der Teil des Geschäftsplans ist. Konsequenter Weise ist daher entgegen der bisherigen Auffassung des BAV eine Genehmigungspflicht durch die Aufsichtsbehörde in diesen Fällen zu bejahen. Dies ist insofern von besonderer Bedeutung, als das BAV in der Vergangenheit das Genehmigungserfordernis als Ersatz für eine Konkretisierung des Änderungsvorbehalts angesehen hat.[18] In der Genehmigungszuständigkeit der BaFin für diese speziellen, die Trägerschaft der Mitglieder und nicht das versicherungsvertragliche Austauschverhältnis berührenden, in der Satzung zu regelnden Bestimmungen, liegt auch das Gegengewicht zur Nicht-Nachprüfbarkeit dieser Bestimmungen nach § 310 Abs. 4 BGB.

14 **IV. Das Wirksamwerden von Satzungsbestimmungen.** Sind die AVB Bestandteil der Satzung, wird die Änderung von AVB mit Eintragung der Satzungsänderung ins Handelsregister wirksam (§ 196 Abs. 3 VAG). Die Bekanntmachung nach § 183 VAG hat für das Inkrafttreten keine konstitutive Bedeutung. Dies gilt unabhängig davon, ob es sich um Bestimmungen handelt, die als AVB Teil der

[14] *LG Hamburg* Urt. v. 13.2.1957 ZfV 1957, 225.
[15] Art. 8.4 Abs. 2 Gesetz zur Änderung versicherungsrechtlicher Vorschriften vom 17.12.1990 (BGBl. I 2864); *Römer* VersR 1994, 125, 126.
[16] *Benkel* Diss. S. 116.
[17] GB BAV 1994, 20.
[18] GB BAV 1994, 20.

Satzung (wenn sich der VVaG dafür entscheidet, seine AVB in der Satzung zu regeln, muss er auch die Verfahrensregeln zur Satzungsänderung beachten) sind oder um solche, die das Mitgliedschaftsverhältnis berühren. Der Mangel einer einzelnen Satzungsbestimmung berührt die Wirksamkeit der Übrigen ihrerseits wirksamen Festsetzungen nicht.[19]

V. Das Nebeneinander von Gesellschafts- und Vertragsrecht. 1. Die Wirkung der geänderten Satzungsbestimmungen für künftige Versicherungsverhältnisse. Für **künftige Versicherungsverhältnisse**, also solche, die nach Wirksamwerden der Änderung begründet werden, gelten die geänderten Bedingungen. Dabei spielt es keine Rolle, ob sich die Änderung als Satzungsänderung oder als bloße, außerhalb der Satzung geregelte Änderung der AVB darstellt. Ebenso ist unerheblich, ob sich die Änderung der genannten Bestimmungen für das Versicherungsverhältnis vorteilhaft oder ungünstig auswirkt. 15

2. Die Bestandswirkung von Satzungsbestimmungen. Zum Änderungszeitpunkt **bestehende Versicherungsverhältnisse** werden grundsätzlich weder durch eine Änderung der Satzung noch der AVB berührt (Abs. 3 S. 1); dies gilt auch für günstige oder rein die Fassung betreffende Änderungen.[20] Die Bestimmung zeigt die Notwendigkeit einer genauen Zuordnung der geänderten Regelungen zu den versicherungsvertraglichen Bestimmungen oder zu dem Mitgliedschaftsverhältnis (vgl. hierzu § 176 Rn. 20 ff.). Hierfür spricht der Wortlaut, der von der Änderung der Satzung oder der allgemeinen Versicherungsbedingungen – gleichgültig an welcher Stelle sie geregelt sind – spricht. Es ist demnach auch nicht anzunehmen, dass sich Abs. 3 S. 1 nur auf das von der Mitgliedschaft zu unterscheidende Versicherungsverhältnis bezieht. Nach der hier vertretenen Trennungstheorie ist die versicherungsvertragliche Rechtsbeziehung von der mitgliedschaftlichen Rechtsstellung zu unterscheiden. Soweit sich Abs. 3 S. 1 auf Bestimmungen bezieht, die das Versicherungsverhältnis betreffen, sind, wie unter Rn. 6 und 7 erläutert, die versicherungsvertragsgesetzlichen Spezialvorschriften zu beachten, so dass Abs. 3 S. 1 hinsichtlich der versicherungsvertraglichen Rechtsbeziehungen in diesem Fall nur klarstellenden Charakter hat. Soweit Spezialvorschriften wie §§ 163, 164, 203 VVG fehlen, ist die Zulässigkeit einer Bestandswirkung von AVB-Änderungen anhand der §§ 305 ff. BGB insbesondere § 308 Nr. 4 BGB (Unwirksamkeit von einseitigen Änderungsvorbehalten/ Zumutbarkeitsgrenze) zu prüfen. Sofern man von der Trennungstheorie, wie hier vertreten, ausgeht, ist darauf hinzuweisen, dass das allgemeine Vertragsrecht auch ohne S. 1 Anwendung finden würde.[21] Vom Blickwinkel der Einheitstheorie gesehen bedeutet die Bestimmung eine Rücknahme des sonst geltenden Vereinsrechts (Satzungsänderungen betreffen grundsätzlich jedes Mitgliedschaftsverhältnis) im Hinblick auf die das Austauschverhältnis des Versicherungsvertrags betreffenden Regelungen. Jedenfalls ist Abs. 3 S. 1 als **bewusste Ausnahme vom Grundsatz der Gleichbehandlung** zu verstehen und zwar sowohl hinsichtlich seiner Bedeutung für Mitgliedsbeiträge und Vereinsleistungen (versicherungsvertragliche Position) als auch im Hinblick auf den vereinsrechtlichen Grundsatz der Gleichbehandlung der Mitglieder (mitgliedschaftliche Position, § 25 BGB).[22] Änderungen des Versicherungsverhältnisses liegen jedenfalls vor, soweit es sich inhaltlich um Regelungen handelt, die das versicherungsvertragsrechtliche Austauschverhältnis (Beitrag und Umfang des Versicherungsschutzes) zum Gegenstand haben, auch wenn sie in der Satzung enthalten sind. Allgemeine Versicherungsbedingungen sind demnach Regeln, die so auch mit Nicht-Mitgliedern hätten vereinbart werden können. Von dem Grundsatz, dass sich Änderungen der AVB auf bestehende Versicherungsverhältnisse nicht auswirken, gibt es zwei Ausnahmen: ausdrückliche Zustimmung des Versicherten (Abs. 3 S. 1) oder der aus der Mitgliedschaft resultierende, dem Vereinsrecht entlehnte Satzungsvorbehalt (Abs. 3 S. 2). 16

3. Die ausdrückliche Zustimmung des Versicherten (Abs. 3 S. 1). Die Zustimmung kann sich sowohl auf die Änderung der mitgliedschaftlichen Rechtsstellung (Satzungsbestimmung) oder die Veränderung der versicherungsvertraglichen Position (AVB geregelt innerhalb der Satzung) beziehen. Sie liegt entweder in der Unterwerfung unter AVB oder Satzungsbestimmungen mit Änderungsvorbehalt oder in der nachträglich erklärten Zustimmung zur Änderung (vgl. insoweit *Seybold* VersR 1989, 1231, 1233). Dies setzt voraus, dass die Änderung dem Mitglied bekannt geworden ist (z. B. besondere Mitteilung, Bekanntmachung in den Vereinsblättern oder – insbesondere bei kleineren VVaG i. S. d. § 210 VAG – durch Teilnahme an der Versammlung der obersten Vertretung, die den Änderungsbeschluss gefasst hat). Die Zustimmung muss erklärt werden, dies kann aber auch durch schlüssiges Handeln geschehen, z. B. Zahlung des erhöhten Beitrags. Berufung auf eine geänderte Bestimmung der AVB.[23] Die Aufsicht verlangt allerdings allgemein bei der Änderung von Versicherungsverträgen, dass wesentliche Änderungen zu erläutern sind bzw. dass diese Änderungen dem Versicherungsnehmer 17

---

[19] *Kisch,* Das Recht des Versicherungsvereins auf Gegenseitigkeit, 1951, S. 68 (Fn. 11).
[20] H. M. *Kisch,* Das Recht des Versicherungsvereins auf Gegenseitigkeit, 1951, S. 74.
[21] *Böhm* VersR 1954, 473, 475.
[22] *Kisch,* Das Recht des Versicherungsvereins auf Gegenseitigkeit, 1951, S. 75.
[23] *BGH* Urt. v. 7.7.1955 – II ZR 341/53, VersR 1955, 481.

eindeutig als Angebot unterbreitet werden, das er annehmen oder ablehnen kann.[24] Bloßes Stillschweigen genügt angesichts der Tatsache, dass das Gesetz ausdrückliche Zustimmung verlangt, keinesfalls.[25] Eine Frist, innerhalb derer die Zustimmung erklärt werden muss, ist nicht bestimmt und – weil es sich nicht um ein Vertragsangebot des VVaG handelt – auch nicht erforderlich; andererseits kann es sich empfehlen, eine Frist zu setzen, nach deren Ablauf die Zustimmung als verweigert gilt. Die Zustimmung kann auch vorher erklärt werden, wobei aber nicht ein generelles Einverständnis zu jeder einseitigen Änderung des gesamten Vertragsverhältnisses genügt.[26] Satzungs- oder AVB-Bestimmungen, die dem VVaG von vornherein ein einseitiges Änderungsrecht einräumen, können nur dann als mit dem Eintritt in den VVaG gleichzeitig abgegebene Zustimmung zu künftigen Änderungen angesehen werden, **wenn der Änderungsvorbehalt selbst klar und präzise bezeichnet ist und der Änderungsumfang dem Versicherungsnehmer/Mitglied hinreichend erkennbar ist** (vgl. § 307 BGB). Soweit Mitglieder/Versicherungsnehmer die Zustimmung nicht erteilen, liegt eine vom Gesetzgeber selbst vorgesehene Ausnahme vom Grundsatz der Gleichbehandlung (§ 177 VAG) gegenüber den neuen später eintretenden Mitgliedern – die an die Änderung ohne weiteres gebunden sind – und gegenüber denjenigen Mitgliedern, die ausdrücklich zugestimmt haben, vor.[27]

18 **4. Der Satzungsvorbehalt nach Abs. 3 S. 2.** Im Rahmen des § 197 Abs. 3 S. 2 VAG ist zunächst zu beachten, dass das Gesetz hier nicht von „allgemeinen Versicherungsbedingungen" spricht, sondern von „Bestimmungen, für die die Satzung ausdrücklich vorsieht…". **Diese „Bestimmungen" sind nicht identisch mit den AVB.** Mit „Bestimmungen" sind vielmehr gerade nicht das Versicherungsverhältnis, sondern das Mitgliedschaftsverhältnis betreffende – also gesellschaftsrechtliche – Regelungen gemeint, denen unter engen Grenzen Bestandswirkung zukommt. Diese „Bestimmungen" können unter den noch darzustellenden Voraussetzungen finanzielle und rechtliche Konsequenzen für die Stellung der Mitglieder festlegen. In der Abwägung zwischen Gleichbehandlung aller Mitglieder (neue Mitglieder/Bestandsmitglieder) und dem Bestandsschutz bestehender Mitgliedschaften ermöglicht § 197 Abs. 3 S. 2 VAG unter näher darzulegenden Voraussetzungen eine Verwirklichung des Gleichbehandlungsgrundsatzes im Bestand. Bei einem derartigen gesellschaftsrechtlich begründeten Satzungsvorbehalt wirkt die Änderung auf bestehende Versicherungsverträge über das Mitgliedschaftsverhältnis. Solche Satzungsvorbehalte können in Anbetracht der bestehenden Konsumentenschutzvorschriften im VVG und BGB das Schuldverhältnis des Versicherungsvertrags als solches, nur über die Stellung des Versicherungsnehmers als Mitglied/Träger des Vereins, im Auge haben. Hierbei handelt es sich nach der hier vertretenen Auffassung um eine korporationsrechtliche Bestimmung, die eine einseitige Einwirkung auf das durch die Mitgliedschaft begründete Versicherungsverhältnis erlaubt, also das synallagmatische Austauschverhältnis zwischen VVaG und Versicherungsnehmer qua Trägerschaft berührt.[28] **Solch schwerwiegende Eingriffe können aber nur unter besonderen vereinstypischen Voraussetzungen Platz greifen**. Über § 197 Abs. 3 S. 2 VAG kann nicht nur für neue eintretende Mitglieder, sondern gerade auch auf den Bestand der Mitglieder eingewirkt werden, was auf rein vertragsrechtlicher Ebene – ohne ausdrückliche Zustimmung der Versicherungsnehmer – nur in wenigen spezialgesetzlich geregelten Fällen (z. B. §§ 163, 164, 203 VVG, §§ 305 ff. BGB) möglich ist. **Diese spezialgesetzlichen bzw. gesellschaftsrechtlichen Eingriffsmöglichkeiten gelten für die Mitgliederversicherung**, ihre Schutzwirkung für den Versicherungsnehmer kann nicht dadurch umgangen werden, dass der VVaG seine AVB in der Satzung niederlegt. Daher müssen für die **Anwendbarkeit des Abs. 3 S. 2 besondere Tatbestände hinzutreten**, die eine Änderung der bestehenden versicherungsvertraglichen Bestimmungen – auf der Mitgliederebene – erlauben und damit einen Eingriff in die mitgliedschaftliche Position (Mitglied als Träger des VVaG) darstellen. Die Änderungswirkungen nach Abs. 3 S. 2 kann daher nur im Bereich des Mitgliedergeschäfts Wirkung entfalten. Bei der gegen feste Prämie gestalteten Nicht-Mitgliederversicherung scheidet diese Änderungsbefugnis sachlogisch aus. Eine VersAG könnte dasselbe Ergebnis – unabhängig nach den von VVG zulässigen bestandswirksamen Regeln – bei Neueinfügung einer Bedingungs- oder Prämienanpassungsklausel in die AVB nur über eine Änderungskündigung erreichen. Es handelt sich daher auch um keine Regelung, die sich nur aufgrund der Sonderbestimmungen des § 9 Abs. 2 S. 1 VAG in der Satzung finden könnte, ansonsten aber ebenso gut außerhalb der Satzung und daher mangels Anwendbarkeit des § 310 Abs. 4 BGB (kein Bezug auf Gesellschaftsrecht) der vollen Kontrolle nach dem BGB unterliegt (vgl. insoweit § 173 VAG Rn. 15, 16). § 197 Abs. 3 S. 2 sieht demzufolge die Möglichkeit der Bestandswirkung auch nur für Satzungs-

[24] VerBAV 1983, 51; 1981, 121.
[25] Vgl. *KG* Urt. v. 7.1.1957 – 4 U 1594/56, VersR 1958, 242.
[26] *BGH* Urt. v. 22.9.1971 – IV ZR 15/70, VersR 1971, 1116.
[27] Vgl. *Böhm* VersR 1954, 475 ff.
[28] A. A. ausdrücklich GB BAV 1994 Teil A S. 20, dazu *Präve* r+s 1996, 249; *Baumann*, Der VVaG mit kooptierter Vertreterversammlung, 1986, S. 59, der darauf hinweist, dass § 41 Abs. 3 S. 2 VAG a. F. auf körperschaftlegitimierte Akte zugeschnitten ist, die von ihm hinsichtlich seiner Kritik am Kooptationsprinzip angemahnte Annäherung an „schuldrechtlich-versicherungsrechtliche Mechanismen" zeigt gerade, dass der Bestimmung aus seiner Sicht gesellschaftsrechtlicher Charakter zukommt.

bestimmungen und gerade nicht für AVB-Regelungen vor. Änderungen kraft vorweg genommener Vereinbarungen fallen nicht unter § 197 Abs. 3 VAG.[29]

VI. Die Bedeutung der Bestandswirkung einer Satzungsbestimmung nach Abs. 3 S. 2. Die Notwendigkeit der **Bestandswirkung** gem. der Regelung des § 197 Abs. 3 S. 2 VAG im Hinblick auf Beitragsanpassungsklauseln, die nicht schon kraft Gesetzes bzw. aufsichtsrechtlicher Praxis eine Beitragsanpassung erlauben, im Gesellschaftsrecht des VVaG, wird durch folgende Überlegungen deutlich: Die Mitglieder unterliegen dem Prinzip der Aufwandsdeckung (dazu ausführlich § 179 VAG Rn. 3–5), dürfen also unter bestimmten, in der Satzung zu regelnden Voraussetzungen herangezogen werden, um Defizite zu decken. Die in den §§ 179 ff. VAG verankerten Regelungen sind aber lediglich dem Geschäftsjahr nachfolgende einmalige Maßnahmen (z. B. Nachschuss, Anspruchskürzung). Wenn jedoch erkennbar ist, dass durch veränderte Risikofaktoren ein längerfristiger Trend zum Defizit aufgrund der Beitragshöhe besteht, kann nur über § 197 Abs. 3 S. 2 VAG eine **dauerhafte, nachhaltige** Lösung erreicht werden. **Das Aufwandsdeckungsprinzip wäre somit ohne die Bestandswirkung von Beitragsänderungsklauseln gem. § 197 Abs. 3 S. 2 VAG unvollkommen.** Da der Bestand – und nicht das Neugeschäft – für eine solche Defizit-Situation ursächlich ist, ist es auch gerechtfertigt, und unter dem Aspekt der Gegenseitigkeit auch geboten, unter näher festzulegenden Voraussetzungen und in Erfüllung des Transparenzgebots (§ 307 Abs. 1 BGB) Veränderungen der Beiträge bzw. Leistungen gem. § 177 Abs. 1 und 197 Abs. 3 S. 2 VAG auch für den Bestand wirksam werden zu lassen. Die Regelungen in §§ 177, 179 Abs. 1, 2; 197 Abs. 3 S. 2 VAG besagen letztlich, dass mit Hilfe eines Satzungsbeschlusses die vom VVaG zur Deckung der Aufwendungen benötigten Mittel unter Berücksichtigung des Gleichbehandlungsgebots auch über den Bestand der Mitglieder eingefordert werden können, sofern die oberste Vertretung einen entsprechenden hinreichend transparent gemachten Satzungsbeschluss fasst und die besonderen vereinsrechtlichen Voraussetzungen für die Bestandswirkung vorliegen. Die Sanierungswirkung der §§ 177–181 VAG, die dem Gegenseitigkeitsgedanken entspricht, kann nur wirksam werden, wenn auch bestandswirksam in die Vertragsverhältnisse aufgrund der mitgliedschaftlichen Trägerschaftsituation eingegriffen werden kann. In besonderen Fällen – dauerhafte Schieflage des Bestandes – wird durch § 197 Abs. 3 S. 2 VAG hinsichtlich der Gesamtheit der Mitglieder (Neu-/Alt-Mitglieder) der Grundsatz der Gleichbehandlung verwirklicht. 19

Im Lichte der §§ 177, 179–181 VAG ist § 197 Abs. 3 S. 2 VAG gleichsam als „Nachschusspflicht für die Zukunft" oder „Nachschusspflicht nach vorne" zu verstehen; die §§ 177, 179–181 und 197 Abs. 3 S. 2 VAG sind mithin Rechtsinstitute, die für den VVaG einerseits tückisch andererseits existenziell von fundamentaler Bedeutung sind. § 197 Abs. 3 S. 2 VAG ist auch im Zusammenhang mit der Beitragspflicht im Insolvenzfall (§§ 207, 209 VAG) zu sehen. **Der VVaG muss das bestandswirksame Änderungsinstrument haben, um mittels der Finanzkraft des Versicherungsbestandes sein Fortbestehen schnell und nicht erst allmählich über das Neugeschäft zu sichern.** Umso wichtiger ist es, dass der VVaG seine Strukturmerkmale klar und offen kommuniziert und dabei auch deutlich macht, seine Existenz hängt nicht von Aktionären sondern von den eigenen Mitgliedern ab. 20

Seit der Deregulierung hat die Volatilität der Märkte entscheidend zugenommen. Die hohen Ausschläge am Kapitalmarkt, verbunden mit einer lang anhaltenden Niedrigzinsperiode sind – kombiniert mit biometrischen Veränderungen – Sachverhalte, die in ihrer Wucht so bei der Kalkulation nicht immer vorhergesehen oder auch aus Wettbewerbsgründen nicht eingepreist werden können. Für diese Fälle hat der VVaG mit den Regelungen in den §§ 177, 179–181, 197 Abs. 3 S. 2 VAG ein im Gesellschaftsrecht verankertes Instrumentarium, das er nur sachgerecht und vernünftig zu nutzen verstehen muss. Die überzogene Tendenz, sich ganz den Aktiengesellschaften anzugleichen, und aus Angst vor Reaktionen der Öffentlichkeit, vernünftige, unternehmensbestandssichernde Instrumente ungenützt liegen zu lassen, ist der falsche Weg. Auf alle Fälle wäre die Nutzung dieser in der Trägerschaft der Mitglieder begründeten Möglichkeiten eines VVaG der Anwendung des § 314 Abs. 2 VAG (aufsichtsrechtlich veranlasste Anpassung von Verpflichtungen von Lebensversicherungsunternehmen) vorzuziehen. 21

Bei einer AG gibt es diese Rechtsinstitute nicht; hier haften die Aktionäre etwa durch Ausfall der Dividende und im schlimmsten Fall durch den Verlust des bereitgestellten Kapitals. Ferner können auch ggf. Kapitalerhöhungen die Finanzlage bessern. Allerdings ist zu bedenken, dass insbesondere für Versicherungs-Tochtergesellschaften in der Rechtsform von Aktiengesellschaften eine Kapitalerhöhung meistens nicht am Kapitalmarkt sondern nur über die Finanzkraft der Muttergesellschaft möglich gemacht werden kann. 22

Der VVaG hat diese Möglichkeiten der Kapitalerhöhung nicht, da er über keinen Zugang zum Kapitalmarkt (mit Ausnahme der Ausgabe von Genussrechten) verfügt. Das weitgehende Fehlen externer Finanzierungsmöglichkeiten lässt den VVaG hinsichtlich seiner finanziellen Stabilität ganz auf seine Mitglieder angewiesen sein. Beim VVaG nehmen die Mitglieder auch die Aufgaben und Pflichten von **„Gesellschaftern"** wahr; sie allein können und müssen Defizite, die durch hohe Schäden oder dauerhafte Abweichungen von den Kalkulationsgrundlagen entstanden sind und auf andere Weise nicht 23

[29] *Fromm/Goldberg,* Versicherungsaufsichtsgesetz und Bundesaufsichtsgesetz, 1966, § 41 VAG Rn. 4 V.

finanziert werden können, tragen. Dies entspricht auch dem Gegenseitigkeitsgrundsatz, da diese Finanzlage aus der Gemeinschaft der Versicherungsnehmer insgesamt resultiert, also aus dem Versicherungsbestand. Das Instrument der Beitragsanpassungsklausel nach § 197 Abs. 3 S. 2 VAG kann so nur in **schwierigen Situationen** (Schieflage des Unternehmens, zwingende Notlage eines Versicherungszweigs, Auswirkung auf die Gesamtexistenz des VVaG) sowie in den Fällen, in denen das die Gegenseitigkeit begründende Prinzip der Gleichbehandlung einen Unterschied zwischen Bestand und Neugeschäft nicht rechtfertigt (**z. B. Verwirklichung eines Änderungsrisikos**) oder im Falle der Vermeidung des Tatbestandes der verdeckten Gewinnausschüttung, der die Heranziehung des Bestandes unbedingt notwendig macht, zur Anwendung kommen. Bei der Beseitigung einer schweren, nicht vorhersehbaren Notlage (nachhaltige Störung des Äquivalenzprinzips) des Vereins ergibt bereits der korporationsrechtlich wirkende Gleichbehandlungsgrundsatz, dass die Gesundung des VVaG nicht allein über die neuen Mitglieder, sondern nur zusammen mit dem Gesamtbestand der Mitglieder betrieben werden kann. Nur in diesen genannten Extremfällen ist für das einzelne Mitglied eine mitgesellschafterliche Verantwortung (Mitglieder = Träger) zu bejahen. Ansonsten bleibt es bei der begrenzten Wirkung der üblichen Beitragsanpassungsklauseln in den AVB, die – sofern nicht besondere allgemeine vertragliche Voraussetzungen vorliegen – auch dann nicht rückwirkend für den Bestand einsetzbar sind, wenn diese Regelungen in der Satzung verankert sind.

24 Die reine Sanierung eines schlechten Bestandes kann demnach in der Regel nicht auf die Anwendung von Satzungsklauseln mit Wirksamkeit für den Bestand gestützt werden. Im Hinblick auf die Anwendbarkeit des § 197 Abs. 3 S. 2 VAG in besonderen Unternehmenssituationen muss dies deutlich unterstrichen werden, so dass nicht ein aggressives Neugeschäft, das zunächst mit unauskömmlichen Beiträgen forciert wurde, anschließend über diese bestandswirksamen Beitragsanpassungsklauseln saniert werden kann. Was in der betriebswirtschaftlichen Auswirkung vorhersehbar ist, kann über § 197 Abs. 3 S. 2 VAG nicht saniert werden. Dabei sind auch die Überlegungen zur verdeckten Gewinnausschüttung bei VVaG (vgl. Vor § 171 Rn. 126 ff.) zu berücksichtigen, die richtigerweise grundsätzlich nur dann nicht vom Vorliegen einer verdeckten Gewinnausschüttung ausgehen, wenn der Gegenseitigkeitsversicherer solche Beiträge von seinen Mitgliedern verlangt hat, die auch ein ordentlicher Kaufmann erheben würde.

25 **VII. Inhaltliche Voraussetzungen; Inhaltskontrolle einer Satzungsbestimmung mit Bestandwirkung. 1. Vorbemerkung.** Eine Inhaltskontrolle entsprechend der das mitgliedschaftliche Verhältnis berührender Satzungsbestimmungen kommt über §§ 242, 315 BGB in Betracht; die Rechtsprechung hat § 315 BGB deutlich über den Wortlaut hinaus zu einer Schranke gegen den Missbrauch privatautonomer Gestaltungsrechte im Vereins- und Gesellschaftsrecht ausgebaut.[30] Die Ansicht ist umstritten.[31] Zunächst hat die Rechtsprechung die Inhaltskontrolle auf die Publikums-KG ausgedehnt.[32] Die Anwendbarkeit der § 305 ff. BGB auf die Inhaltskontrolle von Satzungsbestimmungen, die nicht AVB sind, ist wegen § 310 Abs. 4 BGB abzulehnen.[33] Die Rechtsprechung enthält den richtigen Ansatz, dass hinsichtlich der Anwendbarkeit der BGB-Vorschriften zum Verbraucherschutz, zwischen gesellschafts-, mitgliedschafts- und allgemeinen vertragsrechtlichen Regelungen unterschieden werden muss. Die vereinsrechtliche Komponente erschöpft sich entgegen GB BAV 1994, 20 nicht lediglich in der Anwendung des § 177 VAG. Dies gilt auch aus dem Gedanken des **Übermaßverbots** heraus dann, wenn die entsprechenden Anpassungsbestimmungen gemäß Abs. 1 seitens der obersten Vertretung als institutionalisierter Interessenvertretung der Mitglieder verabschiedet werden. Wenn die Satzungsbestimmung hinreichend präzise festlegt, unter welchen Voraussetzungen das mitgliedschaftliche Verhältnis einen Eingriff in die Leistungs- und Austauschbeziehungen des bestehenden Versicherungsvertrags erlaubt, dann ist für die Umsetzung der Maßnahme, bei Vorliegen der Voraussetzungen, der Vorstand nach § 179 Abs. 2 VAG zuständig. Die Besonderheiten des VVaG legen demnach auch im Rahmen einer Billigkeitskontrolle gemäß § 242 BGB bei der Frage der notwendigen Konkretisierung der möglichen Änderungsanlässe geringere Anforderungen nahe, als sie im Rahmen der Verbraucherschutzkontrolle seitens der Rechtsprechung verlangt werden (dazu unten Rn. 27). Das Mitgliedschaftsverhältnis zum VVaG wird durch spezifische Gesichtspunkte wie Treue- und Rücksichtspflichten, Gleichbehandlungsgrundsatz etc. geprägt, die sinnvollerweise in den entsprechenden Satzungsbestimmungen auch ihren Niederschlag finden sollen.[34] Zu berücksichtigen sind ferner die Anforderungen, die sich aus § 197 Abs. 3 S. 2 VAG selbst ergeben.

---

[30] Bamberger/Roth/*Sutchet* 3. Aufl., § 242, Rn. 8.

[31] Wie hier: *Römer* VersR 1994, 125, 127; *Baumann,* Der VVaG mit kooptierter Vertreterversammlung, 1986, S. 59; *Benkel* Diss., S. 435, 439; *Fastrich,* Richterliche Inhaltskontrolle im Privatrecht, 1992, S. 152 f.; vgl. ferner oben, § 173 Rn. 16.

[32] *BGH* Urt. v. 14.4.1975 – II ZR 147/73, BGHZ 64, 238; siehe ferner: *van Look,* Vereinsstrafen als Vertragsstrafen, 1990, S. 183; *Benkel* Diss. S. 445.

[33] GB BAV 1994 Teil A S. 20; *BGH* Urt. v. 23.11.1994 – IV ZR 124/93, VersR 1995, 77, 78; *BGH* Urt. v. 8.10.1997 – IV ZR 220/96, ZIP 1997, 2123.

[34] *Müller-Wiedenhorn,* Versicherungsvereine auf Gegenseitigkeit im Unternehmensverbund, 1993, S. 64 f.

2. Anforderungen des Abs. 3 S. 2 VAG. a) Der Änderungsgegenstand. Der Vorbehalt muss den **Änderungsgegenstand** – diejenigen Bestimmungen, für die die Satzung ausdrücklich vorsieht, dass sie auch mit Wirkung für die bestehenden Versicherungsverhältnisse geändert werden können – eindeutig nennen. Allerdings fordert Abs. 3 nicht ziffernmäßige Angabe der von den Änderungen betroffenen Bestimmungen, sondern nur deren gegenständliche Umschreibung.[35] Eine genaue Bezeichnung der abänderbaren Passagen eines Bedingungswerkes nach Paragraphen, Absätzen und Sätzen in der Satzung eines VVaG erscheint nicht erforderlich und wäre auch praktisch nicht durchführbar, wenn ein Unternehmen viele verschiedene Bedingungswerke verwendet. Hier ist lediglich zu gewährleisten, dass auch bei Erfassung mehrerer Bedingungswerke eine Identifizierbarkeit der einschlägigen Passagen möglich ist und die Auswirkungen einer Änderung für das Mitglied eindeutig erkennbar werden. Im Falle von Einspartenversicherern liegt eine ausreichende Konkretisierung jedenfalls dann vor, wenn anhand der Satzung und der AVB eindeutig erkennbar ist, welche Änderungsmöglichkeiten der Satzungsvorbehalt umfasst und bei welchen Vertragsbedingungen mit einer möglichen Änderung zu rechnen ist.[36] Eine allgemeine Bestimmung der Satzung, wonach alle Änderungen der Satzung oder der AVB auch für bestehende Versicherungsverhältnisse gelten sollen, ist ohne jede Wirkung.[37] Fallen alle oder nahezu alle Bestimmungen der Satzung und der AVB unter den Vorbehalt, so kann das Versicherungsverhältnis völlig umgestaltet werden, was mit den Grundsätzen von Treu und Glauben und der Gegenseitigkeit nicht in Einklang zu bringen wäre. 26

b) Die Konkretisierung des Anpassungsanlasses. Eine möglichst präzise **Konkretisierung des Anpassungsanlasses** wird seitens der Rechtsprechung bei der AGB-Kontrolle verlangt.[38] Dies kann aber für die die mitgliedschaftliche Rechtsstellung der Versicherungsnehmer eines VVaG betreffenden Bestimmungen nicht verlangt werden, da eine direkte Übertragung dieser konsumentenschutzrechtlichen Anforderungen auf den VVaG wegen § 310 Abs. 4 BGB ausscheidet. **Die Situation des Mitglieds eines VVaG unterscheidet sich auch grundlegend von derjenigen eines Nur-Verbrauchers, da das Mitglied einen Teil seiner Privatautonomie als Mitglied auf die Korporation überträgt.** Diese zur inneren Struktur des Vereins gehörende mitgliedschaftliche Gemeinschaftsbindung, die unabdingbare Voraussetzung der geschäftspolitischen Bewegungsfreiheit und Bestandssicherung des Vereins ist, würde unannehmbar beschränkt, wollte man den Anlass künftiger bestandswirksamer Änderungen der AVB und der Beitragsregelungen des Vereins in der Satzung detailliert festschreiben. Eine ausreichende Wahrung der Belange der Mitglieder wird bei Beitragsanpassungen schon dadurch sichergestellt, dass § 197 Abs. 3 S. 2 VAG als Ausfluss des Aufwandsdeckungsprinzips nur in Fällen zur Anwendung kommen kann, in denen ein längerfristiger gravierend verschlechternder Trend zum Defizit festzustellen ist, der alleine mit einer nur das Neugeschäft betreffenden Regelung oder aber einem einmaligen Nachschuss nicht abgewendet werden kann (vgl. oben Rn. 14). 27

Es handelt sich also um eine aus dem Gegenseitigkeitsprinzip ableitbare, dem Gesellschaftsrecht zuzuordnende Sanierungsbestimmung, die auch zum Aufbau fehlender Eigenmittel eingesetzt werden kann. Weiterhin ist zu berücksichtigen, dass durch die Satzungsautonomie des Vereins, die durch die Mitglieder(vertretung) ausgeübt wird, ein institutionalisierter Interessenausgleich im Verhältnis zum Vorstand erfolgt. Eine unangemessene Benachteiligung der Mitglieder wird damit jedenfalls dann ausgeschlossen, wenn den Mitgliedern der obersten Vertretung in ihrer Eigenschaft als Repräsentant der Mitglieder die entscheidenden Parameter im Hinblick auf die konkreten Änderungsanlässe bekannt waren und diese in die Entscheidungsfindung eingeflossen sind bzw. als Grundsätze für bestandswirksame Regeln in allgemeiner Form in der Satzung enthalten sind. Bedeutsam für die Wirksamkeit dieser Regelung gegenüber den Mitgliedern ist die Aushändigung der Satzung bei Begründung des Versicherungsvertrags und der ausreichende Hinweis auf die bestandswirksamen Änderungsbefugnisse sowie darauf, dass mit Abschluss des Versicherungsvertrags ein mitgliedschaftliches Verhältnis begründet wird, das neben dem Versicherungsvertrag besondere Rechte und Pflichten begründet. Schließlich wirkt die notwendige aufsichtsrechtliche Genehmigung als Korrektiv.

c) Kündigungsrecht. Die bestandwirksame Änderung der AVB und der Satzung gibt den von ihr betroffenen Mitgliedern kein Rücktritts- oder außerordentliches Kündigungsrecht, wenn nicht die Satzung oder der Beschluss der obersten Vertretung (bzw. des Vorstands im Fall des Abs. 2 S. 1 bzw. des Aufsichtsrats im Fall des Abs. 2 S. 2), der die AVB bestandswirksam unter Berufung auf die Satzung ändert, ein solches Recht gewähren. Umstritten ist die Frage, inwieweit die Einräumung eines Vertrags- 28

[35] Goldberg/Müller/*Müller* § 41 Rn. 13.

[36] *OLG Hamm* Urt. v. 25.6.1993 – 20 U 342/92, VersR 1993, 1342, 1343; *BGH* Urt. v. 22.9.1971 – IV ZR 15/70, VersR 1971, 1116, 1117.

[37] *BGH* in ständiger Rspr., *BGH* Urt. v. 8.10.1997 – IV ZR 220/96, VersR 1997, 1517; *KG* Urt. v. 7.1.1957 – 4 U 1594/56, VersR 1958, 242, *OLG Hamm* Urt. v. 12.3.1982 – 20 W 69/81, VersR 1982, 989; Urt. v. 11.7.1986 – 20 W 15/8619, VersR 1987, 145.

[38] *BGH* Urt. v. 21.12.1983 – VIII ZR 195/82, BGHZ 89, 206, 214; *OLG Hamm* Urt. v. 11.7.1986 – 20 W 15/8619, VersR 1987, 145, 146; *LG Nürnberg-Fürth* Urt. v. 9.2.1990 – 909608/89; vgl. auch *Seybold* VersR 1989, 1231, 1237, Bamberger/Roth/*Becker* § 308 Nr. 4 Rn. 15.

lösungsrechts von der Pflicht zur Konkretisierung des Änderungsanlasses befreien kann. Nach Auffassung des BAV war bislang von einem ausreichenden Ausgleich der gegenseitigen Interessen auszugehen, wenn zwar auf jede Konkretisierung von Anpassungsvoraussetzungen verzichtet, dafür aber ein uneingeschränktes Kündigungsrecht eingeräumt wird.[39] Nach Wegfall der Genehmigungspflicht für AVB können keine Satzungsvorbehalte mehr verankert werden, die von jeglicher Konkretisierung absehen.[40] Diese Auffassung kann sich aber nur auf Regelungen beziehen, die dem Bereich der AVB zuzuordnen sind. Nach der Rechtsprechung des BGH konnte schon in der Vergangenheit unstreitig nur für die Fälle der Unmöglichkeit bzw. Unzumutbarkeit auf eine Konkretisierung verzichtet werden.[41] Dabei muss aber immer wieder hinsichtlich der Bestimmung der Gestaltungsgrenze der Satzungsautonomie beachtet werden, dass es hier um Bestimmungen der Satzung (des Gesellschaftsvertrags der VVaG) und nicht um AVB geht. Gerade den Trägern eines VVaG kann nicht gestattet werden, durch eine generelle Kündigungsklausel sich ihrer Verantwortung als Träger des Unternehmens zu entziehen.

29 **d) Sonstiges.** Ein Satzungsvorbehalt über die Deckung von Fehlbeträgen durch Beitragserhöhungen oder Leistungskürzung deckt keine Beitragserhöhung, die nicht nur den Fehlbetrag ausgleicht, sondern auch zu einer Leistungserhöhung führt.[42] Sind Bestimmungen über „Willenserklärungen und Anzeigen" als änderungsfähig bezeichnet worden, während diejenigen über das „Kündigungsrecht" nicht genannt sind, so können die Kündigungsvorschriften hinsichtlich bestehender Versicherungsverhältnisse nicht geändert werden.[43] Bei Beitragserhöhungen wirkte das BAV darauf hin, dass die Mitteilung über die Erhöhung die Rechtsgrundlage erkennen lässt und dass auf die Möglichkeit einer späteren Beitragserhöhung schon in den Antrags- und Versicherungsscheinvordrucken hingewiesen wird.[44] Das BAG setzt sich bei Zustimmung des Personalrats über § 179 Abs. 3 VAG hinweg.[45]

30 **VIII. Die Bestandswirkung in der Nichtmitgliederversicherung.** Gegenüber Nichtmitgliedern könnte der Vorstand die AVB auch ohne Ermächtigung gemäß Abs. 2 ändern (Rn. 1). In der Änderung liegt kein körperschaftlicher Akt. Für die Nichtmitglieder gelten die bürgerlich-rechtlichen Regeln über die Annahme und Ablehnung von Vertragsangeboten (§§ 145 ff. BGB) – was namentlich für den Fall einer Verbesserung der geltenden AVB bedeutsam sein kann. Abs. 3 S. 2 findet keine Anwendung. Es ist aber möglich, dass ein entsprechender Änderungsvorbehalt in die AVB aufgenommen wird (z. B. Prämienanpassungsklausel) und deshalb eine wirtschaftlich Abs. 3 S. 2 vergleichbare Wirkung aufgrund vertraglicher Vereinbarung in dem Umfang herbeigeführt werden kann, als nach spezialrechtlichen Vorschriften (vgl. §§ 163, 164, 203 VVG) eine bestandswirksame Änderung zulässig ist. Im Übrigen können Änderungen der Beiträge und Leistungen nur mit Wirkung für das Neugeschäft des Nicht-Mitgliedergeschäfts vertragsrechtlich in die AVB eingebaut werden.

31 **IX. Öffentlich-rechtliche Versorgungskassen.** Zur analogen Anwendung der Vorschrift auf öffentlich-rechtliche Versorgungskassen und -anstalten ist die Judikatur spärlich.[46]

32 **X. Kleinere Vereine.** § 197 VAG gilt auch für kleinere Vereine (§ 210 Abs. 1 S. 1 VAG).[47]

Auflösung des Vereins

198 Der Verein wird aufgelöst:

1. durch Ablauf der in der Satzung bestimmten Zeit,
2. durch Beschluss der obersten Vertretung,
3. durch die Eröffnung des Insolvenzverfahrens über das Vermögen des Vereins oder
4. mit der Rechtskraft des Beschlusses, durch den die Eröffnung des Insolvenzverfahrens mangels Masse abgelehnt wird.

1 **I. Regelungsinhalt.** Die Bestimmung stimmt mit § 42 VAG a. F. überein. Bei Vorliegen einer der Tatbestände des § 198 wird der VVaG aufgelöst. Zum Verfahren bei Auflösung des VVaG durch Beschluss der obersten Vertretung gem. Nr. 2 vgl. § 199 VAG. Der **Widerruf der Erlaubnis** für den

[39] GB 1986, 41, 42; VerBAV 1993, 299.
[40] GB 1994, 20.
[41] *BGH* Urt. v. 16.1.1985 – VIII ZR 153/83, BGHZ 93, 252, 263; *BGH* Urt. v. 26.5.1986 – VIII ZR 218/85, NJW 1986, 3134, 3135 vgl. auch *BGH* Urt. v. 1.7.1992 – IV ZR 191/91, BGHZ 119, 55, 59, wonach sich der Versicherer mit seiner Prämienanpassungsregel kein „schrankenloses Leistungsbestimmungsrecht" vorbehalten darf, sondern dass in der Klausel die „Grenzen" der Beitragsanpassung angegeben werden müssen.
[42] GB 1975, 45.
[43] VerBAV 1958, 161.
[44] GB 1976, 74.
[45] *BAG* Urt. v. 26.5.1981 - 3 AZR 1175/79, BB 1981, 1771 mit krit. Anm. *Gumpert.*
[46] *OLG Hamm* Urt. v. 12.3.1982 – 20 W 69/81,VersR 1982, 989; *BAG* Urt. v. 26.5.1981 – 3 AZR 1175/79, VersR 1982, 55; *BGH* Urt. v. 22.9.1971 – IV ZR 15/70, VersR 1971, 1116.
[47] Grundsätze der Anwendung finden sich bei GB 1961, 37.

gesamten Geschäftsbetrieb **wirkt** beim VVaG wie **ein Auflösungsbeschluss** (vgl. § 304 Abs. 6 VAG) und tritt zu den Auflösungsgründen hinzu wie die Übertragung des gesamten Bestandes (§ 200 VAG).

II. Die Auflösungstatbestände des § 198 VAG im Einzelnen. 1. Zeitablauf (Nr. 1). Ist in der Satzung für die Dauer des Vereins eine bestimmte Zeit vorgesehen, tritt mit Zeitablauf die Auflösung von selbst ein. Vor dem Ablauftermin ist die Fortsetzung des VVaG über die in der Satzung bestimmte Zeit hinaus durch Satzungsänderung gem. § 195 VAG möglich. Geschieht dies nicht, kann die Fortsetzung nur unter der Voraussetzung des § 206 VAG beschlossen werden, solange noch nicht mit der Verteilung des Vermögens unter den Anfallberechtigten begonnen wurde. Wenn nicht fortgesetzt wird, tritt die Auflösung mit dem Tage des sich aus der Satzung ergebenden Ablaufs des letzten Tages ein. 2

2. Auflösungsbeschluss durch die oberste Vertretung (Nr. 2). Die Auflösung kann auf einem Beschluss der obersten Vertretung des VVaG selbst beruhen, wozu mindestens drei Viertel der abgegebenen Stimmen erforderlich ist, falls die Satzung nichts anderes fordert. Entsprechend auflösend wirkt der **Beschluss, den gesamten Versicherungsbestand des Vereins zu übertragen**, wenn kein neuer Versicherungszweig eröffnet wird (vgl. § 200 VAG Rn. 14). Auch hier ist mindestens eine Dreiviertelmehrheit erforderlich. Der Verein ist dann durch den Wegfall der Mitglieder aufgelöst und tritt ins Abwicklungsstadium ein. Der Beschluss, keine neuen Mitglieder aufzunehmen, ist kein Auflösungsbeschluss,[1] wohl aber eine nach § 12 VAG genehmigungspflichtige Zweckänderung verbunden mit der zukünftigen Aufgabe des Versicherungsgeschäfts; dies gilt auch für die Zustimmung aller Mitglieder zur Einstellung der Versicherungstätigkeit.[2] Eine Änderung des Geschäftsplans stellt jede Abweichung vom genehmigten Geschäftsplan dar. Die Auflösung ist wirksam beschlossen, sobald die Aufsichtsbehörde den Beschluss genehmigt hat (§ 199 Abs. 2 S. 1 VAG).[3] 3

3. Eröffnung des Insolvenzverfahrens (Nr. 3). Wegen des Insolvenzverfahrens und seiner Wirkung vgl. § 312, 207, 208, 209, 130, 315, 316 VAG; § 16 VVG. Die Vorschriften sind gegenüber § 42 BGB Spezialvorschriften. Die Auflösung des VVaG tritt ein, sobald der Eröffnungsbeschluss ergangen ist. Mit § 88 Abs. 1 S. 3 VAG a. F. war der Antrag der Aufsichtsbehörde zur Eröffnung des Konkursverfahrens (jetzt Insolvenzverfahren) unanfechtbar. Diese ältere Bestimmung wurde aufgehoben; es gelten für den Rechtschutz des durch den Antrag der BaFin (§ 312 Abs. 1 VAG) betroffenen VVaG die allgemeinen Regeln der InsO (§§ 5, 6, 11, 13 InsO i. V. m. § 312 Abs. 1 VAG, ferner § 34 Abs. 2 InsO). Ein schuldhaft unberechtigter Antrag der BaFin kann zu Amtshaftungsansprüchen führen.[4] Im Rahmen der Pflichten des Vorstands gem. § 311 VAG zur Feststellung der Zahlungsunfähigkeit bzw. Überschuldung ist § 311 Abs. 2 VAG zu beachten, wonach im Falle mehr als 5 Monate **rückständiger ausgeschriebener Nachschüsse** und Umlagen der Vorstand eines VVaG unter Außerachtlassung dieser hypothetischen Finanzmittel prüfen muss, ob Überschuldung vorliegt. Ist dies der Fall, muss er dies innerhalb eines Monats der BaFin anzeigen. 4

4. Ablehnung des Insolvenzverfahrens (Nr. 4). Zur **Abweisung des Eröffnungsantrags mangels Masse** vgl. § 312 Abs. 1 i. V. m. § 26 InsO. Die Auflösung tritt erst mit Rechtskraft des abweisenden Beschlusses ein. Wird die Entscheidung der Aufsichtsbehörde, einen Insolvenzantrag zu stellen aufgehoben, nachdem sie für vollziehbar erklärt wurde, so ist die Rechtslage die gleiche, wie wenn das Insolvenzverfahren nicht eröffnet worden wäre. 5

III. Weitere Auflösungstatbestände. Die Untersagung des Geschäftsbetriebs (§ 11 VAG) führt dazu, dass die in Gründung befindliche Gesellschaft aufzulösen ist. Es sind die für die Abwicklung geltenden Vorschriften entsprechend anzuwenden. Im Falle eines Wiederrufs der von der BaFin erteilten Erlaubnis zur Geschäftsaufnahme hat dies die Aufsichtsbehörde dem Handelsregister anzuzeigen (§ 304 Abs. 6 S. 2 VAG); der Widerruf ist einzutragen. Weitere Auflösungstatbestände können sein: 6

- in der Satzung bestimmte Auflösungsgründe (z. B. Sinken der Versicherungssumme unter einen bestimmten Betrag oder der Anzahl der Mitglieder unter eine bestimmte Zahl);[5] 7
- Verlust sämtlicher Mitglieder z. B. durch Massenkündigung (der auch einen Auflösungsbeschluss unmöglich macht).

Keine Auflösung kann demgegenüber aber angenommen werden, wenn das Neugeschäft in bestimmten Sparten in einer zu diesem Zweck gegründeten VersAG fortgesetzt werden soll und der Versicherungsbetrieb in dieser Sparte beim VVaG ausläuft.[6] Aus anderen als in § 198 VAG genannten rechtlichen 8

[1] VA 1914, 48.
[2] GB 1967, 68.
[3] Zum Sonderfall der Auflösung durch die Gründer vgl. VA 31, 80.
[4] *Kirchhof* in Eickmann/Flessner/Irschlinger/Kirchhof/Kraft/Landferman/Marotzke/Stephan, InsO, 3. Aufl. 2003, § 14 Rn. 29.
[5] Moti. S. 77; *Kisch*, Das Recht des Versicherungsvereins auf Gegenseitigkeit, 1951, S. 274.
[6] *Schirmer*, FS Farny, 1994, 391, 397; vgl. die ältere Aufsichtspraxis VA 1933, 218; 1948, 36: keine einstweilige Einstellung.

Gründen kann eine Auflösung ebenfalls erfolgen: aufgrund §§ 3, 5 VereinsG i. V. m. 17 VereinsG (Vereinsverbot); das VereinsG ist nach seinem § 2 auch auf Gesellschaften anwendbar.

9 Die Entziehung der Rechtsfähigkeit nach § 43 BGB kommt beim VVaG nicht zur Anwendung, da insoweit § 11 VAG lex specialis ist.[7]

10 **IV. Verfahrensfragen.** Die Anmeldung der Auflösung zur Eintragung ins Handelsregister erfolgt durch den Vorstand, § 202 Abs. 1 VAG. Die Eintragung der Auflösung erfolgt von Amts wegen in den Fällen des § 198 Nr. 3, 4 i. V. m. § 202 S. 2, 3 VAG und im Falle des § 304 Abs. 6 S. 2 VAG.

11 **V. Rechtsfolgen der Auflösung. 1. Für den VVaG.** Durch die Auflösung tritt zunächst nur eine Änderung des Vereinszwecks ein: Der „werbende Betrieb" VVaG verwandelt sich in einen Abwicklungsverein (§§ 203–206 VAG), der bis zur Beendigung der Abwicklung als Rechtssubjekt fortbesteht. Im Grundsatz gelten während der Abwicklung dieselben Vorschriften wie vor der Abwicklung; insbesondere können Nachschüsse und Umlagen ausgeschrieben werden.[8] Im Fall der Auflösung durch Insolvenzeröffnung geschieht die Umwandlung in einen Abwicklungsverein unter starker Einschränkung der Funktionen, der (an sich fortbestehenden) Organe des VVaG durch die Insolvenzorgane (§ 209 VAG).

12 **2. Für die Versicherungsnehmer/Mitglieder.** Bei Auflösung durch Zeitablauf (§ 198 Nr. 1 VAG) und bei Ablehnung des Insolvenzverfahrens mangels Masse (§ 198 Nr. 4 VAG) erlöschen die Versicherungsverhältnisse nicht, es sei denn, die Satzung oder die AVB bestimmen etwas anderes.[9] Bei Insolvenzeröffnung gelten §§ 16 VVG, 316 VAG; bei Auflösung durch Beschluss gilt § 199 Abs. 3 VAG, entsprechendes gilt für die Mitgliedschaft; d. h. der Beschluss führt zum Erlöschen der Versicherungsverhältnisse und zum Untergang der Mitgliedschaft. Die Rechtsfolgen für das Versicherungsverhältnis regelt in diesem Fall § 199 Abs. 3 S. 2 VAG. Für Lebensversicherungsverhältnisse gilt nach § 199 Abs. 3 S. 3 VAG abweichendes. Diese bleiben von der Insolvenz unberührt, „wenn die Satzung nicht anderes bestimmt". Auch hier geht die Satzungsautonomie (Mitglieder = Träger) den vertragsrechtlichen Regelungen vor.

13 **VI. Beendigung des VVaG und Umwandlungsrecht.** Mit Beendigung des Vereins erlischt dessen Existenz als Rechtsperson. In folgenden Fällen kommt es ohne Auflösung sofort zur Beendigung des Vereins:

- Sobald die entsprechenden Eintragungen erfolgt sind erlischt der übertragende Verein bei einer Verschmelzung durch Aufnahme (§§ 2 Nr. 1, 20 Abs. 1 Nr. 2, 110–113 UmwG).
- Bei einer als Vollübertragung durchgeführten Vermögensübertragung auf eine VersAG oder ein öffentlich-rechtliches Versicherungsunternehmen kommt es ebenfalls zu einer sofortigen Beendigung des Vereins (§§ 175 Nr. 2b, 180 Abs. 1, 20 Abs. 1 S. 2 UmwG).

14 Einer besonderen Löschung bedarf es nicht (§ 20 Abs. 1 Nr. 2 S. 2 UmwG). Bei einer Verschmelzung durch Neubildung (§§ 2 Nr. 2, 36 Abs. 1, 20 Abs. 1 Nr. 2 UmwG) enden die sich vereinigenden Vereine.

15 **VII. Kleinere Vereine.** § 198 VAG gilt auch für kleinere Vereine (§ 210 Abs. 1 S. 1 VAG).

Auflösungsbeschluss

199

(1) [1]**Der Beschluss nach § 198 Nummer 2 bedarf einer Mehrheit von drei Vierteln der abgegebenen Stimmen, wenn die Satzung nichts anderes bestimmt.** [2]**Mitglieder der obersten Vertretung, die gegen die Auflösung gestimmt haben, können dem Auflösungsbeschluss zur Niederschrift widersprechen.**

(2) [1]**Der Beschluss bedarf der Genehmigung der Aufsichtsbehörde.** [2]**Diese hat die Genehmigung dem Registergericht mitzuteilen.**

(3) [1]**Ist der Verein durch einen Beschluss der obersten Vertretung aufgelöst worden, so erlöschen die Versicherungsverhältnisse zwischen den Mitgliedern und dem Verein mit dem Zeitpunkt, den der Beschluss bestimmt, frühestens jedoch mit dem Ablauf von vier Wochen.** [2]**Versicherungsansprüche, die bis dahin entstanden sind, können geltend gemacht werden; im Übrigen können aber nur die für künftige Versicherungszeitabschnitte im Voraus gezahlten Beiträge nach Abzug der aufgewandten Kosten zurückgefordert werden.** [3]**Diese Vorschriften gelten nicht für Lebensversicherungsverhältnisse; diese bleiben unberührt, wenn die Satzung nichts anderes bestimmt.**

[7] *Kisch*, Das Recht des Versicherungsvereins auf Gegenseitigkeit, 1951, S. 278.

[8] Zum Sonderfall der Auflösung eines kleineren VVaG i. S. § 210 VAG wegen Verlusts aller Mitglieder siehe GB 1967, 68.

[9] *Kisch*, Das Recht des Versicherungsvereins auf Gegenseitigkeit, 1951, S. 281.

I. Regelungsinhalt und Tatbestand nach Abs. 1. Die Bestimmung stimmt inhaltlich mit § 43 VAG a. F. überein.

1. Verfahren. Der Auflösungsbeschluss nach § 198 Nr. 2 VAG ist von der obersten Vertretung mit Dreiviertelmehrheit der abgegebenen Stimmen – nicht der anwesenden – zu beschließen. Die Satzung kann die Mehrheit höher festsetzen (vgl. hierzu § 200 Rn. 2).[1] Der Beschluss muss auf Auflösung lauten, nicht darauf, dass keine neuen Mitglieder mehr aufgenommen werden sollen. 1

2. Nichtigkeit und Anfechtbarkeit des Beschlusses. Ein **fehlerhafter Auflösungsbeschluss** kann nichtig oder anfechtbar sein, §§ 191 VAG, 241 ff. AktG. Anfechtungsberechtigt ist jedes Mitglied der obersten Vertretung (ist diese eine Vertreterversammlung, dann nur die Mitgliedervertreter, nicht jedes Vereinsmitglied), wenn es der Auflösung zur Niederschrift widersprochen hat (Abs. 1 S. 2 i. V. m. § 191 VAG, 245 Nr. 1 AktG), im Übrigen, wenn der Fall des § 245 Nr. 2 AktG oder des § 243 Abs. 2 AktG gegeben ist (vgl. § 176 VAG Rn. 28 ff.). 2

II. Aufsichtsbehördliche Genehmigung (Abs. 2). Die **Auflösung ist Zweckänderung**;[2] anstelle der werbenden Gesellschaft tritt die auf Abwicklung bestehender Rechtsverhältnisse ausgerichtete Gesellschaft. Da der Geschäftsplan nach § 9 Abs. 2 Nr. 1 und 2 VAG den Zweck des Unternehmens anzugeben hat, bedeutet die Auflösung eine Änderung des Zwecks i. S. d. Geschäftsplans und damit eine Geschäftsplanänderung mit der Folge der Anwendbarkeit des § 12 Abs. 1 VAG.[3] Die aufsichtsrechtlichen Belange kommen auch durch den Verweis des § 294 Abs. 7 VAG zum Zuge. Die Prüfung der Aufsichtsbehörde muss sich darauf beschränken, ob der Beschluss dem Gesetz (u. a. zulässiger Auflösungsgrund [§ 198 VAG]) und der Satzung entspricht.[4] Gegen die Versagung der Genehmigung kann der Verein vertreten durch den Vorstand, nicht aber die oberste Vertretung oder deren Mitglieder im Rechtsmittelverfahren vorgehen. Gegen die genehmigende Entscheidung ist ein Rechtsmittel nicht gegeben; auch ein Mitglied, das der Auflösung zu Protokoll widersprochen hat, ist hinsichtlich der behördlichen Genehmigung nicht anfechtungsberechtigt. Wird auf die zivilrechtliche Anfechtungs- oder Nichtigkeitsklage hin festgestellt, dass der Beschluss unwirksam ist, so verliert auch die etwaige Genehmigung durch die Aufsichtsbehörde ihre Kraft. Mit Bestandskraft der Genehmigung teilt die Aufsichtsbehörde diese dem Registergericht mit. Mit Bestandskraft der Genehmigung beginnt die Abwicklung, §§ 203 ff. VAG. 3

III. Rechtsfolgen für die Versicherungsverhältnisse (Abs. 3) und die Mitgliedschaft. 1. Nichtmitgliederversicherung. Die besonderen Rechtsfolgen nach Absatz 3 greifen nur im Falle eines Auflösungsbeschlusses durch die oberste Vertretung. 4
Die VersVerträge eines VVaG mit Nichtmitgliedern bleiben in Kraft, bis sie von den Abwicklern gekündigt oder auf ein anderes Unternehmen übertragen oder abgelaufen sind. Hinsichtlich dieses Versicherungsbestandes fehlt es an der Verknüpfung über die Mitgliedschaft zur Existenz sichernden Trägerschaft des VVaG.

2. Mitgliederversicherung. Auflösungsbeschluss und Widerruf der Erlaubnis des gesamten Geschäftsbetriebes nach § 304 Abs. 6 VAG führen zum Erlöschen der Versicherungsverhältnisse mit den Mitgliedern. Die Auflösung stellt den Beginn des Prozesses der Abwicklung dar.[5] Daher gehört auch nicht die Festlegung eines Datums der Beendigung der Abwicklung begriffsnotwendig (konstitutiv) zum Auflösungsbeschluss. Es fragt sich allerdings, ob insbesondere bei lang laufenden Verträgen die Abwicklungsgesellschaft über längere Zeit über die Ressourcen verfügt, die unter Beachtung des Grundsatzes der Wahrung der Belange der Versicherten, erforderlich sind, um eine ordentliche Bestandsführung mit allen hierzu notwendigen Funktionsfeldern zu gewährleisten. Es ist daher auch im Rahmen der Genehmigung des Auflösungsbeschlusses darauf zu achten, ob bei unbestimmtem Ende der Abwicklung der Schutz der Versicherungsnehmer und Begünstigten von Versicherungsleistungen nach § 294 Abs. 1 VAG gewährleistet ist. Dabei ist zu unterscheiden: 5

a) Nicht-Lebensversicherung (Abs. 3 S. 1, 2). Allgemeines 6
Die VersVerhältnisse erlöschen, und zwar zu dem Zeitpunkt, der im Auflösungsbeschluss bestimmt ist (Abs. 3 S. 1). Dieser darf jedoch nicht früher liegen als nach dem Ablauf von vier Wochen (vgl. zu Fristbeginn und Fristende §§ 187, 188 Abs. 2 BGB) seit Bekanntgabe (dazu § 41, 43 VwVfG) der Genehmigung des Auflösungsbeschlusses – nicht seiner Unanfechtbarkeit –. Auf die Eintragung im Handelsregister (§ 202 S. 1 VAG) kommt es nicht an. Enthält der Beschluss keinen Termin oder einen vom Gesetz nicht zugelassenen, so bestehen die Verträge weiter bis zum Ablauf oder ihrer Kündigung. Die Vier-Wochenfrist hat lediglich die Bedeutung, dass der Auflösungsbeschluss eine kürzere Frist nicht

[1] Drei Viertel der „vertretenen" Stimmen: VA 1921, 21.
[2] Vgl. *Hüffer/Koch*, AktG, 12. Aufl. 2016, § 262 Rn. 2.
[3] Vgl. auch FKBP/*Kaulbach* § 43 Rn. 2.
[4] *Preußisches OVG* VA 1910, Nr. 521; 1912, Nr. 664 (= Entscheidungen des Preußischen OVG [OVGE] 59, 376); 1917, Nr. 995; 1918, Nr. 1066; RAA VA 1913, 22; 1932, 148.
[5] *Hüffer/Koch*, AktG, 12. Aufl. 2016, § 262 Rn. 3.

vorsehen darf.[6] Entsprechendes gilt für den Widerruf der Erlaubnis für den gesamten Geschäftsbetrieb nach § 304 Abs. 6 S. 1 VAG.

7 **b) Lebensversicherung (Abs. 3 S. 3).** Die Vorschrift gilt sowohl für Lebensversicherungsverträge als auch andere nach Art der Lebensversicherung betriebene Versicherungssparten.[7] Wenn die Satzung nichts anderes bestimmt, bleiben diese Verträge von der Auflösung des VVaG unberührt, d. h. sie bleiben in Kraft. Gerade hier stellt sich bei lang anhaltendem Auflösungsprozess die Frage, ob dies im Interesse zum Beispiel von Inhabern einer Lebens- oder Krankenversicherungspolice ist. Die fortbestehenden Verträge sind entweder von der Abwicklungsgesellschaft zu führen oder es gelingt die Bestandsübertragung. Aus Verbraucherschutzgründen ist es zu bedauern, dass von der Regelung nach Abs. 3 S. 3 nicht auch lang laufende Unfallversicherungsverträge erfasst werden, denn auch hier kann das Problem entstehen, dass der Versicherungsnehmer nach Beendigung nach Abs. 3 S. 1 nur erschwert neuen Versicherungsschutz erlangen kann.

8 **IV. Folgen des Erlöschens. 1. Allgemeines.** Bis zum Erlöschen bleibt das Versicherungsverhältnis voll wirksam. Da keine Rückwirkung entsteht, sind die Ansprüche aus Versicherungsverhältnissen, die vor dem Termin des Erlöschens entstanden sind, zu erfüllen, Abs. 3 S. 2. Andererseits muss das Mitglied seine Beitragspflicht erfüllen, die bis zum Zeitpunkt des Erlöschens bestanden hat. Der Vertrag kann von dem Mitglied zu einem früheren Termin als dem Zeitpunkt des Erlöschens gekündigt werden, z. B. aus Anlass eines Schadens. Eine Erhöhung oder Verlängerung der Versicherung ist allerdings nicht möglich. (§ 203 Abs. 2 S. 3 VAG). Den für den Rest der laufenden Versicherungsperiode schon gezahlten Beitrag kann der Verein behalten (ein gesetzlicher Fall der „Unteilbarkeit" und Ausfluss der mitgliedschaftlichen Stellung). Das Mitglied kann denjenigen Teil des Beitrags zurückfordern, der für eine nach der Beendigung laufende Versicherungsperiode gezahlt wurde; dabei werden die vom Verein aufgewendeten Kosten (Provisionen, bisher aufgewendete allgemeine Verwaltungskosten, letzteres str.) abgezogen. Die Mitgliedschaft erlischt mit dem Versicherungsverhältnis, wird aber während der Abwicklung als fortbestehend fingiert (Näheres § 203 Rn. 5).

9 **2. Mögliche Satzungsgestaltungen.** Die **Satzung** kann aber vorschreiben, dass auch Lebensversicherungsverhältnisse **erlöschen**; ein Auflösungsbeschluss kann dies nur, wenn er auf einer entsprechenden Satzungsbestimmung beruht, die auch im Wege der Satzungsänderung eingeführt werden kann. Für den Zeitpunkt des Erlöschens gilt das in Rn. 6 und 7 Ausgeführte entsprechend. Ein früherer Zeitpunkt als vier Wochen nach der Bekanntgabe der Genehmigung kann hier schon deshalb nicht in Frage kommen, weil die den Abschluss neuer Verträge vorbereitenden Verhandlungen in der Lebensversicherung meist mehr Zeit in Anspruch nehmen als in der Nicht-Lebensversicherung. Im Übrigen gilt für die Wirkungen des Erlöschens auf das versicherungsvertragliche und das gesellschaftsrechtliche Verhältnis das in Rn. 8 Gesagte entsprechend. Für Lebensversicherungen ist der Rückkaufswert nach § 169 Abs. 3 VVG zu erstatten. Für die zur Zeit des Inkrafttretens des Dritten DurchführungsG/EWG zum VAG bestehenden Lebensversicherungsverhältnisse finden §§ 173, 176 Abs. 1, 2, 4 VVG in der vor Inkrafttreten dieses Gesetzes am 29.7.1994 geltenden Fassung Anwendung.[8] Ist ein Rückkauf nach den AVB nicht möglich (z. B. bei Rentenversicherungen), so kann das Erlöschen nicht in der Satzung vorgesehen werden; es muss dann hinsichtlich einer Beendigung des Versicherungsverhältnisses mit den einzelnen Mitgliedern verhandelt werden. Dasselbe gilt, wenn bei Rentenversicherungen der VersFall schon vor dem Zeitpunkt des Erlöschens eingetreten ist. Widersetzt sich auch nur ein Mitglied in diesen beiden Fällen, so muss die Abwicklung bis zum Ablauf der VersVerhältnisse durchgeführt werden. Selbstverständlich kann auch an die Bestandsübertragung eines solchen Bestandes gedacht werden, der dann ohne Zustimmung des Versicherungsnehmers möglich ist.

10 **V. Kleinere Vereine.** § 199 VAG gilt auch für **kleinere Vereine**, § 210 Abs. 1 S. 1 VAG. Allerdings entfällt die Mitteilung der Genehmigung an das Registergericht gem. Abs. 2 S. 2, da kleinere Vereine nicht im Handelsregister eingetragen sind (§§ 210 Abs. 1 S. 1, § 185 VAG). Bei der Abwicklung geschlossener Versicherungsbestände, für die ausreichende Sicherheitsreserven nicht geschaffen werden können, bleibt außer einer Bestandsübertragung nur die Möglichkeit, den VVaG aufzulösen.[9]

Bestandsübertragung

200 **[1]Verträge, durch die der Versicherungsbestand des Vereins ganz oder teilweise auf ein anderes Unternehmen übertragen werden soll, bedürfen zu ihrer Wirksamkeit der Zustimmung der obersten Vertretung. [2]Der Beschluss bedarf einer Mehrheit von drei Vierteln der abgegebenen Stimmen, wenn die Satzung nichts anderes bestimmt. [3]Mit der**

[6] Goldberg/Müller/*Müller* § 43 Rn. 11; a. A. *Kisch*, Das Recht des Versicherungsvereins auf Gegenseitigkeit, 1951, S. 281, Fn. 35.
[7] FKBP/*Kaulbach* § 43 Rn. 7.
[8] Vgl. Art. 16 § 6 Drittes DurchführungsG/EWG zum VAG vom 21.7.1994 (BGBl. I S. 1630).
[9] GB 1973, 47.

Zustimmung ist zugleich über die Höhe einer Abfindung nach § 201 zu beschließen. [4]In dem Beschluss sind die Maßstäbe festzusetzen, nach denen die Abfindung auf die Mitglieder zu verteilen ist.

I. Regelungsinhalt. Der Wortlaut der Bestimmung stimmt mit § 44 VAG in der seit dem 1.1.2008 gültigen Fassung überein.[1] § 200 VAG regelt das VVaG-spezifische Verfahren bei einer Bestandsübertragung gem. § 13 VAG. Die aufsichtsrechtlichen Anforderungen einer Bestandsübertragung sind in §§ 13 und 201 VAG niedergelegt. Die Möglichkeit einer Bestandsübertragung wird durch das UmwG[2] nicht eingeschränkt. Das UmwG kennt zwar einen „numerus clausus" der Umwandlungsformen, lässt daneben jedoch andere Umwandlungen eines Rechtsträgers unangetastet, die durch ein anderes Bundesgesetz oder ein Landesgesetz ausdrücklich vorgesehen sind (§ 1 Abs. 2 UmwG). **Die Bestandsübertragung ist eine spezielle Form der Vermögensübertragung**, verbunden mit der korrespondierenden **Verbindlichkeitsübertragung** (Konnexität von Sicherungsvermögen und Deckungsrückstellung). 1

II. Zustimmung der obersten Vertretung. Der Vertrag wird von den Vorständen der beteiligten Unternehmen abgeschlossen. Privatrechtlich kommt er nur wirksam zustande, wenn die oberste Vertretung des übertragenden Vereins mit Dreiviertelmehrheit der abgegebenen Stimmen[3] zugestimmt hat (§ 182 BGB); die Genehmigung (§ 184 BGB) reicht aus, namentlich, wenn sie in dem Vertrag vorbehalten ist. Die Satzung kann im Hinblick auf den Schutzcharakter der Vorschrift eine geringere Mehrheit nicht zulassen, jedoch das Mehrheitserfordernis verschärfen. Nach §§ 32, 40 BGB sind bestimmte Regeln für die erforderlichen Mehrheiten nachgiebige Vorschriften; jedoch ist die Vorschrift des § 41 BGB (Vereinsauflösung) hier nicht erwähnt. Diese Vorschrift ist zwar dispositiv, aber in einem Sinn, dass Verschärfungen möglich sind.[4] Eine Bestandsübertragung ist aber von der Bedeutung her oft mit einem Auflösungsbeschluss vergleichbar, deshalb wird hier zum Quorum dieselbe Auffassung wie zum Auflösungsbeschluss vertreten. 2

Ist ein Sonderbeauftragter (§ 307 VAG) eingesetzt und sind diesem alle Rechte übertragen worden, die dem Vorstand und der Mitglieder(vertreter)versammlung nach dem Gesetz zustehen, so ist er allein befugt, den Bestandsübertragungsvertrag zu schließen. Ein Widerspruchsrecht wie nach § 199 Abs. 1 S. 2 VAG haben die Mitglieder der obersten Vertretung dann nicht, doch können sie den Beschluss nach §§ 191 VAG, 243 ff. AktG anfechten.[5] Das übernehmende Unternehmen braucht einen entsprechenden Organbeschluss nur, wenn es sich ebenfalls um einen VVaG handelt und entweder die Satzung es vorsieht oder die Bestandsübernahme bei ihm die Einführung eines neuen Versicherungszweigs bedeutet (§ 195 Abs. 4 S. 1 VAG).

III. Das Genehmigungserfordernis der Aufsichtsbehörde. 1. Die Genehmigung im Allgemeinen. Der Übertragungsvertrag bedarf gem. § 13 Abs. 1 S. 1 VAG der Genehmigung der Aufsichtsbehörde. Die BaFin hat insoweit lange die Auffassung vertreten, dass Vereinsmitglieder keine Beteiligten im Genehmigungsverfahren und damit nicht widerspruchsberechtigt seien.[6] Begründet wurde diese Auffassung damit, dass die Genehmigung einer Bestandsübertragung gem. § 13 VAG (früher 14 VAG a. F.) nicht unmittelbar in die Rechte der Versicherten aus dem Versicherungverhältnis eingreife. In Übereinstimmung mit der Rechtsprechung des *BVerwG* hält die BaFin diese Auffassung nicht mehr aufrecht: Jede Genehmigung nach § 13 VAG (früher § 14 VAG a. F.) berühre die Rechtstellung der Versicherten, da die Genehmigungsverfügung die Bestandsübertragung wirksam werden lasse und dem Versicherten damit eine andere Gesellschaft als Vertragspartner aufzwinge.[7] Es handelt sich hierbei um einen befreienden Schuldnerwechsel ohne Gläubigerzustimmungserfordernis. An die Stelle der Zustimmung tritt die aufsichtsbehördliche Genehmigung.[8] Insbesondere ist aber zu beachten, dass bei einer Bestandsübertragung von einem VVaG auf eine VersAG der Versicherungsnehmer seine Rechtsposition als Mitglied verliert. Dieser Problematik nehmen sich nun die durch Gesetz vom 23.12.2007 neu aufgenommenen Sätze 3 und 4 an. Auch dies ist ein Beleg für das Nebeneinander von Versicherungsvertrag und Mitgliedschaft. 3

2. Der Umfang der Prüfungsbefugnis der BaFin. In der Entwicklung der Aufsichtspraxis bejahte demzufolge das BAV die Widerspruchsbefugnis der Beschwerdeführer, da diese geltend machen können, durch die Genehmigung des Bestandsübertragungsvertrages in ihren Rechten aus dem Versicherungsverhältnis verletzt zu sein.[9] Wie *Baumann* zurecht bemerkt, werden die Rechte aus dem körperschaftli- 4

[1] Die Sätze 3 und 4 der Bestimmung wurden durch Gesetz vom 23.12.2007 (BGBl. I 3248) eingefügt.
[2] Vom 28.10.1994 (BGBl. I 3210)
[3] Zum Begriff der abgegebenen Stimmen vgl. Palandt/*Ellenberger* § 32 Rn. 7.
[4] Palandt/*Ellenberger*, BGB, 75. Aufl., § 41 Rn. 5.
[5] *BVerwG* Urt. v. 12.12.1978 – 1 WB 141.76, BVerwGE 63, 177.
[6] VerBAV 1979, 98; 1986, 262 im Anschluss an *BVerwG* Urt. v. 4.12.1961 – III ZR 179/60, VersR 1962, 177.
[7] VerBAV 1992, 3, 5; *BVerwG* Urt. v. 11.1.1994 – 1 A 72/89, VersR 1994, 541, 542; *BVerfG* Beschl. v. 11.7.1990 – 1 BvR 570/90, VersR 1991, 757; *BVerwG* Urt. v. 12.12.1995 - 1 A 1/92, VerBAV 1996, 141, 142.
[8] *Gattineau*, Die Gegenleistung bei Übergang von Versicherungsverträgen eines VVaG auf einen anderen Versicherer im Wege der Teilbestandsübertragung, 1999, S. 71.
[9] *Beschlusskammer des BAV* Entsch. v. 16.4.1991 - Z 3 – B 2/90, VerBAV 1992, 3, 5.

chen Mitgliedschaftsverhältnis in diesem Zusammenhang merkwürdigerweise nicht erwähnt.[10] Das BAV hatte beim Genehmigungsverfahren nach § 14 VAG a. F. (vor 2004) dem Wortlaut des Gesetzes nach allerdings tatsächlich nur darauf zu achten, dass die Belange der Versicherten gewahrt sind (§§ 14 Abs. 1 S. 2 VAG a. F.). Nunmehr stellt § 13 Abs. 3 wie schon der zuvor in § 14 VAG a. F. neu eingeführte Abs. 3 VAG klar, dass der genehmigende Verwaltungsakt der Versicherungsaufsicht nur ergehen darf, wenn der Bestandsübertragungsvertrag ein angemessenes Entgelt vorsieht, sobald die Versicherungsnehmer durch die Bestandsübertragung ihre mitgliedschaftliche Stellung beim abgebenden VVaG verlieren.

5 Bei Teilbestandsübertragungen von VVaG auf VersAG nimmt die Rechtsprechung einen Verbleib von Mitgliedschaftsrechten im VVaG an; dies macht deutlich, dass man bei dem Nebeneinander von Mitgliedschaft und Versicherungsnehmerstellung nicht von den Überlegungen der Einheitstheorie ausgehen kann, denn Mitgliedschaft und Versicherungsverhältnis sind danach deutlich voneinander zu unterscheiden.[11]

6 Zu beiden Auffassungen finden sich zahlreiche Stellungnahmen in der Literatur.[12] Das BVerwG geht in seiner Entscheidung vom 21.12.1995 ebenfalls davon aus, dass die Zugehörigkeit zu einem VVaG zu versicherungsvertraglichen und zu mitgliedschaftsrechtlichen Beziehungen führt.[13] Die Einheitstheorie wird in diesem Zusammenhang nicht mehr ausdrücklich erwähnt. Allerdings führt das BVerwG aus, dass „im vorliegenden Zusammenhang" beide Teile der rechtlichen Beziehungen (Plural!) so eng miteinander verbunden seien, dass sie als Einheit begriffen werden müssten. Eine Aufspaltung dahin, dass Belange, die ihre Wurzel in der vereinsrechtlichen, trägerschaftlichen Mitgliedschaft haben, aus dem versicherungsaufsichtsrechtlichen Schutz hinausfielen, würde dem einheitlichen Lebenssachverhalt nicht gerecht. In diesem Sinne spricht *Gattineau* von einer eingeschränkten Trennungstheorie.[14] Freilich hindert diese Sichtweise nicht – auch während des Bestehens eines Versicherungsvertrages – von zwei Rechtsverhältnissen auszugehen.[15] Für die Praxis hat die BaFin durch den klaren Gesetzeswortlaut in § 13 Abs. 3 VAG und § 201 Abs. 1 S. 1 VAG den eindeutigen Auftrag, das mitgliedschaftliche Verhältnis, als eigenständiges, werthaltiges Recht eines Versicherungsnehmers eines VVaG zu beurteilen und durch aufsichtsrechtliche Maßnahmen zu schützen. Dies ist ein klarer Hinweis auf die Trennung von Versicherungsvertrag und Mitgliedschaft. Allerdings ist es unserer Rechtsordnung fremd, dass dem Privatrecht zuzuordnende Rechte aus einem Gesellschafterverhältnis (Mitglied als Träger des VVaG) unter verwaltungsrechtlichen Schutz gestellt werden. Zwar ist in diesem Zusammenhang auch § 9 Abs. 2 Nr. 1 VAG zu beachten. Die Satzung unterliegt in ihrem gesellschaftsrechtlichen Teil nach wie vor der Genehmigung seitens der BaFin, sodass man allgemein nicht davon ausgehen kann, dass der Aufsichtsbehörde keine Befugnis zur Wahrung mitgliedschaftlicher Belange zustehe. Die Diskussion ist aber dennoch in Bewegung geraten, nachdem die Trennungstheorie vor dem Hintergrund der aktuellen Rechtsprechung in der Praxis neue Bedeutung erlangt hat.[16] Auch bei einem VVaG sollten die Schutzinteressen der Versicherungsnehmer für die Aufsichtsbefugnisse bestimmend sein, während die mitgliedschaftliche Rechtsposition der VVaG-Mitglieder nach allgemeinem Gesellschaftsrecht beurteilt werden sollte.[17] Eine Beeinträchtigung des Rechtschutzes wäre damit nicht verbunden, da die Mitgliedschaftsrechte – wie bei der AG – dann bei den ordentlichen Gerichten eingeklagt werden könnten.

7 **3. Besonderheiten im Rahmen einer Teilbestandsübertragung.** Wird ein Teilbestand eines Versicherungsbestandes eines VVaG, der dem Gesamtbestand sehr nahe kommt, auf eine VersAG übertragen, so verlangte bislang das BAV die Gewährung eines angemessenen Entgelts als finanzielle Entschädigung der Versicherungsnehmer für den Verlust ihrer Mitgliedschaftsrechte, auch ohne ausdrückliche gesetzliche Grundlage in § 14 VAG a. F. unter sinngemäßer Anwendung von § 44b Abs. 4 VAG a. F.[18] Das BAV führte in seiner Entscheidung[19] aus: „Denn andernfalls hätte es ein bestandsübertragender VVaG in der Hand, durch die Zurückbehaltung geringer Bestandteile die Zahlung an die Mitglieder

[10] *Baumann* VersR 1992, 905.

[11] *BVerwG* Urt. v. 21.12.1993 – 1 A 35/91, NJW 94, 2559; a. A. *Präve* ZfV 1991, 494, 495.

[12] *Hübner* in: Peiner, Grundlagen des VVaG, 1995, S. 158, 166 f. neigt im Ergebnis eher dazu, Eingriffsbefugnisse des BAV zum Schutz reiner Mitgliedschaftsrechte zu verneinen; *Mohr* VW 1990, 162, 164.

[13] VerBAV 1996, 141.

[14] *Gattineau*, Die Gegenleistung bei Übergang von Versicherungsverträgen eines VVaG auf einen anderen Versicherer im Wege der Teilbestandsübertragung, 1999, S. 62.

[15] Siehe *Gattineau*, Die Gegenleistung bei Übergang von Versicherungsverträgen eines VVaG auf einen anderen Versicherer im Wege der Teilbestandsübertragung, 1999, S. 62: „Ansonsten sind aber Mitgliedschaft und Versicherungsverhältnis eigenständig zu beurteilen".

[16] Vgl. vertiefend zu den versch. Theorien § 176, Rn. 12–16.

[17] So zurecht *Mohr* VW 1990, 164; *Hübner* in: Peiner, Grundlagen des VVaG, 1995, S. 158, 166 f. neigt im Ergebnis eher dazu, Eingriffsbefugnisse des BAV zum Schutz reiner Mitgliedschaftsrechte zu verneinen.

[18] *Beschlusskammer des BA* Entsch. v. 16.4.1991 - Z 3 – B 2/90, VerBAV 1992, 3, 8; dazu *Baumann* VersR 1992, 905, 907; *Kaulbach* ZfV 1992, 198, 200; *Stuirbrink/Geib* WPg 1991, 29, 32; *Präve* ZfV 1992, 494 ff.; für den kleineren VVaG vgl. *Heidelbach*, Der kleinere VVaG, 1994, S. 204 ff.

[19] VerBAV 1992, 7.

bei einer nach § 14 VAG [a. F.] genehmigten Bestandsübertragung zu vermeiden." Das *BVerwG* hat diese Amtspraxis durch sein Urteil vom 21.12.1995 ausdrücklich bestätigt.[20]

Nach Streichung des § 44b VAG a. F. durch Art. 8 Nr. 2 des UmwG[21] ist die in Bezug genommene Rechtsgrundlage allerdings entfallen. Die Vermögensübertragung ist nunmehr in dem neu konzipierten UmwG geregelt. Dies musste das *BVerwG* in der o. g. Entscheidung noch nicht berücksichtigen, da nach § 318 UmwG dessen Vorschriften nicht auf solche Umwandlungen anzuwenden waren, die bereits vor dem 1.1.1995 vollzogen worden sind. 8

Hinsichtlich der Vermögensübertragung unterscheidet das Umwandlungsgesetz aber nunmehr ausdrücklich zwischen einer Vollübertragung (§ 174 Abs. 1 UmwG) und einer Teilübertragung (§ 174 Abs. 2 UmwG). Damit ist zweifelhaft, ob § 181 Abs. 1 UmwG, der seinem Wortlaut nach die Bestimmung des § 44b VAG a. F. abgelöst hat, einer entsprechenden Anwendung überhaupt zugänglich ist, da er sich nur auf Vollübertragungen bezieht (vgl. § 180 Abs. 1 S. 1 UmwG). 9

Wollte man auf eine entsprechende Anwendung der Vorschriften über die Teilübertragung abstellen, so kämen über die Verweisungsvorschrift des 184 UmwG die „für die Aufspaltung, Abspaltung oder Ausgliederung zur Aufnahme von Teilen eines VVaG" geltende Vorschriften des UmwG zur Anwendung. Demgegenüber ist allerdings darauf hinzuweisen, dass Abspaltung und Bestandsübertragung grundsätzlich zu unterscheiden und nicht identisch sind.[22] Es ist stets zu beachten, dass die Bestandsübertragung nach § 14 VAG a. F. und jetzt § 13 VAG keine Umwandlung i. S. d. UmwG, sondern ein spezifisch versicherungsaufsichtsrechtlich geprägtes Portefeuille-Umstrukturierungsmittel mit eigenen Voraussetzungen und Rechtsfolgen ist.[23] Der Gesetzgeber, dem die allgemeine Problematik des § 14 VAG a. F. auch bei Verabschiedung des UmwG bekannt war, hat auf eine Neuregelung des § 14 VAG a. F. zunächst verzichtet. Aus § 14a S. 3 VAG a. F. allein wird man eine entsprechende Anwendung der Bestimmungen des UmwG auch im Rahmen der Prüfung gem. § 14 VAG a. F. nicht herleiten können. Es fehlte an einer planwidrigen Gesetzeslücke.[24] 10

Eine entsprechende Anwendung des UmwG (z. B. § 151 UmwG) war jedenfalls auch bei Bestandsübertragungen, die dem Gesamtbestand eines Versicherungsunternehmens nahekommen, als fraglich anzusehen. Entschädigungsleistung für den Verlust der mitgliedschaftlichen Stellung regelt nun aber § 200 VAG eindeutig und zwar 11

– bei einer Übertragung des Versicherungsbestandes in Gänze oder
– bei einer teilweisen Übertragung.

In dem Bestandsübertragungsvertrag ist jeweils die Höhe einer Abfindung, die von der obersten Vertretung zu beschließen ist, zu regeln. Die Entschädigungsregelung nach § 201 VAG greift sowohl wenn der Versicherungsnehmer durch die Bestandsübertragung seine Rechte als Vereinsmitglied ganz als auch zum Teil verliert. Die Bestandsübertragung ist damit ein eigenes Rechtsinstitut, das neben den gesellschaftsrechtlichen Umstrukturierungsmaßnahmen des UmwG (z. B. der Vermögensübertragung) steht und damit auch ausschließlich an die inhaltlichen und formalen Voraussetzungen der Bestandsübertragung gebunden ist. Dabei lässt das Gesetz in § 201 VAG offen, welche Elemente den Wert des Vermögensrechts des Mitglieds ausmachen. Somit ist die Bestandsübertragung eine Strukturmaßnahme eines Versicherers, die untrennbar mit dem Versicherungsverhältnis verknüpft ist; es geht darum, wer künftig Schuldner der Versicherungsleistung und Gläubiger des Versicherungsbeitrages sein wird. Demzufolge ist es naheliegend, dass der Gesetzgeber sich dafür entschieden hat, die Bestandsübertragung im VAG zu regeln und ihre Modalitäten der Aufsicht der BaFin zu unterstellen. 12

IV. Die Rechtsfolgen einer Bestandsübertragung. Im Einzelnen siehe hierzu die Kommentierung zu § 13 VAG.

1. Für den übertragenden VVaG. a) Teilbestandsübertragung. Wird der Versicherungsbestand in wenigstens einem Versicherungszweig nicht übertragen, so besteht der Verein (mit beschränktem Umfang) fort. Die Satzung eines VVaG darf vorsehen, dass die von der Übertragung betroffenen Mitglieder gewisse Rechte hinsichtlich des Vereinsvermögens behalten.[25] Die Ausgliederung von Versicherungsbeständen im VVaG geführten Konzern nach unten, verbunden mit einer Restmitgliedschaft im VVaG, war als Antwort der Praxis auf die Forderung der Aufsicht nach finanzieller Entschädigung der ausscheidenden Vereinsmitglieder anzusehen.[26] Soweit derartige Satzungsbestimmungen die Rechte 13

[20] VerBAV 1996, 141.

[21] Vom 28.10.1994 (BGBl. I 3209, 3264).

[22] So ausdrücklich die Begründung zum Referentenentwurf des UmwG 1992 zu § 150, S. 190.

[23] *BVerwG* Urt. v. 12.12.1995 – 1 A 1/92, VersR 1996, 569, 570 mit der ausdrücklichen Feststellung, dass § 14 VAG a. F. nicht auf Sanierungsfälle beschränkt ist, sondern auch zu Unternehmens- oder konzerninternen Umstrukturierungen zur Verfügung steht.

[24] *Gattineau*, Die Gegenleistung bei Übergang von Versicherungsverträgen eines VVaG auf einen anderen Versicherer im Wege der Teilbestandsübertragung, 1999, S. 197.

[25] *BVerwG* Urt. v. 21.12.1993 – 1 A 35/91, NJW 1994, 2559 unter Aufhebung der Beschlusskammer-Entscheidung VerBAV 1991, 299.

[26] Allgemein zu dieser Konzeption: *Scherzberg* in: Peiner, Grundlagen des VVaG, 1995, S. 231 f.

der betroffenen Mitglieder nicht abschließend regeln – insbesondere hinsichtlich weitergehender Ausgleichsleistungen – ist dies anlässlich einer konkreten Bestandsübertragung nach der besonderen Interesselage des betreffenden Falles zu prüfen. Im Fehlen einer satzungsmäßigen Entschädigung allein liegt daher keine zu beanstandende Benachteiligung der betroffenen Mitglieder (vgl. BVerwG aaO). Allerdings knüpft das Gesetz nunmehr eindeutig auch den teilweisen Verlust von Mitgliederrechten an einen Abfindungsbetrag (§ 201 Abs. 1 VAG). Im Übrigen vgl. zu der Thematik die Kommentierung zu § 201 VAG. Schließlich darf auch nicht übersehen werden, dass die Typenstrenge des VVaG Mitglieder ohne versicherungsvertragliche Bindung an den VVaG nicht kennt.

14 **b) Gesamtbestandsübertragung.** Wird der **gesamte Versicherungsbestand** übertragen, so verliert der Verein mit dem Übergang der Versicherungsverhältnisse alle seine Mitglieder. Will der Verein nach der Bestandsübertragung selbst keine Versicherungsgeschäfte (z. B. in einer anderen Sparte) betreiben und damit keine neuen Mitglieder gewinnen, so ist der Verein durch den Wegfall der Mitglieder aufgelöst (vgl. § 198 Rn. 7) und tritt in das Abwicklungsstadium ein. Nach Verteilung des etwaigen Überschusses an die (ehemaligen) Mitglieder ist dann das Erlöschen des Vereins zum Handelsregister anzumelden (§ 204 Abs. 3 VAG; § 273 AktG). Eine sich hiervon vollständig unterscheidende Konzeption hat der österreichische Gesetzgeber im Jahr 1991 durch eine Novelle des dortigen Versicherungsaufsichtsgesetzes eingeführt: Durch diese wird die Möglichkeit eröffnet, den Versicherungsbetrieb eines VVaG im Wege der Gesamtrechtsnachfolge in eine (oder mehrere) Aktiengesellschaft(en) einzubringen, wobei der Verein – unter Umständen auch mit anderen Vereinen gemeinsam – nur noch als Aktionär dieser operativ tätigen Aktiengesellschaften fungiert, in seinem Tätigkeitsbereich, also auf ein reines Beteiligungsmanagement (Holdingfunktion) beschränkt wird. Nach dem österreichischen Modell ist die Mitgliedschaft des Versicherungsnehmers beim „Versicherungs"verein an das Bestehen eines Versicherungsverhältnisses mit der VersAG gebunden, in die der Verein seinen Versicherungsbetrieb eingebracht hat. Sinkt der Anteil des Vereins unter 26 % der stimmberechtigten Aktien, so muss der Verein aufgelöst werden.[27] Dieser Ansatz verlässt allerdings das gesetzliche Leitbild einer selbstbestimmten, vom Gedanken der Gegenseitigkeit geprägten Selbsthilfeorganisation, bei der sowohl operative/versicherungsvertragliche Aufgabenstellung als auch Eigentümerstellung (Mitgliedschaft) zusammenfallen.[28]

15 **2. Für die Versicherungsnehmer und Mitglieder. a) Die Wirkung für das Versicherungsverhältnis.** Die **Versicherungsverhältnisse** gehen mit der Genehmigung der Bestandsübertragung durch die Aufsichtsbehörde auf das übernehmende Unternehmen über. Versicherungsverträge zu fester Prämie (Nicht-Mitglieder-versicherung) gehen auf einen VVaG nur über, wenn auch dieser ein gemischter ist oder vor der Übernahme seine Satzung entsprechend ändert; sonst bleiben sie als Bestand bei dem übertragenden VVaG. Da aber der VVaG keine reine Nicht-Mitgliederversicherung betreiben darf (§ 177 Abs. 2 VAG) – der Verein wäre dann nämlich eine juristische Person ohne Träger – greifen in diesem Fall für den Nicht-Mitgliederbestand die Regelungen zur Abwicklung, d. h. die Verträge sind zum nächstmöglichen Zeitpunkt zu kündigen. Die Versicherungsverhältnisse der Mitglieder werden bei Übernahme durch eine VersAG Versicherungsverträge zu fester Prämie.

16 **b) Die Wirkung für das Mitgliedschaftsverhältnis.** Ist der übernehmende Versicherer eine Aktiengesellschaft, so erlöschen die Mitgliedschaftsverhältnisse. Ist er VVaG, so werden die Mitglieder des übertragenden Vereins nunmehr Mitglieder des übernehmenden. In beiden Fällen bestehen Nachwirkungen der früheren Mitgliedschaft beim übertragenden Verein, wie im Fall der Liquidation (§ 203 VAG Rn. 5), wenn der gesamte Versicherungsbestand übertragen worden ist. Bei der Übertragung des Bestandes nur in dem einen oder anderen Versicherungszweig besteht diese Nachwirkung (Fiktion) nicht, ggf. greifen die besonderen Bestimmungen über die Beitragspflicht der Mitglieder nach § 180 VAG. Bei dem übernehmenden VVaG kann zunächst der Gleichbehandlungsgrundsatz (§ 177 VAG) nicht zur Anwendung kommen, da der Inhalt der Versicherungsverhältnisse für den übernommenen Bestand unverändert bleibt: Die Beitragsgestaltung bei den beiden Vereinen kann unterschiedliche Strukturen aufweisen, die Nachschusspflicht bei dem übertragenden ausgeschlossen oder beschränkt gewesen sein, während sie bei dem übernehmenden Verein vorgesehen ist. In der Lebensversicherung kann dies die Bildung besonderer Abrechnungsverbände erforderlich machen.[29] Der übernehmende VVaG ist aber gehalten, kündbare Verträge zu dem frühestmöglichen Termin zu kündigen, um die übernommenen Versicherungsverhältnisse den „älteren" im Rahmen seines Bestandes bestehenden Verträgen anzugleichen und so den Gleichheitbehandlungsgrundsatz zu verwirklichen. Das gesellschaftsrechtliche Verhältnis zum Verein richtet sich jetzt nach der Organisation des übernehmenden Vereins.

[27] §§ 61a–c öVAG, eingefügt durch Nr. 8 der VAG-Novelle vom 2.8.1991 (österreichisches BGBl. 1991, 1909 ff.); dazu *Eckert* VersR 1993, 392; *Schimetschek* VW 1993, 71 ff.; *Schimetschek/Weiser* in: Grundlagen des VvaG, 1995, S. 316; *Jud* FS für Kastner, 1992, 190 ff.; *Peiner* VW 1992, 920, 925; *Schirmer* FS für Farny, 391, 398 ff.; *Baumann* VersR 1992, 905, 916/917.

[28] *Weigel* VersR 1993, 1429, 1435.

[29] VA 1916, 101.

Für die Übertragung eines Versicherungsbestandes auf eine öffentliche Versicherungsanstalt gilt entsprechendes wie für die Übertragung auf eine VersAG.

V. Kleinere Vereine. § 200 VAG gilt auch für kleinere Vereine, § 210 Abs. 1 S. 1 VAG. Sonderprobleme der Nicht-Mitgliederversicherung treten hier nicht auf, weil diesen kleineren VVaG dieses Geschäft untersagt ist (§ 210 Abs. 1 S. 2 VAG). Eine Bestandsübertragung kann auch auf eine 17

VersAG erfolgen.[30] Die Übertragung von einer VersAG auf einen kleineren Verein ist jedoch wegen § 210 Abs. 1 S. 2 VAG (keine Nicht-Mitgliederversicherung) nicht möglich.[31]

Verlust der Mitgliedschaft

201 (1) [1] **Verliert ein Versicherungsnehmer durch eine Bestandsübertragung ganz oder zum Teil seine Rechte als Vereinsmitglied und wird er nicht Mitglied eines übernehmenden Versicherungsvereins auf Gegenseitigkeit, so steht ihm für diesen Verlust eine angemessene Barabfindung zu.** [2] **Sie muss die Verhältnisse des Vereins zum Zeitpunkt der Beschlussfassung nach § 200 berücksichtigen.**

(2) **Der Verein kann beschließen, dass dieser Anspruch auf Mitglieder beschränkt wird, die dem Verein seit mindestens drei Monaten vor dem Beschluss angehören.**

(3) [1] **Jedes berechtigte Mitglied erhält eine Abfindung in gleicher Höhe.** [2] **Eine andere Verteilung kann nur nach einem oder mehreren der folgenden Maßstäbe festgesetzt werden:**

1. der Höhe der Versicherungssumme,
2. der Höhe der Beiträge,
3. der Höhe der Deckungsrückstellung in der Lebensversicherung,
4. dem in der Satzung des Vereins bestimmten Maßstab für die Verteilung des Überschusses,
5. dem in der Satzung des Vereins bestimmten Maßstab für die Verteilung des Vermögens und
6. der Dauer der Mitgliedschaft.

I. Regelungsinhalt; Vorbemerkung. Die Regelung ist inhaltlich identisch mit dem als Folge des Urteils des *BVerfG* v. 26.7.2005 durch Art. 1 Nr. 10 VAG in das VAG a. F. eingefügten § 44a VAG a. F.[1] Die Bestimmung enthält Anhaltspunkte für die Festsetzung der Abfindung nach § 200 S. 3 VAG und für die Angemessenheit des Entgelts nach § 13 Abs. 3 VAG. Der Anspruch besteht nur, wenn durch die Übertragung des Versicherungsvertrags eine gleichzeitig gegebene **Mitgliedschaft ganz oder teilweise wegfällt**. Die möglichen Maßstäbe für eine Abfindung in nicht gleicher Höhe bilden die in § 201 Abs. 3 Nr. 1–6 VAG normierten Parameter. Damit übernimmt der Gesetzgeber hier die Maßstäbe, die im Rahmen einer Vermögensübertragung als Vollübertragung nach dem UmwG heranzuziehen sind. Die Maßstäbe nach Abs. 3 können einzeln oder kombiniert zur Anwendung kommen; entscheidend ist, ob das Ergebnis angemessen ist. Dieser unbestimmte Rechtsbegriff („angemessen") lässt einen Beurteilungsspielraum aus Sicht des Unternehmens zu; angemessen wäre nicht, was die Interessen des übertragenden VVaG verletzt oder einzelne Interessen von Mitgliedern bevorzugt. Da bei der Bestandsübertragung trotz fehlender gesetzlicher Pflicht regelmäßig das erforderliche Deckungskapital (Sicherungsvermögen) mit seinen Reserven übertragen wird, konzentriert sich die Frage nach der Höhe der Abfindung auf die gebildeten Eigenmittel.[2] Allerdings werden die Vertragsparteien im Hinblick auf das, bei dem übernehmenden Versicherer steigende Risiko häufig auch vereinbaren, dass Teile der Eigenmittel des übertragenen VVaG auf den übernehmenden Versicherer übertragen werden. Dies ist in aller Regel schon wegen der zu erfüllenden Solvabilitätskapitalanforderungen unverzichtbar. Man könnte auch daran denken, die Leistung, die der übertragende VVaG für die Bestandsübertragung erhält, in die Ermittlung der Abfindung einzubeziehen. Da es aber bei der Ermittlung der Angemessenheit der Abfindung auf die Verhältnisse des übertragenen VVaG zum Zeitpunkt der Beschlussfassung ankommt, erscheint es nicht zulässig, den Kaufpreis für den abgebenden Bestand in die Abfindungsermittlung mit einzubeziehen. Andererseits ist aber gerade bei einer Vollübertragung und keiner beabsichtigten Weiterführung des VVaG dieses Entgelt die den Mitgliedern in ihrer Gesamtheit zustehende Kompensation für die Aufgabe des Geschäfts. 1

Letztlich werden die Verhältnisse des abgebenden VVaG ganz maßgeblich von dem Umfang der abzugebenden Risiken und der Vermögenslage des abgebenden Vereins bestimmt. Weichen der Ertrags- bzw. der Substanzwert des VVaG nach der geplanten Bestandsübertragung positiv von den Werten ohne Bestandsübertragung ab, ist dies ein Hinweis auf die Werthaltigkeit der Mitgliedschaft. Geschieht die Bestandsübertragung aus Gründen der Sanierung eines VVaG, kann der Wert der Mitgliedschaft auch Null sein. 2

---

[30] A. A. *v. Gierke*, Die Versicherungsvereine auf Gegenseitigkeit nach deutschem Recht, 1942, S. 109.
[31] *V. Gierke*, Die Versicherungsvereine auf Gegenseitigkeit nach deutschem Recht, 1942, S. 113.
[1] *BVerfV* Urt. v. 26.7.2005 – 1 BvR 782/94 u. a., BVerfGE 114, 1.
[2] Bähr/*Rüdt* § 14 Rn. 56.

3 **II. Überlegungen zur Höhe der Abfindung.** Im Rahmen der Überprüfung der Höhe der Abfindung hatte das *BVerwG* in mehreren Fällen zu entscheiden, nachdem ehemalige Mitglieder geltend gemacht hatten, die ihnen gewährte Abfindung sei zu niedrig bemessen. Diese Klagen wurden mit Urteilen vom 12.12.1995 zurückgewiesen.[3] Das *BVerwG* hat dabei festgestellt, dass es eine (Teil-) Bestandsübertragung nicht rechtfertigt, die vorhandenen stillen Reserven des Vereins zugunsten der Versicherten aufzulösen. Das Gericht bestätigt vielmehr ausdrücklich die für Fälle der Bestandsübertragung entwickelten Grundsätze des erkennenden Senats. Die Versicherungsunternehmen seien zur Auflösung stiller Reserven nicht verpflichtet und auch nach kaufmännischen Gesichtspunkten nicht gehalten. Dem liegt die richtige Erkenntnis zugrunde, dass **stille Reserven grundsätzlich nicht dem einzelnen mitgliedschaftlichen Verhältnis zugeordnet werden dürfen**, sondern bei Fortbestehen des vom VVaG zu tragenden Unternehmensrisikos als Grundlage künftiger Finanzkraft grundsätzlich im Verein verbleiben müssen.[4] Die Ausführungen des Gerichts, dass die Versicherungsnehmer eines VVaG jedenfalls dann keinen Anspruch auf die stillen Reserven haben, wenn weder ALB noch die Satzung entsprechende Regelungen enthalten und sich die Überschussbeteiligung nach einem von der Aufsichtsbehörde genehmigten Geschäftsplan regelt, begegnen aber insoweit Bedenken, als das Gericht hier nach versicherungsvertraglichen Grundlagen für den Anspruch sucht. Es geht hier aber um den Ersatz für den Entzug der Mitgliedschaft. Darüber hinaus hat das BVerwG auch im Rahmen der Prüfung der Bestandsübertragung einer LebensVersAG auf ein neu gegründetes Tochterunternehmen ausgeführt, dass das BAV nicht verpflichtet sei, anl. der Bestandsübertragung die Realisierung der stillen Reserven und die Übertragung auf die übernehmende Gesellschaft zu veranlassen.[5]

4 Trotz der inzwischen durch das *BVerfG* in wesentlichen Teilen **geänderten Rechtsauffassung** zu diesen Überlegungen[6] ist diese retardierende Haltung aus der älteren Rechtsprechung zur Entschädigungsfrage im Interesse der VVaG zu begrüßen, da die Aufrechterhaltung der Finanzkraft des VVaG in einem derartigen Fall vor die Wahrnehmung mitgliedschaftlicher Ansprüche zu treten hat. Besonders wird häufig übersehen, dass stille Reserven sehr flüchtig sind, mitunter gehen sie auch strukturell gegen Null (bei bis zur Fälligkeit gehaltenen festverzinslichen Wertpapieren). Hier die Entschädigung auf einen mehr oder weniger zufälligen Zeitpunkt abzustellen und damit auch das Zufallsergebnis der Kapitalmärkte dieses Zeitpunkts in die Ermittlung der Höhe der Abfindung für den Verlust der Mitgliedschaft mit einzubeziehen, erscheint nicht sachgerecht, weil damit das Prinzip der Gegenseitigkeit, das keine individuellen Anteilrechte kennt, verletzt wird. Durch die Entschädigung von ausscheidenden Mitgliedern darf die einmal erreichte finanzielle Stärke des Vereins grundsätzlich nicht ausgehöhlt werden. Die Mitgliedschaft ist eben kein Genossenschaftsanteil.

5 Auch wird der VVaG durch einen solchen Entschädigungsanspruch zur Realisierung der Reserven und zur anschließenden – möglicherweise deutlich unvorteilhafteren Wiederanlage gezwungen. Erst bei **endgültiger Aufgabe der Geschäftstätigkeit** oder bei der **Vollübertragung des Bestandes** kann daher eine **Entschädigung** der Mitglieder für den Verlust ihrer Mitgliedschaftsrechte in Betracht kommen, die auch **die stillen Reserven außerhalb des Sicherungsvermögens umfassen kann**. In der Zwischenzeit gilt, dass die Finanzreserven – quasi abgelöst vom Mitglied – von einer Generation auf die nächste als unentziehbares Sicherheitskapital übertragen werden. An einer solchen generationsmäßigen Verknüpfung fehlt es bei der Vollübertragung; diese generationsmäßige Verknüpfung ist ein wesentliches Element der Gegenseitigkeit. Der Gesetzgeber hat sich im Übrigen bei Schaffung des VAG wohl auch deswegen gegen die Genossenschaft als zulässige Rechtsform für das Betreiben des Versicherungsgeschäftes ausgesprochen, da bei dieser die Stabilität der Finanzkraft durch Ein- und Austritte und die entsprechenden Rückzahlungsansprüche der ausgeschiedenen Genossen hinsichtlich der geleisteten Einlagen nicht hinreichend gegeben ist.[7] Eine vergleichbare Situation darf bei VVaG nicht analog durch eine umfangreiche Entschädigungspraxis bei Mitgliedschaftsverlusten herbeigeführt werden.

6 Etwas anderes kann nur für den seltenen Fall der offenkundigen Umgehung der Abfindungsregelung gelten. Diese vom einzelnen Versicherungsverhältnis abstrahierende Betrachtungsweise rechtfertigt sich auch deshalb, da jedes Mitglied bei seinem Eintritt von den Versicherungsverhältnissen und den Reserven profitiert, die die vorhergehenden Mitglieder als Unternehmensträger aufgebaut haben. Zurecht führt *Gattineau* aus: „Verfügt der übernehmende Versicherer nämlich ausreichend über Eigenmittel, um den Anforderungen an die Einhaltung der Solvabilitätsspanne zu genügen, und ist die Erfüllung der Verpflichtung des übernehmenden Versicherers aus dem Teilversicherungsbestand auf Dauer in diesem Sinne gewährleistet, liegt keine unangemessene wirtschaftliche Beteiligung der Versicherten vor. Aus dem ursprünglichen Versicherungsverhältnis zum übertragenen VVaG fließt insbesondere kein Anspruch des Versicherten auf Auflösung ruhender stiller Reserven. Damit werden bei einer ordnungsgemäßen

[3] VerBAV 1996, 141.
[4] Vgl. zur älteren Rechtsprechung für die Rechtslage vor 1994 *BGH* Urt. v. 23.11.1994 – IV ZR 124/93, VersR 1995, 77 f.
[5] *BVerwG* Urt. v. 11.1.1994 – 1 A 72/89, NJW 1994, 2561, 2563.
[6] *BVerfG* Urt. v. 26.7.2005 – 1 BvR 782/94 + 957/96, VersR 2005, 1109.
[7] Mot. S. 33 mit dem Hinweis auf die bereits im Jahr 1900 bestehende Unsicherheit, ob Genossenschaften die „Gewähr der Dauer und finanziellen Festigkeit" für das Versicherungsgeschäft bieten.

Teil-Bestandsübertragung auch keine Rechtspositionen der Versicherten unmittelbar ausgehöhlt oder entwertet."[8]

Die Einbeziehung stiller Reserven des Sicherungsvermögens oder des die Eigenmittel bedeckenden Vermögens zu einem bestimmten Stichtag erscheint auch deshalb nicht gerechtfertigt, weil deren Höhe dann mitunter von zufälligen Tagesereignissen, deren Wirkung mitunter kurzfristig ist, abhängt; bei den Versicherungsverträgen und der Mitgliedschaft handelt es sich aber um in aller Regel lang laufende Rechtsbeziehungen. Sachgemäßer wäre es zumindest, wenn analysiert würde, über welchen Kern stiller Reserven der VVaG über mehrere Rechnungsperioden unabhängig von den kurzfristigen Tagesschwankungen verfügt. 7

Für diese Überlegung bietet Abs. 2 eine Stütze, denn kurze Mitgliedschaften, die keinen nennenswerten Beitrag als Träger des VVaG geleistet haben, können von der Berücksichtigung bei der Abfindung ausgeschlossen werden.

Das Mitgliedschaftsrecht ist eine eigenständige Rechtsposition, die zwar geprägt ist durch die Verknüpfung mit dem Versicherungsverhältnis, der aber andererseits keine individuell geleistete Einlage zugrunde liegt, sondern deren finanzielle Bedeutung stets in ihrer gesellschaftsbezogenen Gesamtfunktion (z.B. generationsmäßige Verknüpfung der Versicherungsschutz suchenden Träger eines VVaG) und damit in ihrer gegenseitigen – also wechselseitig – ausstrahlenden Wirkung zu sehen ist. Solche verknüpfenden, interdependente Rechtsbeziehungen gibt es weder im Vereinsrecht noch nach dem Recht der BGB-Gesellschaft (§ 738 BGB). Deshalb kann dort die Mitgliedschaft als individuelle, eigenständige Rechtsposition im Falle des Ausscheidens auch zu zivilrechtlichen, geldwerten Konsequenzen führen. Beim VVaG dominiert aber das Prinzip der Gegenseitigkeit – das weder Verein noch BGB-Gesellschaft kennt – und das daher auch gerade in der Vererbung der aufgebauten Finanzstärke des VVaG von Versicherungsnehmer-Generation zu Versicherungsnehmer-Generation seinen Ausdruck findet.

Fällt die Mitgliedschaft in Folge einer Bestandsübertragung ganz oder teilweise weg, wertet dies der Gesetzgeber als ausgleichspflichtigen Verlust. Da danach die Mitgliedschaft ein eigenständiges Vermögensrecht ist, unterliegt sie einer eigenen Bewertung, die von der Ermittlung von Rückkaufswerten streng zu trennen ist. 8

Die Höhe der angenommenen Abgeltung muss die Verhältnisse des übertragenen Vereins zum Zeitpunkt der Beschlussfassung über die Bestandsübertragung berücksichtigen. Auch der Begriff der „Verhältnisse" ist unbestimmt. Als mögliche Bestandteile dieser „Verhältnisse" sind die anteiligen, auf den übertragenen Bestand entfallenen Solvabilitätsmittel samt der darin enthaltenen stillen Reserven, der die Eigenmittel bedeckenden Aktiva zu sehen. Strategische Vorteile im Sinne einer verbesserten Solvabilitätsquote sind im Rahmen einer Bestandsübertragung jedoch ein zulässiges unternehmerisches Ziel und nicht per se ein Hinweis auf die Unangemessenheit der Abfindung. Dann darf dieses strategische Ziel aber nicht durch die Abfindung für die Mitgliedschaften unterlaufen werden. 9

III. Die gesetzlichen Verteilungsparameter (Abs. 3 S. 2). Kurze Mitgliedschaften, die keinen nennenswerten Beitrag als Träger des VVaG geleistet haben, können von der Berücksichtigung bei der Abfindung ausgeschlossen werden (Abs. 2). Absatz 3 sieht als Regelfall der Abfindung eine Abfindung in gleicher Höhe vor; diese betragsmäßige Gleichheit vereinfacht das Verfahren und kann als Ausdruck der solidarischen Gemeinschaft verstanden werden. Soweit diese Betrachtung nicht zu angemessenen Ergebnissen führt, kann nach den Parametern des Abs. 3 Nr. 1–6 differenziert werden, die aber zumindest teilweise (siehe Nr. 6) auch nur einen groben Anhaltspunkt geben. Wählt das Unternehmen einen der nach Nr. 1–6 möglichen gesetzlichen Maßstäbe, muss es aber darauf achten, dass es hierdurch nicht zu einer ungleichen Behandlung kommt oder das Ergebnis „in Bezug auf die Verhältnisse" des VVaG zum Zeitpunkt der Beschlussfassung unangemessen ist. Da ein wichtiger Aspekt der Gegenseitigkeit die auf die Bedürfnisse der Vertragspartner Rücksicht nehmende Ausgewogenheit von Leistung und Gegenleistung ist, wird diese Ausgewogenheit gegenüber der Gesamtheit der Mitglieder entscheidend durch den Grundsatz der Gleichbehandlung (§ 177 VAG) hergestellt. 10

IV. Kleinere Vereine. Die Vorschrift ist nach § 210 Abs. 1 S. 1 VAG auf kleinere Vereine nicht anwendbar. Wohl aber ist § 200 S. 3 VAG, der auf den Abfindungsbeschluss nach § 201 VAG Bezug nimmt und § 13 Abs. 3 VAG auf kleinere VVaG anwendbar. Allerdings kann man in der Formulierung des § 13 Abs. 3 VAG auch den Hinweis sehen, dass er nur für Versicherungsvereine auf Gegenseitigkeit i.S. großer VVaG Anwendung finden soll; dann würde die Bestimmung mit § 210 Abs. 1 S. 1 VAG konform sein. 11

Anmeldung der Auflösung

202 [1]**Der Vorstand hat die Auflösung des Vereins zur Eintragung in das Handelsregister anzumelden.** [2]**Dies gilt nicht in den Fällen des § 198 Nummer 3 und 4.** [3]**In diesen**

[8] *Gattineau*, Die Gegenleistung bei Übergang von Versicherungsverträgen eines VVaG auf einen anderen Versicherer im Wege der Teil-Bestandsübertragung, 1999, S. 141.

Fällen hat das Gericht die Auflösung und ihren Grund von Amts wegen einzutragen; die Geschäftsstelle des Insolvenzgerichts hat dem Registergericht eine beglaubigte Abschrift des Eröffnungsbeschlusses oder eine mit der Bescheinigung der Rechtskraft versehene beglaubigte Abschrift des den Eröffnungsantrag ablehnenden Beschlusses zu übersenden.

1 **I. Anmeldung der Auflösung.** Satz 1–3 der Vorschrift stimmen inhaltlich mit § 45 S. 1 bis 3 VAG a. F. überein; der Absatz „die Anmeldepflicht besteht …" ist ersatzlos weggefallen, was aber zu keiner inhaltlichen Veränderung führt. Zur Anmeldung verpflichtet ist der Vorstand nur in den Fällen des § 198 Nr. 1 und 2 VAG (Zeitablauf des Unternehmens; und Auflösung infolge des Beschlusses der obersten Vertretung) sowie bei Eintritt von satzungsmäßigen Auflösungsgründen und beim Verlust sämtlicher Mitglieder (siehe § 198 Rn. 7). Für die Form der Anmeldung gilt das zu § 185 Rn. 1 Gesagte entsprechend. Im Falle des § 198 Nr. 2 VAG hat die Aufsichtsbehörde die Genehmigung des Auflösungsbeschlusses dem Registergericht mitzuteilen (§ 199 Abs. 2 S. 1 VAG).

2 **II. Eintragung von Amts wegen (Satz 2 u. 3).** Eine Anmeldung seitens des Vorstandes kommt nicht in Betracht bei der Insolvenzeröffnung bzw. der Ablehnung der Eröffnung; darüber hinaus auch nicht bei Widerruf der Erlaubnis für den gesamten Geschäftsbetrieb nach § 304 Abs. 6 VAG. Die Anmeldung wird in diesen Fällen ersetzt durch die Übersendung des Eröffnungsbeschlusses oder Ablehnungsbeschlusses (Satz 3) und durch die Mitteilung des bestandskräftigen aufsichtsbehördlichen die Genehmigung widerrufenden Verwaltungsaktes. Das Insolvenzgericht hat dem Registergericht gem. § 31 InsO den Eröffnungsbeschluss nach § 27 Abs. 2 InsO zu übermitteln. In Übereinstimmung mit § 263 AktG ist in diesen Fällen auch der Auflösungsgrund einzutragen.

3 **III. Veröffentlichung.** Die Veröffentlichung der Eintragung durch das Registergericht erfolgt gem. § 10 HGB. Die Insolvenzeröffnung wird vom Insolvenzgericht gem. § 30 InsO bekannt gemacht.

4 **IV. Kleinere Vereine.** § 202 gilt nicht für kleinere Vereine (§ 210 Abs. 1 S. 1 VAG), da diese nicht eintragungspflichtig sind.

Abwicklung

203 (1) **Nach der Auflösung des Vereins findet die Abwicklung statt, wenn nicht über sein Vermögen das Insolvenzverfahren eröffnet worden ist.**

(2) [1]**Während der Abwicklung gelten die gleichen Vorschriften wie vor der Abwicklung, soweit sich aus den folgenden Vorschriften oder aus dem Zweck der Abwicklung nichts anderes ergibt.** [2]**Insbesondere können Nachschüsse oder Umlagen im Sinne des § 179 ausgeschrieben und eingezogen werden.** [3]**Neue Versicherungen dürfen nicht mehr übernommen, die bestehenden nicht erhöht oder verlängert werden.**

1 **I. Vorbemerkung.** Die Vorschrift stimmt inhaltlich mit § 46 VAG a. F. überein.

Das VAG bezeichnet mit dem Begriff „Abwicklung" einen Zustand einer juristischen Person, der bereits aus dem Vereinsrecht (§ 47 BGB)[1] unter dem Begriff „Liquidation" bekannt ist. Wie dort wird er negativ definiert: es kommt zur Beendigung des Bestehens der juristischen Person, wenn nicht über das Vermögen des Vereins das Insolvenzverfahren eröffnet ist (natürliche Einstellung des Geschäftsbetriebs gem. § 198 Nr. 1 und 2 VAG). Die Abwicklung schließt sich an den Beschluss über die Auflösung des Vereins an bzw. das Verfahren greift dann, wenn der VVaG satzungsgemäß durch Zeitablauf erloschen ist. Die Abwicklung stellt die Umsetzung des Auflösungsbeschlusses oder des Erreichens der satzungsgemäßen Auflösungsgründe dar. Da bei der Abwicklung ausreichendes Vermögen zu Befriedigung aller bestehender Schuldverhältnisse vorhanden ist (ggf. nach Nachschuss- oder Umlagenerhebung) legt der Gesetzgeber in § 205 VAG zwischen den Gläubigern, die nicht Gründungsstock-Gläubiger sind, keine Rangfolge fest.

2 **II. Regelungsinhalt.** Mit der Auflösung verwandelt sich der Verein, ohne seine Identität oder Rechtspersönlichkeit zu verlieren, von einem „werbenden" in einen „Abwicklungsverein". In der Firmierung kommt das durch den Zusatz „i. L." oder ähnlich zum Ausdruck (§ 204 Abs. 3 S. 1 VAG i. V. m. § 268 Abs. 4 S. 1 AktG). Der Verein ändert jedoch seinen Zweck: Ziel ist die Regulierung aller bestehenden Forderungen und Verbindlichkeiten, die Veräußerung des Vermögens und die Verteilung des Überschusses. Deshalb dürfen neue Versicherungsverhältnisse nicht mehr übernommen werden, die bestehenden – die im Rahmen des § 204 Abs. 3 VAG erlöschen – nicht erhöht oder verlängert werden. Bezüglich der rechtlichen Folgen eines Verstoßes gegen das Verbot vgl. unten Rn. 7 sowie § 204 Rn. 15. Die Tätigkeit des Vereins ist auf die Abwicklung gerichtet und beschränkt. Der Verein besteht nicht nur als Rechtssubjekt, sondern auch als VersUnternehmen fort, wie die Vorschrift des § 294 Abs. 7 VAG beweist, die die Aufsichtspflicht auch auf Liquidationsvereine erstreckt.[2] Auch die bisherigen

[1] Bamberger/Roth/*Schöpflin* § 47 Rn. 1.
[2] A. A. Goldberg/Müller/*Müller* § 46 Rn. 2.

Organe, einschließlich der obersten Vertretung, bleiben in ihren Funktionen erhalten, wie dies §§ 204 Abs. 1 S. 1, 204 Abs. 2 S. 3 und auch § 206 Abs. 2 VAG voraussetzen.[3] Wenn nach § 204 Abs. 1 S. 1 VAG auch der Vorstand weiterhin als Organ erhalten bleibt, ist klar, dass auch der Aufsichtsrat als Kontrollorgan in seiner Funktion weiter bestehen bleiben muss.

Keine Abwicklung findet statt bei der Verschmelzung von VVaG (§§ 1 Abs. 1 S. 1, 2, 3, 6 UmwG) 3 ebenso bei der Spaltung (§§ 1 Abs. 1 S. 2, 123, 151 UmwG) oder Vermögensübertragung (§§ 174, 175 Nr. 2b, 180 UmwG). Erloschen ist der Verein erst dann, wenn nach Beendigung der Abwicklung das Erlöschen auf Anmeldung der Abwickler hin im Handelsregister eingetragen und bekannt gemacht wurde (§§ 204 Abs. 3 VAG; 273 Abs. 1 AktG). Die Eintragung hat konstitutive Wirkung; diese Auffassung ist umstritten.[4]

III. Abwicklung und Insolvenzfall. Im Insolvenzfall (Abs. 1) hindert nur die schwebende Insolvenz 4 die Abwicklung. Ist die Insolvenz beendet, ohne dass die Fortsetzung des VVaG nach § 206 Abs. 2 VAG beschlossen worden ist, so schließt sich das Abwicklungsverfahren gem. §§ 203, 204 VAG an. Umgekehrt kann die Abwicklung z. B. nach § 198 Nr. 3 VAG dadurch unterbrochen werden, dass der in Liquidation befindliche Verein in Insolvenz gerät. Dies folgt auch daraus, dass während der Abwicklung die gleichen Vorschriften gelten wie vor der Abwicklung (siehe unten Rn. 5).

IV. Anzuwendende Vorschriften im Abwicklungsstadium. 1. Grundsatz. Für den Abwick- 5 lungsverein gelten grundsätzlich die gleichen Vorschriften wie für den werbenden VVaG (Absatz 2 Satz 1). Soweit die Versicherungsverhältnisse gem. § 199 Abs. 3 VAG erlöschen, könnte man vermuten, dass mangels entgegenstehender Satzungsbestimmungen auch die Mitgliedschaftsverhältnisse gem. § 176 Abs. 3 VAG enden. Dass dem nicht so ist, ergibt sich schon daraus, dass (auch) die Regelungen über das Mitgliedschaftsverhältnis weiter Anwendung finden. Absatz 2 Satz 2 bekräftigt dies dann noch einmal ausdrücklich für die weiter bestehende (im Mitgliedschaftsverhältnis wurzelnde) Möglichkeit zur Ausschreibung und Einziehung von Nachschüssen und Umlagen (§ 179 VAG). Dies macht deutlich, dass das Ende der Mitgliedschaft in § 176 Abs. 3 VAG nur an ein vertraglich vorgesehenes „natürliches" Ende des Versicherungsvertrags geknüpft ist. Andere Tatbestände, die zum Ende des Versicherungsvertrags führen, lassen aber ausdrücklich die Mitgliedschaft bestehen, weil der VVaG in diesen Fällen noch der Trägerschaft der Mitglieder bedarf und eine andere Regel alle Träger uno actu wegfallen ließe. Die Mitgliedschaft besteht fort, wenn Versicherungsverhältnisse aufgelöst worden sind, so als hätte die Satzung dies bestimmt, was im Übrigen auch tatsächlich der Fall sein kann. Es gelten somit weiterhin die gesellschaftsrechtlichen Rechte und Pflichten (Recht zur Wahl von Mitgliedern der Mitgliedervertretung, Recht auf Teilnahme und Stimmrecht in der Mitglieder(vertretung)versammlung, Minderheitsrechte, z. B. § 205 Abs. 2 S. 3 VAG).[5]

2. Ausnahmen. Die Fortgeltung der bisherigen gesetzlichen Bestimmungen und Satzungsvorschrif- 6 ten in Abwicklungsverfahren erfährt jedoch auch bestimmte Ausnahmen. Diese Vorschriften gelten nicht, soweit die §§ 203 Abs. 2, 204, 205 VAG etwas anderes bestimmen. Besonderheiten bestehen im Wesentlichen hinsichtlich der Abwickler (Vergütung, Anmeldung, Pflichten, Vertretung), der Rechnungslegung (vgl. hierzu § 204 Rn. 21), der Tilgung des Gründungsstocks, der Nachschusserhebung und der Vermögensverteilung. Die allgemeinen Vorschriften gelten auch dann nicht, soweit der Zweck der Abwicklung ihnen entgegensteht. Wann dies der Fall ist, lässt sich nur im Einzelfall feststellen.

3. Das Verbot neue Versicherungen abzuschließen (Abs. 2 Satz 3). Das Verbot, neue Ver- 7 sicherungen abschließen zu dürfen, dient der Sicherstellung der Abwicklung in einem überschaubaren Zeitraum. Es handelt sich hierbei nicht bloß um eine, die Vertretungsmacht der Abwickler einschränkende Regelung, sondern wegen des Wortlauts „dürfen nicht" und des Zwecks der Sicherstellung der Abwicklung um eine Verbotsnorm im Sinne des § 134 BGB,[6] auch wenn sich die Verbotsnorm nicht ausdrücklich an beide Vertragspartner richtet. Für den Rechtsverkehr muss es aber ausreichen, dass der Zusatz „i. L." zur Firmierung vor dem Abschluss von neuen Versicherungsverträgen warnt. Entsprechendes gilt für Erhöhungen und Verlängerungen.[7] Erhöhungen und Verlängerungen gehen aber in der Regel häufig von Anträgen der Versicherungsnehmer aus, so dass durchaus angenommen werden kann, dass sich die Verbotsnorm an beide Vertragspartner richtet. Den Motiven zu § 47 VAG a. F. ist zu entnehmen, dass für den Fall der Untersagung des Geschäftsbetriebes, bei dem wie hier neue Versicherungsverträge nicht mehr abgeschlossen und früher abgeschlossene nicht erhöht oder verlängert werden dürfen, auch stillschweigende Verlängerungen nicht mehr zulässig sind (vgl. § 11 Abs. 1 VVG).[8] *Kaulbach* leitet hieraus auch für § 46 Abs. 2 S. 3 VAG a. F. das Gebot ab, solche Verträge zum nächst-

[3] *Kisch*, Das Recht des Versicherungsvereins auf Gegenseitigkeit, 1951, S. 279.
[4] Vgl. den umfangreichen Literaturhinweis bei *Hüffer/Koch*, AktG, 12. Aufl. 2016,§ 273 Rn. 7; § 262 Rn. 23.
[5] *Kisch*, Das Recht des Versicherungsvereins auf Gegenseitigkeit, 1951, S. 280.
[6] Bamberger/Roth/*Wendtland* § 134, Rn. 9, 15.
[7] *Kisch*, Das Recht des Versicherungsvereins auf Gegenseitigkeit, 1951, S. 279, 280.
[8] Mot. S. 50.

möglichen Zeitpunkt zu kündigen.[9] Dem ist für den Fall der Auflösung des VVaG durch Beschluss zuzustimmen, da dieser gem. § 304 Abs. 6 VAG wie ein Widerruf der Erlaubnis zum Geschäftsbetrieb wirkt.[10] Eine Beschlusslage nach § 199 Abs. 3 S. 1 VAG hat jedoch Vorrang.[11]

8 **4. Verfahren der Abwicklung.** Zum Verfahren der Abwicklung vgl. § 204 Rn. 16–20.

9 **V. Kleinere Vereine.** § 203 gilt auch für kleinere Vereine (§ 210 Abs. 1 S. 1 VAG).

Abwicklungsverfahren

204 (1) [1]**Die Abwicklung besorgen die Vorstandsmitglieder als Abwickler, wenn nicht die Satzung oder ein Beschluss der obersten Vertretung andere Personen bestellt.** [2]**Auch eine juristische Person kann Abwickler sein.**

(2) [1]**Aus wichtigen Gründen hat das Gericht Abwickler zu bestellen und abzuberufen, wenn es der Aufsichtsrat oder eine in der Satzung zu bestimmende Minderheit von Mitgliedern beantragt.** [2]**§ 402 des Gesetzes über das Verfahren in Familiensachen und in den Angelegenheiten der freiwilligen Gerichtsbarkeit gilt entsprechend.** [3]**Abwickler, die nicht vom Gericht bestellt sind, kann die oberste Vertretung jederzeit abberufen.** [4]**Für die Ansprüche aus dem Anstellungsvertrag gelten die allgemeinen Vorschriften.**

(3) [1]**Im Übrigen gelten für die Abwicklung § 265 Absatz 4, die §§ 266 bis 269, 270 Absatz 1 und 2 Satz 1 und die §§ 272, 273 des Aktiengesetzes entsprechend.** [2]**Unbeschadet des entsprechend anzuwendenden § 270 Absatz 2 Satz 3 und Absatz 3 des Aktiengesetzes gelten für die Eröffnungsbilanz, den erläuternden Bericht, den Jahresabschluss und den Lagebericht die auf die Aufstellung und Prüfung des Jahresabschlusses und des Lageberichts des Vereins anzuwendenden Vorschriften sowie die §§ 175, 176 des Aktiengesetzes und die §§ 325, 328 des Handelsgesetzbuchs sinngemäß.**

Übersicht

1 **I. Regelungsinhalt.** Die Bestimmung stimmt mit § 47 VAG a. F. wörtlich überein.

§ 204 VAG bestimmt die möglichen Organe der Abwicklung (Abs. 1, 2) und erklärt für das Verfahren eine Reihe von aktiengesetzlichen Bestimmungen für entsprechend anwendbar (Abs. 3). Damit wird die Abwicklung eng an das Aktienrecht angelehnt.

[9] FKBP/*Kaulbach* § 46 Rn. 2.
[10] Goldberg/Müller/*Müller* § 46 Rn. 3.
[11] FKBP/*Kaulbach* § 46 Rn. 2.

II. Verweisungsreichweite (Abs. 3). Auch bei der Abwicklung greift der Gesetzgeber in großem Umfang auf das Aktienrecht zurück (Abs. 3): 2
- §§ 175, 176 AktG: Einberufung der obersten Vertretung, Vorlagen und Anwesenheit der Abschlussprüfer;
- § 265 Abs. 4 AktG: Auslagen- und Vergütungsregelung für gerichtlich bestellte Abwickler;
- § 266 AktG: Anmeldung der Abwickler zum Handelsregister;
- § 267 AktG: Aufruf der Gläubiger in den Gesellschaftsblättern;
- § 268 AktG: Pflichten der Abwickler (u. a. Kündigung der Versicherungsverträge, falls nicht andere Regelungen greifen);
- § 269 AktG: Vertretung des VVaG durch die Abwickler;
- § 270 Abs. 1 und Abs. 2 S. 1 AktG: Eröffnungsbilanz, Jahresabschluss und Lagebericht;
- § 270 Abs. 2 S. 3 und Abs. 3 AktG: Bewertungsregeln, Befreiung von der Prüfung des Jahresabschlusses – im Übrigen gelten die für den VVaG anzuwendenden Rechnungslegungsvorschriften;
- § 272 AktG: Gläubigerschutz im Hinblick auf die Vermögensverteilung; Sperrjahr (u. a. § 194 Abs. 1 VAG);
- § 273 AktG: Verfahrensschluss der Abwicklung;
- §§ 325, 328 HGB: Offenlegung; Form und Inhalt der Unterlagen bei der Offenlegung.

III. Die Abwickler. 1. Gesetzlich berufene Abwickler. Gesetzlich berufene Abwickler sind nach Abs. 1 jene **Vorstandsmitglieder**, die bei Ablauf der in der Satzung bestimmten Zeit (§ 198 Nr. 1 VAG), oder bei Genehmigung des Auflösungsbeschlusses durch die Aufsichtsbehörde (§§ 198 Nr. 2, 199 Abs. 2 VAG) bzw. mit Rechtskraft des die Insolvenzeröffnung mangels Masse ablehnenden Beschlusses (§ 198 Nr. 4 VAG) im Amt sind (= gewöhnliche Abwickler). 3

2. Abwickler aufgrund Bestellung. a) Satzungsgemäß bestellte Abwickler. Die **Satzung** sieht andere Personen als die amtierenden Vorstände als Abwickler vor (Abs. 1 S. 1). Mögliche Personen sind: Rechtsanwälte, Wirtschaftsprüfer, (ehemalige) Vorstandsmitglieder von Versicherungsunternehmen, ehemalige Mitarbeiter der Versicherungsaufsichtsbehörde, des Bundes und der Länder.[1] 4

b) Die durch Beschluss der obersten Vertretung bestellten Abwickler. Die **oberste Vertretung** hat durch Beschluss (einfache Stimmenmehrheit genügt), der von der Aufsichtsbehörde nicht genehmigt zu werden braucht, andere Personen bestellt, Abs. 1 S. 1, ohne dass dazu ein Vorbehalt in der Satzung erforderlich wäre. Zur Bestellung muss in beiden genannten Fällen noch der Abschluss eines Dienstvertrages mit dem bestellten Abwickler (auch juristische Personen können Abwickler sein, dazu unten Rn. 8) hinzutreten. Dieser Vertrag regelt auch die Vergütung. 5

c) Aufsichtsrechtlich bestellter Sonderbeauftragter als Abwickler. Abwickler könnte auch ein von der Aufsichtsbehörde nach § 307 Abs. 1 VAG bestellter Sonderbeauftragter sein, dem die Befugnis des Vorstands (als Abwickler) von der BaFin übertragen wurde. Die Vorschrift geht zurück auf § 81 Abs. 2a VAG, § 83a VAG-Novelle 2004. Sah der Regierungsentwurf eines 10. Gesetzes zur Änderung des Versicherungsaufsichtsgesetzes[2] in § 301 Abs. 1 VAG noch drei Tatbestandsvoraussetzungen für die Einsetzung eines Sonderbeauftragten vor, so verzichtete der Gesetzgeber in § 307 Abs. 1 VAG in der Fassung der Bekanntmachung vom 4.4.2015 auf die Regelungen von Voraussetzungen für die Einsetzungen eines Sonderbeauftragten. **Diese Gesetzespraxis begegnet** im Hinblick auf die Schwere des aufsichtsrechtlich möglichen Eingriffs **rechtsstaatlichen Bedenken**. Auch eine Anwendung der Vorschrift im Rahmen und unter Vorliegen der an anderer Stelle im VAG kodifizierten Aufsichtsbefugnisse kann wegen der fehlenden Präzisierung bzw. Verweisung in § 307 VAG den Gesetzesmangel nicht heilen. 6

d) Gerichtlich bestellte Abwickler. Das **Registergericht** des (Sitzes) hat aus wichtigen Gründen (vgl. hierzu Rn. 11) Abwickler zu bestellen und abzuberufen (vgl. § 204 Abs. 2 S. 1 VAG). 7

3. Juristische Personen als Abwickler. In Abweichung von § 76 Abs. 3 AktG, § 188 Abs. 1 VAG kann Abwickler auch eine juristische Person sein, Abs. 1 S. 2 (z. B. Treuhandgesellschaft oder auch ein anders Versicherungsunternehmen).[3] Aufsichtsratsmitglieder können nicht Abwickler sein, sofern sie nicht gem. § 105 Abs. 2 AktG i. V. m. § 189 VAG vorübergehend in den Vorstand delegiert wurden. Sie können aber aus dem Aufsichtsrat ausscheiden, um das Amt eines Abwicklers zu übernehmen. 8

4. Wechsel der Abwickler. a) Ausscheiden aus dem Vorstand. Scheidet ein Mitglied des Vorstands aus, so endet auch seine Funktion als Abwickler, wenn das ausgeschiedene Vorstandsmitglied nicht durch Beschluss der obersten Vertretung oder durch Gerichtsbeschluss zum Abwickler bestellt ist. Neu vom Aufsichtsrat bestellte Vorstandsmitglieder sind ohne weiteres Abwickler, wenn die Abwickler nicht anderweitig bestellt sind. 9

---
[1] FKBP/*Kaulbach* § 47 Rn. 1.
[2] BT-Drs. 17/9342 (§ 301 Abs. 1).
[3] FKBP/*Kaulbach* § 47 Rn. 1.

10 **b) Die Abberufung durch die oberste Vertretung.** Die **oberste Vertretung** kann Abwickler, die nicht vom Gericht bestellt wurden, jederzeit und ohne dass besondere Gründe dafür vorliegen müssten, abberufen, Abs. 2 S. 3. Die oberste Vertretung kann auch Vorstandsmitglieder abberufen, wenn sie die Funktion von Abwicklern wahrnehmen, dies hat die Folge, dass die oberste Vertretung neue Abwickler zu bestellen hat; die abberufenen Abwickler bleiben Vorstände. Die neu berufenen Abwickler sind dann nicht Vorstandsmitglieder, obwohl sie die Befugnis wie Vorstände haben. Den Beschluss der obersten Vertretung kann der Abberufene nicht anfechten; er behält aber seine dienstvertraglichen Ansprüche als Abwickler, Abs. 2 S. 4, sofern nicht in der Abberufung auch eine Kündigung aus wichtigem Grund liegt.

11 **c) Die gerichtliche Abberufung.** Das **Gericht** ist verpflichtet, Abwickler zu bestellen und abzuberufen, die als Vorstandsmitglieder, nach Satzung, auf Beschluss der obersten Vertretung oder Gerichtsbeschluss in dieser Funktion tätig sind, wenn wichtige Gründe vorliegen und der **Aufsichtsrat** oder eine in der Satzung bestimmte **Minderheit von Mitgliedern** es beantragt (Abs. 2 S. 1).[4] Antragsberechtigt ist der Aufsichtsrat oder eine satzungsgemäß „bestimmte Minderheit von Mitgliedern". Diese Minderheitsregelung erfasst nicht nur Mitgliedervertreter sondern alle Mitglieder. Vom Gericht bestellte Abwickler können nicht etwa jederzeit und in jedem Fall vom Gericht wieder abberufen werden. Einen wichtigen Grund wird man daher nicht immer dann annehmen können, wenn ein entsprechender Antrag seitens des Aufsichtsrats oder von einer Minderheit der Mitglieder an das Gericht gestellt worden ist. Das Vorliegen eines wichtigen Grundes kann letztlich nur im konkreten Fall geklärt werden.[5] **Als wichtiger Grund** werden vor allem ungetreue, unsachgemäße oder verzögerliche Geschäftsführung in Frage kommen; auch subjektive Gründe können eine Rolle spielen, z. B. der durch Tatsachen bzw. Handlungen der Abwickler selbst hervorgerufene Verdacht ungetreuer, unsachgemäßer oder verzögerlicher Geschäftsführung oder in anderer Weise die Interessen der Versicherungsnehmer gefährdende Verhaltensweisen (z. B. das Unterlassen der Ausschreibung möglicher Nachschüsse). Ebenso kann eine länger dauernde Krankheit einen wichtigen Grund zur Abberufung des Abwicklers darstellen. Der Aufsichtsrat kann nur aufgrund eines ordnungsgemäß zustande gekommenen Mehrheitsbeschlusses die Abberufung verlangen, nicht können es einzelne seiner Mitglieder. Die in der Satzung festzulegende Minderheit der Mitglieder hat das Antragsrecht auch dann, wenn die oberste Vertretung eine Mitgliedervertreterversammlung ist. Mangels anders lautender gesetzlicher Regelung müssen diese Mitglieder nicht Mitglied der obersten Vertretung sein. Die Regelung in § 192 VAG beschränkt die Rechte der Minderheiten nur für den Fall auf Mitglieder der obersten Vertretung, soweit Vorschriften des Aktiengesetzes einer Minderheit von Aktionären Rechte gewähren.

Trifft die Satzung keine Vorsorge für den Fall des Abs. 2 S. 1, so kann eine Abberufung nur auf Antrag des Aufsichtsrats erfolgen. (Anhörung des Abzuberufenden, sofortige Beschwerde bei Ablehnung des Antrags). Es gilt § 402 FamFG des Gesetzes über Familiensachen und in den Angelegenheiten der freiwilligen Gerichtsbarkeit.

12 **d) Die Abberufung durch die Aufsichtsbehörde.** Die **AufsBehörde**, und nur sie, kann den von ihr bestellten Sonderbeauftragten abberufen. Sie kann einen neuen Sonderbeauftragten bestellen, andernfalls lebt die Liquidatorenstellung desVorstands wieder auf.

13 **IV. Das Erlöschen des Abwickleramtes.** Das Amt erlischt durch Abberufung oder mit der Löschung des VVaG im Handelsregister, Abs. 3 i. V. m. § 273 Abs. 1 AktG, ferner mit der Eintragung eines Fortsetzungsbeschlusses (§ 206 Abs. 4 VAG), mit der Verschmelzung mit einem anderen VVaG bzw. durch Verschmelzung im Wege der Aufnahme durch eine VersAG (§ 109 ff. UmwG), mit der Vermögensübertragung auf eine VersAG oder auf ein öffentlich-rechtliches Versicherungsunternehmen (§§ 180 ff. UmwG).

14 **V. Die Rechtstellung der Abwickler. 1. Außenverhältnis.** Die Abwickler sind gesetzliche Vertreter des VVaG, sie haben die Rechtsstellung wie Vorstandsmitglieder, Abs. 3 i. V. m. § 268 AktG. Sie zeichnen für den Verein wie Vorstandsmitglieder (mit dem Zusatz „i. L."): Abs. 3 i. V. m. § 269 Abs. 6 AktG. Zur Namensaufgabe auf Geschäftsbriefen: Abs. 3 i. V. m. § 268 Abs. 4 AktG.

15 Ihre Vertretungsmacht ist nach außen unbeschränkbar (Abs. 3 i. V. m. § 269 Abs. 5 AktG). Allerdings gilt dies nur im Hinblick auf die als Abwickler vorzunehmenden Geschäfte; zur Wirkung gesetzlicher Verbotsnormen vgl. oben § 203 VAG Rn. 7. Grundsätzlich gilt (außer im Falle der Bestellung einer juristischen Person zum Abwickler) Gesamtvertretungsmacht; im Falle der Bestellung einer juristischen Person zum Abwickler wird die juristische Person durch die für sie rechtswirksam handelnden Personen vertreten. Es gilt grundsätzlich Gesamtvertretungsmacht, Abs. 3 i. V. m. § 269 Abs. 2 AktG, auch wenn die Vorstandsmitglieder Abwickler sind und sie bisher Einzelvertretungsvollmacht hatten oder das Vier-Augen-Prinzip galt. Doch kann entweder in der Satzung oder bei der Bestellung durch den Aufsichtsrat (falls er hierzu durch die Satzung oder die oberste Vertretung ermächtigt ist) die Kollektivvertretung

[4] *Hüffer/Koch*, AktG, 12. Aufl. 2016, § 265 Rn. 8.
[5] Goldberg/Müller/*Müller* § 47 Rn. 12.

abgeschwächt oder in eine Einzelvertretungsmacht verwandelt werden (Abs. 3 i. V. m. § 269 Abs. 3 AktG). Eine allgemeine Einschränkung der Vertretungsmacht ergibt sich aus dem Zweck der Abwicklung (arg § 268 Abs. 2 S. 1 AktG: „innerhalb ihres Geschäftskreises"). Bei der Überschreitung dieser Grenzen folgt die Unwirksamkeit der Vertretung nach den allgemeinen Grundsätzen zum Missbrauch der Vertretungsmacht (§§ 164, 177 BGB).[6] Willenserklärungen können gegenüber einzelnen Abwicklern rechtswirksam abgegeben werden (§ 269 Abs. 2 S. 2 AktG).

2. Innenverhältnis; Kontrolle. Es liegt Geschäftsbesorgung, meist entgeltliche (Dienstvertrag nach § 675 BGB) vor. Die Vergütung wird durch das Organ, das den Abwickler bestellt oder durch ein anderes Organ, dem es diesen Auftrag übertragen hat, in dem Dienstvertrag festgesetzt. Sind die Vorstandsmitglieder Abwickler, so bleibt es bei ihren bisherigen Bezügen. Die Überwachung durch den Aufsichtsrat erfolgt wie bisher (Abs. 3 i. V. m. § 268 Abs. 2 S. 2 AktG). **Im Gegensatz zu den Vorstandsmitgliedern unterliegen Abwickler**, die nicht Vorstandsmitglieder sind, **keinem Wettbewerbsverbot** (Abs. 3 i. V. m. § 268 Abs. 3 AktG), doch kann eine Tätigkeit neben der Abwicklung vertraglich beschränkt werden. Ebenso ist im Sinne einer guten Geschäftsführung auch auf die Vermeidung von Interessenkonflikten bei der Abwicklungstätigkeit zu achten. Schadenersatz wegen Vernachlässigung der Pflichten ergibt sich aus Abs. 3 i. V. m. §§ 268 Abs. 2 S. 1; § 188 Abs. 1 VAG i. V. m. § 93 Abs. 1, 2 und 4 bis 6 AktG. Auch die Abwickler, die nicht Vorstände sind, unterliegen der Überwachung durch den Aufsichtsrat (§ 268 Abs. 2 S. 2 AktG). 16

VI. Die Anmeldung zum Handelsregister; Abwicklungsverfahren. 1. Die notwendigen Angaben gegenüber dem Handelsregister. Über die zum Abwickler bestimmten Personen ist mangels einer Vorschrift keine Mitteilung an die Aufsichtsbehörde erforderlich. Das verwundert, haben die Abwickler doch dieselben Rechte und Pflichten wie Vorstandsmitglieder. Die ersten Abwickler sowie ihre Vertretungsbefugnis sind vom Vorstand, jeder weitere Abwickler und eine Änderung der Vertretungsbefugnis sind von den Abwicklern zum Handelsregister anzumelden; ist ein Sonderbeauftragter (vgl. Rn. 6) als Abwickler tätig, hat er die Anmeldung vorzunehmen. Soweit es sich um Abwickler handelt, die vom Gericht bestellt wurden (Abs. 3 i. V. m. § 266 Abs. 4 AktG) werden die Eintragungen von Amts wegen vorgenommen. Für die Eintragung und Veröffentlichung gilt §§ 266 Abs. 1, 3 und 4 AktG; 10 HGB. Die Anmeldung der Beendigung der Abwicklung sowie die Löschung und Bekanntmachung sind in §§ 273 Abs. 1 AktG; 10 HGB geregelt. 17

Das Gesetz verweist in Abs. 2 auf § 402 des Gesetzes für das Verfahren in Familiensachen und in den Angelegenheiten der freiwilligen Gerichtsbarkeit. Diese Verweisung erscheint willkürlich und ist unsystematisch. **Hinzuweisen wäre auf § 375 Nr. 13 FamFG**, wonach es sich bei der Abberufung und Bestellung von Abwicklern seitens des Gerichts um ein unternehmensrechtliches Verfahren handelt, auf das dann die §§ 402 ff. FamFG anzuwenden sind 18

2. Der Gläubigeraufruf. Siehe Abs. 3 i. V. m. § 267 AktG. 19

3. Anzeigepflicht hinsichtlich des Eintretens von Insolvenztatbeständen während der Abwicklung. Im Falle der Zahlungsunfähigkeit oder der Überschuldung, die sich während des Laufes des Abwicklungsverfahrens ergibt, besteht eine Anzeigepflicht gem. § 311 Abs. 1 VAG an die Aufsichtsbehörde (§ 311 Abs. 1 VAG ist lex specialis zu dem von der Verweisung des Abs. 3 umfassten § 268 Abs. 2 i. V. m. § 92 Abs. 1 AktG). 20

VII. Rechnungslegung, Prüfung und Vermögensanlageverwaltung. 1. Rechnungslegung. Die Aufstellung einer Liquidations-Eröffnungsbilanz nebst erläuterndem Bericht sowie erforderlichenfalls weitere Jahresabschlüsse einschließlich Lagebericht, sowie der Vorlage an den Aufsichtsrat und die oberste Vertretung mit Feststellung durch die oberste Vertretung sind in Abs. 3 i. V. m. § 270 Abs. 1 und 2 S. 1 AktG geregelt. Für die Aufstellung der Schlussrechnung gilt gemäß Abs. 3 § 273 Abs. 1 S. 1 AktG. 21

2. Sonstige Geschäftsführungsaufgaben. Die Verwaltung der Kapitalanlagen, die Erbringung von Versicherungsleistungen, der Einzug von Versicherungsbeiträgen, ggf. die Führung von Prozessen gehören ebenso wie die Ausschreibung von Umlagen und Nachschüssen, soweit sie zulässig sind, zu den Aufgaben der Abwickler im Abwicklungsverfahren (§ 203 Abs. 2 S. 2 i. V. m. § 179 VAG). Die Beendigung schwebender Geschäfte und die Bezahlung der Verbindlichkeiten erfolgt in der Reihenfolge wie in § 205 VAG festgelegt. Die Versicherungsverhältnisse enden mit dem in dem Beschluss der obersten Vertretung über die Auflösung des VVaG festgesetzten Zeitpunkt, frühestens jedoch mit dem Ablauf von 4 Wochen (§ 199 Abs. 3 S. 1 VAG). Die Folge ist, dass Versicherungsansprüche, die bis zu diesem Beendigungspunkt, also auch noch nach dem Beschluss der obersten Vertretung, entstanden sind, geltend gemacht werden können. Darüber hinaus können aber nur die für künftige Versicherungszeitabschnitte im Voraus gezahlten Beiträge nach Abzug der aufgewandten Kosten zurückgefordert werden 22

[6] Palandt/*Ellenberger* § 164 Rn. 2.

Abweichend von dieser Regelung bleiben die Lebensversicherungsverhältnisse unberührt, wenn die Satzung nichts anderes bestimmt (§ 199 Abs. 3 S. 3 VAG vgl. § 199 Rn. 4–7).

23 **3. Verteilung eines etwaigen Überschusses.** Die Verteilung erfolgt nach § 205 Abs. 2 VAG unter Berücksichtigung von § 272 Abs. 3 AktG.

24 **VIII. Straf- und Bußgeldvorschriften für Abwickler.** Siehe §§ 326, 327 VAG.

25 **IX. Kleinere Vereine.** § 204 gilt nicht für kleinere Vereine (§ 210 Abs. 1 S. 1 VAG).

Tilgung des Gründungsstocks; Vermögensverteilung

205 (1) [1]**Der Gründungsstock darf erst getilgt werden, wenn die Ansprüche sämtlicher anderer Gläubiger, insbesondere die der Mitglieder aus Versicherungsverhältnissen, befriedigt sind oder Sicherheit geleistet ist.** [2]**Für die Tilgung dürfen keine Nachschüsse oder Umlagen erhoben werden.**

(2) [1]**Das nach der Berichtigung der Schulden verbleibende Vereinsvermögen wird an die Mitglieder verteilt, die zur Zeit der Auflösung des Vereins vorhanden waren.** [2]**Es wird nach demselben Maßstab verteilt, nach dem der Überschuss verteilt worden ist.**

(3) **Über die Verteilung des Vermögens kann die Satzung etwas anderes bestimmen; die Bestimmung anderer Anfallberechtigter kann sie der obersten Vertretung übertragen.**

1 **I. Regelungsinhalt.** Die Bestimmung stimmt inhaltlich mit § 48 VAG a. F. überein. Aus Abs. 1 S. 1 geht hervor, dass die Bestimmung inhaltlich in engem Zusammenhang mit der Abwicklung zu sehen ist. Hierfür spricht ihr Standort nach §§ 203, 204 VAG und die Anknüpfung an die zuvor notwendigerweise erfolgende Tilgung aller sich nicht auf den Gründungsstock beziehender Ansprüche.

2 **II. Die Rangordnung der Gläubiger in der Abwicklung (Abs. 1).** Eine Rangordnung besteht lediglich zwischen den Garanten als Gläubiger des Gründungsstocks und allen übrigen Gläubigern. Bei Forderungen, die den Ansprüchen auf Tilgung des Gründungsstocks vorgehen, macht der Gesetzgeber keinen Unterschied zwischen Nicht-Mitgliedern, Mitgliedern und Ansprüchen aus Versicherungsverhältnissen und anderen Gläubigern des Vereins. Diese werden gleich behandelt, ohne dass eine Rangfolge zwischen ihnen statuiert wird. Zu Befriedigung dieser Vereinsgläubiger können Umlagen und Nachschüsse erhoben werden.

3 Auch hier ist gem. § 179 Abs. 3 VAG zu beachten, dass Nachschüsse und Umlagen, die nur zu Befriedigung der Mitglieder dienen, ebenso wie solche, die nur für die Tilgung des Gründungsstocks Verwendung finden sollen, nicht ausgeschrieben werden dürfen (§ 205 Abs. 1 S. 2 VAG). Die absolute Nachrangigkeit der Gläubiger des Gründungsstocks (Abs. 1) und der Anfallberechtigten des Vereinsvermögens (Abs. 2, 3) macht deutlich, dass es zum Wesen des VVaG gehört, das haftende Vermögen so lange zusammenzuhalten, wie Ansprüche aus der werbenden Tätigkeit des Unternehmens noch bestehen. Jedes Mitglied trägt während der Dauer seiner Mitgliedschaft das Seine zur finanziellen Stärkung (Innenfinanzierung der Eigenmittel) bei. Dieser Beitrag verbleibt mangels selbständig handelbarer Mitgliedschaftsrechte im VVaG und wächst der nächsten versicherten Generation zu (Ausnahme: Abfindung für den Verlust der Mitgliedschaft; vgl. oben § 201 Rn. 3–8). Dieser Vorgang beschreibt ein wesentliches Element der Gegenseitigkeit und setzt sich fort bis zur Auflösung des VVaG.

4 **III. Die Tilgung des Gründungsstocks. 1. Die Tilgung in der Abwicklung.** In der Abwicklung gilt nach Abs. 1 dass die Ansprüche auf Tilgung des Gründungsstocks den Ansprüchen sämtlicher anderer Gläubiger nachstehen und dass zur Tilgung des Gründungsstocks keine Nachschüsse oder Umlagen erhoben werden dürfen (§ 205 Abs. 1 S. 2 VAG); was der Gesetzgeber ausdrücklich an zwei Stellen geregelt hat, einmal für die Abwicklung und einmal für die Insolvenz (§ 208 Abs. 2 VAG).

5 Allerdings ist zu beachten, dass die Tilgung des Gründungsstocks in der Abwicklung einzusetzen hat, wenn alle Ansprüche gemäß Abs. 1 getilgt sind. Daraus folgt, dass der Anspruch der Mitglieder auf Verteilung des Restvermögens (Abs. 2) erst zum Zug kommt „nach Berichtigung der Schulden" – zu denen auch der Rückzahlungsanspruch der Garanten gehört. Die Mitglieder – als dauerhafte Risikoträger des VVaG – werden daher zum Schluss berücksichtigt (Letzthaftende).

6 **2. Die Tilgung in der Insolvenz.** Im Fall der **Insolvenz** gilt für die Tilgung des Gründungsstocks § 208 Abs. 2 VAG; die Ansprüche auf Tilgung des Gründungsstocks werden als letzte befriedigt. Die Ausschreibung von Umlagen und Nachschüssen hierfür ist unzulässig.

7 **3. Die Tilgung bei normalem, werbenden Geschäftsbetrieb. Außerhalb von Abwicklung und Insolvenz** – also beim werbend tätigen VVaG – können zur Tilgung des Gründungsstocks Nachschüsse und Umlagen erhoben werden (§ 178 Abs. 4 VAG). In diesem Fall geht die Risikotragung von den Gründungsstock-Gläubigern auf die Mitglieder als Träger des VVaG über. In diesem Fall richtet sich die Tilgung nach § 178 Abs. 4 VAG.

IV. Verteilung des Vermögens (Abs. 2, 3). 1. Grundsatz (Abs. 2). Das Vereinsvermögen ist an die zur Zeit der Auflösung vorhandenen Mitglieder zu verteilen. Verteilungsmaßstab ist der, welcher auch für die Verteilung des Überschusses (§ 194 VAG) zur Zeit der Auflösung gilt, Abs. 2 S. 2. 8

2. Abweichende Satzungsbestimmungen (Abs. 3). Die Satzung kann etwas anderes als Abs. 2 bestimmen, sowohl was die Anfallberechtigten als auch was den Verteilungsmaßstab betrifft. Als anfallberechtigt können z. B. auch vor dem Auflösungsbeschluss ausgeschiedene Mitglieder bestimmt werden. Die Satzung kann ausdrücklich die oberste Vertretung ermächtigen, andere Anfallberechtigte als die Mitglieder zu bestimmen. Ein solcher Beschluss ist z. B. bei Pensionskassen denkbar, bei denen die Arbeitgeber Mitglieder und die Arbeitnehmer versicherte Personen sind. Eine Änderung der Satzung dahingehend, dass statt der ursprünglich vorgesehenen Verteilung des Überschusses an die Mitglieder andere Anfallberechtigte bestimmt werden, ist zulässig, da nicht nur Mitgliedern, sondern auch Dritten ein Recht auf den Liquidationserlös eingeräumt werden kann.[1] Allerdings überrascht, dass für diesen Beschluss der obersten Vertretung **kein besonderes Quorum** gefordert wird, handelt es sich hierbei doch um eine werthaltige aus der Mitgliedschaft resultierende Position, die man den Mitgliedern nicht ohne weiteres entziehen kann.[2] 9

Nach dem Auflösungsbeschluss ist eine Satzungsänderung, die die gesetzlichen oder Satzungsbestimmungen über die Anfallberechtigung und den Verteilungsmaßstab ändert, allerdings nicht mehr möglich. Ebenso ist eine Änderung des Verteilungsschlüssels im Zusammenhang mit der Bestimmung anderer Anfallberechtigter durch die oberste Vertretung nicht möglich.[3] Hierzu gibt das Gesetz keine Handhabe. Im Hinblick auf den Schutz der Minderheitsrechte, muss eine Beschlussfassung, mit der beabsichtigt ist, andere Anfallberechtigte festzulegen, seitens der obersten Vertretung allen verbliebenen Mitgliedern bekannt gemacht werden.[4] Andere Anfallberechtigte als die zur Zeit der Auflösung vorhandenen Mitglieder, kann die oberste Vertretung (und nur sie) bestimmen, wenn die Satzung sie dazu ermächtigt (auch in der Weise, dass in der Satzung andere Anfallberechtigte bestimmt sind, der obersten Vertretung aber die Befugnis eingeräumt wird, von dieser Satzungsbestimmung abzuweichen, so dass auf diesem Wege die oberste Vertretung auch die Verteilung an die Mitglieder beschließen, also den gesetzlichen Zustand wieder herstellen könnte).[5] Der Verteilungsmaßstab, wie er in der Satzung bestimmt ist, kann aber zu diesem Zeitpunkt (nach dem Auflösungsbeschluss) nicht mehr durch die oberste Vertretung geändert werden, auch eine Satzungsänderung ist insoweit nicht möglich (arg. e Abs. 3 2. Hs.). Da § 177 VAG als umfassende Regelung der Gegenseitigkeit alle geldwerten Beziehungen des Mitglieds zum VVaG erfasst (Mitgliedsbeiträge und Vereinsleistungen), ist die oberste Vertretung bei der Festlegung eines anderen Verteilungsmaßstabs an das Gleichbehandlungsgebot gebunden. Der Grundsatz der Gegenseitigkeit endet erst mit dem Ende der Abwicklung.

3. Durchführung der Verteilung. Die Verteilung geschieht in der Weise, dass das verbleibende Vermögen veräußert und der Erlös aufgeteilt wird, doch können die Abwickler einzelne Vermögensgegenstände zu ihrem Liquidationswert auf Anfallberechtigte übertragen.[6] Die Verteilung ist erst zulässig, wenn ein Jahr seit dem dritten Gläubigeraufruf verstrichen ist (§ 204 Abs. 3 VAG i. V. m. § 272 AktG). 10

V. Kleinere Vereine. § 205 gilt auch für kleinere Vereine (§ 210 Abs. 1 S. 1 VAG). 11

Fortsetzung des Vereins

206 (1) [1]**Ist ein Verein durch Zeitablauf oder durch Beschluss der obersten Vertretung aufgelöst worden, so kann die oberste Vertretung, solange noch nicht mit der Verteilung des Vermögens unter die Anfallberechtigten begonnen worden ist, die Fortsetzung des Vereins beschließen.** [2]**Der Beschluss bedarf einer Mehrheit von drei Vierteln der abgegebenen Stimmen, wenn die Satzung nichts anderes bestimmt.** [3]**Er bedarf der Genehmigung der Aufsichtsbehörde; diese hat die Genehmigung dem Registergericht mitzuteilen.**

(2) **Gleiches gilt, wenn der Verein durch die Eröffnung des Insolvenzverfahrens aufgelöst, das Verfahren aber auf Antrag des Vereins eingestellt oder nach der Bestätigung eines Insolvenzplans, der den Fortbestand des Vereins vorsieht, aufgehoben worden ist.**

(3) **Die Abwickler haben die Fortsetzung des Vereins zur Eintragung in das Handelsregister anzumelden; sie haben bei der Anmeldung nachzuweisen, dass noch nicht mit der Verteilung des Vermögens des Vereins unter die Anfallberechtigten begonnen worden ist.**

[1] *Kisch*, Das Recht des Versicherungsvereins auf Gegenseitigkeit, 1951, S. 302; a. M. *Preußisches OVG* VA 1913, 760 1906, 67.
[2] FKBP/*Kaulbach* § 48 Rn. 5.
[3] FKBP/*Kaulbach* § 49 Rn. 6.
[4] FKBP/*Kaulbach* § 49 Rn. 6.
[5] FKBP/*Kaulbach* § 48 Rn. 4, hinsichtlich der Auskehrung des verbleibenden Vermögens an Externe.
[6] VA 1933, 218.

(4) **Der Fortsetzungsbeschluss hat keine Wirkung, bevor er in das Handelsregister des Sitzes des Vereins eingetragen worden ist.**

1 **I. Regelungsinhalt.** Die Regelung stimmt mit § 49 VAG a. F. inhaltlich überein. Ein bereits aufgelöster Verein kann sowohl bei Auflösung durch Zeitablauf oder im Falle eines Auflösungsbeschlusses der obersten Vertretung als auch in Folge der Aufhebung/Einstellung des Insolvenzverfahrens durch Beschluss der obersten Vertretung fortgesetzt werden (§ 206 Abs. 1, 2 VAG), **solange noch nicht mit der Verteilung des Vereinsvermögens unter den Anfallberechtigten** (§ 205 Abs. 2, 3 VAG) **begonnen wurde**. Ein derartiger Beschluss führt jedoch dann nicht zum Fortbestand des Vereins, wenn gleichzeitig die vollständige Aufgabe der Versicherungstätigkeit beschlossen wird. Der Verein kann nicht wie ein Mantel für die Übernahme durch andere Personen bereit gehalten werden.[1] Die Bestimmung des VVaG liegt eben darin, die Versicherung der wirtschaftlichen Interessen seiner Mitglieder zu betreiben. Die Bestimmung ist § 274 AktG nachgebildet. Bei der Verteilung des Vermögens nach Abs. 1 handelt es sich um das, nach Berichtigung der Schulden verbliebene Vereinsvermögen nach § 205 Abs. 2 VAG – also nach Berichtigung der Ansprüche der Garanten.[2] Es kommt letztlich auf das **Vorhandensein der notwendigen Solvabilitätsmittel** an, um den Fortbestand des VVaG als Versicherer durch Beschluss herbeizuführen. Ist dann kein Vermögen vorhanden, das der Mindestsolvabiltitätsanforderung entspricht, kann keine Fortsetzung beschlossen werden. Fehlt es hieran, muss zum Zeitpunkt des Fortsetzungsbeschlusses die Erklärung von Garanten, einen Gründungsstock bereit zu stellen, verbindlich vorliegen.

2 **II. Die Zulässigkeit der Fortsetzung eines in Abwicklung befindlichen VVaG. 1. Fallgruppen.** Die Möglichkeit der Fortsetzung besteht bei Auflösung
– durch Ablauf der in der Satzung bestimmten Zeit (§ 198 Nr. 1 VAG),
– durch Beschluss der obersten Vertretung (§ 198 Nr. 2 VAG),
– im Zusammenhang mit der Durchführung eines Insolvenzverfahrens (§ 198 Nr. 3 VAG), wenn entweder das Insolvenzverfahren nach rechtskräftiger Bestätigung des Insolvenzplans (§ 258 InsO) oder wegen Wegfalls des Eröffnungsgrundes (§ 212 InsO) aufgehoben oder wenn es mit Zustimmung der Gläubiger (§ 213 InsO) eingestellt wird;
– aus anderen als den in § 198 VAG genannten Gründen, z. B. in der Satzung bestimmten besonderen Auflösungsgründen (siehe § 198 VAG Rn. 7).

3 **2. Fortsetzung zwecks Verschmelzung / Vermögensübertragung.** Eine Verschmelzung zweier VVaG bzw. die Verschmelzung eines VVaG mit einer VersAG (vgl. § 109 UmwG) ist auch möglich, wenn sich der (die) übertragende(n) VVaG – oder bei Verschmelzung durch Neubildung die sich vereinigenden VVaG – in der Abwicklung (§ 198 Nr. 1–3 VAG) befinden, solange noch die Fortsetzung gem. § 206 Abs. 1 VAG beschlossen werden kann, also insbesondere, solange noch nicht mit der Verteilung des Vermögens gem. § 205 Abs. 2 VAG begonnen worden ist. Dies ergibt sich aus § 3 Abs. 3 UmwG (verschmelzungsfähige Rechtsträger), wonach an einer Verschmelzung als übertragender Rechtsträger auch aufgelöste Rechtsträger beteiligt sein können, wenn die Fortsetzung dieser Rechtsträger beschlossen werden könnte. Die Regelung in § 3 Abs. 3 UmwG ersetzt insofern die Bestimmung des § 339 Abs. 2 AktG a. F.[3] Auch bei einer Vermögensübertragung steht nicht entgegen, dass sich der VVaG in der Abwicklung befindet (vgl. § 180 Abs. 1 und 3 UmwG für die Vollübertragung des Vermögens eines VVaG auf VersAG oder öffentlich-rechtliches Versicherungsunternehmen (§ 175 Nr. 2b UmwG).

4 **3. Hinderungsgründe für die Fortsetzung.** Die Fortsetzung des VVaG ist nicht möglich **nach Auflösung durch Ablehnung eines Insolvenzantrages mangels Masse** (§ 26 InsO) und **bei Einstellung des Insolvenzverfahrens mangels Masse** (§ 207 InsO) **sowie bei Aufhebung des Insolvenzverfahrens nach §§ 199, 200 InsO**. In all diesen Fällen wäre kein Solvabilitätskapital bzw. Mindestkapital gem. § 121 Abs. 1 VAG zum Betreiben des Versicherungsgeschäfts vorhanden.

5 **III. Das Fortsetzungsverfahren. 1. Beschluss der obersten Vertretung.** Erforderlich ist eine **Dreiviertelmehrheit der abgegebenen Stimmen**. Unklar ist, ob die Satzung eine geringere Mehrheit, z. B. einfache Mehrheit vorsehen (Abs. 1 S. 2) kann; eine Verschärfung der Anforderung ist nach dem Wortlaut des Gesetzes zulässig. Für die Aktiengesellschaft lässt § 274 Abs. 1 S. 3 AktG nur eine **Verschärfung der Anforderungen des Fortsetzungsbeschlusses** zu. Nach den zahlreichen Verweisen im VVaG-Recht auf das Recht der Aktiengesellschaft, ist keine Begründung erkennbar, warum die Regelung für den Fortsetzungsbeschluss zwischen den Gesellschaftsformen unterschiedlich sein und beim VVaG erleichterte Voraussetzungen möglich sein sollten (vgl. auch § 191 VAG Rn. 24 ff.). Demnach ist davon auszugehen, dass auch die Anforderungen an einen Fortsetzungsbeschluss des VVaG nur verschärft, aber nicht abgesenkt werden können. Gerade beim VVaG, bei dem ein Mitglied als Träger

[1] *BGH* Urt. v. 26.6.1995 – II ZR 282/93, WM 1995, 1446.
[2] So auch *Farny* S. 221.
[3] Die Vorschrift wurde aufgehoben durch Art. 6 Nr. 13 UmwG vom 8.11.1994 (BGBl. I S. 3209, 3263).

seine Mitgliedschaft nicht veräußern kann, ist für die Fortsetzung ein hoher Zustimmungsgrad erforderlich (abweichend von der Vorauflage).

2. Genehmigungsvorbehalt der Aufsichtsbehörde (Abs. 1 S. 3). Der **Fortsetzungsbeschluss** bedeutet **Zweckänderung der Gesellschaft**; von der abwickelnden zur werbenden Gesellschaft. Dies stellt eine Änderung des Inhalts des Geschäftsplans (vorher abwickelnde Gesellschaft) nach §§ 9 Abs. 1, 12 Abs. 1 VAG dar.[4] Vor der Genehmigung wird sich die Behörde vergewissern, ob die Vermögenslage des Vereins unter dem Gesichtspunkt der finanziellen Sicherheit (analog § 9 Abs. 2 Nr. 4 VAG) eine Genehmigung erlaubt oder ob die Genehmigung nur unter der Bedingung erfolgen kann, dass ein neuer Gründungsstock (vgl. § 178 Rn. 7 ff.) zur Verfügung gestellt wird. 6

3. Mitteilung der Genehmigung der Fortsetzung an das Registergericht. Die Mitteilung der Genehmigung der Fortsetzung erfolgt durch die Aufsichtsbehörde **an das Registergericht** (Abs. 1 S. 3 Hs. 2). 7

4. Anmeldung des Fortsetzungsbeschlusses. Die Anmeldung des Fortsetzungsbeschlusses erfolgt durch die Abwickler. Da im Zusammenhang mit der Insolvenzeröffnung keine Abwickler bestellt werden und der Insolvenzverwalter bei Einstellung des Insolvenzverfahrens nach § 212 InsO und Aufhebung nach § 258 Abs. 1 InsO nicht mehr zuständig ist, werden für die Anmeldung des Fortsetzungsbeschlusses in diesen Fällen die Vorstandsmitglieder des aufgelösten VVaG tätig[5] (zur Form der Anmeldung vgl. § 185 VAG Rn. 1). Für den bei der Anmeldung zu erbringenden **Nachweis, dass mit der Verteilung des Vermögens unter die Anfallberechtigten noch nicht begonnen worden ist**, gibt es keine Vorschriften; es wird zweckmäßigerweise anhand der Bücher durch einen Wirtschaftsprüfer oder durch eine Bescheinigung der Aufsichtsbehörde erbracht. Nach § 204 Abs. 3 VAG i. V. m. § 270 AktG hat der VVaG zu Beginn der Abwicklung eine Eröffnungsbilanz zu erstellen; sinnvoll wäre es daher zum Zeitpunkt des Fortsetzungsbeschlusses eine Fortsetzungsbilanz aufzustellen. Da nach § 31 Abs. 1 FamFG die Versicherung an Eides statt nur zur Glaubhaftmachung und nicht zum Nachweis von Tatsachen zugelassen ist, kann hiermit der Nachweis nach Abs. 3 nicht geführt werden.[6] Das Registergericht wird bei den Anforderungen darauf Rücksicht zu nehmen haben, dass ein Negativbeweis u. U. nicht leicht zu erbringen sein wird.[7] 8

IV. Die Eintragung in das Handelsregister (Abs. 4). 1. Die Wirkung der Eintragung. Die **Eintragung** des Fortsetzungsbeschlusses in das Handelsregister hat **konstitutive Wirkung** für die Fortsetzung der Tätigkeit des Vereins; hier führt also nicht bereits die Genehmigung der BaFin zur Aufhebung der Auflösungswirkungen. 9

2. Die Bekanntmachung der Eintragung und ihre Wirkung. Die Bekanntmachung der Registereintragung richtet sich nach § 10 HGB, doch ist entsprechend Abs. 4 (ähnlich wie in § 196 Abs. 3 VAG) **die Wirksamkeit der Fortsetzung an die Eintragung in das Handelsregister nicht an die Bekanntmachung geknüpft** (konstitutive Wirkung der Eintragung); vgl. § 8a Abs. 1 HGB. Für die Anmeldung zur Eintragung und die Einreichungserfordernisse gilt § 12 HGB. 10

V. Rechtsfolgen der Fortsetzung. Der liquidierende VVaG wird wieder ein „werbendes" Unternehmen, sobald der Fortsetzungsbeschluss eingetragen worden ist. In der aufsichtsbehördlichen Genehmigung des Fortsetzungsbeschlusses liegt zugleich, auch wenn dies nicht ausdrücklich ausgesprochen worden ist, die Genehmigung zur Fortführung des Versicherungsbetriebs (§§ 8 Abs. 1, 12 Abs. 1 VAG), nach Auflösung aufgrund Zeitablaufs (§§ 198 Abs. 1 Nr. 1 VAG) sogar eine Neuzulassung, da die ursprüngliche Zulassung durch den Geschäftsplan befristet war (§ 10 Abs. 1 VAG). Soweit am Tage der Eintragung in das Handelsregister Versicherungsverhältnisse mit Mitgliedern oder Nicht-Mitgliedern nach § 199 Abs. 3; § 16 VVG noch bestanden (Nicht-Mitgliederversicherung), laufen sie weiter; waren sie aufgelöst, so bleibt es dabei, sofern sie nicht durch Vereinbarung fortgesetzt werden. In den meisten Fällen werden diese Versicherungsverhältnisse also neu begründet werden müssen. Neue Verträge können wie vor der Auflösung abgeschlossen werden. 11

VI. Kleinere Vereine. § 206 gilt **nicht** für kleinere Vereine. 12

Vorbemerkung zu §§ 207–209: Insolvenz des VVaG

I. Die Reform des Insolvenzrechts 1994. Durch die Verabschiedung der Insolvenzordnung (InsO) vom 5.10.1994[1] nebst Einführungsgesetz vom 5.10.1994[2] ist es zu einer grundlegenden – jahrelang 1

[4] FKBP/*Kaulbach* § 49 Rn. 3.
[5] *Hüffer/Koch*, AktG, 12. Aufl. 2016, § 274 Rn. 7.
[6] MüKoAktG/*Hüffer* § 274 Rn. 30.
[7] FKBP/*Kaulbach* § 49 Rn. 4.
[1] BGBl. I 2866.
[2] BGBl. I 2911; VerBAV 1994, 418.

umstrittenen – Reform des Insolvenzrechts gekommen.[3] Die am 1.1.1999 in Kraft getretene InsO gibt die Doppelgleisigkeit eines Konkurs- und Vergleichsverfahrens zugunsten eines einheitlichen Insolvenzverfahrens auf.[4] Art. 87 des Einführungsgesetzes zu InsO trug dem hinsichtlich der notwendigen Änderung des VAG und Art. 88 hinsichtlich des VVG zum 1.1.1999 bereits frühzeitig Rechnung. Bis zu diesem Zeitpunkt war das Verfahren nach den bislang geltenden Bestimmungen in Verbindung mit der Konkursordnung abzuwickeln; dies galt auch für laufende Verfahren und Rechtsstreitigkeiten nach 1999.[5] Reformvorschläge hinsichtlich einer Optimierung der Absicherung der Ansprüche der Versicherungsnehmer im Insolvenzfall durch Schaffung eines Konkurssicherungsfonds nach dem Muster des Einlagensicherungsfonds der Banken waren im Zeitalter der Produktregulierung abzulehnen, „denn durch einen Konkurssicherungsfonds wird das Prinzip gestört, wonach Risiken und Chancen aus Versicherungsentscheidung ungeteilt auf die einzelnen, autonom entscheidenden Wirtschaftsobjekte, also die Versicherungsnehmer und Versicherer, dezentral zugeordnet werden. Es ist marktwirtschaftlich verfehlt, wenn Versicherungskunden die Chancen guter Entscheidungen für sich behalten, die Risiken schlechter Entscheidungen dagegen in einem Konkurssicherungsfonds „entsorgen".[6] Allerdings ist nicht zu verkennen, dass die **Abschaffung der materiellen Produktaufsicht durch die Aufsichtsbehörde im Zusammenhang mit lang laufenden Verträgen in Personenversicherungszweigen das Insolvenzrisiko für den Versicherungsnehmer erhöht hat**. Hinzu tritt die in den letzten Jahrzehnten zunehmend verstärkt auftretende Volatilität der Kapitalmärkte und die lang anhaltende Niedrigzinsphase. Dem tragen insbesondere die Schutzvorschriften der §§ 315, 316 VAG Rechnung. Die Insolvenz eines Versicherers ist aus vielerlei Gründen nicht mehr nur eine theoretische Frage. In diesem Zusammenhang übernimmt der Sicherungsfonds für die in § 221 Abs. 1 VAG erwähnten Versicherungssparten eine zusätzliche Schutzfunktion, in dem er nach den für ihn geltenden Bestimmungen als Auffanggesellschaft die Bestände eines angeschlagenen Lebensversicherers bzw. Krankenversicherers unter bestimmten Voraussetzungen (§ 222 Abs. 1, 2 VAG) übernimmt und saniert. Im Hinblick auf die Deregulierung und die zunehmende Bedeutung kapitalgedeckter versicherungsförmiger Vorsorgeprodukte für das Alter, ist ein solcher Fonds zwingend erforderlich. Es bleibt aber die **Sorge, dass die verantwortungsbewussten Versicherer und deren Kunden die Zeche für in besonderem Maße aggressive Versicherer zahlen** könnten. *Farny* spricht im Zusammenhang mit dem Sicherungsfonds für die Lebens- und Krankenversicherer sogar von „einem Rückfall in frühere Zeiten der Marktregulierung".[7] Zum Entschädigungsfonds für Schäden aus Kraftfahrzeugunfällen – Verkehrsopferhilfe e. V. und dem Konkurssicherungsfonds der Kraftfahrzeug-Haftpflichtversicherer-Solidarhilfe e. V., die seitens der Deutschen Versicherungswirtschaft auf freiwilliger Grundlage geschaffen worden sind (siehe hierzu die Literatur).[8]

2 **II. Der Sicherungsfonds nach § 221 VAG.** Erstversicherer, die Versicherungssparten gem. § 221 Abs. 1 VAG betreiben, sind unabhängig von ihrer Rechtsform verpflichtet, einem Sicherungsfonds anzugehören, „der dem Schutz der Ansprüche ihrer Versicherungsnehmer, der versicherten Personen, der Bezugsberechtigten und der sonstigen aus dem Versicherungsvertrag begünstigten Personen dient." Mit dem **Sicherungsfonds** und dem damit zur Verfügung stehenden Instrumentarium **sollen** letztlich für die betroffenen Versicherungssparten **die harten Konsequenzen der Insolvenz nach § 316 VAG vermieden werden**. Allerdings zeigt § 316 Nr. 1 und 2 VAG, dass der Sicherungsfonds die Wirkung einer Insolvenz nicht in allen Fällen verdrängt, sondern nur dort, wo dies die Möglichkeiten des Sicherungsfonds gem. § 222 Abs. 4, 5 und 6 VAG ökonomisch erlauben. Voraussetzung für das Tätigwerden des Sicherungsfonds ist, dass die BaFin aufgrund eigener Feststellungen zu dem Ergebnis kommt, dass ein Versicherer dauerhaft nicht mehr im Stande ist, seinen Verpflichtungen aus den abgeschlossenen Versicherungsverträgen nachzukommen und die Vermeidung des Insolvenzverfahrens zum Besten der Versicherten geboten erscheint (vgl. § 314 VAG) oder aber eine Anzeige des Unternehmens nach § 311 Abs. 1, 2 VAG vorliegt. Systematisch gehört § 314 VAG nicht in das der Insolvenz gewidmete Kapitel, sondern in den Teil, der sich mit dem Sicherungsfonds beschäftigt. Im Zuge dieses Insolvenzvermeidungsverfahrens kann die Aufsichtsbehörde nach § 222 Abs. 2 VAG die Übertragung des gesamten Versicherungsbestandes mit den zur Deckung der Verbindlichkeiten aus diesen Vorschriften erforderlichen (es müsste wohl im Gesetz heißen „vorhandenen") Vermögensgegenständen auf den zuständigen Sicherungsfonds übertragen. **Da in diesem Fall § 13 VAG nicht anzuwenden ist, greift auch nicht die Entgeltregelung für den Verlust der Mitgliedschaft im VVaG nach § 13 Abs. 3 VAG.** Da mit der Anordnung der Bestandsübertragung auf den Sicherungsfonds die Erlaubnis zum Geschäftsbetrieb des übertragenden Versicherers nach § 222 Abs. 7 VAG erlischt, erscheint § 222 Abs. 6 2. Hs. VAG nicht nur vor dem Hintergrund des § 222 Abs. 2 VAG widersprüchlich, der dann bei einer

[3] *Pick* NJW 1995, 992; *Burger/Schellberg* BB 1995, 261.
[4] *Burger/Schellberg* BB 1995, 261.
[5] *Kuhn/Uhlenbruck*, Konkursordnung, 11. Aufl., 1994, Vorwort.
[6] *Farny* S. 112.
[7] *Farny* S. 126.
[8] *Dreher* FS Rittner, 1991, 93, 98 ff.

weiteren Übertragung des Bestandes auf einen in Deutschland zugelassenen Versicherer § 13 VAG wieder für anwendbar erklärt. Die Mitgliedschaften sind zu diesem Zeitpunkt bereits untergegangen.

III. Insolvenztatbestände; Anzeigepflicht; Antragsrecht. Allgemeiner Eröffnungsgrund für das Insolvenzverfahren ist die Zahlungsunfähigkeit (§ 17 Abs. 1 InsO). Der Tatbestand der Zahlungsunfähigkeit ist in § 17 Abs. 2 InsO näher definiert. Weitere Gründe sind die drohende Zahlungsunfähigkeit (§ 18 InsO) und bei juristischen Personen auch die Überschuldung (§ 19 InsO), die ebenfalls in § 19 Abs. 2 InsO definiert wird. Allerdings kann einen Insolvenzantrag nur die BaFin bei Vorliegen der in § 312 Abs. 1 VAG genannten Voraussetzungen stellen (§ 301 Abs. 1 VAG Zahlungsunfähigkeit und Überschuldung). Hier spielt der Gläubigerschutzgedanke des Aufsichtsrechts eine Rolle. Die BaFin hat eine eigene Prüfungspflicht vor Stellung des Antrags. Anstelle der Antragspflicht des Vorstands nach §§ 17, 18, 19 InsO tritt die Anzeigepflicht des Vorstands gegenüber der BaFin (§ 311 Abs. 1 VAG). Damit verdrängt § 311 VAG das Antragsrecht nach §§ 14, 15 InsO. 3

In § 311 Abs. 1 VAG fehlt als die Anzeigepflicht begründender Tatbestand die drohende Zahlungsunfähigkeit nach § 18 InsO. Damit trägt § 311 Abs. 1 VAG den im Gesetz geregelten Maßnahmen zur Rettung eines Versicherers (unabhängig von der Rechtsform) nach §§ 132–137 VAG Rechnung; diese Maßnahmen sind vorrangig zu ergreifen. Hierdurch können die einschneidenden Folgen eines Insolvenzverfahrens vermieden werden. Aus dem Gesamtzusammenhang heraus und insbesondere im Hinblick auf die Sorgfaltspflichten des Vorstandes kann grundsätzlich nicht angenommen werden, dass in diesem Falle keine Anzeigepflicht bestehen soll. Allerdings können an eine Verletzung dieser Anzeigepflicht mangels Tatbestandsvoraussetzung aus rechtsstaatlichen Gründen nicht die **Strafandrohungen** aus § 331 Abs. 2 Nr. 3 VAG geknüpft werden. Eine Verschlechterung der finanziellen Lage ist zwar nach § 132 VAG unverzüglich der Aufsichtsbehörde anzuzeigen, da eine Verletzung dieser Pflicht ebenfalls nach § 331 VAG weder strafbewährt ist noch unter § 332 VAG als Ordnungswidrigkeit Erwähnung findet, bleibt die Nichtanzeige einer drohenden Zahlungsunfähigkeit ohne diesbezügliche Konsequenzen für den Vorstand. 4

Die Aufsichtsbehörde hat bei ihrer Entscheidung über die Stellung des Insolvenzantrags alle zu Gebote stehenden Möglichkeiten zu prüfen, mit denen eine Insolvenz des VVaG vermieden werden kann. Hierzu zählt auch die Ausschöpfung aller Nachschuss- und Umlagemöglichkeiten – auch wenn hierzu zuvor eine Satzungsänderung erforderlich ist. Allerdings werden solche Rettungsversuche an der mangelnden Bestandswirkung scheitern. Wenn ausschließlich das Antragsrecht bei der BaFin liegt, ist auch die Rechtsmittelbefugnis nach § 34 InsO so zu interpretieren, dass der BaFin Rechtsmittel nach § 34 Abs. 1 InsO alleine zustehen; ein Rechtsmittel nach § 34 Abs. 2 InsO ist somit praktisch nicht möglich. Für VVaG kommt das Ausbleiben ausgeschriebener Umlagen und Nachschüsse nach § 311 Abs. 2 VAG als weiterer anzeigepflichtiger Tatbestand (Überschuldung) hinzu. 5

IV. Die Wirkungen einer Insolvenz für den VVaG. Die Insolvenz löst neben den allgemeinen Folgen noch besondere Wirkung beim VVaG aus: 6

1. Auflösung des VVaG. Die Eröffnung des Insolvenzverfahrens über das Vermögen eines VVaG löst gleichzeitig die Auflösung des Vereins aus, der weiter rechtsfähig bleibt, indessen neue Versicherungsverträge nicht mehr übernehmen darf (§ 203 Abs. 2 S. 3 VAG). 7

2. Erlöschen der Versicherungsverhältnisse. Nach § 316 VAG erlöschen mit der Eröffnung des Insolvenzverfahrens bestimmte dort unter Nr. 1–5 genannte lang laufende Versicherungsverträge, deren Anspruchsberechtigte bestimmte aus den Verträgen mit Sparcharakter resultierende Ansprüche nach Satz 2 haben. In Anbetracht dieser Regelung ist die gesetzgeberische Fassung des § 199 Abs. 3 S. 3 VAG zu kritisieren, da dort nur die Lebensversicherungsverhältnisse erwähnt werden. Es wäre auch bei der Auflösung geboten, alle in § 316 Nr. 1–5 VAG genannten Verträge wie die in § 199 Abs. 3 S. 3 VAG genannten Lebensversicherungsverträge zu behandeln. 8

3. Nachwirkungen der Mitgliedschaft. Die Mitgliedschaft dauert wegen des gesetzlich geregelten Erlöschens lang laufender Versicherungsverträge (§ 316 VAG) mit Sparanteil grundsätzlich nicht fort,[9] kann aber je nach Ausgestaltung der Satzung nachwirken, § 207 VAG. Zur Rangfolge der Insolvenzgläubiger siehe die Kommentierung zu § 208 VAG. 9

4. Bedeutung der Insolvenz für die Vereinsorgane. Die **Organe des VVaG** (Vorstand, Aufsichtsrat, oberste Vertretung) **bleiben im Amt**. Ihre Zuständigkeit wird aber durch den Insolvenzverwalter und die anderen Insolvenzorgane (Gläubigerausschuss § 67 InsO, fakultativ) stark eingeschränkt. Die Rechtstellung des Verwalteramtes ist in der Literatur heftig umstritten; herrschend ist die Amtstheorie, wonach der Insolvenzverwalter kraft des ihm vom Gericht mit der Berufung übertragenen Amtes die Verwaltungs- und Verfügungsbefugnis in eigenem Namen zusteht (vgl. §§ 80, 81, 148 InsO). Er ist 10

[9] A. A. *Kisch*, Das Recht des Versicherungsvereins auf Gegenseitigkeit, 1951, S. 310.

„Partei kraft Amtes".[10] Das Recht und die Pflicht, Nachschüsse und Umlagen auszuschreiben und einzuziehen, geht auf den Insolvenzverwalter über. (vgl. § 209 Abs. 1 S. 1 VAG).

11 **5. Wirkung für den Vermögenstreuhänder.** Da die Verwaltungs- und Verfügungsbefugnis über das Vermögen des insolventen VVaG auf den Insolvenzverwalter übergeht, erlischt auch das Amt des Treuhänders (§ 22 Abs. 1 InsO i. V. m. § 148 InsO). Der Treuhänder wird ersetzt durch den Pfleger nach § 317 VAG.

12 **V. Insolvenzabwicklung.** Es gelten die allgemeinen Regeln. Der Insolvenzverwalter hat eine Insolvenz-Eröffnungsbilanz aufzustellen (§ 155 InsO i. V. m. § 242 HGB) und die Aktiva zur Masse zu ziehen (§ 148 InsO); dazu gehören auch Umlagen und Nachschüsse der Mitglieder (ehemaligen Mitglieder – näheres darüber § 209 VAG) sowie ein Gläubiger- und Vermögensverzeichnis zu erstellen (§§ 152, 153 InsO). Aus der Masse sind die Massegläubiger (§ 209 InsO) zu befriedigen. Zur Rangfolge von Insolvenzforderungen enthält § 208 VAG eine Spezialregel für die allgemeine Rangfolge von Gründungsstockgläubigern und den Versicherungsansprüchen der Mitglieder – was wiederum den Gedanken der Trägerschaft der Mitglieder abbildet. Daraus folgt, dass die Versicherungsansprüche aus der Nichtmitgliederversicherung vor den Versicherungsansprüchen der Mitglieder zu befriedigen sind. Ergänzt wird diese Regelung durch § 315 VAG, der das vorrangige Befriedigungsrecht aus dem Sicherungsvermögen für alle Versicherungsansprüche regelt, soweit für die Versicherungsverhältnisse Zuführungen zum Sicherungsvermögen auf der Grundlage der gesetzlichen Bestimmungen vorzunehmen waren (§ 315 Abs. 1 S. 1 und S. 2 i. V. m. § 125 VAG). Zu europarechtlichen Vorgaben für die Rangfolge siehe auch § 208 Rn. 1.

13 **VI. Beendigung des Insolvenzverfahrens.** Das Insolvenzverfahren endet
(a) durch Aufhebung nach vollzogener Schlussverteilung (§ 200 InsO);
(b) durch Fortsetzung des VVaG nach § 206 Abs. 2 VAG;
(c) durch Einstellung wegen Wegfalls des Eröffnungsgrundes (§ 212 InsO);
(d) durch Einstellung mit Zustimmung der Gläubiger (§ 213 InsO);
(e) sobald die Bestätigung des Insolvenzplans rechtskräftig ist und das Insolvenzgericht die Aufhebung des Insolvenzverfahrens beschlossen hat (§ 258 InsO);
(f) durch Einstellung mangels Masse (§ 207 InsO);
(g) durch Einstellung wegen Masse-Unzulänglichkeit (§ 211InsO).

14 In den o. g. Fällen ist mit Ausnahme der Aufhebung nach vollzogener Schlussverteilung, der Einstellung mangels Masse und der Einstellung wegen Masse-Unzulänglichkeit die Fortsetzung des Vereins gem. § 206 VAG möglich. Wird der VVaG nicht fortgesetzt, hat der Vorstand das Erlöschen des Vereins zum Handelsregister anzumelden (vgl. §§ 204 Abs. 3 i. V. m. 273 Abs. 1 AktG). Diese Pflicht haben im Falle der Insolvenz eines Liquidationsvereins die Abwickler. Dabei ist zu beachten, dass nach einer Abwicklung gem. §§ 203, 204 VAG noch unverteiltes Vermögen vorhanden sein kann, etwa wegen §§ 209 VAG; 106 Abs. 1 S. 2, Abs. 2, Abs. 3, 114 Abs. 2 GenG z. B. im Falle zu viel erhobener Nachschüsse bzw. Vorschüsse oder aus anderen Gründen.

15 Die Löschung wird eingetragen und bekannt gemacht (§ 10 HGB). Endet der VVaG in den Fällen oben (a), (f) und (g), so erfolgt die Löschung von Amts wegen.

16 Im Übrigen gelten gem. § 204 Abs. 2 VAG die §§ 272, 273 AktG entsprechend. Ein Recht, die Löschung zu beantragen ist auch der BaFin in § 312 VAG nicht eingeräumt worden.

17 **VII. Insolvenzstraftaten.** Siehe §§ 283–283d StGB; Insolvenzverschleppung: § 15a InsO.

18 **VIII. Kleinere Vereine.** Das vorstehend Gesagte gilt auch für kleinere Vereine (§ 210 Abs. 1 S. 1 VAG), soweit es nicht voraussetzt, dass der VVaG im Handelsregister eingetragen ist, das HGB anzuwenden ist oder die Ausführungen sich auf Vorschriften beziehen, die auf kleinere VVaG keine Anwendung finden. Eine Fortsetzung nach § 206 VAG kann der kleinere Verein nicht beschließen, da in § 210 Abs. 1 VAG die Vorschrift des § 206 VAG nicht genannt ist.

Beitragspflicht im Insolvenzverfahren

207 (1) **Soweit Mitglieder oder ausgeschiedene Mitglieder nach dem Gesetz oder der Satzung zu Beiträgen verpflichtet sind, haften sie bei Eröffnung des Insolvenzverfahrens dem Verein gegenüber für seine Schulden.**

[10] *Eickmann* in: Heidelberger Kommentar zur Insolvenzordnung, 3. Aufl. 2003, § 56 Rn. 36 ff.

(2) **Mitglieder, die im letzten Jahr vor dem Antrag auf Eröffnung des Insolvenzverfahrens oder nach diesem Antrag ausgeschieden sind, haften für die Schulden des Vereins, als ob sie ihm noch angehörten.**

I. Regelungsinhalt (Abs. 1). Die Bestimmung des § 207 VAG ist inhaltsgleich mit § 50 VAG a. F. 1
Die Bestimmung sagt zunächst etwas Selbstverständliches, nämlich dass die aus dem Mitgliedschaftsverhältnis fließende Beitragspflicht dem Grunde und der Höhe nach auch für den Fall der Insolvenz gilt und dass auch im Insolvenzverfahren den Mitgliedern gegenüber nur der Verein, vertreten durch den Insolvenzverwalter, forderungsberechtigt ist. Durch die Betonung der Haftung wird zum Ausdruck gebracht, dass es nichtmehr darum geht, die Fehlbeträge einer bestimmten Geschäftsperiode zu decken, sondern dass es sich um das Gesamtergebnis des endgültig abgeschlossenen Geschäftsbetriebes – mit der in § 208 Abs. 2 VAG bestimmten Ausnahme für die Ansprüche der Grünungsstockgläubiger – handelt.

Die Bestimmung begrenzt aber die Leistungspflicht nicht auf die aus dem Versicherungsvertrag 2
resultierende Pflicht zur Zahlung des Versicherungsbeitrags, sondern erstreckt die **Leistungspflicht auch auf die aus dem Mitgesellschafterverhältnis (der Mitgliedschaft) herrührenden Verpflichtungen** und zwar unabhängig davon, ob die Versicherungsverhältnisse durch die Insolvenzeröffnung beendet werden. Dies ergibt sich aus dem Wortlaut des Abs. 1 S. 1, auch wenn die Verweisung auf §§ 24–26 VAG a. F. (jetzt §§ 179–181 VAG) weggefallen ist. Hier verwirklicht sich die mitgliedschaftliche – über den Versicherungsvertrag hinausgehende – Rechtsbeziehung zwischen VVaG und Mitglied.

So kann z. B. der Versicherungsnehmer seinen Versicherungsvertrag fristlos kündigen, wenn die 3
Erfüllung des Versicherungsvertrags durch den Versicherer unsicher geworden ist.[1] **Seine mitgliedschaftliche Einstandspflicht im Rahmen des § 207 VAG wird aber von seiner Kündigung nicht berührt.** Dies schafft finanzielle Stabilität und Kalkulierbarkeit für den VVaG. Auf das Nicht-Mitgliedergeschäft findet § 207 VAG naturgemäß keine Anwendung.

Allerdings ist § 175 S. 2 VAG zu beachten, wonach für alle Verbindlichkeiten des Vereins gegenüber 4
den Vereinsgläubigern nur der Verein haftet. Im Rahmen des § 207 VAG kann es also nicht um dieses Haftungsverhältnis gehen, sondern **nur darum, inwieweit die Mitglieder gesellschaftsrechtlich (verbandsrechtlich) auf Grund ihrer Mitgliedschaft Finanzmittel (Beiträge) dem VVaG zur Verfügung stellen müssen**. Grenzen und Umfang bestimmen Gesetz und Satzung im Rahmen möglicher Nachschuss- und Umlageregelungen.

**II. Beitragsverpflichtete. 1. Mitglieder zum Zeitpunkt der Stellung des Insolvenzantrags 5
(Abs. 1).** Es haften diejenigen Mitglieder, die zum Zeitpunkt der Insolvenzeröffnung (§ 27 InsO) noch Mitglieder sind, auch wenn die Versicherungsverhältnisse durch die Insolvenzeröffnung (§ 315 Abs. 1 VAG) oder nach der Insolvenzeröffnung (§ 16 Abs. 1 VVG) erlöschen, einschließlich der im letzten Jahr vor dem Antrag ausgeschiedenen Mitglieder. Es liegt hier der Tatbestand des Fortbestehens (Eigenständigkeit) der Mitgliedschaft vor, obwohl diese – bei ihrer Begründung – stets das Vorhandensein eines Versicherungsvertrags voraussetzt.

2. Im Laufe des Geschäftsjahres ausgeschiedene Mitglieder. Die im Laufe des Geschäftsjahres 6
ausgeschiedenen Mitglieder haften grundsätzlich gem. § 180 Abs. 1 VAG,[2] wenn nicht die Satzung die Nachschuss- und Umlagepflicht ausgeschiedener Mitglieder ausgeschlossen hat (§ 180 Abs. 3 VAG). Diese Haftung ist aber eine proportionale gem. der Zeitdauer der Zugehörigkeit im maßgeblichen Geschäftsjahr (§ 180 Abs. 1 S. 2 VAG). Die Bestimmung des § 207 Abs. 2 VAG bezieht auch gleichermaßen die Mitglieder, die „nach diesem Antrag ausgeschieden sind', in die Haftung mit ein. Damit ist auch das Ausscheiden im Laufe des Geschäftsjahres erfasst. Somit ist das Verhältnis von § 207 Abs. 2 VAG zu § 180 Abs. 1 S. 2 VAG zu klären.

3. Im letzten Jahr vor der Insolvenzeröffnung ausgeschiedene Mitglieder (Abs. 2). Für Mit- 7
glieder, die im letzten Jahr vor der Insolvenzeröffnung oder nach dem Antrag ausgeschieden sind, scheint § 207 Abs. 2 VAG die Haftung gegenüber § 180 Abs. 1 S. 2 VAG zu verschärfen, da § 207 VAG keine ratierliche Haftung für im Geschäftsjahr ausgeschiedene Mitglieder vorsieht. Die Regelung in Abs. 1 und Abs. 2 scheint sich somit nach dem Wortlaut zu widersprechen. Nach dem Wortlaut des Abs. 1 besteht die Beitragspflicht für Mitglieder oder ausgeschiedene Mitglieder, soweit sich die Pflicht aus Gesetz oder Satzung ergibt. Hier wird also offenbar auf § 179–180 VAG Bezug genommen. Nach § 207 Abs. 2 VAG haften Mitglieder, die innerhalb eines Jahres vor Insolvenzeröffnung oder nach der Eröffnung ausgeschieden sind, jedoch für die Schulden des Vereins, als ob sie ihm noch angehörten. Eine Möglichkeit, diese Haftung qua Satzung auszuschließen, kann nur angenommen werden, wenn über Abs. 1 eine Satzungsbestimmung für möglich gehalten wird (zweifelhaft).

Nach allgemeinem Gerechtigkeitsempfinden dürfen nach Abs. 2 ausgeschiedene Mitglieder nicht 8
schlechter gestellt werden als Mitglieder, die dem VVaG noch angehören (Abs. 1). Ausgeschieden ist ein

[1] *BGH* Urt. v. 4.4.1951 – II ZR 32/50, BGHZ 1, 334; siehe zur Kündigung nach § 314 Abs. 1 BGB und zur Unsicherheitseinrede Looschelders/Pohlmann/*Klenk* § 16 Rn. 16.

[2] *BGH* Urt. v. 4.4.1951 – II ZR 32/50, BGHZ 1, 334

Mitglied mit Beendigung seines Versicherungsvertrages; das Gesetz fingiert das Fortbestehen der Mitgliedschaft, die eigentlich mit Beendigung des Versicherungsvertrags ebenfalls endet. Wenn aber die ausgeschiedenen Mitglieder in Abs. 2 (wegen § 177 VAG) nicht schlechter behandelt werden sollen als diejenigen, die noch Mitglied des VVaG bei Insolvenzeröffnung sind, fragt sich, welche Bedeutung die Regelung für die ausgeschiedenen Mitglieder in § 207 Abs. 2 VAG hat. Maßstab für die Gleichbehandlung ist, dass die unterjährig ausgeschiedenen nicht ratierlich haften. Sieht die Satzung generell keine Nachschuss- oder Umlagepflicht vor, ist das Mitglied nicht über § 207 VAG zur Entrichtung von Nachschüssen oder Umlagen verpflichtet. Die BaFin wird daher im Rahmen der Satzungsgenehmigung der Frage der finanziellen Situation des VVaG für den Fall der Insolvenz besondere Bedeutung beimessen müssen. Sowohl die dem VVaG bei Eröffnung des Insolvenzverfahrens noch angehörenden Mitglieder, als auch die im letzten Jahr vor dem Antrag ausgeschiedenen Mitglieder, haften für alle Schulden des insolventen VVaG – also auch für Nicht-Mitglieder-Ansprüche, soweit Gesetz oder Satzung eine Beitrags-/Nachschuss-/Umlagepflicht nach §§ 179–180 VAG vorsehen. Das ist der Grundsatz des Abs. 1; Abs. 2 hat daneben in zweierlei Hinsicht Bedeutung: zum einen wird der Zeitraum für die haftungspflichtigen ausgeschiedenen Mitglieder auf ein Jahr vor Antragstellung begrenzt. Dies will wohl der Wortlaut „als ob sie ihm noch angehörten" zum Ausdruck bringen. Zum anderen schulden diese ebenso wie die nach Antragstellung ausgeschiedenen Mitglieder durch die Fiktion, als ob sie zum Zeitpunkt der Insolvenzeröffnung dem VVaG noch angehörten, den vollen Nachschuss oder die volle Umlage. Durch ihr Ausscheiden wird also die Nachschuss-/Umlagepflicht nicht auf eine ratierliche Verpflichtung reduziert. Somit ist § 207 Abs. 2 lex specialis zu § 180 Abs. 1 S. 2 VAG. In jedem Fall muss aber die Satzung die Grundlage für die Haftung schaffen; der Gesetzgeber musste deshalb in § 207 VAG nicht eine optionale Regelung wie in § 180 Abs. 3 VAG vorsehen. Damit ist im **Insolvenzfall** der **Haftungsumfang der Mitglieder vom Grundsatz her erweitert**.

9 **4. Haftung der Erben.** Die Ansprüche richten sich nach dem Tod des Mitglieds (früheres Mitglied) wie bei der Beitragspflicht gegen dessen Erben.

10 **III. Umfang der Beitragspflicht. 1. Grundsatz.** Der Umfang der Beitragspflicht bleibt im Insolvenzverfahren der gleiche wie vor dem Insolvenzverfahren; ist die Nachschusspflicht beschränkt oder gänzlich ausgeschlossen, so bleibt sie auch im Insolvenzverfahren beschränkt oder ausgeschlossen. Ein **Ausschluss der Nachschusspflicht nur für den Fall der Insolvenz** hält die h. M. für zulässig.[3] Ein solcher **Ausschluss** schwächt die finanziellen Ressourcen ausschließlich **für den Fall, in dem die bedrohlichste Lage für die Gläubiger des VVaG gegeben ist**. Dies ist mit *Kaulbach* als sittenwidrig und **fundamentaler Verstoß gegen das Prinzip der Gegenseitigkeit anzusehen.**[4]

11 Ein solcher, lediglich auf die Insolvenz bezogener Ausschluss der Nachschuss- und Umlagepflicht würde – bei sonst gegebener Pflicht – die Trägerschaft der Mitglieder gerade für den Fall der finanziellen Schieflage beseitigen. Das ist mit dem Grundgedanken des VVaG nicht zu vereinbaren und läuft auf eine einseitige Gläubigerbenachteiligung im Insolvenzfall hinaus.

12 Auch im Insolvenzverfahren gilt das Aufrechnungsverbot des § 181 VAG. Im Übrigen richtet sich der Umfang der Beitragspflicht nach denselben Maßstäben, die auch im Normalfall für die Beitragspflicht gelten.

13 **2. Unveränderter Haftungsumfang für ausgeschiedene Mitglieder.** Im **Fall des Abs. 2** greift eine generelle satzungsmäßige Beschränkung oder ein genereller Ausschluss der Nachschusspflicht nur ein, wenn über Abs. 1 eine solche Möglichkeit **als Satzungsgestaltung** möglich erscheint, was **zweifelhaft** ist. Soweit jedoch eine Nachschuss- oder Umlagepflicht besteht, wird fingiert, dass die ausgeschiedenen Mitglieder noch bis zur Insolvenzeröffnung Mitglieder gewesen sind, so dass ihre Beitragspflicht nicht etwa pro rata temporis begrenzt ist wie nach § 180 Abs. 1 S. 1 VAG. Sie schulden also den vollen Nachschuss bzw. die volle Umlage (vgl. oben Rn. 6–8). Dies unterstreicht die Bedeutung der Trägerschaft der Mitglieder im Insolvenzfall des VAG.

14 **IV. Feststellung und Ausschreibung von Nachschüssen und Umlagen.** Die Feststellung und die Ausschreibung der Nachschüsse und Umlagen im Insolvenzverfahren richtet sich nach § 209 VAG.

15 **V. Kleinere Vereine.** § 207 gilt auch für kleinere Vereine (§ 210 Abs. 1 S. 1 VAG).

Rang der Insolvenzforderungen

208 (1) [1]**Die Ansprüche auf Tilgung des Gründungsstocks stehen allen übrigen Insolvenzforderungen nach.** [2]**Unter den Insolvenzforderungen werden Ansprüche aus einem Versicherungsverhältnis, die den bei Eröffnung des Insolvenzverfahrens dem Verein angehörenden oder im letzten Jahr vor dem Eröffnungsantrag oder nach diesem Antrag**

[3] *Kisch*, Das Recht des Versicherungsvereins auf Gegenseitigkeit, 1951, S. 320, Fn. 46.
[4] FKBP/*Kaulbach* § 50 Rn. 3.

ausgeschiedenen Mitgliedern zustehen, im Rang nach den Ansprüchen der anderen Insolvenzgläubiger befriedigt.

(2) **Zur Tilgung des Gründungsstocks dürfen keine Nachschüsse oder Umlagen erhoben werden.**

I. Regelungsinhalt. Die Bestimmung des § 208 VAG ist inhaltsgleich mit § 51 VAG a. F. Im Rahmen der Insolvenzregelungen für die Behandlung von Versicherungsforderungen hat der nationale Gesetzgeber die europarechtlichen Vorgaben in den Art. 275–278 RL 2009/138/EG des Europäischen Parlaments und des Rates vom 25.11.2009 zu beachten.[1] 1

Die Bestimmung des § 208 VAG ist nach Inkrafttreten der InsO am 1.1.1999 neu zu interpretieren. Insbesondere ist zu beachten, dass die InsO die zuvor in der KO vorgesehenen Konkursvorrechte abgeschafft hat; eine Rangfolge der Gläubiger im Rahmen der InsO gibt es nur noch zu Lasten von Nebenforderungen und Forderungen aus Sondertatbeständen (§§ 38, 39 InsO).[2] Zur Beurteilung der Stellung der Insolvenzansprüche von Mitgliedern oder Garanten eines VVaG ist das Zusammenspiel der §§ 208, 315, 316 VAG; 16 VVG; §§ 38, 39, 47, 49–55, 190, 192 InsO zu beachten. Soweit es auch unter den Insolvenzgläubigern nach der InsO im Wesentlichen, soweit keine ausgesonderte oder abgesonderte Befriedigung zum Zuge kommt, keine Rangfolge mehr gibt, so ist doch zu beachten, dass die Aussage auf bestehende Versicherungsansprüche nicht unmodifiziert übertragen werden kann. Im Falle der Insolvenz eines VVaG kommen folgende **Gläubigergruppen** in Betracht: Massegläubiger, Gläubiger von Versicherungsverträgen, für die ein Sicherungsvermögen nach den §§ 125–127 VAG gebildet wurde und die dem Sektor der Nichtmitglieder zuzuordnen sind sowie Versicherungsnehmer, die in einem mitgliedschaftlichen Verhältnis zum VVaG stehen, Insolvenzgläubiger wegen Ausfalls der abgesonderten oder ausgesonderten Befriedigung, sonstige Insolvenzgläubiger (Gründungsstockgläubiger).

Die Bestimmung des § 208 VAG enthält eine Regelung, die in zweierlei Richtung wirkt: Zum einen wird festgelegt, dass die Ansprüche der **Gründungsstockgläubiger allen übrigen Insolvenzforderungen nachgehen** (S. 1). Für die Forderungen aus einem Versicherungsverhältnis sind aber zunächst die Spezialvorschriften des § 315 VAG zu beachten. Alle Erstversicherer haben ein Sicherungsvermögen nach §§ 125–127 VAG zu bilden. Die Forderungen aus den Versicherungsverträgen werden aus dem Sicherungsvermögen, soweit für die Forderungen Zuführungen zum Sicherungsvermögen vorzunehmen waren und vorgenommen wurden, vorrangig vor allen Insolvenzgläubigern berichtigt. Durch das Sicherungsvermögen wird eine vorrangige Berücksichtigung der Ansprüche aus Versicherungsverträgen sichergestellt. Diesen Regelungsbereich spricht § 208 VAG **nicht** an. Vielmehr regelt er, dass die Ansprüche, **die einem Mitglied qua bestehendem Versicherungsverhältnis zustehen, erst im Rang nach den anderen Insolvenzgläubigern befriedigt werden**. 2

Der Gesetzgeber spricht hier zwar anfänglich von „Ansprüchen aus einem Versicherungsverhältnis", wechselt dann zur mitgliedschaftlichen Betrachtungsweise: „die den bei Eröffnung dem Verein angehörenden oder … ausgeschiedenen Mitgliedern zustehen." Die Bestimmung des § 208 VAG **enthält somit Regelungen, die die Bedienung und Rangfolge der Garanten und Mitglieder betreffen, ohne Rücksicht darauf zu nehmen, welchen Versicherungssparten die Versicherungsverhältnisse der Mitglieder zuzuordnen sind.** Damit befinden wir uns hier wieder im Bereich des Gesellschaftsrechts. Es geht um die aus der Trägerschaft des Mitglieds fließenden Ansprüchen; für diese Ansprüche steht kein Sicherungsvermögen zur Verfügung und der Gesetzgeber ordnet sie als Risikokapital im Rang nach allen Insolvenzgläubigern, aber vor der Befriedigung der Gründungsstockgläubiger ein. 3

II. Tilgung des Gründungsstocks (Abs. 1 S. 1, Abs. 2). Die Ansprüche auf Tilgung des Gründungsstocks werden erst erfüllt, nachdem alle anderen Forderungen einschließlich der aus Versicherungsverhältnissen der Mitglieder (Abs. 1 S. 2) sich ergebenden Ansprüche und die übrigen Insolvenzforderungen befriedigt sind; § 208 Abs. 1 S. 1 VAG erweitert damit die in § 39 InsO vorgesehene Rangfolge um eine weitere Rangfolge der Ansprüche, die sich auf die Tilgung des Gründungsstocks richten. Dies entspricht dem Eigenmittelcharakter des Gründungsstocks und führt zu einer Behandlung wie sie auch bei nachrangigen Darlehen Anwendung findet. Wie in der Abwicklung (§ 205 VAG) dürfen auch im Insolvenzverfahren für die Tilgung des Gründungsstocks keine Nachschüsse und Umlagen erhoben werden (Abs. 2). 4

III. Ansprüche der Mitglieder aus Versicherungsverhältnissen (Abs. 1 S. 2). Der Gesetzgeber spricht hier im Bereich des Gesellschaftsrechts des VVaG von „Ansprüchen aus einem Versicherungsverhältnis" und meint Ansprüche aus dem Mitgliedschaftsverhältnis (siehe Rn. 3). Absatz 1 Satz 2 schafft hinsichtlich der Ansprüche der Mitglieder eines VVaG eine Rangfolge unter den Insolvenzgläubigern insoweit als nicht Spezialvorschriften (siehe oben Rn. 1) vorgehen und die die Ansprüche der Versicherungsnehmer unabhängig von der Rechtsform regeln. **Die im Gesellschaftsrecht des VVaG** 5

[1] ABl. 2009 L 335/1.

[2] *Flessner* in: Eickmann/Flessner/Irschlinger/Kirchhof/Kreft/Landfermann/Marotzke/Stephan, InsO, 3. Aufl. 2003, Einl. Rn. 8.

stehende Vorschrift hat keine Bedeutung für die Ansprüche aus Versicherungsverträgen der Nicht-Mitglieder und für die ebenfalls durch Sicherungsvermögen geschützten Versicherungsansprüche der Mitglieder. Somit werden hier nur Ansprüche aus mitgliedschaftlichen Verhältnissen geregelt. Diese Ansprüche rangieren unter den Insolvenzansprüchen an vorletzter Stelle, d. h. „im Rang nach den Ansprüchen der anderen Insolvenzgläubiger" und vor den Tilgungsansprüchen aus dem Gründungsstock.

6 Die mitgliedschaftlichen Ansprüche der Mitglieder eines VVaG im Insolvenzverfahren sind keine Insolvenzforderungen nach § 38 InsO.[3] Die mitgliedschaftlichen Ansprüche kommen daher erst nach der Erfüllung der Ansprüche nach § 38, 39 InsO zur Erfüllung. Darin kommt die doppelte Rechtsstellung der Mitglieder zum Ausdruck: Versicherungsnehmer als Mitgesellschafter/Risikoträger. Letztlich führt die Selbstverwaltung des VVaG durch die Mitglieder in der Insolvenz dazu, dass ihre aus der Mitgliedschaft resultierenden Ansprüche anderen Insolvenzforderungen im Range nachstehen müssen, da die Mitglieder letztlich finanzielle Mitverantwortung für das Schicksal des VVaG tragen. Diese gesetzgeberische, an der Mitgliedschaft orientierte Wertentscheidung kommt nur dort nicht zum Tragen, wo es im Insolvenzverfahren um die **Behandlung privilegierter versicherungsvertraglicher Ansprüche geht. Hier verdrängt die soziale Bedeutung des Versicherungsanspruchs die Mitverantwortung des Mitglieds für das Schicksal des VVaG**, was der Gesetzgeber rechtstechnisch durch den Befriedigungsanspruch gegen das Sicherungsvermögen geregelt hat.

7 **IV. Übersicht: Rangordnung der Gläubiger bei der Insolvenz eines VVaG. 1. Forderungen aus dem Versicherungsverhältnis.** Mit der Umsetzung der Zwangsliquidationsrichtlinie müssen alle Erstversicherer und Rückversicherer in der Rechtsform des VVaG ein Sicherungsvermögen nach § 125 Abs. 1 VAG bilden. Damit soll die bevorrechtigte Behandlung von Versicherungsansprüchen (Mitglieder- und Nicht-Mitgliedergeschäft) sichergestellt werden. In § 125 Abs. 2 VAG wird der Umfang der bevorrechtigten Versicherungsforderungen definiert. Die Versicherer haben ein Vermögensverzeichnis zu führen (§ 126 VAG). Die vorrangige Bedeutung der mit dem Sicherungsvermögen finanzierten Versicherungsforderungen ergibt sich aus § 315 VAG; § 316 VAG regelt, welche Versicherungsverträge mit Eröffnung des Insolvenzverfahrens erlöschen. Die nach §§ 315, 316 Anspruchsberechtigten haben ein **absolutes Befriedigungsvorrecht**. Der Gesetzgeber hat nunmehr in § 315 Ziff. 5 VAG ausdrücklich auch die Rentenansprüche aus den in § 162 VAG genannten Versicherungsverträgen in den Katalog der Verträge aufgenommen, die mit der Eröffnung des Insolvenzverfahrens erlöschen, was nach § 77b VAG a. F. umstritten war.[4] Nach § 16 VVG enden Versicherungsverträge im Insolvenzfall mit Ablauf eines Monats seit Eröffnung der Insolvenz. Dies gibt dem Versicherungsnehmer die Möglichkeit, sich um neuen Versicherungsschutz zu kümmern. Die schärfere Beendigungsregelung für die in § 316 VAG aufgezählten Sparten hängt damit zusammen, dass nach Eröffnung des Insolvenzverfahrens die Pflicht zur Bildung der Deckungsrückstellung und damit ihrer vermögensmäßigen Bedeckung (Zuführungspflicht zum Sicherungsvermögen) weiterläuft. Dies soll durch das sofortige Ende der Versicherungsverhältnisse gestoppt werden, um die Masse nicht weiter zu schmälern. Das bedeutet andererseits, dass Zinserträge, die dem Sicherungsvermögen nach Insolvenzeröffnung zufließen, nicht mehr den „bevorrechtigten Versicherungsgläubigern zustehen".

8 **2. Massegläubiger.** Die Regelung für Massegläubiger findet sich in § 53 InsO, siehe hinsichtlich der Ansprüche §§ 54, 55 InsO.

9 **3. Insolvenzgläubiger.** Die Insolvenzgläubiger ergeben sich aus § 38 InsO: „Die Insolvenzmasse dient zur Befriedigung der persönlichen Gläubiger, die einen zur Zeit des Insolvenzverfahrens begründeten Vermögensanspruch gegen den Schuldner haben". Schuldner ist der VVaG. Zu diesen persönlichen Gläubigern zählen Lieferanten, Vermittler, aber auch Versicherungsnehmer, soweit ihre Forderungen nicht den privilegierten Versicherungsverhältnissen nach §§ 315, 316 VAG entspringen bzw. den Umfang der privilegierten Ansprüche überschreiten. Soweit Versicherungsnehmer mit ihren privilegierten Ansprüchen ausfallen (z. B. weil das Sicherungsvermögen nicht ausreichend dotiert war) sind sie dieser Kategorie der Insolvenzgläubiger in analoger Anwendung des § 52 S. 2 2. Alternative InsO zuzuordnen (Ausfall eines persönlichen Gläubigers mit absolutem Vorrang).

10 Unter § 38 InsO fallen Ansprüche sonstiger Gläubiger, die auch (zufällig) Mitglieder eines VVaG sein können, z. B.: Ansprüche von Mitgliedern, die vor Beginn des letzten Jahres vor Konkurseröffnung ausgeschieden sind; Ansprüche auf auszuzahlende Überschüsse nach § 194 VAG, die in früheren Geschäftsjahren entstanden sind.

11 **4. Nachrangige Insolvenzgläubiger.** Nachrangig sind Forderungen, die sich aus Zinsforderungen, Verfahrenskosten, Geldstrafen, unentgeltlichen Leistungen oder kapitalersetzenden Darlehen (§ 32a GmbHG) eines Gesellschafters oder gleichgestellten Forderungen ergeben (§ 39 Abs. 1 Nr. 1–5 InsO).

[3] *Eickmann* in: Eickmann/Flessner/Irschlinger/Kirchhof/Kreft/Landfermann/Marotzke/Stephan, InsO, 3. Aufl. 2003, § 38 Rn. 14.
[4] FKBP/*Kaulbach* § 77b Rn. 1.

5. Ansprüche der Mitglieder. Ansprüche der bei Insolvenzeröffnung dem VVaG angehörenden oder im letzten Jahr vor dem Eröffnungsantrag oder nach diesem Antrag ausgeschiedenen **Mitglieder resultieren aus der Trägerschaft der Mitglieder und sind damit den privilegierten Versicherungsforderungen nicht zuzurechnen.** Ihre Ansprüche werden im Range nach den Ansprüchen der §§ 38, 39 InsO befriedigt. Entsprechendes gilt für die nachrangigen Tilgungsansprüche gegenüber dem Gründungsstock. 12

V. Erläuterungen zu einzelnen Forderungsarten. 1. Masseschulden. Im Insolvenzverfahren eines Schadenversicherers gehören dazu auch Ansprüche auf Versicherungsleistungen, wenn sich der Versicherungsfall innerhalb eines Monats nach der Insolvenzeröffnung ereignet hat (§ 16 S. 1 VVG) i. V. m. § 55 Abs. 1 S. 2 InsO. 13

2. Forderungen der BaFin. Gebühren für Amtshandlungen (§ 14 FinDAG) gesonderter Erstattung (§ 15 FinDAG) und Umlagen (§ 16 FinDAG) fallen unter die Insolvenzforderungen nach § 38 InsO. 14

VI. Kleinere Vereine. § 208 Abs. 1 S. 1 VAG gilt auch für kleinere Vereine (§ 210 Abs. 1 S. 1 VAG). 15

Nachschüsse und Umlagen im Insolvenzverfahren

209 (1) [1] **Die Nachschüsse oder Umlagen, die das Insolvenzverfahren erfordert, werden vom Insolvenzverwalter festgestellt und ausgeschrieben.** [2] **Dieser hat sofort, nachdem die Vermögensübersicht nach § 153 der Insolvenzordnung auf der Geschäftsstelle niedergelegt ist, zu berechnen, wie viel die Mitglieder zur Deckung des aus der Vermögensübersicht ersichtlichen Fehlbetrags nach ihrer Beitragspflicht vorzuschießen haben.** [3] **Für diese Vorschussberechnung und für Zusatzberechnungen gelten § 106 Absatz 1 Satz 2, Absatz 2 und 3 sowie die §§ 107 bis 113 des Genossenschaftsgesetzes entsprechend.**

(2) [1] **Alsbald nach Beginn der Schlussverteilung nach § 196 der Insolvenzordnung hat der Insolvenzverwalter zu berechnen, welche Beiträge die Mitglieder endgültig zu leisten haben.** [2] **Dafür und für das weitere Verfahren gelten § 114 Absatz 2 und die §§ 115, 115a, 115c und 115d Absatz 1 sowie die §§ 115e bis 118 des Genossenschaftsgesetzes entsprechend.**

I. Regelungsinhalt. Inhaltlich stimmt die Regelung mit § 52 VAG a. F. überein; in Abs. 2 sind neue Verweisungen auf §§ 115a, 115c, 115d Abs. 1 und 115e GenG, die sich mit speziellen Fragen des Nachschussverfahrens und der Beitragspflicht ausgeschiedener Mitglieder befassen, aufgenommen worden. Das Verfahren zur Berechnung und Einziehung von Nachschüssen und Umlagen durch den Insolvenzverwalter erfolgt **in Anlehnung an das Recht der Genossenschaft**, da weder das Vereinsnoch das Aktienrecht vergleichbare Sachverhalte kennt. 1

II. Ausschreibung von Umlagen und Nachschüssen (Abs. 1 S. 1). Die Einziehung von Umlagen bzw. Nachschüssen erfolgt grundsätzlich durch das satzungsmäßig bestimmte Organ (§ 182 VAG Rn. 6). **Im Insolvenzverfahren ist** dafür aber **allein der Insolvenzverwalter zuständig**. Mit der Eröffnung geht das Verwaltungs- und Verfügungsrecht des zur Insolvenzmasse gehörenden Vermögens auf den Insolvenzverwalter über (§ 80 Abs. 1 InsO). Der Insolvenzverwalter hat das gesamte zur Insolvenzmasse gehörende Vermögen sofort in Besitz und Verwaltung zu nehmen (§ 148 InsO); mit der Eröffnung des Insolvenzverfahrens endet demzufolge auch das Amt des Treuhänders für das Sicherungsvermögen. Somit liegt die Kompetenz zur Ausschreibung von Nachschüssen und Umlagen ausschließlich beim Insolvenzverwalter. Zur Wahrung der Interessen der Versicherten im Insolvenzfall hat das Insolvenzgericht nach § 317 Abs. 1 VAG einen Pfleger zu bestellen. 2

III. Vorschussberechnung (Abs. 1 S. 2, 3). 1. Allgemeines. Soweit eine Beitragspflicht nach Gesetz oder Satzung besteht, sind die Mitglieder zu Vorschussleistungen verpflichtet. Ausgangspunkt der Vorschussberechnung ist die Vermögensübersicht (§ 153 InsO) und der sich aus ihr ergebende Fehlbetrag. Wegen § 208 Abs. 2 VAG sind vom Fehlbetrag die Ansprüche der Garanten auf Tilgung des Gründungsfonds abzuziehen. Ggf. kann die Festsetzung und Einziehung zusätzlicher Vorschüsse erforderlich sein. Auch im Falle der Ausschreibung von Nachschüssen oder Umlagen im Insolvenzfall ist § 179 Abs. 3 S. 2 VAG zu beachten. **Immer ist aber Voraussetzung, dass die Satzung nach § 182 VAG die Ausschreibung von Umlagen und Nachschüssen erlaubt** und eine mögliche Begrenzung nach § 179 Abs. 3 VAG nicht überschritten wird (vgl. unten Rn. 11). 3

2. Verfahren. Für das Verfahren für die Vorschussberechnung und für weitere Zusatzberechnungen verweist das Gesetz in Abs. 1 S. 3 auf Bestimmungen des GenG. 4

a) § 106 Abs. 1 S. 2, Abs. 2 GenG. Der Fehlbetrag ist auf der Grundlage der Stilllegungswerte zu ermitteln. Die namentliche Bezeichnung der beitragspflichtigen Mitglieder muss so genau sein (einschl. der Anschrift), dass nach Erteilung der Vollstreckbarkeitserklärung gem. § 106 Abs. 3 GenG die Voll- 5 streckbarkeitsvoraussetzung des § 750 Abs. 1 S. 1 ZPO gegeben sind. Zu bezeichnen sind auch diejenigen Mitglieder, die ihre (frühere) Mitgliedschaft bestreiten, solange nicht festgestellt ist, dass sie tatsächlich nicht Mitglieder waren.[1]

6 **b) § 107 Abs. 1 S. 2 Hs. 2 GenG.** Die Mitglieder sind zum Erklärungstermin des § 108 GenG gesondert zu laden. Unterbleibt die Ladung, so knüpfen sich daran keine dem einzelnen Mitglied günstige Rechtsfolgen. Allerdings kann das nicht besonders geladene Mitglied trotz unterbliebener Geltendmachung von Einwendungen im Erklärungstermin Anfechtungsklage gem. § 111 Abs. 1 GenG erheben, soweit das Mitglied ohne sein Verschulden außerstande war, den Anfechtungsgrund geltend zu machen.

7 **c) §§ 108–113 GenG.** Das Genossenschaftsgesetz enthält in den §§ 108–113 GenG zahlreiche Einzelheiten zur Abtretbarkeit von Nachschussforderungen, Verfahrensfragen zum Einziehen der Vorschüsse, der Hinterlegung oder Anlage von Vorschüssen, der Möglichkeit einer Anfechtungsklage seitens der nachschusspflichtigen Mitglieder und möglicherweise notwendig werdender Zusatzberechnungen.

8 **d) §§ 115a, 115c, 115d und 115e GenG.** Die §§ 115a, 115c, 115d und 115e GenG enthalten Einzelheiten zur Nachschusserhebung und Erstattung von Nachschüssen sowie zur Eigenverwaltung gem. §§ 270 oder 271 InsO. Letzteres könnte ein Anwendungsfall für die Bestellung eines Sonderbeauftragten nach § 307 VAG sein.

9 **e) § 117 GenG:** Eine Verweisung auf diese Bestimmung erscheint zunächst was Abs. 1 anlangt entbehrlich, da § 206 Abs. 2 VAG unter gleichen Voraussetzungen die Fortsetzung des VVaG ermöglicht. Allerdings enthält § 117 Abs. 1 S. 2, Abs. 2, 3 GenG eine Reihe weiterer Pflichten des VVaG, die über die Regelung in § 206 Abs. 2 VAG hinausgehen:
– Beschlusspflicht über den Satzungsinhalt zur Befriedigung ausgefallener Gläubiger (§ 117 Abs. 1 S. 2 GenG); die Bestimmung ist hinsichtlich des notwendigen Satzungsinhalts (§ 6 Nr. 3 GenG) zwingend und verdrängt damit die dispositive Vorschrift des § 182 VAG;
– Mindest-Quorum von drei Viertel der abgegebenen Stimmen (siehe hingegen Fassung in § 206 Abs. 1 S. 2 VAG);
– der Verweis auf § 79a Abs. 2–4 GenG erübrigt sich für den VVaG; hier muss die Aufsichtsbehörde bei Fortsetzung des VVaG wie über eine Neuzulassung entscheiden.
– Die Regelung in § 117 Abs. 3 GenG ist im Zusammenhang mit § 206 Abs. 4 VAG zu sehen.

10 **IV. Schlussberechnung (Abs. 2).** Nach Feststellung des verteilungsfähigen Vermögens (§§ 159, 196 InsO) erfolgt die Berechnung der endgültig von den Mitgliedern zu leistenden Beiträge. Der Gesetzgeber hat nunmehr zu Recht die Verweisung auf § 215b GenG wegen des Widerspruchs zu § 207 Abs. 2 VAG ausgeklammert; ebenso wurde der Verweis auf § 115d Abs. 2 GenG wegen des Widerspruchs zu § 207 Abs. 2 VAG gestrichen. Es ist auch kein Grund ersichtlich, die Mitglieder, die den VVaG kurz vor der Insolvenz verlassen haben, besser zu stellen als diejenigen, die Mitglied bis zur Insolvenzeröffnung geblieben sind (§ 177 VAG).

11 **V. Beitragsverpflichtete, Umfang der Beitragspflicht.** Zu beachten ist, dass sich der Umfang der Nachschusspflicht im Insolvenzfall nur an Hand der Beitragspflicht der Mitglieder ergibt: „ … wie viel die Mitglieder zur Deckung des aus der Vermögensübersicht ersichtlichen Fehlbetrags nach ihrer Beitragspflicht vorzuschießen haben". Die Regelung „nach ihrer Beitragspflicht" ist inhaltlich gemäß § 179 Abs. 3 VAG und § 180 Abs. 2 VAG zu bestimmen.

12 **VI. Prozessuales (§§ 111, 114 Abs. 3 GenG).** Gegen jede gem. § 106 Abs. 3 GenG vollstreckbar erklärte Berechnung von Beiträgen kann Anfechtungsklage erhoben werden. Die **Anfechtungsklage ist Gestaltungsklage ähnlich der Vollstreckungsabwehrklage nach § 767 ZPO und geht auf Aufhebung bzw. Unwirksamkeitserklärung der für vollstreckbar erklärten Vorschussberechnung**;[2] die erfolgreiche Klage führt zu einer weiteren Zusatzberechnung des Konkursverwalters gem. § 113 GenG. Eine Berichtigung der Berechnung durch das Gericht selbst kommt nur im Rahmen des § 108 Abs. 2 GenG in Betracht. Wer bestreitet, Mitglied des Vereins zu sein oder gewesen zu sein (hierher gehören auch diejenigen Mitglieder, die den Beitrittsvertrag wegen arglistiger Täuschung angefochten haben [§ 176 VAG Rn. 8 ff.]) ist nicht auf die Anfechtungsklage des § 111 GenG beschränkt, sondern hat daneben auch die Feststellungsklage. Alle übrigen Einwendungen, z. B. dass der in Anspruch Genommene schon im vorletzten Jahr vor der Konkurseröffnung ausgeschieden sei, dass der Nachschussberechnung ein falscher Verteilungsmaßstab (z. B. ein unrichtiger Beitrag) zugrunde gelegen habe, dass die zahlenmäßige Begrenzung des Nachschusses nicht beachtet worden sei, dass Nachschüsse entgegen § 208 Abs. 2 VAG erhoben würden, können nur im Wege der Anfechtungsklage geltend gemacht werden.

[1] *Kisch*, Das Recht des Versicherungsvereins auf Gegenseitigkeit, 1951, S. 321 (Fn. 52).
[2] *Beuthien*, GenG, 13. Aufl. 1999, § 111 Rn. 1.

VII. Sonderkündigungsrecht der Mitglieder nach § 118 GenG und die Folgen nach § 118 Abs. 4 GenG. Die Regelung des § 206 VAG kennt ein dem § 118 GenG vergleichbares Kündigungsrecht nicht. Offenbar will der Gesetzgeber in dem besonderen Fall des Fortsetzungsbeschlusses nach eingestellter Insolvenz oder bestätigtem Insolvenzplan den Mitgliedern unter bestimmten Voraussetzungen eine Möglichkeit der Lösung vom VVaG geben (in der Versammlung der obersten Vertretung erschienene Mitglieder, die gegen den Fortsetzungsbeschluss Widerspruch zur Niederschrift erklärt haben – oder die Aufnahme des Widerspruchs in der Niederschrift verweigert wurde (§ 118 Abs. 1 Nr. 1 GenG) oder Verfahrensfehler bei der Abhaltung der über die Fortsetzung beschließenden Versammlung vorliegen (Nr. 2). Wenn eine Mitgliedervertreterversammlung die Fortsetzung beschlossen hat, kann jedes Mitglied kündigen; Mitgliedervertreter jedoch nur unter den Voraussetzungen des Abs. 1 S. 1. Bemerkenswert ist, dass § 209 Abs. 2 VAG uneingeschränkt auf § 118 Abs. 4 GenG (Auseinandersetzung über Geschäftsguthaben) verweist. 13

VIII. Kleinere Vereine. § 209 VAG gilt auch für kleinere Vereine (§ 210 Abs. 1 S. 1 VAG). 14

Kleinere Vereine

210 (1) [1] **Für Vereine, die bestimmungsgemäß einen sachlich, örtlich oder dem Personenkreis nach eng begrenzten Wirkungskreis haben (kleinere Vereine), gelten von den Vorschriften dieses Kapitels nur die §§ 171 und 172 Satz 2, § 173 Absatz 1, § 174 Absatz 1, die §§ 175, 176 und 177 Absatz 1, die §§ 178 bis 182 und 183 Absatz 1, § 188 Absatz 1 Satz 1, die §§ 193, 194 und 195 Absatz 1 bis 3, die §§ 197, 198 und 199 Absatz 1, 2 Satz 1 und Absatz 3 sowie die §§ 200, 205 und 207 bis 209.** [2] **Versicherungen gegen festes Entgelt, ohne dass der Versicherungsnehmer Mitglied wird, dürfen nicht übernommen werden.**

(2) [1] **Soweit sich nach Absatz 1 nichts anderes ergibt, gelten für die kleineren Vereine nur die §§ 24 bis 53 des Bürgerlichen Gesetzbuchs.** [2] **In den Fällen der §§ 29 und 37 Absatz 2 des Bürgerlichen Gesetzbuchs tritt jedoch an die Stelle des Amtsgerichts die Aufsichtsbehörde.** [3] **Soll nach der Satzung ein Aufsichtsrat bestellt werden, so gelten dafür § 34 Absatz 1 und 2 Satz 1 und Absatz 6, § 36 Absatz 2 und 3 sowie die §§ 37 bis 40 des Genossenschaftsgesetzes entsprechend.**

(3) [1] **Die Aufsichtsbehörde kann für die Erlaubnis zum Geschäftsbetrieb und die Geschäftsführung kleinerer Vereine Abweichungen von § 39 Absatz 1 sowie von den §§ 125, 138, 141, 146, 147, 149, 152 und 156 gestatten.** [2] **Soweit sich die Abweichungen auf die Geschäftsführung beziehen, können sie besonders davon abhängig gemacht werden, dass im Abstand von mehreren Jahren auf Kosten des Vereins der Geschäftsbetrieb und die Vermögenslage durch einen Sachverständigen geprüft werden und der Prüfungsbericht der Aufsichtsbehörde eingereicht wird.**

(4) **Ob ein Verein ein kleinerer Verein ist, entscheidet die Aufsichtsbehörde.**

Übersicht

1 **I. Regelungsinhalt; Europarecht.** Die Vorschrift ist in den Absätzen 1, 2 und 4 inhaltsgleich mit § 53 VAG a. F.; jedoch wurde § 53 Abs. 3 VAG a. F. an Absatz 2 neue Fassung angehängt und Absatz 3 neu in das Gesetz aufgenommen. Die Vorschrift modifiziert durch positiven Verweis auf die für anwendbar erklärten Vorschriften das Recht der kleineren Vereine und trägt somit ihrer wirtschaftlichen Bedeutung Rechnung. Nach Abs. 3 kann die Aufsichtsbehörde in bestimmten Fällen für die Erlaubnis zum Geschäftsbetrieb und die Geschäftsführung Abweichungen von den Standardregeln des Aufsichtsrechts gestatten. Gab es 1995 noch 232 kleinere Vereine i. S. d. § 53 VAG a. F. mit einem Beitragsaufkommen von 2.502.984 TDM, so ging ihre Anzahl in 2002 auf 195 zurück und ihre Beitragsentwick-

lung war verglichen mit dem übrigen Markt sehr verhalten (1.324.072 TEUR). Nunmehr sind 169 kleinere Vereine tätig, von diesen Unternehmen betreiben 113 das Pensionskassengeschäft, 34 sind Sterbekassen, 7 Krankenversicherer und 15 Schaden- /Unfallversicherer.[1] Sechs Unternehmen üben keine Geschäftstätigkeit aus. Die verdienten Bruttobeiträge betrugen im Geschäftsjahr 2014 2.637.865 TEUR,[2] wobei mit 2.533.967 TEUR der größte Teil auf Pensionskassen entfiel.

In Art. 4 Richtlinie 2009/138 EG des Europäischen Parlaments und des Rates vom 25. November 2009 betreffend die Aufnahme und Ausübung der Versicherungs- und der Rückversicherungstätigkeit **sind rechtsformunabhängig, Grenzwerte und Versicherungszweige normiert, deren Vorliegen zur Nichtanwendbarkeit der Richtlinie führt. Da § 210 VAG für die Bestimmung kleinerer Vereine keine quantitativen oder bestimmte Versicherungszweige ausschließende Regelungen enthält, ist zunächst von der Anwendbarkeit der Richtlinie auszugehen**. Sofern die Unternehmen jedoch die Voraussetzungen des Art. 4 der Richtlinie teilweise oder ganz erfüllen, kann im ersteren Fall § 210 Abs. 3 VAG oder die Vorschriften der §§ 211 ff. VAG helfen. **2**

Alle kleineren Vereine stehen unter Bundesaufsicht. Durch die Fülle von Verweisungen enthält § 210 VAG nahezu das gesamte Recht des sog. kleineren Vereins. VVaG-spezifische Änderungen durch das 3. DurchführungsG/EWG zum VAG blieben aus (zur Weitergeltung des Genehmigungserfordernisses für AVB-Tarife von Pensions- und Sterbekassen vgl. Rn. 120). Durch das VersRiLiG vom 24.6.1994[3] wurde § 16 S. 2 VAG a. F. für anwendbar erklärt und damit die Brücke zu den nunmehr im HGB geregelten Rechnungslegungsvorschriften geschlagen. Dem entspricht nunmehr der Verweis auf § 172 Abs. 2 VAG. Durch die Herausnahme des § 199 Abs. 2 S. 2 VAG (früher § 43 Abs. 2 S. 2 VAG a. F.) aus der Anwendbarkeit, hat der Gesetzgeber nur der Tatsache Rechnung getragen, dass die kleineren Vereine kein Handelsregister kennen. Die Kritik an der Systematik des § 53 VAG a. F. ist alt,[4] zurecht wurde von einem **„Gerippe von Paragraphenziffern"** gesprochen und dieses als „geradezu unerträglich" eingestuft. Durch die Novellierung des VAG hat sich an dieser berechtigten Kritik nichts geändert. Die Bestimmung gewährt dem kleineren Verein wegen seines eingrenzbaren Wirkungskreises (dazu Rn. 5),der die personalen Verbindungen zwischen den Mitgliedern erleichtert (das Moment solidarischer Selbsthilfe ist noch erlebbar), gewisse Erleichterungen gegenüber der strengeren gesetzlichen Standardregelung für den großen VVaG. **3**

Die Vorschriften des Teils 2 Kapitel 4 VAG finden auf kleinere Vereine grundsätzlich Anwendung, wobei aber eine Reihe von Ausnahmetatbeständen zu beachten sind. Zahlreiche Vorschriften sind von der Anwendung ausdrücklich ausgenommen (Abs. 1) mit der Folge einer **Nichtanwendung der (strengeren) aktienrechtlichen Vorschriften**, z. B. hinsichtlich des Rechts der Organe der kleineren VVaG. Die für anwendbar erklärten Bestimmungen ermöglichen demgegenüber einen Überblick über diejenigen Regelungen, die der Gesetzgeber als besonders charakteristisch für einen VVaG eingestuft hat. So werden sämtliche Paragraphen, die das System der Aufwandsdeckung beinhalten (§§ 177 Abs. 1, 179–182, 197 Abs. 3 S. 2 VAG) auch für den kleineren VVaG für anwendbar erklärt. Die ergänzende Verweisung auf die Vorschriften des BGB (Abs. 2) rückt den kleineren Verein hinsichtlich seiner Vergleichbarkeit dem Verein des Bürgerlichen Rechts nahe.[5] Für den Fall, dass ein Aufsichtsrat bestellt werden soll, finden bestimmte Vorschriften des GenG, nicht des AktG, Anwendung (Abs. 2 S. 3). **4**

II. Begriff des kleineren Vereins (Abs. 1 S. 1). 1. Allgemeines. Kleinere Vereine sind solche, die nach ihrer Satzung **„bestimmungsgemäß"** nicht nur rein tatsächlich **einen sachlich, örtlich oder dem Personenkreis eng begrenzten Wirkungskreis haben**.[6] Diese drei Merkmale müssen nicht kumulativ erfüllt sein („oder"). Dass die tatsächliche Entwicklung hinter den Erwartungen der Gründer zurückbleibt und der Umfang der Geschäfte nur bescheiden ist, macht den Verein nicht zu einem kleineren. Ein VVaG ist vielmehr nur dann im Rechtssinne als kleinerer Verein zu behandeln, wenn die AufsBehörde eine entsprechende Entscheidung gem. Abs. 4 getroffen hat. Grundlage für die Entscheidung der BaFin bildet der Geschäftsplan, insbesondere die Satzung; die BaFin hat zu prüfen, ob die für die Annahme eines kleineren Vereins konstitutiven Tatbestandsvoraussetzungen erfüllt sind. **5**

2. Begrenztheit des Wirkungskreises. Den kleineren Verein kennzeichnet zunächst allgemein, wenn seine **geschäftliche Bedeutung** aufgrund der Begrenztheit seines Wirkungskreises **gering** einzuschätzen ist und sich damit die gesetzlichen Erleichterungen rechtfertigen lassen. Diese Begrenztheit des Wirkungskreises muss sich an einem der nachfolgenden Kriterien festmachen lassen (die Voraussetzungen müssen nicht kumulativ gegeben sein).[7] Andere Kriterien kann die BaFin im Rahmen ihrer **6**

---

[1] Geschäftsbericht BaFin 2014, Statistik.

[2] Statistik der Bundesanstalt für Finanzdienstleistungsaufsicht – Erstversicherungsunternehmen und Pensionsfonds – 2014, Tabelle 010.

[3] BGBl. I 1377.

[4] *V. Gierke*, Die Versicherungsvereine auf Gegenseitigkeit nach deutschen Recht, 1942, S. 114.

[5] FKBP/*Kaulbach* § 53 Rn. 3; *Heidelbach*, Der kleinere Versicherungsverein auf Gegenseitigkeit unter besonderer Berücksichtigung der gesellschaftsrechtlichen Probleme, 1994, S. 24; vgl. auch Mot. S. 47.

[6] *Heidelbach*, Der kleinere Versicherungsverein auf Gegenseitigkeit unter besonderer Berücksichtigung der gesellschaftsrechtlichen Probleme, 1994, S. 28.

[7] *Kisch*, Das Recht des Versicherungsvereins auf Gegenseitigkeit, 1951, S. 329; *v. Wick/Greve* VerBAV 1993, 288.

Prüfung nicht heranziehen; die Aufzählung der Voraussetzungen für die Annahme eines kleineren Vereins im § 210 Abs. 1 VAG hat abschließenden Charakter.[8] Für die Annahme, dass es sich bei der Beschreibung des begrenzten Wirkungskreises in Abs. 1 nur um eine beispielhaft aufgeführte Reihe von Annahmen handelt, gibt der Gesetzestext nichts her, begünstigende Verwaltungsakte bedürfen einer klaren gesetzlichen Grundlage, die ist in dem eindeutigen Wortlaut des § 210 Abs. 1 VAG gegeben.

Als Unternehmen mit eng begrenztem Wirkungskreis scheidet der kleinere Verein auch als Spitze eines aus Tochter-Versicherungsaktiengesellschaften bestehenden Versicherungskonzerns aus. Die Merkmale des kleineren Vereins und die auf ihn anwendbaren Vorschriften gehen von einer geringen Marktbedeutung des Unternehmens aus, zu dem die Wahrnehmung einer Holdingfunktion über Unternehmen, die sich nicht auf einen engen Wirkungskreis beschränken, nicht passen.[9] Der kleinere Verein als Konzernobergesellschaft wäre ein Formenmissbrauch des gesellschaftsrechtlichen Typs des kleineren Vereins.

7 **a) Sachlich eng begrenzter Wirkungskreis.** Ein sachlich eng begrenzter Wirkungskreis liegt vor, wenn der VVaG das VersWesen wirtschaftlich nicht entscheidend beeinflusst, also seine Marktbedeutung gering ist.[10] Nach Wick/Greve aaO ist insoweit nach der Art des Geschäfts, der Organisation des VersBetriebes, der Verfassung des VVaG und dem „materiellen Volumen" zu differenzieren.[11] **Die Einbeziehung des materiellen Volumens im Hinblick auf die jährliche Bruttobeitragseinnahme rechtfertigt sich aus der Erwägung, dass ein VVaG trotz Vorliegens einer der Kriterien des Abs. 1 dennoch eine wirtschaftliche Bedeutung haben kann, die eine Einordnung als kleinerer VVaG nicht gerechtfertigt erscheinen lässt.**[12] Ein sachlich begrenzter Wirkungskreis liegt z. B. vor bei Beschränkung auf einen Versicherungszweig mit überschaubarem Risiko, z. B. Schiffskasko-VVaG von Binnenschiffen. Sterbekassen (Höchstversicherungssumme DM 50.000)[13] werden nur als kleinere Vereine zugelassen.[14]

8 Sowohl der sachliche Umfang der Geschäftstätigkeit als auch der örtliche oder der personale Umfang müssen einen eng begrenzten Wirkungskreis darstellen. Ohne dieses Element des eng begrenzten Wirkungskreises geht die Definition des kleineren VVaG ins Leere. Ob sachliche, örtliche oder im Hinblick auf den Personenkreis faktische Restriktionen für die Tätigkeit des VVaG bestehen, immer müssen sie die Konsequenz haben, dass der VVaG nur einen eng begrenzten Wirkungskreis insgesamt entfalten kann, wenn er die Anerkennung als kleinerer VVaG erlangen will. Der eng begrenzte Wirkungskreis ist insbesondere im Hinblick auf die Bedeutung des kleineren VVaG am Markt, seinem Marktanteil und demzufolge seinem Geschäftsumfang und ggf. seiner Bedeutung nach für eine Sparte und ihre Entwicklung zu sehen. Eng begrenzt bedeutet dabei nicht nur eine Situation zum Zeitpunkt der aufsichtsbehördlichen Entscheidung. Aus dem Geschäftsplan und der Art und Weise des betriebenen Geschäfts (z. B. den Vertriebsaktivitäten, der Marketinganstrengungen etc.) muss eindeutig hervorgehen, **dass auch die künftigen Entwicklungschancen und Entwicklungsabsichten des Unternehmens gewollt eng begrenzt (überschaubar) bleiben.** Daraus folgt, dass sich das Tatbestandsmerkmal „eng begrenzter Wirkungskreis" auf alle drei Restriktionen (sachlich, örtlich, persönlich) bezieht.[15]

9 Ein VVaG, der die Rückversicherung betreibt, kann nicht kleinerer Verein sein, da § 210 Abs. 1 VAG nach Sinn und Zweck auf einen Direkt-, nicht aber einen Rückversicherer abstellt.[16] **Bei der Übernahme von Rückversicherungsgeschäft könnte man nicht mehr von einem sachlich eng begrenztem Wirkungskreis sprechen.** Im Rahmen eines solchen engen Wirkungskreises lässt sich das stark auf Diversifikation ausgerichtete Rückversicherungsgeschäft nicht betreiben.

10 **b) Örtlich eng begrenzter Wirkungskreis.** Ein örtlich eng begrenzter Wirkungskreis erfordert die Begrenzung der Geschäftstätigkeit des VVaG auf ein verhältnismäßig klar umgrenztes Geschäftsgebiet wie eine Gemeinde oder einen Gemeindeverbund, einen Landkreis oder ein letzterem entsprechendes Gebiet. Hieraus folgt auch die Beschränkung des Tätigkeitsgebiets des kleineren VVaGs auf das Deutsche Staatsgebiet.[17] Bei dem zur Zeit nicht weiter verfolgten Statut für eine europäische Gegenseitigkeitsgesellschaft wäre die grenzüberschreitende Tätigkeit auch kleinerer VVaG theoretisch denkbar; dies

[8] A. A. FKBP/*Kaulbach* § 53 Rn. 2.
[9] FKBP/*Kaulbach* § 15 Rn. 2.
[10] Goldberg/Müller/*Müller* § 53 Rn. 7.
[11] A. A. *Heidelbach*, Der kleinere Versicherungsverein auf Gegenseitigkeit unter besonderer Berücksichtigung der gesellschaftsrechtlichen Probleme, 1994, S. 32 ff.; zusätzliches Kriterium der „geringeren wirtschaftlichen" Bedeutung lässt sich anhand des Prämienaufkommens ermitteln; VerBAV 1952, 49; dagegen *Pollack* VersRdsch 1974, 40; allgemein zur Abgrenzung durch quantitative Kriterien; *Rittner* FS Rödig, 1978, 74 f.
[12] *Heidelbach*, Der kleinere Versicherungsverein auf Gegenseitigkeit unter besonderer Berücksichtigung der gesellschaftsrechtlichen Probleme, 1994, S. 31.
[13] VerBAV 1987, 329.
[14] GB 1967, 54.
[15] *Petersen*, Versicherungsunternehmensrecht, 2003, S. 76.
[16] GB BAV 1969, 79; *v. Wick/Greve* VerBAV 1993, 289.
[17] *Heidelbach*, Der kleinere Versicherungsverein auf Gegenseitigkeit unter besonderer Berücksichtigung der gesellschaftsrechtlichen Probleme, 1994, S. 31.

könnte Bedeutung für grenznah tätige kleinere VVaG haben. Allerdings wären kleinere VVaG mit der Erfüllung der Anwendbarkeit zweier – wenn auch harmonisierter – Rechtsordnungen in aller Regel überfordert.

Rechtstheoretisch muss aber festgestellt werden, dass aus dem Tatbestandsmerkmal „örtlich eng beschränkter Wirkungskreis" **nicht zwingend die Beschränkung auf das deutsche Hoheitsgebiet folgt.** Die historische Auslegung des Gesetzes legt eine solche Schlussfolgerung nahe, doch nachdem der Gesetzgeber unter den Rahmenbedingungen der Dienstleistungsfreiheit den Begriff des „örtlich eng beschränkten Wirkungskreises" nicht ausdrücklich auf das Inland beschränkt hat, ist davon auszugehen, dass der Wirkungskreis nicht an der Staatsgrenze sein Ende finden muss. Gerade im grenznahen Bereich kann die Tätigkeit eines VVaG Risiken einer eng begrenzten Personengruppe abdecken, die auf beiden Seiten der Grenze ihren Wohnsitz hat (Aufgabe der Auffassung aus der Vorauflage). Das Verbot der Tätigkeit im Ausland hat der Gesetzgeber nunmehr ausdrücklich nur für kleine Versicherungsunternehmen – hierunter können auch kleinere Vereine fallen – in § 211 Abs. 1 Nr. 5 VAG geregelt. Nur dieser Unternehmenstyp wird nach wie vor dem Solvency I Regime unterworfen; **diese Erleichterung kann der kleinere VVaG nicht in Anspruch nehmen, wenn er grenzüberschreitend tätig ist.** 11

c) Dem Personenkreis nach eng begrenzter Wirkungskreis. Ein in diesem Sinne begrenzter Personenkreis liegt vor, wenn dieser überschaubar ist, z. B. Angestellte eines bestimmten Unternehmens, einer bestimmten Behörde oder z. B. als Rückdeckungspensionskasse zur kongruenten Rückdeckung von Pensionsverpflichtungen zweier Arbeitgeber.[18] Auch der Umfang des Personenkreises muss also unter engen Grenzen gesehen werden. Man wird von dieser Begrenzung unstrittig ausgehen können, wenn eindeutig **das solidarische Element der Mitglieder im Vordergrund der Geschäftstätigkeit steht,** was bei Angehörigen einer einheitlichen Berufsgruppe einer Region in aller Regel gegeben sein wird. 12

III. Verwaltungsakt der Aufsichtsbehörde (Abs. 4). 1. Allgemeines. Die Prüfung, ob ein VVaG ein großer Verein im Sinne der §§ 171 ff. VAG oder ein kleinerer im Sinne des § 210 VAG ist, ist Sache der Aufsichtsbehörde. Die Entscheidung steht nicht im Ermessen der Aufsichtsbehörde. Es handelt sich um einen rechtsgestaltenden Verwaltungsakt, der auch die nahe Zukunft des VVaG mit abzuschätzen hat.[19] Wenn der VVaG einen „eng begrenzten Wirkungskreis" auf dem Felde einer der drei Restriktionsmerkmale hat, hat der VVaG Anspruch auf einen entsprechenden begünstigenden Verwaltungsakt.[20] 13

Nach der Rechtsprechung des BVerwG ist die Einschätzung der Aufsichtsbehörde, ob die Merkmale des kleineren VVaG erfüllt sind, gerichtlich voll nachprüfbar, es liegt kein nicht-justiziabler Beurteilungsspielraum vor.[21]

2. Feststellung im Zulassungsverfahren. Bereits im Verfahren auf Erlaubniserteilung stellt die Aufsichtsbehörde fest, ob es sich um einen kleineren VVaG handelt. Die Feststellung geschieht positiv oder negativ (auf Antrag oder wenn die Begrenzung des Wirkungskreises aus dem vorgelegten Geschäftsplan zu ersehen ist von Amts wegen) durch die für die Zulassung maßgebende Aufsichtsbehörde zugleich mit der Entscheidung über die Erlaubnis zum Geschäftsbetrieb. **Die Feststellung ist ausdrücklich zu treffen,** also in den Tenor der Genehmigungsurkunde aufzunehmen. Soweit die BaFin zuständig ist, wird die Entscheidung im Verfügungsverfahren getroffen (rechtsgestaltender Verwaltungsakt). Abweichend vom Antrag oder dem Inhalt des Geschäftsplans kann die Aufsichtsbehörde einen VVaG nicht alternativ als großen Verein zulassen, sondern muss den Zulassungsantrag als kleineren ablehnen, wenn sie ihn für einen großen hält. Umgekehrt kann die Aufsichtsbehörde nicht einen Verein, der seine Zulassung als „großer VVaG" beantragt hat, als kleineren zulassen, sondern muss den Antrag ebenfalls zurückweisen, wenn sie diesen VVaG für einen kleineren hält. Wenngleich nicht ausdrücklich bestimmt, so bindet die Entscheidung der Aufsichtsbehörde, dass es sich um einen kleineren VVaG handelt, für die Anwendbarkeit des VAG, die Gerichte und Verwaltungsbehörden im gleichen Umfang wie die Entscheidung, ob ein Unternehmen der Aufsicht unterliegt.[22] 14

3. Änderung des begrenzten Wirkungskreises. Die Voraussetzungen für die Anerkennung als kleinerer VVaG müssen nicht nur bei der Zulassung, sondern auch im weiteren Verlauf gegeben sein. Das kontinuierliche Vorliegen dieser Tatbestandsvoraussetzungen ist also Teil der Rechtsaufsicht der BaFin über kleinere VVaG. Drohen sie zu entfallen, hat die AufsBehörde den VVaG darauf hinzuweisen 15

[18] GB 1978, 51.

[19] FKBP/*Kaulbach* § 53 Rn. 4.

[20] *V. Wick/Greve* VerBAV 1993, 290; *Krämer* VW 1993, 1443.

[21] *Krämer* VW 1993, 1143 entgegen *v. Wick/Greve* VerBAV 1993, 290; vgl. auch die Übersicht, die über die in rechtlicher und tatsächlicher Hinsicht gerichtlich voll überprüfbare Auslegung und Anwendung von Begriffen bei *Kopp/Ramsauer,* VwVfG, 8. Aufl. 2003, § 40, Rn. 71; differenzierend FKBP/*Kaulbach* § 53 Rn. 4: nicht-justiziabler Beurteilungsspielraum bei solchen Entscheidungen der BaFin, bei denen die Festlegung der Auslegungsgrundsätze unter Mitwirkung des Versicherungsbeirats erfolgt (vgl. § 325 VAG).

[22] *Kisch,* Das Recht des Versicherungsvereins auf Gegenseitigkeit, 1951, S. 330; *v. Gierke,* Die Versicherungsvereine auf Gegenseitigkeit nach deutschem Recht, 1942, S. 89; *BSG* Urt. v. 27.3.1980 - 12 RAr 1/79, VersR 1980, 1168 m. Anm. *Weber;* FKBP/*Kaulbach* § 53 Rn. 5.

und die Konsequenzen eines Statusverlustes aufzuzeigen.[23] Erreicht der VVaG – ohne Satzungsänderung – ein erhebliches materielles Volumen, so dass nicht mehr von einem eng begrenztem Wirkungskreis die Rede sein kann, so kann die Aufsichtsbehörde den kleineren VVaG nach Vornahme etwaiger Ermittlungen (§ 305 Abs. 1 S. 1 VAG) durch Zwangsmittel (§ 17 FinDAG) Einsetzen von Sonderbeauftragten (§ 307 VAG) notfalls auch durch Betriebsuntersagung gem. § 304 Abs. 3 VAG das Unternehmen dazu zwingen, den Geschäftsplan hinsichtlich der betriebenen Sparten gem. § 9 Abs. 2 Nr. 2 VAG – bei Pensions- und Sterbekassen in Bezug auf die Verwaltung des Altbestandes auch hinsichtlich der AVB und der fachlichen Geschäftsunterlagen – und die Satzung zu ändern. Mit dem Status des großen Vereins fallen die Befreiungen – allgemeine und solche in besonderen Fällen – weg. Die auf kleinere VVaG anzuwendenden Vorschriften werden ab Rn. 23 behandelt.

16 **IV. Sonderregelung für kleinere VVaG kraft aufsichtsbehördlicher Ermessensentscheidung oder anderer Spezialregeln (Abs. 3). 1. Erleichterung kraft Ermessensentscheidung.** Die Bestimmung des § 210 VAG enthält in ihrem Abs. 3 (neu) eine dem § 157 VAG a. F. weitgehend entsprechende Regelung, die im Rahmen des Erlaubnisverfahrens und bezüglich der Geschäftsführung der BaFin ermöglichte, kleineren VVaG weitergehende Erleichterungen von den Standards des VAG qua Ermessensentscheidung einzuräumen. Dieser Gesellschaftstyp wird nachfolgend als **kleinerer VVaG mit Erleichterungen kraft Ermessensentscheidung** bezeichnet (siehe hierzu die Kommentierung zu Rn. 54 ff.). Dieser Unternehmenstyp ist Ausfluss des Grundsatzes der Verhältnismäßigkeit wie er für die gesamte Tätigkeit der BaFin in § 296 VAG normiert ist und dabei insbesondere an den Umfang der mit einem Unternehmen einhergehenden Risiken anknüpft.

17 **2. Freistellung von der Aufsicht nach § 5 VAG.** Eine weitere Gruppe bilden die kleineren VVaG, die einen besonders geringen Geschäftsumfang aufweisen (vgl. § 5). Sie werden nachfolgend als **kleinste VVaG mit Freistellung** (Kleinstunternehmen in der Form von VVaG) bezeichnet. Nach § 210 Abs. 1 S. 1 VAG gilt nicht der Abschnitt, der die Regelungen zum Handelsregister beinhaltet (§ 210 Abs. 1 S. 1 VAG erklärt nur § 172 S. 2 VAG für anwendbar (§§ 341–341p i. V. m. 238–263 und 263–335 HGB)). Sofern diese Unternehmen – vornehmlich Sterbekassen und Vereine mit örtlich begrenztem Wirkungskreis, geringer Mitgliederzahl und geringem Beitragsaufkommen – keine die Wahrung der Belange der Versicherten schützende Aufsicht erfordern, können diese Unternehmen von der Aufsicht freigestellt werden (§ 5 VAG). Zu beachten ist bei diesen Unternehmen, **dass die Merkmale örtlicher Wirkungskreis, geringe Mitgliederzahl und geringes Beitragsaufkommen nicht alternativ sondern kumulativ erfüllt sein müssen.**

Es handelt sich dabei um Unternehmen, die zunächst eindeutig die Voraussetzungen eines kleineren VVaG erfüllen, so dass eine Eintragung im Handelsregister nicht vorzunehmen ist. Dies wiederum ist nur gegeben, wenn die Voraussetzung für einen kleineren VVaG erfüllt sind (Ausschluss des § 172 S. 1 gem. § 210 Abs. 1 VAG). Ferner muss nach Art des betriebenen Geschäftes und den sonstigen Umständen eine Beaufsichtigung zur Wahrung der Belange der Versicherten nicht erforderlich sein. Maßgeblich für die Entscheidung der BaFin ist die Richtlinie über die Entscheidung zur Freistellung von Kleinstunternehmen von der Versicherungsaufsicht.[24] Die BaFin kann durch **Ermessensentscheidung, die keines Antrags des Unternehmens bedarf**, über die Freistellung entscheiden.

18 **3. Spartenbezogene Erleichterungen für kleinere VVaG.** Soweit kleinere VVaG **nicht** die Haftpflicht-, Kredit- und Kautionsversicherung oder die Lebensversicherung als Pensions- oder Sterbekassen betreiben und außerdem die Satzung vorsieht, dass Nachschüsse vorbehalten oder die Versicherungsansprüche gekürzt werden dürfen **und** die jährliche Beitragseinnahme den durch Rechtsverordnung festgesetzten Betrag nicht übersteigt, galten für diese kleineren VVaG nach § 156a VAG a. F. bestimmte aufsichtsrechtliche Vorschriften nicht. Die entsprechende Beitragsgrenze enthielt die Kapitalausstattungs-VO vom 13.12.1983.[25] Die Bestimmung des § 156a VAG a. F. ist nunmehr ersatzlos aufgehoben worden. Allerdings finden sich spartenbezogene erleichternde Regelungen nun im Kapitel 5 „Kleine Versicherungsunternehmen und Sterbekassen" (§ 211 ff. VAG) als auch in § 61 RechVersV, wenn die dort genannten quantitativen Grenzen eingehalten werden. Schließlich ist auf § 7 KapAusstV vom 18.4.2016[26] zu achten, wonach für kleinere Vereine, die nicht die Lebensversicherung betreiben und deren Geschäftsumfang den Rahmen dieser Bestimmung nicht übersteigt, der Mindestbetrag der Mindestkapitalanforderung entfällt.

19 **4. Regulierte Pensionskassen.** Für bestimmte Pensionskassen, die als regulierte Pensionskassen anzusehen sind (§ 233 VAG), sieht das Gesetz weitere aufsichtsrechtliche Besonderheiten vor, siehe hierzu die Kommentierung bei § 233 VAG.

[23] *V. Wick/Greve* VerBAV 1993, 290.
[24] VerBAV 1982, 139; VerBAV 1987, 329; VerBAV 1994, 288 und VerBAV 1998, 158.
[25] (BGBl. I 1451), Fassung v. 16.4.1996 (BGBl. I 616).
[26] BGBl. I S. 797.

5. Zusammenfassende Betrachtung der kleineren VVaG in ihrer verschiedenen Ausprägung. Somit ist das Recht für kleinere VVaG ganz oder teilweise auf insgesamt sechs Unternehmenstypen verteilt und findet sich an den verschiedensten Stellen des Gesetzes: 20
- kleinere VVaG (§ 210 Abs. 1);
- kleinere VVaG mit Erleichterung kraft Ermessensentscheidung (§ 210 Abs. 3 VAG);
- kleinste VVaG mit Freistellung von der Aufsicht (§ 5 VAG);
- Regulierte Pensionskassen (§ 233 VAG);
- VVaG Pensionskassen für die die BaFin eine Feststellung nach § 156a Abs. 3 S. 1 VAG i. d. F. v. 15.12.2004 getroffen hat (vgl. § 233 VAG) und
- spartenspezifische Erleichterungen in Abhängigkeit vom Geschäftsumfang beim Eigenmittelnachweis.

Die Unübersichtlichkeit und Zersplitterung der Regeln sind zu beklagen; es fragt sich, welchen Wert Detailregelungen für kleinste Einheiten noch haben. Eine Rechtsbereinigung mit einheitlichen Standards für Unternehmen mit einer nicht-relevanten Marktgröße wäre wünschenswert. Zu den aufsichtsrechtlichen Regeln wird im Übrigen auf die ältere Aufsichtspraxis verwiesen.[27] Im Übrigen gilt für Unternehmen, die bereits am 1.1.1902 zugelassener Weise einen Geschäftsbetrieb unterhielten und auch noch heute im Rahmen dieser Zulassung tätig sind § 335 VAG (kein Erfordernis der Erlaubnis nach VAG). 21

V. Verbot der Nicht-Mitgliederversicherung. Die Übernahme von Versicherungsverträgen gegen festes Entgelt (Abs. 1 S. 2) ohne dass der Versicherungsnehmer Mitglied wird, ist kleineren VVaG ausdrücklich untersagt; dies gilt auch für die Versicherung kurzfristiger Sondergefahren.[28] Damit trägt der Gesetzgeber der Tatsache Rechnung, dass kleinere VVaG solche Versicherungsnehmer nicht aufnehmen können, die rechtskonstruktiv nicht zugleich Träger des Vereins werden, auf die also die Regeln über Nachschüsse und Umlagen nicht anwendbar sind. 22

VI. Allgemeine Übersicht über die auf den kleineren VVaG anzuwendenden Normen. 1. Allgemeines. Generell ist zu beachten, dass § 210 VAG im Abschnitt über das Unternehmensrecht des VVaG steht. Somit enthält § 210 VAG auch nur unternehmensrechtlich relevante Regelungen. Außerhalb des Unternehmensrechts finden sich im VAG verstreut Bestimmungen, die auf kleinere VVaG anwendbar, modifiziert anwendbar oder nicht anwendbar sind. 23

Der Großteil der für die Zulassungsgenehmigung (§ 9 VAG) und die laufende Aufsicht geltenden Regelungen findet daher Anwendung, soweit nicht spezifische Ausnahmen vorliegen. Dies gilt auch für die Solvabilitätsanforderungen im zweiten Abschnitt des zweiten Kapitels des Gesetzes (§§ 89–123 VAG), es sei denn, der kleinere VVaG erfüllt zugleich – also zusätzlich – die Voraussetzungen des § 211 VAG (Kleine Versicherungsunternehmen). Dann sind für die Eigenmittel die §§ 213–217 VAG maßgeblich. Die aufsichtsrechtlichen Anforderungen an die Überwachung der Eigenmittelsituation ergeben sich hingegen auch für die kleineren VVaG aus den §§ 132–137 VAG. Die Vorschrift des § 53b VAG a. F. ist durch Zeitablauf obsolet und entfällt somit ersatzlos. Hinsichtlich der Solvabilitätsanforderungen gilt Abweichendes für Pensionskassen in der Rechtsform des VVaG, soweit diese die Voraussetzungen des § 233 VAG erfüllen. Hier ist für die Bestimmung der Eigenmittel die Verordnung nach § 235 Abs. 1 Nr. 1–3 VAG heranzuziehen. Für die laufende Aufsicht hinsichtlich der Überwachung der Eigenmittel gelten aber ebenfalls §§ 132–137 VAG. Es ist also stets darauf zu achten, dass entsprechend den abgestuften Größenordnungen der Unternehmen auch andere Regelungen der Aufsicht Anwendung finden können. **Auf kleinere VVaG sind dies z. B. die Regeln gem. Solvency II, für kleinere VVaG als kleine Versicherungsunternehmen hingegen die Regeln, die inhaltlich den Solvency I-Bestimmungen entsprechen.** Der Grund für diese Differenzierung liegt in Art. 4 RL 2009/138/EG des Europäischen Parlaments und des Rates vom 25.11.2009 betreffend die Aufnahme und Ausübung der Versicherungs- und Rückversicherungstätigkeit.[29]

Das Recht des kleineren VVaG, das auf der sich nur durch Verweisung erschließenden Vorschrift des § 210 VAG aufbaut, ist im Bezug auf geltende Ausnahmebestimmungen durch die weitgehende Herausnahme der Rechnungslegungsvorschriften aus dem VAG durch das VersRiLiG vom 24.6.1994[30] noch unübersichtlicher geworden. Über die in § 210 Abs. 1 S. 1 VAG für anwendbar erklärte Vorschrift des § 172 S. 2 VAG finden die ergänzenden HGB-Vorschriften über Versicherungsunternehmen (§§ 341–341p HGB) grundsätzlich Anwendung (zu Befreiungen und Vereinfachungen für bestimmte kleinere Vereine vgl. §§ 61, 62 RechVersV). Auch für kleinere VVaG ist das Umwandlungsrecht innerhalb des UmwG geregelt (vgl. etwa §§ 118, 119 UmwG hinsichtlich der Verschmelzung kleinerer Vereine, §§ 185–187 UmwG hinsichtlich der Übertragung des Vermögens eines kleineren VVaG auf eine VersAG oder ein öffentlich-rechtliches Versicherungsunternehmen). Hinsichtlich Rechtsklarheit und Übersichtlichkeit wäre die selbständige und geschlossene Regelung der gesamten Materie des 24

[27] VerBAV 1982, 139; 1987, 329; 1994, 288 und 1998, 158.
[28] VerBAV 1952, 56; GB 1959, 1960, 53.
[29] ABl. 2009 L 335, 1.
[30] BGBl. I 1377.

VVaG-Unternehmensrechts in seinen verschiedenen größenabhängigen Ausprägungen wünschenswert,[31] zumal es sich bei den Adressaten um „möglicherweise nicht geschäftsgewandte oder rechtskundige Kreise" handelt.[32]

25 **2. Auf den kleineren VVaG anwendbare Vorschriften und Ausnahmen von den gesellschaftsrechtlichen VAG-Standards für VVaG. a) § 172 S. VAG.** Für kleinere VVaG gelten von den HGB-Regelungen nur die Bestimmungen über die Rechnungslegung von Versicherern. Die Konsequenz ist, dass kleinere VVaG nicht ins Handelsregister eingetragen werden müssen. Als Erleichterung für kleinere VVaG verzichtet der Gesetzgeber auf die notarielle Beurkundung der Satzung; die gerichtliche Überprüfung der Satzung ist nicht revisibel[33] (§ 549 ZPO Nr. 2), es sei denn, ihr Wirkungsbereich ist weiter als der OLG-Bezirk.[34] Der kleinere VVaG hat einen Namen, keine Firma. Der Name des kleineren VVaG genießt den Schutz eines bürgerlich-rechtlichen Namens gem. § 12 BGB.[35] Die Namensangaben auf Briefbögen, Druckstücken, Stempeln u. ä. kann fehlen;[36] § 80 AktG findet keine Anwendung, da die Verweisungsvorschrift des § 188 Abs. 1 S. 2 VAG für kleinere VVaG nicht gilt (§ 210 Abs. 1 S. 1 VAG).[37]

26 **b) § 174 Abs. 1 VAG.** Der Name eines kleineren VVaG braucht nicht den Sitz des Vereins erkennen zu lassen; ebenso wenig braucht in einem Firmenzusatz ausgedrückt zu werden, dass die Versicherung auf Gegenseitigkeit betrieben wird. Diese Ausnahme erscheint im Hinblick auf die Firmenklarheit und auf die Konsequenz, die die Mitgliedschaft in einem kleineren VVaG für das Mitglied haben kann, bedenklich;

27 **c) § 175 VAG.** Auch beim kleineren Verein haften die Mitglieder den Gläubigern nicht.

28 **d) § 176 VAG.** Die zentrale Bestimmung über die Mitgliedschaft gilt auch uneingeschränkt für den kleineren VVaG.

29 **e) § 177 Abs. 1 VAG.** Zum Ausschluss des Nicht-Mitgliedergeschäfts vgl. oben Rn. 22;

30 **f) § 183 Abs. 1 VAG.** Der kleinere VVaG ist nicht verpflichtet, seine Bekanntmachungen im Bundesanzeiger zu veröffentlichen.

30a **g) §§ 184–187 VAG.** Ausgeschlossen sind die **§§ 184–187 VAG** (Organe, Anmeldung der Organmitglieder zum Handelsregister, Unterlagen der Anmeldung).

31 **h) § 188 Abs. 1 S. 1 VAG.** Auch bei kleineren VVaG muss der Vorstand mindestens aus zwei Personen bestehen (Vier-Augen-Prinzip). Die übrigen Regelungen für den Vorstand in § 188 VAG sind nicht anwendbar.

32 **i) §§ 189, 191, 192 VAG.** Ausgeschlossen sind § 189 VAG (Aufsichtsrat), § 191 VAG (oberste Vertretung) und § 192 VAG (Rechte von Minderheiten); ebenso ist die Anwendbarkeit des § 191 VAG (Schadenersatzpflicht nach § 117 AktG) nicht vorgesehen.

33 **j) § 195 Abs. 1–3 VAG.** Für die Aufgabe oder Einführung eines Versicherungszweigs gilt nicht das Dreiviertelmehrheitserfordernis der obersten Vertretung.

34 **k) § 196 VAG.** Ausgeschlossen ist in konsequenter Fortführung der Freistellung vom Eintragungserfordernis in das Handelsregister gem. § 196 VAG die Eintragung von Satzungsänderungen in das Handelsregister; demgemäß ist auch die Genehmigung des Auflösungsbeschlusses seitens der BaFin nicht dem Registergericht mitzuteilen **(§ 210 Abs. 1 VAG i. V. m. § 199 Abs. 2 S. 1 VAG).** Ebenso entfällt die Anmeldung der Auflösung des Vereins beim Handelsregister (Ausschluss des § 202 VAG).

35 **l) §§ 201, 203, 204, 206 VAG.** Es gelten weder die Regelungen über den angemessenen Ausgleich zu dem Verlust der Mitgliedschaft (§ 201 VAG; hier schützt die Regelung des § 200 S. 3 u. S. 4 VAG die Mitglieder abschließend) noch die Bestimmungen über die Abwicklung (§ 203 VAG) und das Abwicklungsverfahren (§ 204 VAG). Ausgeschlossen ist auch die Anwendung der „Wiederbelebungsvorschrift" des VVaG nach § 206 VAG (Fortsetzung nach noch nicht rechtswirksamer Auflösung bzw. im Insolvenzverfahren).

[31] *V. Gierke* ZHR 116 (1954) 29, 37; *Heidelbach*, Der kleinere Versicherungsverein auf Gegenseitigkeit unter besonderer Berücksichtigung der gesellschaftsrechtlichen Probleme, 1994, S. 51.

[32] *Heidelbach*, Der kleinere Versicherungsverein auf Gegenseitigkeit unter besonderer Berücksichtigung der gesellschaftsrechtlichen Probleme, 1994, S. 45.

[33] *BAG* Urt. v. 18.4.1956 – Sa 15/56, BB 1956, 596.

[34] *BGH* Urt. v. 21.10.1971 – II ZR 123/70, VersR 72, 37.

[35] *Heidelbach*, Der kleinere Versicherungsverein auf Gegenseitigkeit unter besonderer Berücksichtigung der gesellschaftsrechtlichen Probleme, 1994, S. 61; *Kisch*, Das Recht des Versicherungsvereins auf Gegenseitigkeit, 1951, S. 332.

[36] GB 1973, 46.

[37] GB 1969, 37; zu den §§ 173 I, 174 I und 175 siehe im Übrigen die Anmerkungen zu diesen Bestimmungen.

3. Die Verweisungen auf das BGB und GenG –Überblick. Soweit durch die vorstehend genannten Ausschlüsse zunächst eine Regelungslücke entsteht, wird dies durch die für anwendbar erklärten Bestimmungen des Vereinsrechts des BGB (§§ 24–53 BGB) gefüllt. In den Fällen des § 29 und § 37 Abs. 2 BGB (Notbestellung eines Vorstandsmitglieds, Ermächtigung der Mitglieder, die Einberufung einer Mitgliederversammlung zu verlangen) tritt an die Stelle des Amtsgerichts die BaFin. Besonders zu beachten ist § 40 BGB, der die Nachgiebigkeit einzelner BGB-Vorschriften regelt. Der Regelung in § 41 BGB gehen §§ 198 Nr. 2 VAG und 199 Abs. 1 VAG vor; die Regelung in § 42 Abs. 1 BGB wird von § 198 Nr. 3 VAG verdrängt; dies gilt auch für das Verhältnis von § 42 Abs. 2 BGB in Bezug auf § 312 Abs. 1 VAG. **36**

Der kleinere VVaG **muss nicht zwingend über einen Aufsichtsrat verfügen**. Wenn die Satzung eine solche Regelung vorsieht, finden die diesbezüglichen Vorschriften des Genossenschaftsgesetzes für Aufsichtsräte entsprechend Anwendung (§ 36 Abs. 2 und 3 GenG, § 37 GenG – Unvereinbarkeit von Ämtern, § 38 GenG – Aufgaben des Aufsichtsrats, § 39 GenG – Vertretungsbefugnis des Aufsichtsrats, § 40 GenG – vorläufige Amtsenthebung von Vorstandsmitgliedern und über § 41 BGB findet § 34 GenG hinsichtlich der Sorgfaltspflicht und Verantwortlichkeit der Aufsichtsratsmitglieder Anwendung). Der direkte Verweis in § 210 Abs. 2 VAG auf § 34 GenG im Zusammenhang mit den für Aufsichtsräte geltenden Regelungen ist insoweit redaktionell missglückt; hier wäre der Verweis auf § 41 GenG richtig. Durch die Abschlussprüfer-Richtlinie vom 16.4.2014 (AP-Richtlinie)[38] wird nun die Frage relevant, ob die optionale Möglichkeit für kleinere VVaG, auf die Bildung eines Aufsichtsrats verzichten zu können, weiter aufrecht erhalten werden kann. Generell haben alle Versicherungsunternehmen als „Unternehmen im öffentlichen Interesse" einen Aufsichtsrat zu bilden. Allerdings spricht die AP-Richtlinie von Versicherungsunternehmen nur im Sinne der Richtlinie des Rates über den Jahresabschluss und den konsolidierten Abschluss von Versicherungsunternehmen vom 19.12.1991 (91/674/EWG),[39] sofern es sich dabei nicht um Versicherungsunternehmen i. S. d. Art. 2 Abs. 1 Buchst. a der dort erwähnten Versicherungsvereine auf Gegenseitigkeit oder Buchst. b gem. den Unternehmen nach Art. 1 RL 79/267/EWG[40] (Einrichtung der betrieblichen Altersversorgung) handelt. Soweit also der Europäische Richtliniengeber den Begriff des Versicherungsunternehmens gebraucht, bezieht er die hier genannten kleineren VVaG und spezielle Einrichtungen der betrieblichen Altersversorgung in diesen Kreis der Unternehmen **nicht mit ein**. Damit bleibt für kleinere VVaG die Option, keinen Aufsichtsrat bilden zu müssen, erhalten. Erkennbar geht der Europäische Gesetzgeber davon aus, dass diese Unternehmen einen so geringen Einfluss haben, dass sie damit auch nicht als Public Interest Entities (PIE) zu qualifizieren sind.[41] Im Übrigen siehe die Kommentierung unten bei Rn. 74, 75. **37**

4. Größenabhängige und sonstige Erleichterungen im Rahmen der Geschäftsorganisation. a) Ausschluss der Anwendbarkeit des § 36 Abs. 2 VAG (Erleichterung bei rechnungslegungsbezogenen Vorschriften). Soweit durch Rechtsverordnung für bestimmte Versicherer – gleich welcher Rechtsform – größenabhängige Erleichterungen nach § 330 Abs. 1, 3 und 4 HGB vorgesehen sind (Befreiungen von den §§ 341–341p ganz oder teilweise – keine Verpflichtung, den Jahresabschluss prüfen zu lassen), gilt § 36 Abs. 1 VAG (Anzeige des bestellten Abschlussprüfers) nicht. Insofern geht § 330 HGB i. V. m. §§ 61, 62 RechVersV § 341k HGB vor; demgemäß gilt auch § 306 Abs. 1 Nr. 2 u. 3 VAG für kleinere VVaG nicht. Bestimmte in § 61 RechVersV aufgelistete Unternehmen sind danach von den Vorschriften über die Prüfung des Jahresabschlusses, die Offenlegung des Jahresabschlusses und über den Konzernabschluss befreit. Betroffen sind VVaG, die je nach Sparte bestimmte Größenordnungen nicht überschreiten (§ 61 Abs. 1 Nr. 1 RechVersV), rechtsformunabhängig solche Unternehmen, die touristische Beistandsleistungen erbringen (§ 61 Abs. 1 Nr. 2 RechVersV); Schaden- und Unfallsowie Krankenversicherungsvereine, die ihr Geschäft vollständig bei einem anderen (großen) VVaG rückversichern oder Erfüllungsübernahme vereinbart haben; Pensions- und Sterbekassen bestimmter Größenordnung. Auf Pensionsfonds finden die Befreiungen nach § 61RechVersV keine Anwendung; siehe den Anwendungsbereich der RechPensV (§ 1). Dies überrascht, da § 330 Abs. 5 HGB auch für Pensionsfonds grundsätzlich Erleichterungen vorsieht. **38**

b) Modifizierte Anwendbarkeit der HGB-Vorschriften bezüglich der Rechnungslegung. Die ergänzenden Vorschriften für Versicherungsunternehmen des zweiten Unterabschnittes des vierten Abschnitts des dritten Buchs des HGB (§§ 341–341p HGB) gelten grundsätzlich auch für kleinere VVaG. Die Rechnungslegung der Versicherungunternehmen wird nach der Novellierung durch das VersRiLiG vom 24.6.1994[42] nicht nur rechtsform-, sondern auch größenunabhängig im HGB ge- **39**

---

[38] RL 2014/56/EU des Europäischen Parlaments und des Rates vom 16.4.2014 zur Änderung der RL 2006/43/EG über Abschlussprüfung von Jahresabschlüssen und konsolidierten Abschlüssen (ABl. EU 2015 L 158, 169).
[39] ABl. 1991 L 374, 7.
[40] ABl. 1979 L 63, 1 (Erste Richtlinie des Rates zur Koordinierung der Rechts- und Verwaltungsvorschriften über die Aufnahme und Ausführung der Direktversicherung (Lebensversicherung) v. 5.3.1979).
[41] *Bürkle* VersR 2016, 1145.
[42] BGBl. I 1377.

regelt.[43] Unter den Voraussetzungen des § 61 Abs. 1 RechVersV finden für kleinere Vereine §§ 341k, 341l, 341i, 341j HGB keine Anwendung, ebenso die Bestimmungen §§ 36 Abs. 1 und 37 Abs. 5 VAG.

40 Ferner schließt § 341a Abs. 4 HGB kleinere VVaG von der Anwendung der §§ 152 Abs. 2 und 3 sowie 170–176 AktG über die Prüfung des Jahresabschlusses aus.

41 Für die in § 61 RechVersV genannten Unternehmen gilt nun die **Verordnung über die Prüfung des Jahresabschlusses und des Lageberichts von Versicherungsunternehmen durch einen unabhängigen Sachverständigen.**[44] Die Verordnungsgrundlage findet sich in § 39 Abs. 1 S. 1 Nr. 4 i. V. m. S. 2, 4 und 5 VAG und ist damit Teil der generellen Erleichterungen für Unternehmen mit geringer Marktbedeutung, wobei die Aufsichtsbehörde nach § 210 Abs. 3 VAG durch Einzelfallentscheidung weitere Erleichterungen und Abweichungen von den Standards des § 39 Abs. 1 VAG gestatten kann. Danach ist die Prüfung mindestens zum Abschluss eines jeden dritten Geschäftsjahres, auf Verlangen der BaFin auch in kürzeren Abständen, durchzuführen (§ 1 SachvPrüfV). Die Verordnung ist nicht auf VVaG anzuwenden, die nach § 5 VAG von der laufenden Aufsicht freigestellt sind.

42 **c) Erleichterung bei der Erfüllung aktuarieller Aufgaben und Berichtspflichten.** In der Lebensversicherung hat der **Verantwortliche Aktuar** gem. § 141 Abs. 5 Nr. 2 VAG keine versicherungsmathematische Bestätigung unter der Bilanz abzugeben; dementsprechend entfällt auch der auf diese Bestätigung Bezug nehmende Bericht des verantwortlichen Aktuars an den Vorstand. Auch die an den Bestätigungsvermerk anknüpfende Unterrichtungspflicht gegenüber dem Vorstand und/oder ggf. gegenüber der Aufsichtsbehörde nach § 141 Abs. 5 Nr. 3 Hs. 1 VAG entfällt. Bestehen bleibt aber bei der Feststellung bestandsgefährdender Tatsachen die Unterrichtungspflicht gegenüber Vorstand und (kumulativ) Aufsichtsbehörde (§ 141 Abs. 5 Nr. 3 Hs. 2 VAG). Auch die nach § 145 Abs. 4 VAG zu erlassende Verordnung findet keine Anwendung, soweit es sich um die versicherungsmathematische Bestätigung und den Erläuterungsbericht hierzu handelt.

43 Die maßgebliche Rechtslage von **Sterbekassen** wird unter § 219 VAG kommentiert.

44 Da die **versicherungsmathematische Bestätigung** samt **Erläuterungsbericht** bei kleineren Vereinen, die das Lebensversicherungsgeschäft betreiben, entfällt, ist auch der Vorstand nicht wie sonst verpflichtet, nach § 141 Abs. 6 Nr. 2 VAG den Erläuterungsbericht der Aufsichtsbehörde vorzulegen; den Angemessenheitsbericht hingegen muss der Vorstand nach dieser Bestimmung der BaFin vorlegen. Der verantwortliche Aktuar wird generell vom Aufsichtsrat bestimmt (§ 141 Abs. 3 VAG); wenn ein solcher nicht vorhanden ist (vgl. § 210 Abs. 2 S. 3 VAG) wird er beim kleineren VVaG von dem entsprechenden obersten Organ bestellt.

45 **Für kleinere VVaG, die die substitutive Krankenversicherung betreiben,** übernimmt § 156 Abs. 1 VAG die Regelung zur Bestimmung des verantwortlichen Aktuars in § 141 Abs. 3 VAG. Darüber hinaus gelten gem. § 156 Abs. 2 Nr. 2 VAG hinsichtlich der versicherungsmathematischen Bestätigung und des Erläuterungsberichts dieselben Erleichterungen wie für die die Lebensversicherung betreibenden kleineren VVaG. Auf die oben stehende Kommentierung wird verwiesen. In § 156 Abs. 2 S. 2 VAG fehlt eine entsprechende Verweisung auf § 141 Abs. 6 Nr. 2 VAG (Pflicht des Vorstands, den Angemessenheitsbericht der BaFin vorzulegen).

46 Betreiben **kleinere VVaG die Unfallversicherung mit Prämienrückgewähr,** so gelten für diese Unternehmen ebenfalls die Erleichterungen nach § 141 Abs. 5 Nr. 2 VAG (vgl. § 161 Abs. 1 VAG) mit allen auch für die Lebensversicherung damit verbundenen Konsequenzen (siehe oben).

47 Bei kleineren VVaG greifen für die Berechnung der Deckungsrückstellung von Renten in der Allgemeinen Haftpflichtversicherung, der Kraftfahrzeughaftpflicht-, -Unfallversicherung und der Allgemeinen Unfallversicherung ohne Prämienrückgewähr dieselben Erleichterungen wie in der Lebensversicherung (vgl. § 162 VAG). Für die Bestellung des Aktuars gilt im Falle des § 141 Abs. 3 VAG die Zuständigkeit des Aufsichtsrats oder des obersten Organs.

48 **d) Grundsätzliche Befreiung von der Bestellung eines Treuhänders für das Sicherungsvermögen (Erleichterung bei Kontrollfunktionen, § 128 Abs. 1 S. 3 VAG).** Kleinere VVaG sind generell von der **Bestellung eines Treuhänders bzw. Stellvertreters** für das Sicherungsvermögen befreit, es sei denn, die Aufsichtsbehörde ordnet die Bestellung an. Dies ist ein belastender Verwaltungsakt, gegen den die üblichen Rechtsmittel gegeben sind. Die Regelung sieht keine besonderen Tatbestandsvoraussetzungen für den Erlass einer solchen Anordnung vor. Zumindest muss die Aufsichtsbehörde bei diesem Kosten verursachenden Verwaltungsakt darlegen, warum eine Überwachung der Ansprüche der Versicherungsnehmer durch einen Treuhänder für notwendig erachtet wird. Da mit dem Amt des Treuhänders Kosten verbunden sind, wird die BaFin eine solche Anordnung nur treffen können, wenn der Aufwand zum Nutzen der Sicherstellung der Ansprüche der Versicherungsnehmer in einem betriebswirtschaftlich sinnvollen Verhältnis steht. Bei der Ermessensentscheidung wird die Größe

---

[43] BT-Drs. 12/5587, 22.

[44] SachvPrüfV vom 18.4.2016 (BGBl. I 760).

des Vermögens und auch die Qualifikation des Vorstands im Hinblick auf die Verwaltung des Vermögens eine Rolle spielen. Generell ist hier anzumerken, dass aus rechtsstaatlichen Gründen für diesen belastenden Verwaltungsakt die Normierung von konkreten Eingriffstatbeständen erforderlich ist. Der Gesetzgeber gibt der Aufsichtsbehörde hier einen weiten Handlungsspielraum, so wie bei der Bestellung eines Sonderbeauftragten (§ 307 VAG), was unter rechtsstaatlichen Überlegungen bedenklich erscheint.

Warum öffentlich-rechtliche Versicherungsunternehmen generell – unabhängig von ihrer Größe – von der Bestellung eines Treuhänders für das Sicherungsvermögen freigestellt sind, ist nicht nachvollziehbar. 49

Für Pensionskassen in der Rechtsform kleinerer VVaG erfolgt die Kommentierung unter den §§ 232 ff. VAG[45] 50

e) Fakultativer Verzicht auf Gründungsstock und Verlustrücklage. Die bisherige Geltung des § 53b VAG a. F. hat über den 31.12.2003 hinaus keine Bedeutung mehr. Auch kleinere VVaG müssen, um zugelassen zu werden, über einen Gründungsstock verfügen. Nach § 7 KapAusstV vom 18.4.2016[46] entfällt für kleinere Vereine, die nicht die Lebensversicherung betreiben, der Mindestbetrag der Mindestkapitalanforderung, wenn die Satzung die Erhebung von Nachschüssen oder die Kürzung von Versicherungsansprüchen vorsieht und die jährlichen Beiträge 1,9 Mio EUR nicht übersteigen. 51

f) Pflicht der BaFin zur Unterrichtung der Aufsichtsbehörden der EU-Mitgliedstaaten. Die Bestimmung des § 133 Abs. 3 VAG enthält keine Ausnahme mehr, die § 89b Abs. 4 VAG i. d. F. vom 29.7.2009 eingefügt durch Art. 2 des Gesetzes zur Stärkung der Finanzmarkt- und Versicherungsaufsicht entspricht[47] und ist nun auch, wenn es um kleinere VVaG mit Auslandsbezug geht, generell anwendbar. Erbringt der kleinere Verein Dienstleistungen im Rahmen der Kraftfahrt-Haftpflichtversicherung ausschließlich im Inland, sieht das Gesetz nunmehr keine Pflicht der BaFin für Bekanntmachungen und die Unterrichtung der Aufsichtsbehörden der Mitgliedstaaten vor, da § 133 Abs. 3 VAG die Unterrichtungspflicht an das Bestehen einer Zweigniederlassung oder der Erbringung von Dienstleistungen im Ausland knüpft. 52

VII. Verhältnis von kleineren VVaG (§ 210 VAG) und kleinen Versicherungsunternehmen (§ 211 VAG). Die Regelungen für kleine Versicherungsunternehmen sind Rechtsform-unabhängig und enthalten in § 211 Abs. 1 Nr. 1 und 2 VAG zwei rein quantitative Begrenzungen für die Höhe der jährlich gebuchten Brutto-Beitragseinnahmen und die gesamten versicherungstechnischen Brutto-Rückstellungen. Hier hat der Gesetzgeber also nicht das Mittel eines Beurteilungsspielraums („eng begrenzter Wirkungskreis") gewählt, sondern transparente Größen aus dem Jahresabschluss als Definitionsmerkmal für kleine Versicherungsunternehmen herangezogen. Sofern kleinere VVaG diese Grenzen einhalten und zusätzlich die definitorischen Merkmale des § 211 Abs. 1 Nr. 3, 4 und 5 VAG erfüllen, sowie als gruppenangehöriges Unternehmen die Gruppe insgesamt die Voraussetzungen des § 211 Abs. 1 S. 2 VAG nicht überschreitet, finden auf kleinere VVaG auch die Vorschriften für kleine Versicherungsunternehmen Anwendung, was, wie bei § 212 VAG gezeigt wird, insbesondere für die Eigenmittelausstattung von großer Bedeutung ist. Allerdings wird für kleinere VVaG – wenn sie nicht zugleich die Voraussetzungen des § 211 VAG erfüllen – in der Regel § 109 Abs. 1 und 2 VAG dann Anwendung finden, wenn sie nicht dem Typ der kleinen Versicherungsunternehmen entsprechen (Abweichung von der Standardformel aus Gründen der Verhältnismäßigkeit). 53

VIII. Kleinere VVaG mit Erleichterungen kraft Ermessensentscheidungen (Abs. 3). An die Stelle des § 157 VAG a. F. ist nunmehr § 210 Abs. 3 VAG getreten. Diese Bestimmung greift den Gedanken der **Proportionalität** auf und gibt der Aufsichtsbehörde die **Möglichkeit qua Ermessensentscheidung kleinere VVaG von bestimmten aufsichtsrechtlichen Anforderungen zu befreien**. Die Befreiungsmöglichkeiten beziehen sich sowohl auf die Zulassung zum Geschäftsbetrieb, als auch auf die laufende Überwachung: 54

- Abweichungen von der Anwendung der die Rechnungslegung betreffenden Vorschriften (§ 210 Abs. 3 VAG i. V. m. § 39 Abs. 1 VAG). Hiermit wird der Verordnungsgeber ermächtigt und verpflichtet, bei seiner Rechtssetzung auf die Proportionalität zu achten. 55
- Abweichung von der Anlage des Sicherungsvermögens (§ 210 Abs. 3 VAG i. V. m. § 125 VAG); hier kann sich die Ermessensentscheidung der Aufsichtsbehörde auf alle in § 125 VAG geregelten Sachverhalte – kumulativ – oder aber nur auf einzelne Aspekte beziehen. 56
- Abweichung von den Regeln der Prämienkalkulation in der Lebensversicherung (Gleichbehandlung) (§ 210 Abs. 3 VAG i. V. m. § 138 VAG); auch hier enthält die Verweisungsregelung keinerlei Einschränkung. Es erscheint aber fraglich, ob die BaFin als Abweichung gestatten kann, dass planmäßig dauerhaft Mittel für den Aufbau der Deckungsrückstellung Verwendung finden dürfen, die nicht aus Prämienzahlungen stammen (steuerrechtliche Konsequenzen beachten); 57

---

[45] Vgl. hierzu auch *Weigel* BetrAV 2008, 350, 351 und 600 ff.
[46] BGBl. I 797.
[47] BGBl. 2009 I 2305.

58 – Abweichung von den Regeln über den verantwortlichen Aktuar in der Lebensversicherung (§ 210 Abs. 3 VAG i. V. m. § 141 VAG). Auch hier räumt die uneingeschränkte Verweisung auf den gesamten Tatbestand des § 141 VAG der Aufsichtsbehörde eine große Entscheidungsbreite ein. Die versicherungsmathematische Bestätigung unter der Bilanz entfällt von Gesetzes wegen auf Grund des § 141 Abs. 5 Nr. 2 VAG.

59 – Abweichung von den Standards für die substitutive Krankenversicherung in § 146 VAG samt den Bestimmungen über den Prämienzuschlag in der substitutiven Krankenversicherung in § 149 VAG (§ 210 Abs. 3 VAG); das gilt entsprechend für die in § 147 VAG geregelte nicht-substitutive Krankenversicherung. Auch bei dieser Abweichungsregelung enthält die Verweisung keine Einschränkung.

60 – Abweichung von den Regelungen zum Basistarif in der substitutiven Krankenversicherung in § 152 VAG gem. § 210 Abs. 3 VAG. Da auch hier die Verweisung auf alle in § 152 VAG geregelten Sachverhalte ohne Einschränkung erfolgt, ist es auch möglich, kleinere VVaG vom Vorhalten eines Basistarifs völlig freizustellen.

61 – Ähnlich wie in der Lebensversicherung kann bei kleineren VVaG auch in der substitutiven Krankenversicherung von den Anforderungen an die Bestellung eines verantwortlichen Aktuars abgewichen werden (§ 210 Abs. 3 VAG i. V. m. § 156 VAG). Dabei bezieht sich die Abweichungsregelung auch hier einschränkungslos auf alle in § 156 VAG für die die substitutive Krankenversicherung betreibenden Krankenversicherer geregelten Sachverhalte, so dass die Abweichung auch darin bestehen kann, dass der kleinere VVaG als Krankenversicherer keinen verantwortlichen Aktuar zu bestellen braucht.

62 Es fragt sich, ob die aus betriebswirtschaftlichen Gründen vielfältigen, fakultativen Ausnahmen für kleinere VVaG und hier insbesondere auch für Sterbe- und Pensionskassen verfassungsrechtlich zulässig sind. Letztlich kann es nicht von der Betriebsgröße abhängen, welche Schutzvorschriften zugunsten der Versicherungsnehmer und Begünstigten ein Unternehmen einhalten muss, wenn es ein generell vom Gesetzgeber als sensibel zu behandelndes Altersvorsorgeprodukt anbietet. Dies führt zu ungerechtfertigten Kostenvorteilen der durch aufsichtsrechtliche Ermessensentscheidungen entlasteten Anbieter bei der Gestaltung von Produkten mit identischer Zweckbestimmung. Soweit die BaFin Abweichungen hinsichtlich der laufenden Geschäftsführung gestattet, kann die BaFin diese begünstigenden Verwaltungsakte mit der Auflage verknüpfen, dass der kleinere VVaG im Abstand von mehreren Jahren auf seine Kosten seinen Geschäftsbetrieb und die Vermögensanlage durch einen Sachverständigen prüfen lässt und den Prüfungsbericht der Aufsichtsbehörde einreicht (§ 210 Abs. 3 S. 2 VAG).[48]

62a Nicht im Katalog des § 210 Abs. 3 VAG enthalten ist die Ausnahmeregelung in § 128 Abs. 1 S. 3 VAG, wonach kleinere Vereine einen Treuhänder für das Sicherungsvermögen nur bestellen müssen, wenn es die Aufsichtsbehörde anordnet. Hat ein kleinerer Verein keinen Aufsichtsrat, bestellt der Vorstand den Treuhänder (§ 128 Abs. 3 S. 2 VAG). Für Bestellung und Entlassung des verantwortlichen Aktuars siehe oben Rn. 44.

63 **IX. Regelungen für kleinste VVaG mit Freistellung nach § 5 VAG.** Voraussetzung für diese Freistellung ist, dass nach Art der betriebenen Geschäfte und den sonstigen Umständen eine Beaufsichtigung zur Wahrung der Belange der Versicherten nicht erforderlich erscheint. Beispielhaft nennt das Gesetz in § 5 Abs. 1 S. 2 VAG für das Vorliegen dieser Merkmale: Sterbekassen und Vereine mit örtlichem begrenztem Wirkungskreis, geringer Mitgliederzahl und geringem Beitragsaufkommen; wobei in diesem Fall die Merkmale kumulativ (Unterschied zu § 210 Abs. 1 VAG) gegeben sein müssen. Diese begrenzenden Merkmale machen diese Vereine schon einmal zu kleineren VVaG; wenn sie dann innerhalb dieser kleineren VVaG nochmals am unteren Ende der Größenskala zu finden sind, besteht die Freistellungsmöglichkeit nach § 5 VAG von der Aufsicht (vgl. die gemeinsam von den Versicherungsaufsichtsbehörden des Bundes und der Länder beschlossenen Richtlinien).[49] Mit dieser generellen Freistellungsregelung hat die Aufsichtsbehörde die Möglichkeit, kleinere VVaG, die kraft ihres Status nicht in das Handelsregister eingetragen werden müssen, von der laufenden Aufsicht freizustellen. Voraussetzung ist: Zur Wahrung der Belange der Versicherten erscheint eine Beaufsichtigung nach der Art der betriebenen Geschäfte und den sonstigen Umständen nicht erforderlich. Nach der Art des betriebenen Geschäftes kommen für die Anwendungen der Grundsätze zur Freistellung vornehmlich in Betracht: Sterbekassen, Krankenversicherungs- sowie Schaden- und Unfallversicherungsvereine. Für nicht vertretbar wird eine Freistellung hinsichtlich Haftpflicht-, Kraftfahrt-, Rechtschutz-, Kredit-, Kaution-, Hagel- und Schiffsversicherern und bei Pensionskassen gehalten.[50]

64 Die Freistellung kann mit einer Befristung und mit Auflagen versehen werden. Die Aufsichtsbehörde ist gehalten die Freistellung zu widerrufen, wenn ihr bekannt wird, dass die Voraussetzungen

[48] Nicht im Katalog des § 210 Abs. 3 VAG enthalten ist die Ausnahmeregelung in § 128 Abs. 1 S. 3 VAG, wonach kleinere Vereine einen Treuhänder für das Sicherungsvermögen nur bestellen müssen, wenn es die Aufsichtsbehörde anordnet. Hat ein kleinerer Verein keinen Aufsichtsrat, bestellt der Vorstand den Treuhänder (§ 128 Abs. 3 S. 2 VAG). Für Bestellung und Entlastung des verantwortlichen Aktuars siehe oben Rn. 44.

[49] VerBAV 1982, 139 geändert durch VerBAV 1987, 329 geändert durch VerBAV 1994, 288 geändert durch VerBaFin 8/2006, S. 3.

[50] Richtlinie über die Freistellung der Kleinstunternehmen der Versicherungssaufsicht – Freistellung-RiLi VerBAV 1998, 158.

für die Freistellung entfallen sind. Dabei langt es, dass **ein Merkmal** nicht mehr als gering einzuschätzen ist.

Im Falle der Freistellung von der laufenden Aufsicht sind eine Reihe, die Genehmigungspflicht, die Finanzaufsicht und die laufende Aufsicht betreffende Bestimmungen **nicht** anzuwenden: 65

(1) Genehmigungspflicht für die Änderung des Geschäftsplans (§ 12 VAG). 66
(2) Genehmigungspflicht eines Bestandsübertragungsvertrages (§ 13 VAG). 67
(3) Notwendigkeit der Bildung eines Gründungsstocks (§ 178 VAG). 68
(4) Pflicht zur Bildung einer Verlustrücklage (§ 193 VAG). 69
(5) Die Vorschriften über die finanzielle Ausstattung von Versicherern (§§ 74–137 VAG). Dieser Hinweis der Freistellungskonsequenz macht auch deutlich, dass der Gesetzgeber davon ausgeht, dass kleinere VVaG generell den Bestimmungen des VAG über die finanzielle Ausstattung von Versicherern gemäß den genannten Vorschriften unterliegen; jedoch bei Kleinstunternehmen davon abgesehen werden kann. 70
(6) Die Vorschriften über die Pflichtmitgliedschaft in einem Sicherungsfonds (§§ 221–231 VAG). 71
(7) Der Regelungsinhalt zur laufenden Aufsicht (§§ 294–330 VAG), mit Ausnahme: 72
– der Regelung zur Befragung und zu Auskunftspflichten (§ 305 VAG);
– der Berechtigung der Aufsichtsbehörde zum Betreten und Durchsuchen von Geschäftsräumen und zur Beschlagnahme nach § 306 VAG;
– der Regelung zu den Nebenbestimmungen zu Verwaltungsakten der BaFin und dem Wegfall der aufschiebenden Wirkung von Widerspruch und Anfechtungsklage nach § 310 Abs. 1 und 2 VAG soweit Nebenbestimmung im Zusammenhang mit der Freistellung oder die Maßnahmen nach §§ 305, 306 VAG selbst durchgesetzt werden sollen.

Bei diesen kleinsten VVaG handelt es sich dem Rechtstyp nach um kleinere VVaG, da die Anwendbarkeit des § 210 VAG nicht ausgeschlossen wurde. Demnach sind die nach § 210 anwendbaren Vorschriften auf diese Unternehmen anwendbar (gesellschaftsrechtliche Vorschriften des VAG) soweit sie nicht durch § 5 Abs. 2 VAG ausgeschlossen sind oder überwachenden/aufsichtsausübenden Charakter haben. 73

Den von der Versicherungsaufsicht freigestellten kleinsten VVaG ist eine Umwandlung nach dem Umwandlungsgesetz nicht möglich (§ 5 Abs. 2 2. Hs. VAG).

X. Die Anwendbarkeit des BGB. Da nach § 32 BGB auch die Bildung einer Delegiertenversammlung möglich ist, kann auch eine Mitgliedervertreterversammlung als oberste Vertretung bei kleineren VVaG gebildet werden.[51] Obwohl von der Verweisung in § 210 Abs. 2 VAG erfasst, kommen folgende BGB-Normen nicht zur Anwendung: §§ 25, 33 Abs. 2, 38 S. 1, 39, 40 (teilweise), 41, 42 Abs. 1, Abs. 2 S. 1, 43–46 BGB.[52] Begründung: § 25 BGB ist im Hinblick auf den nach § 210 Abs. 1 VAG anzuwendenden § 173 Abs. 1 VAG überflüssig;[53] § 33 Abs. 2 BGB ist für VVaG durch §§ 8, 9, 10, 11, 12 VAG ersetzt; § 33 Abs. 2 BGB kann nur im Fall kleinster VVaG nach Freistellung gem. § 5 Abs. 1 VAG Anwendung finden, da nur dann § 12 VAG nicht zur Anwendung kommt; § 38 S. 1 BGB tritt hinter die spezielle Regelung des § 79 VAG zurück soweit es um die versicherungsvertragliche Beziehung geht;[54] § 38 BGB kann sich also nur auf die Mitgliedschaft beziehen; § 39 BGB passt mit Rücksicht auf die besonderen versicherungsrechtlichen Rücktritts- und Kündigungsmöglichkeiten nur auf das mitgliedschaftliche Verhältnis;[55] § 40 BGB gilt, soweit er Kompetenzänderung der Mitglieder(vertreter) versammlung zulässt, deshalb nicht, weil die maßgebenden Kompetenzen der Mitglieder(vertreter)versammlung gem. VAG, die über § 210 Abs. 1 VAG Anwendung finden (§§ 195, 197 Abs. 3, 198 Nr. 2, 199, 200 VAG) nicht zur Disposition der Satzung stehen.[56] Gleiches gilt für diejenigen Kompetenzen der Mitglieder(vertreter)versammlung, die sich – nach Streichung des § 53a VAG a. F. – aus dem UmwG ergeben (vgl. §§ 13 Abs. 1, 111, 112, 116 i. V. m. § 118 UmwG für den Fall der Verschmelzung kleinerer Vereine, §§ 13 Abs. 1, 185, 186, 180 Abs. 1 UmwG für den Fall der Übertragung des Vermögens eines kleineren VVaG). § 41 BGB ist wegen §§ 198 Nr. 2, 199 VAG gegenstandslos; § 42 Abs. 2 BGB kommt wegen §§ 198 Nr. 3 und 4, 312 VAG nicht zur Anwendung und weil die Erlaubnis zum Geschäftsbetrieb durch die Insolvenz nicht gegenstandslos sondern nur eingeschränkt wird;[57] § 42 Abs. 2 S. 1 BGB ist wegen § 312 VAG, und § 44 BGB wegen § 304 VAG, sowie § 45 BGB wegen § 205 Abs. 2 und 3 VAG und § 46 BGB wegen § 205 Abs. 2 und 3 VAG nicht anzuwenden. Leider hat es der Gesetzgeber bei der Neufassung des VAG versäumt, eine ordentliche Verweisungsregelung auf die anwendbaren BGB-Bestimmungen zu formulieren. 74

---

[51] Bamberger/Roth/*Schöpflin* § 32 Rn. 5.
[52] *V. Gierke*, Die Versicherungsvereine auf Gegenseitigkeit im System der Unternehmenformen, 1985, S. 14.
[53] Ebenso *Heidelbach*, Der kleinere Versicherungsverein auf Gegenseitigkeit unter besonderer Berücksichtigung der gesellschaftsrechtlichen Probleme, 1994, S. 41; a. A. offenbar Goldberg/Müller/*Müller* § 53 Rn. 1.
[54] *Heidelbach*, Der kleinere Versicherungsverein auf Gegenseitigkeit unter besonderer Berücksichtigung der gesellschaftsrechtlichen Probleme, 1994, S. 102.
[55] *Kisch*, Das Recht des Versicherungsvereins auf Gegenseitigkeit, 1951, S. 132.
[56] *Heidelbach*, Der kleinere Versicherungsverein auf Gegenseitigkeit unter besonderer Berücksichtigung der gesellschaftsrechtlichen Probleme, 1994, S. 49.
[57] Siehe Vor § 207 Rn. 6 ff.

75 **XI. Die Anwendbarkeit des Genossenschaftsgesetzes.** Es gelten nur für den kleineren VVaG gem. § 210 VAG entsprechend: §§ 34 Abs. 1, 2 S. 1, 36 Abs. 2, 3 und 37–40 GenG. Die Regelungen haben Bedeutung, wenn bei kleineren VVaG nach der Satzung ein Aufsichtsrat bestellt werden soll. Da § 189 VAG aufgrund der Fassung des § 210 Abs. 1 VAG nicht anwendbar ist, ist für diesen Fall eine entsprechende Regelung vorzusehen. Der Gesetzgeber hat sich für die genossenschaftliche Regelung und nicht für die aktienrechtliche Regelung entschieden. Da nicht auf § 36 Abs. 1 GenG verwiesen wird, müssen noch nicht einmal mindestens drei Mitglieder gewählt werden;[58] es erscheint jedoch fraglich, ob dies eine sinnvolle Regelung ist. Bei vielen Ausnahmen für kleinere VVaG und kleinste VVaG fällt auf, dass eine unsystematische Sammlung von Ausnahmebestimmungen im Gesetz zu finden ist, die allesamt an gewissen Stellen zu – geringfügigen – Kosteneinsparungen führen sollen. Es fehlt für diese Unternehmen an einem überzeugenden Gesamtkonzept, das dann schlüssig umgesetzt wird.

76 **XII. Die Anwendbarkeit des UmwG.** Die Möglichkeit des **Formwechsels** steht nach § 291 Abs. 1 UmwG dem kleineren VVaG ebenso wie dem von der Aufsicht freigesetzten kleinsten VVaG nicht zur Verfügung. Offensichtlich hat der Gesetzgeber diese Möglichkeiten wegen der geringen Marktbedeutung der kleineren VVaG und dem fehlenden Bedarf eines Rechtsformwechsels für diese Unternehmenstypen ausgeschlossen.

77 **XIII. Vereinsrechtliche Besonderheiten des kleineren VVaG. 1. Allgemeines und Satzungsfragen.** Für den Inhalt der Satzung kleinere VVaG gelten die Bestimmungen, die auch für große VVaG gelten, soweit nicht § 210 Abs. 1 die Anwendbarkeit dieser Bestimmungen ausschließt. Es gelten: § 174 Abs. 1 VAG für Name und Sitz; § 176 VAG; § 38 S. 2 BGB; §§ 177 Abs. 1, 199 Abs. 3 VAG für Beginn, Inhalt und Ende der Mitgliedschaft im Rahmen der Auflösung, insbesondere gelten die Bestimmungen über die Beitragspflicht nach dem §§ 179–182 VAG. Zur Anwendung kommen die Vorschriften über den Gründungsstock (§ 178 VAG) und über die Verlustrücklage (§ 193 VAG). Für die Vereinsbekanntmachungen gilt § 183 Abs. 1 VAG; für die Überschussverwendung kommt § 194 VAG zur Anwendung.

78 Die Vorschriften über die Bestellung des Vorstandes sind ebenfalls in der Satzung zu regeln, wenn nicht die Mitglieder diesen bestellen (§§ 27 Abs. 1, 40 BGB), auch Regelungen über den Widerruf der Bestellung im Falle des § 27 Abs. 2 S. 1 BGB und die Bestellung besonderer Vertreter (§ 30 BGB) sind in der Satzung vorzusehen. Ferner hat die Satzung zu bestimmen, ob ein Aufsichtsrat bestellt werden soll. Die Änderungen der Satzung oder der AVB gem. den Bestimmungen in §§ 195 Abs. 1 – 3 und 197 VAG sind in der Satzung zu regeln und ebenso die Formalien über die Einberufung und Durchführung von Mitglieder(vertreter)versammlungen nach den §§ 36–37 BGB. Soweit das Gesetz abweichende Abstimmungsmehrheiten regelt, sind diese ebenso in der Satzung vorzusehen (§§ 32, 33, 40 BGB, § 199 Abs. 1 S. 1, § 200 S. 2 VAG). Soll der Verein nur für eine bestimmte Zeitdauer gegründet werden, so ist dies ebenfalls gem. § 198 Nr. 1 VAG in der Satzung zu regeln. Auch die Bestimmung von Anfallberechtigten nach § 205 Abs. 3 VAG ist in der Satzung zu klären, ebenso die Beitragspflicht im Insolvenzfall (§ 207 Abs. 1 VAG).

79 **2. Besonderes zur Mitgliedschaft. a) Ausübung der Mitgliedschaft.** Die Regelung des § 38 S. 2 BGB bezieht sich auf die mitgliedschaftliche Stellung und nicht auf Ansprüche aus dem Versicherungsverhältnis.[59] Die Satzung kann jedoch von § 38 S. 2 BGB abweichende Regelungen vorsehen und z. B. eine Vertretung in der Mitgliederversammlung mit Vollmacht zulassen.

80 **b) Minderheitenschutz.** § 210 Abs. 1 VAG enthält keinen Verweis auf § 192 VAG. Offenbar geht der Gesetzgeber davon aus, dass bei kleineren VVaG aufgrund des **eng begrenzten Wirkungskreises kein Bedürfnis für den Schutz von Rechten von Minderheiten** besteht. Da aber auch kleinere VVaG eine Mitgliedervertreterversammlung bilden können, wird die Aufsichtsbehörde bei der Satzungsgenehmigung auf eine angemessene Wahrung der Rechte von Minderheiten zu achten haben. Es kann nicht sein, dass bei kleineren VVaG mit Mitgliedervertreterversammlung die Mitglieder, die dem obersten Organ nicht angehören, völlig schutzlos sind.

81 **3. Vorstand. a) Allgemeines.** Während die Stellung eines Vorstands eines großen VVaG im Wesentlichen durch die Vorschriften des AktG bestimmt wird (§ 188 VAG), gelten für den Vorstand des kleineren VVaG die Regeln des BGB für den Vereinsvorstand. Der Vorstand ist notwendiges Vertretungsorgan des kleineren VVaG (§§ 26 Abs. 1 BGB; 210 Abs. 2 VAG) und vertritt ihn gerichtlich und außergerichtlich (§ 26 Abs. 2 BGB). Besonderheiten ergeben sich in den nachfolgend genannten Punkten:

82 **b) Zusammensetzung.** Der Gesetzgeber hat nunmehr in § 210 Abs. 1 VAG mit Aufnahme des Verweises auf § 188 Abs. 1 S. 1 VAG die bisher schon geübte Aufsichtspraxis (Vier-Augen-Prinzip)

[58] *Petersen*, Versicherungsunternehmensrecht, 2003, S. 79.
[59] *Kisch*, Das Recht des Versicherungsvereins auf Gegenseitigkeit, 1951, S. 128.

übernommen,[60] wobei das Alleinzeichnungsrecht eines Vorstandsmitglieds bis zu einer gewissen Höhe der Verpflichtung akzeptiert wird. Die Amtspraxis des früheren BAV ist in der neueren Literatur kritisiert worden, da sie im Ergebnis vom Gesetzeswortlaut nicht gedeckt ist.[61] Da § 26 Abs. 1 BGB von dem einköpfigen Vorstand als Regeltypus ausgeht, konnte die Amtspraxis des BAV nicht auf das Argument der Einhaltung des Gesetzes gestützt werden und auch nicht auf die Kontrollbefugnis über den Geschäftsplan (Satzungskontrolle). Zudem hat der Gesetzgeber die Möglichkeit der Novellierung des VAG in der Vergangenheit gerade nicht dazu benutzt, § 188 Abs. 1 S. 1 VAG für den kleineren VVaG für anwendbar zu erklären. Unbenommen war es, gem. § 27 Abs. 1 S. 2 BGB auf freiwilliger Basis in der Satzung einen zwei- oder mehrköpfigen Vorstand vorzusehen. Der Streit hat sich nun erledigt.

c) Vertretung, Geschäftsführung. Auch wenn nach vereinsrechtlichen Grundsätzen in der Satzung Einzelvertretung festgelegt werden kann, besteht die Aufsichtsbehörde auf **Gesamtvertretung**. Die Vertretungsmacht ist unabhängig davon, wie die interne Beschlussfassung geregelt ist.[62] Eine Einschränkung der Vertretungsmacht ist nach § 26 Abs. 2 S. 2 BGB – im Gegensatz zum großen VVaG –durch die Satzung ohne besondere Kundmachung nach außen möglich. Bei Rechtsgeschäften mit kleineren VVaG sollte man sich zweckmäßigerweise mit dem Satzungstext vertraut machen. Ganz allgemein ist die Vertretungsmacht des Vorstandes auch ohne Einschränkung in der Satzung dahin beschränkt, dass sie nicht zu Geschäften befugt, die auch für Dritte erkennbar ganz außerhalb des Vereinszwecks liegen.[63] Für Willenserklärungen gegenüber dem VVaG kann § 28 Abs. 2 BGB durch die Satzung nicht ausgeschlossen werden. Nach älterer Auffassung konnte die Hauptarbeit von einem Vorstandsmitglied übernommen werden, ohne dass dadurch die Verantwortung des Gesamtvorstands berührt wurde.[64] Diese Auffassung kann nicht beibehalten werden, da für kleinere Vereine uneingeschränkt die Bestimmungen über die Geschäftsorganisation nach den §§ 23 – 34 VAG Anwendung finden. Erleichterungen nach § 39 Abs. 1 VAG sind jedoch möglich. 83

d) Bestellung, Widerruf. Der erste Vorstand wird wie beim großen VVaG durch die Gründer oder die von ihnen bestimmte Stelle bestellt. Für alle späteren Vorstandsbestellungen ist die Mitglieder(vertreter)versammlung zuständig, § 27 Abs. 1 BGB. Eine Vorstandswahl kann nichtig sein, wenn die Wahl durch Verstoß gegen das Wahlverfahren, wie es in der Satzung festgelegt wurde, zustande kam.[65] Nach § 40 BGB kann aber in der Satzung – anders als bei dem großen VVaG, bei dem in der Satzung an der Bestellung durch den Aufsichtsrat nichts geändert werden kann – die Bestellung einer anderen Stelle, auch einer außerhalb des Vereins stehenden, übertragen werden. Dies ist z. B. bei Firmenpensionskassen der Fall, bei denen dem Vorstand oder der Geschäftsführung des Unternehmens, für deren Mitarbeiter Leistungen der Firmenpensionskasse zugesagt sind, die Bestellung des Vorstands übertragen wird. Die Bestellung durch die Aufsichtsbehörde in dringenden Fällen ist nach § 29 BGB möglich. Ein dringender Fall liegt vor, wenn ein Vorstand fehlt und satzungsmäßig nicht berufen werden kann.[66] Der Widerruf einer Bestellung zum Vorstand ergibt sich nach § 27 Abs. 2 BGB und **ist allein Sache der Mitglieder (vertreter)-versammlung**.[67] Für **den einstweiligen Widerruf durch den Aufsichtsrat** (falls ein solcher existiert) gilt § 40 GenG.[68] 84

e) Eignung, Vergütung. Für die Eignung der Geschäftsleiter findet § 24 VAG Anwendung; für die Vergütung der Geschäftsleiter kleinerer VVaG gilt nunmehr § 25 VAG. 85

f) Besondere Vertreter. Nach § 30 BGB können in der Geschäftsorganisation des kleineren VVaG besondere Vertreter vorgesehen werden. Derartige Sondervertreter (z. B. Bezirksvorsteher) stehen, wenn sich nicht aus der Satzung oder der Umschreibung der ihnen zugedachten Stellung in der Satzung Beschränkungen ergeben, den Vorstandsmitgliedern gleich, nur dass sich ihre Vertretungsmacht nicht auf die Angelegenheiten des Vereins schlechthin erstreckt, sondern sich auf den ihnen zugewiesenen Geschäftskreis beschränkt. Ob diese **Sondervertreter eine Schlüsselaufgabe** im Sinne des § 24 VAG wahrnehmen, ist im Einzelfall zu prüfen. 86

g) Haftung. Der Verein haftet (§ 31 BGB gem. § 210 Abs. 2 VAG) für einen schuldhaft verursachten Schaden der Mitglieder des Vorstands oder eines anderen verfassungsmäßig berufenen Vertreters (§ 30 87

60 GB 1976, 50, 51; GB 1968, 52; zustimmend *v. Wick/Greve* VerBAV 1993, 292.
61 *Heidelbach*, Der kleinere Versicherungsverein auf Gegenseitigkeit unter besonderer Berücksichtigung der gesellschaftsrechtlichen Probleme, 1994, S. 114 ff.; *Krämer* VW 1993, 1444; vgl. allgemein auch *Dreher* VersR 1993, 1443 f.
62 *BGH* Urt. v. 19.9.1977 – II ZB 9/76, NJW 1977, 2310 = BGHZ 69, 250.
63 Palandt/*Ellenberger* § 26 Rn. 2a.
64 GB 1976, 50.
65 GB 1968, 34, 52.
66 GB 1968, 34; Grenzen für die Bestellung eines Notvorstandes hier *BVerwG* Urt. v. 29.10.1962 – I C 9/59, VersR 1963, 177.
67 *LG Hamburg* Urt. v. 8.12.1960 – 2 O 253/60, VersR 1962, 533; VerBAV 1960, 197.
68 Aufsichtsbehördliche Stellungnahmen zur Bestellung und zum Widerruf finden sich in R 1/82 VerBAV 1982, 3, VerBAV 1982, 398; VerBAV 1994, 286.

BGB). Das Vereinsrecht normiert bislang keine unmittelbare Haftung der Vorstandsmitglieder wie beim großen Verein (dort § 93 Abs. 2, 5 AktG gem. § 188 VAG). Jedoch greift eine Haftung bei unterlassener Anzeige der Überschuldung oder Zahlungsunfähigkeit an die Aufsichtsbehörde (§ 311 Abs. 1, 2 VAG i. V. m. § 42 Abs. 2 S. 2 BGB). Nunmehr sieht auch § 31a BGB eine direkte Haftung der Vorstandsmitglieder vor.[69]

88 Unklar ist die Regelung nach § 210 Abs. 2 VAG hinsichtlich der Haftung der Vorstände. Die Bestimmung regelt die Bildung eines Aufsichtsrats und normiert unvermittelt gleichzeitig eine Haftungsregelung des Vorstandes für diesen Fall (§ 210 Abs. 2 S. 3 i. V. m. § 34 Abs. 1, 2 S. 1 Abs. 6 GenG). Es stellt sich die Frage, will hier der Gesetzgeber die unmittelbare Inanspruchnahme der Vorstandsmitglieder zulassen, wenn der kleinere VVaG über einen Aufsichtsrat verfügt und die mittelbare Haftung der Vorstandsmitglieder nicht auf der Ebene des Vereinsrechts belassen;[70] jedenfalls soweit das Mitglied des Vorstands keinen eigenen Haftungstatbestand verwirklicht hat (vgl. § 34 Abs. 3 Nr. 1–5 GenG vergleichbar der Regelung in § 188 Abs. 2 Nr. 1–5 VAG). Die Vorschrift könnte aber auch so ausgelegt werden, dass sie nur Bedeutung für die Haftung des Aufsichtsrats hat (siehe hierzu unten Rn. 89). Dem steht aber entgegen, dass § 210 Abs. 2 VAG gerade nicht auf § 41 GenG (Sorgfaltspflicht und Verantwortlichkeit der Aufsichtsratsmitglieder) verweist. Verfügt der kleinere VVaG über einen Aufsichtsrat, geht der Gesetzgeber offenbar von einer größeren Verantwortlichkeit des Vorstands aus. § 34 GenG führt bereits bei leichter Fahrlässigkeit zur Haftung, während § 31 BGB unter den dort genannten Voraussetzungen nur bei grober Fahrlässigkeit zur Haftung führt; erhält das Vorstandsmitglied mehr als 720 EUR (§ 31a BGB) an Vergütung jährlich, haftet es auch bei einfacher Fahrlässigkeit im Rahmen des Vereinsrechts. Allerdings gilt mangels Verweisung in § 210 Abs. 2 S. 3 VAG nicht die Beweislastumkehr in § 34 Abs. 2 S. 2 GenG.

89 **h) Entlastung.** Der Vorstand wird durch die Mitglieder(vertreter)versammlung entlastet (§ 32 BGB), wenn die Entlastung nicht durch die Satzung einer anderen Stelle (diese kann auch außerhalb des Vereins bestehen, z. B. bei Pensionskassen) übertragen worden ist.

90 **i) Sonstiges.** Ein Wettbewerbsverbot entsprechend § 88 AktG besteht für den Vorstand nicht. Die Straf- und Bußgeldvorschriften der §§ 331–333 VAG gelten grundsätzlich auch für die Vorstände kleinerer Versicherungsvereine, da sie keinerlei rechtsform- oder größenabhängige Einschränkungen enthalten.

91 **4. Der Aufsichtsrat. a) Allgemeines.** Beim kleineren Verein ist der Aufsichtsrat nicht obligatorisch als Organ zu bilden, § 189 VAG findet keine Anwendung (§ 210 Abs. 1 S 1 VAG). Soll der VVaG einen Aufsichtsrat haben, muss die Satzung es vorschreiben (§ 210 Abs. 2 S. 3 VAG). Die Satzung muss dann auch bestimmen, wer die Aufsichtsratsmitglieder bestellt (Gründer, Mitglieder(vertreter)versammlung, eine außerhalb des Vereins stehende Stelle, z. B. Inhaber oder Leiter einer Firma, die eine Pensionskasse für ihre Angestellten gegründet haben); ohne ausdrückliche Bestimmung ist die Mitglieder(vertreter) versammlung nach § 32 BGB zur Bestellung des Aufsichtsrats befugt.[71] Eine Mindest- oder eine Höchstzahl für die Aufsichtsratsmitglieder ist gesetzlich nicht vorgeschrieben, die Satzung ist in der Festsetzung der Zahl der Aufsichtsratsmitglieder frei.[72] Eine Mindestzahl von drei Mitgliedern gem. § 36 Abs. 1 GenG ist nicht anzunehmen, da auf diese Bestimmung in § 210 Abs. 3 VAG nicht verwiesen wird. Ob nur eine natürliche Person, die unbeschränkt geschäftsfähig ist, Aufsichtsratsmitglied werden kann, ist umstritten.[73]

92 Die Möglichkeit, auch **eine juristische Person als Aufsichtsratsmitglied** wählen zu können, kann im Einzelfall einen Kompetenzzuwachs für den kleineren VVaG bedeuten. Für die Abberufung ist nach § 36 Abs. 3 GenG die Mitglieder(vertreter)versammlung zuständig (Dreiviertelmehrheit der abgegebenen Stimmen) und nur sie, da § 36 Abs. 3 GenG nicht abänderbar ist. Eine Bestellung von Aufsichtsratsmitgliedern durch das Gericht ist nicht möglich. Ein denkbarer Ersatz ist die Bestellung von Sonderbeauftragten durch die Aufsichtsbehörde nach § 307 VAG. Eine Anordnung der Aufsichtsbehörde entgegen der Satzung, einen Aufsichtsrat zu bilden,[74] wäre unzulässig.[75] Auch im Aufsichtsrat eines kleineren Vereins sind grundsätzlich die Arbeitnehmer gem. DrittelbG zu beteiligen; allerdings werden die Voraussetzungen einer Arbeitnehmerbeteiligung (Beschäftigung von mehr als 500 Arbeitnehmern) praktisch nie erfüllt sein.

---

[69] Zur unmittelbaren Haftung siehe Bamberger/Roth/*Schöpflin* § 31 Rn. 27 und die dortige Kommentierung zu § 31a BGB.
[70] Bamberger/Roth/*Schöpflin* § 31 Rn. 27 ff.
[71] *V. Wick/Greve* VerBAV 1993, 293.
[72] *Heidelbach*, Der kleinere Versicherungsverein auf Gegenseitigkeit unter besonderer Berücksichtigung der gesellschaftsrechtlichen Probleme, 1994, S. 138; anders *v. Wick/Greve* VerBAV 1993, 293.
[73] *Lang/Weidmüller*, GenG, 32. Aufl. 1988, § 36 Rn. 6; a. A. *Beuthien*, GenG, 13. Aufl. 1999, § 9 Rn. 5.
[74] So *Kisch*, Das Recht des Versicherungsvereins auf Gegenseitigkeit, 1951, S. 335.
[75] Hierzu ausführlich *Heidelbach*, Der kleinere Versicherungsverein auf Gegenseitigkeit unter besonderer Berücksichtigung der gesellschaftsrechtlichen Probleme, 1994, S. 136.

b) Rechtliche Stellung. aa) Aufgaben und Rechte. Der Aufsichtsrat nimmt seine Kontrollfunktion gegenüber dem Vorstand wahr. Er kann Vorstandsmitglieder vorläufig ihres Amtes entheben (§ 40 GenG). Die Bestellung und die endgültige Enthebung ist nur durch die oberste Vertretung möglich.[76] Hierfür ist § 27 Abs. 1 BGB maßgeblich, dessen Regelung von § 188 VAG i. V. m. § 84 AktG abweicht. Allerdings ist § 27 Abs. 1 BGB gem. § 40 BGB nachgiebiges Recht. Der Aufsichtsrat überwacht die Geschäftsführung (§ 38 Abs. 1 S. 1 GenG). Er hat demgemäß Anspruch auf Berichterstattung durch den Vorstand (§ 38 Abs. 1 S. 2 GenG).[77] Ferner hat der Aufsichtsrat den Jahresabschluss zu prüfen und den Vorschlag zur Überschussverwendung (§ 38 Abs. 1 S. 5 GenG), sowie die Deckung des Jahresfehlbetrags. Über das Ergebnis einer Prüfung hat er der Mitglieder(vertreter)versammlung vor der Feststellung des Jahresabschlusses zu berichten. Der Aufsichtsrat vertritt den kleineren VVaG gegenüber dem Vorstand (§ 39 Abs. 1 GenG) und hat die Gewährung von Krediten an Vorstandsmitglieder zu genehmigen (§ 39 Abs. 2 GenG). **93**

bb) Vergütung. Die Aufsichtsratsmitglieder können grundsätzlich gem. § 675 BGB aufgrund entgeltlicher Geschäftsbesorgung tätig werden.[78] Auch bei ehrenamtlicher Übernahme gem. §§ 670, 675 BGB haben die Aufsichtsratsmitglieder Anspruch auf Auslagenersatz. Daneben ist eine erfolgsabhängige Tantieme nicht zulässig (§ 36 Abs. 2 GenG). Im Übrigen gilt auch für Aufsichtsratsmitglieder die allgemeine aufsichtsrechtliche Regelung in § 25 VAG bezüglich der Vergütung und insbesondere das Angemessenheitserfordernis. **94**

cc) Sonstiges; Haftung. Die Aufgabe eines Vorstandsmitglieds und eines Aufsichtsratsmandates ist miteinander unvereinbar, § 37 GenG; für die Sorgfaltspflicht und Verantwortlichkeit gilt im Rahmen des Genossenschaftsrechts §§ 41, 34 GenG; eine Pflicht zum Schadenersatz regelt §§ 41, 34 Abs. 2 S. 1 GenG, es gilt aber keine Umkehr der Beweislast, da auf § 34 Abs. 2 S. 2 GenG in § 210 Abs. 2 nicht verwiesen wird. Allerdings verweist § 210 Abs. 2 VAG nicht auf § 41 GenG (nur auf § 34 Abs. 1 und Abs. 2 S. 1 GenG), so dass für Aufsichtsratsmitglieder der kleineren VVaG keine Haftungsregeln – außerhalb der allgemeinen deliktischen Haftungstatbestände besteht. In § 210 Abs. 2 VAG fehlt ein Verweis auf § 41 GenG, die isolierte Erwähnung von § 34 Abs. 1, 2 S. 1 GenG könnte aber im Zusammenhang mit der Regelung zur Bestellung des Aufsichtsrats so verstanden werden, dass hier nur die Haftung des Aufsichtsrats und nicht die des Vorstands normiert werden soll. Eine solche Auslegung ist aber mit der üblichen Gesetzes- und Verweisungstechnik nicht vereinbar und im Übrigen ist dies ein weiterer Beweis für die unklare Gesetzesfassung und unübersichtliche Verweisungstechnik (vgl. zu dieser Problematik Rn. 3). **95**

dd) Innere Ordnung. Für die innere Ordnung des Aufsichtsrats fehlen Vorschriften. Die Satzung muss Vorsorge treffen, insbesondere über die zur Beschlussfähigkeit erforderliche Zahl der Mitglieder, Einladung zu den Sitzungen, Abstimmungsmehrheiten, Wahl eines Vorsitzenden, Gesamt- oder Einzelvertretung nach außen hin. Auch zur Ausschussbildung kann die Satzung Regelungen treffen.[79] **96**

ee) Straf- und Bußgeldvorschriften. Auch hier gilt das oben unter Rn. 90 zum Vorstand Gesagte entsprechend. **97**

5. Oberstes Organ. a) Notwendiges Organ. Auf die oberste Vertretung kann nicht verzichtet werden.[80] Trotz der Verweisung von § 210 Abs. 2 VAG auf § 40 BGB, der eine weitgehende Verlagerung von Kompetenzen des obersten Organs auf andere Organe zulässt, gehen die §§ 195 Abs. 1, 2, 197 Abs. 1, 198 Nr. 2, 199, 200 i. V. m. § 210 Abs. 1 VAG vor, sodass die dort aufgeführten Zuständigkeiten der obersten Vertretung nicht zur Disposition der Satzung stehen. **98**

b) Zusammensetzung. Die Mitglieder(vertreter)versammlung kann sowohl Mitgliederversammlung wie Vertreterversammlung sein.[81] Es besteht darüber hinaus die Möglichkeit, dass der Betriebsrat der Muttergesellschaft die Mitgliedervertretung einer Firmenpensions- bzw. Sterbekasse bilden kann.[82] **99**

---

[76] GB 1969, 60.

[77] Zur Überwachung der Vermögensanlage siehe GB 1970, 61.

[78] *Heidelbach*, Der kleinere Versicherungsverein auf Gegenseitigkeit unter besonderer Berücksichtigung der gesellschaftsrechtlichen Probleme, 1994, S. 148; *Kisch*, Das Recht des Versicherungsvereins auf Gegenseitigkeit, 1951, S. 336; Goldberg/Müller/*Müller* § 53 Rn. 33.

[79] *Heidelbach*, Der kleinere Versicherungsverein auf Gegenseitigkeit unter besonderer Berücksichtigung der gesellschaftsrechtlichen Probleme, 1994, S. 144.

[80] *Dwinger*, Die Mitgliedervertreterversammlung bei dem VVaG und der Genossenschaft, 1971, S. 40 ff.; *v. Gierke*, Die Versicherungsvereine auf Gegenseitigkeit nach deutschem Recht, 1942, S. 93; *Kisch*, Das Recht des Versicherungsvereins auf Gegenseitigkeit, 1951, S. 337; *Sieg* FS Schmidt, 1976, 598; Goldberg/Müller/*Müller* § 53 Rn. 37; *Heidelbach*, Der kleinere Versicherungsverein auf Gegenseitigkeit unter besonderer Berücksichtigung der gesellschaftsrechtlichen Probleme, 1994, S. 104.

[81] *LG Hamburg* Urt. v. 8.12.1960 – 2 O 253/60, VersR 1962, 533; *Sieg* FS Schmidt, 1976, 598; *Heidelbach*, Der kleinere Versicherungsverein auf Gegenseitigkeit unter besonderer Berücksichtigung der gesellschaftsrechtlichen Probleme, 1994, 106 f.

[82] GB 1971, 54.

100 **c) Rechtliche Stellung. aa) Allgemeines.** Die Mitglieder(vertreter)versammlung des kleineren VVaG ist nicht nur der Bezeichnung, sondern auch der Funktion nach oberstes Organ. Gem. § 32 Abs. 1 S. 1 BGB (der jedoch dispositiv ist, § 40 BGB) hat die Mitglieder(vertreter)versammlung eine allumfassende Zuständigkeit. Sie steht nicht als ein Organ neben dem Vorstand, sondern kann dem Vorstand derart übergeordnet sein, dass dieser ihre Anweisung in Fragen der Geschäftsführung zu besorgen hat und nur ausführend tätig wird, was nach § 119 Abs. 2 AktG undenkbar ist. Die Mitglieder (vertreter)versammlung des kleineren VVaG hat jedoch gegenüber den einzelnen Mitgliedern keine weitergehenden Rechte als die des großen VVaG. In der vom Vereinsrecht abgeleiteten BGB-Struktur des kleineren VVaG ist die gesamte Kompetenz dieser Verbandsform in der Mitglieder(vertreter)versammlung gebündelt (§ 32 Abs. 1 BGB).

101 **bb) Aufgaben aufgrund gesetzlicher Spezialzuweisungen.** Bestimmte Aufgaben können nicht auf andere Funktionsträger oder andere Organe übertragen werden. Hierzu zählen:
(1) Bestellung und (endgültiger) Widerruf von Vorstandsmitgliedern, § 27 BGB;
(2) Abberufung des Aufsichtsrats, wenn ein solcher bestellt ist, § 36 Abs. 3 GenG;
(3) Änderung der Satzung, § 195 Abs. 1 VAG, soweit nicht – im Umfang des § 195 Abs. 3 VAG – der Aufsichtsrat ermächtigt ist;[83]
(4) Änderung der AVB gem. § 197 Abs. 1 VAG, soweit nicht – im Umfang von § 197 Abs. 2 VAG – Vorstand oder Aufsichtsrat ermächtigt sind;
(5) die **Auflösung des VVaG** richtet sich nach § 198 Nr. 2 VAG;
(6) die Voraussetzungen einer Bestandsübertragung (§ 13 VAG), Verschmelzung oder Vermögensübertragung richten sich nach den allgemein anzuwendenden Vorschriften des UmwG (§ 13, 14 VAG);

102 **cc) Satzungsbestimmungen.** Die Satzung kann nach § 32 Abs. 1 BGB bestimmen, welchen Aufgaben von anderen Organen als der Mitglieder(vertreter)versammlung zu erledigen sind. Die Satzung kann auch die aus der Generalklausel des § 32 Abs. 1 S. 1 BGB folgende Zuständigkeit einschränken, ausgenommen die soeben erwähnten Spezialzuweisungen. Andere Aufgaben können z. B. sein, die Zustimmung zur Änderung des Geschäftsplans auf Verlangen der Aufsichtsbehörde in besonderen Fällen.[84] Zu weiteren Befugnissen der Mitglieder(vertreter)versammlung gehört die Entlastung des Vorstandes; sich selbst kann der Vorstand nicht entlasten (§ 34 BGB).[85]

103 **dd) Einberufung.** Die Einberufung der Mitglieder(vertreter)versammlung geschieht durch den Vorstand in den Fällen des § 36 BGB oder auf Verlangen einer Minderheit, § 37 Abs. 1 BGB; durch den Aufsichtsrat gem. § 38 Abs. 2 GenG oder durch die Aufsichtsbehörde im Falle des § 37 Abs. 2 BGB (i. V. m. § 210 Abs. 2 S. 2 VAG).

104 **ee) Form und Frist der Einberufung.** Formen und Fristen sind nicht zu beachten, es sei denn, die Satzung enthält darüber Bestimmungen. Zum Schutze der Mitglieder hat hier die BaFin auf Mindestregelungen in der Satzung zu achten. Die Tagesordnung ist jedoch bei der Einberufung zu bezeichnen (§ 32 Abs. 1 S. 2 BGB). Bei Beschlussunfähigkeit ist eine neue Sitzung anzuberaumen.[86]

105 **ff) Teilnahmeberechtigung.** Teilnahmeberechtigt sind außer den Mitgliedern der Vorstand und der Aufsichtsrat, ferner unter bestimmten Voraussetzungen die Aufsichtsbehörde (§ 306 Abs. 1 VAG Nr. 4). Die Leitung der Mitglieder-(vertreter)versammlung steht dem Vorsitzenden des Aufsichtsrats, oder wenn ein solcher nicht existiert, dem Vorstand zu. Die Mitglieder(vertreter)versammlung kann auch – wenn dies die Satzung vorsieht –aus ihrer Mitte einen Versammlungsleiter wählen.

106 **gg) Stimmberechtigung.** Stimmberechtigt sind allein Mitglieder, sie können sich nur dann vertreten lassen, wenn die Satzung es vorsieht, §§ 38 S. 2, 40 BGB. Der Ausschluss befangener Mitglieder vom Stimmrecht richtet sich nach § 34 BGB. Jedes Mitglied hat eine Stimme, doch kann die Satzung im Rahmen des generellen – nicht des aus § 177 VAG folgenden – Gleichbehandlungsgrundsatzes etwas anderes bestimmen.[87] Zu der Rechtstellung von Minderheiten vgl. oben Rn. 80.

107 **hh) Mehrheitserfordernis.** Der § 32 Abs. 1 S. 2 BGB verlangt zur wirksamen Beschlussfassung die Mehrheit der erschienenen Mitglieder, darunter ist die Mehrheit der abgegebenen Stimmen zu verstehen.[88] Die Satzung kann eine qualifizierte Mehrheit vorschreiben. Gesetzlich ist eine qualifizierte Dreiviertelmehrheit der erschienenen Mitglieder vorgesehen für eine Satzungsänderung (§ 33 Abs. 1 BGB), eine Dreiviertelmehrheit ist erforderlich für die Auflösung des Vereins (§ 199 Abs. 1 S. 1 VAG), sowie eine Bestandsübertragung (§ 200 S. 2 VAG), eine Verschmelzung (§§ 112 Abs. 3, 118 UmwG) oder Vermögensübertragung (§§ 186, 180, 112 Abs. 3 UmwG); im Falle der Zweckänderung wird

[83] GB 1971, 54.
[84] GB 1971, 55.
[85] GB 1963, 44.
[86] GB 1977, 54.
[87] Bamberger/Roth/*Schöpflin* § 32 Rn. 22.
[88] H. M., *BGH* Urt. v. 25.1.1982 – II ZR 164/81, BGHZ 83, 35.

sogar Einstimmigkeit der Versammlung (und schriftliche Zustimmung der Nicht-Erschienenen) hinsichtlich der notwendigen Satzungsänderung verlangt (§ 33 Abs. 1 S. 2 BGB).[89] Fraglich ist, wann eine solche Zweckänderung anzunehmen ist. Beispiele werden in der Literatur nicht genannt. Von einer Zweckänderung ist auszugehen, wenn der Zweck des Unternehmens gem. § 9 Abs. 1 VAG geändert werden soll (z. B. Auflösung, Abwicklung). Wenn der Zweck „Versicherung der Mitglieder nach dem Grundsatz der Gegenseitigkeit" geändert werden soll, könnte nur die Auflösung des Vereins die Folge sein. § 199 Abs. 1 S. 1 VAG verlangt insoweit aber nur eine Dreiviertelmehrheit. Wollte man demgegenüber etwa sonstige Änderungen des Vereinszwecks (z. B. Ausweitung des Geschäftsbetriebs auf weitere Versicherungssparten) dem Erfordernis der Einstimmigkeit unterwerfen, widerspräche dies angesichts der Regel des § 191 Abs. 1 S. 1 VAG für den großen VVaG dem Übermaßverbot. Auch insoweit kann dann allenfalls eine Dreiviertelmehrheit verlangt werden, andernfalls wäre der kleinere VVaG völlig unbeweglich. Es liegt daher nahe, im Interesse der Handlungsfähigkeit des kleineren VVaG bei Satzungsgenehmigungen darauf zu achten, dass § 33 Abs. 1 S. 2 BGB durch eine mildere Satzungsvorschrift gem. § 40 BGB modifiziert wird. Fehlt es an einer solchen Satzungsbestimmung, wäre eine Satzungsänderung vor der Zweckänderung zu beschließen.

ii) Beurkundung der Beschlüsse. Notarielle Form ist nur für die Dokumentierung der Beschlüsse über die Verschmelzung oder die Vermögensübertragung vorgeschrieben (§§ 6, 36 Abs. 1 S. 1, 180 Abs. 1 UmwG) im Übrigen aber nicht erforderlich (§ 210 Abs. 2 i. V. m. § 32 BGB). **108**

jj) Beschlussfassung ohne Versammlung. Die Mitglieder(vertreter)versammlung kann ihre Beschlüsse auch ohne ihr Zusammentreten fassen (§ 32 Abs. 2 BGB). Damit kann die Beschlussfassung in einer Versammlung durch schriftliche Beschlussfassung aller Mitglieder ersetzt werden, wenn diese ihre Zustimmung zu dem Beschluss, der auch vom Vorstand gefasst sein kann, schriftlich – dem Vorstand gegenüber – erklären.[90] **109**

Die Satzung kann auch statt einer Versammlung generell eine virtuelle Mitgliederversammlung via Online-Zugang vorsehen.[91] Nach § 13 Abs. 1 S. 2 UmwG ist aber für die Beschlussfassung über einen Verschmelzungsvertrag oder eine Vermögensübertragung stets eine Mitgliederversammlung notwendig (§§ 13 Abs. 1, 112, 176 Abs. 1 UmwG). **110**

kk) Fehlerhafte Beschlüsse. Ist ein Beschluss formell nicht ordnungsgemäß oder seinem Inhalt nach rechtsunwirksam, so kann jeder Beteiligte – auch Vorstand und Aufsichtsrat oder Dritte, deren Rechtsstellung durch den Beschluss beeinträchtigt wird – auf Feststellung der Unwirksamkeit klagen oder sich auch ohne eine ausdrückliche Feststellung durch Urteil auf die Unwirksamkeit berufen; es ist nicht erforderlich, dass das Mitglied dem Beschluss widersprochen und dagegen gestimmt hat.[92] Allerdings ist nicht jeder das Gesetz oder die Satzung verletzende Beschluss nichtig; die Schwere des Verstoßes und die Wirkungstiefe des Beschlusses müssen mit berücksichtigt werden.[93] Bei der Wahl von Vorstandsmitgliedern sind Blockwahlen zulässig, wenn die Satzung dies vorsieht.[94] **111**

ll) Satzungsänderung. Erforderlich ist eine Mehrheit von drei Viertel der erschienenen Mitglieder, § 33 Abs. 1 S. 1 BGB, wenn nicht die Satzung gem. § 40 BGB eine größere Mehrheit vorschreibt. Dies gilt auch für Beschlüsse, wonach ein Versicherungszweig aufgegeben oder ein neuer eingeführt werden soll. Soll der Zweck des Vereins geändert werden (z. B. Änderung der Versicherungssparte oder Erstreckung der Versicherungstätigkeit auf einen weiteren Versicherungszweig) so ist nach § 33 Abs. 1 S. 2 BGB, wenn nicht die Satzung ein geringeres Quorum vorsieht, die Zustimmung aller Mitglieder – der in der Mitglieder(vertreter)versammlung erschienenen und die schriftliche Zustimmung der nicht erschienenen notwendig[95] [96] (siehe hierzu aber Rn. 107). Die Bestimmung des § 33 Abs. 2 BGB ist nicht anzuwenden, weil die Genehmigungspflicht jeder Satzungsänderung bereits aus § 12 Abs. 1 VAG folgt. Dem Vorstand kann die Satzungsänderung nicht übertragen werden.[97] Neben § 33 Abs. 1 BGB gilt § 195 Abs. 1 und Abs. 3 (nicht § 195 Abs. 4 VAG); siehe die Anmerkungen zu diesen Bestimmungen, ausgenommen sie beziehen sich auf Vorschriften, die auf kleinere VVaG keine Anwendung finden. **112**

---

[89] *Heidelbach*, Der kleinere Versicherungsverein auf Gegenseitigkeit unter besonderer Berücksichtigung der gesellschaftsrechtlichen Probleme, 1994, S. 70.

[90] Bamberger/Roth/*Schöpflin* § 32 Rn. 44 f.

[91] Bamberger/Roth/*Schöpflin* § 32 Rn. 44 f.

[92] *KG* OLGZ 71, 480.

[93] *BGH* Urt. v. 9.11.1972 – II ZR 63/71, NJW 1973, 235 = BGHZ 59, 369; bisherige Meinung der Aufsichtsbehörde: GB 1968, 34, 52.

[94] Bamberger/Roth/*Schöpflin* § 32 Rn. 25; zu Beschlussmängeln allgemein: Bamberger/Roth/*Schöpflin* § 32 Rn. 29 ff.

[95] *Kisch*, Das Recht des Versicherungsvereins auf Gegenseitigkeit, 1951, S. 333 (Fn. 3).

[96] Satzungsänderungen für einen Einzelfall, z. B. Vorstandswahl siehe GB 1968, 34, 52.

[97] *v. Gierke,* Die Versicherungsvereine auf Gegenseitigkeit nach deutschem Recht, 1942, S. 108; *Kisch,* Das Recht des Versicherungsvereins auf Gegenseitigkeit, 1951, S. 332; GB 1971, 54.

113 **mm) Sonderrechte.** Sonderrechte sieht das Recht des BGB-Vereins in § 35 BGB vor. Die Mitglieder(vertreter)versammlung kann über sie nicht ohne Zustimmung des betroffenen Mitglieds verfügen.

114 **XIV. Betriebliche Mitbestimmung, § 87 Abs. 1 Nr. 8 BetrVG.** Der Betriebsrat hat ein Mitbestimmungsrecht bei Sozialeinrichtungen, deren Wirkungsbereich auf den Betrieb, das Unternehmen oder den Konzern beschränkt ist; dabei hat er Form, Ausgestaltung und Verwaltung solcher Sozialeinrichtungen mitzubestimmen. Pensionskassen als zweckgebundene Sondervermögen sind Sozialeinrichtungen, die der Mitbestimmung unterliegen.[98] Die Aufnahme konzernfremder Arbeitnehmer schadet nicht, wenn sie nicht generell stattfindet.[99]

115 **XV. Abwicklung des kleineren VVaG. 1. Allgemeines.** Die §§ 203, 204 VAG gelten nicht, wohl aber § 200, 205 VAG. Die anzuwendenden §§ 47 – 53 BGB stimmen sachlich mit §§ 203, 204 VAG und dem in § 204 Abs. 2 VAG genannten §§ 265 Abs. 4; 266–269, 270 Abs. 1, 2 S. 1; 272, 273 AktG weitgehend überein. Vgl. im Übrigen die Anmerkungen zu §§ 200–205 VAG, soweit dort nicht die Eintragung ins Handelsregister und die Anwendung der für Kaufleute geltenden Vorschriften vorausgesetzt wird.

116 **2. Besonderheiten. a) Keine Fortsetzungsmöglichkeit nach Auflösungsbeschluss.** Mangels Verweisung auf § 206 VAG gibt es keine Möglichkeit der Fortsetzung nach dem Auflösungsbeschluss.[100] *Heidelbach* betont darüber hinaus zurecht, dass auch die nach dem BGB bestehende Möglichkeit, den Verein nach seiner Auflösung als nicht-rechtsfähigen Verein weiter bestehen zu lassen, zu verneinen ist, da ein nicht-rechtsfähiger Verein das Versicherungsgeschäft wegen des numerus clausus der Rechtsform nicht betreiben darf. Der BGH kommt zu der Auffassung, dass der Auflösungsbeschluss eines kleineren Vereins vor dem Auflösungszeitpunkt noch wirksam zurückgenommen werden darf, dies allerdings nur dann, wenn damit auch die Fortsetzung der Geschäftstätigkeit verbunden ist.[101] Die im vorliegenden BGH-Fall beschlossene Fortführung des Vereins ohne Geschäftstätigkeit führte nach dem Urteil des BGH allerdings zum Verlust der Rechtsfähigkeit. § 20 VAG a. F. (jetzt § 176 VAG) könne keinesfalls entnommen werden, dass der Gesetzgeber den Status eines rechtsfähigen VVaG auch einer Personenvereinigung zuerkennen wollte, die keinerlei Versicherungstätigkeit betreibt. Ob der VVaG schon durch eine vorübergehende, vorhersehbar kurzzeitigte Nichtausübung des Versicherungsgeschäfts seinen rechtlichen Status verliert, ließ der BGH offen.

117 **b) Liquidatoren.** § 48 BGB entspricht § 204 Abs. 1 VAG; jedoch gibt es keine Bestellung oder Abberufung durch das Gericht aus Rechtsgründen (wie nach § 204 Abs. 2 VAG), sondern nur durch die Aufsichtsbehörde nach § 29 BGB. Die Liquidatoren, auch die von der Aufsichtsbehörde nach § 29 BGB bestellten Vorstandsmitglieder, sind jederzeit gem. § 27 Abs. 2 BGB abrufbar.

118 **c) Gläubigeraufruf.** Gemäß § 50 BGB erfolgt der Gläubigeraufruf nur einmal. Anders bei § 204 Abs. 3 VAG i. V. m. § 267 AktG; dort dreimaliger Aufruf.

119 **d) Schadenersatzpflicht der Liquidatoren.** Die Liquidatoren haften für Verfehlungen gem. § 53 BGB, wobei der darin enthaltene Verweis auf § 42 Abs. 2 BGB nicht zur Anwendung kommt, da antragsberechtigt für die Insolvenz eines Versicherers ausschließlich die Aufsichtsbehörde ist (§ 311 Abs. 1, 2 S. 1 und S. 2 VAG).

120 **XVI. Laufende Versicherungsaufsicht. 1. Allgemeines.** Das Aufsichtsrecht der großen VVaG gilt – wie gezeigt – für die kleineren VVaG nicht vollständig. Befreiung, Freistellungen, Gestattung von Ausnahmen und Anordnungsbefugnisse der Aufsichtsbehörde fächern das Versicherungsaufsichtsrecht – manchmal auch verwirrend – auf. Auch die kleineren VVaG sind schon bereits nach der Novellierung des VAG durch das Dritte DurchführungsG/EWG zum VAG von der vorherigen Vorlage und Genehmigung ihrer AVB und Tarife befreit. Diese deregulierende Rechtsregelung gilt weiter. Demgegenüber ist zu beachten, dass Sterbekassen einer intensiveren, im Wesentlichen der vor der Deregulierung geltenden aufsichtsrechtlichen Kontrolle durch Genehmigungspflichten hinsichtlich ihrer AVB und Tarife unterliegen (§ 219 Abs. 3 Nr. 1 VAG). Für Pensionskassen siehe die Kommentierung zu den §§ 232 ff. VAG; hier erfolgt unter bestimmten Voraussetzungen eine Bedingungsaufsicht (vgl. § 234 Abs. 3 Nr. 1 VAG). Nach § 321 Abs. 1 VAG kann das BMF auf Antrag der BaFin die Aufsicht über Versicherungsunternehmen von geringer wirtschaftlicher Bedeutung oder entsprechende öffentlich-

---

[98] *BAG* Urt. v. 12.6.1975 – 3 ABR 13/74, VersR 1976, 254 = BAGE 27, 194; zu Konzernpensionskassen *BAG* Beschl. v. 21.6.1979 - 3 ABR 3/78, BB 1979, 1718.

[99] Zum Umfang des Mitbestimmungsrechtes *BAG* Beschl. v. 13.7.1978 - 3 ABR 108/77, BB 1978, 1617. Die Aufsichtsbehörde lehnt Stellungnahmen zum Mitbestimmungsrecht ab, siehe GB 1974, 51.

[100] Zustimmend *Heidelbach*, Der kleinere Versicherungsverein auf Gegenseitigkeit unter besonderer Berücksichtigung der gesellschaftsrechtlichen Probleme, 1994, S. 185.

[101] *BGH* Urt. v. 26.6.1995 – II ZR 282/93, WM 1995, 1447.

rechtliche Wettbewerbs-Versicherungsunternehmen mit Zustimmung der zuständigen Landesaufsichtsbehörde auf diese übertragen.

2. Überblick über Verlautbarungen nach altem Recht. Hinsichtlich der Abwicklung des bestehenden Altbestandes bleiben die genehmigten Geschäftspläne maßgeblich, Änderungen bleiben genehmigungspflichtig. Die maßgeblichen Geschäftspläne für die bis zum 31.12.1994 geschlossenen Verträge bleiben gemäß § 336 VAG weiter in Kraft.[102] Gegenüber Mitgliedern besteht keine Auskunftspflicht bezüglich des Geschäftsplans.[103] Die Bewertungsprinzipien des Handels- und Aktienrechts finden Anwendung.[104] Die Bewertung von Wertpapieren erfolgt nach dem Niederstwertprinzip.[105] 121

XVII. Versicherungsvertragsgesetz. Nach § 211 VVG lässt das Gesetz für Pensionskassen, kleinere VVaG und Versicherungen mit kleineren Beträgen, Möglichkeiten der Abweichungen in den AVB von den zwingenden Bestimmungen des VVG zu; „der besonderen Situation der genannten Versicherungen soll Recht getragen werden, weil die Anwendung bestimmter Vorschriften nicht praktikabel oder aus anderen Gründen nicht sachgerecht wäre".[106] 122

Kapitel 5. Kleine Versicherungsunternehmen und Sterbekassen

Abschnitt 1. Kleine Versicherungsunternehmen

Kleine Versicherungsunternehmen

211 (1) [1] **Kleine Versicherungsunternehmen im Sinne dieses Gesetzes sind Erstversicherungsunternehmen,**

1. deren jährlich gebuchte Bruttobeitragseinnahmen den in Artikel 4 Absatz 1 Buchstabe a der Richtlinie 2009/138/EG genannten Betrag nicht überschreiten,

2. deren gesamte versicherungstechnischen Rückstellungen im Sinne des § 75 ohne Abzug der einforderbaren Beträge aus Rückversicherungsverträgen und von Zweckgesellschaften den in Artikel 4 Absatz 1 Buchstabe b der Richtlinie 2009/138/EG genannten Betrag nicht überschreiten,

3. deren Geschäftstätigkeit keine Rückversicherungstätigkeiten einschließt, die

a) die in Artikel 4 Absatz 1 Buchstabe e der Richtlinie 2009/138/EG genannten Beträge bezogen auf ihre gebuchten Bruttobeitragseinnahmen oder ihre versicherungstechnischen Rückstellungen im Sinne des § 75 ohne Abzug der einforderbaren Beträge aus Rückversicherungsverträgen und von Zweckgesellschaften oder

b) 10 Prozent ihrer gebuchten Bruttobeitragseinnahmen oder

c) 10 Prozent ihrer versicherungstechnischen Rückstellungen im Sinne des § 75 ohne Abzug der einforderbaren Beträge aus Rückversicherungsverträgen und von Zweckgesellschaften

überschreiten,

4. deren Geschäftstätigkeit keine Versicherungstätigkeiten zur Abdeckung von Haftpflicht-, Kredit- und Kautionsversicherungsrisiken einschließt, es sei denn, es handelt sich um zusätzliche Risiken im Sinne des § 10 Absatz 4 Satz 1, und

5. die keine grenzüberschreitende Geschäftstätigkeit gemäß den §§ 57 bis 59 ausüben.

[2] **Sofern das Erstversicherungsunternehmen einer Gruppe angehört, dürfen die gesamten versicherungstechnischen Bruttorückstellungen der Gruppe den in Artikel 4 Absatz 1 Buchstabe c der Richtlinie 2009/138/EG genannten Betrag nicht überschreiten.** [3] **Wenn eine Erlaubnis zum Geschäftsbetrieb als Erstversicherungsunternehmen beantragt wird, ist Satz 1 Nummer 1 bis 3 nicht anzuwenden, wenn zu erwarten ist, dass einer der dort genannten Beträge innerhalb der nächsten fünf Jahre überschritten wird.**

(2) **Wenn ein Erstversicherungsunternehmen die Voraussetzungen des Absatzes 1 erfüllt und die in Absatz 1 festgelegten Summengrenzen in den letzten drei aufeinanderfolgenden Jahren nicht überschritten wurden, stellt die Aufsichtsbehörde von Amts wegen fest, dass es als kleines Versicherungsunternehmen anzusehen ist, es sei denn, in den nächsten fünf Jahren wird voraussichtlich eine dieser Summengrenzen überschritten.**

---

102 Hinsichtlich der Nichtlebensversicherung vgl. VerBAV 1994, 287.
103 GB 1972, 53.
104 GB 1961, 18; 1968, 57.
105 GB 1973, 41. Aufbewahrung geschäftlicher Unterlagen siehe R2/79, VerBAV 1979, 134. Zu Kapitalanforderungen bei kleinsten Sterbekassen und Pensionskassen siehe GB 1976, 51 und GB 1973, 41.
106 Looschelders/Pohlmann/*Eichelberg* § 211 Rn. 1.

(3) [1] **Wird eine der in Absatz 1 genannten Summengrenzen in drei aufeinanderfolgenden Jahren überschritten, hebt die Aufsichtsbehörde die Feststellung auf.** [2] **Das Erstversicherungsunternehmen gilt ab dem vierten Jahr nicht mehr als kleines Versicherungsunternehmen.**

(4) **Auf Antrag ist ein Erstversicherungsunternehmen, das nach den Absätzen 1 und 2 als kleines Versicherungsunternehmen anzusehen wäre, nicht als ein solches zu behandeln.**

1 **I. Einführung.** Kapitel 5 des VAG behandelt zunächst im Abschnitt 1 „Das Recht der sogenannten kleinen Versicherungsunternehmen". Hier widmet sich das Gesetz **rechtsformunabhängig** den Unternehmen, die größer sind, als diejenigen, die nach § 5 von der Aufsicht freigestellt sind, deren Geschäftsumfang aber die in Artikel. 4 Richtlinie 2009/138/EG genannten Grenzen nicht überschreitet.

2 Damit erfährt der **Gedanke der Verhältnismäßigkeit des Aufsichtsumfangs** seine gesetzliche Ausprägung. Die Vorschrift hat im VAG a. F. keinen Vorläufer. Definitorisch greift der Gesetzgeber in § 211 Abs. 1 Nr. 1 – 3 VAG zunächst auf die Merkmale zurück, die in der RL 2009/138/EG geregelt sind:

3 **II. Definition der kleinen Versicherungsunternehmen.** Ein kleines Versicherungsunternehmen im Sinne der Vorschrift ist bei Vorliegen der folgenden Voraussetzungen gegeben:

(1) Die gebuchten Bruttobeitragseinnahmen (Art. 4 Abs. 1a) übersteigen 5 Mio. EUR nicht; die Bundesregierung geht nach der Gesetzesbegründung[1] davon aus, dass Umlagebeiträge von Versicherungsvereinen, die nach dem Umlageverfahren arbeiten, als Beitragseinnahmen im Sinne der Richtlinie und des Gesetzes anzusehen sind.

(2) Die gesamten versicherungstechnischen Rückstellungen gem. § 75 VAG ohne Abzug der einforderbaren Beträge aus Rückversicherungsverträgen und von Zweckgesellschaften (Art. 4 Abs. 1b) übersteigen 25 Mio. EUR nicht und

(3) die Geschäftstätigkeit schließt keine Rückversicherungstätigkeit ein, die die in § 211 Abs. 1 Nr. 3a–c VAG genannten Grenzen überschreitet. Das sind:
- 0,5 Mio. EUR der verbuchten Bruttoprämieneinnahme (§ 211 Abs. 1 Nr. 3a 1. Alt.; siehe Art. 4 Abs. 1 Buchst. e 1. Alt. RL 2009/138/EG);
- oder 2,5 Mio. EUR der versicherungstechnischen Bruttorückstellungen (§ 211 Abs. 1 Nr. 3a 2. Alt.; Art. 4 Abs. 1 Buchst. E 2. Alt. RL 2009/138/EG);
- oder 10 % der gebuchten Bruttobeitragseinnahme (§ 211 Abs. 1 Nr. 3b–Art. 4 Abs. 1 Buchst. e 3. Alt. RL 2009/138/EG);
- oder 10 % der versicherungstechnischen Bruttorückstellungen (§ 211 Abs. 1 Nr. 3c–Art. 4 Abs. 1 Buchst. e 4. Alt. RL 2009/138).

4 Kumulativ darf außerdem die Geschäftstätigkeit keine Deckung von Haftpflicht-, Kredit- und Kautionsversicherungsrisiken einschließen, es sei denn, es handelt sich um zusätzliche Risiken im Sinne von § 10 Abs. 4 S. 1 VAG (vgl. Art. 4 Abs. 1 Buchst. d RL 2009/138/EG). Außerdem darf das Unternehmen keine grenzüberschreitende Geschäftstätigkeit nach den §§ 57–59 VAG (Versicherungsgeschäfte über Niederlassungen oder im Dienstleistungsverkehr; Art. 145–149 RL 2009/138/EG) ausüben. Diese Voraussetzungen sind insgesamt retrospektiv zu beurteilen. Hinzu kommen muss eine prospektive Beurteilung, wonach ausgeschlossen ist, dass eine der Grenzen nach Abs. 1 Nr. 1–3 in den nächsten fünf Jahren überschritten wird (§ 211 Abs. 1 S. 3 VAG).

5 Gehört das Unternehmen einer Gruppe an, stellen die gesamten versicherungstechnischen Bruttorückstellungen der Gruppe die maßgebliche Obergrenze im Sinne des Art. 4 Buchst. c der RL 2009/138/EG dar.

6 **III. Zielsetzung der Regelung. 1. Allgemeines.** Bei den Vorschriften für kleine Versicherungsunternehmen handelt es sich um rechtsformunabhängige Regelungen, die schwerpunktmäßig den Umfang der Versicherungsaufsicht zum Ziel haben und nicht wie die Regelungen für kleinere Versicherungsvereine auf Gegenseitigkeit gesellschaftliche Strukturen abweichend von den Standards für große VVaG regeln.

7 Damit zielen die Vorschriften des § 211 ff. VAG auch auf eine Kostendämpfung dieser Unternehmen (auch kleinerer VVaG) ab.

8 **2. Feststellung des Vorliegens der Voraussetzungen.** Die Aufsicht stellt das Merkmal des kleinen Versicherungsunternehmens von Amts wegen fest, wenn das Unternehmen die Voraussetzungen nach § 211 Abs. 1 VAG erfüllt und die dort genannten Summengrenzen in den letzten drei Jahren nicht überschritten hat. Außerdem muss die Zukunftsprognose (fünf Jahre) negativ im Hinblick auf das mögliche Überschreiten dieser Grenzen ausfallen (§ 211 Abs. 2 VAG). Bei einem Überschreiten einer der Summengrenzen in drei aufeinanderfolgenden Jahren hebt die Aufsichtsbehörde die Feststellung „Kleines Versicherungsunternehmen" von Amts wegen auf (§ 211 Abs. 3 VAG). Ein Versicherungs-

[1] BT-Drs. 18/2956 S. 276.

unternehmen, das nach Abs. 1 und 2 als kleines Versicherungsunternehmen anzusehen wäre, kann den **Antrag** stellen, **nicht als ein solches behandelt zu werden** (§ 211 Abs. 4 VAG).

Die Feststellung eines Erstversicherers als kleines Unternehmen erfolgt auch, wenn ein Erstversicherungsunternehmen kürzer oder länger als drei Jahre zugelassen ist (Begründung zum Entwurf eines Gesetzes zur Modernisierung der Finanzaufsicht über Versicherungen BT Drucksache 18/2956 S. 276). 9

Der Gesetzgeber hat im Rahmen der Einschränkung aufsichtsrechtlicher Rahmenbedingungen für Versicherer die Grenzziehung nicht anhand von unbestimmten Rechtsbegriffen mit Beurteilungsspielraum vorgenommen, sondern an klar definierten quantitativen Größen. Es kann davon ausgegangen werden, dass diesen Überlegungen der Gedanke zugrunde lag, dass von Finanzdienstleistungsunternehmen, die Versicherungsleistungen erbringen, bis zu den genannten Größenordnungen keine Ansteckungsgefahr auf die Finanzmärkte ausgeht. Demzufolge hat der Gesetzgeber in § 212 VAG (siehe Kommentierung dort) eine Reihe von Ausnahmen von den aufsichtsrechtlichen Standards, die für Versicherer generell gelten, vorgesehen. 10

3. Anmerkungen zur Verweisungstechnik. Sprachlich missglückt ist die Regelung in § 211 Abs. 1 S. 3 VAG. Der Gesetzgeber formuliert dort „wenn eine Erlaubnis zum Geschäftsbetrieb als Erstversicherungsunternehmen beantragt wird, ist Satz 1 Nr. 1–3 nicht anzuwenden, wenn zu erwarten ist, dass einer der dort genannten Beträge innerhalb der nächsten fünf Jahre überschritten wird". Klarer ist die entsprechende Formulierung in der Verordnung 2009/138/EG in Art. 4 Abs. 3: „abweichend von Absatz 1 findet diese Richtlinie auf alle Versicherungsunternehmen Anwendung, die eine Zulassung zur Ausübung von Versicherungs- und Rückversicherungstätigkeiten beantragen und deren jährliche verbuchte Bruttoprämieneinnahmen oder deren versicherungstechnische Rückstellungen ohne Abzug der einforderbaren Beträge aus Rückversicherungsverträgen und von Zweckgesellschaften in den nächsten fünf Jahren voraussichtlich einen der in Abs. 1 festgelegten Beträge überschreiten werden". Damit ist klargestellt, dass die Richtlinie 2009/138 auf Unternehmen, die nach den prognostischen Kriterien des Art. 4 die relevante Größenordnung demnächst überschreiten werden, Anwendung findet, insbesondere auch das Solvency II-Regime. Der Gesetzgeber hätte damit besser in § 211 Abs. 1 S. 3 VAG formuliert, dass die nach 212 VAG anzuwendenden Vorschriften keine Anwendung auf Unternehmen finden, die schon zum Zeitpunkt der Erlaubnisbeantragung nach der vorzunehmenden Prognose die in § 211 Abs. 1 VAG festgelegten Größenordnungen innerhalb der nächsten fünf Jahre überschreiten werden. 11

Nach der Begründung zum Gesetzentwurf der Bundesregierung (Entwurf eines Gesetzes zur Modernisierung der Finanzaufsicht über Versicherungen) BT-Drucksache 18/2956 S. 276 dient die Verweisung auf Artikel 4 der Richtlinie 2009/138 in § 211 VAG auch dazu, bei künftigen inflationsbedingten Anpassungen der Grenzwerte des Artikel 4 nach Art. 300 der Richtlinie 2009/138 erneute Gesetzesänderungen zu vermeiden. 12

4. Art. 7 Richtlinie 2009/138. In den definitorischen Voraussetzungen für kleine Versicherungsunternehmen in § 211 fehlt eine Regelung, die der Bestimmung des Art. 7 Richtlinie 2009/138 entspricht. (Versicherungsvereine auf Gegenseitigkeit die das Nichtlebensversicherungsgeschäft betreiben und mit einem anderen VVaG eine Retrozession oder vergleichbare Vereinbarung getroffen haben). 13

Anzuwendende Vorschriften

212 (1) **Für kleine Versicherungsunternehmen gelten die auf Erstversicherungsunternehmen, die keine Sterbekassen oder Pensionskassen sind, anwendbaren Vorschriften dieses Gesetzes, soweit dieses Kapitel keine abweichenden Regelungen enthält.**

(2) **Für kleine Versicherungsunternehmen gelten nicht:**

1. **von den Vorschriften über die Geschäftsorganisation § 26 Absatz 3, 4 und 6 bis 8, die §§ 27, 28 Absatz 1 und 29 Absatz 2 bis 4 sowie die §§ 30 und 31,**
2. **von den Vorschriften über die Abschlussprüfung § 35 Absatz 2 und § 37 Absatz 2,**
3. **die Vorschriften über den Bericht über Solvabilität und Finanzlage, §§ 40 bis 42,**
4. **von den Vorschriften über den Dienstleistungs- und Niederlassungsverkehr die §§ 57 bis 59,**
5. **von den Vorschriften über die finanzielle Ausstattung die §§ 74 bis 124, 125 Absatz 1 Satz 2 und 3 sowie die §§ 131 und 133,**
6. **die Vorschriften des Teils 5 Kapitel 1 und § 284, sofern eine Gruppe von der Versicherungsaufsicht unterliegenden Unternehmen ausschließlich durch die Einbeziehung von kleinen Versicherungsunternehmen, Sterbekassen, Pensionskassen oder Pensionsfonds entsteht,**
7. **von den Vorschriften über Aufgaben und allgemeine Vorschriften § 301 und**
8. **von den Übergangs- und Schlussbestimmungen die §§ 340 bis 352.**

(3) **Die folgenden Vorschriften gelten mit der allgemeinen Maßgabe, dass an die Stelle der anrechnungsfähigen Basiseigenmittel die Eigenmittel treten, und mit folgenden besonderen Maßgaben:**

1. § 9 Absatz 2 Nummer 4 mit der Maßgabe, dass als Bestandteil des Geschäftsplans Angaben über die Eigenmittelbestandteile, die die absolute Grenze der Mindestkapitalanforderung darstellen, einzureichen sind,

2. § 9 Absatz 3 Nummer 4 mit der Maßgabe, dass sich die Regelung auf die versicherungstechnischen Rückstellungen nach dem Handelsgesetzbuch bezieht,

3. § 9 Absatz 4 Nummer 1 Buchstabe a mit der Maßgabe, dass Angaben über Art und Umfang der Geschäftsorganisation nur zu machen sind für die Geschäftsleiter, die Mitglieder des Aufsichtsrats und, falls vorhanden, für den Verantwortlichen Aktuar,

4. § 12 Absatz 1 und 3 mit der Maßgabe, dass die Regelung auf jede Ausdehnung des Geschäftsbetriebs auf ein Gebiet im Ausland anzuwenden ist,

5. § 15 Absatz 1 Satz 3 mit der Maßgabe, dass die Aufnahme von Kapital gegen Gewährung von Genussrechten oder gegen Eingehung von nachrangigen Verbindlichkeiten, die mindestens die Anforderungen an die Qualitätsklasse 2 nach § 92 Absatz 2 erfüllen, nicht als Fremdmittelaufnahme gilt,

6. § 23 Absatz 3 mit der Maßgabe, dass die Leitlinien keine Vorgaben zur internen Revision enthalten müssen,

7. § 24 Absatz 1 Satz 1 mit der Maßgabe, dass sich die Regelung nur auf Geschäftsleiter und Mitglieder des Aufsichtsrats bezieht,

8. § 26 Absatz 1 mit der Maßgabe, dass die Risiken, denen das Unternehmen tatsächlich oder möglicherweise ausgesetzt ist, regelmäßig angemessen zu dokumentieren sind,

9. § 29 Absatz 1 mit der Maßgabe, dass keine Compliance-Funktion vorzuhalten ist,

10. 47 Nummer 1 und 2 mit der Maßgabe, dass nur die vorgesehene Einsetzung eines Geschäftsleiters oder die Bestellung eines Aufsichtsratsmitglieds und das Ausscheiden oder der Entzug der Befugnis zur Vertretung des Versicherungsunternehmens einer dieser Personen anzuzeigen ist,

11. § 141 Absatz 5 mit der Maßgabe, dass an die Stelle der Grundsätze der auf Grund des § 88 Absatz 3 erlassenen Rechtsverordnung die Grundsätze der auf Grund des § 217 Satz 1 Nummer 7 bis 10 erlassenen Rechtsverordnung treten,

12. § 303 Absatz 1 und 2 Nummer 1 mit der Maßgabe, dass die Verwarnung, die Abberufung oder die Untersagung nur hinsichtlich eines Geschäftsleiters oder eines Aufsichtsratsmitglieds möglich ist, und

13. § 304 Absatz 1 Nummer 2 mit der Maßgabe, dass die Aufsichtsbehörde die Erlaubnis widerrufen kann, wenn es dem Unternehmen nicht gelingt, innerhalb von drei Monaten nach Feststellung der Nichtbedeckung der Mindestkapitalanforderung den genehmigten Finanzierungsplan zu erfüllen, und die Erlaubnis zu widerrufen ist, wenn es dem Unternehmen nicht gelingt, innerhalb von neun Monaten nach Feststellung der Nichtbedeckung der Mindestkapitalanforderung den genehmigten Finanzierungsplan zu erfüllen.

Übersicht

1 **I. Der Katalog der auf kleine Versicherungsunternehmen nicht anzuwendenden Vorschriften.** In einem Katalog (§ 212 Abs. 2 VAG) enthält das Gesetz Ausnahmen von den Regeln der Versicherungsaufsicht, die nach der RL 2009/138/EG generell für Versicherungsunternehmen Anwendung finden. Von diesen nicht anzuwendenden Regelungen profitieren solche Unternehmen, die die Voraussetzungen des § 211 VAG erfüllen und nicht Sterbekassen oder Pensionskassen sind. Danach finden für folgende Unternehmensfunktionen die entsprechenden aufsichtsrechtlichen Standardrege-

lungen gemäß RL 2009/138 keine Anwendung; auch dies ist Ausdruck des allgemeinen Verhältnismäßigkeitsgrundsatzes (Art. 29 Abs. 3 und 4 RL 2009/138). In der Begründung zum Gesetzentwurf der Bundesregierung über ein Gesetz zur Modernisierung der Finanzaufsicht über Versicherungen wird darauf verwiesen,[1] dass kleine Versicherungsunternehmen drei der vier Schlüsselfunktionen, nämlich die Compliance-Funktion, die versicherungsmathematische Funktion und die interne Revision nicht vorhalten müssen. Die Streichung dieser Funktionen befreit allerdings nicht die Geschäftsleitung von der Verantwortung für die Einhaltung der maßgeblichen gesetzlichen Bestimmungen und aufsichtsrechtlichen Anforderungen. Im einzelnen gilt Folgendes:

1. Geschäftsorganisation. Kleine Versicherungsunternehmen sind von folgenden Regelungen befreit: 2

- die Vorschriften über die Konsequenzen bei der Matching-Anpassung bzw. der Volatilitätsanpassung (§ 26 Abs. 3 und 4 VAG);
- Nachweis der Einhaltung der Anlagegrundsätze nach § 124 VAG (§ 26 Abs. 6 VAG);
- keine besonderen Bewertungen im Bezug auf das Aktiv-Passiv-Management (§ 26 Abs. 7 VAG);
- keine Einrichtung einer unabhängigen Risikocontrolling-Funktion (§ 26 Abs. 8 VAG);
- keine unternehmenseigene Risiko- und Solvabilitätsbeurteilung im Rahmen des Risikomanagementsystems (§ 27 VAG); nach der Begründung[2] befreit dies die Unternehmen aber nicht von der Beurteilung ihrer Risikotragfähigkeit zur Sicherstellung jederzeit ausreichender Eigenmittel;
- keine Überprüfungspflicht externer Ratings (§ 28 Abs. 1 VAG);
- aber auch eine Compliance-Funktion ist im Rahmen des internen Kontrollsystems nicht vorzuhalten (§ 212 Abs. 3 Nr. 9 VAG); keine Beratungs- und Beurteilungsfunktion als Ausfluss einer Compliance-Funktion im Rahmen des internen Kontrollsystems (§ 29 Abs. 2 VAG;
- Befreiung von der Einrichtung einer internen Revision nach § 30 VAG; allerdings, da § 29 Abs. 1 VAG in § 212 Abs. 2 Nr. 1 VAG nicht ausgeschlossen wird, muss das kleine Versicherungsunternehmen ein internes Kontrollsystem einrichten, was durch Abs. 3 Nr. 9 – gesetzestechnisch überflüssig – nochmals bekräftigt wird;
- Befreiung von der Einrichtung einer versicherungsmathematischen Funktion nach § 31 VAG;
- damit sind kleine Versicherungsunternehmen grundsätzlich von der Einrichtung der vier Schlüsselfunktionen (§§ 26, 29, 30, 31 VAG) befreit. Allerdings sind § 26 Abs. 1 und 2 VAG (Vorhalten eines Risikomanagementsystems) anzuwenden, wobei für § 26 Abs. 1 VAG die Regelung in § 212 Abs. 3 Nr. 9 VAG zu beachten ist.

2. Abschlußprüfung; Solvabilitätsberichte; Leitlinien. In diesen Bereichen gelten folgende Erleichterungen: 3

- es entfällt die Prüfungspflicht des Abschlussprüfers hinsichtlich der Solvabilitätsübersicht (§ 35 Abs. 2 VAG);
- demzufolge entfällt auch die Vorlage der geprüften Solvabilitätsübersicht und des Prüfungsberichts zur Solvabilitätsübersicht bei der BaFin (§ 37 Abs. 2 VAG);
- keine Erstellung von Solvabilitäts- und Finanzberichten nach §§ 40 bis 42 VAG und die damit einhergehenden Systeme und Strukturen (§ 29 Abs. 3 VAG);
- keine Leitlinien zur Sicherstellung der kontinuierlichen Angemessenheit der zu veröffentlichenden und zu übermittelnden Informationen (§ 29 Abs. 4 VAG);

Es gilt die Verordnung über die Prüfung des Jahresabschlusses und des Lageberichts von Versicherungsunternehmen durch einen unabhängigen Sachverständigen (Sachverständigenprüfverordnung – SachPrüfV) vom 18.4.2016.

3. Grenzüberschreitende Geschäftsstätigkeit. Die Geschäftstätigkeit muss folgende Einschränkungen beachten: 4

- keine Zulassung zum Betrieb grenzüberschreitenden Verkehrs im Wege der Niederlassung oder im Dienstleistungsverkehr (§§ 57–59 VAG);
- daher ist es unverständlich, dass in Abs. 3 Nr. 4 auf die Anwendbarkeit des § 12 Abs. 1 und 3 VAG im Zusammenhang mit jeder Ausdehnung des Geschäftsbetriebs auf ein Gebiet im Ausland verwiesen wird.

4. Eigenmittelanforderungen. Die Eigenmittelanforderungen richten sich nach dem bisherigen Solvency I-Regime. Die Regeln über die finanzielle Ausstattung sind in Gänze nicht anwendbar (Solvabilitätsregeln in §§ 74–123 VAG). 5

Es gilt die Verordnung über die Kapitalausstattung von kleinen Versicherungsunternehmen, Sterbekassen und Pensionskassen (Kapitalausstattungs-Verordnung – KapAusstV) vom 18.4.2016. Die Mindestkapitalanforderungen sind in § 6 KapAusstV geregelt, für VVaG siehe die Ermäßigung nach § 6 Abs. 2 KapAusstV.

[1] BT-Drs. 18/2956 S. 277.
[2] BT-Drs. 18/2956 S. 277.

5a Mit dieser Regelung gelten auch wieder rechtsformspezifische Ausnahmen für Versicherungsvereine auf Gegenseitigkeit, wenn sie die Voraussetzungen als kleine Versicherungsunternehmen erfüllen (nicht aber, wenn sie lediglich kleinerer Verein i. S. d. § 210 VAG sind): Für Schadenversicherer ermäßigt sich die Mindestkapitalanforderung nach § 6 Abs. 2 KapAusstV vom 18.4.2016 auf 600.000 EUR für Aktiengesellschaften und öffentlich-rechtliche Wettbewerbsversicherer 2,5 Millionen EUR; für Lebensversicherer ermäßigt sich der Mindestbetrag der Mindestkapitalanforderung von 3,7 Millionen Euro auf 2.775.000 Euro (§ 15 Abs. 1, 2 KapAusstV vom 18.4.2016).

6 **5. Sicherungsvermögen.** Das Kapitalanlagemanagement ist ebenfalls von zahlreichen VAG-Standards befreit:

- Nicht-Anwendbarkeit der Anlagegrundsätze nach § 124 VAG;
- keine Anwendbarkeit der Bestimmungen über die Höhe der Zuführung zum Sicherungsvermögen nach § 125 Abs. 1 S. 2 VAG und der Anlagegrundsätze nach § 125 Abs. 1 S. 3 VAG, keine Anwendbarkeit der allgemeinen Qualitätsregel für Vermögensanlagen nach § 125 Abs. 1 S. 3 VAG; an ihre Stelle tritt § 215, was (gesetzestechnisch) wenig Klarheit bringt; besonders verwundert die Verweisung in 125 Abs. 1 S. 2 Ziff. 7 VAG auf die Bestimmungen für kleine Versicherungsunternehmen (§ 215 Abs. 2 S. 1 Nr. 6 VAG);
- keine Anwendbarkeit der Verordnungsermächtigung über das Kapitalanlagemangement nach § 131 VAG; es gilt die Verordnung über die Anlage des Sicherungsvermögens von Pensionskassen, Sterbekassen und kleinen Versicherungsunternehmen (Anlageverordnung – AnlV) vom 18.4.2016.

7 **6. Versicherungsunternehmen in besonderen Situationen.** Bei Verletzung der Regeln zum Aufbau ausreichender Rückstellungen drohen keine unmittelbaren Sanktionen. Die aufsichtsrechtlichen Sanktionen bei unzureichender Rückstellungsbildung sind nicht anwendbar (§ 133 VAG).

8 **7. Gruppenaufsicht.** Der im Zusammenhang mit der Gruppenaufsicht nach VAG-Standard entstehende Aufwand entfällt. Es gilt: keine Anwendbarkeit der Vorschriften über die Beaufsichtigung von Versicherungsunternehmen in einer Gruppe (§§ 245 bis 249 VAG) und die Finanzlage der Gruppe (§§ 250 bis 284 VAG), wenn die Gruppe von der Versicherungsaufsicht unterliegenden Unternehmen ausschließlich durch die Einbeziehung von kleinen Versicherungsunternehmen, Sterbekassen, Pensionskassen oder Pensionsfonds entsteht.

9 Zweifel sind angebracht, ob mit dieser formaljuristischen Definition der Voraussetzungen für die Befreiung von der Gruppenaufsicht die quantitativ bestimmten Voraussetzungen in Art. 4 Abs. 1 lit. c RL 2009/138 richtig umgesetzt wurden.

10 **8. Allgemeine Befugnisse der Versicherungsaufsicht.** Da kleine Versicherungsunternehmen keine exponierten Risikoprofile haben, erübrigen sich besondere Eigenkapitalanforderungen:

- keine Festsetzungskompetenz der BaFin für einen Kapitalaufschlag auf die Solvabilitätskapitalanforderung nach § 301 VAG;
- generell ist darauf zu achten, dass neben den zahlreichen kodifizierten Befreiungen von aufsichtsrechtlichen Standards für kleine Versicherungsunternehmen schlechthin bezüglich **aller aufsichtsrechtlicher Bereiche** der Grundsatz der Verhältnismäßigkeit nach § 296 VAG gilt;
- zum Antragsrecht der BaFin die laufende Aufsicht auf eine zuständige Landesaufsichtsbehörde nach § 321 Abs. 1 VAG zu übertragen, siehe § 210 Rn 120.

11 **9. Übergangs- und Schlussbestimmungen.** Der neue Typus von Versicherern hat auch Einfluss auf die Anwendbarkeit von Übergangs- und Schlussbestimmungen:

- von den Übergangs- und Schlussbestimmungen gelten die §§ 336 bis 352 VAG nicht;
- im seltenen Einzelfall kann die den Bestandsschutz regelnde Übergangsbestimmung des § 335 VAG (Fortsetzung des unveränderten Geschäftsbetriebs nach altem Recht) zur Anwendung kommen; allerdings dürfte die Norm in Folge der Fortentwicklung der Versicherungsdienstleistungen und Geschäftsmodelle und der dann nach § 5 VAG a. F. erforderlich gewordenen Genehmigung inzwischen bedeutungslos sein.

12 **II. Der „nach Maßgabe" anzuwendende Katalog (interpretatorischer Anwendungskatalog des § 212 Abs. 3 VAG).** In § 212 Abs. 3 Nr. 1 bis 13 VAG sind eine ganze Reihe verschiedener Bestimmungen aufgeführt, die eine meist gesetzesinterpretatorische Bedeutung im Hinblick auf den Aufsichtsumfang über kleine Versicherungsunternehmen haben. Dabei ist als Grundsatz davon auszugehen, dass an die Stelle der anrechnungsfähigen Basiseigenmittel (§ 89 Abs. 1 i. V. m. §§ 94 und 95 VAG) die Eigenmittel im Sinne der §§ 213, 214 treten; die Bestimmung des § 214 Abs. 1 VAG ist der bislang für alle Versicherer geltenden Vorschrift des § 53c Abs. 3 VAG a. F. nachgebildet. **Damit gilt für kleine Versicherungsunternehmen nicht das Regelwerk nach Solvency II sondern weiterhin die bisherige Regelung zur Solvabilitätsspanne** (Solvency I-Regelung). Der Gesetzgeber hat nunmehr aber bei Unterschreitung der Solvabilitätsspanne oder drohender Unterschreitung nicht die Sanktionen des § 81b VAG a. F. übernommen, denn danach war bereits bei drohender Unterschreitung

der Solvabilitätsspanne ein Solvabilitätsplan vorzulegen (§ 81b Abs. 1 S. 1 VAG a. F.); nunmehr trifft das Unternehmen nur die Informationspflicht nach § 134 Abs. 1 VAG.

Nach § 134 Abs. 2 VAG ist die Vorlage eines Sanierungsplans erst erforderlich, wenn der Versicherer festgestellt hat, dass die Solvabilitätskapitalanforderung unterschritten ist. Allerdings galten nach altem Recht nicht die strengen Vorlagefristen für den Sanierungs- und Finanzplan. Bislang konnte davon ausgegangen werden, dass der Finanzierungsplan dazu führen muss, den Betrag des Garantiefonds bzw. den Mindestbetrag des Garantiefonds innerhalb von drei Monaten oder eines ähnlich überschaubaren Zeitraums bereitzustellen bzw. innerhalb eines Jahres (oder eines ähnlich überschaubaren Zeitraums, der den Zeitraum der Erreichung des Garantiefonds bzw. des Mindestbetrags des Garantiefonds umfasst) gemäß eines vorzulegenden Solvabilitätsplanes die Wiederherstellung gesunder Finanzverhältnisse darzulegen.[3] Ab wann diese Frist laufen sollte, blieb bislang unklar.[4] Nunmehr muss der Sanierungsplan innerhalb von zwei Monaten nach Feststellung der Unterschreitung der Solvabilitätskapitalanforderung und der Finanzierungsplan innerhalb eines Monats nach Feststellung der Unterschreitung der Mindestkapitalanforderung der BaFin vorgelegt werden, sonst sind die Pläne nicht genehmigungsfähig. 13

Für die nach dem Sanierungsplan zu erfolgende Wiederherstellung der Solvabilitätskapitalanforderung gilt eine Frist von sechs Monaten nach Feststellung der Unterdeckung (die Frist kann um drei Monate verlängert werden) und die Frist der Wiederherstellung der Mindestkapitalanforderung gemäß dem Finanzierungsplan beträgt drei Monate (§§ 134 Abs. 3 und 135 Abs. 2 VAG). Diese Regeln der „Aufsichtsleiter“ passen schwerlich zu den sonst für kleine Versicherungsunternehmen geltenden Regeln. Kleine Versicherungsunternehmen haben weder Bedeutung für den Kapitalmarkt, der Kreis der betroffenen Versicherungsnehmer ist überschaubar; hier wären flexiblere Regeln angebracht gewesen. Allerdings kommt diese Mischung aus strengen aufsichtsrechtlichen Regelungen und flexibleren Regelungen wohl deshalb zustande, da nicht nur kleine Versicherungsunternehmen im definitorischen Sinne des § 211 VAG nach den Bestimmungen der kleinen Versicherungsunternehmen behandelt werden, sondern auch Pensionsfonds, die ein deutlich größeres Bilanzvolumen als kleinere Versicherungsunternehmen haben können. Dies erscheint keine glückliche Kombination der verschiedenen Unternehmenstypen für die Anwendbarkeit aufsichtsrechtlicher Regeln zu sein. 14

Der Katalog des § 212 Abs. 3 Nr. 1–13 VAG ist generell mit der Vorgabe (allgemeine Maßgabe) anzuwenden, dass an die Stelle der anrechnungsfähigen Basiseigenmittel die Eigenmittel (§ 214 VAG) treten und bei jeder einzelnen Ziffer die spezielle Maßgabe zu beachten ist. Da der Katalog im Übrigen weitestgehend aus sich selbst verständlich ist, wird hier nur eine Kommentierung der Nr. 5, 7, 8 und 13 vorgenommen: 15

– Aufnahme von Kapital (Nr. 5): Mit dieser Regelung wird kleinen Versicherungsunternehmen über die Anrechnungsgrenzen hinaus die Aufnahme von eigenmittelfähigem Kapital erlaubt, wenn die Mittel die Voraussetzungen der Qualitätsstufe 2 gemäß § 92 Abs. 2 VAG erfüllen (d. h. Nachrangigkeit gegenüber allen anderen Verbindlichkeiten, Belastungsfreiheit nach § 91 Abs. 4 VAG und Beurteilung der Laufzeit nach § 91 Abs. 3 VAG). Damit sind die Mittel auch jenseits der Anrechnungsgrenze nicht als Fremdmittel einzustufen.[5] 16
– Eignungsvoraussetzung für Personen, die das Unternehmen tatsächlich leiten (Nr. 7): Es gilt nur § 24 Abs. 1 S. 1 VAG (Zuverlässigkeits- und fachliche Eignungsprüfung nur für Vorstände und Aufsichtsräte); § 24 Abs. 1 S. 5 VAG schafft für Aufsichtsräte als Spezialvorschrift eine Anpassungsmöglichkeit an die Gegebenheiten bei EbAV für Aufsichtsräte.[6] Es gilt die Verordnung über die aufsichtsrechtlichen Anforderungen an Vergütungssysteme im Versicherungsbereich (Versicherungs-Vergütungsverordnung VersVergV). 17
– Dokumentationspflicht der Risiken des Unternehmens (Nr. 8): Die Risiken, denen das Unternehmen ausgesetzt ist, sind intern zu dokumentieren; allerdings besteht keine Berichtspflicht an die BaFin.[7] 18
– Widerruf der Erlaubnis (Nr. 13): Bislang sah das Gesetz in § 81b Abs. 2 VAG a. F. keine maximale Wiederherstellungsfrist bei einer Nichteinhaltung der Mindestkapitalanforderung vor, noch war der Widerruf der Erlaubnis bei Verstreichen einer angemessenen Frist die einzig möglich zugelassene aufsichtsrechtliche Konsequenz. Nunmehr sieht der Gesetzgeber im Fall der Nichtwiederherstellung gesunder finanzieller Verhältnisse innerhalb einer festen Frist es im Hinblick auf die Gefährdung der Versicherungsnehmerinteressen als nicht mehr vertretbar an, auf den Widerruf zu verzichten. Zwei Möglichkeiten hat die BaFin nun: (1) Sie *kann* die Erlaubnis widerrufen, wenn es dem Unternehmen nicht gelingt, innerhalb von drei Monaten nach Feststellung der Verletzung der Mindestkapitalanforderung den genehmigten Finanzierungsplan zu erfüllen; (2) sie *muss* die Erlaubnis widerrufen, wenn unter den vorstehend genannten Voraussetzungen innerhalb von neun Monaten nach Fest- 19

[3] FKBP/*Bähr* § 81b Rn. 7, 21.
[4] FKBP/*Bähr* § 81b Rn. 21.
[5] Siehe im Übrigen BT-Drs. 18/2956 S. 277.
[6] Vgl. BaFin-Merkblatt zur fachlichen Eignung und Zuverlässigkeit von Geschäftsleitern gemäß VAG vom 23.11.2016.
[7] Vgl. BT-Drs. 18/2956 S. 277.

stellung der Verletzung der Mindestkapitalanforderung das Unternehmen den genehmigten Finanzierungsplan nicht erfüllt.

20 **III. IDD-Umsetzungsgesetz.** Nach dem Referentenentwurf des Versicherungsvertriebsrichtlinie-Umsetzungsgesetz **(IDD-Umsetzungsgesetz)** ist auch § 212 VAG betroffen (Art. 2 Nr. 9):
– in Abs. 2 Nr. 1 wird bezüglich der Geschäftsorganisation eingefügt: „§ 23 Abs. 1a bis 1 c";
– nach Nr. 3 wird neu Nr. 3a eingefügt: „von den Vorschriften über den Versicherungsvertrieb § 48 Abs. 2a";

Das Gesetz soll im Februar 2018 in Kraft treten. Das Gesetz fußt auf der RL 2016/97 des Europäischen Parlaments und Rates vom 20.1.2016 über Versicherungsvertrieb.

Solvabilitäts- und Mindestkapitalanforderung

213 [1]**Kleine Versicherungsunternehmen müssen stets über Eigenmittel mindestens in Höhe der durch Rechtsverordnung nach § 217 Satz 1 Nummer 1 festgelegten Solvabilitätskapitalanforderung verfügen.** [2]**Ein Drittel der Solvabilitätskapitalanforderung gilt als Mindestkapitalanforderung.**

Übersicht

1 **I. Allgemeines. 1. Entstehungsgeschichte.** Die Vorschrift entspricht inhaltlich § 53c Abs. 1 VAG a. F.

2 **2. Normzweck.** § 213 bestimmt, dass auch jene Unternehmen, die aufgrund ihres Geschäftsumfangs nicht dem Solvency II Regime unterliegen, Solvenzanforderungen erfüllen müssen, wobei für die Ermittlung des Eigenmittelbedarfs auf die Verordnung verwiesen wird.

3 **3. Europarechtlicher Hintergrund.** Das Konzept der Eigenmittelausstattung für kleine Versicherungsunternehmen hat seine Wurzeln in den ersten Koordinierungsrichtlinien Schaden 73/239/EWG[1] und Leben 79/267/EWG.[2] Obwohl die kleinen Versicherungsunternehmen nicht in den Anwendungsbereich der beiden Koordinierungsrichtlinien gefallen waren,[3] hatte der deutsche Gesetzgeber vom Grundsatz her auch kleine Versicherungsunternehmen diesem Solvabilitätskonzept[4] unterworfen. Durch die Solva II-RL sind die entsprechenden europarechtlichen Vorschriften aufgehoben worden,[5] der deutsche Gesetzgeber führt – weiterhin ohne durch europarechtliche Vorgaben gebunden zu sein – dieses Konzept für die kleinen Versicherungsunternehmen fort.

4 **4. Verwaltungsrichtlinien.** Die Aufsichtsbehörde hat auf Basis der Solvabilitätsvorschriften des VAG a. F. das Rundschreiben 4/2005 erlassen, das bislang noch nicht aufgehoben worden ist.[6] Es dürfte damit weiterhin ihre Auffassung wiedergeben, soweit diese Vorschriften materiell zur Anwendung kommen.

5 **5. Anwendungsbereich.** Zur Geltung von § 213 für Pensionskassen s. § 234 Abs. 3 S. 1 Nr. 8 VAG, für Pensionsfonds § 237 Abs. 1 S. 2 VAG.

[1] Erste Richtlinie des Rates zur Koordinierung der Rechts- und Verwaltungsvorschriften betreffend die Aufnahme und Ausübung der Direktversicherung (Ausnahme der Lebensversicherung) vom 24.7.1973, ABl. 1973 L 228, 3.
[2] Erste Richtlinie des Rates zur Koordinierung der Rechts- und Verwaltungsvorschriften über die Aufnahme und Ausübung der Tätigkeit der Direktversicherung (Lebensversicherung) vom 5.3.1979, ABl. 1973 L 63, 1.
[3] Art. 2 bzw. Art. 3 der genannten Richtlinien.
[4] Art 16 ff. RL 73/239/EWG für Nichtleben, Art. 18 ff. RL 79/267/EWG für Leben.
[5] Art. 310 Solva-II RL i. V. m. Anhang VI Teil A.
[6] *BaFin*, Rundschreiben 4/2005 vom 1.3.2005 – Solvabilität der Versicherungsunternehmen.

II. Solvabilitätsanforderungen für kleine Versicherungsunternehmen. 1. Überblick. Da gem. Art. 4 Solva II-RL kleine Versicherungsunternehmen nicht in den Anwendungsbereich der Richtlinie fallen, obliegt es dem nationalen Gesetzgeber, die Rahmenbedingungen für die Aufsicht über diese Versicherungsunternehmen festzulegen. Der Gesetzgeber hat die Finanzaufsicht über die kleinen Versicherungsunternehmen im Wesentlichen auf Basis des bisher geltenden Solvency I Regimes gestaltet. Die Regelungen in den §§ 213 ff. sowie den gem. § 217 erlassenen Verordnungen (Kapitalausstattungs-Verordnung (KapAusstV) und Anlageverordnung – AnlV) entsprechen den bisher geltenden Regelungen, d. h. 6

- die Anforderungen an die Eigenmittelausstattung (Solvabilitätskapital) orientieren sich ausschließlich an versicherungstechnischen Größen.
- Anknüpfungspunkt für die Eigenmittelbedarfsermittlung sind in der Schadenversicherung (einschließlich Kranken) die Beitragseinnahmen (Beitragsindex) und Schadenaufwand (Schadenindex), in der Lebensversicherung die Deckungsrückstellung, die Beitragsüberträge und das Risikokapital.
- für die geforderte Eigenmittelausstattung sind drei Größen relevant: (1) die Solvabilitätsanforderung, (2) die Mindestkapitalanforderung, sie beträgt ein Drittel der Solvabilitätskapitalanforderung, (3) der Mindestbetrag der Mindestkapitalanforderung, sofern dieser größer ist als ein Drittel der Solvabilitätskapitalanforderung.
- die aufsichtlichen Befugnisse unterscheiden sich danach, welche der genannten Größen nicht eingehalten werden.
- da die Eigenmittelvorschriften die Risiken aus der Kapitalanlage nicht berücksichtigen,[7] ist die Kapitalanlage weiterhin durch einen Katalog zulässiger Anlagen einschließlich quantitativer Obergrenzen für Anlagekategorien und Emittenten reguliert.

2. Zeitlicher Bezug. Eigenmittel in Höhe der Solvabilitätskapitalanforderung (bzw. des Mindestbetrags der Mindestkapitalanforderung, soweit letzterer höher ist) müssen zu jedem Zeitpunkt der Geschäftstätigkeit vorhanden sein. Die Erfüllung der Solvabilitätsanforderung gebietet, dass Eigenmittel im Voraus bereitgestellt werden für die künftige Beitragsentwicklung (Beitragsindex) bzw. für den möglichen Schadenaufwand (Schadenindex) und in der Lebensversicherung für das künftige Risikokapital und die künftige Deckungsrückstellung. Nach Aufnahme des Geschäftsbetriebs bzw. einer neuen Sparte in der Nicht-Lebensversicherung ist die Solvabilitätskapitalanforderung zunächst nach dem Beitragsindex des ersten vollen Geschäftsjahres zu ermitteln. Sobald der Bezugszeitraum für den Schadenindex abgelaufen ist (drei bzw. sieben Jahre, § 4 KapAusstV), ist auch dieser zu berechnen. 7

3. Ermittlung der Solvabilitätsanforderungen (§§ 2–7, 9–16 KapAusstV). a) Allgemeines. Die Ermittlung der Solvabilitätsanforderung für kleine Versicherungsunternehmen erfolgt auf Basis der bis zum 31.12.2015 für alle Versicherungsunternehmen geltenden Regelungen. Es gibt zwei grundlegend unterschiedliche Berechnungsschemata: eines für Versicherungsunternehmen, die Lebensversicherungsgeschäft betreiben und ein anderes für Versicherungsunternehmen, die Nicht-Lebensgeschäft betreiben. Für die Krankenversicherung kommt eine modifizierte Formel des Nicht-Lebensgeschäftes zur Anwendung. Die Formel gehen zurück auf die Erste Koordinierungs-Richtlinien Nicht-Leben 73/267/EWG und die Erste Koordinierungs-Richtlinie Leben 79/267/EWG. Bei der Nicht-Lebensversicherung sind für die Solvabilitätsanforderung das Beitrags- und das Schadenvolumen relevant, bei der Lebensversicherung die Höhe der Deckungsrückstellung und Beitragsüberträge sowie das Risikokapital. Rechenschemata zur Ermittlung finden sich in den Nachweisungen (Nw 701–705) in der Anlage zur KapAusstV. 8

b) Nicht-Lebensversicherung. aa) Höhe Solvabilitätskapitalanforderung (§ 2 KapAusstV). Zu ermitteln ist der Beitragsindex und der Schadenindex, der jeweils höhere von beiden Werten bestimmt die Solvabilitätsanforderung, § 2 Abs. 1 KapAusstV. Liegt die ermittelte Solvabilitätsanforderung unter der des Vorjahres, ist gem. § 2 Abs. 2 KapAusstV zu verfahren. Modifizierte Berechnungen gelten für die Krankenversicherung. 9

bb) Berechnung des Beitragsindexes (§ 3 KapAusstV). Auszugehen ist von den gebuchten oder verdienten Bruttobeiträgen, wobei der jeweils höhere Betrag maßgebend ist. Von dem ermittelten Betrag abzuziehen sind auf die Beiträge entfallende Steuern, Gebühren sowie Storni des letzten Geschäftsjahres. Maßgeblicher Zeitraum für die zu berücksichtigenden Posten ist das letzte Geschäftsjahr. 10

Aus der so ermittelten Beitragsgröße werden folgende Beträge ermittelt: 18 % des Betrages bis zu 61,3 Mio. EUR, 16 % des Betrages, der über 61,3 Mio. EUR liegt (§ 3 Abs. 2 KapAusstV). Die beiden Quotienten werden addiert. Die Summe ist mit einer Verhältniszahl (Eigenbehaltsquotient) zu vervielfachen, die wie folgt zu ermitteln ist: Schadenbetrag für eigene Rechnung dividiert durch den insgesamt geleisteten Schadenbetrag (also den vor Rückverssicherung). Die Verhältniszahl ist mit min- 11

[7] Jedenfalls nicht basierend auf den typspezifischen Risiken der einzelnen Anlagegegenstände.

destens mit 0,5 anzusetzen. Maßgeblicher Zeitraum für die Berechnung des Eigenbehaltsquotienten sind die letzten drei Geschäftsjahre.

12 **Krankenversicherung, § 5 KapAusstV:** In der Krankenversicherung werden geringere Anforderungen gestellt, sofern sie, wie dies ganz überwiegend der Fall ist, nach Art der Lebensversicherung, also auf der Grundlage versicherungsmathematischer Kalkulation,[8] betrieben wird. Die Prozentsätze, mit denen die Beiträge anzusetzen sind (18 % und 16 %) werden je für sich auf ein Drittel gekürzt, betragen also beim Beitragsindex 6 % und über 61,3 Mio. EUR 5,33 %, § 5 i. V. m. § 3 Abs. 2 KapAusstV. Wird daneben auch Krankenversicherung betrieben, die nicht unter § 5 KapAusstV fällt (dies trifft insbesondere für kurzfristige Versicherungen zu), sind zwei getrennte Berechnungen aufzumachen.

13 **cc) Schadenindex (§ 4 KapAusstV). (1) Berechnung.** Zu addieren sind die Bruttoschadenzahlungen (bei Beistandsleistungen die Kosten der erbrachten Beistandsleistungen, Abs. 3) während der letzten drei Geschäftsjahre und der Betrag der Brutto-Schadenrückstellung Ende des letzten Geschäftsjahres. Von dieser Summe sind abzuziehen: die erzielten (nicht die erwarteten) Erträge aus Regressen sowie die Brutto-Schadenrückstellung zu Beginn des Bezugszeitraums. Der so ermittelte Schadenbetrag wird durch drei geteilt und ergibt den durchschnittlichen Schadenaufwand während des Bezugszeitraumes. Dieser durchschnittliche Schadenaufwand wird zweistufig mit folgenden Prozentsätzen angesetzt: bis 42,9 Mio. EUR mit 26 %, über 42,9 Mio. EUR mit 23 %. Die Summe der ermittelten Beträge wird (wie beim Beitragsindex) mit dem Eigenbehaltsquotienten, mindestens aber mit 0,5 multipliziert, § 4 Abs. 1 S. 5 i. V. m. § 3 Abs. 3 KapAusstV. Der Eigenbehaltsquotient errechnet sich aus Verhältnis der Schäden für eigene Rechnung zu den Bruttoschäden.

14 **(2) Bezugszeitraum.** Für den Schadenindex sind grundsätzlich die letzten drei Geschäftsjahre zu berücksichtigen, er beträgt sieben Geschäftsjahre für Unternehmen, die im Wesentlichen Sturm-, Hagel oder Frostversicherung betreiben (§ 4 Abs. 2 KapAusstV), und zwar dann auch für die anderen Sparten.[9] Für die Frage, wann ein Unternehmen bestimmte Sparten „im Wesentlichen" betreibt, ist auf die Beitragseinnahmen aus diesen Sparten im Verhältnis zur Bruttobeitragseinnahme abzustellen sein.

15 **(3) Krankenversicherung.** In der **Krankenversicherung** werden unter den Voraussetzungen von § 5 KapAusstV auch beim Schadenindex geringere Anforderungen gestellt. Die Prozentsätze, mit denen der Schadenindex ermittelt wird, werden je für sich auf ein Drittel gekürzt, betragen also beim Schadenindex 8,66 % und über 42,9 Mio. Euro 7,66 %, § 5 KapAusstV.

16 **dd) Solvabilitätsanforderung geringer als im Vorjahr (§ 2 Abs. 2 KapAusstV).** Würde sich auf Basis des Beitrags- und Schadenindexberechnung die Solvabilitätsanforderung gegenüber dem Vorjahr reduzieren, sind bei der Berechnung folgende Modifikationen vorzunehmen: Ausgangsbasis ist dann die Solvabilitätskapitalanforderung des Vorjahres; diese ist zu multiplizieren mit einem Quotienten (Schadenrückstellung zu Beginn Geschäftsjahr/Schadenrückstellung Geschäftsjahresende), der sich ermittelt gem. § 2 Abs. 2 Nr. 1 (Zähler) und gem. § 2 Abs. 2 Nr. 2 (Nenner). Der Quotient darf höchstens mit 1 angesetzt werden, § 2 Abs. 2 S. 2, d. h. die Solvabilitätsanforderung kann nicht über das Vorjahr hinausgehen.

17 **ee) Höhe Mindestkapitalanforderung und Mindestbetrag der Mindestkapitalanforderung (§ 6 KapAusstV).** Es handelt sich um zwei unterschiedliche Größen, deren Unterschreiten unterschiedliche Rechtsfolgen auslöst. Insofern ist die Terminologie in § 213 und § 6 KapAusstV missverständlich, weil in beiden Fällen von Mindestkapitalanforderung die Rede ist.

18 **Mindestkapitalanforderung, § 213 S. 2:** ein Drittel der Solvabilitätskapitalanforderung, also eine abgeleitete Größe.

19 **Mindestbetrag der Mindestkapitalanforderung, § 6 KapAusstV.** Diese Größe ist durch absolute Beträge definiert, also unabhängig vom Geschäftsvolumen, wie es in Beitrags- und Schadenindex einfließt. Der Betrag lautet für kleine Versicherungsunternehmen: 2,5 Mio. EUR, für VVaG: 0,6 Mio. EUR. Auf den Mindestbetrag sind Eigenmittel gem. § 214 Abs. 7 Nr. 1 (nicht eingezahlter Teil von Grundkapital/Gründungsstock, nicht ausgeschöpftes Nachschusspotential) nicht anrechenbar, § 6 Abs. 3 KapAusstV.

20 **c) Lebensversicherung (ohne Pensions- und Sterbekassen). aa) Höhe.** Die Höhe bemisst sich nach Art und Umfang der betriebenen Geschäfte. Berechnungsgrundlagen sind: Deckungsrückstellung sowie Beitragsüberträge (sog. mathematische Reserven), das Risikokapital und bei Zusatzversicherungen die Beitragseinnahmen.

[8] Legaldefinition in § 1 KVAV.

[9] Für Unternehmen, die im Wesentlichen Kreditversicherung betreiben, gilt der dreijährige Bezugszeitraum, anders noch § 1 Abs. 1 S. 3 KapAusstV a. F. vom 13.12.1983.

bb) Berechnung für Kapital- und Rentenversicherung (§ 9 Abs. 1 KapAusstV). (1) Erstes Ergebnis: mathematische Reserven (§ 9 Abs. 1 Nr. 1 KapAusstV). Zu addieren sind 4 % der Brutto-Deckungsrückstellung und 4 % der Brutto-Beitragsüberträge (vermindert um die Kostenanteile).[10] Die Summe ist zu multiplizieren mit 0,85 oder dem höheren wie folgt zu ermittelnden Quotienten: Summe aus der Netto-Deckungsrückstellung und Netto-Beitragsüberträgen (verminderten um Kostenanteile) dividiert durch die Summe von Brutto-Deckungsrückstellung und Brutto-Beitragsüberträge (vermindert um die Kostenanteile), § 9 Abs. 1 Nr. 1 KapAusstV. Aus dem beschriebenen Rechenvorgang resultiert das sog. erste Ergebnis. Mit der Bezugnahme auf die Deckungsrückstellung, in der die Sparanteile der Verträge abgebildet sind, wird indirekt auch das Kapitalanlagerisiko reflektiert.[11] 21

Zusammen mit dem zweiten (nachfolgend) zu errechnenden Ergebnis ergibt sich als Summe die Solvabilitätskapitalanforderung. 22

(2) Zweites Ergebnis: Risikokapital (§ 9 Abs. 1 Nr. 2 KapAusstV). Bei der Berechnung des zweiten Ergebnisses ist zur Abdeckung des Sterblichkeitsrisikos vom Risikokapital auszugehen. § 9 Abs. 2 S. 9 KapAusstV enthält eine Definition des Risikokapitals und Details, wie es zu ermitteln ist. Vereinfacht gesagt handelt es sich bei dem Risikokapital um die Differenz zwischen der zugesagten Versicherungssumme, die zum Stichtag (der Solvenzberechnung) fällig würde und der darauf entfallenden Deckungsrückstellung und Beitragsüberträge (die für die geleisteten Beiträge stehen). 23

Das Brutto-Risikokapital ist zu multiplizieren mit dem Eigenbehaltsquotienten (Differenz von Risikokapital des gesamten Versicherungsgeschäftes und des in Rückdeckung gegebenen Teils dividiert durch das Brutto-Risikokapital), mindestens aber mit 0,5; bei kurzfristigen Versicherungen reduziert sich der Faktor. Negatives Risikokapital ist mit Null anzusetzen, 24

cc) Berechnung für fondsgebundene Versicherung (§ 10 KapAusstV). Für die Berechnung der Solvabilitätsanforderung ergeben sich folgende Abweichungen: § 9 Abs. 1 Nr. 1 KapAusstV gilt nur insoweit, als das Versicherungsunternehmen ein Anlagerisiko übernimmt. Trägt das Versicherungsunternehmen zwar kein Anlagerisiko, ist aber die Vertragslaufzeit länger als fünf Jahre und ist der im Beitrag enthaltene Verwaltungskostenzuschuss für mehr als fünf Jahre festgelegt, so ist § 9 Abs. 1 Nr. 1 KapAusstV anzuwenden, aber der Faktor von 4 % verringert sich auf 1 %. Soweit der im Beitrag eingerechnete Verwaltungskostenzuschlag nicht für einen Zeitraum von mehr als fünf Jahren festgelegt ist, entspricht die Solvabilitätsanforderung einem Betrag von 25 % der entsprechenden, diesen Verträgen zurechenbaren Nettoverwaltungsaufwendungen im letzten Geschäftsjahr, § 10 S. 3 KapAusstV. Übernimmt das Versicherungsunternehmen ein Sterblichkeitsrisiko, gilt zusätzlich insoweit auch §§ 9 Abs. 1 Nr. 2, 10 Abs. 1 S. 2. KapAusstV. 25

dd) Berechnung für Zusatzrisiken zur Lebensversicherung (§ 11 KapAusstV). Zusatzversicherungen: Darunter fallen die Unfallzusatz-, die Berufsunfähigkeitszusatz- oder Invaliditätszusatz- und die Risikozusatzversicherung. Berechnungsgrundlage sind die Beitragseinnahmen, die Berechnung erfolgt gem. § 3 KapAusstV, also wie beim Beitragsindex der Nicht-Lebensversicherung. 26

ee) Berechnung für Risiken aus Tontinen-, Kapitalisierungsgeschäften und Geschäften zur Verwaltung von Versorgungseinrichtungen (§§ 12–14 KapAusstV). Kapitalisierungsgeschäfte: 4 % der mathemaischen Reserven (Deckungsrückstellung und Beitragsüberträge gem. § 9 Abs. 1 Nr. 1 KapAusstV. 27

Tontinengeschäfte: 1 % des Vermögens der Gemeinschaften. 28

Verwaltung von Versorgungseinrichtungen: Die Berechnung der Solvabilitätsanforderung ist abhängig davon, ob das Unternehmen Kapitalanlagerisiko übernimmt und wie lange die Verwaltungskosten vertraglich festgelegt sind. 29

ff) Mindestbetrag der Mindestkapitalanforderung für Lebensversicherungsunternehmen (§ 15 KapAusstV). Der Mindestbetrag beträgt 3,7 Mio. Euro, bei VVaG 2,775 Mio. EUR (Reduktion um 25 %). Als Eigenmittel nicht anrechenbar sind nicht eingezahltes Kapital (§ 214 Abs. 1 Nr. 7a) und die zusätzlichen Eigenmittel gem. § 16 KapAusstV. 30

gg) Pensions- und Sterbekassen (§§ 17, 18 KapAusstV). Für Pensions- und Sterbekassen gelten grundsätzlich dieselben Vorschriften wie für die übrigen Lebensversicherungsunternehmen, § 17 Abs. 1 KapAusstV. Abweichende Bestimmungen beziehen sich auf: 31

- Halbierung der Prozentsätze gem. § 9 Abs. 1 und § 3 Abs. 1 (und damit der Solvabilitätsanforderung) bei Pensions- und Sterbekassen, deren jährliche Beiträge in den letzten drei Geschäftsjahren 500 000 EUR nicht überschritten haben.
- Mindestbetrag der Mindestkapitalanforderung: 3 Mio. EUR, bei VVaG 2,25 Mio. EUR (Reduktion um 25 %);

[10] Diese beiden Größen werden auch als mathematische Reserven bezeichnet, s. § 12 KapAusstV.
[11] FKBP/*Kaulbach* §§ 1–11 KapAusstV Rn. 25.

– kein Mindestbetrag der Mindestkapitalanforderung bei Pensions- und Sterbekassen in der Rechtsform des VVaG, deren Beiträge in drei aufeinander folgenden Jahren 5 Mio. EUR nicht überschritten haben.

32 **4. Unterschreiten der Solvabilitätskapitalanforderung.** Stehen Eigenmittel nicht in Höhe der gesetzlichen Anforderungen zur Verfügung oder drohen sie darunter zu fallen,[12] sieht das Gesetz folgende Eskalation[13] vor:

33 **(1) Eigenmittel nicht mehr in Höhe der Solvabilitätskapitalanforderung verfügbar oder Gefahr der Unterschreitung, § 134 VAG:**
– unverzügliche Unterrichtung der Aufsichtsbehörde,
– innerhalb von zwei Monaten Vorlage eines Sanierungsplanes zur Genehmigung durch die Aufsicht,
– Aufstockung der Eigenmittel oder Senkung des Risikoprofils innerhalb von sechs Monaten (ggf. neun Monaten).

34 **(2) Eigenmittel nicht mehr in Höhe der Mindestkapitalanforderung verfügbar oder Gefahr der Unterschreitung, § 135 VAG:**
– unverzügliche Unterrichtung der Aufsichtsbehörde,
– innerhalb eines Monats Vorlage eines kurzfristigen Finanzierungsplanes zur Genehmigung durch die Aufsicht,
– Aufsichtsbehörde kann freie Verfügung über Vermögenswerte einschränken oder untersagen, § 135 Abs. 3.

35 **(3) Mindestkapitalanforderung nicht gedeckt, Finanzierungsplan unzureichend oder nicht erfüllt, § 304 Abs. 1 Nr. 2. VAG:** Widerruf der Erlaubnis zum Geschäftsbetrieb mit anschließender Liquidation bzw. Insolvenz.

Eigenmittel

214 (1) [1]**Eigenmittel im Sinne des § 213 sind**

1. bei Aktiengesellschaften das eingezahlte Grundkapital abzüglich des Betrags der eigenen Aktien, bei Versicherungsvereinen auf Gegenseitigkeit der eingezahlte Gründungsstock, bei öffentlich-rechtlichen Versicherungsunternehmen die dem eingezahlten Grundkapital bei Aktiengesellschaften entsprechenden Posten,
2. die Kapitalrücklage und die Gewinnrücklagen,
3. der sich nach Abzug der auszuschüttenden Dividenden ergebende Gewinnvortrag,
4. Kapital, das gegen Gewährung von Genussrechten eingezahlt ist, nach Maßgabe der Absätze 2 und 4,
5. Kapital, das auf Grund der Eingehung nachrangiger Verbindlichkeiten eingezahlt ist, nach Maßgabe der Absätze 3 und 4,
6. bei Lebensversicherungsunternehmen und bei Krankenversicherungsunternehmen, die die Krankenversicherung nach Art der Lebensversicherung betreiben, die Rückstellung für Beitragsrückerstattung, sofern sie zur Deckung von Verlusten verwendet werden darf und soweit sie nicht auf festgelegte Überschussanteile entfällt, sowie
7. auf Antrag und mit Zustimmung der Aufsichtsbehörde
   a) die Hälfte des nicht eingezahlten Teils des Grundkapitals, des Gründungsstocks oder der bei öffentlich-rechtlichen Versicherungsunternehmen dem Grundkapital bei Aktiengesellschaften entsprechenden Posten, wenn der eingezahlte Teil 25 Prozent des Grundkapitals, des Gründungsstocks oder der bei öffentlich-rechtlichen Versicherungsunternehmen dem Grundkapital bei Aktiengesellschaften entsprechenden Posten erreicht,
   b) bei Versicherungsvereinen auf Gegenseitigkeit und nach dem Grundsatz der Gegenseitigkeit arbeitenden öffentlich-rechtlichen Versicherungsunternehmen, wenn sie nicht die Lebensversicherung oder die Krankenversicherung betreiben, die Hälfte der Differenz zwischen den nach der Satzung in einem Geschäftsjahr zulässigen Nachschüssen und den tatsächlich geforderten Nachschüssen,
   c) die stillen Nettoreserven, die sich aus der Bewertung der Aktiva ergeben, soweit diese Reserven nicht Ausnahmecharakter haben, und
   d) bei Lebensversicherungsunternehmen nach Maßgabe der auf Grund des § 217 Satz 1 erlassenen Vorschriften der Wert der in den Beitrag eingerechneten Abschlusskosten, soweit sie bei der Deckungsrückstellung nicht berücksichtigt worden sind.

---

12 Zur Frage, wann ein Unterschreiten der Solvabilitätsanforderungen droht *VG Frankfurt a. M.* Urt. v. 21.6.2005 – 1 G 1525/05, VersR 2007,189.

13 Zu Unternehmenspflichten und Aufsichtsbefugnissen bei Unterschreiten der Solvabilitäts- und Mindestkapitalanforderungen *Sehrbrock* ZVersWiss 2014, 489.

[2] **Mittel gemäß Satz 1 Nummer 7 Buchstabe a und b können den Eigenmitteln nur bis zu einer Höchstgrenze von 50 Prozent des jeweils niedrigeren Betrags der Eigenmittel und der Solvabilitätskapitalanforderung zugerechnet werden. [3] Von der Summe der sich nach Satz 1 Nummer 1 bis 7 ergebenden Beträge sind der um die auszuschüttende Dividende erhöhte Verlustvortrag und die in der Bilanz ausgewiesenen immateriellen Werte abzusetzen, insbesondere ein aktivierter Geschäfts- oder Firmenwert nach § 246 Absatz 1 Satz 4 des Handelsgesetzbuchs.**

(2) [1] Kapital im Sinne des Absatzes 1 Satz 1 Nummer 4 ist den Eigenmitteln nur zuzurechnen,

1. wenn es bis zur vollen Höhe am Verlust teilnimmt und das Versicherungsunternehmen verpflichtet ist, im Fall eines Verlusts die Zinszahlungen aufzuschieben,
2. wenn vereinbart ist, dass es im Fall der Eröffnung des Insolvenzverfahrens oder der Liquidation des Versicherungsunternehmens erst nach Befriedigung aller nicht nachrangigen Gläubiger zurückgezahlt wird,
3. wenn es dem Versicherungsunternehmen mindestens für die Dauer von fünf Jahren zur Verfügung gestellt worden ist und nicht auf Verlangen des Gläubigers zurückgezahlt werden muss; die Frist von fünf Jahren braucht nicht eingehalten zu werden, wenn das Kapital vor Rückerstattung durch die Einzahlung anderer, zumindest gleichwertiger Eigenmittel ersetzt worden ist,
4. solange der Rückzahlungsanspruch nicht in weniger als zwei Jahren fällig wird oder auf Grund des Vertrags fällig werden kann und
5. wenn das Versicherungsunternehmen bei Abschluss des Vertrags auf die in den Sätzen 2 und 3 genannten Rechtsfolgen ausdrücklich und in Textform hingewiesen hat.

[2] **Nachträglich können die Teilnahme am Verlust nicht geändert, der Nachrang nicht beschränkt und können die Laufzeit und die Kündigungsfrist nicht verkürzt werden; im Fall von vereinbarten Kapitalersetzungspflichten oder Zustimmungsvorbehalten seitens der Aufsichtsbehörde kann eine Zurechnung des Kapitals zu den Eigenmitteln weiterhin voll erfolgen. [3] Eine vorzeitige Rückzahlung ist dem Versicherungsunternehmen ohne Rücksicht auf entgegenstehende Vereinbarungen zurückzugewähren, sofern nicht das Kapital durch die Einzahlung anderer, zumindest gleichwertiger Eigenmittel ersetzt worden ist oder die Aufsichtsbehörde der vorzeitigen Rückzahlung zustimmt; das Versicherungsunternehmen kann sich ein entsprechendes Recht vertraglich vorbehalten. [4] Werden Wertpapiere über die Genussrechte begeben, so ist in den Zeichnungs- und Ausgabebedingungen auf die in den Sätzen 2 und 3 genannten Rechtsfolgen hinzuweisen. [5] Ein Versicherungsunternehmen darf in Wertpapieren verbriefte eigene Genussrechte nicht erwerben.**

(3) [1] Kapital im Sinne des Absatzes 1 Satz 1 Nummer 5 ist den Eigenmitteln nur zuzurechnen,

1. wenn es im Fall der Eröffnung des Insolvenzverfahrens oder der Liquidation des Versicherungsunternehmens nach Befriedigung aller nicht nachrangigen Gläubiger zurückerstattet wird,
2. wenn es dem Versicherungsunternehmen mindestens für die Dauer von fünf Jahren zur Verfügung gestellt wird und nicht auf Verlangen des Gläubigers zurückgezahlt werden muss; die Frist von fünf Jahren braucht nicht eingehalten zu werden, wenn das Kapital vor Rückerstattung durch die Einzahlung anderer, zumindest gleichwertiger Eigenmittel ersetzt worden ist,
3. wenn die Aufrechnung des Rückerstattungsanspruchs gegen Forderungen des Versicherungsunternehmens ausgeschlossen ist und für die Verbindlichkeiten keine vertraglichen Sicherheiten durch das Versicherungsunternehmen oder durch Dritte gestellt werden und
4. solange der Rückerstattungsanspruch nicht in weniger als einem Jahr fällig wird oder auf Grund des Vertrags fällig werden kann; sobald der Rückerstattungsanspruch in weniger als zwei Jahren fällig wird oder auf Grund des Vertrags fällig werden kann, erfolgt die Zurechnung nur noch zu 40 Prozent.

[2] **Nachträglich können der Nachrang nicht beschränkt sowie die Laufzeit und die Kündigungsfrist nicht verkürzt werden; im Fall von vereinbarten Kapitalersetzungspflichten oder Zustimmungsvorbehalten seitens der Aufsichtsbehörde kann eine Zurechnung des Kapitals zu den Eigenmitteln weiterhin voll erfolgen. [3] Eine vorzeitige Rückerstattung ist dem Versicherungsunternehmen ohne Rücksicht auf entgegenstehende Vereinbarungen zurückzugewähren, soweit das Versicherungsunternehmen nicht aufgelöst wurde und sofern nicht**

1. das Kapital durch die Einzahlung anderer, zumindest gleichwertiger Eigenmittel ersetzt worden ist oder

2. die Aufsichtsbehörde der vorzeitigen Rückerstattung zustimmt; das Versicherungsunternehmen kann sich ein entsprechendes Recht vertraglich vorbehalten.

[4] Das Versicherungsunternehmen hat bei Abschluss des Vertrags auf die in den Sätzen 2 und 3 genannten Rechtsfolgen in Textform hinzuweisen; werden Wertpapiere über die nachrangigen Verbindlichkeiten begeben, so ist nur in den Zeichnungs- und Ausgabebedingungen auf die genannten Rechtsfolgen hinzuweisen. [5] Ein Versicherungsunternehmen darf in Wertpapieren verbriefte eigene nachrangige Verbindlichkeiten nicht erwerben. [6] Abweichend von Satz 1 Nummer 3 darf ein Versicherungsunternehmen nachrangige Sicherheiten für nachrangige Verbindlichkeiten stellen, die ein ausschließlich für den Zweck der Kapitalaufnahme gegründetes Tochterunternehmen des Versicherungsunternehmens eingegangen ist.

(4) **[1] Kapital, das gegen Gewährung von Genussrechten nach Absatz 2 oder auf Grund der Eingehung von nachrangigen Verbindlichkeiten nach Absatz 3 eingezahlt ist, kann den Eigenmitteln nach Absatz 1 nur zugerechnet werden, soweit der Gesamtbetrag dieses Kapitals nach Aufnahme 50 Prozent der Eigenmittel und 50 Prozent der Solvabilitätskapitalanforderung nicht überschreitet. [2] Im Fall fester Laufzeiten beträgt diese Grenze 25 Prozent.**

(5) **[1] Von der Summe der sich nach Absatz 1 Satz 1 Nummer 1 bis 7 ergebenden Beträge sind abzuziehen:**

1. Beteiligungen des Versicherungsunternehmens im Sinne des § 7 Nummer 4 zweiter Halbsatz an Kreditinstituten im Sinne des § 1 Absatz 1 Satz 2 Nummer 1 bis 5 und 7 bis 10 des Kreditwesengesetzes, an Finanzdienstleistungsinstituten im Sinne des § 1 Absatz 1a Satz 2 Nummer 1 bis 4 des Kreditwesengesetzes und an Finanzunternehmen im Sinne des § 1 Absatz 3 des Kreditwesengesetzes und

2. Forderungen aus Genussrechten im Sinne des Absatzes 1 Satz 1 Nummer 4 und Forderungen aus nachrangigen Verbindlichkeiten im Sinne des Absatzes 1 Satz 1 Nummer 5 gegenüber den in Nummer 1 genannten Unternehmen, an denen das Versicherungsunternehmen eine Beteiligung hält oder mit dem zusammen es Mitglied einer horizontalen Unternehmensgruppe ist.

[2] Die Aufsichtsbehörde kann auf Antrag des Versicherungsunternehmens in Bezug auf die Abzugspositionen nach Satz 1 Ausnahmen zulassen, wenn das Versicherungsunternehmen Anteile an den in Satz 1 Nummer 1 genannten Unternehmen vorübergehend besitzt, um das betreffende Unternehmen zwecks Sanierung und Rettung finanziell zu stützen.

(6) **Absatz 5 ist entsprechend anzuwenden auf entsprechende Beteiligungs- und Forderungstitel des Versicherungsunternehmens an oder gegenüber Versicherungsunternehmen, Versicherungsunternehmen eines Drittstaats, Versicherungs-Holdinggesellschaften und Pensionsfonds im Sinne des § 236 Absatz 1.**

Übersicht

I. Allgemeines. 1. Entstehungsgeschichte. Die Regelung basiert inhaltlich auf § 53c Abs. 3 bis 3e VAG a. F. 1

2. Normzweck. Die Vorschrift definiert, welche Größen in welchem Umfang als Eigenmittel anerkannt werden; bei diesen Größen handelt es sich überwiegend um passivische Bilanzpositionen. 2

3. Europarechtlicher Hintergrund. Siehe dazu Erläuterungen unter § 213. 3

4. Verwaltungsrichtlinien. Die Aufsichtsbehörde hat auf der Grundlage der Vorschriften des VAG a. F. das Rundschreiben 4/2005 veröffentlicht, in dem sie ihre Auslegung der Eigenmittelvorschriften von § 53c VAG a. F. (weitgehend identisch mit § 214) festgehalten hat. Das Rundschreiben ist bislang nicht aufgehoben. 4

5. Anwendungsbereich. § 214 gilt für Pensionskassen, § 234 Abs. 1 i. V. m. Abs. 3 S. 1 Nr. 9; die Vorschrift ist nicht anzuwenden auf Pensionsfonds, § 237 Abs. 1 S. 2. 5

II. Eigenmittel. 1. Übersicht. § 214 zählt die Größen auf, die als Eigenmittel in Betracht kommen und ist wie folgt strukturiert: 6

- Katalog der Bilanzpositionen, die als Eigenmittel in Betracht kommen: Abs. 1;
- Anforderungen an Genussrechtskapital: Abs. 2;
- Anforderungen an Nachrangkapital: Abs. 3;
- Anrechnungsgrenze für Genussrechtskapital und Nachrangkapital: Abs. 4;
- Abzugsbeträge: Abs. 5, 6.

2. Eigenmittelkatalog (Abs. 1. S. 1). a) Eigenmittel. Der Begriff Eigenmittel ist von dem des Eigenkapitals zu unterscheiden. Juristisch ist der Eigenkapitalbegriff durch die Rechnungslegungsvorschriften abschließend definiert (§§ 266 Abs. 3, 272 HGB); der Begriff der Eigenmittel umfasst das Eigenkapital, geht aber darüber hinaus. Als Bezugsgrößen dienen dabei im Wesentlichen bestimmte Passivposten in der Bilanz, aber auch Größen, die in der Bilanz nicht ausgewiesen werden. In der Bilanz ausgewiesene Größen werden auch als explizite Mittel, die bilanziell nicht ausweisbaren Größen als implizite Mittel bezeichnet. Die Höhe der notwendigen Eigenmittel wird durch die Soll-Größen des Solvabilitätskapital (§ 213 S. 1 VAG i. V. m. §§ 2, 5, 9 ff. KapAusstV), der Mindestkapitalanforderung (§ 213 S. 2) sowie des Mindestbetrages (§§ 6, 7 KapAusstV) bestimmt. 7

b) Anrechenbare Eigenmittel (Abs. 1). Nr. 1 – Grundkapital bei Aktiengesellschaften: §§ 6, 7 AktG, soweit die Aktien eingezahlt sind. Für nicht voll eingezahlte Aktien (§ 36a AktG) gilt Nr. 7. Nach dem Gesetz ist der Betrag eigener Aktien (§ 71 ff. AktG) vom Grundkapital abzuziehen. Da gem. § 272 Abs. 1a HGB in der Bilanz eigene Aktien bereits vom gezeichneten Kapital und den Gewinnrücklagen abzuziehen sind, ist von der Nettoposition in der Bilanz kein weiterer Abzug erforderlich. **Gründungsstock bei VVaG:** § 178 VAG, beschränkt auf eingezahlte Beträge; für nicht eingezahlte Beträge gilt Nr. 7. Bei **öffentlich-rechtlichen Versicherungsunternehmen:** die dem Grundkapital bei Aktiengesellschaften entsprechenden Posten, sofern voll eingezahlt. 8

Nr. 2 – Kapitalrücklage: § 272 Abs. 2 HGB, Formblatt 1 RechVersV Passivseite, Posten A. II. **Gewinnrücklagen,** § 272 Abs. 3 HGB, Formblatt 1 RechVersV Passivseite, Posten A. III. 9

Nr. 3 – Gewinnvortrag: der verbleibt, nachdem auszuschüttende Dividenden abgezogen worden sind, Formblatt 1 Passivseite RechVersV Posten A. IV. 10

Nr. 4 – Genussrechtskapital: Formblatt 1 Passivseite Posten B. RechVersV; nach Maßgabe der Bestimmungen in Abs. 2 11

Nr. 5 – Nachrangige Verbindlichkeiten: Formblatt 1 Passivseite RechVersV Posten C.; nach Maßgabe der Bestimmungen in Abs. 3 12

Nr. 6 – Rückstellung für Beitragsrückerstattung: bei Lebensversicherungsunternehmen und Krankenversicherungsunternehmen: § 341e Abs. 2 Nr. 2 HGB, §§ 140, 151 VAG, § 28 RechVersV i. V. m. Formblatt 1 Passivseite Posten E. IV. Für Krankenversicherungsunternehmen gilt dies nur, soweit die Krankenversicherung nach Art der Lebensversicherung betrieben wird.[1] In dem Umfang, in dem die Rückstellung zur Verlustabdeckung verwendet werden kann – nämlich soweit sie nicht auf bereits festgelegte Überschussanteile entfällt (§ 140 Abs. 1 S. 2) – ist sie auch den Eigenmitteln zurechenbar. 13

c) Nur auf Antrag und mit Zustimmung der Aufsichtsbehörde anrechenbare Eigenmittel (Abs. 1 Nr. 7). Nr. 7 lit. a: Die Hälfte des **nicht eingezahlten Grundkapitals/Gründungsstocks/** der bei öffentlich-rechtlichen Versicherungsunternehmen dem Grundkapital entsprechende Posten, soweit der hierauf eingezahlte Teil jeweils 25 % erreicht. Begrenzt ist die Anrechnung zudem durch 14

[1] Versicherungsmathematische Methoden zur Berechnung der Prämien und Rückstellungen, § 1 KVAV.

Abs. 1 S. 2 auf 50% des jeweils niedrigeren Betrages der Eigenmittel und der Solvabilitätskapitalanforderung. Für den Mindestbetrag gem. §§ 6, 15 KapAusstV können diese Eigenmittel nicht genutzt werden.

15 **Nr. 7 lit. b – noch nicht ausgeschöpftes Potential an Nachschüssen** bei VVaG und bei nach dem Gegenseitigkeitsgrundsatz arbeitenden öffentlich-rechtlichen Unternehmen unter folgenden kumulativen Voraussetzungen: (1) Das Versicherungsunternehmen betreibt keine Lebens- oder Krankenversicherung, (2) Satzung/Statut sehen eine Nachschusspflicht vor (§ 179 VAG). (3) Das satzungsgemäß zur Verfügung stehende Nachschussvolumen ist noch nicht ausgeschöpft, denn die Anrechnung ist begrenzt auf die Hälfte der Differenz der Nachschüsse, die in einem Geschäftsjahr nach der Satzung bzw. dem Statut bei öffentlich-rechtlichen Versicherungsunternehmen zulässig sind, und den tatsächlich geforderten Nachschüssen. Für den Mindestbetrag gem. § 6 KapAusstV können diese Eigenmittel nicht genutzt werden.

16 **Nr. 7 lit. c – stille Nettoreserven aus der Bewertung von Aktiva**. Stille Reserven ergeben sich aus der Differenz von höherem Marktwert und niedrigerem Buchwert der Anlagegegenstände, sie zählen zu den impliziten Mitteln, da sie in der Bilanz keinen Niederschlag finden. Da auf die stillen Nettoreserven abgestellt wird, sind die stillen Lasten (Buchwert höher als der Marktwert) von den positiven stillen Reserven abzuziehen. Stille Lasten können sich daraus ergeben, dass der Anlagegegenstand mit den Anschaffungskosten zu bewerten ist (§ 341b Abs. 1 HGB) oder bewertet werden kann (§ 341b Abs. 2 HGB) und der Marktwert unter dem Buchwert gefallen ist.

17 **Nr. 7 lit. d – bei Lebensversicherungsunternehmen:** Die Verweisung bezieht sich auf § 16 KapAusstV. Der **Wert** der bei der Deckungsrückstellung nicht durch Zillmerung berücksichtigten, aber in den Beitrag eingerechneten **Abschlusskosten**. Soweit die im Beitrag eingerechneten Abschlusskosten und die sich durch Zillmerung bei der Deckungsrückstellung berechneten Beträge gleich sind, entsteht für das selbst abgeschlossene Geschäft in der Regel kein Unterschiedsbetrag und somit kein den Eigenmitteln zurechenbarer Wert. Die weiteren Voraussetzungen für die Anrechenbarkeit finden sich in § 16 KapAusstV. Für Pensionskassen s. § 234 Abs. 3 S. 1 Nr. 9 VAG.

18 **3. Abzugsposten.** Vom Betrag der Eigenmittel sind abzusetzen:

19 **a) Verlustvortrag, immaterielle Werte (Abs. 1. S. 3).** Abzuziehen sind: (1) Ein Verlustvortrag (erhöht um die auszuschüttenden Dividenden), (2) in der Bilanz ausgewiesene immaterielle Werte: beispielhaft genannt wird der aktivierte Geschäfts- oder Firmenwert (§ 246 Abs. 1 S. 3 HGB); dazu zählen auch die weiteren in der Bilanz ansatzfähigen immaterielle Werte (§ 248 Abs. 2 S. 1 HGB).

20 **b) Anlagen in Kredit-, Finanzdienstleistungsinstituten und Finanzunternehmen (Abs. 5). aa) Beteiligungen (Abs. 5 S. 1 Nr. 1).** Für den Begriff der Beteiligung wird verwiesen auf die Legaldefinition in § 7 Nr. 4 Hs. 2 VAG, wonach eine Beteiligung mit einem (direkten oder indirekten) Anteil an Stimmrechten oder Kapital von mindestens 20% verbunden ist. Relevant für den Abzug sind Beteiligungen an Kreditinstituten,[2] an Finanzunternehmen[3] sowie bestimmte Arten von Finanzdienstleistungsinstituten.[4]

21 **bb) Genussrecht und nachrangige Forderungen (Abs. 5 S. 1 Nr. 2.).** Ebenfalls abzuziehen sind als Kapitalanlage gehaltene Genussrechte, die für den Schuldner Eigenmittelcharakter haben sowie nachrangige Forderungen gegenüber den in Abs. 5 S. 1 Nr. 1 genannten Unternehmen. Ein Abzug ist auch erforderlich, wenn das Versicherungsunternehmen mit Schuldnerunternehmen gem. Abs. 5 S. 1 Nr. 1 in einer horizontalen Unternehmensgruppe verbunden ist (ohne an ihnen eine Beteiligung zu halten).

22 **cc) Ausnahmegenehmigung der Aufsichtsbehörde (Abs. 5 S. 2).** Die Aufsichtsbehörde kann für Zwecke der Sanierung Ausnahmen zulassen, wenn das Versicherungsunternehmen vorübergehend Anteile an den genannten Unternehmen besitzt, um die Sanierung finanziell zu unterstützen. In diesem Fall müssen die Eigenmittelpositionen nicht reduziert werden.

23 **c) Abzug bei Anlagen in Versicherungsunternehmen, Versicherungs-Holdinggesellschaften, Pensionsfonds (Abs. 6).** Die Regelung von Abs. 5 gilt in gleicher Weise für Beteiligungen und entsprechenden Forderungsrechten eines Versicherungsunternehmen gegenüber Versicherungsunternehmen; die Verweisung umfasst auch die Befugnis der Aufsicht, Ausnahmen zu genehmigen.

24 **4. Nachrangiges Genussrechtskapital (Abs. 2).** Damit Genussrechtskapital als Eigenmittel anerkannt wird, müssen die Emissionsbedingungen den Anforderungen von Abs. 2 entsprechen. Darüber hinaus sind die zeitlichen Beschränkungen gem. Abs. 2 Nr. 4 und die quantitative Obergrenze gem. Abs. 4 zu beachten.

---

[2] Legaldefinition: § 1 Abs. 1 KWG.
[3] Legaldefinition: § 1 Abs. 3 KWG.
[4] Legaldefinition: § 1a KWG.

a) Genussrechtskapital. aa) Inhalt. Für das Genussrecht gibt es keine Legaldefinition, die inhaltlichen Gestaltungsmöglichkeiten sind ausgesprochen vielfältig.[5] Es enthält keine Mitgliedschafts- oder Mitverwaltungsrechte, sondern Vermögensrechte. Aufgrund seiner vielgestaltigen Ausformungen lässt sich das Genussrecht nur ganz generell als Gläubigerrecht eigener Art umschreiben, dass zwischen Genussrechtsinhaber und Genussrechtsverpflichtetem ein Dauerschuldverhältnis begründet, aus dem wiederkehrende Ansprüche (in der Regel Zahlungsansprüche) erwachsen können. Entstehung und Höhe der Zahlungsansprüche können von einem Gewinn des Genussrechtsverpflichteten abhängig sein, die Leistung zur Erlangung des Genussrechts kann rückzahlbar sein oder nicht. Soweit Genussrechte den Eigenmitteln zurechenbar sein sollen, müssen die in Abs. 2 genannten Voraussetzungen kumulativ erfüllt sein. 25

bb) Verbriefung. Werden Genussrechte wertpapiermäßig verbrieft, spricht man von Genussscheinen. Für die Anerkennung als Eigenmittel ist es unerheblich, ob die Genussrechtsemission in verbriefter oder unverbriefter Form erfolgt. Bei Verbriefung ist Abs. 2 S. 4 zu beachten. Das Versicherungsunternehmen darf keine eigenen Genussscheine erwerben, Abs. 2 S. 5. 26

cc) Gesellschaftsrechtliche Anforderungen an die Genussrechtsemission. Für Aktiengesellschaften gilt § 221 Abs. 3 AktG (Beschluss der Hauptversammlung, Bezugsrecht der Aktionäre), für VVaG gilt § 191 S. 3 VAG (Beschluss der obersten Vertretung). 27

dd) Bilanzausweis. Emittiertes Genussrechtskapital wird gem. § 2 RechVersV in Formblatt 1 Passivseite unter Posten B. ausgewiesen. 28

b) Anforderungen an die Ausgabebedingungen (Abs. 2 S. 1 Nr. 1–5). Für die Anrechenbarkeit als Eigenmittel müssen die nachfolgenden Bedingungen erfüllt sein. Ist eine Anrechnung nicht beabsichtigt, ist das Unternehmen an die Bedingungen nicht gebunden. Die Aufnahme von Genussrechtskapital ist jedoch im Lichte des § 15 Abs. 1 S. 3 zu sehen, wonach bei der Aufnahme von Fremdmitteln regelmäßig kein unmittelbarer Zusammenhang mit Versicherungsgeschäften besteht. Zu dem § 15 entsprechenden Vorschrift im VAG a. F.[6] hat die Aufsichtsbehörde eine Auslegungsentscheidung veröffentlicht.[7] Danach ist eine Aufnahme über die Anrechnungsgrenzen des § 53c Abs. 3c VAG a. F. (entspricht § 214 Abs. 4) hinaus möglich bis zu einer absoluten Obergrenze von 1 zu 1 bezogen auf die vorhandenen Eigenmittel vorbehaltlich einer Einzelfallprüfung, wenn das Kapital die Anforderungen des § 53c Abs. 3a, 3b VAG a. F. (entspricht § 214 Abs. 2, 3 VAG) erfüllt. 29

aa) Verlustteilnahme und Zinsaufschub (Abs. 2 S. 1 Nr. 1). Die Bedingung, dass das Genussrechtskapital bis zur vollen Höhe am Verlust teilzunehmen hat, hat Relevanz sowohl für die Ausschüttungen auf die Genussrechte als auch auf die Rückzahlung des Genussrechtskapitals. Ausschüttungen dürfen bei Verlusten nicht erfolgen, können aber nachgeholt werden. Auch bei vereinbarter Mindestverzinsung können Zinszahlungen nur in einer Gewinnsituation erfolgen. 30

Darüber hinaus bedeutet Verlustteilnahme, dass eine Rückzahlung bei einem Verlust – trotz Fälligkeit – auch außerhalb eines Insolvenz- oder Liquidationsverfahrens nicht möglich ist.[8] 31

Im Übrigen bestehen keinerlei Beschränkungen, ob und in welchem Umfang schon vorher bei Verlusten Genussrechtskapital gekürzt und die Kürzung gegebenenfalls in nachfolgenden Gewinnjahren durch Zuschreibungen wieder ausgeglichen wird. Bei vertraglich vereinbarter Wiederauffüllung des Genussrechtskapitals ist jedoch die vorrangige Dotierung der gesetzlichen Rücklagen aus dem Jahresüberschuss (§§ 150 AktG, 193 VAG) zu beachten. 32

bb) Nachrangabrede (Abs. 2 S. 1 Nr. 2). Nachrangigkeit bedeutet, dass im Falle einer Eröffnung eines Insolvenzverfahrens oder der Liquidation zunächst alle übrigen Gläubiger befriedigt werden, deren Forderungen nicht nachrangig sind, vgl. hierzu § 39 InsO. Erst nach Befriedigung dieser Gläubiger ist eine Auszahlung der verbleibenden Vermögenswerte an den Genussrechtsinhaber möglich. Durch Nr. 2 ist klar gestellt, dass sich die Nachrangigkeit nur im Rahmen eines Insolvenz- oder Liquidationsverfahrens auf die Gläubigerposition auswirkt. Die Nachrangabrede erfasst auch Rückforderungsansprüche der Genussrechtsinhaber, die sich auf Schadenersatz wegen schuldhafter Beeinträchtigung des Genussrechtskapitals gründen.[9] 33

cc) Mindestlaufzeit (Abs. 2 S. 1 Nr. 3). Das Genussrechtskapital kann kündbar oder unkündbar ausgestaltet sein, erforderlich ist jedoch eine Mindestlaufzeit von fünf Jahren und dass es nicht aufgrund der Kündigung des Gläubigers vor Ablauf der First zurückgezahlt werden muss. Eine Kündigung durch 34

[5] *Sagasser* in: Assmann/Schütze, Handbuch des Kapitalanlagerechts, 2015, Rn. 599 ff. sowie Kommentarliteratur zu § 221 AktG und § 8 KStG; zu Genussscheinen mit Verlustbeteiligung und AGB-Recht; *Sethe* WM 2012, 577.

[6] § 7 Abs. 2 S. 3 VAG a. F.; dieser enthielt noch einen Verweis auf § 53c Abs. 3, der jedoch rein erläuternden Charakter hatte.

[7] *BaFin* Auslegungsentscheidung v. 17.11.2010 – Hinweise zur Fremdmittelaufnahme.

[8] Ausführlich zur Teilnahme am Verlust, MüKoBilanzR/*Kropff*, 2013, § 272 HGB Rn. 255 ff. m. w. N.

[9] *Schick*, BB 1985, 2139

das Versicherungsunternehmen oder eine einvernehmliche Rückzahlung vor Fristablauf ist möglich, wenn das Kapital vor der Rückzahlung durch andere gleichwertige Eigenmittel ersetzt worden ist.

35 **dd) Form (Abs. 2 S. 1 Nr. 5).** Der Emittent muss ausdrücklich und in Textform (§ 126b BGB) darauf hinweisen, welche nachträgliche Änderungen der Vertragsbedingungen nicht in Betracht kommen (Verlustteilnahme, Nachrang, Laufzeitverkürzung, Kündigungsfrist). Der Hinweis muss bei unverbrieften Genussrechten in der Genussrechtsvereinbarung, bei Genussscheinen in den Zeichnungs- und Ausgabebedingungen enthalten sein (Abs. 2 S. 4).

36 **c) Zeitliche Beschränkung der Anrechnung (Abs. 2 S. 1 Nr. 4).** Genussrechtskapital, das in seiner Ausgestaltung den gesetzlichen Anforderungen entspricht, verliert jedoch vor seiner Fälligkeit durch bloßen Zeitablauf den Eigenmittelcharakter. Sobald dessen Rückzahlung in weniger als zwei Jahren fällig wird oder durch Kündigung innerhalb von weniger als zwei Jahren herbeigeführt werden kann, zählt es nicht mehr zu den Eigenmitteln. In Hinblick auf die Eigenmittelfähigkeit kündbaren Genussrechtskapitals kommt daher in der Praxis nur die Vereinbarung einer mindestens zweijährigen Kündigungsfrist in Betracht. Denn nur unter dieser Voraussetzung bleibt ungekündigtes, aber kündbares Genussrechtskapital den Eigenmitteln zurechenbar.

37 **d) Sicherung der Eigenmittelfunktion (Abs. 2 S. 2, 3 u. 5).** In dreifacher Hinsicht ist Genussrechtskapital gegen eine nachträgliche Beeinträchtigung seiner Eigenmittelfunktion gesichert:

38 **aa) Nachträgliche Änderung der Ausgabebedingungen, Abs. 2 S. 2.** Eine nachträgliche Änderung ist insoweit nichtig, als dabei die Verlustteilnahme geändert, der Nachrang von Forderungen des Genussrechtsinhabers beschränkt, die Laufzeit oder Kündigungsfrist verkürzt wird. Zulässig ist jedoch, entsprechende Änderungen zu vereinbaren, wenn sie unter dem Vorbehalt der Zustimmung durch die Aufsichtsbehörde stehen oder wenn für den Fall der Änderung bereits eine Vereinbarung zur Kapitalersetzung getroffen ist. Auf diese Weise gewinnen die Parteien der Genussrechtsvereinbarung die Flexibilität, um auf Änderungen sonstiger rechtlicher, steuerlicher oder sonstiger Rahmenbedingungen zu reagieren, ohne dass die Eigenmittelausstattung des Versicherungsunternehmen dadurch beeinträchtigt würde.

39 **bb) Rückgewähranspruch (Abs. 2 S. 3).** Dem Versicherungsunternehmen steht ein gesetzlicher Rückgewähranspruch zu, wenn es Genussrechtskapital in Abweichung von den ursprünglich vereinbarten Laufzeiten und Kündigungsfristen zurückzahlt. Der Rückgewähranspruch entfällt, wenn die Aufsichtsbehörde dem zustimmt oder das zurückgezahlte Kapital durch gleichwertige Eigenmittel ersetzt worden ist. Der Rückgewähranspruch entfällt ebenfalls, wenn dem Versicherungsunternehmen gleichwertige Eigenmittel zur Verfügung gestellt worden sind. Gleichwertigkeit dürfte nicht gegeben sein, wenn die Ersatzeigenmittel aus nachrangigen Verbindlichkeiten bestehen, da bei diesen keine Teilnahme am Verlust gegeben ist.

40 **cc) Verbot des Erwerbs eigener Genussscheine (Abs. 2 S. 5).** Der Erwerb eigener wertpapiermäßig verbriefter Genussrechte (Genussscheine) führt nicht zum Erlöschen der Genussrechtsforderung, auch nicht des Rückzahlungsanspruchs, sondern nur zu deren Ruhen. Wirtschaftlich steht dies aber einer vorzeitigen Rückgewähr des Genussrechtskapitals gleich. Aus diesem Grunde ist der Erwerb eigener Genussscheine verboten. Ein Verbot des Erwerbs eigener unverbriefter Genussrechte ist insoweit nicht erforderlich, als mit der Vereinigung von Forderung und Schuld in einer Person auch das Genussrechtsverhältnis erlischt (Konfusion). Mit Erlöschen des Genussrechtsverhältnisses entsteht gleichzeitig der gesetzliche Rückgewähranspruch gem. Satz 3.

41 **5. Eigenmittel aus nachrangigen Verbindlichkeiten (Abs. 3).** Es handelt sich um Kapital, das zivilrechtlich auf der Grundlage eines Darlehensvertrages dem Versicherungsunternehmen überlassen wird. Die Gestaltungsmöglichkeiten sind vielfältig und noch weitergehender als bei Genussrechten. Die Verpflichtung des Versicherungsunternehmen zur Rückzahlung kann wertpapiermäßig verbrieft sein (Satz 4 Hs. 2); die Kapitalüberlassung kann mit einem festen oder variablen Zins verbunden sein.

42 **a) Gemeinsamkeiten mit dem Genussrechtskapital.** Mit den Ausgabebedingungen des Genussrechtskapitals identisch sind die Nachrangabrede für den Fall der Insolvenz oder der Liquidation (Nr. 1) und die fünfjährige Mindestlaufzeit (Nr. 2), von der ebenfalls bei Stellung von gleichwertigen Eigenmitteln oder Zustimmung der Aufsichtsbehörde abgewichen werden kann, die Sicherung der Eigenmittelfunktion durch das Verbot nachträglicher Änderungen der Ausgabebedingungen (Satz 2), die Hinweispflicht auf die Rechtsfolgen der Sätze 2 u. 3 in Textform (§ 126b BGB) in Satz 4, das Verbot des Erwerbs eigener verbriefter nachrangiger Verbindlichkeiten (Satz 5).

43 **b) Unterschiede zum Genussrechtskapital. aa) Keine Teilnahme am Verlust.** Es gibt keine Verpflichtung zur Teilnahme am Verlust, bei Fälligkeit sind also Zins- und Kapitalrückzahlung auch dann zu leisten, wenn ein Verlust besteht.

bb) Verbot der Aufrechnung und Stellung von Sicherheiten (Abs. 3 S. 1 Nr. 3). Es muss ausdrücklich ein Verbot der Aufrechnung des Rückzahlungsanspruchs gegen mögliche Forderungen des Versicherungsunternehmens vereinbart werden; das Versicherungsunternehmen darf für seine Verpflichtungen den Gläubigern keine Sicherheiten, weder selbst noch durch Dritte stellen. 44

cc) Zulässigkeit nachrangiger Sicherheiten (Abs. 3 S. 6). Zu Erleichterung der Finanzierung ist es allerdings möglich, für nachrangige Verbindlichkeiten nachrangige Sicherheiten zu stellen, wenn die Verbindlichkeiten gegenüber einer Tochtergesellschaft bestehen, die ausschließlich für den Zweck der Kapitalaufnahme gegründet worden ist. Durch eine entsprechende Sicherheit ist es möglich, dem nachrangigen Gläubiger (und damit dessen Gläubigern) einen Vorrang gegenüber anderen Nachranggläubigern zu gewähren, was die Eigenmittelqualität nicht beeinträchtigt. 45

dd) Zeitliche Beschränkung der Anrechnung (Abs. 3 S. 1 Nr. 4). Die Zurechenbarkeit der nachrangigen Verbindlichkeiten entfällt erst, wenn der Rückzahlungsanspruch in weniger als einem Jahr fällig wird oder fällig werden kann. Im vorletzten Jahr der Laufzeit sind nachrangige Verbindlichkeiten noch zu 40 % als Eigenmittel anrechenbar (Nr. 4). 46

ee) Vorzeitige Rückzahlung (Abs. 3 S. 3). Eine vorzeitige Rückzahlung löst auch bei nachrangigen Verbindlichkeiten grundsätzlich einen Rückzahlungsanspruch aus, es sei denn das zurückgezahlte Kapital ist durch gleichwertige Eigenmittel ersetzt worden (Abs. 3 S. 3 Nr. 1) oder die Aufsichtsbehörde erteilt ihre Zustimmung (Abs. 3 S. 3 Nr. 2) oder das Unternehmen ist aufgelöst worden (S. 3: „soweit"). 47

c) Bilanzausweis. Nachrangige Verbindlichkeiten werden gem. § 2 RechVersV in Formblatt 1 Passivseite unter Posten C. ausgewiesen. 48

6. Quantitative Beschränkungen für nachrangige Eigenmittel (Abs. 4). Genussrechtskapital und Kapital aus nachrangigen Verbindlichkeiten sind nur beschränkt den Eigenmitteln zurechenbar. Beide zusammen dürfen maximal 50 % sowohl der Eigenmittel (inklusive dieses nachrangigen Kapitals) gem. Abs. 1 als auch maximal 50 % der Solvabilitätskapitalanforderung erreichen. Die Grenze reduziert sich auf 25 %, wenn die genannten Eigenmittel feste Laufzeiten aufweisen. 49

7. Berichtspflichten. Die Berechnung von Eigenmitteln und Anforderung an das Solvabilitätskapital sind gem. § 216 VAG jährlich vorzulegen. 50

Anlagegrundsätze für das Sicherungsvermögen

215 (1) **Die Bestände des Sicherungsvermögens nach § 125 sind unter Berücksichtigung der Art der betriebenen Versicherungsgeschäfte sowie der Unternehmensstruktur so anzulegen, dass möglichst große Sicherheit und Rentabilität bei jederzeitiger Liquidität des Versicherungsunternehmens unter Wahrung angemessener Mischung und Streuung erreicht werden.**

(2) [1]**Das Sicherungsvermögen darf nur angelegt werden in**
1. Darlehensforderungen, Schuldverschreibungen und Genussrechten,
2. Schuldbuchforderungen,
3. Aktien,
4. Beteiligungen,
5. Grundstücken und grundstücksgleichen Rechten,
6. Anteilen an Organismen für gemeinschaftliche Anlagen in Wertpapieren im Sinne der Richtlinie 2009/65/EG und für andere Anlagen, die nach dem Grundsatz der Risikostreuung angelegt werden, wenn die Organismen einer wirksamen öffentlichen Aufsicht zum Schutz der Anteilinhaber unterliegen,
7. laufenden Guthaben und Einlagen bei Kreditinstituten und
8. sonstigen Anlagen, soweit sie in der auf Grund von § 217 Satz 1 Nummer 6 erlassenen Verordnung zugelassen werden.

[2]**Darüber hinaus darf das Sicherungsvermögen nur angelegt werden, soweit dies die Aufsichtsbehörde bei Vorliegen außergewöhnlicher Umstände im Einzelfall auf Antrag vorübergehend gestattet.**

Übersicht

1 **I. Allgemeines. 1. Entstehungsgeschichte.** Die Vorschrift basiert auf § 54 Abs. 1 und 2 VAG a.F

2 **2. Normzweck.** § 214 enthält Anforderungen an die die Anlage des Sicherungsvermögens (§ 125 VAG). Sie benennt die grundlegenden Prinzipien für die Kapitalanlage und die Anlagekategorien, die für Investments des Sicherungsvermögens zur Verfügung stehen. Die maßgeblichen Details zur Zulässigkeit von Anlagegegenständen, Höchstgrenzen zur Konzentration auf einzelne Anlageklassen und Emittenten sowie Anforderungen an die Währungskongruenz sind in der AnlV geregelt (Rn. 6).

3 **3. Europarechtlicher Hintergrund.** Die Kongruenzregeln in § 5 AnlV entsprechen jenen zweiten Koordinierungsrichtlinie Schaden,[1] Anhang 1, die durch die Solva II-RL aufgehoben worden. Siehe dazu § 213.

4 **4. Verwaltungsrichtlinien.** Die Aufsichtsbehörde hat ein neues Rundschreiben zur Kapitalanlage[2] konsultiert sowie eines zu derivativen Finanzinstrumenten und strukturierten Produkten[3] erlassen. Die einschlägigen Verlautbarungen vor Inkrafttreten des VAG n. F. am 1.1.2016 sind aufgehoben worden bzw. sollen aufgehoben werden. Neben Erläuterungen zu einzelnen Anlagearten enthalten die Rundschreiben auch sehr grundsätzlichen Ausführungen zum Anlageprozess und den damit verbundenen Kontrollen sowie dem Risikomanagement.

5 **5. Anwendungsbereich.** Für Pensionskassen gilt § 215 Abs. 1 und Abs. 2 S. 1 Nr. 8 VAG nicht (§ 234 Abs. 2 S. 6 VAG).

6 **II. Anlagevorschriften.** Für kleine Versicherungsunternehmen sowie Sterbekassen (§ 219 Abs. 1) und Pensionskassen (§ 234 Abs. 1) gilt weiterhin, dass als Deckungswerte des Sicherungsvermögens (§ 125) nur die gesetzlich festgelegten Anlageinstrumente in Betracht kommen. Gesetzestechnisch sind die allgemeinen Anlageprinzipien im VAG enthalten (§ 215 Abs. 1 für kleine Versicherungsunternehmen und Sterbekassen, § 124 für Pensionskassen (§ 234 Abs. 2 S. 2) sowie § 124 Abs. 1 für Pensions-

[1] RL 88/357/EWG (Schadenversicherung) vom 22.6.1988, ABl. 1988 L 172, 1.
[2] *BaFin*, Konsultation 16/2016.
[3] *BaFin*, Rundschreiben 8/2017 vom 30.8.2017.

fonds (§ 237 Abs. 2 S. 1). Für alle genannten Unternehmen gilt darüber hinaus die AnlV,[4] die einen abschließenden Katalog von Anlageinstrumenten, Vorgaben quantitativer Art (Mischung- und Streuungsobergrenzen) sowie Regeln zur Kongruenz enthält. Ermächtigungsgrundlage für die AnlV sind die §§ 217 S. 1 Nr. 6, (kleine Versicherungsunternehmen), 219 Abs. 1 (Sterbekassen) sowie § 235 Abs. 1 S. 1 Nr. 10 (Pensionskassen).

Was die Kapitalanlage von Pensionskassen anbelangt, sind die Regelungen auch an unionsrechtlichen Vorschriften zu messen.[5] Danach sind bei Einrichtungen der betrieblichen Altersversorgung quantitativ orientierte Anlagevorschriften zulässig, wenn zum Leistungsumfang Garantien vereinbart werden, was bei Pensionskassen der Fall ist.[6] 7

1. Anlagegrundsatz (Abs. 1). a) Sicherheit. Der Grundsatz der Sicherheit[7] fordert eine eingehende Prüfung der Anlageobjekte hinsichtlich ihrer Bonität, d. h. sie müssen vollständig und – soweit befristet – auch fristgerecht realisierbar sein. Neben der Sicherung des Nominalwertes muss auch die wirtschaftliche Substanz von Vermögensanlagen gewährleistet sein. Das Verfügungsrecht darf keinen rechtlichen Beschränkungen unterliegen, wie etwa Zustimmungserfordernissen des Schuldners oder Dritter, und der Vermögensgegenstand muss jederzeit uneingeschränkt veräußerbar sein. Bei der Beurteilung des Anlageobjekts ist die Bewertung durch anerkannte Ratingagenturen[8] einzubeziehen, soweit Vermögensanlagen marktüblich geratet werden.[9] Anlagen mit einem Investment-Grade-Rating erfüllen den Grundsatz der Sicherheit stets, Anlagen unterhalb eines Speculative-Rating sind dem Sicherungsvermögen nicht zuführbar, Anlagen mit Speculative-Rating kommen lediglich als Beimischung in Betracht (vgl. High-Yield Quote; Rn. 22 ff.). Ebenso sind Rechtsrisiken (vor allem bei Anlagen außerhalb EWR/OECD) zu prüfen und zu berücksichtigen, § 1 Abs. 4 AnlV. 8

b) Rentabilität. Die Anlagen müssen Ertragskraft in Form laufender Erträge, einer Substanzwertsteigerung oder beidem aufweisen.[10] 9

c) Liquidität. Das Portfolio des Sicherungsvermögens muss so strukturiert sein, dass das Versicherungsunternehmen jederzeit seinen Zahlungsverpflichtungen nachkommen kann. 10

d) Mischung. Das Erfordernis der angemessenen Mischung verlangt die Verteilung des Vermögens auf verschiedene Anlagetypen (Assetklassen). Eine einseitige Zusammensetzung des Anlagebestandes bzw. eine übermäßige Konzentration auf bestimmte Anlageformen widerspricht dem Mischungsgrundsatz.[11] Neben dem generellen Postulat angemessener Mischung gibt es spezielle Mischungsquoten in § 3 AnlV, in denen Obergrenzen für einzelne Anlagearten festgelegt sind. 11

e) Streuung. Streuung erfordert die Verteilung der Anlagen auf verschiedene Schuldner bzw. Objekte. Gem. § 4 Abs. 1 AnlV liegt die Obergrenze aller auf einen Schuldner entfallenden Anlagen bei 5 % (allgemeine Streuungsquote), § 4 Abs. 2–6 AnlV enthalten für bestimmte Anlagen spezielle Streuungsquoten. 12

f) Kongruenz. Als weiteres Prinzip der vorsichtigen Vermögensanlage ist das Prinzip der Währungskongruenz zu nennen, dessen Beachtung in § 5 AnlV vorgeschrieben ist. Währungskongruenz bedeutet, dass die Deckungswerte auf dieselbe Währung lauten wie die Verpflichtungen. Da bei kongruenter Bedeckung der Wert von Anlagegegenstand und Verpflichtung sich in gleichem Umfang verändern, wird insoweit das Verlustpotential aus Wechselkursveränderungen eliminiert. 13

2. Anlagekatalog (Abs. 2 S. 1 i. V. m. § 2 AnlV). Die Anlage der Deckungswerte des Sicherungsvermögens ist begrenzt auf den Anlagekatalog von Abs. 2, er wird durch § 2 AnlV näher bestimmt. Dabei ist zu unterscheiden: 14

---

[4] Verordnung über die Anlage des Sicherungsvermögens von Pensionskassen, Sterbekassen und kleinen Versicherungsunternehmen (Anlageverordnung – AnlV) vom 18.4.2016, BGBl. I S. 769.

[5] Art. 18 RL 2003/41/EG vom 3.6.2003, ABl. L 233 S. 10 („PensionsfondsRL"); die RL wird allerdings aufgehoben wird mit Wirkung zum 13.1.2019 und ersetzt durch Richtlinie (EU) 2016/2341 vom 14.12.2016, ABl. 2016 L 345, 37. Dort finden sich die Anlagevorschriften in Art. 19.

[6] Siehe auch BR-Drs. 84/05, S. 20 (Gesetzesbegründung zum Entwurf eines Siebten Gesetzes zur Änderung des Versicherungsaufsichtsgesetzes).

[7] Dazu ausführlich *BaFin*, Konsultation 16/2016 Punkt B.3.1.

[8] Gemäß Art. 4 Abs. 1 VO (EG) Nr. 1060/2009 können Versicherungen externe Ratings für aufsichtliche Zwecke nur verwenden, wenn die Agenturen die Anforderungen dieser VO erfüllen (u. a. Sitz und Registrierung in der EU.

[9] Zur Nutzung externer Ratings durch Versicherungsunternehmen: *Dreher/Ballmaier* WM 2015.

[10] Zur eingeschränkten Zulässigkeit von Anlagen bei Null- oder Negativverzinsung im Niedrigzinsumfeld, *BaFin* Konsultation 16/2016 Punkt B.3.2.

[11] Die *BaFin* geht von einem angemessenen Mischungsverhältnis aus, wenn keine Anlageart mehr als 50 % des Bestandes ausmacht, Konsultation 16/2016 Punkt B.3.4.

15 **a) Zulässige Anlagen.** Sie sind aufgeführt in **§ 2 Abs. 1 AnlV.**

16 **b) Öffnungsklausel.** Anlagen, die dort nicht aufgeführt sind, können nach Maßgabe der Öffnungsklausel dem Sicherungsvermögen zugeführt werden, ohne dass die Aufsicht zu involvieren ist, **§ 2 Abs. 2 AnlV.**

17 **c) Ausgeschlossene Anlagen.** Von der Zuführung ausgeschlossen sind Anlagen gem. **§ 2 Abs. 4 AnlV** (Konsumenten- und Betriebsmittelkredite, bewegliche Sachen und Ansprüche darauf, immaterielle Werte, bestimmte Beteiligungen an Konzernunternehmen und an Unternehmen im Zusammenhang mit Funktionsausgliederung).

18 **d) Anlagen mit Genehmigung der Aufsichtsbehörde.** Sofern die Anlage nicht gem. § 2 Abs. 4 AnlV ausgeschlossen ist, kann die Aufsichtsbehörde die Genehmigung für Anlagen erteilen, die nicht im Anlagekatalog enthalten sind und nicht mehr durch die Öffnungsklausel abgedeckt werden können, **§ 2 Abs. 3 AnlV.**

19 **e) Strukturierte Produkte.** Ein strukturiertes Produkt besteht aus einer Kombination von einem Kassainstrument mit einem oder mehreren derivativen Finanzinstrumenten, die fest zu einer rechtlichen und wirtschaftlichen Einheit verbunden sind. Sie können sowohl verbrieft als auch unverbrieft sein. Strukturierte Produkte stellen keine eigene Kategorie im Sinne des Anlagekatalogs dar, sondern ein strukturiertes Produkt fällt in jene Kategorie, der das Kassainstrument zuzuordnen ist. Gleichzeitig unterliegt ein strukturiertes Produkt wegen seines derivativen Elementes auch den Anforderungen von § 15 Abs. 1 VAG. Für den Anleger besteht der Vorteil einer solchen Verbindung darin, dass mit einem strukturierten Produkt komplexe Anlagestrategien umgesetzt werden können. Andererseits kann durch diese Kombination auch das Risikoprofil eines solchen Produktes gegenüber dem Kassainstrument signifikant verändert sein. Aus diesem Grund sind strukturierte Produkte stets in ihre Bestandteile zu zerlegen und zu bewerten, um das veränderte Risikoprofil zu ermitteln. Die Aufsichtsbehörde hat in dem Rundschreiben[12] Derivative Finanzinstrumente und strukturierte Produkte umfangreiche Hinweise zum Einsatz, Abwicklung und Dokumentation solcher Produkte gegeben und die Anforderungen konkretisiert, die zusätzlich bei der Zuführung zum Sicherungsvermögen erfüllt sein müssen.

20 **f) Derivate.** Zum Begriff s. § 124 Rn. 19. Der zulässige Einsatz von Derivaten ist geregelt in § 15 Abs. 1 VAG. Die Aufsichtsbehörde hat in dem Rundschreiben R 8/2017 die Einsatzmöglichkeiten konkretisiert und ihre Erwartungen an Organisation, Dokumentation Prozesskontrolle und Risikomanagement beim Einsatz von Derivaten dargelegt. Anlage 1 des Rundschreibens enthält eine Übersicht der zulässigen derivativen Finanzinstrumente.

21 **3. Übersicht zu den einzelnen Anlageinstrumenten von § 2 Abs. 1 AnlV.** Die Vorschrift beschreibt die zulässigen Anlagen, allerdings nicht in Form von Assetklassen. Vielmehr zählt sie die einzelnen Anlageinstrumente abschießend auf, wobei für deren Zulässigkeit in der Regel weitere Anforderungen (Art des Emittenten, Art der Besicherung, etc.) erfüllt sein müssen. Es handelt sich dabei um folgende Anlageinstrumente:[13]

- **Nr. 1: durch Grundpfandrecht gesicherte Forderungen (Realkredit).** Erforderlich ist die Belegenheit des Sicherungsobjektes in einem Staat des EWR oder OECD Vollmitgliedsstaates; in Betracht kommende Sicherungsobjekte sind Grundstücke und grundstückgleiche Rechte (grundstückgleiches Recht nach deutschem Recht: Wohn- und Teileigentum gem. WEG, Erbbaurecht: § 11 ErbbauRG, Bergwerkseigentum: § 9 BBergG, Schiffe: § 4 Abs. 2 SchiffsRegG; das Grundpfandrecht muss darüber hinaus bestimmte Vorschriften des Pfandbriefgesetzes bzw. der entsprechenden Vorschriften des ausländischen Belegungsstaates erfüllen; die BaFin sieht die Gleichwertigkeit des Sicherheitsstandards nicht mehr als gewährleistet, wenn das ausländische Recht eine Beleihung über 80 % gestattet.[14] Beleihungswertermittlung: § 16 PfandBG i. V. m. BelWertV;[15]
- **Nr. 2: Forderungen.** a) im Rahmen von besicherten Wertpapierdarlehen,[16] b) gesichert durch Schuldverschreibungen,[17] c) der positive Saldo aus liquiden (d. h. im Rahmen eines Kontokorrent

---

[12] *BaFin*, R 8/2017 vom 30.8.2017.

[13] Erläuterung zu den Anlageinstrumenten an sich und weiterführende Literatur: *Assmann/Schütze*, Handbuch des Kapitalanlagerechtes, 2015; Überblick über die Fondstypen nach KAGB: *Weitnauer/Boxberger/Anders*, KAGB, 2017, Einleitung I. 6, sowie *van Kann/Redeker/Keilweit* DStR 2013,1483; ausführlich zu den Kapitalanlagevorschriften des VAG a. F. und AnlV a. F. Bähr/*Heitmann* § 17 Rn. 56 ff.

[14] R y/2017 Punkt B.4.1.

[15] *Kessler* VersR 2013, 1099; *Lange* WM 2014, 2304;

[16] Es handelt sich um die Besicherung des Rückgabeforderung des Versicherungsunternehmen (Versicherungsunternehmen als Darlehensgeber); das Entleihen von Wertpapieren durch ein Versicherungsunternehmen verstößt als Sachdarlehen gegen § 15 VAG (Verbot der Fremdmittelaufnahme), *BaFin*, Konsultation 16/2016 Punkt B.4.2. Buchst. b).

[17] Dies umfasst auch Verpfändungen zugunsten des ErstVersicherungsunternehmen bei Stellung eines Wertpapierdepots durch RVersicherungsunternehmen (vgl. § 126 Rn. 27).

festgestellten, unbestrittenen und zur Zahlung fälligen) Abrechnungsforderungen aus Rückversicherungsverhältnissen. Auch Forderungen aus echten Pensionsgeschäften können darunter fallen.[18]

– **Nr. 3: Darlehen** an bestimmte **öffentlich-rechtliche Gebietskörperschaften** innerhalb und außerhalb Deutschlands sowie bestimmte **internationale Organisationen und Anstalten**. Dazu zählen auch die Europäische Union, der Europäische Stabilitätsmechanismus (ESM) und die Europäische Finanzstabilisierungsfazilität (EFSF).[19]
– **Nr. 4: Darlehen an Unternehmen,** soweit sie die Anforderungen an Belegenheit und Besicherung erfüllen.
– **Nr. 5: Policendarlehen.**
– **Nr. 6: Pfandbriefe, Kommunalobligationen oder anderen Schuldverschreibungen von Kreditinstituten,** soweit sie gesetzlich durch eine besondere Deckungsmasse gesichert sind, die die Gläubiger in der Insolvenz bevorrechtigt.[20]
– **Nr. 7: Schuldverschreibungen,** deren Fungibilität durch Zulassung zum oder Einbeziehung in einen organisierten Markt (§ 2 Abs. 5 WpHG) gewährleistet ist.[21]
– **Nr. 8: andere Schuldverschreibungen.** Es handelt sich um einen Auffangtatbestand für Schuldverschreibungen, die weder von Nr. 6 noch 7 erfasst werden, z. B. nur im Freiverkehr gehandelte Schuldverschreibungen oder Namensschuldverschreibungen. Soweit Schuldverschreibungen gem. Nr. 7 und 8 von Kreditinstituten emittiert sind, ist zu beachten, dass diese gem. § 46 f Abs. 6 KWG in der Insolvenz des Kreditinstitutes gegenüber gewissen anderen Forderungen nachrangig sind. Daran anknüpfend prüft die BaFin, ob unbesicherte Bankschuldtitel deshalb als nachrangige Forderung i. S. v. § 2 Abs. 1 Nr. 9 AnlV einzuordnen sind, mit der Konsequenz, dass diese Titel auf bei der Berechnung der Risikokapitalanlagequote gem. § 3 Abs. 3 S. 1 AnlV zu berücksichtigen wären.[22]
– **Nr. 9: nachrangige Forderungen,** auch Genussrechte unter den dort genannten Voraussetzungen.[23]
Asset- Backed-Securities (ABS) sind Wertpapiere, die durch Vermögenswerte gesichert sind und den Cashflow generieren, aus dem die Gläubiger der ABS bedient werden.[24]
Bei Credit-Linked –Notes handelt es sich um Schuldverschreibungen, deren Bedienung (Rückzahlung, Zinszahlung) durch ein sog. Kreditereignis reduziert sein kann oder ganz entfallen kann,[25] es handelt sich um ein Kreditderivat.[26]
– **Nr. 10: Asset-Backed-Securities und Credit-Linked Notes** unter den dort genannten Voraussetzungen.[27]
– **Nr. 11: Schuldbuchforderungen von Bund** (§ 4 Abs. 1 Nr. 1 BSchWG), **Länder, oder anderer Staaten von EWR und OECD, sowie Liquiditätspapiere (**§ 42 BBankG).
– **Nr. 12: Aktien,**[28] die voll eingezahlt und gehandelt an einer Börse bzw. einem organisierten Markt gehandelt werden.
– **Nr. 13: Beteiligungen an Unternehmen und geschlossenen AIF (**Alternativen Investmentfonds) unter den dort genannten Voraussetzungen.[29] Nr. 13 erfasst unter Buchst. a) Beteiligungen an Unternehmen, die unmittelbar unternehmerisch am Markt tätig sind. Eine über den Verlust der Beteiligung hinausgehende Haftung oder Nachschussverpflichtung darf damit nicht verbunden sein. Als Beteiligung kommen auch in Betracht Engagements in Unternehmen und Holdinggesellschaften, die ihrerseits ausschließlich in Beteiligungen gem. § 2 Abs. 1 Nr. 9 und 12 AnlV investieren. Zu beachten sind die nicht für das Sicherungsvermögen zugelassenen Beteiligungen gem. § 2 Abs. 4 Nr. 2 (Konzernunternehmen, soweit nicht die Ausnahmetatbestände greifen) und Nr. 3 AnlV (Funktionsausgliederung).
Unter Buchst. b) fallen Beteiligungen an geschlossenen Alternativen Investmentfonds i. S. v. § 1 Abs. 3 KAGB, die gem. § 261 Abs. 1 Nr. 4 KAGB ihrerseits direkt oder indirekt investieren in

[18] *BaFin* Konsultation 16/2016 Punkt B.4.2. Buchst. c).
[19] *BaFin* Konsultation 16/2016 Punkt B.4.3. Buchst. a).
[20] Im deutschen Recht sind dies die Anforderungen nach dem PfandBG.
[21] Der organisierte Markt entspricht der Definition des geregelten Marktes nach Art. 4 Nr. 21 RL 2014/65/EU (MiFiD II); Verzeichnis aller geregelten Märkte auf der Webseite von ESMA. esma.europa.eu/databases-library/registers-and-data.
[22] *BaFin,* Journal Mai 2017, S. 25.
[23] Zu den Voraussetzungen, wann Nachranganleihen als strukturierte Produkte zu behandeln sind *BaFin,* Konsultation 16/2016 B.4.5 Buchst. c).
[24] Ausführlich zu ABS *Tollmann* in Boos/Fischer/Schulte-Mattler, KWG, CRR-VO, 2016, Einführung in die § 22a- 22o KWG.
[25] Zur Gestaltung von CLN: *Beck* in Langenbucher/Bliesener/Spindler, Bankrechts-Kommentar, 2016, 23. Kapitel II.
[26] Vgl. *BaFin,* Merkblatt Finanzinstrumente (Derivate) *21.5.2012,* geändert am 22.7.2013, Punkt 2c).
[27] Zur Übernahme von Kreditrisiken *BaFin,* Konsultation 16/2016 Punkt B.4.6.
[28] Aktienindexzertifikate fallen nicht unter Nr. 10, sie können nur im Rahmen der Öffnungsklausel gem. § 2 Abs. 2 AnlV zugeführt werden, *BaFin,* Konsultation 16/2016 Punkt C. IV.
[29] Detaillierte Erläuterungen *BaFin,* Konsultation 16/2016 Punkt B.4.9 auch zu Private-Equity-Fonds und Risikokapitalfonds gen. § 337 KABG.

Beteiligungen an Unternehmen, die nicht zum Handel an einer Börse zugelassen oder in einen organisierten Markt einbezogen sind. Weitere Anforderungen an die Zielfonds bzw. Zielunternehmen enthält die Vorschrift nicht, auch keine Restriktionen zum Umfang, in dem letztere Fremdmittel aufnehmen können. Bei indirekten Investments erstrecken sich die Anforderungen nach § 2 Abs. Abs. 1 Nr. 13b nicht auf den Zielfonds. Grenzen für Gestaltungen ergeben sich aus dem allgemeinen Umgehungsverbot. Die Vorschrift erfasst damit geschlossene Private-Equity Fonds, Europäische Risikokapitalfonds (§ 337 KAGB) sowie Europäische Fonds für soziales Unternehmertum (§ 338 KAGB).

- **Nr. 14: Immobilien, Objektgesellschaften, REITs und Immobilienfonds** (Spezial-AIF, geschlossene Publikums-AIF) unter den dort genannten Voraussetzungen. Bei REIT-Aktiengesellschaften handelt es sich um börsennotierte Immobiliengesellschaften, die durch REITG[30] reguliert sind.
- **Nr. 15: Anteile an offenen Publikumsfonds** (OWAG-Wertpapierfonds) **und EU-Investmentvermögen** (§ 1 Abs. 2 bzw. 8 KAGB) unter den dort genannten Voraussetzungen. Die Spezial AIF müssen die Anforderungen von § 284 KAGB erfüllen und dürfen nicht unter § 2 Abs. 1 Nr. 14 lit. c AnlV subsumierbar sein. Damit ist für dieses Anlageinstrument ein breites Anlagespektrum eröffnet.[31] Der Normengeber hat mit Erlass der AnlV 2016 weitere Einschränkungen, die über jene des KAGB hinausgehen, nicht für erforderlich gehalten, was einer einschränkenden Auslegung der Vorschrift durch die Verwaltungspraxis Grenzen setzt.
- **Nr. 16: Anteile an offenen Spezial-AIF** (§ 1 Abs. 6 und 8 KAGB) unter den dort genannten Voraussetzungen.
- **Nr. 17: Anteile an Spezialfonds.** Die Vorschrift ermöglicht Investments in solche AIF, die nicht die Anforderungen von Nr. 13 lit. b, 14 lit. c, 15 oder 16 erfüllen und nicht Publikums-Immobilien-Sondervermögen sind (§ 230 KGAB ff.) Einzig positive Anforderung ist jene an die Kapitalverwaltungsgesellschaft gem. Buchst. c. Die allgemeinen Ausschlusstatbestände gem. § 2 Abs. 4 AnlV gelten auch hier. Darüber hinaus gehende Anforderungen an die Zielinvestments des AIF stellt die Norm nicht. Das damit einhergehende höhere Risiko wird reflektiert durch die Einbeziehung in die spezielle Mischungsquote gem. § 3 Abs. 2 Nr. 2 AnlV und in die Risikoanlagenquote gem. § 3 Abs. 3 AnlV. Darüber hinaus gilt diese Anlage die besondere Streuungsquote von 1 % (§ 4 Abs. 4).
- **Nr. 18: Anlagen bei Notenbanken und Kreditinstituten,** dazu zählen auch laufende Guthaben. Weitere Erläuterungen der BaFin im Rundschreiben.[32]

22 **4. Mischungsquoten (§ 3 AnlV).** Das allgemeine Gebot einer angemessenen Mischung und Streuung umschreibt das Prinzip der Risikodiversifikation, die speziellen Mischungsquoten dienen dazu, gewisse Anlagetypen mit höherem Risikoprofil im Gesamtportfolio zu begrenzen. Da es hier um Risikobegrenzung geht, ist die wirtschaftliche Betrachtungsweise maßgebend, deshalb sind bei der Ermittlung der Quote sowohl direkte als auch indirekte (z. B. über einen Fonds, eine Investmentgesellschaft gehaltene) Anteile einzubeziehen. Basis für die Ermittlung der Quote ist der Ist-Bestand des Sicherungsvermögens.

22a **a) Allgemeine Mischungsquote.** Die Aufsichtsbehörde hat ihr Verständnis von einer angemessenen Mischung in Rundschreiben dahin gehend konkretisiert,[33] dass im Sicherungsvermögen keine Anlageart überwiegen darf, sie darf damit nicht über 50 % hinausgehen. Für diese Betrachtung werden bestimmte Anlageinstrumente des Anlagekatalogs zu einer Anlageart zusammengefasst. Für diese Zwecke werden als jeweils eine Anlageart betrachtet:

(1) Wertpapierdarlehen und durch Wertpapiere gesicherte Darlehen (Nr. 2a, b);
(2) Anlagen bei öffentlich- rechtlichen Schuldnern gem. Nr. 3, 4a, 11;
(3) notierte Schuldverschreibungen Nr. 6,7;
(4) nicht notierte Schuldverschreibungen Nr. 6, 8.

22b **b) High-Yield Quote.** Die Aufsichtsbehörde konkretisiert das Spannungsverhältnis von Sicherheit und Rentabilität dergestalt, dass High-Yield Anlagen (Bonität der Titel nur speculative grade, also unterhalb von investment grade) in gewissem Umfang für das Sicherungsvermögen zulässig sind. Abhängig von der individuellen Risikotragfähigkeit des Unternehmens wird eine Quote von bis zu 5 % akzeptiert. In diese Quote fließen alle Schuldtitel mit dem entsprechenden Rating ein, die nicht bereits durch eine der speziellen gesetzlichen Mischungsquoten von § 3 Abs. 2–5 AnlV erfasst werden. Für ABS und CLN (§ 2 Abs. 1 Nr. 10 AnlV) erwartet die Aufsichtsbehörde jedoch grundsätzlich ein Investment-Grade-Rating, so dass für sie die High-Yield Quote nicht genutzt werden kann.[34]

---

[30] Gesetz über deutsche Immobilien-Aktiengesellschaften mit börsennotierten Anteilen (REIT-Gesetz – REITG) vom 28.5.2007, BGBl. I S. 914.

[31] Siehe *Weitnauer/Boxberger/Anders/Baum,* 2017, KAGB § 284.

[32] *BaFin,* Konsultation 16/2016 Punkt B.4.15.

[33] *BaFin,* Rundschreiben Kapitalanlage, 4/2011, Punkt B.3.4; *BaFin,* Konsultation 16/2016 Punkt B.3.4.

[34] *BaFin,* Rundschreiben Kapitalanlage, 4/2011, Punkt B.4.6; *BaFin,* Konsultation 16/2016, Punkt B.3.1.

c) Beschränkung auf ein vorsichtiges Maß (§ 3 Abs. 1 AnlV). Abs. 1 fordert für die benannten Anlagen die Beschränkung auf ein vorsichtiges Maß, ohne eine quantitative Obergrenze zu nennen. Welcher Umfang noch als „vorsichtiges Maß" betrachtet werden kann, hängt von der Bonität und faktischen Fungibilität der Anlage sowie dem Risikotragfähigkeit des Unternehmens ab, also mit seiner Fähigkeit, etwaige Verluste ohne Gefährdung der Ansprüche der Versicherten absorbieren zu können. Die Tatsache, dass der Verordnungsgeber keine konkrete Obergrenze festgelegt hat, ist Ausdruck dafür, dass hier die unternehmensindividuellen Umstände besonders zu berücksichtigen sind. Dessen ungeachtet kann eine 5 % Quote als Orientierung dienen.[35] **23**

Ein vorsichtiges Maß gilt für: **24**

(1) Wertpapierdarlehen, § 2 Abs. 1 Nr. 2 lit. a AnlV,[36]
(2) nicht notierte Schuldverschreibungen, § 2 Abs. 1 Nr. 8 AnlV,
(3) Anlagen mit Sitz des Schuldners außerhalb des EWR, wenn nicht sichergestellt ist, dass im Fall einer Insolvenz des Versicherungsunternehmen der Vorrang von dessen Gläubigern gem. § 315 an diesem Vermögensgegenstand durchsetzbar ist.[37]

d) Spezielle Obergrenzen (§ 3 Abs. 2–5 AnlV). Zu den Quoten, die von den allgemeinen Grundsätzen Sicherheit und Mischung abgeleitet sind, treten noch spezielle Obergrenzen für einzelne Anlageinstrumente (einzelne Positionen im Anlagekatalog) und breiter gefasster Assetklassen (Zusammenfassung mehrere Positionen des Anlagekatalogs). In der nachfolgenden Übersicht werden die Quoten für einzelne Anlageinstrumente als Subquoten bezeichnet, wenn diese auch in die Quote einer Assetklasse einbezogen werden. **24a**

Vorschrift	**In die Quotenberechnung einzubeziehen**	**Maximaler Anteil am Sicherungsvermögen**
BaFin-Verständnis Mischungsgrundsatz	**Allgemeine Mischungsquote** Obergrenze bezieht sich auf einzelne Anlageart;	**50 %**
BaFin-Verständnis Sicherheitsgrundsatz	**Quote High Yield**	**5 %**
§ 3 Abs 1	**Vorsichtiges Maß**	
	Wertpapierdarlehen § 2 Abs. 1 Nr. 2a)	Orientierungsgröße 5 %
	Nicht notierte Schuldverschreibungen § 2 Abs. 1 Nr. 8	Orientierungsgröße 5 %
	Schuldner außerhalb EWR und Durchsetzbarkeit von § 315 VAG fraglich	Orientierungsgröße 5 %
§ 3 Abs. 2 Nr. 1	**Quote ABS, CLN**	**7,5 %**
	Asset-Backed-Securities, Credit-Linked Notes gem. § 2 Abs. 1 Nr. 10	
§ 3 Abs. 3 S. 1	**Quote Risikokapitalanlagen**	**35 %**
	Aktien § 2 Abs. 1 Nr. 12, nachrangige Forderungen § 2 Abs. 1 Nr. 9, Beteiligungen § 2 Abs. 1 Nr. 13,	
	Nicht notierte nachrangige Forderungen, § 2 Abs. 1 Nr. 9a Nicht notierte Beteiligungen an Unternehmen und Alternativen Investmentfonds, § 2 Abs. 1 Nr. 13	15 % zusätzliche Subquote § 3 Abs. 3 S. 3
§ 3 Abs. 3 S. 2	Wertpapierdarlehen, § 2 Abs. 1 Nr. 2a, soweit Aktien i. S.v § 2 Abs. 1 Nr. 12 Gegenstand des Wertpapierdarlehens sind.	

[35] *BaFin*, Konsultation, Kapitalanlagerundschreiben 16/2016 Punkt B.3.4.
[36] Bähr/*Heitmann* § 17 Rn. 78 nennt als Aufsichtspraxis ebenfalls 5 %.
[37] Bähr/Heitmann § 17 Rn 79: Aufsichtspraxis akzeptiert 10 %.

Vorschrift	**In die Quotenberechnung einzubeziehen**	**Maximaler Anteil am Sicherungsvermögen**
§ 3 Abs. 3 S. 1	Fondanteile § 2 Abs. 1 Nr. 17, 16 und Anlagen mit Hedgefonds- oder Rohstoffrisiken	7,5 % zusätzliche Subquote „Alternative Anlagen" § 3 Abs. 2 Nr. 2
§ 3 Abs. 3 S. 1	Unternehmensdarlehen, § 2 Abs. 1 Nr. 4c	5 % zusätzliche Subquote Unternehmensdarlehen § 3 Abs. 2 Nr. 3
§ 3 Abs. 3 S. 1 i. V. m. Abs. 4	Erhöhtes Marktrisikopotential durch Derivateeinsatz in Investmentvermögen gem. § 2 Abs. 1 Nr. 15,16	
Nach Auffassung der BaFin einzubeziehen	High Yield Anlagen	5 % zusätzliche Subquote, s. o.
§ 3 Abs. 5	**Quote Immobilien** Gesellschafterdarlehen an Objektgesellschaften, § 2 Abs. 1 Nr. 4b Immobilien, § 2 Abs. 1 Nr. 14a, b, c Immobilien in Spezial-AIF, § 2 Abs. 1 Nr. 16 i. V. m. Nr. 14c	**25%**

Marktrisikopotential (Abs. § 3 Abs. 4 AnlV). Der Einsatz von Derivaten in Investmentvermögen kann das Risiko eines Marktwertverlustes (Marktrisikopotential) erhöhen. Gem. § 197 Abs. 2 KAGB darf sich das Marktrisikopotential in Fonds durch den Einsatz derivativer Finanzinstrumente maximal verdoppeln; d. h. das Verlustpotential mit Derivateeinsatz darf maximal doppelt so hoch sein wie das Verlustpotential ohne Derivateeinsatz. Ist das Potential eines Verlustes mit Derivateeinsatz höher als ohne, ordnet § 3 Abs. 4 AnlV an, dass der Unterschiedsbetrag in die Ermittlung der Risikokapitalquote einzubeziehen ist. Das Marktrisikopotential wird bei inländischen Fonds durch die Kapitalverwaltungsgesellschaft ermittelt. §§ 5–22 DerivateV enthalten dazu entsprechende methodische Vorgaben. Gem. § 5 Abs. 1 DerivateV hat dies mindestens auf täglicher Basis zu erfolgen.

25 **e) Quotenreduktion durch die Aufsicht (§ 3 Abs. 6 AnlV).** Die Aufsicht kann unter besonderen Voraussetzungen verfügen, dass bestimmte Anlagen zusammen nur eine geringere Quote einnehmen dürfen, die Quote kann bis auf 10 % herab gesetzt werden: (1) zur Wahrung der Belange der Versicherten oder (2) wenn die Voraussetzungen des § 135 Abs. 1 1. Alt vorliegen, also Eigenmittel nicht mehr in Höhe der Mindestkapitalanforderungen vorhanden sind.

26 Die Quote kann folgende Anlagearten erfassen: Wertpapierdarlehen (§ 2 Abs. 1 Nr. 2 lit. a AnlV), nachrangige Forderungen (§ 2 Abs. 1 Nr. 9 AnlV), Aktien (§ 2 Abs. 1 Nr. 12 AnlV), Beteiligungen (§ 2 Abs. 1 Nr. 13 AnlV), Fondanteile gem. § 2 Abs. 1 Nr. 17, 16 AnlV und Anlagen an Hedgefonds- oder Rohstoffrisiken (Gegenstand der Quote von § 2 Abs. 2 Nr. 2 AnlV), Unternehmensdarlehen gem. § 2 Abs. 2 Nr. 4 lit. c (auf diese bezieht sich Quote von § 2 Abs. 2 Nr. 3 AnlV).

27 **f) Erhöhung der Quoten mit aufsichtlicher Genehmigung (§ 2 Abs. 3 2.Hs. AnlV).** Die Aufsichtsbehörde auch kann ein Überschreiten der Mischungsquoten gestatten, ohne dass die Norm eine konkrete Obergrenze festlegt. Soweit allerdings Anlagegegenstände im Rahmen der Öffnungsklausel dem Sicherungsvermögen zugeführt worden sind (§ 2 Abs. 2 AnlV), kann die Aufsichtsbehörde dies genehmigen nur bis zur Höhe von 10 %, § 3 Abs. 2 Nr. 4 AnlV.

28 **5. Streuung (§ 4 AnlV).** Unter Streuung versteht man die Verteilung der Anlagen (egal ob gleicher oder unterschiedlicher Anlagearten) auf verschiedene Schuldner bzw. (bei Grundstücken) Objekte. § 4 AnlV enthält spezielle Streuungsvorschriften, die den allgemeinen Grundsatz der Streuung konkretisieren und gleichzeitig für wichtige Schuldnergruppen erhöhte Quoten ermöglichen.[38] Die Vorschrift enthält folgende Obergrenzen:

[38] Zu Auffassung der BaFin s. Konsultation 16/2016 Punkt B.3.5.

Norm	Schuldner/Emittent	Limit	Hinzurechnung
§ 4 Abs. 1	Allgemeine Streuungsquote	5 %	erweiterter Ausstellerbegriff gem. § 4 Abs. 1 S. 2–4; Abs. 3 S. 1 AnlV
§ 4 Abs. 2 S. 1	Gebietskörperschaften und internationale Organisationen	30 %	erweiterter Ausstellerbegriff gem. § 4 Abs. 1 S. 2–4; Abs. 3 S. 1 AnlV
§ 4 Abs. 2 S. 2 Nr. 1	Kreditinstitut als Aussteller von Schuldverschreibungen mit besonderer ?show ?>Deckungsmasse;	15 %	erweiterter Ausstellerbegriff gem. § 4 Abs. 1 S. 2–4; Abs. 3 S. 1 AnlV
§ 4 Abs. 2 S. 2 Nr. 2	einlagengesicherte Forderungen gegen Kreditinstitut	15 %	erweiterter Ausstellerbegriff gem. § 4 Abs. 1 S. 2–4; Abs. 3 S. 1 AnlV
	Forderungen gegen öffentlich-rechtliches Kreditinstitut	15 %	erweiterter Ausstellerbegriff gem. § 4 Abs. 1 S. 2–4; Abs. 3 S. 1 AnlV
§ 4 Abs. 2 S. 2 Nr. 4	Forderung gegen Mulitlaterale Entwicklungsbank	15 %	erweiterter Ausstellerbegriff gem. § 4 Abs. 1 S. 2–4; Abs. 3 S. 1 AnlV
§ 4 Abs. 3 S. 2	Konzernunternehmen des VU	3 %	erweiterter Ausstellerbegriff gem. § 4 Abs. 1 S. 2–4; Abs. 3 S. 1 AnlV
§ 4 Abs. 4 S. 1	Einzelnes Unternehmen § 2 Abs. 1 Nr. 9, 12 und 13	1 %	erweiterter Ausstellerbegriff gem. § 4 Abs. 1 S. 2–4; Abs. 3 S. 1 AnlV; Durchrechnung bei Anteilen an Holding, § 4 Abs. 4 S. 2 AnlV
§ 4 Abs. 4 S. 1	geschlossener AIF gem. § 2 Abs. 1 Nr. 17 AnlV	1 %	erweiterter Ausstellerbegriff gem. § 4 Abs. 1 S. 2–4; Abs. 3 S. 1 AnlV; Durchrechnung bei Dachfonds, § 4 Abs. 4 S. 2 AnlV
§ 4 Abs. 5	einzelnes Grundstück, Grundstücksgesellschaft, Immobilien-Investmentvermögen	10 %	Wirtschaftliche Einheit rechtlich selbständiger Grundstücke, § 5 Abs. 5 S. 2 AnlV
§ 4 Abs. 6 S. 1	Trägerunternehmen einer Pensionskasse	5 %	15 % für alle Trägerunternehmen zusammen, § 4 Abs. 6 S. 2

a) Grundsatz 5 % Quote (§ 4 Abs. 1 AnlV). Die Konzentration pro Aussteller/Schuldner ist grundsätzlich limitiert auf 5 % des Sicherungsvermögens, **§ 4 Abs. 1 S. 1 AnlV.** Bei Ermittlung der Quote ist Folgendes zu beachten: 29

aa) Hinzurechnung. Einem Schuldner sind folgende Verpflichtungen hinzuzurechnen: (1) Forderungen, für deren Erfüllung er die Haftung übernommen hat, **§ 4 Abs. 1 S. 3 AnlV,** (2) Anlagen des ustellers/Schuldners, die auch in einem Investmentvermögen (§ 2 Abs. 1 Nr. 15, 16, 17 AnlV) gehalten werden, sofern sie dort unter die zehn größten Aussteller/Schuldner fallen, **§ 4 Abs. 1 S. 2 AnlV.** Anlagen beim Aussteller und seinen Konzernunternehmen i. S. v. § 18 AktG sind zusammenzurechnen, **§ 4 Abs. 3 AnlV.** 30

bb) Ausnahme. Die **Anlagen in einem offenen Investmentvermögen** (d. h. Rückgabemöglichkeit für die Anteile s. § 1 Abs. 4 Nr. 2 KAGB)[39] gilt dann nicht als Anlage bei einem einzigen Aussteller, wenn das Anlagevermögen in sich selbst ausreichend gestreut sind, § 4 Abs. 1 S. 4 AnlV. 31

b) 30 % Quote (§ 4 Abs. 2 S. 1 AnlV). Abweichend von § 4 Abs. 1 AnlV können 30 % des Sicherungsvermögens investiert werden in Anlagen von **Gebietskörperschaften und internationalen Organisationen** gem. § 2 Abs. 1 Nr. 3 lit. a, b, d AnlV. Die Zurechnung von Anlagen in Fonds gem. 32

[39] § 1 Abs. 4 Nr. 2 KABG verweist für AIF auf Art. 1 Abs. 2 VO (EU) 694/2014, wonach es für die Häufigkeit der Rückgabemöglichkeit auf die Bestimmungen der Satzung und dergl. ankommt. Die BaFin verlangt für die Subsumtion unter § 4 Abs. 1 S. 4 AnlV, dass mindestens jährlich eine Rückgabemöglichkeit besteht, *BaFin* Konsultation 16/2016 Punkt B.3.5 Buchst. b.

§ 4 Abs. 1 S. 3 AnlV ist zu berücksichtigen. Anlagen beim Aussteller und seinen Konzernunternehmen i. S. v. § 18 AktG ist zusammenzurechnen, **§ 4 Abs. 3 AnlV.**

33 **c) 15 % Quote (§ 4 Abs. 2 S. 2 AnlV).** Sie bezieht sich auf **Anlagen bei Kreditinstituten**, wenn die unter Nr. 1- 4 bezeichneten Voraussetzungen erfüllt sind. Dabei bezieht sich die Quote von 15 % jeweils auf das entsprechende Anlageinstrument (Forderung mit Einlagensicherung; Schuldverschreibung mit besonderer Deckungsmasse) pro Aussteller. Abgestellt wird auf eine tatsächliche Sicherung, so dass auch das Einlagensicherungssystem des deutschen Bundesverbandes der Banken, das keinen Rechtsanspruch auf Leistung gewährt, als ausreichende Sicherung anerkannt ist (für Privatbanken s. auch Statut des Einlagensicherungsfonds des Bundesverbandes Deutscher Banken e. V.). Die Zurechnung von Anlagen in Fonds gem. § 4 Abs. 1 S. 3 AnlV ist zu berücksichtigen. Anlagen beim Aussteller und seinen Konzernunternehmen i. S. v. § 18 AktG sind zusammenzurechnen, **§ 4 Abs. 3 AnlV.**

34 **d) 3 % Quote Konzernunternehmen (§ 4 Abs. 3 AnlV).** Zum einen sind bei der Berechnung aller Quoten auch die Anlagen bei Konzernunternehmen i. S. v. § 18 AktG zusammenzurechnen, § 4 Abs. 3 S. 1 AnlV. Darüber hinaus gilt für Anlagen bei Konzernunternehmen des Versicherungsunternehmens eine reduzierte Streuungsquote von 3 %. Liquide Abrechnungsforderungen aus Rückversicherung sind jedoch nicht einzubeziehen (§ 2 Abs. 1 Nr. 2 lit. c AnlV; der Verweis auf Nr. 2b ist ein gesetzgeberisches Versehen).

35 **e) 1 % Quote (§ 4 Abs. 4 AnlV).** Die Obergrenze von 1 % gilt für (1) nachrangige Anlagen, Aktien und andere Beteiligungen ein und desselben Ausstellers (§ 2 Abs. 1 Nr. 9, 12, 13 AnlV); Anlagen beim Aussteller und seinen Konzernunternehmen i. S. v. § 18 AktG sind zusammenzurechnen, § 4 Abs. 3 AnlV, ebenso Anlagen des Austellers/Schuldners, die auch in einem Investmentvermögen (§ 2 Abs. 1 Nr. 15–17 AnlV) gehalten werden, sofern sie dort unter die 10 größten Aussteller/Schuldner fallen, § 4 Abs. 1 S. 2 AnlV. (2) Anlagen in einem Investmentvermögen gem. § 2 Abs. 1 Nr. 17 AnlV, sofern es sich um ein geschlossenes handelt. Handelt es sich bei den Anteilen an einem Unternehmen, das eine reine Holdingfunktion wahrnimmt, ist die Quote auf die durchgerechneten Anteile an den „Zielunternehmen" zu beziehen. Die Durchrechnung ist auch auf Fonds gem. § 2 Abs. 1 Nr. 17 AnlV zu beziehen, wenn es sich um Dachfonds handelt.

36 **f) 10 % Quote Grundstücke (§ 4 Abs. 4 AnlV).** Die Quote bezieht sich auf Grundstücke, grundstücksgleiche Rechte, Immobilienfonds (§ 2 Abs. 1 Nr. 14 lit. c AnlV) sowie Anteilen an Immobiliengesellschaft nach Maßgabe von § 4 Abs. 4 S. 1 AnlV. Mehrere rechtlich selbständige Grundstücke, die eine wirtschaftliche Einheit bilden (z. B. enger Nutzungs- und Funktionszusammenhang), sind zusammenzurechnen, § 4 Abs. 5 S. 2 AnlV. Ein die 10 %-Grenze übersteigender Bilanzwert eines Grundstücks kann nicht dem restlichen Vermögen zugeordnet werden.[40]

37 **g) Anlagen in Trägerunternehmen von Pensionskassen (§ 4 Abs. 6 AnlV).** Die Regelung beruht auf unionsrechtlichen Vorgaben.[41] Für Pensionskassen gilt bei Anlagen in ihre Trägerunternehmen[42] einschließlich in mit diesem konzernmäßig verbundene Unternehmen Folgendes: für Anlagen in ein einzelnes Trägerunternehmen gilt eine 5 %-Quote, die Anlagen in alle Trägerunternehmen sind auf 15 % begrenzt. Soweit die Anlagen gleichzeitig die Anforderungen von § 4 Abs. 2 AnlV erfüllen, ist § 5 Abs. 6 AnlV nicht lex specialis.[43]

38 **6. Kongruenz (§ 5 AnlV). a) Überblick.** Das Prinzip der Währungskongruenz ist ein weiterer wesentlicher Bestandteil der Anlagevorschriften für das Sicherungsvermögen. Die Anforderungen, die aus diesem Grundsatz im Einzelnen folgen, lassen sich nur aus der Zusammenschau von § 5 AnlV und der Anlage zu § 5 AnlV erkennen. Die Regelung der einzelnen Tatbestandsmerkmale ist folgendermaßen gegliedert:

– Kongruenz von Bedeckungs- und Verpflichtungsgewährung: § 5 S. 1 AnlV;
– Bestimmung der Währung von Grundstücken, Aktien und Anteilen: § 5 S. 2 AnlV;
– Bestimmung der erforderlichen Bedeckungswährung: Anlage zu § 5 AnlV Nr. 1–5;
– Ausnahmen vom Grundsatz der Währungskongruenz: Anlage zu § 5 AnlV Nr. 6, 7.

39 **b) Währungskongruenz (§ 5 S. 1 AnlV).** Das Kongruenzprinzip besagt, dass sich die Währung von Anlagegegenständen und die Währung der Rückstellungen, die von den Anlagen bedeckt werden, entsprechen müssen. Zweck der Vorschrift ist es, mögliche Gefährdungen der Erfüllbarkeit der Verpflichtungen weitestgehend auszuschließen, die sich bei nicht kongruenter Anlage aus einer gegenläufigen Entwicklung von Anlage- und Verpflichtungswährung ergeben können.

[40] *BaFin*, Konsultation 16/2016 Punkt B.3.5 Buchst. f).
[41] Art. 18 Abs. 1 Buchstabe f) RL 2003/41/EG (Tätigkeit und Beaufsichtigung von Einrichtungen der betrieblichen Altersversorgung).
[42] § 7 Abs. 1 S. 2 Nr. 2 BetrAVG.
[43] *BaFin*, Konsultation 16/2016 Punkt B.3.5 Buchst. d) mit Verweis auf Art. 18 Abs. 1 S. 2 RL 2003/41/EG und der vergleichbaren Sicherheit der Anlagen gem. § 4 Abs. 2 AnlV.

c) Bestimmung der Währung, auf die der Anlagegegenstand lautet (§ 5 S. 2 AnlV). Die Vorschrift definiert die Währung von Anlagegegenständen, die keine Nominalwerte sind und daher auch nicht „auf die Währung lauten". 40

aa) Grundstücke, grundstücksgleiche Rechte. Währung ist die des Landes der Belegenheit. 41

bb) Aktien und Anteile. Als Anteile kommen Anteile an Unternehmen, Anteile an Investmentvermögen oder an Investmentgesellschaften in Betracht. In einen organisierten Markt einbezogene Werte lauten auf die Währung, in der sie gehandelt werden; ist dies nicht der Fall, wird die Währung durch den Sitz des Ausstellers der Aktie oder Anteile bestimmt. Werden Werte an organisierten Märkten verschiedener Länder gehandelt, eignen sie sich auch zur Bedeckung dieser verschiedenen Währungen. Allerdings kann der Anlagegegenstand nur jeweils einer von mehreren möglichen Währungen zugeordnet werden. 42

d) Bestimmung der Bedeckungswährung, Anlage zu § 5 AnlV Nr. 1–5. Die Bedeckungswährung ist die Währung, auf die die Anlagen lauten müssen, um dem Kongruenzprinzip gerecht zu werden. Die Bedeckungswährung richtet sich grundsätzlich nach der Verpflichtungswährung. In der Anlage zu § 5 ist detailliert geregelt, nach welchen Kriterien die Währung zu bestimmen ist, auf die die Verpflichtungen eines Versicherungsunternehmen lauten. In Nr. 1–5 sind insgesamt sieben verschiedene Anknüpfungspunkte genannt, die teils alternativ, teils subsidiär zur Bestimmung der Verpflichtungswährung heranzuziehen sind: 43

aa) Vertraglich vereinbarte Deckungswährung (Nr. 1). Ist die Risikodeckung in einer bestimmten Währung vereinbart, so bestimmt die vertraglich festgelegte Währung auch die Währung der Bedeckungswerte. Eine davon abweichende Währung kommt nur nach Maßgabe von Nr. 5 oder Nr. 6 der Anlage in Betracht. 44

bb) Währung der Risikobelegenheit (Nr. 2 S. 1). An sie ist anzuknüpfen, wenn die Deckungsverpflichtung nicht in einer bestimmten Währung ausgedrückt ist. 45

cc) Währung der Prämienzahlung (Nr. 2 S. 2). Eine Anknüpfung daran muss durch besondere Umstände gerechtfertigt sein; dies liegt insbesondere dann vor, wenn schon bei Vertragsschluss wahrscheinlich ist, dass die Währung der Prämienzahlung auch die wahrscheinliche Schadenregulierungswährung darstellen wird. 46

dd) Wahrscheinlichste Erfüllungswährung (Nr. 3). An die nach der Erfahrung wahrscheinlichste Erfüllungswährung kann angeknüpft werden, wenn es sich um Risiken aus den in Nr. 3a genannten Versicherungssparten handelt und wenn nicht besondere Umstände dagegen sprechen. Bei Verpflichtungen aus der Risikoübernahme in anderen Versicherungssparten ist die Anknüpfung an die wahrscheinlichste Erfüllungswährung nur dann möglich, wenn die Erfüllung in einer anderen Währung erfolgen muss als derjenigen, die sich aus der Anwendung der zuvor genannten Anknüpfungspunkte ergeben würde, Nr. 3 b. 47

ee) Sitzland-Währung des Versicherungsunternehmens (Nr. 3). Die Anknüpfung an die Sitzland-Währung ist subsidiär zur Anknüpfung an die wahrscheinlichste Erfüllungswährung. 48

ff) Nach Schadeneintritt anderweitig festgelegte Regulierungswährung (Nr. 4). Abweichend von den zuvor genannten Anknüpfungspunkten ist für die Bedeckung diejenige Währung maßgebend, in der nach Schadeneintritt aufgrund gerichtlicher Entscheidung oder vertraglicher Vereinbarung die Regulierung zu erfolgen hat. 49

gg) Währung, in der der Schaden festgestellt wird (Nr. 5). An diese Währung kann alternativ zu allen anderen in Betracht kommenden Währungen angeknüpft werden. 50

e) Ausnahmen vom Grundsatz kongruenter Bedeckung Anlage Nr. 6, 7. In Nr. 6 und 7 der Anlage sind insgesamt vier Ausnahmen vorgesehen, die das Erfordernis währungskongruenter Bedeckung einschränken. Es lässt sich dabei unterscheiden zwischen Tatbeständen, die unter bestimmten Voraussetzungen einen völligen Verzicht auf die kongruente Bedeckung von Verpflichtungen in einer bestimmten Währung vorsehen und Regelungen, die bei grundsätzlich fortbestehender Verpflichtung zu währungskongruenter Bedeckung in gewissem Umfang eine nichtkongruente Bedeckung erlauben. 51

aa) Verzicht auf eine kongruente Bedeckung. (1) Drittstaat **(Nr. 6 lit. a)**. Die Verpflichtung zu währungskongruenter Bedeckung entfällt, wenn die Währung eines Nicht-EWR-Staates zur Anlage ungeeignet ist. Der Gesetzestext nennt als Beispiel für die mangelnde Eignung Transferbeschränkungen. In gleicher Weise sprechen auch hohe Inflation oder das Vorhandensein nur schwach entwickelter Kapitalmärkte gegen die Geeignetheit einer Währung. (2) Geringes Volumen **(Nr. 6 lit. c)**. Von der kongruenten Bedeckung in einer bestimmten Währung kann ebenfalls abgesehen werden, wenn die anzulegenden Vermögenswerte nicht mehr als 7% der Anlagegegenstände ausmachen, die in anderen (Fremd-)Währungen angelegt sind. 52

53 **bb) Öffnungsklauseln (Nr. 6 lit. b u. 7).** Bei grundsätzlich bestehender Verpflichtung zur währungskongruenten Bedeckung. (1) Gemäß **Nr. 6b** können bei jeder Währung, die kongruent zu bedecken ist, jeweils 20% des Sicherungsvermögens einer bestimmten Währung (30% bei Pensionskassen) inkongruent angelegt werden. (2) Währungsäquivalente Euro-Anlage, **Nr. 7.** Die kongruente Bedeckung von Verpflichtungen, die auf die Währung eines EU-Staates, dessen Währung nicht der Euro ist, oder auf die Währung eines EWR-Staates lauten, kann bis zu 50% durch Euro-Werte äquivalent erfolgen und dies nach vernünftiger kaufmännischer Beurteilung gerechtfertigt ist.

54 **7. Ordnungswidrigkeit.** Nichtbeachtung von § 215 Abs. 2 VAG und der AnlV bei der Anlage des Sicherungsvermögens: § 332 Abs. 1 Nr. 9, 10 VAG.

Anzeigepflichten

216 (1) **Zusammen mit dem nach § 341a Absatz 1 des Handelsgesetzbuchs vorgeschriebenen Jahresabschluss und Lagebericht ist der Aufsichtsbehörde jährlich eine Berechnung der Solvabilitätskapitalanforderung vorzulegen und sind ihr die Eigenmittel nachzuweisen.**

(2) [1]**Die Versicherungsunternehmen haben über ihre gesamten Vermögensanlagen, aufgegliedert in Neuanlagen und Bestände, zu berichten.** [2]**Die Pflichten nach § 126 Absatz 2 bleiben unberührt.**

1 **I. Allgemeines. 1. Entstehungsgeschichte.** Inhaltlich übernimmt § 126 die Regelung von §§ 53c Abs. 2, 54d VAG a. F.

2 **2. Normzweck.** Die Vorschrift legt die Berichtspflichten zu den Kapitalanlagen fest.

3 **3. Europarechtlicher Hintergrund.** Die Vorschrift hat keinen europarechtlichen Hintergrund.

4 **4. Anwendungsbereich.** In den Anwendungsbereich der Vorschrift sind einbezogen neben kleinen Versicherungsunternehmen auch Sterbekassen (§ 128 Abs. 1 S. 1), Pensionskassen (einschließlich der Erweiterung gem. § 234 Abs. 3 Nr. 10) und Pensionsfonds (§ 237 Abs. 1).

5 **II. Anzeigepflichten nach Abs. 1. 1. Unterlagen.** Die Anzeigepflichten gegenüber der Aufsichtsbehörde gem. § 216 umfassen folgende Unterlagen:

– Jahresabschluss und Lagebericht (§ 341a Abs. 1 HGB),
– Solvabilitätsnachweis: Berechnung des erforderlichen Solvabilitätskapital und Nachweis der vorhandenen Eigenmittel,
– Bericht über die Kapitalanlagen (Neuanlagen und Bestände); eine entsprechende Anordnung der Aufsichtsbehörde[1] ist auf der Grundlage des VAG a. F. erlassen worden; da sie noch nicht aufgehoben ist, dürfte sie – soweit sie sich auf Solvency I Unternehmen bezieht – noch anwendbar sein.

6 Darüber hinaus enthält § 9 BerVersV Berichtspflichten zur Entwicklung der Kapitalanlagen und zur Zusammensetzung des Sicherungsvermögens.

7 **2. Fristen. a) Jahresabschluss und Lagebericht.** Einreichung bei der Aufsichtsbehörde unverzüglich nach der Aufstellung, § 37 Abs. 1; der Jahresabschluss ist innerhalb von vier Monaten nach Ende des Geschäftsjahres aufzustellen, § 341a Abs. 1 HGB.

8 **b) Solvabilitätsnachweis.** Die Stichtage für den Solvabilitätsnachweis und den Jahresabschluss sind identisch, § 19 Abs. 2 KapAusstV.

9 **3. Anzeigepflicht gem. Abs. 2.** Gem. Abs. 2 S. 1 ist über die gesamte Vermögensanlage, aufgegliedert nach Neuanlagen und Beständen, zu berichten. S. 2 stellt klar, dass durch diesen Bericht nicht die Verpflichtung erfüllt ist, das Vermögensverzeichnis gem. § 126 Abs. 2 VAG einzureichen.

Verordnungsermächtigung

217 [1]**Das Bundesministerium der Finanzen wird ermächtigt, durch Rechtsverordnung Vorschriften für kleine Versicherungsunternehmen zu erlassen**

1. **über die Berechnung und Höhe der Solvabilitätskapitalanforderung,**
2. **über den für die einzelnen Versicherungssparten maßgebenden Mindestbetrag der Mindestkapitalanforderung sowie über seine Berechnung,**
3. **darüber, wie bei Lebensversicherungsunternehmen nicht in der Bilanz ausgewiesene Eigenmittel errechnet werden und in welchem Umfang sie auf die Solvabilitätskapitalanforderung und die Mindestkapitalanforderung angerechnet werden dürfen,**

[1] *BaFin*, Sammelverfügung vom 21.6.2011 – Anordnung betreffend die Anzeige- und Berichtspflichten der Versicherungsunternehmen über ihre Kapitalanlagen.

4. **über den Inhalt, die Form und die Stückzahl der gemäß § 216 zu erstellenden Solvabilitätsübersicht und des Berichts über die Vermögensanlagen sowie die Frist für die Einreichung bei der Aufsichtsbehörde,**
5. **über die Art und Weise der Datenübermittlung, die zu verwendenden Datenformate sowie die einzuhaltende Datenqualität,**
6. **über quantitative und qualitative Vorgaben zur Anlage des Sicherungsvermögens nach Maßgabe des § 215 Absatz 1 und 2 Satz 1; die Verordnung kann die Anlage in sonstigen Anlagen zulassen, wenn diese vergleichbare Sicherheit und Liquidität besitzen wie die in § 215 Absatz 2 Satz 1 Nummer 1 bis 7 genannten Anlagen,**
7. **über einen oder mehrere Höchstwerte für den Rechnungszins bei Versicherungsverträgen mit Zinsgarantie,**
8. **über weitere Vorgaben zur Ermittlung der Diskontierungszinssätze nach § 341f Absatz 2 des Handelsgesetzbuchs,**
9. **über die Höchstbeträge für die Zillmerung und**
10. **über die versicherungsmathematischen Rechnungsgrundlagen und die Bewertungsansätze für die Deckungsrückstellung.**

[2]Das Bundesministerium der Finanzen kann die Ermächtigungen nach Satz 1 Nummer 1 bis 5 durch Rechtsverordnung auf die Bundesanstalt übertragen. [3]Rechtsverordnungen nach den Sätzen 1 und 2 bedürfen nicht der Zustimmung des Bundesrates. [4]Rechtsverordnungen nach Satz 1 Nummer 6 bis 10 sind im Einvernehmen mit dem Bundesministerium der Justiz und für Verbraucherschutz zu erlassen.

Von der Verordnungsermächtigung ist durch den Erlass folgender Verordnungen Gebrauch gemacht worden: Die in **Nr. 1–4** genannten Themen zur Solvabilität sind geregelt in der KapAusstV. 1

Nr. 5 – Datenübermittlung: Kleine Versicherungsunternehmen unterliegen nicht der VersMeldeV, Formblattvorgaben zur Berichterstattung finden sich im Anhang zur KapAusstV. 2

Nr. 6 – Vorgaben zur Anlage des Sicherungsvermögens finden sich in der AnlV.

Nr. 7–10 – Regelungen zur Zillmerung, Deckungsrückstellung und Höchstrechnungszins: DeckRV. 3

Abschnitt 2. Sterbekassen

Sterbekassen

218 (1) **Sterbekassen sind Lebensversicherungsunternehmen, die nach ihrem Geschäftsplan nur Todesfallrisiken im Inland versichern, soweit der Betrag ihrer Leistungen den Durchschnittswert der Bestattungskosten bei einem Todesfall nicht übersteigt oder diese Leistungen in Sachwerten erbracht werden.**

(2) **Sterbekassen dürfen nicht die in § 1 Absatz 2 genannten Geschäfte betreiben.**

I. Einführung, Definition, Freistellung von der Aufsicht. In Abschnitt 2 des Kapitels 5 sieht das Versicherungsaufsichtsrecht nunmehr Regeln für die Beaufsichtigung von Sterbekassen vor. Das VAG definiert Sterbekassen gemäß Art. 10 Nr. 1 der RL 2009/138/EG. Demnach unterfallen Sterbekassen der Richtlinie, wenn sie weiterhin gemischten Lebensversicherungsschutz (für den Todes- und Erlebensfall anbieten wollen). Von der Anwendung der Richtlinie sind sie nur befreit, wenn ihr Geschäftsmodell ausschließlich auf Todesfallrisiken beschränkt ist.[1] Absatz 2 enthält die bislang in § 1 Abs. 4 S. 5 VAG a. F. enthaltene Regelung. Sterbekassen geben gegenüber ihren Versicherungsnehmern feste Leistungsversprechen ab; das unterscheidet Sterbekassen von Unterstützungskassen gem. § 3 Abs. 1 Nr. 1 und 2 VAG. Der Finanzierungsprozess der Versicherungsleistung von Sterbekassen ist mit dem von Lebensversicherern in der Struktur weitgehend vergleichbar. Deshalb werden Sterbekassen als Lebensversicherer bezeichnet. 1

Sterbekassen in der Rechtsform des VVaG können unter den Voraussetzungen des § 5 Abs. 1 S. 2 VAG von der laufenden Aufsicht frei gestellt werden, wenn nach Art des betriebenen Geschäfts und den sonstigen Umständen eine Beaufsichtigung zur Wahrung der Belange der Versicherten nicht erforderlich erscheint. Diese Voraussetzungen können z. B. als erfüllt angesehen werden bei niedrigen Versicherungssummen oder wenn die Sterbekasse satzungsgemäß eine Mitgliederversammlung vorsieht. 1a

Ähnlich wie bei Pensionskassen und Pensionsfonds hat der Gesetzgeber zur Profilierung und Unterscheidung der auf spezielle biometrische Risiken ausgerichtete Einrichtungen das Geschäftsmodell gesetzlich normiert. 2

Der Zweck der Sterbekassen besteht in der Versicherung von Todesfallrisiken im Inland und die Höhe der zugesagten Leistung ist durch den Durchschnittswert der Bestattungskosten bei einem Todesfall begrenzt. 3

Die Leistungen können auch in Sachwerten erbracht werden. 4

5 Von daher ist der Geschäftsumfang der Sterbekassen gering und das Ausfallrisiko im Falle einer Leistungsunfähigkeit der Sterbekasse für den Anspruchsberechtigten eng begrenzt.

6 Die Regelungen für Sterbekassen waren bislang verstreut im VAG a. F. untergebracht (vgl. §§ 5 Abs. 3 Nr. 2, 5a; 112 Abs. 5; 53c Abs. 2a, 156a Abs. 1, 157 Abs. 1 S. 2 VAG a. F.). Nunmehr erfolgte eine weitgehende Zusammenführung der anzuwendenden Vorschriften in gesetzlicher Nähe zu den kleinen Versicherungsunternehmen, was sachlich zutreffend ist.

7 **II. Unzulässige Geschäfte.** Sterbekassen dürfen – obwohl vom Gesetzgeber als Lebensversicherer bezeichnet – folgende Geschäfte nicht betreiben (§ 1 Abs. 2 VAG):

– Tontinengeschäfte,
– Kapitalisierungsgeschäfte und
– Geschäfte der Verwaltung von Versorgungseinrichtungen.

8 Das Motiv hierfür dürfte in den zusätzlichen Risiken liegen, die diese Geschäfte gegenüber dem reinen Sterbekassengeschäft beinhalten und zum andern erfordern diese Risiken auch eine Geschäftsorganisation, die die Ausnahmen für Sterbekassen nicht beinhalten.

Anzuwendende Vorschriften

219 (1) **Auf Sterbekassen finden unabhängig von der Höhe ihrer Beitragseinnahmen und ihrer versicherungstechnischen Rückstellungen die nach den §§ 212 bis 217 auf kleine Versicherungsunternehmen anwendbaren Vorschriften dieses Gesetzes Anwendung, soweit sie Lebensversicherungsunternehmen betreffen und dieser Abschnitt keine abweichenden Regelungen enthält.**

(2) [1]**Von den besonderen Vorschriften über die Lebensversicherung gilt für Sterbekassen § 140 Absatz 2 bis 4 nicht.** [2]**Der Verantwortliche Aktuar muss die Berichte nach § 141 Absatz 5 Nummer 2 und 4 nicht erstellen; § 141 Absatz 6 Nummer 2 und 3 ist nicht anzuwenden.**

(3) **Die folgenden Vorschriften gelten für Sterbekassen jeweils mit folgender Maßgabe:**

1. **§ 9 Absatz 2 Nummer 2 mit der Maßgabe, dass zusätzlich die allgemeinen Versicherungsbedingungen sowie die fachlichen Geschäftsunterlagen, insbesondere die Tarife und die Grundsätze für die Berechnung der Prämien und der versicherungstechnischen Rückstellungen nach dem Handelsgesetzbuch einschließlich der verwendeten Rechnungsgrundlagen, mathematischen Formeln, kalkulatorischen Herleitungen und statistischen Nachweise einzureichen sind,**
2. **§ 141 Absatz 5 Nummer 1 mit der Maßgabe, dass der Verantwortliche Aktuar nur die Finanzlage des Unternehmens daraufhin überprüfen muss, ob die dauernde Erfüllbarkeit der sich aus den Versicherungsverträgen ergebenden Verpflichtungen jederzeit gewährleistet ist und das Unternehmen über ausreichende Mittel in Höhe der Solvabilitätskapitalanforderung verfügt, und**
3. **§ 141 Absatz 5 Nummer 2 erster Halbsatz mit der Maßgabe, dass an die Stelle der dort genannten Bestätigung die Bestätigung tritt, dass die Deckungsrückstellung nach dem genehmigten Geschäftsplan gebildet ist (versicherungsmathematische Bestätigung); diese Maßgabe gilt nicht, sofern es sich um einen kleineren Verein nach § 210 handelt.**

1 **I. Grundsatz.** Das Gesetz verweist hinsichtlich der auf Sterbekassen anzuwendenden Vorschriften auf die für **kleine Versicherungsunternehmen anzuwendenden Regeln** der §§ 212–217 VAG soweit sie Lebensversicherungsunternehmen betreffen und der Abschnitt für Sterbekassen keine Ausnahmen vorsieht. Demzufolge wird auf die Kommentierung zu §§ 212 ff. VAG verwiesen.

2 Dabei greifen die sonst für kleine Versicherungsunternehmen charakteristischen Volumenbegrenzungen für das Beitragsaufkommen und den Umfang der versicherungstechnischen Rückstellungen nicht. **Sterbekassen werden also unabhängig von ihrer Geschäftsgröße einem einheitlichen Aufsichtsregime, nämlich dem der kleinen Versicherungsunternehmen, unterstellt**. Europarechtlich findet diese generelle Ausnahme ihre Rechtfertigung in Art. 10 Ziff. 1 RL 2009/138/EG. Zu den Einzelheiten der §§ 212–217 VAG wird auf die dortige Kommentierung verwiesen. Voraussetzung der Anwendbarkeit der §§ 212–217 VAG ist, dass sie sich auf Lebensversicherungsunternehmen beziehen und die §§ 218–220 VAG keine abweichenden Regelungen enthalten.

3 **II. Ausnahmen von den allgemeinen aufsichtsrechtlichen Regeln. 1. Rückstellungen für Beitragsrückerstattung (§ 140 Abs. 2–4 VAG).** Sterbekassen sind hinsichtlich der **Zuführung zur Rückstellung für Beitragsrückerstattung und der Verwendung der Mittel in dieser Rückstellung** freier als Lebensversicherer. Demzufolge kann die Aufsichtsbehörde keinen Plan zur angemessenen Sicherstellung der Zuführung zur Beitragsrückerstattung und keinen Plan zur angemessenen Verwendung der Mittel in der Rückstellung aus Beitragsrückerstattung verlangen. Es gilt lediglich § 140

Abs. 1 VAG (Verwendung der Rückstellung für Beitragsrückerstattung) für die Überschussbeteiligung der Versicherten einschließlich der durch § 153 VVG vorgeschriebenen Beteiligung an den Bewertungsreserven.[1] Darüber hinaus darf der nicht festgelegte Teil des Überschusses mit Zustimmung der BaFin verwandt werden, um bestimmte Notfälle abzuwehren (vgl. § 140 Abs. 1–3 VAG).

2. Berichtspflicht des Aktuars nach § 141 Abs. 5 Nr. 2 und Nr. 4 und Informationspflichten des Vorstands nach § 141 Abs. 6 Nr. 2 und Nr. 3 VAG. Der verantwortliche Aktuar hat keine versicherungsmathematische Bestätigung unter der Bilanz abzugeben; ebenso entfällt der aktuarielle Bericht an den Vorstand zur Erläuterung über Kalkulationsansätze und weitere Annahmen, die der versicherungsmathematischen Bestätigung zugrunde liegen. Der völlig unsystematische Einschub in § 141 Abs. 5 Nr. 2 VAG („§ 341k des Handelsgesetzbuches über die Prüfung bleibt unberührt") wird durch § 219 Abs. 2 S. 2 Hs. 1 VAG nicht ausgenommen. Vielmehr gilt § 341k HGB unabhängig davon, ob dies im VAG unnötigerweise bekräftigt wird oder nicht und zwar wie sein Wortlaut feststellt: unabhängig von der Größe des Unternehmens. 4

Ebenso hat der Verantwortliche Aktuar dem Vorstand keine Vorschläge für eine angemessene Beteiligung am Überschussbeträge(Angemessenheitsbericht) vorzulegen. Dementsprechend entfallen auch die für den Erläuterungsbericht und den Vorschlag des Verantwortlichen Aktuars geltenden Vorschriften des § 141 Abs. 6 Nr. 2 und 3 VAG. 5

Die Konsequenz dieser Ausnahmen ist, dass 6
- **für den Vorstand** § 141 Abs. 6 Nr. 1 VAG gilt (Pflicht, sämtliche Informationen dem verantwortlichen Aktuar zugänglich zu machen, die für die Erfüllung seiner Aufgaben erforderlich sind);
- **für den Verantwortlichen Aktuar** dann auch entsprechend § 141 Abs. 5 Nr. 3 VAG gelten muss, wenn er auf Grund seiner Prüfpflicht nach Abs. 3 Nr. 2 eine Gefährdungslage für das Unternehmen erkennt.

3. Modifizierung allgemeiner aufsichtsrechtlicher Vorschriften. Da Sterbekassen gem. Art. 10 Ziff. 1 RL 2009/138/EG nicht der europarechtlichen Regelung unterfallen, kann der deutsche Gesetzgeber für diese Lebensversicherer weiterhin den Grundsatz der Produktaufsicht anwenden (§ 219 Abs. 3 Nr. 1 VAG), denn es gelten die Regelungen in Art. 21 Abs. 1 RL 2009/138/EG nicht. 7

Da die Tarife der Sterbekassen nach wie vor somit genehmigungspflichtig sind, entfällt die Aufgabe des verantwortlichen Aktuars, sicherzustellen, dass bei der Berechnung der Prämien und der Deckungsrückstellung die Grundsätze des § 138 VAG und des § 341f HGB sowie die Grundsätze der nach § 88 Abs. 3 VAG erlassenen Rechtsverordnung eingehalten werden. Der verantwortliche Aktuar hat vielmehr nur die Finanzlage der Sterbekasse daraufhin zu überprüfen, ob die dauernde Erfüllbarkeit der sich aus den Sterbegeldzusagen ergebenden Verpflichtungen jederzeit gewährleistet ist und das Unternehmen über ausreichend Mittel in Höhe der Solvabilitätskapitalanforderungen verfügt. 8

Im Rahmen der modifizierten allgemeinen aufsichtsrechtlichen Vorschriften ist auch § 139 Abs. 4 S. 3 VAG zu beachten, wonach Sterbekassen den Sicherungsbedarf aus den Versicherungsverträgen mit Zinsgarantie mit Genehmigung der BaFin nach einem von Abs. 4 S. 1–2 abweichenden Verfahren berechnen können. 8a

An die Stelle der versicherungsmathematischen Bestätigung nach § 141 Abs. 5 Nr. 2 VAG tritt die Bestätigung, dass die Deckungsrückstellung nach dem genehmigten Geschäftsplan gebildet ist. Handelt es sich bei der Sterbekasse um einen kleineren Versicherungsverein auf Gegenseitigkeit, entfällt auch diese Bestätigung (§ 141 Abs. 5 S. 2 VAG i. V. m. § 219 Abs. 3 S. 3 Hs. 2 VAG). Der Gesetzgeber hat hier an marginalen aufsichtsrechtlichen Forderungen Verkürzungen vorgenommen, um zu einer gewissen Kostenentlastung für die betroffenen Institute zu kommen. Ein strukturell klarer großer Wurf für Sterbekassen: z. B. gänzlicher Verzicht auf den verantwortlichen Aktuar, bei gleichzeitiger entsprechender Qualifikationsanforderung für ein Vorstandsmitglied ist dem Gesetzgeber nicht gelungen. 9

4. Nichtanwendbarkeit der VVG-Regelung über die Ermittlung und Zuordnung der Bewertungsreserven. Nach § 153 Abs. 3 S. 1 VVG haben Versicherer die Bewertungsreserven jährlich neu zu ermitteln und nach verursachungsorientierter Methode rechnerisch zuzuordnen. Von der Anwendung dieser Vorschrift sind Sterbekassen nach § 211 Abs. 2 Nr. 2 letzter Hs. VVG befreit. Diese Ausnahme gilt qua Gesetz und nicht erst auf Grund einer Genehmigung der BaFin. Der Grund hierfür ist, dass Sterbekassen nur alle drei Jahre ihre Überschüsse zu ermitteln haben.[2] Gleichwohl gilt aber über den anwendbaren § 140 Abs. 1 VAG die Regelung in § 153 VVG (Beteiligung der Versicherungsnehmer an den Bewertungsreserven (siehe oben Rn. 3 und Abs. 2 S. 1). Diese Regelungen scheinen untereinander nicht stimmig zu sein; im Hinblick auf § 211 Abs. 2 Nr. 2 letzter Hs. VVG hätte in Abs. 2 S. 1 auch die Anwendbarkeit des § 140 Abs. 1 VAG ausgeschlossen werden müssen. 10

[1] Zum Ausweis der Zuführungen zur Deckungsrückstellung aus der Rückstellung für erfolgsabhängige Beitragsrückerstattung in der Bilanz siehe § 28 Abs. 5 RechVersV vom 8.11.1994 (BGBl. I S. 3378).

[2] Beschlussempfehlung des Rechtsausschusses, BT-Drs. 16/5862, 100.

Verordnungsermächtigung

220 **[1]Das Bundesministerium der Finanzen wird ermächtigt, durch Rechtsverordnung Vorschriften über die Berechnung und die Höhe der Solvabilitätskapitalanforderung von Sterbekassen zu erlassen. [2]Die Ermächtigung kann durch Rechtsverordnung auf die Bundesanstalt übertragen werden. [3]Rechtsverordnungen nach den Sätzen 1 und 2 bedürfen nicht der Zustimmung des Bundesrates.**

1 **I. Regelungen der Kapitalausstattungs-Verordnung.** Entsprechende Regelungen über die Höhe der Solvabilitätskapitalanforderungen finden sich in §§ 17, 18 KapAusstV vom 18.4.2016.[1]

Für Sterbekassen, deren jährliche Beiträge in den letzten drei Geschäftsjahren **500.000 EUR nicht überschritten** haben, gelten § 9 Abs. 1 und § 3 Abs. 2 i. V. m. § 11 KapAusstV mit der Maßgabe, dass die Hälfte der dort genannten Prozentsätze anzusetzen ist;

Für Sterbekassen beträgt die **Mindestkapitalanforderung** 3 Mill. EUR. Für Sterbekassen in der Rechtsform eines VVaG ermäßigt sich der Mindestbetrag der Mindestkapitalanforderung um 25 %. Für Sterbekassen in der Rechtsform eines VVaG, deren jährliche Beiträge in drei aufeinanderfolgenden Jahren den Betrag von 5 Mill. EUR nicht überschritten haben, entfällt die Mindestkapitalanforderung; die Höhe der erforderlichen Eigenmittel bemisst sich dann nach § 17 Abs. 1 bzw. 2 KapAusstV vom 18.4.2016.

Für die **interne Berichterstattung** gegenüber der Aufsichtsbehörde über die Solvabilität gilt § 19 KapAusstV vom 18.4.2016.

2 **II. AnlV.** Gestützt auf § 219 Abs. 1 hat das BMF in §§ 1–5 AnlV vom 18.4.2016[2] Vorschriften zur Anlage des Sicherungsvermögens (Anlageformen, Mischung, Streuung, Kongruenz) erlassen und die Sterbekassen verpflichtet, die allgemeinen Anlagegrundsätze des § 215 Abs. 1 VAG zu beachten.

III. AktuarV. Für Sterbekassen, die keine kleineren VVaG sind, gilt nach § 1 Abs. 1 Nr. 4 AktuarV vom 18.4.2017[3] die AktuarV.

---

[1] BGBl. I 2016 S. 795.
[2] BGBl. I 2016 S. 769.
[3] BGBl. I 2016 S. 776.

Teil 3. Sicherungsfonds

Pflichtmitgliedschaft

221 (1) **Unternehmen, die gemäß § 8 Absatz 1 oder § 67 Absatz 1 zum Geschäftsbetrieb in den in der Anlage 1 genannten Versicherungssparten Nummer 19 bis 23 oder zum Betrieb der substitutiven Krankenversicherung gemäß § 146 zugelassen sind, mit Ausnahme der Pensions- und Sterbekassen, müssen einem Sicherungsfonds angehören, der dem Schutz der Ansprüche ihrer Versicherungsnehmer, der versicherten Personen, der Bezugsberechtigten und der sonstigen aus dem Versicherungsvertrag begünstigten Personen dient.**

(2) [1] **Pensionskassen können einem Sicherungsfonds freiwillig beitreten.** [2] **Zur Gewährleistung vergleichbarer Finanzverhältnisse aller Mitglieder kann der Sicherungsfonds die Aufnahme von der Erfüllung bestimmter Bedingungen abhängig machen.**

Schrifttum: *Bürkle*, Sicherungsvermögen und Sicherungsfonds: Neue aufsichtsrechtliche Instrumente in der Krise von Versicherungsunternehmen, ZfV 2006, 19; *Eilert*, VAG-Novelle regelt Sicherungsfonds, VW 2005, 115; *Fricke*, Probleme bei der Mitgliedschaft EU-ausländischer Versicherer in der gesetzlichen Sicherungseinrichtung nach den §§ 124 ff. VAG, VersR 2008, 865; *Heidel*, Die Regelung im VAG über Sicherungsfonds unter besonderer Berücksichtigung einer zukünftigen EU-Richtlinie über Sicherungssysteme für Versicherte im Falle der Liquidation des Versicherungsunternehmens, 2006; *Lange*, EU-ausländische Versicherungsunternehmen als freiwillige Mitglieder in den deutschen Sicherungsfonds, VersR 2010, 1421; *ders.*, Die Mitgliedschaft EG-ausländischer Versicherungsunternehmen im Sicherungsfond der Lebens- und Krankenversicherung, ZVersWiss Supplement 2008, 13; *Präve*, Der Sicherungsfonds für die Lebensversicherung, VersR 2005, 1023.

I. Allgemeines. 1. Entstehungsgeschichte. Die §§ 221 ff. VAG entsprechen den §§ 124 ff. VAG a. F. Diese Vorgängervorschriften wurde durch die **VAG-Novelle 2004**[1] erstmals in das VAG eingefügt. § 221 VAG entspricht dabei § 124 VAG a. F. 1

2. Normzweck. § 221 Abs. 1 VAG verpflichtet **Versicherungsunternehmen mit Sitz in Deutschland** oder in einem **Drittstaat** außerhalb der EU bzw. des EWR, welche über eine Zulassung für die **Lebensversicherung** oder die **substitutive Krankenversicherung** in Deutschland verfügen, Mitglied in einem **spartenbezogenen Sicherungsfonds** zu sein. Ziel ist dabei ein verbesserter Schutz der Versicherungsnehmer, der versicherten Personen, der Bezugsberechtigten und sonstigen Begünstigten gegen eine Insolvenz des Versicherungsunternehmens. § 221 Abs. 2 VAG regelt weiterhin für **Pensionskassen** die Möglichkeit einer freiwilligen Mitgliedschaft in dem Sicherungsfonds. 2

3. Europarechtlicher Hintergrund. Die §§ 221 ff. VAG dienen **nicht der Umsetzung europäischer Vorgaben**. Der deutsche Gesetzgeber hat sich im Jahr 2004 entschieden, Sicherungsfonds für die gesellschaftlich besonders sensiblen Sparten der Lebens- bzw. substitutiven Krankenversicherung im nationalen Alleingang einzuführen. Ziel ist ein verbesserter Schutz für die Versicherten gegen Insolvenzen. Zwar arbeitet die Europäische Kommission seit Jahren an Gesetzgebungsinitiativen, mit denen die Insolvenzsicherung innerhalb der EU vereinheitlicht werden soll.[2] Angesichts der unterschiedlichen Strukturen und Einrichtungen in den Mitgliedstaaten konnte hierzu bisher jedoch keine Einigung erzielt werden. 3

II. Einzelerläuterungen. 1. Pflichtmitgliedschaft (Abs. 1). Die Pflichtmitgliedschaft in dem jeweiligen Sicherungsfonds ergibt sich aus der Zulassung eines Unternehmens in den Sparten der **Lebensversicherung** (Anlage 1 zum VAG, Nr. 19 bis 23) bzw. der **substitutiven Krankenversicherung** nach § 146 VAG. Die Erlaubnis zum Geschäftsbetrieb wird in diesen Sparten nur erteilt bzw. aufrechterhalten, wenn eine entsprechende Mitgliedschaft in dem Sicherungsfonds durch das Unternehmen nachgewiesen werden kann. Dies ergibt sich aus § 304 Abs. 1 Nr. 3 VAG, wonach die Erlaubnis zum Geschäftsbetrieb zu widerrufen ist, wenn ein Versicherungsunternehmen nach § 229 VAG von dem Sicherungsfonds ausgeschlossen wurde. Von § 221 Abs. 1 VAG erfasst sind sowohl Versicherungsunternehmen mit Sitz in **Deutschland (§ 8 Abs. 1 VAG)** als auch solche mit Sitz in einem **Drittstaat (§ 67 VAG)**, die in Deutschland entsprechende Geschäfte tätigen.[3] Eine Ausnahme von der Pflichtmitgliedschaft sieht § 221 Abs. 1 lediglich für **Pensions- und Sterbekassen** vor. Pensionsfonds sind hingegen von vorneherein nicht von § 221 Abs. 1 VAG erfasst, da es sich – im Gegensatz zu Pensionskassen – bei ihnen nicht um Lebensversicherungsunternehmen handelt. 4

---

[1] BGBl. I, S. 3416.

[2] Vgl. etwa das Weißbuch „Sicherungssysteme für Versicherungen" KOM(2010), 370 endg. vom 12.7.2010 zu den Rahmenbedingungen und Vorschlägen der EU-Kommission; hierzu auch FKBP/*Pohlmann* § 124 Rn. 7.

[3] *Lange* ZVersWiss Supplement 2008, 13, 15; *Fricke* VersR 2005, 161, 162; *Eilert* VW 2005, 115.

5 **Keine Pflichtmitgliedschaft** ist in § 221 Abs. 1 VAG hingegen für Versicherungsunternehmen aus **anderen Mitgliedstaaten der EU** vorgesehen, welche grenzüberschreitend Geschäfte tätigen.[4] Denn sie bedürfen in Deutschland keiner gesonderten Zulassung nach den Vorschriften, welche in § 221 VAG in Bezug genommen werden. Die Sicherung der finanziellen Grundlagen (Finanzaufsicht) obliegt für diese Unternehmen dem Gesetzgeber und der Aufsichtsbehörde des Sitzstaates. Eine verpflichtende Mitgliedschaft in den deutschen Sicherungsfonds würde gegen dieses **Prinzip der Sitzlandaufsicht** verstoßen und sich daher als europarechtswidrig erweisen.[5]

6 **2. Freiwillige Mitgliedschaft (Abs. 2).** § 221 Abs. 2 VAG eröffnet **Pensionskassen** i. S. d. § 232 VAG die Möglichkeit, dem Sicherungsfonds **freiwillig beizutreten**. Nach dem Willen des Gesetzgebers soll diese Möglichkeit einer freiwilligen Mitgliedschaft solche **Wettbewerbsnachteile verhindern**, die sich daraus ergeben können, dass Pensionskassen nach § 221 Abs. 1 VAG von einer Pflicht zur Mitgliedschaft ausgenommen sind.[6] Nach § 221 Abs. 2 S. 2 VAG kann der Sicherungsfonds für die Lebensversicherung die Aufnahme von der Erfüllung bestimmter Bedingungen abhängig machen. Der Sicherungsfonds hat hierzu interne Richtlinien[7] aufgestellt, nach denen sich die Aufnahme von Pensionskassen richtet. Wesentliche Voraussetzungen sind demnach, dass die betreffende Pensionskasse dereguliert ist, nach ihrer Satzung keine Kürzung der vertraglichen Ansprüche vornehmen kann und für eine Vielzahl von Arbeitgebern offen steht. Weiterhin werden Anforderungen an die Finanzausstattung formuliert.

7 **Umstritten** ist die Frage, ob **Versicherungsunternehmen aus anderen Mitgliedstaaten der EU bzw. des EWR** die Möglichkeit haben, den Sicherungsfonds auf **freiwilliger Basis beizutreten**.[8] In Betracht kommen insofern eine **analoge Anwendung des § 221 Abs. 2 VAG** sowie ein Anspruch **unmittelbar aus dem Europarecht**. Letzterer könnte sich daraus ergeben, dass es sich bei der Mitgliedschaft in den Sicherungsfonds um einen wettbewerbsrelevanten Parameter handelt, so dass die fehlende Möglichkeit einer freiwilligen Mitgliedschaft für EU-ausländische Versicherungsunternehmen eine Verletzung der europäischen Niederlassungs- und Dienstleistungsfreiheit darstellen könnte.[9] Eine analoge Anwendung des § 221 Abs. 2 VAG scheitert jedoch an einer planwidrigen Regelungslücke, da aufgrund der Gesetzgebungshistorie von einer abschließenden Regelung in § 221 Abs. 2 VAG auszugehen ist.[10] Die Frage eines Anspruchs EU-ausländischer Versicherungsunternehmen auf freiwillige Mitgliedschaft unmittelbar kraft Europarechts ist **nicht abschließend durch den EuGH** geklärt worden.

8 Auf den Antrag eines EU-ausländischen Versicherungsunternehmens hin kam es allerdings zu einer Entscheidung der Frage durch die **deutsche Verwaltungsgerichtsbarkeit**. Zuvor hatte der Sicherungsfonds für die Lebensversicherer den Antrag auf freiwillige Mitgliedschaft abgelehnt und die BaFin den Widerspruch des EU-ausländischen Unternehmens zurückgewiesen. Die daraufhin folgende Klage des EU-ausländischen Versicherungsunternehmens wurde sowohl erstinstanzlich[11] als auch durch das **Bundesverwaltungsgericht**[12] abgewiesen. Die mittelbare Diskriminierung EU-ausländischer Versicherungsunternehmen, die sich aus dem Kriterium der Zulassung zum Geschäftsbetrieb im Inland ergibt, sah das Bundesverwaltungsgericht als durch **zwingende Gründe des Allgemeininteresses** (insbesondere: Verbraucherschutz) als gerechtfertigt an. Eine **Pflicht zur Vorlage an den EuGH** sah das Bundesverwaltungsgericht hingegen nicht, da die entscheidungserhebliche europarechtliche Frage eindeutig und zweifelsfrei zu beantworten sei.[13]

Aufrechterhaltung der Versicherungsverträge

222 (1) **Stellt die Aufsichtsbehörde fest, dass die Voraussetzungen des § 314 Absatz 1 Satz 1 bei einem Versicherungsunternehmen erfüllt sind, welches Mitglied eines Sicherungsfonds ist, oder liegt eine Anzeige gemäß § 311 Absatz 1 Satz 1 oder 2 eines solchen Versicherungsunternehmens vor, übermittelt sie diese Feststellung dem Sicherungsfonds und informiert hierüber das betroffene Versicherungsunternehmen.**

---

[4] Vgl. dazu auch *BVerwG* Urt v. 23.3.2011 – 8 C 47/09, NJW-RR 2011, 1250 Rn. 22 f.

[5] Ausführlich *Lange* ZVersWiss Supplement 2008, 13, 16 f.

[6] Beschlussempfehlung und Bericht des Finanzausschusses, BT-Drs. 15/3976, S. 34 zu § 124; dazu auch *Lange* ZVersWiss 2010, 13, 16; *Präve* VersR 2005, 1023, 1026; *Eilert* VW 2005, 115, 116.

[7] *Protektor AG*, Interne Richtlinie des Sicherungsfonds zur Aufnahme von Pensionskassen (abrufbar unter www.protektor-ag.de).

[8] **Für** eine solche Möglichkeit der freiwilligen Mitgliedschaft EU-ausländischer Versicherer sprachen sich in der Literatur bisher aus *Lange* ZVersWiss Supplement 2008, 13, 16 ff.; *Fricke* VersR 2005, 161, 162; *Jauernig* VW 2004, 1749; **dagegen** FKBP/*Pohlmann* § 124 Rn. 12; in einer neueren Publikation auch *Fricke* VersR 2008, 865, 869 f.; *Heidel*, S. 63 f.; *Präve* VersR 2005, 1023, 1026.

[9] Ausführlich dazu *Lange* ZVersWiss Supplement 2008, 13, 18 ff.

[10] *Lange* ZVersWiss Supplement 2008, 13, 17 f.

[11] *VG Berlin* Urt. v. 25.9.2009 – 1 A 224/07, VersR 2010, 1350; kritisch dazu *Lange* VersR 2010, 1421 ff.

[12] *BVerwG* Urt. v. 23.3.2011 – 8 C 47/09, NJW-RR 2011, 1250 Rn. 37 ff.

[13] Anders *Lange* VersR 2010, 1421, 1423 f.

(2) **Sofern andere Maßnahmen zur Wahrung der Belange der Versicherten nicht ausreichend sind, ordnet die Aufsichtsbehörde die Übertragung des gesamten Bestandes an Versicherungsverträgen mit den zur Bedeckung der Verbindlichkeiten aus diesen Verträgen erforderlichen Vermögensgegenständen auf den zuständigen Sicherungsfonds an; § 13 ist nicht anzuwenden.**

(3) **Die Rechte und Pflichten des übertragenden Unternehmens aus den Versicherungsverträgen gehen mit der Bestandsübertragung auch im Verhältnis zu den Versicherungsnehmern auf den Sicherungsfonds über; § 415 des Bürgerlichen Gesetzbuchs ist nicht anzuwenden.**

(4) [1]**Der Sicherungsfonds verwaltet die übernommenen Verträge gesondert von seinem restlichen Vermögen und legt über sie gesondert Rechnung.** [2]**Er ermittelt unverzüglich den für die vollständige Bedeckung der Verpflichtungen aus den Versicherungsverträgen erforderlichen Betrag und stellt geeignete qualifizierte Vermögensgegenstände bereit.** [3]**§ 15 Absatz 1, die §§ 39, 124, 139, 141, 142, 146 bis 158 und 336 gelten insoweit entsprechend; § 140 Absatz 2 und 3 findet auf die von den Sicherungsfonds verwalteten Versicherungsverträge Anwendung, sobald die Aufsichtsbehörde festgestellt hat, dass die Sanierung eines übernommenen Versicherungsbestandes abgeschlossen ist und das dem Sicherungsfonds hierfür zur Verfügung gestellte Kapital an die einzahlenden Versicherungsunternehmen zurückgewährt wurde.**

(5) [1]**Ergibt die Prüfung nach Absatz 4, dass die Mittel des Sicherungsfonds gemäß § 226 Absatz 4 bis 6 nicht ausreichen, um die Fortführung der Verträge zu gewährleisten, setzt die Aufsichtsbehörde bei Lebensversicherungsunternehmen die Verpflichtungen aus den Verträgen um maximal 5 Prozent der vertraglich garantierten Leistungen herab.** [2]**Die Aufsichtsbehörde kann außerdem Anordnungen treffen, um einen außergewöhnlichen Anstieg der Zahl vorzeitiger Vertragsbeendigungen zu verhindern.**

(6) [1]**Der Sicherungsfonds kann den Versicherungsbestand ganz oder teilweise auf in Deutschland zum Versicherungsgeschäft zugelassene Unternehmen übertragen; auf diese Übertragung ist § 13 entsprechend anzuwenden.** [2]**Der Sicherungsfonds kann die Versicherungsbedingungen und die Tarifbestimmungen der zu übertragenden Verträge bei der Übertragung ändern, um sie an die Verhältnisse des übernehmenden Versicherers anzupassen, wenn es zur Fortführung der Verträge beim übernehmenden Versicherer zweckmäßig und für die versicherten Personen zumutbar ist.** [3]**Die Änderung wird wirksam, wenn sie unter Wahrung des Vertragsziels die Belange der Versicherten angemessen berücksichtigt und ein unabhängiger Treuhänder bestätigt, dass diese Voraussetzung erfüllt ist.** [4]**Für den Treuhänder gelten die §§ 142 und 157 Absatz 3 entsprechend.**

(7) **Mit der Anordnung der Bestandsübertragung auf den Sicherungsfonds erlischt die Erlaubnis zum Geschäftsbetrieb des übertragenden Versicherungsunternehmens.**

(8) **Widerspruch und Anfechtungsklage gegen die Anordnung der Aufsichtsbehörde haben keine aufschiebende Wirkung.**

Schrifttum: Vgl. Angaben zu § 221 VAG.

I. Allgemeines. 1. Entstehungsgeschichte. § 222 VAG entspricht § 125 VAG a. F. Die Vorgängervorschrift wurde durch die **VAG-Novelle 2004**[1] erstmals in das VAG eingefügt. 1

2. Normzweck. Die Vorschrift des § 222 VAG regelt die Voraussetzungen und Modalitäten des zentralen Grundsatzes der **Aufrechterhaltung der Versicherungsverträge** im Falle einer Übertragung auf den Sicherungsfonds. Die deutschen Sicherungsfonds für die Lebens- und substitutiven Krankenversicherer sind nicht auf die Beendigung der Versicherungsverträge und die Entschädigung der Versicherungsnehmer sowie sonstiger betroffener Personen angelegt, sondern basieren auf der **Weiterführung der Verträge durch den jeweiligen Sicherungsfonds**, vgl. auch § 223 Abs. 2 S. 2 VAG.[2] Zu diesem Zweck wird in der Vorschrift zunächst der **Sicherungsfall** definiert (Abs. 1), in dem eine aufsichtsbehördliche angeordnete **Übertragung des Vertragsbestands** (Abs. 2 und 3) auf den Sicherungsfonds erfolgen kann. Der Sicherungsfonds hat diese Verträge sodann nach **bestimmten Grundsätzen** zu verwalten (Abs. 4), wobei die BaFin im Hinblick auf diesen Vertragsbestand **weitergehende Befugnisse** hat (Abs. 5). Schließlich regelt die Vorschrift die Bedingungen für eine **Weiterübertragung des Vertragsbestands** durch den Sicherungsfonds (Abs. 6), das **Erlöschen der Erlaubnis zum Geschäftsbetrieb** des ursprünglichen Versicherers (Abs. 7) und Aspekte des **Rechtsschutzes** (Abs. 8). 2

3. Europarechtlicher Hintergrund. Vgl. § 221 Rn. 3. 3

II. Einzelerläuterungen. 1. Sicherungsfall (Abs. 1). Voraussetzung für die Übertragung eines Vertragsbestands auf den Sicherungsfonds ist nach § 222 Abs. 1 VAG die **Feststellung des Sicherungs-** 4

[1] BGBl. I, S. 3416.
[2] Zu der historischen Entwicklung und den verschiedenen Konzepten in Theorie und Praxis ausführlich *Heidel* S. 5 ff.

falls. Dieser liegt vor, wenn die Voraussetzungen des **§ 314 Abs. 1 S. 1 VAG** bei dem betroffenen Versicherungsunternehmen erfüllt sind oder eine **Anzeige nach § 311 Abs. 1 S. 1 VAG** durch das Unternehmen erfolgt ist. Erfasst sind damit zwei Konstellationen: Erstens, wenn die tatbestandlichen Voraussetzungen des § 314 Abs. 1 S. 1 VAG erfüllt sind. Dies ist der Fall, wenn das Versicherungsunternehmen **dauerhaft nicht mehr imstande ist, seine Verpflichtungen zu erfüllen, die Vermeidung des Insolvenzverfahrens aber zum Besten der Versicherten geboten erscheint.**[3] Erforderlich ist insoweit, dass sich eine Insolvenz konkret abzeichnet und eintreten wird, wenn der Geschäftsbetrieb unverändert fortgesetzt wird (Prognose). In der zweiten Variante muss eine Anzeige des Versicherungsunternehmens vorliegen, nach der **Zahlungsunfähigkeit (§ 311 Abs. 1 S. 1 VAG) oder Überschuldung (§ 311 Abs. 1 S. 2 VAG)**, mithin also ein Insolvenzgrund vorliegt.[4]

5 Das Vorliegen des Sicherungsfalls ist durch die BaFin förmlich festzustellen. Es handelt sich insofern um einen **feststellenden Verwaltungsakt**, der an das betroffene Versicherungsunternehmen sowie an den Sicherungsfonds gerichtet ist. Folge der Feststellung ist, dass der BaFin die Möglichkeit eröffnet ist, die **Bestandsübertragung auf den Sicherungsfonds anzuordnen**. Weiterhin stehen dem Sicherungsfonds infolge der Feststellung erweiterte Prüfungs- und Kontrollrechte nach § 228 Abs. 3 VAG zu. Der feststellende Verwaltungsakt kann aufgrund seiner belastenden Wirkungen sowohl durch das betroffene Versicherungsunternehmen als auch durch den Sicherungsfonds **angefochten werden**, solange die Bestandsübertragung nach § 222 Abs. 2 VAG noch nicht angeordnet wurde.[5] § 222 Abs. 8 VAG, wonach Widerspruch und Anfechtungsklage keine aufschiebende Wirkung haben, gilt für die Rechtsbehelfe gegen den feststellenden Verwaltungsakt entsprechend, da es Sinn und Zweck der Regelung ist, dass die folgende Anordnung der Bestandsübertragung ohne weitere Verzögerung vorgenommen werden kann.[6] Dieses Ziel würde durch die aufschiebende Wirkung von Rechtsbehelfen gegen die Feststellung des Sicherungsfalls vereitelt.

6 **2. Bestandsübertragung (Abs. 2 und 3).** Hat die BaFin den Sicherungsfall festgestellt, gibt ihr § 222 Abs. 2 VAG die Befugnis, den **gesamten Vertragsbestand** des betroffenen Versicherungsunternehmens mit den – noch vorhandenen – **Vermögensgegenständen als Bedeckungswerten** auf den Sicherungsfonds durch entsprechende Anordnung zu übertragen. Voraussetzung dafür ist nach § 222 Abs. 2 VAG allerdings, dass **andere Maßnahmen zur Wahrung der Belange der Versicherten nicht ausreichend** sind. Die Anordnung der Bestandsübertragung ist somit gegenüber allen anderen möglichen Aufsichtsmaßnahmen der BaFin subsidiär. In Betracht zu ziehen sind hierbei alle der BaFin zur Verfügung stehenden **Aufsichtsinstrumente**, insbesondere ein Zahlungsverbot und die Herabsetzung von Leistungen nach § 314 VAG, der in seinen tatbestandlichen Voraussetzungen eng mit dem Vorliegen des Sicherungsfalls nach § 222 Abs. 1 VAG verknüpft ist. „Andere Maßnahmen" § 222 Abs. 2 VAG können jedoch auch **Maßnahmen des betroffenen Versicherungsunternehmens selbst** sein, also etwa eine vertraglich vereinbarte Bestandsübertragung nach § 13 VAG.[7] Diese Maßnahmen können auch durch einen Sonderbeauftragten vorgenommen werden, den die BaFin nach § 307 VAG zuvor bei dem Unternehmen eingesetzt hat.[8]

7 **Adressaten** der Anordnung nach § 222 Abs. 2 VAG sind das **betroffene Versicherungsunternehmen** und der **Sicherungsfonds**. Diese können infolgedessen auch Rechtsbehelfe gegen die Anordnung einlegen, wobei § 222 Abs. 8 VAG hinsichtlich der Suspensivwirkung zu beachten ist. Weiterhin sind auch **die Versicherten** durch die Anordnung der Bestandsübertragung potenziell in ihren subjektiven Rechten betroffen, so dass ein entsprechender **Drittrechtsschutz** gegen die Anordnung möglich ist.[9]

8 Gegenstand der angeordneten Bestandsübertragung ist stets der **gesamte Bestand** des betroffenen Versicherungsunternehmens.[10] Dies ergibt sich bereits aus dem Wortlaut des § 222 Abs. 2 VAG und auch aus der Tatsache, dass die Erlaubnis des übertragenden Unternehmens nach § 222 Abs. 7 VAG mit der Bestandsübertragung erlischt. Zudem dürften bei sanierungsbedürftigen Teilbeständen regelmäßig mildere Maßnahmen als die Anordnung der Bestandsübertragung bereits ausreichen.[11] Nach § 222 Abs. 2 Hs. 2 VAG gilt die Vorschrift des § 13 VAG zur vertraglich vereinbarten Bestandsübertragung nicht für die hoheitlich angeordnete Bestandsübertragung. Diese muss folglich nicht den weitgehenden Anforderungen des § 13 zum Schutz der Versicherten entsprechen.

9 Mit der angeordneten Bestandsübertragung gehen die **Rechte und Pflichten des übertragenden Versicherungsunternehmens vollständig auf den Sicherungsfonds über**, wobei eine Zustimmung

[3] Vgl. hierzu § 314 VAG Rn. 5 ff. sowie *Heidel*, S. 107.
[4] Vgl. hierzu § 311 VAG Rn. 4 ff. sowie *Heidel*, S. 108 f.
[5] So auch FKBP/*Pohlmann* § 125 Rn. 4.
[6] FKBP/*Pohlmann* § 125 Rn. 12 geht daher von einer analogen Anwendung des Abs. 8 aus.
[7] So auch *Präve* VersR 2005, 1023, 1026 ff.
[8] *Bürkle* VersR 2006, 302.
[9] Vgl. dazu auch *Grote/Ulbrich* BetrAV 2016, 186, 192; FKBP/*Pohlmann* § 125 Rn. 9, 12; *Präve* VersR 2005, 1023, 1028.
[10] So auch FKBP/*Pohlmann* § 125 Rn. 7; *Heidel*, S. 111 f.; *Präve* VersR 2005, 1023, 1028; a. A. *Fricke* VersR 2005, 161, 165.
[11] FKBP/*Pohlmann* § 125 Rn. 7.

der Versicherungsnehmer nicht erforderlich ist, vgl. § 222 Abs. 3 VAG. In der Folge ist der Sicherungsfonds insbesondere berechtigt, ausstehende Prämien einzuziehen, Gestaltungsrechte auszuüben, Anzeigen und Erklärungen entgegenzunehmen und nicht geschuldete Leistungen heraus zu verlangen. Im Gegenzug hat der Sicherungsfonds die geschuldete Versicherungsleistung zu erbringen und mögliche weitere Ansprüche aus den Versicherungsverträgen zu erfüllen.[12] Nach § 228 Abs. 4 VAG kann der Sicherungsfonds insbesondere auch in **Ausgliederungsverträge** eintreten, welche das übertragende Unternehmen zur Verwaltung des Bestandes zuvor mit einem Dienstleister geschlossen hat.

3. Vertragsverwaltung durch den Sicherungsfonds (Abs. 4). Der Sicherungsfonds hat den übernommenen Vertragsbestand nach bestimmten Grundsätzen zu verwalten. Nach § 222 Abs. 4 Satz 1 VAG hat er die Verträge **gesondert von seinem restlichen Vermögen** zu verwalten und über sie **gesondert Rechnung** zu legen. Die Rechnungslegung wird durch § 227 VAG weitergehend normiert. Der Sicherungsfonds hat unverzüglich zu ermitteln, welche **qualifizierten Vermögenswerte für die Bedeckung der Verpflichtungen aus den Versicherungsverträgen erforderlich** sind, und die erforderlichen Mittel bereitzustellen. Reichen die mit dem Versicherungsbestand übertragenen Vermögenswerte hierfür nicht aus – was im Sicherungsfall regelmäßig der Fall sein dürfte – hat der Sicherungsfonds folglich die erforderlichen Mittel aus dem eigenen Vermögen bereitzustellen. 10

§ 222 Abs. 4 S. 3 VAG erklärt eine Reihe von Vorschriften für die Verwaltung des Vertragsbestandes für **entsprechend anwendbar**. Nach § 222 Abs. 4 S. 3 Hs. 1 VAG gelten dabei für den Sicherungsfonds insbesondere das Verbot des Betreibens versicherungsfremder Geschäfte, die Anlagegrundsätze für die Kapitalanlage nach § 124 VAG sowie aus dem Recht der Lebensversicherung die Vorschriften zur Überschussbeteiligung (§ 139 VAG), zum Verantwortlichen Aktuar und zum Treuhänder (§§ 141, 142 VAG) sowie die besonderen Vorschriften aus dem Recht der substitutiven Krankenversicherung (§§ 146 bis 158 VAG) entsprechend. Eine für die Lebensversicherung wichtige Einschränkung sieht allerdings § 222 Abs. 4 S. 3 Hs. 2 VAG vor. Danach sind § 140 Abs. 2 und 3 VAG aus den Vorschriften zur Rückstellung für Beitragsrückerstattungen (RfB) erst dann anwendbar, wenn die BaFin festgestellt hat, dass die Sanierung des übertragenen Vertragsbestandes abgeschlossen ist. Dies führt dazu, dass erst ab diesem Zeitpunkt **Überschussbeteiligungen** durch den Sicherungsfonds gewährt werden können.[13] 10a

4. Herabsetzen von Leistungen, Verhinderung von Vertragsbeendigungen (Abs. 5). § 222 Abs. 5 S. 1 VAG gibt der BaFin die Befugnis, die Leistungen aus Lebensversicherungsverträgen, welche durch den Sicherungsfonds verwaltet werden, unter bestimmten Umständen **um maximal 5 % herabzusetzen.**[14] Voraussetzung dafür ist, dass die Mittel des Sicherungsfonds, der sich nach § 226 Abs. 4 und 5 VAG durch Jahresbeiträge und ggf. Sonderbeiträge seiner Mitgliedsunternehmen finanziert, **nicht ausreichen, um die Verträge des übertragenen Bestands fortzuführen**. In die Betrachtung einbezogen werden können hierbei auch mögliche weitergehende Kreditaufnahmen, die dem Sicherungsfonds für die Lebensversicherer nach § 5 Abs. 7 S. 1 SichLVFinV[15] ausdrücklich gestattet sind, wenn die Erhebung von Sonderbeiträgen nicht ausreicht.[16] Für den Sicherungsfonds für die substitutiven Krankenversicherer gilt § 222 Abs. 5 S. 1 VAG nicht, da ärztliche Behandlungskosten auf jeden Fall erstattet werden sollen und eine Prämienanpassung hier leichter vorgenommen werden kann.[17] 11

§ 222 Abs. 5 S. 1 VAG ist strukturell **§ 314 Abs. 2 VAG** vergleichbar. Nach beiden Vorschriften kann die Aufsichtsbehörde unter bestimmten Voraussetzungen die Leistungen aus Lebensversicherungsverträgen herabsetzen. Während diese Herabsetzung nach § 314 Abs. 2 VAG allerdings grundsätzlich **in unbegrenzter Höhe** erfolgen kann, ist sie § 225 Abs. 5 S. 1 VAG nach auf **maximal 5 % beschränkt**. Auf die allgemeine Herabsetzungsbefugnis nach § 314 Abs. 2 VAG kann sich die BaFin allerdings nur stützen, solange keine Bestandsübertragung auf den Sicherungsfonds durchgeführt wurde. **Nach erfolgter Bestandsübertragung ist eine Anwendung des § 314 Abs. 2 VAG neben der Herabsetzungsbefugnis nach § 222 Abs. 5 S. 1 VAG ausgeschlossen.** Dies ergibt sich aus § 225 VAG, der § 314 Abs. 2 VAG für die Aufsicht über die Sicherungsfonds nicht für entsprechend anwendbar erklärt und festlegt, dass ansonsten nur die Vorschriften der §§ 221–231 VAG für die Aufsicht über die Sicherungsfonds gelten.[18] 12

Die Frage des Verhältnisses von § 222 Abs. 5 S. 1 VAG zu § 314 Abs. 2 VAG war auch bereits **Gegenstand einer Kleinen Anfrage im Deutschen Bundestag.**[19] In ihrer Antwort weist die Bundesregierung darauf hin, dass die beiden Vorschriften „unabhängig voneinander gelten", was selbst- 13

[12] Zum Ganzen *Heidel* S. 112.
[13] Vgl. dazu auch FKBP/*Pohlmann* § 125 Rn. 13.
[14] Ausführlich zu dieser Vorschrift *Heidel* S. 118 ff.
[15] Verordnung über die Finanzierung des Sicherungsfonds für die Lebensversicherer (Sicherungsfonds-Finanzierungs-Verordnung) vom 11.5.2006 (BGBl. I, S. 1172), zuletzt geändert durch Art. 8 des Gesetzes vom 1.8.2014 (BGBl. I, S. 1330).
[16] A. A. FKBP/*Pohlmann* § 129 Rn. 8 a. E.
[17] Empfehlung und Bericht des Finanzausschusses, BT-Drs. 15/3976, S. 34; vgl. auch FKBP/*Pohlmann* § 125 Rn. 15.
[18] Unklar insofern *Grote/Ulbrich* BetrAV 2016, 186, 190 f.
[19] Kleine Anfrage vom 2.12.2015, BT-Drs. 18/6964, S. 1 (Frage 3).

verständlich ist. Eine Klarstellung, wie sich die Vorschriften zueinander verhalten und mit welcher maximalen Kürzung Lebensversicherungskunden zu rechnen hätten, erachtet die Bundesregierung jedoch als „kontraproduktiv“, da sie die Handlungsspielräume der BaFin nach Auffassung der Bundesregierung zu sehr einschränken würde.[20]

14 Neben der Herabsetzung von Leistungen gibt § 222 Abs. 5 S. 2 VAG der BaFin zudem die Befugnis, Anordnungen zu treffen, um **vorzeitige Vertragsbeendigungen zu verhindern**. Im Unterschied zu § 222 Abs. 5 S. 1 VAG gilt diese Vorschrift für die Bereiche der Lebens- und der Krankenversicherung. Konkret könnte die BaFin nach dieser Vorschrift eine Kündigungssperre verhängen, Kündigungsfristen verlängern, Sonderkündigungsrechte einschränken oder im Bereich der Lebensversicherung etwa die Stornoabschläge stark anheben.[21]

15 **5. Weitere Bestandsübertragungen durch den Sicherungsfonds.** § 222 Abs. 6 S. 1 Hs. 1 VAG stellt klar, dass der Sicherungsfonds befugt ist, den übernommenen Vertragsbestand im Wege einer **weiteren Bestandsübertragung auf ein Versicherungsunternehmen** zu übertragen, das in Deutschland über eine Zulassung verfügt. Wegen des Spartentrennungsprinzips kann damit nur eine Zulassung für die jeweils betroffene Sparte der Lebens- oder Krankenversicherung gemeint sein. Nach § 222 Abs. 6 S. 1 Hs. 2 VAG gelten für diese Bestandsübertragung die **Vorschriften über die vertraglich vereinbarte Bestandsübertragung nach § 13 VAG**. Abweichend von § 13 VAG gibt § 222 Abs. 6 S. 2 VAG dem Sicherungsfonds allerdings die Befugnis, unter bestimmten Voraussetzungen die **Vertrags- und Tarifbestimmungen der zu übertragenden Verträge abzuändern**. Gemeint sind damit die AVB und die Prämienhöhe. Voraussetzung dafür ist nach § 222 Abs. 6 S. 2 bis 4 VAG allerdings, dass diese Änderungen der vertraglichen Grundlagen zur Fortführung der Verträge bei dem übernehmenden Versicherer **zweckmäßig**, den Versicherten **zumutbar**, die **Belange der Versicherten** ausreichend gewahrt und letzteres durch den **unabhängigen Treuhänder** § 142 VAG (Lebensversicherung) bzw. § 157 Abs. 3 VAG (substitutive Krankenversicherung) **bestätigt** wird. Bei einer derartigen Ansammlung unbestimmter Rechtsbegriffe ist davon auszugehen, dass der BaFin bei der Genehmigung der Bestandsübertragung nach § 13 VAG erhebliche Handlungsspielräume eröffnet sind.

16 **III. Verhältnis zu anderen Regelungen.** Das Verhältnis von § 222 Abs. 5 S. 1 VAG zu **§ 314 Abs. 2 VAG** wurde in Rn. 12f. bereits erörtert. Zwischen § 222 Abs. 2 bzw. Abs. 6 VAG einerseits und **§ 13 VAG** andererseits kann es zu keinen Friktionen kommen, da bei der hoheitlich angeordneten Bestandsübertragung § 13 VAG nicht anzuwenden ist, bei der Bestandsübertragung nach § 222 Abs. 6 VAG hingegen vollumfänglich entsprechend gilt.

Sicherungsfonds

223 (1) [1] **Bei der Kreditanstalt für Wiederaufbau werden ein Sicherungsfonds für die Lebensversicherer und ein Sicherungsfonds für die Krankenversicherer als nicht rechtsfähige Sondervermögen des Bundes errichtet.** [2] **Die Sicherungsfonds können im Rechtsverkehr handeln, klagen oder verklagt werden.**

(2) [1] **Aufgabe der Sicherungsfonds ist der Schutz der Ansprüche der Versicherungsnehmer, der versicherten Personen, der Bezugsberechtigten und der sonstigen aus dem Versicherungsvertrag begünstigten Personen.** [2] **Zu diesem Zweck sorgen die Sicherungsfonds für die Weiterführung der Verträge eines betroffenen Versicherungsunternehmens.**

(3) [1] **Die Kreditanstalt für Wiederaufbau verwaltet die Sicherungsfonds.** [2] **Für die Verwaltung erhält sie eine kostendeckende Vergütung aus den Sondervermögen.**

(4) **Über den Widerspruch gegen Verwaltungsakte eines Sicherungsfonds entscheidet die Bundesanstalt.**

Schrifttum: Vgl. Angaben zu § 221 VAG.

1 **I. Allgemeines. 1. Entstehungsgeschichte.** § 223 VAG entspricht § 126 VAG a. F. Die Vorgängervorschrift wurde durch die **VAG-Novelle 2004**[1] erstmals in das VAG eingefügt.

2 **2. Normzweck.** Die Vorschrift enthält Bestimmungen zur **Errichtung und Organisation** der Sicherungsfonds und zu ihrer **Anbindung an die Kreditanstalt für Wiederaufbau (KfW)**. Außerdem werden in § 223 Abs. 2 VAG Aussagen zu den **Aufgaben** der Sicherungsfonds getroffen. Schließlich bestimmt § 223 Abs. 4 VAG die **BaFin als zuständige Widerspruchsbehörde** bei Verwaltungsakten der Sicherungsfonds.

[20] Antwort der Bundesregierung auf die Kleine Anfrage, BT-Drs. 18/7221, S. 1 f.
[21] Ebenso FKBP/*Pohlmann* § 125 Rn. 16; *Heidel* S. 127; *Präve* VersR 2005, 1023, 1029.
[1] BGBl. I, S. 3416.

3. Europarechtlicher Hintergrund. Vgl. § 221 Rn. 3. 3

II. Einzelerläuterungen. 1. Errichtung und Organisation der Sicherungsfonds (Abs. 1, 3 und 4). Nach § 223 Abs. 1 S. 1 werden **jeweils eigenständige Sicherungsfonds für die Lebens- und Krankenversicherer** errichtet. Die Trennung ist bereits wegen des geltenden Spartentrennungsprinzips nach § 8 Abs. 4 S. 2 VAG erforderlich und darüber hinaus auch sinnvoll, da nach den §§ 221 ff. VAG teilweise unterschiedliche spartenbezogene Regelungen für die Sicherungsfonds gelten.[2] Die Sicherungsfonds sind selbst keine zugelassenen Versicherungsunternehmen, sondern als **nicht rechtsfähige Sondervermögen des Bundes** organisiert. Als öffentlich-rechtliches Sondervermögen sind sie insbesondere **keine juristischen Personen**. Nach § 223 Abs. 1 S. 2 VAG können Sicherungsfonds jedoch im Rechtsverkehr handeln sowie klagen und verklagt werden, mithin erhalten sie damit eine gewisse **Teilrechtsfähigkeit**. Die Sicherungsfonds sind an die **KfW** angebunden, welche nach § 223 Abs. 3 VAG mit der Verwaltung betraut ist und dafür aus dem Sondervermögen eine angemessene Vergütung beanspruchen kann. 4

Infolge der Teilrechtsfähigkeit der Sicherungsfonds richten sich die Ansprüche der Versicherungsnehmer eines kraft hoheitlicher Anordnung übertragenen Bestandes gegen den Sicherungsfonds selbst. Auch im Falle einer gerichtlichen Auseinandersetzung ist der jeweilige Sicherungsfonds selbst Partei des Verfahrens. Der öffentlich-rechtliche Charakter der Sicherungsfonds wird jedoch dadurch deutlich, dass sie **Verwaltungsakte erlassen können**, z.B. nach § 226 Abs. 5 VAG zur Erhebung von Sonderbeiträgen oder nach § 229 Abs. 1 VAG zum Zweck des Ausschlusses von Mitgliedsunternehmen. Über **Widersprüche** gegen derartige Verwaltungsakte entscheidet nach § 223 Abs. 4 VAG die BaFin. Die öffentlich-rechtliche Rechtsform ist insbesondere auch deshalb erforderlich, weil sie die Pflichtmitgliedschaft nach § 221 Abs. 1 VAG und die Begründung öffentlich-rechtlicher Beitragspflichten ermöglicht.[3] 5

2. Aufgaben der Sicherungsfonds (Abs. 2). § 223 Abs. 2 VAG stellt nochmals explizit die Aufgaben der Sicherungsfonds klar, wie sie sich bereits aus den übrigen Vorschriften der §§ 221 ff. VAG ergeben. § 223 Abs. 2 S. 1 VAG stellt dabei den **Schutz der Ansprüche aus den Versicherungsverträgen** in den Mittelpunkt. Zu dem geschützten Personenkreis zählen nicht nur die Versicherungsnehmer, sondern auch die versicherten Personen, Bezugsberechtigten und aller sonstigen Personen, welche aus den Versicherungsverträgen begünstigt sind. § 223 Abs. 2 S. 2 VAG stellt zudem klar, dass die übernommenen **Versicherungsverträge zu diesem Zweck weitergeführt** werden. Denn bei den Sicherungsfonds in Deutschland steht nicht die Beendigung der Vertragsverhältnisse und die Entschädigung der betroffenen Personen, sondern die ordnungsgemäße Weiterführung der Versicherungsverträge im Mittelpunkt. 6

III. Verhältnis zu anderen Regelungen. In der bisherigen Praxis spielt die Regelung des § 223 VAG für sich alleine betrachtet keine besondere Rolle. Die Vorschrift ist vielmehr **in engem Zusammenhang mit § 224 VAG** zu sehen, da die **Beleihung** der privatrechtlich organisierten Protektor Lebensversicherungs-AG bereits bei Einführung der Regelung im Jahr 2004 vorgesehen war und sodann auch zeitnah erfolgt ist. 7

Beleihung Privater

224 (1) [1]**Das Bundesministerium der Finanzen wird ermächtigt, durch Rechtsverordnung im Einvernehmen mit dem Bundesministerium der Justiz und für Verbraucherschutz ohne Zustimmung des Bundesrates Aufgaben und Befugnisse eines oder beider Sicherungsfonds einer juristischen Person des Privatrechts zu übertragen, wenn diese bereit ist, die Aufgaben des Sicherungsfonds zu übernehmen und hinreichende Gewähr für die Erfüllung der Ansprüche der Entschädigungsversicherten bietet.** [2]**Eine juristische Person bietet hinreichende Gewähr, wenn**

1. **die Personen, die nach Gesetz oder Satzung die Geschäftsführung und Vertretung der juristischen Person ausüben, zuverlässig und geeignet sind,**
2. **sie über die zur Erfüllung ihrer Aufgaben notwendige Ausstattung und Organisation, insbesondere für die Beitragseinziehung, die Leistungsbearbeitung und die Verwaltung der Mittel, verfügt und dafür eigene Mittel im Gegenwert von mindestens 1 Million Euro vorhält und**
3. **sie nachweist, dass sie zur Organisation insbesondere der Beitragseinziehung, der Leistungsbearbeitung und der Verwaltung der Mittel im Zeitpunkt der Bestandsübertragung gemäß § 222 Absatz 2 in der Lage ist.**

---

[2] So auch FKBP/*Pohlmann* § 126 Rn. 2; *Heidel* S. 89.

[3] Vgl. Begründung zu dem Gesetzentwurf der Bundesregierung, BT-Drs. 15/3418, S. 26 sowie FKBP/*Pohlmann* § 126 Rn. 1; *Heidel* S. 90.

[3]**Auch ein nach § 8 zugelassenes Unternehmen kann beliehen werden.** [4]**Durch die Rechtsverordnung nach Satz 1 kann sich das Bundesministerium der Finanzen die Genehmigung der Satzung und von Satzungsänderungen der juristischen Person vorbehalten.**

(2) [1]**Im Fall der Beleihung nach Absatz 1 tritt die juristische Person des Privatrechts in die Rechte und Pflichten des jeweiligen Sicherungsfonds ein.** [2]**§ 223 Absatz 4 ist entsprechend anzuwenden.** [3]**Eine Übertragung der Vermögensmasse erfolgt nicht.**

Schrifttum: Vgl. Angaben zu § 221 VAG.

1 **I. Allgemeines. 1. Entstehungsgeschichte.** § 224 VAG entspricht § 127 VAG a. F. Die Vorgängervorschrift wurde durch die **VAG-Novelle 2004**[1] erstmals in das VAG eingefügt.

2 **2. Normzweck.** § 224 VAG regelt die **Beleihung juristischer Personen des Privatrechts** mit den Aufgaben und Befugnissen der Sicherungsfonds. Sie enthält zu diesem Zweck eine **Verordnungsermächtigung** des Bundesministeriums der Finanzen (BMF) und bestimmt die Voraussetzungen, unter denen die Beleihung erfolgen kann. Weiterhin werden die Rechtsfolgen einer solchen Beleihung geregelt.

3 **3. Europarechtlicher Hintergrund.** Vgl. § 221 Rn. 3.

4 **II. Einzelerläuterungen. 1. Die gesetzliche Regelung.** § 224 Abs. 1 S. 1 VAG ermächtigt das BMF im Einvernehmen mit dem Bundesministerium der Justiz und für Verbraucherschutz, **einer juristischen Person des Privatrechts die Aufgaben und Befugnisse eines oder beider Sicherungsfonds durch Rechtsverordnung zu übertragen.** Eine Zustimmung des Bundesrats zu dieser Rechtsverordnung ist nicht erforderlich. Weiterhin kann sich das BMF nach § 224 Abs. 1 S. 4 VAG durch diese Rechtsverordnung die Genehmigung der Satzung und von Satzungsänderungen vorbehalten.

5 **Voraussetzung** für die Übertragung der Aufgaben und Befugnisse auf eine juristische Person des Privatrechts ist zunächst, dass diese **mit der Beleihung einverstanden** ist. Eine „Zwangsbeleihung" durch das BMF kommt damit nicht in Betracht. Weiterhin muss die juristische Person des Privatrechts die **Gewähr dafür bieten**, dass im Sicherungsfall die **Ansprüche aus den übertragenen Versicherungsverträgen erfüllt** werden. Dies ist nach § 224 Abs. 1 S. 2 VAG der Fall, wenn die Geschäftsleiter und sonstigen Vertreter der juristischen Person **zuverlässig und (fachlich) geeignet** sind. Insofern gelten die allgemeinen Maßstäbe des VAG zur Zuverlässigkeit und fachlichen Eignung von Geschäftsleitern im Hinblick auf die ihnen jeweils übertragenen Aufgaben zumindest entsprechend.[2] Zudem muss die juristische Person über die notwendige Ausstattung und Organisation verfügen, um ihre in § 127 Abs. 1 S. 2 Nr. 2 VAG näher bezeichneten Aufgaben zu erfüllen, und dafür Mittel in Höhe von mindestens einer Million Euro vorhalten. Konkret geht es also um eine ausreichende **organisatorische, finanzielle, technische und personelle Ausstattung** der juristischen Person, die beliehen werden soll. Diese hat auch nachzuweisen, dass sie dazu in der Lage ist, die notwendigen organisatorischen Anforderungen im **Zeitpunkt einer Bestandsübertragung** nach § 222 Abs. 2 VAG zu erfüllen, vgl. § 127 Abs. 1 S. 2 Nr. 3 VAG. Das bedeutet, die juristische Person hat nicht dauerhaft Ressourcen in erheblichem Ausmaß vorzuhalten, um auf jeden „Ernstfall" vorbereitet zu sein, sondern es genügt, wenn **im Bedarfsfall** die erforderlichen Ressourcen zur Verfügung stehen.[3]

6 In § 224 Abs. 1 S. 3 VAG wird klargestellt, dass auch **ein nach § 8 VAG zugelassenes Unternehmen** mit den Aufgaben und Befugnissen des Sicherungsfonds beliehen werden kann. Bei einem zugelassenen Versicherungsunternehmen ist dabei stets davon auszugehen, dass es die Voraussetzungen des § 224 Abs. 1 S. 2 VAG erfüllt, da es ansonsten nicht über eine Erlaubnis zum Geschäftsbetrieb in Deutschland verfügen würde.

7 Die **Rechtsfolgen der Beleihung** sind in § 224 Abs. 2 VAG normiert. Demnach tritt die beliehene juristische Person des Privatrechts **unmittelbar in die Rechts und Pflichten des jeweiligen Sicherungsfonds** ein. Die Aufgaben und – hoheitlichen – Befugnisse des Sicherungsfonds gehen damit unmittelbar auf die beliehene juristische Person über. **Widerspruchsbehörde** für Verwaltungsakte bleibt allerdings nach § 224 Abs. 2 S. 2 VAG kraft Verweis auf § 223 Abs. 4 VAG weiterhin die BaFin. § 224 Abs. 2 S. 3 VAG stellt klar, dass eine **Übertragung der Vermögensmasse des Sicherungsfonds nicht erfolgt**. Damit sind allerdings nur die Vermögenswerte gemeint, die das Sondervermögen selbst bilden, nicht hingegen die nach § 222 Abs. 2 Hs. 1 VAG mit übertragenen Bedeckungswerte im Falle einer zuvor angeordneten Bestandsübertragung auf den Sicherungsfonds.[4]

[1] BGBl. I, S. 3416.

[2] *Heidel* S. 93 f. hält im Hinblick auf § 225 VAG (§ 128 VAG a. F.) noch nicht einmal eine analoge Anwendung der allgemeinen Vorschriften zur Zuverlässigkeit und fachlichen Eignung für möglich, will die Anforderungen an die Geschäftsleiter der Sicherungsfonds aber dennoch an die allgemeinen Vorgaben „anlehnen". Für identische Anforderungen spricht allerdings die Vergleichbarkeit der Tätigkeiten, so auch die Regierungsbegründung zu dem Gesetzentwurf vom 24.6.2004, BT-Drs. 15/3418, S. 27.

[3] Ausführlich dazu *Heidel* S. 94 ff.

[4] So auch FKBP/*Pohlmann* § 127 Rn. 4.

2. Die Beleihung juristischer Personen in der Praxis. Die Beleihung von juristischen Personen des Privatrechts mit den Aufgaben der Sicherungsfonds war in der Praxis von vorneherein geplant und ist bald nach Inkrafttreten der gesetzlichen Regelungen zu den Sicherungsfonds auch erfolgt. Im Jahr 2006 wurden die **Protektor Lebensversicherungs-AG** mit Sitz in Berlin und die **Medicator AG** mit Sitz in Köln – beides nach § 8 VAG zugelassene Unternehmen – jeweils mit den Aufgaben und Befugnissen des Sicherungsfonds für die Lebensversicherer bzw. der substitutiven Krankenversicherer betraut. Hierzu wurden **zwei Rechtsverordnungen** erlassen.[5] In beiden Verordnungen hat das BMF von seinem Recht aus § 224 Abs. 1 S. 3 VAG Gebrauch gemacht, Satzungsänderungen unter einen Genehmigungsvorbehalt zu stellen. Die beiden beliehenen Gesellschaften waren bereits **zuvor als freiwillige Auffanggesellschaften durch die Versicherungswirtschaft gegründet** worden. 8

Im Falle der **Protektor Lebensversicherungs-AG** geschah dies aus dem **konkreten Anlass** einer wirtschaftlichen Schieflage der **Mannheimer Lebensversicherungs-AG**. Deren Vertragsbestand hatte die Protektor Lebensversicherungs-AG bereits vor Inkrafttreten der gesetzlichen Regelungen zu den Sicherungsfonds im Jahr 2003 übernommen und verwaltet ihn bis heute. Insofern tritt bei der Protektor Lebensversicherungs-AG die Funktion als **freiwillige Auffanggesellschaft** mit dem noch existierenden Restbestand an Verträgen der Mannheimer Lebensversicherungs-AG besonders deutlich neben die **Funktion als Beliehene für den Sicherungsfonds** für die Lebensversicherung. An dieser **Doppelfunktion** würde auch der derzeit geplante Verkauf des Restbestands an Verträgen der Mannheimer Lebensversicherungs-AG[6] nichts ändern. 9

Aufsicht

225 **[1]Die Bundesanstalt hat Missständen entgegenzuwirken, welche die ordnungsgemäße Erfüllung der Aufgaben der Sicherungsfonds gefährden können. [2]Die Bundesanstalt kann Anordnungen treffen, die geeignet und erforderlich sind, diese Missstände zu beseitigen oder zu verhindern. [3]Der Bundesanstalt stehen gegenüber den Sicherungsfonds die Auskunfts- und Prüfungsrechte nach den §§ 305 und 306 zu. [4]Im Übrigen gelten für die Sicherungsfonds nur die Vorschriften dieses Kapitels sowie § 332.**

Schrifttum: Vgl. Angaben zu § 221 VAG.

I. Allgemeines. 1. Entstehungsgeschichte. § 225 VAG entspricht weitgehend § 128 VAG a. F. Im Vergleich zu der Vorgängervorschrift hat § 225 S. 5 VAG eine Änderung erfahren. Ebenso wurde der Begriff „Aufsichtsbehörde" durch den Begriff „Bundesanstalt" ersetzt. Die Vorgängervorschrift des § 225 VAG wurde durch die **VAG-Novelle 2004**[1] erstmals in das Gesetz eingefügt. 1

2. Normzweck. Mit der Vorschrift des § 225 VAG wird der Maßstab für die Aufsicht über die Sicherungsfonds festgelegt. Zudem werden die hierbei anwendbaren Vorschriften bestimmt. 2

3. Europarechtlicher Hintergrund. Vgl. § 221 Rn. 3. 3

II. Einzelerläuterungen. 1. Die Missstandsaufsicht über die Sicherungsfonds. § 225 S. 1 VAG sieht eine **Missstandsaufsicht über die Sicherungsfonds** vor. Dieser Aufsicht unterliegen ebenfalls juristische Personen des Privatrechts, die nach § 224 VAG die Aufgaben und Befugnisse der Sicherungsfonds als **Beliehene** wahrnehmen, da sie nach § 224 Abs. 2 VAG vollumfänglich in die Rechte und Pflichten der Sicherungsfonds eintreten. Die **Zuständigkeit der BaFin** für die Aufsicht über die Sicherungsfonds und ihre Rechtsnachfolger ergibt sich aus § 320 Abs. 1 Nr. 2 VAG. Nach § 225 S. 2 VAG kann die BaFin Anordnungen treffen, die geeignet und erforderlich sind, um Missstände bei den Sicherungsfonds zu beseitigen (repressiv) oder zu verhindern (präventiv). § 225 S. 1 und 2 VAG sind strukturell der **allgemeinen Generalklausel des § 298 Abs. 1 VAG** für die Aufsicht über Erstversicherungsunternehmen nachgebildet. Nach dem Wortlaut des § 225 S. 1 VAG soll ein Missstand vorliegen, wenn die ordnungsgemäße Erfüllung der Aufgaben der Sicherungsfonds gefährdet ist. Aufgabe des Sicherungsfonds ist nach § 223 Abs. 2 S. 1 VAG der Schutz der Ansprüche der Versicherten und weiterer Begünstigter aus den Versicherungsverträgen, was sich mit dem Begriff der „Belange der Versicherten" in § 298 Abs. 1 VAG deckt.[2] Der Begriff des Missstands in **§ 225 VAG ist daher** 4

---

[5] Verordnung über die Übertragung von Aufgaben und Befugnissen eines Sicherungsfonds für die Lebensversicherer an die Protektor Lebensversicherungs-AG vom 11.5.2006 (BGBl. I S. 1170); Verordnung über die Übertragung von Aufgaben und Befugnissen eines Sicherungsfonds für die Krankenversicherer an die Medicator AG vom 11.5.2006 (BGBl. I S. 1171).

[6] *Protektor Lebensversicherungs-AG,* Hauptversammlung von Protektor hat die Gründung einer Tochtergesellschaft beschlossen, http://www.protektor-ag.de/de/hauptversammlung-von-protektor-hat-die-gruendung-einer-tochtergesellschaft-beschlossen-1144.

[1] BGBl. I, S. 3416.

[2] So auch FKBP/*Pohlmann* § 128 Rn. 2; *Präve* VersR 2005, 1023, 1030.

entsprechend den Grundsätzen des § 298 Abs. 1 VAG auszulegen und anzuwenden.[3] Das bedeutet – nach zutreffender Ansicht – rechtsstaatskonform und damit nach einem engen Verständnis, das auf die Ahndung der Verletzung derjenigen aufsichtsrechtlichen Vorschriften beschränkt ist, welche für die Sicherungsfonds gelten.

5 **2. Weitere anwendbare Rechtsvorschriften.** Nach § 225 S. 3 und 4 VAG gelten lediglich drei **Rechtsvorschriften aus der allgemeinen Aufsicht über Versicherungsunternehmen** auch für die Aufsicht über die Sicherungsfonds. Dies ist zum einen **§ 305 VAG** mit dem allgemeinen Befragungsrecht der BaFin und der korrespondierenden Auskunftspflicht der jeweils betroffenen Personen, zum anderen das Recht der BaFin nach **§ 306 VAG**, Geschäftsräume der Sicherungsfonds zu betreten, zu durchsuchen und Beschlagnahmen durchzuführen. Weiterhin gelten die in **§ 332 VAG** normierten Bußgeldtatbestände auch für die handelnden Personen bei den Sicherungsfonds. Die in § 225 S. 3 und 4 VAG genannten Vorschriften werden insofern **ergänzt durch weitere Verweise** auf Vorschriften aus der allgemeinen Aufsicht in den §§ 221 ff. VAG, insbesondere in § 222 Abs. 4 und 6 VAG.[4]

6 **3. Sperrwirkung des § 225.** § 225 S. 4 VAG sieht vor, dass **im Übrigen** nur die Vorschriften „dieses Kapitels", d. h. die §§ 221 bis 231 VAG, für die Aufsicht über die Sicherungsfonds gelten. Der BaFin stehen damit nur diejenigen Befugnisse zu, welche ihr in diesen Vorschriften ausdrücklich eingeräumt werden. Die Sicherungsfonds haben nur die entsprechenden Aufsichtsstandards zu erfüllen. Gegenüber allen anderen Vorschriften des VAG entfalten die §§ 221 bis 231 VAG daher eine **Sperrwirkung.**[5] Dies gilt auch für den Fall, dass ein zugelassenes Versicherungsunternehmen als juristische Person des Privatrechts nach § 224 VAG die Aufgaben und Befugnisse des Sicherungsfonds als Beliehener wahrnimmt. In diesem Fall entfaltet § 225 VAG ebenfalls Sperrwirkung gegenüber den allgemeinen Vorgaben des VAG**, sofern es um die Funktion des beliehenen Versicherungsunternehmens als Sicherungsfonds** geht. Für **sonstige Geschäftstätigkeiten**, welche das beliehene Versicherungsunternehmen neben seiner Funktion als Sicherungsfonds entfaltet, **gelten hingegen die allgemeinen Vorschriften des VAG**. Dies ergibt sich nicht zuletzt auch aus einer Änderung, die § 225 S. 4 VAG gegenüber der Vorgängervorschrift des § 128 S. 4 VAG a. F. erfahren hat. Denn dort wurde noch klargestellt, dass die Vorschrift nur dann eine Sperrwirkung gegenüber den allgemeinen Vorschriften des VAG entfaltet, sofern es sich bei dem Sicherungsfonds „nicht um ein nach § 5 zugelassenes Unternehmen handelt". Dies implizierte, dass für ein Versicherungsunternehmen, das mit den Aufgaben und Befugnissen des Sicherungsfonds beliehen wurde, trotzdem die volle Aufsicht nach dem VAG galt.[6] Mit der Streichung dieses Passus durch den Gesetzgeber wird dessen Wille klar erkennbar, dass dies künftig nicht mehr gelten soll und auch bei beliehenen Versicherungsunternehmen für Tätigkeiten in ihrer Funktion als Sicherungsfonds nur die §§ 221 bis 231 VAG und diejenigen Normen, auf die in diesen Vorschriften ausdrücklich verwiesen wird, gelten sollen.

7 **III. Verhältnis zu anderen Regelungen.** § 225 VAG sperrt für die Aufsicht über die Sicherungsfonds eine Anwendung aller Vorschriften außerhalb der §§ 221–231 VAG, sofern diese nicht ausdrücklich kraft Verweises für anwendbar erklärt werden.

Finanzierung

226

(1) [1]**Die Versicherungsunternehmen, die einem Sicherungsfonds angehören, sind verpflichtet, Beiträge an den Sicherungsfonds zu leisten.** [2]**Die Beiträge sollen die Fehlbeträge der übernommenen Versicherungsverträge, die entstehenden Verwaltungskosten und sonstige Kosten, die durch die Tätigkeit des Sicherungsfonds entstehen, decken.**

(2) [1]**Für die Erfüllung der Verpflichtungen aus übernommenen Versicherungsverträgen haftet der Sicherungsfonds nur mit dem auf Grund der Beitragsleistungen nach Abzug der Kosten nach Absatz 1 Satz 2 zur Verfügung stehenden Vermögen sowie den nach § 222 Absatz 2 Satz 1 übertragenen Vermögensgegenständen.** [2]**Dieses Vermögen haftet nicht für die sonstigen Verbindlichkeiten des Sicherungsfonds.** [3]**Ein Sicherungsfonds nach § 224 hat dieses Vermögen getrennt von seinem übrigen Vermögen zu halten und zu verwalten.**

(3) **Die für die Übernahme von Versicherungsverträgen angesammelten Mittel (Sicherungsvermögen) sind gemäß den Grundsätzen des § 124 Absatz 1 anzulegen.**

(4) **Der Umfang dieses Vermögens soll 1 Promille der Summe der versicherungstechnischen Netto-Rückstellungen im Sinne der §§ 341e bis 341h des Handelsgesetzbuchs aller dem Sicherungsfonds angeschlossenen Versicherungsunternehmen nicht unterschreiten.**

---

[3] Vgl. dazu und zu der Diskussion über den Missstandsbegriff in der Versicherungsaufsicht ausführlich bei § 298 VAG.
[4] Vgl. hierzu § 222 VAG Rn. 11, 15.
[5] Vgl. hierzu bereits § 222 VAG Rn. 12 zu dem Verhältnis zu § 314 Abs. 2 VAG.
[6] So auch das Verständnis in FKBP/*Pohlmann* § 128 Rn. 4.

(5) [1]Die angeschlossenen Versicherungsunternehmen sind verpflichtet, Jahresbeiträge zu leisten. [2]Die Summe der Jahresbeiträge aller dem Sicherungsfonds für die Lebensversicherer angehörenden Versicherungsunternehmen beträgt 0,2 Promille der Summe ihrer versicherungstechnischen Netto-Rückstellungen im Sinne der §§ 341e bis 341h des Handelsgesetzbuchs. [3]Der individuelle Jahresbeitrag jedes Versicherungsunternehmens wird vom Sicherungsfonds nach dem in der Verordnung nach Absatz 7 festgelegten Verfahren jährlich ermittelt. [4]Erträge des Sicherungsfonds werden an die dem Sicherungsfonds angehörenden Versicherungsunternehmen im Verhältnis ihrer Beiträge ausgeschüttet. [5]Der Sicherungsfonds hat Sonderbeiträge bis zur Höhe von maximal 1 Promille der Summe der versicherungstechnischen Netto-Rückstellungen im Sinne der §§ 341e bis 341h des Handelsgesetzbuchs der angeschlossenen Versicherungsunternehmen zu erheben, wenn dies zur Durchführung seiner Aufgaben erforderlich ist. [6]Der Anteil eines Versicherungsunternehmens am Fondsvermögen ist zur Bedeckung seiner versicherungstechnischen Rückstellungen im Sinne der §§ 341e bis 341h des Handelsgesetzbuchs geeignet.

(6) [1]Auf den Sicherungsfonds für die Krankenversicherer sind die Absätze 2 bis 5 nicht anzuwenden. [2]Der Sicherungsfonds erhebt nach der Übernahme der Versicherungsverträge zur Erfüllung seiner Aufgaben Sonderbeiträge bis zur Höhe von maximal 2 Promille der Summe der versicherungstechnischen Netto-Rückstellungen im Sinne der §§ 341e bis 341h des Handelsgesetzbuchs der angeschlossenen Krankenversicherungsunternehmen.

(7) [1]Das Nähere über den Mindestbetrag des Sicherungsvermögens, die Jahres- und Sonderbeiträge sowie die Obergrenze für die Zahlungen pro Kalenderjahr regelt das Bundesministerium der Finanzen im Benehmen mit dem Bundesministerium der Justiz und für Verbraucherschutz durch Rechtsverordnung, die nicht der Zustimmung des Bundesrates bedarf. [2]Hinsichtlich der Jahresbeiträge sind Art und Umfang der gesicherten Geschäfte sowie die Anzahl, Größe und Geschäftsstruktur der dem Sicherungsfonds angehörenden Versicherungsunternehmen zu berücksichtigen. [3]Die Höhe der Beiträge soll auch die Finanz- und Risikolage der Beitragszahler berücksichtigen. [4]Die Rechtsverordnung kann auch Bestimmungen zur Anlage der Mittel enthalten.

(8) [1]Aus den Beitragsbescheiden des Sicherungsfonds findet die Vollstreckung nach den Bestimmungen des Verwaltungs-Vollstreckungsgesetzes statt. [2]Die vollstreckbare Ausfertigung erteilt der Sicherungsfonds.

Schrifttum: Vgl. Angaben zu § 221 VAG.

I. Allgemeines. 1. Entstehungsgeschichte. § 226 VAG entspricht inhaltlich § 129 VAG a. F. Der Verweis auf die Anlageverordnung in § 129 Abs. 1 S. 3 VAG a. F. ist entfallen und wurde in § 226 Abs. 3 VAG durch einen Verweis auf die Anlagegrundsätze des § 124 Abs. 1 VAG ersetzt. Die Vorgängervorschrift des § 129 VAG a. F. wurde durch die **VAG-Novelle 2004**[1] erstmals in das Gesetz eingefügt. 1

2. Normzweck. § 226 VAG regelt die **Finanzierung der Sicherungsfonds**. Die Vorschrift gilt auch für die Finanzierung juristischer Personen des Privatrechts, soweit sie die Aufgaben und Befugnissen des Sicherungsfonds als Beliehene nach § 224 VAG wahrnehmen. **Bestimmte Finanzierungsgrundsätze** (Beitragspflicht, Durchsetzungsmodalitäten) gelten dabei für die **Sicherungsfonds der Lebens- und Krankenversicherung in gleicher Weise**. Ansonsten sind für die Finanzierung der beiden Sicherungsfonds **unterschiedliche Verfahren** vorgesehen (§ 226 Abs. 2 bis 5 VAG für den Sicherungsfonds der Lebensversicherung bzw. § 226 Abs. 6 VAG für den Sicherungsfonds der Krankenversicherung). Bezüglich des Sicherungsfonds für die Lebensversicherung enthält die Vorschrift zudem Bestimmungen zur **haftenden Vermögensmasse** sowie zur **Anlage des Sicherungsvermögens**. Zudem wird das Bundesministerium der Finanzen (BMF) ermächtigt, weitere Bestimmungen zur Finanzierung der Sicherungsfonds in einer Rechtsverordnung zu regeln. 2

3. Europarechtlicher Hintergrund. Vgl. § 221 Rn. 3. 3

II. Einzelerläuterungen. 1. Gemeinsame Bestimmungen für die Sicherungsfonds der Lebens- und Krankenversicherung (Abs. 1 und 7). Die Sicherungsfonds finanzieren sich über **Mitgliedsbeiträge**. § 226 Abs. 1 S. 1 VAG statuiert daher eine Beitragspflicht für die Mitgliedsunternehmen der Sicherungsfonds. Die Beiträge sind nach § 226 Abs. 1 S. 2 VAG in erster Linie dazu bestimmt, **Fehlbeträge der übernommenen Versicherungsverträge** auszugleichen. Weiterhin sollen die aus der Übernahme der Verträge entstehenden **Verwaltungskosten** sowie sonstige Kosten, welche durch die Tätigkeit der Sicherungsfonds entstehen, gedeckt werden. Die Höhe der Beiträge bestimmt sich vor allem durch den **nach § 222 Abs. 4 S. 2 VAG ermittelten Bedarf**, wie er sich infolge der Übertragung des Vertragsbestands ergibt, um eine vollständige Bedeckung der Verpflichtungen aus den 4

[1] BGBl. I, S. 3416.

Versicherungsverträgen zu gewährleisten. Die Sicherungsfonds sind ebenso wie juristische Personen des Privatrechts, welche die Aufgaben und Befugnisse des Sicherungsfonds als Beliehene wahrnehmen, nach § 226 Abs. 1 VAG befugt, **Verwaltungsakte in der Form von Beitragsbescheiden** zu erlassen. Diese können mit den Mitteln des Verwaltungszwangs durchgesetzt werden, vgl. §§ 226 Abs. 8, 231 VAG. Erfüllt ein Mitgliedsunternehmen seine Beitragspflichten nicht, kann dies unter bestimmten Voraussetzungen zum **Ausschluss aus dem Sicherungsfonds** nach § 229 VAG führen.

5 Neben diesen gemeinsamen allgemeinen Bestimmungen **unterscheiden sich die Finanzierungskonzepte der Sicherungsfonds für die Lebens- und Krankenversicherer erheblich**. Unterschieden wird insofern zwischen einer **vorgelagerten und einer nachgelagerten Finanzierung**. Die Finanzierungsvorschriften für den Sicherungsfonds der Lebensversicherung in § 226 Abs. 2 bis 5 VAG basieren auf einer Kombination zwischen diesen beiden Finanzierungsarten. Denn der Sicherungsfonds erhebt schon vor Eintritt des Sicherungsfalls und der darauf folgenden Bestandsübertragung regelmäßige Beiträge von seinen Mitgliedsunternehmen. Zusätzlich können nach der hoheitlich angeordneten Übertragung eines Vertragsbestands nach § 222 Abs. 2 VAG zusätzliche Sonderbeiträge von den Mitgliedsunternehmen gefordert werden. Für den Sicherungsfonds für die substitutive Krankenversicherung ist in § 226 Abs. 6 VAG hingegen ein Konzept der rein nachgelagerten Finanzierung vorgesehen.[2]

6 **2. Finanzierung des Sicherungsfonds für die Lebensversicherer (Abs. 2–5).** Die Finanzierung des Sicherungsfonds für die Lebensversicherer basiert auf einer **Kombination aus vor- und nachgelagerter Finanzierung.** Denn bereits vor Eintritt des Sicherungsfalls und der Übertragung eines Vertragsbestands auf den Sicherungsfonds erhebt dieser von den Mitgliedsunternehmen nach § 226 Abs. 5 S. 1 VAG **jährliche Beiträge**. Die Höhe dieser Jahresbeiträge bestimmt sich in der Summe nach § 226 Abs. 5 S. 2 VAG und beträgt 0,2 Promille der Summe der versicherungstechnischen Netto-Rückstellungen der Mitgliedsunternehmen, §§ 341e bis 341h HGB. Diese Gesamtsumme an Jahresbeiträgen wird nach einem bestimmten Schlüssel auf die einzelnen Mitgliedsunternehmen umgelegt. Geregelt ist dieses Verfahren[3] in der **Verordnung über die Finanzierung des Sicherungsfonds für die Lebensversicherer (SichLVFinV),**[4] welche das BMF auf Grundlage des § 226 Abs. 7 VAG erlassen hat. Nach Eintritt des Sicherungsfalls ist der Sicherungsfonds zudem – sofern erforderlich – nach § 226 Abs. 5 S. 5 VAG befugt, **Sonderbeiträge** bis zu einer Höhe von maximal einem Promille der Summe der versicherungstechnischen Netto-Rückstellungen der Mitgliedsunternehmen von den Mitgliedsunternehmen zu erheben. Reichen die Mittel des Sicherungsfonds auch nach Erhebung der Sonderbeiträge[5] für die Erfüllung der Aufgaben des Sicherungsfonds nicht aus, um die Fortführung der Verträge zu gewährleisten, kann die BaFin die vertraglich garantierten Leistungen aus den Versicherungsverträgen nach § 222 Abs. 5 S. 1 VAG **um maximal fünf Prozent herabsetzen**. Zudem hat der Sicherungsfonds nach § 5 Abs. 7 S. 1 SichLVFinV die Möglichkeit zu weiteren **Kreditaufnahmen**, um seinen Finanzierungsbedarf zu decken.

7 Die für die Übernahme von Versicherungsverträgen bei dem Sicherungsfonds angesammelten Mittel bilden nach § 226 Abs. 3 VAG das **Sicherungsvermögen**. Dieses ist nach den Grundsätzen des **§ 124 Abs. 1 VAG** anzulegen und soll nach § 226 Abs. 4 VAG **mindestens ein Promille** der Summe der versicherungstechnischen Netto-Rückstellungen §§ 341e bis 341h HGB aller Mitgliedsunternehmen des Sicherungsfonds betragen. Erträge, die der Sicherungsfonds mit seinem Vermögen erzielt, stehen nach § 226 Abs. 5 S. 4 VAG den Mitgliedsunternehmen zu und sind an diese im Verhältnis ihrer Beiträge auszuschütten.[6] § 226 Abs. 2 S. 1 VAG bestimmt, dass der Sicherungsfonds für die Erfüllung aus übernommenen Versicherungsverträgen nur mit dem Vermögen **haftet**, das er aus den **Mitgliedsbeiträgen abzüglich der Verwaltungskosten** nach § 226 Abs. 1 S. 2 VAG gebildet hat, sowie mit den nach § 222 Abs. 2 S. 1 VAG **übertragenen Bedeckungswerten** des zedierenden Versicherungsunternehmens. Für andere Verbindlichkeiten als diejenigen, die sich aus den übernommenen Versicherungsverträgen ergeben, haften diese Vermögenswerte nach § 226 Abs. 2 S. 2 VAG nicht. Nimmt eine juristische Person des Privatrechts die Aufgaben und Befugnisse des Sicherungsfonds als Beliehener wahr, ist dieses Vermögen zudem nach § 226 Abs. 2 S. 3 VAG getrennt von dem übrigen Vermögen aufzubewahren und zu verwalten.

8 **3. Finanzierung des Sicherungsfonds für die Krankenversicherer (Abs. 6).** Die Finanzierung des Sicherungsfonds für die Krankenversicherung basiert **ausschließlich auf dem Konzept der nachgelagerten Finanzierung**. Nach Eintritt des Sicherungsfalls und Übertragung des Vertragsbestands auf den Sicherungsfonds sieht § 226 Abs. 6 S. 2 VAG vor, dass der Sicherungsfonds zur Fortführung der

[2] Zu der unterschiedlichen Bewertung dieser beiden Finanzierungskonzepte und ihre Rolle im Gesetzgebungsverfahren ausführlich *Heidel* S. 136 ff.

[3] Zu den Einzelheiten des Verfahrens ausführlich *Heidel* S. 146 ff.; vgl. auch FKBP/*Pohlmann* § 129 Rn. 6.

[4] Verordnung über die Finanzierung des Sicherungsfonds für die Lebensversicherer (Sicherungsfonds-Finanzierungs-Verordnung) vom 11.5.2006 (BGBl. I S. 1172), geändert durch Art. 8 des Gesetzes vom 1.8.2014 (BGBl. I, S. 1330).

[5] Vgl. zur Frage der Nachrangigkeit der Leistungskürzung auch *Heidel* S. 122 f.; FKBP/*Pohlmann* § 129 Rn. 8; *Bürkle* ZfV 2006, 19, 25; *Fricke* VersR 2005, 161, 163; *Präve* VersR 2005, 1023, 1028 f.

[6] Vgl. dazu auch § 8 SichLVFinV.

Versicherungsverträge und zur Erfüllung der Ansprüche der Versicherten und sonstiger Begünstigter **Sonderbeiträge** von seinen Mitgliedsunternehmen erhebt. Die maximale Höhe dieser Sonderbeiträge beträgt zwei Promille der Summe der versicherungstechnischen Netto-Rückstellungen, noch §§ 341e bis 341h HGB aller Mitgliedsunternehmen des Sicherungsfonds.

Rechnungslegung des Sicherungsfonds

227 (1) [1]**Die Sicherungsfonds haben für den Schluss eines jeden Kalenderjahres jeweils einen Geschäftsbericht aufzustellen und einen unabhängigen Wirtschaftsprüfer oder eine unabhängige Wirtschaftsprüfungsgesellschaft mit der Prüfung der Vollständigkeit des Geschäftsberichts und der Richtigkeit der Angaben zu beauftragen.** [2]**Die Sicherungsfonds haben der Bundesanstalt den von ihnen bestellten Prüfer unverzüglich nach der Bestellung anzuzeigen.** [3]**Die Bundesanstalt kann innerhalb eines Monats nach Zugang der Anzeige die Bestellung eines anderen Prüfers verlangen, wenn dies zur Erreichung des Prüfungszwecks geboten ist; Widerspruch und Anfechtungsklage hiergegen haben keine aufschiebende Wirkung.** [4]**Der Geschäftsbericht muss Angaben zur Tätigkeit und zu den finanziellen Verhältnissen des Sicherungsfonds, insbesondere zur Höhe und Anlage der Mittel, zur Verwendung der Mittel für Entschädigungsfälle, zur Höhe der Beiträge sowie zu den Kosten der Verwaltung, enthalten.**

(2) [1]**Die Sicherungsfonds haben der Bundesanstalt den festgestellten Geschäftsbericht jeweils bis zum 31. Mai einzureichen.** [2]**Der Prüfer hat der Bundesanstalt den Bericht über die Prüfung des Geschäftsberichts unverzüglich nach Beendigung der Prüfung einzureichen.** [3]**Die Bundesanstalt ist auf Anforderung auch über die Angaben nach Absatz 1 Satz 4 näher zu unterrichten.**

Schrifttum: Vgl. Angaben zu § 221 VAG.

I. Allgemeines. 1. Entstehungsgeschichte. § 227 VAG entspricht inhaltlich unverändert § 130 VAG a. F. Die Vorgängervorschrift wurde durch die **VAG-Novelle 2004**[1] erstmals in das Gesetz eingefügt. 1

2. Normzweck. § 227 VAG stellt die **Grundsätze für die Rechnungslegung** der Sicherungsfonds auf und regelt die **Informations- und Interventionsrechte der BaFin** hinsichtlich des Geschäftsberichts und seiner Prüfung. 2

3. Europarechtlicher Hintergrund. Vgl. § 221 Rn. 3. 3

II. Einzelerläuterungen. 1. Rechnungslegung der Sicherungsfonds (Abs. 1 S. 1 und 4). Die Sicherungsfonds haben nach § 227 Abs. 1 S. 1 VAG **zum Schluss jedes Kalenderjahres einen Geschäftsbericht** aufzustellen. Dieser ist von einem **unabhängigen Wirtschaftsprüfer bzw. einer Wirtschaftsprüfungsgesellschaft** auf Vollständigkeit und Richtigkeit hin zu prüfen. § 227 Abs. 1 S. 4 VAG bestimmt **Mindestangaben**, die der Geschäftsbericht enthalten muss. Erforderlich sind insofern Angaben zur Tätigkeit und zu den finanziellen Verhältnissen des Sicherungsfonds. Diese umfassen insbesondere Aussagen zur Höhe der eingenommenen Beiträge ebenso wie zur Höhe und Anlage der Finanzmittel des Sicherungsfonds. Auch soll über die Verwendung der Finanzmittel für „Entschädigungsfälle" berichtet werden. Dieser Terminus ist angesichts der Aufgabe der Sicherungsfonds, die übernommenen Verträge fortzuführen, allerdings unpassend. Gemeint ist in diesem Fall die Verwendung für die Erfüllung von Ansprüchen der Versicherten und anderer Begünstigter aus den Versicherungsverträgen.[2] Bei dem Sicherungsfonds für die substitutive Krankenversicherung können zudem vor Eintritt des Sicherungsfalls und vor erfolgter Bestandsübertragung keine Angaben zur Beitragshöhe und zur Anlage der Finanzmittel gemacht werden. Die Vorschrift ist erkennbar auf den Sicherungsfonds für die Lebensversicherer zugeschnitten. Schließlich sind in dem Geschäftsbericht Angaben zur Höhe der Verwaltungskosten zu machen. 4

2. Informations- und Interventionsrechte der BaFin (Abs. 1 S. 2 und 3, Abs. 2). § 227 VAG sieht eine Reihe von Informations- und Interventionsrechten der BaFin hinsichtlich der Rechnungslegung vor. So hat der Sicherungsfonds den von ihnen bestellten **Wirtschaftsprüfer** nach § 227 Abs. 1 S. 2 VAG **unverzüglich anzuzeigen**. Danach kann die BaFin nach § 227 Abs. 1 S. 3 Hs. 1 VAG innerhalb eines Monats nach Zugang der Anzeige die **Bestellung eines anderen Wirtschaftsprüfers** verlangen. Voraussetzung dafür ist, dass dies „zur Erreichung des Prüfungszwecks geboten ist". Die Vorschrift ist angelehnt an § 36 Abs. 1 S. 2 VAG, weicht allerdings terminologisch von dieser ab, da dort „Bedenken" der Aufsichtsbehörde gegen den ausgewählten Wirtschaftsprüfer maßgebliches Kriterium sind. Ebenso wie in § 36 Abs. 1 S. 2 VAG muss es aber auch nach § 227 Abs. 1 S. 3 Hs. 1 VAG 5

[1] BGBl. I, S. 3416.
[2] So auch FKBP/*Pohlmann* § 130 Rn. 1.

tatsächliche, nachvollziehbare Gründe für die BaFin geben, den bestellten Wirtschaftsprüfer abzulehnen. Die terminologischen Unterschiede begründen insofern keine inhaltliche Abweichung zwischen den beiden Vorschriften.[3] In § 227 Abs. 1 S. 3 Hs. 2 VAG wird festgelegt, dass Widerspruch und Anfechtungsklage gegen eine entsprechende Anordnung der BaFin **keine aufschiebende Wirkung** haben.

6 Weiterhin hat der Sicherungsfonds der BaFin den **festgestellten Geschäftsbericht** bis spätestens zum 31. Mai des folgenden Jahres zu übermitteln, vgl. § 227 Abs. 2 S. 1 VAG. Die Vorschrift ist durch § 332 Abs. 2 Nr. 1 VAG bußgeldbewehrt. Die Feststellung des Geschäftsberichts erfolgt durch die zuständigen Organe der Kreditanstalt für Wiederaufbau (KfW), welche den Sicherungsfonds verwaltet, bzw. – in der gegenwärtigen Praxis – der juristischen Personen des Privatrechts, die mit den Aufgaben und Befugnissen der Sicherungsfonds beliehen ist. Der **Prüfbericht** des Wirtschaftsprüfers ist hingegen nach § 227 Abs. 2 S. 2 VAG unverzüglich bei der BaFin einzureichen. Über diese turnusmäßige Berichterstattung des Sicherungsfonds hinaus ist die BaFin nach § 227 Abs. 2 S. 3 VAG berechtigt, **jederzeit auf Anforderung nähere Informationen** zu den Angaben in Geschäftsbericht nach § 227 Abs. 1 S. 4 VAG bei den Sicherungsfonds einzuholen. Diese Klarstellung in § 227 Abs. 2 S. 3 VAG ist jedoch an sich nicht erforderlich, da die BaFin gegenüber den Sicherungsfonds nach § 225 S. 2 VAG ohnehin die **sehr weitgehenden Auskunfts- und Prüfungsrechte nach §§ 305, 306 VAG** hat.

Mitwirkungspflichten

228 (1) **Die Versicherungsunternehmen sind verpflichtet, dem Sicherungsfonds, dem sie angehören, auf Verlangen alle Auskünfte zu erteilen und alle Unterlagen vorzulegen, welche der Sicherungsfonds zur Wahrnehmung seines Auftrags nach diesem Gesetz benötigt.**

(2) [1]**Der zur Erteilung einer Auskunft Verpflichtete kann die Auskunft zu solchen Fragen verweigern, deren Beantwortung ihn selbst oder einen der in § 383 Absatz 1 Nummer 1 bis 3 der Zivilprozessordnung bezeichneten Angehörigen der Gefahr strafgerichtlicher Verfolgung oder eines Verfahrens nach dem Gesetz über Ordnungswidrigkeiten aussetzen würde.** [2]**Der Verpflichtete ist über sein Recht zur Verweigerung der Auskunft zu belehren.**

(3) [1]**Die Mitarbeiter der Sicherungsfonds sowie die Personen, derer sie sich bedienen, können die Geschäftsräume eines Versicherungsunternehmens innerhalb der üblichen Betriebs- und Geschäftszeiten betreten, sobald die Aufsichtsbehörde die Feststellung gemäß § 222 Absatz 1 getroffen hat.** [2]**Ihnen sind sämtliche Unterlagen vorzulegen, die sie benötigen, um eine Bestandsübertragung vorzubereiten.** [3]**Sofern Funktionen des Versicherungsunternehmens auf ein anderes Unternehmen ausgegliedert worden sind, gelten die Sätze 1 und 2 gegenüber diesem Unternehmen entsprechend.**

(4) [1]**Hat das Unternehmen, dessen Bestand übertragen wird, Verträge über eine Ausgliederung, die der Verwaltung des Bestandes dient, abgeschlossen, kann der Sicherungsfonds anstelle des Unternehmens in den Vertrag eintreten.** [2]**§ 415 des Bürgerlichen Gesetzbuchs ist nicht anzuwenden.** [3]**Eine ordentliche Kündigung des Vertrags durch den Dienstleister ist frühestens zum letzten Tag des zwölften Monats nach dem Eintritt des Sicherungsfonds möglich.** [4]**Fordert der andere Teil den Sicherungsfonds zur Ausübung seines Wahlrechts auf, so hat der Sicherungsfonds unverzüglich zu erklären, ob er in den Vertrag eintreten will.** [5]**Unterlässt er dies, kann er auf Erfüllung nicht bestehen.**

Schrifttum: Vgl. Angaben zu § 221 VAG.

1 **I. Allgemeines. 1. Entstehungsgeschichte.** § 228 VAG entspricht inhaltlich unverändert § 131 VAG a. F. Die Vorgängervorschrift wurde durch die **VAG-Novelle 2004**[1] erstmals in das Gesetz eingefügt.

2 **2. Normzweck.** § 228 VAG normiert die **Mitwirkungspflichten der Mitgliedsunternehmen** gegenüber dem Sicherungsfonds bzw. gegenüber juristischen Personen des Privatrechts, die nach § 224 VAG mit den Aufgaben und Befugnissen des Sicherungsfonds beliehen sind. Weiterhin begründet § 228 Abs. 4 VAG das Recht des Sicherungsfonds, in **Ausgliederungsverträge**, die das übertragende Unternehmen mit Dienstleistern geschlossen hat, unter bestimmten Umständen als Vertragspartei einzutreten.

3 **3. Europarechtlicher Hintergrund.** Vgl. § 221 Rn. 3.

4 **II. Einzelerläuterungen. 1. Mitwirkungspflichten der Mitgliedsunternehmen gegenüber dem Sicherungsfonds (Abs. 1–3).** Damit die Sicherungsfonds ihre Aufgaben ordnungsgemäß erfüllen können, sind sie auf eine Mitwirkung ihrer Mitgliedsunternehmen angewiesen. Die Sicherungsfonds müssen spätestens im Sicherungsfall, aber auch bereits zuvor über die notwendigen Informationen verfügen, um **im Fall der Übertragung eines Vertragsbestands nach § 222 Abs. 2 VAG ihre**

[3] So im Ergebnis auch FKBP/*Pohlmann* § 130 Rn. 1.
[1] BGBl. I, S. 3416.

Aufgaben erfüllen zu können. Die in § 228 Abs. 1–3 VAG statuierten Mitwirkungspflichten der Mitgliedsunternehmen eines Sicherungsfonds sind den Auskunfts- und Informationsrechten der BaFin gegenüber dem Sicherungsfonds nach § 225 S. 2 VAG i. V. m. §§ 305, 306 VAG nachgebildet.

§ 228 Abs. 1 VAG verpflichtet Versicherungsunternehmen, welche einem Sicherungsfonds angehören, diesem auf Verlangen hin **alle Auskünfte zu erteilen und Unterlagen vorzulegen, welche der Sicherungsfonds zur Wahrnehmung seines Auftrags benötigt**.[2] Die Aufgaben der Sicherungsfonds sind in § 223 Abs. 2 VAG definiert, der „Auftrag“ des Sicherungsfonds reicht jedoch weiter und bezieht sich auf **sämtliche Aufgaben, welche dem Sicherungsfonds in den §§ 221 ff. VAG zugewiesen sind**. Erfasst von der Auskunfts- bzw. Vorlagepflicht sind damit sämtliche Informationen und Unterlagen, die der Sicherungsfonds für die Wahrnehmung seiner gesetzlich zugewiesenen Aufgaben und Befugnisse benötigt. Dies schließt für den Sicherungsfonds für die Lebensversicherer auch den Einzug von Mitgliedsbeiträgen **vor einer erfolgten Bestandsübertragung** nach § 222 Abs. 2 VAG ein, so dass der Anwendungsbereich des § 228 Abs. 1 VAG **nicht auf die Zeit nach Eintritt des Sicherungsfalls beschränkt** ist.[3] Gegenüber dem allgemeinen, sehr weitreichenden Auskunfts- und Befragungsrecht der BaFin nach § 305 VAG beschränkt § 228 Abs. 1 VAG die Auskunfts- bzw. Vorlagepflicht allerdings auf die **Versicherungsunternehmen an sich**, so dass etwa eine Befragung einzelner Mitarbeiter des Versicherungsunternehmens, wie sie nach § 305 Abs. 1 Nr. 1 VAG der BaFin zusteht, für den Sicherungsfonds nicht in Betracht kommt. Mitwirkungspflichtig ist nach § 228 Abs. 1 VAG vielmehr nur das Versicherungsunternehmen selbst, so dass der Sicherungsfonds ein Auskunfts- oder Vorlageverlangen nach § 228 Abs. 1 VAG stets an das **vertretungsberechtigte Organ des Versicherungsunternehmens** – regelmäßig also an den Vorstand – zu richten hat. Zum Schutz der Adressaten derartiger Auskunfts- bzw. Vorlageverlangen sieht § 228 Abs. 2 VAG ein **Auskunftsverweigerungsrecht** vor, sofern der Auskunftspflichtige durch die Beantwortung der Fragen sich selbst oder seine Angehörigen i. S. d. § 383 Abs. 1 Nr. 1 bis 3 ZPO der Gefahr einer straf- oder ordnungswidrigkeitenrechtlichen Verfolgung aussetzen würde. Nach § 228 Abs. 2 S. 2 VAG sind die betroffenen Personen bei dem Versicherungsunternehmen hierüber zu belehren. 5

§ 228 Abs. 3 VAG gibt den Mitarbeitern des Sicherungsfonds weitergehende Befugnisse gegenüber den Mitgliedsunternehmen für den Fall, dass die **BaFin den Sicherungsfall nach § 222 Abs. 1 VAG festgestellt** hat.[4] In diesem Fall haben die Mitarbeiter des Sicherungsfonds ebenso wie andere Personen, derer sie sich bedienen, das Recht, die Geschäftsräume des Versicherungsunternehmens innerhalb der üblichen Betriebs- und Geschäftszeiten zu betreten und **sämtliche Unterlagen einzusehen, die sie zur Vorbereitung der Bestandsübertragung nach § 222 Abs. 2 VAG benötigen**. Der Zweck des Betretungs- und Vorlagerechts ist insofern auf die **konkrete Vorbereitung der Bestandsübertragung** begrenzt. Die Befugnisse nach § 228 Abs. 3 S. 1 und 2 VAG sind somit enger ausgestaltet als das sehr weitgehende Betretungs-, Durchsuchungs- und Beschlagnahmerecht nach § 306 VAG, das der BaFin nicht nur gegenüber den Versicherungsunternehmen, sondern nach § 225 S. 2 VAG auch gegenüber dem Sicherungsfonds zusteht. Erstreckt werden die Befugnisse der Mitarbeiter und der sonst für den Sicherungsfonds tätigen Personen nach § 228 Abs. 3 S. 4 VAG auf solche Unternehmen, auf die das betreffende Versicherungsunternehmen Funktionen ausgegliedert hat. Erfasst sind dem Wortlaut des § 228 Abs. 3 S. 4 VAG nach allerdings lediglich **Funktionsausgliederungen**, nicht jedoch solche Ausgliederungen, die sonstige versicherungsspezifische Tätigkeiten erfassen oder überhaupt keine aufsichtsrechtliche Relevanz haben.[5] 6

2. Eintrittsrecht des Sicherungsfonds in Ausgliederungsverträge des Versicherungsunternehmens (Abs. 4). § 228 Abs. 4 S. 1 VAG gibt dem Sicherungsfonds das **Recht, in solche Ausgliederungsverträge, die das Versicherungsunternehmen, dessen Bestand übertragen wird, mit Dienstleistern geschlossen hat, einzutreten.** Dies gilt allerdings nur, sofern die Ausgliederungsverträge Tätigkeiten des Dienstleisters zum Gegenstand haben, die der **Verwaltung des Vertragsbestandes** dienen. Unter diesen Umständen ist eine Zustimmung des Dienstleisters zu dem Eintritt des Sicherungsfonds als Vertragspartei in den Ausgliederungsvertrag nicht erforderlich, da § 415 BGB nach § 228 Abs. 4 S. 2 VAG nicht anzuwenden ist. Die Vorschrift dient dem Zweck, dass der Sicherungsfonds solche ausgegliederte Dienstleistungen, die für die Verwaltung des übernommenen Vertragsbestands und damit für die Fortführung der Versicherungsverträge notwendig sind, weiterhin in Anspruch nehmen kann. Da die Ausgliederungsverträge nicht im Wege der angeordneten Bestandsübertragung nach § 222 Abs. 2 VAG auf den Sicherungsfonds übergehen, hat dieser seinen Eintritt in die Vertragsbeziehung ausdrücklich zu erklären. Vor dem Hintergrund eine **möglichst ungehinderten** 7

[2] Vgl. dazu auch *Heidel* S. 167.

[3] So auch FKBP/*Pohlmann* § 131 Rn. 1 unter Hinweis auf die insofern unzutreffende Begründung zu dem Regierungsentwurf, BT-Drs. 15/3418, S. 27.

[4] Zu den Voraussetzungen der Feststellung des Sicherungsfalls vgl. § 222 VAG Rn. 4.

[5] Zu der Unterscheidung zwischen Funktionsausgliederungen eines Versicherungsunternehmens einerseits und sonstigen versicherungsspezifischen bzw. nicht-versicherungsspezifischen Ausgliederungen andererseits vgl. Kommentierung zu § 32 VAG.

Fortführung der Versicherungsverträge ist es dem Dienstleister als Vertragspartei des Ausgliederungsvertrags frühestens am letzten Tag des zwölften Monats nach dem Eintritt des Sicherungsfonds in die Vertragsbeziehung möglich, den Ausgliederungsvertrag ordentlich zu kündigen. Damit soll eine gewisse Stabilität und Kontinuität bei der Verwaltung des Vertragsbestands durch den Sicherungsfonds hergestellt werden. Die Interessen des Dienstleisters werden durch § 228 Abs. 4 S. 4 VAG insofern geschützt, als dieser den Sicherungsfonds auffordern kann, seine Entscheidung über den Eintritt als Vertragspartei in den Ausgliederungsvertrag unverzüglich zu erklären. Erfolgt eine solche Erklärung seitens des Sicherungsfonds nicht unverzüglich, muss der Dienstleister seine vertraglichen Verpflichtungen aus dem Ausgliederungsvertrag nicht erfüllen, vgl. § 228 Abs. 4 S. 5 VAG.

8 **III. Verhältnis zu anderen Vorschriften.** Da § 228 Abs. 1 und 3 VAG lediglich den Mitarbeitern des Sicherungsfonds und nicht denen der BaFin bestimmte Befugnisse einräumen, kann es nicht zu Überschneidungen mit **§§ 305, 306 VAG** kommen. Im Hinblick auf Ausgliederungsverträge, die nach § 228 Abs. 4 VAG von dem Eintrittsrecht des Sicherungsfonds erfasst sind, ist **§ 32 VAG** für die Bestimmung von Funktionsausgliederungen heranzuziehen.

Ausschluss

229

(1) [1]**Erfüllt ein Versicherungsunternehmen die Beitrags- oder Mitwirkungspflichten nach § 226 oder § 228 nicht, nicht richtig, nicht vollständig oder nicht rechtzeitig, so hat der Sicherungsfonds die Bundesanstalt zu unterrichten.** [2]**Ist die Bundesanstalt nicht die zuständige Aufsichtsbehörde, unterrichtet sie diese unverzüglich.** [3]**Erfüllt das Versicherungsunternehmen auch innerhalb eines Monats nach Aufforderung durch die Bundesanstalt seine Verpflichtungen nicht, kann der Sicherungsfonds dem Versicherungsunternehmen mit einer Frist von zwölf Monaten den Ausschluss aus dem Sicherungsfonds ankündigen.** [4]**Nach Ablauf dieser Frist kann der Sicherungsfonds mit Zustimmung der Bundesanstalt das Versicherungsunternehmen von dem Sicherungsfonds ausschließen, wenn die Verpflichtungen von dem Versicherungsunternehmen weiterhin nicht erfüllt werden.** [5]**Nach dem Ausschluss haftet der Sicherungsfonds nur noch für Verbindlichkeiten des Versicherungsunternehmens, die vor Ablauf dieser Frist begründet wurden.**

(2) **Für Verbindlichkeiten eines Versicherungsunternehmens, die entstanden sind, nachdem seine Erlaubnis zum Geschäftsbetrieb erloschen ist, haftet der Sicherungsfonds nicht.**

Schrifttum: Vgl. Angaben zu § 221 VAG.

1 **I. Allgemeines. 1. Entstehungsgeschichte.** § 229 VAG entspricht inhaltlich unverändert § 132 VAG a. F. Die Vorgängervorschrift wurde durch die **VAG-Novelle 2004**[1] erstmals in das Gesetz eingefügt.

2 **2. Normzweck.** § 229 Abs. 1 S. 1 bis 4 VAG regelt die **Voraussetzungen, unter denen ein Mitgliedsunternehmen aus dem Sicherungsfonds ausgeschlossen** werden kann. § 229 Abs. 1 S. 5 und Abs. 2 VAG enthalten Vorschriften über die **Haftung des Sicherungsfonds** für den Fall, dass ein Mitgliedsunternehmen aus dem Sicherungsfonds ausgeschlossen wurde und seine Erlaubnis zum Geschäftsbetrieb erloschen ist.

3 **3. Europarechtlicher Hintergrund.** Vgl. § 221 Rn. 3.

4 **II. Einzelerläuterungen. 1. Ausschluss eines Mitgliedsunternehmens aus dem Sicherungsfonds (Abs. 1 S. 1–4).** § 229 Abs. 1 S. 1–4 VAG legen die Voraussetzungen fest, unter denen ein Mitgliedsunternehmen aus dem Sicherungsfonds ausgeschlossen werden kann. Angesichts der Tatsache, dass der Ausschluss aus dem Sicherungsfonds nach § 304 Abs. 1 Nr. 3 VAG **zwingend zu einem Widerruf der Erlaubnis des betroffenen Versicherungsunternehmens zum Geschäftsbetrieb durch die BaFin führt**, sieht § 229 Abs. 1 S. 1–4 VAG ein mehrstufiges Verfahren unter Beteiligung der BaFin mit langen Fristsetzungen vor. Der Ausschluss aus dem Sicherungsfonds stellt nach dem Willen des Gesetzgebers unverkennbar die **„ultima ratio"**[2] dar.

5 Erste Voraussetzung nach § 229 Abs. 1 S. 1 VAG ist, dass ein Mitgliedsunternehmen des Sicherungsfonds seine **Beitragspflichten** nach § 226 VAG oder seine **Mitwirkungspflichten** nach § 228 VAG **nicht, nicht richtig, nicht vollständig oder nicht rechtzeitig erfüllt**. In einem solchen Fall der Nicht- oder Schlechterfüllung der aufgeführten Pflichten des Mitgliedsunternehmens hat der Sicherungsfonds zunächst **die BaFin zu unterrichten**. Sofern eine andere Aufsichtsbehörde als die BaFin – etwa eine Landesaufsichtsbehörde – für das betreffende Mitgliedsunternehmen zuständig ist, wird diese durch die BaFin in Kenntnis gesetzt, vgl. § 229 Abs. 1 S. 2 VAG. Weitere Herrin des Verfahrens auf Seiten der Aufsichtsbehörden bleibt aber nach dem Wortlaut des § 229 Abs. 1 S. 1 bis 4 VAG auch dann

[1] BGBl. I S. 3416.
[2] FKBP/*Pohlmann* § 132 Rn. 2.

weiterhin die BaFin. Diese **fordert das betroffene Versicherungsunternehmen in der Folge auf, seinen Beitrags oder Mitwirkungspflichten nachzukommen**. Kommt das betroffene Versicherungsunternehmen dieser Aufforderung der BaFin nicht **innerhalb eines Monats** nach, kann der **Sicherungsfonds** dem Versicherungsunternehmen **den Ausschluss aus dem Sicherungsfonds mit einer Frist von zwölf Monaten ankündigen**. Zwingend ist diese Ankündigung des Ausschlusses durch den Sicherungsfonds allerdings nicht, die Vorschrift des § 229 Abs. 1 S. 3 VAG räumt dem Sicherungsfonds vielmehr einen Ermessensspielraum ein. Erfüllt das Mitgliedsunternehmen auch nach Ablauf der zwölf Monate seine Verpflichtungen weiterhin nicht, kann der **Sicherungsfonds mit Zustimmung der BaFin das Versicherungsunternehmen aus dem Sicherungsfonds ausschließen**. Auch diesbezüglich besteht ein Ermessensspielraum des Sicherungsfonds.[3] Erfolgt sodann der Ausschluss, hat dies zwingend den **Widerruf der Erlaubnis des Versicherungsunternehmens zum Geschäftsbetrieb** nach § 304 Abs. 1 Nr. 3 VAG durch die BaFin zur Folge.

Bereits die **Ankündigung** des Sicherungsfonds nach § 229 Abs. 1 S. 3 VAG stellt einen **Verwaltungsakt** dar, gegen den das betroffene Versicherungsunternehmen mit den zur Verfügung stehenden Rechtsbehelfen vorgehen kann. Gleiches gilt für den **Ausschluss** aus dem Sicherungsfonds und erst Recht für den darauf folgenden **Widerruf** der Erlaubnis zum Geschäftsbetrieb durch die BaFin. Bestehen unterschiedliche Auffassungen zwischen dem Mitgliedsunternehmen und dem Sicherungsfonds darüber, ob eine Nicht- bzw. Schlechterfüllung von Beitrags- oder Mitwirkungspflichten vorliegt, lassen sich diese Unstimmigkeiten also im Verwaltungsverfahren und notfalls auch gerichtlich klären. 6

2. Haftung des Sicherungsfonds für Verbindlichkeiten nach Ausschluss (Abs. 1 S. 5, Abs. 2). Für den Fall des Ausschlusses eines Mitgliedsunternehmens aus dem Sicherungsfonds sieht § 229 Abs. 1 S. 5 VAG und § 229 Abs. 2 VAG eine **Begrenzung der Haftung des Sicherungsfonds für die Verbindlichkeiten des Versicherungsunternehmens** vor. Wird der Bestand des ausgeschlossenen Versicherungsunternehmens auf den Sicherungsfonds übertragen, haftet dieser nur für die Verbindlichkeiten aus den Versicherungsverträgen, die **vor Ablauf der zwölf-Monats-Frist nach § 229 Abs. 1 S. 4 VAG begründet** wurden. § 229 Abs. 2 VAG stellt insofern klar, dass der Sicherungsfonds keinesfalls für Verbindlichkeiten haftet, die bei dem Versicherungsunternehmen **nach dem Widerruf der Erlaubnis zum Geschäftsbetrieb** infolge des Ausschlusses aus dem Sicherungsfonds nach § 304 Abs. 1 Nr. 3 VAG entstanden sind. 7

Die Haftungsbegrenzung des § 229 Abs. 2 VAG beansprucht darüber hinaus **Geltung für sämtliche Fälle**, in denen die Erlaubnis eines Mitgliedsunternehmens zum Geschäftsbetrieb, gleich aus welchem Grunde, **erloschen** ist. Sie ist Ausdruck des Grundsatzes, dass die Sicherungsfonds nur für Verbindlichkeiten eines Versicherungsunternehmens haften sollen, das über eine Erlaubnis zum Geschäftsbetrieb in Deutschland verfügt. 8

III. Verhältnis zu anderen Vorschriften. Der Ausschluss aus dem Sicherungsfonds nach § 229 VAG führt zwingend zu einem Widerruf der Erlaubnis des betroffenen Versicherungsunternehmens zum Geschäftsbetrieb nach **§ 304 Abs. 1 Nr. 3 VAG** durch die BaFin. 9

Verschwiegenheitspflicht

230 **[1] Personen, die bei einem Sicherungsfonds beschäftigt oder für ihn tätig sind, dürfen fremde Geheimnisse, insbesondere Betriebs- oder Geschäftsgeheimnisse, nicht unbefugt offenbaren oder verwerten. [2] Sie sind nach dem Verpflichtungsgesetz vom 2. März 1974 (BGBl. I S. 469, 547) von der Bundesanstalt auf eine gewissenhafte Erfüllung ihrer Obliegenheiten zu verpflichten. [3] Ein unbefugtes Offenbaren oder Verwerten liegt nicht vor, wenn Tatsachen an die Bundesanstalt weitergegeben werden.**

§ 230 S. 1 VAG begründet eine Verschwiegenheitspflicht für Personen, die bei einem Sicherungsfonds beschäftigt oder für diesen in sonstiger Weise tätig sind. Die Vorschrift gilt ebenso für den entsprechenden Personenkreis bei juristischen Personen des Privatrechts, die als Beliehene die Aufgaben und Befugnisse des Sicherungsfonds wahrnehmen. Erfasst sind sowohl **festangestellte Mitarbeiter** als auch **sonstige Personen, die Aufgaben für den Sicherungsfonds erfüllen**. Letztere sind insbesondere solche Personen, die im Rahmen von Ausgliederungen Dienstleistungen für den Sicherungsfonds erbringen. All diesen Personen ist es verboten, fremde Geheimnisse, insbesondere Betriebs- und Geschäftsgeheimnisse, unbefugt anderen Personen zu offenbaren oder in sonstiger Weise zu verwerten. Die BaFin hat die betreffenden Personen nach § 230 S. 2 VAG nach dem Verpflichtungsgesetz auf eine gewissenhafte Erfüllung ihrer Obliegenheiten zu verpflichten. Eine Ausnahme von der Verschwiegenheitspflicht besteht nach § 230 S. 3 nur für die Weitergabe von Informationen an die BaFin. 1

§ 230 S. 1 VAG ergänzt insoweit die Pflicht zur Verschwiegenheit nach **§ 309 Abs. 8, Abs. 5 Nr. 8, Abs. 1 S. 1 VAG**. § 138 Abs. 1 S. 2 VAG a. F., der für den Fall der Verletzung der Verschwiegenheits- 2

---

[3] FKBP/*Pohlmann* § 132 Rn. 1.

pflicht durch Personen, die für einen Sicherungsfonds tätig sind, eine Strafandrohung vorsah, ist nicht in das neue VAG übernommen worden. Eine mögliche **Strafbarkeit** nach allgemeinen Strafbestimmungen, insbesondere den §§ 204, 353b StGB, bleibt davon unberührt.

Zwangsmittel

231 (1) **Der Sicherungsfonds kann seine Anordnungen nach den Bestimmungen des Verwaltungs-Vollstreckungsgesetzes durchsetzen.**

(2) **Die Höhe des Zwangsgeldes beträgt bei Maßnahmen gemäß § 226 Absatz 1 und 5 Satz 1 sowie § 228 Absatz 1 bis zu fünfzigtausend Euro.**

1 Die Vorschrift regelt, mit welchen **Mitteln des Verwaltungszwangs** die Sicherungsfonds ihre Anordnungen durchsetzen können. Die Vorschrift gilt gleichermaßen für Anordnungen von juristischen Personen des Privatrechts, sofern diesen als Beliehene die Aufgaben und Befugnisse des Sicherungsfonds übertragen wurden. Maßgeblich sind insofern die Bestimmungen des Verwaltungs-Vollstreckungsgesetzes (VwVG).

2 § 231 Abs. 2 VAG bestimmt **in Abweichung zu § 11 Abs. 3 VwVG**, dass bei Maßnahmen nach § 226 Abs. 1 und 5 S. 1 VAG (Jahresbeiträge der Mitgliedsunternehmen zum Sicherungsfonds) sowie nach § 228 Abs. 1 VAG (Auskunftserteilung, Vorlage von Unterlagen) Zwangsgelder bis zu einer Höhe von **50.000 EUR** verhängt werden können. Bei allen übrigen Maßnahmen des Sicherungsfonds bleibt es insofern bei der maximalen Höhe des Zwangsgelds von 25.000 EUR nach § 11 Abs. 3 VwVG.

Teil 4. Einrichtungen der betrieblichen Altersversorgung

Kapitel 1. Pensionskassen

Pensionskassen

232 (1) **Eine Pensionskasse ist ein rechtlich selbständiges Lebensversicherungsunternehmen, dessen Zweck die Absicherung weg fallenden Erwerbseinkommens wegen Alters, Invalidität oder Todes ist und das**

1. das Versicherungsgeschäft im Wege des Kapitaldeckungsverfahrens betreibt,
2. Leistungen grundsätzlich erst ab dem Zeitpunkt des Wegfalls des Erwerbseinkommens vorsieht; soweit das Erwerbseinkommen teilweise wegfällt, können die allgemeinen Versicherungsbedingungen anteilige Leistungen vorsehen,
3. Leistungen im Todesfall nur an Hinterbliebene erbringen darf, wobei für Dritte ein Sterbegeld begrenzt auf die Höhe der gewöhnlichen Bestattungskosten vereinbart werden kann, und
4. der versicherten Person einen eigenen Anspruch auf Leistung gegen die Pensionskasse einräumt oder Leistungen als Rückdeckungsversicherung erbringt.

(2) **Pensionskassen dürfen die in § 1 Absatz 2 Satz 1, 2 und 4 genannten Geschäfte nicht betreiben.**

Schrifttum: Bähr/*Laars* § 31; *Fath/Herrmann/Linke/Schwind/Wolf*, Pensionskassen Grundlage und Praxis, 2. Aufl. 2016; *Höfer/Veith/Verhuven*, Betriebsrentenrecht (BetrAVG), Bd. 2, 15. Aufl., Stand: August 2016, Kap. 22; *Koch*, Begriff der Pensionskasse, BetrAV 2003, 418; *Koch*, FS Egon Lorenz, 2004, S. 383; *Langohr-Plato*, Betriebliche Altersversorgung, 3. Aufl. 2005, Rn. 112 ff.; *Weigel*, Möglichkeiten der Konzernentwicklung und Eigenkapitalbildung beim VVaG, VersR 1993, S. 1429; *ders.*, Die künftige Entwicklung des VVaG am Beispiel der Pensionskassen, BetrAV 2008, 350.

I. Allgemeines. Die Vorschrift stimmt bis auf den neu ins Gesetz aufgenommenen Abs. 2 mit § 118a VAG a. F. überein. Die Pensionskasse unterfällt nicht der RL 2009/138/EG (Art. 9 Ziff. 2); Pensionskassen unterliegen aber der RL 2003/41/EG vom 3. Juni 2003 über die Tätigkeiten und die Beaufsichtigung von Einrichtungen der betrieblichen Altersversorgung.[1] Der deutsche Gesetzgeber ist daher in der Ausgestaltung des Rechts der Pensionskassen nicht an europäische Vorgaben gebunden. Die Vorschrift des § 232 VAG ist bis auf die Erweiterung in Abs. 2 inhaltsgleich mit § 118 VAG a. F., der durch die 7. VAG Novelle eingeführt wurde. **1**

Eine Pensionskasse ist ein rechtlich selbständiges Lebensversicherungsunternehmen – also eine eigenständige juristische Person – mit definitorisch eingeschränktem Leistungsspektrum. Durch die **Klassifizierung als Lebensversicherungsunternehmen** finden grundsätzlich auch die für Lebensversicherer gültigen Regelungen Anwendung, es sei denn die Spezialvorschriften der §§ 233–235 VAG oder §§ 211 ff. VAG treffen abweichende Regelungen. **2**

Im Zuge des Altersvermögensgesetzes (AVMG)[2] erlebte die Pensionskasse eine Renaissance. Die Neugründungen wurden ganz überwiegend in der Rechtsform der Aktiengesellschaft vorgenommen, während traditionell die Pensionskasse als VVaG ihre Geschäftstätigkeit ausübt. Die Pensionskasse ist sowohl in ein enges Geflecht steuerrechtlicher Vorschriften eingebettet als auch eng mit dem Betriebsrentengesetz (BetrAVG) verwoben. **3**

Die Geschäftsentwicklung der Pensionskassen war in jüngster Zeit unterschiedlich, je nachdem, ob es sich um klassische Pensionskassen oder neu gegründete Pensionskassen handelte.[3] **4**

Nach den von der BaFin zum 30.9.2015 vorgenommenen Prognoserechnungen hat sich der Abstand zwischen der laufenden Verzinsung der Kapitalanlagen und dem durchschnittlichen Rechnungszins der Deckungsrückstellung verkleinert. Künftig notwendig werdende Nachreservierungen (Biometrie/ Rechnungszins) können im Einzelfall problematisch werden.[4] **5**

---

[1] ABl. 2003 L 235, 10.
[2] Vom 26.6.2001 (BGBl. I 1310).
[3] Jahresbericht der BaFin 2015, S. 213.
[4] Siehe Jahresbericht BaFin 2015 S. 214.

6 **II. Legaldefinition der Pensionskasse.** Zu den Bestandteilen der Legaldefinition zählt:

- Pensionskassen betreiben die Finanzierung ihres Versicherungsgeschäftes im Wege des Kapitaldeckungsverfahrens (Nr. 1) (abweichend von der Regelung zur Sterbekasse erwähnt der Gesetzgeber hier das Kapitaldeckungsverfahren, obwohl auch die Sterbekasse danach handelt).[5]
- Der Geschäftszweck besteht in der **Absicherung** teilweise oder ganz **wegfallenden Erwerbseinkommens** (Nr. 2).
- Die Leistungen beginnen grundsätzlich ab Wegfall des Erwerbseinkommens, können aber anteilig bei teilweisem Wegfall des Erwerbseinkommens früher einsetzen (Nr. 2).
- Begünstigte können im Todesfall nur Hinterbliebene sein, das Gesetz lässt für die Zahlung eines Sterbegeldes hiervon eine Ausnahme zu. Dieses kann auch an Dritte geleistet werden und ist begrenzt auf die gewöhnlichen Bestattungskosten (Nr. 3).
- Die Vertragsstruktur mit der Pensionskasse ist (Nr. 4) entweder (1) dadurch gekennzeichnet, dass die versicherte Person einen eigenen Anspruch gegen die Pensionskasse auf Leistungen hat, oder (2) dass die Pensionskasse als Rückdeckungsversicherer agiert (hierbei ist in diesem Fall Anspruchsberechtigter der Arbeitgeber der dann aus den Leistungen der Rückdeckungsversicherung seine unmittelbaren Versorgungszusagen finanziert und erbringt).

Das Geschäftsmodell der Pensionskasse wird – ähnlich wie das des Pensionsfonds – ganz wesentlich durch die Vorgaben des BetrAVG (jüngst geändert durch das Betriebsrentenstärkungsgesetz vom 1.6.2017) geprägt (siehe hierzu die Kommentierung zum Pensionsfonds § 236 Rn. 25 ff.) Hinzu treten die steuerrechtlichen Rahmenbedingungen.

7 **III. Unzulässige Geschäfte.** Gemäß Abs. 2 dürfen Pensionskassen nicht die Geschäfte nach Anlage 1 VAG Nr. 22–24 (Tontinengeschäfte, Kapitalisierungsgeschäfte und Geschäfte der Verwaltung von Versorgungseinrichtungen) betreiben. Die Gründe hierfür sind ähnlicher Natur wie bei den Sterbekassen.

8 **IV. Ausgestaltung der Pensionskasse am Markt.** Nach § 232 Abs. 1 Nr. 4 VAG finden sich am Markt im Hinblick auf die Anspruchsgestaltung der versicherten Arbeitnehmer grundsätzlich zwei Ausprägungen von Pensionskassen:

Die klassische Pensionskasse, bei der der Arbeitnehmer auch die versicherte Person ist, dem ein eigener Anspruch gegen die Pensionskasse zusteht (betriebliche Pensionskasse) und die Pensionskasse mit dem Geschäftsmodell Rückdeckungsversicherung, die wie ein Lebensversicherer agiert und die Ansprüche der Arbeitnehmer gegen ihre jeweiligen Arbeitgeber im Wege der Rückdeckung finanziert. Auch für diese Pensionskassen gelten die Merkmale des Abs. 1 Nr. 3.

9 Die klassische Betriebspensionskasse tritt als Ein-Firmen-Pensionskasse, als Konzern-Pensionskasse, als überbetriebliche Gruppen-Pensionskasse, die die Arbeitnehmer verschiedener Arbeitgeber versichert, als Tarifvertragskasse in Form einer gemeinsamen Einrichtung der Tarifvertragsparteien aufgrund allgemein verbindlich erklärter Tarifverträge (§ 4 Abs. 2 TVG) am Markt in Erscheinung.

10 Zum anderen unterscheiden sich die am Markt tätigen Pensionskassen hinsichtlich des Umfangs der Aufsicht. Zum einen kennt das Gesetz in § 232 VAG regulierte Pensionskassen kraft Gesetzes und kraft Antrags, deren Geschäftstätigkeit hinsichtlich der Produktgestaltung so ausgestaltet ist, wie vor der Deregulierung für den Erstversicherungsmarkt in der Lebensversicherung generell. Die anderen – meist nach der Phase der Deregulierung neu gegründeten nicht-regulierten Pensionskassen – agieren hingegen wie ein Direktversicherer und betreiben auch abweichende Leistungspläne, z. B. in Gestalt der fondsgebundenen Lebensversicherung.

11 Gleichgültig in welcher Ausprägung die Pensionskassen am Markt tätig sind, ihr Geschäftsmodell wird entscheidend von den steuerrechtlichen Rahmenbedingungen geprägt.[6]

12 **V. Die Mitgliedschaft bei einer Pensionskasse in Form eines VVaG.** Wird die Pensionskasse als regulierte Pensionskasse tätig, betreibt sie zwingend ihr Geschäft als VVaG (§ 233 Abs. 1 VAG). Grundsätzlich gilt für die Mitgliedschaft bei einer solchen Pensionskasse das zum VVaG in § 176 VAG Gesagte. Für Pensionskassen sind aber im Falle der regulierten Pensionskassen Besonderheiten zu beachten. Hier ist abweichend vom Grundsatz, wer die Beiträge zahlt ist Mitglied, konstitutiv für das Merkmal der Regulierung, dass auch die versicherten Arbeitnehmer Mitglieder (§ 233 Abs. 1 Nr. 2 VAG) sind, das heißt die Arbeitnehmer sind am Versicherungsvertragsabschluss (neben dem Arbeitnehmer) als Mitglied beteiligt.

13 Zahlt ausschließlich der Arbeitgeber die Beiträge, so wird die Mitgliedschaft der Arbeitnehmer durch ihre Beteiligung am Vertragsschluss und die darin liegende Anweisung an den Arbeitgeber, ihren Lohnanspruch durch Zahlung an die Pensionskasse zu erfüllen, begründet.[7] Ob diese sehr stark formal-

[5] Vgl. zu diesem missverständlichen Begriff *de Groot*, Der deutsche Pensionsfonds als Instrument der betrieblichen Altersversorgung im Spannungsfeld zwischen Betriebsrenten- und Versicherungsrecht, 2010, S. 30.

[6] *Wolf* in: Fath/Herrmann/Linke/Schwind, Pensionskassen – Grundlagen und Praxis, 2. Aufl. 2016, Rn. 874 ff.

[7] Zu den verschiedenen Konstellationen vgl. *Herrmann* in: Fath/Herrmann/Linke/Schwind, Pensionskassen – Grundlagen und Praxis, 2. Aufl. 2016, Rn. 285 ff.

juristisch begründete Mitgliedschaft der Arbeitnehmer bei ausschließlich Arbeitgeber-finanzierten Pensionskassen im Falle der Fusion oder Umwandlung der Altersversorgung in einen anderen Durchführungsweg alle Folgen des Verlusts der Mitgliedschaft im Übrigen nach sich zieht, ist umstritten. Vereinfachend müsste man hier davon ausgehen, dass die Mitgliedschaft der Arbeitnehmer keinen Vermögenswert beinhaltet und die Zustimmung der obersten Vertretung alle etwa erforderlichen Einzelzustimmungen ersetzt. Letztlich sind Mitglieder einer regulierten Pensionskasse stets Teil eines Kollektivs (als Arbeitnehmer oder ehemalige Arbeitnehmer), so dass dann auch die oberste Vertretung abschließend über den Verlust einer Mitgliedschaft durch Umstrukturierung der BAV entscheiden können müsste. Für diese Betrachtungsweise spricht auch, dass diese vorstehend geschilderte Konstruktion der Mitgliedschaft bei der regulierten Pensionskasse letztlich nicht die Trägerschaft der Pensionskasse befördert (die Finanzierung der Pensionskasse geschieht tatsächlich durch den Arbeitgeber) sondern dass hierdurch ein Insolvenzschutz der versicherten Arbeitnehmer auch über ihre Mitgliederstellung erreicht wird und eine Verteilung von Restvermögen an den Arbeitgeber insoweit ausgeschlossen ist. Die Mitgliedschaft endet mit der Verwirklichung des Eintritts des Versicherungsfalls der Altersrente.[8]

Neben den allgemeinen mit der Mitgliedschaft als Ausdruck der Trägerfunktion des VVaG verbundenen Konsequenzen (siehe hierzu die Kommentierung zu § 176 VAG) kommt der Mitgliedschaft ggf. finanzielle Bedeutung gemäß § 205 Abs. 2 VAG und § 194 VAG zu. 14

VI. Zum Begriff des wegfallenden Erwerbseinkommens. Ein konstitutives Merkmal für Pensionskassen ist, dass sie nur Leistungen für (teilweise) **wegfallendes Erwerbseinkommen** erbringen dürfen. Damit dient die Pensionskasse im Wesentlichen dazu, die im Alter aufgrund der dann einsetzenden gesetzlichen Rente entstehende Versorgungslücke zu vermindern; es geht also jeweils um Einkommen aus abhängiger Arbeit. Der Begriff Erwerbseinkommen ist rechtstechnisch nicht klar definiert. Er macht jedoch deutlich, dass es sich um Einkommen handelt, das auf eine Tätigkeit bezogen ist, die in aller Regel regelmäßig erfolgt. Der Begriff Erwerbseinkommen bezieht sich auf eine ausgeübte Berufstätigkeit und Pensionskassen sind solche Einrichtungen, die Einkommenslücken decken, die mit der Beendigung der Berufstätigkeit in Zusammenhang stehen. Zu Recht definiert Höfer Erwerbseinkommen als die Einkunftsarten, die in § 2 Abs. 1 Nr. 1–4 EStG normiert sind.[9] Neben der Altersrente, kann die Pensionskasse vorgezogene Altersrente (Vorruhestand), Invaliditätsrente, Hinterbliebenenrente und Sterbegeldleistungen erbringen; in allen Fällen (mit Ausnahme beim Sterbegeld) sehen sich die Anspruchsberechtigten mit dem Phänomen Einkommenslücke konfrontiert. 15

Regulierte Pensionskassen

233 (1) [1] **Pensionskassen in der Rechtsform des Versicherungsvereins auf Gegenseitigkeit können bei der Bundesanstalt beantragen, reguliert zu werden, wenn**

1. **ihre Satzung vorsieht, dass Versicherungsansprüche gekürzt werden dürfen,**
2. **nach ihrer Satzung mindestens 50 Prozent der Mitglieder der obersten Vertretung Versicherte oder ihre Vertreter sein sollen; bei Pensionskassen, die nur das Rückdeckungsgeschäft betreiben, muss ein solches Recht den Versicherungsnehmern eingeräumt werden,**
3. **sie ausschließlich die unter § 17 des Betriebsrentengesetzes fallenden Personen, die Geschäftsleiter oder die Inhaber der Trägerunternehmen sowie solche Personen versichern, die der Pensionskasse durch Gesetz zugewiesen werden oder die ihr Versicherungsverhältnis mit der Pensionskasse nach Beendigung ihres Arbeitsverhältnisses fortführen, und**
4. **sie keine rechnungsmäßigen Abschlusskosten für die Vermittlung von Versicherungsverträgen erheben und keine Vergütung für die Vermittlung oder den Abschluss von Versicherungsverträgen gewähren**

(regulierte Pensionskassen). [2] **Pensionskassen, bei denen die Bundesanstalt festgestellt hat, dass sie die Voraussetzungen des § 156a Absatz 3 Satz 1 des Versicherungsaufsichtsgesetzes in der Fassung vom 15. Dezember 2004 erfüllen, können den Antrag ebenfalls stellen.** [3] **Die Bundesanstalt genehmigt den Antrag, wenn die Voraussetzungen dieses Absatzes erfüllt sind.** [4] **§ 210 Absatz 3 Satz 1, § 219 Absatz 2 Satz 2 und Absatz 3 Nummer 1 und 2 sind entsprechend anzuwenden.** [5] **§ 140 Absatz 2 Satz 2 und Absatz 4, § 145 Absatz 2 und § 234 Absatz 3 Nummer 1 und 2 gelten nicht für Pensionskassen, deren Antrag nach Satz 3 genehmigt wurde.** [6] **Auf regulierte Pensionskassen, die mit Genehmigung der Aufsichtsbehörde nach Maßgabe des § 211 Absatz 2 Nummer 2 des Versicherungsvertragsgesetzes von § 153 des**

[8] *Herrmann*, in: Fath/Herrmann/Linke/Schwind, Pensionskassen – Grundlagen und Praxis, 2. Aufl. 2016, Rn. 300, 301.

[9] *Höfer*, Gesetz zur Verbesserung der betrieblichen Altersversorgung Kommentar, Arbeitsrecht, 20. Aufl., Stand Jan. 2017, § 5 Rn. 135.

Versicherungsvertragsgesetzes abweichende Bestimmungen getroffen haben, findet § 139 Absatz 3 und 4 keine Anwendung. [7]Regulierte Pensionskassen, die nicht nach Maßgabe des § 211 Absatz 2 Nummer 2 des Versicherungsvertragsgesetzes von § 153 des Versicherungsvertragsgesetzes abweichende Bestimmungen getroffen haben, können mit Genehmigung der Aufsichtsbehörde den Sicherungsbedarf aus den Versicherungsverträgen mit Zinsgarantie gemäß § 139 Absatz 4 nach einem abweichenden Verfahren berechnen.

(2) **Separate Abrechnungsverbände nach § 2 Absatz 1, Pensionskassen unter Landesaufsicht und Pensionskassen, die auf Grund eines allgemeinverbindlichen Tarifvertrags errichtete gemeinsame Einrichtungen im Sinne des § 4 Absatz 2 des Tarifvertragsgesetzes sind, gelten immer als regulierte Pensionskassen.**

(3) **[1]Erfüllt eine Pensionskasse nicht mehr die Voraussetzungen des Absatzes 1 oder 2, stellt die Bundesanstalt durch Bescheid fest, dass es sich nicht mehr um eine regulierte Pensionskasse handelt. [2]Auf Versicherungsverhältnisse, die vor dem im Bescheid genannten Zeitpunkt in Kraft getreten sind, ist § 336 entsprechend anzuwenden, soweit ihnen ein von der Bundesanstalt genehmigter Geschäftsplan zugrunde liegt. [3]§ 142 gilt in diesen Fällen nicht.**

(4) **Auf die am 2. September 2005 zugelassenen Pensionskassen, die nicht die Voraussetzungen des Absatzes 1 oder 2 erfüllen, ist Absatz 3 Satz 2 und 3 entsprechend anzuwenden.**

1 **I. Allgemeines.** Im Wesentlichen enthält § 233 die Regelung des § 118b Abs. 3–6 VAG a. F.; § 118b Abs. 7 VAG ist durch Zeitablauf erledigt. Die Regelung steht im Einklang mit dem Erwägungsgrund Nr. 9 RL 2003/41/EG vom 3. Juni 2003, wonach die Mitgliedstaaten (siehe auch Art. 9 Abs. 3 RL) uneingeschränkt für die Organisation ihrer Altersversorgungssysteme und die Entscheidung über die Rolle zuständig sein sollen, die die einzelnen drei „Säulen" der Altersversorgung in den jeweiligen Mitgliedsstaaten zu spielen haben. Nicht der Aufsicht unterliegen Unterstützungskassen (§ 3 Abs. 1 Nr. 1 und Nr. 2 VAG). Seine Rechtfertigung findet dieses aufsichtsfreie Versorgungsmodell darin, dass Unterstützungskassen den Begünstigten keinen Rechtsanspruch gewähren.

2 **II. Voraussetzungen für regulierte Pensionskassen und die daraus abgeleiteten Pensionskassentypen. 1. Regulierte Pensionskassen kraft Rechtsform und Satzungsinhalt.** Der Status der regulierten Pensionskasse, die also nach wie vor der Produktaufsicht unterliegt, ist zunächst zwingend mit der Rechtsform des Versicherungsvereins auf Gegenseitigkeit verbunden. Diese Unternehmen sind berechtigt, einen Antrag auf Regulierung zu stellen, wenn sie folgende Voraussetzungen erfüllen:

- Satzungsgemäße Kürzungsmöglichkeit von Versicherungsansprüchen (Sanierungsklausel; Nr. 1).[1]
- Mindestens 50 % der Mitglieder der obersten Vertretung sind Versicherte (Arbeitnehmer oder ihre Vertreter); ist die Pensionskasse als Rückdeckungsversicherer tätig muss dieses Recht den Versicherungsnehmern (Arbeitgebern) zustehen (Nr. 2).
- Es werden ausschließlich die in § 17 BetrAVG genannten Personen, die Geschäftsleiter oder die Inhaber der Trägerunternehmen oder solche Personen versichert, die der Pensionskasse durch Gesetz zugewiesen werden bzw. das Versicherungsverhältnis fortführende Personen (Fortsetzer; Nr. 3).
- Es werden keine rechnungsmäßigen Abschlusskosten für die Vermittlung der Versicherungsverträge erhoben und es wird auch keine Vergütung für die Vermittlung oder den Abschluss von Versicherungsbeträgen gezahlt (Verbot rechnungsmäßiger und außerrechnungsmäßiger Abschlusskosten; Nr. 4)

Mit den in Nr. 1–4 aufgezählten Merkmalen kennzeichnet die regulierte Pensionskasse die klassische Firmenpensionskasse, die grundsätzlich nicht am Markt im Wettbewerb werbend tätig wird.

3 **2. Deregulierte Pensionskassen mit erheblicher wirtschaftlicher Bedeutung und Feststellung der BaFin nach § 156a Abs. 3 S. 1 VAG 2004.** Nach § 156a Abs. 3 S. 1 VAG i. d. F. vom 15.12.2004 konnten Pensionskassen mit erheblicher wirtschaftlicher Bedeutung sich von der Vorlagepflicht der Allgemeinen Versicherungsbedingungen und den fachlichen Geschäftsunterlagen nach § 5 Abs. 3 Nr. 2 Hs. 2 VAG 2004 befreien lassen, sobald sie die Solvabilitätsanforderungen nach § 53c Abs. 2a VAG 2004 erfüllten und die BaFin dies festgestellt hat (§ 156a Abs. 3 S. 5 VAG 2004). Diese an sich deregulierten Kassen können – wenn sie (1) die Rechtsform des Versicherungsvereins auf Gegenseitigkeit haben und (2) die Voraussetzungen nach Abs. 1 Nr. 1–4 erfüllen nunmehr den Antrag stellen, regulierte Pensionskasse zu werden (§ 233 Abs. 1 S. 2 und 3 VAG).

4 **3. Regulierte Pensionskassen kraft Gesetzes.** Ohne Antragserfordernis sind folgende Einrichtungen stets regulierte Pensionskassen:

- separate Abrechnungsverbände öffentlich-rechtlicher Versorgungseinrichtungen nach § 2 Abs. 1 S. 1 VAG;
- Pensionskassen unter Landesaufsicht und
- Pensionskassen als gemeinsame Einrichtung im Sinne des § 4 Abs. 2 Tarifvertragsgesetz.

[1] *Herrmann*, in Fath/Herrmann/Linke/Schwind/Wolf, Pensionskassen, Grundlagen und Praxis, 2. Aufl. 2016, Rn. 209 ff.

III. Anzuwendende Vorschriften. Obwohl § 233 Abs. 1 VAG eigentlich die Voraussetzungen für regulierte Pensionskassen regelt, enthält Abs. 1 von S. 4–7 unsystematisch auch Regelungen über anzuwendende Vorschriften, deren sedes materiae eigentlich § 234 VAG ist. 5

Die Aufsichtsbehörde kann für den Geschäftsbetrieb der regulierten Pensionskassen in Form des kleineren Vereins (Abs. 1 S. 1 und S. 2) Abweichungen von den in § 210 Abs. 3 S. 1 genannten Vorschriften gestatten (siehe die Kommentierung dort). Ebenso greifen die Erleichterungen nach § 219 Abs. 2 S. 2 VAG. Für diese Pensionskassen gilt – mit Ausnahme des § 219 Abs. 3 S. 3 die Produktaufsicht in gleichem Umfang wie für Sterbekassen (§ 219 Abs. 3 Nr. 1 und 2 VAG). Der automatisch bei Vorliegen der Voraussetzungen nach § 140 Abs. 2 S. 2 VAG gegebene Missstand bei überschussberechtigten Lebensversicherungsverträgen greift nicht; § 140 Abs. 4 VAG, der Lebensversicherern die Möglichkeit einräumt, einen oder mehrere kollektive Teile innerhalb der Rückstellung für Beitragsrückerstattung zu bilden, ist nicht anwendbar. Konsequenter Weise ist auch § 145 Abs. 2 VAG (Verordnungsermächtigung zu § 140 Abs. 2 VAG) und § 234 Abs. 3 Nr. 1 und 2 VAG (keine Genehmigungspflicht für allgemeine Versicherungsbedingungen) auf regulierte Pensionskassen nicht anwendbar (zur Nichtanwendbarkeit bestimmter zwingender VVG-Normen auf Pensionskassen siehe § 233 Abs. 1 S. 6 und 7 VAG mit der Folge des Ausschlusses von § 139 Abs. 3 und 4 VAG bzw. einer modifizierten Anwendung des § 139 Abs. 4 VAG).

Für regulierte Pensionskassen ist auch auf § 211 VVG (Entbindungsmöglichkeit von § 153 VAG) hinzuweisen, insbesondere auf Abs. 2 Ziff. 2 soweit mit Genehmigung der Aufsichtsbehörde in den allgemeinen Versicherungsbedingungen abweichende Bestimmungen zur Überschussbeteiligung getroffen wurden. Soweit Pensionskassen nicht von der vorstehend genannten abweichenden Regelungsmöglichkeit Gebrauch gemacht haben, können diese nach § 233 Abs. 1 S. 7 VAG mit Genehmigung der BaFin den Sicherungsbedarf aus den Versicherungsverträgen mit Zinsgarantie gem. § 139 Abs. 4 VAG nach einem abweichenden Verfahren berechnen. 6

IV. Übergangsregelungen (Abs. 3 und Abs. 4). In § 233 Abs. 3 VAG sind die Folgen geregelt, wenn eine Einrichtung nicht mehr die Voraussetzungen einer regulierten Pensionskasse nach Abs. 1 und Abs. 2 erfüllt. Für die vor dem Bescheid der BaFin abgeschlossenen Versicherungsverhältnisse bleibt es bei der Geltung des genehmigten Geschäftsplans (§ 336 VAG) soweit ein solcher vorhanden ist. Die Treuhänderzustimmung nach § 142 VAG ist in diesem Fall außer Kraft gesetzt (§ 233 Abs. 3 S. 3 VAG). Für die am 2. September 2005 zugelassenen Pensionskassen, die nicht mehr die Regulierungsvoraussetzungen nach Abs. 1 oder 2 erfüllen, ist Abs. 3 S. 2 (Weitergeltung eines genehmigten Geschäftsplans für den Altbestand; § 336 VAG) und S. 3 (in diesen Fällen keine Treuhänderzustimmung nach § 142 VAG) entsprechend anzuwenden. 7

Anzuwendende Vorschriften

234 (1) **Auf Pensionskassen sind die nach den §§ 212 bis 216 auf kleine Versicherungsunternehmen anwendbaren Vorschriften anzuwenden, soweit diese Lebensversicherungsunternehmen betreffen und dieser Teil keine abweichenden Regelungen enthält.**

(2) [1] **Für Pensionskassen gelten § 124 dieses Gesetzes und § 341k des Handelsgesetzbuchs; § 36 Absatz 2 findet keine Anwendung.** [2] **Außerdem haben sie über eine interne Revision nach § 30 zu verfügen.** [3] **Satz 2 gilt nicht für Pensionskassen in der Rechtsform des Versicherungsvereins auf Gegenseitigkeit, deren Bilanzsumme am Abschlussstichtag des vorausgegangenen Geschäftsjahres 125 Millionen Euro nicht überstieg.** [4] **Die Aufsichtsbehörde soll andere Pensionskassen auf Antrag von der Anwendung des § 30 befreien, wenn sie nachweisen, dass der geforderte Aufwand für eine unabhängige interne Revision in Anbetracht der Art, des Umfangs und der Komplexität des betriebenen Geschäfts und der mit ihm verbundenen Risiken unverhältnismäßig wäre.** [5] **Die Freistellung ist zu widerrufen, wenn der Aufsichtsbehörde bekannt wird, dass ihre Voraussetzungen entfallen sind.** [6] **Die §§ 52 bis 56, 212 Absatz 3 Nummer 5 und 6, § 215 Absatz 1 und 2 Satz 1 Nummer 8 sowie § 294 Absatz 5 finden keine Anwendung.**

(3) [1] **Von den nach Absatz 1 anzuwendenden Vorschriften sind auf Pensionskassen die folgenden Vorschriften nur mit der jeweils folgenden Maßgabe anzuwenden:**

1. **§ 9 Absatz 2 Nummer 2 mit der Maßgabe, dass mit dem Antrag auf Erlaubnis auch die allgemeinen Versicherungsbedingungen einzureichen sind;**
2. **§ 12 Absatz 1 mit der Maßgabe, dass die Genehmigungspflicht nicht für allgemeine Versicherungsbedingungen gilt; Änderungen und die Einführung neuer allgemeiner Versicherungsbedingungen werden erst drei Monate nach Vorlage bei der Aufsichtsbehörde wirksam, falls die Aufsichtsbehörde nicht vorher die Unbedenklichkeit feststellt;**
3. **§ 26 Absatz 1 mit der Maßgabe, dass Pensionskassen die unternehmensinternen Risikoberichte im Sinne des § 26 Absatz 1 Satz 1 und 2, soweit diese die Berichterstattung gegenüber dem Vorstand betreffen, innerhalb eines Monats nach Vorlage beim Vorstand**

bei der Aufsichtsbehörde einzureichen haben; die Aufsichtsbehörde soll Pensionskassen auf Antrag von dieser Pflicht befreien, wenn sie nachweisen, dass der geforderte Aufwand in Anbetracht der Art, des Umfangs und der Komplexität des betriebenen Geschäfts und der mit ihm verbundenen Risiken unverhältnismäßig wäre; die Freistellung ist zu widerrufen, wenn der Aufsichtsbehörde bekannt wird, dass die Voraussetzungen für die Freistellung entfallen sind;

4. § 134 Absatz 3 Satz 2 mit der Maßgabe, dass die Aufsichtsbehörde die Frist für Maßnahmen der Pensionskasse um einen angemessenen Zeitraum verlängern kann; § 134 Absatz 6 Satz 1 und 2 ist entsprechend anzuwenden;

5. § 141 Absatz 5 Nummer 1 und 2 mit der Maßgabe, dass anstelle der Grundsätze der auf Grund des § 88 Absatz 3 erlassenen Rechtsverordnung die Grundsätze der auf Grund des § 235 Absatz 1 Nummer 4 bis 7 erlassenen Rechtsverordnung eingehalten werden;

6. § 142 Satz 2 mit der Maßgabe, dass der unabhängige Treuhänder zudem ausreichende Kenntnisse im Bereich der betrieblichen Altersversorgung erworben haben muss;

7. § 144 mit der Maßgabe, dass Versorgungsanwärter und Versorgungsempfänger auch als Versicherungsnehmer die dort genannten Angaben erhalten;

8. § 213 mit der Maßgabe, dass Pensionskassen stets über Eigenmittel mindestens in Höhe der durch Rechtsverordnung nach § 235 Absatz 1 Nummer 1 festgelegten Solvabilitätskapitalanforderung verfügen müssen; ein Drittel der Solvabilitätskapitalanforderung gilt als Mindestkapitalanforderung;

9. § 214 Absatz 1 Satz 1 Nummer 7 Buchstabe d mit der Maßgabe, dass bei Pensionskassen nach Maßgabe der auf Grund des § 235 Absatz 1 erlassenen Vorschriften der Wert der in den Beitrag eingerechneten Abschlusskosten, soweit sie bei der Deckungsrückstellung nicht berücksichtigt worden sind, auf Antrag und mit Zustimmung der Aufsichtsbehörde zu den Eigenmitteln im Sinne des § 213 zählt;

9a. § 215 mit der Maßgabe, dass an die Stelle der Rechtsverordnung nach § 217 Satz 1 Nummer 6 die Rechtverordnung nach § 235 Absatz 1 Nummer 10 tritt;

10. § 216 Absatz 2 mit der Maßgabe, dass Pensionskassen zusätzlich ihre Anlagepolitik jährlich, nach einer wesentlichen Änderung der Anlagepolitik zudem unverzüglich, gegenüber der Aufsichtsbehörde darzulegen haben; hierzu haben sie eine Erklärung über die Grundsätze der Anlagepolitik zu übersenden, die Angaben über das Verfahren zur Risikobewertung und zur Risikosteuerung sowie zur Strategie enthält, und

11. § 294 Absatz 2 und 3 mit der Maßgabe, dass Gegenstand der rechtlichen Aufsicht auch die Einhaltung der im Bereich der betrieblichen Altersversorgung von den Einrichtungen zu beachtenden arbeits- und sozialrechtlichen Vorschriften ist.

[2] Von § 138 können Pensionskassen mit Genehmigung der Aufsichtsbehörde abweichen.

(4) Hängt die Höhe der Versorgungsleistungen von der Wertentwicklung eines nach Maßgabe des Geschäftsplans gebildeten Investmentvermögens ab, ist für dieses Investmentvermögen entsprechend den §§ 67, 101, 120, 135, 148 und 158 des Kapitalanlagegesetzbuchs oder entsprechend § 44 des Investmentgesetzes in der bis zum 21. Juli 2013 geltenden Fassung gesondert Rechnung zu legen; § 101 Absatz 2 des Kapitalanlagegesetzbuchs oder § 44 Absatz 2 des Investmentgesetzes in der bis zum 21. Juli 2013 geltenden Fassung ist nicht anzuwenden.

(5) [1] Sofern es sich um kleinere Vereine handelt, ist auf Pensionskassen abweichend von § 210 auch § 184 anzuwenden. [2] Die Satzung hat zu bestimmen, dass der Vorstand vom Aufsichtsrat oder vom obersten Organ zu bestellen ist. [3] Abweichend von § 141 Absatz 5 Nummer 2 hat der Verantwortliche Aktuar die versicherungsmathematische Bestätigung auch bei einem kleineren Verein abzugeben. [4] Er hat darüber hinaus auch zu bestätigen, dass die Voraussetzungen der nach § 235 Absatz 1 Satz 1 Nummer 8 oder 9 erlassenen Rechtsverordnung erfüllt sind.

Übersicht

I. Allgemeines; Grundlagen. Die Regelung entspricht weitgehend § 118b VAG a. F. Die RL 2009/138/EG findet größenunabhängig auf Pensionskassen – auch wenn diese vom Gesetzgeber prinzipiell den Lebensversicherungsunternehmen gleichgestellt wurden -keine Anwendung (Art. 9 Nr. 2 RL 2009/138/EG). Da kleine Versicherungsunternehmen ebenfalls nicht von der Richtlinie erfasst werden, verweist der Gesetzgeber generell auf das Regelwerk für kleine Versicherungsunternehmen (§§ 212–216 VAG), soweit sie Lebensversicherungsunternehmen betreffen, womit die bisherigen Regelungen weitgehend erhalten wurden.[1] Diese Gesetzessystematik findet sich auch bei den Regelungen zu den Sterbekassen (vgl. § 219 Abs. 1 VAG). Zu den Bestimmungen für kleine Versicherungsunternehmen wird auf die Kommentierung zu § 212–216 VAG verwiesen. Nach der Begründung zu § 234 VAG sollen Pensionskassen anders als kleine Versicherungsunternehmen nicht die Möglichkeit haben, sich freiwillig per Antrag, der Anwendung der Richtlinie zu unterwerfen.[2] Dann hätte aber in Abs. 1 die Anwendbarkeit von § 211 Abs. 4 VAG ausgeschlossen werden müssen. Die Regelungen des § 234 VAG gelten generell für Pensionskassen, gleichgültig ob sie reguliert oder dereguliert sind, soweit in den speziell anwendbaren Vorschriften keine Unterschiede gemacht werden.[3] Auch in der Fassung des § 234 VAG zeigt sich der unübersichtliche Gesetzesaufbau. Einmal wird in Abs. 2 S. 3 – an dieser Stelle überraschend – eine Größenordnung für die Anwendbarkeit der Vorschriften der internen Revision mit 125 Mio. EUR Bilanzsumme eingeführt, eine Größenordnung, die das Gesetz im Rahmen der Vorschriften der kleinen Versicherungsunternehmen nicht kennt, die aber aus § 61 RechVersV vom 8.11.1994 i. d. F. vom 17.7.2015 bekannt ist. Zum anderen werden über den Abs. 5 für Pensionskassen in der Form kleinerer Vereine die Anwendbarkeit bestimmter Regelungen, wie sie für kleinere Vereine gelten, für nicht anwendbar erklärt. 1

II. Die auf Pensionskassen anzuwendenden Vorschriften im Einzelnen. Eine Vielzahl verstreut platzierter Vorschriften ist zu beachten 2

– § 124 VAG: Es gelten die allgemeinen Anlagegrundsätze für das Sicherungsvermögen ohne Einschränkung. Nach Begründung der Bundestagsdrucksache[4] geht aber die Verweisung in § 124 Abs. 1 S. 1 auf § 27 VAG für Pensionskassen ins Leere, da die Anwendbarkeit des § 27 VAG in § 212 Abs. 2 Nr. 1 VAG für kleine Versicherungsunternehmen ausgeschlossen ist.
– § 216 Abs. 2 VAG: Pensionskassen haben ihre Anlagepolitik jährlich darzulegen und bei einer Änderung die Aufsichtsbehörde unverzüglich zu informieren (§ 234 Abs. 3 Nr. 10 VAG). 3
– § 341k HGB: Die Pflicht den Jahresabschluss prüfen zu lassen gilt uneingeschränkt. Konsequenterweise ist die Anwendbarkeit des § 36 Abs. 2 VAG ausgeschlossen. 4
– § 30 VAG: Pensionskassen müssen über eine interne Revision verfügen, es sei denn, es handelt sich um eine Einrichtung, in der Rechtsform des VVaG, deren Bilanzsumme am Abschlussstichtag des vorausgegangenen Geschäftsjahres 125 Mio. EUR nicht überstieg. Die Aufsichtsbehörde soll auch andere Pensionskassen – also solche mit anderer Rechtsform – auf Antrag von der Pflicht, eine interne Revision vorzuhalten, befreien, wenn der geforderte Aufwand im Verhältnis zum betriebenen Geschäft unverhältnismäßig wäre. Die Freistellung kann widerrufen werden. 5

III. Nicht anwendbare Vorschriften nach Abs. 2 S. 6. Nach § 234 Abs. 2 S. 6 VAG sind folgende Regelungen auf Pensionskassen nicht anzuwenden; dabei macht die Bestimmung keinen Unterschied zwischen regulierten und deregulierten Pensionskassen. 6

– Die Regelung über die Verhinderung von Geldwäsche und von Terrorismusfinanzierung (§§ 52–56 VAG). Der Grund liegt in dem eng umgrenzten Geschäftsmodell und der Transparenz der Vertragspartner. Zur Rechtslage nach Verabschiedung des Geldwäschegesetzes in der Fassung vom 23.6.2017 (BGBl I S. 1822) siehe die Kommentierung bei § 237 Rn. 20a. 7
– Einige spezifische Vorschriften für kleinere Versicherungsunternehmen sind ebenfalls von der Anwendung ausgeschlossen. Zum einen gilt nicht die Erleichterung in § 212 Abs. 3 Nr. 5 VAG, wonach die Aufnahme bestimmter qualifizierter Mittel nicht als Fremdmittelaufnahme gilt. Damit gilt § 15 Abs. 1 S. 3 VAG.[5] Demzufolge sind die Anrechnungsgrenzen im Unterschied zu kleinen Versicherungsunternehmen zu beachten. Nach Art. 18 Abs. 2 RL 2003/41/EG dürfen Einrichtungen der betrieblichen Altersversorgung keine Fremdmittel aufnehmen Allerdings soll die Aufnahme von Hybridkapital[6] im Rahmen der Eigenmittelvorschriften weiterhin möglich bleiben.[7] 8
– Da für die Pensionskassen ebenfalls ein anderes Solvabilitätsregime gilt als für Lebensversicherer schlechthin, gelten auch §§ 91, 92 VAG (Einstufung der Eigenmittelbestandteile und Kriterien der Einstufung) nicht. Es bleibt insoweit bei der Anwendbarkeit der Regeln für kleine Versicherungsunternehmen. Zum anderen ist § 212 Abs. 3 Nr. 6 VAG nicht anwendbar, demnach müssen die nach 9

[1] BT-Drs. 18/2956, 279.
[2] BT-Drs. 18/2956, 279 zu § 234 VAG (Anzuwendende Vorschriften).
[3] Anderer Auffassung: *Herrmann*, Pensionskassen – Grundlage und Praxis, 2. Aufl. 2010, Rn. 720.
[4] BT-Drs. 18/2956, 280.
[5] Gesetzesbegründung BT-Drs. 18/2956, 280.
[6] *Farny* S. 862, 863.
[7] Vgl. auch den europarechtlichen Hintergrund in BT-Drs. 18/2956, 280 (Begründung zu § 234 Abs. 2 VAG).

§ 23 Abs. 3 VAG von der Pensionskasse aufzustellenden internen Leitlinien auch Vorgaben zur internen Revision enthalten.

10 – Die allgemeinen Bestimmungen über die Anlagegrundsätze des Sicherungsvermögens nach § 215 Abs. 1 VAG finden ebenso wie die, die Anlagemöglichkeiten erweiternde Vorschrift des § 215 Abs. 2 S. 1 Nr. 8 VAG keine Anwendung. Stattdessen gilt der flexible Rahmen des § 124 VAG (siehe oben Rn. 2).

11 – Die Anwendbarkeit des § 294 Abs. 5 VAG (aufsichtliches Überprüfungsverfahren) ist generell für alle Pensionskassen – auch die deregulierten – ausgenommen, weil auf Pensionskassen die dort in Bezug genommene RL 2009/138 EG keine Anwendung findet.

12 **IV. Anwendbarkeit bestimmter aufsichtsrechtlicher Bestimmungen mit besonderer Maßgabe (ergänzende Vorgaben; Abs. 3 VAG).** Es gilt im Einzelnen:

– Nr. 1: Mit dem Antrag auf Erlaubnis sind auch die Allgemeinen Versicherungsbedingungen einzureichen. Diese Regelung macht allerdings nur Sinn für regulierte Pensionskassen.

13 – Nr. 2: Änderungen der Bestandteile des Geschäftsplans – soweit es sich um allgemeine Versicherungsbedingungen handelt – bedürfen nicht der Genehmigung. Hierfür – wie für die Einführung neuer allgemeiner Versicherungsbedingungen – gilt eine dreimonatige Wartefrist nach Vorlage bei der BaFin, falls diese nicht vorher die Unbedenklichkeit feststellt. Hier stellt sich freilich die Frage, wie diese Vorschrift, die erkennbar für regulierte und nicht-regulierte Pensionskassen gilt mit § 233 Abs. 1 S. 4 VAG (Verweisung auf § 219 Abs. 3 Nr. 1 und Nr. 2 VAG) harmoniert, wonach alle eingereichten Geschäftsunterlagen nach § 10 der Erlaubnis unterliegen. Diese holprige Gesetzesfassung ist der Tatsache geschuldet, dass § 234 VAG sowohl auf deregulierte als auch auf regulierte Pensionskassen Anwendung findet.

14 – Nr. 3: Für gegenüber dem Vorstand abzugebende unternehmensbezogene Risikoberichte im Sinne des § 26 Abs. 1 S. 1 und 2 VAG gelten spezielle Regeln. Die Aufsichtsbehörde kann von der Vorlage dieses Berichts bei der BaFin befreien (siehe hierzu auch die Anmerkung zu § 237 Abs. 3 Nr. 4 VAG). Aus dieser Regelung folgt dass Pensionskassen – ebenso wie kleine Versicherungsunternehmen – ein Risikomanagementsystem nach § 26 Abs. 1 und Abs. 2 VAG einzurichten haben.

15 – Nr. 4: Die strengen Nachfristen nach § 134 Abs. 3 S. 2 VAG werden bei der Wiederherstellung der Bedeckung der Solvabilitätskapitalanforderung – abweichend von der Regelung in § 212 Abs. 3 Nr. 13 VAG – durch einen „angemessenen" Zeitraum ersetzt.

16 – Nr. 5: Die Ermächtigungsgrundlagen für den Erlass einer Rechtsverordnung für den Rechnungszins und die versicherungsmathematischen Rechnungsgrundlagen werden ausgetauscht.

17 – Nr. 6: Der für Prämienänderungen hinzuzuziehende unabhängige Treuhänder nach § 124 VAG muss über ausreichende Kenntnisse im Bereich der betrieblichen Altersversorgung verfügen.

18 – Nr. 7: Die für Versorgungsanwärter und Versorgungsempfänger in § 144 VAG vorgesehenen Informationen und Angaben sind gegenüber diesem Personenkreis auch zu machen, wenn sie gleichzeitig Versicherungsnehmer sind. Dies kann zu einer Doppelinformation führen.

19 – Nr. 8: Für Pensionskassen gilt die bisherige Ermittlung des Solvabilitätsbedarfes (Solvency I, siehe Art. 303 RL 2009/138 EG) gemäß der KapAusstV vom 18.4.2016 nach § 235 Abs. 1 S. 1 Nr. 1 VAG. Ein Drittel der Solvabilitätskapitalanforderung gilt als Mindestkapitalanforderung. Für Pensionskassen beträgt die Mindestkapitalanforderung 3 Millionen Euro; bei VVaG ermäßigt sich der Mindestbetrag um 25 % (§ 18 Abs. 2 KapAusstV vom 18.4.2016). Für Pensionskassen in der Rechtsform eines VVaG entfällt die Mindestkapitalanforderung gänzlich, wenn seine jährlichen Beiträge in drei aufeinanderfolgenden Jahren den Betrag von 5 Millionen Euro nicht überschritten haben (§ 18 Abs. 3 KapAusstV vom 18.4.2016).

20 – Nr. 9: Die in den Beitrag eingerechneten Abschlusskosten, die nicht bei der Deckungsrückstellung berücksichtigt wurden, können auf Antrag mit Erlaubnis der BaFin den Eigenmitteln zugerechnet werden. Diese Bestimmung gilt erkennbar nur für deregulierte Pensionskassen, da regulierte Pensionskassen keine rechnungsmäßigen Abschlusskosten nach § 233 Abs. 1 Nr. 4 VAG erheben dürfen.

21 – Nr. 9a: Es gelten die Anlagegrundsätze des § 215 i. V. m. der nach § 235 Abs. 1 Nr. 10 ergangenen AnlV vom 18.4.2016.

– Nr. 10: Pensionskassen haben zusätzlich zu § 216 Abs. 2 VAG (Berichtspflicht über die Vermögensanlagen) jährlich ihre Anlagepolitik gegenüber der BaFin darzulegen; bei einer wesentlichen Änderung der Anlagepolitik ist diese Informationspflicht unverzüglich zu erfüllen. Die Informationspflicht umfasst: Grundsätze der Anlagepolitik, einschließlich der Mischung der Anlagen, Angaben über das Verfahren zur Risikobewertung und zur Risikosteuerung sowie zur Strategie.

22 – Nr. 11: Die Rechtsaufsicht nach § 294 Abs. 2 und 3 VAG umfasst auch die Einhaltung der im Bereich der betrieblichen Altersversorgung von den Einrichtungen zu beachtenden arbeits- und sozialrechtlichen Vorschriften.

23 – Nach § 234 Abs. 3 S. 2 VAG dürfen Pensionskassen mit Genehmigung der BaFin von den Grundsätzen der Prämienkalkulation nach § 138 VAG abweichen; dies gilt auch für das Gleichbehandlungsgebot nach Absatz 2. Allerdings wird die Aufsichtsbehörde bei der erforderlichen Genehmigung

darauf achten, dass die Prämienkalkulation nicht zu völlig unbilligen Ergebnissen führt. Vorstellbar ist, dass kostenaufwendige feine Differenzierungen vermieden werden und zur Kalkulation nur wesentliche entscheidende Differenzierungsmerkmale herangezogen werden dürfen. Für deregulierte Pensionskassen gilt § 2 der DeckRV vom 18.4.2016, für den Rechnungszins für regulierte Pensionskassen die Verlautbarungen der BaFin.[8]

V. Versorgungsleistung gemäß Wertentwicklung eines nach Maßgabe des Geschäftsplans gebildeten Investmentvermögens. Für diesen Sachverhalt verweist § 234 Abs. 4 VAG auf spezielle Regelungen des Kapitalanlagegesetzbuchs oder des Investmentgesetzes. Hier sind die jeweils einschlägigen Vorschriften des Kapitalanlagerechts heranzuziehen. Dabei geht es u. a. um die gesonderte Rechnungslegung. 24

VI. Zusätzliche Anforderungen bei kleineren Vereinen. 1. Obligatorischer Aufsichtsrat; Vorstandsbestellung. Abweichend von § 210 Abs. 1 VAG gilt für Pensionskassen, die die Voraussetzungen eines kleineren Vereins erfüllen auch § 184 VAG mit der Folge, dass auch die Pensionskassen über einen Aufsichtsrat verfügen **müssen**. Abweichend von der gesellschaftsrechtlichen Regelung, wonach der Aufsichtsrat den Vorstand bestellt, hat die Satzung zu bestimmen, dass der Vorstand entweder vom Aufsichtsrat oder vom obersten Organ zu bestellen ist. 25

2. Aktuarielle Bestätigung. Der Verantwortliche Aktuar hat abweichend von der Regelung des § 141 Abs. 5 Nr. 2 VAG auch bei Pensionskassen in der Form kleinerer Vereine die aktuarielle Bestätigung unter der Bilanz abzugeben, wobei § 234 Abs. 5 S. 4 VAG diese aktuarielle Bestätigung im Falle von Pensionskassen, die mit nicht genehmigten Geschäftsplänen (deregulierte Pensionskassen) arbeiten, diese Bestätigung noch auf die Erfüllung der Voraussetzungen der nach § 235 Abs. 1 Nr. 8 und Nr. 9 VAG ergangenen Rechtsverordnung erweitert (vgl. Aktuar V vom 18.4.2016). 26

Verordnungsermächtigung

235 (1) [1]**Das Bundesministerium der Finanzen wird ermächtigt, für Pensionskassen durch Rechtsverordnung Vorschriften zu erlassen**

1. über die Berechnung und die Höhe der Solvabilitätskapitalanforderung;
2. über den maßgebenden Mindestbetrag der Mindestkapitalanforderung sowie über seine Berechnung;
3. darüber, wie nicht in der Bilanz ausgewiesene Eigenmittel errechnet werden und in welchem Umfang sie auf die Solvabilitätskapitalanforderung und die Mindestkapitalanforderung angerechnet werden dürfen;
4. über einen oder mehrere Höchstwerte für den Rechnungszins bei Versicherungsverträgen mit Zinsgarantie;
5. über weitere Vorgaben zur Ermittlung der Diskontierungszinssätze nach § 341f Absatz 2 des Handelsgesetzbuchs;
6. über die Höchstbeträge für die Zillmerung;
7. über die versicherungsmathematischen Rechnungsgrundlagen und die Bewertungsansätze für die Deckungsrückstellung;
8. darüber, wie bei Pensionskassen, bei denen vertraglich sowohl Arbeitnehmer als auch Arbeitgeber zur Prämienzahlung verpflichtet sind, für Lebensversicherungsverträge, denen kein genehmigter Geschäftsplan zugrunde liegt, der auf die Arbeitnehmer entfallende Teil der überrechnungsmäßigen Erträge zu bestimmen ist und welche Beteiligung der Arbeitnehmer an diesen Erträgen angemessen im Sinne des § 140 Absatz 2 ist;
9. über die versicherungsmathematischen Methoden zur Berechnung der Prämien einschließlich der Prämienänderungen und der versicherungstechnischen Rückstellungen im Sinne der §§ 341e bis 341h des Handelsgesetzbuchs, insbesondere der Deckungsrückstellung, bei Pensionskassen mit kollektiven Finanzierungssystemen für Lebensversicherungsverträge, denen kein genehmigter Geschäftsplan zugrunde liegt, insbesondere darüber wie die maßgeblichen Annahmen zur Sterblichkeit, zur Alters- und Geschlechtsabhängigkeit des Risikos und zur Stornowahrscheinlichkeit, die Annahmen über die Zusammensetzung des Bestandes und des Neuzugangs, der Zinssatz einschließlich der Höhe der Sicherheitszuschläge und die Grundsätze für die Bemessung der sonstigen Zuschläge zu berücksichtigen sind;
10. über Anlagegrundsätze qualitativer und quantitativer Art für das Sicherungsvermögen ergänzend zu § 124 Absatz 1, um die Kongruenz sowie die dauernde Erfüllbarkeit des jeweiligen Geschäftsplans sicherzustellen, wobei die Anlageformen des § 215 Absatz 2 Satz 1 Nummer 1 bis 7 und weitere durch diese Verordnung zugelassene Anlageformen

---

[8] *Fath* in Fath/Herrmann/Linke/Schwind/Wolf, Pensionskassen – Grundlagen und Praxis, 2. Aufl., 2016 Rn. 611 f., zur Beitragskalkulation Rn. 633.

sowie die Festlegungen im Geschäftsplan hinsichtlich des Anlagerisikos und des Trägers dieses Risikos zu berücksichtigen sind, sowie über Beschränkungen von Anlagen beim Trägerunternehmen;

11. über den Inhalt der Prüfungsberichte gemäß § 35 Absatz 1, soweit dies zur Erfüllung der Aufgaben der Aufsichtsbehörde erforderlich ist, insbesondere, um einheitliche Unterlagen zur Beurteilung der von den Pensionskassen durchgeführten Versicherungsgeschäfte zu erhalten;

12. über den Inhalt, die Form und die Stückzahl der gemäß § 216 Absatz 1 zu erstellenden Solvabilitätsübersicht und des Berichts über die Vermögensanlagen sowie die Frist für die Einreichung bei der Aufsichtsbehörde und

13. über die Art und Weise der Datenübermittlung, die zu verwendenden Datenformate sowie die einzuhaltende Datenqualität.

²Die Artikel 17 bis 17d und 18 der Richtlinie 2003/41/EG des Europäischen Parlaments und des Rates vom 3. Juni 2003 über die Tätigkeiten und die Beaufsichtigung von Einrichtungen der betrieblichen Altersversorgung (ABl. L 235 vom 23.9.2003, S. 10) in der jeweils geltenden Fassung sind zu beachten.

(2) **¹Die Ermächtigung kann durch Rechtsverordnung auf die Bundesanstalt übertragen werden. ²Rechtsverordnungen nach Absatz 1 Satz 1 und nach Satz 1 bedürfen nicht der Zustimmung des Bundesrates. ³Rechtsverordnungen nach Absatz 1 Satz 1 Nummer 9 und 11 und nach Satz 1, soweit sie die Ermächtigung nach Absatz 1 Satz 1 Nummer 9 und 11 erfassen, ergehen im Einvernehmen mit dem Bundesministerium der Justiz und für Verbraucherschutz.**

1 **I. Überblick.** Die Regelung trägt u. a. der Tatsache Rechnung, dass nunmehr die Verfahren zur Bestimmung der Solvabilität für Lebensversicherungsunternehmen und Einrichtungen der betrieblichen Altersversorgung nicht mehr übereinstimmen. Die Regelungen in Abs. 1 Nr. 8 und 9 sowie Abs. 2 entsprechen inhaltlich unverändert § 118d VAG a. F.

Die Bestimmung des § 235 VAG enthält eine Vielzahl von Verordnungsermächtigungen, die sich von der Ermittlung der Solvabilität über den Höchstrechnungszins, die Höchstbeträge der Zillmerung, über Anlagegrundsätze, den Inhalt des Prüfungsberichts bis zur Art und Weise der Datenübermittlung erstrecken. Die in Abs. 1 S. 2 in Bezug genommenen Bestimmungen der RL 2003/41/EG beziehen sich im Wesentlichen auf die Pflicht der Einrichtung der betrieblichen Altersversorgung, Eigenmittel in der notwendigen Höhe vorzuhalten und auf die Anlagevorschriften für die Vermögenswerte. Diese Vorgaben sind durch die entsprechenden Vorschriften des VAG in nationales Recht umgesetzt. Bei der Verordnungsgebung sind Art. 17–17d und 18 RL 2003/41/EG des Europäischen Parlaments und des Rates vom 3.6.2003 zu beachten. § 235 Abs. 2 VAG enthält Kompetenzregelungen.

2 **II. Überblick über die anwendbaren Verordnungen.** Wichtige Detailregelungen hat der Verordnungsgeber 2016 in zahlreichen Verordnungen normiert:

– Zu § 235 Abs. 1 Nr. 1–3 VAG: KapAusstV vom 18.4.2016 (BGBl. I S. 795)

3 – Zu § 235 Abs. 1 Nr. 4–7 VAG: DeckRV vom 18.4.2016 (BGBl. I S. 767) mit der für Pensionskassen wichtigen Höchstzinsregelung in § 2 Abs. 3.

4 – Zu § 235 Abs. 1 Nr. 10 VAG: AnlV[1] vom 18.4.2016; Pensionskassen müssen nach § 1 Abs. 2 S. 1 AnlV die allgemeinen Anlagegrundsätze des § 124 Abs. 1 VAG einhalten.

5 – Zu § 39 Abs. 1 Nr. 4 VAG: Sachverständigenprüfverordnung vom 18.4.2016.[2] Diese VO gilt für die in § 61 RechVersV genannten Unternehmen und dazu zählen nach Abs. 1 Nr. 4 auch Pensions- und Sterbekassen, deren Bruttobeiträge im vorausgegangenen Geschäftsjahr 7,5 Mill. EUR oder deren Bilanzsumme am Abschlussstichtag des vorausgegangenen Geschäftsjahres 125 Mill. EUR nicht überstiegen hat. Darüber hinaus gelten unter den Voraussetzungen des § 61 Abs. 1 und Abs. 2 RechVersV die dort genannten Vereinfachungen

6 – Zu § 145 Abs. 4 i. V. m. Abs. 5 S. 2 VAG auch i. V. m. § 212 Abs. 1, § 219 Abs. 1 und § 234 Abs. 1 VAG: AktuarV vom 18.4.2016 (BGBl. I S. 776).

7 – Zu § 145 Abs. 1–3 i. V. m. Abs. 5 S. 2 VAG auch i. V. m. § 212 Abs. 1, § 219 Abs 1 und § 234 Abs. 1 VAG: MindZV vom 18.4.2016 (BGBl. I S. 831). Hier ist der eingeschränkte Geltungsbereich nach § 1 MindZV zu beachten.

---

[1] BGBl. 2016 I, 769.
[2] BGBl. 2016 I, 760.

Kapitel 2. Pensionsfonds

Pensionsfonds

236 (1) [1] **Ein Pensionsfonds im Sinne dieses Gesetzes ist eine rechtsfähige Versorgungseinrichtung, die**

1. **im Wege des Kapitaldeckungsverfahrens Leistungen der betrieblichen Altersversorgung für einen oder mehrere Arbeitgeber zugunsten von Arbeitnehmern erbringt,**
2. **die Höhe der Leistungen oder die Höhe der für diese Leistungen zu entrichtenden künftigen Beiträge nicht für alle vorgesehenen Leistungsfälle durch versicherungsförmige Garantien zusagen darf,**
3. **den Arbeitnehmern einen eigenen Anspruch auf Leistung gegen den Pensionsfonds einräumt und**
4. **verpflichtet ist, die Altersversorgungsleistung als lebenslange Zahlung oder als Einmalkapitalzahlung zu erbringen.**

[2] **Eine lebenslange Zahlung im Sinne des Satzes 1 Nummer 4 kann mit einem teilweisen oder vollständigen Kapitalwahlrecht verbunden werden.**

(2) [1] **Pensionsfonds können Altersversorgungsleistungen abweichend von Absatz 1 Satz 1 Nummer 4 erbringen, solange Beitragszahlungen durch den Arbeitgeber auch in der Rentenbezugszeit vorgesehen sind.** [2] **Ein fester Termin für das Zahlungsende darf nicht vorgesehen werden.** [3] **Satz 1 gilt nicht für Zusagen im Sinne des § 1 Absatz 2 Nummer 2 des Betriebsrentengesetzes.**

(2a) [1] **Bei Zusagen im Sinne des § 1 Absatz 2 Nummer 2 des Betriebsrentengesetzes können Pensionsfonds lebenslange Zahlungen als Altersversorgungsleistungen abweichend von Absatz 1 Satz 1 Nummer 4 erbringen, wenn**

1. **die zuständigen Tarifvertragsparteien zustimmen,**
2. **der Pensionsplan eine lebenslange Zahlung sowie eine Mindesthöhe dieser lebenslangen Zahlung (Mindesthöhe) zur Auszahlung des nach § 1 Absatz 2 Nummer 2 des Betriebsrentengesetzes zur Verfügung zu stellenden Versorgungskapitals vorsieht,**
3. **eine planmäßige Verwendung dieses Versorgungskapitals sowie der darauf entfallenden Zinsen und Erträge für laufende Leistungen festgelegt ist und**
4. **der Pensionsfonds die Zusage des Arbeitgebers nachweist, selbst für die Erbringung der Mindesthöhe einzustehen, und die Zustimmung der Tarifvertragsparteien nach Nummer 1 der Aufsichtsbehörde vorlegt.**

[2] **Absatz 2 Satz 2 gilt entsprechend.**

(2b) [1] **Das Bundesministerium der Finanzen wird ermächtigt, durch Rechtsverordnung im Fall des Absatzes 2a nähere Bestimmungen zu erlassen zu**

1. **einer Auszahlungsbegrenzung des Pensionsfonds für den Fall, dass der Arbeitgeber die Mindesthöhe zu erbringen hat,**
2. **Vorschriften für die Ermittlung und Anpassung der lebenslangen Zahlung sowie für die Ermittlung der Mindesthöhe,**
3. **Form und Inhalt der Zusage des Arbeitgebers, selbst für die Erbringung der Mindesthöhe einzustehen, sowie des Nachweises dieser Zusage.**

[2] **Die Ermächtigung kann durch Rechtsverordnung auf die Bundesanstalt übertragen werden.** [3] **Diese erlässt die Vorschriften im Benehmen mit den Versicherungsaufsichtsbehörden der Länder.** [4] **Rechtsverordnungen nach den Sätzen 1 bis 3 bedürfen nicht der Zustimmung des Bundesrates.**

(3) **Als Arbeitnehmer im Sinne dieser Vorschrift gelten auch ehemalige Arbeitnehmer sowie die unter § 17 Absatz 1 Satz 2 des Betriebsrentengesetzes fallenden Personen.**

(4) **Pensionsfonds bedürfen zum Geschäftsbetrieb der Erlaubnis der Aufsichtsbehörde.**

Übersicht

Schrifttum: Bähr/*Laars* § 32; *Baum u. a.*, Asset-Liability-Management von Pensionsfonds, 1996; *Beckstette/Schmidt*, Pensionsfonds: Der fünfte Durchführungsweg der betrieblichen Altersversorgung, 2002; *Blomeyer*, Gesetz zur Verbesserung der betrieblichen Altersversorgung, 3. Aufl. 2003; *Bode u. a.*, Pensionsfonds und Entgeltumwandlung in der betrieblichen Altersversorgung; *Evke de Groot*, Der deutsche Pensionsfonds als Instrument der betrieblichen Altersversorgung im Spannungsfeld zwischen Betriebsrenten- und Versicherungsrecht, 2010; *Hein*, Pensionsfonds-Management in den USA unter dem Einfluss der Globalisierung von Wertpapieren, 1991; *Höfer*, Das neue Betriebsrentenrecht, 2003; *ders.*, Gesetz zur Verbesserung der betrieblichen Altersversorgung, Arbeitsrecht, 20. Aufl. Stand 2017, Kap. 3 Rn. 95 ff.; *Kemper/Kisters-Kölkes*, Arbeitsrechtliche Grundzüge der betrieblichen Altersversorgung, 3. Aufl. 2004; *Kolvenbach/Sartoris*, Bilanzielle Auslagerung von Pensionsverpflichtungen, 2004; *Kölschbach/Engländer*, Ausgewählte Fragen zur Bilanzierung von Pensionsfonds, VW 2003, 1152; *Nöcker*, Pensionsfonds – Versorgungseinrichtungen und Finanzsituationen, 2003; *Seyfriedt*, Rechnungslegung über betriebsinterne Pensionsfonds in Deutschland nach US-GAAP: Eine Untersuchung von Contractual Trust Arrangements unter Einschluss angrenzender rechnungslegungsrelevanter Rechtsgebiete, 2003; *Weigel*, Rechtliche und wirtschaftliche Aspekte des Pensionsfonds nach deutschem Recht, 2002; *Wojtysiak*, Pensionsfonds als Instrument zur innovativen Ausgestaltung von Versorgungswerken im Rahmen der betrieblichen Altersversorgung VDD/hochschulstudien.de (20. Dezember 2001).

1 **I. Die Definition des Pensionsfonds, Einführung. 1. Der Pensionsfonds – ein Durchführungsweg der betrieblichen Altersversorgung (Abs. 1).** Die betriebliche Altersversorgung in Deutschland ist am 1.1.2002 um einen neuen Durchführungsweg bereichert worden, den Pensionsfonds. Pensionsfonds existierten bis zu diesem Datum in Deutschland nicht. Allerdings waren sie in anderen Ländern bereits, wie z. B. in Großbritannien und in den Vereinigten Staaten der Hauptdurchführungsweg der betrieblichen Altersversorgung. Auch deswegen wollte der Gesetzgeber den Pensionsfonds in Deutschland einführen.[1] Der Pensionsfonds ist wie die Pensionskasse, oder ein Lebensversicherungsunternehmen, das eine Direktversicherung oder eine Rückdeckungsversicherung anbietet, als eigenständige juristische Person ein externer Versorgungsträger, dessen sich Arbeitgeber zur Durchführung betrieblicher Altersversorgungszusagen bedienen. Dies folgt aus § 236 Abs. 1 S. 1 VAG und gleichermaßen aus dem Betriebsrentengesetz (BetrAVG).

In § 1 Abs. 1 S. 2 BetrAVG wird auf § 1b Abs. 2–4 BetrAVG verwiesen und somit auch auf § 1b Abs. 3 BetrAVG, der den Pensionsfonds ebenso wie die Pensionskasse als rechtsfähige Versorgungs-

[1] BT-Drs. 14/1151.

einrichtung definiert, die Arbeitnehmern oder ihren Hinterbliebenen für die betriebliche Altersversorgung – im Unterschied zur Unterstützungskasse – einen unmittelbaren Rechtsanspruch auf ihre Leistung gewährt. Auf einzelne Pensionsfonds ist die RL 2003/41/EG vom 3.6.2003, nicht aber die RL 2009/138/EG anzuwenden (Art. 2 Abs. 3b iii und iv).

Damit ist zugleich klargestellt, dass der **Pensionsfonds ausschließlich ein Instrument der betrieblichen Altersversorgung ist** und somit nicht Leistungen für die private Versorgung anbieten darf wie ein Lebensversicherer. Damit kann der Pensionsfonds im Rahmen der gesetzlich zulässigen Leistungsformen alle der Legaldefinition des Grundbegriffs der betrieblichen Altersversorgung[2] entsprechende Leistungsarten erbringen. Dies wird auch durch die vage Definition der Pensionspläne, die sich in § 237 Abs. 3 Nr. 2 VAG befindet, unterstrichen. Wegen der Beschränkung auf die betriebliche Altersversorgung gleicht der Pensionsfonds zunächst von der Aufgabenstellung her der Pensionskasse, die auch nur betriebliche Altersversorgung betreiben darf. Im Gegensatz zur Unterstützungskasse darf der Pensionsfonds nicht sog. „fallweise Leistungen" gewähren, die zum Beispiel Zahlungen bei Arbeitslosigkeit oder Zuschüsse zu Krankheitskosten umfassen können. 2

Der Pensionsfonds wird vom Arbeitgeber dotiert. Die Arbeitgeber sind Trägerunternehmen des Pensionsfonds. Dies schließt jedoch nicht aus, dass der Arbeitnehmer indirekt durch Entgeltumwandlung oder auch direkt durch Eigenbeiträge Beiträge zum Aufbau seines Altersversorgungsvermögens leisten könnte (vgl. § 1 Abs. 2 Nr. 4 BetrAVG – Umfassungszusage).

Der Pensionsfonds genießt im Gegensatz zu Unternehmen der Lebensversicherung und zu Pensionskassen grundsätzlich eine größere Freiheit bei der Anlage der empfangenen Beiträge, was sowohl in der Spezialvorschrift des § 239 VAG zum Ausdruck kommt als auch darin, dass der Gesetzgeber in gewissem Umfang eine Unterdeckung von Pensionsplänen zulässt (§ 239 Abs. 3 VAG). Dies eröffnet dem Pensionsfonds Renditechancen und eine flexible Gestaltung der Pensionspläne. 3

Die besseren Renditechancen des Pensionsfonds können bewirken, dass möglicherweise entweder eine effizientere Finanzierung der Versorgungsleistungen bewirkt wird oder aber höhere Versorgungsleistungen als bei Pensionskassen und bei Direktversicherungen gewährt werden können. Sicher ist dies jedoch nicht. Die besseren Renditechancen werden nämlich mit dem Risiko von Renditeverlusten bei unglücklicher Kapitalanlage erkauft. Im Vergleich zu einer Direktversicherung- oder Pensionskassenzusage bietet der Pensionsfonds deshalb je nach Gestaltung jedenfalls weniger Sicherheit. **Allerdings** kann der Pensionsfonds faktisch den Mangel geringerer Sicherheit ausgleichen, indem er **freiwillig** teilweise seine **Gelder wie ein Versicherer** oder eine **Pensionskasse** anlegt und damit einerseits die Renditechancen eingrenzt, andererseits den Sicherheitsgrad seiner Versprechen erhöht ohne aber Garantien abgeben zu müssen. Der Pensionsfonds wird diese Optionen im Einzelfall bei der Festlegung des Pensionsplans mit dem jeweiligen Arbeitgeber entsprechend dessen Risikoneigung erörtern. 4

Dem deutschen Gesetzgeber war das Spannungsfeld zwischen Renditechancen und Risiko sehr wohl bewusst. Er hat deshalb zum Schutz der Arbeitnehmer gesetzliche Mindest-Sicherheiten eingezogen, die der angelsächsische Pensionsfonds so nicht kennt. So wird zwar wie beim angelsächsischen Pensionsfonds die **Beitragszusage** gestattet, bei der ein Arbeitgeber durch Entrichtung von Beiträgen seine Verpflichtung aus der Altersversorgungszusage im Grundsatz erfüllt und bei der das Anlagerisiko und somit das Risiko bezüglich der Höhe der Versorgungsleistung vom Arbeitnehmer getragen wird. Allerdings schlug das Risiko nach deutschem Recht bislang nicht voll auf den Arbeitnehmer durch, da die reine Beitragszusage gesetzlich bislang nicht zulässig war. Vielmehr musste sichergestellt sein, dass der Arbeitnehmer beim Eintritt des Versorgungsfalls mindestens eine Versorgungsleistung erhält, die der Summe der zugunsten des Arbeitnehmers eingezahlten Beiträge wertmäßig entspricht, wobei von der Beitragssumme die Kosten einer vor dem Eintritt des Versorgungsfalls gewährten Risikotragung für Invalidität und Tod abgezogen werden können (Mindestleistung; § 1 Abs. 1 S. 3 BetrAVG). 5

Allerdings ist der Pensionsfonds durch das Gesetz vom 21.12.2015[3] und die dadurch erfolgte Einfügung des Abs. 2a und 2b in § 236 VAG mittlerweile in die Lage versetzt, auch bei Leistungen, die aus der Beitragszusage nach § 1 Abs. 2 Nr. 2 BetrAVG herrühren, die Anlagefreiheiten eines Pensionsfonds entsprechend Absatz 2 zu nutzen. Dies kommt darin zum Ausdruck, dass im Absatz 2a Satz 1 nunmehr festgelegt wird, dass bei den genannten Zusagen nach § 1 Abs. 2 Nr. 2 BetrAVG Pensionsfonds lebenslange Zahlungen als Altersversorgungsleistungen abweichend von Abs. 1 S. 1 Nr. 4 (versicherungsförmige Garantie der ausgelösten Rentenzahlung) erbringen dürfen, wenn bestimmte Voraussetzungen vorliegen (hierzu näher unten Rn. 117 ff.). 6

Im Gegensatz zum angelsächsischen Recht muss der deutsche Arbeitgeber also bei der Beitragszusage mit Mindestleistung bislang immer damit rechnen, dass er bei einer weniger erfolgreichen Vermögensanlage (Nichterhalt der Mindestleistung) für die dann entstehende Differenz durch die **Sekundärhaftung** nach § 1 Abs. 1 S. 3 BetrAVG einstehen muss, während dem im angelsächsischen Raum der 7

[2] *Höfer*, Gesetz zur Verbesserung der Betrieblichen Altersversorgung – Betriebsrentenrecht, Bd. 1, 20. Aufl. Stand 2017, Kap. 2 Rn. 1 ff.; durch das Betriebsrentenstärkungsgesetz vom 17.8.2017 wurde in § 1 Abs. 2 BetrAVG Nr. 2a (reine Beitragszusage) eingefügt was zu einer Erweiterung des Begriffs der betrieblichen Altersversorgung führt.

[3] BGBl. I 2553.

Arbeitnehmer den Verlust seiner Versorgung befürchten muss. Bei der Beitragszusage mit Mindestleistung mussten also bislang nach deutschem Recht die eingezahlten Beiträge bei Eintritt des Leistungsfalls Altersrente in vollem Umfange vorhanden sein, wenn keine Abzüge für biometrische Risiken vorzunehmen waren. Diese Beitragsabsicherung bildete somit das sichere – unentziehbare – Fundament für die Finanzierung einer lebenslangen Altersrente (vgl. § 1 Abs. 2 Nr. 2 BetrAVG). Daraus folgte auch, dass die anfallenden Kosten durch Erträge finanziert werden müssen.

8 Diese grundsätzliche Einstandspflicht des Arbeitgebers gilt nicht nur für den Durchführungsweg Pensionsfonds, sondern auch bei allen anderen mittelbaren Durchführungswegen der betrieblichen Altersversorgung, also der Direktversicherung, der Pensionskassen- und Unterstützungskassenzusage. Sie gilt auch, wenn der Arbeitgeber mit Hilfe des Pensionsfonds eine ganz bestimmte Leistung verspricht (**Leistungszusage** bzw. **beitragsbezogene Leistungszusage,** vgl. § 1 Abs. 1 S. 3 BetrAVG).

9 Es war schon seit langem diskussionswürdig, ob die gesetzgeberische Grundentscheidung in § 1 BetrAVG, wonach der Arbeitgeber für die Erfüllung der von ihm zusagten Leistung auch dann noch subsidiär einzustehen hat, wenn die Durchführung nicht unmittelbar über ihn, sondern über einen beaufsichtigten Durchführungsweg erfolgt, noch zeitgemäß und im Hinblick auf die Qualität und Beaufsichtigung der Produktanbieter sachgerecht ist.

10 Nachdem am 1.6.2017 vom Bundestag und am 7.7.2017 vom Bundesrat beschlossenen **Betriebsrentenstärkungsgesetz** (BGBl. I S. 3214) wurde durch Art. 1 Nr. 1 in § 1 Abs. 2 BetrAVG nach Nr. 2 eine neue Nr. 2a eingefügt, durch die mittels Tarifvertrag die reine Beitragszusage in das deutsche Arbeitsrecht eingeführt wird, allerdings versehen mit einem 15%igen Zusatzbeitrag (§ 1a Abs. 1a BetrAVG) des Arbeitgebers im Falle der Entgeltumwandlung; im Übrigen soll im Tarifvertrag ein Sicherungsbeitrag vereinbart werden (§ 23 BetrAVG). Es bleibt abzuwarten, ob dieser Gesetzesvariante mehr Erfolg als dem Modell in § 236 Abs. 2a VAG beschieden ist. Zwar spart der Arbeitgeber bei der Entgeltumwandlung die Sozialversicherungsbeiträge aber der 15%ige Zusatzbeitrag entspricht noch immer nicht dem Modell einer reinen Beitragszusage. Positiv ist zu bewerten, dass diese Zusageform der betrieblichen Altersversorgung nach der Überarbeitung des Referentenentwurfs zum Betriebsrentenstärkungsgesetz nicht insolvenzsicherungspflichtig ist und auch den Arbeitgeber von weiteren Verpflichtungen gemäß BetrAVG freistellt. Allerdings wird sich der Aufwand für Pensionsfonds, Pensionskassen und andere Lebensversicherungsunternehmen durch die Einfügung der §§ 244a–d VAG erhöhen. Auch die Anforderungen an das Risikomanagement werden zunehmen. In die Pensionsfondsaufsichtsverordnung wurde ein neuer Teil 2 unter der Überschrift „Durchführung reiner Beitragszusagen in der betrieblichen Altersversorgung“ eingefügt. Dieser Teil regelt insbesondere die Vermögensanlage (§ 34), die Deckungsrückstellung in der Ansparphase und in der Rentenbezugszeit (§ 35), einen neuen Begriff des Kapitaldeckungsgrads (§ 36) eine Regelung zur anfänglichen Höhe der lebenslangen Zahlung (§ 37) sowie zur Anpassung der lebenslangen Zahlungen (§ 38), zum Risikomanagement (§ 39), zu den unternehmensinternen Risikoberichten (§ 40), zu den laufenden Informationspflichten gegenüber den Versorgungsanwärtern und Rentenempfängern (§ 41) und schließlich zur Berichterstattung gegenüber der Aufsichtsbehörde (§ 42).

11 Aufgrund der Rahmenbedingungen sind die unmittelbare Versorgungszusage und die Unterstützungskassenzusage im Aufwand grundsätzlich geringer als der Einkauf einer wertgleichen Versorgung bei einem Lebensversicherer, einer Pensionskasse oder einem Pensionsfonds. Dafür ist aber bei der unmittelbaren Versorgungszusage und auch bei der Unterstützungskassenzusage das Schicksal der Versorgungszusage sehr eng mit dem **Schicksal der Arbeitgeber verbunden** – das Risiko von Leistungsausfällen also durchaus hoch. Zum anderen trägt hier der Arbeitgeber zumindest bei der unmittelbaren Versorgungszusage die Kosten und das Risiko des Finanzierungsmanagements unmittelbar selbst. Ganz anders ist die Situation bei beaufsichtigten Lebensversicherern, Pensionskassen und Pensionsfonds, bei denen die eingegangenen Verpflichtungen auch durch für die Altersversorgung geeignete Finanzanlagen gedeckt sein müssen und bestimmte die Versorgungsempfänger schützende Strukturen gegeben sein müssen. Eine Differenzierung der Subsidiärhaftung des Arbeitgebers nach Durchführungswegen wäre daher durchaus angezeigt.

12 Die Frage stellt sich, warum ein Arbeitgeber den durch Sicherheitsaspekte erhöhten Aufwand für bestimmte ausgelagerte Versorgungswerke auf sich nimmt, wenn er hierdurch nicht von der Haftung für die zugesagte Leistung und zwar unabhängig davon ob eine reine Beitragszusage vorliegt, befreit wird. Hier könnten ohne große Eingriffe Lohnnebenkosten gesenkt werden. Schließlich lässt der Gesetzgeber die Entgeltumwandlung, auf die der Arbeitnehmer einen gesetzlichen Anspruch hat, nur in der **neuen Form** des § 1 Abs. 2a BetrAVG-E (Betriebsrentenstärkungsgesetz) ohne Insolvenzsicherungspflicht zu.

13 Der Gesetzgeber will bewusst die Ausbreitung der betrieblichen Altersversorgung auch mit Hilfe des Pensionsfonds fördern. Deshalb hat er auch die **Pensionsfondszusage steuerlich begünstigt**. So gesteht er im § 3 Nr. 63 EStG die **Lohnsteuerfreiheit** von Beiträgen für einen Pensionsfonds bis zu 4% der Beitragsbemessungsgrenze der gesetzlichen Rentenversicherung pro Jahr zu, und zwar unabhängig vom tatsächlichen Einkommen des Arbeitnehmers. Dafür werden die aus diesen Beiträgen herrührenden Versorgungsleistungen gemäß § 22 Nr. 5 EStG besteuert, wodurch der Arbeitnehmer aufgrund der häufig niedrigen Alterseinkünfte die Steuerdegression aus der s. g. „nachgelagerten Besteuerung“

genießt. Durch Artikel 1 des AltEinkG vom 5.7.2004[4] wurde § 3 Nr. 63 EStG unter anderem insoweit modifiziert, als der Dotierungsrahmen aufgrund einer nach dem 31.12.2004 neu erteilten Versorgungszusage um bis zu 1.800 EUR erhöht werden kann.

Eine wesentliche zusätzliche steuerliche Förderung bietet § 3 Nr. 66 EStG, der **lohnsteuerfrei** Leistungen des Arbeitgebers im Zusammenhang mit der Übertragung unmittelbare erteilter Versorgungszusagen auf einen **Pensionsfonds** (vgl. § 3 Nr. 66 EStG i. V. m. § 4e Abs. 3 EStG) in unbegrenzter Höhe zulässt. Die hierfür vom Arbeitgeber an den Pensionsfonds erbrachten Leistungen sind steuerlich anerkannte Betriebsausgaben. **Die Übertragung stellt einen Wechsel des Durchführungsweges der betrieblichen Altersversorgung dar**. Mit dieser Geschäftsmöglichkeit grenzt sich der Pensionsfonds – lässt man § 236 Abs. 2 VAG außer Betracht – entscheidend von der Pensionskasse ab. Der Pensionsfonds ist eine rechtfähige Versorgungseinrichtung und nicht ein steuerrechtlicher Mantel, den man sich umhängt, wenn es gerade opportun erscheint. Auch wenn Pensionsfonds überwiegend nicht garantierte Leistungen erbringen, hat der Erfolg ihrer Geschäftstätigkeit und die Umsetzung der vereinbarten Pensionspläne große Bedeutung für die Bilanzierung und Liquidität ihrer Trägerunternehmen (Arbeitgeber) für die Leistungsansprüche der Arbeitnehmer, gegebenenfalls für den PSVaG und allgemein im Hinblick auf das Vertrauen in kapitalgedeckte Versorgungssysteme 14

Auch die Übertragung von Unterstützungskassenzusagen auf Pensionsfonds geschieht lohnsteuerfrei (§ 3 Nr. 66 EStG i. V. m. § 4d Abs. 3 EStG) und betriebsausgabenabzugsfähig. 15

Die betriebliche Altersversorgung in Deutschland ist aufs engste mit flankierenden steuerrechtlichen Vorschriften verwoben. Auf die vielfältigen Regelungen, mit denen zahlreiche andere Gesetze – besonders im Steuerrecht – geändert werden, kann im Rahmen der VAG-Kommentierung nicht eingegangen werden. 16

Der Gesetzgeber hat es für notwendig angesehen, Altersversorgungsverträge gesetzlich zu definieren und einem Zertifizierungsverfahren im Gesetz über die Zertifizierung von Altersversorgungsverträgen (Altersvorsorgeverträge-Zertifizierungsgesetz AltZertG in der Fassung des Alterseinkünftegesetzes vom 5.7.2004) zu unterwerfen, um damit den Privatkunden eine gewisse – formelle (nicht qualitative) – Orientierung in der Angebotsvielfalt zu verschaffen. Gleichzeitig wird die Einhaltung bestimmter Produktgestaltungsmerkmale mit dem Steuerrecht verbunden. 17

Das AltZertG findet grundsätzlich auf betriebliche Altersversorgungsverträge (Pensionsfondsverträge) keine Anwendung, da Vertragspartner des Pensionsfonds ausschließlich Arbeitgeber sind (Firmengeschäft im Gegensatz zu Privatkundengeschäft, § 236 Abs. 1 Nr. 1 VAG); das AltZertG wendet sich ausschließlich an natürliche Personen (§ 1 Abs. 1 AltZertG). Der Verweis in § 112 Abs. 1 S. 2 VAG a. F. auf das AltZertG findet sich deshalb zu Recht nicht mehr in der Neufassung des VAG. Zur steuerrechtlichen Bedeutung des Wegfalls des Verweises auf das AltZertG und zur Ausgestaltung steuerlich begünstigter Altersversorgungszusagen siehe im Einzelnen die hierzu reichlich vorhandene Literatur.[5] 18

2. Der Pensionsplan als Vertragsgrundlage; Pensionsfondsvertrag. Der Begriff **Pensionsplan** beschreibt das Produkt eines Pensionsfonds. Der Pensionsplan stellt die Grundlage für die Leistungsbeschreibung, die Leistungsvoraussetzungen und die Modalitäten der Leistungserbringung seitens des Pensionsfonds dar (§ 237 Abs. 3 Nr. 2 Hs. 2 VAG). Damit regelt der Pensionsplan Art und Umfang der Pensionsfondszusagen, die Art der Beitragszahlung, ob Garantien übernommen werden oder zwischen Arbeitgeber und Pensionsfonds ein offenes Leistungsverhältnis hinsichtlich der Höhe der Leistungen bzw. der Höhe der Beiträge vereinbart wird, die anzuwendenden pensionsfondsmathematischen und biometrischen Grundlagen sowie die Grundsätze der Kapitalanlagen, die zu diesen Annahmen passen müssen. Der **Pensionsplan** bildet somit allgemeine Bestimmungen ab, die **vergleichbar den allgemeinen Versicherungsbedingungen** der Lebensversicherer sind, geht aber über diese hinaus. Nach der Definition in § 237 Abs. 3 Nr. 2 Hs. 2 VAG gehört die **Festlegung und Bezeichnung der kalkulatorischen Grundlagen zum Bestandteil des Pensionsplans**, denn diese sind Teil der Darstellung der planmäßigen Leistungserbringung. Wenn aber Pensionsfonds ihre Leistungen auf der Grundlage von Pensionsplänen erbringen und der Pensionsplan die vertragliche Basis [6] zwischen Pensionsfonds und Trägerunternehmen (Arbeitgeber) sowie Arbeitnehmer hinsichtlich der vom Pensionsfonds zu erbringenden Leistungen darstellt, muss der Pensionsplan im vertragsrechtlichen Sinne auch alle Festlegungen enthalten, die mit **gerichtlich nachprüfbarer Präzision**, Art und Umfang der Leistungspflicht des Pensionsfonds samt der Herleitung der Ansprüche (mathematisch kalkulatorische Grundlagen) definieren. Die mathematischen Regelwerke selbst, sind nicht Teil des Pensionsplans. 19

Letztlich braucht sich kein Trägerunternehmen vom Pensionsfonds auf außerhalb eines Pensionsplans befindliche nicht in Bezug genommene Produktelemente verweisen zu lassen, wenn es um die Be- 20

[4] BGBl. I 1427.

[5] *De Groot*, Der deutsche Pensionsfonds als Instrument der betrieblichen Altersversorgung im Spannungsfeld zwischen Betriebsrenten- und Versicherungsrecht, 2010, S. 79 ff.

[6] FKBP/*Bähr* § 112 Rn. 17; *de Groot*, Der deutsche Pensionsfonds als Instrument der betrieblichen Altersversorgung im Spannungsgeld zwischen Betriebsrenten- und Versicherungsrecht, 2010, S. 42.

schränkung bzw. Definition der Leistungspflicht des Pensionsfonds geht, denn der Pensionsfonds erbringt seine Leistungen **nur** auf der Grundlage von Pensionsplänen.

21 Da die Pensionspläne je Arbeitgeber deutlich variieren können, werden in aller Regel in den Pensionsplänen auch die Grundlagen für die kalkulatorischen Annahmen (Zins, Sterbetafel, Erwerbsminderungsstatistik, Verheiratungswahrscheinlichkeit, Kostensätze u. ä.) eindeutig bezeichnet und normativ festgelegt. Zu dem Pensionsplan hinzu tritt der **Pensionsfondsvertrag**, der letztlich für den Pensionsplan die privatrechtliche/vertragliche Grundlage zwischen Arbeitgeber und Arbeitnehmer für die Erteilung der Pensionsfondszusage enthält. Im Pensionsfondsvertrag werden im Wesentlichen die gegenseitigen Rechte und Pflichten im Verhältnis Arbeitgeber/Pensionsfonds geregelt. Da er dem privatrechtlichen Bereich zuzuordnen ist, finden sich hierzu auch keine Regelungen im VAG.

Der **Pensionsfondsvertrag** enthält in der Regel folgende Vereinbarungen (beispielhaft):
- Bezugnahme auf den zu Grunde liegenden Pensionsplan ggf. in seinem Verhältnis zu einer Versorgungsordnung des Trägerunternehmens;
- Festlegung des Kreises der begünstigten Arbeitnehmer, die eine Pensionsfondszusage erhalten;
- Beschreibung des Leistungsumfangs des Pensionsfonds in Hinblick auf Pensionsplan und Versorgungsordnung (z. B. Beschreibung der Art der Altersversorgungsleistung – Altersrente, vorgezogene Altersrente, Witwen-/Witwerrente, Invalidenrente, Waisenrente);
- ggf. Vereinbarung eines vorsichtigen Rechnungszinses; (dieser gehört aber strukturell zum Pensionsplan);
- für die Leistungsarten zur Anwendung kommende Tarife;
- Einschluss oder Ausschluss von Garantien;
- Beitragshöhe, Beitragszahlungspflicht, Verzugsfolgen;
- Fragen der administrativen Abwicklung;
- Fragen der Vermögensanlage/Beitragsverwendung u. a.;
- Laufzeit des Pensionsfondsvertrages.

22 Als weitere Unterlage ist der Pensionsfondsschein als an den Arbeitnehmer gerichtetes Dokument zu erwähnen, der Auskunft über dessen eigenen, unmittelbaren Anspruch gegenüber dem Pensionsfonds gibt (vgl. § 236 Abs. 1 Nr. 3 VAG). Der Pensionsfondsschein enthält u. a. die Angaben nach § 144 VAG (vgl. § 237 Abs. 3 Nr. 9 VAG), ist also Teil der Pensionsfonds-Aufsicht und kann deshalb dem Pensionsplan zugerechnet werden.

23 Ergänzt wird der Pensionsplan durch – nicht im juristischen Sinne als Teil des Pensionsplans aufzufassende Zusatzkomponenten – nämlich: einen Antrag, in dem die Zielvorstellungen des Arbeitgebers und die mit dem Abschluss des Pensionsfondsvertrages verfolgten Zwecke erfasst werden, nämlich Erteilung einer Pensionsfondszusage seitens des Arbeitgebers gegenüber dem Arbeitnehmer, die dem arbeitsrechtlichen Bereich zuzuordnen ist. Diese Pensionsfondszusage enthält die Mitteilung an die Arbeitnehmer von der Einrichtung eines Pensionsplans, mit dem der Arbeitgeber seine Zusage nach § 1 BetrAVG erfüllen und abwickeln will.

24 Die Pensionspläne sind zwar Teil des Geschäftsplans nach § 237 Abs. 3 Nr. 2 VAG; die Pensionspläne unterfallen aber nicht der Genehmigungspflicht. Im Rahmen des Antrags auf Erlaubnis zum Geschäftsbetrieb sind die Pensionspläne „nur" einzureichen (vgl. § 237 Abs. 3 Nr. 2 VAG). Allerdings gilt für den zulässigen Vertrieb neuer oder geänderter Pensionspläne § 237 Abs. 3 Nr. 3 Hs. 2 VAG (Wartefrist).

25 **II. Das gesetzliche Merkmal des Pensionsfonds gemäß Abs. 1 S. 1 Hs. 1 und Nr. 1. 1. Der Pensionsfonds – eine rechtsfähige Versorgungseinrichtung (Abs. 1 S. 1 Hs. 1).** Der **Pensionsfonds** ist kein Versicherungsunternehmen (§ 1 Abs. 1 Nr. 1 VAG); dies ergibt sich aus seiner **speziellen Bezeichnung** unter § 1 Abs. 1 Nr. 5 VAG; demnach ist er ein **eigenständiger** speziell ausgeprägter **Finanzdienstleister**, der der Versicherungsaufsicht unterfällt. Die Bestimmung des § 236 Abs. 1 S. 1 VAG bezeichnet in ihrem Eingangssatz den Pensionsfonds als „rechtsfähige Versorgungseinrichtung". Dies bedeutet, dass der Pensionsfonds eine eigene Rechtspersönlichkeit ist. Damit liegt kein Pensionsfonds im rechtlichen Sinne vor, wenn ein Unternehmen z. B. die Versorgungsverpflichtung aus einer unmittelbaren Versorgungszusage durch betriebsinterne Mittelanlage finanziert und die investierten Finanzmittel als „Pensionsfonds" bezeichnet. Ebenso ist die gesetzliche Definition des Pensionsfonds nicht erfüllt, wenn ein Unternehmen Finanzmittel an einen **Treuhänder** überträgt, mit der Maßgabe, diese Mittel treuhänderisch ausschließlich für die Zwecke der Altersversorgung der Mitarbeiter des Unternehmens zu verwalten. Deshalb sind auch s. g. CTA nicht als Pensionsfonds im Sinne des VAG zu qualifizieren.[7]

26 Der Pensionsfonds erbringt Leistungen der Betrieblichen Altersversorgung. Diese sind hinsichtlich ihrer Leistungsform und ihres Finanzierungsprozesses mit Versicherungsversprechen vergleichbar (ver-

---

[7] *Höfer*, Gesetz zur Verbesserung der Betrieblichen Altersversorgung – Arbeitsrecht, 20. Aufl., Stand 2017, Kap. 3 Rn. 102.

sicherungsähnliche Leistungsgestaltung). Dies rechtfertigt, dass der Pensionsfonds nach § 236 Abs. 4 VAG der Genehmigung durch die Versicherungsaufsicht (vgl. §§ 8–12 VAG) bedarf.

Der gesetzlich normierte Pensionsfonds gem. §§ 236 ff. VAG kann **nur in der Rechtsform einer Aktiengesellschaft oder eines Pensionsfonds auf Gegenseitigkeit** betrieben werden. Diese Voraussetzungen ergeben sich aus § 237 Abs. 3 Nr. 1 VAG. Bislang wurde ein Pensionsfonds als Pensionsfonds auf Gegenseitigkeit gegründet. Bei dem Betreiben eines Pensionsfonds sind folglich die Vorschriften, die für die Aktiengesellschaft oder den Gegenseitigkeitsverein (§§ 171 ff. VAG) gelten, grundsätzlich entsprechend heranzuziehen. 27

2. Erbringung von Leistungen der betrieblichen Altersversorgung im Wege des Kapitaldeckungsverfahrens (Abs. 1 S. 1 Nr. 1). § 236 Abs. 1 S. 1 Nr. 1 VAG verlangt vom Pensionsfonds die Leistungserbringung im Wege des Kapitaldeckungsverfahrens, das heißt, dass der Pensionsfonds seine Leistungsversprechen aus den Pensionsplänen gegenüber dem Begünstigten mit entsprechenden Kapitalanlagen decken (finanzieren) muss. Wie das im Einzelnen zu geschehen hat, schreiben §§ 239 und 240 Nr. 8 VAG in Verbindung mit der dazu ergangenen Pensionsfonds-Aufsichtsverordung (PFAV)[8] vor. 28

In seiner **ursprünglichen Fassung** sah das Gesetz noch vor, dass ausgelöste Rentenleistungen stets versicherungsförmig zu garantieren waren. Dies ist schon vor Novellierung des VAG durch § 112 Abs. 1a VAG a. F. (7. Gesetz zur Änderung des VAG vom 29.8.2005, BGBl. I 2546) insoweit geändert worden als nunmehr auch **nicht versicherungsförmig garantierte Rentenleistungen** unter bestimmten Voraussetzungen (jetzt § 236 Abs. 2 VAG) zulässig sind. 29

Der Pensionsfonds zeichnet sich im Gegensatz zu anderen Durchführungswegen der betrieblichen Altersversorgung auch durch seine Fähigkeit zur flexiblen Beitragsgestaltung aus. Es können laufende Beiträge, Einmalbeiträge, laufende Einmalbeiträge und wechselnde Beiträge je nach der wirtschaftlichen Lage des Arbeitgebers – bzw. im Falle der Entgeltumwandlung – den wirtschaftlichen Gegebenheiten des Arbeitnehmers, entrichtet werden. Auch dieser Aspekt führt strukturell zu einer **Trennung** von **Anwartschaftsphase und Leistungsphase**. Gerade im Falle der Beitragszusage (mit Mindestleistung) stellt die Anwartschaftsphase häufig eine reine Ansparphase dar, in der frei von tarifären Zwängen ein Versorgungsvermögen aufgebaut wird. Bei Eintritt des Leistungsfalls ist dann zu ermitteln, welche Rentenleistung sich aus diesem Versorgungsvermögen lebenslang entweder 30

(1) garantiert darstellen lässt, das heißt in der Leistungsphase finden tarifäre Kalkulationsverfahren auf der Grundlage gesetzlich anzunehmender Rechnungsgrundlagen Anwendung oder
(2) im Rahmen eines beitragsoffenen Verfahrens nach § 236 Abs. 2, 2a, 2b VAG vertraglich darstellbar ist.

Entscheidend für das **Kapitaldeckungsverfahren** ist (im Unterschied zum Umlageverfahren) die Annahme kalkulatorischer Parameter, die eine hinreichende sichere Finanzierung der zugesagten Leistung unter den gegebenen Kapitalmarktumständen erlauben. **Die kalkulatorischen Parameter sind bei garantierten Zusagen nicht verhandelbar, bei nicht garantierten Zusagen sind sie Teil des zu vereinbarenden Pensionsplans**. In den Pensionsplänen sind die Grundsätze der Kapitaldeckung der zugesagten Versorgungsleistungen darzustellen. Allerdings ist der Begriff der Kapitaldeckung juristisch unscharf. Wenn man ihn als Abgrenzung zum Umlageverfahren versteht, macht er Sinn.[9] Allerdings wird in der Literatur die Auffassung vertreten, dass der Gesetzgeber eigentlich das **Anwartschaftsdeckungsverfahren** gemeint habe und hält eine gesetzgeberische Klarstellung für wünschenswert. Da das Kapitaldeckungsverfahren im Kern ein Begriff sei, der auf die Finanzierungsprinzipien der Unterstützungskasse – also Deckung der Versorgungsansprüche erst bei Leistungsbeginn – anzuwenden sei. Diese Klarstellung erscheint aber wegen der flexiblen Finanzierungsmethode des Pensionsfonds – auch in der Rentenphase – gerade nicht empfehlenswert.[10]

Beim Kapitaldeckungsverfahren erhebt der Versorgungsträger schon vor Leistungsbeginn Beiträge, mit denen ein Sparprozess in Gang gesetzt wird. In Einklang mit der Realitätsnähe der kalkulatorischen Annahmen wird hierdurch wahrscheinlich gewährleistet, dass die versprochenen Versorgungsleistungen auf Dauer erfüllt werden können. Dabei muss nicht notwendigerweise ein Einmalbeitrag geleistet werden, der den gesamten künftigen Leistungsumfang des Versprechens ausfinanziert. Es können auch jährliche Beiträge gezahlt werden, wobei die Beitragszahlung maximal bis zum Eintritt des Versorgungsfalles gestreckt wird. Bei der Kalkulation des Einmalbeitrags oder laufender Beiträge kann auch eine freibleibende Zinsannahme zugrunde gelegt werden, die sich auf den Finanzierungsprozess aufwandsmindernd auswirken kann. Eine solche Gestaltung des Finanzierungsprozesses ist dann Ausdruck der beim Pensionsfonds offenen Preis-Leistungsstruktur. 31

Sobald der Pensionsfonds ein Leistungsversprechen versicherungsförmig garantiert, ist er an den **Höchstrechnungszinssatz** gebunden (vgl. hierzu § 22 Abs. 1 i. V. m. § 23 Abs. 1 PFAV). Der zu- 32

[8] Vom 18.4.2016 (BGBl. I 842).

[9] *De Groot*, Der deutsche Pensionsfonds als Instrument der betrieblichen Altersversorgung im Spannungsfeld zwischen Betriebsrenten- und Versicherungsrecht, 2010, S. 31.

[10] *Höfer*, Gesetz zur Verbesserung der Betrieblichen Altersversorgung – Arbeitsrecht, 19. Aufl., § 1, Rn. 116 ff.

lässige Höchstrechnungszins ist vorsichtig anzusetzen und betrug bis zum 31.12.2016 höchstens 1,25% (zur aktuellen Rechtslage siehe Rn. 95). Diese Formulierung lässt im Unterschied zu § 2 Abs. 1 DeckRV auch die Vereinbarung eines niedrigeren Rechnungszinses zu.

33 In § 22 Abs. 2 PFAV werden die tatbestandlichen Voraussetzungen festgelegt, unter denen anzunehmen ist, dass der Pensionsfonds eine **versicherungsförmige Garantie** abgegeben hat. Dazu zählt im Wesentlichen, dass er sich **auf der Grundlage in Höhe und Fälligkeit fest vereinbarter Beiträge zu einer fest vereinbarten Leistung verpflichtet** hat. Dies ist anzunehmen, wenn der Pensionsfonds eine beitragsfreie Verpflichtung unter Ausschluss einer vertraglichen Nachschusspflicht aus erbrachten Beiträgen finanziert oder bei Beitragszusagen mit Mindestleistung die Mindestleistung übernommen hat (§ 22 Abs. 2; siehe auch § 236 Abs. 2 S. 3 VAG).

34 Da aber der Pensionsfonds wesentlich durch eine Finanzierungsmethode gekennzeichnet ist, wie auch Arbeitgeber selbst ihre unmittelbare Zusage finanzieren würden, kann hier über die gesamte Vertragslaufzeit ein offenes Preis-Leistungsverhältnis – auf der Grundlage vorsichtiger kalkulatorischer Annahmen entstehen. Das Geschäftsmodell der versicherungsförmig garantierten Leistungsversprechen bildet im Rahmen des Pensionsfonds nur eine deutlich untergeordnete Rolle.

35 Nach dem Gesetzeswortlaut steht das Kapitaldeckungsverfahren mit der Erbringung von Leistungen der betrieblichen Altersversorgung mittels eines Pensionsfonds im untrennbaren Zusammenhang (§ 236 Abs. 1 Nr. 1 VAG). Eine gesetzliche Definition des Kapitaldeckungsverfahrens gibt es nicht. Die Grundsätze des Kapitaldeckungsverfahrens haben sich in der Finanzwirtschaft herausgebildet; das Prinzip der Kapitaldeckung wird häufig mit Hilfe der Abgrenzung zum Umlageverfahren definiert. „Das Finanzierungsgleichgewicht des Kapitalstockverfahrens ist dadurch definiert, dass sich die verzinsten Einnahmen (akkumuliertes Vermögen plus Zinsen) während der Erwerbszeit einer Generation und die Ausgaben während ihrer Rentenzeit entsprechen müssen."[11] Auf der Grundlage des für die Leistungsphase anzuwendenden Kapitaldeckungsverfahrens ergibt sich die Konsequenz, dass die Leistung zu Leistungsbeginn ausfinanziert sein müssen oder aber eine Deckung über weiterhin während der Rentenphase zu entrichtende Beiträge erreicht wird. Durch die Einfügung des Abs. 2 in § 236 VAG (vorher § 112 Abs. 1a VAG a. F. eingefügt durch das Siebte Gesetz zur Änderung des VAG vom 29.8.2005 (VAG-Novelle 2005)[12] wurde das Kapitaldeckungsverfahren insoweit modifiziert, dass zu seiner Annahme auch das Recht des Pensionsfonds, jederzeit Beitragszahlungen in der Rentenphase verlangen zu können, ausreicht. Stets muss aber ein Kapital vorhanden sein, dass grundsätzlich ausreicht, um die versprochenen Leistungen zu finanzieren, das jedoch zu ergänzen ist, wenn die angenommenen und kalkulatorisch zu Grunde gelegten Risiken (Biometrie/Zinssatz/Kosten) sich so verändern, dass mit den bislang erhobenen Beiträgen eine Bedeckung der Verbindlichkeiten nicht mehr erreicht werden kann, Beitragsnachschüsse können für zugesagte Rentenleistungen in der Leistungsphase jedoch nicht vereinbart werden, wenn der Pensionsfonds eine versicherungsförmige Garantie übernimmt. Im Leistungsfall fokussierte sich nach den Bestimmungen der nicht mehr anzuwendenden PFDeckRV das stets nur in der Anwartschaftsphase offene Preis-Leistungsverhältnis auf ein festes Preis-Leistungsverhältnis. Diese Situation hat sich nun deutlich zunächst durch die Einfügung des Abs. 1a in § 112 VAG a. F. (nunmehr § 236 Abs. 2 VAG) geändert und ist noch einmal für die Beitragszusage mit Mindestleistung nunmehr durch die Einfügung von § 2a und 2b in § 236 VAG verändert und modifiziert worden. Ein **Kapitaldeckungsverfahren** liegt nämlich **auch dann noch** vor, wenn nicht zum Zeitpunkt des Abschlusses des Pensionsfondsvertrages mit der Prämienzahlung begonnen wird, sondern erst später, mindestens aber zum Eintritt des Leistungsfalles muss eine Ausfinanzierung der Leistung abgeschlossen sein. Auch müssen nicht notwendigerweise gleichbleibende Beiträge bis zum Eintritt des Versorgungfalles geleistet werden. Bei Eintritt des Leistungsfalles muss aber die Leistung unter Beachtung der der Kalkulation zu Grunde liegenden Faktoren ausfinanziert sein, soweit der Pensionsfonds Dienstleistung nach § 236 Nr. 1 VAG anbietet. Allerdings, und dies macht Absatz 2 und auch der neue Absatz 2a deutlich, braucht in bestimmten Fällen die Ausfinanzierung in diesem Sinne auch nur zu diesem Zeitpunkt vorzuliegen und muss nicht in der Weise vorgenommen werden, dass sie eine vorsichtige Ausfinanzierung darstellt, die eine Garantie nach § 236 Abs. 1 Nr. 4 VAG enthält.

36 Die während der Anwartschaftsphase zu entrichtenden Beiträge können trotz einer Leistungshöhe, die als Zielbetrag vereinbart ist, im Zeitablauf steigen oder aber auch in der Höhe schwanken; von einem **Kapitaldeckungsverfahren** kann im Extremfall auch dann noch gesprochen werden, wenn erst beim Eintritt des Versorgungsfalles der kapitalisierte Wert (der Barwert) der künftigen Versorgungsleistung als Einmalbeitrag geleistet wird; da das Gesetz nur von der Leistungserbringung im Wege des Kapitaldeckungsverfahrens spricht, also die Anwartschaftsphase ausblendet.

37 Eine Verschiebung der Beitragsentrichtung in vollem oder wesentlichem Umfang bis zum Leistungsbeginn scheint aber nicht dem gesetzgeberischen Bild des Pensionsfonds zu entsprechen. Gerade in der Anwartschaftsphase liegen die großen Chancen des Pensionsfonds, so dass es sinnwidrig wäre, gerade diese **Phase** zeitlich und betragsmäßig gegen Null zu reduzieren; denn dann würde man wertvolle Zeit

---

[11] *Rürup/Liedtke* in: Cramer/Förster/Ruhland, Handbuch Altersversorgung 1998, S. 779 ff.
[12] BGBl I S. 2546.

für den Aufbau einer hinreichenden Kapitaldeckung ungenutzt verstreichen lassen. Grundsätzlich gehört zu einem Kapitaldeckungsverfahren auch eine Zeitstrecke, in der der Vermögen aufgebaut und vor allem der Zinseszinseffekt genutzt werden kann. Gerade die Erzielung möglichst guter Vermögensrenditen vermag den Aufwand zur Finanzierung einer lebenslangen Altersrente zu reduzieren, weil dann ein geringeres Beitragsvolumen zum Aufbau des notwendigen Versorgungsvermögens, aus dem die lebenslange Altersrente finanziert wird, erforderlich ist. Daran ändert auch die gegenwärtige **Niedrigzinsphase** nichts, denn sie wird aller Erfahrung nach zeitlich begrenzt sein und einer veränderten Kapitalmarktsituation Platz machen. Zum anderen erlaubt die Nutzung anderer Anlageformen als die der festverzinslichen Anlagen – gerade auf längerer Zeitstrecke – eine erhöhte Rendite.

Allerdings ist zum Beispiel eine Mindestspardauer im Sinne der Nutzung des Faktors Zeit für den Aufbau des Versorgungsvermögens gesetzlich nicht vorgesehen. Wie noch zu zeigen sein wird, sind auch Einmalbeiträge, die relativ kurz vor Leistungsbeginn oder während des Rentenbezugs erbracht werden (z. B. im Zusammenhang mit der Übertragung bestehender Versorgungszusagen, vgl. § 3 Nr. 66, § 4e Abs. 3 EStG) zulässig. Zum anderen zwingen relativ niedrige Beitragsvolumina geradezu zum frühen Beginn des Ansparprozesses mit laufenden Beiträgen, um durch den Zinseszinseffekt zu einem befriedigenden Finanzierungsvermögen für die Altersleistung zu gelangen. 38

Als Ergebnis dieser Überlegungen bleibt festzuhalten, dass jedenfalls eine planmäßige Zurverfügungstellung der für die (Alters)versorgungsleistung benötigten Mittel erst zum Leistungsbeginn zwar mit dem Inhalt und zum Zweck des Kapitaldeckungsverfahrens vereinbar ist, ein solches Verhalten das Potential des Pensionsfonds aber zum Teil ungenutzt lässt. 39

3. Leistungen der betrieblichen Altersversorgung als terminus technicus. a) Allgemeines. 40
Die finanziellen Dienstleistungsprodukte des Pensionsfonds heißen Pensionspläne. In der Fassung des Gesetzes vom 21.6.2002[13] befand sich in § 113 Abs. 2 Nr. 3 VAG a. F. eine Definition der Pensionspläne, die sich nun in § 237 Abs. 3 Nr. 2 VAG wiederfindet. Der Begriff schafft eine Unterscheidung zu den Ansparplänen spezifischer Bankprodukte, ebenso zu den Bestandteilen der Geschäftspläne der Lebensversicherer nach § 9 Abs. 2 Nr. 2 Hs. 2 VAG. In den Pensionsplänen werden die Modalitäten der Beitragszahlung und die planmäßigen Leistungsvereinbarungen festgelegt. Für die Festlegungen der Pensionspläne gilt in den Grenzen des Steuerrechts, Bilanzrechts, Aufsichtsrechts und Arbeitsrechts ein großes Maß an Vertragsfreiheit. Damit wird erreicht, dass hier insbesondere der Wille der vertragschließenden Parteien möglichst passgenau Vertragsinhalt werden kann. Inhalt der Pensionspläne sind alle Bestandteile, die die Grundlage der Erbringung einer lebenslangen Altersrente bzw. sonstiger betrieblicher Altersversorgungsleistungen, zu denen der Pensionsfonds befugt ist, bilden. Hierzu zählen: das finanzmathematische und biometrisch/aktuarielle Tarifwerk, die allgemeinen Bestimmungen ggf. besondere Bedingungen oder Zusatzbedingungen und der Pensionsfondsschein (vgl. oben Rn. 22) als Dokument für den einzelnen Arbeitnehmer. Letzterer unterstreicht den unmittelbaren Leistungsanspruch des Arbeitnehmers gegen den Pensionsfonds. Zum Begriff des Pensionsplans ausführlich oben Rn. 19–24. Grundlage eines jeden Pensionsplans ist der zwischen Pensionsfonds und Arbeitgeber abzuschließende **Pensionsfondsvertrag**, in dem die spezifischen Rechte und Pflichten beider Vertragsparteien, insbesondere die Beitragspflicht, Beitragshöhe, Fragen der Kapitalanlage, Abwicklungsprozesse und gegenseitige Informationspflichten geregelt werden; während der **Pensionsplan** hingegen seinem wesentlichen Inhalt nach die aufsichtsrechtlich hergeleitete Darstellung der Ansprüche auf (Alters-) Versorgungsleistungen, ihre Art und Weise der Erbringung, den Anspruchsumfang und die Anspruchsbedingungen sowie die Bedingungen ihrer Finanzierung und ggf. Nachfinanzierung im Rahmen der aufsichtsrechtlichen Vorgaben enthält.

Der Pensionsfonds vereinbart auf der Grundlage des Pensionsfondsvertrages mit dem Arbeitgeber als Trägerunternehmen des Pensionsfonds einen Pensionsplan. Dabei können die Pensionspläne identischer Natur sein – dies werden sie insbesondere, wenn es um kleinere Beitragsvolumina verschiedener Arbeitgeber geht. Im Falle von größeren Beitragszahlungen, was insbesondere im Zusammenhang mit der Übertragung bestehender Altersversorgungsansprüche nach § 3 Nr. 66, § 4e Abs. 3 EStG der Fall ist, werden die Pensionsfonds auf der Grundlage der mit dem Arbeitgeber abzuschließenden Pensionsfondsverträge je nach Arbeitgeber individuelle Pensionspläne vereinbaren, die, im Idealfall, eine identische, das heißt Eins-zu-eins-Übertragung der vom Arbeitgeber zugesagten Altersversorgungsleistungen ermöglichen. 41

Als Durchführungsweg der betrieblichen Altersversorgung ist das aufsichtsrechtlich normierte Produktspektrum des Pensionsfonds eng mit den Zusageformen und den diese prägenden Strukturen und Definitionen, die das BetrAVG vorsieht, verzahnt. Dies wird daran deutlich, dass der Gesetzgeber einerseits bestimmte Zusageformen und andererseits Konsequenzen dieser Zusagen jeweils im Zusammenhang mit dem Pensionsfonds häufig gemeinsam mit der Pensionskasse und teilweise auch mit der Direktversicherung im Arbeitsrecht und auch im Steuerrecht geregelt hat. Die teilweise im Versicherungsaufsichtsrecht normierten Durchführungswege werden daher in ihrer gesamten Bedeutung erst 42

[13] BGBl. I 2167.

erfasst, wenn diese Rechtsgebiete in die Betrachtung mit einbezogen werden. Hinzu kommen noch steuerrechtliche Voraussetzungen und Bewertungsfragen hinsichtlich der Bilanzierung der Verpflichtung beim Arbeitgeber und bei den Unternehmen, die die betriebliche Altersversorgung durchführen. Folgende Produktmodelle unterfallen dem Begriff der betrieblichen Altersversorgung (§ 236 Abs. 1 S. 1 Nr. 1 VAG):

- Die Durchführbarkeit der Beitragszusage mit Mindestleistung ist nach § 1 Abs. 2 Nr. 2 BetrAVG beschränkt auf: **Pensionsfonds, Pensionskassen und die Direktversicherung** (nur diese externen Versorgungsträger können Garantien – Mindestleistungen – abgeben; dies macht es erforderlich, die Durchführung dieser Zusageform externen, beaufsichtigten Trägern zu übertragen). Für die Beitragszusage mit Mindestleistung hat der Gesetzgeber in § 236 Abs. 2 S. 3; Abs. 2a und 2b besondere spezifische Regeln für den Pensionsfonds vorgesehen.
- Entgeltumwandlungsanspruch nach § 1a Abs. 1 BetrAVG eröffnet ein Direktionsrecht des Arbeitgebers für die Durchführungswege **Pensionsfonds und Pensionskasse**; macht der Arbeitgeber hiervon nicht Gebrauch, kann der Arbeitnehmer den Abschluss einer Direktversicherung verlangen. Außerdem ist der steuerliche Förderanspruch nach § 1a Abs. 3 BetrAVG an diese drei Durchführungswege geknüpft.
- Die Umfassungszusage nach § 1 Abs. 2 Nr. 4 BetrAVG ist ebenfalls nur im Rahmen der Durchführungswege **Pensionsfonds, Pensionskasse oder Direktversicherung** möglich.
- **Steuerfreiheit der Beiträge** nach § 3 Nr. 63 EStG bei Verwendung für: **Pensionsfonds, Pensionskassen oder Direktversicherungsverträge.**
- **Steuerfreiheit der Leistungen** eines Arbeitgebers oder einer Unterstützungskasse an einen Pensionsfonds für die Auslagerung bestehender unmittelbarer Versorgungsverpflichtungen oder Versorgungsanwartschaften nach § 4b Abs. 3 oder § 4e Abs. 3 i. V. m. § 3 Nr. 66 EStG.
- Auslagerung der Leistungspflicht des PSVaG im Falle der Insolvenz des Arbeitsgebers und zweckgerichtete Abfindungsverwendung nach § 8 BetrAVG auf: **Pensionskassen** und **Lebensversicherer** in Form der **Direktversicherung** und mit Genehmigung der BaFin auf einen Pensionsfonds.
- **Keine Anpassungspflicht** i. S. d. § 16 Abs. 1 BetrAVG trifft den Arbeitgeber bei der Zusageform Beitragszusage mit Mindestleistung nach § 1 Abs. 2 Nr. 2 BetrAVG gem. § 16 Abs. 3 Nr. 3 BetrAVG, denn diese Zusageform ist nur über die Durchführungswege **Pensionsfonds, Pensionskassen, Direktversicherung** möglich.
- Bei Arbeitgeberwechsel kann der Arbeitnehmer von seinem bisherigen Arbeitgeber eine Übertragung des Übertragungswertes auf den neuen Arbeitgeber unter bestimmten Voraussetzungen verlangen (§ 4 Abs. 3 BetrAVG). Diese besondere **Portabilität** gilt nur bei den Durchführungswegen **Pensionsfonds, Pensionskassen** oder **Direktversicherung.**
- Im Falle der Liquidation eines Arbeitgebers kann die Übernahme der unverfallbaren Zusage oder der Versorgungsleistung oder auch der von einer Unterstützungskasse zu erbringenden Leistung durch eine **Pensionskasse** oder auch einen **Lebensversicherer ohne Zustimmung des Arbeitnehmers erfolgen**, wenn die Überschussregelung nach § 16 Abs. 3 Nr. 2 BetrAVG vereinbart wurde (mit Zustimmung ist demnach auch die Übernahme im Liquidationsfall des Arbeitgebers durch den Pensionsfonds möglich, vgl. § 4 Abs. 4 BetrAVG). Diese Regelung ist schlüssig, weil in der Überschussverwendungsregelung des § 16 Abs. 3 Nr. 2 BetrAVG nur Pensionskassen und Lebensversicherer Erwähnung finden. Damit ist auch verständlich, dass eine schuldbefreiende Übernahme einer Versorgungszusage durch eine Pensionskasse oder einen Lebensversicherer ohne Zustimmung des Gläubigers (Arbeitnehmer) aus Praktikabilitätsgründen zugelassen werden. Dies verbietet aber nicht, im Umkehrschluss eine identische Rechtswirkung **mit Zustimmung des Arbeitnehmers im Zusammenhang mit einer Übernahme durch einen Pensionsfonds zuzulassen, wenn der Pensionsfonds für den Anspruch des Arbeitnehmers eine versicherungsmäßig garantierte Leistung zur Verfügung stellt**. In diesem Fall kann der

Arbeitnehmer im Zusammenhang mit seiner Zustimmung dafür sorgen, dass die Überschussregelung des § 16 Abs. 3 Nr. 2 BetrAVG vertragsrechtlich Anwendung findet. Das Thema des Rechnungszinses ist hier nicht relevant, weil der Rechnungszins für versicherungsförmig garantierte Leistungen bei Pensionsfonds und Lebensversicherer identisch ist. Die Vorschrift des § 4 Abs. 1 BetrAVG steht dieser Auffassung nicht entgegen, da sie als Schutznorm nur andere als die in Absatz 2 und Absatz 3 erwähnte Übertragungen nicht zulässt. Auf die dreiseitige Schuldübernahme – wie sie in § 4 Abs. 4 BetrAVG geregelt ist – nimmt § 4 Abs. 1 BetrAVG aber keinen Bezug. Somit ist § 4 Abs. 4 BetrAVG als eine Vorschrift zu sehen, die unter speziellen Voraussetzungen die Zustimmung des Arbeitnehmers – die grundsätzlich nach § 414 Abs. 1 BGB erforderlich wäre – entbehrlich macht und somit insbesondere im Falle von Rentnern die Übernahme verwaltungstechnisch erleichtert. Da mit der befreienden Schuldübernahme auch die Einstandspflicht des Arbeitgebers nach § 1 Abs. 1 S. 3 BetrAVG entfällt, erlischt auch mit der Einstellung der Betriebstätigkeit die Pflicht zur Bezahlung des PSV-Beitrags. Dieses Ergebnis ist auch sachgerecht, weil andernfalls zum Beispiel ein Unternehmen, dessen ehemalige Arbeitnehmer Rentenleistung eines Pensionsfonds beziehen, nur liquidiert werden könnte, wenn zum

Beispiel ein der PSV-Beitragspflicht nicht unterfallender Lebensversicherer die Rentenzahlungspflicht übernähme. Die Aufzählung der Regelungstatbestände des BetrAVG, die auf den Pensionsfonds als Gestaltungsmöglichkeit der betrieblichen Altersversorgung verweisen, macht die enge Verwobenheit von Aufsichtsrecht und Betriebsrentenrecht deutlich.

b) Zusagearten und Durchführungswege. Sofern einem Arbeitnehmer Leistungen der Alters-, Invaliditäts- oder Hinterbliebenenversorgung aus Anlass eines Arbeitsverhältnisses vom Arbeitgeber zugesagt werden, handelt es sich um betriebliche Altersversorgung. An dieser in § 1 Abs. 1 S. 1 BetrAVG zur Leistungszusage gemachten Definition orientiert sich der Gesetzgeber, wenn er das zulässige Geschäftsmodell des Pensionsfonds in § 236 Abs. 1 Nr. 1 VAG festlegt. In § 1 Abs. 1 S. 2 BetrAVG regelt der Gesetzgeber dann weitere Sachverhalte, die er ebenfalls („liegt auch vor") dem Begriff „Betriebliche Altersversorgung" zuordnet; die beitragsorientierte Leistungszusage (Nr. 1), die beitragsorientierte Leistungszusage mit Mindestleistung (Nr. 2), die Entgeltumwandlungszusage (Nr. 3) und die Umfassungszusage (Nr. 4) und nunmehr auch die reine Beitragszusage nach § 1 Abs. 2 Nr. 2a i. V. m. § 244a Abs. 1 VAG, eingefügt durch das Betriebsrentenstärkungsgesetz.[14] Auch diese Zusageformen kann der Pensionsfonds für Arbeitgeber zugunsten von Arbeitnehmern mit seinem Produktspektrum bedienen. 43

Dabei spielt es – für die definitionsgemäße Beschreibung des Pensionsfonds – keine Rolle, ob die Mittel für den Aufbau der Altersversorgungsleistung vom Arbeitgeber, vom Arbeitnehmer oder von beiden gemeinsam stammen. Wichtig ist, dass der Beitragszahlung an den Pensionsfonds eine Zusage seitens des Arbeitgebers zugrunde liegt, die den Definitionen in § 1 Abs. 2 Nr. 1–4 BetrAVG entspricht. Leistungen der betrieblichen Altersversorgung knüpfen an bestimmte Leistungsfälle an: Eintritt in den Ruhestand, Beendigung des Arbeitsverhältnisses wegen Erreichung der Altersgrenze (Altersrente; die Leistungszusage umfasst auch die vorzeitige Altersrente (vgl. hierzu § 6 BetrAVG); Tod in der Anwartschaft oder während des Altersrentenbezugs (Hinterbliebenenversorgung); Eintritt von Invalidität (Invaliditätsversorgung): Die Definition der betrieblichen Altersversorgung enthält noch keine Festlegung der Leistungsart, siehe hierzu Rn. 100.

Die Durchführung der betrieblichen Altersversorgung kann erfolgen: 44

- unmittelbar über den Arbeitgeber (§ 1 Abs. 1 S. 2 BetrAVG);
- mittelbar über eine Lebensversicherung (§ 1b Abs. 2 BetrAVG);
- mittelbar über eine rechtsfähige Versorgungseinrichtung mit Anspruchsberechtigung des Arbeitnehmers oder seiner Hinterbliebenen (Pensionskasse, Pensionsfonds § 1b Abs. 3 BetrAVG);
- mittelbar über eine rechtsfähige Versorgungseinrichtung, die auf ihre Leistungen keinen Rechtsanspruch gewährt (Unterstützungskasse § 1b Abs. 4 BetrAVG).

c) Die Konkurrenz zwischen der arbeitsrechtlichen Zusage auf Leistung betrieblicher Altersversorgung und dem Umfang der Leistungspflicht des Pensionsfonds. Der Pensionsfondsvertrag im Zusammenhang mit dem jeweiligen Pensionsplan regelt Leistungen der betrieblichen Altersversorgung für einen oder mehrere Arbeitgeber zugunsten von Arbeitnehmern. 45

Der Pensionsfonds erbringt seine Leistungen gegenüber Arbeitnehmern für Arbeitgeber. Die Vertragsparteien verfolgen dabei den Zweck, dass mit dieser Leistungserbringung der Arbeitgeber von seiner Verpflichtung gegenüber dem Arbeitnehmer befreit wird (§ 1 Abs. 1 S. 1 BetrAVG). Allerdings sind beide Vertragsebenen, nämlich 46

die arbeitsrechtliche zwischen Arbeitgeber und Arbeitnehmer und die pensionsfondsrechtliche zwischen Arbeitgeber und Pensionsfonds zu trennen. Es ist durchaus denkbar, dass die Leistungen eines Pensionsfonds, zum Beispiel aufgrund bestimmter tarifärer Merkmale nicht den gesamten arbeitsrechtlichen Anspruch des Arbeitnehmers abdecken und dann die Originärhaftung/Subsidiärhaftung des Arbeitgebers wieder auflebt (§ 1 Abs. 1 S. 3 BetrAVG). Dem liegt der Gedanke zugrunde: Betriebliche Zusagen auf Altersversorgung beinhalten zurückbehaltenen Lohn und für die Erfüllung des Lohnanspruches haftet nun – wenn keine schuldbefreiende Übernahme der Verpflichtung vorliegt, der Arbeitgeber, es sei denn, der Gesetzgeber regelt diese Haftung anders wie in dem neu mit dem Betriebsrentenstärkungsgesetz in das BetrAVG eingefügten § 1 Abs. 2 Nr. 2a.

Der Umfang des Anspruchs des Arbeitnehmers ergibt sich aus der Arbeitgeberzusage; erbringt der Pensionsfonds eine Leistung, so wird sie für den Arbeitgeber – in Anrechnung der von ihm geschuldeten Leistung – erbracht. Das grundsätzliche Auseinanderhalten dieser Ansprüche ist aus verschiedenen Gründen notwendig. 47

aa) Mangelnde Deckungsgleichheit von unmittelbarer Versorgungszusage und mittelbarem Durchführungsweg. Hat zum Beispiel der Arbeitgeber eine Leistungszusage für eine betriebliche Altersrente, eine Invalidenrente und eine Hinterbliebenenrente abgegeben, während mit dem Pensionsfonds nur ein Vertragsmodell vereinbart wurde, das ausschließlich die Altersrente finanziert, so verbleibt beim Eintritt der Invalidität oder im Todesfall die Leistungspflicht vollständig beim Arbeitgeber. 48

[14] BGBl. I S. 3214.

49 Schwierig sind die Fälle zu lösen, in denen durch vorzeitige, nichtplanbare Leistungsfälle eine **Leistungsstörung** auf dem Wege zur lebenslangen Altersrente ab fester Altersgrenze eintritt. Hierzu zählen Fälle der vorzeitigen Altersrente, der Hinterbliebenenversorgung und der Invalidenrente. Bei Leistungsfällen Tod oder Invalidität oder bei vorzeitiger Dienstbeendigung unter Aufrechterhaltung der vollen Pensionsfondsanwartschaft kann auch im Rahmen der unmittelbaren Versorgungszusage eine besonders hohe Zuführung zu Pensionsrückstellung anfallen.[15]

50 Bei einer Auslagerung der betrieblichen Altersversorgung auf einen Pensionsfonds kann sich durch den pensionsfondsmathematisch gesteuerten Aufbau des zur Finanzierung der betrieblichen Altersversorgungszusagen bestimmten Versorgungsvermögens im Falle außerplanmäßig auftretender Leistungsfälle ein ähnlicher Finanzierungsbedarf ergeben. Auf die Vermeidung oder klare Fixierung solcher Diskrepanzen zwischen Arbeitgeberzusage und Pensionsfondsvertrag ist bei Abschluss des Pensionsfondsvertrags besondere Sorgfalt zu legen.

51 **bb) Späteinsteiger bei der Beitragszusage mit Mindestleistung.** Von besonderer Bedeutung kann die hier geschilderte Diskrepanz zwischen Arbeitgeberzusage und Pensionsfondszusage bei der Entgeltumwandlung in Form der Beitragszusage mit Mindestleistung (§ 1 Abs. 2 Nr. 2 BetrAVG) sein.[16]

52 Nach der weitgehend vertretenen Meinung kann die **Entgeltumwandlung** auch in Form einer **Beitragszusage mit Mindestleistung** durchgeführt werden. Der Arbeitnehmer hat in diesem Fall stets den Anspruch auf die Summe der gezahlten Beiträge abzüglich etwa für biometrische Risiken entnommener Beitragsteile. Die Zulässigkeit dieser Gestaltungsform wird aus § 16 Abs. 3 Nr. 3 BetrAVG, der die Anwendbarkeit von § 16 Abs. 5 BetrAVG ausdrücklich bei der Beitragszusage mit Mindestleistung ausschließt, abgeleitet.

53 Für den Gesetzgeber hätte kein Anlass bestanden, in § 16 Abs. 3 Nr. 3 BetrAVG ausdrücklich die Anwendbarkeit des § 16 Abs. 5 BetrAVG auszuschließen, wenn nicht offensichtlich die **Entgeltumwandlung auch in der Form der Beitragszusage mit Mindestleistung durchführbar sein sollte.**

54 Die Literatur begrüßt, dass damit das Wertgleichheitsgebot der Entgeltumwandlung auch bei einer Nullverzinsung erfüllt sei.[17] Hinzu tritt aber das Problem der s. g. Späteinsteiger, d. h. der rentennahen Arbeitnehmer, die per Entgeltumwandlung den steuerrechtlichen Vorteil des § 3 Nr. 63 EStG mitnehmen wollen. Auch diese haben einen Anspruch auf Entgeltumwandlung.

55 Da der Gesetzgeber die Mindestleistung als Sollbetrag aller gezahlten Beiträge abzüglich etwa für Todesfallrisiken und Invaliditätsrisiken aufgewendeter Beitragsteile definiert hat, gestattet er nicht, die Kosten – selbst wenn es sich um marktübliche Kosten handelt – abzuziehen. Bei nur kurz laufenden Pensionsfondsverhältnissen kann es – bei herkömmlicher Produktstruktur – schwierig werden, die Mindestleistung darzustellen. Wie immer in diesem Fällen will der Gesetzgeber mit arbeitsrechtlichen Regeln nicht in die Produktstruktur externer Versorgungsträger eingreifen.[18] Die Pensionsfonds werden durch entsprechende Gestaltungselemente dieser Herausforderung gerecht werden. Ähnlich sind die Herausforderungen bei den Durchführungswegen Direktversicherung und Pensionskasse im Zusammenhang mit der Beitragszusage mit Mindestleistung, weil auch bei diesen Durchführungswegen die Beiträge nicht um die Kosten gekürzt werden dürfen. Im Hinblick auf das zur Zeit extrem niedrige Zinsniveau wird es bei Späteinsteigern kaum möglich sein, den Beitragserhalt zum Vertragsende so darzustellen, dass die entnommenen Kostenteile durch Zinseinnahmen verdient werden können. Garantieprodukte für Späteinsteiger sind daher wohl in aller Regel ungeeignet. Bei Fondsprodukten bleibt dann ein Restrisiko beim Arbeitgeber.

56 **cc) Vorzeitige Altersrente und Entgeltumwandlung.** Ein weiteres Problem des Nebeneinanders von Arbeitsrecht und tarifär geprägter Produktstruktur ergibt sich beim Thema **vorzeitige Altersrente im Zusammenhang mit Entgeltumwandlung in Form der Beitragszusage mit Mindestleistung.** Wird die betriebliche Altersversorgung als Entgeltumwandlung in Form der Beitragszusage mit Mindestleistung gestaltet, so stellt die Inanspruchnahme einer vorzeitigen Altersrente einen Störfall auf dem Weg zur Erreichung der Mindestleistung dar. Die vorzeitige Altersrente ist ein nicht planbarer Leistungsfall und entzieht dem betroffenen Pensionsfondsverhältnis eine ursprünglich eingeplante zinsbringende Zeitstrecke, die zum Aufbau der Mindestleistung benötigt wird. Auch hier gelten entsprechende Überlegungen für die anderen externen Durchführungswege Direktversicherung und Pensionskasse.

57 Für die Fragestellung gilt natürlich auch aus Arbeitgebersicht, dass der arbeitsrechtliche Anspruch des Arbeitnehmers den Umfang der Leistungspflicht des Arbeitgebers bestimmt. Es kommt daher – soll die Erwartung des Arbeitgebers auf eine Befreiung seiner Leistungspflicht durch die Durchführung der

[15] *Ellot/Riehl* in: Beck'scher Bilanz-Kommentar, 7. Aufl. 2010, § 249 Rn. 232.
[16] *Höfer*, Betriebsrentenrecht (BetrAVG) Bd. 1, 20. Aufl., Stand: Januar 2017, § 1 Rn. 96 ff.
[17] *Höfer*, Gesetz zur Verbesserung der betrieblichen Altersversorgung, Bd. 1, 20. Aufl., Stand: Januar 2017, § 1 Rn. 97.
[18] Vgl. ErfK *Steinmeyer* § 6 BetrAVG Rn. 20 u. 22.

Beitragszusage mit Mindestleistung über einen Pensionsfonds nicht enttäuscht werden – entscheiden darauf an, wie

(1) bei vorzeitiger Altersrente der Anspruch des Arbeitnehmers definiert wird,

(2) der Pensionsfonds diesen Anspruch auf Grundlage des Pensionsfondsvertrages deckungsgleich abbildet.

Ausgangspunkt für die Überlegung ist das Arbeitsrecht. Auch im Arbeitsrecht wird die vorzeitige 58 Altersleistung als ein besonderer, von der planmäßig erreichbaren Altersrente zu unterscheidender Tatbestand behandelt (vgl. § 6 BetrAVG). Der Arbeitnehmer hat bei Bezug einer Vollrente aus der gesetzlichen Rentenversicherung vor Vollendung des 65. Lebensjahres nach Erfüllung der Wartezeit und der sonst gegebenen Leistungsvoraussetzungen einen Anspruch auf Leistungen der betrieblichen Altersversorgung.

Nicht näher soll hier auf die besondere Kürzungsproblematik der vorgezogenen Altersrente bei 59 vorzeitigem Ausscheiden mit unverfallbarer Anwartschaft eingegangen werden.[19]

Es interessiert vielmehr hier zunächst, ob überhaupt bei vorzeitiger Inanspruchnahme der Altersrente 60 ein Anspruch des Arbeitnehmers mindestens auf die Summe der bis zum Eintritt dieses Leistungsfalls gezahlten Beiträge besteht. Die Meinungsbildung hierzu scheint noch nicht geklärt. Da der Gesetzgeber keine Vorgaben für die Höhe der vorgezogenen Altersrente gemacht hat, wird die Meinung vertreten, dass die Antworten auf die Frage einer Kürzung je nach Durchführungsweg unterschiedlich ausfallen müssen.[20]

Es wird die Auffassung vertreten, dass sich der Anspruch im Rahmen des Durchführungswegs 61 Pensionskasse auf die zum Zeitpunkt des Abrufs vorhandenen Deckungsmittel, im Rahmen einer Direktversicherung auf den geschäftsplanmäßigen Anspruch und beim Pensionsfonds mindestens auf die Summe der gezahlten Beiträge beziehe. Folgte man dieser Auffassung, so würde bei der Direktversicherung und bei der Pensionskasse jeweils das Fehlen einer ursprünglich geplanten und durch den Leistungsfall vorzeitige Altersrente nicht erreichten Vertragsdauer berücksichtigt, während beim Pensionsfonds, die bis zum Leistungsfall vorzeitige Altersrente gezahlten Beiträge vorhanden sein müssten, also das Fehlen einer zinsbringenden Zeitstrecke nicht berücksichtigt würde. *Höfer* hingegen stellt bei der Pensionsfondszusage auf die Verrentung der zum Zeitpunkt des Eintritts des Leistungsfalls vorhandenen Deckungsmittel ab.[21]

Die in der Literatur vertretenen Auffassungen unterscheiden nicht eindeutig zwischen **arbeitsrechtlicher (zusagebezogener) und pensionsfonds- bzw. lebensversicherungstechnischer Betrachtungsebene**. Ob bei vorzeitiger Altersrente der Arbeitnehmer auf eine – wie immer gestaltete Kürzung seiner Altersrente verwiesen werden kann, ergibt sich nur aus der arbeitsrechtlichen Ebene. Langt möglicherweise das vorhandene Deckungskapital beim externen Versorgungsträger nicht, um **diesen** Anspruch zu befriedigen, so klafft eine Deckungslücke, für die der Arbeitgeber haftet (sofern den Pensionsfonds kein Beratungsfehler trifft). Dies wäre gerade bei der Beitragszusage mit Mindestleistung ein völlig unbefriedigendes Ergebnis, weil der Arbeitgeber gerade mit der Entrichtung der Beiträge seinen Aufwand begrenzen will und schon entrichtete Beiträge später nicht teilweise nochmals erbringen möchte. Ob dieses Problem vermieden werden kann, hängt davon ab, wie die Höhe des Anspruchs auf vorzeitige Altersrente arbeitsrechtlich vereinbart wurde. 62

Dabei ist Sinn und Zweck sowie die Systematik des BetrAVG für einen Lösungsansatz heranzuziehen. 63

In § 1 BetrAVG werden die Grundleistungsarten der betrieblichen Altersversorgung – Leistungen der 64 Altersversorgung, Invaliditäts- oder Hinterbliebenenversorgung –, die hierfür zur Verfügung stehenden Durchführungswege und die Zusageformen festgelegt.

Wenn in § 6 BetrAVG bewusst in einem anderen Abschnitt des Gesetzes der Anspruch auf vorzeitige 65 Altersrente angesprochen wird – ohne dass der Gesetzgeber sich zur Höhe des Anspruchs äußert – wird klar, dass sich die Regelung in § 1 Abs. 2 Nr. 2 BetrAVG nur auf die Altersrente bei Erreichen der festen Altersgrenze beziehen kann. Somit schuldet der Arbeitgeber nur bei Erreichen der festen Altersgrenze mindestens die Summe der zugesagten Beiträge – abzüglich der zuvor bestimmungsgemäß für biometrische Risiken verbrauchten Risikobeiträge.[22]

Daraus folgt: Der Gesetzgeber hat die vorzeitige Altersrente nicht in § 1 BetrAVG angesprochen, 66 sondern nur in § 6 BetrAVG; dort hat er bewusst die Höhe der Leistung nicht geregelt. „Eine Vereinbarung zur Höhe ist somit den Vertragsparteien überlassen."[23] Die vorzunehmende vertraglich festzulegende Kürzung der betrieblichen Altersversorgungsleistung Altersrente für den Fall ihrer vorzeitigen

[19] *Ahrend/Förster/Rühmann*, Gesetz zur Verbesserung der betrieblichen Altersversorgung, 9. Aufl. 2003, § 6 Rn. 25 ff.

[20] *Höfer*, Betriebsrentenrecht (BetrAVG), Bd. 1, 20. Aufl., Stand: Januar 2017, § 6 Rn. 5, 140 ff.

[21] *Höfer*, Betriebsrentenrecht (BetrAVG), Bd. 1, 20. Aufl. Stand: Januar 2017, Rn. 167 ff.

[22] Zur Zulässigkeit der erst bei Eintritt des biometrischen Risikos vorzunehmenden „Widmung" der Beiträge und den hieraus resultierenden Einfluss auf die Mindestleistung vgl. *Friedrich/Weigel* VW 2004, 880 und *Höfer*, Das neue Betriebsrentenrecht Rn. 1063.

[23] Vgl. *Ahrend/Förster/Rühmann,* Gesetz zur Verbesserung der betrieblichen Altersversorgung 9. Aufl. 2003, § 6 Rn. 4.

Inanspruchnahme muss sich daran orientieren, dass der Arbeitgeber beim Leistungsfall vorzeitige Altersrente nicht für mehr in Anspruch genommen werden kann, als in dem Fall, wenn die Altersrente erst bei Erreichen der festen Altersgrenze (mit Vollendung des 65. Lebensjahres) beansprucht würde. Daher richtet sich bei der Entgeltumwandlung in Form der Beitragszusage mit Mindestleistung der Anspruch des Arbeitnehmers nach dem Zeitwert des für den Arbeitnehmer extern begründeten Pensionsfonds-/Pensionskassen- bzw. Direktversicherungsverhältnisses. Aus der Kombination Beitragshöhe/Zeitspanne kann sich daher bei Inanspruchnahme einer vorzeitigen Altersrente die Situation ergeben, dass bei vorzeitiger Altersrente nicht die Summe der Beiträge arbeitsrechtlich geschuldet ist.

67 Hierauf ist insbesondere bei Abfassung der arbeitsrechtlichen Zusage auf Altersversorgungsleistungen (Entgeltumwandlungsvereinbarung) zu achten. Der Pensionsfonds hat – wie auch die anderen externen Durchführungswege, die für die Beitragszusage mit Mindestleistung zur Verfügung stehen – hierauf hinzuweisen.

Bei vorzeitiger Auflösung eines Lebensversicherungsvertrages mit garantierter Leistung ermittelt sich der zur Verfügung stehende Wert nach § 169 Abs. 3 VVG (Rückkaufswert) bei fondsgebundenen Vertragsvarianten nach § 169 Abs. 4 VVG. Im Falle des § 6 BetrAVG kann dies dazu führen, dass bei einer Beitragszusage mit Mindestleistung (auch in der Variante Entgeltumwandlung) nicht die volle Summe der gezahlten Beiträge über den externen Versorgungsträger zur Verfügung steht.[24]

68 Mit diesen Überlegungen wird auch erreicht, dass für alle externen Durchführungswege der Entgeltumwandlung in Form der Beitragszusage mit Mindestleistung (Direktversicherung, Pensionskasse, Pensionsfonds) strukturell identische Kürzungsregelungen auf die vorzeitige Altersrente Anwendung finden können.

69 **dd) Finanzierung von Zusatzrisiken.** Unstreitig ist, dass eine Entgeltumwandlung in der Form der Beitragszusage mit Mindestleistung nur bezogen auf die lebenslange Altersrente durchgeführt werden kann. Der Pensionsfonds muss keine Invaliditäts- und Hinterbliebenenleistungen in seinem Pensionsplan vorsehen. Sieht er diese Leistungsarten vor, so sind hinsichtlich des Einflusses auf die Finanzierung dieser Fallkonstellationen zu unterscheiden:

(1) Die biometrischen Risiken Tod und Invalidität werden bereits ab Beginn des Pensionsfondsverhältnisses durch Zusatztarife abgedeckt;

(2) die Finanzierung einer Invaliden- bzw. Hinterbliebenenrente (in der Anwartschaftsklasse) erfolgt auf der Grundlage der **bei Leistungseintritt** vorhandenen Beiträge und Erträge (vereinbarte nachträgliche Widmung der Beiträge für einen biometrischen Leistungsfall) und unter Heranziehung der **bei Leistungseintritt** gültigen Rechnungsgrundlagen.

70 In der Literatur wird nun bisweilen die Meinung vertreten, die bis zum Eintritt des biometrischen Risikos eingezahlten Beiträge müssten **in jedem Fall** bei Eintritt des Leistungsfalls Altersrente zur Verfügung stehen.[25] Dies ist unzutreffend. Im genannten Beispielsfall (1) regelt bereits § 1 Abs. 2 S. 2 BetrAVG die Möglichkeit des Abzugs der für biometrische Risiken ex ante verbrauchten Beitragsteile. Wird aber gerade bei der Variante (2) das Beitragsvolumen für die Altersrente dadurch geschont, dass keine Beitragsteile vorab für biometrische Risiken verbraucht werden, so kann in diesem Fall nicht die Summe der Beiträge als Mindestleistung bei Erreichen der Altersgrenze verlangt werden. In diesem Fall sind ebenfalls für die Finanzierung der zwischenzeitlich ausgelösten Invalidenrente die hierfür verbrauchten Beitragsteile von der Mindestleistung abzuziehen. Dies erfolgt dergestalt, dass bei Eintritt des Leistungsfalls Invalidität eine lebenslange Rente ausgelöst wird, die bei Erreichen der Altersgrenze in eine gleich hohe Altersrente übergeht.[26]

71 Ganz grundsätzlich gilt für das Verhältnis von arbeitsrechtlicher Versorgungszusage und Deckungsverhältnis mit einem externen Rechtsträger (Durchführungsweg), …"dass das Versorgungsverhältnis mit dem Fonds und die arbeitsrechtliche Ebene voneinander unabhängig sind und die Vorgaben des BetrAVG grundsätzlich nur zwischen Arbeitgeber und Arbeitnehmer gelten". Solange der externe Rechtsträger nicht die Pflicht zur Mindestleistung übernimmt, „stellt die Verpflichtung zur Gewährung der Mindestleistung eine rein arbeitsrechtliche Pflicht dar, die den Produktgestaltungsspielraum des Fonds nicht beschneidet".[27]

72 **ee) Die Verwendung der aus den Beiträgen erzielten Erträge bei der Beitragszusage mit Mindestleistung.** Eine besondere Problematik verbirgt sich auch hinter dem Gesetzeswortlaut des § 1 Abs. 2 Ziff. 2 BetrAVG („Beiträge und die daraus erzielten Erträge"). Wieder ist von dem Grundsatz auszugehen, dass maßgeblich für den Umfang des Anspruchs des Arbeitnehmers die Zusage seitens des Arbeitgebers (arbeitsrechtliche Ebene) auf Leistungen der betrieblichen Altersversorgung ist. Anhand

---

[24] Zur teilweisen Anwendbarkeit des VVG auf Pensionsfonds vgl. *Weigel*, Rechtliche und wirtschaftliche Aspekte des Pensionsfonds nach deutschem Recht, 2002, S. 13, und *Blomeyer/Otto*, Gesetz zur Verbesserung der betrieblichen Altersversorgung, 3. Aufl. 2004 Anh. § 1 Rn. 801 ff., § 6 Rn. 167.

[25] *Laumann/Monnerjahn* VW 2003, 1536.

[26] *Friedrich/Weigel* VW 2004, 880 ff.

[27] *De Groot*, Der deutsche Pensionsfonds als Instrument der betrieblichen Altersversorgung im Spannungsfeld zwischen Betriebsrenten- und Versicherungsrecht, 2010, S. 182.

dieses Anspruchs ist zu prüfen, ob die pensionsfondstechnisch ermittelte Anspruchshöhe dem arbeitsrechtlich zugesagten Niveau entspricht. Der Umfang des arbeitsrechtlichen Anspruchs ist aber diesmal nicht der Gestaltungsfreiheit von Arbeitgeber/Arbeitnehmer anheim gegeben, sondern gesetzlich definiert. An drei Stellen hat der Gesetzgeber die aus den Beiträgen erwirtschafteten Erträge im BetrAVG besonders erwähnt:

- § 1 Abs. 2 S. 2 BetrAVG – Zusage des Arbeitgebers auf betriebliche Altersversorgung (Beiträge und die daraus **erzielten** Erträge);
- § 1b Abs. 5 S. 1 BetrAVG – Unverfallbarkeit und Durchführung der betrieblichen Altersversorgung im Falle der Entgeltumwandlung (die Überschussanteile dürfen nur zu Verbesserung der Leistung verwendet werden);
- § 2 Abs. 5b BetrAVG – Höhe der unverfallbaren Anwartschaft bei der Beitragszusage mit Mindestleistung (Beiträge und die bis zum Eintritt des Versorgungsfalls **erzielten** Erträge). Interessant ist in diesem Zusammenhang, dass der Gesetzgeber im Rahmen der Regelungen

zur Aufrechterhaltung einer Anwartschaft nach § 1b BetrAVG im Zusammenhang mit der im Wege eines Pensionsfonds durchgeführten Entgeltumwandlung nicht von den aus den Beiträgen erzielten Erträgen, sondern von Überschussanteilen spricht. Dies deutet darauf hin, dass der Gesetzgeber bei den für die Beitragszusage mit Mindestleistung zur Verfügung stehenden Durchführungswegen (Pensionskasse, Direktversicherung, Pensionsfonds; § 1 Abs. 2 S. 2 BetrAVG) die erzielten Erträge mit Überschussanteilen gleichsetzt.

Das war von wesentlicher Bedeutung für die direkte oder entsprechende Anwendung der Verordnung über die Mindest-Beitragsrückerstattung in der Lebensversicherung (ZRQuotenV vom 23.7.1996)[28] auf die drei hier genannten Durchführungswege der Beitragszusage mit Mindestleistung. An die Stelle der ZRQuotenV sind nun die Bestimmungen §§ 13–15 PFAV getreten. Sofern der Durchführungsweg Pensionsfonds Pensionspläne anbietet, die versicherungsförmig garantierte Leistungsversprechen enthalten, ist eine Sicherstellung der ausreichenden Mindestzuführung zu Rückstellung für Beitragsrückerstattung erforderlich. Dies erfolgt durch die Normierung der Pflicht einer angemessenen Beteiligung sowohl am Kapitalanlageergebnis als auch am Risikoergebnis und am übrigen Ergebnis (§ 14 Abs. 1 PFAV).

„**Erzielte Erträge**" im Sinne des BetrAVG sind danach die Erträge, die nach den auf den Ver- **73**
sorgungsträger anzuwendenden Regeln des Pensionsplans entstanden und dem einzelnen Pensionsfondsbegünstigten zuzuordnen sind. Damit gewährleisten die Regelungen zur Überschussbeteiligung im Kapitel 3 der PFAV die Herstellung einer Deckungsgleichheit mit den arbeitsrechtlichen Regelungen der Beitragszusage mit Mindestleistungen im BetrAVG, denn die erzielten Erträge des Pensionsfonds werden Teil der garantierten Leistung. Bei fondsorientierten Produkten sind dem Begünstigten die erzielten Wertzuwächse des Sicherungsvermögens (also auch die vereinnahmten Kapitalgewinne, Dividenden und Zinsen) zuzuordnen, soweit der Pensionsfonds in der Leistungsphase kein Kapitalanlagerisiko übernimmt.

ff) Geschlechtsspezifische Merkmale als Teil der biometrischen Kalkulationsgrundlagen.
Ein weiteres Problem des **Nebeneinanders von arbeitsrechtlicher Zusageebene und Pensions-** **74**
fonds-Vertragsverhältnis bestand im Zusammenhang mit der Regelungsweite des Art. 141 EGV (Art. 157 AEUV). Nach der Rechtsprechung des EuGH soll es der Regelungszweck des Art. 141 EGV (Art. 157 AEUV) fordern, dass nicht nur die arbeitsrechtliche Ebene, sondern auch die Durchführungsebene der betrieblichen Altersversorgung von der Regelung erfasst wird. Diese für die Pensionskasse bestehende Rechtsprechung[29] ist nunmehr nach dem AGG und aufgrund der Test-Achats-Rentscheidung des EuGH vom 1.3.2011[30] auch auf Pensionsfonds anzuwenden (§ 237Abs. 1 i. V. m. § 212 Abs. 2 und § 138 Abs. 2 VAG).

Die aus unterschiedlicher Sterblichkeit von Männern und Frauen herrührenden Leistungs- bzw. **75**
Beitragsunterschiede sind danach nicht mehr als objektives, sachgerechtes Differenzierungsmerkmal erlaubt.

4. Der numerus clausus für die Durchführungswege der Beitragszusage mit Mindestleistung **76**
und ihre aufsichtsrechtliche Einordnung. Der numerus clausus für die Durchführungswege der Beitragszusage mit Mindestleistung ergibt sich aus dem klaren Wortlaut des § 1 Abs. 2 S. 2 BetrAVG und aus der Regelung in § 16 Abs. 3 i. V. m. 5 VAG. Nur bei einer externen durch Pensionskasse, Direktversicherung und Pensionsfonds durchgeführten Beitragszusage mit Mindestleistung rechtfertigt sich der Ausschluss der Anpassungspflicht nach § 16 Abs. 3 S. 1 BetrAVG, weil bei diesen externen Durchführungswegen kalkulationsbedingt Überschussanteile anfallen können, die unentziehbar dem Arbeitnehmer zustehen. Die extreme Niedrigzinsphase lässt diese Regelung zwar zunehmend fragwürdig erscheinen; sie wird bei einer geänderten Kapitalmarktlage aber wieder ihre finale Funktion erfüllen können.

[28] BGBl. I 1190.
[29] *EuGH* v. 9.10.2001 – Rs C-379/99, BB 2001, 2322.
[30] *Wandt*, Versicherungsrecht, 6. Aufl. 2016, Rn. 265.

77 Schließlich werden auch nur bei dem in § 1 Abs. 2 S. 2 BetrAVG genannten externen Versorgungsträger Beiträge erhoben, nur dort kann es zu einem planmäßig zuzurechnenden Versorgungskapital kommen. Schließlich können nur diese beaufsichtigten externen Versorgungsträger entsprechende Finanzgarantien (Mindestleistung) abgeben.

78 Allerdings zieht die aufsichtsrechtliche Einordnung der Beitragszusage mit Mindestleistung in ihren verschiedenen Ausprägungen (z. B. Kapitalleistung mindestens in Höhe der Beitragssumme oder Verrentung dieser Summe bei Lebensversicherungen und Pensionskassen; Aufbau eines Versorgungskapitals mindestens in Höhe der Summe der Beiträge und anschließende Verrentung bei Pensionsfonds, nunmehr aber auch als Kapitalleistung – § 236 Abs. 1 Nr. 4 VAG; § 236 Abs. 1 S. 2 VAG) die Frage nach sich, ob es sich bei der Beitragszusage mit Mindestleistung und den hierfür zur Verfügung stehenden Finanzprodukten der Pensionskassen, Lebensversicherer und Pensionsfonds um Kapitalisierungsgeschäfte (vgl. § 1 Abs. 2 S. 2 VAG) handelt. Da nach § 1 Abs. 2 VAG Pensionsfonds aber nicht erlaubt ist, versicherungsfremde Geschäfte zu tätigen (vgl. § 1 Abs. 2 S. 1 VAG), hätte dies Konsequenzen. Allerdings handelt es sich bei der Definition des Kapitalisierungsgeschäfts um eine substanzarme Definition.[31] Bei der Beitragszusage mit Mindestleistung handelt es sich um ein Versicherungs- bzw. versicherungsähnliches Geschäft, teilweise vermischt mit Elementen eines Kapitalisierungsgeschäfts. Der externe Versorgungsträger verspricht:

– gegen einen Einmalbeitrag oder
– gegen laufende Beiträge oder
– gegen laufende Einmalbeiträge
– für den Fall eines unbestimmten Ereignisses (Erreichen einer festen Altersgrenze);

eine bestimmte Leistung (die Mindestleistung).

79 Diese Merkmale werden bei rückkaufsfähigen Tarifstrukturen erfüllt. Soweit ein Pensionsfonds diese Produktstruktur einem Pensionsplan zugrunde legt ist in der Kalkulation für die Anwartschaftsphase kein biometrisches Risiko enthalten, so dass dieser Vertrag Ähnlichkeiten mit einem Kapitalisierungsgeschäft aufweist. Allerdings fließen durch Storno- und Kostenkalkulationsmerkmale kollektive Elemente in die Kalkulation, die dem Geschäft ansatzweise versicherungsähnliche (kollektive) Elemente vermitteln. Wird gar eine Tarifkonstruktion mit s. g. kollektiver Vererbung (Vererbung in den Bestand hinein) gewählt, treten die typischen Versicherungsmerkmale offen hinzu und die Abgrenzung zum Kapitalisierungsgeschäft ist eindeutig:

– Das Risiko wird auf eine Vielzahl durch das gleiche Risiko bedrohter Personen verteilt (Nicht-Erreichen der festen Altersgrenze).
– Diese Risikoübernahme geschieht auf einer auf dem Gesetz der großen Zahl beruhenden Kalkulation.

Damit ist die Beitragszusage mit Mindestleistung in der Anwartschaftsphase eher ein – an sich versicherungsfremdes Kapitalisierungsgeschäft, das in der Ausgestaltung von Lebensversicherungen, Pensionskassen und Pensionsfonds zu einem versicherungsähnlichen Geschäft wird bzw. werden kann. Eine sachgerechte Beurteilung des Produkts erzielt man aber nur, **wenn man Anwartschaftsphase und Leistungsphase zusammen betrachtet**; denn schließlich verwirklicht sich der Zweck des Produkts in der Leistungsphase. Hierbei treten aber eindeutig die Versicherungselemente in den Vordergrund, so dass das Vorliegen eines Kapitalisierungsgeschäftes in Zusammenhang mit der Beitragszusage mit Mindestleistung ausgeschlossen werden kann.

80 Die Aufteilung des § 1 Abs. 4 S. 5 VAG a. F. auf § 218 Abs. 2 VAG und § 232 Abs. 2 VAG hat die Gesetzesfassung insgesamt noch unübersichtlicher gemacht. Für Pensionsfonds sind die Vorschriften für kleine Versicherungsunternehmen anwendbar, die eine spezielle Verbotsnorm, wie sie in § 218 Abs. 2 VAG (für Sterbekassen) und § 232 Abs. 2 VAG (für Pensionskassen) vorliegt, nicht enthalten. Aber durch den Verweis in § 212 Abs. 1 VAG auf die für Erstversicherungsunternehmen, die keine Sterbekassen oder Pensionskassen sind, anwendbaren Vorschriften, gilt § 1 Abs. 2 VAG für Pensionsfonds nicht, da sie keine Versicherungsunternehmen sind; demgemäß ist ihnen auch nicht gestattet, die den Versicherungsgeschäften gleichgestellten Kapitalisierungsgeschäfte (Absatz 2 Satz 2) durchführen zu dürfen.

81 Die Beitragszusage mit Mindestleistung ist bei Hybrid-Produkten ein versicherungsähnliches Geschäft, bei dem der Produktgeber für die Erbringung des Mindestbeitrags eine versicherungsförmige Garantie abgibt. Auf diese Risikoübernahme sind auch die Eigenmittelanforderungen des Pensionsfonds nach der PFAV auszurichten. Durch die Einfügung des Absatz 2a in § 236 VAG wurde die Flexibilität für Pensionsfonds im Rahmen der Beitragszusage mit Mindestleistung erweitert, dazu weiter unten (ab Rn. 131).

82 **5. Die Zusageinhalte der Betrieblichen Altersversorgung in ihrer Bedeutung für den Pensionsfonds.** Der Gesetzgeber hat in § 236 Abs. 1 S. 1 VAG und nunmehr in § 244a VAG am terminus technicus „Betriebliche Altersversorgung“ (vgl. hierzu oben Rn. 40 ff.) angeknüpft. Die Pensionspläne können daher folgende Zusagen abbilden:

[31] FKBP/*Kaulbach* § 1 Rn. 89.

(1) Eine leistungsbezogene Zusage des Arbeitgebers, wenn eine Zusage nach § 1 Abs. 1 S. 1 BetrAVG (Leistungszusage) erteilt wurde;
(2) eine beitragsorientierte Leistungszusage des Arbeitgebers nach § 1 Abs. 2 Nr. 1 BetrAVG (beitragsorientierte Leistungszusage);
(3) eine beitragsbezogene Zusage, wenn der Arbeitgeber eine Zusage nach § 1 Abs. 2 Nr. 2 BetrAVG abgegeben hat (Beitragszusage mit Mindestleistung);
(4) eine reine Beitragszusage nach § 1 Abs. 2 Nr. 2a BetrAVG i. d. F. vom 17.8.2017 (BGBl. I S. 3214);
(5) eine vom Arbeitgeber und Arbeitnehmer vereinbarte wertgleiche Umwandlung **künftiger** Entgeltansprüche (§ 1 Abs. 2 Nr. 3 BetrAVG; Entgeltumwandlung), die auch als reine Beitragszusage möglich ist (§1b Abs. 5 S. 1 BetrAVG);
(6) eine vom Arbeitnehmer mittels Beiträgen aus seinem Arbeitsentgelt zur Finanzierung von Leistungen der betrieblichen Altersversorgung in einen Pensionsfonds entrichteten Beiträge, deren Leistungen von der Zusage des Arbeitgebers umfasst werden (§ 1 Abs. 2 Nr. 4 BetrAVG; Umfassungszusage).

Nach dem Referentenentwurf des Bundesministeriums für Arbeit und Soziales und des Bundesministeriums der Finanzen vom 25.10.2016 zum „Entwurf eines Gesetzes zur Stärkung der betrieblichen Altersversorgung und zur Änderung anderer Gesetze (Betriebsrentenstärkungsgesetzes)“ soll gemäß Art. 1 Nr. 1 dieses Entwurfes **die reine Beitragszusage** Eingang in das deutsche Arbeitsrecht finden.[32] Bei dieser Form der Zusage entfällt die Einstandspflicht des Arbeitgebers nach § 1 Abs. 1 S. 3 BetrAVG. Dazu unten ab Rn. 130. 83

Für die Erbringung der Rentenleistung seitens eines Pensionsfonds war bislang das Rundschreiben 2026/2004 des GDV vom 18.11.2004 betreffend: Steuerliche Behandlung von Rentenversicherungen nach dem AltEinkG (hier: Anforderungen an eine Rentenversicherung) zu beachten. Danach war wichtig, dass der Pensionsfonds nicht nur eine Rentenleistung anbieten, sondern auch tatsächlich erbringen musste (also Ausschluss eines optionalen Kapitalwahlrechts). Ein Kapitalwahlrecht wurde nur in den engen Grenzen des § 1 Abs. 1 S. 1 Nr. 4 AltZertG (30% des Versorgungskapitals) zugelassen. Nunmehr enthält § 236 VAG keinen Verweis mehr auf das AltZertG; dies ist gerechtfertigt, weil der Pensionsfondsvertrag kein Altersvorsorgevertrag im Sinne des § 1 Abs. 1 AltZertG ist. Demnach erscheinen auch die ursprünglichen leistungsformbegrenzenden Regeln nicht mehr anwendbar. Durch § 236 Abs. 1 S. 4 und Abs. 1 S. 2 als auch durch § 236 Abs. 2 VAG wird deutlich, dass ein Pensionsfonds alle – arbeitsrechtlich – zulässigen Leistungsformen der betrieblichen Altersversorgung (und dieser Begriff beinhaltet alle zulässigen Leistungsinhalte) erbringen können soll. Dabei werden die Vertragspartner (Arbeitgeber/Pensionsfonds) sorgfältig darauf achten, dass die zugesagten Leistungen den steuerrechtlichen Voraussetzungen – ggf. auch hinsichtlich einer Förderung der verwendeten Beiträge – genügen. Deshalb bedarf es bezüglich der Leistungsformen und Leistungsart, die der Pensionsfonds aufgrund seiner Pensionspläne erbringt, keiner Zertifizierung. 84

III. Das gesetzliche Merkmal des Pensionsfonds nach Abs. 1 S. 1 Nr. 2 (keine Leistungs- oder Beitragsgarantie für alle Leistungsfälle). 1. Einführung. Die oben unter Rn. 25 ff. dargestellten Merkmale können als arbeitsrechtlich normierte Beschränkungen/Modifikationen/Konkretisierungen der Geschäftstätigkeit eines Pensionsfonds verstanden werden. Um eine echte originäre qualitative Abgrenzung von anderen externen Durchführungswegen (Lebensversicherung, Pensionskasse) handelt es sich aber bei dem Merkmal nach § 236 Abs. 1 Nr. 2 VAG. Der Gesetzgeber zwingt den Pensionsfonds, die Höhe der Leistungsversprechen oder die Höhe der für diese Leistungen künftig zu entrichtenden Beiträge nicht für alle vorgesehenen Leistungsfälle versicherungsförmig zu garantieren. Hier kommt die Fondskonstruktion zur Geltung. Deshalb bedarf der Pensionsfonds für die Durchführung der **reinen Beitragszusage** keiner zusätzlichen aufsichtsrechtlichen Erlaubnis (§ 244b Abs. 2 VAG); Art. 6 Betriebsrentenstärkungsgesetz vom 17.8.2017 (BGBl. I S. 3219). Eine versicherungsförmige Garantie liegt dann vor, „wenn sich der Pensionsfonds gegen in Höhe und Fälligkeit fest vereinbarte Beiträge zu fest vereinbarten Leistungen verpflichtet hat“ (vgl. § 22 Abs. 2 PFAV). Damit enthält der Pensionsfonds sein entscheidend qualitatives Merkmal zunächst durch eine quantitative/negative Abgrenzung von anderen Einrichtungen der betrieblichen Altersversorgung. „Nicht alle“ bedeutet, dass es sich um signifikante Leistungsfälle handeln muss. Bietet ein Pensionsfonds in einem Pensionsfondsplan z. B. nur die Waisenrente nicht versicherungsförmig garantiert an, wird dies bei Geringfügigkeit des Leistungsvolumens eine Umgehung des Abgrenzungskriteriums nach § 236 Abs. 1 Nr. 2 VAG darstellen. 85

2. Die Trennung von Anwartschafts- und Leistungsphase. Trennt ein Pensionsfonds die Anwartschaftsphase von der Leistungsphase dergestalt, dass nur die Leistungshöhe auf der Grundlage der bei Leistungseintritt gültigen aktuariellen Regeln und des zur Finanzierung bereit stehenden Kapitals vereinbart wird, erfüllt er die Voraussetzungen des § 236 Abs. 1 Nr. 2 VAG, da diese Bestimmung nur verlangt, dass die Höhe der Leistungen oder die für die Höhe der Leistungen zu entrichtenden künftigen 86

[32] Übersendung des Gesetzentwurfs an den Bundesrat, BR-Drs. 780/16 vom 30.12.16; Empfehlung der Bundesratsausschüsse, BR-Drs. 780/1/16 vom 30.1.2017 und BT-Drs. 18/2956 S. 280.

Beiträge nicht für alle vorgesehenen Leistungsfälle versicherungsförmige Garantie zugesagt werden darf. In diesem Fall liegt der Eintritt des Leistungsfalles in der Zukunft und der dann für die zugesagte Leistung erforderliche Finanzierungsbedarf ergibt sich erst aus dem zum Leistungseintritt notwendig werdenden Finanzbedarf.

87 Bei einer arbeitsrechtlich erteilten Leistungszusage kann dies Nachschüsse erfordern, bei einer arbeitsrechtlich erteilten beitragsorientierten Leistungszusage erlaubt diese Konstellation die Festlegung der Leistungshöhe erst zum Leistungsbeginn.

88 Weder das Gesetz noch die BaFin nehmen Stellung dazu, was unter dem Tatbestandsmerkmal „nicht für alle vorgesehenen Leistungsfälle" zu verstehen ist. Jedenfalls darf sich das offene Preis-Leistungsverhältnis nicht für geringfügige Risiken, wie z. B. Risiken geringer Bedeutung innerhalb eines Pensionsplans (z. B. selten vorkommenden Waisenrenten) reduzieren. Es müssen Leistungsfälle von Gewicht sein, die nicht versicherungsförmig garantiert werden, weil auch nur so der Pensionsfonds die Möglichkeiten seiner Anlagefreiheit überzeugend im Sinne seiner Bestimmung nutzen kann und damit der Aufgabenstellung als Pensionsfonds gerecht wird. Eine andere Pensionsplangestaltung könnte als Umgehung des § 236 Abs. 1 Nr. 2 VAG gewertet werden, was zur Versagung der Betriebserlaubnis führen muss.

89 Wenn das Gesetz formuliert, dass nicht „für alle vorgesehenen (also noch nicht eingetretenen) Leistungsfälle" ein festes Leistungsverhältnis vereinbart werden darf, wird erkennbar, dass hier nur der Zeitraum vor Eintritt des Leistungsfalls gemeint sein kann. Besondere Aufmerksamkeit verdient die Formulierung des Gesetzgebers, dass der Pensionsfonds nicht für alle vorgesehenen Fälle die Höhe der Leistungen oder die Höhe der für diese Leistungen zu entrichtenden **künftigen** Beiträge durch versicherungsförmige Garantien zusagen darf. Der Gesetzgeber hat nicht die Formulierung gewählt: Teile der Pensionsplanleistung müssen stets für Rechnung und Risiko des Arbeitgebers/Arbeitnehmers gestaltet sein. Das wäre der Abbildung der bekannten Fondspolice gleichgekommen. Offenbar wollte der Gesetzgeber einen ganz anderen Akzent setzen.

90 Eine Definition für den Begriff „versicherungsförmige Garantie" findet sich in § 22 Abs. 2 PFAV. Die versicherungsförmige Garantie kommt in der festen – grundsätzlich nicht veränderbaren – Korrelation von Beitrag und Leistungshöhe zum Ausdruck. Der Gesetzgeber zwingt nunmehr den Pensionsfonds dazu, seinen Kunden Pensionspläne anzubieten, die nicht für alle vorgesehenen Leistungsfälle diese starre Verbindung von Leistung und Beitrag vorsehen. Damit wird unter anderem die schon im VAG angelegte Entkoppelung von Beitragskalkulation (§ 138 VAG) und Kalkulation der Verbindlichkeiten nach § 75 Abs. 1 S. 2 VAG, § 76 VAG beim Pensionsfonds systematisch umgesetzt, ja gefordert. Der Rechnungszins nach § 22 Abs. 1 PFAV hat nur Bedeutung für die Kalkulation von garantierten Verbindlichkeiten; auf die Beitragskalkulation findet er keine direkte Anwendung. Dies wird auch an der Formulierung deutlich: „ der Rechnungszinssatz ist unter Berücksichtigung der Mischung der die Verpflichtung deckenden Vermögenswerte und ihrer möglichen Wertschwankungen vorsichtig anzusetzen. Er beträgt höchstens 1,25 % bei Verträgen, die auf Euro lauten." Diese Regelung galt bis 31.12.2016. Seit dem 1.1.2017 beträgt der Höchstrechnungszinssatz 0,9 % nach § 2 DeckRV und 3,5 % in der privaten Krankenversicherung gemäß der Kalkulationsverordnung zur Kalkulation der Alterungsrückstellung. Damit wird deutlich, dass es sich bei diesem Zinssatz um die Kalkulationsgrundlage für die Verbindlichkeiten handelt. Nicht notwendigerweise ist aber derselbe Zinssatz der Kalkulation der Beiträge zugrunde zu legen. **Das für die Lebensversicherer gültige Regime in den §§ 138 ff. VAG findet demzufolge gerade für Pensionsfonds, die keine Versicherungsunternehmen – und damit auch keine Lebensversicherungsunternehmen sind – keine Anwendung**. Bestenfalls kann die Auffassung vertreten werden, dass die Überlegungen zur Trennung der Kalkulation von Verbindlichkeiten und Beitrag dem Kern nach bereits in § 138 Abs. 1 S. 2 VAG angelegt sind.

91 **Mit dieser Entkoppelung der Kalkulationsgrundlagen für Beiträge und Sicherungsvermögen wird der Pensionsfonds auf der Grundlage seiner besonderen Anlagefreiheit in die Lage versetzt,** moderne flexible Produkte zu gestalten, die es erlauben, bei z. B. festgelegter – vom Pensionsfonds zugesagter – Leistung, die zu entrichtenden künftigen Beiträge nicht versicherungsförmig zu garantieren.

92 **IV. Das gesetzliche Merkmal des Pensionsfonds nach Abs. 1 S. 1 Nr. 3 (eigener Anspruch des Arbeitnehmers).** Nach § 236 Abs. 1 S. 1 Nr. 3 VAG erbringt ein Pensionsfonds für einen oder mehrere Arbeitgeber Leistungen der Betrieblichen Altersversorgung zugunsten von Arbeitnehmern. Die zur Anwendung kommenden Pensionspläne werden zwischen Pensionsfonds und Arbeitgeber im Pensionsfondsvertrag vereinbart (siehe oben Rn. 19–24). Grundsätzlich sind daher Vertragspartner eines Pensionsfonds nur Arbeitgeber. Der Arbeitgeber schuldet die Erfüllung der Verpflichtung aus dem Pensionsfondsvertrag, insbesondere die Pflicht zur Beitragszahlung. Der Pensionsfonds schuldet die Erfüllung der im Pensionsfondsvertrag gegenüber dem Arbeitgeber übernommenen Pflichten, insbesondere die tatsächliche Erbringung der vereinbarten Leistung der betrieblichen Altersversorgung auf der Grundlage des vereinbarten Pensionsplans. Er erfüllt diese Pflicht durch Leistung an den begünstigten Arbeitnehmer. Für die gesetzgeberische, typologische Festlegung des Pensionsfonds ist es also entschei-

dend, dass am Beginn eines Vertragsverhältnisses stets ein Arbeitgeber den Pensionsfondsvertrag schließt. Planmäßiges, originäres Arbeitnehmergeschäft oder etwa Privatkundengeschäft ist nicht zulässig. Im Pensionsfondsvertrag wird der Kreis der begünstigten Arbeitnehmer festgelegt, auf die der Pensionsfondszusage zu Grunde liegende Versorgungsordnung wird Bezug genommen und der zur Anwendung kommende Pensionsplan definiert.

Wenn andererseits der Pensionsfonds ganz auf die Leistungserbringung jegliche Form von betrieblicher Altersversorgung zugeschnitten ist, dann ist es auch vom Sinn und Zweck her selbstverständlich dass die im BetrAVG vorgesehenen Möglichkeiten der individuellen Vertragsausführung auch dann gegeben sein müssen, wenn der Arbeitnehmer mit seiner nach § 2 Abs. 3a oder 5b BetrAVG unverfallbaren Anwartschaft aus dem Arbeitsverhältnis ausgeschieden ist. Dies hat der Gesetzgeber in § 236 Abs. 3 VAG klar gestellt, **wonach auch ehemalige Arbeitnehmer als Arbeitnehmer im Sinne der Vorschrift gelten**. Damit haben nicht nur die Arbeitnehmer mit einer Zusage nach § 1b Abs. 5 BetrAVG ein Recht der Fortführung, sondern generell Arbeitnehmer i. S. d. § 17 Abs. 1 BetrAVG mit einer Pensionsfondszusage sind berechtigt, ihre Versorgung mit eigenen Mitteln fortzusetzen. Auch Mittel, die diese Arbeitnehmer als Aufstockung ihrer Beiträge zahlen sind zulässig, wenn der Pensionsfondsvertrag oder die Satzung des Pensionsfonds dies zulassen.[33] Einen besonderen Tatbestand der Fortsetzung mit eigenen Beiträgen regelt § 1a Abs. 4 BetrAVG. 93

Der Arbeitnehmer hat nach § 236 Abs. 1 Nr. 3 VAG einen **eigenen unmittelbaren Anspruch** gegen den Pensionsfonds; das heißt, es liegt im Pensionsfondsvertrag grundsätzlich ein Vertrag zugunsten Dritter[34] (im Falle der Übertragung unmittelbarer Versorgungszusagen siehe zur Rechtsnatur des die Auslagerung regelnden Vertrages unten Rn. 98). Durch die ausdrückliche gesetzliche Regelung in § 236 Abs. 1 Nr. 3 VAG hat der Arbeitnehmer einen eigenen – nicht etwa abgeleiteten – Erfüllungsanspruch gegen den Pensionsfonds. Das Forderungsrecht des Arbeitnehmers besteht originär in seiner Person. Der Anspruch gehört nicht, auch nicht durchgangsweise zum Vermögen des Arbeitgebers. Er ist daher der Vollstreckung der Gläubiger des Arbeitgebers entzogen.[35] 94

Führt der Arbeitnehmer den Vertrag mit eigenen Beiträgen fort, so erfolgt die Beitragszahlung aus versteuertem Einkommen, denn diese Vertragsgestaltung ist steuerrechtlich nicht mehr dem Bereich der betrieblichen Altersversorgung zuzuordnen. Dementsprechend muss der Wechsel der Besteuerung der Rentenleistung beachtet werden. Die aus Beiträgen der betrieblichen Altersversorgung erwachsenden Rentenleistungen sind nach § 22 Nr. 5 EStG voll zu versteuern. Die aus Sonderausgaben abzugsfähigen Beiträge der privaten Fortführung des Pensionsfondsvertrags resultierenden Rentenleistungen sind nach § 22 Nr. 1a (aa) mit einem nach dem Jahr des Rentenbeginns festzusetzenden Besteuerungsanteil in v. H. zu besteuern. Der Pensionsfonds hat organisatorische/EDV-technische Vorkehrungen zu treffen, damit er die richtigen Auskünfte und Meldungen nach § 22a EStG erteilen kann (Rentenbezugsmitteilungen an die zentrale Stelle). 95

Zu den Arbeitnehmern im Sinne des § 236 Abs. 3 VAG gehören auch die unter § 17 Abs. 1 S. 2 BetrAVG fallenden Personen. Jedoch ist zu beachten, dass § 17 BetrAVG unter der Perspektive des Arbeitnehmerschutzes konzipiert wurde. Daher werden allein unter Verweis auf § 17 BetrAVG nicht alle Arbeitsverhältnisse erfasst, die vom Sinn und Zweck her Gegenstand eines Pensionsfondsgeschäfts sein können. So zeigt schon die Regelung in § 3 Nr. 66, § 4e Abs. 3 EStG, die nicht am Arbeitnehmerbegriff anknüpft, sondern in dem Vorhandensein einer zulässigerweise von einem Arbeitgeber begründeten Versorgungsverpflichtungen oder Versorgungsanwartschaften, dass der zulässige Rechtsrahmen für Geschäfte des Pensionsfonds vom Vorhandensein einer Zusage auf Leistung einer betrieblichen Altersversorgung abhängt und nicht durch den engeren Schutzumfang des Arbeitnehmerbegriffs des BetrAVG begrenzt werden soll.[36] Demnach sind auch Pensionsfondsgeschäfte mit (beherrschenden) Gesellschafter-Geschäftsführern einer GmbH, Vorständen von Aktiengesellschaften u. ä. zulässig. Der enge, am Schutzzweck des BetrAVG orientierte Arbeitnehmerbegriff findet für die Festlegung der Begünstigten aus einem Pensionsfondsvertrag somit keine Anwendung.[37] Ebenso zählen nach der ausdrücklichen Regelung des § 236 Abs. 3 VAG ehemalige Arbeitnehmer zum Arbeitnehmerbegriff. Andererseits muss aber für die Zulässigkeit der Einräumung einer betrieblichen Altersversorgungszusage stets eine für ein Unternehmen ausgeübte Tätigkeit vorliegen, die den Anlass für die Zusage bildet. 96

Beim Pensionsfondsvertrag handelt es sich um einen **Vertrag zugunsten Dritter** (§ 328 BGB). Danach erwirbt der begünstigte Dritte unmittelbar das Recht, die Leistung zu fordern. Diese in § 236 Abs. 1 Nr. 3 VAG getroffene Regelung war wegen der **Vermutungsregelung des § 329 BGB** notwendig. Es musste klargestellt werden, dass Gläubiger des Arbeitgebers nicht in die Vermögenswerte, die der Pensionsfonds für die Versorgung der Arbeitnehmer aufgebaut hat, vollstrecken können, soweit die Unverfallbarkeit eingetreten ist und im Insolvenzfall des Arbeitgebers sich der Leistungsanspruch des 97

---

[33] *Höfer*, Das neue Betriebsrentenrecht, 2003, Rn. 1073.
[34] Vgl. vertiefend *de Groot*, Der deutsche Pensionsfonds als Instrument der betrieblichen Altersversorgung im Spannungsfeld zwischen Betriebsrenten- und Versicherungsrecht, 2010, S. 91 ff.
[35] Palandt/*Grüneberg* Einf. Vor § 328 Rn. 6.
[36] *Höfer*, Das neue Betriebsrentenrecht, 2003, Rn. 1076.
[37] *Höfer*, Das neue Betriebsrentenrecht, 2003, Rn. 1074 ff.

Arbeitnehmers nicht gegen die Vermögensmasse des Arbeitgebers richtet (zur Anwartschaftsphase siehe die Regelungen im BetrAVG). Für die Leistungsphase bleibt es bei offenem Preis-Leistungsverhältnis hinsichtlich der Nachschusspflicht bei der Anwendung der insolvenzrechtlichen Regeln und § 7 BetrAVG.

98 **V. Das gesetzliche Merkmal des Pensionsfonds nach Abs. 1 S. 1 Nr. 4 und S. 2 (Modalitäten der Leistungserbringung).** Entscheidend für die Interpretation der Nr. 4 ist die Formulierung „verpflichtet ist". Der Pensionsfonds ist verpflichtet, die dort beschriebenen Leistungen (lebenslange Rente, Einmalkapitalzahlung oder Mischform von Rentenleistungen mit einem teilweisen oder vollständigen Kapitalwahlrecht – Option) zu erbringen, wenn er sie im Pensionsplan als garantierte Leistungen beschrieben und im Pensionsfondsvertrag entsprechend zugesagt hat. Diese Interpretation macht dann auch § 236 Abs. 2 VAG verständlich, der davon spricht, dass der Pensionsfonds abweichend von § 236 Abs. 1 S. 1 Nr. 4 VAG – also ohne Verpflichtung (Garantie) – Leistungen unter bestimmten Voraussetzungen erbringen darf.

99 Gegenüber der ursprünglichen Fassung des § 112 Abs. 1 S. 1 Nr. 4 VAG a. F. lässt nunmehr der Gesetzgeber gleichberechtigt neben der lebenslangen Zahlung von Altersversorgungsleistungen die vollständige Einmalkapitalzahlung zu. Auch kann die an sich eingeräumte lebenslange Zahlung optional mit einem teilweisen oder vollständigen Kapitalwahlrecht verknüpft werden. Das ist die vollständige **Abkehr von dem Grundsatz der lebenslangen Rente** als Schutz vor frühzeitigem Konsum einer Kapitalleistung durch den aus dem aktiven Arbeitsleben ausgeschiedenen Begünstigten. Der Erwägungsgrund Nr. 13 in der RL 2003/41/EG ist hinsichtlich der dort normierten lebenslangen Rente nur eine Soll-Vorschrift. Der Gesetzgeber setzt auf den eigenverantwortlichen Leistungsempfänger und erreicht damit, dass der Pensionsfonds nunmehr alle Gestaltungsformen der betrieblichen Altersversorgung abbilden kann. Auch hier sind bei allen Ausgestaltungen die entsprechenden steuerrechtlichen Rahmenbedingungen zu beachten. Für den Pensionsfonds kennzeichnend ist nunmehr das gleichberechtigte Nebeneinanderstellen von Leistungen, die der Pensionsfonds garantiert (§ 236 Abs. 1 S. 1 Nr. 4 VAG) und Leistungen, die während der gesamten Leistungsphase unter bestimmten Voraussetzungen nicht garantiert werden müssen (§ 236 Abs. 2 VAG). Mit Einführung des Absatzes 2 durch die VAG-Novelle 2005[38] hat nunmehr der Gesetzgeber neben die Möglichkeit der versicherungsförmig garantierten lebenslangen Altersrente (§ 236 Abs. 1 S. 1 Nr. 4 VAG) gleichberechtigt daneben gestellt die nichtversicherungsförmig garantierte lebenslange Altersrente nach § 236 Abs. 2 VAG, wenn bestimmte Voraussetzungen erfüllt sind. Bei der Interpretation des Gesetzes ist darauf zu achten, dass durch den Begriff in § 236 Abs. 1 S. 1 Nr. 4 VAG „verpflichtet ist" die versicherungsförmige Garantie formuliert wird. Darauf baut § 236 Abs. 2 VAG auf, indem er abweichend von dieser Regelung die Erbringung von Altersversorgungsleistungen zulässt, soweit Beitragszahlungen durch den Arbeitgeber auch in der Rentenbezugszeit vorgesehen sind. Abweichend von Absatz 1 S. 1 Nr. 4 bedeutet: abweichend von der dort normierten Verpflichtung.

100 Die Möglichkeit, die § 236 Abs. 2 VAG eröffnet, gilt allerdings nicht für eine Zusage nach § 1 Abs. 1 Nr. 2 BetrAVG (also die Beitragszusage mit Mindestleistung). Hierfür hat der Gesetzgeber nunmehr durch das Gesetz vom 21.12.2015[39] in Abs. 2a eine neue Spezialregelung geschaffen, die unter bestimmten Voraussetzungen auch für die Beitragszusage mit Mindestleistung ein Abweichen von der bislang geforderten versicherungsförmig garantierten Mindestleistung zulässt. Diese Modalität des Abs. 2a Nr. 1–4 und S. 2 ist an die Zustimmung der zuständigen Tarifvertragsparteien gebunden. Das BMF ist nach § 236 Abs. 2b VAG ermächtigt, durch Rechtsverordnung für diese Modalität nähere Bestimmungen zu treffen.

101 **VI. Das gesetzliche Merkmal des Pensionsfonds nach Abs. 2 (keine Garantie der Rentenleistung unter bestimmten Voraussetzungen).** Aus dem Zusammenspiel von §§ 236 Abs. 1 S. 1 Nr. 4 und § 236 Abs. 2 VAG ergibt sich die Zulässigkeit, dass Pensionspläne in der Leistungsphase Leistungen des Pensionsfonds vorsehen können, zu deren Erbringung er nicht „verpflichtet" ist. Zu Recht hat der Gesetzgeber bereits in der Beschlussempfehlung und dem Bericht des Finanzausschusses zu dem Gesetzentwurf der Bundesregierung für ein Siebtes Gesetz zur Änderung des Versicherungsaufsichtsgesetzes[40] ausgeführt:[41]

102 „Diese Übertragungen werden gegenwärtig dadurch sehr erschwert, dass die Rechnungsgrundlagen für Pensionsrückstellungen bei einem Arbeitgeber (6 v. H. Diskontierung) und die Rechnungsgrundlagen für die Deckungsrückstellung eines Pensionsfonds (2,75 v. H. Diskontierung) unterschiedlichen Regeln folgen. Dies führt dazu, dass der Arbeitgeber bei einer Übertragung erhebliche zusätzliche Mittel für die Finanzierung der Versorgung aufbringen muss."

103 Diese Diskrepanz hat sich in der gegenwärtigen Niedrigzinsphase noch verschärft.

---

[38] BGBl. I 2546.
[39] BGBl. I 2553.
[40] BT-Drs. 15/5618, S. 10.
[41] BT-Drs. 15/5618.

Die Leistungen des Pensionsfonds sind stets abgeleitet von den Zusagen, die das Trägerunternehmen (der Arbeitgeber) seinen Arbeitnehmern gegeben hat. Wenn der Pensionsfonds aufgrund der Festlegungen im Pensionsplan nicht „verpflichtet“ ist, die Leistung zu erbringen, dann wird die subsidiäre Leistungspflicht des Arbeitgebers in besonderer Weise aktuell (vgl. § 1 Abs. 1 S. 3 BetrAVG). Die Einstandspflicht des Arbeitgebers wird hier zur latent wirksam werdenden Beitragspflicht gegenüber dem Pensionsfonds. Der Gesetzgeber geht in § 236 Abs. 2 VAG von zugesagten Rentenleistungen aus. Da die Rentenzahlung stets lebenslang erfolgen muss (§ 236 Abs. 1 S. 1 Nr. 4 VAG) muss dann auch die Beitragszahlungspflicht des Arbeitsgebers während der gesamten Rentenbezugszeit uneingeschränkt bestehen. Da sich bei der Beitragszusage mit Mindestleistung der rechtsgeschäftliche Wille des Arbeitgebers ausschließlich darauf bezieht, bis zur Auslösung des Leistungsfalles Beiträge zu entrichten, wird diese Zusage ausdrücklich von der Beitragsleistungspflicht nach § 236 Abs. 2 VAG in der Rentenleistungsphase ausgeschlossen. 104

VII. Die Anwartschaftsphase als Teil des Pensionsfondsverhältnisses. Es soll hier nicht in die umfangreiche Diskussion über den Beginn der arbeitsrechtlich wirksamen Pensionsfondszusage (Zusagezeitpunkt) eingestiegen werden.[42] Das muss aus Platzgründen Gegenstand der arbeitsrechtlichen Literatur bleiben. **Die Anwartschaftsphase** als Zeitraum vor dem bedingungsgemäß vereinbarten Leistungseintritt **hat** aber **Bedeutung** für die **Unverfallbarkeit**, für **die Insolvenzsicherung durch den PSVaG** sowie für die die **Mobilität des Arbeitnehmers** unterstützende Übertragungsmöglichkeit von Anwartschaften auf einen neuen Arbeitgeber (§ 4 BetrAVG). 105

Es fällt auf, dass der Gesetzgeber in § 236 VAG stets von Leistungen, Erbringung von Leistungen, Anspruch auf Leistungen bzw. Höhe von Leistungen spricht. In allen Fällen handelt es sich um Sachverhalte, bei denen durch einen Bedingungseintritt der Leistungsfall ausgelöst ist. Regelungen, die den Zeitraum vor Bedingungseintritt zum Inhalt haben, finden sich in § 236 VAG demzufolge nicht. 106

Es ist daher zunächst davon auszugehen: „Reicht die gebildete Rückstellung nicht aus, um die zugesagten Leistungen zu erfüllen, so erhöht sich die Haftung des Arbeitgebers entsprechend.“[43] 107

Dies ermöglicht dem Arbeitgeber in der Anwartschaftsphase eine flexible Beitragsgestaltung mit der Maßgabe, dass hierdurch die Zielvereinbarung „Leistung“ unter den im Pensionsplan festgelegten technischen und juristischen Grundlagen bei Bedingungseintritt finanziert werden kann. Ist dies nicht der Fall, greift dann die Subsidiärhaftung des Arbeitgebers nach § 1 Abs. 1 S. 3 BetrAVG und das vorhandene Sicherungsvermögen muss durch ergänzende Beitragszahlungen ergänzt werden. 108

Man könnte aber auch daran denken, dass Rechnungsgrundlagen für die Anwartschaftsphase über die ebenfalls anzuwendenden Vorschriften für kleine Versicherungsunternehmen – soweit sie Lebensversicherungsunternehmen betreffen (§ 237 Abs. 1 VAG) – zur Anwendung kommen. Aber § 212 Abs. 2 Ziff. 5 VAG schließt gerade die in Betracht kommenden §§ 74 – 88 VAG aus und enthält stattdessen in § 217 S. 1 Nr. 7 und Nr. 10 VAG spezielle Verordnungsermächtigungen für die Bewertung der Deckungsrückstellung kleiner Versicherungsunternehmen. Vergleichbare spezielle Regelungen finden sich für den Pensionsfonds in § 240 S. 1 Nr. 10 und 12 VAG. 109

Vereinzelt finden sich in den §§ 21–24 PFAV Regelungen, die auch auf den Zeitraum vor Auslösung des Leistungsfalls Anwendung finden können: 110

- Übernimmt der Pensionsfonds in der Anwartschaftsphase eine versicherungsförmige Garantie (z. B. für die Hinterbliebenenversorgung), so gelten § 22 PFAV und ggf. § 23 Abs. 2 PFAV.
- Nach § 24 Abs. 1 S. 2 PFAV ist bei Zusagen ohne versicherungsförmige Garantie für „die Zeit vor Rentenbezug“ der Rechnungszins vorsichtig zu wählen, „soweit“ ein leistungsbezogener Pensionsplan das Feststellungsverfahren vorsieht.

Übernimmt jedoch ein Pensionsfonds in der Anwartschaftsphase weder eine versicherungsförmige Garantie noch ist im Rahmen des Pensionsplans das Feststellungsverfahren vereinbart, ist der Pensionsfonds in der Anwartschaftsphase frei von gesetzlichen Vorgaben für die Ermittlung der Deckungsrückstellung. Die Verpflichtung des Pensionsfonds ergibt sich dann aus dem zuzuordnenden vorhandenen Deckungskapital. 111

VIII. Besonderheiten für die Beitragszusage mit Mindestleistung nach Abs. 2 S. 3, Abs. 2a. Ausgangspunkt ist die Regelung in Abs. 2 S. 3, wonach auf eine Zusage nach § 1 Abs. 1 Nr. 2 BetrAVG (Beitragszusage mit Mindestleistung) der Pensionsfonds das Geschäftsmodell nach Abs. 1 Nr. 4 („verpflichtet ist, Altersversorgungsleistungen … zu erbringen“) anwenden muss und nicht von der Abweichung nach Abs. 2 S. 1 und S. 2 Gebrauch machen darf. **Damit muss bei der Beitragszusage mit Mindestleistung grundsätzlich die (Renten-)Leistung versicherungsförmig garantiert erbracht werden.** 112

[42] *Höfer*, Gesetz zur Verbesserung der betrieblichen Altersversorgung, Bd. 1, 20. Aufl. Stand Januar 2017, § 1b Rn. 384; *de Groot*, Der deutsche Pensionsfonds als Instrument der betrieblichen Altersversorgung im Spannungsfeld zwischen Betriebsrenten- und Versicherungsrecht, 2010, S. 195 ff.

[43] *de Groot*, Der deutsche Pensionsfonds als Instrument der betrieblichen Altersversorgung im Spannungsfeld zwischen Betriebsrenten- und Versicherungsrecht, 2010, S. 195 ff.

113 Mit Gesetz vom 21.12.2015[44] hat der Gesetzgeber nunmehr in Abs. 2a auch für die Zusageform „Beitragszusage mit Mindestleistung" die nicht versicherungsförmige Variante des Abs. 2 S. 1 und S. 2 unter den in Abs. 2a Nr. 1–4 genannten Voraussetzungen geöffnet. Damit sollte die betriebliche Altersversorgung in ihrer Verbreitung gestützt und neu belebt werden. **Positiv an dieser Gesetzesergänzung ist, dass nunmehr alle Produktmodelle des Pensionsfonds für die gesamte Palette der Zusagearten der betrieblichen Altersversorgung zur Verfügung stehen.**

114 Der Reform ist dennoch wenig Erfolg beschieden, weil sie halbherzig erfolgte. Der Arbeitgeber hat mit der Erbringung der Beiträge nach wie vor seine Leistungspflicht noch nicht erfüllt. Er haftet – bis zur nach Abs. 2a Nr. 2 festgelegten Mindesthöhe (Abs. 2a Nr. 4) – während der gesamten Leistungsphase. Die Mindesthöhe ist aus der zu Leistungsbeginn Soll-Beitragssumme – ohne Berücksichtigung inzwischen zugeflossener Erträge (denn sonst würde der Arbeitgeber für eine Verzinsung einstehen müssen bzw. die Subsidiärhaftung für die Beiträge würde durch Erträge entlastet) – abzuleiten.

115 Da Arbeitgeber die Beitragszusage mit Mindestleistung nur im Rahmen eines mittelbaren Durchführungswegs realisieren können, stellt sich die Frage,
- warum ein Arbeitgeber einem beaufsichtigten Finanzdienstleister Mittel zur Verfügung stellen soll (Liquiditätsabfluss),
- wenn er die Kosten samt Insolvenzsicherungsaufwand für diesen externen Durchführungsweg trägt,
- wenn alle Erträge dem Arbeitnehmer zustehen,
- wenn er aber dennoch Verluste, die die Mindestleistung bzw. die festgelegte Mindesthöhe auf Grund der Entwicklung des Sicherungsvermögens bei dem externen Finanzdienstleister unterschreiten, tragen muss und
- wenn seine Risikotragungspflicht während der gesamten zeitlich unbestimmten Leistungsphase bestehen bleibt.

116 Das ist eine solch **asymmetrische Risikoverteilung**, so dass es nicht verwundert, dass Arbeitgeber hierin keinen Anreiz zum Ausbau der betrieblichen Altersversorgung sehen.

117 **IX. Der Erlaubnisvorbehalt.** Das Pensionsfondsgeschäft ist ein **erlaubnispflichtiges Geschäft** (§ 236 Abs. 4 VAG). Die Aufsichtskompetenz über Pensionsfonds obliegt der BaFin (vgl. § 16h Abs. 1 FinDAG). Das Pensionsfondsgeschäft ist unter Nr. 25 der Anlage 1 zum VAG „Einteilung der Risiken nach Sparten" ausdrücklich aufgezählt; nach § 1 Abs. 1 Nr. 5 VAG werden Pensionsfonds der umfassenden Aufsicht des VAG unterstellt. Damit sind sowohl Verwaltungskompetenz als auch Aufsichtsrahmen der BaFin festgelegt. Die Zuordnung zur Versicherungsaufsicht innerhalb der BaFin ist im Hinblick auf die Komplexität des Finanzierungsprozesses der Pensionsfondsprodukte unter Einschluss biometrischer Risiken verständlich, auch wenn in der Anwartschaftsphase Produktgestaltungen möglich sind, die einem reinen Sparprozess gleichen, aber auf die Leistungsphase kommt es an.

118 Andererseits wird die Aufsicht der Flexibilität von Pensionsplänen mit offenen Preis-/Leistungsverhältnissen gerecht werden und hierzu sachgerechte Regularien im Rahmen der Finanzaufsicht entwickeln müssen. Eine zu traditionell tarifär ausgerichtete Aufsichtspraxis würde der Entwicklungsmöglichkeit der Pensionsfonds schaden. Dies betrifft insbesondere Regelungen zum Feststellungsverfahren nach § 24 PFAV und zum Bedeckungsverfahren nach § 239 Abs. 3 und 4 VAG. Es stellt sich die Frage, ob mit der weitgehenden Unterstellung des Pensionsfonds unter die für Lebensversicherer geltenden Aufsichtsregeln der richtige Akzent getroffen wurde, um dem Pensionsfonds eine eigenständige Entwicklung zu ermöglichen (vgl. hierzu § 237 VAG).

119 Das Genehmigungsverfahren orientiert sich an § 9 VAG in der Modifizierung durch § 237 Abs. 3 Nr. 2 VAG. Danach sind die Pensionspläne (siehe hierzu Rn. 19) – eine Definition des Pensionsplans gibt die Vorschrift im zweiten Halbsatz – Teil des Geschäftsplans und mit dem Erlaubnisantrag einzureichen. Pensionspläne beziehen sich demnach immer auf die Leistungsphase. Allerdings ist nicht verständlich, dass die Allgemeinen Versicherungsbedingungen von Lebensversicherern nicht Teil des Geschäftsplans sind (dies ist nach der Deregulierung nur konsequent), andererseits Pensionspläne von Pensionsfonds Teil der der Genehmigung zum Geschäftsbetrieb zugrunde liegenden Dokumente sind. Allerdings nimmt § 237 Abs. 2 Nr. 3 VAG die Pensionspläne ausdrücklich vom Genehmigungsvorbehalt aus, behält aber die bisher schon in § 113 Abs. 2 Nr. 5 VAG a. F. vorgesehene Dreimonatsfrist nach Vorlage geänderter Pensionspläne für ihr Wirksamwerden bei. Offenbar geht der Gesetzgeber davon aus, die BaFin sollte vor dem Inverkehrbringen von Pensionsplänen die Gelegenheit erhalten, von den geplanten Regelungen Kenntnis zu erhalten, da eine aus aufsichtsrechtlichen Gründen nachträglich festgestellte Rechtswidrigkeit von Pensionsplänen große Probleme bei der Rückabwicklung (besonders wegen der steuerrechtlichen Implikation) bereiten kann.

Hinzuweisen ist auch auf das Merkblatt der BaFin – Hinweise für die Zulassung von Pensionsfonds vom 22.6.2011.[45]

---

[44] BGBl. I 2553.

[45] *BaFin,* Daten und Fakten – Thema: Zulassung Betriebliche Altersversorgung, Merkblatt vom 22.6.2011.

X. Anwendung sonstiger Vorschriften. 1. Anwendbarkeit des Versicherungsvertragsgesetzes. An die Stelle von Versicherungsverhältnissen treten beim Pensionsfonds Versorgungsverhältnisse (§ 237 Abs. 3 Nr. 6 VAG). Bedeutung hat dies für die Frage der Anwendbarkeit des VVG. Pensionspläne bzw. die darauf beruhenden Pensionsfondsverträge sind grundsätzlich keine Lebensversicherungsverträge. Sie können aber Elemente von Lebensversicherungsverträgen enthalten, was bei Pensionsplanstrukturen mit fester Leistung gegen festen Beitrag (vgl. § 24 Abs. 1 PFAV) oder mit festem Beitrag bei offener Leistung der Fall ist. Letztlich folgt die Anwendung des § 163 VVG, der den 1994 eingeführten § 172 VVG ablöste, durch die Verweisung in § 237 Abs. 3 Nr. 8 VAG auf § 142 S. 2 VAG, der von dem in Satz 1 erwähnten Treuhänder spricht. Und das ist der im VVG erwähnte Treuhänder, der mit der Einführung des europäischen Binnenmarktes geschaffen wurde. 120

Auch bei beitragsbezogenen Pensionsplänen mit Mindestleistung ist wegen § 22 Abs. 2 Nr. 2 PFAV vom Vorliegen lebensversicherungsähnlicher Elemente auszugehen, die in Einzelfällen zu einer Anwendung des VVG – soweit es um schützenswerte Interessen der begünstigten Arbeitnehmer geht, die vergleichbar mit Anspruchsberechtigten aus Lebensversicherungsverträgen sind – führen. Der Pensionsfonds hat – wegen §§ 237 Abs. 1, 212 Abs. 1, 142 VAG und der damit zumindest partiell anzuwendenden Vorschrift des § 163 VVG – auch einen mathematischen Treuhänder zu bestellen; der ursprünglich in § 11b a. F. vorgesehene juristische Treuhänder ist schon in der alten Gesetzesfassung (Art. 7 Versicherungsvertrags-ReformG vom 23.11.2007 – weggefallen. Bedingungsänderungen können ausschließlich nach § 164 VVG vorgenommen werden. Für die Anwendbarkeit der Bestimmungen des VVG auf – spezifische – Pensionsplangestaltung spricht auch, dass § 142 VAG in § 237 Abs. 3 Nr. 8 VAG um weitere Qualifikationsmerkmale für den Treuhänder (Prämienermittlung) erweitert wird.[46] 121

2. Anwendbarkeit des Wertpapierhandelsgesetzes. Das WpHG vom 9.9.1998[47] regelt insbesondere spezifische Informationspflichten der Wertpapier-Dienstleistungsunternehmen.[48] Die Wertpapier-Dienstleistungsunternehmen sind in § 2 Abs. 4 WpHG definiert. In § 2a Nr. 4 WpHG werden private und öffentlich-rechtliche Versicherungsunternehmen von der Anwendbarkeit des Gesetzes ausgenommen. Im Hinblick auf die Unterstellung des Pensionsfonds unter das Regelwerk des VAG muss davon ausgegangen werden, dass auch Pensionsfonds in entsprechender Anwendung des § 2a Nr. 4 WpHG von der Anwendbarkeit des Gesetzes ausgeschlossen sein sollen. 122

3. Anwendbarkeit des VermAnlG). Nach § 2 Abs. 1 Ziff. 2 VermAnlG[49] sind §§ 5a–26 VermAnlG auf Vermögensanlagen, die von Versicherungsunternehmen oder Pensionsfonds i. S. d. §§ 1 und 236 VAG emittiert werden, nicht anzuwenden. 123

4. Insolvenzsicherung nach dem BetrAVG. Bei folgenden Durchführungswegen besteht **Insolvenzsicherungspflicht** für Versorgungsempfänger und Inhaber unverfallbarer Versorgungsanwartschaften: **unmittelbare Versorgungszusage, unter bestimmten Voraussetzungen auch die Direktversicherung, Unterstützungskasse und Pensionsfonds.** 124

Nach § 7 Abs. 2 S. 2 BetrAVG haben Begünstigte aus einer Pensionsfondsleistung, wenn der Sicherungsfall bei dem Arbeitgeber eingetreten ist, einen Anspruch gegen den Pensionssicherungsverein nach Maßgabe des § 7 Abs. 2 S. 1 i. V. m. S. 5 BetrAVG. Für die Beitragslast der Arbeitgeber gilt § 10 Abs. 3 Nr. 4 BetrAVG – Reduzierung auf 20 % des Beitrags für den Teilwert der Pensionsverpflichtung nach Abs. 3 Nr. 1 (vgl. § 7 Abs. 1 und Abs. 2 sowie § 10 Abs. 3 Nr. 4 BetrAVG). Ausgenommen von der Insolvenzsicherungspflicht soll nunmehr die reine Beitragszusage nach dem Entwurf des Betriebsrentenstärkungsgesetzes der Bundesregierung werden (vgl. unten Rn. 132). Damit wird erstmals nicht ein Durchführungsweg sondern eine Zusageform von der Insolvenzsicherungspflicht ausgenommen. Ob diese unterschiedliche Behandlung von Zusageformen bei externen Durchführungswegen gerechtfertigt ist, erscheint zweifelhaft. Dass sich die Tarifvertragsparteien bei der reinen Beitragszusage an der „Durchführung und Steuerung" nach § 21 BetrAVG künftig beteiligen müssen, rechtfertigt eine solche differenzierte Betrachtungsweise nicht. Hierdurch wird keine höhere Sicherheit als bei den Pensionsfonds bzw. Pensionskassen und Direktversicherern herkömmlicher Art erreicht. 125

Umstritten ist, ob die **Insolvenzsicherungsaufwendungen** vom Arbeitgeber aufzubringen sind oder ob sie – auch bei der Entgeltumwandlung – für Rechnung des Arbeitnehmers erhoben werden dürfen. Die aba-Fachvereinigung Pensionsfonds vertritt zur Insolvenzsicherungspflicht von Betrieblichen Altersversorgungsleistungen auf dem Wege über Pensionsfonds die Auffassung, dass der Arbeitgeber den Pensionsfonds bevollmächtigen kann, die entsprechenden Meldungen, Auskünfte und Mitteilungen an den PSVaG zu erteilen. Dies dürfte unstrittig sein. Gleichzeitig soll die Bevollmächtigung aber auch die Befugnis umfassen, die Beiträge und Beitragsvorschüsse zu entrichten, die dann vom Trägerunternehmen „gegebenenfalls" erstattet werden müssen. Der PSVaG hingegen lässt eine summarische Mel- 126

[46] Zur Anwendbarkeit des VVG im Übrigen vgl. *de Groot* Der deutsche Pensionsfonds als Instrument der betrieblichen Altersversorgung im Spannungsfeld zwischen Betriebsrenten- und Versicherungsrecht S. 253 ff., S. 280 ff.

[47] BGBl. I 2708.

[48] *Land,* Informationspflichten bei Wertpapierdienstleistungen, 2003.

[49] Vom 6.12.2011 (BGBl. I 2481).

dung aller Angaben für alle Trägerunternehmen eines Pensionsfonds zu. Dann sei auch nur ein zusammengefasstes Kurztestat auf der Grundlage eines versicherungsmathematischen Gutachtens erforderlich. Der Pensionsfonds wird also vom PSVaG wie ein **Arbeitgeber** behandelt. Dieser enthebt aber nicht den Pensionsfonds intern exakt den Beitragsanteil dem jeweiligen Arbeitnehmer zuzuordnen. Es kann jedenfalls bezweifelt werden, ob sich die Pensionsfonds diesen Aufwand zumuten wollen. Es bleibt bei alledem die Frage offen, ob im Rahmen der Entgeltumwandlung die Insolvenzbeiträge vom Arbeitnehmer getragen werden dürfen und ob zulässigerweise der Pensionsfonds in die Rolle des Beitragspflichtigen gegenüber dem PSVaG schlüpfen kann. Letzteres ist zu verneinen, da es nicht zu den zulässigen Geschäften des Pensionsfonds gehört; bestenfalls darf der Pensionsfonds im Auftrag des Trägerunternehmens einen erhaltenen PSV-Beitrag an den PSVaG weiterleiten.

127 Die Frage, wer wirtschaftlich den Beitrag des PSVaG zu tragen hat, beantwortet sich sowohl aus § 236 VAG als auch aus § 1 Abs. 2 Nr. 2 BetrAVG.

128 Wenn die **Übernahme einer Beitragspflicht gegenüber dem PSVaG** durch den Pensionsfonds ein **unzulässiges Geschäft** ist, darf die Beitragslast der Insolvenzsicherung nicht den Pensionsfonds treffen (so grundsätzlich auch die Meinung der BaFin; siehe „Hinweise für die Zulassung von Pensionsfonds" – Stand 22.6.2011).[50] Die BaFin hält aber eine anders lautende Vereinbarung zwischen Arbeitgeber und Arbeitnehmer für zulässig, wonach der Arbeitnehmer den Insolvenzbeitrag wirtschaftlich trägt. Der Pensionsfonds muss jedoch den Sachverhalt in eigener Verantwortung prüfen.

129 Aber auch der Arbeitnehmer scheidet **bei der Entgeltumwandlung** als Träger des Aufwandes für Insolvenzsicherung aus, denn seinen Beiträgen dürfen keine Teile zur Deckung von Kosten – auch nicht Insolvenzkosten – entnommen werden. Auch die erwirtschafteten Erträge dürfen hiermit nicht belastet werden (§ 1b Abs. 5 Ziff. 1 BetrAVG), zumal die Erträge bei älteren Arbeitnehmern zur Darstellung der Mindestleistung (Summe der Beiträge) häufig unverzichtbar sind. Die zugeteilten Überschüsse dürfen nur zur Leistungsverbesserung verwendet werden; der PSV-Beitrag kann daher auch nicht aus den Überschüssen finanziert werden.[51] Eine Vereinbarung zwischen Arbeitgeber und Arbeitnehmer (z. B. in Form einer Betriebsvereinbarung) zur Übernahme der Insolvenzsicherungskosten erscheint als Umgehung dieser Schutzbestimmungen.

130 **XI. Anhang: §§ 244a–d VAG n. F. (reine Beitragszusage). 1. Einführung.** Das Betriebsrentenstärkungsgesetz (Beschluss: Bundestag 1.6.2017 und Bundesrat 7.7.2017) hat durch die Einfügung des § 1 Abs. 2 Nr. 2a in das Betriebsrentengesetz (BetrAVG) die **sog. reine Beitragszusage** im Rahmen der betrieblichen Altersversorgung für die Durchführungswege **Pensionsfonds, Pensionskasse und Direktversicherung** eingeführt. Zunächst einmal stellt die reine Beitragszusage eine Beitragszusage ohne Mindestleistung dar. Bei ihr sind eine Reihe von bislang im BAV-Recht für wichtig gehaltene Arbeitnehmerschutzeinwände außer Kraft gesetzt.

131 **a) Die kennzeichnenden Elemente der reinen Beitragszusage. aa)** Außer Kraft gesetzt sind folgende Regelungen:

- die Subsidiärhaftung des Arbeitgebers nach §§ 1 Abs. 1 S. 3 BetrAVG und 1 Abs. 4 S. 2 BetrAVG. Die Leistung des Arbeitgebers hat schuldbefreiende Wirkung;[52]
- die §§ 1b – 6 BetrAVG (Regelungen zur Unverfallbarkeit und Durchführung der anderen Zusagearten);
- die Anpassungsprüfungspflicht nach § 16 BetrAVG;
- die Insolvenzsicherungspflicht nach §§ 7–15 BetrAVG.

132 **bb)** Hinzu treten folgende wesentliche gesetzliche Merkmale der reinen Beitragszusage:

- Die reine Beitragszusage kann nur im Rahmen eines Tarifvertrags oder aufgrund eines Tarifvertrags in einer Betriebs- oder Dienstvereinbarung vereinbart werden. Damit hat der Gesetzgeber erneut sich von dem ursprünglichen Grundsatz der betrieblichen Altersversorgung, der bei Einführung der betrieblichen Altersversorgung in das BetrAVG ganz herrschender Meinung war, nämlich dass der Arbeitgeber über das „**Ob**", das „**Wie**" und das „**Wieviel**" alleine zu entscheiden hat, entfernt. Dies ist insofern zu verstehen, da es hier um Entgeltumwandlung, das heißt um einen Teil des durch Arbeitsleistung entstandenen Entgeltanspruchs des Arbeitnehmers geht. Andererseits bedeutet aber auch die zwingende Vorschrift, dass diese neue Zusageform **nur im Zusammenhang mit einem Tarifvertrag** durchgeführt werden kann, so dass damit auch der Streik als mögliches Mittel der Durchsetzung solcher Zusageformen denkbar wird. Ob dies förderlich für die weitere Verbreitung und Stärkung der betrieblichen Altersversorgung – das war ja gerade das Motiv des Betriebsrentenstärkungsgesetzes – ist, kann bezweifelt werden.

---

[50] Merkblatt der BaFin – Hinweise für die Zulassung von Pensionsfonds, S. 11 („Insolvenzsicherung").

[51] A. A. *Höfer*, Gesetz zur Verbesserung der Betrieblichen Altersversorgung, 20. Aufl., Stand Januar 2017, § 10 Rn. 181; wobei jedoch anzumerken ist, dass sich die Wertgleichheit nach § 1 Abs. 2 Nr. 3 nicht auf die Insolvenzsicherung bezieht.

[52] BT-Drs. 18/11 286 S. 42.

- Der Arbeitgeber muss 15 % des umgewandelten Entgelts zusätzlich als Arbeitnehmerzuschuss an den Pensionsfonds, die Pensionskasse oder die Direktversicherung entrichten, soweit er durch die Entgeltumwandlung Sozialversicherungsbeiträge spart.
- Zur Absicherung der reinen Beitragszusage **soll im Tarifvertrag** ein Sicherungsbeitrag vereinbart werden (§ 23 Abs. 1 BetrAVG). Unklar ist, ob dieser Sicherungsbeitrag in den Deckungsgrad des § 37 PFAV einzubeziehen ist. Sofern er einzubeziehen ist, könnte er eigentlich eine Pufferfunktion zur Verstetigung der von der zulässigen Einrichtung zu erbringenden lebenslangen Rentenleistung nicht entfalten.
- Die Höhe der Leistungen darf nicht garantiert werden (§ 22 Abs. 1 S. 2 BetrAVG). Damit trägt der Arbeitnehmer das Kapitalanlagerisiko.[53]
- Die auf den gezahlten Beiträgen beruhende Anwartschaft auf Altersrente ist sofort unverfallbar (§ 22 Abs. 2 BetrAVG).
- Hinzu treten weitere Merkmale in § 22 Abs. 3–5 BetrAVG.

cc) Durchführung. Das Gesetz sieht als durchführungsfähig für die reine Beitragszusage die bekannten externen Durchführungswege (**Pensionskasse, Pensionsfonds und Direktversicherung**) vor, das Gesetz hält in § 21 Abs. 3 S. 2 BetrAVG eine Öffnungsklausel für die Verwendung tarifvertraglich vereinbarter Beiträge für eine reine Beitragszusage im Zusammenhang mit einer anderen nach dem BetrAVG zulässigen Zusageart bereit. 133

Bei der reinen Beitragszusage ordnet § 22 Abs. 1 BetrAVG an, dass sich die Tarifvertragsparteien an deren Durchführung und Steuerung beteiligen. Was damit gemeint ist, bleibt zunächst der Praxis überlassen, jedenfalls ist hierunter nicht eine gemeinsame Einrichtung im Sinne des § 4 Abs. 2 TVG zu verstehen.[54] Die angemessene Beteiligung der Tarifvertragsparteien in einem Anlageausschuss sollte der gesetzlichen Anforderung an die gemeinsame Steuerung der Durchführung der reinen Beitragszusage genügen.

Inwiefern überhaupt die Beteiligung der Tarifvertragsparteien an der Durchführung einer Zusage auf betriebliche Altersversorgung im Wege externer beaufsichtigter Durchführungswege gerechtfertigt ist, ist zu bezweifeln. Kann man noch daran denken, dass der Arbeitgeber, weil er bei der reinen Beitragszusage aus der Subsidiärhaftung und anderen belastenden Vorschriften entlassen wird, sich dann aber um das Schicksal der Zusage im Zeitablauf kümmern sollte, so erschließt sich nicht, welchen Beitrag Gewerkschaften für die Qualität der Durchführung der reinen Beitragszusage liefern könnten. 134

2. Aufsichtsrechtliche Aspekte. a) Allgemeines im neuen Teil 4a des VAG. Der Gesetzgeber hat in den §§ 244a–244d VAG für eine spezielle Zusageform der betrieblichen Altersversorgung einen eigenen Teil in das VAG eingefügt. Das ist dem Gesetzesaufbau fremd und gesetzestechnisch missglückt. Die getroffenen Regeln hätten sich problemlos in die Vorschriften der §§ 236–240 VAG integrieren lassen. Die Vorschriften des Teils 4a des VAG haben Vorrang vor den anderen Vorschriften des VAG.[55] 135

b) Zulassungsvoraussetzung. Pensionsfonds bedürfen keiner zusätzlichen Genehmigung zum Geschäftsbetrieb der reinen Beitragszusage; Pensionskassen und Lebensversicherungsunternehmen benötigen die Erlaubnis für die „einschlägige Versicherungssparte fondsgebundene Lebensversicherung" (§ 244b Abs. 2 VAG). 136

c) Deckungsrückstellung und Verpflichtungsinhalt. Entscheidend ist, dass der Rentenempfänger bei der reinen Beitragszusage mit schwankenden Leistungen rechnen muss.[56] Die für die reine Beitragszusage zugelassenen Einrichtungen 137

- dürfen keine garantierten Leistungsversprechen abgeben (§ 22 Abs. 1 BetrAVG, § 244b Abs. 1 Nr. 1 VAG),
- müssen in den AVB bzw. Pensionsplänen eine lebenslange Zahlung als Altersversorgungsleistung vorsehen und
- müssen festlegen, dass das planmäßig zuzurechnende Versorgungskapital sowie die auf Zinsen und Erträge planmäßig auf gelaufene Leistungen verwendet werden.

Die Verpflichtungen der reinen Beitragszusage ergeben sich in der Ansparphase aus dem planmäßig zuzurechnenden Versorgungskapital (§ 35 Abs. 1 Pensionsfonds-Aufsichtsverordnung – PFAV) und in der Rentenbezugszeit aus der mittels der retrospektiven Methode zu bildenden Deckungsrückstellung, ausgehend von dem bei Rentenbeginn vorhandenen Versorgungskapital.

3. Steuerung der Leistungshöhe. Wichtig für die Steuerung der Leistungshöhe ist der Kapitaldeckungsgrad, der für den Rentnerbestand zwischen 100 und 125 % im Verhältnis Deckungsrückstellung zum Barwert der zu erbringenden Leistungen (§ 36 PFAV) schwanken darf. Die Begrenzung auf 125 % Deckungsgrad hat zum Ziel, dass die Einrichtung den Barwert der Leistungen nicht mit einem zu 138

[53] BT-Drs. 18/11 286 S. 45, 54.
[54] BT-Drs. 18/11 286 S. 45 zu § 21.
[55] BT-Drs. 18/11 286 S. 53 zu § 244a.
[56] Vgl. § 38 Abs. 1 PFAV.

vorsichtigen Rechnungszins rechnet (§ 37 Abs. 2 PFAV).[57] „Wird von einer vorsichtigen Wahl des Rechnungszinses (erg. bei Rentenbeginn) abgesehen, d. h. werden genau die Rechnungsgrundlagen nach Abs. 1 S. 3 (erg. § 37 PFAV) verwendet, ergibt sich ein Kapitaldeckungsgrad von 100 %.[57]

139 **4. Sicherungsvermögen.** Pensionsfonds müssen für reine Beitragszusagen gesonderte Sicherungsvermögen und Pensionskassen und Lebensversicherungsunternehmen gesonderte Anlagestöcke einrichten (§ 244c VAG).

140 **5. Verordnungsermächtigung.** Zu verschiedenen Regelungsbereichen ist der Verordnungsgeber beauftragt, Detailregelungen zu formulieren (§ 244d VAG).

Anzuwendende Vorschriften

237 (1) [1] **Auf Pensionsfonds sind die nach den §§ 212 bis 216 auf kleine Versicherungsunternehmen anwendbaren Vorschriften entsprechend anzuwenden, soweit sie Lebensversicherungsunternehmen betreffen und dieser Teil keine abweichenden Regelungen enthält.** [2] **Nicht anwendbar sind § 10 Absatz 4, § 13 Absatz 2, § 36 Absatz 2, die §§ 52 bis 56, 125 Absatz 5 und 6, § 139 Absatz 3 und 4, die §§ 210 und 212 Absatz 3 Nummer 5 und 6, die §§ 213 bis 215, 294 Absatz 5 und 6 Satz 2, § 312 Absatz 4 Satz 1, 3 und 4 sowie Absatz 5 Satz 2 und § 313.**

(2) [1] **Für Pensionsfonds gilt § 124 Absatz 1 entsprechend.** [2] **Außerdem haben sie über eine interne Revision nach § 30 zu verfügen.** [3] **Die Aufsichtsbehörde soll Pensionsfonds auf Antrag von der Anwendung des § 30 befreien, wenn sie nachweisen, dass der geforderte Aufwand für eine unabhängige interne Revision in Anbetracht der Art, des Umfangs und der Komplexität des betriebenen Geschäfts und der mit ihm verbundenen Risiken unverhältnismäßig wäre.** [4] **Die Freistellung ist zu widerrufen, wenn der Aufsichtsbehörde bekannt wird, dass ihre Voraussetzungen entfallen sind.**

(3) **Von den auf kleine Versicherungsunternehmen anzuwendenden Vorschriften dieses Gesetzes, soweit sie Lebensversicherungsunternehmen betreffen, sind auf Pensionsfonds die folgenden Vorschriften nur mit der jeweils folgenden Maßgabe entsprechend anzuwenden:**

1. **§ 8 Absatz 2 mit der Maßgabe, dass die Erlaubnis nur Aktiengesellschaften einschließlich der Europäischen Gesellschaft und Pensionsfondsvereinen auf Gegenseitigkeit erteilt werden darf; auf Pensionsfondsvereine auf Gegenseitigkeit sind die Vorschriften über Versicherungsvereine auf Gegenseitigkeit entsprechend anzuwenden, soweit nichts anderes bestimmt ist;**
2. **§ 9 Absatz 2 Nummer 2 mit der Maßgabe, dass mit dem Antrag auf Erlaubnis die Pensionspläne einzureichen sind; Pensionspläne sind die im Rahmen des Geschäftsplans ausgestalteten Bedingungen zur planmäßigen Leistungserbringung im Versorgungsfall;**
3. **§ 12 Absatz 1 mit der Maßgabe, dass die Genehmigungspflicht nicht für Pensionspläne gilt; Änderungen der Pensionspläne und die Einführung neuer Pensionspläne werden erst drei Monate nach Vorlage bei der Aufsichtsbehörde wirksam, falls die Aufsichtsbehörde nicht vorher die Unbedenklichkeit feststellt;**
4. **§ 26 Absatz 1 mit der Maßgabe, dass Pensionsfonds die unternehmensinternen Risikoberichte im Sinne des § 26 Absatz 1 Satz 1 und 2, soweit diese die Berichterstattung gegenüber dem Vorstand betreffen, innerhalb eines Monats nach Vorlage beim Vorstand bei der Aufsichtsbehörde einzureichen haben; die Aufsichtsbehörde soll Pensionsfonds auf Antrag von dieser Pflicht befreien, wenn sie nachweisen, dass der geforderte Aufwand in Anbetracht der Art, des Umfangs und der Komplexität des betriebenen Geschäfts und der mit ihm verbundenen Risiken unverhältnismäßig wäre; die Freistellung ist zu widerrufen, wenn der Aufsichtsbehörde bekannt wird, dass ihre Voraussetzungen entfallen sind;**
5. **§ 134 Absatz 3 Satz 2 mit der Maßgabe, dass die Aufsichtsbehörde die Frist für Maßnahmen des Pensionsfonds um einen angemessenen Zeitraum verlängern kann; § 134 Absatz 6 Satz 1 und 2 ist entsprechend anzuwenden;**
6. **§ 140 Absatz 2 mit der Maßgabe, dass an die Stelle der Belange der Versicherten die Belange der Versorgungsanwärter und Versorgungsempfänger sowie an die Stelle der Versicherungsverhältnisse die Versorgungsverhältnisse treten und an die Stelle der Rechtsverordnung nach § 145 Absatz 2 die Rechtsverordnung nach § 240 Satz 1 Nummer 7 tritt;**
7. **§ 141 Absatz 5 Nummer 1 und 2 mit der Maßgabe, dass anstelle der Grundsätze der auf Grund des § 88 Absatz 3 erlassenen Rechtsverordnung die Grundsätze der auf Grund des § 240 Satz 1 Nummer 10 bis 12 erlassenen Rechtsverordnung eingehalten werden;**

[57] BT-Drs. 18/11 286 S. 57 zu § 37 PFAV.

8. § 142 Satz 2 mit der Maßgabe, dass der unabhängige Treuhänder zudem ausreichende Kenntnisse im Bereich der betrieblichen Altersversorgung erworben haben muss;
9. § 144 mit der Maßgabe, dass der Arbeitnehmer die dort genannten Angaben erhält;
10. § 294 Absatz 2 und 3 mit der Maßgabe, dass an die Stelle der Belange der Versicherten die Belange der Versorgungsanwärter und Versorgungsempfänger sowie an die Stelle der Versicherungsverhältnisse die Versorgungsverhältnisse treten und dass Gegenstand der rechtlichen Aufsicht auch die Einhaltung der im Bereich der betrieblichen Altersversorgung von den Einrichtungen zu beachtenden arbeits- und sozialrechtlichen Vorschriften ist, und
11. § 300 mit der Maßgabe, dass an die Stelle der Belange der Versicherten die Belange der Versorgungsanwärter und Versorgungsempfänger sowie an die Stelle der Versicherungsverhältnisse die Versorgungsverhältnisse treten.

(4) **Hängt die Höhe der Versorgungsleistungen von der Wertentwicklung eines nach Maßgabe des Pensionsplans gebildeten Investmentvermögens ab, ist für dieses Investmentvermögen entsprechend den §§ 67, 101, 120, 135, 148 und 158 des Kapitalanlagegesetzbuchs oder entsprechend § 44 des Investmentgesetzes in der bis zum 21. Juli 2013 geltenden Fassung gesondert Rechnung zu legen; § 101 Absatz 2 des Kapitalanlagegesetzbuchs oder § 44 Absatz 2 des Investmentgesetzes in der bis zum 21. Juli 2013 geltenden Fassung ist nicht anzuwenden.**

Übersicht

I. Die Generalverweisung nach Abs. 1. Die Regelungen des § 237 VAG legen die strukturellen Merkmale des Pensionsfonds fest und machen deutlich, dass der Pensionsfonds eng mit versicherungsaufsichtsrechtlichen Strukturen verbunden ist und **Kennzeichnungsmerkmale eines Versicherers** (versicherungsförmige Garantien) **mit denen einer Kapitalanlagegesellschaft** (Risiko der Leistungshöhe liegt bei den Arbeitgebern/Arbeitnehmern) **verbindet.** Diese Verbindung kommt sowohl in der möglichen Übernahme versicherungsförmiger Garantien zum Ausdruck als auch in der Möglichkeit die Höhe der Leistung oder der Beiträge offen zu halten und damit das Kapitalanlageergebnis aber auch das biometrische Ergebnis oder das Kostenergebnis dem Risiko der Arbeitgeber respektive Arbeitnehmer anheim zu stellen. Dabei werden diese Elemente nicht nur durch eine additive Zusammenfassung unter einem juristischen Dach gebündelt, sondern durch differenzierte Regelungen für die möglichen Pensionspläne ausgestaltet. 1

In § 237 Abs. 1 VAG verweist der Gesetzgeber nicht nur erneut auf die Anwendbarkeit von Regeln für die Lebensversicherungsunternehmen, soweit nicht abweichende Regelungen gelten. Zusätzlich aber unterfallen Pensionsfonds den neu in das Gesetz aufgenommenen Regelungen für kleine Versicherungsunternehmen. Es erscheint zumindest bedenklich, dass der deutsche Gesetzgeber einen Durchführungsweg der betrieblichen Altersversorgung, der in anderen Volkswirtschaften eine zentrale Rolle spielt, den Regeln für kleine Versicherungsunternehmen unterwirft. Das gilt auch im Hinblick darauf, dass es zahlreiche Pensionsfonds gibt, die die quantitativen Grenzen des § 211 Abs. 1 VAG deutlich überschreiten und es schon deshalb fraglich ist, diese deutlich erkennbar für Marktteilnehmer mit geringer wirtschaftlicher Bedeutung geschaffenen Regeln auf Pensionsfonds anzuwenden. Im Regierungsentwurf 2 des VAG 2014[1] wird als Begründung ausgeführt: „Pensionsfonds unterfallen nicht der Richtlinie. Deswegen wird nicht mehr auf die Anwendung der Vorschriften verwiesen, die allgemein für Lebensversicherungsunternehmen gelten, sondern auf die für kleine (Lebens-)Versicherungsunternehmen geltenden Vorschriften. Dadurch bleibt es grundsätzlich bei der bisherigen Regelung." Sachgerechter wäre es gewesen, für Pensionsfonds eine eigene Struktur zu entwickeln. Auch scheint dies nicht der ganze Grund für die Regelung zu sein. Vielmehr hat wohl auch für die Anwendbarkeit der Regeln für kleine Versicherungsunternehmen der Gedanke Pate gestanden, dass in vielen Fällen die Pensionsfonds für ihre versprochenen Leistungen nicht haften (§ 236 Abs. 2 VAG) und demnach die Anforderungen an die Eigenmittel nicht dem hohen Standard garantierter Leistungen zu entsprechen haben (vgl. § 238 VAG), zumal die Leistungen eines Pensionsfonds nach wie vor grundsätzlich durch die Subsidiärhaftung des Arbeitgebers nach dem BetrAVG und die Insolvenzsicherung nach dem BetrAVG mit abgesichert werden oder soweit der Arbeitgeber nicht haftet (reine Beitragszusage) das Risiko beim Arbeitnehmer liegt. Bedeutsam für die Unterstellung unter das Regime der kleinen Versicherungsunternehmen ist neben der Solvabilitätsregelung die grundsätzliche Ausnahme von der Einrichtung der vier Schlüsselfunktionen (§§ 26, 29, 30, 31 VAG). Siehe im einzelnen hierzu die Kommentierung zu § 212 Rn. 2.

3 **II. Die von der Anwendbarkeit auf Pensionsfonds nach Abs. 1 S. 2 ausgeschlossenen Vorschriften.** Die Regelung in § 237 Abs. 1 S. 2 VAG ersetzt § 113 Abs. 3 VAG a. F. ohne dass hierdurch die Übersichtlichkeit der vielfältigen Verweisungsbestimmungen im Recht der Pensionsfonds verbessert wurde. Die nicht anwendbaren Vorschriften betreffen folgende Regelungsfelder:

4 – So ergibt sich nun – abweichend von § 10 Abs. 1 S. 2 VAG – durch die Verweisung in § 237 Abs. 1 S. 2 VAG auf § 211 Abs. 1 S. 5 VAG, dass die Erlaubnis zum Geschäftsbetrieb nur für das Inland gilt.

5 – § 10 Abs. 4 VAG: Keine Erlaubnis für die Deckung zusätzlicher Risiken aus anderen Versicherungssparten, wenn diese Risiken im Zusammenhang mit dem Pensionsfondsgeschäft (Nr. 25 Anlage 1 zum VAG) stehen.

6 – § 13 Abs. 2 VAG: Keine Erleichterung bei der Übertragung eines durch eine Niederlassung oder im Dienstleistungsverkehr erworbenen Pensionsfondsbestandes bei der erforderlichen Genehmigung, da der Geschäftsbetrieb allein für das Inland zugelassen wird.

7 – § 36 Abs. 2 VAG: Keine Befreiung von der Anzeigepflicht des Abschlussprüfers an die BaFin. Der Vorstand hat demnach – unabhängig von den Befreiungsvorschriften der §§ 330 Abs. 5 i. V. m. 330 Abs. 4 HGB der Aufsichtsbehörde stets unverzüglich den vom Aufsichtsrat bestimmten Abschlussprüfer anzuzeigen; d. h. nichts anderes, als dass Pensionsfonds nicht von der Prüfungspflicht des Jahresabschlusses befreit werden können. Dieses Ergebnis entspricht auch § 341 HGB, der gemäß § 341 Abs. 4 HGB auf Pensionsfonds anzuwenden ist, wonach Pensionsfonds unabhängig von ihrer Größe, ihren Jahresabschluss und Lagebericht prüfen lassen müssen. Im Übrigen verweist auch § 141 Abs. 5 Nr. 2 2. Hs. VAG – die Bestimmung gilt gemäß § 237 Abs. 1 S. 1 i. V. m. § 212 Abs. 3 Nr. 11 VAG – auch für Pensionsfonds – auf die Anwendbarkeit des § 341k HGB.

8 – §§ 52–56 VAG: Keine Anwendung der Regel über die Verhinderung von Geldwäsche und die Terrorismusfinanzierung; hier wird wohl in der ausnahmslosen Vertragspartnerschaft von Arbeitgebern ein ausreichender Schutz vor kriminellen Geldströmen gesehen.

9 – § 125 Abs. 5 und Abs. 6 VAG: Keine Pflicht für jede Anlageart eine Abteilung des Sicherungsvermögens zu bilden (Anlagestock) soweit Pensionsfondsverträge Pensionsfondsleistungen (1) in Anteilen an einem offenen Investmentvermögen i. S. d. § 1 Abs. 4 KAGB anlegen (das Gesetz spricht hier unverständlicherweise von „Versicherungsleistungen in Anteilen an einem offenen Investmentvermögen anlegen"), (2) in von einer Investmentgesellschaft ausgegebenen Anteilen vorsehen, (3) in Vermögensgegenständen i. S. v. § 2 Abs. 4 Investmentgesetz, in der bis zum 21.7.2013 geltenden Fassung - ausgenommen Geld – vorsehen, (4) direkt an einen Aktienindex oder anderen Bezugswert binden.

Es besteht somit kein Genehmigungserfordernis im Rahmen der Bildung selbständiger Abteilung des Sicherungsvermögens. Die Bildung von Abteilungen des Sicherungsvermögens richtet sich vielmehr flexibel nach den Erfordernissen der Pensionspläne.

10 – Da Pensionsfonds Verträge mit einzelnen Arbeitgebern schließen und in diesem Verhältnis auch die Art und Weise der Vermögensanlage entsprechend dem anwendbaren Pensionsplan zu regeln ist, ist die Bestimmung, **über die Bildung eigener Abteilungen für jede Anlageart gemäß § 125 Abs. 5 VAG (§§ 125 Abs. 5 u. 6 VAG) nicht anzuwenden**. Da die Pensionsfonds nach § 239 Abs. 1 VAG unter Berücksichtigung der jeweiligen Pensionspläne Sicherungsvermögen anzulegen haben, die Pensionspläne selbst aber nicht genehmigungspflichtig sind, würde über einen Genehmigungsvorbehalt für selbständige Abteilungen des Sicherungsvermögens praktisch eine Produktaufsicht über den Umweg des Sicherungsvermögens installiert. Die Bildung selbständiger Abteilungen des Sicherungsvermögens liegt alleine im unternehmerischen Ermessen des Pensionsfonds.

11 – § 139 Abs. 3 und Abs. 4 VAG: keine Anwendbarkeit der Regeln für den Sicherungsbedarf aus den Versicherungsverträgen mit Zinsgarantie. Nach dieser Systematik müsste auch die Anwendbarkeit von

[1] BT-Drs. 18/2956, 280 - Entwurf eines Gesetzes zur Modernisierung der Finanzaufsicht über Versicherungen.

§ 139 Abs. 2 S. 3 VAG ausgeschlossen sein. Der Gesetzgeber geht hier offenbar davon aus, dass Pensionsfonds versicherungsförmig garantierte Leistungen nicht in einem nennenswerten Umfang erbringen. Das kann insbesondere wegen § 236 Abs. 1 S. 1 Nr. 4 VAG so nicht verallgemeinernd gesagt werden und es fragt sich, ob die Regeln zum Sicherungsbedarf wegen der Subsidiärhaftung des Arbeitgebers ausgeschlossen wurden.

- § 210 VAG: Für Pensionsfondsvereine aG sind die Regeln für kleinere Vereine ausgeschlossen. Die dort größenabhängig (enger Wirkungskreis) normierten Ausnahmeregelungen will der Gesetzgeber für Pensionsfonds in der Rechtform des Pensionsfonds auf Gegenseitigkeit nicht zulassen. Das Pensionsfondsgeschäft kann demnach im Rahmen der Gegenseitigkeit nur durch „große VVaG" betrieben werden – dies ist im Hinblick auf die Ressourcen-Anforderungen für Produktgestaltung und Kapitalanlagemanagement sachgerecht. 12
- § 212 Abs. 3 Nr. 5 und 6 VAG: keine Anwendbarkeit der Befreiungsregeln, die die Eingehung von nachrangigen Verbindlichkeiten oder die Gewährung von Genussrechten, die mindestens den Anforderungen an die Qualitätsklasse 2 nach § 92 Abs. 2 VAG erfüllen, nicht als Fremdmittelaufnahme ansehen (Verbot versicherungsfremder Geschäfte). 13
- An die Stelle des § 212 Abs. 3 Nr. 5 und 6 VAG treten die Regelungen in § 27 Abs. 2 und 3 PFAV. Die hinreichende Gesetzesgrundlage für diese Regelung sieht der Gesetzgeber wohl in § 240 S. 1 Nr. 9 VAG, der insoweit abweichend von § 217 S. 1 Nr. 1 und Nr. 2 VAG formuliert ist. 14
- Anders als für kleine Versicherungsunternehmen müssen die internen Leitlinien zum Risikomanagement und internen Kontrollsystem auch Vorgaben zur internen Revision enthalten (Ausschluss der Anwendbarkeit des § 121 Abs. 3 Nr. 6 VAG). 15
- §§ 213–214 VAG: **Keine Anwendbarkeit der Regelungen über die Solvabilitäts- und Mindestkapitalanforderungen für kleine Versicherungsunternehmen.** Demzufolge ist auch der Eigenmittelkatalog nach § 214 VAG nicht anwendbar (vgl. § 238 VAG). An die Stelle dieser nicht anwendbaren Regelungen tritt **§ 27 PFAV,** der bestimmt, welche Bestandteile die Eigenmittel umfassen dürfen und unter welchen Voraussetzungen die Gewährung von Genussrechten zulässig ist bzw. unter welchen Voraussetzungen nachrangige Verbindlichkeiten eingegangen werden dürfen (§ 27 Abs. 3 PFAV). Damit wird durch diese Verordnung das Verbot der Fremdmittelaufnahme in speziellen Fällen entschärft. Gesetzestechnisch ist dies nicht nur unübersichtlich, sondern auch wegen des Verordnungscharakters bedenklich (reicht die Legitimation durch § 240 S. 1 Nr. 9 VAG aus?). 16
- § 215 VAG: Da der Pensionsfonds in der **Vermögensanlage** freier als Versicherungsunternehmen sein soll, ist auch der Anlagekatalog des § 215 VAG nicht anwendbar. An seine Stelle tritt die Spezialvorschrift des § 239 VAG. 17
- § 294 Abs. 5 und 6 VAG: Von den Kernaufgaben der Aufsicht ist das aufsichtsrechtliche Überprüfungsverfahren ausgenommen und damit die Bewertung der qualitativen Anforderungen hinsichtlich der Geschäftsorganisation, die Bewertung der Unternehmensrisiken und die Bewertung der Fähigkeit des Pensionsfonds, diesen Risiken zu begegnen. Die Kompetenzregeln nach § 294 Abs. 6 S. 2 VAG werden ausgeschlossen; hier greifen die Spezialregelungen der §§ 241 ff. VAG. 18
- § 312 Abs. 4 S. 1, 3 und 4; Abs. 5 S. 2 VAG: Auch im Falle der Insolvenz gelten die Kompetenzregeln zur Zusammenarbeit in Europa und die Veröffentlichungspflichten der BaFin nicht. Dies resultiert aus den eingeschränkten Möglichkeiten eines Pensionsfonds grenzüberschreitend tätig zu sein. 19
- § 313 VAG: Ebenso entfällt die Anwendbarkeit des § 313 VAG (Unterrichtung der Gläubiger im Insolvenzfall); dies hat seinen Grund in der Insolvenzsicherung gemäß BetrAVG. 20
- Zu dem Kreis der **nicht anzuwendenden Vorschriften** gehören auch wichtige – in § 237 VAG nicht genannte – Bestimmungen. Hierzu zählt auch das Gesetz über das Aufspüren von Gewinnen aus schweren Straftaten (**Geldwäschegesetz – GwG**) in der neuen Fassung vom 23.6.2017 (Art. 1 des Gesetzes zur Umsetzung der Vierten EU-Geldwäscherichtlinie, Zur Ausführung der EU-Geldtransferverordnung und zur Neuorganisation der Zentralstelle für Finanztransaktionsuntersuchungen).[2] Nach § 2 Abs. 1 Nr. 7 GwG sind Verpflichtete nach diesem Gesetz Versicherungsunternehmen nach Art. 13 Nr. 1 Richtlinie 2009/138/EG des Europäischen Parlaments und des Rates vom 25.11.2009 betreffend die Aufnahme und Ausübung der Versicherungs- und der Rückversicherungstätigkeit,[3] soweit sie die in § 2 Abs. 1 Nr. 7 lit. a–c GwG beschriebenen Geschäfte betreiben. Pensionsfonds sind aber – ebenso wie Pensionskassen – gemäß Art. 9 Nr. 2 Richtlinie 2009/138/EG von der Anwendung dieser Richtlinie (Solvabilität II) ausgenommen; schließlich sind auch Pensionsfonds nicht dem Begriff des Versicherungsunternehmens zuzurechnen. Ebenso unterfallen nach § 2 Abs. 1 Nr. 2 KAGB[4] Einrichtungen der betrieblichen Altersversorgung auch nicht dem KAGB. 20a

III. Die Regelung des Abs. 2 VAG. 1. Anlagegrundsätze. Wenn auch für Pensionsfonds nicht die Anlageregeln nach § 215 VAG für das Sicherungsvermögen gelten, so finden dennoch die allgemeinen Anlagegrundsätze nach § 124 VAG gemäß § 237 Abs. 2 VAG Anwendung. Auf zahlreiche 21

[2] BGBl. 2017 I S. 1822 ff.
[3] ABl. 2009 L 335, 1.
[4] Kapitalanlagegesetzbuch vom 4.7.2013 (BGBl. I S. 1981).

Pensionspläne wird die Ausnahmeregelung des § 124 Abs. 2 VAG Anwendung finden, was auch ein Beleg für die Anlagefreiheit des Pensionsfonds ist. Allerdings wird der Pensionsfonds – als beaufsichtigtes Unternehmen – darauf zu achten haben, dass er die Grundsätze nach § 124 Abs. 1 Nr. 1–4 VAG gegenüber seinen Trägerunternehmen – auch wenn es sich um einen Firmenpensionsfonds handelt, der nicht am Markt tätig ist - durchsetzt. Dies gilt insbesondere für die Anlagen beim Trägerunternehmen. Darüber hinaus gilt für Pensionsfonds die spezielle Regelung des § 239 VAG. Zur Verweisung auf § 124 Abs. 1 Nr. 5–8 VAG siehe die Kommentierung bei § 239 Rn. 4.

22 **2. Interne Revision.** Für kleine Versicherungsunternehmen gelten die Regeln über die interne Revision nach § 30 VAG nicht. Das sieht der Gesetzgeber für Pensionsfonds anders. Grundsätzlich gilt § 30 VAG für Pensionsfonds, es sei denn, Pensionsfonds weisen auf Antrag nach, dass der Aufwand für eine unabhängige interne Revision in Anbetracht der Art, des Umfangs und der Komplexität des betriebenen Geschäfts und der mit ihm verbundenen Risiken unverhältnismäßig wäre. Dies ist wiederum **Ausdruck des allgemeinen Verhältnismäßigkeitsgrundsatzes** (§ 296 VAG); die Ausnahme dürfte bei kleineren Einfirmen-Pensionsfonds, die nicht am Markt tätig sind, zur Anwendung kommen. Bei Wettbewerbspensionsfonds erscheint der Verzicht auf eine interne Revision eher nicht sachgerecht. Die Freistellung ist zu widerrufen, wenn der Aufsichtsbehörde Tatsachen bekannt werden, die zum Entfallen der Voraussetzungen für die Freistellung führen.

23 **IV. Die entsprechende Anwendung von Vorschriften für kleine Versicherungsunternehmen (Abs. 3). 1. Einführung.** Der Gesetzgeber formuliert in § 237 Abs. 3 VAG, dass zahlreiche Vorschriften, die auf kleine Versicherungsunternehmen – soweit es sich um Lebensversicherungsunternehmen handelt - anzuwenden sind, mit folgender Maßgabe auf Pensionsfonds Anwendung finden. Diese Verweisungsmethode bedeutet teilweise eine eingeschränkte Anwendbarkeit der Vorschriften oder aber eine modifizierte Anwendbarkeit, die auf die Besonderheiten des Pensionsfonds Rücksicht nimmt. Nach Maßgabe könnte auch ersetzt werden durch den Begriff der „entsprechenden" Anwendung, eine Verweisungsmethode, die die einzelnen Elemente des durch die Verweisung geregelten und desjenigen Tatbestands auf dessen Rechtsfolgen verwiesen wird, miteinander so in Beziehung setzt, dass den jeweils nach ihrer Funktion, ihrer Stellung im Sinnzusammenhang des Tatbestandes gleich zu erachtenden Elementen die gleichen Rechtsfolgen zugeordnet werden.[5] Im Sinne der Methodenlehre ist die Verweisungsregelung in § 237 Abs. 3 VAG als eine Rechtsvoraussetzungs-Verweisung zu verstehen, das heißt, nur wenn die Tatbestände der in Bezug genommenen Vorschriften auch vorliegen, kommt es zur Anwendung der Regelung der für kleine Versicherungsunternehmen geltenden Regelungen.

24 **2. Die anzuwendenden Regelungen im Einzelnen. a) Überblick.** Diese „entsprechend" anzuwendenden Regelungen lassen sich in sechs Gruppen einteilen.

(1) Bestimmungen im Zusammenhang mit dem Antrag auf Erteilung der Erlaubnis zum Geschäftsbetrieb (Abs. 3 Nr. 1 bis 3 1. Hs);
(2) Pensionsplanänderungen und Einführung neuer Pensionspläne (Abs. 3 Nr. 3 2. Hs.);
(3) Geschäftsorganisation; interne Risikoberichte (Abs. 3 Nr. 4);
(4) Aufgabenstellung des Aktuars und des Treuhänders (Abs. 3 Nr. 7 und 8)
(5) Information bei betrieblicher Altersversorgung (Abs. 3 Nr. 9);
(6) laufende Beaufsichtigung des Pensionsfonds (Abs. 3 Nr. 4–6 und 10–11).

25 **b) Bestimmungen im Zusammenhang mit dem Antrag auf Erteilung der Erlaubnis zum Geschäftsbetrieb (Abs. 3 Nr. 1–3 1. Hs).** Zum Pensionsfondsbetrieb können nur Aktiengesellschaften einschließlich der Europäischen Gesellschaft und Pensionsfondsvereine auf Gegenseitigkeit zugelassen werden.[6]

26 Der Gesetzgeber hält für den Pensionsfonds aG jedenfalls grundsätzlich die Vorschriften über die Mitgliedschaft (Mitglieder sind stets die Arbeitgeber; ausgeschiedene Arbeitnehmer, die ihre Verträge mit eigenen Beiträgen fortführen sind dem Nicht-Mitgliedergeschäft zuzuordnen), die Gleichbehandlung nach § 177 VAG und die Änderung von allgemeinen Fondsbedingungen nach § 197 VAG für anwendbar. Das Nicht-Mitgliedergeschäft für Pensionsfonds auf Gegenseitigkeit ist nunmehr zugelassen; der ursprünglich vorgesehene Ausschluss des § 21 Abs. 2 VAG a. F. ist durch Art. 4 Hüttenknappschaftliches Zusatzversicherungsneuregelungsgesetz (HZvNG vom 21.6.2002)[7] aufgehoben worden. Der Ansicht von *Blomeyer,*[8] dass die Arbeitnehmer grundsätzlich Mitglied und Versicherungsnehmer des Pensionsfonds VVaG wären, kann nicht gefolgt werden. Mitglied kann nur sein, wer auch unter dem Aspekt der Beitrags- und Nachschusspflicht, also des Aufwandsdeckungsprinzips – vgl. hierzu § 179 Rn. 2 f. – herangezogen werden kann und damit Trägerunternehmen des Pensionsfonds ist. Das ist aber jeweils nur der Arbeitgeber; die Arbeitnehmer sind jeweils nur Begünstigte aus diesen Verträgen mit eigenem Rechtsanspruch.

---

[5] *Larenz/Canaris,* Methodenlehre der Rechtswissenschaft, 3. Aufl. 1995, S. 244.
[6] Zum Pensionsfonds aG: *de Groot,* Der deutsche Pensionsfonds als Instrument der betrieblichen Altersversorgung im Spannungsfeld zwischen Betriebsrenten- und Versicherungsrecht, 2010, S. 122 ff.
[7] BGBl. I 2167.
[8] *Blomeyer/Otto,* Gesetz zur Verbesserung der betrieblichen Altersversorgung, 3. Aufl. 2004, Anhang § 1 Anm. 801.

Durch § 237 Abs. 3 S. 1 VAG ist die Zulassung von „kleineren Vereinen" zum Pensionsfondsgeschäft ausgeschlossen. 27

Mit dem Antrag auf Erlaubnis sind die Pensionspläne einzureichen. Unter Bedingungen im Sinne dieser Vorschrift sind nicht nur etwa Vertrags- und Allgemeine Geschäftsbedingungen zu verstehen. Aus ihnen allein lässt sich nicht entnehmen, in welchem Umfang eine planmäßige Leistungserbringung – d. h. eine dem Pensionsplan entsprechende Leistungserbringung – im Versorgungsfall geschuldet wird. Es ist umstritten, was zum **Inhalt des Pensionsplans** zählt, was demzufolge nach § 9 Abs. 1 und Abs. 2 mit dem Antrag auf Erlaubnis der Aufsichtsbehörde vorzulegen ist.[9] Sicher beinhaltet der Pensionsplan (vgl. § 236 Rn. 19 ff.): 28

– Die allgemeinen Bestimmungen, die den AVB in der Versicherungswirtschaft vergleichbar sind.
– Diese allgemeinen Bestimmungen müssen im Hinblick auf die Freiheiten, die der Pensionsfonds hat, auch die Themen regeln, wie und in welchem Umfange der Pensionsfonds seine Freiheiten in Anspruch nimmt; das heißt, Regelungen über die technischen Grundlagen müssen ebenso wie über die Fragen der Kapitalanlagen und über die Kostenregelungen in den Pensionsplänen enthalten sein. Damit enthalten die Pensionspläne umfassend alle Regelungen, aus denen sich der unmittelbare Anspruch des Arbeitnehmers gegen den Pensionsfonds ergibt. Die Beschreibung dieses Anspruchs muss gerichtsfest sein.
– Zum Geschäftsplan im weiteren Sinne gehört auch der Pensionsfondsvertrag zu dem jeweiligen Pensionsplan, da eine eindeutige Trennung der Regelungen im Pensionsplan und im Pensionsfondsvertrag vielfach nicht möglich ist. Es empfiehlt sich daher, für jeden Pensionsplan den zugrunde liegenden Pensionsfondsvertrag seiner abstrakten Grundstruktur nach – der die konkreten Rechte und Pflichten zwischen Arbeitgeber und Pensionsfonds regelt (z. B. Nachschusspflichten) – ebenfalls mit dem übrigen Teil des Geschäftsplans der BaFin vorzulegen; schließlich gehört im weiteren Sinne der Pensionsfondsschein als Dokument über den direkt gegen den Pensionsfonds gerichteten Anspruch des Arbeitnehmers zu den Teilen des Pensionsplans hinzu (§ 236 Abs. 1 Nr. 3 VAG).

Umstritten ist, ob und inwieweit die mathematisch/tarifären-technischen Grundlagen zum Pensionsplan gehören. Wie oben unter § 236 Rn. 19 ff. gezeigt, ist hiervon auszugehen, ebenso von der Zugehörigkeit des Zinssatzes, der biometrischen Annahmen, der Kostenregelung und der Zuschläge. Offensichtlich will der Gesetzgeber die Pensionsfonds aber auf der Grundlage der deregulierten Bestimmungen wie Lebensversicherer behandeln und beim Genehmigungsverfahren keine materielle Staatsaufsicht (Genehmigung der Vertragsgrundlagen) vorsehen. Nur so kann der Verweis in § 237 Abs. 3 Nr. 2 und § 9 Abs. 1 VAG (Vorlage des Geschäftsplans) verstanden werden. Dies ergibt sich auch aus einem Vergleich mit § 219 Abs. 3 VAG, der bei Pensionskassen anordnet, dass die Geschäftsunterlagen (= Produktaufsicht) einzureichen sind, während § 237 Abs. 3 Nr. 2 VAG ausdrücklich normiert, dass die **Pensionspläne nicht der Genehmigungspflicht** des § 12 VAG unterliegen. 29

Als dereguliertes Unternehmen kann ein Pensionsfonds im Rechtsstreit mit einem Arbeitgeber/Arbeitnehmer nur die Anwendung seiner „fachlichen Grundlagen" durchsetzen, wenn er bei Vertragsschluss dafür gesorgt hat, dass diese Grundlagen Vertragsinhalt des Pensionsfondsvertrags zu dessen Anlagen der Pensionsplan zählt, geworden sind. Da sich der Leistungsumfang des Pensionsfonds allein aus dem Pensionsplan ergibt, müssen die so genannten fachlichen Unterlagen Teil des Pensionsplans im vertragsrechtlichen Sinn sein. 30

c) Pensionsplanänderung. Nach § 237 Abs. 3 Nr. 3 VAG sind Pensionsplanänderungen ebenso wie die Einführung neuer Pensionspläne nicht genehmigungspflichtig. Sie unterliegen aber einer Wartezeit von drei Monaten nach Vorlage bei der Aufsichtsbehörde bevor sie wirksam werden und damit in den Geschäftsverkehr gebracht werden dürfen. Die Aufsichtsbehörde kann vor Ablauf der Wartezeit die Unbedenklichkeit feststellen (keine Genehmigung) und damit dem Pensionsfonds die Möglichkeit geben, den Pensionsplan schon früher zu nutzen. Der Gesetzgeber wählte gleichsam als Kompromiss zwischen Produktgestaltungsfreiheit und Produktaufsicht den Weg, dass Änderungen und Einführung neuer Pensionspläne erst drei Monate nach Einreichung bei der Aufsichtsbehörde wirksam werden, sofern sich die Aufsichtsbehörde nicht zuvor geäußert hat. Damit soll gewährleistet werden, dass es nicht zur Anwendung bedenklicher Pensionspläne kommt (Aufbau eines Vertrauens in diese immer noch junge Pensionsfondsbranche) und andererseits auch nicht imageschädigende „Rückrufaktionen" bedenklicher Pensionspläne vorgenommen werden müssen. Zur Geschäftsplanänderung zählt auch die Ausweitung des Geschäftsgebietes. Für die laufende Aufsicht ist auch § 237 Abs. 3 Ziff. 11 VAG zu beachten. 31

d) Geschäftsorganisation, interne Risikoberichte. Pensionsfonds müssen über ein wirksames Risikomanagementsystem (§ 26 Abs. 1 VAG) verfügen. Die interne Berichterstattung nach § 26 Abs. 1 S. 1 und 2 VAG ist – soweit sie an den Vorstand gerichtet ist – innerhalb eines Monats der BaFin 32

[9] Zum Begriff des Pensionsplans siehe *de Groot* Der deutsche Pensionsfonds als Instrument der betrieblichen Altersversorgung im Spannungsfeld zwischen Betriebsrenten- und Versicherungsrecht, S. 42 Fn. 1.

zuzuleiten. Auch hier sieht § 237 Abs. 3 Nr. 4 2. Hs. eine dem allgemeinen Verhältnismäßigkeitsgrundsatz entsprechende Befreiungsmöglichkeit vor.

33 **e) Aufgabenstellung des Verantwortlichen Aktuars und des unabhängigen Treuhänders (Abs. 3 Nr. 7 und 8).** Die Verweisung auf § 141 Abs. 5 Nr. 1 und 2 VAG legt die dem Verantwortlichen Aktuar obliegenden Aufgaben fest. Sie entsprechen in vollem Umfang der Aufgabenstellung eines Verantwortlichen Aktuars eines Lebensversicherers:

34 – Sicherstellung der Beachtung der Grundsätze des § 141 VAG und der aufgrund § 240 Abs. 1 Nr. 10–12 VAG erlassenen Rechtsverordnung sowie des § 341 f HGB bei der Kalkulation der Beiträge und der Deckungsrückstellungen. Leider hat der Gesetzgeber die Aufgabe des Aktuars für den Pensionsfonds in § 141 Abs. 5 Nr. 1 2. Hs. VAG wiederum undifferenziert so wie für Lebensversicherungsunternehmen festgelegt. Dabei wäre es hier darauf angekommen, mehr der Frage der Deckung/Unterdeckung oder auch Einhaltung des Kapitaldeckungsgrads nach § 36 PFAV von Pensionsplänen Aufmerksamkeit zu widmen und in welcher Weise eine Unterdeckung beseitigt werden kann/muss.

35 – Bestätigungsvermerk nach § 141 Abs. 5 Nr. 2 VAG unter der Bilanz (versicherungsmathematische Bestätigung). Die Überprüfungspflicht des Aktuars hinsichtlich der jederzeitigen Gewährleistung der dauernden Erfüllbarkeit der sich aus den Versicherungsverträgen ergebenden Verpflichtungen kann sich nur auf das Pensionsfondsgeschäft mit versicherungsförmigen Garantien beziehen.

36 – Erläuterungsbericht an den Vorstand nach § 141 Abs. 5 Nr. 2 2. Hs. VAG i. V. m. § 1 PFAV.

37 – Unterrichtungspflicht gegenüber Vorstand bzw. eskalierend gegenüber der Aufsichtsbehörde nach § 141 Abs. 5 Nr. 3 VAG. Dabei ist die Verweisung auf diese Vorschrift unübersichtlich, denn zunächst regelt § 237 Abs. 3 Nr. 7 VAG, dass lediglich § 141 Abs. 5 Nr. 1 und 2 VAG mit der dort genannten Maßgabe auf Pensionsfonds Anwendung finden. Die Erweiterung der Aufgabe des Aktuars auf § 141 Abs. 5 Nr. 3 VAG hinsichtlich der Unterrichtungspflicht folgt aus der Verweisung in § 237 Abs. 1 auf die Vorschriften für kleine Versicherungsunternehmen und dort § 212 Abs. 3 Nr. VAG. Mit einer entsprechenden Verweisungskette (§ 237, § 212, § 141 Abs. 3 Nr. 5 VAG) arbeitet der Gesetzgeber auch hinsichtlich der Pflicht des Aktuars einen Angemessenheitsbericht gemäß § 2 PFAV zu erstellen. Der unabhängige Treuhänder (Prämientreuhänder) nach § 142 VAG muss zusätzlich ausreichende Kenntnisse im Bereich der betrieblichen Altersversorgung erworben haben.

38 **f) Information bei betrieblicher Altersversorgung.** Nach § 237 Abs. 3 Nr. 9 VAG gilt die Regelung über Information bei betrieblicher Altersversorgung nach § 144 VAG uneingeschränkt mit der Maßgabe, dass die jeweiligen informationspflichtigen Angaben der Arbeitnehmer erhält. Zur Kommentierung siehe im Einzelnen die Ausführungen zu § 144 VAG. Hinzu treten die Informationspflichten nach § 41 PFAV.

39 Die Angaben nach § 144 VAG betreffen den Beginn des Versorgungsverhältnisses. Das Versorgungsverhältnis beginnt zu dem Zeitpunkt, zu dem ein Arbeitnehmer Begünstigter aus einem zwischen Arbeitgeber und Pensionsfonds bestehenden Pensionsfondsvertrag wird (§ 144 Abs. 1 Nr. 1 VAG).

40 Ferner betreffen die Angaben Sachverhalte, die bei Bedarf während der Laufzeit des Versorgungsverhältnisses (§ 144 Abs. 1 Nr. 2a VAG) und solche, die jährlich – erstmals mit Beginn des Versorgungsverhältnisses – zu machen sind (§ 144 Abs. 1 Nr. 2 lit. b VAG). Schließlich nennt § 144 Abs. 1 Nr. 2 lit. c VAG Angaben, die nur auf Anfrage mitzuteilen sind.

41 Der Gesetzgeber definiert den Pensionsfonds als eigenständige rechtsfähige Einrichtung, die nicht als Versicherer anzusehen ist. Demgemäß finden grundsätzlich die Vorschriften des VVG insbesondere auch die Informationspflichten nach § 7 VVG i. V. m. mit der VVG-InfoV keine Anwendung.[10] Zu beachten ist aber zusätzlich der Auskunftsanspruch des Arbeitnehmers nach § 4a BetrAVG. Etwas anderes gilt für die Vorschriften des VVG, die solche Interessen von Lebensversicherungsnehmern schützen, die vergleichbar mit den Interessen von Begünstigten aus Lebensversicherungsverträgen sind (vgl. hierzu oben § 236 Rn. 121). Der Grund für diese differenzierte Betrachtung und den weitgehenden Ausschluss des VVG auf Pensionsfonds liegt darin, dass Pensionsfonds nur Verträge mit Arbeitgebern – also im vertrieblichen Sprachgebrauch „Firmengeschäft" (im Gegensatz zum „Privatkundengeschäft") – tätigen dürfen. Dann ist aber der Schutzgedanke des VVG insbesondere zu den Informationspflichten nicht erforderlich. Letztlich hängt die Anwendbarkeit des VVG (Bestimmungen für die Lebensversicherung und allgemeine Bestimmungen) davon ab, ob es sich bei dem zu beurteilenden Pensionsplan um eine mit einem Lebensversicherungsvertrag vergleichbare Gestaltung handelt.[11] Solche Überlegungen können dann relevant werden, wenn ein Pensionsfonds im Rahmen eines Pensionsplans planmäßig Lebensversicherungsverträge zur Rückdeckung abschließt oder einem Lebensversicherer vergleichbare Garantien selbst gibt.

42 Der Gesetzgeber hat im neu gefassten Aufsichtsrecht bewusst keine dem § 10a VAG a. F. entsprechende Regelung aufgenommen, sondern diese Sachverhalte nun im § 7 VVG und der in diesem Zusam-

[10] Looschelders/Pohlmann/*Clemens* 2010 Anhang K Rn. 50.
[11] *Blomeyer*, Gesetz zur Verbesserung der betrieblichen Altersversorgung, 3. Aufl. 2004, § 1 Anh. Rn. 803.

menhang ergangenen Verordnung für Versicherer geregelt. Dies spricht dafür, dass die Informationspflichten für Pensionsfonds abschließend im VAG (§ 144 VAG) geregelt sind. Die nach § 144 VAG bei Beginn des Versorgungsverhältnisses erforderlichen Informationen lassen sich im Pensionsfondsschein integrieren und sind damit Teil der Dokumente des Anspruchs der Arbeitnehmer.

Der **Begriff „Versorgungsverhältnis"** bezeichnet die durch einen unmittelbaren Rechtsanspruch des Arbeitnehmers unterlegte Rechtsbeziehung mit dem Pensionsfonds; das Versorgungsverhältnis kommt zustande mit der Aufnahme des Arbeitnehmers in den Pensionsplan. **43**

Angaben zur voraussichtlichen Höhe der dem Versorgungsanwärter zustehenden Leistungen (§ 144 Abs. 1 Nr. 2b VAG § 41 Abs. 1 Nr. 1 PFAV) werden anfänglich – insbesondere bei relativ geringen Beitragsleistungen – wenig Informationswert besitzen. Insbesondere ist beim beitragsbezogenen Pensionsplan mit Mindestleistung völlig offen, welche Rechnungsgrundlagen bei Eintritt des Leistungsfalles Anwendung finden. Eine verlässliche Aussage über die Rentenhöhe kann somit nicht in allen Fällen gemacht werden; auch deshalb nicht, weil die Höhe der künftigen Beiträge aufgrund der flexiblen Pensionsplangestaltungsmöglichkeiten häufig offen ist. Dies ist auch bei der Bemessung des PSV-Beitrags zu beachten. **44**

So ist es gerade beim beitragsbezogenen Pensionsplan mit Mindestleistung oder aber bei der beitragsorientierten Leistungszusage sinnvoll, eine (realistischerweise erreichbare) Bandbreite von „(Mindest-) Leistungen" und die daraus nach jeweils aktuellen Grundlagen ermittelte Rente anzugeben. Zusätzlich wäre der jeweils erwirtschaftete nicht garantierte Wert des Fondsvermögens anzugeben. Solche Informationen wären aussagefähig. **45**

Erkennbar legt der Gesetzgeber Wert auf aussagefähige Informationen, sofern der Versorgungsanwärter das Kapitalanlagerisiko trägt. Zum einen müssen die Informationen Angaben über die Anlagemöglichkeiten des Pensionsfonds und seine Anlagepolitik als auch die Struktur des Anlageportefolios des Arbeitnehmers beschreiben und das damit verbundene Risikopotential (üblicherweise werden Risikoklassen angegeben) kennzeichnen. Die Kosten der Vermögensverwaltung und sonstige mit der Anlage verbundene Kosten beziehen sich sowohl auf die beim Pensionsfonds selbst anfallenden Kapitalanlagekosten als auch auf die Kosten, die im Rahmen des Investmentmanagements und der Investmentfondsverwaltung bei den Kapitalanlagegesellschaften anfallen. Bei der Angabe der Rendite nach § 41 Abs. 1 Nr. 3 PFAV ist offen, ob es sich um die Rendite vor oder nach Kosten handelt, informativ für den Arbeitnehmer ist nur letztere. **46**

Zu den Kosten können gehören:

– Aufwendungen und Vergütungen nach der nach § 44 Abs. 1 S. 3 Nr. 4 InVG zu erstellenden Ertrags- und Aufwandsrechnung[12] bzw. nach § 101 Abs. 1 S. 3 Nr. 4 KAGB.

g) Laufende Beaufsichtigung des Pensionsfonds. Nach § 237 Abs. 1 S. 2 VAG ist das in § 294 Abs. 5 VAG geregelte aufsichtsrechtliche Überprüfungsverfahren, das eine regelmäßige Prüfung und Beurteilung der Strategien, Prozesse und Meldeverfahren, die der Einhaltung gemäß RL 2009/13/EG erlassenen Rechts- und Verwaltungsvorschriften dienen, auf Pensionsfonds nicht anzuwenden. Ebenso findet bei grenzüberschreitender Tätigkeit nicht die Aufsicht nach § 294 Abs. 6 S. 2 VAG Anwendung; hier gilt die Spezialvorschrift des § 242 VAG. Im Übrigen gelten für die laufende Aufsicht über Pensionsfonds die §§ 294 ff. VAG. Dort wo das Gesetz von den Belangen der Versicherungsnehmer spricht, werden diese durch die Belange der Versorgungsanwärter und Versorgungsempfänger ersetzt. Mit der Einführung der prinzipien-basierten Aufsicht haben sich auch die Aufsichtsregeln für Versicherer in der Weise geändert, dass spezifische Aufsichtsthemen Teil der einzelnen Spartenregeln werden und der Kern der Aufsichtsbestimmungen damit entschlackt und flexibler anwendbar wurde. Demzufolge sind mit Ausnahme der oben erwähnten Regeln die Bestimmungen über die laufende Aufsicht gem. § 294 VAG auf Pensionsfonds über § 237 Abs. 1 i. V. m. § 212 VAG anwendbar. Zur laufenden Aufsicht enthält § 237 Abs. 3 VAG noch weitere Erleichterungen und Modifizierungen: **47**

– Nr. 4: Pensionsfonds müssen die unternehmensinternen Risikoberichte i. S. d. § 26 Abs. 1 S. 1 und S. 2 VAG, soweit diese die Berichterstattung gegenüber dem Vorstand betreffen, innerhalb eines Monat nach Vorlage beim Vorstand bei der Aufsichtsbehörde einreichen. Die Aufsicht kann Pensionsfonds hiervon befreien, wenn der Aufwand hierfür unverhältnismäßig wäre; Widerruf der Befreiung ist möglich. Unklar ist hier vom Wortlaut her, ob die Befreiung sich auf die Erstellung des Risikoberichts oder lediglich auf seine Vorlage bezieht. Letztere dürfte aber in keinem Fall unverhältnismäßige Aufwendungen verursachen, so dass wohl die Erstellung des Risikoberichts selbst gemeint sein muss. **48**
– Nr. 5: Die Aufsichtsbehörde kann gegenüber Pensionsfonds flexibel reagieren („angemessener Zeitraum"), was den Zeitraum zur Wiederherstellung der Bedeckung der Solvabilitätsanforderungen anlangt. **49**
– Nr. 6: Diese Regelung hat zunächst redaktionelle Bedeutung. Sie steht aber auch mit dem Geschäftsmodell des Pensionsfonds nach § 236 Abs. 1 S. 1 Nr. 4 VAG in Zusammenhang und kommt daher **50**

[12] *Beckmann* in: Beckmann/Scholz/Vollmer, Investment-Handbuch für das gesamte Investmentwesen, Band 3, 2014, § 44 Rn. 31 ff.

zum Tragen, wenn der Pensionsfonds in der Leistungsphase garantierte Rentenleistungen erbringt (Zuführung zur Rückstellung für Beitragsrückerstattung).

51 – Nr. 10: Die Vorschrift bekräftigt, dass für Pensionsfonds grundsätzlich die Rechts- und Finanzaufsicht (ohne den Aufsichtsumfang nach § 294 Abs. 4 VAG) im Umfang für Versicherer gilt und die Rechtsaufsicht sich auch auf die von den Einrichtungen der betrieblichen Altersversorgung einzuhaltenden arbeits- und sozialrechtlichen Vorschriften erstreckt.

52 – Nr. 11: Die Aufsicht kann danach auch die Änderung bereits in Kraft befindlicher Geschäftspläne vor dem weiteren Abschluss von Pensionsfondsverträgen verlangen und dabei sogar – wenn erforderlich – die Änderung für bestehende sowie für noch nicht abgewickelte Versorgungsverhältnisse – fordern oder (als ultima ratio) die Aufhebung des Geschäftsplans anordnen. Was zum Geschäftsplan zählt ergibt sich aus § 9 Abs. 2 und Abs. 3 VAG (vgl. oben Rn. 28).

53 Mit den Produktgestaltungsmöglichkeiten des Pensionsfonds erhalten finanzmathematische Modelle für die Kapitalanlagesteuerung[13] eine ganz besondere Bedeutung. In diesem Zusammenhang kommt der Konkretisierung des Aufsichtsrechts über Pensionsfonds im Rahmen von Verordnungen eine entscheidende Bedeutung zu. Bislang waren die Regelungen in verschiedenen Verordnungen – Pensionsfondskapitalausstattungsverordnung, Pensionsfondsdeckungsrückstellungsverordnung, Rechnungslegungsverordnung für Pensionsfonds und der Pensionsfondskapitalanlageverordnung sowie der Berichtsverordnung für Pensionsfonds - an vielfältigen Stellen geregelt.

54 Nunmehr hat der Verordnungsgeber die Regelungen für den Pensionsfonds in der PFAV[14] gebündelt. Diese Verordnung enthält nunmehr in sechs verschiedenen Kapiteln die wesentlichen Ausformungen für die Aufsicht über Pensionsfonds. In Kapitel 1 (§§ 1-3) werden die erforderlichen Berichte des verantwortlichen Aktuars geregelt, in Kapitel 2 die vom Pensionsfonds gegenüber der Aufsichtsbehörde abzugebenden Berichte (§§ 4-12). In Kapitel 3 finden sich Regeln zur Ermittlung der Überschüsse und für die Überschussbeteiligung (§§ 13 bis 15), die Mindestzuführung zur Rückstellung für Beitragsrückerstattung und die Reduzierung der Mindestzuführung zu Rückstellung für Beitragsrückerstattung. In Kapitel 4 sind die Anlagegrundsätze und Anlageformen sowie die Konkurrenzregelung beheimatet (§§ 16–20), in Kapitel 5 (§§ 21–24) finden sich nunmehr die Regelungen über die Deckungsrückstellung für Pensionspläne mit und ohne versicherungsförmige Garantie und in Kapitel 6 wurden die inhaltlichen Voraussetzungen für die finanzielle Ausstattung von Pensionsfonds festgelegt (§§ 25–29). Ergänzt wird diese Verordnung durch drei Anlagen, wobei insbesondere auf die Formblätter und Nachweisungen (Anlage 2) hingewiesen wird. Kapitel 7 regelt Schlussvorschriften und Übergangsregelungen (§§ 29–30).

55 Daneben bleibt die RechPensV[15] in Kraft, denn diese beruht nicht auf dem VAG sondern auf § 330 Abs. 5 i. V. m. Abs. 3 und 4 HGB.

56 **V. Zur Rechnungslegung. 1. Allgemeines.** Nach § 330 Abs. 5 HGB gelten die Vorschriften in § 330 Abs. 3 und 4 HGB für Versicherer auch für Pensionsfonds. Demnach können nach Absatz 1 im Wege einer Rechtsverordnung die Formblätter für den Jahresabschluss und andere Gliederungsvorschriften für den Konzernabschluss erlassen werden und aus Verhältnismäßigkeitsgründen sind Befreiungen von den Vorschriften der §§ 341–341p HGB im Rahmen einer Rechtsverordnung möglich.

57 **2. Besonderheiten nach Abs. 4.** Die Regelung setzt Art. 11 Abs. 2a der RL 2003/41[16] um und gilt, wenn die Höhe der Versorgungsleistungen von der Wertentwicklung eines nach Maßgabe des Pensionsplans gebildeten Investmentvermögens abhängt.

Es ist dann für dieses Investmentvermögen gesondert Rechnung zu legen; die Vorschrift erweitert die Informationspflichten nach § 144 VAG (vgl. § 144 Abs. 1 Nr. 2 lit. c aa VAG).

Es gelten:

– § 67 KAGB: Jahresbericht für EU-AIF und ausländische AIF;
– § 101 KAGB: Jahresbericht für jedes OGAW-Sondervermögen und AIF-Sondervermögen mit Ausnahme der Angaben nach Abs. 2;
– § 120 KAGB: Jahresabschluss und Lagebericht einer Investmentaktiengesellschaft mit veränderlichem Kapital;
– § 135 KAGB: Jahresbericht für offene Investmentkommanditgesellschaften;
– § 148 KAGB: Jahresabschluss und Lagebericht einer Investmentgesellschaft mit fixem Kapital;
– § 158 KAGB: Jahresbericht für eine geschlossene Investmentkommanditgesellschaft;
– § 44 InvG: Jahresbericht für jedes Sondervermögen.

[13] *Albrecht/Maurer,* Investment-Risikomanagement, 2002, S. 201 ff.
[14] BGBl. 2016 I v. 21.4.2016 S. 842 i. d. F. der Zweiten Verordnung zur Änderung von Verordnungen nach dem Versicherungsaufsichtsgesetz vom 19.7.2017 (BGBl. I S. 3023) Art. 6 (S. 3024).
[15] Vom 25.2.2003 i. d. F. vom 17.7.2015 (BGBl. l 1245).
[16] ABl. 2003 L 235, 10.

Finanzielle Ausstattung

238 [1]**Pensionsfonds haben stets über Eigenmittel mindestens in Höhe der geforderten Solvabilitätskapitalanforderung zu verfügen, die sich nach dem gesamten Geschäftsumfang bemisst.** [2]**Ein Drittel der Solvabilitätskapitalanforderung gilt als Mindestkapitalanforderung.**

I. Bedeutung der Vorschrift über die finanzielle Ausstattung für die Pensionsfonds. Die Vorschrift hat ihren europarechtlichen Hintergrund in Art. 17 RL 2003/41/EG. Der Richtliniengeber hat insbesondere in Abs. 3 den Herkunftsmitgliedstaaten die Aufgabe zugewiesen, selbst, eigenverantwortlich über die erforderlichen aufsichtsrechtlichen Eigenmittel zu entscheiden. Die Vorschrift ersetzt § 114 Abs. 1 VAG a. F. (weitgehend) inhaltsgleich. 1

Die Definition des Pensionsfonds und des Pensionsfondsgeschäfts findet sich in § 236 VAG. Die Regelungen des § 237 VAG bringt die Verknüpfung der für die Pensionsfonds anwendbaren Vorschriften mit Teilen der Rahmenbedingungen für Lebensversicherer, soweit sie passen. Soweit eine Unverträglichkeit der Reglungen vorliegt, hat der Gesetzgeber die Nicht-Anwendbarkeit der Vorschriften für Lebensversicherer festgelegt (§ 237 Abs. 1 S. 2 VAG). In diesem Bereich arbeitet der Gesetzgeber mit einer Fülle von Verweisungen. Dabei ist zunächst zu berücksichtigen, dass der Pensionsfonds nicht Teil der europäischen Harmonisierungsrichtlinie ist. Er unterfällt damit auch nicht den Solvabilität II-Regeln; damit gelang es, sowohl der Subsidiärhaftung des Arbeitgebers nach § 1 Abs. 1 S. 3 BetrAVG als auch der Insolvenzsicherungspflicht der Ansprüche gegen Pensionsfonds nach § 7 Abs. 1 S. 2 Nr. 2 BetrAVG Rechnung zu tragen. Im Gesetzestext ist zu Recht die Formulierung „zur Sicherstellung der dauernden Erfüllbarkeit der Verträge" weggefallen, weil diese Tatbestandsvoraussetzungen nicht dem Geschäftsmodell des Pensionsfonds entsprechen. 2

Die Bestimmung des § 238 VAG ist nach den Verweisungsregelungen des § 237 VAG somit die erste Vorschrift, die in Ausformung des in § 236 VAG beschriebenen Geschäftsmodells der Pensionsfonds eine eigenständige spezifische Regelung für Pensionsfonds enthält. Allerdings handelt es sich hierbei in § 238 VAG um einen recht vagen Programmsatz, der nunmehr durch die PFAV und dort durch die Regelungen in §§ 25–29 ausgefüllt wird. Die Regelung in § 25 PFAV knüpft an die Solva I-Regelungen der bisherigen Bestimmungen für Lebensversicherer an und geht grundsätzlich bei Pensionsplänen, bei denen der Pensionsfonds ein Kapitalanlagerisiko trägt, von einer Solvabilitätskapitalanforderung von 4 % der Deckungsrückstellung und der um die Kostenanteile verminderten Beitragsüberträge aus. Hinzu tritt (§ 25 Abs. 1 Nr. 2) eine Solvabilitätskapitalanforderung in Höhe von 1 % der Deckungsrückstellung, wenn der Pensionsfonds kein Kapitalanlagerisiko trägt und der im Beitrag eingerechnete Verwaltungskostenzuschlag für einen Zeitraum von mehr als fünf Jahren festgelegt wird. In diesem Fall sind auch die Beitragsüberträge, allerdings vermindert um die darin enthaltenen Kostenanteile mit 1 % Solvabilitätskapitalanforderung zu belegen. Wird der im Beitrag eingerechnete Verwaltungskostenzuschlag nicht für einen Zeitraum von höchstens fünf Jahren festgelegt, reduziert sich die Solvabilitätskapitalanforderung auf 25 % der Netto-Verwaltungsaufwendungen im letzten Geschäftsjahr, die solchen Verträgen zurechenbar sind, bei denen der Pensionsfonds kein Kapitalanlagerisiko übernimmt. Trägt der Pensionsfonds ein Risiko im Sinne des Absatzes 3 selbst, so sind 0,3 % des Risikokapitals im Sinne der Kapitalausstattungsverordnung als Solvabilitätskapitalanforderung vorzusehen. Die Verordnung enthält an dieser Stelle spezielle Regeln für die Berechnung. Im Übrigen definiert § 25 die Voraussetzungen, die vorliegen müssen, wenn der Pensionsfonds ein Risiko selbst trägt. 3

Im Falle der Rückdeckung von Risiken enthält § 25 Abs. 4 Regelungen inwieweit sich die Solvabilitätskapitalanforderung hierdurch reduziert (S. 2).

Die Mindestkapitalanforderung und der Mindestbetrag der Mindestkapitalanforderung ist in § 26 PFAV geregelt und beträgt 3 Mio. EUR. Für Pensionsfondsvereine auf Gegenseitigkeit ermäßigt sich der Mindestbetrag der Mindestkapitalanforderung um ein Viertel. Dabei ist jeweils davon auszugehen, dass die dort genannten Prozentsätze den Umfang der Verminderung angeben (die „die sich durch Zukauf von Versicherungsschutz ergebende Verminderung der Solvabilitätskapitalanforderung ist … auf 15 % und im Falle … auf 50 % … begrenzt").

II. Die Solvabilitätskapitalanforderungen nach §§ 25, 26 PFAV. Der Gesetzgeber hat – gestützt auf § 240 S. 1 Nr. 9 VAG – im Rahmen der Pensionsfonds-Aufsichtsverordnung Regeln für die Solvabilitätskapitalanforderung für Pensionsfonds erlassen. Die Regelungen in den §§ 25 ff. PFAV knüpfen das jeweils notwendige Eigenkapitalerfordernis an das vom Pensionsfonds praktizierte Geschäftsmodell: 4

- Die Regelung in § 25 Abs. 1 S. 1 Nr. 1 PFAV findet in den Fällen des § 236 Abs. 1 S. 1 Nr. 2 (soweit der Pensionsfonds eine Garantie trägt) und in den Fällen des § 236 Abs. 1 S. 1 Nr. 4 VAG Anwendung. In diesen Fällen übernimmt der Pensionsfonds in der Regel das Kapitalanlage-, das biometrische und das Kosten-Risiko.
- Die Regelung nach § 25 Abs. 1 S. 1 Nr. 2 VAG findet in aller Regel auf die Pensionsplangestaltung in der Anwartschaftsphase und auf das in § 236 Abs. 2 VAG normierte Geschäftsmodell der nicht

garantierten Rentenleistung Anwendung. Hier trägt der Pensionsfonds das Kostenrisiko länger als fünf Jahre.

- Übernimmt der Pensionsfonds kein Kapitalanlagerisiko und schreibt die Verwaltungskosten für maximal fünf Jahre fest, kommt § 25 Abs. 1 S. 1 Nr. 3 VAG zur Anwendung.
- Für übernommene biometrische Risiken (selbstgetragenes Risiko) kommt § 25 Abs. 1 S. 1 Nr. 4 VAG zur Anwendung, wobei zur Berechnung des Risikokapitals auf die KapAusstV verwiesen wird (Abs. 3). Durch Zukauf kann der Solvabilitätsbedarf nach Nr. 1 und 2 auf 15 % und derjenige nach Nr. 4 auf 50 % der ohne Berücksichtigung des Zukaufs geforderten Solvabilitätsanforderung begrenzt werden.

In Abs. 4 findet sich sowohl für das Kapitalanlagerisiko als auch für andere Risiken die Definition, wann davon auszugehen ist, dass der Pensionsfonds das Risiko selbst trägt.

5 In § 26 PFAV finden sich die Bestimmungen zur Mindestkapitalanforderung und den Mindestbetrag der Mindestkapitalanforderung. Für Pensionsfondsvereine auf Gegenseitigkeit ermäßigt sich der Mindestbetrag der Mindestkapitalanforderung um ein Viertel, also um 750.000 EUR auf 2.250.000 EUR.

6 Der Begriff der Solvabilitätskapitalanforderung hat den Begriff der Solvabilitätsspanne ersetzt. Dies ist zutreffend, da in der Vergangenheit irrtümlich der Begriff der Spanne als ein Zielkorridor aufgefasst wurde, währenddem es sich bei der Solvabilitätskapitalanforderung um eine feste betragsmäßige Größe handelt.

7 **III. Stellt die PFAV eine ausreichende Umsetzung des § 238 VAG dar?** Die Herausnahme des Pensionsfonds aus den Regelungen zum Solvency II-Regime ist grundsätzlich gerechtfertigt, da der Pensionsfonds gegenüber Arbeitnehmern und Arbeitgebern ganz überwiegend kein Kapitalanlagerisiko übernimmt. Auch im Übrigen sind die Pensionsfonds bestrebt, selbst möglichst wenig Risiko zu tragen.

Darüber hinaus greift im Falle einer Insolvenz eines Pensionsfonds grundsätzlich die Subsidiärhaftung des Arbeitgebers nach § 1 Abs. 1 S. 3 BetrAVG und im Falle der Insolvenz des Arbeitgebers das Insolvenzsicherungs-system des PSVaG (Ausnahme: reine Beitragszusage).

8 Gleichwohl bleibt zu fragen, ob die Bestimmungen des § 25 PFAV der gesetzlichen Bestimmung des § 238 VAG gerecht wird, wonach die Pensionsfonds über Eigenmittel in Höhe der geforderten Solvabilitätsanforderung verfügen müssen, die sich nach dem **gesamten Geschäftsmodell** bemisst.

9 Die Risiken eines Pensionsfonds sind aber in § 25 Abs. 1 S. 1 Nr. 1–4 PFAV keineswegs umfassend nach dem Geschäftsmodell erfasst. Hinzu treten

- Veruntreuungsrisiken;
- Schadenersatzforderungen wegen der Verletzung von Kapitalanlagerichtlinien;
- schuldhaft fehlerhaftes Verhalten beim Risikomanagement;
- Haftung wegen Systemfehler der Verwaltung (z. B. bei der unterschiedlichen steuerrechtlichen und sozialversicherungsrechtlichen Erfassung von Beiträgen);
- Prozessrisiken wegen nicht klar gefasster Pensionspläne (z. B. Garantieausschluss u. ä.);
- Haftung aus Beratungsrisiken;
- Reputationsrisiken u. a.

10 Es ist daher zweifelhaft, ob das Risiko eines Pensionsfonds, der kein Kapitalanlagerisiko übernimmt und die Verwaltungskosten nicht länger als fünf Jahre festschreibt, hinreichend mit Leistung der Mindestkapitalanforderung und darüber hinaus dem nach § 25 Abs. 1 S. 1 Nr. 3 PFAV erforderlichen Betrag abgebildet wird, wenn er z. B. über eine Bilanzsumme von 10 Mrd. € verfügt. Entsprechende Überlegungen gelten für die anderen in § 25 Abs. 1 PFAV abgebildeten Geschäftsmodelle.

11 Ob und in welchem Umfang der Pensionsfonds durch allgemeine Geschäftsbedingungen seine Risiken aus den vorgenannten Tatbeständen durch Vereinbarung mit den Arbeitgebern begrenzen kann, ist wohl aufsichtsrechtlich noch nicht abschließend geklärt. Eine andere Frage ist es, ob solche Bestimmungen am Markt im Pensionsfondsgeschäft durchsetzbar sind und auf welche Weise eine solche Haftungsbegrenzung auch gegenüber den Arbeitnehmern wirksam erreicht werden kann. Dagegen spricht, dass man zwingendes Aufsichtsrecht nicht mit allgemeinen Geschäftsbedingungen abbedingen kann. Eine vertragliche Begrenzung einer Schadenersatzpflicht erscheint im Hinblick auf Folgeschäden (mittelbare Schäden) denkbar, weil der Schutz der Belange der Versorgungsanwärter und –empfänger sich auf den unmittelbaren Versorgungsanspruch erstreckt.

12 **IV. Der Katalog der zulässigen Eigenmittel und Sonstiges.** § 27 der PFAV enthält den Katalog der zulässigen Eigenmittel. Danach dürfen auch Genussrechte begeben werden und nachrangige Verbindlichkeiten eingegangen werden (Abs. 1 Nr. 5 und Nr. 6). Die in § 27 Abs. 1 Nr. 7 PFAV erwähnte Anerkennung der Rückstellung für Beitragsrückerstattung, sofern sie zur Deckung von Verlusten verwendet werden darf und soweit sie nicht auf festgelegte Überschussanteile entfällt" wird nur eine geringe Bedeutung entfalten, da Pensionsfonds von ihrem Charakter her in großem Stil nicht versicherungsförmig garantierte Pensionspläne betreiben.

13 Gemäß § 28 Abs. 1 PFAV hat der Pensionsfonds jährlich einen Solvabilitätsnachweis gegenüber der Aufsichtsbehörde zu führen.

Vermögensanlage

239 (1) [1]**Pensionsfonds haben unter Berücksichtigung der jeweiligen Pensionspläne Sicherungsvermögen zu bilden. [2]Sie haben dafür zu sorgen, dass die Bestände der Sicherungsvermögen in einer der Art und Dauer der zu erbringenden Altersversorgung entsprechenden Weise unter Berücksichtigung der Festlegungen des jeweiligen Pensionsplans angelegt werden.**

(2) [1]**Die Pensionsfonds sind verpflichtet, jährlich, nach einer wesentlichen Änderung der Anlagepolitik zudem unverzüglich, ihre Anlagepolitik gegenüber der Aufsichtsbehörde darzulegen. [2]Hierzu haben sie eine Erklärung über die Grundsätze der Anlagepolitik zu übersenden, die Angaben über das Verfahren zur Risikobewertung und zur Risikosteuerung sowie zur Strategie in Bezug auf den jeweiligen Pensionsplan, insbesondere die Aufteilung der Vermögenswerte je nach Art und Dauer der Altersversorgungsleistungen, enthält.**

(3) [1]**Die dauernde Erfüllbarkeit eines Pensionsplans kann auch bei einer vorübergehenden Unterdeckung als gewährleistet angesehen werden, wenn die Unterdeckung 5 Prozent des Betrags der versicherungstechnischen Rückstellungen im Sinne der §§ 341e bis 341h des Handelsgesetzbuchs nicht übersteigt und die Belange der Versorgungsanwärter und Versorgungsempfänger gewahrt sind. [2]In diesem Fall ist ein zwischen Arbeitgeber und Pensionsfonds vereinbarter Plan zur Wiederherstellung der Bedeckung des Sicherungsvermögens (Bedeckungsplan) erforderlich, der der Genehmigung der Aufsichtsbehörde bedarf. [3]Der Plan muss folgende Bedingungen erfüllen:**

1. aus dem Plan muss hervorgehen, wie die zur vollständigen Bedeckung der versicherungstechnischen Rückstellungen im Sinne der §§ 341e bis 341h des Handelsgesetzbuchs erforderliche Höhe der Vermögenswerte innerhalb eines angemessenen Zeitraums erreicht werden soll; der Zeitraum darf drei Jahre nicht überschreiten, und

2. bei der Erstellung des Plans ist die besondere Situation des Pensionsfonds zu berücksichtigen, insbesondere die Struktur seiner Aktiva und Passiva, sein Risikoprofil, sein Liquiditätsplan, das Altersprofil der Versorgungsberechtigten sowie gegebenenfalls die Tatsache, dass es sich um ein neu geschaffenes System handelt.

[4]**Die Genehmigung ist zu erteilen, wenn durch den Arbeitgeber die Erfüllung der Nachschusspflicht zur vollständigen Bedeckung der versicherungstechnischen Rückstellungen im Sinne der §§ 341e bis 341h des Handelsgesetzbuchs durch Bürgschaft oder Garantie eines geeigneten Kreditinstituts oder in anderer geeigneter Weise sichergestellt ist. [5]Der Pensionsfonds hat dem Pensionssicherungsverein die Vereinbarung unverzüglich zur Kenntnis zu geben.**

(4) [1]**Für Pensionspläne nach § 236 Absatz 2 ist Absatz 3 mit der Maßgabe anzuwenden, dass die Unterdeckung 10 Prozent des Betrags der versicherungstechnischen Rückstellungen im Sinne der §§ 341e bis 341h des Handelsgesetzbuchs nicht übersteigt. [2]Die Frist, bis zu der die vollständige Bedeckung wieder erreicht werden muss, kann von der Aufsichtsbehörde verlängert werden; sie darf insgesamt zehn Jahre nicht überschreiten.**

Übersicht

I. Die Generalklausel des Abs. 1. 1. Einführung. Die Vorschrift entspricht weitgehend § 115 VAG a. F. § 115 Abs. 4 VAG a. F. (Informationen über Beachtung ethischer und anderer Belange bei der Vermögensanlage) ist weggefallen; die Informationspflicht über ethische, soziale und ökologische Belange bei der Vermögensanlage ergibt sich nun aus § 144 Abs. 1 Nr. 1 lit. e VAG. 1

2 **2. Die Pflicht zur Bildung von Sicherungsvermögen.** Pensionsfonds haben unter Berücksichtigung der Pensionspläne Sicherungsvermögen zu bilden. Nach § 237 Abs. 1 S. 1 i. V. m. § 212 Abs. 2 S. 1 Nr. 5 VAG gilt § 125 Abs. 1 S. 1 VAG auch für Pensionsfonds. Mit diesem Sicherungsvermögen werden die pensionsfonds-technischen Verbindlichkeiten bedeckt. § 237 Abs. 2 S. 1 VAG verweist ausdrücklich auf § 124 Abs. 1 VAG. Damit gelten die allgemeinen Anlagegrundsätze, die das Gesetz für Versicherer normiert hat, auch für Pensionsfonds:

– Risikokompetenz (§ 124 Abs. 1 Nr. 1 VAG);
– qualitative Eigenschaften der Vermögensanlage insgesamt (§ 124 Abs. 1 Nr. 2 VAG). Damit kehrt der Gesetzgeber ab vom Grundsatz, dass die qualitativen Eigenschaften für jede einzelne Vermögensanlage („als Ganzes") nachzuweisen ist;
– die Belegenheit der Vermögensanlage muss ihre Verfügbarkeit gewährleisten (§ 124 Abs. 1 Nr. 2 2. Hs. VAG);
– angemessene Laufzeitkongruenz (§ 124 Abs. 1 Nr. 3 VAG);
– Vorrang der Interessen der Begünstigten bei Interessenkonflikten (§ 124 Abs. 1 Nr. 4 VAG);

3 Nach dem Wortlaut des § 237 Abs. 2 VAG gelten auch die nachstehenden Regelungen für die Anlage von Pensionsfonds entsprechend:

– Zulässigkeit und Grenze von derivativen Finanzinstrumenten (§ 124 Abs. 1 Nr. 5 VAG);
– beschränkt zulässige Anlagen des nicht geregelten Marktes (§ 124 Abs. 1 Nr. 6 VAG);
– Grundsatz der Mischung und Streuung (§ 124 Abs. 1 Nr. 7 VAG) und
– Vermeidung übermäßigen Adressenrisikos (§ 124 Abs. 1 Nr. 8 VAG).

4 Die durch § 237 Abs. 2 VAG (und § 16 Abs. 1 PFAV) uneingeschränkte Verweisung auf § 124 Abs. 1 VAG erscheint nicht angemessen, denn das Pensionsfondsgeschäft ist gerade dadurch gekennzeichnet, dass in vielen Fällen die Arbeitgeber und Arbeitnehmer das Anlagerisiko tragen. Wenn schon nach § 124 Abs. 2 VAG Lebensversicherungsverträge, bei denen das Anlagerisiko vom Versicherungsnehmer getragen wird, von der Anwendbarkeit des Absatzes 1 Nr. 5–8 ausgeschlossen sind, müsste dies auch entsprechend sinngemäß für Pensionsfonds gelten. Die Anwendbarkeit von § 124 Abs. 1 Nr. 5–8 VAG könnte bestenfalls in Betracht zu ziehen sein für zinsgarantierte Leistungsversprechen von Pensionsfonds. Obwohl der Gesetzgeber gerade beim Pensionsfonds davon ausgeht, dass häufig das Kapitalanlagerisiko beim Arbeitgeber/Arbeitnehmer verbleibt, nimmt § 237 Abs. 2 nicht auf § 124 Abs. 2 Bezug; das scheint ein redaktioneller Fehler zu sein.

5 **3. Das Spannungsverhältnis von Abs. 1 und § 124 Abs. 1 VAG.** Generell ist zu sagen, dass sich von Wortlaut und Intention her § 124 Abs. 1 S. 1 VAG und § 239 Abs. 1 VAG widersprechen. Während § 124 VAG den Grundsatz der unternehmerischen Vorsicht in den Vordergrund stellt und die Einhaltung der nachfolgenden Regeln Nr. 1-8 fordert, spricht § 239 Abs. 1 VAG davon, dass Pensionsfonds dafür zu sorgen haben, dass die Bestände des Sicherungsvermögens (Plural: dies zeigt, dass mehrere Sicherungsvermögen zulässig sind) unter Bezug auf die jeweiligen Pensionspläne angemessen (entsprechenderweise unter „Berücksichtigung der Festlegungen des jeweiligen Pensionsplans") angelegt werden. Das lässt sehr viel mehr Flexibilität als § 124 Abs. 1 VAG zu und entspricht eher dem Pensionsfondsgedanken.

6 Die flexible Regelung in § 239 Abs. 1 VAG passt nicht zur strikten Regelung in § 237 Abs. 2 VAG i. V. m. § 124 Abs. 1 VAG, wenn auch die Anlageziele nach 124 Abs. 1 Nr. 2 VAG eine differenzierte Anwendung für Erstversicherer und Pensionsfonds vom Wortlaut her zulassen, da auf das (ergänze „jeweilige") Portfolio als Ganzes abgestellt wird. In diesem Zusammenhang relativiert sich die inhaltliche Bedeutung der Anlageziele nach § 124 Abs. 1 Nr. 2 VAG je nach Portfolio eines Erstversicherers oder des Pensionsplans eines Pensionsfonds.

7 Allerdings – und dies muss bei aller Flexibilität betont werden – ist der Pensionsfonds eine beaufsichtigte Einrichtung der betrieblichen Altersversorgung und deshalb hat Flexibilität auch ihre Grenzen, wie auch an § 239 Abs. 3 und 4 VAG deutlich wird. Schwankungen der Kapitalmärkte wird Rechnung getragen, Turbulenzen sind aber – soweit prospektiv möglich – zu vermeiden (Risikomanagement). Das Geschäftsmodell nach § 236 Abs. 2 VAG erlaubt nur interessewahrendes Management (Arbeitgeber-/Arbeitnehmerinteressen) und nicht spekulative Ertragsmaximierungsstrategien.

8 Geht man von dem Gedanken aus, dass die Anlagestruktur des Sicherungsvermögens zur Pensionsplanstruktur passen muss, so ist das eine sachgerechte Konsequenz, da der Gesetzgeber verlangt, dass die Bestände des Sicherungsvermögens in einer Art und Dauer der zu erbringenden Altersversorgung entsprechenden Weise unter Berücksichtigung der Festlegung des jeweiligen Pensionsplans erfolgen muss. (§ 239 Abs. 1 S. 2 VAG). Dies geschieht, wenn bei der Vermögensanlage Art und Dauer der zu erbringenden Altersversorgungsleistung ebenso berücksichtigt wird wie sie die Festlegung des jeweiligen Pensionsplans enthält. Die Risikoprofile der Begünstigten und die Risikoprofile der Sicherungsvermögen sind nach den Möglichkeiten des Kapitalmarktes anzugleichen (Risiko-Matching).

9 Damit rückt der Pensionsplan ins Zentrum der Betrachtung. Seine Regelungen bestimmen die Vermögensanlage. Allerdings dürfen diese Rahmenbedingungen nicht die Grundsätze der Sicherheit

und Rentabilität beseitigen. Der Pensionsfonds trägt letztlich die Verantwortung für ein den Festlegungen im Pensionsfondsvertrag und Pensionsplan entsprechendes Anlagemanagement auch wenn er keine Leistung garantiert.

II. Die Funktionen des Sicherungsvermögens. Mit Sicherungsvermögen müssen bedeckt werden: 10

– die Beitragsüberträge,
– die Deckungsrückstellung,
– die Rückstellung für noch nicht abgewickelte Versorgungsfälle,
– die Rückstellung für erfolgsunabhängige Beitragsrückerstattung,
– die festgelegten aber noch nicht zugeteilten Teile der Rückstellung für erfolgsabhängige Beitragsrückerstattung,
– die Verbindlichkeiten aus dem selbst abgeschlossenen Geschäft gegenüber Versorgungsempfängern und
– vorausgezahlte Beiträge.

Die Möglichkeit, mehrere Sicherungsvermögen zu bilden, hängt mit der Freiheit der Produktgestaltung zusammen. Entsprechend der Produktstruktur/Pensionsplänen sind zumindest folgende Sicherungsvermögen denkbar: 11

(1) bei denen der Pensionsfonds die Risiken der Kapitalanlage, der Biometrie und der Kosten trägt;
(2) bei denen der Pensionsfonds die Risiken der Biometrie und der Kosten trägt;
(3) bei denen der Pensionsfonds das Risiko der Biometrie trägt;
(4) bei denen der Pensionsfonds durch Zukauf seine (biometrische) Risikoposition minimiert;
(5) bei denen der Pensionsfonds für maximal fünf Jahre das Kostenrisiko trägt;
(6) bei denen der Pensionsfonds nach § 24 Abs. 1 S. 2 oder Abs. 2 S. 1 PFAV den Rechnungszins vorsichtig wählt;
(7) bei denen der Pensionsfonds keinerlei Risiko trägt (z. B. Nettotarife);
(8) daneben sind Pensionspläne denkbar, in denen die Vertragsparteien eine bestimmte asset allocation vereinbaren (z. B. auch mathematisch gesteuerte Anlagemodelle) mit denen sie – nach der Empirie – einen besonderen Anlageerfolg erwarten.

Die Kombination unter den Pensionsplanmodellen ist natürlich möglich.

Der Terminus „als Ganzes" in § 124 Abs. 1 Nr. 2 VAG lässt sich sprachlich wie folgt verstehen: Das Sicherungsvermögen ist in einer Art und Dauer der zu erbringenden Altersversorgung in einer entsprechenden Art und Weise (= erster Maßstab) unter Berücksichtigung der Festlegung des jeweiligen Pensionsplans (= zweiter Maßstab) so anzulegen, dass die in § 239 Abs. 1 S. 2 VAG genannten Ziele erreicht werden. Dann bedeutet „als Ganzes", das stets in einem Pensionsplan die hier beschriebenen beiden Maßstäbe so miteinander verbunden werden müssen, dass „als Ganzes" Sicherheit und Rentabilität erreicht werden. Ein Nachweis dieser Qualitätsmerkmale für jede einzelne Anlage ist damit weggefallen. 12

Diese Interpretation scheint der Struktur der Pensionspläne mit ihren unterschiedlichen Ausprägungen zu entsprechen. Damit wird berücksichtigt, ob es sich um einen Pensionsplan handelt, bei dem der Pensionsfonds im Verhältnis zum Arbeitgeber Risiken übernimmt oder ob ein Pensionsplan mit Nachschusspflicht des Arbeitgebers während der gesamten Leistungsphase vorliegt oder aber ob die Leistung des Pensionsfonds allein nach dem vorsichtig angesetzten Zeitwert der Vermögensanlagen (§ 341d HGB) bestimmt werden. Je nach dem Leistungsinhalt des einzelnen Pensionsplans ist eine Vermögensanlagepolitik zu betreiben, die gewährleistet, dass „Sicherheit, Qualität, Liquidität und Rentabilität des Portfolios als Ganzes sichergestellt werden". Damit rückt der Gesetzgeber von der Regelung in R 29/2002 ab, dass Sicherheit für jede einzelne Vermögensanlage gewährleistet sein muss. Diese Modifizierung der Qualitätsanforderung an die Kapitalanlage insgesamt entspricht einerseits der Anlagenvielfalt und geringen quantitativen Beschränkungen der Kapitalanlagemöglichkeiten des Pensionsfonds, gleichzeitig wird hiermit eine Öffnung für die Anwendung quantitativer finanzwirtschaftlicher Steuerungsmodelle[1] geschaffen. Die Steuerung der Erträge und Bereitstellung von Mitteln zur Leistungserbringung über ein aktiv betriebenes Asset-Management erfährt durchaus eine neue Dimension. Gleichzeitig trägt der Gesetzgeber mit dieser Regelung auch der zunehmenden Volatilität der Kapitalmärkte und der raschen Qualitätsveränderung einzelner Vermögensanlagen Rechnung. Zur Anlage stehen die in § 17 PFAV genannten Anlageformen zur Verfügung; daneben sind § 18 PFAV (Mischung) und § 19 PFAV (Streuung) zu beachten. 13

III. Auf die Kapitalanlage bezogene Informationspflicht des Pensionsfonds gegenüber der BaFin (Abs. 2); Treuhänder; Vermögensverzeichnis. Nachdem über § 237 Abs. 1 S. 1 i. V. m. § 212 Abs. 2 Nr. 5 VAG die Anwendbarkeit des § 131 VAG auf Pensionsfonds ausgeschlossen ist, hat 14

[1] *Albrecht,* Ansätze eines finanzwirtschaftlichen Portefeuille –Managements und ihre Bedeutung für Kapitalanlage und Risikopolitik in den Versicherungsunternehmen, 1995, S. 188 ff.

die Berichtspflicht nach § 239 Abs. 2 VAG eine eigenständige Bedeutung und verschafft der BaFin einen zeitnahen Überblick, in welcher Weise die Pensionsfonds die ihnen eingeräumten Anlagemöglichkeiten nutzen.

15 Die Pensionsfonds müssen demnach jährlich über ihre Anlagepolitik – bei wesentlichen Änderungen unverzüglich – der BaFin berichten (Darlegungspflicht). Dies bedeutet mehr als nur Lieferung von Zahlen, sondern beinhaltet eine Erläuterung von Zweck und Ziel der Kapitalanlage.[2] Eine wesentliche Änderung ist nicht ausschließlich quantitativ zu bestimmen, sondern kann auch dann vorliegen, wenn der Pensionsfonds – wenn auch im kleinen Rahmen – Anlagemöglichkeit z. B. nach §§ 17 Abs. 1 Nr. 10, 13 und Abs. 2 PFAV neu nutzt. Es kommt dann darauf an, dass der Pensionsfonds auch über das nötige Risikomanagement und Know-How verfügt.

16 Für die weiteren administrativen Prozesse – Führung eines Vermögensverzeichnisses, Vermögenstreuhänder, Sicherstellung des Sicherungsvermögens, Entnahmen aus dem Sicherungsvermögen – gelten über § 237 Abs. 1 S. 1 i. V. m. § 212 Abs. 1 VAG die §§ 126, 128, 129, 130 VAG.

17 **IV. Die gesetzliche Definition der dauernden Erfüllbarkeit nach Abs. 3 S. 1.** Mit der Vorschrift – ebenso mit Abs. 4 – transformiert der Gesetzgeber Art. 16 Abs. 2 RL 2003/41/EG.

Einer besonderen Betrachtung bedarf die Regelung in § 239 Abs. 3 VAG, die eine pensionsfondsspezifische Ausformung des Grundsatzes der dauernden Erfüllbarkeit von Pensionsfondsverpflichtungen enthält. Da ein Pensionsfonds Pensionspläne ganz unterschiedlicher Art (mit versicherungsförmiger Garantie, ohne versicherungsförmige Garantie, Mischformen u. ä.) anbieten kann, ist hier nicht auf die Verbindlichkeiten des Pensionsfonds in seiner Gesamtheit abzustellen, sondern es muss der jeweilige Pensionsplan betrachtet werden. Dafür spricht die sich anschließende komplizierte Vertragsregelung zum Bedeckungsplan und der Wortlaut „Die dauernde Erfüllbarkeit *eines* Pensionsplans…".

18 Durch diese vertragliche Regelung eines Plans nach § 239 Abs. 3 S. 2 VAG wird die Definition der dauernden Erfüllbarkeit in § 239 Abs. 3 S. 1 VAG erst verständlich. Die Regelung zum Bedeckungsplan wird in der Regel bei großvolumigen Pensionsplänen mit einem Arbeitgeber zur Anwendung kommen, der möglicherweise auch Einfluss auf die Kapitalanlagerichtlinien (Mischung und Streuung der Kapitalanlagen) genommen hat. Denkbar ist es auch, dass diese Regelung auch auf die Pensionsfondsverhältnisse eines Arbeitgebers Anwendung findet, dessen Ansprüche sich aus einem Pensionsplan ergeben, der für mehrere Arbeitgeber Anwendung findet. Die Bestimmung greift, wenn die versicherungstechnischen Rückstellungen nach § 341e–h HGB nicht ausreichend mit Vermögenswerten bedeckt sind.

19 Zu den versicherungstechnischen Rückstellungen zählen:

- Beitragsüberträge;
- die Rückstellungen für erfolgsunabhängige und erfolgsabhängige Beitragsrückerstattung;
- die Rückstellung für drohende Verluste aus dem Pensionsfondsgeschäft;
- die Deckungsrückstellung;
- die Rückstellung für noch nicht abgewickelte Versicherungsverträge;
- die festgelegten aber noch nicht zugeteilten Teile der Rückstellung für erfolgsabhängige Beitragsrückerstattung;
- vorausgezahlte Beiträge
- die Schwankungsrückstellung (findet beim Pensionsfonds keine Anwendung).

20 Warum § 239 VAG nicht auf dem Umfang des Sicherungsvermögens nach § 125 Abs. 2 VAG, sondern auf 341e–h HGB verweist, gleichwohl aber von Sicherungsvermögen spricht, mag damit zusammen hängen, dass § 125 VAG nur von Erstversicherern spricht, die §§ 341 ff. HGB aber für Versicherer und Pensionsfonds gelten (§ 341 Abs. 4 HGB); entscheidend ist aber, dass § 125 Abs. 2 VAG von § 239 Abs. 3 und 4 VAG als Spezialvorschriften verdrängt wird.

21 Es fragt sich zunächst, welche Pensionsplanmodelle der Gesetzgeber mit § 239 Abs. 3 VAG regeln wollte. Da Pensionsfonds gemäß den Vorschriften der §§ 16 ff. PFAV ein weites Spektrum für Kapitalanlagen haben, kann die Nutzung der darin liegenden Freiheiten zur temporären Unterdeckung führen. Diese Kapitalanlagefreiheiten gelten ohne Einschränkung für versicherungsförmig garantierte Pensionspläne ebenso wie für nicht-versicherungsförmig garantierte Pensionspläne. Lediglich bei versicherungsförmig garantierten Pensionsplänen kann sich die Frage nach der dauernden Erfüllbarkeit eines Pensionsplans stellen, denn für einen nicht-versicherungsförmig garantierten Pensionsplan greift entweder die Nachschusspflicht oder es kommt zur Anpassung der Leistungen entsprechend dem vorhandenen Sicherungsvermögen, so dass die Erfüllbarkeit des Pensionsplans jeweils im Rahmen der gegebenen Möglichkeiten gewährleistet ist. Die dauernde Erfüllbarkeit eines Pensionsplans kann sich nur dort stellen, wo den Pensionsfonds aus dem Pensionsplan eine Verpflichtung (Garantie) trifft.

22 Die Regelungen zur möglichen Unterdeckung in § 239 Abs. 3 und 4 VAG sind eng mit dem jeweils vom Pensionsfonds praktizierten Geschäftsmodell verbunden. Aus der Formulierung des § 239 Abs. 4

[2] Zum Begriff Anlagerichtlinie vgl. Schäfer in: Assmann/Schütze, Handbuch des Kapitalanlagerechts, 4. Aufl. 2015, § 23 Rn. 59 ff.

VAG folgt, dass Abs. 3 auf Pensionspläne nach § 236 Abs. 1 S. 1 Nr. 4 VAG abstellt, also Pensionspläne, die in der Rentenzahlungsphase eine Verpflichtung (Garantie) des Pensionsfonds vorsehen.

Die Bedeutung des § 239 Abs. 3 VAG erschließt sich also aus dem Vergleich mit dem Absatz 4. 23
Absatz 4 nimmt auf Pensionspläne nach 236 Abs. 2 VAG Bezug, also auf jene Pensionspläne, die abweichend von § 236 Abs. 1 S. 1 Nr. 4 VAG Altersversorgungsleistungen erbringen. Dieses „abweichend" bedeutet, dass entgegen § 236 Abs. 1 Nr. 4 VAG der Pensionsfonds nicht verpflichtet ist, die Altersversorgungsleistung als lebenslange Zahlung zu erbringen. Dies deutet darauf hin, dass die Unterdeckungsregelung in § 239 Abs. 3 VAG zunächst lediglich Bedeutung hat für die Pensionspläne nach 236 Abs. 1 Nr. 4 VAG, also in der Leistungsphase versicherungsförmig garantierte Pensionspläne. Damit wäre es z. B. möglich, dass ein Pensionsplan, der in der Leistungsphase eine versicherungsförmige Rentenleistung vorsieht, mit einem Anwartschaftsvermögen in diese Leistungsphase übergeht, das eine Unterdeckung aufweist, die sich im Rahmen des § 239 Abs. 3 VAG hält. Reichen die vorhandenen – dem Pensionsplan zuzuordnenden Vermögenswerte – nicht aus, um die eingegangenen lebenslangen Verpflichtungen zu bedecken, ist die Bedeckung durch Abschluss eines Bedeckungsplans wieder herzustellen.

Mit § 239 Abs. 3 VAG werden also versicherungsförmig garantierte Pensionspläne so operabel für 24
Pensionsfonds gemacht, dass sie die Freiheiten eines Pensionsfonds bei der Kapitalanlage auch nutzen können. Die relativ geringe Unterdeckungstoleranz (5 %) ergibt sich aus dem versicherungsförmig garantierten Charakter des betroffenen Pensionsplans. Der Gesetzgeber will offenbar für echte Leistungspflichten keine Anreize für eine zu große Risikobereitschaft bei der Vermögensanlage schaffen.

Bei Pensionsplänen mit von vorneherein (also im Pensionsfondsvertrag) vereinbarter Nachschuss- 25
pflicht kann es grundsätzlich nicht zu einer Unterdeckung kommen, da der Nachschuss in der Barwertberechnung der Verbindlichkeiten einzubeziehen ist. Alle Pensionsplanmodelle mit fester Leistung und flexibler Beitragsgestaltung können daher grundsätzlich nicht zu einer Unterdeckung im Sinne der Vorschrift des § 239 Abs. 3 und 4 VAG führen. Auch in der Anwartschaftsphase können rein fondsorientierte Pensionspläne wegen der dann retrospektiv zu bildenden Deckungsrückstellung keine Unterdeckung i. S. d. § 239 Abs. 3 VAG aufweisen.

**V. Die Bestandteile des Bedeckungsplans und die sonstigen Voraussetzungen der Zulässig- 26
keit einer Unterdeckung nach Abs. 3.** § 239 Abs. 3 VAG ist eine Spezialvorschrift für Pensionsfonds und verdrängt daher die Anwendbarkeit des § 127 VAG (Zuführungspflicht zum Sicherungsvermögen) und des § 125 Abs. 2 VAG (Mindestumfang des Sicherungsvermögens).

Zunächst einmal müssen auch in Anbetracht der Unterdeckung die Belange der Versorgungsanwärter 27
und Versorgungsempfänger gewahrt sein. Das ist jedenfalls der Fall, wenn die Unterdeckung nicht zu Leistungseinschränkungen oder gar Ausfällen führt und die maximal eingetretene 5 %-ige Unterdeckung nicht den Umfang einer sich abzeichnenden demnächst viel größeren Unterdeckung markiert. Es muss sich um eine „vorübergehende" Unterdeckung handeln.

Nun kann man fragen, warum der Gesetzgeber überhaupt bei einer Unterdeckung, die er als vorüber- 28
gehend ansieht, ein Einschreiten für erforderlich hält. Offenbar sind aber hier Zeitwertschwankungen gemeint – die nach der Erfahrung – mitunter erst nach Jahren beseitigt werden (also vorübergehend sind, kein dauerhafter Wertverlust), deren zeitlich ungewisse Dauer der Gesetzgeber aber bei der Frage der Bedeckung von Pensionsplänen mit verpflichtendem Inhalt nur für eine relativ kurze Zeit (max. drei Jahre) zulassen möchte.

Bei einem dauerhaften Wertverlust, der z. B. durch die Insolvenz einer für das Sicherungsvermögen 29
erworbenen Beteiligung eingetreten ist, handelt es sich nicht um eine „vorübergehende Unterdeckung". In einem solchen Fall müsste aber auch die Regelungen über den Bedeckungsplan Anwendung finden. Es ist nicht einzusehen, warum man in einem solchen Fall dem Arbeitgeber nicht die Wiederherstellung der Bedeckung erlauben soll.

Der Plan muss erkennen lassen, wie die Bedeckung der versicherungstechnischen Rückstellungen 30
maximal innerhalb der nächsten drei Jahre wiederhergestellt wird. Dabei kann der Pensionsfonds neben der Erhebung von Beiträgen auch alle anderen bilanziell möglichen und zulässigen Maßnahmen (z. B. auch Auflösung von Rückstellungen) nutzen. Dabei kommt es sehr auf den konkreten Fall des Pensionsplans (§ 239 Abs. 3 Nr. 2 VAG: Struktur von Aktiva und Passiva, Risikoprofil, Liquiditätsplan, Altersprofil der Versorgungsberechtigten), bzw. die Tatsache, dass es sich um ein neu geschaffenes System handelt, an. Mit System ist wohl der einzelne Pensionsplan gemeint.

Die Genehmigung steht im Ermessen der BaFin; legt der Pensionsfonds jedoch die Bürgschaft eines 31
geeigneten Kreditinstituts vor, mit dem die Nachschusspflicht des Arbeitgebers zur vollständigen Bedeckung der versicherungstechnischen Rückstellungen oder in anderer geeigneter Weise sichergestellt ist, so ist die Genehmigung zu erteilen. Eine Definition des geeigneten Kreditinstitutes findet sich in § 17 Abs. 1 Nr. 18b PFAV.

Die Vereinbarung über den Bedeckungsplan hat der Pensionsfonds unverzüglich dem Pensionssiche- 32
rungsverein vorzulegen (§ 239 Abs. 4 VAG). Der PSVaG wird im Verlaufe der Zeitspanne, innerhalb derer das Sicherungsvermögen wieder bedeckt sein muss, Auskunft vom Arbeitgeber verlangen können,

inwieweit dieser die Vereinbarung fristgerecht erfüllt. Tritt innerhalb der Laufzeit eine erneute Unterdeckung ein, nachdem die Unterdeckung zuvor beseitigt wurde, ist ein neuer Bedeckungsplan erforderlich, da sich inzwischen die Voraussetzungen für eine Beseitigung dieser erneuten Unterdeckung völlig geändert haben können.[3]

33 Entscheidend für die Notwendigkeit des Abschlusses eines Bedeckungsplanes ist aber in jedem Falle die eingetretene Unterdeckung. Der Begriff der Unterdeckung bezieht sich – berücksichtigt man den Zusammenhang mit § 236 Abs. 1 VAG – auf die Leistungsphase (verpflichtet ist Altersversorgungsleistungen zu erbringen). Es ist deshalb zulässig, Anwartschaftsvermögen zur Bedeckung der Deckungsrückstellung für eingegangene Leistungsverpflichtungen heranzuziehen, sofern der Pensionsfonds in der Anwartschaftsphase nicht z. B. für unverfallbare Anwartschaften eine Garantie übernommen hat. Kann demnach das Anwartschaftsvermögen zur Beseitigung der Unterdeckung herangezogen werden, so könnte theoretisch eine vom Arbeitgeber auszugleichende Unterdeckung erst dann eintreten, wenn das gesamte Anwartschaftsvermögen durch Heranziehung zur Bedeckung der Deckungsrückstellung für Leistungszusagen für ausgelöste Rentenleistungen verbraucht ist und der Arbeitgeber inzwischen keine neuen Mittel dem Pensionsfonds zugeführt hat und betroffene Anwärter in die Rentenphase einsteigen. Sobald während der Laufzeit des Bedeckungsplans eine neue Unterdeckung auftritt, ist diese nach der Verwaltungspraxis innerhalb des laufenden Bedeckungsplans zu schließen. Dies gilt auch für den Bedeckungsplan nach Abs. 4.

34 **VI. Bedeckungsplan für Pensionspläne nach § 236 Abs. 2 VAG.** Zu Recht spricht das Gesetz hier nicht von der dauernden Erfüllbarkeit eines Pensionsplans. Der Gesetzgeber will aber auch in den Fällen, in denen aus dem Pensionsplan keine Verpflichtung zur Erbringung der Leistung nach § 236 Abs. 1 S. 1 Nr. 4 VAG resultiert eine zu große Diskrepanz zwischen der Zielvereinbarung (Rente) und den hierfür zur Verfügung stehenden Deckungsmitteln nicht zulassen, da dies zu einer Aushöhlung des Modells des Pensionsfonds führen könnte.

35 Bei nicht-versicherungsförmig garantierten Pensionsplänen wird in aller Regel die Volatilität der Kapitalanlagen größer sein als bei versicherungsförmig garantierten Pensionsplänen. Die fehlende Verpflichtung des Pensionsfonds rechtfertigt die Einräumung eines größeren Spielraums bei der Unterdeckung. Dem trägt auch die deutlich längere Frist zur Wiederherstellung der Bedeckung Rechnung. Auch dieser Bedeckungsplan ist – gemäß der Verweisung in Abs. 4 auf Abs. 3 – genehmigungspflichtig und muss dem PSV aG angezeigt werden.

36 Gemeinsam ist beiden Unterdeckungstatbeständen des Abs. 3 und des Abs. 4, dass sie die jeweils absolute Obergrenze einer geduldeten Unterdeckung darstellen. Jede weitere Überschreitung der dort genannten Grenzwerte löst eine sofortige Bedeckungspflicht seitens des Arbeitgebers aus, wobei auch in diesem Zusammenhang das Anwartschaftsvermögen zur Bedeckung der ausgelösten Leistungsverpflichtung herangezogen werden kann. In diesen Fällen greift dann also wieder die Zuführungspflicht nach § 127 VAG.

37 **VII. Konsequenzen aus der Nicht-Herbeiführung der Bedeckung nach dem Bedeckungsplan oder bei Nichtzustandekommen des Bedeckungsplans.** Der Arbeitgeber schuldet im Rahmen des Bedeckungsplans Nachschüsse, um die Bedeckung herbeizuführen. Im Rahmen des § 236 Abs. 2 VAG bleit daneben seine Beitragspflicht bestehen.

38 Die BaFin fordert regelmäßig bei einem Scheitern des Bedeckungsplans oder dem Nichtzustandekommen des Bedeckungsplans oder einer nicht erfolgenden Bedeckung einer die Grenzwerte in § 239 Abs. 3 und 4 VAG überschreitenden Unterdeckung die zwangsläufige Umstellung auf einen versicherungsförmig garantierten Pensionsplan.[4] Dabei beruft sich die Aufsichtsbehörde auf die Begründung die der Gesetzgeber zu § 115 Abs. 1a VAG a. F./VAG-Novelle 2005 gegeben hat.

39 „Würde der Pensionsfonds feststellen, dass das bei ihm angelegte Kapital zur Weiterzahlung der Renten in der bisherigen Höhe nicht ausreicht (Unterdeckung), würde er vom Arbeitgeber Mittel anfordern, um diese Unterdeckung zu beseitigen. Würde der Arbeitgeber diese Verpflichtung nicht erfüllen, müsste der Pensionsfonds automatisch wieder zur „versicherungsförmigen Durchführung" wechseln, d. h. seine Zahlungen an die Versicherten reduzieren, bis nach den für die „versicherungsförmige Durchführung" der Rentenzahlung geltenden Rechnungslegungsgrundsätzen Aktiva und Passiva wieder übereinstimmen." Für die eintretende Leistungsdifferenz haftet dann der Arbeitgeber unmittelbar.

40 Bei einem solch massiven Eingriff in das Geschäftsmodell eines Pensionsfonds stellt sich aber die Frage, ob der Rückgriff auf die Gesetzesbegründung im rechtsstaatlichen Sinne ausreicht, um einen belastenden Verwaltungsakt mit diesen Konsequenzen zu rechtfertigen. Zum einen können Pensionsfonds, die ihrer Intention nach ausschließlich Pensionspläne mit nicht versicherungsförmiger Garantie anbieten wollen, gezwungen sein, ihr Geschäftsmodell komplett zu ändern. Zum andern würde die Umstellung der Pensionspläne auf die versicherungsförmige Garantie die Eigenmittelanforderung nach § 25 Abs. 1

[3] *Löbbecke*, BetrAV 2009, 397, 398.
[4] FKBP/*Bähr* § 112 Rn. 23 m. w. N.

Ziff. 1 PFAV auf 4% der Deckungsrückstellung und der um die Kostenanteile verminderten Beitragsüberträge anheben. Schließlich bedeutet die zwangsweise Umstellung auch einen Eingriff in die Vertragsfreiheit, denn Arbeitgeber und Pensionsfonds wollten nur einen nicht versicherungsförmigen Pensionsplan vereinbaren.

Die Aufsichtspraxis kommt den Pensionsfonds hinsichtlich der Eigenmittelanforderungen dadurch entgegen, dass sie die notwendige Auffüllung der Eigenmittel aus dem vorhandenen Sicherungsvermögen gestattet und die Einstellung in einem dem Schlussüberschuss- Anteilsfonds vergleichbare Bilanzposition für angemessen hält. 41

Es bleibt aber die Frage, ob für eine zwangsweise Umstellung eines Pensionsplans die hinreichenden gesetzlichen Grundlagen vorliegen. Schaut man in Art. 16 RL 2003/41/EG[5] so ergibt sich aus den dort in Abs. 2 niedergelegten Regelungen zur Unterdeckung keinerlei Hinweis, dass der europäische Richtliniengeber eine zwangsweise Umstellung auf versicherungsförmig garantierte Pensionspläne regeln wollte. 42

In Art. 16 Abs. 2 der genannten RL wird unter Buchstabe A und B der Rahmen beschrieben, innerhalb dessen eine eingetretene Unterdeckung durch einen konkreten und realisierbaren Plan beseitigt wird. Und es wird unter Buchstabe B geregelt, worauf der Plan insbesondere Bedacht zu nehmen hat. Es findet sich aber keine Regelung in diesem Artikel, die bei Scheitern des Plans eine Umstellung auf eine versicherungsförmige Garantie nach sich zöge. Vielmehr wird unter Buchstabe C die Variante behandelt „falls das Altersversorgungssystem in den vorstehend in diesem Absatz genannten Zeitraum abgewickelt wird". Damit scheint der Richtliniengeber Sachverhalte anzusprechen, die zu keinem Erfolg des Sanierungsplans nach Abs. 2 führen. Und regelt weiter: „die Einrichtung legt ein Verfahren für die Übertragung der Verbindlichkeiten und die ihnen entsprechenden Vermögenswerte auf ein anderes Finanzinstitut oder eine ähnliche Einrichtung fest. Dieses Verfahren wird den zuständigen Behörden des Herkunftsmitgliedstaats mitgeteilt." Offenbar sieht der Richtliniengeber bei einem untergedeckten Pensionsplan, dessen Bemühungen die Bedeckung herbeizuführen scheitern, die Notwendigkeit der Abwicklung dieses Pensionsplans vor. Eine Umstellung auf einen versicherungsförmig garantierten Pensionsplan stellt aber in diesem Sinne keine Abwicklung dar. 43

Eine Abwicklung könnte dergestalt vorgenommen werden, dass 44

- der Pensionsfonds nach Verständigung mit dem Arbeitgeber die vorhandenen Mittel auf einen Lebensversicherer überträgt, der nach seinen Tarifen Leistungen erbringt,
- der Pensionsfonds verpflichtet ist, seine Rechnungsgrundlagen einseitig in der Weise zu ändern, dass eine Bedeckung der demgemäß neu kalkulierten Leistungen auf der Basis des § 24 Abs. 2 PFAV erfolgt (mit entsprechenden Sicherheitszuschlägen).

Damit könnten insbesondere der Arbeitgeber und die Arbeitnehmer insoweit schonend behandelt werden, als den Deckungsmitteln nicht Mittel für die Solvabilitätsanforderung entnommen werden müssten.

Ein weiterer Gedanke spricht ebenfalls gegen die zwangsweise Umstellung auf eine versicherungsförmige Durchführung: Enthält der Pensionsplan sowohl Anwärter als auch Leistungsempfänger, so geht die BaFin von einer zwangsweisen Umstellung des ganzen Bestandes auf die versicherungsförmig garantierte Version aus. In diesem Fall würden auch die Deckungsmittel, die z. B. für unverfallbare Anwartschaften angesammelt wurden und denen bislang kein versicherungsförmig garantiertes Leistungsversprechen gegenüber stand für eine versicherungsförmige Garantie in der Anwartschaftsphase verwendet. Dann aber würde der Pensionsfonds **alle** vorgesehenen Leistungsfälle durch versicherungsförmige Garantien abdecken, was dem Bild des Pensionsfonds nach § 236 Abs. 1 S. 1 Nr. 2 VAG widerspricht. 45

Schließlich kann auch nicht aus § 236 Abs. 2 VAG die zwangsweise Umstellung auf einen versicherungsförmig garantierten Pensionsplan gefolgert werden, denn dieses Pensionsplanmodell ist abweichend von § 236 Abs. 1 S. 1 Nr. 4 VAG zulässig, „solange Beitragszahlungen durch den Arbeitgeber auch in der Rentenbezugszeit vorgesehen sind"; definitorisch ist es also nicht erforderlich, dass diese Beitragszahlungen auch erbracht werden; es reicht für die Zulässigkeit dieses Geschäftsmodells, wenn die Beitragszahlungen vorgesehen sind. 46

VIII. Anhang zu §§ 16–20 PFAV vor dem Hintergrund des Art. 18 RL 2003/41/EG. Eine umfassende Kommentierung der PFAV kann im Rahmen der VAG-Kommentierung nicht vorgenommen werden. Es soll aber nachfolgend auf einige **Besonderheiten** bei der **Kapitalanlage von Pensionsfonds** hingewiesen werden: 47

In § 239 VAG hat der Gesetzgeber sowohl Regelungen formuliert, die sich auf die Anlage des Sicherungsvermögens beziehen (Abs. 1 und Abs. 2) als auch solche, die sich auf den Bedeckungsumfang der Rückstellung (Abs. 3 und Abs. 4) beziehen. Die europarechtliche Grundlage für die Regelungen in § 239 Abs. 1 und 2 VAG findet sich in Art. 18 der PensionsfondsRL; für die Regelungen in § 239 Abs. 3 und 4 VAG ist dies Art. 16 Abs. 2 der PensionsfondsRL. Daneben enthält die Verordnungs- 48

[5] Richtlinie des Europäischen Parlaments und des Rates über die Tätigkeit und die Beaufsichtigung von Einrichtungen der betrieblichen Altersversorgung vom 3.6.2003 (ABl. 2003 L 235, 10).

ermächtigung in § 240 S. 1 Nr. 8 VAG durch den Verweis auf § 215 Abs. 2 S. 1 Nr. 1–7 und dort weiter aufgeführte Tatbestände, Regelungen mit denen Art. 18 PensionsfondsRL umgesetzt wird. Von Gesetzesklarheit, transparenter Regelung und einer der tatsächlichen Bedeutung der einzelnen Anordnung angemessenen Struktur des Gesetzes kann auch hier nicht gesprochen werden.

49 So gehört der Grundsatz in Art. 18 Abs. 1 Buchst. B PensionsfondsRL zumindest in § 239 VAG erwähnt: „Die Vermögenswerte sind so anzulegen, dass die Sicherheit, Qualität und Liquidität und Rentabilität des Portfolios insgesamt gewährleistet ist". Diesen wichtigen Grundsatz findet man nur, wenn man in der Sammelvorschrift des § 237 VAG über Abs. 2 der Verweisung auf § 124 Abs. 1 VAG stößt und dort dann unter Abs. 1 Nr. 2 auf diesen entscheidenden Anlagegrundsatz trifft.

50 Im Übrigen verweist § 240 S. 1 Nr. 8 VAG auf den Anlagekatalog für kleine Versicherungsunternehmen und lässt dann den Verordnungsgeber darüber entscheiden, welche weiteren Anlageformen zugelassen werden. Eine merkwürdige Auffassung zur Aufgabe des Gesetzgebers bzw. des Verordnungsgebers. Der Grundsatz der Mischung und Streuung der Anlagen ergibt sich ebenfalls durch den Verweis in § 237 Abs. 2 VAG auf § 124 Abs. 1 Nr. 7; hinzutreten § 18 und § 19 der PFAV.

51 Hingegen findet sich die wichtige Bestimmung des Art. 18 Abs. 3 der PensionsfondsrRL: „Die Mitgliedstaaten machen den Einrichtungen mit Standort in ihrem Hoheitsgebiet in Bezug auf die Wahl der Anlageform keine Vorschrift" weder im VAG noch in der PFAV umgesetzt, was gerade im Hinblick auf die Abhängigkeit der Pensionsfonds von das Geschäftsmodell fördernden steuerrechtlichen Regelungen unter veränderten Verhältnissen bedenklich werden könnte.

52 Die Bestimmung zu derivativen Finanzinstrumenten (Art. 18 Abs. 1 der Pensionsfondsrichtlinie) ist ebenfalls in § 124 Abs. 1 und zwar Nr. 5 VAG umgesetzt.

53 Die Begrenzung der Anlagen beim Trägerunternehmen hingegen ergibt sich aus der Verordnungsermächtigung in § 240 S. 1 Nr. 8 i. V. m. § 19 Abs. 6 PFAV.

54 Der Anlagekatalog nach § 17 Abs. 1 Nr. 1–18 PFAV und die Zulassung laufender Guthaben stimmt mit dem Anlagekatalog nach § 2 AnlV grundsätzlich überein. Die Öffnungsklausel nach § 17 Abs. 2 PFAV ist weitergehend als diejenige des § 2 Abs. 2 AnlV. Der Genehmigungsvorbehalt für Anlagen nach § 17 Abs. 3 PFAV steht zusätzlich noch unter dem Vorbehalt der Nr. 2, was in § 2 Abs. 3 AnlV für kleine Versicherungsunternehmen mangels europarechtlicher Vorgaben nicht erforderlich ist. Der Katalog der unzulässigen direkten und indirekten Anlagen in § 17 Abs. 4 PFAV (Konsumentenkredite; Beteiligungen bei Konzernunternehmen des Pensionsfonds i. S. d. § 18 AktG – mit einigen Ausnahmen; Unternehmen, auf die der Pensionsfonds oder seine Konzernunternehmen i. S. d. § 18 AktG ihren Geschäftsbetrieb ganz oder teilweise ausgelagert haben) ist gegenüber § 2 Abs. 4 AnlV um die europarechtliche Regelung in Nr. 2 erweitert.

55 Schließlich komplettiert § 20 PFAV mit der Kongruenzregel die Bestimmungen über zulässige Anlagen des Sicherungsvermögens. Die Kongruenzregeln (Anlage 3 zur PFAV) stimmen in den Nr. 1–7 grundsätzlich mit den Kongruenzregeln der AnlV für kleine Versicherungsunternehmen (Anlage zu § 5 Satz 1) überein; für Pensionsfonds hat der Verordnungsgeber unter Nr. 6 lit. b Anlage 3 zu § 20 zur PFAV die für Pensionskassen anzuwendende 30 %-Regel für die Währungskongruenz übernommen.

Verordnungsermächtigung

240 **[1] Das Bundesministerium der Finanzen wird ermächtigt, für Pensionsfonds, die nicht der Aufsicht durch die Aufsichtsbehörden der Länder unterliegen, durch Rechtsverordnung Vorschriften zu erlassen über**

1. den Wortlaut der versicherungsmathematischen Bestätigung, den Inhalt, den Umfang und die Vorlagefrist des Erläuterungsberichts gemäß § 141 Absatz 5 Nummer 2 sowie über den Inhalt, den Umfang und die Vorlagefrist des Berichts gemäß § 141 Absatz 5 Nummer 4, jeweils in Verbindung mit § 237;

2. die Buchführung, den Inhalt, die Form und die Stückzahl des bei der Aufsichtsbehörde einzureichenden internen Berichts, bestehend aus einer für Aufsichtszwecke gegliederten Bilanz und einer Gewinn-und-Verlustrechnung sowie besonderen Erläuterungen zur Bilanz und zur Gewinn-und-Verlustrechnung, soweit dies zur Durchführung der Aufsicht nach diesem Gesetz erforderlich ist;

3. den Inhalt, die Form und die Stückzahl des bei der Aufsichtsbehörde vierteljährlich einzureichenden internen Zwischenberichts, bestehend aus einer Zusammenstellung von aktuellen Buchhaltungs- und Bestandsdaten sowie aus Angaben über die Anzahl der Versorgungsfälle, soweit dies zur Durchführung der Aufsicht nach diesem Gesetz erforderlich ist;

4. den Inhalt des Prüfungsberichts nach § 341k des Handelsgesetzbuchs, soweit dies zur Durchführung der Aufsicht nach diesem Gesetz erforderlich ist, insbesondere, um einheitliche Unterlagen zur Beurteilung der von den Pensionsfonds durchgeführten Geschäfte zu erhalten;

5. den Inhalt des Prüfungsberichts gemäß § 35 Absatz 1 Satz 1, soweit dies zur Erfüllung der Aufgaben der Aufsichtsbehörde erforderlich ist, insbesondere, um einheitliche Unterlagen zur Beurteilung der von den Pensionsfonds durchgeführten Geschäfte zu erhalten;
6. die Art und Weise der Datenübermittlung, die zu verwendenden Datenformate sowie die einzuhaltende Datenqualität;
7. die Zuführung zur Rückstellung für Beitragsrückerstattung gemäß § 145 Absatz 2 in Verbindung mit § 237;
8. Anlagegrundsätze qualitativer und quantitativer Art für das Sicherungsvermögen ergänzend zu § 124 Absatz 1, um die Kongruenz und die dauernde Erfüllbarkeit des jeweiligen Pensionsplans sicherzustellen, wobei die Anlageformen des § 215 Absatz 2 Satz 1 Nummer 1 bis 7 sowie weitere durch diese Verordnung zugelassene Anlageformen sowie die Festlegungen im Pensionsplan hinsichtlich des Anlagerisikos und des Trägers dieses Risikos zu berücksichtigen sind, sowie über Beschränkungen von Anlagen beim Trägerunternehmen; Artikel 18 der Richtlinie 2003/41/EG ist zu beachten;
9. die Berechnung und die Höhe der Solvabilitätskapitalanforderung, den für Pensionsfonds maßgeblichen Mindestbetrag der Mindestkapitalanforderung sowie damit zusammenhängende Genehmigungsbefugnisse einschließlich des Verfahrens, darüber, was als Eigenmittel im Sinne des § 238 anzusehen ist und in welchem Umfang die Eigenmittel auf die Solvabilitätskapitalanforderung angerechnet werden dürfen, darüber, dass der Aufsichtsbehörde über die Solvabilitätskapitalanforderung und die Eigenmittel zu berichten ist sowie über die Form und den Inhalt und die Frist für die Einreichung dieses Berichts bei der Aufsichtsbehörde; dabei sind die Artikel 17 bis 17d der Richtlinie 2003/41/EG zu beachten;
10. Höchstwerte für den Rechnungszins bei Verträgen mit Zinsgarantie;
11. weitere Vorgaben zur Ermittlung der Diskontierungszinssätze nach § 341f Absatz 2 des Handelsgesetzbuchs sowie
12. die versicherungsmathematischen Rechnungsgrundlagen und die Bewertungsansätze für die Deckungsrückstellung.

[2]Die Ermächtigung kann durch Rechtsverordnung auf die Bundesanstalt übertragen werden. [3]Rechtsverordnungen nach den Sätzen 1 und 2 bedürfen nicht der Zustimmung des Bundesrates. [4]Rechtsverordnungen nach Satz 1 Nummer 4 und 10 bis 12 und nach Satz 2, soweit sie die Ermächtigungen nach Satz 1 Nummer 4 und 10 bis 12 erfassen, ergehen im Einvernehmen mit dem Bundesministerium der Justiz und für Verbraucherschutz.

I. Überblick. Nach der Begründung zu § 240 VAG[1] sind mit dieser Bestimmung gegenüber §§ 118, 115 Abs. 2 VAG a. F. keine inhaltlichen Änderungen beabsichtigt. Die Verordnungsermächtigungen werden aus Gründen der „Rechtsförmlichkeit" ausdrücklich genannt; die Ermächtigung zu den Kapitalanlagen wurde zur Umsetzung der in Art. 18 RL 2003/41/EG enthaltenen Optionen ergänzt. Der Verordnungsgeber hat mit der Pensionsfonds-Aufsichtsverordnung vom 18.4.2016 (PFAV) verschiedene Regelungsinhalte, die bislang in unterschiedlichen Verordnungen geregelt waren und die ihre Rechtsgrundlage im VAG haben, zusammengefasst. 1

In der Begründung zu der dieser Verordnung vorausgehenden Artikelverordnung[2] heißt es „mit der vorliegenden Artikelverordnung werden sämtliche Rechtsverordnungen auf der Grundlage des Versicherungsaufsichtsgesetzes neu erlassen mit der Ausnahme folgender Verordnungen: 2

– Verordnung zur Freistellung von Versicherungsunternehmen von der Aufsicht nach dem Versicherungsaufsichtsgesetz vom 16.4.1988;[3]
– Verordnung zur Freistellung von Versicherungsunternehmen von der Aufsicht nach dem Versicherungsaufsichtsgesetz vom 12.10.1994;[4]
– Verordnung zur Durchführung der Richtlinie des Rates vom 20.6.1991 über die Anwendung des Abkommens zwischen der Europäischen Wirtschaftsgemeinschaft und der schweizerischen Eidgenossenschaft betreffend die Direktversicherung mit Ausnahme der Lebensversicherung (91/371/EWG) vom 26.10.1994;[5]
– Verordnung über die Übertragung von Aufgaben und Befugnissen eines Sicherungsfonds für die Lebensversicherung an die Protector Lebensversicherungs-AG vom 11.5.2006;[6]

[1] BT-Drs. 18/2956, 281.
[2] Verordnung zum Erlass von Verordnungen nach dem Versicherungsaufsichtsgesetz, Bearbeitungsstand 23.9.2015, Referentenentwurf des BMF.
[3] BGBl. I 529.
[4] BGBl. I 2963.
[5] BGBl. I 3202.
[6] BGBl. I 1170.

– Verordnung über die Übertragung von Aufgaben und Befugnissen eines Sicherungsfonds für die Krankenversicherung an die Medicator AG vom 11.5.2006;[7]
– RFB-Verordnung vom 10.3.2015.[8]

3 Bei den ersten fünf dieser Verordnungen ändern sich die Ermächtigungsgrundlage und Anwendungsbereich der Verordnung inhaltlich nicht, so dass ein neuer Erlass nicht notwendig ist. Die RFB-Verordnung ist die einzige der Rechtsverordnungen, zu deren Erlass die Zustimmung des Bundesrats erforderlich ist, so dass es zweckmäßig ist, Änderungen in einem gesonderten Verfahren vorzunehmen. Ebenso wird die Inhaberkontrollverordnung nicht in dieser Verordnung berücksichtigt, weil sie aufgrund anderer Gesetzesänderungen, die Kreditinstitute betreffen, geändert werden muss und es zweckmäßig ist, die Änderungen in einem Verfahren zu bündeln." [9]

4 Des Weiteren geht der Verordnungsgeber davon aus, dass die mit der Artikelverordnung neu erlassenen Verordnungen grundsätzlich inhaltlich unverändert bleiben, soweit nicht europarechtliche Vorgaben Anpassungen verlangen. Solche Anpassungen sind bei der Vergütungsverordnung und bei der Deckungsrückstellungsverordnung vorzunehmen gewesen. Hier wird insbesondere der komplette Wechsel hinsichtlich der Bestimmungen, die sich mit dem Eigenmittelbedarf von Versicherungsunternehmen unter dem Regime von Solvency II befassen, geregelt.

5 Ebenso nimmt die Artikelverordnung nicht Bezug auf solche Verordnungen, die aufgrund anderer gesetzlicher Grundlagen (z. B. HGB) erlassen wurden.

6 Dies vorausgeschickt sind die unter der Nr. 1–12 in § 240 VAG aufgeführten Regelungstatbestände zur Zeit an folgenden Stellen zu finden:
– zu Nr. 1: versicherungsmathematische Bestätigung, Erläuterungsbericht, Angemessenheitsbericht (§§ 21, 1, 2 PFAV);
– zu Nr. 2: interner Bericht (§§ 4, 5, 6, 7 PFAV);
– zu Nr. 3: Zwischenbericht (§ 11 PFAV; das Gesetz spricht von vierteljährlichen Berichten, die Verordnung von halbjährlichen);
– zu Nr. 4: eigentlich wäre hier die SachPrüfV anwendbar, aber nach dem Wortlaut werden Pensionsfonds von ihrem Anwendungsbereich nicht umfasst, insbesondere weil sie nur für Unternehmen Anwendung findet, auf die § 341k HGB keine Anwendung findet; dies gilt auch für die AktuarV, die nach ihrem § 1 nicht die Pensionsfonds mit umfasst;
– zu Nr. 5; hierzu fehlt bisher eine Verordnung;
– zu Nr. 6: hier wäre die MeldeV[10] dem Grunde nach anwendbar, aber sie umfasst vom Wortlaut her Pensionsfonds nicht (§1 VersMeldeV);
– zu Nr. 7: Zuführung zu Beitragsrückerstattung (§§ 13–15 PFAV);
– zu Nr. 8: Anlagegrundsätze (§§ 16–20 PFAV);
– zu Nr. 9: Solvabilitätskapitalanforderung (§§ 25–28 PFAV);
– zu Nr. 10: Rechnungszins (Höchstzinssatz; §§ 22 PFAV bei versicherungsförmigen Garantien);
– zu Nr. 11: Diskontierungssatz nach § 341 f Abs. 2 HGB: § 23 Abs. 2 PFAV sowie versicherungsmathematische Rechnungsgrundlagen bei versicherungsförmigen Garantien;
– zu Nr. 12: Verfahren und vorsichtig zu wählender Zins bei Zusagen ohne versicherungsförmige Garantie (§ 24 PFAV).

7 **II. Exkurs 1: § 240 VAG und §§ 22–24 PFAV vor dem Hintergrund von Art. 15 RL 2003/41/EG.** Die europarechtlichen Grundlagen für die Ermittlung der versicherungstechnischen Rückstellungen finden sich in Art. 15 RL 2003/41/EG, wobei dieser Regelung insbesondere die Erwägungsgründe Nr. 26 zu Grunde liegen.

7a **1. Art. 15 Abs. 1–3 RL 2003/41/EG. Abs. 1:** Versicherungstechnische Rückstellungen sind in angemessener Höhe entsprechend den sich aus dem Rentenvertragsbestand ergebenden finanziellen Verpflichtungen zu bilden.

Abs. 2: Ausreichende versicherungstechnische Rückstellungen für übernommene Garantien.

Abs. 3: Verpflichtung zur jährlichen Neuberechnung der versicherungstechnischen Rückstellungen (unter bestimmten Voraussetzungen Zulassung eines dreijährigen Zeitraums).

7b **2. Art. 15 Abs. 4 RL 2003/41/EG.** Kompetenzregel für die Berechnung der versicherungstechnischen Rückstellungen und Pflicht zur Anwendung vom Herkunftsland anerkannter versicherungsmathematischer Verfahren, wobei

(1) der Mindestbetrag der versicherungstechnischen Rückstellungen nach einem hinreichend versicherungsmathematischen Verfahren berechnet wird, das alle Verpflichtungen des Leistungsumfangs des Altersversorgungssystems berücksichtigt. Der Mindestbetrag muss so hoch sein, dass alle laufenden

[7] BGBl. I 1171.
[8] BGBl. I 300.
[9] Referentenentwurf des BMF, Verordnung zum Erlass von Verordnungen nach dem Versicherungsaufsichtsgesetz, Begründung Allgemeiner Teil I, Zielsetzung und wesentlicher Inhalt des Entwurfs, S. 163.
[10] VersMeldeV vom 18.4.2016 BGBl. I S. 793.

Rentenzahlungen und sonstigen Leistungen als auch die Rentenanwartschaften abgedeckt werden können. Die Annahmen sind vorsichtig mit einer Marge für negative Abweichungen zu wählen.
(2) der Höchstzinssatz vom Herkunftsland nach dem Grundsatz der Vorsicht festgesetzt wird. Die Festsetzung erfolgt in Anlehnung an die Rendite von Anlagen, die von der Einrichtung gehalten werden bzw. und/oder nach den Marktrenditen hochwertiger oder öffentlicher Schuldverschreibungen.
(3) auch bei den anzuwendenden biometrischen Tafeln das Vorsichtsprinzip gilt.
(4) die Methoden zur Berechnung der versicherungstechnischen Rückstellungen sich nicht jährlich ändern dürfen. Änderungen sind zulässig bei Änderung der den Annahmen zu Grunde liegenden rechtlichen, demographischen oder wirtschaftlichen Rahmenbedingungen.

3. Art. 15 Abs. 5–RL 2003/41/EG. Abs. 5: Das Herkunftsland kann zusätzliche und detaillierte Regelungen aufstellen, wenn sie dem Schutz der Versorgungsanwärter und Leistungsempfänger dienen. 7c
Abs. 6: Im zweijährigen Turnus legt die Kommission einen Bericht hinsichtlich der Entwicklung der grenzüberschreitenden Tätigkeit vor.

4. Die Ermittlung der versicherungstechnischen Rückstellungen beim Pensionsfonds und der Beiträge. Obwohl die Leistungsinhalte des Pensionsfonds gerade nicht von Garantien geprägt werden, regelt der Verordnungsgeber in §§ 22, 23 PFAV zunächst ausführlich die Ermittlung der versicherungstechnischen Rückstellungen, wenn der Pensionsfonds eine versicherungsförmige Garantie übernimmt. Die Vorschriften haben folgenden Inhalt: 8

– Grundsatz der Vorsicht hinsichtlich des Rechnungszinssatzes.
– Von den derzeitigen oder zu erwartenden Erträgen unabhängiger, vorsichtig anzusetzender Höchstzinssatz; z. Zt. 0,9 % bei auf EUR lautenden Verpflichtungen.
– Definition, wann von einer Garantie auszugehen ist (§ 22 Abs. 2 PFAV).
– Der bei der Übernahme einer versicherungsförmigen Garantie zur Anwendung kommende Rechnungszins gilt für die gesamte Laufzeit des Vertrags (interne Teilung: siehe § 22 Abs. 3 S. 2 PFAV).
– Von dem Grundsatz der für die ganze Vertragsdauer anzuwendenden Gültigkeit des von künftigen Erträgen unabhängigen Höchstzinssatzes kann nach § 22 Abs. 4 S. 1 PFAV abgewichen werden. Da sich die Regelung innerhalb der Bestimmung über versicherungsförmige Garantien findet, kann hiermit wohl nur gemeint sein, dass z. B. der von künftigen Erträgen unabhängige Höchstzinssatz jeweils angepasst wird, sofern dieser Zinssatz geändert wird. Sinkt der Höchstzinssatz in der Folge, kann mit Genehmigung der BaFin eine stufenweise Herabsetzung erfolgen (§ 22 Abs. 4 S. 2 PFAV), was die wirtschaftlichen Auswirkungen abmildert. Bei diesem Zinssatz handelt es sich definitionsgemäß ebenfalls um einen vorsichtig angesetzten Höchstzinssatz und nicht um einen von künftigen Kapitalerträgen abhängigen Zinssatz (gleitender Höchstzinssatz). Er gilt gemäß § 22 Abs. 1 PFAV für die Ermittlung der Deckungsrückstellung.
– Nach § 22 Abs. 5 PFAV ist auch eine Festlegung des Höchstzinssatzes zur Ermittlung der Deckungsrückstellung ab Rentenbeginn **für die folgenden acht Jahre** zulässig (ebenfalls für den Teil der Deckungsrückstellung, der auf laufende Rentenzahlungen entfällt) und zwar in einer Höhe von 85 % des arithmetischen Mittels der letzten Monatswerte der Umlaufrenditen der Anleihen der öffentlichen Hand mit einer Restlaufzeit von einem Jahr bis zu acht Jahren. Diese Variante kann für Einmalbeiträge in Zeiten einer kräftigen Inflation bei entsprechend hohem Marktzins interessant sein. Es handelt sich hierbei um einen von den erwarteten Erträgen abhängigen Höchstzinssatz, der sich abweichend von dem vorsichtig anzusetzenden Höchstzinssatz nach § 22 Abs. 1 PFAV an der aktuell zu erzielenden Umlaufrendite (arithmetisches Mittel der Anleihen der öffentlichen Hand mit einer Restlaufzeit von einem bis zu acht Jahren) orientiert. Hier spielt dann auch die Steilheit der Zinsstrukturkurve eine Rolle.
– § 23 Abs. 1 PFAV bestimmt, dass die versicherungsmathematischen Rechnungsgrundlagen **bei versicherungsförmigen Garantien nicht auf der Basis eines besten Schätzwertes** erfolgen dürfen. Zudem muss eine Beteiligung am Überschuss in angemessener Weise über die Laufzeit jenes Vertrags (Faktor Zeit) berücksichtigt werden;
– Soweit für den Rechnungszins ein von den erwarteten Kapitalerträgen abhängiger Zinssatz gewählt wird (z. B. § 22 Abs. 5 PFAV) normiert § 341 f Abs. 2 HGB i. V. m. § 23 Abs. 2 und 3 PFAV eine Aufhebung vom Zinsbeibehaltungsgebot des § 22 Abs. 3 S. 1 PFAV. Unterschreitet der zu ermittelnde Referenzzinssatz den maßgeblichen Rechnungszins, ist eine entsprechende Anpassung der Deckungsrückstellung nach § 23 Abs. 3 PFAV vorzunehmen.[11] Die Bestimmung des § 341 f Abs. 2 HGB ist Ausdruck des Vorsichtsprinzips im Hinblick auf die Anwendung von ertragsabhängigen Zusagen des Pensionsfonds.

Für **Zusagen ohne versicherungsförmige Garantie** enthält § 24 PFAV spezielle Regelungen für den Rechnungszins zur Kalkulation der Deckungsrückstellung. 9

[11] *Stinbrink/Johannleweling/Faigle/Reich* Beck'scher Versicherungsbilanz-Kommentar, 1998, §§ 341–341o HGB Rn. 13, 20.

- § 24 Abs. 1 PFAV: Für die Anwartschaftsphase („für die Zeit vor Rentenbezug", Abs. 1 S. 2) können die Rechnungsgrundlagen als bester Schätzwert unter Einschluss einer Sicherheitsspanne ermittelt werden, wenn ein leistungsbezogener Pensionsplan die periodische Überprüfung und gegebenenfalls Neufestsetzung der für die Zukunft der Höhe und dem Zeitpunkt nach vereinbarten Beiträge in Abhängigkeit von der Entwicklung der Leistungsverpflichtungen und der Vermögensanlage vorsieht (**Feststellungsverfahren**). Für die Leistungsphase („Zeit des Rentenbezugs" Abs. 1 S. 5) kann nur der von künftigen Erträgen unabhängige Höchstzinssatz nach § 22 Abs. 1 PFAV Verwendung finden, wenn der Pensionsfonds eine Garantie übernimmt (Abs. 1 S. 5 2. Hs.). Damit gelten in diesem Fall für die Kalkulation der Beiträge und die Ermittlung der Deckungsrückstellung derselbe Rechnungszins. Die Deckungsrückstellung ist sowohl in der Anwartschaftsphase (§ 341 f HGB) als auch in der Leistungsphase prospektiv zu bilden. In der Leistungsphase lässt dieses Modell aber auch eine Übernahme des Kapitalanlagerisikos durch den Pensionsfonds zu (siehe § 236 Abs. 1 S. 1 Nr. 4 VAG). Soweit der Verordnungsgeber das Feststellungsverfahren auch in der Leistungsphase zulässt (vgl. § 24 Abs. 1 S. 5 1. Hs.; dazu unten Rn. 10) stellt dies keinen Verstoß gegen Art. 15 Abs. 4d RL 2003/41/EG dar, da kein planmäßiger jährlicher Wechsel der Rechnungsgrundlagen stattfindet. In diesem Fall ist der Pensionsplan nicht versicherungsförmig garantiert.
- § 24 **Abs. 2** PFAV: Weitaus größere Bedeutung als § 24 Abs. 1 PFAV kommt § 24 Abs. 2 PFAV zu. Diese Bestimmung stellt allein auf die Rentenbezugszeit ab und postuliert die Wahl eines vorsichtigen Rechnungszinses. Diese Methode der prospektiven Deckungsrückstellungsermittlung verwirklicht das Geschäftsmodell des Pensionsfonds nach § 236 Abs. 2 VAG. Die Rechnungsgrundlagen müssen auf der Basis eines besten Schätzwertes unter Einbeziehung ihrer künftigen Veränderungen abgeleitet werden (Sicherheitsspanne).

10 Zusammengefasst sind folgende Methoden für die Ermittlung der **pensionsfondstechnischen Rückstellungen** denkbar:

(1) In der Anwartschaftsphase:

- Vorsichtig vom Verordnungsgeber anzusetzender Rechnungszinssatz (Höchstzinssatz nach § 22 Abs. 1 PFAV; versicherungsförmige Garantie).
- Für Verträge, denen derselbe Pensionsplan und dieselben Grundsätze der mathematischen Rückstellungen zu Grunde liegen ein nicht für die gesamte Laufzeit des Vertrags geltender einheitlicher Rechnungszins – maximal der jeweils gültige Höchstzinssatz mit ggf. stufenweiser Herabsetzung nach § 22 Abs. 4 PFAV (versicherungsförmige Garantie).

In den vorstehenden Varianten ist die Deckungsrückstellung prospektiv zu ermitteln. Abweichend hiervon ist folgende Methode in der **Anwartschaftsphase** zulässig: Verzicht auf die Vereinbarung eines Zinssatzes qua Vertragsfreiheit und Ansammlung der Deckungsmittel entsprechend den Vermögen für Rechnung und Risiko von Arbeitnehmern und Arbeitgebern (Zusage ohne versicherungsförmige Garantie; Bildung der Deckungsrückstellung retrospektiv).

Bei der reinen Beitragszusage bildet in der Ansparphase das planmäßig zuzurechnende Versorgungskapital auf der Grundlage der gezahlten Beiträge und die daraus erzielten Erträge das Deckungskapital (§ 35 Abs. 1 PFAV); hier findet also auch die retrospektive Methode Anwendung. Dabei kann nach § 35 Abs. 1 S. 2 PFAV ein kollektives Versorgungskapital gebildet werden, das den Versorgungsanwärtern insgesamt planmäßig zugerechnet wird. Spätestens aber bei Renteneintritt bzw. Auslösung des Leistungsfalls oder einer Vertragsstörung vor Beginn der Leistung muss das Versorgungskapital individuell zugeordnet werden.

(2) In der Leistungsphase:

- Vorsichtig vom Verordnungsgeber anzusetzender Rechnungszinssatz (Höchstzinssatz nach § 22 Abs. 1 PFAV – versicherungsförmige Garantie).
- Gemäß § 22 Abs. 4 PFAV für Verträge, denen derselbe Pensionsplan und dieselben Grundsätze der mathematischen Rückstellungen zu Grunde liegen, ein nicht für die gesamte Laufzeit des Vertrags geltender einheitlicher - Rechnungszins – maximal der jeweils gültige Höchstzinssatz mit ggf. stufenweiser Herabsetzung (versicherungsförmige Garantie).
- Mit vorsichtig gewähltem Rechnungszinssatz nach § 24 Abs. 2 PFAV (prospektive Methode) mit der Folge einer Zusage ohne versicherungsförmige Garantie (Geschäftsmodell nach § 236 Abs. 2 VAG).
- Gemäß § 22 Abs. 5 VAG Ermittlung der Deckungsrückstellung für die nächsten acht Jahre und den Teil der Deckungsrückstellungen, der auf laufende Rentenzahlungen entfällt in Höhe von 85 % des arithmetischen Mittels der letzten Werte der Umlaufrendite der Anleihen der öffentlichen Hand mit einer Restlaufzeit von einem bis zu acht Jahren.

Die Methode zur Ableitung der versicherungsmathematischen Rechnungsgrundlagen bei versicherungsförmigen Garantien ist in § 23 PFAV geregelt (u. a. Referenzwertermittlung im Zusammenhang mit § 341 f Abs. 2 HGB).

Die nach § 23 Abs. 1 und 2 PFAV herangezogenen versicherungsmathematischen Rechnungsgrundlagen dürfen – obgleich sie die Grundlage für versicherungsförmige Garantien bilden – nach Abs. 4

geändert werden, wenn die den Annahmen zugrunde liegenden rechtlichen oder wirtschaftlichen Rahmenbedingungen dies erfordern oder rechtfertigen.

Bei der reinen Beitragszusage ist in der Rentenbezugszeit die Deckungsrückstellung nach der retrospektiven Methode ausgehend von dem bei Rentenbeginn vorhandenen Versorgungskapital und unter Heranziehung der Rechnungsgrundlagen nach § 24 Abs. 2 S. 2 bis 4 PFAV zu ermitteln (Rechnungszins für Zusagen ohne versicherungsförmige Garantie i. V. m. §§ 35 Abs. 2 und 36 Abs. 1 PFAV). Im Hinblick auf den einzuhaltenden Kapitaldeckungsgrad (§ 36 VAG) kann die Leistungshöhe schwanken.

Für die Methode der **Beitragskalkulation** bei **nicht versicherungsförmig garantierten Pensionsplänen** sieht der Verordnungsgeber in § 24 PFAV folgende Varianten vor: 11

(1) In der Anwartschaftsphase: Feststellungsverfahren nach § 24 Abs. 1 S. 1–4 PFAV mit vorsichtig zu wählendem Rechnungszins (bester Schätzwert);

(2) In der Leistungsphase: Feststellungsverfahren nach § 24 Abs. 1 S. 1 PFAV und **Abs. 1 S. 5 1. Hs.** mit ausschließlich dem Höchstzinssatz nach § 22 Abs. 1 PFAV (vorsichtig vom Verordnungsgeber anzusetzender Rechnungszins) ohne versicherungsförmige Garantie. Im Rahmen des Feststellungsverfahrens in der Leistungsphase darf der Pensionsfonds auch einen höheren Höchstzinssatz verwenden, wenn dieser steigt (Feststellungsverfahren in der Leistungsphase). Ein Herabsetzungsverfahren wie in § 22 Abs. 4 S. 2 PFAV geregelt, hat der Verordnungsgeber beim Geschäftsmodell „Zusagen ohne versicherungsförmige Garantie“ nicht vorgesehen.

Übernimmt der Pensionsfonds aber **in der Leistungsphase** unter Zugrundelegung des Höchstzinssatzes nach § 22 PFAV **eine versicherungsförmige Garantie, darf der Pensionsfonds diesen Zinssatz nicht mehr ändern** (keine Anwendung des Feststellungsverfahrens – vgl. § 24 Abs. 1 **S. 5 2. Hs.**).

Die verschiedenen Methoden in der Anwartschafts- und Leistungsphase sind gegebenenfalls miteinander kombinierbar, die Kombination kann auch auf die Themen Kostengarantie und die Garantie biometrischer Risiken erstreckt werden. 12

III. Exkurs 2: Hinweis zur RechPensV. Die RechPensV[12] hat ihre Grundlage in § 341 Abs. 4 i. V. m. § 330 HGB. Auch hier ist nicht der Raum für eine eingehende Kommentierung.[13] 13

Es soll nur auf die umstrittene Frage der **Zillmerung** von Abschlusskosten in den ersten Beiträgen eingegangen werden. Hier schließt de Groot aus dem Fehlen einer § 25 Abs. 1 S. 2 RechVerV entsprechenden Vorschrift in § 13 Abs. 1 RechPensV, dass die Verrechnung von Abschlusskosten gesetzgeberisch nicht gewollt sei.[14] Insbesondere im Hinblick auf die häufig vorkommenden großvolumigen Einmalbeiträge ohne Folgebeiträge stellt sich das Problem bei Pensionsfonds aus einem anderen Blickwinkel. Für laufende Beiträge hingegen müsste eine Zillmerung erlaubt sein, wenn man bedenkt, dass nur bei regulierten Pensionskassen die Abschlusskostenerhebung ausdrücklich untersagt ist (§ 233 Abs. 1 S. 1 Nr. 4 VAG). 14

Kapitel 3. Grenzüberschreitende Geschäftstätigkeit von Einrichtungen der betrieblichen Altersversorgung

Grenzüberschreitende Tätigkeit von Pensionskassen

241 [1] **Auf die grenzüberschreitende Tätigkeit von Pensionskassen ist § 242 mit Ausnahme des Absatzes 1 Satz 2 entsprechend anzuwenden; Teil 2 Kapitel 1 Abschnitt 7 Unterabschnitt 1 ist nicht anzuwenden.** [2] **Auf die Geschäfte im Ausland ist § 232 Absatz 1 Nummer 2 und 3 nicht anzuwenden.**

I. Allgemeines. Die Vorschrift entspricht § 118c VAG a. F. Im Kapitel 3 des vierten Teils des VAG wird zusammengefasst die Zulässigkeit grenzüberschreitender Geschäftstätigkeit von Pensionskassen und Pensionsfonds und von Einrichtungen der betrieblichen Altersversorgung mit Sitz in einem anderen Mitglieds- oder Vertragsstaat (vgl. § 7 Nr. 22 VAG) im Inland geregelt. 1

Die Regelungen treten an die Stelle der bisherigen §§ 117, 117a, 118c VAG a. F. Europarechtliche Grundlage der Bestimmungen bildet die Richtlinie 2003/41 EG. 2

II. Voraussetzungen der Zulässigkeit; Prüfungs- und Notifizierungsverfahren. Nach § 241 VAG i. V. m. § 242 Abs. 2 VAG haben Pensionskassen der BaFin die Absicht, betriebliche Altersversorgung für ein Trägerunternehmen mit Sitz in einem anderen Mitglied- oder Vertragsstaat durch- 3

[12] VO über die Rechnungslegung von Pensionsfonds vom 25.2.2003 (BGBl. I S. 246) i. d. F. vom 17.7.2015 (BGBl. I 1245).

[13] Zur RechVersV vgl. Beck'scher Versicherungsbilanz-Kommentar, 1998, §§ 341–341o HGB Rn. 1 ff. (S. 409 ff).

[14] *De Groot,* Der deutsche Pensionsfonds als Instrument der betrieblichen Altersversorgung im Spannungsfeld zwischen Betriebsrenten- und Versicherungsrecht, 2010, S. 49 f.

zuführen unter Angabe des betreffenden Staates und des Namens des Trägerunternehmens anzuzeigen (**Notifizierungsverfahren**, siehe hierzu § 242). Gleichzeitig sind die Hauptmerkmale des in dem Mitgliedsstaat vom Trägerunternehmen genutzten Altersversorgungssystems anzugeben. Mit der grenzüberschreitenden Tätigkeit begibt sich also die Einrichtung der betrieblichen Altersversorgung auf das Terrain eines anderen Arbeits-/Sozial- und Steuerrechts. Dies erfordert, dass die Einrichtung ausreichend Kenntnisse dieser Rahmenbedingungen des ausländischen Geschäfts hat. Zu den übrigen Bestimmungen siehe die Kommentierung zu § 242 Abs. 3–8 VAG.

4 **III. Nicht anzuwendende Vorschriften.** Der Gesetzgeber hat auch hier seine teilweise schwer lesbare Verweisungstechnik fortgesetzt. Zunächst sind nach § 241 VAG grundsätzlich die Vorschriften, die sich auf den Pensionsfonds beziehen, auch auf Pensionskassen anwendbar (siehe dazu die Hinweise bei § 242 VAG). Nicht anwendbar sind die Regelungen in §§ 57–60 VAG, also die Bestimmungen über den Dienstleistungsverkehr und Niederlassungen (§§ 57–60 VAG). Darüber hinaus gilt für Pensionskassen im grenzüberschreitenden Verkehr nicht § 232 Abs. 1 Nr. 2 VAG (Leistungen grundsätzlich erst ab dem Zeitpunkt des Wegfalls des Erwerbseinkommens) und § 232 Abs. 1 Nr. 3 VAG (Leistungen im Todesfall nur an Hinterbliebene). Damit erweitert der Gesetzgeber das Geschäftsmodell für Pensionskassen im grenzüberschreitenden Verkehr aus Wettbewerbsgründen.

Grenzüberschreitende Tätigkeit von Pensionsfonds

242 (1) [1]**Pensionsfonds dürfen nach Maßgabe der Absätze 2 bis 6 in anderen Mitglied- oder Vertragsstaaten Geschäft betreiben.** [2]**Auf dieses Geschäft sind Teil 2 Kapitel 1 Abschnitt 7 Unterabschnitt 1, § 236 Absatz 1 Satz 1 Nummer 2 bis 4 und Satz 2 sowie Absatz 2 und § 239 Absatz 3 und 4 nicht anzuwenden.** [3]**Die Aufsichtsbehörde kann für dieses Geschäft die Bildung eines gesonderten Sicherungsvermögens verlangen.**

(2) [1]**Pensionsfonds haben der Aufsichtsbehörde ihre Absicht, betriebliche Altersversorgung für ein Trägerunternehmen mit Sitz in einem anderen Mitglied- oder Vertragsstaat durchzuführen, unter Angabe des betreffenden Mitglied- oder Vertragsstaats anzuzeigen.** [2]**Gleichzeitig sind der Name des Trägerunternehmens und die Hauptmerkmale des für das Trägerunternehmen zu betreibenden Altersversorgungssystems anzugeben.**

(3) [1]**Nach Eingang der Anzeige prüft die Aufsichtsbehörde die rechtliche Zulässigkeit der beabsichtigten Tätigkeit, insbesondere die Angemessenheit der Verwaltungsstruktur, der Finanzlage und der Qualifikation der Geschäftsleiter im Verhältnis zu der beabsichtigten Tätigkeit.** [2]**Bei Unbedenklichkeit übermittelt sie die nach Absatz 2 vorgelegten Angaben innerhalb von drei Monaten nach Erhalt den zuständigen Behörden des anderen Mitglied- oder Vertragsstaats und benachrichtigt hierüber den Pensionsfonds.**

(4) [1]**Die Aufsichtsbehörde übermittelt dem Pensionsfonds die von den zuständigen Behörden des anderen Mitglied- oder Vertragsstaats erteilten Informationen über**
1. **die einschlägigen arbeits- und sozialrechtlichen Vorschriften im Bereich der betrieblichen Altersversorgung sowie**
2. **die Vorschriften des Tätigkeitslandes, die nach Artikel 18 Absatz 7 und Artikel 20 Absatz 7 der Richtlinie 2003/41/EG anzuwenden sind.**

[2]**Nach Erhalt der Mitteilung nach Satz 1, spätestens zwei Monate nach Erhalt der Benachrichtigung nach Absatz 3 Satz 2, darf der Pensionsfonds die Tätigkeit im Einklang mit den in Satz 1 genannten Vorschriften aufnehmen.**

(5) [1]**Die Aufsichtsbehörde teilt der Europäischen Aufsichtsbehörde für das Versicherungswesen und die betriebliche Altersversorgung mit, in welchen Mitglied- oder Vertragsstaaten der Pensionsfonds tätig ist.** [2]**Die Aufsichtsbehörde unterrichtet diese Behörde unverzüglich über die dem betreffenden Pensionsfonds erteilte Erlaubnis zum Geschäftsbetrieb, wenn er erstmals berechtigt ist, grenzüberschreitend tätig zu werden.**

(6) [1]**Die Aufsichtsbehörde trifft in Abstimmung mit den zuständigen Behörden des anderen Mitglied- oder Vertragsstaats die erforderlichen Maßnahmen, um sicherzustellen, dass der Pensionsfonds die von diesen Behörden festgestellten Verstöße gegen arbeits- und sozialrechtliche Vorschriften unterbindet.** [2]**Verstößt das Unternehmen weiterhin gegen die in Satz 1 genannten Vorschriften, kann die Aufsichtsbehörde die Tätigkeit des Unternehmens untersagen oder einschränken.**

(7) [1]**Bei Pensionsfonds, die der Landesaufsicht unterliegen, informiert die zuständige Landesaufsichtsbehörde die Bundesanstalt über die Anzeige des Unternehmens.** [2]**Die Bundesanstalt unterstützt die Landesaufsichtsbehörde auf Anforderung bei der Durchführung des Notifikationsverfahrens und bei der Durchführung von Maßnahmen nach Absatz 6.**

(8) **Für die Erweiterung des Geschäftsbetriebs auf ein Gebiet außerhalb der Mitglied- oder Vertragsstaaten gilt § 12 Absatz 1 und 3 entsprechend.**

I. Allgemeines; grenzüberschreitender Wettbewerb der Pensionsfonds. Die Vorschrift entspricht § 117 VAG a. F., der ebenso wie bei Pensionskassen zunächst das Durchlaufen des Notifikationsverfahrens verlangt. 1

Mit dieser Vorschrift setzt der Gesetzgeber Art. 20 und 16 der PensionsfondsRL um. Auch hier ist – ebenso wie bei den Pensionskassen – die Anwendbarkeit der Regeln in §§ 57–60 VAG (Dienstleistungsverkehr, Niederlassungsrecht) ausgeschlossen. **Der grenzüberschreitend tätige Pensionsfonds unterliegt weiterhin der Herkunftslandaufsicht** – also der BaFin –, die zusätzlich in Abstimmung mit der Behörde des Mitglied- oder Vertragsstaates die erforderlichen Maßnahmen zu treffen hat, um sicherzustellen, dass der Pensionsfonds die von diesen Behörden festgestellten Verstöße gegen arbeits- und sozialrechtliche Vorschriften bei seinem Auslandsgeschäft unterbindet (siehe Art. 20 PensionsfondsRL).

Mit dem Ausschluss des § 236 Abs. 1 S. 1 Nr. 2–4 und S. 2 sowie Abs. 2 VAG und § 239 Abs. 3 und 4 VAG setzt der Gesetzgeber Art. 16 Abs. 3 der PensionsfondsRL um; **zulässig sind danach ab Leistungsbeginn im grenzüberschreitenden Verkehr nur vollständig kapitalgedeckte Pensionspläne.**[1] Damit sind auch vorübergehende Unterdeckungen in der Leistungsphase ausgeschlossen. In der Anwartschaftsphase darf der Pensionsfonds den Aufbau der Versorgung nicht versicherungsförmig, mit retrospektiv gebildeten Rückstellungen gestalten. Dies folgt aus Art. 16 Abs. 1 RL 2003/41/EG, wonach die Einrichtungen der betrieblichen Altersversorgung jederzeit für alle von ihnen verwalteten Versorgungssysteme versicherungstechnische Rückstellungen in angemessener Höhe entsprechend den sich aus ihrem Rentenvertragsbestand ergebenden finanziellen Verpflichtungen bilden. Maßgeblich sind also die finanziellen Verpflichtungen des Rentenbestands für die Rückstellungsbildung. Das schafft Freiheit für die Ansparphase. 2

Da der VAG-Gesetzgeber ausdrücklich alle Geschäftsmodelle des Pensionsfonds (§ 236 Abs. 1 S. 1 Nr. 2–4 und S. 2 sowie Abs. 2 VAG) im grenzüberschreitenden Verkehr im Einklang mit der Pensionsfondsrichtlinie ausschließt, bleibt ausdrücklich nur das Betreiben der betrieblichen Altersversorgung im Wege des Kapitaldeckungsverfahrens[2] (§ 236 Abs. 1 S. 1 Nr. 1 VAG) übrig. 3

Ob dies automatisch eine versicherungsförmige Garantie nach sich zieht, scheint wegen des Ausschlusses des § 236 Abs. 1 S. 1 Nr. 4 VAG fraglich. Aus der **Nichtanwendbarkeit der Unterdeckungsregeln** nach § 239 Abs. 3 und 4 VAG kann dies nicht geschlossen werden, da auf Grund des anzuwendenden Kapitaldeckungsverfahrens von einer ständig gegebenen Zuführungspflicht zum Sicherungsvermögen ausgegangen werden kann. Andererseits zeigen die Erwägungsgründe Nr. 7, 13, 20, 26, 28 der PensionsfondsRL gewisse Gestaltungsspielräume auf. Jedenfalls lässt die Pensionsfondsrichtlinie im Einklang mit dem VAG den Wettbewerb unter den Pensionsfonds in Europa auf der Grundlage des Kapitaldeckungsverfahrens zu. 4

Für diese grenzüberschreitende Geschäftstätigkeit kann die BaFin ein **eigenes Sicherungsvermögen** fordern (vgl. Art. 16 Abs. 3 PensionsfondsRL), während sonst der Pensionsfonds entscheidet, ob er in Abhängigkeit von seinen Pensionsplänen verschiedene Sicherungsvermögen einrichtet. Mit dieser Forderung nach einem eigenen Sicherungsvermögen für das Auslandsgeschäft wird eine bessere Ergebnistransparenz für diesen Geschäftszweig geschaffen und die ausreichende Bedeckung der Rückstellungen kann einfacher überwacht werden. 5

II. Anzeigepflicht (Abs. 2). Siehe hierzu die Kommentierung bei § 241 Rn. 3. 6

III. Prüfungsumfang; Notifizierungsverfahren (Abs. 3 und 4). Die Auslandstätigkeit ist rechtlich nur zulässig, wenn 7

- der Pensionsfonds eine angemessene Verwaltungsstruktur,
- eine angemessene Finanzlage und
- hinreichend qualifizierte Geschäftsleiter im Verhältnis zu der beabsichtigten Tätigkeit vorweisen kann.

Sofern die Prüfungen keinen Anhaltspunkt für Bedenken ergeben, übermittelt die BaFin die nach § 242 Abs. 2 VAG vorgelegten Unterlagen innerhalb von drei Monaten nach Erhalt den zuständigen Behörden des anderen Mitglied- oder Vertragsstaats und benachrichtigt hierüber den Pensionsfonds. Die Frist von drei Monaten markiert zugleich die maximale Prüfungsdauer der rechtlichen Zulässigkeit. Gleichzeitig hat die BaFin dem antragstellenden Pensionsfonds die nach § 242 Abs. 4 Nr. 1 und 2 VAG genannten Unterlagen zu übermitteln. Nach Erhalt dieser Mitteilung, spätestens aber zwei Monate nach Erhalt der Informationen über die Benachrichtigung der zuständigen Behörden des anderen Mitglied- oder Vertragsstaates (Abs. 3 S. 2) darf der antragstellende Pensionsfonds die Tätigkeit im Ausland aufnehmen. Im Rahmen der Unterrichtung hat die BaFin auch die europäische Aufsichtsbehörde für 8

[1] Bähr/*Laars* § 32 Rn. 81, § 31 Rn. 112 ff.

[2] Vgl. hierzu ausführlich mit weiteren Nachweisen *de Groot,* Der deutsche Pensionsfonds als Instrument der betrieblichen Altersversorgung im Spannungsfeld zwischen Betriebsrenten und Versicherungsrecht, 2010, S. 29 ff.

das Versicherungswesen und die betriebliche Altersversorgung von der Auslandstätigkeit des Pensionsfonds zu unterrichten (§ 242 Abs. 5 VAG).

9 **IV. Laufende Aufsicht.** Nach § 242 Abs. 6 VAG wird die BaFin in Abstimmung mit den zuständigen Behörden des anderen Mitglied- oder Vertragsstaats auch zum Schutze der ausländischen Arbeitgeber und Arbeitnehmer tätig. Bei dauerhaft festgestellten Verstößen gegen arbeits- und sozialrechtliche Vorschriften kann die BaFin die Auslandstätigkeit untersagen oder einschränken. Durch die mehrfache Betonung der Herkunftslandsaufsicht (siehe Art. 16 PensionsfondsRL) wird deutlich, dass der Pensionsfonds ganz unter der Aufsicht der BaFin bleibt, die zusätzlich auf dem Gebiet des Arbeits- und Sozialrechts die Informationen der Behörden des Tätigkeitslandes umzusetzen hat.

10 **V. Landesaufsicht.** Soweit Pensionsfonds der Landesaufsicht unterstehen gilt § 242 Abs. 7 VAG.

11 **VI. Tätigkeit außerhalb der Mitglied- oder Vertragsstaaten (Abs. 8).** Es gilt § 242 Abs. 8 VAG i. V. m. § 12 Abs. 1 und 3 VAG (genehmigungspflichtige Geschäftsplanänderung mit weiteren Nachweisen).

Einrichtungen mit Sitz in einem anderen Mitglied- oder Vertragsstaat

243 (1) [1] **Zugelassene Einrichtungen der betrieblichen Altersversorgung mit Sitz in einem anderen Mitglied- oder Vertragsstaat dürfen nach Maßgabe der folgenden Absätze im Inland Geschäfte betreiben.** [2] **Teil 2 Kapitel 1 Abschnitt 7 Unterabschnitt 2 ist nicht anzuwenden.**

(2) [1] **Die Bundesanstalt informiert die zuständigen Behörden des Herkunftsstaats innerhalb von zwei Monaten ab Erhalt der Angaben nach Artikel 20 Absatz 3 der Richtlinie 2003/41/EG über die arbeits- und sozialrechtlichen Vorschriften im Bereich der betrieblichen Altersversorgung sowie über die Regelungen des Absatzes 5.** [2] **Nach Erhalt der Mitteilung der Bundesanstalt über die zuständigen Behörden oder bei Nichtäußerung der zuständigen Behörden nach Ablauf der in Satz 1 genannten Frist darf die Einrichtung den Betrieb des Altersversorgungssystems im Einklang mit den in Satz 1 genannten Vorschriften im Inland aufnehmen.**

(3) **Die Bundesanstalt stellt fest, welchem Durchführungsweg im Sinne des § 1b Absatz 2 bis 4 des Betriebsrentengesetzes die Einrichtung zuzuordnen ist, und übermittelt die Feststellung an die Einrichtung und den Pensions-Sicherungs-Verein Versicherungsverein auf Gegenseitigkeit.**

(4) **Die Bundesanstalt benachrichtigt die zuständigen Behörden des Herkunftsstaats über wesentliche Änderungen der arbeits- und sozialrechtlichen Vorschriften, die sich auf die Merkmale des Altersversorgungssystems auswirken können, und über wesentliche Änderungen der Regelung des Absatzes 5.**

(5) [1] **Eine zugelassene Einrichtung der betrieblichen Altersversorgung mit Sitz in einem anderen Mitglied- oder Vertragsstaat darf zusätzlich zu ihren nationalen aufsichtsrechtlichen Vorschriften für den Fall ihrer Geschäftstätigkeit in Deutschland**

1. **nicht mehr als 5 Prozent ihrer Vermögenswerte in Aktien und anderen aktienähnlichen Wertpapieren, Anleihen, Schuldverschreibungen und anderen Geld- und Kapitalmarktinstrumenten desselben Unternehmens und nicht mehr als 10 Prozent dieser Vermögenswerte in Aktien und anderen aktienähnlichen Wertpapieren, Anleihen, Schuldverschreibungen und anderen Geld- und Kapitalmarktinstrumenten von Unternehmen anlegen, die einer einzigen Unternehmensgruppe angehören; für Anlagen, bei denen mindestens eine der Verordnungen nach § 235 Absatz 1 Satz 1 Nummer 10 oder § 240 Satz 1 Nummer 8 eine höhere Streuungsquote vorsieht, gilt die jeweils höhere Quote, und**
2. **nicht mehr als 30 Prozent dieser Vermögenswerte in Vermögenswerten anlegen, die auf andere Währungen als die der Verbindlichkeiten lauten.**

[2] **Satz 1 ist nur anzuwenden in Bezug auf den Teil der Vermögenswerte der Einrichtung, der der in Deutschland ausgeführten Geschäftstätigkeit im Sinne der Richtlinie 2003/41/EG entspricht.** [3] **Zusätzlich haben die Einrichtungen die Verbraucherinformationen nach Maßgabe des § 144 zu erteilen.**

(6) [1] **Die Bundesanstalt überwacht, ob die Einrichtung die arbeits- und sozialrechtlichen Vorschriften beachtet und die Verbraucherinformationen erteilt.** [2] **Bei Unregelmäßigkeiten im Sinne des Artikels 20 Absatz 9 der Richtlinie 2003/41/EG unterrichtet sie unverzüglich die zuständigen Behörden des Herkunftsstaats.** [3] **Verstößt die Einrichtung weiterhin gegen die arbeits- und sozialrechtlichen Vorschriften, so kann die Bundesanstalt nach Unterrichtung der zuständigen Behörden des Herkunftsstaats die erforderlichen Maßnahmen treffen, um**

diese Verstöße zu verhindern. [4]Wenn andere Maßnahmen erfolglos geblieben sind, kann die Bundesanstalt der Einrichtung die Tätigkeit im Inland untersagen.

(7) **Auf Antrag der Aufsichtsbehörde des Herkunftsstaats einer Einrichtung der betrieblichen Altersversorgung trifft die Bundesanstalt die erforderlichen Maßnahmen, um die freie Verfügung über Vermögenswerte untersagen zu können, die sich im Besitz eines Treuhänders oder einer Verwahrstelle mit Standort im Inland befinden.**

I. Allgemeines. Die grenzüberschreitende Tätigkeit von Einrichtungen der betrieblichen Altersversorgung ist in den Mitglied- oder Vertragsstaaten keine einseitige, sondern eine reziproke Veranstaltung. Immer muss es sich aber um zugelassene – d. h.: beaufsichtigte – Einrichtungen handeln. **Für die grenzüberschreitende Tätigkeit solcher zugelassener Einrichtungen der betrieblichen Altersversorgung gilt ebenso (reziprok) nicht die Freiheit des Niederlassungs- und Dienstleistungsverkehrs.** Demnach sind für diese Unternehmen § 61 VAG (Geschäftstätigkeit durch eine Niederlassung oder im Dienstleistungsverkehr), § 62 VAG (Umfang der laufenden Aufsicht), § 63 VAG (grenzüberschreitende Bestandsübertragung), § 64 VAG (bei Lloyd's vereinigte Einzelversicherer), § 65 (Niederlassung), § 66 (Dienstleistungsverkehr; Mitversicherer) nicht anzuwenden. 1

An ihre Stelle treten die Vorschriften der Abs. 2–7.

II. Einzelheiten. Im Wesentlichen ist **die grenzüberschreitende Tätigkeit ein Verfahren, das von Mitteilungs- und Informationspflichten, verbunden mit Wartezeiten, gekennzeichnet ist.** Das Versicherungsaufsichtsgesetz knüpft in § 242 VAG Abs. 2 VAG an dem in der RL 2003/41/EG vom 3.6.2003 über die Tätigkeiten und die Beaufsichtigung von Einrichtungen der betrieblichen Altersversorgung geregelten Verfahrensteil im Herkunftsland an und statuiert nach Erhalt der Angaben seitens der Behörde des Herkunftslandes die Informationspflicht der BaFin über die arbeits- und sozialrechtlichen Vorschriften im Bereich der betrieblichen Altersversorgung sowie über die einschränkenden Regelungen hinsichtlich der Kapitalanlage für die in Deutschland ausgeführte Geschäftstätigkeit (Aufsicht im Rahmen der Tätigkeitslandaufsicht). Nach Art. 18 Abs. 7 RL 2003/41/EG obliegt es ausschließlich der Aufsichtsbehörde des Tätigkeitsmitgliedstaates darüber zu entscheiden, ob die einschränkenden Regeln für die Anlage der Vermögenswerte nach Abs. 2 Art. 18 Abs. 7 RL 2003/41/EG zur Anwendung kommen. Damit wird die Produktvielfalt im Tätigkeitsland eingeschränkt und auch der Preis für die Altersvorsorgeprodukte beeinflusst. Der deutsche Gesetzgeber hat in § 243 Abs. 2 i. V. m. Abs. 5 VAG hiervon für Einrichtungen anderer Herkunftsländer Gebrauch gemacht. 2

III. Sonstige Feststellungen, Informationen und Überwachungsaufgaben. Im Übrigen sieht § 243 **Abs. 3** VAG die Feststellung der BaFin vor, welchem Durchführungsweg der betrieblichen Altersversorgung die beabsichtigte grenzüberschreitende Tätigkeit zuzuordnen ist und sie teilt dies der Einrichtung und dem PSVaG mit. 3

In **Abs. 4** ist der Informationsaustausch der zuständigen Behörde des Herkunftslands geregelt (Kooperation). Nach **Abs. 6** überwacht die BaFin, ob die Einrichtung die arbeits- und sozialrechtlichen Vorschriften beachtet und die Verbraucherinformationen nach § 144 VAG erteilt (§ 243 Abs. 5 S. 3 VAG). 4

Auf Antrag der Aufsichtsbehörde im Herkunftsland einer Einrichtung der betrieblichen Altersversorgung hat die BaFin die erforderlichen Maßnahmen zu treffen, um die freie Verfügung über Vermögenswerte, die sich im Besitz eines Treuhänders oder einer inländischen Verwahrstelle befinden, untersagen zu können (§ 243 **Abs. 7** VAG). Dabei hat die BaFin die Rechtmäßigkeit des Antrags nicht zu prüfen; offensichtliche Rechtswidrigkeit, wie Antrag seitens einer unzuständigen Behörde, ist aber zu beachten. 5

Einrichtungen mit Sitz in Drittstaaten

244 Auf Einrichtungen der betrieblichen Altersversorgung mit Sitz in einem Drittstaat ist Teil 2 Kapitel 1 Abschnitt 7 Unterabschnitt 3 anzuwenden.

Auf Einrichtungen mit Sitz in einem Drittstaat sind die Bestimmungen über die Geschäftstätigkeit durch eine Niederlassung mit Bestellung eines Hauptbevollmächtigten (§ 68 VAG) anzuwenden. 1

Es gelten: 2

- der Grundsatz der Spartentrennung (§ 67 VAG);
- das Genehmigungsverfahren (§ 69 VAG);
- ggf. Erleichterungen für Unternehmen, die bereits in einem anderen Mitglied- oder Vertragsstaat zugelassen sind (§ 70 VAG);
- die Regelung zum Widerruf der Erlaubnis (§ 71 VAG);
- die Einschränkung auf die Versicherung inländischer Risiken (§ 72 VAG);
- die spezielle die Bestandsübertragung betreffende Regelung (§ 73 VAG).

Teil 5. Gruppen

Kapitel 1. Beaufsichtigung von Versicherungsunternehmen in einer Gruppe

Anwendungsbereich der Gruppenaufsicht

245 (1) [1]**Versicherungsunternehmen einer Gruppe unterliegen neben der Einzelaufsicht einer Aufsicht auf Ebene der Gruppe nach Maßgabe der Vorschriften dieses Teils.** [2]**Sofern in diesem Teil nichts anderes bestimmt ist, sind auf diese Unternehmen die Vorschriften für die Einzelbeaufsichtigung von Versicherungsunternehmen weiterhin anwendbar.**

(2) **Der Gruppenaufsicht unterliegen**

1. **Versicherungsunternehmen, die bei mindestens einem Versicherungsunternehmen oder mindestens einem Versicherungsunternehmen eines Drittstaats beteiligte Unternehmen sind,**
2. **Versicherungsunternehmen, deren Mutterunternehmen**
   a) **eine Versicherungs-Holdinggesellschaft oder**
   b) **eine gemischte Finanzholding-Gesellschaft**

   mit Sitz in einem Mitglied- oder Vertragsstaat ist,
3. **Versicherungsunternehmen, deren Mutterunternehmen**
   a) **eine Versicherungs-Holdinggesellschaft oder**
   b) **eine gemischte Finanzholding-Gesellschaft oder**
   c) **ein Versicherungsunternehmen**

   mit Sitz in einem Drittstaat ist, und
4. **Versicherungsunternehmen, deren Mutterunternehmen eine gemischte Versicherungs-Holdinggesellschaft ist.**

(3) **Ist das beteiligte Versicherungsunternehmen oder die Versicherungs-Holdinggesellschaft oder die gemischte Finanzholding-Gesellschaft mit Sitz in einem Mitglied- oder Vertragsstaat verbundenes Unternehmen eines beaufsichtigten Unternehmens oder einer gemischten Finanzholding-Gesellschaft, die gemäß Artikel 5 Absatz 2 der Richtlinie 2002/87/EG des Europäischen Parlaments und des Rates vom 16. Dezember 2002 über die zusätzliche Beaufsichtigung der Kreditinstitute, Versicherungsunternehmen und Wertpapierfirmen eines Finanzkonglomerats und zur Änderung der Richtlinien 73/239/EWG, 79/267/EWG, 92/49/EWG, 92/96/EWG, 93/6/EWG und 93/22/EWG des Rates und der Richtlinien 98/78/EG und 2000/12/EG des Europäischen Parlaments und des Rates (ABl. L 35 vom 11.2.2003, S. 1) einer zusätzlichen Beaufsichtigung unterliegt oder selbst ein solches Unternehmen oder eine solche Gesellschaft, kann die Gruppenaufsichtsbehörde in den in Absatz 2 Nummer 1 und 2 genannten Fällen nach Anhörung der anderen betroffenen Aufsichtsbehörden auf der Ebene des beteiligten Versicherungsunternehmens oder der Versicherungs-Holdinggesellschaft oder gemischten Finanzholding-Gesellschaft von der Überwachung der Risikokonzentration gemäß § 273, der Überwachung der gruppeninternen Transaktionen gemäß § 274 oder von beidem absehen.**

(4) [1]**Unterliegt eine gemischte Finanzholding-Gesellschaft, insbesondere im Hinblick auf die risikobasierte Beaufsichtigung, gleichwertigen Bestimmungen nach Maßgabe der Richtlinie 2009/138/EG und der Richtlinie 2002/87/EG, kann die Gruppenaufsichtsbehörde, nach Anhörung der anderen betroffenen Aufsichtsbehörden, auf der Ebene der gemischten Finanzholding-Gesellschaft nur die entsprechenden Bestimmungen der Richtlinie 2002/87/EG anwenden.** [2]**Unterliegt die gemischte Finanzholding-Gesellschaft gleichwertigen Bestimmungen nach Maßgabe der Richtlinie 2009/138/EG und der Richtlinie 2006/48/EG, kann die Grupenaufsichtsbehörde im Einvernehmen mit der konsolidierenden Aufsichtsbehörde für die Banken- und Wertpapierbranche nur die Bestimmungen der Richtlinie zu der am stärksten vertretenen Finanzbranche nach Artikel 3 Absatz 2 der Richtlinie 2002/87/EG anwenden.**

Übersicht

Schrifttum: *Dreher*, Die versicherungsaufsichtsrechtliche Beurteilung strategischer Beteiligungen im Sinne der Basissolvenzkapitalanforderungen nach Solvency II, WM 2016, S. 1317 ff. (Teil I) und 1369 ff. (Teil II); *Gründl/Kraft*, Solvency II – Eine Einführung: Grundlagen der neuen Versicherungsaufsicht, 2016; *Krämer*, Die Gruppenaufsicht nach dem Entwurf der Solvency II Rahmenrichtlinie, ZVersWiss 97 (2008), S. 319 ff.; *Kraft*, Die Umsetzung der Solvency II-Gruppenaufsicht im deutschen VAG: Inwieweit gilt deutsches Recht für die Beaufsichtigung internationaler Versicherungsgruppen?, ZVersWiss 104 (2015), S. 389 ff.; *Kraft/Porzelt/Rebhan*, Typologie der Versicherungsunternehmen in Deutschland im Hinblick auf die Solvency II-Gruppenaufsicht: Aspekte struktureller Finanzstabilität im Versicherungssektor, ZVersWiss 104 (2015), S. 501 ff.; *Sehrbrock*, Gruppenaufsicht unter Solvency II, ZVersWiss 97 (2008), S. 27 ff.

I. Allgemeines. 1. Entstehungsgeschichte. Die Vorschrift des Abs. 2 entspricht weitgehend der des **§ 104a Abs. 1 VAG a. F.** Wesentliche Änderung auch gegenüber der Fassung des Abs. 2 Nr. 2 durch den RegE 2012 ist, dass zuvor Versicherungsunternehmen, die Tochterunternehmen einer gemischten Finanzholding-Gesellschaft waren, nicht der Gruppenaufsicht nach §§ 104a ff. VAG a. F. unterlagen, sondern nur der Finanzkonglomerate-Aufsicht nach §§ 104k ff. VAG a. F. bzw. FKAG.[1] 1

[1] Vgl. Bähr/*Krämer* § 15 Rn. 12 ff. und 95 ff.

2 **2. Normzweck.** Die Vorschrift bestimmt das **Verhältnis der Gruppenaufsicht zur Einzel- oder Soloaufsicht** über die Unternehmen der Gruppe und den Adressaten der Pflichten aus den verschiedenen Konstellationen der Gruppenaufsicht. Weiterhin erlaubt sie den **Verzicht auf Teile der Gruppenaufsicht**, wenn eine Beaufsichtigung nach dem FKAG stattfindet.

3 **3. Europarechtlicher Hintergrund.** Die Vorschrift setzt **Art. 213 Solva II-RL** um. Sie wird durch die EIOPA-LL 4 f. Gruppensolvabilität ausgelegt.

4 **II. Überblick, Verhältnis zur Einzelaufsicht (Abs. 1). 1. Grundsätzliche Parallelität zur Einzelaufsicht.** Zunächst findet die Gruppenaufsicht über bestimmte Versicherungsunternehmen einer Gruppe zusätzlich bzw. parallel zur Soloaufsicht nach Teil 2 des VAG (§§ 8 – 220 VAG) statt (sog. „Solo-Plus-Aufsicht"), die dementsprechend grundsätzlich unverändert ausgeübt wird. Das Verhältnis der beiden Aufsichten drückt EG 104 Solva II-RL so aus: der Einzelaufsicht kommt eine wichtige Rolle zu, die **Schlüsselfunktion** hat aber die Gruppenaufsicht. Diese Schlüsselfunktion ist sowohl wirtschaftlich als auch aufsichtsrechtlich begründet. Im deutschen Markt gehörten im Jahr 2012 ca. 73 % aller Versicherungsunternehmen einer Gruppe an und erwirtschafteten mehr als 90 % der Bruttobeiträge. Die Marktkonzentration stellte sich so dar, dass die fünf größten Gruppen 44 % der Bruttobeiträge erwirtschafteten, die zehn größten 64 % und die fünfzehn größten 74 %.[2] Insgesamt sind in Deutschland Versicherungsunternehmen aus geschätzten 57 Gruppen tätig, davon 37 international; für 16 von ihnen ist die BaFin Gruppenaufsichtsbehörde.[3]

5 Die aufsichtsrechtlichen Gründe für die Schlüsselfunktion der Gruppenaufsicht liegen zum einen darin, dass die Zugehörigkeit zur Gruppe das Risikoprofil eines einzelnen Versicherungsunternehmens ändert, insbesondere die Solvabilität eines beteiligten Versicherungsunternehmens. Zum anderen führen die deutlich erhöhten Anforderungen nach Solvency II zu einer weiteren Vertiefung der Zusammenarbeit in der Gruppe. Hierdurch kann die Gruppe Skaleneffekte insbesondere zur Verringerung des Aufwands je Unternehmen zur Berechnung der Solvabilität mit der Standardformel oder einem internen Modell nutzen. Schließlich verlangt Solvency II selbst eine stärkere Zusammenarbeit und Konsistenz in der Gruppe, etwa in der Governance (vgl. § 275 VAG). Ausdruck der erhöhten Bedeutung der Gruppenaufsicht ist schließlich auch ihr Umfang: während sie zuvor lediglich neun §§ im VAG a. F. und 22 §§ in der SolBerV umfasste, enthält nunmehr alleine das VAG 49 §§, und Solva II-VO zusätzlich 53 Art. Hinzu kommen weitere Vorschriften in DVO.

6 **2. Ausnahme: Modifikation der Einzelaufsicht.** Im Unterschied zu den §§ 104a ff. VAG a. F. sehen die §§ 245 ff. VAG **Modifikationen der Einzelaufsicht** vor.[4] Diese bestehen darin, dass die Zuständigkeit der Aufsichtsbehörde für die Einzelaufsicht über ein Versicherungsunternehmen eingeschränkt wird bzw. auf die Gruppenaufsichtsbehörde übergeht:

– Grundsätzlich führt die Gruppenaufsicht zu einer **verstärkten Zusammenarbeit aller Aufsichtsbehörden im Aufsichtskollegium nach § 283 VAG.** Diese beinhaltet insbesondere die Pflicht einer Aufsichtsbehörde zur Konsultation und Anhörung anderer Aufsichtsbehörden, bevor sie gem. § 285 Abs. 1 VAG die dort genannten Entscheidungen trifft, die für andere von Bedeutung sind. Diese Pflicht zur verstärkten Zusammenarbeit lässt aber die Zuständigkeit der jeweiligen Aufsichtsbehörde unberührt. Insbesondere beziehen sich die Aufgaben und Befugnisse der Gruppenaufsichtsbehörde nach § 281 VAG nur auf die Gruppenaufsicht.[5]

– Über § 281 VAG hinaus, und entgegen den Regeln der Einzelaufsicht nach § 111 VAG, trifft aber die Gruppenaufsichtsbehörde gem. Art. 231 Abs. 6 Solva II-RL (§ 262 Abs. 4 VAG, falls BaFin die Gruppenaufsichtsbehörde ist) die Entscheidung über die **Genehmigung eines internen Modells der Gruppe**, mit dem auch die Solvabilitätskapitalanforderung eines Versicherungsunternehmens berechnet wird.[6]

– Schließlich kann die Gruppenaufsichtsbehörde gem. Art. 238 Abs. 5 Solva II-RL (§ 269 Abs. 5 VAG, falls BaFin die Gruppenaufsichtsbehörde ist) der **Verhängung eines Kapitalaufschlags auf Einzelebene** durch eine Aufsichtsbehörde nach Art. 37 Solva II-RL (entspricht § 301 VAG) widersprechen und eine Empfehlung der EIOPA herbeiführen. Voraussetzung hierfür ist die Einbeziehung des betroffenen Versicherungsunternehmens in die Regeln der §§ 267–272 VAG (bzw. Art. 236–243 Solva II-RL). Das Entscheidungsrecht verbleibt aber bei der zuständigen Aufsichtsbehörde.

7 Die deutlichste Modifikation hätte die Einzelaufsicht durch das **Gruppenunterstützungs-Regime** (englisch: *group support*) nach dem Entwurf der Solva II-RL von 2008 erfahren.[7] Danach hätten eingezahlte Eigenmittel eines Tochter-Versicherungsunternehmens durch bestimmte Garantien des Mutter-

[2] *Kraft/Porzelt/Rebhan* ZVersWiss 2015, 501, 508 f.; vgl. auch Einl. Rn. 46.
[3] *Kraft* ZVersWiss 2015, 389, 392, 407. Die BaFin kann noch für weitere Gruppen nationale Gruppenaufsichtsbehörde sein, falls sie die Sub-Gruppenaufsicht gem. § 247 Abs. 1 VAG anordnet.
[4] Vgl. *Kraft* in Gründl/Kraft, S. 179.
[5] Vgl. § 281 VAG Rn. 2.
[6] Siehe § 262 VAG Rn. 12 ff.
[7] KOM(2008)0119.

unternehmens ersetzt werden können. In der Folge wäre die Zuständigkeit auf Einzelaufsicht für die Erhebung eines Kapitalaufschlags sowie für die Durchsetzung der Bedeckung der Solvabilitätskapitalanforderung von der Aufsichtsbehörde auf die Gruppenaufsichtsbehörde übergegangen.[8] Aufgrund des Widerstands einiger Mitgliedsstaaten im Rat wurde das Gruppenunterstützungs-Regime nicht in die finale Solva II-RL aufgenommen und durch die Regelungen der Art. 236–243 Solva II-RL (§§ 267–272 VAG) zum zentralisierten Risikomanagement ersetzt.[9]

3. Überblick über die Gruppenaufsicht. Die Gruppenaufsicht besteht aus den folgenden wesentlichen Teilen: 8

(1) Definition des Umfangs der Versicherungsgruppe: §§ 245–249 VAG;
(2) Säule 1 – Finanzlage
 – Solvabilitätsübersicht: § 250 Abs. 1 VAG,[10]
 – Eigenmittel: §§ 250 Abs. 2 und 3, 254 f. VAG,[11]
 – Rechenmethode und Gruppen-Solvabilitätskapitalanforderung: §§ 252, 261, 265 VAG,[12]
 – Risikokonzentrationen und gruppeninterne Transaktionen: §§ 273 f. VAG;
(3) Säule 2 – Governance: § 275 VAG;
(4) Säule 3 – Bericht über Solvabilität und Finanzlage, regelmäßige aufsichtliche Berichterstattung: § 277 VAG
(5) Zuständigkeitsregelungen: §§ 279–287 VAG.

III. Begriffsbestimmungen (§ 7 VAG). Für die §§ 245 ff. VAG gelten folgende Begriffsbestimmungen des § 7 VAG.[13] 9

1. Beteiligtes Unternehmen, Beteiligung (§ 7 Nr. 4 VAG). a) Legaldefinition. § 7 Nr. 4 VAG definiert das beteiligte Unternehmen als 10

„ein Mutterunternehmen oder ein anderes Unternehmen, das eine Beteiligung hält oder mit einem anderen durch eine in § 271 Absatz 1 des Handelsgesetzbuchs beschriebene Beziehung verbunden ist; als Beteiligung gilt das unmittelbare oder mittelbare Halten von mindestens 20 Prozent der Stimmrechte oder des Kapitals an einem Unternehmen; für die Zwecke der Aufsicht nach den §§ 245 bis 287 gilt als Beteiligung auch das unmittelbare oder mittelbare Halten von Stimmrechten oder Kapital an einem Unternehmen, auf das nach Ansicht der Aufsichtsbehörden ein maßgeblicher Einfluss tatsächlich ausgeübt wird."

Die Vorschrift setzt die Definitionen der Begriffe „beteiligtes Unternehmen" und „Beteiligung" gem. **Art. 13 Abs. 20 sowie Art. 212 Abs. 1 lit. a und Abs. 2 UAbs. 3 der Solva II-RL** um. Sie wird durch die **EIOPA-LL zur Behandlung verbundener Unternehmen** ausgelegt. Die Vorschrift hat Bedeutung sowohl für die Solo- als auch für die Gruppenaufsicht.

b) Bedeutung für Einzel- und Gruppen-Aufsicht. In der Einzel-Aufsicht bestimmt die Definition des Begriffs der Beteiligung die **Anteile eines Versicherungsunternehmens an Finanz- und Kreditinstituten**, die von seinen Eigenmitteln abzuziehen sind (vgl. Art. 92 Abs. 1a und 2 Solva II-RL sowie Art. 68 Solva II-VO).[14] Die Klassifizierung des Haltens von Anteilen an Stimmrechten oder Kapital ist, anders als in der Gruppenaufsicht, aus der Sicht des Einzelunternehmens vorzunehmen.[15] Demnach sind neben den unmittelbar gehaltenen Anteilen nur solche mittelbaren Anteile hinzuzurechnen, die das fragliche beteiligte Unternehmen über ein von ihm selbst beherrschtes Unternehmen hält. In der Gruppenaufsicht bestimmt sie den **Umfang der Gruppe**, und welches Versicherungsunternehmen der Gruppenaufsicht unterliegt. 11

c) Anwendungsfälle. Gemäß der Definition ist ein Unternehmen **in drei Fällen beteiligtes Unternehmen**: 12

– Durch das Halten einer Beteiligung, d. h. eines Anteils von **mindestens 20 % der Stimmrechte oder des Kapitals** an einem Unternehmen, einschließlich dem Unterfall, dass es Mutterunternehmen etwa durch Halten von Anteilen in Höhe von über 50 % ist. EIOPA-LL 1 Behandlung verbundener Unternehmen stellt klar, dass in Bezug auf das Halten von Kapital sämtliche Klassen des Grundkapitals zu berücksichtigen sind.

---

[8] *Sehrbrock* ZVersWiss 97 (2008), 27, 33 f.; *Krämer* ZVersWiss 2008, 319, 334.
[9] Begründung RegE 2012, BT-Drs. 17/9342, 135; siehe §§ 267 – 272 VAG Rn. 3.
[10] Vgl. insbesondere § 250 VAG Rn. 18 ff.
[11] Vgl. insbesondere § 250 VAG Rn. 38 ff.
[12] Vgl. insbesondere § 262 VAG Rn. 5 ff. und § 265 VAG Rn. 5 ff.
[13] Folgende Begriffsbestimmungen des § 7 VAG werden an anderer Stelle kommentiert: gemischte Finanzholding-Gesellschaft (§ 7 Nr. 10 VAG): § 293 VAG Rn. 7 f.; gruppeninterne Transaktion (§ 7 Nr. 14 VAG): § 274 VAG Rn. 4 f.; Risikokonzentration (§ 7 Nr. 26 VAG): § 273 Rn. 4 ff.; Versicherungs-Holdinggesellschaft (§ 7 Nr. 31 VAG): § 293 VAG Rn. 10 f.
[14] Auf Einzelebene ist für die Berechnung des Aktienrisikos gem. Art. 168 ff. Solva II-VO entscheidend, ob die Beteiligung strategischer Natur ist. Vgl. hierzu grundlegend *Dreher*, WM 2016, 1317 ff. und 1369 ff.
[15] Vgl. EIOPA-LL 1 zur Behandlung verbundener Unternehmen.

– Durch eine **Verbindung nach § 271 Abs. 1 HGB**, d. h. durch das Halten von Anteilen an anderen Unternehmen, die bestimmt sind, dem eigenen Geschäftsbetrieb durch Herstellung einer dauernden Verbindung zu jenen Unternehmen zu dienen.
– Durch **Ausübung eines maßgeblichen Einflusses**. Die Kriterien hierfür sind in der EIOPA-LL 1 Behandlung verbundener Unternehmen dargelegt und umfassen die Vertretung im Verwaltungs-, Management und Aufsichtsorgan, die Teilnahme an Entscheidungsprozessen sowie wesentliche Transaktionen. Beachtenswert ist, dass demnach auch Mitgliedschaftsrechte in einem VvaG eine Beteiligung an diesem begründen können.

13 **d) Würdigung.** Die Umsetzung in § 7 Nr. 4 VAG ist **sowohl enger als auch weiter als Europarecht**. Über Art. 13 Abs. 20 sowie Art. 212 Abs. 1 lit. a und Abs. 2 UAbs. 3 der Solva II-RL hinaus soll die Verbindung nach § 271 Abs. 1 HGB als Beteiligung zählen, was im Ergebnis abzulehnen ist. Dies entspricht der Regelung in **§ 104a Abs. 2 Nr. 1 VAG a. F. sowie § 2 Abs. 6 FKAG**, ist aber **europarechtswidrig**, das in Bezug auf die Definition der Gruppe keine nationalrechtlichen Abweichungen erlauben kann. Anderenfalls wäre denkbar, dass die BaFin als Gruppenaufsichtsbehörde den Umfang einer Gruppe in Bezug auf die Beziehung eines ausländischen Unternehmens zu einem anderen weiter fasst als die Aufsichtsbehörde des betroffenen Staates für die Zwecke der Sub- oder Teilgruppenaufsicht. Der Fall des § 271 Abs. 1 HGB lässt sich auch nicht (stets) als Ausübung maßgeblichen Einflusses auffassen, da nach HGB die subjektive Zweckbestimmung ausreicht, während die Ausübung eines maßgeblichen Einflusses objektive Umstände voraussetzt. Enger als Europarecht ist die Vorschrift des § 7 Nr. 4 VAG, da sie nicht gem. Art. 212 Abs. 1 lit. a Solva II-RL auch ein Unternehmen einer horizontalen Gruppe als beteiligtes Unternehmen bestimmt. Dieses offensichtliche Redaktionsversehen hätte zur Folge, dass Unternehmen einer horizontalen Gruppe sämtlich verbundene Unternehmen sind, ohne dass es ein der Gruppenaufsicht unterliegendes beteiligtes Unternehmen gäbe. Daher ist entsprechend Art. 212 Abs. 1 lit. a der Solva II-RL auch ein **Unternehmen einer horizontalen Gruppe** ein beteiligtes Unternehmen.

2. Gemischte Versicherungs-Holdinggesellschaften (§ 7 Nr. 11 VAG). a) Legaldefinition.

14 § 7 Nr. 11 VAG definiert die gemischte Versicherungs-Holdinggesellschaften als

„Mutterunternehmen,

a) das weder Versicherungsunternehmen noch Versicherungsunternehmen eines Drittstaats, noch Versicherungs-Holdinggesellschaft im Sinne der Nummer 31, noch gemischte Finanzholding-Gesellschaft im Sinne der Nummer 10 ist und
b) zu dessen Tochterunternehmen mindestens ein Versicherungsunternehmen zählt."

Die Vorschrift setzt **Art. 212 Abs. 1 lit. g Solva II-RL** um.

15 **b) Würdigung.** Der Wortlaut der Definition erfasst nur Gesellschaften, sonstige Rechtspersonen wie etwa natürliche Personen sind ausgenommen. Eine Gesellschaft ist gemischte Versicherungs-Holdinggesellschaft, wenn sie **Mutterunternehmen mindestens eines Versicherungsunternehmens** ist. Allerdings stellt das Halten von Beteiligungen an beaufsichtigten Unternehmen der Finanzbranche **nicht ihre Haupttätigkeit** dar, da sie ansonsten gemischte Finanzholding-Gesellschaft (§ 7 Nr. 10 VAG) oder Versicherungs-Holdinggesellschaft (§ 7 Nr. 31 VAG) wäre. Ein Beispiel ist das oberste Unternehmen eines Industriekonzerns, zu dem ein Eigenversicherungsunternehmen gehört. Die Gruppenaufsicht über ein Versicherungsunternehmen, dessen Mutterunternehmen eine gemischte Versicherungs-Holdinggesellschaft ist, beschränkt sich gem. § 292 VAG auf die Aufsicht über gruppeninterne Transaktionen nach § 274 VAG einschließlich Zwangsmaßnahmen nach § 287 VAG sowie allgemeine Maßnahmen gegenüber der gemischten Versicherungs-Holdinggesellschaft nach §§ 293 Abs. 1, 298 Abs. 1 und 305 Abs. 1 VAG.[16] Der Sitz der Gesellschaft ist für die Zwecke der §§ 245 Abs. 2 Nr. 4m, 292 VAG ohne Bedeutung; auch Gesellschaften mit Sitz in einem Drittstaat sind erfasst.

16 **3. Gruppe (§ 7 Nr. 13 VAG). a) Legaldefinition.** § 7 Nr. 13 VAG definiert die Gruppe als

„einen Zusammenschluss von Unternehmen, der

a) aus einem beteiligten Unternehmen, dessen Tochterunternehmen und den Unternehmen, an denen das beteiligte Unternehmen oder dessen Tochterunternehmen eine Beteiligung halten, sowie Unternehmen, die Bestandteil einer horizontalen Unternehmensgruppe im Sinne der Nummer 15 sind, besteht oder
b) auf der Einrichtung von vertraglichen oder sonstigen starken und nachhaltigen finanziellen Beziehungen zwischen allen diesen Unternehmen beruht und zu dem Versicherungsvereine auf Gegenseitigkeit oder diesen ähnliche Vereine gehören können, sofern
   aa) eines dieser Unternehmen durch zentrale Koordination einen beherrschenden Einfluss auf die Entscheidungen aller der Gruppe angehörenden Unternehmen ausübt, darunter auch auf die Finanzentscheidungen, und
   bb) die Einrichtung und Auflösung dieser Beziehungen für die Zwecke dieses Titels der vorherigen Genehmigung durch die Gruppenaufsichtsbehörde bedarf;

das Unternehmen, das die zentrale Koordination ausübt, wird als Mutterunternehmen und die anderen Unternehmen werden als Tochterunternehmen betrachtet."

[16] Vgl. auch EIOPA-LL 6 Gruppensolvabilität.

Die Vorschrift setzt **Art. 212 Abs. 1 lit. c Solva II-RL** um und entspricht der Definition des **§ 2 Abs. 15 FKAG**. Die Bedeutung der Definition besteht darin, den Umfang der Gruppe für die Bestimmung der in die Gruppenaufsicht einzubeziehenden Unternehmen festzulegen. Sie gilt für alle Maßnahmen oder Instrumente der Gruppenaufsicht und wird im Hinblick auf die Aufsicht über gruppeninterne Transaktionen noch durch die Definition des § 7 Nr. 14 VAG ergänzt, die insoweit den Kreis der der Gruppenaufsicht unterliegenden Personen erweitert.

b) Würdigung. Vereinfacht handelt es sich bei der Gruppe um einen **vertikalen oder horizontalen Zusammenschluss von mindestens zwei Unternehmen, von denen mindestens eines ein Versicherungsunternehmen ist**. Das andere Unternehmen muss Versicherungsunternehmen, gemischte Finanzholding-Gesellschaft, Versicherungs-Holdinggesellschaft oder gemischte Versicherungs-Holdinggesellschaft sein. Sind die notwendigen Bedingungen an das Bestehen einer Gruppe erfüllt, d. h. liegen zwei der genannten Unternehmen vor, werden in der Folge alle weiteren mit diesen zusammengeschlossenen Unternehmen in die Gruppenaufsicht einbezogen. Je nach Art des Zusammenschlusses ergeben sich **vier Fälle der Gruppe und Gruppenaufsicht.**[17] Zunächst sind **vertikale und horizontale Gruppen** zu unterscheiden. Vertikale Gruppen bestehen aufgrund kapitalmäßiger Beteiligung an Versicherungsunternehmen in der Rechtsform der AG/SE, horizontale Gruppen aufgrund besonderer Beziehungen zu Versicherungsunternehmen in der Rechtsform der AG/SE und insbesondere des VVaG (§§ 171 ff. VAG). Unter dem Begriff Unternehmen ist jede Gesellschaft mit juristischer Rechtspersönlichkeit zu verstehen, ausgeschlossen sind lediglich natürliche Personen. Dies folgt aus § 7 Nr. 14 VAG, der natürliche Personen nur im Hinblick auf die Beaufsichtigung gruppeninterner Transaktionen zum Kreis der Gruppe zählt. 17

c) Arten des Zusammenschlusses. Zu unterscheiden sind drei Fälle von Zusammenschlüssen von Unternehmen, und damit Gruppen; ein Fall besteht aus zwei Unterfällen. 18

aa) Vertikale Gruppen (§ 7 Nr. 13 lit. a Fall 1 VAG). Vertikale oder Über-Unterordnungs-Gruppen bestehen gem. § 7 Nr. 13 lit. a Fall 1 VAG aus zumindest jeweils einem übergeordneten und einem untergeordneten Unternehmen. Übergeordnetes oder beteiligtes Unternehmen ist das Unternehmen, das eine Beteiligung nach § 7 Nr. 4 VAG (d. h. Anteil an den Stimmrechten oder am Kapital) am untergeordneten oder verbundenen Unternehmen nach § 7 Nr. 30 VAG hält. Hinsichtlich der vertikalen Gruppe sind **zwei Unterfälle** zu unterscheiden, je nachdem, ob das Versicherungsunternehmen beteiligtes Unternehmen (Anwendungsfall 1) oder Tochterunternehmen (Anwendungsfall 2) ist. Der Anwendungsfall 1 ist in § 245 Abs. 2 Nr. 1 VAG, der Anwendungsfall 2 in § 245 Abs. 2 Nr. 2 – 4 VAG geregelt. Neben unmittelbaren Beteiligungen sind auch mittelbar über Tochterunternehmen gehaltene Beteiligungen zu berücksichtigen, so dass sich mehrstufige Gruppen ergeben. 19

bb) Horizontale Gruppen (§ 7 Nr. 13 lit. a Fall 2 VAG). Horizontale oder Gleichordnungs-Gruppen bestehen gem. § 7 Nr. 13 lit. a Fall 2 VAG entweder aufgrund **rechtlicher** (Anwendungsfall 3; § 7 Nr. 15 lit. a VAG) **oder faktischer** (Anwendungsfall 4; § 7 Nr. 15 lit. b VAG) **Verhältnisse**. Der Anwendungsfall 3 beruht auf einer Verbindung von Unternehmen durch einheitliche Leitung aufgrund von Satzung oder Vertrag, Anwendungsfall 4 beruht auf einer Verbindung von Unternehmen durch Personenidentität der Verwaltungs-, Leitungs- oder Aufsichtsorgane. 20

cc) Gruppen gem. § 7 Nr. 13 lit. b VAG. Die Definition des § 7 Nr. 13 lit. b VAG erscheint **unklar und ohne Anwendungsbereich** zu sein.[18] Die in S. 1 lit. aa genannten vertraglichen oder finanziellen Beziehungen bestehen ebenso zwischen den Unternehmen einer horizontalen Gruppe nach § 7 Nr. 15 lit. a VAG. Die Definition scheint daher lediglich zu bewirken, dass innerhalb einer horizontalen Gruppe eines der Unternehmen als Mutterunternehmen anzusehen ist (S. 2). Allerdings ist für das Bestehen der Gruppe nach S. 1 lit. bb zusätzliche Voraussetzung, dass Einrichtung und Auflösung der Beziehung zwischen den Unternehmen der Genehmigung durch die Gruppenaufsichtsbehörde bedürfen. In Frage hierfür kommt lediglich die Genehmigung eines Antrags auf Beaufsichtigung der Solvabilität einer Gruppe mit zentralisierten Risikomanagement gem. §§ 266 ff. VAG. Allerdings ist dann weitere Voraussetzung nach § 267 VAG, dass das nach § 7 Nr. 13 lit. b VAG bestimmte Mutterunternehmen ein Versicherungsunternehmen ist. Dies beschränkt den Anwendungsbereich weiter. Schließlich verlangt S. 1 lit. bb zusätzlich, dass auch die Auflösung der Beziehung der Genehmigung bedarf. Dies ist weder im Hinblick auf das zentralisierte Risikomanagement noch im Übrigen in der Gruppenaufsicht der Fall. 21

4. Horizontale Unternehmensgruppe (§ 7 Nr. 15 VAG). a) Legaldefinition. § 7 Nr. 15 VAG definiert die horizontale Unternehmensgruppe als 22

[17] Vgl. die grafische Darstellung bei *Kraft*, ZVersWiss 2015, 389, 394, sowie *Kraft* in Gründl/Kraft, S. 138 ff.
[18] So auch *Kraft* in Gründl/Kraft, S. 143.

„eine Gruppe, in der ein Unternehmen mit einem oder mehreren anderen Unternehmen in der Weise verbunden ist, dass
a) sie gemeinsam auf Grund einer Satzungsbestimmung oder eines Vertrags unter einheitlicher Leitung stehen oder
b) sich ihre Verwaltungs-, Leitungs- oder Aufsichtsorgane mehrheitlich aus denselben Personen zusammensetzen, die während des Geschäftsjahres und bis zum Ablauf der in § 290 Abs. 1 des Handelsgesetzbuchs jeweils bestimmten Zeiträume im Amt sind, wenn sie einen konsolidierten Abschluss aufzustellen haben oder hätten."

Die Definition entspricht der des **Art. 12 Abs. 1 der Richtlinie 1983/349/EWG** über den konsolidierten Abschluss.

23 **b) Würdigung.** Eine horizontale Gruppe kann aufgrund rechtlicher (lit. a) und faktischer (lit. b) Verhältnisse bestehen. Teil einer horizontalen Gruppe sind in Deutschland im Wesentlichen **VVaG**. Sie können nicht nur mit einem anderen VVaG eine horizontale Gruppe bilden, sondern auch mit einem Versicherungsunternehmen in der Rechtsform der AG/SE, das wiederum Teil einer vertikalen Gruppe sein kann.[19] Eine einheitliche Leitung auf Grund einer Satzungsbestimmung oder eines Vertrags ist in der Praxis kaum anzutreffen. Insbesondere ist zu beachten, dass ein Beherrschungsvertrag gem. § 291 Abs. 1 AktG nur für Versicherungsunternehmen in Form der AG/SE (nicht aber des VVaG) in Frage kommt, die aber schon eine vertikale Gruppe bilden. Stattdessen ist häufigster Grund zur Schaffung der horizontalen Gruppe die **Personenidentität in den Organen der VVaGs**.[20] Hierbei ist zu beachten, dass die Organe, die sich mehrheitlich aus denselben Personen zusammensetzen, gleichen Ranges sein müssen, etwa jeweils der Vorstand eines VVaGs.[21] Anderenfalls scheidet aufgrund der unterschiedlichen Befugnisse die Annahme einer horizontalen Gruppe aus. In Frage kommt jedoch eine vertikale Gruppe aufgrund maßgeblichen oder beherrschenden Einflusses.[22]

24 **5. Kontrolle (§ 7 Nr. 16 VAG). a) Legaldefinition.** § 7 Nr. 16 VAG definiert Kontrolle als

„die Ausübung eines beherrschenden Einflusses im Sinne des § 290 des Handelsgesetzbuchs."

Die Vorschrift setzt **Art. 13 Abs. 18 Solva II-RL** um und verweist auf die Definition des **§ 290 HGB**.

25 **b) Würdigung.** Der Begriff der Kontrolle bestimmt das Mutter-Tochter-Verhältnis. Der Begriff nach § 290 HGB wird durch das **Ermessen der Gruppenaufsichtsbehörde** nach **§ 7 Nr. 23 VAG** ergänzt, über die Rechnungslegungsvorschriften hinaus einen beherrschenden Einfluss anzunehmen. Gemäß § 290 HGB besteht beherrschender Einfluss stets in **vier Fällen**. Am relevantesten sind die Fälle, in denen einem Unternehmen in Bezug auf ein anderes die **Mehrheit der Stimmrechte** (nicht des Kapitals) oder das **Recht, die Mehrheit der Mitglieder des die Finanz- und Geschäftspolitik bestimmenden Verwaltungs-, Leitungs- oder Aufsichtsorgans zu bestellen oder abzuberufen**, zusteht (§ 290 Abs. 2 Nr. 1 und 2 HGB). Gemäß § 290 Abs. 3 HGB zählen zu den unmittelbar zustehenden Rechten auch solche, die einem Tochterunternehmen zustehen, oder die einer anderen Person für Rechnung des Mutterunternehmens zustehen.

26 **6. Mutterunternehmen (§ 7 Nr. 23 VAG). a) Legaldefinition.** § 7 Nr. 23 VAG definiert das Mutterunternehmen als

„ein Mutterunternehmen im Sinne des Artikels 1 der Richtlinie 83/349/EWG; für die Zwecke der Aufsicht nach den §§ 245 bis 287 gilt als Mutterunternehmen auch jedes Unternehmen, das nach Ansicht der Aufsichtsbehörden einen beherrschenden Einfluss tatsächlich ausübt."

Die Vorschrift setzt **Art. 13 Abs. 15 und 212 Abs. 2 UAbs. 1 Solva II-RL** um und wird durch die **EIOPA-LL 1 Behandlung verbundener Unternehmen** ergänzt.

27 **b) Würdigung.** Richtigerweise müsste die Vorschrift, wie auch § 7 Nr. 16 und 29 VAG, auf die nationale Umsetzung in § 290 HGB verweisen. Dies umso mehr, als dass die Richtlinie 83/349/EWR durch die RL 2013/34/EU aufgehoben wurde. Allerdings ist dies inhaltlich ohne Belang.[23] **Rechtstechnisch** hat die Vorschrift ohnehin **keine Geltung**, da **Art. 1 Abs. 48 Solva II-VO als höherrangige Norm** eine konkurrierende Definition des Tochterunternehmens enthält, und auf **Art. 22 Abs. 1 und 2 Richtlinie 2013/34/EU** verweist, die die frühere Richtlinie aufhob. Im Ergebnis ist dies ohne Belang, da § 290 HGB die Umsetzung von Art. 22 Abs. 1 und 2 der Richtlinie 2013/34/EU darstellt. Gemäß § 290 HGB ist Mutterunternehmen ein Unternehmen, das einen beherrschenden Einfluss auf ein anderes Unternehmen – das Tochterunternehmen – ausübt. Die **Fälle beherrschenden Einflusses** sind in § 290 Abs. 2 HGB geregelt: Mehrheit der Stimmrechte; Recht, Mehrheit der

[19] Vgl. BaFin-AE zu VVaG und Gleichordnungskonzernen.
[20] Bähr/*Wilm* § 20 Rn. 163.
[21] Vgl. Bähr/*Krämer* § 15 Rn. 33.
[22] Vgl. EIOPA-LL 1 zur Behandlung von verbundenen Unternehmen.
[23] S. u. Rn. 28 ff.

Mitglieder des die Finanzpolitik bestimmenden Organs zu bestellen oder abzuberufen; Recht zur Bestimmung der Finanz- und Geschäftspolitik; sowie Beteiligung an einer Zweckgesellschaft, die dem Mutterunternehmen dient. Über Rechnungslegungsvorschriften hinaus kann die Gruppenaufsichtsbehörde aufgrund anderer Umstände ein Kontrollverhältnis und damit ein Mutter-Tochter-Verhältnis annehmen. Diese Umstände werden in der EIOPA-LL 1 Behandlung verbundener Unternehmen aufgeführt. Demnach kann etwa auch die wirtschaftliche Abhängigkeit eines Unternehmens aufgrund wesentlicher Transaktionen oder der Bereitstellung wesentlicher Informationen zu einem Kontrollverhältnis und damit Mutter-Tochter-Verhältnis führen. Falls die Gruppenaufsichtsbehörde über Rechnungslegungsvorschriften hinaus ein Mutter-Tochter-Verhältnis annimmt, stimmt der Umfang der Gruppe nach VAG nicht mehr überein mit dem Umfang des Konzerns nach Rechnungslegungsvorschriften wie HGB und IFRS.

7. Tochterunternehmen (§ 7 Nr. 29 VAG). a) Legaldefinition. § 7 Nr. 29 VAG definiert das Tochterunternehmen als 28

„ein Tochterunternehmen im Sinne des § 290 des Handelsgesetzbuchs, einschließlich seiner eigenen Tochterunternehmen; für die Zwecke der Aufsicht nach den §§ 245 bis 287 gilt als Tochterunternehmen auch jedes Unternehmen, auf das ein Mutterunternehmen nach Ansicht der Aufsichtsbehörden einen beherrschenden Einfluss tatsächlich ausübt."

Die Vorschrift setzt **Art. 13 Abs. 16 und 212 Abs. 2 UAbs. 2 Solva II-RL** um und wird durch die **EIOPA-LL 1 Behandlung verbundener Unternehmen** ergänzt.

b) Würdigung. Rechtstechnisch ist die Vorschrift **ohne Geltung**, da **Art. 1 Abs. 48 Solva II-VO als höherrangige Vorschrift** eine konkurrierende Definition des Tochterunternehmens enthält, und auf Art. 22 Abs. 1 und 2 der Richtlinie 2013/34/EU verweist, die die frühere Richtlinie 83/349/EWR aufhob. Im Ergebnis ist dies ohne Belang, da § 290 HGB die Umsetzung von Art. 22 Abs. 1 und 2 der **Richtlinie 2013/34/EU** darstellt. Der Begriff des Tochterunternehmens ist das Gegenstück zu dem des Mutterunternehmens nach § 7 Nr. 23 VAG. 29

8. Verbundenes Unternehmen (§ 7 Nr. 30 VAG). a) Legaldefinition. § 7 Nr. 30 VAG definiert das verbundene Unternehmen als 30

„ein Tochterunternehmen oder ein anderes Unternehmen, an dem eine Beteiligung gehalten wird, oder ein Unternehmen, das Bestandteil einer horizontalen Unternehmensgruppe im Sinne der Nummer 15 ist."

Die Vorschrift setzt **Art. 212 Abs. 1 lit. b Solva II-RL** um und wird durch die **EIOPA-LL 1 Behandlung verbundener Unternehmen** ergänzt.

b) Würdigung. Rechtstechnisch ist die Vorschrift **ohne Geltung**, da **Art. 1 Abs. 49 Solva II-VO als höherrangige Vorschrift** eine konkurrierende Definition des Begriffs enthält. Im Ergebnis ist dies ohne Belang, da beide Vorschriften identisch sind. Der Begriff des verbundenen Unternehmens ist das Gegenstück zum Begriff des beteiligten Unternehmens nach § 7 Nr. 4 VAG. 31

IV. Adressat der Pflichten aus der Gruppenaufsicht (Abs. 2). Adressat der Pflichten aus der Gruppenaufsicht sind nur **bestimmte Versicherungsunternehmen, die „der Gruppenaufsicht unterliegen" (Abs. 2) bzw. ihr „unterworfen" sind (§ 246 Abs. 3 VAG)**. Hiervon zu unterscheiden sind **Unternehmen, die in die Gruppenaufsicht einbezogen werden (§ 246 Abs. 2 VAG)**; diese unterliegen selbst grds. keinen Pflichten gegenüber der Gruppenaufsichtsbehörde, sondern lediglich einer Pflicht zum Informationsaustausch gegenüber dem obersten beteiligten Unternehmen gem. § 276 Abs. 2 VAG.[24] 32

1. Beteiligtes Versicherungsunternehmen (Abs. 2 Nr. 1). Der Gruppenaufsicht unterliegt ein Versicherungsunternehmen, das beteiligtes Unternehmen (§ 7 Nr. 4 Hs. 1 VAG) eines Versicherungsunternehmens (aus einem Mitglied- oder Vertragsstaat, § 7 Nr. 33 VAG) oder eines Versicherungsunternehmens aus einem Drittstaat (§ 7 Nr. 34 VAG) ist. Die Gruppenaufsicht setzt damit insoweit auf der **Ebene des beteiligten**, und nicht des verbundenen **Unternehmens** an. Grund hierfür ist, dass von der Gruppenbeziehung hauptsächlich die Solvabilität des beteiligten, und nicht die des verbundenen Unternehmens betroffen ist. Die Berechnung der Gruppensolvabilität stellt das Kernstück der Säule 1 der Gruppenaufsicht dar. Außerdem ist die Erfüllung der Pflichten der Gruppenaufsicht aufgrund gesellschaftsrechtlicher und faktischer Einflussmöglichkeiten dem beteiligten Unternehmen eher möglich als dem verbundenen. Diese **Einflussmöglichkeiten** werden von der Gruppenaufsicht vorausgesetzt. Sie selbst legt den in die Gruppenaufsicht einbezogenen Unternehmen nur in eingeschränktem Maß explizite aufsichtsrechtliche Pflichten auf, die den der Gruppenaufsicht unterliegenden Versicherungsunternehmen ihrerseits die Erfüllung ihrer Pflichten ermöglicht (siehe § 246 VAG). Nach § 268 VAG sind die einbezogenen Unternehmen lediglich zum Informationsaustausch mit dem der Gruppenaufsicht unterliegenden Versicherungsunternehmen verpflichtet. Diese Pflicht ermöglicht dem der Gruppen- 33

[24] S. aber u. Rn. 35.

aufsicht unterliegenden Versicherungsunternehmen aber etwa nicht die Umsetzung der Geschäftsorganisation auf Gruppenebene, wie von § 275 VAG gefordert.[25] Zu beachten ist, dass Abs. 2 Nr. 2 lediglich eine Verbindung im Sinne von § 7 Nr. 4 VAG voraussetzt, d. h. eine Beteiligung im Sinne von § 7 Nr. 4 Hs. 2 VAG oder eine Verbindung im Sinne von § 271 Abs. 1 HGB. Darüber hinaus setzt Abs. 2 Nr. 2 – 4 ein Mutter-Tochterverhältnis voraus.

34 **2. Tochter-Versicherungsunternehmen (Abs. 2 Nr. 2–4).** Der Gruppenaufsicht unterliegt weiterhin ein Versicherungsunternehmen, das Tochterunternehmen eines der folgenden Mutterunternehmen ist:

– **Versicherungs-Holdinggesellschaft** (§ 7 Nr. 31 VAG) aus einem Mitglieds- oder Vertragsstaat (Abs. 2 Nr. 2 lit. a) bzw. einem Drittstaat (Abs. 2 Nr. 3 lit. a),
– **Gemischte Finanzholding-Gesellschaft** (§ 7 Nr. 10 VAG) aus einem Mitglieds- oder Vertragsstaat (Abs. 2 Nr. 2 lit. b) bzw. einem Drittstaat (Abs. 2 Nr. 3 lit. b),
– Versicherungsunternehmen eines Drittstaats (§ 7 Nr. 34 VAG), Abs. 2 Nr. 3,[26]
– gemischte Versicherungs-Holdinggesellschaft (§ 7 Nr. 11 VAG), Abs. 2 Nr. 4.[27]

Nr. 2–4 weichen damit von dem zu Nr. 1 dargestellten Grundsatz ab, das beteiligte Unternehmen der Gruppenaufsicht zu unterwerfen, **wenn und weil dieses beteiligte Unternehmen selbst kein in vollem Umfang beaufsichtigtes Versicherungsunternehmen ist.**[28] In dem Fall unterliegt das Versicherungsunternehmen der Gruppenaufsicht, da es zwar nicht über die entsprechenden Einflussmöglichkeiten verfügt, aber der Aufsicht unterliegt. Über das beteiligte Unternehmen hätte die Aufsichtsbehörde dagegen keine Aufsichtsbefugnisse (etwa wegen dessen Sitz in einem Drittstaat). Davon losgelöst ist die Frage zu betrachten, auf welcher Ebene die Gruppenaufsicht ansetzt. Dies ist stets die oberste Ebene der Gruppe, d. h. die der Holdinggesellschaft oder des Versicherungsunternehmens eines Drittstaats. In dem Sinne regelt § 247 Abs. 1 VAG, auf welcher Ebene in einer mehrstufigen Gruppe die Gruppenaufsicht stattfindet, und § 266 VAG, auf welcher Ebene der Gruppe die Berechnung der Gruppensolvabilität zu erfolgen hat, nämlich der Ebene der Holdinggesellschaft. Schließlich sieht § 262 Abs. 1 VAG vor, dass die Tochter-Versicherungsunternehmen einer Holdinggesellschaft den Antrag auf Berechnung der Gruppen-Solvabilitätskapitalanforderung auf Ebene der Holdinggesellschaft mit einem internen Modell zu stellen haben, nicht die Holdinggesellschaft selbst.

35 Allerdings sind Solva II-RL sowie VAG insoweit nicht konsistent. Zahlreiche Normen verpflichten doch die Holdinggesellschaft selbst, und unterwerfen sie damit der Gruppenaufsicht: §§ 251 Abs. 1 S. 3 VAG (Berechnung der Gruppensolvabilität), 273 Abs. 2 S. 2 VAG (Meldung von Risikokonzentrationen), 274 Abs. 2 S. 2 VAG (Meldung gruppeninterner Transaktionen), 275 Abs. 3 VAG (Vornahme des ORSA) sowie 277 f. VAG (Veröffentlichung des Berichts über Solvabilität und Finanzlage der Gruppe einschließlich der Gruppenstruktur). Dabei gestatten §§ 251 Abs. 1 S. 3, 273 Abs. 2 S. 2 und 274 Abs. 2 S. 2 VAG der Gruppenaufsichtsbehörde jeweils, doch wieder das Tochter-Versicherungsunternehmen statt der Holdinggesellschaft der Pflicht zu unterwerfen. Insgesamt ergibt sich so ein wenig systematisches Bild.

36 **3. Mehrstufige Beteiligungsverhältnisse.** Für mehrstufige Beteiligungsverhältnisse treffen **§§ 247 f. VAG** von Abs. 2 abweichende Regelungen. Für den Fall, dass ein Versicherungsunternehmen sowohl nach Nr. 1 als auch nach Nr. 2 – 4 der Gruppenaufsicht unterliegt, enthält **EIOPA-LL 4 Gruppensolvabilität** weiterführende Hinweise.

37 **4. Umfang der Gruppenaufsicht.** Der Umfang der Gruppenaufsicht unterscheidet sich in den verschiedenen Fällen des Abs. 2. Die Gruppenaufsicht nach Abs. 2 Nr. 1 gilt uneingeschränkt und unmittelbar. Die Gruppenaufsicht nach Abs. 2 Nr. 2 und 3 gilt ebenfalls uneingeschränkt, allerdings gelten die Regelungen der §§ 267–271 VAG nur mittelbar über § 272 VAG. Die Gruppenaufsicht nach Abs. 2 Nr. 4 (gemischte Versicherungs-Holdinggesellschaft) dagegen beschränkt sich auf die Aufsicht über gruppeninterne Transaktionen gem. § 292 VAG.

38 **V. Subsidiarität der Gruppenaufsicht (Abs. 3 und 4). 1. Grundsatz.** Ein Verzicht auf die Gruppenaufsicht ist **in drei Fällen möglich bzw. zwingend**. Zum einen scheidet die Gruppenaufsicht nach Abs. 2 Nr. 3 und 4 gem. § 289 Abs. 1 VAG zwingend in Bezug auf Versicherungsunternehmen aus, deren Mutterunternehmen seinen Sitz in einem Drittstaat hat, dessen Ausübung der Gruppenaufsicht gleichwertig ist.[29] Zum anderen kann die Gruppenaufsichtsbehörde von Teilen der Gruppenaufsicht (Abs. 3) bzw. insgesamt (Abs. 4) absehen, wenn eine Gruppenaufsicht nach anderen EU-Vorschriften durchgeführt wird.

[25] Vgl. § 275 Rn. 13 ff.
[26] Insoweit sind die §§ 288 ff. VAG zu beachten.
[27] In dem Fall gilt nur die eingeschränkte Gruppenaufsicht nach § 292 VAG.
[28] Vgl. § 293 VAG Rn. 15 ff. zum Umfang der Aufsicht über Holdinggesellschaften.
[29] Vgl. § 289 VAG Rn. 4 sowie § 288 VAG Rn. 6 f.

2. Mögliche Subsidiarität von Teilen der Gruppenaufsicht (Abs. 3). Als Gruppenaufsichtsbehörde kann die BaFin ein der Gruppenaufsicht nach Abs. 2 Nr. 1 und 2 unterliegendes Versicherungsunternehmen von Teilen der Gruppenaufsicht (§§ 273 f. VAG) freistellen. Sinn und Zweck ist die **Vermeidung von Doppel-Berichtspflichten**; nach **§ 23 FKAG** bestehen für das Finanzkonglomerat ähnliche Pflichten. 39

a) Voraussetzungen. Voraussetzung hierfür ist zunächst zum einen, dass das nach Abs. 2 Nr. 1 der Gruppenaufsicht unterliegende Versicherungsunternehmen bzw. im Fall des Abs. 2 Nr. 2 dessen Mutterunternehmen (Versicherungs-Holdinggesellschaft oder gemischte Finanzholding-Gesellschaft mit Sitz in einem Mitglied- oder Vertragsstaat) selbst der zusätzlichen Beaufsichtigung gem. der **Richtlinie 2002/87/EG** unterliegt. Dies ist, untechnisch ausgedrückt, der Fall, wenn die Versicherungsgruppe gleichzeitig gem. **§ 11 FKAG Finanzkonglomerat** ist, oder wenn sie Teil eines solchen ist. Alternativ ist Voraussetzung, dass nicht das genannte Unternehmen selbst, sondern dessen Mutterunternehmen der zusätzlichen Beaufsichtigung gem. der Richtlinie 2002/87/EG unterliegt. Dies ist der Fall, wenn das Mutterunternehmen eines der in § 2 Abs. 1 FKAG genannten beaufsichtigten Unternehmen eines Finanzkonglomerats (mit Ausnahme des Versicherungsunternehmens) ist, insbesondere ein CRR-Kreditinstitut, und wiederum zusammen mit ihren verbundenen Unternehmen ein Finanzkonglomerat gem. § 1 Abs. 2 FKAG bildet. Weitere Voraussetzung für das Absehen von Teilen der Gruppenaufsicht ist eine **Anhörung** der anderen betroffenen Aufsichtsbehörden. Dies sind die anderen Aufsichtsbehörden des Aufsichtskollegiums nach § 283 Abs. 1 VAG. 40

b) Rechtsfolgen. Die Vorschrift eröffnet der BaFin als Gruppenaufsichtsbehörde **Ermessen (§ 291 VAG)**, von der Aufsicht über **Risikokonzentrationen nach § 273 VAG** und/oder über **gruppeninterne Transaktionen nach § 274 VAG** abzusehen. Dies entbindet insbesondere von der Pflicht zur Berichterstattung an die BaFin gem. §§ 273 f. VAG. Sachgründe, die gegen eine Freistellung sprechen, können zum einen bestehen, wenn die BaFin nicht auch als Koordinator (§ 5 FKAG entsprechend Art. 11 Richtlinie 2002/87/EG) für die Finanzkonglomerateaufsicht zuständig ist, sondern eine ausländische Aufsichtsbehörde, und die BaFin Bedenken gegen die Angemessenheit der dortigen Finanzkonglomerateaufsicht hat. Angesichts der grundsätzlich postulierten Gleichwertigkeit der Aufsichtsbehörden kann dies nur auf Ausnahmefälle beschränkt sein. Zum anderen können solche Sachgründe bestehen, wenn die Regeln, nach denen die betreffende (Gruppen- oder Finanzkonglomerate-) Aufsicht stattzufinden hat, nicht hinreichend angeglichen sind. Dies könnte etwa der Fall sein, wenn für Risikokonzentrationen und gruppeninterne Transaktionen unterschiedliche Schwellenwerte gelten.[30] 41

Ein Ablehnungsgrund kann dagegen nicht im unterschiedlichen Gegenstandsbereich von Gruppenaufsicht nach VAG und nach FKAG bestehen. Der Umfang einer vertikalen Versicherungsgruppe gem. § 7 Nr. 13 lit. a und Nr. 4 VAG entspricht dem eines vertikalen Finanzkonglomerats gem. § 2 Abs. 7 Nr. 1 FKAG. In beiden Fällen sind sämtliche Unternehmen umfasst, an denen das beteiligte Unternehmen eine Beteiligung wenigstens nach § 271 Abs. 1 S. 1 HGB hält; dies ist ein Anteil an einem anderen Unternehmen, der unabhängig von seiner Höhe bestimmt ist, dem eigenen Geschäftsbetrieb durch Herstellung einer dauernden Verbindung zu jenen Unternehmen zu dienen. Allerdings ist die Bezugnahme in § 7 Nr. 4 VAG auf § 271 Abs. 1 S. 1 HGB europarechtswidrig.[31] Weiterhin sind die Definitionen der horizontalen Gruppe in § 7 Nr. 13 lit. b VAG und § 2 Abs. 7 Nr. 2 FKAG identisch. 42

3. Mögliche Subsidiarität der Gruppenaufsicht (Abs. 4). Als Gruppenaufsichtsbehörde kann die BaFin eine der Gruppenaufsicht nach Abs. 2 Nr. 2 lit. b unterliegende **gemischte Finanzholding-Gesellschaft** insgesamt von der Gruppenaufsicht (§§ 273 f. VAG) freistellen. Sinn und Zweck ist wiederum die **Vermeidung einer Doppel-Aufsicht**, die ebenso nach der Finanzkonglomerate-Richtlinie 2002/87/EG bzw. der Banken-Richtlinie 2006/48/EG besteht. 43

a) Voraussetzungen. Voraussetzungen der Befreiung sind jeweils die **Gleichwertigkeit der Bestimmungen** des alternativ anzuwenden Regimes (d. h. desjenigen der Finanzkonglomerate- oder der Banken-Richtlinie) sowie die **Anhörung** der anderen betroffenen Aufsichtsbehörden. Dies sind die anderen Aufsichtsbehörden des Aufsichtskollegiums nach § 283 Abs. 1 VAG. Im Fall des Abs. 4 S. 2 ist weiterhin das Einvernehmen der konsolidierenden Aufsichtsbehörde für die Banken- und Wertpapierbranche Voraussetzung. Diese Behörde ist das Pendant im Bankenbereich zur Gruppenaufsichtsbehörde.[32] Weitere Voraussetzung nach Abs. 4 S. 2 ist, dass **die Banken- und die Wertpapierdienstleistungsbranche die am stärksten vertretene Finanzbranche** gem. Art. 3 Abs. 2 Richtlinie 2002/87/EG bzw. § 8 FKAG ist. Dies ist der Fall, wenn sie einen höheren Anteil an Bilanzsumme und Gesamt- 44

[30] Vgl. § 273 VAG Rn. 3 und § 274 VAG Rn. 3.
[31] Vgl. § 245 VAG Rn. 13.
[32] Vgl. Art. 4 Abs. 41 VO 575/2013 über Aufsichtsanforderungen an Kreditinstitute und Wertpapierfirmen.

solvabilitätsanforderung der Finanzunternehmen des Finanzkonglomerats als die Versicherungsbranche hat.

45 Im Gegensatz zu Abs. 3 ist die **Gleichwertigkeit des alternativ anzuwenden Regimes** Tatbestandsvoraussetzung. Fraglich kann die Gleichwertigkeit insbesondere im Hinblick auf den **Gegenstandsbereich der Gruppenaufsicht** sein, der im Versicherungsbereich umfassender als nach der Finanzkonglomerate-Richtlinie bzw. der CRR (Verordnung 575/2013) ist. Insbesondere berücksichtigt lediglich die Berechnung der Gruppensolvabilität gem. § 250 Abs. 1 VAG i. V. m. Art. 329 Abs. 1 lit. b Solva II-VO die Kapitalanforderungen von Einrichtungen der betrieblichen Altersvorsorge nach Richtlinie 2003/41/EG bzw. Pensionskassen und -fonds gem. §§ 232 ff. VAG. Je nach Gestaltung der Gruppe kann der Beitrag dieser Einrichtungen erheblich für die Gruppensolvabilität sein. Darüber hinaus kann in Ausnahmefällen die konkrete Ausübung der Aufsichtstätigkeit durch eine Aufsichtsbehörde der Gleichwertigkeit entgegenstehen.

46 **b) Rechtsfolgen.** Anders als nach Abs. 3 ist die **Befreiung umfassend**. Sie bezieht sich nicht nur auf die Aufsicht über Risikokonzentrationen und/oder über gruppeninterne Transaktionen, sondern darüber hinaus auch auf die Aufsicht über die Solvabilität sowie die Geschäftsorganisation der Gruppe. Die Befreiung bezieht sich ausdrücklich nur auf die **Ebene der gemischten Finanzholding-Gesellschaft**. Demnach gilt sie nicht auf anderen Ebenen, falls in der Gruppe außerdem eine Gruppenaufsicht nach den anderen Fällen des Abs. 2 vorliegt. Dies wäre beispielsweise der Fall, wenn ein Tochterunternehmen der gemischten Finanzholding-Gesellschaft wiederum Mutter-Versicherungsunternehmen eines weiteren Versicherungsunternehmens ist; in dem Fall unterläge das Mutter-Versicherungsunternehmen gem. Abs. 2 Nr. 1 sehr wohl der Gruppenaufsicht, während sein Mutterunternehmen, die gemischte Finanzholding-Gesellschaft, von der Gruppenaufsicht befreit ist. Diese Rechtslage ist zwar im Einklang mit **Art. 213 Abs. 5 Solva II-RL**, aber dennoch widersinnig, denn das nicht von der Gruppenaufsicht befreite Unternehmen (im Beispiel das Mutter-Versicherungsunternehmen) ist ebenfalls in die alternative Aufsicht nach der Finanzkonglomerate-Richtlinie 2002/87/EG bzw. der Banken-Richtlinie 2006/48/EG einbezogen, so dass auch insoweit eine Doppel-Beaufsichtigung vorliegt.

47 **VI. Verhältnis zu anderen Regelungen. 1. Bankaufsichtsrecht (KWG). a) § 10a KWG.** Im Bankenbereich bestimmt § 10 Abs. 1 und 2 KWG i. V.m Art. 11 und 14 CRR[33] den Umfang der Gruppe, einschließlich der horizontalen Gruppe. Dem Begriff des beteiligten Unternehmens nach VAG entspricht der des übergeordneten Unternehmens, dem der verbundenen Unternehmen der der nachgeordneten Unternehmen. Anders als das VAG weist das KWG der Gruppe je nach Qualität des übergeordneten Unternehmens verschiedene Namen zu: Institutsgruppe (entsprechend § 245 Abs. 2 Nr. 1 VAG), Finanzholding-Gruppe (entsprechend § 245 Abs. 2 Nr. 2 lit. a und 3 lit. a VAG) oder gemischte Finanzholding-Gruppe (entsprechend § 245 Abs. 2 Nr. 2 lit. b und 3 lit. b VAG). Auch hier unterliegt grundsätzlich ein Institut der Gruppenaufsicht; anders als nach VAG kann die BaFin aber ausnahmsweise die (gemischte) Finanzholding-Gesellschaft als übergeordnetes Unternehmen bestimmen, das den Pflichten aus der Gruppenaufsicht unterliegt.[34]

48 **b) § 2e KWG.** In gleicher Weise wie § 245 Abs. 4 S. 1 VAG ermöglicht § 2e Abs. 1 KWG der BaFin, von der sektoralen Gruppenaufsicht in Bezug auf eine gemischte Finanzholding-Gesellschaft abzusehen, wenn die Beaufsichtigung nach FKAG gleichwertig ist. Gleichermaßen wie § 245 Abs. 4 S. 2 VAG erlaubt § 2e Abs. 2 KWG, auf eine gemischte Finanzholding-Gesellschaft nur die Gruppenaufsicht nach entweder VAG oder KWG anzuwenden.

49 **2. Finanzkonglomerate-Aufsichtsrecht (FKAG).** Das Vorliegen eines Finanzkonglomerats sowie dessen Umfang regeln §§ 1 Abs. 2, 2 Abs. 7, 6–11 sowie 15 FKAG. Anders als nach § 245 Abs. 2 VAG sind dafür aber zwei beaufsichtigte Unternehmen notwendig, neben einem Versicherungsunternehmen auch eines aus der Banken- und Wertpapierbranche. Weiterhin muss die Gruppe über erhebliche Tätigkeiten in beiden Branchen ausüben, um Finanzkonglomerat zu sein. Der Umfang des Finanzkonglomerats entspricht weitgehend dem der Versicherungsgruppe.[35] Grundlage dafür ist ein identischer Beteiligungsbegriff, einschließlich der Bezugnahme auf § 271 Abs. 1 S. 1 HGB.[36]

Umfang der Gruppenaufsicht

246 (1) [1] **Eine gruppenweite Beaufsichtigung gemäß § 245 umfasst nicht die Beaufsichtigung auf Einzelebene des Versicherungsunternehmens eines Drittstaats, der Ver-**

[33] VO (EU) 575/2013.
[34] *Boos/Fischer/Schulte-Mattler/Stawitzke*, § 10a KWG Rn. 31.
[35] Allerdings werden nicht gleichermaßen in beiden Regimen Kapitalanforderungen berücksichtigt, vgl. § 259 VAG Rn. 9 ff.
[36] Anders als § 7 Nr. 4 VAG ist § 2 Abs. 6 FKAG dabei europarechtskonform; s. o. Rn. 13.

sicherungs-Holdinggesellschaft, der gemischten Finanzholding-Gesellschaft oder der gemischten Versicherungs-Holdinggesellschaft. [2]**§ 293 bleibt unberührt.**

(2) [1]**Die Gruppenaufsichtsbehörde kann bestimmen, dass ein Unternehmen nicht in die Gruppenaufsicht gemäß § 245 einbezogen wird, wenn**

1. sich das Unternehmen in einem Drittstaat befindet, in dem der Übermittlung der notwendigen Informationen rechtliche Hindernisse entgegenstehen; § 260 bleibt unberührt,
2. das einzubeziehende Unternehmen im Verhältnis zu den mit der Gruppenaufsicht verfolgten Zielen nur von untergeordneter Bedeutung ist oder
3. die Einbeziehung des Unternehmens im Verhältnis zu den mit der Gruppenaufsicht verfolgten Zielen unangemessen oder irreführend wäre.

[2]**Können mehrere Unternehmen derselben Gruppe einzeln betrachtet nach Satz 1 Nummer 2 von der Gruppenaufsicht ausgeschlossen werden, so sind sie dennoch einzubeziehen, wenn sie in der Gesamtbetrachtung nicht von untergeordneter Bedeutung sind.** [3]**Ist die Gruppenaufsichtsbehörde der Auffassung, dass ein Versicherungsunternehmen gemäß Satz 1 Nummer 2 oder 3 nicht in die Gruppenaufsicht einbezogen werden soll, hört sie vor einer Entscheidung die anderen betroffenen Aufsichtsbehörden an.**

(3) **Für die Einhaltung der Anforderungen nach Teil 5 dieses Gesetzes sind alle der Gruppenaufsicht unterworfenen Unternehmen der Gruppe verantwortlich, sofern dieses Gesetz nichts anderes bestimmt.**

(4) **Das an der Spitze einer Gruppe stehende Unternehmen ist verpflichtet, auf Ersuchen der Aufsichtsbehörde, die in dem jeweiligen Mitglied- oder Vertragsstaat für ein gemäß Absatz 2 Satz 1 Nummer 2 oder 3 nicht in die Gruppenaufsicht einbezogenes Versicherungsunternehmen zuständig ist, alle zur Erleichterung der Beaufsichtigung angeforderten Informationen zu geben.**

I. Allgemeines. 1. Entstehungsgeschichte. Die Vorschrift des Abs. 2 entspricht **§ 104b Abs. 4 VAG a. F.**[1] Gegenüber dem früheren RegE 2012 wurde die gemischte Finanzholding-Gesellschaft der Versicherungs-Holdinggesellschaft gleichgestellt, und die Klarstellung des Abs. 3 eingefügt. 1

2. Normzweck. Die Vorschrift bestimmt in Abs. 1 und 3 das **Wesen der Gruppenaufsicht** und erlaubt der BaFin in Abs. 2 und 4 die **Nicht-Einbeziehung von Unternehmen der Gruppe**. 2

3. Europarechtlicher Hintergrund. Die Vorschrift setzt **Art. 214 Solva II-RL** um. 3

II. Wesen der Gruppenaufsicht (Abs. 1 und 3). Die Abs. 1 und 3 legen den **Grundsatz** dar, dass nur solche Unternehmen für die Einhaltung der Anforderungen der Gruppenaufsicht (Teil 5 des VAG) verantwortlich sind, die ihr unterworfen sind bzw. ihr unterliegen; dies sind **sämtliche in § 245 Abs. 1 und 2 VAG genannten Versicherungsunternehmen**, und eben nicht die sonstigen in die Gruppenaufsicht einbezogenen Unternehmen. Demgemäß stellt Abs. 1 S. 1 klar, dass die Einbeziehung eines Versicherungsunternehmens eines Drittstaats und einer der genannten Holding-Gesellschaften in die Gruppenaufsicht nicht dazu führt, dass sie gleichermaßen wie ein der Aufsicht auf Einzelebene unterliegendes Versicherungsunternehmen beaufsichtigt werden. 4

Von diesem Grundsatz bestehen **Ausnahmen in beide Richtungen**. Zum einen unterliegen, wie Abs. 1 S. 2 klarstellt, **Versicherungs-Holdinggesellschaften** und gemischte Finanzholding-Gesellschaften mit Sitz in Deutschland nach § 293 VAG, und entgegen Art. 214 Abs. 2 Solva II-RL, doch einer (wenn auch gegenüber Versicherungsunternehmen eingeschränkten) Beaufsichtigung auf Einzelebene. Des Weiteren sind sämtliche in die Gruppenaufsicht einbezogenen Unternehmen (mit Sitz in Deutschland) gem. § 276 Abs. 2 VAG zum Informationsaustausch verpflichtet. Die andere, umfassende Ausnahme vom Grundsatz der Abs. 1 und 3 besteht gem. §§ 247 f. VAG darin, dass in **mehrstufigen Versicherungsgruppen** nicht sämtliche der in § 245 Abs. 2 VAG genannten Versicherungsunternehmen, sondern grundsätzlich nur das oberste der Gruppenaufsicht unterliegt. Damit läuft der in Abs. 3 statuierte Grundsatz ins Leere, wenn nicht ein Fall der Teilgruppenaufsicht vorliegt. Weiterhin bestimmen §§ 251 Abs. 1 S. 3, 273 Abs. 2 S. 2, 274 Abs. 2 S. 2, 275 Abs. 3 sowie 277 f. VAG abweichend von Abs. 3 Hs. 1, dass auch die Versicherungs-Holdinggesellschaft oder gemischte Finanzholding-Gesellschaft einzelnen Pflichten aus der Gruppenaufsicht unterworfen ist.[2] 5

III. Ausschluss aus der Gruppenaufsicht (Abs. 2 und 4). 1. Allgemeines. Abs. 2 setzt eine positive Bestimmung des Umfangs der Gruppenaufsicht voraus und regelt Ausnahmen hierzu. In die Gruppenaufsicht einzubeziehen sind die der Gruppenaufsicht unterliegenden Unternehmen sowie die, die mit ihnen eine Gruppe nach § 7 Nr. 13 VAG bilden; hierzu gehören auch beaufsichtigte Unternehmen anderer Branchen sowie nicht beaufsichtigte Unternehmen, da auch diese für das Risikoprofil der 6

[1] Siehe dazu Prölss/*Lipowsky*, 12. Aufl., § 104b VAG Rn. 6; Bähr/*Krämer* § 15 Rn. 56 f.
[2] Vgl. § 245 VAG Rn. 36.

Gruppe relevant sind.[3] Die Vorschrift regelt den **Ausschluss eines einzubeziehenden Unternehmens aus der Gruppenaufsicht**. Sie bietet aber keine Möglichkeit, ein der Gruppenaufsicht nach § 245 Abs. 1 VAG unterliegendes bzw. unterworfenes Versicherungsunternehmen zu befreien. Ebenso wenig bietet die Vorschrift die Möglichkeit, andere Unternehmen als **Versicherungsunternehmen (aus einem Mitglieds- und Vertragsstaat oder einem Drittstaat)**, von der Gruppenaufsicht auszuschließen. Zwar bezieht sich der Wortlaut des Abs. 2 S. 1 auf sämtliche Arten von Unternehmen. Die Einschränkung folgt aber aus der teleologischen und systematischen Auslegung. Der förmliche Ausschluss anderer Unternehmen ist nicht notwendig, da insoweit keine Solvabilitätskapitalanforderung zu berechnen ist außer der des Marktrisikos nach Art. 164 ff. Solva II-VO (insbesondere des Aktienrisikos gem. Art. 168 ff. Solva II-VO) beim beteiligten Versicherungsunternehmen. Die dafür notwendigen Daten sind lediglich der Sitz des Unternehmens sowie der Wert der Beteiligung gem. Art. 7 ff. Solva II-VO. Weiterhin bezieht sich S. 3 der Vorschrift, der weitere Voraussetzungen für den Ausschluss nennt, ausdrücklich nur auf den Ausschluss von Versicherungsunternehmen (aus einem Mitglieds- und Vertragsstaat oder einem Drittstaat).

7 **2. Voraussetzungen.** Ein Ausschluss eines Versicherungsunternehmens (aus einem Mitglieds- und Vertragsstaat oder einem Drittstaat) aus der Gruppenaufsicht ist möglich, wenn seine Einbeziehung nicht bzw. kaum möglich (S. 1 Nr. 1) oder aber nicht sinnvoll (S. 1 Nr. 2 und 3) ist.

8 **a) Rechtliche Hindernisse (Abs. 2 S. 1 Nr. 1).** Hiernach kann ein **Versicherungsunternehmen aus einem Drittstaat** ausgeschlossen werden, wenn es rechtliche Hindernisse gibt, die der Übermittlung der notwendigen Informationen entgegenstehen. Notwendig sind die Informationen, die dem der Gruppenaufsicht unterliegenden Versicherungsunternehmen die Erfüllung seiner Pflichten in Bezug auf das betreffende verbundene Versicherungsunternehmen ermöglichen, insbesondere die Berechnung der **Gruppensolvabilität** sowie die Überwachung von **Risikokonzentrationen** und **gruppeninternen Transaktionen**. Solche Hindernisse können sowohl dem Verhältnis zwischen dem der Gruppenaufsicht unterliegenden und dem einzubeziehenden Versicherungsunternehmen eines Drittstaats als auch dem Verhältnis zwischen der Aufsichtsbehörde über ein Versicherungsunternehmen eines Drittstaats und der Gruppenaufsichtsbehörde entstammen. Denn zur Wahrnehmung ihrer Aufgaben nach § 279 Abs. 1 VAG muss die Gruppenaufsichtsbehörde insbesondere die von der Gruppe errechnete Gruppensolvabilität verifizieren können, was auch die Überprüfung des Beitrags eines Versicherungsunternehmens eines Drittstaats beinhalten kann.

9 **b) Untergeordnete Bedeutung (Abs. 2 S. 1 Nr. 2).** Die Vorschrift gilt **sowohl für Versicherungsunternehmen aus einem Mitglieds- und Vertragsstaat als auch aus einem Drittstaat**. Besondere Bedeutung dürfte sie in Bezug auf Versicherungsunternehmen eines Drittstaats erlangen, deren Einbeziehung in die Gruppenaufsicht, insbesondere die Anwendung der §§ 89 ff. VAG (**Berechnung der Solvabilitätskapitalanforderung**), einen erheblichen Aufwand bedeuten kann. Die untergeordnete Bedeutung ist im Rahmen einer **qualitativen Gesamtbetrachtung** zu ermitteln. Sie dürfte grundsätzlich anzunehmen sein, wenn der Beitrag des betreffenden Unternehmens zur Gruppen-Solvabilitätskapitalanforderung unter dem **Grenzwert von 10 %** läge. Da dieser Beitrag gerade nicht berechnet werden kann bzw. soll, müssen stellvertretende, verfügbare Größen gewählt werden. Hierfür können die versicherungstechnischen Rückstellungen auf Basis von IFRS oder HGB dienen; alternativ kann eine Solvabilitätskapitalanforderung anhand von Faktoren auf Basis der IFRS- oder HGB-Bilanz geschätzt werden, die von den Bilanzen und Solvabilitätskapitalanforderungs-Berechnungen anderer Versicherungsunternehmen abgeleitet werden. Der auf den ersten Blick hoch erscheinende Grenzwert von 10 % ist vor dem Hintergrund angemessen, dass der Ausschluss aus der Gruppenaufsicht nicht zur Folge hat, dass die Beteiligung als risikofrei behandelt würde. Vielmehr wird dem Risiko durch den **Buchwertabzug** Rechnung getragen. Gem. **Art. 13 Abs. 2 Solva II-VO** beträgt der Wert der Beteiligung an einem aus der Gruppenaufsicht ausgenommenen Unternehmen Null; die Investition in das verbundene Versicherungsunternehmen gilt aufsichtsrechtlich als „verloren". Weitere zu berücksichtigende Aspekte sind die übrigen Aspekte des Risikoprofils sowie insbesondere Art und Umfang von gruppeninternen Transaktionen mit in die Gruppenaufsicht einbezogenen Unternehmen. Letzteres ist von Bedeutung, da solche Transaktionen in der Folge weder konsolidiert noch beaufsichtigt würden.[4]

10 Im Rahmen der qualitativen Gesamtbetrachtung ist gem. S. 2 nicht nur die Bedeutung eines einzelnen Unternehmens, sondern die aller auszuschließenden Unternehmen zu beachten. Insoweit erscheint aus den genannten Gründen ein Grenzwert von 20 % als noch angemessen.

11 **c) Unangemessenheit (Abs. 2 S. 1 Nr. 3).** Ein weiterer Grund zum Ausschluss aus der Gruppenaufsicht liegt vor, wenn die Einbeziehung eines **Versicherungsunternehmens (aus einem Mitglieds-**

[3] Siehe etwa EIOPA-LL 1 Gruppensolvabilität und 15 ORSA.

[4] Vgl. Art. 328 Abs. 1 lit. e Solva II-VO, der das Vorhandensein signifikanter gruppeninterner Transaktionen sogar als Hinderungsgrund für die Anwendung der Abzugs- und Aggregationsmethode statt der Konsolidierungsmethode erklärt.

und Vertragsstaat oder einem Drittstaat) im Verhältnis zu den mit der Gruppenaufsicht verfolgten Zielen unangemessen oder irreführend wäre. Dies könnte der Fall sein, wenn ein Unternehmen zwar Teil der Gruppe im aufsichtsrechtlichen, nicht aber im unternehmerischen Sinn ist, da es nicht zum strategischen Kern der Gruppe gehört. In Frage kommen vorübergehende Beteiligungen mit dem Zweck der **Sanierung und Rettung** des Unternehmens[5] oder aber **Minderheitsbeteiligungen** an Unternehmen, die mehrheitlich zu einer anderen Versicherungsgruppe gehören. Anders als im Fall des Abs. 2 S. 1 Nr. 3 ist die Bedeutung des auszuschließenden Versicherungsunternehmens (aus einem Mitglieds- und Vertragsstaat oder einem Drittstaat) für die Gruppe nicht relevant.

d) Verfahren. Ein förmlicher Antrag des der Gruppenaufsicht unterliegenden Versicherungsunternehmens ist nicht vorgesehen; gleichwohl ist nicht davon auszugehen, dass die Gruppenaufsichtsbehörde von sich aus tätig wird. In den Fällen des S. 1 Nr. 2 und 3 hat die Gruppenaufsichtsbehörde gem. Abs. 2 S. 3 vorher die anderen betroffenen Aufsichtsbehörden anzuhören, wenn sie einen Ausschluss aussprechen will.[6] Im Übrigen gilt § 297 VAG (Ermessen). **12**

3. Folgen des Ausschlusses. a) Folgen für die Gruppenaufsicht. Folge des Ausschlusses aus der Gruppenaufsicht ist zunächst, dass das der Gruppenaufsicht unterliegende Versicherungsunternehmen **keine Anforderung der Gruppenaufsicht** in Bezug auf das ausgeschlossene Versicherungsunternehmen (aus einem Mitglieds- oder Vertragsstaat bzw. Drittstaat) **mehr zu erfüllen** braucht. Insbesondere brauchen Transaktionen mit dem ausgeschlossenen Versicherungsunternehmen nicht mehr gem. § 274 VAG überwacht zu werden, und dieses braucht nicht in das Governance-System auf Gruppenebene gem. § 275 VAG einbezogen zu sein. In der Berechnung der Gruppensolvabilität wird die Beteiligung am ausgeschlossenen Versicherungsunternehmen (aus einem Mitglieds- und Vertragsstaat oder einem Drittstaat) gem. § 250 Abs. 1 S. 2 VAG wie auf Einzelebene behandelt. Die **Beteiligung** ist sowohl in der **(Einzel-) Solvabilitätsübersicht** des beteiligten Versicherungsunternehmens als auch in der **Gruppen-Solvabilitätsübersicht** nach Art. 13 Abs. 2 lit. a Solva II-VO **mit Null zu bewerten**;[7] die Berechnung einer Kapitalanforderung gem. Art. 168 ff. Solva II-VO erübrigt sich insoweit. **13**

b) Folgen für die Einzelaufsicht (Abs. 4). Abs. 4 bezieht sich nur auf die Fälle des Ausschlusses von der Gruppenaufsicht gem. § 246 Abs. 2 Nr. 2 und 3 VAG. Der Wortlaut der Vorschrift bedarf in mehrfacher Hinsicht der Korrektur. Nach Abs. 4 ist das an der Spitze stehende Unternehmen verpflichtet, alle zur Erleichterung der Beaufsichtigung geforderten Informationen zu geben. Der Begriff des an der Spitze stehenden Unternehmens ist nicht gesetzlich definiert; es handelt sich nach verständiger Auslegung um das **oberste Mutterunternehmen auf Ebene der Mitglied- oder Vertragsstaaten gem. § 247 VAG**. Angesichts der der Vorschrift zugrundeliegenden Befreiung von der Gruppenaufsicht kann es sich bei der Beaufsichtigung, deren Erleichterung die Informationen dienen, nur um die Einzelaufsicht handeln. Art und Umfang der zu gebenden Informationen sind unklar. Die Einzelaufsicht nach Europarecht sieht eine solche Informationspflicht des beteiligten Unternehmens nicht vor. Dementsprechend stellt sich Abs. 4 als Begründung von Informationspflichten im Rahmen der Einzelaufsicht dar, als Kompromiss für den Verzicht auf die Gruppenaufsicht, die ansonsten umfangreichere Informationspflichten begründete. Nach nationalem Recht besteht eine solche Informationspflicht aber ohnehin gem. § 305 Abs. 2 Nr. 4 VAG.[8] Schließlich ist zu beachten, dass das Ersuchen der Aufsichtsbehörde, die für das von der Gruppenaufsicht ausgeschlossene Versicherungsunternehmen zuständig ist, mangels Zuständigkeit nicht direkt an das oberste Mutterunternehmen gerichtet werden kann, sondern nur an die Gruppenaufsichtsbehörde, die es dann an das Unternehmen richtet. **14**

IV. Verhältnis zu anderen Regelungen. 1. Ausschluss aus der Berechnung der Gruppensolvabilität (§§ 259, 260 VAG). § 259 Abs. 2 VAG erlaubt, Kreditinstitute, Finanzinstitute und Wertpapierfirmen sowie weitere **beaufsichtigte Unternehmen anderer Branchen** nicht in die Berechnung der Gruppensolvabilität mit einzubeziehen. Im Gegensatz zum Ausschluss nach § 246 Abs. 2 VAG führt dies nur zum Ausschluss der Beteiligung am betreffenden Unternehmen aus den Anforderungen der Säule 1 (Berechnung der **Gruppensolvabilität**), nicht aber denen der übrigen Säulen der Gruppenaufsicht. § 260 VAG ergänzt den Anwendungsbereich des § 246 Abs. 2 S. 1 Nr. 1 VAG um den Fall, dass die notwendigen Informationen alleine aus faktischen Gründen nicht verfügbar sind, und erfasst auch Informationen in Bezug auf verbundene Versicherungsunternehmen (aus einem Mitglieds- oder Vertragsstaat). Anders als § 246 Abs. 2 S. 1 Nr. 1 VAG regelt § 260 VAG nur den **Buchwertabzug**. **15**

[5] Eine vergleichbare Regelung enthielt § 53c Abs. 3d VAG a. F. in Bezug auf Beteiligungen an Kreditinstituten, Finanzdienstleistungsinstituten und Finanzunternehmen.

[6] Für ihre Entscheidung berechnet die BaFin eine Gebühr i. H. v. 1.670 EUR (Ziffer 6.10.1 des Anhangs zu FinDAGKostV).

[7] Seit Änderung von Art. 13 Abs. 2 lit. a Solva II-VO durch die VO (EU) 2016/467 gilt der Buchwertabzug auf Einzel- und Gruppenebene in allen Fällen des § 246 Abs. 2 VAG. Zuvor galt er nur im Fall des Abs. 2 Nr. 1.

[8] Die Vorschrift richtet sich an Inhaber einer bedeutenden Beteiligung nach § 7 Nr. 3 VAG (Halten von mindestens 10% von Kapital oder Stimmrechten). Ein beteiligtes Unternehmen gem. § 7 Nr. 4 VAG ist stets auch Inhaber einer bedeutenden Beteiligung. Dies gilt nur nicht in dem Fall, dass das von der Gruppenaufsicht ausgeschlossene Unternehmen Teil einer horizontalen Gruppe wäre.

16 **2. Bankaufsichtsrecht (§ 10a Abs. 1 und 2 KWG).** Wie nach § 246 Abs. 3 VAG unterliegt auch nach § 10a Abs. 1 und 2 KWG nicht jedes Unternehmen der Gruppe der Gruppenaufsicht, sondern nur das oberste beaufsichtigte Unternehmen. Abweichend davon erlaubt § 10a Abs. 2 KWG der BaFin, eine (gemischte) Finanzholding-Gesellschaft als übergeordnetes Unternehmen statt dem Institut zu bestimmen, wenn sie die Einhaltung der gruppenbezogenen Pflichten gewährleisten kann.[9] Diese (gemischte) Finanzholding-Gesellschaft ist einem Institut zwar zunächst aufsichtsrechtlich nachgeordnet, gesellschaftsrechtlich als beteiligtes Unternehmen aber übergeordnet.

17 Genau wie § 246 Abs. 2 VAG erlaubt Art. 19 Abs. 2 CRR einzelne Unternehmen aus der Gruppenaufsicht (aufsichtliche Konsolidierung) auszunehmen.

18 **3. Finanzkonglomerate-Aufsichtsrecht (§§ 13, 19 FKAG).** § 13 FKAG erlaubt der BaFin als Koordinator, vollumfänglich von der Beaufsichtigung eines Finanzkonglomerats absehen. Anders als nach § 246 Abs. 2 VAG betrifft dies nicht nur einzelne Unternehmen, sondern die gesamte Gruppe. Grund dafür ist, dass die Finanzkonglomerate-Aufsicht grds. neben sektoraler Gruppenaufsicht steht und daher in Einzelfällen verzichtbar ist. Darüber hinaus erlaubt § 19 FKAG der BaFin als Koordinator, unter den gleichen Voraussetzungen wie nach § 246 Abs. 2 VAG das übergeordnete Unternehmen in Bezug auf einzelne nachgeordnete Unternehmen von den Eigenmittelanforderungen auf Ebene des Finanzkonglomerats freizustellen. Anders als nach § 246 Abs. 2 VAG erstreckt sich die Freistellung somit nicht auf die gesamte Finanzkonglomerate-Aufsicht.

Oberstes Mutterunternehmen auf Ebene der Mitglied- oder Vertragsstaaten

247 (1) **Ist das in § 245 Absatz 2 Nummer 1 genannte beteiligte Versicherungsunternehmen oder die in § 245 Absatz 2 Nummer 2 genannte Versicherungs-Holdinggesellschaft oder gemischte Finanzholding-Gesellschaft selbst Tochterunternehmen eines anderen Versicherungsunternehmens oder einer anderen Versicherungs-Holdinggesellschaft oder gemischten Finanzholding-Gesellschaft mit Sitz in einem Mitglied- oder Vertragsstaat, so sind die §§ 250 bis 287 sowie 293 Absatz 1, § 298 Absatz 1 und 2, § 305 Absatz 1 Nummer 1 und § 306 Absatz 1 Nummer 1 nur auf Ebene der obersten Muttergesellschaft anzuwenden, die ein Versicherungsunternehmen oder eine Versicherungs-Holdinggesellschaft oder eine gemischte Finanzholding-Gesellschaft mit Sitz in einem Mitglied- oder Vertragsstaat ist.**

(2) **Ist die in Absatz 1 genannte oberste Muttergesellschaft, die ein Versicherungsunternehmen oder eine Versicherungs-Holdinggesellschaft oder eine gemischte Finanzholding-Gesellschaft mit Sitz in einem Mitglied- oder Vertragsstaat ist, Tochterunternehmen eines Unternehmens, das nach Artikel 5 Absatz 2 der Richtlinie 2002/87/EG einer zusätzlichen Beaufsichtigung unterliegt, so kann die Gruppenaufsichtsbehörde nach Konsultation der anderen betroffenen Aufsichtsbehörden auf der Ebene dieses obersten Mutterunternehmens von der Überwachung der Risikokonzentration gemäß § 273, der Überwachung der gruppeninternen Transaktionen gemäß § 274 oder von beidem absehen.**

1 **I. Allgemeines. 1. Entstehungsgeschichte.** Die Vorschrift hat keine Entsprechung im VAG a. F. Gegenüber der Fassung des RegE 2012 wurde ihr Anwendungsbereich auf gemischte Finanzholding-Gesellschaften erweitert.

2 **2. Normzweck.** Die Vorschrift beschränkt in Abs. 1 den **Anwendungsbereich der Gruppenaufsicht** nach § 245 Abs. 2 VAG auf das oberste Mutterunternehmen auf Ebene der Mitglied- oder Vertragsstaaten und stellt in Abs. 2 klar, dass die Möglichkeit zur Beschränkung des Umfangs der Gruppenaufsicht gem. § 245 Abs. 3 VAG auch auf der obersten Ebene gilt.

3 **3. Europarechtlicher Hintergrund.** Die Vorschrift setzt **Art. 215 Solva II-RL** um und wird durch **EIOPA-LL 5 Gruppensolvabilität** ausgelegt.

4 **II. Einschränkung des Anwendungsbereichs der Gruppenaufsicht (Abs. 1).** Für **Fälle mehrstufiger Beteiligungsverhältnisse** bestimmt Abs. 1, dass die Gruppenaufsicht nicht auf Ebene sämtlicher der in § 245 Abs. 2 Nr. 1 und 2 VAG genannten Unternehmen, sondern nur **auf Ebene des obersten Mutterunternehmens** in einem Mitglieds- oder Vertragsstaat Anwendung findet. Falls die Gruppe ein Versicherungsunternehmen oberhalb eines eigentlich der Gruppenaufsicht nach § 245 Abs. 2 VAG unterliegenden Versicherungsunternehmens aufweist, unterliegt nur ersteres der Gruppenaufsicht. Falls die Gruppe eine Versicherungsholding-Gesellschaft oder gemischte Finanzholding-Gesellschaft oberhalb einer in § 245 Abs. 2 Nr. 2 VAG genannten Versicherungsholding-Gesellschaft oder gemischten Finanzholding-Gesellschaft aufweist, aber kein Versicherungsunternehmen, bleibt es dabei, dass das in § 245 Abs. 2 Nr. 2 VAG genannte Versicherungsunternehmen der Gruppenaufsicht unterliegt. Die Gruppenaufsicht (etwa die Berechnung der Gruppensolvabilität) setzt aber nur auf Ebene der

[9] Boos/Fischer/Schulte-Mattler/*Stawitzke* § 10a KWG Rn. 31.

obersten Versicherungsholding-Gesellschaft oder gemischten Finanzholding-Gesellschaft an. § 248 VAG ermöglicht eine Ausnahme von Abs. 1.

Der Ausschluss der Gruppenaufsicht auf den unteren Ebenen ist umfassend. Insbesondere hat er auch zur Folge, dass Versicherungs-Holdinggesellschaften und gemischte Finanzholding-Gesellschaften, die nicht auf oberster Ebene stehen, keiner Einzelaufsicht gem. § 293 VAG unterliegen.[1] Allerdings sind sie auch als zwischengeschaltete Holdinggesellschaften ausdrücklich gem. § 257 VAG in die Berechnung der Gruppensolvabilität einzubeziehen. Nach dem Wortlaut des Abs. 1, der im Einklang mit Art. 215 Abs. 1 Solva II-RL steht, greift die Ausschließlichkeit der Gruppenaufsicht auf oberster Ebene nur ein, wenn das oberste Unternehmen auf Ebene der Mitglied- oder Vertragsstaaten ein Mutterunternehmen (§ 7 Nr. 23 VAG) ist. Nicht ausreichend ist danach, dass das oberste Unternehmen beteiligtes Unternehmen gem. § 7 Nr. 4 VAG ist; das **Halten einer Beteiligung reicht nicht aus**. Dies ist mit der Systematik des § 246 Abs. 2 Nr. 1 VAG nicht in dem Fall vereinbar, dass sowohl das Versicherungsunternehmen auf höchster Ebene als auch das auf zweithöchster Ebene lediglich beteiligte Unternehmen sind. Nach § 246 Abs. 2 Nr. 1 VAG reicht für die Begründung der Gruppenaufsicht aus, dass ein Versicherungsunternehmen beteiligtes Unternehmen eines anderen Versicherungsunternehmens ist; es braucht nicht zwingend Mutterunternehmen zu sein. Gleiches muss umgekehrt auch für die Befreiung von der Gruppenaufsicht (im Sinne der Konzentration der Gruppenaufsicht auf oberster Ebene) gelten. Dagegen wäre die Befreiung nicht gerechtfertigt, wenn das oberste Versicherungsunternehmen lediglich beteiligtes Unternehmen am Versicherungsunternehmen auf zweithöchster Ebene ist, dieses aber Mutterunternehmen eines weiteren Versicherungsunternehmens auf dritthöchster Ebene ist. In dem Fall würden die Befreiung von der Gruppenaufsicht auf zweithöchster Ebene faktisch zu einem Verlust von Aufsichtsbefugnissen führen, da das verpflichtete Versicherungsunternehmen auf höchster Ebene weniger umfangreiche gesellschaftsrechtliche Rechte als das auch zweithöchster Ebene hat. 5

III. Befreiung von Teilen der Gruppenaufsicht (Abs. 2). Abs. 2 stellt klar, dass die Regelung des § 245 Abs. 3 VAG auch für die oberste Ebene gilt, auf der nach Abs. 1 ausschließlich die Gruppenaufsicht stattfindet. Demnach kann die Gruppenaufsichtsbehörde nach Konsultation der anderen betroffenen Aufsichtsbehörden von der Beaufsichtigung von Risikokonzentrationen und/oder gruppeninternen Transaktionen absehen.[2] 6

IV. Verhältnis zu anderen Regelungen. 1. Mehrstufige Gruppenaufsicht (§§ 245, 248 VAG). § 247 VAG ändert § 245 Abs. 2 VAG dahin gehend ab, dass in einer mehrstufigen Gruppe nicht jedes der dort genannten Versicherungsunternehmen der Gruppenaufsicht unterliegt, sondern nur das oberste beteiligte Unternehmen auf Ebene der Mitglied- und Vertragsstaaten.[3] Eine Rückausnahme hierzu erlaubt § 248 VAG (Teilgruppenaufsicht). 7

2. Finanzkonglomerate-Aufsichtsrecht (§ 14 FKAG). § 14 Abs. 1 FKAG sieht die Befreiung eines Unter-Finanzkonglomerats von der Finanzkonglomerate-Aufsicht als Ausnahme vor. Nach §§ 247 f. VAG ist dies dagegen in der Gruppenaufsicht der Regelfall. 8

Oberstes Mutterunternehmen auf nationaler Ebene

248 (1) [1]**Hat das in § 245 Absatz 2 Nummer 1 genannte beteiligte Versicherungsunternehmen oder die in § 245 Absatz 2 Nummer 2 genannte Versicherungs-Holdinggesellschaft oder gemischte Finanzholding-Gesellschaft seinen oder ihren Sitz im Inland und hat das in § 247 genannte oberste Mutterunternehmen seinen Sitz in einem anderen Mitglied- oder Vertragsstaat, so kann die Aufsichtsbehörde nach Konsultation der Gruppenaufsichtsbehörde und dieses obersten Mutterunternehmens anordnen, dass das auf nationaler Ebene oberste Mutterversicherungsunternehmen oder die auf nationaler Ebene oberste Muttergesellschaft, die eine Versicherungs-Holdinggesellschaft oder eine gemischte Finanzholding-Gesellschaft ist, der Gruppenaufsicht unterliegt.** [2]**Die Aufsichtsbehörde begründet ihre Entscheidung in diesem Fall sowohl gegenüber der Gruppenaufsichtsbehörde als auch gegenüber dem obersten Mutterunternehmen auf Ebene der Mitglied- oder Vertragsstaaten.** [3]**Die Gruppenaufsichtsbehörde unterrichtet das Aufsichtskollegium (§ 283) gemäß Artikel 248 Absatz 1 Buchstabe a der Richtlinie 2009/138/EG.** [4]**Vorbehaltlich der Absätze 2 bis 6 sind die §§ 250 bis 287 sowie § 293 Absatz 1, § 298 Absatz 1 und 2, § 305 Absatz 1 Nummer 1 und § 306 Absatz 1 Nummer 1 entsprechend anzuwenden.**

(2) **Die Aufsichtsbehörde kann eine Beschränkung der Gruppenaufsicht auf einzelne Vorschriften der §§ 250 bis 275 bei dem obersten Mutterunternehmen auf nationaler Ebene feststellen.**

---

[1] Vgl. § 293 VAG Rn. 5 f.
[2] Vgl. § 245 VAG Rn 35 ff.
[3] S. o. Rn. 4 f.

(3) **Sofern die Aufsichtsbehörde auf das oberste Mutterunternehmen auf nationaler Ebene die §§ 250 bis 272 anwendet, wird die Methode, die von der Gruppenaufsichtsbehörde gemäß § 252 für das in § 247 genannte oberste Mutterunternehmen auf Ebene der Mitglied- oder Vertragsstaaten gewählt worden ist, von der Aufsichtsbehörde als verbindlich anerkannt und angewendet.**

(4) [1] **Sofern die Aufsichtsbehörde auf das oberste Mutterunternehmen auf nationaler Ebene die §§ 250 bis 272 anwendet und das in § 247 genannte oberste Mutterunternehmen auf Ebene der Mitglied- oder Vertragsstaaten gemäß § 262 oder § 265 Absatz 5 die Erlaubnis erhalten hat, die Solvabilitätskapitalanforderung für die Gruppe sowie die Solvabilitätskapitalanforderung für die Versicherungsunternehmen der Gruppe anhand eines internen Modells zu berechnen, so wird diese Entscheidung von der Aufsichtsbehörde als verbindlich anerkannt und umgesetzt.** [2] **Ist die Aufsichtsbehörde in einem solchen Fall der Auffassung, dass das auf Ebene der Mitglied- oder Vertragsstaaten genehmigte interne Modell erheblich vom Risikoprofil des obersten Mutterunternehmens auf nationaler Ebene abweicht, so kann sie, wenn das Unternehmen ihre Bedenken nicht angemessen ausräumt, für dieses einen Aufschlag auf die anhand eines solchen Modells berechnete Gruppensolvabilitätskapitalanforderung verlangen.** [3] **Ist ein solcher Kapitalaufschlag ausnahmsweise nicht angemessen, kann die Aufsichtsbehörde von dem Unternehmen verlangen, seine Gruppensolvabilitätskapitalanforderung anhand der Standardformel zu berechnen.** [4] **Die Aufsichtsbehörde begründet solche Entscheidungen sowohl gegenüber dem Unternehmen als auch gegenüber der Gruppenaufsichtsbehörde.** [5] **Die Gruppenaufsichtsbehörde unterrichtet das Aufsichtskollegium gemäß Artikel 248 Absatz 1 Buchstabe a der Richtlinie 2009/138/EG.**

(5) **Sofern die Aufsichtsbehörde auf das oberste Mutterunternehmen auf nationaler Ebene die Bestimmungen der §§ 250 bis 272 anwendet, kann nach der Vorschrift des § 267 oder des § 272 diesem Unternehmen nicht die Erlaubnis erteilt werden, auf eines seiner Tochterunternehmen die §§ 269 und 270 anzuwenden.**

(6) **Eine Anordnung gemäß Absatz 1 kann nicht getroffen oder aufrechterhalten werden, wenn das oberste Mutterunternehmen auf nationaler Ebene ein Tochterunternehmen des in § 247 genannten obersten Mutterunternehmens auf Ebene der Mitglied- oder Vertragsstaaten ist und dieses gemäß der Vorschrift des § 268 oder des § 270 die Erlaubnis erhalten hat, die §§ 269 und 270 auf das Tochterunternehmen anzuwenden.**

Übersicht

1 **I. Allgemeines. 1. Entstehungsgeschichte.** Die Vorschrift wurde gegenüber dem RegE 2012 so geändert, dass ihr Anwendungsbereich auch **gemischte Finanzholding-Gesellschaften** erfasst. Darüber hinaus wurde die Pflicht der BaFin als nationaler Gruppenaufsichtsbehörde zur Unterrichtung des Aufsichtskollegiums nach Abs. 1 und 4 ergänzt. Nach altem Recht erlaubten **§ 104b Abs. 3 VAG a. F.** und § 6 Abs. 2 der früheren SolBerV ebenfalls eine Teilgruppenaufsicht, allerdings sogar als Regelfall.

2 **2. Normzweck.** Mit der Vorschrift macht der deutsche Gesetzgeber von der **Mitgliedsstaaten-Option** Gebrauch, eine **Teilgruppenaufsicht** oder Subgruppenaufsicht ausnahmsweise im Einzelfall vollständig oder teilweise durchzuführen. Die Teilgruppenaufsicht kann aus Sicht der Aufsichtsbehörde

insbesondere opportun sein, um eine **ausreichende Gruppensolvabilität auf Landesebene** sicherzustellen; sie begrenzt damit aus Sicht der Versicherungsgruppe ihre flexible Kapitalallokation.[1] Ohne Teilgruppenaufsicht wäre es dagegen möglich, dass ein Defizit der Gruppensolvabilität in Deutschland in der Gruppensolvabilitätsrechnung durch Überschuss-Eigenmittel in einem anderen Teil der Gruppe (d. h. in einem anderen Staat) ausgeglichen wird, die im Krisenfall nicht den Versicherungsunternehmen im Inland zur Verfügung stehen.[2] Für die betroffenen Versicherungsunternehmen kann die Anordnung der Teilgruppenaufsicht zu hohem Aufwand führen, da insbesondere die Gruppensolvabilität einschließlich Solvabilitätsübersicht auf unterer Ebene zu erstellen ist.

3. Europarechtlicher Hintergrund. Die Vorschrift setzt **Art. 216 Solva II-RL** um. Sie wird durch 3
Art. 358 Solva II-VO ergänzt.

II. Voraussetzungen der Teilgruppenaufsicht (Abs. 1 und 6). 1. Teilgruppe (Abs. 1). Eine 4
Teilgruppe liegt nach Abs. 1 S. 1 vor, wenn das in § 245 Abs. 2 Nr. 1 VAG genannte beteiligte Versicherungsunternehmen oder die in § 245 Abs. 2 Nr. 2 VAG genannte Versicherungs-Holdinggesellschaft oder gemischte Finanzholding-Gesellschaft (das oberste Mutterunternehmen auf nationaler Ebene) seinen oder ihren Sitz im Inland hat, das in § 247 VAG genannte oberste Mutterunternehmen auf Ebene der Mitglied- oder Vertragsstaaten aber in einem anderen Staat. Über den Wortlaut hinaus ist nach teleologischer und systematischer Auslegung erforderlich, dass neben der Versicherungsholding-Gesellschaft oder gemischten Finanzholding-Gesellschaft auch ein verbundenes Versicherungsunternehmen seinen Sitz im Inland hat. Denn aus § 245 Abs. 2 Nr. 2 VAG folgt, dass nicht die Versicherungsholding-Gesellschaft oder gemischte Finanzholding-Gesellschaft selbst, sondern das verbundene Versicherungsunternehmen der Gruppenaufsicht unterliegt. Dies ist auch sinnvoll, da in erster Linie die Finanzlage des verbundenen Unternehmens (d. h. des Versicherungsunternehmens) von der Gruppenzugehörigkeit betroffen ist.

Über den Wortlaut des Abs. 1 S. 1 hinaus, der dem des Artikel 216 Abs. 1 Solva II-RL entspricht, 5
liegt eine Teilgruppe auch dann vor, wenn das oberste Versicherungsunternehmen im Inland nicht Mutterunternehmen, sondern nur beteiligtes Unternehmen ist. Dies folgt zunächst daraus, dass der Wortlaut des Abs. 1 S. 1 offensichtlich missglückt ist. Er verwendet in Bezug auf Voraussetzungen („Ist das… beteiligte Versicherungsunternehmen…") und Rechtsfolgen („… dass das auf nationaler Ebene oberste Mutterversicherungsunternehmen…") unterschiedliche Begriffe. Dies folgt weiterhin aus der teleologischen und systematischen Auslegung, da nach § 245 Abs. 2 Nr. 1 VAG für die Begründung der (Gesamt-) Gruppenaufsicht eine Beteiligung ausreicht; es ist nicht erkennbar, dass für die Teilgruppenaufsicht engere Voraussetzungen gelten sollen.[3]

2. Kein zentralisiertes Risikomanagement (Abs. 6). Die Anordnung der Gruppenaufsicht durch 6
die BaFin als nationale Gruppenaufsichtsbehörde ist nicht möglich, wenn das oberste Mutterunternehmen auf nationaler Ebene als Tochterunternehmen des obersten Mutterunternehmens auf EU/EWR-Ebene zusammen mit diesem in das zentralisierte Risikomanagement nach den **§§ 267–272 VAG** (bzw. richtigerweise nach den Vorschriften des ausländischen Rechts, die die Art. 236–243 Solva II-RL umsetzen) einbezogen ist. Nach dem Wortlaut ist nicht erforderlich, dass auch die übrigen Versicherungsunternehmen der Teilgruppe, an denen das oberste Mutterunternehmen auf nationaler Ebene beteiligt ist, in das zentralisierte Risikomanagement einbezogen sind.

3. Objektive Unterschiede der nationalen Teilgruppe. Art. 358 Solva II-VO legt fest, dass die 7
Anordnung der Teilgruppenaufsicht nur zulässig ist, wenn „objektive Unterschiede hinsichtlich der Geschäfte, der Organisation oder des Risikoprofils" zwischen der Teilgruppe und der Gruppe bestehen. Die Vorschrift begrenzt damit das Ermessen der Aufsichtsbehörde, die Teilgruppenaufsicht anzuordnen. Hierdurch betont die Europäische Kommission als Gesetzgeber der Solva II-VO das **Regel-Ausnahme-Verhältnis**, wonach die von den Mitgliedsstaaten befürwortete Teilgruppenaufsicht in einem Binnenmarkt mit nunmehr stark harmonisierten Solvabilitätsvorschriften die Ausnahme sein muss. Dementsprechend ist die Vorschrift eng auszulegen.

Die Tatbestandsmerkmale überschneiden sich zum Teil. **Unterschiede hinsichtlich des Risiko-** 8
profils basieren zwingend auf Unterschieden der Geschäfte zwischen Gruppe und Teilgruppe. Die beiden Merkmale sind so zu verstehen, dass die Unterschiede hinsichtlich der Geschäfte so gravierend sein müssen, dass sie sich auf das Risikoprofil auswirken. Das Risikoprofil kann zunächst quantitativ beschrieben werden, d. h. anhand der Aufteilung der Solvabilitätskapitalanforderung auf die einzelnen Risikokategorien (z. B. Marktrisiko) und –typen (z. B. Zinsrisiko). Darüber hinaus sind qualitative Risiken zu berücksichtigen, die im Rahmen der Risiko- und Solvabilitätsbeurteilung gem. § 27 VAG ermittelt werden.

[1] Kritisch hierzu *Kraft* in Gründl/Kraft S. 155.
[2] Allerdings steht dieser Zielsetzung der Aufsichtsbehörde wiederum entgegen, dass zur Teilgruppe auch verbundene Unternehmen aus anderen Mitglied- oder Vertragsstaaten angehören, s. u. Rn. 13. Diese könnten mit ihrem Überschusskapital ein Kapitaldefizit im Inland ausgleichen.
[3] Vgl. § 245 VAG Rn. 33.

9 Objektive Unterschiede lägen beispielsweise vor, wenn die Teilgruppe einen anderen Geschäftsmix mit einem höheren Anteil am Lebens-Geschäft als die Gruppe mit mehr Marktrisiko aufweist, oder wenn eine Teilgruppe eine andere Anlagestrategie mit entsprechend unterschiedlichem Risikoprofil als die Gruppe verfolgt. Als nicht ausreichend sind Unterschiede hinsichtlich der Geschäfte und des Risikoprofils anzusehen, die auf den nationalen Produktbesonderheiten beruhen. Schließlich ist nach dem Wortlaut nicht ausreichend, dass eine Teilgruppe im Vergleich weniger Eigenmittel als die Gruppe aufweist. Denn dies berührt weder das Geschäft noch das Risikoprofil der Teilgruppe.

10 Schließlich kann eine **unterschiedliche Organisation** der Teilgruppe die Teilgruppenaufsicht rechtfertigen. Hierunter kann nicht bereits geschlossen werden, wenn die Mitglieder von Vorstand oder Aufsichtsrat auf Ebene der Teilgruppe andere Personen als auf Ebene der Gruppe sind, weil dies den Regelfall darstellt. Vielmehr ist Voraussetzung für die Anordnung der Teilgruppenaufsicht eine entsprechende interne Eigenständigkeit, die die Teilgruppe von anderen Teilgruppen der Gruppe unterscheidet. Beispiele hierfür sind der Fall, dass nur die Versicherungsunternehmen der Teilgruppe ihre Solvabilitätskapitalanforderung mit der Standardformel oder einem internen Modell berechnen, oder dass die Versicherungsunternehmen der Teilgruppe nicht in das zentralisierte Risikomanagement auf Gruppenebene gem. §§ 267 ff. VAG einbezogen sind.

11 **4. Verfahren.** Gemäß Abs. 1 S. 1 hat die BaFin als nationale Gruppenaufsichtsbehörde vor ihrer Feststellung die Gruppenaufsichtsbehörde auf EU/EWR-Ebene sowie das oberste Unternehmen auf Ebene der Mitglied- oder Vertragsstaaten (das oberste Mutterunternehmen auf EU/EWR-Ebene) zu **konsultieren**, sowie beiden gem. Abs. 1 S. 2 die erfolgte Anordnung zu erläutern. Schließlich hat die BaFin als nationale Gruppenaufsichtsbehörde nach Abs. 1 S. 3 das **Aufsichtskollegium** gem. Art. 248 Abs. 1 lit. a Solva II-RL (entspricht § 283 VAG) zu unterrichten. Nach getroffener Feststellung hat die BaFin als nationale Gruppenaufsichtsbehörde ihre aus der Teil-Gruppenaufsicht gewonnen Informationen gem. § 284 Abs. 2 VAG auch mit den Aufsichtsbehörden des Aufsichtskollegiums der Gesamt-Gruppe zu teilen.

12 **III. Rechtsfolge: Anwendung und Umfang der Teilgruppenaufsicht. 1. Anwendung der Teilgruppenaufsicht (Abs. 1 S. 1).** Nach dem Wortlaut von Abs. 1 S. 1 ist die Rechtsfolge der Anordnung der BaFin als nationaler Gruppenaufsichtsbehörde, dass das auf nationaler Ebene oberste Mutterversicherungsunternehmen bzw. die auf nationaler Ebene oberste Versicherungs-Holdinggesellschaft oder gemischte Finanzholding-Gesellschaft der Gruppenaufsicht unterliegt. Dieser Wortlaut, der im Einklang mit Art. 216 Abs. 1 Solva II-RL steht, ist nach der Systematik des § 245 Abs. 2 Nr. 1 und 2 VAG dahingehend zu korrigieren, dass nicht die oberste Versicherungs-Holdinggesellschaft oder gemischte Finanzholding-Gesellschaft selbst, sondern ihr **verbundenes Versicherungsunternehmen** der Teilgruppenaufsicht unterliegt; es ist nicht ersichtlich, weshalb in der Teilgruppenaufsicht von der Systematik der Gruppenaufsicht abgewichen werden sollte.

13 **2. Umfang der Teilgruppe.** Etwaige **ausländische Unternehmen**, die verbundene Unternehmen des obersten Mutterunternehmens auf nationaler Ebene sind, gehören ebenfalls zur Teilgruppe und werden **in die Teilgruppenaufsicht einbezogen**. **Beispiel**: Versicherungsunternehmen A mit Sitz in Deutschland ist beteiligtes Unternehmen des Versicherungsunternehmen B mit Sitz in Deutschland sowie Mutterunternehmen des Versicherungsunternehmens C mit Sitz in Polen und dessen Tochter-Versicherungsunternehmen D ebenfalls mit Sitz in Polen. In dem Fall, wie im Folgenden begründet, werden auch die ausländischen Versicherungsunternehmen in die Teilgruppenaufsicht durch die BaFin als nationale Gruppenaufsichtsbehörde einbezogen.[4] Darüber hinaus können die beiden polnischen Versicherungsunternehmen zusätzlich noch in eine Teilgruppenaufsicht in Polen einbezogen sein. Im Ergebnis führt dies zu mehrstufigen Teilgruppen und dementsprechend mehrstufiger Teilgruppenaufsicht. Im Beispiel sind die polnischen Versicherungsunternehmen C und D in drei Arten der (Teil-) Gruppenaufsicht einbezogen: die Gruppenaufsicht auf Ebene der Mitglied- oder Vertragsstaaten, die Teilgruppenaufsicht in Deutschland sowie die Teilgruppenaufsicht in Polen.

14 Die oben dargelegte Auslegung folgt aus **Sinn und Zweck der Vorschrift**. Die Berechnung der Gruppen-Solvabilitätskapitalanforderung auf der Ebene des obersten Unternehmens mit Sitz in Deutschland als Kern der Teilgruppenaufsicht ist nur dann sinnvoll, wenn hierin alle verbundenen Versicherungsunternehmen einbezogen sind; anderenfalls ist der Ausschluss der Mehrfachberücksichtigung von Eigenmitteln nicht möglich. Dies folgt auch aus § 256 Abs. 1 VAG, wonach bei der Berechnung der Gruppensolvabilität sämtliche verbundenen Versicherungsunternehmen (eines Mitglied- und Vertragsstaats oder eines Drittstaates) zu berücksichtigen sind. Im Beispiel könnten die Eigenmittel der Versicherungsunternehmen A oder B nicht um die Beteiligungen an den Versicherungsunternehmen C und D bereinigt werden, wenn diese nicht der Teilgruppe angehörten. Dieser Auslegung steht auch nicht § 249 VAG entgegen, wonach eine ausländische Teilgruppe in die Teilgruppenaufsicht in Deutschland einbezogen werden kann, wenn eine besondere Vereinbarung zwischen den Aufsichtsbehörden

[4] So auch *Kraft* in Gründl/Kraft S. 155 (Abbildung 7–12).

vorliegt. Dies regelt nur, dass in dem Fall einer Einigung die ausländische nationale Gruppenaufsichtsbehörde auf die Durchführung der Teilgruppenaufsicht verzichtet, und die relevanten Informationen von der BaFin als nationaler Gruppenaufsichtsbehörde erhält. Dagegen besagt § 249 VAG nicht, dass in die Teilgruppenaufsicht durch die BaFin nur in dem Fall einer Einigung auch ausländische Teilgruppen bzw. Unternehmen einbezogen sind.

3. Umfang der Teilgruppenaufsicht (Abs. 2–5). Nach Abs. 1 S. 4 entspricht der Umfang der 15 Teilgruppenaufsicht grundsätzlich dem der Gruppenaufsicht (insbesondere §§ 250–266 VAG) mit vier Ausnahmen. Darüber hinaus darf die BaFin **Teile der Teilgruppenaufsicht auslassen**, aber jeweils nur sämtliche Regelungen zu den Themen Gruppensolvabilität, Risikokonzentrationen, gruppeninterne Transaktionen und Governance-System.[5] Insbesondere in Bezug auf letzteres ist zu beachten, dass die Anwendung der Teilgruppenaufsicht zusätzlich zur Gruppenaufsicht erfolgt; die Unternehmen der Teilgruppe werden nicht aus der Gruppenaufsicht auf Ebene der Mitglied- oder Vertragsstaaten ausgenommen. Dementsprechend darf die BaFin als nationale Gruppenaufsichtsbehörde nicht die Umsetzung eines Governance-System (§ 275 VAG) auf Teilgruppenebene verlangen, das den Vorgaben der Gruppenaufsichtsbehörde auf Gruppenebene widerspricht. Dagegen ist möglich, dass die BaFin als nationale Gruppenaufsichtsbehörde eine Entscheidung über den Ausschluss eines Unternehmens aus der Teilgruppenaufsicht nach § 246 Abs. 2 VAG trifft, die der Entscheidung der Gruppenaufsichtsbehörde zum Umfang der Gruppenaufsicht wiederspricht.[6]

a) Methodenwahl (Abs. 3). Die BaFin als nationale Gruppenaufsichtsbehörde darf in Bezug auf die 16 in ihre Teilgruppenaufsicht einbezogenen Unternehmen nach Abs. 3 nicht die Anwendung einer anderen **Methode (§ 252 VAG)** als die Gruppenaufsichtsbehörde verlangen. Im Gegenzug musste die (ausländische) Gruppenaufsichtsbehörde die BaFin als nationale Gruppenaufsichtsbehörde nach der Vorschrift ausländischen Rechts, die Art. 220 Abs. 2 Solva II-RL umsetzt, anhören, falls sie die Anwendung einer anderen Methode als der Konsolidierungsmethode festgelegt hat.

b) Genehmigung eines internen Modells (Abs. 4). Die Aufsichtsbehörde darf nach Abs. 4 S. 1 17 vorbehaltlich der S. 2–4 die Genehmigung der (ausländischen) Gruppenaufsichtsbehörde eines internen Modells, mit dem die Solvabilitätskapitalanforderung der Gruppe und eines in die nationale Teilgruppenaufsicht einbezogenen Unternehmens berechnet werden, grundsätzlich nicht in Frage stellen. Die Aufsichtsbehörde war in den Genehmigungsprozess des internen Modells nach der Vorschrift des ausländischen Rechts, die **Art. 231 Solva II-RL** umsetzt, einbezogen. Allerdings erlauben S. 2–4 der BaFin als nationaler Gruppenaufsichtsbehörde, einen Kapitalaufschlag festzusetzen oder sogar die Rückkehr zur Standardformel anzuordnen. Die Voraussetzungen dafür entsprechen denen auf Einzelebene nach §§ 301 Abs. 1 Nr. 2, 114 Abs. 2 VAG.

Falls ein in die Teilgruppenaufsicht einbezogenes Versicherungsunternehmen kein internes Modell 18 verwendet, das die Gruppenaufsichtsbehörde entsprechend Art. 231 Solva II-RL genehmigte, steht die Vorschrift nicht der Genehmigung eines internen Modells entgegen, das gem. §§ 262, 248 Abs. 1 S. 4, 111 VAG für die Berechnung der Solvabilitätskapitalanforderung eines in die Teilgruppenaufsicht einbezogenen Versicherungsunternehmens und der Teilgruppe selbst verwendet wird. Dies folgt aus **Art. 343 Abs. 5 lit. a iv Solva II-VO**. Danach ist bei Beantragung eines internen Modells zur Berechnung der Gruppen-Solvabilitätskapitalanforderung gem. § 262 VAG zu rechtfertigen, weshalb ein darin enthaltenes Versicherungsunternehmen zur Berechnung seiner (Einzel-) Solvabilitätskapitalanforderung ein anderes internes Modell verwendet. Die Zulässigkeit der Berechnung der Teilgruppen-Solvabilitätskapitalanforderung mit einem eigenständigen internen Modell folgt aus der von Abs. 3 S. 1 angeordneten Geltung von § 262 VAG. Sie steht auch nicht den Zielen der Gruppenaufsicht entgegen, da die Berechnung der Teilgruppen-Solvabilitätskapitalanforderung nicht die Berechnung der Gruppen-Solvabilitätskapitalanforderung berührt. Sie wird schließlich durch die Übergangsvorschrift des **§ 349 VAG** bestätigt. Danach darf die BaFin einer Gruppe in Bezug auf die inländischen Versicherungsunternehmen erlauben, verschiedene interne Modelle zur Berechnung der Gruppen-Solvabilitätskapitalanforderung zu verwenden, und zwar jeweils auf eine nationale Teilgruppe bezogen. Die Vorschrift überträgt damit die Rechtsfolgen des Abs. 3 S. 1 (d. h. die Möglichkeit, die Teilgruppen-Solvabilitätskapitalanforderung mit einem internen Modell zu berechnen) auf eine nationale Teilgruppe, die gem. § 248 Abs. 1 VAG nicht existiert, da sowohl oberstes Mutterunternehmen der Gruppe als auch das einer organisatorisch getrennten Teilgruppe ihren Sitz im Inland haben.

Die Verbindlichkeit der Entscheidung der Gruppenaufsichtsbehörde zur Verwendung eines internen 19 Modells für die BaFin als nationale Gruppenaufsichtsbehörde wird durch die klarstellenden S. 2–4 eingeschränkt. Die Einschränkung der Verbindlichkeit ist keine Besonderheit der Teilgruppenaufsicht; gem. § 263 VAG kann jede Aufsichtsbehörde von der Genehmigung eines internen Modells durch die Gruppenaufsichtsbehörde durch Verhängung eines (Einzel-) Kapitalaufschlags nach § 301 VAG oder

[5] RegE 2014, BT-Drs. 18/2956, 282.
[6] Vgl. *Kraft* in Gründl/Kraft S. 158.

sogar durch die Anordnung abweichen, die (Einzel-) Solvabilitätskapitalanforderung mit der Standardformel zu berechnen.[7]

20 **c) Zentralisiertes Risikomanagement (Abs. 5).** Abs. 5 untersagt der Aufsichtsbehörde, die **§§ 267 ff. VAG** über das zentralisierte Risikomanagement auf Tochterversicherungsunternehmen des obersten Mutterunternehmens auf nationaler Ebene anzuwenden. Die Anwendung dieser Vorschriften (bzw. der Art. 236 ff. Solva II-RL) obliegt ausschließlich der Gruppenaufsichtsbehörde auf Ebene der EU/EWR-Staaten.

21 **d) Bericht über Solvabilität und Finanzlage (§ 277 Abs. 1 VAG).** Weiterhin hat sich der Gesetzgeber in § 277 Abs. 1 VAG entschlossen, den Bericht über Solvabilität und Finanzlage der Gruppe nicht auf Ebene der Teilgruppe zu verlangen. Dies folgt daraus, dass zur Erstellung ausschließlich das oberste Mutterunternehmen auf Ebene der Mitglied- oder Vertragsstaaten nach § 247 VAG verpflichtet ist.[8]

22 **e) Weitere Beschränkungen (Abs. 2).** Über die Abs. 3–5 hinaus kann die BaFin als nationale Gruppenaufsichtsbehörde von der Anwendung weiterer Vorschriften der Gruppenaufsicht (insbesondere §§ 250–274 VAG) absehen. In Frage kommen insbesondere die §§ 273 und 274 VAG (Überwachung von Risikokonzentrationen und gruppeninternen Transaktionen), da insoweit auf Ebene der Teilgruppe regelmäßig keine weiteren Erkenntnisse zu erzielen sind. Nicht zulässig erscheint der Verzicht auf die Einrichtung eines Teil-Aufsichtskollegiums entsprechend § 283 VAG für den Fall, dass der Teilgruppe auch Versicherungsunternehmen in einem anderen Staat angehören. Dieser Informationsvorsprung widerspräche der Idee der Zusammenarbeit bei der Teil-Gruppenaufsicht nach § 284 VAG.

23 **IV. Verhältnis zu anderen Regelungen. 1. Mehrstufige Gruppenaufsicht (§§ 245, 247, 267 ff. VAG).** § 248 VAG eröffnet die Möglichkeit, in Abweichung von § 247 VAG doch nicht nur das oberste beteiligte Versicherungsunternehmen der Gruppe der Gruppenaufsicht zu unterwerfen, sondern auch eines auf einer Zwischenebene, nämlich das oberste im Inland. Voraussetzung dafür ist das Fehlen eines zentralisierten Risikomanagements gem. §§ 267 ff. VAG.[9]

24 **2. Finanzkonglomerate-Aufsichtsrecht (FKAG).** Gem. **§§ 14 Nr. 1, 18 Abs. 5 FKAG** ist bei Finanzkonglomeraten ebenfalls eine Teilgruppenaufsicht möglich, die an keine Voraussetzungen gebunden ist. Über § 248 VAG hinaus wird nach § 18 Abs. 5 FKAG sogar ein Unter-Finanzkonglomerat (eingeschränkt) beaufsichtigt, dessen oberstes Mutterunternehmen seinen Sitz im selben Staat wie das oberste Mutterunternehmen auf Ebene der Mitglied- oder Vertragsstaaten hat.

Mutterunternehmen, die mehrere Mitglied- oder Vertragsstaaten umfassen

249

(1) [1]Die Aufsichtsbehörde kann mit den Aufsichtsbehörden anderer Mitglied- oder Vertragsstaaten, in denen sich ein verbundenes Unternehmen befindet, das ebenfalls oberstes Mutterunternehmen auf nationaler Ebene ist, vereinbaren, auf Ebene einer mehrere Mitglied- oder Vertragsstaaten umspannenden Teilgruppe eine Gruppenaufsicht durchzuführen. [2]Haben die betroffenen Aufsichtsbehörden eine solche Vereinbarung geschlossen, findet auf Ebene eines in einem anderen Mitglied- oder Vertragsstaat als der Teilgruppe gelegenen obersten Mutterunternehmens im Sinne des § 248 keine Gruppenaufsicht statt.

(2) § 248 Absatz 2 bis 6 gilt entsprechend.

1 **I. Allgemeines. 1. Entstehungsgeschichte.** Die Vorschrift wurde gegenüber dem RegE 2012 nur sprachlich-redaktionell verändert.

2 **2. Normzweck.** Die Vorschrift selbst **ergänzt § 248 VAG**, indem sie die Möglichkeit bietet, dass eine Aufsichtsbehörde die Teilgruppenaufsicht auch über eine verbundene Teilgruppe in einem anderen Staat durchführt, und in der Folge die Aufsichtsbehörde des anderen Staats auf die Durchführung der Teilgruppenaufsicht verzichtet. Richtigerweise sollte die Überschrift im Einklang mit dem Wortlaut der Vorschrift „Teilgruppen, die mehrere Mitglied- oder Vertragsstaaten umfassen" lauten. Die Vorschrift dürfte in Deutschland **keine praktische Bedeutung** haben.

3 **3. Europarechtlicher Hintergrund.** Die Vorschrift setzt **Art. 217 Solva II-RL** um und wird durch **Art. 358 Solva II-VO** ergänzt.

4 **II. Voraussetzungen (Abs. 1 S. 1, Abs. 2).** Voraussetzungen für die Durchführung der Teilgruppenaufsicht über Teilgruppen in mehreren Staaten ist, neben dem Vorliegen einer (oberen) Teilgruppe in einem Staat, das Vorliegen einer (unteren) verbundenen Teilgruppe in einem anderen Staat, das Fehlen

[7] Vgl. § 263 VAG Rn. 6 f.
[8] Vgl. § 277 VAG Rn. 5.
[9] S. o. Rn. 7.

zentralisierten Risikomanagements, das Vorliegen objektiver Unterschiede zur Gruppe sowie eine entsprechende Vereinbarung zwischen den Aufsichtsbehörden.

1. Zwei verbundene Teilgruppen (Abs. 1 S. 1). Die (Gesamt-) Gruppe muss neben einer (oberen) Teilgruppe in einem Staat, über die gem. § 248 VAG oder gemäß der Vorschrift ausländischen Rechts, die Art. 217 Solva II-RL umsetzt, die Teilgruppenaufsicht durchgeführt werden könnte, eine weitere (untere) Teilgruppe in einem anderen Staat umfassen. Voraussetzung hierfür ist gem. § 248 Abs. 1 S. 1 VAG, dass in dem anderen Staat entweder ein beteiligtes und ein verbundenes Versicherungsunternehmen oder eine beteiligte Versicherungs-Holdingsgesellschaft oder Gemischte Finanzholding-Gesellschaft und ein Tochter-Versicherungsunternehmen (ersteres Unternehmen ist jeweils das oberste Mutterunternehmen auf nationaler Ebene) ihren Sitz haben. Weitere Voraussetzung ist, dass ein Unternehmen der Teilgruppe in dem einen Staat beteiligtes Unternehmen des obersten Mutterunternehmens auf nationaler Ebene im anderen Staat ist. Über den Wortlaut hinaus muss für das Vorliegen einer Teilgruppe ausreichen, dass das oberste Unternehmen auf nationaler Ebene nicht Mutter-Versicherungsunternehmen, sondern beteiligtes Versicherungsunternehmen ist.[1] Die direkte Beteiligung braucht nicht zwingend vom obersten Mutterunternehmen auf nationaler Ebene (der oberen Teilgruppe) im einen Staat gehalten zu werden. Das Erfordernis der Beteiligung eines Unternehmens der oberen Teilgruppe an dem obersten Mutterunternehmen der unteren Teilgruppe folgt daraus, dass nur in dem Fall von „einer mehrere Mitglied- oder Vertragsstaaten umspannenden Teilgruppe" zu sprechen ist. Weiterhin ist nur in dem Fall die Berechnung einer gemeinsamen Gruppensolvabilität gem. § 250 VAG für beide Teilgruppen sinnvoll. Ein **Beispiel** wäre eine Gruppe mit oberstem Mutterunternehmen A mit Sitz in Frankreich. Eines der verbundenen Versicherungsunternehmen B ist das oberste Mutterunternehmen mit Sitz in Deutschland, das Mutterunternehmen des Versicherungsunternehmens C mit Sitz in Deutschland (B und C bilden die deutsche Teilgruppe) sowie der Versicherungs-Holdinggesellschaft D mit Sitz in Italien ist. D ist wiederum Mutterunternehmen des Tochter-Versicherungsunternehmens E mit Sitz in Italien und bildet mit ihm die italienische Teilgruppe. 5

Die Vorschrift regelt ausdrücklich nur den Fall, dass die BaFin als nationale Gruppenaufsichtsbehörde die Teilgruppenaufsicht im anderen Staat mit übernimmt, nicht aber den umgekehrten Fall, dass die Teilgruppe in Deutschland als unsere Teilgruppe mit der (oberen) Teilgruppe im anderen Staat verbunden ist, dessen Aufsichtsbehörde die Teilgruppenaufsicht für die deutsche Teilgruppe mit übernimmt. Für den Fall gilt aber **§ 249 VAG analog**. Dass eine planwidrige Regelungslücke vorliegt, ist daran zu erkennen, dass § 249 VAG Art. 217 Solva II-RL nicht vollständig umsetzt, der beide Fälle als zwingend regelt. Die vergleichbare Interessenlage folgt daraus, dass der nicht geregelte Fall vollumfänglich dem geregelten entspricht. 6

2. Fehlen zentralisierten Risikomanagements. Gem. Abs. 2, der auf § 248 Abs. 6 VAG verweist, kann die Durchführung der Teilgruppenaufsicht über zwei Teilgruppen nicht stattfinden, wenn ein Unternehmen der (unteren) Teilgruppe in dem anderen Staat, dessen Aufsichtsbehörde nicht die Teilgruppenaufsicht durchführt, den **§§ 267 ff. VAG** über das zentralisierte Risikomanagement unterliegt. Falls dies für ein Unternehmen der (oberen) Teilgruppe in dem einen Staat gilt, dessen Aufsichtsbehörde die Teilgruppenaufsicht durchführen soll, scheidet die Teilgruppenaufsicht insoweit bereits nach § 248 Abs. 6 VAG bzw. der Vorschrift ausländischen Rechts, die Art. 216 Solvency II-RL umsetzt, aus. 7

3. Vorliegen objektiver Unterschiede. Gem. **Art. 358 Solva II-VO** ist für die Durchführung der Teilgruppenaufsicht über zwei Teilgruppen ebenso wie für die Durchführung der Teilgruppenaufsicht über eine Teilgruppe Voraussetzung, dass objektive Unterschiede zur Gruppe bestehen.[2] 8

4. Vereinbarung der Aufsichtsbehörden (Abs. 1 S. 1). Letzte Voraussetzung ist eine entsprechende Vereinbarung zwischen den Aufsichtsbehörden. Sinnvoll ist diese stets nur dergestalt, dass die nationale Gruppenaufsichtsbehörde für die obere Teilgruppe die Teilgruppenaufsicht auch für die untere Gruppe im anderen Staat durchführt; anderenfalls entfiele mangels Befugnissen gegenüber dem der Teilgruppenaufsicht auf oberer Ebene unterliegenden Versicherungsunternehmen faktisch die Teilgruppenaufsicht über die obere Gruppe. Falls also die BaFin als nationale Gruppenaufsichtsbehörde die obere Teilgruppe beaufsichtigt, kann sie auch die Durchführung der Teilgruppenaufsicht in Bezug auf die untere Teilgruppe mit Einverständnis der anderen nationalen Gruppenaufsichtsbehörde übernehmen. Falls die BaFin als nationale Gruppenaufsichtsbehörde die untere Teilgruppe beaufsichtigt, kann sie deren Teilgruppenaufsicht der anderen nationalen Gruppenaufsichtsbehörde überlassen. 9

III. Rechtsfolge: Teilgruppenaufsicht über mehrere Staaten. In der Folge erstreckt sich die Teilgruppenaufsicht gem. § 248 VAG bzw. der Vorschrift ausländischen Rechts, die Art. 216 Solva II-RL umsetzt, durch die BaFin als nationale Gruppenaufsichtsbehörde bzw. durch die ausländische nationale Gruppenaufsichtsbehörde auch auf die (untere) Teilgruppe im anderen Staat (im Ausland bzw. in Deutschland). Eine separate Teilgruppenaufsicht über diese (untere) Teilgruppe im anderen Staat ist 10

[1] Vgl. § 248 VAG Rn 6.
[2] Vgl. § 248 VAG Rn. 8 ff.

dann gem. Abs. 1 S. 2 VAG bzw. der Vorschrift ausländischen Rechts, die Art. 217 Solva II-RL umsetzt, ausgeschlossen. Für den Umfang der Teilgruppenaufsicht gilt § 248 VAG entsprechend. Insbesondere ist eine Beschränkung nach dessen Abs. 2 bzw. der Vorschrift ausländischen Rechts, die Art. 217 Solva II-RL umsetzt, auch für die Aufsicht über die (untere) Teilgruppe maßgeblich.

11 **IV. Verhältnis zu anderen Regelungen. 1. Teilgruppenaufsicht (§ 248 VAG).** Die Norm ergänzt § 248 VAG, indem sie die Möglichkeit zur Erstreckung der Teilgruppenaufsicht auf eine verbundene Teilgruppe in einem anderen Staat ermöglicht.[3]

12 **2. Zentralisiertes Risikomanagement (§§ 267 ff. VAG).** Die Anwendung des § 249 VAG setzt voraus, dass die Gruppe kein zentralisiertes Risikomanagement nach §§ 267 ff. VAG eingerichtet hat.[4]

Kapitel 2. Finanzlage

Abschnitt 1. Solvabilität der Gruppe

Überwachung der Gruppensolvabilität

250 (1) [1] **Die Solvabilität der Gruppe wird nach Maßgabe der Absätze 2 und 3, der §§ 275 bis 287 sowie 293 Absatz 1, § 298 Absatz 1 und 2, § 305 Absatz 1 Nummer 1 und § 306 Absatz 1 Nummer 1 überwacht.** [2] **Vermögenswerte und Verbindlichkeiten werden nach § 74 bewertet.**

(2) **In dem in § 245 Absatz 2 Nummer 1 genannten Fall haben die beteiligten Versicherungsunternehmen auf Gruppenebene stets über anrechnungsfähige Eigenmittel mindestens in Höhe der nach den §§ 252 bis 265 berechneten Solvabilitätskapitalanforderung zu verfügen.**

(3) **In dem in § 245 Absatz 2 Nummer 2 genannten Fall haben die Versicherungsunternehmen einer Gruppe auf Gruppenebene stets über anrechnungsfähige Eigenmittel mindestens in Höhe der nach § 266 berechneten Solvabilitätskapitalanforderung zu verfügen.**

(4) **Die §§ 132 und 134 Absatz 1 bis 6 gelten entsprechend.**

Übersicht

[3] S. o. Rn. 4.
[4] S. o. Rn. 7.

Schrifttum: *Ellenbürger/Pfaffenzeller/Hammers*, Umsetzung von Solvency II im VAG, WPg (68) 2015, S. 886 ff.; *Gehringer/Kaminski/Bahnsen*, Wird ein neuer Bilanzierungsstandard für die Versicherungswirtschaft eingeführt?, WPg (68) 2015, S. 958 ff.; *Gründl/Kraft*, Solvency II – Eine Einführung: Grundlagen der neuen Versicherungsaufsicht, 2016; *Kraft*, Die Umsetzung der Solvency II-Gruppenaufsicht im deutschen VAG: Inwieweit gilt deutsches Recht für die Beaufsichtigung internationaler Versicherungsgruppen?, ZVersWiss 104 (2015), S. 389 ff.

I. Allgemeines. 1. Entstehungsgeschichte. Die Vorschrift ist gegenüber dem RegE 2012 inhaltlich unverändert. Vergleichbar ihrem Abs. 4 galten nach **§ 104h VAG a. F.** Eingriffsbefugnisse für den Fall der Nicht-Bedeckung der Gruppensolvabilität. 1

2. Normzweck. Die Norm statuiert zunächst in Abs. 1 die Geltung der Maßnahmen zur **Überwachung der Solvabilitätskapitalanforderung auch für die Gruppenaufsicht**. Sie statuiert in Abs. 2 und 3 für die Gruppenaufsicht die Pflicht entsprechend § 89 Abs. 1 VAG, dass der Gruppenaufsicht unterliegende Versicherungsunternehmen über ausreichende anrechnungsfähige Eigenmittel verfügen müssen, und erklärt in Abs. 4 Teile der insoweit für die Einzelaufsicht geltenden Maßnahmen und Eingriffsbefugnisse für entsprechend anwendbar. 2

3. Europarechtlicher Hintergrund. Die Vorschrift setzt verschiedene systematisch nicht zusammengehörende Vorschriften der Solva II-RL um. Sie setzt zunächst **Art. 218 Abs. 1–4 Solva II-RL** um; Art. 218 Abs. 5 Solva II-RL wird durch § 284 Abs. 4 VAG (Informationsaustausch über (drohende) Nicht-Bedeckung der Solvabilitätskapitalanforderung) umgesetzt. Daneben setzt die Vorschrift **Art. 224 Solva II-RL** um, der für die Gruppenaufsicht auf die Vorschriften der Einzelaufsicht (Art. 75 Solva II-RL bzw. § 74 VAG) über die Bewertung von Vermögenswerten und Verbindlichkeiten in der Solvabilitätsübersicht verweist. Diese finden sich insbesondere in **Art. 7 ff. Solva II-VO**. 3

II. Pflicht zur Bedeckung der Gruppensolvabilitätskapitalanforderung (Abs. 2 und 3). 1. Anwendungsbereich. Die durch die Vorschriften statuierte Pflicht gilt für das der Gruppenaufsicht gem. § 245 Abs. 2 Nr. 1 VAG unterliegende Versicherungsunternehmen, das beteiligtes Unternehmen ist, und das der Gruppenaufsicht gem. § 245 Abs. 2 Nr. 2 VAG unterliegende Versicherungsunternehmen, das Tochterunternehmen einer Versicherungs-Holdinggesellschaft oder gemischten Finanzholding-Gesellschaft (aus einem Mitglied- oder Vertragsstaat) ist. Auch insoweit gelten **§§ 247 Abs. 1 und 248 Abs. 1 VAG**: der Pflicht unterliegt nur das oberste Mutterunternehmen auf Ebene der Mitglied- oder Vertragsstaaten, wenn nicht die Teilgruppenaufsicht angeordnet ist. Die Vorschriften gelten nicht unmittelbar für Versicherungsunternehmen gem. § 245 Abs. 2 Nr. 3 VAG, die Tochterunternehmen eines Versicherungsunternehmens oder einer Versicherungs-Holdinggesellschaft bzw. gemischten Finanzholding-Gesellschaft eines Drittstaats sind. Sie gelten aber entsprechend gem. § 290 Abs. 1 VAG, falls im Drittstaat keine gleichwertige Gruppenaufsicht stattfindet. 4

2. Gegenstand der Pflicht (Abs. 2 und 3). Abs. 2 und 3 statuieren als Kern der Gruppenaufsicht die Pflicht, dass die genannten Versicherungsunternehmen nicht nur im Rahmen der Einzelaufsicht über **ausreichende anrechnungsfähige Eigenmittel** verfügen müssen (§ 89 Abs. 1 VAG), sondern auch im Rahmen der Gruppenaufsicht. Diese Pflicht ist so zu verstehen, dass die (Teil-) Gruppe über ausreichende anrechnungsfähige Eigenmittel (auf Ebene des obersten beteiligten Unternehmens auf Ebene der Mitglied- oder Vertragsstaaten oder auf nationaler Ebene) verfügen muss. Aus den Vorschriften ergibt sich die eigentliche Bedeutung der Teilgruppenaufsicht, da sie die Bedeckung der Gruppensolvabilitätskapitalanforderung mit anrechnungsfähigen Eigenmitteln auch auf Ebene der Teilgruppe verlangt. Sie schließt damit aus, dass Defizite im betreffenden Staat durch Überschuss-Eigenmittel in einem anderen Teil der Gruppe ausgeglichen werden können. 5

3. Ermittlung der Eigenmittel der Gruppe. Die **Ermittlung der Eigenmittel der Gruppe erfolgt in mehreren Schritten**, teilweise in Abweichung vom Vorgehen auf Einzelebene, die zudem in verschiedenen verstreuten Vorschriften geregelt sind:[1] 6

[1] EIOPA-LL 16 Gruppensolvabilität enthält eine Übersicht des Verfahrens zur Bestimmung der Eigenmittel der Gruppe.

– Im ersten Schritt werden sämtliche Eigenmittelbestandteile der in die Gruppenaufsicht einbezogenen Unternehmen in der Solvabilitätsübersicht der Gruppe konsolidiert oder aus den Einzel-Solvabilitätsübersichten der verschiedenen Unternehmen aggregiert, §§ 261, 265 VAG. Ausgangspunkt ist dabei, dass **alle auf Einzelebene zulässigen Eigenmittel** auch auf Gruppenebene zulässig sind (vgl. **§ 254 Abs. 6 VAG**).
– Im zweiten Schritt werden diese Eigenmittel um solche **bereinigt**, die mehrfach berücksichtigt werden oder aus gruppeninterner Kapitalschöpfung stammen, **§§ 254 Abs. 1 und 255 VAG**.
– Im dritten Schritt werden die Eigenmittel um solche **Überschuss-Eigenmittel bereinigt**, die tatsächlich nicht zur Bedeckung der Solvabilitätskapitalanforderung des beteiligten Versicherungsunternehmens bereitgestellt werden können, **§ 254 Abs. 2–5 VAG.**
– Im vierten Schritt werden die Eigenmittel entsprechend **§ 93 VAG** in die **Qualitätsklassen oder Tiers** eingestuft. Dabei gelten auf Gruppenebene Sondervorschriften nach **Art. 331–334 Solva II-VO** für die Eigenmittel bestimmter Unternehmen.
– Im fünften und letzten Schritt werden die zulässigen Eigenmittel entsprechend **§ 94 VAG i. V. m. Art. 82 Solva II-VO** um solche nicht anrechnungsfähigen bereinigt, die über die **quantitativen Begrenzungen** für die einzelnen Qualitätsklassen oder Tiers hinausgehen.

7 **4. Berechnung der Gruppen-Solvabilitätskapitalanforderung.** Die Einzelheiten der Berechnung der Gruppen-Solvabilitätskapitalanforderung unterscheiden sich je nach verwendeter Rechenmethode (§ 252 VAG). Im Fall der **Konsolidierungsmethode** (§ 261 VAG) wird die Gruppen-Solvabilitätskapitalanforderung auf der Basis der konsolidierten Solvabilitätsübersicht berechnet, als ob die Gruppe ein Versicherungsunternehmen wäre. Im Fall der **Abzugs- und Aggregationsmethode** (§ 265 VAG) wird sie als Summe der Einzel-Solvabilitätskapitalanforderungen der einzelnen Unternehmen berechnet.

Die **Anwendung gruppenspezifischer Parameter** zur Berechnung der versicherungstechnischen Module gem. § 109 Abs. 2 VAG, Art. 218 ff. Solva II-VO sowie DVO 2015/498 ist nur im Fall der Konsolidierungsmethode möglich; die Genehmigung und Berechnung erfolgt unabhängig von der Genehmigung auf Einzelebene.[2] Im Fall der Abzugs- und Aggregationsmethode sind die unternehmensspezifischen Parameter wie auf Einzelebene genehmigt auch auf Gruppenebene zu verwenden. Zusätzlich kann ihre Anwendung in Bezug auf Versicherungsunternehmen eines Drittstaats beantragt und genehmigt werden.[3] Außerdem gelten für die Berechnung der Gruppen-Solvabilitätskapitalanforderung mit der Standardformel die Übergangsmaßnahmen des § 347 VAG zu Standardparametern ohne Genehmigungsvorbehalt entsprechend.[4]

8 **III. Maßnahmen zur Überwachung der Gruppensolvabilität (Abs. 1 S. 1, Abs. 4).** Die Vorschriften der Abs. 1 S. 1 und Abs. 4 enthalten Verweise auf die weiteren Vorschriften, die die Überwachung der Gruppensolvabilität durch die der Gruppenaufsicht unterliegenden Versicherungsunternehmen selbst sowie die zuständigen Aufsichtsbehörden regeln.

9 **1. Maßnahmen der Versicherungsunternehmen.** In Bezug auf Maßnahmen, die den Versicherungsunternehmen obliegen, ist der Verweis des Abs. 1 S. 1 auf die §§ 275 und 277 VAG **deklaratorischer Natur.** Gemäß § 275 VAG hat die Gruppe eine ordnungsgemäße Geschäftsorganisation (Governance-System) auf Gruppenebene einzurichten, die auch Vorkehrungen in Bezug auf die Gruppensolvabilität umfasst. Nach § 277 VAG hat das oberste Mutterunternehmen (auf Ebene der Mitglied- oder Vertragsstaaten, § 247 VAG, oder auf nationaler Ebene, § 248 VAG) jährlich einen Solvabilitäts- und Finanzbericht auf Gruppenebene zu veröffentlichen, der Aussagen zur Gruppensolvabilität umfasst.

10 **2. Maßnahmen und Eingriffsbefugnisse der Aufsichtsbehörde.** In Bezug auf Maßnahmen und Eingriffsbefugnisse der Gruppenaufsichtsbehörde zur Durchsetzung der Pflichten der Versicherungsunternehmen sind die Verweise teils deklaratorischer und teils konstitutiver Natur.

11 **a) Deklaratorische Verweise (Abs. 1 S. 1).** Reinen Hinweischarakter haben die Verweise des Abs. 1 S. 1 auf die folgenden Vorschriften:
– **§§ 279–281 VAG,** die Regeln zur Zuständigkeit und Zusammenarbeit der (Einzel-) Aufsichtsbehörden und der Gruppenaufsichtsbehörde im Aufsichtskollegium enthalten.
– **§ 287 VAG,** der die Generalklausel der Gruppenaufsicht darstellt.
– **§ 293 Abs. 1 VAG,** der die Beaufsichtigung von Versicherungs-Holdinggesellschaften und gemischten Finanzholding-Gesellschaften für die Zwecke der Gruppenaufsicht regelt.
– **§ 306 Abs. 1 Nr. 1 VAG,** der der Aufsichtsbehörde das Recht zur Vornahme von Prüfungen des Geschäftsbetriebs in den Geschäftsräumen der Versicherungsunternehmen für die Zwecke der Gruppenaufsicht einräumt.

[2] Vgl. § 261 VAG Rn. 8.
[3] Vgl. § 265 VAG Rn. 8.
[4] Vgl. § 350 VAG Rn. 7.

b) Konstitutive Verweise (Abs. 1 S. 1, Abs. 4). Konstitutiv sind die Verweise des Abs. 1 S. 1 auf die folgenden Vorschriften: 12

- **§ 305 Abs. 1 Nr. 1 VAG,** der die Aufsichtsbehörde ermächtigt, von Versicherungsunternehmen Auskunft über Geschäftsangelegenheiten sowie die Vorlage von Geschäftsunterlagen in Bezug auf die Gruppenaufsicht zu verlangen.
- **§ 132 VAG,** der die Pflicht zur Einrichtung von Verfahren zur Feststellung und Anzeige einer sich verschlechternden finanziellen Lage der Gruppe statuiert;
- **§ 134 Abs. 1–4 VAG,** der das Verfahren im Falle der Nichtbedeckung der Gruppensolvabilitätskapitalanforderung regelt.

§ 135 VAG über die Nichtbedeckung der Mindestkapitalanforderung gilt dagegen aus konzeptionellen Gründen nicht auf Gruppenebene, da hier eine vergleichbare aufsichtsrechtliche Größe nicht existiert.[5] Zudem liefe die Überprüfung der Größe ins Leere, da der Widerruf der Erlaubnis gem. § 304 Abs. 1 Nr. 2 VAG ausscheidet, weil eine Gruppe als solche keine Erlaubnis hat.

aa) § 298 Abs. 1 VAG. Gem. § 250 Abs. 1 S. 1 VAG soll die **Legalitäts- und Missstandsaufsicht** gem. § 298 Abs. 1 VAG entsprechend auf Gruppenebene gelten. Dies ist verfehlt und in teleologischer und systematischer Auslegung so zu verstehen, dass § 250 Abs. 1 S. 1 VAG nur auf die Legalitätsaufsicht verweist, dafür aber auch in Bezug auf Rückversicherungsunternehmen, die der Gruppenaufsicht gem. § 245 Abs. 2 VAG unterliegen. Der Verweis auf § 298 Abs. 1 S. 1 VAG ist einerseits zu eng, da diese Vorschrift nur für Erstversicherungsunternehmen gilt, während der Gruppenaufsicht gem. § 245 Abs. 2 VAG Versicherungsunternehmen, d. h. gem. § 7 Nr. 33 VAG gleichermaßen auch Rückversicherungsunternehmen, unterliegen. Der Verweis ist andererseits zu weit, da er auch auf die Missstandsaufsicht verweist. Diese gilt aber weder nach Solva II-RL noch galt sie nach dem VAG a. F. im Rahmen der Gruppenaufsicht. Es ist nicht zu erkennen, dass der deutsche Gesetzgeber eine entsprechende Absicht zur Einführung der Missstandsaufsicht auf Gruppenebene bzw. zur Ausdehnung seiner Über-Umsetzung der Solva II-RL auf Gruppenebene hatte. Dies wäre zudem auch als europarechtswidrig anzusehen. Denn die Ausweitung des Konzepts des Missstands auf die Gruppenebene resultierte außer bei rein nationalen Gruppen stets in der indirekten Anwendung dieses Konzepts auf ausländische Versicherungsunternehmen; dies kann nach Europarecht angesichts des im Bereich der Gruppenaufsicht beabsichtigten und notwendigen hohen Harmonisierungsgrades nicht hingenommen werden. 13

Zu beachten ist, dass weder § 250 VAG noch §§ 279 ff. VAG das **aufsichtliche Überprüfungsverfahren** nach § 294 Abs. 5 VAG für entsprechend anwendbar erklären. Unmittelbar findet es keine Anwendung, da der Wortlaut den Anwendungsbereich im Einklang mit Art. 36 Solva II-RL auf die Einzelebene beschränkt („Aufsichtsbehörde", nicht „Gruppenaufsichtsbehörde"; „Versicherungsunternehmen"). Nichtsdestotrotz geht EIOPA-LL 10 zum aufsichtlichen Überprüfungsverfahren von der entsprechenden Anwendbarkeit aus, was mangels gesetzlicher Anordnung abzulehnen ist.[6] Im Ergebnis bedeutet dies keinen großen Unterschied; die Überprüfung der Finanzlage sowie des Governance-Systems der Gruppe hat ohnehin nach § 281 Abs. 1 Nr. 1–5 VAG zu erfolgen. Allerdings fehlt es so an der Befugnis der Gruppenaufsichtsbehörde, neben der Einhaltung der Anforderungen selbst auch die entsprechenden „Strategien, Prozesse und Meldeverfahren" zu beurteilen.[7] 14

bb) § 305 Abs. 1 Nr. 1 VAG. Gegenüber Versicherungsunternehmen mit Sitz im Inland, die der Gruppenaufsicht gem. § 245 Abs. 2 VAG unterliegen, hat die Aufsichtsbehörde die Befugnisse zwar bereits im Rahmen der Einzelaufsicht. Der Verweis auf § 305 Abs. 1 Nr. 1 VAG stellt aber klar, dass der Aufsichtsbehörde die **Befugnisse auch für die Zwecke der Gruppenaufsicht** zustehen. 15

cc) § 132 VAG. Der Verweis auf § 132 VAG für die Zwecke der Gruppenaufsicht ist **ohne große praktische Bedeutung**. Gem. § 132 Abs. 1 VAG hat das der Gruppenaufsicht unterliegende Versicherungsunternehmen geeignete Verfahren einzurichten, um eine Verschlechterung der finanziellen Lage der Gruppe festzustellen; in bestimmten Fällen hat das der Gruppenaufsicht unterliegende Versicherungsunternehmen dies gem. § 132 Abs. 2 VAG der Gruppenaufsichtsbehörde anzuzeigen. Der Begriff der finanziellen Lage wird nicht definiert. Abs. 2 führt den Begriff dahingehend aus, dass er die Erfüllbarkeit der Verpflichtungen aus Versicherungen oder die Zahlungsfähigkeit des Versicherungsunternehmens umfasst. Diese Merkmale können aber nicht auf die Gruppenaufsicht bezogen werden. Die Erfüllbarkeit der Verpflichtungen aus Versicherungen einzelner Versicherungsunternehmen der Gruppe ist nicht unmittelbar Gegenstand der Gruppen-, sondern der Einzelaufsicht. Zudem kann die Gruppe als solche nicht zahlungsunfähig sein. Dass der Begriff der finanziellen Lage, soweit er nicht die Gruppensolvabilität betrifft, keine Bedeutung hat, wird auch dadurch bestätigt, dass das Gesetz in § 281 VAG keine Maßnahmen seitens der Gruppenaufsichtsbehörde oder der übrigen Aufsichtsbehörden des Aufsichtskollegiums mit der Anzeige des Versicherungsunternehmens gem. § 132 Abs. 2 VAG ver- 16

---

[5] Vgl. § 247 VAG Rn. 9 ff.
[6] EIOPA-BoS-14/179.
[7] Zum Inhalt des aufsichtlichen Überprüfungsverfahrens, vgl. § 294 VAG Rn. 54 ff.

bindet. Soweit der Begriff der finanziellen Lage die Gruppensolvabilitätskapitalanforderung umfasst, sind die Vorschriften des § 134 Abs. 1–4 VAG spezieller, da sie das entsprechende Verfahren detaillierter regeln. Bedeutung hat § 132 Abs. 1 VAG lediglich insoweit, als dass danach Versicherungsunternehmen zur Überwachung ihrer Gruppensolvabilität (als Teil der finanziellen Lage) verpflichtet sind. Diese Pflicht setzt § 134 Abs. 1 VAG voraus.

17 **dd) § 134 Abs. 1–4 VAG.** Von den Vorschriften des § 134 VAG über das Verfahren im Fall der **Nichtbedeckung der Solvabilitätskapitalanforderung** gelten auf Gruppenebene nur die der Abs. 1–4, nicht aber die der Abs. 5 und 6. Deren entsprechende Anwendung auf Gruppen wäre konzeptionell nicht möglich, da die Gruppe selbst nicht Adressat von Vorschriften ist. Eine Einschränkung oder Untersagung der freien Verfügung über Vermögenswerte gegenüber dem der Gruppenaufsicht unterliegenden Versicherungsunternehmen wäre nicht unbedingt zielführend, da dieses selbst nicht zwingend Schwierigkeiten mit der Bedeckung der (Einzel-) Solvabilitätskapitalanforderung zu haben braucht. Stattdessen erfasst die Generalklausel der Gruppenaufsicht gem. **§ 287 VAG** solche Maßnahmen. Im Übrigen gilt die Übergangsmaßnahme gem. §§ 348, 350 VAG.[8]

18 **IV. Solvabilitätsübersicht (Abs. 1 S. 2). 1. Allgemeines. a) Entsprechende Geltung der Bestimmungen der Einzelaufsicht.** Nach Abs. 1 S. 2 gelten die Bestimmungen des § 74 VAG sowie in Folge die der §§ 75–87 VAG entsprechend für die Gruppenaufsicht. Diese Bestimmungen der Einzelaufsicht werden durch **Art. 7–16 Solva II-VO (Vermögenswerte und sonstige Verbindlichkeiten) sowie Art. 17–61 Solva II-VO (versicherungstechnische Rückstellungen)** ergänzt und geändert. Zu beachten ist auf Gruppenebene, dass die Bestimmungen der Einzelaufsicht nunmehr auch für **Versicherungsunternehmen eines Drittstaats** gelten, die in die gesamte Berechnung der Gruppensolvabilität nach den Regeln der Solva II-RL einzubeziehen sind, wenn nicht der Fall der Gleichwertigkeit nach § 258 Abs. 1 S. 2 VAG vorliegt.

19 Für die Gruppenaufsicht (**Konsolidierungsmethode**) gelten darüber hinaus die Bewertungsvorschriften des **Art. 329 Solva II-VO** in Bezug auf Beteiligungen sowie der **Art. 339 f. Solva II-VO** in Bezug auf versicherungstechnische Rückstellungen. Weiterhin enthält die Solva II-VO Sonderregelungen in Bezug auf **Eigenmittel**.[9] Ebenso wie auf Einzelebene leiten sich aus der Solvabilitätsübersicht Solvabilitätskapitalanforderung (je nach verwendetem Modell mit Ausnahme des operationellem Risikos, § 7 Nr. 24 VAG) sowie Eigenmittel ab.[10] Trotz der grundsätzlichen entsprechenden Geltung der Bestimmungen der Einzelaufsicht können sich in der Gruppenaufsicht in Abhängigkeit von der verwendeten Berechnungsmethode (§ 252 VAG) Besonderheiten und damit Bewertungsunterschiede ergeben. Keine Unterschiede ergeben sich entgegen dem Anschein aus §§ 246 Abs. 2 und 260 VAG in Bezug auf Versicherungsunternehmen (aus einem Mitglied- oder Vertragsstaat sowie einem Drittstaat), die aus der Gruppenaufsicht ausgeschlossen bzw. für die die notwendigen Informationen nicht verfügbar sind. Nach den genannten Vorschriften ist der Wert der Beteiligungen an solchen Unternehmen von den Eigenmitteln für die Zwecke der Gruppensolvabilität abzuziehen. Allerdings ordnet **Art. 13 Abs. 2 Solva II-VO** die gleiche Wirkung bereits auf Einzelebene an, da der Wert der der Beteiligungen an solchen Unternehmen mit Null anzusetzen ist.

20 **b) Prüfungspflicht, § 35 Abs. 2 VAG.** Die Solvabilitätsübersicht auf Gruppenebene ist ebenso wie die auf Einzelebene gem. § 35 Abs. 2 VAG **vom Abschlussprüfer zu prüfen.**[11] Die Einführung der Prüfungspflicht im VAG wurde von der Industrie abgelehnt.[12] Gegen sie wurde eingewendet, dass eine solche weitreichende Pflicht im Europarecht geregelt werden müsse, um die angestrebte europaweite Harmonisierung zu erreichen. Art. 72 Solva II-RL sieht aber lediglich wie § 35 Abs. 4 VAG vor, dass der den HGB-Abschluss prüfende Abschlussprüfer der Aufsichtsbehörde bestimmte Tatsachen und Entscheidungen mitzuteilen hat. Dagegen sieht Art. 72 Solva II-RL ebenso wenig wie die Art. 7 ff. Solva II-VO eine Prüfungspflicht im Hinblick auf die Solvabilitätsübersicht vor. Neben Deutschland haben sich zumindest Belgien, Griechenland, Großbritannien, Niederlande, Österreich,[13] Spanien, Portugal, Ungarn und Zypern zu einer Prüfungspflicht im Hinblick auf die Solvabilitätsübersicht entschlossen.[14] Die **Misslichkeit fehlender europaweiter Harmonisierung** wird insbesondere auf Gruppenebene deutlich, wenn das der Gruppenaufsicht unterliegende Versicherungsunternehmen nach § 35 Abs. 2 VAG zur Prüfung der Solvabilitätsübersicht auf Gruppenebene verpflichtet ist, nicht aber ein in die Gruppenaufsicht einbezogenes Versicherungsunternehmen aus einem anderen Mitglied- oder Vertrags-

[8] Vgl. § 350 VAG Rn. 8.
[9] Vgl. § 254 VAG Rn. 7 ff.
[10] *Gehringer/Kaminski/Bahnsen*, WPg (68) 2015, 958.
[11] Vgl. dazu ausführlich *Ellenbürger/Pfaffenzeller/Hammers* WPg (68) 2015, 886, 895 f.
[12] Vgl. *Wehling*, Wir müssen Überbürokratisierung verhindern (abrufbar unter gdv.de; abgerufen am 21.12.2016).
[13] Vgl. § 263 Abs. 1 Nr. 1 öVAG.
[14] Vgl. dazu die Übersicht von *Ellenbürger/Pfaffenzeller/Hammers* WPg (68) 2015, 886, 896 sowie *Unkel*, Heterogene Solvency II-Prüfungspflichten in Europa (http://blogs.pwc.de/solvency-2/solvabilitatsubersicht-eigenmittel/heterogene-solvency-ii-pruefungspflichten-in-europa/1392/; zuletzt abgerufen am 17.1.2017). Allerdings sind noch nicht alle Gesetzgebungsvorhaben abgeschlossen.

staat, der keine Prüfungspflicht vorschreibt. Dessen Solvabilitätsübersicht ist trotz fehlender Prüfungspflicht im nationalen Recht im Rahmen der Prüfung der Solvabilitätsübersicht der Gruppe nach deutschem Recht zu prüfen, wenn das Versicherungsunternehmen materiell ist. Soweit die Solvabilitätsübersicht auf Einzelebene bereits geprüft wurde, sollte sich eine Prüfung auf Gruppenebene auf Aspekte der Konsolidierung beschränken.

Schwerpunkt der Prüfung sind in der Praxis die Posten der Solvabilitätsübersicht, die abweichend von HGB oder IFRS angesetzt oder bewertet werden, insbesondere die versicherungstechnischen Rückstellungen und die Beteiligungen an anderen Unternehmen.[15] 21

Auf Einzelebene soll die Prüfung der Solvabilitätsübersicht auch die **Prüfung der Solvabilitätskapitalanforderung** umfassen, da die Höhe der versicherungstechnischen Rückstellungen aufgrund der Risikomarge von der Höhe der Solvabilitätskapitalanforderung abhängt.[16] Im Fall der Berechnung der Solvabilitätskapitalanforderung mit einem internen Modell darf sich diese Prüfung aber nicht die Angemessenheit des Modells erstrecken, da dieses eben von der Aufsichtsbehörde genehmigt wurde. Unabhängig davon ist eine Prüfung der Solvabilitätskapitalanforderung auf Gruppenebene abzulehnen, soweit die Solvabilitätsübersicht eines in die Gruppenaufsicht einbezogenen Versicherungsunternehmens aus einem anderen Mitglied- oder Vertragsstaat nach dem dortigen nationalen Recht bereits einer Prüfungspflicht unterlag. Denn die Risikomarge der Gruppe entspricht hier stets, d. h. auch bei Verwendung der Konsolidierungsmethode, der Summe der Risikomargen auf Einzelebene (vgl. EG 130 Solva II-VO).[17] Es besteht kein Anlass zur erneuten Prüfung der Berechnung der der Risikomarge zugrundeliegenden Solvabilitätskapitalanforderung.

2. Abzugs- und Aggregationsmethode. a) Grundsatz. Soweit die Gruppe ausschließlich die Abzugs- und Aggregationsmethode gem. § 265 VAG verwendet, ergeben sich zunächst keine Besonderheiten für die Bewertung von Vermögenswerten und sonstigen Verbindlichkeiten. Die Gruppensolvabilität wird in dem Fall auf der Basis der (Einzel-) Solvabilitätsübersichten der Versicherungsunternehmen der Gruppe errechnet. Eine Solvabilitätsübersicht der Gruppe wird nicht erstellt, **es bleibt grundsätzlich bei den Werten der (Einzel-) Solvabilitätsübersichten**. Damit behält das beteiligte Unternehmen den Wert der Beteiligung am verbundenen Unternehmen in seiner Solvabilitätsübersicht. Dies würde aber zu einer **Mehrfachberücksichtigung von Eigenmitteln** führen, da für die Solvabilität neben dem Wert der Beteiligung beim beteiligten Unternehmen auch noch die Eigenmittel des verbundenen Versicherungsunternehmens berücksichtigt werden. Um dies auszuschließen, sieht § 265 Abs. 1 Nr. 2 VAG vor, dass die Solvabilitätskapitalanforderung der Gruppe nicht nur aus der Summe der Solvabilitätskapitalanforderungen der Einzel-Unternehmen besteht, sondern auch noch den Wert der Beteiligungen an den verbundenen Versicherungsunternehmen umfasst.[18] Im Ergebnis wird damit die Beteiligung in der Solvabilitätsübersicht des beteiligten Unternehmens durch den Wert der Eigenmittel des verbundenen Versicherungsunternehmens ersetzt, die dann in der Berechnung der Gruppensolvabilität nicht mehr gesondert berücksichtigt werden. Darüber hinaus können gruppeninterne Transaktionen in der Solvabilitätsübersicht eliminiert werden. § 265 VAG verlangt dies nicht, steht dem aber auch nicht entgegen.[19] 22

Diese beschriebene Vermeidung der Mehrfachberücksichtigung der Eigenmittel bewirkt keine Veränderung der Höhe der Eigenmittel des beteiligten Unternehmens, wenn das verbundene Versicherungsunternehmen ein solches aus einem Mitglied- oder Vertragsstaat (§ 7 Nr. 33 VAG) oder einem Drittstaat (§ 7 Nr. 34 VAG) ist, dessen Solvabilitätsvorschriften nicht gem. § 258 Abs. 1 S. 2 VAG als gleichwertig gelten.[20] Denn die Bewertung der Beteiligung in der Solvabilitätsübersicht des beteiligten Unternehmens nach der angepassten Equity-Methode gem. Art. 13 Abs. 1 lit. b, Abs. 3 Solva II-VO entspricht dem Wert der Eigenmittel nach §§ 89 ff. VAG des verbundenen Versicherungsunternehmens gem. § 7 Nr. 33 oder Nr. 34 VAG. 23

b) Fall der Gleichwertigkeit gem. § 258 Abs. 1 S. 2 VAG. Anders ist dies, wenn das verbundene Versicherungsunternehmen ein solches eines Drittstaates gemäß § 7 Nr. 34 VAG ist, dessen Solvabilitätsvorschriften gem. § 258 Abs. 1 S. 2 VAG als gleichwertig gelten. In dem Fall wird der Wert der Beteiligung nach der angepassten Equity-Methode durch den nach den Solvabilitätsvorschriften des Drittstaates ermittelten Wert der Eigenmittel des verbundenen Versicherungsunternehmens des Drittstaates ersetzt. Weiterhin sind bei der Aggregation der Eigenmittel gem. Art. 342 Solva II-VO die Wirkungen gruppeninterner Transaktionen auf den besten **Schätzwert nach § 77 VAG** zu eliminieren. Dies ist notwendig, da bei Anwendung der Abzugs- und Aggregationsmethode gruppeninterne Transaktionen eigentlich nicht eliminiert werden. Die Eliminierung ist stets vorzunehmen, also auch in Bezug 24

[15] *Ellenbürger/Pfaffenzeller/Hammers* WPg (68) 2015, 886, 896 mit weiteren Ausführungen.
[16] So *Ellenbürger/Pfaffenzeller/Hammers* WPg (68) 2015, 886, 896.
[17] S. u. Rn. 35.
[18] Vgl. § 263 VAG Rn. 5.
[19] *Kraft* in Gründl/Kraft S. 160.
[20] Siehe aber die weitere unter Rn. 24 dargestellte Ausnahme.

auf verbundene Versicherungsunternehmen eines Drittstaates gemäß § 7 Nr. 34 VAG, dessen Solvabilitätsvorschriften gem. § 244 Abs. 1 S. 2 VAG als gleichwertig gelten.

25 **c) Fall des börsengelisteten verbundenen Versicherungsunternehmens.** Diese Vermeidung der Mehrfachberücksichtigung der Eigenmittel bewirkt schließlich noch dann eine Veränderung der Höhe der Eigenmittel des beteiligten Unternehmens, wenn das verbundene Versicherungsunternehmen an der Börse gelistet ist. In dem Fall wird die Beteiligung in der (Einzel-) Solvabilitätsübersicht des beteiligten Unternehmens gem. **Art. 13 Abs. 1 lit. a und 10 Abs. 2 Solva II-VO** mit dem anteiligen Börsenwert bewertet.[21] In der Berechnung der Gruppensolvabilität wird dieser Wert durch den Wert der Eigenmittel des verbundenen Versicherungsunternehmens gem. §§ 89 ff. VAG ersetzt, der vom Börsenwert abweichen kann.

26 **3. Konsolidierungsmethode.** Soweit die Gruppe nicht die Abzugs- und Aggregationsmethode verwendet, hat sie eine **eigenständige Gruppen-Solvabilitätsübersicht** zu erstellen, für die grundsätzlich die Bewertungsvorschriften der Einzelaufsicht entsprechend gelten. Diese Gruppen-Solvabilitätsübersicht entspricht zunächst der (Einzel-) Solvabilitätsübersicht des obersten Mutterunternehmens (auf Ebene der Mitglied- oder Vertragsstaaten gem. § 247 VAG bzw. nationaler Ebene gem. § 248 VAG). Infolge der Konsolidierung wird in der Solvabilitätsübersicht die Beteiligung des obersten Mutterunternehmens an bestimmten verbundenen Unternehmen durch deren Vermögenswerte und Verbindlichkeiten ersetzt.[22] Dies hat zum einen zur Folge, dass sich eine **andere Bewertung für die Vermögenswerte und Verbindlichkeiten als für die Beteiligung** ergibt. Zum anderen hat es zur Folge, dass die Gruppen-Solvabilitätskapitalanforderung insoweit nicht mehr in Bezug auf eine Beteiligung, sondern in Bezug auf die Vermögenswerte und Verbindlichkeiten berechnet wird. Die übrigen Vermögenswerte und Verbindlichkeiten des obersten Mutterunternehmens werden in der Gruppen-Solvabilitätsübersicht genauso wie in der (Einzel-) Solvabilitätsübersicht angesetzt und bewertet. Infolge der Konsolidierung ergeben sich die nachfolgend dargestellten Unterschiede in der Methodik und Höhe der Bewertung von Beteiligungen in Abhängigkeit von der Art des verbundenen Unternehmens.

27 **a) Beteiligungen an Versicherungsunternehmen.** Das Nachfolgende gilt in Bezug auf Beteiligungen an Versicherungsunternehmen. In Bezug auf Tochterunternehmen schreibt Art. 335 Abs. 1 lit. a bis c Solva II-VO die **Vollkonsolidierung**, in Bezug auf Gemeinschaftsunternehmen (Joint Venture) die **Quotenkonsolidierung** vor. Infolge der Ersetzung der Beteiligung am verbundenen Unternehmen durch dessen Vermögenswerte und Verbindlichkeiten ergeben sich im Normalfall des nicht börsengelisteten verbundenen Unternehmens keine Bewertungsunterschiede. Die Beteiligung in der Einzel-Solvabilitätsübersicht des Mutterunternehmens bzw. des beteiligten Unternehmens wird gem. Art. 13 Abs. 1 lit. b Solva II-VO mit der angepassten Equity-Methode (**Art. 13 Abs. 3 Solva II-VO**) bewertet. Diese bewertet die Beteiligung mit dem Anteil des beteiligten Unternehmens am Überschuss des Marktwertes der Vermögenswerte über den Marktwert der Verbindlichkeiten des verbundenen Versicherungsunternehmens. Dieser Überschuss entspricht den Eigenmitteln des verbundenen Versicherungsunternehmens gem. §§ 89 ff. VAG. In Folge der Konsolidierung bilanziert nunmehr das beteiligte Unternehmen direkt die Vermögenswerte und Verbindlichkeiten des verbundenen Versicherungsunternehmens, aber ebenfalls nach Marktwerten. Abweichend hiervon können Bewertungsunterschiede zur (Einzel-) Solvabilitätsübersicht des beteiligten Unternehmens bestehen, wenn dort Beteiligungen an verbundenen Versicherungsunternehmen gem. **Art. 13 Abs. 1 lit. a, 10 Abs. 1 und 2 Solva II-VO** mit dem **Börsenwert** des Unternehmens bewertet werden. Während das beteiligte Unternehmen in seiner Einzel-Solvabilitätsübersicht die Beteiligung mit dem anteiligen Börsenwert bewertet, ersetzt es diesen in der Gruppen-Solvabilitätsübersicht durch die Vermögenswerte und Verbindlichkeiten des verbundenen Versicherungsunternehmens, deren Marktbewertung nicht notwendigerweise der des ganzen Unternehmens zu entsprechen braucht.

28 Beteiligungen an verbundenen Versicherungsunternehmen, die nicht Tochterunternehmen sind (einschließlich Versicherungsunternehmen einer horizontalen Gruppe), werden in der Solvabilitätsübersicht der Gruppe mit dem anteiligen Wert der Eigenmittel bilanziert, **Art. 335 Abs. 1 lit. d, Abs. 2 Solva II-VO**. Abweichungen zur Solvabilitätsübersicht auf Einzelebene bestehen nur im Fall der Börsennotierung.[23]

29 **b) Beteiligungen an gemischten Finanzholding-Gesellschaften, Versicherungs-Holdinggesellschaften und Nebendienstleistungsunternehmen.** Methodik und Höhe der Bewertung von Beteiligungen an gemischten Finanzholding-Gesellschaften, Versicherungs-Holdinggesellschaften und Nebendienstleistungsunternehmen (Synonym für Anbieter von Nebendienstleistungen, Art. 1 Nr. 53 Solva II-VO)[24] unterscheiden sich in der Einzel- und Gruppen-Solvabilitätsübersicht. Die Beteiligungen

[21] Vgl. *Ellenbürger/Pfaffenzeller/Hammers* WPg (68) 2015, 886, 893.
[22] Zum Konsolidierungsprozess vgl. EIOPA-LL 2 Gruppensolvabilität.
[23] S. o. Rn. 24.
[24] S. u. Rn. 30.

werden in der (Einzel-) Solvabilitätsübersicht gem. Art. 13 Abs. 5 Solva II-VO wie sonstige nichtbeaufsichtigte Unternehmen behandelt, d. h. anhand des Börsenwertes, mit der angepassten Equity-Methode (Art. 13 Abs. 1 Solva II-VO) oder, wo dies nicht praktikabel ist, mit der IFRS Equity-Methode bewertet. In der Gruppen-Solvabilitätsübersicht werden diese Unternehmen hingegen gem. **Art. 335 Abs. 1 lit. a, c, d Solva II-VO wie Versicherungsunternehmen** behandelt. Im Falle von Tochterunternehmen oder Gemeinschaftsunternehmen erfolgt demnach eine vollständige oder anteilige Konsolidierung mit der Folge der Bewertung der Vermögenswerte und Verbindlichkeiten der verbundenen Unternehmen gem. §§ 74–88 VAG. Dies führt zu Unterschieden, wenn die Beteiligung in der Einzel-Solvabilitätsübersicht mit dem Börsenwert oder der IFRS Equity-Methode bewertet wurde. Im Falle von verbundenen Unternehmen, die weder Tochter- noch Gemeinschaftsunternehmen sind, erfolgt die Bewertung der Beteiligung (als Einzelposten) gem. Art. 335 Abs. 1 lit. f Solva II-VO ebenso wie in der Einzel-Solvabilitätsübersicht.

Sinn und Zweck der Konsolidierung der Daten von gemischten Finanzholding-Gesellschaften, Versicherungs-Holdinggesellschaften und Nebendienstleistungsunternehmen, die Tochterunternehmen oder Gemeinschaftsunternehmen sind, ist die **Berechnung einer sachgerechteren Gruppen-Solvabilitätskapitalanforderung**. In Folge der Konsolidierung wird sie in Bezug auf die tatsächlichen Risiken dieser Unternehmen berechnet, während ansonsten lediglich für die Beteiligungen an den Unternehmen das Marktrisiko nach Art. 164 ff. Solva II-VO (insbesondere das Aktienrisiko gem. Art. 168 ff. Solva II-VO) berechnet würde. Diese Unternehmen haben insbesondere dann eigene Risiken, deren Berücksichtigung geboten ist, wenn sie Funktionen für ein Versicherungsunternehmen übernehmen, was bei Nebendienstleistungsunternehmen per Definition der Fall ist. 30

Anbieter von Nebendienstleistungen bzw. Nebendienstleistungsunternehmen[25] ist gem. **Art. 1 Nr. 53 Solva II-VO** ein nicht reguliertes bzw. nicht beaufsichtigtes Unternehmen, dessen Haupttätigkeit für ein Versicherungsunternehmen eine Nebentätigkeit darstellt, wobei die Definition Beispiele wie die Verwaltung von Immobilien nennt. Der Wortlaut der Definition ist unscharf und daher nach Sinn und Zweck einzugrenzen. Folge der Einstufung eines nicht beaufsichtigten Unternehmens als Nebendienstleistungsunternehmen ist bei Anwendung der Konsolidierungsmethode die Ersetzung der Beteiligung an dem Unternehmen in der Solvabilitätsübersicht des beteiligten Unternehmens durch die Vermögenswerte und Verbindlichkeiten des betreffenden Unternehmens. Dadurch wird ein verbundenes Unternehmen, für das **auf Einzelebene nach Art. 84 Abs. 4 Solva II-VO der Look-Through-Ansatz ausgeschlossen** ist, auf Gruppenebene einem Fonds gleichgestellt; die Konsolidierung entspricht dem Look-Through-Ansatz. Weitere Rechtsfolgen als die Konsolidierung sind mit der Einstufung nicht verbunden.[26] Daher ist die Einstufung eines nicht beaufsichtigten Unternehmens als Nebendienstleistungsunternehmen entgegen der Definition nicht sinnvoll, wenn es die Verwaltung von Immobilien, das Management von Datenverarbeitungsdiensten oder das Erbringen von Gesundheits- und Pflegedienstleistungen betreibt; insoweit gibt es keine geeignetere oder speziellere Solvabilitätskapitalanforderung als die des Marktrisikos. 31

Die Konsolidierung bewirkt, dass nicht das Marktrisiko nach Art. 164 ff. Solva II-VO im Hinblick auf die Beteiligung am Unternehmen, sondern sämtliche Risiken des Unternehmens gem. § 97 Abs. 3 VAG in der Gruppen-Solvabilitätskapitalanforderung berücksichtigt werden. Unabhängig vom Wortlaut der Definition ist die Einstufung eines nicht beaufsichtigten Unternehmens als Nebendienstleistungsunternehmen nur dann sinnvoll, wenn es in ausreichendem Maße Vermögenswerte und Verbindlichkeiten oder aber operationelle Risiken mit der Folge hat, dass die Gruppen-Solvabilitätskapitalanforderung auf Basis der konsolidierten Daten ein genaueres Bild des Risikoprofils ergibt. Insbesondere gilt dies für verbundene Unternehmen, die mittelbar für ein Versicherungsunternehmen Anlagen halten, etwa Immobilien. Ohne Einstufung solcher Unternehmen als Nebendienstleistungsunternehmen wiese die Gruppe lediglich Aktienrisiko nach Art. 164 ff. Solva II-VO auf, und kein anderes Marktrisiko, was dessen Überwachung und Steuerung sehr erschwerte. Dies wirkt sich auch auf die Höhe der Solvabilitätskapitalanforderung aus. **Beispiel**: das Nebendienstleistungsunternehmen hat einen Wert von EUR 1 Mio., der sich vollständig aus seinen Immobilien speist. Für die Gruppe beträgt die Solvabilitätskapitalanforderung gem. Art. 169 Solva II-VO EUR 490.000 bzw. EUR 220.000 (falls das Unternehmen als strategische Beteiligung gilt), wenn das Unternehmen als nicht beaufsichtigtes Unternehmen eingestuft wird, und gem. Art. 174 Solva II-VO EUR 250.000, falls es als Nebendienstleistungsunternehmen eingestuft wird. 32

c) Beteiligungen an anderen Unternehmen der Finanzbranche. Methodik und Höhe der Bewertung von Beteiligungen an anderen Unternehmen der Finanzbranche unterscheiden sich zum Teil deutlich in der Einzel- und Gruppen-Solvabilitätsübersicht. In beiden Fällen sind hierunter gem. **Art. 92 Abs. 2 Solva II-RL** Kreditinstitute und Finanzinstitute im Sinne von Art. 4 Abs. 1 und 5 der 33

[25] Art. 1 Nr. 53 Solva II-VO definiert den Begriff des Anbieters von Nebendienstleistungen, während Art. 335 Abs. 1 Solva II-VO von Nebendienstleistungsunternehmen spricht. Die Begriffe sind synonym zu verstehen. In der englischsprachigen Fassung der Solva II-VO wird einheitlich der Begriff des *„ancillary service undertakings"* verwendet.

[26] Die Rechtsfolgen bestimmen Art. 184, 330, 333 sowie 335 Solva II-VO.

Richtlinie 2006/48/EG, Wertpapierfirmen im Sinne von Art. 4 Abs. 1 Nr. 1 der Richtlinie 2004/39/EG sowie Einrichtungen der betrieblichen Altersversorgung gem. der Richtlinie 2003/41/EG (Pensionsfonds gem. § 236 VAG) zu verstehen.

34 In der **Einzel-Solvabilitätsübersicht** werden die Beteiligungen gem. Art. 13 Solva II-VO grundsätzlich mit der angepassten Equity-Methode bzw., wo dies nicht praktikabel ist, mit der IFRS Equity Methode bewertet. Dabei sind Good Will und andere immaterielle Vermögenswerte mit Null zu bewerten (Art. 12 Solva II-VO). Allerdings sind die nachfolgenden **Buchwertabzüge gem. Art. 68 Abs. 1 und 2 Solva II-VO** für solche Beteiligungen an den genannten Unternehmen mit Ausnahme der Einrichtungen der betrieblichen Altersversorgung zu beachten, die nicht nach Art. 68 Abs. 3 Solva II-VO strategischer Natur sind und in der Gruppensolvabilität mit der Konsolidierungsmethode einbezogen werden. Vollständig abzuziehen ist eine einzelne Beteiligung, deren Wert 10 % der Höhe der Eigenmittel des beteiligten Versicherungsunternehmens übersteigt. Darüber hinaus ist der Wert von Beteiligungen abzuziehen, die in der Summe 10 % der Höhe der Eigenmittel des beteiligten Versicherungsunternehmens übersteigen.

35 **Auf Gruppenebene** findet unabhängig vom Wert der Beteiligungen im Verhältnis zu den Eigenmitteln des beteiligten Versicherungsunternehmens **kein Abzug der Beteiligungsbuchwerte** statt. Dies ist darin begründet, dass die Gruppensolvabilität das spezifische Risiko der Beteiligung nicht lediglich durch das Marktrisiko, sondern durch die anteilige Solvabilität des verbundenen Unternehmens berücksichtigt. Gemäß Art. 329 Abs. 1 Solva II-VO entspricht der Wert der Beteiligung den anteiligen Eigenmitteln des verbundenen Unternehmens gem. den einschlägigen Branchenvorschriften. Über die Regelung auf Einzelebene hinaus sind hiervon auch Verwalter alternativer Investmentfonds, OGAW-Verwaltungsgesellschaften sowie nicht-regulierte Unternehmen erfasst, die Finanzgeschäfte ausführen. In gleicher Weise werden in der Gruppensolvabilität auch die Kapitalanforderungen dieser Unternehmen berücksichtigt.

36 **4. Versicherungstechnische Rückstellungen.** Keine Besonderheiten ergeben sich bei Anwendung der **Abzugs- und Aggregationsmethode**. Hier sind die Werte aus der Einzelaufsicht unverändert zu übernehmen, und auch nicht um gruppeninterne Transaktionen zu bereinigen.[27] **Im Fall der Konsolidierungsmethode sind die Art. 339 und 340 Solva II-VO zu beachten**. Gemäß Art. 339 Abs. 1 Solva II-VO entspricht der beste Schätzwert der Gruppe der Summe des Schätzwertes des beteiligten Versicherungsunternehmen und den anteiligen Schätzwerten der verbundenen Versicherungsunternehmen. Allerdings sind die Schätzwerte nach Art. 339 Abs. 2 Solva II-VO um die **Effekte gruppeninterner Transaktionen** wie insbesondere Rückversicherung zu bereinigen. Dagegen findet keine Berücksichtigung von Diversifikationseffekten statt; dies folgt aus dem Wortlaut des Art. 339 Abs. 1 Solva II-VO, der die Summierung der Werte aus der Einzelaufsicht vorsieht, sowie ausdrücklich aus EG 130 Solva II-VO. Damit liegt eine Abweichung von der Methodik der Berechnung der Solvabilitätskapitalanforderung vor.[28] Dies ist insoweit methodisch inkonsistent und führt zu höheren Rückstellungen, als dass sich die Risikomarge gem. EG 19 Solva II-VO auf eine Projektion der Solvabilitätskapitalanforderung stützt und die Höhe der tatsächlichen Kapitalkosten widerspiegeln soll.[29] Allerdings stellt diese Inkonsistenz eine Vereinfachung und Arbeitsentlastung für die Gruppen dar.

37 Gem. §§ 352, 351, 350 VAG dürfen auch die versicherungstechnischen Rückstellungen der Gruppe auf Basis der **Übergangsmaßnahmen** berechnet werden.[30] Dies umfasst die Anpassung der risikofreien Zinskurve sowie den Abzug der Differenz der Rückstellungen nach Solvency II und HGB. Die Einzelheiten des Genehmigungsverfahrens auf Gruppenebene werden nicht geregelt. Zur Wahrung der Befugnisse der Einzel-Aufsichtsbehörden ist davon auszugehen, dass die Gruppenaufsichtsbehörde die Anwendung der Übergangsmaßnahmen nur in Bezug auf solche Rückstellungen genehmigen kann, die auf ein Versicherungsunternehmen eines Drittstaats entfallen. Den Antrag hat das oberste Mutterunternehmen (§ 247 VAG) zu stellen. Soweit eine Einzel-Aufsichtsbehörde eine Genehmigung in Bezug auf Rückstellungen eines Versicherungsunternehmens (eines Mitglied- und Vertragsstaats) erteilt (oder nicht), gilt dies ohne weiteres auch auf Gruppenebene. Gleiches trifft auf die Verwendung von **Matching- und Volatilitätsanpassung** gem. §§ 80 ff. VAG, Art. 49 ff. Solva II-VO zu. Die Verwendung durch ein Versicherungsunternehmen auf Einzelebene gilt ohne weiteres auch auf Gruppenebene. In Bezug auf ein Versicherungsunternehmen eines Drittstaats hat das oberste Mutterunternehmen einen Antrag zu stellen.

38 **V. Eigenmittel. 1. Grundsatz: entsprechende Geltung der Regelungen der Einzelaufsicht.** Für die Bestimmung der Eigenmittel der Gruppe gelten in beiden Methoden die Regelungen der Einzelebene gem. §§ 261 Abs. 1 S. 3, 265 Abs. 2 VAG entsprechend. Soweit die Konsolidierungsmethode Anwendung findet, werden die konsolidierten Unternehmen wie ein einzelnes Versicherungs-

---

[27] Dies folgt aus dem Umkehrschluss aus der Regelung des Art. 339 Abs. 2 Solva II-VO für die Konsolidierungsmethode.

[28] Vgl. *Kraft* ZVersWiss 2015, 389, 392; *Gehringer/Kaminski/Bahnsen* WPg (68) 2015, 958, 964.

[29] Vgl. *Gehringer/Kaminski/Bahnsen* WPg (68) 2015, 958, 960 mit weiteren Ausführungen.

[30] Vgl. § 350 VAG Rn. 9 ff.

unternehmen behandelt und die Eigenmittel aus der konsolidierten Solvabilitätsübersicht abgeleitet. Soweit die Abzugs- und Aggregationsmethode Anwendung findet, werden die Eigenmittel der einzelnen Unternehmen aggregiert. Dabei gelten auch die Qualitätsanforderungen an Eigenmittel-Bestandteile der verschiedenen Tiers oder Qualitätsklassen nach §§ 91 ff. VAG sowie die Voraussetzungen für die Anrechnungsfähigkeit nach § 94 VAG i. V. m. Art. 82 Solva II-VO entsprechend.[31] Ebenso gelten nach §§ 345, 350 VAG die **Bestandsschutz-Übergangsregelungen** für nach VAG a. F. qualifizierte Eigenmittelbestandteile.[32]

2. Sondervorschriften auf Gruppenebene. a) Allgemeines. In Ergänzung zu den genannten Vorschriften der Einzelebene enthalten die **Art. 331–334 Solva II-VO** Zusatzbedingungen für Eigenmittel auf Gruppenebene, die von verbundenen Unternehmen begeben wurden. Sie gelten für beide Methoden nach § 252 VAG und unterscheiden sich nach der Art des verbundenen Unternehmens. Allerdings bereitet ihr Verständnis in allen Fällen gleichermaßen Schwierigkeiten. Dies fängt bereits damit an, dass diese Zusatzbedingungen (nur) für die Eigenmittel von verbundenen Unternehmen gelten, nicht aber für die des beteiligten Unternehmens; dieses wäre aber der (einzige) richtige Adressat von zusätzlichen Bedingungen, die sich auf die Gruppen-Solvabilitätskapitalanforderung beziehen.[33] 39

b) Bezugnahme auf Gruppen-Solvabilitätskapitalanforderung. Bedeutendste Zusatzbedingung nach **Art. 331–333 Solva II-VO** ist die, dass sich die Qualitäts-Anforderungen der Art. 71, 73 und 77 Solva II-VO an die Eigenmittel-Bestandteile nicht (nur) auf die Solvabilitätskapitalanforderung oder Mindestkapitalanforderung des einzelnen Unternehmens, sondern auch die der Gruppe beziehen. Demnach zählte ein Eigenmittel-Bestandteil eines verbundenen Versicherungsunternehmens nur dann als Tier-1-Eigenmittel auf Gruppenebene, wenn gem. Art. 71 Abs. 1 lit. l Solva II-VO Ausschüttungen annulliert werden können, nicht nur falls die Einzel-, sondern auch falls die Gruppen-Solvabilitätskapitalanforderung nicht eingehalten wird. Insgesamt müssen die Eigenmittel-Bestandteile folgende Merkmale im Fall der Nichteinhaltung der Gruppen-Solvabilitätskapitalanforderung aufweisen: Verlustausgleichsfähigkeit (Kapitalverlustausgleichsmechanismus), Aussetzung der Tilgung sowie Annullierung bzw. Aussetzung von Ausschüttungen.[34] 40

Diese Anforderungen sind zum einen **nicht sinnvoll**, und zum anderen unter Umständen **rechtlich unmöglich zu erfüllen**. Der Vorstand eines deutschen Versicherungsunternehmens darf der Hauptversammlung gem. § 58 Abs. 2 AktG nicht die vollständige Thesaurierung eines Jahresüberschusses vorschlagen, wenn die Gewinnrücklagen des Unternehmens nach der Einstellung in die Gewinnrücklagen mehr als die Hälfte des Grundkapitals übersteigen. Weiterhin darf auch die Hauptversammlung selbst gem. § 254 Abs. 1 AktG keine vollständige Thesaurierung beschließen, wenn sie „nicht notwendig ist, um die Lebens- und Widerstandsfähigkeit der Gesellschaft… zu sichern".[35] Zu beachten ist, dass das AktG eben auf die Gesellschaft bzw. das Unternehmen abstellt, und anders als Art. 331–334 Solva II-VO nicht auf den Konzern bzw. die Gruppe. Aufgrund der völlig unterschiedlichen Methodik der Berechnung ist es durchaus möglich, dass ein Versicherungsunternehmen zwar einen Jahresüberschuss erzielt, aber eine Unterdeckung seiner Solvabilitätskapitalanforderung erleidet. Umso mehr gilt, dass die wirtschaftliche Lage eines Unternehmens (§§ 58 Abs. 2, 254 Abs. 1 AktG) von der der Gruppe abweichen kann. Besonders deutlich wird dies auch im Fall des Eigenmittel-Bestandteils der nichtfestgelegten **Überschussanteile gem. § 93 Abs. 1 VAG**. Diese zählten im Ergebnis überhaupt nicht als Eigenmittel der Gruppe, da ein verbundenes Lebens-Versicherungsunternehmen der Gruppe deren Zuteilung an seine Versicherungsnehmer nicht mit Hinweis auf die Nicht-Einhaltung der Gruppen-Solvabilitätskapitalanforderung verweigern dürfte. Dies widerspricht auch der höherrangingen Vorschrift des Art. 222 Abs. 2 lit. a Solva II-RL (bzw. § 254 Abs. 2 Nr. 1 VAG), wonach solche Eigenmittel-Bestandteile sehr wohl bis zur Höhe des Beitrags zur Gruppen-Solvabilitätskapitalanforderung als Eigenmittel der Gruppe qualifizieren. 41

Darüber hinaus ist die **Ausschüttungssperre auch als kontraproduktiv zu werten**. Falls die Gruppen-Solvabilitätskapitalanforderung nicht bedeckt ist, könnte die Gruppe gezwungen sein, Kapital von gut ausgestatteten zu notleidenden Unternehmen zu verlagern. Hierdurch erhöhen sich zwar 42

[31] Allerdings gelten für die Konsolidierungsmethode besondere Begrenzungen aufgrund der Pflicht zur Bedeckung des Mindestbetrags der Gruppen-Solvabilitätskapitalanforderung gem. § 261 Abs. 2 S. 2 und 3 VAG; vgl. die Kommentierung zu § 261 VAG Rn. 15 ff.

[32] Vgl. § 350 VAG Rn. 5.

[33] Allerdings erstreckt die BaFin in der Praxis die Zusatzbedingungen wohl entgegen dem Wortlaut auch auf das beteiligte Unternehmen.

[34] Die Bedeutung des Mindestbetrags der Gruppen-Solvabilitätskapitalanforderung besteht nach Art. 71 Abs. 1 lit. k und m sowie Art. 73 Abs. 1 lit. h und j Solva II-VO in folgendem: Ausschüttungen bzw. Tilgungen sind ausnahmsweise doch zulässig, wenn u. a. die Mindestkapitalanforderung bzw. der Mindestbetrag der Gruppen-Solvabilitätskapitalanforderung eingehalten ist. Nach Art. 77 Abs. 3 Solva II-VO begründet die Nicht-Einhaltung den Aufschub von Ausschüttungen.

[35] Zwar stellt § 254 AktG keine zwingende Vorschrift materiellen Rechts dar, sondern begründet lediglich eine Anfechtungsbefugnis. Nichtsdestotrotz bleibt es dabei, dass in einem Unternehmen mit nur einem Minderheitsaktionär die Erfüllung der Voraussetzungen der Art. 331 – 334 Solva II-VO nicht gewährleistet ist.

grundsätzlich nicht die Eigenmittel der Gruppe,[36] dennoch kann dies hilfreich sein, um dringende Probleme auf Einzel-Ebene zu lindern (§§ 134 ff. VAG). Aufgrund dieser rechtlichen Schwierigkeiten sind die Art. 331–334 Solva II-VO teleologisch auf Eigenmittel-Bestandteile zu reduzieren, deren Bedingungen überhaupt zwischen Schuldner und Gläubiger gestaltet werden können. Dies ist nur der Fall für nachrangige Verbindlichkeiten gem. Art. 69 lit. b, 72 lit. b Solva II-VO.

43 **c) Weitere Zusatzbedingungen.** Darüber hinaus muss ein Eigenmittel-Bestandteil gem. **Art. 331–333 (jeweils Abs. 2) Solva II-VO** „frei von Belastungen und… nicht mit einer anderen Transaktion verbunden (sein), die bei gemeinsamer Betrachtung mit dem Eigenmittelbestandteil dazu führen könnte, dass der Eigenmittelbestandteil die Anforderungen von Artikel 94 der Richtlinie 2009/138/EG auf Gruppenebene nicht erfüllt." Diese Bedingungen laufen ins Leere, da sie ohnehin nach **Art. 71 Abs. 1 lit. o, 73 Abs. 1 lit. i Solva II-VO** sowie § 255 Abs. 1 VAG gelten.

44 **d) Rechtsfolgen bei Nichterfüllung.** Falls ein Eigenmittel-Bestandteil die Zusatzbedingungen erfüllt, wird es auch für die Zwecke der Gruppensolvabilitätskapitalanforderung anerkannt und in dieselbe Klasse (Tier) eingeordnet. Falls dies nicht der Fall ist, entfällt in der Regel nicht nur die Qualifikation für den Tier, sondern die als Eigenmittel insgesamt. Denn auch an Tier-3-Eigenmittel bestehen Zusatzbedingungen nach Art. 77 Abs. 1 lit. f und g Solva II-VO.

45 **VI. Verhältnis zu anderen Regelungen. 1. Versicherungsaufsichtsrecht (VAG). a) Rechenmethoden (§§ 261, 265 VAG).** § 250 regelt den Grundsatz der Berechnung der Gruppensolvabilität. Besonderheiten ergeben sich aus den beiden Rechenmethoden, der Konsolidierungsmethode nach § 261 VAG sowie der Abzugs- und Aggregationsmethode nach § 265 VAG.

46 **b) Prüfung der Solvabilitätsübersicht (§ 35 Abs. 2 VAG).** § 250 Abs. 1 S. 2 i. V. m. § 261 VAG wird durch § 35 Abs. 2 VAG ergänzt, wonach auch die Solvabilitätsübersicht auf Gruppenebene zu prüfen ist.[37]

47 **c) Versicherungstechnische Rückstellungen (§§ 80 ff. VAG).** Auf Gruppenebene ist ebenfalls die Verwendung von **Matching- und Volatilitätsanpassung** gem. §§ 80 ff. VAG zulässig.[38]

48 **d) Übergangsvorschriften (§§ 350–352 VAG).** Gemäß § 350 VAG gelten für die Gruppensolvabilität die Übergangsvorschriften zu **Eigenmitteln, Solvabilitätskapitalanforderung und versicherungstechnischen Rückstellungen** der §§ 345–347 und 351 f. VAG entsprechend.[39]

49 **2. Bankaufsichtsrecht (§§ 10a, 10c ff. KWG).** § 10a KWG regelt die Grundsätze der Eigenmittelausstattung von Gruppen im Bankenbereich, §§ 10c ff. KWG regeln weitere Besonderheiten. § 10a Abs. 8 KWG weist dem übergeordneten Unternehmen der Gruppe die Verantwortung für die angemessene Eigenmittelausstattung der Gruppe zu. Anders als nach § 250 Abs. 3 VAG kann diese Verantwortung auch eine (gemischte) Finanzholding-Gesellschaft treffen, und nicht nur ein Institut (bzw. Versicherungsunternehmen).

50 **3. Finanzkonglomerate-Aufsichtsrecht (§§ 17 f., 21 FKAG).** § 17 FKAG regelt den Grundsatz, dass ein Finanzkonglomerat über angemessene Eigenmittel verfügen muss. Verantwortlich dafür ist nach § 18 Abs. 3 FKAG das übergeordnete Unternehmen, das nach § 12 Abs. 2 S. 2 FKAG auch ein nichtbeaufsichtigtes Unternehmen sein kann. Dies gleicht § 10a Abs. 8 KWG und weicht von § 250 Abs. 3 VAG ab. § 21 FKAG berechtigt die BaFin als Koordinator zu ähnlichen Maßnahmen wie nach § 250 Abs. 1 und 4 VAG, falls die Eigenmittel unzureichend sind.

Häufigkeit der Berechnung

251 (1) [1]**Die Solvabilitätskapitalanforderung auf Gruppenebene ist von den beteiligten Versicherungsunternehmen, der Versicherungs-Holdinggesellschaft oder der gemischten Finanzholding-Gesellschaft mindestens einmal im Jahr zu berechnen.** [2]**Sofern das oberste beteiligte Unternehmen ein Versicherungsunternehmen ist, meldet dieses der Gruppenaufsichtsbehörde die für diese Berechnung maßgeblichen Daten und Ergebnisse.** [3]**Sofern das oberste beteiligte Unternehmen eine Versicherungs-Holdinggesellschaft oder gemischte Finanzholding-Gesellschaft ist, meldet diese die Informationen gemäß Satz 2, sofern nicht die Gruppenaufsichtsbehörde nach Anhörung der anderen betroffenen Aufsichtsbehörden**

[36] Zu einer Erhöhung kann es aber unter Umständen kommen, wenn ein Unternehmen der Gruppe solche Eigenmittel-Bestandteile an ein anderes Unternehmen überträgt, die tatsächlich bereitgestellt werden können (§ 256 Abs. 4 VAG), und nunmehr stattdessen zum Teil solche Eigenmittel-Bestandteile zur Bedeckung der Solvabilitätskapitalanforderung ansetzt, die nicht tatsächlich bereitgestellt werden können.
[37] S. o. Rn. 20 f.
[38] S. o. Rn. 37.
[39] S. o. Rn. 37.

und der Gruppe ein Versicherungsunternehmen als zur Meldung verpflichtetes Unternehmen bestimmt hat.

(2) [1]**Die Versicherungsunternehmen, die Versicherungs-Holdinggesellschaft und die gemischte Finanzholding-Gesellschaft im Sinne des Absatzes 1 haben die Solvabilitätskapitalanforderung der Gruppe laufend zu überwachen.** [2]**Weicht das Risikoprofil der Gruppe erheblich von den Annahmen ab, die der zuletzt gemeldeten Solvabilitätskapitalanforderung für die Gruppe zugrunde liegen, ist die Solvabilitätskapitalanforderung unverzüglich neu zu berechnen und der Gruppenaufsichtsbehörde zu melden.** [3]**Rechtfertigen Tatsachen die Annahme, dass sich das Risikoprofil der Gruppe seit der letzten Meldung der Solvabilitätskapitalanforderung erheblich geändert hat, so kann die Gruppenaufsichtsbehörde eine Neuberechnung der Solvabilitätskapitalanforderung verlangen.**

I. Allgemeines. 1. Entstehungsgeschichte. Der Anwendungsbereich der Vorschrift wurde gegenüber dem RegE 2012 um Tochter-Versicherungsunternehmen von gemischten Finanzholding-Gesellschaften erweitert. Die Pflicht zur Berechnung einer vergleichbaren bereinigten Solvabilität enthielt bereits **§ 104g VAG a. F.** 1

2. Normzweck. Die Vorschrift regelt über ihre Überschrift hinaus neben der Häufigkeit der Berechnung weitere **Berichtspflichten** und die **Pflicht zur Überwachung der Gruppensolvabilität**. 2

3. Europarechtlicher Hintergrund. Die Vorschrift setzt **Art. 219 Solva II-RL** um. Sie wird durch **Art. 300 und 304 Solva II-VO** ergänzt und geändert; diese Vorschriften der Einzelaufsicht zum Bericht über Solvabilität und Finanzlage sowie zur regelmäßigen aufsichtlichen Berichterstattung gelten gem. **Art. 362, 368 und 372 Solva II-VO entsprechend** für die Gruppenaufsicht. Daneben gelten die **Art. 23 und 31 DVO 2015/2450** zur Festlegung technischer Durchführungsstandards hinsichtlich der Meldebögen für die Übermittlung von Informationen an die Aufsichtsbehörde. 3

II. Anwendungsbereich (Abs. 1 S. 2 und 3). Verpflichtetes Unternehmen ist im Falle der Gruppenaufsicht nach § 245 Abs. 2 Nr. 1 VAG gem. Abs. 1 S. 2 das oberste beteiligte Versicherungsunternehmen. Dies ist das in §§ 247 f. VAG als oberstes Mutterunternehmen auf Ebene der Mitglied- oder Vertragsstaaten bzw. auf nationaler Ebene bezeichnete Unternehmen. Im Fall der Gruppenaufsicht nach § 245 Abs. 2 Nr. 2 VAG soll gem. Abs. 1 S. 3 zunächst die beteiligte Versicherungs-Holdinggesellschaft oder gemischte Finanzholding-Gesellschaft verpflichtet sein. Allerdings kann die Gruppenaufsichtsbehörde nach Anhörung der anderen betroffenen Aufsichtsbehörden ein Versicherungsunternehmen als verpflichtetes Unternehmen bestimmen. Dies erscheint pragmatisch, da die beteiligte Holdinggesellschaft über die gesellschaftsrechtlichen Befugnisse verfügt. Es widerspricht aber der Systematik der Gruppenaufsicht. Nach § 245 Abs. 2 Nr. 2 VAG unterliegt eben nicht die Holdinggesellschaft der Gruppenaufsicht, sondern ihr Tochter-Versicherungsunternehmen, da nur ihm gegenüber die Pflichten der Gruppenaufsicht durchsetzbar sind. Gleiches gilt auch für die Pflichten nach diesem § 251 VAG.[1] Dies gilt umso mehr, als dass nach § 279 Abs. 2 Nr. 2 lit. a VAG die Gruppenaufsichtsbehörde nicht zwingend Aufsichtsbehörde des Staates ist, in dem die oberste Versicherungs-Holdinggesellschaft oder gemischte Finanzholding-Gesellschaft ihren Sitz hat, d. h. dass die Holdinggesellschaft nicht zwingend ihren Sitz in Deutschland hat, wenn die BaFin Gruppenaufsichtsbehörde ist. Dementsprechend ist davon auszugehen, dass die BaFin als Gruppenaufsichtsbehörde nur dann nicht ein Versicherungsunternehmen als verpflichtetes Unternehmen bestimmt, wenn die Holdinggesellschaft ihren Sitz in Deutschland hat und keine Zweifel an Willen und Fähigkeit ihrer Pflichterfüllung bestehen. 4

III. Pflicht zur laufenden Überwachung der Gruppensolvabilitätskapitalanforderung (Abs. 2 S. 1). Die verpflichteten Unternehmen sind zur laufenden Überwachung der Gruppensolvabilitätskapitalanforderung verpflichtet. Hierunter ist die Pflicht zu verstehen, laufend die **Übereinstimmung des Risikoprofils mit den der Gruppensolvabilitätskapitalanforderung zugrundeliegenden Annahmen** zu verstehen. Diese Pflicht korrespondiert mit der des § 275 Abs. 3 VAG und ist Bestandteil der Pflicht nach §§ 132 Abs. 1, 134, 250 Abs. 4 VAG, wonach die Unternehmen über Verfahren verfügen müssen, um eine Verschlechterung der Gruppensolvabilität (d. h. des Verhältnisses von Gruppensolvabilitätskapitalanforderung und Eigenmitteln) festzustellen. 5

IV. Pflicht zur Berechnung und Meldung an die Gruppenaufsichtsbehörde (Abs. 1). Abs. 1 statuiert die Pflicht der verpflichteten Unternehmen zur Berechnung der Gruppensolvabilitätskapitalanforderung und ihrer Meldung einschließlich maßgeblicher Daten und Ergebnisse an die Gruppenaufsichtsbehörde. Aus Abs. 1 S. 2 („diese Berechnung“) folgt weiter, dass **jede Berechnung der Gruppensolvabilitätskapitalanforderung an die Gruppenaufsichtsbehörde zu melden** ist. Dies gilt auch für regelmäßige Berechnungen außerhalb eines vom Gesetzgeber bzw. der Gruppenaufsichtsbehörde festgelegten Turnus. Davon auszunehmen sind Berechnungen nur eines Teils der Gruppensolvabilitätskapitalanforderung, etwa in Bezug auf einzelne Risikomodule. 6

[1] Vgl. § 245 VAG Rn. 32 ff.

7 **V. Häufigkeit der Berechnung (Abs. 1 S. 1, Abs. 2). 1. Regelmäßige Berechnung (Abs. 1 S. 1).** Gemäß Abs. 1 S. 1 ist die Gruppensolvabilitätskapitalanforderung mindestens einmal im Jahr zu berechnen. Dies entspricht dem Turnus, der gem. § 89 Abs. 1 VAG für die Einzelaufsicht gilt. Der Turnus wird auch durch **Art. 23 und 31 DVO 2015/2450** bestätigt, wonach über die Gruppen-Solvabilitätskapitalanforderung mittels des jährlichen quantitative Meldebogens für Gruppen zu berichten ist.

8 Nach dem ausdrücklichen Wortlaut stellt die jährliche Berechnung der Gruppensolvabilitätskapitalanforderung nur das Minimum dar. Nach Sinn und Zweck sowie systematischer Auslegung ist dies so zu verstehen, dass nicht nur außerordentliche Berechnungen nach Abs. 2, sondern **auch regelmäßige Berechnungen in engerem Turnus** notwendig sein und gem. § 281 Abs. 1 Nr. 2 VAG durch die Gruppenaufsichtsbehörde angeordnet werden können. Ein engerer Turnus ist wie in der Einzelaufsicht gem. §§ 115 Abs. 2, 261 Abs. 2, 262 VAG stets notwendig, wenn die Gruppen-Solvabilitätskapitalanforderung mit einem **internen Modell** berechnet wird; denn dieses ist zur Verwendung im Risikomanagement und in den Entscheidungsprozessen (Unternehmenssteuerung) nur dann geeignet, wenn es auf aktuellen Daten beruht. Aber auch wenn ein Standardmodell verwendet wird, kann aufgrund der Volatilität der Ergebnisse eine häufigere Berechnung notwendig sein.

9 **2. Außerordentliche Berechnung (Abs. 2).** Eine außerordentliche, unverzügliche Neuberechnung der Gruppensolvabilitätskapitalanforderung ist nach Abs. 2 notwendig, **wenn das Risikoprofil der Gruppe erheblich von den Annahmen abweicht**, die der zuletzt gemeldeten Gruppensolvabilitätskapitalanforderung zugrunde liegen. Die Initiative hierzu soll gem. Abs. 2 S. 2 grundsätzlich vom verpflichteten Unternehmen ausgehen. Aber auch die Gruppenaufsichtsbehörde kann nach Abs. 2 S. 3 die Neuberechnung verlangen. Anhaltspunkte für die genannte Abweichung des Risikoprofils können sich wie auf Einzelebene insbesondere aus den Überlegungen ergeben, die der **Risiko- und Solvabilitätsbeurteilung auf Gruppenebene** gem. § 275 Abs. 3 VAG zugrunde liegen. Die Neuberechnung kann einen erheblichen Aufwand für das Unternehmen darstellen, da sie auch eine Neuerstellung der Solvabilitätsübersicht der Gruppe erfordert. Entsprechend **Art. 24 DVO 2015/2450**, der zulässige Vereinfachungen wie Schätzungen und Schätzungsmethoden bei der regelmäßigen vierteljährlichen Berichterstattung für Gruppen vorsieht, sind ggfs. Vereinfachungen zulässig.

10 **VI. Verhältnis zu anderen Regelungen. 1. Bankaufsichtsrecht (KWG).** Die Berechnung der Eigenmittelausstattung erfolgt ebenfalls grds. jährlich; allerdings sieht § 24 Abs. 1 Nr. 16 KWG eine laufende Überwachung der Eigenmittelhöhe vor.

11 **2. Finanzkonglomerate-Aufsichtsrecht (FKAG).** Die Berechnung der Finanzkonglomerate-Solvabilität erfolgt ebenfalls gem. § 9 FkSolV i. V. m. § 22 FKAG jährlich. Eine Pflicht zur unterjährigen Neuberechnung wie nach § 251 Abs. 2 VAG besteht nicht.

Bestimmung der Methode

252 (1) **Die Solvabilität der Gruppe, an deren Spitze ein beteiligtes Versicherungsunternehmen steht, ist auf der Grundlage eines konsolidierten Abschlusses gemäß den §§ 261 bis 264 (Konsolidierungsmethode) zu berechnen.**

(2) **Die Gruppenaufsichtsbehörde kann nach Anhörung der anderen betroffenen Aufsichtsbehörden und der Gruppe die Verwendung der in § 265 beschriebenen Methode (Abzugs- und Aggregationsmethode) oder, wenn die Verwendung der Konsolidierungsmethode allein nicht angemessen wäre, eine kombinierte Anwendung beider Methoden festlegen.**

Übersicht

I. Allgemeines. 1. Entstehungsgeschichte. Die Vorschrift entspricht inhaltlich der des RegE 2012. In ähnlicher Weise erlaubte § 1 der früheren SolBerV die Berechnung der bereinigten Solvabilität entweder auf der Grundlage eines konsolidierten Abschlusses (allerdings nach HGB oder IFRS) oder auf der Grundlage der Einzelabschlüsse, was der Abzugs- und Aggregationsmethode entspricht. 1

2. Normzweck. Die Vorschrift ermächtigt die Gruppenaufsichtsbehörde, anstatt der standardmäßigen Konsolidierungsmethode die alleinige oder kombinierte Anwendung der Abzugs- und Aggregationsmethode zu gestatten. 2

3. Europarechtlicher Hintergrund. Die Vorschrift setzt **Art. 220 Solva II-RL** um. Sie wird durch **Art. 328 f. Solva II-VO** ergänzt und geändert sowie durch die EIOPA-LL 7 f. Gruppensolvabilität ausgelegt. 3

II. Anwendungsbereich. 1. Der Gruppenaufsicht unterliegende Versicherungsunternehmen. Im Hinblick auf die Unternehmen, die die Gruppensolvabilität zu berechnen haben, gilt die Vorschrift zunächst unmittelbar für beteiligte Versicherungsunternehmen nach § 245 Abs. 2 Nr. 1 VAG, die an der Spitze einer Gruppe stehen. Sie gilt darüber hinaus gem. § 266 S. 1 VAG für Versicherungsunternehmen nach § 245 Abs. 2 Nr. 2 VAG, die Tochter einer an der Spitze der Gruppe stehenden Versicherungsholding-Gesellschaft oder gemischten Finanzholding-Gesellschaft sind. 4

2. In die Gruppenaufsicht einbezogene Unternehmen. Alle in die Gruppenaufsicht einbezogenen verbundenen Unternehmen sind auch in der Berechnung der Gruppensolvabilität zu berücksichtigen.[1] Die Wahl der Methode ist aber nur in Bezug auf solche Unternehmen relevant, die überhaupt in der Konsolidierungsmethode voll oder anteilig vollkonsolidiert werden können. Hierzu gehören nach Art. 335 Abs. 1 Solva II-VO Versicherungsunternehmen (eines Mitglied- und Vertragsstaats oder eines Drittstaates), Zweckgesellschaften, Versicherungsholding-Gesellschaften und Anbieter von Nebendienstleistungen.[2] Für die übrigen in die Gruppenaufsicht einzubeziehenden Unternehmen stellt Art. 329 Solva II-VO klar, dass sich die Methodenwahl nicht auf die Gruppensolvabilität auswirkt. Denn insoweit lässt die Gruppenaufsicht ohnehin keine Berücksichtigung von Diversifikationseffekten zu.[3] 5

III. Inhalt der Methoden. 1. Bedeutung der Rechenmethode. Die Wahl der Methode ist keine rein technische Entscheidung, sondern hat **erheblichen Einfluss auf die Höhe der Gruppensolvabilität**. Die Solvabilität besteht aus den beiden Größen Solvabilitätskapitalanforderung und **Eigenmittel**. Letztere unterscheiden sich nicht in der Höhe, je nachdem welche Methode verwendet wird. Denn insoweit gilt der Grundsatz des § 254 Abs. 1 S. 1 VAG (keine Mehrfachberücksichtigung von Eigenmitteln), der sowohl durch die Technik der Konsolidierung (Konsolidierungsmethode, § 261 Abs. 1 VAG) als auch durch die Rechenschritte der Abzugs- und Aggregationsmethode (§ 265 VAG) umgesetzt wird. Der Ausschluss der Mehrfachberücksichtigung von Eigenmitteln wird in der Konsolidierungsmethode dadurch erreicht, dass in der Solvabilitätsübersicht des beteiligten Versicherungsunternehmens der Posten „Beteiligung" und die entsprechenden Eigenmittel durch die Vermögenswerte und Verbindlichkeiten des verbundenen Unternehmens ersetzt werden. In der Abzugs- und Aggregationsmethode wird dies dadurch erreicht, dass gem. § 265 Abs. 1 Nr. 2 VAG zur aggregierten Gruppensolvabilitätskapitalanforderung der Beteiligungswert der verbundenen Versicherungsunternehmen (eines Mitglied- und Vertragsstaats oder Drittstaats) addiert wird. Dies gleicht aus, dass sich die aggregierten Eigenmittel der Gruppe aus den Eigenmitteln der verbundenen Versicherungsunternehmen und den nicht um den entsprechenden Wert der Beteiligungen verringerten Eigenmitteln des beteiligten Versicherungsunternehmens gem. § 265 Abs. 2 Nr. 1 VAG zusammensetzt. 6

Die Größe der **Gruppensolvabilitätskapitalanforderung** unterscheidet sich deutlich zwischen beiden Methoden. Nach der Abzugs- und Aggregationsmethode gem. § 265 Abs. 3 VAG entspricht sie der Summe der (Einzel-) Solvabilitätskapitalanforderungen der einzelnen Unternehmen der Gruppe. Nach der Konsolidierungsmethode gilt dies wegen der **Berücksichtigung von Diversifikations-** 7

---

[1] EIOPA-LL 7 Gruppensolvabilität.
[2] Vgl. § 250 VAG Rn 28 ff.
[3] EG 101 Solva II-RL stellt klar, dass nur Diversifikationseffekte zwischen Versicherungsunternehmen (eines Mitglied- und Vertragsstaats oder Drittstaats) berücksichtigt werden sowie darüber hinaus, aber aus den gleichen methodischen Gründen, zwischen Versicherungs-Holdinggesellschaften und Anbietern von Nebendienstleistungen.

effekten dagegen nicht, wie aus § 261 Abs. 3 VAG folgt.[4] Danach muss die Gruppensolvabilitätskapitalanforderung mindestens der Summe der Mindestkapitalanforderungen der einzelnen Unternehmen der Gruppe entsprechen, aber eben nicht der Summe der Solvabilitätskapitalanforderungen. Ein weiterer Unterschied besteht darin, dass in der Abzugs- und Aggregationsmethode die aggregierte Gruppensolvabilitätskapitalanforderung nicht um **gruppeninterne Transaktionen** (§ 274 VAG) bereinigt wird.[5] Besonders relevant kann diese fehlende Bereinigung im Falle gruppeninterner Rückversicherung sein. Einerseits verringert sie die Solvabilitätskapitalanforderung des Zedenten, andererseits erhöht sie aber die Solvabilitätskapitalanforderung des Zessionars.

8 **2. Anwendbare Vorschriften.** Für beide Methoden gelten neben den §§ 245–251 VAG die Art. 328-324 und 341 Solva II-VO. Für die Konsolidierungsmethode gelten ferner die §§ 261–264 VAG sowie die Art. 335–340 Solva II-VO. Für die Abzugs- und Aggregationsmethode gilt neben § 265 VAG noch Art. 342 Solva II-VO. In der Praxis ist vor allem die **kombinierte Anwendung beider Methoden** relevant; Fälle, in denen ausschließlich die Abzugs- und Aggregationsmethode in Bezug auf alle verbundenen Versicherungsunternehmen (eines Mitglied- und Vertragsstaats oder Drittstaats) zu Anwendung kommt, sind kaum vorstellbar.

9 **IV. Verfahren (Abs. 2).** Da gem. Abs. 1 die (für die Unternehmen grundsätzlich vorteilhafte) Konsolidierungsmethode die Standardmethode ist, bedarf die (teilweise) Anwendung der Abzugs- und Aggregationsmethode der Festlegung durch die Gruppenaufsichtsbehörde.[6] In der Regel wird die Gruppenaufsichtsbehörde von sich aus tätig werden; im Fall der **Gleichwertigkeit des Solvabilitätssystems eines Drittstaats** ist aber auch ein Ersuchen des der Gruppenaufsicht unterliegenden Versicherungsunternehmens möglich. Ein förmlicher Antrag ist aber nicht notwendig.

10 Die Vorschrift räumt der Gruppenaufsichtsbehörde Entschließungsermessen (§ 297 VAG) ein, bei dessen Ausübung sie die Kriterien des **Art. 328 Abs. 1 lit. a–f Solva II-VO** zu berücksichtigen hat. Vor ihrer Entscheidung hat die Gruppenaufsichtsbehörde die betroffenen Aufsichtsbehörden sowie das der Gruppenaufsicht unterliegende Versicherungsunternehmen anzuhören.

11 **V. Voraussetzungen für die Festlegung der Abzugs- und Aggregationsmethode. 1. Allgemeines. Art. 328 Abs. 1 Solva II-VO** nennt positiv vier Fälle, in denen die (vollständige) Anwendung der Konsolidierungsmethode unangemessen sein könnte:

- lit. a: **nicht ausreichende** Menge und Qualität der verfügbaren **Informationen** über ein verbundenes Versicherungsunternehmen (eines Mitglied- und Vertragsstaats oder Drittstaats);
- lit. b, c: Ausschluss eines verbundenen Versicherungsunternehmens (eines Mitglied- und Vertragsstaats oder Drittstaats) aus dem **Gegenstandsbereich eines internen Modells** für die Gruppe;
- lit. d: **übermäßig hoher Aufwand** für die Anwendung der Konsolidierungsmethode, wenn sich die Anwendung der Abzugs- und Aggregationsmethode nicht wesentlich auf die Berechnung der Gruppensolvabilität auswirkt;
- lit. f: **Gleichwertigkeit des Solvabilitätssystems eines Drittstaats** (§ 258 Abs. 1 S. 2 VAG), in dem ein verbundenes Versicherungsunternehmen eines Drittstaats seinen Sitz hat.

12 Die Anwendungsfälle können **kumulativ** vorliegen, weitere Anwendungsfälle sind möglich, da Art. 328 Abs. 1 Solva II-VO nach seinem Wortlaut nicht abschließend ist.[7] Schließlich ist negative Voraussetzung für die Anwendung der Abzugs- und Aggregationsmethode nach Art. 328 Abs. 1 lit. e Solva II-VO in allen Fällen, dass **keine dem Wert oder Umfang nach signifikanten gruppeninternen Transaktionen** zwischen dem Unternehmen, für das die Anwendung der Methode infrage steht, und einem oder mehreren sonstigen Unternehmen der Gruppe bestehen. Der Wortlaut der Vorschrift lässt offen, was der Bezugspunkt für die Signifikanz ist. Nach Sinn und Zweck der Vorschrift muss dies die Gruppensolvabilität sein, denn deren Berechnung ändert sich durch die Anwendung der Abzugs- und Aggregationsmethode, da gruppeninterne Transaktionen nicht (zwingend) konsolidiert und damit eliminiert werden.[8] Dagegen kann Bezugspunkt nicht die finanzielle Lage eines einzelnen Unternehmens sein, etwa ausgedrückt durch seine Solvabilität. Denn dies ist bereits Gegenstand der Einzelaufsicht bzw. der (Gruppen-) Aufsicht über gruppeninterne Transaktionen nach § 274 VAG i. V. m. Art. 377 Abs. 1 Solva II-VO. Signifikante gruppeninterne Transaktionen können etwa vorliegen,

[4] Allerdings erfolgt die Berücksichtigung von Diversifikationseffekten nur in Bezug auf zumindest anteilig konsolidierte Gemeinschafts- und Tochterunternehmen, Art. 335 Abs. 1 lit. a und b, 336 lit. a Solva II-VO. Außen vor bleiben Nicht-Tochterunternehmen und damit insbesondere auch Versicherungsunternehmen einer horizontalen Gruppe, Art. 335 Abs. 2 Solva II-VO. Insoweit besteht kein Unterschied zwischen der Konsolidierungsmethode und der Abzugs- und Aggregationsmethode (vgl. BaFin-AE zu VVaG und Gleichordnungskonzernen).

[5] Dies folgt daraus, dass in der Abzugs- und Aggregationsmethode die unveränderten Werte für die unbereinigten Solvabilitätskapitalanforderungen auf Einzelebene verwendet werden. A. A. anscheinend *Kraft* in Gründl/Kraft, S. 160.

[6] Für die Festsetzung berechnet die BaFin eine Gebühr i. H. v. 2.505 EUR (Ziffer 6.10.2 des Anhangs zu FinDAG-KostV).

[7] Dessen ungeachtet verlangt die BaFin, dass Unternehmen in ihrem Gesuch auf Festlegung der Abzugs- und Aggregationsmethode auf alle in Art. 328 Abs. 1 Solva II-VO genannten Punkte eingehen.

[8] Vgl. § 265 VAG Rn. 8.

wenn die in die Berechnung der konsolidierten Gruppen-Solvabilitätskapitalanforderung einbezogenen Unternehmen Risiken auf ein nicht konsolidiertes Unternehmen übertragen haben. Denn in dem Fall könnten erstere die Risikominderung in der Berechnung der konsolidierten Gruppen-Solvabilitätskapitalanforderung wie auf Einzelebene weiterhin geltend machen.

2. Unzureichende Informationen (Art. 328 Abs. 1 lit. a Solva II-VO). Die Anwendung der Abzugs- und Aggregationsmethode in Bezug auf ein Unternehmen kommt gem. 328 Abs. 1 lit. a Solva II-VO infrage, wenn Umfang oder Qualität der in Bezug auf dieses Unternehmen vorliegenden Informationen unzureichend sind. Dies bezieht sich auf **Tochter- und Gemeinschaftsunternehmen**, in Bezug auf die dem beteiligten Unternehmen nicht die Daten in einer Granularität vorliegen, die zur Erstellung einer konsolidierten Solvabilitätsübersicht der Gruppe und einer Gruppen-Solvabilitätskapitalanforderung vorliegen.[9] Dagegen ist dies kein Grund im Hinblick auf sonstige verbundene Unternehmen, d. h. assoziierte Unternehmen, da Art. 335 Abs. 1 lit. d und 336 lit. b Solva II-VO insoweit eine anteilige Konsolidierung vorsehen, die im Ergebnis der Methodik der Abzugs- und Aggregationsmethode entspricht und keine gesteigerten Anforderungen an Umfang oder Qualität der in Bezug auf diese Unternehmen vorliegenden Informationen stellt. 13

3. Ausschluss aus dem Gegenstandsbereich eines internen Modells (Art. 328 Abs. 1 lit. b, c Solva II-VO). Weiterhin kommt die Anwendung der Abzugs- und Aggregationsmethode infrage, wenn ein Unternehmen gem. Art. 328 Abs. 1 lit. b, c Solva II-VO nicht im Gegenstandsbereich eines internen Modells der Gruppe nach **Art. 231 Solva II-RL (entspricht § 262 VAG)** erfasst ist. Diese Voraussetzung ist nach Sinn und Zweck korrigierend auszulegen. Die Bezugnahme auf Art. 231 Solva II-RL ist so zu verstehen, dass die Voraussetzung erfüllt ist, wenn das Unternehmen nicht vom internen Modell der Gruppe zur **Berechnung der Gruppensolvabilitätskapitalanforderung** erfasst ist; ein solches Modell kann aber auch nach Art. 230 Abs. 2 Solva II-RL (entspricht § 261 Abs. 2 VAG) genehmigt werden. Die Bezugnahme auf Art. 231 Solva II-RL geht insoweit fehl, als dass es für die Zwecke der Bestimmung der Methode zur Berechnung der Gruppensolvabilität irrelevant ist, ob das andere Unternehmen das interne Modell auch zur Berechnung seiner (Einzel-) Solvabilitätskapitalanforderung verwendet. 14

Insbesondere bei großen Versicherungsgruppen ist zu beachten, dass der Ausschluss eines Versicherungsunternehmens (eines Mitglied- und Vertragsstaats oder Drittstaats) aus einem internen Modell alleine in der Regel kein hinreichender Grund für die Anwendung der Abzugs- und Aggregationsmethode darstellt. Denn zum einen ist der Aufwand für die Einbeziehung eines Unternehmens enorm, und bei großen Gruppen kommen faktisch nur partielle interne Modelle in Frage. Zum anderen ist der Strafcharakter der Abzugs- und Aggregationsmethode zu beachten, die mit dem Verlust von Diversifikationseffekten einhergeht. Diese werden aber auch in der Standardformel anerkannt,[10] so dass alleine die teilweise Anwendung der Standardformel per se keinen Grund zur Versagung der Diversifikationseffekte darstellt. 15

Ohne Anwendungsbereich ist gem. Auslegung nach Sinn und Zweck die Regelung des Art. 328 Abs. 1 lit. c Solva II-VO, wonach die nicht vom internen Modell erfassten Risiken nicht wesentlich für das Gesamtrisikoprofil der Gruppe sein dürfen. Dies folgt bereits aus Art. 343 Abs. 5 lit. a (iii) (ggfs. in Verbindung mit Art. 347 Abs. 6) Solva II-VO, wonach dies Voraussetzung für die Genehmigung eines partiellen internen Modells für die Gruppe ist. Dort ist die Frage besser aufgehoben als bei Art. 328 Abs. 1 Solva II-VO; denn hier geht es um die Bestimmung der Berechnungsmethode, nicht um die Art und Weise der Berechnung der Solvabilitätskapitalanforderung. 16

4. Übermäßig hoher Aufwand (Art. 328 Abs. 1 lit. d Solva II-VO). Die Anwendung der Konsolidierungsmethode kann in Bezug auf ein Unternehmen gem. Art. 328 Abs. 1 lit. d Solva II-VO unangemessen sein, wenn sie übermäßig aufwändig wäre. Weitere Voraussetzung ist, dass sich die Anwendung der Abzugs- und Aggregationsmethode angesichts von Art, Umfang und Komplexität der Risiken der Gruppe nicht wesentlich auf die Berechnung der Gruppensolvabilität auswirkt. Die zweite Voraussetzung wirkt als Korrektiv der ersten, die in der Regel von den Gruppen bemüht werden dürfte. Sie hat allerdings nur einen begrenzten Anwendungsbereich. Soweit die Auswirkung in einer Erhöhung der Gruppen-Solvabilitätskapitalanforderung aufgrund der fehlenden Bereinigung gruppeninterner Transaktionen besteht, ist bereits Art. 328 Abs. 1 lit. e Solva II-VO einschlägig. Soweit die Auswirkung in einer Erhöhung der Gruppen-Solvabilitätskapitalanforderung aufgrund der fehlenden Berücksichtigung von Diversifikationseffekten besteht, ist sie nach Sinn und Zweck der Vorschrift hinzunehmen. Der Verlust der Anrechnung der Diversifikationseffekte ist die Gegenleistung für die Vermeidung des übermäßigen Aufwands, den das oberste Mutterunternehmen in Kauf zu nehmen hat. Relevant ist die weite Voraussetzung nur dann, wenn eine Verringerung der Gruppen-Solvabilitätskapitalanforderung vorliegt. 17

---

[9] Dies wäre z. B. der Fall, wenn ein Gemeinschaftsunternehmen nicht in die Rechnungslegungsprozesse eines beteiligten Unternehmens einbezogen ist.

[10] Dies folgt aus § 261 Abs. 2 Fall 1, wonach die konsolidierte Gruppen-Solvabilitätskapitalanforderung auch mit der Standardformel berechnet werden kann.

18 **5. Drittstaaten-Gleichwertigkeit (Art. 328 Abs. 1 lit. f Solva II-VO).** Schließlich regelt nunmehr Art. 328 Abs. 1 lit. f Solva II-VO ausdrücklich, dass ein Anwendungsfall der Abzugs- und Aggregationsmethode vorliegen kann, wenn bei Gruppen, die verbundene Versicherungsunternehmen eines Drittstaats umfassen, gem. Art. 227 Abs. 4 und 5 Solva II-RL delegierte Rechtsakte erlassen wurden, in denen die Gleichwertigkeit oder vorläufige Gleichwertigkeit der Solvabilitätssysteme der betreffenden Drittstaaten (vgl. **§ 258 Abs. 1 S. 2 VAG**) festgestellt wurde. Dieser Anwendungsfall wurde erst auf Druck der Industrie in den Katalog aufgenommen. Seine Bedeutung ist vor dem Hintergrund zu sehen, dass der **Erlass eines Rechtsakts gem. Art. 227 Abs. 4 und 5 Solva II-RL nur notwendige, aber nicht hinreichende Bedingung** dafür ist, dass die Solvabilität eines verbundenen Versicherungsunternehmens eines Drittstaats nach dem dortigen, gleichwertigen Regime berechnet wird, und nicht nach Solvency II. Weitere Voraussetzung ist eben die Anwendung der Abzugs- und Aggregationsmethode. Dies folgt aus dem Wortlaut des § 258 Abs. 1 S. 1 VAG, der ausdrücklich die Anwendung der Abzugs- und Aggregationsmethode voraussetzt. Methodisch ist es darin begründet, dass die Anwendung der Konsolidierungsmethode nicht nur eine gleichwertige, sondern eine gleichartige Datenbasis voraussetzt.

19 Die Gleichwertigkeit der Solvabilitätssysteme der betreffenden Drittstaaten verpflichtet die Gruppenaufsichtsbehörde nicht zur Festlegung der Abzugs- und Aggregationsmethode, sondern eröffnet ihr **Ermessen**. Dies ist auch vor dem Hintergrund zu sehen, dass für Gruppen auch in Bezug auf Versicherungsunternehmen eines Drittstaats mit gleichwertigem Solvabilitätssystem die Anwendung der Konsolidierungsmethode und etwa die Berechnung der Solvabilitätskapitalanforderung mit einem internen Modell vorteilhafter sein können. Falls aber ein solcher Fall nicht vorliegt, ist aufgrund der grundsätzlichen Wertungen von Richtlinien- und Gesetzgeber von einer Ermessensreduzierung bzw. einem intendierten Ermessen auszugehen; dies stellt auch **EG 125 Solva II-VO** klar. Wenn nicht der Hinderungsgrund des Vorliegens signifikanter gruppeninterner Transaktionen gem. Art. 328 Abs. 1 lit. e Solva II-VO einschlägig ist, soll die BaFin dem der Gruppenaufsicht unterliegenden Versicherungsunternehmen die Verwendung der Abzugs- und Aggregationsmethode gestatten. Allerdings folgt aus **EG 124 Solva II-VO**, dass auch im Fall des Art. 328 Abs. 1 lit. e Solva II-VO die Auswirkung der Anwendung der Abzugs- und Aggregationsmethode gem. Art. 328 Abs. 1 lit. d Solva II-VO zu beurteilen ist. Unerheblich ist insoweit die Auswirkung der Verwendung der nach den Vorschriften des Drittstaats berechneten Solvabilität auf die Gruppensolvabilität; vielmehr ist die Auswirkung i. S. d. Art. 328 Abs. 1 lit. d Solva II-VO durch Vergleich der Gruppensolvabilität mit Konsolidierungsmethode und Abzugs- und Aggregationsmethode, jeweils basierend auf Solvency II, zu beurteilen. Entsprechend Art. 2 Abs. 4 lit. p DVO 2015/460 muss dabei eine Schätzung der Solvabilitätskapitalanforderung in Bezug auf das Versicherungsunternehmen eines Drittstaats ausreichend sein.

20 **VI. Verhältnis zu anderen Regelungen. 1. Drittstaaten-Gleichwertigkeit (§ 258 Abs. 1 S. 2 VAG).** Die Festlegung der Abzugs- und Aggregationsmethode in Bezug auf ein Versicherungsunternehmen eines Drittstaats ist Voraussetzung dafür, dass die Gruppe gem. § 258 Abs. 1 S. 2 VAG den Beitrag des Unternehmens zur Gruppensolvabilität nach den Regeln eines gleichwertigen Drittstaats berechnen darf.[11]

21 **2. Methodenwahl in Bezug auf Banken (§ 259 VAG).** In Bezug auf verbundene Kreditinstitute, Wertpapierfirmen und Finanzinstitute ist § 259 VAG *lex specialis* für die Methodenwahl.

22 **3. Bankaufsichtsrecht (§ 10a KWG).** Gem. § 10a Abs. 4 und 6 KWG ist die Konsolidierungsmethode auf der Basis des Konzernabschlusses der gesetzliche Regelfall. Die BaFin darf Ausnahmen zulassen.[12]

23 **4. Finanzkonglomerate-Aufsichtsrecht (§ 18 FKAG).** Gem. § 18 Abs. 2 FKAG i. V. m. § 2 FkSolV bestimmt die BaFin als Koordinator für das Finanzkonglomerat die anzuwendende Berechnungsmethode nach FkSolV. Die Kriterien für die Entscheidung sind nicht gesetzlich geregelt, und die Konsolidierungsmethode ist nicht der gesetzliche Regelfall.

Berücksichtigung des verhältnismäßigen Anteils

253 (1) **Bei der Berechnung der Gruppensolvabilität ist der verhältnismäßige Anteil, den das beteiligte Unternehmen an seinen verbundenen Unternehmen hält, zu berücksichtigen.**

(2) **Der verhältnismäßige Anteil im Sinne des Absatzes 1 bezeichnet**

1. bei Anwendung der Konsolidierungsmethode die bei Erstellung des konsolidierten Abschlusses zugrunde gelegten Prozentsätze und

[11] S. o. Rn. 18 f.
[12] Vgl. Boos/Fischer/Schulte-Mattler/*Stawitzke* § 10a KWG Rn. 37.

2. bei Anwendung der Abzugs- und Aggregationsmethode den Anteil am gezeichneten Kapital, der direkt oder indirekt vom beteiligten Unternehmen gehalten wird.

(3) [1] **Ist das verbundene Unternehmen ein Tochterunternehmen, dessen Eigenmittel zur Einhaltung seiner Solvabilitätskapitalanforderung nicht ausreichen, ist diese Solvabilitätslücke unabhängig von der verwendeten Methode bei der Berechnung in voller Höhe zu berücksichtigen.** [2] **Abweichend von Satz 1 kann die Gruppenaufsichtsbehörde zulassen, dass die Solvabilitätslücke nur anteilig berücksichtigt wird, wenn sich die Haftung des Mutterunternehmens nach Auffassung der betroffenen Aufsichtsbehörden ausschließlich auf den gehaltenen Kapitalanteil beschränkt.**

(4) **Die Gruppenaufsichtsbehörde legt nach Anhörung der anderen betroffenen Aufsichtsbehörden und der Gruppe den verhältnismäßigen Anteil fest, der zu berücksichtigen ist, wenn**

1. zwischen einigen Unternehmen einer Gruppe keine Kapitalbeziehungen bestehen,
2. eine Aufsichtsbehörde entschieden hat, dass auch das direkte oder indirekte Halten von Stimmrechten oder Kapital an einem Unternehmen als Beteiligung anzusehen ist, weil nach Auffassung der Aufsichtsbehörde tatsächlich ein maßgeblicher Einfluss auf dieses Unternehmen ausgeübt wird, oder
3. eine Aufsichtsbehörde entschieden hat, dass ein Unternehmen Mutterunternehmen eines anderen Unternehmens ist, weil es nach Auffassung der Aufsichtsbehörde tatsächlich einen beherrschenden Einfluss auf das andere Unternehmen ausübt.

I. Allgemeines. 1. Entstehungsgeschichte. Die Vorschrift ist gegenüber dem RegE 2012 unverändert. Sie entspricht weitgehend § 5 Abs. 1 und 2 der früheren SolBerV. 1

2. Normzweck. Die Vorschrift regelt den zu berücksichtigenden Anteil des beteiligten Versicherungsunternehmens an Solvabilitätskapitalanforderung und Eigenmitteln des verbundenen Unternehmens (nicht nur Versicherungsunternehmens) für beide Methoden nach § 252 VAG. 2

3. Europarechtlicher Hintergrund. Die Vorschrift setzt **Art. 221 Solva II-RL** um. Sie wird in Bezug auf die Konsolidierungsmethode durch **Art. 330, 335 f. Solva II-VO** ergänzt und geändert sowie durch die EIOPA-LL 9–12 Gruppensolvabilität ausgelegt. 3

II. Grundsatz: anteilige Berücksichtigung. Wie der verhältnismäßige Anteil an einem verbundenen Unternehmen zu berücksichtigen ist, unterscheidet sich je nach Methode. 4

1. Konsolidierungsmethode (Abs. 2 Nr. 1). In Bezug auf die Konsolidierungsmethode hat die Vorschrift des Abs. 2 Nr. 1 nur deklaratorischen Charakter. Denn die relevanten Prozentsätze, aus denen sich der verhältnismäßige Anteil ergibt, werden durch **Art. 335 f. Solva II-VO** geregelt, die drei Fälle unterscheiden. 5

a) Tochterunternehmen. Gem. Art. 335 Abs. 1 lit. a, 336 lit. a Solva II-VO sind **Tochterunternehmen**, die Versicherungsunternehmen (eines Mitglied- und Vertragsstaats oder Drittstaats), Versicherungsholding-Gesellschaft, gemischte Finanzholding-Gesellschaft oder Nebendienstleistungsunternehmen sind, **unabhängig von der genauen Höhe des Stimmanteils vollständig zu konsolidieren**. Eine 100%ige Konsolidierung greift ab einem Stimmanteil von über 50 %, denn dieser reicht gem. § 7 Nr. 23 VAG iVm Art. 1 Richtlinie 1983/349/EWG aus, um das Mutter-Tochter-Verhältnis zu begründen. Anders als bei der Abzugs- und Aggregationsmethode nach Abs. 2 Nr. 2 ist bei der Konsolidierungsmethode der Kapitalanteil in Bezug auf Tochterunternehmen nicht relevant. Falls das Mutter-Tochterverhältnis gem. § 7 Nr. 23 VAG nicht aufgrund der Mehrheit der Stimmrechte besteht, sondern aufgrund sonstigen beherrschenden Einflusses von der Gruppenaufsichtsbehörde festgelegt wurde, legt diese auch nach Abs. 4 Nr. 3 die Höhe des verhältnismäßigen Anteils fest. 6

Die vollständige Konsolidierung führt bei Stimmrechtsanteilen von unter 100 % zu einer überproportionalen Berücksichtigung des Beitrags des Tochterunternehmens zu Solvabilitätskapitalanforderung und Eigenmittel der Gruppe. Die damit einhergehende **Verzerrung der Gruppensolvabilität wird durch Art. 330 Abs. 4 lit. a und b Solva II-VO sowie § 253 Abs. 3 VAG beseitigt**. Danach wird der Beitrag des Tochterunternehmens zu den Eigenmitteln der Gruppe auf den Betrag des Beitrags zur Gruppen-Solvabilitätskapitalanforderung begrenzt, und mithin der auf Minderheitsbeteiligungen entfallende Anteil an den Überschusseigenmitteln nicht berücksichtigt. Dies stellt die von § 253 VAG vorgesehene anteilige Berücksichtigung dar. Hintergrund ist, dass die Eigenmittel insoweit nicht tatsächlich zur Bedeckung des Solvabilitätskapitalanforderung des Mutterunternehmens bereitgestellt werden können (§ 254 Abs. 4 VAG). Den umgekehrten Fall, dass der Beitrag zur Gruppen-Solvabilitätskapitalanforderung den zu den Eigenmitteln der Gruppe übersteigt, das betreffende Tochterunternehmen also unzureichende Eigenmittel beiträgt, regelt Abs. 3.[1] 7

[1] S. u. Rn. 13 ff.

8 **b) Gemeinschaftsunternehmen.** Gemäß Art. 335 Abs. 1 lit. c, 336 lit. a Solva II-VO sind Gemeinschaftsunternehmen, die Versicherungsunternehmen (eines Mitglied- und Vertragsstaats oder Drittstaats), Versicherungsholding-Gesellschaft, gemischte Finanzholding-Gesellschaft oder Nebendienstleistungsunternehmen sind, **quotal zu konsolidieren**. Gemeinschaftsunternehmen sind solche, die weder Tochterunternehmen (weil sie nicht alleine geleitet werden) noch assoziierte Unternehmen (da sie geleitet werden) sind, und damit Unternehmen, die zusammen mit mindestens einem nicht der Gruppe angehörigen Unternehmen geleitet werden. Die Quote hängt von der Anzahl der Unternehmen ab, die Einfluss auf die Leitung haben. Sie beträgt z. B. 50 %, wenn Unternehmen A und B gemeinsam Unternehmen C leiten.

9 **c) Unternehmen anderer Finanzbranchen.** Unternehmen anderer Finanzbranchen werden gem. Art. 335 Abs. 1 lit. c Solva II-VO so konsolidiert, dass die Beteiligung als Einzelposten in der Solvabilitätsübersicht des beteiligten Unternehmens mit dem Stimmrechts- oder Kapitalanteil an den Eigenmitteln des verbundenen Unternehmens bewertet wird, wobei die Eigenmittel wiederum nach den einschlägigen Branchenvorschriften ermittelt werden. Entsprechend § 7 Nr. 4 und 23 VAG ist bei Tochterunternehmen alleine auf den Stimmrechtsanteil und bei sonstigen verbundenen Unternehmen auf den Stimmrechts- oder Kapitalanteil abzustellen.

10 **d) Sonstige Unternehmen.** Sonstige Unternehmen werden dergestalt konsolidiert, dass die Beteiligung als Einzelposten in der Solvabilitätsübersicht des beteiligten Unternehmens mit dem Stimmrechts- oder Kapitalanteil am Wert des verbundenen Unternehmens bewertet wird. Hierzu gehören Tochterunternehmen und Gemeinschaftsunternehmen, die nicht Versicherungsunternehmen (eines Mitglied- und Vertragsstaats oder Drittstaats), Versicherungsholding-Gesellschaft, gemischte Finanzholding-Gesellschaft, Nebendienstleistungsunternehmen oder Unternehmen anderer Finanzbranchen sind, sowie zum anderen sämtliche anderen verbundenen Unternehmen, also z. B. assoziierte Versicherungsunternehmen.

11 **2. Abzugs- und Aggregationsmethode (Abs. 2 Nr. 2).** In der Abzugs- und Aggregationsmethode werden gem. § 265 VAG die verhältnismäßigen Anteile des beteiligten Versicherungsunternehmens an den Eigenmitteln und der Solvabilitätskapitalanforderung der verbundenen Unternehmen zu seinen eigenen addiert. Abs. 2 Nr. 2 bestimmt, dass sich der „verhältnismäßige Anteil" nach dem unmittelbar oder mittelbar (über ein Tochterunternehmen) gehaltenen Anteil am gezeichneten Kapital des verbundenen Unternehmens bemisst. Entscheidend ist demnach **nicht der Anteil an den (umfassenderen) Eigenmitteln, sondern nur der am Eigenkapital**, das gem. § 89 VAG iVm Art. 69 Abs. 1 lit. a (i) Solva II-VO nur einen Teil der Eigenmittel ausmacht. Dies ist systematisch falsch, da zur Bestimmung des verhältnismäßigen Anteils nur das Eigenkapital berücksichtigt wird, in der Folge bei der Aggregation nach § 265 VAG dann aber sämtliche Eigenmittel. Unterschiede bestehen, wenn ein beteiligtes Unternehmen Anteile an weiteren Eigenmitteln (etwa Nachrangmittel) hält, die von seinem verhältnismäßigen Anteil am Eigenkapital abweichen. Weiterhin kann der Kapitalanteil vom Stimmanteil abweichen, der insoweit nicht maßgeblich sein soll, obwohl auch er ab einer Höhe von 20 % gem. § 7 Nr. 4 Hs. 2 VAG die Beteiligung begründet.

12 Abweichend von Abs. 2 Nr. 2 berechnet sich gem. Abs. 4 Nr. 2 der verhältnismäßige Anteil nicht nach dem Kapitalanteil, wenn nicht dieser gem. § 7 Nr. 4 Hs. 2 und 3 VAG die Beteiligung begründet, sondern der nach Auffassung der Gruppenaufsichtsbehörde ausgeübte maßgebliche Einfluss. In dem Fall legt die Gruppenaufsichtsbehörde den verhältnismäßigen Anteil nach Anhörung der anderen betroffenen Aufsichtsbehörden und „der Gruppe" (gemeint ist das der Gruppenaufsicht unterliegende Versicherungsunternehmen) fest. Im Fall einer **horizontalen Gruppe** legt die Gruppenaufsichtsbehörde gem. Abs. 4 Nr. 1 den verhältnismäßigen Anteil fest; er soll nach EIOPA-LL 9 Gruppensolvabilität grundsätzlich 100 % betragen.

13 **3. Ausnahmsweise vollständige Berücksichtigung (Abs. 3). a) Übersicht.** Gemäß Abs. 3 S. 1 ist eine **Solvabilitätslücke eines Tochterunternehmens** (nicht: sonstigen verbundenen Unternehmens) des Mutterunternehmens nicht verhältnismäßig nach dem Anteil, sondern **in voller Höhe zu berücksichtigen**. Dies bewirkt, dass das Mutterunternehmen eine über seine Anteilshöhe hinausgehende Verschlechterung der Gruppensolvabilität erfährt. Hierzu erlaubt Abs. 3 S. 2 wiederum die **Rückausnahme**, d. h. die nur anteilige Berücksichtigung der Solvabilitätslücke, wenn sich die Haftung des Mutterunternehmens nach Auffassung der betroffenen Aufsichtsbehörden ausschließlich auf den gehaltenen Kapitalanteil beschränkt.

14 **b) Anwendungsbereich.** Nach systematischer Auslegung gilt dies **nur für die Abzugs- und Aggregationsmethode** gem. § 265 VAG. Denn die Ausnahme gem. Abs. 3 S. 1, zu der Abs. 3 S. 2 die Rückausnahme darstellt, gilt ebenso nur für die Abzugs- und Aggregationsmethode. Für die Konsolidierungsmethode stellt die Ausnahme nach Abs. 3 S. 1 vielmehr aufgrund der Regelung des Art. 335 Abs. 1 lit. a Solva II-VO den Grundsatz dar. Zudem ist technisch unklar, wie im Fall der vollständigen Konsolidierung eine Solvabilitätslücke nur anteilig zu berücksichtigen sein sollte. Im

Ergebnis gilt in der Konsolidierungsmethode damit, dass sich das Mutterunternehmen eine Solvabilitätslücke vollständig anrechnen lassen muss, Überschusseigenmittel dagegen nur anteilig anrechnen darf.

c) Voraussetzungen der Rückausnahme (Abs. 3 S. 2). Die von den betroffenen Aufsichtsbehörden zu beurteilende **Haftung des Mutterunternehmens** ist nicht die (fehlende) des Aktionärs einer AG/SE, d. h. das alleinige Berufen auf die beschränkte Haftung des Aktionärs begründet nicht die Voraussetzungen der Rückausnahme. Da sämtliche Versicherungsunternehmen diese Rechtsform haben, kann dies nicht das entscheidende Kriterium sein. Vielmehr ist eine Haftung aus sonstigen Rechtsgründen oder tatsächlichen Umständen zu betrachten. Sie kann sich etwa aus Garantien des Mutterunternehmens oder aber einem zu erwartenden freiwilligen Einstehen ohne Rechtsgrund zum Schutz der Reputation ergeben. In dem Sinn sieht **EIOPA-LL 10 Gruppensolvabilität** folgende Ausschlusskriterien für die Anwendung der Rückausnahme vor: rechtliche Haftung, strategische Natur der Beteiligung[2] und Verlust von Vorteilen durch das Mutterunternehmen aufgrund von gruppeninternen Transaktionen. Dagegen kann eine schriftliche Vereinbarung, die die Begrenzung der Haftung regelt, entgegen der LL 10 mangels rechtlichen Bedarfs nicht zur Vorschrift gemacht werden. Falls die Rückausnahme gilt, soll sich der zu berücksichtigende Anteil nach dem Kapitalanteil richten. 15

III. Verhältnis zu anderen Regelungen. 1. Bankaufsichtsrecht. Gemäß Art. 18 Abs. 1 und 2 CRR erfolgt grundsätzlich eine Vollkonsolidierung von Tochterunternehmen; ausnahmsweise ist die anteilsmäßige Konsolidierung zulässig, wenn u. a. die Haftung des Mutterunternehmens begrenzt ist.[3] 16

2. Finanzkonglomerate-Aufsichtsrecht (§ 22 FKAG). Gemäß § 3 Abs. 1–3 FkSolV i. V. m. § 22 FKAG gilt genau wie nach § 253 Abs. 3 VAG, dass im Fall einer unzureichenden Solvabilität eines nachgeordneten Unternehmens diese in voller Höhe zu berücksichtigen ist, wenn nicht die Haftung des Mutterunternehmens beschränkt ist. 17

Ausschluss der Mehrfachberücksichtigung anrechnungsfähiger Eigenmittel

254 (1) [1] **Auf die Solvabilitätskapitalanforderung anrechnungsfähige Eigenmittel dürfen bei mehreren in die Berechnung der Gruppensolvabilität einbezogenen Versicherungsunternehmen nicht mehrfach berücksichtigt werden.** [2] **Bei der Berechnung der Gruppensolvabilität bleiben, sofern die in den §§ 261 bis 265 beschriebenen Methoden nicht etwas anderes vorsehen, die folgenden Beträge unberücksichtigt:**

1. der Wert aller Vermögenswerte des beteiligten Versicherungsunternehmens, mit denen Eigenmittel finanziert werden, die auf die Solvabilitätskapitalanforderung eines seiner verbundenen Versicherungsunternehmen angerechnet werden dürfen,

2. der Wert aller Vermögenswerte eines mit dem beteiligten Versicherungsunternehmen verbundenen Versicherungsunternehmens, mit denen Eigenmittel finanziert werden, die auf die Solvabilitätskapitalanforderung dieses beteiligten Versicherungsunternehmens angerechnet werden dürfen, und

3. der Wert aller Vermögenswerte eines mit dem beteiligten Versicherungsunternehmen verbundenen Versicherungsunternehmens, mit denen Eigenmittel finanziert werden, die auf die Solvabilitätskapitalanforderung eines anderen mit diesem beteiligten Versicherungsunternehmen verbundenen Versicherungsunternehmens angerechnet werden dürfen.

(2) **Folgende Bestandteile dürfen nur insoweit in die Berechnung einbezogen werden, als sie auf die Solvabilitätskapitalanforderung des betreffenden verbundenen Unternehmens angerechnet werden dürfen:**

1. Überschussfonds nach Artikel 91 Absatz 2 der Richtlinie 2009/138/EG eines verbundenen Lebensversicherungsunternehmens des beteiligten Versicherungsunternehmens, für das die Solvabilität auf Gruppenebene berechnet wird, und

2. nicht eingezahltes gezeichnetes Kapital eines verbundenen Versicherungsunternehmens des beteiligten Versicherungsunternehmens, für das die Solvabilität auf Gruppenebene berechnet wird.

(3) **Abweichend von Absatz 2 Nummer 2 sind die folgenden Bestandteile von der Berechnung auszunehmen:**

1. nicht eingezahltes gezeichnetes Kapital, das für das beteiligte Versicherungsunternehmen zu einer Verbindlichkeit werden kann,

---

[2] Dies bemisst sich nach Art. 171 Solva II-VO und muss im Einklang mit der Behandlung der Beteiligung in der Berechnung der Solvabilitätskapitalanforderung des Mutterunternehmens stehen. Anhaltspunkt hierfür kann auch die Nutzung des Markennamens des Mutterunternehmens sein, vgl. EIOPA-LL 10 Gruppensolvabilität.

[3] Vgl. Boos/Fischer/Schulte-Mattler/*Stawitzke* § 10a KWG Rn. 39.

2. nicht eingezahltes gezeichnetes Kapital des beteiligten Versicherungsunternehmens, das für ein verbundenes Versicherungsunternehmen zu einer Verbindlichkeit werden kann, und

3. nicht eingezahltes gezeichnetes Kapital eines verbundenen Versicherungsunternehmens, das für ein anderes mit demselben beteiligten Versicherungsunternehmen verbundenes Versicherungsunternehmen zu einer Verbindlichkeit werden kann.

(4) **Sind die betroffenen Aufsichtsbehörden der Auffassung, dass über die in den Absätzen 2 und 3 genannten Bestandteile hinaus bestimmte auf die Solvabilitätskapitalanforderung eines verbundenen Versicherungsunternehmens anrechnungsfähige Eigenmittel zur Einhaltung der Solvabilitätskapitalanforderung des beteiligten Versicherungsunternehmens, für das die Gruppensolvabilität berechnet wird, tatsächlich nicht bereitgestellt werden können, so dürfen diese nur insoweit in die Berechnung einbezogen werden, als sie zur Einhaltung der Solvabilitätskapitalanforderung des verbundenen Unternehmens angerechnet werden dürfen.**

(5) **Die Summe der Eigenmittel nach den Absätzen 2 bis 4 darf die Solvabilitätskapitalanforderung des verbundenen Versicherungsunternehmens nicht überschreiten.**

(6) **Wird die Gruppensolvabilität berechnet, sind die anrechnungsfähigen ergänzenden Eigenmittel eines verbundenen Versicherungsunternehmens des beteiligten Versicherungsunternehmens nur in die Berechnung einzubeziehen, wenn die zuständige Aufsichtsbehörde dieses verbundenen Versicherungsunternehmens diese Eigenmittel genehmigt hat.**

Übersicht

1 **I. Allgemeines. 1. Entstehungsgeschichte.** Die Vorschrift wurde gegenüber dem RegE 2012 lediglich in Abs. 4 dahingehend geändert, dass nicht nur die für das fragliche Versicherungsunternehmen zuständige, sondern die „betroffenen Aufsichtsbehörden" zuständig sind. Ihrem Abs. 1 entspricht nach altem Recht § 3 der früheren SolBerV, ihrem Abs. 2–5 § 5 Abs. 3 der früheren SolBerV.[1]

2 **2. Normzweck.** Die Vorschrift stellt eine zentrale Vorschrift für die Berechnung der Gruppensolvabilität dar. Zunächst regelt sie den **Ausschluss der Mehrfachberücksichtigung anrechnungsfähiger Eigenmittel** (Abs. 1 sowie Überschrift). Dieser stellt das Hauptanliegen der Gruppenaufsicht dar, die Bereinigung der Eigenmittel durch Verhinderung von „Double-Gearing". Dieses würde einer Gruppe erlauben, mit der einfachen Höhe an Eigenmitteln ein Doppeltes oder Mehrfaches an Versicherungsgeschäft zu betreiben.[2] Daneben regelt die Vorschrift in Abs. 2–6, inwieweit bestimmte

[1] Siehe dazu Prölss/*Kölschbach,* 12. Aufl., Nach § 104g VAG a. F. Rn. 19 ff.; Bähr/*Krämer* § 15 Rn. 62 ff.
[2] Vgl. Bähr/*Krämer* § 15 Rn. 6 f.

Eigenmittel eines verbundenen Unternehmens in die Berechnung der Gruppensolvabilität einbezogen werden dürfen.

3. Europarechtlicher Hintergrund. Die Vorschrift setzt **Art. 222 Solva II-RL** um. Sie wird durch **Art. 330 Solva II-VO** ergänzt und geändert sowie durch die EIOPA-LL 13–18 Gruppensolvabilität ausgelegt. 3

II. Anwendungsbereich. Die Vorschrift gilt für die **Konsolidierungs- und die Abzugs- und Aggregationsmethode**. Im Hinblick auf die Unternehmen, die die Gruppensolvabilität zu berechnen haben, gilt die Vorschrift unmittelbar für Versicherungsunternehmen nach § 245 Abs. 2 Nr. 1 VAG, die an der Spitze einer Gruppe stehen. Sie gilt aber auch nicht mittelbar gem. § 266 S. 1 VAG für Versicherungsunternehmen nach § 245 Abs. 2 Nr. 2 VAG, die Tochterunternehmen einer Versicherungsholding-Gesellschaft oder gemischten Finanzholding-Gesellschaft sind. Im Hinblick auf die Bereinigung der Eigenmittel (Abs. 1) ist dies nicht relevant, da die Bereinigung in der Konsolidierungsmethode nach Art. 335 Solva II-VO erreicht wird, der auch Versicherungs-Holdinggesellschaften und gemischte Finanzholding-Gesellschaften mit in die Konsolidierung einschließt. In der Abzugs- und Aggregationsmethode wird dies gem. §§ 265 f. VAG erreicht, indem die Holdinggesellschaft wie ein Versicherungsunternehmen behandelt wird. 4

Allerdings fehlt die ausdrückliche Regelung der mittelbaren Anwendung der Normen der Abs. 2–6. Dies ist als Redaktionsversehen zu werten, da die Interessenlagen im Fall einer von einer Holdinggesellschaft angeführten Versicherungsgruppe identisch ist. Auch hier darf die Gruppe nur solche Eigenmittel in der Berechnung der Gruppensolvabilität berücksichtigen, die entsprechend Abs. 4 tatsächlich bereitgestellt werden können. 5

Im Hinblick auf die Unternehmen, die in die Gruppenaufsicht einbezogen sind, gilt die Vorschrift nur in Bezug auf **verbundene Versicherungsunternehmen**. Allerdings erweitert Art. 330 Abs. 1 Solva II-VO den Anwendungsbereich des § 254 Abs. 2–5 VAG auf Versicherungsunternehmen eines Drittstaats sowie Versicherungsholding-Gesellschaften und gemischte Finanzholding-Gesellschaften. Weiterhin enthält Art. 330 Abs. 4 Solva II-VO zusätzliche Vorschriften in Bezug auf sämtliche Unternehmen (einschließlich Zweckgesellschaften), die nach Art. 335 Abs. 1 lit. a und b Solva II-VO vollkonsolidiert werden. 5

III. Ausschluss der Mehrfachberücksichtigung anrechnungsfähiger Eigenmittel (Abs. 1). 7
1. Ausschluss der Mehrfachberücksichtigung (Abs. 1). S. 1 statuiert das Ziel, die Mehrfachberücksichtigung anrechnungsfähiger Eigenmittel auszuschließen. S. 2 regelt die Umsetzung dieses Ziels. Der darin enthaltene Vorbehalt ist ohne Bedeutung, da die besonderen Vorschriften zu den Methoden keine abweichenden Regelungen enthalten. S. 2 wird durch Art. 335 Solva II-VO (Konsolidierungsmethode) und § 265 VAG (Abzugs- und Aggregationsmethode) umgesetzt. Die Nr. 1 regelt zunächst den Standardfall, in dem das beteiligte Versicherungsunternehmen Eigenmittel des verbundenen Versicherungsunternehmens finanziert. Danach hat der Wert aller Vermögensgegenstände des beteiligten Versicherungsunternehmens, mit denen Eigenmittel eines verbundenen Versicherungsunternehmens finanziert werden, unberücksichtigt zu bleiben. Dies wird dadurch erreicht, dass der Wert der betreffenden Vermögensgegenstände des beteiligten Unternehmens von seinen Eigenmitteln abgezogen wird. Der Abzug betrifft alle Vermögensgegenstände des beteiligten Versicherungsunternehmens, und nicht nur Beteiligungen, da sämtliche Arten von Eigenmitteln des verbundenen Versicherungsunternehmens gem. § 89 VAG erfasst sind, nicht nur Eigenkapital. Allerdings gilt dies nur für solche Eigenmittel des verbundenen Versicherungsunternehmens, die gem. § 94 VAG (bzw. Art. 98 Abs. 1 Solva II-RL) zur Bedeckung der Solvabilitätskapitalanforderung anrechnungsfähig sind. Eigenmittel des verbundenen Versicherungsunternehmens der verschiedenen Qualitätsklassen (Tiers), die über die in Art. 82 Solva II-VO geregelten Grenzen hinausgehen, braucht das beteiligte Versicherungsunternehmen nicht abzuziehen.

Die gleiche Regelung enthält Nr. 2 in Bezug auf Eigenmittel des beteiligten Versicherungsunternehmens, die das verbundene Versicherungsunternehmen finanziert hat, und Nr. 3 in Bezug auf Eigenmittel eines verbundenen Versicherungsunternehmens des beteiligten Versicherungsunternehmens, die das verbundene Versicherungsunternehmen bei einem anderen verbundenen Versicherungsunternehmen des beteiligten Versicherungsunternehmens finanziert hat. 8

2. Ansatzfähigkeit von ergänzenden Eigenmitteln (Abs. 3, 6). Der Frage der Mehrfachberücksichtigung von Eigenmitteln vorgelagert ist die Frage, welche Eigenmittel eines verbundenen Versicherungsunternehmens überhaupt anerkannt werden. Hier stellt Abs. 6 im Sinne der **Konsistenz zur Einzelaufsicht** klar, dass nur solche ergänzenden Eigenmittel einzubeziehen sind, die auch auf Einzelebene berücksichtigt werden. Dies gilt für ergänzende Eigenmittel der Qualitätsklassen 2 und 3, die nach § 90 VAG bzw. Art. 74, 78 und 79 Solva II-VO von der zuständigen Aufsichtsbehörde genehmigt werden müssen. 9

Abs. 3 stellt wiederum entsprechend Abs. 1 klar, dass solche ergänzenden Eigenmittel unabhängig von ihrer Genehmigung auf Einzelebene dann nicht zu berücksichtigen sind, wenn Schuldner der 10

Forderung ein Unternehmen der Gruppe ist. Die systematische Stellung des Abs. 3 ist unglücklich, da die Vorschrift nicht die Verfügbarkeit von Eigenmitteln betrifft, sondern deren gruppeninterne Finanzierung. Deswegen ist die Rechtsfolge nach Abs. 3 nicht die Nichtberücksichtigung von Überschusseigenmitteln, sondern die vollständige Nicht-Berücksichtigung des gesamten Eigenmittelbestandteils. Abs. 3 schließt damit die Lücke in Bezug auf außerbilanzielle Eigenmittelbestandteile, die Abs. 1 hinterlässt, der sich ausschließlich auf Eigenmittelbestandteile aus der Solvabilitätsübersicht bezieht. Die Regelung des Abs. 3 ist notwendig, da außerbilanzielle Posten nicht infolge der Konsolidierung bereinigt würden.

11 **IV. Eingeschränkte Berücksichtigung nicht verfügbarer Eigenmittel (Abs. 2, 4, 5). 1. Allgemeines. a) Sinn und Zweck der Vorschriften.** Sinn und Zweck der Vorschriften ist der **Ausweis einer zutreffenden Gruppensolvabilität**, insbesondere der entsprechenden Solvabilitätsquote. Der Ausweis von Überschuss-Eigenmitteln auf Gruppenebene bzw. der Ausweis einer Solvabilitätsquote von über 100% drückt aus, dass die Gruppe insgesamt genügend Eigenmittel zur Verfügung hat, um auftretende Solvabilitätslücken bzw. Unterdeckungen bei einzelnen Versicherungsunternehmen ausgleichen zu können. Dies wäre aber nicht zutreffend, wenn die Überschuss-Eigenmittel im jeweiligen Unternehmen verhaftet wären und nicht dem beteiligten Unternehmen bzw. der Gruppe bereit gestellt werden können (bzw. verfügbar sind), um dem notleidenden Versicherungsunternehmen zugeführt zu werden.

12 Zweifel bestehen insoweit an der Vorschrift, als dass es ihrem genannten Sinn und Zweck entspräche, dass die Gruppen-Solvabilitätsquote mindestens der niedrigsten Solvabilitätsquote eines Versicherungsunternehmens (eines Mitglied- und Vertragsstaats oder Drittstaats) der Gruppe entspräche, selbst wenn keine Eigenmittelbestandteile verfügbar wären. Eine solche Regelung ist aber nicht vorgesehen. Auch darüber hinaus bereitet ein tieferes Verständnis der *ratio legis* der Vorschrift, die **aus Solvency I übernommen** wurde,[3] insbesondere vor dem ökonomischen Hintergrund von Solvency II, Schwierigkeiten. Dadurch wird die Einschätzung erschwert, welche Eigenmittel, die nicht ausdrücklich in § 240 Abs. 2 VAG sowie Art. 330 Abs. 3 und 4 Solva II-VO aufgeführt sind, als nicht verfügbar anzusehen sind. Die fehlende Verfügbarkeit kann sich gem. EG 126 Solva II-VO aus fehlender **Fungibilität** im Innenverhältnis wegen einer Zweckbestimmung oder aus fehlender **Übertragbarkeit** auf ein anderes Unternehmen im Außenverhältnis ergeben.[4] Allerdings spricht Art. 80 Abs. 1 Solva II-VO von einer Übertragbarkeit innerhalb eines Unternehmens, was die Verständlichkeit weiter erschwert.

13 **b) Aufbau und Anwendung der Vorschriften.** Die Vorschriften des § 254 Abs. 2–5 VAG und Art. 330 Solva II-VO sind wie folgt aufgebaut:
- **Voraussetzungen für die Verfügbarkeit** von Eigenmittelbestandteilen: Art. 330 Abs. 1 und 2 Solva II-VO;
- Katalog von Eigenmittelbestandteilen, die **in keinem Fall** als **verfügbar** gelten: § 254 Abs. 2 VAG und Art. 330 Abs. 4 Solva II-VO;
- Katalog von Eigenmittelbestandteilen, die unter Umständen **im Ausnahmefall** als **verfügbar** gelten: Art. 330 Abs. 3 Solva II-VO;
- **Rechtsfolge der fehlenden Verfügbarkeit** von Eigenmittelbestandteilen: § 254 Abs. 4, 5 VAG und Art. 330 Abs. 5, 6 Solva II-VO.

In der **Aufsichtspraxis** dürfte es, zumindest bis mehr Rechtssicherheit und Interpretationsklarheit besteht, ausreichend sein, die Kataloge der (in der Regel) nicht verfügbaren Eigenmittelbestandteile zu beachten. Dieses Vorgehen steht auch im Einklang mit dem jährlichen quantitativen Meldebogen S. 23.04.04[5] gem. **Art. 30 lit. d DVO 2015/2450**, der abschließend die in § 254 Abs. 2 VAG und Art. 330 Abs. 3, 4 Solva II-VO aufgeführten Eigenmittelbestandteile auflistet,[6] und keinen Raum für weitere lässt.

14 **c) Zuständige Aufsichtsbehörden.** Nach Abs. 4 sowie Art. 330 Abs. 2, 3 Solva II-VO obliegt die Entscheidung über die Verfügbarkeit „den Aufsichtsbehörden" bzw. den „betroffenen Aufsichtsbehörden". Hierunter sind zum einen die Gruppenaufsichtsbehörde und zum anderen die Aufsichtsbehörde des Versicherungsunternehmens zu verstehen, in Bezug auf dessen Eigenmittelbestandteile die Verfügbarkeit geprüft wird. Näheres regelt **EIOPA-LL 17 Gruppensolvabilität**.

15 **2. Voraussetzungen für die Verfügbarkeit von Eigenmittelbestandteilen. Art. 330 Abs. 1 Solva II-VO** bestimmt die Kriterien, nach denen sich die Verfügbarkeit von Eigenmittelbestandteilen

[3] S. u. Rn. 15 ff.

[4] So auch die Begrifflichkeiten in Art. 359 lit. e (ii) Solva II-VO.

[5] S. 1058 ff.

[6] Minderheitsanteile; Überschussfonds; eingefordertes, aber nicht eingezahltes Kapital; ergänzende Eigenmittel; nachrangige Mitgliederkonten; Vorzugsaktien einschließlich darauf entfallendes Emissionsagio; nachrangige Verbindlichkeiten; und Betrag in Höhe des Werts der latenten Netto-Steueransprüche, der nicht auf Gruppenebene verfügbar ist.

bemisst.[7] Diese Kriterien sind auf Eigenmittelbestandteile anzuwenden, die gem. Art. 330 Abs. 3 Solva II-VO unter Umständen im Ausnahmefall als verfügbar gelten, sowie auf nicht in den Katalogen genannte Eigenmittelbestandteile. Demnach gelten Eigenmittelbestandteile als nicht verfügbar, die rechtlichen oder regulatorischen Anforderungen unterliegen:

- die die **Verlustabsorptionsfähigkeit** im Hinblick auf alle Verluste, die an unterschiedlichen Stellen in der Gruppe eintreten können, einschränken; oder
- die die **Übertragbarkeit** von Vermögenswerten auf ein anderes Versicherungsunternehmen dauerhaft beschränken oder zumindest innerhalb von neun Monaten verhindern.

Im Rahmen der Bewertung der Kriterien ist gem. Art. 330 Abs. 2 Solva II-VO Beschränkungen Rechnung zu tragen, die unter der Prämisse der Unternehmensfortführung bestünden. Weiterhin sollen die voraussichtlichen Kosten der Verfügbarmachung der Eigenmittelbestandteile berücksichtigt werden; dies ist so zu verstehen, dass die Eigenmittelbestandteile nur in Nettohöhe nach Kosten als verfügbar gelten.

Der erste oben genannte Punkt (Verlustabsorptionsfähigkeit) betrifft die Fungibilität, der zweite die Übertragbarkeit von Eigenmittelbestandteilen. Beispiel für ersteres wäre ein Nachrangdarlehen mit Zweckbindung, das das empfangende Versicherungsunternehmen gem. Abrede mit dem Gläubiger nur zur Deckung eigener Verluste verwenden darf. Mehr Probleme bereitet das zweite Kriterium. Es ist bereits **nicht ersichtlich, weshalb eine Übertragung von Eigenmittelbestandteilen erforderlich sein sollte**. In der Gruppe wäre es ausreichend, wenn das beteiligte Unternehmen eine Kapitalerhöhung vollzöge, die zu einer Erhöhung der Eigenmittel des verbundenen Versicherungsunternehmens führt. Dabei würden zwar Vermögensgegenstände übertragen (Bar- oder Sacheinlage), aber eben keine Eigenmittelbestandteile. Denn für das beteiligte Unternehmen läge ein bilanzneutraler Aktivtausch vor. Dieser Vorgang wäre im Hinblick auf die Gruppensolvabilität neutral, erhöhte aber die Eigenmittelbedeckung des (notleidenden) verbundenen Versicherungsunternehmens. Es ist nicht ersichtlich, weshalb darüber hinaus zur Sanierung des verbundenen Versicherungsunternehmens eine Übertragung der Eigenmittelbestandteile notwendig sein sollte. In der Folge kann aber auch die Übertragbarkeit kein maßgebliches Kriterium sein. 16

Offen ist, nach welchem Maßstab zu beurteilen ist, ob das „gebende" Unternehmen die Eigenmittel entbehren kann. Mindestens ist dies nach dem Maßstab von Solvency II zu beurteilen sein. Danach können nur Eigenmittel bereitgestellt werden, die Überschuss-Eigenmittel auf Einzelebene sind, d. h. Eigenmittel in solcher Höhe, die die (Einzel-) Solvabilitätskapitalanforderung übersteigen. Darüber hinaus ist aber offen, ob auch ein nicht-ökonomischer Maßstab, der Solvency II eigentlich fremd ist, wie etwa die Bilanzierung nach HGB zu berücksichtigen ist; demnach könnten Eigenmittel erst dann bereitgestellt werden, wenn ihre Höhe die der versicherungstechnischen Rückstellungen gem. §§ 341e ff. HGB übersteigt. Die gleiche Frage stellt sich im Blick auf Solvabilitätsvorschriften eines Drittstaats. Nach Art. 332 Abs. 2 lit. b Solva II-VO sind diese Solvabilitätsvorschriften als Mindestkapitalanforderung im Sinne von § 122 VAG anzusehen. Für eine Berücksichtigung jeglicher regulatorischer Beschränkungen sprechen neben dem Wortlaut des Art. 330 Abs. 1 lit. a Solva II-VO („die Eigenmittelbestandteile unterliegen rechtlichen oder regulatorischen Anforderungen") die Überlegung, dass solche Beschränkungen nun einmal faktisch die fehlende Verfügbarkeit begründen. Dagegen spricht aber der **ökonomische Ansatz von Solvency II,** der eben auch bei der Berücksichtigung von Risiken über einen rein rechtlichen Maßstab hinausgeht, und insbesondere auch bei der Berücksichtigung von Risiken über den Maßstab des Drittstaats hinausgeht. Insgesamt ergibt sich ein **unklares Bild von sowohl Sinn und Zweck als auch Tatbestandsvoraussetzungen des Konzepts der Verfügbarkeit**; letztendlich dürfte es in der Aufsichtspraxis beim Katalog der (regelmäßig) nicht verfügbaren Eigenmittelbestandteile verbleiben. 17

Schließlich erklärt Art. 330 Abs. 1 lit. d Solva II-VO auch solche Eigenmittelbestandteile für nicht verfügbar, die bei Anwendung der Abzugs- und Aggregationsmethode nicht den Anforderungen der Art. 71, 73 und 77 Solva II-VO (maßgebliche Merkmale für die Einstufung in Qualitätsklassen) genügen. Dieses Kriterium ist methodisch verfehlt. Mittel, die diese Merkmale nicht erfüllen, zählen nach Art. 332 Abs. 1 Solva II-VO ohnehin nicht als Eigenmittel; die Frage ihrer Verfügbarkeit stellt sich nicht. 18

3. Katalog von keinesfalls verfügbaren Eigenmittelbestandteilen (Abs. 2; Art. 330 Abs. 4 Solva II-VO). Die nachfolgenden Eigenmittelbestandteile gelten als keinesfalls verfügbar. 19

a) Überschussfonds (Abs. 2 Nr. 1). Überschussfonds sind in Deutschland der als Eigenmittelbestandteil gem. § 93 Abs. 1 VAG zählende Teil der **Rückstellung für Beitragsrückerstattung** bei der Lebensversicherung, der Krankenversicherung nach Art der Lebensversicherung sowie der Unfallversicherung mit Prämienrückgewähr. Grund ist die starke Zweckbindung dieser Mittel, die nur bis zur 20

[7] Die Vorschrift wurde durch die VO (EU) 2016/467 lediglich in sprachlicher Hinsicht verändert.

ihrer Zuteilung als Eigenmittel zählen, und danach Fremdmittel darstellen, auf die die Versicherungsnehmer Anspruch haben. Dies galt bereits gem. § 5 Abs. 3 Nr. 2 der früheren SolBerV unter Solvency I.

21 **b) Nicht eingezahltes gezeichnetes Kapital (Abs. 2 Nr. 2).** Nicht eingezahltes gezeichnetes Kapital gilt ebenfalls als nicht verfügbar, wie bereits gem. § 5 Abs. 3 Nr. 1 der früheren SolBerV. Dies gilt aber nur in Bezug auf solches Kapital, für das ein nicht der Gruppe angehöriges Unternehmen Gläubiger ist (sonst entfällt der Eigenmittelcharakter vollständig, Abs. 3). Grund scheint eine generelle Skepsis zu sein, dass ein Gläubiger zahlen wird, wenn die Eigenmittelbestandteile in der Gruppe verteilt würden.

22 **c) Minderheitsanteile (Art. 330 Abs. 4 lit. a, b Solva II-VO).** Minderheitsanteile an nach Art. 335 Abs. 1 lit. a, b Solva II-VO vollkonsolidierten Tochterunternehmen gelten als nicht verfügbar gem. Art. 330 Abs. 4 lit. a, b Solva II-VO.[8]

23 **d) Sonderverbände (Art. 330 Abs. 4 lit. c Solva II-VO).** Schließlich gelten Begrenzungen unterliegende Eigenmittelbestandteile aus Sonderverbänden gem. Art. 80 Solva II-VO als nicht verfügbar. **Sonderverbände sind Segmentierungen der versicherungstechnischen Rückstellungen für bestimmte Versicherungsnehmer** mit dezidierten Vermögensgegenständen, die innerhalb des Versicherungsunternehmens nicht fungibel sind, und bereits nicht vollständig auf die (Einzel-) Solvabilitätskapitalanforderung anrechenbar sind.

24 Nicht ausdrücklich nennt Art. 330 Solva II-VO in Ergänzung zu Sonderverbänden auch **Matching-Anpassungs-Portfolien** gem. §§ 80 ff. VAG und Art. 52 ff. Solva II-VO als nicht verfügbar. Dies ist als Redaktionsversehen zu werten; nach Sinn und Zweck gelten auch die diesbezüglichen Eigenmittelbestandteile als nicht verfügbar (so im Ergebnis auch EIOPA-LL 15 Gruppensolvabilität). Dies folgt daraus, dass beide Elemente auf Einzelebene gleichbehandelt werden (Art. 81 Solva II-VO) und kein Grund für eine abweichende Behandlung auf Gruppenebene besteht.

25 **4. Katalog von in der Regel nicht verfügbaren Eigenmittelbestandteilen (Art. 330 Abs. 3 Solva II-VO).** Gem. Art. 330 Abs. 3 UAbs. 1 Solva II-VO gelten ergänzende Eigenmittel (mit Ausnahme von nicht eingezahltem Kapital, vgl. Abs. 2 Nr. 2), Vorzugsaktien, nachrangige Mitgliederkonten von VVaG, nachrangige Verbindlichkeiten sowie ein Betrag in Höhe des Werts der latenten Netto-Steueransprüche (ggfs. nach Abzug des Betrags der verbundenen latenten Steuerschulden) als in der Regel nicht verfügbar. Allerdings kann das beteiligte Unternehmen nach UAbs. 2 gegenüber der Aufsichtsbehörde den Nachweis zu führen versuchen, dass die Annahme „in der spezifischen Situation der Gruppe nicht angemessen ist".[9] Wie bereits im Allgemeinen sind auch im Besonderen in Bezug auf den Katalog des Art. 330 Abs. 3 Solva II-VO Sinn und Zweck oder Motivation des Gesetzgebers unklar. Dementsprechend ist die **Führung des Nachweises schwierig**. Insbesondere im Hinblick auf **nachrangige Verbindlichkeiten** ist die angebliche fehlende Verfügbarkeit nicht zu erklären.

26 **5. Rechtsfolge der eingeschränkten Berücksichtigung (Abs. 4, 5; Art. 330 Abs. 5, 6 Solva II-VO).** Die Rechtsfolge der eingeschränkten Berücksichtigung nicht-verfügbarer Eigenmittelbestandteile gem. Abs. 4, 5 sowie Art. 330 Abs. 5, 6 Solva II-VO unterscheidet sich je nach Art der Berechnungsmethode der Gruppensolvabilität.

27 **a) Abzugs- und Aggregationsmethode (Abs. 4, 5).** In der Abzugs- und Aggregationsmethode werden die betroffenen Eigenmittel nur insoweit in der Berechnung der Gruppensolvabilität berücksichtigt, als dass sie in der Summe die (Einzel-) Solvabilitätskapitalanforderung des verbundenen Versicherungsunternehmens bedecken. Sie können damit **keine Überschuss-Eigenmittel der Gruppe** darstellen. **Beispiel**: das verbundene Lebens-Versicherungsunternehmen hat auf Einzelebene Eigenmittel i. H. v. 2 Mrd. EUR, eine Solvabilitätskapitalanforderung i. H. v. 1 Mrd. EUR und eine Solvabilitätsquote von 200 %. Wenn der eigenmittelfähige Anteil der Rückstellung für Beitragsrückerstattung 600 Mio. EUR beträgt, bringt das Versicherungsunternehmen lediglich Eigenmittel i. H. v. 1,6 Mrd. EUR und Überschuss-Eigenmittel i. H. v. 600 Mio. EUR in die Berechnung der Gruppensolvabilität ein. Falls mehrere Eigenmittelbestandteile nicht verfügbar sind, werden sie anteilig gekürzt.

28 **b) Konsolidierungsmethode (Art. 330 Abs. 5, 6 Solva II-VO).** Die oben dargestellte Rechtsfolge wird durch Art. 330 Abs. 5, 6 Solva II-VO für die Konsolidierungsmethode dahingehend verschärft, dass die Berücksichtigung der nicht verfügbaren Eigenmittelbestandteile **nur bis zur Grenze des Beitrags des verbundenen Unternehmens zur Gruppensolvabilitätskapitalanforderung** erfolgt. Dies berücksichtigt, dass aufgrund der Diversifikationseffekte der Beitrag zur Gruppensolvabilitätskapitalanforderung niedriger als die (Einzel-) Solvabilitätskapitalanforderung ist. Dieser Beitrag entspricht nach Art. 330 Abs. 6 Solva II-VO dem Produkt aus (Einzel-) Solvabilitätskapitalanforderung und dem Verhältnis (Quotient) von konsolidierter Gruppensolvabilitätskapitalanforderung gem. § 261 VAG

[8] Vgl. § 253 VAG Rn. 6 f.
[9] Vgl. hierzu BaFin-Mindestanforderungen an das Governance-System (MaGo), Rundschreiben 2/2017, Rn. 228 f.

zur Summe der (Einzel-) Solvabilitätskapitalanforderungen aller in die Konsolidierungsmethode einbezogenen Unternehmen.

Das genannte Verhältnis gibt zwar nicht genau die Diversifikation wieder, da die verglichenen Größen auf unterschiedlicher Bemessungsgrundlage und Methodik basieren. Denn zum einen enthält die Summe der (Einzel-) Solvabilitätskapitalanforderungen (der Nenner des Quotienten) nur die Werte von Versicherungsunternehmen (aus Mitglieds- oder Vertragsstaaten), die konsolidierte Gruppensolvabilitätskapitalanforderung (der Zähler) dagegen auch die Solvabilitätskapitalanforderung von Versicherungsunternehmen aus Drittstaaten, Versicherungsholding-Gesellschaften, gemischten Finanzholding-Gesellschaften und Nebendienstleistungsunternehmen. Zum anderen unterscheidet sich bei Versicherungsunternehmen (aus Mitglieds- oder Vertragsstaaten) die Methodik zur Berechnung der (Einzel-) Solvabilitätskapitalanforderung von der zur Berechnung der Gruppensolvabilitätskapitalanforderung.[10] Allerdings stellt diese Berechnung eine **verfahrensmäßige Vereinfachung** dar. 29

Falls bei Verwendung eines internen Modells dieses die genaue Zuweisung der auf Gruppenebene entstehenden Diversifikationseffekte zu einem Einzel-Unternehmen erlaubt, ist statt des pauschalen Beitrags zur Diversifikation nach Art. 330 Abs. 6 lit. b Solva II-VO der genaue Beitrag zu nehmen. 30

V. Verhältnis zu anderen Regelungen. 1. Gruppeninterne Kapitalschöpfung (§ 255 VAG). § 255 VAG ergänzt § 254 Abs. 1 VAG in Bezug auf die Verhinderung der Mehrfachberücksichtigung von Eigenmittelbestandteilen. 31

2. Bankaufsichtsrecht (§ 10a KWG). § 10a Abs. 4 S. 2 KWG regelt die Verhinderung der Mehrfachberücksichtigung von Eigenmittelbestandteilen durch Buchwertabzug.[11] 32

3. Finanzkonglomerate-Aufsichtsrecht (§ 22 FKAG). Gemäß § 3 Abs. 4 FkSolV i. V. m. § 22 FKAG ist Ziel der Berechnung der Finanzkonglomerate-Solvabilität ebenfalls die Verhinderung der Mehrfachberücksichtigung von Eigenmittelbestandteilen. Weiterhin begrenzt Art. 4 der delegierten VO (EU) 342/2014 die Anrechenbarkeit von nicht für die Gruppe verfügbaren Eigenmittelbestandteilen. 33

Ausschluss der gruppeninternen Kapitalschöpfung

255 (1) **Bei der Berechnung der Gruppensolvabilität bleiben anrechnungsfähige Eigenmittel unberücksichtigt, die aus einer Gegenfinanzierung stammen zwischen dem beteiligten Versicherungsunternehmen und**
1. einem verbundenen Unternehmen,
2. einem beteiligten Unternehmen oder
3. einem anderen verbundenen Unternehmen eines seiner beteiligten Unternehmen.

(2) **Darüber hinaus bleiben bei der Berechnung der Gruppensolvabilität die Eigenmittel unberücksichtigt, die für die Solvabilitätskapitalanforderung eines verbundenen Versicherungsunternehmens des beteiligten Versicherungsunternehmens herangezogen werden können, wenn diese Eigenmittel aus einer Gegenfinanzierung mit einem anderen verbundenen Unternehmen dieses beteiligten Versicherungsunternehmens stammen.**

(3) **Eine Gegenfinanzierung liegt insbesondere vor, wenn ein Versicherungsunternehmen oder eines seiner verbundenen Unternehmen Anteile an einem anderen Unternehmen hält oder einem anderen Unternehmen Darlehen gewährt, das seinerseits direkt oder indirekt Eigenmittel hält, die auf die Solvabilitätskapitalanforderung des Versicherungsunternehmens oder eines seiner verbundenen Unternehmen angerechnet werden können.**

I. Allgemeines. 1. Entstehungsgeschichte. Die Vorschrift ist identisch mit der des RegE 2012 und entspricht § 4 der früheren SolBerV.[1] 1

2. Normzweck. Ihr Sinn und Zweck besteht darin, wie nach **§ 254 Abs. 1 VAG** sicherzustellen, dass Eigenmittel in der Gruppe nur einmal auf die Solvabilitätskapitalanforderung eines Versicherungsunternehmens angerechnet werden. Darüber hinaus werden sie nicht berücksichtigt. 2

3. Europarechtlicher Hintergrund. Die Vorschrift setzt **Art. 223 Solva II-RL** um. Sie wird durch **Art. 342 Solva II-VO** (Bester Schätzwert in der Abzugs- und Aggregationsmethode) ergänzt und geändert. 3

II. Anwendungsbereich (Abs. 1 und 2). Die Vorschrift gilt für **beide Methoden**. Ihr praktischer Anwendungsbereich beschränkt sich nicht auf die Abzugs- und Aggregationsmethode, da ihre Vorgaben in der Konsolidierungsmethode nicht in jedem Fall bereits durch die Konsolidierungstechnik umgesetzt werden. Denn die Vorschrift erfasst auch Finanzierungstransaktionen im Dreiecksverhältnis mit Unter- 4

[10] Vgl. § 250 VAG Rn 25 ff.
[11] Vgl. Boos/Fischer/Schulte-Mattler/*Stawitzke* § 10a KWG Rn. 50 ff.
[1] Vgl. Prölss/*Kölschbach,* 12. Aufl., Nach § 104g VAG Rn. 20.

nehmen außerhalb der Gruppe, die nicht in die Konsolidierung einbezogen sind. Da der von § 254 Abs. 1 VAG erfasste Ausschluss der Mehrfachberücksichtigung von Eigenmitteln ebenfalls den Ausschluss einer gruppeninternen Kapitalschöpfung darstellt, beschränkt sich der Anwendungsbereich der Vorschrift auf die **Fälle, die von § 254 Abs. 1 VAG nicht erfasst sind**. Dies sind insbesondere solche, in denen die Gegenpartei des Gegenfinanzierungsgeschäfts kein Versicherungsunternehmen ist.

5 **1. Parteien gem. Abs. 1 Nr. 1.** Im ersten Fall sind Parteien des Gegenfinanzierungsgeschäfts das beteiligte Versicherungsunternehmen und ein verbundenes Unternehmen. Die Vorschrift bezieht sich auf Gegenfinanzierungsgeschäfte mit verbundenen Unternehmen, die nicht Versicherungsunternehmen sind.

6 **2. Parteien gem. Abs. 1 Nr. 2.** Im zweiten Fall sind Parteien des Gegenfinanzierungsgeschäfts das beteiligte Versicherungsunternehmen und ein an ihm beteiligtes Unternehmen. Diese Konstellation betrifft eine Gruppe, die der Gruppenaufsicht sowohl nach § 245 Abs. 2 Nr. 1 VAG als auch nach § 245 Abs. 2 Nr. 2 – 4 VAG unterliegt. Beim beteiligten Unternehmen kann es sich gem. § 245 Abs. 2 Nr. 2 – 4 VAG lediglich um eine Versicherungs-Holdinggesellschaft, gemischte Finanzholding-Gesellschaft (eines Mitglied- und Vertragsstaats oder Drittstaats) oder eine gemischte Versicherungs-Holdinggesellschaft handeln, die Mutterunternehmen ist.

7 **3. Parteien gem. Abs. 1 Nr. 3.** Im dritten Fall sind Parteien des Gegenfinanzierungsgeschäfts das beteiligte Versicherungsunternehmen und ein anderes verbundenes Unternehmen des an ihm beteiligten Unternehmens. Diese Konstellation betrifft dieselbe wie in Nr. 2, allerdings ist Gegenpartei nicht das dort genannte Mutterunternehmen, sondern ein mit ihm verbundenes Unternehmen. Dies kann ein Schwesterunternehmen des beteiligten Versicherungsunternehmens sein, braucht es aber nicht; im letzteren Fall ist die Nicht-Berücksichtigung der Eigenmittel eine sehr weitgehende Rechtsfolge. **Beispiel**: Versicherungs-Holdinggesellschaft A ist Mutterunternehmen des Versicherungsunternehmens B, und hält eine Beteiligung von 20 % der Anteile und Stimmrechte am Unternehmen C. C wiederum hat B Nachrangkapital nach § 89 Abs. 3 Nr. 2 VAG gestellt. In der Folge müssen die Eigenmittel von B in Form des von C gestellten Nachrangkapitals unberücksichtigt bleiben, obwohl B und C nicht derselben Versicherungsgruppe angehören.

8 **4. Parteien gem. Abs. 2.** Im Fall des Abs. 2 sind Parteien des Gegenfinanzierungsgeschäfts ein verbundenes Versicherungsunternehmen des beteiligten Versicherungsunternehmens und ein anderes verbundenes Unternehmen dieses beteiligten Versicherungsunternehmens. **Beispiel**: das beteiligte Versicherungsunternehmen A hält eine Beteiligung an der Versicherungs-Holdinggesellschaft B, die dem mit A verbundenen Versicherungsunternehmen C Nachrangkapital nach § 89 Abs. 3 Nr. 2 VAG gestellt hat.

9 **III. Gegenfinanzierung (Abs. 3).** Abs. 3 enthält **keine Legaldefinition** der Gegenfinanzierung, sondern lediglich ein Beispiel („insbesondere"). Generell liegt eine Gegenfinanzierung vor, wenn ein Unternehmen der Gruppe direkt oder indirekt, auch über ein Unternehmen außerhalb der Gruppe, einem Versicherungsunternehmen der Gruppe mittels eines Rechtsgeschäfts Mittel zur Verfügung stellt, die auf dessen Solvabilitätskapitalanforderung anrechenbar sind. Abs. 3 stellt klar, dass auch solche mittelbaren Geschäfte erfasst sind, in denen „in der Transaktionskette" Fremdmittel („Darlehen") statt Eigenmittel gewährt werden. **Beispiel**: Versicherungs-Holdinggesellschaft A gewährt seinem verbundenen Unternehmen B ein Darlehen, mit dem B Eigenmittel des Versicherungsunternehmens C, das Tochterunternehmen von A ist, finanziert.

10 **IV. Verhältnis zu anderen Regelungen. 1. Mehrfachberücksichtigung von Eigenmittelbestandteilen (§ 254 VAG).** § 255 VAG ergänzt § 254 Abs. 1 VAG in Bezug auf die Verhinderung der Mehrfachberücksichtigung von Eigenmittelbestandteilen.[2]

11 **2. Bankaufsichtsrecht (§ 10a KWG).** § 10a Abs. 4 S. 2 KWG regelt die Verhinderung der Mehrfachberücksichtigung von Eigenmittelbestandteilen durch Buchwertabzug.[3]

12 **3. Finanzkonglomerate-Aufsichtsrecht (§ 22 FKAG).** § 3 Abs. 5 FkSolV i. V. m. § 22 FKAG verhindert gleichermaßen die konglomeratsinterne Kapitalschöpfung.

Verbundene Versicherungsunternehmen

256 (1) **Hat das Versicherungsunternehmen mehr als ein verbundenes Versicherungsunternehmen, umfasst die Berechnung der Gruppensolvabilität sämtliche verbundene Versicherungsunternehmen.**

[2] S. o. Rn. 4.
[3] Vgl. Boos/Fischer/Schulte-Mattler/*Stawitzke* § 10a KWG Rn. 50 ff.

(2) **Bei der Berechnung der Gruppensolvabilität werden für ein verbundenes Versicherungsunternehmen, das seinen Sitz in einem anderen Mitglied- oder Vertragsstaat hat als das Versicherungsunternehmen, für das die Gruppensolvabilität berechnet wird, die Solvabilitätskapitalanforderung dieses anderen Mitglied- oder Vertragsstaats und die dort anrechnungsfähigen Eigenmittel berücksichtigt.**

I. Allgemeines. 1. Entstehungsgeschichte. Die Vorschrift ist identisch mit der des RegE 2012; ihr Abs. 2 entspricht § 7 Abs. 1 der früheren SolvBerV.[1] 1

2. Normzweck. Sie bestimmt in Abs. 1 den **Kreis der bei der Berechnung einzubeziehenden verbundenen Versicherungsunternehmen**; dies ist vor dem Hintergrund zu sehen, dass nach §§ 247 f. VAG die Gruppenaufsicht nur auf Ebene des obersten Mutterunternehmens auf Ebene der Mitglied- oder Vertragsstaaten oder auf nationaler Ebene stattfindet. Demgegenüber fand nach altem Recht die Berechnung der bereinigten Solvabilität gem. §§ 5 Abs. 4 und 6 Abs. 1 der früheren SolBerV grundsätzlich auf der Ebene jedes beteiligten Versicherungsunternehmens statt. In Abs. 2 stellt sie klar, dass in Bezug auf ausländische Versicherungsunternehmen die **Solvabilitätsvorschriften des anderen Staats** zu beachten sind. 2

3. Europarechtlicher Hintergrund. Die Vorschrift setzt **Art. 225 Solva II-RL** und die in dessen Abs. 2 gewährte **Mitgliedsstaaten-Option** um. 3

II. Tiefe der Berechnung (Abs. 1). Abs. 1 stellt klar, dass das beteiligte Versicherungsunternehmen sämtliche verbundenen Versicherungsunternehmen in der Berechnung der Gruppensolvabilität zu berücksichtigen hat. Allerdings gilt auch insoweit **§ 246 Abs. 2 VAG**: nicht in die Gruppenaufsicht einbezogene Versicherungsunternehmen sind auch nicht in der Berechnung der Gruppensolvabilität zu berücksichtigen. Dies gilt auch für die Teil-Gruppenaufsicht nach **§ 248 VAG**.[2] 4

III. Anerkennung der Solvabilität eines anderen Mitglieds- oder Vertragsstaats (Abs. 2). Die Vorschrift regelt, dass die BaFin als Gruppenaufsichtsbehörde in der Berechnung der Gruppensolvabilität auf ein verbundenes Versicherungsunternehmen eines anderen Mitglied- oder Vertragsstaats entfallende konkrete Solvabilitätskapitalanforderung und Eigenmittel nicht in Frage stellen darf. Im Hinblick auf die **Solvabilitätskapitalanforderung** ist die Anerkennung nur von Bedeutung für die **Abzugs- und Aggregationsmethode**. In der Konsolidierungsmethode wird ohnehin die konsolidierte Gruppensolvabilitätskapitalanforderung vom der Gruppenaufsicht unterliegenden Versicherungsunternehmen neu berechnet, ohne auf die (Einzel-) Solvabilitätskapitalanforderung zurückzugreifen. Im Hinblick auf die **Eigenmittel** ist die Vorschrift von Bedeutung für **beide Methoden**, da sie bewirkt, dass die Gruppenaufsichtsbehörde die Anerkennung und Zuordnung von Eigenmitteln in die Qualitätsklassen durch die Aufsichtsbehörde anerkennt, insbesondere wenn es sich um lokale Besonderheiten handelt. Insbesondere relevant ist dies im Hinblick auf **Überschussfonds** nach Art. 91 Abs. 2 Solva II-VO (entspricht § 93 Abs. 1 VAG), deren Anerkennung dem Mitgliedstaatenwahlrecht unterliegt, sowie auf ergänzende Eigenmittel, die gem. Art. 90 Abs. 1 Solva II-RL (entspricht § 90 Abs. 1 VAG) von der Einzel-Aufsichtsbehörde genehmigt wurden. 5

IV. Verhältnis zu anderen Regelungen. 1. Bankaufsichtsrecht. Art. 18 Abs. 1 CRR sieht ebenso wie § 256 VAG vor, dass sämtliche verbundenen Unternehmen zu berücksichtigen sind. 6

2. Finanzkonglomerate-Aufsichtsrecht (§ 18 FKAG). Auch nach § 18 Abs. 1 S. 1 FKAG sind sämtliche nachgeordneten beaufsichtigten Unternehmen in die Berechnung der Finanzkonglomerat-Solvabilität einzubeziehen. 7

Zwischengeschaltete Versicherungs-Holdinggesellschaften

257 (1) [1]**Hält ein Versicherungsunternehmen über eine Versicherungs-Holdinggesellschaft oder eine gemischte Finanzholding-Gesellschaft eine Beteiligung an einem verbundenen Versicherungsunternehmen oder einem Versicherungsunternehmen eines Drittstaats, wird die Versicherungs-Holdinggesellschaft oder gemischte Finanzholding-Gesellschaft in die Berechnung der Gruppensolvabilität einbezogen.** [2]**Ausschließlich für diese Berechnung wird die zwischengeschaltete Versicherungs-Holdinggesellschaft oder zwischengeschaltete gemischte Finanzholding-Gesellschaft wie ein Versicherungsunternehmen behandelt, für das in Bezug auf die Solvabilitätskapitalanforderung die §§ 96 bis 121 und in Bezug auf die anrechnungsfähigen Eigenmittel die §§ 89 bis 95 gelten.**

(2) [1]**Nachrangige Verbindlichkeiten und andere nach § 94 nur begrenzt anrechnungsfähige Eigenmittel einer zwischengeschalteten Versicherungs-Holdinggesellschaft oder einer zwi-**

[1] Siehe dazu Prölss/*Kölschbach*, 12. Aufl., Nach § 104g VAG a. F. Rn. 30 f.
[2] Vgl. § 248 VAG Rn. 13 f.

schengeschalteten gemischten Finanzholding-Gesellschaft werden nur bis zu der Höhe als anrechnungsfähige Eigenmittel anerkannt, bis zu der sie die auf Gruppenebene geltenden Begrenzungen nicht überschreiten. [2] **In die Berechnung der Gruppensolvabilität dürfen anrechnungsfähige ergänzende Eigenmittel einer zwischengeschalteten Versicherungs-Holdinggesellschaft oder zwischengeschalteten gemischten Finanzholding-Gesellschaft nur einbezogen werden, wenn sie zuvor von der Gruppenaufsichtsbehörde genehmigt worden sind.**

1 **I. Allgemeines. 1. Entstehungsgeschichte.** Die Vorschrift wurde gegenüber dem RegE 2012 (außer in der Überschrift) so geändert, dass sie neben zwischengeschalteten Versicherungs-Holdinggesellschaften **auch gemischte Finanzholding-Gesellschaften erfasst**. Sie wurde gegenüber § 5 Abs. 5 der früheren SolBerV insofern erweitert, als dass die Solvabilitätskapitalanforderung einer Holdinggesellschaft nicht mehr nur Null beträgt. Hierdurch wurde nach früherem Recht nur erreicht, dass ihre etwaige Verschuldung in der Berechnung der bereinigten Solvabilität berücksichtigt wurde.[1] Nunmehr werden auch die Risiken einer Holdinggesellschaft berücksichtigt.

2 **2. Normzweck.** Ihr Abs. 1 statuiert die **Berücksichtigung der zwischengeschalteten Holdinggesellschaften** in der Berechnung der Gruppensolvabilität ebenso wie § 266 S. 2 VAG für die Holdinggesellschaften, die oberstes Mutterunternehmen sind; Abs. 2 regelt die Qualifikation von Eigenmitteln sowie deren Anrechnungsfähigkeit gem. den Regelungen der Einzelaufsicht.

3 **3. Europarechtlicher Hintergrund.** Die Vorschrift setzt **Art. 226 Solva II-RL** um. Sie wird durch **Art. 333 Solva II-VO** ergänzt und geändert; diese Vorschrift gilt über den Anwendungsbereich des § 257 VAG hinaus auch für Nebendienstleistungsunternehmen. Weiterhin gilt die DVO 2015/499 (Verfahren zur aufsichtlichen Genehmigung der Verwendung ergänzender Eigenmittelbestandteile), die durch die EIOPA-LL zu ergänzenden Eigenmitteln ausgelegt wird.[2]

4 **II. Anwendungsbereich.** Die Vorschrift gilt für die Berechnung der Gruppensolvabilität von Versicherungsunternehmen, die der Gruppenaufsicht gemäß § 245 Abs. 2 Nr. 1 VAG unterliegen, und gem. **§ 266 S. 1 VAG** entsprechend auch für die von Versicherungsunternehmen, die gem. § 245 Abs. 2 Nr. 2 und 3 VAG als Tochterunternehmen einer Versicherungs-Holdinggesellschaft oder gemischten Finanzholding-Gesellschaft (eines Mitglied- und Vertragsstaats oder Drittstaats) der Gruppenaufsicht unterliegen. Die Vorschrift betrifft die Berechnung in Bezug auf Versicherungs-Holdinggesellschaften und gemischte Finanzholding-Gesellschaften, die nicht oberstes Mutterunternehmen nach §§ 247 f. VAG sind.

5 Die Vorschrift gilt für **beide Methoden**. In Bezug auf die Abzugs- und Aggregationsmethode ergänzt sie § 265 Abs. 2 und 3 VAG, wonach die aggregierten anrechnungsfähigen Eigenmittel sowie die Solvabilitätskapitalanforderung der Gruppe nur aus den jeweiligen Werten der Versicherungsunternehmen (aus Mitglied- oder Vertragsstaaten sowie Drittstaaten) bestehen. In Bezug auf die Konsolidierungsmethode wird dies detaillierter von **Art. 335 Solva II-VO** geregelt.

6 **III. Einbeziehung in die Gruppensolvabilität.** Eine zwischengeschaltete Versicherungs-Holdinggesellschaft und gemischte Finanzholding-Gesellschaft ist nach der Vorschrift in die Berechnung der Gruppensolvabilität einbezogen; dazu wird sie insoweit wie ein Versicherungsunternehmen behandelt. Anderenfalls würde in der Berechnung der Gruppensolvabilität auf der Ebene des beteiligten Versicherungsunternehmens lediglich das verbundene Versicherungsunternehmen, dessen beteiligtes Unternehmen die Holdinggesellschaft ist, berücksichtigt. Risiken und Eigenmittel der zwischengeschalteten Versicherungs-Holdinggesellschaft, die die ihrer verbundenen Versicherungsunternehmen übersteigen, blieben unberücksichtigt.

7 **1. Solvabilitätskapitalanforderung (Abs. 1 S. 2).** Für die Versicherungs-Holdinggesellschaft oder gemischte Finanzholding-Gesellschaft ist eine **fiktive Solvabilitätskapitalanforderung** entsprechend §§ 96 bis 121 VAG zu rechnen. In der **Konsolidierungsmethode** wird dies dadurch erreicht, dass sie nach Art. 335 Abs. 1 lit. a und c Solva II-VO als Tochterunternehmen vollständig und als Gemeinschaftsunternehmen anteilig konsolidiert wird. Ihre Vermögenswerte und Verbindlichkeiten werden in der Folge in der Gruppen-Solvabilitätsübersicht aufgenommen und der Berechnung der Gruppensolvabilitätskapitalanforderung zugeführt. Sonstige verbundene Versicherungs-Holdinggesellschaften und gemischte Finanzholding-Gesellschaften werden nach Art. 335 Abs. 1 lit. d Solva II-VO mittels der angepassten Equity Methode berücksichtigt.

8 In der **Abzugs- und Aggregationsmethode** ist für die Versicherungs-Holdinggesellschaft oder Gemischte Finanzholding-Gesellschaft eine eigene Solvabilitätsübersicht zu erstellen. Zwar verweist Abs. 1 S. 2 nicht auf die §§ 74 ff. VAG; ohne die Solvabilitätsübersicht aber ist eine Bestimmung der Eigenmittel und der Solvabilitätskapitalanforderung wie in der Konsolidierungsmethode nicht möglich. Der Verweis des Abs. 1 S. 2 umfasst § 107 VAG; demnach ist auch eine Kapitalanforderung für das

[1] Vgl. Bähr/*Krämer* § 15 Rn. 65 f.
[2] EIOPA-BoS-14/167.

operationelle Risiko zu berechnen. Dagegen verweist Abs. 1 S. 2 nicht auf die §§ 122 f. VAG; eine Mindestkapitalanforderung braucht in Bezug auf die Versicherungs-Holdinggesellschaft oder gemischte Finanzholding-Gesellschaft nicht berechnet zu werden.

2. Eigenmittel (Abs. 1 S. 2, Abs. 2). Für die Einordnung der Eigenmittel verweist Abs. 2 S. 2 auf **§§ 89 bis 95 VAG**. Die Vorschriften gelten entsprechend nach der Maßgabe des Abs. 2 sowie der Maßgabe bzw. den Ergänzungen und Änderungen des **Art. 333 Solva II-VO**. 9

a) Klassifizierung der Eigenmittel. Die Eigenmittel der Versicherungs-Holdinggesellschaft oder gemischten Finanzholding-Gesellschaft werden nur dann in der Berechnung der Gruppensolvabilität berücksichtigt, wenn sie gem. Art. 333 Abs. 1 Solva II-VO die Voraussetzungen der für Eigenmittel von Versicherungsunternehmen geltenden §§ 89 bis 95 VAG in der Ausgestaltung durch Art. 69 ff. Solva II-VO erfüllen. Diese gelten nach **Art. 333 Abs. 2 Solva II-VO** mit folgender Maßgabe: 10

- Die Kriterien der Art. 71, 73 und 77 Solva II-VO für die drei Qualitätsklassen, die sich auf die **Solvabilitätskapitalanforderung** des Versicherungsunternehmens beziehen (jeweils das **Aussetzen der Rückzahlung**, zusätzlich in Klasse 1 die **Streichung** und in Klasse 2 das **Verschieben von Ausschüttungen**, sowie in Klasse 1 die **Verlusttragung**), gelten für die Holdinggesellschaft im Hinblick auf die Gruppen-Solvabilitätskapitalanforderung.
- Die Kriterien der Art. 71, 73 und 77 Solva II-VO für die drei Qualitätsklassen, die sich auf die **Mindestkapitalanforderung** des Versicherungsunternehmens beziehen (in Klasse 1 die **Verlusttragung**, in Klasse 2 die **Streichung** und in Klasse 3 das **Verschieben von Ausschüttungen**), gelten für die Holdinggesellschaft in Bezug auf den Mindestbetrag der Gruppensolvabilitätskapitalanforderung gem. § 261 Abs. 3 VAG sowie die Insolvenz der Holdinggesellschaft.
- Die Eigenmittel müssen nach Art. 71 Abs. 1 lit. o, 73 Abs. 1 lit. i sowie 74 lit. f und h Solva II-VO bzw. Art. 333 Abs. 1 lit. b Solva II-VO **frei von Belastungen** sein.

b) Genehmigung ergänzender Eigenmittel (Abs. 2 S. 2). Gemäß Abs. 2 S. 2 können ergänzende Eigenmittel einer Versicherungs-Holdinggesellschaft oder gemischten Finanzholding-Gesellschaft nur berücksichtigt werden, wenn sie die Gruppenaufsichtsbehörde genehmigt hat.[3] Für die BaFin als Gruppenaufsichtsbehörde gilt § 90 VAG analog. Abweichend davon ist aber stets die Gruppenaufsichtsbehörde zuständig, unabhängig vom Sitz der Holdinggesellschaft. Für das Antragsverfahren gilt die DVO 2015/499. 11

c) Anrechnungsfähigkeit der Eigenmittel (Abs. 2 S. 1). Abs. 2 S. 1 regelt die Anrechnungsfähigkeit der Eigenmittel der Versicherungs-Holdinggesellschaft oder gemischten Finanzholding-Gesellschaft. Danach gelten die Begrenzungen des § 94 VAG iVm Art. 82 Solva II-VO entsprechend, aber in Bezug auf die Gruppensolvabilitätskapitalanforderung. Dies ist sachgerechter als die Bemessung nach der (deutlich niedrigeren, fiktiven) Solvabilitätskapitalanforderung der Holdinggesellschaft selbst, da diese gem. ihrer Funktion regelmäßig Eigenmittel für die Gruppe, und nicht für sich selbst aufnimmt. Danach sind zunächst die anrechnungsfähigen Eigenmittel der Gruppe mit Ausnahme der Versicherungs-Holdinggesellschaft oder gemischten Finanzholding-Gesellschaft zu bestimmen. Die Anrechnungsfähigkeit der Eigenmittel der Holdinggesellschaften hängt dann von der Höhe von Solvabilitätskapitalanforderung und Eigenmittelbestandteilen der übrigen Gruppe ab. 12

IV. Verhältnis zu anderen Regelungen. 1. Mehrfachberücksichtigung von Eigenmittelbestandteilen (§ 254 VAG). § 257 VAG stellt eine Ausnahme gegenüber § 247 Abs. 1 VAG dar, wonach die Gruppenaufsicht nur auf der Ebene der obersten Holdinggesellschaft der Gruppe stattfindet. Demnach bräuchten zwischengeschaltete Holdinggesellschaften nicht in der Berechnung der Gruppensolvabilität berücksichtigt zu werden. 13

2. Bankaufsichtsrecht. In die bankaufsichtsrechtliche Konsolidierung sind nach Art. 12, 18 Abs. 1 CRR (gemischte) Finanzholding-Gesellschaften nicht einzubeziehen, auch nicht zwischengeschaltete.[4] 14

3. Finanzkonglomerate-Aufsichtsrecht (§ 18 FKAG). Auch nach § 18 Abs. 1 S. 1 FKAG sind sämtliche Holdinggesellschaften des Finanzkonglomerats, auch zwischengeschaltete, in die Berechnung der Finanzkonglomerat-Solvabilität einzubeziehen. Dies umfasst (gemischte) Finanzholding-Gesellschaften und Versicherungs-Holdinggesellschaften. 15

Verbundene Versicherungsunternehmen eines Drittstaats

258 (1) [1]**Ist ein Versicherungsunternehmen beteiligtes Unternehmen eines Versicherungsunternehmens eines Drittstaats und wird die Gruppensolvabilität nach der Abzugs- und Aggregationsmethode berechnet, ist das Versicherungsunternehmen des Dritt-**

[3] Für die Genehmigung berechnet die BaFin eine Gebühr i. H. v. 2.100 bis 10.320 EUR (Ziffer 6.10.3 des Anhangs zu FinDAGKostV).

[4] Vgl. Boos/Fischer/Schulte-Mattler/*Stawitzke* § 10a KWG Rn. 12 f.

staats für diese Berechnung wie ein verbundenes Versicherungsunternehmen zu behandeln. [2]Unterliegt das Versicherungsunternehmen des Drittstaats in seinem Sitzland der Zulassungspflicht und Solvabilitätsvorschriften, die denen in Titel I Kapitel VI der Richtlinie 2009/138/EG festgelegten zumindest gleichwertig sind, so wird die Berechnung der Solvabilitätskapitalanforderung und der anrechnungsfähigen Eigenmittel nach den Vorschriften dieses Drittstaats vorgenommen.

(2) **[1]Jedes beteiligte Unternehmen kann eine Gleichwertigkeitsprüfung nach Absatz 1 Satz 2 beantragen. [2]Die Gruppenaufsichtsbehörde entscheidet über die Gleichwertigkeit nach Anhörung der anderen betroffenen Aufsichtsbehörden und Beteiligung der Europäischen Aufsichtsbehörde für das Versicherungswesen und die betriebliche Altersversorgung. [3]Die Entscheidung wird anhand der durch die Kommission in delegierten Rechtsakten nach Artikel 227 Absatz 3 der Richtlinie 2009/138/EG festgelegten Kriterien getroffen. [4]Die Gruppenaufsichtsbehörde ist an eine zuvor gegenüber einem Drittstaat getroffene Entscheidung gebunden. [5]Dies gilt nicht, wenn eine erneute Prüfung erforderlich ist, weil sich das in Titel I Kapitel VI der Richtlinie 2009/138/EG beschriebene Aufsichtssystem oder das Aufsichtssystem des Drittstaats wesentlich geändert hat. [6]Sind die anderen betroffenen Aufsichtsbehörden mit der von der Gruppenaufsichtsbehörde getroffenen Entscheidung nicht einverstanden, können sie gemäß Artikel 19 der Verordnung (EU) Nr. 1094/2010 innerhalb von drei Monaten nach Mitteilung der Entscheidung durch die Gruppenaufsichtsbehörde die Europäische Aufsichtsbehörde für das Versicherungswesen und die betriebliche Altersversorgung mit der Angelegenheit befassen und um Unterstützung bitten.**

(3) **[1]Ein delegierter Rechtsakt der Europäischen Kommission gemäß Artikel 227 Absatz 4 der Richtlinie 2009/138/EG darüber, ob die Solvabilitätsvorschriften eines Drittstaats gleichwertig sind oder nicht, ist für die Gruppenaufsichtsbehörde verbindlich und schließt eine Prüfung nach Absatz 2 aus. [2]Das Gleiche gilt, wenn und solange ein delegierter Rechtsakt der Europäischen Kommission gemäß Artikel 227 Absatz 5 der Richtlinie 2009/138/EG über die vorläufige Gleichwertigkeit vorliegt.**

1 **I. Allgemeines. 1. Entstehungsgeschichte.** Die Vorschrift wurde gegenüber dem RegE 2012 in Abs. 2 dahin gehend geändert, dass die BaFin als Gruppenaufsichtsbehörde ihre Entscheidung nach den Kriterien der Kommission sowie im Einklang mit den früheren Entscheidungen anderer Gruppenaufsichtsbehörden zu treffen hat. Der Regelung des Abs. 1 entspricht § 7 Abs. 2 der früheren SolBerV.

2 **2. Normzweck.** Die Vorschrift statuiert den Grundsatz, dass der Beitrag eines Versicherungsunternehmens eines Drittstaats zur **Gruppensolvabilität grds. nach dem VAG und nur ausnahmsweise nach den Regeln des Drittstaats** zu berechnen ist. Voraussetzung für die Ausnahme ist, dass die Regeln des Drittstaats als gleichwertig anerkannt werden.

3 **3. Europarechtlicher Hintergrund.** Die Vorschrift setzt **Art. 227 Solva II-RL** um. Sie wird durch **Art. 332, 379 Solva II-VO** sowie die delegierten Beschlüsse (EU) 2015/1602, 2015/2290, 2016/309 und 2016/310 ergänzt und geändert. Weiterhin wird sie durch die EIOPA-LL Bewertung der Gleichwertigkeit[1] und die Meinung der EIOPA in Bezug auf die Berechnung der Gruppensolvabilität im Kontext von Gleichwertigkeit[2] ausgelegt.

4 **II. Anwendungsbereich.** Die Vorschrift gilt für die Berechnung der Gruppensolvabilität nach der **Abzugs- und Aggregationsmethode (§ 265 VAG)** von Versicherungsunternehmen, die der Gruppenaufsicht gemäß § 245 Abs. 2 Nr. 1 VAG unterliegen, und gem. **§ 266 S. 1 VAG** entsprechend auch für die von Versicherungsunternehmen, die gem. § 245 Abs. 2 Nr. 2 und 3 VAG als Tochterunternehmen einer Versicherungs-Holdinggesellschaft oder gemischten Finanzholding-Gesellschaft (eines Mitglied- und Vertragsstaats oder Drittstaats) der Gruppenaufsicht unterliegen.

5 **III. Regel: Berücksichtigung von Versicherungsunternehmen eines Drittstaats wie von Versicherungsunternehmen (Abs. 1 S. 1).** Abs. 1 S. 1 statuiert die **Regel**, dass ein verbundenes Versicherungsunternehmen eines Drittstaats grds. wie ein Versicherungsunternehmen (eines Mitglied- und Vertragsstaats) zu behandeln ist, d. h. **entsprechend §§ 89 ff. VAG**, als ob ein Versicherungsunternehmen eines Drittstaats seinen Sitz in der EU hätte. Diese Regel ist von großer Tragweite für Gruppen mit starker Präsenz in Drittstaaten. Sie führt mittelbar zum **Export der EU-Vorschriften in Drittstaaten**, da die dortigen Versicherungsunternehmen für die Zwecke der Gruppenaufsicht ihre Solvabilität nach den EU-Bestimmungen zu berechnen haben. Neben dem Aufwand führt dies zu einem kapitalmäßigen Nachteil gegenüber Wettbewerbern, deren Mutterunternehmen nicht in der EU den Bestimmungen von Solvency II unterliegt, da Solvency II in der Regel höhere Kapitalanforderungen stellt. Allerdings wird dies dadurch abgemildert, dass die Gruppe, d. h. das oberste beteiligte Unternehmen, nach § 250

[1] EIOPA-BoS-14/178.
[2] EIOPA-BoS-15/201.

Abs. 2 VAG nur insgesamt über genügend Eigenmittel in Höhe der Gruppen-Solvabilitätskapitalanforderung verfügen muss. Mangels Einzelaufsicht entsprechend §§ 89 ff. VAG besteht aber keine Pflicht, dass auch das einzelne Versicherungsunternehmen eines Drittstaats über genügend Eigenmittel in Höhe der (Einzel-) Solvabilitätskapitalanforderung verfügen muss; daher kann die Gruppe Überschuss-Eigenmittel, die ein Defizit in einem Versicherungsunternehmen eines Drittstaats ausgleichen, in anderen Unternehmen, etwa Versicherungsunternehmen (eines Mitglied- und Vertragsstaats), vorhalten. Sinn und Zweck dieses Exports der EU-Vorschriften in Drittstaaten ist die Überlegung, dass aufgrund von **Ansteckungsgefahren innerhalb einer Versicherungsgruppe** sämtliche Risiken der Gruppe unabhängig vom betreffenden Land nach den ökonomischen Vorschriften von Solvency II zu berücksichtigen seien.

Der Wortlaut des Abs. 1 S. 1 ist insoweit irreführend, als dass die Regel der Behandlung eines Versicherungsunternehmen eines Drittstaats entsprechend einem Versicherungsunternehmen (eines Mitglied- und Vertragsstaats) nur für die Abzugs- und Aggregationsmethode gelte. Allerdings ist diese Regel nicht im Gegensatz zur Konsolidierungsmethode zu verstehen, sondern als Gegensatz zur Ausnahme des Abs. 1 S. 2, der nur für die Abzugs- und Aggregationsmethode gilt. Wenn die Gruppensolvabilität in Bezug auf ein Versicherungsunternehmen eines Drittstaats mit der Konsolidierungsmethode berechnet wird, ist das Unternehmen ebenfalls wie nach Abs. 1 S. 1 wie ein Versicherungsunternehmen (eines Mitglied- und Vertragsstaats) zu berücksichtigen. Dies folgt aus den Grundsätzen der Konsolidierung sowie aus Art. 335 Abs. 1, 336 Solva II-VO. 6

IV. Ausnahme: Berücksichtigung von Versicherungsunternehmen eines Drittstaats nach dortigen Solvabilitäts- und Aufsichtssystemen (Abs. 1 S. 2). 1. Allgemeines. a) Voraussetzung und Vorteil der Berechnung nach Abs. 1 S. 2. Zunächst ist zu beachten, dass die Entscheidung über die **Gleichwertigkeit (oder Äquivalenz)** nur **notwendige, aber nicht hinreichende, Bedingung** für die Berechnung nach Abs. 1 S. 2 ist. **Weitere Bedingung** ist die Entscheidung der Gruppenaufsichtsbehörde nach § 252 Abs. 2 VAG, dass die Gruppe in Bezug auf ein Versicherungsunternehmen eines Drittstaats die **Abzugs- und Aggregationsmethode** verwenden darf.[3] Der ökonomische Vorteil der Anwendung des Abs. 1 S. 2 besteht für Gruppen zunächst in der Ersparnis des Aufwands für die Berechnung der Solvabilität für ein Versicherungsunternehmen eines Drittstaats, einschließlich der Erstellung der Solvabilitätsübersicht. Von besonderem Interesse ist aber die Kapitalersparnis, falls die Anwendung des Solvabilitäts- und Aufsichtssystems eines Drittstaats zu einer niedrigeren Gruppensolvabilitätskapitalanforderung in Bezug auf das fragliche Unternehmen führt. Diesen Vorteilen steht der Nachteil gegenüber, dass aufgrund der Anwendung der Abzugs- und Aggregationsmethode keine Diversifikationseffekte in Bezug auf das Versicherungsunternehmen eines Drittstaats in der Gruppen-Solvabilitätskapitalanforderung berücksichtigt werden. 7

b) Kriterien für die Entscheidung über die Gleichwertigkeit. Bevor die BaFin als Gruppenaufsichtsbehörde nach Abs. 2 S. 2 über die Gleichwertigkeit entscheidet, hat sie vorrangig die folgenden (positiven oder negativen) Entscheidungen zu berücksichtigen: die **dauerhafte Entscheidung über die Gleichwertigkeit durch die Kommission** (Abs. 3 S. 1), die **vorläufige Entscheidung über die Gleichwertigkeit durch die Kommission** (Abs. 3 S. 2) und die **Entscheidung einer anderen Gruppenaufsichtsbehörde** (Abs. 2 S. 4). 8

Die **Kriterien für die Gleichwertigkeit** hat die Kommission ausführlich in Art. 379 Solva II-VO festgelegt. Im Wesentlichen muss das System des Drittstaats folgende Prinzipien von Solvency II aufweisen: 9

- **wirtschaftliche Bewertung aller Vermögenswerte und Verbindlichkeiten**, einschließlich von versicherungstechnischen Rückstellungen für sämtliche Versicherungs- und Rückversicherungsverpflichtungen;
- **risikobasierte Kapitalanforderungen** zur Erfassung quantifizierbarer Risiken; signifikante, nicht quantifizierbare Risiken, die nicht durch die Kapitalanforderungen abgedeckt werden können, werden durch andere Aufsichtsmechanismen erfasst;
- Unternehmen halten Kapital in einer bestimmten Mindesthöhe, bei deren Unterschreitung unmittelbar die höchste Stufe aufsichtsbehördlicher Maßnahmen ausgelöst wird, und die Unternehmen erfüllen die Kapitalanforderungen mit Eigenmitteln ausreichender Qualität, die den Ausgleich signifikanter Verluste sowohl im Falle der Fortführung der Geschäftstätigkeit des Unternehmens als auch im Falle einer Liquidation ermöglichen;
- zur Deckung der versicherungstechnischen Rückstellungen gehaltene Vermögenswerte werden im besten Interesse aller Versicherungsnehmer und Anspruchsberechtigten angelegt, und die betreffenden Risiken werden angemessen ermittelt, gemessen, überwacht, gemanagt, gesteuert und gemeldet;
- Verschwiegenheit der Aufsichtsbehörde des Drittstaats.

---

[3] Vgl. § 252 VAG Rn. 11 ff.

10 **c) Auswirkungen auf Geschäftsorganisation und Berichtspflichten.** Die Berechnung nach Abs. 1 S. 2 hat über die Säule 1 hinaus mangels gesetzlicher Regelung keine Auswirkungen. Insbesondere bleibt es bei der Pflicht des obersten beteiligten Unternehmens (§§ 247 f. VAG), eine Geschäftsorganisation (**Governance-System**) auch in Bezug auf das Versicherungsunternehmen eines Drittstaats einzurichten und zu überwachen, § 275 VAG. Daraus folgt, dass in qualitativer Hinsicht doch eine gruppeneigene **Risiko- und Solvabilitätsbeurteilung** (§§ 27, 275 Abs. 1 VAG) nach den Grundsätzen von Solvency II zu erfolgen hat.[4] Gleichermaßen gelten die Berichtspflichten der Säule 3 gem. §§ 277 Abs. 2 und 3, 281 Abs. 2 S. 1 VAG.

11 **2. Dauerhafte Entscheidung über die Gleichwertigkeit durch die Kommission (Abs. 3 S. 1).** Die Kommission hat die Solvabilitäts- und Aufsichtssysteme der **Schweiz** sowie von **Bermuda** als gleichwertig erachtet.[5] Die Entscheidung gilt dauerhaft bis zu einer neuen Entscheidung der Kommission.

12 **3. Vorläufige Entscheidung über die Gleichwertigkeit durch die Kommission (Abs. 3 S. 2).** Die Kommission hat die Solvabilitäts- und Aufsichtssysteme in **Australien, Brasilien, Kanada, Mexiko und den Vereinigten Staaten sowie Japan** als vorläufig gleichwertig erachtet. Die vorläufige Gleichwertigkeit wird für einen Zeitraum von zehn Jahren ab dem 1.1.2016 anerkannt.[6] Im Hinblick auf die Vereinigten Staaten ist zu beachten, dass nach Einschätzung der EIOPA der Solvabilitätskapitalanforderung das Produkt aus drei und dem „**Authorized Control Level Risk-Based Capital**" entspricht. Im Hinblick auf Brasilien ist zu beachten, dass nach Einschätzung der EIOPA der Solvabilitätskapitalanforderung das höhere von „**Fixed Base Capital**" oder Risikokapital entspricht.[7]

4. Entscheidung über die Gleichwertigkeit durch die Gruppenaufsichtsbehörde (Abs. 2).
13 Eine Gruppenaufsichtsbehörde kann selbst über die Gleichwertigkeit entscheiden, soweit nicht die Kommission über die dauerhafte oder vorläufige Gleichwertigkeit entschieden hat (Abs. 3). Die Entscheidung ergeht auf Antrag des beteiligten Unternehmens oder aus eigener Initiative (Abs. 1 S. 1). Dabei hat die BaFin als Gruppenaufsichtsbehörde eine bereits ergangene Entscheidung einer anderen Gruppenaufsichtsbehörde als verbindlich zu beachten, wenn nicht aufgrund geänderter Tatsachen eine neue Entscheidung notwendig ist (Abs. 2 S. 4, 5). Bei ihrer eigenen Entscheidung hat sich die BaFin als Gruppenaufsichtsbehörde mit den anderen betroffenen Aufsichtsbehörden sowie EIOPA ins Benehmen zu setzen (Abs. 1 S. 2). Dies sind die übrigen Aufsichtsbehörden des Aufsichtskollegiums (§ 283 VAG).

14 Die Einbindung der anderen Aufsichtsbehörden stellt den Konsens sicher, der auch angesichts der Verbindlichkeit der Entscheidung über die konkrete Gruppe hinaus notwendig ist. Im Fall von Dissens kann eine dissertierende Aufsichtsbehörde die **Beilegung von Meinungsverschiedenheiten durch EIOPA** mittels eines verbindlichen Beschlusses nach **Art. 19 Abs. 3 EIOPA-VO** verlangen. Allerdings kann dieser Streitschlichtungsmechanismus in manchen Fällen ins Leere laufen. Denn der Kreis der bei einer konkreten Entscheidung einzubeziehenden Aufsichtsbehörden kann enger sein als der Kreis der an die Entscheidung gebundenen Aufsichtsbehörden. Erstere sind nur die in Bezug auf eine konkrete Versicherungsgruppe betroffenen, letztere sind alle Aufsichtsbehörden. Angesichts dessen ist es unbedingt notwendig, dass die stets einzubeziehende EIOPA für die gleichmäßige Beachtung der Kriterien nach Art. 379 Solva II-VO achtet. Detaillierte Regelungen für das Abstimmungsverfahren zwischen den Aufsichtsbehörden enthält der technische Anhang I der EIOPA-LL Bewertung der Gleichwertigkeit.

15 **V. Verhältnis zu anderen Regelungen. 1. Berücksichtigung von Banken aus Drittstaaten (§ 259 VAG).** In Bezug auf verbundene Kreditinstitute, Wertpapierfirmen und Finanzinstitute eines Drittstaats ordnet § 259 VAG stets deren Berücksichtigung in der Gruppensolvabilität nach den Regeln der Richtlinie 2002/87/EG an. Diese wendet stets die Vorschriften der EU an und kennt nicht das Konzept der Gleichwertigkeit.

16 **2. Finanzkonglomerate-Aufsichtsrecht (§ 18 FKAG).** § 18 FKAG verlangt, dass die Finanzkonglomerate-Solvabilität in Bezug auf beaufsichtigte Unternehmen aus der Banken- und Wertpapierbranche in jedem Fall nach den Vorschriften der EU (Richtlinie 2002/87/EG Annex 1) berechnet werden.

Verbundene Kreditinstitute, Wertpapierfirmen und Finanzinstitute

259 (1) [1]**Bei der Berechnung der Gruppensolvabilität eines Versicherungsunternehmens, das an einem Kreditinstitut, einem Wertpapierhandelsunternehmen oder einem Finanzinstitut beteiligt ist, können die beteiligten Versicherungsunternehmen die in Anhang**

[4] Vgl. EIOPA-LL 20 ORSA, wonach Risiken eines Versicherungsunternehmens eines Drittstaats im Rahmen von § 27 stets wie solche eines Versicherungsunternehmens aus einem Mitglied- und Vertragsstaat zu behandeln sind.
[5] Delegierter Beschluss (EU) 2015/1602 (Schweiz) sowie Delegierter Beschluss (EU) 2016/309 (Bermudas).
[6] Delegierter Beschluss (EU) 2016/310 (Japan) sowie Delegierter Beschluss (EU) 2015/2290, der durch den Delegierten Beschluss (EU) 2016/309 geändert wurde (Bermudas gilt als dauerhaft gleichwertig).
[7] EIOPA-BoS-15/201.

I der Richtlinie 2002/87/EG festgelegte Methode 1 oder 2 entsprechend anwenden. [2]Die Konsolidierungsmethode darf nur angewendet werden, wenn das integrierte Management und die interne Kontrolle in Bezug auf die in den Konsolidierungskreis einbezogenen Unternehmen nach Auffassung der Gruppenaufsichtsbehörde angemessen sind. [3]Die gewählte Methode ist auf Dauer einheitlich anzuwenden.

(2) [1]**Die Aufsichtsbehörde kann anordnen, dass eine in Absatz 1 genannte Beteiligung von den Eigenmitteln, die auf die Gruppensolvabilität des beteiligten Unternehmens angerechnet werden können, abgezogen wird, wenn sie Gruppenaufsichtsbehörde ist. [2]Das beteiligte Unternehmen kann dies beantragen.**

Übersicht

Schrifttum: *Dreher,* Die versicherungsaufsichtsrechtliche Beurteilung strategischer Beteiligungen im Sinne der Basissolvenzkapitalanforderungen nach Solvency II, WM 2016, S. 1317 ff. (Teil I) und 1369 ff. (Teil II).

I. Allgemeines. 1. Entstehungsgeschichte. Die Vorschrift wurde gegenüber dem RegE 2012 nur sprachlich verändert. Sie unterscheidet sich deutlich von § 53c Abs. 3d VAG a. F. und § 5 Abs. 6 der früheren SolBerV, wonach die Berücksichtigung der Risiken aus Beteiligungen an Unternehmen der Banken- und Wertpapierbranche alleine durch einen Buchwertabzug erfolgte, wenn nicht eine Finanzkonglomerate-Solvabilität berechnet wurde; in dem Fall erfolgte gar keine Berücksichtigung in der Rechnung der bereinigten Solvabilität auf Ebene der Versicherungsgruppe. 1

2. Normzweck. Die Vorschrift regelt **drei mögliche Arten für die Behandlung von Beteiligungen an Unternehmen der Banken- und Wertpapierbranche**. Sie enthält in Abs. 1 S. 2 eine Voraussetzung für die Anwendung der Konsolidierungsmethode. Im Hinblick auf die Bestimmung der bei der Berechnung der Gruppensolvabilität zu berücksichtigenden Beteiligungen hat die Vorschrift keine Bedeutung. Die Bestimmung erfolgt vielmehr durch **Art. 335 Abs. 1 lit. e, 336 lit. c Solva II-VO** für die Konsolidierungsmethode und im Übrigen durch den **Anhang I der Richtlinie 2002/87/EG**. Bedeutung hat die Vorschrift insoweit lediglich für die Bestimmung der Arten von Unternehmen, in Bezug auf die der Beteiligungsbuchwertabzug nach Abs. 2 in Frage kommt. 2

3. Europarechtlicher Hintergrund. Die Vorschrift setzt **Art. 222 Solva II-RL** um. Sie wird durch **Art. 335 Abs. 1 lit. e, 336 Solva II-VO sowie Art. 8 der delegierten Verordnung (EU) 342/2014** ergänzt und geändert sowie durch die EIOPA-LL 11 Gruppensolvabilität ausgelegt. 3

II. Anwendungsbereich. 1. Betroffene Versicherungsgruppen. Die Vorschrift gilt für die Berechnung der Gruppensolvabilität von Versicherungsunternehmen, die der Gruppenaufsicht gemäß § 245 Abs. 2 Nr. 1 VAG unterliegen, und gem. **§ 266 S. 1 VAG** entsprechend auch für die von Versicherungsunternehmen, die gem. § 245 Abs. 2 Nr. 2 und 3 VAG als Tochterunternehmen einer Versicherungs-Holdinggesellschaft oder gemischten Finanzholding-Gesellschaft der Gruppenaufsicht unterliegen. Die Vorschrift gilt für **beide Methoden** gem. § 252 VAG. 4

5 **2. Betroffene Beteiligungen.** Die **Bestimmung der Unternehmen**, die bei der Berechnung der Gruppensolvabilität zu berücksichtigen sind, **bereitet Schwierigkeiten**. Grund dafür sind fehlende Definitionen im VAG, überholte Verweise in der Solva II-RL sowie unterschiedliche Bedeutungen der Begriffe im Europarecht und im deutschen Recht.[1] Die Schwierigkeiten beginnen damit, dass der Gesetzeswortlaut des Abs. 1 S. 1 („Wertpapierhandelsunternehmen") von dem der Überschrift („Wertpapierfirmen") abweicht. Die Auslegung im Einklang mit Europarecht (Art. 92 Abs. 2 lit. a, 228 Solva II-RL) ergibt, dass sich § 259 VAG auf Beteiligungen an Kreditinstituten, Finanzinstituten und Wertpapierfirmen bezieht. Eine Definition der Begriffe fehlt im VAG. Gem. Art. 92 Abs. 2 lit. a Solva II-RL[2] handelt es sich um **CRR-Kreditinstitute, Finanzinstitute und Wertpapierfirmen** (Art. 4 Abs. 1 Nr. 1, 2 und 26 der Verordnung 575/2013 sowie Art. 4 Abs. 1 Nr. 1 der RL 2004/39/EG.[3] Diesen Begriffen des Europarechts entsprechen folgende Begriffe nach deutschem Recht: der Begriff des CRR-Kreditinstituts ist enger gefasst als der des Kreditinstituts nach § 1 Abs. 1 KWG, er erfasst nur das Einlagen- und das Kreditgeschäft. Der Begriff des Finanzinstituts entspricht dem des Finanzunternehmens gem. § 1 Abs. 3 KWG. Der Begriff der Wertpapierfirma entspricht dem des Wertpapierhandelsunternehmens gem. § 1 Abs. 3d S. 3 KWG, d. h. das Unternehmen ist ein Unterfall der Kredit- und Finanzdienstleistungsinstitute nach § 1 Abs. 1 und 2 KWG.

6 Im Gegensatz zu Anhang I der Richtlinie 2002/87/EG bzw. §§ 5 ff. FkSolV lässt Abs. 1 S. 1 damit folgende Unternehmen aus: Finanzunternehmen, Anbieter von Nebendienstleistungen, E-Geld-Institute, Zahlungsinstitute, Kapitalverwaltungsgesellschaften. Eine sachliche Begründung hierfür ist nicht ersichtlich. Vor dem Hintergrund ist **EIOPA-LL 11 Gruppensolvabilität** zu sehen, wonach Versicherungsgruppen statt der Einzel-Solvabilitätswerte für Unternehmen der Banken- oder Wertpapierbranche die **sektorale Gruppensolvabilität** verwenden dürfen. Dies bedeutet zwar eine verfahrensmäßige Vereinfachung, kann allerdings zu einer Erhöhung der Solvabilitätskapitalanforderung führen, da die sektoralen Vorschriften mehr Arten von Unternehmen berücksichtigen.

7 **III. Konsolidierungsmethode. 1. Allgemeines.** Abs. 1 S. 2 verweist auf die Methode 1 des Anhang I der Richtlinie 2002/87/EG (Berechnung auf der Grundlage des konsolidierten Abschlusses) bzw. § 5 FkSolV. Allerdings wird diese Verweisung durch die **Art. 335 Abs. 1 lit. e, 336 lit. c Solva II-VO** verdrängt, die die Konsolidierungsmethode gem. § 261 VAG detaillieren. Die so ausgestaltete Konsolidierungsmethode gem. § 261 VAG ist nicht identisch mit der Methode 1 gem. § 5 FkSolV. Grund dafür ist, dass die Solvabilitätsübersicht gem. §§ 74 ff. VAG von IFRS abweichende Bewertungsvorschriften enthält. Eine wirkliche Konsolidierung der Vermögenswerte und Verbindlichkeiten von Unternehmen der Versicherungs- und der Banken- oder Wertpapierbranche in eine Bilanz ist damit nicht mehr möglich. Stattdessen stellt **die „für das VAG modifizierte" Konsolidierungsmethode** insoweit in der Sache eine Abzugs- und Aggregationsmethode dar. Jedoch stellen **Art. 8 der delegierten VO (EU) 342/2014 sowie Art. 68 Abs. 3 Solva II-VO**[4] klar, dass die modifizierte Konsolidierungsmethode gem. § 261 VAG und die Methode 1 des Anhang I der Richtlinie 2002/87/EG grundsätzlich gleichwertig ist;[5] damit ersetzt die Methode gem. § 261 VAG die gem. § 5 FkSolV. Allerdings ist die Anwendung der modifizierten Konsolidierungsmethode an zwei Voraussetzungen geknüpft.

8 **2. Voraussetzung.** Die beiden Voraussetzungen ergeben sich aus § 259 Abs. 1 S. 2 VAG sowie aus Art. 8 der delegierten VO (EU) 342/2014.

9 **a) Integriertes Management und interne Kontrolle.** Nach Abs. 1 S. 2 müssen das „integrierte Management und die interne Kontrolle in Bezug auf die in den Konsolidierungskreis einbezogenen Unternehmen nach Auffassung der Gruppenaufsichtsbehörde angemessen" sein. Der **Bewertungsmaßstab** ist aus dem systematischen Zusammenhang des Abs. 1 S. 2 mit den Vorschriften der §§ 275 Abs. 1, 301 Abs. 1 Nr. 3, 264 Abs. 2 VAG (Kapitalaufschlag wegen unzureichender Gruppen-Governance) sowie Art. 68 Abs. 3, 171 Solva II-VO abzuleiten. Danach sind ohnehin sämtliche verbundenen Unternehmen, auch solche der Banken- oder Wertpapierbranche, in das **Governance-System der Gruppe** einzubeziehen. Etwaige Verstöße kann die Gruppenaufsichtsbehörde mit einem Kapitalaufschlag ahnden. Liegt ein solcher Fall vor, scheidet die Anwendung der Konsolidierungsmethode aus. Des Weiteren sollten auch keine weiteren, weniger gravierenden Umstände vorliegen, die aufzeigen, dass eine Integration des betreffenden Unternehmens in die internen Kontrollen der Gruppe nicht stattfindet. Ein solcher Umstand liegt sicherlich vor, wenn das Unternehmen kein Tochterunternehmen ist.

10 Darüber hinaus erscheinen Anforderungen nicht gerechtfertigt. Zum einen sind die Anforderungen des Abs. 1 S. 2 („integriertes Management") mangels Erläuterung unklar. Zum anderen ist zu erinnern,

[1] Es ist aber zwingend auf die Begriffe des Europarechts abzustellen, damit auch nicht-deutsche Unternehmen erfasst werden.
[2] Dieser Art. wird nicht ins VAG umgesetzt, da er ausschließlich an die Kommission gerichtet ist.
[3] Art. 92 Abs. 2 lit. a Solva II-RL verweist auf die Richtlinie 2006/48/EG, die durch die CRD-IV-RL ersetzt wurde, und auf die Definitionen der CRR-VO verweist.
[4] Die Klarstellung erfolgte durch die Änderung durch die Verordnung (EU) 2016/467.
[5] Vgl. aber Rn. 5 f., 11 f. und 15 f.

dass der einzige Vorteil der Anwendung der Konsolidierungsmethode nach Art. 68 Abs. 3, 171 Solva II-VO beim fehlenden Abzug der Beteiligung auf Einzelebene besteht; **auf Gruppenebene bietet die Konsolidierungsmethode dagegen keinen Vorteil**, insbesondere ermöglicht sie nicht die Berücksichtigung von Diversifikationseffekten.

b) Umfang der Gruppenaufsicht. Nach Art. 8 der delegierten VO (EU) 342/2014 scheidet die Anwendung der Konsolidierungsmethode gem. Art. 335 f. Solva II-VO aus, wenn sich der Umfang der jeweiligen Gruppenaufsicht wesentlich unterscheidet. Art. 335 f. Solva II-VO sind insoweit weiter, als dass sie auch Einrichtungen der betrieblichen Altersvorsorge (Pensionsfonds, §§ 236 ff. VAG) und nicht-regulierte Unternehmen, die Finanzgeschäfte betreiben, umfassen. Die Abzugs- und Aggregationsmethode gem. Anhang I der Richtlinie 2002/87/EG bzw. § 7 FkSolV ist insofern weiter, als dass sie Finanzunternehmen, Anbieter von Nebendienstleistungen, E-Geld-Institute, Zahlungsinstitute sowie Investmentgesellschaften gem. § 1 Abs. 13 KAGB umfasst. Beide Normen umfassen im Gegensatz zu Abs. 1 S. 2 auch Kapitalverwaltungsgesellschaften im Sinne des § 17 KAGB. 11

Ob der Unterschied des Umfangs der jeweiligen Gruppenaufsicht wesentlich ist, dürfte **nach den jeweiligen Solvabilitätskapitalanforderungen zu bemessen** sein, die sich bei Anwendung der beiden Methoden ergeben. Eine genaue gesetzliche Vorgabe fehlt. Als Orientierung kann **Art. 279 Abs. 1 Solva II-VO** dienen. Danach ist für die Zwecke der Verhängung eines Kapitalaufschlags eine Abweichung der Solvabilitätskapitalanforderung von **10 Prozent oder mehr** grundsätzlich erheblich. Die Analogie scheint passend, da die Begriffe „wesentlich" und „erheblich" synonym verwendet werden können, und da die Änderung der Methode die dem Kapitalaufschlag entsprechende Sanktion der Gruppenaufsichtsbehörde ist. 12

3. Rechtsfolgen. a) Einzelebene. Die deutlichsten Rechtsfolgen hat die Anwendung der Konsolidierungsmethode auf Einzelebene. Gem. **Art. 68 Abs. 3 Solva II-VO** braucht ein beteiligtes Versicherungsunternehmen den Wert seiner Beteiligung an Kreditinstituten, Finanzinstituten und Wertpapierfirmen nicht von seinen Eigenmitteln abzuziehen, wenn die Beteiligung strategisch im Sinne von Art. 171 Solva II-VO ist (und über die Konsolidierungsmethode einbezogen wird).[6] Des Weiteren unterliegt die strategische Beteiligung einem **Aktienrisiko von nur 22 %**, Art. 169 Abs. 1 lit. a und 170 Abs. 1 lit. a Solva II-VO. Anderenfalls ist ein komplexer anteiliger oder vollständiger Abzug des Beteiligungswerts nach Art. 68 Abs. 1 und 2 notwendig. 13

b) Gruppenebene. Die Rechtsfolgen der Anwendung der Konsolidierungsmethode auf Gruppenebene ergeben sich aus dem unterschiedlichen Kreis der einzubeziehenden Unternehmen.[7] Methodisch besteht dagegen kein Unterschied zwischen der Konsolidierungsmethode nach Art. 335 f. Solva II-VO und der Abzugs- und Aggregationsmethode gem. Anhang I der Richtlinie 2002/87/EG bzw. § 7 FkSolV. 14

IV. Abzugs- und Aggregationsmethode. Die gem. § 259 Abs. 1 S. 1 VAG geforderte entsprechende Anwendung der Abzugs- und Aggregationsmethode gem. Anhang I der Richtlinie 2002/87/EG bzw. § 7 FkSolV ist so zu verstehen, dass unabhängig vom Kreis der in der Verweisvorschrift (d. h. Abs. 1 S. 1) genannten Beteiligungen **sämtliche in § 7 FkSolV genannten Beteiligungen zu berücksichtigen** sind. Dies folgt aus Sinn und Zweck der Verweisvorschrift. Die Methodik der Abzugs- und Aggregationsmethode nach § 265 VAG in Bezug auf Versicherungsunternehmen entspricht der nach § 7 FkSolV in Bezug auf Finanzkonglomerate, so dass es insoweit keines Verweises bedurft hätte. Außerdem wäre der Kreis der einzubeziehenden Unternehmen nach § 259 Abs. 1 S. 1 VAG ansonsten noch kleiner als für die Konsolidierungsmethode nach Art. 335 f. Solva II-VO, was sachlich nicht zu rechtfertigen wäre. 15

Gemäß Anhang I der Richtlinie 2002/87/EG bzw. § 7 FkSolV sind **alle beaufsichtigten und unbeaufsichtigten Unternehmen der Banken- und Wertpapierdienstleistungsbranche** einzubeziehen. Dies umfasst nach § 2 Abs. 3 Nr. 1 FKAG Kreditinstitute, Finanzdienstleistungsinstitute, Kapitalverwaltungsgesellschaften, Finanzunternehmen, Anbieter von Nebendienstleistungen, E-Geld-Institute, Zahlungsinstitute sowie entsprechende Unternehmen mit Sitz im Ausland. Im Ergebnis ist zu beachten, dass eine Versicherungsgruppe damit in Bezug auf ihre Beteiligungen an Unternehmen der Banken- oder Wertpapierbranche stets die Abzugs- und Aggregationsmethode des § 7 FkSolV anwendet (wenn sie nicht die Konsolidierungsmethode gem. § 261 VAG anwendet), unabhängig davon, ob sie auch ein Finanzkonglomerat ist. 16

V. Buchwertabzug (Abs. 2). Alternativ zu der Einbeziehung der Beteiligungen an Kreditinstituten, Finanzinstituten und Wertpapierfirmen durch die Konsolidierungs- oder die Abzugs- und Aggregationsmethode ist nach Abs. 2 der Abzug des Buchwerts der Beteiligung möglich. 17

---

[6] Zum Begriff der strategischen Beteiligung und den Kriterien, vgl. *Dreher* WM 2016, 1317, 1321 ff., 1369 ff.
[7] Vgl. Rn. 5 f., 11 f. und 15 f.

18 **1. Rechtsfolgen. a) Buchwertabzug.** Dies entspricht auf Gruppenebene der Rechtsfolge des § 260 VAG, ist aber nicht wie dort an Voraussetzungen gebunden. **Auf Einzelebene** ist der **Unterschied zu § 260 VAG**, dass die Beteiligung nicht vollständig mittels Bewertung mit Null (Art. 13 Abs. 2 lit. b Solva II-VO) abzuziehen ist. Dies folgt daraus, dass sich Art. 13 Abs. 2 lit. b Solva II-VO nur auf Fälle nach Art. 229, nicht aber nach Art. 228 (entspricht § 259 VAG) Solva II-RL, bezieht.

19 **b) Betroffene Beteiligungen.** Dem Wortlaut nach gilt Abs. 2 nur im Hinblick auf die in Abs. 1 genannten **Beteiligungen an Kreditinstituten, Wertpapierfirmen und Finanzinstituten**. Eine analoge Geltung in Bezug auf Beteiligungen an den übrigen nach Art. 335 f. Solva II-VO sowie Anhang I der Richtlinie 2002/87/EG in die Berechnung der Gruppensolvabilität einzubeziehenden Unternehmen scheidet aus. Als Ausnahmevorschrift ist Abs. 2 eng auszulegen. Für den Fall, dass der Versicherungsgruppe die notwendigen Informationen fehlen, ist § 260 VAG einschlägig und ausreichend.

20 **2. Voraussetzungen.** Die Vorschrift nennt keine Voraussetzung für die Ermessensentscheidung der Gruppenaufsichtsbehörde (§ 297 VAG). Aus den unterschiedlichen Rechtsfolgen ergibt sich aber, dass sie den Abzug nach Abs. 2 nur gestatten darf, **wenn nicht ein Fall des § 260 VAG vorliegt**, der *lex specialis* ist. Weitere Voraussetzung muss nach Sinn und Zweck der Vorschrift sein, dass die Nicht-Einbeziehung der Beteiligung nach den beiden anderen Methoden nicht zu einer wesentlichen **Veränderung der Solvabilitätskapitalanforderung** führt.[8] Für die Gruppe ist der Buchwertabzug nach Abs. 2 vorteilhaft, wenn das verbundene Unternehmen eine negative Solvabilität aufweist.

21 **VI. Verhältnis zu anderen Regelungen. 1. Buchwertabzug (§§ 89 ff. VAG).** Die Anwendung der Konsolidierungsmethode nach § 259 VAG ist auf Einzelebene Voraussetzung dafür, dass kein Buchwertabzug in Bezug auf Beteiligungen an beaufsichtigten Unternehmen der Banken- oder Wertpapierbranche stattfindet.[9]

22 **2. Bankaufsichtsrecht.** Gem. Art. 18 Abs. 1 CRR sind nur (Finanz-) Institute im Rahmen der aufsichtlichen Konsolidierung zu berücksichtigen, dagegen nicht Versicherungsunternehmen. Die bankaufsichtsrechtliche Konsolidierung stellt sich damit als enger als die versicherungsaufsichtsrechtliche Gruppenaufsicht dar. Dies ist auch ein Grund, weshalb die EU-Kommission bislang an der Richtlinie 2002/87/EG festhält, die für versicherungsdominierte Finanzkonglomerate nicht mehr notwendig ist.

23 **3. Finanzkonglomerate-Aufsichtsrecht (FKAG).** Der Umfang des Finanzkonglomerats nach § 18 Abs. 1 FKAG unterscheidet sich von dem der Versicherungsgruppe; dies kann Auswirkungen auf den Betrag der Gruppen- bzw. Finanzkonglomerate-Solvabilität haben. Gem. § 2 FkSolV i. V. m. § 22 FKAG ist die Anwendung der Konsolidierungsmethode nach Annex 1 der Richtlinie 2002/87/EG entgegen § 259 Abs. 1 S. 2 VAG grundsätzlich voraussetzungslos möglich.

Nichtverfügbarkeit der notwendigen Informationen

260 **[1]Sind die für die Berechnung der Gruppensolvabilität eines Versicherungsunternehmens notwendigen Informationen über ein verbundenes Unternehmen mit Sitz in einem Mitglied- oder Vertragsstaat oder Drittstaat nicht verfügbar, wird der Buchwert, den dieses Unternehmen in dem beteiligten Versicherungsunternehmen hat, von den auf die Gruppensolvabilität anrechnungsfähigen Eigenmitteln abgezogen. [2]Die mit dieser Beteiligung verbundenen nicht realisierten Gewinne dürfen nicht als Eigenmittel zur Bedeckung der Gruppensolvabilität herangezogen werden.**

1 **I. Allgemeines. 1. Entstehungsgeschichte.** Die Vorschrift entspricht der des RegE 2012 sowie § 7 Abs. 3 der früheren SolBerV.

2 **2. Normzweck.** Sie ordnet den **Buchwertabzug als Sanktion** an, falls die notwendigen Informationen in Bezug auf ein verbundenes Unternehmen nicht vorliegen. Die übrigen Pflichten aus der Gruppenaufsicht (§§ 273 275, 277, 281 Abs. 2 S. 1 VAG) blieben unberührt.[1]

3 **3. Europarechtlicher Hintergrund.** Die Vorschrift setzt **Art. 229 Solva II-RL** um. Allerdings versäumt ihr Wortlaut die Klarstellung entsprechend Art. 229 UAbs. 1 Solva II-RL, dass auf die Verfügbarkeit für die „betroffenen Aufsichtsbehörden" abzustellen ist.[2]

4 **II. Anwendungsbereich.** Sie gilt für die Berechnung der Gruppensolvabilität von Versicherungsunternehmen, die der Gruppenaufsicht gemäß § 245 Abs. 2 Nr. 1 VAG unterliegen, und gem. **§ 266 S. 1 VAG** entsprechend auch für die von Versicherungsunternehmen, die gem. § 245 Abs. 2 Nr. 1 VAG als Tochterunternehmen einer Versicherungs-Holdinggesellschaft oder gemischten Finanzholding-

[8] Vgl. Rn. 5 f., 11 f. und 15 f.
[9] S. o. Rn. 11 f.
[1] Vgl. *Kraft* in Gründl/Kraft S. 152.
[2] Vgl. *Kraft* in Gründl/Kraft S. 151.

Gesellschaft der Gruppenaufsicht unterliegen. Praktische Bedeutung hat sie wegen Art. 13 Abs. 2 lit. a Solva II-VO nur für solche Versicherungsgruppen, die von Versicherungs-Holdinggesellschaften oder gemischten Finanzholding-Gesellschaften als oberstem Mutterunternehmen angeführt werden.[3] Die Vorschrift gilt für beide Methoden nach § 252 VAG. Sie gilt schließlich nach dem ausdrücklichen Wortlaut in Bezug auf **Beteiligungen an sämtlichen Arten von verbundenen Unternehmen**, nicht nur Versicherungsunternehmen (aus einem Mitglieds- oder Vertragsstaat bzw. Drittstaat), in Bezug auf die die Gruppen-Solvabilitätskapitalanforderung zu berechnen ist. Allerdings ist § 259 Abs. 2 VAG *lex specialis* in Bezug auf Beteiligungen im Banken- und Wertpapierbereich.

III. Buchwertabzug. Zum besseren Verständnis des praktischen Anwendungsbereichs wird die Rechtsfolge der Vorschrift vor ihren Tatbestandsvoraussetzungen erläutert. 5

IV. Durchführung des Buchwertabzugs. Der Buchwertabzug wird erreicht, in dem in der Gruppensolvabilität der Wert der Beteiligung, gem. S. 2 einschließlich auf sie entfallender nicht realisierter Gewinne, von den Eigenmitteln des beteiligten Versicherungsunternehmens (eines Mitglied- und Vertragsstaats oder Drittstaats), der Versicherungs-Holdinggesellschaft oder gemischten Finanzholding-Gesellschaft abgezogen wird. Allerdings erfolgt dieser Abzug **nach Art. 13 Abs. 2 lit. a Solva II-VO bereits in der (Einzel-) Solvabilitätsübersicht des beteiligten Versicherungsunternehmens** und wird so ohnehin in der Berechnung der Gruppensolvabilität gem. § 250 Abs. 2 S. 2 VAG berücksichtigt. § 260 VAG hat daher auf Gruppenebene Relevanz nur in den Fällen nach § 245 Abs. 2 Nr. 2 und 3 VAG, in denen eine Versicherungs-Holdinggesellschaft oder gemischte Finanzholding-Gesellschaft eine Beteiligung an einem verbundenen Unternehmen unmittelbar hält. 6

1. Nichtverfügbarkeit der notwendigen Informationen. a) Notwendige Informationen. Voraussetzung für den Buchwertabzug ist die Nichtverfügbarkeit der notwendigen Informationen. Dies sind solche, die das oberste Mutterunternehmen (§§ 247 f. VAG) zur **Berechnung der Gruppensolvabilität** benötigt, d. h. Solvabilitätskapitalanforderung und Eigenmittel auf Einzelebene, die nach §§ 265 oder 259 VAG in der Abzugs- und Aggregationsmethode zu aggregieren sind. Dies sind zugleich die Informationen, die die Gruppenaufsichtsbehörde zur Verifikation der Berechnung der Gruppensolvabilität benötigt. Dagegen sind **Informationen zu den einzelnen Vermögenswerten und Verbindlichkeiten** sowie den Risiken eines verbundenen Versicherungsunternehmens (aus einem Mitglied- oder Vertragsstaat), die für die Berechnung der Gruppensolvabilität nach der Konsolidierungsmethode gem. § 261 VAG benötigt werden, **nicht notwendig** im Sinne der Vorschrift. Denn ihre Nichtverfügbarkeit führt nach Art. 328 Abs. 1 lit. a Solva II-VO zur **Anwendung der Abzugs- und Aggregationsmethode**, die ein **milderes Mittel** als der Buchwertabzug darstellt.[4] In Bezug auf **Versicherungsunternehmen eines Drittstaats**, deren Solvabilitätsvorschriften nicht als gleichwertig im Sinne des § 258 Abs. 1 S. 2 VAG gelten, sind die genannten Informationen dagegen notwendig im Sinne des § 260 VAG. Denn in dem Fall braucht das oberste Mutterunternehmen die genauen Daten, um selbst erstmalig die Einzel-Solvabilität nach §§ 89 ff. VAG einschließlich der Solvabilitätsübersicht gem. §§ 74 ff. VAG zu berechnen. 7

b) Nichtverfügbarkeit. Für die Beurteilung der (Nicht-) Verfügbarkeit ist auf die **Gruppenaufsichtsbehörde** abzustellen. Dies folgt aus dem Wortlaut des zugrunde liegenden Art. 229 UAbs. 1 Solva II-RL, der auf die Verfügbarkeit der Informationen für die „betroffenen Aufsichtsbehörden" abstellt. Hierunter ist nach Sinn und Zweck die Gruppenaufsichtsbehörde zu verstehen, da sie die Aufsicht über das die Gruppensolvabilität berechnende Versicherungsunternehmen durchführt und gem. § 281 Abs. 1 Nr. 1 und 2 VAG für die Beurteilung von Finanzlage und Solvabilität der Gruppe zuständig ist; andere Behörden sind hiervon nicht unmittelbar betroffen. Der Grund der Nicht-Verfügbarkeit ist unerheblich. Falls er auf rechtlichen Gründen beruht, kann alternativ ein Ausschluss aus der Gruppenaufsicht nach § 246 Abs. 2 Nr. 1 VAG in Frage kommen.[5] 8

Hinsichtlich der Nichtverfügbarkeit sind zwei Fälle möglich. Sie kann zum einen gegeben sein, wenn zwar dem obersten Mutterunternehmen die notwendigen Informationen zur Berechnung zur Verfügung stehen, nicht aber der Gruppenaufsichtsbehörde zur Verifizierung. Dieser eng an den Wortlaut des Art. 229 UAbs. 1 Solva II-RL angelehnte Fall kommt praktisch nur in Frage in Bezug auf verbundene **Versicherungsunternehmen eines Drittstaats**, die von solcher Bedeutung für die Gruppe sind, dass die Gruppenaufsichtsbehörde eine Verifizierung der Informationen für nötig erachtet. Gleichzeitig ist Voraussetzung, dass ein effektiver Informationsaustausch mit der zuständigen Drittstaaten-Aufsichtsbehörde gem. § 309 Abs. 3 VAG nicht möglich ist. In Bezug auf Versicherungsunternehmen (eines 9

[3] Falls die Versicherungsgruppe von einem Versicherungsunternehmen angeführt wird, hat es den Buchwertabzug nach Art. 13 Abs. 2 lit. a Solva II-VO ohnehin bereits auf Einzelebene vorzunehmen, vgl. § 246 VAG Rn. 9 f.

[4] Dies gilt nur dann nicht, wenn das verbundene Unternehmen einen negativen Beitrag zur Gruppensolvabilität leistet.

[5] In beiden Fällen sieht Art. 13 Abs. 2 lit. a Solva II-VO den Buchwertabzug vor. Darüber hinaus erlaubt aber § 246 Abs. 2 den vollständigen Ausschluss aus der Gruppenaufsicht.

Mitglied- und Vertragsstaats) kann die Nichtverfügbarkeit dagegen nicht gegeben sein, da der Informationsaustausch zwischen den Aufsichtsbehörden dieser Staaten nach § 309 Abs. 2 VAG stets zulässig ist.

10 In der Praxis häufiger kann die Nichtverfügbarkeit zum anderen gegeben sein, wenn die Informationen weder der Gruppenaufsichtsbehörde noch dem obersten Mutterunternehmen vorliegen.[6] Letzteres kann in dem Fall nicht den Beitrag des verbundenen Unternehmens zur Gruppensolvabilität berechnen. Dies kann der Fall sein, wenn sich die **Durchsetzung der Berechnung des Beitrags eines Versicherungsunternehmens eines Drittstaats zur Gruppensolvabilität** nach den §§ 250 ff. VAG für das oberste Mutterunternehmen (§§ 247 f. VAG) als **unmöglich oder unverhältnismäßig** darstellt. Insoweit stellt sich § 260 VAG als **Ausprägung des Proportionalitätsprinzips** dar. Offensichtlich wird dies in Bezug auf verbundene Versicherungsunternehmen eines Drittstaats, die nicht Tochterunternehmen sind.[7] Hier ist dem obersten Mutterunternehmen gar nicht möglich, beim verbundenen Unternehmen die Erstellung einer Solvabilitätsübersicht sowie die Berechnung des Beitrags zur Gruppensolvabilität nach der Standardformel durchzusetzen; auf Einzelebene unterliegt das Versicherungsunternehmen eines Drittstaats einem anderen Aufsichts- und Solvabilitätsregime. Aber selbst wenn es möglich wäre, kann es sich für das oberste Mutterunternehmen als unverhältnismäßig darstellen, vom verbundenen Versicherungsunternehmen eines Drittstaats die Berechnung zu verlangen.

11 **2. Grenzen der Anwendbarkeit des Buchwertabzugs.** Die Vorschrift sollte nach Sinn und Zweck nur auf eine begrenzte Anzahl von verbundenen Versicherungsunternehmen (eines Mitglied- und Vertragsstaats oder eines Drittstaates) angewendet werden. Zum einen stellt der Buchwertabzug **nicht zwingend eine Sanktion** dar; mit ihm stellt sich das oberste Mutterunternehmen besser, wenn der Beitrag des verbundenen Unternehmens zur Gruppensolvabilität negativ wäre. Zum anderen verhindert der Buchwertabzug ein **wirksames quantitatives Risikomanagement**, da dem obersten Mutterunternehmen keine Informationen über die Exponierungen in den einzelnen Risikokategorien vorliegen. Die Begrenzung kann entsprechend den Kriterien des § 246 Abs. 2 VAG erfolgen.[8] Der Abzug der Beteiligungen an Versicherungsunternehmen (eines Mitglied- und Vertragsstaats oder eines Drittstaates), die im Sinne des § 246 Abs. 2 Nr. 2 VAG „von untergeordneter Bedeutung" sind, würde keine unangemessene Abbildung des Risikoprofils der Gruppe gem. §§ 264 Abs. 1 S. 1, 265 Abs. 6 S. 1 VAG darstellen. Darüber hinaus aber könnte die Gruppenaufsichtsbehörde einen Kapitalaufschlag nach den genannten Vorschriften festsetzen.

12 **V. Verhältnis zu anderen Regelungen. 1. Nicht-Berücksichtigung einzelner Unternehmen (§§ 246, 260 VAG). § 246 Abs. 2 VAG** ist in einer Hinsicht enger als § 260 VAG, da er sich nur auf Beteiligungen an Versicherungsunternehmen (eines Mitglied- und Vertragsstaats oder Drittstaats) bezieht, und in anderer Hinsicht weiter, da er neben dem Buchwertabzug auch den Ausschluss aus der Gruppenaufsicht im Übrigen zur Folge hat. **§ 259 Abs. 2 VAG** erlaubt, Kreditinstitute, Finanzinstitute und Wertpapierfirmen sowie weitere beaufsichtigte Unternehmen anderer Branchen nicht in die Berechnung der Gruppensolvabilität mit einzubeziehen. Anders als § 260 VAG iVm Art. 13 Abs. 2 lit. b Solva II-VO ordnet § 259 VAG den Buchwertabzug nur auf Gruppenebene an.

13 **2. Finanzkonglomerate-Aufsichtsrecht (§ 18 FKAG). § 18 Abs. 4 S. 3 FKAG** regelt den Buchwertabzug in Bezug auf Beteiligungen an allen Arten von nachgeordneten Unternehmen, für die das übergeordnete Unternehmen nicht die erforderlichen Angaben beschaffen kann.

Konsolidierungsmethode

261 (1) [1]**Nach der Konsolidierungsmethode wird die Gruppensolvabilität des beteiligten Versicherungsunternehmens auf der Grundlage des konsolidierten Abschlusses berechnet.** [2]**Die Gruppensolvabilität des beteiligten Versicherungsunternehmens ist die Differenz zwischen den auf der Grundlage des konsolidierten Abschlusses errechneten, zur Einhaltung der Solvabilitätskapitalanforderung anrechnungsfähigen Eigenmitteln und der auf der Grundlage des konsolidierten Abschlusses errechneten Gruppensolvabilitätskapitalanforderung.** [3]**Teil 2 Kapitel 2 Abschnitt 2 gilt für die Berechnung der auf die Solvabilitätskapitalanforderung anrechnungsfähigen Eigenmittel und der Gruppensolvabilitätskapitalanforderung unter Anwendung der Konsolidierungsmethode entsprechend.**

(2) **Die konsolidierte Gruppensolvabilitätskapitalanforderung wird entweder mit der Standardformel oder mit einem genehmigten internen Modell berechnet.**

(3) [1]**Der Mindestbetrag der konsolidierten Gruppensolvabilitätskapitalanforderung ist die Summe aus der Mindestkapitalanforderung des beteiligten Versicherungsunternehmens und den der Beteiligungsquote entsprechenden anteiligen Mindestkapitalanforderungen der ver-**

[6] So auch *Kraft* in Gründl/Kraft S. 151.
[7] Ausgenommen sind Fälle der Gleichwertigkeit nach § 258 Abs. 1 S. 2 VAG.
[8] Vgl. § 246 VAG Rn. 6 ff.

bundenen Versicherungsunternehmen. [2]Dieser Mindestbetrag ist mit anrechnungsfähigen Basiseigenmitteln gemäß § 95 zu bedecken. [3]§ 250 Absatz 1 Satz 2, die §§ 253 bis 260 und 135 Absatz 1 und 2 sind entsprechend anzuwenden.

Übersicht

Schrifttum: *Wicke/Jurecka*, Solvency II in internationalen Versicherungsgruppen, in: Gründl/Perlet, Solvency II & Risikomanagement, 2005, S. 517 ff.

I. Allgemeines. 1. Entstehungsgeschichte. Die Vorschrift ist gegenüber dem RegE 2012 unverändert. Die Konsolidierungsmethode gem. Abs. 1 ist mit der Konsolidierungsmethode nach § 9 der früheren SolBerV nicht vergleichbar, da letztere lediglich eine Konsolidierung der Eigenmittel, nicht aber der Solvabilitätskapitalanforderungen, vorsah.[1] 1

2. Normzweck. Sie bestimmt in Abs. 1 die Grundzüge der **Standardmethode**, der Konsolidierungsmethode, und eröffnet in Abs. 2 die Möglichkeit zur Berechnung der Gruppen-Solvabilitätskapitalanforderung mit einem **internen Modell**. In Abs. 3 begrenzt sie die in der Konsolidierungs- 2

[1] S. dazu Prölss/*Kölschbach*, 12. Aufl., Nach § 104g VAG a. F. Rn. 35 ff.

methode zu berücksichtigenden **Diversifikationseffekte** durch den Mindestbetrag der konsolidierten Gruppensolvabilitätskapitalanforderung.

3 **3. Europarechtlicher Hintergrund.** Die Vorschrift setzt **Art. 230 Solva II-RL** um. Ihr **Abs. 1** (Konsolidierungsmethode) wird durch **Art. 335–340 Solva II-VO** ergänzt und geändert sowie durch die EIOPA-LL 12, 14 und 16 Gruppensolvabilität ausgelegt. Weiterhin gilt die DVO 2015/498 (Verfahren zur aufsichtlichen Genehmigung der Verwendung unternehmensspezifischer Parameter) entsprechend, die von den EIOPA-LL zu unternehmensspezifischen Parametern ausgelegt wird.[2] Ihr **Abs. 2** (Internes Modell) wird durch **Art. 343–346 Solva II-VO** ergänzt und geändert, durch die **DVO 2015/460**[3] ergänzt sowie durch die EIOPA-LL Verwendung interner Modelle und das *EIOPA Common Application Package* ausgelegt darüber hinaus gilt in Bezug auf Änderungen am Modell das BaFin-Rundschreiben 4/2017 (VA). Weiterhin gelten folgende Regelungen der Einzelaufsicht über §§ 111 –121 VAG entsprechend: Art. 222–247 Solva II-VO sowie die DVO 2015/460. Ihr **Abs. 3** (Mindestbetrag der konsolidierten Gruppensolvabilitätskapitalanforderung) schließlich wird durch **Art. 341 Solva II-VO** ergänzt und geändert sowie durch die EIOPA-LL 21 Gruppensolvabilität ausgelegt.

4 **II. Anwendungsbereich.** Die Vorschrift gilt für die Berechnung der Gruppensolvabilität von Versicherungsunternehmen, die der Gruppenaufsicht gemäß § 245 Abs. 2 Nr. 1 VAG unterliegen, und gem. **§ 266 S. 1 VAG** entsprechend auch für die von Versicherungsunternehmen, die gem. § 245 Abs. 2 und 3 VAG als Tochterunternehmen einer Versicherungs-Holdinggesellschaft oder gemischten Finanzholding-Gesellschaft der Gruppenaufsicht unterliegen. Im Hinblick auf Abs. 2 ist zu beachten, dass die Vorschrift unmittelbar lediglich für die Genehmigung von **internen Modellen „zur ausschließlichen Berechnung der konsolidierten Solvenzkapitalanforderung für die Gruppe" (Art. 343 Solva II-VO)**[4] gilt, nicht aber von „gruppeninternen Modellen" zur Berechnung der konsolidierten Solvenzkapitalanforderung für die Gruppe und der Solvenzkapitalanforderung (mindestens) eines Versicherungsunternehmens der Gruppe (Art. 347 Solva II-VO).

5 **III. Inhalt der Konsolidierungsmethode (Abs. 1). 1. Allgemeines (S. 1 und 2).** Mit der Konsolidierungsmethode wird nach Abs. 1 S. 1 die gesamte Solvabilität berechnet, dh Solvabilitätskapitalanforderung und Eigenmittel. Insgesamt wird die **Gruppe** gem. Abs. 1 S. 3 **wie ein (Einzel-)Versicherungsunternehmen behandelt**, das den Vorschriften des Teil 2 Kapitel 2 Abschnitt 2 (§§ 89–137 VAG) unterliegt. Dazu wird zunächst die **konsolidierte Solvabilitätsübersicht** der Gruppe gebildet: in der Solvabilitätsübersicht des Unternehmens, auf dessen Ebene die Berechnung erfolgt, werden abweichend von § 250 Abs. 2 S. 2 VAG die Beteiligungen an bestimmten verbundenen Unternehmen durch dessen Vermögenswerte und Verbindlichkeiten ersetzt, dh konsolidiert.[5] Hieraus ergibt sich der Ausgangswert der Eigenmittel, der nach einer weiteren Berechnung und Berücksichtigung der Eigenmittel-Limite den **Wert der anrechnungsfähigen Eigenmittel** ergibt.[6] Weiter wird auf Grundlage dieses konsolidierten Abschlusses die **Basissolvabilitätskapitalanforderung** entsprechend § 100 VAG errechnet, so als ob die Solvabilitätsübersicht diejenige eines einzigen Versicherungsunternehmens wäre.[7] Hinzu kommt dann schließlich die Solvabilitätskapitalanforderung für das **operationelle Risiko** nach § 107 VAG. Diese **konsolidierte Gruppensolvabilitätskapitalanforderung** muss nach Abs. 3 einen **Mindestbetrag** erreichen.[8] Ebenso wie auf Einzelebene muss nach Abs. 1 S. 2 die Differenz aus anrechnungsfähigen Eigenmitteln und Gruppensolvabilitätskapitalanforderung positiv sein.

6 **2. Behandlung gruppeninterner Transaktionen.** Soweit eine anteilige oder vollständige Konsolidierung nach **Art. 335 Abs. 1 lit. a, b und c Solva II-VO** erfolgt, werden sämtliche gruppeninternen Transaktionen sowohl im Hinblick auf Eigenmittel als auch auf die Solvabilitätskapitalanforderung eliminiert.

7 Im Übrigen aber verlangt **Art. 335 Abs. 3 Solva II-VO** die Eliminierung lediglich in Bezug auf Eigenmittel. Sie erfolgt dadurch, dass der Wert der Eigenmittel des betreffenden verbundenen Unternehmens nicht neben dem Wert der Beteiligung in der Solvabilitätsübersicht des beteiligten Unternehmens als Eigenmittel berücksichtigt wird, sondern vielmehr letzteren bestimmt und damit ersetzt. In Bezug auf die Solvabilitätskapitalanforderung ist eine Eliminierung weder verlangt noch notwendig. Dies folgt aus der Systematik der Berechnung gem. **Art. 336 lit. b Solva II-VO**, wonach in Bezug auf nicht-konsolidierte verbundene Versicherungsunternehmen (eines Mitglied- und Vertragsstaats oder

[2] EIOPA-BoS-14/178.
[3] Die DVO 2015/460 findet entsprechende Anwendung, da sie die Art. 112f. Solva II-RL ergänzt, die gem. Art. 343 Abs. 5 Solva II-VO auch auf Gruppenebene gelten; so auch EG 7. Dagegen findet die DVO 2015/461 keine Anwendung; sie gilt nur für interne Modelle gem. § 262 VAG.
[4] Dieser Begriff der Solva II-VO entspricht dem der Solvabilitätskapitalanforderung.
[5] Vgl. § 250 VAG Rn. 25 ff.
[6] S. u. Rn 8.
[7] Vgl. *Kraft* in Gründl/Kraft S. 161 ff.
[8] S. u. Rn 9 ff.

Drittstaats) deren auf Einzelebene erstellte (Einzel-) Solvabilitätskapitalanforderung übernommen, und nicht eine neue, um die gruppeninterne Transaktion bereinigte (Einzel-) Solvabilitätskapitalanforderung berechnet wird.

3. Bestimmung der anrechnungsfähigen Eigenmittel und der Gruppen-Solvabilitätskapitalanforderung (S. 3). Gemäß S. 3 gilt Teil 2 Kapitel 2 Abschnitt 2 (§§ 89–123 VAG: Solvabilitätsübersicht, Eigenmittel und Solvabilitätskapitalanforderung auf Einzelebene) für die Berechnung der auf die Solvabilitätskapitalanforderung anrechnungsfähigen Eigenmittel und der Gruppen-Solvabilitätskapitalanforderung unter Anwendung der Konsolidierungsmethode entsprechend. Dies folgt zum Teil bereits aus § 250 VAG.[9] Ebenso wie bei der Abzugs- und Aggregationsmethode sind im Hinblick auf die Bestimmung der anrechnungsfähigen Eigenmittel die Sondervorschriften für die Gruppenebene gem. Art. 331–334 Solva II-VO zu beachten.[10] Die Berechnung der Gruppen-Solvabilitätskapitalanforderung mit gruppenspezifischen Parametern für die Versicherungsrisiken genehmigt die BaFin auf Antrag entsprechend § 109 Abs. 2 VAG i. V. m. DVO 2015/498, die nach der EIOPA-LL 10 zu unternehmensspezifischen Parametern entsprechend auf Gruppenebene gilt.[11] Die Regelungen lassen offen, inwieweit die Gruppe die Parameter auf Gruppenebene unabhängig von der Verwendung auf Einzelebene verwenden kann. Entsprechend dem Grundsatz des § 261 Abs. 2 VAG, wonach die Gruppen-Solvabilitätskapitalanforderung unabhängig von der Berechnung auf Einzelebene mit einem internen Modell berechnet werden kann, muss auch die Verwendung von gruppenspezifischen Parametern unabhängig von der Verwendung unternehmensspezifischer Parameter auf Einzelebene zulässig sein. Demnach kann und muss das beteiligte Versicherungsunternehmen die Verwendung der Parameter für die Berechnung der Gruppen-Solvabilitätskapitalanforderung auch dann beantragen, wenn jedes einbezogene Versicherungsunternehmen bereits eine entsprechende Genehmigung auf Einzelebene erhielt. Für den Prozess zur Abstimmung zwischen Gruppenaufsichtsbehörde und den Einzel-Aufsichtsbehörden gelten nicht Art. 343 Abs. 3, 344 Abs. 1 Solva II-VO; nichtsdestotrotz erscheint die Konsultation der Einzel-Aufsichtsbehörden durch die zur Entscheidung berufene Gruppenaufsichtsbehörde sinnvoll. 8

IV. Mindestbetrag der konsolidierten Gruppen-Solvabilitätskapitalanforderung (Abs. 3). Gem. Abs. 3 S. 1 gilt für die Gruppen-Solvabilitätskapitalanforderung ein Mindestbetrag. Dieser dient zum einen als **Rechengröße zur Begrenzung der Diversifikation in einem internen Modell**. Darüber hinaus übernimmt der Mindestbetrag zum Teil die Funktion einer Mindestkapitalanforderung der Gruppe. 9

1. Berechnung des Mindestbetrags (S. 1). Der Mindestbetrag besteht aus der Summe der Mindestkapitalanforderung des beteiligten (Versicherungs-)Unternehmens und der anteiligen Mindestkapitalanforderungen der verbundenen Versicherungsunternehmen. 10

a) Beteiligtes Unternehmen. Beteiligtes Versicherungsunternehmen ist gem. §§ 247 f. VAG das oberste Mutterunternehmen auf Ebene der Mitglied- oder Vertragsstaaten oder auf nationaler Ebene. § 266 S. 2 VAG stellt dem die **oberste Versicherungs-Holdinggesellschaft oder gemischte Finanzholding-Gesellschaft** gem. § 245 Abs. 2 und 3 VAG gleich. Diese beiden haben für die Zwecke der Berechnung der Gruppensolvabilität eine fiktive Solvabilitätskapitalanforderung zu berechnen. Mangels spezieller Regelung gelten von dem Wert nach Art. 248 Abs. 2 Solva II-VO 45 % als Mindestkapitalanforderung. 11

b) Verbundene Versicherungsunternehmen. Nach dem ausdrücklichen Wortlaut sind lediglich die Mindestkapitalanforderungen von **Versicherungsunternehmen** zu erfassen, nicht aber fiktive Mindestkapitalanforderungen von zwischengeschalteten Versicherungs-Holdinggesellschaften und gemischten Finanzholding-Gesellschaften. Insoweit erfolgt auch keine Erweiterung des Kreises der zu berücksichtigenden Unternehmen durch §§ 257 oder 266 S. 2 VAG. Allerdings ist der Kreis nach Sinn und Zweck um **Versicherungsunternehmen eines Drittstaats** zu erweitern; die Beschränkung des Wortlauts auf Versicherungsunternehmen (eines Mitglied- und Vertragsstaats) ist als Redaktionsversehen zu werten. **Art. 341 Solva II-VO** stellt weiterhin klar, dass bei der Summierung nur die Mindestkapitalanforderungen von solchen Versicherungsunternehmen zu berücksichtigen sind, in Bezug auf die die Konsolidierungsmethode angewendet wird. 12

Schließlich sind ausdrücklich nur die anteiligen Mindestkapitalanforderungen zu berücksichtigen. Der relevante Anteil folgt aus **§ 253 VAG**. In Bezug auf konsolidierte Versicherungsunternehmen beträgt er entweder 100 % oder 50 %. In Bezug auf die übrigen Versicherungsunternehmen (aus einem Mitglieds- und Vertragsstaat oder einem Drittstaat) entspricht er entsprechend § 253 Abs. 2 Nr. 2 (vorbehaltlich Abs. 3) VAG dem gehaltenen Kapitalanteil. 13

[9] S. o. Rn. 5.
[10] Vgl. § 250 VAG Rn. 37 ff.
[11] Für ihre Entscheidung berechnet die BaFin eine Gebühr i. H. v. 6.135 bis 16.410 EUR (Ziffer 6.10.4 des Anhangs zu FinDAGKostV).

14 **2. Begrenzung der in einem internen Modell anerkannten Diversifikationseffekte.** Die erste Wirkung des Mindestbetrags der Gruppen-Solvabilitätskapitalanforderung besteht darin, die in einem internen Modell berücksichtigte Diversifikation unabhängig von den Umständen des Einzelfalls auf **höchstens 55 %** zu begrenzen. Dies folgt daraus, dass die (Einzel-) Mindestkapitalanforderung nach § 122 Abs. 2 VAG iVm Art. 248 Abs. 2 Solva II-VO mindestens 45 % der (Einzel-)Solvabilitätskapitalanforderung eines Versicherungsunternehmens beträgt. Mit anderen Worten: das Verhältnis von konsolidierter (diversifizierter) Gruppen-Solvabilitätskapitalanforderung zur Summe der (undiversifizierten Einzel-) Solvabilitätskapitalanforderungen darf höchstens dem der Summen der (Einzel-)Mindestkapitalanforderungen zur Summe der (Einzel-)Solvabilitätskapitalanforderungen der Versicherungsunternehmen entsprechen. Es ist zu beachten, dass Mindestbetrag auf einer anderen Basis als die Gruppen-Solvabilitätskapitalanforderung berechnet wird, da nur verbundene Versicherungsunternehmen (eines Mitglied- oder Vertragsstaats oder Drittstaats) berücksichtigt werden, während die Gruppen-Solvabilitätskapitalanforderung nach Art. 336 Solva II-VO weitere Unternehmen erfasst. Hierdurch wird wiederum der Umfang der in Bezug auf Versicherungsunternehmen (eines Mitglied- oder Vertragsstaats oder Drittstaats) anerkannten Diversifikation erhöht.

15 **3. Bedeckung des Mindestbetrags (S. 2 und 3). a) Allgemeines.** Über die Funktion der Begrenzung der Diversifikation hinaus stellen S. 2 und 3 Anforderungen an die Bedeckung des Mindestbetrags der konsolidierten Gruppen-Solvabilitätskapitalanforderung, die diesem eine Bedeutung einräumen, die einer Gruppen-Mindestkapitalanforderung vergleichbar ist. Zunächst ist der Mindestbetrag wie die (Einzel-)Mindestkapitalanforderung mit anrechnungsfähigen Basiseigenmitteln gem. § 95 VAG zu bedecken. Die Eigenmittel sind nach §§ 250 Abs. 1 S. 2, 253 bis 260 VAG zu berechnen. Demnach ist auch hier, wie bei der Berechnung der die Gruppen-Solvabilitätskapitalanforderung bedeckenden Eigenmittel, insbesondere auf den Ausschluss der gruppeninternen Kapitalschöpfung zu achten.

16 **b) Rechtsfolge der Nicht-Bedeckung.** Für den Fall der Nichtbedeckung des Mindestbetrags gilt **§ 135 Abs. 1 und 2 VAG** über die Mindestkapitalanforderung entsprechend: die Gruppe hat die (drohende) Nichtbedeckung unverzüglich der Gruppenaufsichtsbehörde anzuzeigen und einen Finanzierungsplan zur Genehmigung vorzulegen, der die Wieder-Bedeckung des Mindestbetrags darlegt. Allerdings gilt ausdrücklich nicht § 135 Abs. 3 VAG: die Gruppenaufsichtsbehörde darf nicht die freie Verfügung über Vermögenswerte einschränken. Diese Rechtsfolge wäre auf Gruppenebene auch nicht möglich, da die Gruppe selbst kein Rechtssubjekt ist.[12]

17 **c) Auswirkungen auf Anrechnungsfähigkeit und Begrenzungen.** Darüber hinaus führt das Konzept des Mindestbetrags der Solvabilitätskapitalanforderung ebenso wie auf Einzelebene implizit zu einer **Änderung der Regelung zu Anrechnungsfähigkeit und Begrenzungen von Eigenmitteln**. Die Pflicht zur Bedeckung des Mindestbetrags und die Verweise auf die Regelung des § 95 VAG betreffend die (Einzel-)Mindestkapitalanforderung heben den Mindestbetrag in den **Rang einer Gruppen-Mindestkapitalanforderung**. Gem. § 95 VAG iVm Art. 82 Abs. 2 lit. b Solva II-VO dürfen in Bezug auf die Einhaltung der Mindestkapitalanforderung die anrechnungsfähigen Beträge der Tier-2-Bestandteile nicht mehr als 20 % der Mindestkapitalanforderung ausmachen. In Bezug auf die Einhaltung der Solvenzkapitalanforderung dürfen sie dagegen nach Art. 82 Abs. 1 lit. c Solva II-VO bis zu 50 % betragen. In Bezug auf die Begrenzung von 50 % sind auch Tier-3-Bestandteile zu zählen. Damit ist die Begrenzung in Bezug auf die Einhaltung der Mindestkapitalanforderung dann enger, wenn die Mindestkapitalanforderung mehr als 40 % der Gruppen-Solvabilitätskapitalanforderung beträgt. Angesichts der grundsätzlichen Festlegung des Mindestbetrags auf 45 % der Summe der (Einzel-) Solvabilitätskapitalanforderungen ist dies nur dann ausnahmsweise nicht der Fall, wenn in die Gruppen-Solvabilitätskapitalanforderung in großem Umfang die Anforderungen von Unternehmen einfließen, die nicht in der Berechnung des Mindestbetrags berücksichtigt werden, z. B. zwischengeschaltete Holdinggesellschaften. Da dem aber die Diversifikationseffekte entgegenwirken, ist der Fall praktisch nicht vorstellbar.

18 **Beispiel**: die Gruppe besteht aus zwei Versicherungsunternehmen, deren (Einzel-)Mindestkapitalanforderung jeweils 10 Mill. EUR und deren (Einzel-)Solvabilitätskapitalanforderung jeweils 20 Millionen EUR beträgt. Der Mindestbetrag der Gruppen-Solvabilitätskapitalanforderung beträgt damit 20 Mill. EUR, die Gruppen-Solvabilitätskapitalanforderung 40 Millionen EUR (keine Diversifikation). In Bezug auf die Bedeckung der Gruppen-Solvabilitätskapitalanforderung dürfen die Tier-2-Bestandteile bis zu 15 Millionen EUR (50 %) betragen, in Bezug auf die Bedeckung des Mindestbetrags dagegen nur bis zu 8 Millionen EUR (20 %). Damit überlagert die Begrenzung nach Art. 82 Abs. 2 Solva II-VO auf Gruppenebene deutlich die nach Art. 82 Abs. 1 lit. c Solva II-VO.

19 **V. Internes Modell (Abs. 2). 1. Allgemeines. a) Abgrenzung zu § 262 VAG.** Abs. 2 erlaubt die **Berechnung der konsolidierten Gruppen-Solvabilitätskapitalanforderung mit einem genehmigten internen Modell anstelle der Standardformel**. Auf Gruppenebene sind zwei Arten des internen Models zu unterscheiden, zum einen das interne Modell zur ausschließlichen Berechnung der

[12] Vgl. *Kraft* in Gründl/Kraft, S. 166.

konsolidierten Solvabilitätskapitalanforderung der Gruppe gem. § 261 Abs. 2 VAG und Art. 343 Solva II-VO, sowie zum anderen das gruppeninterne Modell gem. § 262 VAG und Art. 347 ff. Solva II-VO. Sie unterscheiden sich dadurch, dass nur das gruppeninterne Modell zur Berechnung der Solvabilitätskapitalanforderung von sowohl der Gruppe als auch von einzelnen Versicherungsunternehmen (aus einem Mitglied- oder Vertragsstaat) der Gruppe verwendet wird. **Das interne Modell gem. § 261 Abs. 2 Solva II-VO wird dagegen ausschließlich zur Berechnung der konsolidierten Solvabilitätskapitalanforderung der Gruppe verwendet**, während die Solvabilitätskapitalanforderungen einzelner Versicherungsunternehmen mit der Standardformel oder einem anderen internen Modell berechnet werden. Die getrennte Berechnung von Einzel-Solvabilitätskapitalanforderung und Beitrag zur Gruppen-Solvabilitätskapitalanforderung eines Unternehmens kann vor dem Hintergrund der hohen Anforderungen an den Verwendungstest lohnend sein.[13] Sie gilt aber als zu rechtfertigende Ausnahme.[14]

Die Modellregime gem. **§ 261 und § 262 VAG** schließen sich nicht gegenseitig aus, sondern können **kumulativ zur Anwendung kommen. Beispiel**: dies ist der Fall, wenn das Modell zur Berechnung der Gruppen-Solvabilitätskapitalanforderung neben dem obersten Mutterunternehmen A die verbundenen Unternehmen B und C erfasst, von denen B, aber nicht C, das Modell auch zur Berechnung seiner (Einzel-)Solvabilitätskapitalanforderung verwendet. Die Befugnisse der Aufsichtsbehörde von C, die eine „an der Prüfung des Antrags beteiligte Aufsichtsbehörde" ist, richten sich nach Art. 343–345 Solva II-VO. Die Befugnisse der Aufsichtsbehörde von B, die eine „betroffene Aufsichtsbehörde" ist, richten sich nach Art. 347, 349 Solva II-VO. 20

b) Voll- und Partialmodell. Das interne Modell gem. § 261 Abs. 2 VAG kann in der Form des Voll- oder des Partialmodells beantragt werden. Ein Partialmodell liegt vor, wenn es nicht alle **Risikomodule** umfasst (wie auf Einzelebene gem. § 112 VAG), und/oder wenn sich nicht alle **Tochterunternehmen** im Anwendungsbereich des Modells befinden. Hierunter sind nicht alle Versicherungsunternehmen (eines Mitglied- und Vertragsstaats oder Drittstaats), gemischten Finanzholding-Gesellschaften, Versicherungs-Holdinggesellschaften und Nebendienstleistungsunternehmen, die Tochterunternehmen oder Gemeinschaftsunternehmen und gem. Art. 335 Abs. 1 Solva II-VO zu konsolidieren sind, zu verstehen. Aus **Art. 343 Abs. 5 lit. a i Solva II-VO** folgt vielmehr, dass hierunter nur Versicherungsunternehmen (eines Mitglied- und Vertragsstaats oder Drittstaats) fallen, da nur diese eine Aufsichtsbehörde haben. Weiterhin erfolgt die Wahl des Modells in Bezug auf die übrigen Unternehmen nicht gesondert, vielmehr richtet sich nach der Wahl in Bezug auf das Mutter-Versicherungsunternehmen. 21

Für Partialmodelle gelten zusätzlich die **Anforderungen des Art. 239 Solva II-VO**. Dieser verlangt grundsätzlich die Anwendung der in Solva II-RL und Solva II-VO (Anhang XVIII) genannten Integrationstechniken. Sie regeln allerdings die Integration von Modulen der Standardformel in ein internes Modell auf Einzelebene gem. § 112 VAG bzw. erlauben nicht die Berücksichtigung von Diversifikationseffekten zwischen Versicherungsunternehmen im und außerhalb des Anwendungsbereichs des Modells. Da diese aber bestehen, würde eine solche Integrationstechnik nicht angemessen das Risikoprofil der Gruppe widerspiegeln und wäre nicht geeignet (Art. 239 Abs. 5 Solva II-VO). Auf der Basis kann die Gruppe der Gruppenaufsichtsbehörde eine **alternative Integrationstechnik als Teil des Modellantrags** zur Genehmigung vorlegen (Art. 239 Abs. 3 Solva II-VO). Die gewählte Integrationstechnik ist im Antrag gem. Art. 2 Abs. 4 lit. r DVO 460/2015 zu erklären. 22

2. Antragsverfahren. a) Anwendbare Vorschriften. Es sind die diesbezüglichen Vorschriften auf Einzel- und Gruppenebene zu beachten.[15] Im Folgenden werden nur die gruppenspezifischen Besonderheiten gegenüber § 111 VAG und der DVO 2015/460 dargestellt.[16] 23

b) Beteiligte, zuständige Behörde. Beteiligter des Antragverfahrens (§ 13 Abs. 1 Nr. 1 VwVfG) ist das **oberste Mutterunternehmen** nach §§ 247 Abs. 1, 248 Abs. 1, 266 S. 1 VAG, das Versicherungsunternehmen, gemischte Finanzholding-Gesellschaft oder Versicherungs-Holdinggesellschaft ist. Zuständige Behörde ist gem. Art. 343 Abs. 1 Solva II-VO die **Gruppenaufsichtsbehörde**. Denn alleine ihr obliegt nach § 281 Abs. 1 Nr. 1, 2 VAG die Zuständigkeit für die Beurteilung der Gruppensolvabilität. 24

c) Vorprüfung. Mehr noch als auf Einzelebene gebietet die Komplexität der internen Modelle sowie der **Abstimmungsbedarf im Kollegium** angesichts der knappen Prüfungsfrist in der Praxis, dass dem förmlichen Antragsverfahren ein informelles **Vorprüfungsverfahren einschließlich Vor-Ort-Überprüfungen** vorangeht. Im Fall der erstmaligen Beantragung eines Modells kann die Vorprüfung Jahre und damit deutlich länger als das förmliche Verfahren dauern. 25

---

[13] S. u. Rn 49 f.
[14] Vgl. Art. 344 Abs. 2 Solva II-VO.
[15] S. o. Rn. 3.
[16] Für die Genehmigung berechnet die BaFin eine Gebühr i. H. v. 49.920 bis 500.000 EUR (Ziffer 6.10.5.3 des Anhangs zu FinDAGKostV).

26 **d) Schriftform des Antrags.** Gemäß Art. 343 Abs. 1 Solva II-VO ist der Antrag schriftlich zu stellen. **Zusätzlich** besteht die BaFin auf der Einreichung des Antrags **in elektronischer Form**, um die Bearbeitung durch mehrere Aufsichtsbehörden und Mitarbeiter sicherzustellen. Gem. § 3a Abs. 2 VwVfG kann die Papierform durch die elektronische Form ersetzt werden; die Durchführbarkeit sollte angesichts der technischen Hürden der qualifizierten elektronischen Signatur mit der BaFin unbedingt vorab besprochen werden.

27 **e) Verfahrenssprache.** Gem. Art. 343 Abs. 1 Solva II-VO ist der Antrag an die BaFin als Gruppenaufsichtsbehörde **in deutscher Sprache** zu stellen. Zwar gestattet die Vorschrift der Gruppenaufsichtsbehörde, optional auf den Antrag in deutscher Sprache zu verzichten, und stattdessen einen Antrag in anderer Sprache zu akzeptieren. Dies wäre entsprechend Art. 343 Abs. 4 Solva II-VO die von den an der Prüfung beteiligten Aufsichtsbehörden gemeinhin verstandene Sprache, in der Regel die englische. Dies gilt aber nicht für die BaFin als Gruppenaufsichtsbehörde, da dem **§ 23 Abs. 3 VwVfG** entgegensteht. Danach vermag ein Antrag eine Frist,[17] innerhalb deren die Behörde in einer bestimmten Weise tätig werden muss, erst mit dem Zeitpunkt in Lauf zu setzen, in dem der Behörde der Antrag in deutscher Sprache vorliegt. Diese Regelung wird nicht von Art. 343 Abs. 1 Solva II-VO verdrängt, da diese der Gruppenaufsichtsbehörde Ermessen einräumt; im Rahmen der Ermessenentscheidung hat die BaFin § 23 Abs. 3 VwVfG zu beachten.

28 Dieses Ergebnis birgt **große praktische Probleme** im Falle von internationalen Gruppen, wenn Englisch die gängige Arbeitssprache sowohl der Gruppe als auch des Aufsichtskollegiums, einschließlich der Gruppenaufsichtsbehörde BaFin, ist. Insoweit kann die Pflicht zur Übersetzung des Antrags in die deutsche Sprache eine reine Formalie darstellen. Eine **Hilfestellung bietet § 23 Abs. 2 VwVfG**, der zwischen dem „**Antrag selbst**", der nach Abs. 3 stets zu übersetzen ist, und „**sonstigen Dokumenten**", die nicht zwingend zu übersetzen sind, unterscheidet. Die genaue Abgrenzung ist in der Praxis mit der BaFin abzustimmen. Das gemeinsame Verständnis von Versicherungsgruppe und BaFin sollte in einem öffentlich-rechtlichen Vertrag festgehalten werden; in dem wird die BaFin regelmäßig darauf bestehen, dass sie die Übersetzung weiterer Dokumente auf Kosten des Antragstellers verlangen kann. Mindestens zum Antrag selbst, der in deutscher Sprache zu stellen ist, gehören das Begleitschreiben nach Art. 2 Abs. 4 lit. a DVO 2015/460 einschließlich der Beschreibung des Modells sowie die Begründung der Einhaltung der Anforderungen der Art. 2 Abs. 4 lit. b (Risikoabdeckung), lit. c (Verwendungstest) sowie der übrigen Anforderungen der §§ 111–121 VAG und Art. 222–247 sowie 346 Solva II-VO. Die „sonstigen Dokumente" wären die den Antrag unterstützende und weiter ausführende Dokumentation, vor allem technische Spezifizierungen des Modells oder die Leitlinien. Deren Vorlage in regelmäßig englischer Originalsprache stellt zudem sicher, dass die tatsächlich von der Gruppe verwendete und „gelebte" Dokumentation Gegenstand des Antrags ist.

29 Jede an der Prüfung beteiligte Aufsichtsbehörde hat nach Art. 343 Abs. 4 Solva II-VO das Recht, von der Gruppenaufsichtsbehörde zu verlangen den Antragsteller anzuweisen, eine Übersetzung des gesamten Antrags oder relevanter Teile in die im Aufsichtskollegium am besten verstandenen Sprache vorzulegen. Die Vorschrift räumt der Gruppenaufsichtsbehörde nach ihrem Wortlaut kein Ermessen ein, es handelt sich um eine gebundene Entscheidung.

30 **f) Abstimmung im Aufsichtskollegium.** Gegenüber dem Antragsteller tritt ausschließlich die Gruppenaufsichtsbehörde in Erscheinung; die übrigen an der Prüfung beteiligten Aufsichtsbehörden sollen, anders als im Fall des Antrags gem. § 262 VAG, nicht Informationen von Versicherungsunternehmen anfordern, die in den Anwendungsbereich des Modells einbezogen sind.[18] Die verwaltungsinterne Mitwirkung der übrigen Aufsichtsbehörden des Aufsichtskollegiums (§ 283 VAG) ist nach dem Grad ihrer Betroffenheit abgestuft. Die Aufsichtsbehörden von Versicherungsunternehmen, die in den Anwendungsbereich des Modells einbezogen sind, gelten nach Art. 343 Abs. 2, 3 Solva II-VO als **an der Prüfung des Antrags beteiligte Aufsichtsbehörden**. Ihnen hat die BaFin als Gruppenaufsichtsbehörde nach Art. 343 Abs. 3 Solva II-VO den Antrag weiterzuleiten, und sie muss auf deren Begehren hin seine Übersetzung verlangen.[19] Weiterhin muss die BaFin die an der Prüfung des Antrags beteiligten Aufsichtsbehörden gem. Art. 344 Abs. 1 Solva II-VO zu ihrer Beurteilung der Genehmigungsfähigkeit des Modells konsultieren. Anders als nach § 262 VAG haben etwaige abweichende Beurteilungen aber keine rechtlichen Folgen; der Unterschied ist dadurch begründet, dass das Modell gem. § 260 VAG nicht auch zur Berechnung der (Einzel-)Solvabilitätskapitalanforderung eines Versicherungsunternehmens verwendet wird. Nichtsdestotrotz ist die Konsultation dieser Aufsichtsbehörden notwendig, da sie über genauere Informationen über das Risikoprofil der von ihnen beaufsichtigten Versicherungsunternehmen verfügen, deren Beitrag zur Gruppen-Solvabilitätskapitalanforderung mit dem Modell berechnet wird.

[17] Hier die des § 11 Abs. 5 VAG.
[18] Dies folgt aus der gesamten Gestaltung des Verfahrens sowie aus dem Umkehrschluss zur EIOPA-LL 3 Verwendung interner Modelle.
[19] S. o. Rn. 27 ff.

Demgegenüber werden die übrigen, nicht-beteiligten Aufsichtsbehörden des Aufsichtskollegiums nach Art. 344 Abs. 2 Solva II-VO nur begrenzt konsultiert. Dies sind Aufsichtsbehörden von verbundenen Versicherungsunternehmen, deren Beitrag zur Gruppen-Solvabilitätskapitalanforderung mit der Standardformel berechnet wird. Sie dürfen nicht ihre allgemeine Meinung zur Genehmigungsfähigkeit des internen Modells äußern, sondern lediglich vorbringen, ob bzw. dass der Ausschluss der von ihnen beaufsichtigten Versicherungsunternehmen aus dem Anwendungsbereich des Modells zu einer wesentlichen Unterschätzung der Risiken der Gruppe führt, oder aber dass das Gruppen-Modell mit einem auf Einzelebene genehmigten bzw. beantragten internen Modell im Widerspruch steht.[20] Der erste Fall kann vorliegen, wenn das Modell eine von der Standardformel abweichende Methodik aufweist, die nur in Bezug auf ein aus dem Anwendungsbereich ausgeschlossenes Versicherungsunternehmen zu einer höheren Solvabilitätskapitalanforderung führt, in Bezug auf die eingeschlossenen Versicherungsunternehmen dagegen zu einer geringeren Solvabilitätskapitalanforderung. Der zweite Fall öffnet das Tor zu **grundsätzlichen methodischen Meinungsverschiedenheiten der Aufsichtsbehörden** unabhängig vom Risikoprofil einzelner Gruppen.[21] Diese bestehen, weil für ein internes Modell die Abdeckung aller wesentlichen und quantifizierbaren Risiken (§ 116 Abs. 1 VAG, Art. 233 Abs. 1 Solva II-VO) unabhängig von der Methodik der Standardformel verlangt wird. Unterschiedliche Auffassungen bestehen unter den Aufsichtsbehörden insbesondere darüber, ob bei der Berechnung der Untermodule für das Konzentrationsrisiko und das Spread-Risiko Forderungen an die Zentralstaaten oder Zentralbanken der Mitgliedstaaten, sowie ob Risiken aus Pensionsverpflichtungen zu modellieren sind. Nichtsdestotrotz ist zu beachten, dass die Gruppenaufsichtsbehörde nicht an unterschiedliche Auffassungen der anderen Aufsichtsbehörden gebunden ist. Es ist grundsätzlich legitim, dass ein unterschiedliches Modell für die Berechnung der Solvabilitätskapitalanforderung eines Versicherungsunternehmens als für die Berechnung seines Beitrags zur konsolidierten Gruppen-Solvabilitätskapitalanforderung verwendet wird. Im ersten Fall erfolgt die Verwendung (§ 115 VAG) durch das Versicherungsunternehmen selbst, im zweiten Fall durch das oberste Mutterunternehmen der Gruppe.[22] 31

Über die Anforderungen des Art. 343 Solva II-VO und des § 283 VAG[23] hinaus kann es für die Gruppenaufsichtsbehörde geboten sein, auch die Aufsichtsbehörde eines vom Anwendungsbereich des Modells erfassten Versicherungsunternehmen eines Drittstaats zu konsultieren. Denn ohne die Mitwirkung dieser Drittstaats-Behörde kann der Gruppenaufsichtsbehörde im Einzelfall die Überprüfung schwer fallen, ob das Modell in Bezug auf das Versicherungsunternehmen die wesentlichen Risiken abdeckt. Die Mitwirkung erfordert einen Informationsaustausch zwischen den Aufsichtsbehörden, der der Zustimmung des obersten Mutterunternehmens bedarf und der die Vertraulichkeit der Informationen zu gewährleisten hat.[24] 32

g) Teilgruppe. Der Antrag auf Genehmigung des Modells kann sich auch lediglich auf die Teilgruppe einer Gruppe beziehen, während die restliche Gruppe ein anderes internes Modell oder die Standardformel verwendet. Die **Zulässigkeit folgt aus § 349 VAG**, wonach sogar eine nationale Teilgruppe, deren oberstes Mutterunternehmen und deren Zwischen-Mutterunternehmen ihren Sitz in Deutschland haben, vorübergehend zwei Modelle verwenden dürfen. Für eine Teilgruppe, deren oberstes Mutterunternehmen auf nationaler Ebene seinen Sitz in einem anderen Mitglied- und Vertragsstaat als das oberste Mutterunternehmen auf Ebene der Mitglied- oder Vertragsstaaten hat, gilt die zeitliche Befristung nicht.[25] In einem solchen Fall hat die Gruppe eine **partielle Integrationstechnik** zu verwenden, um die konsolidierte, mit dem internen Modell berechnete Solvabilitätskapitalanforderung der Teilgruppe in die der übrigen Gruppe, die entweder mit der Standardformel oder einem anderen internen Modell berechnet wird, zu integrieren. 33

h) Verfahrensdauer. Besonderheiten beim Verfahrensgang bestehen im Hinblick auf die Prüfung der Vollständigkeit des Antrags nach Art. 3 Abs. 2, 3 DVO 460/2015, nach der sich der Beginn der Genehmigungsfrist von sechs Monaten richtet. Nicht ausdrücklich geregelt ist die Frage, wie sich das Übersetzungsverlangen der Gruppenaufsichtsbehörde gem. Art. 343 Abs. 4 Solva II-VO auf die Frist auswirkt. Die Regelungslücke resultiert daher, dass die DVO 460/2015 unmittelbar die Antragstellung auf Einzelebene regelt, wo sich die Sprachenthematik nicht stellt. Diese Lücke ist durch die analoge Anwendung von § 262 Abs. 2 S. 2 VAG und Art. 347 Abs. 5 Solva II-VO zu schließen. Danach erfolgt das **Übersetzungsverlangen erst nach Feststellung der Vollständigkeit des Antrags** und kann damit nicht die Vollständigkeit und den Fristbeginn berühren. Hierdurch verkürzt sich zwar die Zeit, die den an der Prüfung beteiligten Aufsichtsbehörden für eine Prüfung in einer für sie verständlichen Sprache zur Verfügung steht. Wenn dies allerdings sogar für betroffene Aufsichtsbehörden nach Art. 347 34

[20] Hierbei handelt es sich um ein internes Modell nach § 111 VAG bzw. der entsprechenden Vorschrift ausländischen Rechts, das zur Berechnung der (Einzel-)Solvabilitätskapitalanforderung verwendet werden soll.
[21] Dies gilt allerdings gleichermaßen für an der Prüfung beteiligte Aufsichtsbehörden.
[22] S. u. Rn. 49 f.
[23] Das Kollegium der Aufsichtsbehörden umfasst lediglich Behörden aus einem Mitglied- und Vertragsstaat.
[24] Vgl. EIOPA-LL 63 Verwendung interner Modelle.
[25] Vgl. § 248 VAG Rn. 17 ff.

Solva II-VO gilt, muss es erst recht für die an der Prüfung beteiligten Aufsichtsbehörden gelten. Nichtsdestotrotz ist in der Praxis eine einvernehmliche Lösung zu suchen. Angesichts des hohen Umfangs des Antrags und dementsprechend der Übersetzung ist eine frühzeitige Klärung zwischen Antragsteller und Gruppenaufsichtsbehörde notwendig; diese sollte in einem öffentlich-rechtlichen Vertrag verbindlich geregelt werden. Für Gruppe mit starkem Auslandsbezug und daher international besetztem Aufsichtskollegium ist die Verwendung der englischen Sprache unentbehrlich; hier ist umgekehrt zu regeln, welche Teile des Antrags in die deutsche Sprache zu übersetzen sind.[26]

35 **i) Entscheidung.** Art. 345 Solva II-VO enthält besondere Bestimmungen für die Entscheidung der Gruppenaufsichtsbehörde über den Antrag. Sie ergeht erst nach Konsultation der anderen zuständigen Aufsichtsbehörden und gegenüber dem Antragsteller und den genannten Behörden. Im Fall von Meinungsverschiedenheiten zwischen den Aufsichtsbehörden **findet das Streitschlichtungsverfahren nach der EIOPA-VO nicht statt**; dies folgt aus dem Umkehrschuss zu § 262 Abs. 5 VAG. Im Fall eines Partialmodells kann die Entscheidung unter der Auflage der Vorlage eines Erweiterungsplans ergehen.[27]

36 **3. Angaben im Antrag. a) Angaben zu weiteren Anträgen.** Gem. Art. 2 Abs. 4 lit. a, v DVO 2015/460 hat der Antragsteller auf **weitere Genehmigungsanträge gem. Art. 308a Abs. 1 Solva II-RL** hinzuweisen, die bereits eingereicht wurden oder innerhalb der nächsten sechs Monate vorgesehen sind. Hierbei handelt es sich nach Sinn und Zweck um solche Anträge, deren Antragsteller ebenfalls das oberste Mutterunternehmen ist, nicht aber solche, deren Antragsteller ein Versicherungsunternehmen ist, dessen Beitrag zur Gruppen-Solvabilitätskapitalanforderung mit dem Modell berechnet wird.

37 Besonderheiten sind in Bezug auf die folgenden Anträge zu beachten. Die **Anwendung unternehmensspezifischer Parameter** ist wie auf Einzelebene nur möglich, soweit das Modell ein Partialmodell ist, das zur Berechnung des Versicherungsrisikos ein Modul der Standardformel enthält. Die Verwendung der **Matching-Anpassung** bzw. der **Volatilitätsanpassung** für die maßgebliche risikofreie Zinskurve kann bzw. braucht auf Gruppenebene nicht beantragt zu werden. Die Verwendung folgt vielmehr der Verwendung des Versicherungsunternehmens auf Einzelebene. In Bezug auf Versicherungsunternehmen eines Drittstaats kann die Gruppe die Verwendung frei entscheiden. Dies folgt daraus, dass auf Gruppenebene kein Antragsverfahren und keine Zuständigkeit der Gruppenaufsichtsbehörde geregelt sind. Eine entsprechende Geltung der Regelungen der Einzelebene wird nicht angeordnet, eine analoge Geltung scheidet mangels Regelungslücke aus. Dies ergibt sich insbesondere daraus, dass ansonsten die Gruppenaufsichtsbehörde in Bezug auf ein Versicherungsunternehmen die Verwendung der genannten Anpassungen oder Maßnahmen für die Zwecke der Berechnung der Gruppen-Solvabilitätskapitalanforderung ohne Konsultation der zuständigen Aufsichtsbehörde genehmigen könnte. Dagegen sieht § 350 S. 1 VAG die entsprechende Geltung der **Übergangsmaßnahmen nach §§ 351 f. VAG** (risikofreie Zinssätze, versicherungstechnische Rückstellungen) auf Gruppenebene vor. Die Gruppe hat in ihrem Antrag gem. § 261 Abs. 2 VAG dementsprechend auf die anderweitige Antragstellung oder die Absicht hinzuweisen. Die Anwendung der Übergangsmaßnahmen und die Verwendung eines internen Modells schließen sich nicht per se aus; ansonsten hätte Art. 2 Abs. 4 lit. a, v DVO 2015/460 nicht die Hinweispflicht zu regeln brauchen. Nichtsdestotrotz ist im Einzelfall zu prüfen, ob die Verwendung eines noch stärker als die Standardformel auf ökonomischen Prinzipien basierenden Modells erfolgen kann, wenn die Gruppe für die Berechnung der Gruppen-Solvabilitätskapitalanforderung auf Übergangsmaßnahmen zurückgreift, die nicht im Einklang mit ökonomischen Prinzipien stehen.

38 **b) Dokumentationstiefe in Bezug auf verbundene Unternehmen.** Die im Antrag enthaltene **Dokumentation braucht sich grundsätzlich nur auf das oberste Mutterunternehmen zu beziehen**. Zwar wird auch der Beitrag weiterer verbundener Unternehmen zur Gruppen-Solvabilitätskapitalanforderung mit dem Modell berechnet, aber sowohl Berechnung als auch Verwendung des Modells erfolgen alleine durch das oberste Mutterunternehmen. Andererseits ist offensichtlich, dass das oberste Mutterunternehmen in der Regel nicht ohne Delegation an die verbundenen Unternehmen die Einhaltung der Modellanforderungen gewährleisten kann.[28] Zumindest die Datenerfassung und -eingabe sowie die Beurteilung der Abdeckung aller wesentlichen Risiken sind lokale Prozesse bzw. Einschätzungen. Als Teil der einheitlichen Modell-Governance der Gruppe wird die Gruppe einheitliche Vorgaben machen, denen die verbundenen Unternehmen zu folgen haben.

39 Es hängt von den Umständen des Einzelfalls ab, ob die Gruppenaufsichtsbehörde lediglich die Vorlage der Dokumentation der Gruppe verlangt, oder aber auch Nachweise der Umsetzung und Anwendung der Vorgaben der Gruppe auf lokaler Ebene verlangt. Gem. dem Proportionalitätsprinzip (§ 296 VAG) hängt dies von der Bedeutung der einzelnen verbundenen Unternehmen für die Gruppen-Solvabilitätskapitalanforderung ab. Dementsprechend kann insoweit auch eine größere Dokumentationstiefe im

[26] S. o. Rn. 27 ff.
[27] S. u. Rn. 51.
[28] S. u. Rn. 48.

Hinblick auf Versicherungsunternehmen eines Drittstaats als für Versicherungsunternehmen notwendig sein, wenn erstere einen höheren Anteil an der Gruppen-Solvabilitätskapitalanforderung haben. In Bezug auf sämtliche Versicherungsunternehmen (eines Mitglied- und Vertragsstaats oder Drittstaats) gilt EIOPA-LL 2 Verwendung interner Modelle, wonach die Einreichung der Dokumentation von verbundenen Unternehmen nur notwendig ist, wenn die Informationen nicht in der Dokumentation der Gruppe enthalten sind.[29]

c) Hauptgeschäftsbereiche. Gem. **Art. 2 Abs. 4 lit. q DVO 460/2015** ist eine Einstufung der Geschäftstätigkeit der Gruppe in Hauptgeschäftsbereiche vorzunehmen. Dies sind auf Gruppenebene gem. Art. 1 Abs. 42 Solva II-VO zumindest **jede zur Gruppe gehörende juristische Person** oder aber bestimmte **Segmente der Gruppe mit organisatorischer Eigenständigkeit**. Die Einstufung hat vor dem Hintergrund der Anforderung des **Art. 224 lit. c Solva II-VO** zu erfolgen; danach muss das interne Modell zwingend eine Solvabilitätskapitalanforderung in Bezug auf jeden Hauptgeschäftsbereich produzieren können. Weiterhin muss die Zuordnung von Gewinnen und Verlusten im Modell gem. Art. 240 Abs. 1 lit. b Solva II-VO ebenfalls auf Ebene der Hauptgeschäftsbereiche möglich sein. 40

Eine Einstufung etwa aller Versicherungsunternehmen aus dem Segment Schaden/Unfall zu Hauptgeschäftsbereichen sollte nur erfolgen, wenn das Modell für diese eine gesonderte Solvabilitätskapitalanforderung berechnen kann, und diese auch zur Steuerung oder für das Risikomanagement verwendet wird. Teleologisch zu reduzieren ist die Anforderung, dass mindestens jede juristische Person einen Hauptgeschäftsbereich bildet. Zunächst können nur solche juristische Personen gemeint sein, in Bezug auf die die konsolidierte Gruppen-Solvabilitätskapitalanforderung nach § 261 Abs. 1 VAG mit dem internen Modell berechnet wird. Dieser Katalog ist weiter zu reduzieren. Der hohe Berechnungsaufwand ist nicht gerechtfertigt, insoweit in Bezug auf Nicht-Versicherungsunternehmen keine Steuerung auf Einzel-Gesellschaftsebene erfolgt. Dies gilt in der Regel für sämtliche Versicherungs-Holdinggesellschaften, gemischte Finanzholding-Gesellschaften und Nebendienstleistungsunternehmen. Dass der zu weit gefasste Wortlaut missglückt ist, ist auch daran zu erkennen, dass weder Solva II-RL noch Solva II-VO im Übrigen von juristischen Personen sprechen.[30] 41

d) Liste der verbundenen, vom Modell erfassten Unternehmen. Gem. **Art. 343 Abs. 5 lit. a i Solva II-VO** sind die Unternehmen im Anwendungsbereich des internen Modells nebst weiteren Informationen aufzulisten. Dies ist nicht auf Versicherungsunternehmen (eines Mitglied- und Vertragsstaats oder Drittstaats) beschränkt, sondern erfasst auch Holdinggesellschaften und Nebendienstleistungsunternehmen. 42

e) Rechtliche und organisatorische Struktur der Gruppe. Umfangreiche Angaben sind nach **Art. 343 Abs. 5 lit. a ii Solva II-VO** gefordert, die zudem nicht auf die Unternehmen im Anwendungsbereich des internen Modells beschränkt sind. Die Beschreibung der Tochterunternehmen kann entlang der Kategorien des Art. 335 Abs. 1 Solva II-VO erfolgen, die den Unternehmensgegenstand und die aufsichtsrechtliche Einstufung hinreichend beschreiben. 43

f) Liste der verbundenen, nicht vom Modell erfassten Unternehmen. Gem. **Art. 343 Abs. 5 lit. a iii Solva II-VO** sind die verbundenen Unternehmen mit Angabe von Gründen aufzulisten, die nicht im Anwendungsbereich des internen Modells sind. Die Gründe dafür sind in der Regel der hohe Aufwand der Einbeziehung. Dass der Ausschluss zu einer Unterschätzung der Gesamtrisiken der Gruppe führt, kann durch Beschreibung der Geschäftstätigkeiten dieser ausgeschlossenen Unternehmen sowie deren Solvabilitätskapitalanforderung nach der Standardformel im Verhältnis zur konsolidierten Solvabilitätskapitalanforderung mit dem internen Modell widerlegt werden. 44

g) Rechtfertigung der Beschränkung des Anwendungsbereichs des Modells auf die Berechnung der Gruppen-Solvabilitätskapitalanforderung. Gem. **Art. 343 Abs. 5 lit. a iv Solva II-VO** ist zu rechtfertigen, weshalb der Antrag nach § 261 VAG (Modell zur ausschließlichen Berechnung der Gruppen-Solvabilitätskapitalanforderung), nicht aber nach § 262 VAG (gruppeninternes Modell) gestellt wird, und ob es Pläne zur Ausdehnung des Anwendungsbereichs des Modells gibt. Legitimer Grund hierfür ist regelmäßig der Aufwand des Antragsverfahrens für das einzelne Unternehmen, der höher ist, als wenn das Modell nur zur Berechnung der Gruppen-Solvabilitätskapitalanforderung in Bezug auf das Unternehmen verwendet wird. 45

h) Kapitalanforderungen. Nach **Art. 343 Abs. 5 lit. b Solva II-VO** sind verschiedene Kapitalanforderungen zu beziffern. Dies umfasst die Gruppen-Solvabilitätskapitalanforderung berechnet mit dem Modell und der Standardformel sowie die Einzel-Solvabilitätskapitalanforderung berechnet mit 46

[29] Die Leitlinie gilt unmittelbar nur für Modelle nach § 262 VAG. Ihr Regelungsgehalt trifft aber auf Modelle nach § 261 VAG umso mehr zu: wenn das verbundene Versicherungsunternehmen nur bei der Berechnung der Gruppen-Solvabilitätskapitalanforderung vom Modell erfasst wird, ist eine Dokumentation des Unternehmens selbst umso entbehrlicher.

[30] Diese Auslegung folgt den Geboten der Unternehmenspraxis und entspricht nicht notwendig der Auffassung der BaFin.

der Standardformel aller Versicherungsunternehmen (eines Mitglied- und Vertragsstaats oder Drittstaats).[31]

47 Schließlich ist die **Differenz zwischen der Summe der Solvabilitätskapitalanforderungen aller verbundenen Versicherungsunternehmen (eines Mitglied- und Vertragsstaats oder Drittstaats) und der mit dem internen Modell berechneten konsolidierten Gruppen-Solvabilitätskapitalanforderung** zu erläutern. Diese Anforderung legt die BaFin eng nach dem Wortlaut aus. Dabei ist im Fall von Partialmodellen zu beachten, dass ungleiche Posten miteinander verglichen werden. Der aggregierte Wert (Summe der Solvabilitätskapitalanforderungen) umfasst sämtliche Versicherungsunternehmen, während der konsolidierte Wert lediglich die vom Modell erfassten Versicherungsunternehmen (und weitere Nicht-Versicherungsunternehmen) umfasst. Diese unterschiedliche Methodik ist sodann die erste Erklärung der Differenz. Weitere sind die Berücksichtigung von Diversifikationseffekten sowie die unterschiedliche Behandlung von Beteiligungen eines Mutterunternehmens auf Einzel- und Gruppenebene.[32]

48 **4. Abdeckung wesentlicher Risiken, Modell-Governance.** Ebenso wie auf Einzelebene muss das Modell gem. §§ 113 Abs. 1 Nr. 4, 116 Abs. 1 S. 1 VAG das Risikoprofil der Gruppe angemessen abbilden bzw. alle wesentlichen Risiken der Gruppe abdecken, und nach Art. 224 Solva II-VO auf die Geschäftstätigkeiten abgestimmt sein. Dies wird dem obersten Mutterunternehmen, das alleine Antragsteller ist, regelmäßig nicht ohne **Einbeziehung der verbundenen Unternehmen** gelingen. Nur diese können beurteilen, ob die Annahmen des Modells zu den tatsächlichen Risiken passen, und nur diese verfügen überhaupt über die notwendigen Daten. Daher hat das oberste Mutterunternehmen mittels schriftlicher Leitlinien eine **interne Modell-Governance zu den Bereichen Modell-Entwicklung, -Validierung, -Genehmigung und -Änderung zu erstellen**, die auch die vom Modell erfassten verbundenen Unternehmen entsprechend §§ 113 Abs. 1 Nr. 2–4, 120, 121 VAG bindet.

49 **5. Verwendungstest.** Wie auf Einzelebene ist nachzuweisen, dass das interne Modell gem. § 115 VAG und Art. 223 Solva II-VO sowohl in der Unternehmenssteuerung als auch im Governance-System (insbesondere dem Risikomanagementsystem) verwendet wird. Ebenso ist auch auf Gruppenebene zu beachten, dass die Anforderung nur dahin geht, dass das Modell als ein (prominentes) Entscheidungskriterium berücksichtigt wird, nicht aber als einziges („*eine wichtige Rolle spielen*").[33] **Geschäfts- und Risikoentscheidungen „gegen das Modell"**, etwa unter Hinweis auf seine methodischen Beschränkungen, bleiben natürlich zulässig.[34] Gruppenspezifisch regelt Art. 346 Abs. 2 Solva II-VO, dass die Verwendung nur auf Ebene der Gruppe zu erfolgen hat, genauer: durch das oberste Mutterunternehmen. Die beteiligten Unternehmen dagegen brauchen das Modell nur in Bezug auf das Ergebnis des Modells auf Gruppenebene zu verwenden. Zum besseren Verständnis dienen folgende **Beispiele**:

– Das oberste Mutterunternehmen bemisst die **Kapitalallokation** in der Gruppe (die Zuweisung weiteren Kapitals zum Wachstum) nach dem mit dem Modell berechneten Risikokapitalertrag (Ergebnis in Abhängigkeit der zugrundeliegenden Solvabilitätskapitalanforderung),[35] während ein verbundenes Unternehmen die Kapitalallokation innerhalb des Unternehmens zu verschiedenen Produkten nach dem mit der Standardformel berechneten Risikokapitalertrag vornimmt.
– Die **variable Vergütung** des für ein verbundenes Unternehmen zuständigen Vorstandsmitglieds des obersten Mutterunternehmens bemisst sich nach dem Erfolg des verbundenen Unternehmens in Abhängigkeit vom Risikokapitalverbrauch, während sich die variable Vergütung von Mitarbeitern des verbundenen Unternehmens nicht danach bemisst.
– Das oberste Mutterunternehmen der Gruppe betreibt ein **Limitsystem**, das auf dem Modell basiert. Eskalationsprozesse setzen ein, wenn eine bestimmte Solvabilitätsquote (dh Eigenmittel geteilt durch Beitrag des verbundenen Unternehmens zur Gruppen-Solvabilitätskapitalanforderung) unterschritten wird;[36] diese Prozesse verpflichten etwa auch das verbundene Unternehmen, dem obersten Mutterunternehmen Abhilfemaßnahmen vorzuschlagen. Das Limitsystem des verbundenen Unternehmens beruht auf andere Grundlagen.

50 Diese Beispiele zeigen die **gesetzliche Mindestanforderung**, aber auch, dass es wenig sinnvoll ist, wenn das verbundene Unternehmen für eigene Entscheidungen ein anderes Modell verwendet, während es gegenüber dem Mutterunternehmen das interne Modell der Gruppe verwendet. Wenn etwa das verbundene Unternehmen dem Mutterunternehmen gegenüber einen bestimmten Risikokapitalertrag anstrebt, kann es ihn nicht erreichen, wenn nicht seine eigene Unternehmenssteuerung ebenfalls darauf

[31] Dagegen läuft die Anforderung nach Art. 343 Abs. 5 lit. b iii Solva II-VO ins Leere. Ein internes Modell erfasst im Hinblick auf regulierte Unternehmen nur Versicherungsunternehmen (eines Mitglied- und Vertragsstaats oder Drittstaats), aber nicht z. B. Kreditinstitute.
[32] Vgl. § 250 VAG Rn. 25 ff.
[33] Vgl. auch Art. 226 Solva II-VO: „Unterstützung von Entscheidungsprozessen und Integration in das Risikomanagement".
[34] Vgl. Art. 245 Solva II-VO.
[35] Vgl. hierzu *Wicke/Jurecka* in Gründl/Perlet S. 517, 523.
[36] Vgl. hierzu *Wicke/Jurecka* in Gründl/Perlet S. 517, 523 f.

beruht. Allerdings steht § 261 VAG dem nicht entgegen. Es bleibt dem verbundenen Unternehmen unbenommen, das interne Modell der Gruppe selbst **für eigene unternehmerische Zwecke** anzuwenden, obwohl es keine entsprechende Genehmigung hat, zumal es selbst ja die Berechnung seines Beitrags zur Gruppen-Solvabilitätskapitalanforderung mit dem Modell vornimmt. Es darf es nur nicht zur Berechnung der Solvabilitätskapitalanforderung für aufsichtliche Zwecke verwenden, und muss außerdem in seiner Entscheidungsfindung stets auch das Modell oder die Standardformel berücksichtigen, mit der es die Solvabilitätskapitalanforderung **für aufsichtliche Zwecke** berechnet.

6. Erweiterung des Modells. Nach **Art. 345 Abs. 3 Solva II-VO** kann die Gruppenaufsichtsbehörde ein Partialmodell auch nur unter der Auflage (§ 36 VwVfG) genehmigen, dass das oberste Mutterunternehmen einen **Übergangsplan für die Ausweitung des Anwendungsbereichs des Modells** vorlegt. Die Einbeziehung weiterer Versicherungsunternehmen (eines Mitglied- und Vertragsstaats oder eines Drittstaates) in den Anwendungsbereich des ausschließlich zur Berechnung der konsolidierten Solvabilitätskapitalanforderung der Gruppe verwendeten Modells stellt keine Modelländerung nach § 111 Abs. 2 VAG dar, sondern einen neuen Antrag.[37] Aufgrund des damit verbundenen Aufwands ist der Anwendungsbereich des Modells als eher statisch anzusehen. Kurzfristige Anpassungen als Reaktion auf Änderungen der Gruppe, etwas in Folge von Akquisitionen, sind nicht möglich. Infolge dessen muss der Beitrag neu erworbener Versicherungsunternehmen zur Gruppen-Solvabilitätskapitalanforderung kurz- und mittelfristig mit der Standardformel berechnet werden. 51

VI. Verhältnis zu anderen Regelungen. 1. Abzugs- und Aggregationsmethode (§§ 252, 265 VAG). Das Gegenstück zur in Abs. 1 geregelten Konsolidierungsmethode ist die Abzugs- und Aggregationsmethode nach § 265 VAG, deren teilweise oder vollständige Anwendung die Gruppenaufsichtsbehörde gem. § 252 VAG festlegen kann.[38] 52

2. Gruppeninterne Modelle (§ 262 VAG). Ebenso wie § 96 Abs. 1 VAG auf Einzelebene erlaubt Abs. 2 die Berechnung der konsolidierten Gruppensolvabilitätskapitalanforderung mit einem internen Modell statt der Standardformel. Das Modell nach Abs. 2 ist abzugrenzen vom gruppeninternen Modell gem. § 262 VAG.[39] 53

3. Konsolidierungsmethode in Bezug auf Banken (§ 259 VAG). § 259 VAG erlaubt unter Voraussetzungen die Anwendung der Konsolidierungsmethode nach § 18 Abs. 2 FKAG i. V. m. § 5 FkSolV in Bezug auf Beteiligungen an einem Kreditinstitut, einem Wertpapierhandelsunternehmen oder einem Finanzinstitut. Diese Konsolidierungsmethode unterscheidet sich methodisch deutlich von der nach Abs. 1.[40] 54

4. Bankaufsichtsrecht (§ 10a KWG). Auch im Bankenrecht erfolgt die Gruppenaufsicht nach Art. 6, 7 VO 575/2013 grds. zusätzlich zur Einzelaufsicht; allerdings kann die BaFin ein Institut von der Einzelaufsicht befreien, wenn u. a. eine angemessene Verteilung der Eigenmittel zwischen dem Mutterunternehmen und den Tochterunternehmen gewährleistet ist. Gem. § 10a Abs. 4 und 6 KWG ist die Konsolidierungsmethode auf der Basis des Konzernabschlusses der gesetzliche Regelfall für die Berechnung der Eigenmittelanforderungen auf konsolidierter Ebene nach Art. 11 ff. VO 2013/575; die BaFin darf Ausnahmen zulassen.[41] Gem. § 10a Abs. 4 S. 1 KWG kann die Berechnung der Eigenmittelanforderungen auf konsolidierter Ebene nach Art. 92 ff. VO 2013/575 auf dem Standardansatz oder einem internen Modell erfolgen. Für letzteres ist eine Genehmigung gem. Art. 20 VO 2013/575 erforderlich. 55

5. Finanzkonglomerate-Aufsichtsrecht (§ 18 FKAG). § 18 Abs. 2 FKAG i. V. m. § 5 FkSolV bestimmt die Konsolidierungsmethode für die Berechnung der Finanzkonglomerate-Solvabilität. Sie unterschied sich bis zum Inkrafttreten von Solvency II methodisch dadurch von der Konsolidierungsmethode nach Abs. 1, dass lediglich eine Konsolidierung von Eigenmitteln stattfand. Seit Inkrafttreten von Solvency II unterscheidet sie sich methodisch dadurch, dass auch keine Konsolidierung von Eigenmitteln zwischen den Unternehmen verschiedener Sektoren stattfindet.[42] Die Verwendung eines internen Modells zur Berechnung der Finanzkonglomerate-Solvabilität wie nach Abs. 2 ist nur insoweit möglich, als dass die Gruppe ein internes Modell jeweils zur Berechnung der sektoralen Gruppensolvabilität nach Abs. 2 für die Versicherungsgruppe bzw. nach Art. 20 VO 2013/575 für die Bankengruppe verwendet. Dagegen ist die separate Genehmigung der Verwendung eines internen Modells auf Ebene des Finanzkonglomerats nicht vorgesehen. 56

[37] Vgl. EIOPA-LL 10 Verwendung interner Modelle sowie BaFin Konsultation 12/2016.
[38] Vgl. § 252 VAG Rn. 6 f.
[39] S. o. Rn. 4.
[40] S. u. Rn. 56.
[41] Vgl. *Boos/Fischer/Schulte-Mattler/Stawitzke* § 10a KWG Rn. 37.
[42] Vgl. § 259 VAG Rn 7 ff.

Internes Modell für die Gruppe

262 (1) [1]**Ein Versicherungsunternehmen und seine verbundenen Unternehmen oder gemeinsam die verbundenen Unternehmen einer Versicherungs-Holdinggesellschaft oder gemischten Finanzholding-Gesellschaft können beantragen, die konsolidierte Solvabilitätskapitalanforderung auf Gruppenebene sowie die Solvabilitätskapitalanforderungen der Versicherungsunternehmen der Gruppe mit einem internen Modell zu berechnen.** [2]**Der Antrag ist an die Gruppenaufsichtsbehörde zu richten.**

(2) [1]**Die Gruppenaufsichtsbehörde informiert unverzüglich die anderen Mitglieder des Aufsichtskollegiums (§ 283) über den Eingang des Antrags.** [2]**Sobald die Antragsunterlagen vollständig vorliegen, leitet sie diese unverzüglich an die anderen betroffenen Aufsichtsbehörden weiter.** [3]**Die betroffenen Aufsichtsbehörden arbeiten bei der Entscheidung über die Erteilung der Erlaubnis und bei der Festlegung der Bedingungen, an die die Erteilung der Erlaubnis geknüpft ist, zusammen.** [4]**Die Entscheidung soll einvernehmlich getroffen werden.** [5]**Die Aufsichtsbehörden wirken im Rahmen ihrer Befugnisse darauf hin, dass die Entscheidung innerhalb von sechs Monaten nach Eingang des vollständigen Antrags getroffen wird.**

(3) **Sind die Aufsichtsbehörden einvernehmlich zu einer Entscheidung im Sinne des Absatzes 2 gelangt, erteilt die Gruppenaufsichtsbehörde dem Antragsteller den Bescheid.**

(4) [1]**Wird innerhalb von sechs Monaten nach Eingang des vollständigen Antrags der Gruppe keine einvernehmliche Entscheidung erzielt, entscheidet die Gruppenaufsichtsbehörde über den Antrag.** [2]**Die Gruppenaufsichtsbehörde trägt allen Auffassungen und Vorbehalten, die die anderen betroffenen Aufsichtsbehörden innerhalb der Sechsmonatsfrist geäußert haben, angemessen Rechnung.** [3]**Die Gruppenaufsichtsbehörde erteilt dem Antragsteller den Bescheid und übermittelt diesen den anderen betroffenen Aufsichtsbehörden.** [4]**Die Entscheidung der Gruppenaufsichtsbehörde wird von den betroffenen Aufsichtsbehörden als verbindlich anerkannt und umgesetzt.**

(5) [1]**Hat vor Ablauf der in Absatz 2 genannten Sechsmonatsfrist eine der betroffenen Aufsichtsbehörden gemäß Artikel 19 der Verordnung (EU) Nr. 1094/2010 die Europäische Aufsichtsbehörde für das Versicherungswesen und die betriebliche Altersversorgung mit der Angelegenheit befasst, ruht das Verfahren bei der Gruppenaufsichtsbehörde, bis die Europäische Aufsichtsbehörde für das Versicherungswesen und die betriebliche Altersversorgung gemäß Artikel 19 Absatz 3 der Verordnung entscheidet.** [2]**Die Gruppenaufsichtsbehörde trifft ihre Entscheidung im Einklang mit der Entscheidung der Europäischen Aufsichtsbehörde für das Versicherungswesen und die betriebliche Altersversorgung.** [3]**Die Entscheidung der Gruppenaufsichtsbehörde wird von den betroffenen Aufsichtsbehörden als verbindlich anerkannt und umgesetzt.**

(6) **Die Europäische Aufsichtsbehörde für das Versicherungswesen und die betriebliche Altersversorgung wird nicht mit der Angelegenheit befasst, wenn eine gemeinsame Entscheidung erzielt wurde oder die Sechsmonatsfrist verstrichen ist.**

(7) [1]**Lehnt die Europäische Aufsichtsbehörde für das Versicherungswesen und die betriebliche Altersversorgung die gemäß Artikel 41 Absatz 3 sowie Artikel 44 Absatz 1 der Verordnung (EU) Nr. 1094/2010 vom Gremium vorgeschlagene Entscheidung ab, trifft die Gruppenaufsichtsbehörde die Entscheidung.** [2]**Diese wird von den betroffenen Aufsichtsbehörden als verbindlich anerkannt und umgesetzt.** [3]**Die Sechsmonatsfrist des Absatzes 2 gilt als Frist für die Beilegung der Meinungsverschiedenheiten im Sinne von Artikel 19 Absatz 2 der Verordnung (EU) Nr. 1094/2010.**

Übersicht

I. Allgemeines. 1. Entstehungsgeschichte. Die Vorschrift wurde in zweifacher Hinsicht gegenüber dem RegE 2012 verändert. Zum einen wurden in Abs. 1 neben Versicherungs-Holdinggesellschaften **auch gemischte Finanzholding-Gesellschaften als Antragsteller** erfasst. Zum anderen wurde das Entscheidungsverfahren in Abs. 3–6 so geändert, dass Einzel-Aufsichtsbehörden die Frage der Genehmigungsfähigkeit des Modells an **EIOPA** eskalieren können, die dann eine für die Gruppenaufsichtsbehörde verbindliche Entscheidung treffen kann. Das VAG a. F. enthielt keine vergleichbare Norm. 1

2. Normzweck. Die **Vorschrift kombiniert** das **Antragsverfahren auf Genehmigung eines internen Modells** zur Berechnung der Solvabilitätskapitalanforderung gem. **§ 261 VAG** (Gruppen-Solvabilitätskapitalanforderung) des obersten Mutterunternehmens mit denen gem. **§ 111 VAG** (Einzel-Solvabilitätskapitalanforderung) des obersten Mutterunternehmens (sofern es ein Versicherungsunternehmen ist) und seiner verbundenen Versicherungsunternehmen. Verglichen mit getrennten Verfahren bewirkt das kombinierte Verfahren eine **einheitliche Entscheidung der beteiligten Aufsichtsbehörden unter Führung der Gruppenaufsichtsbehörde** in Bezug auf das interne Modell (Abs. 4 S. 4). Voraussetzung dafür ist, dass für sämtliche genannten Zwecke ein und dasselbe interne Modell verwendet wird (Abs. 1 S. 1). 2

3. Europarechtlicher Hintergrund. Die Vorschrift setzt **Art. 231 Solva II-RL** um. Sie wird durch **Art. 347–350 Solva II-VO** ergänzt und geändert sowie durch die **DVO 2015/461** ergänzt. Daneben wird sie durch die EIOPA-LL Verwendung interner Modelle sowie das BaFin-Rundschreiben 4/2017 (VA) ausgelegt. Weiterhin gelten über §§ 111–121 VAG folgende Regelungen der Einzelaufsicht entsprechend: Art. 222–247 Solva II-VO und die DVO 2015/460. Schließlich gilt gem. Art. 347 Abs. 6 lit. b auch Art. 345 Abs. 5 Solva II-VO entsprechend. Im Folgenden werden nur Besonderheiten gegenüber dem Antragsverfahren nach § 261 Abs. 2 VAG beschrieben. 3

II. Anwendungsbereich. 1. Erfasste Arten von Versicherungsgruppen. Die Vorschrift gilt für die Berechnung der Gruppensolvabilität von Versicherungsunternehmen, die der Gruppenaufsicht gemäß § 245 Abs. 2 Nr. 1 VAG unterliegen, und gem. **§ 266 S. 1 VAG** entsprechend auch für die von Versicherungsunternehmen, die gem. § 245 Abs. 2 und 3 VAG als Tochterunternehmen einer Versicherungs-Holdinggesellschaft oder gemischten Finanzholding-Gesellschaft der Gruppenaufsicht unterliegen. In beiden Fällen werden in der Praxis neben dem Mutterunternehmen lediglich Tochterunternehmen in den Anwendungsbereich des Modells einbezogen sein.[1] 4

2. Abgrenzung zu § 261 VAG. Die Vorschrift gilt nur, soweit das oberste Mutterunternehmen ein internes Modell zur Berechnung der Gruppen-Solvabilitätskapitalanforderung verwendet, das auch von verbundenen Versicherungsunternehmen (eines Mitglied- und Vertragsstaats) zur Berechnung ihrer (Einzel-)Solvabilitätskapitalanforderung sowie ggf. vom Mutterunternehmen selbst verwendet wird. Soweit dagegen das Modell nur zur Berechnung der Gruppen-Solvabilitätskapitalanforderung verwendet wird, ist alleine § 261 VAG einschlägig. Hintergrund der Abgrenzung sind die **unterschiedlichen Mitwirkungsbefugnisse der Aufsichtsbehörden.**[2] 5

III. Antragsverfahren. 1. Beteiligte und zuständige Behörde (Abs. 1, 2). Anderes als nach § 261 VAG sind Antragsteller und damit Beteiligte im Sinne des § 13 Abs. 1 Nr. 1 VwVfG neben dem obersten Mutter-Versicherungsunternehmen auch die **verbundenen Versicherungsunternehmen**, die ihre Solvabilitätskapitalanforderung mit dem Modell berechnen. Im Fall einer Gruppe gem. § 245 6

[1] In Bezug auf sonstige verbundene Versicherungsunternehmen lohnt sich der Aufwand nicht und ist die Einigung auf eine gemeinsame Methodik nicht vorstellbar.
[2] Vgl. § 261 VAG Rn. 20; *Kraft* in Gründl/Kraft S. 180.

Abs. 2 Nr. 2 und 3 VAG sind Antragsteller nur die verbundenen Versicherungsunternehmen (nicht aber die gemischte Finanzholding-Gesellschaft oder Versicherungs-Holdinggesellschaft). Zuständige Behörde ist ausschließlich die Gruppenaufsichtsbehörde, da sie den begehrten Verwaltungsakt erlässt; im weiteren Sinn sind beteiligte Behörden mit unterschiedlich gestuften Befugnissen neben der Gruppenaufsichtsbehörde auch die **betroffenen Aufsichtsbehörden**. Dies sind gem. **Art. 347 Abs. 3 Solva II-VO** die Aufsichtsbehörden, die Versicherungsunternehmen beaufsichtigen, die ihre Solvabilitätskapitalanforderung mit dem gruppeninternen Modell berechnen.

7 Die Kommunikation ist von Gesetzes wegen nur im Hinblick auf die wesentlichen (Verfahrens-) Entscheidungen bei der Gruppenaufsichtsbehörde zentralisiert. Da sie aber die finale Entscheidung nach Berücksichtigung aller Aspekte zu treffen hat, ist in der Praxis sinnvoll, dass die **gesamte Kommunikation zwischen Kollegium und Versicherungsgruppe über die Gruppenaufsichtsbehörde** läuft und gesteuert wird, damit sie über alle Einwände der Aufsichtsbehörden im Bilde ist.[3] Außerdem ist nur so eine Disziplinierung der einzelnen Behörden möglich. Sie ist notwendig, wenn etwa nur eine Behörde Bedenken gegen die grundsätzliche Methodik des Modells erhebt, die die übrigen Behörden nicht teilen. Gleichfalls ist auf Seite der Versicherungsgruppe eine zentrale Steuerung durch das oberste Mutterunternehmen zu empfehlen. Dies stellt auch sicher, dass im Falle von Genehmigungshindernissen auf lokaler Ebene geeignete Maßnahmen getroffen werden. Dazu sollte es von den verbundenen Unternehmen zumindest zur Empfang bevollmächtigt werden.

8 **2. Verfahrensablauf. a) Überblick.** Der Antrag ist an die Gruppenaufsichtsbehörde zu richten (Abs. 1 S. 2). Diese unterrichtet hierüber alle übrigen Aufsichtsbehörden des Kollegiums (Abs. 2 S. 1), nicht nur die betroffenen Aufsichtsbehörden. Sie prüft sodann die **Vollständigkeit des Antrags innerhalb von 45 Kalendertagen**, Art. 348 Abs. 1 Solva II-VO.[4] Falls der Antrag vollständig ist, teilt die Gruppenaufsichtsbehörde dies den Antragstellern mit (Art. 348 Abs. 3 Solva II-VO) und leitet die Antragsunterlagen an die anderen betroffenen Aufsichtsbehörden weiter (Abs. 2 S. 2). Auf Verlangen von betroffenen Aufsichtsbehörden kann die Gruppenaufsichtsbehörde von den Antragstellern die **Übersetzung von Dokumenten in andere Sprachen** verlangen. **Innerhalb von sechs Monaten nach Antragstellung entscheidet die Gruppenaufsichtsbehörde** über den Antrag (Abs. 4), wenn nicht zuvor eine betroffene Aufsichtsbehörde **EIOPA** gem. Art. 19 der EIOPA-VO mit der Angelegenheit befasst hat (Abs. 5, 6). In jedem Fall ergeht die Entscheidung gegenüber den Antragsstellern durch die Gruppenaufsichtsbehörde (Abs. 5 S. 2, Abs. 7 S. 1). Falls der Antrag nicht vollständig ist, nennt die Gruppenaufsichtsbehörde gem. Art. 348 Abs. 2 Solva II-VO den Antragstellern die fehlenden Unterlagen und teilt ihm mit, dass die Genehmigungsfrist noch nicht begonnen hat.

9 **b) Verfahrensdauer (Abs. 2).** Das Verfahren besteht aus zwei bis drei Phasen. Die **Prüfung der Vollständigkeit dauert bis zu 45 Kalendertage, Art. 348 Abs. 1 Solva II-VO**. Im Anschluss daran findet die **materielle Prüfung** statt, die **bis zu sechs Monate** dauert, Abs. 2 S. 5. Der Ablauf der sechs Monate bemisst sich nach dem Datum der Antragstellung, nicht dem der Feststellung der Vollständigkeit (vgl. Art. 348 Abs. 3 S. 2 Solva II-VO). Für die materielle Prüfung steht damit (wie auf Einzelebene) lediglich ein Zeitraum von sechs Monaten abzüglich der für die Prüfung der Vollständigkeit benötigten Zeit zur Verfügung. Falls allerdings eine betroffene Aufsichtsbehörde das **Schlichtungsverfahren durch EIOPA** angestoßen hat, gilt **keine gesetzliche Genehmigungsfrist** mehr. Stattdessen setzt EIOPA den betroffenen Behörden für die Schlichtung ihrer Meinungsverschiedenheit eine Frist; bei der Bemessung der Frist hat EIOPA nach **Art. 19 Abs. 2 EIOPA-VO** die gesetzliche Frist des Abs. 2 S. 5 sowie die Komplexität und Dringlichkeit der Angelegenheit zu berücksichtigen. Angesichts der grundsätzlichen Genehmigungsfrist von sechs Monaten dürfte in der Regel eine Frist für die Streitschlichtung von höchstens zwei Monaten angemessen sein. Das Übersetzungsverlangen der Gruppenaufsichtsbehörde nach Art. 347 Abs. 5 Solva II-VO berührt weder die Frist von 45 Tagen noch die von sechs Monaten; insbesondere ist der **Antrag auch ohne die Vorlage der Übersetzungen vollständig**. Dies folgt daraus, dass die Gruppenaufsichtsbehörde gem. Abs. 2 S. 2 den Antrag erst nach Feststellung der Vollständigkeit an die betroffenen Aufsichtsbehörden weiterleitet, die auch dann erst ihr Übersetzungsverlangen an die Gruppenaufsichtsbehörde richten können.

10 **3. Schriftform des Antrags.** Gemäß Art. 347 Abs. 2 Solva II-VO ist der Antrag schriftlich zu stellen. Verglichen mit dem Antrag nach § 261 Abs. 2 VAG ist der noch einmal deutlich gesteigerte Umfang zu beachten, da die Einhaltung der Vorschriften für jeden Antragsteller nachzuweisen ist. Dies resultiert in einer großen Menge Papier von im Fall großer Gruppen bis zu 100.000 Seiten und entsprechenden logistischen Herausforderungen.

[3] So auch EIOPA-LL 3 Verwendung interner Modelle.

[4] Damit gilt für das Modell nach § 262 VAG ein um 15 Tage längere Frist als für die Modelle nach §§ 111, 261 Abs. 2 VAG.

4. Verfahrenssprache. Gem. Art. 347 Abs. 2 Solva II-VO ist der Antrag entweder in der Amtssprache des Mitgliedsstaats, also deutsch,[5] oder in einer anderen Sprache zustellen, der die BaFin als Gruppenaufsichtsbehörde vorab zugestimmt hat. Diese Option soll ermöglichen, dass internationale Versicherungsgruppen mit entsprechend internationalem Aufsichtskollegium den Antrag in beider Arbeitssprache – der englischen Sprache – stellen. Dies kann auch das Übersetzungsverlangen einzelner Aufsichtsbehörden gem. Art. 347 Abs. 5 Solva II-VO erübrigen. Allerdings greift diese Option nach deutschem Recht nicht, denn **§ 23 Abs. 3 VwVfG schreibt zwingend die deutsche Sprache vor**, wenn durch einen Antrag eine Frist in Lauf gesetzt werden soll.[6] Zur Ermöglichung praktikabler Lösungen bietet sich eine **Aufteilung des Antrags in den eigentlichen Antrag und die sonstige Dokumentation** an.[7] Nicht nur in englischer und deutscher Sprache muss der Antrag eingereicht werden; gem. Art. 347 Abs. 5 Solva II-VO können die beteiligten Aufsichtsbehörden weiterhin von der Gruppenaufsichtsbehörde verlangen, dass die Antragsteller den Antrag oder relevante Teile in ihre Sprache übersetzen. Nach dem ausdrücklichen Wortlaut hat die Gruppenaufsichtsbehörde insoweit kein Entscheidungsermessen, sondern muss dem Verlangen der betroffenen Aufsichtsbehörden Folge leisten. Zur Vermeidung unverhältnismäßigen Aufwands ist ein praktikabler Weg, dass ausländische Aufsichtsbehörden in gleichem Umfang wie die BaFin den eigentlichen Antrag in ihrer Sprache erhalten. 11

5. Prozess zur Erzielung einer gemeinsamen Entscheidung (Abs. 4–7). Leitbild des Genehmigungsverfahrens ist eine **gemeinsame, einvernehmliche Entscheidung** von Gruppenaufsichtsbehörde und den anderen betroffenen Aufsichtsbehörden; die alleinige Entscheidung der Gruppenaufsichtsbehörde soll Ausnahme sein, vgl. Abs. 2. Erschwert wird die Verwirklichung dieses Zielbilds nicht nur durch die komplexe Materie und unter Umständen widerstreitende Interessen, sondern zusätzlich noch durch den Zeitdruck. Um es dennoch zu erreichen, sieht die DVO 461/2015 den nachfolgend dargestellten Prozess vor. 12

Zunächst haben die Behörden gem. **Art. 1 DVO 461/2015** den konkreten Genehmigungsprozess oder **Arbeitsplan** zu vereinbaren.[8] Zurückgerechnet vom Entscheidungstermin ist hier unter Berücksichtigung behördeninterner Abstimmungen für folgendes ein Zeitpunkt zu bestimmen: die endgültige Konsultation zwischen den Behörden, Abschluss der Sachverhaltsermittlung und Prüfung in jeder Behörde, Durchführung von örtlichen Prüfungen und Anhörungen der Antragsteller. Jede betroffene Aufsichtsbehörde hat gem. **Art. 2 DVO 461/2015** der Gruppenaufsichtsbehörde ihren **Beitrag zum Vorschlag für die Entscheidung** schriftlich zu übermitteln, dh die Genehmigungsfähigkeit und etwaige Nebenbestimmungen mitzuteilen. Basierend auf diesen Beiträgen sowie Äußerungen weiterer Behörden des Kollegiums erstellt die Gruppenaufsichtsbehörde ihren Entscheidungsvorschlag mit Begründung und teilt ihn den anderen Aufsichtsbehörden des Kollegiums mit. Hierzu können die betroffenen Aufsichtsbehörden wiederum gegenüber der Gruppenaufsichtsbehörde schriftlich sowie in mindestens einer Sitzung Stellung nehmen. Basierend darauf erstellt die Gruppenaufsichtsbehörde die endgültige Entscheidung. Gem. Art. 5 DVO 461/2015 dokumentiert sie die Entscheidung und etwaige Nebenbestimmungen zusammen mit den Standpunkten der anderen betroffenen Aufsichtsbehörden. Wenn sie sich im Fall der Uneinigkeit über Standpunkte hinwegsetzt, hat sie die Gründe hierfür ebenfalls zu dokumentieren. 13

Im Fall einer gravierenden Meinungsverschiedenheit kann eine betroffene Aufsichtsbehörde das **Schlichtungsverfahren durch EIOPA** anstoßen. Dieses besteht wieder aus zwei Schritten. Zunächst setzt EIOPA gem. Art. 19 Abs. 2 EIOPA-VO eine weitere Frist zur Einigung. In der Zeit wird EIOPA noch stärker die Rolle des Vermittlers und informellen Entscheiders als nach Art. 21 EIOPA-VO übernehmen. Danach ist EIOPA ohnehin Mitglied jedes Kollegiums und „trägt zur Förderung und Überwachung eines effizienten, wirksamen und kohärenten Funktionierens" bei und „fördert die kohärente Anwendung des Unionsrechts". Dank ihrer Vorbefassung wird EIOPA schnell den Kern der Meinungsverschiedenheiten erfassen und ggf. unter Hinweis auf vergleichbare Entscheidungen in anderen Kollegien lösen können. Falls dies nicht der Fall ist und die von EIOPA gesetzte Frist zur Einigung erfolglos verstreicht, trifft EIOPA gem. Art. 19 Abs. 3 EIOPA-VO die verbindliche Entscheidung, die auch die Gruppenaufsichtsbehörde bindet. Gem. Art. 44 Abs. 1 UAbs. 3 entscheidet EIOPAs Rat der Aufseher mit einfacher Mehrheit, es sei denn, es besteht eine Sperrminorität gem. Art. 16 Abs. 4 EUV. 14

Die **endgültige Entscheidung der Gruppenaufsichtsbehörde** ergeht nach Konsultation der anderen betroffenen Aufsichtsbehörden. Die Gruppenaufsichtsbehörde ist allerdings nicht an die Auffassungen der anderen Behörden gebunden; lediglich die Entscheidung der EIOPA im Fall der erfolglosen Schlichtung bindet die Gruppenaufsichtsbehörde. Umgekehrt ist die Entscheidung der Gruppenaufsichtsbehörde **für alle betroffenen Aufsichtsbehörden verbindlich, § 262 Abs. 4 S. 4 VAG** bzw. Art. 231 Abs. 6 S. 4 Solva II-RL. Diese weitreichende und bemerkenswerte Befugnis der Gruppen- 15

[5] § 23 Abs. 1 VwVfG.
[6] Hier: die Frist des Abs. 4 S. 1.
[7] Vgl. § 261 VAG Rn. 28.
[8] Vgl. EIOPA-LL 59 ff. Verwendung interner Modelle.

aufsichtsbehörde in Bezug auf die Berechnung der Solvabilitätskapitalanforderung von ausländischen Versicherungsunternehmen wird allerdings durch die Möglichkeit **nach § 263 VAG bzw. Art. 231 Abs. 7 Solva II-RL relativiert**, dass eine betroffene (und „überstimmte") Aufsichtsbehörde wegen erheblicher Abweichung des Risikoprofils von den Annahmen des Modells einen **Kapitalaufschlag** verhängen kann. Insoweit findet das Schlichtungsverfahren durch EIOPA keine Anwendung, es sei denn, das Versicherungsunternehmen unterliegt dem zentralisierten Risikomanagement, vgl. § 269 Abs. 5 VAG.

16 **6. Mitteilung der Entscheidung durch die Gruppenaufsichtsbehörde.** Nach Abschluss des Prozesses zur Erzielung einer gemeinsamen Entscheidung, ggf. nach Schlichtung oder Entscheidung durch EIOPA, trifft die Gruppenaufsichtsbehörde die Entscheidung und teilt sie „dem Antragsteller" mit, Art. 6 Abs. 1 DVO 461/2015 und § 262 Abs. 3 VAG.[9] Entgegen dem Vorhergesagten gibt es allerdings in der Regel nicht „den Antragsteller", sondern eine Vielzahl von Antragstellern, vgl. Abs. 1. Daher haben die verbundenen Unternehmen das oberste Mutterunternehmen als Empfänger zu bevollmächtigen. Im Fall der Genehmigung hat der Verwaltungsakt der Gruppenaufsichtsbehörde die Angaben nach Art. 6 Abs. 2 DVO 461/2015 zu enthalten, insbesondere ob es eine einvernehmliche Entscheidung war, ob Nebenbestimmungen bestehen, und ggf. die Auflage, einen Plan zur Ausdehnung des Anwendungsbereichs des Modells vorzulegen. Im Fall der **Ablehnung des Antrags** oder seiner Genehmigung nur unter einer **Nebenbestimmung** (§ 36 VwVfG) steht den Antragstellern grundsätzlich der **Verwaltungsrechtsweg gegen die BaFin als Gruppenaufsichtsbehörde in Deutschland gem. § 42 VwGO** (Anfechtungs- bzw. Verpflichtungsklage) offen. Die Klage richtet sich deswegen gegen die BaFin, da sie insoweit das Kollegium und sämtliche an der Entscheidung beteiligten Aufsichtsbehörden vertritt. Dies ist bemerkenswert, wenn sich die BaFin bei ihrer Entscheidung von den Erwägungen einer anderen Behörde in Bezug auf ein ausländisches Versicherungsunternehmen leiten lässt, oder wenn die BaFin sogar nur die Entscheidung der EIOPA als Bote übermittelt.

17 **IV. Einheitlichkeit des gruppeninternen Modells.** Gegenstand des Antragsverfahrens nach § 262 VAG ist ***das eine gruppeninterne Modell***, das zugleich das oberste Mutterunternehmen zur Berechnung der Gruppen-Solvabilitätskapitalanforderung und ggf. seiner (Einzel-)Solvabilitätskapitalanforderung, sowie seine verbundenen Versicherungsunternehmen zur Berechnung ihrer Solvabilitätskapitalanforderungen verwenden. Diese im Wortlaut des § 262 Abs. 1 VAG nicht allzu prominente Voraussetzung („mit *einem* internen Modell") ist **als Tatbestandsmerkmal hervorzuheben**. Denn es ist zulässig, dass die Unternehmen einer Gruppe verschiedene Modelle zur Berechnung der einzelnen Solvabilitätskapitalanforderungen verwenden. Ebenso ist es zulässig, dass die Genehmigung eines Modells separat durch verschiedene Unternehmen beantragt wird.[10] In beiden Fällen ist jede jeweils zuständige Aufsichtsbehörde alleine zur Entscheidung berufen. Lediglich wenn die Unternehmen ihre Anträge zur Genehmigung eines Modells nach § 262 VAG zu einem gemeinsamen Antrag bündeln, ist nur die Gruppenaufsichtsbehörde zur Entscheidung berufen.

18 Umgekehrt ist unter dem einen Modell aber nicht zwingend eines zu verstehen, das einheitliche technische Spezifikationen aufweist. Dies würde nicht die Angemessenheit des Modells für die Risikoprofile der verschiedenen Unternehmen gewährleisten. Stattdessen ist das eine gruppeninterne Modell **als Rahmen zu verstehen, in dem die Gruppe zentrale Risikomodule**[11] **für die Berechnung der Kapitalanforderungen der einzelnen Risikokategorien sowie für die Risikoaggregation erstellt.** Innerhalb dieser Risikomodule existieren zentrale und **lokale Modellkomponenten** sowie **lokale Parametrisierungen**.[12] Lokale Unterschiede bestehen etwa, weil Versicherungsverträge in einem Land Risiken wie Lawinengefahr nicht umfassen, oder weil diese Risiken nicht relevant sind. Solche Unterschiede können nicht nur zwischen den Berechnungen der (Einzel-)Solvabilitätskapitalanforderungen einzelner Versicherungsunternehmen bestehen, sondern auch zwischen der Berechnung von (Einzel-)Solvabilitätskapitalanforderung sowie Beitrag zur Gruppen-Solvabilitätskapitalanforderung eines Versicherungsunternehmens. Dies ergibt sich zum einen daraus, dass die Modellierungsansätze gem. Art. 224 lit. a Solva II-VO Art, Umfang und Komplexität der Risiken widerspiegeln müssen. Ein bestimmter Risikotreiber kann für die Berechnung der (Einzel-)Solvabilitätskapitalanforderung relevant sein, aber nicht für die der Gruppen-Solvabilitätskapitalanforderung. Außerdem sind hier Unterschiede aufgrund politischer Meinungsverschiedenheiten im Aufsichtskollegium zu beachten; so ist es möglich, dass die BaFin als Gruppenaufsichtsbehörde und Aufsichtsbehörde über deutsche Versicherungsunternehmen einen bestimmten Modellierungsansatz bei der Berechnung von Einzel- und Gruppen-Solvabilitätskapitalanforderung verlangt, den eine ausländische Aufsichtsbehörde für die Berechnung der (Ein-

[9] Für ihre Entscheidung berechnet die BaFin eine Gebühr i. H. v. 216.000 bis 500.000 EUR (Ziffer 6.10.5.1 des Anhangs zu FinDAGKostV).

[10] Dies kann aus Sicht des Unternehmens opportun sein, wenn eine Aufsichtsbehörde eine ablehnende Haltung einnimmt und daher die Einleitung eines Schlichtungsverfahrens droht. So ist das Ablehnungsrisiko auf ein „isoliertes" Versicherungsunternehmen begrenzt.

[11] Vgl. § 100 Abs. 1 VAG.

[12] Vgl. EIOPA-LL 5 Verwendung interner Modelle.

zel-)Solvabilitätskapitalanforderung nicht verlangt. Zu nennen sind hier die Modellierung von Konzentrationsrisiko und Spread-Risiko für Forderungen an die Zentralstaaten oder Zentralbanken der Mitgliedstaaten (Staatsanleihen) sowie von Risiken aus Pensionsverpflichtungen.[13] Angesichts dieser zulässigen und notwendigen methodischen Verschiedenheit wird die Einheitlichkeit des Modells vor allem durch die **Einheitlichkeit der Modell-Governance und auch der IT-Infrastruktur** bestimmt. Alle Antragsteller unterwerfen sich derselben Leitlinie für Modelländerungen und einheitlichen Dokumentations- und Validierungsstandards. Hier zeigt sich auch die Kehrseite des gebündelten Antrags: eine größere Modelländerung nur eines Antragstellers führt dazu, dass sämtliche Antragsteller einen Änderungsantrag zu stellen haben.

V. Angaben im Antrag. 1. Grundsatz. Gem. Art. 347 Abs. 6 Solva II-VO muss der Antrag die Angaben enthalten, die für das Modell zur ausschließlichen Berechnung der Gruppen-Solvabilitätskapitalanforderung (§ 261 Abs. 2 VAG, Art. 343 Abs. 5 Solva II-VO) sowie für das Modell zur Berechnung der (Einzel-)Solvabilitätskapitalanforderung jedes betroffenen Versicherungsunternehmens (§ 111 VAG, DVO 2015/460) verlangt werden. Die Angaben für letztere können sich auf solche beschränken, die nicht bereits vom obersten Mutterunternehmen erbracht werden. Allerdings verlangen die Aufsichtsbehörden hier in der Praxis einen Nachweis, dass die Vorgaben und Leitlinien des obersten Mutterunternehmens auch von den verbundenen Versicherungsunternehmen umgesetzt werden. **19**

2. Begleitschreiben. Besonderheiten bestehen in Bezug auf das Begleitschreiben sowie die darin befindlichen Angaben zu weiteren Anträgen nach Art. 2 Abs. 4 lit. a DVO 2015/460. Das Begleitschreiben ist **von Vertretern sämtlicher Antragsteller** mit den Bestätigungen in Bezug auf den jeweiligen Antragsteller **zu unterschreiben**. Weiterhin sind in Bezug auf jeden Antragsteller **Angaben zu weiteren Anträgen** wie etwa auf Genehmigung der Volatilitäts-Anpassung zu machen. **20**

3. Modelländerungs-Leitlinie und sonstige Governance. Die Modelländerungs-Leitlinie gem. Art. 111 Abs. 2 VAG ist eine **gemeinsame Leitlinie aller Antragsteller**. Sie bedarf anders als andere Leitlinien keiner Annahme mehr durch die verbundenen Versicherungsunternehmen, und kann daher auch nicht in geänderter Form umgesetzt werden. Sie hat weiterhin eine einheitliche Governance für Modelländerungen aller Antragsteller zu enthalten. So sind etwa die Kriterien für kleinere und größere Modelländerungen einheitlich zu bestimmen. Zur Wahrnehmung seiner Pflichten nach § 113 Abs. 1 Nr. 4 VAG (jederzeitige angemessene Abbildung des Risikoprofils der Gruppe durch das interne Modell) empfiehlt sich dem Vorstand des obersten Mutterunternehmens, lokale Modelländerungen durch Versicherungsunternehmen seiner Zustimmung zu unterwerfen. **21**

4. Nachweis der Angemessenheit des Modells in Bezug auf verbundene Versicherungsunternehmen. Besondere Bedeutung kommt im Fall der Verwendung eines Modells durch verschiedene Unternehmen dem Nachweis gem. § 113 Abs. 1 Nr. 4 VAG zu, dass das interne Modell jederzeit das Risikoprofil des Versicherungsunternehmens angemessen abbildet. Dies gilt insoweit, als dass ein verbundenes Versicherungsunternehmen zentrale Modellkomponenten verwendet, die nicht spezifisch für es entwickelt wurden. Insoweit hat zwar das oberste Mutterunternehmen gem. § 120 VAG einen **Validierungsbericht** vorzulegen; dieser kann aber nicht auf die Eignung der Komponente in Bezug auf ein verbundenes Versicherungsunternehmen eingehen. Diese **Lücke ist durch den Nachweis der Angemessenheit zu schließen**, der die Rechenergebnisse der Modellkomponente mit spezifischen Daten des Versicherungsunternehmens bewertet und plausibilisiert. **22**

5. Verwendungstest. Anders als nach § 261 Abs. 2 VAG **erstreckt sich der Verwendungstest nach Art. 350 Solva II-VO auch auf die verbundenen Versicherungsunternehmen**, die ihre Solvabilitätskapitalanforderung mit dem Modell berechnen.[14] Konkret haben, wie nach § 261 Abs. 2 VAG, das oberste Mutterunternehmen sowie jedes Versicherungsunternehmen, dessen Beitrag zur Gruppen-Solvabilitätskapitalanforderung mit dem Modell berechnet wird, das Modell in Bezug auf die Gruppen-Solvabilitätskapitalanforderung zu verwenden.[15] **23**

Darüber hinaus hat jedes Versicherungsunternehmen,[16] das mit dem Modell seine Solvabilitätskapitalanforderung berechnet, das Modell auch insoweit zu verwenden. Mögliche **Verwendungsarten** sind etwa: die **Bemessung der variablen Vergütung** des Vorstands auch nach der Entwicklung der Solvabilitätskapitalanforderung oder ein **Produktgenehmigungsprozess**, der den erwarteten Ertrag je Solvabilitätskapitalanforderung in Betracht zieht. Die Anforderung bedeutet aber nicht, dass alle Unternehmen das Modell auf die gleiche Art zu verwenden haben. Insbesondere können einzelne Verwendungen dem obersten Mutterunternehmen vorbehalten sein, so beispielsweise ein auf dem Modell **24**

[13] Strittig ist die Behandlung von Pensionsverpflichtungen für eigene Mitarbeiter der Versicherungsunternehmen; sie stellen keine Versicherungsverbindlichkeiten dar und sind in der Standardformel nicht in die Berechnung der Solvabilitätskapitalanforderung einbezogen.

[14] Vgl. auch EIOPA-LL 15 Verwendung interner Modelle.

[15] Vgl. § 261 VAG Rn. 49 f.

[16] Dies gilt einschließlich des obersten Mutterunternehmens, falls es Versicherungsunternehmen ist.

basierendes **Limitsystem** zur Überwachung der Kapitalisierung von verbundenen Unternehmen. In der Praxis empfiehlt sich eine **gruppenweite Leitlinie zur Verwendung des Modells**, die jedem Unternehmen bestimmte Verwendungen vorschreibt, aber Ausnahmen mit entsprechender Rechtfertigung zulässt.

25 **VI. Erweiterung des Modells.** Nach **Art. 349 Abs. 3 Solva II-VO** kann die Gruppenaufsichtsbehörde ein Partialmodell auch nur unter der Auflage (§ 36 VwVfG) genehmigen, dass das oberste Mutterunternehmen einen **Übergangsplan** für die Ausweitung des Anwendungsbereichs des Modells vorlegt. Nach der Auslegung der EIOPA stellt der folgende Fall nur eine (kleine oder größere) Änderung des Modells dar, mit der innerhalb der Regelungen der Modelländerungsrichtlinie (§ 111 Abs. 2 VAG) zu verfahren ist:[17] Aufnahme eines weiteren Versicherungsunternehmens in den Anwendungsbereich des Modells nach § 262 VAG (dh in Bezug auf Einzel- und Gruppen-Solvabilitätskapitalanforderung), wenn das Unternehmen zuvor in den Anwendungsbereich des Modells zur Berechnung der Gruppen-Solvabilitätskapitalanforderung (§ 261 Abs. 2 VAG) einbezogen war.[18] Dagegen stellt die erstmalige, gleichzeitige Verwendung des Modells zur Berechnung von Beitrag zur Gruppen-Solvabilitätskapitalanforderung und (Einzel-)Solvabilitätskapitalanforderung keinen Modelländerungsantrag dar, sondern einen neuen Modellantrag. Problematisch kann die für Unternehmen günstige Auslegung der EIOPA im Hinblick auf den Fall sein, in dem zum ersten Mal auch die (Einzel-)Solvabilitätskapitalanforderung mit dem Modell berechnet wird. Denn bei der erstmaligen Beantragung hatte die für das Versicherungsunternehmen zuständige Aufsichtsbehörde als damals „an der Prüfung beteiligte Aufsichtsbehörde" gem. Art. 343 Abs. 2 Solva II-VO eingeschränktere Rechte als nunmehr als „betroffene Aufsichtsbehörde" gem. Art. 347 Abs. 3 Solva II-VO. Insbesondere konnte sie bei erstmaliger Beantragung nicht die Übersetzung des Antrags verlangen. Zwar kann sie es jetzt gem. Art. 347 Abs. 5 Solva II-VO, allerdings läuft dieses Recht ins Leere, wenn die Dokumentation des Modelländerungsantrags auf geänderte Inhalte beschränkt ist.

26 **VII. Verhältnis zu anderen Regelungen. 1. Internes Modell auf Einzelebene (§ 111 VAG).** In Bezug auf ein vom gruppeninternen Modell erfasstes Versicherungsunternehmen ersetzt das Entscheidungsverfahren gem. Abs. 4–7 das nach 111 VAG.[19]

27 **2. Internes Modell zur ausschließlichen Berechnung der konsolidierten Solvenzkapitalanforderung (§ 262 VAG).** Das gruppeninterne Modell nach § 262 VAG ist vom internen Modell zur ausschließlichen Berechnung der konsolidierten Solvenzkapitalanforderung nach § 261 VAG zu unterscheiden.[20]

28 **3. Bankaufsichtsrecht (§ 10a KWG).** Das Entscheidungsverfahren gem. Abs. 4–7 entspricht dem nach Art. 20 Abs. 2–7 VO 2013/575 zur Genehmigung eines internen Modells zur Berechnung der Eigenmittelanforderungen auf konsolidierter Ebene nach Art. 92 ff. VO 2013/575 i. V. m. § 10a Abs. 4 S. 1 KWG. Ein wesentlicher Unterschied zwischen Banken- und Versicherungsaufsichtsrecht besteht darin, dass anders als nach § 262 VAG die Berechnung auf konsolidierter Ebene die Berechnungen auf Einzelebene ersetzen kann. Unten den Voraussetzungen des Art. 7 VO 575/2013 kann die BaFin ein Institut von der Einzelaufsicht befreien, wenn u. a. eine angemessene Verteilung der Eigenmittel zwischen dem Mutterunternehmen und den Tochterunternehmen gewährleistet ist.

29 **4. Finanzkonglomerate-Aufsichtsrecht (§ 18 FKAG).** Die Verwendung eines internen Modells zur Berechnung der Finanzkonglomerate-Solvabilität ist nur insoweit möglich, als dass die Gruppe ein internes Modell jeweils zur Berechnung der sektoralen Gruppensolvabilität nach § 261 bzw. 262 VAG für die Versicherungsgruppe bzw. nach Art. 20 VO 2013/575 für die Bankengruppe verwendet. Dagegen ist die separate Genehmigung der Verwendung eines internen Modells auf Ebene des Finanzkonglomerats nicht vorgesehen.

Kapitalaufschlag für ein Gruppenunternehmen

263 (1) [1]**Wenn ein Versicherungsunternehmen seine Solvabilitätskapitalanforderung auf Grundlage eines auf Gruppenebene genehmigten internen Modells berechnet und das Risikoprofil dieses Unternehmens nach Auffassung der Aufsichtsbehörde erheblich von den Annahmen abweicht, die diesem internen Modell zugrunde liegen, kann die Aufsichtsbehörde gemäß § 301 einen Kapitalaufschlag auf die anhand des internen Modells ermittelte Solvabilitätskapitalanforderung festsetzen.** [2]**Der Kapitalaufschlag wird aufgehoben, sobald**

[17] Vgl. EIOPA-LL 10 Verwendung interner Modelle; dagegen erkennt Ziffer II des BaFin Rundschreibens 4/2017 (VA) hierin eine Modellerweiterung und keine Modelländerung.

[18] Dh statt nur der Beitrag des Versicherungsunternehmens zur Gruppen-Solvabilitätskapitalanforderung wird darüber hinaus auch dessen Solvabilitätskapitalanforderung mit dem Modell berechnet.

[19] S. o. Rn. 6 ff.

[20] S. o. Rn. 5.

das betroffene Versicherungsunternehmen die Bedenken der Aufsichtsbehörde ausgeräumt hat.

(2) [1]**Ist ein Kapitalaufschlag nach Absatz 1 ausnahmsweise nicht angemessen, kann die Aufsichtsbehörde von dem betreffenden Unternehmen verlangen, dessen Solvabilitätskapitalanforderung nach der Standardformel zu berechnen.** [2]**Unter den in § 301 Absatz 1 Nummer 1 oder 3 genannten Voraussetzungen kann die Aufsichtsbehörde zusätzlich einen Kapitalaufschlag auf die anhand der Standardformel ermittelte Solvabilitätskapitalanforderung festsetzen.** [3]**Die Aufsichtsbehörde begründet jede nach Absatz 1 und den Sätzen 1 und 2 getroffene Entscheidung sowohl gegenüber dem Versicherungsunternehmen als auch gegenüber den anderen Mitgliedern des Aufsichtskollegiums.**

Schrifttum: *Sehrbrock,* Rechtsprobleme des Kapitalaufschlags, ZVersWiss 99 (2010), S. 665 ff.

I. Allgemeines. 1. Entstehungsgeschichte. Die Vorschrift wurde gegenüber dem RegE 2012 nur in Abs. 2 S. 3 geändert; zuvor war die Begründungspflicht nicht geregelt. Das VAG a. F. enthielt keine vergleichbare Norm. 1

2. Normzweck. Die Vorschrift bestätigt zunächst die Geltung des **§ 301 Abs. 1 Nr. 2 VAG** (internes Modell auf Einzelebene) auch für den Fall eines gruppeninternen Modells gem. § 262 VAG. Diese Bestätigung hat insbesondere Bedeutung für den Fall, dass die (Einzel-)Aufsichtsbehörde bei der Genehmigung des Modells nach § 262 Abs. 4, 5 und 7 VAG überstimmt wurde. Die Vorschrift relativiert damit die genannten Regelungen, wonach „die Entscheidung der Gruppenaufsichtsbehörde … von den betroffenen Aufsichtsbehörden als verbindlich anerkannt und umgesetzt (wird)". Sie stellt insoweit eine Sondervorschrift gegenüber § 301 Abs. 1 Nr. 2 VAG dar, als dass sie auf das Tatbestandsmerkmal des vorherigen Fehlschlagens der Anpassung des Modells verzichtet. 2

3. Europarechtlicher Hintergrund. Die Vorschrift setzt **Art. 231 Abs. 7 Solva II-RL** um. Sie wird durch die Vorschriften auf Einzelebene (**Art. 276, 282, 287 Solva II-VO**) zur Festsetzung von Kapitalaufschlägen ergänzt. 3

II. Anwendungsbereich. 1. Unternehmen. Die Vorschrift gilt für die Berechnung der (Einzel-) Solvabilitätskapitalanforderung von Versicherungsunternehmen, die der Gruppenaufsicht gemäß § 245 Abs. 2 Nr. 1 VAG unterliegen, und gem. **§ 266 S. 1 VAG** entsprechend auch für die von Versicherungsunternehmen, die gem. § 245 Abs. 2 Nr. 2 und 3 VAG als Tochterunternehmen einer gemischten Finanzholding-Gesellschaft oder Versicherungs-Holdinggesellschaft der Gruppenaufsicht unterliegen. Sie gilt nur für den Fall, dass das betreffende Versicherungsunternehmen die **Konsolidierungsmethode** und ein gruppeninternes Modell gem. § 262 VAG verwendet. 4

2. BaFin. Die Vorschrift gilt für die **BaFin als (Einzel-)Aufsichtsbehörde**. Sie gilt auch, wenn die BaFin gleichzeitig Gruppenaufsichtsbehörde ist. Nach Sinn und Zweck ist ihr Anwendungsbereich aber auf solche Fälle zu beschränken, in denen die BaFin als Aufsichtsbehörde und Gruppenaufsichtsbehörde gem. § 262 Abs. 5, 7 VAG von EIOPA überstimmt wurde; ansonsten ist nicht einzusehen, auf das zusätzliche Tatbestandsmerkmal des § 301 Abs. 1 Nr. 2 VAG (Fehlschlagen der Anpassung des Modells) zu verzichten. 5

III. Festsetzung des Kapitalaufschlags (Abs. 1). 1. Voraussetzungen. Zunächst erlaubt die Vorschrift die Festsetzung eines Kapitalaufschlags.[1] Voraussetzung dafür ist zunächst gem. Abs. 1 S. 1 die **erhebliche Abweichung des tatsächlichen Risikoprofils des betreffenden Versicherungsunternehmens von den Annahmen des internen Modells**, das gem. § 262 VAG (bzw. der entsprechenden Vorschrift ausländischen Rechts) genehmigt wurde. Insoweit entspricht die Voraussetzung der des § 301 Abs. 1 Nr. 2 VAG und die Anforderungen des Art. 276 Solva II-VO sind zu beachten. Allerdings ist nicht Voraussetzung, dass eine Anpassung des Modells, die grundsätzlich ein milderes Mittel darstellt, fehlschlug. Dies ist zum einen darin begründet, dass das betreffende Versicherungsunternehmen nicht „sein eigenes" Modell, sondern das der Gruppe verwendet, das dementsprechend nicht in allen Fällen von ihm alleine angepasst werden kann. Die weitere Rechtfertigung dafür ist, dass sich die Aufsichtsbehörde im Kollegium mit ihren Bedenken nicht durchsetzen konnte, so dass sie nicht die Änderung des Modells vom Versicherungsunternehmen verlangen konnte. 6

Abs. 1 bietet der Aufsichtsbehörde die Möglichkeit, die Verbindlichkeit der Entscheidung der Gruppenaufsichtsbehörde bzw. EIOPAs über die Genehmigung des gruppeninternen Modells zu unterlaufen. Vor diesem Hintergrund ist zu prüfen, ob sich die von der Aufsichtsbehörde vorgebrachten Umstände wirklich die tatsächliche Abweichung des Risikoprofils von den Annahmen des Modells betreffen, und insbesondere ob sie bei Genehmigung des Modells noch nicht bekannt waren. Letztendlich besteht hier aber ein **weiter Beurteilungsspielraum der Aufsichtsbehörde**. Ob es zu einer Aufweichung oder 7

[1] Vgl. *Sehrbrock* ZVersWiss 99 (2010), 665.

sogar Aufhebung der Verbindlichkeit der Entscheidung der Gruppenaufsichtsbehörde kommt, hängt von der Qualität der Zusammenarbeit der einzelnen Behörden im Aufsichtskollegium ab.

8 **2. Rechtsfolge. a) (Einzel-)Solvabilität.** Für die (Einzel-) Solvabilität gilt, dass nach **§ 301 Abs. 5 VAG** die neue, **erhöhte Solvabilitätskapitalanforderung** die frühere ersetzt.

9 **b) Gruppensolvabilität.** Für die Gruppensolvabilität folgt dagegen **nicht zwingend** aus der Festsetzung des Kapitalaufschlags für ein Versicherungsunternehmen der Gruppe, **dass sich die Gruppen-Solvabilitätskapitalanforderung erhöht**. Denn diese wird in Bezug auf das betreffende Versicherungsunternehmen weiterhin mit dem gruppeninternen Modell nach § 262 VAG errechnet, und in Bezug auf die Gruppen-Solvabilitätskapitalanforderung ist alleine die Gruppenaufsichtsbehörde zuständig, vgl. Art. 345 Abs. 1 Solva II-VO. Allerdings gibt **§ 264 Abs. 1 Nr. 2 VAG** der Gruppenaufsichtsbehörde die Möglichkeit, den Kapitalaufschlag auf Einzelebene auch in der Berechnung der Gruppensolvabilität zu berücksichtigen. Abs. 1 S. 2 ordnet an, dass der Kapitalaufschlag aufzuheben ist, sobald die Voraussetzungen für seine Feststellung entfallen sind. Aus § 301 Abs. 4 VAG folgt, dass die Aufsichtsbehörde dies von sich aus mindestens einmal jährlich zu überprüfen hat.

10 **IV. Zwang zur Rückkehr zur Standardformel (Abs. 2 S. 1, 2).** Darüber hinaus erlaubt die Vorschrift der Aufsichtsbehörde das Versicherungsunternehmen zu zwingen, seine Solvabilitätskapitalanforderung wieder mit der Standardformel zu berechnen. Wenn das betreffende Versicherungsunternehmen wieder die Standardformel anwendet, stellt Abs. 2 S. 2 klar, dass die Aufsichtsbehörde zusätzlich gem. § 295 Abs. 1 Nr. 1 VAG noch einen Kapitalaufschlag festsetzen kann.

11 **1. Voraussetzungen.** Die Voraussetzungen nach Abs. 1 zur Festsetzung eines Kapitalaufschlags müssen grundsätzlich vorliegen; darüber hinaus muss eine solche **Festsetzung ausnahmsweise unangemessen** sein. Bereits der Wortlaut stellt den **Ausnahmecharakter** klar. Dieser folgt weiterhin nach der Systematik daraus, dass das interne Modell gem. § 262 VAG grundsätzlich als geeignet befunden wurde. Vor dem Hintergrund dürften die Voraussetzungen des Abs. 2 nur vorliegen, wenn sich herausstellt, dass nicht nur die dem Modell zugrunde liegenden Annahmen vom tatsächlichen Risikoprofil abweichen, sondern auch dass das Versicherungsunternehmen zur Verwendung des Modells nach § 111 VAG nicht fähig bzw. nicht willens ist.

12 **2. Rechtsfolge. a) (Einzel-)Solvabilität.** Für die (Einzel-)Solvabilität folgt aus Abs. 2, dass das betreffende Versicherungsunternehmen seine Solvabilitätskapitalanforderung wieder mit der Standardformel gem. §§ 96 ff. VAG zu berechnen hat.

13 **b) Gruppensolvabilität.** Dies **gilt nicht für die Berechnung der Gruppensolvabilität**. Die Gruppen-Solvabilitätskapitalanforderung in Bezug auf das betreffende Versicherungsunternehmen wird bis auf weiteres gem. § 261 Abs. 2 VAG mit dem Modell berechnet, das insoweit dann kein gruppeninternes Modell nach § 262 VAG ist, sondern ein solches nach § 261 VAG. Eine diesbezügliche Änderung können nur die Gruppenaufsichtsbehörde oder das oberste Mutterunternehmen herbeiführen.

14 **V. Erläuterung der Entscheidung (Abs. 2 S. 3).** Nach Abs. 2 S. 3 hat die Aufsichtsbehörde ihre nach Abs. 1 oder Abs. 2 S. 1 und 2 getroffene Entscheidung gegenüber dem Versicherungsunternehmen und den Aufsichtsbehörden des Aufsichtskollegiums zu begründen. Sinn und Zweck dessen ist sicherzustellen, dass die Aufsichtsbehörde nicht die Verbindlichkeit der Entscheidung gem. § 262 VAG unterläuft. Nichtsdestotrotz ist nach dem Wortlaut ausdrücklich keine vorherige Anhörung erforderlich.

15 **VI. Verhältnis zu anderen Regelungen. 1. Entscheidung über ein gruppeninternes Modell (§§ 262, 301 VAG).** Die Vorschrift bestätigt, dass die BaFin als (Einzel-) Aufsichtsbehörde auch dann gem. § 301 Abs. 1 Nr. 2 VAG einen Kapitalaufschlag festsetzen kann, wenn das betreffende Versicherungsunternehmen ein gruppeninternes Modell zur Berechnung seiner Solvabilitätskapitalanforderung verwendet, das im Entscheidungsverfahren nach § 262 VAG genehmigt wurde.[2]

16 **2. Kapitalaufschlag für die Gruppe (§ 264 VAG).** § 263 VAG erlaubt die Festsetzung eines Kapitalaufschlags auf die (Einzel-) Solvabilitätskapitalanforderung, der sich nicht zwingend auf die Gruppen-Solvabilitätskapitalanforderung auswirkt. Hierzu bedarf es einer Festsetzung nach § 264 VAG[3] (Konsolidierungsmethode) bzw. § 265 Abs. 6 VAG (Abzugs- und Aggregationsmethode).

17 **3. Bankaufsichtsrecht (§ 10 KWG).** Nach § 10 Abs. 3 S. 2 KWG kann die BaFin erhöhte an einzelne Institute im Rahmen der Einzelaufsicht stellen. Dies gilt unabhängig von der für die Berechnung der konsolidierten Eigenmittelausstattung verwendeten Methode.

18 **4. Finanzkonglomerate-Aufsichtsrecht (FKAG).** Das FKAG regelt ausschließlich die Eigenmittelanforderungen auf Gruppenebene und enthält keine § 263 VAG vergleichbare Vorschrift.

[2] S. o. Rn. 2.
[3] S. o. Rn. 9.

Kapitalaufschlag für die Gruppe

264 (1) [1]**Die Gruppenaufsichtsbehörde kann einen Kapitalaufschlag auf die konsolidierte Solvabilitätskapitalanforderung für die Gruppe festsetzen, wenn die konsolidierte Solvabilitätskapitalanforderung das Risikoprofil der Gruppe nicht angemessen abbildet.** [2]**Dies ist insbesondere der Fall, wenn**

1. **ein auf Gruppenebene spezifisches Risiko wegen seiner schweren Quantifizierbarkeit durch die Standardformel oder das verwendete interne Modell nicht hinreichend abgedeckt werden kann oder**
2. **Kapitalaufschläge für die verbundenen Versicherungsunternehmen nach den §§ 301 und 263 vorgeschrieben werden.**

(2) **§ 301 und die zu Artikel 37 der Richtlinie 2009/138/EG erlassenen delegierten Rechtsakte sind entsprechend anzuwenden.**

I. Allgemeines. 1. Entstehungsgeschichte. Die Vorschrift wurde gegenüber dem RegE 2012 nicht geändert. Das VAG a. F. enthielt keine vergleichbare Norm. 1

2. Normzweck. Zweck der Norm ist die Ermächtigung der BaFin als Gruppenaufsichtsbehörde zur Festsetzung eines Kapitalaufschlags auf die Gruppen-Solvabilitätskapitalanforderung. 2

3. Europarechtlicher Hintergrund. Die Vorschrift setzt **Art. 232 Solva II-RL** um. Sie wird kraft Verweises des Abs. 2 durch die Vorschriften auf Einzelebene (**Art. 276–287 Solva II-VO**) zur Festsetzung von Kapitalaufschlägen ergänzt. 3

II. Anwendungsbereich. Die Vorschrift gilt für die Berechnung der Gruppensolvabilität von Versicherungsunternehmen, die der Gruppenaufsicht gemäß § 245 Abs. 2 Nr. 1 VAG unterliegen, und gem. **§ 266 S. 1 VAG** entsprechend auch für die von Versicherungsunternehmen, die gem. § 245 Abs. 2 Nr. 2 und 3 VAG als Tochterunternehmen einer gemischten Finanzholding-Gesellschaft oder Versicherungs-Holdinggesellschaft der Gruppenaufsicht unterliegen. Sie gilt nur, soweit die Gruppen-Solvabilitätskapitalanforderung mit der **Konsolidierungsmethode** berechnet wird. Im Fall der Anwendung der Abzugs- und Aggregationsmethode gilt **§ 265 Abs. 6 VAG**, der § 264 Abs. 1 S. 1 und S. 2 Nr. 1 VAG entspricht. Eine § 264 Abs. 1 S. 2 Nr. 2 VAG vergleichbare Regelung ist für den Fall der Anwendung der Abzugs- und Aggregationsmethode nicht notwendig. 4

III. Voraussetzungen (Abs. 1). Voraussetzung für die Festsetzung eines Kapitalaufschlags auf Gruppenebene ist die **unangemessene Abbildung des Risikoprofils der Gruppe** durch die konsolidierte Gruppen-Solvabilitätskapitalanforderung. Abs. 1 S. 2 stellt klar, dass die Fälle der Nr. 1 und 2 nicht abschließend sind. 5

1. Berücksichtigung von Gruppen-Risiken (Abs. 1 S. 2 Nr. 1). Die Festsetzung eines Kapitalaufschlags auf Gruppenebene ist zunächst möglich, wenn ein auf Gruppenebene spezifisches Risiko **mangels Quantifizierbarkeit** nicht angemessen in der Gruppen-Solvabilitätskapitalanforderung berücksichtigt wird. Unter solchen Risiken sind insbesondere solche zu verstehen, die sich auf das Governance-System auf Gruppenebene, die Reputation der Gruppe und einer einheitlichen Marke, Ansteckungsgefahren, Konzentrationsrisiken und gruppeninterne Transaktionen beziehen. Soweit die unangemessene Berücksichtigung nicht durch die fehlende oder erschwerte Quantifizierbarkeit begründet wird, ist nicht Abs. 1 S. 2 Nr. 1, sondern Abs. 1 S. 2 einschlägig. In Bezug auf **Risikokonzentrationen und gruppeninterne Transaktionen** schließt Abs. 1 S. 2 Nr. 1 die trotz der Aufsicht gem. §§ 273 f. VAG bestehende Lücke. Denn danach werden Risikokonzentrationen und gruppeninterne Transaktionen zwar an die Gruppenaufsichtsbehörde gemeldet, besondere Eingriffsbefugnisse sind jedoch nicht vorgesehen.[1] 6

2. Berücksichtigung von Einzel-Kapitalaufschlägen (Abs. 1 S. 2 Nr. 2). Abs. 1 S. 2 Nr. 2 stellt die Verbindung zu Kapitalaufschlägen auf Einzelebene gem. §§ 301 und 262 Abs. 1 VAG her. Diese finden **nicht automatisch Niederschlag in der Gruppen-Solvabilitätskapitalanforderung.**[2] In der Regel wird die Festsetzung eines Kapitalaufschlags auf Einzelebene auch die Gruppenaufsichtsbehörde zur Festsetzung eines Kapitalaufschlags auf Gruppenebene veranlassen. Ausnahmen sind aber möglich, insbesondere wenn die ausländische Aufsichtsbehörde mit dem Kapitalaufschlag die Verbindlichkeit der Genehmigung des gruppeninternen Modells nach § 262 VAG unterläuft. 7

3. Weitere Fälle (Abs. 1 S. 2). Nach Abs. 1 S. 2 sind weitere Fälle neben denen der Nr. 1 und 2 möglich. Insbesondere gelten die Fälle für Kapitalaufschläge auf Einzelebene gem. Art. 276 ff. Solva II-VO entsprechend auf Gruppenebene. Insbesondere kommt der Fall der erheblichen Abweichung in 8

[1] Vgl. § 273 VAG Rn. 11 und § 274 VAG Rn. 10 f.
[2] Vgl. § 261 VAG Rn. 5, § 262 VAG Rn. 17 ff.

Bezug auf das Governance-System in Frage. Solche Abweichungen können zum einen daraus resultieren, dass der vom obersten Mutterunternehmen vorgegebene Standard nicht den Anforderungen der Gruppenaufsichtsbehörde genügt, und zum anderen daraus, dass der Standard der Gruppe in den verbundenen Unternehmen nicht angemessen umgesetzt wird.

9 **IV. Rechtsfolge (Abs. 2).** Die Vorschrift räumt der Gruppenaufsichtsbehörde Ermessen ein, für deren Ausübung **§§ 296 f. VAG** gelten. Wenn die Gruppenaufsichtsbehörde einen Kapitalaufschlag festsetzt, ersetzt die konsolidierte Gruppensolvabilitätskapitalanforderung einschließlich des Kapitalaufschlags gem. § 301 Abs. 5 VAG i. V. m. Abs. 2 die vorherige konsolidierte Gruppen-Solvabilitätskapitalanforderung. In dieser Höhe haben nunmehr die Versicherungsunternehmen der Gruppe gem. § 250 Abs. 2 und 3 VAG über anrechnungsfähige Eigenmittel zu verfügen. Gem. § 301 Abs. 4 VAG hat die Gruppenaufsichtsbehörde den Kapitalaufschlag mindestens einmal jährlich zu überprüfen.

10 **V. Verhältnis zu anderen Regelungen. 1. Kapitalaufschlag auf Einzelebene (§§ 263, 301 VAG).** Die Festsetzung eines Kapitalaufschlags auf die Gruppen-Solvabilitätskapitalanforderung erfolgt grds. unabhängig von der Festsetzung auf Einzelebene gem. §§ 263, 301 VAG. Allerdings sieht § 264 Abs. 1 Nr. 2 VAG die Möglichkeit vor, einen Kapitalaufschlag auf Einzelebene auch in der Gruppen-Solvabilitätskapitalanforderung zu berücksichtigen.[3]

11 **2. Kapitalaufschlag in der Abzugs- und Aggregationsmethode (§ 265 VAG).** Soweit die Gruppe die Abzugs- und Aggregationsmethode verwendet, regelt § 265 Abs. 6 VAG die Festsetzung eines Kapitalaufschlags auf die Gruppen-Solvabilitätskapitalanforderung.

12 **3. Bankaufsichtsrecht (§ 10 KWG).** Nach § 10 Abs. 3 S. 2 KWG kann die BaFin erhöhte Eigenmittelanforderungen an Gruppen stellen. Die Gründe hierfür umfassen auch die in § 264 VAG genannten.

13 **4. Finanzkonglomerate-Aufsichtsrecht (§ 20 FKAG).** Gem. § 20 FKAG kann die BaFin als Koordinator einen Korrekturposten auf die Eigenmittel des Finanzkonglomerats festsetzen. Diese Verringerung der Eigenmittel bewirkt im Rahmen der Berechnung der Solvabilität dasselbe Ergebnis wie eine Erhöhung der Solvabilitätskapitalanforderung durch den Kapitalaufschlag. § 20 FKAG gilt für jede der verwendeten Berechnungsmethoden.

Abzugs- und Aggregationsmethode

265 (1) **Nach der Abzugs- und Aggregationsmethode ist die Gruppensolvabilität des beteiligten Versicherungsunternehmens die Differenz zwischen**

1. den aggregierten anrechnungsfähigen Eigenmitteln der Gruppe gemäß Absatz 2 und

2. dem Wert des verbundenen Versicherungsunternehmens beim beteiligten Versicherungsunternehmen zuzüglich der aggregierten Solvabilitätskapitalanforderung der Gruppe gemäß Absatz 3.

(2) **Die aggregierten anrechnungsfähigen Eigenmittel der Gruppe setzen sich zusammen aus**

1. den auf die Solvabilitätskapitalanforderung des beteiligten Versicherungsunternehmens anrechnungsfähigen Eigenmitteln und

2. den verhältnismäßigen Anteilen des beteiligten Versicherungsunternehmens an den auf die Solvabilitätskapitalanforderungen der verbundenen Versicherungsunternehmen anrechnungsfähigen Eigenmitteln.

(3) **Die aggregierte Solvabilitätskapitalanforderung der Gruppe setzt sich zusammen aus**

1. der Solvabilitätskapitalanforderung des beteiligten Versicherungsunternehmens und

2. den verhältnismäßigen Anteilen an den Solvabilitätskapitalanforderungen der verbundenen Versicherungsunternehmen.

(4) [1] **Im Fall einer teilweisen oder vollständigen indirekten Beteiligung wird der Wert der indirekten Beteiligung durch Ermittlung des durchgerechneten Anteils zugrunde gelegt.** [2] **Die in Absatz 2 Nummer 2 und Absatz 3 Nummer 2 genannten Anteile werden entsprechend ermittelt.**

(5) **Auf den Antrag, die Solvabilitätskapitalanforderung für die Versicherungsunternehmen der Gruppe anhand eines internen Modells zu berechnen, sind die §§ 262 und 263 entsprechend anzuwenden.**

(6) [1] **Die aggregierte Solvabilitätskapitalanforderung der Gruppe muss das Risikoprofil der Gruppe angemessen abbilden.** [2] **Dabei müssen insbesondere auf Gruppenebene spezifische**

[3] S. o. Rn. 7.

Risiken, die schwer quantifizierbar sind, angemessen berücksichtigt werden. [3]Weicht das Risikoprofil der Gruppe erheblich von den Annahmen für die aggregierte Solvabilitätskapitalanforderung der Gruppe ab, kann die Gruppenaufsichtsbehörde einen Kapitalaufschlag auf die aggregierte Solvabilitätskapitalanforderung für die Gruppe vorschreiben. [4]§ 301 und die zu Artikel 37 der Richtlinie 2009/138/EG erlassenen delegierten Rechtsakte sind entsprechend anzuwenden.

I. Allgemeines. 1. Entstehungsgeschichte. Die Vorschrift wurde gegenüber dem RegE 2012 nicht geändert. Ihr entspricht weitgehend § 10 der früheren SolBerV.[1] 1

2. Normzweck. Sie regelt in Abs. 1–4 die **Grundzüge der alternativen Abzugs- und Aggregationsmethode**. Ihr Abs. 5 gibt die Möglichkeit, die Gruppen-Solvabilitätskapitalanforderung mit einem **internen Modell** zu berechnen, und Abs. 6 ermächtigt die BaFin als Gruppenaufsichtsbehörde zur **Festsetzung eines Kapitalaufschlags**. 2

3. Europarechtlicher Hintergrund. Die Vorschrift setzt **Art. 233 Solva II-RL** um. Sie wird durch **Art. 341 f. Solva II-VO** ergänzt und geändert sowie durch die EIOPA-LL 10, 12, 15 und 16 Gruppensolvabilität ausgelegt. Weiterhin gelten die DVO 2015/499 (Verfahren zur aufsichtlichen Genehmigung der Verwendung ergänzender Eigenmittelbestandteile), die durch die EIOPA-LL zu ergänzenden Eigenmitteln ausgelegt wird,[2] sowie die DVO 2015/498 (Verfahren zur aufsichtlichen Genehmigung der Verwendung unternehmensspezifischer Parameter), die durch die EIOPA-LL zu unternehmensspezifischen Parametern ausgelegt wird,[3] entsprechend auf Gruppenebene. 3

II. Anwendungsbereich. Die Vorschrift gilt für die Berechnung der Gruppensolvabilität von Versicherungsunternehmen, die der Gruppenaufsicht gemäß § 245 Abs. 2 Nr. 1 VAG unterliegen, und gem. **§ 266 S. 1 VAG** entsprechend auch für die von Versicherungsunternehmen, die gem. § 245 Abs. 2 und 3 VAG als Tochterunternehmen einer Versicherungs-Holdinggesellschaft oder gemischten Finanzholding-Gesellschaft der Gruppenaufsicht unterliegen. Voraussetzung für die Verwendung der Abzugs- und Aggregationsmethode ist, dass die Gruppenaufsichtsbehörde dies gem. **§ 252 Abs. 2 VAG** ausnahmsweise festgelegt hat.[4] Ein Grund dafür ist gem. Art. 328 Abs. 1 lit. b, c Solva II-VO der Ausschluss eines verbundenen Versicherungsunternehmens (eines Mitglied- und Vertragsstaats oder Drittstaats) aus dem Anwendungsbereich eines internen Modells für die Gruppe.[5] Darüber hinaus lohnt sich der Aufwand der Einbeziehung eines Versicherungsunternehmens (eines Mitglied- und Vertragsstaats oder Drittstaats) in den Anwendungsbereich eines internen Modells in der Regel nur, wenn mittels Verwendung der Konsolidierungsmethode Diversifikationseffekte berücksichtigt werden können. Insofern ist der Verweis des Abs. 5 auf § 262 VAG (**Internes Modell für die Gruppe**) **praktisch nicht relevant.** 4

III. Berechnung der Gruppensolvabilität (Abs. 1–4). 1. Grundsatz, Solvabilitätsübersicht (Abs. 1, 4). Soweit es die Abzugs- und Aggregationsmethode verwendet, erstellt das oberste Mutterunternehmen (§§ 247 f. VAG) **keine konsolidierte Solvabilitätsübersicht**. Stattdessen bleibt es insoweit bei separaten Solvabilitätsübersichten von beteiligtem und verbundenem Unternehmen, und grundsätzlich auch bei der Bewertung der Beteiligung am verbundenen Unternehmen in der Solvabilitätsübersicht des beteiligten Unternehmens. Dies würde aber zu einer Mehrfachberücksichtigung von Eigenmitteln führen, da für die Solvabilität neben dem Wert der Beteiligung beim beteiligten Unternehmen auch noch die Eigenmittel des verbundenen Versicherungsunternehmens berücksichtigt werden. Um dies, wie vom Grundsatz des **§ 254 Abs. 1 S. 1 VAG** gefordert, auszuschließen, sieht § 265 Abs. 1 Nr. 2 VAG vor, dass die Solvabilitätskapitalanforderung der Gruppe (dh der Subtrahend der Subtraktion „Gruppensolvabilität = Gruppen-Eigenmittel – Gruppen-Solvabilitätskapitalanforderung“) nicht nur aus der Summe der Solvabilitätskapitalanforderungen der Einzel-Unternehmen besteht, sondern auch noch den Wert der Beteiligungen an den verbundenen Versicherungsunternehmen umfasst. Im Ergebnis wird damit die Beteiligung in der Solvabilitätsübersicht des beteiligten Unternehmens durch den Wert der Eigenmittel des verbundenen Versicherungsunternehmens ersetzt, die dann in der Berechnung der Gruppensolvabilität nicht mehr gesondert berücksichtigt werden. Eine Änderung der Bewertung von Vermögenswerten in den Solvabilitätsübersichten erfolgt nur in den Fällen der Drittstaaten-Gleichwertigkeit gem. § 258 Abs. 1 S. 2 VAG und des börsengelisteten verbundenen Versicherungsunternehmens.[6] Im Hinblick auf die versicherungstechnischen Rückstellungen ist Art. 342 Solva II-VO zu 5

[1] Siehe dazu Prölss/*Kölschbach*, 12. Aufl., Nach § 104g VAG Rn. 41 ff.
[2] EIOPA-BoS-14/167.
[3] EIOPA-BoS-14/178.
[4] Zur Bedeutung der Rechenmethode, vgl. § 252 VAG Rn. 4. Zu den Voraussetzungen der Verwendung der Abzugs- und Aggregationsmethode, vgl. § 252 VAG Rn. 9 ff. im Allgemeinen und Rn. 16 f. im Besonderen im Hinblick auf Drittstaaten-Gleichwertigkeit.
[5] Vgl. § 252 VAG Rn. 12 ff.
[6] Eine Änderung der Bewertung von Vermögenswerten in den Solvabilitätsübersichten erfolgt nur in den Fällen der Drittstaaten-Gleichwertigkeit gem. § 258 Abs. 1 S. 2 VAG und des börsengelisteten verbundenen Versicherungsunternehmens; vgl. § 252 VAG Rn. 20 ff.

beachten, wonach die aggregierten anrechnungsfähigen Eigenmittel der Gruppe angepasst werden, um die Minderung des besten Schätzwerts durch gruppeninterne Transaktionen auszuschließen.[7]

6 Anrechnungsfähige Eigenmittel und Solvabilitätskapitalanforderungen der verbundenen Unternehmen werden mit dem **verhältnismäßigen Anteil** berücksichtigt. Dieser bezeichnet gem. § 253 Abs. 2 Nr. 2 VAG grundsätzlich den Anteil am gezeichneten Kapital, der direkt oder indirekt vom beteiligten Unternehmen gehalten wird.[8] Allerdings gilt für die Solvabilitätskapitalanforderung gem. § 253 Abs. 3 VAG, dass eine Solvabilitätslücke des verbundenen Unternehmens in voller Höhe zu berücksichtigen ist, wenn nicht die Gruppenaufsichtsbehörde ausnahmsweise eine anteilige Berücksichtigung zulässt.[9] Bei mittelbaren Beteiligungen ist gem. Abs. 4 der durchgerechnete Anteil zugrunde zu legen. Mangels spezieller Regelung ist unter „**Durchrechnung**" die Multiplikation des Anteils des beteiligten Unternehmens am vermittelnden Unternehmen mit dem Anteil des vermittelnden Unternehmens am verbundenen Unternehmen zu verstehen. Falls das vermittelnde Unternehmen ein Tochterunternehmen ist, ist entsprechend § 7 Nr. 3 VAG und § 22 Abs. 1 Nr. 1 WpHG dessen Anteil am verbundenen Unternehmen in voller Höhe zu berücksichtigen, unabhängig vom Kapitalanteil des beteiligten Unternehmens am vermittelnden Unternehmen. **Beispiel**: Versicherungsunternehmen A hält eine Beteiligung am Unternehmen B von 25 %, das eine Beteiligung von 60 % am Versicherungsunternehmen C hält; der durchgerechnete Anteil von A an C beträgt 15 %. Falls aber B ein Tochterunternehmen (§ 7 Nr. 29 VAG) von A ist, beträgt As durchgerechneter Anteil an C 60 %.

7 **2. Berechnung der aggregierten anrechnungsfähigen Eigenmittel (Abs. 2).** Die aggregierten anrechnungsfähigen Eigenmittel, dh der Minuend der Subtraktion zur Ermittlung der Gruppensolvabilität, besteht gem. Abs. 2 aus den anrechnungsfähigen Eigenmitteln des beteiligten Unternehmens und dem verhältnismäßigen Anteil an den anrechnungsfähigen Eigenmitteln der verbundenen Unternehmen. Bei verbundenen Versicherungsunternehmen (eines Mitglied- und Vertragsstaats oder eines Drittstaates) sind dies grundsätzlich die Eigenmittel gem. §§ 89 ff. VAG, einschließlich der Auswirkungen der von der Aufsichtsbehörde genehmigten Besonderheiten gem. §§ 80 ff. VAG. Darüber hinaus ist allerdings zu beachten, dass nach Art. 331–334 Solva II-VO Zusatzbedingungen für die Anerkennung und Anrechnungsfähigkeit von Eigenmitteln auf Gruppenebene auch für die Abzugs- und Aggregationsmethode bestehen.[10] Im Fall der Gleichwertigkeit nach § 258 Abs. 1 S. 2 VAG erfolgt die Bewertung der Eigenmittel eines Versicherungsunternehmens eines Drittstaats nach den Vorschriften des Drittstaats; das Unternehmen wird in der Abzugs- und Aggregationsmethode mit dem Wert der Eigenmittel berücksichtigt, den es an die zuständige Aufsichtsbehörde des Drittstaats berichtet.[11]

8 **3. Berechnung der aggregierten Solvabilitätskapitalanforderung (Abs. 3).** Die aggregierte Solvabilitätskapitalanforderung, dh einer der Subtrahenden der Subtraktion zur Ermittlung der Gruppensolvabilität,[12] besteht gem. Abs. 3 aus der Solvabilitätskapitalanforderung des beteiligten Unternehmens und den verhältnismäßigen Anteilen an den Solvabilitätskapitalanforderungen der verbundenen Versicherungsunternehmen (eines Mitglied- und Vertragsstaats oder eines Drittstaates). Bei verbundenen Versicherungsunternehmen (eines Mitglied- und Vertragsstaats oder eines Drittstaates) berechnet sich diese gem. §§ 96 ff. VAG.[13] **Gruppenspezifische Parameter** zur Berechnung des Versicherungsrisikos in der Gruppen-Solvabilitätskapitalanforderung dürfen bei Verwendung der Abzugs- und Aggregationsmethode nicht verwendet werden; vielmehr sind die unternehmensspezifischen Parameter auf Gruppenebene zu verwenden.[14] Allerdings besteht der Bedarf, dass unternehmensspezifische Parameter in Bezug auf Versicherungsunternehmen eines Drittstaats (erstmalig) auf Gruppenebene verwendet werden; für die Genehmigung kann nur die Gruppenaufsichtsbehörde zuständig sein. Darüber hinaus ist gem. § 266 S. 2 VAG eine Solvabilitätskapitalanforderung für Versicherungs-Holdinggesellschaften und gemischte Finanzholding-Gesellschaften zu berechnen.[15] Im Fall der Gleichwertigkeit nach § 258 Abs. 1 S. 2 VAG wird ein Versicherungsunternehmen eines Drittstaats mit der nach den Vorschriften des Drittstaats berechneten Solvabilitätskapitalanforderung berücksichtigt, dh dem Wert, den es an die zuständige Aufsichtsbehörde des Drittstaats berichtet.[16] Die Solvabilitätskapitalanforderungen sämtlicher Versicherungsunternehmen (eines Mitglied- und Vertragsstaats oder eines Drittstaates) werden grds. ohne Eliminierung gruppeninterner Transaktionen berücksichtigt; dies ist der maßgebliche Unterschied zur

[7] Vgl. § 252 VAG Rn. 23.
[8] Unverständlich und abzulehnen ist EIOPA-LL 9 Gruppensolvabilität, wonach „standardmäßig ein verhältnismäßiger Anteil von 100 % verwendet werden sollte." Dies entspricht nicht dem Wortlaut der Vorschrift („durchrechnen").
[9] Vgl. § 253 VAG Rn. 9 ff.
[10] Vgl. § 251 VAG Rn. 37 ff.
[11] Vgl. § 258 VAG Rn. 5 ff.
[12] Die Solvabilitätskapitalanforderung ist nur ein Subtrahend neben dem Wert der Beteiligungen, s. o. § 265 VAG Rn. 3.
[13] Im Fall der Gleichwertigkeit nach § 258 Abs. 1 S. 2 VAG erfolgt die Bewertung der Solvabilitätskapitalanforderung nach den Vorschriften des Drittstaats, vgl. § 258 VAG Rn. 5 ff.
[14] Vgl. EIOPA-LL 11 zu unternehmensspezifischen Parametern.
[15] S. unten § 266 VAG Rn. 3.
[16] Vgl. § 258 VAG Rn. 5 ff.

Konsolidierungsmethode nach § 261 VAG. Allerdings steht § 265 VAG dem auch nicht entgegen; insbesondere die Eliminierung des Aktienrisikos der Beteiligung in der Solvabilitätskapitalanforderung des beteiligten Versicherungsunternehmens bietet sich an.[17] Weiterhin werden gem. § 301 VAG festgesetzte **Kapitalaufschläge** auf die Solvabilitätskapitalanforderung eines beteiligten oder verbundenen Versicherungsunternehmens automatisch berücksichtigt.

9 **IV. Festsetzung eines Kapitalaufschlags (Abs. 6).** Nach Abs. 6 gilt **§ 301 VAG** auch bei Verwendung der Abzugs- und Aggregationsmethode entsprechend für die Gruppen-Solvabilitätskapitalanforderung; für die Konsolidierungsmethode folgt dies aus § 264 Abs. 2 VAG. Ein solcher Kapitalaufschlag ist nur durch Umstände auf Gruppenebene gerechtfertigt; Umstände auf Einzelebene eines beteiligten oder verbundenen Versicherungsunternehmens können zu einem Kapitalaufschlag auf die (Einzel-)Solvabilitätskapitalanforderung führen, der bei der Aggregation ohnehin berücksichtigt wird.[18] Aus Abs. 6 S. 1 und 2 folgt, dass es für die Abdeckung des Risikoprofils der Gruppe nicht stets ausreichend ist, die Solvabilitätskapitalanforderungen der einzelnen Unternehmen zu aggregieren; darüber hinaus sind **auf Gruppenebene spezifische Risiken angemessen zu berücksichtigen**. Solche sind nach EIOPA-LL 23 Gruppensolvabilität Risiken, die auch auf Ebene der Einzelunternehmen vorliegen, auf Gruppenebene aber eine wesentlich andere Wirkung haben, und Risiken, die ausschließlich auf Gruppenebene vorliegen. Dies trifft insbesondere auf **Konzentrationsrisiken** gem. § 7 Nr. 17 VAG zu.

10 **V. Verhältnis zu anderen Regelungen. 1. Konsolidierungsmethode (§§ 261, 264 VAG).** Gegenstück zur Abzugs- und Aggregationsmethode ist die Konsolidierungsmethode nach § 261 VAG. Die Verwendung der Konsolidierungsmethode ist der Regelfall; die Verwendung der Abzugs- und Aggregationsmethode bedarf der Bestimmung der BaFin nach § 252 VAG. Soweit die Gruppe die Konsolidierungsmethode verwendet, regelt § 264 VAG die Festsetzung eines Kapitalaufschlags auf die Gruppen-Solvabilitätskapitalanforderung.

11 **2. Abzugs- und Aggregationsmethode in Bezug auf Banken (§ 259 VAG).** § 259 VAG sieht die Anwendung der Abzugs- und Aggregationsmethode nach § 18 Abs. 2 FKAG i. V. m. § 5 FkSolV in Bezug auf Beteiligungen an einem Kreditinstitut, einem Wertpapierhandelsunternehmen oder einem Finanzinstitut vor, wenn nicht die Konsolidierungsmethode Anwendung findet. Die Abzugs- und Aggregationsmethoden nach VAG und § 7 FkSolV sind methodisch identisch.

12 **3. Bankaufsichtsrecht (§ 10a KWG).** Gem. § 10a Abs. 4 und 6 KWG ist die Abzugs- und Aggregationsmethode ebenfalls der Ausnahmefall.[19] Die Abzugs- und Aggregationsmethode unterscheidet sich methodisch, wenn auch nicht im Ergebnis, insofern, als dass die Buchwerte von Beteiligungen nach § 10a Abs. 4 S. 2 KWG von den Eigenmitteln abzuziehen, und nicht wie nach § 265 Abs. 1 Nr. 2 VAG zur Solvabilitätskapitalanforderung zu addieren sind. Nach § 10 Abs. 3 S. 2 KWG kann die BaFin erhöhte Eigenmittelanforderungen an Gruppen stellen. Die Gründe hierfür umfassen auch die in § 265 VAG genannten.

13 **4. Finanzkonglomerate-Aufsichtsrecht (§ 18 FKAG).** Die Abzugs- und Aggregationsmethode nach § 18 FKAG i. V. m. § 7 FkSolV ist methodisch identisch. Statt eines Kapitalaufschlags kann die BaFin einen Korrekturposten auf die Eigenmittel des Finanzkonglomerats festsetzen.[20]

Gruppensolvabilität bei einer Versicherungs-Holdinggesellschaft oder einer gemischten Finanzholding-Gesellschaft

266 **¹Sind Versicherungsunternehmen Tochterunternehmen einer Versicherungs-Holdinggesellschaft oder einer gemischten Finanzholding-Gesellschaft, ist die Solvabilität der Gruppe gemäß § 250 Absatz 1 Satz 2 und den §§ 252 bis 265 auf Ebene der Versicherungs-Holdinggesellschaft oder der gemischten Finanzholding-Gesellschaft zu berechnen. ²Für diese Berechnung wird die Versicherungs-Holdinggesellschaft oder die gemischte Finanzholding-Gesellschaft wie ein Versicherungsunternehmen behandelt. ³Ihre Solvabilitätskapitalanforderung muss gemäß Teil 2 Kapitel 2 Abschnitt 2 Unterabschnitt 2 und 3 und unter der Annahme ermittelt werden, dass sie in Bezug auf die anrechnungsfähigen Eigenmittel den in Teil 2 Kapitel 2 Abschnitt 2 Unterabschnitt 1 festgelegten Bestimmungen unterliegt.**

1 **I. Allgemeines. 1. Entstehungsgeschichte.** Gegenüber dem RegE 2012 wurde der Anwendungsbereich der Vorschrift auf Versicherungsunternehmen erweitert, die **Tochterunternehmen einer**

[17] *Kraft* in Gründl/Kraft S. 160.

[18] Dies folgt aus § 301 Abs. 5 VAG, wonach die Solvabilitätskapitalanforderung einschließlich des vorgeschriebenen Kapitalaufschlags die unzureichende Solvabilitätskapitalanforderung ersetzt. Insoweit bedarf es nicht der Regelung des § 264 Abs. 1 S. 2 Nr. 2 VAG. Siehe auch EIOPA-LL 27 Gruppensolvabilität.

[19] Vgl. Boos/Fischer/Schulte-Mattler/*Stawitzke* § 10a KWG Rn. 37.

[20] Vgl. § 264 VAG Rn. 13.

gemischten Finanzholding-Gesellschaft sind. In der Fassung des RegE 2012 entsprach die Vorschrift § 104a VAG a. F., der die §§ 104b ff. VAG a. F. insgesamt für Versicherungsunternehmen anwendbar erklärte, die Tochterunternehmen einer Versicherungs-Holdinggesellschaft sind.

2 **2. Normzweck.** Die Norm erklärt die §§ 252 und 257–269 VAG, die unmittelbar nur für Versicherungsunternehmen gelten, die der Gruppenaufsicht nach § 245 Abs. 2 Nr. 1 VAG unterliegen, für entsprechend anwendbar für Versicherungsunternehmen, die der Gruppenaufsicht nach § 245 Abs. 2 Nr. 2 und 3 VAG unterliegen.[1]

3 **3. Europarechtlicher Hintergrund.** Die Vorschrift setzt **Art. 235 Solva II-RL** um.

4 **II. Berechnung der Gruppensolvabilität.** Die Vorschrift regelt zum einen in S. 1 die **entsprechende Geltung der Vorschriften zur Berechnung der Gruppensolvabilität** für Versicherungsunternehmen, die Tochterunternehmen einer Versicherungs-Holdinggesellschaft oder gemischten Finanzholding-Gesellschaft sind. Dabei hat die Berechnung auf der Ebene der obersten Holdinggesellschaft zu erfolgen, aber in aufsichtlicher Hinsicht durch das Tochter-Versicherungsunternehmen.

5 Zum anderen ordnet S. 2 an, dass bei der Berechnung die Versicherungs-Holdinggesellschaft oder die gemischte Finanzholding-Gesellschaft wie ein Versicherungsunternehmen behandelt wird, und ihre Risiken dementsprechend berücksichtigt werden. Anders als nach § 5 Abs. 5 S. 2 SolBerV a. F. beträgt die Solvabilitätskapitalanforderung einer Holdinggesellschaft nicht mehr stets Null.[2] Es ist zu beachten, dass dies für **jede Versicherungs-Holdinggesellschaft oder gemischte Finanzholding-Gesellschaft der Gruppe** gilt, nicht nur für die oberste Gesellschaft. Zwar ordnen §§ 247 Abs. 1 S. 1, 248 Abs. 1 S. 1 VAG an, auch § 266 VAG nur auf der Ebene der obersten Muttergesellschaft anzuwenden. Dies kann sich aber nach verständiger Auslegung nur auf S. 1 des § 266 VAG beziehen. In der Konsolidierungsmethode ist nach Art. 335 Abs. 1 Solva II-VO auch die Solvabilitätskapitalanforderung in Bezug auf jede Holdinggesellschaft zu berechnen, auch in Bezug auf Zwischen-Holdinggesellschaften. Gleiches gilt wegen § 257 Abs. 1 VAG auch für die Abzugs- und Aggregationsmethode.

6 **III. Verhältnis zu anderen Regelungen. 1. Bankaufsichtsrecht (§ 10a KWG).** Die Berechnung der Eigenmittel auf konsolidierter Ebene gem. § 10a Abs. 4 KWG ist nach Art. 11 VO 575/2013 ebenfalls dann vorzunehmen, wenn oberstes Mutterunternehmen der Gruppe eine (gemischte) Finanzholding-Gesellschaft ist.

7 **2. Finanzkonglomerate-Aufsichtsrecht (§ 18 FKAG).** Auch nach § 18 Abs. 1 S. 1 FKAG sind sämtliche Holdinggesellschaften des Finanzkonglomerats, auch zwischengeschaltete, in die Berechnung der Finanzkonglomerat-Solvabilität einzubeziehen. Dies umfasst (gemischte) Finanzholding-Gesellschaften und Versicherungs-Holdinggesellschaften.

Bedingungen für Tochterunternehmen eines Versicherungsunternehmens

267 **Die Bestimmungen der §§ 269 und 270 gelten für jedes Versicherungsunternehmen, das Tochterunternehmen eines Versicherungsunternehmens ist, wenn**

1. das Tochterunternehmen in die Gruppenaufsicht auf Ebene des Mutterunternehmens einbezogen ist,
2. das Risikomanagement und die internen Kontrollmechanismen des Mutterunternehmens das Tochterunternehmen einschließen und das Mutterunternehmen die betroffenen Aufsichtsbehörden von der umsichtigen Führung des Tochterunternehmens überzeugt hat,
3. das Mutterunternehmen die Zustimmung gemäß § 275 Absatz 4 erhalten hat,
4. das Mutterunternehmen die Zustimmung gemäß § 277 Absatz 2 erhalten hat und
5. das Mutterunternehmen die Inanspruchnahme der Bestimmungen der §§ 269 und 270 beantragt hat und dieser Antrag gemäß § 268 genehmigt worden ist.

1 Die Vorschrift wird bei § 272 VAG erläutert.

Beaufsichtigung bei zentralisiertem Risikomanagement

268 (1) [1]**Bei der Entscheidung über die Genehmigung eines Antrags auf Beaufsichtigung der Solvabilität einer Gruppe mit zentralisiertem Risikomanagement gemäß den Bestimmungen der §§ 269 und 270 und bei der Entscheidung über etwaige Bedingungen, unter denen die Genehmigung erteilt wird, arbeiten alle betroffenen Aufsichtsbehörden im Aufsichtskollegium (§ 283) zusammen.** [2]**Der Antrag ist an die für das Tochterunternehmen zuständige Aufsichtsbehörde zu richten.** [3]**Diese unterrichtet hiervon unverzüglich die ande-**

[1] Die entsprechende Geltung wird in der Kommentierung der einzelnen §§ erörtert.
[2] Vgl. Bähr/*Krämer* § 15 Rn. 65.

ren Aufsichtsbehörden im Aufsichtskollegium und leitet den vollständigen Antrag an diese weiter.

(2) **Die betroffenen Aufsichtsbehörden sollen über den Antrag innerhalb von drei Monaten nach Eingang des vollständigen Antrags bei allen Aufsichtsbehörden einvernehmlich entscheiden.**

(3) **Sind die Aufsichtsbehörden zu einer einvernehmlichen Entscheidung im Sinne des Absatzes 2 gelangt, übermittelt die für das Tochterunternehmen zuständige Aufsichtsbehörde dem Antragsteller den Bescheid.**

(4) [1]**Wird innerhalb von drei Monaten nach Eingang des vollständigen Antrags der Gruppe keine einvernehmliche Entscheidung erzielt, entscheidet die Gruppenaufsichtsbehörde über den Antrag.** [2]**Die Gruppenaufsichtsbehörde trägt allen Auffassungen und Vorbehalten, die die anderen im Aufsichtskollegium vertretenen Aufsichtsbehörden innerhalb der Dreimonatsfrist geäußert haben, angemessen Rechnung.** [3]**Die Gruppenaufsichtsbehörde erteilt dem Antragsteller den Bescheid und übermittelt diesen den anderen betroffenen Aufsichtsbehörden.** [4]**Die Entscheidung der Gruppenaufsichtsbehörde wird von den betroffenen Aufsichtsbehörden als verbindlich anerkannt und umgesetzt.**

(5) [1]**Hat vor Ablauf der in Absatz 2 genannten Dreimonatsfrist eine der betroffenen Aufsichtsbehörden gemäß Artikel 19 der Verordnung (EU) Nr. 1094/2010 die Europäische Aufsichtsbehörde für das Versicherungswesen und die betriebliche Altersversorgung mit der Angelegenheit befasst, wartet die Gruppenaufsichtsbehörde deren Entscheidung ab.** [2]**Die Gruppenaufsichtsbehörde ist bei ihrer Entscheidung inhaltlich an die Entscheidung der Europäischen Aufsichtsbehörde für das Versicherungswesen und die betriebliche Altersversorgung gebunden.** [3]**Die Entscheidung der Gruppenaufsichtsbehörde wird von den betroffenen Aufsichtsbehörden als verbindlich anerkannt und umgesetzt.**

(6) **Die Europäische Aufsichtsbehörde für das Versicherungswesen und die betriebliche Altersversorgung wird nicht mit der Angelegenheit befasst, wenn eine gemeinsame Entscheidung erzielt wurde oder die Dreimonatsfrist verstrichen ist.**

(7) [1]**Lehnt die Europäische Aufsichtsbehörde für das Versicherungswesen und die betriebliche Altersversorgung die gemäß Artikel 41 Absatz 3 sowie Artikel 44 Absatz 1 der Verordnung (EU) Nr. 1094/2010 vom Gremium vorgeschlagene Entscheidung ab, trifft die Gruppenaufsichtsbehörde die Entscheidung.** [2]**Die Entscheidung der Gruppenaufsichtsbehörde wird von den betroffenen Aufsichtsbehörden als verbindlich anerkannt und umgesetzt.**

Die Vorschrift wird bei § 272 VAG erläutert. 1

Bestimmung der Solvabilitätskapitalanforderung des Tochterunternehmens

269 (1) [1]**Die Solvabilitätskapitalanforderung eines Tochterunternehmens wird gemäß den Absätzen 2, 4 und 5 berechnet.** [2]**§ 262 bleibt unberührt.**

(2) [1]**Wird die Solvabilitätskapitalanforderung des Tochterunternehmens mit einem auf Gruppenebene gemäß § 262 genehmigten internen Modell berechnet, kann die Aufsichtsbehörde einen Kapitalaufschlag auf die Solvabilitätskapitalanforderung dieses Unternehmens festsetzen, wenn sie der Auffassung ist, dass das Risikoprofil erheblich von dem internen Modell abweicht und die Voraussetzungen des § 301 erfüllt sind.** [2]**Ist ein Kapitalaufschlag im Einzelfall unangemessen, kann die Aufsichtsbehörde, die das Tochterunternehmen zugelassen hat, verlangen, dass das Unternehmen seine Solvabilitätskapitalanforderung mit der Standardformel berechnet.** [3]**Die Aufsichtsbehörde hört vor der Entscheidung sowohl das Tochterunternehmen als auch die anderen im Aufsichtskollegium nach § 283 vertretenen Aufsichtsbehörden an.**

(3) [1]**Wird die Solvabilitätskapitalanforderung des Tochterunternehmens mit der Standardformel berechnet und ist die Aufsichtsbehörde der Auffassung, dass das Risikoprofil des Unternehmens wesentlich von den Annahmen der Standardformel abweicht, so kann sie, solange ihre Bedenken nicht ausgeräumt sind, im Einzelfall verlangen, dass das Unternehmen eine Untergruppe der bei der Berechnung der Standardformel verwendeten Parameter durch unternehmensspezifische Parameter bei der Berechnung der versicherungstechnischen Risikomodule ersetzt oder einen Kapitalaufschlag in den in § 301 genannten Fällen festsetzen.** [2]**Vor der Entscheidung hört die Aufsichtsbehörde sowohl das Tochterunternehmen als auch die anderen im Aufsichtskollegium nach § 283 vertretenen Aufsichtsbehörden an.**

(4) [1]**Das Aufsichtskollegium unternimmt im Rahmen seiner Befugnisse alles, um eine Einigung über den Vorschlag der Aufsichtsbehörde, die das Tochterunternehmen zugelassen**

hat, oder über andere mögliche Maßnahmen zu erreichen. [2]Eine Entscheidung wird von den betroffenen Aufsichtsbehörden als verbindlich anerkannt und umgesetzt.

(5) **[1]Gehen die Meinungen der Aufsichtsbehörde, die das Tochterunternehmen zugelassen hat, und der Gruppenaufsichtsbehörde auseinander, kann jede der beiden Stellen innerhalb eines Monats nach dem Vorschlag der Aufsichtsbehörde gemäß Artikel 19 der Verordnung (EU) Nr. 1094/2010 die Europäische Aufsichtsbehörde für das Versicherungswesen und die betriebliche Altersversorgung mit der Angelegenheit befassen und um Unterstützung bitten. [2]Die Europäische Aufsichtsbehörde für das Versicherungswesen und die betriebliche Altersversorgung wird nicht mit der Angelegenheit befasst, wenn innerhalb des Aufsichtskollegiums eine einvernehmliche Entscheidung erzielt wurde oder die Einmonatsfrist verstrichen ist.**

(6) **[1]Die Aufsichtsbehörde, die das Tochterunternehmen zugelassen hat, wartet die Entscheidung der Europäischen Aufsichtsbehörde für das Versicherungswesen und die betriebliche Altersversorgung ab. [2]Sie trifft ihre Entscheidung im Einklang mit der Entscheidung der Europäischen Aufsichtsbehörde für das Versicherungswesen und die betriebliche Altersversorgung. [3]Die Aufsichtsbehörde erteilt dem Tochterunternehmen den Bescheid und übermittelt diesen dem Aufsichtskollegium. [4]Die Entscheidung der Aufsichtsbehörde wird von den betroffenen Aufsichtsbehörden als verbindlich anerkannt und umgesetzt.**

1 Die Vorschrift wird bei § 272 VAG erläutert.

Nichtbedeckung der Kapitalanforderungen des Tochterunternehmens

270

(1) **[1]Innerhalb von sechs Monaten nach Feststellung der Nichtbedeckung der Solvabilitätskapitalanforderung hat das Tochterunternehmen die anrechnungsfähigen Eigenmittel aufzustocken oder seine Risiken so zu reduzieren, dass die Solvabilitätskapitalanforderung wieder bedeckt ist. [2]Die Aufsichtsbehörde, die das Tochterunternehmen zugelassen hat, übermittelt allen Aufsichtsbehörden im Aufsichtskollegium unverzüglich den vom Tochterunternehmen vorgelegten Sanierungsplan. [3]Die Aufsichtsbehörden im Aufsichtskollegium entscheiden einvernehmlich innerhalb von vier Monaten nach Feststellung der Nichteinhaltung der Solvabilitätskapitalanforderung über die Genehmigung des Sanierungsplans. [4]Können sich die Aufsichtsbehörden innerhalb dieser Frist nicht einigen, entscheidet die Aufsichtsbehörde unter Berücksichtigung der Auffassungen der anderen Aufsichtsbehörden über die Genehmigung des Sanierungsplans.**

(2) **[1]Stellt die Aufsichtsbehörde eine Verschlechterung der finanziellen Lage des Tochterunternehmens gemäß § 132 Absatz 2 fest, teilt sie den Aufsichtsbehörden im Aufsichtskollegium unverzüglich mit, welche Maßnahmen ihrer Ansicht nach zu ergreifen sind. [2]Handelt es sich nicht um eine Krisensituation, werden die vorgeschlagenen Maßnahmen im Aufsichtskollegium erörtert. [3]Das Kollegium der Aufsichtsbehörden unternimmt im Rahmen seiner Befugnisse alles, um eine Einigung über die vorgeschlagenen zu ergreifenden Maßnahmen zu erzielen. [4]Können sich die Aufsichtsbehörden innerhalb eines Monats nach der Mitteilung nach Satz 1 nicht einigen, entscheidet die Aufsichtsbehörde, die das Tochterunternehmen zugelassen hat, unter gebührender Berücksichtigung der Auffassungen der anderen Aufsichtsbehörden im Aufsichtskollegium über die Maßnahmen.**

(3) **[1]Bei Nichtbedeckung der Mindestkapitalanforderung übermittelt die Aufsichtsbehörde dem Aufsichtskollegium unverzüglich den vom Tochterunternehmen vorgelegten kurzfristigen Finanzierungsplan, damit innerhalb von drei Monaten nach der Feststellung der Nichtbedeckung der Mindestkapitalanforderung die anrechnungsfähigen Eigenmittel aufgestockt werden oder das Risikoprofil so gesenkt wird, dass die Mindestkapitalanforderung wieder bedeckt ist. [2]Die Aufsichtsbehörde informiert das Aufsichtskollegium auch über die Maßnahmen, die sie eingeleitet hat, um die Einhaltung der Mindestkapitalanforderung durchzusetzen.**

(4) **Wenn die Aufsichtsbehörde, die das Tochterunternehmen zugelassen hat, und die Gruppenaufsichtsbehörde uneinig sind hinsichtlich**

1. der Genehmigung des Sanierungsplans, einschließlich einer etwaigen Verlängerung der Frist für die Wiederherstellung, innerhalb der in Absatz 1 genannten Viermonatsfrist oder
2. der Genehmigung der vorgeschlagenen Maßnahmen innerhalb der in Absatz 2 genannten Einmonatsfrist,

können sie die Europäische Aufsichtsbehörde für das Versicherungswesen und die betriebliche Altersversorgung mit der Angelegenheit befassen und um ihre Unterstützung gemäß Artikel 19 der Verordnung (EU) Nr. 1094/2010 ersuchen.

(5) Die Europäische Aufsichtsbehörde für das Versicherungswesen und die betriebliche Altersversorgung wird nicht mit der Angelegenheit befasst, wenn

1. innerhalb des Aufsichtskollegiums eine Einigung über die Genehmigung des Sanierungsplans gemäß Absatz 1 oder über die vorgeschlagene Maßnahme gemäß Absatz 2 erzielt wurde,

2. die in Absatz 4 genannten Fristen verstrichen sind oder

3. eine Krisensituation gemäß Absatz 2 Satz 2 eingetreten ist.

(6) [1]Die Aufsichtsbehörde, die das Tochterunternehmen zugelassen hat, wartet die Entscheidung der Europäischen Aufsichtsbehörde für das Versicherungswesen und die betriebliche Altersversorgung ab. [2]Sie trifft ihre Entscheidung im Einklang mit der Entscheidung der Europäischen Aufsichtsbehörde für das Versicherungswesen und die betriebliche Altersversorgung. [3]Die Aufsichtsbehörde erteilt dem Tochterunternehmen den Bescheid und übermittelt diesen dem Aufsichtskollegium. [4]Die Entscheidung der Aufsichtsbehörde wird von den betroffenen Aufsichtsbehörden als verbindlich anerkannt und umgesetzt.

Die Vorschrift wird bei § 272 VAG erläutert. 1

Ende der Ausnahmeregelung für ein Tochterunternehmen

271 **(1) [1]Die in den §§ 269 und 270 vorgesehenen Regelungen sind nicht anwendbar, wenn**

1. die in § 267 Nummer 1 genannte Bedingung nicht mehr erfüllt ist,

2. die in § 267 Nummer 2 genannte Bedingung nicht mehr erfüllt ist und die Gruppe nicht innerhalb einer angemessenen Frist für erneute Einhaltung sorgt oder

3. die in § 267 Nummer 3 und 4 genannten Bedingungen nicht mehr erfüllt sind.

[2]Entscheidet die Gruppenaufsichtsbehörde in dem in Satz 1 Nummer 1 genannten Fall nach Anhörung des Aufsichtskollegiums, das Tochterunternehmen nicht mehr in die Gruppenaufsicht einzubeziehen, teilt sie dies der für das Tochterunternehmen zuständigen Aufsichtsbehörde und dem Mutterunternehmen unverzüglich mit.

(2) [1]Das Mutterunternehmen ist dafür verantwortlich, dass die in § 267 Nummer 2, 3 und 4 genannten Bedingungen jederzeit erfüllt werden. [2]Ist eine Bedingung nicht erfüllt, teilt das Mutterunternehmen dies der Gruppenaufsichtsbehörde sowie der für die Beaufsichtigung des betreffenden Tochterunternehmens zuständigen Aufsichtsbehörde unverzüglich mit. [3]Das Mutterunternehmen hat einen Plan vorzulegen, um innerhalb einer angemessenen Frist für die erneute Einhaltung der Bedingungen zu sorgen. [4]Die Gruppenaufsichtsbehörde überprüft mindestens einmal jährlich, ob die Bedingungen nach wie vor erfüllt sind. [5]Eine solche Überprüfung nimmt sie auch auf Antrag der betroffenen Aufsichtsbehörde vor, wenn diese erhebliche Zweifel an der kontinuierlichen Erfüllung dieser Bedingungen hat. [6]Werden bei dieser Überprüfung Schwächen oder Mängel festgestellt, verlangt die Gruppenaufsichtsbehörde von dem Mutterunternehmen einen Plan, der die Beseitigung dieser Schwächen oder Mängel innerhalb einer angemessenen Frist vorsieht. [7]Stellt die Gruppenaufsichtsbehörde nach Anhörung des Aufsichtskollegiums fest, dass der in den Sätzen 3 und 6 genannte Plan unzureichend ist oder nicht fristgerecht umgesetzt wird, gelten die in § 267 Nummer 2 bis 4 genannten Bedingungen als nicht mehr erfüllt. [8]Die Gruppenaufsichtsbehörde teilt dies unverzüglich der betroffenen Aufsichtsbehörde mit.

(3) Stellt das Mutterunternehmen einen neuen Antrag und wird dieser genehmigt, richtet sich das Verfahren erneut nach den §§ 269 und 270.

Die Vorschrift wird bei § 272 VAG erläutert. 1

Tochterunternehmen einer Versicherungs-Holdinggesellschaft oder gemischten Finanzholding-Gesellschaft

272 **Für Versicherungsunternehmen, die Tochterunternehmen einer Versicherungs-Holdinggesellschaft oder einer gemischten Finanzholding-Gesellschaft sind, gelten die §§ 267 bis 271 entsprechend.**

Schrifttum: *Krämer*, Die Gruppenaufsicht nach dem Entwurf der Solvency II Rahmenrichtlinie, ZVersWiss 97 (2008), S. 319 ff.

I. Allgemeines. 1. Entstehungsgeschichte. Die §§ 267–272 VAG wurden gegenüber dem RegE 1
2012 im Hinblick auf die Entscheidungsverfahren nach §§ 268 Abs. 3–6, 269 Abs. 5 und 270 Abs. 4–6

VAG geändert. Vergleichbar § 262 Abs. 4 ff. VAG besteht die Möglichkeit, EIOPA mit der Streitschlichtung zu befassen, deren Entscheidung für die BaFin als Gruppenaufsichtsbehörde verbindlich ist. Weiterhin wurde der Anwendungsbereich der §§ 267–272 VAG auf Tochter-Versicherungsunternehmen von gemischten Finanzholding-Gesellschaften erweitert. Das VAG a. F. enthielt keine entsprechenden Vorschriften.

2 **2. Normzweck.** Die Norm gibt Mutter- und Tochterunternehmen die Möglichkeit, im Fall der Einrichtung eines **zentralisierten Risikomanagements** eine besondere Beaufsichtigung zu beantragen, die im Fall der Genehmigung zur weiteren **Zentralisierung der Gruppenaufsicht** und damit einer **Einschränkung der Einzelaufsicht** führt. Allerdings sind die Vorschriften **ohne größere praktische Bedeutung**, da den Voraussetzungen aus Sicht der Unternehmen kein entsprechender Nutzen gegenübersteht.

3 **3. Europarechtlicher Hintergrund.** Die §§ 267–272 VAG setzen **Art. 236–243 Solva II-RL** um. Sie werden durch **Art. 351–353 Solva II-VO** ergänzt und geändert. Ursprünglich bestand die Rechtsfolge der §§ 267 ff. VAG und Art. 236–243 Solva II-RL in der Anwendung des Gruppenunterstützungs-Regimes (englisch ***group support***), das die Ersetzung eingezahlter Eigenmittelbestandteile von Tochterunternehmen durch Unterstützungszusagen des Mutterunternehmens erlaubt hätte. Nach erheblichem Widerstand einzelner Mitgliedsstaaten ließ die Kommission diese Rechtsfolge fallen.[1] Gemäß Art. 242 Abs. 2 Solva II-RL[2] hat die Kommission bis zum 31.12.2017 zu bewerten, ob nunmehr die Voraussetzungen für die Anwendung des Gruppenunterstützungs-Regimes und damit „einer verstärkten Gruppenaufsicht und eines verstärkten Kapitalmanagements innerhalb der Gruppe" vorliegen. Dies hängt insbesondere von der Zusammenarbeit der Aufsichtsbehörden in den Aufsichtskollegien sowie von der Gleichwertigkeit des Schutzes der Versicherten in Krisensituationen und Insolvenzen ab.

4 **II. Anwendungsbereich.** Die §§ 267–272 VAG gelten nach § 267 Abs. 1 VAG für Versicherungsunternehmen, die der Gruppenaufsicht gemäß § 245 Abs. 2 Nr. 1 VAG unterliegen, und gem. § 272 VAG entsprechend auch für Versicherungsunternehmen, die gem. § 245 Abs. 2 Nr. 2 und 3 VAG als Tochterunternehmen einer gemischten Finanzholding-Gesellschaft oder Versicherungs-Holdinggesellschaft der Gruppenaufsicht unterliegen. Sie gelten für beide Rechenmethoden nach §§ 261, 265 VAG, aber nur, soweit zwischen beteiligtem und verbundenem Unternehmen ein **Mutter-Tochterverhältnis** (§ 7 Nr. 23 und 29 VAG) besteht.[3]

5 **III. Genehmigungsverfahren (§ 268 VAG). 1. Beteiligter und zuständige Behörden (Abs. 1–3).** Antragsteller und damit Beteiligter im Sinne des § 13 Abs. 1 Nr. 1 VwVfG ist gem. § 267 Nr. 5 VAG das **Mutterunternehmen**. Allerdings sind zuständige Aufsichtsbehörden nicht die Gruppenaufsichtsbehörde, sondern die **Aufsichtsbehörden der Tochter-Versicherungsunternehmen**, § 268 Abs. 1 S. 2 VAG. Falls diese eine einvernehmliche Entscheidung innerhalb von drei Monaten nach Eingang des vollständigen Antrags erzielen, übermitteln sie jeweils dem Antragsteller ihre Entscheidung, § 268 Abs. 2 und 3 VAG. Falls demnach die Aufsichtsbehörden den Antrag einvernehmlich ablehnen, wäre die Gruppenaufsichtsbehörde gar nicht zur Entscheidung berufen. Dieses wäre insoweit nicht sachgerecht, als dass es den Aufsichtsbehörden an einem Interesse fehlt, die Anwendung der §§ 267 ff. VAG zu genehmigen. Eine Lösung bietet aber **Art. 352 Abs. 2 Solva II-VO**, wonach im Fall von gleichzeitigen Anträgen in Bezug auf mehrere Tochterunternehmen auch die Gruppenaufsichtsbehörde zur Entscheidung berufen ist.[4]

6 **2. Abstimmung der Behörden (Abs. 4).** Die **Einheitlichkeit der Entscheidungen der Aufsichtsbehörden** wird dadurch erleichtert, dass sich alle Aufsichtsbehörden des Kollegiums gegenseitig unterrichten und den Antrag austauschen. Falls die Behörden jedoch nicht fristgerecht eine einvernehmliche Entscheidung erzielen, entscheidet die Gruppenaufsichtsbehörde. Dabei hat sie allen Auffassungen und Vorbehalten, die die anderen im Aufsichtskollegium vertretenen Aufsichtsbehörden geäußert haben, angemessen Rechnung zu tragen. Die **Gruppenaufsichtsbehörde erteilt dem Antragsteller den Bescheid**; die Entscheidung wird von den betroffenen Aufsichtsbehörden als verbindlich anerkannt und umgesetzt.

7 **3. Streitschlichtung durch EIOPA.** Falls aber eine der zuständigen Aufsichtsbehörden innerhalb der Frist von drei Monaten EIOPA mit der Streitschlichtung nach **Art. 19 der EIOPA-VO** betraut, hat sich die Gruppenaufsichtsbehörde gem. § 268 Abs. 5 VAG nach der Meinung von EIOPA zu richten. Dies soll allerdings nach § 268 Abs. 7 VAG nicht gelten, wenn innerhalb von EIOPA der Rat der

[1] Vgl. *Krämer* ZVersWiss 2008, 319, 334.

[2] Diese Vorschrift richtet sich ausschließlich an die Kommission und bedarf keiner Umsetzung ins VAG.

[3] Dies folgt in rechtlicher Hinsicht aus dem Wortlaut der §§ 267 und 272 VAG. Aus praktischer Hinsicht folgt es daraus, dass ohne dominanten Einfluss die Einrichtung eines zentralen Risikomanagements unmöglich ist.

[4] Für ihre Entscheidung berechnet die BaFin eine Gebühr i. H. v. 2.505 EUR (Ziffer 6.10.7 des Anhangs zu FinDAGKostV).

Aufseher die Entscheidung des von ihm eingesetzten Gremiums (Art. 41 Abs. 3, 44 Abs. 1 EIOPA-VO) ablehnt; in dem Fall entscheidet wiederum die Gruppenaufsichtsbehörde.

IV. Voraussetzungen (§ 267 VAG). Voraussetzung für die Anwendbarkeit der §§ 267–272 VAG ist neben der Erfüllung der allgemeinen Anforderungen der Gruppenaufsicht in Bezug auf ein Tochterunternehmen (§ 267 Nr. 1 und Nr. 2 Fall 2 VAG), dass die Gruppe die **übrigen Möglichkeiten zur Zentralisierung der Gruppenaufsicht ausgeschöpft** hat; hierzu gehören die Verlagerungen von Teilen der Governance auf das Mutterunternehmen (Nr. 2 Fall 1), die zeitgleiche Vornahme der Risiko- und Solvabilitätsbeurteilung (§ 267 Nr. 3 VAG) sowie die Veröffentlichung eines einzigen Solvabilitäts- und Finanzberichts (§ 267 Nr. 4 VAG) jeweils auf Gruppen- und Einzelebene. Das Mutterunternehmen hat die Erfüllung der Voraussetzungen jederzeit sicherzustellen, § 271 Abs. 2 S. 1 VAG. Die Gruppenaufsichtsbehörde hat die Erfüllung bei Antragstellung, einmal jährlich nach Genehmigung sowie bei Anlass zu Zweifeln auf Antrag einer betroffenen Aufsichtsbehörde zu prüfen, § 271 Abs. 2 S. 4, 5 VAG. 8

1. Einbeziehung in die Gruppenaufsicht (Nr. 1). Gem. § 267 Nr. 1 VAG ist erste Voraussetzung für die Anwendbarkeit der §§ 267–272 VAG, dass das Tochterunternehmen in die Gruppenaufsicht gem. § 245 VAG einbezogen ist. Dies ist nur dann nicht der Fall, wenn das Tochterunternehmen gem. § 246 Abs. 2 Nr. 2 und 3 VAG aus der Gruppenaufsicht ausgeschlossen wurde. 9

2. Umsetzung der Gruppen-Governance und umsichtige Führung (Nr. 2, Art. 351 Solva II-VO). Als zweite allgemeine Anforderungen der Gruppenaufsicht fordert § 267 Nr. 2 Fall 2 VAG, dass das Mutterunternehmen das Tochterunternehmen „**umsichtig führt**". Dies konkretisiert Art. 351 Abs. 2 Solva II-VO dahin gehend, dass das Governance-System von Gruppe (§ 275 VAG) und Tochterunternehmen (§§ 23 ff. VAG) ausreichend wirksam sind und den aufsichtlichen Standards entsprechen. Dies ist der Fall, wenn keine Grundlage für die Festsetzung eines Kapitalaufschlags gem. §§ 301 Abs. 2 Nr. 3, 264 Abs. 2 VAG besteht. Diese allgemeine Anforderung ist vor dem Hintergrund zu beurteilen, dass Risikomanagement- und Compliance-Funktion in weiten Teilen vom Mutterunternehmen wahrgenommen werden. 10

§ 275 Abs. 1 VAG verlangt von sämtlichen Gruppen eine konsistente Umsetzung des Governance-Systems, dh Konsistenz zwischen den Systemen von Mutter- und Tochterunternehmen. Sie ist gegeben, wenn das Tochterunternehmen über eine eigenständige Funktion verfügt, die sich an die methodischen und organisatorischen Vorgaben des Mutterunternehmens hält. Darüber hinaus ist für die Anwendung der §§ 267 ff. VAG gem. Art. 351 Abs. 1 Solva II-VO Voraussetzung, dass die Risikomanagement- und Compliance-Funktion des Tochterunternehmens in signifikantem Umfang vom Mutterunternehmen wahrgenommen wird, und dies den Voraussetzungen und Anforderungen an **Ausgliederungen gem. § 32 VAG** entspricht. 11

3. Zeitgleiche Vornahme der Risiko- und Solvabilitätsbeurteilung auf Gruppen- und Einzelebene (Nr. 3). Die Anwendung des zentralisierten Risikomanagements ist nach § 267 Nr. 3 VAG nur zulässig, wenn das Mutterunternehmen mit Zustimmung der Gruppenaufsichtsbehörde nach **§ 275 Abs. 4 VAG** die Risiko- und Solvabilitätsbeurteilung auf Gruppenebene und auf Ebene der Tochterunternehmen (§§ 27, 275 Abs. 2 S. 1 VAG) zeitgleich vornehmen, und die Ergebnisse in einem (gemeinsamen) Bericht darstellen. 12

4. Veröffentlichung eines einzigen Solvabilitäts- und Finanzberichts (Nr. 4). Letzte Voraussetzung ist schließlich nach § 267 Nr. 4 VAG, dass das Mutterunternehmen gem. § 277 Abs. 2 VAG mit Genehmigung der Gruppenaufsichtsbehörde für die gesamte Gruppe nur **einen einzigen Solvabilitäts- und Finanzbericht (§§ 40, 277 Abs. 1 VAG, Art. 365 Solva II-VO)** veröffentlicht, der neben den Informationen auf Gruppenebene auch die für jedes Tochterunternehmen enthält. Zu beachten ist insoweit, dass § 277 Abs. 2 VAG anders als § 267 VAG nur die Erstreckung des einzigen Berichts auf alle Tochterunternehmen vorsieht. 13

V. Rechtsfolgen (§§ 269 f. VAG). 1. Festsetzung eines Kapitalaufschlags (§ 269 VAG). Falls das Risikoprofil des Tochter-Versicherungsunternehmens erheblich von den Annahmen abweicht, die der Solvabilitätskapitalanforderung zugrunde liegen, die unter Verwendung der Standardformel oder eines internen Modells berechnet wurde, kann die zuständige Aufsichtsbehörde nach §§ 301 Abs. 1 Nr. 1, 2 und 263 VAG weiterhin einen Kapitalaufschlag festsetzen, oder die Berechnung mit der Standardformel bzw. mit unternehmensspezifischen Parametern verlangen. Diese allgemeine Rechtslage modifiziert § 269 Abs. 2–4 VAG dergestalt, dass die Aufsichtsbehörde ihre **Entscheidung mit allen Aufsichtsbehörden des Kollegiums abzustimmen** hat. Im Falle des Dissenses kann jede Aufsichtsbehörde innerhalb eines Monats **EIOPA** mit der **Streitschlichtung** beauftragen; die Meinung EIOPA ist dann für die Aufsichtsbehörde verbindlich, § 269 Abs. 5 und 6 VAG. 14

2. Maßnahmen bei Nichtbedeckung der Kapitalanforderung (§ 270 VAG). § 270 VAG regelt ein von den §§ 134 ff. VAG abweichendes Verfahren im Fall der Nichtbedeckung von Solvabilitäts- (Abs. 1, 2) oder Mindestkapitalanforderung (Abs. 3). Die für das Tochterunternehmen zuständige Auf- 15 sichtsbehörde hat vor **Genehmigung von Sanierungs- und Finanzierungsplan** die anderen Aufsichtsbehörden des Kollegiums anzuhören und deren Auffassungen zu berücksichtigen. Im Fall des Dissenses kann eine Aufsichtsbehörde **EIOPA mit der Streitschlichtung betrauen**; die Meinung EIOPA ist dann für die Aufsichtsbehörde verbindlich, § 270 Abs. 4–6 VAG. § 270 VAG ist insoweit unklar, dass es nicht nur die Änderungen gegenüber den §§ 134 ff. VAG statuiert, sondern auch Teile der Regelungen wiederholt.[5] Dem ist nicht zu entnehmen, dass übrige Teile der Regelungen, die weder wiederholt noch abgeändert werden, nicht gelten. Dies gälte sonst etwa für die Möglichkeit der Verlängerung der Frist für die Bedeckung der Solvabilitätskapitalanforderung um drei Monate bzw. sieben Jahre gem. § 134 Abs. 3 S. 1, Abs. 4 VAG. Denn die Notwendigkeit und Angemessenheit der Fristverlängerung wird nicht durch die Anwendung des zentralisierten Risikomanagements berührt. Insbesondere die Fristverlängerung um sieben Jahre setzt außergewöhnliche widrige Umstände voraus, die volkswirtschaftlicher Natur und nicht unternehmensspezifisch sind.

16 **3. Unzulässigkeit der Teilgruppenaufsicht (§ 246 Abs. 6 VAG).** Gem. § 246 Abs. 6 VAG führt die Anwendung der §§ 267 ff. VAG schließlich dazu, dass insoweit die Anordnung der Teilgruppenaufsicht nach § 248 Abs. 1 VAG[6] unzulässig ist.[7]

17 **VI. Verhältnis zu anderen Regelungen. 1. Gruppenaufsicht nach VAG.** Die Anwendung der §§ 267 ff. VAG setzt die Anwendung besonderer Vorschriften der Gruppenaufsicht voraus,[8] und führt selbst zu einer Stärkung der Rolle der Gruppenaufsichtsbehörde gegenüber (Einzel-) Aufsichtsbehörden.[9]

18 **2. Gruppenaufsicht nach KWG und FKAG.** KWG und FKAG enthalten keine vergleichbaren Regelungen. Allerdings ist zu beachten, dass im Bankenaufsichtsrecht Art. 7 VO 575/2013 eine weitergehende Zentralisierung des Risikomanagements und der Aufsicht unter z. T. ähnlichen Voraussetzungen wie nach § 267 VAG zulässt. Danach kann die BaFin ein Institut von der gesamten Einzelaufsicht über die Eigenmittelausstattung oder Solvabilität befreien, was über die Rechtsfolgen der §§ 269 ff. VAG hinausgeht.[10]

Abschnitt 2. Risikokonzentration und gruppeninterne Transaktionen

Überwachung der Risikokonzentration

273 (1) **Der Gruppenaufsichtsbehörde sind mindestens einmal jährlich alle wesentlichen Risikokonzentrationen auf Gruppenebene zu melden.**

(2) [1]**Sofern das oberste beteiligte Unternehmen ein Versicherungsunternehmen ist, meldet dieses die Informationen der Gruppenaufsichtsbehörde.** [2]**Sofern das oberste beteiligte Unternehmen eine Versicherungs-Holdinggesellschaft oder eine gemischte Finanzholding-Gesellschaft ist, meldet diese die Informationen, sofern nicht die Aufsichtsbehörde nach Anhörung der anderen betroffenen Aufsichtsbehörden und der Gruppe ein Versicherungsunternehmen als zur Meldung verpflichtetes Unternehmen bestimmt hat.**

(3) [1]**Nach Anhörung der anderen betroffenen Aufsichtsbehörden und der Gruppe bestimmt die Gruppenaufsichtsbehörde**

1. die Arten von Risiken, über die Versicherungsunternehmen einer bestimmten Gruppe auf jeden Fall berichten müssen, sowie

2. angemessene Schwellenwerte für Berichtspflichten über wesentliche Risikokonzentrationen.

[2]**Bei der Bestimmung der Risiken ist der individuellen Struktur der Gruppe und der Struktur ihres Risikomanagements Rechnung zu tragen.** [3]**Die Schwellenwerte orientieren sich an den Solvabilitätskapitalanforderungen, den versicherungstechnischen Rückstellungen oder beiden Größen.**

(4) **Bei der Beaufsichtigung der Risikokonzentrationen überwacht die Gruppenaufsichtsbehörde Höhe und Eintrittswahrscheinlichkeit der Risiken, insbesondere das mögliche Ansteckungsrisiko innerhalb der Gruppe und das Risiko eines Interessenkonflikts.**

1 **I. Allgemeines. 1. Entstehungsgeschichte.** Die Norm entspricht der des RegE 2012, allerdings wurde ihr Anwendungsbereich auf Versicherungsunternehmen erweitert, die als Tochterunternehmen

[5] Vgl. etwa § 270 Abs. 1 S. 1 VAG, der § 134 Abs. 3 S. 1 VAG entspricht.
[6] Dies gilt entsprechend für die Vorschriften ausländischen Rechts, die Art. 216 und 236 ff. Solva II-RL umsetzen.
[7] Vgl. § 248 VAG Rn. 6.
[8] S. o. Rn. 12 ff.
[9] S. o. Rn. 14 ff.
[10] Vgl. Boos/Fischer/Schulte-Mattler/*Dürselen* Art. 7 CRR Rn. 2 ff.

einer gemischten Finanzholding-Gesellschaft der Gruppenaufsicht unterliegen. In ähnlicher Weise wurden Risikokonzentrationen bereits gem. § 104i VAG a. F. beaufsichtigt.[1]

2. Normzweck. Die Norm begründet die Pflicht zur **Überwachung und Meldung von Risikokonzentrationen** an die Gruppenaufsichtsbehörde. 2

3. Europarechtlicher Hintergrund. Die Vorschrift setzt **Art. 244 Solva II-RL** um und wird durch **Art. 376 Solva II-VO** ergänzt und geändert. Von der Ermächtigung zum Erlass technischer Regulierungsstandards gem. Art. 244 Abs. 5 Solva II-RL hat die Kommission bisher keinen Gebrauch gemacht. Allerdings hat sie im Rahmen der Finanzkonglomerate-Aufsicht die delegierte VO (EU) 2015/2303 zur Ergänzung der Richtlinie 2002/87/EG erlassen, die den Begriff der bedeutenden Risikokonzentration präzisiert; diese VO kann zumindest als Interpretationshilfe dienen. 3

II. Anwendungsbereich. Die Vorschrift gilt für Versicherungsgruppen nach **§ 245 Abs. 2 Nr. 1–3 VAG** sowie für beide Rechenmethoden. 4

III. Zuständigkeiten (Abs. 2–4). Zur jährlichen Meldung der Risikokonzentrationen ist auf Unternehmensseite gem. Abs. 2 S. 1 das Versicherungsunternehmen verpflichtet, das der Gruppenaufsicht gem. § 245 Abs. 2 Nr. 1 VAG unterliegt. Falls eine Versicherungsgruppe nach § 245 Abs. 2 Nr. 2 und 3 VAG vorliegt, ist abweichend von der genannten Vorschrift gem. Abs. 2 S. 2 nicht das Tochter-Versicherungsunternehmen verpflichtet, sondern die **Versicherungs-Holdinggesellschaft oder gemischte Finanzholding-Gesellschaft**. Nach Abs. 2 S. 3 wiederum kann die Gruppenaufsichtsbehörde nach Anhörung der anderen Aufsichtsbehörden des Kollegiums ein Versicherungsunternehmen der Gruppe verpflichten.[2] Über die Meldepflicht hinaus besteht nach § 275 Abs. 2 Nr. 2 VAG eine Pflicht zur Einrichtung ordnungsgemäßer interner Kontrollmechanismen zu Risikokonzentrationen.[3] 5

Auf Seiten des Aufsichtskollegiums (§ 283 VAG) ist alleine die **Gruppenaufsichtsbehörde** für die Beaufsichtigung der Risikokonzentrationen einschließlich der Bestimmung der zu meldenden Risiken gem. Abs. 3 und 4 zuständig. Soweit Abs. 4 die Zuständigkeit der „Aufsichtsbehörde" zuweist, ist dies als Redaktionsversehen zu werten. Gem. dem durch Abs. 4 umgesetzten Art. 244 Abs. 3 UAbs. 4 Solva II-RL sowie nach § 281 Abs. 1 Nr. 2 VAG ist hierfür die Gruppenaufsichtsbehörde zuständig. 6

IV. Inhalt der Berichtspflicht (Abs. 3). 1. Legaldefinition des § 7 Nr. 26 VAG. § 7 Nr. 26 VAG definiert Risikokonzentrationen als 7

„alle mit einem Ausfallrisiko behafteten Engagements der Unternehmen einer Gruppe oder eines Finanzkonglomerats im Sinne des § 1 Absatz 2 FKAG, die groß genug sind, um die Solvabilität oder die allgemeine Finanzlage eines oder mehrerer der beaufsichtigten Finanzkonglomeratsunternehmen oder beaufsichtigten Gruppenunternehmen zu gefährden, wobei die Ausfallgefahr auf einem Adressenausfallrisiko, einem Kreditrisiko, einem Anlagerisiko, einem Versicherungsrisiko, einem Marktrisiko, einem sonstigen Risiko, einer Kombination dieser Risiken oder auf Wechselwirkungen zwischen diesen Risiken beruht oder beruhen kann."

Die Definition ist rein nationalen Ursprungs, sie ergeht nicht in Umsetzung einer Vorschrift der Solva II-RL. Sie entspricht weitgehend der Definition des § 2 Abs. 16 FKAG, **weicht aber von der impliziten Definition in Art. 376 Solva II-VO ab**. Die Vorschrift begegnet verschiedenen Schwierigkeiten, wie im Folgenden dargelegt wird. Aufgrund der Fülle der Widersprüche zu Europarecht und auch zum übrigen VAG ist sie als untauglich anzusehen und hat **praktisch keine Bedeutung**. Die Definition erfolgt erkennbar nur für die Zwecke der Gruppenaufsicht. VAG sowie die Solva II-RL verwenden den Begriff jedoch gleichermaßen in der Einzelaufsicht, da Risikokonzentrationen auch innerhalb eines nicht einer Gruppe angehörenden Versicherungsunternehmens zu beaufsichtigen sind (vgl. § 40 Abs. 2 Nr. 3 VAG); hier fehlt es an einer Definition. Der Bedarf einer Definition ist aber auch für die Zwecke der Gruppenaufsicht fraglich, zumal das entscheidende Tatbestandselement der Wesentlichkeit der Risikokonzentration nach Art. 376 Abs. 3 Solva II-VO von der Gruppenaufsichtsbehörde festgelegt wird. 8

2. Legaldefinition des Art. 376 Abs. 2 Solva II-VO. Mit einem Ausfallrisiko behaftete Engagements sind in den Worten von **Art. 376 Abs. 2 Solva II-VO** sämtliche direkten oder indirekten Exponierungen gegenüber bestimmten Parteien, Gebieten und Branchen oder Katastrophen. Entgegen dem Wortlaut kommt es nicht auf das Ausfallrisiko, d. h. das Risiko der Nichterfüllung einer Forderung durch den Schuldner, an. Insbesondere Versicherungsrisiken bestehen unabhängig von einem Ausfallrisiko. Weiterhin kann Maßstab für die Wesentlichkeit der Risikokonzentration entgegen § 7 Nr. 26 VAG nicht die Gefährdung der Solvabilität oder Finanzlage eines oder mehrerer beaufsichtigter Unternehmen der Gruppe sein; entscheidend ist vielmehr gem. Art. 376 Abs. 1 Solva II-VO die **Gefährdung der Gruppe als Ganzes**. Denn die Gefährdung eines einzelnen Unternehmens ist bereits Gegenstand 9

[1] Siehe dazu Prölss/*Lipowsky*, 12. Aufl., § 104i VAG Rn. 1 ff.; Bähr/*Krämer* § 15 Rn. 83 ff.
[2] Vgl. § 245 VAG Rn. 32 ff. sowie § 251 VAG Rn. 4.
[3] Vgl. § 275 VAG Rn. 25 ff.

der Solo-Aufsicht; Sinn und Zweck von § 273 VAG ist die Beaufsichtigung von Risikokonzentrationen, die für einzelne Unternehmen nicht, für die Gruppe insgesamt aber durchaus wesentlich sind. Schließlich widerspricht die Aufteilung der Risiken, auf denen die Risikokonzentration beruhen soll, der Kategorisierung nach § 7 VAG; danach sind Adressenausfall- und Anlagerisiko nicht als Risikokategorien definiert. Demgegenüber nennt Art. 376 Abs. 2 Solva II-VO keine Risikokategorien, da sich Konzentrationen aus sämtlichen Kategorien ergeben können. Entscheidend ist vielmehr, dass sich aufgrund eines Ereignisses Risiken aus Exponierungen gegenüber Gegenparteien (Schuldnern), bestimmten Regionen, Branchen oder aus Katastrophen in verschiedenen Risikokategorien ergeben.

10 Zu berichten sind gem. Abs. 3 zum einen einzelne Risiken, abhängig von der Struktur der Gruppe und ihres Risikomanagements, und zum anderen wesentliche Risikokonzentrationen, die nach den Größen Solvabilitätskapitalanforderung oder versicherungstechnische Rückstellungen zu bemessen sind. Die genauen Bestimmungen hat die Gruppenaufsichtsbehörde nach Anhörung der anderen Aufsichtsbehörden zu erlassen. Nach **Art. 376 Abs. 1 Solva II-VO** sind solche Risikokonzentrationen wesentlich bzw. erheblich, die die Solvabilität oder Liquidität der Gruppe gefährden; letzteres stellt eine Erweiterung gegenüber § 273 VAG dar. In Bezug auf den Detailgrad der Meldungen enthält Art. 3 Abs. 5 VO (EU) 2015/2303 für Finanzkonglomerate weitergehende Vorgaben.

11 **V. Beaufsichtigung (Abs. 4).** Die Gruppenaufsichtsbehörde überwacht bei der Beaufsichtigung der Risikokonzentrationen **Höhe und Eintrittswahrscheinlichkeit der Risiken**. Falls diese die Finanzlage der Gruppe gefährden, kann die Gruppenaufsichtsbehörde gem. § 287 Abs. 1 VAG die **Ergreifung von Maßnahmen zur Bereinigung der Situation** vom obersten Unternehmen der Gruppe (Versicherungsunternehmen, Versicherungs-Holdinggesellschaft oder gemischte Finanzholding-Gesellschaft) verlangen. Dies stellt das verpflichtete Unternehmen vor rechtliche Schwierigkeiten, wenn die Situation durch ein oder mehrere verbundene Unternehmen verursacht wird. So können Sachverhalte auf Gruppenebene eine Risikokonzentration begründen, die für die einzelnen Versicherungsunternehmen keine Gefährdung ihrer Finanzlage darstellen. **Beispiel**: Versicherungsunternehmen A hält in großem Umfang Aktien des Industrieunternehmens X, Versicherungsunternehmen B hält in großem Umfang Anleihen von X, und Versicherungsunternehmen C versichert X gegen eine Betriebsunterbrechung. Kumuliert stellt das Unternehmen X eine zu große Risikokonzentration für die Gruppe dar. Da das verpflichtete oberste Unternehmen keine aufsichtsrechtliche Befugnis gegenüber den verbundenen Unternehmen hat, die seiner Pflicht entsprechen, ist es auf seine gesellschaftsrechtlichen und faktischen Befugnisse angewiesen.[4] Falls das verpflichtete oberste Unternehmen aus diesem oder einem anderen Grund nicht zur Bereinigung der Situation in der Lage ist, kann die Gruppenaufsichtsbehörde gem. §§ 302 Abs. 1 Nr. 1 und 2, 265 Abs. 6 und 264 Abs. 2 VAG einen **Kapitalaufschlag** auf die Gruppen-Solvabilitätskapitalanforderung festsetzen.

12 **VI. Verhältnis zu anderen Regelungen. 1. Bankaufsichtsrecht (§§ 6b, 45 KWG).** Risikokonzentrationen unterliegen einer Aufsicht nach §§ 6b Abs. 2 S. 2 Nr. 3 und 45 Abs. 1 Nr. 2 KWG.

13 **2. Finanzkonglomerate-Aufsichtsrecht (§ 23 Abs. 1 FKAG).** Eine vergleichbare Beaufsichtigung findet nach **§ 23 Abs. 1 FKAG** für Finanzkonglomerate statt. Aus dem dortigen Regime hat § 7 Nr. 26 VAG die – für das VAG unpassende –[5] Definition übernommen. Ein weiterer Unterschied besteht darin, dass Risikokonzentrationen gem. §§ 23 Abs. 3, 24 Abs. 1 Nr. 2 FKAG in ihrer zulässigen Höhe beschränkt werden können; allerdings bestehen derzeit keine solchen Obergrenzen.

Überwachung gruppeninterner Transaktionen

274 (1) [1]**Der Gruppenaufsichtsbehörde ist mindestens einmal jährlich über alle wesentlichen gruppeninternen Transaktionen der Versicherungsunternehmen der Gruppe zu berichten, einschließlich der Transaktionen mit natürlichen Personen, die zu einem Unternehmen der Gruppe enge Verbindungen unterhalten.** [2]**Die Gruppenaufsichtsbehörde kann einen unterjährigen Berichtsturnus festlegen, um die Überwachung der gruppeninternen Transaktionen zu erleichtern.**

(2) [1]**Sofern das oberste beteiligte Unternehmen ein Versicherungsunternehmen ist, meldet dieses die wesentlichen gruppeninternen Transaktionen der Gruppenaufsichtsbehörde.** [2]**Sofern das oberste beteiligte Unternehmen eine Versicherungs-Holdinggesellschaft oder eine gemischte Finanzholding-Gesellschaft ist, meldet diese die Informationen, sofern nicht die Gruppenaufsichtsbehörde nach Anhörung der anderen betroffenen Aufsichtsbehörden und der Gruppe ein Versicherungsunternehmen als zur Meldung verpflichtetes Unternehmen bestimmt hat.**

[4] Das Aufsichtsrecht begründet in § 276 Abs. 2 VAG lediglich eine Pflicht von verbundenen Unternehmen zum Informationsaustausch. Vgl. § 275 VAG Rn. 13 ff.

[5] S. o. Rn. 4 f.

(3) **Über besonders wesentliche Transaktionen nach Absatz 1 hat das zur Meldung verpflichtete Unternehmen der Gruppenaufsichtsbehörde unverzüglich Bericht zu erstatten.**

(4) [1] **Die Gruppenaufsichtsbehörde bestimmt nach Anhörung der Gruppe und der anderen betroffenen Aufsichtsbehörden, über welche Arten von gruppeninternen Transaktionen die Versicherungsunternehmen der Gruppe auf jeden Fall berichten müssen.** [2] **Bei grenzüberschreitend tätigen Gruppen erfolgt diese Festlegung nach Konsultation der anderen betroffenen Aufsichtsbehörden.** [3] **§ 273 Absatz 3 Satz 2 und 3, Absatz 4 ist entsprechend anzuwenden.**

I. Allgemeines. 1. Entstehungsgeschichte. Die Norm entspricht der des RegE 2012, allerdings wurde ihr Anwendungsbereich auf Versicherungsunternehmen erweitert, die als Tochterunternehmen einer gemischten Finanzholding-Gesellschaft der Gruppenaufsicht unterliegen. In ähnlicher Weise wurden gruppeninterne Transaktionen bereits gem. § 104e VAG a. F. beaufsichtigt.[1] 1

2. Normzweck. Die Norm begründet die Pflicht zur **Überwachung und Meldung von gruppeninternen Transaktionen** an die Gruppenaufsichtsbehörde. Solche Transaktionen sind zwar auf Gruppenebene neutral, soweit die Konsolidierungsmethode verwendet wird.[2] Sie können aber die Finanzlage der einzelnen Versicherungsunternehmen beeinträchtigen.[3] 2

3. Europarechtlicher Hintergrund. Die Vorschrift setzt **Art. 245 Solva II-RL** um und wird durch **Art. 377 Solva II-VO** ergänzt. Von der Ermächtigung zum Erlass technischer Regulierungsstandards gem. Art. 245 Abs. 5 Solva II-RL hat die Kommission bisher keinen Gebrauch gemacht. Allerdings hat sie im Rahmen der Finanzkonglomerate-Aufsicht die delegierte VO (EU) 2015/2303 zur Ergänzung der Richtlinie 2002/87/EG erlassen, die den Begriff der gruppeninternen Transaktion präzisiert; diese VO kann zumindest als Interpretationshilfe dienen. 3

II. Anwendungsbereich. Die Vorschrift gilt für alle Arten von Versicherungsgruppen nach § 245 Abs. 2 VAG[4] sowie für beide Rechenmethoden. Von besonderer Bedeutung ist die Überwachung der gruppeninternen Transaktionen, soweit die Gruppe die **Abzugs- und Aggregationsmethode** nach § 265 VAG verwendet. Insoweit werden gruppeninterne Transaktionen bei der Berechnung der aggregierten Gruppen-Solvabilitätskapitalanforderung nicht eliminiert; denn diese stellt die Summe der Einzel-Solvabilitätskapitalanforderungen dar.[5] 4

III. Zuständigkeiten (Abs. 2–4). Zur mindestens jährlichen Meldung der gruppeninternen Transaktionen ist auf Unternehmensseite gem. Abs. 2 S. 1 das Versicherungsunternehmen verpflichtet, das der Gruppenaufsicht gem. § 245 Abs. 2 Nr. 1 VAG unterliegt. Falls eine Versicherungsgruppe nach § 245 Abs. 2 Nr. 2 und 3 VAG vorliegt, ist abweichend von der genannten Vorschrift gem. Abs. 2 S. 2 nicht das Tochter-Versicherungsunternehmen verpflichtet, sondern die **Versicherungs-Holdinggesellschaft oder gemischte Finanzholding-Gesellschaft**. Allerdings kann die Gruppenaufsichtsbehörde nach Anhörung der anderen Aufsichtsbehörden des Kollegiums ein Versicherungsunternehmen der Gruppe verpflichten.[6] Über die Meldepflicht hinaus besteht nach § 275 Abs. 2 Nr. 2 VAG eine Pflicht zur Einrichtung ordnungsgemäßer interner Kontrollmechanismen zu gruppeninternen Transaktionen.[7] 5

Auf Seiten des Aufsichtskollegiums (§ 283 VAG) ist alleine die **Gruppenaufsichtsbehörde** für die Beaufsichtigung der gruppeninternen Transaktionen einschließlich der Bestimmung der zu meldenden Transaktionen gem. Abs. 4 zuständig. Soweit Abs. 3 und 4 die Zuständigkeit der „Aufsichtsbehörde" zuweisen, ist dies als Redaktionsversehen zu werten. Gem. dem durch Abs. 3 und 4 umgesetzten Art. 244 Abs. 2 und 3 Solva II-RL sowie nach § 281 Abs. 1 Nr. 2 VAG ist hierfür die Gruppenaufsichtsbehörde zuständig. 6

IV. Inhalt der Berichtspflicht (Abs. 3). 1. Legaldefinition gem. § 7 Nr. 14 VAG. § 7 Nr. 14 VAG definiert gruppeninterne Transaktionen als 7

„Transaktionen, bei denen sich ein Versicherungsunternehmen zur Erfüllung einer Verbindlichkeit direkt oder indirekt auf andere Unternehmen innerhalb derselben Gruppe oder auf mit den Unternehmen der Gruppe durch enge Verbindungen verbundene natürliche oder juristische Personen stützt, unabhängig davon, ob dies auf vertraglicher oder nicht vertraglicher oder auf entgeltlicher oder unentgeltlicher Grundlage geschieht."

Die Definition setzt **Art. 13 Abs. 19 Solva II-RL** um und entspricht weitgehend der Definition des **§ 2 Abs. 15 FKAG**; sie ist insoweit enger gefasst, als dass eine Partei der Transaktion ein Versicherungs-

[1] Siehe dazu Prölss/*Lipowsky*, 12. Aufl., § 104e VAG Rn. 1 ff.; Bähr/*Krämer* § 15 Rn. 73 ff.

[2] Durch die Konsolidierung wird die Transaktion bei beiden Vertragsparteien eliminiert. Da dieser Effekt bei Anwendung der Abzugs- und Aggregationsmethode fehlt, ist Voraussetzung dafür das Fehlen signifikanter gruppeninterner Transaktionen, vgl. § 252 VAG Rn. 12.

[3] So auch EG 109 Solva II-RL, der richtigerweise auf die Einzelunternehmen abstellt.

[4] Für Versicherungsgruppen gem. § 245 Abs. 2 Nr. 4 VAG gilt die Vorschrift kraft Verweises des § 292 S. 2 VAG.

[5] Vgl. § 265 VAG Rn. 7.

[6] Vgl. § 245 VAG Rn. 34 f. sowie § 251 VAG Rn. 4.

[7] Vgl. § 275 VAG Rn. 25 ff.

unternehmen sein muss, und nicht auch ein sonstiges beaufsichtigtes Unternehmen i. S. d. § 2 Abs. 1 FKAG. Nach Wortlaut sowie Sinn und Zweck ist der Begriff „Versicherungsunternehmen" nur als Versicherungsunternehmen eines Mitglied- und Vertragsstaats gem. § 7 Nr. 33 VAG zu verstehen.[8] Die Vorschrift erweitert für die Zwecke der §§ 274 und 278 VAG den Kreis der Gegenparteien der fraglichen gruppeninternen Transaktion um natürliche Personen, die nicht nach § 7 Nr. 13 VAG zur Gruppe gehören, die aber in einer engen Verbindung gem. § 7 Nr. 7 VAG zu einem Unternehmen der Gruppe stehen. Damit werden auch **natürliche Personen** in die Beaufsichtigung gruppeninterner Transaktionen einbezogen, die eine Beteiligung an einem Unternehmen der Gruppe halten. Dieses Unternehmen braucht weder das oberste Mutterunternehmen der Gruppe noch ein beaufsichtigtes Unternehmen zu sein. Falls eine natürliche Person eine Beteiligung an einem verbundenen unbeaufsichtigten Unternehmen der Gruppe hält, unterliegen sämtliche Transaktionen zwischen dieser natürlichen Person und einem Unternehmen der Gruppe oder aber einer anderen natürlichen Person, die in enger Verbindung zur Gruppe steht, der Beaufsichtigung nach § 274 VAG.

8 Als Transaktion ist wie im Fall des § 2 Abs. 15 FKAG jegliche zumindest einseitige Leistungserbringung zu verstehen, unabhängig davon, ob sie auf vertraglicher oder nicht vertraglicher oder auf entgeltlicher oder unentgeltlicher Grundlage geschieht. Entscheidend ist, dass die Leistungserbringung zwischen den genannten Parteien erfolgt. Insoweit irreführend ist der Wortlaut, dass sich ein Unternehmen zur Erfüllung einer Verbindlichkeit auf ein anderes stützt. Dies suggeriert, dass zunächst eine Verbindlichkeit eines Unternehmens der Gruppe zu einem Unternehmen außerhalb der Gruppe besteht, und dass dann ein anderes Unternehmen der Gruppe bei der Erfüllung der Verbindlichkeit unterstützt. Diese Einschränkung entspricht aber nicht dem Sinn und Zweck der Beaufsichtigung gruppeninterner Transaktionen. Die typischen gruppeninternen Transaktionen sind die in **Art. 377 Abs. 2 Solva II-VO** nicht abschließend genannten: Anlagen, Darlehen, Garantien, Derivativtransaktionen, Rückversicherungsgeschäfte und Kostenteilungsvereinbarungen.

9 **2. Bestimmung der Berichtspflicht (Abs. 4).** Die Gruppenaufsichtsbehörde bestimmt nach Anhörung der übrigen Aufsichtsbehörden des Kollegiums und des Gruppe gem. Abs. 4 die wesentlichen gruppeninternen Transaktionen, über die mindestens einmal jährlich, sowie die besonders wesentlichen gruppeninternen Transaktionen, über die unverzüglich zu berichten ist. Gem. Art. 377 Abs. 1 Solva II-VO sind solche Transaktionen zu bestimmen, die **wesentliche Auswirkungen auf Solvabilität oder Liquidität der Gruppe oder eines der an diesen Transaktionen beteiligten Unternehmen** haben. Gemäß Abs. 4 S. 3 gilt § 273 Abs. 2 S. 3 VAG entsprechend; danach haben sich die **Schwellenwerte zur Definition der Wesentlichkeit** der gruppeninternen Transaktionen an den Solvabilitätskapitalanforderungen, den versicherungstechnischen Rückstellungen oder beiden Größen zu orientieren. Aus „oder beiden Größen" ist zu schließen, dass die Aufzählung abschließend ist. So ist es der BaFin verwehrt, die Schwellenwerte nach anderen, etwa qualitativen Größen, zu bemessen. Weiterhin ist es der BaFin verwehrt, die Meldung von Transaktionen zu verlangen, bei denen nicht mindestens eine Partei ein Versicherungsunternehmen ist. Transaktionen innerhalb der Gruppe, bei denen eine Partei kein Versicherungsunternehmen, sondern ein sonstiges beaufsichtigtes Unternehmen ist, unterliegen nur nach § 23 Abs. 1 FKAG der Aufsicht, wenn die Versicherungsgruppe zugleich ein Finanzkonglomerat ist. In Bezug auf den Detailgrad der Meldungen enthält Art. 2 Abs. 4 VO (EU) 2015/2303 für Finanzkonglomerate weitergehende Vorgaben, die bis zum Erlass technischer Regulierungsstandards als Orientierung dienen können.

10 **V. Beaufsichtigung.** Die Gruppenaufsichtsbehörde überwacht, dass die gruppeninternen Transaktionen nicht die Finanzlage der Gruppe gefährden. Falls dies der Fall ist, kann sie gem. § 287 Abs. 1 die Ergreifung von Maßnahmen zur Bereinigung der Situation vom obersten Unternehmen der Gruppe (Versicherungsunternehmen, Versicherungs-Holdinggesellschaft oder gemischte Finanzholding-Gesellschaft) verlangen. Dies stellt das verpflichtete Unternehmen vor rechtliche Schwierigkeiten, wenn die Situation durch gruppeninterne Transaktionen allein zwischen verbundenen Unternehmen ohne Beteiligung des beteiligten Unternehmens hervorgerufen wird. Da das verpflichtete oberste Unternehmen keine aufsichtsrechtliche Befugnis gegenüber den verbundenen Unternehmen hat, die seiner Pflicht entsprechen, ist es auf seine gesellschaftsrechtlichen und faktischen Befugnisse angewiesen.[9] Falls das verpflichtete oberste Unternehmen aus diesem oder einem anderen Grund nicht zur Bereinigung der Situation in der Lage ist, kann die Gruppenaufsichtsbehörde gem. §§ 302 Abs. 1 Nr. 1 und 2, 265 Abs. 6 und 264 Abs. 2 VAG einen **Kapitalaufschlag** auf die Gruppen-Solvabilitätskapitalanforderung festsetzen.

11 Die Beaufsichtigung durch die Gruppenaufsichtsbehörde wird durch die Prüfung des Abschlussprüfers nach § 21 Abs. 2 PrüfV ergänzt. Danach hat der Prüfungsbericht eine Beurteilung der internen Kon-

[8] Da sich gruppeninterne Transaktionen nicht auf das Risikoprofil der Gruppe als Ganzes auswirken, kann Sinn und Zweck der Aufsicht nur der Schutz der Versicherungsunternehmen sein; für den Schutz der Versicherungsunternehmen eines Drittstaats sind die dortigen Aufsichtsbehörden zuständig.

[9] Das Aufsichtsrecht begründet in § 276 Abs. 2 VAG lediglich eine Pflicht von verbundenen Unternehmen zum Informationsaustausch. Vgl. § 275 VAG Rn. 13 ff.

trollmechanismen zur Überwachung gruppeninterner Transaktionen sowie der Verfahren zur Eliminierung von gruppeninternen Transaktionen zu enthalten.

VI. Verhältnis zu anderen Regelungen. 1. Bankaufsichtsrecht (§ 13c KWG). Gruppeninterne Transaktionen unterliegen einer Aufsicht nach § 13c KWG, die in ihrem Umfang der nach FKAG entspricht. Allerdings erfasst sie nur Transaktionen zwischen CRR-Kreditinstituten und gemischten Unternehmen oder deren anderen Tochterunternehmen. 12

2. Finanzkonglomerate-Aufsichtsrecht (§ 23 Abs. 1 FKAG). Eine vergleichbare Beaufsichtigung findet nach dem FKAG für Finanzkonglomerate statt. Unterschiede bestehen insoweit, als dass Partei einer konglomeratsinternen Transaktion jedes beaufsichtigte Unternehmen sein kann, §§ 2 Abs. 1 und 15 FKAG. Neben vergleichbaren Meldepflichten (§ 22 Abs. 1 FKAG) und § 275 Abs. 2 Nr. 2 VAG vergleichbaren organisatorischen Pflichten sieht § 23 Abs. 2 FKAG darüber hinaus vor, dass beaufsichtigte Unternehmen bedeutende konglomeratsinterne Transaktionen nur **auf Grund eines einstimmigen Beschlusses sämtlicher Geschäftsleiter** des Unternehmens durchführen dürfen.[10] Schließlich besteht ein weiterer Unterschied darin, dass konglomeratsinterne Transaktionen gem. §§ 23 Abs. 3, 24 Abs. 1 Nr. 2 FKAG in ihrer zulässigen Höhe und Art beschränkt werden können; allerdings bestehen derzeit keine solchen Beschränkungen. 13

Abschnitt 3. Geschäftsorganisation, Berichtspflichten

Überwachung des Governance-Systems

275 (1) [1]**Teil 2 Kapitel 1 Abschnitt 3 gilt auf Gruppenebene entsprechend.** [2]**Dessen ungeachtet sind das Risikomanagementsystem und das interne Kontrollsystem sowie das Berichtswesen aller in die Gruppenaufsicht nach § 245 Absatz 2 Nummer 1 und 2 einbezogenen Unternehmen so umzusetzen, dass diese Systeme und das Berichtswesen auf der Ebene der Gruppe gesteuert und kontrolliert werden können.**

(2) **Unbeschadet des Absatzes 1 umfassen die internen Kontrollmechanismen zumindest**

1. **angemessene Mechanismen in Bezug auf die Gruppensolvabilität, die eine Identifizierung und Messung aller wesentlichen Risiken sowie deren Bedeckung mit anrechnungsfähigen Eigenmitteln ermöglichen, und**
2. **ein ordnungsgemäßes Berichtswesen und ordnungsgemäße Rechnungslegungsverfahren zur Überwachung und Steuerung der gruppeninternen Transaktionen und der Risikokonzentration.**

(3) [1]**Das beteiligte Versicherungsunternehmen oder die Versicherungs-Holdinggesellschaft oder die gemischte Finanzholding-Gesellschaft muss auf Gruppenebene eine Risiko- und Solvabilitätsbeurteilung entsprechend § 27 vornehmen.** [2]**Bei einer Berechnung der Gruppensolvabilität nach der Konsolidierungsmethode muss das beteiligte Versicherungsunternehmen oder die Versicherungs-Holdinggesellschaft oder die gemischte Finanzholding-Gesellschaft der Gruppenaufsichtsbehörde die Differenz zwischen der Summe der Solvabilitätskapitalanforderungen aller verbundenen Versicherungsunternehmen der Gruppe und der konsolidierten Solvabilitätskapitalanforderung der Gruppe nachvollziehbar darlegen.**

(4) [1]**Mit Zustimmung der Gruppenaufsichtsbehörde kann das beteiligte Versicherungsunternehmen oder die Versicherungs-Holdinggesellschaft oder die gemischte Finanzholding-Gesellschaft die Risiko- und Solvabilitätsbeurteilung auf Gruppenebene und auf Ebene der Tochterunternehmen zeitgleich vornehmen und die Ergebnisse für die Berichterstattung gegenüber den Aufsichtsbehörden in einem Bericht darstellen.** [2]**In diesem Fall übermittelt das beteiligte Versicherungsunternehmen oder die Versicherungs-Holdinggesellschaft oder die gemischte Finanzholding-Gesellschaft den Bericht allen betroffenen Aufsichtsbehörden gleichzeitig.** [3]**Die Verpflichtung der Tochterunternehmen, für die Einhaltung der Anforderungen des § 27 zu sorgen, bleibt unberührt.** [4]**Vor Erteilung der Zustimmung nach Satz 1 konsultiert die Aufsichtsbehörde die Mitglieder des Aufsichtskollegiums und trägt deren Auffassungen angemessen Rechnung.**

[10] Vgl. Bähr/*Krämer* § 15 Rn. 125 f.

Übersicht

Schrifttum: *Dreher*, Die ordnungsgemäße Geschäftsorganisation der Versicherungsgruppe nach Solvency II und VAG 2016, WM 2015, S. 649 ff.; *Hasse/Nuß/Sehrbrock*, Die Klassifizierung von Outsourcing-Verträgen aus rechtspraktischer Sicht, *Dreher/Wandt*, Solvency II in der Rechtsanwendung, 2015, S. 15 ff.; *Hemeling/Lange*, Aktuelle Herausforderungen des Versicherungskonzernrechts, VersR 2014, S. 1283 ff.; *Marcelli*, Das Governance-System in der Versicherungsgruppe nach Solvency II, 2015; *Marcelli*, Solvency II: Das Governance-System in der Versicherungsgruppe, ZVersWiss 103 (2014), S. 119 ff.; *Sehrbrock*, Rechtsprobleme des Kapitalaufschlags, ZVersWiss 99 (2010), S. 665 ff.; *Wandt/Sehrbrock*, Die Umsetzung des Verhältnismäßigkeitsgrundsatzes der Solvency-II-Richtlinie im VAG-Regierungsentwurf, VersR 2012, S. 802 ff.; *Wundenberg*, Compliance und die prinzipiengeleitete Aufsicht über Bankengruppen, 2012

1 **I. Allgemeines. 1. Entstehungsgeschichte.** Gegenüber dem RegE 2012 wurde der Anwendungsbereich der Norm auf Versicherungsunternehmen erweitert, die der Gruppenaufsicht als Tochterunternehmen einer gemischten Finanzholding-Gesellschaft unterliegen. Nach früherem Europarecht bestanden weder auf Einzel- noch auf Gruppenebene auch nur rudimentäre explizite Anforderungen an das Governance-System. Lediglich § 104d VAG a. F. verpflichtete das beteiligte Versicherungsunternehmen zur Einrichtung eines internen Kontrollsystems für die Vorlage von Informationen, die für die Durchführung der Gruppenaufsicht zweckdienlich sind.[1] Diese Anforderung ist in Ansätzen Abs. 2 vergleichbar.

2 Später führten § 64a Abs. 2 S. 1 VAG a. F. und die MaRisk VA im Vorgriff auf Solvency II die Pflicht des übergeordneten (beteiligten) Unternehmens der Gruppe zur Sicherstellung eines angemessenen Risikomanagements der wesentlichen Risiken auf Ebene der Versicherungsgruppe ein; dies erstreckte sich aber nicht auf die übrige Geschäftsorganisation (Governance-System) nach § 64a Abs. 1 VAG a. F.[2] Weiterhin galten die Anforderungen an Vergütungssysteme gem. § 64b Abs. 3 VAG a. F. und der früheren VersVergV entsprechend für übergeordnete (beteiligte) Unternehmen der Gruppe; diese Anforderungen sind mit § 25 VAG vergleichbar.[3]

3 **2. Normzweck.** Abs. 1 S. 1 der Norm erklärt zunächst die §§ 23–34 VAG (Governance-System bzw. Geschäftsorganisation auf Einzelebene)[4] für entsprechend anwendbar. Abs. 1 S. 2 enthält sodann besondere Anforderungen an die Einrichtung von Teilen des Governance-Systems auf Gruppenebene,

[1] Vgl. Prölss/*Lipowsky*, 12. Aufl., § 104d VAG Rn. 2 ff.; Bähr/*Krämer* § 15 Rn. 71 f.

[2] Vgl. Bähr/*Krämer* § 10 Rn. 113 ff.

[3] Zu Vergütungsvorschriften s. u. Rn. 33 ff. Neu sind die Anforderungen an Sanierungspläne auf Gruppenebene. § 64d VAG a. F. enthielt identische Anforderungen an allgemeine Sanierungspläne wie § 26 Abs. 1 S. 4 und 5 VAG, galt jedoch nicht entsprechend auf Gruppenebene, s. u. Rn. 36 f.

[4] Das VAG verwendet die Begriffe synonym, vgl. *Dreher* WM 2015, 649, 654.

während Abs. 2 gruppenspezifische Anforderungen an die internen Kontrollmechanismen stellt. Abs. 3 enthält gruppenspezifische Vorgaben für die Risiko- und Solvabilitätsbeurteilung (*own risk and solvency assessment* – ORSA), und Abs. 4 gestattet die zeitgleiche Vornahme des ORSA auf Gruppenebene und Ebene der Tochterunternehmen.

3. Europarechtlicher Hintergrund. Die Vorschrift setzt Art. 246 Solva II-RL um. Ihr Abs. 4 wird durch Art. 365 f. Solva II-VO ergänzt und geändert. Sie wird darüber hinaus durch die EIOPA-LL Governance, insbesondere 2, 7, 9, 17, 38, 62 sowie 65–70, die EIOPA-LL ORSA, insbesondere 15–20, ausgelegt. Daneben sind die §§ 23–34 VAG, auf die Abs. 1 S. 1 verweist, sowie die dazu erlassenen Vorschriften, BaFin-AE und die MaGo,[5] insbesondere Ziff. 22 ff., 39 ff., 67, 227 ff. und 274 ff., sowie die BaFin-AE zu ORSA, insbesondere Ziff. 126–143, zu beachten. 4

II. Unternehmen im Gegenstandsbereich der Norm. 1. Oberstes Mutterunternehmen (Abs. 3, 4). Die Vorschrift gilt für Versicherungsgruppen gem. § 245 Abs. 2 Nr. 1–3 VAG. Wie aus Abs. 3 und 4 folgt, richtet sich die Pflicht zur Umsetzung des gruppenweiten Governance-Systems nach allen Abs. an das beteiligte Versicherungsunternehmen, die Versicherungs-Holdinggesellschaft oder die gemischte Finanzholding-Gesellschaft.[6] Dies ist das oberste Mutterunternehmen auf Ebene der Mitglied- oder Vertragsstaaten oder auf nationaler Ebene gem. §§ 247 f. VAG. Im Fall von Gruppen nach § 245 Abs. 2 Nr. 2 und 3 VAG wird also entgegen der dortigen Systematik nicht das Tochter-Versicherungsunternehmen, sondern seine Mutter-Holdinggesellschaft verpflichtet.[7] 5

2. Verbundene Unternehmen der Gruppe (Abs. 1). a) Überblick. Teilweise unklar ist für die Rechtspraxis der Kreis der verbundenen Unternehmen des obersten Mutterunternehmens geregelt, auf die sich die Pflicht zur gruppenweiten Umsetzung bezieht. Dies liegt zum einen an widersprüchlichen gesetzlichen Regelungen, und zum anderen daran, dass „**aufsichtsrechtliches Müssen**" und „**gesellschaftsrechtliches und faktisches Können**" des Mutterunternehmens auseinanderfallen. Dieser rechtliche Konflikt folgt letztendlich aus der Vorgabe von Solvency II, auf Gruppenebene in ökonomischer Hinsicht den **Look-Through-Ansatz** anzuwenden, mithin durch die „gesellschaftsrechtliche Hülle" der verbundenen Unternehmen hindurch auf deren Risiken zu blicken, und diese auch konsistent zu managen.[8] 6

Nach hier vertretenem Verständnis ist angesichts der Prinzipienorientierung von Solvency II auf erster Stufe das „rechtliche Müssen" des Mutterunternehmens unabhängig von seinem „rechtlichen oder faktischen Können" zu bestimmen. Auf zweiter Stufe ist die sich aus dem Prinzip des Abs. 1 S. 1 ergebende maximale Pflicht in Bezug auf jedes einzelne verbundene Unternehmen unter Anwendung des Proportionalitätsprinzips nach § 296 VAG zu bestimmen, d. h. der angemessene Umsetzungsgrad.[9] Auf dritter Stufe schließlich ist im Rahmen von Sanktionen für die Nichterfüllung des Abs. 1 S. 1 das „rechtliche und faktische Können" des Mutterunternehmens zu berücksichtigen, und das Spannungsverhältnis so aufzulösen.[10] 7

b) Stufe 1: „Aufsichtsrechtliches Müssen". Im Ergebnis bezieht sich die Pflicht des obersten Mutterunternehmens auf oben sogenannter erster Stufe auf sämtliche verbundenen Unternehmen der Gruppe. Dies folgt aus Abs. 1 S. 1, wonach die Anforderungen an das Governance-System „auf Gruppenebene entsprechend" gelten. Den Umfang der Gruppe bestimmt § 7 Nr. 13 VAG; danach gehören zu einer vertikalen Gruppe alle Unternehmen – unabhängig davon, ob beaufsichtigt oder nicht – an denen das beteiligte Unternehmen eine direkte oder indirekte Beteiligung hält, d. h. nach § 7 Nr. 4 VAG i. d. R. einen Anteil von mindestens 20 Prozent der Stimmrechte oder des Kapitals.[11] Zwar bezieht sich demgegenüber die Pflicht nach Abs. 1 S. 2 (Umsetzung von Risikomanagementsystem und internem Kontrollsystem) lediglich auf nach § 245 Abs. 2 Nr. 1 und 2 VAG in die Gruppenaufsicht einbezogene Unternehmen; dies sind lediglich Versicherungsunternehmen (eines Mitglied- und Vertragsstaats). Dies ist aber aus den nachfolgenden Gründen nicht als Einschränkung des S. 1 zu verstehen, obwohl auch EG 110 Solva II-RL die Pflicht zur gruppenweiten Umsetzung des Governance-Systems auf Versicherungsunternehmen beschränkt. 8

Zum einen beabsichtigt S. 2, die Umsetzungsintensität auf Gruppenebene für diese Teile des Governance-Systems zu erhöhen, und nicht etwa, den Anwendungsbereich des S. 1 zu verkleinern („dessen ungeachtet"). Zum anderen sprechen gegen eine Beschränkung des Gebots der gruppenweiten Umsetzung auf Versicherungsunternehmen (eines Mitglied- und Vertragsstaats) Sinn und Zweck sowie Syste- 9

[5] BaFin-Mindestanforderungen an das Governance-System, Rundschreiben 2/2017.
[6] Es wäre nicht zu erklären, dass die Pflicht zur Umsetzung in Bezug auf den ORSA bei einem anderen Unternehmen als bei den übrigen Elementen des Governance-Systems liegen sollte. A. A. *Kraft* in Gründl/Kraft, S. 183, der davon ausgeht, dass Tochter-Versicherungsunternehmen einer Versicherungs-Holdinggesellschaft oder gemischten Finanzholding-Gesellschaft verpflichtet seien.
[7] Vgl. § 245 VAG Rn. 30.
[8] Vgl. auch *Kraft* in Gründl/Kraft, S. 181.
[9] S. u. Rn. 10 ff.
[10] S. u. Rn 13 ff.
[11] Vgl. § 245 VAG Rn. 16 f.

matik der §§ 245 ff. VAG. Sinn und Zweck ist nach EG 95 und 96 Solva II-RL, den Aufsichtsbehörden „eine fundierte Beurteilung der finanziellen Situation" von Versicherungsunternehmen zu ermöglichen, die aber eben auch durch andersartige Unternehmen wie Holdinggesellschaften beeinflusst wird. Ebenso wird das Risikoprofil der Gruppe von jedem ihrer Unternehmen beeinflusst. Weiterhin ist nicht zu erklären, weshalb auf Gruppenebene alleine die Vorschriften der Säule 2, d. h. insbesondere § 275 VAG, auf Versicherungsunternehmen (eines Mitglied- und Vertragsstaats) beschränkt sein sollten, während sich die der übrigen Säulen auf alle Unternehmen der Gruppe beziehen. §§ 258 f. VAG beziehen Versicherungsunternehmen eines Drittstaats sowie verbundene Kreditinstitute, Wertpapierfirmen und Finanzinstitute mit in die Berechnung der Gruppensolvabilität ein. Zumal die Festsetzung eines Kapitalaufschlags gem. § 302 Abs. 1 Nr. 3 VAG die Verbindung zwischen Säule 1 und 2 herstellt. Außerdem ist zu beachten, dass Abs. 2 Nr. 2 vom obersten Mutterunternehmen als Teil des Governance-Systems die Überwachung von gruppeninternen Transaktionen verlangt, die nach §§ 7 Nr. 14, 274 VAG als Geschäfte mit jedem Unternehmen der Gruppe definiert sind.[12] Schließlich zeigt § 276 Abs. 2 VAG, dass sich die Anforderungen der §§ 250–278 VAG auf „jedes andere Unternehmen der Gruppe" beziehen. Im Ergebnis gilt damit auf erster Stufe ein sehr weiter Gegenstandsbereich für die gruppenweite Umsetzung des Governance-Systems.[13] Dieser definiert die **Pflicht des obersten Mutterunternehmens als Prinzip oder Gebot**.

10 **c) Stufe 2: Einschränkung des „aufsichtsrechtlichen Müssens" durch das Proportionalitätsprinzip.** Ausnahmen und Differenzierungen in Bezug auf den auf erster Stufe ermittelten weiten Gegenstandsbereich des gruppenweiten Governance-Systems sind auf zweiter Stufe nach dem **Legalitäts-, Spezialitäts- und Proportionalitätsprinzip** möglich und geboten. Für jedes verbundene Unternehmen gehen direkt anwendbare gesetzliche Vorschriften vor, die im Widerspruch zur Vorgabe des obersten Mutterunternehmens stehen. Wenn regulierte Unternehmen aus anderen Branchen speziellen Anforderungen an das Governance-System unterliegen, z. B. Versicherungsunternehmen eines Drittstaats oder Banken gem. § 25a KWG, gehen diese vor und verdrängen die Vorgaben des Mutterunternehmens. Denn § 275 VAG ist nicht die Wertung zu entnehmen, dass ein beaufsichtigtes Unternehmen einer anderen Branche nunmehr strengeren aufsichtsrechtlichen Anforderungen zu unterliegen hat, weil es Teil einer Versicherungsgruppe ist; vielmehr sind die Anforderungen der anderen Finanzbranche als angemessen zu betrachten.

11 Die bedeutendste Differenzierung bzw. Abschichtung erfolgt aber nach dem **Prinzip der (doppelten) Proportionalität gem. § 296 VAG**, das nach EG 19 Solva II-RL nicht nur die Rechtsfolgen-, sondern schon die Tatbestandsseite betrifft.[14] Für Versicherungsunternehmen, die unmittelbar dem VAG unterliegen, gilt gem. § 23 Abs. 1 S. 1 VAG, dass ihr Governance-System „der Art, dem Umfang und der Komplexität ihrer Tätigkeiten angemessen" sein muss. Dies muss zumindest ebenso für verbundene Unternehmen gelten, die nur mittelbar, über die Zugehörigkeit zur Gruppe, dem VAG unterliegen, und selbst gar kein Versicherungsgeschäft (in einem Mitglied- und Vertragsstaat) ausüben. Hinzu kommt, dass die Angemessenheit aus der Perspektive der Gruppe zu beurteilen ist, da das VAG eben nur mittelbar – über das oberste Mutterunternehmen – Anwendung findet. Letztlich ist die übergeordnete Frage, ob die Gruppen-Solvabilität das Risikoprofil der Gruppe angemessen abbildet, oder ob Defizite im Bereich des Governance-Systems bestehen, die zu wesentlichen Risiken führen, die nicht in der Gruppen-Solvabilität abgebildet sind, vgl. § 301 Abs. 2 VAG. Und aus Sicht der Gruppe, auch unter Berücksichtigung von Ansteckungsgefahren, ist etwa die Einrichtung eines Governance-System nach der Vorgabe des VAG insbesondere für nicht-regulierte, nicht operative Unternehmen, die auch keine Funktionen für Versicherungsunternehmen im Wege der Ausgliederung übernehmen, i. d. R. nicht angemessen, zumal die allgemeinen Risiken dieser Beteiligung bereits in der Berechnung der Gruppen-Solvabilitätskapitalanforderung mittels des Aktienrisikos nach Art. 168 ff. Solva II-VO berücksichtigt werden.

12 Gem. dem Proportionalitätsprinzip ist im Einzelfall für jedes verbundene Unternehmen zu entscheiden, in welchem Maße die Einrichtung eines Governance-Systems gem. §§ 23 ff. VAG aus Sicht der Gruppe angemessen ist. Vorbehaltlich der Umstände des Einzelfalls bietet sich folgende **Typisierung** an:

– **Versicherungsunternehmen (eines Mitglied- und Vertragsstaats):** vollständige Umsetzung auf Ebene jedes einzelnen Unternehmens durch Erlass eigener Leitlinien im Einklang mit denen des Mutterunternehmens.[15]
– **Versicherungsunternehmen eines Drittstaats:** vollständige Umsetzung durch Erlass eigener Leitlinien im Einklang mit denen des Mutterunternehmens, je nach dem parallel zu lokalen

---

[12] Vgl. § 274 VAG Rn. 7 ff.

[13] So auch die BaFin-AE zu ORSA, Rn. 127: „Einzuschließen sind Erst- und Rückversicherungsunternehmen sowie regulierte und nicht regulierte sonstige Unternehmen unabhängig davon, ob sich ihr Sitzland innerhalb oder außerhalb des Europäischen Wirtschaftsraums befindet."

[14] Vgl. Einl. Rn. 127 ff.; *Wandt/Sehrbrock*, VersR 2012, 802; *Marcelli* ZVersWiss 103 2014, 119, 126.

[15] Versicherungsunternehmen müssen eigene Leitlinien im Einklang mit denen des Mutterunternehmens erlassen, um den unmittelbar geltenden §§ 23 ff. VAG zu genügen. Vgl. dazu § 23 VAG Rn. 113.

Anforderungen; allerdings erscheint eine Umsetzung auf der Ebene von Management-Einheiten zulässig.[16]

– **Beaufsichtigte Unternehmen anderer Branchen:** teilweise Umsetzung durch Erlass eigener Leitlinien im Einklang mit denen des Mutterunternehmens mit Ausnahme versicherungsspezifischer Aspekte wie z. B. der versicherungsmathematischen Funktion; unmittelbar geltende aufsichtsrechtliche Vorschriften haben als *lex specialis* Vorrang.
– **Versicherungs-Holdinggesellschaften und gemischte Finanzholding-Gesellschaften:** vollständige Umsetzung, wenn sie oberstes Mutterunternehmen sind. Dagegen nur teilweise Umsetzung mit Ausnahme versicherungsspezifischer Aspekte, wenn sie zwischengeschaltete Holdinggesellschaften sind.[17]
– **Nebendienstleistungsunternehmen:** teilweise Umsetzung der relevanten Aspekte, um wesentliche operationelle Risiken zu managen.[18] Die teilweise Umsetzung ist notwendig, wenn das Unternehmen nicht nur Vermögensgegenstände für ein Versicherungsunternehmen hält, sondern operativ im Wege der Ausgliederung Funktionen oder Versicherungstätigkeiten für das Versicherungsunternehmen übernimmt.[19]
– **Nicht-beaufsichtigte Unternehmen mit operativem Geschäftsbetrieb:** unter Umständen teilweise Umsetzung mit Ausnahme versicherungsspezifischer Aspekte, wenn aus dem operativen Geschäft ein Risiko entstehen kann, das nicht hinreichend durch das Aktienrisiko abgedeckt ist.[20]
– Nicht-beaufsichtigte Unternehmen ohne operativen Geschäftsbetrieb: in der Regel keine Umsetzung.[21]

d) Stufe 3: Berücksichtigung „gesellschaftsrechtlichen Könnens" bei der Bemessung der Rechtsfolgen. aa) Kein Sonder-Konzernrecht für Versicherungsgruppen. Die Erfüllung seiner Pflicht nach Abs. 1 S. 1 kann dem obersten Mutterunternehmen trotz der auf zweiter Stufe erfolgten Einschränkung nach dem Proportionalitätsprinzip rechtlich oder faktisch unmöglich sein.[22] Denn den Pflichten stehen keine entsprechenden aufsichtsrechtlichen Befugnisse gegenüber; § 276 Abs. 2 VAG begründet für die verbundenen Unternehmen lediglich die Pflicht zum Informationsaustausch.[23] Der Pflicht des Vorstands des obersten Mutterunternehmens gem. Abs. 1 S. 1 steht der Auftrag des Vorstands des verbundenen Versicherungsunternehmens gegenüber, gem. § 76 Abs. 1 AktG „unter eigener Verantwortung die Gesellschaft zu leiten".[24] Dabei bleibt es trotz Abs. 1 S. 1. Es gibt **kein Sonder-Konzernrecht für Versicherungsgruppen**; einen Vorrang des Aufsichtsrechts hätte der Gesetzgeber angesichts des Eingriffs in die Interessen von Anteilseignern und Gläubigern der verbundenen Unternehmen explizit und auch differenzierter regeln müssen, so wie in § 276 Abs. 2 VAG.[25] Eine solche Regelung stellt nicht § 246 Abs. 3 VAG dar, wonach „alle der Gruppenaufsicht unterworfenen Unternehmen der Gruppe" für die Einhaltung der Anforderungen der Gruppenaufsicht verantwortlich sind.[26] Denn dies sind nach § 245 VAG nur dann ausnahmsweise verbundene Unternehmen (im Gegensatz zum beteiligten Unternehmen), wenn sie Tochterunternehmen einer Holdinggesellschaft sind.[27] 13

Damit gilt das **allgemeine Gesellschafts- und Konzernrecht**. Danach ist nur im Vertragskonzern die Befolgung des Abs. 1 S. 1 durch die verbundenen Unternehmen rechtlich gewährleistet. Allerdings besteht keine Pflicht zur Begründung eines Vertragskonzerns,[28] diese kann angesichts der haftungsrechtlichen Aufhebung der Spartentrennung auch unter Umständen nicht genehmigungsfähig sein.[29] Schließlich ist sie gar nicht möglich in Bezug auf verbundene Unternehmen, die nicht Tochterunternehmen sind, sowie auf Unternehmen mit Sitz außerhalb Deutschlands. Im faktischen Konzern dagegen ist der 14

[16] Die grundsätzliche Pflicht besteht auch in Bezug auf Versicherungsunternehmen eines nach § 258 Abs. 1 S. 2 VAG gleichwertigen Drittstaats, denn die Rechtsfolgen der Gleichwertigkeitsfeststellung beschränken sich auf die Berechnung des Beitrags zur Gruppen-Solvabilitätskapitalanforderung.

[17] Vgl. § 293 VAG Rn. 5 f. Anders als bei beaufsichtigten Unternehmen erscheint eine Umsetzung der Leitlinien des Mutterunternehmens durch direkte Befolgung ausreichend; eine Umsetzung durch Erlass eigener Leitlinien ist nicht notwendig.

[18] Vgl. § 250 VAG Rn. 29.

[19] Beispiel: der gruppeninterne Dienstleister für IT-Dienstleistungen begründet wesentliche operationelle Risiken, die nicht hinreichend in der Gruppen-Solvabilitätskapitalanforderung reflektiert sind, sondern ein aktives Management durch die Einrichtung des Governance-Systems erfordern.

[20] Hierzu können auch Finanzbeteiligungen eines Versicherungsunternehmens gehören.

[21] Hierzu gehören etwa zwischengeschaltete Holdinggesellschaften, die indirekte Finanzbeteiligungen eines Versicherungsunternehmens halten.

[22] Vgl. auch Bähr/*Bürkle* § 9 Rn. 122 ff. und Bähr/*Krämer* § 10 Rn. 116 ff.

[23] Vgl. *Wundenberg* 202 f. zur Rechtslage nach KWG.

[24] Gleiches oder Ähnliches gilt für Aktiengesellschaften nach ausländischem Recht; im Folgenden wird die Betrachtung auf das deutsche Recht beschränkt.

[25] *Dreher* WM 2015, 649, 658 f. mit weiteren Argumenten; *Hemeling/Lange* VersR 2014, 1283, 1288; FKBP/*Bürkle* Solvabilität II Rn. 128.

[26] So aber die BaFin in der MaGo Rn. 23.

[27] Vgl. § 245 VAG Rn. 32 ff.

[28] So aber wohl *Wundenberg* 209 f., zur Rechtslage nach KWG.

[29] *Marcelli* S. 168 f., *Hemeling/Lange* VersR 2014, 1283, 1285. Vgl. hierzu auch *Bähr/Bürkle* § 9 Rn. 125 ff.

Vorstand der abhängigen Gesellschaft nicht zur Befolgung auch neutraler Anweisungen verpflichtet.[30] Eine für die abhängige Gesellschaft nachteilige Einflussnahme ist nur unter den Voraussetzungen des § 311 AktG zulässig. Danach ist der Ausgleich eines (quantifizierbaren) Nachteils notwendig. Ein solcher Nachteil kann sicherlich bei der Teilnahme eines verbundenen Unternehmens am Limitsystem der Gruppe vorliegen, da hierdurch dem Unternehmen Ertrags- und Gewinnchancen entgehen können.[31] Im Übrigen scheidet § 311 AktG als Lösungsansatz zur Durchsetzung der Pflicht nach Abs. 1 S. 1 bereits deswegen aus, da bei der reinen Umsetzung der sonstigen Elemente des Governance-Systems die Quantifizierbarkeit des Nachteils fehlt.[32] *De lege feranda* gebietet sich die Schaffung einer differenzierten aufsichtsrechtlichen Einwirkungsbefugnis im deutschen oder besser im Europarecht.[33] Bis dahin geht das Auseinanderfallen von rechtlichem Müssen und Können zulasten des Normadressaten des § 275 Abs. 1 VAG.[34] Die Auflösung des Konflikts ist aber auch zur Verbesserung der Führung von Unternehmen in der Gruppe geboten. Da der Gesetzgeber zu Recht der Meinung ist, dass ein gruppenweit konsistentes Governance-System den Interessen aller Versicherungsnehmer der Versicherungsunternehmen der Gruppe dient, muss er auch die rechtlichen Voraussetzungen dafür schaffen.[35]

15 Bis zur Schaffung der rechtlichen Voraussetzungen ist Abs. 1 S. 1 als Prinzip und Aufsichtsziel zu verstehen, dem nicht in jedem Fall Geltung geschafft werden kann. Für das oberste Mutterunternehmen stellt es ein **Optimierungsgebot** dar, **im Rahmen seiner Möglichkeiten** nach deutschem bzw. ausländischem Gesellschaftsrecht auf die möglichst weitgehende Befolgung seiner Vorgaben zum Governance-System durch die verbundenen Unternehmen hinzuwirken.[36] Klarer formuliert ist insoweit **§ 25c Abs. 4b S. 2 KWG**, wonach die Geschäftsleiter des übergeordneten (d. h. des Mutter-) Unternehmens für die gruppenweite Umsetzung „Sorge zu tragen haben".[37] Trotz beschränkter rechtlicher Möglichkeiten bestehen in Bezug auf Tochterunternehmen[38] umfassende tatsächliche Möglichkeiten wie personalpolitische Entscheidungsmacht, Bemessung der Vergütung, Druck durch einen *„Comply or Explain"* Mechanismus sowie Kapitalzuteilungen an die verbundenen Unternehmen zur Finanzierung von Wachstum. Trotzdem bleibt es dabei, dass die rechtliche Gewähr fehlt.[39]

16 **bb) Auflösung des Spannungsverhältnisses.** Das Spannungsverhältnis zwischen dem auf erster und zweiter Stufe ermittelten „rechtlichen Müssen" und dem „tatsächlichen und rechtlichem Können" ist auf dritter Stufe bei der **Bemessung der Rechtsfolgen** aufzulösen, die mit Defiziten bei der gruppenweiten Umsetzung des Governance-System verbunden sind. Im Rahmen von etwaigen **Sanktionen gegen die Mitglieder des Geschäftsleitung** des obersten Mutterunternehmens ist entsprechend dem Rechtsgedanken des § 25c Abs. 4b S. 2 KWG zu prüfen, ob sie ausreichendes Bemühen zur Umsetzung des Governance-Systems gezeigt haben.[40] Insoweit begründet Abs. 1 S. 1 eben keine Erfolgs- oder Gefährdungshaftung.[41] Dies gilt insbesondere für Verwarnung und Abberufung gem. § 303 Abs. 1 und 2 VAG sowie für die persönliche Haftung nach § 93 AktG. Dagegen besteht im Hinblick auf die das oberste Mutterunternehmen treffende **Festsetzung eines Kapitalaufschlags** auf die Gruppen-Solvabilitätskapitalanforderung gem. § 301 Abs. 1 Nr. 3, 265 Abs. 6 S. 4, 264 Abs. 2 VAG sehr wohl eine Erfolgshaftung. Denn hiernach ist Ziel die Verhinderung von Risiken, die durch ein konsistentes Governance-System in der Gruppe zu verhindern sind, und nicht in der Solvabilitätskapitalanforderung abgebildet sind.[42] Ziel ist die angemessene Abbildung von Risiken, die **vertretungsunabhängig** zu erfolgen hat. Zu beachten ist, dass der Kapitalaufschlag gem. § 302 Abs. 2 S. 2 VAG proportional zu den Risiken sein muss; er hat also keinen Strafcharakter, sondern gleicht lediglich das erhöhte, nicht in der Solvabilitätskapitalanforderung abgebildete Risiko ab. Den Kapitalaufschlag abwenden kann das oberste Mutterunternehmen durch Abbau des Risikos, indem es die faktischen oder rechtlichen Voraussetzungen zur Durchsetzung seiner Pflicht schafft, oder sich vom betreffenden verbundenen Unternehmen trennt.

17 **III. Besonderheiten des Governance-Systems des obersten Mutterunternehmens (Abs. 1 S. 2, Abs. 2 und 3). 1. Allgemeines Governance-System. a) Überblick.** Im Ergebnis finden die Anforderungen der Einzelaufsicht an das Governance-System der §§ 23–34 VAG gem. Abs. 1 S. 1,

30 *Hemeling/Lange* VersR 2014, 1283, 1284.
31 Vgl. *Hemeling/Lange* VersR 2014, 1283, 1286.
32 *Marcelli* S. 128 f. sowie *Wundenberg* 201 f., zur Rechtslage nach KWG.
33 *Dreher* WM 2015, 649, 660 f. mit weiteren Aspekten; *Marcelli* S. 218 ff.
34 So *Dreher* WM 2015, 649, 660.
35 Ansonsten sind Versicherungsnehmer im faktischen Konzern weniger geschützt als im Vertragskonzern, so zu Recht *Marcelli* ZVersWiss 103 (2014), 119, 131.
36 So auch Bähr/*Bürkle* § 9 Rn. 128; MaGo Rn. 22.
37 So *Dreher* WM 2015, 649, 656.
38 Dies gilt i. d. R. nicht in Bezug auf sonstige verbundene Unternehmen.
39 *Hemeling/Lange* VersR 2014, 1283, 1286.
40 Dies wäre etwa durch erfolglose Aufforderungen an den Vorstand des Tochter-Versicherungsunternehmens zur Umsetzung des Governance-Systems zu dokumentieren. In Bezug auf sonstige verbundene Unternehmen braucht die Erfolglosigkeit angesichts des nur signifikanten, aber nicht dominanten Einflusses i. d. R. nicht dokumentiert zu werden.
41 Vgl. *Wundenberg* 204, zur Rechtslage nach KWG.
42 Vgl. *Sehrbrock* ZVersWiss 99 (2010), 665, 679.

Abs. 3 S. 1 auf Gruppenebene entsprechende Anwendung. Daraus folgen für das oberste Mutterunternehmen der Gruppe zwei Pflichten. Es muss:
- gruppeninterne Rahmen-Vorgaben organisatorischer und thematisch-inhaltlicher Art für eine konsistente Errichtung des Governance-Systems aller verbundenen Unternehmen nach der Maßgabe der §§ 23–34 VAG erlassen und diese überprüfen; sowie
- sein eigenes Governance-System über die Belange der eigenen Gesellschaft hinaus erstrecken, damit es das (Risiko-)Profil der Gruppe als wirtschaftliche Einheit abbildet, die mehr oder etwas anderes als die Summe der einzelnen Unternehmen darstellt. Insoweit sind die gruppenspezifischen Vorgaben des Abs. 1 S. 2, Abs. 2 und 3 S. 2 zu beachten.

Das Governance-System des obersten Mutterunternehmens muss, aufbauend auf der konsistenten gruppenweiten Umsetzung seiner Vorgaben durch seine verbundenen Unternehmen, deren Belange und Risiken umfassen, um ein angemessenes Governance-System für die Gruppe als wirtschaftliche Einheit darzustellen. Dies erfordert zum einen die Einrichtung eines **Governance-Systems** entsprechend den Vorgaben für ein einzelnes Versicherungsunternehmen bzw. eine einzelne Versicherungs-Holdinggesellschaft oder gemischte Finanzholding-Gesellschaft **auf Einzelebene nach den §§ 23 ff. VAG**, aber zusätzlich **aus der Perspektive der Gruppe** als wirtschaftliche Einheit („gruppendimensionales Governance-System"),[43] sowie die Umsetzung der gruppenspezifischen Vorgaben des Abs. 1 S. 2, Abs. 2 und 3 S. 2 zu internem Kontrollsystem, Berichtswesen und Risikomanagement. 18

Die gruppenspezifischen Vorgaben des Abs. 1 S. 2, Abs. 2 und 3 S. 2 zu internem Kontrollsystem, Berichtswesen und Risikomanagement werden zusammenfassend als **interne Kontrollmechanismen** bezeichnet. Dabei stiftet die Vorschrift Verwirrung, in dem sie von den etablierten Begriffsbestimmungen der §§ 23 ff. VAG abweicht. Richtigerweise ist unter „Berichtswesen" das in Abs. 2 Nr. 2 bestimmte Berichtswesen über gruppeninterne Transaktionen und Risikokonzentrationen zu verstehen. Dieses ist gem. Abs. 2 Nr. 2 sowie § 29 Abs. 1 VAG Teil des internen Kontrollsystems. Dass Abs. 1 S. 1 es als getrenntes Element neben dem internen Kontrollsystem aufführt, ist als Redaktionsversehen (im Einklang mit Art. 246 Solva II-RL) zu werten. Gleichermaßen widerspricht es § 26 VAG, dass Abs. 2 Nr. 1 Mechanismen in Bezug auf die Gruppensolvabilität dem internen Kontrollsystem, und nicht dem Risikomanagementsystem zuordnet. 19

b) Inhalt des Governance-Systems gem. §§ 23–34 VAG. Die konsistente Umsetzung des Governance-Systems durch alle verbundenen Unternehmen der Gruppe erfordert entsprechende Vorgaben und Überprüfungen durch das oberste Mutterunternehmen. Die Vorgaben müssen so gestaltet sein, dass sie jedem Unternehmen die Errichtung eines Governance-Systems nach den Vorgaben der §§ 23–34 VAG ermöglichen.[44] Diese lassen sich wie folgt zusammenfassen: die wirksame und ordnungsgemäße Geschäftsorganisation muss neben der Einhaltung der anwendbaren Rechtsvorschriften eine solide und umsichtige Leitung des Unternehmens gewährleisten. Dazu gehören insbesondere eine angemessene, transparente Organisationsstruktur mit einer klaren Zuweisung und einer angemessenen Trennung der Zuständigkeiten sowie ein wirksames unternehmensinternes Kommunikationssystem. Beides ist durch schriftliche interne Leitlinien aufzustellen, die Vorgaben zum internen Kontrollsystem, der Eignung und Zuverlässigkeit von Personen, die das Unternehmen tatsächlich leiten oder andere Schlüsselaufgaben wahrnehmen, den Vergütungssystemen, den Governance-Funktionen einschließlich ORSA, Ausgliederungen sowie zu Aufbau- und Ablauforganisation enthalten.[45] Außerdem umfasst das Governance-System Vorkehrungen, um die Kontinuität und Ordnungsmäßigkeit der Tätigkeiten des Unternehmens zu gewährleisten. Über das Organisatorische hinaus muss das oberste Mutterunternehmen Strategien vorgeben, insbesondere eine Geschäfts- und eine Risikostrategie, zu denen die Strategien der verbundenen Unternehmen konsistent sind.[46] 20

c) Leitlinien zur gruppenweiten Umsetzung. aa) Allgemeines. Das oberste Mutterunternehmen hat schriftliche Leitlinien zu erlassen, die alle verbundenen Unternehmen zur Einrichtung des Governance-Systems nach Maßgabe der §§ 23 ff. VAG verpflichten.[47] Angesichts der Vielzahl der erforderlichen Leitlinien, denen die Geschäftsleitung des obersten Mutterunternehmens gem. § 23 Abs. 3 S. 2 VAG zuzustimmen hat, empfiehlt sich zu seiner Entlastung ein Vorgehen analog zur Solvency II Gesetzgebung. Die wesentlichen Prinzipien und Vorgaben (Level 1) werden von der 21

[43] Vgl. § 27 VAG Rn. 81.
[44] Ansonsten würde ein verbundenes Versicherungsunternehmen entweder gegen die Vorgaben des Mutterunternehmens oder die gem. §§ 23 ff. VAG verstoßen.
[45] Zwar beschränkt § 23 Abs. 3 VAG den Mindestinhalt der Leitlinien auf Vorgaben zu den Governance-Funktionen, die nur ein Teil des Systems sind, und ein wirksames und ordnungsgemäßes System setzt mehr als entsprechende Leitlinien voraus. Diese sind jedoch notwendige Grundvoraussetzung dafür, da nur die schriftliche Fixierung des Governance-Systems gewährleistet, dass es in einem größeren Unternehmen und noch mehr in einer Gruppe gelebt wird.
[46] Vgl. Bähr/*Krämer* § 15 Rn. 122.
[47] Vgl. hierzu § 23 VAG Rn. 113.

Geschäftsleitung bzw. dem Aufsichtsrat selbst genehmigt,[48] detaillierte Regelungen (Level 2 und 2,5) dagegen im Rahmen der Delegation vom Einzel-Geschäftsleitungsmitglied oder Personen unterhalb der Geschäftsleitungsebene.[49] Als Inhalte für Level 1 Leitlinien mit organisatorischen und inhaltlich-methodischen Vorgaben bieten sich folgende an:
– Grundstruktur des Governance- und internen Kontroll-Systems,[50]
– Zuverlässigkeit und Eignung von Personen, die das Unternehmen tatsächlich leiten oder andere Schlüsselaufgaben wahrnehmen,
– Vergütungssystem,
– Risikomanagementfunktion einschließlich ORSA,
– Kapitalmanagement,[51]
– Rechts- und Compliance-Funktion,
– Rechnungswesen einschließlich Vorkehrungen zur Sicherstellung der Angemessenheit der zu veröffentlichenden und der zu übermittelnden Informationen (§ 29 Abs. 4 VAG),
– interne Revision,
– versicherungsmathematische Funktion und (ggf.)
– Ausgliederungen.

22 **bb) Beispiel Risikomanagement.** Die mögliche Umsetzung soll am **Beispiel des Risikomanagements** erläutert werden. Die Level 1 Leitlinie könnte Vorgaben zur organisatorischen und prozessualen Einbettung der Funktion im Unternehmen, Prinzipien der Risikoidentifikation, -messung, -steuerung und –kommunikation sowie der Zusammenarbeit der Funktionen auf Unternehmens- und Gruppenebene enthalten. Darunter bestehen Leitlinien zu einzelnen Risikokategorien, zur Berechnung der Solvabilitätskapitalanforderung einschließlich Vorgaben zum internen Modell, zum ORSA und zur Risiko-Governance für die einzelnen Segmente einschließlich der Limitsysteme. Ziel ist ein gruppenweites Risikomanagement, das den konsistenten Umgang mit Risiken durch alle verbundenen Unternehmen sicherstellt. Dies erfordert neben konsistenten Strategien (Kapitalmanagementprinzipien, Risikosystematik, Risikoappetit für verschiedene Dimensionen) insbesondere auch eine einheitliche Methodik zur Identifikation und Bemessung von quantitativen und qualitativen Risiken, etwa durch einen einheitlichen Kalibrierungsstandard für die Solvabilitätskapitalanforderung (Zeitraum und Risikomaß, § 118 VAG). Darüber hinaus sind konsistente Vorgaben notwendig in Bezug auf aufeinander abgestimmte Risikoprozesse einschließlich der Einbettung in Managementprozesse, Eskalationsmechanismen im Rahmen des Limitsystems sowie Risikomitigierungs-Strategien.

d) Sicherstellung der Umsetzung der Leitlinien durch das oberste Mutterunternehmen.
23 Über die Erstellung der Leitlinien hinaus hat das oberste Mutterunternehmen gem. §§ 23 Abs. 3 S. 1, 275 Abs. 1 S. 1 VAG deren Umsetzung sicherzustellen. Die Art und Weise der Umsetzung wird nicht vorgegeben. In der Regel erscheint sie aber, auch in Bezug auf Nicht-Versicherungsunternehmen, eine Umsetzung in den verbundenen Unternehmen zu erfordern. Es dürfte nur in Ausnahmefällen möglich sein, dass das oberste Mutterunternehmen selbst für die gesamte Umsetzung Sorge trägt.[52] Die Umsetzung erfordert zum einen die Kommunikation der Leitlinien an die verbundenen Unternehmen. Im Anschluss ist eine regelmäßige Überprüfung durch Selbsteinschätzungen der verbundenen Unternehmen geboten, die durch Prüfungen des Mutterunternehmens ergänzt werden können. In Frage kommen hier Prüfungen durch die jeweils betroffene Governance-Funktion[53] sowie durch die interne Revision des verbundenen Unternehmens oder des Mutterunternehmens. Da die Geschäftsleitung des obersten Mutterunternehmens gem. §§ 23 Abs. 2, 275 Abs. 1 S. 1 VAG für die interne Überprüfung des Governance-Systems zu sorgen hat, ist ihr über den Umsetzungsstand sowie etwaige Defizite regelmäßig zu berichten.

24 **2. Besonderheiten der Gruppen-Governance. a) Aufbauorganisation.** Die in den Leitlinien nötigen Vorgaben zur Aufbauorganisation der verbundenen Unternehmen variieren stark nach Tätigkeit und Bedeutung der Unternehmen sowie danach, ob die Versicherungsgruppe eher zentral oder dezentral organisiert ist. Die verbundenen Unternehmen haben eine solche Aufbauorganisation einzurichten, die dem obersten Mutterunternehmen die Kontrolle und Steuerung der Gruppe ermöglicht. In Frage

[48] Das Vorgehen ist vergleichbar der Solva II-RL. Der Aufsichtsrat ist zuständig für die Genehmigung der Leitlinien zu Vergütung sowie Eignung und Zuverlässigkeit in Bezug auf die Geschäftsleitung, vgl. auch § 23 VAG Rn. 110.

[49] Vergleichbar der Solva II-VO und den TRS. Insbesondere sind hier weitere Leitlinien zu Themen der *„First Line of Defense"* notwendig, die Solvency II kaum thematisiert, etwa Underwriting.

[50] Z. B. *„Three Lines of Defense"* Modell, Berichtsstrukturen innerhalb der Gruppe und den verbundenen Unternehmen, Steuerungs- und Kontrollprozess in Bezug auf verbundene Unternehmen, Eskalationsrechte von Governance-Funktionen auf Einzel-und Gruppenebene.

[51] Vgl. EIOPA-LL 31 ff. Governance sowie MaGo Rn. 227 ff.

[52] A. A. *Kraft* in Gründl/Kraft S. 183, wonach eine Umsetzung des Governance-Systems durch die verbundenen Nicht-Versicherungsunternehmen nicht gefordert sei.

[53] So kann etwa die versicherungsmathematische Funktion des Mutterunternehmens damit betraut werden, die Umsetzung und Anwendung „ihrer" Leitlinien durch die Funktionen des verbundenen Unternehmens zu prüfen.

kommen **Vorstands- und Konzernausschüsse** auf Ebene des obersten Mutterunternehmens zu allen relevanten Themen der „*first and second line of defense*" wie Underwriting, Produktgestaltung, Kapitalanlage, Rückversicherung, Risiko, M&A und Vergütung. Entsprechende Ausschüsse sind auf Ebene von verbundenen Unternehmen oder Regionen zu bilden. Neben Informationsrechten und –pflichten haben sich die Ausschüsse auf oberster Ebene **Genehmigungsvorbehalte**[54] für Vorgänge von verbundenen Unternehmen einräumen zu lassen, um die Steuerung der Gruppe zu ermöglichen. Solche Vorgänge können einzelne Geschäfte in bestimmten Größenordnungen, wie z. B. Übernahmen, sowie Abweichungen von vereinbarten Strategien und Limiten betreffen. Darüber hinaus haben die verbundenen Unternehmen die erforderlichen Funktionen einzurichten, wie etwa die Risikomanagement-Funktion. Zur Stärkung einer Governance-Funktion können funktionale Berichtspflichten und Eskalationsrechte von der Funktion eines verbundenen Unternehmens zu der des obersten Mutterunternehmens eingerichtet werden. So könnte etwa die Risikomanagement-Funktion des verbundenen Unternehmens verpflichtet werden, der Risikomanagement-Funktion des obersten Mutterunternehmens zu melden, falls ihre erheblichen Bedenken vom Vorstand des verbundenen Unternehmens beim Treffen einer Entscheidung übergangen werden. Der Vorstand eines verbundenen Unternehmens kann etwa verpflichtet werden, die beabsichtigte Abberufung und Ernennung von Personen, die Schlüsselfunktionen wahrnehmen, dem obersten Mutterunternehmen anzuzeigen.

b) Internes Kontrollsystem (Abs. 1 S. 2, Abs. 2). aa) Erfüllung der Berichtspflichten. Nach Abs. 1 S. 2 und Abs. 2 muss das oberste Mutterunternehmen das interne Kontrollsystem und das Berichtswesen so einrichten, dass es sie auf der Ebene der Gruppe steuern und kontrollieren kann, und ihm die Erfüllung seiner **Berichtspflichten nach §§ 273 f. VAG** ermöglicht. Dies erfordert zum einen, dass es über alle Informationen über gruppeninterne Transaktionen verfügt. Typischerweise können diese Informationen unabhängig von Solvency II im Rahmen der Konsolidierung nach HGB oder IFRS erlangt werden. Dabei sind allerdings aufgrund des weiteren Kreises der einzubeziehenden Unternehmen nach § 7 Nr. 14 VAG auch Transaktionen mit folgenden Parteien zu beachten: mit verbundenen Unternehmen, die nicht Tochterunternehmen sind, mit verbundenen Unternehmen, in Bezug auf die nur nach Auffassung der Aufsichtsbehörde ein maßgeblicher Einfluss besteht (§ 7 Nr. 4 Hs. 3 VAG), sowie mit natürlichen Personen.[55] Weiterhin sind besondere Vorkehrungen notwendig, um über besonders wesentliche Transaktionen gem. § 274 Abs. 3 VAG unverzüglich Bericht zu erstatten. Je nach den von der Gruppenaufsichtsbehörde festgelegten Schwellenwerten werden solche besonders wesentlichen Transaktionen stets mit einem bestimmten Unternehmen der Gruppe abgeschlossen, etwa dem zentralen Rückversicherungsunternehmen.[56] In dem Fall reicht die Datenerhebung bei diesem Unternehmen aus. Anderenfalls muss das oberste Mutterunternehmen allen verbundenen Versicherungsunternehmen Berichtspflichten auferlegen. Um seiner Pflicht nach § 273 VAG zur Meldung der Risikokonzentrationen nachzukommen, muss das oberste Mutterunternehmen über detaillierte Daten und Analysetechniken verfügen, mit denen es die Auswertung der Daten vornimmt.[57] Typischerweise erhält es diese Daten für die Zwecke der Berechnung der Gruppen-Solvabilität. 25

bb) Kontrolle und Steuerung auf Gruppenebene. Die Kontrolle und Steuerung auf Gruppenebene erfordert zunächst, dass das oberste Mutterunternehmen planmäßig über die notwendigen Daten verfügt, und sie nicht erst *ad hoc* von seinen verbundenen Unternehmen erfragen muss. Dagegen erfordert es nicht, dass es für diese Unternehmen das interne Kontrollsystem im Wege der Ausgliederung übernimmt; diese weiter gehende Anforderung besteht nur nach § 267 Nr. 2 VAG iVm Art. 351 Abs. 1 Solva II-VO im Fall zentralisierten Risikomanagements. Die Steuerung erfordert darüber hinaus, dass das oberste Mutterunternehmen auf Begrenzungen oder Beschränkungen von gruppeninternen Transaktionen und Risikokonzentrationen bei seinen verbundenen Versicherungsunternehmen hinwirkt, falls dies notwendig und angemessen ist; dies steht allerdings unter dem **Vorbehalt der gesellschaftsrechtlichen Durchsetzbarkeit.**[58] 26

cc) Rechnungslegungsverfahren. Die gleiche Anforderung der Kontrolle und Steuerung auf Gruppenebene gilt für die übrigen Teile des internen Kontrollsystems, wie es § 29 VAG auf Einzelebene definiert. In Bezug auf Rechnungslegungsverfahren gilt dies ohnehin für die Zwecke der Erstellung des Konzernabschlusses; es muss darüber hinaus aber auch für die Erstellung der Solvabilitätsübersicht der Gruppe gelten (soweit die Konsolidierungsmethode nach § 261 VAG Anwendung findet). Schließlich muss die Rechts- und Compliance-Funktion, aufbauend auf einheitlichen Vorgaben organisatorischer und inhaltlich-methodischer Art, so eingerichtet sein, dass das oberste Mutterunternehmen über Daten auf konsistenter Basis verfügt, um die Rechts- und Compliance-Risiken (Bestandteil des operationellen Risikos nach §§ 7 Nr. 24, 97 Abs. 3 S. 2 VAG) der Gruppe kontrollieren und durch Einwirkung auf 27

[54] Dies gilt vorbehaltlich der gesellschaftsrechtlichen Durchsetzbarkeit, s. o. Rn. 13 ff.
[55] Vgl. § 274 VAG Rn. 7 ff.
[56] Vgl. § 274 VAG Rn. 4 ff.
[57] Vgl. § 273 VAG Rn. 4 ff.
[58] S. o. Rn. 13 ff.

seine verbundenen Unternehmen steuern zu können. Anweisungen an verbundene Unternehmen zur Reduktion von operationellen Risiken stehen wiederum unter dem **Vorbehalt der gesellschaftsrechtlichen Durchsetzbarkeit**.[59]

28 **c) Risikomanagementsystem (Abs. 1 S. 2, Abs. 2 Nr. 1).** Für die Einrichtung des Risikomanagementsystems ist von besonderer Bedeutung, wie Abs. 2 Nr. 1 betont,[60] dass alle wesentlichen Risiken aus Sicht der Gruppe nach konsistenter Methodik und Prozessen identifiziert und gemessen werden, **damit die Gruppen-Solvabilitätskapitalanforderung das Risikoprofil der Gruppe angemessen abbildet**.[61] Gleichermaßen muss das oberste Mutterunternehmen die Bedeckung der Gruppen-Solvabilitätskapitalanforderung mit den Eigenmitteln überwachen. Es muss also über die Informationen verfügen, um seinen Pflichten gem. §§ 132, 134, 250 Abs. 4 VAG nachzukommen, und eine Verschlechterung der finanziellen Lage sowie eine unzureichende Gruppensolvabilität frühzeitig erkennen und der Gruppenaufsichtsbehörde anzeigen zu können. Hierfür sind vor allem qualitative Informationen und Einschätzungen notwendig. Als Minimum muss das oberste Mutterunternehmen über die Solvabilitätsrechnungen der verbundenen Unternehmen verfügen, um auf ihrer Basis die aggregierte Gruppensolvabilität nach § 260 VAG zu berechnen. Dies ist bereits Teil der Säule 1 Anforderungen. Eine wirkliche Kontrolle und Steuerung auf Gruppenebene im Rahmen des Risikomanagements der Säule 2, die über die Berechnung der Solvabilität hinaus geht, erfordert aber darüber hinaus die granulareren Informationen, auf denen die Berechnung der (Einzel-)Solvabilität beruht. Nur auf deren Basis kann das oberste Mutterunternehmen ein Limitsystem auf Gruppenebene einrichten, um den Aufbau zu großer Risikopositionen zu vermeiden. **Beispiel**: über den Betrag des Markt- und Kreditrisikos der Solvabilitätskapitalanforderung eines verbundenen Versicherungsunternehmens hinaus braucht das oberste Mutterunternehmen Kenntnis der genauen Zusammensetzung der Kapitalanlage, um zu beurteilen, ob sie sich im Rahmen der vereinbarten Kapitalanlageallokation des Unternehmens sowie der Gruppe bewegt (etwa der Aktienanteil), und ob die Exponierung gegenüber einzelnen Adressen (etwa dem Emittenten der Aktie) für das Unternehmen und die Gruppe tragbar ist.

29 Die zusätzliche Einnahme der Perspektive der Gruppe als wirtschaftliche Einheit durch das Risikomanagement des obersten Mutterunternehmens bedeutet, dass es neben der Einzel- auch die Gruppensolvabilität überwacht. Anders als im Rahmen der Berechnung der Einzel-Solvabilitätskapitalanforderung gilt, sowie die Konsolidierungsmethode Anwendung findet, das **Look-Through-Prinzip**. Korrespondierend damit berücksichtigt das oberste Mutterunternehmen seine verbundenen Unternehmen nicht mehr als Aktienrisiko, sondern blickt durch die „gesellschaftsrechtliche Hülle" hindurch und managt die zugrunde liegenden Risiken.[62]

30 **d) ORSA (Abs. 1 S. 2, Abs. 3).** Gemäß Abs. 1 S. 2, Abs. 3 S. 1 ist auch der ORSA auf Gruppenebene durchzuführen und der Bericht zu erstellen. Über § 27 VAG hinaus gelten dabei die gruppenspezifischen Besonderheiten nach Abs. 3 S. 2. Im Grundfall ist der Gruppen-ORSA-Bericht neben den ORSA-Berichten der Versicherungsunternehmen zu erstellen, allerdings bietet Abs. 4 auch die Möglichkeit, einen **einzigen ORSA-Bericht** auf Gruppenebene und auf Ebene der Tochter-Versicherungsunternehmen zeitgleich zu erstellen.[63] Der Gruppen-ORSA stellt eine eigenständige Bewertung des Solvabilitätsbedarfs dar, die unabhängig von den der Berechnung der Solvabilitätskapitalanforderung für jedes Unternehmen zugrundeliegenden Annahmen erfolgt. Die BaFin-AE ORSA Rn. 128 stellt dabei klar, dass die eigene Bewertung für alle Unternehmen konsistent zu erfolgen hat, d. h. gleichermaßen für Versicherungsunternehmen eines Drittstaats, unabhängig davon, ob Zulassungspflicht und Solvabilitätsvorschriften gem. § 258 VAG gleichwertig sind oder nicht.[64] Soweit verfügbar, bietet sich hier die Berechnung einer Gruppen-Solvabilitätskapitalanforderung für interne Zwecke an, die unabhängig von der Berechnung für aufsichtliche Zwecke nach § 251 Abs. 1 VAG mit einem internen Modell erfolgt. Es können also Unternehmen in den Gegenstandsbereich des Modells einbezogen werden, in Bezug auf die aufgrund der hohen Anforderungen kein Antrag auf Genehmigung nach § 261 Abs. 2 VAG gestellt wurde. In Bezug auf Versicherungsunternehmen (eines Mitglied- und Vertragsstaats) wie auf Einzelebene, sowie erstmals auf Gruppenebene in Bezug auf Versicherungsunternehmen eines Drittstaats, ist die Gruppen-Solvabilität entsprechend § 27 Abs. 6 VAG **ohne Anwendung von Matching-Anpassung, Volatilitätsanpassung oder Übergangsmaßnahmen** zu berechnen.[65]

31 **Gruppenspezifische Besonderheiten** bestehen in Bezug auf die Risiken, etwa Interdependenzen und Ansteckungsgefahren innerhalb der Gruppe, sowie die Eigenmittel, bei denen zu berücksichtigen ist, ob sie Einschränkungen nach § 254 VAG unterliegen, weil sie mangels Transferierbarkeit oder Fungibilität tatsächlich nicht bereitgestellt werden können; dies soll insbesondere für Eigenmittel von

[59] S. o. Rn. 13 ff.
[60] Allerdings weist es dies fälschlicherweise dem internen Kontrollsystem zu.
[61] Vgl. § 264 Abs. 1 S. 1 VAG.
[62] Look-Through-Ansatz gem. Art. 84 Solva II-VO bzw. Konsolidierung gem. § 261 VAG.
[63] S. u. Rn. 38 ff.
[64] Vgl. § 258 VAG Rn. 7 ff.
[65] Zur Anwendung dieser Anpassungen und Maßnahmen, vgl. § 250 Rn. 37.

Versicherungsunternehmen eines Drittstaats gelten.[66] Hier, im Rahmen einer qualitativen Einschätzung, sollte das oberste Mutterunternehmen Einschränkungen von weiteren Eigenmittelbestandteilen über den Katalog des Art. 330 Solva II-VO hinaus berücksichtigen. Weiterhin verlangt Abs. 3 S. 2 im Fall der Berechnung der Gruppensolvabilität mit der Konsolidierungsmethode eine nachvollziehbare Darlegung der Differenz zwischen der Summe der Solvabilitätskapitalanforderungen aller verbundenen Versicherungsunternehmen (eines Mitglied- und Vertragsstaats oder Drittstaats) der Gruppe und der konsolidierten Solvabilitätskapitalanforderung der Gruppe.[67] U. a. bedarf es hierzu einer Überprüfung der in der Berechnung angenommenen **Diversifikationseffekte**.[68]

e) Ausgliederungen (Abs. 1 S. 1). In Bezug auf Ausgliederungen bieten sich **Erleichterungen für gruppeninterne Vorgänge** an, bei denen der Leistungserbringer ebenfalls ein Unternehmen der Gruppe ist. Zwar fehlen ausdrückliche gesetzliche Erleichterungen, sie sind aber nach dem Proportionalitätsprinzip möglich und geboten, soweit der Dienstleistungserbringer ebenfalls dem Governance-System der Gruppe unterliegt.[69] Konkret kann die Durchführung der folgenden Aspekte weniger aufwendig ausfallen, soweit es im Ergebnis nicht zu höheren Risiken kommt: Vertragsdokumentation, Risikoanalyse, Kontrollintensität, Notfallplanung.[70] Neben inhaltlichen Vorgaben müssen die Leitlinien auch Berichtspflichten der verbundenen Unternehmen an das oberste Mutterunternehmen enthalten, damit dieses wie von Art. 359 lit. b iii Solva II-VO gefordert Angaben zu wesentlichen gruppeninternen Ausgliederungs-Vereinbarungen in den Bericht über Solvabilität und Finanzlage der Gruppe gem. § 277 VAG aufnehmen kann. 32

f) Vergütung (Abs. 1 S. 1). aa) Keine Anwendbarkeit der VersVergV. Beim Thema Vergütung auf Gruppenebene besteht eine schwer nachvollziehbare Regelungslage. Zunächst würde § 25 VAG als Vorschrift der Einzelaufsicht ohnehin über § 275 Abs. 1 S. 1 VAG entsprechend auf Gruppenebene gelten. Gem. Art. 50 Abs. 1 lit. a Solva II-RL ist die Kommission ermächtigt, zu den Bestandteilen der in den Art. 41, 44, 46 und 47 genannten Systeme einen delegierten Rechtsakt zu erlassen. Zwar nennen die genannten Art. nicht die Vergütungspolitik, sie lässt sich aber ohne weiteres als Teil der allgemeinen Governance oder des Risikomanagements sehen. Auf Gruppenebene erklärt Art. 246 Abs. 1 S. 1 Solva II-RL die Anforderungen an das Governance-System der Art. 41 ff. Solva II-RL für entsprechend anwendbar. Dazu gehören selbstverständlich, wie sonst auch, die dazu erlassenen Konkretisierungen der Solva II-VO. Obwohl also § 25 VAG ohnehin auf Gruppenebene entsprechend gilt, statuiert noch § 25 Abs. 3 VAG unter Verwendung von Begriffen des VAG a. F. („übergeordnetes Unternehmen“) die entsprechende Geltung auf Gruppenebene. Allerdings steht dem die höherrangige Vorschrift des Art. 275 Solva II-VO entgegen. Die Begründung zur VersVergV erkennt zwar grundsätzlich die durch Solvency II beabsichtigte Vollharmonisierung an.[71] Sie geht aber irrig davon aus, dass die Vergütungsvorschriften des Art. 275 Solva II-VO nicht über Art. 246 Abs. 1 UAbs. 1 Solva II-RL – wie alle anderen Vorschriften zum Governance-System auch – entsprechend auf Gruppenebene gelten.[72] Hierfür ist aber kein Grund erkennbar, und auch EIOPA-LL 9 Governance geht von der Geltung auf Gruppenebene aus. Im Ergebnis sind § 25 VAG und die **VersVergV** trotz doppelter (!) Anordnung **nicht auf Versicherungsgruppen anwendbar**. 33

bb) Inhalt der Vergütungsvorschriften des Art. 275 Solva II-VO. In der Folge finden die eher prinzipienhaften als regelbasierten Vergütungsvorschriften des Art. 275 Solva II-VO („Vergütungspolitik“) Anwendung. Ihr allgemeiner Teil (Abs. 1 mit Ausnahme von lit. c und f, Abs. 3) verlangt bzw. regelt im Gegensatz zu den **allgemeinen Vergütungsvorschriften** des § 3 VersVergV insbesondere folgendes *nicht*: maßgebliche Bemessung der variablen Vergütung von Geschäftsleitern nach anderen Größen als Gesamtbeitrageinnahmen, Verbot von Vermittlungsprovisionen für Mitglieder von Geschäftsleitung und Aufsichtsrat sowie die vertikale und horizontale Angemessenheitsprüfung für die Vergütung von Geschäftsleitern.[73] Auch die **besonderen** bzw. spezifischen **Vergütungsvorschriften** gem. Art. 275 Abs. 1 lit. c und f und Abs. 2 Solva II-VO sind weniger detailliert. Sie schreiben insbesondere im Hinblick auf die variable Vergütung von Mitgliedern von Geschäftsleitung und ggf. Aufsichtsrat, Inhabern von Schlüsselfunktionen sowie „*Risk Taker*“[74] *nicht* vor, welcher Anteil für mindestens drei Jahre aufzuschieben und ggf. „abwärts zu korrigieren“ ist (§ 4 Abs. 3 Nr. 3 VersVergV: mindestens 40 %), und welcher von einer nachhaltigen Wertentwicklung des Unternehmens abhängig sein soll (§ 4 Abs. 3 Nr. 3 VersVergV: mindestens 50 %). Schließlich gilt Art. 275 Solva II-VO nicht 34

[66] Vgl. EIOPA-LL 17 f. ORSA.
[67] Hier sind die methodischen Unstimmigkeiten der Anforderung zu beachten, siehe § 261 VAG Rn. 47.
[68] Vgl. § 261 VAG Rn. 9 ff.
[69] Vgl. MaGo Rn. 276 ff. Der Dienstleistungserbringer kann insbesondere Versicherungsunternehmen, Versicherungs-Holdinggesellschaft und gemischte Finanzholding-Gesellschaft oder Nebendienstleistungsunternehmen sein.
[70] Vgl. *Hasse/Nuß/Sehrbrock* in Dreher/Wandt 2015, S. 15, 34 ff.
[71] RefE der Verordnung zum Erlass von Verordnungen nach dem VAG, S. 169. Vgl. dazu auch Einl. Rn. 93, 102 f.
[72] Hiervon scheint auch die BaFin AE zu Art. 275 Solva II-VO (VA 52-I 2510-2016/0006) auszugehen.
[73] Allerdings sind die Anforderungen des § 87 AktG zu beachten.
[74] Dies sind Mitarbeiter, deren Tätigkeiten das Risikoprofil des Unternehmens maßgeblich beeinflussen.

explizit für Leistungen zur Altersversorgung. Allerdings legt die BaFin AE Art. 275 Abs. 2 lit. c Solva II-VO so aus, dass für Personengruppen unter- bzw. innerhalb der Geschäftsleitung mindestens 40 % bzw. 60 % der variablen Vergütung nur gestreckt ausgezahlt werden dürfen.[75] Diese Auslegung geht sogar über die Vorgaben der VersVergV und der FSB Prinzipien hinaus.[76] Eine Begründung hierfür liefert die BaFin nicht. Die BaFin AE ist für die Versicherungsunternehmen und -gruppen nicht rechtsverbindlich.

35 **cc) Bestimmung der einzubeziehenden verbundenen Unternehmen (Risikoanalyse).** Das oberste Mutterunternehmen hat die allgemeinen Vergütungsvorschriften des Art. 275 Solva II-VO mittels seiner Leitlinien zur Vergütungspolitik in sämtlichen verbundenen Unternehmen der Gruppe umzusetzen. Hinsichtlich der spezifischen Vergütungsvorschriften gilt Folgendes. Gemäß Art. 275 Abs. 1 lit. c, f, Abs. 2 Solva II-VO hat ein Versicherungsunternehmen auf Einzelebene zu prüfen, ob es aufgrund „seiner Bedeutung … hinsichtlich Größe und interner Organisation" die spezifischen Vergütungsvorschriften zu beachten und einen unabhängigen Vergütungsausschuss einzurichten hat. Dies stellt eine explizite Regelung des Proportionalitätsprinzips dar. Auf die Gruppenebene übertragen bedeutet dies, dass das oberste Mutterunternehmen im Rahmen einer **Risikoanalyse** in einem ersten Schritt zu bestimmen hat, auf welche verbundenen Unternehmen – vor allem Nicht-Versicherungsunternehmen[77] – es die spezifischen Vergütungsvorschriften anwendet.[78] Diese Risikoanalyse kann sich an der nach § 5 Abs. 3 VersVergV orientieren; entscheidend ist aber die Bedeutung eines verbundenen Unternehmens für die Risikosituation der Gruppe, die am besten durch den Beitrag zur Gruppensolvabilität ausgedrückt wird, und weniger durch Umsatz und Bilanzsumme. Im zweiten Schritt muss das oberste Mutterunternehmen dann in den relevanten Unternehmen die betroffenen Personen identifizieren, d. h. Geschäftsleiter, Inhaber von Schlüsselfunktionen sowie *Risk Taker*. Schließlich hat das oberste Mutterunternehmen einen unabhängigen Vergütungsausschuss auf Gruppenebene einzurichten, der zentral oder dezentral, gestützt auf weitere Vergütungsausschüsse auf unteren Ebenen, Vergütungspolitik und Vergütungspraktiken überwacht.[79] Mangels Legaldefinition ist davon auszugehen, dass die Unabhängigkeit des Ausschusses gegeben ist, wenn ihm neben Mitgliedern der Geschäftsleitung auch Inhaber von Schlüsselfunktionen angehören.

36 **g) Allgemeine Sanierungspläne (Abs. 1 S. 1). aa) Regelungskontext.** Über Abs. 1 S. 1 gilt auch die Befugnis der BaFin, die Erstellung allgemeiner präventiver Sanierungspläne (englisch *recovery plans*) gem. § 26 Abs. 1 S. 4 f. VAG auf Gruppenebene zu verlangen. Die Vorschrift hat bisher, soweit ersichtlich, keine Bedeutung auf Einzel-, sondern nur auf Gruppenebene. Die BaFin stützt hierauf ihr Verlangen gegenüber den von ihr bzw. dem FSB und der IAIS als „global oder national systemrelevant" eingestuften Versicherungsgruppen (englisch *global systemical important insurer,* ***G-SII***, als Teil der *global systemical important financial institutions, G-SIFI*).[80] Mit der Schaffung der Vorläuferregelung des **§ 64d VAG a. F.** glich der Gesetzgeber die Rechtslage im Ansatz an die neuesten Entwicklungen im Bankenaufsichtsrecht an. Gemäß Richtlinie 2014/59/EU[81] und VO 806/2014[82] bestehen detaillierte Anforderungen an die Gestaltung von Sanierungsplänen von Instituten, denen mittlerweile auch nicht systemrelevante Institute unterliegen.[83] Allerdings bestehen im Versicherungsbereich Zweifel an der formellen Rechtmäßigkeit der Vorschrift. Zwar ist auch materiell umstritten, ob Versicherer überhaupt ein systemisches Risiko darstellen, und die deswegen getroffenen Maßnahmen dem Ziel des § 294 Abs. 2 S. 3 VAG dienen, „die Stabilität des Finanzsystems in den jeweils betroffenen Staaten des Europäischen

---

[75] Sies soll nur dann nicht gelten, wenn die variable Vergütung nicht 35.000 EUR bzw. 20 % der festen Vergütung übersteigt.

[76] Vgl. die FSB Prinzipien für korrekte Vergütungspraktiken (http://www.fsb.org/wp-content/uploads/r_090925c.pdf?page_moved=1, abgerufen am 21.12.2016). Dieser verlangen nur, dass 40–60 % gestreckt ausgezahlt werden.

[77] In Bezug auf Versicherungsunternehmen gilt, dass diese selbst zu analysieren haben, ob die spezifischen Vergütungsvorschriften für sie gelten. Insoweit kann aber das oberste Unternehmen in seinen Leitlinien zur Vergütungspolitik Vorgaben machen.

[78] Dies entspricht der allgemeinen, oben als „Stufe 2" beschriebenen Analyse, vgl. Rn. 10 ff.

[79] Der Vergütungsausschuss des obersten Mutterunternehmens darf sich nach AktG nicht mit der Vergütung der Geschäftsleitung des obersten Mutterunternehmens selbst befassen; hierfür ist dessen Aufsichtsrat zuständig.

[80] Dies trifft weltweit neun Versicherungsgruppen zu, von denen per 2016 die Allianz Gruppe die einzige deutsche ist; vgl. http://www.fsb.org/2016/11/2016-list-of-global-systemically-important-insurers-g-siis/ (abgerufen am 21.12.2016). Es ist allerdings wie im Bankenbereich zu erwarten, dass die BaFin die Anforderungen auch auf weitere Versicherungsgruppen erstrecken wird. Dies verlangt etwa der Internationale Währungsfonds in seinem Länderbericht 16/192 zur Einschätzung des Finanzsektors in Deutschland, vgl. http://www.imf.org/external/pubs/ft/scr/2016/cr16192.pdf, S. 30 (abgerufen am 21.12.2016). Zu FSB und IAIS, vgl. Einl. Rn. 39.

[81] Richtlinie 2014/59/EU vom 15.5.2014 zur Festlegung eines Rahmens für die Sanierung und Abwicklung von Kreditinstituten und Wertpapierfirmen; umgesetzt durch das Sanierungs- und Abwicklungsgesetz vom 10.12.2014.

[82] Verordnung (EU) Nr. 806/2014 vom 15.7.2014 zur Festlegung einheitlicher Vorschriften und eines einheitlichen Verfahrens für die Abwicklung von Kreditinstituten und bestimmten Wertpapierfirmen im Rahmen eines einheitlichen Abwicklungsmechanismus und eines einheitlichen Abwicklungsfonds.

[83] Dagegen hat der Gesetzgeber bisher keinen Gebrauch von der Ermächtigung zum Erlass der VO nach § 34 Abs. 1 VAG gemacht.

Wirtschaftsraums" zu stützen.[84] Allerdings haben allgemeine präventive Sanierungspläne – unabhängig vom Bestehen eines systemischen Risikos – als Bestandteil eines guten Risikomanagements, das auch Maßnahmen für entfernt liegende Szenarien begutachtet, ihre Berechtigung.[85] Gleichermaßen hatten auch die Vergütungsregeln des § 64b Abs. 3 VAG a. F. i. V. m. der VersVergV a. F., die ebenfalls eine Antwort des FSB auf die Finanzkrise ab dem Jahr 2007 waren, ihre materielle Berechtigung.[86] Formelle Zweifel bestehen aber, da § 26 Abs. 1 S. 4 f. VAG **keine europarechtliche Grundlage** hat, obwohl insbesondere in Bezug auf das Risikomanagement von einer Vollharmonisierung durch Solvency II auszugehen ist,[87] und obwohl dem europäischen Gesetzgeber das Thema ausweislich des Art. 9 der FK-RL wohlbekannt war. Neben Deutschland haben sich weitere Staaten zum Erlass nationaler Regelungen entschlossen, so dass eine Abkehr von der beabsichtigten europarechtlichen Harmonisierung droht.[88]

bb) Inhalt des Sanierungsplans. Der allgemeine präventive Sanierungsplan nach § 26 Abs. 1 VAG, der ein anderer als der nach § 134 VAG für den Fall der Nichtbedeckung der Solvabilitätskapitalanforderung ist, muss Maßnahmen beschreiben, mit denen „die finanzielle Stabilität gesichert oder wiederhergestellt werden kann, falls sich die Finanzlage wesentlich der Gruppe verschlechtert und diese Verschlechterung zu einer Bestandsgefährdung führen kann (Krisenfall)".[89] Die Maßnahmen sind solche zur **Verringerung des Risikoprofils** (z. B. durch eine Änderung der Kapitalanlagen), zur **Erhöhung der Eigenmittel** (z. B. die Emission nachrangiger Verbindlichkeiten nach § 89 Abs. 3 Nr. 2 VAG) oder zur **Erhöhung der Liquidität** (z. B. das Ziehen von Kreditlinien). Die Umsetzbarkeit der Maßnahmen ist auch unter Annahme einer systemischen Krise, die weite Teile des Finanzsektors erfasst, zu beurteilen. Weiterhin sind qualitative und quantitative Indikatoren festzulegen, die eine rechtzeitige Durchführung der Maßnahmen ermöglichen. Schließlich sind Szenarien für schwerwiegende Belastungen zu beschreiben, die einen Krisenfall auslösen können. Diese Szenarien sollen systemischer (z. B. ein weiterer langfristiger Zinsrückgang) und idiosynkratrischer (unternehmensspezifischer) Natur, sowie von langsamer und schneller Entwicklungszeit sein. Die Vorgehensweise ähnelt der des ORSAs nach § 27 VAG. Allerdings sind die Maßnahmen stärker zu detaillieren, einschließlich der Governance und des Kommunikationskonzepts, und so zu gestalten, dass sie solche Szenarien adressieren, die über das Konfidenzniveau nach § 97 Abs. 2 VAG hinausgehen. Den allgemeinen Sanierungsplan beurteilt die BaFin als Gruppenaufsichtsbehörde zusammen mit den wesentlichen Aufsichtsbehörden der Gruppe, die zusammen als Teilmenge des Aufsichtskollegiums gem. § 283 VAG die präventive **Krisenmanagementgruppe** (englisch *crisis management group*) bilden.[90] Weitere Maßnahmen der Aufsicht über systemrelevante Versicherungsgruppen sind der Plan zum Management des systemischen Risikos sowie der Plan zum Management des Liquiditätsrisikos. Außerdem arbeitet die IAIS an zusätzlichen Kapitalanforderungen.[91] 37

IV. Zeitgleiche Vornahme des ORSAs auf Einzel- und Gruppenebene (Abs. 4). Anstelle von separaten ORSA-Berichten auf Einzel- und Gruppenebene kann das oberste Mutterunternehmen mit Zustimmung der Gruppenaufsichtsbehörde zeitgleich einen ORSA auf Gruppenebene und auf Ebene der Tochterunternehmen vornehmen, und die Ergebnisse in einem Bericht darstellen. Zu beachten ist dabei nach Abs. 4 S. 3, dass dieser gemeinsame ORSA weiterhin in Bezug auf jedes Tochter-Versicherungsunternehmen die Anforderungen gem. § 27 VAG erfüllen muss. Dies erfordert nach Art. 365 Abs. 2 Solva II-VO einzelne ORSAs für jedes Versicherungsunternehmen, die unabhängig von Materialitätserwägungen aus Gruppensicht zu erstellen sind. Im Ergebnis stellt sich der gemeinsame ORSA-Bericht damit als eine rein physische Verbindung einzelner ORSA-Berichte dar. Er bietet allerdings in sprachlicher Hinsicht für multinationale Versicherungsgruppen den Vorteil, ihn in Bezug auf die Gruppe und jedes einzelne Versicherungsunternehmen **nur in englischer Sprache** zu verfassen (und **ggf. ins Deutsche zu übersetzen**). Dies folgt aus Art. 374 Solva II-VO, wonach die regelmäßige aufsichtliche Berichterstattung in einer von der Gruppenaufsichtsbehörde festgelegten, gemeinhin verstandenen 38

[84] Vgl. Einl. Rn. 10 ff.

[85] So auch das EIOPA Diskussionspapier zur potentiellen Harmonisierung von Sanierungs- und Abwicklungsrahmenwerken für Versicherer vom 2.12.2016 (EIOPA-CP-16/009). Ihrem Auftrag gem. Art. 8 Abs. 1 lit. i EIOPA-VO folgend spricht sich die EIOPA darin für die Verpflichtung grds. aller Versicherungsgruppen und ggf. Versicherungsunternehmen zur Erstellung von präventiven Sanierungsplänen aus.

[86] Insbesondere die besonderen Anforderungen nach § 4 VersVergV für bedeutende Unternehmen gehen auf die FSB Prinzipien für korrekte Vergütungspraktiken zurück; vgl. http://www.fsb.org/wp-content/uploads/r_090925c.pdf?page_moved=1 (abgerufen am 21.12.2016).

[87] Das Risikomanagement in quantitativer und qualitativer Hinsicht ist Kernstück von Solvency II, das auf allen Ebenen des Europarechts behandelt wird. Vgl. dazu Einl. Rn. 93, 102 f.

[88] Dies gilt etwa für Frankreich und Rumänien.

[89] So die auch im Versicherungsbereich zutreffende Beschreibung des §§ 12 Abs. 1, 13 Sanierungs- und Abwicklungsgesetz.

[90] Zur Zusammensetzung des Aufsichtskollegiums, vgl. § 283 VAG Rn. 4.

[91] http://www.iaisweb.org/page/supervisory-material/financial-stability-and-macroprudential-policy-and-surveillance//file/34256/final-g-siis-policy-measures-18-july-2013 (abgerufen am 21.12.2016).

Sprache zu verfassen ist. Zu dieser Berichterstattung gehört nach Art. 304 Abs. 1 lit. c, 372 Abs. 1 S. 1 Solva II-VO der ORSA-Bericht.[92]

39 Die Erstellung des gemeinsamen ORSAs bedarf der **Genehmigung der BaFin** als Gruppenaufsichtsbehörde, die zuvor die Mitglieder des Aufsichtskollegiums, und damit nicht nur die Aufsichtsbehörden der im Bericht erfassten Tochterunternehmen, zu konsultieren hat. Für den Antrag gilt EIOPA-LL 19 ORSA. Die Vornahme des gemeinsamen ORSAs ist Voraussetzung für die Anwendung des zentralisierten Risikomanagements nach § 267 Nr. 3 VAG.

40 **V. Verhältnis zu anderen Regelungen. 1. Bankaufsichtsrecht (§ 25a KWG).** § 25a Abs. 1 und 3 KWG enthält organisatorische Pflichten für Gruppen nach KWG, die den Governance-Anforderungen nach VAG ähneln. Allerdings unterscheiden sich die Begrifflichkeiten und der Aufbau des Governance-Systems im Detail; so ist die Compliance-Funktion gem. § 25a Abs. 1 S. 3 KWG Teil des Risikomanagements, und nicht des internen Kontrollsystems wie nach § 29 VAG, das wiederum nach § 25a Abs. 1 S. 3 KWG die interne Revision umfasst. Dem ORSA nach § 27 VAG entspricht die bankinterne Methode zur Ermittlung und Sicherstellung der Risikotragfähigkeit bzw. Verfahren zur Ermittlung und Sicherstellung der Risikotragfähigkeit gem. § 25a Abs. 1 S. 2 Nr. 2 KWG.

41 **2. Finanzkonglomerate-Aufsichtsrecht (§ 23 Abs. 1 FKAG).** § 25 Abs. 1 S. 1 FKAG verpflichtet Finanzkonglomerate zur Einrichtung eines Governance-Systems (Geschäftsorganisation), das sowohl §§ 23, 26, 27, 29 und 30 VAG als auch § 25a Abs. 1 und 3 KWG entspricht. Über § 26 Abs. 1 S. 4 und 5 VAG hinaus kann die BaFin von Finanzkonglomeraten nicht nur die Erstellung von allgemeinen Sanierungsplänen verlangen, sondern auch Beiträge zu Abwicklungsplänen. Damit überträgt § 25 Abs. 1 S. 1 FKAG Konzepte der Bankenaufsicht auf Finanzkonglomerate, die im Detail durch die Richtlinie 2014/59/EU[93] und die VO 806/2014[94] geregelt werden.

Gegenseitiger Informationsaustausch

276 (1) **Die in die Gruppenaufsicht einbezogenen natürlichen und juristischen Personen einschließlich ihrer verbundenen und beteiligten Unternehmen sind befugt, alle Informationen auszutauschen, die für die Anwendung der Vorschriften dieses Teils notwendig sind.**

(2) **Das oberste beteiligte Unternehmen kann von jedem anderen Unternehmen der Gruppe alle Aufklärungen und Nachweise verlangen, welche es zur Erfüllung seiner Pflichten nach diesem Kapitel benötigt.**

(3) **Die Bestimmungen des Bundesdatenschutzgesetzes bleiben unberührt.**

1 **I. Allgemeines. 1. Entstehungsgeschichte.** Die Vorschrift wurde erst durch den RegE 2014 eingefügt. Im RegE 2012 fehlte, wohl aus Versehen, eine entsprechende Bestimmung. Abs. 1 entspricht inhaltlich § 104f VAG a. F.[1] Abs. 2 entspricht **§ 18 Abs. 3 S. 2 FKAG.**

2 **2. Normzweck.** Abs. 1 begründet die **Befugnis zum Informationsaustausch**. Da dies aber nicht ausreicht, damit das oberste Mutterunternehmen seine Pflichten aus der Gruppenaufsicht erfüllen kann, begründet Abs. 2 in Anlehnung an § 294 Abs. 3 S. 2 HGB eine **Pflicht der verbundenen Unternehmen zum Informationsaustausch** und damit einen Vorrang des Aufsichtsrechts vor dem Gesellschaftsrecht. Abs. 3 stellt dabei klar, dass dies aber keinen Vorrang vor Datenschutzrecht begründet.

3 **3. Europarechtlicher Hintergrund.** Die Vorschrift setzt in Abs. 1 **Art. 254 Abs. 1 Solva II-RL** um. Abs. 2 und 3 sind ohne europarechtlichen Hintergrund.

4 **II. Befugnis zum Informationsaustausch (Abs. 1). 1. Normadressaten. a) Juristische Personen (Unternehmen).** Der Wortlaut des Abs. 1 (und des zugrundeliegenden Art. 254 Abs. 1 Solva II-RL) ist insgesamt als missglückt zu bezeichnen. Die Adressaten der Norm sind unsystematisch geregelt, weil kein ausreichender Bezug auf die Begriffe der Gruppenaufsicht erfolgt, und weil der Kreis über den der Gruppenaufsicht hinausgehend bestimmt wird. Zunächst werden die **„in die Gruppenaufsicht einbezogenen juristischen Personen"** adressiert. Unter der Maßgabe, dass juristische Personen als „Unternehmen" zu deuten sind, sind hierunter gem. § 246 Abs. 2 VAG solche Unternehmen zu verstehen, die nicht der Gruppenaufsicht nach § 245 Abs. 2 VAG unterliegen, aber mit einem solchen Unternehmen verbunden oder an ihm beteiligt sind.[2] Nicht ausdrücklich nennt Abs. 1 die der

[92] Zur Sprachregelung, vgl. § 281 VAG Rn. 13.

[93] Richtlinie 2014/59/EU vom 15.5.2014 zur Festlegung eines Rahmens für die Sanierung und Abwicklung von Kreditinstituten und Wertpapierfirmen; umgesetzt durch das Sanierungs- und Abwicklungsgesetz vom 10.12.2014.

[94] Verordnung (EU) Nr. 806/2014 vom 15.7.2014 zur Festlegung einheitlicher Vorschriften und eines einheitlichen Verfahrens für die Abwicklung von Kreditinstituten und bestimmten Wertpapierfirmen im Rahmen eines einheitlichen Abwicklungsmechanismus und eines einheitlichen Abwicklungsfonds.

[1] Siehe dazu Prölss/*Lipowsky*, 12. Aufl., § 104f VAG a. F.

[2] Vgl. § 245 VAG Rn. 32 ff.

Gruppenaufsicht unterliegenden Versicherungsunternehmen nach § 245 Abs. 2 VAG, obwohl auch diese Informationen an die in die Gruppenaufsicht einbezogenen Unternehmen weitergeben können müssen. Dieses Problem wird aber dadurch gelöst, dass die der Gruppenaufsicht unterliegenden Versicherungsunternehmen nach § 245 Abs. 2 VAG im Sinne des Abs. 1 „verbundene und beteiligte Unternehmen" eines in die Gruppenaufsicht einbezogenen Unternehmens sind.

Systematisch besser wäre es allerdings gewesen, die in der Gruppenaufsicht unterliegenden Unternehmen ausdrücklich als solche zu benennen. Zum einen, weil sie im Zentrum der Gruppenaufsicht stehen. Zum anderen, weil dann der ansonsten irreführende Hinweis auf weitere verbundene und beteiligte Unternehmen der in die Gruppenaufsicht einbezogenen Unternehmen obsolet wäre. Diese Unternehmen sind entweder, wie eben ausgeführt, das der Gruppenaufsicht unterliegende Versicherungsunternehmen, oder aber selbst ein in die Gruppenaufsicht einbezogenes Unternehmen, vgl. § 7 Nr. 4 VAG.[3] Die Einbeziehung weiterer Unternehmen erscheint dagegen unsachgemäß. **Beispiel**: das Unternehmen C, an dem ein verbundenes Unternehmen B (Anteil von 20%) des der Gruppenaufsicht nach § 245 Abs. 2 Nr. 1 VAG unterliegenden Versicherungsunternehmens A eine Beteiligung i. H. v. 20% der Anteile hält, wäre selbst nicht in die Gruppenaufsicht einbezogen, da A mangels Kontrolle über B keine Beteiligung an C hält. Es ist aber auch nicht ersichtlich, weshalb C zum Informationsaustausch befugt sein sollte, da es ja gerade nicht in die Gruppenaufsicht einbezogen ist. 5

b) Natürliche Personen. Natürliche Personen sind nach § 274 Abs. 1 S. 1 VAG nur in Bezug auf die **Überwachung gruppeninterner Transaktionen** einbezogen; ansonsten sind nach § 246 Abs. 2 VAG nur Unternehmen in die Gruppenaufsicht einbezogen. Es handelt sich um solche natürlichen Personen, die eine enge Verbindung (§ 7 Nr. 7 VAG) zu einem Unternehmen der Gruppe unterhalten. Nicht gefolgt werden kann dem Wortlaut des Abs. 1 wiederum dahingehend, dass er auch die mit dieser natürlichen Person „verbundenen und beteiligten Unternehmen" erfasst, soweit sie nicht ohnehin der Gruppenaufsicht unterliegen oder in sie einbezogen sind. Mangels Notwendigkeit ist der Anwendungsbereich teleologisch zu reduzieren. 6

2. Inhalt der Befugnis. Die Befugnis zum Informationsaustausch ist nach der Systematik der Abs. 1–3 so zu verstehen, dass dem Informationsaustausch, sofern der Austauschende dazu gewillt ist (eine Pflicht folgt nur aus Abs. 2), keine rechtlichen Verschwiegenheitspflichten mit Ausnahme derer des Bundesdatenschutzgesetzes entgegenstehen. 7

III. Auskunftsverlangen (Abs. 2). 1. Normadressaten. Da Abs. 2 rein nationalen Ursprungs ist und keine Umsetzung der Solva II-RL darstellt, ist zu beachten, dass nicht nur die Vorschrift selbst **nur deutsche Unternehmen und natürliche Personen** erfasst, sondern dass ausländische Unternehmen und natürliche Personen im Zweifel auch nicht von einer gleichlautenden Vorschrift ausländischen Rechts adressiert werden.[4] 8

a) Oberste beteiligtes Unternehmen. Anspruchsberechtigt ist das oberste beteiligte Unternehmen. Dieser Begriff ist zwar eigentlich systematisch richtig, entspricht aber nicht dem vom VAG selbst verwendeten Begriff. Richtigerweise ist hierunter das **oberste Mutterunternehmen auf Ebene der Mitglied- oder Vertragsstaaten oder auf nationaler Ebene gem. §§ 247 f. VAG** zu verstehen. 9

b) Jedes andere Unternehmen der Gruppe. Das Auskunftsverlangen des obersten Mutterunternehmens richtet sich gegen jedes andere Unternehmen der Gruppe. Hierunter sind **alle in die Gruppenaufsicht nach § 246 Abs. 2 VAG einbezogenen (deutschen) Unternehmen** zu verstehen. Über den Wortlaut hinaus sind hierunter auch nur für die Zwecke des § 274 Abs. 1 S. 1 VAG natürliche (deutsche) Personen zu verstehen, die eine enge Verbindung (§ 7 Nr. 7 VAG) zu einem Unternehmen der Gruppe unterhalten. 10

2. Inhalt des Verlangens. Das oberste Mutterunternehmen kann von jedem anderen Unternehmen der Gruppe alle Aufklärungen und Nachweise verlangen, die es zur Erfüllung seiner Pflichten nach diesem Kapitel benötigt. Hierzu gehören **sowohl quantitative als auch qualitative Informationen**. Die zu erfüllenden Pflichten sind die aus §§ 250 (Berechnung der **Gruppensolvabilität**), 273 (**Risikokonzentrationen**), 275 (**Governance-System**), 277 (**Bericht über Solvabilität und Finanzlage der Gruppe**) sowie 278 (**Gruppenstruktur**). Im Hinblick auf die notwendigen Informationen zur Berechnung der Gruppensolvabilität stellt sich die Frage, ob das oberste Mutterunternehmen auch die Übermittlung solcher Informationen verlangen kann, die zur Berechnung mit der Konsolidierungsmethode notwendig sind, z. B. Angaben zu einzelnen Vermögensgegenständen und Verbindlichkeiten. Denn Art. 328 Abs. 1 lit. a Solva II-VO 2015/35 lässt für den Fall unzureichender Informationen auch die Anwendung der Abzugs- und Aggregationsmethode zu.[5] Trotzdem spricht viel dafür, dass Abs. 2 Vorrang hat, und dass das oberste Mutterunternehmen auch die Übermittlung solcher Informationen 11

[3] Vgl. § 245 VAG Rn. 8 ff.
[4] Z. B. sieht § 234 Abs. 1 öVAG keine Anspruchsgrundlage für ein Auskunftsverlangen vor.
[5] Vgl. § 252 VAG Rn. 13.

verlangen kann. Denn die Anwendung der Konsolidierungsmethode ist der günstigere Regelfall. Außerdem geht Art. 328 Abs. 1 lit. a Solva II-VO 2015/35 vom fehlenden Informationsanspruch des obersten Mutterunternehmens aus; dieser fehlt zwar nach Europarecht,[6] aber eben nicht nach VAG.

12 **IV. Bundesdatenschutzgesetz (Abs. 3).** Nach Abs. 3 gilt der Informationsanspruch des obersten Mutterunternehmens vorbehaltlich der Bestimmungen des Bundesdatenschutzgesetzes. Dieses gilt nach seinem § 1 nur für **personenbezogene Daten**, d. h. gem. seinem § 3 Abs. 1 Einzelangaben über persönliche oder sachliche Verhältnisse einer bestimmten oder bestimmbaren natürlichen Person. Solche personenbezogenen Daten dürften in der Regel nur die der Personen sein, die Mitglied eines Organs eines Unternehmens der Gruppe sind oder die eine Schlüsselfunktion wahrnehmen. Diese Daten hat das Unternehmen, soweit es selbst Versicherungsunternehmen ist, aber ohnehin nach Art. 308 Solva II-VO 2015/35 im Rahmen der regelmäßigen aufsichtlichen Berichterstattung über das **Governance-System** der Aufsichtsbehörde zu übermitteln.[7] Hierzu gehören etwa Angaben zu Vergütungsansprüchen der Mitglieder von Aufsichtsrat und Vorstand sowie ein Verzeichnis der Personen mit Schlüsselaufgaben.[8]

13 **V. Verhältnis zu anderen Regelungen. 1. Bankaufsichtsrecht (§ 44a Abs. 1 KWG).** Entsprechend Abs. 1 erlaubt § 44a Abs. 1 KWG den Informationsaustausch zwischen Unternehmen der Gruppe nach KWG. Allerdings fehlt ein Abs. 2 vergleichbarer Anspruch des übergeordneten Unternehmens.

14 **2. Finanzkonglomerate-Aufsichtsrecht (§ 30 Abs. 1 FKAG).** Entsprechend Abs. 1 erlaubt § 30 Abs. 1 FKAG den Informationsaustausch zwischen dem übergeordneten und den nachgeordneten Unternehmen eines Finanzkonglomerats. Allerdings fehlt ein Abs. 2 vergleichbarer Anspruch des übergeordneten Unternehmens; stattdessen verlangt § 27 Abs. 1 FKAG lapidar vom übergeordneten Unternehmen, vor Erwerb einer Beteiligung sicherzustellen, dass es die notwendigen Informationen erhalten wird.

Bericht über Solvabilität und Finanzlage der Gruppe

277 (1) [1]**Das oberste Mutterunternehmen auf Ebene der Mitglied- oder Vertragsstaaten im Sinne des § 247 hat jährlich einen Solvabilitäts- und Finanzbericht auf Gruppenebene zu veröffentlichen.** [2]**§ 29 Absatz 3 und die §§ 40 bis 42 sind entsprechend anzuwenden.**

(2) [1]**Mit Genehmigung der Gruppenaufsichtsbehörde ist dieses Unternehmen berechtigt, für die gesamte Gruppe nur einen einzigen Solvabilitäts- und Finanzbericht zu veröffentlichen, der neben den nach Absatz 1 zu veröffentlichenden Informationen auf Gruppenebene auch die nach den §§ 40 bis 42 für jedes Tochterunternehmen der Gruppe zu veröffentlichenden Informationen, die einzeln identifizierbar sein müssen, enthält.** [2]**In diesem Fall entfallen die Verpflichtungen aus den vorgenannten Vorschriften für die einzelnen Tochterunternehmen.**

(3) **Vor Erteilung der Genehmigung nach Absatz 2 hört die Gruppenaufsichtsbehörde die Aufsichtsbehörden des Aufsichtskollegiums an und trägt deren Auffassungen angemessen Rechnung.**

(4) **Ist die Aufsichtsbehörde für ein Tochterunternehmen der Gruppe zuständig und fehlen in dem nach Maßgabe des Absatzes 2 erstellten Solvabilitäts- und Finanzbericht wesentliche Informationen hinsichtlich dieses Tochterunternehmens, kann sie das Tochterunternehmen zur Offenlegung der erforderlichen Zusatzinformationen verpflichten.**

1 **I. Allgemeines. 1. Entstehungsgeschichte.** Die Norm entspricht der des RegE 2012. Das VAG a. F. enthielt keine vergleichbare Verpflichtung.

2 **2. Normzweck.** Die Norm überträgt in Abs. 1 die Pflicht zur Erstellung eines Berichts über Solvabilität und Finanzlage (englisch: *solvency and financial condition report*, SFCR) nach §§ 40 ff. VAG auf die Gruppenebene (im Folgenden als „**zusätzlicher Gruppenbericht**" bezeichnet). Dieser Bericht ist das Kernstück der Säule 3 von Solvency II, der Transparenzpflicht.[1] Abs. 2–4 erlauben dabei die Erstellung eines **einzigen Berichts für die Gruppe**, der die der einzelnen Versicherungsunternehmen ersetzt. Die Norm gilt für die BaFin als Gruppenaufsichtsbehörde (Abs. 1–3) sowie als Einzel-Aufsichtsbehörde (Abs. 4).

3 **3. Europarechtlicher Hintergrund.** Die Vorschrift setzt Art. 256 Abs. 1–3 Solva II-RL um. Ihr Abs. 1 (**zusätzlicher Gruppenbericht**) wird durch Art. 359–364 Solva II-VO, ihre Abs. 2–4 (**ein-**

[6] S. o. Rn. 1–3.
[7] Gemäß § 4 Abs. 1 BDSG ist damit die Erhebung, Verarbeitung und Nutzung der personenbezogenen Daten grundsätzlich zulässig.
[8] Vgl. Art. 308 Abs. 1 lit. c, Abs. 2 lit. a Solva II-VO 2015/35.
[1] Vgl. EG 38 Solva II-RL 2009/138/EG.

ziger Gruppenbericht) durch Art. 365–371 Solva II-VO ergänzt und geändert. Abs. 1 wird weiterhin durch die DVO 2015/2452[2] detailliert. Die Vorschrift wird darüber hinaus durch die EIOPA-LL 14–16 Berichterstattung ausgelegt.[3]

II. Zusätzlicher Gruppenbericht (Abs. 1). 1. Verpflichtetes Unternehmen. a) Allgemein. Zur Veröffentlichung verpflichtet ist nach Abs. 1 S. 1 das **oberste Mutterunternehmen auf Ebene der Mitglied- oder Vertragsstaaten gem. § 247 VAG.** Dies ist nach richtiger Auslegung das oberste der in § 245 Abs. 2 Nr. 1–3 genannten beteiligten oder verbundenen Versicherungsunternehmen auf Ebene der Mitglied- oder Vertragsstaaten, nicht aber eine Versicherungs-Holdinggesellschaft oder gemischte Finanzholding-Gesellschaft. Dies folgt daraus, dass nach § 245 Abs. 2 VAG nur Versicherungsunternehmen den Vorschriften der Gruppenaufsicht unterliegen.[4] Abweichend davon bestimmt Art. 359 S. 1 Solva II-VO, dass in Gruppen nach § 245 Abs. 2 Nr. 2 und 3 VAG die Holdinggesellschaft den Bericht zu veröffentlichen hat. In allen Fällen ist der Bericht nach § 40 Abs. 1 S. 3 VAG vor Veröffentlichung von der Geschäftsleitung des berichtspflichtigen Unternehmens zu genehmigen. In Bezug auf die Berichterstattung über Solvabilität und Finanzlage der Gruppe gelten die Anforderungen an das interne Kontrollsystem gem. §§ 29 Abs. 3 und 4, 275 Abs. 1 und 2 Nr. 2 VAG. 4

b) Teilgruppenaufsicht. Durch die Bezugnahme auf § 247 VAG regelt Abs. 1, dass im Fall einer Teilgruppenaufsicht nach § 248 VAG **keine Pflicht zur Erstellung eines Berichts auf Ebene der Teilgruppe** besteht. Zwar erklärt § 248 Abs. 1 S. 4 VAG auch § 277 VAG für entsprechend in der Teilgruppenaufsicht anwendbar. Hiervon weicht der Gesetzgeber aber in dieser Spezialnorm erkennbar ab, und zwar abweichend vom Wortlaut des Art. 256 Abs. 1 Solva II-RL, wonach verpflichtetes Unternehmen jedes beteiligte Versicherungsunternehmen ist, nicht nur das oberste Mutterunternehmen. Zwar lassen die Gesetzesbegründungen zum RegE 2012 und 2014 kein entsprechendes Bewusstsein des Gesetzgebers erkennen. Gegen ein Redaktionsversehen spricht aber, dass Art. 216 Abs. 2 Solva II-RL den Mitgliedstaaten ausdrücklich die Bestimmung des Umfangs der Teilgruppenaufsicht überlässt. 5

2. Aufbau und Inhalt des Berichts. Der zusätzliche Gruppenbericht ist wie der Bericht auf Einzelebene ein sehr umfangreicher und detaillierter Bericht über insbesondere Geschäftstätigkeit und Leistung, Governance und Risikoprofil der Gruppe. Ziel dessen ist die Herstellung von Transparenz für den jetzigen und zukünftigen Versicherungsnehmer. Aufbau und Inhalt der Berichte auf Einzel- und Gruppenebene sind nach Art. 359 Solva II-VO grds. identisch, es gelten die Vorgaben der **Art. 290–298 Solva II-VO und § 40 VAG** sowie der von **Anhang XX Solva II-VO** vorgegebene Aufbau. Daneben sind die in Art. 359 Solva II-VO aufgelisteten **gruppenspezifischen Besonderheiten** zu berichten. Hierzu gehören insbesondere Angaben zu allen Tochterunternehmen, gruppeninternen Transaktionen und Ausgliederungen sowie Risikokonzentrationen, zu Fungibilität und Übertragbarkeit von Eigenmitteln.[5] Darüber hinaus ist gem. Art. 359 lit. a i Solva II-VO die Gruppenstruktur zu berichten.[6] Weiterhin sind nach Art. 5 DVO 2015/2452 bestimmte Meldebögen als Bestandteil des Berichts zu veröffentlichen. Schließlich verlangen die EIOPA-LL 14 ff. Berichterstattung zu Geschäftstätigkeit und Kapitalmanagement die Veröffentlichung weiterer Angaben. 6

3. Sprache. Nach Art. 360 Abs. 1 Solva II-VO ist der Bericht **in deutscher Sprache** zu erstellen. Die BaFin kann gem. Art. 360 Abs. 2 Solva II-VO im Fall eines mehrsprachigen Aufsichtskollegiums verlangen, „den Bericht… in einer anderen, von den anderen betroffenen Aufsichtsbehörden gemeinhin verstandenen Sprache zu veröffentlichen". Die Norm regelt nicht ausdrücklich, dass der Bericht in dieser Sprache zwingend den in deutscher Sprache ersetzt. Hierfür spricht aber, dass es sich um eine *andere* Sprache handelt, und nicht wie beim einzigen Gruppenbericht gem. Art. 360 Abs. 2 Solva II-VO, um eine *weitere* Sprache. Nichtsdestotrotz legt die BaFin Art. 360 Abs. 2 Solva II-VO so aus, dass die „Veröffentlichung grds. in Deutsch erfolgen" müsse.[7] Selbst wenn dieser Auslegung nicht gefolgt wird, ist zu beachten, dass die BaFin nach § 23 Abs. 2 S. 1 VwVfG die Übersetzung des Berichts in deutscher Sprache verlangen soll. Dies ist aber, anders als beim Antrag nach § 262 VAG, nicht zwingend, da die Abgabefrist der Art. 373, 312 Solva II-VO nicht im Sinne des § 23 Abs. 3 und 4 VwVfG eine Frist in Lauf setzt, innerhalb derer die Gruppenaufsichtsbehörde tätig werden muss. Dem folgend bleibt es dabei, dass es der BaFin nach hier vertretener Auffassung möglich ist, nur die Übersetzung von Teilen des zusätzlichen Gruppenberichts in die deutsche Sprache zu verlangen. Es widerspräche der Regelung 7

[2] DVO zur Festlegung technischer Durchführungsstandards hinsichtlich der Verfahren, Formate und Meldebögen für den Bericht über Solvabilität und Finanzlage.
[3] EIOPA-LL über die Berichterstattung und die Veröffentlichung, EIOPA-BoS-15/109.
[4] Vgl. § 245 VAG Rn. 32 ff.
[5] Vgl. § 254 VAG Rn. 11 ff.
[6] Vgl. § 278 VAG Rn. 4.
[7] BaFin Hinweise zum Solvency II Berichtswesen für Erst- und Rückversicherungsunternehmen und Versicherungsgruppen (zuletzt aktualisiert am 29.3.2017), Abs. 4.1.5.

des Art. 360 Abs. 2 Solva II-VO, wenn der gesamte Bericht ins Deutsche zu übersetzen wäre, denn dies käme einer Erstellung des Berichts in deutscher Sprache gleich, die eben nicht verlangt wird.[8]

8 **4. Nicht-Offenlegung und Aktualisierung von Informationen.** Gem. Art. 299, 361 Solva II-VO sowie § 41 Abs. 2 VAG kann die BaFin als Gruppenaufsichtsbehörde ein berichtspflichtiges Unternehmen von der Veröffentlichung einzelner Informationen befreien, wenn dies einem Wettbewerber einen wesentlichen ungerechtfertigten Wettbewerbsvorteil verschaffte oder wenn eine Vertraulichkeitspflicht besteht. Gem. Art. 363 Solva II-VO hat das berichtspflichtige Unternehmen einen freiwillig oder aufgrund gesetzlicher Pflicht aktualisierten Bericht zu veröffentlichen. Die Pflicht zur Aktualisierung enthält § 42 VAG; sie besteht etwa im Fall der wesentlichen Nichteinhaltung der Gruppen-Solvabilitätskapitalanforderung.

9 **5. Form und Frist.** Die Mittel der Veröffentlichung werden nicht bestimmt, da Art. 359 ff. Solva II-VO nicht wie sonst auf die Norm der Einzelaufsicht, Art. 301 Solva II-VO, verweisen. Dies ist als Versehen zu werten, und Art. 301 Solva II-RL ist analog anzuwenden. Danach ist der Bericht in elektronischer Form auf einer Website zu veröffentlichen oder aber auf Anfrage zuzusenden. Der Bericht ist nach Art. 362, 300 Solva II-VO sowie § 40 Abs. 1 S. 2 VAG spätestens 20 Wochen nach Ablauf des Geschäftsjahres zu veröffentlichen. Bis ins Jahr 2019 gelten die längeren Übergangsfristen des § 344 Abs. 3 und 4 VAG, die sich für den Gruppenbericht um jeweils **sechs Wochen** verlängern. Die längste Frist gilt für das vor dem 1.1.2017 endende Geschäftsjahr mit 26 Wochen. Maßgeblich ist das Geschäftsjahr des den Bericht veröffentlichenden Unternehmens. Der BaFin ist er gem. § 40 Abs. 1 S. 4 VAG unverzüglich nach Veröffentlichung zu übersenden.

10 **III. Einziger Gruppenbericht (Abs. 2–3). 1. Allgemeines.** Der einzige Gruppenbericht stellt sich gem. Art. 365 Abs. 2–4 Solva II-VO als **getrennte Darstellung** der Informationen zu einzelnen Versicherungsunternehmen und der Gruppe dar, mithin als Zusammenführung von Einzelberichten und zusätzlichem Gruppenbericht in einem Dokument. Für ihn gelten die Anforderungen an den Einzelbericht sowie den zusätzlichen Gruppenbericht entsprechend; insbesondere sind die Vorstände der Tochterunternehmen weiterhin in den Genehmigungsprozess einzubeziehen.[9] Eine Erleichterung besteht insoweit, als dass innerhalb des einen Dokuments **Verweise von der Einzel- auf die Gruppenebene** zulässig sind. Dabei gilt aber § 277 Abs. 2 S. 1 VAG, wonach jedes einzelne Tochterunternehmen identifizierbar sein muss. Hinzu kommt, dass der einzige Bericht auch in Bezug auf die Anzahl der Sprachen keine Verbesserung gegenüber den getrennten Berichten auf Einzel- und Gruppenebene bietet. Vorteilhaft ist aber, dass in Bezug auf die Einzel-Berichte die sechs Wochen längere Frist für den Gruppenbericht nach Art. 368 S. 2 Solva II-VO gilt, allerdings nur bis zum Jahr 2020. Die Erstellung des einzigen Gruppenberichts ist schließlich gem. § 267 Nr. 4 VAG Voraussetzung für die Anwendung des zentralisierten Risikomanagements. Voraussetzung für die Veröffentlichung des einzigen Gruppenberichts ist wiederum nach Abs. 2 die Genehmigung der Gruppenaufsichtsbehörde, die zuvor die anderen Aufsichtsbehörden des Aufsichtskollegiums (und nicht nur die von Tochterunternehmen, deren Bericht durch den einzigen Gruppenbericht ersetzt wird) anzuhören hat.[10]

11 **2. Aufbau und Inhalt des Berichts.** Der einzige Gruppenbericht entspricht gem. Art. 365 Abs. 2–4 Solva II-VO einer getrennten Darstellung der Informationen auf Einzel- und Gruppenebene, die jeweils dem Aufbau nach Anhang XX Solva II-VO folgt. Er entspricht mithin einer **Zusammenführung von Einzelberichten und zusätzlichem Gruppenbericht in einem Dokument**. Einzige Erleichterung gegenüber der getrennten Veröffentlichung ist die Möglichkeit von Verweisen in der Darstellung der Tochterunternehmen auf die Informationen zum Mutterunternehmen.

12 **3. Sprache.** Nach Art. 366 Abs. 1 Solva II-VO ist der Bericht **in deutscher Sprache** zu erstellen. Die BaFin kann gem. Art. 360 Abs. 2 Solva II-VO im Fall eines mehrsprachigen Aufsichtskollegiums verlangen, den Bericht **in einer weiteren, von den anderen betroffenen Aufsichtsbehörden gemeinhin verstandenen Sprache** zu veröffentlichen.[11] Darüber hinaus kann die Aufsichtsbehörde eines jeden Tochterunternehmens die Übersetzung aller das Tochterunternehmen betreffenden Informationen sowie einer Zusammenfassung der Informationen zur Gruppe in ihre Amtssprache nach Art. 366 Abs. 3 Solva II-VO verlangen.

13 **4. Nicht-Offenlegung und Aktualisierung von Informationen.** Gem. Art. 367 Abs. 2 gelten 299, 361 Solva II-VO sowie § 41 Abs. 2 VAG entsprechend. Gem. Art. 369 Solva II-VO hat das berichtspflichtige Unternehmen einen freiwillig oder aufgrund gesetzlicher Pflicht aktualisierten Bericht zu veröffentlichen. Die Pflicht zur Aktualisierung regeln § 42 VAG und Art. 369 Solva II-VO selbst.

---

[8] A. A. BaFin, vgl. Fn. 7.
[9] Art. 9 Abs. 2 DVO 2015/2452.
[10] Außerdem gelten auch insoweit die Anforderungen an das interne Kontrollsystem, s. o. Rn. 4.
[11] Die weitere Sprache hat die Gruppenaufsichtsbehörde nach Konsultation mit den anderen betroffenen Aufsichtsbehörden nach Art, 9 Abs. 1 DVO 2015/2452 zu bestimmen.

14 **5. Form und Frist.** Die Mittel der Veröffentlichung werden nicht bestimmt, da Art. 365 ff. Solva II-VO nicht wie sonst auf die Norm der Einzelaufsicht, Art. 301 Solva II-VO, verweisen. Dies ist als Versehen zu werten, und Art. 301 Solva II-RL ist analog anzuwenden. Danach ist der Bericht in elektronischer Form auf einer Website zu veröffentlichen oder aber auf Anfrage zuzusenden. Die Veröffentlichungsfrist ist nach Art. 368 S. 2, 300 Solva II-VO grundsätzlich **wie für den Einzelbericht**, und nicht den zusätzlichen Gruppenbericht, bemessen. Sie verlängert sich lediglich in den ersten vier Jahren ab dem 1.1.2016 um sechs Wochen, und beträgt in dem Zeitraum 20 statt 14 Wochen.

15 **IV. Maßnahmen bei Mängeln des einzigen Gruppenberichts (Abs. 4).** Abs. 4 ermächtigt die BaFin als Einzel-Aufsichtsbehörde dazu, direkt das von ihr beaufsichtigte Tochter-Versicherungsunternehmen zur Offenlegung solcher Zusatzinformationen zu verpflichten. Voraussetzung dafür ist, dass der gemeinsame Gruppenbericht entgegen Abs. 2 S. 1 nicht genügend Informationen zum fraglichen Versicherungsunternehmen enthält. Eine vorherige Konsultation der Gruppenaufsichtsbehörde bzw. des Aufsichtskollegiums ist nicht ausdrücklich vorgeschrieben. Die Aufforderung der BaFin als Einzel-Aufsichtsbehörde hat auch nicht die Qualität nach § 285 Abs. 1 S. 1 Nr. 3, S. 2 VAG, die generell eine vorherige Konsultation erfordert.

16 **V. Verhältnis zu anderen Regelungen. 1. Bankaufsichtsrecht (§ KWG).** Oberste Unternehmen einer Bankengruppe unterliegen einer vergleichbaren Offenlegungspflicht auf Basis der konsolidierten Lage nach Art. 13 Abs. 1, 431 ff. VO 2013/575. In Bezug auf das Governance-System sind lediglich Angaben zu Vergütungspolitik und Risikomanagement zu machen.

17 **2. Finanzkonglomerate-Aufsichtsrecht (§ 25 Abs. 4 FKAG).** Gem. § 25 Abs. 4 FKAG hat das übergeordnete Unternehmen des Finanzkonglomerats einen Bericht über die rechtliche und organisatorische Struktur des Finanzkonglomerats zu veröffentlichen. Dieser Bericht ist deutlich weniger umfangreich als der nach § 277 Abs. 1 VAG; er enthält insbesondere keine Angaben zur Geschäftstätigkeit und Leistung des Finanzkonglomerats sowie zu gruppeninternen Transaktionen und Ausgliederungen.

Gruppenstruktur

278 Versicherungsunternehmen, Versicherungs-Holdinggesellschaften und gemischte Finanzholding-Gesellschaften veröffentlichen jährlich die rechtliche Struktur und die Governance- und Organisationsstruktur auf Gruppenebene einschließlich einer Beschreibung der zu der Gruppe gehörenden Tochtergesellschaften, wichtigen verbundenen Unternehmen und bedeutenden Zweigniederlassungen.

1 **I. Allgemeines. 1. Entstehungsgeschichte.** Die Vorschrift wurde erst durch den RegE 2014 eingefügt, weil sie zunächst nicht Teil der Solva II-RL war. Das VAG a. F. enthielt keine vergleichbare Norm.

2 **2. Normzweck.** Die Norm begründet eine Veröffentlichungspflicht, die dem besseren Verständnis der Struktur und Arbeitsweise der Versicherungsgruppe durch (potentielle) Versicherungsnehmer dient.

3 **3. Europarechtlicher Hintergrund.** Die Vorschrift setzt **Art. 256a Solva II-RL** um.[1] Sie wird **durch Art. 359 lit. a i Solva II-VO verdrängt**, der gleichlautende Angaben als Teil des Berichts über Solvabilität und Finanzlage der Gruppe verlangt.

4 **II. Einzelfragen.** Die Vorschrift hat rechtstechnisch keine Relevanz, da ihr der höherrangige Art. 359 lit. a i Solva II-VO vorgeht. Dieser verlangt die Veröffentlichung der **Gruppenstruktur als Teil des Berichts über Solvabilität und Finanzlage der Gruppe**. § 278 VAG lässt den Ort der Veröffentlichung offen, aber eine Gruppe wird die Informationen nur einmal, nämlich als Teil des Berichts über Solvabilität und Finanzlage der Gruppe, veröffentlichen.

5 Die Darstellung der rechtlichen Struktur schließt nach der Gesetzesbegründung eine Angabe der bestehenden **Beteiligungsverhältnisse** sowie Angaben zur Wahrnehmung von **Geschäftsleiterfunktionen** unter Angabe des Zeitpunkts des Stands ein.[2] Dies erfordert die Veröffentlichung der Beteiligungsverhältnisse unter Angabe von jeweils beteiligtem Unternehmen, angefangen mit dem obersten Mutterunternehmen (§ 247 VAG), und seinen Beteiligungen (§ 7 Nr. 4 VAG)[3] an seinen verbundenen Unternehmen (§ 7 Nr. 30 VAG),[4] die nicht nur Versicherungsunternehmen umfassen. Aufgrund des Wortlauts („Struktur“) erscheinen Angaben zu mittelbaren Beteiligungen des obersten Mutterunternehmens wie in der Anteilsbesitzliste nach § 313 Abs. 2 Nr. 1 HGB nicht ausreichend; stattdessen sind alle unmittelbaren Beteiligungen anzugeben. Dagegen ist nicht zwingend eine **grafische Darstellung**

[1] Der Art. wurde durch die Richtlinie 2014/51/EU in die Solva II-RL eingefügt.
[2] BT-Drs. 18/2956, 286.
[3] Vgl. § 245 VAG Rn. 10 ff.
[4] Vgl. § 245 VAG Rn. 30 f.

erforderlich, wenn auch zum besseren Verständnis hilfreich. Für große Gruppen ist zu beachten, dass eine grafische Darstellung der gesamten rechtlichen Struktur schlicht unmöglich ist. Hier muss eine Beschränkung auf die wesentlichen Tochterunternehmen zulässig sein. Dies gilt umso mehr für die Angaben zu Geschäftsleiterfunktionen.

6 Die **Governance- und Organisationsstruktur** für die Gruppenebene betrifft das Governance-System und insbesondere das interne Kontrollsystem des obersten Mutterunternehmens in Bezug auf die Belange und Risiken der Gruppe.[5] Hier bietet sich eine Darstellung des Systems der internen Leitlinien sowie der Aufgaben und Berichtswege von Aufsichtsrat nebst Ausschüssen, Vorstand nebst Ausschüssen sowie der Schlüsselfunktionen an.

7 Die Beschreibung der zu der Gruppe gehörenden **Tochtergesellschaften, wichtigen verbundenen Unternehmen und bedeutenden Zweigniederlassungen** sollte deren Unternehmensgegenstand, etwa auf Basis der Kategorisierung von Art. 335 Abs. 1 Solva II-VO,[6] und Sitz umfassen. Die Wichtigkeit verbundener Unternehmen soll sich nach der Gesetzesbegründung nicht allein nach der Höhe der Beteiligung, sondern etwa auch nach ihrer Bedeutung für die Geschäftsstrategie bemessen.[7] Bedeutende Zweigniederlassungen sind Niederlassungen innerhalb oder außerhalb des EWR, die der Definition des Art. 354 Abs. 1 S. 1 Solva II-VO entsprechen. Für große Gruppen gilt wiederum, dass aus Gründen der Praktikabilität und Verständlichkeit eine Beschränkung auf die wesentlichen Tochterunternehmen, sonstigen verbundenen Unternehmen und bedeutenden Niederlassungen zulässig sein muss.

8 **III. Verhältnis zu anderen Regelungen. 1. Bankaufsichtsrecht (§ KWG).** Oberste Unternehmen einer Bankengruppe unterliegen einer vergleichbaren Offenlegungspflicht auf Basis der konsolidierten Lage nach Art. 13 Abs. 1, 431 ff. VO 2013/575. Angaben zur Gruppenstruktur sind nicht vorgeschrieben.

9 **2. Finanzkonglomerate-Aufsichtsrecht (§ 25 Abs. 4 FKAG).** Gemäß § 25 Abs. 4 FKAG hat das übergeordnete Unternehmen des Finanzkonglomerats einen Bericht über die rechtliche und organisatorische Struktur des Finanzkonglomerats zu veröffentlichen. Dieser Bericht enthält auch Informationen zur Gruppenstruktur, die allerdings weniger detailliert sind.

Kapitel 3. Maßnahmen zur Erleichterung der Gruppenaufsicht

Zuständigkeit für die Gruppenaufsicht

279 (1) [1] **Zuständig für die Koordinierung und Wahrnehmung der Gruppenaufsicht ist die Gruppenaufsichtsbehörde.** [2] **Gruppenaufsichtsbehörde ist die Aufsichtsbehörde der betroffenen Mitglied- oder Vertragsstaaten, die die in Absatz 2 genannten Kriterien erfüllt, sofern nicht nach § 280 eine abweichende Bestimmung erfolgt.**

(2) [1] **Fallen alle Versicherungsunternehmen einer Gruppe in den Zuständigkeitsbereich einer Aufsichtsbehörde, so ist diese die Gruppenaufsichtsbehörde.** [2] **In allen anderen Fällen ist Gruppenaufsichtsbehörde,**

1. wenn an der Spitze der Gruppe ein Versicherungsunternehmen steht, die Aufsichtsbehörde, die für dieses Unternehmen zuständig ist,

2. wenn an der Spitze der Gruppe kein Versicherungsunternehmen steht,

a) wenn das Mutterunternehmen eines Versicherungsunternehmens eine Versicherungs-Holdinggesellschaft oder eine gemischte Finanzholding-Gesellschaft ist, die Aufsichtsbehörde, die für dieses Versicherungsunternehmen zuständig ist,

b) wenn mindestens zwei Versicherungsunternehmen mit Sitz in einem Mitglied- oder Vertragsstaat als Mutterunternehmen ein und dieselbe Versicherungs-Holdinggesellschaft oder gemischte Finanzholding-Gesellschaft haben und eines dieser Unternehmen in dem Mitglied- oder Vertragsstaat zugelassen wurde, in dem die Versicherungs-Holdinggesellschaft oder gemischte Finanzholding-Gesellschaft ihren Sitz hat, die Aufsichtsbehörde des in diesem Mitglied- oder Vertragsstaat zugelassenen Versicherungsunternehmens,

c) wenn an der Spitze der Gruppe mindestens zwei Versicherungs-Holdinggesellschaften oder gemischte Finanzholding-Gesellschaften mit Sitz in unterschiedlichen Mitglied- oder Vertragsstaaten stehen und sich in jedem dieser Mitglied- oder Vertragsstaaten ein Versicherungsunternehmen befindet, die für das Versicherungsunternehmen mit der höchsten Bilanzsumme zuständige Aufsichtsbehörde,

---

[5] Vgl. § 275 Rn. 25 ff..

[6] D. h. Versicherungsunternehmen, Versicherungsunternehmen eines Drittstaats, Versicherungs-Holdinggesellschaft, gemischte Finanzholding-Gesellschaft, Zweckgesellschaft, usw. Vgl. § 250 VAG Rn. 25 ff.

[7] BT-Drs. 18/2956, 286.

d) wenn mindestens zwei Versicherungsunternehmen mit Sitz in einem Mitglied- oder Vertragsstaat als Mutterunternehmen ein und dieselbe Versicherungs-Holdinggesellschaft oder gemischte Finanzholding-Gesellschaft haben und keines dieser Unternehmen in dem Mitglied- oder Vertragsstaat zugelassen wurde, in dem die Versicherungs-Holdinggesellschaft ihren Sitz hat, die Aufsichtsbehörde, die für das Versicherungsunternehmen mit der höchsten Bilanzsumme zuständig ist, und

e) wenn die Gruppe kein Mutterunternehmen hat oder ein anderer nicht in den Buchstaben a bis d genannter Fall vorliegt, die Aufsichtsbehörde, die das Versicherungsunternehmen mit der höchsten Bilanzsumme zugelassen hat.

I. Allgemeines. 1. Entstehungsgeschichte. Die Norm war in gleicher Form im RegE 2012 enthalten. Sie hat keine Entsprechung im VAG a. F. Nach damaliger Rechtslage war die BaFin stets nationale Gruppenaufsichtsbehörde der Teilgruppenaufsicht, die im Regelfall stattfand.[1] Als Ausnahmefall konnte die BaFin gem. § 104b VAG a. F. vereinbaren, dass die Gruppenaufsicht von der Aufsichtsbehörde eines anderen Staates durchgeführt wird. 1

2. Normzweck. Die Norm regelt für die verschiedenen Anwendungsbereiche der Gruppenaufsicht nach § 245 Abs. 2 VAG die Zuständigkeit einer Aufsichtsbehörde eines Mitglied- oder Vertragsstaats für die Gruppenaufsicht. 2

3. Europarechtlicher Hintergrund. Die Vorschrift setzt **Art. 247 Abs. 1 und 2 Solva II-RL** um. Mit der Schaffung einer zentralen Gruppenaufsichtsbehörde mit weitreichenden Befugnissen in der Gruppenaufsicht kam der europäische Gesetzgeber nicht zuletzt Forderungen internationaler Versicherungsgruppen nach.[2] 3

II. Aufgaben der Gruppenaufsichtsbehörde (Abs. 1 S. 1). Gemäß Abs. 1 S. 1 ist die Gruppenaufsichtsbehörde für die Koordinierung und Wahrnehmung der Gruppenaufsicht zuständig. Dies dient der Umschreibung der Gruppenaufsichtsbehörde, deren Bestimmung die Norm im Folgenden regelt. Die **konstitutive Regelung der Aufgaben und Befugnisse der Gruppenaufsichtsbehörde erfolgt durch § 281 VAG** bzw. durch die jeweiligen materiellen Normen der Gruppenaufsicht. 4

III. Bestimmung der Gruppenaufsichtsbehörde (Abs. 1 S. 2, Abs. 2). 1. Grundsatz (Abs. 1 S. 2). Gruppenaufsichtsbehörde ist die Aufsichtsbehörde eines Mitglied- oder Vertragsstaates, die die in Absatz 2 genannten Kriterien erfüllt, die sich nach der Struktur der Versicherungsgruppe (§ 245 Abs. 2 VAG) richten. Dies wird im Folgenden in Bezug auf die **BaFin als Gruppenaufsichtsbehörde** erläutert. Dem vor geht allerdings eine abweichende Bestimmung der Gruppenaufsichtsbehörde durch die betroffenen Aufsichtsbehörden nach § 280 VAG. 5

Die Norm ist im Kontext des § 247 VAG zu sehen. Da die Gruppenaufsicht danach vorbehaltlich der Teilgruppenaufsicht nach § 248 VAG nur auf **Ebene des obersten Mutterunternehmens** stattfindet, ist bei Anwendung der Kriterien des Abs. 2 S. 2 auf das oberste Mutterunternehmen abzustellen, das Versicherungsunternehmen, Versicherungs-Holdinggesellschaft oder gemischte Finanzholding-Gesellschaft ist. 6

2. Kriterien des Abs. 2. a) Rein deutsche Versicherungsgruppe (S. 1). Die BaFin ist Gruppenaufsichtsbehörde im Fall einer rein deutschen Versicherungsgruppe, in der **alle angehörigen Versicherungsunternehmen solche mit Sitz in Deutschland** sind. Falls die Versicherungsgruppe eine solche nach § 245 Abs. 2 Nr. 2 und 3 VAG ist, deren oberstes Mutterunternehmen eine **Versicherungs-Holdinggesellschaft oder gemischte Finanzholding-Gesellschaft** ist, ist es unerheblich, ob diese Holdinggesellschaft ebenfalls ihren Sitz in Deutschland hat. Dies ist dadurch begründet, dass der Gruppenaufsicht durch die Gruppenaufsichtsbehörde eben nicht die Holdinggesellschaft, sondern das bzw. die Tochter-Versicherungsunternehmen unterliegen.[3] 7

b) Versicherungsgruppe nach § 245 Abs. 2 Nr. 1 VAG (S. 2 Nr. 1). Falls die Versicherungsgruppe der Gruppenaufsicht nach § 245 Abs. 2 Nr. 1 VAG unterliegt, weil ein Versicherungsunternehmen beteiligtes Unternehmen eines anderen Versicherungsunternehmens ist, ist die BaFin Gruppenaufsichtsbehörde, wenn das beteiligte Versicherungsunternehmen seinen Sitz in Deutschland hat und damit von der BaFin beaufsichtigt wird. 8

c) Versicherungsgruppe nach § 245 Abs. 2 Nr. 2 und 3 VAG (S. 2 Nr. 2). S. 2 Nr. 2 bestimmt die Zuständigkeit für Versicherungsgruppen nach § 245 Abs. 2 Nr. 2 und 3 VAG, deren oberstes Mutterunternehmen (§ 247 VAG) eine Versicherungs-Holdinggesellschaft oder gemischte Finanzholding-Gesellschaft ist. Falls der Versicherungsgruppe lediglich **ein Versicherungsunternehmen** angehört, ist deren Aufsichtsbehörde nach S. 2 Nr. 2 **lit. a** Gruppenaufsichtsbehörde. Falls ihr **mehrere** 9

[1] Vgl. § 248 VAG Rn. 1.
[2] Zur Entwicklungsgeschichte vgl. *Kraft* in: Gründl/Kraft S. 170.
[3] Vgl. § 245 VAG Rn. 32 ff.

Versicherungsunternehmen angehören, ist Gruppenaufsichtsbehörde nach S. 2 Nr. 2 **lit. b** die Aufsichtsbehörde eines der Tochter-Versicherungsunternehmen, das seinen Sitz im selben Land wie die Holdinggesellschaft hat. Falls die Holdinggesellschaft ihren Sitz in einem anderen Land hat, ist die Aufsichtsbehörde nach S. 2 Nr. 2 **lit. d** Gruppenaufsichtsbehörde, die für das Versicherungsunternehmen mit der **höchsten Bilanzsumme** zuständig ist. Dieses nicht-risikobasierte Kriterium führt regelmäßig dazu, dass die Aufsichtsbehörde über ein Lebensversicherungsunternehmen Gruppenaufsichtsbehörde ist.

10 Nach S. 2 Nr. 2 **lit. c** ist ebenfalls die Aufsichtsbehörde Gruppenaufsichtsbehörde, die für das Versicherungsunternehmen mit der höchsten Bilanzsumme zuständig ist, wenn an der Spitze der Gruppe **mehrere Versicherungs-Holdinggesellschaften oder gemischte Finanzholding-Gesellschaften** mit Sitz in unterschiedlichen Mitglied- oder Vertragsstaaten stehen, und sich in jedem der Sitzländer dieser Holdinggesellschaften auch ein Versicherungsunternehmen befindet. Der Fall dürfte in der Praxis kaum vorkommen, auch wenn er theoretisch möglich ist.

11 Schließlich ist nach S. 2 Nr. 2 **lit. e** ebenfalls die Aufsichtsbehörde Gruppenaufsichtsbehörde, die für das Versicherungsunternehmen mit der höchsten Bilanzsumme zuständig ist, wenn ein nicht in lit. a–d genannter Fall vorliegt. Dies gilt vor allem für **horizontale Versicherungsgruppen** nach § 7 Nr. 13 lit. a Fall 2 VAG.[4] Darüber hinaus geht der Wortlaut des S. 2 Nr. 2 lit. e fehl; der Fall, dass die Gruppe kein Mutterunternehmen hat, ist nach S. 1 sowie S. 2 Nr. 1 sehr wohl geregelt. Denn ausreichend zur Begründung einer Versicherungsgruppe nach § 245 Abs. 2 Nr. 1 VAG ist die Beteiligung eines Versicherungsunternehmens an einem anderen, ohne dass es Mutterunternehmen zu sein braucht.

12 **IV. Verhältnis zu anderen Regelungen. 1. Abweichende Bestimmung der Gruppenaufsichtsbehörde (§ 280 VAG).** Gem. Abs. 1 S. 2 geht eine abweichende Bestimmung der Gruppenaufsichtsbehörde nach § 280 VAG den Regelungen des Abs. 2 vor.

13 **2. Bankaufsichtsrecht (KWG).** Das KWG regelt die Zuständigkeit der für die Aufsicht auf konsolidierter Basis zuständigen Aufsichtsbehörde schon nicht mehr selbst, sondern setzt die Regelungen in §§ 8a, 10a KWG voraus. Die Regelungen finden sich stattdessen in Art. 111 RL 2013/36/EU. Weiterhin ist zu beachten, dass seit Einführung des Einheitlichen Aufsichtsmechanismus etliche Zuständigkeiten gem. der VO 1024/2013 auf die EZB übergingen.[5]

14 **3. Finanzkonglomerate-Aufsichtsrecht (§ 4 Abs. 2 FKAG).** Nach § 4 Abs. 2 FKAG erfolgt die Bestimmung des Koordinators der Finanzkonglomerateaufsicht nach **Art. 10 Abs. 2 der Richtlinie 2002/87/EG**, der einer vergleichbaren Logik folgt.

Bestimmung der Gruppenaufsichtsbehörde

280 (1) [1] **Wäre die Anwendung der in § 279 Absatz 2 genannten Kriterien auf Grund der Struktur der Gruppe und der relativen Bedeutung der Geschäfte des Versicherungsunternehmens in den verschiedenen Mitglied- oder Vertragsstaaten unangemessen, können die betroffenen Aufsichtsbehörden in besonderen Fällen gemeinsam eine andere Aufsichtsbehörde zur Gruppenaufsichtsbehörde bestimmen.** [2] **Die Gruppenaufsichtsbehörde soll nicht häufiger als einmal jährlich bestimmt werden.**

(2) [1] **Die Bestimmung nach Absatz 1 erfolgt auf Antrag einer der betroffenen Aufsichtsbehörden nach Anhörung der betroffenen Gruppe im Einvernehmen aller betroffenen Aufsichtsbehörden innerhalb von drei Monaten nach Antragstellung.** [2] **Die betroffenen Aufsichtsbehörden unternehmen im Rahmen ihrer Befugnisse alles, um innerhalb von drei Monaten nach Antragstellung zu einer gemeinsamen Entscheidung über die Gruppenaufsichtsbehörde zu gelangen.** [3] **Vor ihrer Entscheidung geben die betroffenen Aufsichtsbehörden der Gruppe Gelegenheit zur Stellungnahme.** [4] **Die designierte Gruppenaufsichtsbehörde erteilt der Gruppe einen Bescheid über die gemeinsame Entscheidung.**

(3) [1] **Hat vor Ablauf der in Absatz 2 genannten Dreimonatsfrist eine der betroffenen Aufsichtsbehörden gemäß Artikel 19 der Verordnung (EU) Nr. 1094/2010 die Europäische Aufsichtsbehörde für das Versicherungswesen und die betriebliche Altersversorgung mit der Angelegenheit befasst, ruht das Verfahren, bis die Europäische Aufsichtsbehörde für das Versicherungswesen und die betriebliche Altersversorgung gemäß Artikel 19 Absatz 3 der Verordnung entscheidet.** [2] **Die betroffenen Aufsichtsbehörden treffen ihre Entscheidung gemeinsam im Einklang mit der Entscheidung der Europäischen Aufsichtsbehörde für das Versicherungswesen und die betriebliche Altersversorgung.** [3] **Die gemeinsame Entscheidung wird von den betroffenen Aufsichtsbehörden als verbindlich anerkannt und umgesetzt.** [4] **Die designier-**

[4] Vgl. § 245 VAG Rn. 22.
[5] Vgl. Boos/Fischer/Schulte-Mattler/*Groß* § 8a KWG Rn. 3.

te Gruppenaufsichtsbehörde erteilt der Gruppe einen Bescheid über die gemeinsame Entscheidung und informiert das Aufsichtskollegium.

(4) **Nach Ablauf der Dreimonatsfrist oder nach Einigung auf eine gemeinsame Entscheidung wird die Europäische Aufsichtsbehörde für das Versicherungswesen und die betriebliche Altersversorgung nicht befasst.**

(5) **Wird keine gemeinsame Entscheidung nach Absatz 2 oder 3 erzielt, wird die Aufgabe der Gruppenaufsichtsbehörde von der gemäß § 279 Absatz 2 ermittelten Aufsichtsbehörde wahrgenommen.**

I. Allgemeines. 1. Entstehungsgeschichte. Gegenüber dem RegE 2012 wurde die Norm um das Verfahren der **Streitschlichtung durch EIOPA** (Abs. 3–5) ergänzt. Weiterhin wurde in Abs. 1 S. 1 klargestellt, dass die von § 279 Abs. 2 abweichende Bestimmung der Gruppenaufsichtsbehörde der Ausnahmefall ist. Das VAG a. F. enthielt keine vergleichbare Norm. 1

2. Normzweck. Die Norm regelt die **von den Kriterien des § 279 Abs. 2 VAG abweichende Bestimmung der Gruppenaufsichtsbehörde**, falls diese zu einem unangemessenen Ergebnis führen. 2

3. Europarechtlicher Hintergrund. Die Vorschrift setzt **Art. 247 Abs. 3–8 Solva II-RL** um. Dort wurde das Verfahren der Streitschlichtung durch EIOPA mit der Omnibus II RL[1] sowie die Klarstellung des Ausnahmecharakters eingefügt. 3

II. Unangemessenheit der Kriterien nach § 279 Abs. 2 VAG (Abs. 1 S. 1). Voraussetzung für die von den Kriterien des § 289 Abs. 2 VAG abweichende Bestimmung der Gruppenaufsichtsbehörde ist deren Unangemessenheit im Einzelfall. Diese kann sich aus der Struktur der Gruppe und der relativen Bedeutung der Geschäfte der Versicherungsunternehmen in den Staaten ergeben. Abweichend von § 279 Abs. 2 VAG kann damit die Aufsichtsbehörde als Gruppenaufsichtsbehörde bestimmt werden, in deren Staat der **Schwerpunkt der Geschäftstätigkeit der Versicherungsunternehmen** der Gruppe liegt. Hierbei sollte auf den **relativen Anteil der Versicherungsunternehmen eines Staates an den Prämien oder der Solvabilitätskapitalanforderung** der Gruppe abgestellt werden. Die Bilanzsumme ist bereits ein Kriterium nach § 279 Abs. 2 VAG. 4

Beispiel: die Versicherungsgruppe besteht aus der Versicherungs-Holdinggesellschaft im Staat A, ihrem Tochter-Versicherungsunternehmen im Staat A sowie weiteren Versicherungsunternehmen im Staat B. Der Anteil der Versicherungsunternehmen im Staat B an den Prämien der Gruppe beträgt 90 %. Nach § 279 Abs. 2 Nr. 2 lit. a ist die Aufsichtsbehörde des Staates A Gruppenaufsichtsbehörde, obwohl das in ihm befindliche Versicherungsunternehmen eine untergeordnete Bedeutung für die Gruppe hat. Trotzdem ist zu beachten, dass die die Gruppe steuernde Versicherungs-Holdinggesellschaft ihren Sitz im Staat A hat. Falls dieser Staat eine Einzelaufsicht über die Holdinggesellschaft gem. oder entsprechend § 293 VAG ausübt, könnte dies wiederum für die Bestimmung der Aufsichtsbehörde im Staat A als Gruppenaufsichtsbehörde sprechen. 5

III. Verfahren (Abs. 1 S. 2, Abs. 2–5). 1. Antragstellung (Abs. 2 S. 1). Das Verfahren wird durch den Antrag einer betroffenen Aufsichtsbehörde eröffnet. Dies sind die Aufsichtsbehörden der Versicherungsunternehmen der Gruppe. Der Antrag *soll* nach Abs. 1 S. 2 nicht so häufig gestellt werden, dass eine Bestimmung der Gruppenaufsichtsbehörde mehr als einmal im Jahr stattfindet; allerdings ist dies nicht zwingend. 6

2. Konsensuale Entscheidungsfindung (Abs. 2 S. 2–4). Nach Antragstellung sollen die betroffenen Aufsichtsbehörden die Gruppenaufsichtsbehörde innerhalb von drei Kalendermonaten und unter **Anhörung der Gruppe** zu einer gemeinsamen Entscheidung kommen. Falls dies gelingt, erteilt die designierte Gruppenaufsichtsbehörde der Gruppe den Bescheid und unterrichtet das Aufsichtskollegium. Falls die Behörden keine Einigung erzielen, erfolgt entweder die Streitschlichtung durch EIOPA, oder es bleibt gem. Abs. 5 bei der Zuständigkeit der Gruppenaufsichtsbehörde nach **§ 279 Abs. 2 VAG**. 7

3. Streitschlichtung durch EIOPA (Abs. 3, 4). Die Streitschlichtung durch EIOPA greift, wenn eine betroffene Aufsichtsbehörde innerhalb der Dreimonatsfrist EIOPA hiermit nach **Art. 19 Abs. 3 EIOPA-VO** befasst. Falls EIOPA entscheidet, ist dies für alle betroffenen Aufsichtsbehörden (und die Gruppe) verbindlich. Anderenfalls bleibt es gem. Abs. 5 bei der Zuständigkeit der Gruppenaufsichtsbehörde nach **§ 279 Abs. 2 VAG**. 8

IV. Verhältnis zu anderen Regelungen. 1. Generelle Zuständigkeit für die Gruppenaufsicht (§ 279 VAG). § 280 VAG eröffnet die Möglichkeit einer vom Regelfall des § 279 VAG abweichenden Bestimmung der Gruppenaufsichtsbehörde. 9

[1] Richtlinie 2014/51/EU.

10 **2. Bankaufsichtsrecht (KWG).** Das KWG regelt die Zuständigkeit der für die Aufsicht auf konsolidierter Basis zuständigen Aufsichtsbehörde schon nicht mehr selbst, sondern setzt die Regelungen in §§ 8a, 10a KWG voraus. Die Regelungen finden sich stattdessen in Art. 111 RL 2013/36/EU. Weiterhin ist zu beachten, dass seit Einführung des Einheitlichen Aufsichtsmechanismus etliche Zuständigkeiten gem. der VO 1024/2013 auf die EZB übergingen.

11 **3. Finanzkonglomerate-Aufsichtsrecht (§ 4 Abs. 2 FKAG).** Nach § 4 Abs. 2 FKAG erfolgt die Bestimmung des Koordinators der Finanzkonglomerate gem. Art. 10 der Richtlinie 2002/87/EG. Nach deren Abs. 3 ist ebenfalls eine vom Regelfall abweichende Bestimmung des Koordinators möglich.

Aufgaben und Befugnisse der Gruppenaufsichtsbehörde

281 (1) **Die Aufgaben und Befugnisse der Gruppenaufsichtsbehörde umfassen**

1. **die Überprüfung und Beurteilung der Finanzlage der Gruppe,**
2. **die Beurteilung der Einhaltung der Vorschriften über die Gruppensolvabilität, über Risikokonzentrationen und über gruppeninterne Transaktionen,**
3. **die aufsichtsbehördliche Überprüfung des in § 275 genannten Risikomanagement- und des internen Kontrollsystems sowie des Berichtswesens,**
4. **die Beurteilung der Geschäftsorganisation und der Qualifikation der Geschäftsleiter von beteiligten Unternehmen nach den §§ 275, 24 und 293,**
5. **die aufsichtsbehördliche Überprüfung der auf Gruppenebene durchgeführten unternehmenseigenen Risiko- und Solvabilitätsbeurteilung nach § 27,**
6. **die Koordinierung des Informationsaustausches zwischen den betroffenen Aufsichtsbehörden im Rahmen der laufenden Aufsicht und in Krisensituationen in Bezug auf sachdienliche, notwendige und für die Erfüllung von Aufsichtspflichten wichtige Informationen,**
7. **die Planung und Koordinierung der Aufsichtstätigkeiten bei der laufenden Beaufsichtigung sowie in Krisensituationen in Zusammenarbeit mit den betroffenen Aufsichtsbehörden, die in Form mindestens einmal jährlich abzuhaltender Sitzungen oder auf einem anderen angemessenen Weg erfolgt,**
8. **die Federführung bei der Validierung interner Modelle oder Partialmodelle auf Gruppenebene,**
9. **die Federführung bei der Entscheidung über den Antrag auf Anwendung der Bestimmungen zum zentralisierten Risikomanagement und**
10. **den Vorsitz im Aufsichtskollegium.**

(2) [1]**Für Informationen, die die Gruppenaufsichtsbehörde zur Erfüllung ihrer Aufgaben benötigt, gelten die §§ 43, 44 und 305 entsprechend.** [2]**Benötigt die Gruppenaufsichtsbehörde die in § 305 Absatz 1 Nummer 1 genannten Informationen und wurden diese bereits einer anderen Aufsichtsbehörde erteilt, wendet die Gruppenaufsichtsbehörde sich, soweit dies möglich ist, an die andere Aufsichtsbehörde, um eine mehrfache Übermittlung zu vermeiden.**

(3) **Nimmt die Gruppenaufsichtsbehörde die in Absatz 1 genannten Aufgaben nicht wahr oder arbeiten die Mitglieder des Aufsichtskollegiums nicht in dem gemäß Absatz 1 erforderlichen Umfang zusammen, kann die Aufsichtsbehörde gemäß Artikel 19 der Verordnung (EU) Nr. 1094/2010 die Europäische Aufsichtsbehörde für das Versicherungswesen und die betriebliche Altersversorgung mit der Angelegenheit befassen und um Unterstützung bitten.**

1 **I. Allgemeines. 1. Entstehungsgeschichte.** Abs. 2 S. 1 sowie Abs. 3 wurden erst durch den RegE 2014 eingefügt. Das VAG a. F. enthielt keine vergleichbare Norm.

2 **2. Normzweck.** Die Norm enthält in Abs. 1 eine **nicht abschließende und teilweise deklaratorische Aufzählung der Aufgaben** der BaFin als Gruppenaufsichtsbehörde.[1] Abs. 2 und 3 regeln die Befugnisse der BaFin. Abs. 2 erklärt die **Informations- und Auskunftspflichten** der Versicherungsunternehmen auf Einzelebene auch auf Gruppenebene für entsprechend anwendbar, verpflichtet die Gruppenaufsichtsbehörde aber, bereits vorhandene Informationen bei einer anderen Aufsichtsbehörde anzufragen. Abs. 3 befugt die BaFin als Einzel- und Gruppen-Aufsichtsbehörde, die **Streitschlichtung durch EIOPA** zu beantragen.

3 **3. Europarechtlicher Hintergrund.** Die Vorschrift setzt Regelungen verschiedener Normen der Solva II-RL um. In Abs. 1 setzt sie Art. 248 Abs. 1, in Abs. 3 Art. 248 Abs. 2 UAbs. 3, in Abs. 2 S. 1 Art. 254 Abs. 2 UAbs. 1 und in Abs. 2 S. 2 schließlich Art. 251 UAbs. 2 Solvency II-RL um. Im

[1] RegE 2014, BT-Drs. 18/2956, 287.

Hinblick auf die reguläre aufsichtliche Berichterstattung wird Abs. 2 S. 1 durch Art. 372–375 und 304–311 Solva II-VO ergänzt und geändert, die DVO 2015/2450 ergänzt sowie durch die EIOPA-LL 26–29 Berichterstattung[2] ausgelegt.

II. Aufgaben der Gruppenaufsichtsbehörde (Abs. 1). Abs. 1 zählt nicht abschließend die Befugnisse der BaFin als Gruppenaufsichtsbehörde auf. Konstitutiver Natur ist die Norm, soweit die Gruppenaufsichtsbehörde mit der **Beurteilung und Überprüfung** von Sachverhalten betraut ist (Nr. 1–5). Denn in den entsprechenden materiell-rechtlichen Normen erfolgt keine Zuständigkeitszuweisung. Die in Nr. 8 f. geregelte Zuständigkeit zur **Federführung** folgt bereits aus den materiell-rechtlichen Normen der §§ 262 Abs. 4, 268 Abs. 4 VAG. Weiterhin folgt die Zuständigkeit zur **Koordinierung** (Nr. 6 f., 10) bereits aus der Rolle der Gruppenaufsichtsbehörde als Vorsitzende des Aufsichtskollegiums (§ 283 VAG). Zusammengefasst hat die Gruppenaufsichtsbehörde die Aufgaben und Befugnisse einer Einzel-Aufsichtsbehörde in Bezug auf die Gruppe als Ganzes, und ist zentrale Koordinatorin der Aufsichtsbehörden des Kollegiums mit Informations- und Konsultationspflichten.[3] Allerdings ist zu beachten, dass das aufsichtliche Überprüfungsverfahren nach § 294 Abs. 5 VAG nicht entsprechend gilt.[4] Im Ergebnis bedeutet dies keinen großen Unterschied; die Überprüfung der Finanzlage sowie des Governance-Systems der Gruppe hat ohnehin nach § 281 Abs. 1 Nr. 1–5 VAG zu erfolgen. Allerdings fehlt es so an der Befugnis der Gruppenaufsichtsbehörde, neben der Einhaltung der Anforderungen selbst auch die entsprechenden „Strategien, Prozesse und Meldeverfahren" zu beurteilen. 4

In Bezug auf die Zuständigkeit der Gruppenaufsichtsbehörde nach Nr. 4 zur **Beurteilung der Qualifikation der Geschäftsleiter** von beteiligten Unternehmen gilt zum einen, dass die Anforderungen nach §§ 24, 275 Abs. 1 S. 1 VAG neben der fachlichen Eignung auch die Zuverlässigkeit, und neben Geschäftsleitern auch die Inhaber von Schlüsselfunktionen betreffen. Zum anderen ist zu beachten, dass nach Nr. 4 die Gruppenaufsichtsbehörde zur Beurteilung der genannten Personen des beteiligten Unternehmens zuständig ist, obwohl sie sich nicht zwingend im selben Mitglied- oder Vertragsstaat wie das beteiligte Unternehmen befindet. In den Fällen der §§ 279 Abs. 2 Nr. 2 lit. c und d sowie 280 Abs. 1 VAG ist die Gruppenaufsichtsbehörde aus einem anderen Staat, bzw. kann es sein. Dies ist insoweit unproblematisch, als dass die Gruppenaufsichtsbehörde nach Nr. 4 nur für die Beurteilung zuständig ist. Zwar würden ihr die **Eingriffsbefugnisse** (z. B. nach § 305 VAG) **gegenüber dem ausländischen beteiligten Unternehmen fehlen**. Allerdings verpflichtet Art. 255 Abs. 2 UAbs. 2 Solva II-RL (entspricht § 327 Abs. 2 und 3 VAG) die Aufsichtsbehörden zur Amtshilfe in Bezug auf Überprüfungen von Informationen.[5] 5

III. Befugnisse der Gruppenaufsichtsbehörde gegenüber der Gruppe (Abs. 2). 1. Auskunftsansprüche (Abs. 2 S. 1). Die Gruppenaufsichtsbehörde hat die in §§ 43, 44, 305 VAG genannten Auskunftsansprüche; hierzu gehört insbesondere die **regelmäßige aufsichtliche Berichterstattung** gem. § 43 VAG und Art. 372 ff., 304 ff. Solva II-VO.[6] § 44 VAG stellt dabei klar, dass die Informationen, deren Übermittlung die Gruppenaufsichtsbehörde verlangen kann, auch solche sind, die noch gar nicht im Unternehmen vorhanden sind (Durchführung von Berechnungen einschließlich Prognoserechnungen). Durch die nur entsprechende Geltung von §§ 43 f. VAG bleibt zunächst offen, wer **verpflichtetes Unternehmen** ist. Aus § 305 Abs. 1 Nr. 2 VAG, der unmittelbar und nicht nur entsprechend gilt, folgt, dass dies nicht nur die der Gruppenaufsicht nach § 245 Abs. 2 VAG unterliegenden Versicherungsunternehmen, sondern alle in sie **einbezogenen Versicherungsunternehmen** sind. Aus der Systematik der Gruppenaufsicht nach § 245 Abs. 2 VAG folgt aber, dass Auskunftsersuchen primär an das der Gruppenaufsicht unterliegende Versicherungsunternehmen zu richten sind. § 293 Abs. 1 VAG erweitert den Kreis der verpflichteten Unternehmen um **Versicherungs-Holdinggesellschaften und gemischte Finanzholding-Gesellschaften**. Schließlich erfasst § 305 Abs. 1 Nr. 2 VAG auch die Mitglieder der Organe, Beschäftigte sowie kontrollierende Personen der in die Gruppenaufsicht einbezogenen Versicherungsunternehmen und Holdinggesellschaften. 6

2. Subsidiarität des Auskunftsverlangens (Abs. 2 S. 2). Informationen nach § 305 Abs. 1 Nr. 1 VAG, die primär in der Einzelaufsicht relevant sind, wie z. B. allgemeine Versicherungsbedingungen, hat die Gruppenaufsichtsbehörde zunächst bei der zuständigen Einzel-Aufsichtsbehörde zu erfragen. Dies dient nicht nur der Vermeidung von mehrfachen Anfragen oder Übermittlungen im Interesse der Versicherungsunternehmen, sondern auch der Bewahrung der ausschließlichen Zuständigkeit der Einzel-Aufsichtsbehörde für das Versicherungsunternehmen. 7

[2] EIOPA-LL über die Berichterstattung und die Veröffentlichung, EIOPA-BoS-15/109.
[3] Vgl. auch FKBP/*Bürkle* Solvabilität II Rn. 130 ff.
[4] Vgl. § 250 VAG Rn. 14.
[5] Nichtsdestotrotz würde der Gruppenaufsichtsbehörde, die sich in einem anderen Staat als das beteiligte Unternehmen befindet, die Befugnis zur Abberufung der Personen nach § 303 VAG fehlen, auch in Bezug auf ein beteiligtes Versicherungsunternehmen. Da die Solva II-RL insoweit keine Amtshilfe vorsieht, läuft die Eingriffsbefugnis der Gruppenaufsicht ins Leere.
[6] S. u. Rn. 9 ff.

8 **IV. Befugnisse der BaFin gegenüber anderen Aufsichtsbehörden (Abs. 3).** Die BaFin kann EIOPA mit der Streitschlichtung nach Art. 19 EIOPA-V befassen. Dies gilt zum einen, wenn sie Einzel-Aufsichtsbehörde ist, und die Gruppenaufsichtsbehörde nicht ihre Befugnisse wahrnimmt. Dies gilt zum anderen, wenn sie Gruppenaufsichtsbehörde ist, und die übrigen Aufsichtsbehörden des Aufsichtskollegiums nicht im erforderlichen Umfang mit der BaFin zusammenarbeiten. Da Abs. 1 die Befugnisse und Pflichten der Gruppenaufsichtsbehörde nicht abschließend aufzählt, gilt Abs. 3 auch für die Nicht-Wahrnehmung von außerhalb des Abs. 1 geregelten Pflichten der Aufsichtsbehörden.

9 **V. Regelmäßige aufsichtliche Berichterstattung (Abs. 2 S. 1). 1. Allgemeines.** Die regelmäßige aufsichtliche Berichterstattung auf Gruppenebene entspricht grds. der auf Einzelebene (§§ 43 ff. VAG, Art. 304–311 Solva II-VO) und umfasst weitere gruppenspezifische Besonderheiten. Sie besteht gem. Art. 304 Abs. 1, 372 Solva II-VO aus den folgenden Elementen: dem Bericht über Solvabilität und Finanzlage der Gruppe (*solvency and financial condition report* – SFCR) gem. § 277 VAG, dem regelmäßigen aufsichtlichen Bericht einschließlich der Berichterstattung zu Risikokonzentrationen und grupperninternen Transaktionen (*regular supervisory reporting* – RSR),[7] dem ORSA-Bericht (§ 285 Abs. 3 VAG) sowie den jährlichen und vierteljährlichen quantitativen Vorlagen (*quantitative reporting templates* – QRT).[8] Auch in Bezug auf die regelmäßige aufsichtliche Berichterstattung auf Gruppenebene gelten die Anforderungen an das interne Kontrollsystem gem. §§ 29 Abs. 3 und 4, 275 Abs. 1 und 2 Nr. 2 VAG.

10 **2. Aufbau und Inhalt.** Der Aufbau des regelmäßigen aufsichtlichen Berichts entspricht wie auf Einzelebene dem des Berichts über Solvabilität und Finanzlage mit der durch Anhang XX Solva II-VO vorgegebene Gliederung. Die gruppenspezifischen Besonderheiten werden in Art. 372 Abs. 2 Solva II-VO sowie EIOPA-LL 26–29 Berichterstattung genannt. Sie umfassen insbesondere unter Gliederungspunkt A.1. ein Verzeichnis sämtlicher Unternehmen und Zweigniederlassungen der Gruppe sowie unter Gliederungspunkt E.1 Angaben zu den Eigenmitteln von verbundenen Unternehmen, die mangels Verfügbarkeit für die Gruppe nur eingeschränkt berücksichtigt wurden.[9]

11 **3. Form und Frist.** Die Mittel der Veröffentlichung werden nicht bestimmt, da Art. 372 ff. Solva II-VO nicht wie sonst auf die Norm der Einzelaufsicht, Art. 313 Solva II-VO, verweisen. Dies ist als Versehen zu werten, und Art. 313 Solva II-RL ist analog anzuwenden. Danach ist die Berichterstattung in elektronischer Form an die Gruppenaufsichtsbehörde zu übermitteln. Weitere Einzelheiten regeln Art. 2 ff. DVO 2015/2450.

12 Die Veröffentlichungsfrist ist gem. **Art. 373 Solva II-VO** grds. **sechs Wochen länger** als für die Berichterstattung **auf Einzelebene** (Art. 312 Solva II-VO) mit der Ausnahme des ORSA-Berichts. Insgesamt ergeben sich folgende Fristen: Bericht über Solvabilität und Finanzlage der Gruppe: 20 Wochen nach Ende des Geschäftsjahrs; regelmäßiger aufsichtlicher Bericht der Berichterstattung zu Risikokonzentrationen und gruppeninternen Transaktionen: 20 Wochen nach Ende des Geschäftsjahrs; ORSA: zwei Wochen nach Erstellung; jährliche und vierteljährliche quantitative Vorlagen: 20 Wochen nach Ende des Geschäftsjahrs bzw. elf Wochen nach Quartalsabschluss. Bis ins Jahr 2019 gelten die längeren Übergangsfristen des § 344 Abs. 1 und 2 VAG, die sich für den Gruppenbericht um jeweils sechs Wochen verlängern.

13 **4. Sprache.** Die Berichterstattung hat **grds. in deutscher Sprache** zu erfolgen. Art. 374 Solva II-VO erlaubt der BaFin im Fall eines mehrsprachigen Aufsichtskollegiums, vom zur Berichterstattung verpflichteten Unternehmen die Berichterstattung in einer von den anderen betroffenen Aufsichtsbehörden **gemeinhin verstandenen Sprache** vorzunehmen. Die Norm lässt offen, ob die Berichterstattung in dieser Sprache zwingend die in deutscher Sprache ersetzt. Hierfür spricht, dass es sich um eine *andere* Sprache handelt, und nicht wie beim einzigen Gruppenbericht gem. Art. 360 Abs. 2 Solva II-VO, um eine *weitere* Sprache; diese Auffassung vertritt auch die BaFin.[10] Nichtsdestotrotz gilt, dass die BaFin gem. § 23 Abs. 2 S. 1 VwVfG eine **deutschsprachige Übersetzung** verlangen soll. Dies ist aber, anders als beim Antrag nach § 262 VAG, nicht zwingend, da die Abgabefrist der Art. 373, 312 Solva II-VO nicht im Sinne des § 23 Abs. 3 und 4 VwVfG eine Frist in Lauf setzt, innerhalb derer die Gruppenaufsichtsbehörde tätig werden muss. Auf der Basis könnte mit der BaFin vereinbart werden, dass nur Teile der Berichterstattung in die deutsche Sprache zu übersetzen sind. Es widerspräche der Regelung des Art. 360 Abs. 1 Solva II-VO, wenn der gesamte Bericht ins Deutsche zu übersetzen wäre, denn dies käme einer Erstellung des Berichts in deutscher Sprache gleich, die eben nicht verlangt wird.

---

[7] Zu Risikokonzentrationen und gruppeninternen Transaktionen, vgl. § 273 VAG Rn. 7 ff. sowie § 274 VAG Rn. 7 ff.

[8] Die anwendbaren QRT werden in Art. 22 ff. DVO 2015/2450 bestimmt.

[9] Vgl. § 254 VAG Rn. 11 ff.

[10] Vgl. *BaFin*, Hinweise zum Solvency II-Berichtswesen für Erst- und Rückversicherungsunternehmen und Versicherungsgruppen (zuletzt aktualisiert am 29.3.2017), Abs. 4.2.3.

VI. Verhältnis zu anderen Regelungen. 1. Befreiung von der Berichterstattung (§ 282 VAG). § 282 VAG bietet die Möglichkeit zur Begrenzung von Häufigkeit sowie Umfang der regelmäßigen Berichterstattung auf Gruppenebene. 14

2. Bankaufsichtsrecht (§ 8a KWG). Die Aufgaben der BaFin als Gruppenaufsichtsbehörde für die Aufsicht auf zusammengefasster Basis bestimmt § 8a KWG. Sie bestehen insbesondere in der Koordinierung von Informationsaustausch und Aufsichtstätigkeiten. In Bezug auf die Überprüfung der Angemessenheit der Eigenmittelausstattung sowie die Liquiditätsaufsicht ist die BaFin als Gruppenaufsichtsbehörde nicht federführend zuständig; stattdessen ist eine gemeinsame Entscheidung der zuständigen Aufsichtsbehörden vorgesehen. Falls diese nicht zu erreichen ist, entscheidet die EBA. 15

3. Finanzkonglomerate-Aufsichtsrecht (§ 5 FKAG). § 5 FKAG verleiht der BaFin als Koordinator § 281 Abs. 1 VAG entsprechende Befugnisse für die Finanzkonglomerate-Aufsicht. Dabei sind die in § 5 FKAG aufgeführten Befugnisse ebenso wenig abschließend zu verstehen. Der regelmäßigen aufsichtlichen Berichterstattung nach Abs. 2 S. 1 entspricht in Grundzügen die Berichterstattung über Finanzkonglomerate-Solvabilität, Risikokonzentrationen und konglomeratsinterne Transaktionen sowie der Governance-Bericht nach § 25 Abs. 3 FKAG. Umfang und Detailgrad der Berichterstattung nach Abs. 2 S. 1 ist allerdings deutlich höher. 16

Befreiung von der Berichterstattung auf Gruppenebene

282 (1) **Sind die Intervalle für die regelmäßige aufsichtliche Berichterstattung kürzer als ein Jahr, kann die Gruppenaufsichtsbehörde die Häufigkeit der Berichterstattung auf Gruppenebene begrenzen, sofern alle Versicherungsunternehmen der Gruppe von dieser Begrenzung gemäß § 45 Absatz 1 profitieren, wobei der Wesensart, dem Umfang und der Komplexität der mit der Geschäftstätigkeit der Gruppe verbundenen Risiken Rechnung zu tragen ist.**

(2) **Die Gruppenaufsichtsbehörde kann auf Gruppenebene von der Einzelpostenberichterstattung befreien, sofern alle Versicherungsunternehmen der Gruppe von der Freistellung gemäß § 45 Absatz 2 profitieren, wobei der Wesensart, dem Umfang und der Komplexität der mit der Geschäftstätigkeit der Gruppe verbundenen Risiken und dem Ziel der finanziellen Stabilität Rechnung zu tragen ist.**

I. Allgemeines. 1. Entstehungsgeschichte. Die Norm wurde erst durch den RegE 2014 eingefügt, da sie zuvor nicht Bestandteil der Solva II-RL war. Das VAG a. F. enthielt keine vergleichbare Norm. 1

2. Normzweck. Die Norm erlaubt entsprechend § 45 VAG (Einzelebene) auch auf Gruppenebene die Befreiung von Teilen der vierteljährlichen quantitativen Berichterstattung und der Einzelpostenberichterstattung. Sie stellt damit einen Ausnahmetatbestand zum Grundsatz des § 281 Abs. 2 VAG dar. 2

3. Europarechtlicher Hintergrund. Die Vorschrift setzt Art. 254 Abs. 2 UAbs. 2 und 3 Solva II-RL um. Sie wird durch **Art. 372 Abs. 1 Solva II-VO** ergänzt und geändert. 3

II. Voraussetzungen und Rechtsfolgen. 1. Voraussetzungen. Die Befreiung auf Gruppenebene nach Abs. 1 und 2 setzt voraus, dass jedes Versicherungsunternehmen der Gruppe bereits im Rahmen der Einzelaufsicht in gleichem Umfang gem. § 45 VAG (bzw. der entsprechenden Vorschrift ausländischen Rechts) von den Berichtspflichten befreit ist. Sie kommt damit nur für **kleine Versicherungsunternehmen und Versicherungsgruppen** in Frage.[1] Zusätzliche Voraussetzung ist, dass die Befreiung den Risiken der Gruppe Rechnung trägt. 4

2. Rechtsfolgen. Nach Abs. 1 i. V. m. Art. 372 Abs. 1 S. 2 Solva II-VO braucht die regelmäßige aufsichtliche quantitative Berichterstattung lediglich jährlich statt vierteljährlich zu erfolgen. Nach Abs. 2 i. V. m. Art. 372 Abs. 1 S. 3 Solva II-VO braucht die Einzelpostenberichterstattung nach Art. 304 ff. Solva II-VO nicht zu erfolgen. 5

III. Verhältnis zu anderen Regelungen. KWG und FKAG enthalten keine vergleichbaren Vorschriften. 6

Aufsichtskollegium

283 (1) [1]**In Bezug auf Gruppen, die nicht ausschließlich im Inland tätig sind, ist die Aufsichtsbehörde Mitglied eines Aufsichtskollegiums unter dem Vorsitz der Gruppenaufsichtsbehörde.** [2]**Mitglieder des Aufsichtskollegiums sind die Gruppenaufsichtsbehörde, die Aufsichtsbehörden aller Mitgliedstaaten, in denen Tochterunternehmen ihren Sitz haben,**

[1] Vgl. Begr. RegE 2014, BT-Drs. 18/2956, 287.

und gemäß Artikel 21 der Verordnung (EU) Nr. 1094/2010 die Europäische Aufsichtsbehörde für das Versicherungswesen und die betriebliche Altersversorgung. [3]Die Aufsichtsbehörden von bedeutenden Zweigniederlassungen und verbundenen Unternehmen dürfen im Aufsichtskollegium mitwirken. [4]Ihre Teilnahme ist jedoch darauf beschränkt, einen effizienten Informationsaustausch zu gewährleisten.

(2) **Aufgabe des Aufsichtskollegiums ist es sicherzustellen, dass die Verfahren für die Zusammenarbeit, den Informationsaustausch und die Konsultation zwischen den dem Aufsichtskollegium angehörenden Aufsichtsbehörden wirksam angewendet werden, um die Konvergenz ihrer Maßnahmen und Entscheidungen zu fördern.**

(3) **Um eine wirksame Funktionsweise des Aufsichtskollegiums sicherzustellen, kann dieses festlegen, dass bestimmte Tätigkeiten von einer verringerten Anzahl der Mitglieder des Aufsichtskollegiums ausgeführt werden.**

(4) **Die Errichtung und die Funktionsweise des Aufsichtskollegiums werden durch Koordinierungsvereinbarungen zwischen der Gruppenaufsichtsbehörde und den anderen betroffenen Aufsichtsbehörden geregelt.**

(5) [1]**Bei Meinungsverschiedenheiten über Koordinierungsvereinbarungen entscheidet die Gruppenaufsichtsbehörde. [2]Jedes Mitglied des Aufsichtskollegiums kann gemäß Artikel 19 der Verordnung (EU) Nr. 1094/2010 die Europäische Aufsichtsbehörde für das Versicherungswesen und die betriebliche Altersversorgung mit der Angelegenheit befassen und um Unterstützung bitten. [3]Die Gruppenaufsichtsbehörde trifft ihre Entscheidung im Einklang mit der Entscheidung der Europäischen Aufsichtsbehörde für das Versicherungswesen und die betriebliche Altersversorgung. [4]Die Gruppenaufsichtsbehörde übermittelt den anderen zuständigen Aufsichtsbehörden ihre Entscheidung.**

(6) **In den Koordinierungsvereinbarungen nach Absatz 4 sind Verfahren festzulegen für**

1. **die Entscheidungsfindung zwischen den betroffenen Aufsichtsbehörden nach den §§ 262 bis 264 und den §§ 279 und 280 sowie**
2. **die Konsultation gemäß Absatz 5 und § 284 Absatz 4.**

(7) **Zusätzlich können die Koordinierungsvereinbarungen Verfahren zur Anhörung der betroffenen Aufsichtsbehörden insbesondere gemäß den §§ 245 bis 249, 251 bis 253, 258, 273 bis 275, 277, 285, 288 und 290 sowie die Zusammenarbeit mit anderen Aufsichtsbehörden festlegen.**

(8) **In den Koordinierungsvereinbarungen können der Gruppenaufsichtsbehörde, den übrigen betroffenen Aufsichtsbehörden oder der Europäischen Aufsichtsbehörde für das Versicherungswesen und die betriebliche Altersversorgung zusätzliche Aufgaben übertragen werden, sofern dadurch die Aufsicht über eine Gruppe effizienter gestaltet wird und die Aufsichtstätigkeiten der Mitglieder des Aufsichtskollegiums im Hinblick auf ihre individuellen Zuständigkeiten nicht beeinträchtigt werden.**

Schrifttum: *Maier/Stelter*, Aufsichtskollegien: Beaufsichtigung grenzüberschreitend tätiger Versicherungsgruppen, 2015 (abrufbar unter bafin.de).

1 **I. Allgemeines. 1. Entstehungsgeschichte.** Gegenüber der Fassung des RegE 2012 wurde die Norm um die Mitwirkungsbefugnisse von EIOPA sowie in redaktioneller Hinsicht ergänzt. **§ 111 VAG a.F.** sah zwar einen Informationsaustausch zwischen den Aufsichtsbehörden einer Gruppe vor, allerdings nicht in einer institutionalisierten Form, die einem Aufsichtskollegium vergleichbar wäre.[1]

2 **2. Normzweck.** Die Norm beschreibt die **Aufgaben** des Aufsichtskollegiums und regelt seine **Zusammensetzung** und Governance. Ein Aufsichtskollegium dient dem **Informationsaustausch** zwischen den verschiedenen Aufsichtsbehörden einer Versicherungsgruppe und der **Koordinierung** ihrer Maßnahmen sowohl der Einzel- als auch Gruppenaufsicht. Das Aufsichtskollegium selbst hat keine Entscheidungsbefugnis, seine Mitglieder treffen ihre Entscheidungen einstimmig mit Ausnahme der gem. §§ 262 Abs. 4, 268 Abs. 4 VAG, in denen die Gruppenaufsichtsbehörde bzw. EIOPA entscheiden.

3 **3. Europarechtlicher Hintergrund.** Die Vorschrift setzt Art. 248 Abs. 2 UAbs. 1 und 2 sowie Abs. 3–5 Solva II-RL um. Sie wird durch **Art. 354 f. Solva II-VO** ergänzt und geändert.

4 **II. Zusammensetzung (Abs. 1).** Ein Aufsichtskollegium ist nach Abs. 1 S. 1 für Gruppen zu bilden, die nicht ausschließlich im Inland tätig sind. Hinunter ist zu verstehen, dass sie kein Versicherungsunternehmen oder keine bedeutende Zweigniederlassung im Ausland haben. Dienstleistungsgeschäft ist insoweit unbeachtlich, da die Aufsichtsbehörden der betroffenen Staaten nicht gem. S. 2 und 3 Mitglied im Aufsichtskollegium wären. Mitglieder sind zunächst nach S. 2 neben der **Gruppen-**

[1] Allerdings existierten für große Gruppen informelle Koordinations-Komitees nach dem Helsinki-Protokoll, vgl. *Maier/Stelter*.

aufsichtsbehörde die **Aufsichtsbehörden von Tochter-Versicherungsunternehmen** der Gruppe[2] sowie EIOPA. Darüber hinaus gehören dem Aufsichtskollegium nach S. 3 mit eingeschränkten Befugnissen die **Aufsichtsbehörden von verbundenen Versicherungsunternehmen** der Gruppe[3] sowie von **bedeutenden Zweigniederlassungen** an. Diese definiert Art. 354 Abs. 1 Solva II-VO als Zweigniederlassungen, die mehr als 5 % der Bruttoprämien der Gruppe bzw. der Bruttoprämien in dem Staat im Lebens- oder Nichtlebensgeschäft oder beiden verbuchen. Darüber hinaus ist fraglich, ob dem Aufsichtskollegium auch Versicherungs-Aufsichtsbehörden aus Staaten angehören sollen, in denen sich ein beaufsichtigtes verbundenes Unternehmen befindet, das kein Versicherungsunternehmen ist (z. B. ein Kreditinstitut). Die Unklarheit resultiert daher, dass der Wortlaut des Abs. 1 (im Einklang mit Art. 248 Abs. 3 Solva II-RL) nicht auf Versicherungsunternehmen beschränkt ist, aber die Definition der Aufsichtsbehörde nach Art. 13 Abs. 10 Solva II-RL auf Versicherungs-Aufsichtsbehörden. Die fehlende Beschränkung der Unternehmen der Gruppe auf Versicherungsunternehmen ist aber als Redaktionsversehen zu werten. Andere beaufsichtigte Unternehmen sind für die Arbeit des Aufsichtskollegiums nur dann von wesentlicher Relevanz, wenn die Gruppe zugleich ein Finanzkonglomerat ist. In dem Fall gilt § 4 FKAG für die Zusammensetzung des Aufsichtskollegiums.[4]

Insgesamt kann ein Aufsichtskollegium aus drei verschiedenen „Kreisen“ bestehen: (1) zentral gehören ihm die Gruppenaufsichtsbehörde und die nach Abs. 3 bestimmten Aufsichtsbehörden von für die Gruppe bedeutenden Versicherungsunternehmen sowie EIOPA an, (2) dann die übrigen Aufsichtsbehörden von Tochter-Versicherungsunternehmen, und (3) schließlich die Aufsichtsbehörden von verbundenen Versicherungsunternehmen sowie von bedeutenden Zweigniederlassungen. Darüber hinaus können einem Aufsichtskollegium weitere Aufsichtsbehörden in einem vierten „Kreis“ angehören, wenn es gleichzeig Aufgaben nach § 4 FKAG übernimmt.[5] 5

III. Aufgaben (Abs. 2). 1. Allgemeines. Aufgabe des Aufsichtskollegiums ist nach Abs. 2 die **Förderung der Konvergenz von Maßnahmen und Entscheidungen der einzelnen Aufsichtsbehörden.** Es stellt sich damit als Forum zum Informationsaustausch und der Konsultation zwischen den einzelnen Behörden dar, aber nicht als Institution mit eigenen Befugnissen. Die genauen Aufgaben bzgl. Informationsaustausch und Konsultation regeln §§ 284 f. VAG. Ziel ist dabei, dass zum einen die Einzel-Aufsichtsbehörden über die Lage der Gruppe informiert sind und die Maßnahmen der Gruppenaufsichtsbehörde teilen. Zum anderen ist das Ziel, dass sich die Einzel-Aufsichtsbehörden ihrerseits bei ihren Maßnahmen im Rahmen der Einzelaufsicht abstimmen („Konvergenz ihrer Maßnahmen“) und ihre Interessen gegenseitig beachten. 6

2. Rolle EIOPAs. EIOPA hat in ihrer Rolle als regulatorisch wirkende, nicht-operative Aufsichtsbehörde eine **Sonderstellung** im Aufsichtskollegium. Sie hat nicht nur die Kohärenz der Arbeit der Aufsichtsbehörden in einem Aufsichtskollegium, sondern der übergreifenden Kohärenz der Arbeit aller Aufsichtskollegien sicherzustellen. Dazu wird sie als Vermittler in den Fällen der **Streitschlichtung nach Art. 19 EIOPA-V** tätig und kann verbindlich insbesondere folgende Entscheidungen der Gruppenaufsicht treffen: Genehmigung des gruppeninternen Modells, § 262 Abs. 5 VAG; Genehmigung der Anwendung des zentralisierten Risikomanagements sowie der Verhängung eines Kapitalzuschlags, §§ 268 Abs. 5, 269 VAG.[6] 7

IV. Koordinierungsvereinbarungen (Abs. 4–8). 1. Verfahren (Abs. 5). Die dem Aufsichtskollegium angehörenden Aufsichtsbehörden regeln seine Errichtung und Funktionsweise in nach Abs. 4 so genannten Koordinierungsvereinbarungen.[7] Gem. Abs. 1 S. 1 ist auch insoweit zu beachten, dass die Aufsichtsbehörden von verbundenen Versicherungsunternehmen und bedeutenden Zweigniederlassungen nur in Bezug auf die Vereinbarung des Informationsaustauschs zu beteiligen sind. Meinungsverschiedenheiten über die Koordinierungsvereinbarungen entscheidet nach Abs. 5 die Gruppenaufsichtsbehörde, wenn nicht eine Aufsichtsbehörde EIOPA mit der Streitschlichtung nach Art. 19 EIOPA-VO befasst.[8] 8

2. Regelungsgegenstand. Regelungsgegenstand der Koordinierungsvereinbarungen sind nach Abs. 6–8 Verfahren zur Entscheidungsfindung sowie zur Konsultation in den aufgelisteten, gesetzlich geregelten Fällen der **Einzel- und Gruppenaufsicht.**[9] Von besonderer Bedeutung ist dabei die Vereinbarung eines Verfahrens zur Genehmigung des gruppeninternen Modells und seiner Änderungen gem. § 262 VAG. Zur Steigerung der Effizienz empfiehlt sich je nach Größe des Kollegiums die nach Abs. 3 erlaubte Beschränkung mancher Tätigkeiten auf wenige Aufsichtsbehörden, die von wesentlichen 9

[2] Vgl. § 245 VAG Rn. 28 f.
[3] Vgl. § 245 VAG Rn. 26 ff.
[4] S. u. Rn. 11.
[5] Ein zusätzlicher „Kreis“ besteht bei Einrichtung einer Krisenmanagementgruppe, vgl. § 275 VAG Rn. 37.
[6] Vgl. die Darstellung bei *Kraft* in Gründl/Kraft S. 173.
[7] Gleichsam sieht § 4 Abs. 6 FKAG den Abschluss von Koordinierungsvereinbarungen vor.
[8] Vgl. zum Streitschlichtungsverfahren § 262 VAG Rn. 14 f.
[9] Zur Umsetzung in der Praxis vgl. *Maier/Stelter.*

Versicherungsunternehmen der Gruppe. Diese sollten sich auch häufiger und länger mit der Gruppenaufsichtsbehörde konsultieren und austauschen als das gesamte Aufsichtskollegium.

10 **Art. 355 Solva II-VO** legt den Regelungsgegenstand der Koordinierungsvereinbarungen fest. Sie haben insbesondere Sprache und Häufigkeit des Informationsaustauschs, einen jährlichen Arbeitsplan sowie einen auf die spezifischen Risiken der Gruppe abgestimmten Notfallplan zu enthalten. Sie sind nach Art. 355 Abs. 5 Solva II-VO regelmäßig zu testen und zu überprüfen. Weitere Vorgaben enthalten die **EIOPA-LL Informationsaustausch.**[10]

11 **V. Verhältnis zu anderen Regelungen. 1. Bankaufsichtsrecht (§ 8e KWG).** Nach § 8e KWG sind ebenfalls Aufsichtskollegien zur Erleichterung der Aufsicht auf zusammengefasster Basis zu gründen. Die Zusammenarbeit ist durch Kooperationsvereinbarungen zu regeln (§ 8a Abs. 2 KWG), und in Konfliktfällen kann die BaFin nach § 8a Abs. 1 S. 2 KWG die EBA um Hilfe ersuchen.

12 **2. Finanzkonglomerate-Aufsichtsrecht (§ 4 FKAG).** Bei der Beaufsichtigung von grenzüberschreitend tätigen Finanzkonglomeraten arbeiten die BaFin und die Bundesbank nach § 4 Abs. 1 FKAG ebenfalls mit den anderen Aufsichtsbehörden zusammen. Die Zusammenarbeit ist auch mittels eines Aufsichtskollegiums institutionalisiert, das allerdings nur beiläufig in § 5 Abs. 3 FKAG erwähnt wird. Zugehörige Aufsichtsbehörden sind nach § 2 Abs. 13 f. FKAG auch die für Nicht-Versicherungsunternehmen zuständigen Behörden. Die Zusammenarbeit ist in Kooperationsvereinbarungen gem. § 4 Abs. 6 FKAG zu regeln.

Zusammenarbeit bei der Gruppenaufsicht

284 (1) [1] **Die für die Beaufsichtigung der Versicherungsunternehmen einer Gruppe zuständigen Aufsichtsbehörden und die Gruppenaufsichtsbehörde arbeiten eng zusammen, insbesondere in Fällen, in denen sich ein Versicherungsunternehmen in finanziellen Schwierigkeiten befindet.** [2] **Ist ein Versicherungsunternehmen direkt oder indirekt mit einem Kreditinstitut oder einem Wertpapierhandelsunternehmen verbunden oder haben diese Unternehmen ein gemeinsames beteiligtes Unternehmen, so arbeiten die Aufsichtsbehörden im Sinne des Satzes 1 und die für die Beaufsichtigung dieser anderen Unternehmen zuständigen Behörden eng zusammen.**

(2) [1] **Die Aufsichtsbehörden übermitteln sich untereinander unverzüglich alle Informationen, die ihnen die Erfüllung ihrer Aufsichtspflichten im Rahmen der Richtlinie 2009/138/EG erleichtern.** [2] **Die Gruppenaufsichtsbehörde übermittelt den betroffenen Aufsichtsbehörden und der Europäischen Aufsichtsbehörde für das Versicherungswesen und die betriebliche Altersversorgung alle Informationen gemäß § 11 Absatz 2, den §§ 40, 47 Nummer 6 und § 282 Absatz 2 hinsichtlich der Gruppe, insbesondere hinsichtlich der Rechts-, Governance- und Organisationsstruktur der Gruppe.**

(3) **Hat eine Aufsichtsbehörde relevante Informationen nicht übermittelt, ein Ersuchen um Zusammenarbeit abgelehnt oder innerhalb von zwei Wochen nicht reagiert, können die betroffenen Aufsichtsbehörden die Europäische Aufsichtsbehörde für das Versicherungswesen und die betriebliche Altersversorgung mit der Angelegenheit befassen.**

(4) **Hat ein beteiligtes Unternehmen gemäß § 250 Absatz 4 der Gruppenaufsichtsbehörde mitgeteilt, dass die Solvabilitätskapitalanforderung der Gruppe nicht mehr bedeckt ist oder die Gefahr besteht, dass dieser Fall innerhalb der nächsten drei Monate eintritt, informiert die Gruppenaufsichtsbehörde die übrigen Aufsichtsbehörden des Aufsichtskollegiums.**

(5) **Treten außergewöhnliche Umstände ein oder sind sie bereits eingetreten, beruft die Aufsichtsbehörde als für die Beaufsichtigung eines einzelnen Versicherungsunternehmens einer Gruppe zuständige Aufsichtsbehörde oder als Gruppenaufsichtsbehörde unverzüglich eine Sitzung aller Aufsichtsbehörden im Sinne des Absatzes 1 Satz 1 ein, insbesondere, wenn sie**

1. **einen wesentlichen Verstoß gegen die Solvabilitätskapitalanforderung oder einen Verstoß gegen die Mindestkapitalanforderung eines Versicherungsunternehmens feststellt oder**
2. **einen wesentlichen Verstoß gegen die Solvabilitätskapitalanforderung der Gruppe feststellt.**

1 **I. Allgemeines. 1. Entstehungsgeschichte.** Gegenüber der Fassung des RegE 2012 wurde die Norm um das Streitschlichtungsverfahren durch EIOPA sowie die Pflicht der Gruppenaufsichtsbehörde zur Übermittlung der Informationen nach Abs. 2 S. 2 erweitert. **§ 111f VAG a. F.** sah eine vergleichbare Pflicht zur Zusammenarbeit der Aufsichtsbehörden vor.

2 **2. Normzweck.** Die Norm betrifft die BaFin als Einzel- und Gruppenaufsichtsbehörde und regelt die Einzelheiten des nach **§ 283 Abs. 2 VAG** vorgesehenen Informationsaustauschs zwischen den

[10] Leitlinien zum systematischen Informationsaustausch innerhalb von Kollegien, EIOPA-BoS15/112.

Aufsichtsbehörden des Aufsichtskollegiums, aber auch mit denen anderer Sektoren, d. h. von Kreditinstituten und Wertpapierhandelsunternehmen der Gruppe. Für den Fall der Nicht-Einhaltung der Pflichten gewährt Abs. 3 die Möglichkeit, EIOPA mit der **Streitschlichtung nach Art. 19 EIOPA-V** zu befassen.

3. Europarechtlicher Hintergrund. Die Vorschrift setzt in Abs. 1 S. 1 und Abs. 2 den Art. 249 Abs. 1 Solva II-RL sowie in Abs. 1 S. 2 den Art. 252 Solva II-RL um. Sie setzt weiterhin in Abs. 3 den Art. 218 Abs. 5 Solvency II-RL sowie in Abs. 4 den Art. 249 Abs. 2 Solva II-RL um. Sie vermischt damit die Pflicht zur Zusammenarbeit innerhalb des Versicherungs-Aufsichtskollegiums mit der zur Zusammenarbeit mit Aufsichtsbehörden von Banken. Sie wird durch **Art. 357 Solva II-VO** ergänzt und geändert sowie durch die EIOPA-LL Informationsaustausch[1] ausgelegt. 3

II. Informationsaustausch im Aufsichtskollegium. 1. Auszutauschende Informationen (Abs. 2). Abs. 2 S. 1 beschreibt die auszutauschenden Informationen als alle, „die ihnen die Erfüllung ihrer Aufsichtspflichten" nach der Solva II-RL erleichtern. Der Austausch erfolgt zum einen **von der Gruppenaufsichtsbehörde zu den Einzel-Aufsichtsbehörden** in Bezug auf Erkenntnisse aus der Gruppenaufsicht. Dies sind insbesondere die zur Finanzlage der Gruppe, wie insbesondere die (drohende) Nicht-Bedeckung der Gruppen-Solvabilitätskapitalanforderung, vgl. Abs. 4. Soweit die Pflicht zum Informationsaustausch explizit geregelt wird, ist der dort geregelte Adressatenkreis zu beachten. So sind gem. § 262 Abs. 2 S. 1 VAG alle Aufsichtsbehörden des Aufsichtskollegiums über den Eingang des Antrags auf Genehmigung des gruppeninternen Modells zu unterrichten. Die Antragsunterlagen sind aber nach § 262 Abs. 2 S. 2 VAG nur an die betroffenen Aufsichtsbehörden weiterzuleiten.[2] Ausdrücklich erwähnt Abs. 2 S. 2 als *pars pro toto* Informationen nach §§ 11 Abs. 2 (Versagung einer Erlaubnis wegen Umständen in der Gruppe), 40 (Solvabilitäts- und Finanzbericht), 47 Nr. 6 (enge Verbindung) und 282 Abs. 2 VAG (Befreiung), die die Gruppe, insbesondere ihre Struktur, betreffen. Art. 357 Abs. 3 Solva II-VO nennt zusätzlich folgende von der Gruppenaufsichtsbehörde auszutauschende Informationen: den regelmäßigen aufsichtlichen Bericht der Gruppe sowie Schlussfolgerungen aus dem aufsichtlichen Überprüfungsverfahren. 4

Der Austausch erfolgt aber zum anderen auch **von einer Einzel-Aufsichtsbehörde zu den übrigen Behörden** des Kollegiums in Bezug auf auch für andere wesentliche Informationen zu einem Versicherungsunternehmen, vgl. etwa Abs. 5 Nr. 1. Dies ist notwendig, um gemeinsame Trends innerhalb der Gruppe zu erkennen, die mehrere Einzelunternehmen und dann die gesamte Gruppe betreffen können. Art. 357 Abs. 2 Solva II-VO nennt zusätzlich folgende von der Einzel-Aufsichtsbehörde auszutauschende Informationen: den regelmäßigen aufsichtlichen Bericht, den Solvabilitäts- und Finanzbericht sowie Schlussfolgerungen aus dem aufsichtlichen Überprüfungsverfahren. 5

2. Einberufung einer Sitzung des Aufsichtskollegiums (Abs. 5). Abs. 5 nennt nicht abschließend wesentliche Umstände der Einzel- und Gruppenaufsicht, bei deren Eintritt die BaFin als Einzel- oder Gruppenaufsichtsbehörde unverzüglich eine Sitzung des Aufsichtskollegiums einzuberufen hat. Die genannten Umstände betreffen einen wesentlichen Verstoß gegen die Einzel- oder Gruppen-Solvabilitätskapitalanforderung. 6

3. Streitschlichtungsverfahren (Abs. 3). Die BaFin kann als Einzel- oder Gruppenaufsichtsbehörde gem. Abs. 3 EIOPA mit der Streitschlichtung nach Art. 19 EIOPA-V befassen, falls eine andere Behörde des Kollegiums die Zusammenarbeit verweigert. Gem. Art. 19 Abs. 4 EIOPA-V könnte EIOPA ausnahmsweise direkt ein Versicherungsunternehmen zur Übermittlung der Informationen, etwa seinen regelmäßigen aufsichtlichen Bericht, an die anderen Behörden des Aufsichtskollegiums zu übermitteln. 7

III. Zusammenarbeit mit Aufsichtsbehörden anderer Sektoren (Abs. 1 S. 2). Abs. 1 S. 2 erweitert die Pflicht nach Abs. 1 S. 1 um die Pflicht der BaFin zur Zusammenarbeit mit Aufsichtsbehörden anderer Sektoren. Dies sind solche Aufsichtsbehörden, die ein mit einem Versicherungsunternehmen verbundenes Kreditinstitut (§ 1 Abs. 1 KWG) oder Wertpapierhandelsunternehmen (§ 1 Abs. 3d S. 3 KWG) beaufsichtigen.[3] Erfasst sind auch die Aufsichtsbehörden der genannten Unternehmen, die zusammen mit dem Versicherungsunternehmen ein gemeinsames beteiligtes Unternehmen haben.[4] Relevant ist diese Pflicht im Fall von Versicherungsgruppen, die nicht auch Finanzkonglomerat sind. Ansonsten ergibt sich diese Pflicht bereits aus § 4 FKAG. Weiterhin ist zu beachten, dass Abs. 1 S. 2 die Pflicht zur Zusammenarbeit nicht auf die Aufsichtsbehörden aller beaufsichtigten Unternehmen der Finanzbranche gem. § 2 Abs. 3 Nr. 1 FKAG erstreckt, sondern eben nur auf die von Kreditinstituten und Wertpapierhandelsunternehmen. 8

[1] Leitlinien zum systematischen Informationsaustausch innerhalb von Kollegien, EIOPA-BoS15/112.
[2] Vgl. § 262 VAG Rn. 6,
[3] Vgl. § 245 VAG Rn. 30 f. zum Begriff des verbundenen Unternehmens.
[4] Vgl. § 245 VAG Rn. 10 ff. zum Begriff des beteiligten Unternehmens.

9 **IV. Verhältnis zu anderen Regelungen. 1. Bankaufsichtsrecht (§ 8a KWG).** § 8a Abs. 1 S. 1 Nr. 2 KWG regelt die Zusammenarbeit im Aufsichtskollegium im Rahmen der Aufsicht auf zusammengefasster Basis.

10 **2. Finanzkonglomerate-Aufsichtsrecht (§ 4 FKAG).** Die Zusammenarbeit im Aufsichtskollegium wird rudimentär von § 4 Abs. 5 FKAG geregelt.

Gegenseitige Konsultation der Aufsichtsbehörden

285 (1) [1] **Vor jeder Entscheidung, die für die Aufsichtstätigkeit anderer Aufsichtsbehörden von Bedeutung ist, hört die Aufsichtsbehörde im Rahmen des Aufsichtskollegiums die anderen betroffenen Aufsichtsbehörden an über**

1. die Genehmigung von Veränderungen in der Aktionärs-, Organisations- oder Leitungsstruktur eines Versicherungsunternehmens der Gruppe;
2. die Entscheidung über die Verlängerung der Frist für die Sanierung nach § 134 Absatz 3 bis 6;
3. bedeutende Sanktionen oder außergewöhnliche aufsichtsbehördliche Maßnahmen hinsichtlich eines Versicherungsunternehmens der Gruppe.

[2] **Als außergewöhnliche Maßnahmen im Sinne des Satzes 1 Nummer 3 sind insbesondere die Festsetzung eines Kapitalaufschlags auf die Solvabilitätskapitalanforderung und eine Beschränkung der Verwendung des internen Modells anzusehen.**

(2) [1] **Für die Zwecke des Absatzes 1 Satz 1 Nummer 2 und 3 wird stets die Gruppenaufsichtsbehörde angehört.** [2] **Beruht eine Entscheidung auf Informationen, die von anderen Aufsichtsbehörden übermittelt wurden, so hören die betroffenen Aufsichtsbehörden einander ebenfalls vor dieser Entscheidung an.**

(3) [1] **Die Aufsichtsbehörde kann von der Anhörung anderer Aufsichtsbehörden absehen, wenn Eile geboten ist oder eine solche Anhörung die Wirksamkeit der Entscheidung beeinträchtigen könnte.** [2] **In diesem Fall setzt die Aufsichtsbehörde die anderen betroffenen Aufsichtsbehörden unverzüglich von ihrer Entscheidung in Kenntnis.**

1 **I. Allgemeines. 1. Entstehungsgeschichte.** Gegenüber der Fassung des RegE 2012 wurde die lediglich in Abs. 1 um die Pflicht zur Konsultation vor Verlängerung der Sanierungsfrist ergänzt. Das VAG a. F. enthielt keine vergleichbare Norm.

2 **2. Normzweck.** Die Norm verpflichtet die BaFin als Einzel-Aufsichtsbehörde zur **vorherigen Konsultation der Gruppenaufsichtsbehörde und anderer betroffener Aufsichtsbehörden** vor dem Treffen wichtiger Maßnahmen, wenn nicht aufgrund der Umstände erst eine nachträgliche Informierung geboten ist.

3 **3. Europarechtlicher Hintergrund.** Die Vorschrift setzt **Art. 250 Solvency II-RL** um.

4 **II. Grundsätzliche Pflicht zur Konsultation (Abs. 1 und 2).** Grundsätzlich hat die BaFin als Einzel-Aufsichtsbehörde andere Aufsichtsbehörden vor bestimmten Entscheidungen zu konsultieren. Die Entscheidungen sind solche, die entweder unmittelbar auch andere Versicherungsunternehmen der Gruppe betreffen, oder zumindest mittelbar aufgrund ihrer Schwere. Nach Abs. 1 S. 1 Nr. 1 sind zunächst Genehmigungen von Veränderungen in der Aktionärs,- Organisations- oder Leitungsstruktur zu konsultieren. Hierunter sind echte **Genehmigungen nach § 12 VAG** (Änderungen von Geschäftsplan und Unternehmensverträgen) sowie das **Absehen von einer Untersagung** einer bedeutenden Beteiligung nach § 18 VAG bzw. von einer Abberufung einer Person nach § 303 VAG zu verstehen. Weiterhin zählen hierzu nach Abs. 1 S. 1 Nr. 2 Verlängerungen der sechsmonatigen Frist zur Bedeckung der Solvabilitätskapitalanforderung gem. § 134 Abs. 3 – 6 VAG um drei Monate bis sieben Jahre. Schließlich zählen hierzu nach Abs. 1 S. 1 Nr. 3, S. 2 bedeutende Sanktionen oder außergewöhnliche Maßnahmen wie die Festsetzung eines Kapitalaufschlags oder die Rückkehr zur Standardformel gem. §§ 263, 301 VAG. Gerade bei Verwendung eines gruppeninternen Modells ist die vorherige Konsultation geboten, um die Verbindlichkeit der Entscheidung der Gruppenaufsichtsbehörde zu gewährleisten.[1]

5 Die zu konsultierenden Behörden sind nach Abs. 2 in den Fällen des Abs. 1 S. 1 Nr. 2 und 3 stets die Gruppenaufsichtsbehörde sowie eine andere Einzel-Aufsichtsbehörde, von der die BaFin die für die Entscheidung relevanten Informationen erfuhr. Im Fall des Abs. 1 S. 2 Nr. 1 sind die zu konsultierenden Behörden nach den Umständen des Einzelfalls zu ermitteln. So kann im Fall der „Genehmigung" des Erwerbs einer bedeutenden Beteiligung an einem deutschen Versicherungsunternehmen die Unter-

[1] Vgl. hierzu § 262 VAG Rn. 12 ff.

richtung der Aufsichtsbehörde eines damit verbundenen ausländischen Versicherungsunternehmens geboten sein, an dem der Erwerber eine mittelbare Beteiligung erwirbt.

III. Ausnahmsweiser Verzicht auf die Konsultation (Abs. 3). Die BaFin darf gem. Abs. 3 ausnahmsweise auf die vorherige Konsultation verzichten und die betroffenen Aufsichtsbehörden nachträglich unterrichten, wenn Eile geboten ist oder wenn die Konsultation die Wirksamkeit der Entscheidung beeinträchtigen könnte. Der zweite Fall dürfte nur selten vorliegen. 6

IV. Verhältnis zu anderen Regelungen. 1. Bankaufsichtsrecht (KWG). Das KWG sieht keine entsprechenden Anhörungspflichten vor. 7

2. Finanzkonglomerate-Aufsichtsrecht (FKAG). § 5 Abs. 2 Nr. 3 FKAG sieht lediglich die Anhörung von (Einzel-) Aufsichtsbehörden durch den Koordinator vor, nicht aber die umgekehrte Anhörung. Weiterhin kennt das FKAG keine Entscheidungen des Koordinators, die in die Befugnisse einer Aufsichtsbehörde aus der Einzelaufsicht eingreifen. 8

Zusammenarbeit bei verbundenen Unternehmen

286 (1) [1] **Ist ein Versicherungsunternehmen mit Sitz im Inland mit einem Versicherungsunternehmen, einem Kreditinstitut im Sinne der Richtlinie 2006/48/EG oder einer Wertpapierfirma im Sinne der Richtlinie 2004/39/EG in einem anderen Mitglied- oder Vertragsstaat unmittelbar oder mittelbar verbunden oder hat es mit einem solchen Unternehmen ein gemeinsames beteiligtes Unternehmen, übermittelt die Aufsichtsbehörde der Aufsichtsbehörde des anderen Mitglied- oder Vertragsstaats unverzüglich die Informationen, die dieser die Erfüllung der Aufsichtspflichten im Rahmen der Richtlinie 2009/138/EG ermöglichen oder erleichtern.** [2] **Zu den Informationen nach Satz 1 gehören insbesondere Informationen über Maßnahmen der Gruppe und der Aufsichtsbehörden sowie Informationen, die von der Gruppe bereitgestellt werden.** [3] **Auf Anfrage der Aufsichtsbehörde des anderen Mitglied- oder Vertragsstaats übermittelt die Aufsichtsbehörde darüber hinaus Informationen, die geeignet sind, die Beaufsichtigung nach den Richtlinien 2009/138/EG und 2002/87/EG zu ermöglichen oder zu erleichtern.** [4] **Die Aufsichtsbehörde übermittelt außerdem Informationen, soweit dies in delegierten Rechtsakten der Europäischen Kommission gemäß Artikel 249 Absatz 3 der Richtlinie 2009/138/EG verlangt wird.**

(2) **Hat das Mutterunternehmen einer Gruppe seinen Sitz in Deutschland und ist die Aufsichtsbehörde nicht die Gruppenaufsichtsbehörde, so ist die Aufsichtsbehörde auf Ersuchen der Gruppenaufsichtsbehörde hin befugt, von dem Mutterunternehmen Auskünfte über alle Geschäftsangelegenheiten der Gruppe sowie Vorlage und Übersendung aller die Gruppe betreffenden Geschäftsunterlagen, die für die Wahrnehmung der in § 281 genannten Aufgaben und Befugnisse der Gruppenaufsichtsbehörde zweckdienlich sind, zu verlangen und an die Gruppenaufsichtsbehörde weiterzuleiten.**

(3) **Die Aufsichtsbehörde erkennt Entscheidungen gemäß Artikel 231 Absatz 3 oder 6 und gemäß Artikel 237 Absatz 3 der Richtlinie 2009/138/EG einer Aufsichtsbehörde eines anderen Mitglied- oder Vertragsstaats als Gruppenaufsichtsbehörde an und wendet diese an.**

I. Allgemeines. 1. Entstehungsgeschichte. Die Norm war bereits im RegE 2012 enthalten, aber nicht als Teil der Gruppenaufsicht. **§ 111f VAG a. F.** enthielt eine Abs. 1 S. 1 vergleichbare Regelung. 1

2. Normzweck. Die Norm verpflichtet die BaFin als Einzel-Aufsichtsbehörde zum **Informationsaustausch** mit anderen Versicherungs- und Finanz-Aufsichtsbehörden sowie zur **Amtshilfe** für eine ausländische Gruppenaufsichtsbehörde, wenn das oberste Mutterunternehmen (§ 247 VAG) seinen Sitz im Inland hat. Schließlich verpflichtet sie die BaFin zur Anerkennung von bestimmten Entscheidungen der Gruppenaufsichtsbehörde. 2

3. Europarechtlicher Hintergrund. Die Norm setzt verschiedene Vorschriften der Solva II-RL um: in Abs. 1 den Art. 252, in Abs. 2 den Art. 251 und in Abs. 3 den Art. 231 Abs. 3 S. 2, Abs. 6 UAbs. 4 sowie Art. 237 Abs. 3 S. 2 Solva II-RL. 3

II. Informationsaustausch (Abs. 1). Abs. 1 bereitet aufgrund von kompliziertem Aufbau, **Redaktionsversehen** und Redundanzen Verständnisschwierigkeiten. S. 1 regelt den Grundsatz, dass die BaFin als Einzel-Aufsichtsbehörde eines Versicherungsunternehmens Informationen mit einer anderen Aufsichtsbehörde austauscht, die ein damit oder einem beteiligten Unternehmen verbundenes Unternehmen beaufsichtigt. Insoweit konkretisiert S. 1 die enge Zusammenarbeit nach § 284 Abs. 1 VAG. Soweit die andere Aufsichtsbehörde die eines Versicherungsunternehmens der Gruppe ist, ist S. 1 neben § 284 Abs. 2 S. 1 VAG redundant. Soweit die andere Aufsichtsbehörde die eines Kreditinstituts oder einer Wertpapierfirma ist, läuft die Pflicht zum Informationsaustausch ins Leere. Denn die Informationen ermöglich der anderen Aufsichtsbehörde nicht die Erfüllung ihrer Aufsichtspflichten im Rahmen der 4

Solva II-RL; denn diese ist ja Aufsichtsbehörde eines Kreditinstituts oder einer Wertpapierfirma, die nicht der Solva II-RL unterliegt. Es handelt sich um ein Redaktionsversehen, wie der Vergleich zum Wortlaut des zugrunde liegenden Art. 252 UAbs. 2 Solva II-RL zeigt. Richtigerweise geht um die Nützlichkeit für die Erfüllung der Aufsichtspflichten der Aufsichtsbehörde aus der Bankenaufsicht (Richtlinien 2006/48/EG und 2004/39/EG). S. 2 nennt nicht abschließend Beispiele der auszutauschenden Informationen: Maßnahmen der Gruppe sowie der Aufsichtsbehörden sowie von der Gruppe bereitgestellte Informationen, wie etwa der Bericht über Solvabilität und Finanzlage.

5 S. 3 verpflichtet die BaFin darüber hinaus auf Anfrage zum Austausch weiterer Informationen. Soweit diese die Beaufsichtigung nach der Solva II-RL ermöglichen, sind sie nunmehr bereits zum dritten Mal erfasst, vgl. S. 1 und § 284 Abs. 2 S. 1 VAG. Danach bedarf es im Übrigen keiner Anfrage. Soweit diese Informationen die Beaufsichtigung nach der Finanzkonglomerate-Richtlinie 2002/87/EG ermöglichen, erscheint die Regelung sinnvoll. Allerdings ist nicht zu verstehen, weshalb der Austausch nicht stattfinden darf, wenn die Versicherungsgruppe kein Finanzkonglomerat ist, und das betroffene Kreditinstitut nur der Bankenaufsicht unterliegt. Schließlich verpflichtet S. 4 die BaFin zum Informationsaustausch, wenn dies delegierte Rechtsakte der Kommission nach Art. 249 Abs. 3 Solva II-RL ohnehin tun.

6 **III. Amtshilfepflicht (Abs. 2).** Die BaFin ist nach Abs. 2 zur Amtshilfe für eine ausländische Gruppenaufsichtsbehörde verpflichtet, wenn das oberste Mutterunternehmen (§ 247 VAG) seinen Sitz im Inland hat. Insoweit übt die BaFin die Befugnisse, die sie als Gruppenaufsichtsbehörde gem. §§ 281, 305 Abs. 1 Nr. 1 VAG hätte, für die ausländische Gruppenaufsichtsbehörde gegenüber dem inländischen Unternehmen aus.

7 **IV. Anerkennung von Entscheidungen der Gruppenaufsichtsbehörde (Abs. 3).** Nach Abs. 3 hat die BaFin als Einzel-Aufsichtsbehörde die nach der Solva II-RL für sie verbindlichen Entscheidungen der Gruppenaufsichtsbehörde anzuerkennen. Hierbei handelt es sich um die Entscheidungen nach Art. 231 Abs. 3 oder 6 Solva II-RL (entspricht spiegelbildlich § 262 Abs. 4 und 7 VAG; Genehmigung des gruppeninternen Modells) sowie Art. 237 Abs. 3 Solva II-RL (entspricht spiegelbildlich § 268 Abs. 4 VAG; Genehmigung des zentralisierten Risikomanagements).

8 **V. Verhältnis zu anderen Regelungen. 1. Bankaufsichtsrecht (§ 8 KWG).** § 8 KWG verpflichtet die BaFin als Banken-Aufsichtsbehörde ebenfalls zur Zusammenarbeit mit den Banken-Aufsichtsbehörden der anderen Mitglied- oder Vertragsstaaten.

9 **2. Finanzkonglomerate-Aufsichtsrecht.** Das FKAG enthält keine entsprechende Vorschrift.

Zwangsmaßnahmen

287 (1) [1]**Erfüllt ein Versicherungsunternehmen einer Gruppe die Anforderungen der §§ 250 bis 272 an die Solvabilität der Gruppe nicht oder ist die Solvabilität der Gruppe gefährdet, obwohl es die Anforderungen einhält, oder gefährden gruppeninterne Transaktionen oder Risikokonzentrationen die Finanzlage des Versicherungsunternehmens, fordert die Aufsichtsbehörde das Versicherungsunternehmen auf, Maßnahmen zur unverzüglichen Bereinigung der Situation zu ergreifen.** [2]**Gleichzeitig verlangt die Gruppenaufsichtsbehörde entsprechende Maßnahmen von der Versicherungs-Holdinggesellschaft oder der gemischten Finanzholding-Gesellschaft.**

(2) **Ist die Aufsichtsbehörde Gruppenaufsichtsbehörde und befindet sich der Sitz der Versicherungs-Holdinggesellschaft, der gemischten Finanzholding-Gesellschaft oder des Versicherungsunternehmens in einem anderen Mitglied- oder Vertragsstaat, teilt sie der Aufsichtsbehörde des anderen Staats ihre Erkenntnisse mit, damit diese die notwendigen Maßnahmen einleiten kann.**

(3) [1]**Die Aufsichtsbehörde koordiniert ihre Zwangsmaßnahmen mit den anderen betroffenen Aufsichtsbehörden und der Gruppenaufsichtsbehörde, insbesondere in Fällen, in denen sich die Hauptverwaltung oder Hauptniederlassung einer Versicherungs-Holdinggesellschaft oder einer gemischten Finanzholding-Gesellschaft nicht am Ort ihres Sitzes befindet.** [2]**Dies gilt auch, wenn die Aufsichtsbehörde Gruppenaufsichtsbehörde ist.**

1 **I. Allgemeines. 1. Entstehungsgeschichte.** Der RegE 2014 erweiterte den Anwendungsbereich der Norm um gemischte Finanzholding-Gesellschaften. Ansonsten änderte er die Norm nur redaktionell. § 104h VAG a. F. ermächtigte die BaFin zu Maßnahmen alleine bei Nicht-Erfüllung der Gruppensolvabilität.

2 **2. Normzweck.** Die Norm ermächtigt in Abs. 1 die Gruppenaufsichtsbehörde zum Ergreifen von Zwangsmaßnahmen, um von ihr auf der Basis der Vorschriften der Gruppenaufsicht erkannte Defizite

zu beheben. Darüber hinaus regeln Abs. 2 und 3 die Zusammenarbeit der BaFin als Einzel- oder Gruppenaufsichtsbehörde mit anderen Aufsichtsbehörden.

3. Europarechtlicher Hintergrund. Die Vorschrift setzt **Art. 258 Solvency II-RL** um. 3

II. Zwangsmaßnahmen (Abs. 1). 1. Voraussetzungen. Abs. 1 S. 1 gibt der **BaFin als Einzel-** 4
und Gruppenaufsichtsbehörde die Befugnis zum Ergreifen von Zwangsmaßnahmen in vier Fällen, in denen die Finanzlage der Versicherungsunternehmen der Gruppe bzw. der Gruppe gefährdet ist.

a) Nicht-Erfüllung der Gruppensolvabilität. Die Nicht-Erfüllung der Gruppensolvabilität kann 5
zum einen vorliegen, wenn die Gruppen-Solvabilitätskapitalanforderung nicht mit anrechnungsfähigen Eigenmitteln bedeckt ist. Für den Fall gelten die Zwangsmaßnahmen der **§§ 134 Abs. 1–4, 250 Abs. 4 VAG als *lex specialis*.**[1] Zwangsmaßnahmen nach § 287 Abs. 1 VAG kommen erst in Betracht, wenn die üblichen Maßnahmen nach § 134 VAG zu keinem Erfolg führten. Zum anderen kann die Nicht-Erfüllung der Gruppensolvabilität vorliegen, wenn ihre Berechnung fehlerhaft ist.

b) Gefährdung der Gruppensolvabilität. Weiten Spielraum eröffnet *prima facie* der Tatbestand der 6
Gefährdung der Gruppensolvabilität in Fällen, in denen die Gruppensolvabilität erfüllt ist. Um hier Verhältnismäßigkeit (§ 296 VAG) zu wahren, muss die Gruppenaufsichtsbehörde zunächst ihre Befugnisse zur **Festsetzung eines Kapitalaufschlags** gem. §§ 301, 264, 265 Abs. 6 VAG ausschöpfen, da diese detaillierter geregelt und *lex specialis* sind. Darüber hinaus ist zu beachten, dass keine entsprechenden Befugnisse im Rahmen der Einzelaufsicht nach §§ 298 ff. VAG bestehen, obwohl die Gefahrenlage dort identisch ist.[2] Denn die Besonderheit, dass die Finanzlage der Gruppe durch gruppeninterne Transaktionen und Risikokonzentrationen gefährdet ist, erfassen bereits die weiteren Tatbestandsmerkmale des Abs. 1 S. 1. Im Ergebnis ist der Tatbestand eng auszulegen; es ist schwer vorstellbar, welche Umstände die Gruppensolvabilität gefährden sollen, gegen die nicht bereits spezielle Eingriffsbefugnisse gegeben sind.

c) Gefährdung durch gruppeninterne Transaktionen. Der Tatbestand der Gefährdung der Fi- 7
nanzlage durch gruppeninterne Transaktionen[3] bezieht sich richtigerweise auf die **Finanzlage des einzelnen Versicherungsunternehmens**, und nicht die der Gruppe. Denn solche Transaktionen sind auf Gruppenebene grundsätzlich neutral.[4] Allerdings bezieht sich der Tatbestand nur auf das Versicherungsunternehmen, das die Anforderungen der §§ 250–272 VAG einzuhalten hat, mithin das der Gruppenaufsicht nach §§ 247 f. VAG unterliegende Versicherungsunternehmen. Dies ist nach Sinn und Zweck auf in die Gruppenaufsicht einbezogene Versicherungsunternehmen zu erweitern. Denn deren Finanzlage kann ebenso von gruppeninternen Transaktionen wie etwa Rückversicherung betroffen sein. Dies folgt daraus, dass Abs. 1 S. 1 ausdrücklich die BaFin als Einzel-Aufsichtsbehörde ermächtigt, und nicht nur als Gruppenaufsichtsbehörde.

d) Gefährdung durch Risikokonzentrationen. Der Tatbestand der Gefährdung der Finanzlage 8
durch Risikokonzentrationen bezieht sich fälschlicherweise auf die Finanzlage des einzelnen Versicherungsunternehmens, und nicht die der Gruppe.[5] Die Gruppenaufsichtsbehörde sollte sich aber nach § 273 VAG ein Blick über solche Risikokonzentrationen verschaffen, die zwar kein unangemessenes Konzentrationsrisiko für die einzelnen Versicherungsunternehmen darstellen, aber in aggregierter Form für die Versicherungsgruppe als Ganzes.[6]

2. Adressat. Adressat des Verlangens der BaFin ist zunächst nach Abs. 1 S. 1 das in die Gruppen- 9
aufsicht einbezogene oder ihr unterliegende **Versicherungsunternehmen**. Daneben richtet die BaFin ihr Verlangen auch als Gruppenaufsichtsbehörde nach Abs. 1 S. 2 an die **Versicherungs-Holdinggesellschaft oder gemischte Finanzholding-Gesellschaft**, falls ein Fall der Gruppenaufsicht gem. § 245 Abs. 2 Nr. 2 und 3 VAG vorliegt. Eine solche Holdinggesellschaft hat die notwendigen gesellschaftsrechtlichen und faktischen Eingriffsbefugnisse, um die Situation bei einem Tochterunternehmen zu bereinigen, auch wenn sie selbst nicht nach § 245 Abs. 2 Nr. 2 und 3 VAG der Gruppenaufsicht unterliegt.

3. Umfang. Die von der BaFin verlangten Maßnahmen sind nicht eingeschränkt. Soweit sie ein in 10
die Gruppenaufsicht einbezogenes Versicherungsunternehmen betreffen, müssen sie in dessen Einflussbereich liegen. Gegenüber einem der Gruppenaufsicht unterliegenden Versicherungsunternehmen sowie einer Holdinggesellschaft sind auch Maßnahmen zulässig, die von einem Tochterunternehmen zu treffen sind. Darüber hinaus unterliegt das Verlangen der BaFin den Anforderungen der §§ 296 f. VAG.

---

[1] Vgl. § 250 VAG Rn. 16.
[2] § 298 Abs. 1 und 2 VAG gewährt keine vergleichbaren Eingriffsbefugnisse gegenüber Erst- und Rückversicherungsunternehmen im Rahmen der Einzelaufsicht.
[3] Zur Legaldefinition vgl. § 274 VAG Rn. 7 f.
[4] Vgl. § 274 VAG Rn. 2.
[5] Dazu und zur Legaldefinition vgl. § 273 VAG Rn. 7 ff.
[6] Zu einem Beispiel vgl. § 273 VAG Rn. 11.

11 **III. Zusammenarbeit mit anderen Aufsichtsbehörden (Abs. 2 und 3).** Die Wahrnehmung der Befugnisse nach § 287 VAG bzw. Art. 258 Solva II-RL erfordert in besonderem Maße eine Abstimmung zwischen den Aufsichtsbehörden des Aufsichtskollegiums. Denn die Erkenntnisse, die das Vorliegen eines der Tatbestandsmerkmale des Abs. 1 S. 1 begründen, werden zwar zentral von der Gruppenaufsichtsbehörde erlangt. Die Bereinigung der Situation ist aber insbesondere im Fall von gruppeninternen Transaktionen und Risikokonzentrationen nur einem Versicherungsunternehmen möglich, das eventuell der Einzelaufsicht in einem anderen Staat unterliegt. Aus diesem Grund verlangt Abs. 3, dass die BaFin als Einzel- oder Gruppenaufsichtsbehörde ihre Zwangsmaßnahmen mit den anderen Aufsichtsbehörden koordiniert. Darüber hinaus verpflichtet Abs. 2 die BaFin als Gruppenaufsichtsbehörde zur Unterrichtung einer ausländischen Aufsichtsbehörde in dem Sonderfall, dass die Versicherungs-Holdinggesellschaft oder gemischte Finanzholding-Gesellschaft dort ihren Sitz hat.[7]

12 **IV. Verhältnis zu anderen Regelungen. 1. Bankaufsichtsrecht (§ 45 Abs. 3 KWG).** § 45 Abs. 3 KWG ermächtigt die BaFin zur Anordnung von Maßnahmen zur Verbesserung der Eigenmittelausstattung und Liquidität; eine besondere Ermächtigung in Bezug auf gruppeninterne Transaktionen und Risikokonzentrationen besteht nicht.

13 **2. Finanzkonglomerate-Aufsichtsrecht (§ 21 FKAG).** § 21 FKAG verleiht der BaFin als Koordinator gleiche Eingriffsbefugnisse. Voraussetzung dafür ist, dass die Eigenmittel unzureichend sind. Dies kann sich nach § 20 Abs. 1 Nr. 2 FKAG auch infolge eines Korrekturpostens aufgrund von Risikokonzentrationen und konglomeratsinternen Transaktionen ergeben. Insgesamt entsprechen damit die Voraussetzungen denen des § 287 VAG.

Kapitel 4. Drittstaaten

Mutterunternehmen mit Sitz in einem Drittstaat

288 (1) [1] **Für ein Versicherungsunternehmen einer Gruppe, dessen Mutterunternehmen eine Versicherungs-Holdinggesellschaft, eine gemischte Finanzholding-Gesellschaft oder ein Versicherungsunternehmen mit Sitz in einem Drittstaat ist, muss festgestellt werden, ob es von der Aufsichtsbehörde des betreffenden Drittstaats in einer der Gruppenaufsicht in den Mitglied- oder Vertragsstaaten gleichwertigen Weise beaufsichtigt wird.** [2] **Die Feststellung erfolgt von Amts wegen oder auf Antrag eines der betroffenen Unternehmen.** [3] **Hat die Europäische Kommission einen delegierten Rechtsakt nach Artikel 260 Absatz 3 der Richtlinie 2009/138/EG in Bezug auf einen Drittstaat erlassen, wird dieser als verbindlich anerkannt.**

(2) [1] **Hat die Europäische Kommission keinen delegierten Rechtsakt über die Gleichwertigkeit des Aufsichtssystems des betreffenden Drittstaats erlassen, so trifft die Aufsichtsbehörde, wenn sie bei Anwendung der in § 279 Absatz 2 genannten Kriterien für die Gruppenaufsicht zuständig wäre, die Feststellung im Sinne des Absatzes 1.** [2] **Sie hat vor ihrer Entscheidung die anderen betroffenen Aufsichtsbehörden und die Europäische Aufsichtsbehörde für das Versicherungswesen und die betriebliche Altersversorgung zu beteiligen.**

(3) [1] **Die Feststellung wird anhand der durch die Europäische Kommission nach Artikel 260 Absatz 2 der Richtlinie 2009/138/EG festgelegten Kriterien getroffen.** [2] **Die Gruppenaufsichtsbehörde ist an eine zuvor gegenüber einem Drittstaat getroffene Feststellung gebunden.** [3] **Dies gilt nicht, wenn eine erneute Prüfung erforderlich ist, weil sich das in Titel I Kapitel VI der Richtlinie 2009/138/EG beschriebene Aufsichtssystem oder das Aufsichtssystem des Drittstaats erheblich geändert hat.**

(4) **Ist die Aufsichtsbehörde betroffene Aufsichtsbehörde und ist sie mit der Feststellung nicht einverstanden, kann sie gemäß Artikel 19 der Verordnung (EU) Nr. 1094/2010 innerhalb von drei Monaten nach Mitteilung der Entscheidung durch die als Gruppenaufsichtsbehörde handelnde Behörde die Europäische Aufsichtsbehörde für das Versicherungswesen und die betriebliche Altersversorgung mit der Angelegenheit befassen und um Unterstützung bitten.**

(5) [1] **Wenn die Europäische Kommission in einem delegierten Rechtsakt nach Artikel 260 Absatz 5 der Richtlinie 2009/138/EG festgestellt hat, dass die Aufsichtsvorschriften eines Drittstaats vorläufig als gleichwertig gelten, ist während des in dem Rechtsakt genannten Zeitraums § 289 anzuwenden.** [2] **Dies gilt nicht, wenn ein Versicherungsunternehmen mit Sitz im Inland eine Bilanzsumme aufweist, die über der Bilanzsumme des Mutterunternehmens**

[7] Dies kann der Fall sein, wenn die Gruppenaufsichtsbehörde nicht nach § 279 Abs. 2 Nr. 2 lit. a und b VAG bestimmt wurde.

mit Sitz in einem Drittstaat liegt. [3]In diesem Fall übernimmt die als Gruppenaufsichtsbehörde handelnde Behörde die Aufgabe der Gruppenaufsichtsbehörde.

I. Allgemeines. 1. Entstehungsgeschichte. Die Norm wurde gegenüber dem RegE 2012 mehrfach in Folge der Änderung der Solva II-RL geändert. Die Änderungen betreffen insbesondere die Erfassung von Tochter-Versicherungsunternehmen von gemischten Finanzholding-Gesellschaften sowie das Verfahren zur Feststellung der Gleichwertigkeit. Das VAG a. F. enthielt keine entsprechende Vorschrift. 1

2. Normzweck. Die Norm erlaubt zusammen mit § 289 VAG die **Übertragung der Durchführung der Gruppenaufsicht an eine Aufsichtsbehörde eines Drittstaats**, falls dieser eine gleichwertige Gruppenaufsicht aufweist. Die Norm selbst regelt die Feststellung der Gleichwertigkeit und ist damit das Gegenstück zu § 258 Abs. 1 S. 2 VAG. Die Folgen der (fehlenden) Gleichwertigkeit regeln §§ 289 f. VAG. 2

3. Europarechtlicher Hintergrund. Die Vorschrift setzt Art. 260 Abs. 1 Solvency II-RL um. Sie wird durch **Art. 380 Solva II-VO** ergänzt und geändert. 3

II. Anwendungsbereich. Die Norm richtet sich an Versicherungsunternehmen, die der Gruppenaufsicht nach **§ 245 Abs. 2 Nr. 3 VAG** unterliegen. 4

III. Feststellung der Gleichwertigkeit. 1. Allgemeines. Im Fall mehrstufiger Versicherungsgruppen mit Mutterunternehmen in verschiedenen Drittstaaten ist nach **§ 291 Abs. 1 VAG** die Gleichwertigkeit des Drittstaats auf oberster Ebene zu bestimmen. Maßstab hierfür sind die in Art. 380 Solva II-VO niedergelegten Kriterien. Zu unterscheiden sind, wie nach § 258 Abs. 2 und 3 VAG,[1] die Feststellung der dauerhaften oder vorläufigen Gleichwertigkeit durch die Kommission nach Abs. 1 S. 3 und Abs. 5 sowie die durch die Gruppenaufsichtsbehörde nach Abs. 2–4. 5

2. Feststellung durch die Kommission (Abs. 1 S. 3, Abs. 5). a) Dauerhafte Gleichwertigkeit (Abs. 1 S. 3). Die Feststellung der dauerhaften Gleichwertigkeit durch die Kommission in einem delegierten Rechtsakt hat Vorrang vor allen anderen Feststellungen. Die Kommission hat bisher die Gruppenaufsicht in der **Schweiz**[2] **und Bermudas**[3] als dauerhaft gleichwertig festgestellt. In der Folge gilt § 289 VAG. 6

b) Vorläufige Gleichwertigkeit (Abs. 5). Die Feststellung der vorläufigen Gleichwertigkeit der Kommission nach Abs. 5 S. 1 hat für die Zeit der Geltung der Feststellung ebenfalls die Anwendung von § 289 VAG zur Folge.[4] Allerdings gilt dies nach Abs. 5 S. 2 f. nicht, falls die **Bilanzsumme** eines (inländischen) Versicherungsunternehmens größer als die des Mutterunternehmens im Drittstaat ist. Entsprechend § 291 Abs. 1 VAG ist dabei auf das oberste Mutterunternehmen in einem Drittstaat abzustellen. Die Regelung wird regelmäßig zur Folge haben, dass die Übertragung der Gruppenaufsicht nur dann erfolgt, wenn Mutterunternehmen des inländischen Versicherungsunternehmens wiederum ein Versicherungsunternehmen eines Drittstaats ist. Denn eine Versicherungs-Holdinggesellschaft oder gemischte Finanzholding-Gesellschaft im Drittstaat dürfte aufgrund ihrer Tätigkeit als Holdinggesellschaft eine kleinere Bilanzsumme als ein operativ tätiges Versicherungsunternehmen (zumal ein Lebens-Versicherungsunternehmen) haben. 7

3. Feststellung durch die Gruppenaufsicht (Abs. 2–4). a) Verfahren. Die mit der Feststellung endende Überprüfung beginnt gem. Abs. 1 S. 2 von Amts wegen oder aufgrund eines Antrags eines der betroffenen Unternehmen. Die Federführung bei der Überprüfung sowie die Zuständigkeit für die Feststellung liegen gem. Abs. 2 S. 1 bei der BaFin als Aufsichtsbehörde, die nach § 279 VAG Gruppenaufsichtsbehörde wäre, falls nach § 290 VAG keine Gleichwertigkeit vorliegt. Das Verfahren beginnt gem. Abs. 1 S. 3 nur, soweit nicht die Kommission über die (vorläufige oder dauerhafte) Gleichwertigkeit entschieden hat. Von der bereits erfolgten **Feststellung einer anderen Gruppenaufsichtsbehörde** darf die BaFin als Gruppenaufsichtsbehörde nur gem. Abs. 3 abweichen, wenn sich die zu vergleichenden Aufsichtssysteme nach der Solva II-RL bzw. den Vorschriften des Drittstaats erheblich geändert haben. Bevor sie die (fehlende) Gleichwertigkeit feststellt, hat die BaFin als Gruppenaufsichtsbehörde nach Abs. 2 S. 2 **die anderen betroffenen Aufsichtsbehörden und EIOPA zu beteiligen.** 8

Die anderen betroffenen Aufsichtsbehörden können EIOPA gem. der Abs. 4 entsprechenden Vorschrift ausländischen Rechts mit der **Streitschlichtung nach Art. 19 EIOPA-V** befassen, falls sie mit 9

[1] Vgl. § 258 VAG Rn. 11 ff.

[2] Delegierter Beschluss (EU) 2015/1602.

[3] Delegierter Beschluss (EU) 2016/309; die Gleichwertigkeit gilt mit Ausnahme der Vorschriften für firmeneigene Versicherungsunternehmen und *Special Purpose Insurers*.

[4] Bisher hat die Kommission keine solche Entscheidung erlassen. Der delegierte Beschluss (EU) 2015/2290 über die vorläufige Gleichwertigkeit der geltenden Solvabilitätssysteme in Australien, Bermuda, Brasilien, Kanada, Mexiko und den Vereinigten Staaten bezieht sich nicht auf die Gruppenaufsicht.

der beabsichtigten Feststellung nicht einverstanden sind. Das gleiche Recht steht der BaFin gem. Abs. 4 als betroffene Aufsichtsbehörde gegenüber einer ausländischen Gruppenaufsichtsbehörde zu.[5]

10 **b) Prüfungsmaßstab.** Die Beurteilung der Gleichwertigkeit richtet sich gem. Abs. 3 S. 1 nach den Kriterien des **Art. 380 Solva II-VO.** Der Kriterienkatalog bildet die Prinzipien der §§ 245 ff. VAG bzw. Art. 212 ff. Solva II-RL ab.

11 **IV. Verhältnis zu anderen Regelungen. 1. Drittstaaten-Gleichwertigkeit (VAG).** Die Frage der Gleichwertigkeit des Aufsichtssystems eines Drittstaates ist außer im Hinblick auf die Gruppenaufsicht in zwei weiteren Fällen relevant: in der Beaufsichtigung eines verbundenen Versicherungsunternehmens (§ 258 VAG) sowie der von das Rückversicherungsgeschäft betreibenden Versicherungsunternehmen (§ 67 Abs. 1 S. 2 VAG).

12 **2. Bankaufsichtsrecht (§ 53d Abs. 1 KWG).** § 53d Abs. 1 KWG sieht die Gleichwertigkeit der Aufsicht auf konsolidierter Basis im Drittstaat als Regelfall an. Falls sie ausnahmsweise fehlt, kann die BaFin die Beaufsichtigung im Inland anordnen.

13 **3. Finanzkonglomerate-Aufsichtsrecht (§ 15 Abs. 3 FKAG).** § 15 Abs. 3 KWG sieht die Gleichwertigkeit der Finanzkonglomerate-Aufsicht im Drittstaat als Regelfall an. Falls sie ausnahmsweise fehlt, kann die BaFin die Beaufsichtigung im Inland anordnen.

Gleichwertigkeit

289 (1) **Ist im Überprüfungsverfahren nach § 288 die gleichwertige Beaufsichtigung festgestellt worden, erkennt die Aufsichtsbehörde die im Drittstaat durchgeführte Gruppenaufsicht als verbindlich an.**

(2) **Die §§ 279 bis 287, 293 Absatz 1, § 298 Absatz 1, § 305 Absatz 1 Nummer 1, § 306 Absatz 1 Nummer 1 und § 309 gelten bei der Zusammenarbeit mit den Aufsichtsbehörden des Drittstaats entsprechend.**

1 **I. Allgemeines. 1. Entstehungsgeschichte.** Die Norm war bereits im RegE 2012 enthalten und wurde durch den RegE 2014 nur redaktionell überarbeitet. Das VAG a. F. enthielt keine entsprechende Vorschrift.

2 **2. Normzweck.** Die Norm regelt die **Rechtsfolgen der Feststellung der Gleichwertigkeit** nach § 288 VAG, d. h. die Verbindlichkeit der Gruppenaufsicht nach den Vorschriften des Drittstaats für die Aufsichtsbehörden und Unternehmen in den Mitglied- und Vertragsstaaten.

3 **3. Europarechtlicher Hintergrund.** Die Vorschrift setzt Art. 261 Solva II-RL um. Sie wird durch die delegierten Beschlüsse (EU) 2015/1602 und 2016/309 ergänzt.

4 **II. Bedeutung der Vorschrift.** Abs. 1 postuliert den Grundsatz, dass eine als gleichwertig festgestellte Gruppenaufsicht eines Drittstaats von der BaFin als Aufsichtsbehörde und ansonsten zuständiger Gruppenaufsichtsbehörde verbindlich gilt.[1] Abs. 2 listet abschließend die entsprechend geltenden Zuständigkeitsnormen auf. Die Regelung ist so zu verstehen, dass die Befugnisse der BaFin als Einzel-Aufsichtsbehörde gem. §§ 293, 298 Abs. 1, 305 Abs. 1 Nr. 1 und § 306 Abs. 1 Nr. 1 VAG (selbstverständlich) bestehen bleiben. Sie kann sie aber auch für die Zwecke der Gruppenaufsicht des Drittstaats ausüben, mithin im Auftrag der Gruppenaufsichtsbehörde des Drittstaats. Hierdurch werden die betroffenen Aufsichtsbehörden des Aufsichtskollegiums zur Zusammenarbeit verpflichtet, **als ob die Gruppenaufsichtsbehörde eine solche eines Mitglied- und Vertragsstaats wäre**. Die Verbindlichkeit der Gruppenaufsicht des Drittstaats schließt nicht aus, dass die BaFin als nationale Teil-Gruppenaufsichtsbehörde eine **Teilgruppenaufsicht** nach § 248 VAG durchführt. Dies folgt aus dem Verweis des Abs. 2 auf **§ 248 VAG**.

5 **III. Verhältnis zu anderen Regelungen. 1. Fehlende Gleichwertigkeit (§ 290 VAG).** Die Folgen der fehlenden Gleichwertigkeit regelt § 290 VAG.

6 **2. Bankaufsichtsrecht (§ 53d Abs. 1 KWG).** § 53d Abs. 1 KWG sieht die Gleichwertigkeit der Aufsicht auf konsolidierter Basis im Drittstaat als Regelfall an. Falls sie ausnahmsweise fehlt, kann die BaFin die Beaufsichtigung im Inland anordnen.

7 **3. Finanzkonglomerate-Aufsichtsrecht (§ 15 Abs. 3 FKAG).** § 15 Abs. 3 KWG sieht die Gleichwertigkeit der Finanzkonglomerate-Aufsicht im Drittstaat als Regelfall an. Falls sie ausnahmsweise fehlt, kann die BaFin die Beaufsichtigung im Inland anordnen.

---

[5] Vgl. § 258 VAG Rn. 11 ff.

[1] S. o. § 288 VAG Rn. 6 f. zu den bisher getroffenen Entscheidungen.

Fehlende Gleichwertigkeit

290 (1) [1]**Findet keine gleichwertige Beaufsichtigung im Sinne des § 288 statt, sind die §§ 250 bis 265 und 271 bis 285 sowie 309 entsprechend anzuwenden; Absatz 4 bleibt unberührt.** [2]**Die in den §§ 250 bis 265 und 271 bis 285 festgelegten allgemeinen Grundsätze und Berechnungsmethoden sind auf der Ebene der Versicherungs-Holdinggesellschaft, der gemischten Finanzholding-Gesellschaft oder des Drittstaats-Versicherungsunternehmens anzuwenden.**

(2) [1]**Handelt es sich bei dem Mutterunternehmen um eine Versicherungs-Holdinggesellschaft oder eine gemischte Finanzholding-Gesellschaft, wird diese ausschließlich für die Berechnung der Solvabilität der Gruppe wie ein Versicherungsunternehmen behandelt.** [2]**Die Solvabilitätskapitalanforderung wird nach Maßgabe des § 257 berechnet; die Eigenmittel, die zur Einhaltung der Solvabilitätskapitalanforderung herangezogen werden können, werden gemäß Teil 2 Kapitel 2 Abschnitt 2 Unterabschnitt 1 bestimmt.**

(3) [1]**Handelt es sich bei dem Mutterunternehmen um ein Versicherungsunternehmen eines Drittstaats, wird dieses ausschließlich für die Berechnung der Solvabilität der Gruppe wie ein Versicherungsunternehmen behandelt.** [2]**Die Solvabilitätskapitalanforderung wird nach Maßgabe des § 258 berechnet; die Eigenmittel, die zur Einhaltung der Solvabilitätskapitalanforderung herangezogen werden können, werden gemäß Teil 2 Kapitel 2 Abschnitt 2 Unterabschnitt 1 bestimmt.**

(4) [1]**Die Aufsichtsbehörde kann nach Konsultation der anderen betroffenen Aufsichtsbehörden mit Zustimmung der Gruppenaufsichtsbehörde andere Methoden als die in den §§ 250 bis 265 und 271 bis 285 geregelten verwenden, wenn diese eine angemessene Beaufsichtigung der Versicherungsunternehmen der Gruppe gewährleisten.** [2]**Sie kann insbesondere die Gründung einer Versicherungs-Holdinggesellschaft oder einer gemischten Finanzholding-Gesellschaft mit Sitz in der Europäischen Gemeinschaft verlangen und die Vorschriften über die Beaufsichtigung von Gruppen auf die Versicherungsunternehmen der Gruppe anwenden, an deren Spitze diese Versicherungs-Holdinggesellschaft oder gemischte Finanzholding-Gesellschaft steht.** [3]**Es können nur Methoden gewählt werden, die der Erreichung der Ziele der Gruppenaufsicht dienlich sind.** [4]**Die Aufsichtsbehörde hat die anderen betroffenen Aufsichtsbehörden und die Europäische Kommission über die gewählten Methoden zu unterrichten.**

(5) **Für die Zusammenarbeit mit den Aufsichtsbehörden des Drittstaats gilt § 289 Absatz 2.**

I. Allgemeines. 1. Entstehungsgeschichte. Die Norm war bereits im RegE 2012 enthalten; durch den RegE 2014 wurden neben redaktionellen Änderungen die Berücksichtigung der gemischten Finanzholding-Gesellschaft ergänzt. Daneben wurde in Umsetzung der Änderung der Solva II-RL die Befugnis nach Abs. 4 S. 2 geschaffen. Das VAG a. F. enthielt keine entsprechende Vorschrift. 1

2. Normzweck. Die Norm regelt die **Durchführung der Gruppenaufsicht für Versicherungsgruppen nach § 245 Abs. 2 Nr. 3 VAG**. Diese ist vorbehaltlich des Abs. 4 grundsätzlich wie für Versicherungsgruppen nach § 245 Abs. 2 Nr. 1 und 2 VAG durchzuführen. Abs. 5 stellt klar, dass auch im Fall der fehlenden Gleichwertigkeit der Drittstaats-Gruppenaufsicht eine Zusammenarbeit mit der Aufsichtsbehörde des Drittstaats stattfindet. 2

3. Europarechtlicher Hintergrund. Die Vorschrift setzt **Art. 262 Solva II-RL** um. 3

II. Grundsatz: entsprechende Anwendung der Gruppenaufsicht (Abs. 1–3). 1. Regelung. Vorbehaltlich des Abs. 4 ist die Gruppenaufsicht nach § 250 VAG gem. Abs. 1 entsprechend auch auf Versicherungsgruppen nach § 245 Abs. 2 Nr. 3 VAG anzuwenden. Dabei ist nach Abs. 1 S. 2 **das oberste Mutterunternehmen im Drittstaat miteinzubeziehen**, z. B. in Bezug auf die Überwachung der Risikokonzentrationen nach § 273 VAG und des Governance-Systems nach § 275 VAG. Außerdem hat die Berechnung der Gruppensolvabilität ebenfalls wie sonst auch auf Ebene des obersten Mutterunternehmens im Drittstaat zu erfolgen. In dem Zusammenhang stellen Abs. 2 und 3 klar, dass **das oberste Mutterunternehmen im Drittstaat wie ein zwischengeschaltetes bzw. verbundenes Unternehmen nach §§ 257 f. VAG zu behandeln** ist. Demnach ist für das Mutterunternehmen, das Versicherungs-Holdinggesellschaft, gemischte Finanzholding-Gesellschaft oder Versicherungsunternehmen eines Drittstaats ist, der Beitrag zur Gruppensolvabilität wie für ein Versicherungsunternehmen zu berechnen. Da die Berechnung auf Ebene des obersten Mutterunternehmens im Drittstaat zu erfolgen hat, sind neben den Unternehmen in Mitglied- und Vertragsstaaten auch alle weiteren verbundenen Unternehmen in (anderen) Drittstaaten enthalten. 4

2. Praktische Probleme. Die Norm geht wie selbstverständlich von der Durchsetzbarkeit ihrer Regelungen aus. In der Praxis dürfte dies aber auf Schwierigkeiten stoßen. Sie erfordert, dass das der 5

Aufsicht im Inland unterliegende Tochter-Versicherungsunternehmen die notwendigen Informationen vom Mutterunternehmen im Drittstaat erhält, oder dass dieses am besten sogar selbst die notwendigen Berechnungen in Bezug auf die ganze Gruppe nach den Grundsätzen der Solva II-RL durchführt. Und dies, **obwohl das oberste Mutterunternehmen im Drittstaat einem anderen, mangels Gleichwertigkeit andersartigen Regime unterliegt**. Besonders deutlich wird der Konflikt bei der von Abs. 1 verlangten Einrichtung des gruppenweiten Governance-Systems nach den Grundsätzen der Solva II-RL im obersten Mutterunternehmen im Drittstaat. Dieses Unternehmen kann im Drittstaat ebenfalls einer Pflicht zur Einrichtung eines gruppenweiten Governance-Systems, auch in den verbundenen Versicherungsunternehmen in Deutschland unterliegen; die Ausgestaltung des Systems kann aber nach den abweichenden Grundsätzen des Drittstaats andersartig sein. Einen Ausweg aus diesem Dilemma bietet Abs. 4.

6 **III. Ausnahme: Modifikation der Gruppenaufsicht (Abs. 4).** Insbesondere aufgrund der soeben dargestellten Schwierigkeiten kann in der Praxis die Durchführung einer „normalen" Gruppenaufsicht ausscheiden. Dann kann die BaFin als Einzel-Aufsichtsbehörde gem. Abs. 4 S. 1 andere Methoden verwenden, wenn sie der Erreichung der Ziele der Gruppenaufsicht dienlich sind. Dabei hat sie andere betroffene Aufsichtsbehörden zu konsultieren, und darf nur mit Zustimmung der Gruppenaufsichtsbehörde handeln. Besondere Probleme bestünden, wenn ein oberstes Mutterunternehmen eines Drittstaats Beteiligungen an verbundenen Unternehmen in je einem Mitglied- und Vertragsstaat hält, so dass in keinem Mitglied- und Vertragsstaat eine Teilgruppe vorliegt, und es kein oberstes Mutterunternehmen in einem Mitglied- und Vertragsstaat gibt. Für den Fall erlaubt Abs. 4 S. 2 als besonders einschneidende Maßnahme, dass die BaFin als (Einzel-)Aufsichtsbehörde die **Gründung einer Versicherungs-Holdinggesellschaft oder einer gemischten Finanzholding-Gesellschaft mit Sitz in der Europäischen Gemeinschaft** verlangen kann. In dem Fall wäre die Gruppe anschließend eine solche nach § 245 Abs. 2 Nr. 2 VAG. Die verlangte Abstimmung mit anderen Aufsichtsbehörden ist hier besonders wichtig, damit die Versicherungsgruppe nicht mehrere Holdinggesellschaften in verschiedenen Staaten zu gründen braucht. Die betroffenen Aufsichtsbehörden sollten sich richtigerweise **entsprechend § 279 Abs. 2 Nr. 2 lit. e VAG** grundsätzlich auf die Gründung der Holdinggesellschaft in dem Staat einigen, in dem das Versicherungsunternehmen mit der höchsten Bilanzsumme seinen Sitz hat.

7 **IV. Zusammenarbeit mit den Aufsichtsbehörden des Drittstaats (Abs. 5).** Nach Abs. 5 soll die BaFin als Aufsichtsbehörde genauso mit den Aufsichtsbehörden des Drittstaats zusammenarbeiten, als ob dieser Staat eine gleichwertige Gruppenaufsicht hätte. Dies ist so zu verstehen, dass die BaFin ihre **Befugnisse aus der Einzel- und Gruppenaufsicht** gegenüber den inländischen Unternehmen selbstverständlich behält. Soweit sie danach auch Befugnisse im Rahmen der Gruppenaufsicht hat, darf sie sie aber nicht ohne weiteres nach der Maßgabe der Gruppenaufsicht des Drittstaats ausüben, denn diese gilt anders als nach § 289 Abs. 2 VAG eben nicht als gleichwertig.

8 **V. Verhältnis zu anderen Regelungen. 1. Gleichwertigkeit (§ 289 VAG).** Die Folgen der Gleichwertigkeit regelt § 289 VAG.

9 **2. Bankaufsichtsrecht (§ 53d Abs. 1 KWG).** § 53d Abs. 1 KWG sieht die Gleichwertigkeit der Aufsicht auf konsolidierter Basis im Drittstaat als Regelfall an. Falls sie ausnahmsweise fehlt, kann die BaFin die Beaufsichtigung im Inland anordnen.

10 **3. Finanzkonglomerate-Aufsichtsrecht (§ 15 Abs. 3 FKAG).** § 15 Abs. 3 KWG sieht die Gleichwertigkeit der Finanzkonglomerate-Aufsicht im Drittstaat als Regelfall an. Falls sie ausnahmsweise fehlt, kann die BaFin die Beaufsichtigung im Inland anordnen.

Ebene der Beaufsichtigung

291 (1) **Ist ein Mutterunternehmen mit Sitz in einem Drittstaat selbst Tochterunternehmen einer Versicherungs-Holdinggesellschaft oder gemischten Finanzholding-Gesellschaft mit Sitz außerhalb des Europäischen Wirtschaftsraums oder eines Drittstaats-Versicherungsunternehmens, wird die in § 288 genannte Überprüfung nur auf der Ebene des obersten Mutterunternehmens, das eine Drittstaats-Versicherungs-Holdinggesellschaft, eine gemischte Drittstaats-Finanzholding-Gesellschaft oder ein Drittstaats-Versicherungsunternehmen ist, vorgenommen.**

(2) [1]**Die Aufsichtsbehörde kann bei fehlender gleichwertiger Beaufsichtigung auf einer niedrigeren Ebene bei einem Mutterunternehmen von Versicherungsunternehmen eine erneute Überprüfung vornehmen, unabhängig davon, ob es sich dabei um eine Drittstaats-Versicherungs-Holdinggesellschaft, eine gemischte Drittstaats-Finanzholding-Gesellschaft oder ein Drittstaats-Versicherungsunternehmen handelt.** [2]**In diesem Fall erläutert die in § 288**

Absatz 2 genannte Aufsichtsbehörde der Gruppe die Entscheidung. [3]§ 290 ist entsprechend anzuwenden.

I. Allgemeines. 1. Entstehungsgeschichte. Die Norm war bereits im RegE 2012 enthalten; durch den RegE 2014 wurden neben redaktionellen Änderungen die Berücksichtigung der gemischten Finanzholding-Gesellschaft ergänzt. Das VAG a. F. enthielt keine entsprechende Vorschrift. 1

2. Normzweck. Die Norm regelt, dass die Überprüfung der Gleichwertigkeit nach § 288 VAG grundsätzlich nur auf der Ebene des obersten Mutterunternehmens eines Drittstaats zu erfolgen hat. Allerdings kann die BaFin ausnahmsweise eine positive Gleichwertigkeit auf unterer Ebene gelten lassen. 2

3. Europarechtlicher Hintergrund. Die Vorschrift setzt **Art. 263 Solvency II-RL** um, einschließlich der Option, eine Feststellung auf unterer Ebene der Versicherungsgruppe zuzulassen. 3

II. Grundsatz (Abs. 1). Abs. 1 regelt den Grundsatz, dass die Überprüfung der Gleichwertigkeit gem. § 288 VAG auf Ebene des obersten Mutterunternehmens der Versicherungsgruppe und damit in Bezug auf dessen Sitzland erfolgt. **Beispiel**: Versicherungsunternehmen A mit Sitz im Inland hat als Mutterunternehmen die Versicherungs-Holdinggesellschaft B mit Sitz in der Schweiz, deren Mutterunternehmen die Versicherungs-Holdinggesellschaft C mit Sitz in Japan ist. In dem Fall ist die Gleichwertigkeit der Gruppenaufsicht in Japan entscheidend. 4

III. Ausnahme (Abs. 2). In Ausübung der Mitgliedstaatenoption lässt Abs. 2 **ausnahmsweise die Überprüfung (richtigerweise: die Feststellung) der Gleichwertigkeit auf unterer Ebene** zu, wenn die Gleichwertigkeit auf der obersten Ebene fehlt. Damit kann (Ermessen, § 297 VAG) die BaFin als eigentliche Gruppenaufsichtsbehörde von einer Gruppenaufsicht absehen, wenn auf Ebene einer Teilgruppe, deren oberstes Mutterunternehmen seinen Sitz in einem Drittstaat hat, eine gleichwertige Gruppenaufsicht stattfindet.[1] Die Prüfung der Gleichwertigkeit auf unterer Ebene ist für die Versicherungsgruppe vorteilhaft und unterliegt den gleichen Anforderungen wie eine Gleichwertigkeitsprüfung auf oberster Ebene. **Beispiel** wie oben:[2] BaFin kann von der Gruppenaufsicht absehen, da zwar nicht die Gruppenaufsicht auf oberster Ebene in Japan (Mutterunternehmen C), aber die in der Schweiz (Mutterunternehmen B) als gleichwertig gilt.[3] 5

IV. Verhältnis zu anderen Regelungen. Die Vorschrift ergänzt § 288 VAG; die Folgen der (fehlenden) Gleichwertigkeit regeln §§ 289 ff. VAG. 6

Kapitel 5. Versicherungs-Holdinggesellschaften und gemischte Finanzholding-Gesellschaften

Gruppeninterne Transaktionen

292 **[1]Haben ein oder mehrere Versicherungsunternehmen eine gemischte Versicherungs-Holdinggesellschaft oder eine gemischte Finanzholding-Gesellschaft als Mutterunternehmen, unterliegen die gruppeninternen Transaktionen zwischen diesen Versicherungsunternehmen und der gemischten Versicherungs-Holdinggesellschaft der allgemeinen Aufsicht. [2]Die §§ 274, 284 bis 287, 293 Absatz 1, § 298 Absatz 1, § 305 Absatz 1 Nummer 1 und § 328 sind entsprechend anzuwenden.**

I. Allgemeines. 1. Entstehungsgeschichte. Die Norm erfuhr durch den RegE 2014 redaktionelle Änderungen sowie die allerdings fehlerhafte[1] Erweiterung um Versicherungsunternehmen, die Tochterunternehmen einer gemischten Finanzholding-Gesellschaft sind. Dieser Fehler wurde durch Art. 4 Abs. 14 Finanzaufsichtsrechtergänzungsgesetz wieder beseitigt; in der Folge wurde in S. 2 der Verweis auf § 293 Abs. 1 VAG gestrichen. 1

2. Normzweck. Die Norm erklärt die Vorschriften zu gruppeninternen Transaktionen für Versicherungsunternehmen, die Tochterunternehmen einer gemischten Versicherungs-Holdinggesellschaft[2] sind, für entsprechend anwendbar. Dies ist nötig, da solche Versicherungsunternehmen nach **§ 245 Abs. 2 Nr. 4 VAG** nicht unmittelbar den Vorschriften der Gruppenaufsicht gem. §§ 248 ff. VAG unterliegen.[3] 2

[1] Begr. RegE 2014, BT-Drs. 18/2956, 288.
[2] S. o. Rn. 4.
[3] Vgl. § 288 VAG Rn. 6 f.

[1] Die Einbeziehung von Versicherungsunternehmen, die Tochterunternehmen einer gemischten Finanzholding-Gesellschaft sind, war weder von der Solva II-RL vorgesehen noch notwendig. Solche Versicherungsunternehmen unterliegen ohnehin nach § 245 Abs. 2 Nr. 2 und 3 VAG der vollständigen Gruppenaufsicht.
[2] Zur Legaldefinition des § 7 Nr. 11 VAG, vgl. § 245 VAG Rn. 14.
[3] Vgl. § 245 VAG Rn. 32 ff.

3 **3. Europarechtlicher Hintergrund.** Die Vorschrift setzt **Art. 265 Solva II-RL** um. Die Umsetzung ist allerdings insoweit fehlerhaft, als dass die Einbeziehung von Versicherungsunternehmen, die Tochterunternehmen einer gemischten Finanzholding-Gesellschaft sind, weder vorgesehen noch notwendig ist. Solche Versicherungsunternehmen unterliegen ohnehin nach § 245 Abs. 2 Nr. 2 und 3 VAG der vollständigen Gruppenaufsicht.

4 **II. Bedeutung.** Entsprechend gelten nach S. 2 folgende Vorschriften: §§ 274 (Überwachung gruppeninterner Transaktionen), 284–287 (Zusammenarbeit und Konsultation der Aufsichtsbehörden sowie Zwangsmaßnahmen gegen das Versicherungsunternehmen), 305 Abs. 1 Nr. 1 (Auskunftspflicht) sowie 328 VAG (Zustellungen). Hinsichtlich der entsprechenden Geltung ist jeweils zu beachten, dass Versicherungsunternehmen, die Tochterunternehmen einer gemischten Versicherungs-Holdinggesellschaft sind, nur in Bezug auf gruppeninterne Transaktionen der Gruppenaufsicht unterliegen. So sind etwa Zwangsmaßnahmen nach § 287 Abs. 1 VAG nur zulässig, wenn gruppeninterne Transaktionen die Finanzlage des Versicherungsunternehmens gefährden.

5 In Bezug auf die eigentliche Überwachung gruppeninterner Transaktionen nach § 274 VAG ist zu beachten, dass nach S. 1 **nur Transaktionen zwischen Versicherungsunternehmen und gemischter Versicherungs-Holdinggesellschaft** erfasst sind, nicht auch zwischen weiteren verbundenen Unternehmen der gemischten Versicherungs-Holdinggesellschaft, wie dies nach § 274 Abs. 1 VAG der Fall ist.[4]

6 **III. Verhältnis zu anderen Regelungen. 1. Aufsicht über andere Holdinggesellschaften (§ 293 VAG).** In Bezug auf Versicherungs-Holdinggesellschaften und gemischte Finanzholding-Gesellschaften gilt nach §§ 266, 293 VAG, dass sie der gesamten Gruppenaufsicht, auch der in Bezug auf gruppeninterne Transaktionen, unterliegen, sowie einer eingeschränkten Einzelaufsicht.

7 **2. Bankaufsichtsrecht (§ 13c KWG).** Nach § 13c KWG unterliegen gruppeninterne Transaktionen zwischen einem CRR-Kreditinstitut und einem gemischten Unternehmen der Aufsicht. Letzteres definiert das KWG nicht; der Begriff soll dem Begriff der gemischten Holdinggesellschaft nach Art. 4 Abs. 22 VO 575/2013 entsprechen,[5] die der gemischten Versicherungs-Holdinggesellschaft vergleichbar ist.

8 **3. Finanzkonglomerate-Aufsichtsrecht (FKAG).** Das FKAG bezieht gemischte Versicherungs-Holdinggesellschaften nicht in die Aufsicht ein.

Aufsicht

293 (1) [1] **Für Versicherungs-Holdinggesellschaften und gemischte Finanzholding-Gesellschaften gelten neben dem Absatz 3 die §§ 4, 16 bis 26, 29, 30, 32, 47 Nummer 1, 2 und 5 bis 7 sowie die §§ 303, 305, 306, 310 und 333 entsprechend; § 299 bleibt unberührt.** [2] **Für Unternehmen, die auch das Erst- oder Rückversicherungsgeschäft betreiben, gelten neben Absatz 2 nur die Vorschriften über die Beaufsichtigung von Erst- oder Rückversicherungsunternehmen.**

(2) **In den Fällen des § 287 kann die Aufsichtsbehörde die erforderlichen Maßnahmen auch gegenüber der jeweiligen Versicherungs-Holdinggesellschaft oder gemischten Finanzholding-Gesellschaft anordnen.**

(3) [1] **Die Aufsichtsbehörde kann Befugnisse, die Organen einer Versicherungs-Holdinggesellschaft oder gemischten Finanzholding-Gesellschaft nach Gesetz, Satzung oder Geschäftsordnung zustehen, ganz oder teilweise auf einen Sonderbeauftragten übertragen, wenn**

1. **Tatsachen vorliegen, aus denen sich ergibt, dass ein oder mehrere Geschäftsleiter oder ein oder mehrere Aufsichtsratsmitglieder die Voraussetzungen des § 24 nicht erfüllen, oder**
2. **die Versicherungs-Holdinggesellschaft oder gemischte Finanzholding-Gesellschaft nachhaltig gegen Bestimmungen dieses Gesetzes, des Versicherungsvertragsgesetzes, des Geldwäschegesetzes, der Verordnung (EU) Nr. 648/2012 oder gegen die zur Durchführung dieses Gesetzes erlassenen Rechtsverordnungen, die zur Durchführung der Verordnung (EU) Nr. 648/2012 oder der Richtlinie 2009/138/EG erlassenen Rechtsakte oder gegen Anordnungen der Aufsichtsbehörde verstoßen hat.**

[2] **§ 307 Absatz 1 Satz 2 und 3, Absatz 2 bis 4 ist entsprechend anzuwenden.**

(4) **Für Unternehmen mit Sitz im Inland, deren Haupttätigkeit der Erwerb und das Halten unmittelbarer oder mittelbarer Beteiligungen an Erst- oder Rückversicherungsunternehmen oder Pensionsfonds ist und die nicht bereits der Aufsicht nach diesem Gesetz unterliegen, gelten die Absätze 1 bis 3 entsprechend.**

---

[4] Vgl. § 274 VAG Rn. 7.
[5] Vgl. Boos/Fischer/Schulte-Mattler/*Groß* § 13c KWG Rn. 2.

Übersicht

I. Allgemeines. 1. Entstehungsgeschichte. Gegenüber dem RegE 2012 erfuhr die Norm durch den RegE 2014 neben redaktionellen Änderungen eine Erweiterung um gemischte Finanzholding-Gesellschaften sowie eine Änderung der in Abs. 3 Nr. 2 genannten Vorschriften, deren Verletzung die Einsetzung eines Sonderbeauftragten rechtfertigen. Waren dies vormals u. a. die des HGB und AktG, sind es nunmehr die des VVG, GWG sowie der Verordnung über OTC-Derivate, zentrale Gegenparteien und Transaktionsregister. 1

Die Norm entspricht zu einem großen Teil der des § 1b VAG a. F. und bezieht zusätzlich gemischte Finanzholding-Gesellschaften in den Anwendungsbereich ein. § 1b VAG a. F. enthielt eine von Europarecht abweichende Definition der Versicherungs-Holdinggesellschaft und erklärte weite Teile von damaligen Anforderungen an die Geschäftsorganisation (Zuverlässigkeit und Eignung, internes Kontrollsystem einschließlich Risikomanagement und Revision sowie Vergütungssysteme; §§ 7a, 6a, 64b VAG a. F.), Anzeigepflichten (§§ 13d, 13e VAG a. F.) und Eingriffsbefugnisse (§§ 83 Abs. 1, 81 Abs. 4 VAG a. F.) für entsprechend anwendbar. Unterschiede zwischen der Rechtslage nach VAG n. F. und a. F. sind insbesondere, dass nunmehr nur eine Definition gilt, dass die Beaufsichtigung nur auf Ebene der obersten Holdinggesellschaft stattfindet sowie dass die Anforderungen an die Geschäftsorganisation wie auch bei Versicherungsunternehmen gestiegen sind.[1] 2

2. Normzweck. Die Norm regelt zentral die entsprechende Geltung der Anforderungen und Eingriffsbefugnisse, die für die Versicherungs-Holdinggesellschaft und gemischte Finanzholding-Gesellschaft als eigenständiges Aufsichtsobjekt gelten. Sie ergänzt damit die wenigen Normen, die unmittelbar für solche Holdinggesellschaften gelten.[2] 3

3. Europarechtlicher Hintergrund. Die Norm setzt zu einem kleinen Teil Art. 257 Solvency II-RL um, der die Vorschriften der §§ 24 (Zuverlässigkeit und Eignung) und 287 VAG (Zwangsmaßnahmen) für entsprechend anwendbar erklärt. Zum weitaus größeren Teil führt die Norm auf rein national-rechtlicher Basis § 1b VAG a. F. fort.[3] 4

II. Geltungsbereich, Begriffsbestimmungen (§ 7 VAG). 1. Geltungsbereich. Im Ergebnis gilt § 293 Abs. 1 und 3 VAG nur für eine solche Versicherungs-Holdinggesellschaft oder gemischte Finanzholding-Gesellschaft, die **oberstes Mutterunternehmen** auf Ebene der Mitglied- oder Vertragsstaaten (§ 247 VAG) oder, im Fall von Teilgruppenaufsicht, auf nationaler Ebene (§ 248 VAG) ist, und ihren Sitz im Inland hat. Ob dies der Fall ist, hat die BaFin mittels **Verwaltungsakt gem. § 4 VAG** festzustellen. 5

Versicherungs-Holdinggesellschaften und gemischte Finanzholding-Gesellschaften unterliegen einer Aufsicht nach dem VAG, die über das von der Solva II-RL geforderte Maß weit hinausgeht. Vor dem Hintergrund ist zu beachten, dass die im Einklang mit der Solva II-RL stehenden Definitionen des § 7 Nr. 10 und 31 VAG zunächst nur für die Zwecke der §§ 245 – 292 VAG gelten. Ausdruck dessen ist, dass der **Sitz der Holdinggesellschaft** für die Zwecke der Gruppenaufsicht unerheblich ist. Denn der Gruppenaufsicht nach § 245 Abs. 2 Nr. 2 und 3 VAG unterliegt das Tochter-Versicherungsunterneh- 6

[1] Zur früheren Rechtslage vgl. Bähr/*Wolf* § 29 m. w. N., insbesondere Rn. 21 ff. zu den Problemen der Anwendbarkeit auf zwischengeschaltete Versicherungs-Holdinggesellschaften.
[2] Vgl. etwa § 299 VAG.
[3] S. o. Rn. 2.

men, nicht die Holdinggesellschaft. Die besondere nationale Aufsicht über sie setzt dagegen voraus, dass sie ihren Sitz im Inland hat.[4] In der Folge gelten die in Abs. 2 und 3 genannten Normen nur für eine Holdinggesellschaft mit Sitz im Inland. Weiterhin folgt aus § 247 Abs. 1 VAG, dass § 293 Abs. 1 VAG nur auf Ebene der obersten Holdinggesellschaft in einem Mitglied- oder Vertragsstaat gilt. § 293 Abs. 1 VAG statuiert ausdrücklich die generelle Anwendbarkeit von Abs. 3 auf Holdinggesellschaften, die ohnehin aus dem Wortlaut des Abs. 3 folgt. Daraus ist zu schließen, dass auch Abs. 3 nur auf der Ebene der obersten Holdinggesellschaft gilt, so als ob auch Abs. 2 im eingeschränkten Verweis des § 247 Abs. 1 VAG enthalten wäre. Hierfür sprechen auch Sinn und Zweck; es ist ausreichend, die Aufsicht auf die oberste Holdinggesellschaft zu beschränken. Allerdings gilt auch insoweit § 248 Abs. 1 VAG: falls die BaFin die Teilgruppenaufsicht anordnet, unterliegt auch eine solche Holdinggesellschaft § 293 Abs. 1 und 3 VAG, die oberstes Mutterunternehmen im Inland ist.

7 **2. Gemischte Finanzholding-Gesellschaft (§ 7 Nr. 10 VAG). a) Legaldefinition.** § 7 Nr. 10 VAG definiert die gemischte Finanzholding-Gesellschaft in Umsetzung von Art. 212 Abs. 1 lit. g Solva II-RL als

„Mutterunternehmen, das kein beaufsichtigtes Unternehmen eines Finanzkonglomerats im Sinne des § 2 Abs. 1 des Finanzkonglomerate-Aufsichtsgesetzes ist und das zusammen mit seinen Tochterunternehmen, von denen mindestens eines ein beaufsichtigtes Unternehmen eines Finanzkonglomerats mit Sitz im Inland oder in einem anderen Mitglied- oder Vertragsstaat ist, und mit anderen Unternehmen ein Finanzkonglomerat bildet."

8 **b) Würdigung.** Die Definition entspricht der des **§ 6 Abs. 10 FKAG**. Der Wortlaut erfasst nur **Gesellschaften**, sonstige Rechtspersonen wie etwa natürliche Personen sind ausgenommen. Es handelt sich um Gesellschaften, die zumindest auch Beteiligungen an beaufsichtigten Unternehmen halten, selbst aber unbeaufsichtigt sind. Beaufsichtigte Unternehmen nach § 2 Abs. 1 FKAG sind CRR-Kreditinstitute im Sinne des KWG, Versicherungsunternehmen mit Ausnahme der Sterbekassen im Sinne des VAG, Versicherungs-Zweckgesellschaften im Sinne des VAG, Wertpapierhandelsunternehmen im Sinne des WpHG sowie Verwaltungsgesellschaften im Sinne des § 1 Abs. 14 des KAGB. In Bezug auf ein beaufsichtigtes Unternehmen muss die gemischte Finanzholding-Gesellschaft Mutterunternehmen sein. Schließlich müssen ihre verbundenen Unternehmen erhebliche branchenübergreifende Tätigkeiten aufweisen (§ 8 FKAG), d. h. **sowohl in der Banken- und Wertpapierdienstleistungsbranche als auch der Versicherungsbranche** in bestimmtem Umfang tätig sein. Die Abgrenzung zur Versicherungs-Holdinggesellschaft nach § 7 Nr. 31 VAG erfolgt lediglich dadurch, dass die Gruppe, an der die gemischte Finanzholding-Gesellschaft beteiligt ist, ein Finanzkonglomerat darstellt.

9 Falls ein Unternehmen neben Beteiligungen an Versicherungsunternehmen auch Beteiligungen an beaufsichtigten Unternehmen der Banken- und Wertpapierdienstleistungsbranche hält, die Gruppe aber keine erheblichen branchenübergreifenden Tätigkeiten aufweist, stellt das Unternehmen eine Versicherungs-Holdinggesellschaft nach § 7 Nr. 31 VAG oder eine gemischte Versicherungs-Holdinggesellschaft nach § 7 Nr. 11 VAG dar. Hinsichtlich des Sitzes der Gesellschaft ist zu unterscheiden. Für die Zwecke des § 245 Abs. 2 Nr. 2 lit. b und 3 lit. b VAG ist er unerheblich, da er die Gruppenaufsicht über das Tochter-Versicherungsunternehmen (und nicht die gemischte Finanzholding-Gesellschaft) begründet. Allerdings erfasst § 293 VAG nur inländische gemischte Finanzholding-Gesellschaften, da die BaFin ansonsten keine Aufsicht ausüben kann.

10 **3. Versicherungs-Holdinggesellschaft (§ 7 Nr. 31 VAG). a) Legaldefinition.** § 7 Nr. 31 VAG definiert Versicherungs-Holdinggesellschaften als

„Mutterunternehmen, die keine gemischte Finanzholding-Gesellschaft im Sinne der Nr. 10 sind und deren Haupttätigkeit der Erwerb und das Halten von Beteiligungen an Tochterunternehmen ist; dabei sind diese Tochterunternehmen ausschließlich oder hauptsächlich Versicherungsunternehmen oder Versicherungsunternehmen eines Drittstaats; mindestens eines dieser Tochterunternehmen ist ein Versicherungsunternehmen."

Die Vorschrift setzt **Art. 212 Abs. 1 lit. f Solva II-RL** um. Die Bestimmung eines Unternehmens als Versicherungs-Holdinggesellschaft hat Bedeutung für den Anwendungsbereich der Gruppenaufsicht nach § 245 Abs. 2 Nr. 2 lit. a und 3 lit. a VAG sowie für die Begründung von Aufsichtsbefugnissen gem. § 293 VAG.

11 **b) Würdigung.** Zu beachten ist, dass der Wortlaut nur Gesellschaften erfasst, sonstige Rechtspersonen wie etwa natürliche Personen sind ausgenommen. Eine Gesellschaft ist Versicherungs-Holdinggesellschaft, wenn sämtliche nachfolgenden Tatbestandsmerkmale vorliegen, und wenn nicht die Gesellschaft zusammen mit ihren Tochterunternehmen und verbundenen Unternehmen ein Finanzkonglomerat bildet. Denn in dem Fall ist sie stets gemischte Finanzholding-Gesellschaft gem. § 7 Nr. 10 VAG; dies gilt unabhängig davon, ob das Halten von Beteiligungen an Tochter-Versicherungsunternehmen ihre Haupttätigkeit ist. Dies folgt daraus, dass die gemischte Finanzholding-Gesellschaft in eine umfassendere Gruppenaufsicht einbezogen ist.

[4] Vgl. zur Rechtslage nach § 1b VAG a. F. Bähr/*Wolf* § 29 Rn. 9 f.

Die Versicherungs-Holdinggesellschaft ist **Mutterunternehmen** (vgl. § 7 Nr. 23 VAG) mindestens eines Versicherungsunternehmens (eines Mitglied- und Vertragsstaats), und zwar genauer eines mit Sitz im Inland, da ansonsten das VAG keine Anwendung findet und die BaFin nicht Gruppenaufsichtsbehörde gem. § 279 Abs. 2 Nr. 2 lit. a VAG ist. Diese Einschränkung ist sinnvoll in Bezug auf oberste Versicherungs-Holdinggesellschaften iSd §§ 245 Abs. 2, 272 und 293 VAG. In Bezug auf zwischengeschaltete Versicherungs-Holdinggesellschaften nach § 257 VAG und deren Berücksichtigung in der Berechnung der Gruppen-Solvabilitätskapitalanforderung mit der Konsolidierungsmethode nach Art. 335 f. Solva II-VO ist die Beschränkung dagegen nicht sinnvoll; hier gebietet sich zumindest eine analoge Anwendung der an die Versicherungs-Holdinggesellschaft gerichteten Vorschriften. **Haupttätigkeit** der Gesellschaft ist der Erwerb und das Halten von Beteiligungen an Tochter-Versicherungsunternehmen (eines Mitglied- und Vertragsstaats oder eines Drittstaates). Die Beurteilung sollte sich nach den tatsächlichen Geschäftstätigkeiten, und nicht nach dem Satzungszweck bemessen.[5] Die Kriterien hierfür sind offen. In der Regel sollte mehr als die Hälfte der Bilanzsumme oder aber wenigstens des Eigenkapitals auf die Beteiligungen an den Versicherungsunternehmen entfallen, und diese müssen zahlenmäßig die Beteiligungen an anderen Unternehmen überwiegen. Zusätzliche Kriterien können, je nach Fallgestaltung, Umsatz, Mitarbeiter oder Gewinn sein. Falls nicht das Halten von Beteiligungen an Tochter-Versicherungsunternehmen ihre Haupttätigkeit ist, kann die Gesellschaft gemischte Versicherungs-Holdinggesellschaft gem. § 7 Nr. 11 VAG sein. Hinsichtlich des Sitzes der Gesellschaft ist zu unterscheiden. Für die Zwecke des § 245 Abs. 2 Nr. 2 lit. a und 3 lit. a VAG ist er unerheblich, da er die Gruppenaufsicht des Tochter-Versicherungsunternehmens (und nicht der Versicherungs-Holdinggesellschaft) begründet. Allerdings erfasst § 293 VAG nur inländische Versicherungs-Holdinggesellschaften, da die BaFin ansonsten keine Aufsicht ausüben kann.[6] 12

c) Ergänzungen der Legaldefinition (Abs. 1 S. 2, Abs. 4). Über die auf der Solva II-RL beruhende Legaldefinition des § 7 Nr. 31 VAG hinaus enthält Abs. 1 S. 2 eine weitere Umschreibung, die alleine auf deutschem Recht beruht und auf § 1b VAG a. F. zurückgeht.[7] Aus Abs. 1 S. 2 folgt, dass ein Unternehmen **gleichzeitig Versicherungsunternehmen und Holdinggesellschaft** sein könne. Dies widerspricht der Systematik der Solva II-RL und ist auch nicht notwendig, im Ergebnis aber unbeachtlich. Nach der Systematik der Solva II-RL, insbesondere wie sie in § 245 Abs. 2 VAG umgesetzt wurde, stellt der Tatbestand der Holdinggesellschaft einen Auffangtatbestand für den Fall dar, dass ein Unternehmen eben kein Versicherungsunternehmen ist. Ausdrücklich folgt dies auch aus Art. 212 Abs. 1 lit. g Solva II-RL, wonach die gemischte Finanzholding-Gesellschaft „weder ein Versicherungsunternehmen noch ein Versicherungsunternehmen eines Drittstaats" ist. Die Systematik gilt darüber hinaus auch nach deutschem Recht. Es ist nicht ersichtlich, weshalb ein Versicherungsunternehmen, das unmittelbar den in Abs. 1 S. 1, Abs. 2 und Abs. 3 genannten Normen unterliegt, diesen auch mittelbar unterliegen sollte. Im Ergebnis ist dies aber unbeachtlich, da das Unternehmen als Versicherungsunternehmen ohnehin diesen (und zusätzlichen) Vorschriften unterliegt. 13

Schließlich enthält Abs. 4 eine weitere Legaldefinition der Versicherungs-Holdinggesellschaft. Die unterscheidet sich von § 7 Nr. 31 VAG dadurch, dass die Haupttätigkeit auch im Halten von **Beteiligungen an Pensionsfonds** nach §§ 236 ff. VAG bestehen kann. Falls eine Versicherungs-Holdinggesellschaft i. S. d. § 7 Nr. 31 VAG als Nebentätigkeit auch Beteiligungen an Pensionsfonds hält, ist dies für die Zwecke der Gruppenaufsicht unschädlich. Falls ein Unternehmen aber seine Haupttätigkeit nicht nur im Halten von Beteiligungen an Versicherungsunternehmen hat, sondern gleichermaßen auch im Halten von Beteiligungen an Pensionsfonds, ist es für die Zwecke der Gruppenaufsicht nach §§ 245 Abs. 2, 7 Nr. 11 und 31 VAG als gemischte Versicherungs-Holdinggesellschaft zu behandeln. Lediglich für die Zwecke des § 293 Abs. 1–3 VAG ist sie auch als Versicherungs-Holdinggesellschaft anzusehen. 14

III. Anwendbare Normen. 1. Überblick. Die entsprechend anzuwenden Normen sind in Abs. 1 S. 1 Hs. 1 sowie Abs. 3 S. 2 aufgelistet. Der Verweis des Abs. 2 auf § 287 VAG ist deklaratorischer Natur, da letzterer nach seinem Abs. 1 S. 2 unmittelbar für Holdinggesellschaften gilt. Gleiches trifft auf den Verweis in Abs. 1 S. 1 Hs. 2 auf § 299 VAG zu. Abs. 3 S. 1 enthält eigenständige Voraussetzungen zur Einsetzung eines Sonderbeauftragten, die die des § 307 Abs. 1 S. 1 VAG ersetzen. 15

2. Aufsicht über Inhaber bedeutender Beteiligungen. Entsprechend gilt nach Abs. 1 S. 1 Hs. 1 die Aufsicht über Inhaber bedeutender Beteiligungen (§ 7 Nr. 3 VAG) gem. §§ 16–18 VAG sowie die entsprechenden Anzeigepflichten gem. § 47 Nr. 5–7 VAG.[8] Allerdings unterliegen die verbundenen Versicherungsunternehmen und sonstigen beaufsichtigten Unternehmen der Holdinggesellschaft ohne- 16

[5] Vgl. zur Rechtslage nach § 1b VAG a. F. Bähr/*Wolf* § 29 Rn. 12 ff.

[6] Dies verkennt die Gesetzesbegründung (BT-Drs. 18/2956, S. 288), wonach der Begriff der Versicherungs-Holdinggesellschaft nur noch einheitlich im Sinne der Solva II-RL verwendet werde. Dies ist eben nicht möglich, wenn der deutsche Gesetzgeber weitere Eingriffsbefugnisse vorsieht.

[7] Begr. RegE 2014, BT-Drs. 18/2956, 288.

[8] Vgl. zur Rechtslage nach § 1b VAG a. F. Bähr/*Wolf* § 29 Rn. 28 ff.

hin dieser Aufsicht nach VAG oder KWG bzw. KAGB. Eine unmittelbare bedeutende Beteiligung an einem Mutterunternehmen, der Holdinggesellschaft, stellt nach § 7 Nr. 3 VAG gleichermaßen eine Beteiligung an dem beaufsichtigten Tochterunternehmen dar. Zeitgleich mit dem Erwerb der bedeutenden Beteiligung an der Holdinggesellschaft findet der Erwerb der durch die Holdinggesellschaft vermittelten bedeutenden Beteiligung am beaufsichtigten Unternehmen statt. **Eigenständige Bedeutung** hat die Aufsicht in Bezug auf Holdinggesellschaften nur dann, wenn diese nur eine Beteiligung (§ 7 Nr. 4 VAG) an einem Versicherungsunternehmen halten, ohne Mutterunternehmen zu sein. **Beispiel**: Unternehmen A beabsichtigt den Erwerb einer Beteiligung i. H. v. 30 % an der Versicherungs-Holdinggesellschaft B, die eine Beteiligung i. H. v. 30 % am Versicherungsunternehmen C hält. Der beabsichtigte Erwerb der unmittelbaren Beteiligung an der Versicherungs-Holdinggesellschaft B unterliegt der Aufsicht. Dagegen beabsichtigt A nicht den Erwerb einer mittelbaren bedeutenden Beteiligung an C, da B keine Kontrolle über C hat.

17 **3. Governance.** Nach Abs. 1 S. 1 gelten folgende Vorgaben an die Geschäftsorganisation oder Governance entsprechend für die Versicherungs-Holdinggesellschaft oder gemischte Finanzholding-Gesellschaft: allgemeine Anforderungen, fachliche Eignung und Zuverlässigkeit, Vergütung, Risikomanagement, Internes Kontrollsystem, Interne Revision und Ausgliederung (§§ 23–26, 29, 30 und 32 VAG), mithin alle Anforderungen an die Governance mit Ausnahme von versicherungsmathematischer Funktion, ORSA und Verwendung externer Ratings (§§ 27, 28 und 31 VAG).[9] Konkret verlangt Abs. 1 S. 1 die Einrichtung einer solchen **Governance auf Einzelebene der Holdinggesellschaft.** Daneben besteht nach § 275 VAG die Pflicht, eine noch umfassendere Governance auf Gruppenebene einzurichten.

18 Insbesondere hat die Holdinggesellschaft auf Einzelebene die genannten Funktionen einzurichten und mittels Leitlinien für eine transparente Organisationsstruktur und klare Regelung der Zuständigkeiten zu sorgen. Die Inhaber der Funktionen sowie Vorstand und Aufsichtsrat der Holdinggesellschaft müssen die Anforderungen an Zuverlässigkeit und Eignung erfüllen. Die beabsichtigte Bestellung oder ein Ausscheiden sind nach § 47 Nr. 1 und 2 VAG anzuzeigen. Das Risikomanagement hat die Risiken, denen die Holdinggesellschaft auf Einzelebene ausgesetzt ist, zu identifizieren, bewerten, überwachen und zu steuern sowie aussagefähig über diese Risiken zu berichten. In quantitativer Hinsicht hat das Risikomanagement im Ausgangspunkt die Solvabilität der Holdinggesellschaft, wie sie nach § 266 VAG zu berechnen ist, zur Beurteilung der Risikotragfähigkeit heranzuziehen. Diese Solvabilität ist der Beitrag der Holdinggesellschaft zur Gruppensolvabilität, und nicht die Einzel-Solvabilität.

19 **4. Eingriffsbefugnisse.** Die BaFin hat gegenüber der Holdinggesellschaft die Eingriffsbefugnisse nach §§ 303, 305 und 306 VAG. Sie bestehen gegenüber der Holdinggesellschaft als Einzelgesellschaft, und werden nicht durch Umstände der Gruppenaufsicht begründet.

20 **IV. Verhältnis zu anderen Regelungen. 1. Bankaufsichtsrecht (§ 13c KWG).** Das Pendant zur Versicherungs-Holdinggesellschaft ist die Finanzholding-Gesellschaft gem. § 1 Abs. 35 KWG i. V. m. Art. 4 Abs. 1 Nr. 20 VO 575/2013, die Mutterunternehmen von hauptsächlich Instituten oder Finanzinstituten ist, wobei mindestens eines dieser Tochterunternehmen ein Institut ist. Sie unterliegt einer eingeschränkten Einzelaufsicht nach §§ 2d, 25d KWG in Bezug auf Geschäftsleiter und Aufsichtsorgan. Dagegen gelten die übrigen Anforderungen an die Governance nach § 25a KWG nicht in Bezug auf die Finanzholding-Gesellschaft als Einzelgesellschaft.

21 **2. Finanzkonglomerate-Aufsichtsrecht (FKAG).** Die gemischte Finanzholding-Gesellschaft wird von § 2 Abs. 10 FKAG identisch definiert. Sie unterliegt aber auf Einzelebene einer weniger umfassenden Aufsicht nach §§ 21, 28 FKAG.

[9] Begr. RegE 2014, BT-Drs. 18/2956, 288.

Teil 6. Aufsicht: Aufgaben und allgemeine Befugnisse, Organisation

Kapitel 1. Aufgaben und allgemeine Vorschriften

Aufgaben

294 **(1) Hauptziel der Beaufsichtigung ist der Schutz der Versicherungsnehmer und der Begünstigten von Versicherungsleistungen.**

(2) [1] Die Aufsichtsbehörde überwacht den gesamten Geschäftsbetrieb der Versicherungsunternehmen im Rahmen einer rechtlichen Aufsicht im Allgemeinen und einer Finanzaufsicht im Besonderen. [2] Sie achtet dabei auf die Einhaltung der Gesetze, die für den Betrieb des Versicherungsgeschäfts gelten, und bei Erstversicherungsunternehmen zusätzlich auf die ausreichende Wahrung der Belange der Versicherten. [3] Dabei berücksichtigt sie in angemessener Weise die möglichen Auswirkungen ihrer Entscheidungen auf die Stabilität des Finanzsystems in den jeweils betroffenen Staaten des Europäischen Wirtschaftsraums. [4] Im Fall außergewöhnlicher Bewegungen an den Finanzmärkten berücksichtigt sie die potenziellen prozyklischen Effekte ihrer Maßnahmen.

(3) Gegenstand der rechtlichen Aufsicht ist die ordnungsgemäße Durchführung des Geschäftsbetriebs einschließlich der Einhaltung der aufsichtsrechtlichen, der das Versicherungsverhältnis betreffenden und aller sonstigen die Versicherten betreffenden Vorschriften sowie der rechtlichen Grundlagen des Geschäftsplans.

(4) Im Rahmen der Finanzaufsicht hat die Aufsichtsbehörde für die gesamte Geschäftstätigkeit auf die dauernde Erfüllbarkeit der Verpflichtungen aus den Versicherungen und hierbei insbesondere auf die Solvabilität sowie die langfristige Risikotragfähigkeit des Versicherungsunternehmens, die Bildung ausreichender versicherungstechnischer Rückstellungen, die Anlage in entsprechenden geeigneten Vermögenswerten und die Einhaltung der kaufmännischen Grundsätze einschließlich einer ordnungsgemäßen Geschäftsorganisation und die Einhaltung der übrigen finanziellen Grundlagen des Geschäftsbetriebs zu achten.

(5) [1] Die Aufsichtsbehörde prüft und beurteilt regelmäßig die Strategien, Prozesse und Meldeverfahren, die von den Versicherungsunternehmen zwecks Einhaltung der gemäß der Richtlinie 2009/138/EG erlassenen Rechts- und Verwaltungsvorschriften festgelegt wurden (aufsichtliches Überprüfungsverfahren). [2] Das aufsichtliche Überprüfungsverfahren umfasst die Bewertung der qualitativen Anforderungen hinsichtlich der Geschäftsorganisation, die Bewertung der Risiken, denen die Unternehmen ausgesetzt sind oder sein könnten, und die Bewertung der Fähigkeit der Unternehmen, diese Risiken unter Berücksichtigung des jeweiligen Geschäftsumfelds zu beurteilen und ihnen standzuhalten. [3] Die Aufsichtsbehörde legt die Mindesthäufigkeit und den Anwendungsbereich dieser Überprüfungen, Beurteilungen und Bewertungen unter Berücksichtigung von Art, Umfang und Komplexität der Tätigkeiten des betreffenden Versicherungsunternehmens fest.

(6) [1] Die Aufsicht erstreckt sich über das Inland hinaus auf die in anderen Mitglied- oder Vertragsstaaten über Niederlassungen oder im Dienstleistungsverkehr ausgeübte Geschäftstätigkeit. [2] Dabei wird die Finanzaufsicht in alleiniger Zuständigkeit, die Aufsicht im Übrigen im Zusammenwirken mit der Aufsichtsbehörde des anderen Mitglied- oder Vertragsstaats wahrgenommen.

(7) Die Aufsicht hat sich auch auf die Liquidation eines Unternehmens und auf die Abwicklung der bestehenden Versicherungen zu erstrecken, wenn der Geschäftsbetrieb untersagt oder freiwillig eingestellt oder die Erlaubnis zum Geschäftsbetrieb widerrufen wird.

(8) Die Aufsichtsbehörden nimmt ihre Aufgaben und Befugnisse nur im öffentlichen Interesse wahr.

Übersicht

Schrifttum: *Dreher*, Die Mißstandsaufsicht über Versicherungsunternehmen nach dem Versicherungsaufsichtsgesetz 1994, WM 1995, S. 509 ff.; *ders.*, Solvenzanforderungen in der Versicherungsaufsicht nach Solvency II und künftigem VAG, ZVersWiss 101 (2012), S. 381 ff.; *ders./Ballmaier*, Das aufsichtliche Überprüfungsverfahren nach Art. 36 Solvency II-Richtlinie und § 289 VAG-RegE, in Dreher/Wandt 2012, S. 73 ff.; *Eilert*, Das aufsichtliche Überprüfungsverfahren aus der Sicht der BaFin, in Dreher/Wandt 2012, S. 51 ff.; *Lipowsky*, Das aufsichtliche Überprüfungsverfahren aus der Sicht der Versicherungswirtschaft, in Dreher/Wandt 2012, S. 57 ff.; *Sethe*, Die Verfassungsmäßigkeit des Haftungsausschlusses für fehlerhafte Bankaufsicht, FS Hopt, 2010, S. 2549 ff. Vgl. ferner die Angaben in der Einl., vor allem bei den Ausführungen zu den Zielen der Versicherungsaufsicht und der Rechtsnatur des Versicherungsaufsichtsrechts.

1 **I. Allgemeines. 1. Entstehungsgeschichte.** Im Kern ist § 294 VAG die erheblich umgestaltete **Nachfolgevorschrift** des früheren **§ 81 Abs. 1 VAG a. F.** Hinzu kommt allerdings eine **Anreicherung** durch europarechtlich veranlasste Regelungsteile und durch die Aufnahme und Fortführung zuvor in §§ 85, 86 und 121a Abs. 4 S. 1 VAG a. F. enthaltener Regelungen.

2 Der RegE zu § 294 VAG blieb **im Gesetzgebungsverfahren unverändert**.

3 **2. Normzweck.** § 294 VAG bildet die **zentrale Norm zu den Aufgaben der Versicherungsaufsichtsbehörden** i. S. v. §§ 320 ff. VAG, in der Regel also der BaFin. Sie gibt in Abs. 1 das Hauptziel der Beaufsichtigung an. Abs. 2–8 regeln Einzelheiten in Bezug auf die Aufsichtsaufgaben und deren Wahrnehmung. Dazu zählt auch das neue **aufsichtliche Überprüfungsverfahren – Regular Supervisory Review (RSR)** – nach Abs. 3.

4 **3. Europarechtlicher Hintergrund.** Mit § 294 VAG setzt der Gesetzgeber **Art. 27, 28 und 36 Solva II-RL** um.[1] Bei **Abs. 1** geht es um die Beschreibung des Ziels der Versicherungsaufsicht und damit um Art. 27 Solva II-RL.

5 **Abs. 2** betrifft mit S. 3 und 4 die aufsichtlichen Nebenziele der Finanzstabilität und Prozyklizität. Sie sind Gegenstand von Art. 28 Solva II-RL.

6 Das neue aufsichtliche Überprüfungsverfahren nach **Abs. 5** knüpft an die Vorgaben in Art. 36 Solva II-RL an.

7 **Absätze 6, 7 und 8** von § 294 VAG haben dem gegenüber keinen europarechtlichen Hintergrund. Sie führen vielmehr unverändert Regelungen des VAG a. F. fort.

[1] Vgl. VAG-RegE 2014 BT-Drs. 18/2956, 389.

8 § 294 Abs. 1 VAG erhebt – Art. 27 Solva II-RL folgend – den Gläubigerschutz zum Hauptziel der Versicherungsaufsicht. Mit diesem Ansatz **unterscheidet** sich das Versicherungsaufsichtsrecht fundamental **von dem Bankaufsichtsrecht**. Es verfolgt einen primär strukturbezogenen Ansatz, der auf die Erhaltung der Funktionsfähigkeit der Kreditwirtschaft zielt.[2] Unabhängig davon ist nicht nur in Gestalt der versicherungsaufsichtsrechtlichen Nebenziele die Tendenz **im Versicherungsaufsichtsrecht** unverkennbar, auch einen **kollektiven Funktionsschutz** zu verfolgen.[3]

9 **II. Ziele der Versicherungsaufsicht (Abs. 1; Abs. 2 S. 2 Hs. 2, S. 3 und 4). 1. Hauptziel (Abs. 1).** Nach § 294 Abs. 1 VAG ist **Hauptziel** der Beaufsichtigung **„der Schutz der Versicherungsnehmer und der Begünstigten von Versicherungsleistungen"**. Dies entspricht wörtlich Art. 27 Solva II-RL und zugleich EG 16 S. 1 Solva II-RL. Danach handelt es sich dabei um das „vorrangige Ziel" der Versicherungsaufsicht.

10 Der Vorrang besteht zu den **Nebenzielen**. Sie ergeben sich aus Art. 28 Solva II-RL bzw. § 294 Abs. 2 S. 3 und 4 VAG. Aus EG 16 S. 3 Solva II-RL folgt, dass schon jede Erschwerung oder Behinderung darin, das Hauptziel zu erreichen, eine unzulässige Beeinträchtigung des Hauptziels darstellt.[4]

11 Die **Anspruchsberechtigten aus Versicherungsverträgen** definiert EG 16 S. 2 Solva II-RL wie folgt: „eine natürliche oder juristische Person, die einen Anspruch aufgrund eines Versicherungsvertrags besitzt." In deutscher Terminologie sind dies die Versicherungsnehmer, die Versicherten und geschädigte Dritte. Dazu gehören nach teleologischer Auslegung ohne weiteres z. B. als Versicherungsnehmer auch die Gesamthandsgemeinschaften des deutschen Gesellschaftsrechts, die nicht die Rechtsnatur einer juristischen Person haben.

12 Soweit es um **Ansprüche gegenüber Einrichtungen der betrieblichen Altersversorgung** geht, sind diese ebenfalls erfasst, wenn solche Einrichtungen in den persönlichen Anwendungsbereich des VAG fallen. Im Übrigen hat sie der Gesetzgeber ausdrücklich ausgeklammert, da die EU-Richtlinie zu diesen Einrichtungen keine dem Art. 27 Solva II-RL entsprechende Regelung enthält.[5]

13 § 294 Abs. 1 VAG und Art. 27 Solva II-RL äußern sich nicht zum **aufsichtsrechtlich gebotenen Schutzniveau**. Jedoch geht EG 16 S. 1 Solva II-RL von einem „angemessenen Schutz" aus. § 81 Abs. 1 S. 2 Hs. 2 VAG a. F. und heute § 294 Abs. 2 S. 2 VAG beziehen sich auf eine **„ausreichende Wahrung der Belange der Versicherten"**. Darin liegt keine von EG 16 S. 1 Solva II-RL abweichende Beschreibung des versicherungsaufsichtsrechtlichen Schutzniveaus.[6] Die Fortführung des früheren § 81 Abs. 2 S. 2 VAG zielt nämlich auf die Beibehaltung der früheren Missstandsaufsicht und nicht lediglich auf die Angabe eines Schutzniveaus. Sie ist daher selbst europarechtswidrig.[7] Unabhängig davon enthält das Solvency II-System aufsichtsrechtliche Mindestvorgaben, die die Versicherungsunternehmen erfüllen müssen. Sie können sie aber freiwillig auch übertreffen. In Parallele dazu ist es Aufgabe der Versicherungsaufsichtsbehörde, die Einhaltung des gesetzlichen Anforderungsniveaus durch Versicherungsunternehmen aufsichtlich zu gewährleisten, nicht aber die Solva II-Vorgaben zu optimieren. Für die Versicherungsaufsichtsbehörden besteht daher ein **aufsichtsbehördliches Optimierungsverbot**.[8]

14 **2. Nebenziele (Abs. 2 S. 3 und 4).** Art. 28 Solva II-RL gibt als Nebenziele der Versicherungsaufsicht die Erhaltung der **Finanzsystemstabilität** und die **Vermeidung prozyklischer Effekte** vor.[9] Dies ist in § 294 Abs. 2 S. 3 und 4 VAG umgesetzt. Die Begründung zu § 294 Abs. 2 S. 3 und 4 VAG geht allerdings davon aus, Art. 28 Solva II-RL „nennt keine Nebenziele der Aufsicht, sondern lediglich Aspekte, die gegebenenfalls im Rahmen der Zielverfolgung mit zu berücksichtigen sind."[10] Diese Aussage stellt im Hinblick auf den eindeutigen Regelungswillen der Solva II-RL eine beachtliche Europarechtsblindheit dar. Geht doch EG 16 S. 3 Solva II-RL, der entsprechend der allgemeinen europarechtlichen Methodik für die Auslegung der Richtlinie maßgeblich ist, ausdrücklich davon aus, das es ein „vorrangiges Ziel" gibt und die vorliegend als Nebenziele bezeichneten Ziele „weitere Ziele" sind, „denen ebenfalls Rechnung zu tragen ist, die jedoch das vorrangige Ziel nicht beeinträchtigen dürfen."

15 In beiden Fällen muss die Aufsichtsbehörde den Nebenzielen bei der Wahrnehmung Ihrer Aufgaben also Rechnung tragen. Gefordert ist daher eine aufsichtsbehördliche ex-ante-Betrachtung. Sie darf aber das **Hauptziel nicht beeinträchtigen**. Die BaFin hat daher, wie der VAG-RegE 2014 zutreffend feststellt, „weder die Aufgabe, die Finanzstabilität zu sichern und prozyklische Effekte zu verhindern, noch entsprechende Anordnungs- oder Eingriffsbefugnisse."[11] Sie muss vielmehr lediglich den Neben-

[2] Ausf. Einl. Rn. 15 ff.
[3] Vgl. näher Einl. Rn. 8.
[4] Vgl. Einl. Rn. 13.
[5] Begr. zu § 294 Abs. 1 VAG-RegE 2014 BT-Drs. 18/2956, 289.
[6] Vgl. im Zusammenhang mit den Zielen der Versicherungsaufsicht schon Einl. Rn. 8.
[7] Vgl. im Einzelnen unten Rn. 29 ff.
[8] Vgl. ausf. Einl. Rn. 9 und 146 ff.
[9] Dazu ausf. Einl. Rn. 10 ff.
[10] VAG-RegE 2014 BT-Drs. 18/2956, 289.
[11] Begr. zu § 294 Abs. 2 VAG-RegE 2014 BT-Drs. 18/2956, 289.

zielen bei der Verfolgung des Hauptziels Rechnung tragen, ohne das Hauptziel zu beeinträchtigen. Eine solche Beeinträchtigung liegt aber schon in jeder Erschwerung oder Behinderung, es zu erreichen.[12]

16 Keine eigenständige rechtliche Bedeutung hat das Ziel **„fairer und stabiler Märkte"**. Es ist zwar in EG 16 S. 3 Solva II-RL genannt, aber nicht in ihren materiellen Teil aufgenommen.[13]

17 **3. Zieltransparenz.** Die **BaFin** muss nach § 318 Abs. 2 S. 1 Nr. 4 VAG auf ihrer Website „die Ziele der Beaufsichtigung und ihre Hauptfunktionen und -tätigkeiten" **veröffentlichen**. Dies entspricht Art. 31 Abs. 2 lit. e Solva II-RL.[14]

18 **III. Aufsichtskonzept (Art. 29 Abs. 1 Solva II-RL). 1. Versicherungsaufsichtsrecht als Besonderes Wirtschaftsrecht.** Bis zur Deregulierung des Versicherungsaufsichtsrechts durch die Dritten EG-Versicherungsrichtlinien im Jahr 1994,[15] teilweise aber auch noch danach, wurde das Versicherungsaufsichtsrecht seiner **Rechtsnatur** nach ganz überwiegend dem Polizeirecht zugeordnet. Dahinter stand ein auf das gesamte Versicherungsaufsichtsrecht bezogenes Konzept der Gefahrenabwehr. Es prägt heute schon im Hinblick auf die Risikoorientierung und die Prinzipienorientierung, die in vielen Bereichen ein dialogisches Kooperationsverhältnis von Aufsichtsbehörde und aufsichtsunterworfenen Versicherungsunternehmen an die Stelle des früheren Subordinationsverhältnisses treten lässt,[16] das Versicherungsaufsichtsrecht nur noch teilweise.

19 Für die netzgebundenen Wirtschaftsbereiche wird heute vielfach das – in sich allerdings noch sehr ungefestigte – Konzept des Regulierungsrechts vertreten. Dessen Ansatz, fehlenden Wettbewerb aufgrund natürlicher Monopole in der netzgebundenen Wirtschaft auch durch eine ex ante-Regulierung zu schaffen, passt aber von vornherein nicht zu der Aufsicht über Versicherungsunternehmen.[17] Daher ist das **Versicherungsaufsichtsrecht** seiner Rechtsnatur nach **Teil des Besonderen Wirtschaftsrechts**. Dem entsprechen das Ziel und der Normgehalt des Versicherungsaufsichtsrechts.[18]

20 **2. Versicherungsaufsichtsrecht als Legalitätsaufsicht (Art. 29 Abs. 1, 34 Abs. 1 Solva II-RL).** Einen weiteren fundamentalen Paradigmenwechsel hat das Solvency II-System auch im Hinblick auf das Konzept der Versicherungsaufsicht vollzogen. **Art. 29 Abs. 1 Solva II-RL** legt unter der Überschrift „Allgemeine Grundsätze der Beaufsichtigung" mit folgenden Worten das **neue Aufsichtskonzept** fest: „Die Beaufsichtigung hat auf einem prospektiven und risikobasierten Ansatz zu beruhen. Sie umfasst die kontinuierliche Überprüfung der ordnungsgemäßen Funktionsweise des Versicherungs- bzw. des Rückversicherungsgeschäfts sowie der Einhaltung der Aufsichtsvorschriften durch die Versicherungs- und die Rückversicherungsunternehmen." Diese Vorgaben hat der deutsche Gesetzgeber **in das neue VAG nicht umgesetzt**,[19] obwohl sie gleich in dreifacher Weise zentral für die Beaufsichtigung der Versicherungsunternehmen sind: zunächst für den **„prospektiven Ansatz"**, der besondere Bedeutung für das aufsichtliche Überprüfungsverfahren nach § 294 Abs. 5 VAG hat. Es soll Schwächen und Mängel bei Versicherungsunternehmen beseitigen, auch bevor sie sich negativ auf die geschützten Gläubiger der Versicherungsleistungen auswirken;[20] sodann im Hinblick auf die **Risikoorientierung der neuen Versicherungsaufsicht**;[21] und schließlich für die Verpflichtung auf eine **Legalitätsaufsicht**, deren sachliche Reichweite im Ausgangspunkt die Gesamtheit der normativen Anforderungen an ein Versicherungsunternehmen vorgibt.[22]

21 Die **Legalitätsaufsicht** ist an die Stelle der in Deutschland seit dem Jahr 1901 überkommenen und daher auch unter Geltung des VAG a. F. noch praktizierten Missstandsaufsicht getreten. Dieses Konzept einer gegenständlich unkonturierten Missstandsaufsicht nach einer Generalklausel war allerdings schon bisher europa- und verfassungswidrig.[23] Nach **Art. 34 Abs. 1 Solva II-RL** „stellen" die Mitgliedstaaten „sicher, dass die Aufsichtsbehörden befugt sind, präventive und korrigierende Maßnahmen zu ergreifen, um sicherzustellen, dass die Versicherungs- und die Rückversicherungsunternehmen die Rechts- und Verwaltungsvorschriften einhalten, die sie in jedem Mitgliedstaat zu erfüllen haben." Der früheren Missstandsaufsicht im Sinne von § 81 VAG a. F. hat der europäische Gesetzgeber damit endgültig den Boden entzogen. Darauf, dass der deutsche Gesetzgeber im VAG trotzdem an der früheren allgemeinen Missstandsaufsicht festhalten will, ist sub specie von § 298 VAG zurückzukommen.

---

[12] Vgl. Einl. Rn. 13.
[13] Vgl. Einl. Rn. 12.
[14] Vgl. schon Einl. Rn. 14.
[15] Vgl. Einl. Rn. 4.
[16] Vgl. Einl. Rn. 37 f.
[17] Vgl. ausf. Einl. Rn. 34 f.
[18] Vgl. ausf. schon Einl. Rn. 36 ff.
[19] Anders z. B. § 268 Abs. 2 S. 1 öVAG.
[20] Ebenso Korinek/G. Saria/S. Saria/*Korinek* § 273 Rn. 7.
[21] Vgl. zu diesem Defizit schon Einl. Rn. 113 und 122.
[22] Vgl. ausf. § 23 VAG Rn. 30 ff., § 29 VAG Rn. 112 ff. und die Erläuterungen zu § 298 VAG.
[23] Vgl. die Erläuterungen zu § 298 VAG.

Nach Umsetzung der Solva II-RL ist im Versicherungsaufsichtsrecht endgültig auch **kein Raum mehr** für den früher prägenden **Begriff der materiellen Staatsaufsicht**. Seine Verwendung, der schon seit dem Jahr 1994 die Dritten EG-Versicherungsrichtlinien entgegenstanden,[24] war getragen von dem Gedanken – besser: dem Wunsch –, das gesamte Geschehen in der Versicherungswirtschaft einer staatlichen Aufsicht zu unterwerfen. So war es seit Begründung des Kaiserlichen Reichsaufsichtsamts für das Versicherungswesen im Jahr 1901 üblich und damals auch noch angemessen. 22

Zusammen mit dem Begriff der materiellen Staatsaufsicht ist das ihm eng verbundene **Begriffspaar der Beobachtungs- und Berichtigungsfunktion** der Versicherungsaufsicht endgültig in den Orkus der versicherungsaufsichtsrechtlichen Rechtsgeschichte **zu verabschieden**. Mit diesem früher ebenfalls vielfach verwendeten Begriff war die grenzenlose Aufgabe der Versicherungsaufsicht gemeint, den Versicherungsbereich mit allen Tätigkeiten und allen darin Tätigen laufend zu beobachten und bei Entwicklungen, die das VAG a. F. oder die Aufsichtsbehörde als Missstand definierte, im Sinne des dafür gewählten Euphemismus „Berichtigung" einzugreifen.[25] Eine solche Aufgabenzuschreibung widerspricht im Ausgangspunkt bereits dem Verhältnis von Staat und Normadressaten mit Blick auf die grundrechtlichen Gewährleistungen. Nur im Rahmen des Rechts und damit einzelner rechtlicher Tatbestände sind die Normadressaten, im vorliegenden Zusammenhang also vor allem die Versicherungsunternehmen, Objekte staatlichen Handelns. Der staatliche Zugriff – sei es in Form von Information, sei es in Form von Eingriffen – endet an den Grenzen des Rechts. Vor dem Hintergrund der auch grundrechtlich geschützten unternehmerischen Freiheit von Versicherungsunternehmen ist der Kern der unternehmerischen Tätigkeit, das heißt z. B. die Entwicklung der Geschäftsstrategie als Proprium der Unternehmensorgane, aufsichtsresistent.[26] Jenseits dessen ist aufsichtsbehördliches Handeln zulässig, aber durch das Erfordernis gesetzlicher Ermächtigung begrenzt. Eine Generalklausel zum Beobachten und Berichtigen kennt das europäische Versicherungsaufsichtsrecht zu Recht nicht. 23

3. Versicherungsaufsicht über „den gesamten Geschäftsbetrieb" (Abs. 2 S. 1 Hs. 1). Nach § 294 Abs. 2 S. 1 Hs. 1 VAG überwacht die Aufsichtsbehörde „den gesamten Geschäftsbetrieb der Versicherungsunternehmen". Die Formulierung ist bewusst identisch mit derjenigen des § 81 Abs. 1 S. 1 Hs. 1 VAG a. F.[27] In Art. 27 oder 28 Solva II-RL, die nach der Gesetzesbegründung mit § 294 VAG umgesetzt werden sollen, hat sie keine rechtliche Grundlage.[28] Der Sache nach geht es bei § 294 Abs. 2 S. 1 Hs. 1 VAG um „Allgemeine Grundsätze der Beaufsichtigung", die in Art. 29 Solva II-RL geregelt sind. Die Beaufsichtigung der Versicherungsunternehmen „umfasst" nach Art. 29 Abs. 1 S. 2 Solva II-RL „die kontinuierliche Überprüfung der ordnungsgemäßen Funktionsweise des Versicherungs- und Rückversicherungsgeschäfts sowie der Einhaltung der Vorschriften durch die Versicherungs- und Rückversicherungsunternehmen." **Art. 29 Abs. 1 Solva II-RL hat der deutsche Gesetzgeber** aber ebenso wie dessen Abs. 2 bei der Umsetzung „vergessen", d. h. **europarechtswidrig nicht umgesetzt**. Lediglich Art. 29 Abs. 3 und 4 Solva II-RL sind mit § 296 VAG angesprochen.[29] 24

Mithin **enthält das neue VAG keine Entsprechung zu den „allgemeinen Grundsätzen der Beaufsichtigung" nach Art. 29 Abs. 1 Solva II-RL**. Nur vor diesem Hintergrund der europarechtlich unzulässigen Nichtumsetzung der zentralen Regelung zum Aufsichtskonzept in der Solva II-RL lässt sich die gezielte Beibehaltung des § 81 VAG a. F. in §§ 294, 298 VAG verstehen und rechtlich zutreffend bewerten: Darin liegt der ebenso intransparente wie rechtlich unzulässige Versuch, das seit dem Jahr 1901 geltende System der materiellen Staatsaufsicht in das Solvency II-System hinüberzuretten. 25

§ 294 Abs. 2 S. 1 Hs. 1 VAG ist vor diesem Hintergrund – wie die identische Vorgängervorschrift § 81 Abs. 1 S. 1 Hs. 1 VAG a. F. – ein **Element der früheren, heute unzulässigen materiellen Staatsaufsicht**. Denn die Regelung erhebt den „gesamten Geschäftsbetrieb" eines Versicherungsunternehmens ohne jede Begrenzung zum Gegenstand der Versicherungsaufsicht und damit auch der Eingriffsbefugnisse nach § 298 VAG.[30] Daran wiederum knüpft die vorliegend bereits verworfene, ebenfalls tatbestandlich unbegrenzte sogenannte Beobachtungs- und Berichtigungsfunktion der Versicherungsaufsicht an. Sie bildete in dem spätestens durch Solvency II abgerissenen Gebäude der materiellen Staatsaufsicht den Schlussstein. 26

---

[24] So auch FKBP/*Bähr* § 81 VAG Rn. 5; a. A. noch Prölss/*Kollhosser,* 12. Aufl., § 81 VAG Rn. 7.

[25] Vgl. pars pro toto Prölss/*Kollhosser,* 12. Aufl., § 81 VAG Rn. 41 ff. und FKBP/*Bähr* § 81 VAG Rn. 2, 16 und 35, die sich jeweils auf die Untersuchung zum Staatsrecht des Deutschen Reiches von *Triepel,* Die Reichsaufsicht, 1917, berufen.

[26] Vgl. Einl. Rn. 144.

[27] Die Gesetzesbegründung verweist ausdrücklich auf die Entsprechung, VAG-RegE 2014 BT-Drs. 18/2956, 289.

[28] Lediglich Art. 30 Abs. 2 UAbs. 1 Solva II-RL spricht in anderem Zusammenhang von der „gesamten Geschäftstätigkeit", meint damit aber vor dem Hintergrund des Normzwecks die Tätigkeit eines Versicherungsunternehmens sowohl im Herkunftsland als auch im EU-/EWR-ausländischen Tätigkeitsland. Diese Richtlinienvorgabe ist daher auch nicht Grundlage von § 294 Abs. 2 S. 1 Hs. 1 VAG, sondern von § 294 Abs. 4 Hs. 1 VAG.

[29] Begr. zu § 296 VAG-RegE 2014 BT-Drs. 18/2956, 290.

[30] Vgl. in diesem Sinne ausdrücklich noch Prölss/*Kollhosser,* 12. Aufl., § 81 VAG Rn. 9.

27 **Im Gegensatz dazu** steht das **Aufsichtskonzept des Art. 29 Abs. 1 Solva II-RL.** Dies erklärt seine bewusste Nichtumsetzung im VAG. Art. 29 Abs. 1 S. 2 Solva II-RL bezieht sich nämlich einerseits auf „die kontinuierliche Überprüfung der ordnungsgemäßen Funktionsweise des Versicherungs- bzw. Rückversicherungsgeschäfts". Andererseits begrenzen Art. 29 Abs. 1 S. 2 Solva II-RL schon bei den „Allgemeinen Grundsätzen der Beaufsichtigung" und Art. 34 Abs. 1 Solva II-RL bei der Festlegung der „Allgemeinen Aufsichtsbefugnisse" die aufsichtsbehördliche Zuständigkeit inhaltlich. Kriterium für die „präventive und korrigierende Maßnahme" im Sinne von Art. 34 Abs. 1 Solva II-RL ist die Nichteinhaltung von rechtlichen Vorgaben durch ein Versicherungsunternehmen oder für es handelnde Personen. Daraus leitet sich zugleich der Begriff der **Legalitätsaufsicht** als Kern des neuen Solvency II-Aufsichtskonzepts ab. Und daraus folgt weiter, dass dem die **unkonturierte Vorgabe** des § 294 Abs. 2 S. 1 Hs. 1 VAG, „die Aufsichtsbehörde überwacht den **gesamten Geschäftsbetrieb** der Versicherungsunternehmen", **nicht entspricht.** Zwar bezieht sie sich in Hs. 2 auf den Rahmen einer rechtlichen Aufsicht im Allgemeinen und einer Finanzaufsicht im Besonderen. Diese nahezu wortlautidentische Fortführung des früheren § 81 Abs. 1 S. 1 Hs. 2 VAG a. F. führt aber über § 298 Abs. 1 VAG direkt zu der Fortgeltung der tradierten, tatbestandlich unkonturierten Missstandsaufsicht.

28 **Der Aufsicht über Versicherungsunternehmen** sind also schon nach dem **europäischen Versicherungsaufsichtsrecht** durch dessen persönlichen, sachlichen und zeitlichen Anwendungsbereich **Grenzen** gesetzt. Nur dies entspricht auch der Grundrechtsrelevanz einer staatlichen Aufsicht über private Unternehmen. Soweit es zunächst um den **persönlichen Anwendungsbereich** des Versicherungsaufsichtsrechts geht, ist dieser durch die Normadressateneigenschaft geprägt, die sich auf bestimmte Unternehmen bezieht. Maßgeblich dafür sind Art. 2 ff. Solva II-RL bzw. §§ 1 ff. VAG. Der **sachliche Anwendungsbereich** des Versicherungsaufsichtsrechts legt sowohl die Tätigkeiten der Normadressaten fest, die der Versicherungsaufsicht unterfallen, als auch die dafür maßgeblichen Aufsichtskriterien. Während der persönliche Anwendungsbereich also das „Wer" betrifft, geht es bei dem sachlichen Anwendungsbereich um das „Was und Wie". Die Regelungen dazu durchziehen die Solva II-RL ebenso wie das VAG. Der **zeitliche Anwendungsbereich** schließlich ist gleichbedeutend mit der Frage nach dem „Ab und bis Wann". Dabei lassen sich, wie schon bisher, auch im Solvency II-System die Bereiche der **Zulassungsaufsicht** nach §§ 8 ff. VAG, der **Tätigkeits- oder laufenden Aufsicht** nach §§ 294 ff. VAG und der **Liquidationsaufsicht** nach § 294 Abs. 7 VAG in Verbindung mit §§ 311 ff. VAG unterscheiden. Die vorstehend genannten Regelungen des VAG zu den einzelnen Aufsichtsphasen sind aber teilweise, wie das Verbot versicherungsfremder Geschäfte in § 15 VAG exemplarisch zeigt, durchaus auch auf andere Phasen anwendbar. Zu den Vorgaben der Solva II-RL bzw. des VAG kommen schließlich noch – wie auch in anderen Teilen des Anwendungsbereichs des Versicherungsaufsichtsrechts – gegebenenfalls unmittelbar mit Vorrang geltende Vorschriften der Solva II-VO hinzu.

29 **4. Versicherungsaufsicht über die Einhaltung der Gesetze und zur ausreichenden Wahrung der Belange der Versicherten (Abs. 2 S. 2).** § 294 Abs. 2 S. 2 VAG verpflichtet die Aufsichtsbehörde, auf „die Einhaltung der Gesetze, die für den Betrieb des Versicherungsgeschäfts gelten, und bei Erstversicherungsunternehmen zusätzlich auf die ausreichende Wahrung der Belange der Versicherten" zu achten. Dies **entspricht wörtlich § 81 Abs. 1 S. 2 VAG a. F.** Die Regelung des § 81 Abs. 1 S. 2 VAG wurde bisher so verstanden, dass sie zwei Aufsichtsziele angibt.[31] Daraus sollte sich zudem der „Zweck des VAG" erschließen lassen.[32]

30 Die bewusste Fortführung der bisherigen VAG-Regelung in Form von **§ 294 Abs. 2 S. 2 VAG** ist **mit der Solva II-RL unvereinbar**. Die Ziele des Versicherungsaufsichtsrechts, die sie vorgibt, sind in § 294 Abs. 1, Abs. 2 S. 3 und 4 VAG umgesetzt.[33] Andere Ziele als die von der Solva II-RL genannten darf es im mitgliedstaatlichen Versicherungsaufsichtsrecht nicht geben. Das bisherige Verständnis von § 81 Abs. 1 S. 2 VAG als Zielbestimmung und Zwecksetzung des VAG lässt sich daher zu dem wortgleichen § 294 Abs. 2 S. 2 VAG nicht aufrechterhalten.

31 Die **Solva II-RL trennt** zwischen den **Zielen** der Beaufsichtigung in Art. 27 bis 30 und den **Befugnissen** der Aufsichtsbehörden. Bei den Befugnissen unterscheidet sie zwischen den „**Allgemeinen Aufsichtsbefugnissen**" nach Art. 34 Solva II-RL und zahlreichen anderen Aufsichtsbefugnissen, die sich als **besondere Aufsichtsbefugnisse** bezeichnen lassen.[34] Dazu gehören z. B. Art. 36 Abs. 5 Solva II-RL mit der Befugnis zur Behebung von Mängeln oder Schwächen, die sich bei einem RSR gezeigt haben, und Art. 37 Solva II-RL mit der Befugnis zur Verhängung eines Kapitalaufschlags.

32 Eine solche Trennung zwischen Zielen und Befugnissen entspricht dem deutschen Verwaltungsrecht, das begrifflich zwischen Aufgaben und Befugnissen unterscheidet. Auch das VAG enthält die Unter-

[31] Vgl. nur Prölss/*Kollhosser,* 12. Aufl., § 81 VAG Rn. 11: „Als Aufsichtsziele des Abs. 1 gibt Abs. 1 S. 2 an (…)"; FKBP/*Bähr* § 81 VAG Rn. 20: „werden die wichtigsten Ziele der laufenden Aufsicht genannt".

[32] So FKBP/*Bähr* § 81 VAG Rn. 20.

[33] Siehe oben Rn. 9 ff.

[34] Nur insoweit findet die Dichotomie von allgemeiner und besonderer Missstandsaufsicht im VAG a. F. – vgl. zur Begriffsbildung und Unterscheidung schon *Dreher* WM 1995, 509 ff., 518 – darin eine Parallele bei der Legalitätsaufsicht nach der Solva II-RL.

scheidung mit der Aufgabenregelung in § 294 VAG und der Regelung allgemeiner Befugnisse in § 298 VAG sowie besonderer Befugnisse in zahlreichen weiteren Vorschriften.[35] Die Beschreibung der Aufgaben oder – in den Worten der Solva II-RL –[36] der Ziele des Versicherungsaufsichtsrechts erfolgt, wie zuvor ausgeführt, in Übereinstimmung mit Art. 27, 28 Solva II-RL bereits durch § 294 Abs. 1, Abs. 2 S. 3 und 4 VAG.[37] **Raum für** eine **nationale Ergänzung der Zielbestimmung** in Form von § 294 Abs. 2 S. 2 VAG besteht also schon im Hinblick auf den vollharmonisierenden Charakter der Solva II-RL **nicht**. Die Regelung bedarf daher, sofern sie nicht wegen der rechtlichen Unmöglichkeit eines solchen Vorgehens als unanwendbar zu verwerfen ist, einer sachgerechten Einordnung in das System des Versicherungsaufsichtsrechts im Wege der Auslegung.

Nach **§ 294 Abs. 2 S. 2 Hs. 1 VAG** muss die BaFin „auf die **Einhaltung der Gesetze**, die für den Betrieb des Versicherungsgeschäfts gelten," achten. Dies ist von dem Ziel der Solva II-RL und § 294 Abs. 1 VAG, die Gläubiger der Versicherungsleistungen zu schützen, umfasst. Denn ihre Interessen sind mit jedem rechtswidrigen Verhalten eines Versicherungsunternehmens gefährdet. Unabhängig davon und von der ohnehin gesellschaftsrechtlich bestehenden Legalitätspflicht jedes Versicherungsunternehmens[38] ist die Einhaltung aller rechtlichen Standards in Umsetzung von entsprechenden Regelungen der Solva II-RL in zahlreichen Normen wie §§ 23 Abs. 1 S. 2 Hs. 1, 29 Abs. 1 und 2 VAG vorausgesetzt. Und Art. 34 Solva II-RL erklärt die Legalitätsaufsicht zum zentralen Baustein des europäischen Versicherungsaufsichtsrechts in Bezug auf die aufsichtsbehördlichen Befugnisse. Die Ergänzung der Aufgaben, die der BaFin nach § 294 Abs. 1, Abs. 2 S. 3 und 4 VAG gestellt sind, durch die Vorgabe in § 294 Abs. 2 S. 2 Hs. 1 VAG, auf die Wahrung des Rechts durch die Versicherungsunternehmen zu achten, ist vor diesem Hintergrund als ein lediglich deklaratorischer Zusatz zu verstehen. Bei ihm handelt es sich also um eine zwar **überflüssige**, aber rechtlich jenseits der dadurch entgegen Art. 31 Solva II-RL erzeugten Intransparenz **grundsätzlich unschädliche nationale Textanreicherung der aufsichtsrechtlichen Zielbestimmung durch die Solva II-RL**. 33

Soweit es um **§ 294 Abs. 2 S. 2 Hs. 2 VAG** geht, stellt sich ebenfalls die Frage nach dessen rechtlicher Einordnung. Die wortgleiche Regelung in § 81 Abs. 1 S. 2 VAG a. F. zur **Wahrung der Belange der Versicherten**, die der Gesetzgeber mit § 294 Abs. 2 S. 2 Hs. 2 VAG in das neue VAG überführen will, hatte im bisherigen Versicherungsaufsichtsrecht eine erheblich weiter gehende Funktion als die der Einhaltung der Gesetze nach Hs. 1. Über § 81 Abs. 2 S. 2 VAG bildete nämlich „jedes Verhalten eines Versicherungsunternehmens, das den Aufsichtszielen des Absatzes 1 widerspricht", einen Missstand, so dass die missstandsbezogene Befugnisnorm des § 81 Abs. 2 S. 1 VAG a. F. eröffnet war. Auch diesen Mechanismus versucht der Gesetzgeber entgegen seiner europarechtlichen Umsetzungspflicht in das neue VAG hinüber zu retten. § 298 Abs. 1 S. 2 VAG übernimmt nämlich den Wortlaut des § 81 Abs. 2 S. 2 VAG a. F. Er ist lediglich durch den Verweis auf § 294 Abs. 2 VAG, der identischen Regelung zu § 81 Abs. 1 S. 2 VAG a. F., aktualisiert. Damit soll die **seit dem Jahr 1901 überkommene Missstandsaufsicht des deutschen Versicherungsaufsichtsrechts im Solvency II-System fortgeführt** werden. § 294 Abs. 2 S. 2 Hs. 2 VAG soll wie zuvor § 81 Abs. 1 S. 2 VAG a. F. die Funktion einer **aufsichtsrechtlichen Generalklausel** haben. 34

Die **Belange der Versicherten** sollen also – wie im deutschen Versicherungsaufsichtsrecht schon immer –[39] auch im Solvency II-System im Sinne einer offenen Generalklausel den **Aufsichtsmaßstab der Missstandsaufsicht** bilden. § 294 Abs. 2 S. 2 VAG wird dadurch in die Befugnisnorm des § 298 Abs. 1 VAG inkorporiert und erlaubt eine aufsichtsbehördliche Maßnahme immer schon dann, wenn die Aufsichtsbehörde die Belange der Versicherten nicht mehr als ausreichend gewahrt und daher einen Missstand als gegeben sieht. Dass dies **mit der Solva II-RL** und insbesondere der Befugnisnorm des Art. 34 Solva II-RL, die eine tatbestandsbezogene **Legalitätsaufsicht** vorschreibt,[40] **nicht zu vereinbaren** ist, liegt auf der Hand.[41] 35

Im Ergebnis ist **§ 294 Abs. 2 S. 2 Hs. 2 VAG daher in seiner gewollten Funktion** als aufsichtsrechtliche Generalklausel, die – wie bisher – den Aufsichtsmaßstab der Missstandsaufsicht nach § 298 Abs. 1 VAG bilden soll, **europarechtswidrig**. Soweit es dagegen um eine In-sich-Betrachtung der Norm, d. h. nicht um die erfolgte Verknüpfung mit der Befugnisnorm des § 298 Abs. 1 VAG geht, läge darin lediglich eine deklaratorische Bestätigung des ohnehin geltenden aufsichtsrechtlichen Schutzniveaus.[42] 36

---

[35] Vgl. ebenso VG Frankfurt a. M. Urt. v. 1.7.2015 – 7 K 315/14.F und VGH Kassel Beschl. v. 1.7.2016 – 6 A 1590/15.Z, VersR 2017, 405 ff. m. Anm. *Bürkle*.

[36] Vgl. auch § 298 Abs. 1 S. 2 VAG mit den Worten „Aufsichts*zielen* des § 294 Absatz 2" (Hervorhebung nur hier).

[37] Siehe oben Rn. 9 ff. und zur fehlerhaften Unterlassung der Umsetzung von Art. 29 Abs. 1 Solva II-RL oben Rn. 20.

[38] Vgl. § 23 VAG Rn. 32.

[39] Vgl. z. B. FKBP/*Bähr* § 81 VAG Rn. 22; Prölss/*Kollhosser*, 12. Aufl., § 81 VAG Rn. 26.

[40] Aus diesem Grund und weil bei Rückversicherungsunternehmen § 298 Abs. 2 VAG anders als bei Erstversicherungsunternehmen eine Legalitätsaufsicht vorsieht, beschränkt § 294 Abs. 2 S. 2 VAG die Anwendung von Hs. 2 ausdrücklich auf Erstversicherungsunternehmen.

[41] Vgl. ausf. die Erläuterungen zu § 298 VAG.

[42] Siehe oben Rn. 13.

37 **IV. Rechts- und Finanzaufsicht (Abs. 2 S. 1 und 2; Abs. 3; Abs. 4). 1. Einheitliche Rechtsaufsicht als Ausgangspunkt.** § 294 Abs. 2 S. 1 Hs. 2 VAG differenziert zwischen „einer **rechtlichen Aufsicht** im Allgemeinen und einer **Finanzaufsicht** im Besonderen". Schon der Wortlaut dieser Formulierung zeigt mit dem Verhältnis von Allgemeinen und Besonderen, dass es sich nicht um ein **Verhältnis** der Alternativität, sondern **der Komplementarität** handelt. Maßgebliches Differenzierungskriterium ist also nicht die rechtliche Fundierung, sondern die sachliche Zuordnung einer Aufsichtsnorm. Eine andere Anknüpfung wäre schon im Hinblick darauf, dass Versicherungsaufsicht per se rechtsgebunden ist[43] und die Grundrechtsrelevanz der Versicherungsaufsicht auch keine andere Einordnung zulässt, unmöglich. Die Differenzierung knüpft daher vor dem Hintergrund einer **notwendig einheitlichen Aufsicht im Sinne einer allgemeinen Rechtsaufsicht** an die sachliche Zuordnung der einzelnen Aufsichtsregelungen an.[44]

38 **2. Rechts- und Finanzaufsicht nach §§ 62, 294 Abs. 6 VAG bei EU-/EWR-ausländischer Versicherungstätigkeit. a) Trennung von Herkunftsland- und Tätigkeitslandaufsicht.** Manche Regelungen zielen sachlich von vorneherein auf Verstöße im rein rechtlichen Bereich. Als Beispiele dafür dienen Vorschriften zur Verhinderung der Geldwäsche bzw. der Terrorismusfinanzierung nach §§ 52 ff. VAG. Davon lassen sich aufsichtsrechtliche Regelungen unterscheiden, die sachlich dem finanziellen Bereich zuzuordnen sind. Dies gilt z. B. für die Einhaltung der Solvabilitätskapitalanforderung (SCR) nach §§ 96 ff. VAG, d. h. der Solvenzkapitalanforderung i. S. v. Art. 103 ff. Solva II-RL, oder der Mindestkapitalanforderung (MCR) nach §§ 122 f. VAG. Eine solche **rein sachlich-gegenständliche Zuordnung** zu den beiden Bereichen trifft aber in dem Bereich, in dem inländische Versicherungsunternehmen im EU-/EWR-Ausland oder EU-/EWR-ausländische Versicherungsunternehmen im Inland tätig sind, auf ein **zum Teil nach anderen Grundsätzen differenzierendes System des Versicherungsaufsichtsrechts**.

39 Versicherungsaufsichtsrechtlicher **Hintergrund** der begrifflichen Unterscheidung von Rechts- und Finanzaufsicht trotz des einheitlichen Verständnisses auch der Rechtsnatur der Finanzaufsicht als Rechtsaufsicht ist nämlich eine **Kompetenzfrage im europäischen Versicherungsaufsichtsrecht**: Seit den Dritten EG-Versicherungsrichtlinien von 1994 und auch nach EG 24 S. 1 und Art. 30 Abs. 1 Solva II-RL ist mit einem grundsätzlichen Vorrang der **Herkunftslandkontrolle** die Zuständigkeit für die Beaufsichtigung von Versicherungsunternehmen bei einer **grenzüberschreitenden Tätigkeit in der EU bzw. in dem EWR** zwischen dem Herkunfts-, Sitz- oder Heimatland im Sinne von Art. 13 Nr. 8 Solva II-RL bzw. § 61 Abs. 1 S. 1 VAG und dem Aufnahmemitgliedstaat oder Tätigkeitsland im Sinne von Art. 13 Nr. 9 Solva II-RL in einer bestimmten Weise verteilt.

40 **Sinn und Zweck** dieser Aufteilung ist es, die **grenzüberschreitende Tätigkeit** von Versicherungsunternehmen im Wege des Dienstleistungs- oder Niederlassungsverkehrs **zu erleichtern**. Voraussetzung dafür ist wiederum, dass eine Doppelaufsicht weitgehend ausscheidet. Die Versicherungsunternehmen mit Sitz in Deutschland unterliegen daher bei einer Tätigkeit im EU-/EWR-Ausland nach § 294 Abs. 6 S. 1 und S. 2 Hs. 1 VAG bzw. EG 24 S. 1, Art. 30 Abs. 1 Solva II-RL einer alleinigen Aufsicht durch die BaFin als Aufsichtsbehörde des Herkunftslands, die als **Finanzaufsicht** bezeichnet wird. Die „Aufsicht im Übrigen" wird auch **Rechtsaufsicht** genannt. Für sie ist nach § 294 Abs. 6 S. 2 Hs. 2 VAG[45] einerseits ebenfalls die BaFin als Aufsichtsbehörde des Herkunftslands zuständig. Andererseits kann die Aufsichtsbehörde des Tätigkeitslands in – daher wenigen – Fällen, in denen es um Vorschriften geht, die im allgemeinen Interesse erlassen wurden und die enumerativ offen zu legen sind,[46] eine zusätzliche Aufsicht ausüben. § 294 Abs. 6 S. 2 Hs. 2 VAG geht daher davon aus, dass die Aufsichtsbehörden des Herkunfts- und des Tätigkeitslands in dem Bereich der „Aufsicht im Übrigen" zusammenwirken.

41 Im Ergebnis besteht in dem Fall, dass Versicherungsunternehmen außerhalb ihres Herkunftslands eine EU-/EWR-ausländische Versicherungstätigkeit im Wege des Dienstleistungs- oder Niederlassungsverkehrs entfalten, eine Zuständigkeit der Aufsichtsbehörde sowohl des Herkunftslands als auch des Tätigkeitslands, wenn auch mit einem eindeutigen Schwerpunkt bei der Aufsichtsbehörde des Herkunftslands. Dies folgt aus Art. 30 Solva II-RL in Verbindung mit Art. 145 ff. Solva II-RL bzw. im Fall der Tätigkeit EU-/EWR-ausländischer Versicherungsunternehmen in Deutschland für die Aufsicht durch die BaFin aus § 62 Abs. 1 VAG. Die **Aufsichtsbehörde des Herkunftslands** übt nach § 62 Abs. 1 S. 1 Hs. 1 VAG bei der Tätigkeit EU-/EWR-ausländischer Versicherungsunternehmen in Deutschland

[43] Vgl. schon *Dreher* ZVersWiss 101 (2012), 381, 415 sogar zur neuen Ökonomisierung des Aufsichtsrechts im Solvency II-System: „Aufsichtsbezogen mündet Versicherungsökonomie also immer in Rechtsanwendung."

[44] So schon die allgemeine Ansicht zum VAG a. F., vgl. z. B. Prölss/*Kollhosser,* 12. Aufl. § 81 VAG Rn. 18, 31; FKBP/*Bähr* § 81 VAG Rn. 19.

[45] Die Zuständigkeit für die Tätigkeitslandaufsicht folgt nach der Solva II-RL außer aus einem Umkehrschluss zu Art. 30 Abs. 1 – so auch *Heukamp* § 4 Rn. 12 – aus Art. 155 Abs. 1 Solva II-RL. Vgl. zu dem Bereich einer laufenden Doppelaufsicht sub specie Art. 40 der 3. SchadenversicherungsRL 92/49/EWG, der weitgehend Art. 155 Solva II-RL entspricht, EuGH Urt. v. 27.4.2017 – C 559/15 – IVASS, EuZW 2017, 606 mit Anm. *Loacker.*

[46] Vgl. für die Rechtsaufsicht über EU-/EWR-ausländische Versicherungsunternehmen bei einer Tätigkeit in Deutschland durch die BaFin §§ 61 Abs. 5, 62 Abs. 1 S. 2 VAG.

„die **Finanzaufsicht** über die Geschäftstätigkeit im Sinne des § 61" VAG „allein" aus. „Die Aufsicht im Übrigen (scil.: ist) auch der Bundesanstalt", also der BaFin, als **Versicherungsaufsichtsbehörde des Tätigkeitslands** übertragen, soweit es um im allgemeinen Interesse erlassene Regelungen des deutschen Rechts geht.[47]

b) Umfang von Finanz- und Rechtsaufsicht. Der Bereich der **Finanzaufsicht** „umfasst" nach **Art. 30 Abs. 2 UAbs. 1 Solva II-RL** in Bezug auf ein beaufsichtigtes Versicherungsunternehmen die „Überprüfung seiner Solvabilität, der Bildung versicherungstechnischer Rückstellungen, seiner Vermögenswerte und der anrechnungsfähigen Eigenmittel". **§ 294 Abs. 4 VAG erweitert dies** zunächst um die im Solvency II-System nicht vorgesehene Aufgabe, auf die dauernde Erfüllbarkeit der Verpflichtungen aus den Versicherungen zu achten. Darin liegt eine unzulässige Übernahme des bis zum 31.12.2015 geltenden Wortlauts der Finanzaufsicht in § 81 Abs. 1 S. 5 VAG a. F. Sodann ergänzt § 294 Abs. 4 VAG den Richtlinienwortlaut um die Risikotragfähigkeit, was im Hinblick auf die Richtlinienvorgabe der Solvabilität zwar überflüssig und unschädlich, auf die Anführung gerade dieses einen von sehr zahlreichen Aufsichtstopoi aber merkwürdig ist. Hinzu kommt in § 294 Abs. 4 VAG schließlich in ebenfalls weitgehender wörtlicher Übernahme aus § 81 Abs. 1 S. 5 VAG a. F. noch der ebenfalls unzulässige Zusatz „die Einhaltung der kaufmännischen Grundsätze einschließlich einer ordnungsgemäßen Geschäftsorganisation und die Einhaltung der übrigen finanziellen Grundlagen des Geschäftsbetriebs". Die Begründung zu § 294 Abs. 4 VAG geht davon aus, mit der zuvor genannten „Ergänzung des Textes" berücksichtigt zu haben, dass die BaFin „nicht nur die Einhaltung der handelsrechtlichen Vorschriften über die Bildung versicherungstechnischer Rückstellungen, sondern auch die Einhaltung der Anforderungen an die Bildung der durch Solvabilität II eingeführten aufsichtsrechtlichen Rückstellungen" überwacht. 42

Da die Finanzaufsicht nach Art. 30 Abs. 1 Solva II-RL bzw. § 294 Abs. 6 S. 2 Hs. 1 VAG allein dem Herkunftsland obliegt, könnten die **nationalen Alleingänge in § 294 Abs. 4 VAG** im Zusammenhang mit der Beaufsichtigung EU-/EWR-ausländischer Versicherungsunternehmen in Deutschland durch die BaFin grundsätzlich außer Betracht bleiben. Rechtliche Konflikte können allerdings entstehen, wenn die BaFin deutsche Versicherungsunternehmen bei EU-/EWR-ausländischer Tätigkeit nach § 294 Abs. 4 und 6 S. 2 Hs. 1 VAG in dem Bereich der in Abweichung von Art. 30 Abs. 1 Solva II-RL generalklauselartig definierten Finanzaufsicht beaufsichtigen will und dies den Bereich der Aufsicht im Übrigen durch die Aufsichtsbehörde des Tätigkeitslands berührt. 43

Unabhängig davon könnte sich die Nennung der „Finanzaufsicht", die Aufsichtsbehörden der Heimatländer über EU-/EWR-ausländische Versicherungsunternehmen mit Tätigkeit in Deutschland ausüben, in § 62 Abs. 1 S. 1 Hs. 1 VAG als Verweis auf die **Definition der Finanzaufsicht in § 294 Abs. 4 VAG** verstehen lassen, was zugleich dem systematischen Zusammenhang mit dem Abs. 6 S. 2 Hs. 2 entspräche. Allerdings erklärt § 62 Abs. 1 S. 2 Nr. 6 VAG nur „§ 294 Abs. 2 S. 2 bis 4" für anwendbar. Für die Umsetzung von Art. 30 Abs. 2 UAbs. 1 Solva II-RL hätte es genügt, in einer VAG-Regelung – sachlich einschlägig wäre § 62 Abs. 1 VAG – deren Normgehalt für die Zwecke der EU-/EWR-Aufsicht aufzunehmen. Die Fortführung von § 81 Abs. 1 S. 5 VAG a. F. durch § 294 Abs. 4 VAG zeigt dagegen schon aufgrund der zahlreichen nationalen Ergänzungen zum Inhalt der Finanzaufsicht,[48] dass es dem deutschen Gesetzgeber um die Fortführung des bisherigen Aufsichtssystems und nicht um eine zutreffende Umsetzung ging. 44

Für die **„Aufsicht im Übrigen"**, d. h. für den schmalen Bereich der **Rechtsaufsicht** durch die **Tätigkeitslandbehörde**, kommen nach der Solva II-RL nur Rechtsvorschriften in Betracht, die im allgemeinen Interesse erlassen wurden[49] und transparent sind.[50] § 62 Abs. 1 S. 2 Nr. 1–7 VAG enthält daher einen Katalog von Vorschriften, deren Einhaltung die BaFin bei in Deutschland im Wege des Niederlassungs- oder des Dienstleistungsverkehrs tätigen EU-/EWR-ausländischen Versicherungsunternehmen beaufsichtigt. Dazu gehören z. B. Vorschriften zur Qualifikation der Versicherungsvermittler nach § 48 VAG oder bestimmte Teile der Vorschriften zu Verhinderung von Geldwäsche und Terrorismusfinanzierung nach §§ 53 ff. VAG, aber auch Teile der Vorschriften zu den Aufgaben und Befugnissen der Aufsicht wie z. B. §§ 294 Abs. 2 S. 2–4, 298 VAG und § 303 VAG.[51] 45

Im Ergebnis erfolgt im VAG die **Zuordnung von Versicherungsaufsichtsrecht** zu den beiden Bereichen der zutreffend verstandenen Rechts- oder Finanzaufsicht vor dem Hintergrund der Aufteilung der Versicherungsaufsicht bei grenzüberschreitender Versicherungstätigkeit also **nicht allein objektiv-sachbezogen, sondern zum Teil diskretionär-kompetentiell**. Dies zeigt pars pro toto die Zuordnung der **Aufsicht über die „Geschäftsorganisation"**, d. h. das gesamte Governance-System, 46

---

[47] Für die Aufnahme des Niederlassungs- oder Dienstleistungsverkehrs durch deutsche Versicherungsunternehmen im EU-/EWR-Ausland vgl. §§ 57 bis 60 VAG, für die Niederlassungsaufsicht insbesondere § 58 Abs. 2 S. 1 VAG.

[48] Vgl. oben Rn. 42.

[49] Vgl. EG 77 f., 85 und Art. 146 Abs. 3, 156, 180, 206 Abs. 1 lit. a Solva II-RL.

[50] Vgl. dazu § 61 Abs. 5 VAG.

[51] Zu der europarechtlichen unzulässigen Fit-and-proper-Aufsicht über Hauptbevollmächtigte EU-/EWR-ausländischer Versicherungsunternehmen nach § 62 Abs. 1 S. 2 Nr. 6, 303, 24 VAG vgl. § 24 VAG Rn. 17.

zu dem Bereich der **Finanzaufsicht nach § 62 Abs. 1 S. 1 Hs. 1 VAG** aufgrund der fehlenden Auflistung der §§ 23 bis 34 VAG in § 62 Abs. 1 S. 2 VAG. Nach dieser Zuordnung umfasst die Finanzaufsicht also von vorneherein ausschließlich rechtsbezogene Aufsichtsvorgaben wie Dokumentationspflichten nach § 23 Abs. 5 VAG oder die Pflichten zur Einrichtung einer Compliance-Funktion nach § 29 Abs. 1 und 2 VAG.

47 Umgekehrt ordnet **§ 294 Abs. 3 VAG**, der dem bisherigen § 81 Abs. 1 S. 4 VAG a. F. entspricht, die Aufsicht über die „ordnungsgemäße Durchführung des Geschäftsbetriebs", d. h. im einzelnen unbestimmte Elemente oder die Gesamtheit der §§ 23 ff. VAG, dem Bereich der **„rechtlichen Aufsicht"** und gerade nicht dem Bereich der „Finanzaufsicht" nach Abs. 4 zu. In Abs. 4 dagegen ist die „ordnungsgemäße Geschäftsorganisation" ebenfalls im Zusammenhang mit den vorangehenden, inhaltlich völlig unkonturierten „kaufmännischen Grundsätzen" genannt. An diesem Beispiel zeigt sich, dass Materien, die nach § 62 Abs. 1 S. 2 VAG im Zusammenhang mit der Tätigkeitslandsaufsicht über EU-/EWR-ausländische Tätigkeiten der Finanzaufsicht zugehören, durch § 294 Abs. 3 VAG im Zusammenhang mit der Aufsicht über eine inländische Versicherungstätigkeit der „rechtlichen Aufsicht" zugeordnet sind. Daraus folgt nicht nur die diskretionär-kompetentielle Zuordnung von Aufsichtsmaterien bei § 62 Abs. 1 S. 2 VAG, sondern auch die Unmöglichkeit, im Rahmen der Aufsicht über EU-/EWR-ausländische Versicherungstätigkeiten in Deutschland monokausal an die Definition der Finanz- und Rechtsaufsicht in § 294 Abs. 3 und 4 VAG anzuknüpfen.

48 **3. Rechts- und Finanzaufsicht nach § 294 Abs. 2 S. 1 Hs. 2, Abs. 3 und 4 VAG bei inländischer Versicherungstätigkeit.** Vor dem Hintergrund der Differenzierung zwischen einer Finanzaufsicht und der Aufsicht im Übrigen im Sinne einer Rechtsaufsicht über die EU-/EWR-Versicherungstätigkeit im Rahmen des Dienstleistungs- oder Niederlassungsverkehrs erschließt sich das Verständnis der entsprechenden Differenzierung in § 294 Abs. 2 S. 1 Hs. 2, Abs. 3 und 4 VAG und ihrer versicherungsaufsichtsrechtlichen Beurteilung. § 294 Abs. 2 bis 4 VAG differenziert nämlich ebenso wie § 62 Abs. 1 VAG zwischen einer Rechts- und einer Finanzaufsicht. Auch hier gilt im Ausgangspunkt, dass es bei der Aufsicht über Versicherungsunternehmen insgesamt immer um eine einheitliche Rechtsaufsicht geht: **§ 294 Abs. 2 S. 1 VAG betrifft** die **inländische Tätigkeit von deutschen Versicherungsunternehmen** unter Aufsicht einer Behörde i. S. v. §§ 320 ff. VAG, in der Regel also der BaFin. Für eine solche **Differenzierung** zwischen Rechts- und Finanzaufsicht besteht daher kein Anlass. Die **Solva II-RL kennt sie in diesem Aufsichtsbereich nicht**. Sie fordert eine einheitliche Aufsicht entsprechend ihren Vorgaben unabhängig von einzelnen Sachbereichen und sachlichen oder diskretionären Zuordnungen zu ihnen.

49 Der deutsche Gesetzgeber differenziert entgegen dem Solvency II-System nur deshalb zwischen Rechts- und Finanzaufsicht, weil er damit entsprechende Vorgängerregelungen in § 81 VAG a. F. wortlautidentisch[52] fortführen will: Aus § 81 Abs. 1 S. 1 und 2 VAG a. F. wurde so § 294 Abs. 2 S. 1 und 2 VAG, § 81 Abs. 1 S. 4 VAG a. F. ist heute § 294 Abs. 3 VAG und an Stelle von § 81 Abs. 1 S. 5 VAG a. F. ist heute § 294 Abs. 4 VAG getreten. **§ 294 Abs. 2 S. 1 und 2, Abs. 3 und 4 VAG bildet daher einen Klon des § 81 Abs. 1 VAG a. F.**

50 Art. 29 Solva II-RL zu den „Allgemeinen Grundsätzen der Beaufsichtigung" und Art. 34 Solva II-RL zu „Allgemeinen Aufsichtsbefugnissen" enthalten keine Differenzierung zwischen Rechts- und Finanzaufsicht. Die Solva II-RL kennt sie nur in Art. 30, 33, die die EU-/EWR-ausländische Versicherungstätigkeit betreffen. Im **Solvency II-System** gilt daher das **Aufsichtskonzept** einer **einheitlichen Aufsicht** über die Inlandstätigkeit beaufsichtigter Versicherungsunternehmen. Daraus wird zugleich deutlich, dass die entsprechende **Differenzierung in § 294 Abs. 2 bis 4 VAG sachlich und rechtlich überflüssig** ist. Sie **widerspricht** damit zugleich dem **Transparenzgebot** des Art. 31 Solva II-RL für die Anforderungen an die und die Ausübung der Versicherungsaufsicht in den Mitgliedstaaten.

51 Selbst **§ 62 Abs. 1 VAG**, der die Differenzierung zwischen Rechts- und Finanzaufsicht für die EU-/EWR-ausländische Versicherungstätigkeit in Deutschland enthält, nennt in S. 2 Nr. 6 „von den Vorschriften über die Aufsicht" gerade nicht § 294 Abs. 2 S. 1 Hs. 2, Abs. 3 und 4 VAG, woraus sich die Differenzierung ergibt, sondern nur § 294 Abs. 2 S. 2 bis 4 VAG.[53]

52 Ebenso wie in § 62 Abs. 1 VAG ist die Differenzierung im Anwendungsbereich von **§ 294 Abs. 6 VAG** als Aufgabennorm geboten. Nach der Begründung zu der Vorschrift „entspricht (scil.: sie) inhaltlich unverändert dem bisherigen § 85 VAG a. F."[54] Unter dem früheren wie nach dem heutigen VAG geht es in § 294 Abs. 6 VAG wie in seiner Vorgängernorm um die Aufgaben und die Aufgabenverteilung zwischen den Aufsichtsbehörden des Herkunfts- und des Tätigkeitslands, nicht um die Aufsichts-

[52] Lediglich § 294 Abs. 4 VAG ist im Wortlaut leicht im Hinblick darauf verändert, dass die Risikotragfähigkeit hinzugefügt und der Verweis auf interne Kontrollverfahren entfallen ist.

[53] § 110a Abs. 4 Nr. 3a) VAG a. F. hatte dagegen u. a. auch auf § 81 Abs. 1 S. 4 VAG a. F. und damit auf die Regelung zur Rechtsaufsicht verwiesen. Eine solche Verweisung auf § 294 Abs. 3 VAG kennt § 62 Abs. 1 S. 2 Nr. 6 VAG nicht mehr.

[54] VAG-RegE 2014 BT-Drs. 18/2956, 290.

gegenstände und -befugnisse. Sie folgen nach Art. 30 Abs. 2 UAbs. 1 Solva II-RL im Hinblick auf die Finanzaufsicht aus dem jeweiligen nationalen Versicherungsaufsichtsrecht des Herkunftslands. Im Hinblick auf die Aufsicht im Übrigen, d. h. die Rechtsaufsicht, folgen sie aus den entsprechenden Regelungen des Tätigkeitslands, in Deutschland also aus § 62 Abs. 1 S. 2 VAG. Da sich die Aufsicht des Tätigkeitslands auf Vorschriften beschränkt, die im allgemeinen Interesse erlassen und enumerativ offengelegt sind, nimmt § 62 VAG nicht Bezug auf die Differenzierung zwischen Finanz- und Rechtsaufsicht in § 294 Abs. 3 und 4 VAG, sondern listet selbst den Katalog entsprechender Vorschriften auf.

Vor dem Hintergrund ist die **Benennung einzelner Themen und deren Zuordnung** zu der Rechts- oder Finanzaufsicht **in § 294 Abs. 2 S. 1 Hs. 2, Abs. 3 und 4 VAG** versicherungsaufsichtsrechtlich für die Beaufsichtigung inländischer Versicherungstätigkeiten deutscher Versicherungsunternehmen **ohne Bedeutung**. Maßgeblich ist allein die Beschreibung der Aufsichtsaufgabe und die Festlegung der Aufsichtsbefugnisse. 53

V. Aufsichtliches Überprüfungsverfahren (Abs. 5). 1. Begriff und Gegenstand (Abs. 5 S. 1 und 2). § 294 Abs. 5 VAG regelt das **aufsichtliche Überprüfungsverfahren**, auch in Deutschland zum Teil als **Regular Supervisory Review (RSR)**[55] oder – so zumeist – als **Supervisory Review Process (SRP)** bezeichnet. Dabei handelt es sich um ein **qualitatives Aufsichtsverfahren**. Es ist im Hinblick auf die zuvor unterschiedenen Aufsichtsphasen[56] der laufenden Aufsicht zuzuordnen.[57] 54

§ 294 Abs. 5 S. 1 VAG beschreibt das aufsichtliche Überprüfungsverfahren in Übereinstimmung mit Art. 36 Abs. 1 UAbs. 1 Solva II-RL dahingehend, dass die Aufsichtsbehörde „die Strategien, Prozesse und Meldeverfahren von Versicherungsunternehmen zwecks Einhaltung" des Versicherungsaufsichtsrechts „prüft und beurteilt". Angelehnt an ein früheres CEIOPS-Papier lässt es sich **definieren**[58] als ein umfassender, von der Versicherungsaufsichtsbehörde durchgeführter Prozess, um auf individueller, risikoorientierter Basis die Einhaltung der aufsichtsrechtlichen Vorgaben zu beurteilen. Das aufsichtliche Überprüfungsverfahren bildet damit das konzeptionelle Gegenstück zu den Selbstprüfungsverfahren, die Versicherungsunternehmen in Form der internen Prüfung nach § 23 Abs. 3 S. 3, 29 VAG und des ORSA nach § 27 VAG vornehmen müssen. 55

Die Festlegung der **Unternehmensstrategie** bildet ein Proprium der Unternehmensorgane. Der Bereich ist daher als Kern der unternehmerischen Tätigkeit aufsichtsresistent.[59] Die Nennung von „Strategien" in § 294 Abs. 5 S. 1 VAG erfolgt allerdings in Verknüpfung mit dem Ziel der Einhaltung des Versicherungsaufsichtsrechts. Das aufsichtliche Überprüfungsverfahren bezieht sich daher nicht auf die Unternehmensstrategien eines Versicherungsunternehmens insgesamt, sondern ausschließlich auf die Compliance-Strategie. Damit geht es mit anderen Worten um die Frage, wie das Ziel einer rechtskonformen Unternehmenstätigkeit erreicht werden soll.[60] Diese Frage ist, wie auch § 29 VAG zeigt, ohne weiteres Gegenstand des Versicherungsaufsichtsrechts.[61] 56

Das aufsichtliche Überprüfungsverfahren soll **Schwächen oder Mängel** bei einem Versicherungsunternehmen in vier Bereichen, die in **§ 294 Abs. 5 S. 2** genannt sind, aufdecken und beseitigen. Dabei handelt es sich um die Geschäftsorganisation, die Risikoexponiertheit, die Risikobeurteilung und die Widerstandsfähigkeit. Die Begründung zu § 294 Abs. 5 VAG geht daher davon aus, „durch das aufsichtliche Überprüfungsverfahren sollen insbesondere Unternehmen ermittelt werden, die aufgrund finanzieller, organisatorischer oder sonstiger Merkmale ein höheres Risikoprofil aufweisen."[62] Wie aus dem nicht in das VAG umgesetzten Katalog von Regelbeispielen für den SRP folgt, betreffen drei von sechs Punkten Solvenzanforderungen. Der SRP hat daher einen deutlichen Schwerpunkt im Bereich der Solvenzaufsicht.[63] Das aufsichtliche Überprüfungsverfahren ist dem **bankaufsichtlichen Überprüfungs- und Beurteilungsprozess**, dem Supervisory Review and Evaluation Process (**SREP**), nachempfunden.[64] 57

2. Vorgaben der Solva II-RL und Umsetzung im VAG. Das aufsichtliche Überprüfungsverfahren ist in **Art. 36 Solva II-RL** vorgegeben. Allerdings soll § 294 Abs. 5 VAG nur Art. 36 Abs. 1 und 6 Solva II-RL umsetzen.[65] Dies gilt zunächst für **§ 294 Abs. 5 S. 1 VAG** im Verhältnis zu Art. 36 Abs. 1 UAbs. 1 und Art. 36 Abs. 6 UAbs. 1 Solva II-RL, für **§ 294 Abs. 5 S. 2 VAG** im Verhältnis zu Art. 36 Abs. 1 UAbs. 2 Solva II-RL und für **§ 294 Abs. 5 S. 3 VAG** im Verhältnis zu Art. 36 Abs. 6 UAbs. 2 58

[55] Diese Abkürzung führt allerdings zu Missverständnissen wegen des Regular Supervisory Report (RSR) nach § 43 Abs. 1 VAG.
[56] Siehe oben Rn. 28.
[57] So schon *Lipowsky*, S. 57, 60.
[58] Vgl. schon *Dreher/Ballmaier* in Dreher/Wandt 2012, S. 73, 79.
[59] Ausf. Einl. Rn. 144.
[60] Vgl. die Definition des Strategiebegriffs in der Begr. zu § 23 Abs. 5 VAG-RegE 2014 BT-Drs. 18/2956, 240.
[61] Vgl. schon *Dreher/Ballmaier* in Dreher/Wandt 2012, S. 73, 87.
[62] VAG-RegE 2014 BT-Drs. 18/2956, 289 f.
[63] Vgl. näher *Dreher* ZVersWiss 101 (2012), 381, 388 f.
[64] Vgl. schon *Dreher/Ballmaier* in Dreher/Wandt 2012, S. 73, 78 und zu dem SREP die EBA SREP-Guidelines GL/2014/13 v. 19.12.2014; *Schuster/Pitz* ZBB/JBB 2016, 342 ff.
[65] So ausdrücklich Begr. VAG-RegE 2014 BT-Drs. 18/2956, 289.

Solva II-RL. Bei Art. 36 Abs. 5 Solva II-RL handelt es sich um eine Befugnisnorm. Die Begründung zu § 294 Abs. 5 VAG verweist daher darauf, dass „ein im Rahmen des aufsichtlichen Überprüfungsverfahrens festgestellter Mangel zugleich den Tatbestand des Absatzes 1 erfüllt."[66] Angesichts der fehlenden Bezugnahme auf einen Artikel der Solva II-RL könnte sich der Verweis eigentlich nur auf Abs. 1 von § 294 VAG beziehen. Aus der Begründung zu § 298 Abs. 1 VAG mit der Wiederholung des Begründungsteils zu § 294 Abs. 6 VAG[67] wird aber deutlich, dass sich die sprachlich fehlerhafte Gesetzesbegründung bei § 294 Abs. 6 VAG auf Abs. 1 von § 298 VAG bezieht. Insoweit – und nur insoweit, d. h. ohne der weitergehenden Gleichsetzung von „Schwächen und Mängeln" in Art. 36 Abs. 5 Solva II-RL und „Missstand" in § 298 Abs. 1 VAG zu folgen – erfolgt die Umsetzung von Art. 36 Abs. 5 VAG nicht in § 294 Abs. 6 VAG. Gleiches gilt für die in Art. 36 Abs. 3 Solva II-RL vorgesehenen „Überwachungsinstrumente" der Versicherungsaufsichtsbehörde. Für sie verweist die Gesetzesbegründung zu § 294 Abs. 5 VAG ebenfalls auf § 298 VAG.

59 Entgegen der Begründung zu § 294 Abs. 5 VAG setzt der Gesetzgeber damit aber nicht nur Art. 36 Abs. 1 und 6 Solva II-RL, sondern auch Art. 36 Abs. 4 UAbs. 2 Solva II-RL um. Die aufsichtsbehördliche Aufgabe zu bewerten, ob ein Versicherungsunternehmen nachteiligen Entwicklungen standhalten kann, ist nämlich in **§ 294 Abs. 5 S. 2 letzter Satzteil VAG** integriert.

60 **Nicht umgesetzt** hat der deutsche Gesetzgeber dagegen **Art. 36 Abs. 2 Solva II-RL** mit dem Regelbeispielskatalog für das aufsichtliche Überprüfungsverfahren. Im Gegenteil legt der Gesetzgeber den Gegenstand des aufsichtlichen Überprüfungsverfahrens in § 294 Abs. 5 S. 2 VAG mit den vier Bereichen Geschäftsorganisation, Risikoexponiertheit, Risikobeurteilung und Widerstandsfähigkeit abschließend fest. Dies steht zwar in Übereinstimmung mit Art. 36 Abs. 1 UAbs. 2 Solva II-RL, nicht aber mit dem offenen gegenständlichen Charakter des aufsichtlichen Überprüfungsverfahrens nach Art. 36 Abs. 2 Solva II-RL, wo der europäische Gesetzgeber sechs Bereiche nennt, die die Aufsichtsbehörde „insbesondere" überprüfen und beurteilen muss.[68] Dieser Katalog ist daher auch in § 294 Abs. 5 S. 2 VAG im Sinne einer richtlinienkonformen Auslegung hineinzulesen.[69]

61 Außer Art. 36 Abs. 2 Solva II-RL hat der deutsche Gesetzgeber **auch Art. 36 Abs. 4 Solva II-RL nicht umgesetzt**. Danach bewertet die Aufsichtsbehörde „die Angemessenheit der Methoden und Praktiken der Versicherungs- und Rückversicherungsunternehmen, die dazu dienen, mögliche Ereignisse oder künftige Veränderungen der wirtschaftlichen Bedingungen festzustellen, die sich ungünstig auf die allgemeine finanzielle Leistungsfähigkeit des jeweiligen Unternehmens auswirken könnten."[70]

62 **3. Aufsichtliches Überprüfungsverfahren und Versicherungsgruppen.** Auch wenn **§ 281 VAG** ein aufsichtliches Überprüfungsverfahren bei **Versicherungsgruppen nicht** zu den „Aufgaben und Befugnissen der Gruppenaufsichtsbehörde" zählt, gehen **EIOPA und BaFin** ohne weiteres von einer solchen Aufsichtstätigkeit aus. So befassen sich Nr. 1.6 ff. der Einleitung zu den EIOPA-LL zum aufsichtlichen Überprüfungsverfahren und sodann zahlreiche einzelne Leitlinien ausführlich mit dem aufsichtlichen Überprüfungsverfahren bei Versicherungsgruppen. Nach den Informationen der BaFin zu dem aufsichtlichen Überprüfungsverfahren, die sie veröffentlicht hat, bezeichnet sie es zunächst in Abweichung von § 294 Abs. 5 VAG und Art. 36 Solva II-RL als „aufsichtlichen Überprüfungsprozess". Sodann bezieht sich die BaFin-Verlautbarung „sowohl auf das individuelle Versicherungsunternehmen („Einzelunternehmens-Aufsicht") als auch auf die Versicherungsgruppe („Gruppenaufsicht")".[71]

63 **4. Ablauf des aufsichtlichen Überprüfungsverfahrens nach den EIOPA-Leitlinien und Abs. 5. a) EIOPA-Leitlinien und Explanatory Text.** Ausführliche **„Erläuterungen und Ergänzungen"** zum SRP enthalten die **EIOPA-LL** zum **aufsichtlichen Überprüfungsverfahren.**[72] Die Leitlinien wiederum erläutert und ergänzt der EIOPA Explanatory Text des Final Report Nr. 14/016.[73] Der Final Report enthält auch ein zusammenfassendes **„SRP Guidelines Diagram"**.[74]

64 Die **BaFin** hat zu allen Leitlinien ausweislich der entsprechenden Tabelle auf der Website von EIOPA **„comply"** erkärt.[75]

---

[66] VAG-RegE 2014 BT-Drs. 18/2956, 289.

[67] Vgl. VAG-RegE 2014 BT-Drs. 18/2956, 290.

[68] Vgl. schon *Dreher/Ballmaier* in Dreher/Wandt 2012, S. 73, 80.

[69] So auch *Heukamp* § 4 Rn. 66.

[70] Eine zum Teil wortlautidentische Passage enthält lediglich die Gesetzesbegründung zu dem ORSA, vgl. VAG-RegE 2014 BT-Drs. 18/2956, 242.

[71] BaFin, Aufsichtlicher Überprüfungsprozess, https://www.bafin.de/DE/Aufsicht/AufsichtlicheOffenlegung/Versicherungsaufsicht/AufsichtlicherUeberpruefungsprozess/aufsichtlicher_ueberpruefungsprozess_node.html (abgerufen am 22.2.2017).

[72] EIOPA-BoS-14/179 DE.

[73] EIOPA Final Report on Public Consultation No. 14/016 on Guidelines on Supervisory Review Process, EIOPA-BoS-14/179 v. 27.11.2014, S. 21 bis 63 und allgemein zu der Bedeutung eines solchen Explanatory Text schon Einl. Rn. 63 f.

[74] Vgl. den Abdruck bei Leitlinie 1 und im Anhang, S. 65.

[75] EIOPA, Guidelines on supervisory review process (abrufbar unter eiopa.europa.eu; abgerufen am 22.2.2017).

b) Dreistufiges Verfahren der aufsichtlichen Überprüfung (Abs. 5 S. 2 und 3). aa) Risikobewertungsrahmen. Nach EIOPA-LL 1 zum aufsichtlichen Überprüfungsverfahren teilt es sich in „drei Unterverfahren", die die Leitlinien im Einzelnen beschreiben:[76] Zu Beginn erstellt jede Aufsichtsbehörde in einem **1. Schritt** einen **„Risikobewertungsrahmen"** (Risk Assessment Framework, RAF). In Leitlinien 12 bis 24 legt EIOPA dar, wie die nationalen Aufsichtsbehörden die aktuellen und künftigen Risiken ermitteln und bewerten, denen ein Versicherungsunternehmen ausgesetzt ist oder sein könnte, und wie das Versicherungsunternehmen diese Risiken erfasst, bewertet und überwacht. Nach dem Risikobewertungsrahmen sollen die Aufsichtsbehörden die Beaufsichtigung der Versicherungsunternehmen durchführen, die Aufsichtstätigkeiten priorisieren, die Häufigkeit der aufsichtlichen Berichterstattung festlegen und den Umfang, die Tiefe sowie die Häufigkeit von on- und off-site-Prüfungen festlegen. Dies alles ist für jedes Versicherungsunternehmen in einem Aufsichtsplan niederzulegen. 65

Teil der Erstellung des Risikobewertungsrahmens ist zunächst eine **„Auswirkungsklassifizierung"** hinsichtlich der Wirkungen auf Versicherungsnehmer, Versicherte und den Markt bei dem „Ausfall" des Versicherungsunternehmens. Dazu wird jedes Versicherungsunternehmen in eine von vier „Auswirkungsklassen" eingeordnet. Die Auswirkungsklasse 4 umfasst Versicherungsunternehmen mit den stärksten Auswirkungen. Gleiches soll für Versicherungsgruppen gelten. 66

Sodann erfolgt nach demselben Muster hinsichtlich der Risikoexponiertheit eine Einordnung jedes Versicherungsunternehmens bzw. jeder Versicherungsgruppe aufgrund einer **„Risikoklassifizierung"**. Die Einordnung erfolgt hier in eine von vier „Risikoklassen". In die Risikoklasse 4 kommen Versicherungsunternehmen bzw. Versicherungsgruppen mit der „geringsten Widerstandsfähigkeit". 67

Nicht auf Anhieb erschließt sich der **Umfang der Risikoklassifizierung. § 294 Abs. 5 S. 2 VAG** unterscheidet nach dem Vorbild des Art. 36 Abs. 1 UAbs. 2 Solva II-RL zunächst drei **Elemente**: Erstens „die Bewertung der qualitativen Anforderungen hinsichtlich der Geschäftsorganisation", zweitens die Bewertung der Risikoexponiertheit des Versicherungsunternehmens und drittens die Bewertung der „Fähigkeit" des Versicherungsunternehmens, die Risiken, denen des ausgesetzt ist oder sein könnte, „zu beurteilen". Als viertes Element ordnet § 294 Abs. 5 S. 2 letzter Hs. VAG in Übereinstimmung mit Art. 36 Abs. 4 UAbs. 2 Solva II-RL dem aufsichtlichen Überprüfungsverfahren sodann noch die Bewertung der Fähigkeit des Versicherungsunternehmens zu, den Risiken „standzuhalten". 68

Die Risikoklassifizierung in dem von EIOPA ausgeformtem aufsichtlichen Überprüfungsverfahren **umfasst alle vier Elemente**. Das erste und das zweite Element stehen aufgrund ihrer Risikobezogenheit ohnehin im Zentrum der Risikoklassifizierung. Für das vierte Element folgt dies aus Nr. 1.42 EIOPA-LL 17 und Nr. 1.45 EIOPA-LL 18. Das dritte Element, die Bewertung der Geschäftsorganisation, d. h. des Governance-Systems, führen die EIOPA-LL dagegen nicht ausdrücklich an. Seine Einbeziehung folgt aber implizit aus dem risikobezogenen Ansatz des aufsichtlichen Überprüfungsverfahrens. Er unterscheidet nicht nach Art und Herkunft der Risiken. Nr. 1.43 EIOPA-LL 17 stellt daher ausdrücklich auf eine Risikoermittlung und -bewertung quantitativer und qualitativer Kriterien ab. Vor dem Hintergrund rechnen Nr. 2.76. und 2.77. Explanatory Text zu EIOPA-LL zum aufsichtlichen Überprüfungsverfahren das Governance-System insgesamt ohne weiteres zu den Bereichen, die innerhalb des Risikorahmens bei der Risikoklassifizierung zu berücksichtigen sind. 69

Auf der Grundlage der Klassifizierungen und sonstiger Informationen, über die die Aufsichtsbehörde verfügt, erstellt sie sodann den **Aufsichtsplan** für jedes Versicherungsunternehmen oder jede Versicherungsgruppe. Daraus ergibt sich z. B. gemäß EIOPA-LL 23, ob ein Versicherungsunternehmen den regelmäßigen aufsichtlichen Bericht „jährlich, alle zwei Jahre oder alle drei Jahre" abgeben muss. Der Aufsichtsplan enthält aber auch die in **§ 294 Abs. 5 S. 3 VAG** genannten Festlegungen, nämlich die Mindesthäufigkeit und den Anwendungsbereich der Überprüfungen, Beurteilungen und Bewertungen unter Berücksichtigung des Proportionalitätsprinzips. EIOPA-LL 20 zur Aufsicht auf Ebene des Einzelunternehmens und -LL 21 zur Aufsicht auf Gruppenebene sowie der jeweils zugehörige Explanatory Text äußern sich dazu aus der Sicht von EIOPA ausführlich. 70

bb) Detaillierte Überprüfung. Den **2. Schritt** bildet das Verfahren der „Detaillierten Überprüfung", die in EIOPA-LL 25 bis 32 geregelt ist. In ihr geht es darum, die im ersten Schritt gewonnenen Erkenntnisse durch „standortunabhängige Analysen" – sog. off-site-Prüfungen – oder „Prüfungen vor Ort" – sog. on-site-Prüfungen – zu vertiefen. Dabei soll die Aufsichtsbehörde „die im Zuge des Risikobewertungsrahmens ermittelten Risikobereiche in den Mittelpunkt" stellen. Die Detaillierte Überprüfung mündet in „Feststellungen und Schlussfolgerungen". Bei Vor-Ort-Prüfungen „sollte" die Aufsichtsbehörde die Schlussfolgerungen der Prüfung nach EIOPA-LL 32 dem Versicherungsunternehmen „schriftlich mitteilen und dem Unternehmen die Möglichkeit einräumen, innerhalb einer von der Aufsichtsbehörde festgelegten angemessenen Frist zu den Schlussfolgerungen Stellung zu nehmen." 71

cc) Aufsichtliche Maßnahmen. In einem **3. Schritt** geht es am Ende des aufsichtlichen Überprüfungsverfahrens um „Aufsichtliche Maßnahmen" auf Einzelunternehmens- oder Gruppenebene. 72

---

[76] Vgl. dazu auch die Übersicht in dem bei Fn. 74 EIOPA erwähnten Diagramm.

EIOPA-LL 33 bis 42 erfassen diesen Verfahrensteil. Danach soll die Aufsichtsbehörde zunächst „auf der Grundlage der Schlussfolgerungen der detaillierten Überprüfung etwaige Schwachstellen sowie tatsächliche oder potenzielle Mängel oder Verstöße gegen Anforderungen **ermitteln**, die sie zur Festsetzung aufsichtlicher Maßnahmen veranlassen könnten" (LL 33). Sodann muss sie die Bedeutung der Schwächen und Mängel „**bewerten**, um über die Einleitung von Maßnahmen zu entscheiden" (LL 34). Die Aufsichtsbehörde „sollte das Unternehmen schriftlich und rechtzeitig über die konkreten Maßnahmen informieren, die das Unternehmen durchführen sollte. Diese Benachrichtigung sollte gegebenenfalls die Angabe eines angemessenen Zeitrahmens umfassen, in dem das Unternehmen die Handlungen durchzuführen hat, um den Maßnahmen nachzukommen" (LL 39). Und schließlich soll die Aufsichtsbehörde „**überwachen**, ob die Maßnahmen von den Versicherungs- und Rückversicherungsunternehmen ordnungsgemäß **durchgeführt** werden" (LL 41).

73 Mit diesem 3. Schritt mündet das aufsichtliche Überprüfungsverfahren in die Vornahme von **hoheitlichen Eingriffen**. Damit ist der Bereich der Ziel- oder Aufgabenbestimmung verlassen und der Bereich der Aufsichtsbefugnisse erreicht.[77] Im VAG ist der 3. Schritt daher konsequent und zutreffend nicht mehr in § 294 Abs. 5 VAG, sondern in **§ 298 Abs. 1 S. 3 und Abs. 2 Nr. 3 VAG** angesprochen.

74 Sofern es aufgrund einer Detaillierten Prüfung **keinen Anlass** für die Versicherungsaufsichtsbehörde gibt, **Maßnahmen** zu ergreifen, bedeutet dies mit anderen Worten, dass keine eingriffsrelevanten Schwächen oder Mängel im Sinne von Art. 36 Abs. 5 Solva II-RL bzw. § 298 Abs. 1 S. 3, Abs. 2 Nr. 3 VAG vorliegen. Diesen Fall sprechen die EIOPA-LL nicht an, enthalten also auch keine Informationspflicht der Aufsichtsbehörde gegenüber dem Versicherungsunternehmen. Aus der zuvor angeführten Leitlinie 39 mit der Informationspflicht der Aufsichtsbehörde gegenüber dem Versicherungsunternehmen nur bei beabsichtigten Maßnahmen könnte sogar ein Umkehrschluss zu ziehen sein. Eine solche Ableitung widerspräche aber schon der Verpflichtung zu einem transparenten Aufsichtshandeln nach Art. 31 Abs. 1 Solva II-RL. Die BaFin muss daher Versicherungsunternehmen in entsprechenden Fällen die vollständige Compliance **als Ergebnis des aufsichtlichen Überprüfungsverfahrens mitteilen**. Dies kann formlos geschehen, da die Versicherungsunternehmen keinen Anspruch auf Erlass eines entsprechenden feststellenden Verwaltungsakts haben.[78]

75 **5. Offenlegung der BaFin-Standards zu dem aufsichtlichen Überprüfungsverfahren.** Nach **Art. 31 Abs. 2 Solva II-RL** „sorgen die Mitgliedstaaten für die **Offenlegung folgender Informationen**: (…) b) allgemeine Kriterien und Methoden des in Artikel 36 genannten aufsichtlichen Überprüfungsverfahrens einschließlich der gemäß Art. 34 Absatz 4 entwickelten Instrumente". Art. 34 Abs. 4 Solva II-RL verlangt, „dass die Aufsichtsbehörden befugt sind, zusätzlich zur Berechnung der Solvenzkapitalanforderung, soweit dies angemessen ist, im Rahmen des aufsichtlichen Überprüfungsverfahrens erforderliche quantitative Instrumente zur Bewertung der Fähigkeit der Versicherungs- oder der Rückversicherungsunternehmen zu entwickeln, möglichen Vorfällen oder künftigen Änderungen der Wirtschaftslage Rechnung zu tragen, die sich ungünstig auf ihre allgemeine Finanz- und Vermögenslage auswirken könnten. Die Aufsichtsbehörden sind befugt vorzuschreiben, dass die Unternehmen entsprechende Tests durchführen."

76 Die **BaFin** hat nach § 318 Abs. 2 S. 1 Nr. 2 VAG und unter Verweis auf Art. 31 Solva II-RL auf ihrer Website unter der Überschrift „Aufsichtlicher Überprüfungsprozess bei der BaFin" folgende Informationen zu dem Verfahren nach **§ 294 Abs. 5 VAG** und zu den Prognoserechnungen nach **§ 44 VAG** bzw. Art. 34 Abs. 4 Solva II-RL **veröffentlicht**:[79]

77 *„Die BaFin verwendet hierzu als Teil des Überprüfungsverfahrens das **System** der sog. **Risikoklassifizierung**, mit dem Versicherer unter Berücksichtigung von Art, Umfang und Komplexität ihrer Geschäftstätigkeit und den damit verbundenen Risiken klassifiziert werden. Die Einstufung der Versicherungseinzelunternehmen erfolgt anhand einer zweidimensionalen Matrix mit den **Dimensionen** Marktauswirkung und Qualität des Unternehmens. Das Kriterium ‚**Marktauswirkung**' bemisst sich bei den Lebensversicherern, Pensions- und Sterbekassen sowie Pensionsfonds nach der Summe ihrer Kapitalanlagen; bei den Kranken-, Schaden-/Unfall- und Rückversicherern nach den Bruttobeitragseinnahmen. Die Marktauswirkung wird in einer vierstufigen Skala mit den Ausprägungen ‚sehr hoch', ‚hoch', ‚mittel' und ‚niedrig' gemessen. Die Beurteilung der **Qualität der Unternehmen** leitet sich aus den folgenden Teilbereichen ab: die Vermögens-, Finanz- und Ertragslage, das Wachstum und die Qualität des Managements. Die beiden ersten Teilbereichsnoten ermittelt die BaFin anhand versicherungsspezifischer Kennzahlen, die Qualität des Managements beurteilt sie mit Hilfe*

[77] Vgl. zu der Vermischung von Aufgaben und Befugnissen in Art. 36 Solva II-RL schon *Dreher/Ballmaier* in Dreher/Wandt 2012, S. 73, 88 f.

[78] Vgl. ausf. schon *Dreher/Ballmaier* in Dreher/Wandt 2012, S. 73, 91 f.; dem Recht der Versicherungsunternehmen auf Ergebnismitteilung zustimmend *Heukamp* § 4 Rn. 68.

[79] BaFin, Aufsichtlicher Überprüfungsprozess, https://www.bafin.de/DE/Aufsicht/AufsichtlicheOffenlegung/Versicherungsaufsicht/AufsichtlicherUeberpruefungsprozess/aufsichtlicher_ueberpruefungsprozess_node.html (abgerufen am 22.2.2017; Hervorhebungen nur hier). Weitere Informationen betreffen die Prozesse bei Zuständigkeit der Versicherungsaufsichtsbehörden der Bundesländer.

qualitativer Kriterien. Das Bewertungssystem führt die Noten der Teilbereiche zu einer ***Gesamtnote*** *zusammen und bildet sie in einer* ***vierstufigen Skala*** *von ‚A' (hohe Qualität) bis ‚D' (niedrige Qualität) ab. Die BaFin informiert über aggregierte Ergebnisse in ihrem Jahresbericht. Für relevante Versicherungsgruppen wird ein an die Gegebenheiten der Gruppenaufsicht angepasstes Verfahren durchgeführt.*

Die Risikoklassifizierung wird ***regelmäßig*** *durchgeführt und kann zudem jederzeit durch eine unternehmensindividuelle* ***Ad-hoc-****Klassifizierung ergänzt werden, sobald aktuelle aufsichtliche Erkenntnisse zu einer veränderten Risikoeinschätzung führen.*

Die Ergebnisse der Risikoklassifizierung fließen in die jährliche ***Aufsichtsplanung*** *ein. Diese enthält sowohl die Häufigkeit der Vor-Ort-Prüfungen („On-Site") in einem jährlichen Prüfungsplan sowie die Prüfungshäufigkeit/-intensität bestimmter Aufsichtsprozesse, die sich insbesondere auf die Beurteilung eingereichter Unterlagen im Rahmen der Berichterstattung an die Aufsicht beziehen („Off-Site"), bestimmt.*

Bei den ***Instrumenten nach Art. 34 Abs. 4 Solvency II-Rahmenrichtlinie*** *handelt es sich um quantitative Instrumente (zusätzlich zur Berechnung der Solvenzkapitalanforderung) im Rahmen des aufsichtlichen Überprüfungsverfahrens zur Bewertung der Risikotragfähigkeit. Hierbei handelt es sich insbesondere um das Instrument der Prognoserechnungen, das in § 44 VAG in nationales Recht umgesetzt ist. Prognoserechnungen sind von den beaufsichtigten Unternehmen durchzuführende Berechnungen, die u. a. das erwartete Geschäftsergebnis zukünftiger Geschäftsjahre und auch die Risikotragfähigkeit in Stresssituationen umfasst. Die BaFin gibt dabei zu verwendende Rechnungsgrundlagen teilweise vor. Das Instrument der Prognoserechnung (ehemals Szenariorechnung) existiert für mehrere Sparten. Die BaFin informiert über die jeweilige Methodik der Prognoserechnung und über aggregierte Ergebnisse in ihrem Jahresbericht.*

Darüber hinaus werden im Rahmen des aufsichtlichen Überprüfungsverfahrens situativ auch ***Erkenntnisse aus weiteren Erhebungen zur Risikotragfähigkeit*** *(etwa makroprudenzielle Analysen zum Zwecke der Finanzstabilität) genutzt, falls dieses für die mikroprudenzielle Erkenntnisgewinnung sachgerecht und rechtlich möglich ist.*

Für die Aufsicht über ***Unternehmen****, die* ***nicht unter die Solvency-II-Rahmenrichtlinie fallen****, wird das aufsichtliche Überprüfungsverfahren in angepasster Form durchgeführt, u. a. werden dabei andere quantitative Instrumente genutzt."*

6. Aufsichtsbehördliche Klassifizierungen als Erhebung des empirischen Ist- zum normativen Sollzustand. Nach den EIOPA-LL zum aufsichtlichen Überprüfungsverfahren ist jedes Versicherungsunternehmen u. a. in eine von vier Risikoklassen einzuordnen. Die BaFin beurteilt im Rahmen der **Risikoklassifizierung** – wie vorstehend wörtlich wiedergegeben – die **„Qualität der Unternehmen"** in einer „vierstufigen Skala mit den Ausprägungen sehr hoch, hoch, mittel und niedrig" bzw. den **„Noten"** von **A bis D**. Zuvor vergibt sie in fünf Teilbereichen entsprechende Noten. Dazu gehört auch **„die Qualität des Managements"**. 78

Dieses diskretionäre Vorgehen stößt **aus rechtlicher Sicht auf erhebliche Einwände.**[80] Ausgangspunkt ist das **aufsichtsbehördliche Optimierungsverbot**.[81] Es bringt die Aufgaben- und Kompetenzgrenzen der Aufsichtsbehörde zum Ausdruck. Deren Ziel liegt in der Durchsetzung des aufsichtsrechtlich Gebotenen und nicht eines betriebswirtschaftlich-organisatorisch-strukturell Möglichen. Der gesetzliche geforderte Standard bildet daher einen Mindeststandard, den die Unternehmen freiwillig übertreffen können. Dagegen ist es nicht Aufgabe der Aufsichtsbehörde, eine solche Optimierung hoheitlich durchzusetzen. Schon dies spricht gegen eine qualitative Klassifizierung mit Hoch- und Abwertungen, bei denen die Rechtsfolgen einer solchen aufsichtlichen Einstufung entgegen Art. 31 Abs. 1 Solva II-RL nicht transparent sind. Notwendig wäre daher die Schaffung von aufsichtsbehördlicher Transparenz, wo in der Klassifizierung auch unter Berücksichtigung des Proportionalitätsprinzips das aufsichtsrechtlich gebotene Minimum liegt.[82] Transparent müsste weiter sein, welchen Sinn die Schaffung von vier Notenstufen vor dem Hintergrund einer Aufsichtsaufgabe und Aufsichtsbefugnis hat, die sich auf den Mindeststandard und nicht auf Aufsichtsziele wie eine „hohe" oder „sehr hohe" „Qualität" eines Unternehmens oder seines Managements bezieht. 79

Weiter ist die Bildung solcher Notenstufen auch nicht mit dem **zwingend individuellen Ansatz des Versicherungsaufsichtsrechts** zu vereinbaren. Schon wegen der Grundrechtsrelevanz von aufsichtsbehördlichen Maßnahmen muss die Aufsichtsbehörde immer auf die konkreten Verhältnisse eines beaufsichtigten Unternehmens abstellen. Die besonders wichtige Risikoorientierung der Aufsicht belegt dies aus tatsächlicher Sicht. Die aufsichtsbehördliche Bildung von Klassifizierungsrastern erfolgt dagegen im Wege der Erfassung der Gesamtheit der beaufsichtigten Versicherungsunternehmen, der Bildung von Vergleichsgruppen und der schematischen Einordnung jedes Versicherungsunternehmens in sie. Dieser 80

[80] So schon *Dreher/Ballmaier* in Dreher/Wandt 2012, S. 73, 94 ff. zu entsprechenden vorhergehenden CEIOPS-Entwürfen; der Kritik zustimmend *Heukamp* § 4 Rn. 69 Fn. 180.

[81] Vgl. ausf. Einl. Rn. 9 und 146 ff.

[82] Zwar ist bei solchen aufsichtsbehördlichen Festlegungen nicht in jedem Fall eine „Punktlandung", aber doch ein Ermessensgebrauch nach den üblichen Grundsätzen möglich, der seinerseits – ob in Form abstrakter Festlegungen wie hier oder individueller Maßnahmen als Folge des aufsichtlichen Überprüfungsverfahrens – der vollen gerichtlichen Überprüfung unterliegt, vgl. *Dreher/Ballmaier* in Dreher/Wandt 2012, S. 73, 118.

prädikatisierende **Klassifizierungsansatz** ist seiner gedanklichen Herkunft nach in Benchmark-Modellen der BWL verhaftet. Er **erhebt den empirischen Ist-Zustand zum normativen Soll-Zustand.** Ein rechtsförmiges Aufsichtsverfahren hat dagegen allein das einzelne Versicherungsunternehmen und die Frage, ob das Unternehmen seine versicherungsaufsichtsrechtlichen Pflichten erfüllt, zum Gegenstand. Ob andere Versicherungsunternehmen diese Pflichten besser, schlechter oder in gleicher Weise erfüllen bzw. nicht erfüllen, spielt dabei keine Rolle. Hinzu kommt der Grundsatz der Proportionalität, der ohnehin jedem kollektiven Klassifizierungsansatz entgegensteht. Maßgeblich dafür, ob ein Versicherungsunternehmen Stärken oder Schwächen aufweist, ist also nicht seine Stellung und der Grad der Abweichung von anderen Versicherungsunternehmen innerhalb einer Skala mit vier Notenstufen, sondern ausschließlich, ob es selbst das aufsichtsrechtlich Gebotene erfüllt oder – eventuell teilweise – nicht erfüllt.

81 Im Ergebnis läuft jede aufsichtsbehördliche Klassifizierung auf die Bildung von Gruppen vergleichbarer Unternehmen hinaus. In ihnen wird jedes Unternehmen verortet und zugleich durch Notenvergabe im Verhältnis zu diesen anderen Unternehmen auf- oder abgewertet. Aufsichtsrechtlich ist aber – um bei dem Risikobezug als dem grundlegenden Gedanken des Solvency II-Systems zu bleiben – nicht die Zugehörigkeit zu einer bestimmten Klasse von Unternehmen mit entsprechendem Risikomanagementsystem, sondern ein wirksames Risikomanagementsystem des konkret im aufsichtsbehördlichen Überprüfungsverfahren stehenden Unternehmens gefordert. Die **Prüfung** dieser Wirksamkeit ist **nur anhand absoluter, nicht anhand relativer Maßstäbe** möglich.[83]

82 Die Individualität des Maßstabs als Aufsichtsansatz folgt vor allem aus dem Grundsatz der Verhältnismäßigkeit. Er prägt im Sinne der doppelten Proportionalität sowohl die Anforderungen an Versicherungsunternehmen als auch die Wahrnehmung der Aufsichtsbefugnisse.[84] **Mit** dieser **doppelten Proportionalität ist ein schematisches Klassifizierungssystem nicht zu vereinbaren**. Es gibt den individuellen Verhältnissen eines Versicherungsunternehmens Raum weder bei den aufsichtsbehördlichen Klassifizierungsanforderungen, die in gleicher Weise für alle erfassten Unternehmen gelten, noch bei den Folgerungen, die die Aufsichtsbehörde aus der Einordnung in die vierstufige Skala zieht. Ersteres wäre mit dem gedanklichen Benchmark-Ansatz nicht vereinbar, weil jede Individualisierung im Verhältnis zu den Klassifizierungsanforderungen systemsprengend wirken würde. Letztere wäre zwar im dritten Schritt bei den Maßnahmen vorstellbar, würde jedoch in Bezug auf das Klassifizierungssystem ebenfalls systemsprengend wirken, wenn dadurch für ein Versicherungsunternehmen nicht mehr die bei einer entsprechenden Notenskala geltenden aufsichtlichen Folgerungen gezogen würden.

83 Das Vorgehen der Aufsichtsbehörden im Rahmen der Risikoklassifizierung innerhalb des sog. Risikobewertungsrahmens erfolgt nicht l'art pour l'art. Es hat **grund- und aufsichtsrechtliche Relevanz**. Denn auf der Basis der Klassifizierungsergebnisse erstellt die Aufsichtsbehörde für das betreffende Versicherungsunternehmen den **Aufsichtsplan**. Er legt u. a. die Häufigkeit, den Umfang und die Intensität der aufsichtsbehördlichen Prüfungshandlungen gegenüber dem Unternehmen fest.

84 Auch wenn sich die Klassifizierungsvorgänge weitgehend im behördlichen Innenbereich abspielen, externalisiert sie spätestens der Aufsichtsplan und seine Umsetzung. Zumindest damit bekommen sie auch Rechtsrelevanz. In dem Zusammenhang gewinnt das Kriterium der Qualität, das den Qualifizierungsansatz umsetzt, Bedeutung. Die **„Qualität des Managements“** will die BaFin „mit Hilfe qualitativer Kriterien“ messen. Diese legt sie allerdings entgegen dem aufsichtsrechtlichen Transparenzgebot für Aufsichtshandlungen in Art. 31 Abs. 1 Solva II-RL nicht offen. Die BaFin nimmt eine Risikoklassifizierung nach den zuvor wiedergegebenen Grundsätzen allerdings schon sehr lange vor. Dies schließt die Bewertung der „Qualität des Managements“ ein.[85] Die „Messung“ der „Qualität des Managements“ hat der frühere Exekutivdirektor für Versicherungen der BaFin *Steffen* wie folgt beschrieben: „Die Qualität des Managements bewerten wir mit Hilfe von Kriterien, die die Fähigkeit der Geschäftsleitung beschreiben. Ein wesentliches Kriterium ist hierbei die Qualität der Kapitalanlagerichtlinien, die wir anhand des Anlage- und Risikomanagements der Kapitalanlagen bewerten. Aber auch weitere Kriterien wie etwa die Güte der Internen Revision, die Ausnutzung von Bilanzierungsspielräumen, das Verhalten gegenüber der BaFin oder auch die Unternehmensstrategie gehen in unsere Bewertungen mit ein.“[86] Die Unbestimmtheit und Intransparenz des Vorgangs wird vor dem Hintergrund schon daraus deutlich, dass z. B. das Kriterium der Qualität mit demselben, lediglich in die deutsche Sprache übersetzten Kriterium der „Güte“ einer Unternehmensfunktion konkretisiert werden soll. Ebenso unhaltbar ist, dass das „Verhalten gegenüber der BaFin“ und „die Unternehmensstrategien“ über die Qualität des Managements bestimmen sollen. **Vorauseilender Gehorsam** wird so zum **Aufsichtsmaßstab** und der **aufsichtsfreie Kern der Unternehmenstätigkeit** zum **Aufsichtsgegenstand**.

---

[83] So schon *Dreher/Ballmaier* in Dreher/Wandt 2012, S. 73, 96.
[84] Vgl. ausf. Einl. Rn. 127.
[85] Vgl. z. B. BaFin-Jahresbericht 2008, S. 89 ff.
[86] Interview „Solvency II wird Risikomanagement verbessern“, VW 2008, 2077, 2078.

VI. Aufsicht über EU-/EWR-ausländische Unternehmenstätigkeiten deutscher Versicherungsunternehmen (Abs. 6). Zu den **Aufgaben der BaFin** gehört nach § 294 Abs. 6 **S. 1** VAG auch die Beaufsichtigung deutscher Versicherungsunternehmen, die im EU-/EWR-Ausland im Wege des Dienstleistungs- oder Niederlassungsverkehrs tätig sind. **Satz 2** regelt dabei die Zuständigkeitsverteilung zwischen Herkunftsland- und Tätigkeitslandaufsicht. Damit folgt § 294 Abs. 6 Vorgaben der Solva II-RL. 85

Das **System** dieser **geteilten Aufsicht** und Einzelheiten zu seiner Ausgestaltung waren vorliegend bereits Gegenstand ausführlicher Darlegungen zu der Unterscheidung von Rechts- und Finanzaufsicht bei der Aufsicht über Versicherungsunternehmen. Darauf ist an dieser Stelle ebenso zu verweisen[87] wie ergänzend auf die Ausführungen zur Beaufsichtigung der Inlandstätigkeit deutscher Versicherungsunternehmen, in denen § 62 VAG und § 294 Abs. 6 VAG ebenfalls angesprochen sind. 86

VII. Liquidationsaufsicht (Abs. 7). Mit § 294 Abs. 7 VAG führt der Gesetzgeber den bisherigen § 86 VAG a. F. „inhaltlich unverändert" fort.[88] Wie bereits ausgeführt,[89] erstreckt sich die **Versicherungsaufsicht** auch auf die **Liquidation** eines Versicherungsunternehmens. Sie umfasst die Abwicklung bestehender Versicherungsverträge. Die Aufsicht endet erst mit der Beendigung der Liquidation des Versicherungsunternehmens. § 294 Abs. 7 VAG hat daher wie seine Vorgängervorschrift **lediglich klarstellende Funktion**.[90] 87

Unerheblich ist schon im Hinblick auf die Ziele des Versicherungsaufsichtsrechts, aus welchem **Grund** die **Liquidation** erfolgt. § 294 Abs. 7 VAG nennt daher zutreffend neben der Untersagung des Geschäftsbetriebs dessen freiwillige Einstellung oder den Widerruf der Erlaubnis zum Geschäftsbetrieb.[91] 88

VIII. Aufsicht nur im öffentlichem Interesse (Abs. 8). 1. Regelungsgehalt. § 294 Abs. 8 VAG betrifft den Bereich der **Staats- oder Amtshaftung** für sog. **exekutives Unrecht**. Unter bestimmten Voraussetzungen führt ein solches Handeln zur Amtshaftung nach Art. 34 GG i. V. m. § 839 BGB. Dabei ist rechtlich zwischen zwei Gruppen möglicher Anspruchssteller zu trennen: Eine erste Gruppe bilden die Normadressaten des Versicherungsaufsichtsrechts, d. h. die **direkt** von Aufsichtsmaßnahmen betroffenen juristischen oder natürlichen Personen. Die zweite Gruppe umfasst nur **indirekt** betroffene Personen. Dies sind in dem Bereich der Versicherungswirtschaft vor allem Versicherungsnehmer, Versicherte und geschädigte Dritte. 89

Nach **§ 294 Abs. 8 VAG** nimmt die „Aufsichtsbehörde ihre Aufgaben und Befugnisse nur im öffentlichen Interesse wahr." Dies entspricht „inhaltlich unverändert dem bisherigen § 81 Absatz 1 Satz 3 VAG a. F."[92] Mit dem Regelungsgehalt ist § 294 Abs. 8 VAG **nicht überflüssig**. Nach **§ 4 Abs. 4 FinDAG** nimmt die BaFin zwar generell, d. h. auch in Vollzug des VAG, „ihre Aufgaben und Befugnisse nur im öffentlichen Interesse wahr." Die § 294 Abs. 8 VAG entsprechende Regelung des früheren § 6 Abs. 4 KWG ist vor dem Hintergrund bereits entfallen. Anders als in dem Bereich der Bankaufsicht gibt es in dem Bereich der Versicherungsaufsicht aber nach §§ 320 ff. VAG auch Landesaufsichtsbehörden. Für sie bleibt § 294 Abs. 8 VAG erheblich. 90

Im öffentlichen Interesse sind **nicht** die **Interessen einzelner Versicherungsnehmer**. Die Versicherungsnehmer haben daher kein subjektiv-öffentliches Recht auf ein Einschreiten der Aufsichtsbehörde gegen ein Versicherungsunternehmen.[93] Umgekehrt kann die BaFin daher im Rahmen der von ihr beanspruchten, aber europarechtswidrigen allgemeinen Missstandsaufsicht auch nicht wegen eines singulären Belangs eines einzelnen Versicherungsnehmers Aufsichtsmaßnahmen ergreifen.[94] Seit dem 10.7.2015 hat die BaFin aber nach § 4 Abs. 1a FinDAG die zusätzliche Aufsichtsaufgabe des **kollektiven Verbraucherschutzes**.[95] 91

2. Ansprüche indirekt betroffener Personen. Mit der Beschränkung der Aufgabenwahrnehmung auf das öffentliche Interesse soll die Amtshaftung gegenüber der zweiten Gruppe möglicher Anspruchsteller, d. h. den von Aufsichtsmaßnahmen nur indirekt betroffenen Personen, ausgeschlossen werden. Voraussetzung für eine Amtshaftung ist nach § 839 Abs. 1 S. 1 BGB nämlich eine „einem **Dritten gegenüber obliegende Amtspflicht**". Daran fehlt es aufgrund von § 294 Abs. 8 VAG bzw. § 4 Abs. 4 FinDAG. 92

---

[87] Siehe oben Rn. 38 ff.

[88] VAG-RegE 2014 BT-Drs. 18/2956, 290.

[89] Siehe oben Rn. 28.

[90] Prölls/*Kollhosser*, 12. Aufl., § 86 VAG Rn. 2; FKBP/*Bähr* § 86 VAG Rn. 1.

[91] Vgl. zur Abwicklung oder Insolvenz eines VVaG §§ 203 ff. VAG und zur Rolle der Aufsichtsbehörde in der Insolvenz eines Versicherungsunternehmens §§ 311 ff. VAG.

[92] VAG-RegE 2014 BT-Drs. 18/2956, 290.

[93] Vgl. wohl zuletzt *VG Frankfurt a. M.* Urt. v. 28.3.2011 – 9 K 566/10.F, NJW 2011, 2747; *VG Frankfurt a. M.* Urt. v. 19.5.2004 – 1 E 1184/04 (1), VersR 2004, 1397.

[94] So z. B. auch BaFinJournal 9/2008, S. 4.

[95] Vgl. dazu Einl. Rn. 26 und die Erläuterungen zu § 4 Abs. 1a FinDAG.

93 **Hintergrund** des Ausschlusses solcher Ansprüche waren zwei Urteile des BGH aus dem Jahr 1979.[96] Sie legten eine bis dahin immer verneinte Amtshaftung bei der Aufsicht über Kreditinstitute gegenüber Einlegern nahe. Ihr wollte der Gesetzgeber mit dem Dritten Gesetz zur Änderung des KWG durch Einfügung der früheren KWG-Regelung den Boden entziehen.[97] Ziel dieser und aller seitherigen entsprechenden Regelungen im Aufsichtsrecht der Finanzdienstleistungsunternehmen waren bzw. sind eventuelle Ansprüche auf Schadenersatz gegen Aufsichtsbehörden. Als Anspruchsteller sieht der Gesetzgeber dabei „einzelne Personen, die in geschäftlichen Beziehungen zu Kreditinstituten oder sonstigen Unternehmen und Privatpersonen stehen, an die das Bundesaufsichtsamt Maßnahmen richten kann".[98]

94 Die **Frage**, ob der Ausschluss der Amtshaftung in solchen Fällen **europa- oder verfassungsrechtlich unzulässig** ist, ist bis heute **umstritten**.[99] Soweit es um das Europarecht geht, hat der EuGH mit Urteil vom 12.10.2004 zu Ansprüchen von Einlegern deutscher Kreditinstitute gegen die Aufsichtsbehörde den Ausschluss von Ansprüchen grundsätzlich gebilligt.[100] Zur Frage der Verfassungswidrigkeit des Ausschlusses ist darauf zu verweisen, dass der Gesetzgeber bei rechtswidrigen grundrechtsrelevanten Eingriffen der Aufsichtsbehörde die Amtshaftung nicht durch einfaches Gesetz vollständig beseitigen kann.[101]

95 Dass der **Ausschluss der Staatshaftung** bei Maßnahmen der Wirtschaftsaufsicht **in der Sache keineswegs zwingend** ist – und er daher auch zu System- sowie Gleichbehandlungsfragen führt –, zeigt sich außerhalb des Aufsichtsrechts der Finanzdienstleistungsunternehmen. Dafür steht pars pro toto das Beispiel der Wettbewerbsaufsicht. Das **deutsche und europäische Kartellrecht** kennen einen solchen **Ausschluss nicht**.[102] Daher kommt z. B. ein Amtshaftungsanspruch gegen das BKartA in Betracht, wenn es einen Zusammenschluss rechtswidrig untersagt.[103] Im europäischen Kartellrecht hat das EuG, grundsätzlich bestätigt durch den EuGH, einen Anspruch auf unionsrechtlichen Schadenersatz nach Aufhebung einer zu Unrecht ergangenen Verbotsentscheidung gegen einen Zusammenschluss auf der Grundlage von Art. 340 Abs. 2 AEUV[104] bejaht.[105]

96 **3. Ansprüche direkt betroffener Personen.** Die Ansprüche direkt von Aufsichtsmaßnahmen betroffener juristischer oder natürlicher Personen wollte der Gesetzgeber mit seinen Korrekturgesetzen von Anfang an **nicht ausschließen**. Dies folgt schon aus der Begründung zum Dritten KWG-Änderungsgesetz anlässlich der Einführung des damaligen § 6 KWG: „Die Haftung des Bundesaufsichtsamtes gegenüber den beaufsichtigten Kreditinstituten und den sonstigen Unternehmen und Privatpersonen, denen gegenüber Eingriffsbefugnisse bestehen, aus fehlerhaften Entscheidungen bleibt durch die Änderung der Vorschrift unberührt."[106] Trotz § 294 Abs. 8 VAG und § 4 Abs. 4 FinDAG kommt daher bei exekutivem Unrecht gegenüber Normadressaten des VAG eine Amtshaftung der BaFin[107] in Betracht.[108]

97 **IX. Verhältnis zu anderen Regelungen.** Die Aufgaben der BaFin bilden den Anknüpfungspunkt für weitere Regelungen im VAG. Konsequent betrifft die **Informationspflicht** von Versicherungsunternehmen gegenüber der BaFin im **RSR** nach **§ 43 Abs. 1 VAG** „diejenigen Informationen (…), die sie zur Erfüllung ihrer Aufgaben nach diesem Gesetz (§ 294 Absatz 1)" benötigt.

[96] *BGH* Urt. v. 12.7.1979 – III ZR 154/77, BGHZ 75, 120 = NJW 1979, 1879 – Herstatt und *BGH* Urt. v. 15.2.1979 – III ZR 108/76, BGHZ 74, 144 = VersR 1979, 467 – Wetterstein.

[97] Vgl. Begr. RegE zu § 6 KWG BT-Drs. 10/1441, 20.

[98] Begr. RegE zu § 6 KWG BT-Drs. 10/1441, 20.

[99] Vgl. die Nachweise bei *Bürkle*, Der Sonderbeauftragte der Bundesanstalt für Finanzdienstleistungsaufsicht im Versicherungssektor, 2013, S. 390 ff.; *Müller-Feyen/Müller-Feyen* in: Luz/Neus/Schaber/Schneider/Wagner/Weber, KWG und CRD, 3. Aufl. 2015, § 6 KWG Rn. 16; Prölss/*Kollhosser*, 12. Aufl., § 81 VAG Rn. 126; FKBP/*Bähr* § 81 VAG Rn. 14 sowie die Erläuterungen zu § 4 Abs. 4 FinDAG.

[100] Vgl. *EuGH* Urt. v. 12.10.2004 – C-222/02, VersR 2005, 101 = EuZW 2004, 689 und die Folgeentscheidung *BGH* Urt. v. 20.1.2005 – III ZR 48/01, BGHZ 162, 49 = VersR 2005, 1287.

[101] So schon *Rittner/Dreher* Europäisches und deutsches Wirtschaftsrecht 3. Aufl. 2008, § 31 Rn. 109; differenzierend *Sethe* FS Hopt, 2010, 2549 ff.

[102] Vgl. *Dreher/Kulka* Wettbewerbs- und Kartellrecht, 9. Aufl. 2016, Rn. 1469 und 1544 m. w. N.

[103] Im Fall *LG Köln* Urt. v. 26.2.2013 – 5 O 86/12, WuW/E DE-R 3849 = NZKart 2013, 170 – GN Store Nord/BKartA, bestätigt durch *OLG Düsseldorf* Urt. v. 26.3.2014 – VI-U (Kart) 43/13, WuW/E DE-R 4230 = NZKart 2014, 185, ist der Anspruch bei festgestellter Amtspflichtverletzung an fehlendem Verschulden gescheitert.

[104] Zum damaligen Zeitpunkt Art. 288 Abs. 2 EG.

[105] *EuG* Urt. v. 11.7.2007 – T-351/03, WuW/E EU-R 1397 – Schneider/Legrand und *EuGH* Urt. v. 16.7.2009 – C-440/07 P, WuW/E EU-R 1606 – Schneider Electric.

[106] BT-Drs. 10/1441, 20.

[107] Vgl. z. B. die Verurteilung der BaFin dem Grunde nach zum Schadenersatz gegenüber einem früheren Vorstandsmitglied eines Kreditinstituts durch das OLG Frankfurt a. M. im Jahr 2006 und die sich daraus ergebende Frage der Umlagefähigkeit des Schadenersatzes nach § 16 Abs. 1 FinDAG, *BVerfG* Beschl. v. 24.11.2015 – 2 BvR 355/12, VersR 2016, 170 = NVwZ 2016, 606 sowie zu der Besteuerung der Zahlung der BaFin beim Empfänger BFH Urt. v. 12.7.2016 – IX R 33/15, AG 2017, 246.

[108] So für das KWG z. B. auch *Müller-Feyen/Müller-Feyen* in: Luz/Neus/Schaber/Schneider/Wagner/Weber, KWG und CRD, 3. Aufl. 2015, § 6 KWG Rn. 16.

Für einige Normadressaten des VAG ist die **Geltung von § 294 VAG eingeschränkt**. Dies betrifft **Versicherungs-Zweckgesellschaften** nach § 168 Abs. 2 VAG, **Pensionskassen** nach § 234 Abs. 2 S. 6, Abs. 3 S. 1 Nr. 11 VAG und **Pensionsfonds** nach § 237 Abs. 3 Nr. 10 VAG. 98

Die engste Verbindung weist die Aufgabennorm des § 294 VAG zu der **Befugnisnorm** des **§ 298 VAG** auf. Sie bezieht sich in Abs. 1 S. 2 auf § 294 Abs. 2 VAG. 99

Zuständige Behörde in Bezug auf EU-Verordnungen

295 Die nach diesem Gesetz zuständige Aufsichtsbehörde ist für die der Aufsicht nach diesem Gesetz unterliegenden Unternehmen auch

1. sektoral zuständige Behörde im Sinne der Verordnung (EG) Nr. 1060/2009, in der jeweils geltenden Fassung, für die in den Geltungsbereich der Verordnung (EG) Nr. 1060/2009 einbezogenen Unternehmen,

2. zuständige Behörde im Sinne der Verordnung (EU) Nr. 1286/2014, in der jeweils geltenden Fassung, für die in den Geltungsbereich der Verordnung (EU) Nr. 1286/2014 einbezogenen Unternehmen.

Schrifttum: *Baroch Castellví*, Zum Anwendungsbereich der PRIIP-Verordnung auf Produkte von Lebensversicherern – was ist ein Versicherungsanlageprodukt?, VersR 2017, S. 129 ff.; *Bürkle*, Sind konventionelle deutsche Lebensversicherungen europäische Versicherungsanlageprodukte?, VersR 2017, 331 ff.; *Reiff*, Die Richtlinie 2016/97 über Versicherungsvertrieb, r+s 2016, 593 ff.

I. Allgemeines. 1. Entstehungsgeschichte. § 295 Abs. 1 **Nr. 1** VAG ist die Nachfolgenorm von § 64c Abs. 1 VAG a. F., eingeführt durch Art. 4 des Gesetzes zur Verringerung der Abhängigkeit von Ratings.[1] § 295 Abs. 1 Nr. 1 VAG setzt Art. 18 Abs. 1a Richtlinie 2003/41/EG[2] um, den Art. 1 Richtlinie 2013/14/EU[3] einfügte. Im Gesetzgebungsverfahren blieb die Norm in ihrer erstmaligen Fassung des VAG-RegE 2014 unverändert. Art. 8 1. Finanzmarktnovellierungsgesetz (1. FiMaNoG)[4] hat § 295 VAG umgestaltet. Die Änderung ist nach Art. 17 Abs. 2 1. FiMaNoG am 31.12.2016 in Kraft getreten. Der frühere § 295 Abs. 1 VAG wurde dadurch inhaltsgleich zunächst zu § 295 Nr. 1 VAG. 1

§ 295 Abs. 1 **Nr. 2** VAG wurde hinzugefügt durch Art. 15 Nr. 5 des Gesetzes zur Umsetzung der Wohnimmobilienkreditrichtlinie und zur Änderung handelsrechtlicher Vorschriften.[5] Er basiert auf Art. 5 Richtlinie 2014/17/EU (Wohnimmobilienkreditrichtlinie).[6] Auch diese Regelung hat wie Nr. 1 ihre heutige Gestalt seit 31.12.2016 durch Art. 8, 17 Abs. 2 1. FiMaNoG erhalten. 2

Art. 13 Nr. 3 des **2. FiMaNoG**[7] hat sodann den bisherigen Text von § 295 VAG mit Wirkung vom 25.6.2017 zu Abs. 1 erklärt. Gleichzeitig hat es einen – im folgenden Text nicht kommentierten – **neuen Abs. 2** angefügt. Er dient der „Beseitigung eines redaktionellen Versehens"[8] und bestimmt die Versicherungsaufsichtsbehörde als **„zuständige Stelle"** für die VAG-Regelungen in Umsetzung der **Wohnimmobilienkreditrichtlinie**.[9] **Mit Wirkung vom 1.1.2018** ändert Art. 14 Nr. 3 des 2. FiMaNoG[10] § 295 VAG erneut und fügt in Abs. 1 eine – im folgenden Text nicht kommentierte – **neue Nr. 3** an. Danach sind zuständige Behörden nach §§ 320 ff. VAG die BaFin und die Landesaufsichtsbehörden im Sinne der Verordnung (EU) 2016/1011 über Indizes, die bei Finanzinstrumenten und Finanzkontrakten als Referenzwert oder zur Messung der Wertentwicklung eines Investmentfonds verwendet werden.[11] Nr. 3 erfasst „die in den Anwendungsbereich der Verordnung fallenden Unternehmen, die der Aufsicht nach dem VAG unterliegen".[12] 2a

---

[1] Gesetz zur Verringerung der Abhängigkeit von Ratings vom 10.12.2014, BGBl. 2014 I, 2085.

[2] Richtlinie 2003/41/EG des Europäischen Parlaments und des Rates vom 3.6.2003 über die Tätigkeiten und die Beaufsichtigung von Einrichtungen der betrieblichen Altersversorgung, ABl.EU 2003 L 235, 10 ff.

[3] Richtlinie 2013/14/EU des Europäischen Parlaments und des Rates vom 21.5.2013 zur Änderung der Richtlinie 2003/41/EG über die Tätigkeiten und die Beaufsichtigung von Einrichtungen der betrieblichen Altersvorsorge, der Richtlinie 2009/65/EG zur Koordinierung der Rechts- und Verwaltungsvorschriften betreffend bestimmte Organismen für gemeinsame Anlagen in Wertpapieren (OGAW) und der Richtlinie 2011/61/EU über die Verwalter alternativer Investmentfonds im Hinblick auf übermäßigen Rückgriff auf Ratings, ABl.EU 2013 L 145, 1 ff.

[4] BGBl. 2016 I, 1514, 1538 f.

[5] Gesetz zur Umsetzung der Wohnimmobilienkreditrichtlinie und zur Änderung handelsrechtlicher Vorschriften vom 11.3.2016, BGBl. 2016 I, 396.

[6] Richtlinie 2014/17/EU des Europäischen Parlaments und des Rates vom 4.2.2014 über Wohnimmobilienkreditverträge für Verbraucher und zur Änderung der Richtlinien 2008/48/EG und 2013/36/EU und der Verordnung (EU) Nr. 1093/2010, ABl.EU 2014 L 60, 34 ff.

[7] BGBl. 2017 I, 1693, 1810.

[8] RegE 2. FiMaNoG BT-Drs. 18/10936, S. 280.

[9] Vgl. dazu Einleitung Rn. 71.

[10] BGBl. 2017 I, 1693, 1812.

[11] ABl. EU 2016 L 171, 1 ff.

[12] RegE 2. FiMaNoG BT-Drs. 18/10936, S. 281.

3 **2. Normzweck.** Mit **Nr. 1** will der Gesetzgeber in Umsetzung europarechtlicher Vorgaben die Versicherungsaufsichtsbehörden zu zuständigen Behörden i. S. d. Rating-Verordnung, der **CRA-VO**,[13] erklären.[14]

4 Für die Verordnung über verpackte Anlageprodukte für Kleinanleger und Versicherungsanlageprodukte, die **PRIIP-VO**,[15] sollen nach § 295 Abs. 1 **Nr. 2** VAG ebenfalls die BaFin und die Landesaufsichtsbehörden zuständige Aufsichtsbehörden sein.[16]

5 **3. Europarechtlicher Hintergrund.** Infolge der Finanzkrise regelt die EU den **Umgang von Versicherungsunternehmen mit Ratings** in der VO (EG) Nr. 1060/2009. Ziel ist einerseits eine kritische Hinterfragung externer Ratings und andererseits, ein mechanisches Vertrauen auf solche zu unterbinden. Ausfluss davon sind neben § 295 Abs. 1 **Nr. 1** VAG auch Art. 44 Abs. 4a UAbs. 1 Solva II-RL und in dessen Umsetzung § 28 VAG.[17]

6 Europarechtlicher Hintergrund von § 295 Abs. 1 **Nr. 2** VAG ist die **PRIIP-VO**. Sie will Kleinanleger bei komplexen und schwer verständlichen (Versicherungs-)Anlageprodukten schützen. Mittel dazu sollen einheitliche Transparenzregeln, insbesondere ein Basisinformationsblatt, für alle erfassten Produkte sein.

7 **II. Zuständigkeit für die Aufsicht über die Verwendung von Ratings und über die Einhaltung von Transparenzanforderungen bei dem Vertrieb von PRIIP.** Die Norm betrifft die Aufsicht über die Verwendung von Ratings (Nr. 1) und über Transparenzanforderungen bei dem Vertrieb von PRIIP (Nr. 2).[18] Sie enthält eine **Zuständigkeitsregelung.** § 295 VAG erklärt die nach dem VAG für die Aufsicht über ein Unternehmen zuständige Behörde zugleich zuständig für die Aufsicht über die Einhaltung der Anforderungen an die Nutzung von Ratings (§ 28 VAG) und an den Vertrieb von PRIIP.

8 Nutzt ein Versicherungsunternehmen eine **externe Bonitätsbeurteilung**, muss es nach § 28 VAG die einschlägigen Regelungen der VO (EG) Nr. 1060/2009 beachten und fällt in ihren Geltungsbereich. Etwas anderes gilt, wenn es um ein Rating geht, dessen Nutzung von der Verordnung nicht erfasst ist. Solche Ausnahmen finden sich in Art. 2 Abs. 2, 3 VO (EG) Nr. 1060/2009.

9 Soweit **Versicherungsunternehmen PRIIP vertreiben**, müssen sie die Anforderungen der PRIIP-VO beachten. Für die Aufsicht über die Einhaltung dieser Anforderungen ist ebenfalls die Versicherungsaufsichtsbehörde zuständig.

10 **III. Verhältnis zu anderen Regelungen.** § 295 Abs. 1 Nr. 1 VAG weist einen besonders engen Bezug zu **§ 28 VAG** auf. Dabei geht es um die Verwendung externer Ratings.

11 Soweit es um Eingriffe der Aufsichtsbehörden nach §§ 264, 298 VAG i. V. m. § 295 VAG geht, haben dagegen erhobene Widersprüche und Anfechtungsklagen nach **§ 310 Abs. 2 VAG** keine aufschiebende Wirkung.

Grundsatz der Verhältnismäßigkeit

296 (1) **Die Aufsichtsbehörde wendet die Vorschriften dieses Gesetzes auf eine Art und Weise an, die der Art, dem Umfang und der Komplexität der Risiken angemessen ist, die mit der Tätigkeit der von ihr beaufsichtigten Unternehmen einhergehen.**

(2) **Absatz 1 gilt für den Verordnungsgeber entsprechend, soweit dieses Gesetz zum Erlass von Rechtsverordnungen ermächtigt.**

Übersicht

[13] Vgl. § 28 VAG Rn. 5 ff. und 27.
[14] Vgl. RegE Gesetz zur Verringerung der Abhängigkeit von Ratings BT-Drs. 18/1774, 25.
[15] ABl.EU 2014 L 352, 1 ff.
[16] RegE 1. FiMaNoG BT-Drs. 18/7482, 76.
[17] Vgl. ausf. § 28 VAG Rn. 3.
[18] Vgl. zum Anwendungsbereich *Baroch Castellvi* VersR 2017, 129 ff.; *Bürkle* VersR 2017, 331 ff.; *Reiff* r+s 2016, 593, 600 ff. und § 308a VAG Rn. 7.

Schrifttum: Vgl. die Angaben in Einl. Rn. 124 ff. zum Grundsatz der Verhältnismäßigkeit.

1 **I. Allgemeines. 1. Entstehungsgeschichte.** § 296 VAG bildet eine **neue Vorschrift im deutschen Versicherungsaufsichtsrecht**. Zwar gilt der Grundsatz der Verhältnismäßigkeit als Ausdruck des Rechtsstaatsprinzips nach Art. 20 Abs. 2 S. 2, Abs. 3 GG ohnehin für die gesamte Eingriffsverwaltung.[1] Dazu gehört auch die Ausübung von Maßnahmen durch die Versicherungsaufsichtsbehörde gegenüber juristischen oder natürlichen Personen. Die Betonung dieses Grundsatzes und seine Inhaltsbestimmung im Sinne einer sog. doppelten Proportionalität im **europäischen Versicherungsaufsichtsrecht** haben aber dazu geführt, dass der Grundsatz in § 296 VAG ausdrücklich verankert worden ist. In § 81 Abs. 2 S. 1 VAG a. F. war der Grundsatz der Verhältnismäßigkeit lediglich durch den Verweis auf die Eignung und die Erforderlichkeit aufsichtsbehördlicher Anordnungen angesprochen.

2 **2. Normzweck.** § 296 VAG dient der Umsetzung einer europarechtlichen Vorgabe. Die Norm bezweckt, den Grundsatz der Verhältnismäßigkeit in der Ausprägung, die er im europäischen Versicherungsaufsichtsrecht erhalten hat, zur Geltung zu bringen. Der Grundsatz der Verhältnismäßigkeit bildet daher eine **Querschnittsklausel für das gesamte Versicherungsaufsichtsrecht.**[2]

3 **3. Europarechtlicher Hintergrund.** „Allgemeine Grundsätze der Beaufsichtigung" – so die Überschrift zu Art. 29 Solva II-RL – umfassen auch den Grundsatz der Verhältnismäßigkeit. Er ist zentral in **Art. 29 Abs. 3 Solva II-RL** – flankiert durch EG 19 S. 1, 20 S. 2, 21 S. 2, 31 S. 2 und Art. 41 Abs. 4, 141 Solva II-RL sowie durch zahlreiche entsprechende Regelungen in der Solva II-VO – wie folgt geregelt: „Die Mitgliedstaaten stellen sicher, dass die Vorschriften dieser Richtlinie auf eine Art und Weise angewandt werden, die der Wesensart, dem Umfang und der Komplexität der Risiken angemessen ist, die mit der Tätigkeit des Versicherungs- oder des Rückversicherungsunternehmens einhergehen." Diese Vorgabe setzt der deutsche Gesetzgeber mit **§ 296 Abs. 1 VAG** um.

4 Zusätzlich fordert **Art. 29 Abs. 4 Solva II-RL** die Beachtung des Grundsatzes der Verhältnismäßigkeit bei der Rechtssetzung bzw. der Verlautbarungspraxis von Versicherungsaufsichtsbehörden auf den Ebenen 2.5 und 3 im Solvency II-System.[3] Der deutsche Gesetzgeber folgt dem mit der Erstreckung des Grundsatzes der Verhältnismäßigkeit auf die Ebene des Verordnungsgebers durch **§ 296 Abs. 2 VAG**. Im Hinblick auf die sehr zahlreichen Ermächtigungen im VAG zum Erlass von Rechtsverordnungen ist dies auch sachlich zutreffend.

5 **II. Grundlagen.** Die **Einzelheiten** zu dem Grundsatz der Verhältnismäßigkeit sind **in der Einleitung** ausführlich dargestellt.[4] Dies **betrifft die folgenden Themen**: die Elemente der Verhältnismäßigkeit, die Terminologie aufgrund der vielfachen Benennung als Grundsatz der Proportionalität in Dokumenten zum europäischen Versicherungsaufsichtsrecht, die Verankerung im europäischen Primärrecht, den Normgehalt mit der risikobezogenen Trias von Wesensart, Umfang und Komplexität, den Fokus bei kleinen und mittleren Versicherungsunternehmen, die doppelte Proportionalität im Sinn der Geltung für Anforderungen an Versicherungsunternehmen – Tatbestandseite – und für die Wahrnehmung von Aufsichtsbefugnissen – Rechtsfolgenseite – sowie die Wechselbeziehung zu der grundsätzlichen Prinzipienorientierung des Versicherungsaufsichtsrechts im Solvency II-System.

6 Seiner **Rechtsnatur** nach bildet der Grundsatz der Verhältnismäßigkeit eine **Kompetenzausübungsschranke**. Im Sinne der doppelten Proportionalität bezieht sie sich im Versicherungsaufsichtsrecht daher sowohl auf die **Regelgebung**, d. h. die Schaffung von versicherungsaufsichtsrechtlichen oder versicherungsaufsichtsbehördlichen Anforderungen an Versicherungsunternehmen – Tatbestandseite –, als auch auf die **Regelanwendung**, d. h. die Verwirklichung des Regelungswillens durch die Versicherungsaufsichtsbehörde – Rechtsfolgenseite.

7 Die **BaFin** interpretiert den Grundsatz der Verhältnismäßigkeit in Nr. 12 bis 16 MaGo aus ihrer Sicht. Dabei stellt sie zu Recht maßgeblich auf die Risikoorientierung im Rahmen der Rechtsanwendung ab, die daher auch den Grundsatz der Proportionalität erfasst.

8 **III. Verhältnismäßigkeit bei der Gesetzesanwendung (Abs. 1). 1. Autonome europarechtliche Auslegung und Folgerungen. a) Autonome Auslegung.** Den **Inhalt des Grundsatzes der Verhältnismäßigkeit** bestimmt zwingend das europäische Versicherungsaufsichtsrecht. Das folgt schon aus den entsprechenden Vorgaben zum Begriff der Verhältnismäßigkeit in Verbindung mit dem Grund-

[1] Vgl. Einl. Rn. 130.
[2] Vgl. Einl. Rn. 126.
[3] Vgl. zu den Ebenen im Versicherungsaufsichtsrecht die Einl. Rn. 47, 53 ff., 61 ff. und zu dem Grundsatz der Verhältnismäßigkeit in diesen Bereichen Rn. 127.
[4] Einl. Rn. 124 ff.

satz der **autonomen Auslegung** europarechtlicher Begriffe. Zu Recht verweist die Begründung zu § 296 Abs. 1 VAG daher für die Begrifflichkeiten auf Folgendes: „Die Terminologie folgt der Terminologie der Richtlinie."[5]

9 **b) Risikoorientierung.** Die **praktische Bedeutung** der autonomen Auslegung des Begriffs der Verhältnismäßigkeit ist im Hinblick auf das grundsätzlich parallele Verständnis des Begriffs im deutschen Recht im Hinblick auf Eignung, Erforderlichkeit und Angemessenheit[6] beschränkt. Sie betrifft vor allem die **Risikoorientierung** bei der Anwendung des Versicherungsaufsichtsrechts. § 296 Abs. 1 VAG gibt der Rechtsanwendung einen im deutschrechtlichen Verständnis des Grundsatzes der Verhältnismäßigkeit nicht vorhandenen Schwerpunkt bei den Risiken, die ein Versicherungsunternehmen trägt oder denen es ausgesetzt ist. Die risikobezogene Trias in § 296 Abs. 1 VAG bildet mithin ein subsumtionspflichtiges und -fähiges **Tatbestandsmerkmal.**

10 **c) Unternehmensgröße.** Sodann muss die Anwendung des Grundsatzes der Verhältnismäßigkeit aber auch einen Bezug zu der **Unternehmensgröße** haben. Dies lässt § 296 Abs. 1 VAG im Wortlaut zwar nicht erkennen. Art. 29 Abs. 4 UAbs. 1 Solva II-RL fordert allerdings eine „verhältnismäßige Anwendung dieser Richtlinie insbesondere auf kleine Versicherungsunternehmen". Gleiches findet sich in Art. 29 Abs. 4 UAbs. 2 Solva II-RL. Weiter geht EG 19 Sätze 1 und 2 Solva II-RL, der für ihre Auslegung wie alle Erwägungsgründe besondere Bedeutung hat, davon aus, dass die Richtlinie „**kleine und mittlere Versicherungsunternehmen** nicht übermäßig belasten" sollte.[7] Als „eines der Instrumente zur Verwirklichung dieses Ziels" benennt sie „die ordnungsgemäße Anwendung des Grundsatzes der Verhältnismäßigkeit." Daher sind die besonderen Belange von KMU im Versicherungsaufsichtsrecht individualisiert zu berücksichtigen.[8] **§ 296 Abs. 1 VAG** ist mit diesem Ziel **richtlinienkonform auszulegen.**

11 Die Auslegung und Anwendung von § 296 Abs. 1 VAG mit Hilfe des Kriteriums der Unternehmensgröße bildet aber keine Einbahnstraße. Umgekehrt kann daher aus der Anwendung des Grundsatzes der Verhältnismäßigkeit in richtlinienkonformer Auslegung auch folgen, dass für besonders **große Versicherungsunternehmen** besonders hohe Anforderungen in der Rechtsanwendung gelten. Voraussetzung ist auch hier eine individualisiert-risikobezogene Aufsichtsperspektive. Sie muss eine Maßnahme im Ergebnis als erforderlich, geeignet und angemessen erscheinen lassen.

12 Soweit es bei der **Unternehmensgröße** um die **Mitarbeiterzahl** geht, stellt Nr. 12 MaGo nicht auf die vorhandenen Mitarbeiter, sondern auf den tatsächlichen Mitarbeiterbedarf ab. So sehr dies für Fälle zutrifft, in denen eine Auslagerung nach § 32 VAG erfolgt ist, so wenig kann dies für sonstige Fälle gelten. Andernfalls würde die Anwendung des Grundsatzes der Verhältnismäßigkeit zirkulär. Denn der Grundsatz der Verhältnismäßigkeit beeinflusst schon die einem scheinbar objektiv festzustellenden Mitarbeiterbedarf vorgelagerte Frage, ob eine versicherungsaufsichtsrechtliche oder -behördliche Anforderung aufgrund ihrer Folgen in Bezug auf den Mitarbeiterbedarf noch verhältnismäßig ist. Das Beispiel der BaFin-Anforderungen an die unternehmensinterne Bewertung der Risiken aus Staatsanleihen im Rahmen des ORSA zeigt dies deutlich. Die BaFin postuliert Anforderungen, die von kleinen und mittleren Versicherungsunternehmen weder intern noch – im Hinblick z. B. auf Kosten – durch Auslagerungen erfüllbar sind.[9] Der Grundsatz der Verhältnismäßigkeit beeinflusst daher über die Tatbestandsseite schon den „tatsächlichen Mitarbeiterbedarf" i. S. v. Nr. 12 MaGo.

13 **d) Monoliner.** Eine besondere Bedeutung hat der Grundsatz der Verhältnismäßigkeit nach **EG 20 Solva II-RL** für Versicherungsunternehmen, „die auf **bestimmte Versicherungsarten** spezialisiert sind oder Dienste für **bestimmte Kundensegmente** anbieten". Dazu gehören z. B. Rechtsschutz- und Tierversicherungsunternehmen oder landwirtschaftliche Hagelversicherungsunternehmen. Nach EG 20 Solva II-RL kann sich eine solche „Spezialisierung als wertvolles Instrument für ein effizientes und wirksames Risikomanagement erweisen". Dem ist versicherungsaufsichtsrechtlich über den Grundsatz der Verhältnismäßigkeit Rechnung zu tragen. Dies gilt insbesondere für die Genehmigung von Abweichungen bei der Standardformel.[10]

14 **e) Captives.** Ebenso wie bei Monolinern ist auch bei **firmeneigenen Versicherungs- und Rückversicherungsunternehmen** nach **EG 21 Solva II-RL** der Grundsatz der Verhältnismäßigkeit in besonderer Weise zu berücksichtigen. Hintergrund ist nach EG 21 Solva II-RL, dass solche Versicherungsunternehmen „nur Risiken abdecken, die zu dem Industrie- oder Handelskonzern gehören, dem sie angehören".

[5] VAG-RegE 2014, BT-Drs. 18/2956, 290.
[6] Vgl. Einl. Rn. 124.
[7] Ebenso EG 66 Solva II-RL zu der Solvenzkapitalanforderung.
[8] Vgl. Einl. Rn. 128.
[9] Vgl. ausf. § 27 VAG Rn. 66 und 78 sowie unten Rn. 17.
[10] Vgl. ausf. *Dreher* ZVersWiss 101 (2012), 381, 393 f.

2. Doppelte Proportionalität und Folgerungen. Ist der Grundsatz der Verhältnismäßigkeit im europäischen Versicherungsaufsichtsrecht im Sinne der doppelten Proportionalität zu verstehen,[11] kann im deutschen Versicherungsaufsichtsrecht nichts anderes gelten. Die Tatbestandseite, d. h. die Anforderungen an Versicherungsunternehmen, könnte allerdings ausschließlich den VAG-Gesetzgeber und den über § 296 Abs. 2 VAG adressierten Verordnungsgeber betreffen. In dem Fall würde § 296 Abs. 1 VAG für das erste Element der doppelten Proportionalität in der Rechtsanwendung keinen Raum bieten. Auch wenn dies für die unmittelbare Wirkung des Grundsatzes der Verhältnismäßigkeit in der Rechtsanwendung zutrifft, ist im Einzelfall doch vorstellbar, dass auch die **Tatbestandseite des Grundsatzes der doppelten Proportionalität die Rechtsanwendung** über § 296 Abs. 1 VAG **beeinflussen** kann. 15

Allgemeine Ansatzpunkte für eine solche Rückwirkung daraus, dass der Grundsatz der Verhältnismäßigkeit schon für die aufsichtsrechtlichen Anforderungen an Versicherungsunternehmen gilt, können Normen des Versicherungsaufsichtsrechts oder aufsichtsbehördliche Anforderungen an Versicherungsunternehmen sein. Wenn sich **Normen oder sonstige Anforderungen** per se oder sub specie z. B. der Risikoorientierung bzw. der Berücksichtigung von KMU-Belangen als **unverhältnismäßig** erweisen sollten,[12] wäre schon der Erlass der Norm bzw. die Schaffung der aufsichtsbehördlichen Anforderung mit dem Grundsatz der doppelten Proportionalität im Sinne seiner Wirkung auf der Tatbestandsseite nicht vereinbar. Ob es solche Normen von vornherein im VAG bzw. in versicherungsaufsichtsrechtlichen Verordnungen oder erst aufgrund einer entsprechenden Auslegung auf der Ebene der Rechtsanwendung gibt, lässt sich erst im Laufe einer längeren Rechtsanwendungsphase bewerten. Ist die Frage zu bejahen, d. h. liegt im Einzelfall schon eine unverhältnismäßige Anforderung auf der Tatbestandsseite vor, kann der entsprechende Tatbestand konsequent nicht Grundlage der Rechtsanwendung sein. 16

Schon zuvor könnte das Thema **konkrete Bedeutung** erlangen, wenn die Rechtsprechung in Fällen, die ihr zur Entscheidung vorgelegt werden, den Grundsatz der Vollharmonisierung durch die Solva II-RL[13] – anders als die ganz herrschende Meinung in der Literatur – auf überschießende nationale Regelungen nicht anwenden sollte. Dann würde sich nämlich die Frage stellen, ob etliche besonders strikte, für KMU sehr kostspielige und verwaltungsaufwendige VAG-Regelungen nicht mit dem Grundsatz der Verhältnismäßigkeit auf der Tatbestandsseite kollidieren. Dies könnte z. B. für die Pflicht zur **Testierung der Solvabilitätsübersicht** nach §§ 35 Abs. 2 VAG, die KMU besonders belastet, gelten.[14] Ein weiteres Beispiel können die sehr hohen Anforderungen bilden, die die BaFin im Rahmen des ORSA an die unternehmensinterne Erfassung der **Risiken aus Staatsanleihen** und deren Bewertung stellt. Sie sind von kleinen und mittleren Versicherungsunternehmen kaum leistbar. Dies gilt z. B. für die Plausibilisierung externer Ratings von Staaten einschließlich einer „Analyse der Stabilität der Regierung und des Rechts- und Finanzsystems sowie der Verpflichtungen, die mit Mitgliedschaften in internationalen Organisationen verbunden sind". Für eine Anwendung der ersten Ausprägung des Grundsatzes der doppelten Proportionalität in derartigen Fällen würde zudem sprechen, dass dessen zweite Seite nach dem Verständnis der BaFin nicht das „Ob", sondern nur das „Wie" einer Rechtspflicht von Versicherungsunternehmen bzw. der Rechtsanwendung durch die Versicherungsaufsichtsbehörde betreffen kann.[15] 17

Jenseits solcher Ausnahmekonstellationen mit Rückwirkungen der Tatbestandsseite des Grundsatzes der doppelten Proportionalität deckt sich deren **Rechtsfolgenseite** mit dem **Normgehalt des § 296 Abs. 1 VAG**. Denn dabei geht es um die Wahrnehmung von Aufsichtsbefugnissen entsprechend dem Grundsatz der Verhältnismäßigkeit in dessen autonomen europarechtlichen Verständnis. 18

In der Regel wird sich der Grundsatz der Verhältnismäßigkeit also erst in der **Rechtsanwendung durch die BaFin** auf der Rechtsfolgenseite aktualisieren. Vielfachen Anlass dafür bietet die Prinzipienorientierung des neuen Versicherungsaufsichtsrechts.[16] Trotz erheblicher Einschränkungen auf den folgenden Regelungsebenen ist das VAG geprägt durch eine Vielzahl unbestimmter Rechtsbegriffe.[17] Sie bedeuten für die Versicherungsunternehmen einerseits eine erhebliche Gestaltungsfreiheit. Andererseits ist diese nach unten durch das aufsichtsrechtlich Gebotene im Sinne aufsichtsrechtlicher Mindestanforderungen begrenzt. Der Grundsatz der Verhältnismäßigkeit bedeutet daher auf der Rechtsfolgenseite, dass das aufsichtsrechtlich Gebotene auch von Seiten der Versicherungsaufsichtsbehörde unternehmensindividuell zu konkretisieren ist. Hier ist mit anderen Worten das „Wie" der aufsichtsrechtlichen Anforderungen und damit der Kern des Grundsatzes der Verhältnismäßigkeit in dem bisher ohnehin selbstverständ- 19

[11] Ausf. Einl. Rn. 129 f.

[12] Maßgeblicher Zeitpunkt bei der Verhältnismäßigkeitskontrolle auf der Tatbestandsseite ist nach *EuGH* Urt. v. 23.12.2015 – C-333/14 Rn. 60 ff., EuZW 2016, 230 die Entscheidung des nationalen Gerichts.

[13] Vgl. Einl. Rn. 83 ff.

[14] Vgl. zu einer nur beispielhaften Liste mit Regelungen im VAG, die im Verhältnis zur Solva II-RL nationales Draufsatteln oder Gold-Plating bedeuten, Einl. Rn. 104.

[15] Vgl. Einl. Rn. 132.

[16] Vgl. Einl. Rn. 105 ff.

[17] Vgl. zu Beispielen Einl. Rn. 101.

lichen Sinne betroffen. Es ist also mit anderen Worten Aufgabe der Aufsichtsbehörde nach § 296 Abs. 1 VAG, die Anforderungen des Versicherungsaufsichtsrechts aus Aufsichtssicht unternehmensindividuell mit dem aufsichtsrelevanten Zustand und/oder Verhalten von Versicherungsunternehmen sowie der in ihnen tätigen Personen abzugleichen und, sofern der aufsichtsrechtlich gebotene Mindeststandard nicht erfüllt ist, verhältnismäßige Maßnahmen zu ergreifen.

20 Die Rechtsnatur des Grundsatzes der Verhältnismäßigkeit als Kompetenzausübungsschranke bedeutet vor dem Hintergrund, dass die **aufsichtsbehördliche Rechtsanwendung nicht die Freiheit beseitigen** darf, die den Versicherungsunternehmen durch die Prinzipienorientierung des Versicherungsaufsichtsrechts gegeben ist. Sie darf und muss **vielmehr den Fehlgebrauch dieser Freiheit verhindern oder sanktionieren**. Die Geltung des Grundsatzes der Verhältnismäßigkeit auf der Rechtsfolgenseite wirkt daher zugleich freiheitserhaltend. Sie wahrt die Prinzipienorientierung des Versicherungsaufsichtsrechts gegenüber übermäßigen Verengungen durch aufsichtsbehördliche Rechtsanwendung. Eine systemstimmige Rechtsanwendung inkorporiert den Grundsatz der Verhältnismäßigkeit daher im Sinne eines **„agency self-restraint"**.

21 **IV. Verhältnismäßigkeit bei dem Erlass von Rechtsverordnungen (Abs. 2).** Wie nach Art. 29 Abs. 4 Solva II RL bei dem Erlass von Verordnungen durch die EU-Kommission und bei den allgemeinen Aufsichtstätigkeiten von EIOPA gilt nach § 296 Abs. 2 VAG auch für den Erlass von Rechtsverordnungen durch den **Verordnungsgeber** der Grundsatz der Verhältnismäßigkeit. Diese Regelung ist Ausdruck der doppelten Proportionalität insofern, als sie bereits die **Tatbestandsseite** betrifft.

22 **Verordnungsgeber** im Sinne von Abs. 2 ist zunächst das **BMF**. Im Fall einer Subdelegation auf die **BaFin**, die die Verordnungsermächtigungen des VAG an zahlreichen Stellen vorsehen, gilt dies auch für sie.

23 Die Rechtsnatur des Grundsatzes der Verhältnismäßigkeit als **Kompetenzausübungsschranke** setzt daher auch den Verordnungsgebern **Grenzen**, wo sie die **Prinzipienorientierung**, die das Versicherungsaufsichtsrecht vorgibt, aufheben würden.

24 **V. Verhältnis zu anderen Regelungen.** § 296 VAG ist in einzelnen Regelungen des VAG nicht ausdrücklich in Bezug genommen. Dies entspricht der generellen Anwendbarkeit des Grundsatzes der Verhältnismäßigkeit als **Querschnittsklausel für das gesamte Versicherungsaufsichtsrecht.**[18]

Ermessen

297

(1) **Die Aufsichtsbehörde trifft ihre Maßnahmen nach pflichtgemäßem Ermessen.**

(2) [1]**Kommen zur Abwehr einer Gefahr mehrere Mittel in Betracht, so genügt es, wenn eines davon bestimmt wird.** [2]**Dem Betroffenen ist auf Antrag zu gestatten, ein anderes ebenso wirksames Mittel anzuwenden, sofern die Belange der Versicherten dadurch nicht stärker beeinträchtigt werden.**

Übersicht

1 **I. Allgemeines. 1. Entstehungsgeschichte.** Bei § 297 VAG handelt es sich nach der Begründung um eine **„neue Vorschrift"**.[1] Sie kam erst im Zusammenhang mit der Umsetzung der Solva II-RL in das VAG.

[18] Siehe oben Rn. 2.
[1] VAG-RegE 2014 BT-Drs. 18/2956, 290.

2. Normzweck. Nach der Begründung „ergänzt" § 297 VAG die Regelung in § 296 VAG, die den Grundsatz der Verhältnismäßigkeit betrifft.[2] Im Übrigen schweigt sich der Gesetzgeber zum Normzweck des § 297 VAG aus. Er liegt darin, speziell für das Versicherungsaufsichtsrecht allgemeine Grundsätze des Verwaltungsrechts zu dem Ermessen von Behörden – so **Abs. 1** – zu kodifizieren und – so **Abs. 2** – zu modifizieren. 2

3. Europarechtlicher Hintergrund. § 297 VAG hat **keinen europarechtlichen Hintergrund**. Die Solva II-RL thematisiert „Ermessen" ausdrücklich nur in Art. 58 Abs. 2 UAbs. 2 S. 2 im Zusammenhang mit der Anforderung „weiterer Ergänzungen oder Klarstellungen" im Rahmen eines Inhaberkontrollverfahrens. Die Solva II-VO kennt den Begriff des Ermessens überhaupt nicht. Dies entspricht der Tatsache, dass der Begriff im Europarecht keine gefestigten Konturen hat. 3

II. Grundlagen. 1. Ermessensermächtigung. Dass eine Behörde wie die BaFin Ermessen ausübt, stellt eine Lockerung des Grundsatzes der **Gesetzmäßigkeit der Verwaltung** dar. Nach Art. 20 GG ist die Verwaltung an das Gesetz gebunden. Schon im Hinblick auf die Einzelfallbezogenheit behördlicher Entscheidungen sind **Ermessensentscheidungen** von Verwaltungsbehörden aber üblich und notwendig. 4

Ob die BaFin eine Ermessensentscheidung treffen kann, ergibt sich aus dem VAG. Zwar spricht das VAG ein Ermessen der BaFin außerhalb von § 297 VAG nicht ausdrücklich an. Den **Anwendungsbereich eines Ermessens eröffnet das VAG** vielmehr wie auch sonst üblich **durch Formulierungen**, die typischerweise eine Ermessensermächtigung zum Ausdruck bringen. Dies gilt im VAG für die Worte „**kann**" z. B. in §§ 5 Abs. 1 S. 1, 10 Abs. 2 S. 3, 11 Abs. 2 Sätze 1 und 3, 14 Abs. 2, 17 Abs. 1 Nr. 3 und Abs. 4, 18 Abs. 1 und 2, 19 Abs. 1 und 2, 20 Abs. 1, 24 Abs. 3 S. 2, 36 Abs. 1 S. 2, 298 Abs. 1 S. 1 und Abs. 2, 299, 300, 301, 302 Abs. 1 S. 1, 303 Abs. 1 S. 1 und Abs. 2, 304 Abs. 3 und 4, 305 Abs. 1 Nr. 2, „**können**" z. B. in §§ 306 Abs. 7, 308 Abs. 1, 309 Abs. 6, 310 Abs. 1, 314 Abs. 1 S. 2 und „**darf**" z. B. in §§ 8 Abs. 2, 298 Abs. 3, 305 Abs. 6 S. 1, 306 Abs. 1 Nr. 1 und Abs. 4. 5

Kein Ermessen, sondern eine Rechtsbindung besteht typischerweise, wenn ein Tatbestand die Worte „**ist**" oder „**muss**" enthält. Ähnliches gilt, wenn der Gesetzgeber das Wort „**soll**" verwendet. Hier darf die Behörde nur aus wichtigem Grund oder in atypischen Fällen ein Ermessen in Anspruch nehmen.[3] Auch im VAG finden sich derartige Soll-Regelungen. Dies gilt z. B. für §§ 25 Abs. 4 Sätze 1 und 2, 234 Abs. 2 S. 3 und Abs. 3 S. 1 Nr. 3, 237 Abs. 2 S. 3 und Abs. 3 Nr. 4, 268 Abs. 2, 304 Abs. 2, 319 Abs. 1 S. 1 VAG. 6

2. § 297 VAG im System allgemeiner Ermessensregelungen. § 297 VAG steht im Zusammenhang mit den allgemeinen Vorschriften zu dem Ermessensgebrauch und zu der Ermessenskontrolle im Verwaltungsrecht: **§ 40 VwVfG** setzt das Bestehen von Ermessen voraus und legt die Grenzen der Ermessensausübung durch eine Verwaltungsbehörde dar. **§ 114 VwGO** enthält Grundsätze für die verwaltungsgerichtliche Überprüfung von Ermessensentscheidungen auf Ermessensfehler. 7

3. Unbestimmte Rechtsbegriffe. Die **Prinzipienorientierung** bildet einen der wichtigen Ausgangspunkte des Solvency II-Systems.[4] Die Solva II-RL enthält daher eine Vielzahl unbestimmter Rechtsbegriffe. Dies gilt in besonderer Weise für Begriffe wie „angemessen", „geeignet", „wirksam", „Wesensart", „Komplexität", „Vorsicht", „Vollständigkeit", „Exaktheit", „relevant" und „spezifisch".[5] Diese Begriffsverwendung spiegelt sich im **VAG**. Als Beispiel dient § 301 VAG mit der Regelung zum Kapitalaufschlag. Allein in diesem Tatbestand finden sich die unbestimmten Rechtsbegriffe „erheblich", „unangemessen", „erfolglos", „unzureichend", „besser", „angemessen", „wahrscheinlich", „proportional" und „wesentlich". 8

Derartige unbestimmte Rechtsbegriffe geben der BaFin **kein Ermessen** hinsichtlich des „Ob" oder des „Wie" einer Handlung. Bei unbestimmten Rechtsbegriffen besteht vielmehr eine **strikte Rechtsbindung** der Verwaltung. Ihre Aufgabe ist, das aus ihrer Sicht allein zutreffende Ergebnis, das der Tatbestand der betreffenden Vorschrift fordert, zu finden. Die Aufsichtsbehörde muss daher bei unbestimmten Rechtsbegriffen den aus ihrer Sicht einzig möglichen Inhalt einer Handlung ermitteln und dies anschließend umsetzen. 9

Zweifel bei der Konkretisierung unbestimmter Rechtsbegriffe sind von dem Rechtsanwendungsorgan mit Hilfe der anerkannten **Auslegungsmethoden** zu beseitigen. Da das VAG die **Solva II-RL** umsetzt, gelten dabei vorrangig die Grundsätze der autonomen europarechtlichen Auslegung von Rechtsbegriffen und der richtlinienkonformen Auslegung. Aber auch soweit es um die systematische und die teleologische Auslegung geht, müssen sie dem System und dem Telos der Solva II-RL folgen. Schließlich gilt in den zahlreichen Fällen, in denen die Solva II-VO die Solva II-RL konkretisiert, diese Verordnung mit Vorrang vor dem VAG. 10

---

[2] VAG-RegE 2014 BT-Drs. 18/2956, 290.
[3] Vgl. z. B. *Sachs* in Stelkens/Bonk/Sachs, VwVfG, 8. Aufl. 2014, § 40 Rn. 26 m. w. N. aus der Rechtsprechung.
[4] Vgl. Einl. Rn. 105 ff.
[5] Vgl. näher Einl. Rn. 111 und schon *Dreher* ZVersWiss 101 (2012), 381, 416.

11 Abschließend berufen für die Konkretisierungsaufgabe ist die Rechtsprechung. Dies bedeutet einerseits, dass die **unbestimmten Rechtsbegriffe** im VAG wie auch sonst der **vollen Kontrolle durch die Gerichte** unterliegen. Sie erfasst nicht nur die Bestimmung des Normgehalts, sondern auch die Feststellung der Tatsachengrundlagen und der Subsumtion des tatsächlichen Sachverhalts unter einen unbestimmten Rechtsbegriff.[6] Für das Versicherungsaufsichtsrecht folgt die Notwendigkeit einer solchen gerichtlichen Vollkontrolle aufsichtsbehördlicher Maßnahmen zudem aus Art. 297 Solva II-RL.

12 Im Aufsichtsrecht der Versicherungsunternehmen und Kreditinstitute jedoch „bildet die **gerichtliche Kontrolle** einen eher **ungewöhnlichen** Sonderfall".[7] Hintergrund ist die Vielzahl unbestimmter Rechtsbegriffe in einem teilweise prinzipienorientierten Aufsichtsrecht. Sie führt dazu, dass die jeweilige Eingriffsschwelle nicht klar konturiert ist. Im Ergebnis führt jede Häufung von unbestimmten Rechtsbegriffen zu einem als **Selbstprogrammierung der Verwaltung** bekannten Phänomen.[8] In dem Bereich der Versicherungs- und Bankaufsicht kommt noch hinzu, dass die administrative Selbstprogrammierung regelmäßig **in Kooperation mit den Aufsichtsadressaten**, meist vertreten durch ihre Verbände, erfolgt. Dies führt zu einer intransparent-dialogischen Standardsetzung auf der Grundlage unbestimmter Rechtsbegriffe, die nur sehr selten über die Wahrnehmung gerichtlichen Rechtsschutzes durch einzelne beaufsichtigte Unternehmen in Frage gestellt wird.

13 **4. Beurteilungsspielräume.** Nur in **sehr wenigen Fällen** anerkennt die Rechtsprechung außerhalb des Versicherungsaufsichtsrechts **bei unbestimmten Rechtsbegriffen** einen sog. **Beurteilungsspielraum** der Verwaltung, heute tendenziell **Beurteilungsermächtigung** genannt.[9] Er gibt der Verwaltung bei besonders wertungsabhängigen Tatbeständen einen Konkretisierungs- und damit auch einen Entscheidungsfreiraum, der nur begrenzt gerichtlich überprüfbar ist. Im Hinblick auf die Gesetzesbindung der Verwaltung und die Grundrechtsrelevanz solcher Freiräume muss ihre Zuerkennung aber die absolute Ausnahme bleiben. Konsequent genügen nach der Rechtsprechung dafür die Komplexität oder der Prognosecharakter einer Entscheidung nicht.[10]

14 Das **VAG** ist zwar Grundlage zahlreicher komplexer und prognostischer Entscheidungen.[11] Aus ihnen lassen sich aber **keine Beurteilungsermächtigungen der BaFin** ableiten. Dafür fehlt es schon an den Voraussetzungen, die sonst als Gründe für eventuelle behördliche Freiräume angeführt werden. Dazu gehören ein zeitlich-situativ unwiederholbarer und primär wertungsgeprägter Entscheidungsvorgang oder eine jenseits des Üblichen gelagerte Komplexität oder Prognoseorientierung. Zu Recht unterliegen daher auch Entscheidungen der BaFin in der **Fit-and-proper-Aufsicht** der vollen gerichtlichen Kontrolle.[12] Unabhängig von allem wären gerichtlich kontrollfreie Beurteilungsspielräume aber auch europarechtlich bedenklich. Art. 297 Solva II-RL fordert nämlich die Möglichkeit einer gerichtlichen Kontrolle aufsichtsbehördlicher Entscheidungen.

15 **III. Pflichtgemäßes Ermessen (Abs. 1). 1. Ermessen und Ermessensausübung.** Nach **§ 297 Abs. 1 VAG** trifft die Aufsichtsbehörde „ihre Maßnahmen nach pflichtgemäßem Ermessen". Damit **kodifiziert** der Gesetzgeber einen **Grundsatz des allgemeinen Verwaltungsrechts**. Er besagt, dass eine Behörde, wenn sie eine Vorschrift vollzieht, die das „Ob" und „Wann" sowie das „Wie" und „gegen Wen" nicht selbst abschließend bestimmt, ein **Entschließungs- und Auswahlermessen** hat. Sie muss das Ermessen im Rahmen des Tatbestands unter sachlichen Aspekten und Abwägung der öffentlichen Interessen sowie der sonstigen involvierten Interessen, insbesondere des Entscheidungsadressaten, d. h. pflichtgemäß, ausüben.

16 Das Ermessen der Aufsichtsbehörde kann sich unter bestimmten Voraussetzungen im Sinne einer **Ermessensreduzierung** auf Null zu einer Handlungspflicht verdichten.[13] Dies gilt umso mehr, je intensiver eine bevorstehende oder bestehende Rechtsverletzung ist und je mehr sie die Erreichung der Schutzziele des Versicherungsaufsichtsrechts gefährdet. Allerdings muss eine solche Ermessensreduzierung immer einen besonders begründeten Ausnahmefall darstellen. Denn sie hebt die Zubilligung eines behördlichen Handlungsspielraums durch den Gesetzgeber auf.

[6] Vgl. statt vieler und m. w. N. *Sachs* in Stelkens/Bonk/Sachs, VwVfG 8. Aufl. 2014, § 40 Rn. 147 und *Jestaedt* in Ehlers/Pünder, Allgemeines Verwaltungsrecht, 15. Aufl. 2016, § 11 Rn. 25.

[7] So – zum Teil bei der BaFin tätig – *Lutz/Röhl/Schneider* ZBB/JBB 2012, 342, 348.

[8] Vgl. dazu z. B. *Jestaedt* in Ehlers/Pünder, Allgemeines Verwaltungsrecht, 15. Aufl. 2016, § 11 Rn. 7.

[9] Nachweise bei *Sachs* in Stelkens/Bonk/Sachs, VwVfG, 8. Aufl. 2014, § 40 Rn. 158 f.

[10] Vgl. ausf. zum Ganzen und m. w. N. zu der äußerst strittigen Materie z. B. *Jestaedt* in Ehlers/Pünder, Allgemeines Verwaltungsrecht, 15. Aufl. 2016, § 11 Rn. 44 ff. und *Sachs* in Stelkens/Bonk/Sachs, VwVfG, 8. Aufl. 2014, § 40 Rn. 158 ff.

[11] Vgl. dazu schon *Dreher* ZVersWiss 101 (2012), 381, 418 ff. und zu dem „prospektiven" Aufsichtsansatz Art. 29 Abs. 1 S. 1 Solva II-RL sowie Einl. Rn. 113, 123.

[12] Vgl. § 24 VAG Rn. 121 f.

[13] Vgl. allg. ausf. *Sachs* in Stelkens/Bonk/Sachs, VwVfG, 8. Aufl. 2014, § 40 Rn. 102a ff.

Pflichtgemäßes Ermessen bedeutet daher die Ausübung von **Handlungs- oder Verwaltungsermessen und von Verfahrensermessen**. Dabei geht es um Rechtmäßigkeit und Zweckmäßigkeit[14] unter Abwägung der beteiligten Interessen.[15] 17

Aufsichtsbehördliche Entscheidungen auf der Grundlage des VAG können – wie im Bereich der Fit-and-proper-Aufsicht – eine erhebliche **Grundrechtsrelevanz** für die **Entscheidungsadressaten** haben. Ein solcher besonderer Grundrechtsbezug prägt dann auch die Interessenabwägung durch die BaFin. Gleiches gilt für die **Interessen** der Allgemeinheit. Die Ziele, die die BaFin nach § 294 Abs. 1 VAG bei der Beaufsichtigung von Versicherungsunternehmen verfolgen muss, stellen besonders wichtige Gemeinwohlbelange dar. Bei der Wahl einer konkreten Anordnung ist schließlich nicht nur § 297 Abs. 2 VAG, sondern auch § 296 VAG mit dem **Grundsatz der Verhältnismäßigkeit** zu berücksichtigen. 18

Soweit es um die **Abwehr von rechts- oder ordnungswidrigen Zuständen** geht, nimmt die Rechtsprechung verbreitet ein sog. **intendiertes Ermessen** an.[16] Aus einer Ermessensvorschrift folgt danach kraft Auslegung eine **Handlungspflicht** der zuständigen Behörde.[17] Dies betrifft das Entschließungsermessen einer Behörde hinsichtlich des „Ob" und des „Wann" einer Maßnahme. Von der Rechtsprechung könnte in entsprechenden Fällen auch die Tätigkeit der BaFin betroffen sein. Die Annahme eines solchen intendierten Ermessens bedarf im Hinblick auf die Verdichtung gesetzlich gegebener und differenziert angelegter Handlungsfreiräume und Handlungszwänge der Verwaltung einerseits und der damit erfolgenden Ausschaltung der Interessenabwägung anderseits jedoch einer großen Zurückhaltung. 19

Zu einer pflichtgemäßen Ermessensausübung gehört auch die **Berücksichtigung** des **aufsichtsbehördlichen Optimierungsverbots**. Im Rahmen von Ermessenshandlungen darf die BaFin nämlich nur das aufsichtsrechtlich Gebotene im Sinne des gesetzlichen Mindestniveaus an Anforderungen verwirklichen. Die gesetzlichen Anforderungen zu optimieren, ist nicht Aufgabe einer Aufsichtsbehörde.[18] 20

Obwohl die Solva II-RL das Thema Ermessen nur an einer einzigen speziellen Stelle und die Solva II-VO es überhaupt nicht anspricht,[19] widmet ihm **EIOPA** in den Leitlinien zum aufsichtsbehördlichen Überprüfungsverfahren[20] folgende eigene Leitlinie 4 unter dem Titel „Aufsichtsbehördliches Ermessen im aufsichtlichen Überprüfungsverfahren": „Die nationale Aufsichtsbehörde sollte sicherstellen, dass die Aufsichtsbehörden ihr aufsichtsbehördliches Ermessen in jeder Phase des aufsichtlichen Überprüfungsverfahrens ausüben. Die nationale Aufsichtsbehörde sollte sicherstellen, dass das aufsichtliche Überprüfungsverfahren ausreichend flexibel gestaltet ist, um die Ausübung eines angemessenen aufsichtsbehördlichen Ermessens zuzulassen." 21

2. Ermessensgrenzen. In § 297 Abs. 1 VAG verweist die BaFin darauf, Maßnahmen nach pflichtgemäßem Ermessen zu treffen. Die **Grenzen** dieser **Ermessensausübung** spricht Abs. 1 – anders als für einen Ausschnitt des Auswahlermessens Abs. 2 – nicht an. Dies ist im Hinblick auf die allgemeine Geltung von **§ 40 VwVfG** auch nicht erforderlich. Selbst die Regelung ist im Hinblick auf den Grundsatz der Gesetzmäßigkeit der Verwaltung nach Art. 20 Abs. 3 GG ebenfalls nur deklaratorischer Natur. 22

Nach § 40 VwVfG hat eine Behörde, die zu Ermessenshandlungen ermächtigt ist, „ihr Ermessen entsprechend dem Zweck der Ermächtigung auszuüben und die gesetzlichen Grenzen des Ermessens einzuhalten." Dabei werden die unterschiedlichen Kategorien von Ermessensfehlern nicht einheitlich bestimmt, ohne dass es auf die Zuteilung für die Frage der Rechtswidrigkeit oder Aufhebbarkeit ankäme.[21] Soweit es allerdings zunächst um den **Zweck der Ermächtigung** geht, ist dies von der **allgemeinen Zweckmäßigkeit** einer behördlichen Maßnahme i. S. v. § 68 Abs. 1 S. 1 VwGO[22] zu unterscheiden. Diese unterliegt nur der Kontrolle im Vorverfahren, soweit es ein solches gibt. Die Frage, ob eine Behörde „von dem Ermessen in einer dem Zweck der Ermächtigung nicht entsprechenden Weise Gebrauch gemacht" hat, prüft dagegen nach § 114 S. 1 VwGO auch die Verwaltungsgerichtsbarkeit. 23

Der Zweck einer Ermächtigung ist von der Behörde durch Auslegung zu ermitteln. Eine unzutreffende Ermittlung und infolgedessen die **Verfehlung des Zwecks der Ermächtigung** i. S. v. § 40 VwVfG 24

---

[14] Eine reine Zweckmäßigkeitskontrolle ist nach §§ 68, 114 VwGO allerdings auf das Verwaltungsverfahren beschränkt.

[15] Vgl. auch zu der Begrifflichkeit statt vieler nur *Sachs* in Stelkens/Bonk/Sachs, VwVfG, 8. Aufl. 2014, § 40 Rn. 13ff und 45 f.

[16] Teilweise ist in Fällen, in denen der Gesetzgeber das Wort „soll" verwendet, auch von intendiertem Ermessen die Rede, vgl. *Sachs* in Stelkens/Bonk/Sachs, VwVfG, 8. Aufl. 2014, § 40 Rn. 28.

[17] Vgl. näher zum Ganzen *Sachs* in Stelkens/Bonk/Sachs, VwVfG, 8. Aufl. 2014, § 40 Rn. 28 ff.; *Jestaedt* in Ehlers/Pünder, Allgemeines Verwaltungsrecht, 15. Aufl. 2016, § 11 Rn. 57.

[18] Ausf. Einl. Rn. 146 ff.

[19] Siehe oben Rn. 3.

[20] EIOPA-BoS-14/179 DE.

[21] *Jestaedt* in Ehlers/Pünder, Allgemeines Verwaltungsrecht, 15. Aufl. 2016, § 11 Rn. 62.

[22] Zur Unterscheidung vgl. statt vieler z. B. *Sachs* in Stelkens/Bonk/Sachs, VwVfG, 8. Aufl. 2014, § 40 Rn. 15 und 72.

durch behördliches Handeln stellt einen sog. **Ermessensfehlgebrauch** dar. Dies ist z. B. der Fall, wenn sachfremde Erwägungen bei der Bestimmung des Zwecks der Ermächtigung einfließen. Weiter ist im Sinne eines Ermessensfehlgebrauchs der Zweck der Ermächtigung auch verfehlt, wenn eine Behörde entgegen ihrer Bindung an das Gesetz Wertungen nicht berücksichtigt, die aus anderen als dem zu vollziehenden Gesetz folgen.

25 Im Unterschied dazu geht es bei den „**gesetzlichen Grenzen des Ermessens**" i. S. v. § 40 VwVfG um Grenzen der Ermessensausübung, die aus der zu vollziehenden Ermächtigungsnorm oder aus sonstigen Normen folgen. Im Rahmen der Vollziehung des VAG hat dies Bedeutung vor allem für **Grenzen**, die **aus dem GG und aus dem Europarecht** folgen. So ist der Grundsatz der Verhältnismäßigkeit nicht nur in § 296 VAG kodifiziert, sondern folgt sowohl aus dem nationalen Verfassungsrecht als auch aus dem europäischen Primär- und Sekundärrecht. In den Fällen der **Ermessensüberschreitung** sind schon die tatbestandlichen Voraussetzungen für eine Ermessenshandlung nicht gegeben. Um Fälle des **Ermessensmangels**, auch als **Ermessensunterschreitung** bezeichnet, geht es dagegen, wenn eine Behörde bestehendes Ermessen überhaupt nicht oder teilweise nicht ausübt. Praktisch bedeutend sind vor allem Fälle, in denen die Behörde unvollständige Ermessenserwägungen anstellt. Nach § 39 Abs. 1 S. 3 VwVfG muss eine Behörde „auch die Gesichtspunkte erkennen lassen, von denen die Behörde bei der Ausübung ihres Ermessens ausgegangen ist."

26 **3. Ermessenskontrolle.** Nach **Art. 297 Solva II-RL** müssen die Mitgliedstaaten gerichtlichen Rechtsschutz „gegen Entscheidungen" gewährleisten, die auf der Grundlage von Umsetzungsrecht zu der Solva II-RL ergehen. Diese gerichtliche Kontrolle von behördlichen Ermessenshandlungen erfolgt nach **§ 114 VwGO**. Danach „prüft das Gericht auch, ob der Verwaltungsakt oder die Ablehnung oder Unterlassung des Verwaltungsakts rechtswidrig ist, weil die gesetzlichen Grenzen des Ermessens überschritten sind oder von dem Ermessen in einer dem Zweck der Ermächtigung nicht entsprechenden Weise Gebrauch gemacht ist. Die Verwaltungsbehörde kann ihre Ermessenserwägungen hinsichtlich des Verwaltungsaktes auch noch im verwaltungsgerichtlichen Verfahren ergänzen." Lediglich die reine Zweckmäßigkeitskontrolle ist also nach § 68 Abs. 1 S. 1 VwGO auf ein eventuell stattfindendes Vorverfahren beschränkt.

27 Der Rechtsschutz bezieht sich auf ein rechtmäßiges Behördenhandeln. Rechtmäßig ist ein solches Handeln, wenn es ermessensfehlerfrei erfolgt, d. h. nicht einer der zuvor genannten Ermessensfehler vorliegt.[23] Der **Rechtsschutzanspruch** derjenigen Rechtsperson, gegenüber der die Behörde eine Anordnung getroffen hat, richtet sich daher grundsätzlich **auf fehlerfreie Ermessensausübung**.[24]

28 Geht es bei dem Rechtsschutz darum, dass der Betroffene eine bestimmte Behördenentscheidung herbeiführen will, kann das Verwaltungsgericht auf seine **Verpflichtungsklage** die Behörde im Erfolgsfall grundsätzlich nicht zu einer von ihm selbst bestimmten Entscheidung verpflichten. Das Gericht spricht vielmehr durch Bescheidungsurteil nach § 113 Abs. 5 S. 2 VwGO nur die Verpflichtung zu einer ermessensfehlerfreien neuen Entscheidung unter Beachtung der Rechtsauffassung des Gerichts aus und hebt den bisherigen Verwaltungsakt auf.

29 Will der Anspruchsteller durch eine **Anfechtungsklage** einen belastenden Verwaltungsakt beseitigen, ist diese i. S. v. § 113 Abs. 1 S. 1 VwGO begründet, wenn der Verwaltungsakt ermessensfehlerhaft ergangen ist. In dem Zusammenhang ist versicherungsaufsichtsrechtlich die Beschränkung des Auswahlermessens der BaFin nach § 297 Abs. 2 VAG beachtlich.

30 **Noch unklar** ist im Rahmen der gerichtlichen Kontrolle von Ermessensentscheidungen, wie sich die Tatsache auswirkt, dass das VAG die Solva II-RL umsetzt und die **europäischen Gerichte** die deutschrechtlichen Kategorien von Ermessen und unbestimmten Rechtsbegriffen nicht kennen. Die europäischen Gerichte gehen stattdessen begrifflich in der Regel von „Beurteilungsspielräumen" aus und praktizieren insbesondere in „komplexen wirtschaftlichen Sachverhalten" keine Vollkontrolle, auch wenn eine Tendenz zu einer hohen Kontrolldichte besteht. Jedenfalls kontrollieren die europäischen Gerichte das Handeln von Organen der EU, in concreto der EU-Kommission, in derartigen Bereichen nur im Hinblick auf eine zutreffende Beweiserhebung und die Folgerichtigkeit der daraus gezogenen Schlüsse.[25] Das Unionsrecht wurde in der Vergangenheit ferner, u. a. sub specie des sog. Regulierungsermessens, als Grund angeführt, die Kontrolldichte im deutschen Verwaltungsprozessrecht zurückzunehmen.[26] Vor dem Hintergrund wäre im Bereich der Solva II-RL der Weg zu einem einheitlichen Versicherungsaufsichtsrecht versperrt, wenn jedes nationale Verwaltungsrecht die Freiheitsgrade der nationalen Aufsichtsbehörden und der Versicherungsunternehmen unterschiedlich bestimmen könnte. Allerdings ist dies Folge des beim indirekten Vollzug des Unionsrechts durch die Mitgliedstaaten geltenden Grundsatzes der **Verfahrensautonomie der Mitgliedstaaten**. Dieser besagt, dass die Mit-

[23] Siehe oben Rn. 24 f.

[24] Vgl. z. B. *Jestaedt* in Ehlers/Pünder, Allgemeines Verwaltungsrecht, 15. Aufl. 2016, § 11 Rn. 67 m. w. N.

[25] Vgl. näher *Dreher* ZVersWiss 101 (2012), 381, 416 f. und *Martens* Methodenlehre des Unionsrechts 2013, S. 519 ff.; nach st. Rspr., zuletzt *EuG* Urt. v. 16.5.2017 – T-122/15 Rn. 139 LKBW/EZB, EuZW 2017, 461 muss „ein Organ, wenn ihm Ermessen eingeräumt wird, dieses in vollem Umfang ausüben".

[26] Umfassende Nachweise bei *Gärditz*, Gutachten D zum 71. DJT, 2016, S. 79 ff.

gliedstaaten Unionsrecht grundsätzlich im Rahmen ihrer nationalen Vorschriften und Verfahren vollziehen, soweit einheitliche europarechtliche Regelungen fehlen.[27] Teil dieser Verfahrensautonomie ist auch die Ausgestaltung der Kontrolldichte.[28] Das Unionsrecht enthält mit Art. 47 UAbs. 1 GRCh[29] jedoch selbst ein Gebot des effektiven Rechtsschutzes, das nicht folgenlos bleiben kann.[30] Auch der vom EuGH stets betonte Auslegungsgrundsatz des effet utile legt nahe, dass die europäische Rechtsprechung nicht nur materiellrechtliche, sondern auch verfahrensrechtliche Fragen abweichend vom nationalen Recht beantworten wird.[31] Hinzu kommt, dass der **EuGH** im Solvency II-System die **neue Rolle des „obersten Versicherungsaufsichtsrechtsgerichts"** hat.[32] Nicht nur sind bei Zweifeln, wie das europäische Versicherungsaufsichtsrecht auszulegen ist, die nationalen Gerichte nach Art. 267 AEUV vorlageberechtigt oder vorlageverpflichtet, sondern der EuGH ist nach Art. 61 EIOPA-VO in bestimmten Fällen für Klagen nach Art. 263 AEUV auch ausschließlich zuständig. Es bleibt daher abzuwarten, wie sich dieser Problemkreis, der hier nicht abschließend erörtert werden kann, entwickeln wird.

IV. Auswahlermessen (Abs. 2). Nach **§ 297 Abs. 2 S. 1 VAG** genügt es in dem Fall, dass mehrere Mittel zu der Abwehr einer Gefahr in Betracht kommen, „wenn eines davon bestimmt wird". Die Regelung gibt der **BaFin** in diesen Fällen also ein **Auswahlermessen** hinsichtlich des „Wie" und „gegen Wen".[33] 31

Nach **§ 297 Abs. 2 S. 2 VAG** hat derjenige, der von einer Anordnung der BaFin betroffen ist, allerdings ein **Optionsrecht**. Ihm „ist auf **Antrag** zu gestatten, ein anderes ebenso wirksames Mittel anzuwenden, sofern Belange der Versicherten dadurch nicht stärker beeinträchtigt werden." In diesem Optionsrecht kommt der Grundsatz der Verhältnismäßigkeit nach § 296 VAG zum Ausdruck. 32

V. Verhältnis zu anderen Regelungen. § 297 VAG betrifft sämtliche Regelungen des VAG, die der BaFin ein Ermessen geben.[34] Die Vorschrift hat aber besondere Bedeutung für den allgemeinen Abschnitt des VAG zu den Befugnisnormen, d. h. für **§§ 294 ff. VAG.** 33

Allgemeine Aufsichtsbefugnisse

298 (1) [1]**Gegenüber Erstversicherungsunternehmen, den Mitgliedern ihres Vorstands sowie sonstigen Geschäftsleitern und den die Erstversicherungsunternehmen kontrollierenden Personen kann die Aufsichtsbehörde alle Maßnahmen ergreifen, die geeignet und erforderlich sind, um Missstände zu vermeiden oder zu beseitigen.** [2]**Ein Missstand ist jedes Verhalten eines Versicherungsunternehmens, das den Aufsichtszielen des § 294 Absatz 2 widerspricht.** [3]**Missstände sind auch Schwächen oder Mängel, die die Aufsichtsbehörde im Rahmen des aufsichtlichen Überprüfungsverfahrens festgestellt hat.**

(2) **Gegenüber Rückversicherungsunternehmen, den Mitgliedern ihres Vorstands sowie sonstigen Geschäftsleitern oder den die Rückversicherungsunternehmen kontrollierenden Personen kann die Aufsichtsbehörde alle Maßnahmen ergreifen, die geeignet und erforderlich sind, um sicherzustellen, dass**

1. **die Gesetze, die für den Betrieb des Rückversicherungsgeschäfts gelten, und die aufsichtsbehördlichen Anordnungen eingehalten werden,**
2. **insbesondere die Rückversicherungsunternehmen jederzeit in der Lage sind, ihre Verpflichtungen aus den Rückversicherungsverhältnissen zu erfüllen, und**
3. **Schwächen oder Mängel beseitigt werden, die die Aufsichtsbehörde im Rahmen des aufsichtlichen Überprüfungsverfahrens festgestellt hat.**

(3) **Die Aufsichtsbehörde darf einen Rückversicherungs- oder Retrozessionsvertrag, den ein Versicherungsunternehmen mit einem Rückversicherungsunternehmen oder einem nach Artikel 14 der Richtlinie 2009/138/EG zugelassenen Erstversicherungsunternehmen geschlossen hat, nur aus Gründen zurückweisen, die sich nicht unmittelbar auf die finanzielle Solidität des anderen Unternehmens beziehen.**

(4) [1]**Das Bundesministerium der Finanzen wird ermächtigt, durch Rechtsverordnung allgemein oder für einzelne Versicherungszweige den Versicherungsunternehmen und Vermittlern von Versicherungsverträgen zu untersagen, dem Versicherungsnehmer in irgendeiner**

[27] Hierzu eingehend *Sachs* in Stelkens/Bonk/Sachs, VwVfG, 8. Aufl. 2014, Europarecht Rn. 125 ff. m. w. N. Speziell zum Prozessrecht *Gärditz*, Gutachten D zum 71. DJT, 2016, S. 78 f. m. w. N.
[28] *Gärditz*, Gutachten D zum 71. DJT, 2016, S. 81 m. w. N.
[29] Zur Geltung der GRCh im Rahmen des Versicherungsaufsichtsrechts bereits Einl. Rn. 139.
[30] *Gärditz*, Gutachten D zum 71. DJT, 2016, S. 79 ff. m. w. N.
[31] So schon Dreher ZVersWiss 101 (2012), 381, 417; *Dreher/Ballmaier* in Dreher/Wandt 2012, S. 73, 110 ff., jew. m. w. N.
[32] *Dreher* ZVersWiss 101 (2012), 381, 424.
[33] Vgl. dazu schon Rn. 15.
[34] Vgl. die beispielhafte Liste von Regelungen in Rn. 5.

Form Sondervergütungen zu gewähren; ebenso kann es allgemein oder für einzelne Versicherungszweige den Versicherungsunternehmen untersagen, Begünstigungsverträge abzuschließen und zu verlängern. [2]Die Ermächtigung kann durch Rechtsverordnung auf die Bundesanstalt übertragen werden. [3]Rechtsverordnungen nach den Sätzen 1 und 2 bedürfen nicht der Zustimmung des Bundesrates.

Übersicht

Schrifttum: *Bähr,* Das Generalklausel- und Aufsichtssystem des VAG im Strukturwandel, 2000; *Baran/Peschetz,* Österreichisches Versicherungsaufsichtsrecht, 3. Aufl. 2015; *Braumüller,* Versicherungsaufsichtsrecht, 1999; *Bürkle,* Die rechtliche Dimension von Solvency II, VersR 2007, S. 1595 ff.; *Bürkle,* Die aufsichtsbehördlichen Eingriffsbefugnisse nach Solvency II: Legalitätskontrolle statt materieller Aufsicht, in Dreher/Wandt 2009, S. 191 ff.; *Dreher,* Inhalt und Grenzen einer künftigen Mißstandsaufsicht des VAG, VersR 1993, S. 1443 ff.; *ders.,* Die zivilrechtliche Beurteilung von Provisionsabgabevereinbarungen und die Zuständigkeit der Kartellgerichte, VersR 1995, S. 1 ff.; *ders.,* Die Mißstandsaufsicht über Versicherungsunternehmen nach dem Versicherungsaufsichtsgesetz 1994, WM 1995, S. 509 ff.; *ders.,* Die Quersubventionierung bei Versicherungsunternehmen nach europäischem und deutschem Versicherungsrecht, ZVersWiss 85 (1996), S. 499 ff.; *ders.,* Das deutsche versicherungsaufsichtsrechtliche Begünstigungsverbot und das europäische Versicherungsrecht, VersR 1997, S. 1 ff.; *ders.,* Die Konkretisierung der Mißstandsaufsicht nach § 81 VAG, 1997; *ders.,* Die europa- und verfassungsrechtliche Beurteilung des Provisionsabgabeverbots in der Lebensversicherung, VersR 2001, S. 1 ff.; *ders.,* Solvenzanforderungen in der Versicherungsaufsicht nach Solvency II und künftigem VAG, ZVers-

Wiss 101 (2012), S. 381 ff.; *ders.*, Versicherungsaufsichtsrecht und Verbraucherschutz im Solvency II- und EIOPA-System, VersR 2013, S. 401 ff.; *ders.*, Stellungnahme für den Finanzausschuss des deutschen Bundestags v. 28.11.2014 zu der öffentlichen Anhörung zu dem Gesetzentwurf der Bundesregierung „Entwurf eines Gesetzes zur Modernisierung der Finanzaufsicht über Versicherungen (Solvency II)" BT-Drs. 18/2956; *ders./Lange*, Die Vollharmonisierung der Versicherungsaufsicht durch Solvency II, VersR 2011, S. 825 ff.; *Dreher/Häußler*, Die Aufsicht über Versicherungsunternehmen durch die BaFin und die Überwachungsaufgabe des Aufsichtsrats, ZGR 2011, S. 471 ff.; *Dreher/Ballmaier*, Das aufsichtliche Überprüfungsverfahren nach Art. 36 Solvency II-Richtlinie und § 289 VAG-RegE, in Dreher/Wandt 2012, S. 73 ff.; *Ernst*, Rechtsstaatlichkeit im Versicherungsaufsichtsrecht, 2013; *Farny*, Versicherungsbetriebslehre und Versicherungsrecht, FS Schirmer, 2005, S. 103 ff.; *Fekonja*, BaFin-Verlautbarungen, 2014; *Fett*, Rechtsschutz gegen schlicht-hoheitliches Verwaltungshandeln am Beispiel der Bank- und Versicherungsaufsicht, WM 1999, S. 613 ff.; *Grote*, Die aufsichtsbehördlichen Eingriffsbefugnisse nach Solvency II: Die besonderen Eingriffsbefugnisse, in Dreher/Wandt 2009, S. 225 ff.; *Grote/Schaaf*, Zum RefE der 10. VAG-Novelle zur Umsetzung der Solvency II-Richtlinie in deutsches Recht – eine erste Analyse, VersR 2012, S. 17 ff.; *Kößler*, Die Versicherungsaufsicht über Rückversicherungsunternehmen, 2008; *Korinek*, Rechtsaufsicht über Versicherungsunternehmen, 2000; *Korinek*, Veränderungen der österreichischen Versicherungsaufsicht durch Solvabilität II: Paradigmenwechsel oder Evolution?, Versicherungsrundschau 9/2010, S. 27 ff.; *Krämer*, Das neue VAG im System von Solvency II, in Dreher/Wandt 2012, S. 5ff; *Lipowsky*, Das aufsichtliche Überprüfungsverfahren aus Sicht der Versicherungswirtschaft, in Dreher/Wandt 2012, S. 57 ff.; *Lutz/Röhl/Schneider*, Bankenaufsicht und unternehmerische Entscheidungen, ZBB/JBB 2012, S. 342 ff.; *Miersch*, Versicherungsaufsichtsrecht nach den dritten Richtlinien, 1996; *Platzer*, Versicherungsaufsicht in der Europäischen Union, 2015; *Präve*, Aufsicht auf neuem Fundament, VW 2007, S. 1380 ff.; *Rittner/Dreher*, Europäisches und deutsches Wirtschaftsrecht, 3. Aufl. 2008; *Römer*, Der Prüfungsmaßstab bei der Missstandsaufsicht nach § 81 VAG und der AGB-Kontrolle nach § 9 AGBG, 1996; *Sedlak*, Bankenaufsicht über Geschäftsorganisation, 2013; *Sehrbrock/Gal*, Solvency II – Europäischer Rechtsrahmen einer neuen Versicherungsaufsicht, CFL 2012, S. 140 ff.; *Tormyn*, Die Rundschreibenpraxis des BAV, 1992; *Vespermann/Niewerth*, Mißstandsaufsicht in der Kraftfahrtversicherung, VersR 1996, S. 1186 ff.; *Vogelgesang*, Die Aufsicht über Rückversicherungsunternehmen nach Solvency II, ZVersWiss 100 (2011), S. 233 ff.; *Zischka*, Bundesversicherungsaufsichtsamt (BAV) – Aufgaben und Kompetenzen, 1997.

I. Allgemeines. 1. Entstehungsgeschichte. § 298 VAG schreibt zu einem wesentlichen Teil altes Versicherungsaufsichtsrecht fort. Dies gilt nach **Abs. 1** für § 81 Abs. 2 S. 1 und 2 VAG a. F.,[1] nach **Abs. 2** für § 121a Abs. 4 VAG a. F. und nach **Abs. 4** für § 81 Abs. 3 VAG a. F. Art. 2 Nr. 11 IDO-Umsetzungsgesetz[2] hat § 298 Abs. 4 VAG aufgehoben und mit Wirkung vom 29.7.2017 in einem neuen § 48b VAG ein Verbot von Sondervergütungen und Provisionsabgaben verankert. Im Kern geht es dem deutschen Gesetzgeber mit § 298 VAG um die Aufrechterhaltung der bisherigen allgemeinen Missstandsaufsicht gegenüber Erstversicherungsunternehmen. 1

Nur § 298 **Abs. 3** VAG stellt eine Neuregelung aufgrund der Solva II-RL dar. 2

2. Normzweck. Mit **§ 298 Abs. 1 VAG** will der Gesetzgeber die in Deutschland seit dem Jahr 1901 geltende **allgemeine Missstandsaufsicht in das Solvency II-System hinüberretten**. Die Gesetzesbegründung kaschiert dies dadurch, dass sie darauf verweist, „die Vorschrift setzt in erster Linie Artikel 34 Absatz 1 und 2 der Richtlinie um."[3] 3

Abs. 2 führt die schon bisher geltende Legalitätsaufsicht über Rückversicherungsunternehmen fort. 4

Abs. 3 von § 298 VAG stellt einen davon losgelösten Umsetzungsakt im Hinblick auf europarechtliche Vorgaben dar. 5

Die früher schon im VAG enthaltene Verordnungsermächtigung, um Versicherungsunternehmen Sondervergütungen oder Begünstigungsverträge zu untersagen, ist inhaltlich unverändert Gegenstand von **Abs. 4**. 6

3. Europarechtlicher Hintergrund. Die Solva II-RL regelt die Aufsichtsbefugnisse gegenüber Erst- und Rückversicherungsunternehmen – wie noch ausführlich darzulegen ist –[4] in Art. 34 Abs. 1 und 2 sowie Art. 36 Abs. 5 Solva II-RL einheitlich im Sinne einer Legalitätsaufsicht. Dazu setzt sich **§ 298 Abs. 1 VAG** mit der Fortführung der allgemeinen Missstandsaufsicht gegenüber Erstversicherungsunternehmen in deutlichen Gegensatz. Nur bei der Aufsicht über Rückversicherungsunternehmen nach **§ 298 Abs. 2 VAG** folgt der deutsche Gesetzgeber dem europarechtlich zwingend vorgegebenen Aufsichtskonzept. 7

Europarechtlicher Hintergrund von **§ 298 Abs. 3 VAG** ist Art. 32 Solva II-RL. 8

§ 298 Abs. 4 VAG hat keinen europarechtlichen Hintergrund. 9

II. Aufsichtsbefugnisse gegenüber Erstversicherungsunternehmen (Abs. 1). 1. Adressaten von BaFin-Anordnungen (Abs. 1 S. 1). a) Erstversicherungsunternehmen. Unter den vier potentiellen Adressaten von Anordnungen der BaFin im Rahmen der Aufsicht über **Erstversicherungsunternehmen** stehen diese selbst **zu Recht an erster Stelle**. Denn sie sind nicht nur die maßgeblichen Aufsichtsobjekte, sondern auch als Rechtssubjekte Normadressaten der meisten VAG-Regelungen. 10

Die Erstversicherungsunternehmen als juristische Personen müssen allerdings durch natürliche Personen vertreten werden. Geht es um die **Zustellung** von Anordnungen der BaFin an Erstversicherungs- 11

[1] Vgl. schon § 294 VAG Rn. 1, 24 ff., 29 ff.
[2] Vgl. Einl. Rn. 71.
[3] VAG-RegE 2014 BT-Drs. 18/2956, 290.
[4] Siehe zu den Erstversicherungsunternehmen unten Rn. 10 ff. und zu den Rückversicherungsunternehmen unten Rn. 95 ff.

unternehmen oder ganz allgemein um die Abgabe einer Willenserklärung gegenüber Versicherungsunternehmen, ist die **Passivvertretung** betroffen. Diese richtet sich ebenso wie die Aktivvertretung, d. h. die Abgabe von Willenserklärungen durch das Versicherungsunternehmen, nach dem Recht der jeweiligen juristischen Person.

12 Grundsätzlich vertreten die Mitglieder des Vorstands eines Erstversicherungsunternehmens dieses nach § 78 AktG im Fall einer **Versicherungs-AG**, nach Art. 39 Abs. 1 S. 1 VO Statut SE im Fall einer **dualistischen Versicherungs-SE**, nach § 78 AktG i. V. m. § 188 Abs. 1 S. 2 VAG im Fall eines **VVaG** und nach entsprechenden Regelungen der Errichtungsgesetze in Verbindung mit den Satzungen bei **öffentlich-rechtlichen Versicherungsunternehmen**.

13 Keine Regelung – jenseits der grundsätzlichen Zulassung der Rechtsform für Versicherungsunternehmen nach § 8 Abs. 2 VAG – trifft das VAG hier wie auch sonst zu den entsprechenden Organen einer **monistischen Versicherungs-SE**.[5] Eine solche Regelung hätte in § 33 VAG erfolgen müssen. Nach § 41 Abs. 1 S. 1 SEAG i. V. m. Art. 9 Abs. 1 lit. c i VO Statut SE vertreten die geschäftsführenden Direktoren die Gesellschaft gerichtlich und außergerichtlich. Gibt es keine solchen Direktoren, vertritt der Verwaltungsrat die Gesellschaft.

14 Vor dem Hintergrund der grundsätzlichen Vertretungsberechtigung von Organmitgliedern stellt sich die Folgefrage, ob die **Zustellung** einer **Anordnung der BaFin** an alle oder nur an einzelne vertretungsberechtigte Personen in einer Gesellschaft erfolgen muss. Sie ist für alle maßgeblichen Rechtsformen von Versicherungsunternehmen im Sinne einer **passiven Einzelvertretungsmacht** zu beantworten. Dies folgt für die Versicherungs-AG aus § 78 Abs. 2 S. 2 AktG, für die dualistische Versicherungs-SE aus Art. 9 Abs. 1 lit. c ii VO Statut SE i. V. m. § 78 Abs. 2 S. 2 AktG, für den VVaG aus § 78 Abs. 2 S. 2 AktG i. V. m. § 188 Abs. 1 S. 2 VAG, für die öffentlich-rechtlichen Versicherungsunternehmen in der Regel aus den Errichtungsgesetzen i. V. m. den Satzungen der Unternehmen und/oder häufigen Verweisen auf das Aktiengesetz sowie für die monistische Versicherungs-SE aus § 41 Abs. 2 S. 2 SEAG i. V. m. Art. 9 Abs. 1 lit. c i VO Statut SE.

15 Richtet die BaFin eine **Anordnung „an den Vorstand"** einer namentlich bezeichneten juristischen Person, stellt dies eine Anordnung an das Versicherungsunternehmen selbst und nicht nur an den Vorstand als Organ oder an dessen Mitglieder persönlich dar. Dies folgt schon aus der gesetzlichen Vertretungsbefugnis des Vorstands für die juristische Person.[6]

16 **b) Mitglieder des Vorstands von Erstversicherungsunternehmen.** Nach den Erstversicherungsunternehmen selbst benennt § 298 Abs. 1 S. 1 VAG die „**Mitglieder ihres Vorstands**" als Adressaten von Anordnungen der BaFin. Für die Versicherungs-AG, die dualistische Versicherung-SE und den VVaG sind die Mitglieder des Vorstands als solche bezeichnet. In zwei anderen Fällen gilt dies dagegen nicht.

17 Zunächst hat nicht jedes **öffentlich-rechtliche Versicherungsunternehmen** zwingend ein als Vorstand bezeichnetes Leitungsorgan. Daher sieht § 33 Abs. 2 VAG vor, dass „an die Stelle des Vorstands das entsprechende Geschäftsführungsorgan" tritt, wenn sich das VAG auf den Vorstand bezieht.

18 Sodann adressiert das VAG überhaupt nicht Organe der **monistischen Versicherungs-SE**.[7] Auch ihre Erfassung durch vorstands- oder aufsichtsratsbezogene Regelungen im VAG hätte in § 33 VAG geregelt werden müssen. Eine solche Regelung ist nicht erfolgt. Daher stellt sich die Frage, an wen die BaFin in einer monistischen Versicherungs-SE Anordnungen nach § 298 Abs. 1 S. 1 VAG sub specie des Tatbestandsmerkmals „Mitglieder ihres Vorstands" richten kann. Die **richtlinienkonforme Auslegung** der Vorschrift führt dazu, dass die BaFin als Versicherungsaufsichtsbehörde i. S. v. Art. 34 Abs. 2 Solva II-RL „alle erforderlichen Maßnahmen (…) in Bezug auf die Versicherungsunternehmen (…) und die Mitglieder des Verwaltungs-, Management- oder Aufsichtsorgans" ergreifen können muss. Das sog. VMAO bilden im Fall der monistischen Versicherungs-SE je nach sachlichem Gegenstand einer Verfügung die geschäftsführenden Direktoren – so z. B. bei der Passivvertretung –[8] oder sowohl diese als auch die Mitglieder des Verwaltungsrats, wie bei der fit-&-proper-Aufsicht.[9]

19 Will die BaFin eine **Anordnung** an ein Mitglied oder mehrere **Mitglieder des Vorstands** eines Versicherungsunternehmens **persönlich** richten, muss es dieses oder diese als solche adressieren. Erforderlich ist daher die Zustellung einer Anordnung unter Nennung des Namens des betreffenden Vorstandsmitglieds. Handelt es sich um mehrere Vorstandsmitglieder, ist die Zustellung einer personalisierten Anordnung an jedes betroffene Vorstandsmitglied notwendig.[10]

20 **c) Sonstige Geschäftsleiter eines Erstversicherungsunternehmens.** § 298 Abs. 1 S. 1 VAG nennt als Adressaten von Anordnungen der BaFin zusätzlich zu den Vorstandsmitgliedern „**sowie sonstige Geschäftsleiter**". Nach dem Wortlaut der Regelung geht es wegen der Verwendung des Wortes

[5] Vgl. näher § 24 VAG Rn. 26.
[6] *BVerwG* Urt. vom 6.12.1999 – 1 A 4/97, VersR 2000, 705, 706.
[7] Vgl. schon § 24 VAG Rn. 26.
[8] Siehe oben Rn. 14.
[9] Vgl. § 24 VAG Rn. 26.
[10] *BVerwG* Urt. vom 6.12.1999 – 1 A 4/97, VersR 2000, 705.

„sowie" um zusätzliche Geschäftsleiter. Auf die Legaldefinition des Begriffs „Geschäftsleiter" in § 24 Abs. 2 S. 2 VAG nimmt die Regelung keinen Bezug.

Anders als im Fall der nicht erfolgten Verwendung des Wortes „oder" kommen als „sonstige Geschäftsleiter" **nicht** die geschäftsführenden Direktoren oder Mitglieder des Verwaltungsrats einer **monistischen Versicherungs-SE** in Betracht. Unabhängig davon scheidet deren Erfassung kraft Auslegung des Tatbestandsmerkmals „sowie sonstige Geschäftsleiter" schon deshalb aus, weil der deutsche Gesetzgeber die monistische SE an keiner Stelle im VAG selbst oder in den Materialien konkret berücksichtigt hat. 21

Zusätzliche Geschäftsleiter neben den Vorstandsmitgliedern gibt es nach deutschem Recht nicht, sofern man nicht die Definition des Begriffs „Geschäftsleiter" in § 24 Abs. 2 S. 2 VAG und damit die Einbeziehung der Hauptbevollmächtigten hierher überträgt. In Betracht kommen **allenfalls faktische Vorstandsmitglieder**. Auf sie ist nach dem Gesellschaftsrecht das Recht, das für Vorstandsmitglieder gilt, ebenfalls anwendbar.[11] Allerdings dürfte es im Bereich der Versicherungswirtschaft schon wegen der fit-and-proper-Aufsicht im Rahmen der Bestellung von Vorstandsmitgliedern kaum Fälle geben, in denen Personen rein tatsächlich, d. h. ohne Bestellungsakt, als Vorstandsmitglieder handeln. Hinzu kommt, dass zwar Art. 42 Solva II-RL bei der fit-and-proper-Aufsicht „Personen, die das Unternehmen tatsächlich leiten", nennt, sie aber bei den Aufsichtsbefugnissen in Art. 34, 36 Abs. 5 Solva II-RL nicht anführt. Vor dem Hintergrund stellt sich noch mehr die Frage, warum das Tatbestandsmerkmal „sowie sonstige Geschäftsleiter" in Abs. 1 S. 1 aufgenommen wurde. 22

d) Erstversicherungsunternehmen kontrollierende Personen. Eine vierte Gruppe von Personen, denen gegenüber die BaFin nach § 298 Abs. 1 S. 1 VAG Anordnungen erlassen kann, bilden „die Erstversicherungsunternehmen kontrollierenden Personen". Den **Begriff der Kontrolle** definiert § 7 Nr. 16 VAG als „die Ausübung eines beherrschenden Einflusses im Sinne des § 290 des Handelsgesetzbuchs". Hintergrund ist die Definition der Kontrolle in Art. 13 Nr. 18 Solva II-RL. Als kontrollierende Rechtsperson kommt daher vor allem ein Unternehmen in Betracht, das die gesetzlichen Anforderungen an die Beherrschung des Erstversicherungsunternehmens erfüllt. 23

Entgegen einer zum VAG a. F. vereinzelt vertretenen Ansicht sind **Mitglieder des Aufsichtsrats** eines Versicherungsunternehmens – auch – nach dem neuen VAG **nicht** das Unternehmen **kontrollierende Personen.**[12] Dies folgt heute schon aus dem Wortlaut der Regelung i. V. m. der gesetzlichen Definition des Kontrollbegriffs, im Übrigen aber nach wie vor aus dem weit hinter jeder Kontrolle zurückbleibenden Einfluss eines einzelnen Aufsichtsratsmitglieds und der gesellschaftsrechtlichen Funktion des Gesamtaufsichtsrats. 24

e) Sonstige Anordnungsadressaten. § 299 VAG erweitert den **Kreis möglicher Adressaten** von Anordnungen nach § 298 Abs. 1 und 2 VAG auf Dienstleister i. S. v. § 32 VAG, auf Versicherungs-Holdinggesellschaften i. S. v. § 7 Nr. 31 VAG, auf gemischte Versicherungs-Holdinggesellschaften i. S. v. § 7 Nr. 11 VAG, auf gemischte Finanzholding-Gesellschaften i. S. v. § 7 Nr. 10 VAG und auf „Personen, die die Geschäfte dieser Holdinggesellschaften tatsächlich führen." 25

Nach **§ 68 Abs. 2 S. 2 VAG** hat der **Hauptbevollmächtigte** „die Pflichten und persönlichen Voraussetzungen zu erfüllen, die dieses Gesetz dem Vorstand des Unternehmens mit Sitz im Inland auferlegt." Der Hauptbevollmächtigte ist daher ebenfalls möglicher Adressat von BaFin-Anordnungen, sofern man dies nicht schon aus § 24 Abs. 2 S. 2 VAG ableiten will. 26

2. Allgemeine Missstandsaufsicht (Abs. 1 S. 1) versus Legalitätsaufsicht (Art. 34, 36 Solva II-RL). a) Allgemeine Missstandsaufsicht nach § 298 Abs 1 VAG. § 298 Abs. 1 S. 1 VAG gibt der Versicherungsaufsichtsbehörde die **Befugnis,** „alle **Maßnahmen** zu ergreifen, die geeignet und erforderlich sind, um **Missstände zu vermeiden oder zu beseitigen**." 27

Sätze 2 und 3 von Abs. 1 versuchen, den **Begriff des Missstands** zu definieren. Nach Satz 2 ist Missstand „jedes Verhalten eines Versicherungsunternehmens, das den Aufsichtszielen des § 294 Abs. 2 VAG widerspricht." Und nach Satz 3 sind „Missstände auch Schwächen oder Mängel, die die Aufsichtsbehörde im Rahmen des aufsichtsbehördlichen Überprüfungsverfahrens festgestellt hat." In beiden Sätzen erfolgt also **keine tatbestandliche Einschränkung** – weder konkret nach Sachverhalten in Form eines Enumerativsystems noch abstrakt nach Gegenstand in Form einer Aufsicht über Rechtsverstöße. Letzteres würde eine Legalitätsaufsicht bedeuten. Eine solche ist also mit § 298 Abs. 1 VAG nicht beabsichtigt. § 298 Abs. 1 VAG überträgt vielmehr der BaFin die Befugnis, Missstände durch Konkretisierung der unbestimmten Tatbestände in Sätzen 2 und 3 zu definieren. Daher war und ist die Missstandsaufsicht über Erstversicherungsunternehmen als eine **inhaltlich unkonturierte allgemeine Missstandsaufsicht** zu bezeichnen. 28

[11] Vgl. dazu § 24 VAG Rn. 27.

[12] So aber zu dem früheren VAG FKBP/*Bähr* § 81 VAG Rn. 48 und § 121a VAG Rn. 23; die Begründung zu § 81 RegE Drittes Durchführungsgesetz/EWG zum VAG BT-Drs. 12/6959, 83 sah in Aufsichtsratsmitgliedern dagegen lediglich „eine Kontrollfunktion ausübende Personen".

29 Zwar wird die BaFin einen Missstand in der Regel darin sehen, dass ein Versicherungsunternehmen gegen Rechtsvorschriften verstößt. Der **Unterschied von § 298 Abs. 1 VAG zu** einer Befugnisnorm, die eine **Legalitätsaufsicht** vorschreibt, liegt aber darin, dass sich die Eingriffsbefugnisse bei der inhaltlich unkonturierten allgemeinen Missstandsaufsicht nicht auf diese Fälle von Rechtsverstößen beschränken.

30 Die BaFin bzw. früher das BAV als deren Vorläuferorganisation hat daher immer wieder selbst Aufsichtsgrundsätze entwickelt und vollzogen, nach denen in Sachverhalten, bei denen kein Rechtsverstoß vorlag, gleichwohl ein Missstand gesehen wurde. In derartigen Fällen **schafft die Versicherungsaufsichtsbehörde also selbst Aufsichtsgrundsätze**. Bei einer Beschränkung auf einer Legalitätsaufsicht wäre dies mangels einer Rechtspflicht, gegen die verstoßen wird, nicht möglich. Die Fortführung einer inhaltlich unkonturierten allgemeinen Missstandsaufsicht durch § 298 Abs. 1 VAG weitet die Befugnisse der BaFin daher gegenüber einer Legalitätsaufsicht erheblich aus. Dass eine solche allgemeine Missstandsaufsicht im Jahr 1901 als Aufsichtsbefugnis nach dem seinerzeitigen § 64 VAG für das damals neue Kaiserliche Aufsichtsamt für Privatversicherungsunternehmen als aufsichtsführende Reichsbehörde[13] angemessen war, bedarf keiner Begründung. **Zeitgeprägt** erlaubte das **VAG von 1901** damals und in der Folgezeit, staatliche Eingriffe durch eine Behörde unabhängig von Verstößen der Versicherungsunternehmen oder ihrer Geschäftsleiter gegen Rechtsvorschriften auf der Grundlage einer missstandsbezogenen Generalklausel. Das frühere VAG war damit der Prototyp eines **obrigkeitsstaatlichen Aufsichtsregimes**.

31 **Beispiele für selbst geschaffene Aufsichtsgrundsätze der Versicherungsaufsichtsbehörde**, die in einem System der Legalitätsaufsicht nicht zu einer Eingriffsbefugnis der Behörde führen würden, finden sich in der Praxis auch der letzten Jahrzehnte immer wieder. Dabei war gerade die Versicherungsaufsicht von einer besonderen Lautlosigkeit aufgrund des verbreiteten vorauseilenden Gehorsams der Aufsichtsunterworfenen[14] geprägt, sobald ein von der Aufsichtsbehörde möglicherweise als Missstand empfundenes Verhalten im Raume stand.

32 **Pars pro toto** stehen für solche selbstgeschaffenen Aufsichtsgrundsätze das aufsichtsbehördliche Verbot der **Quersubventionierung** von Versicherungsunternehmen,[15] die aufsichtsbehördliche Verpflichtung von Versicherungsunternehmen, die einen Versicherungsvertrag mit einem **Minderjährigen als Versicherungsnehmer** geschlossen haben, diesen nach Eintritt der Volljährigkeit über die schwebende Unwirksamkeit und die Genehmigungsbedürftigkeit des Rechtsgeschäfts zu unterrichten,[16] das aufsichtsbehördliche Verbot von **Vorstands- sowie Aufsichtsratsmitgliedschaften bei Bestehen verwandtschaftlicher Beziehungen**,[17] das Schreiben der BaFin an alle Lebensversicherungsunternehmen v. 25.2.2014, mit dem eine Nichtbeteiligung an der sog. **Vollerhebung Leben 2014** zur Solvabilität nach Solvency II als Missstand im Sinne des VAG dargestellt wurde und das aufsichtsbehördliche Verbot sog. **Ausschnittsversicherungen.**[18]

33 Obwohl das jeweilige verbotene **Verhalten in den zuvor angeführten Fällen nicht gegen eine Rechtsvorschrift verstieß** bzw. für das von der Versicherungsaufsichtsbehörde geforderte Verhalten rechtlich keine Verpflichtung bestand, hat sie in der Nichtbefolgung ihrer Aufsichtsgrundsätze einen **Missstand** gesehen.

34 Selbst **unter Geltung des neuen VAG** greift die **BaFin** zu dem Instrument der Androhung eines Einschreitens gegen von ihr selbst definierte Missstände. So geht Nr. 238 **MaGo** für die **Ausgliederung** von Folgendem aus: „Der spezifischen Ausgliederungs-Kontrolle durch die Aufsichtsbehörde unterfallen alle versicherungstypischen Funktionen oder Tätigkeiten, die ein Unternehmen ausgliedert. Die allgemeine Missstandsaufsicht der Aufsichtsbehörde umfasst darüber hinaus alle weiteren Sachverhalte, welche die Belange der Versicherten gefährden können. Hierzu zählen auch Dienstleistungsbeziehungen, die nicht versicherungstypisch sind und daher nicht den Ausgliederungs-Anforderungen unterliegen." Obwohl der europäische Gesetzgeber in der Solva II-RL und der Solva II-VO sowie ihnen folgend der deutsche Gesetzgeber in § 32 VAG versicherungsaufsichtsrechtliche Anforderungen im Falle einer Ausgliederung aufgestellt haben, die die BaFin durchzusetzen hat, beansprucht sie jenseits dieser gesetzlich vorgegebenen – in ihren Worten – „spezifischen Outsourcing-Kontrolle" unter Berufung auf die allgemeine Missstandsaufsicht nach § 298 Abs. 1 VAG noch ausdrücklich eine Kontrolle „aller weiteren Sachverhalte" mit Bezug zu einer Ausgliederung. Damit liegt zugleich die europarechtliche und – im Hinblick auf das Rechtsstaatsprinzip – verfassungsrechtliche Problematik eines solchen Vorgehens auf der Hand.

---

13 Vgl. dazu nur Goldberg/Müller/*Goldberg* Einl. Rn. 16.

14 Zu den Gründen siehe unten Rn. 79 ff.

15 Ausf. *Dreher* ZVersWiss 85 (1996), 499 ff.; ebenso im Ergebnis FKBP/*Kaulbach* § 81 VAG Rn. 33; zur Lebensversicherung *Brandt* in Düsseldorfer Vorträge zum Versicherungsrecht 2015, S. 732 ff.

16 Vgl. dazu ausf. und m. w. N. *Dreher* Die Mißstandsaufsicht, S. 7 ff.

17 Vgl. ausf. *Dreher* WM 1995, 509, 511 f.; der Kritik zustimmend *Hersch,* Aufsichtsrechtliche Anforderungen an die Geschäftsleiter und Aufsichtsräte von Versicherungsunternehmen, 2015, S. 88 ff.

18 Vgl. kritisch schon *Dreher,* Die Versicherung als Rechtsprodukt, 1991, S. 223 f.; *Dreher* VersR 2013, 401, 404; a. A. noch Prölss/*Präve,* 12. Aufl., § 8 Rn. 25.

Ein weiteres Beispiel für die tatsächliche Praktizierung der unkonturierten allgemeinen Missstandsaufsicht durch die BaFin unter dem neuen VAG bilden – auch unter Verweis auf die allgemeine Missstandsaufsicht erfolgte – **Forderungen** gegenüber Versicherungsunternehmen oder einzelnen Organen von Versicherungsunternehmen, eine **Bestätigung** abzugeben, dass **ein bestimmter Zustand oder ein bestimmtes Verhalten den rechtlichen Vorgaben entspricht**.[19] Für die Einholung derartiger Bestätigungen gibt es keine Rechtsgrundlage. Sie widerspricht im Umkehrschluss den punktuellen, aber sich mehrenden ausdrücklichen Forderungen im neuen europäischen Versicherungsaufsichtsrecht nach Abgabe solcher Bestätigungen[20] oder sogar nach der Vorlage von Rechtsgutachten[21] zu bestimmten Themen. 35

Ein letztes Beispiel betrifft die **Beschwerdebearbeitung durch Versicherungsunternehmen**. Auf der Grundlage der Missstandsaufsichtsregelung in § 81 VAG a. F. hatte die BaFin am 20.9.2013 eine „Sammelverfügung: Beschwerdemanagementfunktion und Beschwerdebearbeitung bei Versicherungsunternehmen" veröffentlicht. Darin postuliert die BaFin zahlreiche gesetzlich nicht vorgesehene Pflichten der Versicherungsunternehmen wie die Anordnung, jährlich einen „Beschwerdebericht" bei der BaFin einzureichen. Nach dem Inkrafttreten des VAG hält die BaFin an diesen Forderungen unter Verweis auf die Missstandsaufsicht nach §§ 298 Abs. 1 S. 1 und 2, 294 Abs. 2 VAG fest. 36

Die **Fortführung** der überkommenen **allgemeinen Missstandsaufsicht über Erstversicherungsunternehmen** durch das **neue VAG** ist unabhängig von den damit verbundenen europa- und verfassungsrechtlichen Fragen **vom deutschen Gesetzgeber beabsichtigt**. Schon ausweislich der Gesetzesbegründung entspricht § 298 Abs. 1 VAG wörtlich den Passagen des VAG a. F., die die allgemeine Missstandsaufsicht zum Gegenstand hatten.[22] Außerdem war die Missstandsaufsicht Gegenstand der Anhörung zum VAG im Rahmen der Ausschussberatungen,[23] ohne dass hierzu im Gesetzgebungsverfahren Änderungen erfolgt sind. § 298 Abs. 1 VAG soll also die materielle Staatsaufsicht im Rahmen der laufenden allgemeinen Missstandsaufsicht über Erstversicherungsunternehmen in das Solvency II-System überführen, wie sie bei der erstmaligen Schaffung des VAG am 12.5.1901 als Aufsichtsbefugnis für das Kaiserliche Aufsichtsamt begründet wurde. 37

Auch wenn die BaFin, wie bereits ausgeführt, in der Regel die allgemeine Missstandsaufsicht im Sinne einer Legalitätsaufsicht praktiziert, will sie, wie sich aus der Gesetzesgeschichte des § 298 Abs. 1 VAG ergibt, auf die inhaltlich unkonturierte allgemeine Missstandsaufsicht doch nicht verzichten. Hintergrund ist der Umstand, dass bereits die Existenz einer solchen allgemeinen Missstandsaufsicht sowie ein Hinweis darauf i. V. m. der fit-and-proper-Aufsicht in der Regel genügen, um Versicherungsunternehmen und ihre Geschäftsleiter oder sonst betroffene Personen von einem rechtmäßigen, aber von der Aufsichtsbehörde gleichwohl als Missstand missbilligten Verhalten abzuhalten. Die **Missstandsaufsicht** wird so zu einem **Instrument**, um von den Aufsichtsunterworfenen schnell und ohne die Einhaltung rechtförmiger Verfahren **vorauseilenden oder nachfolgenden Gehorsam faktisch zu erzwingen**. Denn für sie stellt es den Gebrauch eines sehr scharfen Schwertes dar, wenn die BaFin die Ansicht äußert, sie sehe in einem bestimmten Verhalten unabhängig von der fehlenden Verletzung konkreter Vorschriften einen Missstand. Die **Vorfeldwirkung der Missstandsaufsicht** durch den informellen Hinweis auf die Möglichkeit eines entsprechenden Einschreitens ist daher von wesentlich größerer **Bedeutung** als der tatsächliche Gebrauch, den die BaFin von der Eingriffsbefugnis macht.[24] Überdeutlich wird der faktische Befolgungsdruck schließlich im Hinblick darauf, dass die BaFin im Rahmen des aufsichtlichen Überprüfungsverfahrens auch „die Qualität des Managements" misst und dabei das „Verhalten gegenüber der BaFin" eine Rolle spielen soll.[25] 38

b) Legalitätsaufsicht nach Art. 29 Abs. 1, 34, 36 Abs. 5 Solva II-RL. Die Befugnisse der Versicherungsaufsichtsbehörden in den EU-Mitgliedstaaten sind Gegenstand der Harmonisierung des Versicherungsaufsichtsrechts durch das Solvency II-System. **Art. 34 Solva II-RL** geht bei den „Allgemeinen Aufsichtsbefugnissen" von einer **Legalitätsaufsicht** aus. Nach Abs. 1 müssen die Mitgliedstaaten den Aufsichtsbehörden nämlich die Befugnisse geben, „um sicherzustellen, dass die Versicherungs- und die Rückversicherungsunternehmen die **Rechts- und Verwaltungsvorschriften einhalten**, die sie in jedem Mitgliedstaat zu erfüllen haben." Die Einhaltung der Rechts- und 39

[19] Zuvor war eine Forderung nach Abgabe solcher Bestätigungen nur aus dem Innenrecht der Unternehmen im Rahmen sog. statements of accountability im Zusammenhang mit der unternehmensinternen Compliance bekannt, vgl. dazu *Hemeling* CCZ 2010, 21, 24.

[20] Vgl. z. B. Art. 2 S. 1 lit. a und b DVO (EU) 2015/499 ABl.EU 2015 Nr. L 79, 12 ff.

[21] Vgl. z. B. Art. 4 UAbs. 2 lit. b DVO (EU) 2015/499 ABl.EU 2015 Nr. L 79, 12 ff. und § 6 Abs. 2 VersVergV sowie ausf. *Dreher* WM 2016, 1317, 1320 f.

[22] VAG-RegE 2014 BT-Drs. 18/2956, 290.

[23] Vgl. nur *Dreher*, Stellungnahme (2014), 8 f.

[24] Vgl. dazu ausf. schon Einl. Rn. 82, unten Rn. 79, 82 und weiter z. B. *Farny* FS Schirmer, 2005, 103, 109 zu der Missstandsaufsicht nach § 81 VAG a. F.: „Das ist – in einem Bild aus alten Zeiten – wie der Rohrstock des Lehrers als angedrohte Sanktion eines nicht klar definierten Fehlverhaltens!" sowie *Dreher*, Stellungnahme (2014), 8: „Die Keule der Missstandsaufsicht schwingen".

[25] Vgl. näher § 294 VAG Rn. 84.

Verwaltungsvorschriften bildet damit sowohl den Gegenstand als auch die Grenze der nach der Solva II-RL einheitlichen Aufsicht über Erst- und Rückversicherungsunternehmen.

40 Speziell für das **aufsichtliche Überprüfungsverfahren (SRP)** nach Art. 36 Solva II-RL bzw. § 294 Abs. 5 VAG hat der europäische Gesetzgeber eine weitere Befugnis, nämlich Art. 36 Abs. 5 Solva II-RL geschaffen. Danach „müssen" die Aufsichtsbehörden „die erforderlichen Befugnisse haben, um die Versicherungs- und Rückversicherungsunternehmen auffordern zu können, die im Rahmen des aufsichtlichen Überprüfungsverfahrens festgestellten **Schwächen oder Mängel** zu beheben." Mit den Schwächen oder Mängeln ist aber innerhalb des SRP keine inhaltlich unkonturierte allgemeine Missstandsaufsicht eröffnet.[26] Sie beziehen sich vielmehr auf den Gegenstand des SRP. Er umfasst nach Art. 36 Abs. 1 UAbs. 1 Solva II-RL die Prüfung und Beurteilung des Verhaltens eines Versicherungsunternehmens „zwecks Einhaltung der gemäß dieser Richtlinie erlassenen Rechts- und Verwaltungsvorschriften".[27] Die Aufsichtsbefugnisse im Sinne der notwendig einheitlichen Rechtsaufsicht einschließlich der Finanzaufsicht[28] insgesamt reichen aber ausweislich Art. 34 Abs. 1 Solva II-RL wesentlich weiter als die „gemäß dieser Richtlinie erlassenen Rechts- und Verwaltungsvorschriften". Die Regelung des Gegenstands des SRP nach Art. 36 Solva II-RL und der Befugnisse der Aufsichtsbehörde in ihm nach Art. 36 Abs. 5 Solva II-RL bilden nur einen Ausschnitt des weitergehenden Aufsichtsgegenstands und der weitergehenden Aufsichtsbefugnisse im Rahmen von Art. 34 Abs. 1 Solva II-RL. Unabhängig davon geht es bei den Aufsichtsbefugnissen nach Art. 36 Abs. 5 Solva II-RL in Bezug auf „Schwächen oder Mängel" als Ergebnis eines SRP wie bei der allgemeinen Befugnisnorm des Art. 34 Abs. 1 Solva II-RL um die Nichteinhaltung rechtlicher Vorgaben. Dies ist nicht nur die Ansicht der österreichischen FMA,[29] sondern auch des deutschen VAG-Gesetzgebers selbst. Mit § 298 Abs. 2 VAG führt er nämlich die Legalitätsaufsicht über Rückversicherungsunternehmen fort, die bisher in § 121a Abs. 4 VAG a. F. auf der Grundlage der früheren EG-Rückversicherungsrichtlinie geregelt war. Teil dieser reinen Legalitätsaufsicht ist die Aufsicht über Schwächen oder Mängel, die die BaFin in einem SRP feststellt, und auch für diesen Teil der Legalitätsaufsicht beruft sich der VAG-Gesetzgeber auf Art. 36 Abs. 5 Solva II-RL als Umsetzungsgebot.[30] Kontrollmaßstäbe sind daher nach Art. 34 Abs. 1, 36 Abs. 5 Solva II-RL einheitlich nur rechtliche Vorgaben und nicht von einer Aufsichtsbehörde jenseits solcher Vorgaben selbst aufgestellte Aufsichtsanforderungen..[31]

41 Weiter folgt die alleinige Zulässigkeit einer Legalitätsaufsicht nach der **Solva II-RL** auch aus deren **Aufsichtskonzept**. Damit sind die „Allgemeinen Grundsätze der Beaufsichtigung" in Art. 29 Solva II-RL und die Zielbestimmung in Art. 27, 28 Solva II-RL vor dem Hintergrund der „Allgemeinen Aufsichtsbefugnisse" nach Art. 34 Abs. 1 Solva II-RL angesprochen. Das Zusammenspiel dieser Vorschriften und die hieraus zu ziehenden, ausschließlich auf eine Legalitätsaufsicht zielenden Folgerungen sind bereits sub specie der Aufsichtsaufgabe der BaFin nach § 294 VAG ausführlich angesprochen worden.[32]

42 Schließlich ergibt sich die ausschließliche Fokussierung der Solva II-RL auf eine **Legalitätsaufsicht** auch aus weiteren, **speziellen Befugnisnormen der Solva II-RL**.[33] Dies gilt zunächst für die AVB-Kontrolle in der Lebensversicherung nach Art. 181 Abs. 1 UAbs. 2 S. 1 Solva II-RL. Sie ist „nur" möglich, „um die Einhaltung der nationalen Rechtsvorschriften über die Versicherungsverträge zu überwachen". Sodann gilt dies für die Aufsicht über technische Grundlagen für Tarife und versicherungstechnische Rückstellungen in der Lebensversicherung nach Art. 182 Abs. 2 S. 1 Solva II-RL. Auch hier ist das „alleinige Ziel, die Einhaltung der einzelstaatlichen Rechtsvorschriften bezüglich der versicherungsmathematischen Grundsätze zu überwachen."

43 In der allgemeinen **Begründung** der Kommission zu den **Entwürfen der Solva II-RL** war bei den Aufsichtsbefugnissen zwar zunächst noch von Missständen die Rede.[34] Damit war aber lediglich in der deutschsprachigen Begründung das englische Wort „irregularities" übersetzt, was – auch im Vergleich mit anderen Sprachfassungen – eigentlich als „Unregelmäßigkeit" zu verstehen war. Dem europäischen Gesetzgeber ging es also in der Sache um die Aufsicht nur über Regelabweichungen.[35] Dem entspricht,

---

[26] Ausf. *Dreher/Ballmaier* in Dreher/Wandt 2012, S. 73, 108 ff.; *Bürkle* in Dreher/Wandt 2009, S. 191, 205; *Bürkle* VersR 2011, 1469, 1475 f.

[27] Vgl. ausf. § 294 VAG Rn. 54 ff.

[28] Vgl. dazu § 294 VAG Rn. 37.

[29] Vgl. *öFMA,* Handbuch Versicherungsaufsicht – VAG 2016, S. 181.

[30] VAG-RegE 2014 BT-Drs. 18/2956, 290.

[31] Davon zu unterscheiden sind die versicherungsaufsichtsrechtlich ohne weiteres zulässigen Konkretisierungen des aufsichtsrechtlich Gebotenen durch die Versicherungsaufsichtsbehörden.

[32] Vgl. § 294 VAG Rn. 20 ff., 27 ff., 34 ff.

[33] Vgl. schon *Dreher* VersR 2013, 401, 403 f.

[34] Vgl. zu dem ersten Entwurf KOM(2007) 361 endg. = BR-Drs. 510/07, 7 und zum zweiten Entwurf KOM(2008) 119 endg., 6.

[35] Vgl. zur gleichgelagerten Semantik schon der Dritten EG-Versicherungsrichtlinien *Dreher* VersR 1993, 1443, 1445; *Dreher* WM 1995, 509, 514, 516; ebenso zu den ersten Begründungen der Solva II-RL *Gal/Sehrbrock* Die Umsetzung der Solvency II-Richtlinie durch die 10. VAG Novelle 2013, S. 58.

dass der **Wortlaut der Solva II-RL** bei den Befugnisnormen von Anfang an keinen Bezug auf Missstände enthielt. Gleiches gilt für die Erwägungsgründe, die für die Auslegung der Richtlinie von überragender Bedeutung sind. Wegen des eindeutigen Wortlauts der Richtlinie selbst, wegen des Fehlens jeden Anklangs für eine solche Auslegung in den Erwägungsgründen und wegen der Tatsache, dass die historische Auslegung – nur unterstellt, das Wort „Missstände" in der deutschsprachigen Begründung der ersten Entwürfe wäre entgegen dem zuvor Ausgeführten überhaupt erheblich – für Sekundärrecht nach dem EuGH und der allgemeinen europarechtlichen Methodenlehre „kaum Bedeutung" hat,[36] ist die kurze Bezugnahme auf Missstände in der Begründung der Kommission zu den ersten Entwürfen der Solva II-RL rechtlich unbeachtlich.[37]

Die allgemeine Ansicht in der Literatur zu der Solva II-RL kommt vor diesem Hintergrund zu dem **Ergebnis**, dass ihr ausschließlich das Aufsichtskonzept einer **Legalitätsaufsicht** zugrunde liegt.[38] 44

c) Folgerung: Divergenz von allgemeiner Missstandsaufsicht nach § 298 Abs. 1 VAG und Legalitätsaufsicht nach Art. 34, 36 Solva II-RL. Vor dem Hintergrund des zuvor Ausgeführten wird deutlich, dass sich die **Aufsichtsansätze** des VAG und der Solva II-RL in einem zentralen Punkt **unterscheiden**. 45

§ 298 Abs. 1 VAG will für Erstversicherungsunternehmen an dem obrigkeitsstaatlichen Aufsichtsregime einer **allgemeinen Missstandsaufsicht** aus der Kaiserzeit, die seit dem Inkrafttreten des VAG am 12.5.1901 in Deutschland galt, unverändert festhalten. Mit dieser inhaltlich unkonturierten allgemeinen Missstandsaufsicht eröffnet der deutsche Gesetzgeber der BaFin Freiräume, den Gegenstand und den Umfang der Aufsicht durch eine Ausfüllung des Missstandsbegriffs auch auf Sachverhalte, bei denen keine Verletzung von Rechts- oder Verwaltungsvorschriften durch die Aufsichtsunterworfenen vorliegt, auszudehnen. Dass eine solche Ausdehnung in der Vergangenheit tatsächlich erfolgt ist und auch unter Geltung der Solvency II-Regelungen weiter erfolgt, zeigen die pars pro toto zuvor angeführten Beispiele.[39] 46

Art. 34 Abs. 1, 36 Abs. 5 Solva II-RL schreiben den Mitgliedstaaten dagegen als Aufsichtskonzept die **Legalitätsaufsicht** vor. Die Versicherungsaufsichtsbehörden sollen sicherstellen, dass die Versicherungsunternehmen die Rechts- und Verwaltungsvorschriften einhalten, die sie zu erfüllen haben. Sachverhalte, bei denen – auch in der Konkretisierung unbestimmter Rechtsbegriffe des (Versicherungsaufsichts-)Rechts durch die Versicherungsaufsichtsbehörden – kein Verstoß gegen Rechts- oder Verwaltungsvorschriften vorliegt, können daher Anordnungen einer Versicherungsaufsichtsbehörde nicht erfassen. Eine Aufsichtslücke entsteht dadurch nicht. Zum einen können die Aufsichtsbehörden die äußerst zahlreichen unbestimmten Rechtsbegriffe des Versicherungsaufsichtsrechts selbst konkretisieren und haben daher bereits einen sehr großen Gestaltungsraum bei der Feststellung des versicherungsaufsichtsrechtlich Gebotenen. Zum anderen ist es ausschließlich Aufgabe des Gesetzgebers selbst, den gegenständlichen Aufsichtsbereich zu bestimmen. Eine Aufsichtslücke kann daher allenfalls innerhalb der vom Gesetzgeber gezogenen Grenzen im Sinne einer unbewusst fehlerhaften Regelung, nicht aber außerhalb dieser Grenzen aufgrund der weitergehenden Regelungsabsicht einer Behörde bestehen. 47

d) Ergebnis: allgemeine Missstandsaufsicht gegenüber Erstversicherungsunternehmen nach Art. 34 Abs. 1, 36 Abs. 5 Solva II-RL unzulässig und richtlinienkonform im Sinne einer Legalitätsaufsicht auszulegen. Die **Solva II-RL** regelt die Aufsichtsbefugnisse abschließend. Dies folgt zunächst schon aus ihrem **vollharmonisierenden Charakter**.[40] Er lässt keine Abweichungen durch nationales Versicherungsaufsichtsrecht zu. 48

Gleiches gilt aber auch in dem Fall, dass – anders als vorliegend vertreten – die vollharmonisierende Wirkung der Solva II-RL durch den sog. **Recast-Ansatz** als eingeschränkt angesehen wird.[41] Zwar war die Zulässigkeit der allgemeinen Missstandsaufsicht nach dem VAG bereits nach Inkrafttreten der Dritten Generation der EG-Versicherungsrichtlinien umstritten. Die nahezu einhellige Meinung in der Literatur 49

---

36 So z.B. *Pechstein/Drechsler* in Riesenhuber (Hrsg.), Europäische Methodenlehre, 3. Aufl. 2015, § 7 Rn. 35 m. w. N.

37 So schon *Bürkle* VersR 2007, 1595, 1598; *Bürkle* in Dreher/Wandt 2009, S. 191, 204; *Präve* VW 2007, 1380, 1383; *Dreher/Lange* VersR 2011, 825, 832.

38 Vgl. schon *Bürkle* VersR 2007, 1595, 1598; *Bürkle* in Dreher/Wandt 2009, S. 191, 204, 208 f., 220; *Bürkle* VersR 2011, 1469, 1474; FKBP/*Bürkle* Solvabilität II Rn. 55; *Dreher* VersR 2013, 401, 403; *Dreher/Lange* VersR 2011, 825, 831 f.; *Ernst* S. 42 ff.; *Grote* in Dreher/Wandt 2009, S. 225, 235; *Grote/Schaaf* VersR 2012, 17, 18; Bähr/*Kaulbach* § 8 Rn. 46; *Heukamp* § 4 Rn. 72; *Krämer* in Dreher/Wandt 2012, S. 5, 13; *Lipowsky* in Dreher/Wandt 2012, S. 57, 69; *Patz* Staatliche Aufsicht über Finanzinstrumente 2016, S. 172; *Platzer*, S. 74; *Sehrbrock/Gal* CFL 2012, 140, 144; *Wandt* VVG Rn. 111 und zu der Ablehnung der allgemeinen Missstandsaufsicht auch in Österreich vgl. unten Rn. 52.

39 Siehe oben Rn. 31 ff., 34 ff.

40 Vgl. Einl. Rn. 87 ff.

41 Vgl. ausf. Einl. Rn. 95 ff.

hatte sie schon aufgrund dieser Versicherungsrichtlinien als europarechtlich – und zum Teil auch als verfassungsrechtlich – unzulässig angesehen.[42]

50 Diese Frage ist durch die neue europäische Regelung des Versicherungsaufsichtsrechts obsolet. Wesentlich für die Zulässigkeitsfrage unter Geltung des neuen Solvency II-Systems ist aber im Zusammenhang mit dem – hier nur unterstellt vertretbaren –[43] Recast-Ansatz, ob die **Solva II-RL** im vorliegend fraglichen Bereich lediglich die Regelungen der **früheren Dritten Versicherungsrichtlinien** übernimmt oder sie **inhaltlich neu gestaltet**, was jede Berufung auf den bloßen Recast ausschließt. Genau dies ist der Fall. Für die Lebensversicherung hat die EG im Jahr 2002 die Richtlinien in der Richtlinie 2002/83/EG v. 5.11.2012 als sog. Gesamtrichtlinie zur Lebensversicherung zusammengefasst.[44] Art. 13 Abs. 3 UAbs. 2 lit. b geht zu den „Aufsichtsbefugnissen" davon aus, dass die Versicherungsaufsichtsbehörde „alle Maßnahmen" treffen können muss, „um sicherzustellen, dass der Geschäftsbetrieb mit den Rechts- und Verwaltungsvorschriften, die das Unternehmen jeweils in den Mitgliedstaaten zu beachten hat, und insbesondere mit dem Tätigkeitsplan – sofern er weiter verbindlich ist – in Einklang bleibt, und dass Missstände, die eine Gefährdung der Versicherteninteresse darstellen, vermieden oder beseitigt werden." Damit führte die Gesamtrichtlinie Leben im Jahr 2002 den Wortlaut von Art. 23 Abs. 3 UAbs. 2 lit. b der Ersten Lebensversicherungsrichtlinie in der Fassung von Art. 11 der Dritten Lebensversicherungsrichtlinie[45] unverändert fort. Wortlautidentisch war Art. 19 Abs. 3 UAbs. 2 lit b der Ersten Schadenversicherungsrichtlinie in der Fassung von Art. 11 der Dritten Schadenversicherungsrichtlinie.[46] Alle europäischen Versicherungsrichtlinien, die die Solva II-RL ersetzt, bezogen sich also ihrem Wortlaut nach – auch wenn dieser schon damals im Sinne einer Legalitätsaufsicht auszulegen war –[47] ausdrücklich auch auf die Vermeidung oder Beseitigung von Missständen. Schon der erste **Entwurf zur Solva II-RL**[48] hat die Passagen zur Missstandsaufsicht in den früheren EG-Versicherungsrichtlinien gestrichen. An deren Stelle hat er einen neuen Text in Art. 34 Abs. 1 Solva II-RL aufgenommen.[49] Dabei blieb es im Rahmen des zweiten Entwurfs.[50]

51 Bei der **Legalitätsaufsicht** nach der Solva II-RL handelt es sich also im Ergebnis um ein **originäres Aufsichtskonzept des neuen europäischen Versicherungsaufsichtsrechts**. Es wurde erstmals mit der Solva II-RL geschaffen und stellt damit **keinen Recast** bereits vorher vorhandener europäischer Versicherungsrichtlinien, sondern eine bewusste Abweichung davon dar.[51]

52 Der EU-Mitgliedstaat, in dem der Recast-Ansatz hauptsächlich vertreten wird, nämlich **Österreich** – insbesondere von Seiten des Finanzministeriums und der FMA –,[52] ist im Übrigen schon vor der Einführung von Solvency II in bewusster Unterscheidung von der deutschen allgemeinen Missstandsaufsicht seit dem Jahr 1978 dem Ansatz einer **Legalitätsaufsicht** gefolgt.[53] Dadurch entstand weder eine Aufsichtslücke noch gab es Anlass, dies im Zuge der Umsetzung der Solva II-RL zu ändern. Die breit angelegte Befugnisnorm des neuen § 275 Abs. 1 öVAG ist im Ergebnis daher so auszulegen, dass auch dort, wo es um Verstöße gegen „Grundsätze eines ordnungsgemäßen Geschäftsbetriebs" geht, „nicht ein neues Gebot geschaffen, sondern ein rechtmäßiges Verhalten angesprochen (scil.: wird). Insofern steht auch dieser Tatbestand in Einklang mit dem Sinn und Zweck des Art. 34 Abs. 1 RRL, die Rechtmäßigkeit des Versicherungsbetriebs sicherzustellen."[54]

53 Im **Ergebnis verstößt** die Beibehaltung der **allgemeinen Missstandsaufsicht** durch § 298 Abs. 1 VAG daher **gegen die Solva II-RL**. Dieser Ansicht folgt einhellig auch das Schrifttum zum VAG und

---

[42] Vgl. *Dreher* VersR 1993, 1443 ff.; *Dreher* WM 1995, 509 ff.; *Dreher* Die Konkretisierung der Mißstandsaufsicht nach § 81 VAG; *Vespermann/Nieewerth* VersR 1996, 1186, 1187 ff.; *Römer,* S. 7; *Miersch,* S. 107 ff.; *Zischka* Rn. 451; *Braumüller,* S. 553; *Korinek* S. 197 f.; *Bähr,* S. 230 ff.; *Rittner/Dreher* § 31 Rn. 27 f.; *Bürkle* in Dreher/Wandt 2009, S. 191, 199 f. und zuletzt *Ernst* S. 154 ff. m. w. N.; a. A. i. S. d. europarechtlichen Zulässigkeit der allgemeinen Missstandsaufsicht nach den Dritten EG-Versicherungsrichtlinien zuletzt nur noch Prölss/*Kollhosser,* 12. Aufl., § 81 VAG Rn. 16 f. und § 110a VAG Rn. 29.

[43] Vgl. dazu Einl. Rn. 96 ff.

[44] ABl.EG 2002 Nr. L 345, 1 ff.

[45] ABl.EG 1992 Nr. L 360, 1 ff.

[46] ABl.EG 1992 Nr. L 228, 1 ff.

[47] Vgl. oben Rn. 50.

[48] Vgl. dazu Einl. Rn. 49.

[49] Damals noch unter Bezugnahme nur auf „die gemäß der Richtlinie" erlassenen Rechts- und Verwaltungsvorschriften, vgl. KOM(2007) 361 endg. = BR-Drs. 510/07, 80 f.

[50] Vgl. KOM(2008) 119 endg.

[51] So schon *Dreher/Lange* VersR 2011, 825, 832 und *Bürkle* VersR 2011, 1469, 1474 ff.

[52] Vgl. Einl. Rn. 95.

[53] Vgl. nur *Korinek* Versicherungsrundschau 9/2010, 27, 29: „Die österreichische Versicherungsaufsichtsbehörde hatte nie eine so weit gehende Missstandskontrolle wie das deutsche Bundesamt für Versicherungswesen aufgebaut" und *Braumüller,* S. 553: „(…), dass es keine gesetzliche Grundlage für eine allgemeine und unbeschränkte Missstandsaufsicht durch die Versicherungsaufsichtsbehörde gibt. Droht die Entstehung von Lücken im Versichertenschutz, so ist es nicht die Aufgabe der Versicherungsaufsichtsbehörde, den Umfang ihrer Überwachungsfunktion in eigenem Ermessen auszudehnen, sondern Aufgabe des Gesetzgebers, die erforderlichen Rechtsnormen zu erlassen. Dies gilt abgesehen von der verfassungsrechtlichen Beurteilung insbesondere schon deshalb, weil die Versicherungsaufsicht als Wirtschaftsaufsicht grundsätzlich eine Rechtsaufsicht in Abgrenzung zu einer administrierenden Zweckmäßigkeitsaufsicht ist."

[54] So Korinek/G. Saria/S. Saria/*Korinek* 275 Rn. 21; ebenso *Baran/Peschetz,* S. 180 f.

zu der Solva II-RL.[55] § 298 Abs. 1 VAG ist daher **richtlinienkonform** dahin **auszulegen**, dass nur ein solches Verhalten den Tatbestand der Missstands erfüllt, das einen **Verstoß gegen Rechts- oder Verwaltungsvorschriften** darstellt oder – im Fall eines präventiven Einschreitens – darstellen würde. Infolgedessen geht es bei § 298 Abs. 1 VAG nur um eine rechtsbezogene Missstandsaufsicht[56] im Sinne einer tatbestandsgebundenen Legalitätsaufsicht.[57]

Vor dem Hintergrund lässt sich die bei der früheren Missstandsaufsicht verbreitete Unterscheidung von allgemeiner und spezieller oder besonderer Missstandsaufsicht[58] im Sinne einer **Unterscheidung von allgemeiner Legalitätsaufsicht** nach dem richtlinienkonform ausgelegten § 298 Abs. 1 VAG **und besonderer Legalitätsaufsicht** aufgrund spezieller Eingriffsbefugnisse im VAG fortführen.[59] Pars pro toto stehen als besondere Eingriffsbefugnisse der laufenden Aufsicht im Rahmen der besonderen Legalitätsaufsicht §§ 18, 19, 20 VAG zu Maßnahmen bei einer bedeutenden Beteiligung, §§ 140 Abs. 3, 151 Abs. 3 VAG zu dem Zuführungs- und Ausschüttungsplan im Fall eines gesetzlich in dem jeweiligen Abs. 2 ausdrücklich als „Missstand" definierten Zustands,[60] §§ 301 bis 304 VAG zu dem Kapitalaufschlag, der Untersagung einer Beteiligung, der Abberufung und Verwarnung sowie dem Widerruf der Erlaubnis, § 307 VAG zu der Einsetzung eines Sonderbeauftragten, § 308 VAG zu der Unterbindung unerlaubter Versicherungsgeschäfte und §§ 312, 314 VAG zu dem Antrag auf Insolvenzeröffnung und dem Zahlungsverbot. 54

Nur hinzuweisen ist schließlich auf den **weiteren Verstoß gegen die nach Art. 155 Solva II-RL gebotene Legalitätsaufsicht** im Rahmen der Tätigkeitslandaufsicht[61] dadurch, dass **§ 62 Abs. 1 S. 2 Nr. 6, Abs. 3 VAG** für die Tätigkeitslandaufsicht über EU-/EWR-ausländische Versicherungsunternehmen in Deutschland ausdrücklich auch die allgemeine Missstandsaufsicht nach § 298 Abs. 1 VAG in Bezug nimmt. Damit führt der deutsche Gesetzgeber ein Regelungsregime fort, das nach allgemeiner Ansicht[62] schon vor der Einführung des Solvency II-Systems europarechtswidrig war. Heute lässt Art. 155 Solva II-RL ebenfalls ausdrücklich nur eine Aufsicht in Bezug auf die Einhaltung der „geltenden Vorschriften" zu. 55

e) Verfassungsrechtliche Fragen der allgemeinen Missstandsaufsicht nach § 298 Abs. 1 VAG. 56
Angesichts des eindeutigen Ergebnisses der europarechtlichen Unzulässigkeit der inhaltlich unkonturierten allgemeinen Missstandsaufsicht nach § 298 Abs. 1 VAG, die einen Klon der obrigkeitsstaatlichen, noch aus der Kaiserzeit stammenden und zuletzt in § 81 VAG a. F. geregelten allgemeinen Missstandsaufsicht bildet, bedarf die zusätzliche **Frage der Verfassungsmäßigkeit einer allgemeinen Missstandsaufsicht** vorliegend keiner Vertiefung. Diese Frage war für die Missstandsaufsicht nach dem VAG a. F. bereits vor dem Wechsel des europäischen Versicherungsaufsichtsrechts zum Solvency II-System umstritten und häufig im Sinne einer Verfassungswidrigkeit beantwortet worden.[63] Schon im Blick auf das **Rechtsstaatsgebot** mit dem Vorbehalt des Gesetzes und dem Bestimmtheitsgebot wird allerdings deutlich, dass eine Befugnisnorm, die einer staatlichen Behörde das Recht zur Selbstermächtigung kraft einer Lösung der Aufsichtsbefugnisse von rechtsstaatlich gesetztem Recht gibt, heute – anders als zu Zeiten des Kaiserlichen Aufsichtsamts für die Privatversicherung im Jahr 1901 – verfassungsrechtlich nicht mehr akzeptabel ist. Dies gilt unabhängig davon, ob eine Aufsichtsbehörde wie die BaFin davon häufig, selten oder nie Gebrauch zu machen beabsichtigt.[64]

Vorliegend ebenfalls nicht zu vertiefen ist vor dem Hintergrund der europarechtlichen Unzulässigkeit einer allgemeinen Missstandsaufsicht die weitere verfassungsrechtliche Frage, ob die erhebliche **Ungleichbehandlung von Erst- und reinen Rückversicherungsunternehmen in der Versicherungsaufsicht** nach § 298 VAG durch die allgemeine Missstandsaufsicht für Erstere nach Abs. 1 und durch eine Legalitätsaufsicht ausschließlich für Letztere nach Abs. 2 den Anforderungen des **Art. 3 GG** standhält. Daran bestehen schon deshalb erhebliche Zweifel, weil es aus Sachgründen Ziel der Solva II- 57

[55] Vgl. die in Fn. 37 genannten zahlreichen Autoren.

[56] Zu einem Regelungsvorschlag für eine entsprechende Gesetzesfassung vgl. schon *Dreher* Stellungnahme (2014), S. 9; in § 140 Abs. 2 S. 1 VAG hat der Gesetzgeber als Ausnahme von seiner europarechtswidrigen Regel der allgemeinen Missstandsaufsicht ein Beispiel für einen speziellen Missstand im Sinne einer Gesetzesverletzung selbst definiert.

[57] So schon *Dreher/Häußler* ZGR 2011, 471, 479.

[58] Zurückgehend auf *Dreher* WM 1995, 509 ff., 518 f.

[59] Vgl. schon § 294 VAG Rn. 31.

[60] Vgl. dazu, dass die Unzuverlässigkeit eines Aufsichtsratsmitglieds, eines Geschäftsleiters, eines Verantwortlichen Aktuars oder eines Inhabers einer bedeutenden Beteiligung unter bestimmten Voraussetzungen „in der Regel auf Missstände hindeute[t]", § 334 Abs. 3 S. 3 VAG.

[61] Vgl. ausf. zu dieser Aufsicht § 294 VAG Rn. 38 ff.

[62] Vgl. z. B. schon *Dreher* WM 1995, 509, 515 ff.; *Dreher/Lange* VersR 2011, 825, 831 m. w. N.; die soweit ersichtlich einzige andere Ansicht vertrat Prölss/*Kollhosser*, 12. Aufl., § 110a VAG Rn. 29.

[63] So z. B. schon *Dreher* WM 1995, 509, 514; *Dreher* Die Konkretisierung der Mißstandsaufsicht nach § 81 VAG, S. 9 f. und ausf. zuletzt *Ernst* S. 154 ff., 163 ff. sowie *Lütgerath* Die Vorgaben zur ordnungsgemäßen Geschäftsorganisation im Bankaufsichtsrecht 2016, S. 255 ff., jeweils m. w. N.; vgl. auch die Nachweise dazu oben Rn. 49.

[64] Vgl. zu dieser Frage, die in der Vergangenheit zu Empfindsamkeiten trotz des rein sachlich-rechtlich kritisierten Befugnisanspruchs auf Seiten der Aufsichtsbehörde geführt hat – vgl. nur *Hohlfeld* FS E. Lorenz, 1994, 295, 298 –, ausf. schon *Dreher* Die Konkretisierung der Mißstandsaufsicht nach § 81 VAG, S. 10 f. und *Dreher* WM 1995, 509, 510 f.

RL ist, Erst- und Rückversicherungsunternehmen aufsichtsrechtlich grundsätzlich gleich zu behandeln,[65] weil der deutsche Gesetzgeber für die Benachteiligung der Erstversicherungsunternehmen keinerlei Begründung anführt und weil Sachgründe für eine solche Benachteiligung – insbesondere eine andernfalls gegebene Aufsichtslücke – auch nicht bestehen.[66]

58 **3. Reichweite der richtlinienkonform auf eine Legalitätsaufsicht beschränkten Missstandsaufsicht nach § 298 Abs. 1 VAG. a) Rechts- und Verwaltungsvorschriften im Sinne der Legalitätsaufsicht. aa) Begriff der Rechts- und Verwaltungsvorschriften.** Die allgemeine Missstandsaufsicht nach § 298 Abs. 1 VAG ist aufgrund des zwingenden europäischen Versicherungsaufsichtsrechts richtlinienkonform auf eine Legalitätsaufsicht zu beschränken. Art. 34 Abs. 1 Solva II-RL benennt als den **Gegenstand** die „**Rechts- und Verwaltungsvorschriften**, die sie (scil.: die Versicherungsunternehmen) in jedem Mitgliedstaat **zu erfüllen** haben".

59 Der **Begriff der Rechts- und Verwaltungsvorschriften** ist ein **europarechtlicher Begriff**. Er ist über die Umsetzung der Solva II-RL mehrfach in das VAG gekommen. Dies gilt für §§ 7 Nr. 1, 11 Abs. 2 S. 2 Nr. 2, 17 Abs. 4 S. 9 Nr. 2 lit. a, 29 Abs. 2 S. 1, 35 Abs. 4 S. 1 Nr. 1 und S. 4, 294 Abs. 5 S. 2, 318 Abs. 2 S. 1 Nr. 1 und 352 Abs. 2 S. 1 Nr. 2 VAG. Entsprechend seiner Herkunft ist er **autonom auszulegen**. In dem europarechtlich grundsätzlich weiten Begriffsverständnis[67] des europäischen Rechts sind – ausgehend von der Begriffsverwendung im Zusammenhang mit der Binnenmarktharmonisierung in Art. 114 Abs. 1 S. 2 AEUV – **Rechtsvorschriften** jedenfalls alle staatlichen oder dem Staat zurechenbaren[68] Regeln abstrakt-genereller Art.

60 Unter **Verwaltungsvorschriften** sind dagegen die Anweisungen abstrakt-genereller Art von vorgesetzten Behörden an nachgeordnete Behörden zu verstehen. Solche Verwaltungsvorschriften sind **in Deutschland nicht** ersichtlich. Die BaFin ist keine nachgeordnete Behörde einer anderen Behörde und ihr sind auch keine solchen Behörden nachgelagert.

61 Im Folgenden geht es daher ausschließlich darum, den **Kreis der maßgeblichen Rechtsvorschriften näher zu bestimmen**.

62 **bb) Maßgebliche Rechtsvorschriften.** Fraglich ist, was Rechtsvorschriften sind, die Versicherungsunternehmen i. S. v. Art. 34 Abs. 1 Solva II-RL zu erfüllen haben. In der Literatur werden darunter vereinzelt nur solche Normen verstanden, „deren Adressaten speziell die Versicherungsunternehmen sind und die das europaweit vereinheitlichte **Versicherungsaufsichtsrecht** betreffen."[69] Während es selbstverständlich ist, dass die Einhaltung des Versicherungsaufsichtsrechts durch die Versicherungsunternehmen im Zentrum der Aufsicht durch die BaFin steht, entspricht eine Begrenzung hierauf der Solva II-RL nicht.[70] Bereits der Wortlaut der Befugnisnorm des Art. 34 Abs. 1 Solva II-RL enthält sie nicht. Und soweit Art. 36 Abs. 1 Solva II-RL auf Rechts- und Verwaltungsvorschriften abstellt, die „gemäß dieser Richtlinie" erlassen wurden, liegt darin keine Modifizierung von Art. 34 Abs. 1 Solva II-RL als Grundnorm zu den Aufsichtsbefugnissen.[71]

63 Der Kreis der für die Legalitätsaufsicht maßgeblichen Rechtsvorschriften ist daher gegenständlich nicht auf das Versicherungsaufsichtsrecht beschränkt. Um die **notwendige Grenze** zu dem Universum der Rechtsnormen der Gesamtrechtsordnung zu ziehen, bedarf es eines sachlichen Kriteriums. Es kann in Übereinstimmung mit § 298 Abs. 1 S. 2 VAG nur in den **Zielen der Versicherungsaufsicht**[72] und damit vor allem in dem Hauptziel des „Schutzes der Versicherungsnehmer und der Begünstigten von Versicherungsleistungen" nach Art. 27 Solva II-RL bzw. § 294 Abs. 1 VAG liegen.[73] Auf der Grundlage sind die maßgeblichen Rechtsvorschriften durch **objektive Auslegung** zu ermitteln. Dabei ist auch die allgemeine Aufsichtsaufgabe nach Art. 29 Abs. 1 S. 2 Solva II-RL zu berücksichtigen, die „ordnungsgemäße Funktionsweise" eines Versicherungsunternehmens sicherzustellen.[74] In diesem Sinne ist auch § 294 Abs. 2 S. 2 VAG zu verstehen, der sich „auf die Einhaltung der Gesetze (scil.: bezieht), die für den

---

[65] Vgl. dazu z. B. auch *Bürkle* VersR 2011, 1469 1475.

[66] Art. 275 öVAG z. B. behandelt Erst- und Rückversicherungsunternehmen daher gleich. Der europäische Gesetzgeber sieht infolge des ausreichenden Schutzes bei einer reinen Legalitätsaufsicht diese nicht nur gegenüber Erst- und Rückversicherungsunternehmen im Rahmen der Herkunftslandaufsicht nach Art. 30, 34, 36 Solva II-RL, sondern auch im Rahmen der Tätigkeitslandaufsicht nach Art. 30, 155 Solva II-RL vor. Der deutsche Gesetzgeber hält im Bereich des Verbraucherschutzes bei Finanzdienstleistungen eine Legalitätsaufsicht ebenfalls für ausreichend, weshalb § 4 Abs. 1a S. 3 FinDAG bei der Befugnis der BaFin einen Missstand hier nur in einem „Verstoß gegen ein Verbraucherschutzgesetz" sieht.

[67] Vgl. zum Ganzen statt vieler und m. w. N. *Fischer* in Lenz/Borchardt, EU-Verträge, 6. Aufl. 2012, Art. 114 AEUV Rn. 8.

[68] Dies gilt z. B. für Normativakte öffentlich-rechtlicher Anstalten oder Körperschaften kraft Satzungsautonomie.

[69] So FKBP/*Bürkle* Solvency II Rn. 54.

[70] So schon *Dreher/Ballmaier* in Dreher/Wandt 2012, S. 73, 108.

[71] Vgl. dazu schon oben Rn. 40.

[72] Vgl. dazu ausf. Einl. Rn. 6 ff.

[73] Wenn § 298 Abs. 1 S. 2 VAG zu den Aufsichtszielen ausdrücklich auf § 294 Abs. 2 VAG verweist, liegt darin ein gewollter Fehler, siehe unten Rn. 69.

[74] So schon *Dreher/Ballmaier* in Dreher/Wandt 2012, S. 73, 108.

Betrieb des Versicherungsgeschäfts gelten".[75] Mithin geht es um **Normen**, die die objektive Funktion haben, die **Belange der Versicherungsnehmer und Versicherten sowie eventuell dritter Anspruchsberechtigter zu wahren**. Auf diese Weise lässt sich eine zu weit gezogene, d. h. über Art. 34 Abs. 1 Solva II-RL hinausgehende Aufsichtsaufgabe vermeiden. Der europäische Gesetzgeber hat nämlich bewusst keine umfassende Aufsicht im Hinblick auf die Verletzung jeglicher Norm durch ein Versicherungsunternehmen vorgesehen.

Art. 34 Abs. 1 Solva II-RL bezieht sich auf Rechtsvorschriften. Zutreffend vermeidet die Richtlinie 64
also eine Bezugnahme auf gesamte Gesetze. Schon weil Gesetze zum Teil sehr divergierende Inhalte haben, geht es vorliegend – ebenso wie bei der gedanklichen Parallele der Bestimmung des Schutzgesetzes i. S. v. § 823 Abs. 2 BGB – immer nur um **einzelne Rechtsnormen, nicht um ein ganzes Gesetz**.[76] Als Beispiel dafür dient das UWG. Normen dieses Gesetzes, die sich wie die Generalklausel des § 3 UWG auf unlautere Handlungen auch gegenüber Versicherungsunternehmen beziehen,[77] sind ohne weiteres Thema der Beaufsichtigung, wenn die tatbestandlichen Anforderungen im Übrigen vorliegen. Für eine Norm wie § 17 UWG zum Verrat von Berufs- und Geschäftsgeheimnissen gilt jedoch aufgrund ihrer objektiven Funktion das Gegenteil. Hier muss es bei dem Grundsatz bleiben, dass das UWG im Wege des Individualrechtsschutzes und nicht durch eine staatliche Behörde und zudem noch ausschnitthaft nur in dem Bereich der Versicherungsunternehmen durchgesetzt wird.

An dem Beispiel des UWG wird zugleich deutlich, dass der Charakter einer Norm als **General-** 65
klausel ihre Einbeziehung in die Legalitätsaufsicht nicht hindert. Bedeutung hat dies außer für § 3 UWG u. a. für §§ 138, 242, 307 BGB.[78]

Vor dem Hintergrund lassen sich im Hinblick auf den Gegenstand der Legalitätsaufsicht weitere 66
allgemeine Feststellungen treffen: So sind die Normen **versicherungsrechtlicher Gesetze**, wie das VVG und das PflVG, grundsätzlich ohne weiteres Teil der Legalitätsaufsicht. Die Normen **anderer Gesetze** sind dagegen im Einzelfall anhand des wertenden Kriteriums zu prüfen. Dies kann dazu führen, dass fragliche Normen von vorneherein keinen Bezug zu den Interessen von Versicherungsnehmern, Versicherten oder Dritten und zu dem ordnungsgemäßen Funktionieren eines Versicherungsunternehmens aufweisen. Beispiele bilden die Verfahrensvorschriften des **Gesellschaftsrechts** und historisch zufällig im VAG normierte Verweise auf das Aktiengesetz für den VVaG[79] oder **arbeits- und mitbestimmungsrechtliche** Normen.

Aus dem Bereich der Legalitätsaufsicht durch die BaFin ausscheiden müssen auch Normen von 67
Gesetzen, die Gegenstand der **Aufsicht durch andere Aufsichtsbehörden** sind.[80] Dies gilt **beispielsweise** für Normen des **europäischen und deutschen Kartellrechts**, die wettbewerbsbeschränkende Verhaltensweisen durch (Versicherungs-)Unternehmen verbieten. Sie werden durch die europäischen und deutschen Kartellbehörden durchgesetzt.[81] Daher sind sie nicht Gegenstand der versicherungsaufsichtsrechtlichen Legalitätsaufsicht durch die BaFin.

Von vorneherein **keine Rechtsvorschriften** sind **Verlautbarungen von EIOPA und der BaFin**. 68
Sie sind für Versicherungsunternehmen unverbindliche Meinungsäußerungen der Aufsichtsbehörden.[82] Aufgrund des faktischen Befolgungsdrucks haben sie aber in der Praxis eine dem diametral entgegengesetzte Bedeutung.[83]

b) Verhalten in Widerspruch zu Aufsichtszielen als Missstandsdefinition (Abs. 1 S. 2). Nach 69
§ 298 Abs. 1 S. 2 VAG ist ein Missstand „jedes **Verhalten** eines Versicherungsunternehmens, das den **Aufsichtszielen** des § 294 Abs. 2 **widerspricht**." In der Bezugnahme auf § 294 Abs. 2 VAG liegt ein gewollter Fehler. Das vorrangige Aufsichtsziel ist nämlich in § 294 Abs. 1 VAG genannt. Lediglich Abs. 2 S. 3 und 4 dieser Vorschrift nehmen Bezug auf die aufsichtlichen Nebenziele.[84] Mit dem Gesamtverweis auf § 294 Abs. 2 VAG versucht der VAG-Gesetzgeber, entgegen den europarechtlichen

[75] Vgl. dazu § 294 VAG Rn. 29 ff.

[76] So schon *Dreher* Die Konkretisierung der Mißstandsaufsicht nach § 81 VAG, S. 24.

[77] Vgl. ausf. zum Recht des unlauteren Wettbewerbs in Bezug auf Versicherungsunternehmen *Dreher/Hoffmann/Kling*, Kartell- und Wettbewerbsrecht der Versicherungsunternehmen, 2. Aufl. 2015, §§ 22 ff.

[78] Ausf. schon *Dreher* Die Konkretisierung der Mißstandsaufsicht nach § 81 VAG, S. 20 ff., 26 und speziell zu § 9 AGBG als Vorläuferregelung von § 307 BGB *BVerwG* Urt. v. 25.6.1998 – 1 A 6/96, BVerwGE 107, 101 = VersR 1998, 1137, 1138.

[79] Ausf. *Dreher/Häußler* ZGR 2011, 471, 479 f., 482, 512.

[80] So schon die Begründung zu § 81 VAG in der Fassung des 3. DurchfG/EWG zum VAG BT-Drs. 12/6959, 82; vgl. auch *Dreher/Hoffmann/Kling*, Kartell- und Wettbewerbsrecht der Versicherungsunternehmen, 2. Aufl. 2015, § 2 Rn. 10 f.

[81] Vgl. ausf. *Dreher/Hoffmann/Kling*, Kartell- und Wettbewerbsrecht der Versicherungsunternehmen, 2. Aufl. 2015; Langheid/Wandt/*Dreher/Hoffmann* Versicherungskartellrecht Rn. 1 ff. und speziell zu der Versicherungs-GVO zuletzt *Hoffmann* VersR 2016, 821 ff.

[82] Vgl. zu den Leitlinien und Empfehlungen von EIOPA Einl. Rn. 65 und § 23 VAG Rn. 35 ff. sowie zu den BaFin-Verlautbarungen § 23 VAG Rn. 42 ff.

[83] Vgl. dazu schon Einl. Rn. 82 und sub specie der Vorfeldwirkung der allgemeinen Missstandsaufsicht oben Rn. 38, der Gefahr des Verlusts des favor iudicis unten Rn. 82 sowie der Selbstprogrammierung der Verwaltung § 297 VAG Rn. 12.

[84] Vgl. § 294 VAG Rn. 14 ff.

Vorgaben „die ausreichende Wahrung der Belange der Versicherten" nach Abs. 2 S. 2 zum Aufsichtsziel zu erheben. Dies soll zugleich den Weg zur Fortführung der seit dem Jahr 1901 in Deutschland üblichen, tatbestandlich ungebundenen allgemeinen Missstandsaufsicht eröffnen.

70 Das Problem der Missstandsdefinition läge entsprechend dem zuvor Ausgeführten, dass nämlich maßgeblicher Orientierungspunkt auch der Legalitätsaufsicht die Aufsichtsziele sind, nicht in einer Bezugnahme hierauf, sofern sie denn zutreffend wäre. Es folgt vielmehr aus der kombinierten Erfassung einerseits jedes Verhaltens durch die Aufsicht und andererseits dem Widerspruch zu den unzutreffend angeführten Aufsichtszielen als alleinigem Tatbestandsmerkmal für ein hoheitliches Einschreiten. Zu definieren, welches Verhalten in Widerspruch zu den Aufsichtszielen steht, überlässt § 298 Abs. 1 S. 2 VAG daher der BaFin. Gerade darin zeigt sich das Wesen einer inhaltlich unkonturierten allgemeinen Missstandsaufsicht. Sie ist, wie bereits festgestellt,[85] aufgrund der Unvereinbarkeit mit den Vorgaben der Solva II-RL **richtlinienkonform im Sinne einer Legalitätsaufsicht auszulegen**. Der erheblich weiter gehende Aufsichtsmaßstab eines bloßen Verhaltens in Widerspruch zu den angeblichen Aufsichtszielen des § 294 Abs. 2 VAG ist damit nicht vereinbar und daher rechtlich unanwendbar.

71 **c) Schwächen oder Mängel als Missstandsdefinition (Abs. 1 S. 3).** § 298 Abs. 1 S. 2 VAG definiert einen Missstand auch als „**Schwächen oder Mängel**, die die Aufsichtsbehörde im **Rahmen des aufsichtlichen Überprüfungsverfahrens** festgestellt hat."

72 Bei derartigen Schwächen oder Mängeln geht es aber ebenfalls um die **Nichteinhaltung rechtlicher Vorgaben**. Die Befugnis der Versicherungsaufsichtsbehörde, derartige Schwächen oder Mängel abzustellen, ist daher **Teil der Legalitätsaufsicht**.[86] Eine Befugnis der BaFin, sub specie des Tatbestandsmerkmals Schwächen oder Mängel Aufsichtsbefugnisse unabhängig von Rechtsverletzungen durch Versicherungsunternehmen zu definieren und durch Anordnungen nach § 298 Abs. 1 S. 1 VAG zu begegnen, besteht daher nicht.

73 Im Ergebnis ist **auch § 298 Abs. 1 S. 3 VAG richtlinienkonform auszulegen**. Diese Auslegung führt dazu, dass die BaFin im Rahmen der europarechtlich zwingend gebotenen Legalitätsaufsicht auch gegen Schwächen oder Mängel vorgehen kann, die sich im Rahmen eines SRP in Form von Rechtsverletzungen gezeigt haben.

74 **4. „Maßnahmen" (Abs. 1 S. 1). a) Grundlagen.** § 298 Abs. 1 S. 1 VAG erlaubt den Aufsichtsbehörden, „**alle Maßnahmen**" zu „ergreifen, die **geeignet und erforderlich** sind". Die grundsätzlich sehr weite Formulierung bedarf in mehrfacher Hinsicht einer Konkretisierung. Dies gilt im Hinblick sowohl auf den Rechtscharakter und die Art der Maßnahmen als auch auf den mit der Formulierung bereits angesprochenen Grundsatz der Verhältnismäßigkeit.

75 **b) Verwaltungsakte.** „Maßnahmen" im Sinne des § 298 Abs. 1 S. 1 VAG sind zunächst **Verwaltungsakte**, auch als **Anordnungen**, **Entscheidungen** oder **Verfügungen** bezeichnet. Der Verwaltungsakt ist in § 35 S. 1 VwVfG definiert. Die **Allgemeinverfügung** als besondere Ausprägung des Verwaltungsakts definiert § 35 S. 2 VwVfG.

76 Nach **§ 35 S. 1 VwVfG** ist ein **Verwaltungsakt** „jede Verfügung, Entscheidung oder andere hoheitliche Maßnahme, die eine Behörde zur Regelung eines Einzelfalls auf dem Gebiet des öffentlichen Rechts trifft und die auf unmittelbare Rechtswirkung nach außen gerichtet ist." Diese Voraussetzungen sind bei Verwaltungsakten der BaFin im Rahmen der Legalitätsaufsicht gegeben.

77 **Allgemeinverfügung** ist nach § 35 S. 2 VwVfG „ein Verwaltungsakt, der sich an einen nach allgemeinen Merkmalen bestimmten oder bestimmbaren Personenkreis richtet oder die öffentlich-rechtliche Eigenschaft einer Sache oder ihre Benutzung durch die Allgemeinheit betrifft." Im Sinne der ersten Variante kommen Allgemeinverfügungen zwar auch im Rahmen der Versicherungsaufsicht in Betracht. Die BaFin nutzt dieses Instrument aber bisher – soweit ersichtlich – ausschließlich in den Aufsichtsbereichen nach KWG und WpHG.[87]

78 Von Allgemeinverfügungen abzugrenzen ist die **Sammelverfügung**. In diesem Fall richtet die Behörde einen Verwaltungsakt nicht nur wie üblich an eine bestimmte Person. Adressaten sind vielmehr mehrere bestimmte Personen.[88] Beispiele für solche Sammelverfügungen können **Rundschreiben der BaFin** bilden.[89] Dies gilt etwa für das „Rundschreiben 03/2016 (VA) Treuhänder zur Überwachung des Sicherungsvermögens" v. 25.5.2016. In ihm ordnet die BaFin u. a. die Bestellung von Sicherheitstreuhändern an. Adressaten von Sammelverfügungen sind somit bestimmte Versicherungsunternehmen, die aber zusammengefasst adressiert werden, also z. B. alle beaufsichtigten Lebensversicherungsunternehmen.[90] Die Bekanntgabe einer Sammelverfügung erfolgt nach § 41 VwVfG in der Regel schriftlich

[85] Siehe oben Rn. 53.
[86] Siehe oben Rn. 40 und § 294 VAG Rn. 54 ff.
[87] Vgl. als Beispiel die „Allgemeinverfügung zum E-Geld-Produkt „fashioncheque" der solarisBank AG" v. 28.10.2016.
[88] Vgl. dazu z. B. *Stober* in Wolff/Bachof/Stober/Kluth, Verwaltungsrecht I, 12. Aufl. 2007, § 45 Rn. 71.
[89] Vgl. dazu näher z. B. *Tormyn* Die Rundschreibenpraxis des BAV 1992; *Fekonja* BaFin-Verlautbarungen 2014.
[90] So zu der Definition der Sammelverfügung BaFinJournal 5/2016, S. 20.

durch einen Brief an alle betroffenen Versicherungsunternehmen und – oder nur im Sinne der nach § 41 Abs. 3 VwVfG i. V. m. § 17 Abs. 2 und 3 FinDAG zugelassenen „öffentlichen Bekanntgabe" – Veröffentlichung auf der Website der BaFin. Die Bekanntgabe ist mit einer Rechtsbehelfsbelehrung verbunden. Die nach § 28 VwVfG vor Erlass eines Verwaltungsakts vorgesehene Anhörung der „Beteiligten" unterbleibt zwar. Soweit von dieser nicht schon gem. § 28 Abs. 2 Nr. 4 VwVfG abgesehen werden kann,[91] wird der hierin liegende Verfahrensfehler aber nach § 45 Abs. 1 Nr. 3 VwVfG durch Nachholung der Anhörung im Fall eines Widerspruchs während des Widerspruchsverfahrens geheilt. Er führt nach § 3 Abs. 4 S. 1 Hs. 2 FinDAGKostV dazu, dass auch im Fall eines erfolglosen Widerspruchs keine Gebühr erhoben wird.

c) Informelles Handeln. Zu den möglichen Maßnahmen der BaFin im Rahmen von § 298 Abs. 1 VAG gehört das **informelle Handeln**, auch als **informelles Verfahren** oder als **schlichtes Verwaltungshandeln** bezeichnet. Dieses Handeln unterscheidet sich von den anderen Formen des aufsichtsbehördlichen Handelns durch den fehlenden Regelungscharakter. Dabei geht es vor allem um Gespräche, Bitten, Warnungen, Berichte, Beratungen, Empfehlungen, Aufforderungen, Hinweise oder Absichtserklärungen.[92] Der aufsichtsrechtliche Einsatz dieser „informellen Instrumente" wird euphemistisch auch als **moral suasion** bezeichnet.[93] 79

Das informelle Behördenhandeln betrifft mangels Regelungscharakters **nicht Gebote oder Verbote**. Gleichwohl besteht auch bei solchem Handeln die Bindung der Behörde an das Gesetz. Die Voraussetzungen und die Zuständigkeit für eine Maßnahme z. B. müssen hier also ebenfalls gegeben sein. 80

Entscheidungen ohne Regelungsgehalt im Sinne informellen Handelns führen grundsätzlich nicht zu Beeinträchtigungen grundrechtlich geschützter Positionen. Eine wichtige Ausnahme davon bilden aber die sog. **faktischen Grundrechtsbeeinträchtigungen**. Sie sind gegeben, wenn eine Behörde einen Adressaten durch informelles Handeln in seinen tatsächlichen Handlungsmöglichkeiten in gleicher Weise betrifft wie durch Gebote oder Verbote. Insbesondere in dem Fall, dass diese Folge vorhersehbar und von hoher Intensität ist, kommt auch gegen informelle Behördenhandlungen grundsätzlich Abwehrrechtsschutz in Betracht.[94] 81

Unabhängig davon ist das **informelle Handeln staatlicher Behörden** und damit auch der BaFin **grundsätzlichen Bedenken** ausgesetzt.[95] Sie gründen letztlich auf rechtsstaatlichen Erwägungen. Das informelle Verfahren ist nämlich geeignet, faktisch informelle Handlungspflichten von Normadressaten zu begründen.[96] Dabei besteht weder Waffengleichheit noch ein dem Rechtsschutz in förmlichen Verfahren gleichgelagerter Rechtsschutz. Die Einwirkung auf das Verhalten der Adressaten kann daher leicht auf einer gesetzlich nicht vorgesehenen Aufsichtserleichterung beruhen.[97] Betroffene werden schon deshalb zur Kooperation mit der Behörde neigen, um sich den favor iudicis zu erhalten. Und wenn solche Sekundärmotivationen zu wesentlichen Befolgungskriterien werden, fehlt es ohnehin an der Richtigkeitsgewähr der Ergebnisse informeller Behördenhandlungen. 82

Speziell für einen **versicherungsaufsichtsrechtlichen Verweis** hat das BVerwG entschieden, dass dieser einen Verwaltungsakt und keine rechtlich zulässige informelle Aufsichtsmaßnahme darstellt. Er ist auch nicht unter Aspekten der Verhältnismäßigkeit zu rechtfertigen.[98] Ebenso handele es sich bei einer versicherungsaufsichtsrechtlichen Verwarnung nach § 303 Abs. 1 VAG um einen Verwaltungsakt und nicht um eine informelle Maßnahme. Wie ein Verweis kommt daher auch eine **Rüge** ohne ausdrückliche Ermächtigung, die im VAG nicht vorhanden ist, als aufsichtsbehördliche Maßnahme nicht in Betracht. Möglich sind dagegen „auch ohne ausdrückliche Ermächtigung" **informelle Belehrungen** ebenso wie **informelle Hinweise auf mögliche Anordnungen**. Stellen solche Maßnahmen im Verhältnis zu einem Verwaltungsakt das mildere Mittel dar, ist die Aufsichtsbehörde verpflichtet, es zu ergreifen.[99] Das *BVerwG* zählt zu solchen informellen Maßnahmen auch eine aufsichtsbehördliche **Missbilligung**, bei der es sich um „eine einfache und formlose Maßnahme im Sinne einer Belehrung 83

---

[91] Allgemein zu den strengen Voraussetzungen des Absehens von der Anhörung nach § 28 Abs. 2 Nr. 4 VwVfG *Kallerhoff* in Stelkens/Bonk/Sachs, VwVfG, 8. Aufl. 2014, § 28 Rn. 57 ff.

[92] Vgl. ausf. zum Ganzen z. B. *Remmert* in Ehlers/Pünder, Allgemeines Verwaltungsrecht, 15. Aufl. 2016, § 36 Rn. 1 ff.; *Schmitz* in Stelkens/Bonk/Sachs, VwVfG, 8. Aufl. 2014, § 9 Rn. 172 ff.; *Schramm* Einseitiges informelles Verwaltungshandeln im Regulierungsrecht, 2016.

[93] Vgl. z. B. *Lutz/Röhl/Schneider* ZBB/JBB 2012, 342, 347; *Lütgerath* Die Vorgaben zur ordnungsgemäßen Geschäftsorganisation im Bankaufsichtsrecht 2016, 86 ff., 197 f., 252 ff., 286 f.; *Bührle* Unternehmerische Gestaltungsfreiheit versus aufsichtsrechtliche Regulierung 2016, S. 63 f.

[94] Vgl. im einzelnen *Remmert* in Ehlers/Pünder, Allgemeines Verwaltungsrecht, 15. Aufl. 2016, § 36 Rn. 4, 9 ff. m. w. N. und speziell zum Rechtsschutz im Bereich der Bank- und Versicherungsaufsicht gegen informelles Handeln *Fett* WM 1999, 613 ff. sowie *Sedlak*, S. 322 ff.

[95] Vgl. ausf. schon *Dreher* Zeitschrift für Gesetzgebung (ZG) 1987, 312, 333 ff.

[96] Vgl. oben Rn. 38 und 79, Einl. Rn. 82 und § 294 VAG Rn. 84.

[97] Vgl. als Beispiel nur *BGH* Beschl. v. 15.5.1984 – KVR 11/83, BGHZ 91, 178 = WuW/E BGH 2095, 2099: „Es mag zwar sein, dass eine solche Handhabung des § 46 GWB der Kartellbehörde ihre Überwachungsaufgabe beträchtlich erleichtern würde. Dieser Gesichtspunkt ist aber nicht geeignet, ein Gesetzesverständnis zu rechtfertigen, das im Wortlaut der gesetzlichen Bestimmungen keine Grundlage findet."

[98] *BVerwG* Urt. v. 6.12.1999 – 1 A 5/98, VersR 2000, 707.

[99] *BVerwG* Urt. v. 6.12.1999 –1 A 5/98, VersR 2000, 707, 708.

über die aufgetretenen Verstöße und eines Hinweises auf die Möglichkeit einer Verwarnung" handele.[100] Dies ist mit der gleichzeitigen Ablehnung von Verweisen wegen deren tadelnden, missbilligenden und erzieherischen Charakter[101] nicht vereinbar.

84 **d) Vorläufige Maßnahmen.** Aufsichtsbehördliche Maßnahmen können auch erforderlich sein, um **eilbedürftige Sachverhalte** zu **regeln**. Dafür geeignet sind grundsätzlich **vorläufige Verwaltungsakte**. Sie beruhen auf einer lediglich summarischen Prüfung der Sach- und Rechtslage. Daher stehen sie unter dem Vorbehalt einer späteren endgültigen Regelung. Damit kollidieren sie aber zugleich mit dem Untersuchungsgrundsatz nach § 24 VwVfG. Deshalb und aufgrund der Gesetzmäßigkeit jedes Verwaltungshandelns bedürfen vorläufige Verwaltungsakte einer Rechtsgrundlage.[102]

85 **§ 298 Abs. 1 S. 1 VAG** enthält die **Rechtsgrundlage**, damit die BaFin vorläufige Maßnahmen ergreifen kann. Die Aufsichtsbehörde kann nämlich im Rahmen der rechtlich allein gebotenen Legalitätsaufsicht **Rechtsverletzungen** nicht nur beseitigen, sondern auch „**vermeiden**". Dies entspricht Art. 34 Abs. 1 Solva II-RL. Danach müssen die Mitgliedstaaten sicherstellen, „dass die Aufsichtsbehörde befugt sind, präventive (…) Maßnahmen zu ergreifen".

86 Welches die genauen **Voraussetzungen der Eilbedürftigkeit** sind, so dass die BaFin vorläufige Maßnahmen treffen kann, ist **noch nicht geklärt**. Dabei handelt es sich nicht um eine Frage des nationalen Verwaltungs-, sondern des europäischen Versicherungsaufsichtsrechts.[103] Dazu dürfte auch für längere Zeit keine europäische Rechtsprechung vorliegen, da der dann wohl einschlägige einstweilige Rechtsschutz kaum zum EuGH führt. Allerdings sind auch im deutschen Verwaltungsrecht keine detaillierten Grundsätze dazu ersichtlich, unter welchen Voraussetzungen Eilbedürftigkeit anzunehmen ist. Im Kern geht es einerseits um eine bestehende Ungewissheit oder Gefahr und andererseits um eine unabweisbare Regelungsnotwendigkeit. Von besonderem Gewicht ist damit in derartigen Fällen der **Grundsatz der Verhältnismäßigkeit**. Ihn hat der Gesetzgeber nicht nur in § 296 VAG allgemein, sondern mit dem Verweis auf die Geeignetheit und die Erforderlichkeit zusätzlich in § 298 Abs. 1 S. 1 VAG konkret verankert.

87 In einigen Vorschriften **enthält das VAG Tatbestände**, die ein **präventives Vorgehen** der Aufsichtsbehörde erlauben. Dies gilt vor allem für eine **drohende Nichtbedeckung von gesetzlichen Kapitalanforderungen**. Betroffen sind insbesondere die Solvabilitätskapitalanforderung und die Mindestkapitalanforderung nach §§ 134, 135 VAG.[104] Derartige Vorschriften führen dazu, dass das entsprechende Tatbestandsmerkmal – „droht", „drohen" – erfüllt sein muss, damit die Eingriffsbefugnis der BaFin gegeben ist. Für das VAG a. F. hat die Rechtsprechung gefordert, dass sich die tatbestandliche Sachlage „bei ungehindertem Ablauf des objektiv zu erwartenden Geschehens mit hinreichender Wahrscheinlichkeit" ergibt. Allein die Annahme, dass die Weiterentwicklung einer derzeitigen Sachlage „eventuell zu einer entsprechenden gefährlichen Situation führen kann", reicht nicht aus.[105] Für ein präventives aufsichtsbehördliches Vorgehen nach Tatbeständen, die nicht speziell auf eine präventive Befugniswahrnehmung abstellen, kann nichts anderes gelten.[106]

88 **5. Ermessen (Abs. 1 S. 1).** Die BaFin „**kann**" nach § 298 Abs. 1 S. 1 VAG Maßnahmen gegen die dort genannten Adressaten ergreifen. Damit besteht auf Seiten der BaFin grundsätzlich ein Ermessen i. S. v. § 297 VAG. Es umfasst ein **Entschließungsermessen**, dem sodann das **Auswahlermessen** folgt.[107]

89 Ein bestehendes Ermessen der BaFin kann sich allerdings unter bestimmten Voraussetzungen im Sinne einer **Ermessensreduzierung** auf Null zu einer Handlungspflicht verdichten.[108]

90 **6. Verhältnismäßigkeit (Abs. 1 S. 1).** Jede Maßnahme, die die BaFin ergreift, muss verhältnismäßig sein. Dies folgt allgemein schon aus **§ 296 Abs. 1 VAG**.

91 In **§ 298 Abs. 1 S. 1 VAG** betont der Gesetzgeber den Grundsatz der Verhältnismäßigkeit noch einmal durch den Verweis darauf, dass aufsichtsbehördliche Maßnahmen „**geeignet und erforderlich**" sein müssen.

---

[100] *BVerwG* Beschl. v. 6.11.2006 – 6 B 82/06, WM 2007, 1655 im Anschluss an *VGH Kassel* Urt. v. 31.5.2006 – 6 UE 3256/05, WM 2007, 392.

[101] So ausdrücklich das *BVerwG* Urt. v. 6.12.1999 –1 A 5/98, VersR 2000, 707, 708.

[102] Vgl. z. B. *Stelkens* in Stelkens/Bonk/Sachs, VwVfG, 8. Aufl. 2014, § 35 Rn. 243 ff.; *Pünder* in Ehlers/Pünder, Allgemeines Verwaltungsrecht, 15. Aufl. 2016, § 14 Rn. 63.

[103] So schon Prölss/*Kollhosser*, 12. Aufl. § 81 Rn. 53 zu der früheren Regelung in § 81 VAG a. F.

[104] Vgl. aber auch §§ 140 Abs. 1 S. 2 Nr. 1, 353 Abs. 1 S. 1 VAG.

[105] *VG Frankfurt a.M.* Beschl. v. 21.6.2005 – 1 G 1525/05, VersR 2007, 189, 190 mit zustimmender Anmerkung *Bürkle*.

[106] Vgl. auch *BVerwG* Urt. v. 13.12.2006 – 6 A 3/05 Rn. 43, NJW 2007, 2199, 2203 zur Bestandsübertragung: „Die Beaufsichtigung der Versicherungsunternehmen beinhaltet keine Verpflichtung zur Vorsorge in Bezug auf völlig ungewisse und bei ordentlicher Geschäftstätigkeit vermeidbare und nicht zu erwartende Verluste."

[107] Vgl. näher § 297 VAG Rn. 15.

[108] Vgl. § 297 VAG Rn. 16.

Für den Grundsatz der **Verhältnismäßigkeit** gilt daher im Rahmen von § 298 Abs. 1 S. 1 VAG nichts anderes als sonst. Das führt zurück zu dem dazu bereits Dargelegten.[109] Für aufsichtsbehördliche **Maßnahmen der BaFin** bedeutet dies konkret, dass beispielsweise die Frage des „Ob" und „Wann" im Rahmen des Entschließungsermessens bei einer grundsätzlich gegebenen Eingriffszuständigkeit einer besonderen Verhältnismäßigkeitsprüfung bedarf. Dies gilt z. B. für eine einmalige Rechtsverletzung, zumal wenn sie folgenlos geblieben und eine Wiederholung ausgeschlossen ist. 92

In dem Zusammenhang mit der Verhältnismäßigkeit hat weiter auch das **aufsichtsbehördliche Optimierungsverbot** große Bedeutung.[110] Es hat in § 294 Abs. 2 S. 2 VAG mit dem Hinweis auf die lediglich „ausreichende Wahrung der Belange der Versicherten" – wenn auch in anderem Zusammenhang – einen gesetzlichen Anklang gefunden. 93

Im Rahmen der Verhältnismäßigkeit kann in bestimmten Fällen in Parallele zu dem aufsichtsbehördlichen Handeln anderer Aufsichtsbehörden unabhängig von der Größe des betroffenen Versicherungsunternehmens als Aufsichtsadressaten die Berücksichtigung eines **Sicherheitszuschlags im Rahmen der Feststellung der tatbestandlichen Grundlagen** und eines **Erheblichkeitszuschlags im Rahmen aufsichtsbehördlicher Beanstandungen** in Betracht kommen.[111] Hintergrund ist die ganz erhebliche Unsicherheit bei der Feststellung quantitativer Tatbestandsmerkmale – zudem oft noch in Verbindung mit qualitativen Elementen – auf der Basis ökonomischer Methoden und Modelle in Verbindung mit weit in die Zukunft reichenden Prognosen und Wahrscheinlichkeitsannahmen. Als Beispiele dafür stehen die RFR und die UFR sowie das Konfidenzniveau von 99,5 % mit dem sog. 200-Jahr-Ereignis bei der Solvenzaufsicht.[112] Obwohl es im parallel gelagerten Bereich des Kartellrechts um erheblich weniger weit in die Zukunft reichende Prognosen und Wahrscheinlichkeiten geht,[113] halten die Gerichte hier derartige Zuschläge im Falle von kartellrechtlichen Verbotsverfügungen gegen als missbräuchlich beanstandete Preise für erforderlich.[114] 94

III. Aufsichtsbefugnisse gegenüber Rückversicherungsunternehmen (Abs. 2). 1. Rückversicherungsunternehmen (§ 7 Nr. 33 VAG). § 298 Abs. 2 VAG bezieht sich auf Rückversicherungsunternehmen. Der **Begriff des Rückversicherungsunternehmens** ergibt sich aus § 7 Nr. 33 VAG bzw. Art. 18 Abs. 1 lit. b Solva II-RL. Danach handelt es sich um ein Unternehmen, dessen Gegenstand „**ausschließlich die Rückversicherung** ist." Für gemischt tätige Versicherungsunternehmen, d. h. solche, die sowohl die Erst- als auch die Rückversicherung betreiben, gilt daher nicht § 298 Abs. 2 VAG, sondern § 298 Abs. 1 VAG. 95

Nach der **Statistik** der BaFin 2014/2015 zu Rückversicherungsunternehmen[115] **beaufsichtigt** die **BaFin** Ende 2015 insgesamt **39 Rückversicherungsunternehmen bzw. Niederlassungen von Rückversicherungsunternehmen**. Dabei handelt es sich um 27 Rückversicherungsunternehmen mit Geschäftstätigkeit und fünf ohne Geschäftstätigkeit, um sechs EWR-Niederlassungen und eine Drittstaaten-Niederlassung.[116] 96

Für die Aufsicht über **Rückversicherungsunternehmen mit Sitz in einem anderen EU-Mitgliedstaat oder EWR-Vertragsstaat**, die im Inland das Rückversicherungsgeschäft durch eine Niederlassung oder im Dienstleistungsverkehr betreiben, ordnet § 169 Abs. 4 S. 1 VAG die entsprechende Geltung von § 298 VAG an. 97

2. Parallelen zu der Aufsicht über Erstversicherungsunternehmen (Abs. 2 Hs. 1). § 298 Abs. 2 Hs. 1 VAG mit der **Aufsicht über Rückversicherungsunternehmen unterscheidet** sich von § 298 Abs. 1 S. 1 VAG mit der **Aufsicht über Erstversicherungsunternehmen** in zweifacher Hinsicht: **Zum einen** steht zwischen den sonstigen Geschäftsleitern sowie den das Versicherungsunternehmen kontrollierenden Personen als Adressaten aufsichtsbehördlicher Maßnahmen in Abs. 1 S. 1 das Wort „und", das in Abs. 2 Hs. 1 durch das Wort „oder" ersetzt ist. Dabei handelt es sich allerdings lediglich um eine redaktionelle Ungenauigkeit. Sie hat keine rechtlichen Folgen. **Zum anderen** tritt an die Stelle der Wendung „um Missstände zu vermeiden oder zu beseitigen" in Abs. 1 S. 1 die Wendung „um sicher zu stellen, dass (…)" in Ab. 2 Hs. 1. Dies berührt die nachfolgend anzusprechende Frage präventiver Maßnahmen auch gegenüber Rückversicherungsunternehmen. 98

Jenseits dessen ist die Fassung der beiden **Tatbestände wortlautidentisch**. Dies bedeutet, dass die Ausführungen, die zuvor sub specie der Aufsicht über Erstversicherungsunternehmen erfolgt sind, für 99

[109] Vgl. die Erläuterungen zu § 296 VAG und Einl. Rn. 124 ff.
[110] Vgl. dazu Einl. Rn. 9, 146 ff.
[111] So schon *Dreher* ZVersWiss 101 (2012), 381, 422.
[112] Vgl. Einl. Rn. 115, 121.
[113] Vgl. *Dreher/Kulka,* Wettbewerbs- und Kartellrecht, 9. Aufl. 2016, Rn. 1450, 1535, 1542.
[114] Vgl. Die Nachweise bei *Dreher* ZVersWiss 101 (2012), 381, 422; *Dreher/Kulka* Wettbewerbs- und Kartellrecht 9. Aufl. 2016, Rn. 1274 f.
[115] BaFin, Statistik der Bundesanstalt für Finanzdienstleistungsaufsicht – Rückversicherungsunternehmen, S. 5, https://www.bafin.de/SharedDocs/Downloads/DE/Statistik/Rueckversicherer/dl_st_14_15_rueckv_ges_va.pdf?__blob=publicationFile&v=3 (abgerufen am 23.2.2017).
[116] Vgl. dazu die BaFin-AE zu dem Betrieb des Rückversicherungsgeschäfts im Inland durch Versicherer mit Sitz im Drittstaat v. 30.8.2016.

die Aufsicht über Rückversicherungsunternehmen entsprechend gelten. Davon betroffen sind folgende Themen:

- Die Adressaten von BaFin-Anordnungen.[117]
- Die BaFin-Maßnahmen.[118] Soweit in Abs. 2 Hs. 1 abweichend von Abs. 1 S. 1 nicht auch ausdrücklich von „vermeiden" und damit explizit einer präventiven Aufsicht die Rede ist, folgt dies ersichtlich aus dem Bemühen des Gesetzgebers, auch hier den Wortlaut des früheren VAG fortzuführen.[119] Die Sicherstellungsbefugnis der BaFin umfasst aber schon begrifflich die Befugnis, bei Bedarf präventiv tätig zu werden.[120]
- Das Ermessen der BaFin bei Maßnahmen gegenüber Versicherungsunternehmen.[121]
- Die Verhältnismäßigkeit als Grenze jeder Ausübung der Befugnisnorm.[122]

100 Ebenso sehr wie infolge der Wortlautidentität in den vorgenannten Bereichen eine parallele Rechtsanwendung von § 298 Abs. 1 und Abs. 2 VAG veranlasst ist, **verbietet sich** umgekehrt ein **Rückgriff auf Abs. 1** im Rahmen der Anwendung von Abs. 2 im gegenteiligen Fall eines **abweichenden Normgehalts**.

101 **3. Legalitätsaufsicht (Abs. 2 Hs. 2). a) Grundlagen.** Der wesentliche Unterschied zwischen den Regelungen zur Aufsicht über Erst- und Rückversicherungsunternehmen liegt in dem **Umfang der Aufsicht**. Während § 298 Abs. 1 VAG für die Aufsicht über Erstversicherungsunternehmen von einer allgemeinen Missstandsaufsicht ausgeht, die in richtlinienkonformer Auslegung auf eine Legalitätsaufsicht zu begrenzen ist, folgt der deutsche Gesetzgeber **für Rückversicherungsunternehmen** nach § 298 Abs. 2 VAG von vornherein dem zwingenden europarechtlichen Aufsichtskonzept der **Legalitätsaufsicht**.

102 Die Legalitätsaufsicht über Rückversicherungsunternehmen entspricht einerseits den **Vorgaben der Solva II-RL**, die dabei zudem anders als der deutsche Gesetzgeber in § 298 VAG nicht zwischen Erst- und Rückversicherungsunternehmen unterscheidet.[123] Andererseits folgt der deutsche Gesetzgeber auch hier sklavisch dem **früheren VAG**. Es enthielt nach verbreitetem Verständnis in § 121a Abs. 4 VAG a. F. schon seit Einführung der Aufsicht über Rückversicherungsunternehmen in bewusster Abkehr von der allgemeinen Missstandsaufsicht über Erstversicherungsunternehmen eine reine Legalitätsaufsicht.[124]

103 Speziell für die Aufsicht über Rückversicherungsunternehmen enthält die Solva II-RL den EG 22. Danach sollte die Aufsicht „den **besonderen Merkmalen des Rückversicherungsgeschäfts** Rechnung tragen, insbesondere ihrem globalen Charakter und der Tatsache, dass die Versicherungsnehmer selbst Versicherungs- oder Rückversicherungsunternehmen sind."

104 **b) Gesetze und aufsichtsbehördliche Anordnungen (Abs. 2 Hs. 2 Nr. 1).** § 298 Abs. 2 Hs. 2 Nr. 1 VAG bezieht die Aufsicht über Rückversicherungsunternehmen zunächst auf „die Gesetze, die für den Betrieb des Rückversicherungsgeschäfts gelten," und darauf, dass „die aufsichtsbehördlichen Anordnungen eingehalten werden". Soweit es um **„die Gesetze"** geht, kommt darin die Legalitätsaufsicht direkt zum Ausdruck. Fraglich ist hier, welches Gesetze sind, „die für den Betrieb des Rückversicherungsgeschäfts gelten". Die Antwort darauf folgt in Bezug auf die Kriterien derjenigen zu der Aufsicht über Erstversicherungsunternehmen.[125] Lediglich die einzelnen gesetzlichen Vorschriften, die nach diesen Kriterien als maßgeblich zu betrachten sind, können sich im Hinblick darauf unterscheiden, dass sie nur für Erst- oder nur für Rückversicherungsunternehmen gelten oder nur den jeweils unterschiedlichen Kundenkreis dieser Versicherungsunternehmen betreffen.

105 Abs. 2 Hs. 2 Nr. 1 betrifft neben Gesetzen auch **„aufsichtsbehördliche Anordnungen"**. Hier soll es Aufgabe der BaFin sein, die Einhaltung solcher Anordnungen zu überwachen. Dies ist unproblematisch in dem Fall, dass ein Normadressat von einer bestandskräftigen Anordnung der BaFin oder einem eine Anordnung als rechtmäßig bestätigenden Urteil abweicht.

106 Geht es allerdings um **tatsächlich rechtswidrige Anordnungen**, ist es nicht Aufsichtsaufgabe und auch nicht mit dem Rechtsstaatsprinzip zu vereinbaren, dass die Aufsichtsbehörde die zusätzliche Befugnis haben soll, die Anordnung gleichwohl durchzusetzen. Schon zu dem wortgleichen früheren § 121a Abs. 4 S. 2 VAG a. F. wurde dazu die Ansicht vertreten, der Tatbestand sei verfassungskonform dahingehend auszulegen, dass die Anordnung tatsächlich ein rechtmäßiges Verhalten betrifft.[126] Solche

117 Siehe oben Rn. 10 ff.
118 Siehe oben Rn. 74 ff.
119 Vgl. § 121a Abs. 4 S. 2 VAG a. F.
120 So daher auch schon die Auslegung zur früheren Befugnisnorm, vgl. FKBP/*Bähr* § 121a VAG a. F. Rn. 19.
121 Siehe oben Rn. 88 f.
122 Siehe oben Rn. 90 ff.
123 Siehe oben Rn. 7, 39.
124 Vgl. statt vieler z. B. *Vogelgesang* ZVersWiss 100 (2011), 233, 241; Bähr/*Fiedler* § 23 Rn. 46; *Laars* § 121a VAG Rn. 8; *Kößler* S. 183; a. A. FKBP/*Bähr* § 121a VAG Rn. 11, allerdings mit der Folge der Bewertung der überschießenden Aufsichtsbefugnis als „verfassungsrechtlich bedenklich".
125 Siehe oben Rn. 58 ff.
126 So FKBP/*Bähr* § 121a VAG Rn. 12.

Sachverhalte sind allerdings **hypothetisch**. Tatsächliche Bedeutung haben sie schon deshalb nicht, weil die BaFin niemals versuchen würde, eine Anordnung, die sich als rechtswidrig erwiesen hat, durch eine weitere Anordnung durchzusetzen.

Fraglich sind daher allenfalls die anders gelagerten Sachverhalte, in denen ein Normadressat gegen eine Anordnung der BaFin wegen **behaupteter Rechtswidrigkeit** rechtlich vorgeht und gleichzeitig der Anordnung zuwiderhandelt. Auch diese Konstellation ist allerdings **aus rechtlicher Sicht unproblematisch**. Entweder ist die Anordnung der BaFin nämlich sofort vollziehbar, wie vor allem in den Fällen des § 310 Abs. 2 VAG, mit der Folge, dass sie zu beachten ist und bei einer Zuwiderhandlung eine Anordnung nach § 298 Abs. 2 Hs. 2 Nr. 1 VAG in Betracht kommt. Oder aber es legt ein Anordnungsadressat Rechtsmittel ein, die zu der aufschiebenden Wirkung führen, so dass die Anordnung jedenfalls vorläufig auch nicht zu befolgen ist. 107

c) Erfüllung der Verpflichtungen aus den Rückversicherungsverträgen (Abs. 2 Hs. 2 Nr. 2). Nach § 298 Abs. 2 Hs. 2 Nr. 2 VAG soll die BaFin auch sicherstellen, „dass insbesondere die Rückversicherungsunternehmen **jederzeit** in der Lage sind, ihre **Verpflichtungen aus den Rückversicherungsverträgen zu erfüllen**". 108

Auch mit Nr. 2 führt der Gesetzgeber den früheren § 121a Abs. 4 S. 2 VAG a. F. wortgleich fort. Damit geht er über die europarechtlich zwingend gebotene Legalitätsaufsicht hinaus, soweit Nr. 2 Sachverhalte erfassen sollte, in denen kein Rechtsverstoß vorliegt. Nr. 2 ist daher – wie schon Abs. 1 S. 1 – **richtlinienkonform auszulegen**. Danach besteht die **Aufsichtsbefugnis der BaFin nur**, wenn die **fehlende Fähigkeit** eines Rückversicherungsunternehmens, die Rückversicherungsverträge jederzeit zu erfüllen, **auf einem rechtswidrigen Tun oder Unterlassen beruht und** zu dessen Korrektur **keine speziellen solvenzbezogenen Aufsichtsbefugnisse bestehen.** 109

Die **Sicherstellung der finanziellen Leistungsfähigkeit** von (Rück-)Versicherungsunternehmen ist das Kernanliegen des Solvency II-Systems, wie sich insbesondere an dessen Risikoorientierung zeigt.[127] Die Fähigkeit eines (Rück-)Versicherungsunternehmens, seine Versicherungsverträge zu erfüllen, steht daher im Zentrum der Aufsicht nach der Solva II-RL. Soweit aufsichtsbehördliche Maßnahmen veranlasst sind, um einer Gefährdung der Solvenz von (Rück-)Versicherungsunternehmen entgegenzutreten, weist sie der Aufsichtsbehörde dafür zahlreiche spezielle Befugnisse zu. Zusätzliche aufsichtsbehördliche Befugnisse zu einer mittelbaren Solvenzaufsicht, wie sie in dem überschießenden Regelungsbereich von § 298 Abs. 2 Hs. 2 Nr. 2 VAG zum Ausdruck kommen, sind daher nach der Solva II-RL unzulässig. 110

Fraglich ist weiter, warum das Wort „**insbesondere**" den **Tatbestand der Nr. 2 einleitet**. In Abs. 2 geht es ausschließlich um Rückversicherungsunternehmen. Für eine Hervorhebung dieser Unternehmen gibt es daher keinen Grund. Und um die anderen Vertragsparteien der Rückversicherungsverträge als Versicherungsnehmer kann es schon deshalb nicht gehen, weil die Aufsichtsbefugnisse ihnen gegenüber in Abs. 1 geregelt sind. Bei der Formulierung kann es sich demnach nur um einen **Redaktionsfehler** handeln. 111

d) Schwächen oder Mängel (Abs. 2 Hs. 2 Nr. 3). Wie auch gegenüber Erstversicherungsunternehmen nach § 298 Abs. 1 S. 3 VAG begründet das VAG gegenüber Rückversicherungsunternehmen in § 298 Abs. 2 Hs. 2 Nr. 3 VAG eine Aufsichtsbefugnis der BaFin, **Schwächen oder Mängel** zu beseitigen, die sie **im Rahmen des aufsichtlichen Überprüfungsverfahrens (SRP) festgestellt** hat. 112

Bei dem SRP nach § 294 Abs. 5 VAG geht es um **Schwächen oder Mängel in Form von Rechtsverstößen.**[128] Ebenso geht es bei der Aufsicht über Erstversicherungsunternehmen zur Beseitigung solcher Schwächen oder Mängel nach § 298 Abs. 1 S. 3 VAG daher ausschließlich um eine **Legalitätsaufsicht.**[129] Gleiches gilt daher auch für die Aufsicht über Rückversicherungsunternehmen nach § 298 Abs. 2 Hs. 2 Nr. 3 VAG. 113

Die **Gesetzesbegründung zu Nr. 3** führt Folgendes aus: „Die Ergänzung in Nummer 3 ist entsprechend der Regelung für Erstversicherungsunternehmen zur Umsetzung von Artikel 36 Absatz 5 der Richtlinie erforderlich."[130] Damit nimmt sie zugleich Bezug auf die Begründung zu § 298 Abs. 1 S. 3 VAG. Nach ihr betreffen die Aufsichtsbefugnisse gegenüber Schwächen oder Mängeln eines Versicherungsunternehmens die Legalitätsaufsicht.[131] 114

IV. Rückversicherungs- oder Retrozessionsverträge (Abs. 3). § 298 Abs. 3 VAG gibt der BaFin eine **spezielle Befugnis** und begrenzt sie zugleich. Sie betrifft Rückversicherungs- oder Retrozessionsverträge, die bestimmte Versicherungsunternehmen mit einem Rückversicherungsunternehmen geschlossen haben. Mit der Regelung setzt der deutsche Gesetzgeber Art. 32 Solva II-RL um.[132] 115

[127] Vgl. zu der Gegenüberstellung von Solvency I und Solvency II Einl. Rn. 114 ff.
[128] Vgl. näher oben Rn. 40.
[129] Siehe oben Rn. 71 ff.
[130] VAG-RegE 2014 BT-Drs. 18/2956, 290.
[131] Siehe oben Rn. 40.
[132] VAG-RegE 2014 BT-Drs. 18/2956, 290.

116 Abs. 3 betrifft zunächst **Rückversicherungsverträge.**[133] Dabei handelt es sich um Verträge zwischen einem Rückversicherungsunternehmen und einem Erstversicherungsunternehmen. Die Erweiterung auf nach Art. 14 Solva II-RL zugelassene Versicherungsunternehmen bedeutet nach dessen Abs. 1, dass jede „von dieser Richtlinie abgedeckte Rückversicherungstätigkeit" erfasst ist. Ob das **Rückversicherungsunternehmen** also ein reines Rückversicherungsunternehmen oder ein gemischtes Rückversicherungsunternehmen ist, spielt daher keine Rolle. Die Umsetzung von Art. 32 Abs. 1 Solva II-RL, der die Rückversicherungsverträge betrifft, ist dem deutschen Gesetzgeber allerdings misslungen. Entgegen dem Wortlaut von § 298 Abs. 3 VAG gibt es keine „nach Artikel 14 der Richtlinie 2009/138/EG zugelassenen Erstversicherungsunternehmen". Die Zulassung von Versicherungsunternehmen erfolgt ausschließlich nach dem jeweiligen Umsetzungsrecht, in Deutschland also nach dem VAG.

117 Sodann erfasst Abs. 3 auch **Retrozessionsverträge**. Derartige Verträge werden zwischen Rückversicherungsunternehmen abgeschlossen.[134] Der Wortlaut von Abs. 3 lässt dies mit der Formulierung „den ein Versicherungsunternehmen" nicht klar erkennen, da er nicht dem Vorbild des Art. 32 Solva II-RL folgt. Diese Regelung trennt nämlich zwischen den beiden Vertragsarten und kommt so zu einem von vornherein verständlichen Tatbestand. Wie bei den von Abs. 3 erfassten Rückversicherungsverträgen spielt es nach dem Gesetzeswortlaut auch bei Retrozessionsverträgen keine Rolle, ob die beteiligten Versicherungsunternehmen reine oder gemischte Rückversicherungsunternehmen sind.

118 Das Regelungsanliegen von Art. 32 Solva II-RL und damit auch von § 298 Abs. 3 VAG verdeutlicht der letzte Halbsatz von Abs. 3. Die Aufsichtsbehörde darf die genannten Verträge „nur aus **Gründen** zurückweisen, die sich **nicht unmittelbar auf die finanzielle Solidität des anderen Unternehmens beziehen**." Nach Art. 32 Solva II-RL betrifft die Aufsichtsbefugnis nämlich ausdrücklich den „Herkunftsstaat" eines Versicherungsunternehmens bzw. eines Rückversicherungsunternehmens. Damit stellt die Solva II-RL sicher, dass die **Aufsicht im finanziellen Bereich** jeweils auch dann durch die Aufsichtsbehörde des Herkunftslands erfolgt, wenn es um grenzüberschreitende Versicherungsverträge geht. Denn nur dies entspricht dem Aufsichtssystem der Solva II-RL. EG 24 S. 1 Solva II-RL bringt die Rechtslage nämlich wie folgt zum Ausdruck: „Für die Überwachung der finanziellen Gesundheit der Versicherungs- und Rückversicherungsunternehmen sollten die Aufsichtsbehörden des Herkunftsmitgliedstaats zuständig sein."

119 Mit dem Tatbestandsmerkmal **anderes Unternehmen** meint Abs. 3 den Vertragspartner des Rückversicherungsunternehmens, das einen Rückversicherungsvertrag mit einem Erstversicherungsunternehmen oder einen Retrozessionsvertrag mit einem Rückversicherungsunternehmen abschließt.

120 Die Formulierung der **Aufsichtsbefugnis**, einen **Vertrag zurückzuweisen**, erscheint ebenfalls wenig gelungen. Art. 32 Solva II-RL spricht immerhin von der „Ablehnung" von Verträgen. Gemeint ist im Ergebnis, dass die Aufsichtsbehörde den Abschluss eines Vertrags aufsichtsrechtlich beanstandet. Dies bedeutet konkret, dass sie einen Verwaltungsakt erlässt, in dem sie die Rechtswidrigkeit eines Vertrags feststellt bzw. präventiv den Abschluss eines solchen Vertrags untersagt oder repressiv dessen Aufhebung verfügt.

121 **V. Sondervergütungen und Begünstigungsverträge (Abs. 4). 1. Verordnungsermächtigung des BMF (S. 1). a) Ermächtigung.** Mit dem seit 29.7.2017 aufgehobenen – siehe oben Rn. 1 – § 298 Abs. 4 VAG klonte der Gesetzgeber den früheren § 81 Abs. 3 VAG a. F.[135] Satz 1 enthielt eine **doppelte Verordnungsermächtigung**: für Verbote sowohl von Sondervergütungen an Versicherungsnehmer als auch von Begünstigungsverträgen. Die Ermächtigung richtete sich an das **Bundesministerium für Finanzen**, soweit es sie nicht nach S. 2 auf die BaFin überträgt.

122 **b) Provisionsabgabe.** Soweit es nach Satz 1 Hs. 1 um Sondervergütungen an Versicherungsnehmer durch Versicherungsunternehmen oder Vermittler geht, ist sachlich das sog. Provisionsabgabeverbot betroffen. Ein solches Verbot hat in Deutschland eine lange Geschichte. Die zuletzt geltenden **Provisionsabgabeverbotsverordnungen** für die Lebensversicherung von 1934, für die Krankenversicherung von 1934 und für die Schadenversicherung von 1982 hat das BMF zum 1.7.2017 **aufgehoben**.[136] Mit dem Erlass neuer Verordnungen zu einem Provisionsabgabeverbot sollte nicht zu rechnen sein.

123 Hintergrund sind die zahlreichen **tatsächlichen und rechtlichen, d. h. verfassungs- und europarechtlichen, Bedenken**, die einem Provisionsabgabeverbot entgegenstehen.[137] In tatsächlicher Hinsicht steht einem Provisionsabgabeverbot dessen Wettbewerbsfeindlichkeit entgegen. Aus rechtlicher Sicht hat

---

[133] Vgl. zum Vertragsrecht z. B. *Cannawurf/Schwepcke* in Lüer/Schwepcke, Rückversicherungsrecht, 2013, § 8 Rn. 3 ff.

[134] Vgl. zum Vertragsrecht z. B. *Cannawurf/Schwepcke* in Lüer/Schwepcke, Rückversicherungsrecht, 2013, § 8 Rn. 3, 7, 202.

[135] Vgl. VAG-RegE 2014 BT-Drs. 18/2956, 290.

[136] VO zur Aufhebung von Verordnungen nach dem VAG v. 16.12.2015, BGBl. 2015 I, 2345, 2347.

[137] Vgl. schon *Dreher* WuW 1994, 193 ff.; *Dreher* VersR 1995, 1 ff.; *Dreher* VersR 2001, 1 ff. sowie ausführlich und aktuell *Dreher/Hoffmann/Kling* Kartell- und Wettbewerbsrecht der Versicherungsunternehmen 2 Aufl. 2015, § 12 Rn. 22 ff.

zuletzt das *VG Frankfurt a. M.*[138] entschieden, dass die bis dahin geltende Provisionsabgabeverordnung in der Lebensversicherung nicht den Anforderungen an eine hinreichend bestimmte Rechtsnorm genügt. Sie sei daher unwirksam. Im Übrigen stehen manche Provisionsabgabeverbote in Widerspruch zum Kartellrecht. Der *EuGH*[139] hat die Frage in einem Vorlageverfahren zu dem Provisionsabgabeverbot in der Schaden- und Krankenversicherung nicht entschieden, weil die Vorlagefrage unzulässig war. Daraus wurde und wird noch immer verbreitet der Fehlschluss gezogen, der *EuGH* sehe Provisionsabgabeverbote generell als kartellrechtlich unbedenklich an.[140]

Hinzu kommt heute, dass die **Solva II-RL** – ebenso die IDD – **kein Provisionsabgabeverbot** enthält. Die nationale aufsichtsrechtliche Einführung einer solchen Regelung widerspräche daher auch dem europäischen Versicherungsaufsichtsrecht. Gleichwohl hat das **IDD-Umsetzungsgesetz** vom 20.7.2017 in § 48b VAG ein Verbot von Sondervergütungen und Provisionsabgaben unter gleichzeitiger Aufhebung von § 298 Abs. 4 VAG verankert.[141] 124

c) Begünstigung. Zum 1.7.2017 hat das BMF zusammen mit den Provisionsabgabeverboten auch die bis dahin geltenden **Verbote, Begünstigungsverträge abzuschließen,**[142] **aufgehoben.**[143] 125

Bei **Begünstigungsverträgen** geht es um Verträge, durch die Versicherungsnehmer oder versicherte Personen – § 298 Abs. 4 S. 1 VAG bezieht sich nur in Hs. 1 ausschließlich auf Versicherungsnehmer – im Verhältnis zu gleichen Risiken, die ein Versicherungsunternehmen versichert, hinsichtlich Prämien, Leistungen oder Bedingungen ohne sachlich gerechtfertigten Grund besser gestellt werden.[144] 126

Ein Verbot von Begünstigungsverträgen enthält daher mittelbar einen dem Versicherungsvertragsrecht fremden allgemeinen Gleichbehandlungsgrundsatz. Damit übernimmt die Versicherungsaufsichtsbehörde zugleich die ihr tatsächlich wie rechtlich nicht zustehende und auch nicht erfüllbare Aufgabe, „gerechte" Verträge herbeizuführen. Hinzu kommt, dass ein solches Verbot wettbewerbshemmend wirkt und dem Verbot des europäischen Versicherungsaufsichtsrechts, Tarife und Bedingungen systematisch zu beaufsichtigen, widerspricht.[145] Ein generelles Verbot von Begünstigungsverträgen ist daher wie ein entsprechendes Provisionsabgabeverbot **weder sachlich noch rechtlich zu rechtfertigen**. 127

2. Übertragbarkeit der Verordnungsermächtigung auf die BaFin (S. 2). Nach § 298 Abs. 4 S. 2 VAG kann das BMF die **Ermächtigung**, die es durch S. 1 erhalten hat, auf die **BaFin weiter übertragen**. Voraussetzung ist, dass dies durch Rechtsverordnung geschieht. 128

3. Kein Zustimmungsrecht des Bundesrats zu Verordnungen (S. 3). § 298 Abs. 4 S. 3 VAG **schließt** ein **Zustimmungsrecht des Bundesrats** zum Erlass von Verordnungen über Verbote von Sondervergütungen oder Begünstigungsverträgen durch das BMF **aus**. Gleiches gilt für eine Verordnung nach Satz 2, durch die das BMF die Verordnungsermächtigung an die BaFin weiter überträgt. 129

VI. Verhältnis zu anderen Regelungen. § 298 VAG begründet die **allgemeinen Eingriffsbefugnisse** der BaFin. Zahlreiche Normen des VAG enthalten **spezielle Befugnisse** der BaFin. Dies gilt z. B. für § 25 Abs. 4 S. 1 und 2 VAG betreffend Vergütungen, § 53 Abs. 6 VAG betreffend Verhinderung von Geldwäsche und § 66 Abs. 3 VAG betreffend Mitversicherungsgeschäfte. In den Bereichen speziell geregelter BaFin-Befugnisse greifen nur diese. Ein Rückgriff auf § 298 VAG jenseits der damit speziell begründeten Befugnisse würde dem Regelungswillen des Gesetzgebers und dem speziellen Regelungsgehalt der jeweiligen Normen widersprechen. 130

Eine besonders enge Verbindung weist § 298 VAG zu **§ 299 VAG** auf. Denn dort geht es um die Erweiterung der Aufsichtsbefugnisse in Anknüpfung an § 298 Abs. 1 und 2 VAG. 131

Für die Tätigkeitslandaufsicht durch die BaFin regelt **§ 62 Abs. 1 S. 2 Nr. 6, Abs. 3 VAG** die Durchsetzung von Anordnungen des in Bezug genommenen § 298 Abs. 1 VAG. 132

Die Geltung von § 298 Abs. 1 und 2 VAG in Bezug auf bestimmte Unternehmen und Themen in **Versicherungsgruppen** betreffen **§§ 247 Abs. 1, 248 Abs. 1 S. 4, 250 Abs. 1 S. 1, 292 S. 2 VAG.** 133

Nach **§ 289 VAG** gilt § 298 Abs. 1 VAG bei der Zusammenarbeit mit **Aufsichtsbehörden von Drittstaaten** mit einem gleichartigen Aufsichtsregime entsprechend. 134

---

[138] *VG Frankfurt a. M.* Urt. v. 24.10.2011 – 9 K 105/11.F, VersR 2012, 358, 360; die BaFin hat die Sprungrevision gegen das Urteil des VG Frankfurt a. M. zum BVerwG im Februar 2012 zurückgenommen, vgl. z. B. Versicherungs-Journal v. 1.3.2012: „Vermittler dürfen Provisionen weitergeben". Die Zulässigkeit der Provisionsabgabe durch einen Versicherungsmakler hat unter Berufung auch auf das Urteil des VG Frankfurt a. M. das *OLG Köln* Urt. v. 11.11.2016 – I-6 U 176/15 VersR 2017, 227 wie schon das *LG Köln* v. 14.10.2015 – 84 O 65/15 als Vorinstanz bestätigt.

[139] *EuGH* Urt. v. 17.11.1993 – Rs. C-2/91, VersR 1999, 161 (LS) = EuZW 1993, 767 – Meng.

[140] Ausf. und m. w. N. zum Ganzen *Dreher/Hoffmann/Kling* Kartell- und Wettbewerbsrecht der Versicherungsunternehmen 2. Aufl. 2015, § 12 Rn. 36 ff.

[141] BGBl. 2017 I, 2789, 2797 und dazu RegE BT-Drs. 18/11627, 40 sowie dazu *Heukamp/Stepanek* VersR 2017, 193 ff.

[142] Vgl. zu den früheren Rechtsgrundlagen ausf. *Dreher* VersR 1997, 1 f.

[143] Vgl. oben Rn. 122.

[144] Vgl. z. B. § 2 Abs. 2 VO über das Verbot von Sondervergütungen und Begünstigungsverträgen in der Schadenversicherung v. 17.8.1982.

[145] Vgl. ausf. schon *Dreher* VersR 1997, 1 ff.

135 Ebenfalls anzuwenden ist § 298 VAG bei der **Zusammenarbeit** der BaFin mit anderen Aufsichtsbehörden **im EWR** nach **§ 326 Abs. 2 VAG.**

Erweiterung der Aufsichtsbefugnisse

299 Die Aufsichtsbehörde kann Maßnahmen nach § 298 Absatz 1 oder 2 auch unmittelbar ergreifen gegenüber

1. anderen Unternehmen, auf die ein Versicherungsunternehmen Tätigkeiten ausgegliedert hat, und

2. Versicherungs-Holdinggesellschaften im Sinne des § 7 Nummer 31, gemischten Versicherungs-Holdinggesellschaften im Sinne des § 7 Nummer 11 und gemischten Finanzholding-Gesellschaften im Sinne des § 7 Nummer 10 sowie gegenüber den Personen, die die Geschäfte dieser Holdinggesellschaften tatsächlich führen.

Übersicht

Schrifttum: *Ballmaier*, Das Outsourcing von Risikomanagement, Compliance und interner Revision nach Solvency II, 2017 (in Druck).

1 **I. Allgemeines. 1. Entstehungsgeschichte.** Die Gesetzesbegründung zu **§ 299 Nr. 1 VAG** geht davon aus, dass die Eingriffsbefugnisse der BaFin dem früheren § 81 Abs. 4 S. 1 VAG a. F. entsprechen.[1] Dies ist doppelt unrichtig. Einerseits betraf die frühere VAG-Regelung nur Funktionsausgliederungen nach § 5 Abs. 3 Nr. 4 VAG a. F., aber nicht Dienstleistungsverträge nach § 64a Abs. 4 VAG a. F. Andererseits erfasste sie weitergehend die in § 53d VAG a. F. geregelte, im VAG 2016 jedoch nicht mehr enthaltene Entgeltbegrenzung bei Verträgen mit verbundenen Nichtversicherungsunternehmen.

2 **§ 299 Nr. 2 VAG** führt nach der Gesetzesbegründung den bisherigen § 81 Abs. 2 S. 4 und Abs. 4 S. 1 VAG a. F. mit einer Erweiterung um gemischte Versicherungs-Holdinggesellschaften fort. Gleichzeitig dient die Regelung der Umsetzung von Art. 258 Abs. 2 Solva II-RL.[2]

3 **2. Normzweck. Nr. 1** verfolgt den Zweck, im Falle von Ausgliederungen der Versicherungsaufsichtsbehörde Befugnisse statt gegenüber dem ausgliedernden Versicherungsunternehmen direkt gegenüber dem Dienstleister zu geben. § 298 Abs. 1 und 2 VAG soll daher auch im Verhältnis zu den Unternehmen, auf die ein Versicherungsunternehmen Tätigkeiten ausgliedert, gelten.

4 Versicherungsgruppen und insbesondere solche, denen auch Nichtversicherungsunternehmen angehören, stellen für die Versicherungsaufsicht eine Herausforderung dar. **Nr. 2** erstreckt die allgemeinen Aufsichtsbefugnisse daher auch auf die darin genannten Holdinggesellschaften und Personen.

5 **3. Europarechtlicher Hintergrund.** Für **Nr. 1** führt die Gesetzesbegründung keine Regelung der Solva II-RL an, die umzusetzen wäre. Damit übergeht die Begründung wohl nicht ohne Absicht die Tatsache, dass die Solva II-RL und die Solva II-VO die mit Nr. 1 angesprochenen Rechtsfragen ausdrücklich regeln, wovon Nr. 1 abweicht.[3]

6 Für **Nr. 2** stellt Art. 258 Abs. 2 Solva II-RL den europarechtlichen Hintergrund dar, soweit es um Versicherungs-Holdinggesellschaften und um gemischte FinanzHoldinggesellschaften sowie um Personen, die die Geschäfte der Holdinggesellschaften tatsächlich führen, geht. Während diese Normadressaten bereits im früheren VAG angesprochen waren, sind die gemischten Versicherungs-Holdinggesellschaften und die ihre Geschäfte tatsächlich führenden Personen erstmals im Zuge der Umsetzung der Solva II-RL als Normadressaten hinzugekommen. Den europarechtlichen Hintergrund bilden EG 96

[1] VAG-RegE BT-Drs. 18/2956, 290.
[2] VAG-RegE BT-Drs. 18/2956, 290.
[3] Vgl. dazu ausf. unten Rn. 8 ff.

und Art. 212 Abs. 1 lit. g, 213 Abs. 2 lit. d, 214 Abs. 1, 265 Solva II-RL. § 299 Nr. 2 VAG geht allerdings mit der generellen Erweiterung der Aufsichtsbefugnisse auf alle Holdinggesellschaften und die ihre Geschäfte tatsächlich führenden Personen weit über den Normgehalt z. B. der vorgenannten europarechtlichen Regelungen hinaus, die – in Bezug auf gemischte Versicherungs-Holdinggesellschaften – der deutsche Gesetzgeber in den Umsetzungsregelungen der §§ 53 Abs. 5 S. 1, 245 Abs. 2 Nr. 4, 292 S. 1, 344 Abs. 4, 350 S. 2 VAG angesprochen hat.

II. Ausgliederungssachverhalte (Nr. 1). 1. Persönlicher Anwendungsbereich: Dienstleistungsunternehmen. Die BaFin kann nach Nr. 1 **unmittelbar gegen Dienstleistungsunternehmen** von Versicherungsunternehmen Maßnahmen ergreifen. Sie sind nach dem **VAG** also in gleicher Weise wie die Versicherungsunternehmen nach § 298 Abs. 1 und 2 VAG Aufsichtsadressaten. 7

Diese aufsichtsrechtliche Stellung von Dienstleistungsunternehmen **entspricht nicht der Solva II-RL**. Sie enthält ein differenziertes System von Regeln und Ausnahmen zu der Aufsicht bei Ausgliederungssachverhalten.[4] Danach gilt als **Regel**, dass ein Versicherungsunternehmen, das Tätigkeiten ausgliedert, in vollem Umfang für die Einhaltung des Aufsichtsrechts in Bezug auf im Sinne des Versicherungsaufsichtsrechts ausgegliederte Tätigkeiten verantwortlich bleibt. Dieses **Verantwortlichkeitsprinzip** schreibt Art. 34 Abs. 7 Solva II-RL **für die Versicherungsunternehmen** fest.[5] Gegenstand der „Befugnisse" der Versicherungsaufsichtsbehörden gegenüber Versicherungsunternehmen im Sinne von Art. 34 Abs. 7 Solva II-RL ist nämlich ausdrücklich nicht nur die eigene Tätigkeit der in der Norm angesprochenen Versicherungsunternehmen, sondern sind auch die „outgesourcten Tätigkeiten". Normadressaten sind – und darin liegt die zentrale Abweichung in der europarechtlichen Vorgabe von § 299 Nr. 1 VAG – allerdings auch dann grundsätzlich die ausgliedernden Versicherungsunternehmen und nicht die Dienstleistungsunternehmen selbst. 8

Bleiben die Versicherungsunternehmen für die Erfüllung der aufsichtsrechtlichen Anforderungen auch bei einer Ausgliederung verantwortlich, sind Adressaten aufsichtsrechtlicher Maßnahmen also allein die in Art. 34 Abs. 2 Solva II-RL bzw. § 298 Abs. 1 und 2 VAG angesprochenen Rechtspersonen. Eine **Ausnahme** von diesem Grundsatz im Sinne der Erweiterung der Aufsichtsbefugnisse auf Maßnahmen, die sich unmittelbar gegen Dritte richten, bedarf schon im Hinblick auf die grundsätzliche Vollharmonisierung des Versicherungsaufsichtsrechts und die dahinter stehenden Erwägungen des europäischen Gesetzgebers[6] einer Ermächtigung in der Solva II-RL oder der Solva II-VO. Eine solche Ausnahme begründet die **Solva II-RL** mit **Art. 38 Abs. 2 UAbs. 1 S. 1** nur im Hinblick auf örtliche Prüfungen. Diese Regelung wollte der deutsche Gesetzgeber aber nicht mit § 299 Nr. 1 VAG, sondern ausschließlich mit § 306 Abs. 2 S. 1 Nr. 2, Abs. 3 VAG umsetzen. Direkten Zugriff der Aufsichtsbehörde auf Dienstleistungsunternehmen gibt für einzelne Themen weiter **Art. 274 Solva II-VO**. Voraussetzung ist nach Abs. 3 zunächst, dass es sich um „kritische oder wichtige operative Funktionen oder Tätigkeiten" handelt, die ein Versicherungsunternehmen ausgliedert.[7] In dem Ausgliederungsvertrag nach Art. 274 Abs. 3 lit. c Solva II-VO ist dann nach Art. 274 Abs. 4 lit. h und i Solva II-VO festzulegen, dass „die Aufsichtsbehörde effektiven Zugang zu allen Informationen über die ausgelagerten Funktionen und Tätigkeiten (hat) und dass unter anderem Vor-Ort-Kontrollen in den Geschäftsräumen des Dienstleisters vorgenommen werden können; dass, soweit angemessen und für Aufsichtszwecke erforderlich, die Aufsichtsbehörde direkt Fragen an den Dienstleister richten kann, die von diesem zu beantworten sind". Hinzu kommt nach lit. b – Art. 38 Abs. 1 lit. a Solva II-VO entsprechend – die allgemeine Verpflichtung des Dienstleisters in dem Ausgliederungsvertrag, „in Bezug auf die ausgelagerte Funktion oder Tätigkeit mit der für das Unternehmen zuständigen Aufsichtsbehörde zusammenzuarbeiten". Speziell daraus ergibt sich zwar keine allgemeine Normadressateneigenschaft des Dienstleistungsunternehmens für das gesamte Versicherungsaufsichtsrecht und insbesondere für Eingriffsbefugnisse der Aufsichtsbehörde. Lit. b zeigt aber ebenso wie die konkrete aufsichtsbehördliche Befugnisse betreffenden Regelungen in lit. h und i, dass Art. 274 Solva II-VO in dem jeweils angeführten Bereich und Umfang von Direktkontakten der zuständigen Aufsichtsbehörde zu einem Dienstleistungsunternehmen ausgeht. Die insoweit aufsichtsrechtlich vorausgesetzte aufsichtsbehördliche Zuständigkeit ist daher zur rechtlichen Absicherung – auch im Verhältnis von Versicherungs- zu Dienstleistungsunternehmen – und zur Schaffung von Transparenz nach Art. 274 Solva II-VO ausdrücklich in den Ausgliederungsvertrag aufzunehmen. 9

Infolge der Regel, dass die Verantwortlichkeit eines Versicherungsunternehmens auch im Falle einer Ausgliederung erhalten bleibt, verpflichten Art. 38 Abs. 1 Solva II-RL und Art. 274 Abs. 3 lit. c, Abs. 4 lit. b, h, i Solva II-VO die betreffenden Versicherungsunternehmen also zu dem Abschluss eines **schuldrechtlichen Ausgliederungsvertrags** und darin zu bestimmten Vereinbarungen. Auf diese Weise muss das ausgliedernde Versicherungsunternehmen sicherstellen, dass der Dienstleister mit der für das Versicherungsunternehmen zuständigen Aufsichtsbehörde zusammenarbeitet, sie Zugang zu allen 10

[4] Vgl. ausf. *Ballmaier* 5. Teil D. II.
[5] Vgl. ausf. § 32 VAG Rn. 40 ff.
[6] Vgl. ausf. Einl. Rn. 87 ff.
[7] Vgl. dazu § 32 VAG Rn. 78 ff.

Informationen über die ausgelagerten Funktionen oder Tätigkeiten hat, sie Vor-Ort-Kontrollen in den Geschäftsräumen des Dienstleisters vornehmen kann und direkt Fragen von dem Dienstleister beantwortet bekommt. Diese, bereits in Art. 274 Solva II-VO konstitutiv geregelten Themen sind auch Gegenstand von § 32 Abs. 2 VAG. Er und der differenzierte Regelungsgehalt von Art. 274 Solva II-VO bestätigen daher ebenfalls, dass Dienstleister anders als nach § 299 Nr. 1 VAG nicht generell der Aufsicht durch die Versicherungsaufsichtsbehörden unterliegen.[8]

11 Vor dem Hintergrund ist **§ 299 Nr. 1 VAG in seinen persönlichen Anwendungsbereich** dahingehend **richtlinienkonform auszulegen**, dass die Aufsichtsbehörden Maßnahmen direkt gegen Dienstleister eines Versicherungsunternehmens nur in den zuvor angesprochenen, durch das europäische Versicherungsaufsichtsrecht benannten Bereichen ergreifen können. Im Übrigen bleiben die ausgliedernden Versicherungsunternehmen gegenüber der Aufsichtsbehörde in vollem Umfang verpflichtet und sind gemäß Art. 34 Abs. 7 Solva II-RL auch in diesem Zusammenhang gegenüber der Aufsichtsbehörde für die ausgegliederten Tätigkeiten verantwortlich.

12 **2. Sachlicher Anwendungsbereich: ausgegliederte Funktionen oder Versicherungstätigkeiten.** § 299 Nr. 1 VAG setzt voraus, dass ein Versicherungsunternehmen Tätigkeiten „ausgegliedert" hat. Damit ist § 32 VAG in Bezug genommen. Dessen Abs. 1 erfasst als Ausgliederungssachverhalte nur „Funktionen oder Versicherungstätigkeiten". Daher geht es bei § 299 Nr. 1 VAG ausschließlich um Sachverhalte, bei denen eine **Ausgliederung im Sinne des Versicherungsaufsichtsrechts** vorliegt.[9] Dienstleister, auf die ein Versicherungsunternehmen z. B. versicherungsuntypische Tätigkeiten ausgliedert, sind von Nr. 1 also nicht erfasst.

13 **3. Aufsichtsbefugnisse: Maßnahmen nach § 298 Abs. 1 oder 2 VAG.** § 299 Nr. 1 VAG gibt der Aufsichtsbehörde die Befugnis, Maßnahmen nach § 298 Abs. 1 oder 2 VAG „auch unmittelbar" gegenüber einem Dienstleister zu „ergreifen". Dabei muss sich aber die richtlinienkonforme Auslegung des § 299 Nr. 1 VAG, die im persönlichen Anwendungsbereich zu der Beschränkung der Adressateneigenschaft auf bestimmte Maßnahmen geführt hat,[10] fortsetzen. Dies bedeutet, dass die in § 299 VAG genannten aufsichtsbehördlichen „Maßnahmen" ebenfalls **nur in den in Art. 38 Abs. 2 UAbs. 1 S. 1 Solva II-RL und Art. 274 Abs. 4 lit. b, h, i Solva II-VO genannten Bereichen** möglich sind.

14 Ein **Aufsichtsdefizit besteht** bei einer Rückführung der Aufsichtsbefugnisse auf das in der Solva II-RL und der Solva II-VO vorgesehene Maß **nicht.**[11] Die Aufsichtsbehörde kann vielmehr bei Vorliegen der tatbestandlichen Voraussetzungen im Übrigen das ausgliedernde Versicherungsunternehmen anweisen, die Rechtsverletzung abzustellen. Das angewiesene Versicherungsunternehmen, das sich nach Art. 274 Abs. 4 lit. f und j Solva II-VO Weisungsrechte in dem Ausgliederungsvertrag, der nach Art. 274 Abs. 3 lit. c Solva II-VO zwingend ist, einräumen lassen muss, hat dann dem Dienstleistungsunternehmen entsprechende Weisungen zu erteilen. Folgt das Dienstleistungsunternehmen derartigen Weisungen nicht, muss das Versicherungsunternehmen einstweiligen Rechtsschutz in Anspruch nehmen oder den Dienstleistungsvertrag fristlos kündigen. Auch eine solche Beendigung des Vertrags darf nach Art. 274 Abs. 4 lit. e Solva II-VO nicht „zu Lasten der Kontinuität und Qualität der Dienstleistungen für die Versicherungsnehmer" gehen. Nutzt das ausgliedernde Versicherungsunternehmen diese Möglichkeiten zur Sicherstellung aufsichtsbehördlicher Anordnungen nicht, kann die Aufsichtsbehörde ihrerseits das Versicherungsunternehmen anweisen, den Ausgliederungsvertrag fristlos zu beenden.

15 Für direkte Maßnahmen einer Aufsichtsbehörde gegenüber einem Dienstleister bildet bei einer **grenzüberschreitenden Ausgliederung** das **Völkerrecht eine Schranke**. Es verbietet hoheitliche Handlungen eines Staates in dem Gebiet eines anderen Staates. Dieses Territorialitätsprinzip ist bei einer EU-/EWR-internen Auslagerung nur durch die Art. 38 Abs. 2 UAbs. 1 S. 1 Solva II-RL und Art. 274 Abs. 4 lit. b, h, i Solva II-VO durchbrochen.

16 In dem Bereich, in dem die Versicherungsaufsichtsbehörde gemäß der richtlinienkonformen Auslegung **Maßnahmen** direkt gegen einen Dienstleister ergreifen kann, können sich diese allerdings nur **gegen das Dienstleistungsunternehmen selbst** richten. Nicht möglich sind in dem Zusammenhang Anordnungen z. B. gegen Mitglieder des Vorstands eines solchen Dienstleistungsunternehmens persönlich. Dies folgt schon aus dem Wortlaut von § 299 Nr. 1 VAG.

17 Soweit es um **Auskunftsersuchen** der Aufsichtsbehörde **an Dienstleister** und Vor-Ort Prüfungen bei diesen geht, treffen §§ 305 Abs. 1 Nr. 1, Abs. 2 Nr. 2, 306 Abs. 1 S. 1 Nr. 1, Abs. 2 S. 1 Nr. 2, Abs. 3 S. 1 und 3 VAG dazu – teilweise ebenfalls von den europarechtlichen Vorgaben abweichende – Regelungen.[12]

---

[8] Vgl. ausf. *Ballmaier* 5. Teil D II. 2. und 3.; zur weiteren Begründung durch das völkerrechtliche Territorialitätsprinzip siehe unten Rn. 15.

[9] Vgl. dazu ausf. § 32 VAG Rn. 33 ff.

[10] Siehe oben Rn. 9 ff.

[11] Ausf. *Ballmaier* 5. Teil D. III.

[12] Vgl. die Erläuterungen zu §§ 305, 306 VAG.

III. Holdingsachverhalte (Nr. 2). 1. Persönlicher Anwendungsbereich: Holdinggesellschaften und geschäftsführende Personen. In drei Fällen kann die Aufsichtsbehörde nach § 299 Nr. 2 VAG Maßnahmen grundsätzlich direkt gegen Holdinggesellschaften richten. Dies gilt für 18

- **Versicherungs-Holdinggesellschaften** i. S. v. § 7 Nr. 31 VAG bzw. Art. 212 Abs. 1 lit. f Solva II-RL,
- **gemischte Versicherungs-Holdinggesellschaften** nach § 7 Nr. 11 VAG bzw. Art. 212 Abs. 1 lit. g Solva II-RL,
- **gemischte Finanz-Holdinggesellschaften** i. S. v. § 7 Nr. 10 VAG bzw. Art. 212 Abs. 1 lit. h, 13 Nr. 25 lit. d Solva II-RL.

In gleicher Weise sind auch „**Personen, die die Geschäfte dieser Holdinggesellschaften tatsächlich führen**", grundsätzlich Normadressaten. Damit greift § 299 Nr. 2 VAG auf ein Tatbestandsmerkmal zurück, das vor allem in § 24 Abs. 1 S. 1, Abs. 2 S. 1 VAG große Bedeutung hat. Auch wenn diese Regelung statt des Worts „führen" das Wort „leiten" enthält, liegt darin schon nach den Teloi der beiden Regelungen kein Unterschied im Normgehalt. Die dortige Auslegung des Tatbestandsmerkmals[13] gilt daher auch hier. 19

2. Aufsichtsbefugnisse: Maßnahmen nach § 298 Abs. 1 oder 2 VAG. Die **Holdinggesellschaften** – und damit die ihre Geschäfte tatsächlich führenden Personen – sind versicherungsaufsichtsrechtlich **im Rahmen der Gruppenaufsicht** nach Art. 213 Abs. 2 bis 5 Solva II-RL bzw. § 245 Abs. 2 bis 4 VAG **erfasst**. Nur soweit sie Normadressaten des VAG sind, kommen Maßnahmen der Aufsichtsbehörde gegen Holdinggesellschaften und gegen die Personen, die ihre Geschäfte tatsächlich führen, in Betracht. Dies gilt für § 293 VAG bei den Versicherungs-Holdinggesellschaften sowie gemischten Finanz-Holdinggesellschaften und für § 292 VAG bei gemischten Versicherungs-Holdinggesellschaften. 20

IV. Verhältnis zu anderen Regelungen. § 299 VAG erweitert die Befugnisse der Aufsichtsbehörde nach **§ 298 VAG** und steht daher mit dieser Regelung in einem besonders engen Zusammenhang. 21

§ 293 Abs. 1 S. 1 Hs. 2 VAG wiederholt deklaratorisch die Geltung von § 299 Nr. 2 VAG für bestimmte Holdingsachverhalte. 22

Im Übrigen ist § 299 Nr. 1 VAG durch **§§ 62 Abs. 1 S. 2 Nr. 6, 169 Abs. 4 S. 1 VAG** in Bezug genommen. 23

Änderung des Geschäftsplans

300 **[1] Die Aufsichtsbehörde kann verlangen, dass ein Geschäftsplan vor Abschluss neuer Versicherungsverträge geändert wird. [2] Wenn es zur Wahrung der Belange der Versicherten notwendig erscheint, kann die Aufsichtsbehörde einen Geschäftsplan mit Wirkung für bestehende sowie für noch nicht abgewickelte Versicherungsverhältnisse ändern oder aufheben. [3] Die Sätze 1 und 2 gelten nicht für Rückversicherungsunternehmen.**

Übersicht

I. Allgemeines. 1. Entstehungsgeschichte. § 300 S. 1 und 2 VAG entsprechen § 81a VAG a. F.[1] Das Änderungsgesetz vom 5.4.1937 hatte § 81a VAG a. F. in das VAG aufgenommen.[2] § 300 **S. 3** VAG 1

[13] Vgl. § 24 VAG Rn. 20 ff.
[1] Begr. VAG-RegE 2014, BT-Drs. 18/2956, 290 f.
[2] RGBl. 1937 I, 269.

hat das Gesetz zur Modernisierung der Finanzaufsicht über Versicherungen vom 1.4.2015 neu hinzugefügt.[3]

2 **2. Normzweck.** Tritt nach Genehmigung eines Geschäftsplans i. S. v. § 9 VAG eine Änderung der tatsächlichen oder rechtlichen Verhältnisse auf, hat die Aufsichtsbehörde nach § 300 **S. 1** VAG die Möglichkeit, eine Anpassung des Geschäftsplans für Neuverträge oder nach **S. 2** für bestehende Versicherungsverhältnisse anzuordnen oder selbst vorzunehmen. **S. 3** soll Rückversicherungsunternehmen aus dem Anwendungsbereich der Vorschrift ausklammern.

3 **3. Europarechtlicher Hintergrund.** § 300 VAG hat im Solvency II-System keine spezifische Rechtsgrundlage. Art. 18 Abs. 1 lit. c, 23 Solva II-RL fordern aber verpflichtend einen „Tätigkeitsplan" und bilden damit die Grundlage von § 9 VAG.[4] Nach **Art. 34 Abs. 1 Solva II-RL** „stellen die Mitgliedstaaten sicher, dass die Aufsichtsbehörden befugt sind, präventive und korrigierende Maßnahmen zu ergreifen, um sicherzustellen", dass die Versicherungsunternehmen die rechtlichen Anforderungen erfüllen. Diese Regelung bildet die Grundlage auch für § 300 VAG.

4 **II. Änderungsverlangen nach S. 1. 1. Begriff des Geschäftsplans.** S. 1 setzt einen **genehmigten Geschäftsplan i. S. v. § 9 Abs. 1 bis Abs. 4 VAG** voraus.[5] Die Formulierung „ein Geschäftsplan" in § 300 S. 1 VAG könnte – wie schon in § 81a VAG a. F. – auf das Bestehen mehrerer Geschäftspläne bei einem Versicherungsunternehmen schließen lassen. Dabei handelt es sich aber lediglich um einen ungenauen Sprachgebrauch für Elemente des Geschäftsplans.[6]

5 Die Annahme zu § 81a VAG a. F., dieser enthalte für den Geschäftsplan im Rahmen der laufenden Aufsicht einen weiteren Geschäftsplanbegriff als § 5 VAG a. F. für den Geschäftsplan im Rahmen der Zulassungsaufsicht,[7] findet auch nach den neuen § 300 VAG und § 9 VAG keinen Anhaltspunkt im Gesetz. Es gilt **für die Zulassungs- und die laufende Aufsicht ein einheitlicher Geschäftsplanbegriff**.

6 Nach S. 1 kann eine Geschäftsplanänderung nur mit Wirkung für Neuverträge verlangt werden. Somit kommt es für S. 1 nur auf den **Geschäftsplan** an, der zum **Zeitpunkt des Änderungsverlangens** für die Neuverträge gelten soll.[8]

7 **2. Voraussetzungen eines Änderungsverlangens.** Die tatbestandlichen Voraussetzungen für ein Änderungsverlangen sind in S. 1 nicht genannt und deswegen durch Auslegung zu ermitteln. Sie ergeben sich aus dem systematischen Zusammenhang von §§ 8 Abs. 1, 9 Abs. 1, 11, 300 VAG sowie aus dem Sinn und Zweck des § 300 VAG. §§ 8 Abs. 1, 9 Abs. 1 und 11 VAG enthalten ein Verbot mit Erlaubnisvorbehalt. Liegen die Genehmigungsvoraussetzungen vor, hat ein Unternehmen Anspruch auf Genehmigung seines Geschäftsplans. Daraus folgt ein **Anspruch auf Beibehaltung des Geschäftsplans**, solange die Voraussetzungen weiterhin bestehen.

8 Die Erlaubnis für einen Geschäftsplan wird versagt, wenn nach § 11 Abs. 1 Nr. 1 VAG „die Verpflichtungen aus den Versicherungen nicht genügend als dauernd erfüllbar dargetan sind" oder gemäß § 11 Abs. 1 Nr. 4a) VAG nach dem Geschäftsplan „die Belange der Versicherten nicht ausreichend gewahrt sind". Daraus folgt, dass die Aufsichtsbehörde eine **Änderung** des Geschäftsplans **nur dann verlangen** kann, wenn nach einer Änderung tatsächlicher oder rechtlicher Verhältnisse die Erfüllbarkeit der Verpflichtungen aus den Versicherungen gefährdet ist oder die Belange der Versicherten in sonstiger Weise nicht mehr ausreichend gewahrt sind.[9]

9 Das Änderungsverlangen darf infolge des Grundsatzes der Verhältnismäßigkeit nach § 296 VAG nur so weit gehen, wie durch den Geschäftsplan insgesamt oder einen betroffenen Teil davon die Erfüllbarkeit der Verpflichtungen aus den Versicherungen oder die Belange der Versicherten gefährdet sind. Des Weiteren kann das Änderungsverlangen nach S. 1 nur mit **Wirkung für Neuverträge** gestellt werden. Daraus folgt, dass nach der Änderung der tatsächlichen oder rechtlichen Verhältnisse die Belange der Versicherten bei bereits bestehenden Versicherungsverhältnissen weiterhin gewahrt, bei Neuverträgen jedoch gefährdet sein müssen. Dieser seltene Fall tritt beispielsweise ein, wenn eine Gesetzesänderung nur mit Wirkung für Neuverträge in Kraft gesetzt wird.[10] Als Neuvertrag ist analog § 304 Abs. 5 VAG auch die Verlängerung oder die Erhöhung eines Altvertrags anzusehen.[11]

10 **3. Rechtsfolgen eines Änderungsverlangens.** Bei Maßnahmen nach § 300 VAG handelt es sich um **rechtsgestaltende Verwaltungsakte**. Für gleichliegende Fälle können sie in Form einer Sammel-

[3] BGBl. 2015 I, 434.
[4] Begr. VAG-RegE 2014 BT-Drs. 18/2956, 235 f.
[5] So schon zum früheren Recht z. B. Goldberg/Müller/*Müller* § 81a VAG Rn. 4.
[6] Vgl. zur früheren Rechtslage FKBP/*Bähr* § 81a VAG Rn. 3; *Mösbauer* BB 1987, 1688, 1692.
[7] So noch *Starke* VW 1949, 214; a. A. Goldberg/Müller/*Müller* § 81a VAG Rn. 4 jeweils zum früheren Recht.
[8] Vgl. zum VAG a. F. Prölss/*Kollhosser*, 12. Aufl., § 81a VAG Rn. 4.
[9] Im Ergebnis ebenso zu § 81a VAG a. F. *LVG Hamburg* Urt. v. 16.5.1953 – IV a VG Nr. 2252/50, VersR 1953, 313 f.; FKBP/*Bähr* § 81a VAG Rn. 5; Goldberg/Müller/*Müller* § 81a VAG Rn. 3; *Mösbauer* BB 1987, 1688, 1692.
[10] Vgl. Rundschreiben des BAV R 2/91 VerBAV 1991, 227 ff.
[11] So schon zur früheren Rechtslage z. B. Prölss/*Kollhosser*, 12. Aufl., § 81a VAG a. F. Rn. 5.

verfügung ergehen,[12] unter Umständen für alle der Aufsicht unterliegenden Unternehmen eines bestimmten Versicherungszweigs.[13]

Nach § 49 Abs. 2 S. 1 Nr. 1 VwVfG darf ein **rechtmäßiger begünstigender Verwaltungsakt**, auch nachdem er unanfechtbar geworden ist, ganz oder teilweise **widerrufen** werden. Voraussetzung ist, dass eine Rechtsvorschrift dies vorsieht. § 300 VAG erfüllt die Voraussetzung. Das Änderungsverlangen der Aufsichtsbehörde stellt einen (teilweisen) Widerruf der Genehmigung des Geschäftsplans dar, verbunden mit der Aufforderung an das Versicherungsunternehmen, einen Antrag auf Geschäftsplanänderung nach § 12 VAG zu stellen. Der Verwaltungsakt wirkt rechtsgestaltend. 11

Der neue Verwaltungsakt der BaFin bedarf einer **Begründung**. Sie muss nach § 39 VwVfG so weit reichen, dass für das Versicherungsunternehmen klar ist, welchen Änderungsantrag es stellen soll.[14] 12

Die Stellung des Antrags kann die Aufsichtsbehörde nicht verbindlich anordnen und durchsetzen. **Verträge**, die noch auf der Grundlage des widerrufenen Geschäftsplanteils geschlossen werden, sind i. d. R. **zivilrechtlich wirksam**. In dem geschäftsplanlosen Handeln liegt aber eine Ordnungswidrigkeit i. S. d. § 332 Abs. 1 Nr. 1 VAG. 13

4. Praktische Bedeutung von S. 1. Die **Bedeutung** von S. 1 war schon vor Inkrafttreten des 3. DurchführungsG/EWG zum VAG a. F.[15] **gering**.[16] Dieses Gesetz hat den Umfang des genehmigten Geschäftsplans in § 5 VAG a. F., den § 81a VAG a. F. voraussetzte, stark verringert. Ursächlich für den Bedeutungsverlust war aufgrund der Deregulierung des Versicherungsaufsichtsrechts vor allem die Herausnahme der AVB und der Tarife aus allen Geschäftsplänen mit Ausnahme der Geschäftspläne der Pensions- und Sterbekassen.[17] Die praktische Bedeutung von § 300 S. 1 VAG ist daher im Ergebnis ebenfalls gering. 14

III. Änderung oder Aufhebung nach S. 2. 1. Begriff des Geschäftsplans. S. 2 setzt wie S. 1 einen genehmigten Geschäftsplan i. S. d. § 9 Abs. 1 bis Abs. 4 VAG voraus.[18] S. 2 erweitert die Befugnisse der BaFin über S. 1 hinaus, indem er die **Änderung oder die Aufhebung eines Geschäftsplans** mit Wirkung für bestehende sowie für noch nicht abgewickelte Versicherungsverhältnisse erlaubt. 15

S. 2 erfasst auch die Geschäftspläne, die nicht mehr für Neuabschlüsse in Betracht kommen, sondern nur noch für einen „Altbestand“ fortgelten. Dabei handelt es sich um die Geschäftspläne für diejenigen Lebensversicherungsverträge und Unfallversicherungsverträge mit Prämienrückgewähr, die vor dem Inkrafttreten des 3. DurchführungsG/EWG zum VAG a. F. bis zum 29.7.1994 abgeschlossen worden sind. Die Geschäftspläne für dieses sog. **regulierte Geschäft** i. S. v. § 336 VAG i. V. m. § 169 VAG gelten in der alten weiten Fassung weiter und erfassen u. a. noch AVB und Tarife.[19] 16

2. Voraussetzungen für Änderung oder Aufhebung. Voraussetzung für einen Verwaltungsakt nach S. 2 ist, dass er zur „ Wahrung der Belange der Versicherten notwendig erscheint“. Aus dem Systemzusammenhang mit §§ 8 Abs. 1, 9 Abs. 1, 11 VAG und dem Sinn und Zweck von S. 2 folgt, dass derselbe **Maßstab** wie in S. 1 zur Anwendung kommt.[20] Ein Handeln nach S. 2 setzt voraus, dass durch die Veränderung tatsächlicher oder rechtlicher Verhältnisse die **Belange der Versicherten nicht mehr ausreichend gewahrt** sind. Unabhängig davon, dass allein dieses Kriterium aufgrund des europäischen Versicherungsaufsichtsrechts eine allgemeine Missstandsaufsicht nach §§ 298 Abs. 2 S. 2, 294 Abs. 2 S. 2 VAG nicht zulässig macht,[21] liegt dem gesamten VAG das Gebot der ausreichenden Wahrung der Belange der Versicherten zugrunde.[22] Das Tatbestandsmerkmal „ausreichend“ fehlt zwar in § 300 S. 2 VAG. Es ist aber aufgrund des Normzwecks und der generellen Geltung eines aufsichtsbehördlichen Optimierungsverbots[23] im Wege der Auslegung auch hier zu beachten.[24] 17

Wenn die Aufsichtsbehörde die tatbestandlichen Voraussetzungen feststellt, kann sie einschreiten. Sie hat dabei ein **Entschließungs- und Auswahlermessen**, das aber auf Null reduziert sein kann. 18

Im Gegensatz zu S. 1 erlaubt S. 2 die Änderung oder Aufhebung eines Geschäftsplans nur mit **Wirkung für bestehende oder noch nicht voll abgewickelte Versicherungsverhältnisse**. Dies setzt voraus, dass bei dem unveränderten Fortbestand des Geschäftsplans die Belange der Versicherten in 19

---

[12] Vgl. dazu näher die Erläuterungen zu § 298 VAG.
[13] Vgl. als Beispiel für eine solche Anordnung nach § 81a S. 1 VAG a. F. das Rundschreiben des BAV R 2/91 VerBAV 1991, 227 ff.
[14] So schon zur früheren Rechtslage z. B. Goldberg/Müller/*Müller* § 81a VAG Rn. 5.
[15] BGBl. 1994 I, 1630 ff.
[16] Einen Anwendungsfall bildet BAV R 2/91 VerBAV 1991, 227 ff.
[17] *Winter* VersR 2000, 1453, 1462.
[18] Vgl. z. B. *Laars* § 81a VAG Rn. 2.
[19] Vgl. § 336 VAG.
[20] Siehe oben Rn. 7 ff.
[21] Vgl. die Erläuterungen zu § 298 VAG.
[22] Vgl. §§ 11 Abs. 1 Nr. 4 lit. a, c; 18 Abs. 1 Nr. 1; 66 Abs. 4 Nr. 1; 222 Abs. 2; 294 Abs. 2 S. 2 VAG.
[23] Vgl. dazu Einf. Rn. 143 ff.
[24] So schon zur früheren Rechtslage *Dreher* WM 1995, 509, 519 Fn. 101; Prölss/*Kollhosser*, 12. Aufl., § 81 VAG a. F. Rn 29.

den bestehenden oder noch nicht voll abgewickelten Versicherungsverhältnissen nicht mehr ausreichend gewahrt wären.

20 **Noch nicht voll abgewickelte Versicherungsverhältnisse** sind solche, aus denen sich noch Rechtsfolgen ableiten. Dazu gehören z. B. beendete Haftpflichtversicherungsverträge, wenn geschädigte Dritte bereits während der materiellen Versicherungsdauer Ansprüche erhoben hatten.[25]

21 Für die Anwendung von S. 2 kommt es auf eine **Gesamtbetrachtung** der Interessen der vom Eingriff berührten Gruppe an. Individualinteressen einzelner Versicherter stehen hinter dem Interesse der Gesamtheit aller Versicherten zurück. Ein aufsichtsbehördlicher Eingriff kann daher dazu führen, dass sich die Stellung eines Versicherten aus Sicht dieses Einzelvertrags verschlechtert, weil ein aufsichtsbehördliches Vorgehen im Gesamtinteresse der Versicherten notwendig ist.[26]

22 **3. Rechtsfolgen einer Änderung oder Aufhebung.** Die Änderung oder Aufhebung eines Geschäftsplans ist ein Verwaltungsakt, der unmittelbare, rechtsgestaltende Wirkungen entfaltet.[27] Soweit der betroffene Teil des Geschäftsplans privatrechtlicher Natur ist, liegt ein **privatrechtsgestaltender Verwaltungsakt** vor, der unmittelbare Drittwirkung hat. Dies ist beispielsweise bei den AVB in den Geschäftsplänen für die Altbestände in der Lebensversicherung (§ 336 VAG) oder der Unfallversicherung mit Prämienrückgewähr (§ 161 VAG) der Fall.

23 Die Änderungsbefugnis soll sich nach einem Urteil des BGH aus dem Jahr 1952 außer auf das Verhältnis zu den Versicherten[28] auch auf Landesgesetze erstrecken, soweit der Geschäftsplan Teil eines Landesgesetzes ist. In diesen selbst bei **öffentlich-rechtlichen Versicherungsanstalten** seltenen Fällen sollte S. 2 der Aufsichtsbehörde auch die Kompetenz geben, ein Landesgesetz durch Verwaltungsakt zu ändern.[29] Diese Rechtsprechung ist aus heutiger Sicht überholt.[30]

24 Nach S. 2 kommt auch die Änderung einer **Satzungsbestimmung** in Betracht, die gemäß § 5 Abs. 3 Nr. 1 VAG a. F. bzw. heute nach § 9 Abs. 2 Nr. 1 VAG in dem dort genannten Umfang Bestandteil des Geschäftsplans ist.[31] Schließt ein Unternehmen Verträge auf der Basis eines geänderten oder aufgehobenen Teilgeschäftsplans, so sind diese Verträge zwar zivilrechtlich wirksam. Nach § 332 Abs. 1 Nr. 1 VAG liegt aber eine Ordnungswidrigkeit vor.

25 Ein außerordentliches **Kündigungsrecht** in Bezug auf Versicherungsverträge haben **Versicherungsnehmer** auch dann **nicht**, wenn die Geschäftsplanänderung im Einzelfall für sie nachteilig ist.[32] Sonst könnte der Zweck der Maßnahme, z. B. in Sanierungsfällen, beeinträchtigt werden.

26 Tritt nach einer Geschäftsplanänderung gemäß S. 2 erneut eine Tatsache ein, durch die die Belange der Versicherten nicht mehr ausreichend gewahrt sind, kann der **Geschäftsplan aufsichtsbehördlich erneut geändert** werden. Darin liegt gegebenenfalls eine Rückkehr zum Ursprungszustand.

27 Bei der Anwendung von § 300 S. 2 VAG handelt es sich um einen **erheblichen Eingriff**. Voraussetzung ist, dass für die Interessen von Versicherten zumindest eine akute Gefahr besteht. Ein milderes Mittel, z. B. eine Anordnung nach § 298 Abs. 1 VAG, darf nicht zur Verfügung stehen. Der Verwaltungsakt entfaltet unmittelbare Drittwirkung. Er kann von Versicherungsunternehmen und von in ihren Versicherungsverhältnissen betroffenen Versicherten nach § 42 Abs. 2 Alt. 1 VwGO angefochten werden.[33]

28 **4. Praktische Bedeutung von S. 2.** Vor dem 3. DurchführungsG/EWG zum VAG a. F. aus dem Jahr 1994 lag die Hauptbedeutung von S. 2 in der Möglichkeit, die AVB und die Tarife, die zum Geschäftsplan gehörten, im Gesamtinteresse der Versicherten zu ändern, soweit dies zur Wahrung ihrer Belange notwendig war. Nachdem AVB[34] und Tarife[35] grundsätzlich nicht mehr Bestandteile des Geschäftsplans sind, gibt es **kaum noch Fälle**, in denen eine Anwendung von S. 2 erforderlich ist.[36]

29 Für **Pensions- und Sterbekassen** (§§ 219 Abs. 3 Nr. 1, 9 Abs. 2 Nr. 2 VAG) **sowie** für die **Altbestände** in der Lebensversicherung (§ 336 VAG) und der Unfallversicherung mit Prämienrückgewähr (§ 161 VAG) – sog. **reguliertes Geschäft** – gelten die Geschäftspläne in dem Umfang weiter, den sie vor dem 3. DurchführungsG / EWG zum VAG a. F. hatten. Sie umfassen daher weiterhin die

[25] So schon zu § 81a VAG a. F. Prölss/*Kollhosser*, 12. Aufl., § 81a VAG Rn. 10.

[26] Vgl. zum früheren Recht *BGH* Urt. v. 13.5.1953 – II ZR 197/52, VersR 1953, 249; Goldberg/Müller/*Müller* § 81a VAG Rn. 12.

[27] *BGH* Urt. v. 14.6.1976 – III ZR 58/74, VersR 1976, 1077 f.; *BGH* Urt. v. 2.5.1951 – II ZR 110/50, BGHZ 2, 55, 57 = VersR 1951, 165.

[28] *Winter* VersR 2000, 1453, 1460.

[29] *BGH* Urt. v. 28.6.1952 – II ZR 215/51, BGHZ 6, 373, 376 ff.; Goldberg/Müller/*Müller* § 81a VAG Rn. 14.

[30] Vgl. hierzu schon *Büchner* FG E. R. Prölss 1957, 1, 20 Anm. 2.

[31] Vgl. zur früheren Rechtslage *Winter* VersR 2000, 1453, 1460.

[32] So zum früheren § 81a VAG Goldberg/Müller/*Müller* § 81a VAG Rn. 16; a. A. *LG Düsseldorf* Urt. v. 20.11.1952 – 1 O 283/51, VersR 1952, 13, 15.

[33] So auch zum früheren Recht FKBP/*Bähr* § 81a VAG Rn. 7.

[34] Sie bilden nach § 9 Abs. 4 Nr. 4 und 5 VAG Bestandteile des Geschäftsplans nur bei Pflichtversicherungen und in der Krankenversicherung.

[35] Nach § 9 Abs. 4 Nr. 5a VAG sind nur noch in der substitutiven Krankenversicherung „Grundsätze für die Berechnung der Prämien" Teil des Geschäftsplans.

[36] So schon zum VAG a. F. *Winter* VersR 2000, 1453, 1462.

AVB und die Tarife. Diese Geschäftspläne enthalten durchweg Änderungsvorbehalte für das Unternehmen. Nach dem Übermaßverbot des § 296 VAG ist die Aufsichtsbehörde bei Vorliegen der materiellen Voraussetzungen daher zunächst verpflichtet, auf die Ausübung des Änderungsvorbehalts hinzuwirken. Nur wenn das Versicherungsunternehmen der Aufforderung keine Folge leistet, kann es zu einem Eingriff nach S. 2 kommen.

Entscheidungen der BaFin nach S. 2 ergehen in einem förmlichen Verwaltungserfahren nach dem VwVfG. Fraglich ist, wie weit die **Versicherten** am Verfahren **zu beteiligen** sind. Nach § 13 Abs. 2 VwVfG sind Dritte, soweit der Ausgang des Verfahrens für sie rechtsgestaltende Wirkung hat und sie der Aufsichtsbehörde bekannt sind, von der Einleitung des Verfahrens zu benachrichtigen und auf Antrag als Beteiligte zum Verfahren hinzuzuziehen. Es ist zweifelhaft, inwieweit diese Bestimmung auf Versicherte zutrifft, wenn AVB und Tarife, die im Sonderfall noch zum Geschäftsplan gehören, nach S. 2 geändert werden sollen. Unter anderem wegen der möglichen Anfechtbarkeit des Verwaltungsakts durch Versicherte und den damit verbundenen Schwierigkeiten in der Praxis wenden die Aufsichtsbehörden S. 2 schon seit langer Zeit nicht mehr an.[37] 30

IV. Ausnahme für Rückversicherungsunternehmen nach S. 3. Nach dem VAG a. F. wurde von **Rückversicherungsunternehmen** kein Geschäftsplan, sondern nur ein Tätigkeitsplan gefordert.[38] Das VAG 2016 fasst die Vorschriften für die Erstversicherung und die Rückversicherung in Teil 2 des VAG mit den §§ 8 ff. VAG zusammen. Dabei gibt das **VAG 2016** die bisherige begriffliche Unterscheidung von „Geschäftsplan" für die Erstversicherung und „Tätigkeitsplan" für die Rückversicherung auf und verwendet **einheitlich „Geschäftsplan"**.[39] 31

§ 300 S. 1 und 2 VAG erfassen tatbestandlich den „Geschäftsplan" der Rückversicherungsunternehmen. „Um den bisherigen Rechtszustand beizubehalten", soll § 300 S. 3 VAG nach dem RegE-VAG 2014 Rückversicherungsunternehmen von § 300 S. 1 und 2 VAG ausnehmen.[40] Diese **Ausnahme widerspricht** allerdings dem grundsätzlichen versicherungsaufsichtsrechtlichen **Gleichbehandlungsgebot** von Erst- und Rückversicherung nach der **Solva II-RL**. Anders als im VAG a. F. gilt für Erst- und Rückversicherung nach der Solva II-RL nämlich weitestgehend ein versicherungsaufsichtsrechtlicher Gleichlauf.[41] Dies betrifft auch den Aufsichtsmaßstab nach Art. 34 Abs. 1 Solva II-RL mit der Legalitätsaufsicht. Die wenigen spezifischen Regelungen zu der Rückversicherung in der Solva II-RL spielen im Zusammenhang mit der vorliegenden Frage der Geltung von § 300 S. 1 und 2 VAG für Rückversicherungsunternehmen keine Rolle. Die Richtlinie enthält dazu auch keine Öffnungsklausel für abweichendes Mitgliedstaatenaufsichtsrecht. 32

V. Verhältnis zu anderen Regelungen. Fraglich ist das Verhältnis des § 300 VAG zu den anderen Eingriffsnormen der laufenden Aufsicht. Nach den allgemeinen Regeln zur Konkurrenz mehrerer Vorschriften geht § 300 VAG als speziellere Norm dem **§ 298 Abs. 1 S. 1 VAG** vor, soweit sein Tatbestand reicht und im Sinne der Verhältnismäßigkeit nach § 296 VAG ein milderer Eingriff auf der Grundlage des § 298 Abs. 1 S. 1 VAG nicht in Betracht kommt. 33

§ 300 VAG gehen wiederum die **§ 304 Abs. 3 Nr. 1 VAG** betreffend den Widerruf der Erlaubnis und **§ 314 VAG** betreffend Zahlungsverbote sowie Herabsetzung der Leistung vor, soweit ihre Tatbestände einschlägig sind.[42] Fallen die Genehmigungsvoraussetzungen für den Geschäftsplan eines Unternehmens im Ganzen oder für eine Versicherungssparte weg, kann die Aufsichtsbehörde daher nur nach dem spezielleren § 304 Abs. 3 Nr. 1 VAG handeln und muss die Erlaubnis zum Geschäftsbetrieb in dem entsprechenden Umfang widerrufen. Dementsprechend kommt eine Anordnung nach § 300 VAG nur in Betracht, wenn die Genehmigungsvoraussetzung für Teile des Geschäftsplans in einem Umfang weggefallen ist, den § 304 Abs. 3 Nr. 1 VAG nicht erfasst. Tritt mit dem Wegfall einer Genehmigungsvoraussetzung gleichzeitig die Insolvenzreife des Unternehmens ein, kommt eine Geschäftsplanänderung nur nach § 314 VAG in Betracht. 34

Kapitalaufschlag

301 (1) **Die Aufsichtsbehörde kann einen Kapitalaufschlag auf die Solvabilitätskapitalanforderung für ein Versicherungsunternehmen nur festsetzen, wenn**

1. das Risikoprofil des Versicherungsunternehmens erheblich von den Annahmen abweicht, die der Solvabilitätskapitalanforderung zugrunde liegen, die unter Verwendung der Standardformel berechnet wurde, und wenn die Forderung gemäß § 96 Absatz 2, ein internes

---

[37] Vgl. Goldberg/Müller/*Müller* § 81a VAG Rn. 20; *Müller* ZfV 1991, 625, 629.

[38] Vgl. § 119 Abs. 2 S. 1 VAG a. F.

[39] Im Gegensatz zur Solva II-RL, die einheitlich vom Tätigkeitsplan spricht, vgl. Art. 18 Abs. 1 lit. c, 23 Solva II-RL.

[40] Begr. VAG-RegE 2014 BT-Drs. 18/2956, 290 f.

[41] Ausf. *Vogelsang* ZVersWiss 100 (2011), 233 ff.; vgl. auch die Erläuterungen zu §§ 165 ff. VAG.

[42] Vgl. schon zum früheren Recht *Laars* § 81a VAG Rn. 1 und Prölls/*Kollhosser*, 12. Aufl., § 81a VAG a. F. Rn. 2; a. A. begründungslos FKBP/*Bähr* § 81a VAG Rn. 1.

Modell zu verwenden, unangemessen ist oder erfolglos war oder ein gemäß § 96 Absatz 2 gefordertes internes Voll- oder Partialmodell noch entwickelt wird,

2. das Risikoprofil des Versicherungsunternehmens erheblich von den Annahmen abweicht, die der Solvabilitätskapitalanforderung zugrunde liegen, die gemäß einem als Voll- oder Partialmodell verwendeten internen Modell berechnet wurde, weil bestimmte quantifizierbare Risiken nur unzureichend erfasst wurden und die Anpassung des Modells zwecks einer besseren Abbildung des tatsächlichen Risikoprofils innerhalb eines angemessenen Zeitrahmens fehlgeschlagen ist,

3. die Geschäftsorganisation eines Versicherungsunternehmens erheblich von den in Teil 2 Kapitel 1 Abschnitt 3 festgelegten Standards abweicht und wenn

a) diese Abweichungen das Unternehmen daran hindern, die Risiken, denen es ausgesetzt ist oder ausgesetzt sein könnte, angemessen zu erkennen, zu messen, zu überwachen, zu steuern und über sie Bericht zu erstatten, und

b) die Anwendung anderer Maßnahmen die Mängel wahrscheinlich nicht innerhalb eines angemessenen Zeitrahmens ausreichend beheben wird

oder

4. das Versicherungsunternehmen die Matching-Anpassung gemäß § 80, die Volatilitätsanpassung gemäß § 82 oder die Übergangsmaßnahmen gemäß § 351 oder § 352 anwendet und die Aufsichtsbehörde zu dem Schluss gelangt, dass das Risikoprofil dieses Unternehmens erheblich von den Annahmen abweicht, die dieser Anpassung oder Übergangsmaßnahme zugrunde liegen.

(2) [1]**In den in Absatz 1 Nummer 1 und 2 genannten Fällen wird der Kapitalaufschlag so berechnet, dass die Erfüllung der Anforderungen des § 97 Absatz 2 durch das Unternehmen sichergestellt ist.** [2]**In den in Absatz 1 Nummer 3 genannten Fällen muss der Kapitalaufschlag proportional zu den wesentlichen Risiken sein, die mit den Mängeln einhergehen und die zu der Entscheidung der Aufsichtsbehörde geführt haben, den Kapitalaufschlag festzusetzen.** [3]**In den in Absatz 1 Nummer 4 genannten Fällen muss der Kapitalaufschlag proportional zu den wesentlichen Risiken sein, die sich aus den dort bezeichneten Abweichungen ergeben.**

(3) **Die Festsetzung eines Kapitalaufschlags entbindet in den in Absatz 1 Nummer 2 und 3 genannten Fällen das Versicherungsunternehmen nicht davon, die festgestellten Mängel zu beheben; die Aufsichtsbehörde ergreift, soweit erforderlich, weitere Maßnahmen zur Beseitigung des Missstands.**

(4) **Der Kapitalaufschlag wird von der Aufsichtsbehörde mindestens einmal jährlich überprüft; er wird aufgehoben, sobald das Unternehmen die ihm zugrunde liegenden Mängel beseitigt hat.**

(5) [1]**Die Solvabilitätskapitalanforderung einschließlich des vorgeschriebenen Kapitalaufschlags ersetzt die unzureichende Solvabilitätskapitalanforderung.** [2]**Bei der Berechnung der Risikomarge nach § 78 bleibt ein gemäß Absatz 1 Nummer 3 festgesetzter Kapitalaufschlag außer Betracht.**

Übersicht

Schrifttum: *Sehrbrock*, Rechtsprobleme des Kapitalaufschlags, ZVersWiss 99 (2010), S. 665 ff.

I. Allgemeines. 1. Entstehungsgeschichte. § 301 VAG bildet eine im VAG seit dem 1.1.2016 **neue Vorschrift**. Sie ist Folge der neuen risikoorientierten Solvenzkapitalanforderung bei Versicherungsunternehmen. 1

Im **Gesetzgebungsverfahren** wurde lediglich ein Redaktionsfehler in § 301 Abs. 1 Nr. 4 VAG behoben.[1] 2

2. Normzweck. § 301 VAG soll Art. 37 Solva II-RL umsetzen. Dahinter steht der Gedanke, dass in bestimmten Sachverhalten, nämlich in den vier in § 301 Abs. 1 Nr. 1 bis 4 VAG beschriebenen Konstellationen, die **Solvenzkapitalanforderung**, die sich aufgrund einer Berechnung nach der Standardformel oder nach einem internen Modell ergibt, **nicht ausreichend** sein kann. In diesen, aber auch nur in diesen vier Fällen zusätzlicher erheblicher Risiken oder von erheblichen Defiziten in der Geschäftsorganisation mit entsprechenden Auswirkungen auf das Risikomanagement soll die Versicherungsaufsichtsbehörde befugt sein, von dem betroffenen Versicherungsunternehmen die Aufbringung zusätzlichen Kapitals zu fordern.[2] 3

3. Europarechtlicher Hintergrund. Den europarechtlichen Hintergrund für § 301 VAG bildet vor allem der lange und durch die Omnibus II-RL ergänzte **Art. 37 Solva II-RL** zum „Kapitalaufschlag". Maßgeblich für die Auslegung von Art. 37 Solva II-RL sind die EG 26 bis 30 Solva II-RL, die ausführlich auf die Verhängung von Kapitalaufschlägen eingehen. 4

Konkretisierende Ergänzungen zu Art. 37 Solva II-RL enthalten aufgrund einer Ermächtigung in dessen Absätzen 6 und 7 die **Art. 276 bis 287 Solva II-VO**. Dabei geht es zum einen um die „Bedingungen für die Festsetzung eines Kapitalaufschlags" nach Art. 276 bis 281 Solva II-VO und zum anderen um die „Methoden zur Berechnung von Kapitalaufschlägen" nach Art. 282 bis 287 Solva II-VO. Ihre Auslegung leitet EG 103 Solva II-VO. 5

Art. 37 Abs. 8 Solva II-RL ermächtigt die EU-Kommission, auf der Grundlage von Entwürfen der EIOPA[3] einen TDS betreffend „die Verfahren zur Festsetzung, Berechnung und Aufhebung von Kapitalaufschlägen" zu erlassen, „um einheitliche Bedingungen für die Anwendung dieses Artikels sicherzustellen". Diese Ermächtigung ist in die **DVO (EU) 2015/2012** v. 11.11.2015 „zur Festlegung technischer Durchführungsstandards in Bezug auf die **Verfahren für Beschlüsse zur Festsetzung, Berechnung und Aufhebung von Kapitalaufschlägen**" gemündet.[4] 6

II. Festsetzung von Kapitalaufschlägen (Abs. 1). 1. Begriff und Funktion von Kapitalaufschlägen. Die neue **Risikoorientierung im Solvency II-System**[5] bedeutet, dass Versicherungsunternehmen so viel Kapital vorhalten müssen, wie es einem jahresbezogenen Konfidenzniveau von 99,5 %, d. h. dem sog. 200-Jahr-Ereignis als Ausfallwahrscheinlichkeit, entspricht. Nach Art. 101 Abs. 3 S. 1 Solva II-RL – bzw. nach § 97 Abs. 2 VAG – sind daher „alle quantifizierbaren Risiken, denen ein Versicherungs- oder Rückversicherungsunternehmen ausgesetzt ist," bei der Solvenzkapitalanforderung zu berücksichtigen.[6] Risiken, die nicht quantifizierbar sind, erfasst das Solvency II-System nach EG 29 S. 1 Solva II-RL durch qualitative Governance-Anforderungen.[7] „Es mag jedoch" – so EG 26 S. 4 Solva II-RL – „Fälle geben, in denen das Standardkonzept dem sehr spezifischen Risikoprofil eines Unternehmens nicht gerecht wird". Gleiches kann es bei der Nutzung eines internen Modells oder bei Defiziten im Governance-System, insbesondere im Risikomanagementsystem nach § 26 VAG als einem der bedeutenden Elemente des Governance-Systems,[8] geben. „Nur **unter** diesen **außergewöhnlichen Umständen** und nur in den in dieser Richtlinie genannten Fällen" – so EG 26 S. 2 Solva II-RL – sieht 7

[1] Vgl. BT-Finanzausschuss Beschlussempfehlung und Bericht BT-Drs. 18/3900, 317 f., 422.
[2] Vgl. VAG-RegE 2014 BT-Drs. 18/2956, 291.
[3] Vgl. EIOPA Consultation Paper v. 27.12.2014 EIOPA-CP-14/053 und Final Report on Consultation No. 14/053 v. 30.6.2015 EIOPA-BoS-15/116; zu den Vorschlägen noch von CEIOPS vgl. *Sehrbrock* ZVersWiss 99 (2010), 665, 666 ff.
[4] ABl. EU 2015 Nr. L 295, 5 ff.
[5] Vgl. Einl. Rn. 113 ff.
[6] Vgl. auch Einl. Rn. 115.
[7] Art. 37 Abs. 2 UAbs. 1 Solva II-RL nimmt daher Art. 101 Abs. 3 Solva II-RL ausdrücklich in Bezug.
[8] Vgl. § 26 VAG Rn. 176.

die Solva II-RL daher die Befugnis der Aufsichtsbehörden vor, einen **Kapitalaufschlag auf die Solvenzkapitalanforderung** festzusetzen.

8 Ziel der Festsetzung von Kapitalaufschlägen ist es also nach EG 103 S. 1 Solva II-VO, zu einer Solvenzkapitalanforderung zu kommen, „die das Gesamtrisikoprofil des Versicherungs- oder Rückversicherungsunternehmens allgemein widerspiegelt". Die Festsetzung bedeutet daher die **aufsichtsbehördliche Forderung an ein Versicherungsunternehmen, mehr Kapital vorzuhalten als sich dies aus der Solvenzkapitalanforderung** der Solva II-RL und der Solva II-VO **ergibt**, weil außergewöhnliche Umstände diese Anforderungen unzureichend erscheinen lassen.[9] Die durch den Kapitalaufschlag nach oben **angepasste Solvenzkapitalanforderung** ersetzt dann die – so Art. 37 Abs. 5 UAbs. 1 Solva II-RL – **„inadäquate Solvenzkapitalanforderung"** bzw. – so § 301 Abs. 5 VAG – „unzureichende Solvenzkapitalanforderung". Die Möglichkeit der Festsetzung von Kapitalaufschlägen gilt der Kommission daher als „ein wirksames und praxistaugliches **Aufsichtsinstrument zum Schutz der Versicherungsnehmer und Anspruchsberechtigten**".[10]

9 Die **vier Fälle** von außergewöhnlichen Umständen, unter denen die Festsetzung eines Kapitalaufschlags in Betracht kommt, sind in Art. 37 Abs. 1 lit. a–d Solva II-RL bzw. **§ 301 Abs. 1 Nr. 1 bis 4 VAG** abschließend, d. h. enumerativ, aufgeführt.

10 **Alle Fälle** weisen mit der **Risikobezogenheit** der erfassten Umstände eine Gemeinsamkeit auf. Bei Nr. 1, 2 und 4 geht es jeweils um eine Abweichung des Risikoprofils des Versicherungsunternehmens von bestimmten Annahmen. Nr. 3 geht dagegen von einer nicht in angemessener Zeit behebbaren Abweichung der Geschäftsorganisation von bestimmten Vorgaben aus, die das Risikomanagement des Versicherungsunternehmens beeinträchtigen.

11 **Alle Tatbestände sind zweiaktig.**[11] Voraussetzung ist damit jeweils, dass ein bestimmter, aufsichtsrechtlich erheblicher Zustand gegeben ist und sich daraus folgende Defizite nicht durch andere aufsichtsbehördliche Maßnahmen, sondern nur durch die Festsetzung eines Kapitalaufschlags beheben lassen.

12 Keine rechtliche Bedeutung hat die Frage, ob die **Festsetzung eines Kapitalaufschlags** in den beiden Fällen des § 301 Abs. 1 Nr. 2 und 3 VAG, in denen ein Versicherungsunternehmen durch Änderung seines internen Modells oder seiner Geschäftsorganisation zu dem Entfallen eines Kapitalaufschlags selbst beitragen kann, ein Druckmittel der Aufsichtsbehörde darstellt[12] oder nicht.[13] Rechtlich spielt eine solche Absicht, sollte sie vorhanden sein, keine Rolle. Rein **faktisch** ist die Funktion eines Kapitalaufschlags als **extremes Druckmittel** offensichtlich.

13 **2. Verhältnis der Nummern 1 bis 4 untereinander.** Im Hinblick darauf, dass in vier Fällen Kapitalaufschläge in Betracht kommen und dafür unterschiedliche tatbestandliche Voraussetzungen gelten, stellt sich die **Frage nach dem Verhältnis der vier Nummern** von § 301 Abs. 1 VAG untereinander.[14] § 301 Abs. 1 VAG und Art. 37 Abs. 1 Solva II-RL verdunkeln die Zusammenhänge dadurch, dass das Wort „oder" im VAG nur nach Nr. 3 und in der Solva IL-RL nach dem Nr. 2 entsprechenden Tatbestand steht.

14 Kapitalaufschläge nach § 301 Abs. 1 **Nr. 1 und Nr. 2** VAG **schließen sich gegenseitig aus**. Ein Versicherungsunternehmen nutzt nämlich entweder die Standardformel, was zu Nr. 1 führt, oder ein internes Modell, was Nr. 2 voraussetzt.

15 **Nr. 1 oder Nr. 2** können jeweils für sich aber **kumulativ mit Nr. 3 oder Nr. 4** in Betracht kommen. Defizite in der Geschäftsorganisation i. S. v. Nr. 3 und ein Risikoprofil, das im Sinne von Nr. 4 erheblich von den Annahmen abweicht, die Anpassungs- oder Übergangsmaßnahmen zugrunde liegen, sind in beiden Fällen möglich. Gleiches gilt im Verhältnis von **Nr. 3 zu Nr. 4**.

16 **3. Verhältnis zu aufsichtsbehördlichen SCR- und MCR-Maßnahmen nach §§ 132 ff. VAG.** Die aufsichtsbehördliche **Festsetzung von Kapitalaufschlägen** nach § 301 VAG ist **von aufsichtsbehördlichen Maßnahmen bei Nichteinhaltung der Solvenzkapitalanforderung zu unterscheiden**. Unterschreitet ein Versicherungsunternehmen die SCR- oder MCR-Vorgaben, greift die sog. Aufsichtsleiter der §§ 132 bis 137 VAG, insbesondere in Form von §§ 134 f. VAG. Daraus ergeben sich spezielle und differenzierte aufsichtsbehördliche Aufsichtsbefugnisse. Von den Regelungen zum Kapitalaufschlag unterscheiden sich diese u. a. darin, dass bereits jede – auch nur drohende – Nichtbedeckung des SRC oder des MCR Anlass zu aufsichtsbehördlichen Maßnahmen gibt. Die Festsetzung von Kapitalaufschlägen kommt dagegen nur bei einer erheblichen Abweichung von bestimmten Standards und damit einhergehenden Risiken, die die Solvenzkapitalanforderung als inadäquat erscheinen lassen, in Betracht.

---

[9] Vgl. auch VAG-RegE 2014 BT-Drs. 18/2956, 291 3. Absatz zu § 301 VAG.
[10] Vgl. EG 103 S. 1 Solva II-VO.
[11] A. A. *Sehrbrock* ZVersWiss 99 (2010), 666, 680: „dreigliedrig".
[12] So *Heukamp* § 4 Rn. 79.
[13] So *Sehrbrock* ZVersWiss 99 (2010), 666, 669.
[14] Vgl. dazu auch VAG-RegE 2014 BT-Drs. 18/2956, 291 zu § 301 VAG.

4. Verhältnis zum ORSA nach § 27 VAG. Die **Festsetzung von Kapitalaufschlägen** nach § 301 VAG ist weiter **zu unterscheiden von den aufsichtsrechtlichen Folgerungen eines ORSA nach § 27 VAG**. Zwar bildet auch der ORSA einen Teil des Risikomanagements eines Versicherungsunternehmens und muss er alle durch die Standardformel oder ein internes Modell nicht erfassten Risiken abbilden. Nach § 27 Abs. 2 Nr. 3 VAG soll der ORSA wesentliche Abweichungen des Risikoprofils des Unternehmens von der Berechnung der Solvenzkapitalanforderung mit der Standardformel oder mit einem internen Modell offenlegen. Die Feststellung eines **erhöhten Solvenzkapitalbedarfs im Sinne von § 27 Abs. 2 Nr. 1 VAG** darf aber **nicht automatisch** zu der Verhängung eines **Kapitalaufschlags** nach § 301 VAG führen.[15] Die Versicherungsunternehmen sind vielmehr entsprechend dem Hauptziel des ORSA als einer risiko- und kapitalbezogenen Selbstvergewisserung des Versicherungsunternehmens aufgefordert, bei einer wesentlichen Abweichung Maßnahmen zu ergreifen, um tatsächliche und berechnete Risiken in Einklang zu bringen. Dies kann mit aufsichtsbehördlichen Maßnahmen insbesondere nach § 96 Abs. 2 VAG[16] einhergehen.[17] 17

Als **wesentliche Abweichung** im Rahmen eines ORSA gilt eine widerlegliche Vermutung in Anknüpfung an Regelungen zum Kapitalaufschlag. Sie knüpft an die 10 %-Schwelle von Art. 279 Abs. 1 Solva II-VO an. Danach wird widerleglich vermutet, dass die Voraussetzungen für die Festsetzung eines Kapitalaufschlags gegeben sind, wenn die angepasste Solvenzkapitalanforderung die inadäquate Solvenzkapitalanforderung um mindestens diesen Prozentsatz überschreitet.[18] 18

Allein aus der Nichtberücksichtigung bestimmter Risiken durch **Nullgewichtung von Staatsanleihen im Standardmodell** und deren Berücksichtigung im ORSA nach § 27 VAG[19] kann aber unabhängig von dem Grad der Abweichung kein aufsichtsbehördlicher Kapitalaufschlag folgen. Die Nullgewichtung bestimmter Risiken aus Staatsanleihen bildet eine zwar nicht sinnvolle, aber bewusste gesetzgeberische Entscheidung im Solvency II-System. Sie ist daher auch im Rahmen der Wahrnehmung aufsichtsbehördlicher Befugnisse nach § 301 VAG zu respektieren. 19

5. Risikoprofil bei Standardformel (Nr. 1). a) Grundlagen. Nr. 1 betrifft eine erhebliche Abweichung des Risikoprofils des Versicherungsunternehmens von der Annahme der **Solvabilitätskapitalanforderung**, berechnet nach der **Standardformel**. Hinzu kommen muss, dass Maßnahmen nach § 96 Abs. 2 VAG nicht oder noch nicht greifen. Im Einzelnen muss entweder die Forderung nach § 96 Abs. 2 VAG, ein internes Modell zu verwenden, unangemessen bzw. unwirksam sein, oder ein nach § 96 Abs. 2 VAG gefordertes internes Voll- oder Partialmodell noch in der Entwicklung sein. 20

Europarechtliche Grundlage von Nr. 1 ist **Art. 37 Abs. 1 lit. a Solva II-RL**. Im Übrigen fordert Abs. 2 UAbs. 1 dieser Vorschrift, dass die Aufsichtsbehörde den Kapitalaufschlag „auf eine Art und Weise berechnet, die sicherstellt, dass das Unternehmen die Anforderungen von Artikel 101 Absatz 3 erfüllt." Mit anderen Worten ist nur ein solcher Kapitalaufschlag aufsichtsrechtsgemäß, der alle quantifizierbaren Risiken zu einem jahresbezogenen Konfidenzniveau von 99,5 %[20] angemessen erfasst. 21

Die **europarechtliche Konkretisierung** der Anforderungen an einen Kapitalaufschlag nach Nr. 1 erfolgt durch **Art. 276, 279, 280, 282, 283 Solva II-VO**. Schließlich regelt die **DVO (EU) 2015/2012** das Verfahren der Festsetzung, Berechnung und Aufhebung von Kapitalaufschlägen. 22

In dem zweiaktigen Tatbestand der Nr. 1 geht es zunächst um die Voraussetzung einer **erheblichen Abweichung des Risikoprofils** des Versicherungsunternehmens von den Annahmen, die der Solvabilitätskapitalanforderung, berechnet nach der Standardformel, zugrunde liegen. Die Überwachung des Risikoprofils gehört nach Art. 269 Abs. 1 lit. c Solva II- VO zu den Aufgaben der Risikomanagement-Funktion. Das Risikoprofil bezeichnet die Risikoexposition eines Versicherungsunternehmens.[21] Es ist anhand von Wesentlichkeitsgrenzen zu bestimmen, die dem Risikoprofil des Versicherungsunternehmens angemessen sein müssen.[22] 23

Sodann geht es außer um das Risikoprofil i. S. d. zweiaktigen Tatbestands weiter um die **fehlende Abhilfe durch die Verwendung eines internen Modells** und damit um die tatbestandlichen Voraussetzungen nach Art. 37 Abs. 1 lit. a i und ii Solva II-RL bzw. § 301 Abs. 1 Nr. 1 Hs. 2 VAG. 24

Für die Prüfung eines Kapitalaufschlags nach § 301 Abs. 1 Nr. 1 VAG empfiehlt sich vor diesem Hintergrund die nachfolgende **fünfschrittige Prüfungsreihenfolge**. 25

b) Fünf-Schritt-Prüfung. Die Versicherungsunternehmen oder die Aufsichtsbehörde müssen in einem **ersten Schritt Anhaltspunkte** dafür haben, dass das der Solvenzkapitalberechnung zugrunde liegende Risikoprofil dem tatsächlichen Risikoprofil des Versicherungsunternehmens nicht entspricht. 26

[15] Vgl. ausf. schon *Dreher/Ballmaier* VersR 2012, 129, 137 sowie § 27 VAG Rn. 43.
[16] Vgl. auch § 301 Abs. 1 Nr. 1 Hs. 2 VAG.
[17] Vgl. ausf. § 27 VAG Rn. 71.
[18] Vgl. ausf. § 27 VAG Rn. 71 f.
[19] Vgl. dazu § 27 VAG Rn. 66 und 78.
[20] Siehe oben Rn. 7.
[21] Vgl. näher § 26 VAG Rn. 151 f.
[22] Vgl. § 26 VAG Rn. 55, 58.

Anhaltspunkte für eine solche **Abweichung** können sich für das Versicherungsunternehmen aus dem ORSA und für die Aufsichtsbehörde aus dem RSR ergeben.

27 In einem **zweiten Schritt** ist dann zu prüfen, ob die festgestellte Abweichung nach **vorläufiger Betrachtung die Schwelle der Erheblichkeit** überschreitet. Der europäische Gesetzgeber definiert diese Schwelle nur mittelbar. Art. 279 Solva II-VO gibt nämlich eine Methode zur Berechnung von Kapitalaufschlägen vor. Die Regelung basiert auf der Differenzmethode des Art. 282 Solva II-VO. Zwar regelt Art. 282 Solva II-VO die Berechnung eines Kapitalaufschlags. Die Anwendung dieser Vorschrift müsste damit eigentlich am Ende der Prüfungsreihenfolge stehen. Die Vorschriften der Solva II-VO zu den Kapitalaufschlägen sind allerdings nicht streng systematisch angelegt. So enthalten sie im Verhältnis von Art. 279 zu Art. 282 einen Systembruch. Während es in Art. 282 Solva II-VO eigentlich um die finale Berechnung von Kapitalaufschlägen geht, nimmt Art. 279 Solva II-VO schon bei der Vorfrage, ob eine Abweichung im Risikoprofil eines Versicherungsunternehmens erheblich ist, auf das Ergebnis der Berechnung nach Art. 282 Solva II-VO ausdrücklich Bezug. Nach der Differenzmethode des Art. 282 Solva II-VO stellt die Aufsichtsbehörde die Ergebnisse der Berechnung der Solvabilitätskapitalanforderung ohne und – unter Berücksichtigung des tatsächlichen Risikoprofils – mit Kapitalaufschlag gegenüber. Art. 283 Solva II-VO enthält zahlreiche Detailvorgaben für die Berechnung. So erfolgt nach Abs. 7 eine Kompensation von Risikoumständen, die für eine geringere oder für eine höhere Solvenzkapitalanforderung sprechen, nur im Ausnahmefall. Übersteigt die Differenz der angepassten zur inadäquaten Solvenzkapitalanforderung 10 % oder mehr, „gelangt die Aufsichtsbehörde zu dem Schluss" – so Art. 279 Abs. 1 Solva II-VO – „dass das Risikoprofil (…) erheblich von der Solvenzkapitalanforderung zugrunde liegenden Annahmen abweicht, es sei denn, ihr liegen aufgrund der in Artikel 276 genannten Faktoren starke Anhaltspunkte dafür vor, dass dies nicht der Fall ist." Die Prüfung setzt sich daher – wie sogleich auszuführen ist – in einem dritten Schritt mit der endgültigen Bewertung der Abweichung als erheblich fort. Handelt es sich um eine geringere Differenz als 10 %, ist sie im Umkehrschluss nicht als erheblich zu bewerten. Betrifft die Differenz mehr als 15 %, gibt es nach Art. 279 Abs. 2 Solva II-VO für die Aufsichtsbehörde keinen Bewertungsspielraum mehr.

28 Den **dritten Schritt** bildet die **endgültige Bewertung der Abweichung als erheblich**. Sie erfolgt nach Art. 276 Solva II-VO. Dessen Satz 2 nennt vier Faktoren, die bei der Bewertung einer zuvor festgestellten Abweichung als erheblich zu berücksichtigen sind. Wie sich aus der Regelung ergibt, muss die Aufsichtsbehörde unabhängig davon „alle relevanten Faktoren" einbeziehen. Raum für eine solche Bewertung besteht nur nach Art. 279 Abs. 1 Solva II-VO. Handelt es sich um einen Fall nach Art. 279 Abs. 2 Solva II-VO, weicht die angepasste von der inadäquaten Solvenzkapitalanforderung also um 15 % oder mehr ab, ist der Aufsichtsbehörde die Feststellung eines erheblichen Abweichung gesetzlich vorgegeben.

29 Steht nach den ersten drei Prüfungsschritten fest, dass eigentlich die aufsichtsbehördliche Festsetzung des berechneten Kapitalaufschlags veranlasst wäre, geht es in einem **vierten Schritt** noch um die zusätzliche tatbestandliche Voraussetzung, dass die aufsichtsbehördliche Forderung nach der **Verwendung eines internen Modells** auf der Grundlage von § 96 Abs. 2 VAG **unangemessen** ist **oder** – sofern sie schon erfolgte – **erfolglos** war oder ein internes Voll- oder Partialmodell erst noch in der Entwicklung ist. Mit anderen Worten kann die Verwendung eines angemessenen internen Modells also eine Gefahrkompensation bedeuten, die den Anlass für die Festsetzung eines Kapitalaufschlags beseitigt. Die Anordnung der Aufsichtsbehörde zu der Verwendung eines internen Modells nach § 96 Abs. 2 VAG ist dann gegenüber der Anordnung eines Kapitalaufschlags nach § 301 Abs. 1 Nr. 1 VAG verhältnismäßiger. Zahlreiche Einzelheiten zu Art. 37 Abs. 1 lit. a i Solva II-RL bzw. § 301 Abs. 1 Nr. 1 Hs. 2 Alt 1 VAG enthält schließlich noch Art. 280 Solva II-VO.

30 Den **fünften Schritt** bildet dann die **Berechnung des Kapitalaufschlags**. Sie erfolgt, wie bereits ausgeführt,[23] nach Art. 282, 283 Solva II-VO. Die Regelungen geben eine Differenzmethode und zahlreiche Einzelheiten für die Berechnung vor. Hinzu kommt als Grundlage § 301 Abs. 2 S. 1 VAG. Danach muss die Berechnung so erfolgen, „dass die Erfüllung der Anforderungen des § 97 Absatz 2 durch das Unternehmen sichergestellt ist." Dabei geht es u. a. um die Berücksichtigung „aller quantifizierbaren Risiken" und das jahresbezogene Konfidenzniveau von 99,5 %. § 301 Abs. 2 S. 1 setzt Art. 37 Abs. 2 UAbs. 1 Solva II-RL um.

31 **6. Risikoprofil bei internem Modell (Nr. 2).** Bei **Nr. 2** geht es um eine erhebliche Abweichung des Risikoprofils des Versicherungsunternehmens von den Annahmen der **Solvabilitätskapitalanforderung**, berechnet nach einem **internen Modell**. Zusätzlich ist erforderlich, dass die **Anpassung** des internen Modells mit dem Ziel der Beseitigung der unzureichenden Erfassung bestimmter quantifizierbarer Risiken in dem internen Modell innerhalb eines angemessenen Zeitraums **fehlgeschlagen** ist.

32 In einem **ersten Schritt** der tatbestandlichen Prüfung müssen bei Nr. 2 ebenfalls **Anhaltspunkte** dafür bestehen, dass das Risikoprofil des Versicherungsunternehmens erheblich von den Annahmen **abweicht**, die der Solvenzkapitalanforderung zugrunde liegen. Im Unterschied zu Nr. 1 geht es bei

[23] Siehe oben Rn. 27.

Nr. 2 allerdings um die Berechnung der Solvenzkapitalanforderung „gemäß einem als Voll- oder Partialmodell verwendeten internen Modell". Auch gibt der Gesetzgeber den Fehlergrund mit den Worten vor, „weil bestimmte quantifizierbare Risiken nur unzureichend erfasst werden".

Der **zweite Schritt** besteht wie bei Nr. 1 darin zu prüfen, ob die im ersten Schritt festgestellte Abweichung nach **vorläufiger Betrachtung die Schwelle der Erheblichkeit** überschreitet, die in Art. 279 Solva II-VO mittelbar vorgegeben ist. Art. 282 Solva II-VO findet auch hier Anwendung. Daher geht es wie bei Nr. 1 um die Differenzmethode und die 10%- bzw. 15%-Schwellenwerte nach Art. 282, 283 Solva II-VO. 33

Dem folgt im **dritten Schritt** die dem Vorgehen bei Nr. 1 gleichende **endgültige Bewertung der Abweichung als erheblich** nach Art. 276 Solva II-VO. 34

Der **vierte Schritt** ist der Subsumption des zweiten Tatbestandsmerkmals nach Art. 37 Abs. 1 lit. b Solva II-RL bzw. § 301 Abs. 1 Nr. 2 VAG gewidmet. Danach muss „die Anpassung des Modells zwecks einer besseren Abbildung des tatsächlichen Risikoprofils innerhalb eines angemessenen Zeitrahmens fehlgeschlagen" sein. Auch bei Nr. 2 dient dieses zusätzliche Kriterium für die Festsetzung eines Kapitalaufschlags der Wahrung des Grundsatzes der Verhältnismäßigkeit. Art. 281 Solva II-VO konkretisiert das Kriterium noch dadurch, dass ersatzweise für eine fehlgeschlagene Anpassung des internen Modells „die Anwendung anderer Maßnahmen die Mängel wahrscheinlich nicht beheben wird". Außerdem fordert Art. 281 S. 1 Solva II-VO bei der Festlegung eines angemessenen Zeitrahmens durch die Aufsichtsbehörde die Berücksichtigung „aller relevanten Faktoren, einschließlich der Wahrscheinlichkeit und der Schwere etwaiger negativer Auswirkungen für Versicherungsnehmer und Anspruchsberechtigte." Schließlich legt Satz 2 noch fest, dass der Zeitrahmen „maximal sechs Monate" betragen darf. Der Zeitlauf beginnt mit einer aufsichtsbehördlichen Vorgabe an ein Versicherungsunternehmen, die unzureichende Quantifizierung bestimmter quantifizierbarer Risiken durch Anpassung des internen Modells zu beheben. 35

Schließlich erfolgt in einem **fünften Schritt** die **Berechnung des Kapitalaufschlags**. Die umfangreichen Vorgaben dazu entsprechen denen zu Nr. 1.[24] Sie sind in Art. 282, 283 Solva II-VO und in § 301 Abs. 2 S. 1 VAG enthalten. 36

7. Governancedefizite mit Auswirkungen auf das Risikomanagement (Nr. 3). Nr. 3 erfasst eine erhebliche **Abweichung der Geschäftsorganisation von** den aufsichtsbehördlichen Vorgaben der **§§ 23–34 VAG**. Zusätzlich muss die Abweichung das Versicherungsunternehmen daran **hindern**, ein **angemessenes Risikomanagement** zu praktizieren, und darf die Anwendung anderer Maßnahmen die Mängel nicht innerhalb eines angemessenen Zeitrahmens ausreichend beheben. 37

In einem **ersten Schritt** ist auch hier festzustellen, ob es **Anhaltspunkte** dafür gibt, dass die Geschäftsorganisation eines Versicherungsunternehmens erheblich von den Vorgaben in §§ 23–34 VAG **abweicht**. Anhaltspunkte dafür können sich vor allem entweder aus Feststellungen der internen Revision zur Geschäftsorganisation nach § 30 Abs. 1 VAG[25] oder aus der regelmäßigen internen Überprüfung der Geschäftsorganisation durch den Vorstand eines Versicherungsunternehmens nach § 23 Abs. 2 VAG[26] oder aus einem SRP nach § 294 Abs. 5 VAG[27] ergeben. 38

Der **zweite Schritt** besteht darin, die **Erheblichkeit der Abweichung endgültig festzustellen**. Die Solva II-VO enthält dazu, anders als für Nr. 1 und Nr. 2, keine Vorgabe. Da es sich um eine qualitative Bewertung handelt, wäre eine solche Vorgabe auch lediglich in allgemein-narrativer Form denkbar. Im Zusammenhang mit der Bewertung erhalten daher insbesondere Feststellungen der internen Revision zu der relativen Relevanz von festgestellten Unzulänglichkeiten[28] Bedeutung. 39

Steht nach dem zweiten Prüfungsschritt eine erhebliche Abweichung von den gesetzlichen Standards für die Geschäftsorganisation fest, ist diese in einem **dritten Schritt** zu bewerten. Maßgeblich dafür ist Art. 277 Solva II-VO. Danach sind „alle relevanten Faktoren" zu berücksichtigen, zu denen insbesondere die fünf ausdrücklich Genannten zählen. 40

Der **vierte Schritt** lenkt die Prüfung zu dem zweiten Tatbestandsteil der Nr. 3. Nach Nr. 3 lit. a muss die zuvor festgestellte erhebliche Abweichung, die grundsätzlich Anlass für die Festsetzung eines Kapitalaufschlags gibt, „das Unternehmen daran hindern, die Risiken, denen es ausgesetzt ist oder ausgesetzt sein könnte, angemessen zu erkennen, zu messen zu überwachen, zu steuern und über sie Bericht zu erstatten." Dies führt wegen der Tatbestandsidentität zurück zu den entsprechenden Anforderungen an ein ordnungsgemäßes Risikomanagement nach § 26 Abs. 1 S. 2 VAG.[29] Hinzu kommen muss nach Nr. 3 lit. b weiter, dass „die Anwendung anderer Maßnahmen die Mängel wahrscheinlich nicht innerhalb eines angemessenen Zeitrahmens ausreichend beheben wird." Nach Art. 281 S. 1 Solva 41

[24] Siehe oben Rn. 30.
[25] Vgl. § 30 VAG Rn. 35 ff.
[26] Vgl. dazu § 23 VAG Rn. 78 ff. und zum Verhältnis dieser Überprüfung zu der geschäftsordnungsbezogenen Prüfung durch die interne Revision Rn. 97.
[27] Vgl. dazu § 294 VAG Rn. 54 ff.
[28] Vgl. dazu § 30 VAG Rn. 53.
[29] Vgl. dazu ausf. § 26 VAG Rn. 68 ff.

II-VO „berücksichtigt die Aufsichtsbehörde bei der Festlegung eines angemessenen Zeitrahmens alle relevanten Faktoren, einschließlich der Wahrscheinlichkeit und der Schwere etwaiger negativer Auswirkungen für Versicherungsnehmer und Anspruchsberechtigte." Den maximalen Zeitrahmen legt Art. 281 S. 2 Solva II-VO auf sechs Monate fest.

42 Ist aufgrund der Bewertung der erheblichen Abweichung im dritten Prüfungsschritt und den Feststellungen im vierten Prüfungsschritt ein aufsichtsbehördlicher Kapitalaufschlag grundsätzlich veranlasst, erfolgt in einem **fünften Schritt** dessen **Berechnung** nach Art. 286 Solva II-VO. Dabei sind wiederum „alle relevanten Faktoren" zu berücksichtigen. Dazu gehören ausdrücklich die schon im dritten Prüfungsschritt maßgeblichen, in Art. 277 Solva II-VO genannten Faktoren. Hinzu kommen Erkenntnisse aus der Festsetzung von Kapitalaufschlägen „bei vergleichbaren Abweichungen anderer Versicherungs- und Rückversicherungsunternehmen mit ähnlichen Risikoprofilen". Voraussetzung für die Heranziehung dieser Erkenntnisse ist allerdings, dass die Aufsichtsbehörde sie bei der Begründung der Entscheidung zur Festsetzung eines Kapitalanschlags angeben kann und nicht die Verschwiegenheitspflicht nach Art. 64 Solva II-RL bzw. § 309 VAG verletzt. Außer Art. 286 Solva II-VO regelt die Berechnung eines Kapitalaufschlags nach Nr. 3 auch § 301 Abs. 2 S. 3 VAG. Danach „muss der Kapitalaufschlag proportional zu den wesentlichen Risiken sein, die sich aus den dort bezeichneten Abweichungen ergeben", womit die Regelung Bezug auf § 301 Abs. 1 Nr. 4 VAG nimmt. Mit dieser Vorgabe setzt der deutsche Gesetzgeber Art. 37 Abs. 2 UAbs. 2 Solva II-RL um.

43 **8. Risikoprofil bei Anpassungs- oder Übergangsmaßnahmen (Nr. 4).** Im Fall von **Nr. 4** geht es um die Nutzung von **Anpassungs- oder Übergangsmaßnahmen nach §§ 80, 82, 351, 352 VAG** durch ein Versicherungsunternehmen. Außerdem muss das **Risikoprofil** des Versicherungsunternehmens erheblich von den Annahmen abweichen, die der Anpassungs- oder Übergangsmaßnahme zugrunde liegen.

44 In einem **ersten Schritt** ist daher festzustellen, ob das fragliche Versicherungsunternehmen eine der **Maßnahmen** nach §§ 80, 82, 351, 352 VAG **„anwendet"**. Daraus folgt zugleich, dass der Anwendungsbereich von Nr. 4 nicht eröffnet ist, wenn eine solche Maßnahme nur erwogen oder geplant, aber noch nicht vollzogen wird.

45 Der **zweite Schritt** liegt bei Nr. 4 in der Prüfung, ob **Anhaltspunkte** dafür bestehen, dass „das **Risikoprofil** dieses Unternehmens erheblich von den Annahmen **abweicht**, die dieser Anpassung oder Übergangsmaßnahme zugrunde liegen."

46 Bestehen solche Anhaltspunkte, ist in einem **dritten Schritt** weiter erforderlich, dass „die Aufsichtsbehörde zu dem Schluss gelangt", dass eine **erhebliche Abweichung** des Risikoprofils tatsächlich **gegeben** ist. Anders als bei Nr. 1 enthält die Solva II-VO dafür nicht mittelbar quantitative Schwellenwerte als Kriterien. Die Einstufung als erheblich bildet daher einen wertenden Vorgang auf der Grundlage qualitativer und quantitativer Erwägungen anhand der zahlreichen gesetzlichen Kriterien für die Nutzung der Maßnahmen durch die Versicherungsunternehmen, wie sie besonders umfangreich z.B. in § 80 VAG für die Matching-Anpassung enthalten sind. In diesem Zusammenhang kann es für die Aufsichtsbehörde ein Plausibilisierungselement sein, eine hypothetische Als-ob-Berechnung eines eventuellen Kapitalaufschlags nach Art. 284, 285 Solva II-VO vorzunehmen und dann auch auf der Grundlage der Differenz von angepasster und vorläufig als inadäquat unterstellter Solvenzkapitalanforderung die Einstufung einer Abweichung des Risikoprofils als erheblich vorzunehmen.

47 Der **vierte Schritt** fordert von der Aufsichtsbehörde im Sinne von Art. 278 Solva II-VO eine **Bewertung** der zuvor festgestellten erheblichen Abweichung anhand „aller relevanten Faktoren". Fünf solcher Faktoren sind in Abs. 1 lit. a bis e ausdrücklich benannt. Weiter regelt Abs. 2, dass die Aufsichtsbehörde einen Kapitalaufschlag nur festsetzen kann, „wenn die Abweichung von den den Anpassungen oder Übergangsmaßnahmen zugrundeliegenden Annahmen vorübergehender Natur ist und keinen Widerruf der aufsichtlichen Genehmigung zur Anwendung der entsprechenden Anpassung oder Übergangsmaßnahme rechtfertigt." Darin liegt eine spezielle Regelung des Grundsatzes der Verhältnismäßigkeit.

48 Schließlich enthält die Solva II-VO in Art. 284, 285 ausführliche Regelungen zu der **Berechnung des Kapitalaufschlags** in einem **fünften Schritt**. § 301 Abs. 2 S. 3 VAG ergänzt dies um die Forderung, „der Kapitalaufschlag muss proportional zu den wesentlichen Risiken sein, die sich aus den dort bezeichneten Abweichungen ergeben". Dadurch nimmt der Gesetzgeber Bezug auf § 301 Abs. 1 Nr. 4 VAG und setzt Art. 37 Abs. 2 UAbs. 3 Solva II-RL um.

49 **9. Verhältnismäßigkeit.** Wie sich schon aus den Tatbeständen zu den einzelnen Kapitalaufschlägen nach § 301 Abs. 1 Nr. 1 bis Nr. 4 VAG ergeben hat, besitzt der Grundsatz der Verhältnismäßigkeit in dem Zusammenhang eine besondere Bedeutung. Kapitalaufschläge haben nach den **Vorgaben des europäischen Versicherungsaufsichtsrechts** sogar **ultima-ratio-Charakter**.

50 Im Einzelnen bestimmt schon EG 26 S. 2 Solva II RL, dass Aufsichtsbehörden **„nur unter außergewöhnlichen Umständen** und in den in dieser Richtlinie genannten Fällen befugt" sind, Kapitalaufschläge festzusetzen. EG 27 S. 1 Solva II-RL führt dies dadurch fort, dass „die Festsetzung eines Kapitalaufschlags insofern außergewöhnlich (scil.: ist), als sie nur als letztes Mittel verwendet werden

sollte, wenn andere aufsichtliche Maßnahmen unwirksam oder ungeeignet sind." Art. 37 Abs. 1 S. 1 Solva II-RL entspricht dem im Wortlaut mit der Formulierung „in Ausnahmefällen". Und nach Art. 37 Abs. 1 S. 2 Solva II-RL besteht „diese Möglichkeit (…) jedoch nur, wenn" die tatbestandlichen Voraussetzungen einer der vier genannten Fälle für einen Kapitalaufschlag vorliegen.

§ 301 Abs. 1 VAG beschränkt sich bei der Umsetzung von Art. 37 Abs. 1 Solva II-RL auf die Wiedergabe des Worts „nur". Der ultima-ratio-Charakter eines Kapitalaufschlags kommt darin schon infolge der möglichen Wortbedeutung von „nur" im Sinne von „ausschließlich" allenfalls mittelbar zum Ausdruck. Außerdem suggeriert der Einleitungssatz „Die Aufsichtsbehörde kann (…)" ein normales Ermessen der Aufsichtsbehörde. Die Gesetzesbegründung beschränkt sich ebenfalls auf die Verwendung des Worts „nur".[30] 51

10. Verfahren. Das Verfahren der Festsetzung von Kapitalaufschlägen ist in der **DVO (EU) 2015/2012** – im Folgenden abgekürzt bezeichnet als DVO – geregelt. Sie enthält auch das Verfahren der Überprüfung und Aufhebung, Änderung oder Aufrechterhaltung von Kapitalaufschlägen. Diese Festlegungen sind nachfolgend im Zusammenhang mit den Ausführungen zu § 301 Abs. 4 VAG angesprochen. 52

Nach **Art. 1 Abs. 1 DVO** beginnt das Verfahren damit, dass die Aufsichtsbehörde einem Versicherungsunternehmen die Absicht der Festsetzung eines Kapitalaufschlags und die Gründe dafür mitteilt. Das verbindet sie nach **Art. 1 Abs. 2 S. 1 DVO** mit einer Äußerungsfrist für das Versicherungsunternehmen. 53

Auf Ersuchen der Aufsichtsbehörde muss das Versicherungsunternehmen selbst nach **Art. 2 DVO** die Höhe eines Kapitalaufschlags „gemäß den von der Aufsichtsbehörde festgelegten Vorgaben berechnen". Die Gründe für diese überraschende Regelung ergeben sich aus EG 3 DVO, der wie folgt lautet: „Die Zusammenarbeit zwischen dem Versicherungs- oder Rückversicherungsunternehmen und der Aufsichtsbehörde ist von entscheidender Bedeutung, um die Wirksamkeit des Kapitalaufschlags als Aufsichtsmaßnahme zu gewährleisten. Damit die Aufsichtsbehörde sich hinsichtlich des Kapitalaufschlags auf genaue und aktuelle Informationen stützen kann, sollten die Versicherungs- oder Rückversicherungsunternehmen auf Ersuchen der Aufsichtsbehörde den Kapitalaufschlag berechnen." 54

Art. 3 DVO gibt der Aufsichtsbehörde die Möglichkeit, vor der Entscheidung über die Festsetzung eines Kapitalaufschlags von dem Versicherungsunternehmen innerhalb einer bestimmten Frist und unter bestimmten Voraussetzungen erforderliche Informationen zu verlangen. 55

Die Entscheidung der Aufsichtsbehörde – in der DVO Beschluss genannt – über die Festsetzung eines Kapitalaufschlags erfolgt nach **Art. 4 DVO**. Danach ist der Beschluss dem Versicherungsunternehmen schriftlich mitzuteilen und „muss so ausführlich sein, dass das Versicherungs- oder Rückversicherungsunternehmen nachvollziehen kann, welche Maßnahmen ergriffen oder welche Mängel behoben werden müssen, damit der Kapitalaufschlag aufgehoben wird." Weiter muss der Beschluss im Einzelnen festgelegte Angaben enthalten. 56

Ein Beschluss zur Festsetzung eines Kapitalaufschlags enthält nach Art. 4 Abs. 3 lit. e DVO „gegebenenfalls den Inhalt und die Häufigkeit etwaiger Fortschrittsberichte, die im Einklang mit Artikel 5 zu übermitteln sind." **Art. 5 DVO** regelt diese Fortschrittsberichte. Sie betreffen nur die Fälle des § 301 Abs. 1 Nr. 2 und 3 VAG, in denen ein Versicherungsunternehmen die Voraussetzungen für das Entfallen des Kapitalaufschlags durch Änderungen seines internen Modells oder seiner Geschäftsorganisation selbst beeinflussen kann. Nach Art. 5 DVO unterrichtet das Versicherungsunternehmen die Aufsichtsbehörde „über die Fortschritte, die bei der Behebung der Mängel, die zur Festsetzung des Kapitalaufschlags geführt haben, erzielt worden sind, sowie über die entsprechend ergriffenen Maßnahmen." 57

III. Berechnung von Kapitalaufschlägen (Abs. 2). § 301 Abs. 2 VAG enthält **Vorgaben für die Berechnung von Kapitalaufschlägen** nach Abs. 1 Nr. 1–4. Damit setzt der deutsche Gesetzgeber Art. 37 Abs. 2 Solva II-RL um. Diese Regeln treten allerdings nur zu den wesentlich ausführlicheren Berechnungsvorgaben in Art. 282–287 Solva II-VO hinzu. Sie sind daher vorliegend in die Ausführungen zu der Berechnung der Kapitalaufschläge bei den einzelnen Nummern von Abs. 1 integriert.[31] 58

Unter den Vorgaben der Solva II-VO zu der Berechnung von Kapitalaufschlägen ist einzig **Art. 287 Solva II-VO** nicht einer der Nr. 1–4 von § 301 Abs. 1 VAG zuzuordnen. Dabei geht es um die Aufteilung von **Kapitalaufschlägen für Unternehmen, die sowohl die Lebens- als auch die Nichtlebensversicherung betreiben**. Diese Fälle, in denen das Spartentrennungsprinzip[32] ausnahmsweise nicht gilt, sind in Art. 73 Abs. 2 und 5 Solva II-RL erfasst. Für derartige Unternehmen, die für beide Bereiche getrennte Verwaltungen vorsehen müssen, enthält Art. 287 Solva II-VO Zuordnungsregeln für Kapitalaufschläge. 59

Im Übrigen finden sich in **EG 103 S. 2–4 Solva II-VO** noch folgende Grundsätze für die Berechnung von Kapitalaufschlägen: „Kapitalaufschläge weisen numerisch einen positiven Wert auf. Bei ihrer 60

[30] VAG-RegE BT-Drs. 18/2956, 291.
[31] Siehe oben Rn. 27, 30, 42.
[32] Vgl. § 10 VAG und Anlagen 1, 2 zum VAG sowie Art. 15 Solva II-RL.

Festlegung sollte auch berücksichtigt werden, dass konsistente und einheitliche Ansätze für vergleichbare Umstände entwickelt werden müssen. Zu diesem Zweck könnten Referenz-Prozentsätze und -Obergrenzen als Annahme für die Bewertung von Abweichungen herangezogen werden, doch sollten diese nicht vom eigentlichen Ziel ablenken, die für das betreffende Versicherungs- oder Rückversicherungsunternehmen angemessenen Aufschläge zu bestimmen."

61 **IV. Mängel und Missstand bei Abs. 1 Nr. 2 und 3 (Abs. 3).** § 301 Abs. 3 Hs. 1 VAG fordert von **Versicherungsunternehmen**, denen gegenüber die Aufsichtsbehörde einen Kapitalaufschlag nach Abs. 1 Nr. 2 und/oder Nr. 3 festsetzt, gleichwohl „die **festgestellten Mängel zu beheben**". Zugleich soll die Aufsichtsbehörde nach Abs. 3 Hs. 2 „weitere Maßnahmen zur **Beseitigung des Missstands**" ergreifen. Damit will der deutsche Gesetzgeber Art. 37 Abs. 3 Solva II-RL umsetzen.

62 Mit dem **Begriff der „Mängel"** nehmen die Regelungen in § 301 Abs. 3 Hs. 1 VAG und Art. 37 Abs. 3 Solva II-RL Bezug auf ein zentrales Tatbestandsmerkmal des **aufsichtsbehördlichen Überprüfungsverfahrens**, d. h. in der verbreiteten englischen Sprache des Supervisory Review Process (SRP), i. S. v. § 294 Abs. 5 VAG und die daran geknüpften Befugnisse in § 298 Abs. 1 S. 3, Abs. 2 Nr. 3 VAG.[33] Die Bezugnahme verdeutlicht zugleich die Verknüpfung der Regelungen zu den Kapitalaufschlägen mit dem SRP. Sie folgt im Ausgangspunkt schon aus Art. 37 Abs. 1 Solva II-RL. Danach können die Aufsichtsbehörden „im Rahmen des aufsichtlichen Überprüfungsverfahrens" Kapitalaufschläge festsetzen. Ebenso spricht EG 26 S. 2 Solva II-RL davon, „die Aufsichtsbehörden sollten (…) befugt sein, im Anschluss an das aufsichtsbehördliche Überprüfungsverfahren einen Kapitalaufschlag auf die Solvenzkapitalanforderung festzusetzen." Die Verwendung nur des Begriffs „Mängel" aus dem Begriffspaar „Schwächen oder Mängel" in Art. 36 Abs. 5 Solva II-RL ist unschädlich-eklektizistisch. Sie folgt schon aus der tautologischen Verwendung des Begriffs „Schwächen" an anderer Stelle, nämlich in EG 28 S. 2 Solva II-RL.

63 Die **zusätzliche Etikettierung** von Mängeln **als „Missstand"** in § 301 Abs. 3 Hs. 2 VAG geht nicht nur über die umzusetzende Richtlinienvorgabe hinaus. Sie ist im Ergebnis auch funktionslos, da die Aufsichtsbehörde ohnehin schon nach § 298 VAG alle Maßnahmen ergreifen kann, um Schwächen oder Mängel, die sie im Rahmen eines SRP festgestellt hat, zu beseitigen. Rechtssystematisch zeigt die Verwendung des Missstandsbegriffs in § 301 Abs. 3 VAG aber die Zugehörigkeit von Abs. 3 Hs. 2 zu der allgemeinen Missstandsaufsicht im zutreffend verstandenen Sinn einer allgemeinen Legalitätsaufsicht, während die Festsetzung von Kapitalaufschlägen nach § 301 VAG dem Bereich der besonderen Legalitätsaufsicht zuzuordnen ist.[34]

64 Die **ausschließliche Erfassung von Abs. 1 Nr. 2 und 3 durch § 301 Abs. 3 Hs. 1 VAG** erklärt sich aus den anders gelagerten Tatbeständen der Nr. 1 und Nr. 4. Während es in Nr. 2 und Nr. 3 um Defizite geht, die ein Versicherungsunternehmen durch Gestaltung seines internen Modells oder seiner Geschäftsorganisation beeinflussen kann, ist dies bei Nr. 1 und Nr. 4 nicht der Fall. Hier geht es jeweils um die zutreffende Befolgung gesetzlicher Vorgaben, die aber für die konkreten Verhältnisse des betreffenden Versicherungsunternehmens nicht passen. Daher kann die Aufsichtsbehörde nach Art. 4 Abs. 3 lit. e und Art. 5 DVO (EU) 2015/2012 im Verfahren der Festsetzung von Kapitalaufschlägen ein Versicherungsunternehmen auch nur dann zu der Abgabe von **Fortschrittsberichten** über die „Behebung von Mängeln, die zur Festsetzung des Kapitalaufschlags geführt haben", verpflichten, wenn es um Kapitalaufschläge nach § 301 Abs. 1 Nr. 2 oder 3 VAG geht.

65 **V. Dauer, Überprüfung und Aufhebung, Änderung oder Aufrechterhaltung von Kapitalaufschlägen (Abs. 4). 1. Grundlagen.** Nach **§ 301 Abs. 4 Hs. 1 VAG überprüft die Aufsichtsbehörde** einen festgesetzten Kapitalaufschlag „mindestens einmal jährlich". Schon dies gibt Anlass zu der Frage, für welchen Zeitraum die Aufsichtsbehörde einen Kapitalaufschlag festsetzen kann.

66 Sobald ein Versicherungsunternehmen die Mängel, die einem Kapitalaufschlag zugrunde liegen, beseitigt hat, **hebt die Aufsichtsbehörde den Kapitalaufschlag nach § 301 Abs. 4 Hs. 2 VAG auf**. Als Ergebnis einer solchen Überprüfung ist es allerdings auch möglich, dass die Aufsichtsbehörde einen Kapitalaufschlag nicht aufhebt, sondern **ändert oder aufrechterhält**.

67 **2. Dauer von Kapitalaufschlägen.** Die **Gesetzesbegründung zu § 301 VAG** geht davon aus, ein Kapitalaufschlag „soll nur vorübergehend angeordnet werden. Nur wenn das Risikoprofil eines Unternehmens wesentlich von den Standards abweicht, die der Standardformel zugrunde liegen, und die Entwicklung eines internen Voll- oder Teilmodells ineffizient ist, kann ein Kapitalaufschlag dauerhafter Natur sein."[35] Diese Angaben weichen teilweise von den allein maßgeblichen **Vorgaben des europäischen Versicherungsaufsichtsrechts** ab.

68 EG 28 S. 1 Solva II-RL enthält den **Grundsatz**, ein „Kapitalaufschlag sollte so lange beibehalten werden wie die Umstände, unter denen er verhängt wurde, nicht beseitigt sind." Dem entsprechend regelt Art. 37 Abs. 4 Solva II-RL – und ihm folgend § 301 Abs. 4 Hs. 2 VAG –, dass ein Kapital-

[33] Vgl. dazu die Erläuterungen bei §§ 294, 298 VAG.
[34] Vgl. näher § 298 VAG Rn. 54.
[35] VAG-RegE 2014 BT-Drs. 18/2956, 291.

aufschlag aufgehoben wird, „sobald das Unternehmen die ihm zugrundeliegenden Mängel beseitigt hat“. Für die Fälle, die in Deutschland in § 301 Abs. 1 Nr. 2 und Nr. 3 VAG geregelt sind, geht EG 28 S. 2 Solva II-RL davon aus, dass erst die dem Kapitalaufschlag zugrunde liegenden Schwächen zu beheben sind. Im Fall der Nr. 1 kann der Kapitalaufschlag – so EG 28 S. 3 Solva II-RL – „für mehrere Jahre beibehalten werden.“[36] Den erst durch die Omnibus II-RL in die Solva II-RL eingefügten Fall des Art. 37 Abs. 1 lit. d Solva II-RL – in Deutschland mit § 301 Abs. 1 Nr. 4 VAG umgesetzt – erfasst der durch die Omnibus II-RL unveränderte EG 28 noch nicht. Nach dem Telos der Auslegungsregelung und dem System der Kapitalaufschläge gilt EG 28 S. 3 Solva II-RL aber auch dafür.

Im Ergebnis bestimmt die Aufsichtsbehörde daher bei der Festsetzung eines Kapitalaufschlags **grundsätzlich keine Geltungsdauer**. Die Anordnung erfolgt immer dann auf Dauer, wenn die Aufsichtsbehörde nicht davon ausgehen kann, dass die zugrunde liegenden tatbestandlichen Voraussetzungen von § 301 Abs. 1 Nr. 1 bis Nr. 4 VAG innerhalb einer bestimmten Frist entfallen. Wie sich aus § 301 Abs. 1 Nr. 3 lit. b VAG in Verbindung mit der Maximalfrist von sechs Monaten für den Zeitrahmen nach Art. 281 Abs. 2 Solva II-VO ergibt, kommt im Fall von § 301 Abs. 1 Nr. 3 VAG aber schon die Festsetzung eines Kapitalaufschlags nicht in Betracht, wenn die Mängel in der Geschäftsorganisation voraussichtlich innerhalb dieses Zeitrahmens behoben sind. Unabhängig davon dürften aber auch auf Dauer angeordnete Kapitalaufschläge nur in seltenen Fällen auf längere Dauer bestehen, wie sich aus der im Folgenden anzusprechenden Überprüfungs- und Aufhebungspflicht auf Seiten der Aufsichtsbehörde ergibt. 69

Auch wenn die Aufsichtsbehörde Kapitalaufschläge daher grundsätzlich unbefristet anordnet, enthält die Anordnung nach Art. 4 Abs. 3 lit. c DVO (EU) 2015/2012 „das **Datum, ab dem der Kapitalaufschlag anwendbar ist**“. Und nach lit. d der Regelung benennt die Aufsichtsbehörde „gegebenenfalls die **Frist**, innerhalb deren das Versicherungs- oder Rückversicherungsunternehmen die **Mängel beheben** muss, die zur Festsetzung des Kapitalaufschlags geführt haben“. 70

3. Überprüfung von Kapitalaufschlägen. Nach § 301 Abs. 4 Hs. 1 VAG wird ein Kapitalaufschlag – in Übereinstimmung mit Art. 37 Abs. 4 Solva II-RL – „von der Aufsichtsbehörde **mindestens einmal jährlich überprüft**“. Die Gesetzesbegründung bezieht die Überprüfung zu Recht „auf Grund und Höhe des Aufschlags“.[37] 71

Außer der zumindest jährlichen Prüfung eines Kapitalaufschlags erfolgt eine Überprüfung nach Art. 6 Abs. 1 DVO (EU) 2015/2012, „falls eine wesentliche **Änderung der Umstände**, die zur Festsetzung des Kapitalaufschlags geführt haben, eintritt.“ Da die Aufsichtsbehörde solche Umstände auf Seiten des Versicherungsunternehmens im Fall von Kapitalaufschlägen nach § 301 Abs. 1 Nr. 2 und 3 VAG nicht immer selbst oder sofort erkennen kann, besteht eine entsprechende Informationsobliegenheit des Versicherungsunternehmens gegenüber der Aufsichtsbehörde. 72

4. Aufrechterhaltung, Änderung oder Aufhebung von Kapitalaufschlägen. Nach Art. 6 Abs. 2 DVO (EU) 2015/2012 „**veranlasst die Aufsichtsbehörde**“ im Anschluss an die Überprüfung des festgesetzten Kapitalaufschlags dessen „**Aufrechterhaltung, Änderung oder Aufhebung**“. Bei der Entscheidung, welche Maßnahmen sie ergreift, „berücksichtigt die Aufsichtsbehörde“ nach Art. 7 DVO (EU) 2015/2012 die von dem Versicherungsunternehmen im Rahmen des Verfahrens zur Festsetzung und Berechnung des Kapitalaufschlags übermittelten Informationen, die in der Folgezeit von der Aufsichtsbehörde erlangten Informationen – z. B. im Rahmen eines SRP –, die in Fortschrittsberichten nach Art. 5 DVO von dem Versicherungsunternehmen übermittelten Informationen und „sonstige sachdienliche Informationen, aus denen eine wesentliche Änderung der Umstände hervorgeht, die zur Festsetzung des Kapitalaufschlags geführt haben.“ 73

Auf der Grundlage der Informationen, die der Aufsichtsbehörde zur Verfügung stehen, trifft sie sodann eine **Entscheidung**. Diese geht nach Art. 37 Abs. 4 Hs. 2 Solva II-RL bzw. § 301 Abs. 4 Hs. 2 VAG dahin, den **Kapitalaufschlag aufzuheben**, wenn das Versicherungsunternehmen „die ihm zugrunde liegenden Mängel beseitigt hat.“ Davon betroffen sind Kapitalaufschläge nach Abs. 1 Nr. 2 und Nr. 3. Bei Kapitalaufschlägen nach Abs. 1 Nr. 1 und Nr. 4 ist der Kapitalaufschlag aufzuheben, wenn eine erhebliche Abweichung des Risikoprofils im Sinne der Tatbestände nicht mehr vorliegt. 74

Sind die Gründe für die Festsetzung des Kapitalaufschlags in der bisherigen Höhe unverändert weiter gegeben, geht die Entscheidung der Aufsichtsbehörde dahin, den **Kapitalaufschlag aufrechtzuerhalten**. 75

In dem Fall, dass zwar noch Gründe für die Festsetzung eines Kapitalaufschlags vorhanden sind, die Berechnung aber zu einem der Höhe nach neuen „numerisch positiven Wert“ – so EG 103 S. 2 Solva II-VO – führt, erlässt die Aufsichtsbehörde eine **Änderungsentscheidung**. Nach Art. 8 Abs. 2 DVO (EU) 2015/2012 fasst die Aufsichtsbehörde in diesem Fall „einen neuen Beschluss gemäß Artikel 4 76

[36] Entgegen *Sehrbrock* ZVersWiss 99 (2010), 665, 667 setzt die Aufsichtsbehörde daher auch in den Fällen von § 301 Abs. 1 Nr. 2 und 3 VAG Kapitalaufschläge grundsätzlich, d. h. jenseits des in der folgenden Rn. genannten Ausnahmefalls, ebenfalls dauerhaft fest.

[37] VAG-RegE 2014 BT-Drs. 18/2956, 291.

Absätze 2 und 3." Dies bedeutet, dass der Beschluss nach Abs. 2 „so ausführlich sein" muss, dass das Versicherungsunternehmen „nachvollziehen kann, welche Maßnahmen ergriffen oder welche Mängel behoben werden müssen, damit der Kapitalaufschlag aufgehoben wird." Abs. 3 legt den Inhalt der Änderungsentscheidung in fünf Unterpunkten fest.

77 Den „**Beschluss** zur Änderung oder Aufhebung des Kapitalaufschlags und das Datum des Inkrafttretens des Beschlusses" **teilt die Aufsichtsbehörde** nach Art. 8 Abs. 1 DVO (EU) 2015/2012 den Versicherungsunternehmen „**unverzüglich und schriftlich" mit**. Art. 8 Abs. 1 DVO fordert dies nicht für den Beschluss zur Aufrechterhaltung eines Kapitalaufschlags. Art. 8 Abs. 2 DVO verlangt nur für die Änderungsentscheidung einen Beschluss im Sinne von Art. 4 Abs. 2 und 3 DVO. Nach Art. 6 Abs. 2 DVO „veranlasst die Aufsichtsbehörde" allerdings am Ende jedes Überprüfungsverfahrens „die Aufrechterhaltung, Änderung oder Aufhebung des Kapitalaufschlags". Auch im Fall der Aufrechterhaltung ist also ein förmliches Handeln der Aufsichtsbehörde erforderlich. Dies führt im deutschen Recht nach § 41 VwVfG ebenfalls zu der Notwendigkeit der Bekanntgabe eines begründeten Verwaltungsakts.

78 **VI. Angepasste ersetzt inadäquate Solvenzkapitalanforderung (Abs. 5 S. 1).** Aus § 301 Abs. 5 S. 1 VAG ergibt sich, dass ein festgesetzter **Kapitalaufschlag dem Betrag des SCR**, den ein Versicherungsunternehmen berechnet, **hinzugerechnet** wird. Den Betrag des SCR ohne Kapitalaufschlag benennt § 301 Abs. 5 S. 1 VAG als „unzureichende Solvenzkapitalanforderung", während Art. 37 Abs. 5 UAbs. 1 Solva II-RL die Wendung „inadäquate Solvenzkapitalanforderung" benutzt. Im Ergebnis tritt also an die Stelle dieser unzureichenden Solvenzkapitalanforderung die angepasste, aufgrund des Kapitalaufschlags allein angemessene Solvenzkapitalanforderung. Im Sinne von § 301 Abs. 5 S. 1 VAG „ersetzt" diese also jene.[38]

79 **VII. Berechnung der Risikomarge nach § 78 VAG ohne Kapitalaufschlag nach § 301 Abs. 1 Nr. 3 VAG (Abs. 5 S. 2).** Nach § 76 Abs. 1 VAG, der Art. 77 Abs. 1 Solva II-RL umsetzt, entspricht der **Wert versicherungstechnischer Rückstellungen** dem besten Schätzwert im Sinne von § 77 VAG und einer Risikomarge im Sinne von § 78 VAG. § 301 Abs. 5 S. 2 VAG legt entsprechend Art. 37 Abs. 5 UAbs. 2 Solva II-RL fest, dass bei der Berechnung der Risikomarge nach § 78 VAG ein Kapitalaufschlag nach § 301 Abs. 1 Nr. 3 VAG wegen Mängeln in der Geschäftsorganisation „außer Betracht" bleibt.

80 Die **Ausblendung eines Kapitalaufschlags nach § 301 Abs. 1 Nr. 3 VAG aufgrund von § 301 Abs. 5 Hs. 2 VAG** hat folgenden **Hintergrund**: Mängel in der Geschäftsorganisation eines Versicherungsunternehmens spielen bei der Berechnung des Werts der versicherungstechnischen Rückstellungen keine Rolle, weil die Risikomarge nach § 78 Abs. 1 VAG sicher stellen soll, dass der Wert der versicherungstechnischen Rückstellungen dem Betrag entspricht, den das Versicherungsunternehmen zahlen müsste, wenn es die versicherungstechnischen Rückstellungen auf ein anderes Unternehmen übertragen würde. Nach § 78 Abs. 2 S. 1 und 2 VAG muss jedes Versicherungsunternehmen für die Bedeckung der Versicherungsverpflichtungen während der Laufzeit mit einem Kapitalkostensatz für die Zurverfügungstellung des Solvenzkapitals rechnen. Dieser Kapitalkostensatz beträgt nach Art. 39 Solva II-VO 6 %, worauf § 78 Abs. 2 S. 3 VAG Bezug nimmt. Die konkrete Berechnung der Risikomarge erfolgt auf der Grundlage zahlreicher detaillierter Vorgaben in Art. 37 und 38 Solva II-VO. Konkret handelt es sich mangels liquider Märkte und damit mangels tatsächlicher Marktpreise für die Übertragung versicherungstechnischer Rückstellungen[39] um eine finanzmathematische Berechnung. Ihr liegt die Vorstellung zugrunde, dass ein Versicherungsunternehmen seine versicherungstechnischen Rückstellungen auf ein Referenzversicherungsunternehmen i. S. v. Art. 38 Solva II-VO überträgt. Für das Referenzversicherungsunternehmen unterstellt Art. 38 Solva II-VO zahlreiche „Annahmen". Bei der Berechnung kann aber für das Referenzunternehmen nicht angenommen werden, dass es die Mängel in seiner Geschäftsorganisation ebenfalls aufweist, die bei dem übertragenden Versicherungsunternehmen zu einem Kapitalaufschlag nach § 301 Abs. 1 Nr. 3 VAG geführt haben. Konsequent bleibt daher ein solcher Kapitalaufschlag, wie § 301 Abs. 5 Hs. 2 VAG anordnet, „bei der Berechnung der Risikomarge nach § 78 (…) außer Betracht."

81 **VIII. Verhältnis zu anderen Regelungen.** Kapitalaufschläge nach § 301 VAG sind nach **§ 40 Abs. 6 VAG** i. V. m. Art. 297 Abs. 2 lit. f Solva II-VO mit Höhe und Begründung offen zu legen. Nach **§ 341 VAG** müssen Versicherungsunternehmen bis zum 31.12.2020 aber u. a. „nur den Gesamtbetrag der Solvenzkapitalanforderung ohne gesonderte Nennung des Betrags des Kapitalaufschlags" veröffentlichen.

82 § 301 VAG gilt nach **§ 212 Abs. 2 Nr. 7 VAG** nicht für kleine Versicherungsunternehmen.

83 Für Kapitalaufschläge bei gruppenangehörigen Versicherungsunternehmen und für die Gruppe enthalten **§§ 248 Abs. 4, 263, 264, 265, 269, 285 Abs. 1 S. 2** VAG Sonderregelungen.

[38] Vgl. auch VAG-RegE 2014 BT-Drs. 18/2956, 291: „Absatz 5 S. 1 stellt klar, dass durch die Festsetzung eines Kapitalaufschlages die Höhe der Solvabilitätskapitalanforderung geändert wird."
[39] Vgl. § 31 VAG Rn. 37.

Widerspruch und Anfechtungsklage gegen die Festsetzung von Kapitalaufschlägen nach §§ 301, 264 VAG haben nach **§ 310 Abs. 2 VAG** keine aufschiebende Wirkung. 84

Bis zum 31.12.2017 kann die Aufsichtsbehörde nach **§ 342 Abs. 3 VAG** „von einem Versicherungsunternehmen, für das ein Kapitalaufschlag festgelegt wurde, verlangen, die in Artikel 129 Absatz 3 S. 1 der Richtlinie 2009/138/EG genannten Prozentsätze ausschließlich auf die ohne den Kapitalaufschlag berechnete Solvabilitätskapitalanforderung anzuwenden." 85

Nach **§ 1 Abs. 1 S. 2 KapAusstV** v. 21.4.2016 ist ein nach § 301 VAG festgesetzter Kapitalaufschlag bei der Anpassung des MCR wegen Abweichung von den 25%- bzw. 45%-Grenzen des Art. 248 Abs. 2 Solva II-VO für die Solvenzkapitalanforderung mit zu berücksichtigen. 86

Die **nationalen Aufsichtsbehörden** haben nach Art. 52 Abs. 1 lit. a und b, Abs. 2 lit. a bis c Solva II-RL i. V. m. mit Anhang XXI A. (23), B. (8) Solva II-VO bzw. § 329 Abs. 2 Nr. 1 und 2 VAG bestimmte Angaben zu Kapitalaufschlägen – z. B. dem durchschnittlichen Kapitalaufschlag je Unternehmen – **EIOPA mitzuteilen**. EIOPA **veröffentlicht** dazu dann bestimmte Angaben. 87

Untersagung einer Beteiligung

302 (1) [1]**Ist ein Erstversicherungsunternehmen an einem anderen Unternehmen, das nicht der Aufsicht unterliegt, beteiligt und ist die Beteiligung nach ihrer Art oder ihrem Umfang geeignet, das Versicherungsunternehmen zu gefährden, so kann die Aufsichtsbehörde dem Versicherungsunternehmen die Fortsetzung der Beteiligung untersagen oder nur unter der Bedingung gestatten, dass sich das Unternehmen nach § 341k des Handelsgesetzbuchs sowie nach den §§ 35 und 36 dieses Gesetzes auf seine Kosten oder auf Kosten des Versicherungsunternehmens prüfen lässt.** [2]**Verweigert das Unternehmen dies oder ergeben sich bei der Prüfung Bedenken gegen die Beteiligung, so hat die Aufsichtsbehörde dem Versicherungsunternehmen die Fortsetzung zu untersagen.**

(2) **Als Beteiligung im Sinne des Absatzes 1 gilt es auch, wenn ein Vorstands- oder Aufsichtsratsmitglied des Versicherungsunternehmens auf die Geschäftsführung eines anderen Unternehmens maßgebenden Einfluss ausübt oder auszuüben in der Lage ist.**

Übersicht

I. Allgemeines. 1. Entstehungsgeschichte. § 302 VAG **„entspricht inhaltlich unverändert dem bisherigen § 82 VAG a. F."**[1] § 302 VAG setzt damit – wie zuvor § 82 VAG a. F. – fast wortlautidentisch eine Regelung fort, die im Jahr 1931 als § 64a VAG eingefügt worden war.[2] 1

2. Normzweck. § 302 VAG verfolgte schon bei der Einführung als damaliger § 64a VAG a. F. im Jahr 1931[3] das Ziel, die Überwachung von Beteiligungen an Versicherungsunternehmen – heute in Form der Inhaberkontrolle nach §§ 16 ff. VAG – durch eine solche von **Beteiligung durch Versicherungsunternehmen an anderen, nicht beaufsichtigten Unternehmen** zu ergänzen, um eine **Gefährdung des Versicherungsunternehmens** zu verhindern.[4] Konkreter Hintergrund war aller- 2

[1] VAG-RegE 2014 BT-Drs. 18/2956, 291.
[2] RGBl. 1931 I, 102 ff.
[3] Siehe oben Rn. 1.
[4] Begründung zu § 64a VAG v. 1931 in Mot. 357.

dings wohl der Zusammenbruch eines Versicherungsunternehmens aufgrund von Kapitalverflechtungen und personellen Verflechtungen mit Nichtversicherungsunternehmen im Jahr 1929.[5]

3 **3. Europarechtlicher Hintergrund.** § 302 VAG hat **keinen europarechtlichen Hintergrund**. Die Umsetzungstabelle im VAG-RegE 2012 gibt für § 302 VAG, der bei diesem ersten RegE zum Umsetzung der Solva II-RL wortgleich als § 296 VAG bezeichnet war, Art. 34 Abs. 2 Solva II-RL als europarechtliche Vorgabe an. Art. 34 Solva II-RL enthält allerdings kein Gebot zu einer Beteiligungsaufsicht. Abs. 2 der Regelung betrifft die Art und den Umfang der aufsichtsbehördlichen Befugnisse, die die Mitgliedstaaten den nationalen Aufsichtsbehörden nach Art. 34 Abs. 1 Solva II-RL einräumen müssen. Vor dem Hintergrund ist § 302 VAG in rechtlich zutreffender Auslegung eine – wenn auch tatbestandlich äußerst unbestimmte und europa- sowie verfassungsrechtlich bedenkliche –[6] Ausprägung der allgemeinen, europarechtlich gebotenen Legalitätsaufsicht.[7]

4 **II. Beteiligung (Abs. 1 S. 1 Hs. 1; Abs. 2). 1. Beteiligung eines Erstversicherungsunternehmens (Abs. 1 S. 1 Hs. 1). a) Erstversicherungsunternehmen.** Normadressaten des § 302 VAG sind nach Abs. 1 S. 1 Hs. 1 und Abs. 2 **ausschließlich Erstversicherungsunternehmen**.

5 Schon der persönliche Normadressatenkreis zeigt, dass die Fortführung der seit dem Jahr 1931 im Wortlaut nahezu unveränderten Regelung im **Solvency II-System** Probleme bereiten muss. Die Solva II-RL erfasst sowohl Erst- als auch Rückversicherungsunternehmen, wobei gemischt tätige Versicherungsunternehmen den Erstversicherungsunternehmen zugeordnet sind.[8]

6 Jenseits der wenigen Sonderregeln der **Solva II-RL** für Rückversicherungsunternehmen beruht sie auf dem **Grundsatz der Gleichbehandlung von Erst- und Rückversicherungsunternehmen**. Zusätzlich geht sie für beide Bereiche von einer Legalitätsaufsicht aus.[9]

7 Schon darin, dass § 302 VAG eine Sonderregelung ausschließlich für die Aufsicht über Erstversicherungsunternehmen schafft, weicht das VAG unzulässig von der Solva II-RL ab. Die grundsätzliche Gleichbehandlung aller Versicherungsunternehmen zur Schaffung eines Level Playing Field im Versicherungsbinnenmarkt[10] kommt gerade in der grundsätzlich gleichartigen Unterwerfung der Versicherungsunternehmen unter die Versicherungsaufsicht zum Ausdruck. Sonderaufsichtsbefugnisse gegenüber bestimmten Gruppen von Versicherungsunternehmen, die in der Solva II-RL nicht angelegt sind, verstoßen daher gegen die Umsetzungspflichten nach der Solva II-RL. Vorbehaltlich weiterer europarechtlicher Einwände gegen den Regelungsgehalt von § 302 VAG ist die ausschließliche Belastung von Erstversicherungsunternehmen bzw. die Privilegierung von Rückversicherungsunternehmen als deren Kehrseite daher im Sinne einer **richtlinienkonformen Auslegung** dahingehend aufzulösen, dass § 302 VAG nicht nur Erst-, sondern **auch Rückversicherungsunternehmen erfasst**.[11]

8 **b) Beteiligung.** § 302 Abs. 1 S. 1 Hs. 1 VAG nennt als erste Eingriffsvoraussetzung lediglich eine **Beteiligung** an einem anderen Unternehmen, das nicht der Aufsicht unterliegt. Bei der Einführung der Norm im Jahr 1931 hatte der Gesetzgeber den Beteiligungsbegriff mit folgenden Worten offengelassen: „Dabei nimmt der Entwurf davon Abstand, eindeutig und scharf umgrenzend festzustellen, was als Beteiligung im Sinne der Vorschrift gelten soll, und zwar weil eine kasuistische Beantwortung der Frage Umgehungsmöglichkeiten offenlässt, und weil auch sachlich die wirtschaftlichen Tatbestände, die als Beteiligung angesehen werden können, zu mannigfaltig und zu verschieden sind, als daß ein einheitlicher bestimmter Begriff aufzustellen wäre. (…) Wird es der Aufsichtsbehörde überlassen bleiben müssen, im Einzelfalle festzustellen, ob eine Beteiligung im Sinne der Vorschrift vorliegt".[12] Die Gegenüberstellung von Abs. 1 S. 1 Hs. 1 und Abs. 2 ergibt, dass es auch bei einer Beteiligung nach § 302 Abs. 1 S. 1 Hs. 1 VAG um einen möglichen **„maßgebenden Einfluss"** des Versicherungsunternehmens **auf ein anderes Unternehmen** gehen muss.[13] Auf die Definitionen der Beteiligung in § 4 Nr. 4 Satzteil 2 VAG oder der bedeutenden Beteiligung in § 7 Nr. 3 VAG nimmt § 302 Abs. 1 S. 1 VAG keinen Bezug. Die Zusammenschau von Abs. 1 mit Abs. 2 und das daraus folgende Kriterium des maßgebenden Einflusses ließe auch nur einen Rückgriff auf § 7 Nr. 3 VAG zu, wo dieses Kriterium enthalten ist – allerdings unter dem Begriff der bedeutenden Beteiligung und nicht lediglich der Beteiligung. § 302 VAG verweist daher auch nicht mittelbar auf die Begriffsdefinitionen in § 7 VAG.

---

[5] Vgl. dazu VerAfP 1930, 85 ff.: „Zusammenbruch der Frankfurter Allgemeinen Versicherungs-Aktien-Gesellschaft in Frankfurt a. M.".
[6] Siehe unten Rn. 7, 17, 20, 23.
[7] Siehe unten Rn. 20 f.
[8] Vgl. § 298 VAG Rn. 95.
[9] Vgl. die Erläuterungen zu §§ 294, 298 VAG.
[10] Vgl. Einl. Rn. 112.
[11] Auf zusätzliche verfassungsrechtliche Fragen der ausschließlichen Erfassung von Erstversicherungsunternehmen sub specie von Art. 3 GG ist daher im vorliegenden Zusammenhang nicht einzugehen; vgl. dazu im Hinblick auf die allgemeine Missstandsaufsicht nach § 298 Abs. 1 VAG nur über Erstversicherungsunternehmen § 298 VAG Rn. 57.
[12] Begr. zu § 64a VAG i. d. F. v. 1931, Mot. 357.
[13] So auch Goldberg/Müller/*Müller* § 82 VAG Rn. 4.

Die **Art und Weise des Einflusses** ist nach Abs. 1 S. 1 Hs. 1 zwar offen. Sie wird aber regelmäßig in einer Kapitalbeziehung liegen. Für personelle Verflechtungen eines Versicherungsunternehmens zu anderen Unternehmen dient Abs. 2 als lex specialis. Von rein schuldrechtlichen finanziellen Beziehungen, wie sie z. B. Schuldscheindarlehen, Bankeinlagen[14] oder Bürgschaften darstellen, sind schuldrechtliche Beziehungen zu unterscheiden, die mit körperschaftlichen, d. h. mitgliedschaftlichen, oder mit sonstigen Einflusselementen einhergehen. Kraft einer dadurch bewirkten Einflussmöglichkeit auf die Willensbildung des anderen Unternehmens kann darin je nach der Intensität der Einflussmöglichkeit eine Beteiligung i. S. v. § 302 Abs. 1 VAG liegen. 9

Schon aus dem Begriff der Beteiligung folgt, dass sie von einer gewissen **Dauer** sein muss. In diesem Sinne wurde daher auch die Vorgängervorschrift einhellig ausgelegt.[15] 10

2. Beteiligungsfiktion bei Einflussmöglichkeiten von Organmitgliedern (Abs. 2). § 302 VAG erfasst neben der Beteiligung eines Erstversicherungsunternehmens über die **Beteiligungsfiktion in Abs. 2** auch den Fall, dass „ein Vorstands- oder Aufsichtsratsmitglied des Versicherungsunternehmens auf die Geschäftsführung eines anderen Unternehmens maßgebenden Einfluss ausübt oder auszuüben in der Lage ist." 11

Zwar ist hier anders als in Abs. 1 S. 1 Hs. 1 nicht von **Erstversicherungsunternehmen**, sondern allgemein von Versicherungsunternehmen die Rede. Die Formulierung „des Versicherungsunternehmens" und die generelle Bezugnahme in Abs. 2 auf Abs. 1 führen allerdings dazu, dass auch bei einer Beteiligung nach § 302 Abs. 2 VAG die Voraussetzungen von Abs. 1 im Übrigen gegeben sein müssen. Daher sind auch in Abs. 2 nur Erstversicherungsunternehmen gemeint, was wiederum im Sinne der richtlinienkonformen Auslegung dahingehend zu korrigieren ist,[16] dass neben den Erstversicherungsunternehmen auch Rückversicherungsunternehmen erfasst sind. 12

Die Beteiligungsfiktion soll schon greifen, wenn auch nur **ein Mitglied** des Vorstands oder des Aufsichtsrats des Versicherungsunternehmens den entsprechenden Einfluss besitzt. Der Fiktion fehlt jedoch in vielen Fällen die Basis. Zwar kann eine Person bei bestimmten Rechtsformen des anderen Unternehmens oder bei einer bestimmten Funktion der Person in dem anderen Unternehmen auf die Geschäftsführung des anderen Unternehmens einen maßgebenden Einfluss ausüben. In der Regel fehlt es dann aber an der Rückwirkung eines solchen Einflusses auf das Versicherungsunternehmen, um in dem Fall eine Beteiligung des Versicherungsunternehmens selbst zu fingieren. Die rechtliche Stellung des einzelnen Mitglieds des Aufsichtsrats eines Versicherungsunternehmens z. B. erlaubt es schon deshalb nicht, in dem möglichen Einfluss dieser Person zugleich eine Beteiligung des Versicherungsunternehmens zu sehen, weil nur der Vorstand in Gesamtverantwortung das Versicherungsunternehmen leitet. Und auch bei einem einzelnen Mitglied des Vorstands des Versicherungsunternehmens als Einflussperson i. S. v. Abs. 2 kommt es daher darauf an, wie viele Mitglieder der Gesamtvorstand des Versicherungsunternehmens hat und welche Rolle der betreffenden Person darin zukommt. 13

Im Ergebnis ist für die Beteiligungsfiktion nach § 302 Abs. 2 VAG daher eine **Gesamtschau** der **Umstände des Einzelfalls** erforderlich. Sie dürfte nur bei größeren personellen Verflechtungen oder in Kombination mit finanziellen Beziehungen des Versicherungsunternehmens zu dem anderen Unternehmen zu einer Bejahung der tatbestandlichen Voraussetzung führen. 14

3. Beteiligungsanzeige. Nach § 302 VAG erfolgt eine aufsichtsbehördliche Beteiligungskontrolle. Dies führt zu der Frage, auf welche Weise die Aufsichtsbehörde von Beteiligungen im Rechtssinne erfährt. § 7 Nr. 3 VAG definiert eine bedeutende Beteiligung und § 7 Nr. 4 Satzteil 2 VAG eine Beteiligung. **§ 47 Nr. 11 VAG** enthält eine Anzeigepflicht für Beteiligungen durch Erstversicherungsunternehmen, ohne an diese Definitionen anzuknüpfen. Die Anzeigepflicht besteht vielmehr für „den Erwerb von Beteiligungen, bei Beteiligungen in Aktien oder sonstigen Anteilen jedoch nur, wenn die Beteiligung 10 Prozent des Nennkapitals der fremden Gesellschaft übersteigt; dabei werden Beteiligungen mehrerer zu einem Konzern i. S. d. § 18 des Aktiengesetzes gehörender Versicherungsunternehmen und des herrschenden Unternehmens an einer Gesellschaft zusammengerechnet." § 47 Nr. 11 VAG führt § 54 Abs. 4 S. 1 Nr. 2 VAG a. F. unverändert fort,[17] eine der früheren Regelungen zur Kapitalanlage durch Versicherungsunternehmen. Die Begründung zu der Einführung dieser Kapitalanlageregelung verwies zunächst darauf, „sie trägt dem Umstand Rechnung, dass Beteiligungen geeignet sind, anlagefremde Ziele zu fördern". Sodann verwies sie aber mit folgenden Worten auch auf die Beteiligungskontrolle des § 82 VAG a. F., des heutigen § 302 VAG: „Durch die nachträgliche Anzeige wird die Aufsichtsbehörde in die Lage versetzt, ggf. die nach § 82 gebotenen Maßnahmen durchzuführen."[18] Auch wenn die Anzeigepflicht bei unveränderter Fortführung heute primär eine andere Zielrichtung als 15

[14] A. A. noch Prölss/*Kollhosser*, 12. Aufl., § 82 VAG Rn. 2.
[15] Vgl. z. B. Goldberg/Müller/*Müller* § 82 VAG Rn. 4.
[16] Siehe oben Rn. 7.
[17] VAG-RegE 2014 BT-Drs. 18/2956, 253.
[18] RegE zur Änderung des Gesetzes über die Beaufsichtigung der privaten Versicherungsunternehmen und Bausparkassen v. 5.2.1973 BT-Drs. 7/100, 13.

die einer Regelung zur Kapitalanlage verfolgt, fungiert sie daher **faktisch als Informationsquelle zu bestimmten Beteiligungen für die Aufsichtsbehörde**.

16 **III. Beteiligung an nicht beaufsichtigten Unternehmen (Abs. 1 S. 1 Hs. 1).** § 302 VAG erfasst ausdrücklich auch Beteiligungen „an einem anderen Unternehmen, das **nicht der Aufsicht unterliegt**." Dies hat der Gesetzgeber schon bei Einführung der Vorschrift im Jahr 1931 zutreffend damit begründet, dass die Aufsichtsbehörde durch die Aufsicht über Versicherungsunternehmen eine „ausreichende Grundlage" für die Aufsicht über Beteiligungen von Versicherungsunternehmen an anderen Versicherungsunternehmen hat.[19]

17 Nach allgemeinen **Verständnis des früheren § 82 VAG a. F.** betraf die Beteiligungsaufsicht daher nur Unternehmen, die **nicht der deutschen Versicherungsaufsicht** unterliegen.[20] Dieses Verständnis lässt sich für § 302 VAG **im Solvency II-System teilweise nicht aufrechterhalten**. Zwar bleibt es bei der Erfassung nur der Versicherungsaufsicht nicht unterliegender Unternehmen. Ob ein Unternehmen also in den persönlichen Anwendungsbereich z. B. der Bank- oder Wertpapieraufsicht fällt, ist daher unerheblich für die Anwendung von § 302 VAG. Mit dem Solvency II-System wäre es allerdings unvereinbar, § 302 VAG auch auf Beteiligungen deutscher Versicherungsunternehmen an EU-/EWR-ausländischen Versicherungsunternehmen anzuwenden. Die Solva II-RL regelt im Einzelnen die Zuständigkeiten und Befugnisse der Aufsichtsbehörden bei der Kontrolle der Absicht, an einem Versicherungsunternehmen bestimmte Beteiligungen zu erwerben. Diese Regelungen in Art. 57 ff. Solva II-RL sind mit §§ 16 ff. VAG umgesetzt. Sie sind schon infolge der grundsätzlichen Vollharmonisierung durch die Solva II-RL[21] abschließend. Raum für eine zusätzliche, erweiterte Inhaberkontrolle nach § 302 VAG bei Beteiligungen von Versicherungsunternehmen besteht daher nicht.

18 **IV. Eignung der Beteiligung zur Gefährdung des beteiligten Versicherungsunternehmens (Abs. 1 S. 1 Hs. 1).** Nach § 302 Abs. 1 S. 1 Hs. 1 VAG ist neben einer bestimmten Beteiligung zweite Eingriffsvoraussetzung, dass „die Beteiligung nach ihrer Art oder ihrem Umfang **geeignet** (scil.: ist), **das Versicherungsunternehmen zu gefährden**".

19 Die Begründung zu § 302 VAG in der Ursprungsfassung des Jahres 1931 führt dazu aus, dass die Aufsichtsbehörden die Voraussetzung „in der Regel schon dann als gegeben ansehen dürfen, wenn (…) eine Geschäftsverbindung besteht, die nicht zum regulären Versicherungsbetrieb, d. h. zu dem auf den Abschluss und die beiderseitige Erfüllung von Versicherungsverträgen gerichteten Betrieb gehört."[22] Diese Auslegung hat heute schon im Hinblick auf die aufsichtsrechtlich zulässige Erweiterung der Versicherungsgeschäfte und das **Verbot versicherungsfremder Geschäfte** nach § 15 VAG als lex specialis[23] keinen Bestand mehr.

20 Die nicht näher gesetzlich konkretisierte Eingriffsvoraussetzung der Eignung, das Versicherungsunternehmen zu gefährden, ist die denkbar weitestgehende Formulierung eines Eingriffstatbestands. Das Kriterium ist noch nicht einmal, wie die ebenfalls inhaltlich unkonturierte und europarechtlich unzulässige allgemeine Missstandsaufsicht nach § 298 Abs. 1 VAG über Erstversicherungsunternehmen, an den Maßstab der ausreichenden Wahrung der Belange der Versicherten rückgekoppelt.[24] Die Eingriffsbefugnis bei der Eignung einer Beteiligung zur Gefährdung des Versicherungsunternehmens gibt der Aufsichtsbehörde die alleinige Interpretationsfreiheit bei der Konkretisierung des Tatbestands. Damit ist die Vorschrift – ohne den Begriff zu verwenden – für einen Sonderfall **Ausdruck der allgemeinen Missstandsaufsicht nach § 298 Abs. 1 VAG**. Bei allen Umständen, die zu der Gefährdung eines Versicherungsunternehmens geeignet sind, sind nämlich notwendig auch die Belange der Versicherten nicht mehr ausreichend gewahrt.

21 Die Aufsicht über Beteiligungen nach § 302 VAG weicht damit zugleich zentral von der **Legalitätsaufsicht** als dem zwingenden, für Erst- und Rückversicherungsunternehmen einheitlichen Aufsichtskonzept der Solva II-RL[25] ab. Wie die allgemeine Missstandsaufsicht des § 298 Abs. 1 VAG nicht mit dieser Vorgabe der Solva II-RL zu vereinbaren und infolgedessen **richtlinienkonform** im Sinne einer Legalitätsaufsicht **auszulegen** ist,[26] gilt dies daher auch für die tatbestandlich noch unkonturiertere Regelung einer verkappten Missstandsaufsicht über Beteiligungen nach **§ 302 VAG**. Andernfalls würde es genügen, die gesamten Aufsichtsbefugnisse nach dem VAG entgegen dem differenzierten und abschließenden System der Solva II-RL in einer einzigen kurzen Norm dergestalt zu regeln, dass die Aufsichtsbehörde bei jeder Gefährdung von Belangen der Versicherungsnehmer oder Anspruchsberechtigten die erforderlichen und geeigneten Eingriffsbefugnisse hat. Im Ergebnis muss eine Gefährdung des

[19] Mot. 357.
[20] Prölss/*Kollhosser,* 12. Aufl., § 82 VAG Rn. 1; Goldberg/Müller/*Müller* § 82 VAG Rn. 3; FKBP/*Bähr* § 82 VAG Rn. 2.
[21] Vgl. Einl. Rn. 87 ff.
[22] Mot. 357.
[23] A. A. zum Verhältnis von § 82 VAG a. F. zu § 7 Abs. 2 VAG a. F. FKBP/*Bähr* § 82 VAG Rn. 1.
[24] Kritisch schon *Dreher* ZVersWiss 77 (1988), 619, 648 zu § 82 VAG a. F.
[25] Vgl. § 298 VAG Rn. 39 ff.
[26] Vgl. § 298 VAG Rn. 48 ff.

Versicherungsunternehmens i. S. v. § 302 VAG daher in einem – auch nur drohenden – **Verstoß gegen Rechts- oder Verwaltungsvorschriften aufgrund der Beteiligung** bestehen.

Der Gefährdungstatbestand in § 302 Abs. 1 S. 1 Hs. 1 VAG führt bei einem vorliegend abgelehnten umfassenden Verständnis zudem unmittelbar zu der **Frage der verfassungsrechtlichen Bestimmtheit**. Sie bedarf im Hinblick auf die notwendige europarechtskonforme Einhegung des Tatbestands im Sinne der richtlinienkonformen Auslegung als besondere Legalitätsaufsicht keiner Vertiefung. Auch in dieser – allerdings bei der Beteiligungsaufsicht noch gesteigerten – Unbestimmtheit des § 302 VAG liegt eine Parallele zu der Beurteilung der allgemeinen Missstandsaufsicht nach § 298 Abs. 1 VAG, bei der sich ebenfalls die Frage der Vereinbarkeit mit den verfassungsrechtlichen Anforderungen stellt.[27] 22

Unabhängig von der tatbestandlichen Konkretisierung der Ursache einer Gefährdung geht es dabei notwendig um die Eignung, „das **Versicherungsunternehmen zu gefährden**". Die Gefährdung muss sich daher auf das **Versicherungsunternehmen als Ganzes** beziehen. Diese hohe Anforderung führt dazu, dass der Tatbestand in der Praxis weitgehend funktionslos bleibt. Denn auch im Zusammenhang mit Beteiligungen wird meist schon im Vorfeld eine Gefährdung des Versicherungsunternehmens als Ganzes eine Gefährdung der Belange der Versicherten i. S. v. §§ 294, 298 VAG vorliegen.[28] 23

Die erforderliche Eignung einer Beteiligung zur Gefährdung des Versicherungsunternehmens als Ganzes führt dazu, dass nur ein **hoher Gefährdungsgrad** bei der Auslegung des Tatbestands in Betracht kommt.[29] Schon aus dem Begriff der Eignung zur Gefährdung folgt, dass es um eine objektive, in einem rechtsförmlichen Verfahren der Beteiligungsaufsicht darlegbare und prognostisch nachweisbare Gefährdung geht. Bloß denkbare, entfernt mögliche oder subjektiv vorstellbare Gefährdungen reichen dafür nicht. 24

Im Zusammenhang mit der Eignung einer Beteiligung, ein Versicherungsunternehmen zu gefährden, wurden vor Umsetzung der Solva II-RL verbreitet Sachverhalte der **Konzernbildung** und insbesondere der Bildung von **Allfinanzkonzernen** durch Versicherungsunternehmen über den Erwerb von Anteilen an Kreditinstituten angesprochen. Dabei wurde auf die Verlustübernahmepflicht im Vertragskonzern nach § 302 Abs. 1 AktG und die Gefahr „moralischer Haftung" im Übrigen verwiesen.[30] § 302 VAG ist aber wie schon § 82 VAG a. F. kein taugliches Instrument einer Konzernbildungs- oder Konzernbestandskontrolle.[31] Das Versicherungskonzernrecht ist in Vielem, vor allem hinsichtlich der genauen Einschätzung durch die Aufsichtsbehörde noch nicht ausgereift.[32] Zudem steht es im Solvency II-System durch das Gruppenaufsichtsrecht vor neuen Herausforderungen.[33] Das VAG erfasst Unternehmensverträge und damit den Vertragskonzern durch §§ 9 Abs. 4 Nr. 2 lit. b, 12, 47 Nr. 4, 305 Abs. 1 Nr. 1 und 332 Abs. 1 Nr. 1 VAG sowie weitere Konzernsachverhalte durch z. B. §§ 9 Abs. 4 Nr. 2 lit. a, 11 Abs. 1 Nr. 4 lit. c, 37 Abs. 1, 47 Nr. 11 VAG. Darin und zusätzlich in dem Verbot versicherungsfremder Geschäfte nach § 15 VAG sowie vor allem in der Legalitätskontrolle nach § 294, 298 VAG liegen die maßgeblichen Instrumente des Versicherungskonzernrechts. Eine durch Aufsichtsbehörden lediglich perhorreszierte, aber rechtlich nicht fundierte Gefahr einer moralischen Haftung spielt dabei keine Rolle. Dabei würde es sich um ein inhaltlich völlig unbestimmtes Aufsichtskriterium extra legem handeln. 25

Nach § 17 Abs. 2 AktG besteht bei einem in Mehrheitsbesitz stehenden Unternehmen die Vermutung, dass es von dem beteiligten Unternehmen abhängig ist. Und abhängig sind Unternehmen, auf die das beteiligte herrschende Unternehmen nach § 17 Abs. 1 AktG einen beherrschenden Einfluss ausüben kann. Zur Widerlegung der Abhängigkeitsvermutung des § 17 Abs. 2 AktG kommt ein gesellschaftsrechtlicher **Entherrschungsvertrag** in Betracht.[34] Dies gilt auch in dem Fall, dass ein Versicherungsunternehmen an einem anderen Unternehmen eine Mehrheitsbeteiligung hält. Der Abschluss eines solchen Entherrschungsvertrags führt dazu, dass ein beherrschender Einfluss des Versicherungsunternehmens auf das andere Unternehmen nicht mehr gegeben ist. Allein diese Maßnahme schließt die Anwendung des § 302 VAG in Konzernsachverhalten aber nicht per se aus,[35] da maßgebliches Prüfungskriterium die Eignung der Beteiligung zur Gefährdung des Versicherungsunternehmens ist. 26

V. Maßnahmen der Beteiligungsaufsicht (Abs. 1 S. 1 Hs. 2, S. 2). 1. Bedingte Gestattung der Beteiligung. Sind die – wie zuvor ausgeführt entsprechend auszulegenden – Eingriffsvoraussetzungen nach § 302 VAG gegeben, kann die Aufsichtsbehörde als milderes Mittel im Verhältnis zu einer Untersagung „die **Fortsetzung der Beteiligung** (…) nur **unter der Bedingung gestatten**, dass sich 27

[27] Vgl. § 298 VAG Rn. 56.
[28] Vgl. schon *Dreher* DB 1992, 2605, 2611 f.; zustimmend Prölss/*Kollhosser*, 12. Aufl., § 82 VAG Rn. 3.
[29] Ebenso FKBP/*Bähr* § 82 VAG Rn. 3.
[30] Vgl. FKBP/*Bähr* § 82 VAG a. F. Rn. 1, 4; Prölss/*Kollhosser*, 12. Aufl., § 82 VAG Rn. 7.
[31] Vgl. schon *Dreher* ZVersWiss 77 (1988), 619, 648; *Dreher* DB 1992, 2605, 2611 f.
[32] Vgl. dazu z. B. *Dreher* FS 100 Jahre Stuttgarter Lebensversicherung a. G., 2008, 139 ff.; *ders.* FS E. Lorenz, 1994, 175 ff.; *ders.* DB 1992, 2605 ff.; *ders.* ZVersWiss 77 (1988), 619 ff.; *Krauel/Klie* WM 2010, 1735 ff.; *van de Sande,* Die Unternehmensgruppe im Banken- und Versicherungsaufsichtsrecht, 2003.
[33] Vgl. *Dreher/Ballmaier* ZGR 2014, 753 ff.; *Dreher* WM 2015, 649 ff.; *Hemeling/Lange* VersR 2014, 1283 ff.
[34] Vgl. zu den Voraussetzungen eines solchen Vertrags z.B. *Hüffer/Koch,* AktG, 12. Aufl. 2016, § 17 Rn. 22 m. N.
[35] So aber Prölss/*Kollhosser,* 12. Aufl., § 82 VAG Rn. 7; FKBP/*Bähr* § 82 VAG Rn. 6.

das Unternehmen nach § 341k des Handelsgesetzbuchs sowie nach den §§ 35 und 36 dieses Gesetzes auf seine Kosten oder auf Kosten des Versicherungsunternehmens prüfen lässt."

28 Der Verweis auf **§ 341k HGB** betrifft die Prüfung von Versicherungsunternehmen. § 302 Abs. 1 S. 1 Hs. 2 VAG erstreckt die darin genannten Anordnungen und Anforderungen auf die **Prüfung des Nichtversicherungsunternehmens** als Beteiligungsunternehmen. Hinzu kommt die Geltung von **§§ 35, 36 VAG** bei der Prüfung des Beteiligungsunternehmens. Die Regelungen, die in den genannten, auf die Prüfung von Versicherungsunternehmen ausgerichteten Vorschriften enthalten sind, passen zum Teil überhaupt nicht – so z. B. die Erfüllung bestimmter versicherungsaufsichtsrechtlicher Anzeigepflichten nach § 35 Abs. 1 S. 1 Nr. 1 VAG – oder je nach Sachlage nicht – z. B. im Fall des bei einer Personenhandelsgesellschaft fehlenden Aufsichtsrats nach § 341k Abs. 2 S. 1 HGB – bei der Prüfung eines Nichtversicherungsunternehmens. Der Verweis auf diese Vorschriften ist daher nur im Sinne einer **entsprechenden Geltung** zu verstehen. Maßgeblich sind nach dem Telos der Verweisregelung die Einschaltung eines externen, objektiven, beruflichen Standards und der Zustimmung der Aufsichtsbehörde unterliegenden Abschlussprüfers sowie dessen in den Vorschriften geregelte Berichtspflichten gegenüber der Aufsichtsbehörde.

29 § 302 Abs. 1 S. 1 a. E. VAG regelt die **Kostentragungspflicht** für die zusätzliche Prüfung, ohne die Kostentragung im Verhältnis von Versicherungsunternehmen und Beteiligungsunternehmen zu bestimmen. Sie ist daher vertraglichen Abreden zwischen den Unternehmen vorbehalten.

30 Wenn die Aufsichtsbehörde den Verwaltungsakt, mit dem sie die Fortsetzung der Beteiligung gestattet, mit der Bedingung einer Prüfung nach § 302 Abs. 1 S. 1 Hs. 2 VAG verbindet, kann sie je nach ihrer Einschätzung des Eignungsgrads der Gefährdung eine **einmalige oder eine laufende Prüfung** zur **Bedingung** erheben.[36] Dies folgt schon aus der pflichtgemäßen Wahrnehmung des Ermessens. Erscheint nach vorläufig begründeter Einschätzung der Aufsichtsbehörde die Annahme naheliegend, dass eine solche Prüfung die aufsichtsbehördlichen Bedenken nicht ausräumen wird, kommt die Anordnung einer einmaligen und baldigen Prüfung sowie eine dem folgende neue Entscheidung der Aufsichtsbehörde in Betracht. Erscheint die Annahme berechtigt, dass die Beteiligung bei einer entsprechenden Beobachtung fortführbar ist, wird die Aufsichtsbehörde die Fortsetzung bei laufender Prüfung gestatten.

31 **2. Untersagung der Fortsetzung der Beteiligung.** In **drei Fällen** führt die Beteiligungsaufsicht nach § 302 VAG zu einer **Untersagung der Fortsetzung der Beteiligung**.

32 Im ersten Fall untersagt die Aufsichtsbehörde die Fortsetzung nach **§ 302 Abs. 1 S. 2 Alt. 1 VAG**. In diesem Fall weigert sich das Beteiligungsunternehmen, sich im Sinne von § 302 Abs. 1 S. 1 Hs. 2 VAG prüfen zu lassen.

33 Im zweiten Fall lässt sich das Beteiligungsunternehmen zwar prüfen, es ergeben sich dabei aber i. S. v. **§ 302 Abs. 1 S. 2 Alt. 2 VAG** „Bedenken gegen die Beteiligung". Da bei jeder Fortsetzungsgestattung mit Prüfungsvorbehalt durch die Aufsichtsbehörde die Eingriffsvoraussetzung einer Eignung der Beteiligung, das Versicherungsunternehmen als Ganzes zu gefährden, schon gegeben sein muss, stellt sich die Frage nach der Auslegung des Tatbestandsmerkmals „Bedenken gegen die Beteiligung". Nach dem Sinn und Zweck der Regelung kann es nicht darum gehen, eine nochmalige Eignungssteigerung im Hinblick auf die Gefährdung zu fordern. Vielmehr muss als Ergebnis der Prüfung feststehen, dass die Bedenken gegen die Beteiligung, die Anlass zu dem Prüfungsvorbehalt gegeben haben, nicht ausgeräumt sind. Die Aufsichtsbehörde muss daher von einer Eignung der Beteiligung, das Versicherungsunternehmen als Ganzes zu gefährden, in Umfang und Intensität der nach § 302 Abs. 1 S. 1 Hs. 1 VAG erforderlichen Eingriffsschwelle ausgehen.

34 Den dritten Fall bildet die sofortige Untersagung der Fortsetzung der Beteiligung nach **§ 302 Abs. 1 S. 1 Hs. 2 VAG**. In diesem Fall muss die Aufsichtsbehörde davon ausgehen, dass sich die Bedenken gegen die Fortsetzung aufgrund einer Prüfung nach § 341k HGB i. V. m. §§ 35, 36 VAG nicht ausräumen lassen.

35 **3. Ermessen.** Nach **§ 302 Abs. 1 S. 2 VAG „hat"** die Aufsichtsbehörde die Fortsetzung der Beteiligung in den dort genannten Fällen zu untersagen. Ein Ermessen besteht also nicht.[37] Und dies zu Recht, da sich hier die Eignung der Beteiligung zur Gefährdung des Versicherungsunternehmens als Ganzes aus aufsichtsbehördlicher Sicht zur Gewissheit verdichtet oder mangels Prüfungsbereitschaft des Beteiligungsunternehmens nur eine Untersagung einer pflichtgemäßen Ermessensausübung entspräche.

36 Bei Anwendung des **§ 302 Abs. 1 S. 1 VAG „kann"** die Aufsichtsbehörde sofort untersagen oder die Fortführung unter Prüfungsvorbehalt gestatten. Diese Begriffsverwendung bedeutet regelmäßig die Einräumung eines Ermessens i. S. v. § 297 VAG.[38] Das Ermessen muss die Aufsichtsbehörde pflicht-

[36] A. A. im Sinne einer nur laufenden Prüfung Prölss/*Kollhosser,* 12. Aufl., § 82 VAG Rn. 6; Goldberg/Müller/*Müller* § 82 VAG Rn. 11.

[37] A. A. FKBP/*Bähr* § 82 VAG Rn. 10.

[38] Vgl. § 297 VAG Rn. 5.

gemäß ausüben.[39] Es kann sich allerdings unter bestimmten Voraussetzungen auf Null reduzieren, so dass die Aufsichtsbehörde zu einem Eingreifen verpflichtet ist. Für den Fall, dass die Aufsichtsbehörde bei einer Beteiligung die Eignung zur Gefährdung des Versicherungsunternehmens als Ganzes auf der Grundlage der hoch anzusetzenden Eingriffsschwelle bejaht, kommt unter Umständen und insbesondere unter sorgfältiger Abwägung der Grundrechtsrelevanz eines solchen belastenden Verwaltungsakts eine Handlungspflicht mit Blick auf die Schutzziele des Versicherungsaufsichtsrechts in Betracht. Voraussetzung ist, dass eine Fortsetzungsgestattung mit Prüfungsvorbehalt nach § 302 Abs. 1 S. 1 Hs. 2 VAG ausscheidet. Sofern eine Handlungspflicht besteht, muss diese aber nicht in eine Gesamtuntersagung münden. Unter Umständen genügt zur Abwendung der potentiellen Gefährdung auch die Anordnung der Reduzierung der Beteiligung im Umfang. Dabei muss aber die reduzierte Beteiligung noch dem Beteiligungsbegriff entsprechen. Andernfalls würde die Untersagungsanordnung eine verkappte Gesamtuntersagung bilden.[40]

VI. Verhältnis zu anderen Regelungen. Für § 302 VAG erheblich ist die Pflicht von Erstversicherungsunternehmen nach **§ 47 Nr. 11 VAG**, den Erwerb von bestimmten Beteiligungen anzuzeigen. 37

Abberufung von Personen mit Schlüsselaufgaben, Verwarnung

303 (1) [1]**Die Aufsichtsbehörde kann eine Person, die ein Versicherungsunternehmen tatsächlich leitet oder für andere Schlüsselaufgaben in einem Versicherungsunternehmen verantwortlich ist, verwarnen, wenn das Versicherungsunternehmen gegen Bestimmungen dieses Gesetzes, des Versicherungsvertragsgesetzes, des Geldwäschegesetzes, der Verordnung (EU) Nr. 648/2012, gegen die zur Durchführung dieses Gesetzes erlassenen Rechtsverordnungen, die zur Durchführung der Verordnung (EU) Nr. 648/2012 oder der Richtlinie 2009/138/EG erlassenen Rechtsakte oder gegen Anordnungen der Aufsichtsbehörde verstößt.** [2]**Gegenstand der Verwarnung ist die Feststellung des entscheidungsrelevanten Sachverhalts und des hierdurch begründeten Verstoßes.**

(2) **Die Aufsichtsbehörde kann die Abberufung einer Person, die ein Versicherungsunternehmen tatsächlich leitet oder für andere Schlüsselaufgaben in einem Versicherungsunternehmen verantwortlich ist, verlangen und dieser Person die Ausübung ihrer Tätigkeit untersagen, wenn**

1. **Tatsachen vorliegen, aus denen sich ergibt, dass die Person die Voraussetzungen des § 24 nicht erfüllt,**
2. **die Person als Geschäftsleiter vorsätzlich oder leichtfertig gegen die Bestimmungen dieses Gesetzes, des Versicherungsvertragsgesetzes, des Geldwäschegesetzes, der Verordnung (EU) Nr. 648/2012, gegen die zur Durchführung dieses Gesetzes erlassenen Rechtsverordnungen, die zur Durchführung der Verordnung (EU) Nr. 648/2012 oder der Richtlinie 2009/138/EG erlassenen Rechtsakte oder gegen Anordnungen der Aufsichtsbehörde verstoßen hat und sie trotz Verwarnung durch die Aufsichtsbehörde dieses Verhalten fortsetzt oder**
3. **der Person als Aufsichtsratsmitglied wesentliche Verstöße des Unternehmens gegen die Grundsätze einer ordnungsgemäßen Geschäftsführung wegen sorgfaltswidriger Ausübung ihrer Überwachungs- und Kontrollfunktion verborgen geblieben sind oder sie nicht alles Erforderliche zur Beseitigung festgestellter Verstöße veranlasst hat und sie dieses Verhalten trotz Verwarnung durch die Aufsichtsbehörde fortsetzt.**

(3) **Wenn das Gericht auf Antrag des Aufsichtsrats ein Aufsichtsratsmitglied abzuberufen hat, kann dieser Antrag bei Vorliegen der Voraussetzungen nach Absatz 2 Nummer 1 oder 2 auch von der Aufsichtsbehörde gestellt werden, wenn der Aufsichtsrat dem Abberufungsverlangen der Aufsichtsbehörde nicht nachgekommen ist.**

Übersicht

[39] Vgl. § 297 VAG Rn. 15 ff.
[40] So schon Goldberg/Müller/*Müller* § 82 VAG Rn. 9.

Schrifttum: *Brandl/Raschauer*, Abberufung eines Bankvorstandes – Parteistellung im Abberufungsverfahren geboten!, ZFR 2016, S. 107 ff.; *Dreher*, Die Kontrolle der Geschäftsleiter von Versicherungsunternehmen, ZVersWiss Supplement Jahrestagung 2006, S. 375 ff.; *Forst*, Rechtfertigen wertpapieraufsichtsrechtliche Maßnahmen zu Lasten von Vorstandsmitgliedern deren Abberufung oder die Kündigung des Anstellungsvertrags?, AG 2013, S. 279 ff.; *Schieferstein*, Verhältnismäßigkeitsüberlegungen zur Verwarnung nach § 36 Abs. 2 KWG als Maßnahme der Bankenaufsicht, WM 2009, S. 1725 ff.

1 **I. Allgemeines. 1. Entstehungsgeschichte.** § 303 VAG „**entspricht dem bisherigen § 87 Absatz 6 und 8 VAG a. F. und § 121c Absatz 5 und 6 VAG a. F.**“.[1] § 87 Abs. 8 VAG a. F., der heutige § 303 Abs. 2 und 3 VAG, war seinerseits durch den BT-Finanzausschuss in Abwandlung und Ergänzung des Art. 4 Nr. 16 Gesetz zur Stärkung der Finanzmarkt- und der Versicherungsaufsicht in § 87 VAG a. F. eingeführt worden.[2]

2 Mit **§ 303 VAG** hat der Gesetzgeber die Norm **gegenüber** ihren **Vorgängerregelungen** neu gegliedert, sie tatbestandlich um Verstöße gegen weitere Rechtsvorschriften ergänzt, überflüssige bzw. falsche Bezugnahmen gestrichen und den persönlichen Anwendungsbereich des Abs. 2 auf alle Personen erweitert, für die die fit-and-proper-Aufsicht nach § 24 VAG gilt.

2a Art. 13 Nr. 4 des **2. FiMaNoG**[3] hat **§ 303 VAG in Abs. 1 Satz 1 und Absatz 2 Nr. 2** mit Wirkung vom 25.6.2017 **geändert**. Nach diesen, im folgenden Text nicht kommentierten Änderungen besteht die Befugnis zur Abberufung von Geschäftsleitern auch bei schuldhaften Verstößen gegen die Verordnung (EU) 2015/2365 über die Transparenz von Wertpapierfinanzierungsgeschäften[4] und dazu erlassenen delegierten Rechtsakten.[5] **Mit Wirkung vom 1.1.2018** ändert Art. 14 Nr. 4 des **2. FiMaNoG § 303 VAG** erneut. Dies gilt für **Abs. 1 Satz 1 und Abs. 2 Nr. 2**. In Umsetzung von Art. 42 Abs. 2 lit. e Verordnung (EU) 2016/1011 über Indizes, die bei Finanzinstrumenten und Finanzkontrakten als Referenzwert oder zur Messung der Wertentwicklung eines Investmentfonds verwendet werden,[6] beziehen sich die – im folgenden Text nicht kommentierten – Regelungen auch auf diese Verordnung.

2b Art. 20 Nr. 7 **Gesetz zu Umsetzung der 4. EU-Geldwäscherichtlinie**[7] hat mit Wirkung vom 26.6.2017 **§ 303 Abs. 2 und 3 VAG geändert**. Dies ist in der nachfolgenden Kommentierung nicht berücksichtigt.

3 **2. Normzweck.** § 303 VAG begründet **spezielle Eingriffsbefugnisse** gegenüber bestimmten Personen bei einem bestimmten rechtswidrigen Verhalten von Versicherungsunternehmen oder der betreffenden Personen selbst. Die detailliert ausgestalteten und abgestuften Eingriffsbefugnisse sollen dem Grundsatz der Verhältnismäßigkeit und – wie der Gesetzgeber bei der letzten Reform der Vorgängervorschrift von § 303 Abs. 2 VAG im Jahr 2009 ausdrücklich betont hat – „steigenden Anforderungen an die Bestimmtheit der Eingriffsbefugnisse der Aufsichtsbehörde“[8] Rechnung tragen.

4 Die Regelung gehört damit in dem zutreffend verstandenen System von allgemeiner und **besonderer Legalitätsaufsicht**[9] zu dem letztgenannten Bereich. Aus der zuvor wiedergegebenen Begründung zu der Reform der Vorgängervorschrift von § 303 VAG im Jahr 2009 wird zugleich der fundamentale Widerspruch des deutschen Gesetzgebers hierzu bei Erlass des VAG v. 1.1.2016 einerseits bei dem – europarechtswidrigen – Festhalten an der allgemeinen Missstandsaufsicht in § 298 Abs. 1 VAG und andererseits bei einigen unbestimmten besonderen Eingriffstatbeständen deutlich.

5 **3. Europarechtlicher Hintergrund.** § 303 VAG hat **keinen europarechtlichen Hintergrund**. Weder nennt die Gesetzesbegründung eine Richtlinienvorgabe, die umzusetzen wäre, noch enthält die

[1] VAG-RegE 2014 BT-Drs. 18/2956, 291.
[2] RegE BT-Drs. 16/12783, 10; BT-Finanzausschuss Beschlussempfehlung und Bericht BT-Drs. 16/13684, 32.
[3] BGBl. 2017 I, 1693, 1810.
[4] ABl.EU 2015 L 337, 1 ff.
[5] RegE 2. FiMaNoG BT-Drs. 18/10936, S. 281.
[6] ABl.EU 2016 L 171, 1 ff.
[7] BGBl. 2017 I, 1822, 1870 f.
[8] BT-Finanzausschuss Beschlussempfehlung und Bericht zu dem RegE Gesetz zur Stärkung der Finanzmarkt- und der Versicherungsaufsicht BT-Drs. 16/13684, 32.
[9] Vgl. näher § 298 VAG Rn. 54 und § 294 VAG Rn. 31.

Entsprechungstabelle von Solva II-RL- zu VAG-Regelungen in dem VAG-RegE 2012[10] einen solchen Hinweis.

II. Verwarnung (Abs. 1). 1. Persönlicher Anwendungsbereich (Abs. 1 S. 1 Hs. 1). a) Tatsächlich leitende Personen. § 303 Abs. 1 S. 1 Hs. 1 VAG erfasst im persönlichen Anwendungsbereich zunächst „eine **Person, die ein Versicherungsunternehmen tatsächlich leitet**". Damit nimmt die Regelung Bezug auf ein Tatbestandsmerkmal, das zentral für § 24 Abs. 1 S. 1, Abs. 2 S. 1 VAG ist. 6

Eine detaillierte und – wie europarechtlich geboten – autonome Auslegung des Tatbestandsmerkmals der Person, die ein Versicherungsunternehmen tatsächlich leitet, ergibt, dass der deutsche Gesetzgeber und EIOPA mit der Erstreckung des Tatbestandsmerkmals auf das senior management von den Vorgaben der Solva II-RL und der Solva II-VO unzulässig abweichen. Das Tatbestandsmerkmal der tatsächlichen Leitung erfasst nämlich **ausschließlich folgende Personen:** Geschäftsleiter von Versicherungsunternehmen,[11] Mitglieder des Verwaltungsrats und geschäftsführende Direktoren einer monistischen Versicherungs-SE sowie faktische Vorstandsmitglieder eines Versicherungsunternehmens.[12] 7

Im vorliegenden Zusammenhang kommt hinzu, dass Art. 34 Abs. 2 Solva II-RL **Maßnahmen der Aufsichtsbehörde** gegen bestimmte Personen direkt **nur im Verhältnis zu Mitgliedern des VMAO**, also im Verhältnis zu Organmitgliedern, vorsieht. Aufsichtsbehördliche Maßnahmen gegen Mitglieder des senior management kämen infolge des vollharmonisierenden Charakters der Solva II-RL daher ohnehin nicht in Betracht.[13] 8

Mitglieder des Aufsichtsrats eines Versicherungsunternehmens gehören nach der Rechtsprechung des EuGH und nach fast einhelliger Ansicht in der versicherungsaufsichtsrechtlichen Literatur nicht zu den Personen, die ein Versicherungsunternehmen tatsächlich leiten.[14] 9

b) Für andere Schlüsselaufgaben verantwortliche Personen. Sodann erfasst § 303 Abs. 1 S. 1 Hs. 1 VAG „eine **Person, die (…) für andere Schlüsselaufgaben in einem Versicherungsunternehmen verantwortlich ist**". Auch mit diesem Tatbestandsmerkmal nimmt die Regelung Bezug auf den Tatbestand des § 24 Abs. 1 S. 1 VAG. 10

Die gebotene autonom europarechtliche Auslegung des Tatbestandsmerkmals führt dazu, dass der Begriff der Schlüsselaufgabe auf einer verfehlten deutschen Sprachfassung der Solva II-RL beruht und in zutreffender europarechtlicher Auslegung den Begriff der Schlüsselfunktion meint.[15] Im Sinne von § 303 Abs. 1 S. 1 Hs. 1 VAG sind daher für andere Schlüsselaufgaben eines Versicherungsunternehmens ausschließlich die **Inhaber der vier Schlüsselfunktionen** verantwortlich.[16] 11

Wenn § 303 Abs. 1 S. 1 Hs. 1 VAG in Bezug auf Schlüsselaufgaben von „**verantwortlich**" statt wie § 24 Abs. 1 S. 1 VAG von „wahrnehmen" spricht, liegt darin keine Abweichung, sondern ein zutreffender Sprachgebrauch. Nach der Solva II-RL und der Solva II-VO geht es bei den Schlüsselfunktionen nämlich nur um Personen, die einerseits für sie als Inhaber verantwortlich sind oder andererseits als dem Inhaber der Schlüsselfunktion nachgeordnete Mitarbeiter darin Aufgaben wahrnehmen.[17] Bei den Personen, die für andere Schlüsselaufgaben i. S. v. § 303 Abs. 1 S. 1 Hs. 1 VAG verantwortlich sind, handelt es sich also – wie zuvor ausgeführt – um die Inhaber der vier Schlüsselfunktionen. 12

Zwar betrifft der Begriff der Personen, die für eine andere Schlüsselaufgabe verantwortlich sind, in § 303 Abs. 1 S. 1 Hs. 1 VAG im Ergebnis nur die Inhaber der Schlüsselfunktionen. Aber auch **gegen Inhaber der Schlüsselfunktionen** sind direkte **Anordnungen der Aufsichtsbehörde nach § 303 VAG nicht möglich**. Dies folgt aus der Beschränkung der Eingriffsbefugnisse der Aufsichtsbehörden gegen natürliche Personen auf Organmitglieder nach Art. 34 Abs. 2 Solva II-RL.[18] Die Aufsichtsbehörde kann im übrigen Anordnungen nur gegen Versicherungsunternehmen selbst, vertreten durch den Vorstand, richten. Eine solche Anordnung kann z. B. ein Abberufungsverlangen in Bezug auf den Inhaber einer Schlüsselfunktion enthalten. 13

Die Gesetzesbegründung zu § 24 Abs. 1 S. 1 VAG zählt zu den Personen, die andere Schlüsselaufgaben wahrnehmen, die **Mitglieder des Aufsichtsrats eines Versicherungsunternehmens**. Damit will der VAG-Gesetzgeber eine nach der ganz überwiegenden Ansicht in der versicherungsaufsichtsrechtlichen Literatur[19] dem europäischen Versicherungsaufsichtsrecht nicht entsprechende allgemeine fit-and-proper-Aufsicht über Aufsichtsratsmitglieder begründen. Im Ergebnis zählen Aufsichtsratsmitglieder nicht zu dem persönlichen Normadressatenkreis von § 303 Abs. 1 VAG. Der Ausspruch einer Verwarnung gegen ein Mitglied des Aufsichtsrats, wie sie § 303 Abs. 2 Hs. 2 Nr. 3 VAG für ein 14

[10] Anlage zu BT-Drs. 17/9342.
[11] Vgl. zu diesem Begriff ausf. § 24 VAG Rn. 15 ff.
[12] Vgl. ausf. und m. w. N. § 24 VAG Rn. 20 ff.
[13] So ausf. schon *Dreher* VersR 2012, 1061, 1070 f.; ebenso *Pohlmann* in Düsseldorfer Vorträge zum Versicherungsrecht 2012, S. 29, 77 und *Bürkle* VersR 2014, 529, 533.
[14] Vgl. ausf. und m. w. N. § 24 VAG Rn. 28.
[15] Ausf. und m. w. N. § 24 VAG Rn. 34.
[16] Ausf. und m. w. N. § 24 VAG Rn. 32 ff.
[17] Vgl. ausf. und m. w. N. § 24 VAG Rn. 36 ff.
[18] Siehe Rn. 8.
[19] Vgl. ausf. § 24 VAG Rn. 48 ff.

Abberufungsverlangen voraussetzt, käme daher nur nach dem Grundsatz der Verhältnismäßigkeit gemäß § 297 VAG als mildere Maßnahme in Betracht. Da es sich bei der Verwarnung allerdings um einen Verwaltungsakt handelt, fehlt dafür die Ermächtigungsgrundlage. Die Aufsichtsbehörde kann jedoch stattdessen mildere Mittel wie Hinweise und Belehrungen sowie – jedenfalls nach der Rechtsprechung – Missbilligungen einsetzen.[20]

15 **2. Sachlicher Anwendungsbereich (Abs. 1 S. 1 Hs. 2).** Im sachlichen Anwendungsbereich fordert § 303 Abs. 1 Hs. 2 VAG, dass das **Versicherungsunternehmen gegen bestimmte Rechtsvorschriften „verstößt"**.[21] Voraussetzung ist also nicht, dass diejenigen Personen, die sich nach Hs. 1 im persönlichen Anwendungsbereich der Vorschrift befinden, rechtswidrig handeln, sondern dass das Versicherungsunternehmen selbst Rechtsverstöße begeht.

16 **Unerheblich** ist, ob ein Rechtsverstoß auf das **Handeln einer Person im persönlichen Anwendungsbereich** von Hs. 1 **oder** auf einem bestimmten Grad des **Verschuldens** wie in Abs. 2 Hs. 2 Nr. 2 zurückgeht, das dem Versicherungsunternehmen zurechenbar ist. Dies entspricht dem Telos der Aufsichtsbefugnis, natürliche Personen verwarnen zu können, wenn sie in einem Versicherungsunternehmen für bestimmte Angelegenheiten Verantwortung tragen.[22] Ob es zu Rechtsverstößen aufgrund von Handlungen, die solche Personen selbst verantworten, oder nur aufgrund von Organisations- oder Aufsichtsfehlern kommt, ist im Hinblick auf das Gewicht der Verstöße einerseits und die relativ milde Sanktion einer Verwarnung andererseits versicherungsaufsichtsrechtlich nicht von Belang.

17 Die **Rechtsverstöße**, die der Aufsichtsbehörde die Befugnis zum Ausspruch einer Verwarnung geben, sind in § 303 Abs. 1 Hs. 2 VAG **enumerativ** festgelegt. Im Ergebnis und in einer davon abweichenden, mit dem Versicherungsaufsichtsrecht beginnenden Reihung handelt es sich um Verstöße „gegen Bestimmungen"

– des VAG, wobei die zahlreichen, europarechtlich bedingten Korrekturen durch Auslegung des Gesetzes, die in der vorliegenden Kommentierung benannt sind, zu beachten sind,
– der Rechtsverordnungen zur Durchführung des VAG,[23]
– der Rechtsakte, die zur Durchführung der Solva II-RL erlassen werden, womit alle Rechtsakte der Ebenen 2 und 2.5[24] gemeint sind,
– des VVG,
– des GwG,
– der VO (EU) Nr. 648/2012 des EP und des Rates v. 4.7.2012 über OTC-Derivate, zentrale Gegenparteien und Transaktionsregister,[25]
– der Rechtsakte, die zur Durchführung der VO (EU) Nr. 648/2012 erlassen werden und
– „gegen Anordnungen der Aufsichtsbehörde", wobei dies im Sinne der europarechtlich zwingenden Legalitätsaufsicht[26] dahingehend zu verstehen ist, dass der aufsichtsbehördlichen Anordnung ihrerseits ein Rechtsverstoß zugrundliegen muss.

18 Fraglich ist, ob Halbsatz 2 dynamische oder statische Verweisungen enthält. Für eine statische Verweisung spricht z. B. in Bezug auf die VO (EU) Nr. 648/2012 deren konkrete Benennung ohne den sonst – vgl. z. B. §§ 28 Abs. 2, 35 Abs. 1 S. 1 Nr. 4, 295 VAG – bei Verweisen auf EU-Verordnungen vielfach üblichen Zusatz „in der jeweils geltenden Fassung". Ambivalent ist aber der Sprachgebrach „erlassenen" Rechtsakte, der sich entweder auf die zur Zeit des Inkrafttretens des VAG oder auf die zur Zeit der Anwendung des VAG „erlassenen" Rechtsakte beziehen kann. Nach dem Wortlaut von Hs. 2 im Übrigen und nach dem systematischen Verständnis sowie dem Telos von Hs. 2 handelt es sich im Ergebnis **grundsätzlich um dynamische Verweisungen**. Andernfalls wäre z. B. selbst ein Verstoß gegen eine erst nach dem 1.1.2016 in das zu diesem Zeitpunkt in Kraft getretene Gesetz eingefügte VAG-Vorschrift nicht erfasst. Gegen eine solche Auslegung spricht auch nicht das Vollständigkeitsprinzip für die Verkündung von Gesetzen und Verordnungen nach Art. 82 Abs. 1 GG. Alle in Bezug genommenen Gesetze und Verordnungen werden entweder im BGBl. oder im ABl. EU verkündet.

19 **3. Gegenstand der Verwarnung (Abs. 1 S. 2).** Nach § 303 Abs. 1 Satz 2 ist Gegenstand der Verwarnung „die Feststellung des entscheidungsrelevanten **Sachverhalts** und des hierdurch begründeten **Verstoßes**."

20 Die Verwarnung hat nach Satz 2 die **Rechtsnatur eines Verwaltungsakts** im Sinne von § 35 VwVfG. Dies hat der Gesetzgeber in § 303 VAG klargestellt, um Rechtssicherheit auch hinsichtlich der Rechtsmittel gegen eine Verwarnung zu schaffen.[27]

---

[20] Vgl. dazu § 298 VAG Rn. 83.
[21] Vgl. als Beispiel die Veröffentlichung der BaFin vom 22.5.2017 über die Verwarnung von Geschäftsleitern vom 4.11.2016 und BaFin-Jorunal 6/2017, 32.
[22] So im Ergebnis auch VAG-RegE 2014 BT-Drs. 18/2956, 291.
[23] Vgl. z. B. §§ 34, 39 VAG und ausf. zu den Verordnungen nach dem VAG Einl. Rn. 72 ff.
[24] Vgl. dazu Einl. Rn. 50 ff., 53 ff.
[25] ABl. EU 2012 L 201, 1.
[26] Vgl. die Erläuterungen zu § 294, 298 VAG.
[27] VAG-RegE 2014 BT-Drs. 18/2956, 291 f.

Der **Regelungsgegenstand** einer Verwarnung ist zweigeteilt: Zunächst fasst die Aufsichtsbehörde den Sachverhalt zusammen, wie er sich aus ihrer Sicht entscheidungserheblich darstellt. Sodann subsumiert sie den Sachverhalt unter den Tatbestand einer der in Abs. 1 S. 1 Hs. 2 genannten Bestimmungen bzw. stellt den Widerspruch zu einer darin ebenfalls genannten Anordnung der Aufsichtsbehörde fest. 21

4. Durchführung der Verwarnung. Die Aufsichtsbehörde „kann" nach § 303 Abs. 1 S. 1 Hs. 1 VAG eine Verwarnung aussprechen. Daher besteht **Ermessen** i. S. v. § 296 VAG. 22

Der **Grundsatz der Verhältnismäßigkeit** nach § 297 VAG hat für die Verwarnung als Aufsichtsbefugnis eine besondere Bedeutung. Dies gilt insbesondere gegenüber anderen Aufsichtsmaßnahmen, nämlich der Abberufung nach § 303 Abs. 2 und 3 VAG. In § 303 Abs. 2 Hs. 2 Nr. 2 und 3 VAG hat der Gesetzgeber entsprechende Regelungen getroffen. 23

Aus dem Grundsatz der Verhältnismäßigkeit folgt auch, dass die Aufsichtsbehörde im Hinblick auf die Geeignetheit und Erforderlichkeit einer Verwarnung **mildere, informelle Mittel des Eingreifens**, die ihr zur Verfügung stehen, in Betracht ziehen muss.[28] Dies gilt nach der Rechtsprechung für eine formlose Missbilligung, für eine bloße Belehrung und für einen Hinweis auf eine mögliche Anordnung.[29] 24

Wie bei allen Maßnahmen der Aufsichtsbehörde (auch) gegen natürliche Personen ist im Rahmen einer Abwägung die **besondere Grundrechtsrelevanz** solcher Maßnahmen zu berücksichtigen.[30] 25

Bei Maßnahmen nach § 303 VAG und damit auch bei Verwarnungen nach dessen Abs. 1 haben **Widerspruch und Anfechtungsklage** grundsätzlich **aufschiebende Wirkung**. § 310 Abs. 2 VAG bezieht § 303 VAG nicht in seinen Anwendungsbereich ein. 26

Eine **Erledigung** tritt nach der Rechtsprechung zum KWG, die auf das VAG zu übertragen ist, im Rechtsschutzverfahren eines Geschäftsleiters gegen eine Verwarnung grundsätzlich auch **nicht dadurch** ein, dass der Betroffene nach Erreichung der Altersgrenze **in den Ruhestand tritt**. Dies folge schon daraus, dass eine Bestellung als Geschäftsleiter eines anderen Instituts in Betracht komme und ehemalige Geschäftsleiter in der Praxis häufig Verwaltungs- oder Aufsichtsratsmandate übernähmen sowie eine Verwarnung im Rahmen einer solchen Bestellung von Bedeutung sein könne.[31] Die Verwarnung entfaltet also auch nach dem Ende einer Geschäftsleiterfunktion noch Wirkung. 27

Der **maßgebliche Zeitpunkt** für die Beurteilung der **Sach- und Rechtslage** und damit auch der Rechtmäßigkeit einer Verwarnung ist nach dieser Rechtsprechung im Fall eines Widerspruchs bzw. einer Anfechtungsklage derjenige des Erlasses des Widerspruchsbescheids, d. h. der letzten Behördenentscheidung. Zwar knüpfe die Verwarnung an vorausgegangenes Fehlverhalten an. Weiteres anschließendes Fehlverhalten im Widerspruchsverfahren dürfe jedoch nicht ausgeblendet werden, zumal es sich bei aufsichtsbehördlichen Maßnahmen wie einer Verwarnung oder der Abberufung „nicht um disziplinarische oder einen Makel bewirkende Maßnahme[n] handelt."[32] 28

Wohlverhalten des Geschäftsleiters **nach einer Verwarnung** führe – so die Rechtsprechung weiter – „nicht unbedingt zur Pflicht der Behörde, die Verwarnung aufzuheben". Ein solches Verhalten bewahre den Geschäftsleiter lediglich vor einem aufsichtsbehördlichen Abberufungsverlangen,[33] wie es auch nach § 303 Abs. 2 Hs. 2 Nr. 2 VAG der Fall ist. 29

Schließlich stellen sich noch die **gesellschafts- und zivilrechtlichen Fragen**, ob eine bestandskräftige aufsichtsbehördliche Verwarnung gegenüber einem Geschäftsleiter für den Aufsichtsrat des Unternehmens Anlass sein kann, aus wichtigem Grund **den Geschäftsleiter abzuberufen** und seinen **Dienstvertrag zu kündigen**. Maßgeblich dafür sind die Umstände des Einzelfalls im Hinblick vor allem auf die Gründe der Verwarnung sowie ihre Folgen für das Unternehmen. In der Regel dürfte allein der Ausspruch einer Verwarnung aber die Voraussetzungen für derart schwerwiegende Maßnahmen durch den Aufsichtsrat eines Unternehmens nicht erfüllen.[34] 30

III. Abberufungsverlangen und Tätigkeitsuntersagung (Abs. 2). 1. Persönlicher Anwendungsbereich (Abs. 2 Hs. 1). Der persönliche Anwendungsbereich von Abs. 2 Hs. 1 ist **wortlautidentisch** zu demjenigen von **Abs. 1 S. 1 Hs. 1**. Die dazu getroffenen Ausführungen beanspruchen daher im vorliegenden Zusammenhang uneingeschränkte Geltung. 31

Zu beachten sind allerdings die Einschränkungen, die sich aus den **personenbezogenen Tatbestandsmerkmalen der Nr. 2 und der Nr. 3** ergeben. Im persönlichen Anwendungsbereich von Abs. 2 Hs. 2 Nr. 2 oder Nr. 3 sind als betroffene Personen nämlich nur **Geschäftsleiter** oder **Aufsichtsratsmitglieder** erfasst. 32

---

[28] Vgl. § 298 VAG Rn. 83.
[29] Vgl. dazu auch *Schieferstein* WM 2009, 1725 ff.
[30] Vgl. näher § 24 VAG Rn. 35.
[31] *VGH Kassel* Urt. v. 22.5.2013 – 6 A 2016/11, BeckRS 2013, 54147.
[32] *VGH Kassel* Urt. v. 22.5.2013 – 6 A 2016/11, BeckRS 2013, 54147, auch unter Berufung auf BVerwG Urt. v. 6.12.1999 – 1 A 5/98, VersR 2000, 707.
[33] *VGH Kassel* Urt. v. 22.5.2013 – 6 A 2016/11, BeckRS 2013, 54147.
[34] Vgl. näher am Beispiel der wertpapieraufsichtsrechtlichen Verwarnung *Forst* WM 2013, 279, 283 ff.

33 Bei **Nr. 1** kommt die Besonderheit hinzu, dass nach Art. 34 Abs. 2 Solva II-RL wiederum **nur Organmitglieder** Adressaten eines direkt gegen eine natürliche Person gerichteten **Tätigkeitsverbots** sein können.[35] EG 99 S. 4 Solva II-VO bestätigt dies für den Fall der fit-and-proper-Aufsicht dadurch, dass er die Befugnis der Aufsichtsbehörde betont, von dem Unternehmen selbst die Ersetzung der betreffenden Person zu verlangen, die die Anforderungen nicht erfüllt.[36]

34 **2. Sachlicher Anwendungsbereich (Abs. 2 Hs. 2). a) Nr. 1.** Die nach Abs. 2 vorgesehenen Aufsichtsbefugnisse kann die Aufsichtsbehörde in drei Fällen ergreifen. Nach **Nr. 1** gilt dies, „wenn Tatsachen vorliegen, aus denen sich ergibt, dass die Person die Voraussetzungen des § 24 nicht erfüllt". Im Fall von Nr. 1 ist das Ergebnis der **fit-and-proper-Aufsicht** zu einer Person also, dass fachliche Eignung oder persönliche Zuverlässigkeit im Sinne von § 24 VAG nicht gegeben sind. Zwar spricht Nr. 1 allgemein von § 24 VAG. Aus der Gesetzesbegründung, der Absicht des Gesetzgebers, entsprechende Vorgängervorschriften fortzuführen, und dem systematischen Zusammenhang der Normen ergibt sich aber, dass allein die fit-and-proper-Aufsicht nach § 24 Abs. 1 VAG Bezugspunkt von Nr. 1 ist.

35 Zentral für Nr. 1 sind damit die **Tatbestandsmerkmale der Zuverlässigkeit und der fachlichen Eignung** nach § 24 Abs. 1 S. 1 VAG. Deren Auslegung sub specie von § 24 Abs. 1 VAG gilt daher uneingeschränkt auch im vorliegenden Zusammenhang von § 303 Abs. 2 Hs. 2 Nr. 1 VAG.[37]

36 Maßgeblich für Nr. 1 ist, dass **Tatsachen** vorliegen. Dies bedeutet, dass nur objektive oder objektivierbare Feststellungen in Betracht kommen.[38] Sie müssen anders als bloße Spekulationen, Vermutungen oder Verdachtsmomente darlegbar und beweisbar sein. Dabei trägt die Aufsichtsbehörde die materielle Beweislast.[39]

37 **Gegenüber Nr. 2 und Nr. 3 ist Nr. 1 subsidiär.**[40] Dies folgt aus den spezielleren Tatbeständen der Nr. 2 und der Nr. 3, die konkrete Rechtsverletzungen benennen, und aus der tatbestandlichen Voraussetzung einer Fortsetzung des Verhaltens trotz aufsichtsbehördlicher Verwarnung in Nr. 2 und Nr. 3. Wenn die Voraussetzung von Nr. 1, d. h. eine fehlende Zuverlässigkeit oder fachliche Eignung, bei solchen Rechtsverletzungen gegeben ist, könnte die Aufsichtsbehörde nach Nr. 1 vorgehen, ohne zuvor eine Verwarnung aussprechen zu müssen. Der Gesetzgeber geht im Hinblick auf den Grundsatz der Verhältnismäßigkeit und die Grundrechtsrelevanz der aufsichtsbehördlichen Maßnahmen aber davon aus, dass eine vorherige Verwarnung erforderlich ist, wenn Pflichtverletzungen im Sinne der Nr. 2 oder der Nr. 3 bei den davon erfassten Personen vorliegen.

38 **b) Nr. 2.** Nach **Nr. 2** muss ein „**Geschäftsleiter**" vorsätzlich oder fahrlässig gegen Rechtsvorschriften oder Anordnungen der Aufsichtsbehörde „verstoßen" haben und „trotz Verwarnung durch die Aufsichtsbehörde dieses Verhalten" fortsetzen.

39 Nr. 2 setzt damit eine **bestimmte Schuldform** voraus. **Vorsatz** umfasst alle Arten von Vorsatz, also sowohl die Absicht im Sinne von dolus directus ersten Grades als auch den direkten Vorsatz im Sinne von dolus directus zweiten Grades als auch den bedingten Vorsatz im Sinne von dolus eventualis. Ausreichend ist es daher, dass der Geschäftsleiter eine Pflichtverletzung im Sinne des bedingten Vorsatzes für möglich hält und billigend in Kauf nimmt. Mit dem Begriff der **Leichtfertigkeit** benennt der Gesetzgeber eine fast nur – aber dort häufig – im StGB oder im strafrechtlichen Zusammenhang wie in § 332 Abs. 2, 4, 4d VAG oder in § 405 Abs. 3a AktG als Gegenüberstellung zum Vorsatz gebräuchliche Schuldform. Sie entspricht im bürgerlichen Recht dem Begriff der groben Fahrlässigkeit. Dies bedeutet, dass der Geschäftsleiter die im Verkehr erforderliche Sorgfalt in besonders schwerem Maße verletzt haben muss. In dem Sinne ist der Begriff auch im vorliegenden Zusammenhang zu verstehen.

40 Der **Katalog der Bestimmungen**, gegen die ein Geschäftsleiter verstoßen haben muss, ist identisch mit dem in Abs. 1 S. 1 Hs. 2 genannten Katalog. Hinzu kommen als mögliche Verstoßgegenstände auch hier **aufsichtsbehördliche Anordnungen**. Alles dies ist wie bei Abs. 1 S. 1 Hs. 2 auszulegen, so dass nur solche Anordnungen in Betracht kommen, denen ihrerseits ein Rechtsverstoß zugrunde liegt.

41 Während Abs. 1 S. 1 Hs. 2 davon ausgeht, dass ein Versicherungsunternehmen „verstößt", setzt Abs. 2 Hs. 2 Nr. 2 voraus, dass die Person als Geschäftsleiter „verstoßen hat". Voraussetzung für ein Eingreifen der **Aufsichtsbehörde** ist aber weiter, dass die Person das Verstoßverhalten trotz Verwarnung durch die Aufsichtsbehörde fortsetzt. Die Aufsichtsbehörde kann daher **nach Nr. 2 nur unter zwei Voraussetzungen vorgehen**: Zum einen muss ein Verstoß noch andauern bzw. erneut erfolgen und zum anderen muss die Verstoßhandlung eine Verwarnung überdauern oder zeitlich danach erneut erfolgen. Schon dies zeigt, dass ein Eingriff in der Praxis nur selten gerechtfertigt sein dürfte.

42 Die **Fortsetzung** bezieht sich auf „dieses Verhalten" des Geschäftsleiters. Damit beschreibt der Tatbestand ein gesetz- oder anordnungswidriges Verhalten, wobei unerheblich ist, ob sich die Fortset-

[35] Siehe oben Rn. 8.
[36] Vgl. schon *Dreher* VersR 2012, 1061, 1070 f.
[37] Vgl. ausf. und m. w. N. § 24 VAG Rn. 54 ff. und 90 ff.
[38] So schon § 24 VAG Rn. 114.
[39] Ausf. *Dreher* ZVersWiss Supplement Jahrestagung 2006, 375, 404 f.
[40] So schon für § 87 Abs. 6 Nr. 1 VAG a. F. im Verhältnis zu dessen Nr. 2 FKBP/*Bähr* § 87 VAG Rn. 15.

zung in gleichartigen oder andersartigen Verstößen gegen die genannten Bestimmungen oder Anordnungen manifestiert. Erforderlich ist aber ein zeitlicher Zusammenhang zwischen dem Verhalten vor und nach der Verwarnung.[41] Jedenfalls bei einer Unterbrechung von etwa einem Jahr dürfte ein solcher Fortsetzungszusammenhang nicht mehr gegeben sein.

43 **c) Nr. 3. Nr. 3** erfasst **Aufsichtsratsmitglieder** in zwei Fällen: Im **ersten Fall** geht es um Verletzungen der **Überwachungspflicht** durch Mitglieder des Aufsichtsrats eines beaufsichtigten Unternehmens. Voraussetzung ist nämlich, dass „wesentliche Verstöße des Unternehmens gegen die Grundsätze einer ordnungsgemäßen Geschäftsführung wegen sorgfaltswidriger Ausübung ihrer Überwachungs- und Kontrollfunktion verborgen geblieben sind". Nr. 3 betrifft damit die Überwachungs- und Beratungsaufgabe des Aufsichtsrats bei (Versicherungs-)Unternehmen.[42] Es geht um die fehlerhafte Wahrnehmung der eigenen Aufgaben nach §§ 111, 116 AktG in dem zutreffend verstandenen Sinn, dass die Aufgabe des Aufsichtsrats auch eine zukunftsgerichtete Überwachung, d. h. eine Beratungsaufgabe, umfasst.[43] Nr. 3 geht von einer **„sorgfaltswidrigen Ausübung"** der Überwachungsaufgabe aus. Damit ist § 116 AktG[44] in Bezug genommen.[45] Die Regelung verweist für Aufsichtsratsmitglieder auf die entsprechende Geltung von § 93 AktG, ausgenommen dessen Abs. 2 S. 3. Aufsichtsratsmitglieder müssen ihre Aufgaben daher mit der Sorgfalt eines ordentlichen und gewissenhaften Aufsichtsratsmitglieds ausüben. Gegenstand dieser weit zu verstehenden Überwachungsaufgabe des Aufsichtsrats sind **„wesentliche Verstöße** des Unternehmens gegen die Grundsätze einer ordnungsgemäßen Geschäftsführung". Mit anderen Worten betrifft Nr. 3 nur erhebliche Pflichtverletzungen von Unternehmensmitarbeitern, in der Regel solche des Vorstands im Sinne von § 93 AktG, die „der Person als Aufsichtsratsmitglied (…) verborgen geblieben sind".

44 Der **zweite Fall** erfasst die Verletzung einer **Handlungspflicht** durch Mitglieder des Aufsichtsrats eines beaufsichtigten Unternehmens. Nr. 3 setzt nämlich voraus, dass ein Aufsichtsratsmitglied „nicht alles Erforderliche zur Beseitigung festgestellter Verstöße veranlasst hat". Mithin muss das betreffende Aufsichtsratsmitglied einen Verstoß des Unternehmens gegen die Grundsätze einer ordnungsgemäßen Geschäftsführung zumindest gekannt haben. Zusätzlich erforderlich ist aber, dass das Aufsichtsratsmitglied das ihm Mögliche zur Beseitigung nicht veranlasst hat. Dies bedeutet zum einen, dass es ausschließlich um die Abstellung des Verstoßes, nicht um dessen Sanktionierung z. B. durch Erhebung von Schadenersatzansprüchen gegen Verursacher und auch nicht um die Erlangung von Kompensation von D&O-Versicherungsunternehmen sowie ebenfalls nicht um die Ausübung der Personalkompetenz des Aufsichtsrats nach § 84 AktG geht. Zum anderen folgt aus dem Tatbestandsmerkmal der Veranlassung in Nr. 3, dass einzelne Aufsichtsratsmitglieder innerhalb des Gesamtaufsichtsrats nur die ihnen zur Verfügung stehenden gesellschaftsrechtlichen Möglichkeit nutzen müssen, um eine Beseitigung des Verstoßes herbeizuführen. Denn nur der Gesamtaufsichtsrat und nicht jedes einzelne Mitglied ist in der Lage, Beschlüsse im Verhältnis zum Vorstand zu fassen und durchzusetzen. Das einzelne Mitglied muss daher je nach Sachlage die Einberufung des Aufsichtsrats beantragen bzw. nach § 110 Abs. 2 AktG selbst vornehmen, in der Sitzung des Aufsichtsrats seine Bedenken vortragen, sie im Protokoll dokumentieren lassen und – nur im Sinne von Ultima-ratio-Maßnahmen – vom Amt zurücktreten oder – im Extremfall – an die Öffentlichkeit gehen.[46] In derartigen Fällen steht ein Aufsichtsratsmitglied aber weniger wegen eines möglichen Abberufungsverlangens durch die Aufsichtsbehörde als wegen der Gefahr von Schadenersatzansprüchen gegen sich selbst unter Druck, die es spätestens nach der verpflichtenden Verwarnung durch die Aufsichtsbehörde gegenwärtigen muss.

45 In beiden Fällen soll eine Pflichtverletzung des Aufsichtsratsmitglieds nach der **Begründung zu der Regelung**, die der **BT-Finanzausschuss** bei ihrer Einführung in den damaligen § 87 VAG a. F. als dessen Abs. 8 gegeben hat, „nur dann vorliegen, wenn das Kontrollorgan vom Vorstand des Unternehmens im Wesentlichen über die Lage des Unternehmens und seine Geschäftstätigkeiten informiert worden ist oder das Mitglied des Kontrollorgans aufgrund eigener Kenntnisse ernsthafte Zweifel an den vom Vorstand erteilten Informationen oder an der Geschäftspolitik haben musste."[47] Diese These war schon damals nicht und ist heute ebenso wenig tragfähig. Sie verkennt die Aufgabe des Aufsichtsrats, bei einer – auch nur vermeintlich – defizitären Information durch den Vorstand die Informationsversorgung im Sinne einer Holschuld selbst aktiv zu gestalten.[48] Insofern besteht eine eigene Organisa-

[41] So auch FKBP/*Bähr* § 87 VAG Rn. 22.

[42] Vgl dazu und dem Verhältnis zu den Aufgaben der Versicherungsaufsichtsbehörde ausf. *Dreher/Häußler* ZGR 2011, 471, 474 ff. sowie speziell zu der Wirksamkeitsprüfung nach § 107 Abs. 3 S. 2 AktG *Dreher/Hoffmann* ZGR 2016, 445 ff., jeweils m. w. N.

[43] Vgl. *Dreher/Häußler* ZGR 2011, 471, 475 m. w. N.

[44] Für die SE vgl. den Verweis auf § 116 AktG in Art. 51 VO SE Statut.

[45] Vgl. dazu sub specie der Versicherungsaufsicht *Dreher/Häußler* ZGR 2011, 471, 487 ff.

[46] Vgl. zum Ganzen z. B. *Hüffer/Koch,* AktG, 12. Aufl. 2016, § 116 Rn. 15 m. w. N. und schon *Dreher* JZ 1990, 896 ff.

[47] BT-Finanzausschuss Beschlussempfehlung und Bericht zu dem RegE Gesetz zur Stärkung der Finanzmarkt- und der Versicherungsaufsicht (BT-Drs. 16/12783) BT-Drs. 16/13684, 32.

[48] So auch Bähr/*Bürkle/Scheel* § 13 Rn. 187.

tionspflicht des Aufsichtsrats im Hinblick auf das Berichtswesen, die Teil seiner Überwachungsaufgabe ist.[49]

46 Nr. 3 wird unabhängig von der vorstehend genannten relativ hohen tatbestandlichen Schwelle in der Praxis durch die Aufsichtsbehörde wohl schon deshalb nur selten aktualisiert, weil ein betroffenes Aufsichtsratsmitglied sein pflichtwidriges Verhalten nach dem Tatbestand **trotz einer Verwarnung fortgesetzt** haben muss, bevor die Aufsichtsbehörde tätig sein kann.[50] Dieses Tatbestandsmerkmal ist wie das Identische bei Nr. 2 auszulegen.

47 **3. Aufsichtsbefugnisse und Durchführung (Abs. 2 Hs. 1).** Nach § 303 Abs. 2 Hs. 1 VAG kann die Aufsichtsbehörde die „Abberufung einer Person (…) verlangen und dieser Person die Ausübung ihrer Tätigkeit untersagen".[51] Auch in diesem Zusammenhang gelten die zuvor schon für die Aufsichtsmaßnahme Verwarnung nach Abs. 1 genannten Erwägungen zum **Ermessen**, zu dem **Grundsatz der Verhältnismäßigkeit** und zu der besonderen, hier nochmals gesteigerten **Grundrechtsrelevanz** einer aufsichtsbehördlichen Maßnahme.

48 Aus dem Grundsatz der Verhältnismäßigkeit in Verbindung mit der Grundrechtsrelevanz einer solchen Anordnung folgt, dass ein **Tätigkeitsverbot sachlich und zeitlich zu begrenzen** ist. Gegebenenfalls kommt auch nur eine Tätigkeitsteiluntersagung bzw. eine Teilabberufung in Betracht.[52]

49 Die **Verknüpfung der beiden Aufsichtsbefugnisse** durch das Wort „und" verdeutlicht, dass die Aufsichtsbehörde nicht nur eine der beiden Maßnahmen, sondern auch ein kumulatives Vorgehen wählen kann. Dies gilt, wenn eine Person, deren Abberufung die Aufsichtsbehörde verlangt, die Tätigkeit schon ab diesem Zeitpunkt wegen des Vorliegens schwerwiegender Gründe nicht mehr weiterführen sollte. Da die Durchführung einer Abberufung durch die gesellschaftsrechtlich zuständigen Gremien immer Zeit benötigt, kann die Aufsichtsbehörde durch ein zusätzliches Tätigkeitsverbot deren sofortige Wirksamkeit sichern. Hinzu kommt im umgekehrten Fall, dass auch bei einer Tätigkeitsuntersagung eine Abberufung erfolgen muss, um die organschaftliche Stellung eines Geschäftsleiters oder eines Aufsichtsratsmitglieds, die Anknüpfungspunkt von Aufsichtspflichten der Aufsichtsbehörde ist, zu beenden.[53]

50 Die ohnehin einschneidende aufsichtsbehördliche Befugnis, einer Person „die Ausübung ihrer Tätigkeit (zu) untersagen", betrifft eine bestimmte, in einem Unternehmen ausgeübte Tätigkeit. Sie ist **nicht** im Sinne einer aufsichtsbehördlichen Befugnis zur **Verhängung eines generellen Berufsverbots** in dem Bereich der Versicherungswirtschaft **oder** zu einem **über** den Bereich der **Versicherungswirtschaft hinaus reichenden Tätigkeitsverbot** zu interpretieren.[54]

51 Die **Anordnung** einer Tätigkeitsuntersagung hat infolge der zuvor mehrfach erwähnten Beschränkung der Anordnungsbefugnis der Aufsichtsbehörde auf Mitglieder des VMAO zum **Gegenstand**, die Tätigkeit als Geschäftsleiter oder als Aufsichtsratsmitglied bei einem Unternehmen, das der Versicherungsaufsicht unterliegt, zu untersagen. Dagegen kann die Aufsichtsbehörde z. B. einem Geschäftsleiter auf der Grundlage von Nr. 2 nicht eine Tätigkeit als Aufsichtsratsmitglied in einem solchen Unternehmen untersagen. Ob die Tätigkeitsuntersagung als Geschäftsleiter diejenige als Aufsichtsratsmitglied nachteilig infiziert, ist eine Frage der fit-and-proper-Aufsicht, sofern man entgegen der vorliegend vertretenen Ansicht eine solche Aufsicht über Aufsichtsratsmitglieder von Versicherungsunternehmen allgemein für zulässig hält.

52 Ein **Abberufungsverlangen** der Aufsichtsbehörde richtet sich nur **gegen das Unternehmen**, bei dem die betreffende Person beschäftigt ist. Dies führt zunächst zu der Frage, an wen die Aufsichtsbehörde das Abberufungsverlangen zu richten hat, wenn es um **Geschäftsleiter** geht. Betroffen ist auf Seite des Unternehmens nur die Passivvertretung, die typischerweise durch den Vorstand erfolgt.[55] Allerdings richtet sich die Anordnung auf die Abberufung eines Vorstandsmitglieds, sodass Interessenkonflikte auf Seiten des Vorstands möglich sind. Im Verhältnis zum Vorstand vertritt zwar der Aufsichtsrat das Unternehmen nach § 112 AktG. Eine allgemeine Vertretungsbefugnis im Verhältnis zu Dritten ergibt sich daraus aber nicht. Lediglich in Einzelfällen ist der Aufsichtsrat aufgrund spezieller Regelun-

[49] Vgl. nur *Hüffer/Koch,* AktG, 12. Aufl. 2016, § 116 Rn. 6 und 15 m. w. N. sowie zur dualistisch strukturierten Versicherungs-SE Art. 41 VO SE Statut.

[50] Zu der fehlenden Erfassung von Aufsichtsratsmitgliedern im persönlichen Anwendungsbereich des § 302 Abs. 1 VAG, der Verwarnungen betrifft, vgl. oben Rn. 9 und 14.

[51] Vgl. zu einem praktischen Beispiel für ein aufsichtsbehördliches Abberufungsverlangen das rechtlich überschießende Urteil des *VG Frankfurt a. M.* Urt. v. 8.7.2004 – 1 E 7363/03(1), VersR 2005, 57 und dazu ausf. § 24 VAG Rn. 64 sowie § 26 VAG Rn. 40.

[52] Ausf. *Dreher* ZVersWiss Supplement Jahrestagung 2006, 375, 409 f.; zustimmend *Bürkle* VersR 2016, 1145, 1154, der weiter zutreffend auf § 70 StGB mit der Fünfjahresregelfrist als Obergrenze selbst für Berufsverbote mit der Folge ihrer Übertragbarkeit auf Tätigkeitsverbote nach § 303 Abs. 2 VAG verweist.

[53] Dies übersieht FKPB/*Bähr* § 87 VAG Rn. 25, der im Fall einer Tätigkeitsuntersagung ein Abberufungsverlangen für überflüssig hält.

[54] Vgl. zur allgemeinen Anordnung einer director's disqualification auf kartellrechtlicher Grundlage ausf. *J. Schmidt* ZWeR 2010, 378 ff.

[55] Vgl. dazu für die unterschiedlichen Rechtsformen ausf. § 298 VAG Rn. 11 ff.

gen auch gegenüber Dritten vertretungsberechtigt.[56] Zur Vermeidung rechtlicher Probleme greift die Praxis daher vielfach – so z. B. auch im Verhältnis eines Unternehmens zu D&O-Versicherungsunternehmen, wenn es um die Deckung von Schadenersatzforderungen geht, die ein Vorstandsmitglied betreffen – zu einer Doppelvertretung durch Vorstand und Aufsichtsrat, d. h. konkret zu der Zustellung an beide Organe. Entsprechend sollte die Versicherungsaufsichtsbehörde verfahren, wenn es sich um die Zustellung eines Abberufungsverlangens handelt, das die Abberufung von Geschäftsleitern zum Gegenstand hat.

Betrifft ein aufsichtsbehördliches Abberufungsverlangen ein Mitglied des Aufsichtsrats, geht es in der **53** Regel um eine **Abberufung von Aufsichtsratsmitgliedern** nach § 103 Abs. 1 AktG, die von der Hauptversammlung gewählt sind.[57] In diesem Fall muss die Aufsichtsbehörde das Abberufungsverlangen an die Gesellschaft richten, die durch den Vorstand vertreten wird.

Weiter stellt sich bei einem **aufsichtsbehördlichen Abberufungsverlangen** die Frage, ob und in **54** welcher Weise der betreffenden Person **verwaltungsrechtlicher Rechtsschutz** zusteht. Die Frage ist zu bejahen. Die betreffende Person ist aufgrund des Charakters des Abberufungsverlangens als mehrfach belastender Verwaltungsakt[58] in Form des Eingriffs in ihr Grundrecht aus Art. 12 Abs. 1 GG selbst antragsbefugt.[59]

Die **zivilrechtliche Folgefrage** von Maßnahmen der Aufsichtsbehörde gegenüber einem Geschäfts- **55** leiter in Form eines Abberufungsverlangens und einer Tätigkeitsuntersagung geht dahin, ob eine solche Maßnahme oder erst recht beide zusammen die **Kündigung des Dienstvertrags aus wichtigem Grund** rechtfertigt. In der Regel dürfte dies der Fall sein.[60]

IV. Antrag auf gerichtliche Abberufung von Aufsichtsratsmitgliedern (Abs. 3). § 303 Abs. 3 **56** VAG geht von einer Situation aus, die die gerichtliche Abberufung von Aufsichtsratsmitgliedern auf Antrag des Aufsichtsrats nach **§ 103 Abs. 3 AktG** betrifft. Diese Regelung setzt einen wichtigen Grund in der Person des abzuberufenden Aufsichtsratsmitglieds voraus. Sie gilt nach § 189 Abs. 3 S. 1 VAG für den Aufsichtsrat eines VVaG,[61] über Art. 9 Abs. 1 lit. c ii VO SE Statut für das Aufsichtsratsmitglied einer dualistisch strukturierten Versicherungs-SE und aufgrund von § 303 Abs. 3 VAG i. V. m. § 33 Abs. 2 S. 1 VAG für den Verwaltungs- oder Aufsichtsrat eines öffentlich-rechtlichen Versicherungsunternehmens.

Gesellschaftsrechtlich ist der **wichtige Grund** als die **Unzumutbarkeit** der Fortsetzung der **weiteren Aufsichtsratsmitgliedschaft** zu sehen.[62] **57**

§ 303 Abs. 3 VAG betrifft zwei Fälle, in denen der Gesetzgeber die Unzumutbarkeit unterstellt, **58** nämlich das Vorliegen der Voraussetzungen nach **§ 303 Abs. 2 Hs. 2 Nr. 1 oder Nr. 2 VAG**.

Soweit es um **Nr. 1** geht, führt dies zurück zu der Frage der persönlichen Normadressateneigenschaft **59** von Aufsichtsratsmitgliedern nach § 24 VAG.

Die Nennung von **Nr. 2** ist nur als **Redaktionsfehler** zu verstehen. Eigentlich müsste Nr. 3 in **60** Bezug genommen sein. Nr. 2 betrifft nämlich nur Geschäftsleiter, also nicht Aufsichtsratsmitglieder. Dagegen adressiert Nr. 3 ebenso wie Abs. 3 ausschließlich Aufsichtsratsmitglieder. Hinzu kommt die vom Gesetzgeber gewollte Kontinuität von § 87 Abs. 8 S. 3 VAG a. F. durch die Übernahme in § 303 Abs. 3 VAG. Die frühere Regelung bezieht sich aber insgesamt nur auf Aufsichtsratsmitglieder und nennt als Parallele zu § 303 Abs. 2 Hs. 2 Nr. 3 VAG den damaligen § 87 Abs. 8 S. 2 VAG a. F.

Nach § 303 Abs. 3 VAG hat die Aufsichtsbehörde in den genannten beiden Fällen im Sinne einer **61** **aufsichtsbehördlichen Ersatzvornahme** ein **eigenes Antragsrecht** auf gerichtliche Abberufung eines Aufsichtsratsmitglieds. Voraussetzung dafür ist aber, dass die Aufsichtsbehörde zuvor gegenüber dem Gesamtaufsichtsrat des betreffenden Unternehmens eine Anordnung erlässt, ein bestimmtes Mitglied vom Gericht abberufen zu lassen, und der Aufsichtsrat dem Verlangen nicht nachgekommen ist. Allerdings ist der Wortlaut von Abs. 3 insoweit verfehlt, als der Aufsichtsrat selbst dem aufsichtsbehördlichen Verlangen nach Abberufung nicht nachkommen, sondern nur einen Antrag auf Abberufung bei Gericht stellen kann.[63] Daher geht es um ein aufsichtsbehördliches Verlangen an den Aufsichtsrat, den Antrag bei Gericht zu stellen. Die Aufsichtsbehörde muss dabei dem Aufsichtsrat eine angemessene Frist für die Prüfung und die eigene Antragstellung setzen. Denn erst nach deren Ablauf steht fest, dass der Aufsichtsrat das Verlangen nicht befolgt und die Aufsichtsbehörde den Antrag selbst stellen kann.

---

[56] Vgl. dazu z. B. *Leuering* FS Kollhosser, 2004, Bd. 2, 361 ff.

[57] Zu Sonderfällen der Anwendung von Mitbestimmungsgesetzen oder Entsenderechten vgl. Bähr/*Bürkle/Scheel* § 13 Rn. 176 ff.

[58] Vgl. dazu *Sachs* in Stelkens/Bonk/Sachs, VwVfG, 8. Aufl. 2014, § 50 Rn. 55.

[59] Ebenso im Ergebnis *Forst* WM 2013, 279, 285; FKBP/*Bähr* § 87 VAG Rn. 28; für das österreichische Recht *Brandl/Raschauer* ZFR 2016, 107 ff. gegen die den Rechtsschutz ablehnende Rechtsprechung des öVfGH, vgl. z. B. ö*VfGH* Beschl. v. 17.9.2015 – G 398–399/15, ZFR 2016, 290 f.

[60] Vgl. näher am Beispiel der entsprechenden wertpapieraufsichtsrechtlichen Maßnahmen *Forst* WM 2013, 279, 285 f.

[61] Mit Ausnahme von § 103 Abs. 2 AktG.

[62] Vgl. nur *Hüffer/Koch*, AktG, 12. Aufl. 2016, § 103 Rn. 10 m. w. N.

[63] Vgl. schon zu § 87 Abs. 6 VAG a. F. Bähr/*Bürkle/Scheel* § 13 Rn. 184.

62 Für die Durchführung der Aufsichtsmaßnahme nach § 303 Abs. 3 VAG gelten wiederum die Ausführungen zu den Maßnahmen nach Abs. 1 betreffend das **Ermessen**, die **Verhältnismäßigkeit** und die **besondere Grundrechtsrelevanz** entsprechend.[64]

63 **V. Verhältnis zu anderen Regelungen. § 303 VAG** ist ganz oder zum Teil von zahlreichen anderen VAG-Vorschriften **in Bezug genommen**. Dabei handelt es sich um §§ 62 Abs. 1 S. 2 Nr. 6, 169 Abs. 4 S. 1, 212 Abs. 3 Nr. 12, 293 Abs. 1 S. 1 Hs. 1, 332 Abs. 1 Nr. 2 lit. b VAG.

Widerruf der Erlaubnis

304

(1) [1] **Die Erlaubnis zum Geschäftsbetrieb ist zu widerrufen,**

1. **soweit das Versicherungsunternehmen ausdrücklich auf sie verzichtet,**
2. **wenn das Versicherungsunternehmen die Mindestkapitalanforderung nicht erfüllt und die Aufsichtsbehörde der Auffassung ist, dass der vorgelegte Finanzierungsplan offensichtlich unzureichend ist oder es dem Unternehmen nicht gelingt, innerhalb von drei Monaten nach Feststellung der Nichtbedeckung der Mindestkapitalanforderung den genehmigten Finanzierungsplan zu erfüllen,**
3. **wenn das Versicherungsunternehmen gemäß § 229 von dem Sicherungsfonds ausgeschlossen wurde oder**
4. **wenn das Insolvenzverfahren eröffnet ist.**

[2] **Der Widerruf der Erlaubnis steht den im Rahmen des Insolvenzverfahrens erforderlichen Rechtshandlungen des Versicherungsunternehmens nicht entgegen.**

(2) **Die Erlaubnis soll widerrufen werden, wenn das Versicherungsunternehmen seit der Erteilung innerhalb von zwölf Monaten von ihr keinen Gebrauch gemacht hat oder seit mehr als sechs Monaten den Geschäftsbetrieb eingestellt hat.**

(3) **Die Aufsichtsbehörde kann die Erlaubnis ganz oder teilweise widerrufen, wenn**

1. **das Unternehmen die Voraussetzungen für die Erteilung der Erlaubnis nicht mehr erfüllt oder**
2. **das Unternehmen in schwerwiegender Weise Verpflichtungen verletzt, die ihm nach dem Gesetz oder dem Geschäftsplan obliegen,**

(4) [1] **Die Aufsichtsbehörde unterrichtet die Aufsichtsbehörden aller übrigen Mitglied- oder Vertragsstaaten, in denen das Unternehmen seine Geschäftstätigkeit ausübt, und die Europäische Aufsichtsbehörde für das Versicherungswesen und die betriebliche Altersversorgung über den Widerruf der Erlaubnis.** [2] **Allein oder zusammen mit diesen Behörden trifft sie alle Maßnahmen, die geeignet sind, die Belange der Versicherten eines Erstversicherungsunternehmens oder die Interessen der Vorversicherer eines Rückversicherungsunternehmens zu wahren.** [3] **Insbesondere kann sie die freie Verfügung über die Vermögensgegenstände des Unternehmens einschränken oder untersagen sowie die Vermögensverwaltung geeigneten Personen übertragen.**

(5) **Nach dem Widerruf der Erlaubnis dürfen keine neuen Versicherungsverträge mehr abgeschlossen und früher abgeschlossene weder erhöht noch verlängert werden.**

(6) [1] **Bei Versicherungsvereinen auf Gegenseitigkeit wirkt der Widerruf der Erlaubnis für den gesamten Geschäftsbetrieb wie ein Auflösungsbeschluss.** [2] **Auf Anzeige der Aufsichtsbehörde wird der Widerruf in das Handelsregister eingetragen.**

(7) **§ 48 Absatz 4 Satz 1 und § 49 Absatz 2 Satz 2 des Verwaltungsverfahrensgesetzes über die Jahresfrist sind nicht anzuwenden.**

Übersicht

[64] Siehe oben Rn. 22 ff.

I. Allgemeines. 1. Entstehungsgeschichte. § 304 VAG regelt den **Widerruf** anders als das frühere VAG mit §§ 6 Abs. 5, 87 Abs. 1 bis 5, 121c Abs. 1 bis 4 VAG a. F. zusammenfassend in einer Vorschrift.[1] 1

Art. 13 Nr. 6 des **2. FiMaNoG**[2] hat mit Wirkung vom 25.6.2017 **§ 304 Abs. 3 Nr. 1 und Nr. 2 VAG geändert sowie** eine **neue Nr. 3 angefügt**. Diese – im folgenden Text nicht kommentierten – Änderungen setzen die Verpflichtung in Art. 22 Abs. 4 UAbs. 1 lit. c Verordnung (EU) 2015/2365 über die Transparenz von Wertpapierfinanzierungsgeschäften[3] um, im nationalen Recht „bei bestimmten Verstößen den zuständigen Behörden die verwaltungsrechtliche Möglichkeit einzuräumen, einem Unternehmen die Zulassung zu entziehen".[4] 1a

Art. 20 Nr. 8 **Gesetz zu Umsetzung der 4. EU-Geldwäscherichtlinie**[5] hat mit Wirkung vom 26.6.2017 **§ 304 Abs. 3 VAG geändert**. Dies ist in der nachfolgenden Kommentierung nicht berücksichtigt. 1b

2. Normzweck. § 304 VAG **setzt Art. 144, 170, 279 Solva II-RL um**. Dem europäischen Gesetzgeber geht es darum, in bestimmten Fällen das Ende der Erlaubnis zum Geschäftsbetrieb durch aufsichtsbehördlichen Widerruf herbeizuführen. Im Zuge der Umsetzung beseitigt der VAG-Gesetzgeber im Verhältnis zur früheren Rechtslage überflüssige Regelungen.[6] 2

3. Europarechtlicher Hintergrund. Den europarechtlichen Hintergrund für § 304 VAG bilden einige Regelungen der **Solva II-RL**. Hauptsächlich geht es um Art. 144 Solva II-RL i. V. m. EG 69 Solva II-RL. Zusätzlich von Bedeutung sind Art. 25a, 170, 279 Solva II-RL. 3

Die **Solva II-VO** konkretisiert den Entzug der Zulassung – so die europarechtliche Terminologie in der Solva II-RL – nicht. 4

II. „Ist"-Widerruf der Erlaubnis (Abs. 1). 1. „Ist"-Regelung. § 304 Abs. 1 S. 1 VAG geht davon aus, dass in vier darin genannten Fällen die Erlaubnis zum Geschäftsbetrieb **zu widerrufen** ist. Nach deutscher verwaltungsrechtlicher Methodik drückt der Gesetzgeber damit aus, dass die Aufsichtsbehörde kein Ermessen i. S. v. § 297 VAG hat.[7] 5

Allerdings dient § 304 Abs. 1 S. 1 VAG mit Nr. 1, 2 bzw. 3 der Umsetzung von Art. 144 Abs. 1 UAbs. 1 lit. a, UAbs. 2 Solva II-RL bzw. 279 Abs. 1 Solva II-RL. Die **Solva II-RL** geht für den Widerruf nach den Tatbeständen des § 304 Abs. 1 S. 1 Nr. 1 VAG von „kann", des § 304 Abs. 1 S. 1 Nr. 2 VAG von „entzieht" und des § 304 Abs. 1 S. 1 Nr. 4 VAG von „wird (…) widerrufen" aus. Darin liegt ein **differenziertes und konsequentes Regelungssystem**, das zeigt, wann der europäische Gesetzgeber, der den Begriff des Ermessens i. S. d. deutschen Verwaltungsrechts nicht kennt,[8] von einer **administrativen Entscheidungsfreiheit** ausgeht und wann nicht.[9] 6

Ein solches System bestätigen zunächst die beiden einzigen, im vorliegenden Zusammenhang einschlägigen EG der Solva II-RL. **EG 69 und 128 Solva II-RL** gehen für die Umsetzungstatbestände des 7

[1] VAG-RegE 2014 BT-Drs. 18/2956, 292.
[2] BGBl. 2017 I, 1693, 1810.
[3] ABl.EU 2015 L 337, 1 ff.
[4] RegE 2. FiMaNoG BT-Drs. 18/10936, S. 281.
[5] BGBl. 2017 I, 1822, 1871.
[6] Vgl. VAG-RegE 2014 BT-Drs. 18/2956, 292.
[7] Vgl. § 297 VAG Rn. 6.
[8] Vgl. ausf. *Schwarze*, Europäisches Verwaltungsrecht, 2. Aufl. 2005, S. 280 ff.; *von Danwitz*, Europäisches Verwaltungsrecht, 2008, S. 361 ff.
[9] Vgl. zu der Gewährung von Entscheidungsfreiräumen durch die Verwendung bestimmter Begriffe wie „kann" im EU-Recht z. B. *Sachs* in Stelkens/Bonk/Sachs, VwVfG, 8. Aufl. 2014, § 40 Rn. 8 und 25; *von Danwitz*, Europäisches Verwaltungsrecht, 2008, S. 363 ff.

§ 304 Abs. 1 S. 1 Nr. 2 und Nr. 4 VAG einheitlich davon aus, die Zulassung „sollte" widerrufen werden. Dies entspricht den zwingend formulierten Tatbeständen der Art. 144 Abs. 1 UAbs. 2, 279 Abs. 1 Solva II-RL. Sodann bestätigt auch die **Mitgliedstaatenoption** in Art. 144 Abs. 1 UAbs. 1 lit. a Hs. 2 Solva II-RL die Geschlossenheit der Solva II-Vorgaben für den Bereich des Widerrufs der Erlaubnis zum Geschäftsbetrieb. Eine solche Mitgliedstaatenoption gibt es innerhalb des Bereichs nur an dieser Stelle. Sie ist vom europäischen Gesetzgeber also bewusst gesetzt worden. Wie die anderen 45 Öffnungsklauseln für nationale Gesetzgeber in der Solva II-RL[10] belegt sie entsprechend der allgemein anerkannten europarechtlichen Methodenlehre das Regel-Ausnahme-Verhältnis von europarechtlichem Zwang und mitgliedstaatlicher Freiheit im Solvency II-System.

8 Umgekehrt liegt dem Wort „kann" in **§ 304 Abs. 1 S. 1 VAG** dagegen kein stimmiges Regelungskonzept, sondern sogar ein **widersprüchliches Vorgehen** zugrunde. Nach der Gesetzesbegründung wollte der Gesetzgeber an den zuvor geltenden VAG-Regelungen weitgehend festhalten.[11] Daher hat er den Wortlaut vieler früherer VAG-Regelungen identisch übernommen. Dies gilt auch für den Widerrufsgrund des § 304 Abs. 1 S. 1 Nr. 4 VAG im Verhältnis zu § 87 Abs. 2a S. 1 VAG a. F. mit der Wendung „wenn das Insolvenzverfahren eröffnet ist". Während im VAG a. F. in diesem Fall allerdings ein „Ist"-Widerruf und damit kein Ermessen[12] vorgesehen war, gilt für die neue Nr. 4 ein „Kann"-Widerruf, der ein Ermessen bedeuten würde. Die Begründung zu der neuen Regelung enthält zu dem Systemwechsel jedoch kein Wort. Dass ein solcher Wechsel mit dem Telos jeder Widerrufsregelung unvereinbar ist, einem insolventen Versicherungsunternehmen die Erlaubnis zum Geschäftsbetrieb zwingend zu entziehen, liegt auf der Hand.

9 Vor dem Hintergrund und infolge des vollharmonisierenden Charakters der Solva II-RL [13] ist das Wort **„kann"** in § 304 Abs. 1 S. 1 VAG **richtlinienkonform auszulegen**. Nach den europarechtlichen Vorgaben hat die Aufsichtsbehörde daher Ermessen nur bei den Widerrufsgründen der **Nr. 1**, während die Widerrufsgründe der **Nr. 2 und Nr. 4** zu gebundenen Entscheidungen führen. Der Widerrufsgrund der **Nr. 3** hat dagegen keinen europarechtlichen Hintergrund. Hier greift die „kann"-Formulierung des VAG-Gesetzgebers.[14]

10 **2. Widerrufsgründe (Abs. 1 S. 1). a) Nr. 1.** § 304 Abs. 1 S. 1 VAG nennt vier Gründe, die jeweils Voraussetzungen für den Widerruf der Erlaubnis zum Geschäftsbetrieb sein können. Nach **Nr. 1** gilt dies für den **ausdrücklichen Verzicht** auf die Erlaubnis zum Geschäftsbetrieb. Der europarechtliche Hintergrund ist Art. 144 Abs. 1 UAbs. 1 lit. a Solva II-RL.

11 **b) Nr. 2.** Einen **solvenzbezogenen Widerrufstatbestand** enthält **Nr. 2**. Er beruht auf EG 69 und Art. 144 Abs. 1 UAbs. 2 Solva II-RL. Nr. 2 regelt zwei trennbare Fälle:

– Den Widerruf wegen der Nichterfüllung der Mindestkapitalanforderung i. S.v § 135 Abs. 1 VAG, wenn die Aufsichtsbehörde einen vorgelegten Finanzierungsplan i. S. v. §§ 135 Abs. 2, 136 VAG für offensichtlich unzureichend hält.
– Den Widerruf wegen der Nichterfüllung der Mindestkapitalanforderung i. S. v. § 135 Abs. 1 VAG, wenn das Versicherungsunternehmen innerhalb von drei Monaten nach Feststellung der Nichterfüllung den genehmigten Finanzierungsplan nicht erfüllt.

12 **c) Nr. 3.** Der **Ausschluss aus dem Sicherungsfonds nach § 229 VAG** bildet nach **Nr. 3** einen Widerrufsgrund. Er hat keinen europarechtlichen Hintergrund.

13 **d) Nr. 4.** Die **Eröffnung des Insolvenzverfahrens** stellt nach **Nr. 4** schließlich ebenfalls einen Widerrufsgrund dar. Dies entspricht EG 128 und Art. 279 Abs. 1 Solva II-RL. Zwar geht es in diesem Zusammenhang auch um eine mögliche Fortführung des Unternehmens und um dessen Rechtschutz. Dennoch ist das Tatbestandsmerkmal „eröffnen" nicht im Sinne einer endgültigen, d. h. rechtskräftigen, Eröffnung auszulegen.[15] Hauptziel des Versicherungsaufsichtsrechts ist nämlich der Schutz der Versicherten und der Anspruchsberechtigten, der mit § 304 Abs. 4 und 5 VAG im Widerrufsfall sowohl Alt- als auch Neugläubiger erfasst.

14 **3. Rechtshandlungen im Insolvenzverfahren (Abs. 1 S. 2).** Auch wenn entsprechend dem zuvor Ausgeführten bei **Eröffnung des Insolvenzverfahrens** über das Vermögen eines Versicherungsunternehmens ein Widerruf der Erlaubnis zum Geschäftsbetrieb nicht optional, sondern zwingend ist, bedarf es im Rahmen eines solchen Verfahrens noch bestimmter **Rechtshandlungen**, insbesondere des Insolvenzverwalters. § 304 Abs. 1 S. 2 VAG schafft dafür in Umsetzung von Art. 279 Abs. 2 Solva II-RL die Voraussetzungen. Der Widerruf der Erlaubnis steht solchen Rechtshandlungen danach nicht im Wege. Art. 279 Abs. 2 Solva II-RL formuliert insoweit klarer, „dass bestimmte Geschäfte des Ver-

[10] Vgl. Einl. Rn. 86 und 94.
[11] Vgl. oben Rn. 1.
[12] Vgl. z. B. FKBP/*Bähr* § 87 VAG Rn. 8.
[13] Vgl. Einl. Rn. 83 ff.
[14] Vgl. dazu § 297 VAG Rn. 5.
[15] A. A. FKBP/*Bähr* § 87 VAG Rn. 8.

sicherungsunternehmens vom Liquidator und etwaigen von den zuständigen Behörden benannten Personen weiter betrieben werden, soweit dies für die Zwecke der Liquidation erforderlich oder angezeigt ist."

III. „Soll"-Widerruf der Erlaubnis (Abs. 2). 1. „Soll"-Regelung. Nach Abs. 2 **„soll"** die Erlaubnis in zwei Fällen **widerrufen** werden. Wie bei Abs. 1 stellt sich auch hier die Frage nach der Bedeutung des Wortes „soll". Im **deutschen Verwaltungsrecht** bedeutet eine solche Begriffsverwendung grundsätzlich fehlendes Ermessen der Aufsichtsbehörde.[16] 15

Den **europarechtlichen Hintergrund** von Abs. 2 bildet Art. 144 Abs. 1 UAbs. 1 lit. a Solva II-RL. Danach **„kann"** die Aufsichtsbehörde in den beiden fraglichen Fällen die Zulassung widerrufen. Entsprechend dem zu Abs. 1 Ausgeführten[17] könnte daher auch die „Soll"-Regelung von Abs. 2 richtlinienkonform auszulegen sein. 16

Art. 144 Abs. 1 UAbs. 1 lit. a Hs. 2 Solva II-RL enthält für die beiden Fälle allerdings eine **Mitgliedstaatenoption**. Danach gilt eine Ausnahme von der „Kann"-Regelung, wenn „der betreffende Mitgliedstaat in diesen Fällen das Erlöschen der Zulassung vorsieht". Mit anderen Worten ist eine mitgliedstaatliche Regelung möglich, die einen automatischen Entzug der Zulassung vorsieht, d. h. – im deutschen verwaltungsrechtlichen Sprachgebrauch – der Aufsichtsbehörde kein Ermessen gibt. Eine solche Regelung hat § 304 Abs. 2 VAG mit der „Soll"-Regelung zulässig getroffen. Zwar geht es hier nicht um das „Erlöschen", sondern um den Widerruf. Dies ist allerdings nur dem Umstand geschuldet, dass einerseits der europäische Gesetzgeber auf die in manchen Mitgliedstaaten seit Längerem getroffene Differenzierung von Erlöschen und Widerruf Rücksicht nimmt und andererseits der VAG-Gesetzgeber mit § 304 VAG gerade diese Unterscheidung bewusst aufgehoben hat.[18] Aus Sicht der Solva II-RL ist daher nicht die Terminologie eines mitgliedstaatlichen Versicherungsaufsichtsgesetzes, sondern der darin zum Ausdruck kommende Wille des Gesetzgebers zu einer per se-Beendigung der Erlaubnis in den erfassten Fällen maßgebend. 17

2. Fehlender Geschäftsbetrieb (Abs. 2 Alt. 1). Im ersten Fall, in dem die Aufsichtsbehörde die Erlaubnis zum Geschäftsbetrieb nach Abs. 2 widerrufen muss, macht ein Versicherungsunternehmen innerhalb von zwölf Monaten seit Erteilung der Erlaubnis keinen Gebrauch von ihr. Dies bedeutet, dass ein **Geschäftsbetrieb nicht vorliegt**. Zwar ist u. a. nach § 8 Abs. 1 VAG mit dem Geschäftsbetrieb der **Betrieb von Versicherungsgeschäften** gemeint. Nicht erforderlich ist im vorliegenden Zusammenhang aber, dass es bereits zum Abschluss von Versicherungsverträgen gekommen ist. Auch **Vorbereitungshandlungen**[19] wie Personalsuche, Anmietung von Geschäftsräumen, Aufbau von Produkterstellungsprozessen, eines Bestandsverwaltungssystems und/oder einer Vertriebsorganisation müssen dafür genügen. Dies folgt schon aus den komplexen wirtschaftlichen und rechtlichen Gegebenheiten für den Betrieb des Versicherungsgeschäfts in Form des tatsächlichen Abschlusses von Versicherungsverträgen in Verbindung mit dem Grundsatz der Verhältnismäßigkeit nach § 296 VAG. Wenn die BaFin selbst, wie im Januar 2017 z. B. im Fall der Basler Leben AG Niederlassung Deutschland/Frankfurter Leben Gruppe,[20] erst nach mehr als einem Jahr über die Bestandsübertragung eines Lebensversicherungsbestand auf eine Run-off-Gesellschaft entscheiden kann, kann eine Erlaubnis zum Geschäftsbetrieb umgekehrt nicht schon deshalb verfallen, weil es innerhalb eines Jahres nach Erteilung der Erlaubnis nicht schon zu dem Abschluss von Versicherungsverträgen, sondern nur zu deren Vorbereitung gekommen ist. Nur dies entspricht auch dem Telos der Regelung, sog. Vorratserlaubnisse zu vermeiden.[21] Hat ein Versicherungsunternehmen nach Erteilung der Erlaubnis Vorbereitungshandlungen der genannten Art unternommen, handelt es sich nicht um ein Fall der Erteilung einer Vorratserlaubnis, bei der auf absehbare Zeit keine konkrete Absicht erkennbar ist, den Unternehmensgegenstand zu verwirklichen. 18

3. Eingestellter Geschäftsbetrieb (Abs. 2 Alt. 2). Der zweite Fall des Abs. 2 setzt für einen Widerruf der Erlaubnis voraus, dass ein Versicherungsunternehmen **„seit mehr als sechs Monaten den Geschäftsbetrieb eingestellt** hat." Die zu dem ersten Fall vorstehend angeführten Erwägungen gelten für diesen zweiten Fall entsprechend. 19

IV. „Kann"-Widerruf der Erlaubnis (Abs. 3). 1. „Kann"-Regelung. § 304 Abs. 3 VAG gibt der Aufsichtsbehörde in zwei weiteren Fällen die Möglichkeit, die Erlaubnis zum Geschäftsbetrieb zu widerrufen. Dabei handelt es sich um zuvor in § 87 Abs. 1 Nr. 1 und 2 VAG a. F. erfasste Sachverhalte. Wie schon dort enthält auch § 304 Abs. 3 VAG eine **„Kann"-Regelung**. 20

Den europarechtlichen Hintergrund für § 304 Abs. 3 Nr. 1 und Nr. 2 VAG bildet **Art. 144 Abs. 1 UAbs. 1 lit. b, c Solva II-RL**. Da für die beiden Entzugsfälle nach dieser Vorschrift ebenfalls eine **„Kann"-Regelung** gilt, ist die entsprechende Umsetzung in dem VAG zutreffend. 21

[16] Vgl. § 297 VAG Rn. 6.
[17] Siehe oben Rn. 8 f.
[18] Vgl. VAG-RegE 2014 BT-Drs. 18/2956, 292.
[19] Vgl. ausf. *Dreher* FS 100 Jahre Stuttgarter Lebensversicherung a. G., 2008, 139, 142 ff.
[20] Vgl. Pressemeldung der Basler Versicherungen v. 5.1.2017.
[21] Vgl. Prölss/*Kollhosser,* 12. Aufl., § 6 VAG Rn. 12.

22 Vor diesem Hintergrund besteht für die **Aufsichtsbehörde** eine Widerrufsmöglichkeit und kein Widerrufszwang. Mit anderen Worten hat die Aufsichtsbehörde ein **Ermessen** i. S. v. § 297 VAG.

23 Die Aufsichtsbehörde muss im Rahmen der pflichtgemäßen Ausübung ihres Ermessens in Verbindung mit dem Grundsatz der Verhältnismäßigkeit nach § 296 VAG auch prüfen, ob sie „die Erlaubnis **ganz oder teilweise widerrufen**" will. Dieses Tatbestandsmerkmal ermöglicht der Aufsichtsbehörde, den Widerruf der Erlaubnis i. S. v. § 10 Abs. 2, 3 VAG auf einzelne Versicherungssparten zu beschränken. Es ist nur in Abs. 3, nicht aber in Absätzen 1 und 2 enthalten. Daraus folgt ein qualitativer Bedeutungsunterschied der Widerrufsgründe des Abs. 3 zu denen der Absätze 1 und 2.

24 **2. Fehlen der Erlaubnisvoraussetzungen (Abs. 3 Nr. 1).** Mit dem Tatbestandsmerkmal „**Voraussetzungen für die Erteilung der Erlaubnis**" in § 304 Abs. 3 Nr. 1 VAG ist das Tatbestandsmerkmal „Zulassungsvoraussetzungen" in Art 144 Abs. 1 UAbs. 1 lit. b Solva II-RL umgesetzt. Dieses Tatbestandsmerkmal ist **autonom europarechtlich auszulegen** i. S. v. Art. 14 bis 24 Solva II-RL. Maßgeblich für einen Widerruf ist also, ob eine der darin genannten Voraussetzungen für die Zulassung, die nach Art. 24 Solva II-RL bei einem Erstantrag zu der Verweigerung der Zulassung führen würde, nicht mehr gegeben ist.

25 Vor dem Hintergrund ist bei jedem Widerruf zugleich zu prüfen, ob der deutsche Gesetzgeber die Vorgaben der Solva II-RL zu den Voraussetzungen einer Zulassung mit **§§ 8 bis 21 VAG** jeweils zutreffend umgesetzt hat.

26 **3. Schwerwiegende Pflichtverletzung (Abs. 3 Nr. 2).** Möglich ist ein Widerruf nach Abs. 3 Nr. 2, wenn eine **schwerwiegende Pflichtverletzung** vorliegt. Sie muss sich auf „Verpflichtungen" beziehen, die dem Unternehmen „**nach dem Gesetz oder Geschäftsplan obliegen.**"

27 Klarer als die Umsetzungsnorm § 304 Abs. 3 Nr. 2 VAG, mit der der deutsche Gesetzgeber am Wortlaut des zuvor geltenden VAG festhalten wollte, spricht Art. 144 Abs. 1 UAbs. 1 lit. c Solva II-RL davon, das Versicherungsunternehmen müsse Verpflichtungen verletzt haben, „die ihm nach dem für das Unternehmen geltenden Recht obliegen." Die Erwägungen zu dem Bestehen einer **umfassenden Legalitätspflicht nach § 23 Abs. 1 S. 2 Hs. 1 VAG**[22] gelten daher auch hier. Zugleich bestätigt sich damit noch einmal die notwendige Reichweite der allgemeinen rechtlichen Überwachung als zentrale Aufgabe der Compliance-Funktion nach § 29 Abs. 1 VAG.[23]

28 Nach dem Wortlaut des Abs. 3 Nr. 2 müssen Pflichtverletzungen, die Anlass zu dem Widerruf geben sollen, bereits vorliegen. Ein **präventiver Widerruf** ist auch bei voraussichtlich drohenden Pflichtverletzungen **nicht** möglich.

29 Auch das Tatbestandsmerkmal **schwerwiegend** ist autonom europarechtlich auszulegen. Es hat in Art. 249 Abs. 2 lit. a, b Solva II-RL mit dem Tatbestandsmerkmal eines schwerwiegenden Verstoßes eine Parallele. Mit der Qualifizierung will der europäische Gesetzgeber generalisierend eine quantitative Schwelle beschreiben, um die härteste aller möglichen aufsichtsbehördlichen Maßnahmen, den (Teil-) Widerruf der Zulassung, zu qualifizieren. In einer Abstufung von einfachen, mittleren und schweren Pflichtverletzungen bedeutet dies, dass die Pflichtverletzung vorliegend den **höchsten Schweregrad** haben muss.

30 Nicht erforderlich ist dagegen trotz der Verwendung des Plurals im Tatbestandsmerkmal der verletzten „Verpflichtung", dass ein Versicherungsunternehmen mehrere Plichten oder eine bestimmte Pflicht mehrmals verletzt hat. Das folgt aus dem Telos der Vorschrift, die den Widerruf der Erlaubnis auch im Extremfall einer **einmaligen, besonders schwerwiegenden Pflichtverletzung** ermöglichen muss.[24] Maßgebend ist bei jeder Gewichtung von Pflichtverletzungen daher eine **qualitative Gesamtschau**.

31 **V. Aufsichtsbehördliche Annexmaßnahmen (Abs. 4). 1. Information von Aufsichtsbehörden (Abs. 4 S. 1).** Widerruft die Aufsichtsbehörde eine Erlaubnis, sieht § 304 Abs. 4 VAG einige Annexmaßnahmen vor. **Abs. 4 S. 1** betrifft eine **Informationspflicht der Aufsichtsbehörden im Verhältnis zu anderen Aufsichtsbehörden**. Eine solche Pflicht ist durch Art. 25a, 144 Abs. 2 UAbs. 1, 170 Abs. 1 Hs. 1 Solva II-RL veranlasst.

32 **Gegenstand** der Informationspflicht ist der Widerruf der Erlaubnis. Nicht erforderlich ist, dass der Widerruf bestands- oder rechtskräftig ist. Dies folgt daraus, dass bei einem Widerruf nach Art. 144 Abs. 2 UAbs. 1 Hs. 1 Solva II-RL die anderen Aufsichtsbehörden „verhindern" müssen, „dass das betroffene Versicherungs- oder Rückversicherungsunternehmen in ihrem Hoheitsgebiet (scil.: d. h. aller übrigen erfassten Staaten) neue Rechtsgeschäfte tätigt." Nur so lässt sich in anderen Mitglied- oder Vertragsstaaten der Schutz der Versicherungsnehmer und der Anspruchsberechtigten im Verhältnis zu einem Versicherungsunternehmen, dem in einem anderen Mitgliedstaat die Aufsichtsbehörde die Zulassung entzogen hat, während der Zeit eines aufsichtsbehördlichen Widerspruchs- oder gerichtlichen Klageverfahrens im Heimatstaat erzielen.

[22] Vgl. § 23 VAG Rn. 30 ff.
[23] Vgl. § 29 VAG Rn. 112 ff.
[24] A. A. Prölss/*Kollhosser,* 12. Aufl., § 87 VAG Rn. 9.

Adressaten sind die Aufsichtsbehörden der EU-Mitgliedstaaten und der EWR-Vertragsstaaten. Hinzu kommt EIOPA. 33

2. Wahrung der Interessen der Versicherten (Abs. 4 S. 2 und 3). Nach **§ 304 Abs. 4 S. 2 VAG** ist weitere Folge eines Widerrufs, dass die Aufsichtsbehörden **alle geeigneten Maßnahmen zum Schutz der Interessen der Versicherten** treffen. Europarechtliche Grundlage sind Art. 144 Abs. 2 UAbs. 2, 170 Abs. 1 Hs. 2 Solva II-RL. 34

Satz 2 geht dabei davon aus, die Aufsichtsbehörde handele **„allein oder zusammen** mit diesen Behörden", d. h. den nach Satz 1 informierten anderen Versicherungsaufsichtsbehörden. Art. 144 Abs. 2 UAbs. 2 Solva II-RL setzt dagegen voraus, dass die nationalen Aufsichtsbehörden „zusammen" mit den anderen Behörden handeln. Dies ist dahingehend zu verstehen, dass das betreffende Versicherungsunternehmen überhaupt Versicherungsverträge in einem anderen Mitglied- oder Vertragsstaat abgeschlossen hat und damit dessen Aufsichtsbehörde Maßnahmen ergreifen könnte. 35

Während Art. 144 Abs. 2 UAbs. 2 Solva II-RL nur von „Interessen der Versicherten" spricht, differenziert § 304 Abs. 4 S. 2 VAG zwischen „Belangen der Versicherten eines Erstversicherungsunternehmens" und den **„Interessen der Vorversicherer"**. Damit übernimmt Satz 2 den Sprachgebrauch von § 121c Abs. 4 S. 1 VAG a. F. Die Begründung zu § 304 Abs. 4 S. 2 VAG erklärt dies wie folgt: „Die in § 121c Absatz 4 S. 1 VAG a. F. genannten Vorversicherer sind Versicherte im Sinne des neuen Absatz 4, sie werden dennoch ausdrücklich genannt, weil bei Rückversicherungsunternehmen nicht dieselbe umfassende Aufsicht ausgeübt wird, wie bei Erstversicherungsunternehmen."[25] 36

Diese **Begründung** verweist auf die Differenzierung zwischen der Missstandsaufsicht bei Erstversicherungsunternehmen und der Legalitätsaufsicht bei Rückversicherungsunternehmen nach § 298 VAG. Die Missstandsaufsicht ist europarechtswidrig und aufgrund einer richtlinienkonformen Auslegung einheitlich im Sinne einer Legalitätsaufsicht zu verstehen.[26] Unabhängig davon hatte der Gesetzgeber bei Einführung von § 121c Abs. 4 S. 1 VAG a. F. die „Interessen der Vorversicherer" dahingehend konkretisiert, dass es um deren Interessen „an der Durchsetzbarkeit ihrer Forderungen" gehe.[27] 37

Bei den versicherungsaufsichtsbehördlichen Maßnahmen zur Wahrung der Interessen der Versicherten kann es nach **§ 304 Abs. 4 S. 3 VAG** „insbesondere" darum gehen, dass Aufsichtsbehörden „die freie Verfügung über die Vermögensgegenstände des Unternehmens einschränken oder untersagen sowie die Vermögensverwaltung geeigneten Personen übertragen." Die **Einschränkung der freien Verfügung über Vermögensgegenstände** ist der Aufsichtsbehörde aber auch schon im Vorfeld eines Widerrufs der Erlaubnis unter den tatbestandlichen Voraussetzungen von §§ 133, 134 Abs. 7 und 8, 135 Abs. 3, 243 Abs. 7 VAG möglich. Europarechtliche Grundlagen dafür sind Art. 140, 144 Abs. 2 UAbs. 2 Hs. 2 Solva II-RL. Die **Einsetzung eines Vermögensverwalters** bildet eine Ausschnittsregelung im Verhältnis zu dem Sonderbeauftragten nach § 307 VAG. 38

VI. Versicherungsvertragsbezogene Widerrufsfolgen (Abs. 5). Nach § 304 Abs. 5 VAG dürfen Unternehmen, deren Erlaubnis zum Betrieb von Versicherungsgeschäften widerrufen wurde, **keine neuen Versicherungsverträge** mehr abschließen. Dies entspricht Art. 144 Abs. 2 UAbs. 1 Hs. 2 Solva II-RL. 39

Abs. 5 verbietet darüber hinaus, **früher abgeschlossene Versicherungsverträge** zu **erhöhen oder** zu **verlängern**. In beiden Fällen geht es darum, dass das ursprüngliche Schuldverhältnis abgeändert wird. Dies steht einem neuen Vertragsschluss gleich. Versicherungsverträge können sich nach § 11 Abs. 1 VVG bei einer entsprechenden Vereinbarung im Fall einer unterbliebenen Kündigung verlängern. Unter Geltung des VAG in früherer Fassung wurde für diese Fälle auf die Gesetzesbegründung zu § 67 Abs. 1 VAG in der Fassung von 1901[28] verwiesen,[29] wonach das **Unternehmen** – falls rechtlich möglich – „in solchen Fällen für die rechtzeitige **Kündigung** der Versicherungsverträge Sorge zu tragen" habe. Mit Blick auf die autonome europarechtliche Auslegung des aus Art. 144 Abs. 2 UAbs. 1 Hs. 2 Solva II-RL in § 304 Abs. 5 VAG übernommenen Tatbestands ergibt sich diese Auslegung heute aus dem Telos der Solva II-Regelung. 40

In der Regel kennt ein künftiger Versicherungsnehmer den Widerruf der Erlaubnis nicht und ist daher wie die Versicherungsnehmer aus vor dem Widerruf der Erlaubnis abgeschlossenen Versicherungsverträgen schutzwürdig. § 134 BGB greift in diesen Fällen daher nicht. Entgegen dem Verbot des Abs. 5 abgeschlossene Versicherungsverträge sind infolgedessen **zivilrechtlich wirksam**. Schon wegen des sofortigen Kündigungsrechts des Versicherungsnehmers nach § 314 BGB, wenn er von dem Widerruf erfährt, hat dies aber kaum praktische Bedeutung. 41

---

[25] VAG-RegE 2014 BT-Drs. 18/2956, 292, der sprachliche Fehler entstammt dem Original.
[26] Ausf. § 298 VAG Rn. 70, 101 f.
[27] RegE Gesetz zur Änderung des VAG und anderer Gesetze v. 24.6.2004 BT-Drs. 15/3418, 24.
[28] Mot. 50.
[29] Vgl. Prölss/*Kollhosser*, 12. Aufl., § 87 VAG Rn. 17.

42 **VII. VVaG-bezogene Widerrufsfolgen (Abs. 6).** Nach § 304 Abs. 6 S. 1 VAG hat ein Widerruf der Erlaubnis insgesamt bei einem **VVaG** die Wirkung eines **Auflösungsbeschlusses**. Für den Teilwiderruf der Erlaubnis, der nach Abs. 3 möglich ist, greift Abs. 6 S. 1 also nicht.

43 Die **Wirkung** eines Auflösungsbeschlusses liegt darin, dass er den **Auflösungsbeschluss der obersten Vertretung** nach § 198 Nr. 2 VAG **ersetzt**. Darin erschöpft sich jedoch die Wirkung auch. Die in § 199 VAG genannten Voraussetzungen und Folgen eines Auflösungsbeschlusses der obersten Vertretung greifen also nicht. Dies gilt ohne weiteres wegen fehlender Anwendbarkeit der Regelung für das Quorum und die Möglichkeit zum Widerspruch nach § 199 Abs. 1 VAG, wegen Sinnlosigkeit für die aufsichtsbehördliche Genehmigung nach § 199 Abs. 2 S. 1 VAG und wegen des Regelungsvorrangs von §§ 304 Abs. 4 S. 2 und 3, Abs. 5 VAG für bestehende Versicherungsverträge.

44 Den **Widerruf** trägt das Registergericht nach § 304 Abs. 6 S. 2 VAG auf Anmeldung der Aufsichtsbehörde **in das Handelsregister** ein. Dies ersetzt die Anmeldung durch den Vorstand nach § 202 S. 1 VAG.

45 Der Auflösung des VVaG folgt das Verfahren der **Abwicklung** nach §§ 203 ff. VAG. Dabei kommt aber § 206 VAG mit der Möglichkeit, die Fortsetzung des Vereins durch die oberste Vertretung zu beschließen, aufgrund der auf die Aufsichtsbehörde übergegangenen Auflösungskompetenz nicht in Betracht.

46 § 304 Abs. 6 VAG ist **auf VVaG begrenzt**. Bei Versicherungsunternehmen in **anderen Rechtsformen**, nämlich der der Versicherungs-AG, der Versicherungs-SE und der öffentlich-rechtlichen Anstalten oder Körperschaften, führt der Widerruf der Erlaubnis nicht zu einer Auflösung qua lege. Unternehmen in diesen Rechtsformen können anders als VVaG nämlich ihren Unternehmensgegenstand grundsätzlich auf Nichtversicherungsgeschäfte verlagern. Der Widerruf der Erlaubnis dürfte für sie in der Regel aber faktisch ebenfalls einen Auflösungsgrund darstellen. Die Aufsichtsbehörde kann bei Unternehmen in anderen Rechtsformen als der des VVaG allerdings nach § 306 Abs. 1 S. 1 Nr. 5 VAG die Einberufung des obersten Organs der Gesellschaft, z. B. der Hauptversammlung der Versicherungs-AG, und die Auflösung der Gesellschaft zur Ankündigung als Beschlussgegenstand verlangen. Kommt das Gremium dem nicht nach, kann die Aufsichtsbehörde die Auflösung durch die Einsetzung eines Sonderbeauftragten nach § 307 VAG mittelbar herbeiführen.

47 **VIII. Unanwendbarkeit von VwVfG-Regelungen (Abs. 7).** Bei einem Widerruf der Erlaubnis nach § 304 VAG sind nach dessen Abs. 7 bestimmte **Regelungen des VwVfG nicht anzuwenden**.

48 Dies gilt zunächst für die **Jahresfrist nach § 48 Abs. 4 S. 1 VwVfG**. Nach dieser Regelung darf eine Behörde, wenn sie von Tatsachen Kenntnis erhält, „welche die Rücknahme eines rechtswidrigen Verwaltungsakts rechtfertigen", die Rücknahme „nur innerhalb eines Jahres seit dem Zeitpunkt der Kenntnisnahme" anordnen. Normzweck von § 48 Abs. 4 S. 1 VwVfG ist der Schutz des Vertrauens der Betroffenen.[30]

49 § 48 Abs. 4 VwVfG betrifft nach § 48 Abs. 1 S. 2 VwVfG nur **begünstigende Verwaltungsakte**. Die Erteilung der **Erlaubnis zum Geschäftsbetrieb** stellt einen solchen begünstigenden Verwaltungsakt dar. Nach § 48 Abs. 4 S. 1 VwVfG dürfte ein solcher Verwaltungsakt nur innerhalb einer Jahresfrist zurückgenommen werden, nachdem die Aufsichtsbehörde Kenntnis von den entsprechenden Tatsachen erhalten hat. Indem § 304 Abs. 7 VAG die Geltung von § 48 Abs. 4 S. 1 VwVfG im versicherungsaufsichtsrechtlichen Widerrufsverfahren ausschließt, bleibt ein Widerruf der Erlaubnis, die zu Unrecht erteilt wurde, auch nach Ablauf der Jahresfrist zulässig. Dies entspricht dem Gläubigerschutz als Hauptziel des Versicherungsaufsichtsrechts.[31]

50 Sodann schließt § 304 Abs. 7 VAG die **Jahresfrist nach § 49 Abs. 2 S. 2 VwVfG** aus. Diese Regelung verweist für den Widerruf eines rechtmäßig erteilten Verwaltungsakts auf die entsprechende Geltung von § 48 Abs. 4 VwVfG. Auch in dem Fall, in dem die Erteilung der Erlaubnis zum Geschäftsbetrieb rechtmäßig erfolgte, kann die Aufsichtsbehörde sie also unabhängig von der Jahresfrist des § 49 Abs. 2 S. 2 VwVfG widerrufen.

51 **IX. Begründung und Bekanntgabe des Widerrufs.** Nach **Art. 144 Abs. 3 Solva II-RL** ist „jede Entscheidung über einen Widerruf der Zulassung hinreichend zu begründen und dem betroffenen Versicherungs- oder Rückversicherungsunternehmen bekannt zu geben." Diese Anforderung hat der Gesetzgeber **im VAG nicht umgesetzt**.

52 Die Nichtumsetzung im VAG ist allerdings unschädlich. Der **Widerruf** der Erlaubnis bildet einen **Verwaltungsakt** i. S. v. § 35 VwVfG. Für ihn gelten daher die **Begründungserfordernisse des § 39 VwVfG**. Sie beziehen sich nach Satz 2 auf „die wesentlichen tatsächlichen und rechtlichen Gründe" sowie nach Satz 3 auf die ermessensleitenden Umstände.

53 Das Erfordernis der **Bekanntgabe des Verwaltungsakts** folgt aus **§ 41 VwVfG**. Adressat ist nach Abs. 1 S. 1 grundsätzlich derjenige Beteiligte, „für den er bestimmt ist" oder „der von ihm betroffen ist".

[30] Vgl. näher *Sachs* in Stelkens/Bonk/Sachs, VwVfG, 8. Aufl. 2014, § 48 Rn. 202.
[31] Vgl. Einl. Rn. 6 ff.

X. Verhältnis zu anderen Regelungen. Wenn ein Erstversicherungsunternehmen die Möglichkeit nach § 66 Abs. 2 VAG missbraucht, als führender Versicherer Versicherungsunternehmen aus anderen Mitgliedstaaten an Mitversicherungen zu beteiligen, verweist **§ 66 Abs. 3 S. 2 und 3 VAG** für die aufsichtsbehördlichen Maßnahmen „in schwerwiegenden Fällen" auf § 304 Abs. 3 bis 6 VAG. 54

Ein Erlaubniswiderruf nach **§ 71 VAG** wegen Verlusts der Erlaubnis zum Geschäftsbetrieb im Sitzland oder im Fall der Überwachung der Kapitalausstattung durch die „gewählte Aufsichtsbehörde" im Sinne von § 70 VAG ist unabhängig von der Widerrufsgrundlage des § 304 VAG. Sie bleibt daher nach § 71 S. 2 VAG ausdrücklich „unberührt". 55

Für kleine Versicherungsunternehmen gilt § 304 Abs. 1 Nr. 2 VAG nach **§ 212 Abs. 3 Nr. 13 VAG** nur mit besonderen Maßgaben. 56

Nach **Art. 316 Abs. 1 i. V. m. Anhang XXI B (6) Solva II-VO** legt die Aufsichtsbehörde die „Zahl der entzogenen Zulassungen" offen. 57

Befragung, Auskunftspflicht

305

(1) **Die Aufsichtsbehörde ist befugt,**

1. von den Versicherungsunternehmen, den Mitgliedern ihrer Organe, ihren Beschäftigten sowie den die Unternehmen kontrollierenden Personen Auskünfte über alle Geschäftsangelegenheiten sowie Vorlage oder Übersendung aller Geschäftsunterlagen, im Einzelfall insbesondere der allgemeinen Versicherungsbedingungen, der Tarife, der Formblätter und sonstigen Druckstücke, die das Versicherungsunternehmen im Verkehr mit den Versicherungsnehmern oder den abgebenden Versicherungsunternehmen (Vorversicherern) verwendet, sowie der Unternehmensverträge und der Verträge über Ausgliederungen zu verlangen und

2. von einem in die Gruppenaufsicht nach Teil 5 einbezogenen Versicherungsunternehmen und den in Nummer 1 genannten Personen Auskünfte und die Vorlage von Unterlagen über die Geschäftsangelegenheiten zu verlangen, die der Gruppenaufsicht dienlich sind; übermittelt das Versicherungsunternehmen diese Informationen trotz Aufforderung nicht innerhalb einer angemessenen Frist, so kann die Aufsichtsbehörde auch von allen anderen der Gruppe angehörigen Unternehmen die Auskünfte sowie Übersendung oder Vorlage der Unterlagen verlangen.

(2) **Die Aufsichtsbehörde hat die Rechte nach Absatz 1 Nummer 1 auch gegenüber**

1. Personen und Unternehmen, die als Versicherungsvertreter oder Versicherungsmakler an ein Versicherungsunternehmen Versicherungsverträge vermitteln oder vermittelt haben, soweit es für die Beurteilung des Geschäftsbetriebs und der Vermögenslage des Versicherungsunternehmens oder der Erfüllung der Pflichten nach den §§ 53 bis 56 oder den Vorschriften des Geldwäschegesetzes durch ein Versicherungsunternehmen im Sinne des § 52 bedeutsam ist;

2. Personen und Unternehmen, auf die ein Versicherungsunternehmen Funktionen oder Tätigkeiten ausgegliedert hat sowie seinen Abschlussprüfern und unabhängigen Treuhändern im Sinne dieses Gesetzes oder des Versicherungsvertragsgesetzes; die Auskunftspflicht der Abschlussprüfer beschränkt sich auf Tatsachen, die ihnen im Rahmen der Abschlussprüfung bekannt geworden sind;

3. Personen und Unternehmen, die eine Beteiligungsabsicht nach § 17 Absatz 1 Nummer 1 angezeigt haben oder die im Rahmen eines Erlaubnisantrags nach § 9 als Inhaber bedeutender Beteiligungen angegeben werden;

4. den Inhabern einer bedeutenden Beteiligung an einem Versicherungsunternehmen und den von ihnen kontrollierten Unternehmen;

5. Personen und Unternehmen, bei denen Tatsachen die Annahme rechtfertigen, dass es sich um Personen oder Unternehmen im Sinne der Nummer 4 handelt, und

6. Personen und Unternehmen, die mit einer Person oder einem Unternehmen im Sinne der Nummern 3 bis 5 nach § 15 des Aktiengesetzes verbunden sind.

(3) [1] **Ein Unternehmen, bei dem feststeht oder Tatsachen die Annahme rechtfertigen, dass es unerlaubte Versicherungsgeschäfte (§ 308 Absatz 1 Satz 1) betreibt oder dass es in die Anbahnung, den Abschluss oder die Abwicklung unerlaubter Versicherungsgeschäfte einbezogen ist oder war, sowie die Mitglieder der Organe und die Gesellschafter und Beschäftigten eines solchen Unternehmens haben der Aufsichtsbehörde auf Verlangen Auskünfte über alle Geschäftsangelegenheiten zu erteilen und Unterlagen vorzulegen.** [2] **Mitglieder eines Organs, Gesellschafter sowie Beschäftigte haben auf Verlangen auch nach Ausscheiden aus dem Organ oder dem Unternehmen Auskunft zu erteilen und Unterlagen vorzulegen.**

(4) **Absatz 3 ist entsprechend anzuwenden, soweit**

1. feststeht oder Tatsachen die Annahme rechtfertigen, dass Unternehmen oder Personen in die Anbahnung, den Abschluss oder die Abwicklung von Versicherungsgeschäften einbezogen sind, die in einem anderen Mitglied- oder Vertragsstaat oder in einem Drittstaat entgegen einem entsprechenden Verbot in diesem Staat erbracht werden, und

2. die zuständige Behörde des anderen Staats ein entsprechendes Ersuchen an die Aufsichtsbehörde stellt.

(5) **Wer nach den Absätzen 1 bis 3 zur Erteilung einer Auskunft verpflichtet ist, kann die Auskunft auf solche Fragen verweigern, deren Beantwortung ihn selbst oder einen der in § 383 Absatz 1 Nummer 1 bis 3 der Zivilprozessordnung bezeichneten Angehörigen der Gefahr strafrechtlicher Verfolgung oder eines Verfahrens nach dem Gesetz über Ordnungswidrigkeiten aussetzen würde.**

(6) [1]**Die Aufsichtsbehörde darf einzelne Daten aus der Datei nach § 24c Absatz 1 Satz 1 des Kreditwesengesetzes abrufen, soweit dies zur Erfüllung ihrer aufsichtlichen Aufgaben nach diesem Gesetz, insbesondere im Hinblick auf unerlaubt betriebene Versicherungsgeschäfte, erforderlich ist und besondere Eilbedürftigkeit im Einzelfall vorliegt.** [2]**§ 24c Absatz 4 des Kreditwesengesetzes ist entsprechend anzuwenden.**

Übersicht

Schrifttum: *Bärlein/Pananis/Rehmsmeier*, Spannungsverhältnis zwischen der Aussagefreiheit im Strafverfahren und den Mitwirkungspflichten im Verwaltungsverfahren, NJW 2002, S. 1825 ff.; *Dreher*, Verrechtlichung und Entrechtlichung – Gesetzgebung und Gesetzesanwendung im Kartellrecht, ZG 1987, S. 312 ff.; *Hartung*, Zum Umfang des Auskunftsverweigerungsrecht nach § 44 IV KWG, NJW 1988, S. 1070ff; *Schantz*, Der Zugriff auf E-Mails durch die BaFin, WM 2009, S. 2112 ff.; *Schröder/Hansen*, Die Ermittlungsbefugnisse der BaFin nach § 44c KWG und ihr Verhältnis zum Strafprozessrecht, ZBB 2003, S. 113 ff.; *Skauradszun*, Die Auskunfts- und Einsichtsrechte der BaFin nach § 46b KWG, WM 2016, S. 815 ff.

1 **I. Allgemeines. 1. Entstehungsgeschichte.** Die Regelungen in **Abs. 1** Nr. 1 und 2 entsprechen weitgehend § 83 Abs. 1 S. 1 Nr. 1 und 1a VAG a. F. Nr. 1 hat der Gesetzgeber an § 44 Abs. 1 S. 1 KWG angepasst und erweitert.[1]

2 **Abs. 2 Nr. 1 bis 6** fasst hinsichtlich des Personenkreises die Regelungen aus § 83 Abs. 5 S. 1 Nr. 1, 2 und Abs. 5a VAG a. F. zusammen. Die Erweiterung in § 83 Abs. 5 S. 1 Nr. 3 VAG a. F. auf Personen, die Leistungen aufgrund von Verträgen nach § 53d VAG a. F. erbringen, ist weggefallen.[2] Die

[1] Vgl. VAG-RegE 2014 BT-Drs.18/2956, 292.

[2] Aus Gründen der Rechtsvereinfachung ist § 53d VAG a. F. ersatzlos weggefallen, vgl. VAG-RegE 2014 BT-Drs. 18/2956, 229.

Einschränkung in Nr. 1 VAG („soweit") entspricht derjenigen aus § 83 Abs. 5 S. 2 VAG a. F. Nr. 2 hat der Gesetzgeber um Abschlussprüfer sowie unabhängige Treuhänder im Sinne des VAG oder des VVG ergänzt.[3]

Die Regelungen in **Abs. 3** entsprechen weitgehend § 83b Abs. 1 VAG a. F.[4] Den ursprünglichen Verweis auf § 81f Abs. 1 S. 1 VAG a. F. hat der Gesetzgeber in § 305 Abs. 3 VAG mit dem Hinweis auf § 308 Abs. 1 S. 1 VAG an die neue Systematik angepasst. Da Abs. 5 das Auskunftsverweigerungsrecht nunmehr auch für Abs. 3 regelt, ist der Verweis in § 83b Abs. 1 S. 3 VAG a. F. weggefallen. Die Regelung als solche ist durch die VAG-Novelle 2007 neu eingefügt worden.[5] 3

§ 305 Abs. 4 VAG hat mit § 83b Abs. 6 VAG a. F. eine Vorgängervorschrift. 4

Die Regelung in **Abs. 5** entspricht den §§ 83 Abs. 6, 83b Abs. 1 S. 3 VAG a. F.[6] 5

Abs. 6 übernimmt § 83b Abs. 8 VAG a. F. nahezu wortlautidentisch. 6

2. Normzweck. Neben der **allgemeinen Aufsichtsbefugnis** in § 298 VAG hat der Gesetzgeber als **lex specialis § 305 VAG** normiert. Hiernach kann die Aufsichtsbehörde Auskünfte über alle Geschäftsangelegenheiten sowie Vorlage oder Übersendung entsprechender Unterlagen verlangen. In Übereinstimmung mit der allgemeinen Zwecksetzung des Versicherungsaufsichtsrechts dient die Einräumung der Befugnisse nach § 305 VAG insbesondere dem Schutz der Versicherungsnehmer sowie der Begünstigten von Versicherungsleistungen.[7] 7

Das **Auskunftsrecht** bezweckt vor allem, eine umfassende Ermittlung und Aufklärung bestimmter Sachverhalte zu ermöglichen. Es lässt ferner die Überprüfung solcher Sachverhalte zu, die keiner Anzeige- oder Berichtspflicht unterliegen. § 305 VAG fungiert vor diesem Hintergrund als Ergänzung der regelmäßigen Anzeige-, Melde- und Berichtspflichten. 8

3. Europarechtlicher Hintergrund. § 83 VAG a. F. hat der Gesetzgeber mit dem 3. DurchführungsG/EWG zum VAG[8] in Umsetzung von Art. 19 Abs. 3 UAbs. 2 lit. a und b der 1. SchadensversRL[9] und Art. 23 Abs. 3 UAbs. 2 lit. a und b der 1. LebensversRL[10] geschaffen. Eine Erweiterung sah ferner Art. 6 der Richtlinie 98/78/EG[11] für die einer Versicherungsgruppe angehörenden Versicherungsunternehmen vor, die der Gesetzgeber mit dem ÄnderungsG zum VAG v. 21.12.2000[12] umgesetzt hat.[13] Im Hinblick auf die Solva II-RL setzt § 305 VAG, soweit es um Auskunftsverlangen und nicht um Anzeige- und Berichtspflichten geht, **Art. 35 Abs. 2 lit. a iii Solva II-RL** um, der die für Aufsichtszwecke beizubringenden Informationen betrifft.[14] Im Übrigen hat des Gesetzgeber **lediglich** mit § 305 Abs. 2 Nr. 1 VAG die Vorgabe in **Art. 35 Abs. 2 lit. b Solva II-RL** und mit der Erweiterung in § 305 Abs. 2 Nr. 2 VAG um die Abschlussprüfer und die unabhängigen Treuhänder **Art 35 Abs. 2 lit. c Solva II-RL** umgesetzt.[15] 9

II. Aufsichtsbefugnisse (Abs. 1). 1. Grundlagen. § 305 VAG gibt der BaFin – neben dem in § 306 VAG normierten Prüfungsrecht –[16] ein **wichtiges Sachverhaltsermittlungsrecht** jenseits der regelmäßigen Anzeige-, Melde- und Berichtspflichten,[17] die eine Initiative seitens der beaufsichtigten Unternehmen voraussetzen. Nach § 305 VAG können die Aufsichtsbehörden aktiv relevante Sachverhaltsinformationen verlangen bzw. einholen. Vergleichbare Befugnisse stehen den Behörden gegenüber Unternehmen und Personen u. a. im Bereich der Banken- und Wertpapieraufsicht auf der Grundlage des KWG[18] bzw. dem WpHG[19] sowie im Kartellrecht nach dem GWB[20] zu. 10

---

[3] Vgl. VAG-RegE 2014 BT-Drs. 18/2956, 292.

[4] Vgl. VAG-RegE 2014 BT-Drs. 18/2956, 292.

[5] Ebenso die Regelungen in § 306 Abs. 6, 7 VAG in Bezug auf die Verfolgung unerlaubter Versicherungsgeschäfte, vgl. hierzu die Ausführungen zu § 306 VAG Rn. 57 ff., 64 ff.

[6] Unzutreffend ist der Verweis auf Abs. 7 von § 83b VAG a. F. in VAG-RegE 2014 BT-Drs. 18/2956, 292.

[7] Siehe zu den Haupt- und Nebenzielen Einl. Rn. 6 ff.

[8] BGBl. 1994 I, 1630.

[9] I. d. F. des Art. 11 der 3. SchadensversRL; Richtlinie 92/49/EWG zur Koordinierung der Rechts- und Verwaltungsvorschriften für die Direktversicherung (mit Ausnahme der Lebensversicherung) sowie zur Änderung der Richtlinien 73/239/EWG und 88/357/EWG (Dritte Richtlinie Schadensversicherung) v. 18.6.1992, ABl. EU 1992 Nr. L 228, 1 ff.

[10] I. d. F. des Art. 13 der Richtlinie 2002/83/EG über Lebensversicherungen v. 5.11.2002, ABl. EU 2002 Nr. L 345, 1 ff.

[11] Richtlinie 98/78/EG über die zusätzliche Beaufsichtigung der einer Versicherungsgruppe angehörenden Versicherungsunternehmen v. 27.10.1998, ABl. EU 1998 Nr. L 330, 1 ff.; siehe hierzu auch unten Rn. 40.

[12] BGBl. 2000 I, 1857.

[13] Siehe auch die Ausführungen zu § 306 VAG Rn. 9.

[14] Vgl. VAG-RegE 2014 BT-Drs. 18/2956, 229.

[15] In Bezug auf den Abschlussprüfer orientiert sich die Ergänzung an § 37o Abs. 4 S. 1 WpHG; vgl. VAG-RegE 2014 BT-Drs. 18/2956, 229.

[16] Zum Verhältnis beider Normen siehe die Ausführungen zu § 306 VAG Rn. 10.

[17] Siehe hierzu etwa die §§ 35 ff. VAG sowie zu den KWG-Parallelen nur Boos/Fischer/Schulte-Mattler/*Braun* § 44 KWG Rn. 2 ff.

[18] Zum Verhältnis zu § 44 KWG siehe unten Rn. 57.

[19] Zum Verhältnis zu § 4 Abs. 3 WpHG siehe unten Rn. 64.

[20] Zum Verhältnis zu den Normen des GWB siehe unten Rn. 59.

11 Wie bei hoheitlichem Handeln im Allgemeinen so muss auch die BaFin bei Ausübung ihrer Befugnisse nach § 305 VAG im Besonderen die durch das **Verhältnismäßigkeitsprinzip** gezogenen rechtsstaatlichen Grenzen wahren.[21] Mangels eigenständigem Verfahrensrecht im VAG ist auch[22] für § 305 VAG auf das allgemeine Verwaltungsverfahrensrecht bzw. Verwaltungsvollstreckungsrecht sowie u. a. auf die Grundsätze des Polizei- und Ordnungsrechts zurückzugreifen

12 **2. Auskünfte, Vorlage und Übersendung. a) Informationsbedürfnis und Informationsumfang.** Nach Abs. 1 **Nr. 1** und **Nr. 2** kann die Aufsichtsbehörde Auskünfte über sowie Vorlage oder Übersendung[23] aller **Geschäftsunterlagen** verlangen. Die Aufzählung bestimmter Unterlagen in Nr. 1 ist **nicht abschließend** („insbesondere"). Sie erfasst die Allgemeinen Versicherungsbedingungen, die Tarife, die Formblätter und sonstigen Druckstücke, die das Versicherungsunternehmen im Verkehr mit den Versicherungsnehmern oder den abgebenden Versicherungsunternehmen (Vorversicherern) verwendet, sowie die Unternehmensverträge und die Verträge über Ausgliederungen.

13 Zur Wahrung des **Verhältnismäßigkeitsgrundsatzes** darf die BaFin von ihren Befugnissen nur im Fall eines konkreten Informationsbedürfnisses Gebrauch machen. Auch ohne ausdrücklichen[24] Hinweis in der Regelung setzen Auskunfts- und Vorlageverlangen einen **sachlichen Grund** voraus. Die BaFin kann von ihren Befugnissen nur nach **pflichtgemäßem Ermessen** Gebrauch machen.[25]

14 Zu der KWG-Parallele wird vertreten, dass es sich im Grundsatz um einmalige Auskünfte und Unterlagenvorlagen handelt, jedoch auch regelmäßig wiederkehrende Auskünfte und Unterlagenvorlagen im Sinne einer **„Reihen-Untersuchung"**[26] von der Regelung umfasst seien. So können regelmäßige Auskünfte z. B. quartalsweise Berichte über bestimmte Entwicklungen im Geschäftsbetrieb oder über die Behebung etwaiger Mängel umfassen.[27] Anlass für ein solches Verlangen könne etwa ein spezifischer Sachverhalt oder auch ein durch konkrete Umstände veranlasstes Informationsbedürfnis der BaFin sein. Im Übrigen sei eine allgemeine Ausweitung der Anzeige-, Einreichungs- und Vorlagepflichten durch regelmäßige und dauerhafte Auskunftsersuchen an alle Institute unzulässig. Im Grundsatz ist dieser Ansatz auf das Versicherungsaufsichtsrecht zu übertagen. Dabei kommt dem **Verhältnismäßigkeitsgrundsatz** eine besondere Bedeutung zu, um insbesondere eine allgemeine Ausweitung der Aufsichtsbefugnisse zu vermeiden.[28]

15 Die Aufsichtsbehörde kann auch bei § 305 VAG **vergangenes Verhalten** von Unternehmen in ihre Erwägungen einbeziehen:[29] Von einem Unternehmen, das Unterlagen stets zuverlässig übermittelt, kann die Aufsichtsbehörde in Zukunft ein entsprechendes Verhalten erwarten und z. B. die Vorlage von Kopien statt Originalen zulassen.

16 **b) Auskünfte.** Der Begriff der „**Auskunft**" ist im Hinblick darauf, dass die Befugnis der Verwirklichung der Ziele des Versicherungsaufsichtsrechts dient, grundsätzlich weit auszulegen.[30] Die Auskunftspflicht schließt die mündliche sowie schriftliche Beantwortung von Fragen ein.

17 Primär handelt es sich bei einer Auskunft um die Mitteilung von **Tatsachen**. Daneben kann dies die Abgabe von Beurteilungen und anderen subjektiven Einschätzungen umfassen, soweit dies für die in § 305 Abs. 1 VAG genannten „Geschäftsangelegenheiten" relevant ist.[31]

18 **c) Vorlage und Übersendung.** Bei einer **Vorlage** überlässt der Betroffene der Aufsichtsbehörde die verlangten Unterlagen im Original zur Einsichtnahme. In der Praxis kann sich die Aufsichtsbehörde auch mit Kopien begnügen; eine Pflicht dazu besteht jedoch nicht.

19 Die Vorlage umfasst ebenfalls den Zugriff auf **E-Mails** durch die BaFin. Dies gilt auch dann, wenn der Arbeitgeber seinen Arbeitnehmern gestattet, den Arbeitsplatzrechner zum privaten E-Mail-Verkehr zu nutzen und E-Mails, die von den Mitarbeitern nicht unmittelbar nach Eingang oder Versendung gelöscht werden, im Posteingang oder -ausgang zu belassen oder in anderen auf lokalen Rechnern oder zentral gesicherten Verzeichnissen des Systems abzuspeichern.[32] Die Rechtsprechung geht in einem solchen Fall davon aus, dass das Fernmeldegeheimnis nicht betroffen ist.[33] Ausreichenden Schutz im

[21] Zu den Schranken siehe unten Rn. 13 f.

[22] Vgl. in Bezug auf das Prüfungsrecht § 306 VAG Rn. 8.

[23] Die Übersendung erwähnt Nr. 2 Hs. 1 im Unterschied zu Nr. 2 Hs. 2 nicht. Vor diesem Hintergrund dürfte es sich bei dem Fehlen in Hs. 1 um ein Redaktionsversehen handeln. Ein Übersendungsverlangen ist auch hier umfasst.

[24] Ausdrücklich dagegen z. B. in § 309 Abs. 5 a. E. VAG und § 4 Abs. 3 S. 1 WpHG („soweit […] erforderlich ist").

[25] Vgl. § 297 VAG Rn. 15 ff.

[26] Boos/Fischer/Schulte-Mattler/*Braun* § 44 KWG Rn. 39.

[27] Vgl. Boos/Fischer/Schulte-Mattler/*Braun* § 44 KWG Rn. 39.

[28] Vgl. auch die Ausführungen unten Rn. 36, 50.

[29] Vgl. § 306 VAG Rn. 36.

[30] Vgl. ebenso zum Bankaufsichtsrecht Boos/Fischer/Schulte-Mattler/*Braun* § 44 KWG Rn. 34.

[31] Ebenso die h. M. in Bezug auf die KWG-Parallele, vgl. nur Boos/Fischer/Schulte-Mattler/*Braun* § 44 KWG Rn. 34 m. w. N.

[32] *VGH Kassel* Beschl. v. 19.5.2009 – 6 A 2672/08.Z, NJW 2009, 2470 ff. zu einem Auskunftsverlangen nach WpHG.

[33] *VGH Kassel* Beschl. v. 19.5.2009 – 6 A 2672/08.Z, NJW 2009, 2470 ff. zu einem Auskunftsverlangen nach WpHG.

Einzelfall gewährleisten dagegen die aus dem allgemeinen Persönlichkeitsrecht nach Art. 2 Abs. 1 i. V. m. Art. 1 Abs. 1 GG abgeleiteten Grundrechte auf **informationelle Selbstbestimmung** bzw. auf **Gewährleistung der Vertraulichkeit und Integrität informationstechnischer Systeme**.[34]

Regelmäßig kommen für eine **Übersendung** – zumindest in einem ersten Schritt – ausschließlich Kopien in Betracht. 20

3. Auskunftspflichtige Unternehmen und Personen (Abs. 1). a) Versicherungsunternehmen, Organmitglieder, Beschäftigte und kontrollierende Personen (Abs. 1 Nr. 1). Nach **Nr. 1** sind das **Versicherungsunternehmen**, die Organmitglieder, die Beschäftigten sowie die das Unternehmen kontrollierenden Personen zur Auskunft und Vorlage verpflichtet. Der Gesetzgeber hat die Regelungen an § 44 Abs. 1 S. 1 KWG angepasst und erweitert, indem er die Formulierung „Mitgliedern ihres Vorstandes" durch „Mitgliedern ihrer Organe" ersetzt hat. Mit diesem auch bei § 308 Abs. 3 VAG gewählten Vorgehen schießt der Gesetzgeber allerdings über das Ziel hinaus. Denn auch Haupt-, Träger- oder Abgeordnetenversammlungen sind Organe, so dass sich die Abgrenzung aus dem Tatbestandsmerkmal der Mitgliedschaft ergibt, das in den genannten Fällen nicht erfüllt ist. 21

Das Versicherungsunternehmen können seine gesetzlichen **Vertreter** oder andere **beauftragte Personen** vertreten. Dazu zählen auch externe Dienstleister und andere beauftragte Personen (z. B. Rechtsanwälte). Aufgrund der in solchen Fällen häufig bestehenden Verschwiegenheitspflichten setzt dies jedoch eine gesonderte Ermächtigung durch das Versicherungsunternehmen voraus.[35] 22

Betroffene **Organe** sind grundsätzlich der Vorstand und der Aufsichtsrat. Die Auskunftspflicht ist nicht **höchstpersönlich** zu erfüllen. 23

Will die Aufsichtsbehörde im Rahmen einer örtlichen Prüfung nach § 306 VAG mit **Mitarbeitern** des betroffenen Versicherungsunternehmens, die nicht selbst Normadressaten sind, „Einzelgespräche" führen, bedarf sie dafür der Zustimmung der gesetzlichen Vertreter des Unternehmens.[36] 24

b) In die Gruppenaufsicht einbezogene Versicherungsunternehmen, Organmitglieder, Beschäftigte, kontrollierende Personen und gruppenangehörige Unternehmen (Abs. 1 Nr. 2). Gemäß Abs. 1 **Nr. 2 Hs. 1** betrifft die Auskunfts- und Vorlagepflicht auch ein in die **Gruppenaufsicht** nach §§ 245 ff. VAG einbezogenes Versicherungsunternehmen. Die Aufsichtsbehörde kann nach Nr. 2 weiter von den in Nr. 1 genannten Personen Auskunft und Vorlage von Unterlagen über die „Geschäftsangelegenheiten verlangen, die der Gruppenaufsicht dienlich sind". 25

Nach Abs. 1 **Nr. 2 Hs. 2** „kann die Aufsichtsbehörde auch von allen **anderen** der Gruppe angehörigen Unternehmen die Auskünfte sowie Übersendung oder Vorlage der Unterlagen verlangen", wenn das nach Hs. 1 originär betroffene Versicherungsunternehmen im Rahmen der Gruppenaufsicht diese Informationen trotz Aufforderung nicht innerhalb einer angemessenen Frist erteilt. Die Ausweitung der Verpflichtungen durch Nr. 2 dient insgesamt einer effektiven Aufsicht auch auf Gruppenebene. 26

III. Erweiterung des Kreises auskunftspflichtiger Unternehmen und Personen (Abs. 2). **§ 305 Abs. 2 VAG** weitet den Kreis der auskunfts- und vorlagepflichtigen **Personen und Unternehmen** aus. 27

Mit **Nr. 1** kommen wie nach § 306 Abs. 2 Nr. 1 VAG **Versicherungsvertreter und Versicherungsmakler** in die Reichweite der Aufsichtsbehörden. 28

Abs. 2 **Nr. 2** betrifft Fälle der **Ausgliederung** nach § 32 VAG, in denen die Aufsichtsbehörden die Befugnisse nach § 305 Abs. 1 Nr. 1 VAG auch gegenüber Personen und Unternehmen als Dienstleistern besitzen sollen. § 305 Abs. 2 Nr. 2 VAG bildet damit eine speziell der Aufsichtsbefugnis der Aufsichtsbehörden gewidmete Parallele zu § 299 Nr. 1 VAG. Die generelle Aufsichtsunterworfenheit von Dienstleistern in Ausgliederungsfällen nach § 299 Nr. 1 VAG bedarf aufgrund der Abweichung von den Vorgaben der Solva II-RL und der Solva II-VO der richtlinienkonformen Auslegung.[37] Dies gilt grundsätzlich auch für § 305 Abs. 2 Nr. 2 VAG,[38] sodass die Auskunftsbefugnis nur in den von Art. 274 Abs. 3 i. V. m. Art. 4 lit. b, h und i Solva II-VO genannten Fällen besteht.[39] Die Normadressaten des § 305 Abs. 2 Nr. 2 VAG hat der Gesetzgeber um **Abschlussprüfer** sowie unabhängige **Treuhänder** im Sinne des VAG oder des VVG ergänzt, „da diese nicht Tätigkeiten ausüben, die ansonsten vom Versicherungsunternehmen selbst ausgeübt werden könnten, wie es Voraussetzung für die Annahme einer Ausgliederung wäre."[40] Damit befolgt der Gesetzgeber zugleich die Umsetzungspflicht nach 29

[34] Kritisch hierzu *Schantz* WM 2009, 2112 ff., 2117, nach dem § 4 Abs. 3 S. 1 WpHG – insbesondere unter dem Aspekt der Wesentlichkeitstheorie sowie dem Mangel eines Richtervorbehalts – den verfassungsrechtlichen Vorgaben für einen Eingriff in das Grundrecht auf Gewährleistung der Vertraulichkeit und Integrität informationstechnischer Systeme und das Fernmeldegeheimnis in vielerlei Hinsicht nicht genüge.

[35] So auch zu § 44 KWG Boos/Fischer/Schulte-Mattler/*Braun* § 44 KWG Rn. 28.

[36] Ebenso FKBP/*Bähr* § 83 VAG Rn. 6; a. A. zum KWG Boos/Fischer/Schulte-Mattler/*Braun* § 44 KWG Rn. 33.

[37] Vgl. § 299 VAG Rn. 7 ff.

[38] Vgl. *Ballmaier,* Das Outsourcing von Risikomanagement, Compliance und interner Revision nach Solvency II, 2017 (im Druck), 5. Teil D. II.3.

[39] Vgl. näher § 299 VAG Rn. 9.

[40] Vgl. VAG-RegE 2014 BT-Drs. 18/2956, 292.

Art. 35 Abs. 2 lit. c Solva II-RL. Aufgrund der materiell-rechtlichen Parallelen ist im Übrigen auf die Ausführungen zur örtlichen Prüfung nach § 306 VAG zu verweisen.

30 Hintergrund der Regelungen der **Nr. 3 bis 6** ist eine effektive **Anteilseignerkontrolle** durch Auskunftserteilung und Vorlagepflicht. Die Regelungen sind im Zusammenhang mit der Befugnis zur örtlichen Prüfung im Sinne des § 306 VAG zu sehen.

31 **IV. Verfolgung unerlaubter Versicherungsgeschäfte (Abs. 3).** Bei der Verfolgung unerlaubter Versicherungsgeschäfte setzt die Befugnis der Aufsichtsbehörden nach **Abs. 3** nicht voraus, dass das Betreiben unerlaubter Versicherungsgeschäfte bereits feststeht. Nach Abs. 3 **S. 1** genügt es nämlich, dass „Tatsachen die Annahme" rechtfertigen, dass ein Unternehmen unerlaubte Versicherungsgeschäfte betreibt. Für die „Untersuchung, ob Geschäfte in der genannten Art unerlaubt getätigt werden, bedarf es demnach keiner hohen Schwelle."[41] Vor dem Hintergrund des Zwecks der Norm, unerlaubte Versicherungsgeschäfte zu verhindern bzw. im Vorfeld aufzuklären, „muss es der Aufsichtsbehörde möglich sein, schon bei **niedrigschwelligen** Erkenntnissen aktiv die Aufklärung des Sachverhalts und der näheren Umstände zu betreiben."[42]

32 Das Merkmal der „Tatsachen, die die Annahme rechtfertigen" ist von dem bloßen **Verdacht** abzugrenzen. „Ein solcher liegt vor, wenn gerade keine Tatsachen vorliegen, sondern Indizien oder Anzeichen von Dritten, die der Aufsichtsbehörde bloße für sie auffällige Umstände mitteilen."[43]

33 Gemäß Abs. 3 **S. 2** haben Mitglieder eines Organs, Gesellschafter sowie Beschäftigte „auch nach **Ausscheiden** aus dem Organ oder dem Unternehmen" der Aufsichtsbehörde auf deren Verlangen hin Auskunft zu erteilen und Unterlagen vorzulegen. Die Ausweitung soll verhindern, dass sich ein verdächtiges Unternehmen Fragen der Sachverhaltsaufklärung durch die Aufsichtsbehörde im Wege der **kurzfristigen Auflösung** eines Beschäftigungsverhältnisses entziehen kann.[44] Da Organmitglieder und Unternehmensmitarbeiter aber bei dem Ausscheiden regelmäßig verpflichtet sind, alle Unterlagen zurückzugeben oder zu vernichten, hat die Vorlagepflicht kaum praktische Bedeutung.

34 In Abweichung zur Parallele in § 44c Abs. 1 S. 1 KWG sprechen Sätze 1 und 2 in Abs. 3 ausdrücklich auch **Gesellschafter** an. Auf der Grundlage des Telos der Regelung, demzufolge die Auskunftspflicht die für das Unternehmen Verantwortlichen treffen soll, kann dies in geeigneten Fällen wie bei dem Bestehen von Weisungsrechten aufgrund eines Beherrschungsvertrags angemessen sein. Die undifferenzierte Erfassung aller Gesellschafter ist allerdings weder sachgerecht noch verhältnismäßig.[45]

35 Die gesetzliche Auskunftspflicht überlagert etwaige vertragliche oder organschaftliche **Verschwiegenheitspflichten** der Organmitglieder und Beschäftigten gegenüber dem Unternehmen.[46]

36 Aufgrund des **Verhältnismäßigkeitsprinzips** nach § 296 VAG hat die Aufsichtsbehörde im Rahmen der Auswahl der Auskunftspflichtigen auch hier[47] insbesondere auf Zweckmäßigkeit, Eignung und Erforderlichkeit ihres Auskunftsverlangen zu achten.

37 **V. Grenzüberschreitende Verstöße (Abs. 4). Abs. 4** betrifft die Ermittlung in Fällen **grenzüberschreitender Verstöße** und steht in Zusammenhang mit Abs. 3, der entsprechend anzuwenden ist. Dies gilt, „soweit feststeht oder Tatsachen die Annahme rechtfertigen, dass Unternehmen oder Personen in die Anbahnung, den Abschluss oder die Abwicklung von Versicherungsgeschäften einbezogen sind, die in einem anderen Mitglied- oder Vertragsstaat oder in einem Drittstaat entgegen einem entsprechenden Verbot in diesem Staat erbracht werden", (**Nr. 1**) **und** die zuständige Behörde des anderen Staats ein entsprechendes Ersuchen an die Aufsichtsbehörde stellt (**Nr. 2**).

38 **VI. Auskunftsverweigerungsrecht (Abs. 5).** In **§ 305 Abs. 5 VAG** hat der Gesetzgeber das **Auskunftsverweigerungsrecht** der Betroffenen normiert und trägt damit rechtsstaatlichen Erfordernissen Rechnung. Die Regelung knüpft an § 383 ZPO an, der das Auskunftsverweigerungsrecht aus persönlichen Gründen betrifft.

39 Abs. 5 bezieht das Zeugnisverweigerungsrecht nur auf die Auskunftspflichten nach **Abs. 1 bis 3**. Gleichwohl sind die Fälle des **Abs. 4** ebenfalls einbezogen. Nach Abs. 4 ist Abs. 3 nämlich lediglich in bestimmten Fällen entsprechend anzuwenden, ohne dass dies den persönlichen Anwendungsbereich von Abs. 3 erweitert.

40 Nach Abs. 5 kann, wer zur Erteilung einer Auskunft verpflichtet ist, die Auskunft auf solche Fragen verweigern, deren Beantwortung **ihn selbst** oder einen der in § 383 Abs. 1 Nr. 1 bis 3 ZPO bezeichneten **Angehörigen** „der Gefahr strafrechtlicher Verfolgung oder eines Verfahrens nach dem Gesetz

[41] Sub specie der KWG-Parallele in § 44c Abs. 1 S. 1 KWG *VGH Kassel* Urt. v. 6.5.2015 – 6 A 207/15, WM 2015, 1900ff; bestätigt durch *BVerwG* Beschl. v. 8.4.2016 – 8 B 7.16, BeckRS 2016, 45854.

[42] *VGH Kassel* Urt. v. 6.5.2015 – 6 A 207/15, WM 2015, 1900, 1904; bestätigt durch *BVerwG* Beschl. v. 8.4.2016 – 8 B 7.16 (Hervorhebung nur hier); vgl. auch § 308 VAG Rn. 31 f.

[43] *VGH Kassel* Urt. v. 6.5.2015 – 6 A 207/15, WM 2015, 1900, 1904; bestätigt durch *BVerwG* Beschl. v. 8.4.2016 – 8 B 7.16; vgl. auch § 308 VAG Rn. 31 f.

[44] Begr. RegE BT-Drs. 13/7142, 93.

[45] Vgl. dazu näher § 308 VAG Rn. 25 ff.

[46] So auch für das KWG Boos/Fischer/Schulte-Mattler/*Lindemann* § 44c KWG Rn. 28.

[47] Siehe zu den Grenzen auch die Ausführungen zu § 306 VAG Rn. 36.

über Ordnungswidrigkeiten aussetzen würde". Der Katalog entspricht ferner dem Katalog im Strafprozessrecht gemäß § 52 Abs. 1 StPO.

Nach **§ 383 Abs. 1 ZPO** sind der Verlobte einer Partei oder derjenige, mit dem die Partei ein Versprechen eingegangen ist, eine Lebenspartnerschaft zu begründen, (**Nr. 1**) der Ehegatte und der Lebenspartner einer Partei, auch wenn die Ehe bzw. Lebenspartnerschaft nicht mehr besteht, **(Nr. 2, 2a)** sowie diejenigen, die mit einer Partei in gerader Linie verwandt oder verschwägert, in der Seitenlinie bis zum dritten Grad verwandt oder bis zum zweiten Grad verschwägert sind oder waren, (**Nr. 3**) zur Verweigerung des Zeugnisses berechtigt. 41

Zu der Verfolgung unerlaubter Bankgeschäfte hat die Rechtsprechung entschieden, dass auch ein **Rechtsanwalt** die Auskunft nicht unter Berufung auf die anwaltliche Verschwiegenheitspflicht verweigern darf, wenn er ohne die nach dem KWG erforderliche Erlaubnis Bankgeschäfte betreibt oder in solche Geschäfte eines Mandanten einbezogen ist.[48] 42

Ausdrücklich bezieht sich die Regelung in Abs. 5 **nur auf die Erteilung von Auskünften**. Die Betroffenen können daher die **Vorlage von Unterlagen** nicht verweigern. Das Recht, Auskünfte zu verweigern, „befreit nicht von der Pflicht, Bücher und Schriften über den Geschäftsbetrieb vorzulegen", so die Rechtsprechung.[49] Für eine analoge Anwendung mangelt es bereits an einer planwidrigen Regelungslücke.[50] Nach § 44 KWG soll dies auch dann gelten, wenn gegen den danach Verpflichteten ein staatsanwaltschaftliches **Ermittlungsverfahren** wegen anderer Vergehen als nach § 54 Abs. 1 KWG (verbotene Geschäfte) geführt wird.[51] 43

Des Weiteren steht das Auskunftsverweigerungsrecht einer **örtlichen Prüfung** nicht entgegen.[52] 44

Ein **Beweisverwertungsverbot**[53] besteht grundsätzlich nicht.[54] 45

Das Auskunftsverweigerungsrecht gilt dagegen nicht für das **Versicherungsunternehmen**, das auskunftspflichtig ist. Das aus „Art. 2 I i. V. m. Art. 1 I GG folgende Recht, sich nicht selbst einer Straftat bezichtigen zu müssen, ist gem. Art. 19 III GG nicht auf juristische Personen anwendbar."[55] Die einzelne Person kann sich, soweit dem Versicherungsunternehmen etwa eine Geldbuße droht, hierauf nicht berufen. 46

VII. Automatisierter Abruf von Kontoinformationen (Abs. 6). 1. Kontoinformationen (Abs. 6 S. 1). § 305 Abs. 6 VAG bezieht sich auf den in § 24c KWG normierten automatisierten Abruf von Kontoinformationen, den das 4. Finanzmarktförderungsgesetz vom 21.6.2002 in das KWG eingefügt hat.[56] Nach **Abs. 6 S. 1** darf die Aufsichtsbehörde einzelne Daten aus der Datei nach § 24c Abs. 1 S. 1 KWG abrufen, soweit dies zur Erfüllung ihrer aufsichtlichen Aufgaben nach dem VAG erforderlich ist und besondere Eilbedürftigkeit im Einzelfall vorliegt. Die Befugnis soll insbesondere der Verfolgung unerlaubt betriebener Versicherungsgeschäfte dienen. 47

Die Unternehmen müssen in der Datei im Sinne des § 24c Abs. 1 S. 1 KWG sowohl die Nummer eines Kontos, das der Verpflichtung zur Legitimationsprüfung im Sinne des § 154 Abs. 2 S. 1 AO unterliegt, oder eines Depots sowie den Tag der Errichtung und den Tag der Auflösung (**Nr. 1**), als auch den Namen, sowie bei natürlichen Personen den Tag der Geburt, des Inhabers und eines Verfügungsberechtigten sowie in den Fällen des § 3 Abs. 1 Nr. 3 GwG den Namen und, soweit erhoben, die Anschrift eines abweichend wirtschaftlich Berechtigten im Sinne des § 1 Abs. 6 S. 1 GwG (**Nr. 2**) speichern. 48

Konten sind solche im Sinne des § 154 Abs. 2 S. 1 AO.[57] Die Angabe umfasst auch die Darstellung der IBAN.[58] 49

Nach dem **Verhältnismäßigkeitsgrundsatz** steht die Befugnis der BaFin zum Abruf der Kontoinformationen gemäß Abs. 6 S. 1 unter doppeltem Vorbehalt: Zum einen kann ein Abruf nur erfolgen, soweit er für die Verfolgung „erforderlich" ist. Zum anderen muss „besondere Eilbedürftigkeit im Einzelfall" vorliegen. 50

2. Sicherstellung des Datenschutzes (Abs. 6 S. 2). Durch den Verweis auf § 24c Abs. 4 KWG dient **Abs. 6 S. 2** der Sicherstellung des **Datenschutzes** auch im Anwendungsbereich der Versicherungsunternehmen. 51

[48] Vgl. *VG Frankfurt a. M.* Urt. v. 14.5.2009 – 1 K 3874/08, DStR 2009, 1827 f.
[49] *VG Berlin* Urt. v. 23.7.1987 – 14 A 16/17, NJW 1988, 1105 ff.
[50] Vgl. *VG Berlin* Urt. v. 23.7.1987 – 14 A 16/17, NJW 1988, 1105, 1107; Boos/Fischer/Schulte-Mattler/*Braun* § 44 KWG Rn. 94 m. w. N.
[51] Vgl. *VG Berlin* Urt. v. 23.7.1987 – 14 A 16/17, NJW 1988, 1105, 1107 und dazu *Hartung* NJW 1988, 1070 ff.
[52] Vgl. Boos/Fischer/Schulte-Mattler/*Braun* § 44 KWG Rn. 94 m. w. N.
[53] Vgl. etwa § 393 AO zu dem Verhältnis von Straf- und Besteuerungsverfahren.
[54] Vgl. § 309 Abs. 5 Nr. 1 VAG wonach trotz Schweigepflicht eine Weitergabe zulässig ist; kritisch *Bärlein/Pananis/Rehmsmeier* NJW 2002, 1825 ff. zum Spannungsverhältnis zwischen der Aussagefreiheit im Strafverfahren und den Mitwirkungspflichten im Verwaltungsverfahren.
[55] Vgl. *BVerfG* Beschl. v. 26.2.1997 – 1 BvR 2172/96, BVerfGE 95, 220 = NJW 1997, 1841 ff.
[56] BGBl. 2002 I, 2010.
[57] Vgl. ausführlich hierzu nur Boos/Fischer/Schulte-Mattler/*Achtelik* § 24c KWG Rn. 4 ff.
[58] Vgl. *BaFin,* Jahresbericht 2014, S. 131 f.

52 Nach § **24c Abs. 4 S. 1 KWG** protokolliert die BaFin „für Zwecke der Datenschutzkontrolle durch die jeweils zuständige Stelle bei jedem Abruf den Zeitpunkt, die bei der Durchführung des Abrufs verwendeten Daten, die abgerufenen Daten, die Person, die den Abruf durchgeführt hat, das Aktenzeichen sowie bei Abrufen auf Ersuchen die ersuchende Stelle und deren Aktenzeichen". Nach § 24c Abs. 4 **S. 2 KWG** ist eine Verwendung der Protokolldaten für andere Zwecke unzulässig. Aufgrund von § 24c Abs. 4 **S. 3 KWG** sind die Protokolldaten mindestens 18 Monate aufzubewahren und spätestens nach zwei Jahren zu löschen.[59]

53 **VIII. Rechtsbehelf, Zwangsgeld und Bußgeld.** Aufforderungen der BaFin, Auskünfte zu erteilen oder Unterlagen vorzulegen, sind belastende Verwaltungsakte. Gegen belastende Verwaltungsakte können die Betroffenen **Widerspruch und Anfechtungsklage** erheben. § 310 Abs. 2 VAG ist die maßgebliche Regelung hinsichtlich des Ausschlusses der aufschiebenden Wirkung. Die Vorgängerregelung in § 89a VAG a. F. verwies noch auf die §§ 83, 83b VAG a. F., wodurch Widerspruch und Anfechtungsklagen gegen Maßnahmen nach den §§ 83, 83b VAG aufschiebende Wirkung hatten. § 310 Abs. 2 VAG enthält einen solchen Verweis in Bezug auf Maßnahmen nach § 305 VAG – wie auch § 306 VAG –[60] nicht mehr.

54 Im Rahmen von § 305 VAG handelt nach § 332 Abs. 3 Nr. 2 lit. a, b VAG **ordnungswidrig**, wer vorsätzlich oder fahrlässig einer vollziehbaren Anordnung nach § 305 Abs. 3 VAG, auch in Verbindung mit Abs. 4, oder § 305 Abs. 1 VAG, auch in Verbindung mit Abs. 2, zuwiderhandelt.

55 Wie bei § 306 VAG kann die BaFin „Verfügungen, die sie innerhalb ihrer gesetzlichen Befugnisse trifft" – wie z. B. die Anordnung einer Auskunftserteilung – mit **Zwangsmitteln** nach **§ 17 FinDAG** durchsetzen. Die Höhe des Zwangsgeldes beträgt nach § 17 Abs. 1 S. 4 FinDAG bis zu 2.500.000 EUR.

56 **IX. Verhältnis zu anderen Regelungen. 1. VAG-Regelungen.** § 305 VAG wird **von zahlreichen VAG-Regelungen ganz oder teilweise in Bezug genommen**. Dabei handelt es sich um §§ 1 Abs. 3 S. 1 und Abs. 4 S. 1, 5 Abs. 2, 62 Abs. 1 S. 2 Nr. 6, 168 Abs. 2, 169 Abs. 4, 225 S. 3, 247 Abs. 1, 248 Abs. 1 S. 2, 250 Abs. 1 S. 1, 281 Abs. 2, 289 Abs. 2, 292 S. 2, 293 Abs. 1 S. 1, 306 Abs. 1 S. 1 Nr. 1 und Abs. 4 sowie Abs. 5 S. 1, 326 Abs. 2, 327 Abs. 1 S. 1 und Abs. 3 S. 2, 332 Abs. 3 Nr. 2 VAG.

57 **2. §§ 44, 44b, 44c und 46b KWG.** § 305 VAG hat mit den §§ 44 Abs. 1 S. 1, Abs. 2 S. 1, 44b, 44c sowie § 46b Abs. 1 S. 8 KWG mehrere **Parallelvorschriften** im **Bankaufsichtsrecht.** Wie § 306 VAG bezüglich der örtlichen Prüfungsbefugnis bündelt § 305 VAG die Auskunfts- und Vorlagepflichten bzw. die entsprechenden Befugnisse der BaFin. Innerhalb von § 305 VAG differenziert der Gesetzgeber weitergehend im Hinblick auf die Verfolgung unerlaubter Versicherungsgeschäfte und unterscheidet sich dadurch von der bankaufsichtsrechtlichen Systematik der §§ 44 ff. KWG. In materiell-rechtlicher Hinsicht decken sich die Regelungen weitgehend.

58 Hervorzuheben ist **§ 46b KWG**. Dabei handelt es sich um die erste Vorschrift des deutschen Bankeninsolvenzrechts.[61] Nach § 46b **Abs. 1 S. 8** KWG hat das **Insolvenzgericht** der BaFin von Amts wegen alle im Verfahren erlassenen Beschlüsse zuzusenden und erteilt auf Anfrage Auskunft zum Stand und Fortgang des Verfahrens. Die Befugnisse der BaFin „sollen die laufende Information der Bundesanstalt über den ordnungsgemäßen Fortgang der Abwicklung des insolventen Instituts gewährleisten."[62] Des Weiteren besteht mit § 46b **Abs. 3 S. 2** KWG ein Auskunftsrecht der BaFin gegenüber dem **Insolvenzverwalter.**

59 **3. § 59 GWB.** Im Rahmen der nach § 57 Abs. 1 GWB bestehenden Ermittlung von Amts wegen, kann die **Kartellbehörde** sich der Beweismittel, die sie i. S. v. § 26 VwVfG nach pflichtgemäßen Ermessen für erforderlich hält, bedienen.

60 Die Kartellbehörde kann u. a. **Auskünfte** von Unternehmen und Unternehmensvereinigungen über deren wirtschaftliche Verhältnisse verlangen, **§ 59 Abs. 1 S. 1 Nr. 1 GWB**; von Wirtschafts- und Berufsvereinigungen kann sie dies dagegen nur über ihre Tätigkeit, Satzung, Beschlüsse, Anzahl und Namen der Mitglieder, **§ 59 Abs. 1 S. 2 GWB**.

61 In **persönlicher** Hinsicht sind zur Auskunft die Inhaber des Unternehmens oder deren Vertreter, bei juristischen Personen, Gesellschaften oder nicht rechtsfähigen Vereinen die gesetz- oder satzungsmäßigen Vertreter verpflichtet, § 59 **Abs. 2** GWB.

62 Den Betroffenen steht ebenfalls ein **Auskunftsverweigerungsrecht** zu, § 59 **Abs. 5** GWB. Vor dem Hintergrund der zahlreichen Bußgeldverfahren hat dies erhebliche praktische Bedeutung.

---

[59] Umfassend hierzu Boos/Fischer/Schulte-Mattler/*Achtelik* § 24c KWG Rn. 14 ff.
[60] Zur Gesetzesbegründung siehe § 306 VAG Rn. 83.
[61] Vgl. ausführlich *Skauradszun* WM 2016, 815 ff.
[62] Restrukturierungsgesetz-RegE BT-Drs. 17/3024, 61.

Anders als § 305 VAG normiert § 59 **Abs. 6 S. 1** GWB ausdrücklich ein **Schriftlichkeitserfordernis.**[63] Danach müssen die Auskünfte schriftlich angefordert werden. Zudem sind nach Abs. 6 **S. 2** Rechtsgrundlage, Gegenstand und Zweck des Verlangens anzugeben. Wenngleich § 305 VAG eine solche Regelung nicht enthält, sind entsprechende Angaben wegen der Begründungspflicht für belastende Verwaltungsakte auch für versicherungsaufsichtsrechtliche Auskunfts- und Vorlageverlangen zu fordern.[64] 63

4. § 4 Abs. 3 WpHG. Nach **§ 4 Abs. 3 S. 1** WpHG kann die BaFin insbesondere Auskünfte, die Vorlage von Unterlagen und die Überlassung von Kopien verlangen, „soweit dies auf Grund von Anhaltspunkten für die Überwachung der Einhaltung eines Verbots oder Gebots" des WpHG erforderlich ist. Gemäß Abs. 3 **S. 2** kann sie z. B. die Angabe von Bestandsveränderungen in Finanzinstrumenten sowie Auskünfte über die Identität weiterer Personen, insbesondere der Auftraggeber und der aus Geschäften berechtigten oder verpflichteten Personen, verlangen. Schließlich bleiben gemäß Abs. 3 **S. 3** gesetzliche Auskunfts- oder Aussageverweigerungsrechte sowie gesetzliche Verschwiegenheitspflichten unberührt. 64

Betreten und Durchsuchen von Räumen; Beschlagnahme

306 (1) [1]**Die Aufsichtsbehörde ist befugt,**

1. auch ohne besonderen Anlass in den Geschäftsräumen der Versicherungsunternehmen Prüfungen des Geschäftsbetriebs vorzunehmen; dabei darf sie im Rahmen der Gruppenaufsicht nach Teil 5 Prüfungen der Informationen nach § 305 Absatz 1 Nummer 2 und § 284 auch bei dem Versicherungsunternehmen, das der Gruppenaufsicht unterliegt, bei verbundenen Unternehmen dieses Versicherungsunternehmens, bei Mutterunternehmen dieses Versicherungsunternehmens und bei verbundenen Unternehmen eines Mutterunternehmens dieses Versicherungsunternehmens vornehmen;
2. Prüfungen auch so vorzunehmen, dass sie an einer von dem Versicherungsunternehmen nach § 341k des Handelsgesetzbuchs veranlassten Prüfung teilnimmt und selbst die Feststellungen trifft, die sie für nötig hält; dies gilt nicht für Versicherungsunternehmen, die als kleinere Vereine anerkannt sind;
3. an von ihr durchgeführten Prüfungen nach den Nummern 1 und 2 Personen zu beteiligen, die nach § 341k in Verbindung mit § 319 des Handelsgesetzbuchs zu Abschlussprüfern bestimmt werden können, oder diese Personen mit der Durchführung von Prüfungen nach den Nummern 1 und 2 zu beauftragen; für diese Personen gilt die Bestimmung des § 323 des Handelsgesetzbuchs für Abschlussprüfer sinngemäß;
4. zu Sitzungen des Aufsichtsrats und Tagungen der Hauptversammlung oder der obersten Vertretung Vertreter zu entsenden, denen auf Verlangen das Wort zu erteilen ist und
5. die Einberufung der in Nummer 4 bezeichneten Sitzungen und Tagungen sowie die Ankündigung von Gegenständen zur Beschlussfassung zu verlangen.

[2]**Im Hinblick auf eine Angleichung der bewährten Aufsichtspraktiken haben die Mitarbeiter der Europäischen Aufsichtsbehörde für das Versicherungswesen und die betriebliche Altersversorgung gemäß Artikel 21 Absatz 1 der Verordnung (EU) Nr. 1094/2010 des Europäischen Parlaments und des Rates vom 24. November 2010 zur Errichtung einer Europäischen Aufsichtsbehörde (Europäische Aufsichtsbehörde für das Versicherungswesen und die betriebliche Altersversorgung), zur Änderung des Beschlusses Nr. 716/2009/EG und zur Aufhebung des Beschlusses 2009/79/EG der Kommission (ABl. L 331 vom 15.12.2010, S. 48) das Recht, sich an Prüfungen der in der Richtlinie 2009/138/EG genannten Aufsichtskollegien in den Geschäftsräumen der Versicherungsunternehmen zu beteiligen, die gemeinsam von der Aufsichtsbehörde und mindestens einer zuständigen Behörde eines anderen Mitglied- oder Vertragsstaats durchgeführt werden.**

(2) [1]**Die Aufsichtsbehörde hat die Rechte nach Absatz 1 Satz 1 Nummer 1 und 3 auch gegenüber**

1. Personen und Unternehmen, die als Versicherungsvertreter oder Versicherungsmakler an ein Versicherungsunternehmen Versicherungsverträge vermitteln oder vermittelt haben,
2. Personen und Unternehmen, auf die ein Versicherungsunternehmen Funktionen oder Tätigkeiten ausgegliedert hat,
3. Personen und Unternehmen, die eine Beteiligungsabsicht nach § 17 Absatz 1 Nummer 1 angezeigt haben oder die im Rahmen eines Erlaubnisantrags nach § 9 als Inhaber bedeutender Beteiligungen angegeben werden,

---

[63] Vgl. ausführlich zum formlosen Verfahren im Kartellrecht *Dreher* ZG 1987, 312 ff. und im Versicherungsaufsichtsrecht § 298 VAG Rn. 79 ff.

[64] Zur vergleichbaren Problematik im Rahmen der örtlichen Prüfung siehe § 306 VAG Rn. 30.

4. den Inhabern einer bedeutenden Beteiligung an einem Versicherungsunternehmen und den von ihnen kontrollierten Unternehmen,
5. Personen und Unternehmen, bei denen Tatsachen die Annahme rechtfertigen, dass es sich um Personen oder Unternehmen im Sinne der Nummer 4 handelt, und
6. Personen und Unternehmen, die mit einer Person oder einem Unternehmen im Sinne der Nummern 3 bis 5 nach § 15 des Aktiengesetzes verbunden sind.

[2]Für die Fälle des Satzes 1 Nummer 1 gilt dies nur insoweit, als es für die Beurteilung des Geschäftsbetriebs und der Vermögenslage des Versicherungsunternehmens oder der Erfüllung der Pflichten nach den §§ 53 bis 56 oder den Vorschriften des Geldwäschegesetzes durch ein Versicherungsunternehmen im Sinne des § 52 bedeutsam ist. [3]Gegenüber den in Satz 1 Nummer 3 bis 6 genannten Personen und Unternehmen kann die Aufsichtsbehörde Maßnahmen nach Absatz 1 Satz 1 Nummer 4 und 5 ergreifen, wenn Anhaltspunkte für einen Untersagungsgrund nach § 18 Absatz 1 Nummer 1 bis 6 und Absatz 2 vorliegen.

(3) **[1]Beabsichtigt die Aufsichtsbehörde in Wahrnehmung der Finanzaufsicht in den Geschäftsräumen einer Niederlassung nach § 58, einer Niederlassung eines Rückversicherungsunternehmens oder in den Geschäftsräumen eines Dienstleisters, auf den ein Versicherungsunternehmen Tätigkeiten ausgegliedert hat, durch eigenes Personal oder durch Beauftragte Prüfungen vorzunehmen, so unterrichtet sie hiervon die Aufsichtsbehörde des anderen Mitglied- oder Vertragsstaats. [2]Wird der Aufsichtsbehörde untersagt, ihr Recht auf Durchführung dieser Prüfungen vor Ort wahrzunehmen oder ist es ihr tatsächlich nicht möglich, an der Prüfung teilzunehmen, kann sie gemäß Artikel 19 der Verordnung (EU) Nr. 1094/2010 die Europäische Aufsichtsbehörde für das Versicherungswesen und die betriebliche Altersversorgung mit der Angelegenheit befassen und um Unterstützung bitten. [3]Die Aufsichtsbehörde kann die Prüfung eines Dienstleisters an die Aufsichtsbehörde des Mitglied- oder Vertragsstaats delegieren, in dem der Dienstleister ansässig ist.**

(4) **Soweit es zur Feststellung der Art oder des Umfangs der Geschäfte oder Tätigkeiten erforderlich ist, darf die Aufsichtsbehörde Prüfungen in den Räumen der gemäß § 305 Absatz 3 und 4 auskunfts- und vorlagepflichtigen Personen und Unternehmen vornehmen.**

(5) **[1]Die Bediensteten der Aufsichtsbehörde und die nach Absatz 1 Satz 1 Nummer 3 beteiligten oder beauftragten Personen dürfen für Prüfungen nach Absatz 1 Satz 1 Nummer 1 und 2 in den Fällen des Absatzes 1 Satz 1 Nummer 4 und des Absatzes 4 die Geschäftsräume des geprüften Unternehmens innerhalb der üblichen Betriebs- und Geschäftszeiten betreten und besichtigen, im Fall des Absatzes 4 auch durchsuchen. [2]Zur Verhütung dringender Gefahren für die öffentliche Sicherheit und Ordnung dürfen sie diese Räume auch außerhalb der üblichen Betriebs- und Geschäftszeiten betreten und besichtigen; unter dieser Voraussetzung dürfen sie auch Räume betreten und besichtigen, die zugleich als Wohnung dienen.**

(6) **[1]Durchsuchungen**
1. von Geschäftsräumen, außer bei Gefahr im Verzug, und
2. von Räumen, die zugleich als Wohnung dienen,

sind durch den Richter anzuordnen. [2]Zuständig ist das Amtsgericht, in dessen Bezirk sich die Räume befinden. [3]Gegen die richterliche Entscheidung ist die Beschwerde zulässig; die §§ 306 bis 310 und 311a der Strafprozessordnung sind entsprechend anzuwenden. [4]Über die Durchsuchung ist eine Niederschrift zu fertigen. [5]Sie muss die verantwortliche Dienststelle, den Grund, die Zeit und den Ort der Durchsuchung und ihr Ergebnis sowie, falls keine richterliche Anordnung ergangen ist, auch die Tatsachen enthalten, welche die Annahme einer Gefahr im Verzug begründet haben.

(7) **Die Bediensteten der Aufsichtsbehörde können Gegenstände beschlagnahmen, die als Beweismittel für die Ermittlung des Sachverhalts von Bedeutung sein können.**

(8) **[1]Die Betroffenen haben Maßnahmen nach Absatz 1 Satz 1 Nummer 1 bis 3, Satz 2 sowie nach den Absätzen 2, 4, 5 und 7 zu dulden. [2]Das Grundrecht auf Unverletzlichkeit der Wohnung (Artikel 13 Absatz 1 des Grundgesetzes) wird insoweit eingeschränkt.**

Übersicht

Schrifttum: *Bödecker,* Prüfungen nach § 44 Abs. 1 Kreditwesengesetz – Verfahren und Kosten, 1986; *Dreher,* Aufsicht über Kreditinstitute und Private? – Das Beispiel der Prüfungsbefugnis Privater nach § 9 EAG, FS Peltzer, 2001, S. 69 ff.; *Dreher/Häußler,* Die Aufsicht über Versicherungsunternehmen durch die BaFin und die Überwachungsaufgabe des Aufsichtsrats, ZGR 2011, S. 471 ff.; *Post,* Aufsicht über Unternehmensinhaber, in 100 Jahre materielle Versicherungsaufsicht in Deutschland, 2001, S. 361 ff.; *Präve,* Die VAG-Novelle 2000/2001, VersR 2001, S. 133 ff.; *Schantz,* Der Zugriff auf E-Mails durch die BaFin, WM 2009, S. 2112 ff.; *Schröder/Hansen,* Die Ermittlungsbefugnisse der BaFin nach § 44c KWG und ihr Verhältnis zum Strafprozessrecht, ZBB 2003, S. 113 ff.; *Tietze,* Örtliche Prüfungen durch die Aufsichtsbehörde, in 100 Jahre materielle Versicherungsaufsicht in Deutschland, 2001, S. 457 ff.; *Voßkuhle,* Behördliche Betretungs- und Nachschaurechte, DVBl. 1994, S. 611 ff.; *Wiegelmann,* Keine allzu strengen Anforderungen für Anlassprüfungen, BaFin-Journal 06/11, S. 7 f.

I. Allgemeines. 1. Entstehungsgeschichte. Die Regelungen in **Abs. 1 S. 1** Nr. 1 bis 5 entsprechen § 83 Abs. 1 S. 1 Nr. 2 bis 6 VAG a. F. Die Befugnisse in Bezug auf das Auskunftsverlangen aus § 83 Abs. 1 S. 1 Nr. 1 und 1a VAG a. F. befinden sich (einheitlich) in § 305 Abs. 1 Nr. 2 VAG, auf den § 306 Abs. 1 S. 1 Nr. 1 VAG nunmehr verweist.[1] Neu ist dagegen der Verweis auf § 284 VAG, der die Zusammenarbeit bei der Gruppenaufsicht regelt und Vorgaben der Solva II-RL umsetzt.[2] **Abs. 1 S. 2** ist inhaltsgleich mit § 83 Abs. 1 S. 2 VAG a. F. 1

Abs. 2 S. 1 fasst hinsichtlich des Personenkreises die Regelungen aus § 83 Abs. 5 S. 1 Nr. 1, 2 und Abs. 5a VAG a. F. zusammen. Die Erweiterung in § 83 Abs. 5 S. 1 Nr. 3 VAG a. F. auf Personen, die Leistungen aufgrund von Verträgen nach § 53d VAG a. F. erbringen, ist weggefallen.[3] Die Einschränkung in Bezug auf § 306 Abs. 2 S. 1 Nr. 1 VAG in **Abs. 2 S. 2** entspricht derjenigen aus § 83 Abs. 5 S. 2 VAG a. F. **Abs. 2 S. 3** übernimmt die Regelung aus § 83 Abs. 5b S. 1 VAG a. F. 2

Die Regelungen in **Abs. 3** führen § 111c Abs. 2 VAG a. F. fort, erweitern den Anwendungsbereich um Dienstleister, auf die ein Versicherungsunternehmen Tätigkeiten ausgegliedert hat, und setzen zudem die Vorgaben aus Art. 33 Abs. 1 und 38 Abs. 2 Solva II-RL um.[4] 3

Dass die Neufassung von § 306 VAG nunmehr auch Befugnisse enthält, die vormals ausschließlich § 83b VAG a. F. im Kontext der Verfolgung unerlaubter Versicherungsgeschäfte enthielt, erwähnt die Gesetzesbegründung nicht.[5] So hat der Gesetzgeber etwa in **Abs. 4** die in § 83b Abs. 2 S. 1 VAG a. F. bzw. § 83b Abs. 6 i. V. m. Abs. 2 VAG a. F. geregelten Befugnisse normiert. In Bezug auf Prüfungen i. S. v. Abs. 1 S. 1 Nr. 1 und 2 hat **Abs. 5** mit § 83 Abs. 3 S. 1 VAG eine Vorgängervorschrift. Soweit Abs. 5 (i. V. m. Abs. 4) dagegen auskunfts- und vorlagepflichtige Personen und Unternehmen gemäß 4

[1] Siehe hierzu die Erläuterungen zu § 305 VAG.
[2] Siehe hierzu die Erläuterungen zu § 284 VAG.
[3] Aus Gründen der Rechtsvereinfachung ist § 53d VAG a. F. ersatzlos weggefallen, vgl. Begr. VAG-RegE 2014 BT-Drs. 18/2956, 229.
[4] Vgl. VAG-RegE 2014 BT-Drs. 18/2956, 292.
[5] Zu den damit verbundenen Problemen siehe etwa unten Rn. 58.

§ 305 Abs. 3 und 4 VAG betrifft, existierte mit § 83b Abs. 2 S. 2, 3 und Abs. 3 S. 1 VAG a. F. eine inhaltsgleiche Vorschrift.[6] **Abs. 6** entspricht § 83b Abs. 3 S. 3 bis 7 VAG a. F. Des Weiteren entspricht **Abs. 7** der Vorgängervorschrift aus § 83b Abs. 4 VAG a. F. Der Gesetzgeber differenziert durch die Normierung der Befugnisse in den Absätzen 4, 6 und 7 im Hinblick auf die Verfolgung unerlaubter Versicherungsgeschäfte im Ausgangspunkt nicht mehr zwischen „erlaubten" (§ 83 VAG a. F.) und „unerlaubten" (§ 83b VAG a. F.) Versicherungsgeschäften, sondern nach einzelnen Aufsichtsbefugnissen. Die §§ 305 und 306 VAG enthalten demzufolge jeweils Befugnisse auch für die Verfolgung unerlaubter Versicherungsgeschäfte, die als solche schon Gegenstand von § 308 VAG sind, der seinerseits § 81 VAG a. F. fortführt. Das führt insbesondere im Hinblick auf die Anwendungsbereiche der Durchsuchung und Beschlagnahme nach Abs. 6 bzw. 7 zu Problemen.[7]

5 **Abs. 8** VAG bündelt in Satz 1 die in § 83 Abs. 1 S. 3, Abs. 3 S. 3 und Abs. 5b S. 2 VAG a. F. und § 83b Abs. 5 VAG a. F. jeweils noch einzeln aufgeführten Duldungspflichten. Gleiches gilt für Satz 2 in Bezug auf die Regelungen aus §§ 83 Abs. 3 S. 2, 83b Abs. 2 S. 3 Hs. 2 und Abs. 3 S. 2 VAG a. F.

6 **2. Normzweck.** Mit § 298 VAG normiert der Gesetzgeber die **allgemeinen Aufsichtsbefugnisse**. Dagegen gibt **§ 306 VAG** als **lex specialis** der Aufsichtsbehörde Rechte zur Durchführung von örtlichen Prüfungen und Teilnahme an organschaftlichen Sitzungen und Tagungen. Der Zweck des § 306 VAG ist – wie auch der Zweck aller Normen im Bereich der Aufsichtsbefugnisse – die Sicherung der Einhaltung der aufsichtsrechtlichen Regelungen, um so insbesondere das Hauptziel des Versicherungsaufsichtsrechts, den Schutz der Versicherungsnehmer und der Begünstigten von Versicherungsleistungen i. S. v. § 294 Abs. 1 VAG, zu gewährleisten.

7 Die **örtliche Prüfung** dient zunächst dazu, die übermittelten Berichte und Informationen der Versicherungsunternehmen auf ihre Richtigkeit hin durch die Aufsichtsbehörde selbst überprüfen zu können. Sie ermöglicht ferner die Überprüfung von Sachverhalten, die keiner Anzeige- oder Berichtspflicht unterliegen.[8]

8 Bereits die ersten Fassungen des Versicherungsaufsichtsgesetzes enthielten das Recht der Aufsichtsbehörde, ohne besondere Voraussetzungen örtliche Prüfungen vorzunehmen.[9] Im Laufe der Zeit hat der Gesetzgeber insbesondere den Personenkreis erweitert, der eine solche Prüfung dulden muss. Vergleichbare Befugnisse stehen den Behörden u. a. im Bereich der Bankenaufsicht auf der Grundlage des KWG[10] sowie im Kartellrecht gegenüber Unternehmen nach dem GWB[11] zu. Vor dem Hintergrund der Zwecksetzung des § 306 VAG muss die Aufsichtsbehörde bei der Ausübung ihrer Befugnisse insbesondere den Verhältnismäßigkeitsgrundsatz wahren.[12] Sie ist berechtigt, alle ihr nach § 306 VAG zustehenden **Handlungsbefugnisse** so weit – aber auch nur insoweit – zu nutzen, um den nach § 294 Abs. 1 VAG gebotenen Schutz der Versicherungsnehmer und der Begünstigten von Versicherungsleistungen zu erreichen.[13] Ein eigenständiges Verfahrensrecht existiert in diesem Bereich nicht, sodass auf das allgemeine Verwaltungsverfahrensrecht bzw. Verwaltungsvollstreckungsrecht sowie die Grundsätze des Polizei- und Ordnungsrechts zurückzugreifen ist.

9 **3. Europarechtlicher Hintergrund.** § 83 VAG a. F. hat der Gesetzgeber mit dem 3. DurchführungsG/EWG zum VAG[14] in Umsetzung von Art. 19 Abs. 3 UAbs. 2 lit. a und b der 1. SchadensversRL[15] und Art. 23 Abs. 3 UAbs. 2 lit. a und b der 1. LebensversRL[16] normiert. Eine Erweiterung sah ferner Art. 6 der Richtlinie 98/78/EG[17] für die einer Versicherungsgruppe angehörenden Versicherungsunternehmen vor, die der Gesetzgeber mit dem ÄnderungsG zum VAG v. 21.12.2000[18] umgesetzt hat. Im Hinblick auf die Solva II-RL hat der nationale Gesetzgeber **lediglich** mit § 306 Abs. 3 VAG **in Bezug auf Art. 38 Abs. 2 Solva II-RL** eine **Anpassung** vorgenommen.

[6] Unvollständig dagegen Begr. zu § 306 VAG in VAG-RegE 2014 BT-Drs. 18/2956, 292.
[7] Siehe hierzu unten Rn. 58, 68.
[8] Für eine umfassende historische Darstellung siehe *Tietze* in 100 Jahre materielle Versicherungsaufsicht in Deutschland, S. 457 m. w. N.
[9] Zur Entwicklung in Deutschland siehe *Tietze* in 100 Jahre materielle Versicherungsaufsicht in Deutschland, S. 457, 461 ff.
[10] Zum Verhältnis zu § 44 KWG siehe unten Rn. 91.
[11] Zum Verhältnis zu den Normen des GWB siehe unten Rn. 92 ff.
[12] Zu den Schranken siehe unten Rn. 35 f.
[13] Siehe hierzu Einl. Rn. 6.
[14] BGBl. 1994 I, 1630.
[15] I. d. F. des Art. 11 der 3. SchadensversRL, Richtlinie 92/49/EWG zur Koordinierung der Rechts- und Verwaltungsvorschriften für die Direktversicherung (mit Ausnahme der Lebensversicherung) sowie zur Änderung der Richtlinien 73/239/EWG und 88/357/EWG (Dritte Richtlinie Schadensversicherung) v. 18.6.1992, ABl. EU 1992 L 228, 1 ff.
[16] I. d. F. des Art. 13 der Richtlinie 2002/83/EG über Lebensversicherungen v. 5.11.2002, ABl. EU 2002 L 345, 1 ff.
[17] Richtlinie 98/78/EG über die zusätzliche Beaufsichtigung der einer Versicherungsgruppe angehörenden Versicherungsunternehmen v. 27.10.1998, ABl. EU 1998 L 330, 1 ff.; siehe hierzu auch unten Rn. 21 ff.
[18] BGBl. 2000 I, 1857.

II. Aufsichtsbefugnisse (Abs. 1 S. 1). 1. Örtliche Prüfung in Geschäftsräumen von Versicherungsunternehmen (Abs. 1 S. 1 Nr. 1 bis 3). a) Örtliche Prüfung (Abs. 1 S. 1 Nr. 1). Örtliche Prüfungen dienen der Aufsicht i. S. d. § 298 Abs. 1 S. 1 und Abs. 2 VAG. Sie stellen ein unentbehrliches Kontrollinstrument dar. Die Überwachung der Versicherungsunternehmen erfolgt zum einen auf der Grundlage einer umfassenden Berichterstattung durch die Versicherungsunternehmen gegenüber der Aufsichtsbehörde und zum anderen durch örtliche Prüfungen in den Unternehmen. Beide Bereiche ergänzen sich und bilden so die Grundlage für die Verwirklichung der Ziele des Versicherungsaufsichtsrechts. Das **Zusammenwirken** der Aufsichtsbefugnisse nach **§§ 305 und 306 VAG** führt zur Effektivität der Aufsicht: Örtliche Prüfungen werden insbesondere deshalb effektiv, weil nach § 305 Abs. 1 Nr. 1 VAG die Versicherungsunternehmen und insbesondere ihre dort genannten Organmitglieder verpflichtet sind, Auskünfte über alle Geschäftsangelegenheiten zu erteilen und vor Ort alle Geschäftsunterlagen vorzulegen.[19] Die Anordnung einer Prüfung ist jedoch nicht davon abhängig, dass ein vorheriges Auskunftsverlangen oder Ersuchen um Unterlagenvorlage nicht zu befriedigenden Ergebnissen geführt hat. Sie kann vielmehr selbstständig erfolgen. 10

Die Aufsichtsbehörde hat auch im Rahmen einer örtlichen Prüfung ein umfassendes **Auskunfts- und Unterlagenvorlagerecht**. Üblicherweise holt der Prüfer im Rahmen der Prüfungsdurchführung eine **Vollständigkeitserklärung** zu den erteilten Auskünften und vorgelegten Unterlagen von der Geschäftsleitung sowie von den beauftragten Mitarbeitern des Versicherungsunternehmens ein. 11

b) Geschäftsräume von Versicherungsunternehmen. Überprüfbar sind alle Geschäftsräume des jeweiligen **Versicherungsunternehmens**. Geschäftsräume sind hierbei die Räumlichkeiten, innerhalb derer bzw. von denen aus die Versicherungsgeschäfte erbracht werden. 12

Des Weiteren erstreckt sich die Befugnis gemäß Abs. 3 S. 1 auf die Geschäftsräume einer **Niederlassung** nach § 58 Abs. 2 VAG, einer Niederlassung eines Rückversicherungsunternehmens sowie eines **Dienstleisters**, auf den ein Versicherungsunternehmen Tätigkeiten ausgegliedert hat. Abs. 3 S. 1 letzter Satzteil normiert für diese Fälle eine Unterrichtungspflicht der BaFin gegenüber den Aufsichtsbehörden des anderen Mitglied- oder Vertragsstaats. Die Behörden des Mitgliedstaats können sich – in den Grenzen ihrer Zuständigkeit – an der damit verbundenen Prüfung beteiligen.[20] 13

Unzulässig ist eine Prüfung in **reinen**[21] **Wohnräumen** der Organmitglieder oder Angestellten eines Versicherungsunternehmens. Auch eine private Wohnung kann allerdings Geschäftsraum sein, wenn die Geschäfte von dort betrieben werden, es sich um die Geschäftsanschrift handelt und/oder dort Geschäftsunterlagen aufbewahrt werden. 14

c) Prüfungen des Geschäftsbetriebs. § 306 Abs. 1 S. 1 Nr. 1 Hs. 1 VAG meint den **gesamten Geschäftsbetrieb** i. S. v. § 294 Abs. 2 S. 1 Hs. 1 VAG.[22] Einer Aufzählung von Einzelbeispielen für das, was alles zum Geschäftsbetrieb gehört, bedarf es deshalb nicht. Für die Prüfung dürfen die Mitarbeiter der BaFin und die nach Abs. 1 S. 1 Nr. 3 beteiligten oder beauftragten Personen die Geschäftsräume gemäß Abs. 5 S. 1 „betreten und besichtigen". 15

d) Ohne besonderen Anlass. aa) Begriffsbestimmung. Die örtlichen Prüfungen können sowohl aufgrund eines besonderen Anlasses (**Anlassprüfung bzw. Sonderprüfung**) als auch ohne besonderen Anlass (**Routineprüfung**) erfolgen. Durch die Gesetzesformulierung „auch ohne besonderen Anlass" will der Gesetzgeber vermeiden, dass die geprüften Unternehmen einen Vertrauensverlust erleiden. Auf Grund der Parallele zu den Sonderprüfungen könnten Dritte nämlich eventuell aufsichtsrechtliche Verstöße oder wirtschaftliche Probleme vermuten.[23] 16

bb) Allgemeines. Die Aufsichtsbehörde kann sich durch **Prüfungen** ohne Anlass nach § 306 VAG nähere Einblicke in bestimmte Bereiche und Sachverhalte von aufsichtsrechtlicher Relevanz verschaffen. Die Aufsichtsbehörde hat das Recht, stichprobenweise bei den Versicherungsunternehmen Prüfungen durchzuführen. Das Recht zur Vornahme von Routineprüfungen befreit sie von der Verpflichtung darzulegen, dass eine Prüfung angezeigt und erforderlich ist.[24] 17

Nicht erforderlich ist, dass eine örtliche Prüfung **Überraschungscharakter** hat. Frühere Fassungen der Vorschrift sahen möglichst unvermutete Prüfungen vor. Auch diese Einschränkung hat der Gesetzgeber aufgrund überwiegender Nachteile im Rahmen ihrer praktischen Umsetzbarkeit aufgegeben.[25] Zudem bestehen wegen Art. 13 Abs. 1 GG Bedenken gegen eine unangekündigte Prüfung.[26] Das 18

---

[19] Siehe hierzu auch die Ausführungen zu § 305 VAG sowie zu § 306 Abs. 1 Nr. 1 Hs. 2 VAG unten Rn. 21 ff.

[20] Vgl. ausf. unten Rn. 49 und zu entsprechenden früheren VAG-Regelungen *Tietze* in 100 Jahre materielle Versicherungsaufsicht in Deutschland, S. 457, 466.

[21] Siehe zu gemischt genutzten Räumen unten Rn. 55.

[22] Vgl. dazu und damit auch zu den Aufsichtsgrenzen § 294 VAG Rn. 24 ff.

[23] Vgl. dazu *Bödecker,* S. 22, der von einer „vertrauensschädigenden Wirkung" spricht.

[24] Vgl. zu § 44 KWG *Reischauer/Kleinhans,* KWG, Erg.-Lfg. 4/03, § 44 KWG Rn. 13.

[25] Zum Ganzen auch *Tietze* in 100 Jahre materielle Versicherungsaufsicht in Deutschland, S. 457, 464.

[26] *BVerwG* Urt. v. 5.11.1987 – 3 C 52/85, BVerwGE 78, 251, 253 = NJW 1988, 1278.

betroffene **Unternehmen** ist rechtzeitig vor der Durchführung einer örtlichen Prüfung **zu informieren**, um einem „Geschäftsleiter die Teilnahme an der Nachschau zu ermöglichen."[27]

19 **cc) Anlassprüfung.** An den **Anlass der Prüfung** stellt die Rechtsprechung keine strengen Anforderungen.[28] Ausreichend sind Mängel in Prüfungsberichten sowie (anonyme)[29] Beschwerden von Kunden.[30] Anlass kann ferner auch eine „Unternehmenskrise", die Erweiterung des Geschäftsbetriebs sowie die Einführung eines neuen Produkts sein.[31]

20 **dd) Routineprüfung.** Die Aufsichtsbehörde kann Routineprüfungen nach individueller Einschätzung der Unternehmen und nach Maßgabe ihrer eigenen Personallage in kürzeren oder längeren **Zeitabständen** wiederholen. Eine Verpflichtung zur Vornahme einer Routineprüfung „mindestens alle 5 Jahre" bzw. „in regelmäßigen Abständen" hat der Gesetzgeber aus Gründen des „rationellen Personaleinsatzes" im Laufe der Zeit fallengelassen.[32] Unausgesprochenes Ziel der BaFin ist es, alle Versicherungsunternehmen zumindest alle 3 bis 7 Jahre örtlich zu prüfen.

21 **e) Prüfung der gemäß §§ 305 Abs. 1 Nr. 2, 284 VAG erlangten Informationen.** Nach § 306 Abs. 1 S. 1 Nr. 1 Hs. 2 VAG darf die BaFin „im Rahmen der **Gruppenaufsicht** nach Teil 5 **Prüfungen der Informationen** nach § 305 Abs. 1 Nummer 2 und § 284" bei vier, im einzelnen bezeichneten Unternehmen oder Gruppen von Unternehmen vornehmen.

22 Die Regelung hat folgenden **Hintergrund**: Der Gesetzgeber hat mit ihr § 83 Abs. 1 S. 1 Nr. 2 VAG a. F. vollständig übernommen und lediglich die früheren Verweise auf Regelungen des VAG a. F. durch Verweis auf die §§ 284 und 305 VAG ersetzt. Die frühere Vorschrift hatte das Änderungsgesetz zum VAG vom 21.12.2000[33] neu eingefügt.

23 § 306 Abs. 1 S. 1 Nr. 1 Hs. 2 VAG ermöglicht es der Aufsichtsbehörde, örtliche Prüfungen auch bei Unternehmen einer Gruppe und damit unter Umständen bei Nicht-Versicherungsunternehmen durchzuführen. Dies soll die Überprüfung der gemäß §§ 305 Abs. 1 Nr. 2 und 284 VAG erlangten Informationen durch die Aufsichtsbehörde ermöglichen und insgesamt eine **effektive(re) Aufsicht** gewährleisten.[34] Für den ersten Zugriff verbleibt es jedoch auch hiernach dabei, dass die jeweiligen primär beaufsichtigten Versicherungsunternehmen verpflichtet sind.[35] Die Prüfung bei den in Abs. 1 S. 1 Nr. 2 genannten Unternehmen darf nur die Überprüfung von Informationen beabsichtigen, die für die zusätzliche Beaufsichtigung zweckdienlich sind.[36]

24 **f) Teilnahme an einer vom Versicherungsunternehmen veranlassten Prüfung (Abs. 1 S. 1 Nr. 2).** Versicherungsunternehmen haben nach § 341k i. V. m. §§ 316 ff. HGB unabhängig von ihrer Größe ihren Jahresabschluss und Lagebericht sowie gegebenenfalls ihren Konzernabschluss und Konzernlagebericht durch einen Abschlussprüfer prüfen zu lassen. Der testierte Jahresabschluss einschließlich des Konzernabschlusses ist ein wesentliches Hilfsmittel für die Aufsichtsbehörde im Rahmen der Aufsicht. Nach § 306 Abs. 1 S. 1 Nr. 2 VAG kann die Aufsichtsbehörde eine örtliche Prüfung „auch so" durchführen, dass sie sich **an** einer solchen **Prüfung durch** einen **Abschlussprüfer beteiligt**. Bei einem solchen „Anhängen" ist sie nicht auf die Verwertung der Erkenntnisse beschränkt, die ihr der Abschlussprüfer vermittelt. Nach Nr. 2 kann sie sogar **selbst** die **Feststellungen treffen**, die sie für nötig hält und dazu eigenes Personal einsetzen. Praktische Bedeutung hat Nr. 2 kaum. Dies folgt schon aus der grundsätzlichen Belastbarkeit von Feststellungen der Abschlussprüfer aufgrund ihrer beruflichen Stellung und Verpflichtung.

25 Die Teilnahme der Aufsichtsbehörde ändert nichts an der **Stellung des Abschlussprüfers**. Er wird dadurch nicht Verwaltungshelfer der Aufsichtsbehörde i. S. v. Abs. 1 S. 1 Nr. 3.

26 Abs. 1 S. 1 Nr. 2 gilt nach Hs. 2 **nicht** für Versicherungsunternehmen, die als **kleinere Vereine** anerkannt sind. Sie können nach § 330 Abs. 4 HGB durch Rechtsverordnung von den förmlichen Verpflichtungen der Jahresabschlussprüfung teilweise befreit werden.

27 **g) Zuziehung Externer (Abs. 1 S. 1 Nr. 3).** Im Grundsatz nimmt die Aufsichtsbehörde eine örtliche Prüfung durch eigene Mitarbeiter vor.[37] Nach Abs. 1 S. 1 Nr. 3 Hs. 1 Alt. 1 kann sie jedoch auch **Dritte an** einer von ihr durchgeführten **örtlichen Prüfung** i. S. v. Nr. 1 und 2 beteiligen bzw. nach Alternative 2 mit der Durchführung entsprechender Prüfungen – unter Umständen sogar voll-

[27] *BVerwG* Urt. v. 5.11.1987 – 3 C 52/85, BVerwGE 78, 251, 253 = NJW 1988, 1278, das eine unmittelbare Informationspflicht aus Art. 13 Abs. 1 GG ableitet.
[28] Vgl. *Wiegelmann* BaFinJournal 06/11, S. 7.
[29] Vgl. *VGH Kassel* Urt. v. 6.5.2015 – 6 A 493/14, VersR 2016, 309.
[30] Vgl. *VGH Kassel* Beschl. v. 8.2.2010 – 6 A 3240/09, WM 2010, 1745.
[31] Für weitere Beispiele siehe *Tietze* in 100 Jahre materielle Versicherungsaufsicht in Deutschland, S. 458 ff.
[32] Begr. RegE 14. ÄnderungsG zum VAG BT-Drs. 9/1493, 28.
[33] BGBl. 2003 I, 2478.
[34] Vgl. oben Rn. 8.
[35] Vgl. *Präve* VersR 2001, 133, 134.
[36] Begr. RegE Gesetz zur Änderung des VAG BT-Drs. 14/4453, 35.
[37] Vgl. schon Begr. RegE Gesetz zur Umsetzung aufsichtsrechtlicher Bestimmungen zur Sanierung und Liquidation von Versicherungsunternehmen und Kreditinstituten BT-Drs. 15/1653, 26.

ständig –[38] **beauftragen**. Die Beteiligung sowie die Beauftragung setzen voraus, dass die Personen nach § 341k i. V. m. § 319 HGB zu Abschlussprüfern bestimmt werden können. In manchen Fällen ist die Einschaltung branchenerfahrener Prüfungsgesellschaften aufgrund der erforderlichen Spezialkenntnisse zur Erreichung der Aufsichtsziele sinnvoll und geboten. Neben der fachlichen Eignung hat die Aufsichtsbehörde insbesondere auch auf die Unabhängigkeit des beauftragten Prüfers zu achten.

Die **beauftragten Personen** haben keine eigenen Rechte gegenüber den Versicherungsunternehmen. Ihre Rechte leiten sich aus dem Recht ab, das der Aufsichtsbehörde aufgrund ihrer gesetzlichen Stellung zusteht. **28**

Die externen Hilfspersonen werden auf der Grundlage privatrechtlicher Verträge für die Aufsichtsbehörde tätig. Sie sind weisungsabhängige private „**Verwaltungshelfer**" und nicht Beliehene.[39] § 323 HGB, der die Verantwortlichkeit des Abschlussprüfers regelt, gilt für sie nach Abs. 1 S. 1 Nr. 3 Hs. 2 entsprechend. Die Haftungsbegrenzung der Höhe nach gemäß § 323 Abs. 2 HGB kann aber im Rahmen der Haftung nach Art. 34 S. 1 GG i. V. m. § 839 BGB, soweit eine solche im Rahmen des zutreffend verstandenen § 294 Abs. 8 VAG bzw. des § 4 Abs. 4 FinDAG besteht,[40] nicht gelten. Die externen Hilfspersonen sind als haftungsrechtliche Beamte i. S. d. § 839 BGB anzusehen, für die der Staat nach Art. 34 S. 1 GG grundsätzlich einzustehen hat. Es wäre mit dem Rechtsstaatsprinzip kaum vereinbar, wenn der Staat seine Haftung nach Art. 34 S. 1 GG dadurch einschränken könnte, dass er mit dem Hinweis in Abs. 1 S. 1 Nr. 3 auf § 323 Abs. 2 HGB die Haftung seiner privaten Verwaltungshelfer summenmäßig beschränkt. **29**

h) Prüfungsanordnung und gerichtlicher Prüfungsumfang. Die örtliche Prüfung setzt voraus, dass die Aufsichtsbehörde eine entsprechende **Prüfungsanordnung** erlässt. Der Gegenstand der Prüfung ist hierin zu konkretisieren. Die Prüfungsanordnung ist ein belastender Verwaltungsakt i. S. v. § 35 VwVfG.[41] Nicht einheitlich ist dagegen das Meinungsbild[42] in Bezug auf die Frage, ob die Aufsichtsbehörde in der Prüfungsanordnung eine **Begründung** anzugeben hat.[43] Mit Blick auf die Begründungspflicht für belastende Verwaltungsakte nach § 39 Abs. 1 VwVfG als wesentliches Element rechtsstaatlicher Verfahren und auf die Gefahr eines Leerlaufens der Rechtsschutzgarantie des Art. 19 Abs. 4 GG wegen fehlender materieller Nachprüfbarkeit im Falle einer fehlenden Begründung, ist eine Begründung grundsätzlich erforderlich.[44] Vor dem Hintergrund ist von den Ausnahmevorschriften in § 39 Abs. 2 VwVfG nur zurückhaltend Gebrauch zu machen.[45] **30**

In ihrer Begründung muss die BaFin zum Ausdruck bringen, dass sie einen **bestimmten Anlass** für die Anordnung hat. Sie darf die „wahren Gründe" für den Anlass der Prüfungsanordnung **nicht verschweigen**.[46] Dies gilt auch dann, wenn „Geheimhaltungs- und Datenschutzvorschriften es gebieten, bestimmte Daten nicht preiszugeben."[47] Konkret muss die BaFin etwa auch im Falle einer anonymen Beschwerde zumindest mitteilen, dass eine solche, deren Inhalt sie als vertraulich betrachtet, Anlass für die Anordnung ist.[48] **31**

Zur Parallelvorschrift aus dem KWG[49] hat die Rechtsprechung in Bezug auf das der Aufsichtsbehörde im Rahmen einer Prüfung zustehende **Ermessen** eine entscheidende Einschränkung angenommen: Die Aufsichtsbehörde habe im Rahmen ihres nach § 44 Abs. 1 S. 2 KWG eingeräumten Ermessens Erwägungen darüber anzustellen und in den Gründen der Anordnung niederzulegen, ob es sich um eine **Routineprüfung oder** um eine **Anlassprüfung** handelt und die Voraussetzungen hierfür vorliegen. **32**

Um „Willkür" im Rahmen einer Anordnung zu vermeiden, muss die Aufsichtsbehörde, sofern **kein besonderer Anlass** für eine örtliche Prüfung besteht, die Prüfung im Rahmen einer Routine, d. h. im Sinne ihrer üblichen Verwaltungspraxis, anordnen.[50] Die **Verwaltungspraxis** muss auf konkreten **33**

[38] Vor der Neufassung durch das Gesetz zur Umsetzung aufsichtsrechtlicher Bestimmungen zur Sanierung und Liquidation von Versicherungsunternehmen und Kreditinstituten war die Aufsichtsbehörde lediglich befugt, Personen mit Abschlussprüferqualifikation „heranzuziehen". Auf dieser Grundlage konnte die Aufsichtsbehörde den Prüfungsauftrag nicht vollständig übertragen; a. A. wohl BT-Drs. 15/1653, 26 („nur eine Klarstellung").

[39] So schon Begr. RegE BT-Drs. 15/1653, 26; ausführlich zu der in vielem parallel gelagerten Übertragung der Prüfungsbefugnis nach dem früheren § 36 Abs. 1 EinSiG und den dabei auftretenden Rechtsfragen sub specie des früheren § 9 Abs. 1 und 3 EAG *Dreher* FS Peltzer, 69 ff.

[40] Vgl. dazu § 294 VAG Rn. 89 ff.

[41] Umfassend zur Parallelvorschrift in § 44 KWG *Bödecker,* S. 27 ff. m. w. N.; zu den Rechtsbehelfen siehe unten Rn. 83, 88 f.

[42] Siehe zur KWG-Parallele nur *Reischauer/Kleinhans,* KWG, Erg.-Lfg. 4/03, § 44 Rn. 14 m. w. N.

[43] Vgl. *VG Frankfurt a. M.* Urt. v. 29.10.2009 – K 4182/08.F, WM 2010, 1745, 1747, demzufolge aus § 44 Abs. 1 S. 2 KWG nicht abzuleiten ist, „dass die konkrete Prüfungsanordnung nicht weiter begründet werden müsste."

[44] Vgl. *VGH Kassel* Urt. v. 6.5.2015 – 6 A 493/14, VersR 2016, 309; ausf. *Bödecker,* S. 29 ff.

[45] Für eine restriktive Auslegung daher z. B. auch *Stelkens* in Stelkens/Bonk/Sachs, VwVfG, 8. Aufl. 2014, § 39 Rn. 75 m. w. N.

[46] Vgl. *VGH Kassel* Urt. v. 6.5.2015 – 6 A 493/14, VersR 2016, 309.

[47] Vgl. *VGH Kassel* Urt. v. 6.5.2015 – 6 A 493/14, VersR 2016, 309.

[48] Vgl. *VGH Kassel* Urt. v. 6.5.2015 – 6 A 493/14, VersR 2016, 309.

[49] Siehe hierzu unten Rn. 91.

[50] Vgl. *VG Frankfurt a. M.* Urt. v. 29.10.2009 – K 4182/08.F, WM 2010, 1745, 1747 f.

Regeln beruhen, die sicherstellen, dass bei der **Auswahl** der zu prüfenden Unternehmen der Gleichheitssatz gewahrt wird.[51] Die Regeln müssen deshalb gewährleisten, dass im Grundsatz alle Unternehmen geprüft werden und dass die „Reihenfolge nach im Voraus festgelegten Kriterien erfolgt."[52] Bei der konkreten Anordnung einer Routineprüfung müssen die festgelegten Kriterien sodann auch erfüllt sein.

34 Beruht die Anordnung dagegen auf einem **besonderen Anlass**, kommt es auf die Verwaltungspraxis zu den Routineprüfungen nicht an. In einem solchen Fall hat die Aufsichtsbehörde nur dann ihr Ermessen rechtmäßig ausgeübt, wenn „die zum Anlass der Prüfung genommenen **Umstände** tatsächlich vorliegen" und wenn sie die Anordnung einer Anlassprüfung im Hinblick auf den Grundsatz der **Verhältnismäßigkeit** zu rechtfertigen geeignet sind.[53] Daher unterscheidet sich das Prüfprogramm, anhand dessen das Gericht die Rechtmäßigkeit überprüft, je nach der Begründung, die die Aufsichtsbehörde für die Anordnung wählt. Die Aufsichtsbehörde muss also in jedem Fall entscheiden, ob es sich um eine Routineprüfung oder um eine anlassbezogene Prüfung handelt.

35 **i) Schranken der Prüfungsbefugnis.** Die Entscheidung, ob und gegebenenfalls welche Maßnahmen angewandt werden, ist nach pflichtgemäßem Ermessen zu treffen.[54] Die Aufsichtsbehörde hat die allgemeinen Schranken des Verwaltungsrechts gemäß **§ 40 VwVfG** zu beachten. Sie hat der Gesetzgeber teilweise in den §§ 296 und 297 VAG speziell für das Versicherungsaufsichtsrecht konkretisiert. Zu den allgemeinen Grundsätzen gehört etwa, dass die Aufsichtsbehörde bei der Auswahl der geprüften Unternehmen den Gleichheitssatz des Art. 3 Abs. 1 GG beachtet und gleichgelagerte Fälle nicht ohne sachlichen Grund unterschiedlich behandelt.[55]

36 Die Anordnung einer Prüfung muss **verhältnismäßig**, d. h. zur Aufklärung von aufsichtsrechtlich relevanten Sachverhalten geeignet und erforderlich sein und darf keine Belastung für das betroffene Unternehmen mit sich bringen, die außer Verhältnis zum Überwachungszweck steht. Im Hinblick auf die Erforderlichkeit hat die Aufsichtsbehörde z. B. zu beachten, dass bei der Auswahl der Maßnahmen eine Prüfung regelmäßig nicht angeordnet werden darf, wenn ein Ersuchen um Unterlagenvorlage bereits ausreicht. Weiter ist es grundsätzlich unzulässig, wenn die Aufsichtsbehörde Unterlagen verlangt, die ihr bereits vorliegen. Eine Ausnahme kann dann erforderlich sein, wenn es um die Prüfung der Richtigkeit bereits zugesandter Unterlagen geht. Auch das verdeutlicht den Zusammenhang mit anderen Befugnissen der Aufsichtsbehörde: Die Aufsichtsbehörde muss sich die Frage stellen, ob die maßgebliche Information nur durch eine Prüfung vor Ort zu erlangen ist oder auch durch ein anderes Erkenntnismittel. Hierbei kann das bisherige Verhalten eines Unternehmens gegenüber der Aufsichtsbehörde von Bedeutung sein. Von einem Unternehmen, das alle bisher angeforderten Auskünfte stets vollständig erteilt hat und dessen Organisation und Unterlagen sich bisher als zuverlässig erwiesen haben, sind grundsätzlich auch im konkreten Fall zutreffende Auskünfte bzw. Unterlagen zu erwarten.[56]

37 **2. Teilnahme- und Rederecht (Abs. 1 S. 1 Nr. 4).** Gemäß § 306 Abs. 1 S. 1 Nr. 4 VAG ist die **BaFin** befugt, zu Sitzungen des **Aufsichtsrats** und Tagungen der **Hauptversammlung** oder der obersten Vertretung eines Versicherungsunternehmens Vertreter zu entsenden. Ihnen ist zudem auf Verlangen das Wort zu erteilen. Im Sinne des a maiore ad minus gilt dies auch ohne ausdrückliche Regelung für Sitzungen von Aufsichtsratsausschüssen.[57]

38 Eine **Höchstzahl der Vertreter** bestimmt Nr. 4 nicht. Sie ergibt sich einzelfallbezogen aus dem Grundsatz der Verhältnismäßigkeit nach § 296 VAG.

39 Um das Teilnahme- und Rederecht überhaupt effektiv auszuüben, kann die Aufsichtsbehörde verlangen, dass ihr die **Sitzungstermine** mit Tagesordnung rechtzeitig **vorher mitgeteilt** werden.

40 Des Weiteren kann die Aufsichtsbehörde eine **Ergänzung der Tagesordnung** verlangen.

41 Ein **Stimmrecht** steht den Vertretern der BaFin allerdings **nicht** zu. Im Übrigen sind sie **steinerne Gäste**, d. h. sie sehen und hören, aber äußern sich grundsätzlich nicht.[58] Eine **Redepflicht** der Behördenvertreter besteht also grundsätzlich **nicht**. Letzteres hat insbesondere Bedeutung im Falle eines aus aufsichtsrechtlicher Sicht rechtswidrigen Beschlusses des Aufsichtsrats. Die Aufsichtsbehörde kann sich also auch in einem solchen Fall auf nachträgliche Aufsichtsmaßnahmen beschränken. Sie muss in einer Aufsichtsratssitzung weder den Aufsichtsrat vor einem bestimmten Vorgehen warnen noch es unmittelbar danach beanstanden. An etwaige Äußerungen seitens der Vertreter der Aufsichtsbehörde aufgrund ihres **Rederechts** nach Nr. 4 sind die Organmitglieder des Unternehmens nicht gebunden. Gleichwohl sind solche Äußerungen im Rahmen einer dann folgenden Willensbildung des Unternehmensorgans entsprechend gewichtet einzubeziehen.

[51] Vgl. *VG Frankfurt a. M.* Urt. v. 29.10.2009 – K 4182/08.F, WM 2010, 1745, 1747 f.
[52] Vgl. *VG Frankfurt a. M.* Urt. v. 29.10.2009 – K 4182/08.F, WM 2010, 1745, 1747 f.
[53] Vgl. *VG Frankfurt a. M.* Urt. v. 29.10.2009 – K 4182/08.F, WM 2010, 1745, 1748.
[54] Vgl. dazu ausf. § 297 VAG Rn. 15 ff.
[55] Ausführlich hierzu sub specie der KWG-Parallele *Bödecker,* S. 40 ff.
[56] Vgl. *Bödecker,* S. 55 mit weiteren Beispielen.
[57] Ausführlich zum Ganzen *Dreher/Häußler* ZGR 2011, 471, 501 ff.
[58] So schon *Dreher/Häußler* ZGR 2011, 471, 502.

Eine **Ausnahme** von dem Grundsatz, dass für Vertreter der Aufsichtsbehörde lediglich ein Rederecht besteht, ist allerdings im Sinne einer Ermessensreduzierung auf Null mit der Folge einer **Redepflicht** anzunehmen, wenn Vertreter der BaFin eine bestimmte Aufsichtsratsaktivität bereits in der Sitzung **eindeutig** als **rechtswidrig** bewerten. Zu einer Entlastung von eigenen inhaltlichen Prüfungspflichten des Unternehmensorgans führt das jedoch nicht. Im Gegenteil kann etwa ein Aufsichtsrat aufgrund ablehnender Äußerungen von Seiten der Aufsichtsbehörde haftungsrechtlich bösgläubig werden. 42

3. Verlangen nach Einberufung von Sitzungen und Tagungen; Ankündigung von Gegenständen zur Beschlussfassung (Abs. 1 S. 1 Nr. 5). Nach Abs. 1 S. 1 Nr. 5 kann die **BaFin** die **Einberufung** einer außerordentlichen Sitzung des Aufsichtsorgans oder einer außerordentlichen Tagung der Hauptversammlung oder der obersten Vertretung **und** die Ankündigung von **Gegenständen zur Beschlussfassung verlangen**. Das für die Einberufung zuständige Organmitglied oder Organ des Unternehmens hat dem Verlangen unverzüglich zu entsprechen. In der Sitzung bzw. Tagung haben die Vertreter der Aufsichtsbehörde die Rechte nach Abs. 1 S. 1 Nr. 4. 43

III. Europäische Aufsichtsbehörde (Abs. 1 S. 2). Die Regelung in Abs. 1 S. 2 ist durch Art. 6 Nr. 3 „Gesetz zur Umsetzung der RL 2010/78/EU v. 24. November 2010 im Hinblick auf die Errichtung des Europäischen Finanzaufsichtssystems" v. 4.12.2011 in das VAG a. F. eingefügt worden.[59] Sie dient der Durchsetzung der in Art. 21 Abs. 1 VO (EU) Nr. 1094/2010 geregelten Befugnis in Bezug auf **Mitarbeiter von EIOPA**, sich unter bestimmten Voraussetzungen **an örtlichen Prüfungen** im Rahmen der Aufsichtkollegien zu **beteiligen**.[60] Voraussetzung ist nach Art. 21 Abs. 1 S. 2 EIOPA-VO, dass eine örtliche Prüfung „gemeinsam von zwei oder mehr zuständigen Behörden ausgeführt" wird. 44

IV. Erweiterung des Kreises in örtliche Prüfungen einbezogener Personen und Unternehmen (Abs. 2). Abs. 2 S. 1 VAG weitet den Kreis der **Personen und Unternehmen** aus, die die BaFin **in örtliche Prüfungen einbeziehen** kann. Die Regelung schließt eine Lücke, die eine Sachaufklärung verhindern oder zumindest erschweren könnte. Hintergrund der Erweiterung des Kreises der aufsichtspflichtigen Personen bzw. Unternehmen ist mit Nr. 3 bis 6 vor allem die Gewährleistung einer effektiven Anteilseignerkontrolle.[61] Der Aufsichtsbehörde müssen hinreichende Möglichkeiten zur Sachverhaltsaufklärung zur Verfügung stehen, damit sie frühzeitig von unzuverlässigen Anteilseignern ausgehende Gefahren für die Verwirklichung der Aufsichtsziele erkennen und geeignete aufsichtsbehördliche Maßnahmen ergreifen kann. 45

Die Regelung eröffnet der Aufsichtsbehörde gegenüber Personen und Unternehmen, die als Versicherungsvertreter oder Versicherungsmakler an ein Versicherungsunternehmen Versicherungsverträge vermitteln oder vermittelt haben (**Nr. 1**), auf die ein Versicherungsunternehmen Funktionen oder Tätigkeiten nach § 32 VAG ausgegliedert hat (**Nr. 2**) und die eine Beteiligungsabsicht nach § 17 Abs. 1 Nr. 1 VAG (bedeutende Beteiligung) angezeigt haben oder die im Rahmen eines Erlaubnisantrags nach § 9 VAG als Inhaber bedeutender Beteiligungen angegeben werden (**Nr. 3**), die gleichen Prüfungsrechte nach Abs. 1 S. 1 Nr. 1 und 3, wie sie sie gegenüber den beaufsichtigten Versicherungsunternehmen hat. Weiter gilt dies ebenso gegenüber den Inhabern einer bedeutenden Beteiligung an einem Versicherungsunternehmen und den von ihnen kontrollierten Unternehmen (**Nr. 4**), Personen und Unternehmen, bei denen Tatsachen die Annahme rechtfertigen, dass es sich um Personen oder Unternehmen i. S. v. Nr. 4, d. h. um Inhaber einer bedeutenden Beteiligung an einem Versicherungsunternehmen und die von ihnen kontrollierten Unternehmen handelt (**Nr. 5**), sowie Personen und Unternehmen, die mit einer Person oder einem Unternehmen im Sinne des Abs. 2 S. 1 Nr. 3 bis 5 nach § 15 AktG verbunden sind (**Nr. 6**). 46

Im Hinblick auf den Grundsatz der Verhältnismäßigkeit schränken die Sätze 2 und 3 die Befugnisse weiter ein: Gemäß **S. 2** darf im Falle von Personen und Unternehmen nach S. 1 Nr. 1 die Prüfung „nur insoweit" erfolgen, als sie „für die Beurteilung des Geschäftsbetriebs und der Vermögenslage des Versicherungsunternehmens oder der Erfüllung der Pflichten nach den §§ 53 bis 56 VAG oder den Vorschriften des Geldwäschegesetzes durch ein Versicherungsunternehmen im Sinne des § 52 VAG bedeutsam ist." 47

Nach **S. 3** darf die Aufsichtsbehörde gegenüber den in Nr. 3 bis 6 genannten Personen und Unternehmen Maßnahmen i. S. d. Abs. 1 S. 1 Nr. 4 und 5 nur „ergreifen, wenn Anhaltspunkte für einen Untersagungsgrund" nach § 18 Abs. 1 Nr. 1 bis 6 und Abs. 2 VAG vorliegen. Im Übrigen sind örtliche Prüfungen im Hinblick auf die damit verbundenen Eingriffe in die Rechte der Betroffenen bedenklich und deshalb restriktiv zu handhaben. 48

[59] BGBl. 2011 I, 2427.
[60] RegE BT-Drs. 17/6255, 33.
[61] Vgl. *Post* in 100 Jahre materielle Versicherungsaufsicht in Deutschland, S. 361, 367 zu der Vorgängerregelung.

49 **V. Zusammenarbeit bei örtlichen Prüfungen (Abs. 3).** Die Vorschrift betrifft Sachverhalte, in denen die BaFin beabsichtigt, durch eigenes Personal oder durch Beauftragte eine örtliche Prüfung in den Geschäftsräumen der Niederlassung eines deutschen Versicherungsunternehmens nach § 58 VAG oder einer Niederlassung eines deutschen Rückversicherungsunternehmens im EU-/EWR-Ausland oder in den Geschäftsräumen eines Dienstleisters mit Sitz im EU-/EWR-Ausland, auf den ein deutsches Versicherungsunternehmen Tätigkeiten ausgegliedert hat, vorzunehmen.[62] Nach **S. 1** hat die BaFin als Aufsichtsbehörde des Herkunftstaats die Aufsichtsbehörde des anderen Mitglied- bzw. Vertragsstaats über die beabsichtigte Prüfung zu unterrichten. Wird der BaFin untersagt, ihr Recht auf Durchführung einer solchen Prüfung vor Ort wahrzunehmen oder ist es ihr tatsächlich nicht möglich, an der Prüfung teilzunehmen, kann sie nach **S. 2** EIOPA um Unterstützung i. S. v. Art. 19 EIOPA-VO bitten, die sich mit dem Fall sodann befasst. Schließlich kann nach **S. 3** die BaFin die Prüfung eines Dienstleisters an die Aufsichtsbehörde des Mitglied- oder Vertragsstaats delegieren, in dem der Dienstleister ansässig ist.[63]

50 Abs. 3 ist vor dem Hintergrund der **spiegelbildlichen Regelung in § 327 Abs. 1 VAG** zu der Zusammenarbeit der BaFin als Tätigkeitslandbehörde bei örtlichen Prüfungen durch EU-/EWR-Herkunftslandbehörden zu sehen. Beide Regelungen dienen der Umsetzung von Art. 33 Abs. 3, 38 Abs. 2 Solva II-RL.[64]

51 **VI. Unerlaubte Versicherungsgeschäfte (Abs. 4). Abs. 4 ergänzt** die der Aufsichtsbehörde nach **§ 305 Abs. 3 und 4 VAG** zustehenden Befugnisse um eine örtliche Prüfungsbefugnis. Im Hinblick auf den Grundsatz der Verhältnismäßigkeit gilt diese nur, „soweit es zur Feststellung der Art und des Umfangs der Geschäfte oder Tätigkeiten erforderlich ist." Konkret betrifft der Verweis auf § 305 Abs. 3 VAG die Verdachtsprüfung und derjenige auf § 305 Abs. 4 VAG die Fälle grenzüberschreitender Verstöße. Die Aufsichtsbehörde verfügt in diesen Fällen auch über eine Durchsuchungsbefugnis aufgrund von § 306 Abs. 5 S. 1 a. E. VAG.

52 **VII. Recht zum Betreten von Räumen (Abs. 5).** Nach Abs. 5 S. 1 steht den Bediensteten der Aufsichtsbehörde und den nach Abs. 1 S. 1 Nr. 3 beteiligten oder beauftragten Personen das **Recht zum Betreten und Besichtigen** zu. Aufgrund einer Nachbildung der entsprechenden gewerbe-, umwelt- und steuerrechtlichen Bestimmungen[65] handelt es sich dabei um ein sog. **Nachschaurecht**.[66] Es ist von der Durchsuchungsbefugnis nach Abs. 6 S. 1 abzugrenzen. Ein solches Nachschaurecht betrifft „Eingriffe und Beschränkungen" i. S. v. Art. 13 Abs. 7 GG.[67] Es darf nur unter gesetzlich genau bestimmten Voraussetzungen ausgeübt werden.[68] Dabei handelt es sich nicht um eine Durchsuchung, für die die höheren Anforderungen einer richterlichen Anordnung nach Art. 13 Abs. 2 GG gelten. Diese Differenzierung zwischen Nachschaurecht und Durchsuchung bildet den Hintergrund der Trennung von Betretungsrecht in § 306 Abs. 5 VAG und Durchsuchungsrecht in § 306 Abs. 5 S. 1 a. E., Abs. 6 VAG.

53 Abs. 5 S. 1 schränkt die Handlungsbefugnisse der BaFin bei Prüfungen nach Abs. 1 S. 1 Nr. 1, 2 und in den Fällen der Nr. 4[69] sowie des Abs. 4 weiter ein, indem die aufgeführten Personen die Geschäftsräume nur **innerhalb der üblichen Betriebs- und Geschäftszeiten** betreten und besichtigen dürfen. § 83 VAG a. F. enthielt dagegen einen entsprechenden Vorbehalt nicht, wenngleich schon § 44 Abs. 1 S. 3 KWG, an den sich § 83 VAG a. F. anlehnen sollte,[70] eine solche Einschränkung umfasste. Abs. 8 S. 2 enthält ferner einen ausdrücklichen Hinweis auf die Einschränkung des Art. 13 Abs. 1 GG.[71]

54 Zur Verhütung dringender Gefahren für die öffentliche Sicherheit und Ordnung dürfen die in Satz 1 genannten, beteiligten Personen auch **außerhalb der üblichen Betriebs- und Geschäftszeiten** die Geschäftsräume betreten und besichtigen. Dies ergibt sich aus § 306 Abs. 5 S. 2 Hs. 1 VAG i. V. m. Art. 13 Abs. 7 GG.

55 Sofern es um das Betreten und Besichtigen bei einer **gemischt genutzten Wohnung** geht, gilt nach § 306 Abs. 5 S. 2 Hs. 2 VAG ebenfalls die Voraussetzung, dass dies nur zur Verhütung dringender Gefahren für die öffentliche Sicherheit und Ordnung erfolgen darf.

---

[62] Vgl. dazu schon oben Rn. 13.

[63] Vgl. zu aufsichtsbehördlichen Befugnissen gegenüber Dienstleistungsunternehmen auch § 299 VAG Rn. 7 ff.

[64] Vgl. dazu § 299 VAG Rn. 9 ff.

[65] Vgl. §§ 17 Abs. 2, 111 Abs. 2 HandwO, 22 Abs. 2 GastG, 47 Abs. 2 BaFöG, 52 Abs. 2 BImSchG, 99, 210 AO.

[66] Vgl. ausf. zu der behördlichen Nachschau z. B. *Marcks* in Landmann/Rohmer, GewO, Stand: August 2016, § 29 Rn. 14 ff.; *Voßkuhle* DVBl. 1994, 611 ff.

[67] Zu der sog. Doppelbindung der Verwaltung an unionale und nationale Grundrechte bei Anwendung des VAG Einl. Rn. 139.

[68] *BVerfG* Beschl. v. 13.10.1971 – 1 BvR 280/66, BVerfGE 32, 54, 72 f. = NJW 1971, 2299.

[69] Das Gesetz enthält an dieser Stelle einen Redaktionsfehler, indem das Wort „und" vor den Worten „in den Fällen des (…)" fehlt, wie sich schon aus einem Textvergleich mit der Vorgängervorschrift § 83 Abs. 3 S. 1 VAG a. F. und dem Normgehalt von § 306 Abs. 5 S. 1 VAG ergibt.

[70] Begr. RegE 3. DurchführungsG/EWG zum VAG BT-Drs. 12/6959, 86.

[71] In Bezug auf den Schutzumfang von Art. 1 Abs. 1 i. V. m. Art. 2 GG bei Zugriff auf E-Mails vgl. *Schantz* WM 2009, 2112 ff.

Im Hinblick auf die differenzierte Rechtsprechung des Bundesverfassungsgerichts zu Art. 13 GG hatte der Gesetzgeber ein **Betretungsrecht** bereits in § 83 Abs. 3 S. 1 VAG a. F. normiert.[72] Bis zur Neuregelung war nicht geklärt, inwieweit in der Einräumung der Befugnis zur örtlichen Prüfung und zur Teilnahme an Sitzungen und Tagungen implizit schon ein Betretungsrecht für die Räumlichkeiten enthalten ist. Im Anwendungsbereich des § 306 Abs. 5 S. 1 VAG, der auf Abs. 1 S. 1 Nr. 1, 2 und 4 sowie Abs. 4 verweist, kann dies mittlerweile dahinstehen. Allerdings gelten nach Abs. 2 S. 1 die Rechte nach Abs. 1 S. 1 Nr. 1 und 3 gegenüber weiteren Personen und Unternehmen, ohne dass diese bei der Regelung des Betretungsrechts in § 306 Abs. 5 S. 1 VAG genannt sind. § 306 Abs. 8 S. 1 VAG, der die Betroffenen zur Duldung der Maßnahmen verpflichtet, nennt Abs. 2 hingegen. Daher lässt sich weiterhin die Frage stellen, ob das Prüfungsrecht ein Betretungsrecht bereits umfasst. Hiergegen scheint nunmehr zu sprechen, dass § 306 Abs. 5 S. 1 VAG ein solches nur für einzelne Fälle des Prüfungsrechts regelt. Die Normierung nur des Prüfungsrechts müsste dann ferner, um den vom Bundesverfassungsgericht aufgestellten Anforderungen zu genügen, im Sinne einer „besondere[n] gesetzliche[n] Vorschrift" zum Betreten ermächtigen.[73] Das Prüfungsrecht in der Erweiterung des Abs. 2 verkäme jedoch ohne Betretungsrecht zu einer leeren Hülle.[74] Auch die Gesetzesbegründung zu § 306 VAG, die sich in drei Sätzen erschöpft, ohne auf eine Beschränkung des Prüfungsrechts im Hinblick auf Personen und Unternehmen nach Abs. 2 einzugehen, lässt ein redaktionelles Versehen vermuten.[75] Hinzu kommt, dass mit der ausdrücklichen Aufnahme des Betretungsrechts in § 83 Abs. 3 S. 1 VAG a. F. seinerzeit keine Änderung in der Sache verbunden sein sollte.[76] 56

VIII. Durchsuchungen (Abs. 6). Nach **§ 306 Abs. 5 S. 1 a. E. VAG** steht den Bediensteten der BaFin im Anwendungsbereich der Verfolgung unerlaubter Versicherungsgeschäfte[77] eine Durchsuchungsbefugnis hinsichtlich der Geschäftsräume der geprüften Unternehmen zu. Entgegen der unzutreffenden systematischen Stellung der Durchsuchungsbefugnis in Abs. 5 S. 1 a. E. und der undeutlichen Formulierung in Abs. 4 verfügen **ausschließlich Bedienstete der BaFin** über eine Durchsuchungsbefugnis. Den ferner in Abs. 5 S. 1 genannten Personen steht diese Befugnis bereits aus rechtsstaatlichen Gründen nicht zu. So war es auch in der Vorgängerregelung des § 83b Abs. 3 VAG a. F. geregelt. Da die Maßnahme erheblichen Grundrechtsbezug hat, dürfen unabhängig von der Abweichung von der Vorgängerregelung[78] andere Personen für die Zwecke einer Durchsuchung nicht eingeschaltet werden.[79] 57

Schließlich verdeutlicht erst § 306 Abs. 5 S. 1 a. E. VAG den **Anwendungsbereich** der in **Abs. 6** normierten Durchsuchungsbefugnis vollständig: Sie besteht nach dem Wortlaut von § 306 Abs. 5 S. 1 a. E. VAG ausschließlich im Rahmen einer Prüfung nach Abs. 4, d. h. im Bereich der **Verfolgung unerlaubter Versicherungsgeschäfte**. Folglich steht den Bediensteten der Aufsichtsbehörde im Rahmen einer örtlichen Prüfung etwa nach Abs. 1 S. 1 Nr. 1 eine Durchsuchungsbefugnis nicht zu, auch wenn dies eine isolierte Betrachtung von Abs. 6 nicht zwingend ergibt. Die Auslegung steht aber im Einklang mit den jeweiligen Vorgängerregelungen in den §§ 83 und 83b VAG a. F., da § 83 VAG a. F. eine solche Befugnis im Gegensatz zu § 83b VAG a. F. nicht enthielt. Die Gesetzesbegründung spricht mit dem Verweis auf § 83 VAG a. F. eine Ausweitung der neuen Regelung daher auch nicht an.[80] 58

Nach Abs. 6 S. 1 sind Durchsuchungen von Geschäftsräumen, außer bei Gefahr im Verzug (Nr. 1), und von Räumen, die zugleich als Wohnung dienen (Nr. 2), entsprechend Art. 13 Abs. 2 GG **durch** den **Richter anzuordnen**. Zuständig ist nach Satz 2 das Amtsgericht, in dessen Bezirk sich die Räume befinden. Gegen die richterliche Entscheidung ist die Beschwerde zulässig gemäß S. 3 Hs. 1. Nach Satz 3 Hs. 2 gelten die §§ 306 bis 310 und 311a StPO entsprechend. Nach Satz 4 ist über die Durchsuchung eine Niederschrift anzufertigen. Sie muss die verantwortliche Dienststelle, den Grund, die Zeit und den Ort der Durchsuchung und ihr Ergebnis enthalten, so Satz 5. Sofern eine richterliche Anordnung nicht ergangen ist, muss die Niederschrift auch die Tatsachen enthalten, welche die Annahme einer Gefahr im Verzug begründet haben. Im Ergebnis wird ein Richter am Amtsgericht einem Antrag der BaFin auf Anordnung einer Durchsuchung nur folgen, wenn die Aufsichtsbehörde schlüssig Rechtsgrundlage, Gegenstand, Zweck und Notwendigkeit der Durchsuchung darlegt. 59

---

[72] BGBl. 1994 I, 1630.

[73] Zu den Anforderungen *BVerfG* Beschl. v. 13.10.1971 – 1 BvR 280/66, BVerfGE 32, 54, 77 = NJW 1971, 2299; *BVerfG* Beschl. v. 15.3.2007 – 1 BvR 2138/05 Rn. 28, BVerfGK 10, 403 = NVwZ 2007, 1049.

[74] Hierzu bereits Prölss/*Kollhosser,* 12. Aufl., § 83 Rn. 22.

[75] Zu einem Redaktionsfehler im Rahmen des § 305 Abs. 5 S. 1 VAG bereits Fn. 75.

[76] Begr. RegE 3. DurchführungsG/EWG zum VAG BT-Drs. 12/6959, 86.

[77] Siehe hierzu auch unten Rn. 64.

[78] Die Gesetzesbegründung geht lediglich im Rahmen von § 305 VAG, der ebenfalls einzelne Regelungen von § 83b VAG a. F. übernommen hat, auf § 83b VAG a. F. ein; vgl. VAG-RegE 2014 BT-Drs. 18/2956, 292.

[79] Anders nach § 4 Abs. 3 FinDAG für die „Durchführung ihrer Aufgaben", wobei diese Regelung lediglich den Startpunkt einer Rechtsprüfung der Beteiligung Dritter an der Wahrnehmung von BaFin-Befugnissen bildet. § 44c Abs. 3 KWG spricht ebenfalls nur von „Bediensteten", vgl. dazu z. B. Boos/Fischer/Schulte-Mattler/*Lindemann* § 44c KWG Rn. 59.

[80] Vgl. in Bezug auf die Beschlagnahme unten Rn. 67.

60 Die Durchsuchung ist zwar ein typischer strafverfahrensrechtlicher Eingriff. Darüber hinaus gewähren aber z. B. auch die Polizeigesetze der Länder als Standardmaßnahme zur Gefahrenabwehr die Durchsuchungsbefugnis (z. B. §§ 18 ff. POG Rh-Pf.) und ebenso das GWB (§ 59 Abs. 4 GWB) für die Kartellbehörden. Mit § 44c Abs. 3 KWG besteht eine **parallele Norm** für den Bereich der **Bankenaufsicht**.

61 Eine **Durchsuchung** ist das ziel- und zweckgerichtete Suchen staatlicher Organe zur Ermittlung eines Sachverhalts, wenn der Wohnungsinhaber – entsprechendes gilt für Geschäftsräume – von sich aus die Tatsachen nicht offen legen will und gewisse Handlungen seitens der Behörde, die über das „Nachschauen" i. S. v. Abs. 5 hinausgehen, vorgenommen werden.[81] Die Durchsuchung erschöpft sich nicht in einem **Betreten** der Wohnung, sondern umfasst als zweites Element die Vornahme von **Handlungen** in den Räumen.[82] Die Betroffenen sind zu einer aktiven Mitwirkung nicht verpflichtet. Eine Auskunfts- und Vorlegepflicht für die Zeit der Durchsuchung besteht nicht, da die Durchsuchung gerade darüber hinweghelfen soll, dass der Betroffene Gegenstände nicht freiwillig herausgibt. Derart weitreichende Pflichten lassen sich auch nicht aus der allgemeinen verwaltungsverfahrensrechtlichen Mitwirkungspflicht des § 26 Abs. 2 VwVfG ableiten. Gleiches folgt ferner aus einem strafverfahrensrechtlichen Vergleich: Aufgrund eines Umkehrschlusses zu § 106 Abs. 1 StPO ist der von der Durchsuchung Betroffene im Strafverfahren ebenfalls nicht zur Mitwirkung verpflichtet.[83]

62 Anders als es der Aufsichtsbehörde nach § 44c Abs. 3 S. 2 KWG möglich ist, kann sie nach § 306 VAG die angetroffenen auskunfts- und vorlegepflichtigen **Personen nicht durchsuchen**.

63 **Gefahr im Verzug** liegt vor, wenn die durch die Einschaltung des Richters eintretende Verzögerung den Erfolg der Durchsuchung gefährden würde.[84] Aus dem Grundsatz der Verhältnismäßigkeit nach § 296 VAG folgt in Bezug auf die Durchsuchung, dass sie den Zweck haben muss, Gegenstände aufzufinden, die im Sinne von § 306 Abs. 4 VAG über „Art" und „Umfang" der betriebenen Geschäfte und damit darüber Aufschluss geben, ob das betroffene Unternehmen die Eigenschaft eines Versicherungsunternehmens hat oder verbotene Geschäfte betreibt. Darüber hinaus folgt hieraus, dass die Aufsichtsbehörde die milderen Mittel wie z. B. Auskunfts- und Vorlegungsverlangen bzw. eine Prüfung vorgelegter Unterlagen wegen Zwecklosigkeit ausgeschlossen oder aber ergebnislos angewendet haben muss.

64 **IX. Beschlagnahme (Abs. 7).** Nach § 306 Abs. 7 VAG können die Bediensteten der Aufsichtsbehörde **Gegenstände beschlagnahmen**, die als **Beweismittel** für die Ermittlung des Sachverhalts von Bedeutung sein können. Die Befugnis, vormals in § 83b Abs. 4 VAG a. F. normiert, ist bereits durch die VAG-Novelle 2007 eingefügt worden. Sie sollte der Aufsichtsbehörde bei der Bekämpfung unerlaubter Versicherungsgeschäfte die gleichen Kompetenzen bei der Sachverhaltsermittlung einräumen, wie dies im Bankaufsichtsrecht schon der Fall war. Bereits die Vorgängerregelung lehnte sich deshalb an die Regelung in § 44c Abs. 4 KWG an. Gleichwohl spricht Abs. 7 ausdrücklich von „beschlagnahmen" und weicht so von der Formulierung „sicherstellen" in § 44c Abs. 4 KWG sowie der strafprozessualen Terminologie ab.[85]

65 Die **Beschlagnahme** bedeutet die vorübergehende Überführung eines Gegenstandes in amtlichen Gewahrsam. Ihre Beendigung ist im Gesetz nicht geregelt. Aus dem Verhältnismäßigkeitsgrundsatz folgt aber, dass Gegenstände wieder zurückgegeben werden müssen, die für Beweiszwecke nicht mehr benötigt werden.[86] Der **Begriff der „Gegenstände"** ist denkbar weit und umfasst neben beweglichen Sachen, Datenträgern und Magnetbändern auch unbewegliche Sachen.[87]

66 Da die Befugnis dem Wortlaut der Bestimmung zufolge nur den Bediensteten der Aufsichtsbehörde zusteht, kann die Beschlagnahmebefugnis **nicht** auf Hilfspersonen z. B. im Sinne von § 306 Abs. 1 S. 1 Nr. 3 VAG **delegiert** werden.

67 Anders als im Kontext einer Durchsuchung[88] setzt die **Beschlagnahmebefugnis** nach Abs. 7 nicht ausdrücklich eine besondere Form der **örtlichen Prüfung** voraus. Abs. 7 spricht vielmehr allgemein von der Befugnis. Ob der Gesetzgeber hiermit tatsächlich eine in diesem Sinne generelle Befugnis schaffen oder sie nicht situativ verknüpfen wollte, ergibt sich aus der Gesetzbegründung nicht. Nach der Gesetzeshistorie bestand die Befugnis vormals ausschließlich zu der Verfolgung unerlaubter Versicherungstätigkeiten nach § 83b VAG aufgrund von dessen Abs. 4. In systematischer Hinsicht steht die

[81] Vgl. *BVerfG* Beschl. v. 3.4.1979 – 1 BvR 994/76, BVerfGE 51, 97, 107 = NJW 1979, 1539; *BVerfG* Beschl. v. 16.6.1987 – 1 BvR 1202/84, BVerfGE 76, 83 = NJW 1987, 2499.

[82] Vgl. *BVerfG* Beschl. v. 3.4.1979 – 1 BvR 994/76, BVerfGE 51, 97, 107 = NJW 1979, 1539; *BVerfG* Beschl. v. 16.6.1987 – 1 BvR 1202/84, BVerfGE 76, 83 = NJW 1987, 2499.

[83] Vgl. zum Ganzen z. B. Boos/Fischer/Schulte-Mattler/*Lindemann* § 44c KWG Rn. 54.

[84] Vgl. *RG* Urt. v. 1.12.1892 – 3441/92, RGSt 23, 334; *BVerfG* Beschl. v. 3.4.1979 – 1 BvR 994/76, BVerfGE 51, 97, 111 = NJW 1979, 1539.

[85] § 44c Abs. 4 KWG soll, obwohl er nur von „sicherstellen" spricht, in der Sache die Befugnis einschließen, Gegenstände zu beschlagnahmen, vgl. Boos/Fischer/Schulte-Mattler/*Lindemann* § 44c KWG Rn. 61 f.; RegE BT-Drs. 13/7142, 94.

[86] Vgl. *BGH* Urt. v. 9.11.1978 – III ZR 116/77, BGHZ 72, 302 = NJW 1979, 425, 426.

[87] Zum Zugriff auf E-Mails vgl. *Schantz* WM 2009, 2112 ff.

[88] Vgl. hierzu oben Rn. 58.

Befugnis des § 306 Abs. 7 VAG zwar unmittelbar nach der Durchsuchung gemäß Abs. 6, welche nach Abs. 6 S. 1 nur in Rahmen einer Prüfung nach Abs. 4 besteht. Jedoch ist die Befugnis mit Abs. 7 getrennt normiert. Zudem setzt eine Beschlagnahme nicht zwangsläufig die Durchführung einer Durchsuchung voraus.

Die Parallelvorschrift im KWG, die eine vergleichbare Befugnis nur in Bezug auf die „Verfolgung unerlaubter Bankgeschäfte und Finanzdienstleistungen" normiert, lässt in Verbindung mit dem Regelungszusammenhang des § 306 VAG den Schluss zu, dass eine Beschlagnahme nach Abs. 7 wie nach dem VAG a. F. **nur im Kontext unerlaubter Versicherungsgeschäfte**, mithin im Anwendungsbereich von Abs. 4, möglich ist. **68**

Abs. 7 sieht zudem – anders als für die Durchsuchung von entsprechenden Räumlichkeiten nach Abs. 6 S. 1 – für die Beschlagnahme **nicht** das Erfordernis der **richterlichen Anordnung** vor. In systematischer Hinsicht erscheint dies fragwürdig im Hinblick sowohl auf die vergleichbare Grundrechtsrelevanz der Durchsuchung als auch auf die strafprozessuale Beschlagnahme nach § 98 Abs. 1 S. 1 StPO. Da die Planwidrigkeit der Regelungslücke nicht offensichtlich ist, erscheint eine analoge Anwendung von § 306 Abs. 6 S. 2 bis 5 VAG fraglich. Das Entfallen einer richterlichen Anordnung brächte dem Betroffenen den Vorteil, dass er einen zweispurigen Rechtsweg (Beschwerde gegen Durchsuchung beim Amtsgericht, Feststellungsklage gegen die Beschlagnahme vor dem Verwaltungsgericht) nicht beschreiten müsste, um sich gegen Maßnahmen zu wehren.[89] **69**

Unabhängig von der analogen Anwendbarkeit der § 306 Abs. 6 S. 4 und 5 VAG ist es sodann im Hinblick auf das Rechtsstaatsgebot auch bei einer Beschlagnahme erforderlich, ein **Beschlagnahmeprotokoll** zu erstellen. In ihm sind die in § 306 Abs. 6 S. 5 VAG genannten Umstände beschlagnahmebezogen zu nennen. Dies gilt daher auch für sämtliche beschlagnahmten Gegenstände. **70**

Eine Beschlagnahme wird erforderlich, wenn die Unternehmen die relevanten Dokumente nicht **freiwillig herausgeben**. Sie ist nicht deshalb unverhältnismäßig, weil der Betroffene den BaFin-Mitarbeitern Kopien freiwillig übergeben würde. Da die Beweiskraft von Kopien im Regelfall geringer ist, genügt eine Übergabe von Kopien nicht.[90] **71**

Für die Einschätzung, ob die Gegenstände als Beweismittel für die Ermittlung des Sachverhalts von **Bedeutung** sind, kommt es zunächst auf den **Zeitpunkt der Beschlagnahme** an. Daher ist ein großzügiger Maßstab anzulegen. Dabei darf eine spätere Verwendung jedoch nicht völlig fernliegen. **72**

Auch bei der Beschlagnahme ist der **Verhältnismäßigkeitsgrundsatz** zu beachten. Danach ist z. B. den Betroffenen zeitnah die Erstellung von Kopien wichtiger Geschäftsunterlagen zu ermöglichen. **73**

X. Duldungspflicht (Abs. 8). Korrespondierend zu den möglichen Maßnahmen gemäß § 306 Abs. 1 S. 1 Nr. 1 bis 3, S. 2 VAG sowie den Absätzen 2, 4, 5 und 7 haben die Betroffenen eine **Duldungspflicht** gemäß § 306 Abs. 8 S. 1 VAG. **74**

Die **„nachhaltige Störung"** einer angeordneten Prüfung ist ein erheblicher Verstoß gegen die Duldungspflicht des Versicherungsunternehmens und seiner Organe. Er kann eine Verwarnung nach § 303 Abs. 1 VAG rechtfertigen.[91] **75**

Nach § 332 Abs. 3 Nr. 6 VAG begeht eine **Ordnungswidrigkeit**, wer entgegen § 306 Abs. 8 S. 1 VAG eine Maßnahme nicht duldet. **76**

Abs. 8 S. 2 stellt klar, dass das Grundrecht auf Unverletzlichkeit der Wohnung gemäß Art. 13 Abs. 1 GG eingeschränkt wird.[92] **77**

XI. Kosten. Die Kosten, die der Aufsichtsbehörde durch die Aufsicht über Versicherungsunternehmen entstehen, sind Kosten im Sinne von §§ 13 ff. FinDAG. Nach § 15 Abs. 1 S. 1 Nr. 4 FinDAG sind diejenigen **Kosten**, die **der Aufsichtsbehörde** auf Grund von § 306 Abs. 1 Nr. 1, 2 oder 3 VAG, auch in Verbindung mit § 306 Abs. 2 VAG, oder des § 306 Abs. 4 VAG auch in Verbindung mit Maßnahmen nach § 306 Abs. 5 und 6 VAG jeweils auch in Verbindung mit § 1 Abs. 3 und 4 S. 1 VAG entstehen, von den betroffenen Unternehmen **gesondert zu erstatten** und auf ihr Verlangen vorzuschießen. Neben dieser Form der gesonderten Erstattung nach § 15 FinDAG kann die BaFin aufgrund von § 14 Abs. 1 FinDAG für individuell zurechenbare öffentliche Leistungen im Rahmen der ihr zugewiesenen Aufgaben Gebühren in Höhe von bis zu 500.000 EUR erheben. **78**

Üblich ist es, dass eine **beauftragte Person oder Einrichtung** zu der Deckung ihrer Kosten eine Rechnung unmittelbar an das geprüfte Unternehmen schickt und sie von diesem beglichen wird. Die BaFin erhält eine Durchschrift der Rechnung. Dies dient nur der Vereinfachung der Kostenerstattung **79**

---

[89] Vgl. *Schröder/Hansen* ZBB 2003, 113, 116.

[90] Vgl. *LG Bonn* Beschl. v. 12.10.2006 – 37 Qs 41/06, BeckRS 2009, 13506.

[91] Vgl. in Bezug auf § 44 Abs. 1 S. 4 KWG *VGH Kassel* Urt. v. 31.5.2006 – 6 UE 3256/05, WM 2007, 392 ff. Eine nachhaltige Störung kann danach vorliegen, wenn ein Vertreter des Instituts während der laufenden Prüfungen die Beendigung der Prüfung bis 18.00 Uhr des gleichen Tages verlangt oder den Prüfern verboten wird, recherchierte Sachverhalte mit den betroffenen Mitarbeitern zu besprechen.

[92] Siehe hierzu oben Rn. 52.

Die Kostenpflicht als solche besteht weiterhin ausschließlich gegenüber der BaFin und nicht gegenüber einer mit der Prüfungsdurchführung beauftragten Person oder Gesellschaft.[93]

80 Allein aufgrund der direkten Kostenerstattung eines beauftragten Prüfers kommt ein Vertrag zwischen dem Unternehmen und dem Prüfer nicht zustande.[94] Vertragliche Ansprüche gegen den mit der Prüfung Beauftragten kann das geprüfte Unternehmen demzufolge nicht geltend machen, sofern dem Unternehmen aus der Prüfung ein Schaden entsteht. Ein **vertragliches Schuldverhältnis** besteht ausschließlich zwischen der den Dritten beauftragenden **BaFin und** dem **Beauftragten** selbst. Ein Vertrag mit Schutzwirkung zu Gunsten Dritter liegt in solchen Fällen nicht vor.[95] Noch in Bezug auf das damals geltende Einlagensicherungs- und Entschädigungsgesetz hat der BGH zudem entschieden, dass der Vertrag zwischen der BaFin und einem beauftragten Wirtschaftsprüfer eine Schutzwirkung zu Gunsten einer Entschädigungseinrichtung nicht entfaltet.[96] Gleichfalls lehnt der BGH einen eventuellen Anspruch des geprüften Unternehmens gegenüber einem beauftragten Prüfer nach § 823 BGB als Eingriff in das Recht am eingerichteten und ausgeübten Gewerbebetrieb ab, da es sich hierbei nicht um einen betriebsbezogenen Eingriff handele, sondern lediglich um ein Gutachten für eventuelle Maßnahmen der BaFin.[97] Die Betroffenen können deshalb ausschließlich gegenüber der BaFin unter Berücksichtigung von § 294 Abs. 8 VAG Schadenersatzansprüche geltend machen.

81 **XII. Rechtsbehelf, Zwangsgeld, Bußgeld. 1. Örtliche Prüfung.** Im Rahmen einer örtlichen Prüfung handelt **ordnungswidrig**, wer vorsätzlich oder fahrlässig entgegen § 306 Abs. 8 S. 1 VAG eine Maßnahme nicht duldet, § 332 Abs. 3 Nr. 6 VAG.

82 **Tathandlung** ist jede vorsätzliche oder fahrlässige Zuwiderhandlung gegen die Duldungspflicht. Dulden heißt vor dem Hintergrund, die Maßnahme der Aufsichtsbehörde hinzunehmen, ohne sie zu behindern. Die Pflicht, Prüfungen zu dulden, schließt auch die Pflicht ein, es dem Prüfer zu ermöglichen, seine Aufgabe zu erfüllen. Dazu gehört die Pflicht, das Betreten der Geschäftsräume zu gestatten, die Besichtigung aller Betriebseinrichtungen zu ermöglichen sowie die in Betracht kommenden bzw. von der prüfungsbeauftragten Person angeforderten Prüfungsunterlagen bereitzuhalten bzw. herbeizubringen.

83 Die Prüfungsanordnung ist ein belastender Verwaltungsakt i. S. v. § 35 VwVfG.[98] Die Prüfungsdurchführung durch die Aufsichtsbehörde ist dagegen als tatsächliches Verhalten ein Realakt. Gegen belastende Verwaltungsakte können die Betroffenen **Widerspruch und Anfechtungsklage** erheben. Diese Rechtsbehelfe haben grundsätzlich aufschiebende Wirkung. Maßgebliche Regelung hinsichtlich des Ausschlusses der aufschiebenden Wirkung ist § 310 Abs. 2 VAG. Die Vorgängerregelung in § 89a VAG a. F. verwies noch auf die §§ 83, 83b VAG a. F., wodurch Widerspruch und Anfechtungsklagen gegen Maßnahmen nach den §§ 83, 83b VAG a. F. keine aufschiebende Wirkung hatten. § 310 Abs. 2 VAG enthält einen solchen Verweis in Bezug auf Maßnahmen nach § 306 VAG nicht mehr.[99] Die Gesetzesbegründung führt dazu aus, dass § 310 Abs. 2 VAG nunmehr „nur Tatbestände, bei denen eine Verfahrensverzögerung regelmäßig zu erheblichen Gefahren oder irreparablen Schäden führen würde", enthält.[100] Widerspruch und Anfechtungsklage gegen die auf § 306 VAG basierenden Maßnahmen haben also aufschiebende Wirkung, da § 310 Abs. 2 VAG § 306 VAG insgesamt nicht in Bezug nimmt. Entsprechende Rechtsbehelfe gegen vergleichbare Maßnahmen haben im Anwendungsbereich des KWG nach § 49 KWG allerdings keine aufschiebende Wirkung; ein sachlicher Grund für die Differenzierung besteht nicht. Hinzu kommt, dass die Maßnahmen nach § 306 VAG teilweise erhebliche Grundrechtsbeeinträchtigungen bewirken und aufgrund des großen öffentlichen Interesses gleichwohl hinzunehmen sind. Schließlich geht es teilweise – so nach § 306 Abs. 5 S. 2 VAG – um eine „Verhütung dringender Gefahren für die öffentliche Sicherheit und Ordnung." Die Aufnahme von § 306 VAG in den Katalog des § 310 Abs. 2 VAG ist daher de lege ferenda geboten.

84 Die BaFin kann Verfügungen, die sie innerhalb ihrer gesetzlichen Befugnisse trifft – wie z.B. Prüfungsanordnungen – mit **Zwangsmitteln** nach **§ 17 FinDAG** durchsetzen. Die Höhe des Zwangsgeldes beträgt nach § 17 Abs. 1 S. 4 FinDAG bis zu 2.500.000 EUR. Ferner handeln die Betroffenen ordnungswidrig, wenn sie vorsätzlich oder fahrlässig entgegen § 306 Abs. 8 S. 1 VAG die örtliche Prüfung nicht dulden, § 332 Abs. 3 Nr. 6 VAG. Dies gilt für alle Maßnahmen nach § 306 Abs. 1 S. 1 Nr. 1 bis 3 und S. 2 VAG sowie nach den Absätzen 2, 4, 5 und 7, für die § 306 Abs. 8 S. 1 VAG eine Duldungspflicht normiert.

85 **2. Teilnahme- und Rederecht sowie Recht zur Einberufung von Sitzungen.** Im Kontext einer Sitzungsteilnahme von BaFin-Vertretern nach § 332 Abs. 1 Nr. 2 lit a) Var. 3 VAG handelt **ordnungs-**

[93] Vgl. *Braun* in Boos/Fisher/Schulte-Mattler/*Braun* § 44 KWG Rn. 54 ff.
[94] Vgl. zur Parallelvorschrift in § 44 KWG Boos/Fischer/Schulte-Mattler/*Braun* § 44 KWG Rn. 55.
[95] Vgl. *BGH* Urt. v. 26.6.2001 – X ZR 231/99, NJW 2001, 3115.
[96] Vgl. *BGH* Urt. v. 7.5.2009 – III ZR 277/08, ZIP 2009, 1166.
[97] Vgl. *BGH* Urt. v. 26.6.2001 – X ZR 231/99, NJW 2001, 3115.
[98] Siehe schon oben Rn. 30.
[99] Geändert seit 10.6.2017 durch das Finanzaufsichtsrechtergänzungsgesetz, vgl. § 310 VAG Rn. 3 und 26.
[100] Vgl. VAG-RegE 2014 BT-Drs. 18/2956, 294.

widrig, wer einer vollziehbaren Anordnung gemäß § 306 Abs. 1 S. 1 Nr. 4 oder 5 VAG zuwiderhandelt.

Macht die Aufsichtsbehörde von ihrem Recht nach § 306 Abs. 1 S. 1 **Nr. 4** VAG Gebrauch, ist den Vertretern der Aufsichtsbehörde auf Verlangen das Wort zu erteilen. Tathandlung ist das Nichterteilen des Wortes, somit das Unterlassen einer Handlung, zu der die Organe gesetzlich verpflichtet sind. Die Zuwiderhandlung ist ein echtes Unterlassungsdelikt. Voraussetzung ist ein Verwaltungshandeln des Vertreters der Aufsichtsbehörde. Er muss in der Sitzung des Aufsichtsrats oder in der Tagung der Hauptversammlung bzw. der obersten Vertretung eindeutig zum Ausdruck bringen, dass er sich als Vertreter der Aufsichtsbehörde äußern will. Dieses Verlangen ist Tatbestandsmerkmal. **86**

Macht die Aufsichtsbehörde von ihrem Recht nach **Nr. 5** Gebrauch, kann sie verlangen, dass eine Sitzung des Aufsichtsrats eines Versicherungsunternehmens oder eine Tagung der Hauptversammlung bzw. der obersten Vertretung des Unternehmens unter Ankündigung von Gegenständen zur Beschlussfassung einberufen wird. Kommen die Verantwortlichen des Unternehmens diesem Verlangen nicht nach, begehen sie eine Ordnungswidrigkeit. Hier ist die Tathandlung die unterlassene Vornahme der Einberufung der Sitzungen oder Tagungen, obwohl die entsprechenden Organe dazu gesetzlich verpflichtet sind. Auch dies stellt ein echtes Unterlassungsdelikt dar. Voraussetzung ist, dass die Aufsichtsbehörde die Einberufung der Sitzung oder Tagung verlangt hat. **87**

3. Durchsuchung und Beschlagnahme. Gemäß § 306 Abs. 6 S. 3 Hs. 1 VAG ist **gegen die richterliche Entscheidung** die **Beschwerde** beim handelnden Amtsgericht zulässig. Ferner sind nach § 306 Abs. 6 S. 3 Hs. 2 VAG die §§ 306 bis 310 und 311a StPO entsprechend anzuwenden. Die Beschwerde hat entsprechend § 307 StPO grundsätzlich keine aufschiebende Wirkung. Hilft das Amtsgericht der Beschwerde nicht binnen drei Tagen ab, so entscheidet das Landgericht als Beschwerdegericht ohne mündliche Verhandlung, §§ 306 Abs. 2, 309 StPO entsprechend, § 73 GVG. Die weitere Beschwerde zum Oberlandesgericht ist zulässig, § 310 Abs. 1 StPO entsprechend, § 121 Abs. 1 Nr. 2 GVG. **88**

Des Weiteren kann als Teil der Durchsuchung, die selbst einen Realakt ohne die Qualität eines Verwaltungsakts darstellt, ein nicht erforderlicher und daher sowie im Hinblick auf § 306 Abs. 8 S. 1 VAG unüblicher, zumindest mündlich ergangener Verwaltungsakt des Inhalts, die **Durchsuchung zu dulden**, mit **Widerspruch und Anfechtungsklage**, die aufschiebende Wirkung haben,[101] durch den Betroffenen zur Überprüfung gestellt werden. Wenn der Betroffene die Art und Weise der Durchsuchung durch die Bediensteten beanstandet, kann er ferner je nach konkretem Begehren Feststellungsklage erheben oder Amtshaftungsansprüche vor den ordentlichen Gerichten (§ 839 BGB) geltend machen. **89**

Im Rahmen einer Durchsuchung handelt **ordnungswidrig**, wer vorsätzlich oder fahrlässig entgegen § 306 Abs. 8 S. 1 VAG eine Maßnahme nicht duldet, § 332 Abs. 3 Nr. 6 VAG. Für den Fall einer Beschlagnahme gilt dies ebenfalls gemäß § 332 Abs. 3 Nr. 6 VAG. **90**

XIII. Verhältnis zu anderen Normen. 1. §§ 44, 44c KWG. § 306 VAG hat mit § 44 Abs. 1 S. 2, Abs. 4 und 5 sowie § 44c KWG zwei **Parallelvorschriften** aus dem **Bankaufsichtsrecht.** Die Systematisierung der einschlägigen Befugnisse in den §§ 44, 44c KWG ist von dem Kontext der Maßnahmen abhängig, in welchem die Aufsichtsbehörde von ihnen Gebrauch macht: § 44c KWG stellt eine Spezialvorschrift für den Fall der Verfolgung unerlaubter Bankgeschäfte und Finanzdienstleistungen dar. § 44 KWG regelt insbesondere allgemeine Auskunfts- und Prüfungsbefugnisse. Wie bereits erwähnt, hat der VAG-Gesetzgeber einzelne Regelungen aus § 83b VAG a. F. entweder in § 305 VAG oder in § 306 VAG aufgenommen und damit die vormalige – dem KWG nachempfundene – Systematisierung der Befugnisse aufgegeben. In materiellrechtlicher Hinsicht decken sich die einzelnen Regelungen weitgehend. **91**

2. §§ 57, 58 GWB. Gemäß § 57 Abs. 1 GWB – ebenso allgemein für ein Verwaltungsverfahren § 24 VwVfG – ermittelt die **Kartellbehörde** von Amts wegen. Sie bedient sich der Beweismittel, die sie nach pflichtgemäßem Ermessen für erforderlich hält (§ 26 VwVfG). **92**

Zur Erfüllung ihrer Aufgaben kann auch die Kartellbehörde geschäftliche **Unterlagen einsehen und prüfen**, § 59 Abs. 1 S. 1 Nr. 3 GWB. Hierfür ist gemäß § 59 Abs. 6 und 7 GWB eine schriftliche Verfügung (der Landeskartellbehörde) oder ein Beschluss (der Beschlussabteilung des BKartA mit Zustimmung des Präsidenten) erforderlich. Des Weiteren steht auch der Kartellbehörde das Recht zur **Durchsuchung** zu; eine richterliche Anordnung ist im Grundsatz erforderlich, § 59 Abs. 4 S. 1 GWB. **93**

In Bezug auf die **Beschlagnahme** legen § 58 Abs. 3 und 4 GWB anders als § 306 Abs. 7 VAG ausdrücklich fest, dass gegen die Beschlagnahme Rechtsmittel möglich sind bzw. die §§ 306 bis 310 und 311a StPO – wie auch im Rahmen einer Durchsuchung nach § 306 Abs. 6 S. 1 VAG – entsprechend anwendbar sind.[102] **94**

---

[101] Siehe hierzu oben Rn. 83.
[102] Siehe zu dem Problem oben Rn. 69.

Sonderbeauftragter

307 (1) [1]**Die Aufsichtsbehörde kann Befugnisse eines Organs ganz oder teilweise auf einen Sonderbeauftragten übertragen.** [2]**Sie bestimmt, in welchem Umfang der Sonderbeauftragte anstelle der Organe des beaufsichtigten Unternehmens handeln darf.** [3]**Der Sonderbeauftragte muss unabhängig, zuverlässig und fachlich geeignet sein.**

(2) [1]**Der Sonderbeauftragte ist im Rahmen seiner Aufgaben berechtigt, von den Mitgliedern der Organe und den Beschäftigten des Unternehmens Auskünfte und die Vorlage von Unterlagen zu verlangen, an allen Sitzungen und Versammlungen der Organe und sonstiger Gremien des Unternehmens in beratender Funktion teilzunehmen, die Geschäftsräume des Unternehmens zu betreten, Einsicht in dessen Geschäftspapiere und Bücher zu nehmen und Nachforschungen anzustellen.** [2]**Die Organe und Organmitglieder haben den Sonderbeauftragten bei der Wahrnehmung seiner Aufgaben zu unterstützen.** [3]**Er ist gegenüber der Aufsichtsbehörde zur Auskunft über alle Erkenntnisse im Rahmen seiner Tätigkeit verpflichtet.**

(3) [1]**Die durch die Bestellung des Sonderbeauftragten entstehenden Kosten einschließlich der diesem zu gewährenden angemessenen Auslagen und der Vergütung trägt das beaufsichtigte Unternehmen.** [2]**Die Höhe der Vergütung setzt die Aufsichtsbehörde fest.** [3]**Die Aufsichtsbehörde schießt die Auslagen und die Vergütung auf Antrag des Sonderbeauftragten vor.**

(4) [1]**Bei fahrlässigem Handeln beschränkt sich die Ersatzpflicht des Sonderbeauftragten auf 1 Million Euro für eine Tätigkeit bei einem Versicherungsunternehmen.** [2]**Handelt es sich um eine Aktiengesellschaft, deren Aktien zum Handel im regulierten Markt zugelassen sind, beschränkt sich die Ersatzpflicht im Sinne des Satzes 1 auf 4 Millionen Euro.** [3]**Die Beschränkungen nach den Sätzen 1 und 2 gelten auch, wenn dem Sonderbeauftragten die Befugnisse mehrerer Organe übertragen worden sind oder er mehrere zum Ersatz verpflichtende Handlungen begangen hat.**

Übersicht

Schrifttum: *Bürkle*, Die voraussetzungslose Bestellung von Sonderbeauftragten nach § 307 VAG 2016, VersR 2015, 941 ff.; *ders.*, Der Sonderbeauftragte der Bundesanstalt für Finanzdienstleistungsaufsicht im Versicherungssektor, 2013; *ders.*, Die Suspendierung von Unternehmensorganen durch die Einsetzung von Sonderbeauftragten der Versicherungsaufsicht, VersR 2006, 302 ff.; *Fiedler*, Der Sonderbeauftragte als Eingriffsinstrument der Banken- und Versicherungsaufsicht, 2010; *Unkel*, Die Rechtsfigur des Sonderbeauftragten als öffentlich-rechtlich bestellter Verwaltungsmittler, 2011; *Winter*, Versicherungsaufsichtsrecht – Kritische Betrachtungen, § 19 Einsetzung eines Sonderbeauftragten, 2007.

I. Allgemeines. 1. Entstehungsgeschichte. § 307 VAG wurde durch die 10. VAG-Novelle neu eingeführt. Bis zu deren Inkrafttreten am 1.1.2016 war der Sonderbeauftragte in **§ 83a VAG a. F.** geregelt. Die Gesetzesbegründung geht davon aus, dass der neue § 307 VAG dem bisherigen § 83a VAG a. F. entspreche.[1] Im Unterschied zu diesem **fehlen aber in § 307 VAG jegliche materiellen Tatbestandsmerkmale**, die erfüllt sein müssen, damit die Aufsichtsbehörde einen Sonderbeauftragten einsetzen kann.[2] Hierin liegt eine erhebliche Abweichung von der Vorgängernorm.[3] Die Gesetzesbegründung ist daher insoweit verfehlt.[4] Weitere Änderungen folgten nach ihr daraus, dass die Terminologie in § 307 VAG an § 45c KWG angepasst wurde. Damit sei allerdings keine Erweiterung der Befugnisse eines Sonderbeauftragten verbunden.[5] 1

§ 83a VAG a.F. war mit der **VAG-Novelle 2004**[6] eingeführt und durch Art. 4, 6 und 7 des Finanzmarktstabilisierungsgesetzes (FMStG)[7] erheblich verändert worden. Das Ziel dieser Gesetzgebung bestand darin, die Einsetzung eines Sonderbeauftragten zu erleichtern und zu beschleunigen[8] sowie eine Harmonisierung mit den Aufsichtsmaßstäben und Eingriffsbefugnissen der Bankenaufsicht zu erreichen.[9] 2

Auch vor dem Jahr 2004 war dem Versicherungsaufsichtsrecht der Sonderbeauftragte nicht unbekannt. **Erstmals normiert** wurde er **1936** in einer **Durchführungsverordnung** zum damaligen VAG.[10] Zu diesem Zeitpunkt war die Einsetzung eines Sonderbeauftragten bereits gewohnheitsrechtliche Aufsichtspraxis, welche die Aufsichtsbehörde auf die allgemeine Generalklausel der Missstandsaufsicht stützte.[11] Um auch öffentlich-rechtliche Versicherer zu erfassen, wurde die Regelung mit dem Vierzehnten Änderungsgesetz zum VAG vom 29.3.1983[12] aus der Durchführungsverordnung weitgehend unverändert in **§ 81 Abs. 2a VAG a. F.** transferiert.[13] Im Zuge der Deregulierung erfuhren im Jahr 1994 Tatbestand und Rechtsfolge von § 81 Abs. 2a VAG a. F. durch das Dritte Durchführungsgesetz/EWG zum VAG[14] einige Veränderungen.[15] So wurde unter anderem das – später wieder abgeschaffte –[16] ultima ratio-Prinzip eingeführt, nach dem es für die Einsetzung eines Sonderbeauftragten notwendig war, dass die Belange der Versicherten nicht auf andere Weise gewahrt werden können. Mit geringfügigen Anpassungen[17] galt sodann § 81 Abs. 2a VAG a. F. fort, bis der Sonderbeauftragte mit der VAG-Novelle 2004 in § 83a VAG a. F. geregelt wurde. 3

2. Normzweck. Nach dem überkommenen Verständnis ist die Bestellung eines Sonderbeauftragten durch die Aufsichtsbehörde ein Mittel zur Beseitigung schwerwiegender Missstände und damit Teil der besonderen Missstandsaufsicht.[18] Auch wenn es in § 307 VAG nicht mehr zum Ausdruck kommt,[19] verfolgt die Norm diesen Zweck grundsätzlich weiter. Die Unvereinbarkeit einer umfassenden Missstandsaufsicht mit den Vorgaben des Solva II-Systems und die deshalb gebotene europarechtskonforme Auslegung im Sinne einer Legalitätsaufsicht[20] machen § 307 VAG zum **Teil der besonderen Legalitätsaufsicht**. 4

[1] Begr. VAG-RegE 2014, BT-Drs. 18/2956, 293.
[2] Der VAG-RegE 2012, BT-Drs. 17/9342, 110, sah dagegen noch eine Normierung von Eingriffstatbeständen vor.
[3] Siehe zu den hieraus folgenden Konsequenzen bei der Anwendung von § 307 VAG unten Rn. 9 ff.
[4] In diesem Sinne auch *Bürkle* VersR 2015, 941, 943.
[5] Begr. VAG-RegE 2014, BT-Drs. 18/2956, 293.
[6] Gesetz zur Änderung des Versicherungsaufsichtsgesetzes und anderer Gesetze vom 15.12.2004, BGBl. I 3416.
[7] Gesetz zur Umsetzung eines Maßnahmenpakets zur Stabilisierung des Finanzmarktes (Finanzmarktstabilisierungsgesetz – FMStG) vom 17.10.2008, BGBl. 1982 I.
[8] Zum Beispiel durch Abschaffung des bisherigen ultima ratio-Prinzips, vgl. BT-Drs. 15/3418, 21, und der Einführung einer Haftungsbeschränkung, vgl. BT-Drs. 16/10600, 12 sowie unten Rn. 68; siehe auch Bähr/*Kaulbach* § 8 Rn. 50; Bähr/*Bähr* § 12 Rn. 82; FKBP/*Bähr* § 83a Rn. 1; *Laars* § 83a Rn. 1; *Fiedler* S. 8; *Bürkle* VersR 2006, 302, 303; *Fricke* VersR 2005, 161, 169; *Bürkle* S. 12, 15, 22 f.
[9] Bähr/*Bähr* § 12 Rn. 3.
[10] Verordnung zur Durchführung des Gesetzes über die Beaufsichtigung der privaten Versicherungsunternehmen und Bausparkassen vom 21.4.1936, RGBl. I 376.
[11] Vgl. *Bürkle* S. 6; *Fiedler* S. 5; *Unkel* S. 116.
[12] Vierzehntes Gesetz zur Änderung des Versicherungsaufsichtsgesetzes vom 29. März 1983, BGBl. I 377.
[13] Vgl. *Unkel* S. 119 f.
[14] Drittes Gesetz zur Durchführung versicherungsrechtlicher Richtlinien des Rates der Europäischen Gemeinschaften (Drittes Durchführungsgesetz/EWG zum VAG) vom 21. Juli 1994, BGBl. I 1630.
[15] Siehe dazu näher *Unkel* S. 120.
[16] Siehe Fn. 8.
[17] Diese erfolgten durch die VAG-Novelle 2000, das 4. Finanzmarktförderungsgesetz 2002 und die VAG-Novelle 2003; zu deren Inhalt im Einzelnen vgl. *Bürkle* S. 9 ff.
[18] Zum Verhältnis zu anderen Möglichkeiten, aufsichtsbehördlichen Einschreitens siehe unten Rn. 20 ff.
[19] Siehe hierzu Rn. 1 und 9 ff.
[20] Siehe hierzu gleich noch Rn. 6 sowie ausführlich zur allgemeinen Missstandsaufsicht versus Legalitätsaufsicht § 298 VAG Rn. 27 ff.

5 **3. Europarechtlicher Hintergrund.** Wie ausgeführt,[21] ist die Möglichkeit der Bestellung eines Sonderbeauftragten durch die Aufsichtsbehörde seit 1936 im deutschen Recht normiert. Damit hat § 307 VAG **keinen europarechtlichen Hintergrund**. Nach der Gesetzesbegründung sollen zwar „indirekt durch die Richtlinie veranlasste Ergänzungen" in § 307 VAG erfolgt sein.[22] Worin die indirekte europarechtliche Veranlassung für die Änderungen liegen soll, führt aber weder die Gesetzesbegründung aus noch ist eine solche erkennbar.[23]

6 Wegen des vollharmonisierenden Charakters der Solva II-RL[24] und mangels einer europarechtlichen Norm, die konkret die Bestellung eines Sonderbeauftragten vorsieht, stellt sich die **Frage nach der Europarechtskonformität von § 307 VAG.**[25] Als Grundlage für die Vereinbarkeit von § 307 VAG mit dem Europarecht kommt Art. 34 Abs. 1 Solva II-RL in Betracht. Nach dieser Vorschrift müssen die Mitgliedstaaten dafür sorgen, „dass die Aufsichtsbehörden befugt sind, präventive und korrigierende Maßnahmen zu ergreifen, um sicherzustellen, dass die Versicherungs- und die Rückversicherungsunternehmen die Rechts- und Verwaltungsvorschriften einhalten, die sie in jedem Mitgliedstaat zu erfüllen haben". Daraus folgt, dass ausschließlich eine **Legalitätsaufsicht** erfolgen darf, die auf die Einhaltung von Rechts- und Verwaltungsvorschriften gerichtet ist.[26] Sodann bestimmt Art. 34 Abs. 2 Solva II-RL, dass die Aufsichtsbehörden dazu befugt sind, „alle erforderlichen Maßnahmen, einschließlich gegebenenfalls administrativer und finanzieller Art, in Bezug auf die Versicherungs- oder Rückversicherungsunternehmen und die Mitglieder ihres Verwaltungs-, Management- oder Aufsichtsorgans zu ergreifen". Die europarechtlich konkret zulässigen Maßnahmen gibt die Solva II-RL damit nicht vor. Stattdessen bestimmt sie lediglich, dass die Maßnahmen der Legalitätsaufsicht dienen und erforderlich sein, also dem **Verhältnismäßigkeitsgrundsatz** genügen müssen. Letzteres folgt auch unter anderem aus den in Art. 29 Abs. 3 und 4 Solva II-RL normierten allgemeinen Grundsätzen der Beaufsichtigung.

7 Die Bestellung eines Sonderbeauftragten als Aufsichtsinstrument ist mithin nicht grundsätzlich europarechtswidrig. Allerdings ist insbesondere im Hinblick auf die in § 307 VAG nicht normierten Eingriffstatbestände[27] eine **europarechtskonforme Auslegung** unter Beachtung der dargestellten Grundsätze geboten. Die Bestellung eines Sonderbeauftragten kommt deshalb von vornherein nur unter Beachtung des Verhältnismäßigkeitsgrundsatzes in Frage, um die Einhaltung von Rechts- und Verwaltungsvorschriften durch Versicherungsunternehmen zu gewährleisten.

8 **II. Einsetzung eines Sonderbeauftragten (Abs. 1). 1. Anwendungsbereich.** Aus § 307 VAG ergibt sich nicht unmittelbar, gegenüber welchen Unternehmen die Aufsichtsbehörde die Einsetzung eines Sonderbeauftragten verfügen kann. § 307 Abs. 1 S. 1 VAG spricht lediglich von Befugnissen „eines Organs", S. 2 sodann von Organen „des beaufsichtigten Unternehmens". Maßgeblich ist im Ausgangspunkt der in § 1 VAG bestimmte Geltungsbereich des VAG.[28] Die Einsetzung eines Sonderbeauftragten kommt folglich zunächst bei den in § 1 Abs. 1 Nr. 1 VAG genannten **Versicherungsunternehmen** im Sinne des § 7 Nr. 33 und 34 VAG in Betracht. Darüber hinaus kann ein Sonderbeauftragter gemäß § 293 Abs. 3 VAG in **Versicherungs-Holdinggesellschaften** i. S. d. § 1 Abs. 1 Nr. 2 VAG eingesetzt werden.[29] Für **Versicherungs-Zweckgesellschaften** i. S. d. § 1 Abs. 1 Nr. 3 VAG gilt § 307 VAG nach § 168 Abs. 2 VAG entsprechend. Gemäß § 1 Abs. 3 S. 1 VAG gilt § 307 VAG auch für die dort genannten **öffentlich-rechtlichen Versicherungsunternehmen**. Für Einrichtungen der in **§ 140 Abs. 1 SGB VII** bezeichneten Art gilt § 307 VAG nach § 1 Abs. 4 S. 1 VAG entsprechend.

9 **2. Voraussetzungen und Umfang der Aufgabenübertragung (Abs. 1 S. 1). a) Verfassungsrechtliche Bedenken.** Anders als die Vorgängernorm des § 83a VAG a. F. enthält § 307 VAG **keine Eingriffstatbestände**. Damit scheint die Bestellung eines Sonderbeauftragten nicht an besondere Situationen oder Ereignisse gebunden. Der Gesetzgeber bezweckte mit dem neuen § 307 VAG eine **Anpassung der Terminologie an § 45c KWG**.[30] Dies verwundert in doppelter Hinsicht.

10 Zum einen sind die fehlenden gesetzlichen Voraussetzungen für die Einsetzung eines Sonderbeauftragten nach **§ 45c KWG** bereits **Gegenstand erheblicher Kritik**, insbesondere verfassungsrechtlicher Natur.[31] Die fehlende Festlegung von Eingriffsvoraussetzungen in § 45c KWG wurde mitunter sogar für

[21] Siehe oben Rn. 3.
[22] Begr. VAG-RegE 2014, BT-Drs. 18/2956, 229.
[23] Vgl. *Bürkle* VersR 2015, 941, 942.
[24] Siehe Einl. VAG Rn. 88.
[25] Siehe ausführlich zur Frage der grundsätzlichen Vereinbarkeit des rein national normierten besonderen Interventionsmittels mit den europarechtlichen Vorgaben *Bürkle* S. 29 ff.
[26] Siehe zur alleinigen Zulässigkeit der Legalitätsaufsicht ausführlich § 298 VAG Rn. 39 ff.
[27] Hierzu noch sogleich sub specie des nationalen Verfassungsrechts Rn. 9 ff.
[28] Siehe im Einzelnen die Kommentierung zu § 1 VAG.
[29] Zu der besonderen Regelung des Sonderbeauftragten in Versicherungs-Holdinggesellschaften siehe noch unten Rn. 74.
[30] Begr. VAG-RegE 2014, BT-Drs. 18/2956, 293.
[31] Vgl. Boos/Fischer/Schulte-Mattler/*Lindemann* § 45c KWG Rn. 15 f.; Schwennicke/Auerbach/*Schwennicke* § 45c KWG Rn. 4; *Herring/Fiedler* WM 2011, 1311, 1317 f.; *Lorenz* NZG 2010, 1046, 1052.

ein Redaktionsversehen gehalten.[32] Die Übernahme der Regelungstechnik in § 307 VAG trotz kritischer Hinweise im Gesetzgebungsverfahren[33] legen jedoch eine bewusste Entscheidung des Gesetzgebers nahe.

Zum anderen fehlt es in § 307 VAG nicht nur an Voraussetzungen für die Bestellung eines Sonder- 11
beauftragten. Darüber hinaus enthält die Norm auch keine Anforderungen, die erfüllt sein müssen, damit dem Sonderbeauftragten bestimmte, weitreichende Befugnisse übertragen werden können. Selbst § 45c KWG normiert aber im Hinblick **auf besonders eingriffsintensive Aufgaben- und Befugnisübertragungen** besondere Tatbestandsvoraussetzungen. Zu den „Katalogaufträgen" nach § 45c Abs. 2 KWG zählt auch die Übernahme von Organbefugnissen durch den Sonderbeauftragten.[34] Die Katalogaufträge sind zwar nach dem Wortlaut von § 45c Abs. 2 KWG („insbesondere") und nach dem Willen des Gesetzgebers[35] nicht abschließend. Der Grundsatz des Gesetzesvorbehalts steht indessen derart schwerwiegenden Eingriffen, für die das Gesetz keine Voraussetzungen formuliert, entgegen.[36]

Vor diesem Hintergrund begegnet die Neuregelung des Sonderbeauftragten in § 307 VAG noch 12
erheblicheren **(verfassungs-)rechtlichen Bedenken** als § 45c KWG, der zumindest für die eingriffsintensiven Aufgaben- und Befugnisübertragungen konkrete Tatbestandsvoraussetzungen enthält. Tangiert ist zunächst der **Gleichbehandlungsgrundsatz** nach Art. 3 GG. Es ist nämlich keine Rechtfertigung dafür ersichtlich, weshalb die (Bestimmheits-)Anforderungen an die Übertragung von Organbefugnissen auf einen Sonderbeauftragten im Anwendungsbereich des § 45c KWG höher sind als in § 307 VAG. Außerdem greift die Einsetzung eines Sonderbeauftragten in erheblichem Maße in die **Berufsfreiheit** des betroffenen Organmitglieds und das **Recht am eingerichteten und ausgeübten Gewerbebetrieb** der Anteilseigner ein.[37]

Die Entscheidung über die Einsetzung eines Sonderbeauftragten ist wesentlich für die Verwirklichung 13
der Grundrechte, so dass der **Grundsatz des Gesetzesvorbehalts** gilt.[38] Der Gesetzgeber müsste daher entweder die Maßnahme selbst beschließen oder zumindest eine inhaltlich bestimmte Ermächtigung erlassen haben. Die verfassungsrechtlichen Anforderungen an die Normenbestimmtheit und die Normenklarheit sollen „die Betroffenen befähigen, die Rechtslage anhand der gesetzlichen Regelung zu erkennen, damit sie ihr Verhalten danach ausrichten können. Die Bestimmtheitsanforderungen dienen auch dazu, die Verwaltung zu binden und ihr Verhalten nach Inhalt, Zweck und Ausmaß zu begrenzen sowie, soweit sie zum Schutz anderer tätig wird, den Schutzauftrag näher zu konkretisieren".[39] In § 307 VAG fehlen jegliche Eingriffsvoraussetzungen, weshalb ein **Verstoß gegen das Bestimmtheitsgebot** gegeben ist.[40] Diesen Verstoß können auch die Bindung der Verwaltung an den Verhältnismäßigkeitsgrundsatz und das Erfordernis einer ordnungsgemäßen Ermessensausübung nicht heilen. Denn das Bestimmtheitsgebot fordert, „dass hinreichend klare Maßstäbe für Abwägungsentscheidungen bereitgestellt werden".[41] Damit soll das Risiko einer unangemessenen Zuordnung rechtlich erheblicher Belange verringert und vor Missbrauch geschützt werden.

Es spricht daher alles dafür, dass **derzeit** die Bestellung eines Sonderbeauftragten aufgrund der 14
Defizite von § 307 VAG **nicht grundrechtskonform** erfolgen kann.[42] Über die Verfassungswidrigkeit von § 307 VAG hätte nach entsprechender Vorlage durch das Fachgericht gemäß Art. 100 Abs. 1 S. 1 GG das Bundesverfassungsgericht zu entscheiden. Bis dahin könnte ein Vorgehen gegen den Verwaltungsakt der Bestellung eines Sonderbeauftragten im **vorläufigen Rechtsschutz** einstweilen zum **Erfolg** führen. Denn im Verfahren des vorläufigen Rechtsschutzes dürfen die Fachgerichte auch ihre Rechtsauffassung zur Unvereinbarkeit der entscheidungserheblichen Norm mit höherrangigem Recht zugrunde legen.[43]

Unabhängig von der Frage, ob § 307 VAG selbst verfassungskonform ist, bleibt zu erörtern, welchen 15
rechtlichen Bindungen die **Aufsichtsbehörde** unterliegt, wenn sie über die Bestellung eines Sonder-

[32] Schwennicke/Auerbach/*Schwennicke* § 45c KWG Rn. 4.
[33] Siehe dazu Gesamtverband der Deutschen Versicherungswirtschaft, Stellungnahme zum Regierungsentwurf eines Gesetzes zur Modernisierung der Finanzaufsicht über Versicherungen, Version 8.10.2014 (abrufbar unter gdv.de, abgerufen am 20.1.2017), der auf S. 29 das Fehlen von tatbestandlichen Voraussetzungen für nicht nachvollziehbar erklärt und vor dem Hintergrund, dass die Einsetzung eines Sonderbeauftragten einen schweren Eingriff in die Unternehmensorganisation darstelle, eine entsprechende Ergänzung fordert.
[34] Vgl. Boos/Fischer/Schulte-Mattler/*Lindemann* § 45c KWG Rn. 20 ff.
[35] RegE Restrukturierungsgesetz, BT-Drs. 17/3024, 60.
[36] Vgl. Boos/Fischer/Schulte-Mattler/*Lindemann* § 45c KWG Rn. 16; Schwennicke/Auerbach/*Schwennicke* § 45c KWG Rn. 15.
[37] Vgl. ausführlich *Unkel* S. 190 ff. sowie außerdem *Bürkle* VersR 2015, 941, 944; *ders.* VersR 2006, 302, 303 f.; Boos/Fischer/Schulte-Mattler/*Lindemann* § 45c KWG Rn. 17.
[38] Vgl. zum Gesetzesvorbehalt nur Maunz/Dürig/*Kirchhof* 78. EL 9/2016 Art. 83 GG Rn. 33; *BVerfG* Beschl. v. 21.12.1977 – 1 BvL 1/75 u. a., NJW 1978, 807.
[39] *BVerfG* Urt. v. 26.7.2005 – 1 BvR 782-94, 957/96 Rn. 183, VersR 2005, 1109 = BeckRS 2005, 28069.
[40] Ebenso *Bürkle* VersR 2015, 941, 944 f.
[41] *BVerfG* Urt. v. 26.7.2005 – 1 BvR 782-94, 957/96 Rn. 183, VersR 2005, 1109 = BeckRS 2005, 28069.
[42] *Bürkle* VersR 2015, 941, 945 geht sogar von „der offenkundigen Rechtswidrigkeit der Ermächtigungsgrundlage" aus.
[43] *BVerfG* Beschl. v. 24.6.1992 – 1 BvR 1028/91, NJW 1992, 2749; Maunz/Dürig/*Dederer* Art. 100 GG Rn. 258.

beauftragten entscheidet. Die BaFin ist bei der Ausübung ihrer Aufsichtstätigkeit stets an allgemeine europa-, verfassungs- und verwaltungsrechtliche Grundsätze gebunden. Indem die Aufsichtsbehörde nach § 307 Abs. 1 S. 1 VAG Befugnisse auf einen Sonderbeauftragten übertragen „kann", wird ihr **Ermessen** eingeräumt. Dieses hat sie pflichtgemäß i. S.v § 297 VAG und unter besonderer Beachtung des Grundsatzes der Verhältnismäßigkeit[44] auszuüben.[45]

16 **b) Ermessensausübung. aa) Grundlagen der Ermessensausübung.** Der Ermessensausübung kommt in zweifacher Hinsicht Bedeutung zu. So hat die Aufsichtsbehörde zunächst zu entscheiden, **ob** überhaupt eine Bestellung eines Sonderbeauftragten erfolgt (Entschließungsermessen). Bejahendenfalls folgt anschließend die Entscheidung, **wie** die Einsetzung ausgestaltet wird, d. h. welche Befugnisse in welchem Umfang an wen übertragen werden (Auswahlermessen).[46]

17 Das **Entschließungsermessen** betrifft die Frage, **ob** überhaupt ein Sonderbeauftragter bestellt werden soll. Insofern ist zu beachten, dass der Gesetzgeber im Rahmen der VAG-Novelle 2004 das zuvor für die Einsetzung des Sonderbeauftragen vorgesehene ultima ratio-Prinzip gestrichen hat. Eine Bestellung setzt also grundsätzlich nicht mehr voraus, dass alle anderen Mittel ausgeschöpft wurden oder keinen Erfolg versprechen. Indes bleibt es bei der **Geltung des Verhältnismäßigkeitsgrundsatzes**. Vor dem Hintergrund, dass die Einsetzung eines Sonderbeauftragten massiv in Grundrechte des Versicherungsunternehmens, seiner Organe, der Aktionäre einer Versicherungs-AG oder der Vereinsmitglieder eines VVaG eingreift, muss sie auf solche Ausnahmekonstellationen beschränkt sein, bei denen die Bestellung zur Abwendung schwerwiegender Schäden zwingend erforderlich ist.[47] Weniger beeinträchtigende Eingriffsinstrumente dürfen daher nicht in gleicher Weise zur Zielerreichung geeignet sein.

18 Im Rahmen des **Auswahlermessens** hat die BaFin über das „**Wie**" zu entscheiden, d. h. welches Organ in welchem Umfang durch einen Sonderbeauftragten ersetzt werden soll. Dies ist stets anhand des konkreten Einzelfalls unter strikter Beachtung des Grundsatzes der Verhältnismäßigkeit zu ermitteln. Insofern stehen der Aufsichtsbehörde eine Vielzahl denkbarer Handlungsmöglichkeiten zur Auswahl: Von der gegenständlichen Beschränkung auf den Geschäftsbereich, der Anlass zu Beanstandungen gegeben hat oder der Übertragung einzelner Befugnisse eines Organmitglieds, d. h. einzelner Vorstandsmitglieder, bis zur Suspendierung aller Organe der Gesellschaft, d. h. des gesamten Vorstands, des gesamten Aufsichtsrats und der Hauptversammlung der AG bzw. obersten Vertretung des VVaG.[48] Überdies sieht § 307 Abs. 1 S. 1 VAG selbst ausdrücklich die Option der bloß teilweisen Übertragung von Befugnissen vor.

19 **bb) Entschließungsermessen („Ob").** Die Bestellung des Sonderbeauftragten hat **Auswirkungen** auf drei Gruppen von gleichsam Betroffenen und Adressaten: das Unternehmen selbst, die Organe des Unternehmens und die Anteilseigner des maßgeblichen Unternehmens bzw. die Vereinsmitglieder eines VVaG.[49]

20 Hinsichtlich der im VAG vorgesehenen Eingriffsmittel **gegenüber dem Unternehmen selbst** reiht sich die Bestellung des Sonderbeauftragten in eine Vielzahl von Interventionsoptionen ein. In Abhängigkeit von dem Anlass bestehen folgende Möglichkeiten des aufsichtsbehördlichen Einschreitens: Eingriffe in Vergütungsbestandteile (§ 25 Abs. 4 VAG), Vorlage eines Sanierungsplans (§ 134 Abs. 2 VAG), Einschränkung (§ 134 Abs. 7 Alt. 1 VAG) oder Untersagung (§ 134 Abs. 7 Alt. 2 VAG) der freien Verfügung über die Vermögenswerte, Vorlage eines Finanzierungsplans (§ 135 VAG), Maßnahmen zur Beseitigung von Missständen (§ 298 VAG), Änderung des Geschäftsplans (§ 300 VAG), Widerruf der Erlaubnis (§ 304 VAG). Vor dem Hintergrund, dass jedwedes Verwaltungshandeln unter strikter Beachtung des Verhältnismäßigkeitsgrundsatzes zu erfolgen hat, ist grundsätzlich die nachstehende Rangfolge mit Blick auf die Intensität des Einsatzes des Eingriffsmittels angezeigt:[50]

(1) Geschäftsplanänderung,
(2) Sanierungs- und Finanzierungsplan,
(3) Eingriff in Vergütungsbestandteile,
(4) Einschränkung bzw. Untersagung der freien Verfügung über Vermögenswerte,
(5) Bestellung des Sonderbeauftragten,
(6) Widerruf der Erlaubnis.

21 Die Frage, ob die Bestellung eines Sonderbeauftragten anstelle von § 307 VAG auch auf die allgemeine Regelung zur Missstandsaufsicht in § 298 VAG gestützt werden kann, ist zu verneinen. Denn

[44] Siehe zu den europarechtlichen Vorgaben oben Rn. 6 f.; vgl. außerdem zum deutschen Recht schon BT-Drs. 9/1493, 26 wonach der Verhältnismäßigkeitsgrundsatz nicht noch einmal im Gesetz gesondert erwähnt werden müsse.
[45] Vgl. FKBP/*Bähr* § 83a Rn. 12; Bähr/*Bähr* § 12 Rn. 88; *Fiedler* S. 35; so auch Reischauer/Kleinhans/*Höpfner* § 45c Rn. 6 zur Parallelnorm des § 45c KWG.
[46] Vgl. zur Vorgängernorm des § 83a VAG a. F. ausführlich *Bürkle* S. 250 ff.
[47] Bähr/*Kaulbach* § 8 Rn. 55; FKBP/*Bähr* § 83a Rn. 12; *Bürkle* VersR 2006, 302, 303; *Fiedler* S. 35, 40 ff.
[48] Bähr/*Bähr* § 12 Rn. 88; FKBP/*Bähr* § 83a Rn. 13; *Bürkle* VersR 2006, 302, 303; *ders.* S. 119; *Fiedler* S. 36.
[49] *Bürkle* S. 51; *Fiedler* S. 40.
[50] So auch *Bürkle* S. 101 ff; vgl. insofern auch *Fiedler* S. 44, nach dem die Anforderung eines Sanierungsplans gegenüber der Bestellung des Sonderbeauftragten das deutlich mildere Mittel darstelle.

es handelt sich bei § 307 VAG um eine **abschließende Spezialregelung** zur Einsetzung eines Sonderbeauftragten.[51] Weil § 307 VAG im Unterschied zu der Vorgängernorm keine enumerativen Tatbestandsvoraussetzungen mehr enthält, bei deren Nichtvorliegen ein Rückgriff auf § 298 VAG in Betracht zu ziehen wäre, ist die Frage praktisch aber nicht mehr relevant.

Innerhalb des Gefüges der **organbezogenen Eingriffe** der Aufsichtsbehörde stellt die Bestellung des Sonderbeauftragten ebenfalls eines von diversen Interventionsmitteln dar. Neben der Bestellung des Sonderbeauftragten kommen folgende Handlungsmöglichkeiten der Aufsichtsbehörden in Betracht: Informelles Verwaltungshandeln (Hinweise, Anregungen, Ermahnungen, Rechtshinweise),[52] Maßnahmen zur Beseitigung von Missständen (§ 298 VAG), Verwarnung (§ 303 Abs. 1 VAG), Abberufung (§ 303 Abs. 2 Alt. 1 VAG), Tätigkeitsverbot (§ 303 Abs. 2 Alt. 2 VAG), Bußgelder (§§ 322 VAG ff.). Mit Blick auf die Intensität des jeweiligen Eingriffs ist grundsätzlich folgende Reihenfolge festzulegen:[53] 22

(1) Informelles Verwaltungshandeln,
(2) Verwarnung,
(3) Bußgelder,
(4) Abberufungsverlangen,
(5) Tätigkeitsverbot,
(6) Einsetzung des Sonderbeauftragten,
(7) Widerruf der Erlaubnis.

Die vorstehende Reihenfolge orientiert sich daran, dass Maßnahmen, die nur die Tätigkeit des Geschäftsleiters betreffen, aus der Perspektive des Versicherungsunternehmens deshalb milder sind, weil sie ihm die Freiheit belassen, eine andere Person zu bestimmen, die die Aufgaben des bisherigen Geschäftsleiters wahrnimmt.[54] Daraus folgt zugleich, dass die genannte Reihenfolge, die das Abberufungsverlangen und das Tätigkeitsverbot als milderes Mittel gegenüber der Einsetzung eines Sonderbeauftragten einordnet, nur gilt, wenn das gesamte Organ betroffen ist. **Sofern nur einzelne Organmitglieder** betroffen sind und nicht das gesamte Organ, ist die **Bestellung des Sonderbeauftragten** gegenüber dem Abberufungsverlangen und dem Tätigkeitsverbot grundsätzlich als **milderes Mittel** anzusehen.[55] Die Interessen des betroffenen Organmitglieds sind in diesem Fall schwerer zu gewichten. Zwar wird die Freiheit des Unternehmens, die Organmitglieder bestimmen zu können, auch dort berührt. Weil das Unternehmen aber nach wie vor die übrigen Organmitglieder bestimmen kann und somit die Auswirkungen auf Entscheidungen des Gesamtorgans geringer sind, sind auch die Interessen des Unternehmens in geringerem Maße betroffen. 23

In Bezug auf die unternehmens- und organbezogenen Interventionsmöglichkeiten stehen der Aufsichtsbehörde außerdem, wenn das Unternehmen als solches oder die Organe den Vorgaben der BaFin nicht nachkommen, die **Mittel des Verwaltungszwangs** offen. Ihre Nutzung durch die Aufsichtsbehörde kann geboten sein, bevor sie zu eingriffsintensiveren Maßnahmen greift. Nach § 17 Abs. 1 S. 1 FinDAG kann die Bundesanstalt ihre Verfügungen, die sie innerhalb ihrer gesetzlichen Befugnisse trifft, mit Zwangsmitteln nach den Bestimmungen des Verwaltungsvollstreckungsgesetztes durchsetzen. Unter dem Begriff der Verfügung im Sinne des § 17 S. 1 FinDAG sind Verwaltungsakte der BaFin zu verstehen.[56] Bei den zur Verfügung stehenden Zwangsmitteln handelt es sich gemäß § 9 Abs. 1 VwVG um die Ersatzvornahme, das Zwangsgeld und den unmittelbaren Zwang. Anders als in § 11 Abs. 3 VwVG vorgesehen, beträgt die maximale Höhe des Zwangsgeldes allerdings gemäß § 17 Abs. 1 S. 3 FinDAG nicht nur 25.000 EUR, sondern 2.500.000 EUR. 24

Auch bei den **anteilseignerbezogenen Eingriffsmöglichkeiten** ist der Sonderbeauftragte Teil eines Gefüges mehrerer Sanktionsoptionen: Untersagung der Ausübung der Stimmrechte (§ 19 Abs. 1 Alt. 1 VAG), Anordnung eines Zustimmungsvorbehalts zur Verfügung über die Anteile (§ 19 Abs. 1 Alt. 2 VAG), Bestellung eines Treuhänders und Übertragung der Stimmrechte (§ 19 Abs. 2 S. 1 und 2 VAG), Bestellung eines Treuhänders und Beauftragung mit Veräußerung der Anteile (§ 19 Abs. 2 S. 3 VAG). Unter der Vorgängerregelung des § 83a VAG a. F. war eine Konkurrenzsituation zwischen den genannten anteilseignerbezogenen Eingriffsmöglichkeiten und der Einsetzung eines Sonderbeauftragten wegen der abweichenden Tatbestandsvoraussetzungen von § 83a VAG a. F. nicht gegeben.[57] Mangels konkreter Tatbestandsvoraussetzungen in § 307 VAG hat sich diese Situation nun geändert,[58] so dass die Aufsichtsbehörde auch hier in Ausübung ihres pflichtgemäßen Ermessens zwischen den verschiedenen Maß- 25

[51] So zu den Vorgängernormen § 81 Abs. 2 VAG und § 83a Abs. 1 VAG auch *Bürkle* VersR 2006, 302, 305; *ders.* S. 91 ff; Bähr/*Bähr/Bähr* § 16 Rn. 26; Prölss/*Kollhosser,* 12. Aufl., § 81 Rn. 6.
[52] Vgl. § 298 VAG Rn. 79 ff.
[53] *Dreher* ZVersWiss Supplement, 2006, 375, 408 ff.; ebenso bezüglich Verwarnung und Abberufungsverlangen *Fiedler* S. 41 ff.
[54] Vgl. *Dreher* ZVersWiss Supplement, 2006, 375, 408.
[55] *Dreher* ZVersWiss Supplement, 2006, 375, 408 (Fn. 139).
[56] Gesetzentwurf der Bundesregierung eines Gesetzes über die integrierte Finanzdienstleistungsaufsicht vom 5.10.2011, BT-Drs. 14/7033, 38.
[57] Siehe dazu *Bürkle* S. 110 ff.
[58] Zur Einschränkung siehe oben Rn. 14.

nahmen auswählen kann. Bis zur Bestellung eines Treuhänders erscheint die Intensität der genannten anteilseignerbezogenen Eingriffsmöglichkeiten mit derjenigen der Einsetzung eines Sonderbeauftragten vergleichbar. In allen Fällen geht es um die Suspendierung der Stimmrechte des Anteilseigners und ggf. um die Ausübung durch einen Dritten. Dagegen greift die Beauftragung des Treuhänders mit der Veräußerung der Anteile stärker und endgültig in die Rechte des Anteilseigners ein und ist daher erst nach allen anderen Maßnahmen in Erwägung zu ziehen.

26 Hinsichtlich des **Verhältnisses** der durch die Bestellung des Sonderbeauftragten **tangierten Interessen** gilt, dass den Unternehmensinteressen[59] und den Versicherteninteressen[60] Vorrang vor den Organinteressen einzuräumen ist. Eine Interessenabwägung hat in jedem Einzelfall unter Berücksichtigung der Intensität des Eingriffs für den jeweils Betroffenen zu erfolgen.[61]

27 **cc) Auswahlermessen („Wie").** Die Aufgaben eines Organs können nach § 307 Abs. 1 S. 1 VAG einem Sonderbeauftragten **ganz oder teilweise** übertragen werden. Der erforderliche Umfang der Aufgabenübertragung ist abhängig vom Anlass der Bestellung eines Sonderbeauftragten. Liegt der Anlass beispielsweise in der Unzuverlässigkeit eines Organmitglieds, sind dem Sonderbeauftragten allein die Aufgaben dieses Organmitglieds zu übertragen. Beschränkt sich die Unzuverlässigkeit des Organmitglieds auf eine bestimmte **Ressortzuständigkeit**, sind die Aufgaben nur in Bezug auf dieses Ressort dem Sonderbeauftragten zu übertragen.[62] Auch die Beschränkung auf eine Beschlussfassung zu einem **bestimmten Gegenstand** ist möglich.[63] Hat dagegen der Vorstand als Gesamtorgan nachhaltig gegen aufsichtsrechtliche Bestimmungen verstoßen,[64] liegt eine vollständige Aufgabenübertragung nahe. Eine **vollständige Übertragung** der Aufgaben eines Organs oder eines Organmitglieds kommt indessen nur bei besonders schwerwiegenden Verstößen in Frage.[65]

28 Die Veränderung des Wortlauts von § 307 VAG im Vergleich zur Vorgängernorm ist mit keiner Erweiterung der Befugnisse eines Sonderbeauftragten verbunden. Es bleibt dabei, dass ihm **nur Organbefugnisse** übertragen werden können. In der Folge kommen nicht alle Personen, die Schlüsselaufgaben wahrnehmen, in Betracht für eine Ersetzung durch den Sonderbeauftragten.[66]

29 Obgleich der Normwortlaut – wie bereits unter § 83a VAG a. F. – lediglich „einen" Sonderbeauftragen vorsieht, kann die Aufsichtsbehörde **auch mehrere Sonderbeauftragte** bestellen, soweit dies sachgerecht ist.[67]

30 Fraglich ist, ob einem Sonderbeauftragten zugleich die **Befugnisse mehrerer Organe** übertragen werden können. **Dagegen** spricht zunächst der Wortlaut des § 307 Abs. 1 S. 1 VAG, nach dem (nur) die Befugnisse „eines" Organs übertragen werden können. Die Parallelnorm zum Sonderbeauftragten § 45c KWG, an die der Gesetzgeber die Regelung des Versicherungsaufsichtsrechts anpassen wollte,[68] bestimmt in Abs. 3 S. 2 sogar ausdrücklich, dass der Sonderbeauftragte „nicht gleichzeitig die Funktion eines oder mehrerer Geschäftsleiter und eines oder mehrerer Mitglieder eines Verwaltungs- oder Aufsichtsorgans wahrnehmen" kann. Damit soll das gesellschaftsrechtliche Kompetenzgefüge gewahrt werden.[69] **Für** die Möglichkeit der Befugnisübertragung auf nur einen Sonderbeauftragten spricht, dass § 307 VAG gerade keine dem § 45c Abs. 3 S. 2 KWG entsprechende Bestimmung enthält. Außerdem trifft das Gesetz im Zusammenhang mit der Haftungsbeschränkung in § 307 Abs. 3 S. 3 VAG eine Regelung für den Fall, dass „dem Sonderbeauftragten die Befugnisse mehrerer Organe übertragen worden sind". Die Übertragung von Befugnissen mehrerer Organe auf nur einen Sonderbeauftragten ist damit **versicherungsaufsichtsrechtlich nicht von vornherein ausgeschlossen.** Allerdings ist keine Situation ersichtlich, in der die BaFin nicht ebenso gut die Möglichkeit hätte, die Befugnisse verschiedener Organe unterschiedlichen Sonderbeauftragten zu übertragen. Mangels Erforderlichkeit sowie wegen der Unvereinbarkeit mit dem gesellschaftsrechtlichen Kompetenzgefüge und den mit einem Zusammenfall von Leitungs- und Überwachungsaufgabe verbundenen Risiken kommt als **Ergebnis ordnungsgemäßer Ermessensausübung keine Übertragung** der Befugnisse mehrerer Organe **auf nur einen Sonderbeauftragten** in Betracht.

---

[59] Goldberg/Müller/*Müller* § 81 Rn. 34; *Dreher* ZVersWiss Supplement, 2006, 375, 408; *Bürkle* S. 120 f.
[60] *Bürkle* S. 121 f.
[61] *Bürkle* S. 122 f.; *Winter* S. 712.
[62] Zur ressortbezogenen Befugnisübertragung ausf. *Bürkle* S, 272 ff.
[63] Bähr/*Kaulbach* § 8 Rn. 52; FKBP/*Bähr* § 83a Rn. 16; vgl. zur Parallelnorm im KWG Reischauer/Kleinhans/*Höpfner* § 45c KWG Rn. 29.
[64] Zu diesem möglichen, früher ausdrücklich normierten Eingriffstatbestand siehe Rn. 36.
[65] Vgl. in Bezug auf die Parallelvorschrift des § 45c KWG RegE Restrukturierungsgesetz, BT-Drs. 17/3024, 60. Danach darf eine vollständige Aufgabenübertragung „nur bei Vorliegen entsprechend schwerwiegender Eingriffsvoraussetzungen erfolgen und ist daher ausdrücklich auf einzelne in Abs. 2 geregelte Anwendungsfälle beschränkt". Weil es in § 307 VAG an konkreten Eingriffsvoraussetzungen fehlt, begegnet insbesondere die eingriffsintensive vollständige Übertragung von Organbefugnissen erheblichen verfassungsrechtlichen Bedenken, siehe Rn. 11 ff.
[66] Begr. VAG-RegE 2014, BT-Drs. 18/2956, 293.
[67] FKBP/*Bähr* § 83a Rn. 15; *Bürkle* VersR 2006, 302, 304; *ders.* S. 280; *Fiedler* S. 39; *Unkel* S. 206.
[68] Siehe oben Rn. 9.
[69] Boos/Fischer/Schulte-Mattler/*Lindemann* § 45c KWG Rn. 21.

31 Vor diesem Hintergrund erscheint es bereits problematisch, die **Befugnisse eines Organs nur einem Sonderbeauftragten vollständig** zu übertragen. Das gilt insbesondere mit Blick auf das aufsichtsrechtliche Vier-Augen-Prinzip.[70] Gemäß § 188 Abs. 1 S. 1 VAG (ggf. i. V. m. § 33 Abs. 1 VAG) besteht der Vorstand eines Versicherungsvereins auf Gegenseitigkeit oder einer Versicherungsaktiengesellschaft aus mindestens zwei Personen. Angesichts der Komplexität der Vorstandsaufgaben wird auch hier regelmäßig die Übertragung der Befugnisse auf nur einen Sonderbeauftragten nicht das Ergebnis einer ordnungsgemäßen Ermessensausübung sein.

32 **Zeitlich** folgt aus dem Verhältnismäßigkeitsgrundsatz, dass ein Sonderbeauftragter von vornherein nur für eine **bestimmte Dauer** zu bestellen ist, wenn erwartet werden kann, dass nach Ablauf der Frist der Einsatz des Sonderbeauftragten nicht mehr gerechtfertigt ist. Das wird die Regel sein.[71] Außerdem ist die Bestellung **unverzüglich aufzuheben**, soweit sie **nicht mehr erforderlich** ist.[72] Dies ist etwa dann der Fall, wenn die Aufgabe, zu deren Erfüllung die Bestellung erfolgte, erledigt ist, das betroffene Organ wieder über die erforderliche Zuverlässigkeit und fachliche Eignung verfügt oder dann, wenn unternehmensintern für das unzuverlässige Organmitglieds ein anderes bestellt worden ist, von dem die ordnungsgemäße Erfüllung seiner Pflichten erwartet werden kann.[73] Als weiterer Grund für die Beendigung ist aber auch denkbar, dass sich der Sonderbeauftragte nachträglich als nicht ausreichend qualifiziert erweist.[74]

33 Aus der Zuständigkeit der **BaFin** für die Bestellung des Sonderbeauftragten ergibt sich spiegelbildlich deren **Zuständigkeit für den Widerruf** der Bestellung gem. § 49 VwVfG.[75] Anders als die Parallelnorm des § 45c Abs. 5 KWG sieht § 307 VAG kein entsprechendes **Antragsrecht eines Beteiligten** vor. Bedenkt man aber einerseits, dass sowohl das Unternehmen, das maßgebliche Organ als auch die Anteilseigner von der Bestellung unmittelbar betroffen sind und andererseits, dass sie aufgrund ihrer Nähe zum Unternehmen gut beurteilen können dürften, ob weiterhin ein Bedarf nach einem Sonderbeauftragten besteht, ist davon auszugehen, dass einem jeden Betroffenen das Recht auf Antragsstellung einzuräumen ist.[76]

34 **c) Die früheren Eingriffstatbestände als Orientierung.** In **§ 83a Abs. 1 VAG a. F.** waren **vier Eingriffstatbestände** normiert, von denen einer verwirklicht sein musste. Andernfalls kam die Bestellung eines Sonderbeauftragten von vornherein nicht in Betracht. Zwar hat der Gesetzgeber mit der Neufassung von § 307 VAG diese Eingriffstatbestände bewusst entfallen lassen.[77] Die früheren Eingriffstatbestände können aber gleichwohl für die Beurteilung, in welchen Situationen überhaupt an die Bestellung eines Sonderbeauftragten zu denken ist, eine erste Orientierung bieten, zumal sie im Kern auch den Eingriffstatbeständen entsprechen, die nach wie vor in **§ 293 Abs. 3 S. 1 VAG** für den Einsatz von Sonderbeauftragten in Versicherungs-Holdinggesellschaften normiert sind.[78]

35 Nach § 83a Abs. 1 Nr. 1 und 4 VAG a. F. konnte ein Sonderbeauftragter bestellt werden, wenn Tatsachen die Annahme gerechtfertigt haben, dass ein oder mehrere Geschäftsleiter bzw. ein oder mehrere Mitglieder des Aufsichtsrats die Voraussetzungen des § 7a Abs. 1 bzw. Abs. 4 VAG a. F. nicht erfüllen. Übertragen auf das aktuelle VAG ist zu fragen, ob ein oder mehrere **Organmitglieder die Anforderungen des § 24 VAG nicht erfüllen.**[79]

36 Außerdem kam die Bestellung eines Sonderbeauftragten nach § 83a Abs. 1 Nr. 2 VAG a. F. in Frage, wenn „das Versicherungsunternehmen **nachhaltig gegen Bestimmungen** dieses Gesetzes oder die zur Durchführung dieses Gesetzes erlassenen Verordnungen oder Anordnungen verstoßen hat." Indem der Verstoß „nachhaltig" sein musste, setzte das Gesetz einen Verstoß von einigem Gewicht voraus und zwar sowohl sachlich als auch zeitlich.[80] Als Auffangtatbestand forderte § 83a Abs. 1 Nr. 3 VAG a. F. für die Einsetzung eines Sonderbeauftragten, dass „Tatsachen die Annahme rechtfertigen, dass die **dauernde Erfüllbarkeit der Verpflichtungen aus den Versicherungsverträgen gefährdet** ist". Erforderlich war eine Prognose, die eine hinreichend wahrscheinliche Gefährdung zum Ergebnis haben musste.[81]

37 Ist einer der früheren Eingriffstatbestände verwirklicht oder liegt eine vergleichbare Situation vor, stellt dies den **Ausgangspunkt für die Ermessensausübung** (und nicht deren Ergebnis) dar. Ob im Einzelfall die Bestellung eines Sonderbeauftragten gerechtfertigt ist oder ein milderes Mittel gegeben ist, muss sodann geprüft werden.

---

[70] Siehe dazu auch *Bürkle* S. 280 und zu dem Zwei-Personen-Prinzip bei der Geschäftsleitung § 23 VAG Rn. 70 ff.
[71] Vgl. *Bürkle* S. 278.
[72] FKBP/*Bähr* § 83a Rn. 16.
[73] Vgl. zum letzten Aspekt auch FKBP/*Bähr* § 83a Rn. 16.
[74] *Bürkle* S. 316 f.
[75] Vgl. zur Parallelnorm im KWG Boos/Fischer/Schulte-Mattler/*Lindemann* § 45c KWG Rn. 8.
[76] Siehe dazu auch *Bürkle* S. 315 f.
[77] Siehe oben Rn. 9.
[78] Siehe dazu unten Rn. 74 sowie die Kommentierung zu § 293 VAG.
[79] Siehe zu den Anforderungen, die § 24 VAG stellt, die dortige Kommentierung.
[80] FKBP/*Bähr* § 83a Rn. 8; *Bürkle* S. 214.
[81] Siehe im Einzelnen *Bürkle* S. 244 f.

38 **3. Bestimmung der Handlungsbefugnis (Abs. 1 S. 2).** Nach § 307 Abs. 1 S. 2 VAG bestimmt die Aufsichtsbehörde, „in welchem Umfang der Sonderbeauftragte anstelle der Organe des beaufsichtigten Unternehmens handeln darf". **§ 83a VAG a. F.** enthielt noch **keine entsprechende Regelung**. Sie erscheint auch nicht erforderlich, da bereits § 307 Abs. 1 S. 1 VAG festlegt, dass die Aufsichtsbehörde Organbefugnisse ganz oder teilweise auf einen Sonderbeauftragten übertragen kann.[82] Nach dem allgemeinen Begriffsverständnis ist die Konsequenz einer vollständigen oder einer teilweisen „Übertragung" von Befugnissen auf den Sonderbeauftragten, dass dieser in dem Umfang, in dem die Übertragung erfolgt ist, anstelle des eigentlich zuständigen Organs bzw. Organmitglieds handelt.

39 Ein Blick auf die Parallelvorschrift in **§ 45c KWG**, deren Abs. 1 S. 1 auch die Befugnisübertragung regelt, zeigt aber, dass dort die Befugnisübertragung auf den Sonderbeauftragten **nicht in allen Fällen zu einem Befugnisverlust** bei dem Organ bzw. Organmitglied führen soll. So bestimmt § 45c Abs. 3 S. 1 KWG, dass die Aufgaben und Befugnisse des betroffenen Organs oder Organmitglieds ruhen, soweit der Sonderbeauftragte in die Aufgaben und Befugnisse eines Organs oder Organmitglieds insgesamt eintritt. Dagegen hat es nach § 45c Abs. 3 S. 3 KWG keine Auswirkungen auf die Befugnisse des bestellten Organs oder Organmitglieds, wenn dem Sonderbeauftragten für die Wahrnehmung einer Aufgabe nur teilweise die Befugnisse eines Organs oder Organmitglieds eingeräumt werden. Es ist allerdings fraglich, wie dies in der Praxis umzusetzen ist.[83] Führte die teilweise „Übertragung" von Befugnissen nämlich nicht zu deren Verlust bei dem Organ(mitglied), dem sie grundsätzlich zustehen, hätte dies zur Folge, dass sowohl der Sonderbeauftragte als auch das Organ(mitglied) die Befugnisse ausüben könnten und brächte die Gefahr konträrer Entscheidungen mit sich. Praktisch kommt eine teilweise Übertragung der Befugnisse auf einen Sonderbeauftragten bei gleichzeitigem Erhalt der Befugnisse des Organs oder seines Mitglieds nicht in Betracht.[84]

40 Damit wird deutlich, dass die Bestimmung, in welchem Umfang der Sonderbeauftragte anstelle des Organs handeln darf, nach § 307 Abs. 1 S. 2 VAG zweierlei betrifft. Zum einen ergibt sich aus ihr die Handlungsbefugnis des Sonderbeauftragten und zum anderen, ob und inwieweit die Befugnisse des Organs bzw. Organmitglieds ruhen oder fortbestehen. Indem § 307 Abs. 1 S. 2 VAG – anders als § 45c KWG – von der Handlungsbefugnis **„anstelle der Organe"** spricht, wird deutlich, dass die **Befugnisse** des Organs bzw. Organmitglieds immer **ruhen, soweit sie dem Sonderbeauftragten übertragen** wurden. Überträgt die Aufsichtsbehörde dem Sonderbeauftragten die Befugnisse eines Organs ganz, erhält der Sonderbeauftragte die umfassenden Organkompetenzen. Die Aufsichtsbehörde hat dann zu bestimmen, dass bei dem Organ bzw. Organmitglied die Befugnisse ruhen. Beschränkt sich die Aufsichtsbehörde auf eine teilweise Übertragung, hat sie die Handlungsbefugnisse des Sonderbeauftragten konkret zu benennen und weiter zu bestimmen, dass diese Befugnisse bei dem Organ bzw. Organmitglied ruhen. Nach dem Ende der Bestellung des Sonderbeauftragten leben die Organbefugnisse wieder auf.

41 **4. Persönliche Anforderungen (Abs. 1 S. 3). a) Beurteilungsmaßstab.** Nach § 307 Abs. 1 S. 3 VAG hat die Person des Sonderbeauftragten **unabhängig, zuverlässig und fachlich geeignet** zu sein. Es ist Aufgabe der BaFin, im Rahmen des ihr eingeräumten Auswahlermessens zu prüfen, ob die designierte Person die genannten Kriterien erfüllt.[85]

42 Die geforderte **Unabhängigkeit** ist dann gegeben, wenn der Sonderbeauftragte weder bei dem Unternehmen angestellt noch freiberuflich von Aufträgen des Versicherungsunternehmens abhängig ist. Außerdem darf er nicht in einem Ruhestandsverhältnis mit dem beaufsichtigten Unternehmen stehen.[86] Auch eine besondere Nähe zur Aufsichtsbehörde kann die Unabhängigkeit in Frage stellen.[87]

43 Für das Kriterium der **Zuverlässigkeit** wurde früher gemeinhin in entsprechender Anwendung der zu § 7a VAG a. F. aufgestellten Grundsätze auf das gewerberechtliche Verständnis abgestellt[88] und eine negative Definition vorgenommen. Demnach war Zuverlässigkeit dann anzunehmen, wenn keine Tatsachen vorlagen, die etwas Entgegenstehendes begründen konnten.[89] Da es sich bei der Zuverlässigkeit aufgrund der Solvency II-Regelungen mittlerweile um einen europäischen Rechtsbegriff handelt, verbietet sich eine ausschließlich am nationalen Recht orientierte Auslegung. Vielmehr ist die Zuverlässigkeit **europarechtlich autonom und einheitlich** zu bestimmen.[90] Das gilt nicht nur im Rahmen der Fit-and-proper-Aufsicht nach § 24 VAG. Denn auch wenn keine europarechtlichen Vorgaben zum Sonderbeauftragten bestehen, knüpft doch dessen Mindestqualifikation schon aufgrund der organerset-

[82] Siehe zum Umfang der Übertragung im Rahmen der Ausübung des Auswahlermessens Rn. 27 ff.
[83] Boos/Fischer/Schulte-Mattler/*Lindemann* § 45c KWG Rn. 50.
[84] Boos/Fischer/Schulte-Mattler/*Lindemann* § 45c KWG Rn. 50.
[85] Vgl. zur Parallelnorm im KWG Boos/Fischer/Schulte-Mattler/*Lindemann* § 45c KWG Rn. 12.
[86] Vgl. zur Parallelnorm im KWG Boos/Fischer/Schulte-Mattler/*Lindemann* § 45c KWG Rn. 12.
[87] Siehe dazu näher unten Rn. 50.
[88] *Bürkle* S. 220; *Fiedler* S. 12; Bähr/*Bähr* § 12 Rn. 18; Bähr/*Kaulbach* § 7a Rn. 4; Prölss/*Präve* 12. Aufl. § 7a Rn. 9.
[89] Vgl. Bähr/*Geiger* § 22 Rn. 49; Prölss/*Schmidt*, 11. Aufl. 1997, § 7a Rn. 5; *Hoppmann* VersR 2001, 561; *Bürkle* S. 219 f. bzw. 239.
[90] Siehe ausführlich die Kommentierung zu § 24 VAG Rn. 98 ff.

zenden Stellung an die in § 24 VAG enthaltenen Merkmale an. Für die Zuverlässigkeitsanforderungen ist daher auf § 24 VAG zu verweisen.[91]

Für die Bestimmung der konkret zu erfüllenden Anforderungen an die **fachliche Eignung** kommt es darauf an, welche Organbefugnisse dem Sonderbeauftragten übertragen werden sollen. Sowohl das **Organ** als auch der **Umfang der Aufgabenübertragung** spielen hier eine Rolle.[92] Außerdem zu berücksichtigen ist das konkrete **Versicherungsunternehmen**, in dem der Sonderbeauftragte eingesetzt werden soll.[93] Erhält der Sonderbeauftragte die vollständigen Befugnisse eines Organmitglieds, muss er mindestens die Anforderungen erfüllen, die an dessen Eignung gestellt werden.[94] Werden dem Sonderbeauftragten die Befugnisse eines gesamten Organs übertragen,[95] sind auch die Eignungsanforderungen maßgeblich, die die Mitglieder des Organs nur gemeinsam erfüllen müssen.[96] 44

Konkret bedeutet das beispielsweise für den praktisch relevantesten Fall des Ersatzes eines **Vorstandsmitglieds** durch den Sonderbeauftragten, dass für die fachliche Eignung die Kriterien des § 24 Abs. 1 VAG maßgeblich sind.[97] Vorausgesetzt werden nach § 24 Abs. 1 S. 2 VAG „berufliche Qualifikationen, Kenntnisse und Erfahrungen […], die eine solide und umsichtige Leitung des Unternehmens gewährleisten". Dazu zählen nach S. 3 „angemessene theoretische und praktische Kenntnisse in Versicherungsgeschäften" sowie „Leitungserfahrung".[98] 45

Für die **Hauptversammlung** einer Aktiengesellschaft bzw. für die oberste Vertretung eines VVaG sind keine erforderlichen Fähigkeiten gesetzlich festgelegt. In der Hauptversammlung und der obersten Vertretung üben die Anteilseigner unmittelbar ihre Beteiligungsrechte aus. Es liegt daher nahe, dass der Sonderbeauftragte, wenn er an deren Stelle tritt, zumindest die Anforderungen erfüllen muss, die für Inhaber bedeutender Beteiligungen nach § 16 S. 1 VAG gelten.[99] Der Sonderbeauftragte muss damit „den Ansprüchen genügen, die im Interesse einer soliden und umsichtigen Leitung des Unternehmens zu stellen sind".[100] 46

b) Natürliche Person. Sonderbeauftragter nach § 307 VAG kann **nur eine natürliche Person** sein.[101] Soweit der Sonderbeauftragte anstelle des Vorstands bzw. eines Vorstandsmitglieds eingesetzt wird, folgt dies bereits aus dem Aufsichtsrecht. Denn nach § 24 Abs. 2 S. 2 VAG sind Geschäftsleiter „diejenigen natürlichen Personen, die […] zur Führung der Geschäfte und zur Vertretung des Versicherungsunternehmens berufen sind".[102] Anlass, Sonderbeauftragte von dieser Vorschrift auszunehmen, besteht nicht.[103] Für die Parallelvorschrift im KWG ist der Gesetzgeber davon ausgegangen, dass für „inhaltlich begrenzte Aufgaben mit beratender Funktion, die vom Arbeitsaufwand her aber sehr umfangreich sein können, […] auch eine juristische Person bestellt werden" kann.[104] Das bringt praktische Probleme mit sich, deren Lösung offen ist.[105] Darüber hinaus gilt die Vorgabe nicht für Organbefugnisse.[106] Nach wie vor können dem Sonderbeauftragten im Versicherungsaufsichtsrecht allerdings ausschließlich Organbefugnisse übertragen werden.[107] Mithin entspricht es auch der gesetzgeberischen Intention, dass es sich bei dem versicherungsaufsichtsrechtlichen Sonderbeauftragten um eine natürliche Person handeln muss. 47

Die von der Aufsichtsbehörde als Sonderbeauftragter in Aussicht genommene Person muss in die Übernahme der Aufgabe **einwilligen**. Eine Verpflichtung gegen den Willen der designierten Person kommt nicht in Betracht.[108] 48

---

[91] Das gilt insbesondere in Abhängigkeit von den übertragenen Befugnissen auch für die in der Kommentierung zu § 24 VAG Rn. 101 ff. vorgenommene personelle Zuverlässigkeitsdifferenzierung.

[92] So auch in Bezug auf die Parallelvorschrift des § 45c KWG RegE Restrukturierungsgesetz, BT-Drs. 17/3024, 60.

[93] *Bürkle* S. 290.

[94] Vgl. FKBP/*Bähr* § 83a Rn. 11; Bähr/*Kaulbach* § 8 Rn. 53; *Bürkle* S. 283; *Unkel* S. 906; *Winter* S. 715.

[95] Das kommt nur selten in Frage, siehe oben Rn. 31.

[96] Erhält ein Sonderbeauftragter die Befugnisse eines gesamten Aufsichtsrats, ist beispielsweise § 100 Abs. 5 AktG zu beachten, nach dem „mindestens ein Mitglied des Aufsichtsrats über Sachverstand auf den Gebieten Rechnungslegung oder Abschlussprüfung verfügen [muss]; die Mitglieder müssen in ihrer Gesamtheit mit dem Sektor, in dem die Gesellschaft tätig ist, vertraut sein." Beide Anforderungen muss die Person des Sonderbeauftragten dann erfüllen.

[97] Siehe im Einzelnen deshalb die Kommentierung zu § 24 VAG.

[98] Siehe § 24 VAG Rn. 60 ff. sowie zur – hier unerheblichen, da die Unternehmen nicht beeinträchtigenden – Europarechtswidrigkeit des Kriteriums „Leitungserfahrung" § 24 VAG Rn. 76 ff.

[99] Ebenso *Fiedler* S. 27; a. A. *Bürkle* S. 286 f., der auf § 104 Abs. 2 S. 4 VAG a. F. (§ 19 Abs. 2 S. 2 VAG n. F.) und damit auf die Treuhänderqualifikation abstellen will. Zu weiteren Anforderungen siehe *Bürkle* S. 287.

[100] Siehe im Einzelnen deshalb die Kommentierung zu § 16 VAG.

[101] Bähr/*Kaulbach* § 8 Rn. 52; *Bürkle* S. 282 f.

[102] Zur Bedeutung von § 24 VAG für die Anforderungen an den Sonderbeauftragten siehe schon oben Rn. 45.

[103] Zu der grundsätzlichen Möglichkeit, dass formale aufsichtsrechtliche Vorgaben für den Sonderbeauftragten nicht gelten, siehe z. B. oben Rn. 31. Dasselbe gilt für die formalen gesellschaftsrechtlichen Vorgaben der §§ 76 Abs. 3 S. 1, 100 Abs. 1 S. 1 AktG, siehe unten Rn. 55.

[104] RegE Restrukturierungsgesetz, BT-Drs. 17/3024, 60.

[105] Siehe *Willemsen/Rechel* in: Luz/Neus/Schaber/Schneider/Wagner/Weber § 45c KWG Rn. 20.

[106] Boos/Fischer/Schulte-Mattler/*Lindemann* § 45c KWG Rn. 14; Schwennicke/Auerbach/*Schwennicke* § 45c KWG Rn. 9.

[107] Das gilt ausdrücklich trotz der Anpassung von § 307 VAG an die Terminologie des § 45c KWG; siehe Rn. 1 und 28.

[108] Bähr/*Kaulbach* § 8 Rn. 53; FKBP/*Bähr* § 83a Rn. 11; *Bürkle* S. 283.

49 **c) Typischerweise in Frage kommende Personen.** Jeder, der die genannten Voraussetzungen erfüllt, kann zum Sonderbeauftragten bestellt werden. Allerdings kommt in praxi angesichts der hohen persönlichen Anforderungen, insbesondere hinsichtlich der Qualifikation,[109] nur ein relativ kleiner Personenkreis in Frage. In erster Linie werden dies **ehemalige Vorstandsmitglieder** von Versicherungsunternehmen sein, die sich im Ruhestand befinden.[110]

50 Vielfach wird auch vorgeschlagen, **Angehörige der BaFin** zu Sonderbeauftragten zu bestellten, wenn sie entweder hierzu beurlaubt werden oder sie bereits pensioniert sind.[111] Dagegen ist zunächst einzuwenden, dass der Sonderbeauftragte gerade kein verlängerter Arm der Aufsichtsbehörde sein soll[112] und Interessenkollisionen naheliegen.[113] Die nach § 307 Abs. 1 S. 3 VAG geforderte **Unabhängigkeit** ist deshalb **regelmäßig zu verneinen**. Überdies erfüllen ehemalige oder beurlaubte Mitarbeiter der BaFin in aller Regel auch nicht die fachlichen Eignungsanforderungen, welche nach § 24 Abs. 1 VAG zu stellen sind,[114] da es ihnen insbesondere an ausreichender Leitungserfahrung fehlt.[115]

51 **III. Stellung des Sonderbeauftragten (Abs. 2). 1. Stellung im beaufsichtigten Unternehmen (Abs. 2 S. 1 und 2).** § 307 Abs. 2 S. 1 VAG konkretisiert die Rechte und **Befugnisse**, die dem Sonderbeauftragten **in dem beaufsichtigten Unternehmen** zustehen. Danach ist der Sonderbeauftragte im Rahmen seiner Aufgaben berechtigt, von den Organmitgliedern und den Beschäftigten des Unternehmens Auskünfte und die Vorlage von Unterlagen zu verlangen. Außerdem darf der Sonderbeauftragte an allen Sitzungen und Versammlungen der Organe und sonstiger Gremien des Unternehmens in beratender Funktion teilnehmen, die Geschäftsräume des Unternehmens betreten, Einsicht in dessen Geschäftspapiere und Bücher nehmen und Nachforschungen anstellen.

52 Die vorgenommene Aufzählung wurde im Rahmen der 10. VAG-Novelle neu in die Norm eingefügt. Dem Gesetzeszweck einer sprachlichen Anpassung an § 45c KWG folgend,[116] findet sich der Wortlaut von § 307 Abs. 2 S. 1 VAG in **§ 45c Abs. 1 S. 3 KWG** wieder. Anders als etwa in § 45c Abs. 3 S. 5 und 6 KWG enthält § 307 VAG jedoch keine Regelung der gesellschaftsrechtlichen Folgen der Bestellung des Sonderbeauftragten für die Vertretungsbefugnis und die Rechte andere Organe. Wie auch § 45c KWG sieht § 307 VAG außerdem keine Normierung der gesellschaftsrechtlichen Pflichten des Sonderbeauftragten vor.[117]

53 Durch die Bestellung wird der Sonderbeauftragte nicht selbst zu einem Unternehmensorgan.[118] Er erhält jedoch **Befugnisse des Organs**, das er insoweit verdrängt. Im Umfang seiner Bestellung entspricht die Stellung des Sonderbeauftragten derjenigen des verdrängten Organs.[119] Ebenso wie das Organ ist auch der Sonderbeauftragte **kein Weisungsempfänger der BaFin**.[120] Denkbar ist aber, dass im Einzelfall die Entschließungsfreiheit des Sonderbeauftragten durch eine Beeinflussung der BaFin in einem solchen Maße eingeschränkt ist, dass die Aktivität de facto als Handlung der Aufsichtsbehörde einzuordnen und auch als solche anzugreifen ist.[121] In dem Umfang der Bestellung des Sonderbeauftragten gehen die Befugnisse des jeweiligen Organs, dessen Aufgaben der Sonderbeauftragte wahrnimmt, für die Dauer und in dem Umfang des Einsatzes auf ihn über. Im Gegenzug ruhen die Kompetenzen des betroffenen Organs in dem Maße, in dem eine Übertragung auf den Sonderbeauftragten erfolgt ist.[122]

54 Der Sonderbeauftragte steht außerhalb der staatlichen Verwaltungsorganisation. Er ist folglich kein Staatskommissar.[123] Auch sonst lässt er sich keinem anderen verwaltungsrechtlichen Instrument oder

---

[109] Siehe oben Rn. 44 f.
[110] Beachte aber oben Rn. 42.
[111] Für diese Möglichkeit Prölss/*Kollhosser,* 12. Aufl., § 81 Rn. 107; Goldberg/Müller/*Müller* § 81 Rn. 34; *Winter* S. 715.
[112] FKBP/*Bähr* § 83a Rn. 11; siehe dazu auch unten Rn. 53.
[113] *Bürkle* S. 288 f.
[114] Siehe oben Rn. 45.
[115] *Bürkle* S. 288.
[116] Siehe dazu bereits Rn. 1 und 9.
[117] Vgl. Boos/Fischer/Schulte-Mattler/*Lindemann* § 45c KWG Rn. 53.
[118] *OLG Hamburg* Urt. v. 26.10.1962 – 1 U 62/62, VersR 1963, 129, 130; Bähr/*Bähr* § 12 Rn. 83: FKBP/*Bähr* § 83a Rn. 10; Prölss/*Kollhosser,* 12. Aufl., § 81 Rn. 108; *Bürkle* VersR 2006, 302, 308; *Mösbauer* BB 1987, 1688, 1690; *Fiedler* S. 57; a. A. *Bürkle* S. 160, der den Sonderbeauftragten als „Zwangsorgan" einstuft, „der sich nur in der Art und Weise seiner Amtsübernahme von regulären Unternehmensorganen unterscheidet, aber sonst als vollwertiges Unternehmensorgan zu qualifizieren ist".
[119] BVerwG Urt. v. 29.10.1962 – I C 9/95, VersR 1963, 177, 178; FKBP/*Bähr* § 83a Rn. 10; Prölss/*Kollhosser,* 12. Aufl., § 81 Rn. 108 f.; *Bürkle* S. 170 sieht dagegen in dem Sonderbeauftragten einen „extern zwangsweise bestellten, temporär handelnden Organwalter im gesellschaftsrechtlichen Sinn".
[120] Bähr/*Kaulbach* § 8 Rn. 53; Bähr/*Bähr* § 12 Rn. 8; FKBP/*Bähr* § 83a Rn. 12; *Bürkle* S. 155.
[121] *Bürkle* VersR 2006, 302, 308; *Groepper* NVersZ 1998, 103, 106.
[122] *KG* Urt. v. 7.5.1956 – 1 W Umw. 901–903/55, VersR 1957, 225; siehe dazu schon Rn. 40.
[123] FKBP/*Bähr* § 83a Rn. 21; so auch *Winter* S. 715; *Bürkle* VersR 2006, 302, 308; *Mösbauer* BB 1987, 1688, 1690; *Fiedler* S. 58.

sonstigem Instrumentarium zuordnen. Es ist vielmehr davon auszugehen, dass es sich bei dem Sonderbeauftragten um eine **Funktion sui generis** handelt.[124]

Welche **gesellschaftsrechtlichen Vorgaben** für den Sonderbeauftragten gelten, regelt § 307 VAG nicht.[125] Da der Sonderbeauftragte nicht selbst zum Unternehmensorgan wird,[126] ist das Gesellschaftsrecht **nicht unmittelbar** anwendbar.[127] Beispielsweise hindert § 95 Abs. 1 AktG, nach dem der Aufsichtsrat aus mindestens drei Mitgliedern besteht, nicht daran, dass nur ein Sonderbeauftragter die Befugnisse des gesamten Aufsichtsrats übernimmt. Auch mitbestimmungsrechtliche Vorgaben zur Besetzung des Aufsichtsrats sind für die Übernahme der Befugnisse von Organen oder von Organmitgliedern durch den Sonderbeauftragten irrelevant. Anknüpfungspunkt für die Einhaltung dieser formalen Vorgaben, insbesondere zur Besetzung, ist das Organ bzw. sind die Organmitglieder, deren Befugnisse vollständig oder teilweise ruhen. 55

Davon zu unterscheiden sind die **gesellschaftsrechtlichen Rechte und Pflichten** des Organs bzw. des Organmitglieds. Soweit dem Sonderbeauftragten Organbefugnisse übertragen werden, gelten für ihn die dazugehörigen Organrechte und -pflichten. Denn das Organ(mitglied), dessen Befugnisse ruhen, ist schon rechtlich nicht mehr in der Lage, seine Pflichten zu erfüllen. Andererseits können dem Sonderbeauftragten keine Organrechte eingeräumt werden, ohne dass er zugleich die Organpflichten zu übernehmen hätte. Ersetzt der Sonderbeauftragte den Vorstand, so hat er unter eigener Verantwortung die Gesellschaft zu leiten (§ 76 Abs. 1 AktG). Ebenso kommt ihm beispielsweise nach § 121 Abs. 2 AktG die Aufgabe zu, die Hauptversammlung einzuberufen. Werden dem Sonderbeauftragten die Befugnisse des Aufsichtsrats übertragen, gehört zu seinen Pflichten nach §§ 111 Abs. 1, 112 AktG im Rahmen der vergangenheitsbezogenen Kontrolle auch die Prüfung und die Entscheidung über die Verfolgung von Ersatzansprüchen gegen Vorstandsmitglieder.[128] 56

Die **Vertretungsbefugnis** des Sonderbeauftragten ist in § 307 VAG nicht ausdrücklich geregelt. Die Parallelnorm des Bankaufsichtsrechts bestimmt in § 45c Abs. 3 S. 5 KWG, dass sich die Vertretungsbefugnis „nach der Vertretungsbefugnis des oder der Geschäftsleiter [richtet], an dessen oder deren Stelle der Sonderbeauftragte bestellt ist". Auch ohne eine entsprechende Regelung gilt dies ebenso in der Versicherungsaufsicht. Wird also ein Sonderbeauftragter für den AG-Vorstand als Gesamtorgan bestellt, richtet sich seine Vertretungsbefugnis nach § 78 Abs. 1 S. 1 AktG. Ist der Sonderbeauftragte nur für ein Vorstandsmitglied eingesetzt, muss § 78 Abs. 2 AktG berücksichtigt werden, wonach grundsätzlich nur sämtliche Vorstandsmitglieder gemeinschaftlich zur Vertretung der Gesellschaft befugt sind. 57

§ 307 Abs. 2 S. 2 VAG statuiert eine umfangreiche **Kooperations- bzw. Hilfeleistungsplicht** des beaufsichtigten Unternehmens. 58

2. Stellung gegenüber der Aufsichtsbehörde (Abs. 2 S. 3). § 307 Abs. 2 S. 3 VAG behandelt das Innenverhältnis zwischen Aufsichtsbehörde und Sonderbeauftragten, trifft diesbezüglich aber nur eine Regelung zur **Auskunftspflicht** des Sonderbeauftragten. Besteht zwar keine Weisungsgebundenheit des Sonderbeauftragten,[129] so ist er aber zur Auskunft über alle Erkenntnisse im Rahmen seiner Tätigkeit verpflichtet. Insofern kann die BaFin auch nur solche Anweisungen erteilen, die auf die Gewährleistung der Informationsübermittlung gerichtet sind.[130] 59

Gegenstück zur Auskunftspflicht des Sonderbeauftragten ist die **Überwachungspflicht** der Aufsichtsbehörde.[131] Grundsätzlich wird der Sonderbeauftragte in dem Maße überwacht, wie das Organ, das er verdrängt.[132] Anders stellt es sich jedoch dar, wenn der Sonderbeauftragte sowohl die Aufgaben des Vorstandes als auch die des Aufsichtsrates wahrnimmt. Dann nämlich ist die unternehmensinterne Kontrolle weitestgehend nicht mehr gewährleistet.[133] Um dennoch ein gleichbleibendes Kontrollniveau 60

---

[124] Goldberg/Müller/*Müller* § 81 Rn. 34; Prölss/*Kollhosser,* 12. Aufl., § 81 Rn. 108; *Winter* S. 715; nach *Bürkle* S. 152 ff. ist die Einordnung allerdings nur in negativer Hinsicht zutreffend; in positiver Hinsicht möchte er die Charakterisierung mit weiteren Kriterien anreichern; anders *Fiedler* S. 57 ff., nach dem die rechtliche Stellung des Sonderbeauftragten besser als die eines obligatorischen Drittorgans im Sinne der für den Insolvenzverwalter entwickelten modifizierten Organtheorie bestimmt werden sollte.

[125] Dasselbe gilt für die Parallelnorm im KWG Boos/Fischer/Schulte-Mattler/*Lindemann* § 45c KWG Rn. 53.

[126] Siehe oben Rn. 53.

[127] Ebenso für die Parallelnorm im KWG Boos/Fischer/Schulte-Mattler/*Lindemann* § 45c KWG Rn. 53.

[128] *Bürkle* S. 351; die Parallelnorm des § 45c KWG enthält in Abs. 2 Nr. 10 diesen Fall sogar ausdrücklich. Allgemein zu der gesellschaftsrechtlichen Pflicht der Verfolgung von Ersatzansprüchen gegen Vorstandsmitglieder in Folge der „ARAG/Garmenbeck"-Rechtsprechung des BGH (BGHZ 135, 244 = NJW 1997, 1926) siehe nur *Hüffer/Koch,* AktG, 12. Aufl. 2016, § 111 Rn. 7 ff.

[129] Siehe oben Rn. 53.

[130] Vgl. zur Parallelnorm im KWG Boos/Fischer/Schulte-Mattler/*Lindemann* § 45c KWG Rn. 55, der ferner davon ausgeht, dass, falls der Sonderbeauftragte zur Prüfung von Schadensersatzansprüchen bestellt worden ist, die BaFin seine Ermittlungen zwar in eine bestimmte Richtung lenken, jedoch nicht auf die Bewertung der Tatsachen Einfluss nehmen könne, da der Sonderbeauftragte hierfür gerade kraft seines Fachwissens eingesetzt worden sei.

[131] Vgl. *Bürkle* VersR 2006, 302, 311; *ders.* S. 38 ff.; Boos/Fischer/Schulte-Mattler/*Lindemann* § 45c KWG Rn. 49 a. A. *Unkel* S. 294.

[132] *Bürkle* VersR 2006, 302, 311; *Fiedler* S. 167; Prölss/*Kollhosser,* 12. Aufl., § 81 Rn. 109.

[133] Deshalb ist eine Übertragung der Befugnisse mehrerer Organe auf denselben Sonderbeauftragten grundsätzlich schon ermessensfehlerhaft; siehe oben Rn. 30.

sicherzustellen, muss das hervorgerufene Kontrolldefizit über ein Mehr an Kontrolle durch die BaFin kompensiert werden.[134] Würden dem Sonderbeauftragten darüber hinaus auch die Befugnisse der Hauptversammlung bzw. der obersten Vertretung übertragen,[135] die unternehmensinterne Kontrolle mithin völlig nivelliert, stiegen die Anforderungen an die Kontrolle noch weiter.[136] Abgesehen davon ist eine gesteigerte Überwachungspflicht bereits deshalb gerechtfertigt, weil es die Aufsichtsbehörde war, die die Einsetzung des Sonderbeauftragten initiiert und ihn auch ausgewählt hat und außerdem als einzige über dessen Abbestellung entscheiden kann.[137]

61 Im Zusammenhang mit der Auskunftspflicht einerseits und der Überwachungspflicht andererseits ist außerdem auf die in § 309 VAG normierte **Verschwiegenheitspflicht** hinzuweisen. Diese trifft gemäß § 309 Abs. 1 S. 1 VAG unter anderem die von den Versicherungsaufsichtsbehörden beauftragten Personen, mithin auch den Sonderbeauftragten. Nach § 309 Abs. 5 Nr. 2 VAG verbietet die Schweigepflicht jedoch insbesondere nicht die Weitergabe von Informationen „an kraft Gesetzes oder im öffentlichen Auftrag mit der Überwachung von Versicherungsunternehmen […] betraute Stellen sowie von diesen beauftragte Personen", d. h. vor allem an die BaFin. Folglich stellt die besagte Norm kein Hindernis für den Sonderbeauftragten bei der Erfüllung seiner Auskunftspflichten dar. Gleichsam dürfte es der Versicherungsaufsichtsbehörde im Rahmen der Überwachung des Sonderbeauftragten obliegen, diesen auf die Verschwiegenheit besonders zu verpflichten, insbesondere auch, um eine strafrechtliche Sanktionierung gem. §§ 204 Abs. 1, 203 Abs. 2 StGB im Falle des Geheimnisverrates zu ermöglichen.[138]

62 **IV. Kostentragung und Vergütung (Abs. 3). 1. Kostentragungspflicht des beaufsichtigten Unternehmens (Abs. 3 S. 1).** Gemäß § 307 Abs. 3 S. 1 VAG hat das beaufsichtigte Unternehmen die durch die Bestellung des Sonderbeauftragten entstehenden Kosten zu tragen. Diese Vorgabe entspricht der Regelungssystematik des Versicherungsaufsichtsgesetztes. So reiht sich § 307 Abs. 3 VAG in eine Vielzahl weiterer Normen ein, welche ebenfalls eine Kostentragungspflicht im Falle von unterstützenden bzw. beaufsichtigenden Maßnahmen statuieren.[139] Die Pflicht zur Kostenübernahme umfasst auch die Zahlung von dem Sonderbeauftragten zu gewährenden angemessenen Auslagen und seiner Vergütung. Daneben gehören zu den durch die Bestellung entstehenden Kosten vor allem solche, die bei der Aufsichtsbehörde anfallen.[140]

63 **2. Festsetzung der Vergütung durch die Aufsichtsbehörde (Abs. 3 S. 2).** Die genaue **Höhe** der Vergütung wird einseitig durch die BaFin festgesetzt. Dies erfolgt durch einen (privat)rechtsgestaltenden **Verwaltungsakt**[141] und ist als solcher isoliert angreifbar.[142] Zu der Frage, nach welchen Kriterien die Festsetzung der Höhe zu erfolgen hat, schweigt das Gesetz. Aus dem allgemeinen Verhältnismäßigkeitsgrundsatz sowie dem Hinweis in S. 1 folgt aber als Ausgangspunkt, dass die Vergütung grundsätzlich **angemessen** sein muss. Weiter ist es möglich, sich an solchen Faktoren zu orientieren, die der Gesetzgeber im Rahmen der Parallelnorm § 45c KWG als für die Bemessung der Vergütung des Sonderbeauftragen maßgeblich hält: Umfang, Komplexität und Schwierigkeit der übertragenen Aufgabe, Größe und Komplexität des Unternehmens sowie die feste Vergütung des Organmitgliedes, dessen Befugnisse übernommen werden.[143] Die Faktoren spielen allerdings in erster Linie für den Aufwand eine Rolle, den der Sonderbeauftragte zu betreiben hat. Das Haftungsrisiko, das der Sonderbeauftragte übernimmt, steigt wegen der Haftungsbeschränkung in § 307 Abs. 4 VAG jedenfalls in der Höhe auch bei hochkomplexen Aufgaben in sehr großen Versicherungsunternehmen nicht.[144] Des Weiteren sollte die wirtschaftliche Situation des Versicherungsunternehmens, in dem der Sonderbeauftragte zum Einsatz kommt, berücksichtigt werden.[145]

64 Ferner sind jene **aufsichtsrechtlichen Vergütungsvorgaben** zu beachten, die in Art. 275 Solva II-VO, in § 25 VAG[146] und im der auf § 34 Abs. 2 S. 1 VAG basierenden Versicherungs-Vergütungsverordnung (VersVergV)[147] normiert sind.[148] Orientierung können außerdem der aktienrechtliche § 87

[134] Vgl. *Bürkle* S. 386; *ders.* VersR 2006, 302, 311; *Fiedler* S. 167.
[135] Eine solche Konstellation kommt aber aus anderen Gründen schon nicht in Betracht, siehe oben Rn. 30.
[136] Vgl. *Bürkle* VersR 2006, 302, 311; *ders.* S. 386; *Fiedler* S. 167.
[137] So auch zur Parallelnorm im KWG Boos/Fischer/Schulte-Mattler/*Lindemann* § 45c KWG Rn. 59.
[138] So auch zur Parallelnorm im KWG Boos/Fischer/Schulte-Mattler/*Lindemann* § 45c KWG Rn. 61.
[139] Siehe z. B. § 19 Abs. 2 S. 7 VAG, § 20 VAG, § 22 S. 2 VAG, § 37 Abs. 5 S. 2 VAG, § 302 Abs. 1 S. 1 VAG.
[140] FKBP/*Bähr* § 83a Rn. 18.
[141] FKBP/*Bähr* § 83a Rn. 19; *Bürkle* S. 293.
[142] Siehe auch zu den Rechtsmitteln gegen die Bestellung eines Sonderbeauftragten Rn. 73.
[143] RegE Restrukturierungsgesetz, BT-Drs. 17/3024, 60; zum Erfordernis der Angemessenheit auch FKBP/*Bähr* § 83a Rn. 19; *Bürkle* S. 293.
[144] Daher generell die im RegE Restrukturierungsgesetz genannten Faktoren bei der Vergütungsfestsetzung ablehnend *Willemsen/Rechel* in: Luz/Neus/Schaber/Schneider/Wagner/Weber § 45c KWG Rn. 24.
[145] So auch zur Parallelnorm im KWG Boos/Fischer/Schulte-Mattler/*Lindemann* § 45c KWG Rn. 64.
[146] Siehe im Einzelnen die Kommentierung zu § 25 VAG.
[147] Verordnung über die aufsichtsrechtlichen Anforderungen an Vergütungssysteme im Versicherungsbereich vom 18.4.2016, BGBl. 2016 I, 763.
[148] *Bürkle* S. 294.

AktG und die Empfehlung der Europäischen Kommission zur Vergütung im Finanzdienstleistungssektor – gem. Abschnitt I Ziff. 2.1. c) auch auf Versicherungsunternehmen anwendbar – bieten.[149] Schließlich ist zu berücksichtigen, dass für den Fall, dass der Sonderbeauftragte für mehrere Organmitglieder oder das Gesamtorgan tätig wird, keine Addition der jeweiligen Vergütung erfolgen sollte.[150]

3. Vorschusspflicht der Aufsichtsbehörde (Abs. 3 S. 3). Auf Antrag des Sonderbeauftragten hat die BaFin dem Sonderbeauftragten einen Vorschuss auf die Auslagen und seine Vergütung zu leisten. Diesen Vorschuss muss das beaufsichtigte Unternehmen der Aufsichtsbehörde erstatten. In § 83a Abs. 2 S. 3 VAG a. F. war noch als Voraussetzung normiert, dass „das Versicherungsunternehmen zur Zahlung der Vergütung vorübergehend nicht in der Lage ist". Nach wie vor wird in erster Linie die **finanzielle Situation des Versicherungsunternehmens** Anlass für eine Vorschusszahlung durch die Aufsichtsbehörde sein. Die Aufsichtsbehörde kann aber in pflichtgemäßer Ausübung des ihr eingeräumten Ermessens auch unter anderen Umständen Vorschüsse gewähren. Insbesondere wenn das beaufsichtigte Unternehmen trotz bestehender Leistungsfähigkeit Zahlungen verweigert, wird der Sonderbeauftragte nicht auf den mitunter langwierigen Rechtsweg verwiesen, sondern kann Vergütung und Auslagen von der Aufsichtsbehörde als Vorschusszahlungen erhalten. Sodann besteht für die Aufsichtsbehörde die Möglichkeit, den geleisteten Vorschuss vom Versicherungsunternehmen ersetzt zu verlangen. Ein entsprechender Anspruch aus öffentlich-rechtlicher Geschäftsführung folgt aus § 670 BGB analog.[151] 65

V. Haftung des Sonderbeauftragten (Abs. 4). 1. Grundlagen der Haftung des Sonderbeauftragten. Für die Haftung kommt es zunächst auf die Pflichten des Sonderbeauftragten an, deren Verletzung eine Haftung begründen können.[152] Weder § 307 VAG noch sonstige Vorschriften enthalten eine konkret auf den Sonderbeauftragten bezogene Haftungsgrundlage. Aus der betragsmäßigen Haftungsbeschränkung in § 307 Abs. 4 VAG lässt sich indes schließen, dass der Gesetzgeber von einer möglichen Haftung des Sonderbeauftragten ausgeht. Vereinzelt wurde vertreten, die Haftung des Sonderbeauftragten beruhe auf einem schuldrechtlichen Haftungskonzept.[153] Maßgebliche Haftungsgrundlage wäre dann § 280 Abs. 1 BGB, so dass der Sonderbeauftragte gemäß § 276 Abs. 1 S. 1 BGB für jeden Grad der Fahrlässigkeit haften würde. Aus einer Vielzahl von Gründen ist das schuldrechtliche Haftungskonzept abzulehnen.[154] Einer der wichtigsten liegt darin, dass für die Haftung von Organmitgliedern, deren Aufgaben der Sonderbeauftragte übernimmt, Spezialregelungen existieren, die der besonderen Situation unternehmerischer Entscheidungen eher gerecht werden, als das allgemeine Haftungsrecht. Deshalb verdient das **organschaftliche Haftungskonzept** den Vorzug.[155] Nach diesem Konzept folgen die Pflichten des Sonderbeauftragten aus dem Gesellschaftsrecht. Sie werden abgeleitet von dem Organ(mitglied), dessen Befugnisse dem Sonderbeauftragten übertragen wurden.[156] 66

Als **Haftungsmaßstab** gelten für den Sonderbeauftragten dieselben Sorgfaltspflichten, die das Organ (-mitglied) zu beachten hat, das der Sonderbeauftragte durch seine Bestellung verdrängt hat.[157] Tritt der Sonderbeauftragte **an die Stelle des Vorstands** einer Aktiengesellschaft, ist damit in erster Linie **§ 93 AktG** von Bedeutung, dessen Abs. 2 S. 1 zugleich die Haftungsgrundlage darstellt.[158] Für den Vorstand eines Versicherungsvereins auf Gegenseitigkeit gilt dasselbe über den Verweis gemäß § 188 Abs. 1 S. 2 VAG. Insbesondere ist die in § 93 Abs. 1 S. 2 AktG normierte business judgement rule somit auch auf den Sonderbeauftragten anwendbar, dem die Befugnisse des Vorstands übertragen wurden.[159] Das gilt sowohl für die Tatbestandsvoraussetzungen, deren Erfüllung die unwiderlegbare Vermutung objektiv pflichtkonformen Verhaltens begründen, als auch für die Beweislastumkehr des § 93 Abs. 2 S. 2 AktG. Für die **Aufsichtsratsmitglieder** einer Aktiengesellschaft gilt nach **§ 116 AktG**, der auf § 93 AktG verweist, im Kern derselbe Sorgfaltsmaßstab. Er findet gemäß § 189 Abs. 3 S. 1 VAG auch auf den Aufsichtsrat des Versicherungsvereins auf Gegenseitigkeit Anwendung. 67

2. Haftungsbeschränkung bei Fahrlässigkeit (Abs. 4 S. 1 und 2). Aus den möglichen Haftungsgründen[160] folgt, dass das Haftungsrisiko des Sonderbeauftragten nicht gering ist. Die Regelung des 68

[149] *Bürkle* S. 294.

[150] Vgl. zur Parallelnorm im KWG Boos/Fischer/Schulte-Mattler/*Lindemann* § 45c KWG Rn. 64; a. A. wohl *Fiedler* S. 33, der bei der Bemessung der Vergütung berücksichtigen will, wenn einem Sonderbeauftragten die Befugnisse mehrerer Organmitglieder übertragen werden.

[151] FKBP/*Bähr* § 83a Rn. 20; *Bürkle* S. 293.

[152] Siehe dazu oben Rn. 56 ff.

[153] So Prölss/*Kollhosser* 12. Aufl. § 81 Rn. 115.

[154] Siehe dazu sehr ausführlich *Bürkle* S. 352 ff.

[155] *Bürkle* S. 322 ff.; *ders.* VersR 2006, 302, 309 ff.; FKBP/*Bähr* § 83a Rn. 22; *Fiedler* S. 156 ff.; *Unkel* S. 285 ff.; sc auch zur Parallelnorm im KWG Boos/Fischer/Schulte-Mattler/*Lindemann* § 45c KWG Rn. 65.

[156] Siehe oben Rn. 56.

[157] Bähr/*Kaulbach* § 8 Rn. 53; FKBP/*Bähr* § 83a Rn. 22; Goldberg/Müller/*Müller* § 81 Rn. 34; *Fiedler* S. 158 *Unkel* S. 287 sowie zur Parallelnorm im KWG Boos/Fischer/Schulte-Mattler/*Lindemann* § 45c KWG Rn. 64.

[158] Weitere Normen, die eine Haftung begründen können, sind beispielsweise § 117 Abs. 1 AktG, § 309 Abs. 2 S. 1 AktG, § 317 Abs. 3 AktG, § 69 S. 1 AO, § 823 Abs. 1 und 2 BGB, § 826 BGB.

[159] Im Einzelnen siehe *Bürkle* S. 323 ff.; *ders.* VersR 2006, 302, 309 f.; *Fiedler* S. 158 ff.; *Unkel* S. 286 ff.

[160] Siehe zuvor Rn. 67.

§ 307 Abs. 4 VAG, die eine **betragsmäßige Haftungsbeschränkung** des Sonderbeauftragten enthält, ist wortgleich mit der Vorgängernorm des § 83a Abs. 3 VAG a. F. Sie geht zurück auf Art. 4, 6, und 7 des Finanzmarktstabilisierungsgesetzes von 2008. Mit der Einführung des Haftungsprivilegs wollte man der Gefahr begegnen, dass bei einer unbeschränkten Haftung die Übernahme der Aufgabe des Sonderbeauftragter für den ohnehin nur kleinen Kreis in Betracht kommender geeigneter Personen zu unattraktiv erscheint, dass sie insofern also abgeschreckt werden könnten.[161] Die zunächst vorgesehene Befristung der Haftungsbeschränkung wurde bereits kurze Zeit später, mit dem Gesetz zur Stärkung der Finanzmarkt- und der Versicherungsaufsicht, wieder beseitigt mit der Folge, dass das Haftungsprivileg fortan dauerhaft galt.[162]

69 § 307 Abs. 4 S. 1 VAG sieht vor, dass sich im Falle eines Tätigwerdens des Sonderbeauftragten bei einem Versicherungsunternehmen seine Ersatzpflicht **für fahrlässiges Handeln** auf **1 Mio. EUR** beschränkt. Auch wenn die Gesetzesbegründung keine dahingehenden Ausführungen enthält, liegt angesichts des nahezu identischen Wortlautes die Vermutung nahe, dass sich die Normgeber bei der Formulierung des Haftungsprivilegs die in § 323 Abs. 2 HGB geregelte Haftungsbeschränkung für Abschlussprüfer zum Vorbild genommen haben.[163] Eine der Höhe nach unbegrenzte Haftung besteht lediglich für vorsätzliches Handeln.

70 Erfolgt der Einsatz des Sonderbeauftragten bei einem Unternehmen in der Rechtsform der **Aktiengesellschaft**, deren Aktien zum Handel im regulierten Markt zugelassen sind, liegt die Haftungshöchstgrenze nach § 307 Abs. 4 S. 2 VAG abweichend von Satz 1 bei **4 Mio. EUR.** Die höhere Grenze soll die Belange des Kapitalanlegerschutzes berücksichtigen.[164] Die Regelung unterscheidet sich deutlich von der Parallelnorm des § 45c Abs. 7 S. 3 KWG, in der mittlerweile die Haftungsgrenze auf 50 Mio. EUR erhöht wurde.

71 **3. Haftungsbeschränkung bei mehreren fahrlässigen Handlungen (Abs. 4 S. 3).** § 307 Abs. 4 S. 3 VAG sieht vor, dass die Beschränkungen nach den Sätzen 1 und 2 auch dann gelten, wenn dem Sonderbeauftragten die Befugnisse mehrerer Organe übertragen worden sind[165] oder er mehrere zum Ersatz verpflichtende Handlungen begangen hat. Mit anderen Worten gilt die betragsmäßige **Haftungsbeschränkung unabhängig von der Zahl der Pflichtverletzungen** bzw. der verwirklichten Haftungstatbestände. Die Norm nennt keine Zeitspanne, in der die Pflichtverletzungen begangen worden sein müssen. Damit gilt die Haftungsbeschränkung für die gesamte Zeit, in der der Sonderbeauftragte bestellt ist. Führte eine Pflichtverletzung des Sonderbeauftragten zu Beginn seiner Tätigkeit dazu, dass die maximale Haftungssumme ausgeschöpft würde, könnte der Sonderbeauftragte für weitere fahrlässige Pflichtverletzungen während seines Mandats nicht mehr in Anspruch genommen werden.[166] Die Haftungsbegrenzung bezieht sich indes immer nur auf die konkrete Person eines Sonderbeauftragten. Wurden mehrere Sonderbeauftragte bestellt, haftet jeder bis zum Erreichen der betragsmäßigen Haftungsbeschränkung. Dasselbe gilt, wenn die Person des Sonderbeauftragten ausgetauscht wird, die BaFin also einen neuen Sonderbeauftragten bestellt.

72 **VI. Haftung der Aufsichtsbehörde.** Ohne dass § 307 VAG hierzu Vorgaben macht, kommt im Zusammenhang mit der Bestellung eines Sonderbeauftragten eine Haftung der BaFin gegenüber dem betroffenen Versicherungsunternehmen nach den Grundsätzen der **Amtshaftung** gemäß § 839 Abs. 1 BGB i. V. m. Art. 34 GG in Betracht.[167] So liegt beispielsweise ein Fall des Auswahlverschuldens vor, wenn die BaFin einen Sonderbeauftragten bestellt, der nicht die Anforderungen gemäß § 307 Abs. 1 S. 3 VAG erfüllt.[168] Auch kann die BaFin verpflichtet sein, die Bestellung des Sonderbeauftragten zu widerrufen, insbesondere wenn sich dieser als unzuverlässig erweist. Weil der Sonderbeauftragte kein Erfüllungsgehilfe der BaFin nach § 278 BGB ist und weil die BaFin dem Sonderbeauftragten gegenüber nicht einzelweisungsbefugt ist,[169] liegt ein Überwachungsverschulden ferner als ein Auswahlverschulden.

---

[161] Bähr/*Kaulbach* § 8 Rn. 53; FKBP/*Bähr* § 83a Rn. 23; vgl. auch Gesetzesentwurf der Fraktionen der CDU/CSU und SPD zum Finanzmarkstabilisierungsgesetz vom 14.10.2008, BT-Drs. 16/10600, 12, sowie im Hinblick auf die entsprechende Regelung in § 45c Abs. 7 KWG RegE Restrukturierungsgesetz, BT-Drs. 17/3024, 60, wonach es „ohne ein entsprechendes Haftungsprivileg […] in der Praxis nicht möglich [ist], einen Sonderbeauftragten zu finden."

[162] Gesetzesentwurf der Bundesregierung eines Gesetzes zur Stärkung der Finanzmarkt- und Versicherungsaufsicht vom 27.4.2009, BT-Drs. 16/12783.

[163] So auch *Bürkle* S. 363; vgl. auch die jedenfalls hinsichtlich der Differenzierung von börsennotierten Aktiengesellschaften und anderen Unternehmen ähnliche Vorschrift des § 45c KWG, die ebenfalls in Anlehnung an § 323 Abs. 2 HGB geschaffen worden ist, siehe dazu Boos/Fischer/Schulte-Mattler/*Lindemann* § 45c KWG Rn. 67.

[164] Vgl. zu dem entsprechenden § 323 Abs. 2 S. 2 HGB Baumbach/Hopt/*Hopt/Merkt* § 323 HGB Rn. 9.

[165] Die ordnungsgemäße Ausübung des Auswahlermessens durch die BaFin schließt eine solche Entscheidung jedoch, insbesondere wegen der damit verbundenen Risiken, grundsätzlich aus; siehe oben Rn. 30.

[166] In der Regel wäre die Aufsichtsbehörde allerdings schon nach der ersten Pflichtverletzung ihrerseits verpflichtet, den Sonderbeauftragten auszutauschen; zu den Konsequenzen der unterlassenen Abberufung siehe sogleich Rn. 72.

[167] Vgl. allg. zur Amtshaftung der Aufsichtsbehörde § 294 Rn. 89 ff. sowie speziell im Zusammenhang mit dem Sonderbeauftragten *Bürkle* S. 377 ff.; *ders.* VersR 2006, 302, 311 f.; *Fiedler* S. 165 ff.; *Unkel* S. 292 ff.; so auch zur Parallelnorm im KWG Boos/Fischer/Schulte-Mattler/*Lindemann* § 45c KWG Rn. 69.

[168] *Bürkle* VersR 2006, 302, 311 f.; *Fiedler* S. 166 f.; *Unkel* S. 293.

[169] Siehe oben Rn. 53.

Allerdings treffen die BaFin gleichwohl Überwachungspflichten,[170] deren Verletzung in einen Amtshaftungsanspruch münden können.

VII. Rechtsmittel gegen die Bestellung eines Sonderbeauftragten. In der Bestellung eines Sonderbeauftragten und der damit einhergehenden Übertragung von Organbefugnissen auf ihn liegt ein belastender Verwaltungsakt. Statthaft sind somit **Widerspruch und Anfechtungsklage** gegen die Bestellung.[171] Belastet werden sowohl das betroffene Versicherungsunternehmen als auch das betroffene Organmitglied bzw. die betroffenen Organmitglieder. Soweit dem Sonderbeauftragten Befugnisse der Haupt- bzw. Mitgliederversammlung übertragen werden, sind die Anteilseigner bzw. Mitglieder ebenfalls aktivlegitimiert.[172] 73

VIII. Verhältnis zu anderen Regelungen. 1. Sonderbeauftragte in Versicherungs-Holdinggesellschaften. § 293 Abs. 3 VAG regelt den Einsatz von Sonderbeauftragten in Versicherungs-Holdinggesellschaften. Er entspricht im Wesentlichen § 1b Abs. 4 VAG a. F. und enthält in S. 1 – nach wie vor – **konkrete Eingriffstatbestände**.[173] Ist keiner der Tatbestände erfüllt, scheidet die Bestellung eines Sonderbeauftragten aus. Nach § 293 Abs. 3 S. 2 VAG ist § 307 VAG mit Ausnahme von Abs. 1 S. 1 entsprechend auf Sonderbeauftragte in Versicherungs-Holdinggesellschaften anzuwenden. 74

2. Andere aufsichtsbehördliche Eingriffsmittel nach dem VAG. Gegenüber dem Versicherungsunternehmen, gegenüber seinen Organen und gegenüber seinen Anteilseignern stehen der Aufsichtsbehörde eine ganze Reihe anderer Eingriffsmittel zur Verfügung. Über ihren Einsatz hat die Aufsichtsbehörde im Rahmen der **Ermessungsausübung** unter Beachtung des **Verhältnismäßigkeitsgrundsatzes** zu entscheiden.[174] 75

In den Fällen des **unerlaubten Geschäftsbetriebs** sieht § 308 Abs. 1 S. 2 VAG vor, dass die Aufsichtsbehörde einen **Abwickler** einsetzen kann. Er unterscheidet sich von dem Sonderbeauftragten im Wesentlichen dadurch, dass der Abwickler nur den Auftrag hat, Maßnahmen zur Beendigung des Geschäftsbetriebs zu überwachen oder auch selbst durchzuführen. Abhängig vom Bestellungsakt kann der Abwickler als gesetzlicher Vertreter des abzuwickelnden Unternehmens handeln.[175] Er wird jedoch – anders als der Sonderbeauftragte – nicht anstelle eines Organs bestellt. 76

Den **Widerruf der Erlaubnis** zum Geschäftsbetrieb kann die Aufsichtsbehörde nach § 304 Abs. 4 S. 3 VAG mit der Einschränkung der freien Verfügung über die Vermögensgegenstände des Unternehmens und der Einsetzung eines **Vermögensverwalters** verbinden.[176] Daneben kommt bei einem Widerruf der Erlaubnis zum Geschäftsbetrieb auch die vollständige Übertragung von Organbefugnissen auf einen Sonderbeauftragten in Betracht.[177] 77

3. Bankaufsichtsrecht (§ 45c KWG). Im Bankaufsichtsrecht existiert mit § 45c KWG eine Parallelnorm zu § 307 VAG. Die Vorgängernorm von § 45c KWG, § 36 Abs. 1a KWG a. F., wurde nach dem **Vorbild des versicherungsaufsichtsrechtlichen Sonderbeauftragten** im Rahmen des Vierten Finanzmarktförderungsgesetzes im Jahr 2002 in das KWG aufgenommen. Verstärkt wurde die Wechselbeziehung zwischen dem versicherungs- und dem bankaufsichtsrechtlichen Sonderbeauftragen, indem zum 1.1.2016 umgekehrt die Terminologie in § 307 VAG an § 45c KWG angepasst wurde.[178] Für das Verständnis von § 307 VAG kann § 45c KWG daher aufschlussreich sein,[179] zumal die Norm teilweise ausführlicher ist als § 307 VAG. Mitunter bestehen aber auch noch erhebliche Unterschiede zwischen den beiden Normen.[180] 78

4. Andere beaufsichtigte Wirtschaftsbereiche. Nach **§ 40 Abs. 2 S. 1 KAGB**[181] (§ 17a Abs. 2 InvG a. F.) kann die BaFin „die Organbefugnisse abberufener Geschäftsleiter so lange auf einen geeigneten Sonderbeauftragten übertragen, bis die Kapitalverwaltungsgesellschaft über neue Geschäftsleiter verfügt," die zuverlässig und geeignet sind. Für diesen Fall gilt § 45c Abs. 6 und 7 KWG[182] entsprechend. In seinem Anwendungsbereich beschränkt sich § 40 Abs. 2 S. 1 KAGB damit auf die Situation, dass Geschäftsleiter bereits abberufen wurden. 79

---

[170] Siehe oben Rn. 60.

[171] *Bürkle* S. 311 f.; so auch zur Parallelnorm im KWG Boos/Fischer/Schulte-Mattler/*Lindemann* § 45c KWG Rn. 70; *Willemsen/Rechel* in: Luz/Neus/Schaber/Schneider/Wagner/Weber § 45c KWG Rn. 26. Zum vorläufigen Rechtsschutz siehe *Bürkle* S. 312 ff. und zur aufschiebenden Wirkung des Widerspruchs die Kommentierung zu § 310 VAG.

[172] Vgl. *Bürkle* S. 315.

[173] Siehe im Einzelnen die Kommentierung zu § 293 VAG.

[174] Siehe im Einzelnen oben Rn. 20 ff.

[175] Siehe § 308 VAG Rn. 17.

[176] Siehe § 304 VAG Rn. 38.

[177] *BVerwG* Gerichtsbescheid v. 26.6.1997 – 1 A 10/95, NVwZ 1998, 393, 395.

[178] Siehe oben Rn. 1 und 9.

[179] Siehe z. B. oben Rn. 57 und 63.

[180] Siehe z. B. oben Rn. 11, 28, 40 und Rn. 70.

[181] Kapitalanlagegesetzbuch.

[182] § 45c Abs. 6 und 7 KWG ist mit § 307 Abs. 3 und 4 VAG nahezu identisch.

80 Ebenfalls bei entsprechender Geltung von § 45c Abs. 6 und 7 KWG bestimmt **§ 15 Abs. 2 ZAG**,[183] dass die BaFin „Befugnisse, die Organen des Instituts zustehen, ganz oder teilweise auf einen Sonderbeauftragten übertragen [kann], der zur Wahrung der Befugnisse geeignet erscheint". Die Voraussetzungen hierfür sind nach § 15 Abs. 1 ZAG dieselben, die auch für eine Aufhebung der Erlaubnis des Geschäftsbetriebs, für ein Abberufungsverlangen und für ein Tätigkeitsverbot erfüllt sein müssen.

81 **5. Der besondere Vertreter im Gesellschaftsrecht.** Das Gesellschaftsrecht kennt die ähnlich klingende Figur des besonderen Vertreters.[184] Im Unterschied zum Sonderbeauftragten, dem sämtliche Organbefugnisse übertragen werden können, hat der besondere Vertreter nach § 147 Abs. 2 S. 1 AktG allein die Aufgabe, **Ersatzansprüche der Gesellschaft** gegen ihre Gründer und ihre Vorstands- oder Aufsichtsratsmitglieder **geltend zu machen.**[185] Im Rahmen seines Aufgabenkreises besitzt der besondere Vertreter allerdings Organqualität.[186] Grundsätzlich ist gemäß § 147 Abs. 2 S. 1 AktG die Hauptversammlung für die Bestellung des besonderen Vertreters zuständig. Die Entscheidung verbleibt also bei den Anteilseignern. Das gilt im Ausgangspunkt sogar für den in § 147 Abs. 2 S. 2 AktG geregelten Ausnahmefall der gerichtlichen Bestellung. Denn hierfür ist ein Antrag von Aktionären erforderlich, die ein bestimmtes Quorum erfüllen müssen.

Unerlaubte Versicherungsgeschäfte

308 (1) [1]**Werden ohne die nach § 8 Absatz 1 erforderliche Erlaubnis Versicherungsgeschäfte betrieben, wird die Geschäftstätigkeit entgegen § 61 Absatz 1 oder § 67 Absatz 1 aufgenommen oder entgegen § 62 Absatz 3 Satz 2 oder 3 oder § 169 Absatz 3 Satz 2 fortgeführt (unerlaubte Versicherungsgeschäfte), kann die Aufsichtsbehörde die sofortige Einstellung des Geschäftsbetriebs und die unverzügliche Abwicklung dieser Geschäfte gegenüber dem Unternehmen anordnen.** [2]**Sie kann für die Abwicklung Weisungen erlassen und eine geeignete Person als Abwickler bestellen.**

(2) **Die Aufsichtsbehörde kann ihre Maßnahmen nach Absatz 1 veröffentlichen, sofern diese unanfechtbar oder sofort vollziehbar sind; personenbezogene Daten dürfen nur veröffentlicht werden, soweit dies zur Gefahrenabwehr erforderlich ist.**

(3) **Die Absätze 1 und 2 sind für Maßnahmen gegenüber den Mitgliedern der Organe und den Gesellschaftern des Unternehmens entsprechend anzuwenden.**

(4) **Die Befugnisse der Aufsichtsbehörde nach den Absätzen 1 bis 3 bestehen auch gegenüber dem Unternehmen und den in Absatz 3 genannten Personen, bei dem oder denen feststeht oder Tatsachen die Annahme rechtfertigen, dass das Unternehmen oder die Personen in die Anbahnung, den Abschluss oder die Abwicklung dieser Geschäfte einbezogen ist oder sind; dies gilt insbesondere gegenüber**

1. Unternehmen, die für ein Unternehmen im Sinne des Absatzes 1 Verträge abschließen oder vermitteln, und

2. Unternehmen, die für ein solches Unternehmen Funktionen oder Tätigkeiten wahrnehmen.

(5) **Der Abwickler ist zum Antrag auf Eröffnung eines Insolvenzverfahrens über das Vermögen des Unternehmens berechtigt.**

(6) [1]**Der Abwickler, den die Bundesanstalt bestellt, erhält von dieser eine angemessene Vergütung und Ersatz seiner Aufwendungen.** [2]**Die gezahlten Beträge sind der Bundesanstalt von dem betroffenen Unternehmen gesondert zu erstatten und auf Verlangen der Bundesanstalt vorzuschießen.** [3]**Die Bundesanstalt kann das betroffene Unternehmen anweisen, den von der Bundesanstalt festgesetzten Betrag im Namen der Bundesanstalt unmittelbar an den Abwickler zu leisten, wenn dadurch keine Beeinflussung der Unabhängigkeit des Abwicklers zu besorgen ist.**

(7) [1]**Soweit und solange Tatsachen die Annahme rechtfertigen, dass ein Unternehmen unerlaubte Versicherungsgeschäfte betreibt, kann die Aufsichtsbehörde die Öffentlichkeit unter Nennung des Namens oder der Firma des Unternehmens über den Verdacht informieren.** [2]**Satz 1 ist entsprechend anzuwenden, wenn ein Unternehmen unerlaubte Versicherungs-**

---

[183] Zahlungsdiensteaufsichtsgesetz.

[184] Siehe dazu aus der Literatur z. B. *Binder* ZHR 2012, 380; *Kling* ZGR 2009, 190; *Mock* DB 2008, 393; *Nietsch* ZGR 2011, 589; *Westermann* AG 2009, 237. Zu unterscheiden hiervon ist die Sondervertretung nach Vereinsrecht (§ 30 BGB). Dem besonderen Vertreter im Vereinsrecht kommt als Organ mit beschränkter Zuständigkeit eine Art Zwischenstellung zwischen dem Vorstand und einem lediglich rechtsgeschäftlichen Vertreter zu, siehe dazu ausführlich BeckOGK/*Kling* BGB § 30 Rn. 7.

[185] Zum besonderen Vertreter im GmbH-Recht siehe Baumbach/Hueck/*Zöllner*/*Noack* GmbHG § 46 Rn. 66.

[186] BGH Beschl. v. 27.9.2011 – II ZR 225/08, NJW-RR 2012, 106; bis zur Entscheidung des BGH war die Organqualität umstritten, vgl. die Nachweise bei BeckOGK/*Kling* BGB § 30 Rn. 74.1.

geschäfte zwar nicht betreibt, aber in der Öffentlichkeit einen entsprechenden Anschein erweckt. [3]Vor der Entscheidung über die Veröffentlichung der Information ist das Unternehmen anzuhören. [4]Stellen sich die von der Aufsichtsbehörde veröffentlichten Informationen als falsch oder die zugrunde liegenden Umstände als unrichtig wiedergegeben heraus, so informiert die Aufsichtsbehörde die Öffentlichkeit hierüber in der gleichen Art und Weise, in der sie die betreffende Information zuvor bekannt gegeben hat.

Übersicht

Schrifttum: *Mai*, Die Abwicklung unerlaubt betriebener Einlagengeschäfte, BKR 2011, S. 199 ff.

I. Allgemeines. 1. Entstehungsgeschichte. § 308 VAG **„entspricht inhaltlich dem bisherigen § 81f VAG a. F."**[1] Selbst dieser einzige, § 308 VAG gewidmete Satz in der Begründung des VAG-RegE 2014 ist unzutreffend. § 308 Abs. 7 VAG war nämlich nicht in § 81f VAG a. F., sondern in **§ 83b Abs. 7 VAG a. F.** enthalten. Die mit § 308 VAG fortgeführten früheren VAG-Regelungen sollten die aufsichtsbehördlichen Befugnisse im Bereich der Versicherungswirtschaft denen im Bereich der Bankaufsicht gleichstellen.[2] 1

Art. 4 Nr. 15 **Finanzaufsichtsrechtergänzungsgesetz**[3] hat mit Wirkung vom **10.6.2017** in § 308 VAG einen **neuen – im folgenden Text nicht kommentierten – Absatz 2a** eingefügt. Ordnet die BaFin die Einstellung des Geschäftsbetriebs oder die Abwicklung unerlaubter Geschäfte an, gelten danach bei bestimmten Adressaten § 38 Abs. 1 und 2 KWG sowie § 308 Abs. 2 VAG entsprechend. 1a

2. Normzweck. § 308 VAG verfolgt den unausgesprochenen Zweck, unerlaubte Versicherungsgeschäfte zu beenden bzw. schon zu verhindern. Daher enthält § 308 VAG die Rechtsgrundlagen für die **Durchsetzung der Erlaubnispflicht** bei dem Betreiben von Versicherungsgeschäften nach § 8 Abs. 1 VAG. Die differenziert angelegten aufsichtsbehördlichen Befugnisse des § 308 VAG zur Durchsetzung des aufsichtsrechtlichen Erlaubnisvorbehalts beruhen auf dem Vorbild der §§ 37, 38, 44c KWG. 2

3. Europarechtlicher Hintergrund. § 308 VAG hat **keinen europarechtlichen Hintergrund**. Weder die Solva II-RL noch die Solva II-VO regeln das unerlaubte Betreiben von Versicherungsgeschäften. Die Umsetzungstabelle im VAG-RegE 2012 führt § 308 VAG – damals als § 302 VAG-RegE 2012 bezeichnet – daher auch nicht an. § 308 VAG bildet im Ergebnis eine spezielle Ausprägung der allgemeinen, europarechtlich gebotenen Legalitätsaufsicht. 3

II. Einstellung und Abwicklung unerlaubter Versicherungsgeschäfte (Abs. 1). 1. Unerlaubte Versicherungsgeschäfte (Abs. 1 S. 1 Hs. 1). § 308 Abs. 1 VAG enthält eine **Legaldefinition** der unerlaubten Versicherungsgeschäfte. Dies folgt aus der Verwendung des Begriffs im Klammerzusatz nach den drei in Halbsatz 1 genannten Fällen. 4

---

[1] So VAG-RegE 2014 BT-Drs. 18/2956, 293.

[2] RegE eines 8. Gesetzes zur Änderung des VAG BT-Drs. 16/1937, 23 f. und Gesetzesveröffentlichung im BGBl. 2007 I, 923.

[3] BGBl. 2017 I, 1495, 1500.

5 Der **erste Fall** betrifft das Betreiben von Versicherungsgeschäften „**ohne die nach § 8 Abs. 1 erforderliche Erlaubnis**". Der Begriff des Versicherungsgeschäfts ist weder im VAG noch in der Solva II-RL definiert. Gleichwohl ist er zentrales Tatbestandsmerkmal u. a. in § 1 Abs. 1 Nr. 1 i. V. m. § 7 Nr. 33 und in § 15 sowie in § 331 Nr. 1 VAG. Er entscheidet also u. a. über den Begriff des Versicherungsunternehmens, die Aufsichtspflicht – vgl. dazu z. B. auch die Verwendung des Begriffs des Versicherungsgeschäfts in Art. 29 Solva II-RL – und die Geschäftstätigkeit. Im Ergebnis umfasst der Betrieb von Versicherungsgeschäften nicht nur den – auch nur in geringem Umfang erfolgenden – Abschluss von Versicherungsverträgen und sonstige aufsichtsrechtlich zugelassene Tätigkeiten von Versicherungsunternehmen, sondern auch bloße Vorbereitungshandlungen dazu,[4] ohne dass dafür eine quantitative Erheblichkeitsschwelle gilt.[5] Daran hat sich im Rahmen des Solvency II-Systems nichts geändert. § 308 VAG erfasst vor diesem Hintergrund ohne weiteres sowohl Erst- als auch Rückversicherungsgeschäfte.

6 Im **zweiten Fall** „wird die **Geschäftstätigkeit entgegen § 61 Abs. 1 oder § 67 Abs. 1 aufgenommen**". Betroffen ist also zunächst die Aufnahme von Geschäftstätigkeiten durch ein **EU-/EWR-Unternehmen** in Deutschland, ohne dass die Voraussetzungen, die dafür nach § 61 Abs. 2 bis 4 VAG gelten, erfüllt sind. Sodann geht es um **Drittstaatenunternehmen**, die für eine Geschäftstätigkeit im Inland die Voraussetzungen des § 67 Abs. 1 VAG nicht erfüllen.

7 Einen **dritten Fall** bilden **Geschäftstätigkeiten**, die Unternehmen „**entgegen § 62 Abs. 3 S. 2 oder 3 oder § 169 Abs. 3 S. 2" fortführen**. Nach § 62 Abs. 3 S. 2 VAG kann die BaFin einem EU-/EWR-Erstversicherungsunternehmen, das im Inland Geschäftstätigkeiten entfaltet und einer Aufsichtsmaßnahme nicht folgt, unter bestimmten Voraussetzungen als ultima ratio „die weitere Geschäftstätigkeit im Inland ganz oder teilweise untersagen." Der folgende Satz 3 erlaubt die nach Satz 2 möglichen aufsichtsbehördlichen Maßnahmen „in dringenden Fällen (…) ohne Unterrichtung der Aufsichtsbehörde des Herkunftsstaats". Nach § 169 Abs. 3 S. 2 VAG gilt dies unter ähnlichen Voraussetzungen auch im Verhältnis zu EU-/EWR-Rückversicherungsunternehmen, die im Inland tätig sind.

8 **2. Aufsichtsbehördliche Anordnungen (Abs. 1 S. 1 Hs. 2 und S. 2). a) Grundlagen.** Liegt einer der drei in Abs. 1 S. 1 Hs. 1 genannten Fälle unerlaubter Versicherungsgeschäfte vor, hat die Aufsichtsbehörde nach Abs. 1 S. 1 Hs. 2 und S. 2 bestimmte **Aufsichtsbefugnisse**. Diese Maßnahmen „kann" die Aufsichtsbehörde ergreifen. Damit besteht ein aufsichtsbehördliches **Ermessen** i. S. v. § 297 VAG.[6]

9 Für eine konkrete Aufsichtsmaßnahme gilt weiter der **Grundsatz der Verhältnismäßigkeit** nach § 296 VAG. Zu der Parallelvorschrift des § 37 Abs. 1 S. 1 KWG hat das BVerwG festgestellt,[7] die Ermessensentscheidung betreffend „die sofortige Einstellung des Geschäftsbetriebs und die unverzügliche Abwicklung dieser Geschäfte", die im KWG und im VAG wortlautidentisch geregelt ist, erfolge ausschließlich im öffentlichen Interesse und **unabhängig von den zivilrechtlichen Vereinbarungen** sowie Interessen der Geschäftspartner. Dem Aufsichtsrecht gehe es allein um die „**Durchsetzung des Erlaubnisvorbehalts und damit um ein schnelles und wirksames Eingreifen**". Unabhängig davon muss die Aufsichtsbehörde prüfen, ob nicht mildere Mittel wie informelle Belehrungen oder Hinweise [8] – auch in Form der Empfehlung, einen Erlaubnisantrag zu stellen – im konkreten Fall ausreichend sind. Dies gilt gerade bei unbewusst erfolgten Verstößen.[9]

10 **b) Sofortige Einstellung des Geschäftsbetriebs (Abs. 1 S. 1 Hs. 2).** In den Fällen des Abs. 1 S. 1 Hs. 1 steht fest, dass Unternehmen unerlaubt Versicherungsgeschäfte betreiben. Anders als nach Abs. 4 reicht die aufsichtsbehördliche Annahme eines solchen Betreibens allein hier nicht aus. Infolgedessen ist im Sinne von Abs. 1 S. 1 Hs. 2 die „**sofortige Einstellung des Geschäftsbetriebs**" erforderlich, um eine Gefährdung der primär gläubigerbezogenen Ziele des Versicherungsaufsichtsrechts[10] zu verhindern. Die Aufsichtsbehörde kann daher eine solche sofortige Einstellung des Geschäftsbetriebs gegenüber dem Unternehmen anordnen.

11 Hat ein Unternehmen in der Vergangenheit unerlaubte Versicherungsgeschäfte betrieben, kann eine bereits erfolgte **Einstellung solcher Geschäfte durch das Versicherungsunternehmen** den Erlass einer Einstellungsanordnung durch die Aufsichtsbehörde hindern. Voraussetzung dafür ist allerdings, dass die Fortsetzung der unerlaubten Geschäfte in der Zukunft hinreichend sicher ausgeschlossen ist.[11]

---

[4] Vgl. zu der Bedeutung von Vorbereitungshandlungen schon § 304 VAG Rn. 18.

[5] Ausf. und m. w. N. zum Begriff des Versicherungsgeschäfts *Dreher* FS 100 Jahre Stuttgarter Lebensversicherung a. G., 2008, 139, 142 ff. und zur Ausklammerung der internen Selbstversicherung aus dem Betrieb von Versicherungsgeschäften *Dreher* FS Baumann, 1999, 21, 28 ff.

[6] Vgl. § 297 VAG Rn. 5.

[7] *BVerwG* Urt. v. 15.12.2010 – 8 C 37/09 Rn. 14 ff., 25 ff., BKR 2011, 208 ff. und dazu *Mai* BKR 2011, 199 ff.

[8] Vgl. dazu § 298 VAG Rn. 83.

[9] Vgl. zum Bankaufsichtsrecht Boos/Fischer/Schulte-Mattler/*Fischer/Müller* § 37 KWG Rn. 9, 11.

[10] Vgl. Einl. Rn. 6 ff.

[11] So *VG Frankfurt a. M.* Urt. v. 19.6.2008 – 1 E 2566/07, WM 2009, 1324, 1325 zum Bankaufsichtsrecht sub specie § 37 Abs. 1 KWG.

c) Unverzügliche Abwicklung der Geschäfte (Abs. 1 S. 1 Hs. 2 und S. 2). Die Anordnung einer sofortigen Einstellung des Geschäftsbetriebs lässt die bisher getätigten, unerlaubten Geschäfte unberührt. Nach Abs. 1 S. 1 Hs. 2 kann die Aufsichtsbehörde daher gegenüber dem Unternehmen zusätzlich „die **unverzügliche Abwicklung dieser Geschäfte**" anordnen. 12

Entweder erfolgt die **Abwicklung durch das Unternehmen selbst** oder durch einen **von der Aufsichtsbehörde bestellten Abwickler**. Dies ergibt sich aus Abs. 1 S. 2, wonach die Aufsichtsbehörde nur Weisungen für die Abwicklung erlassen kann oder zusätzlich eine geeignete Person als Abwickler bestellen kann. 13

In jedem Fall wird die Aufsichtsbehörde zur Abwicklung nach Abs. 1 S. 2 „**Weisungen erlassen**". Sie müssen bestimmt und verhältnismäßig sein. Ihr Gegenstand ist z. B. die Rückzahlung geleisteter Versicherungsprämien. 14

Für das Bankaufsichtsrecht geht der VGH Kassel[12] davon aus, dass es für die **Bestimmtheit einer Abwicklungsanordnung** nach § 37 KWG ausreichend ist, dass das Ziel der Abwicklung deutlich wird. Die Aufsichtsbehörde müsse nicht selbst alle Abwicklungsmodalitäten regeln. Für den Fall der Bestellung eines Abwicklers, der die „Kompetenz eines Geschäftsführers" habe, könne das Unternehmen bei der Aufsichtsbehörde beantragen, Weisungen betreffend die Abwicklungsmodalitäten und die Befugnisse des Abwicklers zu erlassen. Diese Entscheidung zum Bankaufsichtsrecht lässt sich grundsätzlich auf das Versicherungsaufsichtsrecht übertragen. 15

Ein **bestellter Abwickler** ist in Parallele zu dem Abwickler nach § 37 Abs. 1 S. 2 KWG[13] ein **hoheitlich Beliehener**. Er hat – so schon die Gesetzesbegründung zu § 37 Abs. 1 S. 2 KWG –[14] die „Kompetenz eines Geschäftsführers". 16

Im Einzelnen ergeben sich die **Befugnisse des Abwicklers** aus dem Bestellungsakt und der Abwicklungsanordnung der Aufsichtsbehörde. Darin ordnet die Behörde in der Regel die Stellung des Abwicklers als **gesetzlicher Vertreter** des abzuwickelnden Unternehmens an. Aufgrund dessen ist das Unternehmen durch die Anordnung zugleich zu der Duldung der Abwicklung verpflichtet.[15] Die Aufsichtsbehörde kann die Anordnung aber auch darauf beschränken, die Eigenabwicklung durch das Unternehmen zu beaufsichtigen. 17

III. Veröffentlichung der aufsichtsbehördlichen Maßnahmen (Abs. 2). Maßnahmen nach Abs. 1 kann die Aufsichtsbehörde aufgrund von Abs. 2 **veröffentlichen**. Voraussetzung ist, dass sie **unanfechtbar oder sofort vollziehbar** sind. Maßnahmen nach § 308 Abs. 1 VAG sind aber im Katalog von § 310 Abs. 2 VAG nicht enthalten. Die sofortige Vollziehbarkeit muss daher nach § 80 Abs. 2 S. 1 Nr. 4, Abs. 3 VwGO durch die Aufsichtsbehörde angeordnet werden. 18

Das **Veröffentlichungsmittel** benennt Abs. 2 nicht. § 319 VAG enthält zwar eine Regelung zur Bekanntmachung von aufsichtsbehördlichen Maßnahmen. Nach dessen Abs. 1 S. 2 bleiben dadurch aber „die Rechte der Bundesanstalt nach § 308 Abs. 2 unberührt". Das Zusammenspiel von §§ 319, 308 Abs. 2 VAG hat in §§ 60b Abs. 1 S. 2, 37 Abs. 1 S. 3 KWG sein Vorbild.[16] Zu § 37 Abs. 1 S. 3 KWG führt die Gesetzesbegründung aus, dass das „Ob" sowie die Art und Weise der Bekanntmachung im pflichtgemäßen Ermessen der BaFin liegen. Die Veröffentlichung solle die Wirksamkeit der Regelung verstärken, indem sie potentielle Kunden und Geschäftspartner vom Abschluss weiterer Geschäfte mit dem betreffenden Unternehmen abhält und diesem die Fortsetzung unerlaubter Geschäfte erheblich erschwert.[17] Aufgrund der vergleichbaren Sachlage, des Vorbildcharakters der KWG-Regelung und des gleichen Regelungstextes gilt dies alles auch für § 308 Abs. 2 VAG. Als Veröffentlichungsmittel kommen daher unabhängig von § 319 VAG Bekanntmachungen z. B. durch **Pressemitteilungen**[18] oder **Mitteilungen auf der Webseite der BaFin** in Betracht.[19] 19

Nach § 308 Abs. 2 Hs. 1 VAG muss die Aufsichtsbehörde über eine Veröffentlichung in Ausübung von **pflichtgemäßem Ermessen** i. S. v. § 297 VAG entscheiden. Denn wie Abs. 1 enthält auch Abs. 2 eine „Kann"-Regelung. 20

Eine Grenze für jede Veröffentlichung besteht nach § 308 Abs. 2 Hs. 2 VAG, wenn es um **personenbezogene Daten** geht. Sie dürfen „nur veröffentlicht werden, soweit dies **zur Gefahrenabwehr erforderlich** ist." Damit hat der Gesetzgeber den Grundsatz der Verhältnismäßigkeit nach § 296 VAG tatbestandsbezogen konkretisiert. Im Fall der Erforderlichkeit einer Veröffentlichung überwiegt das 21

---

[12] *VGH Kassel* Beschl. v. 23.3.2005 – 6 TG 3675/04, NJW-RR 2005, 1643; vgl. dazu die Kritik in der Literatur an der Entscheidung zurückweisend Boos/Fischer/Schulte-Mattler/*Fischer/Müller* § 37 KWG Rn. 12.

[13] Vgl. dazu z. B. Boos/Fischer/Schulte-Mattler/Fischer/*Müller* § 37 KWG Rn. 14 f.; *Heemann* in Luz/Neus/Schaber/Schneider/Wagner/Weber, KWG und CRR, 3. Aufl. 2015, § 37 KWG Rn. 14 ff., jew. m. w. N.

[14] RegE 6. KWG-Novelle BT-Drs. 13/7142, 91.

[15] *VGH Kassel* Beschl. v. 18.5.2005 – 6 TG 497/05, WM 2005, 1606.

[16] Vgl. VAG-RegE 2014 BT-Drs. 18/2956, 295, wonach sich § 319 VAG am Tatbestand des § 60b KWG orientiert

[17] RegE Drittes Gesetz zur Änderung des KWG BT-Drs. 10/1441, 50.

[18] So auch RegE Drittes Gesetz zur Änderung des KWG BT-Drs. 10/1441, 50.

[19] Vgl. auch *Heemann* in Luz/Neus/Schaber/Schneider/Wagner/Weber, KWG und CRR, 3. Aufl. 2015, § 37 KWG Rn. 17.

öffentliche Interesse an der Veröffentlichung das private Interesse am Schutz der Persönlichkeit und der informationellen Selbstbestimmung, die u. a. im Rahmen von Art. 2 Abs. 1 GG geschützt sind.

22 **IV. Aufsichtsbehördliche Anordnungen gegenüber Organmitgliedern und Gesellschaftern sowie Veröffentlichung der Anordnungen (Abs. 3).** Nach § 308 Abs. 3 VAG gelten dessen Absätze 1 und 2 für „**Maßnahmen gegenüber den Mitgliedern der Organe und den Gesellschaftern** des Unternehmens entsprechend."

23 Normadressaten sind danach die Mitglieder der **Organe Vorstand und Aufsichtsrat** einer Versicherungs-AG oder einer dualistischen Versicherungs-SE oder eines VVaG. Hinzu kommen die Mitglieder der nach § 33 Abs. 2 VAG bei öffentlich-rechtlichen Versicherungsunternehmen gleich gestellten Organe. Aufsichtsrechtlich nicht bestimmt ist der Organbegriff in Bezug auf die monistische Versicherungs-SE, die nach § 8 Abs. 2 VAG ebenfalls eine zulässige Rechtform für ein Versicherungsunternehmen bildet. Im Ergebnis treten bei der monistischen Versicherungs-SE sowohl der Verwaltungsrat als auch die geschäftsführenden Direktoren an die Stelle von Vorstand und Aufsichtsrat.[20]

24 § 308 Abs. 3 VAG spricht allgemein von Organen und deren Mitgliedern. Zwar sind auch **Haupt-, Abgeordneten- und Trägerversammlungen** von Versicherungsunternehmen Organe. Allerdings sind deren Teilnehmer nicht Mitglieder. Dies zeigt schon die Versicherungs-AG, die in § 33 VAG die Grundform der zulässigen Rechtsformen bildet. Danach sind die Aktionäre zwar Mitglieder der Gesellschaft, aber nicht auch von deren Hauptversammlung. Bei der Hauptversammlung sind sie Teilnehmer und üben ihre mitgliedschaftlichen Rechte aus. § 308 Abs. 3 VAG erfasst derartige Organe also nicht.

25 Im persönlichen Anwendungsbereich von § 308 Abs. 3 VAG sind **alle Gesellschafter** der nach § 8 Abs. 2 VAG zugelassenen Rechtsformen. Dass infolge dessen aber z. B. nicht jeder Aktionär und nicht jedes Mitglied eines VVaG potentiell von Maßnahmen der Aufsichtsbehörde nach § 308 Abs. 1 und 2 VAG betroffen sein kann, liegt auf der Hand. Rechtlich erfolgt die Eingrenzung über die – wie sogleich auszuführen ist – „entsprechende" Anwendung dieser Absätze. § 37 Abs. 1 S. 1 KWG als Vorbildnorm zu § 308 VAG erfasst dagegen nur die Organmitglieder und nicht auch die Gesellschafter des Unternehmens. Die Begründung dazu weist auf die Notwendigkeit hin, „bei Zwangsmaßnahmen direkt (…) bei den Verantwortlichen anzusetzen."[21]

26 Sowohl gegenüber Organmitgliedern als auch gegenüber Gesellschaftern **gilt § 308 Abs. 1 und 2 VAG entsprechend**. Daraus folgt zunächst, dass der **Adressatenkreis** wie derjenige nach Abs. 1 oder 2 betroffen sein muss, bei dem es um die Unternehmen selbst geht, die unerlaubte Versicherungsgeschäfte tätigen. Daher können in Abs. 3 nur Organmitglieder oder Gesellschafter gemeint sein, die einen entsprechenden Einfluss in dem betreffenden Unternehmen ausüben (können). Dies führt primär zu aufsichtsbehördlichen Maßnahmen gegen die Mitglieder des vertretungsberechtigten Organs des Unternehmens, in der Regel also gegen die Mitglieder des Vorstands. Bei den ebenfalls erfassten Gesellschaftern ist z. B. vorstellbar, dass herrschende Unternehmen, die kraft Beherrschungsvertrag Weisungsrechte auf ein Unternehmen ausüben können, Abs. 3 unterfallen.

27 Sodann ist aber auch der **Inhalt der aufsichtsbehördlichen Maßnahmen** durch die Vorgabe einer **entsprechenden Anwendung** der Absätze 1 und 2 betroffen. Da z. B. der Vorstand eines Versicherungsunternehmens nicht selbst unerlaubte Versicherungsgeschäfte betreibt, aufnimmt oder fortführt, sondern dabei nur das Versicherungsunternehmen vertritt, kann die Aufsichtsbehörde seinen Mitgliedern nach Abs. 1 z. B. alle darauf gerichteten weiteren Handlungen untersagen und die Einstellung sowie Abwicklung des Geschäfts – in Form konkreter, rechtlich bestimmter Anordnungen – aufgeben. Ebenso kann sie nach Abs. 2 diese Maßnahmen unter den dort genannten Voraussetzungen veröffentlichen.

28 **V. Aufsichtsbehördliche Maßnahmen gegenüber Dritten (Abs. 4).** § 308 Abs. 4 VAG erweitert die Aufsichtsbefugnisse auf Dritte. Auch damit folgt der Gesetzgeber dem **bankaufsichtsrechtlichen Vorbild** in § 37 Abs. 1 S. 4 KWG. Die Begründung zu der dort wesentlich kürzer gefassten Vorschrift geht davon aus, „diese Bestimmung zielt insbesondere auch auf Internet-Provider."[22]

29 Der **persönliche Anwendungsbereich** bezieht sich auf Unternehmen oder die in Abs. 3 genannten Personen. Die Wendung „dem Unternehmen und (…) den Personen, bei dem oder denen feststeht", ist sprachlich verunglückt. Rechtlich schafft sie die Verbindung von persönlichem und sachlichem Anwendungsbereich.

30 Der **sachliche Anwendungsbereich** fordert zunächst, dass ein Unternehmen oder Personen „in die **Anbahnung**, den **Abschluss oder** die **Abwicklung dieser Geschäfte** einbezogen ist oder sind." Auch wenn Abs. 4 Hs. 1 den Bezug zu Abs. 1 im Hinblick nicht auf die Geschäfte, sondern nur auf die Befugnisse herstellt, folgt aus dem systematischen Zusammenhang, dass es um unerlaubte Versicherungsgeschäfte im Sinne von Abs. 1 geht. Abs. 4 Hs. 2 enthält zwei Beispiele für eine solche Einbeziehung.

[20] Vgl. ausf. § 24 VAG Rn. 26 und § 33 VAG Rn. 12.
[21] RegE Viertes Finanzmarktförderungsgesetz BT-Drs. 14/8017, 127.
[22] RegE Viertes Finanzmarktförderungsgesetz BT-Drs. 14/8017, 127.

Nr. 1 erfasst **Abschluss- oder Vermittlungsvertreter** des Unternehmens und **Nr. 2** Dienstleister, die für das Unternehmen „Funktionen oder Tätigkeiten wahrnehmen". In diesem Fall geht es also in der Regel um eine **Ausgliederung**, bei der die tatbestandlichen Voraussetzungen des § 32 VAG zu prüfen sind.

Sodann setzt der sachliche Anwendungsbereich von § 308 Abs. 4 VAG voraus, dass „**feststeht oder Tatsachen die Annahme rechtfertigen**", dass die Dritten einbezogen sind. Während das Tatbestandsmerkmal „feststeht", nicht problematisch erscheint, stellt sich die Frage, wann „Tatsachen die Annahme rechtfertigen". Für die insoweit wortlautidentische Vorschrift des § 44c Abs. 1 S. 1 KWG hat der VGH Kassel dazu Folgendes entschieden:[23] Die tatbestandliche Wendung „ist zwischen dem Entstehen von Vermutungen und dem Beweis von illegaler Tätigkeit einzuordnen". Sie ist zwar „nicht schon bei jedem Indiz einer illegalen Betätigung zu bejahen", auch wenn die geforderten Tatsachen „eine gegebenenfalls nur geringe Schwelle" haben. Denn „angesichts des erklärten Zwecks der Norm, unerlaubte Bankgeschäfte oder Finanzdienstleistungen zu verhindern bzw. im Vorfeld aufzuklären (…), muss es der Aufsichtsbehörde möglich sein, schon bei niedrigschwelligen Erkenntnissen aktiv die Aufklärung des Sachverhalts und der näheren Umstände zu betreiben." Weiter seien Tatsachen abzugrenzen „von dem bloßen Verdacht. Ein solcher liegt vor (…) (scil.: bei) Indizien oder Anzeigen von Dritten, die der Aufsichtsbehörde bloße für sie auffällige Umstände mitteilen." 31

Das Judikat des VGH Kassel ist **im Ausgangspunkt** zwar **auf § 308 Abs. 4 VAG übertragbar**. Einzuschränken ist dies aber im Hinblick auf die Eingriffsschwelle. Aufsichtsbehördliche Befugnisse nach § 44c Abs. 1 KWG dienen nämlich der Aufklärung durch Einholung von Auskünften in Bezug auf unerlaubte Geschäfte. Bei den aufsichtsbehördlichen Befugnissen nach § 308 Abs. 1 und 2 VAG geht es indessen um die Einstellung und Abwicklung von unerlaubten Geschäften und um die Veröffentlichung entsprechender Maßnahmen. Dafür kommt angesichts der Tragweite der Anordnungen und ihrer Grundrechtsrelevanz der niedrigschwellige Ansatz des VGH Kassel rechtlich nicht in Betracht. Verhältnismäßig sind Anordnungen hier nur, wenn die Tatsachen ein so erhebliches Gewicht haben, dass aus der Sicht der Aufsichtsbehörde ein weiteres Zuwarten nicht in Frage kommt – oder in den Worten des § 308 Abs. 4 Hs. 1 VAG sie „die Annahme rechtfertigen", das einbezogene Unternehmen oder die einbezogene Person sei bei unerlaubten Versicherungsgeschäften beteiligt. 32

Die bankaufsichtsrechtliche Rechtsprechung geht weiter davon aus, dass eine **Einbeziehung** in unerlaubte Geschäfte **auch ohne Wissen** des Unternehmens bzw. der Person erfolgen kann.[24] Dies entspricht der Nennung von Internet-Providern in der Begründung zu § 37 KWG.[25] 33

VI. Insolvenzantrag durch den Abwickler (Abs. 5). Nach § 308 Abs. 5 VAG ist der „**Abwickler** zum **Antrag auf Eröffnung eines Insolvenzverfahrens** über das Vermögen des Unternehmens berechtigt." Damit postuliert Abs. 2 eine Ausnahme von der Regel des § 312 Abs. 1 VAG, wonach „der Antrag auf Eröffnung des Insolvenzverfahrens über das Vermögen eines Versicherungsunternehmens nur von der Aufsichtsbehörde gestellt werden" kann. 34

§ 308 Abs. 5 VAG entspricht im Wortlaut § 37 Abs. 2 KWG.[26] Dazu hat der VGH Kassel entschieden, dass der Abwickler „zunächst zu prüfen hat, ob das Vermögen des Geschäftsbetriebs ausreicht, um sämtliche aufgrund der unerlaubten Bankgeschäfte geleisteten Einlagen zurückzuzahlen".[27] Dies ist in dem Sinne auf § 308 Abs. 5 VAG zu übertragen, dass der Abwickler auch hier vor Stellung des Insolvenzantrags **zunächst** die vom Gericht geforderte „**umfassende Klärung der Geschäftslage des betroffenen Unternehmens**" durchführen muss. 35

Auch in dem Fall, dass ein Unternehmen **neben unerlaubten** weitere, aber **erlaubte Geschäfte** betreibt, kann ein bankaufsichtsrechtlicher Abwickler einen Insolvenzantrag stellen.[28] Dies muss im Hinblick auf das übergeordnete Ziel einer gleichmäßigen Befriedigung der Gläubiger auch für den versicherungsaufsichtsrechtlichen Abwickler gelten. 36

VII. Ansprüche des Abwicklers (Abs. 6). § 308 Abs. 6 **S. 1** VAG gibt einem bestellten Abwickler Ansprüche gegen die Aufsichtsbehörde auf „eine **angemessene Vergütung und Ersatz seiner Aufwendungen**". Sätze 2 und 3 regeln im Verhältnis von Aufsichtsbehörde zu Unternehmen **Erstattungs- und Vorschusszahlungen** sowie **Direktzahlungen** des Unternehmens an den Abwickler. 37

§ 308 Abs. 6 VAG deckt sich nahezu wortlautidentisch mit § 37 Abs. 3 KWG.[29] Diese und die gleichlautende Regelung in § 81f Abs. 3 VAG a. F., der Vorgängervorschrift zu § 308 Abs. 6 VAG, hatte 38

---

[23] *VGH Kassel* Beschl. v. 6.5.2015 – 6 A 207/15 Rn. 36ff., WM 2015, 1900; vgl. auch unten Rn. 45f.

[24] Vgl. die zahlreichen Nachweise aus der Rechtsprechung des VG Frankfurt a. M. bei *Heemann* in Luz/Neus/Schaber/Schneider/Wagner/Weber, KWG und CRR, 3. Aufl. 2015, § 37 KWG Rn. 10.

[25] Siehe oben Rn. 28.

[26] Vgl. dazu RegE Viertes Finanzmarktförderungsgesetz BT-Drs. 14/8017, 127.

[27] *VGH Kassel* Beschl. v. 23.3.2005 – 6 TG 3675/04, NJW-RR 2005, 1643.

[28] *BGH* Beschl. v. 24.7.2003 – IX ZB 4/03, WM 2003, 1800 und zu den bleibenden Rechten der Unternehmensorgane im Insolvenzverfahren nach §§ 15 Abs. 2 S. 3, 34 Abs. 2 InsO *BGH* Beschl. v. 13.6.2006 – IX ZB 262/05, WM 2006, 1588.

[29] Vgl. ebenso § 38 Abs. 2a KWG.

der Gesetzgeber mit dem Gesetz zur Stärkung der Finanzmarkt- und der Versicherungsaufsicht eingeführt,[30] um eine **„öffentlich-rechtliche Grundlage" für die Ansprüche des Abwicklers** zu schaffen. Für Streitigkeiten über die Ansprüche des Abwicklers ist daher das VG Frankfurt in erster Instanz zuständig, sofern BaFin und Abwickler nicht eine ausdrückliche Vergütungsvereinbarung schließen.

39 Die **Höhe einer „angemessenen Vergütung"** i. S. v. § 308 Abs. 6 S. 1 VAG bemisst sich nach den Umständen des Einzelfalls. Maßgebende Kriterien sind der Umfang der Aufgabe, d. h. die Anordnung nur der Überwachung oder weitergehend der Durchführung der Abwicklung, die Komplexität der Aufgabe, der daraus folgende Zeitaufwand, die dafür benötigte Qualifikation und gegebenenfalls ein Vergleich zu entsprechenden Tätigkeiten von Rechtsanwälten, Insolvenzverwaltern oder Wirtschaftsprüfern.

40 Das **Angemessenheitskriterium** gilt auch für den **Aufwendungsersatz** nach § 308 Abs. 6 S. 1 VAG. Dies folgt zwar nicht aus dem Wortlaut der Regelung, aber aus dem Grundsatz der Verhältnismäßigkeit.[31] Der Aufwendungsersatz betrifft vor allem eigene Reisekosten und Kosten, die aufgrund der erforderlichen und angemessenen Einschaltung Dritter durch den Abwickler entstehen. Dazu können auch Kosten für die Einholung von Gutachten bei Dritten gehören. Entgegen einer in der bankaufsichtsrechtlichen Literatur vertretenen Ansicht[32] kommt es dabei nicht darauf an, ob die zu begutachtenden Fragen die Fähigkeiten und Kenntnisse des Abwicklers überschreiten. Vielmehr ist dieser – wie in der insolvenzrechtlichen Praxis üblich – berechtigt, sich durch die Einholung von Gutachten z. B. rechtlich abzusichern. Dies folgt schon aus seiner Stellung als gesetzlicher Vertreter. Denn der originäre gesetzliche Vertreter des Unternehmens wäre ebenso zu einer solchen Gutachteneinholung berechtigt.

41 Nach § 308 Abs. 2 **S. 2** VAG muss das abzuwickelnde Unternehmen der **BaFin die an den Abwickler gezahlten Beträge erstatten**. Die BaFin kann aber auch einen Vorschuss verlangen. Mit einer solchen Anordnung verringert sie das andernfalls von ihr zu tragende Risiko einer Insolvenz des abzuwickelnden Unternehmens.

42 Eine **Direktvergütung an den Abwickler durch das abzuwickelnde Unternehmen** kann die BaFin nach § 308 Abs. 6 **S. 3** VAG anordnen. Dazu muss die BaFin einen Betrag festsetzen. Voraussetzung ist, dass dieses Vorgehen die Unabhängigkeit des Abwicklers nicht beeinflussen kann. Davon ist allerdings schon angesichts seiner öffentlich-rechtlichen Stellung und seines öffentlich-rechtlichen Vergütungsanspruchs nicht auszugehen.

43 **§ 15 Abs. 1 S. 1 Nr. 4 FinDAG** enthält eine § 308 Abs. 6 VAG ähnliche Regelung. Sie umfasst nach Abs. 1 S. 2 aber auch „die **Kosten für den Einsatz eigener Mitarbeiter**", die ein abzuwickelndes Unternehmen der BaFin erstatten oder auf Verlangen vorschießen muss.

44 **VIII. Verdachtsinformation (Abs. 7). 1. Informationsgegenstand. a) Verdacht (Abs. 7 S. 1 Hs. 1).** § 308 Abs. 7 S. 1 Hs. 1 VAG betrifft die **öffentliche Information über einen Verdacht des Betreibens unerlaubter Versicherungsgeschäfte**. Mit dem Tatbestandsmerkmal unerlaubte Versicherungsgeschäfte ist deren Legaldefinition in Abs. 1 S. 1 Hs. 1 in Bezug genommen. § 308 Abs. 7 VAG hat in § 83b Abs. 3 VAG a. F. eine insgesamt nahezu wortlautidentische Vorgängervorschrift.

45 Voraussetzung für eine Verdachtsbekanntmachung ist nach **Satz 1**, dass **„Tatsachen die Annahme rechtfertigen**, dass ein Unternehmen unerlaubte Versicherungsgeschäfte betreibt". Die Wendung zu Beginn entspricht wörtlich derjenigen in Abs. 4 Hs. 1.[33] Zu der Wendung in dem § 308 Abs. 4 S. 1 VAG identischen bankaufsichtsrechtlichen Tatbestand hat der VGH Kassel ausgeführt, sie „wird vom Gesetzgeber in verschiedenen Gesetzen mit einheitlicher Tendenz gebraucht und ist zwischen dem Entstehen von Vermutungen und dem Beweis von illegaler Tätigkeit einzuordnen."[34] Dies lässt sich entsprechend dem vorstehend Ausgeführten nur eingeschränkt auf die tatbestandliche Wendung im vorliegenden Zusammenhang übertragen.

46 Für die nachfolgende Ausführung des VGH Kassel gilt diese Einschränkung erst recht: „Abzugrenzen ist das Merkmal der „Tatsachen, die die Annahme rechtfertigen" aber von dem bloßen Verdacht. Ein solcher liegt vor, wenn gerade keine Tatsachen vorliegen, sondern Indizien oder Anzeigen Dritter (…)". Im Wortlaut von § 308 Abs. 7 S. 1 VAG verknüpft der Gesetzgeber nämlich die Wendung „Tatsachen die Annahme rechtfertigen" mit dem Vorliegen einer Information der Öffentlichkeit durch die Aufsichtsbehörde „über den Verdacht". Mit anderen Worten **folgt** in Satz 1 **aus** den entsprechenden **„Tatsachen"** schon **„tatbestandlich ein Verdacht"**.

---

[30] BGBl. 2009 I, 2305; vgl. Beschlussempfehlung und Bericht des BT-Finanzausschuss BT-Drs. 16/13684, 9, 30 zum KWG und Seiten 16, 32 zum VAG.

[31] Ebenso für das Bankaufsichtsrecht Boos/Fischer/Schulte-Mattler/*Fischer/Müller* § 37 KWG Rn. 21 unter zusätzlicher, aber überflüssiger Nennung eines verwaltungsrechtlichen Grundsatzes der Sachgerechtigkeit.

[32] Vgl. *Samm* in Beck/Samm/Kokemoor, KWG, Stand: 8/2010, § 37 KWG Rn. 48; Boos/Fischer/Schulte-Mattler/*Fischer/Müller* § 37 KWG Rn. 22.

[33] Vgl. oben Rn. 31.

[34] *VGH Kassel* Beschl. v. 6.5.2015 – 6 A 207/15, WM 2015, 1900, 1904 m. w. N.

b) Anschein (Abs. 7 S. 2). § 308 Abs. 7 S. 2 VAG erweitert die Informationsmöglichkeit nach Satz 1 gegenständlich auf Sachverhalte, in denen ein **Unternehmen unerlaubte Versicherungsgeschäfte** tatsächlich „zwar nicht betreibt, aber in der Öffentlichkeit einen entsprechenden **Anschein** erweckt." 47

Die Formulierung „erweckt" zeigt, dass dabei subjektive Kriterien wie eine Absicht oder ein planmäßiges Handeln keine Rolle spielen. Bei dem Tatbestandsmerkmal „Anschein erweckt" geht es also um eine **objektive Feststellung.** 48

Der Tatbestand von Satz 2 verknüpft die **Tatbestandsmerkmale des Nichtbetreibens** unerlaubter Versicherungsgeschäfte und **des Anscheins** eines solchen Betreibens. Sie bedingen sich gegenseitig, wenn ein Unternehmen den Anschein erweckt. Umgekehrt gilt dies nicht: Ein Unternehmen, das tatsächlich keine unerlaubten Versicherungsgeschäfte betreibt, erweckt selbstverständlich nicht den Anschein eines solchen Betreibens. Dafür müssen weitere Umstände gegeben sein, die eine solche objektive Feststellung im Sinne eines Anscheins zulassen. 49

Der Anschein muss nach Satz 2 „**in der Öffentlichkeit**" erweckt sein. Das Tatbestandsmerkmal der Öffentlichkeit ist im Sinne eines allgemeinen, unbestimmten Adressatenkreises der unternehmerischen Tätigkeit zu verstehen. Interne Vorbereitungshandlungen eines Unternehmens zum Beispiel reichen dafür also nicht aus. Gleiches gilt für externe Handlungen, die nicht die Öffentlichkeit erreichen, also zum Beispiel die Beauftragung einer Agentur mit der Erstellung von Werbematerial. Im Ergebnis kommen daher zur Verwirklichung des Tatbestands **nur nach außen gerichtete Handlungen** des Unternehmens in Betracht. Dabei muss es um eigene Handlungen des Unternehmens gehen, wie aus dem unternehmensbezogenen Wortlaut von Satz 2 folgt. Allein das von dem Unternehmen völlig unbeeinflusste Gewähren Lassen Dritter, d. h. ein Unterlassen bei fehlendem eigenen kausalitätsbegründendem Verhalten, genügt also nicht zur Verwirklichung des Tatbestands. Eine Erheblichkeitsschwelle in Bezug auf die Erweckung des Anscheins in der Öffentlichkeit enthält der Tatbestand nicht. Bei jeder Handlung mit Außenwirkung, die die Öffentlichkeit herstellt, kommt es auf die Zahl entsprechender Handlungen oder auf den tatsächlichen Informationsverbreitungsgrad in der Öffentlichkeit also nicht an. 50

c) Korrektur einer unrichtigen Information (Abs. 7 S. 4). Den dritten Fall eines Informationsgegenstands enthält § 308 Abs. 7 S. 4 VAG. Dabei geht es um die **Richtigstellung einer unrichtigen Vorinformation.** 51

Tatbestandliche Voraussetzung ist zunächst eine Veröffentlichung auf Veranlassung der Aufsichtsbehörde. Die Veröffentlichung muss sodann entweder **falsche Informationen** zum Gegenstand gehabt oder „die zugrundeliegenden **Umstände unrichtig wiedergegeben**" haben. Aufgrund der Alternativität der beiden Varianten ist für eine Informationskorrektur schon das Vorliegen einer der beiden Varianten ausreichend. Anlass zu Auseinandersetzungen zwischen Unternehmen und Aufsichtsbehörde dürfte vor allem der Tatbestand der unrichtigen Wiedergabe sein. Dabei geht es nämlich um die Art und Weise, in der eine Information erfolgt. Davon betroffen ist nicht nur das leichter objektivierbare „Ob" eines Umstands, sondern auch das „Wie" seiner informationellen Darstellung. 52

2. Öffentlichkeit als Informationsadressat (Abs. 7 S. 1, 2 und 4). Nach § 308 Abs. 7 S. 1, 2 und 4 VAG richtet die Aufsichtsbehörde ihre **Information an „die Öffentlichkeit"**. 53

§ 319 Abs. 1 S. 2 VAG, der die Bekanntmachung von Maßnahmen der Aufsichtsbehörde betrifft, lässt ausdrücklich zwar nur § 308 Abs. 2 VAG unberührt. Die fehlende Bezugnahme auch auf § 308 Abs. 7 VAG stellt jedoch einen Redaktionsfehler dar. Dies folgt schon daraus, dass § 308 Abs. 2 und Abs. 7 VAG in einem engen sachlichen und systematischen Zusammenhang stehen, dass die Information nach Abs. 7 in Bezug auf den Informationsgegenstand im Verhältnis zu der Information nach Abs. 2 deren Vorfeld erfasst und dass § 308 Abs. 7 VAG einen von § 319 Abs. 1 S. 1 VAG unterscheidbaren, speziellen Tatbestand enthält. Für die Information der Öffentlichkeit nach § 308 Abs. 7 VAG gilt daher das zu § 308 Abs. 2 VAG Ausgeführte hinsichtlich der Informationsmittel entsprechend, während die Informationsgegenstände und die Informationsvoraussetzungen im Übrigen aus § 308 Abs. 7 VAG selbst folgen. Dass die „Art und Weise", in der eine Information der Öffentlichkeit nach Abs. 7 erfolgt, in das pflichtgemäße Ermessen der Aufsichtsbehörde gestellt ist, folgt schließlich auch aus Abs. 7 S. 4, in dem dies vorausgesetzt ist. 54

3. Informationsgrenzen und Verfahrensfragen (Abs. 7 S. 1 bis 4). Materielle Grenzen einer Information der Öffentlichkeit folgen für die Information nach § 308 Abs. 7 **S. 1 und 2** VAG aus der Tatbestandseinleitung mit der Wendung „**soweit und solange**". Denn darin liegt eine gegenständliche und zeitliche Begrenzung der Information. 55

In den Fällen von **Sätzen 1 und 2** kann die Aufsichtsbehörde die Öffentlichkeit auch „**unter Nennung des Namens oder der Firma des Unternehmens**" informieren. Diese Ermächtigung bedarf allerdings ebenfalls einer rechtlichen Würdigung. Auf erste Sicht überrascht schon das Verhältnis zu § 308 Abs. 2 Hs. 2 VAG, wonach „personenbezogene Daten" nur im Fall der Erforderlichkeit „zur Gefahrenabwehr" veröffentlicht werden dürfen. Anders als bei Abs. 7 S. 1 und 2 geht es bei Abs. 2 i. V. m. Abs. 1 nämlich nicht nur um einen Verdacht oder einen Anschein, sondern um tatsächlich 56 erfolgte unerlaubte Versicherungsgeschäfte und darauf bezogene unanfechtbare oder für sofort vollziehbar erklärte aufsichtsbehördliche Maßnahmen. Die wesentlich größeren Verletzungen des Aufsichtsrechts nach Absätzen 1 und 2 als nach Abs. 7 S. 1 und 2 führen bei Absätzen 1 und 2 trotzdem zu einer restriktiven personenbezogenen Information, während Abs. 7 S. 1 und 2 keine besonderen tatbestandlichen Grenzen für eine individualisierte Information der Öffentlichkeit enthält. Allerdings geht es bezogen auf den Schutzzweck des Versicherungsaufsichtsrechts bei Absätzen 1 und 2 um eine ex post- und bei Abs. 7 S. 1 und 2 um eine ex ante-Information. Hinzu kommt die Grundrechtsrelevanz einer Information der Öffentlichkeit. Nach Art. 2 Abs. 1 GG sind auch juristische Personen Träger des allgemeinen Persönlichkeitsrechts, soweit dieses seinem Wesen nach nicht lediglich auf natürliche Personen anwendbar ist.[35] Zu den Ausprägungen des allgemeinen Persönlichkeitsrechts, die auch auf juristische Personen Anwendung finden, gehören der soziale Geltungsanspruch und die informationelle Selbstbestimmung. Hinzu kommen weitere Grundrechtsgewährleistungen für Unternehmen u. a. nach Art. 12, 14 GG und nach Art. 16 GRCh. Vor diesem Hintergrund ist die generelle Zulassung einer individualisierten Veröffentlichung von Informationen nach § 308 Abs. 7 S. 1 und 2 VAG nach den Vorgaben anzuwenden. In der Abwägung hat allerdings der Schutzzweck von Abs. 7 S. 1 und 2 erhebliches Gewicht. Der angestrebte gläubigerschützende, die allgemeinen Ziele des Versicherungsaufsichtsrechts verwirklichende Zweck einer pro futuro-Information der Öffentlichkeit lässt sich sinnvoll nämlich nur verwirklichen, wenn die Öffentlichkeit den Namen oder die Firma des Unternehmens kennt. Die Grundrechtsrelevanz einer solchen Veröffentlichung manifestiert sich daher im Ergebnis vor allem in verfahrensbezogenen Anforderungen im Vorfeld einer solchen Veröffentlichung. Dies bedeutet, dass das Vorliegen der tatbestandlichen Voraussetzung nach § 308 Abs. 7 S. 1 und 2 VAG einer besonders sorgfältigen Prüfung bedarf.

57 In allen Fällen, in denen die Aufsichtsbehörde eine Information der Öffentlichkeit beabsichtigt, ist nach **Satz 3** vor der Entscheidung „das **Unternehmen anzuhören**". Ein Absehen von der Anhörung in besonders dringlich erscheinenden Fällen lässt die Regelung nicht zu. Die „Ist"-Formulierung gibt insoweit kein Ermessen. Dem praktischen Bedürfnis nach einer baldigen Veröffentlichung kann die Aufsichtsbehörde durch die Setzung einer angemessenen, aber knappen Frist entsprechen.

58 Nach dem Wortlaut der **Sätze 1 und 2** steht die Entscheidung der Aufsichtsbehörde über die Veröffentlichung in ihrem pflichtgemäßen **Ermessen** i. S. v. § 297 VAG.[36] Hinzu kommt der Grundsatz der Verhältnismäßigkeit nach § 296 VAG. Während der Gesetzgeber dies in Sätzen 1 und 2 durch die „Kann"-Regelung zum Ausdruck bringt, gilt das **Gegenteil** für die Informationskorrektur nach **Satz 4**. Hier „informiert die Aufsichtsbehörde die Öffentlichkeit". Diese zwingende Informationspflicht entspricht dem – auch grundrechtsrelevanten – Eingriff durch die unzutreffende Vorinformation.

59 **IX. Verhältnis zu anderen Regelungen.** Für § 308 VAG zentral ist das **Tatbestandsmerkmal „Versicherungsgeschäfte"**. Daher weist die Vorschrift einen engen Bezug zu allen **anderen VAG-Regelungen** auf, die – wie § 1 Abs. 1 Nr. 1 i. Vm. § 7 Nr. 33, § 15, § 331 Nr. 1 VAG – ebenfalls an dieses Tatbestandsmerkmal anknüpfen.[37]

60 **§ 319 Abs. 1 S. 2 VAG** lässt die Rechte der BaFin nach § 308 Abs. 2 VAG ausdrücklich unberührt.[38] Im Unterschied zur dortigen allgemeinen Regelung zur Bekanntmachung bestandskräftiger Maßnahmen genügt nach § 308 Abs. 2 VAG bereits die sofortige Vollziehbarkeit der zu veröffentlichenden Maßnahmen.

61 Einige andere VAG-Regelungen nehmen ganz oder teilweise Bezug auf § 308 VAG. Dies gilt für **§§ 62 Abs. 1 S. 2 Nr. 6, 305 Abs. 3 S. 1, 332 Abs. 3 Nr. 2 lit. b VAG** ausdrücklich und kraft Bezugnahme auf unerlaubte Versicherungsgeschäfte im Wortlaut für **§ 305 Abs. 6 S. 1 VAG**.

62 **§ 15 Abs. 1 S. 1 Nr. 4 FinDAG** enthält eine zu § 308 Abs. 6 VAG komplementäre Kostenerstattungsregelung.[39]

Maßnahmen gegenüber PRIIP-Herstellern und PRIIP-Verkäufern

308a [1]**Die Aufsichtsbehörde kann gegenüber jedem Versicherungsunternehmen, das über ein PRIIP im Sinne des Artikels 4 Nummer 3 der Verordnung (EU) Nr. 1286/2014 berät oder es verkauft oder das Hersteller von PRIIP im Sinne des Artikels 4 Nummer 4 der Verordnung (EU) Nr. 1286/2014 ist, alle Maßnahmen treffen, die geeignet und erforderlich sind, um die Einhaltung der Anforderungen der Verordnung (EU) Nr. 1286/2014 und der auf Grundlage dieser Verordnung erlassenen delegierten Rechtsakte der Europäischen Kommission und technischen Regulierungsstandards zu überwachen.** [2]**Insbesondere kann sie**

[35] Vgl. z. B. *Murswiek* in Sachs, GG, 7. Aufl. 2014, Art. 2 Rn. 39, 76 f. m. w. N.
[36] Vgl. dazu § 297 VAG Rn. 5 und 15 ff.
[37] Siehe oben Rn. 5.
[38] Vgl. dazu oben Rn. 54.
[39] Siehe oben Rn. 43.

1. bei einem Verstoß gegen Artikel 5 Absatz 1, die Artikel 6, 7 und 8 Absatz 1 bis 3, die Artikel 9, 10 Absatz 1, Artikel 13 Absatz 1, 3 und 4, die Artikel 14 und 19 der Verordnung (EU) Nr. 1286/2014 die Vermarktung, den Vertrieb oder den Verkauf des PRIIP vorübergehend oder dauerhaft untersagen,
2. die Bereitstellung eines Basisinformationsblattes untersagen, das nicht den Anforderungen der Artikel 6 bis 8 oder 10 der Verordnung (EU) Nr. 1286/2014 genügt, und
3. den Hersteller von PRIIP verpflichten, eine neue Fassung des Basisinformationsblattes zu veröffentlichen, sofern die veröffentlichte Fassung nicht den Anforderungen der Artikel 6 bis 8 oder 10 der Verordnung (EU) Nr. 1286/2014 genügt, und
4. bei einem Verstoß gegen eine der in Nummer 1 genannten Vorschriften auf ihrer Internetseite eine Warnung unter Nennung des verantwortlichen Versicherungsunternehmens sowie der Art des Verstoßes veröffentlichen.

Schrifttum: *Baroch Castellví*, Zum Anwendungsbereich der PRIIP-Verordnung auf Produkte von Lebensversicherern – was ist ein Versicherungsanlageprodukt?, VersR 2017, 129 ff.; *Bürkle*, Sind konventionelle deutsche Lebensversicherungen europäische Versicherungsanlageprodukte?, VersR 2017, 331 ff.; *Kohleick/Gerold/Werner/Gierse*, Versicherungsprodukte, BaFin Journal 8/2017, 34 ff.; *Reiff*; Die Richtlinie 2016/97 über Versicherungsvertrieb, r+s 2016, 593 ff.

I. Allgemeines. 1. Entstehungsgeschichte. Das **Erste Finanzmarktnovellierungsgesetz (1. FiMaNoG)** hat § 308a VAG neu in das Gesetz eingefügt.[1] Die Vorschrift ist nach Art. 17 Abs. 2 1. FiMaNoG am 31.12.2016 in Kraft getreten. Sie geht auf europarechtliche Vorgaben zurück. 1

2. Normzweck. § 308a VAG soll für die BaFin eine Ermächtigungsgrundlage zu Maßnahmen gegenüber Versicherungsunternehmen, die in der Vorschrift genannt sind, wegen Verstößen gegen die PRIIP-VO, die allerdings – ebenso wie das dazu ergangene Tertiärrecht – erst ab dem 1.1.2018 anzuwenden ist,[2] in Bezug auf Versicherungsanlageprodukte und verpackte Anlageprodukte für Kleinanleger schaffen. Diese Maßnahmen entsprechen den in § 4 Abs. 3l WpHG ebenfalls durch das 1. FiMaNoG eingefügten Ermächtigungen. § 4 Abs. 3l WpHG bezieht sich nach Satz 4 aber nicht auf Versicherungsanlageprodukte.[3] 2

3. Europarechtlicher Hintergrund. Hintergrund von § 308a VAG ist **Art. 24 Abs. 2 lit. a bis d Verordnung (EU) Nr. 1286/2014 des EP und des Rates über Basisinformationsblätter für verpackte Anlageprodukte für Kleinanleger und Versicherungsanlageprodukte (PRIIP), die sog. PRIIP-VO**.[4] Das Inkrafttreten dieser Verordnung wurde durch die VO (EU) 2016/2340 v. 1.1.2017 auf den 1.1.2018 verschoben.[5] Zu den Produktinterventionsmöglichkeiten nach Art. 16, 17 PRIIP-VO ist am 31.12.2016 die Delegierte VO (EU) 2016/1904 in Kraft getreten.[6] Am 2.5.2017 kamen sodann die TRS zu PRIIP in Form der Delegierten VO (EU) 2017/653 hinzu.[7] 3

Der **deutsche Gesetzgeber** wollte für die Ausübung der in der Vorschrift angeführten aufsichtsbehördlichen Maßnahmen „eine gesonderte **Ermächtigungsgrundlage** im Versicherungsaufsichtsgesetz schaffen".[8] Einer solchen Ermächtigungsgrundlage hätte es allerdings aufgrund der unmittelbaren Geltung der Verordnung in allen Mitgliedstaaten der EU nicht bedurft. Es hätte gereicht, die BaFin nach dem Regelungsvorbild des § 295 VAG in einer VAG-Vorschrift als dafür zuständige Aufsichtsbehörde zu bezeichnen. Damit wäre die Anforderung „nach Maßgabe des nationalen Rechts" in Art. 24 Abs. 2 PRIIP-VO erfüllt. 4

§ 308a VAG geht **jenseits der Zuständigkeitsbegründung** für die BaFin seinem **Regelungsgehalt** nach auch nicht über eine Wiederholung des Normgehalts von Art. 24 Abs. 1 und Abs. 2 lit. a bis d PRIIP-VO hinaus. Aufgrund der unmittelbaren und vorrangigen Geltung der VO hat § 308a VAG lediglich **deklaratorische Wirkung**, soweit es nicht um die Zuständigkeitsbegründung für die BaFin geht. 5

Anders als § 23 Abs. 6 Nr. 4 VAG, der ebenfalls und zeitgleich durch das 1. FiMaNoG in das VAG aufgenommen wurde, enthält § 308a VAG keinen dynamischen, sondern einen **statischen Verweis auf die PRIIP-VO**. Dabei handelt es sich offensichtlich um einen gesetzgeberischen Fehler. Denn er führt im Ergebnis dazu, dass die Versicherungsunternehmen als Teil der Anforderungen an die Geschäftsorganisation nach § 23 Abs. 6 verpflichtet sind, die PRIIP-VO in der jeweils geltenden Fassung zu beachten. Die BaFin kann dagegen verwaltungsrechtliche Maßnahmen nach § 308a VAG nur wegen 6

[1] BGBl. 2016 I, S. 1514, 1538.
[2] Vgl. Rn. 3.
[3] RegE 1. FiMaNoG, BT-Drs. 18/7482, 68 und 76.
[4] Die Fundstellen der PRIIP-VO im ABl.EU sind in § 23 Abs. 6 Nr. 4 VAG genannt. Zum Anwendungsbereich *Baroch Castellví* VersR 2017, 129 ff.; *Bürkle* VersR 2017, 331 ff.; *Reiff* r+s 2016, 593, 600 ff.
[5] ABl.EU 2016 Nr. L 354, 35.
[6] ABl.EU 2016 Nr. L 295, 11.
[7] ABl. EU 2017 L 100, 1 ff.; berichtigt ABl. EU 2017 L 186, 17.
[8] RegE 1. FiMaNoG, BT-Drs. 18/7482, 76.

Verstößen von Versicherungsunternehmen gegen die PRIIP-VO in der Fassung zur Zeit des Inkrafttretens von § 308a VAG, d. h. in der Fassung vom 31.12.2016, ergreifen.

7 **II. PRIIP. 1. Definition.** Der sachliche Anwendungsbereich von § 308a VAG bezieht sich zunächst auf **Versicherungsanlageprodukte**. Art. 4 Nr. 2 und Nr. 3 lit. b PRIIP-VO definiert ein Versicherungsanlageprodukt als „ein Versicherungsprodukt, das einen Fälligkeitswert oder einen Rückkaufwert bietet, der vollständig oder teilweise direkt oder indirekt Marktschwankungen ausgesetzt ist".[9]

8 § 308a erfasst sodann auch **verpackte Anlageprodukte für Kleinanleger, die sog. PRIP**, soweit sie von Versicherungsunternehmen vermarktet werden. Solche PRIP definiert Art. 4 Nr. 1 und Nr. 3 lit. a PRIIP-VO als „eine Anlage, (…), bei der unabhängig von der Rechtsform der Anlage der dem Kleinanleger rückzuzahlende Betrag Schwankungen aufgrund der Abhängigkeit von Referenzwerten oder von der Entwicklung eines oder mehrerer Vermögenswerte, die nicht direkt vom Kleinanleger erworben werden, unterliegt". Beide Produkte, nämlich die Versicherungsanlageprodukte und die PRIP zusammen, werden nach Art. 4 Nr. 3 PRIIP-VO unter der Sammelbezeichnung PRIIP geführt.

9 **2. Rechtliche Vorgaben.** Die rechtlichen Anforderungen an Versicherungsanlageprodukte und verpackte Anlageprodukte für Kleinanleger regeln sich nach der **PRIIP-VO** und den auf ihrer Grundlage geschaffenen Delegierten Verordnungen.[10] § 308a Abs. 1 VAG wiederholt die enumerative Aufzählung der Vorschriften in Art. 24 Abs. 1 PRIIP-VO, gegen die Versicherungsunternehmen nicht verstoßen dürfen, ohne eine Maßnahme der BaFin zu gegenwärtigen.

10 **3. Maßnahmen.** § 308a **S. 1** VAG ermächtigt die BaFin zu „allen Maßnahmen (…), die geeignet und erforderlich sind, um die Einhaltung der Anforderungen" der PRIIP-VO und der daraus abgeleiteten Folgeregelungen zu sichern. Auf der Grundlage der Formulierung von Art. 24 Abs. 2 PRIIP-VO als Mindestregelung ist der Umfang der Ermächtigung europarechtlich zulässig. Entscheidend für die Zulässigkeit der Art der Ermächtigung ist die Rückbindung der Eingriffsbefugnisse der BaFin auf tatbestandsgebundene, in § 308a S. 2 Nr. 1 bis 4 VAG jeweils konkret benannte Rechtsverstöße.

11 § 308a **S. 2** VAG benennt „insbesondere" vier mögliche **Anordnungen durch die BaFin.** Dabei geht es um Untersagungsanordnungen, um die Verpflichtungsanordnung zur Veröffentlichung eines in bestimmter Weise gefassten Basisinformationsblattes und um die Internetveröffentlichung einer Warnung unter Nennung des betroffenen Versicherungsunternehmens sowie der Art des Verstoßes. Letzteres fügt sich ein in eine mit dem VAG im Jahr 2016 begonnene Tendenz zu naming und shaming als Bestandteil aufsichtsbehördlicher Tätigkeit, wie § 319 VAG ebenso allgemein wie deutlich belegt.

12 **III. Verhältnis zu anderen Regelungen.** § 308a VAG steht in Verbindung mit **§ 23 Abs. 6 Nr. 4 VAG**.

13 § 308a S. 2 Nr. 4 VAG, der die Möglichkeit der Veröffentlichung einer Warnung vorsieht, weist einen Bezug zur allgemeinen Regelung über die Bekanntmachung von Maßnahmen der BaFin in **§ 319 VAG** auf. Dort ist allerdings die Bestandskraft der entsprechenden Maßnahme Voraussetzung für eine Veröffentlichung.

Verschwiegenheitspflicht

309 (1) [1]**Die bei den Versicherungsaufsichtsbehörden beschäftigten oder von ihnen beauftragten Personen sowie die Mitglieder des Versicherungsbeirats dürfen bei ihrer Tätigkeit erhaltene vertrauliche Informationen an keine andere Person oder Behörde weitergeben.** [2]**Dies gilt auch für andere Personen, die durch dienstliche Berichterstattung Kenntnis von den in Satz 1 genannten Informationen erhalten.** [3]**Die Sätze 1 und 2 gelten nicht für die Weitergabe von Informationen in zusammengefasster oder allgemeiner Form, bei der die einzelnen Versicherungsunternehmen nicht zu erkennen sind.**

(2) [1]**Die Schweigepflicht nach Absatz 1 Satz 1 verbietet nicht den Informationsaustausch mit den zuständigen Behörden anderer Mitglied- oder Vertragsstaaten.** [2]**Für die dabei erhaltenen Informationen gilt die Schweigepflicht nach Absatz 1 Satz 1.**

(3) [1]**Ein Austausch von Informationen mit zuständigen Behörden von Drittstaaten ist nur zulässig, wenn der Schutz der mitzuteilenden Informationen durch das Berufsgeheimnis mindestens ebenso gewährleistet ist wie nach dieser Vorschrift.** [2]**Dieser Informationsaustausch muss der Erfüllung der aufsichtsrechtlichen Aufgaben dieser Behörden dienen.** [3]**Wenn**

[9] Vgl. näher EU-Kommission Leitlinien zur Anwendung der VO (EU) Nr. 1286/2014 ABl. EU 2017 C 218, 11 ff.; *Baroch Castellví* VersR 2017, 129 ff.; *Bürkle* VersR 2017, 331ff.; *Kohleick/Gerold/Werner/Gierse* BaFin Journal 8/2017, 34 ff.; *Reiff* r+s 2016, 593, 600 ff. und zu den nicht komplexen Versicherungsanlageprodukten i. S. v. Art. 30 Abs. 3 lit. a Richtlinie (EU) 2016/97 (IDD), EG 1 und Art. 16 Abs. 8, 17 Abs. 7 PRIIP-VO bzw. Art. 1 Abs. 2 lit. a, 2 Abs. 2 lit. a Delegierte VO (EU) 2016/1904 Tecnical Advice (Empfehlungen) bezüglich möglicher delegierter Rechtsakte in Bezug auf die Versicherungsvertriebsrichtlinie EIOPA-17/048 v. 1.2.2017, Kapitel 8, S. 77.

[10] Siehe dazu oben Rn. 3.

die Informationen, die ein Mitgliedstaat einem Drittstaat mitzuteilen hat, aus einem anderen Mitgliedstaat stammen, dürfen sie nur mit ausdrücklicher Zustimmung der Aufsichtsbehörde dieses Mitgliedstaats und dann nur für die Zwecke weitergegeben werden, denen diese Behörde zugestimmt hat.

(4) **Die Aufsichtsbehörden dürfen Informationen, die sie auf Grund der Absätze 1 und 2 erhalten, nur verwenden**

1. zur Prüfung des Antrags eines Versicherungsunternehmens auf Erteilung der Erlaubnis,
2. zur Überwachung der Tätigkeit eines Versicherungsunternehmens, einer Gruppe oder eines Finanzkonglomerats,
3. für Anordnungen der Aufsichtsbehörde sowie zur Verfolgung und Ahndung von Ordnungswidrigkeiten durch die Aufsichtsbehörde,
4. im Rahmen eines Verwaltungsverfahrens über Rechtsbehelfe gegen eine Entscheidung der Aufsichtsbehörde und
5. im Rahmen von Verfahren vor Verwaltungsgerichten, Insolvenzgerichten, Strafverfolgungsbehörden oder für Straf- und Bußgeldsachen zuständigen Gerichten.

(5) **Die Schweigepflicht nach Absatz 1 Satz 1 verbietet insbesondere nicht die Weitergabe von Informationen an**

1. Strafverfolgungsbehörden oder für Straf- und Bußgeldsachen zuständige Gerichte,
2. kraft Gesetzes oder im öffentlichen Auftrag mit der Überwachung von Versicherungsunternehmen, Versicherungsvermittlern, Kreditinstituten, Kapitalverwaltungsgesellschaften, extern verwalteten Investmentgesellschaften, EU-Verwaltungsgesellschaften oder ausländischen AIF-Verwaltungsgesellschaften, Finanzunternehmen, der Finanzmärkte oder des Zahlungsverkehrs oder mit der Geldwäscheprävention betraute Stellen sowie von diesen beauftragte Personen,
3. mit der Liquidation oder Insolvenz eines Versicherungsunternehmens, eines Kreditinstituts, eines Finanzdienstleistungsinstituts, einer Investmentgesellschaft oder eines anderen Finanzinstituts befasste Stellen,
4. mit der gesetzlichen Prüfung der Rechnungslegung von Versicherungsunternehmen, Kreditinstituten, Kapitalverwaltungsgesellschaften, extern verwalteten Investmentgesellschaften, EU-Verwaltungsgesellschaften oder ausländischen AIF-Verwaltungsgesellschaften oder Finanzunternehmen betraute Personen sowie Stellen, welche die vorgenannten Personen beaufsichtigen,
5. Zentralbanken,
6. die Europäische Zentralbank, die Zentralbanken des Europäischen Systems der Zentralbanken und andere Stellen mit einer ähnlichen Funktion in ihrer Eigenschaft als Währungsinstitutionen, die Europäische Aufsichtsbehörde für das Versicherungswesen und die betriebliche Altersversorgung, die Europäische Bankenaufsichtsbehörde, die Europäische Wertpapier- und Marktaufsichtsbehörde, den Gemeinsamen Ausschuss der Europäischen Aufsichtsbehörden, den Europäischen Ausschuss für Systemrisiken oder die Europäische Kommission,
7. Behörden, die für die Aufsicht über Zahlungs- und Abwicklungssysteme zuständig sind,
8. Einrichtungen zur Verwaltung von Sicherungsfonds,
9. parlamentarische Untersuchungsausschüsse nach § 1 des Untersuchungsausschussgesetzes auf Grund einer Entscheidung über ein Ersuchen nach § 18 Absatz 2 des Untersuchungsausschussgesetzes,
10. das Bundesverfassungsgericht,
11. den Bundesrechnungshof, sofern sich sein Untersuchungsauftrag auf die Entscheidungen und sonstigen Tätigkeiten der Bundesanstalt nach diesem Gesetz oder delegierten Rechtsakten auf Grund der Richtlinie 2009/138/EG bezieht,
12. Verwaltungsgerichte in verwaltungsrechtlichen Streitigkeiten, in denen die Bundesanstalt Beklagte ist, mit Ausnahme von Klagen nach dem Informationsfreiheitsgesetz,

soweit diese Stellen die Informationen zur Erfüllung ihrer Aufgaben benötigen.

(6) **In einer Krisensituation, insbesondere einer Krisensituation, wie sie in Artikel 18 der Verordnung (EU) Nr. 1094/2010 beschrieben ist, können Informationen unverzüglich an die Europäische Zentralbank, an die Zentralbanken des Europäischen Systems der Zentralbanken und an den Europäischen Ausschuss für Systemrisiken weitergegeben werden, soweit diese Stellen die Informationen zur Erfüllung ihrer Aufgaben benötigen.**

(7) **Die Schweigepflicht nach Absatz 1 Satz 1 verbietet nicht den Informationsaustausch mit allen Unternehmen, die einer Gruppe im Sinne des § 7 Nummer 13 angehören, auch wenn es sich um Informationen von anderen gruppenangehörigen Unternehmen handelt.**

(8) [1]**Für die bei den in Absatz 5 Nummer 1 bis 8 und 10 bis 12 genannten Stellen beschäftigten Personen, die von diesen Stellen beauftragten Personen und die Mitglieder der in Absatz 5 Nummer 9 genannten Ausschüsse gilt die Schweigepflicht nach Absatz 1 Satz 1 entsprechend.** [2]**Befindet sich eine in Absatz 5 Nummer 1 bis 8 und 12 genannte Stelle in einem anderen Staat, so dürfen die Informationen nur weitergegeben werden, wenn die bei dieser Stelle beschäftigten und von dieser Stelle beauftragten Personen einer dem Absatz 1 Satz 1 entsprechenden Schweigepflicht unterliegen.** [3]**Die Stelle eines Drittstaats ist darauf hinzuweisen, dass die übermittelten Informationen zu keinem anderen Zweck verwendet werden dürfen.** [4]**Informationen, die aus einem anderen Staat stammen, dürfen nur mit ausdrücklicher Zustimmung der zuständigen Stellen, die diese Informationen mitgeteilt haben, und nur für solche Zwecke weitergegeben werden, denen diese Stellen zugestimmt haben.**

(9) [1]**Die §§ 93, 97, 105 Absatz 1, § 111 Absatz 5 in Verbindung mit § 105 Absatz 1 sowie § 116 Absatz 1 der Abgabenordnung gelten nicht für die in Absatz 1 bezeichneten Personen, soweit diese zur Durchführung dieses Gesetzes tätig werden.** [2]**Dies gilt nicht, soweit die Finanzbehörden die Kenntnisse für die Durchführung eines Verfahrens wegen einer Straftat sowie eines damit zusammenhängenden Besteuerungsverfahrens benötigen.**

(10) [1]**Vertrauliche Informationen, die die Aufsichtsbehörde von den in Absatz 2 Satz 1 und Absatz 5 Nummer 2 bis 7 genannten Stellen erhalten hat, dürfen im Wege der dienstlichen Berichterstattung nach Absatz 1 Satz 2 nur dann weitergegeben werden, wenn das Einverständnis der zuständigen Behörde vorliegt, die die Informationen erteilt hat.** [2]**Gleiches gilt für Informationen, die bei der Durchführung einer örtlichen Prüfung einer Niederlassung in einem anderen Mitglied- oder Vertragsstaat erlangt wurden; in diesem Fall ist das Einverständnis der zuständigen Behörde des Mitglied- oder Vertragsstaats, in dem die örtliche Prüfung durchgeführt wurde, erforderlich.**

(11) **Die Bestimmungen des Bundesdatenschutzgesetzes bleiben unberührt.**

Übersicht

1 **I. Allgemeines. 1. Entstehungsgeschichte.** Nach der Begründung zu § 309 VAG **entspricht** die Vorschrift „inhaltlich **weitgehend** dem bisherigen § 84 VAG a. F."[1] Der Gesetzgeber hatte diese Vorgängervorschrift des § 309 VAG mit dem Dritten Durchführungsgesetz/EWG zum VAG v. 1994 neu gefasst und erweitert, um die Dritten EG-Versicherungsrichtlinien umzusetzen.[2] Das Gesetz zur Änderung des VAG, insbesondere zur Durchführung der EG-Richtlinien 98/78/EG v. 27.10.1998 über die

[1] VAG-RegE 2014 BT-Drs. 18/2956, 293.
[2] BGBl. 1994 I, 1630, 3134; RegE BT-Drs. 12/6959, 24, 86 f.

zusätzliche Beaufsichtigung der einer Versicherungsgruppe angehörenden Versicherungsunternehmen,[3] hatte § 84 VAG a. F. erheblich ausgeweitet, um erforderliche Differenzierungen zu schaffen, Defizite zu beheben und Änderungen im damaligen Europarecht umzusetzen. § 309 RegE-VAG selbst wurde im Gesetzgebungsverfahren nur um redaktionelle Fehler in Abs. 5 bereinigt.[4]

2. Normzweck. § 309 VAG dient primär den **Schutz von vertraulichen Informationen über Unternehmen oder Personen**, die **im Rahmen der Aufsicht** nach dem VAG den Mitarbeitern der BaFin, von ihr beauftragten Personen oder den Mitgliedern ihres Versicherungsbeirats bekannt werden. Dies entspricht nicht nur grundrechtlichen Vorgaben des deutschen und europäischen Rechts, sondern auch spezifischen Vorgaben des europäischen Versicherungsaufsichtsrechts. 2

Sekundär soll § 309 VAG aber auch den im Versicherungsbinnenmarkt und im Verkehr mit Drittstaaten erforderlichen **Austausch von Informationen** mit anderen Aufsichtsbehörden und im Rahmen der Gruppenaufsicht mit gruppenangehörigen Unternehmen ermöglichen. Dazu enthält § 309 VAG – teilweise in Umsetzung von Vorgaben der Solva II-RL – differenzierte Vorgaben und Einschränkungen. 3

3. Europarechtlicher Hintergrund. „Die Vorschrift setzt die Artikel 64 bis 70 der Richtlinie" um.[5] **§ 309 VAG** ist daher **maßgeblich durch die Solva II-RL geprägt**. Dies hat Bedeutung vor allem für die Auslegung der Tatbestände von § 309 VAG. Sie sind wie jedes Umsetzungsrecht primär autonom europarechtlich auszulegen.[6] 4

Den Schutz vertraulicher Informationen durch die Aufsichtsbehörden und die für sie tätigen Personen spricht die **Solva II-RL** außer mit den zentralen Art. 64 bis 70 Solva II-RL in zahlreichen weiteren Regelungen an. Dazu gehören EG 39, 42, 107 und 116 sowie die Art. 172 Abs. 4 S. 1 lit. g, 227 Abs. 5 S. 1 lit. e, 253, 260 Abs. 5 S. 1 lit. g, 295 Solva II-RL. 5

In **Art. 315 Solva II-VO** geht es zwar ebenfalls um „vertrauliche Informationen, die Aufsichtsbehörden in Ausübung ihrer Aufgaben erhalten". Die Rechtsfolge bezieht sich aber nicht auf die einzelnen Personen, die für Aufsichtsbehörden tätig sind, sondern auf die Aufsichtsbehörden selbst. Art. 315 Solva II-VO verlangt nämlich, dass die Informationen „nicht offengelegt (scil.: werden), es sei denn in zusammengefasster oder aggregierter Form, so dass die einzelnen Unternehmen oder Gruppen nicht zu erkennen sind." Mithin konkretisiert die Vorschrift die Ausnahme für die Weitergabe von Informationen nach Art. 64 Abs. 1 UAbs. 2 Hs. 2 Solva II-RL. 6

Im Übrigen verweisen **Art. 283 Abs. 6, 286 lit. b, 378 lit. o bis s, 379 lit. h bis i, 380 lit. s bis w Solva II-VO** direkt oder indirekt auf das Berufsgeheimnis nach Art. 64 Solva II-RL bei Änderungen der Vorgehensweise zur Berechnung der Solvenzkapitalanforderungen, bei der Verhängung von Kapitalaufschlägen und bei der Gleichwertigkeitsbewertung von Drittlandsystemen. 7

II. Schweigepflicht (Abs. 1). 1. Grundlagen. § 309 Abs. 1 VAG regelt die „**Schweigepflicht**" bestimmter Personen. Diesen Begriff verwendet § 309 Abs. 2 VAG in Zusammenfassung des Gebots nach Abs. 1 S. 1 und zugleich in Abweichung von der Überschrift mit der Verwendung des Begriffs „Verschwiegenheitspflicht". 8

§ 309 Abs. 1 VAG setzt **Art. 64 Abs. 1 und 2 Solva II-RL** um. Der Zentralbegriff des europäischen Versicherungsaufsichtsrechts ist, ohne dass dies inhaltlich zu Abweichungen führt, der des „Berufsgeheimnisses". Die Begründung zu § 309 Abs. 1 VAG beschränkt sich auf die Aussage, „Absatz 1 bleibt gegenüber § 84 Absatz 1 VAG a. F. inhaltlich unverändert." 9

2. Persönlicher Anwendungsbereich (Abs. 1 S. 1 Hs. 1, S. 2). a) Beschäftigte. § 309 Abs. 1 VAG erfasst nach Satz 1 Hs. 1 und Satz 2 vier Gruppen von Personen. Zunächst geht es um „die **bei den Versicherungsaufsichtsbehörden beschäftigten (…) Personen**". Betroffen ist danach jede tatsächlich beschäftigte Person unabhängig von Rechtsgrundlage, Umfang und Dauer. Maßgeblich ist allein ein Beschäftigungs-, nicht ein Arbeitsverhältnis. Noch deutlicher als § 309 Abs. 1 VAG bringt dies Art. 64 Abs. 1 UAbs. 1 Solva II-RL mit der Wendung „die für die Aufsichtsbehörden tätig sind" zum Ausdruck. Im persönlichen Anwendungsbereich der Regelung sind daher z. B. auch Praktikanten, Rechtsreferendare und zu den Aufsichtsbehörden abgeordnete Personen. 10

Nach dem Tatbestand ist weiter Voraussetzung, dass die bei den Aufsichtsbehörden beschäftigte Person die **vertrauliche Information „bei ihrer Tätigkeit erhalten"** hat. Dazu gehört jede im weit verstandenen Tätigkeitszusammenhang zur Kenntnis gelangte Information. Unerheblich ist die Zuständigkeit oder die Gelegenheit. Die Schweigepflicht bezieht sich daher auch auf vertrauliche Informationen, die eine bei einer Aufsichtsbehörde tätige Person z. B. bei einem Kantinenessen, einer Kaffeepause oder einer Raucherpause erhält. Davon abzugrenzen ist der reine Privatbereich, der keinen dienstlichen 11

[3] BGBl. 2000 I, 1857; RegE BT-Drs. 14/4453, 10 f., 36 f.
[4] Vgl. BT-Drs. 18/3900, 332 f., 422.
[5] So VAG-RegE 2014 BT-Drs. 18/2956, 293.
[6] Dies steht daher auch einer von Prölss/*Kollhosser,* 12. Aufl., § 84 VAG vorgenommenen Auslegung nach dem Tatbestand des § 203 StGB zur Verletzung von Privatgeheimnissen entgegen.

Bezug hat. Dies folgt schon aus der Begriffswahl „Berufsgeheimnis" in der Solva II-RL, aber auch aus dem tatbestandlichen Bezug zur Tätigkeit in einer Aufsichtsbehörde.[7]

12 § 309 Abs. 1 S. 1 VAG bezieht sich lediglich auf die bei einer Aufsichtsbehörde beschäftigten Personen. **Ehemals Beschäftigte** erfasst der Wortlaut nicht. Art. 64 Abs. 1 UAbs. 1 Solva II-RL geht es dagegen um „alle Personen, die für die Aufsichtsbehörde tätig sind oder waren". Daher ist § 309 Abs. 1 S. 1 VAG richtlinienkonform dahingehend auszulegen, dass die Schweigepflicht das Ausscheiden aus der Beschäftigung überdauert.

13 **b) Beauftragte.** Sodann erfasst § 309 Abs. 1 VAG die **von den Versicherungsaufsichtsbehörden „beauftragten Personen"**. Erfasst sind danach alle Beauftragten, unabhängig von dem konkreten Auftragsgegenstand – z. B. als Sonderbeauftragter oder Abwickler – und von der rechtlichen Qualifizierung des Auftrags. Ob die Tätigkeit z. B. auf einem Auftrag i. S. v. §§ 662 ff. BGB beruht, ist schon infolge der autonom europarechtlichen Auslegung des Auftragsbegriffs in Art. 64 Abs. 1 UAbs. 1 Solva II-RL unerheblich.

14 Art. 64 Abs. 1 UAbs. 1 Solva II-RL benennt als Beauftragte zwar nur „Wirtschaftsprüfer und Sachverständige". Andere **Berufsgruppen**, die die Aufsichtsbehörden i. S. v. § 309 Abs. 1 S. 1 VAG beauftragen, gehören allerdings zu den Sachverständigen. Dies gilt etwa für – nicht notwendig in ihrer Kernfunktion tätige – Insolvenzverwalter, Steuerberater, Rechtsanwälte, Bankmitarbeiter und Mitarbeiter von Prüfungsgesellschaften. Ob solche oder andere Personen aufgrund ihrer Beauftragung als Verwaltungshelfer, Beliehene oder rein privatrechtlich Dienstleistende für die Aufsichtsbehörden tätig sind, ist für die Zugehörigkeit zu den beauftragten Personen unerheblich. Maßgeblich ist allein, dass sich eine Aufsichtsbehörde wie die BaFin nach § 4 Abs. 3 FinDAG „bei der Durchführung ihrer Aufgaben (…) anderer Personen und Einrichtungen bedienen" kann.

15 Wie bei den Beschäftigten gilt auch bei den beauftragten Personen, dass bei einer **Beendigung des Auftrags** die Schweigepflicht aufgrund einer richtlinienkonformen Auslegung von § 309 Abs. 1 S. 1 VAG fortbesteht.

16 **c) Mitglieder des Versicherungsbeirats.** Weiter normiert § 309 Abs. 1 S. 1 VAG die Schweigepflicht auch für „die **Mitglieder des Versicherungsbeirats**". In Bezug genommen ist damit § 325 VAG. Nach dessen Abs. 1 besteht der Beirat „aus Sachverständigen des Versicherungswesens". Die Einbeziehung des Versicherungsbeirats entspricht mithin der Nennung von Sachverständigen in Art. 64 Abs. 1 UAbs. 1 Solva II-RL.

17 **d) Andere Personen.** Schließlich erweitert § 309 S. 2 VAG die Schweigepflicht auf alle **„anderen Personen, die durch dienstliche Berichterstattung Kenntnis"** von den vertraulichen Informationen **erhalten**. Dabei handelt es sich im Hinblick auf den Adressatenkreis von Satz 1 notwendig um Personen, die nicht bei den oder für die Aufsichtsbehörden tätig sind.[8] Voraussetzung ist aber, dass diese Personen durch „dienstliche Berichterstattung" Kenntnis erhalten. Das auch in Abs. 10 verwendete Tatbestandsmerkmal begrenzt den erfassten Personenkreis: Zufällig oder nicht zielgerichtet informierte Personen unterfallen nicht der spezifisch versicherungsaufsichtsrechtlichen Schweigepflicht. Als Personen, an die dienstlich Bericht erstattet wird, kommen insbesondere solche in übergeordneten Behörden oder Ministerien in Betracht.

18 Aus dem Tatbestandsmerkmal der dienstlichen Berichterstattung, das eine behördenexterne Informationsweitergabe voraussetzt, folgt zugleich die Zulässigkeit jeder zweckgerichteten **innerbehördlichen Weitergabe vertraulicher Informationen**. Dies gilt im Verhältnis sowohl von Beschäftigten einer Aufsichtsbehörde zueinander als auch von Beschäftigten der BaFin zu Mitgliedern des Verwaltungsbeirats und zu Beauftragten sowie umgekehrt.

19 **e) Aufsichtsbehörden.** Nicht ausdrücklich angesprochen ist die jeweilige Aufsichtsbehörde selbst, also z. B. die **BaFin**. Zwar muss jede Behörde notwendig durch natürliche Personen handeln. **Ansprüche** auf Auskunft z. B., insbesondere solche nach dem IFG, richten sich aber **gegen die Behörden selbst** und nicht gegen die für sie handelnden Personen.

20 Zwar ist jede Behörde nach dem weit auszulegenden **§ 30 VwVfG** bei jeder öffentlich-rechtlichen Verwaltungstätigkeit ohnehin zur Geheimhaltung verpflichtet.[9] Diese Geheimhaltungspflicht ist aber zum einen subsidiär gegenüber speziellen Geheimhaltungspflichten – z. B. der nach § 9 KWG, die dem Gesetzgeber Vorbild für die Vorgängervorschrift von § 309 VAG war – und zum anderen im Tatbestand nicht deckungsgleich mit § 309 VAG.

21 Hinzu kommt, dass die Rechtsprechung und die ganz überwiegende Literaturmeinung für § 8 WpHG und § 9 KWG davon ausgehen, dass die dort neben den tätigen Personen ebenfalls nicht ausdrücklich genannte Aufsichtsbehörde schon nach **Sinn und Zweck der Regelung** selbst der

[7] A. A. die Literatur zu § 9 KWG in Bezug auf Tatsachen, die für die dienstliche Tätigkeit relevant sind, vgl. z. B. *Müller-Feyen* in Luz/Neus/Schaber/Schneider/Wagner/Weber KWG und CRR 3. Aufl. 2015, § 9 KWG Rn. 5 m. w. N.

[8] Vgl. auch Art. 69 Abs. 1 Solva II-RL: „an andere Dienststellen".

[9] Vgl. ausf. zum Ganzen *Kallerhoff* in Stelkens/Bonk/Sachs, VwVfG, 8. Aufl. 2014, § 30 Rn. 5 f.

Schweigepflicht unterfällt[10] und dass die Aufsichtsbehörde selbst Normadressat weiterer Absätze von § 309 VAG ist. So erfolgt z. B. der Austausch mit anderen Aufsichtsbehörden nach Abs. 2 nicht durch die bei einer deutschen Aufsichtsbehörde beschäftigten Personen, sondern durch die Aufsichtsbehörde selbst. Und Abs. 3 bezieht sogar das Berufsgeheimnis auf die zuständigen Behörden von Drittstaaten. Im Ergebnis sind daher bei § 309 VAG die Aufsichtsbehörden ebenfalls Adressaten der Schweigepflicht.[11]

3. Sachlicher Anwendungsbereich (Abs. 1 S. 1 Hs. 2). Der sachliche Anwendungsbereich von § 309 Abs. 1 VAG enthält zu den im persönlichen Anwendungsbereich erfassten Personen **zwei Kriterien**: Zum einen muss es um bei der Tätigkeit für Aufsichtsbehörden oder im Wege der dienstlichen Berichterstattung erhaltene **vertrauliche Informationen** gehen. Und zum anderen dürfen solche Informationen **„an keine andere Person oder Behörde weitergegeben"** werden. 22

Vertrauliche Informationen sind begrifflich alle Informationen, bei denen eine Rechtsperson – nicht notwendig nur das beaufsichtigte Versicherungsunternehmen oder die in ihm oder für es tätigen Personen – ein **Interesse daran** hat, dass sie **nicht oder noch nicht für die Öffentlichkeit oder für Dritte bestimmt** sind. Dieses Interesse folgt grundsätzlich aus einer potentiell nachteiligen Betroffenheit einer Rechtsperson bei einer Preisgabe der Information an Dritte. Ob es sich um ein wirtschaftliches, ein rechtliches oder ein sonstiges Interesse handelt, spielt dabei keine Rolle. Schützenswert ist grundsätzlich jedes Interesse. Ob dies der Fall ist, ist abhängig von einer Abwägung im Einzelfall. Für die Information über eine unternehmensbezogene Aufschlüsselung der Beschwerdestatistik im Versicherungsbereich hat die Rechtsprechung ein solches schützenswertes Interesse abgelehnt.[12] Zu den vertraulichen Informationen gehören insbesondere, aber nicht nur, Betriebs- und Geschäftsgeheimnisse. Weiter geht es dabei z. B. um personenbezogene Daten, um Werturteile, sonstige Meinungsäußerungen – insbesondere rechtliche Bewertungen –, Schlussfolgerungen und Absichten. Anders als § 9 KWG bezieht sich § 309 VAG, Art. 64 Abs. 1 UAbs. 2 Solva II-RL folgend, nämlich nicht nur auf Tatsachen, sondern auf alle vertraulichen Informationen. 23

Gelangen vertrauliche Informationen durch den **Bruch der Vertraulichkeit** an die Öffentlichkeit, bleibt die Schweigepflicht nach § 309 Abs. 1 VAG gleichwohl bestehen. Dies folgt schon aus der fehlenden Nachprüfbarkeit des zutreffenden Gehalts der Veröffentlichung durch Dritte, der möglichen Mitbetroffenheit weiterer Rechtspersonen und der bleibenden Rechtsbindung jeder staatlichen Tätigkeit unabhängig von fremdem Rechtsbruch. Eine Ausnahme ist daher nur denkbar, wenn diejenige Person, die die vertrauliche Information betrifft, die vertrauliche Information selbst an die Öffentlichkeit gebracht hat und eine Folgeinformation durch die Aufsichtsbehörde keine weiteren Rechtspersonen nachteilig betreffen könnte. 24

4. Ausnahme für zusammengefasste oder allgemeine Informationen (Abs. 1 S. 3). Die **Schweigepflicht** nach § 309 Abs. 1 S. 1 und 2 VAG gilt nach Satz 3 **„nicht für** die Weitergabe von **Informationen in zusammengefasster oder allgemeiner Form**, bei der die einzelnen Versicherungsunternehmen nicht zu erkennen sind." Dies entspricht Art. 64 Abs. 1 UAbs. 2 Hs. 2 Solva II-RL und Art. 215 Solva II-VO. Art. 315 Solva II-VO bezieht sich allerdings nicht nur auf Unternehmen, sondern auch auf Gruppen. Schon die Formulierung „es sei denn" in Art. 64 Abs. 1 UAbs. 2 Hs. 2 Solva II-RL zeigt, dass es sich auch bei § 309 Abs. 1 S. 3 VAG um eine Ausnahmeregelung zum Grundsatz der Schweigepflicht handelt. 25

III. Informationsaustausch mit EU-/EWR-Behörden (Abs. 2). Nach **§ 309 Abs. 2 S. 1 VAG** besteht eine **Ausnahme von der Schweigepflicht** des Abs. 1 S. 1. Sie erlaubt den **Austausch** mit den „zuständigen **Behörden**" in der **EU** bzw. dem **EWR**. Dies entspricht nur im Ansatz Art. 65 S. 1 Solva II-RL. Die an dem Austausch Beteiligten benennt diese Regelung nämlich enger als **„Aufsichtsbehörden"**. Den Begriff der Aufsichtsbehörden wiederum definiert Art. 13 Nr. 10 Solva II-RL als „diejenige einzelstaatliche Behörde oder diejenigen einzelstaatlichen Behörden, die aufgrund von Rechts- oder Verwaltungsvorschriften für die Beaufsichtigung von Versicherungs- oder Rückversicherungsunternehmen zuständig sind". Mit § 7 Nr. 1 VAG hat der deutsche Gesetzgeber dazu eine Umsetzungsnorm geschaffen. Im Ergebnis folgt aus Art. 65 S. 1 Solva II-RL daher, dass im Sinne einer richtlinienkonformen Auslegung „zuständige Behörden" i. S. v. § 309 Abs. 2 S. 1 VAG nur Versicherungsaufsichtsbehörden sind. 26

§ 309 Abs. 2 S. 2 VAG ordnet an, dass die **Schweigepflicht** nach Abs. 1 S. 1 besteht, wenn Aufsichtsbehörden im Rahmen eines nach Abs. 2 S. 1 zulässigen Informationsaustauschs **Informationen erhalten**. Damit setzt der Gesetzgeber Art. 65 S. 2 Solva II-RL um. 27

IV. Informationsaustausch mit Drittstaaten-Behörden (Abs. 3). Die Regelung zum Informationsaustausch mit Aufsichtsbehörden von EU-/EWR-Staaten in § 309 Abs. 2 ergänzt **§ 309 Abs. 3** 28

[10] Vgl. *VG Frankfurt a. M.* Urt. v. 23.1.2008 – 7 E 3280/06 (V), NVwZ 2008, 1384, 1386; *VGH Kassel* Beschl. v. 24.3.2010 – 6 A 1832/09, NVwZ 2010, 1112 (LS) und aus der Literatur z. B. Boos/Fischer/Schulte-Mattler/*Lindemann* § 9 KWG Rn. 6.

[11] A. A. Prölss/*Kollhosser,* 12. Aufl., § 84 VAG Rn. 14.

[12] *OVG Berlin* Urt. v. 25.7.1995 – 8 B 16/94, VersR 1995, 1217 ff. mit abl. Anm. *Präve.*

VAG um eine solche zum **Informationsaustausch mit zuständigen Behörden von Drittstaaten**. Dies entspricht Art. 66 Solva II-RL.

29 § 309 Abs. 3 VAG kennt **mehrere Einschränkungen** für den Informationsaustausch mit den zuständigen Aufsichtsbehörden von Drittstaaten. Zunächst ist er nach **Satz 1** „nur zulässig, wenn der Schutz der mitzuteilenden Informationen durch das Berufsgeheimnis mindestens ebenso gewährleistet ist wie nach dieser Vorschrift." Mit anderen Worten fordert Satz 1 rechtlich mindestens eine **Schweigepflichtäquivalenz** zu § 309 VAG nach den Vorschriften, die in dem Drittstaat gelten. Satz 1 erfasst „zuständige Behörden". Anders als bei § 309 Abs. 2 S. 1 VAG geht es nämlich auch bei dem hier maßgeblichen Art. 66 Abs. 1 S. 1 Solva II-RL nicht nur um den Informationsaustausch mit Aufsichtsbehörden, sondern um den mit „Aufsichtsbehörden von Drittländern oder mit Behörden oder Stellen von Drittländern im Sinne der Definition in Artikel 68 Absätze 1 und 2".

30 **Satz 2** setzt weiter voraus, dass der Informationsaustausch „der **Erfüllung der aufsichtsrechtlichen Aufgaben** dieser Behörden dienen" muss. Grundlage hierfür ist Art. 66 Abs. 1 S. 2 Solva II-RL.

31 Und schließlich fordert **§ 309 Abs. 3 S. 3 VAG** in Übereinstimmung mit Art. 66 Abs. 2 Solva II-RL noch die **Einbindung anderer EU-/EWR-Aufsichtsbehörden**, wenn Informationen, die an eine Drittstaatenbehörde gehen sollen, „aus einem anderen Mitgliedstaat stammen". In diesem Fall muss die Aufsichtsbehörde des anderen Mitgliedstaats der Weitergabe ausdrücklich zustimmen. Außerdem dürfen die Informationen „nur für die Zwecke weitergegeben werden, denen diese Behörde zugestimmt hat."

32 **V. Verwendung vertraulicher Informationen (Abs. 4). § 309 Abs. 4 VAG beschränkt die Verwendung vertraulicher Informationen**, die Aufsichtsbehörden i. S. v. Absätzen 1 oder 2 erhalten haben. Die Aufsichtsbehörden dürfen solche Informationen „nur" in den fünf genannten Fällen verwenden. Die Regelung ist damit abschließend. Durch das Tatbestandsmerkmal „verwenden" ist zugleich festgelegt, dass es um die Verwendung durch die Aufsichtsbehörden bzw. die für sie befugt handelnden Personen geht.

33 Mit § 309 Abs. 4 VAG setzt der Gesetzgeber **Art. 67 Solva II-RL** um. Die Regelung nennt zwar nur vier Fälle. Die in Nr. 1 und Nr. 2 von § 309 Abs. 4 genannten beiden Fälle sind aber in Art. 67 Nr. 1 Solva II-RL zusammengefasst.

34 Zu **§ 309 Abs. 4 Nr. 2 VAG** enthält Art. 67 Nr. 1 Solva II-RL noch den Zusatz, dass die Verwendung vertraulicher Informationen im Rahmen der Überwachung der Tätigkeit von Versicherungsunternehmen „insbesondere hinsichtlich der Überwachung der versicherungstechnischen Rückstellungen, der Solvenzkapitalanforderung, der Mindestkapitalanforderung und des Governance-Systems" erfolgen kann. Zwar ist die Nichtumsetzung dieser Regelbeispielsgründe rechtlich unschädlich. Sie verdunkelt aber, worauf es dem Richtliniengeber am meisten ankommt.

35 **Art. 67 Nr. 4 Solva II-RL** berechtigt die Aufsichtsbehörden zur Verwendung der erhaltenen vertraulichen Informationen „im Rahmen von Gerichtsverfahren gemäß dieser Richtlinie." **§ 309 Abs. 4 Nr. 5 VAG** bezieht dies allerdings **weitergehend** auf die Verwendung „im Rahmen von Verfahren vor Verwaltungsgerichten, Insolvenzgerichten, Strafverfolgungsbehörden oder für Straf- und Bußgeldsachen zuständigen Gerichten". Diese Verwendungsmöglichkeit erfasst mithin anders als die Richtlinienvorgabe auch nichtgerichtliche Verfahren, nämlich solche von Strafverfolgungsbehörden. Behördliche Verfahren nennt die Richtlinie nur in Nr. 1 und nicht in Nr. 4. Hinzu kommt, dass Nr. 2 der Richtlinienvorgabe die „Verhängung von Sanktionen" gemäß dem Einleitungssatz von Art. 67 Solva II-RL nur auf solche durch die Aufsichtsbehörden und nicht durch andere Behörden erstreckt. Art. 64 Abs. 2 Solva II-RL lässt allerdings mit dem Vorbehalt für „Fälle, die unter das Strafrecht fallen", eine Erweiterung auf Strafverfolgungsbehörden zu. Weiter bezieht sich Nr. 4 der Richtlinienregelung nur auf „Gerichtsverfahren gemäß dieser Richtlinie", während § 309 Abs. 4 Nr. 5 VAG keine solche Einschränkung enthält. Betroffene dürften sich bei der Weitergabe von vertraulichen Informationen durch die Aufsichtsbehörden daher auf die in Art. 67 Solva II-RL ausdrücklich enthaltene Einschränkung berufen.

36 **VI. Zulässige Weitergabe von Informationen (Abs. 5). § 309 Abs. 5 VAG** enthält eine äußerst differenzierte Regelung zu **Ausnahmen von der Schweigepflicht** nach Abs. 1 S. 1. Die Auflistung umfasst insgesamt zwölf Ausnahmefälle. Sie soll, wie das Wort „insbesondere" verdeutlicht, den Charakter eines **Regelbeispielskatalogs** haben. Dies erscheint schon im Hinblick auf den differenzierten Regelungsgehalt der Art. 64 ff. Solva II-RL und des § 309 Abs. 5 VAG erstaunlich. Die Grundrechtsrelevanz der Weitergabe vertraulicher Informationen, die die Aufsichtsbehörden selbst gewonnen oder von Dritten erhalten haben, führt zu rechtlichen Bedenken gegen einen offenen Informationsadressatenkatalog. Hinzu kommt, dass Art. 64 ff. Solva II-RL eine solche Öffnungsklausel nicht kennen, Art. 64 Abs. 2 Solva II-RL sogar ein grundsätzlich unbedingtes Berufsgeheimnis – „an keine Person oder Behörde" – an den Anfang der Regelungen stellt. Eine Erweiterung kommt vor dem Hintergrund nur bei Fällen in Betracht, die an die verfassungsrechtlich bedingten Ausnahmen in Nr. 9 für parlamentarische Untersuchungsausschüsse, in Nr. 10 für das BVerfG und in Nr. 11 für den Bundesrechnungshof

anknüpfen.[13] Dies gilt z. B. für Untersuchungsausschüsse von Landesparlamenten im Verhältnis zu Nr. 9 und für Landesverfassungsgerichte im Verhältnis zu Nr. 10.

Abs. 5 spricht nur von „**Informationen**". Aus der Bezugnahme auf Abs. 1 S. 1 folgt aber, dass es auch hier nur um vertrauliche Informationen geht. 37

Nach Abs. 5 sind die schweigepflichtigen Personen oder Behörden befugt, vertrauliche Informationen an die in **Nr. 1–12 genannten Personen oder Stellen weiterzugeben**. Während es in Abs. 4 also um die Verwendung vertraulicher Informationen geht, die Aufsichtsbehörden erhalten haben, betrifft Abs. 5 deren Weitergabe. 38

Eine rechtmäßige Durchbrechung der Schweigepflicht setzt nach Abs. 5 am Ende außer einem zulässigen Informationsempfänger weiter voraus, dass die Weitergabe nur erfolgt, „**soweit diese Stellen die Informationen zur Erfüllung ihrer Aufgaben benötigen**." Zu prüfen ist daher jeweils das **konkrete Informationsbedürfnis** eines grundsätzlich berechtigten Informationsempfängers nach Abs. 5 i. V. m. Abs. 8. Dafür, dass ein solches Informationsbedürfnis vorliegt, trägt der potentielle Informationsempfänger die Nachweislast. Umgekehrt bedeutet die tatbestandliche Voraussetzung, dass die Personen oder Behörden, die vertrauliche Informationen weitergeben wollen, von dem potentiellen Empfänger eine schriftliche, d. h. dokumentierbare, und gegebenenfalls in einem Rechtsschutzverfahren nachprüfbare Begründung für den Informationswunsch verlangen müssen, aus der sich das „Ob" und das „Wieviel" des Informationsbedürfnisses ergeben. Die Informationsanforderung ist sodann auf Plausibilität zu prüfen. Weiter ist bei der Informationsübermittlung selbst darauf zu achten, dass nicht auch Dritte Zugang zu den übermittelten Informationen bekommen. Und schließlich sind die Informationsempfänger darauf hinzuweisen, dass sie im Rahmen von Abs. 8 selbst der Schweigepflicht entsprechend Abs. 1 S. 1 unterliegen. Für das Informationsbedürfnis enthält die Solva II-RL allerdings unterschiedliche Bezugspunkte. Nach Art. 68 Abs. 2 UAbs. 2 lit. a Solva II-RL müssen die Informationen „zur Erfüllung der Beaufsichtigungsaufgaben (…) bestimmt sein". Solche Aufgaben sind nach der Richtlinie diejenigen von Behörden, die mit der Liquidation oder Insolvenz von Versicherungsunternehmen befasst sind oder die die Aufsicht über die Rechnungsprüfer von Finanzdienstleistungsunternehmen haben, und von aufsichtsrechtlich tätigen unabhängigen Versicherungsmathematikern sowie der Stellen, die die Aufsicht über sie haben. Nach Art. 69 Abs. 2 S. 1 Solva II-RL ist die Weitergabe vertraulicher Informationen dagegen „nur zulässig, wenn sie aus Gründen der Versicherungsaufsicht erforderlich ist." Daher ist im Einzelfall konkret für jeden Informationsempfänger zu prüfen, welches der Bezugspunkt bei einem geltend gemachten Informationsbedürfnis ist. 39

Die **einzelnen Normen von Abs. 5** gehen meistens auf Regelungen in dem nur schwer entwirrbaren Geflecht der Ausnahmen von der Schweigepflicht in Art. 64, 68, 69, 70 Solva II-RL zurück. Dies gilt für **Nr. 1** wegen des Strafrechtsvorbehalts in Art. 64 Abs. 2, für **Nr. 2** nach Art. 68 Abs. 1 UAbs. 1 lit. a, b i und Art. 69 Abs. 1, für **Nr. 3** nach Art. 68 Abs. 1 UAbs. 1 lit. b ii und Abs. 2 lit. a, für **Nr. 4** nach Art. 68 Abs. 1 UAbs. 1 lit b ii und Abs. 2 lit. b, für **Nr. 5** nach Art. 70 Abs. 1 lit. a, für **Nr. 6** nach Art. 70 Abs. 1 lit. a, b und c,[14] für **Nr. 7** nach Art. 70 Abs. 1 lit. b sowie schließlich für **Nr. 8** nach Art. 68 Abs. 3 UAbs. 1 lit. c. **Nr. 9** bildet eine nationale Parallele zu den nach Art. 67a Solva II-RL unberührt bleibenden Untersuchungsbefugnissen des EP nach Art. 226 AEUV. Die Anführung von Untersuchungsausschüssen, des BVerfG und des Bundesrechnungshofs[15] in **Nr. 9–11** „erfolgt in Anlehnung an die Erweiterung des § 9 KWG zum 1.1.2014".[16] Die Verwaltungsgerichte nennt **Nr. 12** „vor dem Hintergrund der Nummern 8 bis 10 zur Klarstellung".[17] 40

Art. 68 Abs. 2 UAbs. 1 lit. c Solva II-RL lässt weiter einen Informationsaustausch zwischen Aufsichtsbehörden und „unabhängigen Versicherungsmathematikern (…), die kraft Gesetzes (…) aufsichtsrechtliche Aufgaben wahrzunehmen haben, sowie den mit der Beaufsichtigung dieser Versicherungsmathematiker betrauten Stellen" zu. Die Zusammenarbeit der davon betroffenen **Verantwortlichen Aktuare** mit den Aufsichtsbehörden bzw. den Versicherungsunternehmen, die ihre Berichte oder Vorschläge erhalten, regeln §§ 141 Abs. 5 Nr. 3, Abs. 6 Nr. 2 und 3, 156 Abs. 2 S. 2 VAG. 41

Nicht umgesetzt ist im VAG zu Recht die Mitgliedstaatenoption nach **Art. 68 Abs. 3 und 4 Solva II-RL**, Ausnahmen von der Schweigepflicht bei vertraulichen Informationen im Verhältnis von „Aufsichtsbehörden und den für die Aufdeckung und Aufklärung von Verstößen gegen das **Gesellschaftsrecht** gesetzlich zuständigen Behörden oder Organen zuzulassen." Denn solche Behörden oder Organe gibt es in Deutschland nicht. 42

VII. Informationsweitergabe in Krisensituationen (Abs. 6). Die Omnibus II-RL hat **Art. 70 Abs. 2 Solva II-RL** geschaffen. Danach dürfen die Aufsichtsbehörden „bei Eintritt einer Krisensituati- 43

[13] Generell noch gegen jede Erweiterung Prölss/*Kollhosser*, 12. Aufl., § 84 VAG Rn. 20.

[14] Die Gesetzesbegründung, die ohnehin nur für Nr. 6 Umsetzungsvorgaben angibt, verweist lediglich auf Art. 70 Abs. 1 lit. a und c Solva II-RL, VAG-RegE 2014 BT-Drs. 18/2956, 293.

[15] Die Begründung nennt dazu § 95 BHO, vgl. VAG-RegE 2014 BT-Drs. 18/2956, 293.

[16] VAG-RegE 2014 BT-Drs. 18/2956, 293.

[17] VAG-RegE 2014 BT-Drs. 18/2956, 293, der zudem für Verwaltungsstreitverfahren auf die Vorlage- und Auskunftspflicht von Behörden nach § 99 Abs. 1 S. 1 VwGO verweist.

on, einschließlich einer in Artikel 18 der Verordnung (EU) Nr. 1094/2010 genannten Krisensituation", unverzüglich Informationen an die EZB, die Zentralbanken des ESZB und den ESRB übermitteln. Dies hat der deutsche Gesetzgeber mit **§ 309 Abs. 6 VAG** umgesetzt.

44 Voraussetzung ist, dass es um **vertrauliche Informationen** geht, auch wenn sich Abs. 6 – wie Abs. 5 – nur allgemein auf Informationen bezieht.[18]

45 Weitere Voraussetzung ist, dass die Informationsempfänger „die Informationen zur Erfüllung ihrer Aufgaben benötigen". Für dieses **Informationsbedürfnis** gilt das zu dem entsprechenden Tatbestandsmerkmal in Abs. 5 Ausgeführte entsprechend.[19]

46 Im Sinne eines Regelbeispiels ist in Abs. 6 besonders hervorgehoben eine **Krisensituation** nach Art. 18 VO (EU) 1094/2010, d. h. der **EIOPA-VO.** Sie bezieht sich auf einen „Fall von ungünstigen Entwicklungen, die das ordnungsgemäße Funktionieren und die Integrität von Finanzmärkten oder die Stabilität des Finanzsystems der Union als Ganzes oder in Teilen ernsthaft gefährden könnten". Die hochgelegten tatbestandlichen Voraussetzungen für den Eintritt einer solchen Krisensituation führen dazu, dass jede andere Situation, die die Voraussetzungen einer Krisensituation erfüllen soll, ebenfalls fundamentale Störungen im Finanzsystem der Union voraussetzt.

47 **VIII. Verwendung vertraulicher Informationen gegenüber gruppenangehörigen Unternehmen (Abs. 7).** § 309 Abs. 7 VAG ermöglicht den Aufsichtsbehörden und den für sie tätigen Personen eine Durchbrechung der nach Abs. 1 S. 1 bestehenden Schweigepflicht gegenüber Unternehmen einer Gruppe in Bezug auf **vertrauliche Informationen zu allen gruppenangehörigen Unternehmen**. Damit sollen die Aufsichtsbehörden „den Anforderungen der Gruppenaufsicht hinsichtlich des dabei erforderlichen Informationsaustauschs gerecht werden. Im Rahmen der Prüfung eines internen Gruppenmodells müssen zwangsläufig auch Informationen von der Aufsichtsbehörde angesprochen werden, die andere gruppenangehörige Unternehmen betreffen."[20] § 309 Abs. 7 VAG bildet damit in der Beziehung der Aufsichtsbehörden zu den Unternehmen einer Gruppe das Gegenstück zu § 276 VAG betreffend den Informationsaustausch zwischen den gruppenangehörigen Unternehmen untereinander.

48 Nach dem Wortlaut von Abs. 7 darf eine Aufsichtsbehörde solche vertraulichen Informationen also sowohl entgegennehmen als auch weitergeben. Voraussetzung ist, dass das betreffende Unternehmen einer **Gruppe i. S. v. § 7 Nr. 13 VAG** angehört.

49 **IX. Erweiterung der Schweigepflicht auf Informationsempfänger nach Abs. 5 (Abs. 8).** Nach der Gesetzesbegründung entspricht **§ 309 Abs. 8 VAG** „inhaltlich dem bisherigen § 84 Abs. 4 S. 2-5 VAG a. F."[21] Rechtlich allein maßgeblich ist dagegen schon im Hinblick auf den Grundsatz der autonomen und richtlinienkonformen Auslegung der europarechtliche Hintergrund des nationalen Umsetzungsrechts.

50 **Abs. 8 knüpft an Abs. 5 an.** Der Sache nach geht es darum, die Einhaltung der Schweigepflicht bei den Informationsempfängern im Sinne von Abs. 5 und die zweckgemäße Verwendung der Informationen durch sie oder der selbst von ihnen empfangenen Informationen sicherzustellen.

51 **Abs. 8 S. 1** erstreckt die **Schweigepflicht** des Abs. 1 S. 1 auf Personen, die bei Stellen nach Abs. 5 Nr. 1–8 und Nr. 10–12 beschäftigt oder von diesen beauftragt sind. Gleiches gilt für Mitglieder von Untersuchungsausschüssen i. S. v. Abs. 5 Nr. 9. Die Schweigepflicht gilt damit für den gesamten Anwendungsbereich von Abs. 5. Europarechtliche Grundlage ist Art. 68 Abs. 1 UAbs. 3, Abs. 2 UAbs. 2 lit. b und Art. 70 Abs. 3 S. 2 Solva II-RL. Aus dem Verhältnis zu Satz 2, der sich auf Stellen „in einem anderen Staat", und zu Satz 3, der sich auf Stellen „eines Drittstaats" bezieht, folgt der Anwendungsbereich von Abs. 8 S. 1: Er betrifft nur den **Informationsaustausch mit Stellen in Deutschland**. Die nur teilweise gelungene Regelungssystematik zeigt sich weiter in der undifferenzierten Inbezugnahme auch der europäischen Institutionen mit Zentralbankfunktionen in Abs. 5 Nr. 6 durch Abs. 8 S. 1.

52 **Abs. 8 S. 2** betrifft entsprechend dem vorstehend Ausgeführten den Informationsaustausch mit jeder Stelle i. S. v. Abs. 5 Nr. 1–8 und 12 „in einem anderen Staat". Abs. 8 S. 2 lässt die Weitergabe vertraulicher Informationen an eine solche Stelle nur zu, „wenn die bei dieser Stelle beschäftigten und von dieser Stelle beauftragten Personen einer dem Absatz 1 Satz 1 entsprechenden **Schweigepflicht** unterliegen." Konsequent erfasst die Regelung nicht die parlamentarischen Untersuchungsausschüsse nach Abs. 5 Nr. 9, das BVerfG nach Abs. 5 Nr. 10 und den Bundesrechnungshof nach Abs. 5 Nr. 11. Mit dem Tatbestandsmerkmal „Stelle in einem anderen Staat" sind Stellen **in EU-/EWR-Mitgliedstaaten und in Drittstaaten** gemeint. Die Solva II-RL verpflichtet solche Stellen, die in einen Informationsaustausch einbezogen sind, in Art. 68 Abs. 1 UAbs. 3 i. V. m. UAbs. 2, 69 Abs. 1 S. 1, 70 Abs. 3 S. 2 Solva II-RL auf das Berufsgeheimnis. Zusätzlich verlangt Art. 68 Abs. 2 UAbs. 3 Solva II-RL von den Mitgliedstaaten, also auch von Deutschland, „der Kommission und den anderen Mitgliedstaaten mit

[18] Siehe oben Rn. 37.
[19] Siehe oben Rn. 39.
[20] VAG-RegE 2014 BT-Drs. 18/2956, 294.
[21] VAG-RegE 2014 BT-Drs. 18/2956, 294.

(scil.: -zuteilen), welche Behörden, Personen oder Stellen Informationen (…) erhalten dürfen." Dies ist mit § 330 Abs. 1 Nr. 9 VAG nur defizitär umgesetzt. Dass sich § 309 Abs. 8 S. 2 anders als bei oberflächlicher Lektüre aufgrund der Differenzierung zwischen Stellen „in einem anderen Staat" gemäß Satz 2 und „Stellen eines Drittstaats" gemäß Satz 3 nicht nur auf EU-/EWR-Mitgliedstaaten bezieht, ergibt sich aus dem unterschiedlichen sachlichen Anwendungsbereich der Sätze 2 und 3: Während es in Satz 2 nur um die Schweigepflicht des Informationsadressaten in Bezug auf die Weitergabe vertraulicher Informationen geht, hat Satz 3 die Nutzung der vertraulichen Informationen durch den Informationsadressaten zum Gegenstand.

Abs. 8 S. 3 betrifft wie Abs. 8 S. 1 und 2 die Weitergabe vertraulicher Informationen durch deutsche Aufsichtsbehörden. Satz 3 knüpft ebenfalls an die in Satz 2 näher bezeichneten Informationsadressaten, d. h. „Stellen", an. In zwei Punkten unterscheidet sich Satz 3 aber von Sätzen 1 und 2: Zum einen geht es ausschließlich um die **Weitergabe vertraulicher Informationen an Drittstaaten**, d. h. Staaten jenseits der EU bzw. des EWR. Zum anderen betrifft Satz 3 nicht die Schweigepflicht, sondern die **Nutzung der vertraulichen Informationen** durch die Informationsadressaten. Aufsichtsbehörden müssen die Informationsadressaten in einem Drittstaat nach Satz 3 drauf hinweisen, „dass die übermittelten Informationen zu keinem anderen Zweck verwendet werden dürfen". Semantisch ist diese Formulierung verunglückt, da der Bezugspunkt der Zwecksetzung nicht genannt ist. Systematisch folgt er aber aus der Bezugnahme von Abs. 8 auf Abs. 5. Der ausschließlich zulässige Verwendungszweck für vertrauliche Informationen ist bei den Informationsadressaten i. S. v. Abs. 8 S. 3 daher die Verwendung der „Informationen zur Erfüllung ihrer Aufgaben" i. S. v. Abs. 5 a. E. Europarechtliche Grundlage für Satz 3 ist Art. 66 Abs. 1 S. 2 Solva II-RL. 53

Abs. 8 S. 4 regelt anders als Abs. 8 S. 1 bis 3 nicht die Weitergabe eigener Informationen durch Aufsichtsbehörden in Deutschland, sondern die **Weitergabe selbst von Aufsichtsbehörden eines anderen Staates erhaltener vertraulicher Informationen**. Satz 4 geht auf Art. 66 Abs. 2, 68 Abs. 2 UAbs. 2 lit. c Solva II-RL zurück. Das Tatbestandsmerkmal „aus einem anderen Staat stammen" betrifft wie in Satz 2 Mitgliedstaaten der EU bzw. des EWR und Drittstaaten. Solche vertraulichen Informationen darf eine Aufsichtsbehörde in Deutschland nur unter zwei Voraussetzungen weitergeben: zum einen mit ausdrücklicher Zustimmung der Stelle, die die Informationen mitgeteilt hat, und zum anderen „nur für solche Zwecke (…), denen diese Stellen zugestimmt haben." 54

X. Weitergabe vertraulicher Informationen an Finanzbehörden (Abs. 9). § 309 Abs. 9 VAG geht es um die **Weitergabe vertraulicher Informationen an Finanzbehörden**. Die Vorschrift deckt sich bis auf ein Wort mit § 84 Abs. 4a VAG a. F. Diese Regelung hatte das Gesetz zur Änderung des VAG im Jahr 2000[22] eingefügt. Die Regelungsabsicht war,[23] „eine Lücke" zu schließen. § 309 Abs. 9 VAG entspricht inhaltlich vollständig § 9 Abs. 5 S. 1 KWG. 55

§ 105 Abs. 1 AO ordnet allgemein Folgendes an: „Die Verpflichtung der Behörden oder sonstiger öffentlicher Stellen einschließlich der deutschen Bundesbank, der Staatsbanken und der Schuldenverwaltungen sowie der Organe und Bediensteten dieser Stellen zur Verschwiegenheit gilt nicht für ihre Auskunfts- und Vorlagepflicht gegenüber den Finanzbehörden." Damit wäre auch die Schweigepflicht nach § 309 Abs. 1 VAG im Verhältnis zu den Finanzbehörden aufgehoben. § 64 Abs. 2 Solva II-RL enthält eine allgemeine Ausnahme von der Schweigepflicht aber nur für „Fälle, die unter das Strafrecht fallen". Nach § 309 Abs. 9 **S. 1** VAG gelten daher alle Regelungen der AO „nicht für die in Abs. 1 bezeichneten Personen, soweit diese zur Durchführung dieses Gesetzes tätig werden." Davon betroffen sind außer § 105 Abs. 1 AO noch § 93 AO zur „Auskunftspflicht der Beteiligten und anderer Personen", § 97 AO zur „Vorlage von Urkunden", § 111 Abs. 5 i. V. m. § 105 Abs. 1 AO zur „Amtshilfepflicht" und § 116 Abs. 1 AO zur „Anzeige von Steuerstraftaten". 56

Abs. 9 **S. 2** enthält eine Gegenausnahme, lässt also in einem bestimmten Fall eine Durchbrechung der Schweigepflicht nach Abs. 1 zu. Voraussetzung ist, dass Finanzbehörden „die Kenntnisse für die Durchführung eines Verfahrens wegen einer Straftat sowie eines damit zusammenhängenden Besteuerungsverfahrens benötigen." Aufgrund der Ausnahme für „Fälle, die unter das Strafrecht fallen", in Art. 64 Abs. 2 Solva II-RL ist diese Durchbrechung europarechtlich zulässig. 57

XI. Dienstliche Berichterstattung über vertrauliche Informationen (Abs. 10). § 309 Abs. 10 VAG regelt die dienstliche Berichterstattung über bestimmte vertrauliche Informationen. Den europarechtlichen Hintergrund bildet Art. 69 Abs. 2 S. 2 Solva II-RL. § 309 Abs. 10 VAG hat in § 84 Abs. 5 VAG a. F. eine Vorläufervorschrift. 58

S. 1 betrifft vertrauliche Informationen, die eine „**Aufsichtsbehörde** von den in Absatz 2 Satz 1 und Absatz 5 Nummer 2 bis 7 genannten Stellen **erhalten** hat". Abs. 2 S. 1 lässt einen Informationsaustausch „mit den zuständigen **Behörden anderer Mitgliedstaaten oder Vertragsstaaten**" zu, so dass Aufsichtsbehörden solche vertrauliche Informationen i. S. v. Abs. 10 S. 1 „erhalten" können. Informationen, die Aufsichtsbehörden von **Stellen in Drittstaaten** nach Abs. 8 S. 4 erhalten, dürfen Aufsichts- 59

[22] Siehe oben Rn. 1 bei Fn. 3.
[23] Vgl. RegE BT-Drs. 14/4453, 37.

behörden unter den dort genannten engeren Voraussetzungen weitergeben. Dies umfasst auch die Weitergabe durch dienstliche Berichterstattung. Ob die Aufsichtsbehörden von den in Abs. 10 S. 1 genannten **Stellen i. S. v. Abs. 5 Nr. 2–7** vertrauliche Informationen erhalten dürfen, regelt nicht Abs. 5. Denn er betrifft nur die Weitergabe von vertraulichen Informationen an solche Stellen. Maßgeblich für die Zulässigkeit einer Weitergabe vertraulicher Informationen durch solche Stellen und damit für das „Erhalten" solcher Informationen durch Aufsichtsbehörden i. S. v. Abs. 10 S. 1 sind daher die jeweils einschlägigen Spezialgesetze oder ersatzweise allgemeine Vorschriften wie § 4 VwVfG zur Amtshilfe.

60 Ist eine Aufsichtsbehörde im Besitz solcher vertraulicher Informationen, geht es sodann um deren Weitergabe durch **„dienstliche Berichterstattung** nach Absatz 1 S. 2". Das zu dem Tatbestandsmerkmal bei Abs. 1 S. 2 Ausgeführte[24] gilt daher auch hier. Betroffen davon ist insbesondere die in § 309 VAG nicht umgesetzte tatbestandliche Voraussetzung in Art. 69 Abs. 2 S. 1 Solva II-RL, dass die Weitergabe „nur zulässig ist, wenn sie aus Gründen der Versicherungsaufsicht erforderlich ist." Unabhängig davon spricht § 309 VAG das tatsächliche Vorgehen in umgekehrter Reihenfolge an: Zuerst unterwirft Abs. 1 S. 2 die Empfänger vertraulicher Informationen durch dienstliche Berichterstattung der Schweigepflicht, während nachfolgend Abs. 10 S. 1 – in Übereinstimmung mit Art. 69 Abs. 1 Solva II-RL – die dienstliche Berichterstattung grundsätzlich zulässt und sie mit dem vorherigen Einverständnis der zuständigen Behörde verknüpft.

61 Voraussetzung für eine dienstliche Berichterstattung ist nach Satz 1, dass „das **Einverständnis der zuständigen Behörde** vorliegt, die die Informationen erteilt hat." Damit erstreckt der Gesetzgeber diese Voraussetzung in Abs. 8 S. 4 auf die in Abs. 10 S. 1 genannten Stellen. Dies entspricht Art. 69 Abs. 2 S. 2 Solva II-RL.

62 § 309 Abs. 10 **S. 2** VAG erweitert den Anwendungsbereich von S. 1 – „Gleiches gilt" – auf „Informationen, die bei der Durchführung einer örtlichen Prüfung einer Niederlassung in einem anderen Mitglied- oder Vertragsstaat erlangt wurden". Damit ist das Einverständnis der zuständigen Behörde dieses Staats Voraussetzung für eine zulässige Weitergabe von vertraulichen Informationen. Dies entspricht Art. 69 Abs. 2 S. 2 Solva II-RL.

63 **XII. Bundesdatenschutzgesetz bleibt unberührt (Abs. 11).** Nach **§ 309 Abs. 11 VAG** bleibt das Bundesdatenschutzgesetz (BDSG) unberührt. Die Regelung führt § 84 Abs. 6 VAG a. F. fort. Sie hatte der Gesetzgeber mit der VAG-Novelle im Jahr 2000 eingeführt.[25] Zur Begründung der Regelung hatte der Gesetzgeber damals darauf verwiesen, sie „stellt klar, dass, wenn es sich bei den Informationen um personenbezogene Daten handelt, ihre Verwendung den Bestimmungen des Datenschutzgesetzes unterliegt."[26]

64 **XIII. Verhältnis zu anderen Regelungen. § 11 FinDAG** verweist deklaratorisch für die Verschwiegenheitspflicht der Beschäftigten der BaFin und der Mitglieder des Verwaltungsrats sowie der Beiräte auf die „aufsichtsrechtlichen Bestimmungen, aufgrund deren der einzelne Beschäftigte tätig geworden ist."

65 § 309 VAG weist eine enge Verbindung zu den allgemeinen Geheimhaltungsregelungen in Verwaltungs- und Verwaltungsstreitverfahren nach **§ 30 VwVfG, § 99 VwGO und § 67 BBG** auf.

66 Gleiches gilt für die Regelungen zu Aussage- und Zeugnisverweigerungsrechten der Mitarbeiter von Aufsichtsbehörden nach **§ 68 BBG, §§ 53 ff. StPO, §§ 383 ff. ZPO**[27] **und § 98 VwGO**.

67 Weiter betreffen auch einzelne Regelungen des StGB wie **§§ 138, 203 ff. StGB** Themen des § 309 VAG.

68 Eine besondere Verbindung besteht zwischen § 309 VAG und den **IFG von Bund und Ländern**. Nach § 3 Nr. 4 IFG besteht allerdings kein Anspruch auf Informationen, die dem Berufsgeheimnis unterfallen. Dazu zählen nach Auffassung der Gerichte, die sich auf eine Entscheidung des EuGH berufen können,[28] auch die Verschwiegenheitspflichten nach KWG und WpHG.[29] Gleiches muss für § 309 VAG gelten. Mit dieser Rechtsprechung sind aber noch nicht alle Fragen gelöst. Dies zeigt eine neue Vorlage des BVerwG zum EuGH, die die Reichweite der Verschwiegenheitspflicht betrifft.[30]

---

[24] Siehe oben Rn. 17 f.

[25] Vgl. oben Rn. 1 Fn. 3.

[26] RegE BT-Drs. 14/4453, 37.

[27] Nach *BGH* Urt. v. 16.2.2016 – VI ZR 441/14, VersR 2016, 617 ff. kann die Verschwiegenheitspflicht nach KWG bzw. WpHG bei von der BaFin beauftragten Wirtschaftsprüfern ein Zeugnisverweigerungsrecht nach § 383 Abs. 1 Nr. 6 ZPO begründen.

[28] *EuGH* v. 12.11.2014 – Rs C-140/13, VersR 2015, 873 = EuZW 2015, 236 – Altmann u. a./BaFin.

[29] Vgl. zu § 9 Abs. 1 KWG und § 8 Abs. 1 WpHG vor allem *VGH Kassel* Urt. v. 11.3.2015 – 6 A 1071/13, WM 2015, 1750; *VGH Kassel* Urt. v. 11.3.2015 – 6 A 1598/13, NVwZ 2015, 1302, das *BVerwG* Beschl. v. 3.5.2016 – 7 C 13.15, BeckRS 2016, 46225 hat das Revisionsverfahren zu dieser Entscheidung bis zur Entscheidung des EuGH zu der Rechtssache C-15/16 (s. u. Fn. 30) ausgesetzt; *VG Frankfurt a. M.* Urt. v. 10.11.2015 – 7 K 2707/15.F Rn. 24, VersR 2016, 711 und aus der reichhaltigen Literatur zum Thema z. B. *Spindler*, Informationsfreiheit und Finanzmarktaufsicht, 2013; *Langner/Schmieszek* WM 2016, 1723 ff.; *Schoch* NVwZ 2017, 97 ff.

[30] *BVerwG* Beschl. v. 4.11.2015 – 7 C 4/14, VersR 2016, 511; anhängig beim EuGH als Rs. C-15/16 – BaFin/Baumeister.

Wie alle **Verwaltungsakte** sind auch diejenigen, die die BaFin im Rahmen der Versicherungsaufsicht erlässt, nach **§ 39 VwVfG** zu begründen. Für das KWG hat der VGH Kassel entschieden, dass ein Verwaltungsakt trotz Geheimhaltungs- und Datenschutzvorschriften, die die Preisgabe bestimmter vertraulicher Daten hindern, in der **Begründung** nicht verschweigen darf, dass solche Daten existieren und für die Entscheidung der Behörde tragend gewesen sind.[31] Dies muss auch für Verwaltungsakte nach dem VAG gelten. 69

Nebenbestimmungen; Ausschluss der aufschiebenden Wirkung

310 (1) **Verwaltungsakte nach diesem Gesetz oder nach einer auf Grund dieses Gesetzes erlassenen Rechtsverordnung können mit Nebenbestimmungen versehen werden.**

(2) **Widerspruch und Anfechtungsklage gegen Entscheidungen der Aufsichtsbehörde nach § 18 Absatz 1 und 2, den §§ 20, 36, 134 Absatz 7, § 135 Absatz 3 sowie den §§ 264 und 298 in Verbindung mit den §§ 15, 294 Absatz 6 und § 295 sowie den §§ 301, 312 und 314 haben keine aufschiebende Wirkung.**

Übersicht

I. Allgemeines. 1. Entstehungsgeschichte. Mit der Neufassung des VAG zum 1.1.2016 hat der Gesetzgeber **§ 310 Abs. 1 VAG** in das VAG eingefügt. 1

§ 310 Abs. 2 VAG entspricht dem bisherigen § 89a VAG a. F.[1] Die frühere Regelung hatte das 3. DurchführungsG/EWG zum VAG nach dem Vorbild von § 49 KWG in das VAG a. F. eingefügt.[2] Den Anwendungsbereich des § 89a VAG a. F. erweiterte der Gesetzgeber durch zahlreiche Novellen.[3] Dies kehrte die Regel-Ausnahme-Systematik des allgemeinen Verwaltungsprozessrechts, nämlich die Fortgeltung der ursprünglichen Rechtslage bis zur Entscheidung über die Rechtmäßigkeit der behördlichen Maßnahme, praktisch um.[4] 2

Mit Einführung des § 310 Abs. 2 VAG fügt der Gesetzgeber erstmals Maßnahmen zur Festsetzung eines Kapitalaufschlags nach § 264 VAG und § 301 VAG in den Katalog des § 310 Abs. 2 VAG ein. Zugleich erfolgte eine **Reduktion der** von § 89a VAG a. F. noch **erfassten Vorschriften**. Im Einzelnen waren folgende Maßnahmen nicht mehr von § 310 Abs. 2 VAG erfasst: 3

– Maßnahmen bei Mängeln der Geschäftsorganisation (§ 64a Abs. 8 VAG a. F.);
– Anordnung zur Vergrößerung des Sicherungsvermögens (§ 66 Abs. 3 VAG a. F.);
– Beschränkung und Streichung der Vergütung sowie der Auszahlung der Vergütung (§ 81b Abs. 1a Sätze 1, 2 VAG a. F.);
– Anordnung zur Bereitstellung höherer Eigenmittel (§ 81b Abs. 2a Sätze 5 bis 7 VAG a. F.);
– Einschreiten gegen unerlaubte Versicherungsgeschäfte (§ 81f VAG a. F.);
– Befugnisse der Aufsichtsbehörde (§ 83 VAG a. F.);[5]
– Übertragung von Befugnissen auf Sonderbeauftragte (§ 83a VAG a. F.);

---

[31] *VGH Kassel* Urt. v. 6.5.2015 – 6 A 493/14, WM 2015, 1897.
[1] Begr. VAG-RegE 2014 BT-Drs. 18/2956, 294.
[2] 3. DurchführungsG/EWG zum VAG BT-Drs. 12/6959, 88.
[3] Z. B. durch Art. 3 Nr. 2 Versicherungskapitalanlagen-Bewertungsgesetz v. 26.3.2002 (BGBl. I, 1219) sowie Art. 16 Nr. 16 des 4. FMFG v. 21.6.2002 (BGBl. I, 2010).
[4] Vgl. zum VAG a. F. FKBP/*Bähr* § 89a VAG Rn 2.
[5] Vgl. dazu § 306 VAG Rn. 83.

– Verfolgung unerlaubter Versicherungsgeschäfte (§ 83b VAG a. F.);
– Widerruf der Erlaubnis, Abberufung von Geschäftsleitern und Mitgliedern des Aufsichtsrats (§ 87 VAG a. F.);
– Widerruf der Erlaubnis, Abberufung von Personen (§ 121c Abs. 2 Nr. 2, Abs. 4, 5, 6 VAG a. F.).

Das Finanzaufsichtsrechtergänzungsgesetz vom 6.6.2017 hat den Katalog der erfassten Maßnahmen und Entscheidungen allerdings mit Wirkung vom 10.6.2017 wieder um §§ 305 Abs. 3 und 6; 306 Abs. 4, 5 und 7; 308 VAG i. V. m. § 298 VAG erweitert.

4 **2. Normzweck. a) § 310 Abs. 1 VAG.** § 310 Abs. 1 VAG bestimmt für alle Verwaltungsakte der Aufsichtsbehörde, dass sie mit Nebenbestimmungen versehen werden können. Bislang war dies an verschiedenen Stellen im Gesetz geregelt, beispielsweise in §§ 6 Abs. 1, 64a Abs. 8, 81b Abs. 5 VAG a. F. Daraus ergaben sich Rechtsunsicherheiten.[6] § 310 Abs. 1 VAG dient der **Klarstellung**.

5 **b) § 310 Abs. 2 VAG.** Nach der Begründung des Gesetzgebers zu **§ 89a VAG a. F.** waren solche aufsichtsrechtlichen Maßnahmen erfasst, die ihrer Art nach typischerweise keinen Aufschub dulden, sondern unverzüglich durchgeführt werden müssen.[7]

6 Demgegenüber enthielt § 310 Abs. 2 VAG zunächst nur Maßnahmen und Entscheidungen, deren Verzögerung regelmäßig zu **erheblichen Gefahren oder irreparablen Schäden** führen würde.[8] Daraus folgte eine Verringerung der Tatbestände, bei denen der Widerspruch und die Anfechtungsklage von Gesetzes wegen keine aufschiebende Wirkung haben. Das Finanzaufsichtsrechtergänzungsgesetz hat den Katalog der Tatbestände allerdings wieder erweitert.

7 Dies entspricht zugleich dem Hauptziel des Schutzes der Versicherungsnehmer und der Begünstigten von Versicherungsleistungen nach § 294 Abs. 1 VAG.[9] In den erfassten Fällen **überwiegt** das **Interesse an** einer effektiven und zügigen **Durchführung von Maßnahmen der BaFin** gegenüber dem Interesse des betroffenen Versicherungsunternehmens am Aufschub bis zur Klärung der Rechtslage. Dies gilt selbst dann, wenn im Einzelfall Nachteile für das Unternehmen zu befürchten sind.[10]

8 **3. Europarechtlicher Hintergrund.** Sowohl **§ 310 Abs. 1 VAG** als auch **§ 310 Abs. 2 VAG** haben keinen europarechtlichen Hintergrund.

9 **II. Nebenbestimmungen (Abs. 1). 1. Begriff der Nebenbestimmung.** Nebenbestimmungen sind Regelungsinstrumente, die neben einen (Haupt-)**Verwaltungsakt** treten und diesen **in Form und Wirkung verändern**, um eine Anpassung an den konkreten Sachverhalt zu ermöglichen.[11] Sie sind abhängig von dem Bestand der Hauptregelung (Akzessorietät), stellen jedoch keine integrale Inhaltsbestimmung des (Haupt-)Verwaltungsakts dar.[12] Mit Ausnahme des Falls der Nichtigkeit nach § 44 VwVfG sind auch rechtswidrige Nebenbestimmungen gültig und wirksam, falls keine Anfechtung erfolgt.[13]

10 **2. Arten von Nebenbestimmungen.** § 36 Abs. 2 VwVfG enthält **Legaldefinitionen** der dort genannten Nebenbestimmungen. § 36 Abs. 2 Nr. 1 bis 3 VwVfG verändern unmittelbar die durch den Verwaltungsakt getroffene Regelung. § 36 Abs. 2 Nr. 4 und 5 VwVfG betreffen eine zusätzliche, eng mit dem (Haupt-)Verwaltungsakt verbundene Regelung.

11 Die **Befristung nach § 36 Abs. 2 Nr. 1 VwVfG** gestaltet die innere Wirksamkeit der (Haupt-)Regelung in zeitlicher Hinsicht.[14]

12 Die **Bedingung nach § 36 Abs. 2 Nr. 2 VwVfG** macht als aufschiebende Bedingung den Eintritt der Regelungswirkung des Verwaltungsaktes oder als auflösende Bedingung den Wegfall dieser Wirkung von dem Eintritt eines zukünftigen Ereignisses abhängig. Der Unterschied zur Befristung liegt in der Unsicherheit des Ereignißeintritts, an die die Bedingung anknüpft. Eine Potestativbedingung liegt vor, wenn der Eintritt des Ereignisses vom Willen des Regelungsadressaten abhängt.[15]

13 Der **Widerrufsvorbehalt gemäß § 36 Abs. 2 Nr. 3 VwVfG** erleichtert die spätere Durchbrechung der Bestandskraft unter Abschwächung des Vertrauensschutzes nach § 49 Abs. 2 S. 1 Nr. 1 VwVfG.

14 Die **Auflage gemäß § 36 Abs. 2 Nr. 4 VwVfG** enthält eine eigene, selbständig durchsetzbare und vollstreckbare Sachregelung.[16] Es handelt sich um einen eigenen Verwaltungsakt, der von der Hauptregelung abhängig ist und deshalb eine Nebenbestimmung darstellt.[17]

---

[6] Begr. VAG-RegE 2014 BT-Drs. 18/2956, 294.
[7] 3. DurchführungsG/EWG zum VAG BT-Drs. 12/6959, 88.
[8] Begr. VAG-RegE 2014 BT-Drs. 18/2956, 294.
[9] Zum VAG a. F. vgl. FKBP/*Bähr* § 89a VAG Rn 2.
[10] Vgl. zum KWG als Parallele z. B. Schwennicke/Auerbach/*Schwennicke* § 49 KWG Rn. 7.
[11] *Ruffert* in Ehlers/Pünder, Allgemeines Verwaltungsrecht, 15. Aufl. 2016, § 23 Rn. 1.
[12] *Kopp/Ramsauer,* VwVfG, 17. Aufl. 2016, § 36 VwVfG Rn. 8.
[13] *Schwerdtfeger/Schwerdtfeger*, Öffentliches Recht, 14. Aufl. 2012, Rn. 168.
[14] *Kopp/Ramsauer,* VwVfG, 17. Aufl. 2016, § 36 VwVfG Rn. 53.
[15] *Stelkens* in Stelkens/Bonk/Sachs, VwVfG, 8. Aufl. 2015, § 36 Rn. 75 f.
[16] *Ruffert* in Ehlers/Pünder, Allgemeines Verwaltungsrecht, 15. Aufl. 2016, § 23 Rn. 9.
[17] *Kopp/Ramsauer,* VwVfG, 17. Aufl. 2016, § 36 Rn. 68, 70; *Stelkens* NVwZ 1985, 469, 470; a. A. *Fehn* DÖV 1988, 202 f.

Von der Auflage ist die **„modifizierende Auflage"** zu unterscheiden.[18] Diese weicht vom Regelungsinhalt eines beantragten Hauptverwaltungsakts ab und ist deswegen nicht selbständig durchsetzbar. Es handelt sich um eine Inhaltsbestimmung. Ob eine Auflage oder eine inhaltliche Änderung eines Verwaltungsakts vorliegt ist durch Auslegung nach dem Empfängerhorizont zu ermitteln. 15

Der **Auflagenvorbehalt nach § 36 Abs. 2 Nr. 5 VwVfG** verleiht der Behörde die Befugnis, nachträglich Auflagen zu erlassen oder zu modifizieren. Bedeutung erlangt der Vorbehalt, wenn sich die Auswirkungen eines Vorhabens im Zeitpunkt der Entscheidung der Behörde noch nicht abschließend beurteilen lassen.[19] 16

3. Zulässigkeit von Nebenbestimmungen. a) Spezialgesetz. Die Zulässigkeit einer Nebenbestimmung wird anhand von drei Prüfungsschritten ermittelt.[20] Vorrangig sind spezialgesetzliche **Zulässigkeitsbegrenzungen** zu beachten. Sie können die Anwendung von Nebenbestimmungen unter bestimmte Voraussetzungen stellen oder ganz ausschließen. Auch aus der Natur des Verwaltungsakts kann sich eine generelle Unzulässigkeit von Nebenbestimmungen ergeben.[21] 17

b) Allgemeine Beschränkungen nach § 36 VwVfG. Es wird zwischen gebundenen und Ermessensverwaltungsakten unterschieden. Ein **gebundener Verwaltungsakt** darf nur unter den eingeschränkten Voraussetzungen von § 36 Abs. 1 Alt. 1 oder 2 VwVfG mit Nebenbestimmungen versehen werden, da dadurch eine Begünstigung für den Bürger eingeschränkt wird.[22] Nach § 36 Abs. 1 Alt. 2 VwVfG ist die Nebenbestimmung damit zulässig, wenn sie anspruchshindernde Versagungsgründe für den Verwaltungsakt beseitigt. 18

Ein **Ermessensverwaltungsakt** kann gemäß § 36 Abs. 2 VwVfG in den allgemeinen Ermessensgrenzen mit Nebenbestimmungen erlassen werden. 19

c) Konkrete Ausgestaltung der Nebenbestimmung. Nach **§ 36 Abs. 3 VwVfG** darf eine Nebenbestimmung dem Zweck des Verwaltungsakts nicht zuwiderlaufen. Sie muss also in einem sachlichen Zusammenhang zum (Haupt-)Verwaltungsakt stehen.[23] Außerdem muss die Nebenbestimmung dem Verhältnismäßigkeitsgrundsatz entsprechen.[24] 20

4. Rechtsschutz gegen Nebenbestimmungen. In Literatur und Rechtsprechung ist **umstritten**, ob der Rechtsschutz gegen Nebenbestimmungen durch eine isolierte Anfechtungsklage, die die Wirkung des (Haupt-)Verwaltungsakts unberührt lässt, oder durch eine Verpflichtungsklage, gerichtet auf Erlass des begünstigenden Verwaltungsakts ohne die Nebenbestimmung, gegeben ist.[25] 21

Nach der **Rechtsprechung des Bundesverwaltungsgerichts** „erfolgt der Rechtsschutz gegen belastende Nebenbestimmungen immer durch die Anfechtungsklage. Alles andere ist eine Frage der Begründetheit."[26] Voraussetzung in der Begründetheit ist dann die Teilbarkeit von Verwaltungsakt und Nebenbestimmung.[27] 22

Die **frühere Rechtsprechung** unterschied zur Bestimmung der statthaften Klageart nach der Art der Nebenbestimmung.[28] Nebenbestimmungen nach § 36 Abs. 2 Nr. 4 und 5 VwVfG könnten selbständig angefochten werden. Nebenbestimmungen nach § 36 Abs. 2 Nr. 1 bis 3 VwVfG sowie die modifizierende Auflage seien untrennbare Teile des (Haupt-)Verwaltungsakts und damit nicht isoliert anfechtbar. In diesen Fällen sei eine Verpflichtungsklage, gerichtet auf Erlass eines Verwaltungsakts ohne Nebenbestimmung, die statthafte Klageart. 23

Eine dritte **Ansicht in der Literatur** unterscheidet nach der Art des Hauptverwaltungsakts. Nebenbestimmungen zu gebundenen Verwaltungsakten können isoliert angefochten werden. Ist die Nebenbestimmung hingegen mit einem Ermessensverwaltungsakt verbunden, so wird auf die Verpflichtungsklage verwiesen. 24

Vorzugswürdig erscheint die Lösung des **Bundesverwaltungsgerichts**. Diese ist von dem Wortlaut des § 113 I S. 1 VwGO („Soweit…") gedeckt, der die teilweise Aufhebung von Verwaltungsakten auch im Verwaltungsprozess ermöglicht.[29] Aus rechtspolitischer Sicht überzeugt, dass der Kläger das bereits Erlangte nicht mittels einer Verpflichtungsklage wieder riskieren muss. 25

---

[18] *Stelkens* in Stelkens/Bonk/Sachs, VwVfG, 8. Aufl. 2015, § 36 Rn. 96.
[19] *Kopp/Ramsauer,* VwVfG, 17. Aufl. 2016, § 36 Rn. 77.
[20] *Ruffert* in Ehlers/Pünder, Allgemeines Verwaltungsrecht, 15. Aufl. 2016, § 23 Rn. 12 ff.
[21] *Maurer,* Allgemeines Verwaltungsrecht, 18. Aufl. 2011, § 12 Rn. 18.
[22] *Kopp/Ramsauer,* VwVfG, 17. Aufl. 2016, § 36 Rn. 37.
[23] *Kopp/Ramsauer,* VwVfG, 17. Aufl. 2016, § 36 Rn. 79.
[24] *Ruffert* in Ehlers/Pünder, Allgemeines Verwaltungsrecht, 15. Aufl. 2016, § 23 Rn. 15.
[25] *Stelkens* in Stelkens/Bonk/Sachs, VwVfG, 8. Aufl. 2015, § 36 Rn. 54.
[26] *BVerwG* Urt. v. 22.11.2000 – 11 C 2/00, BVerwGE 112, 221 = NVwZ 2001, 429.
[27] *Brüning* NVwZ 2002, 1081.
[28] *BVerwG* Urt. v. 21.10.1970 – IV C 165/65, BVerwGE 36, 145 = VerwRspr 1971, 664; *BVerwG* Urt. v. 29.3.1968 – IV C 27/67, BVerwGE 29, 261 = NJW 1968, 1842; *Pietzcker* NVwZ 1995, 15, 20.
[29] *Ruffert* in Ehlers/Pünder, Allgemeines Verwaltungsrecht, 15. Aufl. 2016, § 23 Rn. 18.

26 **III. Ausschluss der aufschiebenden Wirkung (Abs. 2). 1. Enumerativsystem.** § 310 Abs. 2 VAG **schließt** für den Widerspruch und die Anfechtungsklage gegen folgende Entscheidungen der Aufsichtsbehörde die **aufschiebende Wirkung aus**:
- Untersagung oder Beschränkung einer Beteiligung (§ 18 Abs. 1, 2 VAG);
- Prüfung des Inhabers bedeutender Beteiligungen, Bestimmung des Abschlussprüfers, Einschränkung oder Untersagung der freien Verfügung über Vermögenswerte bei Nichtbedeckung der Solvabilitätskapitalanforderung (§§ 20, 36, 134 Abs. 7 VAG);
- Einschränkung oder Untersagung der freien Verfügung über die Vermögenswerte bei Nichtbedeckung der Mindestkapitalanforderung (§ 135 Abs. 3 VAG);
- Kapitalaufschläge für die Gruppe sowie allgemeine Aufsichtsbefugnisse in Bezug auf versicherungsfremde Geschäfte, auf in anderen Mitglied- oder Vertragsstaaten im Wege der Niederlassungs- oder Dienstleistungsfreiheit ausgeübte Geschäftstätigkeit, auf die in den Geltungsbereich der Verordnung (EG) Nr. 1060/2009 einbezogenen Unternehmen und auf bestimmte Maßnahmen sowie Entscheidungen im Rahmen von Befragung, Auskunftserteilung, Betretung, Durchsuchung, Beschlagnahme und Unterbindung unerlaubter Versicherungsgeschäfte (§§ 264, 298 VAG i. V. m. §§ 15, 294 Abs. 6 VAG und § 295 VAG sowie §§ 305 Abs. 3 und 6; 306 Abs. 4, 5 und 7; 308 VAG);
- Kapitalaufschlag, Eröffnung des Insolvenzverfahrens, Zahlungsverbot und Herabsetzung von Leistungen (§§ 301, 312, 314 VAG sowie §§ 305 Abs. 3 und 6; 306 Abs. 4, 5 und 7; 308 VAG).

27 § 310 Abs. 2 VAG enthält zwar ein Enumerativsystem, ist aber aufgrund **entsprechender Anordnungen in anderen VAG-Regelungen** nicht abschließend. Widerspruch und Anfechtungsklage gegen folgende Maßnahmen der Aufsichtsbehörde nach dem VAG haben daher ebenfalls keine aufschiebende Wirkung:
- Anordnung der Übertragung der Versicherungsverträge und der erforderlichen Vermögensgegenstände auf den zuständigen Sicherungsfonds (§ 222 Abs. 8 VAG);
- Bestimmung des Abschlussprüfers für den Sicherungsfonds (§ 227 Abs. 1 S. 3 VAG).

28 Außerdem wird **§ 310 VAG** für weitere, der Versicherungsaufsicht unterliegende Einrichtungen **entsprechend angewendet**:
- Einrichtungen der in § 140 Abs. 1 des 7. Sozialgesetzbuchs bezeichneten Art (§ 1 Abs. 4 S. 1 VAG);
- Erstversicherungsunternehmen mit Sitz in einem anderen Mitglied- oder Vertragsstaat (§ 62 Abs. 1 Nr. 6 VAG);
- Versicherungs-Zweckgesellschaften (§ 168 Abs. 2 VAG);
- Rückversicherungsunternehmen mit Sitz in einem anderen Mitglied- oder Vertragsstaat (§ 169 Abs. 4 VAG);
- Versicherungs-Holdinggesellschaften und gemischte Finanzholding-Gesellschaften (§ 293 Abs. 1 VAG).

29 **2. Fehlende aufschiebende Wirkung.** Entscheidungen der Aufsichtsbehörde sind Verwaltungsakte. Bis zur Einführung des § 89a VAG a. F. galt für alle Verwaltungsakte der Aufsichtsbehörde **grundsätzlich § 80 Abs. 1 VwGO**. Danach haben Widerspruch und Anfechtungsklage aufschiebende Wirkung, wenn die Behörde die sofortige Vollziehung nicht nach § 80 Abs. 2 S. 1 Nr. 4, Abs. 3 VwGO anordnet und begründet.

30 Besteht typischerweise ein Bedürfnis nach **sofortiger Vollziehbarkeit** im Interesse der Schnelligkeit und Effektivität der Verwaltung, so ordnet der Gesetzgeber das Entfallen der aufschiebende Wirkung durch **Bundesgesetz** nach § 80 Abs. 2 S. 1 Nr. 3 Alternative 1 VwGO an. Bei § 310 Abs. 2 VAG handelt es sich um ein solches Bundesgesetz.

31 Aufgrund sofortiger Vollziehbarkeit können die Adressaten einer Anordnung, die gemäß einer von § 310 Abs. 2 VAG erfassten Eingriffsermächtigung ergeht, nur noch nach § 80 Abs. 4 und 5 VwGO oder § 123 VwGO **Rechtsschutz** erlangen. Die Anordnungen müssen solange befolgt werden, bis die BaFin die Vollziehung aussetzt, das Gericht die aufschiebende Wirkung anordnet, der Verwaltungsakt zurückgenommen oder durch Urteil aufgehoben wird.[30] Für die in § 310 Abs. 2 VAG nicht genannten Maßnahmen der Aufsichtsbehörde bleibt es bei der Geltung des § 80 Abs. 1 VwGO.

32 **3. Aussetzung der Vollziehung.** Die Anordnung der Aussetzung der Vollziehung durch die **BaFin** nach § 80 Abs. 4 VwGO kommt nur in Betracht, wenn im Einzelfall der Schutz der Versicherungsnehmer sowie der Begünstigten von Versicherungsleistungen gemäß § 294 Abs. 1 VAG und die Effektivität der Aufsicht durch die aufschiebende Wirkung nicht in nennenswerter Weise beeinträchtigt werden.[31]

33 Das **Gericht der Hauptsache** kann nach § 80 Abs. 5 VwGO die aufschiebende Wirkung anordnen, wenn im Einzelfall das Interesse des Antragsstellers an einer Klärung der Rechtslage vor Vollzug des angegriffenen Verwaltungsaktes das Interesse am Sofortvollzug überwiegt.

[30] Vgl. zu der Parallele in § 49 KWG z. B. Boos/Fischer/Schulte-Mattler/*Lindemann* § 49 KWG Rn. 4.
[31] Vgl. für die Parallele des § 49 KWG z. B. Schwennicke/Auerbach/*Schwennicke* § 49 KWG Rn. 9.

Stützt sich ein **Verwaltungsakt auf mehrere Rechtsgrundlagen**, für die nur teilweise eine sofortige Vollziehbarkeit gesetzlich bestimmt oder von der BaFin angeordnet ist, so muss das Gericht im vorläufigen Rechtsschutz die Rechtsgrundlage, für die die aufschiebende Wirkung eingetreten ist, unberücksichtigt lassen.[32] Der Verwaltungsakt ist weiterhin sofort vollziehbar.[33] 34

IV. Verhältnis zu anderen Regelungen. § 310 Abs. 1 VAG bildet eine Sonderregelung zu **§ 36 VwVfG**. Nach **§ 5 Abs. 2 Hs. 2 VAG** kann die BaFin Nebenbestimmungen bei Entscheidungen über die Freistellung von der Aufsicht vorsehen. 35

§ 310 Abs. 2 VAG ist vor allem im Zusammenhang mit **§ 80 VwGO** zu sehen. Bei **§ 49 KWG** handelt es sich um ein Vorbild für und eine Parallele zu § 310 Abs. 2 VAG. 36

Kapitel 2. Sichernde Maßnahmen

Vorbemerkungen zu §§ 311–317

Schrifttum: Bähr/*Bähr* § 16; *Backes,* Die Insolvenz des Versicherungsunternehmens, Diss. Karlsruhe, 2003; *Bürkle,* Sicherungsvermögen und Sicherungsfonds: Neue aufsichtsrechtliche Instrumente in der Krise von Versicherungsunternehmen, ZfV 2006, 19; *Heiss/Gölz,* Zur Umsetzung der Richtlinie 2001/17/EG des Europäischen Parlaments und des Rates vom 19.3.2001 über die Sanierung und Liquidation von Versicherungsunternehmen, NZI 2006, 1; *Koch,* Krisen in der deutschen Versicherungswirtschaft, VW 2003, 1228; *Kollhosser/Goos,* Das neue Insolvenzrecht im Versicherungsaufsichtsrecht, in FS Walter Gerhardt, 2004, S. 487; *Männle,* Die Richtlinie 2001/17/EG über die Sanierung und Liquidation von Versicherungsunternehmen und ihre Umsetzung ins deutsche Recht, Diss. Freiburg 2007; *Plath,* Das Lebensversicherungsunternehmen in der Insolvenz, Diss. Frankfurt, 2007; *Sehrbrock,* Die „Aufsichtsleiter": Unternehmenspflichten und Aufsichtsbefugnisse bei Unterschreiten der Solvabilitäts- und Mindestkapitalanforderungen, ZVersWiss 2014, 489; *ders.,* Die „Aufsichtsleiter" für Versicherungsunternehmen in kritischen Solvabilitätssituationen – Eine Analyse der §§ 132–137 VAG im Kontext von Entwicklung und Systematik der Solvabilitätsaufsicht, 2016, *ders.,* Die Rechtsfolgen der „Aufsichtsleiter" – Pflichten und Eingriffsbefugnisse der §§ 132–137 VAG, VersR 2016, 1017.

I. Überblick: Aufsichtliche Befugnisse in der Krise und Insolvenz. Um das gesetzliche Hauptziel der Versicherungsaufsicht, die Erfüllbarkeit der Verpflichtungen durch das Versicherungsunternehmen zu gewährleisten, enthält das VAG eine Reihe von Maßnahmen, die die Aufsicht zu diesem Zweck ergreifen kann. Abhängig von der finanziellen Verfassung des Versicherungsunternehmens lassen sich die Krisenphasen und die damit verbundenen aufsichtlichen Befugnisse folgendermaßen strukturieren: 1

Phase	Merkmale	Verpflichtung Versicherungsunternehmen gegenüber der Aufsicht	Aufsichtliche Maßnahmen
Vorfeld der Krise	Verschlechterung der finanziellen Lage, die die Zahlungsfähigkeit oder Erfüllbarkeit der Verträge gefährden könnte	Anzeige gem. § 132 Abs. 2 VAG	§ 298 VAG
Krise droht	Versicherungstechnische Rückstellungen unzureichend		Einschränkung der Verfügung über Vermögenswerte, § 133 VAG
Krise droht	Eigenmittel drohen innerhalb der nächsten drei Monate bzw. sind tatsächlich nicht mehr in Höhe der Solvabilitätskapitalanforderung (SCR) verfügbar	– Anzeige gem. § 134 Abs. 1 VAG – Aufstellung eines Sanierungsplanes – § 134 Abs. 2 VAG	§ 298 VAG
Krise	begründete Annahme, dass sich die finanzielle Lage des Versicherungsunternehmens weiter verschlechtert		Einschränkung der Verfügung über Vermögenswerte, § 133 VAG i. V. m. § 134 Abs. 7 VAG

[32] So zum KWG *OVG Berlin* Beschl. v. 19.5.1976 – I S 75/76, NJW 1976, 2141.
[33] Zum KWG *VG Köln* Beschl. v. 30.5.2001 – 14 L 928/01, WM 2001, 1612; bestätigt durch *OVG Münster* Beschl v. 31.7.2001 – 4 B 743/01, WM 2002, 847.

Phase	Merkmale	Verpflichtung Versicherungsunternehmen gegenüber der Aufsicht	Aufsichtliche Maßnahmen
Krise	tatsächlich fortschreitende Verschlechterung der Solvabilität		§§ 137 Abs. 1 VAG i. V. m. 134, 135, 137 Abs. 2 VAG
Existenzielle Krise	Eigenmittel drohen bzw. sind tatsächlich nicht mehr in Höhe der Mindestkapitalanforderung (MCR) verfügbar.	– Anzeige, § 135 Abs. 1 VAG – Aufstellung eines Finanzierungsplanes,§ 135 Abs. 2 VAG	§ 135 Abs. 3, § 137 VAG
Existenzielle Krise	Versicherungsunternehmen dauerhaft nicht mehr imstande, Verpflichtungen zu erfüllen und Insolvenzvermeidung zum Besten der Versicherten geboten		– Anordnung von Sanierungsmaßnahmen, § 314 Abs. 1 S. 1 VAG Zahlungsverbot, § 314 Abs. 1 S. 2 VAG – LV: Dauerhafte Herabsetzung von Leistungen § 314 Abs. 2 VAG – LV und KV: Anordnung der Übertragung auf Sicherungsfonds, § 222 Abs. 2 VAG
Übergang zur Liquidationsphase	Mindestkapitalanforderungen sind nicht gedeckt und Finanzierungsplan unzureichend oder nicht erfüllt		Widerruf der Erlaubnis, § 304 Abs. 1 Nr. 2 VAG
Übergang zur Liquidationsphase	Zahlungsunfähigkeit oder Überschuldung	Anzeige, § 311 Abs. 1 S. 1, 2 VAG	– LV und KV: Anordnung der Übertragung auf Sicherungsfonds, § 222 Abs. 2 VAG – Entscheidung über Insolvenzantrag, § 312 Abs. 1 VAG
Liquidationsphase	Insolvenzverfahren		Antrag auf Insolvenzeröffnung, § 312 VAG

2 **II. Geltungsbereich der insolvenzrechtlichen Vorschriften des VAG.** §§ 311–314 VAG sind auf alle der Aufsicht unterliegenden Unternehmen anwendbar.

3 § 312 Abs. 1 VAG gilt nicht für Versicherungs-Zweckgesellschaften, § 168 Abs. 2 VAG.

4 §§ 315–317 VAG hat bei Unternehmen, die kein Sicherungsvermögen (§ 125 VAG) bilden, auch keinen Anwendungsbereich; dabei handelt es sich um Rückversicherungsunternehmen und Versicherungs-Zweckgesellschaften (§§ 165 Abs. 2, 168 VAG).

5 **III. Überblick: Insolvenzsicherung von Gläubigern aus Versicherungsverhältnissen.** Für in Deutschland zugelassene Erst-Versicherungsunternehmen und Niederlassungen von Drittstaat-Versicherungsunternehmen greifen im Fall der Insolvenz des Versicherungsunternehmens folgende Sicherungssysteme:

– Lebensversicherungsunternehmen (ohne Sterbekasse und ggf. Pensionskassen), § 221 VAG: Sicherungsfonds Protektor;[34]

[34] Verordnung über die Übertragung von Aufgaben und Befugnissen eines Sicherungsfonds für die Lebensversicherung an die Protektor Lebensversicherungs-AG (SichLVV) vom 11.5.2006, BGBl. I 1170. In anderen EU/EWR-Staaten ansässige Lebensversicherungsunternehmens sind weder Pflichtmitglieder, noch können sie freiwillig Mitglied der Sicherungseinrichtung sein, *BVerwG* Urt. v. 23.3.2011 – 8 C 47.09, BVerwGE 139, 246 = NJW-RR 2011, 1250.

– Krankenversicherungsunternehmen, § 221 VAG: Sicherungsfond Medicator;[35]
– Gläubiger aus KFZ Haftplicht gem. § 12 PflichtVG: Entschädigungsfonds Verkehrsopferhilfe e. V.;[36]
– Gläubiger aus allen Versicherungsverhältnissen: besonders ausgestaltetes Sicherungsvermögen mit absolutem Vorrang für diese Gläubiger, § 315 VAG.

Anzeige der Zahlungsunfähigkeit

311 (1) [1] **Sobald das Versicherungsunternehmen zahlungsunfähig wird, hat sein Vorstand dies der Aufsichtsbehörde anzuzeigen.** [2] **Dies gilt sinngemäß, wenn das Vermögen des Versicherungsunternehmens nicht mehr die Schulden deckt.** [3] **Diese Anzeigepflicht tritt an die Stelle der dem Vorstand durch andere gesetzliche Vorschriften auferlegten Pflicht, bei Zahlungsunfähigkeit oder Überschuldung die Eröffnung des Insolvenzverfahrens zu beantragen.**

(2) [1] **Bleiben bei Versicherungsvereinen auf Gegenseitigkeit und nach dem Gegenseitigkeitsgrundsatz arbeitenden öffentlich-rechtlichen Versicherungsunternehmen, bei denen Nachschüsse oder Umlagen zu leisten sind, ausgeschriebene Nachschüsse oder Umlagen fünf Monate über die Fälligkeit rückständig, so hat der Vorstand zu prüfen, ob sich, wenn die nicht bar eingegangenen Nachschüsse oder Umlagen außer Betracht bleiben, Überschuldung ergibt; ist dies der Fall, so hat er dies innerhalb eines Monats nach Ablauf der bezeichneten Frist der Aufsichtsbehörde anzuzeigen.** [2] **Die gleichen Pflichten haben die Liquidatoren.**

I. Allgemeines. 1. Entstehungsgeschichte. Der Inhalt der Norm basiert auf § 88 Abs. 2 VAG a. F. 1

2. Normzweck. Die Vorschrift enthält Anzeigepflichten des Versicherungsunternehmens im Fall 2 seiner Zahlungsunfähigkeit oder Überschuldung sowie beim Ausbleiben ausgeschriebener Nachschüsse (VVaG).

3. Europarechtlicher Hintergrund. Europarechtlich gibt es keine Vorgaben zum Gegenstand der 3 Norm.

II. Anzeigepflichten. 1. Anzeige der Zahlungsunfähigkeit und Überschuldung (Abs. 1). Zahlungsunfähigkeit und ein Überschuss der Schulden sind der Aufsicht unverzüglich anzuzeigen. 4 Abs. 1 S. 3 stellt klar, dass den Vorstand nicht die Verpflichtung zum Insolvenzantrag gem. § 15a InsO trifft. Der Vorstand bleibt jedoch verpflichtet, keine weiteren Zahlungen zu leisten (§ 92 Abs. 2 AktG, § 188 Abs. 2 Nr. 3 VAG) und eine Hauptversammlung einzuberufen.[1]

a) Zahlungsunfähigkeit (Abs. 1 S. 1). Sie bestimmt sich nach § 17 InsO.[2] Eine drohende Zah- 5 lungsunfähigkeit löst keine Anzeige nach § 311 Abs. 1 S. 1 VAG aus;[3] wohl aber eine Anzeige gem. § 132 VAG.

b) Überschuss der Schulden über das Vermögen (Abs. 1 S. 2). Der insolvenzrechtliche Begriff 6 der Überschuldung gem. § 19 Abs. 2 InsO setzt neben der Unterdeckung (Schulden höher als Vermögen) weiter voraus, dass keine positive Fortsetzungsprognose möglich ist. Dass von den Anzeigeverpflichteten auch eine Fortführungsprognose anzustellen ist, ist vom Kontext der aufsichtlichen Befugnisse in der Krise nicht gegeben. Der Feststellung, dass das Vermögen die Schulden nicht mehr deckt, dürften in der Praxis eine Reihe anderer Anzeigen voraus gegangen sein, da bereits eine drohende Verschlechterung der Finanzsituation anzeigepflichtig ist, § 132 VAG. Auch im Vorfeld eines Schuldenüberhanges, wenn zwar noch Eigenmittel vorhanden sind, die aber den gesetzlichen Solvabilitätskapitalanforderungen nicht mehr entsprechen, sind Anzeigepflichten zu erfüllen, um der Aufsicht schon in dieser Phase ein Eingreifen zu ermöglichen. Schließlich dürfte zu diesem Zeitpunkt bereits der Fall des § 304 Abs. 1 Nr. 2 VAG vorliegen, der zum Widerruf der Erlaubnis führt und damit die Frage der Fortführungsprognose obsolet macht. Die Frage der Fortführungsprognose ist von der Aufsichtsbehörde im Rahmen ihrer Entscheidung nach § 312 Abs. 1 VAG anzustellen.

c) Verpflichtete. Zur Anzeige verpflichtet ist der Vorstand des Versicherungsunternehmens (§ 76 7 AktG, § 188 VAG), der Sonderbeauftragte (§ 307 VAG), dem die Befugnisse des Vorstandes übertragen worden sind, für die Niederlassung eines Drittstaat-Versicherungsunternehmen der Hauptbevollmächtigte (§ 68 Abs. 2 S. 2 VAG).

---

[35] Verordnung über die Übertragung von Aufgaben und Befugnissen eines Sicherungsfonds für die Krankenversicherung an die Medicator AG (SichKKV) vom 11.5.2006, BGBl. I 1171.
[36] Verordnung über den Entschädigungsfonds für Schäden aus Kraftfahrzeugunfällen vom 14.12.1965.
[1] Nur bei der Aktiengesellschaft, § 92 Abs. 1 AktG.
[2] K. Schmidt/*Schmidt* § 17 Rn. 1 m. w. N.; BeckOK InsO/*Wolfer* § 17; MüKo InsO/*Eilenberger* § 17 Rn. 1 ff.; Uhlenbruck/*Wegener* § 17 Rn. 1 ff.
[3] Im Rahmen der Neufassung des VAG ist der Wortlaut des § 88 Abs. 2 VAG a. F. unverändert übernommen worden; ebenso Uhlenbruck/*Hirte* InsO § 11 Rn. 28.

8 **2. Prüfung und Anzeige bei rückständigen Nachschüssen und Umlagen (Abs. 2). a) Ausgeschriebene Nachschüsse und Umlagen.** Abs. 2 entspricht dem unveränderten § 88 Abs. 2 S. 4 und 5 VAG a. F. und übernimmt auch dessen antiquierte Ausdrucksweise. Der Begriff „ausgeschriebene" Nachschüsse und Umlagen (§ 179 VAG) ist zu verstehen als solche, die konkret eingefordert worden sind (vgl. auch §§ 182, 209 Abs. 1 S. 1 VAG). Die praktische Bedeutung dieser Regelung war schon bisher gering, da es Nachschusspflicht und Umlageverfahren bei öffentlich-rechtlichen Wettbewerbsversicherern gar nicht mehr gibt, bei VVaG allenfalls noch bei kleineren Vereinen.

9 **b) Prüfungspflicht.** Abs. 2 postuliert eine besondere Prüfungspflicht für den Fall, dass Nachschüsse oder Umlagen eingefordert werden. Fünf Monate nach Fälligkeit der eingeforderten Zahlungen treffen den Vorstand folgende Verpflichtungen: (1) Ermittlung, ob Überschuldung eingetreten ist (Zwischenbilanz), wobei die zu diesem Zeitpunkt noch offenen Nachschuss- bzw. Umlageforderungen nicht berücksichtigt werden dürfen; (2) im Fall der Überschuldung Anzeige an die Aufsichtsbehörde innerhalb eines Monats. Die Pflicht, eine Zwischenbilanz aufzustellen, ist schon gegeben, wenn ein einziger Nachschuss- bzw. Umlageverpflichteter auch nur teilweise fünf Monate im Rückstand ist; für den Stichtag der Zwischenbilanz kommt es auf den Zeitpunkt an, in dem – in Fall von unterschiedlichen Fälligkeiten – der früheste Fälligkeitstermin um fünf Monate überschritten ist.

10 Die unveränderte Übernahme dieser Vorschrift in § 311 Abs. 2 VAG ist mit anderen Vorschriften des Gesetzes kaum kompatibel. In Anbetracht der Tatsache, dass schon eine Verschlechterung der finanziellen Situation (§ 132 Abs. 2 VAG, gilt auch für kleinere Vereine) oder das (drohende) Unterschreiten von SCR (§ 134 VAG) bzw. MCR (§ 135 VAG) unverzüglich der Aufsicht anzuzeigen ist, ist nicht erkennbar, welche eigenständige Bedeutung der Monatsfrist von Abs. 2 zukommen sollte.

11 **III. Strafvorschrift.** Die vorsätzliche oder fahrlässige Verletzung der Anzeigepflicht – darunter fällt auch die nicht rechtzeitige oder unrichtige Anzeige – ist ein Straftatbestand gem. § 331 Abs. 2, 3 VAG.[4]

Eröffnung des Insolvenzverfahrens

312 (1) **Der Antrag auf Eröffnung des Insolvenzverfahrens über das Vermögen eines Versicherungsunternehmens kann nur von der Aufsichtsbehörde gestellt werden.**

(2) [1] **Zuständig für die Eröffnung eines Insolvenzverfahrens über das Vermögen eines Versicherungsunternehmens sind im Bereich des Europäischen Wirtschaftsraums allein die jeweiligen Behörden des Herkunftsstaats.** [2] **Wird in einem Mitglied- oder Vertragsstaat ein Insolvenzverfahren über das Vermögen eines Versicherungsunternehmens eröffnet, so wird das Verfahren ohne Rücksicht auf die Voraussetzungen des § 343 Absatz 1 der Insolvenzordnung anerkannt.**

(3) [1] **Sekundärinsolvenzverfahren oder sonstige Partikularverfahren bezüglich der Versicherungsunternehmen, die ihren Sitz in einem anderen Mitglied- oder Vertragsstaat haben, sind nicht zulässig.** [2] **Dies gilt nicht in den Fällen des § 65 und nicht hinsichtlich der Niederlassungen von Versicherungsunternehmen eines Drittstaats gemäß § 68.**

(4) [1] **Das Insolvenzgericht hat den Eröffnungsbeschluss unverzüglich der Aufsichtsbehörde zu übermitteln, die unverzüglich die Aufsichtsbehörden der anderen Mitglied- oder Vertragsstaaten unterrichtet.** [2] **Erhält die Aufsichtsbehörde eine entsprechende Mitteilung der Aufsichtsbehörden eines Mitglied- oder Vertragsstaats, kann sie diese Entscheidung bekannt machen.** [3] **Unbeschadet der in § 30 der Insolvenzordnung vorgesehenen Bekanntmachung hat das Insolvenzgericht den Eröffnungsbeschluss auszugsweise im Amtsblatt der Europäischen Union zu veröffentlichen.** [4] **In den Bekanntmachungen gemäß § 30 der Insolvenzordnung und in der Veröffentlichung im Amtsblatt der Europäischen Union sind das zuständige Gericht, das maßgebliche Recht und der bestellte Insolvenzverwalter anzugeben.**

(5) [1] **Die Aufsichtsbehörde kann jederzeit vom Insolvenzgericht und vom Insolvenzverwalter Auskünfte über den Stand des Verfahrens verlangen.** [2] **Die Aufsichtsbehörde ist verpflichtet, die Aufsichtsbehörde eines anderen Mitglied- oder Vertragsstaats auf deren Verlangen über den Stand des Insolvenzverfahrens zu informieren.**

(6) [1] **Stellt die Aufsichtsbehörde den Antrag auf Eröffnung eines Insolvenzverfahrens über das Vermögen der Niederlassung eines Versicherungsunternehmens eines Drittstaats, so unterrichtet sie unverzüglich die Aufsichtsbehörden der Mitglied- oder Vertragsstaaten, in denen das Versicherungsunternehmen auch eine Niederlassung hat.** [2] **Die beteiligten Personen und Stellen bemühen sich um ein abgestimmtes Vorgehen.**

[4] Zur Frage der Haftung gem. § 823 Abs. 2 BGB bei Verletzung der Anzeigepflicht bezogen auf die gleichlautende Regelung im KWG: *Jansen* in: Park, Kapitalmarktstrafrecht, 2013, § 46b KWG; a. A. *Poertzgen/Meyer* WM 2010, 968.

Übersicht

I. Allgemeines. 1. Entstehungsgeschichte. Die Vorschrift basiert auf § 88 VAG a. F., allerdings ohne dessen Abs. 2, der sich jetzt in § 311 VAG findet. 1

2. Normzweck. Die Norm enthält wesentliche verfahrensrechtliche Sonderregelungen für Versicherungsunternehmen: die ausschließliche Zuständigkeit der Aufsichtsbehörde, einen Insolvenzantrag zu stellen (Abs. 1), die internationalrechtliche Zuständigkeit für die Eröffnung eines Insolvenzverfahrens bei grenzüberschreitend tätigen Versicherungsunternehmen (Abs. 2 und 3) sowie Bekanntmachungs- und Informationspflichten von Insolvenzgericht und Aufsichtsbehörde im Fall der Insolvenzeröffnung. 2

3. Europarechtlicher Hintergrund. Insolvenzrechtliche Spezialnormen gehören seit langem zum Bestand des VAG. Auf europäischer Ebene wurden bestimmte insolvenzrechtliche Aspekte für Versicherungsunternehmen durch die Richtlinie 2001/17/ EG (ZwangsliquidationsRL)[1] harmonisiert,[2] denn die (ältere) Europäische Insolvenz-VO[3] ist auf Versicherungsunternehmen nicht anwendbar (Art. 1 Abs. 2 VO (EG) Nr. 1346/2000, nunmehr Art. 1 Abs. 2 VO (EU) 2015/848). Diese Richtlinie ist formal durch Art. 310 Solva II-RL aufgehoben worden, weil ihre Regelungen sich nun in den Art. 267–296 Solva II-RL finden. 3

In § 312 sind die Bestimmungen der Art. 269–271, 273, 280 Solva II-RL umgesetzt. 4

4. Anwendungsbereich. § 312 VAG gilt für alle Unternehmen, die dem VAG unterliegen (§ 1 VAG) mit Ausnahme der Versicherungsunternehmen Zweckgesellschaften (§ 168 Abs. 2 VAG) sowie Versicherungs-Holdinggesellschaften und gemischten Finanzholding-Gesellschaften (§ 293 Abs. 1 VAG), bei diesen bleibt es bei der Antragsberechtigung und -pflichten nach §§ 13 ff. InsO. 5

Für Pensionsfonds gelten nicht § 312 Abs. 4 S. 1, 3, 4 VAG, sowie Abs. 5 S. 2 (§ 236 Abs. 1 VAG). 6

Zur Anwendbarkeit von Abs. 2 und 3 auf Rückversicherungsunternehmen s. unter 6. 7

II. Versicherungsspezifische Sonderregelungen. 1. Antrag auf Eröffnung des Insolvenzverfahrens, Abs. 1. § 312 behandelt eine wesentliche insolvenzrechtliche Besonderheit bei Versicherungsunternehmen. Abweichend von § 13 Abs. 1 InsO ist allein die Aufsichtsbehörde befugt, den Antrag auf Eröffnung des Insolvenzverfahrens zu stellen. Die Beschränkung der Antragsberechtigung auf die Auf- 8

[1] Richtlinie 2001/17/EG des Europäischen Parlaments und des Rates vom 19.3.2001 über die Sanierung und Liquidation von Versicherungsunternehmen, ABl. 2001 L 110, 28.

[2] *Heiss/Götz* NZI, 2006,1; *Männle,* Die Richtlinie 2001/17/EG über die Sanierung und Liquidation von Versicherungsunternehmen und ihre Umsetzung ins deutsche Recht, 2007.

[3] Verordnung (EG) Nr. 1346/2000 des Rates vom 29.5.2000 über Insolvenzverfahren, ABl. 2000 L 160, 1, neugefasst durch Verordnung (EU) 2015/848 des Europäischen Parlaments und des Rates über Insolvenzverfahren vom 20.5.2015, ABl. 2015 L 141, 19.

sichtsbehörde beruht auf zwei Gesichtspunkten. Zum einen verfügt die Aufsichtsbehörde, die den gesamten Geschäftsbetrieb des Versicherungsunternehmens laufend überwacht (§ 294 VAG) und quartalsweise detailliert über die finanziellen Verhältnisse Berichte erhält, über den aktuellsten Einblick in die finanzielle Lage des Versicherungsunternehmens. Außerdem verfügt sie über eine Reihe von spezifischen Befugnissen, um die Sanierung des Versicherungsunternehmens oder die Sicherung der Bestände voranzutreiben, sie nimmt damit in der gesamten Krisenphase eine aktive Rolle ein. Der Erfolg von Sanierungsmaßnahmen (Umsetzung eines Finanzierungsplanes, § 135 Abs. 2 VAG; Durchführung von Sanierungsmaßnahmen, § 314 VAG; (Teil-)Bestandsübertragungen, § 13 VAG) soll nun nicht dadurch gefährdet werden, dass ein Gläubiger den Antrag auf Eröffnung des Insolvenzverfahrens stellt, noch bevor die Rettungsbemühungen für Teile oder den gesamten Bestand des Versicherungsgeschäftes abgeschlossen sind.[4]

9 **a) Antragsberechtigung.** Die Aufsichtsbehörde ist allein antragberechtigt. Ob die Aufsichtsbehörde bei Vorliegen der Voraussetzungen der Abs. 1 und 2 diesen Antrag stellt, liegt in ihrem Ermessen. Infolgedessen sind weder der Vorstand noch Gläubiger eines Versicherungsunternehmen antragsberechtigt. Die Entscheidung darüber, ob ein Antrag gestellt wird, ist ein Verwaltungsakt (arg. e § 310 Abs. 2 VAG).[5] Rechtsmittel haben keine aufschiebende Wirkung, § 310 Abs. 2 VAG.

10 **b) Prüfung des Insolvenzantrags.** Eine Bindung des Insolvenzgerichts an den Antrag der Aufsichtsbehörde besteht nicht. Das Gericht überprüft die Voraussetzungen für die Eröffnung des Insolvenzverfahrens in eigener Verantwortung.[6]

11 Das zuständige Gericht prüft zum einen, ob ein Insolvenzgrund vorliegt, zum anderen, ob eine den Kosten des Verfahrens entsprechende Masse vorhanden ist (§ 26 Abs. 1 Satz 1 InsO), ein Vorschuss kann von der Aufsichtsbehörde nicht verlangt werden.[7]

12 **2. Wirkungen der Eröffnung des Insolvenzverfahrens.** Neben den allgemeinen Rechtsfolgen und Wirkungen nach der InsO[8] hat der Eröffnungsbeschluss noch weitere versicherungsspezifische Auswirkungen.

13 **a) Versicherungsverträge.** Mit der Eröffnung des Insolvenzverfahrens erlöschen die in § 316 VAG genannten Versicherungsverträge; alle anderen Versicherungsverhältnisse enden mit Ablauf eines Monats seit Eröffnung, § 16 Abs. 1 VVG.

14 **b) Bestellung eines Pflegers.** Zur Wahrung der Rechte der Versicherten an dem Sicherungsvermögen hat das Insolvenzgericht einen Pfleger zu bestellen, § 317 VAG.

15 **c) Erlaubnis zum Geschäftsbetrieb.** Sie erlischt nicht mit Eröffnung des Insolvenzverfahrens, sie ist gem. § 304 Abs. 1 Nr. 4 VAG zu widerrufen.

16 **3. Information über den Eröffnungsbeschluss durch das Insolvenzgericht (Abs. 4). a) Aufsichtsbehörde (Abs. 4 S. 1).** Der Eröffnungsbeschluss ist der Aufsichtsbehörde unverzüglich zu übermitteln, die ihrerseits die Aufsichtsbehörden der Mitglieds- oder Vertragsstaaten unterrichtet.

17 **b) Allgemeinheit (Abs. 4 S. 3 und 4).** Es gelten die Bekanntmachungspflichten von § 30 InsO. Darüber hinaus hat das Insolvenzgericht den Eröffnungsbeschluss auszugsweise im Amtsblatt der EU zu veröffentlichen. Das Insolvenzgericht hat in seinen Bekanntmachungen das zuständige Gericht, das maßgebliche Recht und den bestellten Insolvenzverwalter anzugeben. Anders als bei Kreditinstituten (§ 46e Abs. 3 KWG) ist für Versicherungsunternehmen nicht bestimmt, dass der Eröffnungsbeschluss in zwei überregionalen Zeitungen der Mitgliedstaaten zu veröffentlichen ist, in denen eine Zweigniederlassung besteht oder Dienstleistungen erbracht werden, oder dass der Veröffentlichung zusätzlich ein Formblatt voranzustellen ist.

18 **c) Gläubiger.** Die Unterrichtung der Gläubiger ist geregelt in § 313 VAG.

19 **4. Information über das laufende Insolvenzverfahren (Abs. 5). a) Informationsrecht der Aufsichtsbehörde.** Die Aufsichtsbehörde kann jederzeit vom Insolvenzgericht oder Insolvenzverwalter Auskunft zum Stand des Verfahrens fordern, Abs. 5 S. 1. Auf Verlangen der Aufsichtsbehörde eines anderen Mitglied- oder Vertragsstaates ist die deutsche Aufsicht gem. Abs. 5 S. 2 verpflichtet, über den Stand des Insolvenzverfahrens zu informieren.[9]

[4] Vergleichbare Regelung für Kreditinstitute in § 46b KWG.
[5] Ebenso *Backes*, Die Insolvenz des Versicherungsunternehmens, Diss. Karlsruhe 2003, S. 39, 111.
[6] Vgl. Uhlenbruck/*Wegener* § 13 Rn. 36 zu § 46b KWG.
[7] VA 1926, 182; *LG Berlin II* VA 1926 Nr. 1543.
[8] Z. B. Beendigung von Kontokorrentabreden (auch solche in Rückversicherungsverträgen) st. Rspr.; *BGH* Urt. v. 20.7.2011 – IV ZR 177/09 Rn. 10 m. w. N., VersR 2011,1315.
[9] Zur ähnlichen Reglung im KWG: *Skauradszun* WM 2016, 816.

b) Informationsrecht der Gläubiger. Rechtsgrundlage sind § 313 Abs. 4 VAG, § 69 S. 2 InsO. 20

III. Internationalrechtliche Zuständigkeit für das Insolvenzverfahren (Abs. 2 und 3). 1. Erstversicherungsunternehmen Europäischer Wirtschaftsraum (Abs. 2 S. 1). a) Einheits- und Universalitätsgrundsatz, Abs. 2. Auf Basis von Art. 273 ff. Solva II-RL bestimmt Abs. 2 S. 1, dass im Bereich des Europäischen Wirtschaftsraums allein die jeweils zuständigen Behörden des Herkunftsmitgliedstaates befugt sind, über ein Verfahren zur Liquidation eines Versicherungsunternehmens zu entscheiden; diese Entscheidung umfasst auch die in anderen Mitgliedstaaten belegenen Niederlassungen (Einheitsgrundsatz). Der Begriff der zuständigen „Behörde" ist in diesem Zusammenhang untechnisch zu verstehen. Darunter ist jede Stelle zu subsumieren, die nach den nationalen Vorschriften befugt ist, ein Insolvenzverfahren zu eröffnen. Um die europaweite Gleichbehandlung der Gläubiger zu gewährleisten, bestimmt Abs. 2 S. 2 darüber hinaus, dass ein in einem Mitglied- oder Vertragsstaat (als Herkunftsland) eröffnetes Insolvenzverfahren über das Vermögen eines Versicherungsunternehmens im Inland ohne Rücksicht auf die Voraussetzungen des § 343 InsO anzuerkennen ist (Universalitätsgrundsatz). 21

b) Ausschluss von Sekundärinsolvenz- oder sonstigen Partikularverfahren (Abs. 3 S. 1). Dem Grundsatz der strengen Universalität folgend, enthält Abs. 3 S. 1 eine Abweichung vom allgemeinen internationalen Insolvenzrecht. Satz 1 bestimmt, dass Sekundär- oder sonstige Partikularverfahren bezüglich der Versicherungsunternehmen, die ihren Sitz in einem anderen Mitgliedstaat der EU oder einem anderen Vertragsstaat des Europäischen Wirtschaftsraums haben, ausdrücklich ausgeschlossen sind.[10] 22

c) Sonderanknüpfungen gem. §§ 336 ff. InsO. Die nach der Richtlinie 2001/17/EG zulässigen Sonderanknüpfungen sind nicht im VAG, sondern in §§ 335 ff. InsO geregelt,[11] letztere sind wiederum im Lichte der Richtlinie auszulegen.[12] 23

d) Niederlassungen von Drittstaat-Versicherungsunternehmen (Abs. 3 S. 2). Sekundär- und sonstige Partikularverfahren sind möglich über das Vermögen der Niederlassung eines Drittstaatenunternehmens im Sinne des § 68 VAG. In Bezug auf Versicherer mit Sitz in Drittstaaten verbleibt die Regelungsautonomie damit – vorbehaltlich völkerrechtlicher Abkommen – bei den einzelnen Mitgliedstaaten.[13] Nach Abs. 6 S. 2 bemühen sich in einem solchen Fall die für die einzelnen Niederlassungen zuständigen Aufsichtsbehörden, das Insolvenzgericht und auch der Insolvenzverwalter zumindest um ein international abgestimmtes Vorgehen. 24

e) Versicherungsunternehmen gem. § 65 Abs. 3 S. 2 VAG. Ein Versicherungsunternehmen aus Mitglied- oder Vertragsstaaten kann Gegenstand eines Sekundär- oder sonstigen Partikularverfahrens sein, wenn dieses Versicherungsunternehmen nicht in den Anwendungsbereich der Solva II-RL fällt und im Inland Versicherungsgeschäft über eine Niederlassung oder im Dienstleistungsverkehr (§ 65 Abs. 3 VAG) betreibt. Die Ausnahmen sind in den Art. 3, 4 Solva II-RL definiert, sie betreffen Pensionskassen, Pensionsfonds, Sterbekassen und kleine Versicherungsunternehmen. 25

2. Rückversicherungsunternehmen. Die Regelung in Abs. 2 und 3 umfassen vom Wortlaut her Rückversicherungsunternehmen, da sie gem. § 7 Nr. 33 VAG vom Begriff des „Versicherungsunternehmens" erfasst werden und in den §§ 165 ff. VAG sich kein Anwendungsausschluss findet. Es ist jedoch insoweit von einem gesetzgeberischen Versehen auszugehen und der Anwendungsbereich ist im Wege der teleologischen Reduktion auf Erstversicherungsunternehmen zu beschränken. 26

Die gleichlautende Vorschrift des § 88 Abs. 1a Abs. 1 VAG a. F. hatte nämlich keine Geltung für Rückversicherungsunternehmen (§ 121a Abs. 1 S. 1 VAG a. F.). Der Grund dafür lag in der Tatsache, dass § 88 Abs. 1a und 1b VAG a. F. der Umsetzung der Richtlinie 2001/17/EG dienten. Rückversicherungsunternehmen waren vom Geltungsbereich dieser Richtlinie ausgenommen (Art. 2a RL 2001/17/EG), was sich auch durch die Integration von deren Vorschriften in die Solva II-RL nicht geändert hat.[14] In der Gesetzesbegründung zu § 312 n. F. findet sich die Feststellung, dass „die Vorschrift inhaltlich unverändert dem bisherigen § 88 VAG a. F."[15] entspricht, was auch den Anwendungsbereich umfasst. Folgerichtig gibt es auch für Erstversicherungsunternehmen, die nicht in den Anwendungsbereich der Solva II-RL fallen, weiterhin die Möglichkeit eines Partikularverfahrens (§ 313 Abs. 3 S. 2 27

[10] Zum Unterschied Partikular- und Sekundärverfahren *Keller* in: Bork/Hölzle, Handbuch Insolvenzrecht, 2014, Kap. 18 Rn. 86; Uhlenbruck/*Lüer* § 354 Rn. 1 ff.

[11] Kritisch zu den kollisionsrechtlichen Umsetzungsdefiziten *Heiss/Gölz* NZI 2006, 1 sowie MüKoInsO/*Reinhart* Vor §§ 335 ff. Rn. 87; *Kolmann/Keller* in: Gottwald, Insolvenzrechts-Handbuch, 5. Aufl. 2015, § 131 Rn. 147.

[12] Zum Verhältnis von § 351 InsO zu einem gem. § 312 Abs. 2 S. 2 VAG (Mitglied- oder Vertragsstaat) eröffneten Insolvenzverfahren: *BGH* Beschl. v. 30.4.2013 – VII ZR 22/12, NZI 2013, 763 = WM 2013, 1225.

[13] *Leible/Staudinger* KTS 2000, 533, 539 (zur EuInsVO) mit Ausführungen zu möglichen völkerrechtlichen Abkommen.

[14] Der Begriff des Versicherungsunternehmens erfasst nicht die Rückversicherungsunternehmen. Art. 267 i. V. m. Art. 13 Nr. 1 Solva II-RL.

[15] BT-Drs. 430/14 zu § 312 VAG.

VAG). Solange Art. 273 Abs. 1 Solva II-RL (Einheits- und Universalitätsgrundsatz) nicht in allen Mitglieds- und Vertragsstaaten auf Rückversicherungsunternehmen anzuwenden ist, würde der unilaterale Ausschluss von Partikular- und Sekundärinsolvenzverfahren gem. Abs. 3 S. 1 eines insolventen Rückversicherungsunternehmens mit Sitz in einem anderen Mitglieds- oder Vertragsstaat zu einer Benachteiligung von Gläubigern im Anwendungsbereich des VAG bzw. der InsO führen. Das gleiche gilt für die Anerkennung gem. Abs. 2 S. 2. Dies rechtfertigt den Schluss, dass es nicht gesetzgeberische Absicht war, die Reglung von Abs. 2 S. 1 und Abs. 3 S. 1 auf Rückversicherungsunternehmen zu erstrecken, sondern dass der Begriff „Versicherungsunternehmen" hier nicht i. S. v. § 7 Nr. 33 VAG sondern i. S. v. Art. 13 Nr. 1 Solva II-RL, also als Erstversicherungsunternehmen zu verstehen ist.

28 **IV. Information der deutschen Aufsicht über Mitteilungen von Eröffnungsbeschlüssen im Ausland (Abs. 4 S. 2).** Wird die deutsche Aufsichtsbehörde informiert, dass ein Insolvenzverfahren gegen ein Versicherungsunternehmen in einem anderen Mitgliedsstaat eröffnet worden ist, so kann sie diese Entscheidung bekannt machen. Die Aufsichtsbehörde veröffentlicht entsprechende Mitteilungen auf ihrer Website.

29 Die Aufsichtsbehörde unterrichtet gem. **Abs. 6** die Aufsichtsbehörden anderer EU- Staaten auch über die Eröffnung eines Insolvenzverfahrens über das Vermögen der Niederlassung eines Drittstaatversicherungsunternehmens.

Unterrichtung der Gläubiger

313 (1) [1] **Mit dem Eröffnungsbeschluss ist den Gläubigern ein Formblatt zu übersenden, das mit den Worten „Aufforderung zur Anmeldung und Erläuterung einer Forderung. Fristen beachten!" und den entsprechenden Übersetzungen in sämtlichen Amtssprachen der Mitglied- oder Vertragsstaaten überschrieben ist.** [2] **Das Formblatt wird vom Bundesministerium der Justiz und für Verbraucherschutz im Bundesanzeiger veröffentlicht und enthält insbesondere folgende Angaben:**

1. welche Fristen einzuhalten sind und welche Folgen deren Versäumung hat;
2. wer für die Entgegennahme der Anmeldung und Erläuterung einer Forderung zuständig ist;
3. welche weiteren Maßnahmen vorgeschrieben sind;
4. welche Bedeutung die Anmeldung der Forderung für bevorrechtigte oder dinglich gesicherte Gläubiger hat und inwieweit diese ihre Forderungen anmelden müssen;
5. die allgemeinen Wirkungen des Insolvenzverfahrens auf die Versicherungsverträge;
6. den Zeitpunkt, ab dem Versicherungsverträge oder -geschäfte keine Rechtswirkung mehr entfalten, und
7. die Rechte und Pflichten der Versicherten in Bezug auf den betreffenden Vertrag oder das entsprechende Geschäft.

(2) **Ist ein bekannter Gläubiger mit gewöhnlichem Aufenthalt, Wohnsitz oder Sitz in einem anderen Mitglied- oder Vertragsstaat Inhaber einer Forderung als Versicherungsnehmer, Versicherter, Begünstigter oder geschädigter Dritter mit Direktanspruch gegen den Versicherer, so ist er in einer Amtssprache des Mitglied- oder Vertragsstaats zu unterrichten, in dem er seinen gewöhnlichen Aufenthalt oder seinen Wohnsitz oder Sitz hat.**

(3) [1] **Gläubiger mit gewöhnlichem Aufenthalt, Wohnsitz oder Sitz in einem anderen Mitglied- oder Vertragsstaat können ihre Forderung in einer Amtssprache dieses anderen Staats anmelden.** [2] **In diesem Fall muss die Anmeldung in deutscher Sprache mit den Worten „Anmeldung und Erläuterung einer Forderung" überschrieben sein.**

(4) **Der Insolvenzverwalter hat die Gläubiger regelmäßig in geeigneter Form über den Fortgang des Insolvenzverfahrens zu unterrichten.**

1 **I. Allgemeines. 1. Entstehungsgeschichte.** Die Norm entspricht § 88a VAG a. F.

2 **2. Normzweck.** Die Norm regelt nur die Information der Gläubiger im Insolvenzverfahren eines Versicherungsunternehmens.

3 **3. Europarechtlicher Hintergrund.** In der Vorschrift sind die Art. 281–284 Solva II-RL umgesetzt.[1]

4 **II. Regelungsinhalt. 1. Gläubigerinformation, Abs. 1.** Die Transformation der Art. 281, 283 Solva II-RL führt bei der Insolvenz eines Erstversicherungsunternehmens zu einer Erweiterung der Bekanntmachungspflichten aus § 30 InsO. Zusätzlich zu der gem. § 30 InsO vorgesehenen öffentlichen Bekanntmachung und besonderen Zustellung des Eröffnungsbeschlusses an die Gläubiger ist diesen gem.

[1] S. dazu § 312 Rn. 3.

Abs. 1 S. 1 ein Formblatt zu übersenden, das die Aufforderung zur Anmeldung und Erläuterung der jeweiligen Forderungen enthält. Während die Verpflichtung zur besonderen Unterrichtung nach der Richtlinie auf Gläubiger beschränkt ist, die ihren gewöhnlichen Aufenthalt, Wohnsitz oder Sitz in einem anderen Mitglied- oder Vertragsstaat haben, besteht die Verpflichtung nach dem Wortlaut des Abs. 1 gegenüber allen Gläubigern. Abgesehen von der Überschrift des Formblatts, die in sämtliche Amtssprachen der EG und der anderen Vertragsstaaten des EWR zu übersetzen ist, ist die konkrete Ausgestaltung des Formblatts dem BMJV überlassen. Abs. 1 enthält lediglich eine nicht abschließende Aufzählung der aufzunehmenden Angaben. Das BMJV hat den Wortlaut im Wege einer Verwaltungsvorschrift festzulegen und im Bundesanzeiger zu veröffentlichen. Das Formblatt selbst begründet keine im Insolvenzverfahren zu berücksichtigenden materiellen Ansprüche, sondern erfüllt lediglich eine hinweisende Funktion.

2. Benachrichtigung bekannter Gläubiger (Abs. 2). Ein bekannter Gläubiger, der seinen ge- 5
wöhnlichen Aufenthalt, Wohnsitz oder Sitz in einem anderen Mitglied- oder Vertragsstaat hat, ist in einer Amtssprache dieses Staates zu unterrichten, wenn er Inhaber einer Forderung als Versicherungsnehmer, Versicherter oder Begünstigter ist oder wenn ihm als Geschädigten ein Direktanspruch gegen den Versicherer zusteht.

3. Anmeldung von Forderungen (Abs. 3). Abs. 3 eröffnet denjenigen Gläubigern, die ihren 6
gewöhnlichen Aufenthalt, Sitz oder Wohnsitz in einem anderen Mitglied- oder Vertragsstaat haben, die Möglichkeit, ihre Forderungen auch in einer Amtssprache dieses Staates anzumelden. Die Anmeldung muss lediglich in deutscher Sprache mit den Worten: „Anmeldung und Erläuterung einer Forderung" überschrieben sein. Eine Übersetzung des Formblatts kann von den Gläubigern nicht verlangt werden. Gläubiger aus Drittstaaten müssen ihre Forderungen aus Gründen der Verfahrensökonomie und aus Kostengründen in deutscher Sprache anmelden.[2]

4. Auskunftspflicht des Insolvenzverwalters (Abs. 4). Die Vorschrift geht zurück auf die Umset- 7
zung der EU-Vorschriften, hat aber letztlich nur Klarstellungsfunktion. Der Insolvenzverwalter erfüllt seine Informationspflichten gegenüber den Gläubigern nämlich bereits durch die nach der InsO vorgesehene Berichterstattung in der Gläubigerversammlung (§ 79 S. 1 InsO). Damit genügt der Insolvenzverwalter – vorbehaltlich weitergehender Beschlüsse der Gläubigerversammlung – auch den Anforderungen nach Abs. 4. Insbesondere ist der Insolvenzverwalter auch nach dieser Vorschrift nicht verpflichtet, Routineanfragen der Gläubiger nach dem Stand des Verfahrens zu beantworten.[3]

Neben der Berichterstattung gegenüber dem Insolvenzgericht (§ 58 InsO) ist der Insolvenzverwalter 8
auf Verlangen auskunftspflichtig lediglich gegenüber der Aufsichtsbehörde (§ 312 Abs. 5 VAG) und gegenüber den Mitgliedern des Gläubigerausschusses, der sich laufend über den Gang der Geschäfte zu unterrichten und den Geldverkehr und -bestand prüfen zu lassen hat (§ 69 S. 2 InsO).

Zahlungsverbot; Herabsetzung von Leistungen

314 (1) [1]**Ergibt sich bei der Prüfung der Geschäftsführung und der Vermögenslage eines Unternehmens, dass dieses dauerhaft nicht mehr imstande ist, seine Verpflichtungen zu erfüllen, die Vermeidung des Insolvenzverfahrens aber zum Besten der Versicherten geboten erscheint, so kann die Aufsichtsbehörde das hierzu Erforderliche anordnen, auch die Vertreter des Unternehmens auffordern, innerhalb bestimmter Fristen eine Änderung der Geschäftsgrundlagen oder sonst die Beseitigung der Mängel herbeizuführen.** [2]**Alle Arten von Zahlungen, besonders Versicherungsleistungen, Gewinnverteilungen und bei Lebensversicherungen der Rückkauf oder die Beleihung des Versicherungsscheins sowie Vorauszahlungen darauf, können zeitweilig verboten werden.** [3]**Die Vorschriften der Insolvenzordnung zum Schutz von Zahlungsabrechnungssystemen, Wertpapierliefersystemen und Wertpapierabrechnungssystemen sowie von dinglichen Sicherheiten der Zentralbanken und von Finanzsicherheiten sind entsprechend anzuwenden.**

(2) [1]**Unter der Voraussetzung nach Absatz 1 Satz 1 kann die Aufsichtsbehörde, wenn nötig, die Verpflichtungen eines Lebensversicherungsunternehmens aus seinen Versicherungen dem Vermögensstand entsprechend herabsetzen.** [2]**Dabei kann die Aufsichtsbehörde ungleichmäßig verfahren, wenn besondere Umstände dies rechtfertigen, insbesondere, wenn bei mehreren Gruppen von Versicherungen die Notlage des Unternehmens mehr in einer Gruppe als in einer anderen Gruppe begründet ist.** [3]**Bei der Herabsetzung werden, soweit Deckungsrückstellungen der einzelnen Versicherungsverträge bestehen, zunächst die Deckungsrückstellungen herabgesetzt und danach die Versicherungssummen neu festgestellt; ist dies nicht**

[2] Begr. RegE eines Gesetzes zur Umsetzung aufsichtsrechtlicher Bestimmungen zur Sanierung und Liquidation von Versicherungsunternehmen und Kreditinstitut, BT-Drs. 15/1653, 28.

[3] Begr. RegE eines Gesetzes zur Umsetzung aufsichtsrechtlicher Bestimmungen zur Sanierung und Liquidation von Versicherungsunternehmen und Kreditinstituten, BT-Drucksache 15/1653, 28.

möglich, werden die Versicherungssummen unmittelbar herabgesetzt. [4]Die Pflicht der Versicherungsnehmer, die Versicherungsentgelte in der bisherigen Höhe weiterzuzahlen, wird durch die Herabsetzung nicht berührt.

(3) **Die Maßnahmen nach den Absätzen 1 und 2 können auf eine selbständige Abteilung des Sicherungsvermögens (§ 125 Absatz 6) beschränkt werden.**

Übersicht

1 **I. Allgemeines. 1. Entstehungsgeschichte.** Bereits die Einführung der staatlichen Versicherungsaufsicht war geprägt durch den Gedanken, die Insolvenz von Versicherungsunternehmen zu vermeiden.[1] Dementsprechend enthielten bereits die ersten Fassungen des VAG die Befugnis der Aufsichtsbehörde, die zur Vermeidung der Insolvenz erforderlichen Anordnungen zu treffen.[2] Der dieser Bestimmung immanente Grundsatz, dass der Sanierung im Interesse der Versicherten Vorrang vor der Liquidation einzuräumen ist, ist mit § 314 VAG weiterhin im VAG enthalten. § 89 VAG a. F. ist die Vorläufernorm von § 314 VAG.

2 **2. Normzweck.** Die Norm eröffnet der Aufsichtsbehörde die Möglichkeit, ohne Beteiligung der Gläubiger ein eigenständiges Sanierungsverfahren durchzuführen. Unter den dort genannten Voraussetzungen kann sie trotz Vorliegens eines Insolvenzgrundes zunächst von der Stellung eines Insolvenzantrags abzusehen. Zu den Maßnahmen zählt auch ein temporäres Zahlungsverbot (Abs. 1), bei Lebensversicherungsunternehmen darüber hinaus die dauerhafte Herabsetzung von Leistungen (Abs. 2).

3 **3. Europarechtlicher Hintergrund.** Die Befugnisse der Aufsicht gem. § 314 VAG bestanden schon vor der europarechtlichen Harmonisierung der Sanierungsvorschriften. In Art. 268 Abs. 1 lit. c Solva II-RL wird das Zahlungsverbot und die Herabsetzung von Leistungen ebenfalls unter den Begriff der Sanierungsmaßnahmen gefasst. Art. 269 Solva II-RL stellt zudem klar, dass die Zuständigkeit der Aufsichtsbehörde des Sitzlandes auch die Sanierungsmaßnahmen umfasst und diese in der gesamten EU wirksam sind.

4 **II. Befugnisse der Aufsichtsbehörde. 1. Übersicht.** § 314 VAG verleiht der Aufsichtsbehörde folgende Befugnisse:

- Anordnung konkreter Sanierungsmaßnahmen, Abs. 1 S. 1, dazu zählt auch die Anordnung der Übertragung auf einen Sicherungsfonds gem. § 222 Abs. 1 und 2 VAG;
- Anordnung eines vorübergehenden Zahlungsverbotes, Abs. 1 S. 2;
- Anordnung einer dauernden Leistungsherabsetzung bei einem Lebensversicherungsunternehmen, Abs. 2.

5 **2. Voraussetzungen für die Anordnungen.** Abs. 1 S. 1 nennt zwei Voraussetzungen für die Maßnahmen gem. § 314 VAG, die solange möglich sind, wie das Unternehmen der Aufsicht unterliegt, also auch gegenüber einem liquidierenden Unternehmen (§ 294 Abs. 7 VAG):

6 **a) Drohende Insolvenz.** Das Unternehmen ist insolvenzreif im Sinne des § 311 Abs. 1 VAG oder wird es ohne Eingriffe der Aufsichtsbehörde in Kürze werden.

[1] *Starke* in: 50 Jahre materielle Versicherungsaufsicht, Bd. 3, 1955, S. 11 ff., 57 ff.; *Schmidt* FS Schwebler, 1986, 419, 420; *Knautz* ZfV 1996, 234.

[2] Vgl. hierzu die Mot. S. 89 f.

b) Insolvenzvermeidung zum Besten der Versicherten. Die Vermeidung der Insolvenz erscheint zum Besten der Versicherten geboten. Entscheidend ist allein das Interesse der Gesamtheit der Versicherten ohne Abwägung gegen die Interessen der Allgemeinheit.[3] Dies wird in der Lebens- und Krankenversicherung regelmäßig der Fall sein, da ein erheblicher Teil der Versicherten wegen Verschlechterung des Gesundheitszustandes nicht mehr oder nur zu erschwerten Bedingungen bei einem anderen Unternehmen Versicherungsschutz finden wird, sämtliche (älter gewordenen) Versicherten außerdem bei neuen Verträgen höhere Prämien zahlen müssen bzw. neue Verträge nur zu ungünstigeren Konditionen geschlossen werden können. 7

Ob Insolvenz droht und ob die Vermeidung der Insolvenz zum Besten der Versicherten geboten erscheint, sind unbestimmte Rechtsbegriffe, deren Auslegung und Anwendung gerichtlich voll überprüfbar ist.[4] 8

3. Anordnung von Sanierungsmaßnahmen. Die in Betracht kommenden Maßnahmen sind nicht abschließend aufgezählt, sie können mit alternativer Zielsetzung ergriffen werden: entweder um eine Sanierung und Fortführung des Geschäftsbetriebes zu ermöglichen oder um eine geordnete, „allmählich fortschreitende" (stille) Liquidation herbeizuführen.[5] Die Aufsichtsbehörde kann Anordnungen treffen, die der Sanierung des Versicherungsunternehmens im Interesse der Versicherten oder einer stillen Liquidation dienen: Änderung der Geschäftsgrundlagen oder sonstige Beseitigung von Mängeln (Abs. 1 Satz 1) oder Maßnahmen gem. § 222 Abs. 5 VAG (Übertragung auf Sicherungseinrichtung). 9

Widerspruch und Anfechtung der Anordnungen nach § 314 VAG haben keine aufschiebende Wirkung, § 311 Abs. 2 VAG. 10

4. Zahlungsverbot (Abs. 1 S. 2). a) Anordnung. aa) Umfang. Ein Zahlungsverbot ist für Versicherungsunternehmen aller Versicherungszweige zulässig und kann auch während der Entscheidung über einen Insolvenzantrag verhängt werden. Es kann sich auf alle Zahlungen, egal aus welchem Rechtsgrund beziehen.[6] Das Zahlungsverbot kann auf einzelne Arten von Zahlungen oder – sofern nur ein Geschäftszweig notleidend ist und ohne diesen das Unternehmen normal arbeiten würde – auf Zahlungen in einem bestimmten Versicherungszweig oder auf bestimmte Arten innerhalb eines Zweigs beschränkt werden. Es kann aber auch generell mit bestimmten, von vornherein zugelassenen Ausnahmen angeordnet werden: z. B. für notwendige Verwaltungskosten (diejenigen, die für die Führung der Geschäfte in dem nach Erlass des Zahlungsverbotes vorgesehenen Rahmen unerlässlich sind); für Steuern, öffentliche Abgaben, Leistungen an geschädigte Dritte in der Haftpflichtversicherung, Zahlungen an Rückversicherer, wenn das Unternehmen sonst den Rückversicherungsschutz verlieren würde, Prozesskosten für einen während der Dauer des Zahlungsverbotes laufenden Prozess.[7] 11

bb) Zeitliche Reichweite. Das Zahlungsverbot ist eine vorübergehende Maßnahme und hat den Zweck, der Aufsichtsbehörde Zeit zur Bestandsaufnahme und für die Prüfung der erforderlichen Maßnahmen zu geben. Daher kann es nur auf Zeit ausgesprochen werden, ohne dass der Zeitraum nach Wochen oder Monaten bemessen zu werden brauchte; es genügt, wenn aus dem Zahlungsverbot in irgendeiner Form hervorgeht, dass es eine vorübergehende Maßnahme ist („einstweilen", „vorläufig"). 12

cc) Partielle Aufhebung. Die Aufhebung des Zahlungsverbotes ist auch für einen Einzelfall, sei es auf Anregung des Unternehmens, sei es auf Anregung des Gläubigers, möglich.[8] 13

b) Zivilrechtliche Wirkungen des vorläufigen Zahlungsverbotes. aa) Vorübergehendes Leistungshindernis. Der BGH verneint eine privatrechtsgestaltende Wirkung des Zahlungsverbotes; vielmehr führt das Zahlungsverbot zu einem vorübergehenden Leistungshindernis (analog § 275 BGB), hindert aber nicht den Eintritt von Verzug.[9] Wird ein Zahlungsverbot nach Erlass eines vollstreckbaren Urteils ausgesprochen, so hat der Versicherer die Vollstreckungsgegenklage gem. § 767 ZPO.[10] 14

bb) Zahlung trotz Zahlungsverbotes. Zahlt das Versicherungsunternehmen trotz Zahlungsverbotes, so kann die Aufsichtsbehörde mit Zwangsmitteln gegen das Versicherungsunternehmen vorgehen, aber die Zahlung kann nicht zurückgefordert werden. 15

---

[3] So auch Goldberg/Müller/*Müller* § 89 Rn. 4; *Großfeld/Schemmann* ZIP 1985, 1180, 1182.
[4] Ebenso Goldberg/Müller/*Müller* § 89 Rn. 3, 5.
[5] Allg.M., s. FKBP/*Bähr* § 89 Rn. 3.
[6] *Großfeld/Schemmann* ZIP 1985, 1180, 1182; *Maus*, Der Konkurs der Lebensversicherungsgesellschaft, 1993, S. 5.
[7] VA 1925, 25; 1935,144; vgl. das Zahlungsverbot im Fall Brandaris VerBAV 1961, 233 = BAnz. Nr. 207/61.
[8] Vgl. VerBAV 1965, 153.
[9] *BGH* Urt. v. 12.3.2013 – XI ZR 227/12, BGHZ 197, 21 = NJW 2013, 3437 = WM 2013, 742; das Urteil erging zum Zahlungsverbot gem. § 46a KWG a. F. unter ausführlicher Auseinandersetzung mit der Literatur und ausdrücklicher Zurückweisung von Rechtsprechung des RG, das von einer Stundungswirkung des Zahlungsverbot bei Versicherungsunternehmen ausging, RG Urt. v. 19.12.1925 - I 60/25, RGZ 112, 348, 350 f.
[10] *RG* Urt. v. 22.1.1926 – VI 413/25, RGZ 112, 348, 350; zustimmend *BGH* Urt. v. 12.3.2013 – XI ZR 227/12 BGHZ 197, 21 = NJW 2013, 3437 = WM 2013, 742: „behördlich gewährter, materiell-rechtlich wirkender Vollstreckungseinwand".

16 **cc) Kündigungsrecht.** Das Zahlungsverbot gibt dem Versicherungsnehmer ein Recht zur fristlosen Kündigung wegen Unsicherwerdens des Versicherers, § 314 BGB.[11]

17 **dd) Zahlungsverbot und Arrest.** Vgl. §§ 916 ff. ZPO.[12]

18 **c) Privilegierung der Verwertung von Finanzsicherheiten, Abs. 1 S. 3.** Da das Zahlungsverbot ggf. die Verwertung von Finanzsicherheiten beeinträchtigen könnte (Legaldefinition Finanzsicherheit: § 1 Abs. 17 KWG), soll durch Abs. 1 S. 3 sichergestellt werden, dass die aufsichtsrechtlichen Maßnahmen die Wirksamkeit von Finanzsicherheiten nicht beeinträchtigen.[13] Bei den insolvenzrechtlichen Sondervorschriften handelt es sich im Wesentlichen um §§ 21 Abs. 2 S. 2, 96, 104, 130, 166 InsO. Die Privilegierung ist Ergebnis der Umsetzung[14] der Finanzsicherheiten-Richtlinie.[15]

19 **5. Herabsetzung der Verpflichtungen aus Lebensversicherungsverträgen (Abs. 2 und 3). a) Umfang.** Die Herabsetzung der Leistungsverpflichtung ist im Gegensatz zum Zahlungsverbot eine endgültige, auf Dauer wirkende Maßnahme. Sie betrifft nicht nur die laufenden Versicherungen, d. h. solche, bei denen die Leistung des Versicherers (unabhängig von einem Zahlungsverbot) noch nicht fällig ist, sondern auch solche, bei denen der Versicherungsfall schon eingetreten, die Leistung aber noch nicht ausgezahlt ist. Die Maßnahme muss nicht den gesamten Versicherungsbestand erfassen, sie kann sich auf eine selbstständige Abteilung des Sicherungsvermögens (§ 125 Abs. 5, 6 VAG) beschränken, Abs. 3. Die Herabsetzung ist an keine untere Grenze gebunden. Innerhalb einer selbstständigen Abteilung des Sicherungsvermögens können verschiedene Gruppen, die zusammen die Abteilung bilden, ungleichmäßig behandelt werden (z. B. Versicherte, deren Verträge auf einem bestimmten Tarif beruhen; Versicherte von Pensionskassen, deren Kreis durch die Höhe des pensionsfähigen Alters bestimmt wird; Versicherte, denen besondere Kredite oder sonstige Vorteile eingeräumt worden sind; Versicherte, die durch einen – ungünstig verlaufenen – Gruppenversicherungsvertrag zusammengefasst sind). Auf diese Weise sollen – im Sinne einer verursachungsgerechten Maßnahme – versicherungstechnische Unausgeglichenheiten durch stärkere Herabsetzung bei bevorzugten Gruppen von Versicherten ausgeglichen werden.

20 Die Herabsetzung der Leistungen gem. § 314 Abs. 2 VAG steht der Aufsichtsbehörde neben der Maßnahme nach § 222 Abs. 5 VAG zur Verfügung.[16] Sie unterliegt – anders als jene nach § 222 Abs. 5 VAG – keiner zahlenmäßigen Beschränkung.

21 **b) Vorgehensweise.** Die Herabsetzung vollzieht sich technisch auf der Grundlage einer Reduktion der rechnungsmäßigen einzelnen Deckungsrückstellungen; diese sind den zum entsprechenden Sicherungsvermögen zuzurechnenden Vermögenswerten anzupassen (Abs. 2 S. 1: „dem Vermögensstand entsprechend"). Wo Einzeldeckungsrückstellungen nicht bestehen und eine pauschal berechnete Gesamtdeckungsrückstellung gebildet worden ist (Pensionskasse mit Durchschnittsbeitrag),[17] werden die Versicherungssummen unmittelbar herabgesetzt (Abs. 2 S. 3), und zwar innerhalb einer Gruppe (Abs. 2 S. 2) entsprechend der Reduktion der Versicherungssummen bei Verträgen mit Deckungsrückstellung. Mit der Rechtskraft der Entscheidung werden die Lebensversicherungsverträge entsprechend umgestaltet, ohne dass sich die Prämie für den Rest der Versicherungsdauer ändert (Abs. 2 S. 4).

22 Von methodischem Interesse ist es, dass die Sanierung der Lebensversicherung in der Währungsreform nach einem dem System des Abs. 2 ähnlichen Prinzip erfolgte.[18]

23 **c) Versicherungsnehmer. aa) Kündigungsrecht.** Das Kündigungsrecht des Versicherungsnehmers gem. § 16 VVG bleibt durch die aufsichtliche Entscheidung unberührt.[19]

24 **bb) Rechtsmittel.** Der Verwaltungsakt, der zur Herabsetzung der Leistungen führt, hat Drittwirkung und eröffnet damit sowohl dem Unternehmen als auch den Versicherungsnehmern das Recht zur Anfechtung. Entsprechende Rechtmittel haben keine aufschiebende Wirkung, § 310 Abs. 2 VAG.

---

[11] Prölss/Martin/*Armbrüster* § 16 Rn. 10; Langheid/Wandt/*Fausten* § 16 Rn. 34.
[12] *KG* JR 1930, 240.
[13] Begr. RegE BT-Drs. 15/1853, 18.
[14] Gesetz zur Umsetzung der Richtlinie 2002/47/EG vom 6.6.2002 über Finanzsicherheiten und zur Änderung des Hypothekenbankgesetzes und anderer Gesetze vom 5.4.2004, BGBl. I 502.
[15] Richtlinie 2002/47/EG des Europäischen Parlaments und des Rates vom 6.6.2002 über Finanzsicherheiten, ABl. 2002 L 168, 43.
[16] Vgl. Antwort der Bundesregierung vom 11.1.2016 BT-Drs. 18/7221 sowie BT-Drs. 15/3418, 26, Begr. RegE zu § 125 VAG a. F.
[17] Begr. VA 1935, 156.
[18] Vgl. VO [Anordnung] über die Lebens- und Rentenversicherung aus Anlass der Neuordnung des Geldwesens v. 5.7.1948 i. V. m. § 6 A der 3. DVO/UmstellungsG.
[19] Prölss/Martin/*Armbrüster* § 16 Rn. 10; Langheid/Wandt/*Fausten* § 16 Rn. 34.

Behandlung von Versicherungsforderungen

315 (1) [1]**Bei Befriedigung aus den Werten des Sicherungsvermögens nach § 126 Absatz 1 bis 3 haben**

1. die Forderungen der Versicherten, Begünstigten oder geschädigten Dritten, die einen Direktanspruch gegen das Versicherungsunternehmen haben, und

2. Prämienrückzahlungsansprüche, wenn der Versicherungsvertrag vor der Eröffnung des Insolvenzverfahrens nicht zustande gekommen ist oder aufgehoben wurde,

in Höhe des Anteils am Sicherungsvermögen gemäß § 125 Absatz 2 Vorrang vor den Forderungen aller übrigen Insolvenzgläubiger. [2]**Dabei sind die Bestände des Sicherungsvermögens nur so weit zu berücksichtigen, wie für sie die Zuführung zum Sicherungsvermögen nach § 125 Absatz 1 und 2, § 126 Absatz 3 sowie § 127 vorgeschrieben ist.**

(2) **Untereinander haben die gemäß Absatz 1 bevorrechtigten Forderungen denselben Rang.**

I. Allgemeines. 1. Entstehungsgeschichte. Die Vorschrift entspricht § 77a VAG a. F. Das Insolvenzvorrecht zugunsten der Gläubiger aus Versicherungsverhältnissen ist mit Umsetzung der RL 2001/17/EG auf Gläubiger aus allen Versicherungszweigen ausgeweitet worden.[1] 1

2. Normzweck. Das Gesetz gewährt Gläubigern für Ansprüche aus Versicherungsverhältnissen ein Insolvenzvorrecht eigener Art, und zwar dergestalt, dass das Sicherungsvermögen zunächst nur den Gläubigern dieses Anspruchs zur Verfügung steht. 2

3. Europarechtlicher Hintergrund. Europarechtlich ist geboten, Gläubiger aus Versicherungsverhältnissen in besonderer Weise zu sichern. Das Insolvenzvorrecht entspricht den Anforderungen von Art. 275 Abs. 1 lit. a Solva II-RL. 3

II. Gläubigervorrecht. 1. Inhalt. Die Gläubiger von Forderungen aus Versicherung erlangen ein absolutes Vorrecht auf Befriedigung gegen das Versicherungsunternehmen vor allen anderen Gläubigern. Die Anspruchsberechtigten sind bis zur vollen Befriedigung Insolvenzgläubiger, sie werden nicht außerhalb des Insolvenzverfahrens befriedigt. Insolvenzvorrechte ähnlicher Art finden sich in § 32 DepotG und § 30 PfandBG. 4

2. Bevorrechtigte Forderungen (Abs. 1 S. 1). a) Leistungsansprüche (Abs. 1 S. 1 Nr. 1). Bevorrechtigt sind Leistungsansprüche 5

(1) des Versicherungsnehmers als unmittelbarem Vertragspartner sowie

(2) von dritten Personen, die am Vertrag beteiligt sind: Mitversicherte, Begünstigte,[2] geschädigte Dritte, die einen Direktanspruch gegen das Versicherungsunternehmen haben (§ 115 VVG). Dazu zählen auch Zinsforderungen, die vor Eröffnung des Insolvenzverfahrens entstanden sind, wenn sie in unmittelbarem Zusammenhang mit dem Leistungsanspruch stehen, nicht aber Prozesskosten.

b) Prämienrückzahlungsansprüche (Abs. 1 S. 1 Nr. 2). Sie sind bevorrechtigt, soweit sie auf Versicherungsverträgen beruhen, die vor Eröffnung des Insolvenzverfahrens nicht zustande gekommen sind oder aufgehoben wurden. Nicht erfasst werden Prämienrückzahlungsansprüche, die auf Grund der Beendigung des Versicherungsvertrages durch die Eröffnung des Insolvenzverfahrens entstanden sind. 6

c) Ersatzanspruch für erloschenen primären Leistungsanspruch (§ 316 S. 2 VAG). In jenen Versicherungszweigen, in denen durch Eröffnung des Insolvenzverfahrens die (noch nicht fälligen) primären Leistungsansprüche untergehen (§ 316 S. 1 VAG), erwächst den Berechtigten ein Ersatzanspruch. Dieser umfasst den rechnerischen Anteil des Forderungsberechtigten am Mindestumfang des Sicherungsvermögens. 7

d) Abgetretene Forderung. Als Forderung im Sinne von Abs. 1 S. 1 gilt auch die privilegierte Forderung, die abgetreten worden ist. Abs. 1 S. 1 fordert nicht, dass der Kreis der Anspruchsberechtigten auf die genannten Personen beschränkt ist; es muss sich ursprünglich um eine Forderung dieser Personen aus dem Versicherungsvertrag handeln. Soweit also die Abtretung nach dem jeweiligen Versicherungsvertrag möglich ist, kommt es für die Bevorrechtigung nicht darauf an, wer Forderungsinhaber ist. Damit können auch Dritte, die nicht in Abs. 1 S. 1 genannt sind, bevorrechtigt sein, wenn die Abtretung wirksam ist und die weiteren Voraussetzungen für eine Bevorrechtigung der Forderung vorliegen.[3] 8

---

[1] Gesetz zur Umsetzung aufsichtsrechtlicher Bestimmungen zur Sanierung und Liquidation von Versicherungsunternehmen und Kreditinstituten vom 10.12.2003, BGBl. I 2478; zuvor war es beschränkt auf Versicherungszweige, in denen ein Deckungsstock zu bilden war (Leben, Kranken, Unfall mit Prämienrückgewähr).

[2] Z. B. Bezugsberechtigte gem. § 159 VVG (Lebensversicherung), § 185 VVG (Unfallversicherung).

[3] Vgl. hierzu auch *Geiger* VW 2002, 1157.

9 **3. Umfang der Bevorrechtigung (Abs. 1 S. 2 Hs. 2).** Das Recht auf bevorzugte Befriedigung besteht nur hinsichtlich des Anspruchs auf den Betrag in Höhe des Anteils am Mindestumfang des Sicherungsvermögens (§ 125 Abs. 2 VAG). Maßgebend ist also, dass für diese Forderungen Rückstellungen i. S. v. § 125 Abs. 2 VAG gebildet worden sind. Darüber hinaus müssen die Forderungen dem Grunde nach vor und nicht durch die Eröffnung des Insolvenzverfahrens entstanden sein (Ausnahme: § 316 VAG) und dem Versicherungsunternehmen bekannt sein, auch wenn einzelne Bestandteile der jeweiligen Forderung noch ungewiss sind (vgl. Art. 268 Abs. 1 lit. g Solva II-RL).

10 **4. Vermögensmasse.** Die Vermögensmasse, aus der die bevorzugte Befriedigung erlangt werden kann, bezieht sich auf die Anteile an den Sicherungsvermögenswerten, aber nur soweit die Zuführung zum Sicherungsvermögen gesetzlich vorgeschrieben ist, Abs. 1 S. 2. Das bedeutet zum einen, dass dazu auch die Vermögenswerte zählen, die qua Gesetz zum Sicherungsvermögen gehören (§ 126 Abs. 1 S. 3, Abs. 3 VAG) und zum anderen, dass sie auf Basis der Anrechnungswerte der Höhe nach beschränkt sind auf den Mindestbetrag und des ggf. von der Aufsicht zusätzlich angeordneten Betrages (§ 127 Abs. 2 VAG). Darüber hinaus zugeführte Mittel stehen nicht für die bevorrechtigte Befriedigung zur Verfügung, sondern fallen in die Masse zurück.

11 **5. Verfahren. a) Ermittlung der bevorrechtigten Ansprüche.** Die bevorrechtigten Ansprüche sind von dem Pfleger (§ 317 VAG) zu ermitteln und anzumelden. Die InsO enthält keine Bestimmungen für Form und Frist der Anmeldung von bevorrechtigten Ansprüchen, die aus einer Sondermasse wie dem Sicherungsvermögen zu befriedigen sind. Die für einfache Insolvenzforderungen geltenden § 174 InsO (Grund und Betrag der Forderung) und § 28 InsO (Frist) dürften daher analog anzuwenden sein. Die Angabe der Bevorrechtigung ist erforderlich, wenn auch ebenfalls in der InsO nicht erwähnt.

12 **b) Verwertung der Sondermassen.** Zunächst stellt der Pfleger mit Hilfe des Insolvenzverwalters den Umfang der vorhandenen Sicherungsvermögenswerte sowie ihre Verteilung auf selbständige Abteilungen des Sicherungsvermögens fest, § 317 Abs. 2 VAG. Dann verwertet der Insolvenzverwalter die Vermögensgegenstände des Sicherungsvermögens ohne die Beschränkung des § 130 Abs. 1 VAG und ohne Mitwirkung des Treuhänders, dessen Amt durch die Eröffnung des Insolvenzverfahrens erloschen ist. Der Erlös ist von der übrigen Masse getrennt zu halten (vgl. § 125 Abs. 4 VAG). Zur Befriedigung der Versicherten steht der ganze Erlös zur Verfügung, auch soweit er höher ist als der Wert, mit dem der Vermögensgegenstand auf das Sicherungsvermögen angerechnet worden ist. Von dem Erlös abzusetzen sind die Vergütung des Pflegers und seine Auslagen (§ 317 Abs. 5 S. 2 VAG), ferner ein dem Verhältnis zur übrigen Insolvenzmasse entsprechender Teil der Vergütung für den Insolvenzverwalter und seiner allgemeinen Auslagen (§§ 54, 63, 64 InsO; str.)[4] und die sonstigen Masseverbindlichkeiten (§ 55 InsO; str.)[5] sowie die besonderen durch die Verwertung (und Verteilung) der Sicherungsvermögenswerte entstandenen und entstehenden Kosten.[6] Der BGH verneint eine Prozessführungsbefugnis des Insolvenzverwalters gem. § 92 InsO bzgl. Schadensersatzansprüche der bevorrechtigten Gläubiger.[7]

13 **c) Verteilung (Abs. 2).** Der Erlös, wie er sich nach dem oben Gesagten ergibt, ist vom Insolvenzverwalter unter allen bevorrechtigten Gläubigern zu verteilen, bei mehreren selbständigen Abteilungen des Sicherungsvermögens (§ 125 Abs. 5, 6 VAG) jeweils unter diejenigen, für deren Verträge die selbständige Abteilung gebildet worden ist.[8] Für die Verteilung ist es unerheblich, ob für die übrigen Gläubiger Abschlagszahlungen möglich sind, sie erfolgt unabhängig von der Schlussverteilung (§ 190 InsO). Die Berechtigten haben untereinander gleichen Rang, Abs. 2.

14 Ist die Verteilungsmasse geringer als die Gesamtheit der Ansprüche (was möglich ist, auch im Hinblick auf die Kosten und Auslagen, die sie verringern), so wird der vorhandene Betrag nach dem Verhältnis der bevorrechtigten Forderungen verteilt, d. h. das Defizit muss von allen Berechtigten getragen werden. Ist der Erlös aus den Sicherungsvermögenswerten größer als die Gesamtheit der bevorrechtigten Forderungen, so steht der Überschuss zusammen mit der übrigen Masse den sonstigen Insolvenzgläubigern zur Verfügung. Im Falle der Insolvenz eines VVaG muss vor Auskehrung an die Bevorrechtigten beachtet werden, dass sie gegebenenfalls Schuldner sind (§§ 179, 180, 207 ff. VAG) und der Anteil der Mitglieder insoweit zurückbehalten wird.

15 **6. Ausfallforderung.** In Höhe des Betrages, mit dem der Inhaber des bevorrechtigten Anspruchs bei der bevorzugten Befriedigung ausgefallen ist oder darauf verzichtet hat, besteht eine einfache Insolvenz-

[4] Ebenso *Männle*, Die Richtlinie 2001/17/EG über die Sanierung und Liquidation von Versicherungsunternehmen und ihre Umsetzung ins deutsche Recht, 2007, S. 296.

[5] Ebenso *Männle*, Die Richtlinie 2001/17/EG über die Sanierung und Liquidation von Versicherungsunternehmen und ihre Umsetzung ins deutsche Recht, 2007, S. 296.

[6] *Hopt* DB 1975, 1061; *Sieg* VersR 1975, 684.

[7] *BGH* Urt. v. 14.7.2011 – IX ZR 210/10, VersR 2011, 1326 = NZI 2011,682; ablehnend *Mensching* VersR 2011, 1489.

[8] Dazu *Hopt* DB 1975, 1067.

forderung fort (§ 174 InsO),[9] aus der Insolvenzmasse zu befriedigen ist. Es gelten die allgemeinen insolvenzrechtlichen Bestimmungen, bei VVaG unter Berücksichtigung der §§ 207, 209 VAG.

Erlöschen bestimmter Versicherungsverträge

316 **[1] Durch die Eröffnung des Insolvenzverfahrens erlöschen**
1. Lebensversicherungen,
2. Krankenversicherungen der in § 146 genannten Art,
3. private Pflegepflichtversicherungen nach § 148,
4. Unfallversicherungen der in § 161 genannten Art und
5. Rentenansprüche aus den in § 162 genannten Versicherungen.

[2] Die Anspruchsberechtigten können den auf sie zum Zeitpunkt der Eröffnung des Insolvenzverfahrens entfallenden Anteil an dem Mindestumfang des Sicherungsvermögens nach § 125 Absatz 2 fordern. [3] § 315 Absatz 1 Satz 2 und Absatz 2 ist entsprechend anzuwenden.

I. Allgemeines. 1. Entstehungsgeschichte. Die Forderung entspricht § 77b VAG a. F. 1

2. Normzweck. Die Vorschrift regelt das Schicksal von Versicherungsverhältnissen nach Insolvenzeröffnung für bestimmte Versicherungszweige, es handelt sich um eine Sondervorschrift gegenüber § 16 Abs. 1 VVG. 2

3. Europarechtlicher Hintergrund. Nach Art. 274 Abs. 2 lit. d Solva II-RL steht dem Mitgliedstaat die Regelungskompetenz darüber zu, wie sich das Liquidationsverfahren auf die laufenden Verträge auswirkt. 3

4. Anwendungsbereich. Die Norm stellt eine Sonderregelung dar für die Lebensversicherung, die nach deren Art betriebene Krankenversicherung (§ 146 VAG), die private Pflegepflichtversicherung (§ 148 VAG), die Unfallversicherung mit Prämienrückgewähr (§ 161 VAG), sowie für die Rentenleistungen in der Allgemeinen Haftpflicht- und Kraftfahrzeug-Haftpflichtversicherung sowie in der Allgemeinen Unfall- und Kraftfahrt-Unfallversicherung (§ 162 VAG). Sie setzt voraus, dass das Insolvenzverfahren eröffnet worden ist. 4

II. Insolvenz des Lebensversicherers/Versicherers mit Leistungen aus Deckungen gemäß §§ 146, 148, 161, 162 VAG. 1. Rechtsfolgen für das Versicherungsverhältnis (S. 1). Mit Eröffnung des Verfahrens erlöschen die dort aufgeführten Versicherungsverhältnisse. Für alle anderen Versicherungsverträge gilt § 16 Abs. 1 VVG, wonach ein Versicherungsverhältnis mit Ablauf eines Monats seit der Eröffnung des Insolvenzverfahrens (§ 27 InsO) endet. § 16 Abs. 2 VVG verweist bereits auf die vorrangigen Regelungen im VAG zur Wirkung der Insolvenzeröffnung; damit ist § 316 VAG gemeint. 5

2. Ansprüche der Versicherungsnehmer (S. 2). Erlischt das Versicherungsverhältnis, so geht der primäre Leistungsanspruch des Versicherungsnehmers unter. An seine Stelle tritt der Anspruch auf den entsprechenden Anteil des Versicherungsnehmers an dem Mindestumfang des Sicherungsvermögens (§ 125 Abs. 2 VAG). Dieser Anspruch ist ebenfalls bevorrechtigt. Weitergehende Ansprüche der Versicherungsnehmer bestehen daneben fort, nur handelt es sich dabei um einfache Insolvenzforderungen (§§ 174 ff. InsO). Im Einzelnen lassen sich folgende Ansprüche unterscheiden: 6

a) Ansprüche entstanden durch Insolvenzeröffnung. Es handelt sich um Anwartschaften aus Versicherungsverhältnissen, die bis zur Eröffnung des Insolvenzverfahrens wirksam waren (u. U. auch prämienfrei) und bei denen bis zu diesem Zeitpunkt weder der Leistungsfall eingetreten noch der Anspruch auf den Rückkaufswert (§ 169 VVG) entstanden ist. Mit Insolvenzeröffnung entstehen folgende Ansprüche: 7

aa) Anspruch auf Anteil am Sicherungsvermögen. Die Anspruchsberechtigten können den Betrag fordern, der als Anteil am Sicherungsvermögen zur Zeit der Eröffnung des Insolvenzverfahrens auf sie entfällt. Die Forderung ist bevorrechtigt nach § 315 Abs. 1 S. 1 VAG. 8

bb) Weitergehende Ansprüche. Ob die Anspruchsberechtigten einen Schadensersatzanspruch analog § 103 InsO erwerben, ist str.[1] Ein solcher Schadensersatzanspruch wäre in jedem Fall nur eine einfache Insolvenzforderung. 9

b) Ansprüche aus Versicherungsverhältnissen, die vor Eröffnung des Insolvenzverfahrens entstanden sind. Für diese Ansprüche, seien sie entstanden durch Eintritt des Versicherungsfalls oder auf Grund §§ 169 ff. VVG, gilt mit Eröffnung des Insolvenzverfahrens Folgendes: 10

[9] Ebenso Bähr/*Bähr* § 16 Rn. 75.
[1] Ablehnend Prölss/Martin/*Armbrüster* § 16 Rn. 6; bejahend: ebenda, § 16 Rn. 73; Langheid/Wandt/*Fausten* § 16 Rn. 31 jeweils m. w. N.; ebenso Bähr/*Bähr* § 16 Rn. 73.

11 **aa) Leistungsansprüche gem. § 315 Abs. 1 Nr. 1 VAG.** Die Anspruchsberechtigten können bis zur Höhe ihres Anspruchs den Betrag fordern, der als rechnungsmäßiger Anteil am Sicherungsvermögen auf sie entfällt; die Höhe der Forderung ergibt sich unmittelbar aus dem Versicherungsvertrag und ist bevorrechtigt. Die bis zur Eröffnung des Verfahrens aufgelaufenen Zinsen auf die Hauptforderung stellen eine bevorrechtigte Forderung dar, wenn sie mit der Versicherungsforderung in unmittelbarem Zusammenhang stehen.

12 **bb) Weitergehende Ansprüche.** Soweit die Forderung gegen den Versicherer den Betrag des rechnungsmäßigen Anteils am Sicherungsvermögen übersteigt, ist sie eine einfache Insolvenzforderung. Einfache Insolvenzforderungen sind auch Kosten, die bis zur Eröffnung des Verfahrens erwachsen sind (z. B. Prozesskosten).

13 **3. Gleichrangigkeit (S. 3).** S. 3 verweist auf § 315 Abs. 2 VAG, so dass die bevorrechtigten Forderungen untereinander gleichen Rang haben.

14 **III. Sicherungssysteme.** Bei Lebens- und Krankenversicherungsunternehmen ist zu berücksichtigen, dass diese Unternehmen (mit Ausnahme der Pensions- und Sterbekassen) den entsprechenden Sicherungsfonds (Protektor, Medicator, §§ 223 f. VAG) angehören müssen, § 221 VAG. Die Aufsichtsbehörde wird deshalb im Fall einer drohenden Insolvenz die Übertragung der Versicherungsbestände auf die Sicherungseinrichtungen anordnen, § 222 Abs. 2 VAG, und zwar bevor sie den Antrag auf Eröffnung des Insolvenzverfahrens stellt. Die Sicherungseinrichtung führt die Verträge fort, so dass die Rechtsfolgen aus § 316 Abs. 1 VAG (Erlöschen der Versicherungsverträge) für die Versicherungsnehmer nicht eintreten.

Pfleger im Insolvenzfall

317 (1) [1]**Das Insolvenzgericht hat den Versicherten zur Wahrung ihrer Rechte nach den §§ 315 und 316 einen Pfleger zu bestellen.** [2]**Für die Pflegschaft tritt an die Stelle des Betreuungsgerichts das Insolvenzgericht.**

(2) **Der Pfleger hat den Umfang des vorhandenen Sicherungsvermögens festzustellen sowie die Ansprüche der Versicherten zu ermitteln und anzumelden.**

(3) [1]**Der Pfleger hat die Versicherten, soweit möglich, vor der Anmeldung anzuhören, sie nach der Anmeldung von dieser zu benachrichtigen und ihnen auf Verlangen auch sonst Auskunft über die Tatsachen zu geben, die für ihre Ansprüche erheblich sind.** [2]**Das Recht des einzelnen Versicherten, seinen Anspruch selbst anzumelden, bleibt unberührt.** [3]**Soweit die Anmeldung des Versicherten von der des Pflegers abweicht, gilt, bis die Abweichung beseitigt ist, die Anmeldung, die für den Versicherten günstiger ist.**

(4) **Der Insolvenzverwalter hat dem Pfleger die Einsicht in alle Bücher und Schriften des Schuldners zu gestatten und ihm auf Verlangen den Bestand des Sicherungsvermögens nachzuweisen.**

(5) [1]**Der Pfleger kann für die Führung seines Amts eine angemessene Vergütung verlangen.** [2]**Die ihm zu erstattenden Auslagen und die Vergütung fallen dem Sicherungsvermögen zur Last.**

(6) **Vor Bestellung des Pflegers und vor Festsetzung der Vergütung ist die Aufsichtsbehörde anzuhören.**

1 **I. Allgemeines. 1. Entstehungsgeschichte.** Die Norm entspricht § 78 VAG a. F.

2 **2. Normzweck.** Das Gesetz ordnet die Bestellung eines Pflegers an für die Wahrung der Interessen der bevorrechtigten Gläubiger. Die Vorschrift regelt Bestellung, Aufgaben, Rechte und Vergütung des Pflegers.

3 **3. Europarechtlicher Hintergrund.** Europarechtlich gibt es zum Verfahren der Durchsetzung der Gläubigervorrechte keine Vorgaben.

4 **II. Pfleger im Insolvenzfall. 1. Bestellung eines Pflegers (Abs. 1). a) Allgemeines.** Nach Eröffnung des Insolvenzverfahrens ist von Amts wegen ein Pfleger für das Sicherungsvermögen zu bestellen. Mit Eröffnung des Insolvenzverfahrens verliert gleichzeitig ein Treuhänder, soweit dieser gem. § 128 VAG zu bestellen war, seine Aufgaben und Befugnisse hinsichtlich des Sicherungsvermögens.

5 **b) Bestellung.** Die Bestellung des Pflegers erfolgt durch das für das Versicherungsunternehmen zuständige Insolvenzgericht (§ 2 InsO; Form der Bestellung: §§ 1915 Abs. 1, 1789, 1791 BGB). Eine Veröffentlichung der Bestellungsurkunde ist nicht vorgeschrieben, das Insolvenzgericht kann aber die Bestellung in die Bekanntmachung über die Eröffnung des Insolvenzverfahrens aufnehmen oder sie besonders bekannt machen (§ 9 Abs. 2 InsO). Vor der Bestellung ist die Aufsichtsbehörde anzuhören,

Abs. 6. Diese hat kein Beschwerderecht gegen die Auswahl des Pflegers. Beaufsichtigt wird der Pfleger durch das Insolvenzgericht (§ 1837 BGB), nicht durch die Aufsichtsbehörde.

c) Aufhebung der Pflegschaft. Sie erfolgt nach § 1919 BGB, wenn der Umfang des Sicherungsvermögens festgestellt und die Ansprüche der bevorrechtigten Gläubiger ermittelt und angemeldet werden. Weitere Beendigungsgründe ergeben sich aus §§ 1885, 1886, 1889 BGB. 6

d) Anwendbare Vorschriften. Die materiellen Vorschriften über die Pflegschaft (§§ 1915 Abs. 1, 1773 ff. BGB) finden Anwendung, soweit sie mit § 317 VAG und der besonderen Eigenart dieser Pflegschaft vereinbar sind und mit der Maßgabe, dass das Insolvenzgericht an die Stelle des Betreuungsgerichts tritt, **Abs. 1 S. 2.** Da Bestellung und Abberufung durch das Insolvenzgericht erfolgen, kommen die Verfahrensvorschriften der InsO und der ZPO (§ 4 InsO) zur Anwendung. 7

2. Aufgaben des Pflegers (Abs. 2 und 3). a) Allgemeines. Das Gesetz schreibt den Pfleger vor, weil die bevorrechtigten Gläubiger ihren rechnungsmäßigen Anteil am Sicherungsvermögen nicht kennen, so dass sie nicht wissen, in welcher Höhe ihnen eine bevorrechtigte Forderung zusteht. Auf Grund der Verweisung auf §§ 315, 316 VAG (dort werden nicht nur die Versicherten, sondern auch die übrigen Gläubiger einer Versicherungsforderung genannt) sind mit dem in § 317 VAG verwendeten Begriff der „Versicherten" alle Gläubiger mit einem Recht zur vorrangigen Befriedigung erfasst. Innerhalb seiner Aufgaben ist er deren gesetzlicher Vertreter, §§ 164, 1793, 1794 BGB. 8

b) Aufgaben. Die Aufgaben des Pflegers sind in Abs. 2 abschließend aufgeführt. 9

aa) Beststellung des Sicherungsvermögens. Der Pfleger hat zu prüfen, ob die im Vermögensverzeichnis eingetragenen Werte (§ 126 VAG) vorhanden sind, wobei der Insolvenzverwalter ihn zu unterstützen hat, **Abs. 4.** Kommt es zwischen dem Insolvenzverwalter und dem Pfleger über den Umfang des Sicherungsvermögens zu Meinungsverschiedenheiten (z. B. über den Umfang von Nutzungen, die nicht in das Vermögensverzeichnis eingetragen sind, § 126 Abs. 1 S. 3 VAG), so ist der Pfleger befugt, diese Differenzen als Vertreter aller bevorrechtigten Gläubiger gerichtlich klären zu lassen, denn diese Klärung betrifft alle bevorrechtigten Gläubiger in gleicher Weise. Dasselbe gilt für die Geltendmachung von Ansprüchen, die – im Falle ihres Bestehens – dem Sicherungsvermögen zugutekämen.[1] Eine entsprechende Klärung zählt zur Feststellung des Sicherungsvermögens. Die Kosten sind Auslagen gemäß Abs. 5. 10

bb) Ermittlung der Ansprüche der bevorrechtigten Gläubiger. Zu ermitteln sind der auf jeden Anspruchsberechtigten im Zeitpunkt der Eröffnung des Insolvenzverfahrens entfallende Anteil am Sicherungsvermögen (bevorrechtigte Forderung), sowie die darüber hinausgehenden Ansprüche, die einfache Insolvenzforderungen sind. Bei der Ermittlung ist der Pfleger sowohl auf die Angaben der Gläubiger angewiesen, die er nach Abs. 3 S. 1 anzuhören hat, wie auf die Mitwirkung des Insolvenzverwalters, da dieser im Besitz sämtlicher Unterlagen ist. 11

cc) Anmeldung der bevorrechtigten Ansprüche (Abs. 3). Die Anmeldung der bevorrechtigten Ansprüche erfolgt durch den Pfleger; dieser hat die Versicherten, soweit möglich, vor der Anmeldung anzuhören, sie über der Anmeldung zu informieren und über anspruchsrelevante Umstände Auskunft zu erteilen, Abs. 3 S. 1. Die Anmeldung erfolgt gem. §§ 28, 174 InsO analog innerhalb der im Eröffnungsbeschluss festgesetzten Frist unter Hinweis auf das Vorrecht nach §§ 315, 316 VAG, soweit es sich um den bevorrechtigten Teil der Forderung handelt. Die bevorrechtigten Gläubiger bleiben befugt, ihre Ansprüche selbst anzumelden, Abs. 3 S. 2. Bei Doppelanmeldung gilt (ohne Rücksicht darauf, welche Anmeldung die frühere war) die für den Anspruchsberechtigten günstigere, Abs. 3 S. 3. 12

dd) Keine Aufgabe des Pflegers. Der Pfleger ist nicht ermächtigt, das Sicherungsvermögen (wie ein Treuhänder) in Verwahrung zu nehmen oder zu verwalten, an der Verwertung der Sicherungsvermögenswerte durch den Insolvenzverwalter oder an der Verteilung unter die bevorrechtigten Gläubiger mitzuwirken, in der Gläubigerversammlung abzustimmen, oder Prozesse wegen der angemeldeten Forderungen (bei Bestreiten durch den Insolvenzverwalter) zu führen. Nach der Anmeldung obliegt es dem Anspruchsberechtigten selbst, seine Rechte durchzusetzen. 13

3. Haftung. Die Haftung des Pflegers bestimmt sich nach § 1833 BGB. 14

4. Informationsrecht des Pflegers (Abs. 3). Der Insolvenzverwalter hat dem Pfleger Zugang zu allen Informationen zu gewähren, die für die Erfüllung von dessen Aufgaben erforderlich sind. Dazu zählen nicht nur Bücher und Schriften, sondern auch die relevanten IT-Systeme, die heute die maßgeblichen Informationsträger sind. Der Wortlaut der Norm ist entsprechend den veränderten Rahmenbedingungen ergänzend auszulegen. 15

---

[1] Überzeugend *Mensching,* VersR 2011, 1489 zum Begriff des Gesamtschadens bei unterbliebener oder verspäteter Bildung des Sicherungsvermögens mit Anmerkung zu *BGH*, Beschl. v. 14.7.2011 – IX ZR 210/10.

16 **5. Vergütung, Auslagenersatz, Abs. 5.** Vergütung und Auslagenersatz fallen dem Sicherungsvermögen zur Last, d. h. sie schmälern die den Bevorrechtigten zur Verfügung stehende Masse, S. 2.

17 **a) Vergütung.** Der Pfleger hat Anspruch auf eine angemessene Vergütung. Diese wird gem. § 1836 Abs. 1 BGB durch das Insolvenzgericht nach Anhörung der Aufsichtsbehörde (Abs. 6) festgesetzt. Die Angemessenheit richtet sich in erster Linie nach dem Umfang und der Schwierigkeit der Aufgabe, erst in zweiter Linie nach der Höhe der Ansprüche und dem Umfang des Sicherungsvermögens. Gegen die Festsetzung können der Insolvenzverwalter und der Pfleger, nicht aber die Aufsichtsbehörde sofortige Beschwerde gem. § 6 InsO (analog zum Rechtsmittel bei der Festsetzung der Insolvenzverwaltervergütung) einlegen.

18 **b) Auslagenersatz.** Soweit dem Pfleger Kosten entstehen, sind ihm diese Auslagen gem. § 1835 Abs. 1 BGB zu ersetzen.

Kapitel 3. Veröffentlichungen

Veröffentlichungen

318 (1) **Die Bundesanstalt veröffentlicht jährlich Mitteilungen über den Stand der ihrer Aufsicht unterstellten Versicherungsunternehmen sowie über ihre Wahrnehmungen auf dem Gebiet des Versicherungswesens.**

(2) [1] **Ebenso veröffentlicht sie**

1. die Texte der Rechts- und Verwaltungsvorschriften auf dem Gebiet der Versicherungsaufsicht;

2. ihre Rechts- und Verwaltungsgrundsätze, insbesondere die Kriterien und Methoden des aufsichtlichen Überprüfungsverfahrens gemäß § 294 Absatz 5 und der Prognoserechnungen gemäß § 44;

3. die Art und Weise der Ausübung der in der Richtlinie 2009/138/EG vorgesehenen Optionen sowie

4. die Ziele der Beaufsichtigung und ihre Hauptfunktionen und -tätigkeiten.

[2] **Die Angaben müssen ausreichend sein, um einen Vergleich der von den Aufsichtsbehörden in den verschiedenen Mitglied- oder Vertragsstaaten gewählten Aufsichtsansätze zu ermöglichen.**

(3) **Die Veröffentlichungen nach den Absätzen 1 und 2 müssen unter einer einzigen elektronischen Adresse abrufbar sein.**

1 **I. Allgemeines. 1. Entstehungsgeschichte.** Abs. 1 entspricht dem bisherigen § 103 Abs. 1 VAG a. F. Abs. 2 enthält neben der Regelung des bisherigen § 103 Abs. 2 VAG a. F. in Abs. 2 Nr. 2 Hs. 1 Ergänzungen in Folge der Umsetzung der Solva II-RL. Abs. 3 ist neu.

2 **2. Normzweck.** Durch das Gebot ihre Methoden und Erkenntnisse sowie Ziel und Haupttätigkeit zu veröffentlichen, wird die Bundesanstalt zu einer gewissen Transparenz ihrer Tätigkeit gezwungen. Insoweit ist die Vorschrift Ausfluss des Rechtsstaatsprinzips[1] sowie Teil der Säule Drei der Aufsichtsarchitektur des Aufsichtsrahmens Solvabilität II, der auch die Aufsichtsbehörden dem Transparenzgebot[2] unterwirft.

3 **3. Europarechtlicher Hintergrund.** Soweit Abs. 2 gegenüber der Vorgängervorschrift Erweiterungen erfahren hat, beruhen diese auf der Umsetzung von Art. 31 Abs. 2 Solva II-RL.

4 **II. Einzelerläuterungen. 1. Abs. 1. a) Jahresbericht und Versicherungsstatistik.** Dem Gebot aus Abs. 1 kommt die Bundesanstalt mit der gedruckten Veröffentlichung des Jahresberichts der BaFin sowie den Erst- und Rückversicherungsstatistiken des Geschäftsbereichs Versicherungsaufsicht nach.[3] Außerdem sind der Jahresbericht und die Versicherungsstatistiken auf der Homepage der Bundesanstalt unter der Rubrik „Daten und Dokumente" und dem entsprechenden Suchbegriff einsehbar. Im Hinblick auf den Grad der Detaillierung der zu veröffentlichenden Zahlen und den aus der Aufsicht gewonnenen Erkenntnissen sind der Bundesanstalt insoweit Grenzen gesetzt, als sie dabei die Pflicht zur Verschwiegenheit nach § 309 VAG zu beachten hat, wie auch durch das Recht der Versicherungsunternehmen auf informationelle Selbstbestimmung und einschlägige Datenschutzbestimmungen.[4]

[1] BT-Drs. 18/2956, 294.
[2] S. Art. 31 Abs. 1 Solva II-RL.
[3] *Laars* § 103 Rn. 1; FKBP/*Bähr* § 103 Rn. 1.
[4] BT-Drs. 18/2956, 294; *Laars* § 103 Rn. 1; FKBP/*Bähr* § 103 Rn. 1.

b) Abs. 2. aa) Nr. 1. Dem Erfordernis aus Nr. 1 zur Veröffentlichung der (aktuellen) Texte der Rechts- und Verwaltungsvorschriften auf dem Gebiet der Versicherungsaufsicht kommt die Bundesanstalt nach, in dem sie die für das Aufsichtsregime Solvabilität II grundlegenden Rechtstexte sowie eine Verlinkung auf das VAG auf ihrer Homepage (bafin.de unter Daten und Dokumente/Rechtsgrundlagen) eine Verlinkung auf die Rechts- und Verordnungstexte bereitstellt. 5

bb) Nr. 2. Abs. 2 Nr. 2 enthält weiterhin den bereits seit langem veralteten Begriff der **Rechtsgrundsätze**. Mit dem Wegfall des Beschlusskammerverfahrens erlässt die Bundesanstalt keine Rechtsgrundsätze mehr.[5] Ihre **Verwaltungsgrundsätze** macht die Bundesanstalt in Rundschreiben, die nach Zusendung an die Adressaten veröffentlicht werden, und Merkblättern bekannt. Die Veröffentlichung der Verwaltungsgrundsätze führt zur Selbstbindung der Bundesanstalt.[6] Darüber hinaus veröffentlicht die Bundesanstalt sog. Auslegungsentscheidungen, in denen sie ihre Rechtsansichten sowie ihre Verwaltungspraxis zu einzelnen aufsichtlichen Fragen oder ganzen Themenkomplexen darstellt. 6

§ 294 Abs. 5 verpflichtet die Bundesanstalt zur regelmäßigen Durchführung eines **aufsichtlichen Überprüfungsverfahrens**. Mit dem Überprüfungsverfahren sollen Versicherungsunternehmen ermittelt werden, die aufgrund finanzieller, organisatorischer oder sonstiger Auffälligkeiten ein erhöhtes Risikoprofil aufweisen. Die dem Überprüfungsverfahren zugrundliegenden Kriterien und Methoden sind von der Bundesanstalt vorab zu veröffentlichen. Die Grundlagen des Überprüfungsverfahren durch die Bundesanstalt finden sich ebenfalls auf der BaFin-Homepage (bafin.de unter Aufsicht/Aufsichtliche Offenlegung) 7

Prognoserechnungen sind als quantitatives Instrument i. S. v. Art. 34 Abs. 4 Solva II-RL Teil des Überprüfungsverfahrens. Über die dabei angewandten Methoden sowie über die aggregierten Ergebnisse informiert die Bundesanstalt im Jahresbericht. 8

cc) Nr. 3. Auch die nach Abs. 2 Nr. 3 erforderliche Veröffentlichung der Art und Weise der Ausübung der in der Solva II-RL den nationalen Gesetzgebern und Aufsichtsbehörden eingeräumten Optionen findet sich unter bafin.de (Aufsicht/Versicherungsaufsicht/Ausübung von Optionen). 9

dd) Nr. 4. Auch der Veröffentlichungspflicht unter Abs. 2 Nr. 4 ist die Bundesanstalt nachgekommen. Die Ziele der Versicherungsaufsicht aus § 294 Abs. 2 VAG hat die Bundesanstalt unter bafin.de (Aufsicht/Versicherungsaufsicht/Ziele, Aufgaben und Aktivitäten beschreiben). 10

c) Abs. 3. Während § 103 Abs. 3 VAG a. F. die elektronische Veröffentlichung erlaubte, verpflichtet der neugefasste Abs. 3 nunmehr die Bundesanstalt die nach Abs. 1 und Abs. 2 zu veröffentlichenden Informationen unter einer elektronischen Adresse abrufbar vorzuhalten. Dem ist die Bundesanstalt mit dem Zugang zu den Informationen über ihre Homepage (bafin.de) nachgekommen. 11

2. Auskünfte gegenüber Medien. Die landesrechtlichen Pressegesetze verpflichten die Behörden den Vertretern von Presse, Hörfunk und Fernsehen zur Erfüllung ihrer öffentlichen Aufgaben Auskünfte zu erteilen. Wie das OVG Berlin aufgrund des Landespressegesetzes des Landes Berlin entschieden hat,[7] besteht diese Auskunftspflicht auch für Bundesbehörden, die in dem betreffenden Bundesland ihren Sitz haben. Da die Bundesanstalt in Bonn und Frankfurt einen Doppelsitz hat, sind für die entsprechenden Auskunftswünsche die Landespressegesetze von Nordrhein-Westfalen und Hessen einschlägig. Darüber hinaus sind den Auskunftswünschen durch die Verschwiegenheitspflicht nach § 309 VAG Grenzen gesetzt. 12

III. Parallele Vorschrift im Bankrecht. Parallelvorschrift für die Bankenaufsicht ist § 6b KWG. 13

Bekanntmachung von Maßnahmen

319 (1) [1]**Die Bundesanstalt soll jede gegen ein ihrer Aufsicht unterstehendes Unternehmen oder gegen einen Geschäftsleiter eines Unternehmens verhängte und bestandskräftig gewordene Maßnahme, die sie wegen eines Verstoßes gegen dieses Gesetz oder den dazu erlassenen Rechtsverordnungen verhängt hat, und jede unanfechtbar gewordene Bußgeldentscheidung nach Maßgabe der Absätze 2 und 3 unverzüglich auf ihren Internetseiten öffentlich bekannt machen und dabei auch Informationen zu Art und Charakter des Verstoßes mitteilen, soweit dies unter Abwägung der betroffenen Interessen zur Beseitigung oder Verhinderung von Missständen geboten ist.** [2]**Die Rechte der Bundesanstalt nach § 308 Absatz 2 bleiben unberührt.**

(2) [1]**Die Bundesanstalt hat eine bestandskräftig gewordene Maßnahme oder eine unanfechtbar gewordene Bußgeldentscheidung auf anonymer Basis bekannt zu machen, wenn eine Bekanntmachung nach Absatz 1**

[5] *Laars* § 103 Rn. 1.
[6] FKBP/*Bähr* § 103 Rn. 2.
[7] *OVG Berlin* Urt. v. 25.7.1995 – 8 B 16/94, VersR 1995, 1217.

1. das Persönlichkeitsrecht natürlicher Personen verletzt oder eine Bekanntmachung personenbezogener Daten aus sonstigen Gründen unverhältnismäßig wäre,

2. die Stabilität der Finanzmärkte der Bundesrepublik Deutschland oder eines oder mehrerer Mitgliedstaaten des Europäischen Wirtschaftsraums oder den Fortgang einer strafrechtlichen Ermittlung erheblich gefährden würde oder

3. den beteiligten Unternehmen oder natürlichen Personen einen unverhältnismäßig großen Schaden zufügen würde.

[2] **Abweichend von Satz 1 kann die Bundesanstalt in den Fällen von Satz 1 Nummer 2 und 3 so lange von der Bekanntmachung nach Absatz 1 absehen, bis die Gründe für eine Bekanntmachung auf anonymer Basis weggefallen sind.**

(3) **Die Bekanntmachung ist spätestens nach fünf Jahren zu löschen.**

Übersicht

1 **I. Allgemeines. 1. Entstehungsgeschichte.** Diese Norm ist neu in das VAG aufgenommen worden, um eine Angleichung der Behandlungen von Sanktionen im Versicherungsbereich an die Behandlung von Sanktionen im Banken- und Wertpapierbereich herbeizuführen. In der Begründung zu dieser Norm wird hierzu ausgeführt, dass eine Ungleichbehandlung vergleichbarer Sachverhalte nicht gerechtfertigt sei.[1] Der Tatbestand der Norm orientiert sich an § 60b KWG, so dass bei der Auslegung auch die Gesetzesbegründung[2] herangezogen werden kann.

2 **2. Normzweck.** Mit der Veröffentlichung von Warnungen und erfolgten Sanktionen soll eine **Präventionswirkung** erzielt werden. Zudem erfolgt mit der Norm eine Angleichung der Verwaltungspraxis der Versicherungsaufsichtsbehörden in der EU.[3]

3 **3. Europarechtlicher Hintergrund.** Ausweislich der Begründung, dient die Norm der Umsetzung der Art. 38 Abs. 2 der Richtlinie 2014/17/EU des Europäischen Parlaments und des Rates vom 4.2.2014 über Wohnimmobilienkreditverträge für Verbraucher und zur Änderung der Richtlinien 2008/48/EG und 2013/36/EU und der Verordnung (EU) Nr. 1093/2010 (WohnimmobilienkreditRL),[4] die in Bezug auf die in dieser Richtlinie geregelten Sachverhalte auch für Versicherungsunternehmen gilt. Allerdings sieht Art. 38 Abs. 2 lediglich die Veröffentlichung von Sanktionen hinsichtlich der Verstöße gegen **Regelungen der WohnimmobilienkreditRL** vor, während die Vorschrift die Veröffentlichungsbefugnis auf Verstöße gegen das VAG und den dazu erlassenen RVO ausdehnt. Diese Ausdehnung auf alle Verstöße gegen das VAG und den dazu erlassenen RVO dient der europäischen Angleichung des Verwaltungshandeln der nationalen Aufsichtsbehörden. Die **Europäi-**

[1] BT-Drs. 1/2956, 294.
[2] BT-Drs. 17/10974, 97.
[3] Mitteilung der Kommission an das Europäische Parlament, den Rat, den Europäischen Wirtschafts- und Sozialausschuss und den Ausschuss der Regionen: Stärkung der Sanktionsregelungen im Finanzdienstleistungssektor, vom 8.12.2010, KOM (2010) 716 endgültig.
[4] ABl.EU 2014 L 60/34.

sche Kommission hat zur Entwicklung eines fairen Wettbewerbs im Binnenmarkt vorgeschlagen, dass die Aufsichtsbehörden verpflichtet werden Sanktionen bekannt zu machen.[5]

II. Einzelerläuterungen. 1. Abs. 1. a) Nichtanonymisierte Veröffentlichung. Nach der grundsätzlichen Anordnung in **Abs. 1 S. 1** soll die Bundesanstalt sämtliche verhängten und bestandkräftig gewordenen **Maßnahmen** gegen ein ihrer Aufsicht unterstehendes Unternehmen wegen eines Verstoßes gegen das VAG oder den dazu erlassenen Rechtsverordnungen sowie jede bestandskräftig gewordenen **Bußgeldentscheidung** unverzüglich auf ihrer Internetseite veröffentlichen. Die Veröffentlichung hat Informationen über die Art und den Charakter der Verstoßes zu enthalten, soweit dies aufgrund einer Interessensabwägung zur Abwägung oder Verhinderung von Missständen geboten ist. Sie hat grundsätzlich unter Nennung des betroffenen Versicherungsnehmers bzw. der betroffenen Einzelperson zu erfolgen. 3a

b) Maßnahmen. Unter Berücksichtigung des Normzwecks fallen unter dieses Veröffentlichungsgebot nur **belastende** Maßnahmen, denn nur deren Veröffentlichung kann präventiv die Vermeidung von Verstößen bewirken. Aufgrund der Begründung zu § 60b KWG sind von dem Veröffentlichungsgebot vorbereitende Maßnahmen zur Sachverhaltsaufklärung, bspw. eine Auskunfts- oder Vorlageanordnung nach § 305 Abs. 1 VAG, ausgenommen.[6] Somit unterliegen dem Gebot zur Veröffentlichung bestandskräftig gewordenen Maßnahmen nach Abs. 1 S. 1 sämtliche **belastenden Verwaltungsakte, mit denen eine aufsichtsrechtliche Prüfung eines Sachverhaltes abgeschlossen wird.** 4

c) Bußgeldentscheidungen. Neben den Maßnahmen sind auch alle bestandkräftig gewordenen Bußgeldentscheidungen der Bundesanstalt zu veröffentlichen. Das heißt die Bundesanstalt muss die für die Bußgeldentscheidung zuständige Verwaltungsbehörde i. S. d. § 36 Abs. 1 Nr. 1 OWiG sein. Da es sich um einen Bußgeldentscheidung wegen eines Verstoßes gegen das VAG oder einer hierzu ergangenen RVO handeln muss, kommen ausschließlich Bußgeldentscheidungen aufgrund der Bußgeldtatbestände des VAG (§§ 332, 333 VAG) in Betracht. Die Bußgeldentscheidungen aufgrund der Bußgeldtatbestände des HGB (§§ 341n und 341p HGB) werden von der Veröffentlichungspflicht nicht erfasst. 5

Eine Veröffentlichung der Maßnahmen oder der Bußgeldentscheidung darf erst erfolgen, wenn die Maßnahme oder die Bußgeldentscheidung **bestandkräftig** geworden ist. Da unter Maßnahmen belastende Verwaltungsakte zu verstehen sind, richtet sich der Eintritt der Bestandskraft je nach Stand des Verfahrens nach dem VwVfG (§ 43ff, 79 VwVfG i. V. m. § 70 VwGO) bzw. der VwGO (§§ 74, 124 Abs. 2 VwGO). Die Bestandskraft eines Bußgeldentscheides richtet sich nach den Vorschriften des OWiG (§§ 67, 79 OWiG). 6

Die Sanktion, d. h. die Maßnahme oder der Bußgeldentscheid, soll unverzüglich (§ 121 BGB) nach Eintritt der Bestandskraft bzw. Rechtskraft veröffentlicht werden. 7

d) Interessenabwägung. Neben der Bestandskraft setzt das Veröffentlichungsgebot voraus, dass unter **Abwägung der betroffenen Interessen** die Bekanntmachung zur Beseitigung oder Verhinderung von Missständen geboten ist. Welche die „betroffenen Interessen" sind, darüber schweigt sich die Norm aus. Aus dem Umstand, dass die Veröffentlichung zur Beseitigung oder Verhinderung eines Missstandes geboten sein muss, ergibt sich, dass zum Einen die **Interessen der Versicherungsnehmer** und der am Versicherungsmarkt interessierte Fachöffentlichkeit zu berücksichtigen sind. Zum anderen sind die **Grundrechte**, insbesondere das **Recht auf informationelle Selbstbestimmung** auf Seiten des von der belastenden Maßnahme betroffenen Versicherungsunternehmens bzw. der Einzelperson zu beachten. Daraus folgt, dass eine Abwägung der Interessen der Versicherungsnehmer und der interessierten Fachöffentlichkeit mit den Interessen des betroffenen Versicherungsunternehmen bzw. der Einzelperson zu erfolgen hat. Dabei kommt zum einen dem Schutz der Versicherungsnehmer und zum anderen der mit der Bekanntmachung verbundenen „Pranger-Wirkung" eine wesentliche Bedeutung im Abwägungsprozess zu.[7] 8

Allerdings ist an das Überwiegen der Interessen der Versicherungsnehmer und der interessierten Fachöffentlichkeit keine allzu hohen Anforderungen zu stellen. Trotz einer „Pranger-Wirkung" schützt Art. 12 Abs. 1 GG die Marktteilnehmer nicht davor, dass eine zutreffende, sachlich gehaltenen Information der Öffentlichkeit nicht zugänglich gemacht wird, da die deutsche Rechtsordnung auf Markttransparenz abzielt.[8] Wahre Äußerungen sind, auch wenn sie für den Betroffenen nachteilig sind, dann hinzunehmen, wenn sie nicht die Intim-, Privat-, oder Vertraulichkeitssphäre, sondern die Sozialsphäre, namentlich die wirtschaftliche Tätigkeit, betreffen.[9] Die mit der Veröffentlichung verbundene nach- 9

[5] Siehe Mitteilung der Kommission an das Europäische Parlament, den Rat, den Europäischen Wirtschafts- und Sozialausschuss und den Ausschuss der Regionen: Stärkung der Sanktionsregelungen im Finanzdienstleistungssektor, vom 8.12.2010, KOM (2010), 716 endgültig.
[6] BT-Drs. 17/10974, 97.
[7] Siehe BT-Drs. 18/2956, 294.
[8] *BVerfG* Beschl. v. 26.6.2001 – 1 BvR 558/91 u. a. – Glykolwarnung.
[9] *OLG Düsseldorf (1. Kartellsenat)* Beschl. v. 9.10.2014 – VI-Kart 5/14 (V).

teilige Auswirkung ist bei der Abwägung zu vernachlässigen. Dies gilt insbesondere dann, wenn von dem bekanntgemachten Verhalten eine negative Vorbildwirkung ausgehen kann.[10]

10 **e) Inhaltliche Anforderungen.** Die Bekanntmachung hat Informationen über die **Art und den Charakter** des Verstoßes zu enthalten. Dazu genügt es, wenn die Bekanntmachung das Datum der Verfügung der Maßnahme, den Namen des Versicherungsunternehmens oder der betroffenen Einzelperson, die angeordnete Maßnahme, den Grund für die Maßnahmen, die Norm(en) gegen die Verstoßen wurde oder die ergangene Maßnahme schlagwortartig aufgeführt, der Grund für die Maßnahme bzw. den Verstoß kurz erläutert und die Rechtsgrundlage für die Maßnahme angegeben wird. Bei anonymisierten Meldungen ist lediglich die genaue Bezeichnung der Rechtsgrundlage der Maßnahme oder der Bußgeldentscheidung ausreichend.

11 Es reicht nicht aus, dass die Bekanntmachung geeignet ist, einen Missstand zu beseitigen oder zu verhindern, vielmehr muss sie **geboten** sein. Mit diesem Erfordernis wird die Bekanntmachung aller belastenden Maßnahmen ausgeschlossen, die keine generelle Signalwirkung an den Versicherungsmarkt haben (z. B. die Ablehnung eines Antrags eines Versicherungsunternehmens aufgrund unternehmensspezifischer Umstände). Die belastende Maßnahme muss somit Bedeutung über ein einzelnes Unternehmen hinaus für den Versicherungsmarkt in Deutschland haben.

12 **2. Abs. 2. a) Anonymisierte Veröffentlichung.** Abs. 2 ermöglicht die Veröffentlichung der angeordneten Maßnahme oder der Bußgeldentscheidung in **anonymisierter** Form. Damit wird dem Umstand Rechnung getragen, dass die Veröffentlichung einer angeordneten Maßnahme zur Beseitigung eines aktuellen Missstandes organisatorischer oder wirtschaftlicher Art oder einer Bußgeldentscheidung für ein an Markt aktives Unternehmen oder einer im Versicherungssektor tätigen Einzelperson regelmäßig mit einem Reputationsschaden verbunden ist. Es besteht die Gefahr, dass mit der Veröffentlichung ein Vertrauensverlust in die Integrität oder die Solvenz eines Versicherungsunternehmens einhergeht, der gravierende Folgen (bspw. Massenstorno) bis hin zu existenziellen wirtschaftlichen Schwierigkeiten für das Versicherungsunternehmen haben kann. Je nach dem, um welches Versicherungsunternehmen es sich handelt, kann dies aufgrund der Größe und/oder Systemrelevanz des betroffenen Versicherungsunternehmens weitere Versicherungsunternehmen in Mitleidenschaft ziehen und damit der Volkswirtschaft Schäden bis hin zu einer Krise des Versicherungssektors zufügen.

13 **aa) Anonymisierung.** Nach **Abs. 2 S. 1 Nr. 1** hat eine Anonymisierung zu erfolgen, „wenn das Persönlichkeitsrecht natürlicher Personen verletzt oder eine Bekanntmachung personenbezogener Daten aus sonstigen Gründen unverhältnismäßig wäre". Maßnahmen und Bußgelentscheidungen gegen natürliche Personen (bspw. Geschäftsleiter, Aufsichtsratsmitglieder, Schlüsselfunktionsinhaber) können stets das Persönlichkeitsrecht verletzten. Insbesondere Maßnahmen, die die fachliche Eignung oder die persönliche Zuverlässigkeit zum Gegenstand haben (Verwarnung/ Abberufung nach § 303 VAG), stellen einen signifikanten Eingriff in die Berufsfreiheit der betroffenen Person dar. Maßnahmen mit entsprechenden Auswirkungen sind daher **stets** in anonymisierter Form zu veröffentlichen.

14 **bb) Erhebliche Gefährdung.** Nach **Abs. 2 S. 1 Nr. 2** ist die erhebliche Gefährdung der „Stabilität der Finanzmärkte der Bundesrepublik Deutschland oder eines oder mehrere Mitgliedstaaten des Europäischen Wirtschaftsraums" oder des „Fortgangs einer strafrechtlichen Ermittlung" ein Grund zur Anonymisierung. Im Hinblick auf die **Stabilität der Finanzmärkte** sind alle Maßnahmen relevant, welche gegen ein aktiv am Markt tätiges, potentiell systemrelevantes Versicherungsunternehmen ergriffen werden. Die Gefahr, dass der mit einer nichtanonymisierten Veröffentlichung der Maßnahme einhergehende Vertrauensverlust in den Versicherungsmarkt Deutschlands oder Europas zu einer „Panikreaktion" der Verbraucher führt, ist umso größer, je größer und Vernetzter das betroffene Versicherungsunternehmen ist. Daher sind diejenigen Maßnahmen, die geeignet sind, die Integrität oder Solvenz eines Versicherungsunternehmens in Zweifel ziehen können, d. h. alle Maßnahmen, die einen negativen Rückschluss auf die wirtschaftliche Situation eines Versicherungsunternehmens zulassen, insbesondere die Anordnung eines Kapitalaufschlags nach § 301, nur in anonymisierter Form zu veröffentlichen.

Unter dem Aspekt der Gefährdung einer strafrechtlichen Ermittlung sind alle Maßnahmen, die von der Bundesanstalt im Vorfeld oder neben laufenden Ermittlungsverfahren ergriffen werden, stets in anonymisierter Form zu veröffentlichen.

15 **cc) Unverhältnismäßig hoher Schaden.** Schließlich soll nach Abs. 2 S. 1 Nr. 3 eine anonymisierte Bekanntmachung dann erfolgen, wenn eine nicht anonymisierte Bekanntmachung „den beteiligten Unternehmen oder natürlichen Personen einen unverhältnismäßig großen Schaden" zufügen würde. Maßnahmen die geeignet sind, Zweifel an der wirtschaftlichen Situation eines Versicherungsunternehmens zu begründen, fügen dem Unternehmen in der Regel einen **unverhältnismäßigen Schaden** zu. Hierzu zählen Anordnung zusätzlicher Eigenmittelanforderungen sowie Maßnahmen zur Verbesserung der Eigenmittelausstattung bspw. nach § 140 Abs. 1 S. 2 oder die Anordnung zur Zuführung

[10] *BVerfG* Beschl. vom 3.3.2014 – 1 BvR 1128/13 Rn. 5.

weiterer Beträge zum Sicherungsvermögen nach § 127 Abs. 2. Für die präventive Wirkung reicht hier, wie auch in den Fällen des Abs. 2 Nr. 2 eine anonymisierte Veröffentlichung aus. Allerdings ist die Anordnung eines Zahlungsverbotes oder einer Leistungskürzung nach § 314 Abs. 1 S. 2 oder Abs. 2 im Interesse der Öffentlichkeit ohne Rücksicht auf den beim Versicherungsunternehmen eintretenden Schaden **stets in nichtanonymisierter Form** zu veröffentlichen.

b) Absehen von der Veröffentlichung. Nach **Abs. 2 S. 2** besteht die Möglichkeit von einer Bekanntmachung in den Fällen des Abs. 2 S. 1 Nr. 2 und 3 solange **abzusehen**, bis die Gründe für die Anonymisierung weggefallen sind. Nach Wegfall der Gründe, die für eine anonymisierte Veröffentlichung aufgrund der Regelungen des Abs. 2 Nr. 2 und Nr. 3 sprechen, ist eine nicht anonymisierte Veröffentlichung möglich. Mit dieser Regelung wird dem Interesse der Öffentlichkeit an einer nicht anonymisierten Veröffentlichung von Maßnahmen der Bundesanstalt Rechnung getragen. Grundsätzlich ist bspw. die Anordnung eines Kapitalaufschlags für die Öffentlichkeit von großem Interesse. Fallen die übergeordneten Gesichtspunkte „Stabilität der Finanzmärkte" und „unverhältnismäßig großer Schaden" weg, weil bspw. der Kapitalaufschlag von dem betroffenen Unternehmen erbracht wurde oder der Grund für den Kapitalaufschlag entfallen ist, so überwiegt das Interesse der Öffentlichkeit an einer entsprechenden Veröffentlichung. Gleiches gilt für die Anordnungen zur Verbesserung der Eigenmittelausstattung oder der Zuführung weiterer Beträge zum Sicherungsvermögen. Werden diese Anordnungen erfüllt, so besteht kein Grund mehr zu einer anonymisierten Veröffentlichung, da die Gefahr für die „Stabilität der Finanzmärkte" oder der Eintritt eines unverhältnismäßig großen Schadens" nicht mehr besteht. Im Gegenteil dürfte die mit der Erfüllung der Anordnung verbundene Verbesserung der Unternehmenssituation eher stabilisierend auf die Finanzmärkte wirken, zeigt dies doch die Fähigkeit des Versicherungsunternehmens auch in wirtschaftlich schwierigen Situationen die erforderlichen Maßnahmen ergreifen zu können. Darüber hinaus besteht angesichts der mit der Vorschrift bezweckten präventiven Wirkung ein Grund zur Veröffentlichung, um damit gegenüber den Teilnehmern des Versicherungsmarktes die Wirksamkeit aufsichtlichen Handelns zu demonstrieren. 16

3. Abs. 3. Für das Vorhalten der Veröffentlichung auf der Internetseite der Bundesanstalt setzt Abs. 3 eine Frist von fünf Jahren. Nach Ablauf der Frist ist die Veröffentlichung einer belastenden Maßnahme zu löschen. 17

4. Rechtschutz. Die Veröffentlichung stellt **keinen eigenständigen** Verwaltungsakt dar. Mit der Anfechtungs- oder Verpflichtungsklage kann daher gegen die Bekanntmachung Rechtsschutz nicht erlangt werden. Da die Bundesanstalt ausschließlich im öffentlichen Interesse tätig wird, § 294 Abs. 8 VAG, kommt als Rechtsmittel die (vorbeugende) Unterlassungsklage oder die (vorbeugende) Feststellungsklage in Betracht.[11] 18

5. Pressemitteilungen. Von einer Bekanntmachung nach § 319 VAG zu unterscheiden ist die **Information der Öffentlichkeit** über eine Maßnahme **vor** deren Bestandskraft mittels einer Pressemitteilung. Eine solche Bekanntmachung ist **staatliches Informationshandeln**, für das das Prinzip des Gesetzesvorbehalts nicht gilt, so dass eine besondere Ermächtigung nicht notwendig ist, auch wenn durch die Berichterstattung faktische Beeinträchtigungen herbeigeführt werden können, sofern es sich um eine Information von gewichtigem Interesse (bspw. die Übertragung eines Versicherungsbestandes auf eine Sicherungseinrichtung) für die Öffentlichkeit handelt.[12] Weder sind bei einer solchen Pressemitteilung die Anforderungen des § 319 VAG zu beachten, noch verbietet die Vorschrift die Veröffentlichung einer entsprechenden Pressemitteilung. 19

III. Verhältnis zu anderen Regelungen des VAG, zu Parallelvorschriften im KWG sowie zu anderen Normen. 1. Veröffentlichungspflichten nach dem VAG. a) Veröffentlichungspflichten der Unternehmen. Neben dem Veröffentlichungsgebot der Bundesanstalt stehen die **Veröffentlichungspflichten**, die dem einzelnen Unternehmen auferlegt sind. Hier ist z. B. auf die Veröffentlichungspflichten in Rahmen des Solvabilitäts- und Finanzberichts (SFCR) gem. § 40 Abs. 5 und Abs. 6 VAG, hinzuweisen. Eine bestehende eigenständige Veröffentlichungspflicht der Unternehmen kann keinen Einfluss auf die Abwägungsentscheidung entfalten, d. h. mit der Veröffentlichungspflicht des Unternehmens darf die Ablehnung einer Veröffentlichung der Bundesanstalt nicht begründet werden. 20

b) Veröffentlichungspflichten der Aufsicht. aa) VAG. Das VAG enthält neben der Vorschrift noch weitere Vorschriften, die der Bundesanstalt ein Veröffentlichungsgebot vorschreibt. Im Einzelnen handelt es sich um § 318 (Methoden und Erkenntnisse sowie Ziel und Haupttätigkeit der Bundesanstalt), § 8 Abs. 5 (Erteilung und Entzug der Erlaubnis), § 13 Abs. 7 (Bestandsübertragung), § 323 Abs. 3 (Übergang von Aufsichtsbefugnissen), § 63 Abs. 1 S. 2 Hs. 2 (Bestandsübertragung EU/EWR-ausländischer Versicherungsverträge). 21

[11] BVerwGE 40, 323, 326.

[12] *OLG Düsseldorf (1. Kartellsenat)*, Beschl. v. 9.10.2014 – VI-Kart 5/14 (V).

22 **bb) Andere Gesetze.** Veröffentlichungspflichten für die Bundesanstalt ergeben sich weiterhin aus dem Umwandlungsgesetz (§§ 119, 125, 187, 188 Abs. 3 S. 2).

23 **2. Parallele Vorschriften im Bank und Wertpapierrecht.** Die der Norm entsprechende Parallelvorschriften sind § 60b KWG und § 40c WpHG. diese weisen jedoch zu der VAG-Vorschrift teilweise unterschiedliche Tatbestandsvoraussetzungen (§ 40c WpHG) oder sehen unterschiedliche Löschungsfristen vor (§ 60b Abs. 5 KWG).

Kapitel 4. Zuständigkeit

Abschnitt 1. Bundesaufsicht

Bundesanstalt für Finanzdienstleistungsaufsicht

320 (1) **Die Bundesanstalt beaufsichtigt**

1. die privaten Versicherungsunternehmen und Pensionsfonds, die im Inland ihren Sitz oder eine Niederlassung haben oder auf andere Weise das Versicherungs- oder das Pensionsfondsgeschäft betreiben,

2. die Versicherungs-Holdinggesellschaften im Sinne des § 7 Nummer 31, die Versicherungs-Zweckgesellschaften im Sinne des § 168 und die Sicherungsfonds im Sinne des § 223 sowie

3. die öffentlich-rechtlichen Wettbewerbs-Versicherungsunternehmen, die über das Gebiet eines Landes hinaus tätig sind.

(2) [1]**Gehört ein unter Aufsicht eines Landes stehendes Erstversicherungsunternehmen einem Finanzkonglomerat im Sinne des § 1 Absatz 2 des Finanzkonglomerate-Aufsichtsgesetzes an, geht mit Eintritt der Bestandskraft der Feststellung nach § 11 Absatz 1 Satz 1 des Finanzkonglomerate-Aufsichtsgesetzes, dass die Unternehmensgruppe, der dieses Erstversicherungsunternehmen angehört, ein Finanzkonglomerat ist, die Aufsicht über dieses Erstversicherungsunternehmen auf die Bundesanstalt über; die zuständige Landesbehörde ist rechtzeitig über die Feststellung zu unterrichten.** [2]**Hebt die Bundesanstalt die Feststellung auf oder gehört das betreffende Erstversicherungsunternehmen dem Finanzkonglomerat nicht mehr an, kann die Bundesanstalt die Aufsicht über dieses Erstversicherungsunternehmen mit Zustimmung der zuständigen Landesbehörde wieder auf diese übertragen.**

(3) **Die Bundesanstalt führt die Fachaufsicht über die Einrichtungen der in § 140 Absatz 1 des Siebten Buches Sozialgesetzbuch genannten Art, wenn diese Einrichtungen über das Gebiet eines Landes hinaus tätig sind.**

Übersicht

1 **I. Allgemeines. 1. Entstehungsgeschichte.** Die Vorschrift entspricht inhaltlich § 2 Gesetz über die Errichtung eines Bundeaufsichtsamts für das Versicherungswesen (BAG)[1] und wurde mit dem Gesetz v. 29.8.2005[2] als § 146 in das VAG eingefügt. Mit der Auflösung des Bundesaufsichtsamt für das Versicherungswesen (BAV) und der organisatorischen Bündelung der Aufsicht über Kredit- und Finanz-

[1] Vom 31.7.151, BGBl. I. 480, zuletzt geändert durch Art. 16 des Gesetzes v. 22.4.2002 (BGBl. I, 1310).
[2] Siebtes Gesetz zur Änderung des Versicherungsaufsichtsgesetzes (BGBl. I, 2546)

dienstleistungsinstitute sowie Versicherungsunternehmen in einer einzigen Behörde, der Bundesanstalt, zum 1.5.2002, war die Legitimation für das BAG entfallen. Sofern die Vorschriften des BAG nicht bereits in das Errichtungsgesetz für die Bundesanstalt, das Gesetz über die Bundesanstalt für Finanzdienstleistungsaufsicht (FinDAG) aufgenommen wurden, wurden diese im Rahmen einer Rechtsbereinigung[3] – soweit erforderlich – in das VAG eingefügt.

Bei der Einfügung in das VAG wurde die Vorschrift redaktionell überarbeitet. So erhielt der Paragraf zum Einen eine neue Gliederung, zum Anderen entfiel die Regelung des § 2 Abs. 3 S. 2 BAG mangels praktischer Bedeutung.[4] Außerdem wurde in Abs. 1 die Nummer 2 neu belegt. 2

2. Normzweck. Art. 30 GG bestimmt, dass alle **Verwaltungskompetenz** bei den Ländern liegt, sofern das GG keine andere Regelung trifft oder zulässt. Nach Art. 83 GG führen die Bundesländer auch Bundesgesetze als eigene Angelegenheiten aus. Lediglich auf den Gebieten, auf denen dem Bund die alleinige Gesetzgebungskompetenz zusteht, kann dieser durch einen hoheitlichen Errichtungsakt eine eigene Bundesoberbehörde, eine Anstalt oder Körperschaft des öffentlichen Rechts, errichten, welche dann im Umfang der gesetzlich umschriebenen Zuständigkeit die Verwaltungskompetenz übernimmt (Art 87 Abs. 3 S. 1 GG). Mit dem Gesetz über die integrierte Finanzaufsicht (FinDAG) v. 22.4.2002 hat die Bundesregierung die Aufsichtsbefugnisse der drei Vorgängerbehörden, BAV, BAKred und BAWe, in der Bundesanstalt gebündelt. 3

Mittels § 320 wird die **Zuständigkeit für die Aufsicht** über Versicherungsunternehmen beschrieben. Die Vorschrift legt lediglich fest, welche Unternehmen der Aufsicht der BaFin unterliegen; sie legt jedoch nicht den **Umfang der Aufsicht** fest. Dieser ergibt sich vielmehr aus den auf die Unternehmen jeweils anwendbaren Vorschriften des VAG, so dass sich der Umfang der Aufsicht z. B. bei Niederlassungen aus den anderen Mitglied- oder Vertragsstaaten vom Umfang der Aufsicht über eine Niederlassung aus einem Drittstaat unterscheidet. 4

3. Europarechtlicher Hintergrund. Bei dieser rein nationalen Vorschrift besteht kein europarechtlicher Hintergrund. 5

II. Einzelerläuterungen. 1. Abs. 1. a) Nr. 1. Der Aufsicht der BaFin unterliegen alle in privatrechtlicher Rechtsform organisierten Versicherungsunternehmen mit Sitz im Inland, d. h. im deutschen Staatsgebiet, sowie die Niederlassungen gem. § 68 solcher Unternehmen mit Sitz außerhalb Deutschlands.[5] Aufgrund der Rechtsformbeschränkung in § 8 Abs. 2 handelt es sich um AG, SE und VVaG, bzw. deren Niederlassungen. Hierzu zählen die Niederlassungen von Versicherungsunternehmen mit Sitz in einem Vertragsstaat nach § 61 Abs. 2 bzw. § 65 Abs. 1 wie auch die Niederlassungen von Versicherungsunternehmen mit Sitz in einem Drittstaat gem. § 68 Abs. 1. 6

Außerdem unterstehen Pensionsfonds der Aufsicht der Bundesanstalt. Da sie keine Versicherungsunternehmen sind, sondern rechtsfähige Versorgungseinrichtungen, § 236 Abs. 1 S. 1 VAG, bedurfte es einer ausdrücklichen Regelung für die Zuordnung der Aufsicht. Das die Bundesanstalt die Aufsicht über Pensionsfonds ausübt, ist insofern gerechtfertigt, als dieser Durchführungsweg der betrieblichen Altersversorgung, mit dem das Langlebigkeits-, das Invaliditätsrisiko und die Hinterbliebenenversorgung abgesichert werden kann, versicherungsförmig ausgestaltet ist.[6] 7

Darüber hinaus übt die Bundesanstalt auch die Aufsicht über Versicherungsunternehmen in privater Rechtsform bzw. Pensionsfonds aus, die weder ihren Sitz noch eine Niederlassung in Deutschland haben, jedoch Versicherungs- bzw. Pensionsfondsgeschäfte auf anderer Weise, d. h. im Wege des Dienstleistungsverkehrs gem. § 61 Abs. 3 in Deutschland betreiben. 8

b) Nr. 2. Versicherungs-Holdinggesellschaften i. S. v. § 7 Nr. 31 VAG, Versicherungszweckgesellschaften i. S. v. § 168 VAG und die gesetzlichen Sicherungsfonds i. S. v. § 223 VAG sind keine Versicherungsunternehmen bzw. müssen keine Versicherungsunternehmen sein. Daher bedurfte es einer Klarstellung im Hinblick auf die Aufsichtsbefugnisse der Bundesanstalt über diese Unternehmen. 9

c) Nr. 3. Körperschaften und Anstalten des öffentlichen Rechts (§ 8 Abs. 2 VAG) die privatrechtliche Versicherungsverträge abschließen und dabei im Wettbewerb mit privatrechtlich organisierten Versicherungsunternehmen stehen **(öffentlich-rechtliche Wettbewerbsunternehmen)**[7] unterliegen dann der Aufsicht der Bundesanstalt, wenn diese Körperschaften oder Anstalten über das Gebiet eines Landes hinaus tätig werden. Unter dem „Gebiet eines Landes" ist das Gebiet eines Bundeslandes zu verstehen.[8] Zudem beaufsichtigt die Bundesanstalt alle öffentlich-rechtlichen Versicherungsunternehmen, die eine Erlaubnis zum Geschäftsbetrieb in Deutschland nach § 68 erhalten haben.[9] 10

---

[3] BT-Drs. 15/5221, 14.
[4] BT-Drs. 15/5221, 20.
[5] Goldberg/Müller/*Goldberg* § 2 BAG Rn. 3; *Laars* § 146 Rn. 3.
[6] FKBP/*Bähr* § 112 Rn. 1.
[7] *Neubauer* VerBAV 1954, 66 f; *OVG Berlin* VerBAV 1957,100 ff.; *Fietz* VerBAV 1964, 29.
[8] *Neubauer* VerBAV 1954, 66 f.
[9] *Laars* § 146 Rn. 3.

11 **2. Abs. 2. a) Finanzkonglomerate. aa) Satz 1.** Satz 1 dieses Absatzes regelt die Aufsichtsbefugnisse für den speziellen Fall, dass einer Unternehmensgruppe ein unter Landesaufsicht stehendes Erstversicherungsunternehmen angehört und für diese Unternehmensgruppe der **Status als Finanzkonglomerat** festgestellt wird. Die Notwendigkeit dieser Regelung ergibt sich aus der unterschiedlichen Aufsichtsbefugnis über das unter Landesaufsicht stehende Erstversicherungsunternehmen einerseits und über das beaufsichtigte Unternehmen eines Finanzkonglomerates andererseits. Für das Erstversicherungsunternehmen ist eine bestimmte Landesaufsichtsbehörde zuständig, der Bundesanstalt obliegt gem. § 1 Abs. 1 S. 2 FKAG hingegen die Aufsicht über das beaufsichtigte Unternehmen eines Finanzkonglomerates.

bb) Satz 2. regelt den umgekehrten Fall, nämlich die Feststellung, dass die Unternehmensgruppe, der ein unter Landesaufsicht stehendes Erstversicherungsunternehmen angehört, wieder aufgehoben wird, oder dieses Erstversicherungsunternehmen aus dem Finanzkonglomerat ausscheidet.

12 **b) Beteiligung der Landesaufsichtsbehörde.** Während die rechtskräftige Feststellung des Status' eines Finanzkonglomerates die Aufsichtszuständigkeit von der Landesaufsicht von Gesetzes wegen auf die Bundesanstalt übergehen lässt, führt die Aufhebung der Feststellung lediglich dazu, dass die Bundesanstalt mit **Zustimmung** der Landesaufsichtsbehörde, die Aufsichtskompetenz zurückübertragen kann.

13 **c) Zuständigkeit.** Die Feststellung, ob eine Unternehmensgruppe ein Finanzkonglomerat ist, trifft die Bundesanstalt (§§ 6 Abs. 1, 11 Abs. 1 FKAG). Sie hebt eine entsprechende Feststellung auch wieder auf (§ 11 Abs. 2 und 3 FKAG). Sowohl die Feststellung als auch die Aufhebung sind belastende Verwaltungsakte.[10] Die belastende Wirkung liegt bei der Feststellung für die **Unternehmensgruppe** darin, dass der Unternehmensgruppe weitere aufsichtsrechtliche Pflichten auferlegt werden und für das **Erstversicherungsunternehmen**, welches der Landesaufsicht unterliegt, darin, dass ein Wechsel in der zuständigen Aufsicht hin zur Bundesanstalt erfolgt, der mit einer Änderung des Rechtswegs sowie dem Entstehen der Gebührenpflicht für die Aufsichtstätigkeit der Bundesanstalt verbunden ist.[11] Im Fall der Aufhebung der Feststellung, dass die Unternehmensgruppe ein Finanzkonglomerat ist, liegt die belastende Wirkung darin, dass ein Wechsel in der zuständigen Aufsicht hin zur Landesaufsichtsbehörde erfolgen kann. Damit entfalten diese Verwaltungsakte, welche an das an der Spitze eines Finanzkonglomerates stehende Unternehmen zu richten sind, Drittwirkung einerseits gegenüber dem der Landesaufsicht unterliegenden Erstversicherungsunternehmen, andererseits gegenüber der für dieses Versicherungsunternehmen zuständigen Landesaufsichtsbehörde, da die in den Verwaltungsakten getroffenen Regelungen Auswirkung auf die Aufsichtskompetenz der Landesaufsichtsbehörden haben (können). Gegen den Verwaltungsakt, mit dem das Bestehen eines Finanzkonglomerats festgestellt wird, oder die Feststellung aufgehoben wird, kann sowohl das betroffene Erstversicherungsunternehmen als auch die Landesaufsichtsbehörde mit Widerspruch und Anfechtungsklage vorgehen. Gegen den Verwaltungsakt, mit dem die Bundesanstalt die Übertragung der Aufsichtsbefugnisse auf die zuständige Landesaufsichtsbehörde anordnet, kann das Erstversicherungsunternehmen hingegen nicht vorgehen, da es in seinen Rechten nicht verletzt ist, denn die materielle Rechtslage bleibt unverändert.[12] Mit der in Satz 1 ausdrücklich vorgeschriebenen rechtzeitigen Einbindung der betroffenen Landesaufsichtsbehörde wird lediglich das wiederholt, was nach § 19 VwVfG von der BaFin bereits zu beachten ist. Einen früheren Zeitpunkt legt das Gesetz damit nicht fest.

14 Das Verfahren nach Abs. 2 S. 2 ist praxisorientiert und einfach ausgestaltet. Neben dem Entschließungsermessen der Bundeaufsichtsbehörde bedarf es lediglich der Zustimmung der zuständigen Landesaufsichtsbehörde. Eine Beteiligung des Versicherungsunternehmens ist nicht vorgesehen.

15 **d) Verfassungsmäßigkeit.** Die in **Abs. 2 S. 2** vorgesehen Möglichkeit der Rückübertragung der Aufsichtszuständigkeit im Fall der Aufhebung der Feststellung, dass die Unternehmensgruppe ein Finanzkonglomerat ist, ist zwar praxisorientiert, hiergegen werden aber verfassungsrechtliche Bedenken erhoben.[13] Nach § 87 Abs. 3 S. 1 GG könne für Angelegenheiten, in denen dem Bund das Recht zur Gesetzgebung zusteht, selbständige Bundesoberbehörden oder Körperschaften und Anstalten des öffentlichen Rechts durch ein Bundesgesetz errichtet werden. Dieses Bundesgesetz muss auch die Aufgaben und Befugnisse der Behörde festlegen.[14] Hieran fehlt es für die in Abs. 2 S. 2 vorgesehen Möglichkeit der Rückübertragung der Aufsichtszuständigkeit, denn diese erfolgt nach dem Wortlaut des Gesetzes durch eine Vereinbarung zwischen der Bundesanstalt und der jeweils zuständigen Landesaufsichtsbehörde. Da hier eine Verlagerung der Aufsichtszuständigkeit nur **aufgrund** eines Gesetzes in Verbindung mit einer Vereinbarung und nicht **durch** das Gesetz selber erfolgt, ist der Auffassung von Kaulbach zuzustimmen.

---

[10] FKBP/*Kaulbach* § 146 Rn. 2.
[11] *Laars* § 147 Rn. 3.
[12] *Laars* § 147 Rn. 3.
[13] FKBP/*Kaulbach* § 146 Rn. 3.
[14] Maunz/Dürig/*Ibler* Art. 87 Rn. 248, *Burgi* in v. Mangoldt/Klein/Starck, GG, Bd. 3, 6. Aufl. 2010, Art. 87 Rn. 94.

Den verfassungsrechtlichen Bedenken wäre ausreichend Rechnung getragen, wenn die Aufsichtskompetenz in Abs. 2 S. 2 ebenso wie die Aufsichtskompetenz von Gesetzeswegen übergehen würde. 16

3. Berufsgenossenschaften. Landwirtschaftliche Berufsgenossenschaften, die bis zum 31.12.2012 für Unternehmer und diesen in der Haftpflicht Gleichstehenden eine Versicherung gegen Haftpflicht betrieben haben, dürfen diese im bestehenden Umfang fortführen. Über diese, die Haftpflichtversicherung betreibenden Berufsgenossenschaften obliegt der Bundesanstalt, beschränkt auf das Versicherungsgeschäft, die Fachaufsicht, soweit die Berufsgenossenschaften die Haftpflichtversicherung über das Gebiet eines Bundeslandes hinaus betreiben. 17

§ 1 Abs. 4 S. 1 VAG zählt diejenigen Vorschriften auf, die auf den Betrieb der Haftpflichtversicherung von landwirtschaftlichen Berufsgenossenschaften Anwendung finden. Im Einzelnen handelt es sich um: 18

§ 12 Abs. 1 (Änderungen des Geschäftsplans und von Unternehmensverträgen), § 13 (Bestandsübertragungen), § 37 Abs. 1 (Vorlage des aufgestellten sowie des festgestellten Jahresabschlusses und des Lageberichts), § 38 Abs. 1 (Anwendung der für Versicherungsunternehmen geltenden Rechnungslegungsvorschriften des HGB), § 39 (Geltung der Verordnungsermächtigung zur Berichterstattungen gegenüber der Aufsicht), § 294 (Aufgaben der Aufsicht), § 295 (Verwendung von Ratings), § 296 (Grundsatz der Verhältnismäßigkeit), § 297 (Ermessen), § 298 (Allgemeine Aufsichtsbefugnisse), § 300 (Änderung des Geschäftsplans), § 302 (Untersagung einer Beteiligung), § 305 (Befragung und Auskunftspflicht), § 306 (Betreten und Durchsuchen von Geschäftsräumen, Beschlagnahme), § 307 (Sonderbeauftragter), § 310 (Nebenbestimmungen, Ausschluss der aufschiebenden Wirkung), § 311 (Anzeige der Zahlungsunfähigkeit), § 312 (Eröffnung des Insolvenzverfahrens), § 314 (Zahlungsverbot, Herabsetzung von Leistungen).

Nach § 1 Abs. 4 S. 2 VAG bedürfen Beschlüsse der Vertreterversammlung über diese Einrichtung, über deren Satzung und Geschäftspläne der Genehmigung der BaFin. Dabei sind die § 8 Abs. 1 ((Erlaubnis zum Geschäftsbetrieb), § 9 Abs. 1–4 (Zulassungsantrag und im Rahmen der Zulassung einzureichende Unterlagen) und § 11 (Untersagung und Beschränkung der Erlaubnis) zu beachten. 19

III. Verhältnis zu anderen Regelungen des VAG. § 320 steht in Zusammenhang mit den nachfolgenden Vorschriften § 321 bis § 323. Mit diesen vier Normen wird, entsprechend der grundgesetzlichen Vorgabe, dass die Verwaltung grundsätzlich durch die Länder erfolgt, die Zuständigkeit der Bundesanstalt, sowie die gegenseitige Übertragung der Aufsichtskompetenz über ein Versicherungsunternehmen von einer Landesaufsichtsbehörde zur Bundesanstalt und umgekehrt, sowie das dabei einzuhaltende Verfahren geregelt. Betrachtet man diese Normen als ein einheitliches System, so bestehen für alle denkbaren Fallgestaltungen Regelungen für die Übertragung der Aufsicht von der Bundesanstalt auf die jeweilige Landesaufsichtsbehörde bzw. umgekehrt. 20

Übertragung der Aufsicht auf eine Landesaufsichtsbehörde

321 (1) **Das Bundesministerium der Finanzen kann auf Antrag der Bundesanstalt die Aufsicht über private Versicherungsunternehmen von geringerer wirtschaftlicher Bedeutung, über Pensionsfonds und über öffentlichrechtliche Wettbewerbs-Versicherungsunternehmen mit Zustimmung der zuständigen Landesaufsichtsbehörde auf diese übertragen.**

(2) **Auch nach Übertragung der Aufsicht kann das Bundesministerium der Finanzen die Aufsicht über Unternehmen im Sinne des Absatzes 1 wieder der Bundesanstalt übertragen, insbesondere, wenn die Unternehmen größere wirtschaftliche Bedeutung erlangt haben.**

I. Allgemeines. 1. Entstehungsgeschichte. Vorgängerregelungen für diese Vorschrift waren § 3 BAG und § 147 VAG. Während § 3 Abs. 1 BAG einen abweichenden Wortlaut hatte, enthalten § 147 Abs. 1 VAG a. F. und § 321 Abs. 1 sowie die jeweiligen Absätze 2 aller drei Vorschriften den gleichen Wortlaut. Im Gegensatz zu § 3 Abs. 1 BAG, der die Übertragung auf die zuständigen Landesaufsichtsbehörden an die Zustimmung der Landesregierung knüpfte, sprechen die §§ 147 Abs. 1 VAG a. F. und 321 Abs. 1 von der Zustimmung der zuständigen Landesaufsichtsbehörde. 1

2. Normzweck. Geregelt wird in Abs. 1 die Möglichkeit, die Aufsichtskompetenz über ein Versicherungsunternehmen/einen Pensionsfonds von der Bundesanstalt auf eine Landesaufsichtsbehörde zu übertragen. Abs. 2 regelt die Möglichkeit, die Aufsicht über ein solches Versicherungsunternehmen/einen solchen Pensionsfonds wieder auf die Bundesanstalt zurück zu übertragen. Außerdem enthält die Vorschrift die Festlegung der Zuständigkeit des BMF für diese Übertragung der Aufsichtskompetenz. 2

3. Europarechtlicher Hintergrund. Bei dieser rein nationalen Vorschrift besteht kein europarechtlicher Hintergrund. 3

II. Einzelerläuterungen. 1. Absatz 1. Abs. 1 beschreibt das Verfahren für den Fall, dass die Bundesanstalt die Aufsichtskompetenz über ein Versicherungsunternehmen **abgeben** möchte. Hiernach 4 kann das BMF auf **Antrag der Bundesanstalt und Zustimmung der Landesaufsichtsbehörde**, die Aufsichtskompetenz von der Bundesanstalt auf eine Landesaufsichtsbehörde übertragen.

5 Das Verfahren wird nur durch einen Antrag der Bundesanstalt eingeleitet. Ob, wann und für welches Versicherungsunternehmen/welchen Pensionsfonds der Antrag gestellt wird, liegt im Ermessen der Bundesanstalt.[1] Eine Weisungsbefugnis des BMF gegenüber der Bundesanstalt besteht nicht.[2]

6 Gegenstand der Übertragung ist die **vollständige Aufsichtskompetenz** über ein privatrechtlich organisiertes Versicherungsunternehmen von geringer wirtschaftlicher Bedeutung, einen Pensionsfonds oder ein öffentlich-rechtliches Wettbewerbs-Versicherungsunternehmen. Die Übertragung umfasst nicht nur die laufende Aufsicht, sondern die gesamte Aufsicht nach dem VAG einschließlich der Feststellung der Aufsichtspflichtigkeit und der Erlaubniserteilung.[3]

7 Privatrechtlich organisierten Versicherungsunternehmen (siehe § 320 Rn. 6) können dann von der Bundesanstalt auf eine Landesaufsichtsbehörde übertragen werden, wenn sie von **geringer wirtschaftlicher Bedeutung** sind. Dies sind nach Nr. 1 der internen Richtlinie, auf die sich das BMF und die Landesaufsichtsbehörden geeinigt haben, „Unternehmen, die das Versicherungswesen wirtschaftlich nicht entscheidend beeinflussen können und die keine Wagnisse decken, die einer einheitlichen Überwachung durch das BAV bedürfen". Darunter fallen Pensions- und Sterbekassen deren Jahresprämieneinnahmen 500.000 EUR und deren Bilanzsumme sechs Mio. EUR nicht übersteigen, bzw. Kranken-, Schaden- und Unfallversicherungsunternehmen in der Rechtsform des kleineren Vereins i. S. v. § 211, deren Jahresprämieneinnahmen 500.000 EUR nicht übersteigen.[4]

8 **Öffentlich-rechtliche Wettbewerbs-Versicherungsunternehmen** sind solche, die mit privatrechtlich organisierten Versicherungsunternehmen in einem freien Wettbewerb stehen. Ein solcher freier Wettbewerb setzt das Vorhandensein mehrerer Mitbewerber, das Angebot gleichartiger Versicherungsleistungen und die Möglichkeit der Interessenten den Vertrag über diese Versicherungsleistungen bei einem Versicherungsunternehmen seiner Wahl abschließen zu können voraus.[5]

9 Mit Bezug auf § 320 Abs. 1 Nr. 3 wird vertreten, dass diese öffentlich-rechtlichen Wettbewerbs-Versicherungsunternehmen über das Gebiet eines Bundeslandes hinaus tätig sein müssen.[6] Denn nur diese Unternehmen unterliegen der originären Aufsicht der Bundesanstalt. *Kaulbach* schließt aus dem Wortlaut „mit Zustimmung der zuständigen Landesaufsichtsbehörde", d. h. dem Gebrauch des Singulars, dass diese Vorschrift eine Rückübertragungsmöglichkeit für öffentliche-rechtliche Wettbewerbsversicherungsunternehmen ermöglicht, deren Geschäftsbetrieb auf ein Bundesland beschränkt ist und bei denen die Bundesanstalt nach § 322 Abs. 1 die Fachaufsicht übernommen hat.[7] § 321 Abs. 1 enthält ausschließlich eine Übertragungsmöglichkeit bezüglich der öffentlich-rechtlichen Wettbewerbsversicherungsunternehmen, für welche die Bundesanstalt die originäre Aufsichtszuständigkeit hat. Die Rücknahme der Aufsicht über ein öffentlich-rechtliches Wettbewerbsunternehmen, dessen Tätigkeit sich auf das Gebiet eines Bundeslandes beschränkt, kann nur durch den Antrag einer Landesregierung gem. § 322 Abs. 2 erfolgen.

10 Das Kriterium der geringen wirtschaftlichen Bedeutung gilt nicht für die Übertragung der Aufsichtskompetenz über öffentlich-rechtliche Wettbewerbsversicherungsunternehmen und Pensionsfonds.[8] Dies ergibt sich aus der Stellung dieses Satzteils in Zusammenhang mit den privaten Versicherungsunternehmen. Darüber hinaus legt die Interne Richtlinie des BMF vom 10.11.1988 lediglich Grenzen für private Versicherungsunternehmen von geringer wirtschaftlicher Bedeutung fest. Eine entsprechende Festlegung für öffentlich-rechtliche Wettbewerbsunternehmen fehlt, woraus sich ableiten lässt, dass es bei diesen Unternehmen nicht auf die geringe wirtschaftliche Bedeutung ankommt. Die Auffassung von *Kaulbach*, der in Abs. 2 ein Indiz für die Erstreckung dieses Kriteriums auch auf Pensionsfonds und öffentlich-rechtliche Wettbewerbsversicherungsunternehmen sieht[9] ist daher abzulehnen. Der letzte Teilsatz des Abs. 2 enthält lediglich ein Beispiel, in dem eine Rückübertragung auf die Bundesanstalt wieder möglich sein soll.

11 Das Verfahren sieht einen **Antrag der Bundesanstalt** und die **Zustimmung der zuständigen Landesaufsichtsbehörde** vor. Die Übertragung selber wird durch das BMF vorgenommen. Die Übertragung kann durch das betroffene Unternehmen nicht angefochten werden, da es in seinen Rechten nicht verletzt ist, denn seine materielle Rechtlage bleibt unverändert.[10]

12 Möglich ist auch eine befristete Übertragung von Aufsichtskompetenzen.[11]

---

[1] FKBP/*Kaulbach* § 147 Rn. 4; *Laars* § 147 Rn. 1.
[2] *Laars* § 147 Rn. 1.
[3] Interne Richtlinie des BMF vom 10.11.1998 Nr. 5 (VerBAV 1999, 4).
[4] Interne Richtlinie des BMF vom 10.11.1998 Nr. 2 (VerBAV 1999, 4).
[5] Goldberg/Müller/*Goldberg* § 2 BAG Rn. 7.
[6] *Laars* § 147 Rn. 1; Goldberg/Müller/*Goldberg* § 3 BAG Rn. 4.
[7] FKBP/*Kaulbach* § 147 Rn. 3.
[8] Goldberg/Müller/*Goldberg* § 3 BAG Rn. 4.
[9] FKBP/*Kaulbach* § 147 Rn. 3.
[10] *Laars* § 147 Rn. 3.
[11] Goldberg/Müller/*Goldberg* § 3 BAG Rn. 4 mitVerweis auf VerBAV 55, 1; 59, 1; 61, 1; 64, 17; 69, 45; 74, 38; 79, 107.

2. Absatz 2. Abs. 2 regelt die Rückübertragung eines von der Bundesanstalt auf eine Landesaufsichtsbehörde übertragenen Unternehmens. Neben der ausdrücklich genannten Veränderung der wirtschaftlichen Bedeutung können auch andere Gründe für die Rückübertragung maßgeblich sein. 13

III. Verhältnis zu anderen Regelungen des VAG. Die §§ 320 Abs. 2, 321 und 322 sind als geschlossenes **System**, mit dem alle denkbaren Übertragungsmöglichkeiten der Aufsicht über Versicherungsunternehmen von den Landesbehörden auf die Bundesanstalt und umgekehrt erfasst werden sollen, anzusehen. § 320 Abs. 2 regelt die Zuständigkeit und Rückübertragung in Zusammenhang mit der Feststellung bzw. der Rückübertragung nach Aufhebung der Feststellung eines Finanzkonglomerates. § 321 Abs. 1 regelt alle Übertragungsmöglichkeiten von der Bundesanstalt auf eine Landesaufsichtsbehörde. Und §§ 321 Abs. 1 und 322 regeln schließlich die Übertragungsmöglichkeit von einer Landesaufsichtsbehörde auf die Bundesanstalt. Damit ist es möglich, unter Berücksichtigung der Geschäftstätigkeit des jeweiligen Versicherungsunternehmens, die Aufsichtskompetenz über eben dieses Versicherungsunternehmen der geeigneten Aufsichtsbehörde zuzuordnen. Dies gilt nicht nur für Versicherungsunternehmen, die aufgrund der Zugehörigkeit zu einem Finanzkonglomerat zwingend der Aufsicht durch die Bundesanstalt unterliegen, sondern auch gerade für Versicherungsunternehmen mit geringer wirtschaftlicher Bedeutung, die mit der Aufsicht durch die Bundesanstalt wirtschaftlich und organisatorisch möglicherweise überfordert wären. Außerdem bieten die jeweiligen Übertragungsmöglichkeiten die Möglichkeit einer Ressourcensteuerung bei den jeweiligen Aufsichtsbehörden, die einer effizienteren Aufsicht über das jeweilige Versicherungsunternehmen ermöglicht. 14

Übertragung der Aufsicht auf die Bundesanstalt

322 (1) **Die Fachaufsicht über ein öffentlich-rechtliches Wettbewerbs-Versicherungsunternehmen, dessen Tätigkeit sich auf das Gebiet eines Landes beschränkt, kann auf Antrag der zuständigen Landesbehörden von der Bundesanstalt übernommen werden.**

(2) **Bei anderen öffentlich-rechtlichen Versicherungsunternehmen, die nicht Wettbewerbs-Versicherungsunternehmen sind, kann die Bundesanstalt die Aufsicht übernehmen, wenn die beteiligten Landesregierungen dies beantragen.**

I. Allgemeines. 1. Entstehungsgeschichte. Die Vorschrift entspricht § 148 VAG a. F. und inhaltlich deren Vorgängerregelung, dem § 4 BAG. Änderungen haben sich lediglich im Wortlaut des Abs. 2 ergeben, ohne jedoch dessen materiellen Inhalt zu verändern. 1

2. Normzweck. Geregelt wird die Übertragungsmöglichkeit öffentlich-rechtlicher Versicherungsunternehmen, deren Aufsichtskompetenz originär bei einer Landesaufsichtsbehörde liegt, auf die Bundesanstalt. 2

3. Europarechtlicher Hintergrund. Bei dieser rein nationalen Vorschrift besteht kein europarechtlicher Hintergrund. 3

II. Einzelerläuterungen. 1. Abs. 1. Abs. 1 betrifft die Übertragung von **öffentlich-rechtlichen Wettbewerbsversicherungsunternehmen** (zu dem Begriff siehe § 321 Rn. 8) deren Tätigkeit sich auf das Gebiet eines Bundeslandes beschränkt. Die Aufsichtskompetenz über diese Unternehmen liegt originär bei dem jeweiligen Land, in dem das Unternehmen seinen Sitz hat. 4

Übertragen wird die **Fachaufsicht** über das jeweilige Unternehmen, d. h. die materielle Aufsicht nach dem VAG.[1] 5

Die Dienst-, Staats- oder Anstaltsaufsicht verbleibt bei der Landesbehörde.[2] 6

Das Verfahren sieht einen **Antrag der zuständigen Landesbehörde** vor, den die Bundesanstalt annehmen kann. Sie hat ein Ermessen,[3] ob sie dem Antrag der Landesbehörde stattgibt. Einen Maßstab für das Ermessen enthält die Vorschrift nicht, so dass die Bundesanstalt ihr Ermessen frei ausüben kann. 7

2. Abs. 2. Abs. 2 Hier bietet der **Bund** den **Ländern** an, die Aufsicht über andere **öffentlich-rechtliche Versicherungsunternehmen** zu übernehmen. Dabei handelt es sich um Anstalten und Köperschaften, bei denen die Versicherungsverhältnisse unmittelbar kraft Gesetzes entstehen oder infolge eines gesetzlichen Zwangs eingegangen werden müssen, sog. Monopol- oder Zwangsanstalten,[4] die nicht der Bundesaufsicht unterliegen, § 3 Abs. 1 Nr. 5 VAG. Rechtstechnisch handelt es sich um eine **Organleihe** des Bundes an die Länder. Diese ist solange verfassungsrechtlich unbedenklich, wie die Verwaltungskompetenz bei den Ländern verbleibt und diese von der Bundesanstalt unter Leitung und Verantwortung der Landesaufsichtsbehörden ausgeübt wird.[5] Weisungen der Landesaufsichtsbehörde hat 8

[1] *Laars* § 148 Rn. 1.
[2] *Laars* § 148 Rn. 1.
[3] FKBP/*Kaulbach* § 148 Rn. 1; *Laars* § 148 Rn. 1.
[4] *Laars* § 148 Rn. 2.
[5] BVerfGE 63,1.

die Bundesanstalt zu befolgen; ebenso hat die Bundesanstalt das jeweilige Landesverwaltungsverfahrensrecht anzuwenden.[6] Es wird also nicht nur – wie in Abs. 1 – die **Fachaufsicht** sondern die **gesamte Aufsicht** über diese öffentlich-rechtlichen Versicherungsunternehmen auf die Bundesanstalt übertragen.

9 Entgegen Kaulbach muss die Monopol- oder Zwangsanstalt nicht zwingend in mindesten zwei Bundesländern tätig sein.[7] Dies ergibt sich aus § 323 Abs. 2. Danach kann der Antrag, mit dem die Bundesanstalt die Aufsicht über eine Monopol- oder Zwangsanstalt übernommen hat, nur von **allen** beteiligten Landesregierung zurück genommen werden. Der Wortlaut schließt nicht aus, dass nur eine Landesregierung beteiligt ist.

10 Verfahrensmäßig setzt die Übertragung eine **Antrag** einer oder mehrerer Landesregierungen voraus. Die Bundesanstalt hat ein freies Ermessen, ob sie dem begehren stattgibt.

11 **III. Verhältnis zu anderen Regelungen des VAG.** Zum Verhältnis dieser Vorschriften zu anderen Regelungen des VAG siehe § 321 Rn. 13.

Verfahren

323 (1) **Ein nach § 322 Absatz 1 gestellter Antrag kann jederzeit von der früher aufsichtsführenden Landesbehörde zum 1. Januar mit Wirkung zum 1. Januar des folgenden Jahres zurückgenommen werden.**

(2) **Hat die Bundesanstalt die Aufsicht gemäß § 322 Absatz 2 übernommen, so kann der Antrag mit der Wirkung nach Absatz 1 nur von allen beteiligten Landesregierungen gemeinsam zurückgenommen werden.**

(3) **Bei dem Übergang von Aufsichtsbefugnissen nach den §§ 321 und 322 hat die Bundesanstalt den Zeitpunkt der Übernahme oder der Übertragung der Aufsicht im Bundesanzeiger mindestens zwei Wochen vorher bekannt zu geben.**

1 **I. Allgemeines. 1. Entstehungsgeschichte.** Die Vorschrift entspricht den beiden Vorgängernormen § 149 VAG a. F. und § 5 BAG.

2 **2. Normzweck.** Die Rücknahme der Übertragung der Fachaufsicht bzw. der Aufsicht über ein öffentlich-rechtliches Versicherungsunternehmen auf die Bundesanstalt durch die zuvor zuständige Landesaufsichtbehörde bzw. die beteiligte Landesregierung oder die beteiligten Landesregierungen, ist Gegenstand der Regelung dieser Norm.

3 **3. Europarechtlicher Hintergrund.** Diese rein nationale Vorschrift hat keinen europarechtlichen Hintergrund.

4 **II. Einzelerläuterungen. 1. Abs. 1.** Den Antrag, die Fachaufsicht über ein öffentlich-rechtliches Wettbewerbsversicherungsunternehmen (zum Begriff siehe § 321 Rn. 8) auf die Bundesanstalt zu übertragen, kann die Landesaufsichtsbehörde, welche bis zur Übertragung die Aufsicht über das betreffende Versicherungsunternehmen geführt hat, jederzeit wieder zurücknehmen. Es bedarf keiner Rückübertragung, da der Antrag selbst die Rechtsfolge des Rückfalls der Aufsicht in die Landeskompetenz auslöst.[1] Zwischen der Rücknahme des Antrag und dem Übergang der Aufsicht auf die bisher zuständige Landesaufsichtbehörde liegt mindestens ein Jahr, da der Antrag fristgebunden bis zum 1. Januar eines jeden Jahres bei der Bundesanstalt eingegangen sein muss, damit zum 1. Januar des Folgejahres der Wechsel der Aufsicht erfolgen kann. Ohne einen entsprechenden Antrag verbleibt die Aufsicht bei der Bundesanstalt.

5 Entgegen dem Wortlaut, dass die früher aufsichtsführende Landesbehörde den Antrag auf Rücknahme der Fachaufsicht stellen muss, darf die Vorschrift nicht dahingehend Verstanden werden, dass der Antrag auf Rücknahme der Aufsichtsbefugnisse von der **identischen Landesbehörde** gestellt werden muss. Es kann auch eine Landesbehörde sein, welche die Rechtsnachfolge angetreten hat, oder die im Zeitpunkt des Antrags auf Rückübernahme nach Landesrecht zuständig ist. die Länder können gegenüber der Regelung im VAG eine abweichende Regelung treffen.[2] Ansonsten wäre das in Art. 84 Abs. 1 Satz GG verfassungsrechtlich verankerte Selbstorganisationsrecht der Länder beeinträchtigt.[3]

6 **2. Abs. 2.** Ebenso wie bei der Übertragung nach § 322 Abs. 1 liegt es in der Entscheidungshoheit der Landesregierung eine Übertragung der Aufsicht auf die Bundesanstalt nach § 322 Abs. 2 wieder rückgängig zu machen. Auch hier muss der Antrag spätestens zum 1. Januar eines Jahres bei der Bundesanstalt eingegangen sein, damit die Aufsicht zum 1. Januar des Folgejahres wieder in die Landeszuständigkeit fällt.

---

[6] *Laars* § 148 Rn. 2.
[7] FKBP/*Kaulbach* § 148 Rn. 2.
[1] *Laars* § 149 Rn. 2.
[2] *Laars* § 149 Rn. 3.
[3] FKBP/*Kaulbach* § 149 Rn. 2.

3. Abs. 3. Um das Interesse der Öffentlichkeit zu wahren, muss die Bundesanstalt die Übertragung oder Rückübertragung der (Fach-)Aufsicht nach den §§ 321 und 322 zum Land mindestens zwei Wochen vor dem maßgeblichen Zeitpunkt der Rückübertragung oder der Rückübernahme im Bundesanzeiger veröffentlichen. 7

Auch wenn dies gesetzlich nicht geregelt ist, dürfe die Bundesanstalt zur Sicherheit des Rechtsverkehrs ebenfalls mit einer Frist von mindestens zwei Wochen vor dem Stichtag des Rückfalls der Aufsichtskompetenz auf das zuständе Land nach § 323 Abs. 1 und 2 diese im Bundesanzeiger veröffentlichen. 8

Gegen die Anträge der Landesbehörde bzw. der Landesregierung(en) kann das betroffene Versicherungsunternehmen kein Rechtsmittel einlegen, da es mangels materiell-rechtlicher Änderung durch den Wechsel der zuständigen Aufsichtsbehörde nicht in seinem subjektiven Recht verletzt ist. 9

III. Verhältnis zu anderen Regelungen des VAG. Die Vorschrift steht in engen Zusammenhang zu § 322, und fügt sich in das aus den §§ 320–323 VAG gebildete System aus Übertragungs- und Rückübertragungsmöglichkeiten ein. 10

Zusammenarbeit der Aufsichtsbehörden

324 (1) [1]**Die Bundesanstalt und die aufsichtsführenden Landesbehörden sind verpflichtet, einander ihre Rechts- und Verwaltungsgrundsätze mitzuteilen.** [2]**Dies gilt auch für die Grundsätze, die die Landesbehörden bei der Beaufsichtigung der öffentlich-rechtlichen Versicherungsunternehmen aufstellen sowie die Entwürfe von Rechtsverordnungen, Allgemeinverfügungen und Richtlinien, wenn Belange der anderen Aufsichtsbehörden berührt sein können.**

(2) **Die Landesaufsichtsbehörden arbeiten mit der Bundesanstalt zusammen, wann immer dies erforderlich ist, um ihre Aufgaben gemäß der Richtlinie 2014/17/EU wahrzunehmen, einschließlich für die Zwecke der Zusammenarbeit mit der Europäischen Bankenaufsichtsbehörde gemäß dieser Richtlinie.**

I. Allgemeines. 1. Entstehungsgeschichte. Die Norm entspricht dem bisherigen § 150 VAG a. F. 1

2. Normzweck. Nach § 35 Abs. 1 GG leisten sich die Behörden von Bund und Ländern gegenseitige Rechts- und Amtshilfe. In diesem Zusammenhang steht die Regelung, welche eine Selbstverständlichkeit enthält.[1] 2

3. Europarechtlicher Hintergrund. Einen europarechtlichen Hintergrund hat diese rein nationale Vorschrift nicht. 3

II. Einzelerläuterungen. 1. Abs. 1 S. 1. Der verpflichtende Informationsaustausch zwischen der Bundesanstalt und den Landesaufsichtsbehörden erfolgt einmal durch die halbjährlichen Arbeitstagungen der Aufsichtsbehörden von Bund und Ländern. Zum anderen durch die Veröffentlichungen der Bundesanstalt im BaFin-Journal sowie seitens der Länderaufsichtsbehörden durch Übersendung grundsätzlicher Anordnungen oder Rundschreiben. 4

Der Ausdruck „Rechtsgrundsätze" geht auf die ursprüngliche Gesetzesfassung aus dem Jahr 1951 zurück. Da die Versicherungsaufsichtsbehörden weder Gesetze erlassen noch richterliche Aufgaben wahrnehmen, ist der Wortlaut überholt. 5

2. Abs. 1 S.2. Dieser Satz ist ein Relikt aus der Zeit, als das VAG noch nicht auf öffentlich-rechtliche Versicherungsunternehmen anwendbar war. Mit der Einbeziehung der öffentlich-rechtlichen Versicherungsunternehmen in die Aufsicht nach dem VAG besteht für diese Regelung kein Anwendungsbereich mehr. 6

3. Abs. 3. Dieser Absatz ist Ausfluss der WohnimmobilienkreditRL[2] und verpflichtet die Landesaufsichtsbehörden zur Zusammenarbeit mit der BaFin sowie mit der europäischen Bankenaufsichtsbehörde (EBA) soweit die Vorgaben der RL betroffen sind. 6a

III. Verhältnis zu anderen Regelungen des VAG. Die Regelung steht in einem Zusammenhang mit § 318 Abs. 2, da dort der Bundesanstalt die Pflicht zur Veröffentlichung von Rechts- und Verwaltungsgrundsätzen auf dem Gebiet des Versicherungsaufsicht bzw. ihrer Rechts- und Verwaltungsgrundsätze auferlegt wird. 7

[1] FKBP/*Kaulbach* § 150 Rn. 4.
[2] ABl. EU 2014 L 60/34.

Versicherungsbeirat

325 (1) **Zur Mitwirkung bei der Aufsicht besteht bei der Bundesanstalt ein Beirat aus Sachverständigen des Versicherungswesens.**

(2) [1]**Der Versicherungsbeirat besteht aus acht die verschiedenen Versicherungszweige ausgeglichen repräsentierenden Vertretern der Versicherungswirtschaft, davon zwei des Versicherungsvertriebs, aus acht Vertretern der Versicherungsnehmer und aus acht Vertretern der Versicherungswissenschaft sowie fachwissenschaftlicher Vereinigungen.** [2]**Die Vertreter der Versicherungsnehmer setzen sich zusammen aus vier Vertretern von Verbraucherschutzorganisationen sowie je einem Vertreter der Versicherungsmakler, der Industrie, der mittelständischen Vereinigungen und der Gewerkschaften.**

(3) [1]**Die Mitglieder des Beirats werden für die Dauer von fünf Jahren berufen.** [2]**Eine einmalige Wiederbestellung ist zulässig.**

(4) **Die Mitglieder verwalten ihr Amt als unentgeltliches Ehrenamt; für ihre Teilnahme an Sitzungen erhalten sie Tagegeld und die Vergütung der Reisekosten.**

1 **I. Allgemeines. 1. Entstehungsgeschichte.** Die Vorschrift entspricht § 92 VAG a. F. Als Ergebnis mehrerer Änderungen seit 2000 geht der jetzige Wortlaut auf das Änderungsgesetz zum VAG vom 21.12.2000,[1] das Gesetz über die integrierte Finanzdienstleistungsaufsicht vom 22.4.2002,[2] das Siebte Gesetz zur Änderung des VAG vom 29.8.2005[3] sowie das Neunte Gesetz zur Änderung des VAG vom 23.12.2007 zurück.[4]

2 **2. Normzweck.** Die Vorschrift regelt die Einsetzung eines Versicherungsbeirats bei der Bundesanstalt, seine Aufgaben und Zusammensetzung sowie die Dauer der Bestellungen der Mitglieder und die Einordnung der Mitgliedschaft als Ehrenamt.

3 **3. Europarechtlicher Hintergrund.** § 325 VAG ist eine rein nationale Vorschrift.

4 **II. Einzelerläuterungen. 1. Errichtung.** Nach **Abs. 1** ist zur Mitwirkung bei der Aufsicht, d. h. bei der Wahrnehmung der Aufgabe des Geschäftsbereichs Versicherungsaufsicht bei der Bundesanstalt,[5] ein **Versicherungsbeirat** zu bilden. Der Versicherungsbeirat ist einer von mehreren Gremien bei der Bundesanstalt. Neben dem Versicherungsbeirat gibt es den Fachbeirat nach § 8 FinDAG, den Wertpapierrat gem. § 5 WpHG, den Übernahmebeirat laut § 5 WpÜG, und den Verbraucherbeirat nach § 8a FinDAG, die die Bundesanstalt bei ihrer Aufsicht unterstützen. Die Mitwirkung des Versicherungsbeirats bei der Aufsicht erstreckt sich auf die **Erörterung** von Fragen aus der versicherungsaufsichtsrechtlichen Praxis und die **Beratung** der Bundesanstalt bei der Anwendung und Fortentwicklung des Aufsichtsrechts. Das Aufsichtsrecht schreibt darüber hinaus auch eine Anhörung des Versicherungsbeirats vor dem Erlass bestimmter RVO vor (§§ 34 Abs. 1, 49 Abs. 1, 46 VAG, §§ 22 und 24 FKAG).

5 **2. Organisation.** Die **Abs. 2 und 3** befassen sich mit organisatorischen Fragen, wie der **Zusammensetzung des Beirats** und der **Dauer des Mandats** der Mitglieder. Daneben hat sich der Versicherungsbeirat eine Geschäftsordnung gegeben. Die aktuelle personelle Zusammensetzung des Versicherungsbeirats ist auf der Homepage der Bundesanstalt (www.bafin.de/Die Bafin/Grundlagen & Organisation/Gremien/Versicherungsbeirat) veröffentlicht. Der Versicherungsbeirat tagt mindestens einmal jährlich. Daneben besteht die Möglichkeit der Konsultation im schriftlichen Verfahren.

6 **3. Abs. 4.** Abs. 4 bestimmt, dass das Mandat als Ehrenamt ausgeübt wird und den Mitgliedern des Beirates für die Teilnahme an einer Sitzung ein Tagegeld und der Ersatz der Reisekosten zustehen.

Abschnitt 2. Aufsicht im Europäischen Wirtschaftsraum

Allgemeine Grundsätze für die Zusammenarbeit der Aufsichtsbehörden

326 (1) **Die Aufsichtsbehörde arbeitet mit der Europäischen Kommission und den Aufsichtsbehörden der Mitglied- oder Vertragsstaaten eng zusammen, um die Aufsicht auf Gemeinschaftsebene zu erleichtern.**

(2) **Ersucht die Aufsichtsbehörde eines anderen Mitglied- oder Vertragsstaats um Zusammenarbeit bei der Ausübung der Aufsicht, so trifft die Bundesanstalt die zweckdienlichen**

[1] BGBl. I 1857.
[2] BGBl. I 1310.
[3] BGBl. I 2546.
[4] BGBl. I 3248.
[5] FKBP/*Kaulbach* § 92 Rn. 1.

Maßnahmen unter Anwendung der §§ 298, 305, 306 und 309 und unterrichtet davon die ersuchende Behörde.

(3) **Erlässt die Aufsichtsbehörde des Herkunftsstaats gegenüber einem Unternehmen Verfügungsbeschränkungen gemäß Artikel 137 oder 138 Absatz 5, Artikel 139 Absatz 3 oder Artikel 144 Absatz 2 Unterabsatz 2 der Richtlinie 2009/138/EG, so trifft die Bundesanstalt auf Ersuchen dieser Behörde hinsichtlich der im Inland belegenen und in dem Ersuchen bezeichneten Vermögenswerte des Unternehmens in dem Umfang, wie es in dem Ersuchen bezeichnet ist, die gleichen Maßnahmen.**

(4) [1] **Die Bundesanstalt arbeitet mit den Aufsichtsbehörden des Herkunftsmitgliedstaates zusammen, wann immer dies erforderlich ist, um ihre Aufgaben gemäß der Richtlinie 2014/17/EU auszuüben.** [2] **Zu diesem Zweck kann die Bundesanstalt Aufgaben und Zuständigkeiten an die Aufsichtsbehörde des Herkunftsmitgliedstaates übertragen und Aufgaben und Zuständigkeiten der Aufsichtsbehörde des Herkunftsmitgliedstaates übernehmen, die Dienstleistungen im Sinne dieser Richtlinie im Inland betreffen.** [3] **Bei Meinungsverschiedenheiten zwischen den Aufsichtsbehörden bei der Zusammenarbeit nach Satz 1 gilt Artikel 19 der Verordnung (EU) Nr. 1093/2010 des Europäischen Parlaments und des Rates vom 24. November 2010 zur Errichtung einer Europäischen Aufsichtsbehörde (Europäische Bankenaufsichtsbehörde), zur Änderung des Beschlusses Nr. 716/2009/EG und zur Aufhebung des Beschlusses 2009/78/EG der Kommission (ABl. L 331 vom 15.12.2010, S. 12), die zuletzt durch die Richtlinie 2014/17/EU (ABl. L 60 vom 28.2.2014, S. 34) geändert worden ist, entsprechend.**

I. Allgemeines. 1. Entstehungsgeschichte. Während Abs. 2 bereits als § 111c Abs. 2a VAG a. F. und Abs. 3 als § 111b Abs. 4 VAG a. F. im VAG enthalten waren, ist Absatz 1 neu. Ebenso Abs. 4 der auf die WohnimmobilienkreditRL[1] zurückgeht. 1

2. Normzweck. Abs. 1 enthält Vorgaben für die Zusammenarbeit der Bundesanstalt mit den anderen nationalen Versicherungsaufsichtsbehörden einerseits und der europäischen Kommission andererseits. Abs. 2 und 3 regeln die Zusammenarbeit zwischen der Bundesanstalt und anderen nationalen Versicherungsaufsichtsbehörden, soweit eine dieser Versicherungsaufsichtsbehörden allgemein um Zusammenarbeit bittet, bzw. Beschränkungen über die freie Verfügung von Vermögenswerten aussprechen möchte, weil ein Versicherungsunternehmen sich in Schwierigkeiten oder einer regelwidrigen Lage befindet. 2

3. Europarechtlicher Hintergrund. Abs. 1 setzt Art. 298 Abs. 2 Solva II-RL, Abs. 2 setzt Art. 155 Abs. 3 Solva II-RL und Abs. 3 setzt Art. 140 Solva II-RL um. 3

II. Einzelerläuterungen. 1. Grundsatz. Abs. 1 enthält eine unter Solvency II besonders wichtig gewordene Aufforderung an die Aufsichtsbehörden zur **vertrauensvollen Zusammenarbeit** untereinander sowie mit der Europäischen Kommission. Wenn auch weiterhin die Aufsicht über Versicherungsunternehmen auf Einzelebene wesentlicher Grundsatz der Versicherungsaufsicht ist,[2] so ist durch die Solva II-RL eine verstärkte Gruppenaufsicht eingeführt worden, bei der der für die Gruppenaufsicht zuständigen Behörde eine Schlüsselrolle hinsichtlich der Koordination der Aufsicht auf Gruppeneben und die Informationsverteilung im Aufsichtskollegium zukommt.[3] Diese neuartige Aufsichtsansatz setzt einen enge Zusammenarbeit zwischen den nationalen Aufsichtsbehörden, die die Aufsicht auf Einzelunternehmens- oder Sub-Gruppenebene durchführen voraus, damit die jeweiligen Informationen zu den Einzelunternehmen bzw. der Sub-Gruppe im Aufsichtskollegium zu einer Wissensbasis für eine wirksame Gruppenaufsicht zusammengeführt werden können. 4

Die Zusammenarbeit mit der Europäischen Kommission ist insoweit wichtig, als diese einerseits mittels unmittelbar geltenden Verordnungen zur Durchführung der Solva II-RL rechtsetzend tätig werden kann,[4] andererseits durch die Solva II-RL Aufgaben (bspw. die Befugnisse der Kommission im Rahmen der Gleichwertigkeitsprüfung hinsichtlich der Aufsichtsregime von Drittstaaten, Art. 260 Abs. 2, 3 Solva II-RL) zugewiesen bekommen hat, die sie nur bei einer Zusammenarbeit mit den nationalen Aufsichtsbehörden erfüllen kann.

2. Grenzüberschreitender Geschäftsbetrieb. Abs. 2 ist Ausfluss der bestehenden Möglichkeit für Versicherungsunternehmen mit Sitz in der Bundesrepublik Deutschland über eine Niederlassung oder im Dienstleistungsverkehr in einem anderen Mitglied- oder Vertragsstaat nach einem erfolgreichen **Notifikationsverfahren** Versicherungsgeschäfte zu betreiben (§§ 57ff. VAG). Nach § 294 Abs. 5 VAG, der Art. 30 Abs. 1 und 2 der Solva II-RL umsetzt, obliegt die Finanzaufsicht über die gesamte Geschäftstätigkeit, d. h. der Geschäftstätigkeit im Inland sowie der über eine Niederlassung oder im 5

[1] ABl. EU 2014 L 60/34.
[2] Erwägungsgrund 97 Solva II-RL
[3] Erwägungsgründe 105, 107 Solva II-RL.
[4] Erwägungsgründe 131, 132, Art. 50, 301a Solva II-RL.

Dienstleistungsverkehr eingegangen Versicherungsverpflichtungen, der Bundesanstalt. Die Rechtsaufsicht über die Geschäftstätigkeit mittels Niederlassung oder in Dienstleistungsverkehr ist zwischen der Bundesanstalt und den zuständigen nationalen Aufsichtsbehörden aufgeteilt. Letztere beaufsichtigen die Einhaltung der in diesem Mitglied- oder Vertragsstaat geltenden rechtlichen Vorschriften. Bei diesen rechtlichen Vorschriften handelt es sich um die Vorschriften des Allgemeininteresses, deren Einhaltung auch den Versicherungsunternehmen, die über eine Niederlassung oder im Dienstleistungsverkehr in diesem Staat tätig sind, obliegt. Für den Fall von Verletzungen dieser nationalen rechtlichen Vorschriften sieht Art. 155 Solva II-RL ein Eskalationsverfahren vor. Auf der ersten Stufe fordert die Aufsichtsbehörde des Ausnahmestaates das in dem Staat tätig gewordene Versicherungsunternehmen auf, die Rechtsverletzung abzustellen. Leistet das Versicherungsunternehmen dieser Aufforderung nicht Folge, so unterrichtet die Aufsichtsbehörde des Aufnahmestaates die Bundesanstalt. Auf dieser zweiten Stufe setzt die Regelung des Abs. 2 an. Die Bundesanstalt ordnet im Rahmen der ihr nach §§ 298 (Allgemeine Aufsichtsbefugnisse), 305 (Auskunfts- und Vorlageersuchen), 306 VAG (Durchsuchung, Beschlagnahme) zustehenden Befugnisse, die zweckdienlichen Maßnahmen unter Wahrung der Verschwiegenheitspflicht (§ 309 VAG) an.

6 **3. Verfügungsbeschränkung.** Bildet ein Unternehmen, dass über eine **Niederlassung oder im Dienstleistungsverkehr** in der Bundesrepublik Deutschland tätig ist, keine ausreichenden versicherungstechnischen Rückstellungen (Art. 137 Solva II-RL) oder hat die Solvenzkapitalanforderungen unterschritten und es ist die weitere Verschlechterung der finanziellen Lage des Versicherungsunternehmens zu besorgen (Art. 138 Abs. 5 Solva II-RL) oder ist gar die Mindestkapitalanforderung unterschritten (Art. 139 Abs. 3 Solva II-RL) oder muss die Erlaubnis widerrufen werden oder erlischt diese (Art. 144 Abs. 2 Solva II-RL), so kann die Aufsichtsbehörde des Herkunftsstaates, d. h. die für die Finanzaufsicht zuständige Aufsichtsbehörde, die **freie Verfügung über die Vermögenswerte** des betreffenden Versicherungsunternehmens anordnen. Sofern Vermögenswerte des Versicherungsunternehmens im Inland belegen sind, kann eine solche Anordnung nur die Bundesanstalt treffen. Hierzu ermächtigt **Abs. 3**. Auf Ersuchen der zuständigen Aufsichtsbehörde des Herkunftsstaates wird die Bundesanstalt eine entsprechende Anordnung bezüglich der von dieser Aufsichtsbehörde bezeichneten Vermögenswerte erlassen. Die Anordnungsbefugnis der Bundesanstalt ist auf den im Ersuchen bezeichneten Umfang beschränkt.

7 **III. Verhältnis zu anderen Regelungen des VAG.** Zusätzlich zu dem generalklauselartig gefassten Gebot der Zusammenarbeit mit den anderen zuständigen nationalen Aufsichtsbehörden, sieht das VAG in § 327 VAG Regelungen für die Zusammenarbeit im Rahmen von örtlichen Prüfungen, in § 330 Abs. 3 VAG bestimmte Meldepflichten sowie bei der Eröffnung eines Insolvenzverfahrens über die im Inland bestehende Niederlassung eines Drittstaates, welches über weitere Niederlassungen in einem oder mehreren weiteren Mitglied- oder Vertragsstaaten verfügt, eine Unterrichtungspflicht gem. § 312 Abs. 6 vor. Abs. 2 setzt eine grenzüberschreitende Tätigkeit aus der Bundesrepublik Deutschland heraus i. S. d. § 57 ff. VAG voraus, während Abs. 3 eine grenzüberschreitende Tätigkeit nach Deutschland i. S. d. §§ 61 ff. VAG hinein voraussetzt.

Zusammenarbeit bei örtlichen Prüfungen

327 (1) [1] **Soweit es zur Ausübung der Finanzaufsicht nach § 62 Absatz 1 oder § 169 Absatz 1 oder zur Prüfung eines im Inland ansässigen Dienstleisters erforderlich ist, ist die Aufsichtsbehörde des Herkunftsstaats in Begleitung der mit der Aufsicht beauftragten Bediensteten der Aufsichtsbehörde befugt, in den Geschäftsräumen der Niederlassung durch eigenes Personal oder durch Beauftragte Prüfungen des Geschäftsbetriebs vorzunehmen; § 305 Absatz 5 und § 306 Absatz 5 sind entsprechend anzuwenden.** [2] **Die Bundesanstalt leistet auf Verlangen Amtshilfe.** [3] **Die Bediensteten der Aufsichtsbehörde und von ihr entsprechend § 306 Absatz 1 Nummer 3 an der Prüfung beteiligte Personen dürfen die Geschäftsräume des Versicherungsunternehmens betreten.** [4] **Das Grundrecht auf Unverletzlichkeit der Wohnung (Artikel 13 Absatz 1 des Grundgesetzes) wird insoweit eingeschränkt.**

(2) **Die Aufsichtsbehörde kann die Aufsichtsbehörden eines anderen Mitgliedstaats der Europäischen Union ersuchen, Informationen über ein beaufsichtigtes Gruppenunternehmen oder ein nicht der Aufsicht unterliegendes Unternehmen aus dem anderen Mitgliedstaat zu überprüfen.**

(3) [1] **Stellt im Rahmen der Zusammenarbeit bei der Gruppenaufsicht (§ 284) die zuständige Behörde eines anderen Mitglied- oder Vertragsstaats (ersuchende Behörde) ein Prüfungsersuchen im Sinne des Absatzes 2 für ein entsprechendes Unternehmen mit Sitz im Inland, so leistet die Aufsichtsbehörde Amtshilfe.** [2] **Wenn die Aufsichtsbehörde die Prüfung selbst vornimmt, kann sich die ersuchende Behörde an der Prüfung beteiligen oder dabei zugegen sein.**

[3] **§ 305 Absatz 5 und § 306 Absatz 5 sind entsprechend anzuwenden.** [4] **Die Aufsichtsbehörde unterrichtet die Gruppenaufsichtsbehörde über die getroffenen Maßnahmen.**

I. Allgemeines. 1. Entstehungsgeschichte. Abs. 1 S. 1 entspricht inhaltlich dem § 110a Abs. 3 S. 2 VAG a. F. Der Wortlaut ist gegenüber der bisherigen Gesetzesfassung überarbeitet worden. Weiterhin entspricht Abs. 1 S. 2 dem bisherigen § 111b Abs. 2 S. 1 VAG a. F. und die Sätze 3 und 4 dem bisherigen § 111b Abs. 2 S. 2 Hs. 2 VAG a. F. Abs. 2 und 3 sind neu. 1

2. Normzweck. Geregelt werden zwei spezielle Aspekte der behördlichen Zusammenarbeit. Der Aufsichtsbehörde des Herkunftsstaates wird die Prüfung einer Niederlassung für Zwecke der Finanzaufsicht in der Bundesrepublik Deutschland in Begleitung der Mitarbeiter der BaFin vor Ort ermöglicht. Weiterhin wird die Möglichkeit der Einschaltung einer anderen Aufsichtsbehörde aus einem anderen Mitgliedstaaten zur Überprüfung von Informationen über beaufsichtigte Gruppenunternehmen oder eines nicht beaufsichtigten Unternehmens mit Sitz in diesem anderen Mitgliedstaat eröffnet. 2

3. Europarechtlicher Hintergrund. Abs. 1 setzt Art. 33 Solva II-RL um, der auf Art. 14 der Richtlinie 73/239/EWG des Rates vom 24. Juli 1973 zur Koordinierung der Rechts- und Verwaltungsvorschriften betreffend die Aufnahme und Ausübung der Tätigkeit der Direktversicherung (mit Ausnahme der Lebensversicherung) (Schaden-RL), Art. 11 Abs. 1 der Richtlinie 2002/83/EG des Europäischen Parlaments und des Rates vom 5. November 2002 über Lebensversicherungen (Leben-RL) und Art. 16 Abs. 1 der Richtlinie 2005/68/EG des Europäischen Parlaments und des Rates vom 16 November 2005 über die Rückversicherung und zur Änderung der Richtlinien 73/239/EWG, 92/49/EWG des Rates sowie der Richtlinien 98/78/EG und 2002/83/EG (RückversicherungsRL) zurückgeht. Abs. 2 setzt zum einen Art. 255 Abs. 2 UAbs. 1 im Hinblick auf die Überprüfung von Informationen zu einem Gruppenunternehmen und Art. 38 Abs. 2 Solva II-RL um, soweit dieser Absatz nicht der Aufsicht unterliegende Unternehmen einbezieht. Abs. 3 geht auf Art. 255 Abs. 2 UAbs. 2 Solva II-RL zurück. 3

II. Einzelerläuterungen. 1. Abs. 1. a) Satz 1. Die mit der Aufsicht betrauten Mitarbeiter ausländischer Aufsichtsbehörden können in der Bundesrepublik Deutschland keine hoheitlichen Befugnisse ausüben.[1] Um die nach Art. 30 Solva II-RL der Aufsichtsbehörde des Herkunftsstaates obliegenden **Finanzaufsicht** vollumfänglich ausüben zu können, müssen die Mitarbeiter dieser Aufsichtsbehörde jedoch auch eine Niederlassung vor Ort in der Bundesrepublik Deutschland selbst prüfen können. **Abs. 1 S. 1** ermöglicht eine solche Vor-Ort-Prüfung, allerdings dem Wortlaut nach nur in Begleitung von mit der Aufsicht betrauten Bediensteten der Bundesanstalt. Durch diese Einschränkung wird Art. 33 Solva II-RL nicht vollumfänglich umgesetzt, denn diese Vorschrift geht davon aus, dass sich die Aufsichtsbehörde des Herkunftsstaates die für die Finanzaufsicht erforderlichen Informationen bei einer Niederlassung in der Bundesrepublik Deutschland selbst beschaffen kann.[2] Dementsprechend sah § 110a Abs. 3 VAG – alt – in seiner ursprünglichen Fassung[3] diese Beschränkung auch nicht vor. Erst durch das Achte Gesetz zur Änderung des Versicherungsaufsichtsgesetze sowie zur Änderung des Finanzdienstleistungsaufsichtsgesetzes und anderer Vorschriften[4] erhielt § 110a Abs. 3 VAG – alt – die Fassung, welche nun in § 327 Abs. 1 VAG übernommen wurde. Begründet wurde diese Anpassung der Regelungen über die Vor-Ort-Prüfung einer Niederlassung mit der Praxis anderer EU-/EWR Aufsichtsbehörden sowie mit der Angleichung der Erst- und Rückversicherungsaufsichtsregelungen in § 121h Abs. 1 Satz 3 VAG – alt –.[5] Allerdings weicht der Wortlaut des Art. 16 Abs. 1 der Rückversicherungs-RL nicht vom Wortlaut der entsprechenden Artikel der Schaden- und Leben-RL ab (Art. 14 der Schaden-RL und Art. 11 Abs. 1 der Leben-RL). In **richtlinienkonformer Auslegung** ist die Vorschrift daher dahin auszulegen, dass eine Vor-Ort-Prüfung durch die Aufsichtsbehörde des Herkunftsmitgliedstaates auch ohne eine Begleitung durch Bedienstete der Bundesanstalt erfolgen kann; die Begleitung der Prüfer der Aufsichtsbehörde des Herkunftsstaates durch Bedienstete der Bundesanstalt aber möglich ist. 4

Die Absicht, eine Vor-Ort-Prüfung vorzunehmen, ist der Bundesanstalt von der Aufsichtsbehörde des Herkunftsstaates lediglich **vorab mitzuteilen**, was sich aus Art. 33 Solva II-RL ergibt.[6] Aufgrund der entsprechenden Anwendung von § 306 Abs. 5 VAG können die Mitarbeiter der Aufsichtsbehörde des Herkunftsstaates die Geschäftsräume betreten; das Grundrecht aus Art. 13 GG ist insoweit eingeschränkt. 5

[1] Begründung zu § 327 BT-Drs. 18/2956, 295; *H. Müller,* Versicherungsbinnenmarkt, 1995, Rn. 417 m. w. N.

[2] So schon für die entsprechenden Artikel der Leben-RL und der Schaden-RL *Maier* in Müller/Golz/Washausen-Richter/Trommeshauser, 100 Jahre materielle Versicherungsaufsicht in Deutschland, 2001, S. 507; *H. Müller,* Versicherungsbinnenmarkt, 1995, Rn. 421; *H. Müller* in Basedow/Schwark/Schwintowski, Versicherungswissenschaftliche Studien, Bd. 2, 1995, S. 58.

[3] BGBl. 1994 I 1630 (1653).

[4] BGBl. I 923 ff.

[5] BT-Drs. 16/1937, 216.

[6] *Maier* in Müller/Golz/Washausen-Richter/Trommeshauser, 100 Jahre materielle Versicherungsaufsicht in Deutschland, 2001, S. 507.

6 Die Bediensteten der Bundesanstalt können **eigenständig** lediglich im Rahmen ihrer **Rechtsaufsicht** eine Vor-Ort-Prüfung einer Niederlassung vornehmen, bzw. bei der Begleitung der Mitarbeiter der Herkunftsstaatsaufsichtsbehörde die Gelegenheit zu einer rechtsaufsichtlichen Prüfung nutzen.

7 **b) Satz 2.** S. 2 weist die Bundesanstalt an, auf Verlangen der Aufsichtsbehörde des Herkunftsstaates **Amtshilfe** zu leisten. Damit wird der Aufsichtsbehörde des Herkunftsstaates die Möglichkeit eröffnet, die Bundesanstalt mit der Durchführung einer **finanzaufsichtsrechtlichen Vor-Ort-Prüfung** zu betrauen, bzw. diese in eine solche Prüfung einzubeziehen. In einem solchen Fall wird die Aufsichtsbehörde des Herkunftsstaates der Bundesanstalt Anweisungen geben, was bei der Niederlassung in Hinblick auf die Finanzaufsicht zu prüfen ist.

8 **c) Satz 3.** Ausdrücklich schränkt Satz 3 für eine Vor-Ort-Prüfung durch die Bediensteten der Bundesanstalt oder von ihr an der Prüfung beteiligten Personen das Grundrecht des Art. 13 GG ein, so dass sie die Geschäftsräume betreten dürfen. Diese ausdrückliche Einschränkung ist erforderlich, da die Bundesanstalt hier im Rahmen der ihr eigentlich nicht zustehenden Finanzaufsicht tätig wird. Für diese hat sie keine Aufsichtskompetenz, wie sich aus § 62 Abs. 1 VAG ergibt, der die Aufsichtsbefugnisse der Bundesanstalt im Rahmen der Rechtsaufsicht über grenzüberschreitend in der Bundesrepublik Deutschland tätige Versicherungsunternehmen aus den Mitglied- und Vertragsstaaten aufzählt.

9 **2. Abs. 2.** Abs. 2 ermächtigt die Bundesanstalt bei einer Aufsichtsbehörde eines anderen Mitgliedstaates der Europäischen Union um Überprüfung von Informationen über ein beaufsichtigtes Gruppenunternehmen oder ein nicht der Aufsicht unterstehendes Unternehmen mit Sitz in dem betreffenden anderen Mitgliedstaat zu ersuchen. Diese Möglichkeit steht im Zusammenhang mit der Stärkung der Gruppenaufsicht im Rahmen der Solva II-RL.

10 **3. Abs. 3.** Den spiegelbildlichen Sachverhalt regelt **Abs. 3** S. 1. Darüber hinaus regelt Satz 2 den Fall dass die ersuchende Behörde die Prüfung durch eigenes Personal oder beauftragte vornehmen möchte. An einer solchen Prüfung können sich die die Bediensteten der Bundesanstalt beteiligen oder einfach nur anwesend sein. Das Recht zum Betreten der Geschäftsräume und die Einschränkung des Grundrechts aus Art. 13 GG ergeben sich aus der entsprechenden Anwendung des § 306 Abs. 5 VAG. Außerdem können die zur Auskunft verpflichteten Personen sich gegenüber der ersuchenden Behörde auf das **Zeugnisverweigerungsrecht** berufen.

11 Die Befugnisse nach Abs. 2 und 3 gelten nur im Verhältnis zu Mitgliedstaaten der Europäischen Union. Aufsichtsbehörden aus den übrigen Vertragsstaaten können weder ersuchende Aufsichtsbehörde sein, noch kann die BaFin diese um Prüfung ersuchen.

12 **III. Verhältnis zu anderen Regelungen des VAG.** Abs. 1 steht in engem Zusammenhang zu § 326 Abs. 1 VAG. Während dort allgemein ein Gebot der Zusammenarbeit der Aufsichtsbehörden ausgesprochen wird, regelt Abs. 1 ausschließlich den Aspekt einer Vor-Ort-Prüfung einer Niederlassung (§§ 60 ff. VAG) durch die Aufsichtsbehörde des Herkunftsstaates. Die Absätze 2 und 3 sind im Kontext der Gruppenaufsicht (§§ 245 ff. VAG) zu sehen.

Zustellungen

328

[1]Will die Aufsichtsbehörde eines anderen Mitglied- oder Vertragsstaats in einem Verfahren nach dessen Vorschriften über die Versicherungsaufsicht einem dort tätigen Versicherungsunternehmen mit Sitz im Inland ein Schriftstück übermitteln, ist die unmittelbare Übermittlung durch die Post nach den für den Postverkehr mit diesem anderen Mitglied- oder Vertragsstaat geltenden Vorschriften zulässig. [2]Zum Nachweis der Zustellung genügt die Versendung des Schriftstücks als eingeschriebener Brief mit den besonderen Versendungsformen „eigenhändig" und „Rückschein". [3]Kann eine Zustellung nicht unmittelbar durch die Post bewirkt werden oder ist dies nach Art oder Inhalt des Schriftstücks nicht zweckmäßig, wird die Zustellung durch die Bundesanstalt bewirkt.

1 **I. Allgemeines. 1. Entstehungsgeschichte.** Die Vorschrift entspricht § 111c Abs. 3 VAG a. F.

2 **2. Normzweck.** Geregelt wird die Zustellung eines Schriftstücks einer Aufsichtsbehörde eines anderen Mitglied- oder Vertragsstaates an ein im Inland ansässiges Versicherungsunternehmen.

3 **3. Europarechtlicher Hintergrund.** Die Vorschrift setzt Art. 155 Abs. 3 UAbs. 3 Solva II-RL um.

4 **II. Einzelerläuterungen. 1. Satz 1.** S. 1 lässt die Zustellung eines Schriftstücks im Inland nach den für den Postverkehr mit dem absendenden Mitglied- oder Vertragsstaats geltenden Regeln zu. Da dt. Versicherungsunternehmen, die im grenzüberschreitenden **Dienstleistungsverkehr** in einem anderen Mitglied- oder Vertragsstaat Versicherungsgeschäfte betreiben, in diesem Tätigkeitsland über keinen Hauptbevollmächtigten oder Zustellungsbevollmächtigten verfügen, muss die Aufsichtsbehörde des Tätigkeitslandes ihre Anordnungen in Deutschland, dem Sitzstaat des Versicherungsunternehmens,

zustellen. Die Zustellung eines amtlichen Schriftstücks ist ein Hoheitsakt. Daher verpflichtet Art. 155 Abs. 3 UAbs. 3 Solva II-RL die Mitglied- und Vertragsstaaten zu einer derartige Zustellung von Anordnungen.

2. Satz 2. S. 2 bestimmt, dass für den Nachweis der Zustellung die Versendung als eingeschriebener Brief in den Versendungsformen „eigenhändig" und „Rückschreiben" ausreicht. 5

Ist eine Zustellung durch die Post nicht unmittelbar zu bewirken, oder wegen der Art oder des Inhalts des Schriftstücks unzweckmäßig, so kann die Bundesanstalt die Zustellung bewirken. 6

Als Alternative für diese Form der Zustellung kommt bei Niederlassungen eine Zustellung an den Hauptbevollmächtigten in Betracht, da dieser über ausreichende Vollmachten verfügen muss, um das Versicherungsunternehmen auch gegenüber Behörden des Mitglied- und Vertragsstaates zu vertreten (Art. 145 Abs. 2 lit. c Solva II-RL). 7

Zusammenarbeit mit der Europäischen Aufsichtsbehörde für das Versicherungswesen und die betriebliche Altersversorgung

329 (1) [1]**Die Aufsichtsbehörde arbeitet gemäß der Verordnung (EU) Nr. 1094/2010 für die Zwecke der Richtlinien 2009/138/EG und 2003/41/EG mit der Europäischen Aufsichtsbehörde für das Versicherungswesen und die betriebliche Altersversorgung zusammen.** [2]**Sie berücksichtigt so weit wie möglich deren Leitlinien und Empfehlungen und begründet eventuelle Abweichungen.**

(2) **Die Aufsichtsbehörde übermittelt jährlich folgende Angaben an die Europäische Aufsichtsbehörde für das Versicherungswesen und die betriebliche Altersversorgung:**

1. **den durchschnittlichen Kapitalaufschlag je Unternehmen und die Verteilung der von der Aufsichtsbehörde während des Vorjahres festgesetzten Kapitalaufschläge, gemessen in Prozent der Solvabilitätskapitalanforderung und wie folgt gesondert ausgewiesen:**
   a) **für alle Versicherungsunternehmen,**
   b) **für Lebensversicherungsunternehmen,**
   c) **für Nichtlebensversicherungsunternehmen,**
   d) **für Versicherungsunternehmen, die sowohl in der Lebensversicherung als auch in der Nichtlebensversicherung tätig sind, und**
   e) **für Rückversicherungsunternehmen;**
2. **für jede Mitteilung im Sinne der Nummer 1 den Anteil der Kapitalaufschläge, die jeweils nach § 301 Absatz 1 Nummer 1, 2 und 3 festgesetzt wurden;**
3. **die Zahl der Versicherungsunternehmen, die teilweise von der regelmäßigen aufsichtlichen Berichterstattung befreit sind, und die Zahl der Versicherungsunternehmen, die ganz oder teilweise von der Einzelpostenberichterstattung befreit sind, zusammen mit dem Volumen ihrer Kapitalanforderungen, Beiträge, versicherungstechnischen Rückstellungen und Vermögenswerte, jeweils gemessen als prozentualer Anteil am Gesamtvolumen der Kapitalanforderungen, Beiträge, versicherungstechnischen Rückstellungen und Vermögenswerte der Versicherungsunternehmen, und**
4. **die Zahl der Gruppen, die teilweise von der regelmäßigen Berichterstattung befreit sind, und die Zahl der Gruppen, die ganz oder teilweise von der Einzelpostenberichterstattung befreit sind, zusammen mit dem Volumen ihrer Kapitalanforderungen, Beiträge, versicherungstechnischen Rückstellungen und Vermögenswerte, jeweils gemessen als prozentualer Anteil am Gesamtvolumen der Kapitalanforderungen, Beiträge, versicherungstechnischen Rückstellungen und Vermögenswerte aller Gruppen.**

(3) [1]**Die Aufsichtsbehörde unterrichtet die Europäische Aufsichtsbehörde für das Versicherungswesen und die betriebliche Altersversorgung über nationale Aufsichtsvorschriften, die für den Bereich der betrieblichen Altersversorgungssysteme relevant sind, soweit es sich nicht um nationale sozial- oder arbeitsrechtliche Vorschriften handelt.** [2]**Änderungen des Inhalts von Angaben, die gemäß Satz 1 übermittelt werden, teilt die Aufsichtsbehörde regelmäßig, mindestens alle zwei Jahre, der Behörde mit.**

(4) **Die Aufsichtsbehörde stellt der Europäischen Aufsichtsbehörde für das Versicherungswesen und die betriebliche Altersversorgung gemäß Artikel 35 der Verordnung (EU) Nr. 1094/2010 auf Verlangen unverzüglich alle für die Erfüllung ihrer Aufgaben auf Grund der Richtlinie 2003/41/EG und der Verordnung (EU) Nr. 1094/2010 erforderlichen Informationen zur Verfügung.**

I. Allgemeines. 1. Entstehungsgeschichte. Der Regelungsgehalt der Vorschrift fand sich teilweise bereits im bisherigen VAG und ist im Rahmen der Umsetzung der Solva II-RL erweitert und ergänzt worden. Abs. 1 findet seine Vorläufervorschrift in § 117a Abs. 1 VAG a. F., der sich jedoch nur auf die 1

Zusammenarbeit im Rahmen der Richtlinie 2003/41/EG des Europäischen Parlaments und des Rates vom 3.6.2003 über die Tätigkeiten und die Beaufsichtigung von Einrichtungen der betrieblichen Altersversorgung (Pensionsfonds-RL) bezog, Abs. 3 entspricht § 117a Abs. 2 VAG a.F, Abs. 4 entspricht § 117a Abs. 3 VAG a. F. Abs. 2 ist neu.

2 **2. Normzweck.** Die Norm verpflichtet die Bundesanstalt zur Zusammenarbeit mit EIOPA unter den Vorgaben der EIOPA-VO sowie im Rahmen der Solva II-RL und der Pensionsfonds-RL und fasst darüber hinaus alle Meldepflichten der Bundesanstalt, die ausschließlich EIOPA gegenüber bestehen, zusammen.

3 **3. Europarechtlicher Hintergrund.** Art 65a Abs. 1 und Art. 52 Abs. 2 Solva II-RL werden durch Abs. 1 bzw. Abs. 2 umgesetzt. Abs. 3 setzt Art. 4 Nr. 5 der RL 2010/78/EG, mit dem in Art. 20 der RL 2003/41/EG ein zusätzlicher Abs. 11 eingeführt wurde, und Abs. 1 sowie Abs. 4 setzten Art. 4 Nr. 6 der RL 2010/78/EG, mit dem in Art. 21 der RL 2003/41/EG ein neuer Abs. 2a eingefügt wurde, um.

4 **II. Einzelerläuterungen. 1. Abs. 1.** Abs. 1 verpflichtet die Bundesanstalt zur **Zusammenarbeit mit EIOPA**, der durch die Verordnung (EU) 1094/2010[1] errichteten Europäischen Aufsichtsbehörde für das Versicherungswesen und die betriebliche Altersversorgung. Die Zusammenarbeit hat auf **zwei Ebenen** zu erfolgen. Einmal erfolgt die Zusammenarbeit auf Richtlinieneben, damit EIOPA ihre Aufgaben aus den genannten Richtlinien erfüllen kann, zum anderen auf Verordnungseben, damit EIOPA ihrer Aufgaben auf der EIOPA-VO erfüllen kann.

5 Auf Richtlinieneben werden EIOPA eine Vielzahl unterschiedlicher Aufgaben übertragen. Hierzu zählen, ohne Anspruch auf Vollständigkeit, **Veröffentlichungspflichten**, Art. 52 Abs. 2, 109a Abs. 3, 172 Abs. 2 UAbs. 3, 227 Abs. 4 UAbs. 3, Abs. 5 UAbs. 2; **Festlegungsrechte**, Art. 77e; **Unterrichtungspflichten gegenüber dem Europäischen Parlament**, 77f; **Entwurfserstellung für technische Regulierungsstandards**, Art. 92 Abs. 1, 97 Abs. 2, 109a Abs. 1, 111 Abs. 2, 114 Abs. 2, 135 Abs. 3, 143 Abs. 2, 211 Abs. 2a und 2b, 231 Abs. 4; **Befassung auf Bitten einer nationalen Aufsichtsbehörde**, Art. 155 Abs. 3 UAbs. 2, 158, Abs. 2 UAbs. 2, 231 Abs. 3 UAbs. 1, 237 Abs. 3 UAbs. 1; **Entscheidungsbefugnisse**, Art. 231 Abs. 3 UAbs. 1, 237 Abs. 3 UAbs. 2; **Unterstützungsfunktion**, Art. 227 Abs. 2 Satz 2, Abs. 6 UAbs. 2 und 3; **Leitlinienerstellung**, Art. 231 Abs. 7 UAbs. 4, 248 Abs. 6.

6 Auf Verordnungsebene sind die Aufgaben und Befugnisse von EIOPA in Art. 8 Abs. 1 und 9 (**Aufgaben**) sowie Art. 8 Abs. 2, 10, 15, 16, 17, 18, 19, 34, 35 (**Befugnisse**) EIOPA-VO niedergelegt. Die Informationsübermittlung zur Erfüllung der Aufgabenwahrnehmung auf Verordnungsebene setzt nach Art. 35 voraus, dass EIOPA diese Informationen erstens zur Aufgabenwahrnehmung benötigt, zweitens die eingeforderten Informationen bei der Bundesanstalt vorhanden sind oder rechtmäßig erhoben werden können, sowie drittens das Informationsgesuch erforderlich ist, Art. 35 Abs. 1 EIOPA-VO. Nach Art. 35 Abs. 4 ist das Informationsgesuch an die Bundesanstalt **subsidiär**, d. h. zunächst hat EOPA für die Informationsbeschaffung auf einschlägigen Statistiken des Europäischen Statistischen Systems und der Europäischen Zentralbank zurückzugreifen. Stehen die angeforderten Informationen bei der Bundesanstalt nicht zur Verfügung oder übermittelt die Bundesanstalt diese nicht rechtzeitig, so kann sich EIOPA an anderer Aufsichtsbehörden, das BMF, an die Bundesbank oder das Statistische Bundesant wenden, Art. 35 Abs. 5 EIOPA-VO. In letzter Instanz kann sich EIOPA, sofern die Informationen bei allen bisher genannten Stellen nicht vorhanden sind oder nicht rechtzeitig übermittelt werden, direkt an das Versicherungsunternehmen oder den Versicherungsvermittler wenden, Art. 35 Abs. 6 EIOPA-VO.

7 Soweit EIOPA ihr Recht zum Erlass von Leitlinie wahrgenommen hat, sind diese von der Bundesanstalt bei der Ausgestaltung ihrer Verwaltungspraxis soweit wie möglich zu berücksichtigen. Will die Bundesanstalt einer Leitlinie nicht entsprechen, so hat sie ihre ablehnende Entscheidung innerhalb von zwei Monaten zu begründen. Dieses „comply or explain“-Verfahren hat EIOPA bislang bereits mehrfach durchgeführt. So hat die BaFin hinsichtlich der Leitlinien zur Vorbereitungsphase[2] deren vollumfängliche Erfüllung und hinsichtlich der Leitlinien des zweiten Pakets deren Erfüllung bis auf wenige Ausnahmen zugesagt.[3] Ebenso hat die BaFin den Leitlinien zur Beschwerdebearbeitung zugestimmt und den Unternehmen, deren Adaption empfohlen.[4] Die BaFin hat alle Leitlinien zu den Säulen 1–3 nebst den Übersetzungen der Erläuterungen zu den Leitlinien auf ihrer Internetseite veröffentlicht.[5] Ebenso

---

[1] ABl. EU 2010 L 331, 48.
[2] EIOPA-CP-13/08; EIOPA-CP-13/09; EIOPA-CP-13/10; EIOPA-CP-13/011.
[3] *Ermert*, Solvency II: Comply-or-Explain-Verfahren zum zweiten Paket der EIOPA-Leitlinien beendet, 15.12.1015 (abrufbar unter bafin.de).
[4] EIOPA-BoS-12/069.
[5] Aufsicht/Versicherer & Pensionsfonds/Aufsichtsregime/Solvency II: Rechtsgrundlagen & Leitlinien).

hat sie die Leitlinien aufgeführt, die sie nicht vollständig anwenden wird, um den Umfang einer teilweisen Anwendung zu beschreiben.[6]

2. Abs. 2. In diesem Absatz werden alle Informationspflichten, die die Bundesanstalt **ausschließlich** gegenüber EIOPA erfüllen muss, aufgelistet. Daneben stehen weitere Informationspflichten nach § 330 Abs. 4 VAG. 8

3. Abs. 3. Hier wird die Bundesanstalt verpflichtet EIOPA über bestimmte Aufsichtsvorschriften in regelmäßigen Abständen zu unterrichten. 9

4. Abs. 4. Seinem Wortlaut nach verpflichtet, Abs. 4 die Bundesanstalt dazu EIOPA zum Zwecke der Erfüllung der EIOPA obliegenden Aufgaben aus der Pensionsfonds-RL sowie der Verordnung (EU) 1094/2010 unverzüglich alle Informationen bereitzustellen. Gem. Art. 65a Abs. 2 Solvency II-RL ist die Bundesanstalt ebenfalls verpflichtet EIOPA unverzüglich die Informationen zur Verfügung zu stellen, die EIOPA zur Erfüllung ihrer Aufgaben aus der Solvency II-RL benötigt. Eine entsprechende Umsetzung ist in Abs. 4 nicht erfolgt. Es dürfte sich hierbei um ein Redaktionsversehen im Rahmen der Richtlinienumsetzung handeln. 10

Empfehlungen seitens EIOPA in Form von Opinions sind nicht bindend. Soweit die BaFin einer solchen Empfehlung im Rahmen ihrer Aufsichtspraxis nachkommen möchte, wäre es sinnvoll, diese Opinions ebenfalls auf der Internetseite der BaFin zu veröffentlichen, um den Versicherungsunternehmen transparent gegenüberzutreten. Die von EIOPA entweder auf Anforderung des Europaparlaments oder der EU-Kommission oder eigeninitiativ erstellt werden, sind auf der Internetseite von EIOPA abrufbar.[7] 11

Daneben veröffentlicht EIOPA nach noch Fragen und Antworten (Q&A) zu allen Ebenen der Rechtsgrundlage zu Solvabilität II,[8] deren Beachtung von der BaFin erwartet wird.[9]

III. Verhältnis zu anderen Regelungen des VAG. Eine Erweiterung bezüglich der Informationspflichten gegenüber EIOPA erfährt diese Vorschrift durch § 330 Abs. 4 VAG. 12

Meldungen an die Europäische Kommission

330 (1) **Die Aufsichtsbehörde meldet der Europäischen Kommission**

1. **die Erteilung einer Erlaubnis nach § 8 Absatz 1 an ein Unternehmen, das Tochterunternehmen eines Mutterunternehmens mit Sitz in einem Drittstaat ist; die Struktur des Konzerns ist in der Mitteilung anzugeben;**
2. **den Erwerb einer Beteiligung an einem Versicherungsunternehmen, durch den das Versicherungsunternehmen zu einem Tochterunternehmen eines Mutterunternehmens mit Sitz in einem Drittstaat wird;**
3. **die Anzahl und die Art der Fälle, in denen die Errichtung einer Niederlassung oder der Betrieb des Erstversicherungsgeschäfts im Dienstleistungsverkehr in einem anderen Mitglied- oder Vertragsstaat nicht zustande gekommen ist, weil die Aufsichtsbehörde die Unterlagen nach § 58 Absatz 1 Satz 2 oder § 59 Absatz 1 Satz 2 und 3 nicht an die Aufsichtsbehörde des anderen Mitglied- oder Vertragsstaats weitergeleitet hat;**
4. **die Anzahl und die Art der Fälle, in denen Maßnahmen nach § 62 Absatz 3 Satz 2 und 3 ergriffen wurden;**
5. **allgemeine Schwierigkeiten, die Versicherungsunternehmen bei der Errichtung von Niederlassungen, der Gründung von Tochterunternehmen oder in sonstiger Weise beim Betrieb von Versicherungsgeschäften in einem Drittstaat haben;**
6. **auf Verlangen der Kommission den Erlaubnisantrag eines Unternehmens, das Tochterunternehmen eines Mutterunternehmens mit Sitz in einem Drittstaat ist;**
7. **auf Verlangen der Kommission die nach § 17 gemeldete Absicht des Erwerbs einer Beteiligung an einem Versicherungsunternehmen, durch den das Versicherungsunternehmen Tochterunternehmen eines Unternehmens mit Sitz in einem Drittstaat wird;**
8. **die gewählte Vorgehensweise in den Fällen des § 288;**
9. **die in § 309 Absatz 5 Nummer 3 und 4 genannten Personen und Stellen;**
10. **die nach § 170 Absatz 1 erlassenen Vorschriften;**
11. **die für Versicherungs-Zweckgesellschaften im Sinne des § 168 geltenden Vorschriften und**

[6] Aufsicht/Versicherer & Pensionsfonds/Aufsichtsregime/Solvency II:Rechtsgrundlagen & Leitlinen.
[7] https://eiopa.europa.eu/publications/eiopa-opinion.
[8] https://eiopa.europa.eu/publications/eiopa-guidelines/q-a-on-regulation.
[9] Aufsicht/Versicherer & Pensionsfonds/Aufsichtsregime/Solvency II. Rechtsgrundlagen & Leitlinien/EIOPA Fragen und Antworten.

12. eine Liste aller Rückversicherungsunternehmen, die den Abschluss neuer Rückversicherungsverträge bis zum 10. Dezember 2007 eingestellt haben und ausschließlich ihr Portfolio mit dem Ziel verwalten, ihre Tätigkeit einzustellen.

(2) [1]**Die Meldepflichten nach Absatz 1 Nummer 6 und 7 bestehen nur, wenn die Europäische Kommission feststellt, dass in dem Drittstaat Versicherungsunternehmen mit Sitz in einem Mitglied- oder Vertragsstaat kein effektiver Marktzugang gestattet wird, der demjenigen vergleichbar ist, den die Europäische Union den Unternehmen dieses Staats gewährt, oder wenn die Kommission feststellt, dass die Versicherungsunternehmen mit Sitz in einem Mitglied- oder Vertragsstaat in diesem Staat keine Inländerbehandlung erfahren.** [2]**Die Meldepflichten nach Absatz 1 Nummer 6 und 7 in Verbindung mit Satz 1 bestehen nicht mehr, wenn mit dem Staat ein Abkommen über den effektiven Marktzugang und die Inländerbehandlung der Versicherungsunternehmen mit Sitz in einem Mitglied- oder Vertragsstaat abgeschlossen worden ist.**

(3) **Die Meldepflichten nach Absatz 1 Nummer 1, 2 und 10 bestehen auch gegenüber den zuständigen Behörden der anderen Mitglied- oder Vertragsstaaten.**

(4) **Die Meldepflichten nach Absatz 1 Nummer 1, 2, 3 und 5 bestehen auch gegenüber der Europäischen Aufsichtsbehörde für das Versicherungswesen und die betriebliche Altersversorgung.**

1 **I. Allgemeines. 1. Entstehungsgeschichte.** Die Vorschrift entspricht mit einigen Änderungen dem bisherigen § 111g VAG a. F. Abs. 1 Nr. 1–7 sind – abgesehen von der Anpassung an die Paragraphenfolge des neuen VAG – unverändert. Die Nr. 9–12 entsprechen den bisherigen Nr. 10–13 a. F. Die bisherige Nr. 8 ist entfallen. Abs. 4 ist neu hinzugekommen.

2 **2. Normzweck.** § 330 listet alle Meldepflichten der Bundesanstalt gegenüber der EU-Kommission auf. Außerdem erweitert sie den Kreis der Adressaten für bestimmte Meldepflichten um die Aufsichtsbehörden anderer Mitglied- und Vertragsstaaten (Abs. 3) sowie die EIOPA (Abs. 4).

3 **3. Europarechtlicher Hintergrund.** Abs. 1 Nr. 1 und 2 setzten Art. 176 Solva II-RL, Nr. 3 und Nr. 4 setzen Art. 155 Abs. 9 Solva II-RL, Nr. 5 setzt Art. 177 Abs. 1 Solva II-RL, Nr. 12 setzt Art. 12 Abs. 2 Solva II-RL um. Für die Nr. 6 und 7 gibt es keine ausdrückliche Verpflichtung in der Solva II-RL, sowie für die Nr. 10 und 11, die auf die bisherigen Art. 45 Abs. 2 und 46 Abs. der Richtlinie 2005/68/EG des Europäischen Parlaments und des Rates vom 16. November 2005 über die Rückversicherung und zur Änderung der Richtlinien 73/239/EWG, 92/49/EWG des Rates sowie der Richtlinien 98/78/EG und 2002/83/EG (Rückversicherungs-RL), die durch die Solva II-RL aufgehoben wurde, zurückgehen, mehr. Nr. 9 setzt Art. 18 Abs. 3 S. 4 der Richtlinie 2002/87/EG des Europäischen Parlaments und des Rates vom 16. Dezember 2002 über die zusätzliche Beaufsichtigung der Kreditinstitute, Versicherungsunternehmen und Wertpapierfirmen eines Finanzkonglomerats und zur Änderung der Richtlinien 73/239/EWG, 79/267/EWG, 92/49/EWG, 92/96/EWG, 93/6/EWG und 93/22/EWG des Rates und der Richtlinien 98/78/EG und 2000/12/EG des Europäischen Parlaments und des Rates (Finanzkonglomeraterichtlinie) um.

4 **II. Einzelerläuterungen. 1. Abs. 1.** Die verschiedenen Meldepflichten nach Abs. 1 lassen sich nach der mit der Meldepflicht verbundenen Intention wie folgt zusammenfassen:

5 **a) Zulassungspraxis in Drittstaaten.** Die Meldepflichten nach den Nr. 1, 2, 5, 6 und 7 sollen der Kommission die Möglichkeit verschaffen, sich ein Bild von der Zulassungspraxis hinsichtlich der Niederlassung eines Versicherungsunternehmens aus den Mitglied- und Vertragsstaaten in Drittstaaten zu machen. Diese Informationen benötigt die Kommission, um gegenüber diesen Staaten den **Grundsatz der Gegenseitigkeit** Geltung zu verschaffen. Dies ergibt sich aus der Regelung des § 330 Abs. 2 VAG der bestimmt in welchen Fallgestaltungen eine Meldepflicht nach den Nr. 6 und 7 besteht bzw. entfällt. Die Meldung nach Nr. 1 benötigt die Kommission, um gem. Art. 172 i. V. m. Art. 301a Solva II-RL mittels eines delegierten Rechtsakts die Kriterien festzulegen, nach denen die **Gleichwertigkeit** eines in einem Drittstaat angewandten Solvabilitätssystems mit dem Solvabilitätssystem unter Solvabilität II festgestellt werden kann.

6 **b) Europäischer Pass.** Um mögliche bestehende oder entstehende Schwierigkeiten im Rahmen der **Niederlassungs- und Dienstleistungsfreiheit** zu erkennen, sind nach den Nr. 3 und 4 bestimmte Sachverhalte im Rahmen der Niederlassungstätigkeit bzw. bei der Durchführung des freien Dienstleistungsverkehrs der Kommission zu melden.

7 **c) Solvabilität.** Nr. 8 betrifft ebenfalls die **Gleichwertigkeit der Solvabilitätssysteme** in Drittstaaten und in der EU. Sofern die Kommission nicht bereits das Solvabilitätssystem eines Drittstaates als gleichwertig anerkannt hat (Art. 172 Abs. 1, 260 Abs. 2 S II-RRL), muss die Feststellung der Gleichwertigkeit nach § 288 durch die Bundesanstalt, sofern sie für die Gruppenaufsicht zuständig ist, auf

Antrag des Unternehmens oder von Amts wegen erfolgen. Die Entscheidung ist auch für andere Mitglied- und Vertragsstaaten bindend, Art. 260 Abs. 1 UAbs. 3 S. 2 Solva II-RL, so dass eine entsprechende Meldung erforderlich ist.

d) Verschwiegenheit. Nr. 9 bezieht sich auf die Stellen, denen gegenüber die Schweigepflicht nicht besteht, so dass diesen Personen oder Stellen vertrauliche Informationen aus der Aufsichtstätigkeit weitergegeben werden dürfen. **8**

e) Rückversicherungsaufsicht. Mit den Meldepflichten aus den Nr. 10 bis 12 werden Anforderungen aus dem Bereich der Rückversicherungsaufsicht erfüllt. **9**

2. Abs. 2 enthält weitere Maßgaben für die Meldepflichten nach den Nr. 6 und 7. a) Satz 1. S. 1 bestimmt, dass die Meldepflichten nur bestehen, wenn durch die Kommission festgestellt wurde, dass der Drittstaat Versicherungsunternehmen aus den Mitglied- und Vertragsstaaten keinen vergleichbar effektiven Marktzugang gewährt, wie ihrerseits die EU, oder der Drittstaat den Versicherungsunternehmen aus den Mitglied- oder Vertragsstaaten keine Inländerbehandlung gewährt. **10**

b) Satz 2. Die Meldepflichten entfallen nach Satz 2, sobald mit einem Drittstaat ein Abkommen über einen effektiven Marktzugang und die Inländerbehandlung geschlossen wurde. **11**

3. Abs. 3. Abs. 3 erweitert die Meldepflicht der Bundesanstalt für die Informationen nach Nr. 1, 2 und 10 auf die Mitglied- und Vertragsstaaten. **12**

4. Abs. 4. Um ihrer Beratungsfunktion nachkommen zu können, benötigt auch EIOPA bestimmte Informationen. Daher dehnt Abs. 4 die Meldepflichten nach Nr. 1, 2, 3 und 5 auch auf EIOPA aus. **13**

III. Verhältnis zu Parallelvorschriften im KWG. Eine vergleichbare Parallelvorschriften findet sich in § 7a KWG. **14**

Teil 7. Straf- und Bußgeldvorschriften

Strafvorschriften

331 (1) **Mit Freiheitsstrafe bis zu fünf Jahren oder mit Geldstrafe wird bestraft, wer**

1. ohne Erlaubnis nach § 8 Absatz 1, § 65 Absatz 1 Satz 1, § 67 Absatz 1 Satz 1, § 168 Absatz 1 Satz 3 oder § 236 Absatz 4 ein Erst- oder Rückversicherungsgeschäft oder einen Pensionsfonds betreibt oder einen dort genannten Geschäftsbetrieb aufnimmt oder

2. entgegen § 61 Absatz 2 Satz 2 oder Satz 5, Absatz 3 oder Absatz 4 eine dort genannte Geschäftstätigkeit aufnimmt, erweitert oder ändert oder eine Krankenversicherung oder eine Pflichtversicherung betreibt.

(2) **Mit Freiheitsstrafe bis zu drei Jahren oder mit Geldstrafe wird bestraft, wer**

1. einer vollziehbaren Anordnung nach § 62 Absatz 3 Satz 2 zuwiderhandelt,

2. entgegen

a) § 128 Absatz 5 oder

b) § 141 Absatz 5 Nummer 2 erster Halbsatz, auch in Verbindung mit § 161 Absatz 1 oder § 162,

eine dort genannte Bestätigung nicht richtig abgibt oder

3. entgegen § 311 Absatz 1 Satz 1, auch in Verbindung mit Satz 2 oder Absatz 2 Satz 1 zweiter Halbsatz, auch in Verbindung mit Satz 2, eine Anzeige nicht, nicht richtig oder nicht rechtzeitig erstattet.

(2a) **Mit Freiheitsstrafe bis zu einem Jahr oder mit Geldstrafe wird bestraft, wer als Mitglied des Aufsichtsrats im Sinne des § 189 oder als Mitglied eines nach § 189 Absatz 3 Satz 1 in Verbindung mit § 107 Absatz 3 Satz 2 des Aktiengesetzes bestellten Prüfungsausschusses eines Versicherungsvereins auf Gegenseitigkeit, der Versicherungsunternehmen ist im Sinne des Artikels 2 Absatz 1 der Richtlinie 91/674/EWG des Rates vom 19. Dezember 1991 über den Jahresabschluß und den konsolidierten Abschluß von Versicherungsunternehmen (ABl. L 374 vom 31.12.1991, S. 7), die zuletzt durch die Richtlinie 2006/46/EG (ABl. L 224 vom 16.8.2006, S. 1) geändert worden ist,**

1. eine in § 332 Absatz 4a, 4b oder Absatz 4c bezeichnete Handlung begeht und dafür einen Vermögensvorteil erhält oder sich versprechen lässt oder

2. eine in § 332 Absatz 4a, 4b oder Absatz 4c bezeichnete Handlung beharrlich wiederholt.

(3) **Handelt der Täter fahrlässig, so ist die Strafe in den Fällen des Absatzes 1 Freiheitsstrafe bis zu drei Jahren oder Geldstrafe und in den Fällen des Absatzes 2 Freiheitsstrafe bis zu einem Jahr oder Geldstrafe.**

Übersicht

Schrifttum: Achenbach/Ransiek/Rönnau/*Schröder* Kap. 10.3.; *Boetius*, Prämienkalkulation und Alterungsrückstellung – Konsequenzen für Aktuare und Prämientreuhänder nach der Gesundheits- und VVG-Reform, VersR 2007, 1589 ff.; *Szesny* in: Böttger, Wirtschaftsstrafrecht in der Praxis, Kap. 6.B.V; Boos/Fischer/Schulte-Mattler/*Lindemann* § 54 KWG ff.; *Dreher*, Überformung des Aktienrechts durch die Rechtsprechung von Straf- und Verwaltungsgerichten?, AG 2006, 213 ff.; *Dreher/Häußler*, Die Aufsicht über Versicherungsunternehmen durch die BaFin und die Überwachungsaufgabe des Aufsichtsrats, ZGR 2011, 471 ff.; FKBP/*Göertz* §§ 134 ff.; *Feldmann/Wick*, Betrieb von Versicherungen ohne staatliche Lizenz?, VW 1999, 1314 ff.; Goldberg/Müller/*Müller* § 124 ff.; *Goltz/Poertzgen/Meyer*, Die Anzeigepflicht bei Insolvenz ist nicht ohne, VW 2009, 1822 ff.; Gottwald/Dannecker/*Hagemeier* § 127; *Kaufmann*, Fehlt die Lizenz – gilt der Vertrag?, VW 1998, 681 ff.; *Koch*, Kollisions- und versicherungsvertragliche Probleme bei internationalen D&O Haftungsfällen; *Meyer/Mattheus*, Das Abschlussprüferreformgesetz (AReG) – Neuerungen für Prüfungsausschüsse, DB 2016, 695 ff.; *Altenhain* in Momsen/Grützner Kap. 6; *Müller-Gugenberger*, Neue Sanktionen im Abschlussprüferrecht, ZWH 2016, 181 ff.; Müller-Gugenberger/*Dittrich*, Wirtschaftsstrafrecht, 6. Aufl. 2015, § 65; MüKoInsO/*Klöhn* § 15a; Park/*Gercke* §§ 54 ff. KWG; *Präve*, Versicherungsaufsicht, Treuhänder und Verantwortlicher Aktuar, VersR 1995, 733 ff.; *Rinjes*, Die Irrtumsproblematik beim Betreiben von Bankgeschäften ohne Erlaubnis gem. § 54 Abs. 1 Nr. 2 KWG, wistra 2015, 7 ff.; *Segna*, Die sog. Gespaltene Rechtsanwendung im Kapitalmarktrecht, ZGR 2015, 84 ff.; *Thole*, Vertragshaftung des Verantwortlichen Aktuars gegenüber den Versicherten?, VersR 2010, 447 ff.; Wabnitz/Janovsky/*Knierim* Kap. 10.D; *Wegner*, Insolvenzstrafrechtliche Besonderheiten für Akteure auf dem Finanz- und Kapitalmarkt, HRRS 2012, 68 ff.

I. Allgemeines. 1. Entstehungsgeschichte. a) Einführung der Regelung. Bereits § 108 des **Reichsgesetzes über die privaten Versicherungsunternehmen** v. 12.5.1901[1] drohte für den Betrieb des Versicherungsgeschäfts oder die Versicherungsvermittlung ohne vorgeschriebene Erlaubnis Geldstrafe bis 1000 Mark oder Gefängnishaft bis zu drei Monate an. Nach § 107 dieses Gesetzes war die wissentlich falsche sachverständige Berechnung der Prämienreserve mit Gefängnisstrafe und dem Verlust der bürgerlichen Ehrenrechte bedroht. Auch die Verletzung bestimmter Anzeigepflichten gegenüber der Aufsichtsbehörde ist seit 1901 strafbewehrt (§ 109). 1

b) Änderungen. Von den zahlreichen Änderungen der VAG-Strafvorschriften im Lauf der letzten 115 Jahre sind die Folgenden hervorzuheben: 2

Art. 198 des Einführungsgesetzes zum Strafgesetzbuch (**EGStGB 1974**) v. 2.3.1974[2] bewirkte eine umfassende systematische Umgestaltung des alten VAG-Strafrechts. Neben die Straftatbestände traten Bußgeldtatbestände (§§ 144 ff. VAG a. F.), zu denen einige Straftatbestände wie z. B. die unbefugte Versicherungsvermittlung herabgestuft wurden. Das subjektive Merkmal der „Wissentlichkeit" wurde durchgehend aus dem Text gestrichen, um eine sprachliche Übereinstimmung mit dem allgemeinen Strafrecht und dessen Vorsatzstrafbarkeit nach § 15 StGB zu erzielen. Desgleichen wurden die Tatbestandsumschreibungen und die Strafandrohungen dem neuen StGB und den vergleichbaren Tatbeständen des AktG angepasst.[3] Durch § 140 Abs. 2 VAG a. F. wurde klargestellt, dass auch fahrlässiges Handeln strafbewehrt sein sollte. 3

Durch das Zweite Gesetz zur Durchführung versicherungsrechtlicher RL des Rates der Europäischen Gemeinschaften (**Zweites DurchführungsG/EWG**) v. 28.6.1990[4] wurde der Anwendungsbereich der Strafvorschrift des unerlaubten Geschäftsbetriebs auf die Fälle des Dienstleistungsverkehrs ausgedehnt.[5] Durch das Dritte Gesetz zur Durchführung versicherungsrechtlicher RL des Rates der Europäischen Gemeinschaften (**Drittes DurchführungsG/EWG**) v. 21.7.1994[6] wurden die Strafvorschriften auch auf die Verletzung der Benachrichtigungs- oder Mitteilungsfrist und der Pflicht zur Vorlage von AVB im Dienstleistungs- und Niederlassungsverkehr erstreckt.[7] 4

Das **VAG 2016** brachte zum einen redaktionelle Anpassungen, zum anderen auch einen **neuen systematischen Aufbau** und **inhaltliche Änderungen**: **§ 331 Abs. 1 und Abs. 2 Nr. 1 VAG** entsprechen in ihrem Regelungsgegenstand § 140 Abs. 1 Nr. 1–3 VAG a. F. **§ 331 Abs. 2 Nr. 2 VAG** entspricht § 139 VAG a. F.; als Unterfall des **§ 331 Abs. 1 Nr. 1 VAG** ist nun der früher eigenständige 5

[1] RGBl. 139, 169.
[2] Vgl. BGBl. I 469, 593. Materialien: BT-Drs. 6/3250 (Gesetzentwurf), BT-Drs. 7/550 (Gesetzentwurf), BGBl. I 469 (Verkündung).
[3] Vgl. zu den Änderungen im Einzelnen BT-Drs. 6/3250, 397 ff. und BT-Drs. 7/550, 412 ff.
[4] Vgl. BGBl. I 1249. Materialien: BT-Drs. 11/6431 (Gesetzentwurf), BT-Drs. 11/7230 (Beschlussempfehlung und Bericht), BT-PlPr 11/107, 15166A (1. Beratung), BT-PlPr. 11/214, 16757D-16758D (2. und 3. Beratung), BGBl. I 1249 (Verkündung).
[5] Vgl. BT-Drs. 11/6341, 32.
[6] Vgl. BGBl. I 1630. Materialien: BT-Drs. 12/6959 (Gesetzentwurf), BT-Drs. 12/7595 (Beschlussempfehlung und Bericht), BT-Drs. 12/7831 (Beschlussempfehlung), BT-PlPr 12/216, 18727D (1. Beratung), BT-PlPR 12/22, 19800C-19808N (2. und 3. Beratung), BT-PlPr 672, 374A (BR-Sitzung), BGBl. I 1630 (Verkündung).
[7] Vgl. BT-Drs. 12/6959, 97.

Tatbestand des § 140 Abs. 1 Nr. 4 VAG a. F. geregelt. In **§ 331 Abs. 2 Nr. 3 VAG** findet sich jetzt § 141 VAG a. F. wieder.

6 Der **VAG-RegE 2014**[8] ist dabei zur näheren Bestimmung der Änderungen nur bedingt tauglich: Entgegen der **missverständlichen Begr. zu § 331 VAG** ist § 140 Abs. 1 Nr. 3 VAG a. F. nicht entfallen, sondern entspricht nun § 331 Abs. 2 Nr. 1 VAG. Auch ist die beabsichtigte Angleichung des Strafmaßes in § 331 Abs. 1 VAG an die Parallelvorschriften des KWG entgegen der Begr. nicht zu erkennen, weil die Strafdrohung schon bisher bei § 140 Abs. 1 Nr. 1, Nr. 2 und Nr. 4 VAG a. F. Freiheitsstrafe bis zu fünf Jahren zuließ. Auch entspricht – entgegen der Angabe im Gesetzesentwurf – nicht § 331 Abs. 2 VAG dem § 140 Abs. 2 VAG a. F., sondern das Fahrlässigkeitsdelikt findet sich in 331 Abs. 3 VAG wieder.

7 Das **VAG 2016** hat das Nebenstrafrecht des Versicherungsrechts insoweit stark verändert, als die in **§ 134 (Falsche Angaben), § 137 (Straftaten eines Prüfers), § 138 (Verletzung der Geheimhaltungspflicht) und § 143 (Unrichtige Darstellung) VAG a. F.** normierten Tatbestände **ersatzlos weggefallen** sind. Die Entwurfsverfasser wollten damit eine Anpassung an die anderen Sektoren der Finanzaufsicht erreichen.[9] Auf die ablehnende Stellungnahme des Bundesrates hin hat die Bundesregierung erklärt, die Abschaffung der Tatbestände sei teilweise Folge des Übergangs zu einer prinzipienbasierten Aufsicht. Zum anderen Teil würden andere Tatbestände künftig in Rechtsakten der Europäischen Union geregelt werden. Eine grundlegende Überprüfung des Nebenstrafrechts sei beabsichtigt, sobald die einschlägigen EU-Rechtsakte vorlägen.[10]

8 Durch das Abschlussprüferreformgesetz **(AReG)**[11] v. 10.5.2016 wurde mit Wirkung v. 17.6.2016 **§ 331 Abs. 2a VAG** angefügt, der bestimmte Vergehen bei der Überwachung und Bestellung des Abschlussprüfers unter Strafe stellt.

9 Durch das Gesetz zur Umsetzung der Zahlungsdiensterichtlinie (**ZDGUG**) v. 17.7.2017 wurde mit Wirkung v. 22.7.2017 in § 331 Abs. 2a der Verweis auf die – ebenfalls gestrichenen – § 332 Abs. 4b und Abs. 4c VAG wieder gestrichen. Hiernach bleibt allein der Verstoß gegen § 332 Abs. 4a VAG strafbewehrt.

10 **2. Normzweck.** § 331 **Abs. 1, Abs. 2 Nr. 1** VAG schützt die materielle Staatsaufsicht über Versicherungen und das Vertrauen der Öffentlichkeit in dieses System.[12] Weitere Schutzzwecke sind der Schutz der Versicherungsnehmer vor zahlungsunfähigen, nicht leistungsfähigen oder nicht leistungsbereiten Versicherungsunternehmen sowie die Lauterkeit des Wettbewerbs zwischen den Versicherungsunternehmen.[13] Die Norm schützt damit auch die Funktionsfähigkeit des Versicherungsmarkts insgesamt.[14]

11 § 331 **Abs. 2 Nr. 2** VAG soll die Richtigkeit der versicherungsmathematischen Bestätigung des Aktuars und der Bestätigung des Treuhänders in der Jahresbilanz gewährleisten. Die Vorschrift schützt die ordnungsgemäße Aufrechterhaltung des Vermögensstandes des Unternehmens im Interesse der Unternehmen, ihrer Eigentümer und der Gemeinschaft der Versicherten.[15]

12 § 331 **Abs. 2 Nr. 3** VAG soll das ausschließliche Recht der Aufsichtsbehörde, die Eröffnung des Insolvenzverfahrens über ein Versicherungsunternehmen zu beantragen (vgl. § 312 Abs. 1 VAG), schützen. Die Norm hat neben dem allgemeinen Ziel des Schutzes der Staatsaufsicht und der Versicherten auch allgemein gläubigerschützende Funktion.[16]

13 § 331 **Abs. 2a** VAG soll besonders gravierende Verstöße gegen die prüfungsbezogenen Pflichten der Mitglieder des Aufsichtsrats sowie eines Prüfungsausschusses eines VVaG sanktionieren und ist § 333a HGB nachgebildet.[17]

14 **3. Europarechtlicher Hintergrund.** Ein unmittelbarer europarechtlicher Hintergrund ist bei § 331 **Abs. 1, 2 und 3** VAG nicht vorhanden. Die strafrechtlichen Bestimmungen der Mitgliedstaaten bleiben durch die Versicherungsrichtlinien unberührt.[18] Nach dem 78. Erwägungsgrund Solva II-RL sollen Versicherungsunternehmen, die sich nicht an die geltenden Vorschriften zum Schutz des Allgemeininteresses halten mit Sanktionen belegt werden. Die innerstaatlichen Sanktionen gegen ausländische

[8] Vgl. BR-Drs. 18/2956, 297.

[9] Vgl. BR-Drs. 18/2956, 297. Materialien zum VAG 2016: BR-Drs. 430/14 (Gesetzentwurf), BR-Drs. 18/2956 (Gesetzentwurf = VAG-RegE 2014), BT-Drs.18/3900 (Beschlussempfehlung und Bericht), BT-PlPr. 18/63, 5927D-5928A (1. Beratung), BT-PlPr. 18/85, 8010D-8028D (2. und 3. Beratung), BGBI I, 434 (Verkündung).

[10] BT-Drs. 18/3252, 8.

[11] BGBl. I 1142. Materialien: BT-Drs. 635/15 (Gesetzentwurf), BT-Drs. 18/7219 (Gesetzentwurf), BT-Drs. 18/7902 (Beschlussempfehlung und Bericht), BT-PlPr 18/152, 15027A-15027BA (1. Beratung), BT-PlPr. 18/161, 15871B-15882D (2. und 3. Beratung).

[12] Vgl. Graf/Jäger/Wittig/*Bücherl* § 140 Rn. 3; a. A. MüKoStGB/*Janssen* § 54 KWG Rn. 12; Park/*Janssen* § 54 Rn. 12 (Schutzgüter seien nur der Markt und die Aufsicht).

[13] Vgl. Erbs/Kohlhaas/*Wache/Lutz* § 331 VAG Rn. 3.

[14] Vgl. Achenbach/Ransiek/Rönnau/*Schröder* 10.3 Rn. 2; Böttger/*Szesny* Kap. 6.B.V Rn. 199.

[15] Vgl. Erbs/Kohlhaas/*Wache* § 139 VAG Rn. 1.

[16] Vgl. Erbs/Kohlhaas/*Wache* § 139 VAG Rn. 1.

[17] Vgl. BT-Drs. 18/7219, 64.

[18] Vgl. Art. 258 Abs. 2 Solva II-RL („unbeschadet ihrer [der Mitgliedstaaten] strafrechtlichen Bestimmungen").

Versicherungsunternehmen, die sich nicht an die geltenden Vorschriften halten, werden von Art. 155 Abs. 6 Solva II-RL ausdrücklich gebilligt und die Vollstreckung an der Niederlassung oder inländischen Vermögensgegenständen wird für zulässig erklärt. In Bezug auf entsprechende Rückversicherungsunternehmen sieht Art. 158 Abs. 2 Solva II-RL die Ahndung von Verstößen durch die Aufsichtsbehörden des Aufnahmemitgliedstaats vor.

§ 331 **Abs. 2a** VAG setzt Art. 30 Abs. 1, Art. 30a, Art. 30b **Abschlussprüfer-RL**[19] um, wonach die Mitliedstaaten für wirksame Sanktionen bei unzureichender Durchführung von Abschlussprüfungen sorgen müssen. 15

II. Einzelerläuterungen. 1. Tatbestandsvarianten des unerlaubten Betreibens des Versicherungsgeschäfts (Abs. 1 Nr. 1, Nr. 2, Abs. 2 Nr. 1). a) Objektiver Tatbestand. aa) Geschützte Aufsichtstätigkeit. Strafbewehrt gem. § 331 **Abs. 1 Nr. 1** VAG ist die Verletzung der **Erlaubnispflicht** nach 16

- § 8 Abs. 1 VAG für inländische Erst- oder Rückversicherungsunternehmen (§ 7 Nr. 33 VAG),
- § 65 Abs. 1 S. 1 VAG für nicht von der Solva II-RL erfasste EU/EWR-Versicherer mit einer Niederlassung im Inland,
- § 67 Abs. 1 S. 1 VAG für Erst- und Rückversicherer aus Drittstaaten,
- § 168 Abs. 1 S. 3 VAG für inländische Versicherungs-Zweckgesellschaften sowie
- § 236 Abs. 4 VAG für Pensionsfonds.

§ 331 **Abs. 1 Nr. 2** VAG schützt die die **Erlaubnis des Herkunftsstaats ergänzende Aufsichtstätigkeit** der BaFin in Bezug auf die nach der Solva II-RL harmonisierten Erstversicherungsunternehmen: 17

- § 61 Abs. 2 S. 2, S. 5 VAG betrifft die Geschäftstätigkeit im Niederlassungsverkehr und verbietet Tätigkeiten vor Ablauf einer Wartefrist nach Eingang entsprechender Benachrichtigungen durch den Herkunftsstaat.
- § 61 Abs. 3 VAG betrifft die Geschäftstätigkeit im Niederlassungsverkehr und verbietet Tätigkeiten vor Unterrichtung durch den Herkunftsstaat.
- § 61 Abs. 4 VAG verbietet den Betrieb der substitutiven Krankenversicherung oder von Pflichtversicherungen vor Einreichung der AVB.

§ 331 **Abs. 2 Nr. 1** VAG schützt die Wirksamkeit einer gegenüber EU/EWR-Versicherern ergangene Untersagung des Geschäftsbetriebs im Inland. 18

Sofern das geschäftliche Handeln nicht erlaubnispflichtig bzw. wartepflichtig ist oder es der Einreichung von AVB nach den vorstehenden Vorschriften nicht bedarf, ist es auch nicht nach Abs. 1 strafbar. **Vorrangig zu prüfen ist daher** stets, ob der Anwendungsbereich des VAG nach §§ 1 ff. VAG eröffnet ist und ob bejahendenfalls die Erlaubnis- bzw. erlaubnisersetzenden Tatbestände, auch unter Berücksichtigung der Ausnahmevorschriften eingreifen.[20] Aufgrund der vollständigen Bezugnahme auf die verwaltungsrechtlichen Voraussetzungen zur Ausfüllung der Straftatbestände ist wegen der Einzelheiten auf die Kommentierung zu den Definitionen des **Versicherungs- oder Rückversicherungsgeschäfts** nach § 1 Abs. 1 Nr. 1, § 7 Nr. 33 VAG bzw. des Pensionsfonds i. S. d. § 236 Abs. 1 VAG sowie zu den Verweisungszielen des § 331 Abs. 1 VAG zu verweisen. 19

bb) Tathandlungen des Abs. 1 Nr. 1. Ein **Betreiben** liegt in jeder auf den fortlaufenden Abschluss oder die Durchführung von aufsichtspflichtigen Versicherungsverträgen gerichteten Tätigkeit, die wesentlich für das Zustandekommen oder die Durchführung der Geschäfte ist. Ausreichend ist das Anbieten entsprechender Verträge.[21] Auch das Anwerben von Kunden über Versicherungsvermittler ist erfasst.[22] Mit Eintritt des rechtswidrigen Zustands ist die **Tat vollendet**. Nicht ausreichend ist eine an das Publikum gerichtete Ankündigung, Versicherungsleistungen anzubieten (etwa in Kleinanzeigen oder auf Websites).[23] Die Aufforderung zur Abgabe eines Angebots oder zielgerichtete Werbung gegenüber bestimmten Kunden bewegt sich ebenfalls noch im Bereich strafloser Vorbereitung bzw. straflosen Versuchs,[24] da die geschäftliche Aktivität in diesem Fall noch kein unmittelbares Risiko rechtsverbindlicher Abschlüsse herbeiführt, sondern die Tätigkeit noch einseitig durch bloßes Aufhören eingestellt werden kann. Andernfalls würde die Wertung des Gesetzgebers, den Versuch nicht unter Strafe zu stellen, unterlaufen.[25] Ebenfalls straflos sind vergleichbare Vorbereitungshandlungen wie z. B. das Entwerfen von Verträgen, Einrichten eines Büros etc. Der nach allen Umständen des Falles 20

[19] Vgl. RL 2014/56/EU v. 16.4.2014 zur Änderung der RL 2006/43/EG über Abschlussprüfungen von Jahresabschlüssen und konsolidierten Abschlüssen, ABl. EU 2014 L 158, 196.

[20] Vgl. Goldberg/Müller/*Müller* § 140 Rn. 6.

[21] Vgl. FKBP/*Göertz* § 140 Rn. 2; Goldberg/Müller/*Müller* § 140 Rn. 10; enger Böttger/*Szesny* Kap. 6.B.V Rn. 202 (strafbar sei erst der Abschluss von entsprechenden Geschäften).

[22] Vgl. *KG* Beschl. v. 13.4.1983 – AR (B) 11/83 – 2 WS (B) 50/83, VerBAV 1983, 158.

[23] Vgl. Achenbach/Ransiek/Rönnau/*Schröder* 10.3 Rn. 6; a. A. Graf/Jäger/Wittig/*Bücherl* § 140 Rn. 10.

[24] A. A. Momsen/Grützner/*Altenhain* Kap. 6 Rn. 11.

[25] Vgl. Boos/Fischer/Schulte-Mattler/*Lindemann* § 54 Rn. 22.

einmalige Abschluss ohne Wiederholungsabsicht soll ebenfalls nicht ausreichen.[26] Von eindeutigen Ausnahmen abgesehen liegt jedoch im erstmaligen Abschluss ein wichtiges Indiz für die Widerholungsabsicht. Ein „Betrieb" im Sinne einer verstetigten Gesamtheit von unternehmerischen Ressourcen dürfte nicht erforderlich sein, da sich der Tatbestand in der Tätigkeitsbeschreibung erschöpft.[27] Es handelt sich um ein reines **Tätigkeitsdelikt**, ohne dass ein besonderer Taterfolg eintreten muss, und das solange andauert, wie der Täter das Geschäft betreibt (**Dauerdelikt**). Maßgeblich ist der Zeitpunkt, in dem der Täter handelt (§ 9 StGB). Die vertraglich vereinbarte wirtschaftliche Rückwirkung bei einer Bestandsübertragung kann deshalb nicht tatbestandsmäßig sein, weil sie sich auf einen bereits abgeschlossenen Vertragsbestand bezieht.[28] **Tatbeendigung** tritt mit Einstellung des Geschäftsbetriebs ein.[29]

21 Tatbestandsmäßig ist auch die **Aufnahme des Geschäftsbetriebs**. Worin der Unterschied zu der 1. Tatbestandsvariante des Betreibens liegen soll, bleibt unklar. Sprachlich bezieht sich die 2. Var. der Tathandlung wohl auf den in § 168 Abs. 1 S. 3 VAG verwendeten Sprachgebrauch. Bei den übrigen strafbewehrten Erlaubnistatbeständen stellt das Gesetz dagegen nur auf den „Betrieb" des Geschäfts ab. Das Aufnehmen des Betriebs stellt den ersten Teilakt des Betreibens im Geltungsbereich der inländischen Versicherungsaufsicht nach dem VAG dar, sodass sich der Anwendungsbereich auf den Fall des § 331 Abs. 1 Nr. 1, § 168 Abs. 1 S. 3 VAG beschränken dürfte. In den übrigen Fällen besteht Gesetzeseinheit mit der 1. Tatbestandsvariante.

22 Die nach § 140 Abs. 1 VAG a. F. bestehende ausdrückliche Beschränkung der Strafbarkeit auf ein **Handeln im Inland** ist durch das **VAG 2016 entfallen**. Maßgebend ist allein, ob unabhängig v. Ort der Handlung der Betrieb im Inland erlaubnispflichtig nach den Verweisungszielen des Abs. 1 ist.[30]

23 Die **Strafbarkeit** ist **verwaltungsakzessorisch** ausgestaltet.[31] Strafbewehrt ist der vorsätzliche oder fahrlässige Verwaltungsungehorsam.[32] Die Frage der Erforderlichkeit einer Erlaubnis ist deshalb auf der Tatbestands- und nicht auf der Rechtswidrigkeits- oder Schuldebene zu beantworten.[33] **Ohne Erlaubnis** handelt der Täter, wenn diese im Zeitraum des Betreibens erforderlich war und entweder **fehlt oder unwirksam (nichtig i. S. d. § 44 VwVfG)** ist. Die Erlaubnis muss als Bescheid **tatsächlich erteilt** sein. Die bloße **Erlaubnisfähigkeit** reicht nicht aus, um die Strafbarkeit zu beseitigen.[34] Anders liegt es, wenn aufgrund einer Gesetzesänderung die Erlaubnispflicht allgemein entfällt (§ 2 Abs. 3 StGB). Die Erlaubnisfähigkeit hindert jedoch eine Verfallanordnung nach § 73 ff. StGB in Bezug auf die durch den Geschäftsbetrieb erlangten Vermögenszuwächse – mit Ausnahme des Sondervorteils durch das ersparte Genehmigungsverfahren[35] – und ist bei der Strafzumessung zu berücksichtigen. Wird die Erlaubnis nach § 11 Abs. 1 VAG **fehlerhaft versagt**, muss die Erteilung der Erlaubnis auf dem Rechtsweg erstritten werden. Bis zur Erteilung macht sich der Täter strafbar, wenn er das Versicherungsgeschäft betreibt, auch wenn die Erlaubnis später erteilt wird.[36] Inwieweit sog. **aktive Duldung** während eines schwebenden Erlaubniserteilungsverfahrens einer Erlaubnis gleichzustellen ist, hängt von den Einzelfallumständen ab. Nicht ausreichend ist jedenfalls die schlichte Untätigkeit (sog. passive Duldung).[37]

24 Wird die Erlaubnis erteilt, schließt sie den Tatbestand aus. Tatbestandsausschließend wirkt aufgrund der Verwaltungsakzessorietät die **Feststellung** der Aufsichtsfreiheit **nach § 4 VAG**. Ungeachtet der auch von den jeweiligen Umständen des Falles abhängigen Frage, ob die aufsichtsbehördliche Mitteilung, eine bestimmte Tätigkeit sei erlaubnisfrei, Verwaltungsakt oder die schlichte Bekanntgabe des Ergebnisses einer internen Prüfung darstellt,[38] können entsprechende aufsichtsbehördliche Einschätzungen zumindest in Bezug auf die der Aufsichtsbehörde unterbreitete Tatsachengrundlage aus strafrechtlicher Sicht einen Vertrauenstatbestand schaffen, der bis zum Zeitpunkt einer ggf. vorgenommenen Revision dieser Einschätzung durch die Aufsichtsbehörde den Tatbestand entfallen

[26] Vgl. *Feldmann/Wick* VW 1999, 1314 am Beispiel der einmaligen Übernahme von Kernenergierisiken durch einen britischen Versicherer im Jahr 1956.

[27] A. A. wohl Graf/Jäger/Wittig/*Bücherl* § 140 Rn. 9.

[28] Vgl. FKBP/*Göertz* § 140 Rn. 2.

[29] Vgl. MüKoStGB/*Janssen* § 54 KWG Rn. 19.

[30] A. A. wohl Erbs/Kohlhaas/*Wache/Lutz* § 331 VAG Rn. 13 ff.

[31] Vgl. Achenbach/Ransiek/Rönnau/*Schröder* 10.3 Rn. 82; Böttger/*Szesny* Kap. 6.B.V Rn. 200.

[32] Vgl. *Fischer* Vor § 324 Rn. 6; MüKoStGB/*Janssen* § 54 KWG Rn. 52; Wabnitz/Janovsky/*Knierim* Kap. 10 D. Rn. 271.

[33] Zum früher vieldiskutierten, historisch aber wohl überholten Streit um den sog. Versicherungsnotstand vgl. Prölss/*Kollhosser*, 12. Aufl., § 144a Rn. 9a f. und instruktiv *Feldmann/Wick* VW 1999, 1314 ff. zu der nahezu einhellig auf Ablehnung gestoßenen Entscheidung des *KG* Beschl. v. 2.10.1998 – 2 Ss 176/98 – 5 Ws [B] 406/98, VersR 1999, 173; a. A. noch *Koch* VersR 2009, 141, 144.

[34] Vgl. Erbs/Kohlhaas/*Wache/Lutz* § 331 VAG Rn. 20; Boos/Fischer/Schulte-Mattler/*Lindemann* § 54 Rn. 18; Momsen/Grützner/*Altenhain* Kap. 6 Rn. 10, 19; allg. *Fischer* Rn. 7, 10 m. w. N.; a. A. Böttger/*Szesny* Kap. 6.B.V Rn. 213 (Strafaufhebungsgrund).

[35] Vgl. *BGH* Beschl. v. 11.6.2015 – 1 StR 368/13, NZWiSt 2016, 281.

[36] Vgl. *BGH* Beschl. v. 12.4.1983, BGHSt 31, 315 = NJW 1983, 1986; Beschl. v. 23.7.1969, BGHSt 23, 86 = NJW 1996, 2023; *Fischer* Vor § 324 Rn. 7.

[37] Vgl. zum Ganzen *Fischer* Vor § 324 Rn. 11; einschränkend *Dreher/Häußler* ZGR 2011, 471, 511 f.

[38] Vgl. *BVerwG* Beschl. v. 29.1.2016 – 8 B 6/16, VersR 2016, 775 m. Anm. *Armbrüster* VersR 2016, 776.

lässt.[39] Die bloße **Widerruflichkeit** der Erlaubnis nach § 48 VwVfG, § 304 VAG genügt nicht. Auch die auf Grund einer durch Drohung, Bestechung oder Kollusion erwirkte oder durch unrichtige oder unvollständige Angaben erschlichene Genehmigung schließt zumindest dann die Strafbarkeit aus, wenn dieses Handeln nicht zur Nichtigkeit der Genehmigung führt. Die gegenteilige, auf § 330d Abs. 1 Nr. 5 StGB gestützte Auffassung[40] verstößt gegen das Analogieverbot des § 1 StGB. § 330d Abs. 1 Nr. 5 StGB gilt nur für den Bereich des Umweltstrafrechts.[41] Ausreichend ist daher, dass irgendeine Erlaubnis erteilt wurde, die den Tatbestand ausschließt, ohne Rücksicht auf ihre materiell-rechtliche Richtigkeit.[42] Die Reichweite der Erlaubnis richtet sich auch nach ggf. getroffenen **Nebenbestimmungen** (§ 310 Abs. 1 VAG; § 36 VwVfG). **Änderungen des Geschäftsplans** und von Unternehmensverträgen nach § 12 VAG führen nicht zur Strafbarkeit nach § 331 Abs. 1, da § 331 Abs. 1 VAG – anders als die Bußgeldvorschrift des § 331 Abs. 1 Nr. 1 VAG – auf § 12 Abs. 1 S. 1 VAG nicht verweist.[43]

Wird die **Erlaubnis** nach § 304 VAG **widerrufen**, ist § 304 Abs. 5 VAG für die Strafbarkeit 25
unmittelbar relevant. Der Weiterbetrieb ist nur noch zur Abwicklung straflos erlaubt.[44] Wird Widerspruch eingelegt und hat dieser aufschiebende Wirkung, darf das Geschäft bis zur Anordnung des **Sofortvollzugs** (§ 80 Abs. 2 S. 1 Nr. 4 VwGO) oder bis zur Eintritt der Rechtskraft des Widerrufsbescheids weiterbetrieben werden.[45]

Trotz Verwaltungsakzessorietät ist § 331 VAG **strafrechtsspezifisch auszulegen**, insbesondere unter 26
Beachtung des Analogieverbots und des Bestimmtheitsgrundsatzes des § 103 Abs. 2 GG, wenn grundrechtlich abgesicherte **Verfahrensgarantien** dies erfordern, sodass bei der Rechtsanwendung der verwaltungsrechtlichen Verweisungsziele durch die Strafgerichte ggf. eine von der Verwaltungspraxis abweichende Auslegung gewählt werden muss, wenn die Wortlautgrenze andernfalls nicht gewahrt wäre.[46] Auf die Grundsatzfrage, ob die strafrechtsspezifische Auslegung der Straf- und Bußgeldbestimmungen auch die aufsichtsrechtliche Auslegung beeinflusst, braucht an dieser Stelle nur hingewiesen werden,[47] da aus der Perspektive des Strafrechtsanwenders immer die strafrechtsspezifische Auslegung zu wählen ist, wenn es zum Konflikt mit strafrechtlichen Verfahrensgarantien kommt. Den **Strafgerichten** ist es aber **im Übrigen** aufgrund der Verwaltungsakzessorietät des Tatbestands nach Art. 20 Abs. 3 GG **verwehrt**, das gefahrenabwehrrechtliche System außer Acht zu lassen und die Normstruktur des präventiven Verbots mit Erlaubnisvorbehalt zu missachten, wenn eine spezifisch strafrechtliche Auslegung nicht geboten ist. Dies wäre beispielsweise der Fall, wenn wie im „*Hawala Banking II*"-Beschluss des 5. Strafsenats des BGH zu der strukturell ähnlichen Norm § 31 Abs. 1 Nr. 2 ZAG aus der Bezugnahme in § 8 Abs. 1 VAG auf „Unternehmen" – unter Vermischung von Erlaubnispflicht und Erlaubnisfähigkeit[48]– darauf geschlossen würde, dass natürliche Personen den Tatbestand nur dann erfüllen könnten, wenn sie für eine in § 8 Abs. 2 VAG genannten Unternehmensträger bzw. eine Personenhandelsgesellschaft oder eine juristische Person („enger Unternehmensbegriff") handeln würden.[49] Allerdings ist zu beachten, dass der Senat in dem genannten Beschluss klargestellt hat, dass sich diese Einschränkung der Strafbarkeit nicht auf § 54 Abs. 1 Nr. 2 KWG beziehe, da dieser sich auch an natürliche Personen richte.[50] Für die hier zu betrachtenden Parallelnormen zu § 54 Abs. 1 Nr. 2 KWG in § 331 VAG sollte der Beschluss daher folgenlos bleiben, wenngleich die Knappheit der diesbezüg-

[39] Vgl. enger FKBP/*Göertz* § 140 Rn. 7; Erbs/Kohlhaas/*Wache/Lutz* § 331 VAG Rn. 12; Graf/Jäger/Wittig/*Bücherl* § 140 Rn. 16; Boos/Fischer/Schulte-Mattler/*Lindemann* § 54 Rn. 28 (unvermeidbarer Verbotsirrtum); wie hier wohl Müller-Gugenberger/*Dittrich* § 65 Rn. 10; Goldberg/Müller/*Müller* § 140 Rn. 7; *Armbrüster*, VersR 2016, 776, 777.

[40] Vgl. FKBP/*Göertz* § 140 Rn. 2; Erbs/Kohlhaas/*Wache/Lutz* § 331 VAG Rn. 21; Graf/Jäger/Wittig/*Bücherl* § 140 Rn. 14.

[41] Vgl. Lackner/Kühl/*Heger* § 330d Rn. 5; Schönke/Schröder/*Heine/Hecker* § 330d Rn. 24; MüKoStGB/*Schmitz* Vor §§ 324 ff. Rn. 81.

[42] Vgl. *BGH* Urt. v. 27.4.2005 – 2 StR 457/04, BGHSt 50, 105 = NJW 2005, 2095; allg. *Fischer* StGB Vor § 324 Rn. 7.

[43] Vgl. Erbs/Kohlhaas/*Wache/Lutz* § 331 VAG Rn. 18; Goldberg/Müller/*Müller* § 140 Rn. 8; a. A. Prölss/*Kollhosser*, 12. Aufl. 2005, § 140 Rn. 8; Graf/Jäger/Wittig/*Bücherl* § 140 Rn. 13.

[44] Vgl. Boos/Fischer/Schulte-Mattler/*Lindemann* § 54 KWG Rn. 18.

[45] Vgl. MüKoStGB/*Schmitz* Vor § 324 Rn. 76; Achenbach/Ransiek/Rönnau/*Schröder* 10.3 Rn. 85; Boos/Fischer/Schulte-Mattler/*Lindemann* § 54 KWG Rn. 18.

[46] Vgl. Momsen/Grützner/*Altenhain* Kap. 6 Rn. 13; vgl. am Beispiel der Finanzrückversicherung *Dreher/Lange* WM 2009, 193, 197.

[47] Vgl. grundlegend *Dreher* AG 2006, 213 ff.; einerseits gegen eine gespaltene Auslegung des Zivilrechts mit Primat des Strafrechts: *BGH* Urt. v. 19.7.2011 – II ZR 246/09, BGHZ 190, 291 = NZG 2011, 1147; *BGH*, Urt. 18.9.2006 – II ZR 137/05, BGHZ 169, 98 = NZG 2006, 945 und andererseits für eine gespaltene Auslegung des Verwaltungsrechts *BVerwG* Urt. v. 22.9.2004 – 6 C 29/03, BVerwGE 122, 29 = NZG 2005, 256, gebilligt durch *BVerfG*, Beschl. v. 5.4.2006 – 1 BvR 2780/04, NZG 2006, 399; zum Streitstand vgl. zuletzt *Segna* ZGR 2015, 84 ff.

[48] Vgl. BaFin, Strafnorm für Zahlungsdienste: Stellungnahme der BaFin zu BGH-Beschluss v. 17.2.2016 (abrufbar unter 16.9.2016).

[49] Vgl. (zu § 31 Abs. 1 Nr. 2 ZAG) *BGH* Beschl. v. 28.10.2015 – 5 StR 189/15, NStZ-RR 2016, 15 sowie die abl. Anm. v. *Weiß* wistra 2016, 160 f und *Lösing* WuB 379 ff. Zustimmend *Venn* ZWH 2016, 206 f.

[50] Vgl. *BGH* Beschl. v. 28.10.2015 – 5 StR 189/15, NStZ-RR 2016, 15.

lichen Ausführungen eine erhebliche Gefahr der ausdehnenden Anwendung über § 31 ZAG hinaus birgt.

27 **cc) Tathandlungen des Abs. 1 Nr. 2.** Bei der Tathandlung des **Aufnehmens** des Geschäftsbetriebs ergeben sich keine Unterschiede zum Betreiben des Geschäfts.[51] Es handelt sich um den ersten Teilakt des Betreibens im Geltungsbereich der Aufsicht nach dem VAG.

28 Die **Erweiterung oder Änderung** des Geschäftsbetriebs erlangt demgegenüber nur dann für die Strafnorm Bedeutung, wenn ein entsprechendes unternehmerisches Verhalten die erlaubnisersetzenden Anforderungen nach den Verweisungszielen erneut auslöst. Tathandlung ist auch hier das Betreiben des Versicherungsgeschäfts, das durch die Verhaltensänderung lediglich erneut aufsichtsrechtliche Pflichten auslöst.

29 Die **Verwaltungsakzessorietät** im Rahmen des § 331 Abs. 1 Nr. 2 VAG besteht darin, dass zur Begr. der Strafbarkeit statt dem Fehlen der Erlaubnis erforderlich ist, dass die in den Verweisungszielen gestellten erlaubnisersetzenden Anforderungen (Unterrichtung durch den Herkunftsstaat, Wartefrist bzw. Einreichung der AVB) nicht oder nicht vollständig erfüllt sind, wobei im Fall der Substitutiven Krankenversicherung bzw. von Pflichtversicherungen sowohl die Wartefrist als auch die Vorlage von AVB nebeneinander zu beachten sind. Die Ausführungen zur strafrechtsspezifischen Auslegung gelten entsprechend.[52]

30 **dd) Tathandlung des Abs. 2 Nr. 1.** Die Tathandlung des § 331 Abs. 2 Nr. 1 VAG besteht im **Weiterbetrieb** des Versicherungsgeschäfts im Inland **trotz vollziehbarer Untersagungsverfügung** gem. § 62 Abs. 3 S. 2 VAG. Auch dieser Tatbestand setzt den Betrieb des Versicherungsgeschäfts voraus[53] und knüpft die Strafbarkeit an den Verwaltungsungehorsam an. Die Vollziehbarkeit der Verfügung setzt die verwaltungsrechtliche Wirksamkeit (§§ 43, 44 VwVfG) sowie ihre Unanfechtbarkeit oder die Anordnung der sofortigen Vollziehung voraus (§ 6 Abs. 1, § 7 VwVG).[54] Nach Änderung des § 310 VAG (§ 87a VAG a. F.) haben Widerspruch und Anfechtungsklage aufschiebende Wirkung.

31 **ee) Täterschaft und Teilnahme, Versuch.** Bei den § 331 Abs. 1 Nr. 1, Nr. 2, Abs. 2 Nr. 1 VAG handelt es sich in allen Tatbestandsvarianten um **Sonderdelikte**, die nur v. Betreiber des Geschäfts verwirklicht werden können.[55] Auch das Aufnehmen, Erweitern oder Ändern des Betriebs bzw. der Geschäftstätigkeit setzt den Betrieb von Versicherungsgeschäften voraus, sodass insoweit keine Besonderheiten gelten.[56] Versicherungsgeschäfte betreibt danach auch derjenige, der Mitarbeiter zum Abschluss und zur Abwicklung entsprechender Geschäfte anhält, unabhängig davon, ob diese selbst taugliche Täter sein können.[57] Neben Einzelpersonen kommen als „Betreiber" Unternehmen jeder Rechtsform in Betracht, da § 8 Abs. 2 VAG nur die Erlaubnisfähigkeit und nicht die Erlaubnispflicht betrifft. Strafbar sind nur natürliche Personen, sodass als **Täter** nur **Einzelunternehmer**[58] **und die nach § 14 StGB für Unternehmensträger handelnden natürlichen Personen** in Betracht kommen.[59] Ohne die besondere Täterqualität beim mittelbaren Täter oder Mittäter sind mittelbare Täterschaft und Mittäterschaft nicht möglich.[60]

32 **Teilnahme** durch Anstiftung und Beihilfe kann nach allgemeinen Grundsätzen (§§ 26, 27 StGB) auch ohne die besondere Täterqualität geleistet werden. Insbesondere Mitarbeiter des Betreibers ohne die besondere Täterqualität, die Abschlüsse in Kenntnis der fehlenden Erlaubnis tätigen kommen als Gehilfen[61] in Betracht. In diesem Fall greift die obligatorische Milderungsvorschrift des § 28 Abs. 1 StGB. Versicherungsnehmer sind nach den Grundsätzen über die notwendige Teilnahme[62] straflos, da die Vorschrift auch ihrem Schutz dient.[63] Für **tatbeteiligte Vermittler** gilt der **Vorrang** des nunmehr in § 144 Abs. 1 Nr. 1 lit. j GewO geregelten **Bußgeldtatbestands** der unbefugten Versicherungsvermittlung, der die Teilnahme an der Straftat ausnahmsweise spezialgesetzlich verdrängt.[64] Auf das darin liegende Gerechtigkeitsdefizit gegenüber den weiterhin mit Strafe bedrohten, im Unrechtsgehalt jedoch

---

[51] Vgl. oben Rn. 20.
[52] Vgl. oben Rn. 26.
[53] Vgl. BR-Drs., 12/6959, 97.
[54] Vgl. Erbs/Kohlhaas/*Wache/Lutz* § 331 VAG Rn. 34.
[55] Vgl. allg. *Fischer* Vor § 324 Rn. 14; Erbs/Kohlhaas/*Wache/Lutz* § 331 VAG Rn. 4; FKBP/*Göertz* § 140 Rn. 1; Graf/Jäger/Wittig/*Bücherl* § 140 Rn. 5; a. A. MüKoStGB/*Janssen* § 54 KWG Rn. 58; Park/*Gercke* § 54 Rn. 11; Achenbach/Ransiek/Rönnau/*Schröder* 10.3 Rn. 90; Böttger/*Szesny* Kap. 6.B.V Rn. 199.
[56] Vgl. Erbs/Kohlhaas/*Wache/Lutz* § 331 VAG Rn. 4; Graf/Jäger/Wittig/*Bücherl* § 140 Rn. 5.
[57] Vgl. Momsen/Grützner/*Altenhain* Kap. 6 Rn. 10.
[58] Trotz *BGH* Beschl. v. 28.10.2015 – 5 StR 189/15 NStZ-RR 2016, 15 (s. oben Rn. 26).
[59] Vgl. Erbs/Kohlhaas/*Wache/Lutz* § 331 Rn. 4.
[60] Vgl. *BGH* Urt. v. 1.10.1953 – 4 StR 224/53, BGHSt 4, 359.
[61] Vgl. Momsen/Grützner/*Altenhain* Kap. 6 Rn. 10.
[62] Vgl. zur notwendigen Teilnahme Lackner/Kühl/*Kühl* Vor § 25 Rn. 12.
[63] Vgl. Momsen/Grützner/*Altenhain* Kap. 6 Rn. 10; a. A. Prölss/*Kollhosser*, 12. Aufl., § 140 Rn. 12; *Koch* VersR 2009, 141, 144.
[64] Vgl. *BVerfG* Beschl. v. 10.6.2009 – 1 BvR 825/08, VersR 2009, 1057; Beschl. v. 15.2.2006 – 1 BvR 1317/96, VersR 2006, 957; Goldberg/Müller/*Müller* § 140 Rn. 11.

nicht notwendig größeren Beihilfehandlungen von Nicht-Vermittlern wurde schon vor langer Zeit ohne Wiederhall beim Gesetzgeber hingewiesen.[65] Der Vorrang des Bußgeldtatbestands greift jedoch nicht, wenn die Beteiligungshandlung nicht der „Versicherungsvermittlung" zugeordnet werden kann, sondern hiervon unabhängig ist.

Amtsträger der Aufsichtsbehörde können den Tatbestand mangels Betreibereigenschaft nicht als Täter verwirklichen (z. B. durch unterlassenes Einschreiten). Mittelbare Täterschaft des Amtsträgers ist nur für den eher theoretischen Fall denkbar, dass dieser selbst als Betreiber des Geschäfts im Hintergrund anzusehen ist. Eine Teilnahme durch Amtsträger nach allgemeinen Grundsätzen ist bei erteilter Erlaubnis nur möglich, wenn diese nichtig ist, da die bloß rechtswidrige Erlaubnis für den Haupttäter bereits den Tatbestand ausschließt.[66] Beihilfe durch unterlassenes Einschreiten kann vorliegen, wenn man dem Pflichtenkreis der Aufsichtsbehörde eine Beschützergarantenstellung i. S. d. § 13 Abs. 1 StGB entnimmt.[67] 33

Der **Versuch** ist nicht strafbar (§ 23 Abs. 1 Var. 2, § 12 Abs. 1 StGB). 34

b) Subjektiver Tatbestand. Die **bedingt vorsätzliche Begehung** genügt. Bezugspunkte des Vorsatzes sind das betriebene Versicherungsgeschäft sowie das Handeln ohne Erlaubnis.[68] Art und Umfang der **betriebenen Geschäfte** kennt der Täter üblicherweise,[69] allerdings sind auch hier je nach Komplexität der Unternehmensstruktur und Stellung des Täters im Unternehmen Ausnahmen denkbar,[70] sodass entsprechende Feststellungen getroffen werden müssen. Der Irrtum darüber, dass die unternehmerische Tätigkeit „**Versicherungsgeschäft**" sei, ist dann beachtlich, wenn der Täter den sozialen Bedeutungsgehalt seines Tuns bei der gebotenen Parallelwertung in der Laiensphäre verkannt hat. Unbeachtlich ist ein bloßer Subsumtionsirrtum dergestalt, dass der Täter sein Verhalten nach Bedeutung und Folgen richtig erfasst, aber lediglich aufgrund falscher rechtlicher Wertung meint, es handle sich nicht um Versicherungsgeschäfte.[71] 35

In Bezug auf die **fehlende Erlaubnis** stellt sich die Frage, ob Vorsatz auch vorliegt, wenn der Täter aufgrund falscher rechtlicher Prüfung meint, eine Erlaubnis sei nicht erforderlich. Im **Kernbereich des Versicherungsgeschäfts** dürften entsprechende Einlassungen regelmäßig Schutzbehauptungen darstellen, wobei Gegenindizien bereits Kenntnisse der Versicherungsmaterie beim Täter oder besondere registerrechtliche Anforderungen und Mitteilungen wie §§ 6, 187 Abs. 1 Nr. 4 VAG darstellen.[72] Trotz Aufhebung der allgemeinen Pflicht zur Vorlage von Genehmigungsurkunden durch das MoMiG m. W. v. 1.11.2008 hat das Registergericht zudem im Rahmen der materiellen Prüfung das Vorliegen der Erlaubnis zu prüfen.[73] In **Zweifelsfällen** ist die rechtliche Behandlung des Irrtums umstritten: Teilweise wird ein entsprechender Irrtum als (regelmäßig vermeidbarer) Verbotsirrtum i. S. d. § 17 StGB angesehen.[74] Dagegen spricht jedoch, dass nur die fehlende Erlaubnis – anders als beim repressiven Verbot mit Befreiungsvorbehalt – das unrechtsbegründende Merkmal im objektiven Tatbestand ist und das Betreiben des Versicherungsgeschäfts sozialethisch neutral ist.[75] Nach der Rechtsprechung der Strafsenate des BGH ist in Fällen des Irrtums über das Genehmigungserfordernis differenzierend nach dem jeweils in Betracht kommenden Tatbestand zu entscheiden. Es kommt hiernach für die Abgrenzung von Tatbestands- und Verbotsirrtum darauf an, ob die hoheitliche Gestattung nur der Kontrolle eines im allgemeinen sozialadäquaten Verhaltens dienen soll und die Tat ihren Unwert erst aus dem Fehlen der Genehmigung herleitet – Tatbestandsirrtum – oder ob es sich um ein grundsätzlich wertwidriges Verhalten handelt, das im Einzelfall aufgrund der Genehmigung erlaubt ist – Verbotsirrtum.[76] Überdies würde bei Annahme eines Verbotsirrtums derjenige, der ggf. nach gründlicher Prüfung die Erlaubnispflicht rechtsfehlerhaft verneint, schlechter gestellt als derjenige, der sich über die Erlaubnispflicht keine Gedanken macht, d. h. diese auch nicht billigend in Kauf nimmt, obwohl das Handlungsunrecht im ersteren Fall geringer ist. Schließlich bliebe für den Fahrlässigkeitstatbestand des § 331 Abs. 3 VAG kein sinnvoller Anwendungsbereich mehr, wenn der Irrtum über die Erlaubnispflicht den Vorsatz unberührt ließe. Die Schwelle zur bedingt vorsätzlichen Tatbegehung wird in einer solchen Irrtumskonstellation überschritten, wenn der Täter auf die Erlaubnispflicht hingewiesen wird und weiterhandelt, ohne die Erlaubnisfreiheit förmlich feststellen zu lassen. Hier nimmt der Täter in Kauf, dass seine 36

[65] Vgl. Goldberg/Müller/*Müller* § 140 Rn. 12.
[66] Vgl. *Fischer* StGB Vor § 324 Rn. 14.
[67] Vgl. zu diesem Fragenkomplex m. w. N. zum Streitstand Schönke/Schröder/*Heine/Hecker* Vor §§ 324 Rn. 39.
[68] Vgl. *OLG Oldenburg* Urt. v. 26.3.2011 – 1 Ss 205/11, juris Rn. 15.
[69] Vgl. Boos/Fischer/Schulte-Mattler/*Lindemann* § 54 Rn. 26.
[70] Vgl. instruktiv MüKoStGB/*Janssen* § 54 Rn. 82.
[71] Vgl. *KG* Beschl. v. 23.12.2011 – (1) 1 Ss 139/11 (1/11).
[72] Vgl. *Rinjes* wistra 2015, 7.
[73] Vgl. *Schaub* in: Ebenroth/Boujong/Joost/Strohn, HGB, 3. Aufl. 2014, § 8 Rn. 141.
[74] Vgl. *BGH* Urt. v. 15.5.2012 – VI ZR 166/11, VersR 2012, 1038; Wabnitz/Janovsky/*Knierim* Kap. 10 D. Rn. 278; Momsen/Grützner/*Altenhain* Kap. 6 Rn. 22; a. A. MüKoStGB/*Gercke* § 54 KWG Rn. 83; Park/*Gercke* § 54 KWG Rn. 70; Böttger/*Szesny* Kap. 6.B.V Rn. 215.
[75] Vgl. *OLG Oldenburg* Urt. v. 26.3.2011- 1 Ss 205/11, juris Rn. 15; ausführlich *Rinjes* wistra 2015, 7 f.
[76] Vgl. *BGH* Beschl. v. 23.8.2006 – 5 StR 105/06, NStZ 2007, 644; Urt. v. 11.9.2002 – 1 StR 73/02, NStZ-RR 2003, 55; Urt. v. 22.7.1993 – 4 StR 322/93, NStZ 1993, 594.

Rechtsauffassung möglicherweise falsch ist. Im Fall der nach § 44 VwVfG unerkannt nichtigen Erlaubnis kann ebenfalls der Vorsatz entfallen.[77]

37 Bei § 331 **Abs. 1 Nr. 2** VAG sind tatbestandsausschließende Irrtümer dergestalt denkbar, dass der Täter darüber irrt, dass die Unterrichtung durch den Herkunftsstaat tatsächlich erfolgt sei, aufgrund falscher Fristberechnung meint, die Wartefrist sei abgelaufen oder darüber irrt, die AVB seien wirksam eingereicht worden.

38 Nach § 331 **Abs. 3** VAG ist auch **fahrlässiges** Handeln mit Strafe bedroht. Der Sorgfaltsmaßstab richtet sich nach dem geschäftlichen Verkehrskreis einer Person, die für die Beschaffung der Erlaubnis verantwortlich ist, sodass die hohen Anforderungen nach § 24 VAG zum Maßstab genommen werden müssen.[78] In Zweifelsfällen kann durch Wahlfeststellung auf den Fahrlässigkeitstatbestand erkannt werden.[79]

39 **2. Falsche Erklärungen über Sicherungsvermögen und Deckungsrückstellungen (Abs. 2 Nr. 2 lit. a und b). a) Objektiver Tatbestand.** Tathandlung ist die **Abgabe einer Bestätigung**. Darunter ist jeweils nur der förmliche Bestätigungsvermerk unter der Bilanz zu verstehen. Sonstige mündliche oder schriftliche Erklärungen außerhalb des Jahresabschlusses oder das Fehlen entsprechender Bestätigungsvermerke überhaupt sind nicht tatbestandsmäßig. Das gilt insbesondere für den Bericht des Aktuars gegenüber dem Vorstand nach § 141 Abs. 4 S. 1 VAG.[80] **Tatvollendung** und zeitgleich **Tatbeendigung** treten ein, wenn der Vermerk abgeschlossen und derart aus dem Herrschaftsbereich des Täters gelangt ist, dass ihm eine Abänderung des Vermerks rechtlich oder tatsächlich nicht mehr gestattet bzw. möglich ist.[81]

40 Mit dem **Bestätigungsvermerk des Treuhänders** (§ 331 Abs. 2 Nr. 2 lit. a, 128 Abs. 5 VAG) wird erklärt, dass das Sicherungsvermögen vorschriftsmäßig angelegt und aufbewahrt ist. Mit der **versicherungsmathematischen Bestätigung** des verantwortlichen Aktuars (§§ 331 Abs. 2 Nr. 2 lit. b, 141 Abs. 5 Nr. 2 Hs. 1, 161, 162 VAG) wird erklärt, dass die Deckungsrückstellung nach § 341f HGB und den Vorschriften der DeckRV gebildet ist. Die Verweisung auf § 141 Abs. 5 Nr. 2 Hs. 1, § 161 Abs. 1 und § 162 VAG ist abschließend, sodass nur der Bestätigungsvermerk des Verantwortlichen Aktuars in den betreffenden Versicherungszweigen tatbestandsmäßig sein kann. Die nicht in Bezug genommenen Versicherungszweige scheiden aus, wie z. B. die substitutive Krankenversicherung (§ 145 Abs. 1 S. 2 VAG).[82] Auch der Verantwortliche Aktuar eines Sicherungsfonds kann sich trotz des Verweises in § 222 Abs. 4 S. 3 VAG auf § 141 VAG nicht gem. § 331 Abs. 2 Nr. 2 lit. b VAG strafbar machen. Der Gesetzgeber hätte ohne weiteres nicht nur auf die (mit § 222 Abs. 3 S. 3 VAG identischen) §§ 161 Abs. 1, 162 VAG verweisen können, sondern auch auf § 222 Abs. 3 S. 3 VAG. Eine Erstreckung auf in § 331 Abs. 2 Nr. 2 VAG nicht genannte Fälle ist ohne Verstoß gegen das Analogieverbot des § 103 Abs. 2 GG nicht möglich.[83]

41 Die Bestätigungen sind **falsch**, wenn das Ergebnis der Prüfung – als Gesamturteil über diese –[84] im Widerspruch zum Bestätigungsvermerk steht.[85] Dies ist auch dann der Fall, wenn eine entsprechende Prüfung tatsächlich nicht stattgefunden hat, denn der Bestätigungsvermerk setzt eine entsprechende Prüfung voraus. Maßgebend ist stets, dass die einzelnen Feststellungen der Prüfung den Prüfungsvermerk nicht tragen. Die inhaltliche Richtigkeit der einzelnen Feststellungen i. S. einer Wahrheit des Prüfungsergebnisses ist von § 331 Abs. 2 Nr. 2 VAG nicht geschützt.[86] Falsch ist die **Bestätigung des Treuhänders**, wenn bestätigt wird, dass das Sicherungsvermögen nach den §§ 124 ff. VAG vorschriftsmäßig angelegt und aufbewahrt ist, der Treuhänder aber bei seiner Prüfung Gegenteiliges festgestellt hat. Die **versicherungsmathematische Bestätigung** ist falsch, wenn der Aktuar entweder den Ergebnissen seiner Prüfung zuwider die richtige Berechnung der Deckungsrückstellung bzw. deren Angemessenheit bescheinigt.[87]

42 § 331 Abs. 2 Nr. 2 VAG ist ein **Sonderdelikt**, das nur v. Treuhänder für das Sicherungsvermögen i. S. d. § 128 Abs. 1 VAG, dessen Stellvertreter (§ 128 Abs. 2 VAG) bzw. dem Verantwortlichen Aktuar in der Lebensversicherung i. S. d. § 141 Abs. 1 VAG (bzw. in der sonstigen Nichtlebensversicherung nach § 161 Abs. 1, 162 VAG) begangen werden kann, der den entsprechenden Bestätigungsvermerk

---

[77] Vgl. Boos/Fischer/Schulte-Mattler/*Lindemann* § 54 KWG Rn. 18.
[78] Vgl. enger (nach der Stellung des Täters differenzierend) MüKoStGB/*Janssen* § 54 KWG Rn. 86.
[79] Vgl. *BGH* Urt. v. 22.9.1953 – 5 StR 331/53, BGHSt 4, 340.
[80] Vgl. Erbs/Kohlhaas/*Wache/Lutz* § 331 VAG Rn. 57.
[81] Vgl. enger die h. M. – Zugang und Möglichkeit der Kenntnisnahme des Adressaten – Graf/Jäger/Wittig/*Bücherl* § 139 Rn. 19; FKBP/*Göertz* § 139 Rn. 5; Prölss/*Kollhosser*, 12. Aufl. 2005, § 139 Rn. 8; Erbs/Kohlhaas/*Wache/Lutz* § 331 Rn. 84.
[82] Vgl. Erbs/Kohlhaas/*Wache/Lutz* § 331 VAG Rn. 54.
[83] Vgl. a. A. Erbs/Kohlhaas/*Wache/Lutz* § 331 VAG Rn. 55.
[84] Vgl. Erbs/Kohlhaas/*Wache/Lutz* § 331 VAG Rn. 59.
[85] Eine hilfreiche kataloghafte Aufzählung verschiedener Konstellationen der Falschheit ist der Kommentierung von Erbs/Kohlhaas/*Wache/Lutz* § 331 VAG Rn. 59 zu entnehmen.
[86] Vgl. Erbs/Kohlhaas/*Wache/Lutz* § 331 VAG Rn. 59; FKBP/*Göertz* § 139 Rn. 2; Prölss/*Kollhosser*, 12. Aufl., § 139 Rn. 7a (auch zur älteren Gegenauffassung).
[87] Vgl. Prölss/*Kollhosser*, 12. Aufl. 2005 § 139 Rn. 6.

abgegeben hat.[88] Es muss sich dabei um natürliche Personen handeln.[89] Treuhänder und Verantwortlicher Aktuar werden nach § 128 Abs. 2, § 141 Abs. 3 VAG förmlich bestellt. Ohne Bestellungsakt sind sie keine tauglichen Täter.[90] Maßgeblich ist die Berufung in die Funktion durch das zuständige Unternehmensorgan, nicht der parallel zu schließende Dienstvertrag. Ist die Bestellung gesellschaftsrechtlich unwirksam, liegt ein strafloses Wahndelikt vor. § 14 Abs. 3 StGB kann nicht herangezogen werden, da Adressat der Strafnorm nicht das Unternehmen, sondern der Prüfer ist und eine Analogie nach Art. 103 Abs. 2 GG nicht in Betracht kommt. Trotz des Erfordernisses der eigenen körperlichen Begehung (Abgabe des Vermerks) und der besonderen Täterqualifikation (bestellter Treuhänder/Aktuar) handelt es sich **nicht um eigenhändige Delikte**, bei denen Mittäterschaft und mittelbare Täterschaft ausgeschlossen sind,[91] denn als mittelbare Täter oder Mittäter mit entsprechender Sondereigenschaft kommen auch bestellte Stellvertreter in Betracht (z. B. durch Nötigung des Haupttäters, Mittäterschaft durch Vorbereitung oder Mitunterzeichnung des Prüfvermerks), sofern die rechtlichen Befugnisse des Stellvertreters nicht mit Außenwirkung auf den Vertretungsfall beschränkt sind. Andere Personen sind jedoch als Täter ausgeschlossen. Möglich sind nach allgemeinen Grundsätzen Beihilfe oder Anstiftung, wobei § 28 Abs. 1 StGB zu beachten ist.[92]

Der **Versuch** ist nicht strafbar (§ 23 Abs. 1 Var. 2, § 12 Abs. 1 StGB). 43

b) Subjektiver Tatbestand. Ausreichend ist bedingter Vorsatz. **Bezugspunkte** des Vorsatzes sind die Stellung als Treuhänder bzw. Aktuar, die Abgabe der Bestätigung und deren Unrichtigkeit i. S. eines nicht von den prüferischen Feststellungen getragenen Prüfungsergebnisses. 44

Gemäß § 331 Abs. 3 VAG ist auch **fahrlässiges Handeln** unter Strafe gestellt. Der Sorgfaltsmaßstab ergibt sich aus §§ 128 Abs. 5, 141 Abs. 5 Nr. 2 VAG und den weiteren in Bezug genommenen Rechtsakten. 45

3. Unterlassene Anzeige der Zahlungsunfähigkeit (Abs. 2 Nr. 3). a) Objektiver Tatbestand. aa) Geschützte Aufsichtstätigkeit. Die Strafnorm schützt das alleinige **Recht der Aufsichtsbehörde**, den **Insolvenzeröffnungsantrag** zu stellen (§ 312 Abs. 1 VAG).[93] Schutzgut der Strafnorm ist damit die Effektivität des auf ein mögliches Insolvenzverfahren hinwirkenden Verwaltungsverfahrens.[94] Darüber wird mittelbar das Vermögensinteresse der Gläubiger, insbesondere der Versicherungsnehmer, geschützt. Ohne die Vorschrift wäre die Insolvenzverschleppung durch Versicherungsunternehmen strafrechtlich nicht geschützt, da § 15a Abs. 4 InsO voraussetzt, dass die Antragspflicht beim Insolvenzschuldner liegt.[95] 46

bb) Tathandlung. Die Tathandlung besteht im Unterlassen der vollständigen und rechtzeitigen Anzeige der Zahlungsunfähigkeit. Die Vorschrift ist in allen Tatbestandsvarianten **schlichtes Tätigkeitsdelikt**, bei dem eine konkrete Gefährdung des Antragsrechts der Aufsichtsbehörde nicht gefordert ist (**abstraktes Gefährdungsdelikt**).[96] Es handelt sich um ein **echtes Unterlassungsdelikt**.[97] Dies gilt auch für die Tatbestandsvariante der unrichtigen Anzeige, weil der Schwerpunkt der Vorwerfbarkeit auf der unterlassenen richtigen Antragstellung und nicht auf der Stellung eines unrichtigen Antrags liegt.[98] Es handelt sich um ein **Dauerdelikt**, dessen **Vollendung** mit dem ersten Verstoß gegen § 311 VAG eintritt[99] und (mit der Wirkung des Verjährungsbeginns) erst **beendet** ist, wenn die Pflicht erfüllt wird oder entfällt.[100] Die **Anzeigepflicht entfällt** spätestens mit Stellung des Eröffnungsantrags durch die Aufsichtsbehörde, da allein deren Antragsrecht geschützt ist. Die bei § 15a InsO streitige Frage, ob erst die Eröffnung des Insolvenzverfahrens die Handlungspflicht entfallen lässt,[101] ist im vorliegenden Zusammenhang unerheblich. Die Anzeigepflicht entfällt auch, wenn die Unternehmenskrise behoben ist.[102] Die Rücknahme einer Anzeige lässt bei fortbestehender Krise die Anzeigepflicht jedoch wieder aufleben.[103] Die Anzeige eines Handlungspflichtigen genügt, die Hand- 47

---

[88] Vgl. Erbs/Kohlhaas/*Wache/Lutz* § 331 VAG Rn. 39.
[89] Vgl. *Präve* VersR 1995, 733.
[90] Vgl. Erbs/Kohlhaas/*Wache/Lutz* § 331 Rn. 60.
[91] Vgl. allg. Lackner/Kühl/*Kühl* § 25 StGB Rn. 3, 9.
[92] Vgl. zum Sonderdelikt oben Rn. 31 f.
[93] Vgl. Erbs/Kohlhaas/*Wache/Lutz* Rn. 60.
[94] Vgl. Boos/Fischer/Schulte-Mattler/*Lindemann* § 55 Rn. 2.
[95] Vgl. FKBP/*Göertz* § 141 Rn. 1.
[96] Vgl. Erbs/Kohlhaas/*Wache/Lutz* § 331 Rn. 62.
[97] Vgl. *BGH* Urt. v. 4.4.1979 – 3 StR 488/78, BGHSt 28, 371 = NJW 1980, 406; Urt. v. 6.5.1960 – 2 StR 65/60, BGHSt 14, 280 = NJW 1960, 1677.
[98] Vgl. MüKoInsO/*Klöhn* § 15a Rn. 323; Uhlenbruck/*Hirte* § 15a Rn. 64.
[99] Vgl. *BGH* Urt. v. 4.4.1979 – 3 StR 488/78, BGHSt 28, 371 = NJW 1980, 406; Urt. v. 6.5.1960 – 2 StR 65/60, BGHSt 14, 280 = NJW 1960, 1677.
[100] Vgl. BGH Beschl. v. 28.10.2008 – 5 StR 166/08, BGHSt 53, 24 = NJW 2009, 157, Rn. 22; MüKoInsO/*Klöhn* § 15a Rn. 322.
[101] Vgl. i. d. S. *BGH* Beschl. v. 28.10.2008 – 5 StR 166/08, BGHSt 53, 24 = NJW 2009, 157, Rn. 24; a. A. die h. L., vgl. MüKoInsO/*Klöhn* § 15a Rn. 332 m. w. N.
[102] Vgl. *BGH* Urt. v. 24.1.1961 – 1 StR 132/60, BGHSt 15, 306 = NJW 1961, 740.
[103] Vgl. MüKoStGB/*Hohmann* § 15a InsO Rn. 85.

lungspflicht für alle Vorstandsmitglieder entfallen zu lassen, auch wenn die übrigen Organmitglieder ihr widersprechen.[104]

48 Erforderlich ist zunächst das tatsächliche Vorliegen eines **Insolvenzgrundes** nach § 311 Abs. 1 S. 1 VAG (Zahlungsunfähigkeit) oder nach § 311 Abs. 1 S. 2 VAG oder § 311 Abs. 2 S. 1 Hs. 2 (Überschuldung). Die Nichtanzeige einer sich verschlechternden finanziellen Lage i. S. d. § 132 VAG ist nicht strafbar. Da nur die Aufsichtsbehörde entscheidungsbefugt darüber ist, ob tatsächlich ein Eröffnungsantrag zu stellen ist, ist es für die Strafbarkeit unerheblich, ob ein solcher zu stellen ist oder gestellt worden ist. Neben der betriebswirtschaftlichen Feststellung des Insolvenzgrundes kann die **wirtschaftskriminalistische Methode** zur Feststellung der Zahlungsunfähigkeit herangezogen werden, die typische Beweisanzeichen fehlender Zahlungsfähigkeit (z. B. Nichtzahlung von Löhnen) ausreichen lässt.[105] Eine Grundsatzfrage des Insolvenzstrafrechts ist umgekehrt, ob bei der Feststellung des Insolvenzgrunds aus Sicht des Strafrechts den Legaldefinitionen der §§ 17 Abs. 2, 19 Abs. 2 InsO uneingeschränkt zu folgen ist (strenge Akzessorietät) oder strafrechtsspezifische Anpassungen **(limitierte Akzessorietät)**[106] vorzunehmen sind (z. B. unter Außerachtlassung gesetzlicher Vermutungen).[107] Nach dem Schutzzweck der Norm, das Antragsrecht der Aufsichtsbehörde zu schützen, ist für das Vorliegen eines Insolvenzgrundes grundsätzlich derselbe Maßstab anzulegen, wie nach den §§ 311 ff. VAG, §§ 17, 19 InsO. Lediglich sofern die Auslegung im Einzelfall in Widerspruch Unschuldsvermutung oder dem Bestimmtheits- und Analogieverbot steht, sind Einschränkungen geboten.[108]

49 Die erste Tatbestandsvariante ist erfüllt, wenn die Insolvenz überhaupt **nicht angezeigt** wird, d. h. wenn eine entsprechende Anzeige gegenüber der Aufsichtsbehörde gar nicht erstattet wird. Die **nicht rechtzeitige** (dritte Tatbestandsvariante) Anzeige liegt vor, wenn diese nicht unverzüglich (ohne schuldhaftes Zögern) nach Entstehen des Insolvenzgrundes erstattet wird.[109] Anders als nach § 15a Abs. 1 InsO gilt hierfür nicht die Höchstfrist von drei Wochen, da sich dies nicht im Wortlaut der von der Strafnorm in Bezug genommenen Verpflichtung niedergeschlagen hat und sich auch nicht aus § 311 Abs. 1 S. 2 VAG ergibt.[110] Da die Entscheidung über Sanierungsmaßnahmen nach § 314 VAG der Aufsichtsbehörde zusteht, dürfen entsprechende Versuche die Anzeige nicht verzögern.[111] Auch sofern lediglich eine Anordnung nach § 308 Abs. 1 VAG zur sofortigen Zahlungsunfähigkeit führt, ist die Anzeige nicht entbehrlich und gegebenenfalls sofort zu erstatten.[112] Die Pflicht zum Handeln entsteht mit Eintritt des Insolvenzgrundes ohne Rücksicht auf die Kenntnis des Anzeigepflichtigen.[113] Unmöglichkeit der Pflichterfüllung (z. B. wegen Krankheit) lässt bereits den objektiven Tatbestand entfallen.[114] Ergibt sich die Überschuldung allein aus § 311 Abs. 2 S. 1 Hs. 2 VAG tritt an die Stelle der sofortigen Anzeigepflicht die dortige Monatsfrist. Die Nachholung einer verspäteten Anzeige führt zur Beendigung des Delikts, ohne dass die Strafbarkeit bis dahin entfiele.[115]

50 Die zweite Tatbestandsvariante der **unrichtigen Anzeige** ist erst durch das VAG 2016 hinzugekommen. Da die Zahlungsunfähigkeit nach § 311 Abs. 1 S. 1 VAG schlicht anzuzeigen ist, ist fraglich, wie entsprechende Angaben unrichtig sein können. Die Tatbestandsvariante ist § 15a Abs. 4 InsO nachgebildet, der auch die Richtigkeit und Vollständigkeit des Eröffnungsantrags, für den nach § 13 InsO detaillierte Vorgaben bestehen, schützt. Nach § 311 Abs. 1 S. 3 VAG tritt die Anzeigepflicht zwar an die Stelle der Pflicht zur Stellung des Eröffnungsantrags, verdrängt diese aber vollständig. **Für die Anzeige** der Insolvenz, die sogar mündlich erfolgen kann,[116] **enthält das VAG** – auch anders als § 46b Abs. 1 S. 1 KWG und auch § 171b Abs. 2 S. 1 SGB V, die die „Beifügung aussagefähiger Unterlagen" verlangen – gerade **keine inhaltlichen Vorgaben**, bis auf den sich aus der Natur der Sache ergebenden Umstand, dass der Insolvenzschuldner eindeutig zu bezeichnen ist und der Insolvenzgrund – Zahlungsunfähigkeit oder Überschuldung (nach § 311 Abs. 1 S. 2 oder Abs. 2 S. 1 Hs. 2 VAG) oder beides – anzugeben ist. Die Unrichtigkeit kann sich daher nur auf den angegebenen Insolvenzgrund oder die zur Identifizierung des Unternehmens erforderlichen Angaben beziehen. Macht der Insolvenzschuldner weitergehende Angaben schon in der Anzeige und nicht erst auf Anforderung der Aufsichtsbehörde, können diese nur tatbestandsmäßig sein, wenn sie geeignet sind, den Insolvenzgrund zu verschleiern und damit die Entscheidung der Aufsichtsbehörde zu verhindern oder erheblich erschweren.[117] Im Ergebnis ist die **Norm** damit praktisch **ohne sinnvollen Anwendungsbereich.**

---

[104] Vgl. MüKoStGB/*Hohmann* § 15a InsO Rn. 86.
[105] Vgl. ausführlich Uhlenbruck/*Hirte* § 15a Rn. 65.
[106] Vgl. Achenbach/Ransiek/Rönnau/*Schröder* 10.3. Rn. 101.
[107] Vgl. MüKoInsO/*Klöhn* § 15a Rn. 330; MüKoStGB/*Janssen* § 55 KWG Rn. 12; *Wegner* HRRS 2012, 68, 70 f.
[108] Vgl. zu Einzelfragen Lackner/Kühl/*Heger* § 283 Rn. 6.
[109] Vgl. MüKoStGB/*Hohmann* § 15a InsO Rn. 76.
[110] Vgl. Böttger/*Knieriem* Kap. 10.D Rn. 282; a. A. Erbs/Kohlhaas/*Wache/Lutz* § 331 VAG Rn. 71.
[111] Vgl. FKBP § 141 Rn. 5; Graf/Jäger/Wittig/*Bücherl* § 141 Rn. 11.
[112] Vgl. zu diesem Fall Achenbach/Ransiek/Rönnau/*Schröder* 10.3. Rn. 105.
[113] Vgl. MüKoInso/*Klöhn* § 15a Rn. 331.
[114] Vgl. MüKoInso/*Klöhn* § 15a Rn. 334.
[115] Vgl. MüKoStGB/*Hohmann* § 15a InsO Rn. 84.
[116] Vgl. MüKoStGB/*Janssen* § 55 KWG Rn. 13.
[117] Vgl. weitergehend MüKoStGB/*Janssen* § 55 KWG Rn. 14.

cc) Täterschaft und Teilnahme, Versuch. Die Tat ist **Sonderdelikt** für Mitglieder des Vorstands aller nach § 311 VAG verpflichteten Unternehmen bzw. des nach § 33 Abs. 2 VAG dem Vorstand entsprechenden Geschäftsführungsorgans sowie im Fall des § 311 Abs. S. 2 für Liquidatoren („Abwickler" i. S. d. § 204 VAG). Für den Begriff des „Vorstands" bzw. entsprechender Organe ist im Rahmen der Strafvorschrift das gesellschaftsrechtliche Verhältnis maßgebend, wie sich aus § 33, § 311 VAG sowie aus der Streichung des „Hauptbevollmächtigten" als Täter nach § 141 VAG a. F. ergibt. Die Erstreckung auf weitere Personen, die dem Vorstand nach Maßgabe des Gesellschaftsrechts nicht angehören und auch keine faktischen Organmitglieder sind (s. dazu sogleich), verstößt gegen das Analogieverbot. Handelt eine juristische Person als Liquidator (§ 204 Abs. 1 S. 2 VAG) richtet sich die Strafbarkeit nach § 14 StGB. Täter können nach der – im Hinblick auf Art. 103 Abs. 2 GG bedenklichen – st. Rspr. des BGH auch **faktische Organmitglieder** sein.[118] Aus § 14 Abs. 2 StGB folgt, dass auch der Sonderbeauftragte nach § 307 VAG tauglicher Täter sein kann.[119] 51

Nicht sonderpflichtige Personen können nur **Teilnehmer** nach allgemeinen Grundsätzen sein. Dies gilt – sofern kein Fall faktischer Organschaft vorliegt – auch im Fall der Führungslosigkeit der Gesellschaft (§ 15 Abs. 3 InsO), da auch in diesem Fall das alleinige Antragsrecht bei der Aufsichtsbehörde liegt und § 311 VAG nur den Vorstand verpflichtet. Die unterlassene Anzeige in der führungslosen Gesellschaft ist daher nicht strafbar. 52

Der **Versuch** ist nicht strafbar (§ 23 Abs. 1 Var. 2, § 12 Abs. 1 StGB). 53

b) Subjektiver Tatbestand. Bezugspunkte des Vorsatzes sind das Vorliegen eines Insolvenzgrundes und die Nichterfüllung bzw. nicht richtige Erfüllung der Anzeigepflicht. Außer Betracht bleiben wegen der strafrechtlichen Unschuldsvermutung zivilrechtliche Beweiserleichterungen, nach denen für die Zwecke der Insolvenzhaftung Vermutungen zu Lasten der Antragsverpflichteten aufgestellt werden.[120] Der Vorsatz muss im Zeitraum der Anzeigepflicht vorliegen, sodass z. B. die Vorsatzstrafbarkeit entfällt, wenn der Täter erst nach Überwindung der Unternehmenskrise hiervon erfährt. 54

Irrt der **Täter** über das Vorliegen des Insolvenzgrundes, ist dies ein vorsatzausschließender Tatbestandsirrtum i. S. d. § 16 StGB. Der Irrtum darüber, die Anzeigepflicht sei bereits vollständig erfüllt, ist ebenfalls Tatbestandsirrtum. Der Irrtum über das Bestehen der Anzeigepflicht bei Insolvenz ist dagegen lediglich (vermeidbarer) Verbotsirrtum i. S. d. § 17 StGB.[121] 55

Gemäß § 331 Abs. 3 VAG ist auch **fahrlässiges Handeln** unter Strafe gestellt. Für den Sorgfaltsmaßstab ist der jeweilige geschäftliche Verkehrskreis maßgebend. Die Fahrlässigkeit kann insbesondere darin liegen, dass der Täter das Vorliegen eines Insolvenzgrunds fahrlässig nicht erkannt hat, weil er entweder aufgrund vorwerfbar mangelhafter Geschäftsorganisation oder mangelnder Prüfung keinen Einblick in die Vermögenslage hatte, die nach § 311 Abs. 2 durchzuführende Prüfung nicht erfolgt ist oder das Vorliegen Insolvenztatbestände trotz vollständiger Tatsachengrundlage irrig verneint wurde. 56

4. Pflichtverletzung bei Abschlussprüfungen. a) Objektiver Tatbestand. aa) Verfassungsrechtliche Probleme. Der durch das **AReG** hinzugekommene § 331 Abs. 2a VAG weist eine hohe Komplexität von Täter- und Tatbeschreibung auf. Hinzu kommt die Verwendung offener Rechtsbegriffe insbesondere im Grundtatbestand des § 332 Abs. 4a VAG.[122] Die gewählte Regelungstechnik mit ihren Verweisungen und Weiterverweisungen weist eine große Streubreite und Verschachtelung der in Bezug genommenen Tatbestände auf. Es stellt sich die Frage, ob die Vorschrift den rechtsstaatlichen Grundsätzen der **Normklarheit** und Justitiabilität entspricht, da ihre Voraussetzungen und ihr Inhalt kaum als so formuliert angesehen werden können, dass die von ihr Betroffenen die Rechtslage erkennen und ihr Verhalten danach ausrichten können.[123] Ist es auf Grund der Verweisungstechnik allenfalls Experten möglich, sämtliche Eingriffsvoraussetzungen mit vertretbarem Aufwand zu erkennen, spricht dies gegen die Beachtung des Grundsatzes der Klarheit einer Norm. Zu bedenken ist insbesondere, dass der Verstoß immerhin mit langjährigem Freiheitsentzug bestraft werden kann, sodass eine hohe Intensität des Grundrechtseingriffs gegeben ist. Entsprechend den im Beschluss des BVerfG v. 3.3.2004[124] aufgestellten Grundsätzen dürfte die Verfassungsmäßigkeit der Strafvorschrift zweifelhaft sein. Die bereits nach allgemein rechtsstaatlichen Grundsätzen zweifelhafte Verfassungsmäßigkeit wird durch die nach § 1 StGB, Art. 103 Abs. 2 GG bestehenden besonderen Anforderungen des strafrechtlichen Bestimmtheits- 57

[118] Vgl. *BGH* Urt. v. 10.5.2000 – 3 StR 101/00, BGHSt 46, 62 = NJW 2000, 2285; Urt. v. 22.9.1982 – 3 StR 287/82, BGHSt 31, 118 = NJW 1983, 240; Urt. v. 28.6.1966 – 1 StR 414/65, NJW 1966, 2225; Graf/Jäger/Wittig/*Büchel* § 141 Rn. 5; a. A. MüKoInsO/*Klöhn* § 15a Rn. 328; Uhlenbruck/*Hirte* § 15a Rn. 64; MüKoStGB/*Hohmann* § 15a Rn. 54 ff. (auch zu kriminalistischen Beweisanzeichen für faktische Organstellung) jeweils m. w. N.

[119] Vgl. Erbs/Kohlhaas/*Wache/Lutz* § 331 VAG Rn. 65; a. A. FKBP/*Göertz* § 141 Rn. 3.

[120] Vgl. dazu MüKoInsO/*Klöhn* § 15a Rn. 335. Zu Fallgruppen vorsätzlicher oder fahrlässiger Begehung vgl. ausführlich Uhlenbruck/*Hirte* § 15a Rn. 65; MüKoStGB/*Hohmann* § 15a InsO Rn. 89 ff.

[121] Vgl. BGH Urt. v. 5.7.1956 – 3 StR 140/56, BeckRS 1956, 31185537; Uhlenbruck/*Hirte* § 15a Rn. 66; MüKoStGB/*Hohmann* § 15a InsO Rn. 104 (dem Verbotsirrtum gleichstehender Gebotsirrtum).

[122] Vgl. § 332 Rn. 74 ff.

[123] Vgl. *BVerfG* Beschl. v. 12.1.1967 – 1 BvR 169/63, BVerfGE 21, 75 = NJW 1967, 619.

[124] Vgl. *BVerfG* Beschl. v. 3.3.2004 – 1 BvF 3/92, BVerfGE110, 33 = NJW 2004, 2213.

gebots zunehmend fraglich.[125] Der Blankettatbestand geht bereits aufgrund der Aufhebung der RL 73/239/EWG nämlich ins Leere.[126] Wird ein EG-Rechtsakt aufgehoben und ersetzt, ohne dass die deutsche Strafbestimmung durch Bezugnahme auf den neuen Rechtsakt geändert wird, können Verstöße mangels ausreichender Bestimmtheit der Strafnorm nicht bestraft werden.[127]

58 Es handelt sich um einen **„unechten Mischtatbestand"**, bei dem zu prüfen ist, ob der Täter die über die Merkmale des Grundtatbestands der Ordnungswidrigkeit hinausgehenden Merkmale erfüllt.[128] Ist dies der Fall, wird die Tat nur als Straftat verfolgt (§ 21 Abs. 1 S. 1 OWiG). Strafbar sind zwei unterschiedliche Fälle mit verschiedenen Begehungsformen: Strafbar macht sich zum einen, wer die in Bezug genommenen Ordnungswidrigkeiten begeht und dafür einen **Vermögensvorteil erhält oder sich versprechen** lässt. Strafbar macht sich zum anderen, wer die in Bezug genommen Ordnungswidrigkeiten **beharrlich** begeht.

59 **bb) Tathandlung des Abs. 2a Nr. 1.** Mit § 331 Abs. 2a Nr. 1 VAG wird eine spezielle Form der **Bestechlichkeit im geschäftlichen Verkehr** (§ 299 Abs. 1 StGB) unter Strafe gestellt. **Nicht strafbar** ist anders als nach § 299 Abs. 1 StGB das **Fordern** eines entsprechenden Vorteils. Das Fordern kann aber nach § 299 Abs. 1 StGB strafbar sein.

60 Der Begriff des „**Erhaltens**" ist dabei identisch mit dem Begriff des „Annehmens" nach § 299 Abs. 1 StGB auszulegen. Erforderlich ist die tatsächliche Entgegennahme eines gegenständlich bestimmten Vorteils durch den Täter mit dessen Kenntnis und Einverständnis.[129] Der Täter muss dabei den Willen haben, über den Vorteil zu verfügen.[130] Eine Mentalreservation ist unerheblich, ebenso die protestatio facto contraria. Erforderlich ist weiterhin, dass der Vorteil – entsprechend der allgemeinen Systematik der Bestechungsdelikte – nach dem übereinstimmenden Willen des Vorteilsgewährenden und des Täters als Gegenleistung für die Begehung der Ordnungswidrigkeit erfolgt, auch wenn sich dies im Wortlaut nur schwach niedergeschlagen hat („dafür … erhält"). Diese Bestimmung als Gegenleistung kann auch nach erfolgter Gewährung noch nachgeholt werden, allerdings darf die Begehung der Ordnungswidrigkeit zu diesem Zeitpunkt noch nicht beendet worden sein. Daran fehlt es, wenn der Täter den Vorteil nur zum Schein zur Beweissicherung entgegennimmt. Nicht erforderlich ist, dass der Täter die Identität des Vorteilsgebers im Zeitpunkt des Erhalts kennt.[131] Ein **„Sichversprechenlassen"** bedeutet die Annahme eines ausdrücklichen oder konkludenten, vorbehaltlosen Angebots von noch zu erbringenden Vorteilen i. S. v. zwei übereinstimmenden Willenserklärungen als Gegenleistung für die Begehung der Ordnungswidrigkeiten.[132] Unbeachtlich ist, ob der Vermögensvorteil tatsächlich gewährt wird. Die Höhe des Vorteils muss dabei noch nicht im Einzelnen feststehen.

61 Der Begriff des **Vermögensvorteils** ist enger als in § 299 Abs. 1 StGB. Danach scheiden solche Besserstellungen des Täters aus, die immaterieller Art sind, wie z. B. die Ausübung des Geschlechtsverkehrs. Auch eine Bereicherung des Täters muss weder intendiert noch eingetreten sein, sodass ein Vermögensvorteil selbst dann vorliegt, wenn der Täter zur Erlangung eigene, den Wert des Vorteils übersteigende Aufwendungen getätigt hat. Mit diesen Einschränkungen entspricht der Begriff des Vorteils der Fallgruppe der bei § 299 Abs. 1 StGB (Vorteilsnahme) gewährten wirtschaftlichen Vorteile. **Nicht ausreichend** sind abweichend von § 299 Abs. 1 StGB („Vorteil für sich *oder einen Dritten*") **Drittzuwendungen**. Aufgrund des erforderlichen Verstoßes gegen die zugrundeliegenden aufsichtsrechtlichen Pflichten bei der Abschlussprüfung ist die Entgegennahme oder das Sichversprechenlassen des Vermögensvorteils **objektiv pflichtwidrig**, sodass es auf ein potentielles Einverständnis des VVaG nicht ankommt.

62 Die **Tatvollendung** setzt die Verwirklichung der Ordnungswidrigkeit sowie die Unrechtsvereinbarung und ggf. den Erhalt des Vermögensvorteils aufgrund dieser Vereinbarung voraus. Zur **Tatbeendigung** kommt es auf die letzte Handlung zur beidseitigen Erfüllung der Unrechtsvereinbarung an.[133] Hierzu zählt auch im Fall des Sichversprechenlassens die tatsächliche Einräumung des Vorteils, weil das tatbestandliche Unrecht dadurch vertieft wird.

63 **cc) Tathandlung des Abs. 2a Nr. 2.** Strafbewehrt ist auch die **beharrliche** Verletzung des Ordnungswidrigkeitentatbestands. Das Merkmal entspricht § 148 Abs. 1 GewO,[134] der ebenfalls den

[125] Vgl. allgemein MüKoStGB/*Schmitz* § 1 Rn. 23 ff.
[126] Vgl. unten Rn. 66.
[127] Vgl. *OLG Koblenz* Urt. v. 26.1.1989 – 1 Ss 567/88, NStZ 1989, 188.
[128] Vgl. MüKoStGB/*Weyand* § 148 GewO Rn. 2.
[129] Vgl. *BGH* Urt. v. 28.10.1986 – 5 StR 244786, NJW 1987, 1340; Urt. v. 25.7.1960 – 2 StR 91/60, BGHSt 15, 88 = NJW 1960, 2155; MüKoStGB/*Krick* § 299 Rn. 22.
[130] Vgl. *BGH* Urt. v. 25.7.1969 – 2 StR 91/60, BGHSt 15,88 = NJW 1960, 2154; Urt. v. 3.2.1960 – 4 StR 437/59, NJW 1960, 971, 973; MüKoStGB/*Krick* § 299 Rn. 22.
[131] Vgl. ausführlich m. w. N. MüKoStGB/*Krick* § 299 Rn. 22.
[132] Vgl. *BGH* Urt. v. 25.7.1960 – 2 StR 91/60, BGHSt 15, 88 = NJW 1960, 2154; ausführlich m. w. N. MüKoStGB/*Krick* § 299 Rn. 22.
[133] Vgl. ausführlich m. w. N. MüKoStGB/*Krick* § 299 Rn. 38.
[134] Vgl. *Müller-Gugenberger* ZHW 2016, 181, 188.

beharrlichen Verstoß gegen verwaltungsrechtliche Pflichten zum Gegenstand hat. Vorausgesetzt ist ein hartnäckiges, unbelehrbares Verhalten, aus dem die rechtsfeindliche Einstellung des Täters zu der verletzten Vorschrift deutlich wird, obwohl er schon wegen der Folgen vorangegangener Zuwiderhandlungen Erfahrungen gesammelt haben müsste.[135] Ein vorangegangenes abgeschlossenes Bußgeldverfahren ist nicht erforderlich. Vorangegangene Einstellungen nach § 47 Abs. 1 OWiG hindern die Annahme von Beharrlichkeit nicht.[136] Der Täter ist hinreichend gewarnt, wenn er wegen früherer Taten bereits abgemahnt oder ein Ahndungsverfahren ohne Bußgeldbescheid durchgeführt worden ist.[137]

Sofern **§ 332 Abs. 4a Nr. 1 VAG** (unzureichende Überwachung) als **Dauerunterlassungsordnungswidrigkeit** anzusehen ist, gelten hierfür keine anderen Grundsätze. Insbesondere braucht keine in sich abgeschlossene Vortat desselben Dauerdelikts vorzuliegen, um das Merkmal der „beharrlichen Wiederholung" festzustellen. Ob die einzelnen Akte, mit denen das rechtswidrige Verhalten kontinuierlich fortgesetzt wird, jeweils für sich betrachtet von einem bestimmten Zeitpunkt an eine beharrliche Wiederholung der Zuwiderhandlung darstellen, ist nach den besonderen Umständen des Einzelfalles zu entscheiden. Wird die zugrunde liegende Dauerordnungswidrigkeit trotz einer Abmahnung der Aufsichtsbehörde unverändert in Kenntnis der Rechtswidrigkeit des Verhaltens fortgesetzt, so muss darin kein neuer Tatentschluss liegen, der das abgemahnte vorangehende Verhalten zu einem selbständigen Dauerdelikt im Sinne einer in sich abgeschlossenen Vortat macht. Dennoch kann in einem solchen Fall in der Fortsetzung des ordnungswidrigen Verhaltens eine beharrliche Zuwiderhandlung liegen.[138] 64

dd) Begehung der Ordnungswidrigkeiten nach § 332 Abs. 4a–c VAG. Zudem muss der Tatbestand der **Ordnungswidrigkeit** in einer seiner Tatbestandsalternativen erfüllt sein (unzureichende Überwachung oder Empfehlung eines ungeeigneten Abschlussprüfers).[139] Insoweit ist auf die diesbezügliche Kommentierung zu verweisen. 65

ee) Täterschaft und Teilnahme, Versuch. Taugliche Täter können nach der sprachlich überkomplexen Fassung des Tatbestands nur wirksam bestellte[140] Mitglieder des Aufsichtsrates oder des Prüfungsausschusses eines nach der Abschlussprüfer-RL harmonisierten VVaG sein. Maßgeblich ist jeweils der förmliche Bestellungsakt. Die Strafnorm ist damit **Sonderdelikt**. Mittelbare Täterschaft und Mittäterschaft sind deshalb nur dem Sonderpflichtigen zugänglich.[141] Täter können auch faktische Organe sein.[142] Der Täterkreis lässt sich aus dem Normtext nicht bestimmen, weil der Kreis der **sachlich betroffenen VVaG nicht hinreichend bestimmt** ist. Aus der Inbezugnahme der RL 91/674/EWG[143] folgt – aus der Perspektive des Straf- und Bußgeldrechts –, dass der Kreis der betroffenen VVaG, deren Organmitglieder den Tatbestand erfüllen können, unmittelbar durch Subsumtion unter Art. 2 Abs. 1 der RL zu ermitteln sein muss. Die RL verweist zur näheren Bestimmung aber ihrerseits auf Art. 1 bis Art. 4 der durch Art. 310 Solva II-RL aufgehobenen RL 73/239/EWG.[144] Art. 310 Abs. 2 Solva II-RL erklärt nunmehr Verweisungen auf die aufgehobene RL zu Verweisungen auf die Solva II-RL, die anhand der Entsprechungstabelle in Anhang VII zu lesen sind. Die „Entsprechungen" folgen dabei nicht konsistent den entsprechenden Tatbeständen der RL 73/239/EWG. Erst recht entsprechen sie nicht der Definition des kleinen VVaG in § 210 VAG. Bei einer strengen Orientierung am Wortlaut gelingt es aufgrund der Verweisung durch drei Sekundärrechtsakte hinweg nicht, den Kreis der betroffenen Unternehmen mit hinreichender Bestimmtheit zu ermitteln. Es bleibt unklar, warum der Gesetzgeber nicht einfach auf den VVaG i. S. d. § 171 VAG, mit Ausnahme eines VVaG i. S. d. § 210 VAG, abgestellt hat. Ein weiteres Problem besteht in der fehlenden Stringenz der v. Gesetzgeber angeordneten Verweisung in § 189 Abs. 3 S. 1 VAG auf die prüfungsbezogenen Pflichten nach § 107 Abs. 3 S. 2 AktG.[145] 66

Die **Teilnahme** richtet sich nach allgemeinen Grundsätzen. Die Beharrlichkeit des Verhaltens ist dabei ein **besonderes persönliches Merkmal** i. S. d. § 14 Abs. 4 OWiG. Fehlt sie beim Teilnehmer, kann dessen Beitrag nur als Ordnungswidrigkeit verfolgt werden.[146] Umgekehrt kann Gehilfe einer Tat 67

[135] Vgl. *BGH* Urt. v. 25.2.1992 – 5 StR 528/91, NStZ 1992, 594.
[136] Vgl. *BGH* Urt. v. 25.2.1992 – 5 StR 528/91, NStZ 1992, 594.
[137] Vgl. i. d. S. *BGH* Urt. v. 25.2.1992 – 5 StR 528/91, NStZ 1992, 594; MüKoStGB/*Weyand* § 148 Rn. 6.
[138] Vgl. *BGH* Urt. v. 25.2.1992 – 5 StR 528/91, NStZ 1992, 594.
[139] Vgl. den Überblick bei *Meyer/Mattheus* DB 2016, 699.
[140] Vgl. oben Rn. 42.
[141] Vgl. oben Rn. 31 f.
[142] Vgl. oben Rn. 51.
[143] Vgl. RL 91/674/EWG des Rates v. 19.12.1991 über den Jahresabschluss und den konsolidierten Abschluss von Versicherungsunternehmen, ABl. EG 1991 L 374, 7.
[144] Vgl. RL 73/239/EWG des Rates v. 24.7.1973 zur Koordinierung der Rechts- und Verwaltungsvorschriften betreffend die Aufnahme und Ausübung der Tätigkeit der Direktversicherung (mit Ausnahme der Lebensversicherung), ABl. EG 1991 L 228, 3.
[145] Vgl. näher *Bürkle* VersR 2016, 1145, 1154 ff.
[146] Vgl. *BayObLG* Urt. v. 18.12.1984 – Rreg. 4 St 172/84, NJW 1985, 1566; Erbs/Kohlhaas/*Ambs* § 148 GewO Rn. 3.

nach § 331 Abs. 2a VAG auch der sein, der selbst beharrlich handelt, ohne dass ein beharrlich handelnder Haupttäter vorhanden ist, sofern dieser nur den Tatbestand der Ordnungswidrigkeit erfüllt.[147]

68 Der **Versuch** ist nicht strafbar (§ 23 Abs. 1 Var. 2, § 12 Abs. 1 StGB).

69 **b) Subjektiver Tatbestand.** Strafbar ist bei der **Vorteilsnahme** der bedingt vorsätzliche Verstoß, wobei sich der Vorsatz aufgrund des Gegenleistungscharakters auch auf die Begehung der Ordnungswidrigkeit erstrecken muss. Bezugspunkte des Vorsatzes sind im Übrigen der Vermögensvorteil, der Unrechtspakt, der Gegenleistungscharakter sowie die eigene Stellung als tauglicher Täter.[148]

70 Auch für den **beharrlichen Verstoß** gegen Ordnungswidrigkeiten genügt bedingter Vorsatz, der sich – neben bedingt vorsätzlicher Begehung der Ordnungswidrigkeit – auf die Umstände beziehen muss, die den Verstoß zu einem „beharrlichen" machen.

71 **Fahrlässiges Handeln** ist – entgegen dem missverständlichen – § 331 Abs. 3 nicht mit Strafe bedroht.

72 **III. Verhältnis zu anderen Regelungen. 1. Verhältnis zu anderen Regelungen des VAG.** § 331 VAG wird von **§ 334 VAG** in Bezug genommen, der die Beteiligungsrechte und Mitteilungspflichten der Aufsichtsbehörde regelt. § 331 VAG nimmt seinerseits **blankettartig** Bezug auf weitere aufsichtsrechtliche Vorschriften.[149]

73 **2. Parallelvorschriften im KWG. § 54 Abs. 1 Nr. 1 KWG** ist Parallelvorschrift zu § 331 Abs. 1 Nr. 1 VAG. **§ 55 KWG** ist Parallelvorschrift zu § 331 Abs. 2 Nr. 3 VAG.

74 **3. Verhältnis zu anderen Normen. a) Strafrechtliche Konkurrenzen.** Die an das Betreiben anknüpfenden Tatbestände des § 331 **Abs. 1 Nr. 1, Nr. 2, Abs. 2 Nr. 1** VAG können in Tateinheit mit verschiedenen an den Schutz des Vermögens anknüpfenden Tatbeständen des Strafrechts stehen. Insbesondere an Tateinheit mit § 263 StGB ist zu denken, wenn den Versicherungsnehmern vorgespiegelt wird, es handele sich um ein ordnungsgemäß zum Geschäftsbetrieb zugelassenes Versicherungsunternehmen. Dabei wird aufgrund der vorausgesetzten Geschäftsmäßigkeit das Vorliegen gewerbs- oder bandenmäßigen Betrugs zu prüfen sein wird. Tateinheit ist aufgrund der Verklammerungswirkung des Dauerdelikts des unerlaubten Betreibens auch möglich mit § 331 Abs. 2 Nr. 3 VAG. Da der Bußgeldtatbestand des § 332 Abs. 1 Nr. 1 VAG spezieller gefasst ist, tritt die möglicherweise gleichzeitig erfüllte Straftat nach § 331 Abs. 1 VAG ausnahmsweise hinter die Ordnungswidrigkeit zurück.[150]

75 § 331 **Abs. 2 Nr. 2** VAG kann insbesondere tateinheitlich mit §§ 263, 266, 267 StGB verwirklicht werden. Im Übrigen gelten keine Besonderheiten.

76 § 331 **Abs. 2 Nr. 3** VAG kann in Tateinheit mit § 266 StGB (Untreue durch Unterlassen) stehen, wenn durch die unterlassene Anzeige eine Sanierung verhindert wird.[151] Tatmehrheit kommt insbesondere mit den Konkursstraftaten (§§ 283 ff. StGB) sowie allen typischerweise insolvenzbegleitenden Straftaten (Untreue, Betrug, Kredit- und Subventionsbetrug, Sozialversicherungsdelikte, Geheimnisverrat) in Betracht. Zwar ist § 331 Abs. 2 Nr. 3 VAG als Dauerdelikt grundsätzlich in der Lage, Handlungseinheiten zu bewirken. Tateinheit scheidet aber aufgrund der andersartigen Deliktsnatur als Unterlassungsdelikt gegenüber den Begehungsdelikten aus. Tateinheit ist dagegen möglich mit § 401 Abs. 1 Nr. 1 AktG, sofern die gebotene Einberufung der Hauptversammlung (nahezu) zeitgleich mit der Anzeige hätte erfolgen müssen, weil dann eine natürliche Unterlassungseinheit vorliegt.[152]

77 § 331 **Abs. 2 Nr. 2a** VAG ist in seinem Anwendungsbereich Spezialnorm zu § 299 Abs. 1 StGB. Sofern Drittvorteile, immaterielle Vorteile oder das Fordern von Vorteilen tatgegenständlich sind, kommt die tateinheitliche Verwirklichung in Betracht. Die einzelnen Tatbestandsvarianten des § 331 Abs. 2 Nr. 2a VAG stehen in Tatmehrheit zueinander. Dies gilt auch für das Sichversprechenlassen und das Erhalten zueinander.[153] Daneben kann tateinheitlich insbesondere Untreue gem. § 266 StGB verwirklicht sein.

78 **b) Nebenfolgen.** Für die an die Begehung der Straftaten anknüpfenden Nebenfolgen ist insbesondere § 70 StGB von Bedeutung, der die Verhängung eines **Berufsverbots** vorsieht. Prozessual ist bei der Verfolgung mehrerer tateinheitlicher Delikte neben § 331 VAG (z. B. wegen tateinheitlich begangenen Betrugs) zu beachten, dass verfahrensrechtlich gegen eine Teileinstellung des Tatvorwurfs nach § 331

---

[147] Vgl. *BayOblG* Urt. v. 18.12.1984 – Rreg. 4 St 172/84, NJW 1985, 1566.
[148] Vgl. allgemein MüKoStGB/*Krick* § 299 Rn. 31.
[149] Vgl. dazu die Einzelerläuterungen.
[150] Vgl. Erbs/Kohlhaas/*Wache/Lutz* § 331 VAG Rn. 90.
[151] Vgl. MüKoStGB/*Hohmann* § 15a InsO Rn. 105.
[152] Vgl. Schönke/Schröder/*Sternberg-Lieben/Bosch* § 52 Rn. 19; a. A. Erbs/Kohlhaas/*Wache/Lutz* § 331 VAG Rn. 92.
[153] Vgl. ausführlich MüKoStGB/*Krick* § 299 Rn. 41.

VAG nach § 154a Abs. 2 StPO spricht, dass sich die berufsrechtlichen Folgen gerade an die Schuldfeststellung der berufsspezifischen Verstöße knüpfen.[154]

Die gesetzliche Nebenfolge der **Inabilität** wegen strafbarer Insolvenzverschleppung nach § 76 Abs. 3 S. 1 Nr. 3a AktG tritt jedoch auch bei einer Vorsatztat nicht ein. Zwar verweist § 188 VAG auch auf § 76 Abs. 3 AktG, dieser verweist jedoch nicht auf § 331 VAG, sondern stellt allein auf § 15a Abs. 4 InsO ab. Da die Wirkung der Vorschrift einem Berufsverbot entspricht, kommt eine analoge Anwendung auf den Fall des § 331 Abs. 2 Nr. 2 VAG nicht in Betracht. In praktischer Hinsicht dürfte jedoch die Verurteilung wegen einer Tat nach § 331 VAG regelmäßig die Abberufung nach § 303 Abs. 2 Nr. 1, Nr. 2 VAG zur Folge haben. Zu beachten ist, dass § 303 Abs. 2 Nr. 2 VAG die Feststellung eines zumindest leichtfertigen Verstoßes voraussetzt. 79

Auch kann bei § 331 Abs. 2 Nr. 1, Nr. 2, Abs. 2 Nr. 1 VAG die Anordnung des **Verfalls** in Betracht kommen.[155] § 30 OWiG lässt zudem die Verhängung einer **Verbandsgeldbuße** gegen das Unternehmen zu, für das der Täter gehandelt hat, auch wenn es nicht zu einer strafrechtlichen Verurteilung des Täters kommt. 80

c) Zivilrecht. § 331 Abs. 1 ist **kein Verbotsgesetz** i. S. d. § 134 BGB, sodass die geschlossenen Versicherungsverträge gültig sind, da nicht das einzelne Versicherungsgeschäft, sondern die Geschäftstätigkeit an sich kriminalisiert ist.[156] Hinzu kommt, dass die Nichtigkeit des Vertrags dem Schutz der Versicherungsnehmer entgegenstehen kann. Entsprechende Verträge sind daher ex nunc abzuwickeln oder auf ein anderes Versicherungsunternehmen zu übertragen.[157] 81

§ 331 Abs. 1, Abs. 2 Nr. 1 VAG ist **Schutzgesetz** i. S. d. § 823 Abs. 2 BGB.[158] § 331 Abs. 2 Nr. 2 VAG hat ebenfalls Schutzgesetzcharakter.[159] Ob § 331 Abs. 2 Nr. 3 VAG Schutzgesetzcharakter hat, ist umstritten.[160] 82

Bußgeldvorschriften

332 (1) **Ordnungswidrig handelt, wer**

1. ohne Genehmigung nach § 12 Absatz 1 Satz 1, auch in Verbindung mit Satz 2, jeweils auch in Verbindung mit § 212 Absatz 3 Nummer 4, § 234 Absatz 3 Satz 1 Nummer 2 erster Halbsatz, § 237 Absatz 3 Nummer 3 erster Halbsatz oder § 242 Absatz 8 eine dort genannte Änderung, eine dort genannte Erweiterung oder einen dort genannten Unternehmensvertrag in Kraft setzt oder den Geschäftsbetrieb eines Rückversicherungsunternehmens ausdehnt,

2. einer vollziehbaren Anordnung nach

a) § 44 Satz 1, § 293 Absatz 2 oder § 306 Absatz 1 Satz 1 Nummer 4 oder Nummer 5 oder

b) § 303 Absatz 2 Nummer 2 oder Nummer 3

zuwiderhandelt,

3. entgegen § 125 Absatz 1 Satz 2 einen Vermögenswert nicht, nicht richtig oder nicht rechtzeitig dem Sicherungsvermögen zuführt,

4. entgegen § 126 Absatz 1 Satz 1 nicht dafür sorgt, dass die Bestände des Sicherungsvermögens in ein Vermögensverzeichnis einzeln eingetragen werden,

5. entgegen § 130 Absatz 1 einen Betrag aus dem Sicherungsvermögen entnimmt,

6. entgegen § 134 Absatz 1 eine Unterrichtung nicht, nicht richtig, nicht vollständig oder nicht rechtzeitig vornimmt,

7. entgegen § 164 Absatz 3 Satz 2 zugleich für ein Versicherungsunternehmen tätig wird,

8. entgegen § 164 Absatz 3 Satz 3 eine vergleichbare Tätigkeit für ein Versicherungsunternehmen ausübt,

---

[154] Vgl. Achenbach/Ransiek/Rönnau/*Schröder* 10.3 Rn. 99; MüKoStGB/*Janssen* § 54 KWG Rn. 20.

[155] Vgl. oben Rn. 23.

[156] Vgl. (zu § 54 KWG) *VGH Kassel* Urt. v. 20.5.2009 – 6 A 1040/08, WM 2009, 1889; zum Streitstand (offenlassend) vgl. *BVerwG* Urt. v. 15.12.2010 – 8 C 37.09, BKR 2011, 208 Rn. 26; wie hier: FKBP/*Göertz* § 140 Rn. 1; MüKoStGB/*Janssen* § 54 KWG Rn. 17; Boos/Fischer/Schulte-Mattler/*Lindemann* § 54 KWG Rn. 17; Momsen/Grützner/*Altenhain* Kap. 6 Rn. 10.

[157] Vgl. *Kaufmann* VW 1998, 681.

[158] Vgl. *OLG Hamburg* Urt. v. 3.7.2002 – 14 U 36/02, VersR 2002, 1507 (zu § 144a VAG a. F.); zu § 54 KWG: *BGH* Urt. v. 11.7.2006 – VI ZR 340/04, NJW-RR 2006, 1713; *OLG Celle* Urt. v. 14.10.2004 – 4 U 114/04, BKR 2004, 484; Boos/Fischer/Schulte-Mattler/*Lindemann* § 54 KWG Rn. 4; Graf/Jäger/Wittig/*Bücherl* § 140 Rn. 3 Wabnitz/Janovsky/*Knierim* Kap. 10.D Rn. 273.

[159] Vgl. Erbs/Kohlhaas/*Wache/Lutz* § 331 VAG Rn. 38; *Boetius* VersR 2007, 1589; differenzierend *Thole* VersR 2010, 447.

[160] Vgl. dafür: Uhlenbrock/*Hirte* § 11 Rn. 28; Gottwald/*Dannecker/Hagemeier* § 127 Rn. 145; Erbs/Kohlhaas/*Wache/Lutz* § 331 VAG Rn. 61; *Goltz/Poertzgen/Meyer* VW 2009, 1822; dagegen: Boos/Fischer/Schulte-Mattler/*Lindemann* § 55 KWG Rn. 2; MüKoStGB/Janssen § 55 KWG Rn. 6.

9. entgegen

a) § 215 Absatz 2 Satz 1 Nummer 1 bis 6 oder Nummer 7, jeweils auch in Verbindung mit einer Rechtsverordnung nach § 235 Absatz 1 Satz 1 Nummer 10 oder § 240 Satz 1 Nummer 8, oder

b) § 215 Absatz 2 Satz 1 Nummer 8 in Verbindung mit einer Rechtsverordnung nach § 217 Satz 1 Nummer 6

einen Bestand des Sicherungsvermögens anlegt oder

10. entgegen § 239 Absatz 1 Satz 2 nicht dafür sorgt, dass die Bestände der Sicherungsvermögen in der dort genannten Weise angelegt werden.

(2) **Ordnungswidrig handelt, wer vorsätzlich oder leichtfertig**

1. entgegen § 37 Absatz 1 oder § 227 Absatz 2 Satz 1 ein dort genanntes Dokument nicht oder nicht rechtzeitig einreicht,

2. einer Rechtsverordnung nach § 39 Absatz 1 Satz 1, auch in Verbindung mit § 68 Absatz 1 Satz 4, oder einer vollziehbaren Anordnung auf Grund einer solchen Rechtsverordnung zuwiderhandelt, soweit die Rechtsverordnung für einen bestimmten Tatbestand auf diese Bußgeldvorschrift verweist, oder

3. entgegen § 40 Absatz 1 Satz 1 eine Veröffentlichung nicht, nicht richtig, nicht vollständig oder nicht rechtzeitig vornimmt.

(3) **Ordnungswidrig handelt, wer vorsätzlich oder fahrlässig**

1. entgegen § 17 Absatz 1 oder Absatz 2, § 36 Absatz 1 Satz 1 oder § 59 Absatz 1, auch in Verbindung mit Absatz 4, eine Anzeige nicht, nicht richtig, nicht vollständig, nicht in der vorgeschriebenen Weise oder oder nicht rechtzeitig erstattet,

2. einer vollziehbaren Anordnung nach

a) § 18 Absatz 1, 2 erster Halbsatz oder Absatz 3 Satz 4, § 19 Absatz 1, § 133 Absatz 1, § 134 Absatz 7 erster Halbsatz, § 135 Absatz 3 erster Halbsatz oder § 305 Absatz 3, auch in Verbindung mit Absatz 4, oder

b) § 305 Absatz 1, auch in Verbindung mit Absatz 2, § 308 Absatz 4 Nummer 1, auch in Verbindung mit § 62 Absatz 1 Nummer 6, oder § 314 Absatz 1 Satz 1 oder Satz 2

zuwiderhandelt,

3. entgegen § 48 Absatz 1 oder Absatz 2 mit einem Versicherungsvermittler zusammenarbeitet,

4. entgegen § 135 Absatz 1 eine Unterrichtung nicht, nicht richtig, nicht vollständig oder nicht rechtzeitig vornimmt,

5. einer Rechtsverordnung nach § 160 Satz 1 oder einer vollziehbaren Anordnung auf Grund einer solchen Rechtsverordnung zuwiderhandelt, soweit die Rechtsverordnung für einen bestimmten Tatbestand auf diese Bußgeldvorschrift verweist, oder

6. entgegen § 306 Absatz 8 Satz 1 eine Maßnahme nicht duldet.

(4) **Ordnungswidrig handelt, wer als Person, die für ein Unternehmen handelt, das der Aufsicht nach diesem Gesetz unterliegt, gegen die Verordnung (EG) Nr. 1060/2009 des Europäischen Parlaments und des Rates vom 16. September 2009 über Ratingagenturen (ABl. L 302 vom 17.11.2009, S. 1), die zuletzt durch die Richtlinie 2014/51/EU (ABl. L 153 vom 22.5.2014, S. 1) geändert worden ist, verstößt, indem sie vorsätzlich oder leichtfertig**

1. entgegen Artikel 4 Absatz 1 Unterabsatz 1 ein Rating verwendet,

2. entgegen Artikel 5a Absatz 1 nicht dafür Sorge trägt, dass ein Unternehmen, das der Aufsicht nach diesem Gesetz unterliegt, eigene Kreditrisikobewertungen vornimmt,

3. entgegen Artikel 8c Absatz 1 einen Auftrag nicht richtig erteilt,

4. entgegen Artikel 8c Absatz 2 nicht dafür Sorge trägt, dass eine beauftragte Ratingagentur eine dort genannte Voraussetzung erfüllt, oder

5. entgegen Artikel 8d Absatz 1 Satz 2 die dort genannte Dokumentation nicht richtig vornimmt.

(4a) **Ordnungswidrig handelt, wer als Mitglied des Aufsichtsrats im Sinne des § 189 oder als Mitglied eines nach § 189 Absatz 3 Satz 1 in Verbindung mit § 107 Absatz 3 Satz 2 des Aktiengesetzes bestellten Prüfungsausschusses eines Versicherungsvereins auf Gegenseitigkeit, der Versicherungsunternehmen ist im Sinne des Artikels 2 Absatz 1 der Richtlinie 91/674/EWG des Rates vom 19. Dezember 1991 über den Jahresabschluß und den konsolidierten Abschluß von Versicherungsunternehmen (ABl. L 374 vom 31.12.1991, S. 7), die zuletzt durch die Richtlinie 2006/46/EG (ABl. L 224 vom 16.8.2006, S. 1) geändert worden ist,**

1. die Unabhängigkeit des Abschlussprüfers oder der Prüfungsgesellschaft nicht nach Maßgabe des Artikels 4 Absatz 3 Unterabsatz 2, des Artikels 5 Absatz 4 Unterabsatz 1 Satz 1 oder des Artikels 6 Absatz 2 der Verordnung (EU) Nr. 537/2014 des Europäischen Parlaments und des Rates vom 16. April 2014 über spezifische Anforderungen an die Abschlussprüfung bei Unternehmen von öffentlichem Interesse und zur Aufhebung des Beschlusses 2005/909/EG der Kommission (ABl. L 158 vom 27.5.2014, S. 77, L 170 vom 11.6.2014, S. 66) überwacht oder
2. eine Empfehlung für die Bestellung eines Abschlussprüfers oder einer Prüfungsgesellschaft vorlegt, die den Anforderungen nach Artikel 16 Absatz 2 Unterabsatz 2 oder 3 der Verordnung (EU) Nr. 537/2014 nicht entspricht oder der ein Auswahlverfahren nach Artikel 16 Absatz 3 Unterabsatz 1 der Verordnung (EU) Nr. 537/2014 nicht vorangegangen ist.

(4b) **Ordnungswidrig handelt, wer als Mitglied des Aufsichtsrats im Sinne des § 189, der einen Prüfungsausschuss nicht bestellt hat, eines in Absatz 4a genannten Versicherungsvereins auf Gegenseitigkeit der obersten Vertretung einen Vorschlag für die Bestellung eines Abschlussprüfers oder einer Prüfungsgesellschaft vorlegt, der den Anforderungen nach Artikel 16 Absatz 5 Unterabsatz 1 der Verordnung (EU) Nr. 537/2014 nicht entspricht.**

(4c) **Ordnungswidrig handelt, wer als Mitglied des Aufsichtsrats im Sinne des § 189, der einen Prüfungsausschuss bestellt hat, eines in Absatz 4a genannten Versicherungsvereins auf Gegenseitigkeit der obersten Vertretung einen Vorschlag für die Bestellung eines Abschlussprüfers oder einer Prüfungsgesellschaft vorlegt, der den Anforderungen nach Artikel 16 Absatz 5 Unterabsatz 1 oder Unterabsatz 2 Satz 1 oder Satz 2 der Verordnung (EU) Nr. 537/2014 nicht entspricht.**

(4d) **Ordnungswidrig handelt, wer gegen die Verordnung (EU) Nr. 1286/2014 des Europäischen Parlaments und des Rates vom 26. November 2014 über Basisinformationsblätter für verpackte Anlageprodukte für Kleinanleger und Versicherungsanlageprodukte (PRIIP) (ABl. L 352 vom 9.12.2014, S. 1, L 358 vom 13.12.2014, S. 50) verstößt, indem er vorsätzlich oder leichtfertig**

1. entgegen
   a) Artikel 5 Absatz 1,
   b) Artikel 5 Absatz 1 in Verbindung mit Artikel 6,
   c) Artikel 5 Absatz 1 in Verbindung mit Artikel 7 Absatz 2,
   d) Artikel 5 Absatz 1 in Verbindung mit Artikel 8 Absatz 1 bis 3

   ein Basisinformationsblatt nicht, nicht richtig, nicht vollständig, nicht rechtzeitig oder nicht in der vorgeschriebenen Weise abfasst oder veröffentlicht,
2. entgegen Artikel 5 Absatz 1 in Verbindung mit Artikel 7 Absatz 1 ein Basisinformationsblatt nicht in der vorgeschriebenen Weise abfasst oder übersetzt,
3. entgegen Artikel 10 Absatz 1 Satz 1 ein Basisinformationsblatt nicht oder nicht rechtzeitig überprüft,
4. entgegen Artikel 10 Absatz 1 Satz 1 ein Basisinformationsblatt nicht oder nicht vollständig überarbeitet,
5. entgegen Artikel 10 Absatz 1 Satz 2 ein Basisinformationsblatt nicht oder nicht rechtzeitig zur Verfügung stellt,
6. entgegen Artikel 9 Satz 1 in Werbematerialien Aussagen trifft, die im Widerspruch zu den Informationen des Basisinformationsblattes stehen oder dessen Bedeutung herabstufen,
7. entgegen Artikel 9 Satz 2 die erforderlichen Hinweise in Werbematerialien nicht, nicht richtig oder nicht vollständig aufnimmt,
8. entgegen Artikel 13 Absatz 1, 3 und 4 oder Artikel 14 ein Basisinformationsblatt nicht oder nicht rechtzeitig oder nicht in der vorgeschriebenen Weise zur Verfügung stellt,
9. entgegen Artikel 19 Buchstabe a und b nicht, nicht richtig oder nicht in der vorgeschriebenen Weise geeignete Verfahren und Vorkehrungen zur Einreichung und Beantwortung von Beschwerden vorsieht,
10. entgegen Artikel 19 Buchstabe c nicht, nicht richtig oder nicht in der vorgeschriebenen Weise geeignete Verfahren und Vorkehrungen vorsieht, durch die gewährleistet wird, dass Kleinanlegern wirksame Beschwerdeverfahren im Fall von grenzüberschreitenden Streitigkeiten zur Verfügung stehen.

(5) Die Ordnungswidrigkeit kann in den Fällen des Absatzes 4d mit einer Geldbuße bis zu siebenhunderttausend Euro, in den Fällen des Absatzes 1 Nummer 2 Buchstabe b und des Absatzes 2 Nummer 3 mit einer Geldbuße bis zu fünfhunderttausend Euro, in den Fällen des Absatzes 2 Nummer 2, des Absatzes 3 Nummer 2 Buchstabe a und Nummer 3 und des

Absatzes 4 mit einer Geldbuße bis zu zweihunderttausend Euro, in den übrigen Fällen mit einer Geldbuße bis zu fünfzigtausend Euro geahndet werden.

(6) **Gegenüber einer juristischen Person oder einer Personenvereinigung kann in den Fällen des Absatzes 4d über Absatz 5 hinaus eine höhere Geldbuße verhängt werden; diese darf den höheren der Beträge von fünf Millionen Euro oder 3 Prozent des Gesamtumsatzes, den die juristische Person oder die Personenvereinigung im der Behördenentscheidung vorausgegangenen Geschäftsjahr erzielt hat, nicht übersteigen.**

(7) [1]**Über die in den Absätzen 5 und 6 genannten Beträge hinaus kann die Ordnungswidrigkeit in den Fällen des Absatzes 4d mit einer Geldbuße bis zum Zweifachen des aus dem Verstoß gezogenen wirtschaftlichen Vorteils geahndet werden.** [2]**Der wirtschaftliche Vorteil umfasst erzielte Gewinne und vermiedene Verluste und kann geschätzt werden.**

(8) [1]**Gesamtumsatz im Sinne des Absatzes 6 ist**

1. **im Falle von Versicherungsunternehmen der sich aus dem auf das Versicherungsunternehmen anwendbaren nationalen Recht im Einklang mit Artikel 63 der Richtlinie 91/674/EWG des Rates vom 19. Dezember 1991 über den Jahresabschluss und den konsolidierten Abschluss von Versicherungsunternehmen (ABl. L 374 vom 31.12.1991, S. 7), die zuletzt durch die Richtlinie 2006/46/EG (ABl. L 224 vom 16.8.2006, S. 1) geändert worden ist, ergebende Gesamtbetrag abzüglich der Umsatzsteuer und sonstiger direkt auf diese Erträge erhobener Steuern,**
2. **im Übrigen der Betrag der Nettoumsätze nach Maßgabe des auf das Unternehmen anwendbaren nationalen Rechts im Einklang mit Artikel 2 Nummer 5 der Richtlinie 2013/34/EU des Europäischen Parlaments und des Rates vom 26. Juni 2013 über den Jahresabschluss, den konsolidierten Abschluss und damit verbundene Berichte von Unternehmen bestimmter Rechtsformen und zur Änderung der Richtlinie 2006/43/EG des Europäischen Parlaments und des Rates und zur Aufhebung der Richtlinien 78/660/EWG und 83/349/EWG des Rates (ABl. L 182 vom 29.6.2013, S. 19, L 369 vom 24.12.2014, S. 79), die zuletzt durch die Richtlinie 2014/102/EU (ABl. L 334 vom 21.11.2014, S. 86) geändert worden ist.**

[2]**Handelt es sich bei der juristischen Person oder der Personenvereinigung um das Mutterunternehmen oder um eine Tochtergesellschaft, so ist anstelle des Gesamtumsatzes der juristischen Person oder der Personenvereinigung der jeweilige Gesamtbetrag in dem Konzernabschluss des Mutterunternehmens maßgeblich, der für den größten Kreis von Unternehmen aufgestellt wird.** [3]**Wird der Konzernabschluss für den größten Kreis von Unternehmen nicht nach den in Satz 1 genannten Vorschriften aufgestellt, ist der Gesamtumsatz nach Maßgabe der den in Satz 1 Nummer 1 und 2 vergleichbaren Posten des Konzernabschlusses zu ermitteln.** [4]**Ist ein Jahresabschluss oder Konzernabschluss für das maßgebliche Geschäftsjahr nicht verfügbar, ist der Jahresoder Konzernabschluss für das unmittelbar vorangegangene Geschäftsjahr maßgeblich; ist auch dieser nicht verfügbar, kann der Gesamtumsatz geschätzt werden.**

(9) [1]**§ 17 Absatz 2 des Gesetzes über Ordnungswidrigkeiten ist nicht anzuwenden bei Verstößen gegen Gebote und Verbote, die in Absatz 4d in Bezug genommen werden.** [2]**§ 30 des Gesetzes über Ordnungswidrigkeiten gilt auch für juristische Personen oder für Personenvereinigungen, die über eine Niederlassung oder im Wege des grenzüberschreitenden Dienstleistungsverkehrs im Inland tätig sind.** [3]**Die Verfolgung der Ordnungswidrigkeiten nach Absatz 4d verjährt in drei Jahren.**

Übersicht

Schrifttum: S. Angaben zu § 331 VAG. *Armtz*, Strengere Regeln für Ratings: Die neue VO über Ratingagenturen, ZBB 2013, 318 ff.; *Beuer*, Strengere Anforderungen für Ratingagenturen nach der neuen ÄnderungsVO, BB 2013, 363 ff; *Buck-Heeb*, Die Plausibilitätsprüfung bei Vorliegen eines Rechtsrats – zur Enthaftung von Vorstand, Geschäftsführer und Aufsichtsrat, BB 2016, 1347 ff.; *Bürkle*, Die Neuregelungen zur Abschlussprüfung bei Versicherungsunternehmen aus Sicht des Aufsichtsrats, VersR 2016, 1145 ff.; *Dreher*, Versicherungsaufsichtsrecht und Verbraucherschutz im Solvency-II und EIOPA-System, VersR 2013, 401 ff.; *Litter*, PRIIPs: Anforderungen an Basisinformationsblätter, DB 2016, 1679 ff.; *Luttermann*, Kapitalmarktrechtliche Information bei Finanzprodukten (PRIIP), Privatautonomie (Vertragskonzept) und Vermögensordnung, ZIP 2015, 805 ff.; *Möllers*, Europäische Gesetzgebungslehre 2.0: Die dynamische Rechtsharmonisierung im Kapitalmarktrecht am Beispiel von MiFID II und PRIIP, ZEuP 2016, 325 ff.; *Poelzig*, Versicherungsanlageprodukte im Fokus des EU-Rechts – Anlegerschutz im Versicherungsrecht, ZBB 2015, 108 ff.; *Schilha*, Neues Anforderungsprofil, mehr Aufgaben und erweiterte Haftung für den Aufsichtsrat nach Inkrafttreten der Abschlussprüfungsreform, ZIP 2016, 1316 ff.; *Schürnbrand*, Rechtsfolgen von Verstößen gegen die VO (EU) zur Abschlussprüfung, AG 2016, 70 ff.; *Wessling/Emrich*, Strenge Regeln für Ratingagenturen, VW 2014, 94 f.

I. Allgemeines. 1. Entstehungsgeschichte. a) Einführung der Regelung. Die Bußgeldtatbestände der §§ 144 ff. VAG a. F. wurden durch Art. 198 des Einführungsgesetzes zum Strafgesetzbuch (**EGStGB 1974**) v. 2.3.1974 geschaffen.[1] Einige der früheren Strafnormen, wie z. B. die unbefugte Versicherungsvermittlung, wurden dabei zu Ordnungswidrigkeiten herabgestuft. 1

b) Änderungen. Die Bußgeldtatbestände wurden bis zur systematischen Neuordnung durch das VAG 2016 vielfach geändert und ergänzt, zuletzt noch durch das **Gesetz zur Verringerung der Abhängigkeit von Ratings,**[2] mit dem der jetzige § 332 Abs. 4 VAG geschaffen wurde. Durch den neuen § 332 Abs. 4 ist nunmehr auch der Verstoß gegen Vorschriften der RatingVO mit einem Bußgeld bedroht. 2

Durch das **VAG 2016** wurden die Bußgeldtatbestände in einer Vorschrift zusammengefasst und **systematisch neu geordnet**. Die unbefugte Versicherungsvermittlung nach § 144a VAG a. F. wurde in das System der gewerberechtlichen Ordnungswidrigkeiten integriert und findet sich nun in § 144 Abs. 1 3

[1] BGBl. I 469, 593.
[2] BGBl. I 2085; Materialien:BR-Drs. 185/14 (Gesetzentwurf); BT-Drs. 18/1774 (Gesetzentwurf), BT-Drs. 18/3066 (Beschlussempfehlung und Bericht), BT-PlPr 18/46, 4286D–4292A (1. Beratung), BT-PlPr. 18/63, 5925B–5925V 2. und 3. Beratung).

Nr. 1 lit. j GewO. Der Tatbestandskatalog wurde durch das VAG 2016 auch **erweitert**, sodass als neue Ordnungswidrigkeiten die Verletzung der Unterrichtungspflicht bei drohender Nichtbedeckung der Solvabilitätskapitalanforderung (§ 332 Abs. 1 Nr. 6 VAG), die Verletzung der Pflicht zur Einreichung des Jahresabschlusses und des Lageberichts (§ 332 Abs. 2 Nr. 1, § 37 Abs. 1 VAG), der Veröffentlichungspflicht in Bezug auf den Solvabilitäts- und Finanzbericht (§ 332 Abs. 2 Nr. 3 VAG) sowie die Verletzung der Unterrichtungspflicht bei drohender Nichtbedeckung der Solvabilitätskapitalanforderung (§ 332 Abs. 1 Nr. 4 VAG) hinzugekommen sind.

4 Durch das Abschlussprüferreformgesetz (**AReG**) v. 10.5.2016 wurde mit Wirkung v. 17.6.2016 § 332 Abs. 4a VAG angefügt, der Verstöße gegen die Abschlussprüfer-RL sanktioniert.

5 Durch das Erste Finanzmarktnovellierungsgesetz (**1. FinMaNoG)**[3] wurde mit Wirkung v. 31.12.2016 § 332 Abs. 4d VAG eingefügt und die Bußgeldhöchstgrenze für den Verstoß gegen Abs. 4d auf 700.000 EUR festgesetzt. Die neuen § 332 Abs. 6–9 VAG enthalten hierzu detaillierte Vorgaben zur Festsetzung der Geldbuße gegen das Unternehmen.

6 Bei Redaktionsschluss lag bereits der Referentenentwurf eines Zweiten Finanzmarktnovellierungsgesetzes (**2. FinMaNoG**) vor, das eine Erweiterung des Tatbestandskatalogs um Verstöße gegen die VO 2016/1011(EU) bringen wird.[4]

7 Nach Redaktionsschluss hat der Gesetzgeber die Norm durch unterschiedliche EG-Umsetzungsrechtsakte innerhalb weniger Monate durch verschiedene Gesetzgebungsakte umfassend geändert und eine Unzahl weiterer Bußgeldtatbestände geschaffen. Zu nennen sind:

- das Gesetz zur Ergänzung des Finanzdienstleistungsaufsichtsrechts im Bereich der Maßnahmen bei Gefahren für die Stabilität des Finanzsystems und zur Änderung der Umsetzung der Wohnimmobilienkreditrichtlinie v. 6.6.2017 (**Finanzaufsichtsrechtergänzungsgesetz**).
- das zweite Gesetz zur Novellierung von Finanzmarktvorschriften auf Grund europäischer Rechtsakte v. 23.6.2017 (**2. FinMaNoG**).
- das Gesetz zur Umsetzung der Vierten EU-Geldwäscherichtlinie, zur Ausführung der EU-Geldtransferverordnung und zur Neuorganisation der Zentralstelle für Finanztransaktionsuntersuchungen v. 23.6.2017 (**4. EU-GwR-UG**).
- das Gesetz zur Umsetzung der Zahlungsdiensterichtlinie (**ZDGUG**) v. 17.7.2017

Die ab dem 23.2.2018 geltende Fassung weicht – im Überblick – von den hier abgedruckten und kommentierten Vorschriften wie folgt ab:

- In § 332 Abs. 1 Nr. 2 wurden vollziehbare Anordnungen nach § 43a Abs. 1 VAG aufgenommen.
- In den neuen §§ 332 Abs. 1 Nr. 2a und 2b wurden Verstöße gegen. §§ 48b Abs. 1 S. 1, S. 2, 48c Abs. 1 S. 1 VAG zu Ordnungswidrigkeiten erklärt.
- Ein neuer § 332 Abs. 2 Nr. 4 sanktioniert Verstöße gegen Rechtsverordnungen nach § 43a Abs. 2 S. 1, S. 2 VAG.
- Ein breites Spektrum neuer Bußgeldtatbestände sichert Verstöße gegen zivilrechtliche Pflichten bei der Versicherungsvermittlung nach §§ 1a, 7b, 7c VVG ab (§ 332 Abs. 3 Nr. 3a–3c).
- In § 332 Abs. 3 Nr. 7 wurde der Verstoß gegen vollziehbare Anordnungen nach § 308b S. 1 VAG mit einer Bußgeldandrohung versehen.
- § 332 Abs. 4a wurde redaktionell bearbeitet.
- Die misslungenen Tatbestände der §§ 332 Abs. 4b und 4c VAG wurden mit Wirkung v. 26.6.2017 gestrichen.
- Ein neuer § 332 Abs. 4e sanktioniert Verstöße gegen die RL 648/2012/EG.
- § 332 Abs. 4f bedroht diverse Verstöße gegen geldwäscherechtliche Vorschriften mit bußgeldrechtlicher Ahndung.
- Der neue § 332 Abs. 4g ergänzt die Bußgeldtatbestände um Verstöße gegen die VO 2016/1011/EU.
- Umfassende Änderungen haben sich auch bei den Sondervorschriften für die Bußgeldbemessung ergeben. Hinzugefügt wurden insbesondere die neuen Abs. 6a–6d.

8 **2. Normzweck.** Die Bußgeldnormen des VAG sollen die ordnungsgemäße Abwicklung des Versicherungsgeschäfts sichern und dadurch die Funktionsfähigkeit des Versicherungswesens erhalten.[5] Sie dienen auch der Aufrechterhaltung einer funktionsfähigen Aufsicht und der Stärkung des Vertrauens der Öffentlichkeit in deren Wirksamkeit.[6]

9 **3. Europarechtlicher Hintergrund.** S. zunächst die **Angaben bei § 331 Rn. 14.**

10 **§ 332 Abs. 4 Nr. 1 VAG** folgt Art. 36 der Rating-VO, nach dem die Mitgliedstaaten den Verstoß gegen Art. 4 Abs. 1 Rating-VO mit wirksamen, verhältnismäßigen und abschreckenden Sanktionen

[3] BGBl. I 1514; Materialien: BR-Drs. 19/16 (Gesetzentwurf), BT-Drs. 18/7482 (Gesetzentwurf), BT-Drs. 18/8099 (Beschlussempfehlung und Bericht), BT-PlPr 18/155, 15202C-15218A (1. Beratung), BT-PlPr. 18/164, 16200D-16205 C2. und 3. Beratung).

[4] Abrufbar auf der Homepage des Bundesministeriums der Finanzen (bundesfinanzministerium.de; abgerufen am 11.10.2016).

[5] Vgl. FKBP/*Göertz*, § 144 VAG Rn. 1.

[6] Vgl. Erbs/Kohlhaas/*Wache*/*Lutz* § 332 Rn. 3.

belegen müssen. Die weiteren Bußgeldtatbestände des Abs. 4 im Zusammenhang mit der Verwendung von Ratings sind hingegen europarechtlich nicht gefordert.

§ 332 Abs. 4a–c VAG erklären bestimmte Verstöße gegen die Abschlussprüfer-VO für ordnungswidrig. Die Norm folgt damit Art. 42 Abschlussprüfer-VO, der die Mitgliedstaaten dazu verpflichtet, alle geeigneten Vorkehrungen zu treffen, um die wirksame Anwendung der VO zu gewährleisten. Zudem wird damit Art. 23 Abs. 3 lit. f Abschlussprüfer-VO umgesetzt, der auf Art. 30a Abschlussprüfer-RL[7] verweist. Danach muss die Aufsichtsbehörde verwaltungsrechtliche finanzielle Sanktionen gegen natürliche oder juristische Personen verhängen können (Art. 30a Abs. 1 lit. f Abschlussprüfer-RL). 11

II. Einzelerläuterungen. 1. Allgemeines. Bei den Bußgeldtatbeständen des VAG handelt es sich durchweg um **Sonderdelikte**. Die Alleintäterschaft bzw. echte Mittäterschaft ist daher dem Sonderpflichtigen vorbehalten.[8] Außenstehende können ohne vorsätzliche Mitwirkung des Sonderpflichtigen die Ordnungswidrigkeit nicht begehen.[9] Besonderheiten gelten jedoch bei der Beteiligung an der Ordnungswidrigkeit, denn § 14 Abs. 1 S. 1 OWiG ebnet die Kategorien „Mittäterschaft, Anstiftung und Beihilfe" ein (**Einheitstäter**),[10] sodass jeder als Täter einer vorsätzlichen Ordnungswidrigkeit in Betracht kommt, der die Haupttat fördert, unabhängig davon, ob er selbst die geforderte Sondereigenschaft aufweist oder nach allgemeinen Grundsätzen nur der Beihilfe schuldig wäre.[11] 12

Der **Täterkreis** richtet sich nach dem Inhalt des jeweiligen Bußgeldtatbestands, sodass auf die Einzelerläuterungen zu verweisen ist. Für den **Regelfall**, dass das Versicherungsunternehmen Verpflichteter der aufsichtsrechtlichen Pflicht, auf die der Bußgeldtatbestand verweist, ist, sind Normadressaten des Bußgeldtatbestands die **Geschäftsleiter** i. S. d. § 24 Abs. 2 S. 2 VAG sowie andere Personen, die das Unternehmen tatsächlich leiten (§ 24 Abs. 2 S. 1 VAG). Durch das VAG 2016 sind die näheren Eingrenzungen des Täterkreises, die §§ 144 a. F. aufwiesen, entfallen, sodass nunmehr allein maßgeblich ist, wer die pflichtwidrige Maßnahme der Geschäftsführung vorgenommen hat, bzw. wer im Fall des pflichtwidrigen Unterlassens nach den Verweisungszielen der Blankettatbestände handlungspflichtig gewesen wäre. Die Zurechnung fehlender Sondereigenschaften beim Handelnden wird dabei über § 9 OWiG erreicht. Die Verhängung einer **Verbandsgeldbuße** ist grundsätzlich unter den Voraussetzungen des § 30 OWiG möglich. 13

2. Ordnungswidrigkeiten nach Abs. 1. Die Ordnungswidrigkeiten nach § 332 Abs. 1 VAG können **nur vorsätzlich** begangen werden. 14

a) Veränderungen des Geschäftsbetriebs ohne Genehmigung (Abs. 1 Nr. 1). Nach § 332 Abs. 1 Nr. 1 VAG handelt ordnungswidrig, wer den Geschäftsbetrieb ohne die erforderliche Genehmigung wesentlich ändert.[12] Die Vorschrift ist ihrer **Deliktsnatur** nach Dauerdelikt und schlichtes Tätigkeitsdelikt. **Vollendung** tritt mit Aufnahme des geänderten Geschäftsbetriebs ein. **Beendigung** tritt mit Einstellen des Betriebs oder dem Nachholen der Genehmigung. **Täter** des Sonderdelikts ist der Betreiber des Geschäfts, mithin der Unternehmensträger des Versicherungsunternehmens oder ein Einzelkaufmann. Die Verhaltenszurechnung und -zusammenrechnung richtet sich nach § 9 OWiG. Sofern Unterlassungsstrafbarkeit in Betracht kommt, hängt diese nach § 8 OWiG von dem Bestehen einer entsprechenden Stellung als Überwachungsgarant ab. 15

Geschützt sind verschiedene **aufsichtsrechtliche Genehmigungsvorbehalte**. Eine entsprechende Genehmigung ist für **Erstversicherungsunternehmen** gem. § 12 Abs. 1 S. 1 VAG erforderlich vor dem In-Kraft-Setzen von 16

- Änderungen des Geschäftsplans (§ 9 Abs. 1 VAG) durch ein Erstversicherungsunternehmen, die die Satzung (mit Ausnahme von AVB-bezogenen Regelungen und Kapitalerhöhungen) oder die Angaben darüber betreffen, welche Versicherungssparten betrieben und welche Risiken einer Versicherungssparte gedeckt werden sollen,
- jeglichen Erweiterungen des Gebiets seines Geschäftsbetriebs oder
- Unternehmensverträgen nach §§ 291, 292 AktG.

Weitere **Genehmigungspflichten** bestehen kraft Verweisung auf § 12 Abs. 1 VAG gemäß

- § 212 Abs. 3 Nr. 3 VAG für die Ausdehnung des Geschäftsbetriebs auf ein Gebiet im Ausland durch kleine Versicherungsunternehmen i. S. d. § 211 VAG,
- § 234 Abs. 3 S. 1 Nr. 2, Hs. 1 VAG für die Änderung des Geschäftsplans einer Pensionskasse mit Ausnahme von Änderungen der AVB,[13]

[7] Vgl. RL 2006/43/EG v. 17.5.2006 über Abschlussprüfungen von Jahresabschlüssen und konsolidierten Abschlüssen ABl. 2006 EG L 157, 87.
[8] Vgl. zum Sonderdelikt § 331 Rn. 31.
[9] Vgl. KK-OWiG/*Rengier* § 14 Rn. 40.
[10] Vgl. KK-OWiG/*Rengier* § 14 Rn. 14.
[11] Vgl. KK-OWiG/*Rengier* § 14 Rn. 14 f.
[12] Vgl. ausführlich § 12.
[13] A. A. Erbs/Kohlhaas/*Wache/Lutz* § 332 VAG Rn. 13.

– § 237 Abs. 3 Nr. 3, Hs. 1 VAG die Änderung des Geschäftsplans eines Pensionsfonds mit Ausnahme von Änderungen der Pensionspläne,
– § 242 Abs. 8 VAG die Erweiterung des Geschäftsbetriebs eines Pensionsfonds auf ein Gebiet außerhalb des EU/EWR-Raumes.

17 **Rückversicherungsunternehmen** benötigen gem. § 12 Abs. 1 S. 2 VAG eine Genehmigung für jede Ausdehnung des Geschäftsbetriebs auf ein Gebiet außerhalb des EU/EWR-Raums oder auf andere Arten der Rückversicherung.

18 Durch die gegenüber § 5 VAG a. F. differenziertere Regelung in § 12 Abs. 1 VAG, § 9 VAG, der die genehmigungsbedürftigen **Änderungen der rechtlichen Grundlagen des Geschäftsbetriebs** (Geschäftsplan, Unternehmensverträge) und der genehmigungsbedürftigen **faktischen Verhaltensänderungen** (Ausdehnung des Geschäftsbetriebs) umfassend beschreibt, hat die Norm erheblich an tatbestandlicher Bestimmtheit gewonnen. Gleichzeitig hat der Gesetzgeber die ohnehin bestehende **Verwaltungsakzessorietät** damit noch stärker betont. Ebenso wie die Strafvorschrift ist der Bußgeldtatbestand verwaltungsakzessorisch ausgestaltet, sodass in Bezug auf die grundlegenden Anforderungen an die Erfüllung des Genehmigungserfordernisses dieselben Grundsätze wie bei § 331 Abs. 1 VAG gelten.[14]

19 **Tathandlung** ist in Bezug auf **Erstversicherungsunternehmen** das **In-Kraft-Setzen** der genehmigungspflichtigen Veränderung der rechtlichen Grundlagen oder der beabsichtigen tatsächlichen Änderung des Geschäftsbetriebs ohne Genehmigung. Die Änderung des Geschäftsplans oder der Abschluss von Unternehmensverträgen an sich sind noch nicht tatbestandsmäßig, sondern erst ihre Umsetzung, die sich in einem **Weiterbetrieb des Versicherungsgeschäfts**[15] **auf geänderter Grundlage**, d. h. auf Grundlage des geänderten Geschäftsplans bzw. auf dem geänderten räumlichen Gebiet oder in dem Vollzug des Unternehmensvertrags zeigt, sofern zu diesem Zeitpunkt die Genehmigung noch nicht vorliegt. Unerheblich ist, ob die Änderung selbstbestimmt oder auf Verlangen der Aufsichtsbehörde (§ 300 VAG) vorgenommen worden ist. Die Tathandlung ist damit identisch umschrieben wie das genehmigungspflichtige Verhalten in § 12 Abs. 1 S. 1, 2 VAG, sodass insoweit keine von § 12 Abs. 1 VAG abweichende Auslegung in Betracht kommt, solange keine spezifischen Straf- und Strafverfahrensgrundrechte verletzt sind.[16] § 332 Abs. 1 Nr. 1 VAG regelt **Spezialfälle des unerlaubten Geschäftsbetriebs**, die nicht nach § 331 Abs. 1 VAG strafbar sind.[17] Nicht ausreichend für die Erfüllung des Tatbestands sind auch Erweiterungen des Geschäftsbetriebs auf **versicherungsfremde Geschäfte** i. S. d. § 15 VAG. Dies ergibt sich daraus, dass es sich um einen besonders geregelten Fall des Betreibens des Versicherungsgeschäfts handelt und die Norm ohne ausdrückliche Bezugnahme auf § 15 VAG nicht hinreichend bestimmt wäre.[18]

20 **b) Zuwiderhandlung gegen vollziehbare Anordnungen (Abs. 1 Nr. 2).** § 332 Abs. 1 Nr. 2 VAG erklärt die Zuwiderhandlung gegen verschiedene Anordnungen der Aufsichtsbehörde für ordnungswidrig, sofern diese vollziehbar sind. **Tatvollendung** tritt jeweils mit dem „Zuwiderhandeln" ein, das solange anhält, wie der rechtswidrige Zustand besteht (**Dauerdelikt**). **Beendigung** tritt ein, wenn dieser beseitigt ist. Einzelne Zuwiderhandlungen können sowohl durch **Tun als auch durch Unterlassen** begangen werden. Beide Verhaltensweisen sind tatbestandlich erfasst (z. B. kann eine angeordnete Prognoseberechnung schlicht unterlassen oder falsch durchgeführt werden), ohne dass es des Rückgriffs auf § 8 OWiG, der nur auf unechte Unterlassungsdelikte anwendbar ist, bedürfte.[19]

21 Die **Verwaltungsakzessorietät** der Norm erfordert die Existenz eines vollziehbaren Verwaltungsakts. Die **Vollziehbarkeit** der Verfügung setzt die verwaltungsrechtliche Wirksamkeit (§ 43, 44 i. V. m. § 41 VwVfG) sowie ihre Unanfechtbarkeit oder die Anordnung der sofortigen Vollziehung voraus (§ 6 Abs. 1, § 7 VwVG).[20] Ist die **Verfügung unanfechtbar**, ist ihr – vorbehaltlich einer ggf. ergangenen einstweiligen Anordnung des BVerfG – uneingeschränkt nachzukommen. Ist die **Verfügung angefochten** durch Widerspruch bzw. Anfechtungsklage entfällt nach **§ 310 Abs. 2 VAG** die **aufschiebende Wirkung** von Widerspruch und Anfechtungsklage **grundsätzlich nicht.** Praktisch relevant dürfte § 310 Abs. 2 VAG jedoch weiterhin für die Fälle sein, in denen die Verfügung auch auf die Generalklausel des § 298 VAG gestützt wird. Entfällt die aufschiebende Wirkung nicht nach § 310 Abs. 2 VAG bedarf es der Anordnung der sofortigen Vollziehung. Bis diese wirksam nach § 80 Abs. 2 S. 1 Nr. 4, Abs. 3 VwGO erlassen ist, kann der Bußgeldtatbestand nicht erfüllt sein. Unerheblich ist, ob die Verfügung endgültigen rechtlichen Bestand hat oder im Verwaltungsrechtsweg aufgehoben wird. Entscheidend ist allein die verwaltungsrechtliche Wirksamkeit von Verfügung und Anordnung des Sofort-

[14] Vgl. § 331 Rn. 23 ff.
[15] Vgl. § 331 Rn. 20.
[16] Vgl. § 331 Rn. 26.
[17] Vgl. § 331 Rn. 24.
[18] Vgl. Prölss/*Kollhosser*, 12. Aufl., § 144 Rn. 10.
[19] Vgl. KK-OWiG/*Rengier* § 8 Rn. 6.
[20] Vgl. Erbs/Kohlhaas/*Wache/Lutz* § 331 VAG Rn. 34.

vollzugs im Zeitpunkt der Handlung.[21] Dies ergibt sich schon daraus, dass der Schwerpunkt der Vorwerfbarkeit nicht in dem Verstoß gegen das durch die Verfügung ausgesprochene materiell-rechtliche Gebot zu sehen ist, sondern in dem Verstoß gegen die Anordnung des Sofortvollzugs.

In formeller Hinsicht ist zudem erforderlich, dass die Aufsichtsbehörde ihre Anordnung, die als verwaltungsförmliche Entscheidung kenntlich sein muss und nicht lediglich die Äußerung einer Bitte oder eines Wunsches darstellen darf, auf eine der enumerativ genannten **Befugnisnormen** stützt. Hieraus ergibt sich auch die Beschreibung der **Tathandlung**: 22

Gemäß **§ 44 S. 1 VAG** kann die Aufsichtsbehörde von den beaufsichtigten Unternehmen die Durchführung von Berechnungen einschließlich **Prognoserechnungen** verlangen, soweit dies für die Finanzaufsicht erforderlich ist. Die Zuwiderhandlung kann darin bestehen, dass diese gar nicht oder in Bezug auf die vorgegebenen Parameter, Stichtage und Berechnungsmethoden nicht richtig, nicht in der verlangten Form, nicht binnen der bestimmten Frist oder unter Außerachtlassung vorgegebener Rechnungsannahmen durchgeführt wird. Adressat der Verfügung ist das Versicherungsunternehmen. 23

Gemäß **§ 293 Abs. 2, 287 VAG** kann die Aufsichtsbehörde gegenüber Versicherungs-Holdinggesellschaften oder gemischten Finanzholding-Gesellschaften Maßnahmen zur unverzüglichen Bereinigung der Situation ergreifen, wenn die in § 288 VAG näher beschriebenen **Gefahren für die finanzielle Stabilität** eintreten. Die näheren Umstände der erfassten Zuwiderhandlung ergeben sich aus der Beschreibung der zu treffenden Maßnahmen. Adressat der Verfügung ist das Versicherungsunternehmen. 24

Gemäß **§ 306 Abs. 1 S. 1 Nr. 4 VAG** kann die Aufsichtsbehörde zu Sitzungen des Aufsichtsrats und Tagungen der Hauptversammlung oder der obersten Vertretung **Vertreter der Aufsichtsbehörde** entsenden, denen auf Verlangen das **Wort** zu **erteilen** ist. Wenn eine entsprechende Anordnung ergeht, handelt ordnungswidrig, wer dem Vertreter auf ein ausdrückliches und eindeutiges Verlangen hin das Wort nicht erteilt.[22] Vom Wortlaut erfasst ist auch der Fall, in denen ein ausdrückliches Verlangen nach Erteilung des Wortes nicht gestellt werden kann, weil dem Vertreter der Zutritt zur Sitzung verwehrt oder die Äußerung eines entsprechenden Verlangens verhindert wird. Über den Unterlassungscharakter des Delikts hinaus[23] erfasst die Vorschrift damit auch positives Tun. Gemäß **§ 304 Abs. 1 S. 1 Nr. 5 VAG** kann die Aufsichtsbehörde die **Einberufung von Sitzungen** des Aufsichtsrats und Tagungen der Hauptversammlung oder der obersten Vertretung sowie die **Ankündigung** von Gegenständen zur **Beschlussfassung** verlangen. Die Zuwiderhandlung kann in der Nichteinberufung entsprechender Sitzungen oder darin liegen, dass die Ankündigung der von der Aufsichtsbehörde verlangten Beschlussfassungen unterbleibt. **Adressat** der Verfügungen ist das Versicherungsunternehmen und – unter den in § 306 Abs. 2 S. 3 VAG genannten Voraussetzungen – die in § 306 Abs. 2 S. 1 Nr. 1–3 VAG genannten natürlichen Personen und Unternehmen. Darüber hinaus kommt der Erlass einer entsprechenden Verfügung gegenüber den sitzungsleitenden bzw. einberufenden Personen in Betracht. 25

Gemäß **§ 303 Abs. 2 Nr. 2 VAG** kann die Aufsichtsbehörde die **Abberufung** von Personen mit Schlüsselaufgaben verlangen und dieser Person die Tätigkeit untersagen, wenn die Person beharrlich gegen die in § 303 Abs. 2 Nr. 2 VAG genannten Finanzmarktregulierungsakte verstößt. Gemäß **§ 303 Abs. 2 Nr. 3 VAG** kann die Aufsichtsbehörde die Abberufung von Personen mit Schlüsselaufgaben verlangen und ihnen die Tätigkeit untersagen, wenn sie Pflichten als Aufsichtsratsmitglied in besonders nachhaltiger Weise vernachlässigen. Die Zuwiderhandlung besteht darin, dass die betreffende Person nicht abberufen wird oder ihre Tätigkeit weiter ausübt. Adressat der Abberufungsverfügung ist das Versicherungsunternehmen. Adressat der Untersagungsverfügung ist die betreffende Person mit Schlüsselaufgaben. Stützt die Behörde ihr Abberufungsverlangen allein auf § 303 Abs. 2 Nr. 1 VAG, ist die Zuwiderhandlung nicht bußgeldbewehrt. 26

c) Ordnungswidrigkeiten im Zusammenhang mit dem Sicherungsvermögen (Abs. 1 Nr. 3–5). § 332 Abs. 1 Nr. 3–5 VAG erfassen verschiedene **Verstöße im Zusammenhang mit der Bildung des Sicherungsvermögens** nach §§ 125 ff. VAG. § 332 Abs. 1 Nr. 3 und Nr. 4 VAG stellen Dauer-Unterlassungsdelikte dar, bei denen **Tatvollendung** mit Eintritt des rechtswidrigen Zustands eintritt, d. h. sobald die Zuführung zum Sicherungsvermögen erfolgen bzw. das Vermögensverzeichnis erstellt werden muss. **Tatbeendigung** tritt mit Beseitigung des rechtswidrigen Zustands ein. § 332 Abs. 1 Nr. 5 VAG ist hingegen Tätigkeitsdelikt, das mit der rechtswidrigen Entnahme vollendet und beendet ist. 27

Als **Tathandlungen** des **§ 332 Abs. 1 Nr. 3 VAG** kommen drei Verhaltensweisen in Betracht: Die **unterlassene** Zuführung der in § 125 Abs. 1 S. 2 VAG enumerativ aufgezählten genannten Vermögensgegenstände liegt vor, wenn eine verwaltungsmäßige Zuordnung zum Sicherungsvermögen unterbleibt, obwohl der nach § 125 Abs. 2 VAG vorgeschriebene Umfang des Sicherungsvermögens noch nicht erreicht ist. Ordnungswidrig ist schon die **nicht rechtzeitige** Zuführung, die **unverzüglich** (ohne schuldhaftes Zögern) im laufenden Geschäftsjahr (§ 125 Abs. 1 S. 1 VAG) erfolgen muss, bis der 28

[21] Vgl. *BGH* Beschl. v. 8.10.1981 – 3 StR 449/450/81, NJW 1982, 189; Erbs/Kohlhaas/*Wache/Lutz* § 332 VAG Rn. 18.
[22] Vgl. Erbs/Kohlhaas/*Wache/Lutz* § 332 VAG Rn. 22.
[23] Vgl. Erbs/Kohlhaas/*Wache/Lutz* § 332 VAG Rn. 22.

Mindestumfang nach § 125 Abs. 2 VAG erreicht ist (§ 127 Abs. 1 S. 1 VAG). Für die **unrichtige Zuführung** ist hingegen praktisch kein sinnvoller Anwendungsbereich vorhanden. Die Verletzung der Sollvorschrift des § 125 Abs. 1 S. 2 VAG kann aus Gründen der Tatbestandsbestimmtheit nicht ausreichen. Die unrichtige Bildung der maßgeblichen Bilanzwerte ist vom Wortlaut ebenfalls nicht erfasst. Sofern die Zuführung an die Bilanzwerte gekoppelt ist und die Zuführung deshalb nicht bis zur objektiv erforderlichen Höhe durchgeführt wird, weil diese (vorsätzlich) unrichtig gebildet worden sind, wird dieses Verhalten bereits über die 1. Tatbestandsvariante abgedeckt. Die Vorgaben für die Aufbewahrung und Bildung von Abteilungen für jede Anlageart (§ 125 Abs. 4, Abs. 5 VAG) betreffen nicht die Zuführung, sondern die Verwaltung des Vermögens. Verstöße gegen die Pflicht zur Eintragung in das Vermögensverzeichnis (als Zuführungsakt) sind in § 332 Abs. 1 Nr. 4 VAG spezialgesetzlich abschließend geregelt. Auch unrichtige Entnahmen sind spezialgesetzlich durch § 332 Abs. 1 Nr. 5 VAG geregelt. Es handelt sich um ein **abstraktes Gefährdungsdelikt**, das eine konkrete Vermögensgefährdung nicht voraussetzt.[24] Liegt eine schadensgleiche Vermögensgefährdung vor,[25] ist die Tat nach § 21 OWiG nur unter dem Gesichtspunkt des Straftatbestands gem. § 266 StGB zu verfolgen. Handlungspflichtig ist gem. § 125 Abs. 1 VAG der Vorstand bzw. das nach § 33 Abs. 2 VAG entsprechende Organ. Die Pflicht zur ordnungsgemäßen Bildung des Sicherungsvermögens richtet sich jedoch an das Versicherungsunternehmen insgesamt, sodass nach § 30 OWiG auch eine Geldbuße gegen das Unternehmen verhängt werden kann.

29 Nach **§ 332 Abs. 1 Nr. 4 VAG** ist ein Unterlassen bei der **Erstellung des Vermögensverzeichnisses** des Sicherungsvermögens bußgeldbewehrt. Verpflichtet ist nach § 126 Abs. 1 S. 1 VAG das Versicherungsunternehmen. Dieses muss Sorge dafür tragen, dass die für die Erstellung des Vermögensverzeichnisses zuständigen Mitarbeiter oder Beauftragte die Bestände des Sicherungsvermögens **einzeln** in ein Vermögensverzeichnis eintragen. Wird keine oder unzureichende Aktivität entfaltet und unterbleibt deshalb die Aufnahme einzelner Vermögensgegenstände, ist der Bußgeldtatbestand erfüllt. Handlungspflichtig sind die Mitglieder des Vorstands. Täterschaftliches Handeln der durch die für die Erstellung zuständigen Mitarbeiter ist aufgrund des Sonderdeliktscharakters nur als Teilnahmehandlung denkbar.[26]

30 Gemäß **§ 332 Abs. 1 Nr. 5 VAG** sind auch **vorschriftswidrige Entnahmen** aus dem Sicherungsvermögen ordnungswidrig. Darunter fällt jeder Mittelabfluss aufgrund privatrechtlicher Verfügung (in Abgrenzung zu § 130 Abs. 2 VAG), der nicht von den Ausnahmetatbeständen des § 130 Abs. 1 VAG gedeckt ist. Die Entnahme ist dabei das Gegenstück zur Zuführung und wird buchhalterisch durch eine Umbuchung bewirkt, sodass unter der Entnahme von „Beträgen“ auch die verkörperten Vermögensgegenstände zu verstehen sind.[27] Der Vorsatz muss sich auch darauf beziehen, dass ein zulässiger Entnahmetatbestand nicht gegeben ist. Der Anwendungsbereich ist deshalb praktisch auf diejenigen Fälle beschränkt, in denen durch die Entnahme nicht einmal eine schadensgleiche Vermögensgefährdung eintritt (abstraktes Gefährdungsdelikt), da andernfalls Strafvorschriften (§§ 266, 246 StGB) vorrangig sind. Das Entnahmeverbot des Sonderdelikts trifft das Versicherungsunternehmen und den handelnden Vorstand. Unbefugte Entnahmen Dritter sind allein durch die Strafgesetze geschützt.

31 **d) Verletzung der Unterrichtungspflicht bei Nichtbedeckung der Solvabilitätskapitalanforderung (Abs. 1 Nr. 6).** § 332 Abs. 1 Nr. 6 VAG sichert die Aufsichtsbefugnisse bei Nichtbedeckung der Solvabilitätskapitalanforderung durch eine Bußgeldbewehrung der Unterrichtungspflicht nach § 134 Abs. 1 VAG. Die **Deliktsstruktur** ist identisch mit der Insolvenzverschleppung nach § 331 Abs. 2 Nr. 3 VAG.[28]

32 **Tathandlung** ist die nicht erfolgte, nicht vollständig erfolgte oder nicht rechtzeitige Unterrichtung der Aufsichtsbehörde über die eingetretene oder innerhalb der nächsten drei Monate drohende Nichtbedeckung der Solvabilitätskapitalanforderung. Die BaFin hat ihre Rechtsauffassung zur Auslegung der Unterrichtungspflicht nach § 134 Abs. 1, § 135 Abs. 1 VAG in einer **Auslegungsentscheidung** dargelegt.[29] Sofern die dort beschriebenen Anforderungen über die dem Gesetz unmittelbar zu entnehmenden hinausgehen, können sie ein ordnungswidriges Verhalten jedoch nicht begründen, da es sich um unverbindliche Meinungsäußerungen der Aufsichtsbehörde handelt.[30]

33 Besonderheiten gegenüber § 331 Abs. 2 Nr. 3 VAG ergeben sich aus den Tatbestandsmerkmalen des § 134 Abs. 1 VAG. Hinsichtlich des Zeitpunkts der Unterrichtung sieht dieser eine **unverzügliche** (ohne schuldhaftes Zögern) Unterrichtung nach Eintritt der Unterbedeckung oder der Gefährdungslage vor.[31]

[24] Vgl. FKBP/*Göertz* § 144 VAG Rn. 6.
[25] Vgl. Erbs/Kohlhaas/*Wache/Lutz* § 332 VAG Rn. 26.
[26] Vgl. Erbs/Kohlhaas/*Wache/Lutz* § 332 VAG Rn. 27.
[27] Vgl. Erbs/Kohlhaas/*Wache/Lutz* § 130 VAG Rn. 2.
[28] Vgl. § 331 Rn. 46 ff.
[29] Vgl. *BaFin*, Auslegungsentscheidung zur Unterdeckung der Solvabilitätskapitalanforderung oder der Mindestkapitalanforderung v. 27.7.2016 (abrufbar unter bafin.de, abgerufen am 11.10.2016).
[30] Vgl. Einl. Rn. 80 m. w. N.
[31] Zum Tatbestandsmerkmal der drohenden Nichtbedeckung vgl. *VG Frankfurt a. M.* Beschl. v. 21.6.2005 – 1 G 1525/05, VersR 2007, 189 m. Anm. *Bürkle*.

Eine besondere Form für die Unterrichtung ist nicht vorgegeben, diese muss jedoch ihren Zweck, die Aufsichtsbehörde auf die Gefährdungslage hinzuweisen, erreichen können. **Unrichtig** ist sie daher, wenn die Mitteilung geeignet ist, den vorliegenden Gefährdungstatbestand zu verschleiern oder sie keine eindeutige Identifizierung des betroffenen Unternehmens ermöglicht. **Unvollständig** ist die Unterrichtung, wenn sie nicht erkennen lässt, ob die Unterbedeckung bereits eingetreten ist oder erst droht. Darüber sehen VAG, Solva II-RL und Solva II-VO sowie die weiteren Durchführungsrechtsakte keine weiteren Anforderungen an die Unterrichtung vor, sodass für die unvollständige bzw. unrichtige Unterdeckungsanzeige nur ein enger Anwendungsspielraum bleibt.

Ein entsprechender **Vorsatz** in Bezug auf die Nichtbedeckung dürfte sich regelmäßig spätestens dann aufdrängen, wenn der Vorstand nach einer entsprechenden Mitteilung der Abschlussprüfer (§ 35 Abs. 4 Nr. 4 VAG) nicht handelt. 34

Verpflichtet ist das Versicherungsunternehmen. Die Täterschaft des insoweit handlungspflichtigen Vorstands wird über § 9 OWiG abgeleitet. 35

Der Verstoß gegen eine **Verfügungsbeschränkung** nach § 134 Abs. 7 VAG ist eine Ordnungswidrigkeit nach § 332 Abs. 3 Nr. 2a VAG. 36

e) Inkompatibilitäten in der Rechtsschutzversicherung (Abs. 1 Nr. 7 und 8). Die Bußgeldtatbestände nach § 332 Abs. 1 Nr. 7 und 8 VAG dienen der **Sicherung der Unabhängigkeit** des Schadensabwicklungsunternehmens.[32] Es handelt sich um Dauer-Begehungsdelikte, die mit Aufnahme der verbotenen Tätigkeit vollendet und mit deren endgültiger Aufgabe beendet sind. Es handelt sich um Sonderdelikte, die nur von Geschäftsleitern bzw. in der Leistungsbearbeitung tätigen Mitarbeitern von Schadensabwicklungsunternehmen täterschaftlich begangen werden können. 37

§ 331 Abs. 1 Nr. 7 VAG verletzt, wer als Geschäftsleiter eines Schadenabwicklungsunternehmens (§ 164 Abs. 1 VAG), das mit der Leistungsbearbeitung in der Rechtsschutzversicherung betraut ist, zugleich für ein Versicherungsunternehmen tätig wird, es sei denn, es handelt sich um einen Monoliner, der nur das Rechtsschutzversicherungsgeschäft betreibt. Damit soll der Kollusionsgefahr vorgebeugt werden, wenn Rechtsschutz- und Schadenbearbeitung nicht streng getrennt sind.[33] Die Begriffsverbindung des **„zugleich Tätigwerdens"** ist aufgrund der Verwaltungsakzessorietät der Vorschrift nicht anders auszulegen als bei § 164 Abs. 1 VAG. **§ 331 Abs. 1 Nr. 8 VAG** sanktioniert Verstöße gegen das für Mitarbeiter des Schadensabwicklungsunternehmens, die mit der Leistungsbearbeitung betraut sind. Diese dürfen gem. § 164 Abs. 3 S. 3 VAG **keine vergleichbare Tätigkeit** in solchen Versicherungsunternehmen ausüben, die nicht nur Rechtsschutzversicherer sind. 38

f) Verstoß gegen Anlagegrundsätze (Abs. 1 Nr. 9 und 10). § 332 Abs. 1 Nr. 9 VAG sanktioniert den Verstoß gegen Anlagegrundsätze, die für das Sicherungsvermögen kleiner Versicherungsunternehmen gelten. Tathandlung ist das Anlegen eines Bestands (Gegenstands) des Sicherungsvermögens (§ 125 VAG) in andere als die in nach § 215 Abs. 2 VAG in Verbindung mit den in Bezug genommenen Rechtsverordnungen, insbesondere der AnlV, zugelassenen Anlagen. Es handelt sich um ein Dauer-Begehungsdelikt, das vollendet ist, sobald der vorschriftswidrige Anlagenbestand vorhanden ist und beendet ist, wenn der rechtskonforme Zustand wieder besteht. 39

§ 332 Abs. 1 Nr. 10 VAG sanktioniert den Verstoß gegen die Pensionsfonds auferlegte Pflicht, dafür zu sorgen, dass die Bestände der Sicherungsvermögen in einer der Art und Dauer der zu erbringenden Altersversorgung entsprechenden Weise unter Berücksichtigung der Festlegungen des jeweiligen Pensionsplans angelegt werden. Es handelt sich um ein Unterlassungsdelikt. Vollendung tritt ein, sobald eine entsprechende Handlungspflicht des Pensionsfonds besteht und nicht bzw. nicht richtig darauf reagiert wird. Die Tat ist beendet, wenn die Anlagen in einen vorschriftsmäßigen Zustand gebracht werden. 40

Das Verbot bzw. die Handlungspflicht richtet sich an das **Unternehmen**. Handlungs- bzw. unterlassungspflichtig ist das jeweils zuständige Organ (§ 9 OWiG). In Betracht kommt bei Eintritt einer Vermögensgefährdung die alleinige Verfolgung unter dem Gesichtspunkt der **Straftat** (§ 266 StGB). 41

3. Ordnungswidrigkeiten nach Abs. 2. Die Ordnungswidrigkeiten nach § 322 Abs. 2 VAG können vorsätzlich oder leichtfertig begangen werden. **Leichtfertigkeit** liegt vor, wenn der Täter ein ungewöhnlich grobe Pflichtwidrigkeit begeht, z. B., weil er unbeachtet lässt, was jedem einleuchten muss.[34] Gemeint ist eine leichtsinnige oder achtlose Missachtung oder von besonderer Gleichgültigkeit geprägte Vernachlässigung von Pflichten.[35] Maßstab ist der Verkehrskreis des Täters, also regelmäßig derjenige des Geschäftsleiters eines Versicherungsunternehmens. 42

a) Verletzung der Pflicht zur Einreichung von Dokumenten (Abs. 2 Nr. 1). Tathandlung der 1. Tatbestandsvariante ist das nicht bzw. nicht rechtzeitige **Einreichen** des **Jahresabschlusses** und des **Lageberichts** bzw. des Konzernabschlusses und des Konzernlageberichts (§ 37 Abs. 1 S. 1, S. 2 VAG) 43

32 Vgl. Prölss/*Kollhosser*, 12. Aufl., § 144b Rn. 1.
33 Vgl. FKBP/*Göertz* § 144b Rn. 1.
34 Vgl. KK-OWiG/*Rengier* § 10 Rn. 48 ff. m. w. N.
35 Vgl. Erbs/Kohlhaas/*Wache*/*Lutz* § 332 VAG Rn. 37.

bei der Aufsichtsbehörde. Rechtzeitig bedeutet gem. § 37 Abs. 1 S. 1 VAG „unverzüglich" (ohne schuldhaftes Zögern) nach Feststellung durch den Aufsichtsrat (§§ 341a Abs. 4 HGB, 172 AktG). Maßgeblich ist aufgrund der Verweisung das bei § 37 Abs. 1 VAG zugrunde zulegende Normverständnis. Die 2. Tatbestandsvariante nimmt Bezug auf die entsprechende Verpflichtung nach § 227 Abs. 2 S. 1 VAG zur Einreichung des festgestellten Geschäftsberichts eines Sicherungsfonds jeweils bis zum 31.5. eines Jahres.

44 Verpflichtete sind die Unternehmen, die die entsprechenden Abschlüsse aufstellen. Im Fall der Sicherungsfonds trifft die Pflicht die **beliehenen Versicherungsunternehmen** gem. § 224 Abs. 2 S. 1 VAG. Handlungspflichtig sind dessen Organe. Die Verbandsgeldbuße gem. § 30 OWiG trifft in diesem Fall auch das beliehene Unternehmen.

b) Zuwiderhandlung gegen Rechtsverordnungen über die Abschlussprüfung (Abs. 2 Nr. 2).

45 § 332 Abs. 2 Nr. 2 VAG sanktioniert den Verstoß gegen Zuwiderhandlungen, die durch Rechtsverordnung bestimmt werden können oder gegen vollziehbare Anordnungen aufgrund solcher Verordnungen, soweit die Rechtsverordnung auf § 332 Abs. 2 Nr. 2 VAG verweist (nach dem Muster: Ordnungswidrig i. S. v. § 332 Abs. 2 Nr. 2 VAG handelt, wer…"). Die entsprechende Verweisung in der **BerVersV** ist durch Art. 2 der „VO zur Aufhebung von Verordnungen nach dem VAG" v. 16.12.2015 zum 1.4.2016 ohne Überleitungsvorschrift und ohne Nachfolgevorschrift in Bezug auf den Bußgeldtatbestand außer Kraft getreten, sodass gem. § 4 Abs. 2 OWiG auch noch zur Zeit der Geltung der BerVersV begangene Verstöße **nicht mehr geahndet werden können**.[36] Auch die im BGBl. v. 21.4.2016[37] verkündeten Verordnungen enthalten keinen Verweis auf § 332 Abs. 2 Nr. 2 VAG, sodass der Bußgeldtatbestand **derzeit ohne Anwendungsbereich** ist.

46 **c) Verstoß gegen Veröffentlichungspflichten (Abs. 2 Nr. 3).** Nach § 332 Abs. 2 Nr. 3 VAG ist der Verstoß gegen § 40 Abs. 1 S. 1 VAG mit Geldbuße bedroht. Dieser bestimmt, dass Versicherungsunternehmen mindestens einmal jährlich, spätestens 14 Wochen nach Ende des Geschäftsjahres, einen **Solvabilitäts- und Finanzbericht** zu veröffentlichen haben. Die Tat ist in allen Varianten Dauer-Unterlassungsdelikt (da der Schwerpunkt der Vorwerfbarkeit im Unterlassen der vollständigen, richtigen und rechtzeitigen Veröffentlichung liegt). Tatvollendung tritt jeweils mit Entstehen der Handlungspflicht ein. Tatbeendigung mit Beseitigung des rechtswidrigen Zustands. Adressat der verwaltungsrechtlichen Pflicht ist das Unternehmen, sodass §§ 30, 9 OWiG angewendet werden können.

47 **Nicht erfolgt** ist die Veröffentlichung, wenn sie gar nicht vorgenommen wird. **Nicht rechtzeitig** ist eine Veröffentlichung, die später als 14 Wochen nach Ende des Geschäftsjahres erfolgt. Für das **Medium der Veröffentlichung** enthalten Art. 301 Abs. 1, 2 Solva II-VO konkrete Vorgaben. Die Veröffentlichung ist erfolgt, wenn der Bericht auf der Website des Unternehmens oder des Verbands in einer die Kenntnisnahme durch die Allgemeinheit erlaubenden Weise online verfügbar ist. Die Handlungspflicht nach §§ 332 Abs. 2 Nr. 3, 40 Abs. 1 S. 1 VAG dauert über fünf Jahre an, denn solange ist gem. § 301 Abs. 3 VAG die Veröffentlichung aufrechtzuerhalten, sodass das Unterlassungsdelikt auch durch das **vorzeitige Beenden der Veröffentlichung** begangen werden kann. Der Schwerpunkt der Vorwerfbarkeit liegt auch bei aktivem Beenden der Veröffentlichung in dem tatbestandlichen Unterlassen. Vom **Tatbestand nicht erfasst** sind hingegen Verstöße gegen **Art. 301 Abs. 4–6 Solva II-VO** oder gegen die **Aktualisierungspflicht** nach § 42 VAG, Art. 302 Solva II-VO. Auch der Verstoß gegen die Pflicht zur Veröffentlichung des **Gruppenberichts** ist mangels Verweisung auf § 40 Abs. 1 S. 2 VAG keine Ordnungswidrigkeit. Tatbestandlich erfasst ist auch nur der Verstoß gegen die einmalige Veröffentlichungspflicht. Die **freiwillige Veröffentlichung** weiterer Berichte ist den Unternehmen freigestellt.[38]

48 Die Weite der Tatbestandsbeschreibung führt bei den Varianten „nicht richtig" und „nicht vollständig" in Verbindung mit der Vielzahl der aufsichtsrechtlichen Anforderungen, die im Zusammenhang mit § 40 VAG zu erfüllen sind, zu Defiziten bei der **Normklarheit und Tatbestandsbestimmtheit**: Zu beachten sind nicht nur Art. 40 ff. VAG, sondern auch Art. 290 ff. nebst Anhang XX Solva II-VO. Hinzu kommt, dass durch die Verwendung von unbestimmten Rechtsbegriffen (z. B. „wesentliche Informationen") und die Einräumung von Freistellungsmöglichkeiten (§ 41 VAG) der tatbestandliche Black-Box-Charakter noch verstärkt wird.

49 **Nicht vollständig** ist der Bericht zur Solvabilitäts- und Finanzlage, wenn die nach **§ 40 Abs. 2–7 VAG** geforderten Pflichtangaben, die in **Art. 292–297 Solva II-VO** konkretisiert werden, sich im Bericht nicht wiederfinden. **Problematisch** sind in dieser Hinsicht die Fälle, in denen formal alle Angaben enthalten sind, die Angaben jedoch in Bezug auf den Grad ihrer Detaillierung **nicht** nach der Art, dem Umfang und der Komplexität der Geschäftstätigkeit und der Risiken des Unternehmens **hinreichend ausführlich** sind (vgl. § 40 Abs. 1 S. 2 VAG). An den Nachweis von mindestens Leichtfertigkeit in diesen Fällen dürften aus Gründen der tatbestandlichen Bestimmtheit hohe Anforderungen zu stellen sein. Ein Bericht der **nicht allgemein verständlich** ist (§ 40 Abs. 1 S. 2 VAG) oder nicht der

[36] Vgl. Göhler/*Gürtler* § 4 Rn. 5 ff.
[37] BGBl. I 760 ff.
[38] Vgl. 38. Erwägungsgrund Solva II-RL.

durch Anhang XX Solva II-VO vorgegebenen Gliederung folgt, ist damit noch nicht unvollständig. Fragen werfen auch die Konstellationen auf, in denen das Unternehmen geforderte Angaben durch **Verweise** ersetzt (§ 40 Abs. 8 VAG) oder bestimmte Informationen aufgrund der **Freistellungsvorschrift** nach § 41 VAG nicht veröffentlicht. Tatbestandsausschließend wirkt hier jedenfalls die vor der Veröffentlichung des Berichts erteilte Genehmigung durch die Aufsichtsbehörde. Im Übrigen ist zu differenzieren: Im Fall des § 40 Abs. 8 VAG liegt bereits keine unvollständige Veröffentlichung vor, wenn die Verweisung genehmigungsfähig ist, sondern ein bloßer Verstoß gegen den Genehmigungsvorbehalt, der v. Bußgeldtatbestand nicht erfasst wird. Ist die Verweisung nicht genehmigungsfähig, ist der Bericht unvollständig. Im Fall des § 41 VAG entfällt bei Vorliegen der tatbestandlichen Voraussetzungen der Freistellungsvorschrift die Rechtswidrigkeit aufgrund der Rechtfertigungslage bzw. der notstandsähnlichen Pflichtenkollision. Auch hier schützt § 332 Abs. 3 Nr. 3 VAG nicht den Genehmigungsvorbehalt, sondern die nach materiellem Recht zu beurteilende Vollständigkeit des Berichts. Liegen die Freistellungsvoraussetzungen nicht vor, ist das Handeln rechtswidrig.

Nicht richtig ist der Bericht, wenn die veröffentlichen quantitativen und qualitativen Informationen unrichtig sind, also auf einer tatsächlich nicht vorhandenen Datenlage beruhen. Es handelt sich um Fälle inhaltlicher Falschangaben. In Betracht kommen jedoch nur Fehler in Bezug auf wesentliche Informationen i. S. d. Art. 291 Solva II-VO. 50

4. Ordnungswidrigkeiten nach Abs. 3. Die Ordnungswidrigkeiten nach § 332 Abs. 3 VAG können vorsätzlich oder fahrlässig begangen werden, wobei **jeder Grad der Fahrlässigkeit** genügt. 51

a) Unterlassene Anzeigen (Abs. 3 Nr. 1). § 332 Abs. 3 Nr. 1 VAG stellt die Verletzung verschiedener **Anzeigepflichten** unter Bußgeldandrohung. Aufgrund der umfassenden Beschreibung der möglichen Tathandlungen (nicht, nicht richtig, nicht vollständig, nicht in der vorgeschriebenen Weise, nicht rechtzeitig) sind **alle denkbaren Verstöße** gegen die in Bezug genommenen Anzeigepflichten abgedeckt. Es handelt sich in allen Varianten um ein Dauer-**Unterlassungsdelikt**,[39] da der Schwerpunkt der Vorwerfbarkeit auf der Nichterstattung einer den gesetzlichen Anforderungen entsprechenden Mitteilung liegt. Tatvollendung tritt ein, sobald die Anzeigepflicht entsteht. Tatbeendigung, sobald die Handlungspflicht entfällt. Bei Organhandeln kommen §§ 9, 30 OWiG zum Zug. 52

§ 17 Abs. 1, Abs. 2 VAG betreffen Anzeigepflichten des (künftigen) Erwerbers einer bedeutenden Beteiligung. Anzuzeigen sind beabsichtigte Veränderungen der Beteiligung sowie die Veränderung der Vertretungs- und Haftungsverhältnisse. Anzuzeigen ist im Rahmen des § 17 Abs. 1 VAG schon die Absicht der Beteiligung bzw. deren Änderung, während die Pflicht nach § 17 Abs. 2 VAG erst mit Eintritt der Veränderung der Vertretungs- bzw. Haftungsverhältnisse greift. In zeitlicher Hinsicht muss die Anzeige unverzüglich und schriftlich erfolgen. Die Tat ist Sonderdelikt, das nur durch Inhaber bedeutender Beteiligungen bzw. interessierte Erwerber begangen werden kann. Nicht bußgeldbewehrt ist der Beteiligungserwerb vor Ablauf des Beurteilungszeitraums nach § 17 Abs. 4, § 18 Abs. 3 VAG.[40] 53

Nach **§ 36 Abs. 1 S. 1 VAG** hat der Vorstand der Aufsichtsbehörde unverzüglich den v. Aufsichtsrat bestimmten Abschlussprüfer anzuzeigen. 54

§ 59 Abs. 1 VAG verpflichtet Versicherungsunternehmen zur Anzeige der beabsichtigten Aufnahme bzw. bei Erweiterung **(§ 59 Abs. 4 VAG)** des Dienstleistungsverkehrs in einem anderen EU/EWR-Staat unter Angabe des betreffenden Mitglied- oder Vertragsstaats. Nicht bzw. nicht rechtzeitig ist die Anzeige – mangels anderweitiger Fristbestimmung – erst, wenn der Dienstleistungsverkehr aufgenommen wird, bevor die Anzeige bei der Aufsichtsbehörde eingegangen ist.[41] 55

b) Zuwiderhandlung gegen vollziehbare Anordnungen (Abs. 3 Nr. 2). Der Bußgeldtatbestand ist in Bezug auf das Erfordernis einer **vollziehbaren Anordnung strukturgleich mit § 332 Abs. 1 Nr. 2 VAG.**[42] Bei einem Teil der in Bezug genommenen Anordnungen entfällt nach § 310 Abs. 2 VAG jedoch kraft Gesetzes die aufschiebende Wirkung von Widerspruch und Anfechtungsklage (§ 80 Abs. 2 S. 1 Nr. 3 VwGO). Die Anordnung ist damit mit Bekanntgabe bis zur etwaigen Aussetzung der Vollziehung (§ 80 Abs. 4 VwGO) oder der gerichtlichen Anordnung der aufschiebenden Wirkung nach § 80 Abs. 5 S. 1 VwGO vollziehbar. 56

Keine aufschiebende Wirkung haben danach Widerspruch und Anfechtungsklage gegen: 57
- Die Untersagung einer bedeutenden Beteiligung (**§ 18 Abs. 1 Nr. 1, Nr. 2 VAG**),
- Verfügungsbeschränkungen im Zusammenhang mit der Nichtbedeckung der Solvabilitätskapitalanforderung (**§ 134 Abs. 7 Hs. 1 VAG**),
- Verfügungsbeschränkungen im Zusammenhang mit der Nichtbedeckung der Mindestkapitalanforderung (**§ 134 Abs. 7 Hs. 1 VAG**),

[39] Vgl. im Übrigen die Ausführungen zum strukturähnlichen Delikt nach § 331 Abs. 2 Nr. 3 VAG oben § 332 Rn. 46 ff.
[40] Vgl. *Winter* VersR 2000, 1453 ff.
[41] Vgl. Erbs/Kohlhaas/*Wache/Lutz* § 332 VAG Rn. 52.
[42] Vgl. oben Rn. 21.

– Anordnungen zur Insolvenzabwendung, insbesondere Anordnung eines Zahlungsverbots (**§ 314 Abs. 1 S. 1, S. 2 VAG**).

58 Die weiter in Bezug genommenen Anordnungen, bei denen ggf. Widerspruch und Anfechtungsklage **aufschiebende Wirkung haben** sind:
– Fristsetzungsbefugnis zur Anzeige gegenüber dem Erwerber einer bedeutenden Beteiligung (**§ 18 Abs. 3 S. 4 VAG**),
– Stimmrechts- und Verfügungsbeschränkungen in Bezug auf die Anteile eines Inhabers einer bedeutenden Beteiligung, wenn diese untersagt werden kann oder der Inhaber seinen Unterrichtungspflichten nicht genügt hat (**§ 19 Abs. 1 VAG**),
– Verfügungsbeschränkungen bei unzureichender Höhe versicherungstechnischer Rückstellungen (**§ 133 Abs. 1 VAG**),
– das Verlangen nach Auskunft über alle Geschäftsangelegenheiten und das Verlangen bei Verdacht auf unerlaubte Versicherungsgeschäfte, Unterlagen vorzulegen (**§ 305 Abs. 3, Abs. 4 VAG**),
– das Verlangen nach Auskünften über alle Geschäftsangelegenheiten sowie Vorlage oder Übersendung aller Geschäftsunterlagen (**§ 305 Abs. 1, Abs. 2 VAG**),
– Abwicklungsanordnungen beim unerlaubten Betreiben des Versicherungsgeschäfts gegenüber Unternehmen, die für das betreibende Unternehmen Verträge abschließen oder vermitteln bzw. in anderer Weise in den unerlaubten Geschäftsbetrieb einbezogen sind (**§ 308 Abs. 4 VAG**), auch soweit es sich um eine Tätigkeit durch eine Niederlassung oder im Dienstleistungsverkehr handelt (**§ 62 Abs. 1 Nr. 6 VAG**).

59 Handelt der Täter unter Verstoß gegen eine der oben genannten **Verfügungsbeschränkungen,** kommt bei vorsätzlichem Handeln auch die Verfolgung der Tat nur unter dem Gesichtspunkt der Straftat (ggf. Betrug gegenüber dem Erwerber oder Untreue gem. §§ 263, 266 StGB) in Betracht (§ 21 OWiG). Die insoweit als Gefährdungsdelikt einzustufenden Ordnungswidrigkeiten verdrängen trotz ihres spezialgesetzlichen Charakters nicht die strafrechtlichen Erfolgsdelikte.[43]

60 Sofern Tathandlung die **Verweigerung einer Auskunft** ist, ist fraglich, welche Folgen das Bestehen eines **Auskunftsverweigerungsrechts** nach § 305 Abs. 5 VAG hat. Aufgrund der Verwaltungsakzessorietät kommt es nicht auf die materielle Richtigkeit des Auskunftsverlangens, sondern auf die Zuwiderhandlung gegen den ungehinderten Verwaltungsvollzug an. Diese gesetzgeberische Wertung wäre verletzt, wenn man den Bußgeldtatbestand über § 303 Abs. 5 VAG inzident von der materiell-rechtlichen Zulässigkeit des Auskunftsverlangens abhängig machen würde. Zudem besteht für den Verpflichteten nach § 80 Abs. 4, 5 VwGO die Möglichkeit, gegen die Anordnung des Sofortvollzugs die Hilfe der Verwaltungsgerichte in Anspruch zu nehmen und bei ernstlichen Zweifeln an der Rechtmäßigkeit oder bei Unbilligkeit deren Aussetzung zu erreichen.[44] Angesichts dieser zumutbaren Möglichkeit, eine verwaltungsgerichtliche Prüfung im Eilrechtsschutz zu erlangen, besteht bei bloßer Auskunftsverweigerung kein Raum für die Annahme einer die Rechtswidrigkeit ausschließenden Unzumutbarkeit normgemäßen Handelns.[45]

61 **c) Zusammenarbeit mit Versicherungsvermittlern (Abs. 3 Nr. 3).** Die Tathandlung des § 332 Abs. 3 Nr. 3 VAG besteht in der „**Zusammenarbeit**" mit Versicherungsvermittlern, die die Tätigkeit nicht aufgrund einer förmlich erteilten Erlaubnis ausüben bzw. bei erlaubnisfreiem Handeln nicht die gewerberechtlichen Anforderungen an Zuverlässigkeit, Eignung im Hinblick auf die Ordnung ihrer eigenen Vermögensverhältnisse und Qualifikation erfüllen. Normadressaten des Dauerdelikts sind Versicherungsunternehmen, sodass die Zurechnung von Organhandeln nach § 9 OWiG erfolgt.

62 **d) Verletzung der Unterrichtungspflicht bei Nichtbedeckung der Mindestkapitalanforderung (Abs. 3 Nr. 4).** Es handelt sich um ein **strukturgleiches Delikt** zu § 332 Abs. 1 Nr. 6 VAG.[46] Die BaFin hat ihre Rechtsauffassung zur Auslegung der Unterrichtungspflicht nach § 134 Abs. 1, § 135 Abs. 1 VAG in einer **Auslegungsentscheidung** dargelegt.[47]

63 **e) Zuwiderhandlung gegen Rechtsverordnungen im Bereich der PKV (Abs. 3 Nr. 5).** § 332 Abs. 3 Nr. 5 VAG sanktioniert den Verstoß gegen Zuwiderhandlungen, die durch **Rechtsverordnung** bestimmt werden können oder gegen vollziehbare Anordnungen aufgrund solcher Verordnungen, soweit die Rechtsverordnung auf § 332 Abs. 3 Nr. 5 VAG verweist („Ordnungswidrig i. S. v. § 332 Abs. 2 Nr. 5 VAG handelt, …"). Die entsprechenden Verweisungen der KalV, ÜbSchV und BerVersV sind durch **§ 24 KVAV** ersetzt worden. Ordnungswidrig handelt danach, wer entgegen § 17 KVAV eine dort genannte Gegenüberstellung oder Herleitung der neuen Prämie nicht, nicht vollständig oder nicht

[43] Vgl. Göhler/*Gürtler* § 21 Rn. 7.
[44] Vgl. *Bier* in: Schoch/Schneider, VwGO, Stand: Oktober 2016, § 80 Rn. 302 ff.
[45] Vgl. zur Fallgruppe Göhler/*Gürtler* § 1 Rn. 29; a. A. Erbs/Kohlhaas/*Wache/Lutz* § 332 Rn. 58.
[46] Vgl. oben Rn. 31 ff.
[47] Vgl. *BaFin*, Auslegungsentscheidung zur Unterdeckung der Solvabilitätskapitalanforderung oder der Mindestkapitalanforderung v. 27.7.2016 (abrufbar unter bafin.de; abgerufen am 11.10.2016).

rechtzeitig vorlegt. § 17 KVAV regelt die in Bezug genommenen Vorlagepflichten des Versicherungsunternehmens gegenüber dem Treuhänder und der Aufsichtsbehörde.

f) Verstoß gegen Duldungspflichten im Zusammenhang mit aufsichtsbehördlichen Prüfungs- und Ermittlungsmaßnahmen (Abs. 3 Nr. 6). § 336 Abs. 3 Nr. 6 VAG verweist auf die in § 306 Abs. 8 VAG statuierten Duldungspflichten im Zusammenhang mit aufsichtsbehördlichen Prüfungs- und Ermittlungsmaßnahmen. § 306 Abs. 8 VAG enthält seinerseits einen Katalog mit den zu duldenden Maßnahmen. Zu dulden sind danach Geschäftsprüfungen und die hierzu erforderlichen Maßnahmen. Bußgeldbewehrt ist jede Behinderung bei der Ausübung der durch § 306 VAG eingeräumten Befugnisse, die nach § 306 Abs. 8 VAG zu dulden sind. Zu einer aktiven Förderung besteht hingegen keine Verpflichtung. 64

5. Verstöße gegen die Rating-VO nach Abs. 4. Die Ordnungswidrigkeiten können vorsätzlich oder **leichtfertig** begangen werden. Täter des Sonderdelikts kann nur eine Person sein, die für ein Unternehmen i. S. d. § 1 VAG handelt und die entsprechende Handlung (Tun oder Unterlassen) vornimmt. Ratings bilden die Informationsgrundlage für unternehmerische Vorstandsentscheidungen, sodass in persönlicher Hinsicht nur die Mitglieder des Vorstands taugliche Täter sind. Die Pflichten aus der Rating-VO[48] treffen das Versicherungsunternehmen, sodass gem. § 30 OwiG die Verhängung einer Verbandsgeldbuße möglich ist. Für die Zurechnung der beim Täter fehlenden Merkmale bedarf es des Rückgriffs auf § 9 OWiG nicht, da § 332 Abs. 4 VAG den Täterkreis selbst festlegt. 65

Nach **§ 28 Abs. 2 VAG** sind die der Aufsicht unterliegenden Unternehmen allgemein verpflichtet, die Vorgaben der Rating-VO einzuhalten. 66

a) Verwendung eines unzulässigen Ratings (Abs. 4 Nr. 1). Tathandlung nach § 332 Nr. 1 VAG ist das **Verwenden eines unzulässigen Ratings für aufsichtsrechtliche Zwecke** (Art. 4 Abs. 1 UAbs. 1 Rating-VO). Als **Rating** definiert Art. 3 Abs. 1 lit. a Rating-VO ein 67

„Bonitätsurteil in Bezug auf ein Unternehmen, einen Schuldtitel oder eine finanzielle Verbindlichkeit, eine Schuldverschreibung, eine Vorzugsaktie oder ein anderes Finanzinstrument oder den Emittenten derartiger Schuldtitel, finanzieller Verbindlichkeiten, Schuldverschreibungen, Vorzugsaktien oder anderer Finanzinstrumente, das anhand eines festgelegten und definierten Einstufungsverfahrens für Ratingkategorien abgegeben wird."

Aufsichtsrechtliche Zwecke bestehen nach der Legaldefinition in Art. 3 Abs. 1 lit. g Rating-VO bei der „Verwendung von Ratings zur Einhaltung der Rechtsvorschriften der Union oder Rechtsvorschriften der Union wie im nationalen Recht der Mitgliedstaaten umgesetzt", also z. B. bei der Berechnung der Solvenzkapitalanforderung.[49] Als **Ratingagentur** bezeichnet die Rating-VO „eine Rechtspersönlichkeit, deren Tätigkeit die gewerbsmäßige Abgabe von Ratings umfasst" (Art. 3 Abs. 1 lit. b Rating-VO). Aus der Bezugnahme auf Ratingagenturen in Abs. 4 Nr. 1 Rating-VO folgt, dass die Verwendung „eigener Ratings" (2. Erwägungsgrund Solva II-VO) bzw. „zusätzlicher Bewertungen (§ 28 Abs. 1 VAG) nicht tatbestandsmäßig sein kann. **Unzulässig** ist die Verwendung des Ratings, wenn die erstellende Ratingagentur ihren Sitz nicht in der EU hat und nicht nach der Rating-VO registriert ist (Art. 4 Abs. 1 UAbs. 1 Rating-VO).[50] Nicht tatbestandsmäßig ist die (mittelbare) Verwendung von Ratings von Drittlandagenturen, die in Übereinstimmung mit Art. 4 Abs. 3 Rating-VO von einer Gemeinschaftsratingagentur übernommen worden sind.[51]

b) Nichtveranlassen eigener Kreditrisikobewertungen (Abs. 4 Nr. 2). Tathandlung nach § 332 Nr. 2 VAG ist das Unterlassen, hinreichend sicherzustellen, dass das Unternehmen eigene Kreditrisikobewertungen verwendet. Problematisch an diesem (von der Rating-VO nicht geforderten) Bußgeldtatbestand ist vor allem die **unbestimmte Fassung der Bezugsnorm** Art. 5a Rating-VO.[52] Danach müssen die Unternehmen „eigene Kreditrisikobewertungen vornehmen und dürfen sich bei der Bewertung der Bonität eines Unternehmens oder eines Finanzinstruments nicht ausschließlich oder automatisch auf Ratings stützen" (Art. 5a Abs. 1 Rating-VO). Aus Art. 5a Abs. 2 Rating-VO ergibt sich, dass die Implementierung entsprechender Verfahren unter Berücksichtigung der Art, des Umfangs und der Komplexität der Tätigkeiten erfolgen muss und auch aus der Perspektive der Rating-VO eine enge Abstimmung mit der Aufsichtsbehörde geboten ist.[53] Hinzu kommt, dass das systematische Verhältnis von Art. 5a Rating-VO zu den durch das Solva II-Regime vorgegebenen Anforderungen unklar ist.[54] Eine rechtssichere Feststellung, wann der Tatbestand erfüllt ist, ist damit abstrakt nicht möglich. Praktisch dürfte allein der automatische und ausschließliche Einsatz externer Ratings auch bei komplexen und 68

[48] VO Nr. 1060/2009/EG v. 16.11.2009 über Ratingagenturen, ABl. 2009 L 302, 1.
[49] Vgl. Art. 4 ff. Solva II-VO.
[50] Vgl. die entsprechenden Register der ESMA (abrufbar unter esma.euroa.de; abgerufen am 11.10.2016) und der BaFin (abrufbar unter bafin.de; abgerufen am 11.10.2016).
[51] Vgl. näher *Bauer* BB 2013, 363, 364.
[52] Vgl. Boos/Fischer/Schulte-Mattler/*Lindemann* § 56 Rn. 11.
[53] Vgl. *Arntz* ZBB 2013, 318, 321.
[54] Vgl. ausführlich *Dreher/Ballmeier* WM 2015, 1357, 1368.

großen Risikopositionen, d.h. das vollständige Unterlassen eigener Bewertungen in diesen Fällen in Betracht kommen.[55] Auch die BaFin stellt derzeit noch keine hohen Anforderungen an eigene Kreditrisikobeurteilungen[56] und hält es für ausreichend, wenn externe Ratings anhand eigener Daten plausibilisiert werden.[57]

69 **c) Mängel bei der Beauftragung von Ratingagenturen (332 Abs. 4 Nr. 3, Nr. 4).** Die Tathandlung nach **§ 332 Abs. 4 Nr. 3 VAG** besteht im Verstoß gegen **Art. 8c Abs. 1 Rating-VO**. Dieser lautet: *„Beabsichtigt ein Emittent oder ein mit ihm verbundener Dritter, ein Rating eines strukturierten Finanzinstruments in Auftrag zu geben, so beauftragt er mindestens zwei Ratingagenturen damit, unabhängig voneinander ein entsprechendes Rating abzugeben."* Der **Zweck** dieser „Zwei-Rating-Norm" liegt in der dahinterstehenden Erwartung, dass dadurch eine gegenseitige Qualitätskontrolle stattfindet und mehr Geschäftsmöglichkeiten für Europäische Rating-Agenturen geschaffen werden.[58] Zumindest der letztere Zweck dürfte die Pönalisierung über einen Bußgeldtatbestand kaum rechtfertigen. **Emittenten** i.S.d. Vorschrift sind Rechtspersönlichkeiten, die Wertpapiere begeben oder zu begeben beabsichtigen (Art. 2 Abs. 1 lit. h Wertpapierprospekt-RL,[59] Art. 3 Abs. 1 lit. s Rating-VO). Der Begriff **verbundener Dritter** bezeichnet den Forderungsverkäufer (Originator), den Arrangeur, den Sponsor, den Forderungsverwalter oder jede andere Partei, die im Auftrag eines bewerteten Unternehmens mit einer Ratingagentur in Verbindung steht, einschließlich jeder anderen Person, die über ein Kontrollverhältnis direkt oder indirekt mit dem bewerteten Unternehmen verbunden ist (Art. 3 Abs. 1 lit. i Rating-VO). Ein **Strukturiertes Finanzinstrument** ist ein Finanzinstrument oder ein anderer Vermögenswert, das bzw. der aus einer in Art. 4 Nummer 36 der RL 2006/48/EG genannten Verbriefungstransaktion oder -struktur hervorgeht (Art. 3 Abs. 1 lit. l Rating-VO). Art. 8c ist damit auf das **Emissionsgeschäft** nach § 1 Abs. 1 Nr. 10 KWG, § 2 Abs. 3 S. 1 Nr. 5 WpHG zugeschnitten und passt nur insoweit auf Versicherungsunternehmen, als diese durch die Beteiligung an Emissionen von strukturierten Finanzinstrumenten die Grenze zu versicherungsfremden Geschäften nicht überschreiten (§ 15 VAG).[60] Da üblicherweise die Emission von Wertpapieren nicht durch Versicherungsunternehmen, sondern über eigens gegründete Kapitalanlagegesellschaften oder die Holdinggesellschaft erfolgt, ist fraglich, ob für die Vorschrift überhaupt ein sinnvoller Anwendungsbereich besteht. Wird in diesem Fall **gar keine oder nur eine Ratingagentur** beauftragt, ist der Tatbestand erfüllt. Der Tatbestand dürfte auch erfüllt sein, wenn der **Auftrag** die beauftragten Agenturen nicht verpflichtet, das Rating unabhängig zu erstellen, wobei auftragswidriges Verhalten der beteiligten Ratingagenturen nur bei Kollusion mit dem Auftraggeber tatbestandsrelevant ist.

70 Die Tathandlung nach **§ 332 Abs. 4 Nr. 4 VAG** besteht im Verstoß gegen Art. 8c Abs. 2 Rating-VO. Die Vorschrift lautet:

Der in Absatz 1 genannte Emittent oder mit ihm verbundene Dritter trägt dafür Sorge, dass die beauftragten Ratingagenturen die folgenden Voraussetzungen erfüllen:

a) Sie gehören nicht derselben Gruppe von Ratingagenturen an.
b) Sie sind nicht Anteilseigner oder Mitglied einer der anderen Ratingagenturen.
c) Sie sind nicht berechtigt oder befugt, in einer der anderen Ratingagenturen Stimmrechte auszuüben.
d) Sie sind nicht berechtigt oder befugt, Mitglieder des Verwaltungs- oder Aufsichtsorgane einer der anderen Ratingagenturen zu bestellen oder abzuberufen.
e) Kein Mitglied ihrer Verwaltungs- oder Aufsichtsorgane einer Ratingagentur ist Mitglied des Verwaltungs- oder Aufsichtsorgane einer der anderen Ratingagenturen.
f) Sie üben weder Kontrolle oder beherrschenden Einfluss über eine der anderen Ratingagenturen aus, noch sind sie hierzu befugt.

Die beschriebene Unternehmensstruktur der beauftragten Unternehmen soll die Voraussetzungen für die nach Art. 8c Abs. 1 Rating-VO geforderte Unabhängigkeit absichern.[61] Mangels anderer Einflussmöglichkeiten dürfte es zum Ausschluss zumindest leichtfertigen Handelns ausreichen, wenn der Auftraggeber die geforderten strukturellen Merkmale mit den Ratingagenturen **vertraglich vereinbart** und keine Anzeichen dafür hat, dass die Merkmale nicht erfüllt werden. Ein Abgleich mit öffentlichen Registern dürfte nur in Zweifelsfällen erforderlich sein.

71 **d) Unzureichende Dokumentation (Abs. 4 Nr. 5).** Die Tathandlung des § 332 Abs. 4 Nr. 5 VAG besteht in einer Verletzung von **Dokumentationspflichten** nach Art. 8d Abs. 1 S. 2 VAG. Die Vorschrift greift nur bei der Beauftragung von mehr als einer Ratingagentur. Wenn der Emittent oder

[55] Vgl. näher *Dreher/Ballmeier* WM 2015, 1357, 1361.
[56] Vgl. *Wessling/Emrich* VW 2014, 94.
[57] Vgl. *BaFin*, Hinweise zur Verwendung externer Ratings und zur Durchführung eigener Kreditrisikobewertungen v. 23.10.2013 (abrufbar unter bafin.de; abgerufen am 11.10.2016).
[58] Vgl. *Arntz* ZBB 2013, 318, 323.
[59] Vgl. RL 2003/71/EG v. 4.11.2003, ABl. EG L 345/64.
[60] Die Gesetzesbegr. verweist lediglich auf die entsprechenden Ausführungen zu § 39 Abs. 2b WpHG, ist aber auch insoweit unergiebig, vgl. BT-Drs. 18/1774, 22.
[61] Vgl. *Fuchs*, WpHG, 2. Aufl. 2016, § 39b Rn. 199.

verbundene Dritte dabei nicht mindestens eine Ratingagentur beauftragt, deren Marktanteil höchstens 10% des Gesamtmarktes beträgt, ist dies zu dokumentieren. Nähere Vorgaben zur Bewertung der Marktanteile enthält Art. 8d Abs. 2 und 3 Rating-VO.[62] Die Rating-VO enthält jedoch **keine nähere Bestimmung, wie die Dokumentation vorzunehmen ist**, sodass der Bußgeldtatbestand bereits dann ausgeschlossen ist, wenn die Dokumentation in geeigneter Weise, d. h. im Zusammenhang mit den Auftragsunterlagen, auffindbar und eindeutig durch das zuständige Organ vorgenommen wird. Im Zweifel dürfte ein kurzer Aktenvermerk genügen.

6. Verstöße gegen die Abschlussprüfer-VO nach Abs. 4a–c. Die Ordnungswidrigkeiten können nur vorsätzlich oder **leichtfertig** begangen werden. Zum **Verhältnis zum Straftatbestand** und zu **verfassungsrechtlichen Bedenken** s. die Ausführungen zu § 331 Abs. 2a VAG.[63] 72

a) Täterkreis. Der **Täterkreis** der §§ 331 Abs. 2a, 332 Abs. 4a-4c VAG beschränkt sich auf Organmitglieder eines **(„großen") VVaG**, der über einen **Aufsichtsrat** (§ 184, 189 VAG) verfügt. Täter können nur Aufsichtsratsmitglieder bzw. Mitglieder des Prüfungsausschusses bei entsprechender Delegation der Pflichten auf einen Prüfungsausschuss (§ 189 Abs. 3 S. 1 VAG, § 107 Abs. 3 S. 2 AktG). Allerdings bestehen insoweit große Bedenken in Bezug auf die Tatbestandsbestimmtheit, da sich dieses Ergebnis aus dem Wortlaut der Vorschrift unter Einbeziehung ihrer Verweisungsziele nicht ableiten lässt.[64] **Parallelregelungen** bestehen für den Aufsichtsrat bzw. den Prüfungsausschuss in einer **Versicherungs-AG** nach § 404a AktG, § 405 Abs. 3b-3d AktG. Für **Versicherungsunternehmen**[65] **ohne Aufsichts- oder Verwaltungsrat mit obligatorischem Prüfungsausschuss** (§ 341k Abs. 4 HGB) sehen §§ 341m, 341n Abs. 2a HGB entsprechende Sanktionen vor. 73

b) Verstöße bei der Überwachung (Abs. 4a Nr. 1). § 332 Abs. 4a Nr. 1 VAG ist Unterlassungsdelikt, weil der Schwerpunkt der Vorwerfbarkeit im Unterlassen der hinreichenden **Überwachung des Abschlussprüfers** liegt. Den Tatbestand erfüllt, wer die Unabhängigkeit des Abschlussprüfers oder der Prüfungsgesellschaft nicht hinreichend überwacht. 74

Art. 4 Abs. 3 UAbs. 2 Abschlussprüfer-VO verpflichtet die Mitglieder des Aufsichtsrats bzw. des Prüfungsausschusses bei Überschreitung bestimmter **Honorargrenzen**[66] anhand objektiver Gründe darüber zu entscheiden, ob derselbe Prüfer die Abschlussprüfung für einen weiteren Zeitraum, der in jedem Fall zwei Jahre nicht überschreiten darf, durchführen darf. Die **Tathandlung** kann darin liegen, dass bei Vorliegen der Voraussetzungen derselbe Abschlussprüfer erneut beauftragt wird bzw. seine Tätigkeit aufgrund des erteilten Auftrags fortsetzt und eine entsprechende **Entscheidung nicht gefällt** wurde, dass der Entscheidung **keine objektiven Gründe** (Eignung, Leistung, Zuverlässigkeit), sondern subjektive Gründe (z. B. privates Näheverhältnis) zugrunde liegen **oder** dass die Weiterbeauftragung für einen **längeren Zeitraum als zwei Jahre** bewilligt wird. Nicht tatbestandsmäßig ist mangels Bezugnahme die Verletzung der Pflicht zur Erörterung nach Art. 3 Abs. 3 UAbs. 1 Abschlussprüfer-VO. 75

Art. 5 Abs. 4 UAbs. 1 S. 1 Abschlussprüfer-VO sieht für den Fall, dass grundsätzlich zulässige **Nichtprüfungsleistungen** erbracht werden sollen, vor, dass dies v. Prüfungsausschuss bzw. Aufsichtsrat nach gebührender Beurteilung der Gefährdung der Unabhängigkeit und der angewendeten Schutzmaßnahmen gemäß Art. 22b der RL 2006/43/EG[67] gebilligt werden muss. Die **Tathandlung** kann darin liegen, dass eine entsprechende Billigung ausgesprochen wird, ohne dass die geforderte Gefährdungsbeurteilung anhand der geforderten Kriterien vorgenommen wird. Eine Einzelfallbeurteilung ist entbehrlich, wenn sich der betreffende Fall bereits durch eine den Anforderungen genügende Leitlinie nach Art. 5 Abs. 4 UAbs. 1 S. 2 Abschlussprüfer-VO ergibt. **Unwägbarkeiten** im Tatbestand ergeben sich aus dem unbestimmten Begriff der „gebührenden" Beurteilung. Im Sinne der Tatbestandsbestimmtheit dürften hier nur evident unzureichende Beurteilungen zur Tatbestandserfüllung ausreichend sein. Auch an den Vorsatznachweis dürften sub specie der Unschuldsvermutung hier strenge Anforderungen zu stellen sein. Ein gravierendes Problem des Tatbestands stellen auch die fehlenden klaren rechtlichen Vorgaben dazu dar, was v. Katalog der Nichtprüfungsleistungen eigentlich erfasst sein soll.[68] Auch insoweit wird vorsätzliches Handeln kaum nachweisbar sein. 76

Art. 6 Abs. 2 lit. a Abschlussprüfer-VO verpflichtet eigentlich nur den Abschlussprüfer. Dieser muss gegenüber dem Prüfungsausschuss jährlich schriftlich eine Unabhängigkeitserklärung abgeben. 77

[62] Vgl. näher *Arntz* ZBB 2013, 318, 323 f.
[63] Vgl. § 331 Rn. 57.
[64] Vgl. § 331 Rn. 66.
[65] Bei kapitalmarktorientierten Unternehmen (§ 264d HGB) ohne Aufsichtsrat, die nicht Versicherungsunternehmen (§ 334 Abs. 5 HGB) sind, gelten für die Mitglieder des obligatorischen Prüfungsausschusses (§ 324 Abs. 1 HGB) entsprechende Straf- und Bußgeldvorschriften nach §§ 333a, 334 Abs. 2a HGB.
[66] Vgl. näher *Bürkle* VersR 2016, 1145, 1150.
[67] Gemäß 33. Erwägungsgrund Abschlussprüfer-VO gilt dies als Bezugnahme auf das nationale Transformationsrecht.
[68] Vgl. *Bürkle* VersR 2016, 1145, 1150, 1151; *Schürnbrand* AG 2016, 70, 71; vgl. zu „Nichtprüfungsleistungen" auch *Schilha* ZIP 2016, 1316, 1325 f.

Eine **Tathandlung** des Aufsichtsrats bzw. Prüfungsausschusses könnte hier allenfalls dann konstruiert werden, wenn man in die Norm – ohne Verletzung der Wortlautgrenze – eine Pflicht zur Überwachung des turnusmäßigen Eingangs einer solchen Erklärung hinein läse.[69] **Art. 6 Abs. 2 lit. b Abschlussprüfer-VO** statuiert eine entsprechende Erörterungspflicht des Abschlussprüfers mit dem Prüfungsausschuss in Bezug auf die Gefahren für seine Unabhängigkeit sowie die zur Verminderung dieser Gefahren angewendeten Schutzmaßnahmen. **Tathandlung** kann hier die Weigerung des Aufsichtsrats sein, eine solche Erörterung durchzuführen. Ansonsten richtet sich die Pflicht ebenso nur an den Abschlussprüfer.

78 **c) Verstöße bei der Empfehlung (Abs. 4a Nr. 2).** § 332 Abs. 4a Nr. 2 VAG sanktioniert Verstöße gegen Anforderungen an die Empfehlung des Prüfungsausschusses und das Auswahlverfahren für die Bestellung von Abschlussprüfern. Der Schwerpunkt der Vorwerfbarkeit liegt auf dem **Unterlassen einer formal vollständigen Erklärung bzw. des ordnungsgemäßen Auswahlverfahrens**, sodass ein Unterlassungsdelikt gegeben ist.

79 Die Empfehlung muss nach **Art. 16 Abs. 2 UAbs. 2, UAbs. 3 Abschlussprüfer-VO**, abgesehen v. Fall der Erneuerung eines Prüfungsmandats, begründet werden und mindestens zwei Vorschläge für das Prüfungsmandat enthalten. Der Prüfungsausschuss hat unter Angabe der Gründe seine Präferenz für einen der beiden Vorschläge mitzuteilen. Außerdem hat die Empfehlung eine Erklärung zu enthalten, dass diese frei von ungebührlicher Einflussnahme durch Dritte ist und das Unternehmen nicht durch auswahlbeschränkende Verträge gebunden ist. Die **Tathandlung** kann darin bestehen, dass eine Empfehlung überhaupt nicht abgegeben wird, keine Begr. enthält, nicht mindestens zwei Vorschläge enthält, keine Präferenz angegeben ist, keine Begr. für die Präferenz angegeben wird oder die geforderten Unabhängigkeitserklärungen nicht enthält. Verstöße gegen die inhaltliche Wahrheit der erklärten Tatsachen sind nicht tatbestandsmäßig. Der Tatbestand stellt auf die Vollständigkeit, nicht auf die inhaltliche Richtigkeit der Empfehlung ab.

80 Nach **Art. 16 Abs. 3 UAbs. 1 Abschlussprüfer-VO** muss der Prüfungsausschuss ein Auswahlverfahren anhand bestimmter Vergabeverfahrensvorschriften durchführen. Die **Tathandlung** liegt darin, ein Auswahlverfahren nicht durchzuführen oder die Verfahrensvorgaben und Vergabekriterien zu verletzen. Auch hier handelt es sich aufgrund der Vielzahl der in Bezug genommenen Pflichten bei dem Bußgeldtatbestand um eine black-box, die wiederum teilweise von Wertungen unbestimmter Rechtsbegriffe (transparent, diskriminierungsfrei) abhängt. Der Prüfungsausschuss muss dabei sicherstellen, dass

- der Teilnehmerkreis nicht unzulässig beschränkt wird (Art. 16 Abs. 3 UAbs. 1 lit. a Abschlussprüfer-VO),
- die Vergabeunterlagen die Geschäftstätigkeit des geprüften Unternehmens und die Art der durchzuführenden Abschlussprüfung erfassen können und transparente, diskriminierungsfreie Auswahlkriterien enthalten (Art. 16 Abs. 3 UAbs. 1 lit. b Abschlussprüfer-VO),
- ggf. vorgegebene behördliche Qualitätsstandards in die Vergabeunterlagen aufgenommen werden (Art. 16 Abs. 3 UAbs. 1 lit. d Abschlussprüfer-VO),
- die Auswahlentscheidung den vorgegebenen Kriterien folgt, ein geprüfter Bericht erstellt und relevante behördliche Informationen berücksichtigt werden (Art. 16 Abs. 3 UAbs. 1 lit. 3) Abschlussprüfer-VO).

Nicht tatbestandsmäßig sind Verstöße gegen Art. 16 Abs. 3 UAbs. 1 lit. c Abschlussprüfer-VO, da dem Unternehmen keine erfüllbare Verpflichtung auferlegt wird und gegen Art. 16 Abs. 3 UAbs. 1 lit. f Abschlussprüfer-VO, da die entsprechende Darlegungspflicht erst auf Anforderung und nach Abschluss des Auswahlverfahrens entsteht.

81 **d) Tatbestände nach (Abs. 4b und 4c).** Die Tatbestände regeln entsprechende Ordnungswidrigkeiten für den Fall, dass ein **Prüfungsausschuss nicht bestellt** ist in Bezug auf das Verhältnis von Aufsichtsrat und oberster Vertretung. Sie sind indes **ohne tatsächlichen Anwendungsbereich**, weil nach § 341k Abs. 2 HGB die Bestellung der Abschlussprüfer ausschließlich dem Aufsichtsrat zugewiesen ist.[70]

82 **7. Verstöße gegen die PRIIP-VO (Abs. 4d). a) Allgemeines.** § 332 Abs. 4d VAG enthält einen Tatbestandskatalog, der in überbordender Weise Zuwiderhandlungen gegen die VO 1286/2014/EU des Europäischen Parlaments und des Rates v. 26.11.2014 über **Basisinformationsblätter** für verpackte Anlageprodukte für Kleinanleger und Versicherungsanlageprodukte (PRIIP-VO) für ordnungswidrig erklärt.[71] Die Verantwortung hierfür liegt beim Europäischen Gesetzgeber, der die Verhängung von Geldbußen in Art. 24 Abs. 1, Abs. 2 lit. e PRIIP-VO bei den Katalogtaten ausdrücklich einfordert. Die Ordnungswidrigkeiten können vorsätzlich oder **leichtfertig** begangen werden.

---

[69] Vgl. *Schilha* ZIP 2016, 1316, 1326.
[70] Vgl. *Bürkle* VersR 2016, 1145, 1154.
[71] ABl. EU 2014 L 352, 1. Zu möglichen Auswirkungen auf den Markt vgl. *Möllers* ZEuP 20216, 325, 338. Zur Frage der kartellrechtlichen Freistellung entsprechender Muster-AVB vgl. *Poelzig* ZBB 2015, 108, 118.

Vorausgesetzt ist, dass der persönliche und sachliche **Anwendungsbereich** der PRIIP-VO nach Art. 2 ff. PRIIP-VO eröffnet ist. Die freiwillige Verwendung von Basisinformationsblättern ohne Rechtspflicht hierzu ist strafloses Wahndelikt. In **persönlicher Hinsicht** gilt die VO für Versicherungsunternehmen, Versicherungsvermittler, Makler und Versicherungsberater (Art. 2 Abs. 1 PRIIP-VO). In **sachlicher Hinsicht** beschränkt sich der Anwendungsbereich auf die Lebensversicherungssparte, wobei reine Todesfallversicherungen und bestimmte Kategorien von Altersvorsorgeprodukten und -systemen v. Anwendungsbereich ausgeschlossen sind (Art. 2 Abs. 2 PRIIP-VO). Fraglich ist dabei, ob die steuerliche Förderung zur Anerkennung als Altersvorsorgeprodukt ausreicht oder eine Zertifizierung nach AltZertG erforderlich ist. Schwierigkeiten könnte die Abgrenzung von einfachen gegenüber „Versicherungsanlageprodukten" i. S. d. Art. 4 Nr. 2 PRIIP-VO – nur diese erfasst die VO – insbesondere bei der klassischen kapitalbildenden Lebensversicherung bereiten.[72] Die BaFin geht davon aus, dass über die reine Negativabgrenzung nach Art. 2 Abs. 2 PRIIP-VO alle nicht v. Anwendungsbereich explizit ausgenommenen Versicherungsprodukte unter die PRIIP-VO fallen.[73] 83

Zur Durchführung und näheren Bestimmung der Verpflichtungen aus der PRIIP-VO hat die Kommission, wie von der PRIIP-VO vorgesehen, **TRS-PRIIP** erlassen, deren Inhalt zur Ausfüllung der den Tatbeständen zugrundeliegenden Verpflichtungen ebenfalls zu beachten ist. Sie entfalten **für die einzelnen Bußgeldtatbestände** jedoch **keine Rechtswirkung**, da diese nicht explizit auf TRS-PRIIP und auch nicht auf die Ermächtigungsnormen (Art. 8 Abs. 5, Art. 10 Abs. 2, Art. 13 Abs. 4, Art. 30 f PRIIP-VO) verweisen. Die in TRS-PRIIP enthaltenen Normkonkretisierungen binden den Bußgeldrichter nicht. Die TRS-PRIIP werden jedoch eine große faktische Wirkung entfalten, weil sie ein zentrales Auslegungsinstrument für die in Bezug genommenen Verpflichtungen aus der PRIIP-VO bilden werden. Im Konfliktfall muss jedoch die PRIIP-VO selbst den Maßstab bilden. Eine gesetzgeberische Klarstellung – wie im Entwurf zum 2. FinMaNOG[74] – böte sich hier an. 84

Hinzuweisen ist auch auf die **Untersagungsmöglichkeiten** der Aufsichtsbehörde nach § 308a Nr. 1–4 VAG. Ihre Durchsetzung führt bei den einzelnen Tatbeständen alternativ zu der v. Täter veranlassten Deliktsbeendigung ebenfalls zur **Tatbeendigung**. 85

Hinsichtlich der **Konkurrenzen** ist bei Vorliegen einer Täuschung Tatmehrheit mit Betrug gem. § 263 StGB, im Fall des § 332 Abs. 4d Nr. 8 VAG auch Tateinheit möglich. Bei § 332 Abs. 4d Nr. 8 VAG kommt auch Tateinheit mit § 16 UWG in Betracht. In diesem Fall wird nach § 21 OWiG die Tat nur unter dem Gesichtspunkt der Straftat verfolgt. Zu den innertatbestandlichen Konkurrenzen s. die Einzelerläuterungen. 86

b) Zuwiderhandlungen bei Abfassung oder Veröffentlichung eines Basisinformationsblattes (332 Abs. 4d Nr. 1–5). Normadressaten der § 332 Abs. 4d Nr. 1–5 VAG sind die „Hersteller", mithin die Versicherer. Die ordnungsgemäße Besorgung der Basisinformationsblätter ist Geschäftsführungsmaßnahme, sodass in Bezug auf den **Täterkreis** der Vorstand hierfür verantwortlich ist. Die Zurechnung der Herstellereigenschaft erfolgt über § 9 OWiG. Der Schwerpunkt der Vorwerfbarkeit des **Sonderdelikts** liegt jeweils auf dem Unterlassen der geschuldeten Maßnahmen, sodass es sich um echte (**Dauer-**)**Unterlassungsdelikte** handelt. 87

Ordnungswidrig sind nach **§ 332 Abs. 4d Nr. 1 VAG** die unterlassene Abfassung und Veröffentlichung eines den Anforderungen entsprechenden Basisinformationsblattes. **Tatvollendung** tritt ein, wenn das Basisinformationsblatt noch nicht ordnungsgemäß abgefasst bzw. veröffentlicht ist, obwohl das Produkt „Kleinanlegern" (Art. 4 Nr. 6 PRIIP-VO) bereits (ggf. auch durch indirekte Vertriebswege) angeboten wird.[75] **Tatbeendigung** tritt ein, wenn sämtliche Mängel behoben sind, das Blatt also in gehöriger Weise abgefasst und veröffentlicht ist. **Abgefasst** ist ein Informationsblatt, wenn es in der für den Vertrieb bestimmten endgültigen Fassung vorliegt und aufgrund einer Entscheidung der unternehmensintern zuständigen Personen oder Gremien in dieser Form verwendet werden soll. Ein wesentliches Indiz dafür ist der Einsatz im Vertrieb und die Vorlage auf entsprechende Anforderung der Aufsichtsbehörde (§ 308 Abs. 1 VAG). **Veröffentlicht** ist das Blatt, wenn es auf der Website des Unternehmens in einer für die Allgemeinheit auffindbaren Form zugänglich ist. Die **Tathandlung** liegt darin, dass die Abfassung und/oder Veröffentlichung nicht, nicht richtig, nicht vollständig, nicht rechtzeitig oder nicht in der vorgeschriebenen Weise geschieht. Damit sind sämtliche denkbaren Verstöße gegen Art. 5 Abs. 1 (Abfassung und Veröffentlichung), Art. 6 (Form und Inhalt), Art. 7 Abs. 2 (Anpassung an Sprache der Werbeunterlagen), Art. 8 Abs. 1 bis 3 (Pflichtangaben) PRIIP-VO erfasst.[76] Zusätzlichen Aufschluss können Art. 1–14 TRS-PRIIP geben. Bußgeldrechtliche **Risiken** bestehen insbesondere bei den wertungsabhängigen und offenen Begriffen wie „präzise, redlich und klar" (Art. 6 Abs. 1 S. 2 PRIIP-VO) oder „schwer zu verstehen" (Art. 8 Abs. 3 lit. b PRIIP-VO), zumal die Begriffswelt der 88

[72] Vgl. näher zu beiden Problemfeldern *Beyer* VersR 2016, 293, 294 f.
[73] Vgl. *BaFin*, Basisinformationsblatt: PRIIP-VO – Neuer EU-weiter Standard der Produktinformationen für Verbraucher (abrufbar unter bafin.de; abgerufen am 11.10.2016).
[74] Vgl. Rn. 6.
[75] Vgl. zur Terminologie *Dreher* VersR 2013, 401, 403.
[76] Vgl. *Litten* DB 2016, 1679 ff.

PRIIP-VO autonom europarechtlich auszulegen ist, sowie beim Sprachproblem, da die Sprachwelt der EU 552 denkbare Sprachkombinationen bereithält.[77] Auch das zentrale Problem nach dem maßgeblichen Adressatenhorizont des „Kleinanlegers" (Verbraucher? Durchschnittskunde?) ist noch unbeantwortet,[78] sodass derzeit noch erhebliche Auslegungsunsicherheiten bestehen.

89 Ordnungswidrig nach **§ 332 Abs. 4d Nr. 2 VAG** ist die unterlassene Abfassung/Übersetzung in der geforderten Sprache. In Bezug auf **Tatvollendung und -beendigung** gilt das zu § 332 Abs. 3d Nr. 1 VAG Ausgeführte mit der Maßgabe, dass statt der Veröffentlichung das Abfassen bzw. die Übersetzung in der erforderlichen Sprachfassung maßgeblich ist. Die **Übersetzung** liegt vor, wenn sie v. Unternehmen wie das originalsprachliche Exemplar von den zuständigen Personen oder Gremien zum Einsatz im Vertrieb bestimmt wird. Die **Tathandlung** liegt darin, dass entweder ein in der nach Art. 7 Abs. 1 PRIIP-VO maßgeblichen Sprache abgefasstes Basisinformationsblatt nicht oder keine Übersetzung vorliegt, die den Inhalt des ursprünglichen Basisinformationsblattes zuverlässig und genau wiedergibt.

90 Ordnungswidrig nach **§ 332 Abs. 4d Nr. 3 VAG** ist das Unterlassen der gebotenen regelmäßigen **Überprüfung** des Basisinformationsblattes. **Tatvollendung** tritt ein, wenn das Unternehmen die gebotene Überprüfung nicht unverzüglich vornimmt, obwohl die die Überprüfungspflicht auslösenden Umstände nach Art. 10 Abs. 1 S. 1, Art. 15 TRS-PRIIP eingetreten sind. Art. 15 Abs. 1 TRS-PRIIP sieht vor, dass die Überprüfung „bei jeder Veränderung, die sich tatsächlich oder wahrscheinlich erheblich auf die im Basisinformationsblatt enthaltenen Informationen auswirkt, sowie mindestens alle zwölf Monate nach dem Datum der Erstveröffentlichung des Basisinformationsblatts" vorzunehmen ist. **Tatbeendigung** tritt ein, wenn die Überprüfung nachgeholt wird. **Tathandlung** kann nur die unterlassene oder verspätete Prüfung nach Art. 10 Abs. 1 S. 1 PRIIP-VO sein, nicht aber die unrichtig vorgenommene oder entgegen Art. 15 Abs. 2 TRS-PRIIP unvollständige Überprüfung, da anders als bei anderen Tatbeständen die Formulierung „nicht richtig, nicht vollständig und nicht in der gebotenen Weise" fehlt. Fraglich ist darüber hinaus, ob nur eine Verletzung der Pflicht zur „regelmäßigen" Überprüfung tatbestandsmäßig sein kann oder ob auch die nur von Art. 15 Abs. 1 TRS-PRIIP verlangte anlassbezogene Prüfung v. Tatbestand erfasst ist. Da die TRS-PRIIP aus bußgeldrechtlicher Sicht mangels Bezugnahme hierauf die Pflichten nach der PRIIP-VO nicht verschärfen können, käme eine entsprechende Auslegung nur in Betracht, wenn sie sich unmittelbar auch aus Art. 10 Abs. 1 S. 1 PRIIP-VO ohne Verletzung der Tatbestandsbestimmtheit ableiten ließe.

91 Ordnungswidrig nach **§ 332 Abs. 4d Nr. 4 VAG** ist das Unterlassen der gebotenen regelmäßigen **Überarbeitung** des Basisinformationsblattes. **Tatvollendung** tritt ein, wenn das Unternehmen die gebotene Überarbeitung nicht unverzüglich vornimmt, obwohl die Überprüfung einen Änderungsbedarf ergeben hat. Art. 16 Abs. 1 TRS-PRIIP bestimmt, dass die Überarbeitung vollständig, d. h. in allen betroffenen Abschnitten des Blattes vorzunehmen ist. **Tatbeendigung** tritt ein, wenn die Überarbeitung nachgeholt wird. **Tathandlung** ist das Unterlassen der Überarbeitung insgesamt oder in dem Umfang, wie nach dem Ergebnis der Überprüfung geboten. Fraglich ist, ob eine zwar die Ergebnisse der Überprüfung vollständig berücksichtigende Überarbeitung bzw. das Absehen einer Überarbeitung nach diesen Ergebnissen tatbestandsmäßig sein kann, wenn die Überprüfung ihrerseits mangelhaft war und den tatsächlichen Änderungsbedarf nicht ans Licht gebracht hat. Wird die Überprüfung unterlassen, erfasst § 332 Abs. 4d Nr. 3 VAG das Gesamtverhalten als Spezialregelung. Die bloß unvollständige oder unrichtige Überprüfung ist jedoch nicht tatbestandsmäßig nach § 332 Abs. 4d Nr. 3 VAG. Da § 332 Abs. 3d Nr. 4 VAG nicht auf den objektiven Änderungsbedarf abstellt, ist die unvollständige Überarbeitung auf falscher Tatsachengrundlage i. E. nicht ordnungswidrig.

92 Ordnungswidrig nach **§ 332 Abs. 4d Nr. 5 VAG** ist das unterlassene **Zur-Verfügung-Stellen** des überarbeiteten Basisinformationsblattes. **Tatvollendung** tritt ein, wenn das Unternehmen das Blatt nach Abschluss der Überarbeitung nicht unverzüglich (ohne schuldhaftes Zögern) zur Verfügung stellt (Art. 10 Abs. 1 S. 2 PRIIP-VO). Art. 16 Abs. 3 TRS-PRIIP konkretisiert dies als Pflicht zur erneuten Veröffentlichung auf der Website, wogegen nichts einzuwenden ist, weil damit nur Wertungen der PRIIP-VO selbst (Art. 5 Abs. 1 PRIIP-VO) aufgegriffen werden. Für den Fall der unterlassenen Überarbeitung (und Veröffentlichung) ist § 332 Abs. 4d Nr. 4 VAG die speziellere Regelung. **Tatbeendigung** tritt ein, wenn die unterlassene Veröffentlichung nachgeholt wird.

93 **c) Zuwiderhandlungen gegen Pflichten bei der Produktwerbung (Abs. 4d Nr. 6–7). Normadressaten** der § 332 Abs. 4d Nr. 6–7 VAG können neben den Versicherern auch Versicherungsvermittler sein, sofern sie eigene Werbematerialien erstellen. Die Überwachung der Einhaltung von Werberegulierungen ist Geschäftsführungsmaßnahme, sodass in Bezug auf den **Täterkreis** der Vorstand hierfür verantwortlich ist. Die Zurechnung der Herstellereigenschaft bzw. Vermittlereigenschaft erfolgt über § 9 OWiG. Der Schwerpunkt der Vorwerfbarkeit des **Sonderdelikts** für den Ersteller von Werbematerial liegt bei **§ 332 Abs. 4d Nr. 6 VAG** auf der **aktiven Begehung** und bei **§ 332 Abs. 4d Nr. 7 VAG** auf dem **Unterlassen** der geschuldeten Maßnahme.

---

[77] Vgl. *Luttermann* ZIP 2015, 805, 807.
[78] Vgl. näher *Luttermann* ZIP 2015, 805, 811.

Ordnungswidrig nach **§ 332 Abs. 4d Nr. 6 VAG** sind **Angaben in Werbematerial**, die im Widerspruch zu den Informationen des Basisinformationsblattes stehen oder dessen Bedeutung herabstufen. **Tatvollendung** tritt ein, wenn das fehlerhafte Material – als Gegenstück zum Abfassen des Basisinformationsblattes – fertiggestellt und der Einsatz zu werblichen Zwecken von den zuständigen Personen beschlossen wurde. Das „Treffen" von dem Basisinformationsblatt widersprechenden Aussagen (als bloßes Erstellen ohne Verwendungsabsicht) kann nicht genügen, weil ohne eine zumindest abstrakte Gefährdung der Verbraucherinteressen der mit der Norm verbundene Eingriff in die Meinungsfreiheit kaum zu rechtfertigen wäre. **Tatbeendigung** tritt ein, wenn das Werbematerial berichtigt oder zurückgezogen wird. Die **Tathandlung** liegt in der Bereitstellung von Werbematerial, das Angaben im Basisinformationsblatt widerspricht oder dessen Bedeutung herabstuft, was nur nach den Gegebenheiten des jeweiligen Falles beurteilt werden kann. Eine Herabstufung kann insbesondere vorliegen, wenn Risiken oder Kosten in einem milderen Licht gezeichnet werden, ohne dass sich – aufgrund werbetechnisch geschickter Gestaltung – das Vorliegen eines Widerspruchs feststellen lässt. Die tatbestandliche Wertungsabhängigkeit und relative Unbestimmtheit des Begriffs der „Herabstufung" bedarf der Konkretisierung durch die Aufsichtsbehörden. Für Mängel, die auf Angaben im Basisinformationsblatt zurückzuführen sind, ist § 332 Abs. 4d, Abs. 1 Nr. 1 lit. b VAG in Verbindung mit Art. 6 Abs. 2 PRIIP-VO die **speziellere Norm**, auch sofern sich hieraus eine Bedeutungsherabstufung ergibt. 94

Ordnungswidrig nach **§ 332 Abs. 3d Nr. 7 VAG** ist der **unterlassene**, unrichtige oder unvollständige **Hinweis in** den **Werbematerialien** darauf, dass es ein **Basisinformationsblatt** gibt und wie und wo es erhältlich ist, einschließlich der Angabe der Website des PRIIP- Herstellers. **Tatvollendung** tritt ein, wenn das Werbematerial fertiggestellt und der Einsatz zu werblichen Zwecken von den zuständigen Personen beschlossen wurde, ohne dass die verlangten Hinweise richtig und vollständig aufgenommen wurden. **Tatbeendigung** tritt ein, wenn das Werbematerial berichtigt bzw. vervollständigt oder zurückgezogen wird. Als **Tathandlung** kommt neben dem schlichten Unterlassen der Hinweise jede sachliche Unrichtigkeit oder Unvollständigkeit in Betracht. 95

d) Zuwiderhandlungen beim Vertrieb (Abs. 4d Nr. 8). Normadressaten des § 332 Abs. 4d Nr. 8 VAG können Direktversicherer, Versicherungsvermittler und Versicherungsberater sein. Die Überwachung der Einhaltung von Anforderungen an den Vertrieb ist Geschäftsführungsmaßnahme, sodass in Bezug auf den **Täterkreis** der Vorstand hierfür verantwortlich ist. Die Zurechnung der Herstellereigenschaft bzw. Berater- oder Vermittlereigenschaft erfolgt bei juristischen Personen über § 9 OWiG. Der Schwerpunkt der Vorwerfbarkeit des **Sonderdelikts** für Berater oder Verkäufer liegt auf dem (Dauer-)**Unterlassen** der geschuldeten Maßnahme, sodass ein Unterlassungsdelikt vorliegt. 96

Ordnungswidrig sind Verstöße gegen die Pflicht, das Basisinformationsblatt dem **Kunden zur Verfügung zu stellen.** Ohne Belang ist es, ob es sich um eigene oder fremde Basisinformationsblätter handelt.[79] **Tatvollendung** tritt ein, wenn der Kunde oder dessen Bevollmächtigter (Art. 13 Abs. 2 PRIIP-VO) das Basisinformationsblatt nicht zu dem in Art. 13 Abs. 1 PRIIP-VO, bzw. bei Vorliegen der Voraussetzungen zu den in Art. 13 Abs. 2 und 3 PRIIP-VO genannten Zeitpunkten zur Verfügung hat und/oder er es zu diesem Zeitpunkt nicht kostenlos (Art. 14 Abs. 1 PRIIP-VO) oder nicht in dem geschuldeten Speicherzustand (Art. 14 Abs. 2–6 PRIIP-VO) zur Verfügung gestellt wird. **Tatbeendigung** tritt ein, wenn die Pflichtverletzung durch Nachholung abgestellt wird. Die Beschreibung der **Tathandlung** erfasst das vollständige Unterlassen, das kostenpflichtige Überlassen und das Überlassen auf einem unzulässigen Datenträger bzw. Speicherzustand. Daneben liegt ein Verstoß vor, wenn dem Kunde auf Nachfrage – wozu auch immer – nicht die früheren Versionen des Basisinformationsblatts zur Verfügung gestellt werden (Art. 14 Abs. 5 S. 2 PRIIP-VO). 97

e) Unzureichende organisatorische Vorkehrungen (§ 332 Abs. 4d Nr. 9 und 10). Normadressaten der § 332 Abs. 4d Nr. 8–9 VAG können Versicherer, Versicherungsvermittler und Versicherungsberater sein. Die Bereitstellung von wirksamen Beschwerdeverfahren ist Geschäftsführungsmaßnahme, sodass in Bezug auf den **Täterkreis** der Vorstand hierfür verantwortlich ist. Die Zurechnung der Herstellereigenschaft bzw. Berater- oder Vermittlereigenschaft erfolgt bei juristischen Personen über § 9 OWiG. Der Schwerpunkt der Vorwerfbarkeit der **Sonderdelikte** liegt auf dem (Dauer-)**Unterlassen** der geschuldeten Maßnahme, sodass Unterlassungsdelikte vorliegen. Beim Strukturvertrieb oder der sonst arbeitsteiligen Vertriebstätigkeit genügt es, wenn die Pflicht von einem der Sonderpflichtigen (durch den Versicherer als Hersteller) voll erfüllt wird. 98

Ordnungswidrig gem. **§ 332 Abs. 4d Nr. 9 VAG** sind Verstöße gegen die Verpflichtung einen **Beschwerdemechanismus** bereitzustellen. **Tatvollendung** tritt ein, wenn der Vertrieb bzw. die Beratung aufgenommen wird, ohne dass eine Beschwerdestelle eingerichtet ist, die den in Art. 19 lit. a und b PRIIP-VO formulierten Anforderungen genügt. **Tatbeendigung** tritt ein, wenn die Anforderungen nachträglich erfüllt werden. Die Tathandlung besteht im Unterlassen der erforderlichen organisatorischen Vorkehrungen (nicht, nicht richtig oder nicht in der vorgeschriebenen Weise). Die Beschwerdestelle muss Beschwerden nach **Art. 19 lit. a PRIIP-VO**) auf „wirksame Weise" entgegennehmen 99

[79] Vgl. *Buck-Heeb* BB 2016, 1347, 1348.

können, d. h. es muss durch organisatorische Vorkehrungen (auch im Einzelfall) gewährleistet sein, dass die Beschwerde eingehen kann (Vorhalten eines Briefkastens, bei Web-Formular dessen Zugänglichkeit), erfasst wird (Registrierung, bei Web-Formular auch Speicherung) und unverzüglich und an die für die Bearbeitung zuständige Stelle weitergeleitet wird. Informationsmängel des Basisblattes, die den Zugang zur Beschwerdestelle erschweren, werden dabei spezialgesetzlich von § 332 Abs. 1 Nr. 1 lit. d VAG, Art. 8 Abs. 3 lit. h PRIIP-VO erfasst. Die Beschwerdestelle muss zudem in der Lage sein, die Beschwerde zeitnah und in angemessener Form sachdienlich, d. h. aufgrund einer sachlichen Prüfung unter Berücksichtigung des Beschwerdevorbringens begründet zu beantworten. Insoweit sind der Beschwerdestelle hinreichende sachliche und personelle Mittel zuzuweisen und die Qualifikation der Mitarbeiter sicherzustellen.

100 Ordnungswidrig gem. **§ 332 Abs. 4d Nr. 10 VAG** sind Verstöße gegen die Verpflichtung Beschwerdeverfahren auch im Fall von grenzüberschreitenden Streitigkeiten zur Verfügung zu stellen. Auffällig ist dabei die Inkongruenz von Bußgeldtatbestand, der von Beschwerdeverfahren spricht, und der Verordnung, die in der deutschen Sprachfassung von Rechtsbehelfsverfahren spricht, was ohnehin nach einheimischer Terminologie unsinnig ist, da Rechtsbehelfe nur gegen staatliche Entscheidungen eingelegt werden können und Unternehmen auf das System der Rechtsbehelfe keinen Einfluss haben. Was gemeint ist, machen die englische und die französische Sprachfassung deutlich, die von „redress procedures" bzw „procédures de recours" sprechen, worunter auch Abhilfeverfahren im Allgemeinen fallen. Erforderlich ist daher ein Streitschlichtungsmechanismus für grenzüberschreitende Streitigkeiten. **Tatvollendung** tritt ein, wenn ein geeigneter Mechanismus nicht zur Verfügung steht, bevor die Beratungs- oder Vertriebstätigkeit im Dienstleistungs- oder Niederlassungsverkehr aufgenommen wird. **Tatbeendigung** tritt ein mit der Schaffung geeigneter Instrumente. Die **Tathandlung** besteht im Unterlassen gleichwertige Beschwerdemöglichkeiten, wie sie für reine Inlandssachverhalte gelten, zu schaffen.

101 **8. Bußgeldbemessung (Abs. 5).** Für die **Höhe des Bußgelds** bestimmt § 332 Abs. 5 VAG nach den verschiedenen Tatbeständen differenzierte Höchstbußgelder. Die Bußgeldbemessung richtet sich nach § 17 OWiG. Sofern gem. § 30 OWiG eine Verbandsgeldbuße verhängt werden kann, richtet sich die Bemessung nach dessen Vorgaben. Spezifische **Bußgeldleitlinien** der BaFin sind bisher nur für den WpHG-Bereich veröffentlicht. Allerdings enthalten diese auch allgemeine Ausführungen zur Ermessensausübung der BaFin, die Rückschlüsse auf eine bereichsübergreifende Verwaltungspraxis erlauben dürften.[80]

102 **9. Sondervorschriften zur Bußgeldbemessung bei Verstoß gegen die PRIIP-VO (Abs. 6–9).** In den Fällen des § 332d Abs. 4d OWiG gelten für die Bußgeldbemessung die Sondervorschriften der **§ 332 Abs. 6–9 OWiG**, die den Sanktionsrahmen insbesondere um umsatzabhängige Komponenten ergänzen.

103 § 332 **Abs. 6** VAG enthält eine **Sondervorschrift zu § 30 Abs. 2 S. 1 und S. 2 OWiG** und sieht abweichend von dem System fester Bußgeldrahmen eine umsatzabhängige Bestimmung des Bußgeldhöchstbetrags vor. Es handelt sich dabei nicht um eine Kappungsgrenze, sondern um eine **umsatzbezogene Obergrenze**,[81] wie sich aus dem Wortlaut („verhängt", „nicht übersteigen") ergibt. Zugrundezulegen ist der höhere der beiden Beträge, sodass die maßgeblichen Umsätze stets ermittelt werden müssen. Maßgeblich ist der Umsatz des Jahres, das der Behördenentscheidung vorausgeht. Dies steht im Einklang mit dem allgemeinen Straf- und Ordnungswidrigkeitenrecht, bei dem stets die wirtschaftlichen Verhältnisse im Zeitpunkt der Bußgeldentscheidung, nicht diejenigen bei Begehung der Tat, maßgeblich sind.[82] Auch ist der Abschöpfungseffekt realistischer, da sich der aus der Tat gezogene Vorteil überwiegend erst mit zeitlicher Verzögerung erwirtschaften lässt.[83] Die aktuelle Leistungsfähigkeit führt auch zu gerechteren Geldbußen, was sich zeigt, wenn sich die wirtschaftlichen Verhältnisse des Unternehmens gegenüber ggf. lang zurückliegenden Taten stark verschlechtern. Eine nicht an der zeitlichen Nähe zur Bußgeldentscheidung orientierte Umsatzberechnung verstieße dann möglicherweise gegen das Übermaßverbot mit der Gefahr existenzvernichtender Geldbußen.

104 Die nähere **Bestimmung des maßgeblichen Gesamtumsatzes** erfolgt nach § 332 **Abs. 8** VAG. Sofern der **Konzernumsatz**[84] heranzuziehen ist, ist darauf hinzuweisen, dass § 332 Abs. 6 VAG weder eine bußgeldrechtliche Konzernhaftung noch eine Nachfolge- oder Ausfallhaftung der Muttergesellschaft vorsieht, sodass es insoweit bei den allgemeinen Regeln (§ 30 Abs. 2a OWiG) bleibt. Übersteigt allerdings die Buße die finanzielle Leistungsfähigkeit der Tochtergesellschaft trifft die Sanktion verschuldensunabhängig auch die Muttergesellschaft, die nur entweder zahlen oder die Tochtergesellschaft

[80] Vgl. *BaFin*, WpHG-Bußgeldleitlinien (abrufbar unter bafin.de; abgerufen am 11.10.2016).
[81] Vgl. näher *Veil* ZGR 2016, 305, 316 f.
[82] Vgl. KK-OWiG/*Mitsch* § 17 Rn. 85.
[83] Vgl. ähnlich *Veil* ZGR 2016, 305, 318.
[84] Vgl. zur Kritik an konzernumsatzbezogenen Geldbußen bei der Finanzmarktregulierung *Veil* ZGR 2016, 305, 314 m. w. N. zum Streitstand.

liquidieren kann,[85] da § 332 Abs. 8 VAG nicht unter dem Vorbehalt irgendeines Verursachungsbeitrags der Muttergesellschaft steht.

§ 332 **Abs. 7** VAG ist **Sondervorschrift** zu **§ 17 Abs. 4 OWiG** und dient dazu, die Sanktions- 105 empfindlichkeit über die Abschöpfung des **wirtschaftlichen Vorteils** zu steigern.

§ 332 **Abs. 8 S. 1** VAG erklärt § 17 Abs. 2 OWiG, der für die fahrlässige Begehung das Höchstmaß 106 der Geldbuße halbiert, für nicht anwendbar, sodass bei Verstößen gegen die PRIIP-VO sowohl für vorsätzliches als auch für fahrlässiges (leichtfertiges) Handeln ein **einheitliches Höchstmaß** angedroht wird. Der unterschiedlichen Vorwerfbarkeit kann damit nur über die Bußgeldzumessungskriterien des § 17 Abs. 3 OWiG Rechnung getragen werden. Der deutsche Gesetzgeber folgt damit den Vorgaben der PRIIP-VO, die eine pauschale Differenzierung zwischen den Verschuldensgraden nicht vornimmt und nur den jeweiligen Grad der Verantwortlichkeit im Einzelfall anerkennt (Art. 31 Abs. 1 PRIIP-VO).[86]

Unabhängig von § 17 OWiG stellt die **PRIIP-VO** ein **eigenständiges System der Bußgeldbe-** 107 **messungsgründe** auf. Art. 25 PRIIP-VO lautet:

„Bei der Anwendung […] berücksichtigen die zuständigen Behörden alle relevanten Umstände, darunter, soweit angemessen, a) die Schwere und Dauer des Verstoßes; b) das Maß an Verantwortung der für den Verstoß verantwortlichen Person; c) die Auswirkungen des Verstoßes auf die Interessen der Kleinanleger; d) die Kooperationsbereitschaft der für den Verstoß verantwortlichen Person; e) frühere Verstöße der für den Verstoß verantwortlichen Person; f) von der für den Verstoß verantwortlichen Person nach dem Verstoß zur Verhinderung erneuter Verstöße gefasste Maßnahmen."

Die herkömmlichen Bußgeldbemessungskriterien können als sonstige „relevante Umstände" zwar noch herangezogen werden, die Regelung in der PRIIP-VO wird jedoch so gemeint sein, dass die ausdrücklich genannten **Kriterien vorrangig** und in autonom europarechtlicher Auslegung zur Bußgeldbemessung dienen sollen. Dabei darf die „Kooperationsbereitschaft" nicht zu einer Aushöhlung des auch auf europäischer Ebene garantierten *nemo tenetur*-Grundsatzes führen

§ 332 **Abs. 8 S. 2** VAG erstreckt den Anwendungsbereich des § 30 OWiG ausdrücklich auch auf 108 Verstöße im Niederlassungs- oder Dienstleistungsverkehr für anwendbar, wobei auch nach bisherigem Recht Unternehmensgeldbußen gegen ausländische Rechtsträger verhängt werden konnten, wenn diese ihrer Struktur nach mit den von § 30 OWIG erfassten Unternehmensträgern vergleichbar sind.[87]

§ 332 Abs. 8 S. 3 VAG ist eine überflüssige Doppelregelung zu § 31 Abs. 2 Nr. 1 OWiG 109

III. Verhältnis zu anderen Regelungen des VAG, zu Parallelvorschriften im KWG sowie zu 110 **anderen Normen.** **§§ 333, 334 VAG** regeln die Zuständigkeiten der Aufsichtsbehörde sowie die bußgeldrechtlichen Mitteilungspflichten. **§ 309 Abs. 4 Nr. 5 und Abs. 5 Nr. 1 VAG** stellen die Aufsichtsbehörde von datenschutzrechtlichen Verschwiegenheitspflichten im Rahmen von Bußgeldverfahren frei. **§ 319 VAG** statuiert eine Veröffentlichungspflicht der BaFin von Bußgeldentscheidungen.

Die Parallelvorschrift stellt **§ 56 KWG** dar. Der entsprechende Tatbestandskatalog enthält jedoch eine 111 Vielzahl kreditwesenspezifischer Ordnungswidrigkeiten, sodass vor allem strukturelle Parallelen bestehen. Entsprechendes gilt für § 39 WpHG.

Zum bußgeldrechtlichen **Konkurrenzverhältnis** und den Vorschriften des OWiG s. die Einzel- 112 erläuterungen.

Zuständige Verwaltungsbehörde

333 **Verwaltungsbehörde im Sinne des § 36 Absatz 1 Nummer 1 des Gesetzes über Ordnungswidrigkeiten ist die Bundesanstalt, soweit die Aufsicht über Versicherungsunternehmen der Bundesanstalt zusteht.**

Die Vorgängernorm § 145a VAG a. F. wurde durch Art. 198 des Einführungsgesetzes zum Strafgesetz- 1 buch (**EGStGB 1974**) v. 2.3.1974 eingefügt.[1]

Durch das **FinDG** wurde die Aufsicht auf die BaFin übertragen und § 145a VAG entsprechend 2 angepasst (§ 1 Abs. 3 S. 2 FinDAG). Durch das **VAG 2016** wurde die Vorschrift nicht geändert.

Zum **EGStGB 1974** s. § 331 Rn. 9. 3

Ein europarechtlicher Hintergrund ist nicht vorhanden. 4

§ 36 Abs. 1 Nr. 1 OWiG sieht vor, dass die sachlich **zur Verfolgung von Ordnungswidrigkeiten** 5 **zuständige Verwaltungsbehörde** durch Gesetz bestimmt werden kann. Für den nach §§ 320 ff. VAG zu bestimmenden Zuständigkeitsbereich der BaFin nimmt § 333 VAG eine entsprechende **gesetzliche Bestimmung** vor und bestimmt die BaFin als zuständige Verwaltungsbehörde zur Verfolgung und Ahndung der Ordnungswidrigkeit. **Funktional zuständig** ist das Bußgeldreferat der BaFin. Ausschließ-

[85] Vgl. *Veil* ZGR 2016, 305, 317.
[86] Vgl. BT-Drs. 18/7842, 76.
[87] Vgl. KK-OWiG/*Rogall* § 30 Rn. 33.
[1] Vgl. BGBl. I 469, 593.

lich zuständig für das **gerichtliche Verfahren** über den Einspruch gegen den Bußgeldbescheid ist gem. § 1 Abs. 3 S. 2 FinDAG, § 68 Abs. 1 S. 1 OWiG in diesem Fall der Bußgeldrichter beim **AG Frankfurt a.M.**[2]

6 Wird dieselbe Tat im prozessualen Sinn zugleich unter dem rechtlichen Gesichtspunkt einer **Straftat** verfolgt, ist die Staatsanwaltschaft auch für die Verfolgung der Ordnungswidrigkeit zuständig (§ 40 OWiG). Die BaFin ist an der Verfolgung und Ahndung solange gehindert, als das Strafverfahren andauert. Ein bereits anhängiges Verfahren muss sie an die Staatsanwaltschaft abgeben.[3]

7 Zum Verhältnis zu **§§ 320 ff. VAG, 36 Abs. 1 Nr. 1 OWiG** sowie **§ 1 Abs. 3 S. 2 FinDAG** vgl. die obigen Ausführungen. Die Parallelvorschrift im KWG ist **§ 60 KWG.**

Beteiligung der Aufsichtsbehörde und Mitteilungen in Strafsachen

334 (1) [1]**Das Gericht, die Strafverfolgungs- oder die Strafvollstreckungsbehörde übermittelt der Bundesanstalt in Strafverfahren gegen Geschäftsleiter von Versicherungsunternehmen oder Pensionsfonds, Mitglieder der Verwaltungs- oder Aufsichtsorgane von Versicherungsunternehmen oder Pensionsfonds sowie gegen Inhaber bedeutender Beteiligungen an Versicherungsunternehmen oder Pensionsfonds oder deren gesetzliche Vertreter oder persönlich haftende Gesellschafter wegen Verletzung ihrer Berufspflichten oder anderer Straftaten bei oder im Zusammenhang mit der Ausübung eines Gewerbes oder dem Betrieb einer sonstigen wirtschaftlichen Unternehmung, ferner in Strafverfahren, die Straftaten nach § 331 zum Gegenstand haben, im Fall der Erhebung der öffentlichen Klage**

1. die Anklageschrift oder eine an ihre Stelle tretende Antragsschrift,

2. den Antrag auf Erlass eines Strafbefehls, wenn diesem nicht umgehend entsprochen wird, und

3. die das Verfahren abschließende Entscheidung mit Begründung.

[2]**Ist gegen die Entscheidung ein Rechtsmittel eingelegt worden, so ist die Entscheidung unter Hinweis auf das eingelegte Rechtsmittel zu übermitteln.** [3]**In Verfahren wegen fahrlässig begangener Straftaten werden die in Satz 1 Nummer 1 und 2 bestimmten Übermittlungen nur vorgenommen, wenn aus der Sicht der übermittelnden Stelle unverzüglich Entscheidungen oder andere Maßnahmen der Bundesanstalt geboten sind.**

(2) [1]**In Strafverfahren, die Straftaten nach § 331 Absatz 1 und 2 Nummer 1 zum Gegenstand haben, hat die Staatsanwaltschaft die Aufsichtsbehörde bereits über die Einleitung des Ermittlungsverfahrens zu unterrichten, soweit dadurch eine Gefährdung des Ermittlungszwecks nicht zu erwarten ist.** [2]**Erwägt die Staatsanwaltschaft das Verfahren einzustellen, so hat sie die Aufsichtsbehörde zu hören.**

(2a) [1]**In Strafverfahren, die eine Straftat nach § 331 Absatz 2a zum Gegenstand haben, übermittelt die Staatsanwaltschaft im Falle der Erhebung der öffentlichen Klage der Abschlussprüferaufsichtsstelle beim Bundesamt für Wirtschaft und Ausfuhrkontrolle die das Verfahren abschließende Entscheidung.** [2]**Ist gegen die Entscheidung ein Rechtsmittel eingelegt worden, ist die Entscheidung unter Hinweis auf das eingelegte Rechtsmittel zu übermitteln.**

(3) [1]**Werden sonst in einem Strafverfahren Tatsachen bekannt, die auf Missstände in dem Geschäftsbetrieb eines Versicherungsunternehmens oder eines Pensionsfonds einschließlich des Außendienstes hindeuten und ist deren Kenntnis aus der Sicht der übermittelnden Stelle für Maßnahmen der Versicherungsaufsicht erforderlich, so soll das Gericht, die Strafverfolgungs- oder die Strafvollstreckungsbehörde diese Tatsachen ebenfalls mitteilen, soweit nicht für die übermittelnde Stelle erkennbar ist, dass schutzwürdige Interessen des Betroffenen überwiegen.** [2]**Dabei ist zu berücksichtigen, wie gesichert die zu übermittelnden Erkenntnisse sind.** [3]**Tatsachen, die auf die Unzuverlässigkeit eines Aufsichtsratsmitglieds, eines Geschäftsleiters, eines Verantwortlichen Aktuars oder eines Inhabers einer bedeutenden Beteiligung schließen lassen, deuten in der Regel auf Missstände im Geschäftsbetrieb hin.**

(3a) **Die nach § 333 zuständige Verwaltungsbehörde übermittelt der Abschlussprüferaufsichtsstelle beim Bundesamt für Wirtschaft und Ausfuhrkontrolle alle Bußgeldentscheidungen nach § 332 Absatz 4a bis 4c.**

(4) **Betrifft eine Mitteilung nach Absatz 1 oder 2 ein Versicherungsunternehmen oder einen Pensionsfonds, über das oder den die Aufsicht nach diesem Gesetz durch eine Landesbehörde ausgeübt wird, leitet die Bundesanstalt die Mitteilung unverzüglich an diese Behörde weiter.**

[2] Funktional sind dort die Abteilungen 941B-946B zuständig, in deren Zuständigkeit alle Ordnungswidrigkeitenverfahren mit Ausnahme derjenigen aus dem Straßenverkehrsrecht fallen.

[3] Vgl. näher BeckOK-OWiG/*Inhofer* § 40.

Übersicht

I. Allgemeines. 1. Entstehungsgeschichte. Die Vorgängernorm § 145b VAG a. F. wurde durch das Justizmitteilungsgesetz und Gesetz zur Änderung kostenrechtlicher Vorschriften und anderer Gesetze (**JuMiG**) v. 18.6.1997[1] eingeführt. 1

Durch das Gesetz zur Änderung des Versicherungsaufsichtsgesetzes, insbesondere zur Durchführung der RL 98/78/EG v. 27.10.1998 über die zusätzliche Beaufsichtigung der einer Versicherungsgruppe angehörenden Versicherungsunternehmen sowie zur Umstellung von Vorschriften auf Euro (**VAGÄnd/EuroUmstG**)[2] v. 21.12.2000 wurden die Mitteilungspflichten auf Inhaber bedeutender Beteiligungen erweitert und die Vermutungsregel des § 334 Abs. 3 S. 3 VAG eingeführt. 2

Durch das Gesetz zur Reform der gesetzlichen Rentenversicherung und zur Förderung eines kapitalgedeckten Altersvorsorgevermögens (**AVmG**)[3] v. 26.6.2001 wurden die Mitteilungspflichten auf Pensionsfonds ausgedehnt. Durch das Gesetz zur Umsetzung der Zweiten E-Geld-RL (**EGeldRL2UmsG**)[4] v. 1.3.2011 wurde eine Mitteilungspflicht entsprechend § 334 Abs. 2 VAG geschaffen. Durch das **VAG 2016** wurden lediglich die Verweisungsziele der neuen Systematik angepasst, ohne dass inhaltliche Veränderungen vorgenommen wurden. Durch das Abschlussprüferreformgesetz (**AReG**) v. 10.5.2016 wurden § 334 Abs. 2a und 3a VAG angefügt. 3

Zum **VAG 2016** und zum **AReG**: s. die Erläuterungen bei § 332 VAG.

Durch das Gesetz zur Umsetzung der Zahlungsdiensterichtlinie (**ZDGUG**) v. 17.7.2017 wurde mit Wirkung v. 22.7.2017 in § 334 Abs. 3a der Verweis auf die – ebenfalls gestrichenen – § 332 Abs. 4b und Abs. 4c VAG wieder gestrichen. 3a

2. Normzweck. Mit der Vorschrift sollte die früher nur in der Anordnung über die Mitteilungen in Strafsachen (MiStra) enthaltene Datenübermittlung auf eine gesetzliche Grundlage gestellt werden, da die Regelung in einer Verwaltungsvorschrift nicht mehr den verfassungsrechtlichen Anforderungen an das **Recht auf informationelle Selbstbestimmung** nach der Rechtsprechung des BVerfG im Volkszählungsurteil[5] genügte. 4

Die mitgeteilten Tatsachen sollen es der **Aufsichtsbehörde** erlauben, bei rechtswidrigen Taten von Organen von Versicherungsunternehmen zu **prüfen**, ob diese Taten durch Mängel bei der **Geschäftsorganisation** begünstigt wurden und ob dies möglicherweise auf eine mangelnde **Eignung** des Organs zurückzuführen ist.[6] Es handelt sich um eine spezialgesetzliche Ausweitung der enger gefassten Übermittlungsbefugnisse nach §§ 13 Abs. 1 Nr. 1, 14 Abs. 1 Nr. 5 EGGVG. 5

Um für die übermittelnden Stellen eine einheitliche Empfangsstelle einzurichten, sieht das Gesetz die **zentrale Mitteilung an die BaFin** vor, die zur Weiterleitung an die Landesaufsichtsbehörde verpflichtet ist.[7] Dieser praktisch sinnvolle Ansatz ist durch das AReG aufgeweicht worden, denn Verstöße nach § 331 Abs. 2a VAG sind direkt an die **Abschlussprüferaufsichtsstelle** beim BAFA zu übermitteln, wobei bei Vorliegen der persönlichen und sachlichen Voraussetzungen des § 334 Abs. 1 VAG eine weitere Meldung an die BaFin veranlasst ist. 6

---

[1] BGBl. I 1430; Materialien: BT-Drs. 889/95 (Gesetzentwurf), BT-Drs. 13/4709 (Gesetzentwurf), BT-Drs. 13/7489 (Beschlussempfehlung und Bericht), BGBl. I 1430 (Verkündung).

[2] BGBl. I 1857; Materialien: BR-Drs. 534/00 (Gesetzentwurf), BT-Drs. 14/4453 (Gesetzentwurf), BT-Drs. 14/4921 (Beschlussempfehlung und Bericht), BGBl. I 1857 (Verkündung).

[3] BGBl. I 1310; Materialien: BT-Drs.14/4595 (Gesetzentwurf), BGBl. I 1310 (Verkündung).

[4] BGBl. I 288; Materialien: BR-Drs. 482/10 (Gesetzentwurf), BT-Drs. 17/3023 (Gesetzentwurf), BT-Drs. 17/4047 (Beschlussempfehlung und Bericht), BT-PlPr. 17/62, 6559C-6563C (1. Beratung), BT-PlPr. 17/78, 8668D-8672D (2. und 3. Beratung), BGBl. I 288 (Verkündung).

[5] Vgl. *BVerfG* Urt. v. 15.12.1983 – 1 BvR 209/83 u. a., BVerfGE 65, 1 = NJW 1984, 419; BT-Drs. 13/4709 S. 1.

[6] Vgl. BT-Drs.13/4709, 35.

[7] Vgl. BT-Drs.13/4709, 35.

7 Die Mitteilungspflicht über die **Einleitung des Verfahrens** nach § 334 Abs. 2 S. 1 VAG dient der Abstimmung mit der Aufsichtsbehörde und ermöglicht den wechselseitigen **Austausch** von **Ermittlungsergebnissen** zur Förderung sowohl des Straf- als auch des Verwaltungsverfahrens.[8] Zu diesem Zweck soll die Aufsichtsbehörde in das gesamte Verfahren eingebunden werden, auch wenn eine Verfahrenseinstellung beabsichtigt ist.[9]

8 **3. Europarechtlicher Hintergrund.** Ein unmittelbarer europarechtlicher Hintergrund ist **nicht vorhanden**. Soweit die Beteiligungsrechte und Mitteilungspflichten der effektiven Sanktionierung von Verstößen gegen europarechtlich fundierte aufsichtsrechtliche Pflichten dienen, ist auf die entsprechenden Ausführungen zu §§ 331, 332 VAG zu verweisen.[10]

9 In Bezug auf Verstöße gegen die **PRIIP-VO**[11] sieht Art. 27 PRIIP-VO auch Mitteilungspflichten an die EIOPA vor. Der Erlass eines Bußgeldbescheids in solchen Verfahren darf dem betroffenen Kleinanleger nach Art. 24 Abs. 4 PRIIP-VO direkt mitgeteilt werden. Art. 22 Abs. 2 PRIIP-VO verpflichtet die zuständigen Behörden zu einer engen Zusammenarbeit und Koordinierung ihrer Maßnahmen.

10 **II. Einzelerläuterungen. 1. Mitteilungen in Strafsachen (Abs. 1–3). a) Persönliche und sachliche Voraussetzungen.** Die Mitteilungspflichten nach **§ 334 Abs. 1 VAG** sind von persönlichen und sachlichen Merkmalen abhängig:

- Der Täter muss zu dem in § 334 Abs. 1 VAG genannten Personenkreis gehören und
- die Bezugstat muss Wirtschaftsstraftat nach der näheren Bestimmung des § 334 Abs. 1 VAG sein, auch wenn die entsprechende Strafnorm in Tateinheit zurücktritt (vgl. Nr. 8 MiStra).

11 Die Mitteilungspflichten nach **§ 334 Abs. 2 und Abs. 2a** sind dagegen nur v. Vorliegen einer entsprechenden Bezugstat abhängig, ohne dass der Täter dem Personenkreis des § 334 Abs. 1 VAG angehören muss.

12 Bei Mitteilungen nach **§ 334 Abs. 3 VAG** ist weder eine persönliche noch eine sachliche Einschränkung gegeben, sondern die Soll-Vorschrift ist in ihrem Anwendungsbereich v. Vorliegen von für die Versicherungsaufsicht relevanten Tatsachen abhängig.

13 Die Datenübermittlung nach § 334 VAG ist **nicht abschließend**. Sie kann auch zulässig sein, wenn im Einzelfall keine berufsbezogene Straftat vorliegt, aber die Voraussetzungen des § 17 EGGVG oder einer anderen datenschutzrechtlichen Erlaubnisnorm vorliegen und die Übermittlung wegen des besonderen öffentlichen Interesses unerlässlich ist (vgl. Ziff. 1 Abs. 3 MiStra).

14 **§ 334 Abs. 1, Abs. 2 und Abs. 2a VAG** regeln Fälle der verpflichtenden Mitteilung. Zu beachten ist dabei, dass Mitteilungen über **Fahrlässigkeitstaten** nur dann geboten sind, wenn aus Sicht der übermittelnden Stelle ein sofortiges Handeln der BaFin geboten erscheint (§ 334 Abs. 1 S. 2 VAG).

15 **§ 334 Abs. 3 VAG** gestattet als Soll-Vorschrift die Mitteilung von Tatsachen, die sonst in Strafverfahren jeder Art bekannt geworden sind, gleichgültig gegen wen es sich richtet, und auch wenn die Tatsachen sich nicht auf den Beschuldigten, sondern auf Zeugen oder sonstige Beteiligte beziehen. Die durchaus komplexe Subsumtionsleistung unter die Vorschriften über Missstandsaufsicht und Geschäftsleiterkontrolle nach dem VAG, die dem Dezernenten in einem sonstigen Strafverfahren abverlangt werden, wird durch die Vermutungsregel des § 334 Abs. 3 S. 2 VAG kaum abgemildert, sodass die praktische Wirksamkeit der Vorschrift bezweifelt werden muss. Hinzu kommt, dass auch noch eine aufwändige Interessensabwägung anzustellen ist.

16 **Mitteilungsempfängerin** ist in allen Fällen, auch bei Zuständigkeit der Landesaufsicht, die BaFin (§ 334 Abs. 4 VAG). Eine Ausnahme besteht nur in den Fällen des § 334 Abs. 2a VAG.

17 **b) Ausnahmen von der Mitteilungspflicht.** Die Mitteilung **unterbleibt** nach Nr. 2 MiStra, wenn ihr eine besondere bundesrechtliche Verwendungsregelung, insbesondere § 30 AO **(Steuergeheimnis)** entgegensteht. Von den komplexen Anforderungen und Durchbrechungen, die § 30 AO vorsieht – hierzu ist auf die steuerrechtliche Literatur zu § 30 AO zu verweisen –, dürfte insbesondere § 30 Abs. 4 Nr. 5 lit. b AO in Betracht kommen, der die Weitergabe erlaubt, wenn Wirtschaftsstraftaten verfolgt werden oder verfolgt werden sollen, die nach ihrer Begehungsweise oder wegen des Umfangs des durch sie verursachten Schadens geeignet sind, die wirtschaftliche Ordnung erheblich zu stören oder das Vertrauen der Allgemeinheit auf die Redlichkeit des geschäftlichen Verkehrs oder auf die ordnungsgemäße Arbeit der Behörden und der öffentlichen Einrichtungen erheblich zu erschüttern. Die Übermittlung von **Sozialdaten** ist hingegen schon zulässig, wenn die Übermittlung zur Gefahrenabwehr erfolgt (vgl. § 78 Abs. 1 S. 5 SGB X), sodass sie vorliegend **stets zulässig** ist, da der Normzweck des § 334 VAG gerade in der Gefahrenabwehr (Mängel der Geschäftsorganisation bzw. Eignungsmängel) besteht. Sonstige Verwendungsbeschränkungen kommen in Betracht, wenn die zu übermittelnden Daten einer Verwendungsbeschränkung aus Gründen einer **beruflichen Schweigepflicht** unterliegen

[8] Vgl. BT-Drs. 17/3023, 69.
[9] Vgl. BT-Drs. 17/3023, 69.
[10] Vgl. § 331 Rn 14, § 332 Rn. 10 f.
[11] Vgl. § 332 Rn. 81 ff.

(z. B. ärztliche Schweigepflicht, von der der Beschuldigte den Arzt nur für das betreffende Verfahren entbunden hat) oder v. Betroffenen nur für die Zwecke des betreffenden Verfahrens offenbart worden sind.[12]

Die weiter in Nr. 2 MiStra genannten Einschränkungen der Mitteilungspflicht werden jedoch durch § 334 VAG verdrängt (vgl. Nr. 2 Abs. 1 S. 2, 3 MiStra). Die Einschränkung, dass die Mitteilung zu unterbleiben hat, wenn Zwecke des Strafverfahrens entgegenstehen, kommt praktisch nicht in Betracht (vgl. Nr. 2 Abs. 1 S. 4 MiStra), weil nach § 334 Abs. 1 VAG nur verfahrensabschließende Entscheidungen mitzuteilen sind. 18

c) Auskunft und Unterrichtung des Betroffenen. Die Mitteilung an den Betroffenen, also denjenigen, auf den sie sich bezieht, trägt **Ausnahmecharakter**, weil der Gesetzgeber davon ausgeht, dass der Beschuldigte selbst erkennen kann, welche Pflichtmitteilungen vorgeschrieben sind.[13] 19

Bezieht sich die Mitteilung auf den Beschuldigten (Fälle des § 334 Abs. 1–2 VAG), wird dem Betroffenen **nur auf** seinen **schriftlichen Antrag** hin über die Mitteilung **Auskunft** erteilt und nur, wenn er sachdienliche Angaben gemacht hat (vgl. Nr. 3 Abs. 1 S. 2 MiStra, § 21 Abs. 1 EGGVG). Dies gilt auch, wenn die Mitteilung nach § 334 Abs. 3 VAG ergeht und sich auf den Beschuldigten bezieht. Im Rahmen des § 334 Abs. 3 VAG kann bei umfangreichem mitgeteiltem Tatsachenmaterial die Mitteilung auch unterbleiben, wenn der für die Erteilung der Auskunft erforderliche Aufwand nicht außer Verhältnis zu dem geltend gemachten Informationsinteresse steht (§ 21 Abs. 1 S. 3, Abs. 2 S. 4 EGGVG), wobei von der verwaltungsvereinfachenden Vorschrift unter Berücksichtigung der hohen Grundrechtsrelevanz nur äußerst vorsichtiger Gebrauch gemacht werden darf,[14] zumal der Aufwand nur geringfügig ist, wenn nur ein Abdruck der Mitteilung ohne Beifügung der übermittelten Schriftstücke (Urteile etc.) übersandt wird (vgl. Ziff. 3 Abs. 3 MiStra). 20

Von Amts wegen ist der von der Mitteilung Betroffene zu **unterrichten**, wenn sich die Mitteilung nach § 334 Abs. 3 VAG nicht auf den Beschuldigten, sondern auf Zeugen oder sonstige Beteiligte bezieht (vgl. Nr. 3 Abs. 1 S. 3 MiStra). Ergeht die Mitteilung nach Nr. 1 Abs. 3 MiStra nicht auf der Grundlage von § 334 VAG sondern, weil sie sonst zugelassen und im öffentlichen Interesse unerlässlich, ist der von der Mitteilung Betroffene grundsätzlich von Amts wegen zu unterrichten (vgl. Nr. 3 Abs. 1 S. 3 MiStra). 21

Die **Auskunft oder Unterrichtung unterbleiben**, wenn die in § 21 Abs. 4 EGGVG geregelten Gefährdungstatbestände vorliegen.[15] Die **Ablehnung** der **Auskunftserteilung** bedarf **keiner Begr.**, soweit durch die Mitteilung der tatsächlichen und rechtlichen Gründe, auf die die Entscheidung gestützt wird, der mit der Auskunftsverweigerung verfolgte Zweck gefährdet würde (§ 21 Abs. 5 EGGVG). Liegen diese Voraussetzungen nicht vor, ist die Entscheidung zu begründen. Unterbleibt die von Amts wegen gebotene **Unterrichtung** nach § 21 Abs. 4 EGGVG, ist diese nach Wegfall der Voraussetzungen **nachzuholen**. Die Ablehnung der **Auskunft** ist dagegen endgültig, wobei gegen die Ablehnung der **Rechtsweg** nach §§ 23 ff. EGGVG eröffnet ist.[16] 22

d) Zuständigkeit. Die **sachlich** für die Mitteilung zuständige Stelle ergibt sich aus Nr. 4 Abs. 1 MiStra. Im Ermittlungsverfahren ist die Staatsanwaltschaft, im Zwischen- und Hauptverfahren das Gericht und nach Rechtskraft die Vollstreckungsbehörde zuständig. 23

Die Funktionale Zuständigkeit liegt für alle **Regelmitteilungen** bei den Beamten des nichtrichterlichen Dienstes, insbesondere bei den Geschäftsstellen. Hierin liegt angesichts der vielfältigen Aufgaben und der andersartig ausgerichteten Ausbildung sowie der unzureichenden Ausstattung der Justiz ein Mangel für die effektive Anwendung, der dadurch verschärft wird, dass beispielsweise das Erkennen, dass es sich bei dem Beschuldigten um einen Inhaber einer bedeutenden Beteiligung handelt, Kenntnisse auf dem Gebiet des Kapitalgesellschaftsrechts und des Versicherungsaufsichtsrechts erfordern. In aller Regel dürfte eine praktisch wirksame Handhabung nur dann nicht von vornherein ausgeschlossen sein, wenn sich die Eigenschaft als Geschäftsleiter usw. unmittelbar und eindeutig aus dem Rubrum ergibt. Der Richter oder Staatsanwalt kann die Entscheidung an sich ziehen (vgl. Nr. 4 Abs. 2 S. 2 MiStra), in den Fällen des § 334 Abs. 2, 3 VAG dürfte ohnehin nur der zuständige Dezernent erkennen können, dass die Tatsachen mitteilungsbedürftig sind. 24

Die **nicht standardisierten Entscheidungen**, insbesondere, ob eine Mitteilung nach Nr. 1 Abs. 3 MiStra erfolgt, nach Nr. 2 MiStra ausnahmsweise unterbleibt, ob die Unterrichtung des Betroffenen nach Nr. 3 Abs. 2 MiStra unterbleibt oder ob die Übermittlung des wesentlichen Ergebnisses der Ermittlungen nach Nr. 6 Abs. 4 S. 2 MiStra unterbleibt, ist den Richtern und Staatsanwälten vorbehalten. 25

---

[12] Vgl. näher BeckOK StPO/*Coen* Nr. 2 MiStra Rn. 6 ff.
[13] Vgl. BeckOK StPO/*Coen* Nr. 2 MiStra Rn. 6.
[14] Vgl. KK-StPO/*Mayer* § 21 EGGVG Rn. 2.
[15] Vgl. näher KK-StPO/*Mayer* § 21 EGGVG Rn. 5 ff.
[16] Vgl. KK-StPO/*Mayer* § 22 EGGVG Rn. 2.

26 **e) Inhalt, Zeitpunkt und Form der Mitteilungen.** Der **Inhalt** der Mitteilungen wird durch § 334 Abs. 1–3 VAG im Einzelnen näher bestimmt. Weitere Konkretisierungen ergeben sich aus Nr. 6 MiStra. Die in § 334 VAG geregelten **Mitteilungspflichten** sind in jedem Verfahrensabschnitt eigene Mitteilungen zu bewirken. **Form und Mitteilungsweg** werden durch Nrn. 9 und 10 MiStra vorgegeben. Die **aktenmäßige Behandlung** der Mitteilung (Kenntlichmachung auf dem Aktendeckel und Dokumentation) ist näher in Nr. 5 MiStra geregelt.

27 Enthalten die mitzuteilenden Schriftstücke sog. **überschießende Daten**, die nur mit unverhältnismäßigem Aufwand entfernt werden könnten, darf die Entfernung (etwa durch Schwärzung) unterbleiben (§ 18 Abs. 1 EGGVG, Nr. 6 MiStra). Dies betrifft insbesondere Angaben über Tatbeteiligte, die nicht dem Personenkreis des § 334 VAG unterfallen sowie Angaben über Zeugen. In Bezug auf diese Daten besteht ein absolutes Verwendungsverbot nach § 18 Abs. 1 S. 2 EGGVG, das jedoch durch § 334 Abs. 3 VAG für den dort geregelten Zweck der Missstandsaufsicht durchbrochen wird.[17]

28 Ist nach **§ 334 Abs. 2 VAG** bereits über die **Einleitung des Verfahrens** Mitteilung zu machen, richten sich Umfang und Zeitpunkt nach dem Zweck der Übermittlung, der Aufsichtsbehörde eine Abstimmung der Ermittlungsergebnisse zu ermöglichen und damit das Ermittlungsverfahren zu fördern. Daraus ergibt sich, dass die Mitteilung so früh wie möglich, d. h. mit Vergabe eines Js- oder UJs-Az. erfolgen sollte, jedoch nur sofern ein begründeter Verdacht vorliegt.[18] Ein **begründeter Verdacht** liegt vor, wenn einzelne verdachtserhebliche Tatsachen einer Strafanzeige einer Überprüfung anhand objektiver Tatsachen standgehalten haben.[19] Andererseits ist zu bedenken, dass ggf. zur Überprüfung solcher Strafanzeigen schon der Informationsaustausch mit der Aufsichtsbehörde erforderlich ist. Ist dies der Fall, muss allein der Plausibilitäts- und Detaillierungsgrad der Anzeige ausreichen. Welche Tatsachen zu einer hinreichenden Information der Aufsichtsbehörde übermittelt werden müssen, um diesen Zweck zu fördern, ist dabei Frage des Einzelfalls.[20] Nach § 334 Abs. 2 S. 2 VAG ist auch die **beabsichtigte Einstellung** des Ermittlungsverfahrens mitzuteilen („Aufsichtsbehörde zu hören"), um dieser Gelegenheit zu geben, weitere Tatsachen vorzulegen. Ein Widerspruchsrecht der Aufsichtsbehörde gegen die Einstellung besteht nicht.

29 Sofern nach **§ 334 Abs. 1 S. 1 Nr. 1, Abs. 2a VAG** die **staatsanwaltlichen Antragsschriften**, die die Wirkung der Erhebung der öffentlichen Klage haben, zu übermitteln sind, wird dies mit der Abschlussverfügung bzw. deren Ausführung erledigt, wobei eine Abschrift übersandt wird. Im Hinblick auf den Mitteilungszweck, der Aufsichtsbehörde umfassende Mitwirkungs- und Prüfungsrechte zu gewähren, kommt ein Absehen von der Übersendung des wesentlichen Ergebnisses der Ermittlungen nach Nr. 6 Abs. 4 S. 1 MiStra regelmäßig nicht in Betracht. Sofern nach § 334 Abs. 1 Nr. 3, Abs. 2a VAG die **verfahrensabschließende Entscheidung** (Einstellung, Urteil) mitzuteilen ist, ist ebenfalls die vollständige Entscheidung zu übersenden. Für ein Absehen von der Übersendung der Entscheidungsgründe bzw. Begr. nach Nr. 6 Abs. 5 S. 2, Abs. 7 S. 2 MiStra ist angesichts des eindeutigen Wortlauts von § 334 Abs. 1 S. 1 Nr. 3 VAG kein Raum. Die Mitteilung wird zweckmäßigerweise veranlasst, wenn der Rechtskraftvermerk erteilt bzw. sobald ein Rechtsmittel eingelegt wird. Bei der Mitteilung über ein eingelegtes **Rechtsmittel** nach § 334 Abs. 1 S. 1 2. Hs. VAG ist nach Nr. 6 Abs. 5 S. 3 MiStra zusätzlich anzugeben, von wem das Rechtsmittel eingelegt wurde.

30 Unter den Voraussetzungen des § 20 EGGVG sind ggf. **Folgemitteilungen** erforderlich. Das Nähere regeln § 20 EGGVG und Ziff. 7 MiStra.

31 **f) Rechtsbehelfe.** Wendet sich der Betroffene gegen die Übermittlungsentscheidung als solche,[21] kann er einen **Antrag auf gerichtliche Entscheidung** nach § 22 Abs. 2 EGGVG stellen. Dieser selbständige Rechtsbehelf hat jedoch nur eingeschränkte Bedeutung.[22] Hat die Aufsichtsbehörde auf der Grundlage übermittelter Daten bereits rechtsmittelfähige Maßnahmen getroffen und dem Betroffenen bekannt gegeben, kann die Rechtswidrigkeit ausschließlich zusammen mit dem Rechtsmittel gegen diese Entscheidung geltend gemacht werden (§ 22 Abs. 1 S. 2 EGGVG). Die Aufsichtsbehörde ist verpflichtet, mitzuteilen, ob diese Voraussetzungen vorliegen (§ 22 Abs. 2 S. 2 EGGVG). Stellt das Gericht die Rechtswidrigkeit fest, besteht ein **Verwertungsverbot** für die Aufsichtsbehörde (§ 22 Abs. 3 S. 3 EGGVG). Möglich sind auch Maßnahmen im vorläufigen Rechtsschutz.[23]

32 **2. Mitteilungen in Bußgeldsachen (Abs. 3a).** In Bußgeldverfahren nach der PRIIP-VO hat die Aufsichtsbehörde alle Bußgeldentscheidungen nach § 332 Abs. 4a–c VAG an die Abschlussprüferaufsichtsstelle beim BAFA zu übermitteln. **Bußgeldentscheidungen** sind alle Entscheidungen der Verwaltungsbehörde und des Gerichts, in denen eine Geldbuße festgesetzt oder eine im OWiG vorgesehene

---

[17] Vgl. allgemein KK-StPO/*Mayer* § 18 EGGVG Rn. 4.
[18] Vgl. Nr. 6 Abs. 2 S. 2 MiStra.
[19] Vgl. BeckOK StPO/*Coen* Nr. 2 MiStra Rn. 6.
[20] Vgl. Nr. 6 Abs. 2 S. 1 MiStra.
[21] Zum Rechtsweg gegen Entscheidungen nach § 21 Abs. 4 EGGVG s. oben Rn. 22.
[22] Vgl. ausführlich KK-StPO/*Mayer* § 18 EGGVG Rn. 5 ff.
[23] Vgl. näher KK-StPO/*Mayer* § 22 EGGVG Rn. 3.

Nebenfolge angeordnet wird.[24] **Sonstige Entscheidungen und Daten**, insbesondere Einstellungsentscheidungen sind damit nicht obligatorisch mitzuteilen, sondern nur im Rahmen des durch **§ 49a OWiG** gesteuerten **Ermessens**. §§ 49a ff. OWiG verweisen ihrerseits auf zahlreiche Bestimmungen der §§ 12 ff. EGGVG. Ausschließlich zuständig für die Mitteilung ist in allen Verfahrensstadien die Aufsichtsbehörde.

Für **sonstige Bußgeldverfahren** richten sich die Mitteilungen nur nach §§ 49a ff. OWiG. 33

III. Verhältnis zu anderen Regelungen des VAG, zu Parallelvorschriften im KWG sowie zu anderen Normen. 34 **§ 309 Abs. 5 Nr. 1 VAG** ermöglicht den umgekehrten Informationsfluss von der Aufsichtsbehörde zu den Justizbehörden, indem die Vorschrift von der Amtsverschwiegenheit befreit. Die Parallelvorschrift im KWG ist **§ 60a KWG**. Zum Verhältnis von § 334 VAG zu den Vorschriften des **EGGVG** s. die Einzelerläuterungen. Zu **Art. 27 PRIIP-VO** s. oben Rn. 9.

[24] Vgl. KK-OWiG/*Mitsch* OWiG § 89 Rn. 7.

Teil 8. Übergangs- und Schlussbestimmungen

Fortsetzung des Geschäftsbetriebs

335 **Die Versicherungsunternehmen, die am 1. Januar 1902 in einem oder in mehreren Ländern landesgesetzlich zum Geschäftsbetrieb befugt gewesen sind, bedürfen keiner Erlaubnis nach diesem Gesetz, wenn sie ihren Geschäftsbetrieb in den Grenzen fortsetzen, die sie bis zum 1. Januar 1902 eingehalten haben oder die ihnen, wenn ihre Befugnis zum Geschäftsbetrieb auf besonderer Erlaubnis beruht hat, durch die Erlaubnis gezogen waren.**

1 **I. Allgemeines. 1. Entstehungsgeschichte.** Die Vorschrift entspricht unverändert dem bisherigen § 122 VAG a. F.

2 **2. Normzweck.** Mit der Vorschrift wird den Versicherungsunternehmen, die bei Inkrafttreten des VAG rechtlich zulässig tätig waren, Bestandsschutz für ihren Geschäftsbetrieb im bisherigen Umfang gewährt.

3 **3. Europarechtlicher Hintergrund.** Ein europarechtlicher Hintergrund für diese Vorschrift besteht nicht.

4 **II. Einzelerläuterung.** Der durch diese Norm gewährte Bestandsschutz bezieht sich lediglich auf die bis zu dem genannten Datum rechtmäßig ausgeübte Geschäftstätigkeit. Jede nach diesem Datum gewünschte Erweiterung der Geschäftstätigkeit bedarf einer Genehmigung durch die Bundesanstalt nach § 12 VAG.

Weitergeltung genehmigter Geschäftspläne in der Lebensversicherung

336 **[1] Für die vor dem 29. Juli 1994 abgeschlossenen Lebensversicherungsverträge (Altbestand) gilt der von der Aufsichtsbehörde bis zu diesem Zeitpunkt genehmigte Geschäftsplan in vollem Umfang weiter. [2] Auf Änderungen dieses Geschäftsplans findet § 12 Absatz 1 Anwendung. [3] Von den Bestimmungen des § 141 sind die Absätze 1, 2, 3 und 6 entsprechend sowie Absatz 5 mit der Maßgabe anzuwenden, dass die Deckungsrückstellung nach dem geltenden Geschäftsplan zu berechnen ist.**

1 **I. Allgemeines. 1. Entstehungsgeschichte.** Die Vorschrift ist durch Art. 1 Nr. 10 des Dritten Durchführungsgesetzes/EWG zum VAG v. 21.7.1994[1] in das VAG eingefügt worden. Sie ist im Zuge der Umsetzung der Solva II-Richtlinie von § 11c nach § 336 VAG verschoben worden. Dabei wurden entsprechende Bezugnahmen auf andere Vorschriften aktualisiert und ein Redaktionsversehen bei der Bezugnahme auf Vorschriften über den Verantwortlichen Aktuar[2] bereinigt.[3]

2 **2. Normzweck.** Gemäß § 336 VAG gilt in der Lebensversicherung der aufsichtsbehördlich genehmigte Geschäftsplan für die vor Inkrafttreten des Dritten Durchführungsgesetzes am 29.7.1994 geschlossenen Verträge weiter. Gemäß Art. 16 § 2 S. 2 des Dritten Durchführungsgesetzes[4] wird diese Wirkung auch auf solche Lebensversicherungsverträge erstreckt, die unter Verwendung genehmigter AVB bis Jahresende 1994 geschlossen worden sind. Der Gesetzgeber rechtfertigt diese Verfahrensweise mit **Schutzüberlegungen** für die bei Erlass des Dritten Durchführungsgesetzes bestehenden Verträge[5] bzw. mit der Notwendigkeit von Übergangsregelungen.[6] So findet auf diese Verträge auch § 5a VVG a. F. keine Anwendung (Art. 16 § 11 des Dritten Durchführungsgesetzes), die §§ 173–178 VVG gelten in der vor Inkrafttreten des Dritten Durchführungsgesetzes maßgeblichen Fassung (Art. 16 § 6 des Dritten Durchführungsgesetzes).

3 **3. Europarechtlicher Hintergrund.** Die Regelung des § 336 VAG ist nicht frei von europarechtlichen Bedenken. Gemäß Art. 6 Abs. 5 UAbs. 1 der EG-Lebensversicherungs-Richtlinie,[7] der in Art. 21 Abs. 1 UAbs. 1 der Solva II-Richtlinie aufgegangen ist, ist eine vorherige Genehmigung der AVB und der Tarife unzulässig. Vorrangig soll hiermit erreicht werden, dass Versicherungsprodukte von solchen Reglementierungen befreit werden, die der Verwirklichung eines Binnenmarkts entgegenste-

[1] BGBl. I 1630.
[2] Vgl. bereits Prölss/*Präve,* 12. Aufl., § 11c VAG Rn. 8.
[3] RegE VAG 2014, S. 298 (zu § 336 VAG).
[4] BGBl. 1994 I 1630.
[5] Gesetzesbegründung, BR-Drs. 23/94, 171.
[6] Vgl. Beschlussempfehlung des BT-Finanzausschusses, BT-Drs. 12/7595, 114; *Claus* ZfV 1994, 658 f.
[7] ABl. EG 2002 L 345, 1.

hen. Der Versicherungsinteressent soll auf diese Weise Zugang zu einer möglichst breiten Produktpalette erhalten.[8] Das bedeutet aber nicht, Verträgen, die vor Ablauf der insofern maßgeblichen Umsetzungsfrist am 1.7.1994[9] geschlossen worden sind, von dem neuen Reglement einen Dispens zu erteilen. Richtig ist zwar, dass die europarechtlichen Vorgaben nichts an den zuvor geschlossenen Vertragsabreden und ihrer aufsichtsrechtlichen Einbettung ändern. Im Hinblick auf möglichen Änderungsbedarf derartiger Verträge bleibt es aber nicht bei einer rein vergangenheitsbezogenen Betrachtung. Vielmehr führt § 336 VAG dazu, dass aufsichtsbehördliche Genehmigungserfordernisse (§ 12 Abs. 1 VAG) solange fortbestehen, bis der letzte Lebensversicherungsvertrag des Altbestands beendet wird. Hinzu kommt, dass auch für Verträge, die noch nach Verstreichen der Umsetzungsfrist bis Jahresende 1994 geschlossen worden sind, die Genehmigungserfordernisse weitergeschrieben worden sind. **Eine europarechtliche Grundlage besteht hierfür nicht.**[10]

Erwägungsgrund 30 der damaligen 3. EG-Lebensversicherungs-Richtlinie,[11] der auf die Notwendigkeit von Übergangsvorschriften verweist, bezieht sich lediglich auf entsprechende Festlegungen, die der Richtliniengeber in dieser Richtlinie mit Art. 45 u. 46 getroffen hat. Diese Regelungen sind mittlerweile gegenstandslos geworden und haben daher weder in die konsolidierte Fassung der EG-Lebensversicherungs-Richtlinie noch in die Solva II-Richtlinie Aufnahme gefunden. Eine Berechtigung der Mitgliedstaaten für Festlegungen wie die in § 336 VAG wird hierdurch jedenfalls nicht begründet. Zu berücksichtigen ist bei alledem auch, dass der Gesetzgeber für die Krankenversicherung keine korrespondierenden Festlegungen getroffen hat. Hier ist vielmehr für möglichen Änderungsbedarf beim Altbestand an die Stelle der Aufsicht ein Treuhänder getreten (§ 337 VAG). Diese Verfahrensweise wäre auch für die Lebensversicherung angezeigt gewesen. Mit ihr wäre zum einen den Belangen der Versicherten ausreichend Rechnung getragen worden, zum anderen wäre hiermit ein Widerspruch zu dem europarechtlichen Verbot der Genehmigungserfordernisse für AVB und Tarife vermieden worden. Dass der Gesetzgeber auf den Grundsatz pacta sunt servanda verweist und anführt, die vereinbarten aufsichtsbehördlichen Genehmigungsvorbehalte hätten einen Vertrauenstatbestand geschaffen,[12] und hieran weiterhin festhält, vermag vor diesem Hintergrund nicht zu überzeugen. Insofern ist zusätzlich die Präjudizwirkung von Genehmigungen bei Änderungen im Altbestand für den Neubestand zu sehen. Da Alt- und Neubestand gleichermaßen tatsächlichen und rechtlichen Entwicklungen unterliegen, wird eine für den Altbestand erfolgte Genehmigung unmittelbare Bedeutung auch für den Neubestand erlangen. Damit aber wird das Ziel der mit dem Abbau entsprechender Genehmigungserfordernisse verbundenen Deregulierung konterkariert. 4

II. Geschäftsplan (S. 1 u. 2). Gemäß § 336 **S. 1** VAG gelten für die vor dem 29.7.1994 geschlossenen Lebensversicherungsverträge die aufsichtsbehördlich genehmigten Geschäftspläne mit Festlegungen zu Tarifen und AVB weiter. Diese Verträge bezeichnet § 336 S. 1 VAG als **Altbestand**. Verträge, die zwischen dem 29.7.1994 und dem 31.12.1994 zu aufsichtsbehördlich genehmigten AVB geschlossen worden sind, werden hiervon abgesetzt mitunter als **Zwischenbestand** etikettiert.[13] Letztlich handelt es sich materiell bei sämtlichen Verträgen im Sinne von § 336 VAG und des Art. 16 § 2 S. 2 des Dritten Durchführungsgesetzes/EWG zum VAG[14] um Altbestand. Es erfolgt eine gemeinsame Abrechnung in ein- und denselben Abrechnungsverbänden,[15] auch innerhalb der internen Rechnungslegung werden die Verträge gleichbehandelt. Das erstreckt sich sogar auf Verträge, die nach dem 31.12.1994 und vor dem 1.1.1998 geschlossen worden sind, sofern diese Verträge materiell den zuvor aufsichtsbehördlich genehmigten Tarifen entsprechen.[16] Diese Wirkung bleibt auf die Abrechnung und Rechnungslegung beschränkt und hat Bedeutung im Rahmen der RfBV bezüglich kollektiver Teile der RfB;[17] § 336 VAG kommt insofern aber nicht zur Anwendung. 5

Von den Regelungen des § 336 VAG und des Art. 16 § 2 S. 2 des Dritten Durchführungsgesetzes werden die Verträge erfasst, deren **formeller Versicherungsbeginn** vor dem jeweiligen Stichtag liegt. Da das Policenverfahren nach § 5a VVG a. F. für derartige Verträge nicht möglich war,[18] ist dabei regelmäßig auf den Zeitpunkt des Zugangs der Annahmeerklärung des Versicherers beim Antragsteller abzustellen. Die Weitergeltung der Geschäftspläne bedeutet, dass auch Änderungen unter aufsichtsbehördlichem Genehmigungsvorbehalt gestellt bleiben, wie sich aus § 336 **S. 2** VAG auch ausdrücklich ergibt. Insofern findet § 12 Abs. 1 iVm § 11 VAG Anwendung. Genehmigungsmaßstab ist die aus- 6

---

[8] 46. Erwägungsgrund der EG-Lebensversicherungs-Richtlinie, aufgegangen in Erwägungsgrund 77 der Solva II-Richtinie.

[9] Art. 72 Abs. 1 i. V. m, Anhang V Teil B der EG-Lebensversicherungs-RL, aufgegangen in Art. 310 UAbs. 1 i. V. m. Anhang VI Teil B der Solva II-RL.

[10] *Präve* ZfV 1994, 168, 172.

[11] ABl. EG 1992 L 360, 1.

[12] Gesetzesbegründung, BR-Drs. 23/94, 172.

[13] *Claus* ZfV 1994, 658.

[14] Vgl. Rn. 2.

[15] *Claus* ZfV 1994, 658 f.

[16] § 2 Nr. 1 lit. a Doppelbuchstabe bb MindZVO.

[17] Vgl. § 2 Nr. 3 lit. a bb RfBV.

[18] Vgl. Art. 16 § 11 des Dritten Durchführungsgesetzes/EWG zum VAG.

reichende Wahrung der Belange der Versicherten (§ 11 Abs. 1 Nr. 4 VAG) bzw. die Sicherstellung der dauernden Erfüllbarkeit der Verpflichtungen (§ 11 Abs. 1 Nr. 1 VAG.

7 Anders als im Falle einer Bestandsübertragung hat der Gesetzgeber keine Veranlassung gesehen, eine positive Feststellung der Wahrung der Belange der Versicherten durch die Aufsicht zwingend vorzuschreiben. Lediglich § 13 Abs. 1 S. 2 VAG enthält einen derartigen Genehmigungsmaßstab, der auf entsprechende verfassungsrechtliche Anforderungen zurückgeht.[19] Hintergrund dieser Maßgabe ist die Wahrung des Grundrechtsschutzes der Versicherten. Dieser kann auch bei Änderungen der Tarife und AVB berührt sein, namentlich in Bezug auf die Überschussbeteiligung,[20] die auch den Gegenstand der verfassungsgerichtlichen Interventionen gewesen ist. Auch wenn der Gesetzgeber insofern keine Änderung der Genehmigungsvoraussetzungen vorgenommen hat, obwohl auch hier die Aufsicht als Genehmigungsbehörde agiert, ist solchen Fällen durch eine **erweiternde verfassungskonforme Auslegung** von § 336 S. 2 iVm § 12 Abs. 1 VAG Rechnung zu tragen. Das bedeutet, dass in diesen Fällen das sog Optimierungsverbot[21] nicht gilt.[22] Dies ist im Lichte der verfassungsgerichtlichen Wertungen zur Bestandsübertragung und der entsprechenden behördlichen Einbindung jedenfalls ab dem Zeitpunkt der Verkündung der Entscheidung des BVerfG vom 26.7.2005 anzunehmen,[23] bezüglich der inhaltlichen Ausgestaltung speziell der Überschussbeteiligung, die seit dem 1.1.2008 maßgeblich ist, seit diesem Zeitpunkt.[24] Die Versicherten dürfen somit grundsätzlich nicht schlechter gestellt werden. Gesetzliche oder vertragliche **Ansprüche der Versicherten** (ggf. einschließlich Überschussbeteiligung) **sind zu wahren**. Die Aufsicht ist auch dann allerdings nicht „Vertreter der Interessen des Versicherungsnehmers". Sie hat somit auf Individualinteressen und nicht auf die Interessen der Gesamtheit der Versicherten abzustellen. Alles andere würde praktisch Unmögliches verlangen, die Regelung würde leerlaufen. Demgemäß setzt auch das BVerfG in Bezug auf Bestandsübertragungen einen Abwägungsprozess der Aufsicht voraus, in den die Versichertenbelange „umfassend festgestellt und ungeschmälert" einzubringen sind.[25]

8 **III. Verantwortlicher Aktuar (Satz 3).** Für den Altbestand (§ 336 VAG, Art. 16 § 2 S. 2 des Dritten Durchführungsgesetzes/EWG zum VAG) gelten gemäß § 336 S. 3 VAG die Bestimmungen über den Verantwortlichen Aktuar mit bestimmten **Modifikationen** entsprechend. Damit wird klargestellt, dass der Aufgaben- und Verantwortungsbereich des Verantwortlichen Aktuars auch den Altbestand erfasst.[26] Demgemäß finden § 141 Abs. 1 bis 3, 5 bis 6 VAG Anwendung. § 141 Abs. 5 VAG findet mit der Maßgabe Anwendung, dass die Deckungsrückstellung nach dem genehmigten Geschäftsplan zu berechnen ist. Nicht anzuwenden ist § 141 Abs. 4 VAG, die Teilnahmepflicht des Verantwortlichen Aktuars an der einschlägigen Aufsichtsratsitzung vorsieht. Dieser Ausschluss erschließt sich nicht ohne Weiteres. Er mag noch mit der unmittelbaren Einbindung der Aufsicht in Bezug auf den Altbestand in Beziehung stehen. Jedenfalls kann der Verantwortliche Aktuar auch hier herangezogen werden, ohne dass dies § 336 VAG zuwiderlaufen würde. Es gibt insofern nur keine verpflichtende Vorgabe.

9 **IV. Anwendungsbereich.** § 336 VAG findet auf alle in- und ausländischen Lebensversicherer Anwendung,[27] einschließlich dem Sicherungsfonds für die Lebensversicherung.[28] Zu beachten ist allerdings, dass für **EWR-ausländische Versicherer**, die der Solva II-Richtlinie unterliegen, § 336 VAG nicht anwendbar ist.[29] Für kleine Versicherungsunternehmen findet § 336 VAG ebenfalls keine Anwendung.[30] Für **Sterbekassen** wird § 336 VAG durch § 218 Abs. 3 VAG überlagert, für **Pensionskassen** durch § 234 Abs. 3 S. 1 Nr. 1, 2 u. 5 VAG. Auf die **UPR** findet § 336 VAG entsprechend Anwendung.[31] Für Pensionsfonds kommt § 336 VAG keine Bedeutung zu, da diese erst seit dem 1. Januar 2002 dem VAG unterliegen.[32]

---

[19] Vgl. *BVerfG* Urt. v. 26.7.2005 –1 BvR 782/94 und 957/96, VersR 2005, 1109, 1122; s. hierzu § 13 VAG Rn. 26.
[20] Zu einem solchen Fall s. a. *BGH* Beschl. v. 7.11.2007 – IV ZR 116/04 Rn. 8, VersR 2008, 338.
[21] § 11 VAG Rn. 16.
[22] Vgl. zum Parallelfall der Bestandsübertragung § 13 VAG Rn. 28.
[23] Vgl. insofern *BVerfG* Urt. v. 26.7.2005 – 1 BvR 782/94 und 957/96, VersR 2005, 1109, 1126.
[24] Vgl. *BVerfG* Urt. v. 26.7.2005 – 1 BvR 80/95, VersR 2005, 1127, 1134; *BGH* Beschl. v. 7.11.2007 – IV ZR 116/04 Rn. 9, VersR 2008, 338.
[25] Vgl. *BVerfG* Urt. v. 26.7.2005 – 1 BvR 782/94 und 957/96, VersR 2005, 1109, 1120 f., 1123 u. 1125.
[26] Vgl. Gesetzesbegründung, BR-Drs. 23/94, 172.
[27] § 65 Abs. 2 u. § 67 Abs. 2 VAG.
[28] § 222 Abs. 4 S. 3 VAG.
[29] § 62 S. 2 VAG. Zum Hintergrund siehe *Präve* ZfV 1994, 168, 172 FN 26.
[30] § 212 Abs. 2 Nr. 8 VAG.
[31] § 161 Abs. 1 VAG.
[32] Art. 35 Abs. 1 AVmG; BGBl. 2001 I 1310.

Treuhänder in der Krankenversicherung

337 Soweit bei der nach Art der Lebensversicherung betriebenen Krankenversicherung die Prämien für die vor dem 29. Juli 1994 abgeschlossenen Versicherungsverträge auf Grund einer Anpassungsklausel mit Genehmigung der Aufsichtsbehörde geändert werden dürfen, tritt an die Stelle der Genehmigung der Aufsichtsbehörde die Zustimmung des Treuhänders (§ 155 Absatz 1 und 2).

I. Allgemeines. 1. Entstehungsgeschichte. Die Vorschrift ist durch Art. 1 Nr. 12 des Dritten Durchführungsgesetzes/EWG zum VAG v. 21.7.1994[1] in das Gesetz eingefügt worden. Durch Art. 1 Abs. 2 Nr. 12 des Gesetzes v. 21.12.2000[2] ist Absatz 1 redaktionell geändert (Ersetzung des Wortes „Änderungsklausel" durch das Wort „Anpassungsklausel") und der frühere Absatz 2[3] aufgehoben worden. Mit Umsetzung der Solva II-Richtlinie ist die Norm von § 12d nach § 337 VAG verschoben worden.[4] Die Bezugnahmen in der Regelung wurden entsprechend angepasst. 1

2. Normzweck. Die Vorschrift schafft Klarheit bezüglich der vor der Deregulierung abgeschlossenen Versicherungsverträge in der nach Art der Lebensversicherung betriebenen Krankenversicherung. 2

3. Europarechtlicher Hintergrund. Die vormaligen aufsichtsbehördlichen Genehmigungsvorbehalte ließen sich aufgrund der Vorgaben der EG-Versicherungs-Richtlinien,[5] die mittlerweile in die Solva II-Richtlinie Aufnahme gefunden haben,[6] auch für Altverträge, also für Verträge, die vor Inkrafttreten des Dritten Durchführungsgesetzes/EWG zum VAG am 29.7.1994[7] geschlossen worden sind, nicht aufrechterhalten. Der Gesetzgeber ist insofern, **anders als in der Lebensversicherung** (vgl. § 336 VAG), konsequent vorgegangen und hat mit § 337 (vormals: § 12d VAG a. F.) für eine klare, den europäischen Vorgaben entsprechende Regelung gesorgt. 3

Die vormals in Absatz 2 der Vorgängervorschrift des § 12d VAG a. F. vorgesehene Möglichkeit, dass die Aufsicht für eine Übergangszeit noch die Aufgabe des Prämienänderungstreuhänders übernimmt, ist durch Art. 1 Abs. 2 Nr. 12 des Gesetzes v. 21.12.2000[8] aufgehoben worden. Zur Begründung trug der Gesetzgeber vor, es gebe eine ausreichende Zahl von Treuhändern, so dass sich die Übergangsvorschrift nicht länger aufrechterhalten lasse.[9] Mit Wegfall der Regelung werden auch die europarechtlichen Bedenken hinfällig, die im Wesentlichen darauf fußten, dass die maßgeblichen Richtlinienvorgaben kein derartiges, über Jahre fortgeschriebenes aufsichtsbehördliches Zustimmungserfordernis kennen.[10] 4

II. Zustimmung des Treuhänders. Mit der Bestimmung des § 337 VAG wird sichergestellt, dass Alt- und Neuverträge **gleichbehandelt** werden.[11] Für sämtliche Verträge in der nach Art der Lebensversicherung betriebenen Krankenversicherung[12] gilt, dass Prämienänderungen der Zustimmung des Treuhänders nach § 155 VAG bedürfen. Dass § 337 VAG auf die Existenz einer Anpassungsklausel abstellt, referiert lediglich den Befund für Altverträge, ohne etwas an dem Charakter der Regelung als gesetzlicher Anpassungsvorschrift zu ändern. 5

III. Anwendungsbereich. Die Vorschrift gilt für in- und ausländische Versicherer.[13] Dass für **EWR-ausländische Versicherer**, die der Solva II-Richtlinie unterliegen, in Abweichung von dem früheren Recht[14] 6

eine entsprechende Bezugnahme fehlt,[15] dürfte ein Redaktionsversehen sein, da der Gesetzgeber hier nach eigenem Bekunden[16] keine inhaltlichen Änderungen vornehmen wollte. Soweit entsprechende Verträge auf den Sicherungsfonds für die substitutive Krankenversicherung übergehen sollten, bleibt es für diese ebenfalls beim Erfordernis einer Treuhänderzustimmung, auch wenn § 222 Abs. 4 S. 3 VAG keine ausdrückliche Bezugnahme auf § 337 VAG enthält.

[1] BGBl. I 1630.
[2] BGBl. I 1857.
[3] Vgl. hierzu Rn. 4.
[4] RegE VAG 2014, S. 298 (zu § 337 VAG).
[5] Art. 8 Abs. 3 der 1. EG-Schadenversicherungs-Richtlinie, Art. 29 der 3. EG-Schadenversicherungs-Richtlinie.
[6] Art. 21 Abs. 1 UAbs. 1, Abs. 2 Solva II-RL.
[7] Vgl. Art. 18 des Dritten Durchführungsgesetzes/EWG zum VAG.
[8] BGBl. I 1857.
[9] Vgl. Gesetzesbegründung, BT-Drs. 14/4453, 74.
[10] *Präve* VersR 2001, 133, 136; *ders.* ZfV 1994, 168, 172 f.
[11] Vgl. Gesetzesbegründung, BR-Drs. 23/94, 188.
[12] § 146 Abs. 1, § 147 VAG.
[13] § 65 Abs. 2, § 67 Abs. 2 VAG.
[14] § 110a Abs. 4 Nr. 2 VAG a. F.
[15] Vgl. § 62 Abs. 1 S. 2 VAG.
[16] RegE VAG 2014, S. 255 (zu § 62 Abs. 1 VAG).

Zuschlag in der Krankenversicherung

338 **Ist ein Vertrag über eine substitutive Krankenversicherung vor dem 1. Januar 2000 geschlossen, gilt § 149 mit der Maßgabe, dass**

1. der Zuschlag erstmals am 1. Januar des Kalenderjahres, das dem 1. Januar 2000 folgt, zu erheben ist,

2. der Zuschlag im ersten Jahr 2 Prozent der Bruttoprämie beträgt und an jedem 1. Januar der darauf folgenden Jahre um 2 Prozent, jedoch auf nicht mehr als 10 Prozent der Bruttoprämie, steigt, soweit er nicht wegen Vollendung des 60. Lebensjahres entfällt,

3. das Versicherungsunternehmen verpflichtet ist, dem Versicherungsnehmer rechtzeitig vor der erstmaligen Erhebung des Zuschlags dessen Höhe und die jährlichen Steigerungen mitzuteilen, und

4. der Zuschlag nur zu erheben ist, wenn der Versicherungsnehmer nicht innerhalb von drei Monaten nach dem Zugang der Mitteilung nach Nummer 3 schriftlich oder elektronisch widerspricht.

1 **I. Allgemeines. 1. Entstehungsgeschichte.** Die Vorschrift ist durch Art. 14 Nr. 5 des GKV-Gesundheitsreformgesetzes 2000 v. 22.12.1999[1] in das Gesetz eingefügt worden. Mit Umsetzung der Solva II-Richtlinie ist sie von § 12e nach § 338 VAG verschoben worden,[2] verbunden mit einer Anpassung der in der Vorschrift enthaltenen Bezugnahme.

2 **2. Normzweck.** Die Norm **ergänzt** die Bestimmung des **§ 149 VAG** insofern, als sie die Handhabung des Prämienzuschlags für solche Versicherungsverträge regelt, die zum Zeitpunkt dessen Einführung bestanden haben. Der Gesetzgeber hat sich dabei den Empfehlungen der Unabhängigen Expertenkommission zur Untersuchung der Problematik steigender Beiträge der privat Krankenversicherten im Alter angeschlossen und von einer zwangsweisen Einführung des Prämienzuschlags auch für diese Verträge Abstand genommen.[3] Ausschlaggebend war hierfür die Berücksichtigung möglicher Eigenvorsorge, die die fraglichen Versicherten bereits getroffen haben[4] und die eine zusätzliche gesetzliche Maßgabe auch verfassungsrechtlich fraglich gemacht hätte.[5] Dass bestimmte Versicherte keine Eigenvorsorge betrieben haben, musste bei dieser generalisierenden Betrachtungsweise unberücksichtigt gelassen werden.[6] Insoweit ist zu berücksichtigen, dass es diesen Versicherten freisteht, von einem Widerspruch gegen den Prämienzuschlag abzusehen.

3 **3. Europarechtlicher Hintergrund.** § 338 ist als Annexvorschrift zu § 149 VAG europarechtlich zu rechtfertigen. Art. 206 Abs. 2 lit. b der **Solva II-Richtlinie**, der die Bildung einer Alterungsrückstellung ausdrücklich vorsieht, überlässt die nähere Ausgestaltung dem nationalen Gesetzgeber.

4 **II. Maßgaben zu § 149 VAG für Altverträge.** § 338 VAG enthält Maßgaben bezüglich der Geltung von § 149 VAG für **Verträge, die vor dem 1.1.2000 geschlossen worden sind**. Entscheidend ist somit der formelle Versicherungsbeginn. Das bedeutet, dass (im sog Antragsverfahren) die Annahmeerklärung des Versicherers dem Versicherungsnehmer vor diesem Datum zugegangen sein musste bzw. (im sog Policenverfahren) der Vertrag nach Verstreichen der Widerspruchsfrist des § 5a VVG a. F. vor diesem Datum als abgeschlossen zu gelten hatte. Die erstmalige Erhebung hatte zum 1.1.2001 zu erfolgen (§ 338 **Nr. 1** VAG). Der Zuschlag ist stufenweise einzuführen gewesen, beginnend mit zwei Prozent im Jahre 2001, bis er im Jahre 2005 zehn Prozent erreichte, soweit er nicht wegen Vollendung des 60. Lebensjahres entfällt (§ 338 **Nr. 2** VAG).

5 Der Versicherer war zur Mitteilung der Zuschlagshöhe und seiner jährlichen Steigerungen verpflichtet (§ 338 **Nr. 3** VAG). Dabei genügte eine **einmalige Mitteilung** rechtzeitig vor der erstmaligen Erhebung des Zuschlags. Die Rechtzeitigkeit war gewahrt, wenn die Mitteilung der Belastung des Kontos mit der erhöhten Prämie vorausgegangen ist. Zu weiteren Mitteilungen besteht für den Versicherer keine rechtliche Verpflichtung, da der Versicherungsnehmer bereits umfassend informiert ist, wenn die nötige Information ihn gesetzesgemäß erreicht hat. Dem Versicherungsnehmer verblieb nach dem Zugang der Mitteilung ein Zeitraum von drei Monaten, um der Erhebung des Zuschlags schriftlich zu widersprechen (§ 338 **Nr. 4** VAG). Der **Widerspruch** war schriftlich oder elektronisch abzusetzen. Dies ist gemäß dem Sinn und Zweck der Regelung dahingehend zu verstehen, dass lediglich ein mündlich oder

[1] BGBl. I 2626.

[2] RegE VAG 2014, S. 298 (zu § 12e VAG).

[3] Gutachten der Unabhängigen Expertenkommission zur Untersuchung der Problematik steigender Beiträge der privat Krankenversicherten im Alter, in: Verband der privaten Krankenversicherung e. V. [Hrsg.], Zu den Altersbeiträgen der Privatversicherten, PKV-Dokumentation 19, 1997, S. 15.

[4] Vgl. Gesetzesbegründung, BT-Drs. 14/1245, 122.

[5] Vgl. Gutachten der Unabhängigen Expertenkommission zur Untersuchung der Problematik steigender Beiträge der privat Krankenversicherten im Alter, in: Verband der privaten Krankenversicherung e. V. [Hrsg.], Zu den Altersbeiträgen der Privatversicherten, PKV-Dokumentation 19, 1997, S. 93.

[6] Vgl. Gesetzesbegründung, BT-Drs. 14/1245, 122.

fernmündlich erklärter Widerspruch ausgeschlossen sein sollte. Daher konnte der Widerspruch sowohl per Post als auch per Fax erklärt werden. Auch eine E-Mail genügte. Der Versicherungsnehmer verfügte allerdings, sofern nichts anderes vereinbart worden ist, lediglich über ein einmaliges Widerspruchsrecht. Das bedeutet, dass er der jährlichen Aufstockung des Zuschlags nicht mehr widersprechen kann.

III. Anwendungsbereich. § 338 VAG gilt für in- und ausländische Versicherer.[7] Dass für **EWR-ausländische Versicherer**, die der Solva II-Richtlinie unterliegen, in Abweichung von dem früheren Recht[8] eine entsprechende Bezugnahme fehlt,[9] dürfte ein Redaktionsversehen sein, da der Gesetzgeber hier nach eigenem Bekunden[10] keine inhaltlichen Änderungen vornehmen wollte. Soweit entsprechende Verträge auf den Sicherungsfonds für die substitutive Krankenversicherung übergehen sollten, ändert sich für diese nichts an den Maßgaben des § 338 VAG, auch wenn § 222 Abs. 4 S. 3 VAG keine ausdrückliche Bezugnahme auf diese Vorschrift enthält. Durch Zeitablauf[11] hat die Norm allerdings ohnehin insgesamt **keine Bedeutung mehr**, so dass auf sie im VAG 2016 gänzlich hätte verzichtet werden können. 6

Teilbestandsvorschriften in der Unfallversicherung

339 **[1]Unternehmen, die im Rahmen eines einheitlichen Vertrags Risiken decken, die den in der Anlage 1 Nummer 1 und 19 genannten Versicherungssparten zuzuordnen sind, dürfen den Unfallversicherungsteil dieser Verträge auf ein anderes Unternehmen übertragen. [2]§ 13 ist entsprechend anzuwenden.**

I. Allgemeines. 1. Entstehungsgeschichte. Die Vorschrift geht zurück auf Art. 1 Nr. 56 des 14. Gesetzes zur Änderung des VAG v. 29.3.1983.[1] Mit Umsetzung der Solva II-Richtlinie ist unter Anpassung der Bezugnahmen die Norm von § 160 nach § 339 VAG verschoben worden.[2] Die Überschrift („Teilbestandsvorschriften") passt allerdings seit langem nicht mehr, da – anders als bei Schaffung der Regelung – die Norm nur noch einen einzigen Tatbestand umfasst. 1

2. Normzweck. Mit § 339 VAG wird eine **Sonderregelung zur Bestandsübertragung** (§ 13 VAG) geschaffen. Das hat sich als notwendig erwiesen, weil in Folge der Spartentrennung (§ 8 Abs. 4 S. 2 Hs. 1 VAG) die sog Familien-Unfall- und Sterbegeldversicherung von einem Unfall- und einem Lebensversicherer gemeinsam betrieben wird.[3] Die Unfall- und die Lebensversicherung (in Gestalt einer Sterbegeldversicherung) kann hier nur zusammen abgeschlossen und gekündigt werden. [4] § 338 VAG erlaubt für dieses Produkt, im Falle einer Bestandsübertragung den Unfallversicherungsteil für sich genommen auf ein anderes Unternehmen nach § 13 VAG zu übertragen, was nach dieser Vorschrift sonst unzulässig wäre.[5] 2

3. Europarechtlicher Hintergrund. § 339 VAG ist eine Annexvorschrift zu § 13 VAG. Für sie besteht dabei derselbe europarechtliche Hintergrund.[6] 3

II. Teilbestandsübertragung. § 339 S. 1 VAG erlaubt eine Teilbestandsübertragung für die Unfallversicherung. Das gilt allerdings, wie bereits erwähnt, nur in Bezug auf Verträge, die aus einer **Kombination zwischen einer Unfall-** (Anlage 1 Nr. 1 zum VAG) **und einer Lebensversicherung** (Anlage 1 Nr. 19 zum VAG) bestehen und – als Folge der Spartentrennung – von einem Unfall- und einem Lebensversicherer **gemeinsam betrieben** werden.[7] In Abweichung von den allgemeinen Regeln darf der Unfallversicherungsteil dieser Verträge gesondert auf ein anderes Unternehmen, einen Schadenversicherer, übertragen werden. Für diese Transaktion findet gemäß § 339 S. 2 VAG mit § 13 VAG die Vorschrift zur Bestandsübertragung Anwendung. Das schließt zur Wahrung der Versichertenbelange den entsprechenden Genehmigungsmaßstab des § 13 Abs. 1 S. 2 VAG ein.[8] 4

III. Anwendungsbereich. Die Vorschrift erlangt praktische Bedeutung nur für inländische Versicherer. Für **EWR-ausländische Versicherer**, die der Solva II-Richtlinie unterliegen, findet § 339 VAG in Ermangelung einer entsprechenden Bezugnahme in § 62 Abs. 2 von vornherein keine Anwendung. Für die übrigen ausländischen Versicherer käme zwar unter Rekurs auf § 65 Abs. 2, § 67 Abs. 2 5

[7] § 65 Abs. 2, § 67 Abs. 2 VAG.
[8] § 110a Abs. 4 Nr. 2 VAG a. F.
[9] Vgl. § 62 Abs. 1 S. 2 VAG.
[10] RegE VAG 2014, S. 255 (zu § 62 Abs. 1 VAG).
[11] Vgl. Rn. 4 f.
[1] BGBl. I 377
[2] RegE VAG 2014, S. 298 (zu § 339 VAG).
[3] Gesetzesbegründung BT-Drs. 9/1493, 36 (zu Nr. 56).
[4] GB BAV 1980, 85.
[5] Vgl. § 13 VAG Rn. 4.
[6] Vgl. § 13 VAG Rn. 3.
[7] Zu Einzelheiten dieser Produktkombination vgl. GB BAV 1980, 85.
[8] Vgl. vormalige Gesetzesbegründung BT-Drs. 9/1493, 36 (zu Nr. 56).

VAG eine Heranziehung von § 339 VAG in Betracht. Entsprechende Vertragskonstellationen dürften hier aber nicht gegeben sein.

Bestandsschutz für Rückversicherungsunternehmen

340 (1) [1]**Für Unternehmen, die ausschließlich die Rückversicherung betreiben, dieses Geschäft bereits vor dem 21. Dezember 2004 ausgeübt haben und als Rückversicherungsunternehmen bei der Aufsichtsbehörde registriert sind, gilt die Erlaubnis nach § 8 Absatz 1 im Umfang des bisherigen Geschäftsbetriebs als erteilt.** [2]**Diese Unternehmen unterliegen jedoch ohne Einschränkung der laufenden Aufsicht.**

(2) [1]**Für Rückversicherungsunternehmen eines Drittstaats, die bestehende Zweigniederlassungen fortführen und dies der Bundesanstalt bis zum 31. Dezember 2007 angezeigt haben, gilt die notwendige Erlaubnis im Umfang des angezeigten Geschäftsbetriebs als erteilt, soweit sie befugt sind, in ihrem Sitzland Rückversicherungsgeschäfte zu betreiben, dort ihre Hauptverwaltung haben, dort nach international anerkannten Grundsätzen beaufsichtigt werden und eine befriedigende Zusammenarbeit der zuständigen Behörden des Sitzlandes mit der Bundesanstalt gewährleistet ist.** [2]**Diese Unternehmen unterliegen jedoch ohne Einschränkung der laufenden Aufsicht.**

1 **I. Allgemeines. 1. Entstehungsgeschichte.** § 340 VAG entspricht inhaltlich unverändert den §§ 121j, 121i Abs. 3 VAG a. F. Die Vorgängervorschriften wurden durch die **8. VAG-Novelle im Jahr 2007**[1] in das VAG eingefügt.

2 **2. Normzweck.** Die Vorschrift regelt den Bestandsschutz für bestimmte Rückversicherungsunternehmen mit Sitz im **Inland** oder in einem **Drittstaat** hinsichtlich der Zulassung zum Geschäftsbetrieb in Deutschland.

3 **3. Europarechtlicher Hintergrund.** § 340 VAG geht zurück auf Art. 4 und 62 der Rückversicherungsrichtlinie.[2]

4 **II. Einzelerläuterungen. 1. Bestandsschutz für inländische Rückversicherungsunternehmen (§ 340 Abs. 1 VAG).** Für inländische Rückversicherungsunternehmen besteht eine Erlaubnispflicht in Deutschland erst seit dem 21.12.2004, da an diesem Tag die §§ 119 ff. VAG a. F. zur Rückversicherungsaufsicht in Kraft getreten sind. § 340 Abs. 1 S. 1 VAG legt fest, dass für Unternehmen, die bereits **vor dem 21. Dezember 2004 Rückversicherungsgeschäfte getätigt** haben und bei der Aufsichtsbehörde **registriert** sind, die Erlaubnis nach § 8 Abs. 1 VAG im Umfang des bisherigen Geschäftsbetriebs als erteilt gilt. Die **Erlaubnis** wird insofern für diese Unternehmen **fingiert**.

2. Bestandsschutz für Rückversicherungsunternehmen aus Drittstaaten (§ 340 Abs. 2 VAG).
5 Nach § 340 Abs. 2 S. 1 VAG wird die Erlaubnis in bestimmten Umfang auch für Rückversicherungsunternehmen mit Sitz in einem Drittstaat fingiert, wenn diese eine **Zweigniederlassung** im Inland unterhalten, dies der BaFin **bis zum 31. Dezember 2007 angezeigt** haben und in ihrem **Sitzland dazu befugt sind, Rückversicherungsgeschäfte zu betreiben**. Weiterhin muss die **Hauptverwaltung** des Rückversicherungsunternehmens sich in dem Sitzland befinden, eine **Aufsicht nach internationalen Standards** sichergestellt sein und eine zufriedenstellende **Zusammenarbeit mit der Aufsichtsbehörde des Sitzlandes** gewährleistet sein. Die Erlaubnis gilt für diese Unternehmen allerdings nur für denjenigen **Umfang des Geschäftsbetriebs** als erteilt, welcher der BaFin bis zum 31. Dezember 2007 angezeigt wurde.

6 **3. Laufende Aufsicht.** § 340 Abs. 1 S. 2 und Abs. 2 S. 2 VAG stellen klar, dass sich der Bestandsschutz nur auf das Erfordernis einer Erlaubnis zum Geschäftsbetrieb, mithin also auf die Zulassungsaufsicht bezieht. Auch Rückversicherungsunternehmen, für die dieser Bestandsschutz nach § 340 VAG gilt, unterliegen demnach **in vollem Umfang der laufenden Aufsicht** über ihren Geschäftsbetrieb.

Bericht über die Solvabilität und die Finanzlage

341 [1]**Versicherungsunternehmen, für die ein Kapitalaufschlag festgesetzt wurde oder die unternehmensspezifische Parameter bei der Berechnung der Solvabilitätskapitalanforderung zu verwenden haben, müssen bis zum 31. Dezember 2020 nur den Gesamtbetrag der Solvabilitätskapitalanforderung ohne gesonderte Nennung des Betrags des Kapitalaufschlags und der quantitativen Auswirkungen der unternehmensspezifischen Parameter ver-**

[1] Achtes Gesetz zur Änderung des Versicherungsaufsichtsgesetzes vom 28.5.2007 (BGBl. I, 923).
[2] Richtlinie 2005/68/EG des Europäischen Parlaments und des Rates vom 16.11.2005 über die Rückversicherung, ABl. EG 2005 L 323, 1.

öffentlichen. [2]**Die Verpflichtung, die aufsichtsrechtliche Maßnahme und ihre Hintergründe dem Grunde nach offenzulegen, bleibt unberührt.**

Schrifttum: Siehe die Angaben bei § 40.

I. Allgemeines. 1. Entstehungsgeschichte. Wie aus der Überschrift der Norm hervorgeht, betrifft § 341 VAG den **Solvabilitäts- und Finanzbericht** (Solvency and Financial Condition Report, **SFCR**). Die Pflicht, einen SFCR zu veröffentlichen, wurde durch das Solvency II-System neu begründet und mit § 40 VAG in das deutsche Recht umgesetzt.[1] 1

2. Normzweck. § 341 VAG erlaubt Versicherungsunternehmen, in einem bis zum 31.12.2020 andauernden **Übergangszeitraum** von der Veröffentlichung bestimmter Angaben im SFCR abzusehen. Hat die Aufsichtsbehörde für ein Versicherungsunternehmen einen Kapitalaufschlag festgesetzt oder von ihm verlangt, unternehmensspezifische Parameter bei der Berechnung der SCR zu verwenden, folgen aus **§ 40 Abs. 6 VAG** konkrete **Offenlegungspflichten.**[2] Sie gelten durch § 341 VAG im Übergangszeitraum jedoch nur in **reduzierter Form**. 2

3. Europarechtlicher Hintergrund. Europarechtliche Grundlage der Übergangsvorschrift ist **Art. 51 Abs. 2 UAbs. 3 Solva II-RL**. Diese Norm macht von Art. 51 Abs. 2 UAbs. 2 Solva II-RL eine sachlich und zeitlich begrenzte Ausnahme, indem sie den Mitgliedstaaten die Möglichkeit gibt, vorzusehen, dass „der Kapitalaufschlag oder die Auswirkungen der unternehmensspezifischen Parameter, die das Versicherungs- oder Rückversicherungsunternehmen […] anzuwenden hat, während eines Übergangszeitraums, der spätestens am 31. Dezember 2020 endet, nicht gesondert offengelegt werden muss". Von dieser Option hat der deutsche Gesetzgeber Gebrauch gemacht.[3] 3

II. Reduzierung der Offenlegungspflicht (Satz 1). 1. Kapitalaufschlag. Nach § 40 Abs. 6 Satz 1 und 2 VAG ist im SFCR ein von der Aufsichtsbehörde festgesetzter Kapitalaufschlag gesondert anzugeben und außerdem der Betrag auszuweisen, der nach den Vorschriften über die Berechnung der SCR ermittelt wurde. Auf die **gesonderte Nennung** des Kapitalaufschlags kann das Versicherungsunternehmen gemäß § 341 Satz 1 VAG **verzichten**. Damit reduziert sich die Offenlegungspflicht um die Angabe der Höhe des festgesetzten Kapitalaufschlags. 4

Ausdrücklich bestehen bleibt nach § 341 Satz 1 VAG die **Pflicht**, den Gesamtbetrag der Solvabilitätskapitalanforderung zu veröffentlichen. Dabei ist die **SCR inklusive dem festgesetzten Kapitalaufschlag** zu veröffentlichen, damit kein unzutreffendes Bild von der Solvabilitätslage des Unternehmens vermittelt wird.[4] § 341 Satz 1 VAG befreit somit allein von der Verpflichtung, den Betrag der SCR aufgespalten in den festgesetzten Kapitalaufschlag einerseits und den vor Festsetzung des Kapitalaufschlags ermittelten Betrag der SCR andererseits anzugeben. 5

2. Verwendung unternehmensspezifischer Parameter auf Verlangen. Nach § 40 Abs. 6 Satz 3 VAG sind für den Fall, dass die Aufsichtsbehörde von dem Versicherungsunternehmen verlangt hat, unternehmensspezifische Parameter bei der Berechnung der SCR zu verwenden, deren Auswirkungen zu quantifizieren und gesondert auszuweisen.[5] § 341 Satz 1 VAG erlaubt dem Versicherungsunternehmen, im SFCR von einer **Quantifizierung** und einem gesonderten **Ausweis der Auswirkungen** der unternehmensspezifischen Parameter auf die SCR **abzusehen**. 6

Unverändert bestehen die **Pflicht**, den unter Verwendung der unternehmensspezifischen Parameter errechneten **Gesamtbetrag** der SCR zu veröffentlichen. Nach der Gesetzesbegründung muss das Versicherungsunternehmen außerdem mitteilen, „dass es aufgrund aufsichtsbehördlicher Anordnung entsprechende Parameter verwendet und welche dies sind".[6] Indes sieht schon § 40 Abs. 6 Satz 3 VAG als Regelvorschrift nicht vor, die konkreten Parameter zu benennen, sondern lediglich ihre Auswirkungen auf die Berechnung im Einzelnen zu quantifizieren.[7] § 40 Abs. 6 Satz 3 VAG entspricht auch den europarechtlichen Vorgaben in Art. 51 Abs. 2 UAbs. 2 Solva II-RL und Art. 297 Abs. 2 lit. f) Solva II-VO.[8] Als Ausnahmevorschrift, die eine Erleichterung gegenüber der Regel schaffen soll, kann § 341 VAG aber nicht mehr fordern, als nach der Regel geboten. Eine Angabe, **welche Parameter** das Versicherungsunternehmen aufgrund der aufsichtsbehördlichen Anordnung verwendet, ist daher **nicht geboten**. Ebenso wenig ist eine Veröffentlichung der Maßnahme dem Grunde nach erforderlich.[9] 7

---

[1] Siehe daher ausführlich zur Entstehungsgeschichte des SFCR und dessen Eigenschaft als Bestandteil der Säule III des Solvency-Systems die Kommentierung zu § 40 VAG.

[2] Siehe § 40 Rn. 111 ff.

[3] Vgl. Begr. RegE-VAG 2014, BT-Drs. 18/2956, S. 298; BaFin, Merkblatt zum Berichtswesen für Erst- und Rückversicherungsunternehmen, Versicherungsgruppen und Pensionsfonds v. 16.10.2015 (zuletzt aktualisiert am 29.3.2017), S. 20.

[4] Vgl. Begr. RegE-VAG 2014, BT-Drs. 18/2956, S. 298.

[5] Siehe § 40 Rn. 112.

[6] Vgl. Begr. RegE-VAG 2014, BT-Drs. 18/2956, S. 299.

[7] Siehe § 40 VAG Rn. 113.

[8] So ausdrücklich nach der nun erfolgten Klarstellung, siehe dazu Fn. 13.

[9] Hierzu noch im Einzelnen sogleich Rn. 9 ff.

8 **3. Übergangszeitraum.** Die reduzierte Offenlegungspflicht besteht **bis zum 31. Dezember 2020.** Da die Veröffentlichung des SFCR für das Geschäftsjahr, das am 31. Dezember 2020 endet, erst im Jahr 2021 erfolgen kann, gilt für dieses Geschäftsjahr § 341 VAG nicht mehr. Maßgeblich für die Anwendbarkeit der Vorschrift ist das **Veröffentlichungsdatum** des SFCR.

9 **III. Pflichtangaben (Satz 2). 1. Hintergründe der aufsichtsrechtlichen Maßnahme.** Gemäß § 40 Abs. 6 Satz 4 VAG ist sowohl bei der Festsetzung eines Kapitalaufschlags als auch bei dem Verlangen, unternehmensspezifische Parameter zu verwenden, „auf die von der Aufsichtsbehörde angegebenen Gründe für die getroffene Maßnahme einzugehen". Hierauf bezieht sich § 341 Satz 2 VAG, nach dem die „Verpflichtung, die aufsichtsrechtliche Maßnahme und ihre Hintergründe dem Grunde nach offenzulegen, […] unberührt" bleibt. Der Gesetzgeber will hier „während der Übergangszeit eine **knappe pauschale Angabe**" ausreichen lassen.[10]

10 **Europarechtlich** ist die Angabe einer, wenn auch knappen, Begründung **nicht geboten**. Auf den ersten Blick spricht allerdings einiges für das Gegenteil, von dem der deutsche Gesetzgeber auszugehen scheint. Denn der gesonderte Ausweis des festgesetzten Kapitalaufschlags und der Auswirkungen der unternehmensspezifischen Parameter hat nach Art. 51 Abs. 2 UAbs. 2 Solva II-RL grundsätzlich „zusammen mit einer kurzgefassten Information wie sie durch die betroffene Aufsichtsbehörde gerechtfertigt werden" zu erfolgen. Art. 51 Abs. 2 UAbs. 3 Solva II-RL als Ausnahmevorschrift bezieht sich jedoch nur auf den Kapitalaufschlag und die Auswirkungen der unternehmensspezifischen Parameter, von deren gesonderter Offenlegung abgesehen werden kann. Man könnte daher zu dem Schluss gelangen, dass es in jedem Fall bei der Verpflichtung bleiben soll, über die Begründung der Aufsichtsbehörde zu informieren.[11] **Dagegen** spricht aber bereits der **Wortlaut** des Art. 51 Abs. 2 UAbs. 2 Solva II-RL, nach dem die Information „zusammen" mit dem gesonderten Ausweis zu erfolgen hat.[12] Kann der gesonderte Ausweis unterbleiben, fehlt also der Anknüpfungspunkt. Auch der **Zweck** der Übergangsregelung spricht gegen eine Pflicht zur Angabe der Begründung der Aufsichtsbehörde. Denn während der Übergangszeit soll vermieden werden, dass durch die Veröffentlichung der Maßnahmen den Versicherungsunternehmen Nachteile entstehen. Müssten Versicherungsunternehmen nun zwar nicht die konkreten Auswirkungen, aber die Maßnahmen grundsätzlich und darüber hinaus die Gründe der Aufsichtsbehörde für diese veröffentlichen, bestünde das Risiko nachteiliger Schlüsse nach wie vor. Unter Umständen wäre es sogar erhöht, weil die konkreten Auswirkungen der aufsichtsbehördlichen Maßnahme im Dunkeln blieben und deshalb entsprechende verklausulierte Angaben die Adressaten des SFCR mehr verunsichern könnten als die vollständige Veröffentlichung.

11 Auch Art. 297 Abs. 2 lit. e) und f) **Solva II-VO** stützen dieses Ergebnis. Danach muss der SFCR entweder – nur – eine Erklärung darüber enthalten, dass der Mitgliedstaat von der Option in Art. 51 Abs. 2 UAbs. 3 Solva II-RL Gebrauch gemacht hat (lit. e). Oder es müssen im SFCR die „Angaben zur Auswirkung etwaiger unternehmensspezifischer Parameter"[13] und zur Höhe etwaiger Kapitalaufschläge gemacht werden sowie „präzise Angaben zu der von der betreffenden Aufsichtsbehörde hierfür angeführten Begründung" (lit. f).

12 Der deutsche Gesetzgeber wollte von der in Art. 51 Abs. 2 UAbs. 3 Solva II-RL vorgesehenen Option Gebrauch machen. Er hat dabei allerdings verkannt, dass in Ausübung des Mitgliedstaatenwahlrechts die Versicherungsunternehmen auch nicht mehr dazu verpflichtet sind, die aufsichtsrechtliche Maßnahme und ihre Hintergründe dem Grunde nach offenzulegen. Vielmehr bleibt es nach Art. 51 Abs. 2 UAbs. 3 Solva II-RL **lediglich** bei der Pflicht, den unter Verwendung der unternehmensspezifischen Parameter errechneten **Gesamtbetrag der SCR** zu veröffentlichen. Die darüber hinaus in § 341 Satz 2 VAG geforderten Angaben entsprechen nicht den europarechtlichen Vorgaben der Solva II-RL. Eine Pflicht, diese im SFCR zu veröffentlichen, besteht mithin, wie auch aus Art. 297 Abs. 2 lit. e) Solva II-VO folgt, in dem Übergangszeitraum nicht.

13 **2. Hinweis auf § 341 VAG.** Aus dem unmittelbar anwendbaren Art. 297 Abs. 2 lit. e) Solva II-VO folgt allerdings, dass der SFCR während des Übergangszeitraums eine **Erklärung** darüber enthalten muss, „dass der Mitgliedstaat, in dem das Unternehmen ansässig ist, von der in Art. 51 Abs. 2 UAbs. 3 Solva II-RL vorgesehenen Option Gebrauch macht". Im SFCR ist also auf § 341 VAG und seine europarechtliche Grundlage hinzuweisen. Diese Erklärung hat generell zu erfolgen, so dass aus ihr nicht erkennbar wird, ob gegen das Versicherungsunternehmen, das sie im SFCR anführt, eine der beiden genannten aufsichtsbehördlichen Maßnahmen verhängt wurde.

---

[10] Vgl. Begr. RegE-VAG 2014, BT-Drs. 18/2956, S. 299. Zu § 40 Abs. 6 VAG geht der Gesetzgeber dagegen grundsätzlich davon aus, dass keine entscheidungsrelevanten Gründe zurückgehalten werden dürfen, siehe § 40 Rn. 114.

[11] Eine reduzierte Informationspflicht im Sinne einer „pauschalen Angabe" (siehe oben Rn. 9) findet indes keine Stütze in der Richtlinienvorgabe.

[12] Die englische Sprachfassung formuliert „together with", die niederländische „met daarbij".

[13] So die Formulierung nach Art. 1 Nr. 100 Delegierte Verordnung (EU) 2016/2283 der Kommission vom 22.8.2016 zur Berichtigung der deutschen Fassung der Delegierten Verordnung (EU) 2015/35 zur Ergänzung der Richtlinie 2009/138/EG des Europäischen Parlaments und des Rates betreffend die Aufnahme und Ausübung der Versicherungs- und der Rückversicherungstätigkeit (Solvabilität II), ABl. EU 2016 L 346, 111.

IV. Verhältnis zu anderen Regelungen. Die Norm **hängt eng zusammen mit § 40 Abs. 6 VAG**, der die Pflichtangaben im SFCR in Bezug auf einen festgesetzten Kapitalaufschlag (**§ 301 VAG**) und in Bezug auf die Vorgabe, unternehmensspezifische Parameter bei der Berechnung der SCR zu verwenden (**§ 110 VAG**), bestimmt. Als Ausnahmeregelung zu § 40 Abs. 6 VAG ist § 341 VAG bis zum 31.12.2020 befristet. 14

Einhaltung der Mindestkapitalanforderung

342 (1) **Versicherungsunternehmen, die die am 31. Dezember 2015 geltenden Solvabilitätsanforderungen erfüllen, deren anrechnungsfähige Basiseigenmittel aber nicht zur Bedeckung der Mindestkapitalanforderung ausreichen, müssen spätestens am 31. Dezember 2016 über anrechnungsfähige Basiseigenmittel in Höhe der Mindestkapitalanforderung verfügen.**

(2) **Verfügt ein unter Absatz 1 fallendes Versicherungsunternehmen am 31. Dezember 2016 nicht über anrechnungsfähige Eigenmittel in Höhe der Mindestkapitalanforderung, wird ihm die Erlaubnis zum Geschäftsbetrieb entzogen.**

(3) **Bis zum 31. Dezember 2017 kann die Aufsichtsbehörde von einem Versicherungsunternehmen, für das ein Kapitalaufschlag festgelegt wurde, verlangen, die in Artikel 129 Absatz 3 Satz 1 der Richtlinie 2009/138/EG genannten Prozentsätze ausschließlich auf die ohne den Kapitalaufschlag berechnete Solvabilitätskapitalanforderung anzuwenden.**

I. Allgemeines. 1. Entstehungsgeschichte. § 342 VAG ist durch Art. 1 Gesetz zur Modernisierung der Finanzaufsicht über Versicherungen vom 1.4.2015 in das VAG eingefügt worden.[1] 1

2. Normzweck. Mit dem Inkrafttreten des Gesetzes zur Modernisierung der Finanzaufsicht über Versicherungen am 1.1.2016 sind die Versicherungsunternehmen verpflichtet die Anforderungen von Solvabilität II ab dem Jahr 2016 zu erfüllen. Um eine reibungslose Umstellung der bestehenden Systeme auf das neue Regelwerk zu ermöglichen, können Versicherer verschiedene Übergangsregelungen nutzen. Diese sind in den §§ 342 – 354 VAG enthalten. 2

Um mit dem Inkrafttreten von Solvabilität II zum 1.1.2016 den Übergang für Versicherungs- und Rückversicherungsunternehmen von den bisher gültigen Solvabilitätsvorschriften zu dem neuen Regelwerk zu erleichtern, wurde in Bezug auf die Mindestkapitalanforderung eine Übergangsmaßnahme eingeführt. Insbesondere zielt die Norm auf Versicherungsunternehmen ab, die die Solvabilitätsanforderungen zum 31.12.2015 erfüllen. Bei solchen Unternehmen hatte die Aufsicht aufgrund der bisherigen Kapitalanforderungen keine Eingriffsmöglichkeit. Die sofortige Notwendigkeit bei Nichterfüllen der neuen Vorgaben am 1.1.2016 die höchste Eskalationsstufe der Aufsichtsmaßnahmen zu ergreifen, wird durch die Setzung einer Übergangsfrist bis zum 31.12.2016 in § 342 VAG verhindert. 3

3. Europarechtlicher Hintergrund. Abs. 1 der Regelung setzt Art. 131 UAbs. 1 Solva II-RL inhaltsgleich um. Dabei wurde auf eine wortgleiche Übernahme der Richtlinie verzichtet. Insbesondere wurde die Aufzählung der am 31.12.2015 gültigen Solvabilitätsvorschriften in Art. 131 Abs. 1 Solva II-RL durch „die am 31. Dezember 2015 geltenden Solvabilitätsanforderungen" ersetzt. 4

Abs. 2 der Regelung setzt Art. 131 UAbs. 2 Solva II-RL um, wobei der Vorbehalt auf die „gemäß den nationalen Rechtsvorschriften anwendbaren Verfahren"[2] nicht übernommen wurde, da der Entzug der Erlaubnis zum Geschäftsbetrieb für Versicherungsunternehmen nach deutschem Recht eine unmittelbare Maßnahme der Aufsicht darstellt, die keine weitere Verfahren z. B. einen Gerichtsbeschluss voraussetzen. 5

Abs. 3 der Regelung setzt eine weiterreichende Regelung des Art. 129 Abs. 3 UAbs. 2 Solva II-RL zum Teil um. Die entsprechende Regelung ist als optionale Ausgestaltungsbefugnis der nationalen Aufsichtsbehörden formuliert, die im Versicherungsaufsichtsgesetz stärker eingegrenzt wurde. Ein Zwang zur Anwendung der Standardformel[3] für die Berechnung der Referenz- Solvabilitätskapitalanforderung zur Bestimmung der Unter- und Obergrenze der Mindestkapitalanforderung gemäß Art. 129 Abs. 3 UAbs. 1 Solva II-RL[4] ist in der Regelung in Abs. 3 nicht vorgesehen. Die Nichtberücksichtigung der Kapitalaufschläge gemäß § 301 VAG bzw. Art. 37 Solva II-RL in Abs. 3 ist in Art. 129 Abs. 3 UAbs. 2 Solva II-RL implizit enthalten. 6

II. Einhaltung der Mindestkapitalanforderung. 1. Übergangsregelung bezüglich der Mindestkapitalanforderung (Abs. 1 und Abs. 2). Betroffene Unternehmen. Unter die Übergangsregelung fallen Versicherungsunternehmen, die zum einen die vor dem 31.12.2015 gültigen Solvabili- 7

[1] BGBl. 2015 I 434.
[2] Art. 131 UAbs. 2 Solva II-RL.
[3] Kapitel VI Abschnitt 4 Unterabschnitt 2 Solva II-RL.
[4] S. auch Kommentierung zu § 122 VAG.

tätsvorschriften erfüllen und zum anderen die Mindestkapitalanforderung nach § 89 VAG am 1.1.2016 nicht erfüllen.

8 Insbesondere fallen Unternehmen, die am 1.1.2016 die Mindestkapitalanforderung nach § 89 VAG erfüllen, nicht unter die Übergangsregelung dieser Norm. Das gilt insbesondere auch dann, wenn diese Unternehmen die Mindestkapitalanforderungen zu einem späteren Zeitpunkt nicht erfüllen. Andererseits gilt § 342 Abs. 2 VAG (vgl. Rn. 10) auch für Unternehmen, die unter Rn. 7 fallen, aber vor dem 31.12.2016 die Mindestkapitalanforderung nach § 89 VAG erfüllen.

9 **Aussetzen der Mindestkapitalanforderung gemäß § 89 VAG.** Für die unter Rn. 7 spezifizierten Unternehmen wird die Verpflichtung der Erfüllung der Mindestkapitalanforderung gemäß § 89 VAG bis zum spätesten Erfüllungstermin am 31.12.2016 ausgesetzt. Somit kommen vor dem 31.12.2016 die §§ 135 und 304 VAG für diese Unternehmen nicht zur Anwendung.

10 **Zwingender Entzug der Geschäftserlaubnis am Ende der Übergangsfrist.** Erfüllt ein unter Rn. 6 spezifiziertes Versicherungsunternehmen die Mindestkapitalanforderung gemäß § 89 VAG am 31.12.2016 nicht, wird ihm gemäß § 342 Abs. 2 VAG zwingend die Geschäftserlaubnis entzogen. Für die unter Rn. 7 spezifizierten Unternehmen sind die Konsequenzen einer Nichtbedeckung der Mindestkapitalanforderungen am 31.12.2016 somit verschärft.

2. Übergangsregelung bezüglich der Berechnung der Mindestkapitalanforderung (Abs. 3).

11 Die Übergangsregelung des § 342 Abs. 3 VAG betrifft die Berechnung der Mindestkapitalanforderung gemäß § 122 VAG in Verbindung mit Art. 129 Abs. 3 S. 1 Solva II-RL.[5] Mit Ausnahmen der absoluten Untergrenzen gelten für die Mindestkapitalanforderung eine relative Unter- und Obergrenze in Bezug auf die Solvabilitätskapitalanforderung nach §§ 96 ff. VAG.[6] Insbesondere ist ein von der Aufsichtsbehörde festgesetzter Kapitalaufschlag gemäß § 301 VAG für die Solvabilitätskapitalanforderung zu berücksichtigen.

12 § 342 Abs. 3 VAG ermächtigt die Aufsichtsbehörde von einem Versicherungsunternehmen zu verlangen, einen Kapitalaufschlag gemäß § 301 VAG bei der Ermittlung der Unter- und Obergrenze nicht zu berücksichtigen. Bemerkenswert ist in diesem Zusammenhang die Formulierung des § 342 Abs. 3 VAG insofern, dass die Regelung in jedem Fall eine Erleichterung für ein betroffenes Versicherungsunternehmen bedeutet. In § 342 Abs. 3 VAG ist unbeschadet dessen eine Verpflichtung des Versicherungsunternehmens durch die Aufsicht formuliert.

13 Mit § 1 Abs. 1 S. 2 KapAusstV hat das Bundesministerium der Finanzen in jedem Fall die Berücksichtigung eines Kapitalaufschlags gemäß § 301 VAG bei der Ermittlung der relativen Unter- und Obergrenze für die Mindestkapitalanforderung verordnet und somit § 342 Abs. 3 VAG faktisch außer Kraft gesetzt.

14 **III. Verhältnis zu anderen Regelungen des VAG.** § 342 Abs. 1 und 2 VAG stellen eine Übergangsregelung für die Mindestkapitalanforderung § 89 VAG dar. Insbesondere werden die aufsichtsrechtlichen Maßnahmen nach §§ 135 und 304 VAG für die Dauer der Übergangsregelung außer Kraft gesetzt und durch die Regelung in § 342 Abs. 2 VAG ersetzt.

15 Die Regelung der Solva II-RL, auf die sich § 342 Abs. 3 VAG bezieht, ist im VAG, insbesondere in § 122 VAG, nicht direkt umgesetzt. Dementsprechend verweist die Norm hier direkt auf die Solva II-RL. Weiterhin stellt der Absatz einen Bezug zu einem Kapitalaufschlag gemäß § 301 VAG her.

Einstellung des Geschäftsbetriebs

343 (1) **Unbeschadet des § 165 Absatz 1 gilt, dass für Versicherungsunternehmen, die den Abschluss neuer Versicherungsverträge bis zum 1. Januar 2016 einstellen und ihren Versicherungsbestand ausschließlich mit dem Ziel verwalten, ihre Tätigkeit einzustellen, bis zu den in Absatz 2 genannten Zeitpunkten auf Antrag die für kleine Versicherungsunternehmen im Sinne des § 211 geltenden Vorschriften dieses Gesetzes Anwendung finden, wenn**

1. **das Unternehmen gegenüber der Aufsichtsbehörde nachweisen konnte, dass es seine Tätigkeit vor dem 1. Januar 2019 einstellen wird, oder**
2. **das Unternehmen Sanierungsmaßnahmen nach den §§ 312 und 313 durchläuft und ein Verwalter ernannt wurde.**

(2) [1] **Für Versicherungsunternehmen, die unter**

1. **Absatz 1 Nummer 1 fallen, gilt ab dem 1. Januar 2019 Absatz 1 nicht mehr,**
2. **Absatz 1 Nummer 2 fallen, gilt ab dem 1. Januar 2021 Absatz 1 nicht mehr.**

---

[5] Umsetzung durch § 1 Abs. 1 KapAusstV, vgl. Kommentierung § 122 VAG, Rn. 8.
[6] Vgl. Kommentierung § 122 VAG, Rn. 5 ff.

[2]**Die Aufsichtsbehörde kann in den Fällen des Satzes 1 einen früheren Zeitpunkt bestimmen, wenn voraussichtlich die Tätigkeit des Versicherungsunternehmens nicht zu den in Satz 1 genannten Zeitpunkten eingestellt sein wird.**

(3) **Versicherungsunternehmen unterliegen den Absätzen 1 und 2 nur unter den folgenden Bedingungen:**

1. das Unternehmen gehört nicht zu einer Gruppe oder es gehört zu einer Gruppe, deren sämtliche Unternehmen den Abschluss neuer Versicherungsverträge einstellen, und
2. das Unternehmen legt der zuständigen Aufsichtsbehörde jährlich einen Bericht über die Fortschritte im Hinblick auf die Einstellung seiner Tätigkeit vor.

(4) **Die Aufsichtsbehörde hat eine Liste der betroffenen Versicherungsunternehmen den Aufsichtsbehörden aller Mitglied- oder Vertragsstaaten zu übermitteln.**

I. Allgemeines. Die Vorschrift befindet sich in Teil 8 „Übergangs- und Schlussbestimmungen" und soll für bestimmte Unternehmen Erleichterungen gegenüber den neuen VAG-Bestimmungen (insbesondere bei der Solvabilitätskapitalanforderung) bereit stellen. 1

Mit dieser Vorschrift setzt der Gesetzgeber Titel IV Kapitel II der Richtlinie 2009/138 EG (**Sanierungsmaßnahmen**) um. Nach Art. 269 Abs. 2 Richtlinie 2009/138 EG schließen Sanierungsmaßnahmen „die Eröffnung eines Liquidationsverfahrens durch den Herkunftsmitgliedstaat nicht aus". Der konkrete Bezug für § 343 VAG findet sich in Artikel 308b (Übergangsmaßnahmen) der Richtlinie 2014/51/EU vom 16. April 2014. 2

II. Anwendungsbereich (Abs. 1 und Abs. 3). Die Vorschrift gilt nur **für Einzelunternehmen, die den Abschluss neuer Versicherungsverträge bis zum 1.1.2016 einstellen** und ihren Versicherungsbestand ausschließlich mit dem Ziel verwalten, ihre Tätigkeit einzustellen. 3

Gleichermaßen gilt die Vorschrift für ein gruppenangehöriges Unternehmen, wenn sämtliche Unternehmen der Gruppe die Voraussetzungen des Abs. 1 erfüllen. Zusätzlich muss jedes einzelne Unternehmen der BaFin jährlich einen Bericht über die Fortschritte im Hinblick auf die Einstellung des Geschäftsbetriebes vorlegen (Abs. 3 Nr. 2).

Unbeschadet bleibt die für Rückversicherungsunternehmen anzuwendende Vorschrift des § 165 Abs. 1 VAG, d. h., sie tritt neben die Vorschrift des § 343 VAG, denn nach § 7 Nr. 33 VAG umfasst der Begriff Versicherungsunternehmen (§ 343 Abs. 1 VAG) Erst- oder Rückversicherungsunternehmen. 4

III. Anwendbarkeit der Regelungen für kleine Versicherungsunternehmen. Für diese Unternehmen sieht der Gesetzgeber **auf Antrag die Anwendung der Bestimmungen für kleine Versicherungsunternehmen nach § 211 VAG** vor und zwar gleichgültig, ob die Voraussetzungen für kleine Versicherungsunternehmen erfüllt sind oder nicht. Damit entbindet das Gesetz diese Unternehmen von allen nicht auf kleine Versicherungsunternehmen anzuwendenden Vorschriften (siehe Kommentierung zu §§ 211 ff. VAG) und insbesondere auch von dem Solvency II-Regime und der Pflicht die sog. vier Schlüsselfunktionen vorzuhalten. 5

Mit dem erforderlichen Antrag muss das betroffene Unternehmen nachweisen, dass 6

– es seine Tätigkeit vor dem 1.1.2019 einstellen wird oder
– es Sanierungsmaßnahmen nach den §§ 312 und 313 VAG durchläuft und ein Verwalter ernannt wurde.

Der Verweis auf die §§ 312, 313 VAG zielt auf das Insolvenzverfahren – ein zumindest im Hinblick auf den Begriff Sanierungsverfahren missverständlicher Verweis, denn unter Sanierung versteht das Gesetz etwas anderes (§ 136 VAG). 7

IV. Fristüberschreitungen (Abs. 2). Wenn ein Unternehmen einen Antrag nach Abs. 1 Nr. 1 gestellt hat und seine Geschäftstätigkeit am 1.1.2019 nicht vollständig eingestellt ist, gilt ab diesem Zeitpunkt die Erleichterung nach Absatz 1 nicht mehr; desgleichen entfällt die Anwendbarkeit der Regelungen für kleine Versicherungsunternehmen für das Unternehmen, dessen Insolvenzverfahren (Sanierungsmaßnahme) am 1.1.2021 noch nicht beendet ist. 8

Mit diesem Zeitpunkt unterfallen auch die Unternehmen, die einen Antrag nach Abs. 1 gestellt haben, den jeweils auf sie anzuwendenden Vorschriften des VAG.

Ist absehbar, dass die Tätigkeit eines betroffenen Unternehmens nicht zu den in Abs. 2 S. 1 genannten Zeitpunkten eingestellt sein wird, kann die BaFin einen früheren Zeitpunkt bestimmen, zu dem die Anwendbarkeit des Absatz 1 entfällt. 9

V. Informationspflicht der BaFin (Abs. 4). Die Aufsichtsbehörde hat eine Liste der betroffenen Versicherungsunternehmen den Aufsichtsbehörden aller Mitglieds- oder Vertragsstaaten zu übermitteln. Im Sinne einer effizienten Information erscheint es auch notwendig, dass die BaFin die anderen Behörden auch bei Eintritt des Tatbestandes nach Abs. 2 informiert. 10

Fristen für Berichts- und Offenlegungspflichten

344 (1) [1]**Die Frist, in der Versicherungsunternehmen die Informationen nach § 43 in Verbindung mit einer nach § 39 Absatz 1 Satz 1 erlassenen Rechtsverordnung jährlich einzureichen haben, beträgt**

1. für das am oder nach dem 30. Juni 2016, aber vor dem 1. Januar 2017 endende Geschäftsjahr 20 Wochen nach dem Ende des Geschäftsjahres des Unternehmens,
2. für das am oder nach dem 30. Juni 2017, aber vor dem 1. Januar 2018 endende Geschäftsjahr 18 Wochen nach dem Ende des Geschäftsjahres des Unternehmens,
3. für das am oder nach dem 30. Juni 2018, aber vor dem 1. Januar 2019 endende Geschäftsjahr 16 Wochen nach dem Ende des Geschäftsjahres des Unternehmens und
4. für das am oder nach dem 30. Juni 2019, aber vor dem 1. Januar 2020 endende Geschäftsjahr 14 Wochen nach dem Ende des Geschäftsjahres des Unternehmens.

[2]**Für Versicherungsunternehmen, deren Geschäftsjahr am oder nach dem 1. Januar 2016, aber vor dem 1. Juli 2017 endet, beträgt die Frist 20 Wochen nach dem Ende des Geschäftsjahres.** [3]**In diesem Fall verkürzt sich die Frist in den folgenden drei Geschäftsjahren jeweils um zwei Wochen.** [4]**Für Informationen, die halbjährlich einzureichen sind, gelten die Sätze 1 bis 3 entsprechend.**

(2) [1]**Die Frist, in der Versicherungsunternehmen die Informationen nach § 43 in Verbindung mit einer nach § 39 Absatz 1 Satz 1 erlassenen Rechtsverordnung vierteljährlich einzureichen haben, beträgt**

1. für das am oder nach dem 30. Juni 2016, aber vor dem 1. Januar 2017 endende Geschäftsjahr 8 Wochen nach dem Ende des Quartals des Geschäftsjahres,
2. für das am oder nach dem 30. Juni 2017, aber vor dem 1. Januar 2018 endende Geschäftsjahr 7 Wochen nach dem Ende des Quartals des Geschäftsjahres,
3. für das am oder nach dem 30. Juni 2018, aber vor dem 1. Januar 2019 endende Geschäftsjahr 6 Wochen nach dem Ende des Quartals des Geschäftsjahres und
4. für das am oder nach dem 30. Juni 2019, aber vor dem 1. Januar 2020 endende Geschäftsjahr 5 Wochen nach dem Ende des Quartals des Geschäftsjahres.

[2]**Für Versicherungsunternehmen, deren Geschäftsjahr am oder nach dem 1. Januar 2016, aber vor dem 1. Juli 2017 endet, beträgt die Frist acht Wochen nach dem Ende des Quartals des Geschäftsjahres. Die Frist verkürzt sich in den folgenden drei Geschäftsjahren jeweils um eine Woche.**

(3) [1]**Die Frist, in der Versicherungsunternehmen den Solvabilitäts- und Finanzbericht nach § 40 zu veröffentlichen haben, beträgt**

1. für das am oder nach dem 30. Juni 2016, aber vor dem 1. Januar 2017 endende Geschäftsjahr 20 Wochen nach dem Ende des Geschäftsjahres des Unternehmens,
2. für das am oder nach dem 30. Juni 2017, aber vor dem 1. Januar 2018 endende Geschäftsjahr 18 Wochen nach dem Ende des Geschäftsjahres des Unternehmens,
3. für das am oder nach dem 30. Juni 2018, aber vor dem 1. Januar 2019 endende Geschäftsjahr 16 Wochen nach dem Ende des Geschäftsjahres des Unternehmens und
4. für das am oder nach dem 30. Juni 2019, aber vor dem 1. Januar 2020 endende Geschäftsjahr 14 Wochen nach dem Ende des Geschäftsjahres des Unternehmens.

[2]**Für Versicherungsunternehmen, deren Geschäftsjahr am oder nach dem 1. Januar 2016, aber vor dem 1. Juli 2017 endet, beträgt die Frist 20 Wochen nach dem Ende des Geschäftsjahres.** [3]**Die Frist verkürzt sich in den folgenden drei Geschäftsjahren jeweils um zwei Wochen.**

(4) **Die Absätze 1 bis 3 sind in Verbindung mit den §§ 276 und 277 auf Gruppenebene entsprechend für beteiligte Versicherungsunternehmen, Versicherungs-Holdinggesellschaften, gemischte Versicherungs-Holdinggesellschaften und gemischte Finanzholding-Gesellschaften anzuwenden, wobei sich die genannten Fristen jeweils um sechs Wochen verlängern.**

Übersicht

I. Allgemeines. 1. Entstehungsgeschichte. § 344 VAG ist durch Art. 1 Gesetz zur Modernisierung der Finanzaufsicht über Versicherungen vom 1.4.2015 in das VAG eingefügt worden.[1] 1

2. Normzweck. § 344 VAG regelt die **Fristen für Berichts- und Offenlegungspflichten** für die Übergangs- und Schlussbestimmungen – sowohl auf Einzel- als auch auf Gruppenebene. Die Übergangsbestimmungen beziehen sich auf die Geschäftsjahre 2016 bis 2018. 2

Abs. 1 bestimmt die Fristen für die zu Aufsichtszwecken beizubringenden Informationen, die **jährlich** einzureichen sind und Abs. 2 die **vierteljährlich** einzureichenden Informationen. Abs. 3 regelt die Fristen zur Veröffentlichung des **Solvabilitäts- und Finanzberichts**. Abs. 4 verlängert die für Einzelunternehmen geltenden Fristen für Gruppen um 6 Wochen, um der größeren Komplexität gerecht zu werden. 3

3. Europarechtlicher Hintergrund. § 344 VAG setzt Art. 308b Abs. 5–8 Solva II-RL um. Dabei wurde auf eine wortgleiche Übernahme der Richtlinie verzichtet. 4

§ 344 Abs. 1 VAG setzt Art. 308b Abs. 5 Solva II-RL, und § 344 Abs. 2 VAG Art. 308b Abs. 7 Solva II-RL um. Die Fristen aus Art. 308b Abs. 6 Solva II-RL für den Bericht über die Solvabilitäts- und Finanzlage werden durch § 344 Abs. 3 VAG umgesetzt und die Fristen auf Gruppen-Ebene aus Art. 308b Abs. 8 Solva II-RL werden in § 344 Abs. 4 VAG bestimmt. Ergänzende Informationen zu dem Thema Fristen für die Berichts- und Offenlegungsfristen sind in den Art. 300, 312, 362 und 373 Solva-II VO unmittelbar geregelt. 5

In **Art. 300 Solva II-VO** wird die Frist für den Solvabilitäts- und Finanzbericht im Detail geregelt. **Art. 312 Solva II-VO** befasst sich mit den Fristen für die jährlich und vierteljährlich zu veröffentlichenden Berichte. Des Weiteren wird in Art. 312 Abs. 1 lit. b Solva II-VO explizit auf die Frist für die unternehmenseigene Risiko- und Solvabilitätsbeurteilung eingegangen. **Art. 362 und 373 Solva II-VO** bestimmen die Fristen auf Gruppen-Ebene. 6

Die **EIOPA-LL über die Berichterstattung zum Zwecke der finanziellen Stabilität** beinhaltet weitere Einzelheiten zu den Berichterstattungspflichten (z. B. Berichtswährungen, Vorbereitung und Verwendung von Daten) von Einzel- und Gruppenunternehmen, insb. zu den jährlich, halbjährlich und vierteljährlich vorzulegenden quantitativen Informationen und den hierzu einzureichenden Vorlagen. 7

II. Fristen. 1. Fristen für die jährlichen Berichtspflichten auf Solo-Ebene. Gemäß § 344 Abs. 1 VAG beträgt die Frist, in der Versicherungsunternehmen die Informationen nach § 43 VAG in Verbindung mit einer nach § 39 Abs. 1 S. 1 VAG erlassenen Rechtsverordnung **jährlich einzureichen** haben, **20 Wochen nach dem Ende des Geschäftsjahres** des Unternehmens. Dies betrifft die Unternehmen, deren Geschäftsjahr am oder nach dem 30.6.2016, aber vor dem 1.1.2017 endet. In den folgenden drei Geschäftsjahren verkürzt sich die Frist jeweils um zwei Wochen. 8

Art. 312 Solva II-VO präzisiert diese Anforderungen. Gemäß Art. 312 Abs. 1 lit. a Solva II-VO muss innerhalb der oben genannten Fristen mindestens alle **drei Jahre** und nach Ablauf des Übergangszeitraums spätestens **14 Wochen** nach Ende des Geschäftsjahres des Unternehmens der regelmäßige aufsichtliche Bericht an die Aufsichtsbehörden übermittelt werden. 9

Art. 312 Abs. 2 Solva II-VO bestimmt, dass die Aufsichtsbehörden, unter Berücksichtigung der oben genannten Fristen, die Vorlage des regelmäßigen **aufsichtlichen Berichts** zum Ende jedes Geschäftsjahres des Unternehmens verlangen können. 10

Wird die Vorlage eines solchen Berichts zu einem bestimmten Geschäftsjahr nicht verlangt, so legen die Unternehmen gemäß Art. 312 Abs. 3 Solva II-VO einen Bericht vor, dem jegliche **wesentlichen Änderungen** bezüglich der Geschäftstätigkeit und Leistung, des Governance-Systems, des Risikoprofils, der Bewertung für Solvabilitätszwecke und des Kapitalmanagements des Unternehmens im betreffenden Geschäftsjahr entnommen werden können. Dazu liefern sie eine kurze Erläuterung der Ursachen und Folgen dieser Änderungen. Auch dieser Bericht ist innerhalb der oben genannten Fristen vorzulegen. 11

Gemäß Art. 312 Abs. 1 lit. c Solva II-VO gilt nach dem **Übergangszeitraum** auch für die **jährlichen quantitativen Vorlagen** die Frist von spätestens 14 Wochen für die Übermittlung an die Aufsichtsbehörden. 12

2. Fristen für die vierteljährlichen Berichtspflichten auf Solo-Ebene. Gemäß § 344 Abs. 2 VAG beträgt die Frist, in der Versicherungsunternehmen die Informationen nach § 43 VAG in Verbindung mit einer nach § 39 Abs. 1 S. 1 VAG erlassenen Rechtsverordnung **vierteljährlich** einzurei- 13

[1] BGBl. 2015 I 434 ff.

chen haben, **acht Wochen** nach dem Ende des Geschäftsjahres. Dies betrifft Unternehmen, deren Geschäftsjahr am oder nach dem 30. Juni 2016, aber vor dem 1. Januar 2017 endet. In den folgenden drei Geschäftsjahren verkürzt sich diese Frist um jeweils eine Woche.

14 Art. 312 Abs. 1 lit. d Solva II-VO präzisiert diese Anforderungen. Hiernach müssen die Versicherungsunternehmen nach **Ablauf des Übergangszeitraums** spätestens fünf Wochen nach Ende des Geschäftsjahres des Unternehmens die **vierteljährlichen quantitativen** Vorlagen an die Aufsichtsbehörden übermitteln.

15 **3. Fristen für den Bericht über die Solvabilität und Finanzlage auf Solo-Ebene.** Gemäß § 344 Abs. 3 VAG beträgt die Frist, in der Versicherungsunternehmen den **Solvabilitäts- und Finanzbericht** zu veröffentlichen haben, 20 Wochen nach dem Ende des Geschäftsjahres des Unternehmens. Dies betrifft die Unternehmen, deren Geschäftsjahr am oder nach dem 30.6.2016, aber vor dem 1.1.2017 endet. In den folgenden drei Geschäftsjahren verkürzt sich die Frist jeweils um zwei Wochen.

16 Art. 300 Abs. 1 Solva II-VO präzisiert diese Anforderungen. Hiernach müssen die Versicherungsunternehmen den Bericht über die Solvabilitäts- und Finanzlage nach Ablauf des Übergangszeitraums spätestens **14 Wochen** nach Ende des Geschäftsjahres des Unternehmens veröffentlichen.

17 Der veröffentlichte **Bericht über die Solvabilitäts- und Finanzlage** sowie eine eventuelle Aktualisierung werden gemäß Art. 300 Solva II-VO Abs. 2 an die Aufsichtsbehörden übermittelt.

18 **4. Fristen für die Berichtspflichten auf Gruppen-Ebene.** Gemäß § 344 Abs. 4 VAG gelten die oben genannten Fristen mit einer **Verlängerung um jeweils sechs Wochen** auch auf Gruppen-Ebene für beteiligte Versicherungsunternehmen, Versicherungs-Holdinggesellschaften, gemischte Versicherungs-Holdinggesellschaften und gemischte Finanzholding-Gesellschaften.

19 Art. 362 Solva II-VO präzisiert diese Anforderungen für den Bericht über die Solvabilitäts- und Finanzlage. Demnach gelten für die Veröffentlichung des Berichts der Gruppe durch beteiligte Versicherungsunternehmen, Versicherungsholdinggesellschaften oder gemischte Finanzholdinggesellschaften die gleichen Fristen wie in Art. 300 Solva II-VO, wobei diese Fristen jeweils um **sechs Wochen** verlängert werden.

20 Gemäß Art. 373 Solva II-VO gelten auch für die regelmäßige aufsichtliche **Berichterstattung der Gruppe** die in Art. 312 Solva II-VO genannten Fristen, die um jeweils sechs Wochen verlängert werden.

21 **5. Fristen für die unternehmenseigene Risiko- und Solvabilitätsbeurteilung.** Gemäß Art 312 Solva II-VO soll der aufsichtliche Bericht über die **unternehmenseigene Risiko- und Solvabilitätsbeurteilung** auf Solo-Ebene innerhalb von zwei Wochen nach Abschluss dieser Beurteilung an die Aufsichtsbehörden übermittelt werden.

22 Auf Gruppenebene ist entsprechend Art. 373 Solva II-VO für den aufsichtlichen Bericht über die unternehmenseigene Risiko- und Solvabilitätsbeurteilung **keine Verlängerung** der Frist um 6 Wochen vorgesehen.

23 **III. Verhältnis zu anderen Regelungen des VAG, zu Parallelvorschriften im KWG sowie zu anderen Normen. 1. Verhältnis zu sonstigen Regelungen des VAG.** Weitere Informationen zu dem Thema **Berichtspflichten** sind in den §§ 35–47 VAG beschrieben, die unter dem Abschnitt 4: Allgemeine Berichtspflichten aufgeführt werden. Informationen über die allgemeinen Berichtspflichten und die Geschäftsorganisation von Gruppen sind in den §§ 275 – 278 VAG zu finden.

24 **2. Verhältnis zu sonstigen Regelungen der Durchführungsverordnungen.** Gemäß Art. 8 Abs. 1 der VO (EU) 1374/2014 der **EZB** über die statistischen Berichtspflichten müssen berichtspflichtige Unternehmen im Jahr 2016 die erforderlichen **vierteljährlichen Daten** spätestens acht Wochen nach Ablauf des Quartals, auf das sich die Daten beziehen, übermitteln. Die Frist wird danach um eine Woche pro Jahr vorverlegt und wird für in 2019 beendete Quartale fünf Wochen betragen.

25 Die erforderlichen **jährlichen Daten** müssen entsprechend Art. 8 Abs. 2 der DVO (EU) 1374/2014 im Jahr 2016 spätestens 20 Wochen nach Ablauf des Jahres, auf das sich die Daten beziehen, übermittelt werden. Diese Frist wird danach jährlich um zwei Wochen verkürzt und beträgt für 2019 14 Wochen.

26 Somit entsprechen die Fristen für die **EZB-Berichte** den oben aufgeführten Fristen.

27 Gemäß Erwägungsgrund 10 der DVO (EU) 1374/2014 soll jedoch ab frühestens 2020 eine **Verkürzung der Frist** von fünf auf vier Wochen für die vierteljährlichen Berichtspflichten erfolgen.

28 **3. Verhältnis zu sonstigen Regelungen der EIOPA-Leitlinien.** Gemäß LL 16 der **EIOPA LL Berichterstattung zum Zwecke der finanziellen Stabilität** sollen Versicherungsunternehmen nach dem Übergangszeitraum innerhalb von sieben Wochen nach Ablauf des Referenzzeitraums die quantitativen Informationen an die Aufsichtsbehörden übermitteln.

29 Während des **Übergangszeitraums** von drei Jahren sollte die Frist für die Übermittlung von vierteljährlichen, halbjährlichen oder jährlichen Informationen von sieben Wochen für das Jahr 2016 um drei Wochen verlängert werden. Für 2017 soll es eine Verlängerung von zwei Wochen und für 2018 eine Verlängerung um eine Woche geben.

Folglich ist auch bei dem Bericht zur Finanzstabilität eine **kontinuierliche Verkürzung** der Fristen innerhalb des Übergangszeitraums vorgesehen. 30

Eigenmittel

345 (1) [1]**Unbeschadet des § 92 dürfen Basiseigenmittelbestandteile für bis zu zehn Jahre nach dem 1. Januar 2016 als Eigenmittel der Qualitätsklasse 1 angesetzt werden.** [2]**Dies setzt voraus, dass diese Bestandteile**

1. **vor dem 1. Januar 2016 und vor dem Inkrafttreten des delegierten Rechtsakts nach Artikel 97 der Richtlinie 2009/138/EG ausgegeben wurden,**
2. **am 31. Dezember 2015 gemäß § 53c des Versicherungsaufsichtsgesetzes in der am 31. Dezember 2015 geltenden Fassung auch in Verbindung mit § 121a Absatz 1 Satz 2 des Versicherungsaufsichtsgesetzes in der am 31. Dezember 2015 geltenden Fassung verwendet werden konnten, um als Eigenmittel bis zu höchstens 50 Prozent auf die geforderte Solvabilitätsspanne angerechnet zu werden, und**
3. **andernfalls nicht als Eigenmittel der Qualitätsklasse 1 oder 2 gemäß § 92 eingestuft würden.**

(2) [1]**Unbeschadet des § 92 dürfen Basiseigenmittelbestandteile für bis zu zehn Jahre nach dem 1. Januar 2016 als Basiseigenmittel der Qualitätsklasse 2 angesetzt werden.** [2]**Dies setzt voraus, dass diese Bestandteile**

1. **vor dem 1. Januar 2016 und vor dem Inkrafttreten des delegierten Rechtsakts nach Artikel 97 der Richtlinie 2009/138/EG ausgegeben wurden und**
2. **am 31. Dezember 2015 gemäß § 53c des Versicherungsaufsichtsgesetzes in der am 31. Dezember 2015 geltenden Fassung auch in Verbindung mit § 121a Absatz 1 Satz 2 des Versicherungsaufsichtsgesetzes in der am 31. Dezember 2015 geltenden Fassung verwendet werden konnten, um als Eigenmittel bis zu höchstens 25 Prozent auf die geforderte Solvabilitätsspanne angerechnet zu werden.**

I. Allgemeines. 1. Entstehungsgeschichte. § 345 VAG wurde im Rahmen der Novellierung des VAG durch das Gesetz zur Modernisierung der Finanzaufsicht über Versicherungen vom 1.4.2015[1] in das VAG eingefügt. Bei § 345 VAG handelt es sich, wie bei allen Eigenmittel-Vorschriften des novellierten VAG, um eine in dieser Form neue Vorschrift, die zur Umsetzung von Solvabilität II geschaffen wurde. 1

2. Normzweck. Die Zielsetzung des § 345 VAG besteht darin, eine **Übergangsregelung** zu schaffen, die es den Unternehmen erlaubt, auch nach In-Kraft-Treten von Solvabilität II über einen Zeitraum von **bis zu zehn Jahren nach dem 1.1.2016** weiterhin solches **Genussrechtskapital** und **Nachrangdarlehen** als **Eigenmittelbestandteile** der **Qualitätsklassen eins oder zwei** einzusetzen, die nach Solvabilität I gemäß § 53c Abs. 3a bzw. 3b VAG a. F. zur Einhaltung der Solvabilitätsspanne der Qualität nach anrechenbar waren, obwohl sie die nach **Solvabilität II** geltenden **Anforderungen** für die Anrechnungsfähigkeit nicht erfüllen. Die Regelung wird oftmals als **„Grandfathering"**-Regelung bezeichnet. 2

Die Grandfathering-Regelung wurde, wie auch einige andere Übergangsregelungen, z. B. die der §§ 351 und 352 VAG im Zusammenhang mit der Berechnung der versicherungstechnischen Rückstellungen in der Solvabilitätsübersicht, ausweislich der Erwägungsgründe zur sog. Omnibus II-RL[2] geschaffen, um „**Marktstörungen** zu **vermeiden**, (…) **Beeinträchtigungen** von bestehenden **Produkten** zu **begrenzen** und (…) die **Verfügbarkeit von Versicherungsprodukten** zu **gewährleisten.**"[3] Dies deutet darauf hin, dass sie mehr der Gewährleistung einer tragbaren Kapitalausstattung und weniger der Herstellung von Rechtssicherheit dienen soll. 3

3. Europarechtlicher Hintergrund. Mit § 345 VAG werden die durch Art. 2 Nr. 80 RL 2014/51/EU (sog. Omnibus II-RL)[4] nachträglich in die Solva II-RL eingefügten Regelungen des Art. 308b Abs. 9 und 10 Solva II-RL in deutsches Recht umgesetzt.[5] § 345 VAG entspricht inhaltlich den Regelungen der Solva II-RL. Unterschiede bestehen darin, dass 4

- im VAG wie in den Eigenmittelvorschriften der §§ 91 bis 95 VAG die Bezeichnung „Qualitätsklassen" verwendet wird, während die Solva II-RL auch in der deutschen Fassung den Begriff „Tiers" enthält.
- der Bezug auf die nach Solvabilität I geltenden Regelungen im VAG durch Erwähnung des § 53c VAG a. F. als der für die Anrechnungsfähigkeit von Eigenmitteln im Rahmen der Solvabilitätsermitt-

[1] BGBl. 2015 I 434.
[2] RL 2014/51/EU, ABl. EU 2014 L 153, 1.
[3] Erwägungsgrund 61 zur Omnibus II-RL, ABl. EU 2014 L 153, 9.
[4] ABl. EU 2014 L 153, 1.
[5] Vgl. RegE-VAG 2014, BT-Drs. 18/2956, 300.

lung relevanten Vorschrift des VAG a. F. vorgenommen wird, während sich Art. 308b Abs. 9 und 10 Solva II-RL auf die vor der Solva II-RL geltende RL bezieht.

- im Hinblick auf die zeitliche Abgrenzung der unter die Übergangsregelung des § 345 VAG fallenden Eigenmittelbestandteile die Solva II-RL als spätestmöglichen Ausgabezeitpunkt den jeweils früheren Zeitpunkt von 1.1.2016 oder dem In-Kraft-Treten des delegierten Rechtsakts nach Art. 97 VAG, d. h. der Solva II-VO, nennt, während im VAG gefordert wird, dass die Ausgabe der Bestandteile vor diesen beiden Zeitpunkten erfolgen muss.
- die Solva II-RL im Hinblick auf die Eigenmittelbestandteile zum 31.12.2015 jeweils die Formulierung enthält „ … verwendet werden könnten, um die verfügbare Solvabilitätsspanne bis zu mindestens 50 %/25 % zu erfüllen", während das VAG davon spricht, dass die Eigenmittelbestandteile zum 31.12.2015 „verwendet werden konnten" und damit suggeriert, dass die tatsächliche Anrechnung zur Erfüllung der Solvabilitätsspanne unter Beachtung der quantitativen Grenzen des § 53c Abs. 3c VAG a. F. und nicht die Qualität als Eigenmittelbestandteil i. S. d. § 53c Abs. 3a und 3b VAG a. F. entscheidend ist.

5 Konkretisierungen zu der Übergangsregelung des § 345 VAG auf den nachfolgenden Hierarchieebenen der Solvabilität II-Rechtsgrundlagen existieren in Form von **LL 27 EIOPA-LL Einstufung der Eigenmittel**,[6] die erläutert, wie die Bezugnahme auf § 53c VAG zu verstehen ist und wie sich Tausch oder Umwandlung eines auf Basis des § 345 VAG anrechenbaren Eigenmittelbestandteils nach der für die Anwendbarkeit maßgeblichen Frist auswirken.

6 **II. Übergangsregelung für die Einstufung von Basiseigenmittelbestandteilen als Eigenmittel der Qualitätsklasse 1 (Abs. 1).** § 345 Abs. 1 VAG bestimmt zunächst, dass Basiseigenmittelbestandteile für **maximal zehn Jahre nach dem 1.1.2016,** als dem Datum des Inkrafttretens von Solvabilität II, als Eigenmittel der **Qualitätsklasse 1** angesetzt werden **dürfen**. Es handelt sich somit um ein **Wahlrecht** für die Unternehmen.

7 Welche **Voraussetzungen** die Basiseigenmittelbestandteile hierfür erfüllen müssen, legt **§ 345 Abs. 1 S. 2 VAG** fest: Hiernach ist eine Anrechenbarkeit dann zulässig, wenn die jeweiligen Bestandteile

- **vor** dem 1.1.2016 und dem **Inkrafttreten** des delegierten Rechtsaktes nach Art. 97 der Solva II-RL, d. h. der **Solva II-VO**, ausgegeben wurden; da die Solva II-VO am **18.1.2015 in Kraft getreten** ist, ist dies das relevante Datum,
- am 31.12.2015 nach **§ 53c VAG a. F., auch i. V. m. § 121a Abs. 1 S. 2 VAG a. F.**, d. h. bei Erst- und Rückversicherern, als Eigenmittel verwendet werden konnten, um bis zu **50 %** auf die **Einhaltung der Solvabilitätsspanne** angerechnet zu werden,
- **anderenfalls**, d. h. ohne die Regelung des § 345 VAG, **nicht** als **Eigenmittel der Qualitätsklasse 1 oder 2** gemäß § 92 VAG eingestuft würden

8 Aus der Auflistung der Voraussetzungen wird neben dem Charakter der Vorschrift des § 345 VAG als Übergangsregelung vor allem deren **Anwendungsbereich** deutlich: Bei den Eigenmitteln, die sich der Qualität nach für eine Anrechnung nach § 53c VAG a. F. bis zu 50 % als Eigenmittel zur Einhaltung der Solvabilitätsspanne eigneten, handelt es sich um **Genussrechtskapital** i. S. d. § 53c Abs. 3a VAG a. F. sowie **nachrangige Verbindlichkeiten** i. S. d. § 53c Abs. 3b VAG a. F., die, über die Erfüllung der dort genannten Ausstattungsmerkmale[7] hinaus, außerdem **keine feste Laufzeit** vorsehen. Dies ergibt sich aus § 53c Abs. 3c VAG a. F., der die Anrechenbarkeit für Instrumente mit fester Laufzeit in § 53c Abs. 3c S. 2 VAG a. F. auf 25 % beschränkt. Trotz des Wortlauts des § 53c Abs. 3c S. 2 VAG a. F., der „nachrangige Darlehen mit fester Laufzeit" nennt, erstreckte sich die Regelung nach herrschender Meinung auch auf Genussrechtskapital mit fester Laufzeit. Die Erwähnung der quantitativen Anrechenbarkeitsgrenze des § 53c Abs. 3c VAG a. F. im Wortlaut des § 345 VAG erfolgt zu dem Zweck, die unterschiedliche Behandlung von Genussrechtskapital und nachrangiger Verbindlichkeiten ohne Laufzeitbegrenzung zu solchen mit Laufzeitbegrenzung im Rahmen des „Grandfathering" zu regeln.

Das geht abgesehen vom Wortlaut der Solva II-RL auch aus **LL 27 EIOPA-LL Einstufung der Eigenmittel** hervor, die klarstellt, dass die Nennung der quantitativen Anrechenbarkeitsgrenze des § 53c Abs. 3c VAG a. F. **„bis zu mindestens 50 %"** (bzw. „bis zu mindestens 25 % in § 345 Abs. 2 VAG für Qualitätsklasse zwei) ausschließlich dazu dient, die für eine Anwendung des § 345 VAG in Frage kommenden Eigenmittel **qualitativ zu charakterisieren** und nicht bedeutet, dass nur genau die Eigenmittel für das „Grandfathering" in Frage kommen, die nach Solvabilität I zum 31.12.2015 tatsächlich zur Anrechnung auf die Solvabilitätsspanne verwendet wurden.[8]

9 Dass eine Anrechenbarkeit des auf dieser Basis in Frage kommenden Genussrechtskapitals bzw. der nachrangigen Verbindlichkeiten **nur dann** gegeben ist, wenn die nach Solvabilität II für die Einstufung in die **Qualitätsklassen 1 und 2** geltenden **Einstufungskriterien des § 92 VAG nicht erfüllt**

[6] S. EIOPA-BoS-14/168 Rn. 1.95 bis 1.97.
[7] S. Prölss/*Lipowsky*, 12. Aufl., § 53c Rn. 33 f., wobei die Kommentierung dort sich nicht auf den am 31.12.2015 geltenden Gesetzesstand bezieht, sondern auf den Stand nach VAG-Novelle 2003.
[8] Vgl. EIOPA-BoS-14/168 Rn. 1.97.

werden, impliziert zunächst, dass die Regelung **Eigenmittelbestandteile** als Eigenmittel der Qualitätsklasse 1 **anrechenbar** werden lässt, die anderenfalls nicht in dieser **Qualitätsklasse** oder nicht einmal in der Qualitätsklasse 2 wären. Umgekehrt ist es **nicht zulässig**, Genussrechtskapital oder nachrangige Verbindlichkeiten, die auf Basis der Kriterien des § 92 VAG als Eigenmittel der Qualitätsklasse 2 anrechnungsfähig wären, **mit Hilfe der Grandfathering-Regel** in der **Qualitätsklasse** 1 anzurechnen. Da ausweislich der Gesetzesbegründung die **quantitativen Grenzen** von Solvabilität II **anzuwenden** sind, d. h. die Regelungen der §§ 94 und 95 VAG sowie insbesondere die des **Art. 82 Solva II-VO** gelten, wirkt sich die Bedingung auch darüber hinausgehend aus: Der durch die Grandfathering Regelung mögliche Anstieg der Eigenmittelbestandteile der Qualitätsklassen 1 erleichtert zuerst einmal die Einhaltung der Mindestanteile, die diese Eigenmittel nach Art. 82 Abs. 1 lit. a Solva II-VO an der Einhaltung der Solvabilitätskapitalanforderung (50 %) bzw. nach Art. 82 Abs. 2 lit. a Solva II-VO an der Einhaltung der Mindestkapitalanforderung (80 %) ausmachen müssen. Andererseits führt die in Art. 82 Abs. 3 Solva II-VO geregelte **Beschränkung der Anrechenbarkeit bestimmter Eigenmittelbestandteile der Qualitätsklasse 1 auf 20 % des Gesamtbetrages der Bestandteile dieser Qualitätsklasse** aber dazu, dass bei einer Berücksichtigung von Genussrechtskapital oder Nachrangdarlehen als Qualitätsklasse 1 mit Hilfe der Grandfathering-Regelung weniger andere als Qualitätsklasse eins qualifizierte Eigenmittelbestandteile als solche zur Anrechnung kommen können. Ob dieser Fall eintritt, hängt von der **Kapitalstruktur** des (Rück-)Versicherers ab und kann dann vorkommen, wenn abgesehen von den über die Grandfathering-Regelung angerechneten Bestandteilen noch eingezahlte nachrangige Mitgliederkonten von VVaG, eingezahlte Vorzugsaktien sowie eingezahlte nachrangige Verbindlichkeiten (einschließlich Genussrechtskapital), die die Solvabilität II-Kriterien des § 92 VAG erfüllen, als Eigenmittel der Qualitätsklasse 1 angerechnet werden sollen.

Fraglich ist, ob eine **nachträgliche Änderung** des dem Genussrechtskapital oder Nachrangdarlehen zugrunde liegenden Vertrages, die nach dem 18. Januar 2015 stattgefunden hat oder zukünftig vorgenommen wird, für die Berücksichtigung nach der Grandfathering-Regel schädlich ist. Die Gesetzesbegründung trifft hierzu die Aussage, dass eine „**Ersetzung** der betroffenen Basiseigenmittelbestandteile“[9] **nicht** die **Anwendbarkeit der Regelung des § 345 VAG** auf die „**Ersatz-Basiseigenmittel**“[10] zur Folge hat. In dieselbe Richtung deutet die Aussage in **LL 27 EIOPA-LL Einstufung der Eigenmittel**, die erläutert, dass bei **Tausch oder Umwandlung** eines Eigenmittelbestandteils, der hieraus resultierende Eigenmittelbestandteil als **neu** und **nicht im Einklang** mit den der Grandfathering-Regelung zugrunde liegenden Vorschriften der Solva II-RL aufzufassen ist.[11] Diese Aussagen schließen im Wortlaut nicht aus, dass reine Vertragsänderungen, d. h. solche, die nicht zu einem neuen Basiseigenmittelbestandteil führen, nicht gegen eine fortgeführte Anwendung der Grandfathering-Regel sprechen. Es ist eine Untersuchung im Einzelfall geboten. 10

III. Übergangsregelung für die Einstufung von Basiseigenmittelbestandteilen als Eigenmittel der Qualitätsklasse 2 (Abs. 2). § 345 Abs. 2 VAG entspricht der Regelung des § 345 Abs. 1 VAG insofern, als auch hier eine **Übergangsregelung** zur Anrechenbarkeit von unter Solvabilität I nach **§ 53c Abs. 3a oder Abs. 3b VAG a. F.** der Qualität nach als Eigenmittel anrechenbarem **Genussrechtskapital** und **nachrangigen Verbindlichkeiten** festgelegt wird, mit dem Unterschied, dass es um die Anrechenbarkeit als Eigenmittel der **Qualitätsklasse 2** geht. Als Eigenmittelbestandteil der Qualitätsklasse 2 auf die Einhaltung der Solvabilitäts- und Mindestkapitalanforderung jeweils anrechenbar sein sollen demnach alle die sich aus Genussrechtskapital und nachrangigen Verbindlichkeiten ergebenden Beträge, die unter Solvabilität I bis zu 25 % auf die Solvabilitätsspanne anrechenbar waren. 11

Die hierfür zu erfüllenden Bedingungen entsprechen weitestgehend den in § 345 Abs. 1 VAG für die Anrechenbarkeit in der Qualitätsklasse 1 Genannten, allerdings erlaubt **§ 345 Abs. 2 VAG** die Einstufung solcher Eigenmittelbestandteile als **Qualitätsstufe 2 mit Hilfe** der **Grandfathering-Regelung**, die auch auf Basis der in § 92 VAG enthaltenen **Solvabilität II-Kriterien** in die **Qualitätsstufe 2** einzustufen wären. Dies hat zur Folge, dass Genussrechtskapital und nachrangige Verbindlichkeiten, die unter **Solvabilität II** als Eigenmittel der **Qualitätsstufe 3** einzustufen wären, durch Nutzung der **Grandfathering-Regelung** als Eigenmittel der **Qualitätsstufe 2** berücksichtigt werden dürfen, solange die quantitativen Grenzen der §§ 94 und 95 VAG bzw. des Art. 82 Abs. 1 und 2 Solva II-VO eingehalten werden. 12

IV. Verhältnis zu anderen Regelungen des VAG. Da § 345 VAG eine Übergangsregelung zur Anrechenbarkeit bestimmter, nach Solvabilität II anrechenbarer Eigenmittelbestandteile enthält, besteht eine enge Verbindung zu den Eigenmittelvorschriften der §§ 89–95 VAG. 13

---

[9] Begr. VAG-RegE 2014, BT-Drs. 18/2957, 301.
[10] Begr. VAG-RegE 2014, BT-Drs. 18/2957, 301.
[11] Vgl. EIOPA-BoS-14/168 Rn. 1.96; auch wenn die deutsche Fassung der LL in dieser Rn. sprachlich unsauber ist, lässt sich die Aussage verstehen und deckt sich mit der Aussage der englischen Fassung.

Anlagen in Kreditverbriefungen

346 Für Versicherungsunternehmen, die in handelbare Wertpapiere oder andere Finanzinstrumente auf der Grundlage von neu gebündelten, verbrieften und vor dem 1. Januar 2011 ausgegebenen Krediten investieren, gelten die in von der Kommission nach Artikel 135 Absatz 2 der Richtlinie 2009/138/EG erlassenen delegierten Rechtsakten genannten Anforderungen nur, wenn nach dem 31. Dezember 2014 zugrunde liegende Forderungen neu hinzugefügt oder ersetzt werden.

1 **I. Allgemeines. 1. Entstehungsgeschichte.** Die Norm dient der Umsetzung von Art. 308 Abs. 11 Solva II-RL.

2 **2. Normzweck.** § 346 bezeichnet die Voraussetzungen, unter denen Versicherungsunternehmen solche Kreditverbriefungen in ihrem Anlageportfolio halten können, die an sich nicht die Anforderungen von Art. 254 ff. Solva II VO erfüllen.

3 **3. Europarechtlicher Hintergrund.** Art. 135 Abs. 2 Solva II-RL stellt für das Investment in solche Instrumente Anforderungen auf, die durch Art. 254 f. Solva II-VO konkretisiert werden. Der Grund dafür, dass Investments in diese Anlagegegenstände regulierten Anforderungen unterliegen, liegt darin, dass mit der Transformation von Kreditrisiken (durch Bündelung und Tranchierung) in ein neues Anlageinstrument (der Asset-Backed-Security)[1] ein Verlust an Transparenz einhergeht und damit die Beurteilung des Risikos des Anlagegenstandes erheblich erschwert ist. Will ein Versicherungsunternehmen ein entsprechendes Investment tätigen, müssen bezüglich des Anlagegegenstandes (Risikoselbstbehalt des Emittenten) und hinsichtlich der internen Prozesse im Versicherungsunternehmen/Rückversicherungsunternehmen die Anforderungen der Solva II-VO erfüllt sein. Ein Verstoß gegen die Anforderungen der VO hat erhöhte Eigenmittelanforderungen zur Folge, Art. 254 Solva II-VO.

4 **II. Regelungsinhalt.** § 346 enthält eine Ausnahme von den Anforderungen der Art. 254 ff. Solva II-VO. Diese Anforderungen kommen dann nicht zum Tragen, wenn (1) die zugrunde liegenden Kredite („backing assets") vor dem 1.1.2011 ausgegeben worden sind und (2) nach dem 31.12.2014 in der Haftungsmasse des Finanzinstruments keine Forderungen neu hinzugefügt oder ersetzt worden sind, wenn also das Portfolio der „backing assets" nach dem 31.12.2014 nicht mehr aktiv umgestaltet worden ist. Der Vorschrift kommt damit Bestandschutzfunktion zu, denn sie erlaubt, dass Positionen weiter im Bestand gehalten werden können, die die Anforderungen der Solva II-VO nicht erfüllen, soweit sich das Haftungssubstrat eben aus Altkrediten (vor 2011) zusammensetzt und abgewickelt wird.

5 Gemäß § 350 S. 1 ist die Vorschrift auch auf Gruppenebene entsprechend anzuwenden.

6 **III. Beabsichtigte Neuregelung.** Die Kommission beabsichtigt, die entsprechenden Anforderungen neu zu regeln und hat dazu einen Vorschlag vorgelegt.[2]

Standardparameter

347 (1) **Unbeschadet von § 89 Absatz 1 Satz 1, § 96 Absatz 1, § 97 Absatz 3 und der §§ 100, 109 Absatz 2 gilt im Hinblick auf die zu verwendenden Standardparameter Folgendes:**

1. bis zum 31. Dezember 2017 werden bei der Berechnung der Untermodule für das Konzentrationsrisiko und das Spread-Risiko nach der Standardformel für Forderungen an die Mitglied- oder Vertragsstaaten oder deren Zentralbanken, die auf die Landeswährung eines anderen Mitglied- oder Vertragsstaats lauten und in dieser Währung refinanziert sind, dieselben Standardparameter verwendet wie für Forderungen, die auf die eigene Landeswährung lauten und in dieser Währung refinanziert sind;

2. 2018 werden die Standardparameter, die bei der Berechnung der Untermodule für das Konzentrationsrisiko und das Spread-Risiko nach der Standardformel verwendet werden, gegenüber Forderungen an die Mitglied- oder Vertragsstaaten oder deren Zentralbanken, die auf die Landeswährung eines anderen Mitglied- oder Vertragsstaats lauten und in dieser Währung refinanziert sind, um 80 Prozent gesenkt;

3. 2019 werden die Standardparameter, die bei der Berechnung der Untermodule für das Konzentrationsrisiko und das Spread-Risiko nach der Standardformel verwendet werden,

---

[1] Allgemein zu Asset-Backed-Securities: Boos/Fischer/Schulte-Mattler/*Tollmann* Einf. zu § 22a–22o KWG Rn. 1 ff.

[2] Vorschlag: COM(2015) 472 vom 30. September 2015 für eine Verordnung zur Festlegung gemeinsamer Vorschriften über die Verbriefung, zur Schaffung eines europäischen Rahmens für eine einfache, transparente und standardisierte Verbriefung und zur Änderung der Richtlinien 2009/65/EC, 2009/138/EC, 2011/61/EU und der Verordnungen (EU) Nr. 1060/2009 und (EU) Nr. 648/2012).

gegenüber Forderungen an die Mitglied- oder Vertragsstaaten oder deren Zentralbanken, die auf die Landeswährung eines anderen Mitglied- oder Vertragsstaats lauten und in dieser Währung refinanziert sind, um 50 Prozent gesenkt;

4. ab dem 1. Januar 2020 werden die Standardparameter, die bei der Berechnung der Untermodule für das Konzentrationsrisiko und das Spread-Risiko nach der Standardformel verwendet werden, nicht mehr gegenüber Forderungen an die Mitglied- oder Vertragsstaaten oder deren Zentralbanken, die auf die Landeswährung eines anderen Mitglied- oder Vertragsstaats lauten und in dieser Währung refinanziert sind, gesenkt.

(2) [1]**Für Aktien, die das Unternehmen am oder vor dem 1. Januar 2016 erworben hat, werden unbeschadet von § 89 Absatz 1 Satz 1, § 97 Absatz 3, § 98 Absatz 1 und der §§ 100, 109 Absatz 2 die Standardparameter, die bei der Berechnung des Aktienrisiko-Untermoduls gemäß der Standardformel zu verwenden sind, als gewichtete Mittelwerte berechnet, und zwar aus**

1. dem Standardparameter, der bei der Berechnung des Aktienrisiko-Untermoduls gemäß Artikel 304 der Richtlinie 2009/138/EG zu verwenden ist, und

2. dem Standardparameter, der bei der Berechnung des Aktienrisiko-Untermoduls gemäß § 106 zu verwenden ist.

[2]**Das Gewicht des in Satz 1 Nummer 2 genannten Parameters steigt zumindest linear am Ende jedes Jahres von 0 Prozent während des am 1. Januar 2016 beginnenden Jahres auf 100 Prozent am 1. Januar 2023.**

I. Allgemeines. 1. Entstehungsgeschichte. § 347 VAG ist durch Art. 1 Gesetz zur Modernisierung der Finanzaufsicht über Versicherungen vom 1.4.2015 in das VAG eingefügt worden.[1] 1

2. Normzweck. Entsprechend des Zwecks aller Übergangsmaßnahmen ist das Ziel dieser Norm den unmittelbaren Anpassungsdruck bei der Einführung von Solvabilität II im Jahr 2016 zu mindern und einem schrittweisen Übergang an die neu gültigen Solvabilitätskapitalanforderungen zu ermöglichen. 2

In den vor dem 1.1.2016 gültigen Solvabilitätsanforderungen gab es insbesondere in Bezug auf die Kapitalanlagen der Versicherungsunternehmen keine Risikoabhängigkeit der Kapitalausstattungsverpflichtungen. Die Übergangsregelungen dienen zur Vermeidung von plötzlichen, massiven Veräußerungen von risikokapitalintensiven Anlagen und der daraus resultierenden Markteffekte.[2]

3. Europarechtlicher Hintergrund. § 347 VAG setzt Art. 308b Abs. 12 und 13 Solva II-RL um. Die Übernahme des Art. 308b Abs. 12 erfolgte nahezu wortgleich unter Anpassung der Verweise zu anderen Regelungen in Abs. 1, wobei die Regelung im VAG Forderungen gegenüber Vertrags- und Mitgliedsstaaten und deren Zentralbanken einschließt während in der Solva II-RL ausschließlich Forderungen an Mitgliedstaaten und deren Zentralbanken einbezogen werden. 3

Art. 308b Abs. 13 UAbs. 1 und 2 Solva II-RL wurden ebenfalls nahezu wortgleich durch Abs. 2 umgesetzt. Verweise wurden soweit möglich auf entsprechende Regelungen des VAG geändert, der Verweis zu Art. 304 Solva II-RL blieb in § 347 Abs. 2 Nr. 1 VAG bestehen. 4

Art. 308b Abs. 13 UAbs. 3 bis 6 Solva II-RL beziehen sich auf den Erlass von delegierten Rechtsakten und technischen Durchführungsstandards durch die Europäische Kommission und wurden dementsprechend nicht übernommen. In diesem Zusammenhang ist insbesondere Art. 173 Solva II-VO zu nennen. 5

II. Übergangsmaßnahme Standardparameter für Untermodule für Konzentrations- und Spreadrisiko (Abs. 1). 1. Von der Übergangsmaßnahme betroffene Unternehmen und Anleihen bzw. Darlehen. Betroffen sind Versicherungsunternehmen, die ihre Solvabilitätskapitalanforderung mit der Standardformel gemäß § 96 VAG bzw. einem partiellen internen Modell berechnen und dabei für das Untermodul Spread- oder Konzentrationsrisiko die Standardparameter verwenden. 6

In den Anwendungsbereich des § 347 Abs. 1 VAG fallen Anleihen und Darlehen gegenüber Mitglieds- oder Vertragsstaaten oder deren Zentralbanken, die auf die Landeswährung eines anderen Mitglieds- oder Vertragsstaats lauten und in dieser Währung refinanziert werden. Betroffen sind somit Fremdwährungsemissionen aus Sicht der emittierenden Staaten bzw. Zentralbanken.

2. Untermodul Spread-Risiko ohne Übergangsmaßnahme. Gemäß Art. 180 Nr. 2 lit. b Solva II-VO ist für Risikoexponierung in Form von Anleihen und Darlehen gegenüber von Zentralstaaten und Zentralbanken auf einheimische Währung der Emittenten lautend ein Spread Risikofaktor von null Prozent anzusetzen. 7

Demgegenüber gilt für unter Rn. 9 spezifizierte Anleihen und Darlehen bonitäts- und durationsabhängig ein Spread Risikofaktor entsprechend der Tabelle unter Art. 180 Nr. 3 Solva II-VO.

[1] BGBl. 2015 I 434.
[2] Vgl. Erwägungsgrund 21 VO (EU) 2016/467.

8 **3. Untermodul Konzentrationsrisiko ohne Übergangsmaßnahme.** Gemäß Art. 187 Nr. 3 lit. b Solva II-VO ist für die Risikoexponierung in Form von Anleihen und Darlehen gegenüber von Zentralstaaten und Zentralbanken auf einheimische Währung der Emittenten lautend ein Risikofaktor von null Prozent und somit ein emittentenspezifisches Konzentrationsrisikokapital von null anzusetzen.

Demgegenüber gilt für unter Rn. 6 spezifizierte Anleihen und Darlehen bonitätsabhängig ein Risikofaktor entsprechend der Tabelle unter Art. 187 Nr. 4 Solva II-VO.

9 **4. Übergangsmaßnahme.** Bis zum 31.12.2017 werden für das Spread- und Konzentrationsrisiko dieselben Standardparameter verwendet unabhängig davon, ob die Forderungen, auf eigene Währung des Emittenten lauten. Somit gelten Risikofaktoren von jeweils null Prozent wie für Anleihen und Darlehen die nicht unter die Spezifizierung in Rn. 6 fallen (vgl. Rn. 7 bzw. Rn. 8).

In 2018 werden die Standardparameter um 80 Prozent abgesenkt, im Jahr 2019 noch um 50 Prozent. Nach vier Jahren erfolgt ab dem 1.1.2020 keine Absenkung der Standardparameter und es gelten die Regelungen ohne Übergangsmaßnahme entsprechend Rn. 6 bis 8.

10 **III. Übergangsmaßnahme Standardparameter für das Aktienrisiko Untermodul (Abs. 2). 1. Von der Übergangsmaßnahme betroffene Unternehmen und Aktien bzw. Eigenkapitalinvestitionen in Infrastruktur.** Betroffen sind Versicherungsunternehmen, die ihre Solvabilitätskapitalanforderung mit der Standardformel gemäß § 96 VAG bzw. einem partiellen internen Modell berechnen und dabei für das Untermodul Aktienrisiko die Standardparameter verwenden.

Die Einschränkung auf Typ 1 Aktien, die ursprünglich in der Solva II-VO vom 10.10.2014 enthalten war, wurde durch die VO (EU) 2016/467 geändert. Darüber hinaus wurde der Bezug auf Eigenkapitalinvestitionen in Infrastruktur aufgenommen.

11 **2. Vereinfachte Annahmen zum betroffenen Aktienbestand.** Gemäß Art. 173 Nr. 2 Solva II-VO ist eine vereinfachte Regelung für Aktien- und Eigenkapitalinvestitionen in Infrastruktur innerhalb von Organismen für gemeinsame Anlagen oder anderen Anlagen in Fondsform, auf die der Look-Through-Ansatz nicht angewandt werden kann, anwendbar. Für den Ansatz der Übergangsmaßnahme nach § 347 Abs. 2 VAG kann der Anteil der betroffenen Aktien im Verhältnis zur Anlagenumschlagshäufigkeit geschätzt werden.

Die vereinfachte Abschätzung kommt im Fall eines unangemessen hohen Aufwandes für eine Einzeltitelbetrachtung aus Proportionalitätsgesichtspunkten in Betracht.[3]

12 **3. Anwendung der Übergangsmaßnahme.** § 347 Abs. 2 VAG enthält zwei Berechnungsmethoden für das Aktienrisiko-Untermodul, aus denen ein gewichtetes Mittel gebildet wird.

Zum einen[4] wird der Standardparameter des durationsbasierten Ansatzes nach Art. 304 Solva II-RL angesetzt. Gemäß Art. 170 Nr. 1 lit. a sowie Art. 170 Nr. 2 lit. a Solva II-VO ist der Standardstress des durationsbasierten Ansatzes 22 Prozent unabhängig ob es sich um Typ-1 oder Typ-2 Aktien handelt.

Andererseits[5] ist der Standardstress ohne Anwendung der Übergangsmaßnahme maßgeblich.

Das Gewicht des Standardstresses ohne Übergangsmaßnahme steigt jährlich um jeweils 1/7 von 0 Prozent am 1.1.2016 bis auf 100 Prozent am 1.1.2023. Mit dem 1.1.2023 endet die Wirksamkeit der Übergangsmaßnahme.

13 **IV. Verhältnis zu anderen Regelungen des VAG.** § 347 VAG gilt unbeschadet der §§ 89 Abs. 1 S. 1, 96 Abs. 1 bzw. 98 Abs. 1, 97 Abs. 3,100 und 109 Abs. 2 VAG.

Solvabilitätskapitalanforderung

348 (1) **Erfüllt ein Versicherungsunternehmen abweichend von § 134 die Solvabilitätskapitalanforderung im Jahr 2016 nicht, hätte aber die geforderte Solvabilitätsspanne nach dem bis zum 31. Dezember 2015 geltenden Recht erfüllt, gewährt die Aufsichtsbehörde auf Antrag eine Fristverlängerung für die Erfüllung der Solvabilitätskapitalanforderungen bis zum 31. Dezember 2017, wenn das Versicherungsunternehmen sich verpflichtet,**

1. **Maßnahmen zu treffen, die zur Aufbringung der anrechnungsfähigen Eigenmittel oder zur Senkung des Risikoprofils notwendig sind, sodass die Einhaltung der Solvabilitätskapitalanforderung bis zum 31. Dezember 2017 sichergestellt ist, und**
2. **der Aufsichtsbehörde alle drei Monate einen Fortschrittsbericht einzureichen, in dem die getroffenen Maßnahmen sowie der bei der Herstellung der Einhaltung der Solvabilitätskapitalanforderung erzielte Fortschritt dargestellt werden.**

(2) **Die Fristverlängerung nach Absatz 1 ist zu widerrufen, wenn aus dem Fortschrittsbericht hervorgeht, dass zwischen dem Zeitpunkt der Feststellung der Nichtbedeckung der**

[3] Vgl. S. 5 EIOPA-Bos-15/123.
[4] Gemäß § 347 Abs. 2 Nr. 1 VAG.
[5] Gemäß § 347 Abs. 2 Nr. 2 VAG.

Solvabilitätskapitalanforderung und dem der Übermittlung des Fortschrittsberichts kein wesentlicher Fortschritt bei der Herstellung der Einhaltung der Solvabilitätskapitalanforderung stattgefunden hat.

I. Allgemeines. 1. Entstehungsgeschichte. § 348 VAG ist durch Art. 1 Gesetz zur Modernisierung der Finanzaufsicht über Versicherungen vom 1.4.2015 in das VAG eingefügt worden.[1] 1

2. Normzweck. § 348 VAG räumt den Versicherungsunternehmen die Möglichkeit ein, eine Fristverlängerung zur Erfüllung der Solvabilitätskapitalanforderung zu beantragen. In diesem Zusammenhang werden in Abs. 1 die Anforderungen bestimmt, die ein Versicherungsunternehmen erfüllen muss, um die hierzu benötigte Genehmigung der Aufsichtsbehörde zu erhalten. Abs. 2 legt die Bedingungen, unter denen die Aufsichtsbehörde die gewährte Genehmigung zu widerrufen hat, fest. 2

3. Europarechtlicher Hintergrund. § 348 setzt Art. 308b Abs. 14 Solva II-RL um.[2] Der Wortlaut der RL wurde nicht wortgleich übernommen, jedoch ohne wesentliche inhaltliche Anpassungen. 3

II. Nichtbedeckung der Solvabilitätskapitalanforderung. Gemäß § 134 VAG hat das Versicherungsunternehmen im Fall der **Nichtbedeckung** der Solvabilitätskapitalanforderung eine Frist von sechs Monaten nach der Feststellung der Nichtbedeckung, um die anrechnungsfähigen Eigenmittel aufzustocken oder das Risikoprofil zu senken, bis die Solvabilitätskapitalanforderung wieder erfüllt ist. Die Frist kann von der Aufsichtsbehörde um **drei Monate** verlängert werden. 4

Für 2016, dem ersten Jahr der Anwendung von Solvabilität II, gilt abweichend von § 134 VAG die **Übergangsregelung** gemäß § 348 VAG. 5

III. Antrag auf Fristverlängerung. Zu den **Übergangsregelungen** bei Einführung von Solvabilität II zählt die Möglichkeit einer **Fristverlängerung** zu Erfüllung der Solvabilitätskapitalanforderung gemäß § 348 VAG. 6

Die Folgen eines erstmaligen Auftretens einer Nichtbedeckung der Solvabilitätskapitalanforderung werden in § 134 VAG bestimmt.[3] Hiervon abweichend enthält § 348 VAG eine Übergangsregelung für die Versicherungsunternehmen, welche die Solvabilitätskapitalanforderung gemäß Solva II-RL im Jahr 2016 nicht erfüllen, aber die **Kapitalaustattungsanforderung im Jahr 2015** nach § 53c VAG a. F. (Solvabilität I) erfüllt haben. 7

Für solche Unternehmen räumt § 348 VAG die Möglichkeit ein, eine **Fristverlängerung** für die Erfüllung der Solvabilitätskapitalanforderung zu beantragen. Um von der Regelung Gebrauch machen zu können, ist eine **Genehmigung** der Aufsichtsbehörde erforderlich. Die Frist wird nur für ein Jahr bzw. bis zum 31.12 2017 verlängert. 8

Mit dem Antrag muss das Versicherungsunternehmen innerhalb von zwei Monaten nach der Feststellung, dass die Solvabilitätskapitalanforderung in 2016 nicht bedeckt wird, sich auf einen realistischen **Sanierungsplan** als Bestandteil des Antrags und Grundlage der Genehmigung verpflichten (vgl. §§ 134ff. VAG). Die Genehmigung wird nur erteilt, wenn die Aufsichtsbehörde zu dem Schluss kommt, dass der Plan vom Unternehmen eingehalten werden kann und zur Beseitigung der Unterdeckung geeignet ist.[4] 9

IV. Voraussetzungen zur Genehmigung des Antrags (Abs. 1). Voraussetzung für die aufsichtsbehördliche Genehmigung ist gemäß § 348 Abs. 1 Nr. 1 VAG, dass das Versicherungsunternehmen sich verpflichtet, Maßnahmen zu treffen, die entweder eine **Senkung seines Risikoportfolios** oder eine **Erhöhung seiner anrechnungsfähigen Eigenmittel** bzw. eine Kombination aus beiden gewährleisten. Darüber hinaus kann die Fristverlängerung nur dann genehmigt werden, wenn das Versicherungsunternehmen sich verpflichtet, vierteljährlich der Aufsichtsbehörde einen **Fortschrittsbericht** vorzulegen. Der Fortschrittsbericht muss die getroffenen Maßnahmen und den bei der Herstellung der Einhaltung der Solvabilitätskapitalanforderung erzielten Fortschritt darstellen (§ 348 Abs. 1 Nr. 2 VAG). Der Nachweis des erzielten Fortschritts erfolgt über eine aktuelle Berechnung der Solvabilitätskapitalanforderung und der anrechnungsfähigen Eigenmittel.[5] 10

V. Widerruf der Fristverlängerung (Abs. 2). Die Aufsichtsbehörde muss die genehmigte Fristverlängerung nach § 348 Abs. 1 VAG zwingend **widerrufen**, wenn aus dem Fortschrittsbericht kein wesentlicher Fortschritt bei der Herstellung der Einhaltung der Solvabilitätskapitalanforderung hervorgeht. Die Beurteilung des erzielten Fortschritts erfolgt auf Basis des gemäß des vorgelegten Sanierungsplans vorgesehenen Fortschritts.[6] 11

---

[1] BGBl. 2015 I 434ff.
[2] Begr. VAG-RegE 2014, BT-Drs. 18/2956, 301.
[3] Vgl. Kommentierung zu § 134 VAG.
[4] Begr. VAG-RegE 2014, BT-Drs. 18/2956, 301.
[5] Begr. VAG-RegE 2014, BT-Drs. 18/2956, 301.
[6] Begr. VAG-RegE 2014, BT-Drs. 18/2956, 301.

12 **VI. Verhältnis zu anderen Regelungen des VAG.** Die Übergangsbestimmung nach § 348 VAG gilt nicht für **kleine Versicherungsunternehmen** (vgl. § 212 Abs. 2 Nr. 8 VAG). § 348 VAG ist auf der **Gruppenebene** ebenfalls anzuwenden, wenn die Voraussetzungen gemäß § 350 VAG erfüllt sind.[7]

Internes Teilgruppenmodell

349 [1]**Auf Antrag kann die Aufsichtsbehörde dem obersten beteiligten Versicherungsunternehmen die Verwendung eines nur auf einen Teil der Gruppe anwendbaren internen Gruppenmodells genehmigen.** [2]**Dies setzt voraus, dass sowohl das oberste beteiligte Versicherungsunternehmen als auch das oberste beteiligte Versicherungsunternehmen der Teilgruppe, im Inland ansässig sind und die Teilgruppe einen abgrenzbaren Teil bildet, dessen Risikoprofil sich deutlich von dem der übrigen Gruppe unterscheidet.** [3]**Die Genehmigung darf nur befristet erteilt werden; die Befristung endet spätestens am 31. März 2022.**

1 **I. Allgemeines. 1. Entstehungsgeschichte.** Die Norm wurde erst durch den RegE 2014 eingefügt, da ihre europarechtliche Vorlage nicht in der ursprünglichen Fassung der Solva II-RL enthalten war. Das VAG a. F. enthielt keine vergleichbare Norm.

2 **2. Normzweck.** Die Norm regelt einen befristeten Ausnahmefall zu § 248 VAG, wonach das oberste beteiligte Unternehmen der Gruppe die Verwendung eines gruppeninternen Modells gem. § 262 VAG für die „Teilgruppe" im Inland als Teil einer ebenfalls im Inland beaufsichtigten Gruppe beantragen kann, das ein anderes als das von der (Gesamt-) Gruppe verwendete Modell ist.[1]

3 **3. Europarechtlicher Hintergrund.** Die Norm übt die Mitgliedsstaaten-Option des Art. 308b Abs. 16 Solva II-RL aus. Diese wurde auf Wunsch Deutschlands durch die RL 2014/51/EU in die Solva II-RL eingefügt.

4 **II. Voraussetzungen (S. 2).** Die Norm betrifft den Fall, in dem eine Gruppe mit oberstem beteiligtem Versicherungsunternehmen im Inland ein zwischengeschaltetes beteiligtes Versicherungsunternehmen (das oberste beteiligte Versicherungsunternehmen der „Teilgruppe") ebenfalls mit Sitz im Inland hat, das eine abgrenzbare „Teilgruppe" anführt. In dem Fall scheidet eine Teilgruppenaufsicht nach § 248 VAG aus. Die Norm ist nach ihrem ausdrücklichen Wortlaut auf Gruppen und „Teilgruppen" gem. § 245 Abs. 2 Nr. 1 VAG beschränkt, in denen jeweils ein oberstes beteiligtes Versicherungsunternehmen der Gruppenaufsicht unterliegt. Sie steht dagegen nicht für Gruppen und „Teilgruppen" nach § 245 Abs. 2 Nr. 2 und 3 VAG offen, in denen ein Tochter-Versicherungsunternehmen (einer Versicherungs-Holdinggesellschaft, gemischten Finanzholding-Gesellschaft oder eines Versicherungsunternehmens eines Drittstaats) der Gruppenaufsicht unterliegt bzw. unterläge.

5 Aufgrund des Sitzes der beiden beteiligten Versicherungsunternehmen im Inland fällt die Bestimmung der „Teilgruppe" schwer. Daher verlangt S. 2, dass sie einen abgrenzbaren Teil bildet. Dies ist entsprechend dem für die Teilgruppensolvabilität geltenden Art. 358 Solva II-VO anhand der Geschäfte (etwa Erst- vs. Rückversicherung) und Organisation zu bestimmen. Insbesondere eine separate Börsennotierung spricht für die Abgrenzbarkeit. Die weiter geforderte Unterscheidung des Risikoprofils kann zunächst quantitativ ermittelt werden, d. h. anhand der Aufteilung der Solvabilitätskapitalanforderung auf die einzelnen Risikokategorien (z. B. Marktrisiko) und -typen (z. B. Zinsrisiko). Darüber hinaus sind qualitative Risiken zu berücksichtigen, die im Rahmen der Risiko- und Solvabilitätsbeurteilung gem. § 27 VAG ermittelt werden.[2] Schließlich sind noch die Anforderungen der §§ 261 ff. VAG in Bezug auf die Genehmigung des gruppeninternen Modells (für die „Teilgruppe") zu beachten. Antragsteller ist nach S. 1 nicht etwas das oberste beteiligte Versicherungsunternehmen der „Teilgruppe", sondern das der Gruppe.

6 **III. Rechtsfolgen (S. 1 und 3).** Wenn die Voraussetzungen des S. 2 und des § 262 VAG vorliegen, genehmigt die BaFin als Gruppenaufsichtsbehörde dem obersten beteiligten Versicherungsunternehmen ein internes Modell für die Berechnung der Solvabilitätskapitalanforderung der „Teilgruppe" sowie der ihr angehörigen Versicherungsunternehmen.[3] Die Genehmigung muss längstens bis zum 31.3.2022 befristet sein. Dagegen findet im Übrigen keine Teilgruppenaufsicht nach § 248 VAG statt.

Gruppenvorschriften

350 [1]**Unbeschadet des § 250 sind auf Gruppenebene die §§ 345 bis 347 und 351 und 352 entsprechend anzuwenden.** [2]**Wenn das oberste beteiligte Versicherungsunternehmen die für die bereinigte Solvabilität nach Artikel 9 der Richtlinie 98/78/EG des Europäi-**

[7] Vgl. Kommentierung zu § 350 VAG.
[1] Vgl. § 248 VAG Rn. 17 ff.
[2] Vgl. § 248 VAG Rn. 9.
[3] Vgl. Begr. RegE 2014, BT-Drs. 18/2956, 302.

schen Parlaments und des Rates vom 27. Oktober 1998 über die zusätzliche Beaufsichtigung von Versicherungs- und Rückversicherungsunternehmen in einer Versicherungs- oder Rückversicherungsgruppe (ABl. L 330 vom 5.12.1998, S. 1), die zuletzt durch die Richtlinie 2011/89/EU (ABl. L 326 vom 8.12.2011, S. 113) geändert worden ist, geltenden Bestimmungen erfüllt, das beteiligte Versicherungsunternehmen, die beteiligte Versicherungs-Holdinggesellschaft, die beteiligte gemischte Versicherungs-Holdinggesellschaft oder die beteiligte gemischte Finanzholding-Gesellschaft, aber nicht die Solvabilitätskapitalanforderung für die Gruppe, ist unbeschadet des § 250 der § 348 entsprechend anzuwenden.

I. Allgemeines. 1. Entstehungsgeschichte. Die Norm wurde erst durch den RegE 2014 eingefügt, da ihre europarechtliche Vorlage nicht in der ursprünglichen Fassung der Solva II-RL enthalten war. Das VAG a. F. enthielt keine vergleichbare Norm. 1

2. Normzweck. Die Norm erklärt die Übergangsmaßnahmen der §§ 345 bis 348 sowie 351 f. VAG auf Gruppenebene für entsprechend anwendbar. 2

3. Europarechtlicher Hintergrund. Die Norm setzt Art. 308b Abs. 17 Solva II-RL um. Dieser wurde durch die RL 2014/51/EU in die Solva II-RL eingefügt. 3

II. Entsprechend anwendbare Normen. 1. Eigenmittel (§ 345 VAG). Gem. S. 1 i. V. m. § 345 VAG gelten nach dem VAG a. F. qualifizierende Eigenmittelbestandteile weiterhin bis zum 1.1.2026 als Eigenmittelbestandteile der Qualitätsklassen 1 oder 2 auf Gruppenebene.[1] Der Antrag auf Gruppenebene bezieht sich nur auf Eigenmittel eines Versicherungsunternehmens eines Drittstaats. In Bezug auf Versicherungsunternehmen ist nach den Grundsätzen der Gruppensolvabilität eine Genehmigung auf Einzelebene notwendig und ausreichend.[2] 4

2. Anlagen in Verbriefungen (§ 346 VAG). Gemäß S. 1 i. V. m. § 346 VAG gelten die qualitativen Anforderungen an Anlagen in Verbriefungen nach Art. 256 Solva II-VO auch auf Gruppenebene nur, wenn die Kredite nach dem 1.1.2011 ausgegeben und/oder die zugrundeliegenden Forderungen nach dem 31.12.2014 neu hinzugefügt oder ersetzt wurden. Die Vorschrift befreit insoweit von der Erfüllung der Anforderungen an das Anlagerisikomanagement gem. Art. 260 Abs. 1 lit. c Solva II-V und § 275 Abs. 1 S. 1 VAG. 5

3. Standardparameter (§ 347 VAG). Nach S. 1 i. V. m. § 346 VAG gelten die Übergangsmaßnahmen zu Standardparametern der Standardformel auch auf Gruppenebene. Dies gilt für den Beitrag zur Gruppen-Solvabilitätskapitalanforderung von Versicherungsunternehmen und Versicherungsunternehmen eines Drittstaats.[3] 6

4. Gruppen-Solvabilitätskapitalanforderung (§ 348). Gemäß S. 2 i. V. m. § 348 VAG gewährt die BaFin als Gruppenaufsichtsbehörde auf Antrag eine Fristverlängerung für die Erfüllung der Gruppen-Solvabilitätskapitalanforderung bis zum 31.12.2017, und sieht von der Ergreifung der Maßnahmen nach §§ 134 Abs. 1 – 4, 250 Abs. 4 VAG ab.[4] Voraussetzung ist, dass das oberste Mutterunternehmen eine ausreichende bereinigte Solvabilität nach § 104g VAG a. F. aufwies, dass es sich zu Maßnahmen zur Erfüllung der Gruppen-Solvabilitätskapitalanforderung verpflichtet und darüber einen Fortschrittsbericht einreicht. 7

5. Risikofreie Zinssätze (§ 351 VAG). Nach S. 1 i. V. m. § 351 VAG kann auf Antrag auch im Rahmen der Berechnung der Gruppensolvabilität die maßgebliche risikofreie Zinskurve angepasst werden. Der Antrag auf Gruppenebene bezieht sich nur auf die Berechnung der versicherungstechnischen Rückstellungen von Versicherungsunternehmen eines Drittstaats. In Bezug auf Versicherungsunternehmen ist nach den Grundsätzen der Gruppensolvabilität eine Genehmigung auf Einzelebene notwendig und ausreichend.[5] 8

6. Versicherungstechnische Rückstellungen (§ 352 VAG). Schließlich dürfen nach S. 1 i. V. m. § 352 VAG mit Genehmigung der BaFin die versicherungstechnischen Rückstellungen auf Gruppenebene teilweise nach HGB i. V. m. § 65 VAG a. F. berechnet wurden. Der Antrag auf Gruppenebene bezieht sich nur auf die Berechnung der versicherungstechnischen Rückstellungen von Versicherungsunternehmen eines Drittstaats. In Bezug auf Versicherungsunternehmen ist nach den Grundsätzen der Gruppensolvabilität eine Genehmigung auf Einzelebene notwendig und ausreichend.[6] § 352 VAG gilt nur, wenn die Gruppe nicht § 351 VAG anwendet.[7] 9

[1] Vgl. § 250 VAG Rn. 38 ff.
[2] Vgl. § 250 VAG Rn. 37.
[3] Vgl. § 350 VAG Rn. 7.
[4] Vgl. dazu § 250 VAG Rn. 17.
[5] Vgl. § 250 VAG Rn. 37.
[6] Vgl. § 250 VAG Rn. 37.
[7] Vgl. § 250 VAG Rn. 37.

Risikofreie Zinssätze

351 (1) **Versicherungsunternehmen dürfen mit Genehmigung der Aufsichtsbehörde unter Berücksichtigung der zulässigen Versicherungsverpflichtungen eine vorübergehende Anpassung der maßgeblichen risikofreien Zinskurve vornehmen.**

(2) [1] **Die Anpassung wird für jede Währung berechnet als Anteil der Differenz zwischen**

1. **dem Zinssatz, der vom Versicherungsunternehmen im Einklang mit § 65 des Versicherungsaufsichtsgesetzes und der dazu erlassenen Rechtsverordnung in den jeweils maßgeblichen bis zum 31. Dezember 2015 geltenden Fassungen festgelegt wurde, und**
2. **dem effektiven Jahreszinssatz, der als derjenige konstante Abzinsungssatz berechnet wird, der im Fall einer Anwendung auf die Zahlungsströme des Portfolios zulässiger Versicherungsverpflichtungen zu einem Wert führt, der dem besten Schätzwert des Portfolios zulässiger Versicherungs- oder Rückversicherungsverpflichtungen entspricht, wenn der Zeitwert unter Verwendung der maßgeblichen risikofreien Zinskurve nach § 77 Absatz 1 berücksichtigt wird.**

[2] **Der in Satz 1 genannte Anteil sinkt am Ende jedes Kalenderjahres linear von 100 Prozent ab 2016 auf 0 Prozent am 1. Januar 2032.** [3] **Wenn Versicherungsunternehmen die Volatilitätsanpassung nach § 82 anwenden, muss die maßgebliche risikofreie Zinskurve nach Satz 1 Nummer 2 die Volatilitätsanpassung nach § 82 enthalten.**

(3) **Als zulässige Versicherungsverpflichtungen im Sinne des Absatzes 1 gelten nur die Versicherungsverpflichtungen, die den folgenden Anforderungen entsprechen:**

1. **die Verträge, aus denen sich die Versicherungsverpflichtungen ergeben, wurden vor dem 1. Januar 2016 geschlossen, Vertragsverlängerungen dieser Verträge zu oder nach diesem Zeitpunkt führen nicht zu zulässigen Versicherungsverpflichtungen,**
2. **die versicherungstechnischen Rückstellungen wurden für die Versicherungsverpflichtungen entsprechend § 65 des Versicherungsaufsichtsgesetzes und der dazu erlassenen Rechtsverordnung in den jeweils maßgeblichen bis zum 31. Dezember 2015 geltenden Fassungen festgelegt und**
3. **für die Versicherungsverpflichtungen erfolgt keine Matching-Anpassung nach § 80.**

(4) **Wenn Versicherungsunternehmen Absatz 1 anwenden, gilt, dass sie**

1. **die zulässigen Versicherungsverpflichtungen nicht in die Berechnung der Volatilitätsanpassung nach § 82 einfließen lassen dürfen,**
2. **§ 352 nicht anwenden dürfen,**
3. **im Rahmen ihres Solvabilitäts- und Finanzberichts nach § 40 offenlegen müssen, dass sie eine vorübergehende Anpassung der maßgeblichen risikofreien Zinskurve vornehmen und die Folgen der Nichtanwendung dieser Übergangsmaßnahme für ihre Finanzlage quantifizieren müssen.**

Übersicht

1 **I. Allgemeines. 1. Entstehungsgeschichte.** § 351 VAG wurde durch Art. 1 des Gesetzes zur Modernisierung der Finanzaufsicht über Versicherungen vom 1.4.2015 eingefügt.

2. Normzweck. § 351 VAG ermöglicht einem Versicherungsunternehmen mit Genehmigung der Aufsichtsbehörde die Anwendung einer Übergangsmaßnahme, die für den Bestand an Lebensversicherungen, Unfallversicherungen mit Prämienrückgewähr und Rentenverpflichtungen im Bereich der Schadenversicherung zum 31.12.2015 einen gleitenden Übergang[1] von dem bisher verwendeten **handelsrechtlichen Diskontierungszins** als Grundlage der **Solvabilität I** auf den ansonsten für die versicherungstechnischen Rückstellungen für **Solvabilität II** geforderten Diskontierungszins bewirkt **(„Zinsübergangsmaßnahme“).** Der höhere Diskontierungszins senkt die versicherungstechnischen Rückstellungen und damit ergeben sich höhere Basiseigenmittel. Die Solvabilitätslage wird so während der Übergangszeit, im Zeitverlauf mit zurückgehendem Effekt, verbessert. Hiermit soll den Versicherungsunternehmen Zeit gegeben werden, die aufgrund der aktuellen, marktgerechten Annahmen von Solvabilität II wesentlich gestiegenen versicherungstechnischen Rückstellungen mittelfristig, spätestens aber bis 2032, aufzubauen. Begleitet wird die Übergangsmaßnahme von Berichtspflichten zur transparenten Darstellung der Maßnahme und ihrer Effekte im **Solvabilitäts- und Finanzbericht.** 2

3. Europarechtlicher Hintergrund. § 351 VAG setzt Art. 308c Solva II-RL um.[2] Konkretisierungen und Erläuterungen zur Anwendung der Zinsübergangsmaßnahme sowie Wechselwirkungen mit der Volatilitätsanpassung und der Matching-Anpassung sind in den EIOPA-LL Umsetzung von langfristigen Garantien,[3] enthalten. 3

II. Einführung. Die **Zinsübergangsmaßnahme** nach Art. 308c Solva II-RL war wie die in § 352 VAG umgesetzte Übergangsmaßnahme nach Art. 308d Solva II-RL (**„Rückstellungsübergangsmaßnahme“**, beide zusammen auch als **„Übergangsmaßnahmen zur Rückstellungsbewertung“** oder in der technischen Sprache kurz als **„Transitionals“** bezeichnet) in der am 25.11.2009 ersten erlassenen Fassung der Solva II-RL noch nicht enthalten. Sie wurde durch Art. 2 Abs. 80 der am 16.4.2014 erlassenen Omnibus II-RL[4] in die Solva II-RL eingefügt. Ziel war es, „Marktstörungen zu vermeiden und Beeinträchtigungen von bestehenden Produkten zu begrenzen und (…) die Verfügbarkeit von Versicherungsprodukten zu gewährleisten.“[5] Die Zinsübergangsmaßnahme wird auch als „vorübergehende Anpassung der maßgeblichen risikofreien Zinskurve“ (§ 351 Abs. 4 Nr. 3 VAG), „Übergangsmaßnahme bei risikofreien Zinssätzen“[6] sowie, in der technischen Sprache, „Zinstransitional“ oder „dynamisches Transitional“[7] bezeichnet. 4

Insbesondere bei langfristigen Lebensversicherungsverträgen enthielt die Beitragskalkulation in der Vergangenheit trotz eines Anspruchs auf Überschussbeteiligung oft hohe **Zinsannahmen**, die die Basis für die Diskontierung der Deckungsrückstellung für Solvabilität I bildeten.[8] Speziell für den Zweck der Altersvorsorge werden Lebensversicherungsverträge in der Erwartung einer sehr langen Laufzeit, aber auch einer großen Verlässlichkeit der Leistungshöhe abgeschlossen. Viele Lebensversicherer haben daher in Erwartung einer auf Verlässlichkeit ausgerichteten Kapitalanlage im Hinblick auf das in der langfristigen Vergangenheit beobachtete Zinsniveau die Beiträge mit entsprechenden Zinsannahmen kalkuliert. So waren in Deutschland zwischen 1903 und 2000 Zinsannahmen bei der Beitragskalkulation von 3–4 % üblich. Hinzu kam, dass für Zwecke der Altersvorsorge die Laufzeiten der Beitragsfestlegung überwiegend 20–40 Jahre oder noch mehr betrugen **(„langfristige Garantien“).** Niedrigere implizit in den Beiträgen enthaltene Zinsversprechen waren im Hinblick auf das historische Zinsniveau und die durchgängig von den Versicherern erzielten Renditen nicht kommunizierbar. Ein angemessenes Verhältnis zwischen Zinsannahme in den Beiträgen und langfristigem Kapitalmarktzins war ein Garant für die Möglichkeit einer verlässlichen Kapitalanlagepolitik des Versicherungsunternehmens und damit für die Verlässlichkeit der Altersversorgung. 5

Nur Versicherungsunternehmen, die eine wesentlich riskantere und damit vor allem auch volatilere Kapitalanlage planten, waren gezwungen, die implizit in den Beiträgen enthaltenen Zinsversprechen deutlich niedriger anzusetzen, oft nur 0 %. Dies betraf insbesondere Unternehmen in Großbritannien. Hier ergab sich unter Berücksichtigung der zugleich angesetzten Kostenzuschläge noch nicht einmal eine Zusicherung von Leistungen in Höhe der Summe der gezahlten Beiträge. Solche Verträge dienten den Versicherungsnehmern als **renditeorientiertere,** aber zugleich auch **risikoreichere** Kapitalanlage und hatten oft deutlich kürzere Laufzeiten. Sie wurden vor allem in Hinblick auf nicht vertraglich zugesagte, sondern nur erhoffte Überschussanteile aus Wertzuwächsen von Marktwerten, insbesondere von Aktien, verkauft. Eine **Absicherung des Alterseinkommens** stand weniger im Vordergrund. 6

[1] Vgl. Begr. VAG-RegE 2014, BT-Drs. 18/2956, 303.
[2] Vgl. Begr. VAG-RegE 2014, BT-Drs. 18/2956, 302.
[3] EIOPA-BoS-15/111; gemeint ist „Leitlinien für die Umsetzung von Maßnahmen für langfristige Garantien“.
[4] RL 2014/51/EU.
[5] Erwägungsgrund 61 zur Omnibus II-RL, ABl. EU 2014 L 153, 9.
[6] § 336 öVAG, LL 1 EIOPA-LL Umsetzung von langfristigen Garantien, EIOPA-BoS-15/111.
[7] „Transitional“ engl. für Übergangsmaßnahme, vgl. *Gründl/Kraft* S. 177.
[8] Vgl. Kommentierung zu § 88 VAG Rn. 100.

7 Die **Finanzkrisen** von 2007 und 2008,[9] aber vor allem die nachfolgende, bzgl. Zinsniveau und Dauer bisher einmalige und daher im gegebenen Ausmaß nicht vorhersehbare **Niedrigzinsphase**, stellen zu Beginn von Solvabilität II die Anbieter von auf die Altersvorsorge optimierten Produkten insgesamt – und damit auch die Versicherungsmärkte – vor existentielle Belastungen. Die ursprünglich im Sinne der Versicherungsnehmer getroffenen Vereinbarungen mit dem Ziel einer verlässlichen **privaten Altersvorsorge** werden durch die vor allem auch durch politische Eingriffe in die Kapitalmärkte bewirkte Niedrigzinsphase zu einer Gefährdung der Stabilität des Versicherungswesens. Die zeitliche Koinzidenz mit dem Beginn von Solvabilität II verschärft die Situation noch einmal deutlich.

8 Zentrale Grundlage der Eigenmittelbemessung nach Solvabilität II ist eine prospektive Bewertung der gesamten zukünftigen Verpflichtung unter Berücksichtigung des marktkonsistent bestimmten **Zeitwertes des Geldes**. Gefordert wird eine Diskontierung aller zukünftigen Zahlungsströme mit einem marktgerechten Zins. Damit wird die gesamte, durch zukünftige Einnahmen, auch aus Kapitalanlagen, nicht gedeckte zukünftige Verpflichtung antizipiert. Da die Märkte aber zur Zeit des Inkrafttretens von Solvabilität II auch für sehr lange Dauern im historischen Vergleich einmalig niedrige Zinsen aufweisen, ist dieser durch zukünftige Einnahmen nicht gedeckte Wert sehr hoch. Die in der Beitragskalkulation aus früherer Sicht sehr vorsichtig angenommenen zukünftigen Kapitalerträge können nach jetzigen **Marktverhältnissen** zukünftig nicht verdient werden. Diese Minderung der erwarteten zukünftigen Einnahmen verringert unter Solvabilität II – aufgrund der prospektiven Bewertung akkumuliert – die derzeitig verfügbaren Eigenmittel. Diese Minderung könnte die **Handlungsfähigkeit**, auch zur dauerhaften Verbesserung der Lage, vieler Versicherungsunternehmen wesentlich einschränken.

9 Für die über Jahrzehnte unter anderen Rahmenbedingungen und insbesondere anderen Anforderungen bzgl. der Eigenmittelausstattung abgeschlossenen Verträge soll eine angemessene **Übergangszeit** gewährt werden, bis die neuen Eigenmittelanforderungen vollständig wirksam werden. Daher hat der europäische Richtliniengeber im Rahmen des **Maßnahmenpakets zu langfristigen Garantien**[10] zwei Übergangsregelungen für den am 31.12.2015 vorhandenen Bestand geschaffen: Eine der Übergangsmaßnahmen bezieht sich auf den bei der Bewertung der versicherungstechnischen Rückstellung zu verwendenden Diskontierungszins; die andere ermöglicht einen vorübergehenden Abzug von den versicherungstechnischen Rückstellungen bis zum Jahr 2032. Dennoch betont Erwägungsgrund 61 RL 2014/51/EU (Omnibus II-RL), dass die Versicherungsunternehmen die Übergangsmaßnahmen als Ansporn verstehen sollen, der neuen, nach Solvabilität II ohne Übergangsmaßnahmen geltenden Regelung so bald wie möglich nachzukommen.

10 Im Jahr 2016 kann durch die **Zinsübergangsmaßnahme** bei der Bewertung der Verpflichtungen von bereits zum 31.12.2015 im Bestand befindlichen Verträgen noch der in 2015 verwendete Zins des handelsrechtlichen Jahresabschlusses zur Diskontierung der versicherungstechnischen Rückstellungen in der Solvabilitätsübersicht verwendet werden. Der Unterschied zur nach Art. 44 ff. Solva II-VO ansonsten jeweils anzuwendenden Zinskurve, ggf. einschließlich der **Volatilitätsanpassung** nach Art. 49 ff. Solva II-VO, der sog. „**maßgeblichen risikofreien Zinskurve**", ist stufenweise so zu verringern, dass im Jahr 2032 dieser Unterschied ausgeglichen ist und erstmals die dann nach Solvabilität II maßgebliche von der EIOPA veröffentlichte, risikofreie Zinskurve uneingeschränkt angewandt wird.[11] Im Rahmen der **Rückstellungsübergangsmaßnahme**, der Zweiten der beiden Übergangsmaßnahmen,[12] wird ein sich über die gleiche Zeit linear mindernder Abzug von der versicherungstechnischen Rückstellung vorgenommen.

11 Die Anwendung der Übergangsmaßnahmen hat u. a. jeweils **Berichtspflichten** nach § 353 VAG zur Folge. Eine Überwachung der aktuellen und sich abzeichnenden zukünftigen Solvabilitätslage auch ohne die Maßnahmen ist von besonderer Bedeutung, damit die immer schwächer werdende Wirkung der Maßnahmen bis zu deren Auslaufen 2032 nicht planmäßig in eine **Solvabilitätslücke** führt.[13]

12 Die Übergangsmaßnahmen nach §§ 351 f. VAG spielen eine bedeutende Rolle bei der Einführung von Solvabilität II. Bis März 2016 hatten schon über 60 Lebensversicherer einen **Antrag auf Genehmigung** einer dieser Übergangsmaßnahmen gestellt, auch wenn dies vorwiegend die Rückstellungsübergangsmaßnahme nach § 352 VAG betraf.[14]

13 **III. Europarechtliche Grundlage in Art. 308c Solva II-RL.** Die europarechtliche Grundlage für § 351 VAG ist Art. 308c Solva II-RL. Der Gesetzgeber hat, bis auf redaktionelle Änderungen, die Regelung entsprechend der deutschen Verhältnisse inhaltlich umgesetzt. Die Bezugnahme in § 351 Abs. 2 Nr. 2 VAG auf den Zeitwert ist ein redaktionelles Versehen. Ausweislich von Art. 308c Abs. 2 lit. b Solva II-RL geht es nicht um den Zeitwert der Zahlungsströme wie in § 75 Abs. 2 VAG, also dem

---

[9] Vgl. Erwägungsgrund 1 Omnibus II-RL.

[10] Diese werden in der englischen Sprache als „long term guarantees measures" und in der deutschen Fachsprache daher auch als LTG-Maßnahmen bezeichnet.

[11] Zur Berechnung und Anwendung der Zinsübergangsmaßnahme s. ausführlich Rn. 18 ff.

[12] S. Kommentierung zu § 352 VAG.

[13] Vgl. *Ermert*, Solvency II: Übergangsmaßnahmen zur Rückstellungsbewertung – Eine erste Bestandsaufnahme, BaFin, v. 16.3.2016.

[14] Vgl. *Ermert*, Solvency II: Übergangsmaßnahmen zur Rückstellungsbewertung – Eine erste Bestandsaufnahme, BaFin, v. 16.3.2016.

Übertragungspreis auf einen Dritten. Vielmehr soll zur Differenzbildung der effektive Jahreszinssatz verwendet werden, „der als derjenige konstante Abzinsungssatz berechnet wird, der im Fall einer Anwendung auf die Zahlungsströme (…) dem besten Schätzwert (…) entspricht, wenn der **Zeitwert des Geldes** (…) berücksichtigt wird.[15, 16]

IV. Genehmigungsvorbehalt und Maßnahmen der Aufsichtsbehörde (Abs. 1). Die Anwendung der Zinsübergangsmaßnahme erfordert nach § 351 Abs. 1 VAG eine vorherige **Genehmigung der Aufsichtsbehörde**. Sie kann nach § 355 Abs. 1 Nr. 9 VAG ab dem 11.4.2015 erteilt werden; Anträge werden seit dem 1.4.2015 entgegengenommen.[17] Kriterien für die Vornahme dieses **begünstigenden Verwaltungsaktes** werden nicht bestimmt. Ein Antrag kann auch dann gestellt und genehmigt werden, wenn die in § 353 Abs. 1 S. 1 VAG beschriebene Situation schon bei Antragstellung vorliegt.[18] Damit beschränkt sich das Genehmigungsverfahren auf die Überprüfung der Einhaltung der formalen Voraussetzungen in § 351 VAG.[19] Durch die Genehmigungspflicht ist zudem die **Information der Aufsichtsbehörde** über das Vorgehen des Versicherungsunternehmens gesichert. 14

Die Genehmigung kann auch für einen **Beginn der Anwendung der Maßnahme nach dem 1.1.2016** erteilt werden.[20] Allerdings muss in dem Fall die Zinsübergangsmaßnahme so umgesetzt werden, als wäre sie ab 2016 angewandt worden. Insbesondere ist der anzuwendende **Anpassungsfaktor** an Kalenderjahre gebunden.[21] Auch ist es möglich, dass das Versicherungsunternehmen die Maßnahme **vorzeitig beendet** und auf die für die Bewertung nach Solvabilität II maßgebliche risikofreie Zinskurve übergeht. Ebenso ist ein **Wechsel zwischen den beiden Übergangsmaßnahmen** zur Rückstellungsbewertung möglich. 15

Die einmal erfolgte Genehmigung kann aufgrund von § 353 Abs. 3 VAG **widerrufen** werden. Die **Berichtspflichten** nach § 353 VAG entstehen erst mit der Erteilung der Genehmigung, können dann aber unmittelbar zu Folgen i. S. d. § 353 Abs. 1 S. 2 VAG führen. 16

Nach § 301 Abs. 1 Nr. 4 VAG kann die Aufsichtsbehörde einen **Kapitalaufschlag** auf die Solvabilitätskapitalanforderung festsetzen, wenn sie zu dem Schluss gelangt, dass das **Risikoprofil** des Versicherungsunternehmens erheblich von den Annahmen abweicht, die der Zinsübergangsmaßnahme zugrunde liegen. 17

V. Berechnung des Anpassungsbetrages (Abs. 2). 1. Bezugsgrößen der Anpassung. Die Anpassung wird nach § 351 Abs. 2 Nr. 1 und 2 VAG mittels zweier **Bezugsgrößen** bestimmt, die zum 31.12.2015 für die handelsrechtlichen Deckungsrückstellungen verwendeten Zinsen und der Zinsen, die zum Bewertungsstichtag nach Solvabilität II ohne die Zinsübergangsmaßnahme anzuwenden wären. Damit ist die erstere der beiden Bezugsgrößen **statisch** aufgrund der Verhältnisse am 31.12.2015 bestimmt.[22] Die zweite Bezugsgröße bestimmt sich **variabel** („dynamisch") jeweils nach den Verhältnissen am Bewertungsstichtag auf Basis der von der EIOPA jeweils veröffentlichten Zinsstrukturkurve. Aus jeder der beiden Bezugsgrößen wird zu jedem Bewertungsstichtag jeweils ein Zinssatz, der **Solvabilität I-Zins** und der **Solvabilität II-Zins**, für jede Währung abgeleitet. Dies ist erforderlich, da es sich bei den Bezugsgrößen ggf. um **Zinskurven** handelt. 18

a) Der Solvabilität I-Zins (Abs. 2 Nr. 1). Der nach § 351 Abs. 2 Nr. 1 VAG zu bestimmende Zinssatz für jede Währung **(Solvabilität I-Zins)** zum Bewertungsstichtag leitet sich aus der ersteren Bezugsgröße ab. Die zum 31.12.2015 für die Bestimmung der Deckungsrückstellung des Jahresabschlusses verwendeten Zinsen wurden auf Basis der **handelsrechtlichen Vorschriften** nach den vom jeweiligen Versicherungsunternehmen entwickelten **Bilanzierungs- und Bewertungsmethoden** bestimmt (vgl. Art. 308c Abs. 2 S. 2 Solva II-RL). Die Aufsichtsbehörde war über die verwendeten Zinsen nach § 13d Nr. 6 VAG a. F. zu informieren. Die Bestimmung richtete sich insbesondere nach dem allgemeinen Vorsichtsgrundsatz des § 252 Abs. 1 Nr. 4 HGB, den versicherungsspezifischen Vorsichtsgrundsätzen des § 341e Abs. 1 S. 1 HGB und § 25 Abs. 1 S. 1 RechVersV sowie spezifisch für die Wahl des Diskontierungszinses § 341f Abs. 2 HGB. Aufgrund von § 341e Abs. 1 S. 2 HGB waren auch aufsichtsrechtliche Vorsichtsvorgaben zu beachten, hier die auf der Basis von § 65 VAG a. F. erlassenen Rechtsverordnungen, insbesondere §§ 2 und 5 DeckRV a. F. 19

[15] Vgl. Art. 308 Abs. 2 Solva II-RL.
[16] Zum Begriff vgl. § 77 Abs. 1 VAG.
[17] *BaFin*, Informationen v. 18.3.2015 zu Anträgen auf Genehmigung einer Übergangsmaßnahme für die Rückstellungsbewertung.
[18] Vgl. Korinek/G. Saria/S. Saria/*Gössl* § 338 Rn. 8 zum öVAG.
[19] Vgl. *BaFin*, „Antragsformular zur Genehmigung der Verwendung der Übergangsmaßnahme bei risikofreien Zinssätzen" v. 18.3.2015.
[20] Vgl. *BaFin*, Informationen v. 18.3.2015 zu Anträgen auf Genehmigung einer Übergangsmaßnahme für die Rückstellungsbewertung.
[21] Vgl. *BaFin*, AE Anwendung der Übergangsmaßnahmen bei risikofreien Zinssätzen und versicherungstechnischen Rückstellungen.
[22] Dennoch können sich auch hier im Zeitablauf der Anwendung der Übergangsmaßnahme Veränderungen ergeben bzw. sind Veränderungen zu erwarten. S. Rn. 23.

20 Der Verweis auf die **aufsichtsrechtlichen Vorschriften** dient in erster Linie dazu, die Bemessungsgröße eindeutig als die im Jahresabschluss zum 31.12.2015 verwendeten Zinsen zu identifizieren. Zugleich wird aber auch klargestellt, dass insbesondere in Fällen, in denen keine Diskontierung nach DeckRV a. F. vorgenommen wird, keine Anwendung der Zinsübergangsmaßnahme erfolgen darf, z. B. bei fondsgebundenen Lebensversicherungen ohne Mindestleistung. Auch gibt diese Anforderung der Aufsichtsbehörde noch einmal die Möglichkeit, zum 31.12.2015 nicht ordnungsgemäß gewählte Zinsen für die Zwecke der Übergangsmaßnahme **abzuwehren**.

21 Nach § 2 Abs. 2 DeckRV a. F. waren die bei **Erstansatz** eines Vertrages verwendeten Zinssätze für die Bewertung der Deckungsrückstellung grundsätzlich beizubehalten. Daher wurden am 31.12.2015 für die Bewertung der Deckungsrückstellungen für unterschiedliche Teilbestände **verschiedene Zinsen** verwendet, die dann jeweils bei der Anwendung von § 351 Abs. 2 Nr. 1 VAG für die entsprechenden versicherungstechnischen Rückstellungen zu berücksichtigen sind.[23] Der verwendete Zins lag am 31.12.2015 nach § 5 Abs. 3 und 4 DeckRV a. F. bei höchstens 2,88 %. Soweit bei Erstbewertung niedrigere Zinsen verwendet wurden, z. B. in seltenen Fällen 0 %, oder jeweils der zu der Zeit anzuwendende Höchstzinssatz, für Verträge aus 2015 1,25 %, aus 2012–2014 1,75 %, aus 2007–2011 2,25 % oder aus 2004–2006 2,75 %, sind diese wegen des besonderen Beibehaltungsgebots des § 2 Abs. 2 DeckRV a. F. meist auch am 31.12.2015 verwendet worden und damit als Bemessungsgröße für § 351 Abs. 2 Nr. 1 VAG maßgeblich.[24] In seltenen Fällen wurde der Rechnungszins der Deckungsrückstellung nach Erstansatz noch gesenkt oder, z. B. mit Genehmigung der Aufsichtsbehörde bei Verträgen des Altbestandes, sogar erhöht. Relevant sind die tatsächlich am 31.12.2015 im Einklang mit den Rechtsvorschriften verwendeten Zinsen.

22 Nach § 351 Abs. 2 Nr. 1 VAG ist aus diesen verschiedenen Zinssätzen der zulässigen Versicherungsverpflichtungen, die sich zudem auch noch teilweise als Zinskurve darstellen, ein einziger Zinssatz für jede Währung, der **Solvabilität I-Zins**, als **Effektivzins** des jeweiligen Bestandes abzuleiten. Ein einzelner Zinssatz ist erforderlich, um eine **Differenzbildung** mit dem Solvabilität II-Zins zu ermöglichen.

23 Die **Effektivzinsberechnung** erfolgt mittels des durch die BaFin bestimmten Berechnungsverfahrens.[25] Der Solvabilität I-Zins wird dabei so gewählt, dass sich bei Diskontierung der Zahlungsströme mit diesem einzigen Zinssatz die gleiche Summe der besten Schätzwerte der Verpflichtungen nach § 77 VAG ergibt, wie bei mit den einzelvertraglich bestimmten Zinsen vom 31.12.2015 diskontierten Zahlungsströmen. Diskontiert werden jeweils die Zahlungsströme, wie sie zum Bewertungsstichtag für die Zukunft nach § 77 i. V. m. § 84 Abs. 1 VAG zu berücksichtigen sind, aber ohne die ansonsten nach § 84 Abs. 1 Nr. 3 VAG anzusetzenden Zahlungsströme aus der zukünftigen Überschussbeteiligung. Die Zahlungsströme werden also nach Solvabilität II-Regelungen bestimmt. Die Berücksichtigung der zukünftigen **Überschusszuteilungen** unterbleibt, da diese konsistent mit den Annahmen zur Diskontierung gewählt werden müssten, soweit sie aus zukünftigen Zins-Überschüssen stammen. Daher würde deren Berücksichtigung die Berechnung nur unnötig erschweren oder gar zusätzliche Unterschiede bewirken. Soweit die Überschusszuteilungen aus der RfB stammen, unterliegen sie ohnehin nicht dem Diskontierungszins der Deckungsrückstellung. Der so bestimmte Solvabilität I-Zins ändert sich von Bewertungsstichtag zu Bewertungsstichtag, da sich die zu berücksichtigenden zukünftigen Zahlungsströme und die Dauer bis zu deren Zahlung ändern; insbesondere gehen auch Verträge ab.

24 **b) Der Solvabilität II-Zins (Abs. 2 Nr. 2).** Der für den jeweiligen Bewertungsstichtag anzuwendende **Solvabilität II-Zins** wird als einzelner Zinssatz aus der ohne Zinsübergangsmaßnahme anzuwendenden Zinskurve, also der von der EIOPA jeweils veröffentlichten **maßgeblichen risikofreien Zinskurve**, abgeleitet. Die Vorgehensweise entspricht der bezüglich des Solvabilität I-Zinses. Auch hier ist eine Effektivzinsberechnung notwendig, um die **Differenzbildung** mit dem Solvabilität I-Zins zu ermöglichen.

25 **2. Stufenweise Reduktion der Anpassung (Abs. 2 S. 2).** Die sich für jeden Bewertungsstichtag ergebende **Differenz zwischen dem Solvabilität I-Zins und dem Solvabilität II-Zins** wird mit einem linear fallenden Faktor zwischen 1 im Jahr 2016 und 0 im Jahr 2032 multipliziert. Dieser **Anpassungsbetrag** mindert sich damit jedes Jahr um den Faktor 0,0625, also 1/16.[26] Zudem ändert sich der Effekt über die Zeit durch die **Bestandsveränderung** des auslaufenden Bestandes, der allerdings aufgrund laufender Beitragszahlung über eine gewisse Zeit noch eine steigende versicherungstechnischen Rückstellung aufweisen kann.

---

[23] Vgl. Begr. VAG-RegE 2014, BT-Drs. 18/2956, 302.
[24] Vgl. Begr. VAG-RegE 2014, BT-Drs. 18/2956, 302.
[25] *BaFin*, AE vAnwendung der Übergangsmaßnahmen bei risikofreien Zinssätzen und versicherungstechnischen Rückstellungen, S. 3.
[26] Vgl. *BaFin*, AE Anwendung der Übergangsmaßnahmen bei risikofreien Zinssätzen und versicherungstechnischen Rückstellungen, Tabelle S. 2.

VI. Anwendung des Anpassungsbetrages. Der **Anpassungsbetrag** wird, soweit er positiv ausfällt, an jedem Bewertungsstichtag, soweit positiv, zu jedem einzelnen Zinssatz der **maßgeblichen risikofreien Zinskurve** addiert.[27] Die so gleichmäßig nach oben verschobene Zinskurve wird dann zur Diskontierung der zukünftigen Zahlungsströme im Rahmen der Berechnung des besten Schätzwerts der betroffenen Versicherungsverpflichtungen verwendet. Die maßgebliche risikofreie Zinskurve ist ggf. schon durch die **Volatilitätsanpassung** nach § 82 VAG modifiziert. Die Verschiebung der Zinskurve findet nach § 351 Abs. 2 S. 3 VAG auf dieser Basis statt. Dies gilt auch für die nach § 84 Abs. 1 Nr. 3 VAG anzusetzenden Zahlungsströme aus der zukünftigen **Überschussbeteiligung**, wenn diese in die **Vertragsgrenze** der betroffenen Versicherungsverpflichtungen nach Art. 18 Solva II-VO fallen und zum 31.12.2015 auch mit dem gleichen Zins hätten diskontiert werden müssen, wie die anderen Zahlungsströme der betreffenden Grundversicherung. 26

Durch die Zinsübergangsmaßnahme, also einen höheren Diskontierungszins, senkt sich die versicherungstechnische Rückstellung gegenüber der ansonsten vorzunehmenden Berechnung. Diese Minderung, die die Annahme höherer zukünftiger **Kapitalerträge** zur Deckung der Leistungen repräsentiert, steht aber wegen des Anspruchs der Versicherungsnehmer auf **Überschussbeteiligung** i. S. v. § 153 VVG, soweit vertraglich bestehend, nicht ohne weiteres als Eigenmittel zur Verfügung. Daher sind die **zukünftigen Zahlungsströme aus der Überschussbeteiligung** auf zukünftige Kapitalerträge konsistent mit den tatsächlich verwendeten Diskontierungszinsen zu bestimmen. Dies führt letztlich wieder zu einer Erhöhung der versicherungstechnischen Rückstellung. Sie bleibt aber wenigstens in Höhe des Anteils des Versicherungsunternehmens an diesen zusätzlichen Überschüssen niedriger als bei Anwendung der Zinssätze der nach Solvabilität II ohne Zinsübergangsmaßnahme maßgeblichen risikofreien Zinskurve. Wenn die maßgebliche risikofreie Zinskurve hingegen unter dem Solvabilität I-Zins liegt, wie in vielen Fällen derzeit, kommt es erwartungsgemäß nicht mehr zu einer Überschussbeteiligung. Dies führt dazu, dass der durch die Anwendung der Zinsübergangsmaßnahme entstehende Effekt in vollem Umfang eine Minderung der Rückstellung zur Folge hat. Dies ist das Ziel der Zinsübergangsmaßnahme in der besonders belasteten Situation bei Einführung von Solvabilität II. 27

Die Minderung der versicherungstechnischen Rückstellung durch die Zinsübergangsmaßnahme hat Konsequenzen für die **latenten Steuern** nach Art. 15 Solva II-VO: Der durch die Minderung antizipierte zukünftige Gewinn oder der geminderte Verlust verringert die steuerliche Belastung und wird daher teilweise durch die Bildung einer latenten **Steuerverbindlichkeit** bzw. Verringerung einer **latenten Steuerforderung** ausgeglichen. Aus diesem Grund wirkt sich die Zinsübergangsmaßnahme nur teilweise auf die **Basiseigenmittel** nach § 89 Abs. 3 Nr. 1 VAG aus.[28] 28

Abgesehen davon sollen **Folgewirkungen** aus der Anwendung eines anderen Zinses vermieden werden, insbesondere auf die Annahmen zum **Versicherungsnehmerverhalten** bei den Zahlungsströmen, auf die **Risikomarge** und auf das **SCR** bzgl. der **Untermodule zum Zins- und Spread-Risiko** nach § 104 Abs. 2 Nr. 1 bzw. Nr. 4 VAG.[29] 29

VII. Betroffene Versicherungsverpflichtungen (Abs. 3). § 351 Abs. 3 VAG bestimmt, für welche Versicherungsverpflichtungen die Zinsübergangsmaßnahme dem Grunde nach angewandt werden darf („**zulässige Versicherungsverpflichtungen**" im Gesetz sowie den EIOPA-LL Umsetzung von langfristigen Garantien[30] bzw. „**zulässige Bestandsversicherungen**" in den BaFin-Informationen v. 18.3.2015 zu Anträgen auf Genehmigung einer Übergangsmaßnahme für die Rückstellungsbewertung) Die Zinsübergangsmaßnahme ist, wenn sie angewandt wird, ausnahmslos auf alle zulässigen Versicherungsverpflichtungen anzuwenden.[31] Hierdurch soll verhindert werden, dass nur diejenigen Verträge ausgewählt werden können, bei denen die Zinsübergangsmaßnahme eine besonders günstige Wirkung zeigt. 30

Um als zulässige Versicherungsverpflichtungen i. S. v. § 351 Abs. 1 u. 3 VAG zu gelten, müssen die in § 351 Abs. 3 Nr. 1–3 genannten Bedingungen kumulativ erfüllt sein. § 351 Abs. 3 Nr. 2 VAG bezieht sich auf den Anwendungsbereich der aufgrund von § 65 VAG a. F. erlassenen DeckRV a. F. Hiernach sind nur Lebensversicherungsverträge, Unfallversicherungen mit Prämienrückgewähr (UPR) und Rentenverpflichtungen auf Grund von Allgemeinen und Kraftfahrzeughaftpflichtversicherungen und von Kraftfahrt- und Allgemeinen Unfallversicherungen („HUK-Renten") **zulässige Versicherungsverpflichtungen**. Dies geht bzgl. Letzterer über Art. 308c Abs. 3 lit. b Solva II-RL hinaus, der sich auf 31

---

[27] *BaFin*, AE Anwendung der Übergangsmaßnahmen bei risikofreien Zinssätzen und versicherungstechnischen Rückstellungen, S. 2.

[28] Vgl. *BaFin*, AE Latente Steuern auf versicherungstechnische Rückstellungen unter Solvency II.

[29] LL 1, 2 und 4 EIOPA-BoS-15/111. Vgl. dazu den Explanatory Text in EIOPA Final Report on public consultation No. 14/049 on Guidelines on the implementation of the long-term guarantee measures, BoS-15–111 v. 30.6.2015, S. 13 ff, dt. Übersetzung in BaFin Merkblatt v. 12.4.2016, „Erläuterungen zu Leitlinien für die Umsetzung von langfristigen Garantien".

[30] EIOPA-BoS-15/111.

[31] LL 4 EIOPA-LL Umsetzung von langfristigen Garantien, EIOPA-BoS-15/111 DE und *BaFin*, AE Anwendung der Übergangsmaßnahmen bei risikofreien Zinssätzen und versicherungstechnischen Rückstellungen, S. 2.

den nur Lebensversicherungen betreffenden Art. 20 der LebensRL bezieht.[32] Da Art. 20 LebensRL bei der Umsetzung in deutsches Recht auf UPR und HUK-Renten äquivalent angewandt wird, fallen sie auch unter § 351 VAG.[33] Dem entspricht die Aussage in der Gesetzesbegründung,[34] dass die Maßnahme auf alle die Fälle anzuwenden ist, in denen eine Deckungsrückstellung gebildet wurde. Hiermit ist allerdings nicht die tatsächliche Rückstellungsbildung gemeint, sondern es soll sich der Art nach um Verträge handeln, für die eine Deckungsrückstellung für ggf. bestehende Verpflichtungsüberhänge nach § 341f Abs. 1 HGB zu bilden war.

32 Nicht betroffen von der DeckRV a. F. waren nach § 1 Abs. 2 DeckRV a. F. Verträge, denen **aufsichtsbehördlich genehmigte Tarife** zugrunde lagen.[35] Diese Verträge unterlagen dennoch bis zum 31.12.2015 Art. 20 LebensRL und sind damit zulässige Versicherungsverpflichtungen i. S. v. Art. 308c Abs. 3 lit. b Solva II-RL. Nach der deutschen Sonderregelung wurde der zu verwendende Zins nicht durch die DeckRV sondern im Rahmen eines **Genehmigungsverfahrens** bestimmt,[36] das sich an den Vorgaben der LebensRL auszurichten hatte. Wegen des Grundsatzes, dass sämtliche zulässigen Versicherungsverpflichtungen i. S. v. Art. 308c Abs. 3 Solva II-RL von der Übergangsmaßnahme erfasst werden sollen, kann der Ausschluss von Verträgen auf Basis aufsichtsbehördlicher Tarife infolge des Wortlauts von § 351 Abs. 3 Nr. 2 VAG bei gemeinschaftsrechtskonformer Auslegung nur als redaktioneller Fehler des Gesetzgebers angesehen werden. Daher ist davon auszugehen, dass auch die Verträge des Altbestandes i. S. v. § 336 VAG zu den Versicherungsverpflichtungen i. S. d. § 351 Abs. 3 Nr. 2 VAG und damit auch zu den zulässigen Versicherungsverpflichtungen zählen, soweit die übrigen Bedingungen erfüllt sind.

33 Verträge **ohne Zinsgarantie**,[37] insbesondere **fondsgebundene Lebensversicherungen ohne Mindestleistung**, können nach § 351 Abs. 3 VAG zur Definition der für die Ermittlung des Anpassungsbetrags zu verwendenden Zinssätze durchaus zulässige Versicherungsverpflichtungen sein. Allerdings ist § 351 Abs. 2 Nr. 1 VAG hiervon abweichend enger gefasst. Betroffen wären hiernach nur die Fälle, in denen der Rechnungszins im Einklang mit der DeckRV a. F. festgelegt wurde und dies sind nur Versicherungsverträge mit Zinsgarantie. Soweit aber für Verträge ohne Zinsgarantie dennoch im Vertragsverlauf eine Deckungsrückstellung gebildet werden muss, die unter die Vorschriften des § 2 DeckRV a. F. gefallen wäre, gilt hier auch die Übergangsmaßnahme. Dies ist z. B. der Fall, wenn nach einer Beitragsfreistellung eine Deckungsrückstellung als **Verwaltungskostenrückstellung** gemäß § 25 Abs. 3 RechVersV gebildet werden muss.

34 Die **Stichtagsregelung** nach § 351 Abs. 3 Nr. 1 VAG führt, ähnlich wie bei Änderungen des Höchstzinssatzes nach § 2 DeckRV a. F., zu der praktischen Frage, wie die Bestände zum Stichtag tatsächlich abgegrenzt werden können. Das Problem besteht in vielen Fällen z. B. darin, dass das Datum der letzten **Willenserklärung** des Versicherungsnehmers zum Vertragsabschluss nicht genau bekannt ist. Grundsätzlich können wegen der Bezugnahme auf die DeckRV a. F. auch die gleichen Regelungen zur Abgrenzung der Bestände mit Abschluss vor und nach dem Stichtag verwendet werden, wie sie früher bei einer Änderung des Höchstzinssatzes unter Solvabilität I zur Anwendung gekommen sind.[38]

35 Die Bezugnahme auf Verträge in § 351 Abs. 3 Nr. 1 VAG bestimmt den Anwendungsbereich der Zinsübergangsmaßnahme. Sie ist damit nicht auf die nur für die Bestimmung der versicherungstechnischen Rückstellung relevanten **Vertragsgrenzen** nach Art. 18 Solva II-VO beschränkt. Versicherungsverpflichtungen aus am 31.12.2015 bestehenden Verträgen, die wegen der Vertragsgrenze erst später in den Berechnungen nach § 75 ff. VAG berücksichtigt werden, fallen dennoch unter die Übergangsmaßnahme, da hier auf den **rechtlichen Vertragsabschluss** Bezug genommen wird. Auch für jenseits der Vertragsgrenze liegende Versicherungsverpflichtungen aus bis zum 31.12.2015 abgeschlossenen Verträgen wird bei der Berechnung der Deckungsrückstellung nach § 341f Abs. 1 HGB i. V. m. § 2 DeckRV a. F. wie auch n. F. der bei Abschluss bis zum 31.12.2015 durch § 2 DeckRV a. F. bestimmte Zins verwendet.

36 Trotz der impliziten Berücksichtigung der **zukünftigen Überschussbeteiligung** (vgl. § 5 Abs. 2 DeckRV) unterliegt die Verpflichtung aus der zukünftigen Überschusszuteilung auf am 31.12.2015 bestehende Verträge den gleichen handels- und aufsichtsrechtlichen Diskontierungspflichten wie die **Grundversicherung**, insofern hierfür schon bei Erstansatz eine Zinsgarantie bestand. Diese zukünftigen Zuteilungen gehören damit auch zu den zulässigen Versicherungsverpflichtungen.

37 Versicherungsverpflichtungen aus nach dem 31.12.2015 erfolgenden **Vertragsverlängerungen** sind von der Zinsübergangsmaßnahme nicht erfasst. Mit Vertragsverlängerung ist ausweislich der englischen

---

[32] Vgl. Korinek/G. Saria/S. Saria/*Gössl* § 336 Rn. 7 zum öVAG.

[33] Vgl. *BaFin*, Informationen v. 18.3.2015 zu Anträgen auf Genehmigung einer Übergangsmaßnahme für die Rückstellungsbewertung.

[34] Begr. VAG RegE 2014 BT-Drs. 18/2956, 302.

[35] Vgl. § 336 VAG bzw. § 11c VAG a. F. und § 25 Abs. 4 RechVersV.

[36] Vgl. § 11c VAG a. F. und BT-Drs. 12/6959, 58.

[37] Vgl. § 88 VAG Rn. 45.

[38] Vgl. *IDW*, Berichterstattung über Sitzungen, 209. Sitzung des Versicherungsfachausschusses am 24.9.2014, Erörterung mit der BaFin, S. 2, IDW-interner Vermerk.

Fassung des Art. 308c Abs. 3 lit. a Solva II-RL die ausdrückliche oder stillschweigende **Fortführung eines vertragsgemäß auslaufenden Vertrages** („renewal", Erneuerung des bisherigen Vertrags) gemeint, bei der beide Parteien eine Kündigungsmöglichkeit haben. In Deutschland werden Lebensversicherungsverträge meist von vornherein ohne Kündigungsmöglichkeit des Versicherungsunternehmens für eine bestimmte Laufzeit abgeschlossen. Von dem Ausschluss sind nur **beidseitige Vereinbarungen** zur Verlängerung der bisherigen Vereinbarungen betroffen. Nicht betroffen von dem Ausschluss sind **einseitige vertragliche Gestaltungsrechte** des Versicherungsnehmers zur Verlängerung der Versicherungsdauer oder Verschiebung sonst fälliger Leistungen. Nicht geregelt sind Fälle beidseitig vereinbarter Vertragsänderungen. Auch hier werden analog die bisher üblichen Regelungen bzgl. des für einen geänderten Vertrag anzuwendenden Höchstzinssatzes weiter verwendet.

Um dem Normzweck zu entsprechen, muss § 86 Abs. 1 VAG so gelesen werden, dass er sich auch auf § 351 VAG bezieht. Sonst hätte ein Versicherungsunternehmen durch **Rückversicherungsnahme** bei Anwendung der Zinsübergangsmaßnahme eine bessere Netto-Position als unter Solvabilität I, wenn die Rückversicherungsforderung mit der niedrigeren maßgeblichen risikofreien Zinskurve diskontiert würde. Normzweck ist aber, einen gleitenden Übergang von Solvabilität I auf Solvabilität II zu ermöglichen,[39] nicht allgemein Erleichterungen zu verschaffen. Es handelt sich hier um ein redaktionelles Versehen des Richtliniengebers, da die Zinsübergangsmaßnahme nicht in die Art. 76–80 Solva II-RL, auf die sich Art. 81 Abs. 1 Solva II-RL bezieht, eingefügt wurde, sondern als Übergangsmaßnahme am Ende der Solva II-RL verortet wurde. Dem entspricht auch die Anordnung im VAG. Daher gehen auch die anderen Anpassungen der maßgeblichen risikofreien Zinskurve, also die Matching- und Volatilitätsanpassung der §§ 80–82 VAG, nicht auf die **Rückversicherungsforderungen** ein. § 352 VAG zur Rückstellungsübergangsmaßnahme erwähnt die einforderbaren Beträge aus Rückversicherungsverträgen und gegenüber Zweckgesellschaften explizit, da dies wegen der von § 77 Abs. 4 VAG abweichenden Berechnungsmethodik technisch unvermeidlich ist. 38

Damit zählen über § 86 VAG auch **Ansprüche gegen Rückversicherer und Zweckgesellschaften** zu den Beträgen, die mit dem nach § 351 Abs. 2 VAG angepassten Zins zu diskontieren sind, soweit sie in analoger Anwendung von § 351 Abs. 3 VAG zulässig sind. Entscheidend ist hierbei nicht das Datum des Vertragsabschlusses der rückversicherten Verträge, sondern das Datum des Vertragsabschlusses des Rückversicherungsvertrages. Wird also ein Rückversicherungsvertrag nach dem 31.12.2015 für einen Vertrag, der am 31.12.2015 schon im Bestand war, geschlossen, ist er nicht zulässig für die Zinsübergangsmaßnahme, sondern mit der maßgeblichen risikofreien Zinskurve zu diskontieren. 39

Versicherungsverpflichtungen, auf die eine **Matching-Anpassung** nach § 80 VAG angewendet wird, sind nach § 351 Abs. 3 Nr. 3 VAG keine zulässigen Versicherungsverpflichtungen. § 80 Abs. 3 VAG bestimmt spiegelbildlich, dass auf Versicherungsverpflichtungen, auf die die Zinsübergangsmaßnahme angewandt wird, die Matching-Anpassung nicht vorgenommen werden darf. Dies kann nur so verstanden werden, dass Versicherungsverpflichtungen, bei denen die Matching-Anpassung nach § 80 VAG vorgenommen wird, aus diesem Grund nicht zu den zulässigen Versicherungsverpflichtungen nach § 351 Abs. 3 VAG gehören. Demzufolge kann zuerst entschieden werden, auf welche Versicherungsverpflichtung die Matching-Anpassung vorgenommen werden soll und danach kann die Zinsübergangsmaßnahme ausschließlich auf alle verbliebenen Versicherungsverpflichtungen angewandt werden, soweit sie den übrigen Bedingungen genügen. 40

VIII. Einschränkungen der Nutzung anderer Maßnahmen (Abs. 3 Nr. 3 und Abs. 4 Nr. 1 und Nr. 2). Die Anwendung der **Matching-Anpassung** nach § 80 VAG auf einen Vertrag schließt nach § 351 Abs. 3 Nr. 3 VAG die Anwendung der Zinsübergangsmaßnahme auf diesen Vertrag aus.[40] Die der Einschränkung in § 351 Abs. 4 Nr. 1 VAG bzgl. der Berechnung der **Volatilitätsanpassung** zugrunde liegende Vorschrift des Art. 308c Abs. 4 lit. a Solva II-RL wurde in § 336 Abs. 4 öVAG nicht umgesetzt. Dies folgt aus der Sichtweise, dass sich die Solva II-RL an dieser Stelle an die EIOPA richtet.[41] Denkbar ist auch, dass der Richtliniengeber äquivalent zu Art. 77b Abs. 3 Solva II-RL eine gemeinsame Verwendung von Volatilitätsanpassung und Zinsübergangsmaßnahme für eine versicherungstechnische Rückstellung ausschließen wollte. Dabei hat er aber nicht die für die Wirksamkeit eines Verbots erforderliche Klarheit geschaffen, die auch der deutsche Gesetzgeber nicht hergestellt hat. 41

Nach § 351 Abs. 4 Nr. 2 VAG ist die Anwendung der **Rückstellungsübergangsmaßnahme** nach § 352 VAG für die zulässigen Versicherungsverpflichtungen ausgeschlossen. Hierdurch soll die kumulative Anwendung der Übergangsmaßnahmen zur Rückstellungsbewertung bei einer Versicherungsverpflichtung vermieden werden. Im Unterschied zur Matching-Anpassung[42] ändert aber die Anwendung von § 352 VAG auf einen Vertrag nichts daran, dass dieser ggf. eine zulässige Versicherungsverpflichtung i. S. v. § 351 Abs. 3 VAG ist. Daher ist mit der Anwendung der Rückstellungsübergangsmaßnahme auf einen Teil der zulässigen Versicherungsverpflichtungen eines Versicherungsunternehmens i. S. v. § 351 42

[39] Vgl. Begr. VAG-RegE 2014, BT-Drs. 18/2956, 303.
[40] Vgl. Rn. 40.
[41] Vgl. Korinek/G. Saria/S. Saria/*Gössl* § 336 Rn. 10 zum öVAG.
[42] Vgl. Rn. 40.

Abs. 3 VAG die Anwendung der Zinsübergangsmaßnahme durch das Versicherungsunternehmen insgesamt ausgeschlossen. Ebenso schließt die Anwendung der Zinsübergangsmaßnahme die Anwendung der Rückstellungsübergangsmaßnahme für die zulässigen Versicherungsverpflichtungen i. S. v. § 351 Abs. 3 VAG aus. Sie kann aber auf homogene Risikogruppen i. S. v. § 75 Abs. 3 VAG anderer Versicherungsverpflichtungen des Versicherungsunternehmens angewandt werden.[43] Diese homogenen Risikogruppen dürfen dann allerdings keine einzige zulässige Versicherungsverpflichtung i. S. v. § 351 Abs. 3 VAG enthalten. Insoweit ist die Wirkung von § 351 Abs. 4 Nr. 2 VAG auf die von der Zinsübergangsmaßnahme betroffenen Bestände, also die zulässigen Versicherungsverpflichtungen, begrenzt, da sich ausschließlich im Hinblick auf diese die Frage einer gleichzeitigen Anwendung von Zinsübergangsmaßnahme und Rückstellungsübergangsmaßnahme überhaupt stellt. Art. 308c Abs. 4 lit. b Solva II-RL geht davon aus, dass die Zinsübergangsmaßnahme nur für die **Lebensversicherung** gilt. Durch die Ausweitung in § 351 Abs. 3 Nr. 1 VAG auch auf die **Unfallversicherung mit Prämienrückgewähr** und **Rentenverpflichtungen** bestimmte Schadensversicherungen sind hier aber nur Teilbestände der betreffenden Versicherungsunternehmen von der Zinsübergangsmaßnahme betroffen.

43 **IX. Offenlegungspflichten (Abs. 4 Nr. 3).** § 351 Abs. 4 Nr. 3 VAG bestimmt, dass die Anwendung der Zinsübergangsmaßnahme im **Solvabilitäts- und Finanzbericht** nach § 40 VAG offenzulegen ist. Hierbei genügt nach dem Wortlaut eine **Offenlegung** des Umstandes als eines solchen ohne weitere Erläuterung. Die Wirkung der Maßnahme ist aber zu quantifizieren: Anzugeben ist der Betrag, um den sich die Finanzlage anders darstellen würde, wenn § 351 VAG nicht angewandt worden wäre.

44 Der Begriff der **Finanzlage** ist nicht näher spezifiziert, sodass hier auch keine Unterscheidung zwischen Solvabilitäts- und Finanzlage erkennbar ist, auch wenn diese Begriffe oft im VAG nebeneinander verwendet werden. Daher sind die Effekte der Anwendung von § 351 VAG ausweislich der Gesetzesbegründung[44] auf alle berichteten relevanten Beträge im Solvabilitäts- und Finanzbericht nach § 40 VAG zu quantifizieren. Dies betrifft neben den Auswirkungen auf die betroffenen Versicherungsverpflichtungen und die versicherungstechnischen Rückstellungen insgesamt, auch „sämtliche materiellen Auswirkungen für die finanzielle Situation des Unternehmens aufgrund von Wechselwirkungen, also insbesondere auch die Auswirkungen auf die Solvablilitätskapitalanforderung, die Mindestkapitalanforderung, die Basiseigenmittel und die Höhe der Eigenmittel, die für die Einhaltung der Solvabilitätskapitalanforderung und der Mindestkapitalanforderung anrechenbar sind, sowie die Solvenzquote".[45] Hierfür wurden mit den quantitativen Meldebögen S. 22.01 europaweit anzuwendende Berichtsformate geschaffen.[46]

45 **X. Verhältnis zu anderen Regelungen des VAG.** Durch § 351 VAG kann die maßgebliche risikofreie Zinskurve nach § 77 Abs. 1 VAG zur Anwendung modifiziert werden. Hierbei ist eine ggf. vorgenommene Volatilitätsanpassung nach § 82 VAG bei der Ermittlung des Solvabilität II-Zinssatzes gemäß § 351 Abs. 2 S. 3 VAG zu berücksichtigen. § 80 Abs. 3 VAG schließt wie auch § 351 Abs. 3 Nr. 3 VAG eine gemeinsame Verwendung der Zinsübergangsmaßnahme und der Matching-Anpassung bei einer Versicherungsverpflichtung aus. § 352 Abs. 5 VAG und § 80 Abs. 3 VAG schließen wie auch § 351 Abs. 4 Nr. 2 VAG eine Verwendung der Zinsübergangsmaßnahme aus, wenn die Rückstellungsübergangsmaßnahme verwendet wird. § 353 VAG verlangt verschiedene Maßnahmen, soweit die Voraussetzungen für die Anwendung der Zinsübergangsmaßnahme nicht mehr erfüllt sind. § 354 VAG enthält Informationspflichten der Aufsichtsbehörde gegenüber EIOPA bzgl. der Anwendung der Zinsübergangsmaßnahme. § 355 Abs. 1 Nr. 9 VAG beinhaltet eine Übergangsregelung zur Zinsübergangsmaßnahme bei Inkrafttreten des VAG. § 27 Abs. 6 VAG fordert bei Nutzung der Zinsübergangsmaßnahme zusätzlich auch die Bewertung der Einhaltung der Kapitalanforderungen ohne diese im Rahmen des ORSA. § 301 Abs. 1 Nr. 4 VAG ermöglicht einen Kapitalaufschlag bei Verwendung der Zinsübergangsmaßnahme. § 350 VAG erlaubt die Anwendung der Zinsübergangsmaßnahme auch im Rahmen der Gruppensolvabilität. Gemäß § 351 Abs. 4 Nr. 3 VAG ist die Zinsübergangsmaßnahme im Rahmen des Solvabilitäts- und Finanzberichts nach § 40 VAG offen zu legen und ihre Auswirkung auf die Finanzlage zu quantifizieren.

Versicherungstechnische Rückstellungen

352 (1) [1] **Versicherungsunternehmen dürfen mit Genehmigung der Aufsichtsbehörde bei versicherungstechnischen Rückstellungen vorübergehend einen Abzug im Sinne des Absatzes 2 geltend machen.** [2] **Der Abzug kann auf der Ebene homogener Risikogruppen nach § 75 Absatz 3 zur Anwendung kommen.**

[43] Vgl. § 352 VAG Rn. 14.
[44] Begr. VAG RegE 2014, BT-Drs. 18/2956, 302.
[45] Begr. VAG-RegE 2014, BT-Drs. 18/2956, 303.
[46] Vgl. DVO (EU) 2015/2452 Anhang I; s. auch *EIOPA*, Opinion disclosure of information related to the use of transitional measures in the calculation of technical provisions, EIOPA-BoS-16/243.

(2) [1]**Der vorübergehende Abzug entspricht einem Anteil der Differenz zwischen den beiden folgenden Beträgen:**

1. **den versicherungstechnischen Rückstellungen nach Abzug der einforderbaren Beträge aus Rückversicherungsverträgen und gegenüber Zweckgesellschaften, die nach § 75 zum 1. Januar 2016 berechnet wurden;**
2. **den versicherungstechnischen Rückstellungen nach Abzug der einforderbaren Beträge aus Rückversicherungsverträgen, die nach den Rechts- und Verwaltungsvorschriften berechnet wurden, die nach den §§ 341e bis 341h des Handelsgesetzbuchs und § 65 des Versicherungsaufsichtsgesetzes in den jeweils bis zum 31. Dezember 2015 geltenden Fassungen sowie den gemäß § 330 des Handelsgesetzbuchs und § 65 des Versicherungsaufsichtsgesetzes erlassenen Rechtsverordnungen in den jeweils bis zum 31. Dezember 2015 geltenden Fassungen gebildet wurden.**

[2]**Der maximal abzugsfähige Anteil sinkt am Ende jedes Kalenderjahres linear von 100 Prozent während des Jahres ab 2016 auf 0 Prozent am 1. Januar 2032.** [3]**Wenn Versicherungsunternehmen die Volatilitätsanpassung nach § 82 am 1. Januar 2016 anwenden, wird der in Nummer 1 genannte Betrag mit der an diesem Tag geltenden Volatilitätsanpassung berechnet.**

(3) **Die Beträge der versicherungstechnischen Rückstellungen sowie gegebenenfalls der Betrag der Volatilitätsanpassung, die zur Berechnung des vorübergehenden Abzugs nach Absatz 2 Satz 1 Nummer 1 und 2 verwendet werden, dürfen mit Genehmigung oder müssen auf Verlangen der Aufsichtsbehörde alle 24 Monate oder, wenn sich das Risikoprofil des Unternehmens wesentlich verändert, häufiger neu berechnet werden.**

(4) **Der Abzug nach Absatz 2 kann von der Aufsichtsbehörde begrenzt werden, wenn seine Anwendung dazu führen könnte, dass die für das Unternehmen geltenden Finanzmittelanforderungen im Vergleich zu den Anforderungen sinken, die gemäß dem Handelsgesetzbuch, dem Versicherungsaufsichtsgesetz und den dazu erlassenen Rechtsverordnungen in den jeweils bis zum 31. Dezember 2015 geltenden Fassungen berechnet wurden.**

(5) **Wenn Versicherungsunternehmen Absatz 1 anwenden, dürfen sie § 351 nicht anwenden und müssen**

1. **wenn sie die Solvabilitätskapitalanforderung nur bei Anwendung des vorübergehenden Abzugs erfüllen können, der zuständigen Aufsichtsbehörde jährlich einen Bericht vorlegen, in dem die Maßnahmen, die zur Aufbringung der anrechnungsfähigen Eigenmittel oder zur Senkung des Risikoprofils notwendig sind, sodass die Einhaltung der Solvabilitätskapitalanforderung hergestellt ist, sowie der hierbei erzielte Fortschritt dargestellt werden, und**
2. **im Rahmen ihres Solvabilitäts- und Finanzberichts offenlegen, dass sie den vorübergehenden Abzug im Sinne des Absatzes 2 auf die versicherungstechnischen Rückstellungen anwenden, und die Folgen einer Nichtanwendung dieses vorübergehenden Abzugs für ihre Finanzlage quantifizieren.**

Übersicht

I. Allgemeines. 1. Entstehungsgeschichte. § 352 VAG wurde durch Art. 1 des Gesetzes zur Modernisierung der Finanzaufsicht über Versicherungen vom 1.4.2015 in das VAG eingefügt. 1

2. Normzweck. § 352 VAG ermöglicht einem Versicherungsunternehmen mit Genehmigung der Aufsichtsbehörde die Anwendung einer Übergangsmaßnahme, die für den Bestand oder einzelne Teil- 2 bestände der Versicherungsverpflichtungen bei Erstanwendung von Solvabilität II einen stufenweisen Abzug des Unterschiedsbetrags zwischen der zu diesem Zeitpunkt bestimmten versicherungstechnischen Rückstellung nach Solvabilität I und der ansonsten nach Solvabilität II anzusetzenden versicherungstechnischen Rückstellung bewirkt **(„Rückstellungsübergangsmaßnahme")**. Durch den Abzug von den versicherungstechnischen Rückstellungen ergeben sich höhere Basiseigenmittel. Die Solvabilitätslage wird so während der Übergangszeit, im Zeitverlauf mit zurückgehendem Effekt, verbessert. Hiermit soll den Versicherungsunternehmen Zeit gegeben werden, die aufgrund der aktuellen, marktgerechten konservativeren Annahmen von Solvabilität II wesentlich gestiegenen versicherungstechnischen Rückstellungen mittelfristig, spätestens aber bis 2032, aufzubauen.[1] Begleitet wird die Übergangsmaßnahme u.a. von **Berichtspflichten** zur transparenten Darstellung der Maßnahme und ihrer Effekte im **Solvabilitäts- und Finanzbericht** und in kritischen Fällen auch regelmäßig gegenüber der **Aufsichtsbehörde**.

3 **3. Europarechtlicher Hintergrund.** § 352 VAG setzt Art. 308d Solva II-RL um.[2] Konkretisierungen und Erläuterungen zur Anwendung der Rückstellungsübergangsmaßnahme und Wechselwirkungen mit der Volatilitätsanpassung und der Marching-Anpassung sind in den EIOPA-LL Umsetzung von langfristigen Garantien[3] enthalten.

4 **II. Einführung.** Zum Hintergrund und zur Geschichte der **Rückstellungsübergangsmaßnahme** vgl. § 351 VAG Rn 4–12. Die Rückstellungsübergangsmaßnahme wird auch als **„vorübergehender Abzug"** (§ 352 Abs. 5 Nr. 2 VAG), **„Übergangsmaßnahme bei versicherungstechnischen Rückstellungen"**[4] sowie, in der technischen Sprache, **„Rückstellungstransitional"** oder **„statisches Transitional"** bezeichnet.[5]

5 Im Fall der Rückstellungsübergangsmaßnahme werden nicht nur, wie bei der Zinsübergangsmaßnahme nach § 351 VAG, Unterschiede in den anzuwendenden **Diskontierungszinsen** von Solvabilität I und II bestimmter Versicherungsarten schrittweise ausgeglichen, sondern hier sind alle **Bewertungsunterschiede** zwischen den versicherungstechnischen Rückstellungen insgesamt nach Solvabilität I und Solvabilität II betroffen.

6 **III. Europarechtliche Grundlage in Art. 308d Solva II-RL.** Die europarechtliche Grundlage für § 352 VAG ist Art. 308d Solva II-RL. Der Gesetzgeber hat, bis auf redaktionelle Änderungen, die Regelung entsprechend der deutschen Verhältnisse inhaltlich umgesetzt. § 352 Abs. 3 VAG weist einen gegenüber der deutschen Fassung des Art. 308d Abs. 3 Solva II-RL geänderten Satzbau auf, ist aber im Einklang mit der englischen Fassung. Hierdurch wird klargestellt, dass die **Neuberechnung** ohne Weiteres alle 24 Monate erfolgen kann und nur eine demgegenüber **vorzeitige Neuberechnung** einer Begründung durch eine wesentliche Änderung des **Risikoprofils** des Versicherungsunternehmens bedarf.

IV. Genehmigungsvorbehalt und Maßnahmen der Aufsichtsbehörde (Abs. 1 S. 1, Abs. 3).

7 Zum **Genehmigungsvorbehalt** nach § 352 Abs. 1 S. 1 VAG und zum **Widerruf** der Genehmigung nach § 353 Abs. 3 VAG vgl. die Ausführungen zu den äquivalenten Regelungen in § 351 Abs. 1 VAG in § 351 VAG Rn. 14 ff. Die Genehmigung kann nach § 355 Abs. 1 Nr. 10 VAG ab dem 11.4.2015 erteilt werden. Zur Möglichkeit eines **Kapitalaufschlags** nach § 301 Abs. 1 Nr. 4 VAG vgl. auch § 351 VAG Rn. 17. Für das Genehmigungsverfahren nach § 352 VAG gibt es ein gesondertes **Antragsformular** der BaFin, nach dem die **homogenen Risikogruppen** zu spezifizieren sind, für die die Maßnahme angewandt werden soll.

8 Nach § 352 Abs. 3 VAG erfordern **Neuberechnungen** eine Genehmigung der Aufsichtsbehörde und die Aufsichtsbehörde kann auch selbst Neuberechnungen verlangen. Die Genehmigung der Aufsichtsbehörde bei Einhaltung der **Frist von 24 Monaten** folgt den Grundsätzen der begünstigenden Verwaltungsakte. Besondere Bedingungen bestehen für eine Neuberechnung bei Einhaltung der Frist nicht. Bei **Nichteinhaltung der Frist** hingegen bedarf es sowohl seitens des Versicherungsunternehmens zur Erlangung der Genehmigung als auch seitens der Aufsichtsbehörde für den Erlass eines eine Neuberechnung fordernden Verwaltungsaktes einer Begründung. Hierbei ist der Nachweis zu führen, dass sich das **Risikoprofil des Versicherungsunternehmens** wesentlich geändert hat. Relevant dürfte hier aber nur das Risikoprofil sein, das sich aus den Verträgen im Anwendungsbereich der Übergangsmaßnahme ergibt. Als Beispiel wird von der BaFin eine Bestandsübertragung genannt.[6] So wäre der Abzugsbetrag nicht mehr angemessen, wenn ein Großteil des diesem zugrundeliegenden Bestandes inzwischen durch eine Bestandsübertragung abgegangen ist. Ein anderer Grund könnte sein, dass sich die Werte nach § 352 Abs. 2 Nr. 1 und 2 VAG aufgrund von Marktänderungen wesentlich verändern,

[1] Vgl. Begr. VAG-RegE 2014, BT-Drs. 18/2956, 303.
[2] Begr. VAG-RegE 2014, BT-Drs. 18/2956, 303.
[3] EIOPA-BoS-15/111; gemeint ist „Leitlinien für die Umsetzung von Maßnahmen für langfristige Garantien".
[4] § 337 öVAG.
[5] „Transitional" engl. für Übergangsmaßnahme, vgl. *Gründl/Kraft* S. 177.
[6] *BaFin*, AE Anwendung der Übergangsmaßnahmen bei risikofreien Zinssätzen und versicherungstechnischen Rückstellungen, S. 6.

z. B. weil die maßgebliche risikofreie Zinskurve sich wesentlich ändert oder der handelsrechtlich anzuwendende Diskontierungszins nach § 341f Abs. 2 HGB zu senken ist.[7] Hingegen sind reine **Änderungen in der Bewertungsmethodik**, ohne dass sich an der wirtschaftlichen Realität des Versicherungsunternehmens, insbesondere seines wirtschaftlichen Umfeldes, etwas ändert, keine Änderung des Risikoprofils des Versicherungsunternehmens. Zur Begrenzung des Abzugs nach § 352 Abs. 4 VAG durch die Aufsichtsbehörde s. Rn. 27.

V. Betroffene versicherungstechnische Rückstellungen (Abs. 1 S. 2 und Abs. 2 Nr. 2). Grundsätzlich ist die Rückstellungsübergangsmaßnahme für alle **versicherungstechnischen Rückstellungen** zulässig, soweit die zu Grunde liegenden Versicherungsverpflichtungen am 31.12.2015 schon nach den zu diesem Zeitpunkt bestehenden **handelsrechtlichen Vorschriften** bilanziell angesetzt wurden. Dies umfasst auch einen Ansatz des Vertrages im Rahmen des § 15 RechVersV. Auch bei einer späteren Neuberechnung nach § 352 Abs. 3 VAG oder bei einer späteren erstmaligen Anwendung der Rückstellungsübergangsmaßnahme ist die Maßnahme nur für die versicherungstechnischen Rückstellungen des dann noch vorhandenen Restbestands dieser Versicherungsverpflichtungen[8] und des Restbestands der damals bestehenden Rückversicherungsverhältnisse und Verhältnisse zu Zweckgesellschaften zulässig. Da neue Verhältnisse der beiden Letzteren nach dem 31.12.2015 zu Marktkonditionen entstehen werden, haben sie unter der Annahme keinen Effekt auf die Basiseigenmittel und sollen daher auch nicht den Abzugsbetrag verändern. 9

§ 352 Abs. 2 Nr. 2 VAG umfasst alle **Sparten** und alle Arten der versicherungstechnischen Rückstellung nach handelsrechtlichen Vorschriften, also alle in den §§ 341e–h HGB genannten versicherungstechnischen Rückstellungen zzgl. der verzinslich angesammelten Überschussanteile nach § 52 Nr. 2 lit. b RechVersV.[9] Eine Sonderrolle spielt hier die Schwankungsrückstellung nach § 341h HGB, die es so in Solvabilität II nicht gibt. Da sie aber Bestandteil von Solvabilität I ist und nur der Übergang nach Solvabilität II erleichtert werden soll, ist sie hier einzubeziehen. 10

§ 352 Abs. 2 VAG unterscheidet nicht wie das Handelsrecht zwischen verschiedenen Arten von versicherungstechnischen Rückstellungen, sondern es gibt aus Sicht von Solvabilität II nur eine versicherungstechnische Rückstellung für jede Versicherungsverpflichtung, wobei der Begriff der **Rückstellung** nicht so eng wie im Handelsrecht verwendet wird: Mit der **verzinslichen Ansammlung** von Überschussanteilen sind auch Verbindlichkeiten enthalten. Soweit also am 31.12.2015 für einen Vertrag eine versicherungstechnische Rückstellung gebildet wurde und zum Termin einer Neuberechnung oder späteren Erstanwendung für den gleichen Vertrag immer noch eine versicherungstechnische Rückstellung, auch durchaus einer anderen Art, zu bilden ist, so kann diese versicherungstechnischen Rückstellung einbezogen werden. Ein solcher Fall liegt z. B. vor, wenn zum 31.12.2015 ein Vertrag mit Beitragsüberträgen in den versicherungstechnischen Rückstellungen abgebildet war, zu dem Neuberechnungstermin aber für diesen Vertrag eine Schadenrückstellung zu bilden ist. 11

Bei versicherungstechnischen Rückstellungen, die nicht bestimmten Verträgen zugerechnet sind, wie der **Rückstellung für Beitragsrückerstattung** oder der **Schwankungsrückstellung**, kann bei einem Neuberechnungstermin nicht festgestellt werden, welcher Anteil zu den am 31.12.2015 bestehenden Verträgen gehört. Hier ist es im Sinne des Normzwecks, die Entwicklung dieser Posten zu verfolgen, dabei Zuführungen nicht zu berücksichtigen und Entnahmen vorrangig dem Bestand zum 31.12.2015 zuzuordnen,[10] soweit überhaupt noch solche Verträge im Bestand sind. 12

Unter diesen grundsätzlich zulässigen versicherungstechnischen Rückstellungen zum 31.12.2015 kann der Anwendungsbereich der Rückstellungsübergangsmaßnahme auf vom Versicherungsunternehmen zu bestimmende **homogene Risikogruppen** nach § 75 Abs. 3 VAG begrenzt werden. Damit kann das Versicherungsunternehmen diejenigen homogenen Risikogruppen auswählen, bei denen der Abzug einen genügend großen Effekt hat, um den Aufwand zu rechtfertigen. Auch kann das Versicherungsunternehmen durch geeignete Definition der homogenen Risikogruppen den Bestand feiner segmentieren, sodass mehr Gruppen von Verträgen, für die der Unterschied zwischen Solvabilität II und I negativ ist, ausgenommen werden können. Der Abzugsbetrag wird dann nach § 353 Abs. 1 S. 2 VAG jeweils auf Ebene der homogenen Risikogruppe bestimmt und angewandt. 13

Da die Maßnahme im Laufe der für die Anwendung vorgesehenen 16 Jahre jederzeit begonnen und wieder beendet werden kann, ist die Wahl der homogenen Risikogruppen, auf die die Maßnahme angewandt werden soll, revidierbar. Soweit die **Zinsübergangsmaßnahme** nach § 351 VAG ange- 14

[7] Weitere mögliche Gründe finden sich z. B. in den Regulierungen der Bank of England, PRA SS 17/15 Solvency II: Transitional measures on risk-free interest rates and technical provisions, Abschnitt 4.2, März 2015, und CP15/16 Recalculation of the 'transitional measure on technical provisions' under Solvency II, Abschnitt 2.3, April 2016.

[8] Vgl. *BaFin*, AE Anwendung der Übergangsmaßnahmen bei risikofreien Zinssätzen und versicherungstechnischen Rückstellungen, S. 6.

[9] Vgl. *BaFin*, AE Anwendung der Übergangsmaßnahmen bei risikofreien Zinssätzen und versicherungstechnischen Rückstellungen, S. 6 und Korinek/G.Saria/S. Saria/*Gössl* § 337 Rn. 5 zum öVAG.

[10] Vgl. § 93 VAG Rn. 51.

wandt wird, dürfen nur homogene Risikogruppen gewählt werden, die vollständig außerhalb der von dieser betroffenen Bestände liegen.[11]

15 Die Rückstellungsübergangsmaßnahme betrifft die Ansprüche gegen **Rückversicherer** oder **Zweckgesellschaften** i. S. d. § 86 VAG nicht. Deren Effekt wird durch Abzug in § 352 Abs. 2 Nr. 1 und 2 VAG berücksichtigt, in dem dort der Abzugsbetrag nur auf Basis der Netto-Position bestimmt wird, in Abweichung von § 77 Abs. 4 VAG.

16 **VI. Berechnung des Abzugsbetrages (Abs. 2).** Der Abzugsbetrag wird nach § 352 Abs. 2 Nr. 1 und 2 VAG mittels zweier **Bezugsgrößen** für den Bestand, auf den die Maßnahme angewandt werden soll, bestimmt. Bei Anwendung auf ausgewählte **homogene Risikogruppen** wird der Abzugsbetrag nach § 352 Abs. 1 S. 2 VAG gesondert für jede dieser Risikogruppen bestimmt und angewandt.

17 Die Bezugsgröße nach § 352 Abs. 2 Nr. 1 VAG, die **„Solvabilität II-Rückstellung"**, ist die zum 1.1.2016 berechnete Summe der versicherungstechnischen Rückstellungen des Anwendungsbereichs, wie sie ohne Anwendung der Rückstellungsübergangsmaßnahme anzusetzen wären, nach Abzug der einforderbaren Beträge aus Rückversicherungsverträgen und gegenüber Zweckgesellschaften nach § 86 VAG, soweit sie im Anwendungsbereich liegen. § 352 Abs. 2 S. 3 VAG betont, dass ggf. in diesem Wert die **Volatilitätsanpassung** nach § 82 VAG zu berücksichtigen ist und entspricht insoweit dem für die Anwendung der Zinsübergangsmaßnahme geltenden § 351 Abs. 2 S. 3 VAG.[12]

18 Die Bezugsgröße nach § 352 Abs. 2 Nr. 2 VAG, die **Solvabilität I-Rückstellung**, ist die Summe der versicherungstechnischen Rückstellungen des Anwendungsbereichs, die zum 31.12.2015 nach den handels- und aufsichtsrechtlichen Vorschriften im Rahmen des Jahresabschlusses gebildet wurden, nach Abzug der angesetzten **Anteile von Rückversicherern**[13] im Anwendungsbereich. Abzuziehen ist in der Lebensversicherung der Teil der **Rückstellung für Beitragsrückerstattung** nach § 341e Abs. 2 Nr. 2 HGB, der nicht durch einseitige Erklärung (**Deklaration**) des Versicherungsunternehmens bereits auf für bestimmte Verträge **festgelegte Überschussanteile** entfällt. Enthalten ist also der Teil der RfB entsprechend § 28 Abs. 8 Nr. 2 lit. a bis e RechVersV und soweit für diese Beträge ein entsprechender Verpflichtungscharakter besteht, auch lit. f und g. Dies ist dadurch begründet, dass die übrigen Teile nach § 84 Abs. 2 VAG auch nicht in der versicherungstechnischen Rückstellung nach Solvabilität II enthalten sind.

19 Die Solvabilität I-Rückstellung enthält alle Arten von Verpflichtungen, die auch in der Solvabilität II-Rückstellung zu berücksichtigen sind, z. B. auch Verbindlichkeiten gegenüber Versicherungsnehmern im Fall der **verzinslichen Ansammlung von Überschussanteilen**. Die Solvabilität II-Rückstellung kann nach §§ 76 f. VAG durchaus negativ sein und wird dann auch entsprechend berücksichtigt. Auch unter Solvabilität I wurde durch Art. 20 LebensRL nicht grundsätzlich ein negatives Ergebnis ausgeschlossen. Da die betreffenden Werte in Deutschland aber zugleich auch im handelsrechtlichen Jahresabschluss verwendet wurden, bestand hier nach § 15 RechVersV die Pflicht, negative Werte, soweit handelsrechtlich überhaupt zulässig, aktivisch als **noch nicht fällige Ansprüche gegen Versicherungsnehmer** auszuweisen. Dies ist aber nicht durch die Grundsätze von Solvabilität I motiviert. Dennoch wird aufsichtsbehördlich § 352 Abs. 2 Nr. 2 VAG so interpretiert, dass nur Rückstellungen im handelsrechtlichen Sinn, aber nicht aktivisch ausgewiesene Beträge, berücksichtigt werden dürfen.[14]

20 Um eine Vergleichbarkeit beider Bezugsgrößen zu erreichen, ist eine korrekte **Bestandsabgrenzung** vorzunehmen. Erst- und Rückversicherungsverträge, die am 1.1.2016 begannen, dürfen in der Solvabilität II-Rückstellung nicht enthalten sein. Ebenso darf die Solvabilität I-Rückstellung keine Beträge zu Verträgen beinhalten, die am 31.12.2015 endeten.

21 Grundlage für die Bestimmung des Abzugsbetrages ist der positive Unterschied zwischen der Solvabilität II-Rückstellung und der Solvabilität I-Rückstellung für den gewählten Anwendungsbereich. Der Begriff „Abzug" stellt klar, dass ein negativer Unterschied mit Null anzusetzen ist, auch bei Anwendung auf der Ebene homogener Risikogruppen. Negative Unterschiede auf der Ebene einzelner Verträge im jeweiligen Anwendungsbereich bewirken aber eine Senkung des Abzugsbetrages für den Anwendungsbereich.

22 Auf dieser, bis zu einer **Neuberechnung** beizubehaltenden Grundlage wird der sich gemäß § 352 Abs. 2 S. 2 VAG stufenweise sinkende Abzugsbetrag durch Multiplikation mit dem für das betreffende Kalenderjahr anzuwendenden Faktor[15] (zwischen 1 und 0, jeweils jährliche Reduktion um $^{1}/_{16}$) bestimmt und von den versicherungstechnischen Rückstellungen des Anwendungsbereichs, wie sie sich nach §§ 75–85 VAG ergeben, abgezogen. Der Stufenmechanismus entspricht § 351 Abs. 2 S. 2 VAG, vgl. hierzu § 351 VAG Rn 25. Hiervon betroffen sind nur die versicherungstechnischen Rückstellungen

[11] Vgl. § 351 VAG Rn. 42.
[12] Vgl. Korinek/G.Saria/S. Saria/*Gössl* § 337 Rn. 7 zum öVAG, bzgl. der Matching-Anpassung LL 3 EIOPA-BoS-15/111.
[13] Vgl. § 23 RechVersV.
[14] Vgl. *BaFin*, AE Anwendung der Übergangsmaßnahmen bei risikofreien Zinssätzen und versicherungstechnischen Rückstellungen, S. 6.
[15] Vgl. *BaFin*, AE Anwendung der Übergangsmaßnahmen bei risikofreien Zinssätzen und versicherungstechnischen Rückstellungen, S. 2.

nach §§ 75–85 VAG. Die Werte zu **Rückversicherungen** und **Zweckgesellschaften** nach § 86 VAG bleiben unverändert. Durch den Abzug wird nur der **Selbstbehalt der versicherungstechnischen Rückstellung** gemindert.

Die Minderung der versicherungstechnischen Rückstellungen durch die Rückstellungsübergangsmaßnahme hat Folgen für die **latenten Steuern** nach § 15 Solva II-VO.[16] Abgesehen davon sollen Folgewirkungen aus der Anwendung der Übergangsmaßnahme und Doppelzählungen vermieden werden, insbesondere bei der **Risikomarge** und dem **SCR**, wobei bzgl. des **operationalen Risikos** entsprechend § 107 VAG, soweit der Anpassungsbetrag höher ist als die Risikomarge, der übersteigende Betrag auf die Teilbestände aufzuteilen ist; entsprechendes gilt auch für das **MCR** bei Anwendung von Art. 250 Abs. 1 und 251 Abs. 1 Solva II-VO.[17] 23

VII. Neuberechnung der Bezugsgrößen (Abs. 3). Die Grundlage für den Abzugsbetrag, die Differenz der Solvabilität I-Rückstellung und der Solvabilität II-Rückstellung auf der Basis des Bestandes bei Erstanwendung von Solvabilität II, wird grundsätzlich für nachfolgende Bewertungsstichtage fest beibehalten; nur der linear fallende Faktor ändert sich. Daher wird die Rückstellungsübergangsmaßnahme auch als **statisch** bezeichnet. Die versicherungstechnische Rückstellung auf Basis des Bestandes am jeweiligen Bewertungsstichtag kann sich wegen Änderungen im Bestand im Laufe der Zeit so abweichend entwickeln, dass der auf der historischen Grundlage bestimmte Abzugsbetrag nicht mehr hierzu passt. Daher sieht § 352 Abs. 3 VAG in Abständen die Möglichkeit einer **Neuberechnung** dieser Grundlage vor. Der Mindestabstand beträgt 24 Monate seit der Erst- oder letzten Neuberechnung, es sei denn, das Risikoprofil der Verträge des Anwendungsbereichs hat sich wesentlich geändert. Soweit die Fristvorgaben eingehalten sind, kann das Versicherungsunternehmen den **Neuberechnungstermin** frei wählen. Die Verhältnisse am Neuberechnungstermin bestimmen die neue Grundlage für den Abzugsbetrag. 24

Bei der Neuberechnung nach § 352 Abs. 3 VAG werden die Solvabilität II- und Solvabilität I-Rückstellungen auf den gleichen, in § 352 Abs. 2 Nr. 1 bzw. 2 VAG genannten Grundlagen bestimmt, wobei allerdings die Versicherungsverpflichtungen nur soweit berücksichtigt werden, wie sie an dem Neuberechnungstermin noch im Bestand sind. Weiter sind diese noch bestehenden Verträge mit ihrem **Vertragsstand zum Neuberechnungstermin** zu berücksichtigen und unter Berücksichtigung der aktuellen, für die Bewertung relevanten Umstände am Neuberechnungstermin. Dies beinhaltet auch, dass für die Solvabilität I-Rückstellung der für das Kalenderjahr des Neuberechnungstermins maßgebliche **Rechnungszins** nach § 5 Abs. 4 DeckRV a. F. zum Stand 31.12.2015 für die Deckungsrückstellung zu verwenden ist.[18] Dabei ist der in § 352 Abs. 2 Nr. 1 VAG genannte Bezug auf § 75 VAG dynamisch, der in Nr. 2 auf die handels- und aufsichtsrechtlichen Vorschriften zum 31.12.2015 hingegen statisch zu verstehen. Die Versicherungsunternehmen müssen also für die Dauer der Anwendung der Übergangsmaßnahme imstande sein, ohne Rücksicht auf Fortentwicklungen der Rechtsvorschriften, die entsprechenden Berechnungen auf dem rechtlichen Stand von Dezember 2015 weiter durchzuführen. 25

Die Differenz der sich so ergebenden neuen Solvabilität I- und Solvabilität II-Rückstellungen wird mit dem für das Kalenderjahr des Bewertungsstichtages **maßgeblichen Faktor**[19] multipliziert und das Ergebnis von der nach §§ 75–85 VAG bestimmten versicherungstechnischen Rückstellung abgezogen. Der Faktor hängt nur vom Kalenderjahr des Bewertungsstichtags ab, nicht von dem Termin der erstmaligen Anwendung oder Neuberechnung der Übergangsmaßnahme. 26

VIII. Begrenzung des Abzugs (Abs. 4). Nach § 352 Abs. 4 VAG kann die Aufsichtsbehörde den Abzug, auch für einzelne homogene Risikogruppen, begrenzen, wenn durch die Anwendung der Übergangsmaßnahme die sich ergebenden **Finanzmittelanforderungen** unter denjenigen liegen könnten, die sich bei Ansatz der aktuell entsprechend Solvabilität I bestimmten versicherungstechnischen Rückstellung und Eigenmittelanforderungen für die Verträge im Anwendungsbereich ergeben würden. Der Begriff der Finanzmittelanforderung ist auch in der Solva II-RL nicht definiert. Die BaFin definiert Finanzmittelanforderungen als **Summe aus versicherungstechnischen Rückstellungen und Solvenzkapitalanforderung.**[20] 27

Hintergrund ist, dass im Laufe der Zeit die aktuell bestimmte versicherungstechnische Rückstellung nach Solvabilität I und die nach Solvabilität II Bestimmte näher aneinander rücken können oder Erstere 28

---

[16] Vgl. § 351 Rn. 28.

[17] LL 2, 7, 8 und 9 EIOPA-LL Umsetzung von langfristigen Garantien, EIOPA-BoS-15/111, vgl. dazu den Explanatory Text in EIOPA Final Report on public consultation No. 14/049 on Guidelines on the implementation of the long-term guarantee measures, BoS-15–111 v. 30.6.2015, S. 13 ff., deutsche Übersetzung in *BaFin*, Merkblatt vom 12.4.2016, S. 15 f.

[18] Die sogenannte „Zinszusatzreserve", vgl. *BaFin*, AE Anwendung der Übergangsmaßnahmen bei risikofreien Zinssätzen und versicherungstechnischen Rückstellungen, S. 6.

[19] Vgl. *BaFin*, AE Anwendung der Übergangsmaßnahmen bei risikofreien Zinssätzen und versicherungstechnischen Rückstellungen, S. 2.

[20] Vgl. *BaFin*, AE, Anwendung der Übergangsmaßnahmen bei risikofreien Zinssätzen und versicherungstechnischen Rückstellungen, S. 4.

sogar die Letztere übersteigen kann. Damit kann trotz **linear fallendem Faktor** die um den auf der „festgehaltenen" Differenz beruhenden Abzug geminderte aktuelle versicherungstechnische Rückstellung nach Solvabilität II unter den sich aktuell bei Anwendung der Solvabilität I-Vorschriften ergebenden Rückstellungsbetrag fallen. Dies wäre im Widerspruch zum Normzweck, ausgehend von der Situation unter Solvabilität I einen stufenweisen Aufbau in Richtung Solvabilität II zu erreichen.[21] In solchen Fällen kann die Aufsichtsbehörde den Abzugsbetrag begrenzen.

29 Die **Eingriffsbefugnis** des § 352 Abs. 4 VAG greift schon, wenn es zu einer solchen Situation kommen könnte. Dies muss im Zusammenhang mit dem Normzweck gesehen werden, denn die wenigstens theoretische Möglichkeit einer solchen Situation besteht immer. Bedenklich aus der Sicht des Normzwecks ist eine Situation, in der es nach Anwendung der Maßnahme von Jahr zu Jahr nicht mehr zu einer relativen Annäherung an den Rückstellungswert nach Solvabilität II im Vergleich zu der Situation nach Solvabilität I kommt. Die BaFin bezieht sich bzgl. der Begrenzung aber nur auf den Fall, bei dem die von ihr definierte Finanzmittelanforderung tatsächlich unter den Wert nach Solvabilität I fällt.[22]

30 **IX. Jährlicher Bericht bei Unterschreiten der Solvabilitätskapitalanforderung bei Nicht-Anwendung der Rückstellungsübergangsmaßnahme (Abs. 5 Nr. 1).** § 352 Abs. 5 Nr. 1 VAG entspricht weitgehend der deutschen Fassung von Art. 308d Abs. 5 lit. b Solva II-RL. Diese unterscheidet sich aber von der **englischen Fassung** dadurch, dass sie nicht auf den **Zielpunkt** des Endes des Übergangszeitraums, also 2032, Bezug nimmt. In der englischen Fassung ist die Erfordernis der Aufstockung mit dem zeitlichen Ziel „at the end of the transitional period set out in paragraph 2" verbunden. Die Regelung in § 352 Abs. 5 Nr. 1 VAG ergibt nur dann Sinn, wenn man sie insgesamt auf eine Gefährdung und Wiederherstellung der Einhaltung der **Solvabilitätskapitalanforderung** zum Ende des Übergangszeitraums bezieht. Denn die Übergangsmaßnahme wird nur deshalb angewandt, weil das Versicherungsunternehmen derzeit die Solvabilitätskapitalanforderung ohne diese nicht erfüllt. Durch diese Maßnahme soll den Versicherungsunternehmen bis zum Ende des Übergangszeitraums Zeit gegeben werden, dieses Manko abzustellen. Solange dieses Ziel nicht bedroht ist, bedarf es keiner weiteren Maßnahmen. Der Umstand, dass aktuell die Solvabilitätskapitalanforderung nur unter Anwendung der Übergangsmaßnahme eingehalten werden kann, ist insoweit nicht bedenklich. Eine Maßnahme könnte in der Situation nur bedeuten, dass das Ziel vorher erreicht werden soll. Dies ist zwar nach Erwägungsgrund 61 Omnibus II-RL durchaus erwünscht, aber nicht Bedingung. Konsequenzen sieht § 353 Abs. 3 S. 2 VAG überhaupt nur für den Fall vor, dass die Einhaltung der Solvabilitätskapitalanforderung zum Ende des Übergangszeitraumes unrealistisch ist.

31 Tatsächlich macht die deutsche Fassung der Solva II-RL in Art. 308e Abs. 1 S. 1 Solva II-RL diesen Fehler noch einmal, indem sie von **„demnächst nicht mehr bedeckt"** spricht, während die englische Fassung hier keinen Zeithorizont nennt. In Art. 308e Abs. 1 S. 2 Solva II-RL stimmen dann beide Fassungen mit der Zielsetzung zum Ende des Übergangszeitraums überein, der nach der englischen Fassung auch für S. 1 maßgeblich ist. In der deutschen Fassung erhebt sich die Frage, welche Bedeutung „demnächst" haben soll, wenn der Zielhorizont das Ende des Übergangszeitraums im Jahr 2032 ist. Der deutsche Gesetzgeber hat bei der Umsetzung von Art. 308e Abs. 1 S. 1 Solva II-RL in § 353 Abs. 1 S. 1 VAG in Erkenntnis dieses Fehlers der deutschen Fassung betonend das Wort „demnächst" explizit durch **„am Ende des Übergangszeitraums"** ersetzt und ist damit noch deutlicher als die englische Fassung.

32 Daher ist davon auszugehen, dass § 352 Abs. 5 Nr. 1 VAG deckungsgleich zu § 353 Abs. 1 und 2 VAG sein soll[23] und es sich sowohl bei dem Auslöser als auch bei dem Zielhorizont um die Situation am **Ende des Übergangszeitraums** handelt. Der österreichische Gesetzgeber hat sich hingegen wörtlich an die deutsche Fassung der Omnibus II-RL angelehnt und verlangt in § 337 Abs. 5 Nr. 2 öVAG von den Versicherungsunternehmen, bei aktueller Unterschreitung der Solvabilitätskapitalanforderung ohne die Übergangsmaßnahme schon Maßnahmen zur Abwendung dieser Situation zu treffen.[24]

33 Der Umstand, dass es keine entsprechende Vorschrift zu § 351 VAG gibt, lässt vermuten, dass es sich bei § 352 Abs. 5 Nr. 1 VAG um ein **Redaktionsversehen** schon des europäischen Richtliniengebers handelte, der die Norm bei der eigentlich intendierten Verlegung aus Art. 308d Solva II-RL nach Art. 308e Solva II-RL am bisherigen Ort beließ. Dem entspricht auch, dass die Aufzählung der Pflichten, die aus der Anwendung der Rückstellungsübergangsmaßnahme folgen, im **BaFin-Antragsformular zu § 352 VAG**[25] unter Nr. 3 Punkte 5 und 6 identisch zu der Aufzählung im **BaFin-**

---

[21] Vgl. Begr. VAG-RegE 2014, BT-Drs. 18/2956, 303.

[22] Vgl. *BaFin*, AE, Anwendung der Übergangsmaßnahmen bei risikofreien Zinssätzen und versicherungstechnischen Rückstellungen" S. 4.

[23] Vgl. § 353 Rn 4.

[24] Vgl. Korinek/G.Saria/S. Saria/*Gössl* § 337 Rn. 11 zum öVAG.

[25] *BaFin*, Antragsformular zur Genehmigung der Verwendung der Übergangsmaßnahme bei versicherungstechnischen Rückstellungen v. 18.3.2015.

Antragsformular zu § 351 VAG[26] unter Nr. 4 Punkte 5 und 6 ist, sich also ohne Sonderregelung i. S. v. § 352 Abs. 5 Nr. 1 VAG nur auf die Regelungen in § 353 Abs. 1 und 2 VAG bezieht.

X. Offenlegungspflichten (Abs. 5 Nr. 2). Die Anwendung der Rückstellungsübergangsmaßnahme ist aufgrund von § 352 Abs. 5 Nr. 2 VAG im **Solvabilitäts- und Finanzbericht** nach § 40 VAG offenzulegen. Vgl. § 351 VAG Rn 43 f. 34

XI. Verhältnis zu anderen Regelungen des VAG. Durch § 352 VAG können die nach § 75 VAG bestimmten versicherungstechnischen Rückstellungen modifiziert werden. § 352 Abs. 5 VAG schließt wie auch § 351 Abs. 4 Nr. 2 VAG eine Verwendung der Rückstellungsübergangsmaßnahme aus, wenn die Zinsübergangsmaßnahme verwendet wird. § 353 VAG verlangt verschiedene Maßnahmen, soweit die Voraussetzungen für die Anwendung der Rückstellungsübergangsmaßnahme nicht mehr erfüllt sind. § 354 VAG enthält Informationspflichten der Aufsichtsbehörde gegenüber EIOPA bzgl. der Anwendung der Rückstellungsübergangsmaßnahme. § 355 Abs. 1 Nr. 10 VAG beinhaltet eine Übergangsregelung zur Rückstellungsübergangsmaßnahme bei Inkrafttreten des VAG. § 27 Abs. 6 VAG fordert bei Nutzung der Rückstellungsübergangsmaßnahme zusätzlich auch die Bewertung der Einhaltung der Kapitalanforderungen ohne diese im Rahmen des ORSA. § 301 Abs. 1 Nr. 4 VAG ermöglicht einen Kapitalaufschlag bei Verwendung der Rückstellungsübergangsmaßnahme. § 350 VAG erlaubt die Anwendung der Rückstellungsübergangsmaßnahme auch im Rahmen der Gruppensolvabilität. Gemäß § 352 Abs. 5 Nr. 2 VAG ist die Rückstelllungsübergangsmaßnahme im Rahmen des Solvabilitäts- und Finanzberichts nach § 40 VAG offen zu legen und ihre Auswirkungen auf die Finanzlage zu quantifizieren. 35

Plan betreffend die schrittweise Einführung von Übergangsmaßnahmen für risikofreie Zinssätze und versicherungstechnische Rückstellungen

353 (1) [1]**Versicherungsunternehmen, die die Übergangsmaßnahmen nach § 351 oder § 352 anwenden, melden der Aufsichtsbehörde unverzüglich, wenn sie feststellen, dass der Fall einzutreten droht, dass die Solvabilitätskapitalanforderung am Ende des Übergangszeitraums ohne diese Übergangsmaßnahmen nicht mehr bedeckt sein würde.** [2]**Die Aufsichtsbehörde verpflichtet das betroffene Versicherungsunternehmen in diesem Fall, Maßnahmen zu treffen, die zur Einhaltung der Solvabilitätskapitalanforderung am Ende des Übergangszeitraums notwendig und geeignet sind.**

(2) [1]**Stellt ein Versicherungsunternehmen fest, dass es die Solvabilitätskapitalanforderung ohne die Übergangsmaßnahmen nach § 351 oder § 352 nicht einhalten würde, so legt es innerhalb von zwei Monaten nach dieser Feststellung der Aufsichtsbehörde einen Plan vor, in dem die schrittweise Einführung der Maßnahmen dargelegt wird, die zur Aufbringung der anrechnungsfähigen Eigenmittel oder zur Senkung des Risikoprofils geplant sind, sodass die Einhaltung der Solvabilitätskapitalanforderung am Ende des Übergangszeitraums wiederhergestellt ist.** [2]**Das betroffene Versicherungsunternehmen kann diesen Plan während des Übergangszeitraums aktualisieren.**

(3) [1]**Das betroffene Versicherungsunternehmen legt der Aufsichtsbehörde alle zwölf Monate einen Bericht vor, in dem die Maßnahmen zur Einhaltung der Solvabilitätskapitalanforderung am Ende des Übergangszeitraums sowie der hierbei erzielte Fortschritt dargestellt sind.** [2]**Wenn aus dem Fortschrittsbericht deutlich wird, dass eine erneute Einhaltung der Solvabilitätskapitalanforderung am Ende des Übergangszeitraums unrealistisch ist, widerruft die Aufsichtsbehörde die Genehmigung für die Anwendung der Übergangsmaßnahme nach § 351 oder § 352.**

Übersicht

[26] *BaFin*, Antragsformular zur Genehmigung der Verwendung der Übergangsmaßnahme bei risikofreien Zinssätzen v. 18.3.2015.

1 **I. Allgemeines. 1. Entstehungsgeschichte.** § 353 VAG wurde durch Art. 1 des Gesetzes zur Modernisierung der Finanzaufsicht über Versicherungen vom 1.4.2015 in das VAG eingefügt.

2 **2. Normzweck.** Durch § 353 VAG soll sichergestellt werden, dass das mit den **Zins- bzw. Rückstellungsübergangsmaßnahmen** nach §§ 351 bzw. 352 VAG verbundene Ziel, spätestens 2032 die Solvabilitätskapitalanforderungen ohne weitere Hilfestellung zu erfüllen, während des langen Übergangszeitraums dauerhaft verfolgt wird. Eine Gefährdung der Zielerreichung soll unverzüglich gemeldet und danach planmäßig ausgeräumt werden. Der Aufsichtsbehörde wird die Möglichkeit gegeben, bei Erfolglosigkeit die Genehmigung zur Anwendung der Übergangsmaßnahmen zu widerrufen und damit das Versicherungsunternehmen zu zwingen, sich sofort mit den vollen Anforderungen von Solvabilität II auseinanderzusetzen.[1]

3 **3. Europarechtlicher Hintergrund.** § 353 VAG setzt Art. 308e Solva II-RL[2] um. Vorschriften der Ebene 2 (Solva II-VO) oder der Ebene 3 (technische Durchführungsstandards[3] und EIOPA-Leitlinien) wurden hierzu nicht erlassen.

4 **II. Einführung.** Die Regelungen in § 353 VAG gelten für beide **Übergangsmaßnahmen** in § 351 und § 352 VAG gleichermaßen. Die Regelung in § 352 Abs. 5 Nr. 1 VAG entspricht inhaltlich § 353 Abs. 1 und 2 VAG und ist daher redundant.

5 Die Regelungen des § 353 VAG bewegen sich im Rahmen der üblichen **Aufsichtsmaßnahmen**: Ausgehend von einer **Berichterstattung** des Versicherungsunternehmens an die Aufsichtsbehörde aufgrund der eigenverantwortlichen Überwachung des Geschäftsbetriebs, die mögliche Gefahren für die Belange der Versicherten erkennen lässt, über einen **Plan** zur Korrektur der Fehlentwicklung, steht schließlich als letzte Stufe eine **aufsichtsbehördliche Maßnahme** zur Einschränkung der Möglichkeiten des Versicherungsunternehmens (vgl. z. B. §§ 134 ff. VAG). Hervorzuheben ist, dass im Rahmen dieser Regelungen das Versicherungsunternehmen zur ersten Initiative verpflichtet ist, die Aufsichtsbehörde daraufhin nach § 353 Abs. 1 VAG ohne Konkretisierung in der Norm hinreichende Maßnahmen verlangen kann, das Versicherungsunternehmen aufgrund von § 353 Abs. 2 VAG den Plan auch ohne Weisung der Aufsichtsbehörde schon erstellen muss und die Aufsichtsbehörde bei einer unrealistischen Zielerreichung zu einem Widerruf der Genehmigung der Übergangsmaßnahme nach § 353 Abs. 3 VAG ohne ein **Auswahlermessen** verpflichtet ist.

6 Der Titel des § 353 VAG orientiert sich an der deutschen Fassung des Art. 308e Solva II-RL. Gemeint ist aber nicht eine schrittweise Einführung der Übergangsmaßnahmen selbst, denn diese werden nach §§ 351 f. gerade schrittweise abgebaut. Vielmehr geht es darum, die durch diesen schrittweisen Abbau ggf. im Laufe der Zeit bis zum Ende des Übergangszeitraums entstehenden **Bedeckungslücken** planmäßig abzubauen. Es handelt sich also in § 353 VAG um einen zusätzlichen Plan zu den Übergangsmaßnahmen, den die englische Fassung der Solva II-RL zutreffend als „Phasing-in plan on the transitional measures (…)" beschreibt, also eine Art Einführungsplan zu Übergangsmaßnahmen.

7 **III. Europarechtliche Grundlage in Art. 308e Solva II-RL.** Die europarechtliche Grundlage für § 353 VAG ist Art. 308e Solva II-RL. Die Vorschrift wurde zusammen mit den Übergangsmaßnahmen durch Art. 2 Abs. 80 **Omnibus II-RL**[4] in die Solva II-RL eingefügt.

8 Der Gesetzgeber hat die Regelung entsprechend der angenommenen Absicht des Richtliniengebers inhaltlich umgesetzt. Dabei ergaben sich redaktionelle, aber auch **substantielle Änderungen** gegenüber der deutschen Fassung der Solva II-RL. In § 353 Abs. 1 S. 1 VAG ist die Regelung in Art. 308e Abs. 1 S. 1 Solva II-RL „unterrichten …, sobald" rechtlich durch „melden … unverzüglich, wenn" präziser und zugleich schärfer gefasst. § 353 Abs. 2 S. 1 VAG ist stringenter als die deutsche Fassung der Solva II-RL, um deutlich zu machen, dass der Plan sicherstellen soll, dass die Einhaltung der Solvabilitätskapitalanforderung am Ende des Übergangszeitraums erreicht wird, analog zu dem klaren Begriff „ensure" in der englischen Fassung.

9 Der deutsche (und der österreichische) Gesetzgeber stand bei der Umsetzung von Art. 308e Solva II-RL vor dem Problem, dass sich die deutsche und die englische Fassung inhaltlich unterscheiden. Die wesentliche Frage ist, was der Auslöser einer Meldepflicht nach Art. 308e Abs. 1 S. 1 Solva II-RL ist, umgesetzt in § 353 Abs. 1 S. 1 VAG. Diese Meldung hat nach Art. 308e Abs. 2 S. 1 Solva II-RL unmittelbar die Pflicht zu einer durchaus aufwändigen **Prognoserechnung** der zukünftigen Solvabilitätsentwicklung zur Folge und ist daher wichtig. Eine **erste Interpretation** bezieht sich auf eine

[1] Vgl. Begr. VAG-RegE 2014, BT-Drs. 18/2956, 303 f.
[2] Vgl. Begr. VAG-RegE 2014, BT-Drs. 18/2956, 303.
[3] Technische Durchführungsstandards werden von der EU-Kommission auf einer Ebene 2,5 angesiedelt. S. *Dreher* Einleitung Rn. 53 ff.
[4] RL 2014/15/EU v. 16.4.2014.

aktuelle oder demnächst erwartete **Nichtbedeckung der Solvabilitätskapitalanforderung**, wie sie sich darstellen würde, wenn der Antrag auf Anwendung der Übergangsmaßnahme nicht gestellt worden wäre. Die **zweite Interpretation** bezieht sich auf eine erwartete Nichtbedeckung der Solvabilitätskapitalanforderung im Jahr 2032 nach Auslaufen der Übergangsmaßnahme. Die englische Fassung erlaubt beide Interpretationen, die deutsche wegen der hinzugefügten Begriffe „demnächst" und „erneut" nur die erste. Der Unterschied zwischen beiden Interpretationen besteht darin, dass bei der ersten Interpretation eine Meldung erforderlich ist, wenn das Versicherungsunternehmen aktuell oder demnächst die Übergangsmaßnahme benötigt, um die Anforderungen zu erfüllen, ohne Rücksicht auf eine Nichtbedeckung durch das schrittweise bzw. endgültige Auslaufen der Übergangsmaßnahme. Bei der zweiten Interpretation wird eine Meldung nur dann gefordert, wenn eine Nichtbedeckung wegen des schrittweisen oder endgültigen Auslaufens der Übergangsmaßnahme zu erwarten ist.

Auf die Vermeidung der nach der **zweiten Interpretation** zu meldenden Situation zielen die in Art. 308e Solva II-RL vorgesehenen, durch die Meldung ausgelösten Maßnahmen ab. Die Übergangsmaßnahmen sollen nur dazu dienen, dem Versicherungsunternehmen Zeit zu gewähren, für den Bestand, der unter anderen Rahmenbedingungen abgeschlossen wurde, die notwendigen Eigenmittel anzusammeln bzw. die Zeit bis zum Ablauf dieses Bestandes zu überbrücken. Die Übergangsmaßnahmen sind gerade für die Versicherungsunternehmen gedacht, die die volle Solvabilitätskapitalanforderung in 2016 zwar noch nicht erfüllen können, für die dies aber nur eine Frage der Zeit ist. Es ist zu erwarten, dass vor allem solche Versicherungsunternehmen Übergangsmaßnahmen beantragen, die sonst genau in der Situation der ersten Interpretation wären. Daher besteht im Fall einer aktuellen oder demnächst erwarteten Nichtbedeckung der Solvabilitätskapitalanforderung keine Veranlassung zu einer gesonderten Meldung. Die heutige Situation, ob nun die Anforderungen nur mit oder auch ohne die Übergangsmaßnahmen erfüllt werden könnten, gibt nicht zwingend einen Hinweis auf die Situation gegen Ende des Übergangszeitraums. Dies spricht für die zweite Interpretation. Dem ist auch der deutsche Gesetzgeber durch Hinzufügung von „am Ende des Übergangszeitraums" in § 353 Abs. 1 S. 1 VAG gefolgt.[5] 10

Andererseits könnte man argumentieren, dass der Richtliniengeber eigentlich immer bei Verwendung einer Übergangsmaßnahme eine Prognose bis zum Ende des Übergangszeitraums der Aufsichtsbehörde vorgelegt sehen möchte, aus der hervorgeht, dass die Anforderungen dann erfüllt werden können. Das würde auch den Fall berücksichtigen, dass ein Versicherungsunternehmen ohne Not die Übergangsmaßnahme verwendet, z. B. um seine deutlich bessere Bedeckung hervorzuheben, wenn die Wettbewerber im gleichen Markt weitgehend Übergangsmaßnahmen ggf. (gezwungenermaßen) verwenden. Dieses Versicherungsunternehmen soll dann nicht im Vergleich zu anderen Versicherungsunternehmen, die die Übergangsmaßname in der gleichen Situation nicht anwenden wollen, durch die Pflicht zu einer langfristigen Prognose der Solvabilitätsausstattung benachteiligt werden. Damit wird diese Pflicht, so der Hintergrund der **ersten Interpretation**, nur den Versicherungsunternehmen auferlegt, die Übergangsmaßnahmen verwenden, weil sie sonst nicht ausreichend bedeckt wären. Diese Sicht verfolgt der österreichische Gesetzgeber durch Anlehnung an die deutsche Fassung der Solva II-RL in § 338 öVAG.[6] Ebenso vertritt auf Basis der englischen Fassung die britische Aufsichtsbehörde diese Auffassung.[7] Sie verlangt sogar schon bei Antragsstellung eine entsprechende Darlegung der langfristigen Entwicklung, wenn bei Erstanwendung zum 1.1.2016 sonst keine Bedeckung erreicht wird.[8] Im Unterschied zur zweiten Interpretation liegt hier die Verantwortung für die Überwachung der Einhaltung des Ziels bei aktueller Nichtbedeckung ohne Übergangsmaßnahme nicht allein beim Versicherungsunternehmen. Durch Meldung und Berichte an die Aufsichtsbehörde ist diese laufend eingeschaltet. 11

Der nur in der deutschen Fassung existierende Begriff **„erneut"** in Art. 308e Abs. 1 S. 2 Solva II-RL wurde in der Umsetzung in deutsches Recht ignoriert. Dieser in Art. 308e Abs. 2 S. 1 Solva II-RL wiederholte Begriff wird in § 353 Abs. 2 S. 1 VAG mit **„wiederhergestellt"** umgesetzt. Tatsächlich ist es nach §§ 351 f. VAG keine Genehmigungsvoraussetzung, dass das Versicherungsunternehmen zum Ende des Übergangszeitraums realistisch erwarten kann, die Solvabilitätskapitalanforderung zu erfüllen. Bei der gegebenen Länge des Übergangszeitraums werden sich zuverlässige Erwartungen hierzu erst im Laufe der Jahre ergeben können. Daher ist die Verwendung der Begriffe „erneut" oder „wiederhergestellt" hier nicht sinnvoll. 12

IV. Meldepflicht des Versicherungsunternehmens (Abs. 1 S. 1). Die **Meldepflicht** nach § 353 Abs. 1 S. 1 VAG bedingt, dass die Versicherungsunternehmen laufend überwachen, ob sichergestellt ist, 13

[5] Vgl. § 352 VAG Rn 30 ff., davon noch abweichend BaFin, „Antragsformular zur Genehmigung der Verwendung der Übergangsmaßnahme bei risikofreien Zinssätzen" v. 18.3.2015, und BaFin, „Antragsformular zur Genehmigung der Verwendung der Übergangsmaßnahme bei versicherungstechnischen Rückstellungen" v. 18.3.2015, die beide aus der Zeit vor der Verabschiedung des novellierten VAG datieren.

[6] Vgl. Korinek/G.Saria/S. Saria/*Gössl* § 338 Rn. 3 zum öVAG.

[7] Vgl. Abs. 12.1 Nr. 1 PRA Rulebook S II Firms Transitional Measures.

[8] Vgl. PRA Notes to completion of application materials for transitional measure on technical provisions, März 2015, S. 3.

dass das Ziel einer Erfüllung der Solvabilitätskapitalanforderung am Ende des Übergangszeitraums erreicht wird.[9]

14 Die Überwachung erfolgt nicht nur im Hinblick auf die sehr langfristige Perspektive bis 2032, sondern im Rahmen des ORSA nach § 27 Abs. 6 VAG auch bezüglich der Einhaltung der Solvabilitätskapitalanforderung bei der **schrittweisen Reduktion** der Erleichterung bis dahin:[10] Wegen des gleitenden Übergangs stellt nicht der Entfall der Maßnahme im Jahr 2032 die wesentliche Hürde dar, sondern die laufende Reduktion ihrer Wirkung während des Übergangszeitraums. Die Beurteilung der Befähigung zur Bedeckung der jeweiligen Solvabilitätskapitalanforderung unter Ansatz der Maßnahmen muss immer berücksichtigen, wie die Wirkung der Maßnahmen sich in den nachfolgenden Jahren systematisch mindert. Eine drohende Nichtbedeckung der Solvabilitätskapitalanforderung aus diesem Grund vor dem Ende des Übergangszeitraums ist einer solchen am Ende des Übergangszeitraums insofern gleichzustellen. Der schrittweisen Reduktion des Effektes steht aber ein Gegeneffekt durch den laufenden Ersatz abgehender alter Verträge durch neue Verträge gegenüber, die, soweit die neuen Verträge im Hinblick auf Solvabilität II gestaltet wurden, die Situation normalisieren.[11]

15 Eine Meldepflicht besteht dann, wenn eine **Nichtbedeckung droht**. Eine entsprechende Wortwahl findet sich in §§ 134 f. und 140 Abs. 1 Nr. 1 VAG. Während Letztere sich auf ein kurz- oder mittelfristig mögliches Ereignis bezieht, ist die Perspektive hier in der Anfangszeit der Maßnahme durchaus langfristig und damit mit wesentlichen **Schätzunsicherheiten** verbunden. Bei gemeinschaftsrechtskonformer Interpretation ist auch die Wortwahl in Art. 308e Abs. 1 S. 1 Solva II-RL zu berücksichtigen, die eher von einer **feststehenden Tatsache** auszugehen scheint. Diese Darstellung ist entsprechend des Betrachtungshorizonts auszulegen. Bei kurzfristig bevorstehenden Ereignissen wird aufgrund schon einer sehr sicheren Datenlage vor allem auf weitgehend feststehende Tatsachen abzustellen sein. Hier werden ähnliche Maßstäbe wie bei §§ 134 f. VAG gelten. Bzgl. der langfristigen Perspektive werden positiv **„ernstzunehmende Anzeichen"**[12] für eine zukünftige Nichtbedeckung erforderlich sein, um eine Anzeigepflicht zu begründen. Die **bloße Möglichkeit** genügt nicht; sie bedarf schon einer Konkretisierung im Einzelfall, deren Grad sich durch den Zeithorizont bestimmt. Normzweck ist, auch ausweislich der Betonung der **„unverzüglich"** vorzunehmenden Meldung, eine möglichst frühzeitige Möglichkeit zu haben, die Restdauer des Übergangszeitraums für geeignete Maßnahmen nutzen zu können, bzw. bis durch die stufenweise Reduktion der Wirkung der Übergangsmaßnahmen schon vorher eine Nichtbedeckung eintritt.

16 Die Verwendung des Begriffs **„unverzüglich"**, wie auch in analogen Fällen in §§ 132 ff. VAG, suggeriert, dass es sich um einen plötzlich und zweifelsfrei bekannt werdenden Sachverhalt handelt. Zwar können schwerwiegende Ereignisse eintreten, die sofort eine wesentliche Änderung der bisherigen Annahmen über die Zukunft bewirken. Doch häufig wird es sich um einen **schleichenden Prozess der Informationsgewinnung** handeln, bei dem sich erst nach und nach die bedrohende Lage abzeichnet. Dennoch wird das Bild noch lange mit hohen Unsicherheiten behaftet sein. Hier kommt es darauf an, **ernstzunehmende Anzeichen** frühzeitig zu erkennen und daraus die notwendigen Konsequenzen zu ziehen. Aus diesem Grund wird die Aufsichtsbehörde die Versicherungsunternehmen, die Übergangsmaßnahmen nach §§ 351 f. VAG nutzen, auch im Hinblick auf die diesbezüglich zu erwartende Entwicklung beobachten, um nicht völlig auf die Meldung des Versicherungsunternehmens angewiesen zu sein.[13]

17 Die Gesetzesbegründung[14] führt zum **Inhalt der Meldung** aus, dass sie neben dem Faktum als solchem Angaben dazu enthalten muss, wann die Situation erkannt wurde und in welchem Umfang ohne Gegenmaßnahmen mit einer Unterdeckung zu rechnen wäre. Da es sich im Unterschied zu § 134 Abs. 1 VAG nicht um eine aktuelle Unterdeckung, sondern die Prognose einer Unterdeckung bis zum oder im Jahr 2032 handelt, wird aber das Versicherungsunternehmen sämtliche Maßnahmen, die es vernünftigerweise bis dahin vorzunehmen plant, um den gesetzlichen Anforderungen Genüge zu tun, in diese Prognose einbeziehen. Es wird bei der Überprüfung nach § 353 Abs. 1 S. 1 VAG schon die Maßnahmen einbeziehen, die es sonst nach § 353 Abs. 2 S. 1 VAG der Aufsichtsbehörde mitteilen würde. Das Versicherungsunternehmen holt also nicht wie im Fall des § 134 VAG etwas nach, was es schon in der Vergangenheit hätte tun sollen, um einen gesetzeswidrigen Zustand zu vermeiden und wofür es folglich nun eine Duldungsfrist benötigt. Die Meldung nach § 353 Abs. 1 S. 1 VAG wird daher erst dann erforderlich, wenn keine zukünftige Maßnahme unmittelbar ein Drohen der Nichtbedeckung der Solvabilitätskapitalanforderung bis zum oder am Ende des Übergangszeitraums abwenden könnte. In

[9] Vgl. Begr. VAG-RegE 2014, BT-Drs. 18/2956, S. 304, vgl. § 27 VAG, insb. Abs. 6 mit Bezugnahme auf §§ 351 f VAG.

[10] Vgl. *Ermert*, BaFin, Solvency II: Übergangsmaßnahmen zur Rückstellungsbewertung – Eine erste Bestandsaufnahme, vom 16.3.2016.

[11] Vgl. Begr. VAG-RegE 2014, BT-Drs. 18/2956, 303 f.

[12] Begr. VAG-RegE 2014, BT-Drs. 18/2956, 304.

[13] Vgl. *Ermert*, BaFin, Solvency II: Übergangsmaßnahmen zur Rückstellungsbewertung – Eine erste Bestandsaufnahme, vom 16.3.2016.

[14] Begr. VAG RegE 2014, BT-Drs. 18/2956, 504.

dem Fall bedarf es einer Duldungsfrist durch die Aufsichtsbehörde, um im Laufe der Zeit dieses drohende Ereignis abzuwenden.

V. Vorgabe von Maßnahmen durch die Aufsichtsbehörde (Abs. 1 S. 2). Grundsätzlich ist die Aufsichtsbehörde schon nach § 298 VAG befugt, im Fall zweifelhafter Solvabilität Maßnahmen zur Verbesserung der Lage vorzugeben. § 353 Abs. 1 S. 2 VAG bestätigt diese Befugnis auch für den Fall möglicherweise viele Jahre in der Zukunft liegender **Einschränkungen der Solvabilität** zum Ende des Übergangszeitraums. Auslösender Tatbestand für die Anordnung ist aber nach § 353 Abs. 1 S. 1 VAG eine entsprechende Meldung des Versicherungsunternehmens. Die Nichtvornahme einer Meldung kann zwar nicht nach §§ 331 f. VAG geahndet werden, doch kann die Aufsichtsbehörde nach § 298 VAG eine Meldung ggf. verlangen. Die betreffenden Anordnungen sind zusätzlich und unabhängig von den weiteren Folgen der Meldung nach § 353 Abs. 2 und 3 VAG. Notwendige und geeignete Maßnahmen sind ggf. auch Kapitalaufschläge nach § 301 Abs. 1 Nr. 4 VAG, durch die der Effekt der Übergangsmaßnahmen reduziert oder sogar ausgeglichen werden kann. Damit ist der Umstand, dass ein Nachweis der Bedeckung der Solvabilitätskapitalanforderung am Ende des Übergangszeitraums zur Genehmigung der Übergangsmaßnahme nicht verlangt werden kann, nicht von praktischer Bedeutung. Falls dies schon bei Antragstellung unrealistisch ist, kann die Aufsichtsbehörde unmittelbar reagieren. 18

VI. Plan zur Einhaltung der Solvabilitätskapitalanforderung am Ende des Übergangszeitraums (Abs. 2). Die auslösende Bedingung für die **Pflicht zur Erstellung eines Plans** nach § 353 Abs. 2 S. 1 VAG ist kürzer gefasst, als die Bedingung für die **Meldepflicht** nach § 353 Abs. 1 S. 1 Teilsatz 3 und 4 VAG. Die Begriffe „droht" und „am Ende des Übergangszeitraums" fehlen in § 353 Abs. 2 S. 1 Teilsatz 1 und 2 VAG. Es ist sinnvoll anzunehmen, dass dies eine redaktionell begründete Vereinfachung ist. So ergänzt die Gesetzesbegründung[15] in der Erläuterung zu Abs. 2 „am Ende der Übergangszeit". Auch der Wortlaut der englischen Fassung von Art. 308e Abs. 2 Solva II-RL spricht dafür, dass hiermit eine Kurzfassung der entsprechenden Bedingung in Abs. 1 gemeint ist. Die Annahme, mit § 353 Abs. 2 VAG sei eine aktuelle Nichtbedeckung gemeint, würde keinen Sinn ergeben, da dann die auslösende Bedingung in § 353 Abs. 2 VAG für einen Übergangsplan greifen würde, bevor die auslösende Bedingung in § 353 Abs. 1 VAG für eine Meldepflicht eingetreten ist. Wenn aber tatsächlich die Situation am Ende des Übergangszeitraums gemeint ist, kann eine Nichtbedeckung bis dahin immer nur drohen, aber nicht tatsächlich eintreten. 19

Das betroffene Versicherungsunternehmen muss, analog zu § 134 VAG, innerhalb von **zwei Monaten** nach Feststellung einer drohenden Nichtbedeckung der Aufsichtsbehörde einen Plan für das weitere Vorgehen vorlegen. Da nach § 353 Abs. 1 VAG unverzüglich nach Feststellung der Aufsichtsbehörde Meldung zu machen ist, ist der Beginn der Zweimonatsfrist damit der Aufsichtsbehörde bekannt. Im Unterschied zur Regelung des §§ 134 f. VAG, bei der der vorzulegende Plan eine unmittelbare Gefahr abwenden soll, verlangt § 353 Abs. 2 VAG nur einen Plan für die schrittweise Einführung von Maßnahmen, die eine Einhaltung der Solvabilitätskapitalanforderung am Ende des Übergangszeitraums, also 2032, erreichen sollen. Die Maßnahmen können demnach zeitlich gestreckt an der Restdauer des Übergangszeitraums ausgerichtet werden. Wegen des langen Zeitraums ist das Versicherungsunternehmen an den Plan nicht gebunden, sondern kann ihn nach § 353 Abs. 2 S. 2 VAG im Zeitverlauf aktualisieren. Die möglichen Maßnahmen entsprechen der Art nach den in §§ 134 f. VAG bestimmten. 20

VII. Jährlicher Fortschrittsbericht (Abs. 3 S. 1). Das von § 353 Abs. 1 VAG betroffene Versicherungsunternehmen muss im Jahresabstand einen **Fortschrittsbericht** über die vorgenommenen und geplanten Maßnahmen und deren Erfolg vorlegen.[16] Hiermit kann auch eine **Aktualisierung** nach § 353 Abs. 2 S. 2 VAG vorgenommen werden. Nicht ausdrücklich bestimmt ist, dass die jährliche Vorlage von Fortschrittsberichten entfällt, sobald durch die bereits vorgenommenen Maßnahmen die auslösende Bedingung nach § 353 Abs. 1 S. 1 VAG nicht mehr besteht, dies ist aber nach dem Zweck der Regelung anzunehmen.[17] 21

VIII. Widerruf der Genehmigung für die Anwendung der Übergangsmaßnahmen (Abs. 3 S. 2). Der begünstigende Verwaltungsakt der **Genehmigung einer Übergangsmaßnahme** nach §§ 351 f. VAG wird nach § 353 Abs. 3 S. 2 VAG unter der dort genannten Bedingung **widerrufen**. Der Widerruf ist eine zwingende Konsequenz des Vorliegens der Bedingung;[18] die Aufsichtsbehörde hat kein Auswahl- oder Entschließungsermessen. Allerdings basiert die auslösende Bedingung auf unbestimmten Rechtsbegriffen, die einer Auslegung bedürfen. 22

Ein Widerruf erfolgt, wenn es nach dem **Fortschrittsbericht** unrealistisch ist, dass das Versicherungsunternehmen am Ende des Übergangszeitraums die Solvabilitätskapitalanforderung einhalten kann. Analoge Kriterien bestehen in §§ 42 Abs. 1, 134 Abs. 2 und 135 Abs. 2 VAG. Hiermit wird auf eine 23

[15] Begr. VAG RegE 2014, BT-Drs. 18/2956, S. 304.
[16] Vgl. die ähnliche Regelung in § 134 Abs. 6 VAG.
[17] Vgl. Gössl in Korinek/G.Saria/S. Saria, VAG § 338 Rn 9 zum öVAG.
[18] Vgl. Begr. VAG-RegE 2014, BT-Drs. 18/2956, 304.

technische und ggf. statistische Beurteilung zukünftiger unsicherer Ereignisse oder Abläufe, also eine **Möglichkeit**, Bezug genommen.[19] Aufgrund der statistischen Grauzonen ist eine Möglichkeit nicht nur entweder realistisch oder unrealistisch, insbesondere unter Berücksichtigung der erforderlichen Verhältnismäßigkeit. Es ist auch möglich, dass es gar keine realistischen Möglichkeiten gibt. Es kann auch eine Reihe von Möglichkeiten geben, ohne dass eine hervorsticht oder diese dadurch unrealistisch sind. Um unrealistisch zu sein, muss eine Möglichkeit nicht nur sehr unwahrscheinlich sein, sondern sie wird durch einen deutlichen Vorrang alternativer Möglichkeiten unrealistisch.

24 **Rechtsfolge eines Widerrufs** ist, dass das Versicherungsunternehmen die Solvabilitätskapitalanforderung ab dem Zeitpunkt des Widerrufes ohne die betroffene Übergangsmaßnahme erfüllen muss. In vielen Fällen werden Versicherungsunternehmen eine Übergangsmaßnahme anwenden, da sie ohne diese im laufenden Jahr nicht die Solvabilitätskapitalanforderung erfüllen könnten.[20] In dem Fall wird, bei einem Widerruf, das betroffene Versicherungsunternehmen sofort in die in § 134 VAG oder sogar die in § 135 VAG beschriebene Situation kommen, die zu vermeiden das gesetzliche Ziel der zuvor genehmigten Maßnahme war. Dies gibt der Aufsichtsbehörde umfassende Eingriffsmöglichkeiten in die weitere Entwicklung des Versicherungsunternehmens. Diese schwerwiegende Konsequenz ist daher bei der Beurteilung, ob die Bedingung für einen Widerruf eingetreten ist, im Rahmen der Verhältnismäßigkeit zu berücksichtigen (vgl. § 296 VAG). Es kann aber auch Fälle geben, in denen zum Ende des Übergangszeitraums eine Nichtbedeckung droht, derzeit aber eine ausreichende Bedeckung vorliegt.

25 Ein Widerruf nach § 353 Abs. 3 S. 2 VAG kann nur auf der Basis eines **Fortschrittsberichts** nach § 353 Abs. 3 S. 1 VAG, also ggf. frühestens vierzehn Monate nach der Feststellung gemäß § 353 Abs. 1 S. 1 VAG erfolgen. Schon die Genehmigung nach §§ 351 Abs. 1 bzw. 352 Abs. 1 VAG kann nicht von einer Bedingung wie der in § 353 Abs. 3 S. 2 VAG abhängig gemacht werden.[21] Der Aufsichtsbehörde stehen jedoch nach § 353 Abs. 1 S. 2 VAG schon bei Meldung nach S. 1 alle notwendigen und geeigneten Maßnahmen zur Verfügung. Ein einmal erfolgter Widerruf steht einem späteren **Neuantrag auf Genehmigung von Übergangsmaßnahmen** nicht entgegen. Auch kann bei Anwendung beider Übergangsmaßnahmen (auf jeweils unterschiedliche Versicherungsbestände) oder bei der Anwendung auf homogene Risikogruppen der Widerruf auf einzelne begrenzt werden, soweit damit ausreichend Abhilfe geschaffen ist.

26 **IX. Verhältnis zu anderen Regelungen des VAG.** § 353 VAG bestimmt bei Nichteinhaltung der Voraussetzungen der Übergangsmaßnahmen nach §§ 351 f. VAG weitere Regelungen zu den Übergangsmaßnahmen.

Überprüfung der langfristigen Garantien und der Maßnahmen gegen Aktienrisiken

354 Die Bundesanstalt informiert die Europäische Aufsichtsbehörde für das Versicherungswesen und die betriebliche Altersversorgung bis zum 1. Januar 2021 jedes Jahr über Folgendes:

1. die Verfügbarkeit von langfristigen Garantien bei Versicherungsverträgen auf ihren Binnenmärkten und das Verhalten von Versicherungsunternehmen als langfristige Investoren;
2. die Zahl der Versicherungsunternehmen, welche die Matching-Anpassung, die Volatilitätsanpassung, die Verlängerung der Frist für die Wiederherstellung gesunder Finanzverhältnisse nach § 134 Absatz 4, das durationsbasierte Untermodul „Aktienrisiko" und die Übergangsmaßnahmen nach den §§ 351 und 352 anwenden;
3. die Auswirkungen der Matching-Anpassung, der Volatilitätsanpassung, der symmetrischen Anpassung der Kapitalanforderung für Aktienanlagen gemäß § 106 Absatz 1, des durationsbasierten Untermoduls „Aktienrisiko" und der Übergangsmaßnahmen nach den §§ 351 und 352 auf die Finanzlage der Versicherungsunternehmen auf nationaler Ebene und anonymisiert für jedes Unternehmen;
4. die Auswirkungen der Matching-Anpassung, der Volatilitätsanpassung, der symmetrischen Anpassung der Kapitalanforderungen für Aktienanlagen gemäß § 106 Absatz 1 und des durationsbasierten Untermoduls „Aktienrisiko" auf das Investitionsverhalten von Versicherungsunternehmen und darauf, ob dies zu einer unangemessenen Kapitalentlastung führt;
5. die Auswirkungen einer Verlängerung der Frist für die Wiederherstellung gesunder Finanzverhältnisse nach § 134 Absatz 4 auf die Bemühungen der Versicherungsunternehmen zur Aufbringung der anrechnungsfähigen Eigenmittel oder zur Senkung des Risikoprofils zur Einhaltung der Solvabilitätskapitalanforderung;
6. die Erfüllung oder Nichterfüllung der Pläne betreffend Übergangsmaßnahmen nach § 353 durch Versicherungsunternehmen, die diese Übergangsmaßnahmen nach den §§ 351 und

[19] Vgl. §§ 77 Abs. 2, 85 Abs. 2, 90 Abs. 3 und 116 Abs. 4 VAG.
[20] Vgl. Begr. VAG-RegE 2014, BT-Drs. 18/2956, 304.
[21] Vgl. § 351 Rn 14.

352 anwenden und die Wahrscheinlichkeit einer geringeren Abhängigkeit von diesen Übergangsmaßnahmen, einschließlich Maßnahmen, die von den Unternehmen und den Aufsichtsbehörden ergriffen wurden oder voraussichtlich ergriffen werden, wobei dem anwendbaren Regelungsumfeld Rechnung zu tragen ist.

§ 354 VAG enthält eine **zeitlich begrenzte Berichtspflicht der BaFin gegenüber EIOPA**. Damit setzt der deutsche Gesetzgeber Art. 77f Abs. 1 UAbs. 2 Solva II-RL um. Diese Vorschrift hatte die Omnibus II-RL in die Solva II-RL eingefügt. EIOPA wertet die Berichte aller Aufsichtsbehörden aus und informiert selbst nach Art. 77f Abs. 1 Solva II-RL jährlich das EP, den Rat und die Kommission „über die Auswirkungen der Anwendung" der in Art. 77f Abs. 1 UAbs. 2 Solva II-RL bzw. § 354 Nr. 1 bis 6 VAG genannten Regelungen und Maßnahmen. Nach Art. 77f Abs. 2 Satz 2 Solva II-RL erfolgt die Bewertung durch EIOPA „mit Blick auf die Verfügbarkeit von langfristigen Garantien bei Versicherungsprodukten, das Verhalten von Versicherungs- und Rückversicherungsunternehmen als langfristige Investoren und die Finanzstabilität im Allgemeinen". 1

Die Berichtspflichten der nationalen Aufsichtsbehörden und von EIOPA bestehen nach Art. 77f Abs. 1 Solva II-RL bzw. § 354 VAG „**bis zum 1. Januar 2021**". 2

Das **Telos der Berichtspflichten** sieht der deutsche Gesetzgeber in der Begründung zu § 354 VAG zutreffend darin, „sicherzustellen, dass unerwünschte Auswirkungen der Maßnahmen im Zusammenhang mit langfristigen Garantien erkannt werden und Anpassungen der Regelungen vorgenommen werden können, um diese Auswirkungen zu reduzieren oder zu vermeiden".[1] 3

Entscheidungen der Aufsichtsbehörde aus Anlass des Inkrafttretens dieses Gesetzes

355 (1) **Ab dem 11. April 2015 ist die Aufsichtsbehörde befugt, zu entscheiden über die Genehmigung**

1. ergänzender Eigenmittel gemäß § 90,
2. der Einstufung von Eigenmittelbestandteilen nach § 91 Absatz 5,
3. von unternehmensspezifischen Parametern gemäß § 109 Absatz 2,
4. von internen Voll- oder Partialmodellen gemäß den §§ 111 und 112,
5. ergänzender Eigenmittel einer zwischengeschalteten Versicherungs-Holdinggesellschaft oder einer zwischengeschalteten gemischten Finanzholding-Gesellschaft gemäß § 257 Absatz 2,
6. eines internen Modells für die Gruppe gemäß den §§ 261 und 262 sowie 265 Absatz 5,
7. der Verwendung der Matching-Anpassung für die maßgebliche risikofreie Zinskurve gemäß den §§ 80 und 81,
8. der Verwendung der Volatilitätsanpassung für die maßgebliche risikofreie Zinskurve gemäß § 82,
9. der Anwendung der Übergangsmaßnahme bei risikofreien Zinssätzen nach § 351,
10. der Anwendung der Übergangsmaßnahme bei versicherungstechnischen Rückstellungen nach § 352.

(2) **Ab dem 1. April 2015 ist die Aufsichtsbehörde befugt,**

1. die Ebene und den Umfang der Gruppenaufsicht gemäß den §§ 245 bis 249 festzulegen,
2. die für die Gruppenaufsicht zuständige Behörde gemäß den §§ 279 und 280 festzulegen,
3. ein Aufsichtskollegium gemäß § 283 einzusetzen.

(3) **Ab dem 1. Juli 2015 ist die Aufsichtsbehörde befugt,**

1. über den Abzug einer Beteiligung gemäß § 259 Absatz 2 zu entscheiden,
2. die Methode zur Berechnung der Solvabilität der Gruppe gemäß § 252 auszuwählen,
3. im Einklang mit den §§ 258 und 288 über die Gleichwertigkeit zu entscheiden,
4. zu gestatten, dass Versicherungsunternehmen gemäß § 268 unter die §§ 269 und 270 fallen,
5. die Festlegungen gemäß den §§ 289 und 290 zu treffen,
6. zu entscheiden, dass Übergangsmaßnahmen nach den §§ 343 bis 350 zur Anwendung kommen.

(4) **Entscheidungen nach den Absätzen 1 bis 3 werden zum 1. Januar 2016 wirksam, wenn in der Entscheidung kein späteres Datum genannt wird.**

§ 355 VAG hat den **Entscheidungsbedarf auf Seiten der Aufsichtsbehörden** zum Gegenstand, der sich schon **vor Inkrafttreten des VAG** zum 1.1.2016 gestellt hatte. Art. 308a Solva II-RL sieh- 1

[1] VAG-RegE 2014 BT-Drs. 18/2956, 304.

eine „schrittweise Einführung" der Solva II-Regelungen in das nationale Recht und im Interesse der Rechtssicherheit Entscheidungen der nationalen Aufsichtsbehörden zu bestimmten Fragen bereits seit dem 1.4.2015 bzw. dem 1.7.2015 vor. Dies bildet § 355 VAG ab. Mit dem Inkrafttreten des VAG am 1.1.2016 hat die Regelung keinen praktischen Anwendungsbereich mehr. Ihre Wirkung besteht lediglich darin, für vor dem 1.1.2016 erlassene und noch weiter wirkende Entscheidungen eine fortdauernde Ermächtigungsgrundlage zu bilden.

Anlage 1. Einteilung der Risiken nach Sparten

1. Unfall
- **a) Summenversicherung**
- **b) Kostenversicherung**
- **c) kombinierte Leistungen**
- **d) Personenbeförderung**

2. Krankheit
- **a) Tagegeld**
- **b) Kostenversicherung**
- **c) kombinierte Leistungen**

3. Landfahrzeug-Kasko (ohne Schienenfahrzeuge)
Sämtliche Schäden an:
- **a) Kraftfahrzeugen**
- **b) Landfahrzeugen ohne eigenen Antrieb**

4. Schienenfahrzeug-Kasko
Sämtliche Schäden an Schienenfahrzeugen

5. Luftfahrzeug-Kasko
Sämtliche Schäden an Luftfahrzeugen

6. See-, Binnensee- und Flussschifffahrts-Kasko
Sämtliche Schäden an:
- **a) Flussschiffen**
- **b) Binnenseeschiffen**
- **c) Seeschiffen**

7. Transportgüter
Sämtliche Schäden an transportierten Gütern, unabhängig von dem jeweils verwendeten Transportmittel

8. Feuer- und Elementarschäden
Sämtliche Sachschäden (soweit sie nicht unter die Nummern 3 bis 7 fallen), die verursacht werden durch:
- **a) Feuer**
- **b) Explosion**
- **c) Sturm**
- **d) andere Elementarschäden außer Sturm**
- **e) Kernenergie**
- **f) Bodensenkungen und Erdrutsch**

9. Hagel-, Frost- und sonstige Sachschäden
Sämtliche Sachschäden (soweit sie nicht unter die Nummern 3 bis 7 fallen), die außer durch Hagel oder Frost durch Ursachen aller Art (wie beispielsweise Diebstahl) hervorgerufen werden, soweit diese Ursachen nicht von Nummer 8 erfasst sind

10. Haftpflicht für Landfahrzeuge mit eigenem Antrieb
- **a) Kraftfahrzeughaftpflicht**
- **b) Haftpflicht aus Landtransporten**
- **c) sonstige**

11. Luftfahrzeughaftpflicht
Haftpflicht aller Art (einschließlich derjenigen des Frachtführers), die sich aus der Verwendung von Luftfahrzeugen ergibt

12. See-, Binnensee- und Flussschifffahrtshaftpflicht
Haftpflicht aller Art (einschließlich derjenigen des Frachtführers), die sich aus der Verwendung von Flussschiffen, Binnenseeschiffen und Seeschiffen ergibt

13. Allgemeine Haftpflicht
Alle sonstigen Haftpflichtfälle, die nicht unter die Nummern 10 bis 12 fallen

14. Kredit
- **a) allgemeine Zahlungsunfähigkeit**
- **b) Ausfuhrkredit**
- **c) Abzahlungsgeschäfte**

d) Hypothekendarlehen
e) landwirtschaftliche Darlehen
15. Kaution
16. Verschiedene finanzielle Verluste
a) Berufsrisiken
b) ungenügende Einkommen (allgemein)
c) Schlechtwetter
d) Gewinnausfall
e) laufende Unkosten allgemeiner Art
f) unvorhergesehene Geschäftsunkosten
g) Wertverluste
h) Miet- oder Einkommensausfall
i) indirekte kommerzielle Verluste außer den bereits erwähnten
j) nichtkommerzielle Geldverluste
k) sonstige finanzielle Verluste
17. Rechtsschutz
18. Beistandsleistungen zugunsten von Personen, die sich in Schwierigkeiten befinden
a) auf Reisen oder während der Abwesenheit von ihrem Wohnsitz oder ständigem Aufenthaltsort
b) unter anderen Bedingungen, sofern die Risiken nicht unter andere Versicherungssparten fallen
19. Leben
(soweit nicht unter den Nummern 20 bis 24 aufgeführt)
20. Heirats- und Geburtenversicherung
21. Fondsgebundene Lebensversicherung
22. Tontinengeschäfte
23. Kapitalisierungsgeschäfte
24. Geschäfte der Verwaltung von Versorgungseinrichtungen
25. Pensionsfondsgeschäfte

Schrifttum: *Armbrüster,* Versicherung des Finanzinteresses in internationalen Versicherungsprogrammen, VersR 2008, 853; Bach/Moser/*Kalis* § 192 MB/KT Rn. 76 ff. und 191; Bach/Moser/*Wilmes* § 1 MB/KT Rn. 2 ff.; Bähr/*Kaulbach* § 2 Rn. 26; Beckmann/Matusche-Beckmann/*Heiss/Trümper* § 38; Beckmann/Matusche-Beckmann/*Herrmann* § 39; Beckmann/Matusche-Beckmann/*Lorenz* § 1; Beckmann/Matusche-Beckmann/*Mönnich* § 2 Rn. 34; *Benkel/Hirschberg,* ALB/BUZ, 2. Aufl. 2011, § 1 ALB 2008 Rn. 28; *Burmann/Gebhardt,* Straßenverkehrsrecht, 10. Aufl. 2006, Kaskoversicherung; Burmann/Heß/Hühnermann/Jahnke/Janker/*Janker/Hühnermann* § 1 Rn. 8 f.; *Ehlers,* Auswirkungen der Reform des Versicherungsvertragsgesetzes (VVG) auf das Transportversicherungsrecht, TranspR 2007, 5; FKBP/*Bähr* § 112; FKBP/*Kaulbach* § 1; *Flach,* Auswirkungen des neuen Versicherungsvertragsrechts auf die Transportversicherungssparten, TranspR 2–2008, 60; *Grimm* Vorbem. Rn. 1, 12; *Hagen,* Bindungswirkung in der Vertrauensschadenversicherung?, DNotZ 2000, 809; *Grote* in Marlow/Spuhl, Das neue VVG kompakt – ein Handbuch für die Rechtspraxis, 4. Aufl., 2010, Rn. 944 ff.; *Heuer,* Die Haftung des Spediteurs und des Lagerhalters als „Großrisiko" i. S. d. § 187 VVG, TranspR 2007, 57; HK-VVG/*Brömmelmeyer* § 1 Rn. 27a; HK-VVG/*Muschner* § 16 Rn. 10 ff.; *Kloth,* Private Unfallversicherung, 2. Aufl. 2014, Einl. Rn. 9 f., Kap. H.; *Koch,* Vertrauensschadenversicherung, 2006, Rn. 52 ff.; Langheid/Wandt/*Boetius* Vor § 192 Rn. 376, 1097; Langheid/Wandt/*Dörner* Vor § 172 Rn. 1; Langheid/Wandt/*Grote* Vertrauensschadenversicherung Rn. 12, 16 ff.; Langheid/Wandt/*Günther* Elementarschadenversicherung Rn. 2, 5, 118; Langheid/Wandt/*Heiss/Mönnich,* Vor § 150; Langheid/Wandt/*Looschelders* § 1 Rn. 104, § 209 Rn. 3; Langheid/Wandt/*Lorenz,* Einl. Rn. 5; Langheid/Wandt/*Mühlbauer* Luftfahrtversicherung; *Neuhaus,* Berufsunfähigkeitsversicherung, 3. Aufl. 2014, Kap. A. Rn. 61; Präve/*Leins* § 1 ARB Rn. 61 ff., § 1 ALB Rn. 82; Prölss/*Präve,* 12. Aufl., § 11d Rn. 1, § 12f Rn. 2; Prölss/Martin/*Klimke* Valorenversicherung Rn. 1; Prölss/Martin/*Armbrüster* A. § 1 FBUB 2010 Rn. 3 ff.; Prölss/Martin/*Klimke* § 209 Rn. 16, § 210 Rn. 5; Prölss/Martin/*Knappmann* § 178 Rn. 38 ff., Vor § 1 AVBW Rn. 2, Vor A.1.1 AKB 2008 Rn. 1; Prölss/Martin/*Koller* § 130 Rn. 2, 9, Vor Transportversicherung Rn. 1, Verkehrshaftungs- und Speditionsversicherung Grundzüge Rn. 1; Prölss/Martin/*Lücke* § 172 Rn. 38; Prölss/Martin/*Schneider* Vor § 150 Rn. 1 ff.; Prölss/Martin/*Voit* § 1 MB/KT Rn. 3; Langheid/Rixecker/*Langheid* § 130 Rn. 12 ff.; *Proske,* Die Kautionsversicherung in der Insolvenz des Unternehmers ZIP 2006, 1035; *Saria,* Beistandsleistungen und Outsourcing, VersR 2016, 1081; *Schaaf,* Aktuelle Rechtsfragen zur Feststellung erlaubnispflichtigen Versicherungsgeschäfts und zur Spartenabgrenzung, VersR 2015, 17; *Schimikowski,* Versicherungsvertragsrecht, 5. Aufl. 2014, 6. Teil Rn. 300; *Schleif,* Die Seeversicherung nach altem und neuem VVG, VersR 2010, 1281; *Staudinger,* Qualifikation der Kundengeldabsicherung nach § 651k BGB im Lichte des VAG und von Solvency II, VersR 2014, 1153; Terbille/Höra/*Höra* § 26 Rn. 3, 10; *Thomas/Dreher,* Der Kautionsversicherungsvertrag im System des Privatversicherungsrechts, VersR 2007, 731; Veith/Gräfe/Gebert/*Grauschopf* § 22 Rn. 9 ff., 18; Veith/Gräfe/Gebert/*Hoenicke* § 4 Rn. 64; Veith/Gräfe/Gebert/*Segger/Lorscheid* § 7 Rn. 152; *Wehn,* Versicherungsprodukte und rechtliche Rahmenbedingungen der Produktgestaltung am Beispiel der privaten Krankenversicherung, 1999; *Winter,* Grenzlinien der Lebensversicherung: „insurable interest", biometrisches Risiko und Kapitalisierungsgeschäfte, VersR 2004, 8.

I. Allgemeines. 1. Entstehungsgeschichte. Die neue Anlage 1 entspricht inhaltlich unverändert der bisherigen Anlage Teil A zum VAG a. F.[1] 1

[1] Begr. VAG-RegE 2014, BT-Drs. 18/2956, 305.

2 Die Anlage Teil A zur alten Fassung des VAG ist im Wesentlichen bereits im Jahr 1975 durch das **Erste Durchführungsgesetz/EWG zum VAG,**[2] welches der Umsetzung der europäischen Ersten Schadenversicherungsrichtlinie[3] diente, in das Gesetz eingefügt worden. Lediglich die Aufnahme der Sparten der Nr. 18 und Nr. 20 bis 25 erfolgte später. So hat die Sparte „Beistandsleistungen zugunsten von Personen, die sich in Schwierigkeiten befinden" durch Gesetz[4] zur Umsetzung der EG-Richtlinie über touristische Beistandsleistungen[5] als Nr. 18 Eingang in die Liste gefunden, nachdem die Sparten der Heirats- und Geburtenversicherung (Nr. 20) und der Fondsgebundenen Lebensversicherung (Nr. 21) bereits im Jahr 1983 zur Umsetzung der Ersten Lebensversicherungsrichtlinie[6] durch Gesetz[7] in die Anlage eingefügt worden waren. Durch das **Dritte Durchführungsgesetz/EWG zum VAG**[8] wurde die Anlage sodann um die Sparten Tontinengeschäfte (Nr. 22), Kapitalisierungsgeschäfte (Nr. 23) sowie Geschäfte der Verwaltung von Versorgungseinrichtungen (Nr. 24) erweitert. Die bis heute letzte Ergänzung der Anlage fand schließlich um die Sparte der Pensionsfondsgeschäfte (Nr. 25) durch das **Altersvermögensgesetz**[9] im Jahr 2001 statt.[10]

3 Im Übrigen hat der Katalog bis heute keine inhaltlichen Änderungen erfahren. Lediglich die Überschrift der Anlage ist im Zuge des Altersvermögensgesetzes dahingehend geändert worden, dass das Wort „Versicherungssparten" durch „Sparten" ersetzt wurde. Damit wurde der zeitgleichen Aufnahme der Pensionsfondgeschäfte Rechnung getragen, da es sich bei Pensionsfonds nicht um Versicherungsunternehmen im engeren Sinne handelt.[11] Eigentlich hätte diese Änderung aber schon 1994 mit der Aufnahme der Kapitalisierungsgeschäfte (Nr. 23) in die Anlage A zum VAG a. F. erfolgen müssen, da diese aufgrund des fehlenden Risikotransfers sicher keine Versicherungsgeschäfte sind (s. auch § 1 Abs. 2 VAG).[12] Abgesehen von den vorgenannten inhaltlichen Änderungen sind in der Anlage bis heute lediglich geringfügige redaktionelle Anpassungen vorgenommen worden.

4 **2. Europarechtlicher Hintergrund.** Die Anlage 1 zum VAG geht im Hinblick auf ihre Nr. 1–17 nahezu wörtlich auf den entsprechenden Anhang der **Ersten Schadenversicherungsrichtlinie**[13] zurück.[14] Im Unterschied zu den damaligen Richtlinienvorgaben hat der deutsche Gesetzgeber zusätzlich die vom Anwendungsbereich der Richtlinie nicht mitumfasste Sparte „Leben" (Nr. 19) originär in die Anlage A zum VAG a. F. aufgenommen. Dagegen hat der deutsche Gesetzgeber die Nr. 2 nicht wörtlich übernommen, weil die Krankenversicherung am deutschen Markt anders aufgeteilt war. Nach dem rein nationalen Verständnis Deutschlands wird in der **Sparte Krankheit** nämlich nur zwischen den Versicherungszweigen Tagegeld (Nr. 2a der Anlage A zum VAG) und Kostenversicherung (Nr. 2b der Anlage A zum VAG) unterschieden. In anderen EU-Mitgliedsstaaten ist dies dagegen anders, da dort bzgl. des Risikos Krankheit zwischen einmaligen Leistungen, wiederkehrenden Leistungen und kombinierten Leistungen unterschieden wird. Dementsprechend wurde in Art. 7 Abs. 1 der Ersten Schadensversicherungsrichtlinie unter Nr. 2 hinsichtlich des Risikos Krankheit zwischen den drei vorgenannten Risiken unterschieden. Dies hat sich auch durch die Solva II-RL nicht geändert, da dort in Anhang 1 zu „A. Einteilung der Risiken nach Versicherungszweigen" unter Nr. 2 (Krankheit) nach wie vor zwischen einmaligen Leistungen (Nr. 2a), wiederkehrenden Leistungen (Nr. 2b) und kombinierten Leistungen (Nr. 2c) unterschieden wird. Gleichwohl hielt und hält der deutsche Gesetzgeber bei der Umsetzung dieser Richtlinien insoweit an seiner nationalen Einteilung des Risikos Krankheit in Tagegeld (Nr. 2a der Anlage 1 zum VAG) einerseits und Kostenversicherung (Nr. 2b der Anlage 1 zum VAG) andererseits fest und hat lediglich zur Vermeidung eines Umsetzungsdefizites unter Nr. 2c der Anlage 1 zum VAG noch „kombinierte Leistungen" übernommen, ohne dass er für in Deutschland sitzende Krankenversicherungsunternehmen der Nr. 2c eine praktische Relevanz beimisst. Die vom deutschen Gesetzgeber vertretene Differenzierung stellt nach seiner Auffassung keinen Widerspruch zu der gemeinschaftsrechtlichen Unterscheidung dar und soll vielmehr nur dem aktuellen Angebot von

[2] Vom 18.12.1975, BGBl. I 3139.
[3] RL 73/239/EWG v. 24.7.1973, ABl. EG 1973 L 228, 3; zum europarechtlichen Hintergrund s. sogleich Rn. 4.
[4] Die Einführung dieser Sparte geschah auf Empfehlung des Finanzausschusses anlässlich des vom Bundesrat eingebrachten Entwurfs zum Gesetz zur Verbesserung der Rahmenbedingungen für institutionelle Anleger v. 16.12.1986, BGBl. 1986 I 2485, vgl. BT-Drs. 10/6154, 12, 14.
[5] RL 84/641/EWG v. 10.12.1984, ABl. EG 1984 L 339, 21.
[6] RL 79/267/EWG v. 5.3.1979, ABl. EG 1979 L 63, 1.
[7] Vierzehntes Gesetz zur Änderung des Versicherungsaufsichtsgesetzes v. 29.3.1983, BGBl. I 377, 385.
[8] Vom 21.7.1994, BGBl. I 1630.
[9] Gesetz zur Reform der gesetzlichen Rentenversicherung und zur Förderung eines kapitalgedeckten Altersvorsorgevermögens (Altersvermögensgesetz – AVmG) v. 26.6.2001, BGBl. I 1310.
[10] Eingefügt aufgrund Beschlussempfehlung des Ausschusses für Arbeit und Sozialordnung, vgl. BT-Drs. 14/5146, 149.
[11] FKBP/*Bähr* § 112 Rn. 3.
[12] S. dazu: § 1 Rn. 78.
[13] RL 73/239/EWG v. 24.7.1973, ABl. EG 1973 L 228, 3.
[14] Mit kleinen Abweichungen von der Richtlinie im Wortlaut sollten ausdrücklich keine materiellen Änderungen verbunden sein, vgl. Begr. RegE Erstes Durchführungsgesetz/EWG zum VAG, BT-Drs. 7/3687, 27.

Krankenversicherungsprodukten in Deutschland Rechnung tragen.[15] Ob diese Abänderung der Anlage 1 zur Solva II-RL in der Anlage 1 zum VAG mit der Vollharmonisierung des Aufsichtsrechts in Einklang steht, kann hinterfragt werden.[16] Nicht durchdacht hat der deutsche Gesetzgeber dabei jedenfalls das Problem, dass möglicherweise in anderen EU-Mitgliedsstaaten die nach der Solva II-RL vorgegebene Einteilung des Risikos Krankheit praktiziert und dort ggf. eine Erlaubnis nach der Nr. 2c der Anlage 1 zum VAG benötiget wird, die in Deutschland gar nicht erteilt wird. Dies kann bei einem grenzüberschreitenden Geschäftsverkehr zu Konflikten führen, wenn mit einem in Deutschland unter die Nr. 2a oder 2b der Anlage 1 zum VAG fallenden Produkt im Tätigkeitsland eine Erlaubnis für kombinierte Leistungen nach Nr. 2c erforderlich ist. Falls dies der Fall ist, müsste der in Deutschland sitzende Krankenversicherer dort eine Erlaubnis für die Nr. 2c der Anlage 1 zum VAG beantragen, obwohl dieser Versicherungszweig in Deutschland keine praktische Relevanz hat und eine Erlaubnis dafür bislang nicht erteilt worden ist.

Die später erfolgten Ergänzungen der Nrn. 20 bis 24 beruhen ebenfalls auf Europarecht, namentlich auf der Umsetzung der Ersten[17] (Nrn. 20 und 21) und Zweiten[18] Lebensversicherungsrichtlinie (Nrn. 22 bis 24). Zwar waren die letztgenannten Sparten (Tontinengeschäfte, Kapitalisierungsgeschäfte und Geschäfte der Verwaltung von Versorgungseinrichtungen) bereits im Anhang der Ersten Lebensversicherungsrichtlinie enthalten. Bei deren Transformierung in deutsches Recht hat der Gesetzgeber jedoch zunächst kein Bedürfnis für die Aufnahme dieser Sparten in die Anlage A zum VAG a. F. gesehen, weil die von der Richtlinie vorgegebenen Voraussetzungen, dass diese Geschäfte der behördlichen Aufsicht unterliegen und im Tätigkeitsland zugelassen sind, in der Bundesrepublik nicht zutrafen.[19] Zum anderen wurden Bedenken wegen des eher als Spiel oder Wette anzusehenden Charakters des Tontinengeschäfts gehegt.[20] Die Umsetzung in deutsches Recht erfolgte erst durch das Dritte Durchführungsgesetz/EWG zum VAG, mit der Begründung, dass das Tontinengeschäft gemäß Art. 10 Abs. 2 der Zweiten Richtlinie „nunmehr in der Europäischen Gemeinschaft zulässig" sei und die Kapitalisierung und die Verwaltung von Versorgungseinrichtungen den Lebensversicherungsgeschäften gleichgestellt werden.[21] 5

Auch die Sparte „Beistandsleistungen" (Nr. 18) hat einen europarechtlichen Hintergrund. Die Aufnahme in die Liste erfolgte zur Umsetzung der Richtlinie 84/641/EWG,[22] die insoweit den bisherigen Anhang der Ersten Schadensversicherungsrichtlinie änderte. 6

An die Stelle der Lebensversicherungsrichtlinien trat im Jahr 2002 die Richtlinie über Lebensversicherungen,[23] die den Anhang der Ersten Lebensversicherungsrichtlinie als Anhang I übernommen hat. Sowohl die Richtlinie über Lebensversicherungen als auch die Erste Schadenversicherungsrichtlinie sind schließlich durch die **Solva II-RL**[24] ersetzt worden.[25] Dabei wurden die in beiden Richtlinien enthaltenen Übersichten über die jeweils richtlinienrelevanten Versicherungszweige in den Anhang der Solva II-RL übernommen. Für den Bereich der Nichtlebensversicherung findet sich die Einteilung nach Sparten in Anhang I Teil A, für die Lebensversicherung in Anhang II. Wie schon im Rahmen der Umsetzung der zuvor geltenden Lebensversicherungsrichtlinien musste der unter Anhang II Ziff. III. Solva II-RL angeführte Zweig der „permanenten Krankenversicherung" nicht als besondere Sparte in die Anlage zum VAG aufgenommen werden.[26] Nach Art. 2 Abs. 3 lit. a Ziff. iv der Solva II-RL fällt die sogenannte „permanent health insurance" vielmehr nur unter die Richtlinie, wenn sie in Irland und im Vereinigten Königreich betrieben wird. In der Gesetzesbegründung zum 14. VAG-Änderungsgesetz heißt es hierzu: 7

„in Deutschland wird sie als Krankenversicherung angesehen, weil der Rat in einer besonderen Erklärung anläßlich der Verabschiedung der Richtlinie festgelegt hat, daß die Mitgliedstaaten aus der unterschiedlichen Sparteneinteilung keine nachteiligen Folgerungen für die Unternehmen ziehen werden." 8

---

[15] *Wehn*, Versicherungsprodukte und rechtliche Rahmenbedingungen der Produktgestaltung am Beispiel der privaten Krankenversicherung, 1999, S. 110 u. H. a. die amtliche Begründung zum ersten Durchführungsgesetz/EWG zum VAG vom 18.12.1975.

[16] Weitere Abweichungen gibt es z. B. bei der Nr. 7 – s. dazu Rn. 69 ff. – oder bei der Nr. 10 – s. dazu Rn. 79 ff.

[17] RL 79/267/EWG v. 5.3.1979, ABl. EG L 63, 1.

[18] RL 90/619/EWG v. 8.11.1990, ABl. EG L 330, 50.

[19] Begr. RegE 14. VAG-Änderungsgesetz, BT-Drs. 9/1493, 36.

[20] Vgl. Begr. RegE Drittes Durchführungsgesetz/EWG zum VAG, BT-Drs. 12/6959, 99.

[21] Begr. RegE Drittes Durchführungsgesetz/EWG zum VAG, BT-Drs. 12/6959, 99; s. hierzu näher unter Rn. 147 ff.

[22] RL 84/641/EWG v. 10.12.1984 zur insbesondere auf die touristische Beistandsleistung bezüglichen Änderung der Ersten Richtlinie 73/239/EWG zur Koordinierung der Rechts- und Verwaltungsvorschriften betreffend die Aufnahme und Ausübung der Tätigkeit der Direktversicherung (mit Ausnahme der Lebensversicherung), ABl. EG 1984 L 339, 21.

[23] RL 2002/83/EG v. 5.11.2002, ABl. EG 2002 L 345, 1.

[24] RL 2009/138/EG v. 25.11.2009, ABl. EU 2009 L 335, 1, geändert durch die RL 2014/51/EU v. 16.4.2014, ABl. EU 2014 L 153, 1 (Omnibus II).

[25] Vgl. 1. Erwägungsgrund der Solva II-RL.

[26] So schon Begr. RegE 14. VAG-Änderungsgesetz, BT-Drs. 9/1493, 36.

9 **3. Bedeutung der Spartenabgrenzung.** In der Praxis ist die Frage der Spartenabgrenzung aus mehreren Gründen von **erheblicher Bedeutung**. Im Vordergrund steht die Tatsache, dass das Betreiben von Versicherungsgeschäft ohne die entsprechende Spartenerlaubnis den objektiven Tatbestand einer **Straftat** gemäß § 331 Abs. 1 Nr. 1 VAG erfüllt.[27] Denn die nach § 8 VAG erforderliche Erlaubnis zum Geschäftsbetrieb wird nicht global, sondern gemäß § 10 Abs. 2 S. 1 VAG für jede der in Anlage 1 zum VAG genannten Versicherungssparten gesondert erteilt.[28] Zwar kann mit Blick auf die von *Präve* zu recht erhobene Feststellung, „dass die Abgrenzung der einzelnen Sparten zueinander nicht immer trennscharf möglich ist und der gewählten Einteilung etwas Künstlich-Gegriffenes anhaftet",[29] in Zweifel gezogen werden, ob der objektive Tatbestand dieser strafrechtlichen Vorschrift hinreichend bestimmt genug ist. Solche Zweifel sind jedoch nicht überzeugend, da die Sparten aufgrund der in der Praxis entwickelten Abgrenzungskriterien hinreichend klar voneinander abgegrenzt werden können und ein Unternehmen im Zweifel bei der BaFin unter Heranziehung der Regelung in § 4 S. 1 VAG verbindlich festgestellt bekommen kann, in welche Sparte ein bestimmtes Produkt fällt. Diese Entscheidung ist dann auch gerichtlich überprüfbar und bindet auch die Strafverfolgungsbehörden.

10 Im Zusammenhang mit den strafrechtlichen Sanktionen nach § 331 Abs. 1 VAG können im Übrigen auch steuerbehördliche Nachforderungen oder **steuerstrafrechtliche Ermittlungen** drohen.[30]

11 Das Aufsichtsrecht sieht darüber hinaus **Eingriffsbefugnisse der BaFin** vor, wenn das Versicherungsgeschäft ohne die entsprechende Erlaubnis betrieben wird. Zunächst ermächtigt § 308 VAG die Aufsichtsbehörde zu einer sofortigen **Einstellung des Geschäftsbetriebs** sowie dazu, die unverzügliche Abwicklung dieser Geschäfte anzuordnen. Darüber hinaus kann die BaFin den für den spartenfremden Geschäftsbetrieb verantwortlichen Geschäftsleiter **verwarnen** oder im Wiederholungsfall auch seine **Abberufung** verlangen (§ 303 VAG).[31]

12 Aus diesen Gründen wird sich ein Versicherungsunternehmen bei der Auflegung **neuer Produkte** also immer die Frage stellen müssen, ob das versicherte Risiko des neuen Produkts einer Sparte unterfällt, für die es zum Geschäftsbetrieb zugelassen ist. Dabei hat es auch zu berücksichtigen, dass das Prinzip der Spartenzulassung durch § 10 Abs. 4 S. 1 VAG gelockert wird. Denn danach können bestimmte zusätzliche Risiken einer anderen Sparte zulässigerweise auch unter der Spartenerlaubnis des Hauptrisikos vertrieben werden, wenn sie im Zusammenhang mit dem übernommenen Risiko der betriebenen Versicherungssparte stehen, denselben Gegenstand betreffen und durch denselben Vertrag gedeckt werden.[32] Dies sieht auch Art. 16 Abs. 1 Solva II-RL vor, der insoweit von „Hauptrisiko" und von „zu einem anderen Zweig gehörenden Risiken" spricht.

13 Was **Haupt- und** was **Zusatzrisiko** in diesem Sinne ist, ist im Ergebnis wiederum eine Wertungsfrage, die im Zweifel ebenfalls mit der BaFin abgestimmt werden sollte. Gemäß dem Sinn und Zweck der Vorschrift wird ein zusätzliches Risiko in der Regel dann vorliegen, wenn es im Verhältnis zum versicherten Hauptrisiko von untergeordneter Bedeutung ist. Insoweit sind wirtschaftliche Überlegungen anzustellen, wie etwa die Höhe des Beitrags, der für die Versicherung des zusätzlichen Risikos genommen wird, und dessen Verhältnis zum Beitrag für die Hauptversicherung. Sind beide Beiträge in etwa gleich hoch, wird sicher nicht mehr von einem zusätzlichen Risiko gesprochen werden können. Wo genau die Grenze verläuft, kann aber nicht abstrakt festgelegt werden, da auch andere Umstände insoweit zu beachten sind, wie etwa die wirtschaftliche Bedeutung aus Sicht des Versicherungsnehmers oder eine unterschiedliche Limitierung der Versicherungsleistung bezogen auf Haupt- und Zusatzrisiko. Letztlich ist also immer eine Gesamtbetrachtung anzustellen.

14 Weiterhin ist die Spartenabgrenzung für Versicherungsunternehmen bedeutsam, die das **Lebensversicherungsgeschäft- oder das Geschäft der substitutiven Krankenversicherung** betreiben möchten und deshalb das **Spartentrennungsgebot** gemäß § 8 Abs. 4 VAG und § 67 Abs. 3 VAG zu beachten haben. Das Spartentrennungsgebot zielt auf eine Trennung der Vermögensmassen der Unternehmen, um sicherzustellen, dass die Leistungsfähigkeit der mit einem beträchtlichen Ansparprozess arbeitenden Lebens- und Krankenversicherer nicht durch besondere Risiken der anderen Versicherungssparten beeinträchtigt wird.[33]

15 Die Spartenzuordnung entscheidet auch über die Frage, ob ein Unternehmen einem **Sicherungsfonds** nach §§ 221 ff. VAG angehören muss. Diese Verpflichtung trifft gemäß § 221 Abs. 1 VAG alle Unternehmen, die zum Geschäftsbetrieb in den Versicherungssparten Nr. 19 bis 23 der Anlage 1 zum VAG (Pensions- und Sterbekassen ausgenommen) oder zum Betrieb der substitutiven Krankenversicherung gemäß § 146 VAG zugelassen sind.

---

[27] Straftaten nach § 331 Abs. 1 Nr. 1 VAG sind mit Freiheitsstrafe bis zu fünf Jahren oder mit Geldstrafe bedroht.

[28] Gemäß § 10 Abs. 2 S. 3 VAG kann die Erlaubnis dabei auch für mehrere Versicherungssparten gemeinsam unter den in der Anlage 2 genannten Bezeichnungen erteilt werden.

[29] § 10 Rn. 8.

[30] *Schaaf* VersR 2015, 17, 18.

[31] Vgl. auch *Schaaf* VersR 2015, 17, 24.

[32] Gemäß § 10 Abs. 4 S. 2 VAG gilt S. 1 jedoch nicht für Risiken, die unter die in der Anlage 1 Nummer 14 (Kredit), 15 (Kaution) und 17 (Rechtsschutz) genannten Versicherungssparten fallen; vgl. im Einzelnen die Ausführungen bei § 10.

[33] S. näher § 8 Rn. 25 ff.

Für die **Rechtsschutzversicherung** bestehen darüber hinaus die Besonderheiten des § 164 VAG, der in Abs. 1 die Übertragung der Leistungsabwicklung in der Rechtsschutzversicherung auf ein sog. Schadenabwicklungsunternehmen verlangt, wenn das Unternehmen die Rechtsschutzversicherung zusammen mit anderen Versicherungssparten betreibt. Ferner normiert § 164 Abs. 2 VAG, dass das Schadenabwicklungsunternehmen außer der Rechtsschutzversicherung keine anderen Versicherungsgeschäfte betreiben und in anderen Versicherungssparten keine Leistungsbearbeitung durchführen darf. Diese Besonderheiten korrespondieren mit § 10 Abs. 4 S. 2 VAG, nach dem die Risiken u. a. der Rechtsschutzversicherung nicht als zusätzliche Risiken von der Erlaubnis zum Betrieb anderer Sparten umfasst werden. 16

Darüber hinaus gewährt § 339 VAG Unternehmen, die im Rahmen eines **einheitlichen Vertrags** Risiken decken, die den in der Nr. 1 (**Unfall**) und 19 (**Leben**) der Anlage 1 zum VAG genannten Versicherungssparten zuzuordnen sind, die Möglichkeit, im Wege einer Teilbestandsübertragung den Unfallversicherungsteil dieser Verträge auf ein anderes Unternehmen zu übertragen. 17

Die Sparteneinordnung kann auch für die Anforderungen an die **Kapitalausstattung** relevant sein.[34] So sieht beispielsweise die KapAustattV[35] insoweit spartenabhängige Unterschiede vor. 18

Die Sparteneinteilung korrespondiert weiter mit den vom Versicherer einzureichenden **Unterlagen im Erlaubnisverfahren**. So verlangt § 9 Abs. 2 Nr. 2 VAG neben der generellen Benennung derjenigen Sparten, deren Betrieb beabsichtigt wird, als Bestandteil des Geschäftsplans die Angabe darüber, welche Risiken einer Versicherungssparte gedeckt werden sollen. Darüber hinaus werden für bestimmte Sparten besondere Angaben gefordert (vgl. § 9 Abs. 2 Nr. 5, Abs. 4 Nr. 6 VAG). Entsprechende Nachweise sind gemäß § 12 Abs. 2 VAG bei einer **Ausdehnung des Geschäftsbetriebs auf andere Versicherungssparten** vorzulegen. Im Rahmen des grenzüberschreitenden Geschäftsbetriebs sind in diesem Zusammenhang die §§ 58, 59, 60 VAG (EU/EWR) sowie § 69 VAG (Drittstaaten) zu beachten. Außerdem stellt § 66 Abs. 1 VAG Erstversicherungsunternehmen, die im Dienstleistungsverkehr ausschließlich die in der Nr. 4 bis 7 und 12 der Anlage 1 zum VAG genannten Versicherungssparten sowie die dort in Nr. 10b genannte Risikoart betreiben, von der Aufsicht frei. 19

Zu erwähnen ist schließlich noch, dass die **RechVersV** in § 51 Abs. 4 Nr. 1 nicht der Sparteneinteilung der Anlagen 1 und 2 zum VAG folgt, sondern unter Zusammenfassung mehrerer oder Aufteilung einzelner Sparten eigene Versicherungszweige bildet, da so u. a. die in dem Anhang zum Jahresabschluss zu machenden Informationen besser und zielgerichteter vermittelt werden können. Denn die z. B. aus der verbundenen Gebäudeversicherung für den Rückstellungsbedarf resultierenden Risiken sind andere als die aus der verbundenen Hausratversicherung, obwohl beide Versicherungen unter dieselben Sparten (Nr. 8 bzw. 9 der Anlage 1 zum VAG) fallen. 20

4. Sortierung der Risiken. Zur Einteilung und Abgrenzung der einzelnen Sparten wird in der Anlage 1 eine Liste von insgesamt 25 Ziffern vorgehalten. Ausweislich ihrer Überschrift nimmt die Anlage eine „Einteilung der Risiken nach Sparten" vor. Im Unterschied zu den europäischen Richtlinien hat der deutsche Gesetzgeber anstelle des Begriffs „Versicherungszweige" den **Begriff der (Versicherungs-)Sparten**[36] gewählt, da sich laut Gesetzesbegründung die europarechtlich vorgegebene Einteilung jedenfalls zu Beginn nicht mit den in Deutschland üblichen Versicherungszweigen deckte.[37] Deshalb ging man davon aus, dass bis zur Einbürgerung der Begriffe und damit bis zur Verwirklichung der angestrebten Koordinierung in der EU daher vor allem die Zulassung für mehrere Einzelsparten in den nach der heutigen Anlage 2 zum VAG vorgesehenen Zusammenfassungen Bedeutung haben würde.[38] Heute werden die Begriffe Sparten und Zweige häufig in gleichem Zusammenhang verwendet.[39] 21

Die **Bezeichnung** der einzelnen Versicherungszweige in der Anlage 1 zum VAG folgt keinem einheitlichen Muster. Teilweise ist die Gefahr, bei deren Eintritt Deckung gewährt werden soll (z. B. Feuerversicherung, Nr. 8), teilweise aber auch der versicherte Gegenstand (z. B. Transportgüter, Nr. 7) oder die Ursache der vermögensrechtlichen Folgen, für die Versicherungsschutz gewährt werden soll (z. B. Krankheit, Nr. 2), Teil der Bezeichnung.[40] **Inhaltlich** folgt die Anlage 1 zum VAG jedoch dem System, dass sich die Einteilung nach Sparten **an dem versicherten Risiko orientiert.** 22

Die Anlage 1 zum VAG stellt eine Art Stichwortkatalog dar, der weitgehend von näheren Erläuterungen der einzelnen Begriffe absieht. Die nummerisch aufgelisteten Sparten enthalten zwar teilweise konkretisierende „Unterstichwörter", aber auch diese sind grundsätzlich **sehr weit gefasst**. Sinn und 23

[34] Begr. RegE Erstes Durchführungsgesetz/EWG zum VAG, BT-Drs. 7/3687, 27.
[35] Verordnung über die Kapitalausstattung von Versicherungsunternehmen (Kapitalausstattungs-Verordnung – KapAusstV) v. 18.4.2016, BGBl. I 795.
[36] Durch das Altersvermögensgesetz im Jahr 2001 wurde der Begriff „Versicherungssparten" in „Sparten" geändert. Siehe dazu bereits Rn. 3.
[37] Begr. RegE Erstes Durchführungsgesetz/EWG zum VAG, BT-Drs. 7/3687, 27.
[38] Begr. RegE Erstes Durchführungsgesetz/EWG zum VAG, BT-Drs. 7/3687, 27.
[39] Vgl. die synonyme Verwendung im vertragsrechtlichen Kontext bei Beckmann/Matusche-Beckmann/*Lorenz* § 1 Rn. 81; Langheid/Wandt/*Lorenz* Einl. Rn. 5.
[40] Beckmann/Matusche-Beckmann/*Lorenz* § 1 Rn. 81.

Zweck dessen ist, dass die Entwicklung der einzelnen Spartendefinitionen wie die Entwicklung der Definition des Versicherungsgeschäfts[41] der Praxis überlassen bleiben soll und keine starren Grenzen vorgegeben werden sollen. Dieser Verzicht auf enge gesetzliche Vorgaben ist sinnvoll, weil die Versicherungsunternehmen in der Lage sein sollen – und u. a. vor dem Hintergrund sich verändernder gesellschaftlicher Strukturen auch müssen –, fortwährend neue Produkte entwickeln zu können, ohne an zu starre Spartenvorgaben gebunden zu sein.[42] Denn auch unabhängig von der konkreten technischen Einordnung wird die grundgesetzlich geschützte **Produktgestaltungsfreiheit** des Versicherers durch die Sparteneinteilung **nicht eingeschränkt.**[43]

24 Dementsprechend sind auch nicht alle denkbaren Versicherungszweige in der Anlage 1 zum VAG genannt,[44] obwohl die Bedeutung einzelner Zweige, wie z. B. die der Berufsunfähigkeitsversicherung, unübersehbar ist und zwischenzeitlich dazu geführt hat, dass der Gesetzgeber dazu eigene Vorschriften ins VVG aufgenommen hat (dort §§ 172 ff.).

25 Die Frage, was im Einzelnen unter welche Sparten fällt, ist der Anlage 1 zum VAG also nicht zu entnehmen. Weder existieren insoweit aufsichtsrechtliche Vorgaben noch können die im Rahmen der VVG-Reform 2008 entwickelten **versicherungsvertragsrechtlichen Leitbilder**, bei denen es sich aufgrund der Vielfalt der Versicherungszweige lediglich um eine Auswahl handelt,[45] in allen Fragen weiterhelfen. Die bisherige **BerVersV,**[46] deren Anlage 1 (Abschnitt C.) in der Vergangenheit als Orientierungshilfe herangezogen wurde,[47] ist in der Zwischenzeit aufgehoben worden[48] und eine neue Verordnung noch nicht erlassen.[49]

26 Vor diesem Hintergrund bereitet die Frage nach der Spartenzuordnung in der Praxis nicht selten Schwierigkeiten.[50] So wird in der Literatur die Spartensortierung nach der Anlage 1 zum VAG auch zum Teil generell[51] oder im Hinblick auf die einzelnen Bezeichnungen[52] als undeutlich bzw. ungenau charakterisiert. Diese Schwierigkeiten zu verringern, ist Sinn und Zweck der hiesigen Kommentierung der Anlage 1 zum VAG.

27 **II. Einteilung der Risiken nach Sparten. 1. Unfall (Nr. 1). a) Allgemeines.** Den Auftakt der Anlage 1 zum VAG bildet die Sparte „Unfall" (Nr. 1). Die Frage der Spartenzuordnung richtet sich danach, ob das **Unfallrisiko** (nicht deren Folgen) im Vordergrund steht. Die Unfallversicherung dient insbesondere dem Schutz vor Vermögensschäden aufgrund einer durch einen Unfall eingetretenen körperlichen **Invalidität**.[53]

28 Die private Unfallversicherung ist im **Versicherungsvertragsrecht** in den Vorschriften der §§ 178–191 VVG geregelt. § 178 Abs. 1 VVG beschreibt die Leistungen des Versicherers und legt so ein gesetzliches Leitbild fest. Danach „ist der Versicherer verpflichtet, bei einem Unfall der versicherten Person oder einem vertraglich dem Unfall gleichgestellten Ereignis die vereinbarten Leistungen zu erbringen." Die Normen des VVG werden i. d. R. durch die Allgemeinen Unfallversicherungsbedingungen (**AUB**) konkretisiert. Nach Ziff. 3.1 AUB wird die Versicherungsleistung ausschließlich für Unfallfolgen erbracht, d. h. für Gesundheitsschädigungen und ihre Folgen, die durch das Unfallereignis verursacht wurden. Einem Unfallereignis werden durch AVB z. B. der Eintritt einer schweren Erkrankung (auch sog. Dread-Disease-Versicherung)[54] oder von Pflegebedürftigkeit[55] oftmals gleichgestellt.

29 Bei der klassischen Unfallversicherung handelt es sich in aller Regel um eine **Summenversicherung** (Nr. 1a), da die zu erbringenden Leistungen bei Eintritt des Versicherungsfalles vertraglich festgelegt sind und der Versicherungsnehmer einen konkret eingetretenen Schaden nicht nachweisen muss.[56] In

---

[41] Langheid/Wandt/*Grote*, 2010, AufsichtsR Rn. 74 m. w. N.

[42] Zur Auswirkung der Entscheidung für die gesetzliche Regelung eines Versicherungszweigs im VVG 2008 auf die Produktgestaltungsfreiheit der Versicherer s. Langheid/Wandt/*Lorenz* Einl. Rn. 17.

[43] *Armbrüster* VersR 2008, 853, 857.

[44] Beckmann/Matusche-Beckmann/*Lorenz* § 1 Rn. 81.

[45] Langheid/Wandt/*Lorenz* Einl. Rn. 17.

[46] Verordnung über die Berichterstattung von Versicherungsunternehmen gegenüber der Bundesanstalt für Finanzdienstleistungsaufsicht (Versicherungsberichterstattungs-Verordnung – BerVersV) v. 29.3.2006, BGBl. I 622.

[47] Vgl. *Staudinger* VersR 2014, 1153.

[48] Durch Gesetz v. 16.12.2015, BGBl. I 2345.

[49] Nach Redaktionsschluss, am 19.7.2017, ist die neue BerVersV erlassen worden (BGBl. I 2858). Der Verordnungsgeber hat daran festgehalten, in Anl. 1 Abschn. C der BerVersV einen Kennzahlenkatalog unter Bezugnahme auf die VAG-Sparten vorzuhalten. Dieser ist aber nicht immer hilfreich. So wird die Vertrauensschadenversicherung dort etwa in Anl. 1 Abschn. C Ziff. 29 den Sparten Nr. 9 oder 16 lit. h oder i der Anlage 1 zum VAG zugeordnet, obwohl sie von der h. M. der Sparte Nr. 14 der Anlage 1 zum VAG zugeordnet wird (s. Rn. 103).

[50] *Schaaf* VersR 2015, 17, 24.

[51] Bähr/*Kaulbach* § 2 Rn. 26.

[52] Beckmann/Matusche-Beckmann/*Lorenz* § 1 Rn. 81 unter Hervorhebung der Sparte „Krankheit".

[53] *Grimm* Vorbem. Rn. 1.

[54] Zur Abgrenzung dieser Versicherung zur Sparte Leben s. Rn. 140.

[55] Zur Abgrenzung der Pflegeversicherung s. Rn. 46 ff.

[56] *Kloth,* Private Unfallversicherung, 2. Aufl. 2014, Einl. Rn. 9; *Grimm* Vorbem. Rn. 12.

Ausnahmefällen kann die Unfallversicherung aber auch Schadensversicherung sein, z. B. im Hinblick auf ein versichertes Tagegeld.[57]

30 Eine **Kostenversicherung** (Nr. 1b) ist in Deutschland weniger häufig anzutreffen und wird eher bei Ereignissen vereinbart, die dem Unfall nach den AVB gleichgestellt werden.

31 Unter die Sparte Unfall fallen ausdrücklich auch **kombinierte Leistungen** (Nr. 1c). Explizit von Nr. 1 erfasst sind ferner Unfallversicherungen im Bereich der **Personenbeförderung** (Nr. 1d), mithin insbesondere Kraft- und Luftfahrtunfallversicherungen, aber bspw. auch die Sportbootinsassenunfallversicherung.

32 **b) Abgrenzungsfragen.** Abgrenzungsfragen ergeben sich, da die Unfallversicherung häufig mit erweiterten Produkt-Elementen gekoppelt ist.[58] Ein Zusammentreffen der privaten Unfallversicherung mit Versicherungen anderer Sparten kommt zunächst im Bereich der **Kfz-Versicherung** bei Unfällen im Straßenverkehr oder der Seeschifffahrts-Kasko bei Schifffahrtsunfällen vor.[59] Ein Unternehmen, das gleichzeitig für die Sparten Nrn. 1, 3 bis 13 und 16 der Anlage 1 zum VAG zugelassen wird, erhält die Zulassung unter der Bezeichnung „Schaden- und Unfallversicherung" (Nr. 7 der Anlage 2 zum VAG) und hat dann kein aufsichtsrechtliches Problem hinsichtlich der Spartenabgrenzung.[60]

33 Abgrenzungsschwierigkeiten bei der Einordnung zur Sparte Unfall können sich aber insbesondere zu den **Personenversicherungen** der Sparten Kranken und Leben ergeben. Dies ist dem Umstand geschuldet, dass die Unfallversicherung, die insbesondere vor den wirtschaftlichen Folgen einer körperlichen Invalidität infolge eines Unfalls schützen soll, hierzu eine besondere Nähe aufweist. Außerdem enthalten Unfallversicherungsverträge, die eine Prämienrückgewähr vorsehen, Elemente der Lebensversicherung.[61]

34 Hinsichtlich der Sparte **Krankheit** stellt sich die Zuordnungsfrage beispielsweise im Fall einer **unfallbedingten (teilweisen) Arbeitsunfähigkeit**, für die Versicherungen etwa Tagegeld und Krankenhaustagegeld anbieten. Die Leistungsart Tagegeld wird in der Anlage 1 zum VAG nur im Rahmen der Sparte Krankheit aufgelistet (Nr. 2a). In der Sparte Unfall wird lediglich die Kostenversicherung aufgeführt (Nr. 1b). Nach Ziff. 2.4 und 2.5 AUB können Tagegeld und Krankenhaustagegeld jedoch auch in der Unfallversicherung vereinbart werden und stellen hier ein spartenfremdes zusätzliches Risiko im Sinne von § 10 Abs. 4 VAG dar, das vom Unfallversicherer mit angeboten werden kann, da diese Tagegeldkrankenversicherungen keine substitutiven Krankenversicherungen sind und daher nicht unter das Spartentrennungsgebot nach § 8 Abs. 4 S. 2 VAG fallen.[62] In diesen Fällen hat der Versicherungsnehmer den Kausalzusammenhang zum Unfall nachzuweisen.[63] Im Unterschied zur Krankentagegeldversicherung muss aber keine vollständige Arbeitsunfähigkeit vorliegen, ermöglicht wird im Rahmen der Unfallversicherung vielmehr eine graduelle Abstufung.[64]

35 Hinsichtlich der Sparte **Leben** ist in der Vergangenheit die **Sportinvaliditätsversicherung** in den Fokus gerückt, die von der Aufsichtsbehörde nicht der Sparte Unfall, sondern als Berufsunfähigkeitsversicherung der Sparte Leben zugeordnet worden ist.[65] Nach Auffassung der Aufsichtsbehörde gelte diese Zuordnung jedenfalls dann, wenn die Versicherung unabhängig vom Grund der Sportinvalidität (Krankheit oder Unfall) Leistungen vorsieht und als Summenversicherung ausgestaltet ist und somit lebenslang Leistungen verspricht. Lediglich dann, wenn Krankheitsrisiken vollständig aus dem Leistungskatalog ausgenommen sind, komme eine Zuordnung zur Sparte Unfall in Betracht. Im Hinblick auf eine denkbare Einordnung der Mitversicherung der Krankheitsrisiken als zusätzliche Risiken im Sinne des § 10 Abs. 4 S. 1 VAG entschied die Aufsichtsbehörde, dass bei der Invaliditätsversicherung eine Zuordnung des Krankheitsrisikos zur Sparte Unfall über § 6 Abs. 4 S. 1 VAG a. F. (§ 10 Abs. 4 S. 1 VAG) nicht möglich sei, da das Krankheitsrisiko nicht im Zusammenhang mit dem Unfallrisiko stehe, sondern ein eigenständiges Risiko darstelle.[66] Von den Sachversicherungsunternehmen, die eine Sportinvaliditätsversicherung angeboten haben, formulierte die BaFin die Erwartung, dass im Falle einer fehlenden Beschränkung auf Unfallrisiken für die Zukunft entweder eine derartige Beschränkung vorgenommen oder das Geschäft über einen Lebensversicherer abgewickelt werde, ggf. verbunden mit einer Bestandsübertragung.

36 Ähnliche Abgrenzungsschwierigkeiten stellen sich, wenn das Risiko **Arbeitsunfähigkeit** umfassend versichert werden soll. Wenn insoweit eine langfristige Versicherungsleistung versprochen wird und die Arbeitsunfähigkeit sowohl mit Blick auf ein Unfall- als auch auf ein Krankheitsrisiko versichert werden

[57] *Kloth,* Private Unfallversicherung, 2. Aufl. 2014, Einl. Rn. 10.
[58] Vgl. zu der damit verbundenen Schwierigkeit der Spartenzuordnung schon *Habermann* VW 2000, 1704.
[59] Zum Begriff Unfall in anderen Versicherungssparten s. Prölss/Martin/*Knappmann* § 178 Rn. 38 ff.
[60] Vgl. hierzu Anl. 2 Rn. 12.
[61] Vgl. Voraufl. Prölss/*Präve*, 12. Aufl., § 11d Rn. 1; s. auch Beschlussempfehlung und Bericht des FA zum Entwurf eines Gesetzes zur Verbesserung der Rahmenbedingungen für institutionelle Anleger, BT-Drs. 10/6154, 12.
[62] S. dazu § 10 Rn. 8 sowie hier Rn. 144.
[63] *Kloth,* Private Unfallversicherung, 2. Aufl. 2014, H. Rn. 13, 23.
[64] *Kloth,* Private Unfallversicherung, 2. Aufl. 2014, H. Rn. 10.
[65] Verlautbarung der BaFin NVersZ 2002, 550 = VerBaFin 2002, 195.
[66] Verlautbarung der BaFin NVersZ 2002, 550 = VerBaFin 2002, 195.

soll, liegt eine Einordnung in die Sparte Leben näher als in die Sparte Unfall. Genannt werden hier oftmals Zeiträume von 12 bis maximal 24 Monate, für die wegen einer umfassend versicherten Arbeitsunfähigkeit Leistungen von einem Unfallversicherer gewährt werden dürfen. Darüber hinausgehende Leistungsversprechen führen zu einer Einordnung in die Sparte Leben.

37 **2. Krankheit (Nr. 2).** Unter Nr. 2 der Anlage 1 zum VAG ist die Sparte „Krankheit" aufgeführt. Diese Bezeichnung ist etwas misslich, weil Versicherungen nicht vor Krankheit schützen, sondern vor den nachteiligen vermögensrechtlichen Folgen.[67] Für die Frage der Zuordnung zu dieser Sparte ist daher auf die versicherten Risiken infolge Krankheit abzustellen.

38 Vertragsrechtliche Grundlage für die **Private Krankenversicherung** bilden die §§ 192 – 208 VVG. Die versicherten Leistungen der Krankenversicherung können zum einen fest vereinbarte Geldbeträge sein; dann handelt sich es sich um eine Summenversicherung. Zum anderen können sie im Ersatz von Krankheitskosten, also von Schäden bestehen, so dass die Krankenversicherung in diesen Fällen Schadensversicherung ist.[68] Ein gesetzliches Leitbild der Krankenversicherung enthält § 192 VVG, der die vertragstypischen Leistungen des Versicherers festlegt. Dieses Leitbild ist aber sehr vielgestaltig, wie im Folgenden ausgeführt wird. Es ist bei der Spartenabgrenzung aber heranzuziehen.

39 Die Anlage 1 zum VAG zählt aber nicht alle vertragstypischen Leistungsversprechen der Krankenversicherung auf, sondern beschränkt sich auf die „Unterstichwörter" Nr. 2a Tagegeld, Nr. 2b Kostenversicherung und Nr. 2c kombinierte Leistungen. Die Solva II-RL verwendet anstelle der beiden erstgenannten Begriffe die der einmaligen und wiederkehrenden Leistungen.[69]

40 **a) Tagegeld (Nr. 2a).** Tagegeld gehört in der Krankenversicherung zu den **vertragstypischen Leistungsversprechen**. Im Vertragsrecht wird das Krankenhaustagegeld in § 192 Abs. 4 VVG und das Krankentagegeld in § 192 Abs. 5 VVG näher beschrieben. Diese Leistungsarten werden durch die Bedingungen für die Krankheitskosten- und Krankenhaustagegeldversicherung (MB/KK) und die Krankentagegeldversicherung (MB/KT) konkretisiert.

41 Beim **Krankentagegeld** bietet der Versicherer Schutz gegen Verdienstausfall als Folge von Krankheiten oder Unfällen,[70] soweit dadurch Arbeitsunfähigkeit verursacht wird, § 192 Abs. 1 VVG. Liegen die MB/KT zugrunde, handelt es sich nach ganz herrschender Auffassung um eine Summenversicherung.[71] Höhe und Dauer der Versicherungsleistungen ergeben sich aus dem zugrunde liegenden Tarif, vgl. § 4 Abs. 1 MB/KT. Arbeiter- und Angestelltentarife sehen überwiegend vor, dass das Tagegeld unmittelbar im Anschluss an die Entgeltfortzahlung des Arbeitgebers gezahlt wird, d. h. ab dem 43. Tag der Arbeitsunfähigkeit.[72] **Arbeitsunfähigkeit** i. S. d. Bedingungen liegt nach § 1 Abs. 3 MB/KT vor, wenn die versicherte Person ihre berufliche Tätigkeit nach medizinischem Befund *vorübergehend* in keiner Weise ausüben kann, sie auch nicht ausübt und keiner anderweitigen Erwerbstätigkeit nachgeht. Ausweislich des Wortes „vorübergehend" steht hier also grundsätzlich ein eher **kurzfristiger Versicherungsschutz** im Vordergrund. Daran lässt sich – wie oben[73] bereits erwähnt – ein maßgebliches Unterscheidungskriterium zur Sparte Leben (Nr. 19) festmachen. Denn eine dauernde Einschränkung wird hier im Rahmen der Berufsunfähigkeitsversicherung, die der Sparte Leben zuzuordnen ist,[74] versichert, die Leistungen regelmäßig über einen längeren Zeitraum erbringen. Dementsprechend grenzt sich die Arbeitsunfähigkeitsversicherung, die nicht der Sparte Leben zuzuordnen ist, auch dadurch ab, dass die Leistungen dann enden, wenn die Arbeitsunfähigkeit als vorübergehender Zustand zur Berufsunfähigkeit als voraussichtlich dauerhafter Zustand geworden ist.

42 Bei der **Krankenhaustagegeldversicherung** verpflichtet sich der Versicherer, bei medizinisch notwendiger stationärer Heilbehandlung das vereinbarte Krankenhaustagegeld zu leisten (§ 192 Abs. 4 VVG). Eine Zuordnung zur Sparte Krankheit ist hier – abgesehen vom richtungsweisenden versicherten Risiko – ebenfalls aufgrund des begrenzten Leistungszeitraums indiziert.

43 **b) Kostenversicherung (Nr. 2b).** Nach vertragsrechtlichem Verständnis deckt die **Krankheitskostenversicherung** im vereinbarten Umfang die Aufwendungen für medizinisch notwendige Heilbehandlung wegen Krankheit oder Unfallfolgen und für sonstige vereinbarte Leistungen (vgl. § 192 Abs. 1 VVG). Versicherungsfall ist dabei die **medizinisch notwendige Heilbehandlung** wegen Krankheit oder Unfallfolgen. Der Versicherungsfall beginnt nach § 1 Abs. 2 MB/KK mit der Heilbehandlung; er endet, wenn nach medizinischem Befund Behandlungsbedürftigkeit nicht mehr besteht. Leistungen sollen demnach auch hier nur für einen fest umgrenzten Zeitraum erbracht werden.

---

[67] Beckmann/Matusche-Beckmann/*Lorenz* § 1 Rn. 81.
[68] Langheid/Wandt/*Boetius*, 2009, Vor § 192 Rn. 376.
[69] Zu diesen Unterschieden und deren Folgen siehe bereits Rn. 4.
[70] Zur unfallbedingten Arbeitsunfähigkeit s. bei Nr. 1 Rn. 34.
[71] Vgl. Bach/Moser/*Wilmes* § 1 MB/KT Rn. 4 m. w. N. und Übersicht zum Streitstand.
[72] Bach/Moser/*Wilmes* § 1 MB/KT Rn. 2.
[73] Rn. 36.
[74] S. hierzu Rn. 141.

Der Leistungsumfang der Krankheitskostenversicherung wird über § 192 Abs. 1 VVG hinaus durch § 192 Abs. 3 VVG deutlich erweitert[75] und erstreckt sich auch auf die dort genannten Dienstleistungen, die isoliert betrachtet eher in die Sparten Rechtsschutz (Nr. 17) oder Beistandsleistungen (Nr. 18) fielen. Aufgrund der Regelung in § 192 Abs. 3 VVG werden sie aber eindeutig der Sparte Krankheit (dort Nr. 2b) zugeordnet. Das ist auch notwendig, da die „Dienstleistungen" Abwehr unberechtigter Entgeltansprüche nach § 192 Abs. 3 Nr. 3 VVG oder Unterstützung bei der Durchsetzung von Ansprüchen nach § 192 Abs. 3 Nr. 4 VVG ansonsten von einem Krankenversicherer mit Blick auf § 10 Abs. 4 S. 2 und 3 VAG nicht als zusätzliche Risiken angeboten werden dürften. Insoweit entfaltet § 192 Abs. 3 VVG auch aufsichtsrechtliche Wirkungen und geht als lex specialis den Regelungen in § 10 Abs. 4 S. 2 und 3 VAG vor. Die Ausgestaltung der Abwehrdeckung sowie die Wahl zwischen Abwehr und Freistellung folgt im Übrigen den zur Haftpflichtversicherung anerkannten Prinzipien. Der Versicherer trifft also die entsprechende Entscheidung und beauftragt den Anwalt, der die unbegründeten Ansprüche abwehren soll.[76] 44

c) Kombinierte Leistungen (Nr. 2c). Kombinierte Leistungen im Rahmen der Krankenversicherung werden hierzulande anders als beispielsweise in Italien nicht angeboten.[77] 45

d) Pflegeversicherung. Die **Pflegeversicherung** wird in der Anlage 1 zum VAG nicht ausdrücklich erwähnt. Sie wird in Deutschland in verschiedener Ausprägung sowohl von Lebens- und Kranken- als auch von Unfallversicherern angeboten. Entscheidendes Kriterium zur Abgrenzung ist auch hier insbesondere die **Dauerhaftigkeit des Leistungsversprechens**. Daneben ist auch die Ausgestaltung des Leistungsversprechens entscheidend – z. B. wird in Kranken ein Pflegetagegeld versichert und die Beitragspflicht bleibt im Versicherungsfall bestehen, während in Leben eine Pflegerente versprochen wird und die Beitragspflicht im Versicherungsfall entfällt. In Unfall wird dagegen nur ein enger Ausschnitt des Pflegerisikos versichert, wobei die Einordnung in die Sparte Krankheit den Unfallversicherer nicht schreckt, wenn er eine entsprechende Spartenerlaubnis besitzt, was möglich ist, wenn es keine substitutive Pflegeversicherung ist, oder wenn das Pflegerisiko als zusätzliches Risiko im Sinne von § 10 Abs. 4 S. 1 VAG eingeordnet wird. 46

Die Zuordnung der Pflegeversicherung zur Sparte Krankheit kann **zum Teil auch aus dem Gesetz** abgeleitet werden. Dafür, dass eine Einbeziehung der **Pflegetagegeldversicherung** in die Sparte Krankheit vom Gesetzgeber intendiert war, spricht zunächst § 150 VAG (§ 12a VAG a. F.), der die freiwillige Pflegekrankenversicherung einschließlich der Unterarten Pflegekosten- und Pflegetagegeldversicherung zusammen mit der substitutiven Krankenversicherung regelt.[78] Ferner ist der amtlichen Begründung zum Dritten Durchführungsgesetz/EWG zum VAG zu entnehmen, dass der Gesetzgeber die Pflegekrankenversicherung aufgrund der Vergleichbarkeit mit der gesetzlichen Krankenversicherung, die auch Leistungen bei Schwerpflegebedürftigkeit erbringt, jedenfalls in dieser Ausprägung als Teil der substitutiven Krankenversicherung ansieht.[79] Dies entspreche auch einer Erklärung für das Ratsprotokoll zu Art. 54 der Dritten Schadensversicherungsrichtlinie, wonach die Pflegeversicherung unter den Zweig Nr. 2 des Teils A des Anhangs zur Ersten Schadensversicherungsrichtlinie (heute Nr. 2 des Teils A des Anhangs I der Solva II-RL) falle – also der Sparte „Krankheit".[80] 47

Darüber hinaus ist auch hier die vertragsrechtliche Regelung des § 192 Abs. 6 VVG zu beachten, in der vertragstypische Leistungspflichten bei der Pflegeversicherung beschrieben werden und die sich auch im 8. Kapitel über die private Krankenversicherung befindet. Nach dieser Vorschrift verpflichtet sich der Versicherer typischerweise zum Ersatz der Aufwendungen für die Pflege der versicherten Person in der Pflegekostenversicherung und zur Zahlung des Tagegeldes in der Pflegetagegeldversicherung. Die nähere Ausgestaltung der Leistungspflichten obliegt auch hier dem Versicherer.[81] 48

Je nachdem, welche Vereinbarungen konkret getroffen werden, kann jedoch insbesondere in Bezug auf die **Pflegetagegeldversicherung** eine im Wesentlichen identische Versicherung auch als Pflege**renten**versicherung[82] angeboten werden, und so eine Zuordnung zur Sparte Leben (Nr. 19) erreicht werden. Denn die private Pflegerentenversicherung, die einen erhöhten Finanzbedarf infolge einer Pflegebedürftigkeit[83] versichert, ist insoweit mit der Rentenversicherung vergleichbar, die ebenfalls – wenngleich nur generell – einen erhöhten Finanzbedarf im Ruhestand ausgleichen soll. 49

Der Sparte Unfall (Nr. 1) sind schließlich solche Produkte zuzuordnen, die bei Eintritt der Pflegebedürftigkeit z. B. eine im Vorfeld vereinbarte Versicherungssumme einmalig auszahlen. 50

[75] S. dazu Bach/Moser/*Kalis* § 192 Rn. 76 ff. m. w. N.
[76] S. zur Haftpflichtversicherung z. B. *BGH* Urt. v. 7.2.2007 – Az. IV ZR 149/03, VersR 2007, 1116.
[77] S. dazu auch Rn. 4.
[78] Vgl. Prölss/*Präve*, 12. Aufl., § 12 f Rn. 2.
[79] Begr. RegE Drittes Durchführungsgesetz/EWG zum VAG, BT-Drs. 12/6959, 60.
[80] Begr. RegE Drittes Durchführungsgesetz/EWG zum VAG, BT-Drs. 12/6959, 60.
[81] Bach/Moser/*Kalis* § 192 VVG Rn. 191.
[82] S. Rn. 140; vgl. zu den Erscheinungsformen der Pflegerentenversicherung Präve/*Leins* § 1 ARB Rn. 61 ff. sowie § 1 ALB Rn. 82.
[83] Die Pflegebedürftigkeit hängt von der Fähigkeit des Versicherten ab, die üblichen Verrichtungen im Ablauf des täglichen Lebens dauerhaft durchführen zu können (§ 14 SGB XI).

51 **3. Landfahrzeug-Kasko (ohne Schienenfahrzeuge; Nr. 3).** Unter die Landfahrzeug-Kasko fallen nach Nr. 3 der Anlage 1 zum VAG sämtliche Schäden an **Kraftfahrzeugen** (Nr. 3a) und an **Landfahrzeugen ohne eigenen Antrieb** (Nr. 3b).

52 Im VVG hat diese Sparte kein eigenes Kapitel erhalten. Allerdings sind hier sowie in den Nrn. 4 bis 9 der Anlage 1 zum VAG in Zweifelsfällen die §§ 86 ff. VVG, die allgemeine Vorschriften zur Sachversicherung enthalten, für die Spartenzuordnung heranzuziehen. Ein gesetzliches Leitbild der Sachversicherung enthalten diese Normen aber nicht. Versichert ist in der Kasko-Versicherung allgemein das Interesse am Erhalt des Eigentums.

53 **a) Kraftfahrzeuge (Nr. 3a).** Eine Definition der Begriffe Landfahrzeug und Kraftfahrzeug enthält das VAG nicht. Durch die Unterscheidung danach, ob das Fahrzeug über einen eigenen Antrieb verfügt oder nicht, ist allerdings die Heranziehung der im Straßenverkehrsrecht einschlägigen Definition des Kraftfahrzeugs naheliegend. Nach der Legaldefinition des § 1 Abs. 2 StVG gelten als **Kraftfahrzeuge** (Kfz) im Sinne des StVG „Landfahrzeuge, die durch Maschinenkraft bewegt werden, ohne an Bahngleise gebunden zu sein". Erfasst sind von dieser Definition folglich insbesondere Kraftwagen, Krafträder und Zugmaschinen.[84]

54 Schienenfahrzeuge werden trotz des motorischen Antriebs explizit ausgenommen; diese werden unter Nr. 4 der Anlage 1 zum VAG als eigene Sparte geführt. Keine Kraftfahrzeuge sind dagegen Anhänger,[85] d. h. zum Anhängen an ein Kfz bestimmte und geeignete Fahrzeuge; diese unterliegen jedoch der Zulassungspflicht nach § 1 StVG.

55 **b) Landfahrzeuge ohne eigenen Antrieb (Nr. 3b).** Durch die Einbeziehung der Landfahrzeuge, die nicht über einen eigenen Antrieb verfügen (Nr. 3b) und somit beispielsweise durch Muskelkraft bewegt werden müssen, werden mit Ausnahme der Schienenfahrzeuge sämtliche Fahrzeuge von der Sparte Nr. 3 der Anlage 1 zum VAG erfasst, die am Landverkehr teilnehmen. Die Vorschrift des § 1 Abs. 3 StVG enthält u. a. Regelungen dazu, ab welcher Motorleistung Elektro-Fahrräder Kraftfahrzeuge im Sinne des StVG sind.[86] Anhänger können ebenfalls Landfahrzeuge ohne eigenen Antrieb sein.

56 **c) Kaskoversicherung.** Die **Kfz-Kaskoversicherung** ist regelmäßig Teil der **Kraftfahrtversicherung**, die insbesondere noch die Kfz-Unfall- und Kfz-Haftpflichtversicherung erfasst.[87] Sie kann als Teil- oder Vollkasko abgeschlossen werden.[88] Nach den Allgemeinen Bedingungen für die Kfz-Versicherung (AKB) sind in der Teilkaskoversicherung die Risiken Brand, Explosion, Entwendung, Sturm, Hagel Blitzschlag, Überschwemmung, Zusammenstoß mit Haarwild (Wildschaden), Glasbruch und Kurzschlussschäden an der Verkabelung versichert (A.2.2.1 AKB). In der Vollkaskoversicherung sind darüber hinaus die Risiken Unfall sowie mut- und böswillige Handlungen nicht berechtigter Personen erfasst (A.2.2.2 AKB). Laut Nr. 3 der Anlage 1 zum VAG sind *sämtliche* Schäden (Beschädigung, Zerstörung, Verlust) von dieser Sparte erfasst.

57 Eine Zuordnung zu dieser Sparte dürfte aufgrund des klaren Risikogegenstandes keine Schwierigkeiten bereiten. Gemäß § 210 Abs. 2 S. 1 Nr. 3 VVG liegt bei Risiken der Sparte Nr. 3 der Anlage 1 zum VAG ein Großrisiko vor, wenn mindestens zwei der dort genannten Schwellenwerte überschritten sind.

58 **4. Schienenfahrzeug-Kasko (Nr. 4).** Die **Schienenfahrzeug-Kasko** ist gesondert aufgeführt (Nr. 4 der Anlage 1 zum VAG). Bei von dieser Sparte erfassten Versicherungen handelt es sich um **Großrisiken** gemäß § 210 Abs. 2 S. 1 Nr. 1 VVG.

59 Eine Spartenabgrenzung dürfte unproblematisch sein. Unter die Schienenfahrzeug-Kasko fallen Schäden an Landfahrzeugen, die aufgrund ihrer Schienengebundenheit nicht von der Landfahrzeug-Kasko (Nr. 3) erfasst sind, also etwa Eisenbahnwagen, Lokomotiven und Straßenbahnen. Die Sparte Schienenfahrzeug-Kasko greift ausdrücklich für *sämtliche* versicherte Schäden ein.

60 Für im Dienstleistungsverkehr tätige **EU-/EWR-Unternehmen** ist die Sondervorschrift des § 66 Abs. 1 VAG zu beachten. Danach gilt das VAG nicht für Erstversicherungsunternehmen, die im Dienstleistungsverkehr ausschließlich die transportbezogenen Versicherungen (Nr. 4 bis 7 und 12 sowie die in Nr. 10b der Anlage 1 zum VAG) betreiben.[89]

61 **5. Luftfahrzeug-Kasko (Nr. 5).** Ebenfalls zu den Großrisiken zählt gemäß § 210 Abs. 2 S. 1 Nr. 1 VVG die **Luftfahrzeug-Kasko** (Nr. 5), die sämtliche Schäden an Luftfahrzeugen erfasst. In die Sparte fällt demnach in erster Linie die gleichlautende Luftfahrzeug-Kaskoversicherung, die der Absicherung genau dieser Risiken dient. Geprägt werden die Einzelheiten solcher Verträge durch die Luftfahrt-

---

[84] Ein Verzeichnis zur Systematisierung von Kraftfahrzeugen und ihren Anhängern gibt das Kraftfahrt-Bundesamt heraus, zuletzt im Mai 2016. Das Verzeichnis ist abrufbar unter kba.de.

[85] *BGH* Urt. v. 7.10.1986 – VI ZR 3/86, NJW-RR 1987, 151; Burmann/Heß/Hühnermann/Jahnke/Janker/*Janker/Hühnermann* § 1 Rn. 8a.

[86] Vgl. näher Burmann/Heß/Hühnermann/Jahnke/Janker/*Janker/Hühnermann* § 1 Rn. 8.

[87] S. Anlage 2 Rn. 5.

[88] *Burmann/Gebhardt* Abschnitt „Kaskoversicherung".

[89] Vgl. hierzu § 66 Rn. 27 ff.

Kaskoversicherungs-Bedingungen (LKB). Nicht vereinbarter Gegenstand der Kaskoversicherung ist danach regelmäßig Zubehör (vgl. Ziff. 1.1 LKB).

Unter die Sparte Nr. 5 der Anlage 1 zum VAG sind weiterhin versicherte Sachschäden im Bereich der **Raumfahrtversicherung** zu subsumieren. In Betracht kommen insoweit die sog. Pre-Launch-, Launch- und In-Orbit-Versicherungen. Raumfahrzeuge, Raketen und ähnliche Flugkörper gelten gemäß § 1 Abs. 2 S. 2 LuftVG als Luftfahrzeuge, solange sie sich im Luftraum befinden. 62

Auch hier ist für im Dienstleistungsverkehr tätige **EU-/EWR-Unternehmen** die Sondervorschrift des § 66 Abs. 1 VAG zu beachten.[90] Für die Luftfahrzeughaftpflicht (Nr. 11 der Anlage 1 zum VAG) gilt diese Regelung hingegen nicht, weil es sich um eine Pflichtversicherung handelt.[91] 63

6. See-, Binnensee- und Flussschifffahrts-Kasko (Nr. 6). Die **Schifffahrts-Kasko** ist als Nr. 6 der Anlage 1 zum VAG aufgeführt. Diese Sparte erfasst ausdrücklich sämtliche Schäden an Nr. 6a Flussschiffen, Nr. 6b Binnenseeschiffen und Nr. 6c Seeschiffen. Unter einem Schiff im Rechtssinne sind alle „schwimmfähigen Hohlkörper von nicht ganz unbedeutender Größe, die fähig und bestimmt sind, auf oder auch unter Wasser fortbewegt zu werden und dabei Personen oder Sachen zu tragen" zu verstehen.[92] 64

In den Musterbedingungen des GDV zur **Seeschifffahrt** (DTV-ADS 2009) finden sich die umfassenden Bedingungen zur Kaskoversicherung in Abschnitt 2. Versichert wird dabei das Eigentümerinteresse am Schiff.[93] Die Schiffskasko in **Binnengewässern** ist in § 130 Abs. 2 VVG geregelt.[94] Abweichend von der dort geregelten Allgefahrenversicherung leistet der Versicherer in der Flusskaskoversicherung nach den regelmäßig vereinbarten Versicherungsbedingungen (AVB Flusskasko) lediglich Ersatz für Verlust oder Beschädigung des versicherten Schiffes, verursacht durch Schifffahrtsunfall, Brand, Blitzschlag, Explosion, höhere Gewalt, Einbruch-Diebstahl, Beraubung und Vandalismus (Ziff. 3.1.1 S. 1 AVB Flusskasko 2008/2013).[95] Bei Teilschäden an der Ausrüstung wird in der Regel nur Ersatz geleistet, sofern diese durch Brand, Blitzschlag und Explosion verursacht werden (Ziff. 3.1.1 S. 2 AVB Flusskasko 2008/2013). 65

Von der Schifffahrt-Kasko erfasste Versicherungen sind **Großrisiken** i. S. d. VVG (§ 210 Abs. 2 S. 1 Nr. 1 VVG). 66

Im Rahmen von § 210 VVG wird diskutiert, ob auch die Baukaskoversicherung[96] oder die Wassersportkaskoversicherung[97] Großrisiken sind bzw. sein können, auch wenn sie in der Anlage 1 zum VAG nicht explizit genannt werden.[98] Im Hinblick auf die **Baukaskoversicherung** wird teilweise von einer Regelungslücke ausgegangen, weil eine gewisse Abhängigkeit zwischen den Transportversicherungssparten bestehe.[99] Hinsichtlich der **Wassersportkaskoversicherung** weisen einige Stimmen in der Literatur darauf hin, dass die Einordnung von Wassersportfahrzeugen als Großrisiko nicht von vornherein vom Wortlaut der Nr. 6 der Anlage 1 zum VAG ausgeschlossen sei.[100] Dennoch wird im Hinblick auf *privat genutzte Boote* überwiegend vertreten, dass diese Sparte kein Großrisiko darstelle.[101] Begründet wird dies damit, dass die Regelung des § 210 VVG von einer geringeren Schutzbedürftigkeit der Versicherungsnehmer bei Großrisiken ausgehe; der durchschnittliche Versicherungsnehmer einer Wassersportkaskoversicherung nutze das Boot aber zu privaten Zwecken.[102] Für rein gewerblich genutzte Fahrzeuge komme hingegen die Annahme eines Großrisikos in Betracht.[103] Dieser differenzierte Lösungsweg mag zwar sachlich gerechtfertigt sein. Aus der Anlage 1 zum VAG geht eine solche Unterscheidung indes nicht hervor. Die dargestellte Diskussion zeigt vielmehr, dass eine Verweisung auf den – nicht vollständigen –[104] Spartenkatalog nach dem VAG nicht immer zu befriedigenden Lösungen führt und die Praxis vor Probleme stellen kann.[105] Die BerVersV zählt die Sportboot-Kaskoversicherung sowie die Baurisikoversicherung zur Sparte Nr. 6 der Anlage 1 zum VAG (unter 19.1.6 und 19.1.7 in Abschnitt C). 67

---

[90] Vgl. hierzu § 66 Rn. 27 ff.

[91] S. § 66 Rn. 18.

[92] *BGH* Urt. v. 14.12.1951 – I ZR 84/51, NJW 1952, 1135; Langheid/Wandt/*Looschelders,* 2009, § 209 Rn. 5 m. w. N.

[93] Prölss/Martin/*Klimke* § 209 Rn. 16; Langheid/Wandt/*Looschelders,* 2009, § 209 Rn. 3.

[94] Zum Begriff s. Beckmann/Matusche-Beckmann/*Heiss/Trümper* § 38 Rn. 17.

[95] S. hierzu auch *Ehlers* TranspR 2007, 5, 11.

[96] *Flach* TranspR 2008, 60.

[97] Prölss/Martin/*Klimke* § 210 Rn. 5.

[98] Zur Kritik in Bezug auf den Verweis im VVG auf die Anlage zum VAG s. *Ehlers* TranspR 2007, 5, 6.

[99] *Flach* TranspR 2–2008, 60: Eine Seekaskoversicherung sei nur möglich, wenn Schiffe vorhanden sind; außerdem gehe dem Bau eines Schiffes der Transport der Einzelteile des Schiffes voraus, wobei die Beförderung dieser Güter unter die Nr. 7 der Anlage A zum VAG falle und damit auch Großrisiko sei.

[100] *Flach* TranspR 2–2008, 60; Prölss/Martin/*Knappmann* Vor § 1 AVBW Rn. 2.

[101] *OLG Köln* Urt. v. 24.6.2014 – 9 U 225/13, VersR 2014, 1205; Prölss/Martin/*Knappmann* Vor § 1 AVBW Rn. 2 m. w. N.

[102] Prölss/Martin/*Knappmann* Vor § 1 AVBW Rn. 2.

[103] Prölss/Martin/*Knappmann* Vor § 1 AVBW Rn. 2.

[104] Beckmann/Matusche-Beckmann/*Lorenz* § 1 Rn. 81.

[105] *Flach* TranspR 2008, 60 in Bezug auf die Verweisung in § 210 VVG.

68 EU-/EWR-Erstversicherer, die im Dienstleistungsverkehr ausschließlich die Sparte Nr. 6 der Anlage 1 zum VAG betreiben, unterliegen nicht der Aufsicht nach dem VAG, § 66 Abs. 1 VAG.

69 **7. Transportgüter (Nr. 7).** Die Sparte **Transportgüter** (Nr. 7 der Anlage 1 zum VAG) erfasst sämtliche Schäden an transportierten Gütern, unabhängig von dem jeweils verwendeten Transportmittel. Wenngleich Nr. 7 dies nicht ausdrücklich vorschreibt, wird der Bezeichnung „*transportierte* Güter" sowie der Überschrift „*Transportgüter*" entnommen werden können, dass das versicherte Interesse i. S. d. Sparte auf die Versicherung der **Beförderungsgefahr** gerichtet ist. Im Vertragsrecht wird dieses Risiko von den sog. Güterversicherungen gedeckt. Die Güterversicherung dient der Absicherung der beförderten Güter gegen Verlust, Beschädigung und Zerstörung.[106] Befördern ist der Vorgang, durch den die Güter von einem Ort zum anderen verbracht werden.[107] Unter die Sparte Nr. 7 fallen insoweit solche zu den Sparten Nrn. 3 bis 6 abgeschlossenen Güterversicherungen, mithin solche im Binnentransport, Seetransport und Lufttransport. Dabei kommen allerdings reine Seetransporte praktisch nicht vor.[108]

70 Im VVG finden sich Sondervorschriften zur Transportversicherung im **Binnentransport** – alle Transporte mit Ausnahme der Luft- und Seetransporte –[109] in den §§ 130–141 VVG.[110] Ein gesetzliches Leitbild, das bei der Spartenabgrenzung berücksichtigt werden könnte, enthalten diese Vorschriften nicht. Das Recht der Transportversicherungen insgesamt wird aber aufgrund eines höheren Maßes an Vertragsfreiheit[111] überwiegend durch die jeweiligen **Allgemeinen Versicherungsbedingungen** gestaltet.[112] Die DTV-Güterversicherungsbedingungen 2000/2011 – volle Deckung – (DTV-Güter 2000/2011) zur Warenversicherung beschreiben das versicherbare Interesse in Ziff. 1.1 wie folgt: „Gegenstand der Güterversicherung kann jedes in Geld schätzbare Interesse sein, das jemand daran hat, dass die Güter die Gefahren der Beförderung sowie damit verbundener Lagerungen bestehen".

71 Im Unterschied zu Nr. 7 der Anlage 1 zum VAG erscheint im Anhang 1 der Solva II-RL im Rahmen von Nr. 7 hinter der Überschrift Transportgüter der Klammerzusatz „einschließlich Waren, Gepäckstücke und aller sonstigen Güter". Durch den Verzicht auf diesen Zusatz in der Anlage 1 zum VAG sollte jedoch keine materielle Abweichung von den Richtlinienvorgaben zum Ausdruck kommen.[113] Vielmehr sollte dadurch klargestellt werden, dass die vor allem Privatpersonen angebotene **Reisegepäckversicherung** nicht unter die Transportversicherung fällt.[114] Insbesondere sollten die für Transportversicherungen geltenden Sonderregelungen, die auf einer geringeren Schutzwürdigkeit der regelmäßig gewerblich handelnden Versicherungsnehmer gründen, für diese Jedermann-Versicherung im Interesse eines **wirksamen Verbraucherschutzes** nicht zur Anwendung kommen.[115] Bei der Reisegepäckversicherung liegt der Schwerpunkt des versicherten Interesses zudem nicht mehr in der Gepäckbeförderungsgefahr, sondern in der Versicherung gegen Diebstahl, Raub usw.[116]

72 Unter die Sparte Nr. 7 der Anlage 1 zum VAG können beispielweise auch die **Autoinhaltsversicherung,**[117] **Musterkollektionsversicherung** sowie die gewerbliche **Valorenversicherung**[118] einzuordnen sein.[119] Allgemein überschneidet sich der Versicherungsbereich der Valorenversicherung grundsätzlich mit mehreren Versicherungszweigen (Hausrat-, Reisgepäck-, Transportversicherung),[120] so dass für die Sparteneinteilung auf das jeweils im Vordergrund stehende Risiko abzustellen ist. Für die Valoren-Transportversicherung hat der GDV Musterbedingungen herausgegeben (DTV-Valoren 2000/2008).

73 Für EU-/EWR-Versicherer gilt ggf. die Vorschrift des § 66 Abs. 1 VAG.

74 **8. Feuer- und Elementarschäden (Nr. 8).** Die Sparte **Feuer- und Elementarschäden** (Nr. 8 der Anlage 1 zum VAG) greift dem Wortlaut nach für sämtliche Sachschäden, die nicht unter die Nr. 3 bis 7

[106] Vgl. zu § 130 VVG Langheid/Rixecker/*Langheid* § 130 Rn. 13.
[107] So zu § 130 VVG Langheid/Rixecker/*Langheid* § 130 Rn. 16.
[108] *Ehlers* TranspR 2007, 5, 9, 12.
[109] Prölss/Martin/*Koller* § 130 Rn. 2.
[110] Prölss/Martin/*Koller* § 130 Rn. 9 gibt einen Überblick über Lit. und Rspr. zu der Frage, welche Versicherungen als Transportversicherungen i. S. d. § 130 VVG einzuordnen sind.
[111] So bestehen das Recht zur Vereinbarung der internationalen Zuständigkeit gemäß Art. 16 i. V. m. Art. 15 Abs. 5 EuGVVO, die Rechtswahlfreiheit nach § 7 Abs. 2 Rom I-VO und der Ausschluss der Beschränkungen der Vertragsfreiheit nach § 210 VVG; s. hierzu Beckmann/Matusche-Beckmann/*Heiss/Trümper* § 38 Rn. 12.
[112] Beckmann/Matusche-Beckmann/*Heiss/Trümper* § 38 Rn. 23; einen Überblick über die Bedingungswerke und ihre Resonanz in der Praxis bietet Prölss/Martin/*Koller* Vor Transportversicherung Rn. 1.
[113] Begr. RegE Erstes Durchführungsgesetz/EWG zum VAG, BT-Drs. 7/3687, 27.
[114] Begr. RegE Erstes Durchführungsgesetz/EWG zum VAG, BT-Drs. 7/3687, 27.
[115] Begr. RegE Erstes Durchführungsgesetz/EWG zum VAG, BT-Drs. 7/3687, 27.
[116] Langheid/Rixecker/*Langheid* § 130 Rn. 14.
[117] *OLG Koblenz* Entsch. v. 14.12.1987 – 12 U 656/87, VersR 1988, 1061 in Bezug auf die Versicherung von Risiken eines Transports von Pferden.
[118] Die Valorenversicherung ist eine Sachversicherung von Juwelen, Schmuck- und Pelzsachen, vgl. Prölss/Martin/*Knappmann* Valorenversicherung Rn. 1.
[119] So *Flach* TranspR 2–2008, 60; die Einordnung der Valorenversicherung als Transportversicherung bejahend: *BGH* Beschl. v. 21.11.2007 – IV ZR 70/07, r+s 2008, 164.
[120] Prölss/Martin/*Knappmann* Valorenversicherung Rn. 1.

der Anlage 1 zum VAG fallen und die durch eine der in Nr. 8 nummerisch aufgelisteten Gefahren verursacht werden.

Für die Gebäudefeuerversicherung existieren im VVG besondere Vorschriften in den §§ 142 ff. VVG. Sie legen ein Leitbild für diese Versicherungsart aber nicht fest, so dass sie bei der Spartenabgrenzung von eher untergeordneter Bedeutung sind. **75**

Aufgrund der expliziten Aufzählung der versicherten Risiken ist eine Spartenzuordnung regelmäßig unproblematisch. Klärungsbedürftig ist allenfalls das im Wortlaut weiter gefasste Risiko nach Nr. 8d der Anlage 1 zum VAG („andere Elementarschäden außer Sturm"). Unter Elementarschäden werden grundsätzlich solche Schäden verstanden, die auf die Wirkung von **Naturgewalten** zurückgehen.[121] Welche Gefahren im Einzelnen als Elementargefahren versichert werden sollen, richtet sich nach den jeweiligen Vertragsbestimmungen. Es kommt mithin auf die konkrete Definition des versicherten Risikos an. Als „klassische" Elementargefahren werden Sturm, Hagel, Frost und Blitzschlag angesehen; diese Risiken werden regelmäßig durch die Wohngebäude- und Hausrat- bzw. Inhaltsversicherung abgedeckt.[122] Da Hagel- und Frostschäden ausdrücklich von der Sparte Nr. 9 – somit nicht von Nr. 8 – erfasst werden und das Risiko Sturm separat aufgeführt ist (Nr. 8c), könnte von den klassischen Elementargefahren lediglich das Risiko Blitzschlag unter Nr. 8d zu fassen sein. Dieses Risiko wird in der Regel aber im Rahmen der versicherten Gefahr Feuer mit abgedeckt. Zu den weiteren Elementargefahren, die im Rahmen der **erweiterten Elementarschadenversicherung** abdeckbar sind, zählen neben Erdsenkung und Erdrutsch (Nr. 8f) die Gefahren Überschwemmung,[123] Rückstau,[124] Erdbeben, Schneedruck, Lawinen und Vulkanausbruch.[125] Diese Risiken lassen sich mithin unter Nr. 8d subsumieren. **76**

9. Hagel-, Frost- und sonstige Sachschäden (Nr. 9). Zur Sparte **Hagel-, Frost- und sonstige Sachschäden** (Nr. 9 der Anlage 1 zum VAG) sind sämtliche Sachschäden (soweit sie nicht unter die Nr. 3 bis 7 fallen) zuzuordnen, die außer durch Hagel oder Frost durch Ursachen aller Art (wie beispielsweise Diebstahl) hervorgerufen werden, soweit diese Ursachen nicht von Nr. 8 erfasst sind. Ausweislich dieser Formulierung kommt der Sparte Nr. 9 auch eine Auffangfunktion zu. Daher lässt sich die Frage der Spartenzuordnung in Zweifelsfällen über das Ausschlussverfahren lösen. In der Praxis verfügt ein Versicherer aber in der Regel über beide Spartenerlaubnisse, weswegen diese beiden Sparten nach Nr. 4 der Anlage 2 zum VAG unter der Bezeichnung „Feuer- und andere Sachschäden" zusammengefasst werden. **77**

Neben den ausdrücklich erwähnten Hagel- oder Frostschäden sind beispielsweise die durch die **Einbruchdiebstahl- und Raub-Versicherung** und die **Leitungswasser-Versicherung** versicherten Risiken unter die Sparte Nr. 9 der Anlage 1 zum VAG zu subsumieren. Diese Risiken werden regelmäßig zusammen mit bestimmten Elementarschäden über die Hausratversicherung versichert (VHB 2010). Ebenfalls von Nr. 9 erfasst ist die **Reisegepäckversicherung**, soweit hierdurch nicht Gefahren nach Nr. 8 gedeckt werden, sondern Ursachen wie Diebstahl oder Raub (VB-Reisegepäck 2008). Die Reisegepäckversicherung ist insbesondere von der Transportgüterversicherung abzugrenzen.[126] Sonstige Sachschäden i. S. d. Sparte Nr. 9 werden beispielsweise in der **Reparaturkostenversicherung** versichert. **78**

10. Haftpflicht für Landfahrzeuge mit eigenem Antrieb (Nr. 10). Nr. 10 der Anlage 1 zum VAG sieht eine spezielle Sparte mit der Bezeichnung „**Haftpflicht für Landfahrzeuge mit eigenem Antrieb**" vor. Im Unterschied zum Anhang I der Solva II-RL fehlt in der Anlage 1 zum VAG der Zusatz „Haftpflicht aller Art (einschließlich des Frachtführers), die sich aus der Verwendung von Landfahrzeugen mit eigenem Antrieb ergibt". Der deutsche Gesetzgeber hat sich stattdessen für eine Auflistung verschiedener Haftpflichtarten entschieden, wenngleich diese mit Ausnahme von Nr. 10a (Kfz-Haftpflicht) äußerst allgemein gehalten sind. Zur Begründung der Abweichung vom Richtlinienrecht führt der Gesetzgeber aus, dass unter Nr. 10 sehr verschiedenartige Haftpflichtversicherungen fallen und z. B. für die zusammengefasste Zulassung der Kraftfahrtversicherung (Nr. 1 der Anlage 2 zum VAG) nur die in Nr. 10a der Anlage 1 zum VAG genannte Kfz-Haftpflicht in Frage komme.[127] **79**

Erwähnung findet Nr. 10 der Anlage 1 zum VAG im Bereich des grenzüberschreitenden Geschäftsbetriebs. Nach § 60 Abs. 1 S. 2 VAG haben ausländische Unternehmen im Rahmen der betriebenen **80**

---

[121] Langheid/Wandt/*Günther*, 2010, Elementarschadenversicherung Rn. 2.

[122] Langheid/Wandt/*Günther*, 2010, Elementarschadenversicherung Rn. 118.

[123] Zum Begriff der Überschwemmung in der Elementarschadenversicherung vgl. *OLG Oldenburg* Beschl. v. 20.10.2011 – 5 U 160/11, r+s 2012, 342.

[124] Zum Begriff des Rückstaus in der Elementarschadenversicherung vgl. *OLG Hamburg* Beschl. v.14.4.2014 – 9 U 201/13, VersR 2014, 1454.

[125] Langheid/Wandt/*Günther*, 2010, Elementarschadenversicherung Rn. 5; vgl. etwa auch die Musterbedingungen des GDV: Besondere Bedingungen für die Versicherung weiterer Elementarschäden (BWE 2010) sowie die Bedingungen zur Wohngebäude- (VGB 2010) oder Hausratversicherung (VHB 2010).

[126] S. hierzu Rn. 71.

[127] Begr. RegE Erstes Durchführungsgesetz/EWG zum VAG, BT-Drs. 7/3687, 27.

Haftpflicht – ausgenommen der Haftung des Frachtführers – gegenüber der BaFin besondere statistische Angaben (Häufigkeit und die durchschnittlichen Kosten der Erstattungsleistungen) zu machen.

81 Im VVG hat diese Sparte kein eigenes Kapitel erhalten. Allerdings sind hier sowie in den Nr. 11–13 der Anlage 1 zum VAG in Zweifelsfällen die §§ 100 ff. VVG für die Spartenzuordnung heranzuziehen. Die Leistung des Versicherers beschreibt § 100 VVG im Sinne eines gesetzlichen Leitbilds dahingehend, dass „der Versicherer verpflichtet (ist), den Versicherungsnehmer von Ansprüchen freizustellen, die von einem Dritten auf Grund der Verantwortlichkeit des Versicherungsnehmers für eine während der Versicherungszeit eintretende Tatsache geltend gemacht werden, und unbegründete Ansprüche abzuwehren." Der Versicherer hat ein Wahlrecht zwischen Freistellung und Abwehr. Beides sind seine Hauptleistungspflichten. Die Abwehrverpflichtung ist isoliert betrachtet der Sparte Rechtsschutz (Nr. 17 der Anlage 1 zum VAG) zuzuordnen.[128] Insoweit gilt das zur Krankheitskostenversicherung hinsichtlich der nach § 192 Abs. 3 Nr. 3 VVG geschuldeten Abwehrverpflichtung Ausgeführte hier entsprechend.[129]

82 **a) Kraftfahrzeughaftpflicht (Nr. 10a).** Von Nr. 10 der Anlage 1 zum VAG ist zunächst ausdrücklich die **Kfz-Haftpflicht** erfasst (Nr. 10a). Die Kfz-Haftpflicht ist Pflichtversicherung i. S. d. § 1 PflVG. Danach ist der Halter eines Kfz oder Anhängers mit regelmäßigem Standort im Inland verpflichtet, für sich, den Eigentümer und den Fahrer eine Haftpflichtversicherung zur Deckung der durch den Gebrauch des Fahrzeugs verursachten **Personenschäden**, **Sachschäden** und **sonstigen Vermögensschäden** abzuschließen und aufrechtzuerhalten, wenn das Fahrzeug auf öffentlichen Wegen oder Plätzen verwendet wird. Die Kfz-Pflichtversicherung gilt nach § 1 PflVG auch für Halter von Anhängern, soweit diese den Zulassungsvorschriften unterliegen (vgl. § 2 Abs. 1 Nr. 6 lit. c PflVG).

83 Der Inhalt der Kfz-Haftpflichtversicherung ist weitgehend durch die **KfzPflVV**[130] vorgeschrieben.[131] Daneben ist die Pflichtversicherung auch in den §§ 113 ff. VVG geregelt. In den Musterbedingungen des GDV (Allgemeinen Bedingungen für die Kfz-Versicherung – **AKB** 2015) findet sich der Haftpflicht-Teil in A.1.1 bis A.1.5.

84 Die gemeinsame Zulassung als „Kraftfahrtversicherung" nach Nr. 1 der Anlage 2 zum VAG erfasst die Nr. 1d sowie die Nrn. 3, 7 und 10a der Anlage 1 zum VAG.

85 **b) Haftpflicht aus Landtransporten (Nr. 10b).** Nr. 10b der Anlage 1 zum VAG führt die **Haftpflicht aus Landtransporten** auf. Der Begriff des Landtransports schließt die Transportmittel Luftfahrzeuge sowie See-, Binnensee- und Flussschiffe aus. Im Hinblick auf den Begriff Transport ist die Spartenbezeichnung weit gefasst. Das versicherte Interesse besteht ganz allgemein in der Versicherung transportbezogener Haftpflichtrisiken.[132] Hierzu zählt beispielsweise die **Frachtführerhaftpflichtversicherung.**[133]

86 Nach ganz überwiegender Auffassung fällt hingegen die Haftpflicht der Spediteure und Lagerhalter nicht unter Nr. 10b der Anlage 1 zum VAG.[134] In diesem Zusammenhang treten im Vertragsrecht teilweise Probleme mit Blick auf die Verweisung in § 210 Abs. 2 S. 1 Nr. 1 VVG auf. So wird die Kombination der Versicherung der Frachtführerhaftung mit der von Spediteuren und Lagerhaltern als problematisch angesehen,[135] weil nur die Versicherung der Haftpflicht aus Landtransporten als Großrisiko nach § 210 VVG i. V. m. Nr. 10b der Anlage 1 zum VAG qualifiziert wird.[136] Bei der **Verkehrshaftungsversicherung** ist daher zu differenzieren: Großrisiken i. S. d. § 210 VVG werden hierdurch nur abgedeckt, soweit die Haftpflicht aus Landtransporten (Nr. 10b), die Luftfahrzeughaftpflicht (Nr. 11) sowie die See-, Binnensee- und Flussschifffahrtshaftpflicht (Nr. 12) erfasst sind. Kein Großrisiko liegt hingegen vor, soweit die Verkehrshaftungsversicherung die Tätigkeiten von Spediteuren und Lagerhaltern betrifft.[137]

87 **c) Sonstige (Nr. 10c).** Was unter Nr. 10c der Anlage 1 zum VAG fallen soll, ist unklar. Jedenfalls nicht darunter fallen pflichtversicherungspflichtige Anhänger i. S. d. § 2 Abs. 1 Nr. 6 PflVG, die über einen eigenen Antrieb verfügen. Fehlt es an einem eigenen Antrieb, ist die Sparte Allgemeine Haftpflicht (Nr. 13) einschlägig.

88 **11. Luftfahrzeughaftpflicht (Nr. 11).** Die **Luftfahrzeughaftplicht** (Nr. 11 der Anlage 1 zum VAG) erfasst die Haftpflicht aller Art, die sich aus der Verwendung von Luftfahrzeugen ergibt. Der

[128] Vgl. z. B. *BGH* Urt. v. 7.2.2007 – IV ZR 149/03, VersR 2007, 1116.
[129] S. Rn. 44.
[130] Verordnung über den Versicherungsschutz in der Kraftfahrzeug-Haftpflichtversicherung (Kraftfahrzeug-Pflichtversicherungsverordnung – KfzPflVV) v. 29.7.1994, BGBl. I 1837.
[131] Prölss/Martin/*Knappmann* Vor A.1.1 AKB 2008 Rn. 1.
[132] Vgl. zum jeweils versicherten Interesse bei den Transportversicherungen Langheid/Rixecker/*Langheid* § 130 Rn. 12.
[133] *BGH* Urt. v. 1.12.2004 – IV ZR 291/03, VersR 2005, 266.
[134] *BGH* Beschl. v. 18.3.2009 – IV ZR 298/06, VersR 2009, 769 m. w. N.; a. A. *Heuer* TranspR 2007, 57 f.
[135] *Ehlers* TranspR 2007, 5, 12.
[136] *BGH* Urt. v. 1.12.2004 – IV ZR 291/03, VersR 2005, 266.
[137] Prölss/Martin/*Koller* Verkehrshaftungs- und Speditionsversicherung Grundzüge Rn. 1.

Klammerzusatz stellt klar, dass die Haftpflicht des Frachtführers eingeschlossen ist. Erfasst sind somit unproblematisch sowohl die **Lufthalter-Haftpflichtversicherung** als auch die **Luftfrachtführer-Haftpflichtversicherung**. Die Pflicht zum Abschluss einer Versicherung für Luftfahrzeug-Haftpflichtrisiken ergibt sich aus Regelungen internationaler Verträge, europäischer Verordnungen sowie nationaler Gesetze und Rechtsverordnungen.[138] Zu den genannten Versicherungen stellt der GDV Musterbedingungen zur Verfügung (LHB 2008).

Die Haftpflichtversicherung für Luftfahrzeughalter und Luftfrachtführer betrifft **Großrisiken** i. S. d. § 210 Abs. 2 S. 1 Nr. 1 VVG, unabhängig davon, ob der Versicherungsnehmer Verbraucher ist oder nicht.[139] **89**

Hingegen werden Haftpflichtversicherungen für Vereine, Landeplätze/Fluggelände, Fluglehrer/Einweiser nur als Verträge über Großrisiken qualifiziert, wenn die Schwellen des § 210 Abs. 2 S. 1 Nr. 3 VVG überschritten sind.[140] Solche Haftpflichtversicherungen stehen zwar in gewisser Beziehung zu Luftfahrzeugen. Jedoch lassen sie sich nicht unter die Sparte Nr. 10 der Anlage 1 zum VAG subsumieren, da sich hierbei die Haftpflicht nicht „aus der *Verwendung* von Luftfahrzeugen ergibt", wie es der Wortlaut in Nr. 10 der Anlage 1 zum VAG verlangt. Deshalb werden sie unter die Sparte Allgemeine Haftpflicht (Nr. 13) fallen. **90**

12. See-, Binnensee- und Flussschifffahrtshaftpflicht (Nr. 12). Die **See-, Binnensee- und Flussschifffahrtshaftpflicht** (Nr. 12 der Anlage 1 zum VAG) umfasst das Risiko Haftpflicht aller Art, die sich aus der Verwendung von Flussschiffen, Binnenseeschiffen und Seeschiffen ergibt. Auch hier ist Haftpflicht des Frachtführers ausdrücklich eingeschlossen. Bei den Haftpflichtversicherungen der Sparte Nr. 12 handelt es sich um Verträge über Großrisiken i. S. d. § 210 Abs. 2 S. 1 Nr. 1 VVG. **91**

13. Allgemeine Haftpflicht (Nr. 13). Die Sparte **Allgemeine Haftpflicht** (Nr. 13 der Anlage 1 zum VAG) bildet eine Auffangsparte für alle sonstigen Haftpflichtfälle, die nicht unter die Nr. 10–12 fallen. Beispielhaft sind die Privathaftpflichtversicherung, die Betriebs- und Berufshaftpflichtversicherung sowie die Vermögensschaden-Haftpflichtversicherung zu nennen. **92**

Verträge über Großrisiken liegen hier nur bei einem Überschreiten der in § 210 Abs. 2 S. 1 Nr. 3 VVG genannten Schwellenwerte vor. **93**

14. Kredit (Nr. 14). a) Allgemeines. Die Sparte **Kredit** (Nr. 14 der Anlage 1) betrifft die Übernahme des Kreditrisikos, das der Versicherungsnehmer eingeht und an den Versicherer zediert. **94**

Gesetzliche Vorschriften zur Kreditversicherung, die ein gesetzliches Leitbild vorgeben, enthält das VVG nicht. Die Kreditversicherung ist aber im Zusammenhang mit einer gewerblichen, bergbaulichen oder freiberuflichen Tätigkeit gemäß § 210 Abs. 2 S. 1 Nr. 2 VVG ein Großrisiko. **95**

Die Sparte Kredit wird in der Regel **mit der Sparte Kaution** (Nr. 15) als ein Versicherungszweig **zusammengefasst**[141] und daher im Ergebnis gleich behandelt. Für diese Sparten ist eine besondere Zulassung erforderlich.[142] Dies beruht darauf, dass der Versicherungszweig Kredit- und Kautionsversicherung als besonders gefährlich eingestuft wird.[143] Die Aufsichtsbehörde wies in einem Rundschreiben aus dem Jahr 1996 auf die Gefährlichkeit dieses Versicherungszweiges hin und stellte Grundsätze der Kredit- und Kautionsversicherung auf.[144] Zur Gefährlichkeit des Versicherungszweiges führte die Aufsichtsbehörde aus, dass der Versicherungszweig mehr als alle anderen Versicherungszweige durch die enge Verbindung mit der gewerblichen Wirtschaft auch den **Konjunkturschwankungen** der Wirtschaft unterliege und in seinem Risikoverlauf durch diese Schwankungen maßgeblich beeinflusst werde. Die besondere Gefährlichkeit der Kredit- und Kautionsversicherung sei demgemäß vor allem darin begründet, dass wegen ihrer Konjunkturabhängigkeit der in anderen Versicherungszweigen sich ergebende Ausgleich nach dem Gesetz der großen Zahl nur bedingt oder im Extremfall einer schweren gesamtwirtschaftlichen Krise gar nicht möglich sei.[145] Auch die BaFin geht von einer besonderen Stellung des Versicherungszweigs aus. Unter Bezugnahme auf die Grundsätze des Rundschreibens R 1/96 setzt die Aufsichtsbehörde für das „spezielle Geschäft der Kredit- und Kautionsversicherung" voraus, dass die Geschäftsleiter eines diese Sparten betreibenden Versicherungsunternehmens im Hinblick auf die fachliche Eignung über eine **langjährige und große Erfahrung in der Kreditprüfung** verfügen.[146] Fraglich ist aber, ob diese Eigenschaften zwingend von allen Geschäftsleitern zu fordern sind. Vor dem Hintergrund, dass das Rundschreiben R 1/96 insoweit offen formuliert ist („Erforderlich ist **96**

[138] S. hierzu Langheid/Wandt/*Mühlbauer*, 2011, Luftfahrtversicherung Rn. 53 ff.
[139] Langheid/Wandt/*Mühlbauer*, 2011, Luftfahrtversicherung Rn. 175.
[140] Langheid/Wandt/*Mühlbauer*, 2011, Luftfahrtversicherung Rn. 298.
[141] Vgl. z. B. § 210 Abs. 2 S. 1 Nr. 2 VVG oder § 10 Abs. 4 S. 2 VAG oder das Rundschreiben R 1/96 des BAV.
[142] Wird neben der Erlaubnis für die Kreditversicherung eine Erlaubnis für die Kautionsversicherung erteilt – so im Regelfall –, erhält die Zulassung nach Nr. 6 der Anlage 2 die Bezeichnung „Kredit und Kaution".
[143] Beckmann/Matusche-Beckmann/*Herrmann* § 39 Rn. 1.
[144] Rundschreiben R 1/96 v. 22.5.1996, VerBAV 6/96.
[145] Rundschreiben R 1/96, VerBAV 6/96, 1.
[146] Vgl. Merkblatt zur fachlichen Eignung und Zuverlässigkeit von Geschäftsleitern gemäß VAG v. 23.11.2016, S. 15.

entsprechend ausgebildetes Personal, gerade auch auf der Leitungsebene")[147] ist es – wie bei allen anderen Spezialkenntnissen auf Geschäftsleiterebene – ausreichend, dass die Spezialkenntnisse nur bei einem Geschäftsleiter vorhanden sind.[148] Die EIOPA-Leitlinien zum Governance-System[149] enthalten hierzu überhaupt keine Hinweise.

97 Aufgrund der dargestellten Gefährlichkeit des Versicherungszweiges können Risiken, die unter diese Sparte fallen, gemäß § 10 Abs. 4 S. 2 VAG **nicht als Zusatzrisiken** von der Erlaubnis zum Betrieb anderer Sparten umfasst werden. Im Rahmen des Umfangs der Zulassung gelten für die Sparten Kredit und Kaution damit weiterhin Besonderheiten, obwohl seit dem Inkrafttreten des Zweiten Durchführungsgesetzes/EWG zum VAG im Jahr 1990 das Spartentrennungsprinzip hinsichtlich der Kredit- und Kautionsversicherung nicht mehr gilt.[150]

98 Aus aufsichtsrechtlicher Sicht unterliegt die Kreditversicherung dann dem VAG, wenn sie von einem Versicherungsunternehmen betrieben wird; in Abgrenzung dazu liegt ein Bankgeschäft vor, wenn sie von einer Bank betrieben wird.[151] Denn die Kreditvergabe gehört gemäß § 1 Abs. 1 S. 2 Nr. 2 KWG zu den Bankgeschäften. Dies macht deutlich, dass es Rechtsgeschäfte gibt, die inhaltlich im Wesentlichen identisch sind und die mal Versicherungs- und mal Bankgeschäft sind, je nachdem von wem sie angeboten werden.

99 **b) Spartenabgrenzung.** Die Kreditversicherung dient der Absicherung eines **Forderungsausfallrisikos**. Es wird mithin das Risiko versichert, dass Zahlungen seitens des Schuldners des Versicherungsnehmers ausbleiben.[152] Die Sparte Kredit umfasst ausdrücklich die Allgemeine Zahlungsunfähigkeit (Nr. 14a), Ausfuhrkredit (Nr. 14b), Abzahlungsgeschäfte (Nr. 14c), Hypothekendarlehen (Nr. 14d) und landwirtschaftliche Darlehen (Nr. 14e).

100 Unter Nr. 14a fallen insbesondere **Warenkreditversicherungen**, die den Kernbereich der Kreditversicherung ausmachen.[153] Gegenstand der Kreditversicherung ist dabei regelmäßig die Kaufpreisforderung aus einer Warenlieferung.[154] Der Versicherer deckt aber auch in anderen Fällen, in denen Geldforderungen beispielweise aus Dienst- und Werkverträgen, die erst nach Ablauf einer längeren Zeitspanne zu erfüllen sind, das während dieser Laufzeit bestehende Forderungsausfallrisiko.[155] Bei der **Ausfuhrkreditversicherung** (Nr. 14b) werden grundsätzlich die gleichen Risiken wie bei der Warenkreditversicherung gedeckt, die Kunden des Versicherungsnehmers haben hier allerdings ihren Sitz im Ausland.[156]

101 Unter die **Abzahlungsgeschäfte** nach Nr. 14c lassen sich insbesondere Teilzahlungskreditversicherungen subsumieren. Zu diesen wird beispielsweise die Investitionsgüterkreditversicherung gezählt.[157]

102 Die Bezeichnungen der Hypothekendarlehen (Nr. 14d) und landwirtschaftlichen Darlehen (Nr. 14e) geben bereits begrifflich vor, welche Gegenstände hiervon erfasst sind.

103 Der Sparte Kreditversicherung ist ferner die **Personenkautionsversicherung** als eine Grundform der **Vertrauensschadenversicherung** zuzuordnen.[158] Als Grund für die Einordnung als Kreditversicherung wird vor allem die Vergleichbarkeit mit der Einräumung eines Kredits im weiteren Sinne angeführt. Denn der Versicherungsnehmer vertraut bei der Personenkautionsversicherung grundsätzlich auf die ordnungsgemäße Pflichterfüllung durch die Vertrauensperson und gewährt ihr deshalb Zugriff auf ihr Vermögen.[159] Nach anderer Auffassung beruhe die Zuordnung zur Sparte Kreditversicherung auf der zumindest teilweise gleichen Interessenlage beider Versicherungsarten, da auch im Rahmen der Personenkautionsversicherung das vorrangige versicherte Interesse im Schutz vor Zahlungsunfähigkeit bestehe.[160] Nach alldem ist die Personenkautionsversicherung entgegen der ähnlichen Bezeichnung nicht der Sparte Kaution (Nr. 15) zuzuordnen, da anders als im Rahmen der Kautionsversicherung[161] in der Vertrauensschadenversicherung noch nicht feststeht, ob der Versicherungsnehmer gegenüber dem

---

[147] Rundschreiben R 1/96, VerBAV 6/1996, 1.

[148] So *GDV*, Weitere Anmerkungen zu der Konsultation der BaFin-Merkblätter zur fachlichen Eignung und Zuverlässigkeit von Geschäftsleitern, Verwaltungs-/Aufsichtsorganen und Schlüsselfunktionen, S. 4 (abrufbar unter gdv.de).

[149] EIOPA-BoS-14/253.

[150] Der Bundesrepublik war die Aufhebung der Vorschriften zum Spartentrennungsgrundsatz durch die RL 87/343/EWG v. 22.6.1987 vorgegeben worden.

[151] FKBP/*Kaulbach* § 1 Rn. 39.

[152] Vgl. Veith/Gräfe/Gebert/*Grauschopf* § 22 Rn. 9.

[153] Beckmann/Matusche-Beckmann/*Herrmann* § 39 Rn. 1; Veith/Gräfe/Gebert/*Grauschopf* § 22 Rn. 10.

[154] Vgl. *Schimikowski*, Versicherungsvertragsrecht, 5. Aufl. 2014, Rn. 300.

[155] Veith/Gräfe/Gebert/*Grauschopf* § 22 Rn. 10.

[156] Veith/Gräfe/Gebert/*Grauschopf* § 22 Rn. 12; zur Ausfuhrkreditversicherung s. ausführlich Beckmann/Matusche-Beckmann/*Herrmann* § 39 Rn. 102.

[157] Veith/Gräfe/Gebert/*Grauschopf* § 22 Rn. 15.

[158] Dies ist einhellige Auffassung in der Lit., s. Nachweise bei Langheid/Wandt/*Grote*, 2011, Vertrauensschadenversicherung Rn. 12.

[159] Langheid/Wandt/*Grote*, 2011, Vertrauensschadenversicherung Rn. 52, nach dem der Abschluss einer solchen Versicherung der Annahme von Vertrauen entgegenstehe.

[160] *Koch*, Vertrauensschadenversicherung, 2006, Rn. 53.

[161] S. Rn. 105 ff.

Versicherten überhaupt eine Verpflichtung hat.[162] Gegen eine Zuordnung zur Sparte Verschiedene finanzielle Verluste (Nr. 16) spricht, dass diese Sparte als „Auffangsparte" nur dann in Betracht kommt, wenn keine Berührungspunkte mit einer anderen Sparte vorliegen.[163]

Streitig ist dagegen die Zuordnung bei der **Personengarantieversicherung** als weiterer Grundform der Vertrauensschadenversicherung. Mehrheitlich wird zwar auch hier eine Zuordnung zur Sparte Kredit befürwortet.[164] Zum Teil wird indes vertreten, dass in Bezug auf die Mitversicherung von durch Vertrauenspersonen verursachten Fremdschäden eine Haftpflichtversicherung gegeben sei.[165] Dieser Auffassung ist nicht zuzustimmen. Eine Zuordnung zur Sparte Haftpflicht (Nr. 13) scheidet aus, da die Absicherung des Haftpflichtrisikos nicht den Schwerpunkt der Personengarantieversicherung bildet.[166] Im Vordergrund steht vielmehr der Ersatz von Eigenschäden, die daraus resultieren, dass eine Vertrauensperson einen Dritten schädigt und der Versicherungsnehmer für das Verhalten der Vertrauensperson im Sinne einer primären Leistungsbegrenzung haftpflichtig ist.[167] Im Hinblick auf den Schutz gegen Eigenschäden durch außenstehende Dritte gilt, dass jedenfalls dann eine Kreditversicherung gegeben ist, wenn die Dritten als Vertrauenspersonen konkret bezeichnet sind. Denn für die Spartenzuordnung ist es irrelevant, ob einem Betriebsangehörigen oder einem außenstehenden Dritten ein Vertrauensvorschuss gewährt wird.[168] Eine Einordnung in die Sachsparte (Nr. 9) käme folglich nur in Betracht, wenn Eigenschäden durch jeden außenstehenden Dritten mitversichert werden, was in der Personengarantieversicherung aber gerade nicht der Fall ist. 104

15. Kaution (Nr. 15). Die Sparte **Kaution** ist in Nr. 15 aufgeführt. Hier wird das Kreditrisiko aus einer etwas anderen Sichtweise angesprochen. Denn der Versicherungsnehmer entscheidet hier nicht freiwillig, ob er einem Dritten einen Kredit gibt. Vielmehr ist er verpflichtet, eine Kaution als Sicherungsmittel zugunsten eines Dritten zu stellen und sichert sich mit der Kautionsversicherung gegen den Ausfall der Rückzahlung der Kaution ab oder ist berechtigt, eine Kaution zu verlangen und sichert sich gegen die Nichtzahlung der Kaution durch den Verpflichteten ab. 105

Der weiten Fassung des Begriffs ist zu entnehmen, dass Einschränkungen auf bestimmte Formen der Kautionsversicherung nicht vorgesehen sind. Dies entspricht Nr. 15 Anhang I der Solva II-RL, wonach ausdrücklich sowohl eine „direkte Kaution" als auch eine „indirekte Kaution" erfasst sind. 106

Bei einer Kautionsversicherung verpflichtet sich der Versicherer, in Form von Bürgschaften für bestimmte – gegenwärtige oder zukünftige – Verpflichtungen des Versicherungsnehmers oder eines Dritten im Falle dessen Zahlungsunfähigkeit oder Zahlungsunwilligkeit einzustehen.[169] Das versicherte Risiko bei einer Kautionsversicherung ist demnach das Insolvenz- und/oder das Inanspruchnahmerisiko des Versicherungsnehmers bzw. dessen, dem der Versicherungsnehmer eine Kaution stellen muss.[170] Die Kautionsversicherung ist insofern von einer bloßen entgeltlichen Gewähr von Sicherheiten als Bankgeschäft abzugrenzen. Der Versicherer erklärt sich vielmehr gegen Zahlung der Prämie bereit, im Rahmen eines bestimmten Limits Bürgschaften zu Gunsten der Gläubiger des Versicherungsnehmers zu übernehmen.[171] Es überzeugt daher, die Kautionsversicherung aufsichtsrechtlich als Versicherungsgeschäft zu qualifizieren, wenn sie von einem Versicherungsunternehmen betrieben wird.[172] Grundsätzlich ist die Rechtsnatur der Kautionsversicherung allerdings in Rspr. und Lit. umstritten.[173] Der BGH hat sich zugunsten eines Geschäftsbesorgungsvertrages positioniert.[174] Grund hierfür sei u. a. die Vergleichbarkeit der Kautionsversicherung mit dem Avalkreditvertrag der Banken, der als Geschäftsbesorgungsvertrag einzuordnen sei.[175] Für die Frage der **Spartenabgrenzung** im Rahmen der Anlage 1 107

[162] Im Ergebnis würde eine Zuordnung zur Sparte Kaution allerdings aufgrund der Zusammenfassung als ein Versicherungszweig ohnehin keinen Unterschied machen.

[163] S. Rn. 111.

[164] *BGH* Urt. v. 29.9.1971 – IV ZR 202/69, VersR 1971, 1055; *OLG Köln* r+s 1978, 153 f.; *LG Köln* r+s 1977, 21 f. – Anders bei der Vertrauensschadenversicherung der Notarkammern: *BGH* Urt. v. 27.5.1998 – IV ZR 166/97, VersR 1998, 1016 und 1505; dagegen zu Recht: *Hagen* DNotZ 2000, 809, 821 f.; weitere Nachweise bei Langheid/Wandt/*Grote*, 2011, Vertrauensschadenversicherung Rn. 17.

[165] *Koch*, Vertrauensschadenversicherung, 2006, Rn. 53 ff.

[166] Dies gilt gleichermaßen für die Personenkautionsversicherung, bei der die für die Haftpflichtversicherung als eine der beiden Hauptleistungspflichten des Versicherers typische Abwehrdeckung nicht mitversichert ist. Zur Abwehrdeckung in der Haftpflichtversicherung vgl. nur *BGH* Urt. v 7.2.2007 – IV ZR 149/03, VersR 2007, 1116.

[167] Langheid/Wandt/*Grote*, 2011, Vertrauensschadenversicherung Rn. 18.

[168] Langheid/Wandt/*Grote*, 2011, Vertrauensschadenversicherung Rn. 18.

[169] Langheid/Wandt/*Grote*, 2011, Vertrauensschadenversicherung Rn. 16; vgl. *OLG Koblenz* Hinweisbeschl. v 5.5.2014 – 3 U 1543/13, r+s 2014, 623.

[170] Vgl. Langheid/Wandt/*Grote/Looschelders* § 1 Rn. 104; Beckmann/Matusche-Beckmann/*Hermann* § 39 Rn. 122; *Thomas/Dreher* VersR 2007, 731.

[171] Langheid/Wandt/*Looschelders* § 1 Rn. 104; HK-VVG/*Brömmelmeyer* § 1 Rn. 27a.

[172] S. ausführlich *Thomas/Dreher* VersR 2007, 731; so auch FKBP/*Kaulbach* § 1 Rn. 39 zur Kreditversicherung.

[173] Zum Streitstand in Lit. und Rspr. s. HK-VVG/*Muschner* § 16 Rn. 10 ff.

[174] *BGH* Urt. v. 6.7.2006 – IX ZR 121/05, NJW-RR 2007, 50; Urt. v. 18.1.2007 – IX ZR 202/05, NJW-RR 2007, 848; Urt. v. 13.3.2008 – IX ZR 14/07, NJW-RR 2008, 1007; Urt. v. 24.6.2010 – IX ZR 199/09, NZI 2010, 859 Rn. 10.

[175] *BGH* Urt. v. 6.7.2006 – IX ZR 121/05, NJW-RR 2007, 50 unter Hinweis auf *Proske* ZIP 2006, 1035; zu den Leistungen s. Veith/Gräfe/Gebert/*Grauschopf* § 22 Rn. 18.

zum VAG spielt dieser Streit im Ergebnis jedoch keine Rolle, da – bei Eröffnung des Anwendungsbereichs des VAG – jedenfalls eine andere Sparte nicht in Betracht kommt.

108 Die **Kundengeldabsicherung** gemäß § 651k BGB wurde bislang der Kautionsversicherung und damit Nr. 15 der Anlage 1 zum VAG zugeordnet.[176] In der Literatur wird indes vertreten, dass diese Zuordnung nicht zwingend ist, sondern dass auch eine Zuordnung zur Sparte Indirekte kommerzielle Verluste (Nr. 16i) in Betracht komme, da eine sachliche Nähe zur Insolvenzversicherung bestehe.[177]

109 Trotz des ähnlichen Namens ist die **Personenkautionsversicherung** der Sparte Kredit (Nr. 14) zuzuordnen.[178]

110 Im Hinblick auf die Sonderregelung des § 10 Abs. 4 S. 2 VAG zum Zweig Kredit und Kaution sowie auf die Einordnung als Großrisiken i. S. d. § 210 VVG gilt das zur Sparte Kredit Gesagte im Übrigen entsprechend.[179]

111 **16. Verschiedene finanzielle Verluste (Nr. 16).** Die Sparte Verschiedene finanzielle Verluste (Nr. 16) ist eine Auffangsparte, die zum Zug kommt, wenn eine Einordnung in eine andere Sparte nicht möglich ist. Dabei ist der Zweig Sonstige finanzielle Verluste (Nr. 16k) Auffangsparte in der Auffangsparte. Sie kommt immer als letzte Sparte in Betracht, wenn eine Einordnung in die anderen Zweige der Nr. 16 ausscheidet.

112 **a) Abgrenzungsfragen.** Eine Zuordnung zur Sparte Verschiedene finanzielle Verluste (Nr. 16) setzt voraus, dass der finanzielle Verlust des Versicherungsnehmers den Schwerpunkt des versicherten Risikos bildet. Kommen andere Sparten in Betracht, unter die das konkrete Vermögensschadenrisiko schwerpunktmäßig fällt, tritt Nr. 16 grundsätzlich zurück. Bei einem Zusammentreffen mit anderen Kompositsparten dürften sich etwaige Abgrenzungsschwierigkeiten zumeist als unproblematisch erweisen, jedenfalls dann, wenn das Risiko nach Nr. 16 als Zusatzrisiko gemäß § 10 Abs. 4 S. 1 VAG von der Erlaubnis mit umfasst ist oder wenn eine gemeinsame Zulassung unter der Bezeichnung „Schaden- und Unfallversicherung" (Nr. 7 der Anlage 2 zum VAG) vorliegt.

113 Anderes kann hingegen gelten, wenn es um die Abgrenzung zu den Sparten Krankheit (Nr. 2) und Leben (Nr. 19) geht. Denn es stellt sich für die Einordnung zu diesen Sparten durchaus die Frage, ab wann mit Blick auf die Reichweite der Bezüge zu biometrischen oder krankentypischen Risiken die Sparte „Verschiedene finanzielle Verluste" einschlägig ist.[180] Als Beispielsfälle nennt *Schaaf*[181] die Beihilfeablöseversicherung für öffentlich-rechtliche Einrichtungen,[182] die Lohnfortzahlungsversicherung[183] sowie die Rückdeckungsversicherung.[184] Diesen Versicherungen ist gemein, dass sie als Eigenversicherungen einen finanziellen Verlust abdecken. Dennoch ist es richtig, dass die beiden erstgenannten Versicherungen der Sparte Krankheit (Nr. 2) zuzuordnen sind, da sie jeweils aus der Realisierung krankenversicherungstypischer Risiken resultieren. Die Rückdeckungsversicherung hingegen gehört der Sparte Leben an, da sie die biometrischen Risiken übernimmt, die hinter den Pflichten des Arbeitgebers in der betrieblichen Altersversorgung stehen, wenn der Arbeitgeber eine Direktzusage seinen Arbeitnehmern gibt. Als taugliches Abgrenzungsmerkmal erscheint aus aufsichtsrechtlicher Sicht bei derartigen Eigenversicherungen die **Kalkulation des Versicherungsbeitrags**.[185] Sind nämlich bei abstrakter Deckung eines finanziellen Verlustes Krankheits- bzw. biometrische Risiken für die Kalkulation entscheidend, sind die Sparten Krankheit bzw. Leben einschlägig. Knüpft hingegen die Kalkulation lediglich an ein Schadenspotential an, dessen Höhe unabhängig von diesen personenbezogenen Risiken ist, findet die Zuordnung zur Sparte Verschiedene finanzielle Verluste (Nr. 16) statt.[186]

114 **b) Einzelne Risiken.** Entsprechend ihrer Überschrift sind in der Sparte Nr. 16 Verschiedene finanzielle Verluste aufgeführt. Die Liste deckt sich mit den Vorgaben der Solva II-RL (dort Anhang I Nr. 16). Welche Risiken im Einzelfall einschlägig sind, richtet sich nach dem konkreten Vertragsgegenstand. Dabei lässt sich die Zuordnung zu einem speziellen Listenpunkt nicht in jedem Fall eindeutig vornehmen. Beispielsweise fällt unter die Sparte Nr. 16 insgesamt die **Versicherung des Finanzinteresses** als einer Vermögensschadensversicherung.[187] Konkret kommt dabei zum einen die Einord-

---

[176] *Staudinger* VersR 2014, 1153.
[177] *Staudinger* VersR 2014, 1153.
[178] Rn. 103.
[179] S. Rn. 95 und Rn. 97.
[180] *Schaaf* VersR 2015, 17, 25.
[181] *Schaaf* VersR 2015, 17, 25.
[182] Die Beihilfeablöseversicherung deckt das Risiko des Dienstherrn, zu den Krankheitskosten von Beamten und deren Angehörigen Beihilfe gewähren zu müssen.
[183] Die Lohnfortzahlungsversicherung deckt das Risiko des Arbeitgebers, im Krankheitsfall des Arbeitnehmers bis zur siebten Krankheitswoche das Gehalt weiterzahlen zu müssen.
[184] Die Rückdeckungsversicherung schließt der Arbeitgeber im eigenen Namen und auf eigene Rechnung, um bei Eintritt eines Versorgungsfalls hinsichtlich der eigenen Versorgungszusage gegenüber seinen Arbeitnehmern refinanziert zu sein.
[185] So auch *Schaaf* VersR 2015, 17, 25.
[186] S. hierzu ausführlich *Schaaf* VersR 2015, 17, 25 f.
[187] *Armbrüster* VersR 2008, 853.

nung unter indirekte kommerzielle Verluste (Nr. 16i) in Betracht, zum anderen aber auch das Risiko Wertverluste (Nr. 16g), wenn man auf den Bilanzwert abstellt.[188] Nur hilfsweise ist die Auffangsparte Sonstige finanzielle Verluste (Nr. 16k) heranzuziehen.

Der Katalog der Nr. 16 bietet insofern lediglich eine **Orientierungshilfe** hinsichtlich der Frage, was mit dem Oberbegriff Verschiedene finanzielle Verluste gemeint sein kann. Ganz allgemein gehalten sind demgemäß zunächst die Begriffe Berufsrisiken (Nr. 16a), ungenügende Einkommen (allgemein) (Nr. 16b) und Schlechtwetter (Nr. 16c). Im Hinblick auf den Bereich „Berufsrisiken" werden ggf. vorrangig die Sparten Sach und Haftpflicht als Abgrenzungssparte in Betracht kommen. Die Gefahr „ungenügende Einkommen" ist von Einkommensausfällen abzugrenzen.[189] 115

Für die Risiken **Gewinnausfall** (Nr. 16d) und fortlaufende Betriebskosten stehen vor allem **Betriebsunterbrechungsversicherungen** ein. Zum Beispiel sind dies Versicherungen der Feuerbetriebsunterbrechung oder der Betriebsunterbrechung zur Extended-Coverage-Versicherung oder die Maschinen- oder Montage-Betriebsunterbrechungsversicherung.[190] Der Begriff des Gewinnausfalls wird durch die jeweiligen Vertragsbestimmungen konkretisiert.[191] Das Risiko der fortlaufenden Betriebskosten aufgrund Betriebsunterbrechung lässt sich entweder unter Nr. 16e (laufende Unkosten allgemeiner Art) oder unter Nr. 16f (unvorhergesehene Geschäftsunkosten) subsumieren. 116

In die Sparte **Wertverluste** (Nr. 16g) lassen sich Versicherungen sortieren, die – wie es der Name vorgibt – das Risiko eines Wertverlustes von Sachen abdecken. In Betracht kommt beispielsweise die Schlachttierversicherung, deren Versicherungsschutz u. a. auf den Ersatz des Schadens gerichtet ist, der dadurch entsteht, dass Schlachttiere aufgrund amtlicher Beanstandung für zum Genuss für Menschen untauglich erklärt werden. 117

Weiterhin ist in Nr. 16h das Risiko **Miet- oder Einkommensausfall** genannt. Das Risiko Mietausfall kann beispielsweise auch über eine **Wohngebäudeversicherung** abgeschlossen werden (VGB 2010). Voraussetzung für die Einstandspflicht des Versicherers ist, dass der Mieter aufgrund des Versicherungsfalles die Zahlung der Miete berechtigterweise verweigert.[192] 118

Nr. 16i ist für **sonstige indirekte kommerzielle Verluste** als Auffangsparte konzipiert („außer den bereits erwähnten"). Dieser Sparte ist beispielsweise die **Insolvenzversicherung** zuzuordnen.[193] 119

Zum Bereich **nichtkommerzielle Geldverluste** (Nr. 16j) dürften eine Schlüsselverlustversicherung oder eine Garantieversicherung von Kraftfahrzeugen zählen.[194] 120

Die Sparte **Sonstige finanzielle Verluste** (Nr. 16k) stellt im Bereich der Finanziellen Verluste eine Auffangsparte dar; diese kommt nur dann in Betracht, wenn keine Berührungspunkte mit einer anderen Sparte vorliegen.[195] Unter Nr. 16k lässt sich in der Regel das Risiko **Arbeitslosigkeit** subsumieren, soweit dieses als Hauptrisiko versichert wird. Zudem können unter Nr. 16k Inhaltsversicherungen für Geschäfte und Betriebe fallen.[196] 121

17. Rechtsschutz (Nr. 17). Nr. 17 benennt die Sparte **Rechtsschutz**. Eine Spartenabgrenzung ist eigentlich aufgrund des sich aus der Bezeichnung klar ergebenden Risikos regelmäßig unproblematisch; erfasst sind sämtliche Rechtsschutzversicherungen. Schwierigkeiten bietet die Abgrenzung aber, weil andere Sparten wie Krankheit und Haftpflicht ebenfalls Rechtsschutzelemente enthalten.[197] Hier hilft das gesetzliche Leitbild in § 125 VVG weiter. Denn danach „ist der Versicherer verpflichtet, die für die Wahrnehmung der rechtlichen Interessen des Versicherungsnehmers oder des Versicherten erforderlichen Leistungen im vereinbarten Umfang zu erbringen." § 1 ARB 2000 formulierte dementsprechend klar wie folgt: „Der Versicherer sorgt dafür, daß der Versicherungsnehmer seine rechtlichen Interessen wahrnehmen kann, und trägt die für die Interessenwahrnehmung erforderlichen Kosten (Rechtsschutz)." 122

Die daraus resultierende Freistellungsverpflichtung des Versicherers umfasst sein **Wahlrecht**, begründete Ansprüche des Versicherungsnehmers zu erfüllen und unbegründete abzuwehren.[198] Die Abwehrdeckung folgt wiederum den aus der Haftpflichtversicherung bekannten Prinzipien: Der Rechtsschutzversicherer beauftragt den Anwalt, der die unbegründeten Ansprüche abwehren soll.[199] Dies steht auch nicht im Widerspruch zum Recht des Versicherungsnehmers, seinen Anwalt frei zu wählen. Denn bei 123

[188] *Armbrüster* VersR 2008, 853.
[189] Zum Verlust des Arbeitseinkommens in den Sparten Krankheit (Nr. 2) und Leben (Nr. 19) s. Rn. 41 und Rn. 143.
[190] Vgl. Veith/Gräfe/Gebert/*Segger/Lorscheid* § 7 Rn. 152.
[191] Zum Deckungsumfang nach den Allgemeinen Feuer-Betriebsunterbrechungs-Versicherungsbedingungen (FBUB) s. Prölss/Martin/*Armbrüster* A. § 1 FBUB 2010 Rn. 3 ff.
[192] Veith/Gräfe/Gebert/*Hoenicke* § 4 Rn. 64.
[193] *Staudinger* VersR 2014, 1153 unter Hinweis auf Anl. 1 Abschn. C BerVersV.
[194] So die BerVersV unter Anl. 1 Abschn. C unter Ziff. 29.3.11 und 29.3.12.
[195] Langheid/Wandt/*Grote*, 2011, Vertrauensschadenversicherung Rn. 16; *Schaaf* VersR 2015, 17, 25; *Armbrüster* VersR 2008, 853, 857.
[196] *Staudinger* VersR 2014, 1153 unter Hinweis auf Anl. 1 Abschn. C BerVersV.
[197] S. Rn. 44 und Rn. 81.
[198] *BGH* Urt. v. 21.10.2015 – IV ZR 266/14, VersR 2015, 1501.
[199] S. Rn. 44.

Gewährung von Abwehrdeckung ist dieses Wahlrecht bereits ausgeübt und es geht nicht mehr nur um die Interessen des Versicherungsnehmers, sondern vorrangig um die des Versicherers.

124 Im Übrigen werden die gesetzlichen Vorgaben der §§ 125 ff. VVG auch in dieser Sparte durch Allgemeine Geschäftsbedingungen (ARB) weiter präzisiert und ausgestaltet.

125 Dieser Sparte kommt unter aufsichtsrechtlichen Gesichtspunkten in vielfacher Hinsicht eine **Sonderstellung** zu. Zum einen hat ein Unternehmen, das die Rechtsschutzversicherung zusammen mit anderen Versicherungssparten betreibt, gemäß § 164 VAG die Leistungsbearbeitung in der Rechtsschutzversicherung einem Schadenabwicklungsunternehmen zu übertragen.[200] Weiterhin ist der Betrieb als Zusatzversicherung gemäß § 10 Abs. 4 S. 2 VAG weitgehend eingeschränkt. Ausnahmen bestehen lediglich bei einem Zusammenhang mit Streitigkeiten oder Ansprüchen, die aus dem Einsatz von Schiffen auf See entstehen oder mit deren Einsatz verbunden sind, oder wenn die Erlaubnis zum Betrieb der Nr. 18a der Anlage 1 zum VAG genannten Sparte (Beistandsleistungen) erteilt wird, § 10 Abs. 4 S. 3 VAG[201] oder wenn die Rechtsschutzkomponente Teil des gesetzlichen Leitbilds einer anderen Sparte wie bei der Krankheitskosten- oder der Haftpflichtversicherung ist.[202]

126 Auch der Bereich der Rechtsschutzversicherung sollte unter Solvency II weiter **harmonisiert** werden.[203] Die zuvor maßgebliche Richtlinie zur Koordinierung der Rechts- und Verwaltungsvorschriften für die Rechtsschutzversicherung[204] wurde durch die Solva II-RL aufgehoben (Art. 310 Solva II-RL). Im Rahmen dieser Richtlinie war Deutschland aufgefordert worden, das damals noch für die Rechtsschutzversicherung geltende Spartentrennungsgebot aufzuheben (Art. 8 RL 87/344/EWG).[205] Nicht gelungen ist die Vollharmonisierung der Rechtsschutzversicherung hingegen mit Blick auf Art. 200 Solva II-RL und die dort enthaltenen Mitgliedsstaatenoptionen.[206]

127 **18. Beistandsleistungen zugunsten von Personen, die sich in Schwierigkeiten befinden (Nr. 18).** Eine eigene Sparte bilden die **Beistandsleistungen** zugunsten von Personen, die sich in Schwierigkeiten befinden (Nr. 18). Diese Sparte wurde aufgrund einer EG-Richtlinie[207] in das VAG aufgenommen, die u. a. den Anhang der Schadenversicherungsrichtlinie um diesen Versicherungszweig ergänzte (nunmehr Nr. 18 Anhang I Solva II-RL). Die Solva II-RL weist die Beistandsleistungen ausdrücklich dem **Nichtlebensversicherungsbereich** zu (Art. 2 Abs. 2 Solva II-RL). Dabei enthält Art. 6 Solva II-RL einen Katalog mit Kriterien, bei deren Vorliegen der Anwendungsbereich der Richtlinie nicht eröffnet ist.

128 Von dieser Sparte erfasst sind Beistandsleistungen zugunsten von Personen, die auf Reisen oder während der Abwesenheit von ihrem Wohnsitz oder ständigem Aufenthaltsort in Schwierigkeiten geraten (Nr. 18a). Dies entspricht Nr. 18 des Anhangs I der Solva II-RL. Darüber hinaus sieht Nr. 18b vor, dass auch andere Bedingungen, sofern die Risiken nicht unter andere Versicherungssparten fallen, von dieser Sparte erfasst sein sollen. Dieser Regelung kommt lediglich Auffangcharakter zu. Im Vordergrund stehen die **touristischen Beistandsleistungen** i. S. d. Nr. 18a.

129 Zu der Frage, worin diese Beistandsleistungen bestehen können, enthält Art. 2 Abs. 2 Solva II-RL nähere Einzelheiten, die eine **Spartenabgrenzung** vereinfachen. Nach dessen UAbs. 1 S. 3 besteht die Tätigkeit der Erbringung von Beistandsleistungen darin, dass „aufgrund der vorherigen Zahlung einer Prämie die Verpflichtung eingegangen wird, dem Begünstigten eines Beistandsvertrags in den im Vertrag vorgesehenen Fällen und unter den dort aufgeführten Bedingungen unmittelbar eine Hilfe zukommen zu lassen, wenn er sich nach Eintritt eines zufälligen Ereignisses in Schwierigkeiten befindet." Die materielle Hilfe kann in Geld- oder in Naturalleistungen bestehen, wobei Letztere auch durch Einsatz des eigenen Personals oder Materials des Erbringers der Leistung erbracht werden können, Art. 2 Abs. 2 UAbs. 2 Solva II-RL.

130 Dem Richtliniengeber stand bei der Einführung dieser Sparte insbesondere die Zusage von Hilfeleistungen im Zusammenhang mit einem Unfall oder einer Panne vor Augen.[208] Unter den Begriff der Beistandsleistungen lassen sich nach dem Vorgesagten u. a. Tätigkeiten wie die **Betreuung** bzw. Krankenversorgung der in Schwierigkeiten geratenen Person, die Beschaffung oder Weitergabe von **Informationen** (bspw. gegenüber Angehörigen), die Neuausstellung von Papieren oder die Organisation von Krankenbesuchen subsumieren. Solche Dienstleistungen werden typischerweise nicht von den Versicherungen selbst angeboten, sondern unter Einbindung eines Assistance-Dienstleisters.[209]

---

[200] S. hierzu die Ausführungen bei § 164.
[201] S. hierzu die Ausführungen bei § 10.
[202] S. Rn. 44 und Rn. 81.
[203] Vgl. 82. Erwägungsgrund Solva II-RL.
[204] RL 87/344/EWG v. 22.6.1987, ABl. EG L 185, 77.
[205] S. hierzu näher Beckmann/Matusche-Beckmann/ *Mönnich* § 2 Rn. 34.
[206] S. dazu ausführlich hier § 61 Rn. 15 sowie *ders.* in: Liber amicorum für Dirk Ehlers zum 70. Geburtstag S. 117 ff.
[207] RL 84/641/EWG v. 10.12.1984 zur insbesondere auf die touristische Beistandsleistung bezüglichen Änderung der Ersten Richtlinie 73/239/EWG zur Koordinierung der Rechts- und Verwaltungsvorschriften betreffend die Aufnahme und Ausübung der Tätigkeit der Direktversicherung (mit Ausnahme der Lebensversicherung), ABl. EG 1984 L 339, 21.
[208] Vgl. die Erwägungsgründe der RL 84/641/EWG.
[209] *Staudinger* VersR 2014, 1153. Zu dem damit verbundenen Problem des Outsourcings s. *Saria* VersR 2016, 1081.

Beantragt ein Unternehmen die Zulassung für die Sparte Nr. 18, hat es im Rahmen der im Antragsverfahren beizubringenden Unterlagen Angaben über die Mittel zu machen, über die das Unternehmen verfügt, um die zugesagte Beistandsleistung zu erfüllen (§ 9 Abs. 2 Nr. 5 VAG). Diese Erweiterung der Vorschrift über den Organisationsfonds beruht darauf, dass Beistandsleistungen – wie ausgeführt – auch in Naturalleistungen bestehen können.[210] **131**

Gemäß § 10 Abs. 4 S. 3 VAG dürfen Risiken, die unter die Sparte **Rechtsschutzversicherung** (Nr. 17) fallen, unter den Voraussetzungen des § 10 Abs. 4 S. 1 VAG ausnahmsweise als Zusatzversicherung von der für die Sparte Nr. 18a bestehenden Erlaubnis erfasst werden. **132**

19. Leben (Nr. 19). a) Allgemeines. Anders als die Solva II-RL, die zwischen den Zweigen der Nichtlebensversicherung (Anhang I) und der Lebensversicherung (Anhang II) trennt, hält das VAG keine separate Anlage für die Lebensversicherungssparten vor. Vielmehr sind Letztere ebenfalls in der Anlage 1 zum VAG aufgeführt, beginnend mit der allgemeinen Sparte „Leben" (Nr. 19). Insoweit folgt die Sortierung der Anlage 1 zum VAG einem anderen Prinzip, da bezogen auf die Sach- und Haftpflichtsparten in den Nrn. 3 ff. bzw. 10 ff. mit den spezielleren Sparten begonnen wurde und die Auffangsparte am Ende stand. Das bei Leben angewandte Ordnungsprinzip entspricht der im deutschen Recht üblichen Reihenfolge, das Allgemeine dem Besonderen voranzustellen. **133**

Der in Nr. 19 enthaltene Zusatz „soweit nicht unter den Nummern 20 bis 24 aufgeführt" stellt also zunächst die Auffangfunktion der Sparte Nr. 19 heraus, wonach eine Zuordnung zur Sparte Leben i. S. d. Nr. 19 nur in Betracht kommt, wenn nicht die speziellen Nr. 20–24 einschlägig sind. **134**

Weiterhin ist der Zusatz mit Blick auf das **Spartentrennungsgebot** gemäß § 8 Abs. 4 S. 2 VAG bedeutsam. Danach dürfen Lebensversicherer nur die Geschäfte im Sinne der Nr. 19–24 betreiben.[211] **135**

Wie der Name schon sagt, ist für die Sparte „Leben" kennzeichnend, dass biometrische Risiken, insbesondere das Risiko der **Ungewissheit der Lebensdauer**, versichert werden. Was im Einzelnen unter die Sparte fällt, ist gesetzlich auch hier nicht explizit geregelt. **136**

Für die Frage der Zuordnung zur Nr. 19 hilft aber das **Versicherungsvertragsrecht** weiter. So sind – soweit nicht ggf. die Nr. 20–24 als speziellere Sparten greifen – die in §§ 150 ff. VVG geregelten Lebensversicherungsverträge unter Nr. 19 zu fassen.[212] Zwar gibt das VVG keine standardisierte Form der Lebensversicherung vor und enthält auch kein gesetzliches Leitbild.[213] Zur Ausfüllung des Oberbegriffs der Lebensversicherung hat der Gesetzgeber aber im Rahmen der VVG-Reform 2008 vier **„Leitbilder"** in der amtlichen Begründung vorgegeben, die grundsätzlich dazu geeignet sind, eine Spartenzuordnung zu erleichtern. Bei den „Leitbildern" handelt es sich um die (1) **Risikolebensversicherung**, (2) **Rentenversicherung**, (3) **Kapitalbildende Lebensversicherung** und (4) **Fondsgebundene Lebensversicherung**,[214] wobei diese Begriffe nach der Gesetzesbegründung keine in sich geschlossenen Kategorien bezeichnen.[215] Der Gesetzgeber hielt es für geboten, von einer Standardisierung innerhalb dieser Grundformen abzusehen, weil bei der Gestaltung der Lebensversicherungsverträge in der Praxis regelmäßig **Mischformen** gewählt werden.[216] Durch den Verzicht auf zu enge Leitbilder wurde zudem die zukunftsorientierte Möglichkeit eröffnet, durch die Entwicklung neuer Formen der Lebensversicherung auf mit der Zeit wandelnde Bedürfnisse zu reagieren.[217] **137**

Im Hinblick auf die Spartenzuordnung ist mangels entsprechender Standards und aufgrund der angesprochenen Mischformen auf das im **Einzelfall** versicherte Risiko abzustellen. Indizien für die Zuordnung zur Sparte Leben können über einen **längeren Zeitraum zu erbringende Leistungen** sein. Dieser Aspekt ist kennzeichnend sowohl für Renten- als auch für kapitalbildende Lebensversicherungen. **138**

Der Klassiker der Lebensversicherung ist die Risikolebensversicherung, mit der sich der Versicherungsnehmer gegen das Todesfallrisiko absichern kann. Das Langlebigkeitsrisiko ist dagegen Gegenstand der Rentenversicherung. Beide Versicherungsarten können auch mit einem Ansparprozess verbunden werden und Teil einer Mischform der Lebensversicherung sein, die beide Risiken abdeckt. **139**

Die Ungewissheit der Lebensdauer ist aber nicht das einzige biometrische Risiko, das der Sparte Leben zuzuordnen ist. Es sind auch andere biometrische Risiken wie eine Berufsunfähigkeit oder Erwerbsunfähigkeit[218] als dauernde gesundheitliche Veränderungen oder auch die Arbeitsunfähigkeits- **140**

---

[210] Beschlussempfehlung und Bericht des Finanzausschusses zum Entwurf eines Gesetzes zur Verbesserung der Rahmenbedingungen für institutionelle Anleger, BT-Drs. 10/6154, 14.

[211] S. hierzu § 8 Rn. 25 ff.

[212] Prölss/Martin/*Schneider* Vor § 150 Rn. 8.

[213] Langheid/Wandt/*Heiss/Mönnich,* 2011, Vor § 150 Rn. 12.

[214] Die Fondsgebundene Lebensversicherung ist in Nr. 21 gesondert geregelt, s. Rn. 146.

[215] Begr. RegE VVG-Reformgesetz, BT-Drs. 16/3945, 51.

[216] Begr. RegE VVG-Reformgesetz, BT-Drs. 16/3945, 51.

[217] Prölss/Martin/*Schneider* Vor § 150 Rn. 7.

[218] Von BUZ unterscheiden sich Erwerbsunfähigkeitsversicherungen vor allem dadurch, dass die Leistungspflicht des Versicherers nur dann eintritt, wenn die versicherte Person gesundheitsbedingt nicht mehr oder nur noch vermindert in der Lage ist, *irgendeiner* Erwerbstätigkeit nachzugehen; die Anforderungen sind ggü. der BUZ also höher, vgl. Langheid/Wandt/*Heiss/Mönnich,* 2011, Vor § 150 Rn. 33.

versicherung, wenn die Arbeitsunfähigkeit unbefristet versichert wird,[219] oder die Dread-Disease-Versicherung[220] und die Pflegerentenversicherung,[221] mit der ebenfalls dauernde gesundheitliche Veränderungen langfristig abgesichert werden können, der Sparte Leben zuzuordnen.

141 Im Hinblick auf die **Berufsunfähigkeitsversicherung** hat der BGH in einem Urteil aus dem Jahr 1988[222] die Formulierung gewählt: „Berufsunfähigkeitsversicherung als Zusatzversicherung wie als selbständige Versicherung ist Lebensversicherung." Diese Einschätzung wurde in der Lehre mehrheitlich geteilt.[223] Seit Inkrafttreten des VVG-Reformgesetzes existieren für die **Berufsunfähigkeitsversicherung** die Sondervorschriften der §§ 172–177 VVG,[224] wobei gemäß § 176 VVG grundsätzlich die Vorschriften zur Lebensversicherung für anwendbar erklärt werden. Das bestätigt die Einordnung der Berufsunfähigkeitsversicherung zur Sparte Leben. Die Anlage 1 zum VAG nennt hingegen für die Berufsunfähigkeitsversicherung keine eigene Versicherungssparte. Indes wird dieses Risiko **aufsichtsrechtlich** von jeher der Sparte Leben zugeordnet.[225] Dies wird in der Literatur teilweise als in der Sache systemwidrig erachtet, da die selbstständige Berufsunfähigkeitsversicherung systematisch eher der Krankenversicherung zuzurechnen sei.[226] Zu beachten ist allerdings die Entwicklungsgeschichte der Versicherung, die in selbstständiger Form erst seit Mitte der 1970er Jahre auf dem Markt vertreten ist.[227] Auch in der Sache ist der Berufsunfähigkeitsversicherung eine Nähe zur Lebensversicherung nicht abzusprechen. So ist das Risiko Tod ebenso wie grundsätzlich die Berufsunfähigkeit ein dauerhaftes Ereignis, wobei die finanziellen Folgen einer Berufsunfähigkeit mit den in der Risikolebensversicherung abgesicherten finanziellen Folgen vergleichbar sind. In beiden Fällen soll allgemein u. a. der endgültige Verlust des Arbeitseinkommens kompensiert werden – einmal zugunsten der versicherten Person und einmal zugunsten der Hinterbliebenen. Insoweit ist der Begriff der Berufsunfähigkeit von der Arbeitsunfähigkeit im Rahmen der Krankentagegeldversicherung (Sparte Nr. 2 „Krankheit") zu unterscheiden.[228] Dort soll das Risiko versichert werden, dass der Kunde *vorübergehend* – d. h. nicht dauerhaft – seine berufliche Tätigkeit nicht ausführen kann (vgl. § 1 Abs. 3 MB/KT). Gleichwohl kann auch die Arbeitsunfähigkeitsversicherung abhängig vom Leistungsversprechen der Sparte Leben zugeordnet werden.[229]

142 Der Berufsunfähigkeitsversicherung und damit der Sparte Leben ist nach Auffassung der BaFin zudem die **Sportinvaliditätsversicherung** zuzuordnen, wenn diese unabhängig vom Grund der Sportinvalidität (Krankheit oder Unfall) Leistungen vorsieht und als Summenversicherung ausgestaltet ist.[230]

143 Die Risiken **Arbeitslosigkeit und -unfähigkeit** werden häufig von der **Restschuldversicherung**[231] als Zusatzrisiken mitgedeckt, die nach allgemeiner Auffassung als Risiko**lebens**versicherung der Sparte Leben (Nr. 19) zugeordnet wird, wenn die Absicherung des Risikos Tod im Vordergrund steht.[232] Wird die **Arbeitslosigkeit** als Hauptrisiko versichert, scheidet eine Zuordnung zur Sparte Leben von vornherein aus; vielmehr lässt sich dieses Risiko unter die Sparte Sonstige finanzielle Verluste (Nr. 16k) subsumieren.[233] Hingegen bereitet das Risiko **Arbeitsunfähigkeit** als Einzelrisiko größere Zuordnungsprobleme, soweit nach dem Vertrag keine Einschränkung dahingehend vorgesehen ist, dass die Arbeitsunfähigkeit infolge eines Unfalls oder einer Erkrankung eingetreten sein muss. Es sprechen allerdings die besseren Argumente dafür, auch hier eine Zuordnung zur Sparte Sonstige finanzielle Verluste anstelle zur Sparte Leben anzunehmen, wenn die Leistungspflicht des Versicherers insoweit zeitlich begrenzt ist.[234] Für eine Zuordnung in die Sparte Leben könnte zwar streiten, dass die Arbeitsunfähigkeit mit der Berufsunfähigkeit im weitesten Sinne vergleichbar ist und das Risiko Berufsunfähigkeit der Sparte Leben zugeordnet wird.[235] Dieses Argument trägt jedoch nicht, da die Arbeitsunfähigkeit qua definitionem nur ein *vorübergehender Zustand* ist, während die Berufsunfähigkeit einen dauerhaften Zustand darstellt.[236] Während Berufsunfähigkeit erst vorliegt, wenn die versicherte Person infolge

[219] Zur Abgrenzung der Arbeitsunfähigkeitsversicherung von anderen Sparten s. bereits Rn. 34, 36.
[220] Die aus dem amerikanischen Versicherungswesen stammende Dread-Disease-Versicherung deckt das Risiko von schweren, lebensbedrohenden Krankheiten ab, vgl. hierzu Terbille/Höra/*Höra/Leithoff* § 5 Rn. 13.
[221] S. Übersicht bei Langheid/Wandt/*Heiss/Mönnich,* 2011, Vor § 150 Rn. 42.
[222] *BGH* Urt. v. 5.10.1988 – IVa ZR 317/86, r+s 1988, 351.
[223] Vgl. Übersicht bei *Neuhaus,* Berufsunfähigkeitsversicherung, 3. Aufl. 2014, A. Rn. 61.
[224] Vgl. Terbille/Höra/*Höra/Leithoff* § 26 Rn. 3; Langheid/Wandt/*Dörner,* 2011, Vor § 172 Rn. 1.
[225] GB VerBAV 1973, 21; s. auch bei *BGH* Urt. v. 5.10.1988 – IVa ZR 317/86, r+s 1988, 351; s. auch Verlautbarung der BaFin NVersZ 2002, 550 = VerBaFin 2002, 195.
[226] Langheid/Wandt/*Heiss/Mönnich,* 2011, Vor § 150 Rn. 32, 42.
[227] Vgl. Terbille/Höra/*Höra* § 26 Rn. 10.
[228] Prölss/Martin/*Voit* § 1 MB/KT Rn. 3.
[229] S. Rn. 36, 143.
[230] Verlautbarung der BaFin, NVersZ 2002, 550; s. hierzu ausführlich Rn. 35.
[231] Die Restschuldversicherung dient der Absicherung einer Rückzahlungsverpflichtung aus einem Darlehen gegenüber einem Kreditgeber (in der Regel einer Bank), vgl. Langheid/Wandt/*Heiss/Mönnich,* 2011, Vor § 150 Rn. 14.
[232] Prölss/Martin/*Schneider* Vor § 150 Rn. 25; Langheid/Wandt/*Heiss/Mönnich,* 2011, Vor § 150 Rn. 14; VerBAV 1988, 47 ff.
[233] S. Rn. 121.
[234] Zu diesem Kriterium s. Rn. 34, 36, 41, 141.
[235] S. Rn. 141.
[236] Vgl. Prölss/Martin/*Voit* § 1 MB/KT § 1 Rn. 3.

Krankheit, Körperverletzung oder Kräfteverfalls voraussichtlich *auf Dauer* nicht mehr ausüben kann, liegt z. B. Arbeitsunfähigkeit bereits vor, wenn die versicherte Person ihre berufliche Tätigkeit nach medizinischem Befund *vorübergehend* in keiner Weise ausüben kann. Aus diesem Grunde ist die Arbeitsunfähigkeit anders als die Berufsunfähigkeit nicht mit dem Risiko Tod vergleichbar. Darüber hinaus kann die Arbeitsunfähigkeit auch wiederholt eintreten. Anders ist es indes, wenn das Risiko Arbeitsunfähigkeit nicht zeitlich befristet, sondern unbefristet ähnlich der Berufsunfähigkeit abgesichert wird.

b) Haupt- und Zusatzversicherung. Bei der Spartenabgrenzung kommt es grundsätzlich auf das **Hauptrisiko** an; handelt es sich lediglich um ein nebensächliches **Zusatzrisiko** aus einer anderen Versicherungssparte, ist unter den Voraussetzungen des § 10 Abs. 4 S. 1 VAG eine zusätzliche Erlaubnis für diese Zusatzdeckung nicht erforderlich (str.).[237] **144**

20. Heirats- und Geburtenversicherung (Nr. 20). Der Gesetzgeber hat die Sparte **Heirats- und Geburtenversicherung** (Nr. 20) zur Umsetzung der Ersten Lebensversicherungsrichtlinie in das VAG aufgenommen, obwohl dieser Versicherungszweig in Deutschland nicht betrieben wurde. Begründet wurde dies damit, dass es Zweck der Koordinierung innerhalb der Gemeinschaft sei, den Umfang der Zulassung in allen Mitgliedstaaten einheitlich zu bestimmen.[238] Eine Heiratsversicherung hat sich aus der sog. „Aussteuerversicherung" entwickelt,[239] bei der die Versicherungssumme bei Heirat des Kindes fällig wird.[240] **145**

21. Fondsgebundene Lebensversicherung (Nr. 21). Die **Fondsgebundene Lebensversicherung** ist in der Anlage 1 zum VAG besonders aufgeführt (Nr. 21). Hintergrund dafür, dass sie neben der Sparte Leben (Nr. 19) separat erwähnt wird, ist, dass die Fondsgebundene Lebensversicherung nach den europäischen Richtlinien (vgl. Anhang II, Ziff. III Solva II-RL) eine besondere Sparte bildet.[241] Nach deutschem Verständnis ließe sie sich unter Heranziehung der VVG-„Leitbilder" zur Lebensversicherung[242] ohne Weiteres unter den weiten Oberbegriff „Leben" (Nr. 19) fassen. Bei Fondsgebundenen Lebens- oder Rentenversicherungen handelt es sich um Sonderformen der **kapitalbildenden Versicherungen**, bei denen der Sparanteil der Prämie in einem oder mehreren Investmentfonds oder einem internen Fonds des Versicherers angelegt wird.[243] Die Höhe der dem Versicherungsnehmer zustehenden Versicherungsleistung ist von der wertmäßigen Entwicklung des Fonds abhängig.[244] Das Anlagerisiko liegt folglich beim Versicherungsnehmer. Unter die Sparte Nr. 21 fallen daher auch die fondsgebundenen Vorsorgeverträge nach § 1 AltZertG. **146**

22. Tontinengeschäfte (Nr. 22). Das VAG verzichtet darauf, den Begriff der „**Tontinengeschäfte**" (Nr. 22) zu erläutern. Eine Begriffserklärung findet sich indes in Art. 2 Abs. 3 lit. b i) Solva II-RL. Dort werden Tontinengeschäfte definiert als „Geschäfte, die die Bildung von Gemeinschaften umfassen, in denen sich Teilhaber vereinigen, um ihre Beiträge gemeinsam zu kapitalisieren und das so gebildete Vermögen entweder auf die Überlebenden oder auf die Rechtsnachfolger der Verstorbenen zu verteilen".[245] Diese Konstruktion geht auf den Versicherungsmathematiker Albert Tontin zurück. Die Verpflichtung des Versicherers bzw. Veranstalters besteht darin, eine Einmalprämie anzunehmen, diese zu verzinsen und in bestimmten Zeitabständen eine steigende Jahresrente auszuzahlen, und zwar an die noch lebenden Teilnehmer der Tontine.[246] Das Tontinengeschäft wird deshalb als **Sonderfall der Erlebensfallversicherung** bezeichnet.[247] **147**

Bei den in Nr. 22 genannten Tontinengeschäften handelt es sich nach teilweise vertretender Auffassung nicht um Versicherungsgeschäfte i. S. v. § 7 Nr. 33 VAG.[248] Dieser Streit kann letztlich dahinstehen, da gemäß § 1 Abs. 2 S. 1 VAG diese Geschäfte dann in den Anwendungsbereich des VAG fallen, wenn sie von Versicherungsunternehmen betrieben werden, denen die Erlaubnis für eine der in der den Nr. 19–21 der Anlage 1 zum VAG genannten Versicherungssparten erteilt wurde, d. h. vor allem für den Betrieb einer Lebensversicherung. In diesem Fall werden diese Geschäfte **Lebensversicherungsgeschäften gleichgestellt**. Entgegen dem Verbot des Betriebs versicherungsfremder Geschäfte (§ 15 VAG) ist der Betrieb dieser Geschäfte folglich ausnahmsweise – und nur für Versicherungsunternehmen **148**

---

237 *Präve* § 10 Rn. 8 meint, dass Risiken, die unter das Spartentrennungsgebot fallen, keine Zusatzrisiken sein können. Der Wortlaut von § 10 Abs. 4 VAG stützt das nicht.

238 Begr. RegE 14. VAG-Änderungsgesetz, BT-Drs. 9/1493, 36.

239 S. hierzu *Benkel/Hirschberg*, ALB/BUZ, 2. Aufl. 2011, § 1 ALB 2008 Rn. 28.

240 Zur Rechtsmissbräuchlichkeit einer Aussteuerversicherung s. *OLG Düsseldorf* Urt. v. 21.3.2000 – 4 U 63/99 NVersZ 2000, 541 sowie *OLG Hamm* Urt. v. 1.10.1999 – 20 U 200/98, NJW-RR 2000, 406.

241 Begr. RegE 14. VAG-Änderungsgesetz, BT-Drs. 9/1493, 36.

242 Zu den Leitbildern nach dem VVG s. Rn. 137.

243 Langheid/Wandt/*Heiss/Mönnich,* 2011, Vor § 150 Rn. 24.

244 Prölss/Martin/*Schneider* Vor § 150 Rn. 30a.

245 S. auch Begr. RegE Drittes Durchführungsgesetz/EWG zum VAG, BT-Drs. 12/6959, 99.

246 *Winter* VersR 2004, 8, 17 f.; Langheid/Wandt/*Heiss/Mönnich,* 2011, Vor § 150 Rn. 17.

247 Prölss/Martin/*Schneider* Vor § 150 Rn. 13; Langheid/Wandt/*Heiss/Mönnich,* 2011, Vor § 150 Rn. 17; *Winter* VersR 2004, 8, 17 f., s. dort auch zum historischen Hintergrund der Tontine.

248 So FKBP/*Kaulbach* § 1 Rn. 85 zum alten Recht.

mit der genannten Zulassung – erlaubt. Ob aus dieser aufsichtsrechtlichen Gleichstellung auch eine Anwendbarkeit der §§ 150 ff. VVG folgt, ist streitig.[249] In der Regel werden diese Vorschriften aber in den AVB für jedenfalls entsprechend anwendbar erklärt.

149 Nach Art. 2 Abs. 3 lit. b Solva II-RL ist die Aufnahme dieser Geschäfte in den Anwendungsbereich der Richtlinie zulässig, „falls sie sich aus einem Vertrag ergeben und soweit sie der Kontrolle durch die für die Aufsicht über die Privatversicherungen zuständigen Behörden unterliegen".[250]

150 Die Bedeutung der Tontinengeschäfte in Deutschland ist äußerst gering.[251] Bei kleinen Versicherungsunternehmen sind spezielle Grenzen bei der Solvabilitätskapitalanforderung zu beachten (§ 13 KapAusstV).

151 **23. Kapitalisierungsgeschäfte (Nr. 23). Kapitalisierungsgeschäfte** (Nr. 23) werden unter den Voraussetzungen nach § 1 Abs. 2 S. 1 VAG den Lebensversicherungsgeschäften gleichgestellt, ohne selbst Versicherungsgeschäfte zu sein.[252] Denn hier fehlt es an der Übernahme eines Risikos durch den Versicherer.[253] Bei kleinen Versicherungsunternehmen gelten spezielle Grenzen bei der Solvabilitätskapitalanforderung (§ 12 KapAusstV).

152 Anders als bei den übrigen Sparten versucht das Gesetz für Kapitalisierungsgeschäfte die Ansätze einer Definition zu liefern. Gemäß § 1 Abs. 2 S. 2 VAG gelten als Kapitalisierungsgeschäfte solche Geschäfte, „bei denen unter Anwendung eines mathematischen Verfahrens die im Voraus festgesetzten einmaligen oder wiederkehrenden Prämien und die übernommenen Verpflichtungen nach Dauer und Höhe festgelegt sind". Diese Definition, die vom Sinn und Zweck Art. 2 Abs. 3 lit. b ii Solva II-RL entspricht, wird jedoch zu recht als substanzarm und aus sich heraus unverständlich kritisiert.[254] Bei Kapitalisierungsgeschäften geht es aus Kundensicht letztlich um die Situation, dass der Kunde an den Versicherer eine einmalige oder mehrmalige Geldleistung erbringt, deren Betrag er verzinst wieder zurückerhält.[255]

153 *Schneider* weist darauf hin, dass die Bedeutung einer solchen Sparversicherung in Deutschland, anders als beispielsweise in Frankreich, **gering** sei.[256] Das entspricht aber nicht mehr dem aktuellen Stand. Nach Auffassung der BaFin spielen solche Produkte zutreffend eine zunehmend größere Bedeutung in der Lebensversicherung.[257] Aus diesem Grund hat sie eine Anordnung[258] sowie ein Rundschreiben[259] zu Kapitalisierungsgeschäften veröffentlicht, mit denen auch auf die Entwicklung reagiert werden soll, dass Kapitalisierungsgeschäfte vermehrt in Varianten angeboten werden, die auch als kurzfristige Kapitalanlage dienen können.[260] Unter anderem verlangt die BaFin, dass die Lebensversicherer die Laufzeiten von Kapitalisierungsgeschäften im Voraus festlegen und dass Verlängerungsoptionen und Zuzahlungen nur möglich sind, wenn der Versicherer ein Widerspruchsrecht erhält.[261] Darüber hinaus gelten nach Auffassung der BaFin für Kapitalisierungsgeschäfte, denen ein Vertrag nach § 1 VVG zugrunde liegt, die allgemeinen Verbraucherschutzvorschriften des VVG (insb. die Informationspflichten). Für die übrigen Kapitalisierungsgeschäfte gelten diese Vorschriften zumindest sinngemäß.[262] Auch die Vorschriften der §§ 150 ff. VVG, allen voran § 153 VVG, hält die BaFin für anwendbar. Dem ist aber nicht zu folgen.[263]

154 **24. Geschäfte der Verwaltung von Versorgungseinrichtungen (Nr. 24).** Unter den Voraussetzungen des § 1 Abs. 2 VAG werden **Geschäfte der Verwaltung von Versorgungseinrichtungen** (Nr. 24) Lebensversicherungsgeschäften gleichgestellt.[264] Nach der Legaldefinition in § 1 Abs. 2 S. 3 VAG bestehen solche Geschäfte „in der Verwaltung von Versorgungseinrichtungen, die Leistungen im Todes- oder Erlebensfall oder bei Arbeitseinstellung oder bei Minderung der Erwerbsfähigkeit vorsehen; dazu gehören auch die Anlage und Verwaltung der Vermögenswerte".[265] Diese Definition entspricht Art. 2 Abs. 3 lit. b iii Solva II-RL. Die Begriffserklärung ist aus sich heraus verständlich. Die Geschäfte

[249] Vgl. *Grote* in: Marlow/Spuhl, Das Neue VVG kompakt, 4. Aufl. 2010, Rn. 1042 zum vergleichbaren Problem bei Kapitalisierungsgeschäften (Nr. 23 der Anlage 1 zum VAG).

[250] Zur Zulässigkeit s. Begr. RegE Drittes Durchführungsgesetz/EWG zum VAG, BT-Drs. 12/6959, 47, 99.

[251] *Winter* VersR 2004, 8, 18; Langheid/Wandt/*Heiss/Mönnich*, 2011, Vor § 150 Rn. 17.

[252] Zu den Voraussetzungen s. bei Nr. 22, Rn. 148.

[253] Langheid/Wandt/*Heiss/Mönnich,* 2011, Vor § 150 Rn. 4.

[254] S. bei § 1 Rn. 75 ff.; FKBP/*Kaulbach* § 1 Rn. 89 m. w. N.; Langheid/Wandt/*Heiss/Mönnich,* 2011, Vor § 150 Rn. 30.

[255] FKBP/*Kaulbach* § 1 Rn. 90; Langheid/Wandt/*Heiss/Mönnich,* 2011, Vor § 150 Rn. 30.

[256] Prölss/Martin/*Schneider* Vor § 150 Rn. 17.

[257] BaFin, Sammelverfügung zu Kapitalisierungsgeschäften v. 7.2.2008 – VA 21-I 4209-2010/0001 – sowie Rundschreiben 8/2010 (VA) – Hinweise zu Lebensversicherungen gegen Einmalbeitrag und zu Kapitalisierungsgeschäften – VA 21-I 4209-2010/0002, jeweils unter A; s. a. *Präve* § 1 Rn. 77 f.

[258] BaFin, Sammelverfügung zu Kapitalisierungsgeschäften v. 7.2.2008 – VA 21-I 4209-2010/0001.

[259] BaFin Rundschreiben 8/2010 (VA) – Hinweise zu Lebensversicherungen gegen Einmalbeitrag und zu Kapitalisierungsgeschäften.

[260] BaFin, Sammelverfügung v. 7.2.2008 und Rundschreiben 8/2010 jeweils unter A.

[261] Vgl. Sammelverfügung v. 7.2.2008 unter A.3.

[262] Sammelverfügung v. 7.2.2008 unter C.3; zur Anwendbarkeit des VVG auf Kapitalisierungsgeschäfte s. näher *Winter* VersR 2004, 8, 17.

[263] *Grote* in Marlow/Spuhl, Das Neue VVG kompakt, 4. Aufl., 2010, Rn. 1042.

[264] Zu den Voraussetzungen s. bei Nr. 22, Rn. 148.

[265] Vgl. zu diesen Geschäften auch § 1 Rn. 79 ff.

nach Nr. 24 treffen zudem in Deutschland auf bekannte Sachverhalte.[266] Die Sparteneinordnung dürfte daher keine Abgrenzungsschwierigkeiten bereiten.

Ggf. sind bei diesen Geschäften mit Blick auf die Solvabilitätskapitalanforderung die speziellen Vorgaben nach § 14 KapAusstV zu beachten. 155

25. Pensionsfondsgeschäfte (Nr. 25). Bei **Pensionsfonds** handelt es sich gemäß § 1 Abs. 2 BetrAVG um einen Durchführungsweg für die **betriebliche Altersversorgung.**[267] Die Aufnahme in die Anlage 1 zum VAG durch das AVmG ist konsequent, da es sich um einen weitgehend **versicherungsförmigen** Durchführungsweg handelt.[268] Die Abgrenzung zu anderen Sparten der Anlage 1 zum VAG dürfte angesichts des umgrenzten Geschäftsbereichs der Pensionsfonds nach den §§ 236 – 240 VAG eher unproblematisch sein. 156

Schwierigkeiten bereitet hier aber auch eine etwaige, ggf. entsprechende Anwendung der vertragsrechtlichen Vorschriften, die für die Lebensversicherung gelten. Eine schematische Übertragung ist auch hier abzulehnen.[269] 157

Anlage 2. Bezeichnung der Zulassung, die gleichzeitig für mehrere Sparten erteilt wird

Umfasst die Zulassung zugleich

1. Nummer 1 Buchstabe d, die Nummern 3, 7 und 10 Buchstabe a, so wird sie unter der Bezeichnung „Kraftfahrtversicherung" erteilt;
2. Nummer 1 Buchstabe d, die Nummern 4, 6, 7 und 12, so wird sie unter der Bezeichnung „See- und Transportversicherung" erteilt;
3. Nummer 1 Buchstabe d, die Nummern 5, 7 und 11, so wird sie unter der Bezeichnung „Luftfahrtversicherung" erteilt;
4. die Nummern 8 und 9, so wird sie unter der Bezeichnung „Feuer- und andere Sachschäden" erteilt;
5. die Nummern 10 bis 13, so wird sie unter der Bezeichnung „Haftpflicht" erteilt;
6. die Nummern 14 und 15, so wird sie unter der Bezeichnung „Kredit und Kaution" erteilt;
7. die Nummern 1, 3 bis 13 und 16, so wird sie unter der Bezeichnung „Schaden- und Unfallversicherung" erteilt.

Schrifttum: Siehe die Angaben bei Anlage 1 zum VAG.

I. Allgemeines. 1. Entstehungsgeschichte. Die Anlage 2 zum VAG entspricht inhaltlich unverändert der bisherigen Anlage Teil B zum VAG a. F.[270] Die Anlage Teil B zur alten Fassung des VAG wurde gemeinsam mit Teil A (heute Anlage 1 zum VAG) im Jahr 1975 durch das **Erste Durchführungsgesetz/EWG zum VAG**[271] in das VAG aufgenommen. Der Anlage sollte insbesondere zu Beginn eine besondere Bedeutung bei der **Spartenabgrenzung** zukommen. Denn der damalige Gesetzgeber ging davon aus, dass die Einteilung nach der Anlage Teil A zum VAG a. F. sich nicht mit den in Deutschland üblichen Versicherungszweigen deckte und dass deshalb vor allem die Zulassung für mehrere Einzelsparten in den in Teil B vorgesehenen Zusammenfassungen Bedeutung haben würde, bis „diese Sparten sich allgemein eingebürgert haben und damit die angestrebte Koordinierung im Bereich der Europäischen Wirtschaftsgemeinschaft verwirklicht ist".[272] Aber auch heute ist die Anlage 2 zum VAG angesichts der teilweise fehlenden Trennschärfe der Spartensortierung nach der Anlage 1 zum VAG[273] und nicht zuletzt wegen ihres deutlich geringeren Umfangs in der Praxis leichter zu handhaben. Die in den Nr. 1–7 der Anlage 2 zum VAG vorgesehenen Zusammenfassungen bieten insoweit einen anschaulichen Überblick über die in einem inhaltlichen Zusammenhang stehenden Versicherungssparten. 1

Seit ihrer Einführung ist die Anlage 2 zum VAG nur in einem Punkt inhaltlich geändert worden: Im Rahmen der Kraftfahrzeugversicherung (Nr. 1 der Anlage 2 zum VAG) ist bei der Nennung der Sparte Landfahrzeug-Kasko (Nr. 3 der Anlage 1 zum VAG) der in der Ursprungsfassung vorhandene Zusatz „Buchstabe a" weggefallen.[274] Dadurch sollte die Anlage Teil B zum VAG a. F. mit der Anlage zur Schadenversicherungsrichtlinie in Einklang gebracht werden, die für die Bezeichnung Kraftfahrtver- 2

[266] FKBP/*Kaulbach* § 1 Rn. 91.
[267] Vgl. auch Beschlussempfehlung des Ausschusses für Arbeit und Sozialordnung, BT-Drs. 14/5146, 4; FKBP/*Bähr* § 112 Rn. 1; Prölss/Martin/*Schneider* Vor § 150 Rn. 41.
[268] Zur Geschäftstätigkeit der Pensionsfonds s. im Einzelnen die Ausführungen bei § 236.
[269] Vgl. *Grote* in in Marlow/Spuhl, Das neue VVG kompakt – ein Handbuch für die Rechtspraxis, 4. Aufl., 2010, Rn. 1042 – zum vergleichbaren Problem bei Kapitalisierungsgeschäften (Nr. 23 der Anlage 1 zum VAG).
[270] Begr. VAG-RegE 2014, BT-Drs. 18/2956, 305.
[271] V. 24.12.1975, BGBl. I 3139.
[272] Begr. RegE Erstes Durchführungsgesetz/EWG zum VAG, BT-Drs. 7/3687, 27.
[273] S. hierzu die Ausführungen zu Anl. 1 Rn. 9.
[274] Durch das Vierzehnte Gesetz zur Änderung des Versicherungsaufsichtsgesetzes v. 29.3.1983, BGBl. I 377, 385.

sicherung auf die gesamte Sparte der Nr. 3 und somit auch auf Landfahrzeuge ohne eigenen Antrieb Bezug nahm.[275] Der nationale Gesetzgeber reagierte damit zugleich auf die zwischenzeitliche Entwicklung im deutschen Recht, wonach sich ergeben hat, dass Kraftfahrzeuganhänger nicht unter den Begriff der Kraftfahrzeuge fallen.[276] Unter die Sammelbezeichnung „Kraftfahrtversicherung" musste dementsprechend die gesamte Sparte der Nr. 3 und nicht nur deren lit. a fallen.

3 **2. Europarechtlicher Hintergrund.** Das **Erste Durchführungsgesetz/EWG zum VAG**, auf dem die Anlage 2 zum VAG zurückgeht, diente der Umsetzung der europäischen Ersten Schadenversicherungsrichtlinie.[277] Im Unterschied zur Anlage dieser Richtlinie[278] hat der deutsche Gesetzgeber jedoch davon abgesehen, eine gemeinsame Bezeichnung für die Zulassung der Sparten Unfall (Nr. 1) und Krankheit (Nr. 2) zu wählen, weil die nicht-substitutive Krankenversicherung damals von Nicht-Krankenversicherungsunternehmen kaum betrieben wurde. Stattdessen hat er von der Wahlmöglichkeit nach der Anlage B lit. h der Schadensversicherungsrichtlinie[279] Gebrauch gemacht, indem er für die Sparten 1, 3 bis 13 und 16 die Sammelbezeichnung „Schaden- und Unfallversicherung" (Anl. 2 Nr. 7) eingeführt hat.

4 Der Anhang der Schadensversicherungsrichtlinie ist ohne Änderungen in die **Solva II-RL** übernommen worden (Anhang I Teil B). Demgemäß ist die Anlage B zum VAG a. F. im Zuge der VAG-Reform ebenfalls unverändert geblieben.

5 **II. Bezeichnung der Zulassung, die gleichzeitig für mehrere Sparten erteilt wird. 1. Kraftfahrtversicherung (Nr. 1).** Wenn die Zulassung eines Versicherers zugleich die Nr. 1d sowie die Nrn. 3, 7 und 10a der Anlage 1 zum VAG umfasst, so wird sie nach Nr. 1 der Anlage 2 zum VAG unter der Bezeichnung „Kraftfahrtversicherung" erteilt. Diese Zusammenfassung trägt dem Umstand Rechnung, dass die mit der Verwendung von Kraftfahrzeugen verbundenen Gefahren (Unfall, Kasko, Güter und Haftpflicht) in tatsächlicher Hinsicht in unmittelbarem Zusammenhang zueinander stehen, weshalb das praktische Bedürfnis dafür besteht, dass Versicherungsunternehmen diese Risiken zusammen anbieten.

6 **2. See- und Transportversicherung (Nr. 2).** Nach Nr. 2 der Anlage 2 zum VAG erhält eine Zulassung, die gleichzeitig für die Nr. 1d sowie die Nr. 4, 6, 7 und 12 der Anlage 1 zum VAG erteilt wird, die Bezeichnung „See- und Transportversicherung". Erfasst werden demnach die Risiken Unfall im Bereich Personenbeförderung, die Kaskoversicherungen für Schienenfahrzeuge und Schiffe, die Transportgüterversicherung sowie die Schifffahrtshaftpflicht. Wie im Bereich der Kraftfahrtversicherung besteht auch hier ein enger Zusammenhang zwischen den versicherten Risiken, so dass die gemeinsame Bezeichnung als See- und Transportversicherung sinnvoll ist.

7 Die Bezeichnung **Seeversicherung** ist nicht identisch mit dem im Vertragsrecht verwendeten Begriff der Seeversicherung. Gemäß § 209 VVG sind die Vorschriften des VVG auf die „Versicherung gegen die Gefahren der Seeschifffahrt (Seeversicherung)" nicht anzuwenden. Auf der einen Seite ist der Begriff der Seeversicherung im Sinne der Anlage 2 zum VAG also weiter, weil von der Sammelbezeichnung nicht nur Seeschiffe erfasst werden. Auf der anderen Seite wird die Seeversicherung im vertragsrechtlichen Sinne nicht auf die einzelnen in der Anlage 1 zum VAG genannten Sparten der Seekasko, Seegüter und Seehaftpflicht beschränkt.[280] Beispielsweise gilt § 209 VVG auch für die Seerechtsschutzversicherung, da hier ein Bezug zu den mit der Seeschifffahrt einhergehenden Gefahren besteht.[281] Dieses Risiko fällt unter die Sparte Rechtsschutz (Nr. 17). Die Seerechtsschutzversicherung darf gemäß § 10 Abs. 4 S. 3 VAG unter den dort genannten Voraussetzungen jedoch als Zusatzrisiko von Unternehmen mit anderer Spartenzulassung betrieben werden, also etwa von solchen mit der Sammelzulassung See- und Transportversicherung. Dies stellt eine Ausnahmeregelung von dem Grundsatz dar, dass die unter die Sparte Nr. 17 fallenden Risiken nicht als zusätzliche Risiken von der Erlaubnis zum Betrieb anderer Sparten umfasst werden, § 10 Abs. 4 S. 2 VAG.

8 **3. Luftfahrtversicherung (Nr. 3).** Eine gemeinsame Bezeichnung gibt es ferner für die gleichzeitige Erlaubnis zum Betrieb solcher Geschäfte, die den Sparten Nr. 1d sowie den Nr. 5, 7 und 11 der Anlage 1 zum VAG zuzuordnen sind. Die Zulassung wird in diesem Fall nach Nr. 3 der Anlage 2 zum VAG unter der Bezeichnung „Luftfahrtversicherung" erteilt. Zusammengefasst werden namentlich die Risiken Unfall, Kasko, Güter und Haftpflicht. Auch das ist sinnvoll.

9 **4. Feuer- und andere Sachschäden (Nr. 4).** Ist ein Unternehmen zum Betrieb der unter die Sparten der Nr. 8 und 9 der Anlage 1 zum VAG fallenden Geschäfte zugelassen, so wird die Zulassung

[275] Begr. RegE 14. VAG-Änderungsgesetz, BT-Drs. 9/1493, 36.
[276] Begr. RegE 14. VAG-Änderungsgesetz, BT-Drs. 9/1493, 36; zum Begriff des Kraftfahrzeugs vgl. die Ausführungen zu Anl. 1 Rn. 53.
[277] RL 73/239/EWG v. 24.7.1973, ABl. EG L 228, 3.
[278] S. heute Anhang I Teil B lit. a Solva II-RL – RL 2009/138/EG v. 25.11.2009, ABl. EU 2009 L 335, 1, geändert durch die RL 2014/51/EU v. 16.4.2014, ABl. EU 2014 L 153, 1 (Omnibus II).
[279] Vgl. heute Anhang I Teil B lit. h Solva II-RL.
[280] Vgl. hierzu *Schleif* VersR 2010, 1281, 1285.
[281] Prölss/Martin/*Klimke* § 209 Rn. 16; *Schleif* VersR 2010, 1281, 1285.

unter der Bezeichnung „Feuer- und andere Sachschäden" erteilt (Nr. 4 der Anlage 2 zum VAG). Die Zusammenfassung der dort genannten Risiken spiegelt sich teilweise im Vertragsrecht wider, wo die Sachversicherung in einem eigenen Abschnitt (Teil I Kapitel 2 Abschnitt 2) geregelt ist.

5. Haftpflicht (Nr. 5). Die gleichzeitig für die Sparten Nr. 10–13 der Anlage 1 zum VAG erteilte Zulassung wird gemäß Nr. 5 der Anlage 2 zum VAG unter der gemeinsamen Bezeichnung „Haftpflicht" erteilt. Zusammengefasst werden damit sämtliche Haftpflichtsparten, weitere Sparten sind hingegen nicht eingeschlossen. Aus der Bezeichnung „Haftpflicht" geht folglich der Umfang der Zulassung eindeutig hervor, was sinnvoll ist. 10

6. Kredit und Kaution (Nr. 6). Die Zulassung der Sparten Nr. 14 und 15 der Anlage 1 zum VAG erfolgt nach Nr. 6 der Anlage 2 zum VAG unter der gemeinsamen Bezeichnung „Kredit und Kaution". Die Zusammenfassung dieser Sparten als ein Versicherungszweig wird bereits im Gesetz erkennbar, z. B. in § 210 Abs. 2 S. 1 Nr. 2 VVG oder § 10 Abs. 4 S. 2 VAG. Auch im Hinblick auf die von der Aufsicht festgelegten Anforderungen an den Betrieb dieser Geschäfte werden gleiche Maßstäbe gesetzt.[282] Demgemäß ist die gemeinsame Bezeichnung als „Kredit und Kaution" konsequent. 11

7. Schaden- und Unfallversicherung (Nr. 7). Bei einer gleichzeitigen Zulassung zu den Sparten der Nr. 1, 3–13 und 16 der Anlage 1 zum VAG wird die Zulassung schließlich unter der Bezeichnung „Schaden- und Unfallversicherung" erteilt (Nr. 7 der Anlage 2 zum VAG). Anders als die Zusammenfassungen nach den Nr. 1–6 der Anlage 2 zum VAG reicht die Bezeichnung nach Nr. 7 deutlich weiter. Sie ist nicht auf bestimmte Kernbereiche beschränkt, sondern umfasst mit Ausnahme der Sparten Krankheit, Kredit und Kaution sowie Rechtsschutz sämtliche Nichtlebensversicherungssparten. Durch die zusammenfassende Bezeichnung der Zulassung als Schaden- und Unfallversicherung wird diese Reichweite für die Praxis nach außen erkennbar. Gebräuchlich ist hier auch der Begriff „Kompositversicherer". 12

Anlage 3. Standardformel zur Berechnung der Solvabilitätskapitalanforderung (SCR)

1. Berechnung der Basissolvabilitätskapitalanforderung (BSCR)
Die in § 100 dargelegte Basissolvabilitätskapitalanforderung wird wie folgt ermittelt:

$$\text{Basis SCR} = \sqrt{\sum_{i,j} Corr_{i,j} \times SCR_i \times SCR_j}$$

wobei SCRi das Risikomodul i und SCRj das Risikomodul j bezeichnet; „i, j" bedeutet, dass in der Summe alle möglichen Kombinationen von i und j erfasst sein sollten. Bei der Berechnung treten an die Stelle von SCRi und SCRj:

$SCR_{Nichtleben}$: Nichtlebensversicherungstechnisches Risikomodul;

SCR_{Leben}: Lebensversicherungstechnisches Risikomodul;

$SCR_{Kranken}$: Krankenversicherungstechnisches Risikomodul;

SCR_{Markt}: Risikomodul Marktrisiken;

$SCR_{Ausfall}$: Risikomodul Gegenparteiausfall.

Der Faktor „Corr i, j" steht für die Angaben in Zeile i und Spalte j der folgenden Korrelationsmatrix:

i \ j	Markt	Gegenparteiausfall	Lebensversicherung	Krankenversicherung	Nicht-Lebensversicherung
Markt	1	0.25	0.25	0.25	0.25
Gegenparteiausfall	0.25	1	0.25	0.25	0.5
Lebensversicherung	0.25	0.25	1	0.25	0

[282] Vgl. das Rundschreiben R 1/96 des BAV.

i \ j	Markt	Gegenpartei-ausfall	Lebensversi-cherung	Krankenversi-cherung	Nicht-Lebens-versicherung
Krankenversi-cherung	0.25	0.25	0.25	1	0
Nicht-Lebens-versicherung	0.25	0.5	0	0	1

2. Berechnung des nichtlebensversicherungstechnischen Risikomoduls

Das in § 101 genannte nichtlebensversicherungstechnische Risikomodul errechnet sich wie folgt:

$$SCR_{Nichtleben} = \sqrt{\sum_{i,j} Corr_{i,j} \times SCR_i \times SCR_j}$$

wobei SCRi das Untermodul i und SCRj das Untermodul j bezeichnet; „i, j" bedeutet, dass in der Summe alle möglichen Kombinationen von i und j erfasst sein sollten. Bei der Berechnung treten an die Stelle von SCRi und SCRj:

$SCR_{NL\text{-}Prämien/Rückstellung}$: Untermodul Nichtlebensversicherungprämien- und -reserverisiko;
$SCR_{NL\text{-}Katastrophen}$: Untermodul Nichtlebenskatastrophenrisiko.

3. Berechnung des lebensversicherungstechnischen Risikomoduls

Das in § 102 genannte lebensversicherungstechnische Risikomodul errechnet sich wie folgt:

$$SCR_{Leben} = \sqrt{\sum_{i,j} Corr_{i,j} \times SCR_i \times SCR_j}$$

wobei SCRi das Untermodul i und SCRj das Untermodul j bezeichnet; „i, j" bedeutet, dass in der Summe alle möglichen Kombinationen von i und j erfasst sein sollten. Bei der Berechnung treten an die Stelle von SCRi und SCRj:

$SCR_{Sterblichkeit}$: Untermodul Sterblichkeitsrisiko;
$SCR_{Langlebigkeit}$: Untermodul Langlebigkeitsrisiko;
$SCR_{Invalidität}$: Untermodul Invaliditäts-/Morbiditätsrisiko;
$SCR_{LV\text{-}Kosten}$: Untermodul Lebensversicherungskostenrisiko;
$SCR_{Revision}$: Untermodul Revisionsrisiko;
SCR_{Storno}: Untermodul Stornorisiko;
$SCR_{LV\text{-}Katastrophen}$: Untermodul Lebensversicherungskatastrophenrisiko.

4. Berechnung des Risikomoduls Marktrisiken

Struktur des Risikomoduls Marktrisiken
Das in § 104 genannte Marktrisikomodul errechnet sich wie folgt:

$$SCR_{Markt} = \sqrt{\sum_{i,j} Corr_{i,j} \times SCR_i \times SCR_j}$$

wobei SCRi das Untermodul i und SCRj das Untermodul j bezeichnet; „i, j" bedeutet, dass in der Summe alle möglichen Kombinationen von i und j erfasst sein sollten. Bei der Berechnung treten an die Stelle von SCRi und SCRj:

SCR_{Zins}: Untermodul Zinsänderungsrisiko;
SCR_{Aktien}: Untermodul Aktienrisiko;
$SCR_{Immobilien}$: Untermodul Immobilienrisiko;
SCR_{Spread}: Untermodul Spread-Risiko;
$SCR_{Konzentration}$: Untermodul Marktrisikokonzentrationen;
$SCR_{Wechselkurs}$: Untermodul Wechselkursrisiko.

I. Allgemeines. 1. Entstehungsgeschichte. Anl. 3 VAG ist bei der Neufassung des VAG im Jahr 2015 durch Art. 1 des Gesetzes zur Modernisierung der Finanzaufsicht über Versicherungen[283] vom 1.4.2015 in das VAG eingefügt worden. 1

2. Normzweck. Anlage 3 VAG präzisiert die Berechnungsformel für die in § 100 VAG dargelegte Basissolvabilitätsanforderung. Die einzelnen Risikomodule (nichtlebensversicherungstechnisch, lebensversicherungstechnisch, krankenversicherungstechnisch, Marktrisiko, Gegenparteiausfallrisiko) werden unter Heranziehen der in der Anlage aufgeführten Korrelationen aggregiert. 2

Außerdem werden die Aggregationsformeln für das nichtlebensversicherungstechnische Risikomodul, das lebensversicherungstechnische Risikomodul und das Risikomodul Marktrisiko beschrieben und ergänzen somit die § 101 VAG (Nichtleben), § 102 VAG (Leben) und § 104 VAG (Marktrisiko). 3

3. Europarechtlicher Hintergrund. Anlage 3 VAG setzt Anhang IV Solva-II RL um. Die Unterschiede im Wortlaut sind redaktioneller Natur. 4

Art. 87 Solva II-VO beschreibt die Berechnung der Basissolvabilitätskapitalanforderung und verweist dabei auf Anh. IV Nr. 1 Solva II-VO. Hinsichtlich der Berücksichtigung immaterieller Vermögensgegenstände folgt das VAG noch der Solva II-RL und unterscheidet sich damit von der Solva II-VO. In der Solva II-VO ist das Risiko immaterieller Vermögenswerte Bestandteil der Berechnung der Basissolvabilitätskapitalanforderung, während dieses kein Bestandteil nach § 100 VAG ist.[284] 5

II. Berechnungsvorschriften. 1. Berechnung der Basissolvabilitätskapitalanforderung (BSCR). Der Aufbau der Basissolvabilitätskapitalanforderung wird in § 100 VAG bestimmt und umfasst mindestens die Risikomodule für folgende Risiken: 6
– nichtlebensversicherungstechnisches Risiko,
– lebensversicherungstechnisches Risiko,
– krankenversicherungstechnisches Risiko,
– Marktrisiko,
– Gegenparteiausfallrisiko.

Die Aggregation der einzelnen Risikomodule erfolgt unter Berücksichtigung von Diversifikationseffekten, die über die Korrelationsmatrix der Anl. 3 Nr. 1 abgebildet werden. Zur Aggregation wird die sog. Wurzelformel verwendet, welche implizit die Anwendbarkeit einer multivariaten Normalverteilung für die einfließenden Risikogrößen unterstellt. Dadurch lässt sich die Gesamtkapitalanforderung im Gegensatz zu komplexen stochastischen Modellen vergleichsweise leicht berechnen, andererseits kommen vereinfachende Annahmen zu den Verteilungsannahmen und Abhängigkeiten zur Anwendung, welche im Einzelfall die Verlässlichkeit der Berechnungsergebnisse einschränken. Eine weitere wichtige Vereinfachung betrifft die zugrunde liegende Annahme, dass nur lineare Abhängigkeiten zwischen den einzelnen Risiken bestehen und damit keine weiteren Spezifikationen hinsichtlich veränderter Abhängigkeiten in Extremszenarien, d. h. an den Verteilungsenden, zu beachten sind.[285] 7

Über die Annahmen zu den Korrelationen zwischen den Risikomodulen werden Diversifikationseffekte abgebildet. Unter Diversifikationseffekten versteht man „eine Reduzierung des Gefährdungspotenzials von Versicherungsunternehmen und -gruppen durch die Diversifizierung ihrer Geschäftstätigkeit, die sich aus der Tatsache ergibt, dass das negative Resultat eines Risikos durch das günstigere Resultat eines anderen Risikos ausgeglichen werden kann, wenn diese Risiken nicht voll korreliert sind.[286] Die vorgegebenen Korrelationsannahmen zwischen den einzelnen Risikomodulen basieren nicht auf einem konsistenten Modellansatz, anhand dessen durch einzelne Versicherungsunternehmen eine Aktualisierung oder Spezifizierung der Korrelationsannahmen möglich wäre. Vielmehr stehen dahinter EIOPA (vormals CEIOPS) durchgeführte statistische Untersuchungen, deren Ergebnisse in Konsultationspapieren und Veröffentlichungen.[287] Im Rahmen der durchgeführten Konsultationen wurden historische Datenreihen analysiert und trotz bekannt gewordener modelltheoretischer Grenzen des Ansatzes an der Wurzelformel festgehalten. Die Aufsicht hat durch die Kalibrierung der Korrelati- 8

[283] BGBl. 2015 I 434 ff.
[284] Hierzu vgl. Kommentierung zu § 100 VAG.
[285] Vgl. CEIOPS-DOC-70/10, Rn. 3.8-3.11.
[286] Vgl. § 7 Nr. 5 VAG.
[287] Vgl. CEIOPS-DOC 40/09 und CEIOPS-SEC-40-10 Abschnitt 3.7.

onsfaktoren dafür zu sorgen, dass diese Unzulänglichkeiten kompensiert werden und die so ermittelte Solvabilitätskapitalanforderung den Prinzipien von § 97 VAG genügt. Dabei ist insbesondere die Zielsetzung bedeutsam, dass mit der Parametrisierung einem einjährigen Value-at-Risk[288] zum Konfidenzniveau 99,5 % entsprochen werden soll.

9 Eine Aktualisierung der Korrelationsparameter erfolgt grundsätzlich jährlich durch EIOPA. Die zur Bestimmung der Korrelation zugrundeliegenden unternehmensspezifischen Daten werden dabei von den Aufsichtsbehörden zur Verfügung gestellt.[289]

10 **2. Berechnung des nichtlebensversicherungstechnischen Risikomoduls.** Der für Anlage 3 Abs. 2 VAG grundlegende § 101 VAG spezifiziert das für die Berechnung der Basissolvabilitätskapitalanforderung (BSCR) notwendige nichtlebensversicherungstechnische Risikomodul $SCR_{Nichtleben}$. Das Risikomodul wird aus der formalen Aggregation der im Gesetzestext aufgeführten Untermodule des Nichtlebensversicherungs-Prämien- und Reserverisikos sowie des Nichtlebenskatastrophenrisikos berechnet. Abs. 2 der Anlage 3 zum VAG verwendet eine Kovarianzformel (Wurzelformel) zur Bestimmung des nichtlebensversicherungstechnischen Risikomoduls. Die dazu in der Kovarianzformel mathematisch angezeigte Korrelationsmatrix $Corr_{i,j}$ für die Berechnung des nichtlebensversicherungstechnischen Risikomoduls ist nicht weiter in Anlage 3 VAG geregelt, sondern in der Solva II-VO zu finden.[290]

Die in Anlage 3 Abs. 2 VAG genannten Untermodule werden einzeln jeweils durch einen eigenen szenariobasierten Ansatz bestimmt. Für weitere Anmerkungen zu den Berechnungsmethoden vgl. Kommentierung zum § 101 VAG.

11 **3. Berechnung des lebensversicherungstechnischen Risikomoduls.** Der für Anlage 3 Abs. 3 VAG grundlegende § 102 VAG spezifiziert das für die Berechnung der Basissolvabilitätskapitalanforderung (BSCR) notwendige lebensversicherungstechnische Risikomodul SCR_{Leben}. Dieses versicherungstechnische Risikomodul wird aus der Aggregation der in Anlage 3 bzw. § 102 VAG aufgeführten sieben Untermodule berechnet. Diese erfolgt wiederum mittels Kovarianzformel (Wurzelformel). Die in der Kovarianzformel in Anl. 3 Abs. 3 VAG angezeigte Korrelationsmatrix $Corr_{i,j}$ für die Berechnung des lebensversicherungstechnischen Risikomoduls ist im Detail in der Solva II-VO und damit durch das europäischen Aufsichtsregime einheitlich festgelegt.[291] Zur Kalibrierung der vorgegebenen Korrelationsfaktoren gab es keine ausreichende Datenbasis, die Wahl stützt sich deshalb auf die Einschätzungen von Sachverständigen.[292] Zwischen dem Sterblichkeitsrisiko und dem Langlebigkeitsrisiko ist von einer hohen Diversifikation auszugehen. Da sich die jeweiligen Portfolien jedoch wesentlich unterscheiden können, beispielsweise hinsichtlich ihrer Altersstruktur, wird anstelle von –1 der Wert –0,25 gewählt.[293] Durch Ereignisse wie Storno, Invalidität oder Revision können zusätzlich Kosten für ein Versicherungsunternehmen entstehen,[294] so dass diese Abhängigkeit durch Korrelationsfaktoren von jeweils 0,5 abgebildet wird.[295] Ein Katastrophenereignis wie beispielsweise eine Pandemie wird möglicherweise auch Auswirkungen auf die Untermodule Sterblichkeit, Invalidität/Morbidität, Storno und Kosten haben, deshalb wird hierfür jeweils ein Korrelationskoeffizient von 0,25 angesetzt.[296] Alle anderen Kombinationen von Risiken sind näherungsweise unabhängig voneinander, sodass jeweils ein Korrelationsfaktor von 0 zu verwenden ist.[297]

Die in Anl. 3 Abs. 3 VAG genannten Untermodule werden einzeln jeweils durch einen eigenen **szenariobasierten Ansatz** bestimmt.[298]

12 **4. Berechnung des Risikomoduls Marktrisiken.** Der für Anl. 3 Abs. 4 VAG grundlegende § 104 VAG spezifiziert das für die Berechnung der Basissolvabilitätskapitalanforderung (BSCR) notwendige Marktrisikomodul SCR_{Markt}. Entsprechend den anderen Submodulen, die in Anlage 3 betrachtet werden, erfolgt die Aggregation der zugrunde liegenden sechs Untermodule (Zins-, Aktien-, Immobilien-, Spread-, Wechselkurs- und Konzentrationsrisiko) über die Wurzelformel. Die in der Kovarianzformel verwendete **Korrelationsmatrix $Corr_{i,j}$** für die Berechnung des Marktrisikomoduls sind wiederum über die Solva II-VO und damit durch das europäische Aufsichtsregime einheitlich geregelt.[299]

13 Für die verwendeten Korrelationen wird einerseits die Annahme zugrunde gelegt, dass die Sensitivität der Vermögenswerte und Verbindlichkeiten für Änderungen der Volatilität der Marktparameter nicht

[288] Für eine Erläuterung des Begriffes Value-at-Risk siehe Kommentierung zu § 97 VAG.
[289] Vgl. Art. 221 Solva II-VO.
[290] Art. 114 Solva II-VO.
[291] Art. 136 Solva II-VO.
[292] CEIOPS-DOC-70/10, Rn. 3.78.
[293] CEIOPS-DOC-70/10, Rn. 3.79-3.81.
[294] Im Rahmen der Kommentierung dieses Paragrafens sind Versicherungsunternehmen Unternehmen im Sinne des § 7 Nr. 33 VAG.
[295] CEIOPS-DOC-70/10, Rn. 3.82-3.83.
[296] CEIOPS-DOC-70/10, Rn. 3.84-3.85.
[297] CEIOPS-DOC-70/10, Rn. 3.86.
[298] Hierzu vergleiche Kommentierung zu § 102 VAG.
[299] Vgl. Tabelle in Art. 164 Nr. 3 Solva II-VO.

wesentlich ist.[300] Andererseits sind konstante lineare Abhängigkeiten zwischen den einzelnen Untermodulen unterstellt, die auch bei Änderungen im Markt- und Zinsumfeld unverändert gelten. Im Rahmen der Festlegung der Korrelationsfaktoren wurde beispielsweise aufgrund empirischer Erfahrungswerte angenommen, dass Aktien-, Immobilien- und Spreadrisiko entsprechend auch im 99,5 % Stressfall positiv korreliert bleiben.[301] Für diese sind gemäß Art. 164 Nr. 3 Solva II-VO Korrelationskoeffizienten von 0,5 bzw. 0,75 angesetzt.

In Finanzmarktkrisen mit fallenden Aktienkursen und Immobilienpreisen sowie steigenden Spreads waren aufgrund von geldpolitischen Maßnahmen ebenfalls Zinssenkungen empirisch zu beobachten. Das Zinsrisiko im Fall eines Zinsrückgangsschocks ist somit ebenfalls erheblich positiv mit den genannten Marktrisiken korreliert. Andererseits kann die Korrelation eines Schockszenarios (plötzliche ungünstige Abweichung) zum Zinsanstieg mit Aktien-, Immobilien- und Spreadrisiken nicht hinreichend statistisch belegt werden.[302] Gemäß Art. 164 Nr. 3 Solva II-VO wird dementsprechend jeweils ein Korrelationskoeffizient von 0,5 angesetzt, falls für das Unternehmen der Zinsrückgang das relevante Zinsszenario[303] darstellt und ansonsten ein Korrelationskoeffizient von 0.

Die Korrelation von Wechselkursrisiken mit anderen Marktrisikomodulen ist statistisch belegt. Andererseits ergibt sich ein Diversifikationseffekt dadurch, dass das Wechselkursrisiko zweiseitig ist und insbesondere in Krisenszenarien auch entgegengesetzt wirken kann.[304] Dementsprechend wird jeweils ein niedrigerer Korrelationskoeffizient von 0,25 angesetzt. **14**

Auswertungen im Rahmen der von EIOPA initiierten Quantitativen Feldtests (QIS) ergaben, dass das Konzentrationsrisiko positiv mit den übrigen Marktrisiken korreliert ist. Dementsprechend wurde im Vorfeld der Solva II-VO ursprünglich jeweils ein Korrelationskoeffizient von 0,5 vorgeschlagen.[305] Gemäß Art. 164 Nr. 3 der Verordnung ist jedoch abweichend davon nun jeweils ein Korrelationskoeffizient von 0 anzusetzen. Ein möglicher Hintergrund ist, dass das Konzentrationsrisiko vom individuellen Diversifikationsgrad der Kapitalanlagen eines Versicherungsunternehmens abhängt und somit anders als z. B. Kursschwankungen an der Börse nicht übergreifend am Markt zu beobachten ist. Dementsprechend ist die adäquate Kalibrierung von Korrelationen zu anderen Untermodulen des Marktrisikos nur sehr eingeschränkt möglich, so dass in der Solva-VO schließlich keine Korrelation angesetzt wurde. **15**

III. Verhältnis zu anderen Regelungen des VAG. Anl. 3 VAG präzisiert die Berechnungsformel für die in § 100 VAG dargelegte Basissolvabilitätskapitalanforderung sowie die Aggregationsformeln für das nichtlebensversicherungstechnische Risikomodul, das lebensversicherungstechnische Risikomodul und das Risikomodul Marktrisiko und ergänzt somit die § 101 VAG (Nichtleben), § 102 VAG (Leben) und § 104 VAG (Marktrisiko). **16**

---

300 EIOPA-14–322, S. 13.
301 Vgl. CEIOPS-SEC-40-10 Rn. 3.1298-3.1303.
302 Vgl. CEIOPS-SEC-40-10 Rn. 3.1290, 3.1293 bzw. 3.1296.
303 Vgl. Rn. 16 ff. der Kommentierung zu § 104 VAG.
304 Vgl. CEIOPS-SEC-40-10 Rn. 3.1304.
305 Vgl. CEIOPS-SEC-40-10 Rn. 3.1305-3.1307.

Gesetz zur zusätzlichen Aufsicht über beaufsichtigte Unternehmen eines Finanzkonglomerats (Finanzkonglomerate-Aufsichtsgesetz – FKAG)[1 2]

Vom 27. Juni 2013 (BGBl. I S. 1862)

FNA 7610-19

Zuletzt geändert durch Art. 2 Abs. 35 G v. 1.4.2015 (BGBl. I S. 434).

Vorbemerkungen zu § 1 FKAG

Schrifttum: Schwennicke/Auerbach/*Auerbach/Häußler/Kempers* FKAG; *BaFin,* Merkblatt der Bundesanstalt für Finanzdienstleistungsaufsicht und der Deutschen Bundesbank zur Abgrenzung von Finanzkonglomeraten, 2014; *Beisheim,* Die Beaufsichtigung von Finanzkonglomeraten, BKR 2003, S. 397; *Binder,* Organisationspflichten und das Finanzdienstleistungsunternehmensrecht, ZGR 2015, S. 677; *Bürkle,* Europarechtliche Vorgaben für die interne Governance im Versicherungssektor, WM 2012, S. 878; *Dreher,* Die ordnungsgemäße Geschäftsorganisation der Versicherungsgruppe nach Solvency II und VAG 2016, WM 2015, S. 649; *Dreher/Ballmaier,* Solvency II und Gruppenaufsicht, ZGR 2014, S. 753; *Drygala,* Europäisches Konzernrecht: Gruppeninteresse und Related Party Transactions, AG 2013, S. 198; *Ellwanger/Müller-Feyen/Ostermeier/Weber,* FKAG, in Luz/Neus (Hrsg.), KWG und CCR, 3. Auflage 2015; *Erdland/Obladen,* Herausforderungen für den Aufsichtsrat in einem Allfinanzkonzern, in Hölscher/Altenhain (Hrsg.), Handbuch Aufsichts- und Verwaltungsräte in Kreditinstituten, 2013, S. 239; *Häusele,* Aufsicht über Finanzkonglomerate, ZVersWiss 1994, S. 526; *Heinrich,* Die EG-Richtlinie 2002/87/EG über die zusätzliche Beaufsichtigung von Finanzkonglomeraten, ZBB 2003, S. 230; *Hemeling/Lange,* Aktuelle Herausforderungen des Versicherungskonzernrechts, VersR 2014, S. 1283; *Hintze/Sürken,* Eigenkapitalanforderungen an Finanzkonglomerate: EU-Richtlinienentwurf in der Kritik, Die Bank 5/2002, S. 349; *Karten,* Solvabilitätsvorschriften für Versicherungsgruppen und Finanzkonglomerate, Frankfurter Vorträge zum Versicherungswesen Band 29, 1998, S. 55; *Kort,* Die Regelung von Risikomanagement und Compliance im neuen KAGB, AG 2014, S. 582; *Krämer,* Versicherungsgruppen- und Finanzkonglomerateaufsicht, in Bähr, Handbuch des Versicherungsaufsichtsrechts, 2011, § 15 Rn. 93 ff.; *Krauel/Klie,* Lenkungsmöglichkeiten im Konzern unter besonderer Berücksichtigung des Aufsichtsrechts für Kreditinstitute und Versicherungen, WM 2010, S. 1735; *Marcelli,* Das Governance-System in der Versicherungsgruppe nach Solvency II, 2015; *Mülbert,* Auf dem Weg zu einem europäischen Konzernrecht?, ZHR 179 (2015), S. 645; *Mülbert/Wilhelm,* Risikomanagement und Compliance im Finanzmarktrecht, ZHR 178 (2014), S. 502; *Pockrant,* Aufsichtsrechtliche Anforderungen und Eingriffsbefugnisse gegenüber Finanzkonglomeraten, 2013; *U. H. Schneider,* Das Aufsichtsrecht der Allfinanzkonzerne, WM 1990, S. 1848; *Schwirten,* Finanzkonglomerate, Die Bank 3/2005, S. 38; *Siebelt,* Allfinanzunternehmen im Währungs- und Aufsichtsrecht, WM 1989, S. 1289; *Thebes/Schwobel/Eckardt,* Finanzkonglomerate, BJ 8/2013, S. 14; *Tröger,* Konzernverantwortung in den aufsichtsunterworfenen Finanzsektoren, ZHR 177 (2013), S. 475; *Weber-Rey/Gissing,* Gruppen-Governance – Das Gruppeninteresse als Teil des Internen Governance-Systems im Finanzsektor, AG 2014, S. 884; *Weinhold-Koch,* Neue Regeln für die Aufsicht über Finanzkonglomerate, BJ 2/2012, S. 14; *van den Berghe,* Solvabilität von Finanzkonglomeraten und Versicherungsgruppen: Notwendigkeit einer neuen Richtlinie, ZVersWiss 1997, S. 251; *van de Sande,* Die Unternehmensgruppe im Banken- und Versicherungsaufsichtsrecht, 2003.

I. Europäische Entwicklung. 1. Europarechtliche Grundlagen. Die spezielle europäische Regulierung und Beaufsichtigung der Finanzkonglomerate begann im Jahr 2002 mit der RL 2002/87/EG über die **zusätzliche** Beaufsichtigung der Kreditinstitute, Versicherungsunternehmen und Wertpapierfirmen eines Finanzkonglomerats,[1*] auf der Basis der zuvor konzipierten „Grundsätze für Überwachung 1

[1] **Amtliche Anmerkung:** Dieses Gesetz dient der Umsetzung der Richtlinie 2009/65/EG des Europäischen Parlaments und des Rates vom 13. Juli 2009 zur Koordinierung der Rechts- und Verwaltungsvorschriften betreffend bestimmte Organismen für gemeinsame Anlagen in Wertpapieren (OGAW) (ABl. L 302 vom 17.11.2009, S. 1), der Richtlinie 2011/61/EU des Europäischen Parlaments und des Rates vom 8. Juni 2011 über die Verwalter alternativer Investmentfonds und zur Änderung der Richtlinien 2003/41/EG und 2009/65/EG und der Verordnungen (EG) Nr. 1060/2009 und (EU) Nr. 1095/2010 (ABl. L 174 vom 1.7.2011, S. 1) sowie der Anpassung an die Verordnung (EU) Nr. 345/2013 des Europäischen Parlaments und des Rates vom 17. April 2013 über Europäische Risikokapitalfonds (ABl. L 115 vom 25.4.2013, S. 1) und die Verordnung (EU) Nr. 346/2013 des Europäischen Parlaments und des Rates vom 17. April 2013 über Europäische Fonds für soziales Unternehmertum (ABl. L 115 vom 25.4.2013, S. 18).

[2] **Amtliche Anmerkung:** Dieses Gesetz dient der Umsetzung der Richtlinie 2013/36/EU des Europäischen Parlaments und des Rates vom 26. Juni 2013 über den Zugang zur Tätigkeit von Kreditinstituten und die Beaufsichtigung von Kreditinstituten und Wertpapierfirmen, zur Änderung der Richtlinie 2002/87/EG und zur Aufhebung der Richtlinien 2006/48/EG und 2006/49/EG (ABl. L 176 vom 27.6.2013, S. 338) sowie der Anpassung des Aufsichtsrechts an die Verordnung (EU) Nr. 575/2013 des Europäischen Parlaments und des Rates vom 26. Juni 2013 über Aufsichtsanforderungen an Kreditinstitute und Wertpapierfirmen und zur Änderung der Verordnung (EU) Nr. 646/2012 (ABl. L 176 vom 27.6.2013, S. 1).

[1*] Richtlinie 2002/87/EG des Europäischen Parlaments und des Rates vom 16. Dezember 2002 über die zusätzliche Beaufsichtigung der Kreditinstitute, Versicherungsunternehmen und Wertpapierfirmen eines Finanzkonglomerats und zur Änderung der Richtlinien 73/239/EWG, 79/267/EWG, 92/49/EWG, 92/96/EWG, 93/6/EWG und 93/22/EWG des Rates und der Richtlinien 98/78/EG und 2000/12/EG des Europäischen Parlaments und des Rates, ABl.EU 2003 L 35,1.

von Finanzkonglomeraten" des Joint Forum.[2] Die RL 2002/87/EG, die aufgrund ihrer englischen Bezeichnung („Financial Conglomerates Directive") im EU-Sprachgebrauch mit **FiCoD** abgekürzt wird, war bis zum 11.8.2004 umzusetzen und ab 2005 im nationalen Recht anzuwenden.

2 Die Finanzkonglomerateregulierung wurde von Beginn an als sukzessiver **Prozess** verstanden[3] und die RL 2002/87/EG entsprechend bereits vier Mal geändert. Ein unverbindlicher, aber für die Praxis sehr hilfreicher konsolidierter Richtlinientext findet sich auf der Homepage der Europäischen Kommission. Die erste Änderung erfolgte 2005 durch die RL 2005/1/EG.[4] Materielle Änderungen traten dadurch nicht ein, es wurde nur im Hinblick auf das eingeführte Lamfalussy-Verfahren[5] die neue europäische **Ausschussstruktur**, unter anderem mit dem „Ausschuss für das Versicherungswesen und die betriebliche Altersversorgung" abgebildet. Die zweite Änderung erfolgte 2008 durch die RL 2008/25/EG.[6] Auch sie führte zu keinen materiellen Neuerungen, sondern betraf die **Durchführungsbefugnisse** der Europäischen Kommission. Die dritte Änderung erfolgte 2010 durch die RL 2010/78/EU.[7] Die damit verbundenen Modifikationen waren gleichfalls nicht materieller Natur, sondern dienten der Anpassung im Hinblick auf die neu installierten drei **Europäischen Aufsichtsbehörden** (EBA, EIOPA und ESMA) für die Banken-, Versicherungs- und Wertpapierbranche. Die vierte Änderung erfolgte durch die RL 2011/89/EU,[8] die auf eine Verbesserung der zusätzlichen Beaufsichtigung der Finanzkonglomerate abzielte[9] und zu einer **risikoorientierteren** sowie **proportionalen** Aufsicht führte.[10] Diese Richtlinie beinhaltete auf Basis eines Vorschlags der EU-Kommission[11] mit einer umfassenden Überarbeitung die ersten Änderungen mit wirklich **materieller** Bedeutung und wird daher auch als FiCoD I-RL bezeichnet. Mit weiteren Änderungen auf Richtlinienebene ist aktuell nicht zu rechnen. Die EU-Kommission hat in ihrem Bericht an das Europäische Parlament und den Rat vom 20.12.2012 über die Überprüfung der RL 2002/87/EG[12] keinen kurzfristigen Handlungsbedarf identifiziert und lediglich eine permanente Beobachtung angekündigt. Im Juni 2016 hat die Kommission eine Konsultation zur RL 2002/87/EG eröffnet, die darauf abzielt, die Relevanz und Effektivität der Finanzkonglomerateregulierung zu überprüfen, aber nicht zu unmittelbaren Modifikationen der RL 2002/87/EG dient; über möglichen Änderungsbedarf soll erst später entschieden werden. In ihrem Schreiben vom 17.7.2017 an den Rat hat die Kommission aktuellen Bedarf für Modifikationen verneint.

3 Weitere europarechtliche Grundlagen speziell für Finanzkonglomerate finden sich neben der geänderten RL 2002/87/EG in **Verordnungen** der Europäischen Kommission, die in jüngerer Zeit als delegierte Verordnungen (Art. 290 Abs. 1 AEUV) in Kraft getreten sind. Auch dadurch wurden Änderungen der RL 2002/87/EG entbehrlich; denn die delegierten europäischen Verordnungen **konkretisieren** die allgemeinen Richtlinienvorgaben. Diese Verordnungen wirken unmittelbar und direkt in den Mitgliedstaaten (Art. 288 Abs. 2 AEUV). Sie haben im Kollisionsfall Anwendungsvorrang vor entgegenstehendem nationalen Recht, das nicht ungültig wird, aber insoweit nicht angewendet werden darf.[13] Die erste Verordnung (VO Nr. 342/2014) der Europäische Kommission aus dem Jahr 2014[14]

---

[2] Gemeinsamer G 10-Ausschuss des Basler Ausschusses für Bankenaufsicht, des Internationalen Verbandes der Versicherungsaufsichtsbehörden und der Internationalen Vereinigung der Wertpapieraufsichtsbehörden.

[3] So ausdrücklich 3. Erwägungsgrund zur RL 2002/87/EG.

[4] Richtlinie 2005/1/EG des Europäischen Parlaments und des Rates vom 9. März 2005 zur Änderung der Richtlinien 73/239/EWG, 85/611/EWG, 91/675/EWG, 92/49/EWG und 93/6/ EWG des Rates sowie der Richtlinien 94/19/EG, 98/78/EG, 2000/12/EG, 2001/34/EG, 2002/83/EG und 2002/87/EG des Europäischen Parlaments und des Rates zur Schaffung einer neuen Ausschussstruktur im Finanzdienstleistungsbereich, ABl.EU 2005 L 79,9.

[5] Zur Rechtssetzung durch das Lamfalussy-Verfahren im Versicherungssektor Kaulbach/Bähr/Pohlmann/*Bürkle*, VAG, 6. Aufl. 2018, Einl. Rn. 36 f.; *Weber-Rey/Horak* WM 2013, 721.

[6] Richtlinie 2008/25/EG des Europäischen Parlaments und des Rates vom 11. März 2008 zur Änderung der Richtlinie 2002/87/EG über die zusätzliche Beaufsichtigung der Kreditinstitute, Versicherungsunternehmen und Wertpapierfirmen eines Finanzkonglomerats im Hinblick auf die der Kommission übertragenen Durchführungsbefugnisse, ABl.EU 2008 L 81, 40.

[7] Richtlinie 2010/78/EU des Europäischen Parlaments und des Rates vom 24. November 2010 zur Änderung der Richtlinien 98/26/EG, 2002/87/EG, 2003/6/EG, 2003/41/EG, 2003/71/EG, 2004/39/EG, 2004/109/EG, 2005/60/EG, 2006/48/EG, 2006/49/EG und 2009/65/EG im Hinblick auf die Befugnisse der Europäischen Aufsichtsbehörde (Europäische Bankenaufsichtsbehörde), der Europäischen Aufsichtsbehörde (Europäische Aufsichtsbehörde für das Versicherungswesen und die betriebliche Altersversorgung) und der Europäischen Aufsichtsbehörde (Europäische Wertpapier-und Marktaufsichtsbehörde), ABl.EU 2010 L 331, 120.

[8] Richtlinie 2011/89/EU des Europäischen Parlaments und des Rates vom 16. November 2011 zur Änderung der Richtlinien 98/78/EG, 2002/87/EG, 2006/48/EG und 2009/138/EG hinsichtlich der zusätzlichen Beaufsichtigung der Finanzunternehmen eines Finanzkonglomerats, ABl.EU 2011 L 326,113.

[9] 16. Erwägungsgrund zur RL 2011/89/EU.

[10] *Weinhold-Koch* BJ 2/2012, 14 (15).

[11] Vorschlag der Europäischen Kommission vom 16.8.2010, KOM(2010) 433 endg.

[12] Bericht der Kommission an das Europäische Parlament und den Rat über die Überprüfung der Richtlinie 2002/87/EG vom 20.12.2012, COM(2012) 785 final.

[13] *BVerfG* Beschl. v. 19.7.2011 – 1 BvR 1916/09, Rn. 81, NJW 2011, 3428 m. w. N.

[14] Delegierte Verordnung (EU) Nr. 342/2014 der Kommission vom 21. Januar 2014 zur Ergänzung der Richtlinie 2002/87/EG des Europäischen Parlaments und des Rates und der Verordnung (EU) Nr. 575/2013 des Europäischen Parlaments und des Rates durch technische Regulierungsstandards, in denen die Bedingungen für die Anwendung der Methoden zur Berechnung der Eigenkapitalanforderungen für Finanzkonglomerate festgelegt werden, ABl.EU 2014 L 100, 1.

enthält im Vergleich zur RL 2002/87/EG detailliertere Vorgaben zu den Methoden für die **Berechnung der Eigenmittelanforderungen**. Die zweite Verordnung (VO Nr. 2015/2303) der Europäischen Kommission aus dem Jahr 2015[15] konkretisiert **Begriffsbestimmungen** der RL 2002/87/EG sowie deren Inhalte zu gruppeninternen **Transaktionen** und zur **Risikokonzentration**, zu diesbezüglichen **Meldepflichten** sowie zu **Aufsichtsmaßnahmen**.

Neben den regulatorischen Grundlagen in der RL 2002/87/EG und in den darauf beruhenden delegierten Verordnungen existieren aufsichtsbehördliche **Interpretationen**, die extern rechtlich unverbindlich sind,[16] sich aber auf die Auslegung und Anwendung der Vorschriften auswirken. Auf nationaler Ebene haben BaFin und Bundesbank am 23.5.2014 ein gemeinsames **Merkblatt** zur Abgrenzung von Finanzkonglomeraten (BaFin-Merkblatt) veröffentlicht.[17] Weiter existieren Äußerungen der branchenspezifischen europäischen Aufsichtsbehörden EBA, EIOPA und ESMA. Diese drei europäischen Aufsichtsbehörden (**ESA**) haben „Gemeinsame **Leitlinien** über die Angleichung der Aufsichtspraxis in Bezug auf die Einheitlichkeit von Kooperationsvereinbarungen für die Beaufsichtigung von Finanzkonglomeraten" vom 22.12.2014 veröffentlicht.[18] In diesen wird dargelegt, was die ESA unter angemessener Aufsichtspraxis im Europäischen System der Finanzaufsicht verstehen bzw. wie nach ihrer Auffassung das Unionsrecht in einem bestimmten Bereich anzuwenden ist. Das **Joint Forum** hat im September 2012 die „Principles for the supervision of financial conglomerates" veröffentlicht.[19] Die Papiere dieses Forums der Branchenaufseher sind **perspektivisch** wichtig, weil sie oft die Basis für spätere regulatorische Aktivitäten bilden. 4

2. Ziel der Regulierung und Beaufsichtigung. Die aufsichtsrechtlichen Regelungen für Finanzkonglomerate stellt die legislatorische **Reaktion** auf bestimmte Geschäftsmodelle im Finanzdienstleistungssektor dar. Diese Geschäftsmodelle, die zusammenfassend als „Allfinanz" charakterisiert werden, verzahnen die Tätigkeit von Banken, Versicherungsunternehmen, Vermögensverwaltungsgesellschaften und weiteren Unternehmen, die Produkte und Dienstleistungen in **mehreren** Finanzbranchen anbieten. Zentraler **Zweck** der Regulierung ist es, Lücken in den branchenbezogenen Rechtsvorschriften zu schließen und zusätzliche aufsichtsrechtliche Risiken („Aufsichtsarbitrage") abzudecken.[20] Dazu werden die Aufsichtsbehörden mit weiteren Befugnissen und Instrumenten ausgestattet um diejenigen Unternehmen ergänzend zu beaufsichtigen, die innerhalb einer Gruppe in verschiedenen Finanzdienstleistungssektoren agieren. Die branchenübergreifende Tätigkeit von Finanzkonglomeraten kann nach Meinung des europäischen Gesetzgebers neue, für die Aufsicht relevante Risiken **schaffen** oder bestehende Risiken **verschärfen**; die Regulierung will diesen Risiken durch eine wirksame und angemessene zusätzliche Beaufsichtigung auf der Ebene des Konglomerats begegnen.[21] 5

Das grundlegende **Ziel** der Regulierung und Beaufsichtigung der Finanzkonglomerate ist der Schutz der Stabilität des Finanzsystems sowie der Schutz einzelner Sparer, Versicherungsnehmer und Anleger.[22] Die zusätzliche Regulierung und Beaufsichtigung erfolgt jedoch nicht umfassend. Der europäische Gesetzgeber hat vielmehr fünf zentrale **Handlungsfelder** identifiziert und legt die Schwerpunkte auf: Solvabilität und Eigenkapitalbelegung (1), Risikokonzentrationen (2), gruppeninterne Transaktionen (3), Risikomanagement und interne Kontrolle (4) sowie Zuverlässigkeit und fachliche Eignung der Geschäftsleiter (5).[23] Damit sollen die **wesentlichen** von Finanzkonglomeraten ausgehenden fünf **Risikoarten** erfasst werden, die der 1. Erwägungsgrund zur RL 2011/89/EU nennt. Zu den dort identifizierten konglomeratsspezifischen Risiken zählen: **Ansteckungsrisiken**, d. h. die Ausbreitung von Risiken innerhalb der Gruppe (1), **Risikokonzentrationen**, bei denen derselbe Risikotyp gleichzeitig in verschiedenen Teilen der Gruppe auftritt (2), **Komplexität** der Verwaltung vieler unterschiedlicher juristischer Personen (3), potenzielle **Interessenkonflikte** (4) sowie Vermeidung der **Mehrfachbelegung** von Eigenkapital (5). 6

Die besondere **(System-)Relevanz** der Finanzkonglomeratebeaufsichtigung verdeutlicht nicht der Blick auf ihre eher überschaubare Anzahl, sondern die Analyse ihrer wirtschaftlichen Bedeutung. Ihre 7

---

[15] Delegierte Verordnung (EU) 2015/2303 der Kommission vom 28. Juli 2015 zur Ergänzung der Richtlinie 2002/87/EG des Europäischen Parlaments und des Rates durch technische Regulierungsstandards zur Präzisierung der Begriffsbestimmungen und zur Koordinierung der zusätzlichen Beaufsichtigung der Risikokonzentration und der gruppeninternen Transaktionen, ABl.EU 2015 L 326, 34.

[16] Zur Wirkung von EIOPA-Leitlinien *Bürkle* VersR 2014, 529; zur Wirkung von BaFin-Äußerungen *Bürkle* VersR 2016, 2.

[17] Merkblatt der BaFin und der Deutschen Bundesbank zur Abgrenzung von Finanzkonglomeraten vom 23.5.2014 (bafin.de; letzter Abruf 17.2.2017).

[18] esma.europa.eu (letzter Abruf 17.2.2017).

[19] Abrufbar unter bis.org (letzter Abruf 17.2.2017).

[20] 3. Erwägungsgrund zur RL 2002/87/EG; *Rittner/Dreher*, Europäisches und Deutsches Wirtschaftsrecht, 3. Aufl. 2008, § 31 Rn. 44.

[21] BT-Drs. 15/3641, 64; *Dreher/Ballmaier* ZGR 2014, 754 (776).

[22] 2. Erwägungsgrund S. 4 zur RL 2002/97/EG.

[23] 2. Erwägungsgrund S. 2 zur RL 2002/97/EG.

Zahl belief sich nach der ESA-Übersicht vom 11.9.2014 (JC 2014 071)[24] zum Ende Dezember 2013 Jahr europaweit auf 71. Davon wurden **neun** Finanzkonglomerate von der BaFin überwacht, nämlich Allianz, Debeka, Deutsche Bank, DZ Bank, Inter, LVM, Signal Iduna, WGZ Bank und W+W. Unabhängig von der reinen Anzahl der Finanzkonglomerate betrug im Jahr 2009 allerdings das Finanzvermögen der 30 größten Finanzkonglomerate in Europa immerhin 25 Billionen EUR, bei einem Vermögen des gesamten europäischen Banken- und Versicherungsmarktes von zusammen 52 Billionen EUR. Das typische große Finanzkonglomerat besaß über 400 Zulassungen in mehreren Branchen und Rechtsräumen.[25] Daher ist der **Stellenwert** der Finanzkonglomerate bezüglich einer potenziellen Gefährdung der Stabilität des Finanzsystems und die Bedeutung ihrer Überwachung signifikant.

8 **3. Zusätzliche Regulierung und Beaufsichtigung.** Die eben dargestellten transformierten oder direkt wirkenden europarechtlichen Vorgaben führen zu einer Regulierung und Beaufsichtigung konglomeratsangehöriger Versicherungsunternehmen auf **drei Ebenen**. Zunächst auf Ebene des **einzelnen** Versicherungsunternehmens, dann zusätzlich auf Ebene der Versicherungsgruppe als **homogener** Gruppe und schließlich ergänzend auf Ebene des Finanzkonglomerats als **heterogener** Gruppe. Die weiter reichende Beaufsichtigung der Finanzkonglomerate soll aber **nicht doppelt** erfolgen und zudem die Finanzkonglomerate **nicht beeinträchtigen.**[26] Dennoch beinhalten die zusätzlichen europäischen Vorgaben lediglich Mindestvorschriften[27] und führen somit nur zu einer **Mindestharmonisierung** aber nicht zu einer Vollharmonisierung.[28] Die Mitgliedstaaten können daher weitergehende, also umfangreichere und strengere Vorschriften beibehalten oder erlassen („gold-plating").[29]

9 **II. Nationale Umsetzung.** Die Transformation der europäischen Richtlinienvorgaben erfolgte in Deutschland zunächst in den **branchenspezifischen** Aufsichtsgesetzen und anschließend in einem eigenen, **speziellen** Gesetz nur für Finanzkonglomerate. Dabei hat der deutsche Gesetzgeber eine für die Rechtsanwender schwierige Umsetzungstechnik eingesetzt.

10 **1. Entwicklung.** Die Umsetzung der RL 2002/87/EG musste bis zum 11.8.2004 geschehen und die entsprechenden Vorschriften waren mit Beginn des Jahres 2005 anzuwenden. Die nationale Transformation erfolgte mit leichter Verspätung durch das Finanzkonglomeraterichtlinie-Umsetzungsgesetz (FKRLUG).[30] Dabei verfolgte der deutsche Gesetzgeber das Konzept einer **branchenorientierten** Regulierung und fügte die neuen Regelungen branchenspezifisch in das VAG (Abschnitt Vc § 104k–§ 104w VAG mit Verweisen für die Finanzkonglomerate auf die Vorschriften zur Gruppenaufsicht in § 104a–§ 104i VAG) sowie in das KWG ein, auf das wiederum im WpHG verwiesen wird. Die späteren Modifikationen durch die RL 2005/1/EG, die RL 2008/25/EG und die RL 2010/78/EU wurden auf die selbe Weise in den jeweiligen Branchenaufsichtsgesetzen umgesetzt. Diese Gesetzgebungstechnik führt allerdings teilweise zu einer branchenspezifisch **abweichenden** Regulierung, da es im VAG und im KWG jeweils Vorschriften für Finanzkonglomerate gab, die in dem jeweils anderen Gesetz in dieser Form nicht existierten.[31]

11 Die letzten Änderungen durch die RL 2011/89/EU[32] nahm der deutsche Gesetzgeber zum Anlass, von der branchenbezogenen Regulierung abzuweichen und durch Art. 1 des Transformationsgesetzes vom 27.6.2013[33] mit dem Finanzkonglomerate-Aufsichtsgesetz (FKAG)[34] die Regulierung und Beaufsichtigung in einem **eigenständigen** und **branchenübergreifenden** Gesetz zu normieren. Dieses Konzept entspricht aus Sicht des Gesetzgebers der sektorenübergreifenden Bedeutung des Themas und der Systematik der EU-Richtlinien.[35] Anlässlich der Einführung des FKAG wurde auch die Finanzkonglomerate-Solvabilitäts-Verordnung (FkSolV)[36] neu erlassen und angepasst. Die Vorgaben der RL 2011/89/EU wurden in das FKAG **eingefügt** und zusätzlich die bisherigen Vorgaben in den Branchengesetzen weitgehend unverändert in das FKAG **übernommen**. Das FKAG führte nicht zu einer Reduzierung der über den Richtlinieninhalt hinausgehenden bestehenden nationalen Aufsichtsstan-

[24] List of Identified Financial Conglomerates (abrufbar unter https://esas-joint-committee.europa.eu/library; letzter Abruf 17.2.2017).

[25] Arbeitsunterlage der EU-Kommission vom 16.8.2010, SEK(2010) 981 endgültig.

[26] 1. Erwägungsgrund RL 2011/89/EU.

[27] 16. Erwägungsgrund S. 3 zur RL 2002/87/EG.

[28] Zur daraus jeweils resultierenden Harmonisierungsintensität *Dreher/Lange* VersR 2012, 825.

[29] 16. Erwägungsgrund S. 4 zur RL 2002/97/EG.

[30] Gesetz vom 21.12.2004, BGBl. I 3610.

[31] *Thebes/Schwobel/Eckhardt* BJ 8/2012, 14 (16).

[32] Überblick zur RL 2011/89/EU bei *Weinhold-Koch* BJ 2/2012, 14.

[33] Gesetz zur Umsetzung der Richtlinie 2011/89/EU des Europäischen Parlaments und des Rates vom 16. November 2011 zur Änderung der Richtlinien 98/78/EG, 2002/87/EG, 2006/48/EG und 2009/138/EG hinsichtlich der zusätzlichen Beaufsichtigung der Finanzunternehmen eines Finanzkonglomerats, BGBl. I 1862.

[34] Gesetz zur zusätzlichen Aufsicht über beaufsichtigte Unternehmen eines Finanzkonglomerats (Finanzkonglomerate-Aufsichtsgesetz – FKAG) vom 27.7.2013, BGBl. I 1862; Überblick bei *Thiebes/Schwöbel/Eckardt* BJ 8/2013, 14.

[35] BT-Drs. 17/12602, 2.

[36] Verordnung über die Angemessenheit der Eigenmittel von Finanzkonglomeraten vom 20.9.2013, BGBl. I 3672.

dards,[37] die somit mit ihrem **überschießenden** Inhalt beibehalten wurden. Daher haben auch Gesetzesmaterialien, Literatur und Verwaltungsäußerungen zum **alten** Recht im VAG (das bis zum 31.12.2015 geltende VAG a. F.) und KWG weiterhin wichtige Bedeutung für die Auslegung und Anwendung des FKAG. Mit dem Gesetz zur Anpassung von Gesetzen auf dem Gebiet des Finanzmarktes[38] wurden 2014, also bereits kurz nach dem Inkrafttreten des FKAG, ohne materielle Änderungen verschiedene **Redaktionsversehen** im FKAG bereinigt. Die letzte speziell für die Versicherungsbranche relevanten Änderungen des FKAG erfolgten durch Art. 2 Abs. 36 des Gesetzes zur Modernisierung der Finanzaufsicht[39] mit Anpassungen der **Verweise** im FKAG auf das neue VAG 2016.

2. Gliederung des FKAG. Das FKAG hat sich zu einem sperrigen, eher verunglückten Gesetz entwickelt, bei dem man weniger von einer Systematik oder von einer Struktur, sondern allenfalls von einer Gliederung sprechen kann. Eine Ursache ist, dass das FKAG in wesentlichen Punkten signifikant von Aufbau und Systematik der RL 2002/87/EG **abweicht**. Zudem werden die Vorgabe der Richtlinie teilweise außerhalb des FKAG in einer Verordnung (FkSolv) umgesetzt. Daraus resultieren eine Reihe problematischer Defizite im nationalen Recht. Ein wesentliches Problem ergibt sich zunächst aus der Vielzahl unsystematisch über das Gesetz verstreuter und durch Verweisungen zwischen den einzelnen Vorschriften sehr **verschachtelter Definitionen**. Hinzu kommt die teilweise direkte Anknüpfung an den Wortlaut der RL 2002/87/EG, der im FKAG dann aber nicht wiedergegeben wird, sondern parallel dazu gelesen werden muss. Diese nicht sehr anwenderfreundliche Technik wird weiter dadurch noch problematischer, dass zusätzlich zur RL 2002/87/EG die einschlägigen Verordnungen der Europäischen Kommission den nationalen Rechtsrahmen beeinflussen, die dann ebenfalls in das FKAG und in die nationalen Verordnungen hineingelesen werden müssen. Schließlich inkorporiert das FKAG durch Verweise ergänzend zu den europäischen Vorschriften der Finanzkonglomerateregulierung noch Regelungen aus den branchenspezifischen europäischen Richtlinien sowie aus dem deutschen VAG und dem KWG, wobei dann Verweise bezüglich des gleichen Sachverhalts teilweise zu branchenspezifisch abweichenden Regelungsinhalten führen. Aufgrund dieser missglückten nationalen Regulierung sind **Defizite in der Rechtsanwendung** durch Unternehmen und Behörden sehr wahrscheinlich, wenn nicht sogar vorprogrammiert. 12

Zuständigkeit und Anwendungsbereich

1

(1) [1]Beaufsichtigte Unternehmen eines Finanzkonglomerats unterliegen einer zusätzlichen Aufsicht nach Maßgabe dieses Gesetzes. [2]Die Aufsicht wird von der Bundesanstalt für Finanzdienstleistungsaufsicht (Bundesanstalt) ausgeübt.

(2) [1]Ein Finanzkonglomerat ist eine Gruppe oder Untergruppe,

1. an deren Spitze ein beaufsichtigtes Unternehmen steht oder bei der mindestens eines der Tochterunternehmen ein beaufsichtigtes Unternehmen ist,
2. in der mindestens eines der Unternehmen der Gruppe oder Untergruppe ein Unternehmen der Versicherungsbranche ist und mindestens eines ein Unternehmen der Banken- oder der Wertpapierdienstleistungsbranche ist,
3. in der die konsolidierten oder aggregierten Tätigkeiten der in der Versicherungsbranche tätigen Unternehmen der Gruppe oder Untergruppe und der in der Banken- und Wertpapierdienstleistungsbranche tätigen Unternehmen der Gruppe oder Untergruppe jeweils als erheblich im Sinne des § 8 anzusehen sind und
4. die die Bedingungen des Satzes 2 oder 3 erfüllt.

[2]In dem Fall, dass an der Spitze der Gruppe oder Untergruppe ein beaufsichtigtes Unternehmen eines Finanzkonglomerats steht, muss dieses Unternehmen

1. ein Mutterunternehmen eines Unternehmens der Finanzbranche sein,
2. ein Unternehmen sein, das eine Beteiligung an einem Unternehmen der Finanzbranche hält, oder
3. ein Unternehmen sein, das mit einem Unternehmen der Finanzbranche eine horizontale Unternehmensgruppe bildet.

[3]In dem Fall, dass an der Spitze der Gruppe oder Untergruppe kein beaufsichtigtes Unternehmen eines Finanzkonglomerats steht, muss der Schwerpunkt der Unternehmenstätigkeit der Gruppe oder Untergruppe im Sinne des § 7 in der Finanzbranche liegen.

I. Allgemeines. § 1 enthält in Abs. 1 einleitende Vorgaben zum Anwendungsbereich der zusätzlichen Regulierung und Beaufsichtigung sowie zur nationalen behördlichen Überwachungskompetenz Abs. 2 normiert die vorangestellte grundlegende Legaldefinition des Begriffs Finanzkonglomerat. 1

[37] BT-Drs. 17/12602, 30.
[38] BGBl. 2014 I 934.
[39] BGBl. 2015 I 434.

2 **1. Entstehungsgeschichte.** Die Norm findet sich seit dem 27.6.2013 im damals neu geschaffenen FKAG. § 1 Abs. 1 ersetzt für die Versicherungsbranche die vorherige Regelung in § 104l Abs. 1 VAG a. F. § 1 Abs. 2 ersetzt für die Versicherungsbranche die vorherige Regelung in § 104k Nr. 4 VAG a. F. Beide Vorgängernormen im VAG a. F. waren mit dem FKRLUG geschaffen worden.

3 **2. Normzweck.** § 1 Abs. 1 dient der Festlegung des Umfangs der Beaufsichtigung und der Regelung der aufsichtsbehördlichen Kompetenzen. Abs. 2 normiert vorgezogen die grundlegende Legaldefinition des Begriffs Finanzkonglomerat. Dieser **Schlüsselbegriff** entscheidet darüber, ob eine heterogene Finanzgruppe vorliegt, die der zusätzlichen Beaufsichtigung auf Konglomeratsebene unterlegt.[1]

4 **3. Europarechtlicher Hintergrund.** § 1 Abs. 1 dient der Umsetzung des Auftrages an die Mitgliedstaaten in Art. 5 Abs. 1 RL 2002/78/EG zur Installation der zusätzlichen Beaufsichtigung auf Konglomeratsebene. § 1 Abs. 2 dient der Umsetzung der Vorgabe in Art. 2 Abs. 14 RL 2002/78/EG.

5 **II. Anwendungsbereich und Zuständigkeit (Abs. 1).** In umgekehrter Reihenfolge zur Überschrift der Norm regelt Satz 1 zunächst den Anwendungsbereich des FKAG und Satz 2 anschließend die nationale Zuständigkeit für die Beaufsichtigung.

6 **1. Anwendungsbereich (Abs. 1 S. 1).** Satz 1 gibt den sachlichen Anwendungsbereich des FKAG vor, innerhalb dessen die zusätzliche Beaufsichtigung erfolgt. In den Anwendungsbereich des Gesetzes fallen primär die **beaufsichtigten** Unternehmen eines Finanzkonglomerats. Der Begriff „beaufsichtigtes Unternehmen" wird in § 2 Abs. 1 FKAG, der Begriff „Finanzkonglomerat" bereits (großteils) in § 1 Abs. 2 FKAG legal definiert.

7 **2. Zuständigkeit (Abs. 1 S. 2).** Satz 2 normiert klarstellend, dass die zusätzliche Aufsicht ebenfalls von der BaFin ausgeübt wird. Die nationale Beaufsichtigung erfolgt so durch eine branchenübergreifende „Allfinanzaufsicht", wodurch allerdings Konflikte zwischen den Belangen der jeweiligen Branchen nicht ausgeschlossen sind. Die Beaufsichtigung durch die BaFin wird mit Ausnahme der Maßnahmen nach § 21 FKAG nicht auf eine **Einzelaufsicht** über gemischte Finanzholding-Gesellschaften, über beaufsichtigte konglomeratsangehörige Drittstaatenunternehmen oder über unbeaufsichtigte konglomeratsangehörige Unternehmen ausgeweitet.[2]

8 **III. Finanzkonglomerat (Abs. 2).** Abs. 2 enthält die **Legaldefinition** des für den Anwendungsbereich des FKAG zentralen Begriffs des Finanzkonglomerats. Die Norm dient der Umsetzung von Art. 2 Nr. 14 RL 2002/87/EG und ersetzt für die Versicherungsbranche die Regelung in § 104k Nr. 4 VAG a. F. Satz 1 regelt zunächst die vier allgemeinen und **zwingenden** Voraussetzungen für das Vorliegen eines Finanzkonglomerats. Satz 2 enthält weitere spezielle Vorgaben, falls an der Spitze ein beaufsichtigtes Unternehmen steht und Satz 3 enthält zusätzliche Regelungen, falls an der Spitze ein nicht beaufsichtigtes Unternehmen steht. Selbst wenn alle Tatbestandsmerkmale erfüllt sind, existiert ein aufsichtsrechtlich relevantes Finanzkonglomerat dann nicht automatisch, sondern erst mit dessen expliziter behördlicher **Feststellung** nach § 11 FKAG.

9 **1. Allgemeine Definition (Abs. 2 S. 1).** Ein Finanzkonglomerat liegt nach dieser Vorschrift zunächst vor, wenn eine Gruppe oder Untergruppe die **vier kumulativen**[3] Voraussetzungen erfüllt, die in Nr. 1–Nr. 4 gefordert werden. Der dabei implizit vorausgesetzte Begriff der „Gruppe" wird jedoch erst später in § 2 Abs. 7 FKAG definiert.

10 **a) Gruppenzugehörigkeit beaufsichtigter Unternehmen (Abs. 2 S. 1 Nr. 1).** Nr. 1 setzt voraus, dass mindestens **ein beaufsichtigtes** Unternehmen zu den gruppenangehörigen Unternehmen zählt. Diese Bedingung wird **alternativ** durch ein beaufsichtigtes Unternehmen an der Spitze oder durch mindestens ein beaufsichtigtes Unternehmen (§ 2 Abs. 1 FKAG) als Tochterunternehmen (§ 2 Abs. 5 FKAG) erfüllt.

11 **b) Branchenzugehörigkeit (Abs. 2 S. 1 Nr. 2).** Nr. 2 setzt voraus, dass mindestens eines der gruppenangehörigen Unternehmen ein Unternehmen der Versicherungsbranche (§ 2 Abs. 2 Nr. 2 FKAG) **und** mindestens eines der gruppenangehörigen Unternehmen ein Unternehmen der Banken- oder Wertpapierdienstleistungsbranche (§ 2 Abs. 2 Nr. 1 FKAG) ist. Die Beteiligung jedenfalls eines Unternehmens der Versicherungsbranche ist somit **obligatorische** Voraussetzung für die Existenz eines Finanzkonglomerats; hinzu kommen muss ein weiteres Unternehmen aus der Banken- **oder** der Wertpapierdienstleistungsbranche.

12 **c) Erhebliche Tätigkeit (Abs. 2 S. 1 Nr. 3).** Nr. 3 formuliert als weitere Voraussetzung für ein Finanzkonglomerat, dass die Tätigkeiten der gruppenangehörigen Unternehmen in allen relevanten

[1] BT-Drs. 15/3641, 57 zu § 104k VAG..
[2] BT-Drs. 17/12602, 31 zu § 1.
[3] Schwennicke/Auerbach/*Auerbach/Häußler* § 1 FKAG Rn. 7.

Branchen jeweils erheblich sein müssen, so dass eine **branchenübergreifende** Erheblichkeit vorliegt[4] und die erweiterte Aufsicht nur wesentliche Gruppenaktivitäten umfasst. Das Kriterium der Erheblichkeit wird nach den Vorgaben in § 8 FKAG (konsolidiert oder aggregiert) ermittelt.

d) Gruppenspitze (Abs. 2 S. 1 Nr. 4). Nr. 4 fordert für die Existenz eines Finanzkonglomerats schließlich, dass die anschließend in Satz 2 und 3 genannten Voraussetzungen vorliegen, die sich danach **unterscheiden**, ob an der Spitze der Gruppe oder Untergruppe ein beaufsichtigtes oder ein unbeaufsichtigtes Unternehmen steht. 13

2. Spezielle Definition (Abs. 2 S. 2 und S. 3). Satz 2 formuliert **drei alternative** Voraussetzungen, falls an der Spitze ein **beaufsichtigtes** Unternehmen steht. Dieses muss Mutterunternehmen (§ 2 Abs. 4 FKAG) eines Unternehmens der Finanzbranche (§ 2 Abs. 3 FKAG) oder ein Unternehmen, das eine Beteiligung (§ 2 Abs. 6 FKAG) an einem Unternehmen der Finanzbranche hält oder ein Unternehmen sein, das mit einem Unternehmen der Finanzbranche eine horizontale Unternehmensgruppe (§ 2 Abs. 7 Nr. 2 lit. b FKAG) bildet. Satz 3 regelt den Fall, dass an der Spitze ein **unbeaufsichtigtes** Unternehmen und setzt als **einziges** Kriterium voraus, dass der Schwerpunkt der Unternehmenstätigkeit der Gruppe oder Untergruppe (§ 7 FKAG) in der Finanzbranche liegt. 14

3. Unternehmen. Obwohl das FKAG Verbindungen zwischen Unternehmen behandelt und den Begriff häufig benutzt, findet sich dafür keine **Legaldefinition**. Da das FKAG zum Teil auf Vorschriften des HGB verweist, könnte auf den handelsrechtlichen Unternehmensbegriff abgestellt werden.[5] Jedoch enthält das FKAG durch die Verweise in § 2 Abs. 2 und Abs. 3 FKAG auf die branchenspezifischen Definitionen jedenfalls für beaufsichtigte Konglomeratsunternehmen **speziellere** Begriffsbestimmungen. Diese Verweise umfassen in der Versicherungsbranche nicht nur Versicherungsgesellschaften, sondern zugleich Versicherungs-Holdinggesellschaften und Versicherungs-Zweckgesellschaften. Zudem enthält das FKAG in § 2 Abs. 10 eine eigenständige Definition für gemischte Finanz-Holdinggesellschaften. Damit existieren im FKAG für die potenziell **wesentlichen** Unternehmen eines Finanzkonglomerats spezifische Definitionen, die gegen einen Rückgriff auf das HGB sprechen. Zudem dienen die in § 2 Abs. 4 und Abs. 5 FKAG angesprochene Vorschriften des HGB nicht der Definition des Unternehmens, sondern deren hierarchischer Einordnung innerhalb der Gruppe. Vorzugswürdig erscheint zur Definition ein **tätigkeitsbezogener** Unternehmensbegriff,[6] der im Hinblick auf Ziel und Zweck des FKAG autonom interpretiert wird. Danach liegt ein relevantes Unternehmen vor, wenn seine Einbeziehung in die zusätzliche Finanzkonglomerateaufsicht **erforderlich** ist, weil sich seine Aktivitäten wesentlich auf Eigenmittelausstattung, gruppeninterne Transaktionen und gruppeninterne Risikokonzentrationen des Finanzkonglomerats auswirken können. Aus der gegenüber § 290 HGB weiteren Regelung in § 2 Abs. 4 S. 1 FKAG lässt sich zusätzlich ableiten, dass es dabei auf den **Sitz** (Deutschland, EWR-Staat oder Drittstaat) nicht ankommt und auch **natürliche** Personen ein Unternehmen i. S. d. FKAG sein können.[7] Aufgrund dieses speziellen Unternehmensbegriffs kann nur sehr vorsichtig auf Vorschriften des deutschen Aktiengesetzes zu verbundenen Unternehmen (§§ 15 ff. AktG) zurückgegriffen werden. 15

Begriffsbestimmungen

2 (1) **Beaufsichtigte Unternehmen eines Finanzkonglomerats sind konglomeratsangehörige**

1. CRR-Kreditinstitute im Sinne des Kreditwesengesetzes,
2. Erst- und Rückversicherungsunternehmen mit Ausnahme der Sterbekassen im Sinne des Versicherungsaufsichtsgesetzes,
3. Versicherungs-Zweckgesellschaften im Sinne des Versicherungsaufsichtsgesetzes,
4. Wertpapierhandelsunternehmen im Sinne des Wertpapierhandelsgesetzes,
5. Verwaltungsgesellschaften im Sinne des § 1 Absatz 14 des Kapitalanlagegesetzbuchs.

(2) **Branchenvorschriften im Sinne dieses Gesetzes sind die Rechtsvorschriften der Europäischen Union im Bereich der Finanzaufsicht, insbesondere die Richtlinien 2004/39/EG des Europäischen Parlaments und des Rates vom 21. April 2004 über Märkte für Finanzinstrumente, zur Änderung der Richtlinien 85/611/EWG und 93/6/EWG des Rates und der Richtlinie 2000/12/EG des Europäischen Parlaments und des Rates und zur Aufhebung der Richtlinie 93/22/EWG des Rates, Richtlinie 2013/36/EU des Europäischen Parlaments und des Rates vom 26. Juni 2013 über den Zugang zur Tätigkeit von Kreditinstituten und die Beaufsichtigung von Kreditinstituten und Wertpapierfirmen, zur Änderung der Richtlinie 2002/**

[4] Luz/Neus/*Weber* § 1 FKAG Rn. 4; Schwennicke/Auerbach/*Auerbach/Häußler* § 1 FKAG Rn. 10.
[5] Dafür *Pockrant* S. 136 ff.
[6] Vgl. dazu *Pohlmann* FS E. Lorenz, 2014, S. 307 (333 f.)
[7] *Pockrant* S. 171 f.

87/EG und zur Aufhebung der Richtlinien 2006/48/EG und 2006/49/EG (ABl. L 176 vom 27.6.2013, S. 338), Verordnung (EU) Nr. 575/2013 des Europäischen Parlaments und des Rates vom 26. Juni 2013 über Aufsichtsanforderungen an Kreditinstitute und Wertpapierfirmen und zur Änderung der Verordnung (EU) Nr. 646/2012 (ABl. L 176 vom 27.6.2013, S. 1), Richtlinie, 2009/65/EG des Europäischen Parlaments und des Rates vom 13. Juli 2009 zur Koordinierung der Rechts- und Verwaltungsvorschriften betreffend bestimmte Organismen für gemeinsame Anlagen in Wertpapieren (OGAW) und 2009/138/EG des Europäischen Parlaments und des Rates vom 25. November 2009 betreffend die Aufnahme und Ausübung der Versicherungs- und der Rückversicherungstätigkeit (Solvabilität II), die darauf beruhenden inländischen Gesetze, einschließlich der dazu ergangenen Rechtsverordnungen sowie der sonstigen im Bereich der Finanzaufsicht erlassenen Rechts- und Verwaltungsvorschriften.

(3) **Finanzbranche sind die folgenden Branchen:**

1. die Banken- und Wertpapierdienstleistungsbranche; zu dieser gehören
a) Kreditinstitute im Sinne des § 1 Absatz 1 des Kreditwesengesetzes,
b) Finanzdienstleistungsinstitute im Sinne des § 1 Absatz 1a des Kreditwesengesetzes,
c) Kapitalverwaltungsgesellschaften im Sinne des § 17 des Kapitalanlagesetzbuchs, extern verwaltete Investmentgesellschaften im Sinne des § 1 Absatz 13 des Kapitalanlagegesetzbuchs,
d) Finanzunternehmen im Sinne des § 1 Absatz 3 des Kreditwesengesetzes,
e) Anbieter von Nebendienstleistungen im Sinne des Artikels 4 Absatz 1 Nummer 18 der Verordnung (EU) Nr. 575/2013,
f) E-Geld-Institute im Sinne des § 1a Absatz 1 Nummer 5 des Zahlungsdiensteaufsichtsgesetzes,
g) Zahlungsinstitute im Sinne des § 1 Absatz 1 Nummer 5 des Zahlungsdiensteaufsichtsgesetzes sowie
h) den Buchstaben a bis h entsprechende Unternehmen mit Sitz im Ausland;

für die Zwecke der §§ 6 bis 12 gelten Kapitalverwaltungsgesellschaften und extern verwaltete Investmentgesellschaften als nicht der Bank- und Wertpapierdienstleistungsbranche angehörig;

2. die Versicherungsbranche; zu dieser gehören
a) Erst- und Rückversicherungsunternehmen im Sinne des Versicherungsaufsichtsgesetzes mit Ausnahme der Sterbekassen,
b) Versicherungs-Holdinggesellschaften und Versicherungs-Zweckgesellschaften im Sinne des Versicherungsaufsichtsgesetzes sowie
c) den Buchstaben a und b entsprechende Unternehmen mit Sitz im Ausland.

(4) [1] **Mutterunternehmen sind: Mutterunternehmen im Sinne des § 290 des Handelsgesetzbuchs oder Unternehmen, die tatsächlich einen beherrschenden Einfluss auf ein anderes Unternehmen ausüben, ohne dass es auf die Rechtsform oder den Sitz ankommt.** [2] **Abweichend von Satz 1 gelten Unternehmen nach Absatz 3 Nummer 1 als Mutterunternehmen, sofern sie die Voraussetzungen des Artikels 4 Absatz 1 Nummer 15 der Verordnung (EU) Nr. 575/2013 erfüllen.**

(5) [1] **Tochterunternehmen sind: Tochterunternehmen im Sinne des § 290 des Handelsgesetzbuchs oder Unternehmen, auf die ein Mutterunternehmen tatsächlich einen beherrschenden Einfluss ausübt, ohne dass es auf die Rechtsform oder den Sitz ankommt; jedes Tochterunternehmen eines Tochterunternehmens ist ebenfalls Tochterunternehmen des Mutterunternehmens.** [2] **Abweichend von Satz 1 gelten Unternehmen nach Absatz 3 Nummer 1 als Tochterunternehmen, sofern sie die Voraussetzungen des Artikels 4 Absatz 1 Nummer 16 der Verordnung (EU) Nr. 575/2013 erfüllen.**

(6) [1] **Beteiligungen im Sinne dieses Gesetzes sind Anteile an anderen Unternehmen nach Maßgabe des § 271 Absatz 1 Satz 1 des Handelsgesetzbuchs oder das unmittelbare oder mittelbare Halten von mindestens 20 Prozent der Stimmrechte oder des Kapitals.** [2] **Abweichend von Satz 1 bestimmt sich eine Beteiligung, soweit es Unternehmen im Sinne des Absatzes 3 Nummer 1 betrifft, gemäß Artikel 4 Absatz 1 Nummer 35 der Verordnung (EU) Nr. 575/2013.**

(7) **Eine Gruppe im Sinne dieses Gesetzes besteht**

1. aus einem Mutterunternehmen, seinen Tochterunternehmen und den Unternehmen, an denen das Mutterunternehmen oder ein Tochterunternehmen eine Beteiligung hält, oder
2. aus mindestens zwei Unternehmen, die in der Weise miteinander verbunden sind, dass
a) sie gemeinsam auf Grund einer Satzungsbestimmung oder eines Vertrages unter einheitlicher Leitung stehen oder

b) sich ihre Verwaltungs-, Leitungs- oder Aufsichtsorgane mehrheitlich aus denselben Personen zusammensetzen, die während des Geschäftsjahres und bis zum Ablauf der in § 290 Absatz 1 des Handelsgesetzbuchs jeweils bestimmten Zeiträume im Amt sind, wenn sie einen konsolidierten Abschluss aufzustellen haben oder hätten (horizontale Unternehmensgruppe).

(8) **Eine enge Verbindung im Sinne dieses Gesetzes ist**

1. **ein Kontrollverhältnis oder eine Situation, in der zwei oder mehr natürliche oder juristische Personen durch ein Kontrollverhältnis dauerhaft mit derselben Person verbunden sind, oder**
2. **eine Verbindung eines oder mehrerer Unternehmen oder einer oder mehrerer natürlicher Personen durch das unmittelbare oder mittelbare Halten durch ein oder mehrere Tochterunternehmen oder Treuhänder von mindestens 20 Prozent der Stimmrechte oder des Kapitals.**

(9) **Kontrollverhältnis ist das Verhältnis zwischen Mutter- und Tochterunternehmen oder ein gleichartiges Verhältnis zwischen einer natürlichen oder juristischen Person und einem Unternehmen.**

(10) **Gemischte Finanzholding-Gesellschaft ist ein Mutterunternehmen, das kein beaufsichtigtes Unternehmen eines Finanzkonglomerats ist und das zusammen mit seinen Tochterunternehmen, von denen mindestens eines ein beaufsichtigtes Unternehmen eines Finanzkonglomerats mit Sitz im Inland oder in einem anderen Staat des Europäischen Wirtschaftsraums ist, und anderen Unternehmen ein Finanzkonglomerat bildet.**

(11) **Staaten des Europäischen Wirtschaftsraums sind die Mitgliedstaaten der Europäischen Union sowie die anderen Vertragsstaaten des Abkommens über den Europäischen Wirtschaftsraum.**

(12) **Drittstaaten sind alle Staaten, die keine Staaten des Europäischen Wirtschaftsraums sind.**

(13) **Zuständige Behörden im Sinne dieses Gesetzes sind die Behörden der anderen Staaten des Europäischen Wirtschaftsraums, die auf Grund der jeweiligen gesetzlichen Bestimmungen für die Beaufsichtigung von Unternehmen eines Finanzkonglomerats auf Einzel- oder Gruppenebene zuständig sind.**

(14) [1]**Jeweils zuständige Behörden**

1. **sind die zuständigen Behörden der anderen Staaten des Europäischen Wirtschaftsraums, die für die branchenbezogene Gruppenaufsicht der beaufsichtigten Unternehmen eines Finanzkonglomerats, insbesondere des in einer Branche an der Spitze stehenden Mutterunternehmens, verantwortlich sind,**
2. **ist der Koordinator, sofern es sich bei diesem nicht um eine der unter Nummer 1 genannten Behörden handelt, und**
3. **sind gegebenenfalls sonstige zuständige Behörden, die nach Ansicht der in den Nummern 1 und 2 genannten Behörden ebenfalls betroffen sind.**

[2]**Bis zum Erlass der in Artikel 21a Absatz 1 Buchstabe b der Richtlinie 2002/87/EG des Europäischen Parlaments und des Rates vom 16. Dezember 2002 über die zusätzliche Beaufsichtigung der Kreditinstitute, Versicherungsunternehmen und Wertpapierfirmen eines Finanzkonglomerats und zur Änderung der Richtlinien 73/239/EWG, 79/267/EWG, 92/49/EWG, 92/96/EWG, 93/6/EWG und 93/22/EWG des Rates und der Richtlinien 98/78/EG und 2000/12/EG des Europäischen Parlaments und des Rates (ABl. L 35 vom 11.2.2003, S. 1) genannten technischen Regulierungsstandards sind hierbei insbesondere der Marktanteil der beaufsichtigten Unternehmen des Finanzkonglomerats in anderen Staaten des Europäischen Wirtschaftsraums – insbesondere wenn dieser mehr als 5 Prozent beträgt – sowie das Gewicht der in anderen Staaten des Europäischen Wirtschaftsraums niedergelassenen beaufsichtigten Unternehmen innerhalb des Finanzkonglomerats zu berücksichtigen.**

(15) **Konglomeratsinterne Transaktionen sind alle Transaktionen, bei denen beaufsichtigte Unternehmen eines Finanzkonglomerats sich zur Erfüllung einer Verbindlichkeit direkt oder indirekt auf andere Unternehmen innerhalb derselben Gruppe oder auf natürliche oder juristische Personen, die enge Verbindungen mit Unternehmen der Gruppe haben, stützen, unabhängig davon, ob dies auf vertraglicher oder nicht vertraglicher und auf entgeltlicher oder unentgeltlicher Basis geschieht.**

(16) **Risikokonzentrationen sind alle mit einem Ausfallrisiko behafteten Engagements der Unternehmen eines Finanzkonglomerats, bei denen das Verlustpotential groß genug ist, um die Solvabilität oder die allgemeine Finanzlage eines beaufsichtigten Unternehmens eines**

Finanzkonglomerats zu gefährden, unabhängig davon, ob das Ausfallrisiko auf einem Adressenausfallrisiko, Kreditrisiko, Anlagerisiko, Versicherungsrisiko, Marktrisiko, sonstigen Risiko oder einer Kombination von Risiken oder einer Wechselwirkung zwischen Risiken beruht oder beruhen kann.

(17) **Gemeinsamer Ausschuss ist der Gemeinsame Ausschuss der Europäischen Bankenaufsichtsbehörde, der Europäischen Aufsichtsbehörde für das Versicherungswesen und die betriebliche Altersversorgung sowie der Europäischen Wertpapier- und Marktaufsichtsbehörde.**

Übersicht

1 **I. Allgemeines.** Die Regelung in § 2 enthält im Anschluss an die Definition des Finanzkonglomerats in § 1 Abs. 2 FKAG einen umfangreichen **Katalog** von weiteren grundlegend wichtigen Legaldefinitionen, der aber **nicht abschließend** ist. Weitere Definitionsnormen finden sich an anderer Stelle im FKAG selbst sowie in den delegierten europäischen Verordnungen zur RL 2002/87/EG; zusätzliche Definitionen enthalten schließlich noch die Branchenvorschriften (§ 2 Abs. 2 FKAG) im europäischen und deutschen Recht.

2 **1. Entstehungsgeschichte.** Die Norm findet sich seit dem 27.6.2013 im damals neu geschaffenen FKAG. § 2 ersetzt für die Versicherungsbranche die vorherige Regelung in § 104k VAG a. F. Die Vorgängernorm im VAG a. F. war mit dem FKRLUG geschaffen worden.

3 **2. Normzweck.** Die Regelung dient der Rechtsklarheit und dem einheitlichen Verständnis im Binnenmarkt, indem sie den Inhalt weiterer zentraler Begriffe der Finanzkonglomerateaufsicht verbindlich vorgibt.

4 **3. Europarechtlicher Hintergrund.** § 2 dient der Umsetzung von Art. 2 RL 2002/87/EG. Dabei **ändert** der deutsche Gesetzgeber aus nicht näher erläuterten Zweckmäßigkeitserwägungen teilweise die Reihenfolge der Legaldefinitionen und **erweitert** zudem den Inhalt des Definitionskatalogs um zusätzliche Begriffsbestimmungen.[1]

5 **II. Beaufsichtigte Unternehmen (Abs. 1).** Abs. 1 definiert das aus der Definition des Finanzkonglomerats in § 1 Abs. 2 Nr. 1 FKAG ausgelagerte Tatbestandsmerkmal beaufsichtigtes Unternehmen. Die Regelung legt den Kreis der **beaufsichtigten** Unternehmen eines Finanzkonglomerats fest, die neben der branchenspezifischen noch der zusätzlichen Aufsicht nach dem FKAG unterliegen. Dieser Kreis ist **enger** als der der Unternehmen, die nach Abs. 3 zur Finanzbranche gehören. Abs. 1 nennt

[1] BT-Drs. 17/126092, 31 zu § 2.

abschließend die fünf folgenden Unternehmenstypen: (1) **CRR-Kreditinstitute** gemäß § 1 Abs. 3d S. 1 KWG, der auf Art. 4 Abs. 1 Nr. 1 VO 575/2013 verweist.[2] (2) Erst- und Rückversicherungsunternehmen, die § 7 Nr. 33 VAG mittlerweile einheitlich als **Versicherungsunternehmen** definiert; die Regelung enthält eine Ausnahme für Sterbekassen, die trotz ihrer Eigenschaft als Versicherungsunternehmen (§ 218 VAG) nicht erfasst werden. (3) **Versicherungs-Zweckgesellschaften** nach § 168 Abs. 1 S. 1 VAG. (4) **Wertpapierhandelsunternehmen** nach § 1 Abs. 3d S. 2 KWG, der auf Art. 4 Abs. 1 Nr. 2 VO 575/2013 verweist. (5) **Verwaltungsgesellschaften** i. S. v. § 1 Abs. 14 KAGB.

III. Branchenvorschriften (Abs. 2). Abs. 2 dient der Umsetzung von Art. 2 Nr. 7 RL 2002/87/ EG und ersetzt für die Versicherungsbranche die vorherige Regelung in § 104k Nr. 3 S. 2 VAG a. F., die mit dem FKRLUG geschaffen wurde. Die Vorschrift nennt **drei Gruppen** von Rechtsquellen, die relevante Branchenvorschriften enthalten: Erstens **Rechtsvorschriften** der **Europäischen Union** im Bereich der Finanzaufsicht, die durch eine nicht abschließende Aufzählung („insbesondere") konkretisiert werden; davon umfasst sind die einschlägigen europäischen Richtlinien und europäischen Verordnungen in der Finanzbranche. Für die Versicherungsbranche explizit erwähnt wird die Solva II-RL. Dazu zählen weiter die sie konkretisierenden Verordnungen, die beim Erlass des FKAG noch nicht existierten, für die Versicherungsbranche vor allem die Solva II-VO. Zweitens **Gesetze**, die auf den **europäischen** Vorschriften der Finanzaufsicht beruhen, also entsprechende nationale Transformationsgesetze, etwa VAG, KWG, WpHG und KAGB. Zu dieser Gruppe der „Gesetze" zählen auch die nationale Verordnungen, die auf Basis dieser Transformationsgesetze ergingen.[3] Darunter fallen in der Versicherungsbranche aktuell die zahlreichen Verordnungen, die zum VAG 2016 erlassen wurden. Drittens Sonstige im Bereich der Finanzaufsicht erlassenen **Rechts-** und **Verwaltungsvorschriften**. Hierbei handelt es sich um einen sehr weiten Auffangtatbestand. Nr. 3 nennt als Branchenvorschriften nur Rechts- und Verwaltungsvorschriften. Damit werden extern rechtlich unverbindliche **Verwaltungsäußerungen** wie Mindestanforderungen, Auslegungsentscheidungen, Empfehlungen oder Leitlinien mangels materiellen Regelungscharakters nicht erfasst.[4] Sie sind keine „Vorschriften" i. S. v. Art. 114 AEUV, denn sie wurden nicht für, sondern von Behörden zwecks homogener Aufsichtspraxis in nachgeordneten Behörden erlassen.[5] Nur die **erste** der in Nr. 1–3 genannten drei Gruppen wird auch in der RL 2002/87/EG genannt. Die beiden anderen Rechtsnormengruppen stellen nationale Regelungen dar. Diese **Erweiterung** ist aufgrund des europäischen Mindestharmonisierungsansatzes[6] grundsätzlich zulässig. Die Relevanz der nationalen Vorgaben steht aber unter dem doppelten **Vorbehalt**, dass sie erstens eine richtlinienkonforme Transformation beinhalten und zweitens nicht mit europäischen Verordnungen oder dem europäischen Primärrecht einschließlich der Grundrechtecharta[7] kollidieren. 6

IV. Finanzbranche (Abs. 3). Abs. 3 dient der Umsetzung von Art. 2 Nr. 8 RL 2002/87/EG und ersetzt für die Versicherungsbranche die vorherige Regelung in § 104k Nr. 2 VAG a. F., die mit dem FKRLUG geschaffen wurde. Der Inhalt von Abs. 3 entspricht nicht der Definition in der RL 2002/87/ EG. Die Regelung fasst in Nr. 1 die Banken- und die Wertpapierdienstleistungsbranche abweichend von Art. 2 Nr. 8 lit. a und c RL 2002/87/EG als eine **einheitliche** Branche zusammen und nennt gemischte Finanzholding-Gesellschaften abweichend von Art. 2 Nr. 8 lit. d RL 2002/87/EG nicht als **eigene** Branche. Die **nationale** Lösung der Zusammenfassung der Banken- und Wertpapierbranche, die das europäische Recht nicht kennt, führt dazu, dass es ohne Beteiligung eines Unternehmens der Versicherungsbranche kein Finanzkonglomerat geben kann. Gruppen, die nur aus Unternehmen der Banken- und Wertpapierbranche bestehen, führen nie zur Existenz eines Finanzkonglomerats. Gruppen, die Unternehmen aus der Versicherungsbranche und Wertpapierbranche umfassen, droht damit stets die komplexe und aufwändige Konglomerateaufsicht, Gruppen aus dem Banken- und Wertpapiersektor dagegen nie. Für diese deutsche **Ungleichbehandlung** ist gerade aus der europäischen Perspektive und des Ziels der Finanzkonglomerateaufsicht kein belastbarer Grund ersichtlich. 7

1. Banken- und Wertpapierbranche (Abs. 3 Nr. 1). Zu dieser Branche zählen Kreditinstitute (§ 1 Abs. 1 KWG), Finanzdienstleistungsinstitute (§ 1 Abs. 1a KWG), Kapitalverwaltungsgesellschaften (§ 17 KAGB) und extern verwaltete Investmentgesellschaften (§ 1 Abs. 13 KAGB), Finanzunternehmen (§ 1 Abs. 3 KWG), Anbieter von Nebendienstleistungen (§ 1 Abs. 3c KWG), E-Geld-Institute (§ 1a Nr. 5 ZAG), Zahlungsinstitute (§ 1 Nr. 5 ZAG) sowie entsprechende Unternehmen dieser Kategorien mit Sitz im **Ausland**. Kapitalverwaltungsgesellschaften und extern verwaltete Investmentgesellschaften werden der Banken- und Wertpapierbranche zugeordnet gelten jedoch im Rahmen der §§ 6–12 FKAG bei der Feststellung und Ermittlung eines Finanzkonglomerats **nicht** als relevante Branchenunternehmen. 8

[2] Verordnung (EU) Nr. 575/2013 des Europäischen Parlaments und des Rates vom 26.6.2013 über Aufsichtsanforderungen an Kreditinstitute und Wertpapierfirmen und zur Änderung der Verordnung (EU) Nr. 646/2012, ABl.EU 2013 L 176, 1.

[3] Schwennicke/Auerbach/*Auerbach/Häußler* § 2 FKAG Rn. 9.

[4] Tendenziell a. A. FKBP/*Pohlmann* § 104k Rn. 7.

[5] *Bürkle* VersR 2016, 2 (6) m. w. N.; *Platzer,* Versicherungsaufsicht in der Europäischen Union, 2015, S. 192.

[6] 16. Erwägungsgrund S. 3 zur RL 2002/97/EG.

[7] Zur dort geschützten unternehmerischen Freiheit *Gundel* ZHR 180 (2016), 323; *Wollenschläger* EuZW 2015, 285.

9 **2. Versicherungsbranche (Abs. 3 Nr. 2).** Zur Versicherungsbranche gehören nach Nr. 2 Erst- und Rückversicherungsunternehmen i. S. d. VAG, das aber in der aktuellen Fassung in § 7 Nr. 33 VAG nur noch den Begriff des **Versicherungsunternehmens** definiert, ohne zwischen Erst- und Rückversicherungsunternehmen zu unterscheiden; materiell führt das aber zu keiner Änderung. Erfasst sind **größenunabhängig** alle Versicherungsunternehmen, also auch „kleine" gemäß § 211 VAG. Zur Versicherungsbranche zählen weiter Versicherungs-Holdinggesellschaften (§ 7 Nr. 31 VAG) und Versicherungs-Zweckgesellschaften (§ 168 Abs. 1 S. 1 VAG). Zur Versicherungsbranche zählen ebenfalls die entsprechenden Unternehmen dieser Kategorien mit Sitz im **Ausland**. Ausgenommen von der Branchenzugehörigkeit werden trotz ihrer Eigenschaft als Lebensversicherungsunternehmen die Sterbekassen (§ 218 VAG). Die speziell auf dem Feld der betrieblichen Altersversorgung tätigen und im VAG normierten Pensionskassen (§§ 232 ff. VAG) und Pensionsfonds (§§ 236 ff. VAG) zählen nicht zur Versicherungsbranche.

10 **V. Mutterunternehmen (Abs. 4).** Abs. 4 dient der Umsetzung von Art. 2 Nr. 9 RL 2002/87/EG und ersetzt für die Versicherungsbranche die vorherige Regelung in § 104k Nr. 6 VAG a. F., die mit dem FKRLUG geschaffen wurde. Die Norm definiert in Satz 1 zwei **alternative** Voraussetzungen für den Status eines Mutterunternehmens und enthält in Satz 2 eine **Statusfiktion**. In allen Fällen kommt es auf **Rechtsform** und **Sitz** des potenziellen Mutterunternehmens nicht an.[8]

11 **1. Mögliche Beherrschung (Abs. 4 S. 1).** Nach Satz 1 besteht der Status erstens wenn ein Mutterunternehmen i. S. v. § 290 HGB vorliegt, auf den vollumfänglich verwiesen wird.[9] § 290 Abs. 1 HGB lässt dafür bereits die **Möglichkeit** der unmittelbaren oder mittelbaren Beherrschung eines Tochterunternehmens genügen. § 290 Abs. 2 HGB formuliert Tatbestände, bei denen die Beherrschung gesetzlich unwiderleglich **vermutet** wird, so dass ein beherrschender Einfluss stets, aber nicht nur bei Vorliegen der dort genannten Voraussetzungen besteht.[10] Erfasst werden folgende **vier Fälle**: Stimmrechtsmehrheit (Nr. 1), Kompetenz der Gesellschafter zur Bestellung der Organe (Nr. 2), Recht zur Bestimmung der Geschäftspolitik aufgrund Beherrschungsvertrages (§ 291 AktG) oder entsprechender Satzungsbestimmung (Nr. 3) und legaldefinierte Zweckgesellschaften (Nr. 4). § 290 Abs. 3 HGB regelt, dass Kontrollrechte, die einem Tochterunternehmen oder einer für Rechnung des Mutter- oder Tochterunternehmens handelnden Person zustehen, als Rechte des **Mutterunternehmens** i. S. v. § 290 Abs. 2 HGB gelten und sich daher auf die Beurteilung des Vorliegens eines beherrschenden Einflusses auswirken.

12 **2. Tatsächliche Beherrschung (Abs. 4 S. 1).** Nach Satz 1 besteht der Status zweitens wenn ein Unternehmen **tatsächlich** einen beherrschenden Einfluss auf ein anderes Unternehmen ausübt, ohne dass es auf dessen Rechtsform ankäme, also wenn ein herrschendes Unternehmen (vgl. § 17 Abs. 1 AktG) vorliegt.[11] Dabei knüpft die Regelung mangels Existenz eines europäischen Konzernrechts an die Voraussetzungen in Art. 1 der RL 83/349/EWG[12] über den konsolidierten Abschluss an. Dort wird zudem geregelt, dass es für die tatsächliche Beherrschung auf die Sicht der zuständigen **Behörde** ankommt. Es geht dabei aber nicht um eine rein subjektive Einschätzung, sondern um eine durch ausreichende objektive Anknüpfungspunkte und Tatsachen zu begründende Schlussfolgerung.

13 **3. Statusfiktion (Abs. 4 S. 2).** Satz 2 **fingiert** den Status als Mutterunternehmen unabhängig von den Voraussetzungen in Satz 1 speziell für die Unternehmen der Banken- und Wertpapierdienstleistungsbranche; dazu müssen die branchenspezifischen Anforderungen der Definition in Art. 4 Abs. 1 Nr. 15 VO 575/2013 erfüllt sein.[13] Für Unternehmen der Versicherungsbranche greift diese Fiktion nicht ein.

14 **VI. Tochterunternehmen (Abs. 5).** Abs. 5 dient der Umsetzung von Art. 2 Nr. 10 RL 2002/87/EG und ersetzt für die Versicherungsbranche die vorherige Regelung in § 104k Nr. 7 VAG a. F. Die Definition weist einen **spiegelbildlichen** Inhalt im Vergleich zur Definition des Mutterunternehmens nach Abs. 4 auf. Auch in Abs. 5 kommt es in allen Fällen auf **Rechtsform** und **Sitz** des potenziellen Tochterunternehmens nicht an. Satz 1 Hs. 1 knüpft für den Status des Tochterunternehmens zunächst an die Vorgaben in § 290 HGB an, so dass es nur auf die **Möglichkeit** eines unmittelbaren oder mittelbaren beherrschenden Einfluss ankommt.[14] Außerdem genügt nach dieser Vorschrift auch unabhängig von den Vorgabe in § 290 HGB eine **tatsächliche** gesellschaftsrechtlich vermittelte Beherr-

[8] Schwennicke/Auerbach/*Kempers/Häußler* § 2 Rn. 13.

[9] Zu den einzelnen Voraussetzungen *Kohl/Meyer* NZG 2014, 1361.

[10] Baumbach/Hopt/*Merkt* § 290 Rn. 8.

[11] FKBP/*Pohlmann* § 104k Rn. 21.

[12] Siebente Richtlinie des Rates vom 13. Juni 1983 aufgrund von Artikel 54 Absatz 3 Buchstabe g) des Vertrages über den konsolidierten Abschluß (83/349/EWG), ABl.EG 1983 L 193, 1.

[13] Verordnung (EU) Nr. 575/2013 des Europäischen Parlaments und des Rates vom 26.6.2013 über Aufsichtsanforderungen an Kreditinstitute und Wertpapierfirmen und zur Änderung der Verordnung (EU) Nr. 646/2012; ABl.EU 2013 L 176, 1.

[14] Schwennicke/Auerbach/*Kempers/Häußler* § 2 FKAG Rn. 14.

schung. Satz 1 Hs. 2 sieht ergänzend vor, dass **Enkelunternehmen** Tochterunternehmen des Mutterunternehmens darstellen. Satz 2 **fingiert** den Status als Tochterunternehmen unabhängig von den Voraussetzungen in Satz 1 speziell für die Unternehmen der Banken- und Wertpapierdienstleistungsbranche; dazu müssen die branchenspezifischen Anforderungen der Definition in Art. 4 Abs. 1 Nr. 16 VO 575/2013 erfüllt sein. Für Unternehmen der Versicherungsbranche greift diese Fiktion nicht ein.

VII. Beteiligungen (Abs. 6). Abs. 5 dient der Umsetzung von Art. 2 Nr. 11 RL 2002/87/EG und ersetzt für die Versicherungsbranche die vorherige Regelung in § 104k Nr. 6 VAG a. F. Der **Beteiligungsbegriff** entspricht der Definition in § 271 Abs. 1 S. 1 HGB[15] und erfasst daher Anteile an anderen Unternehmen, die dazu bestimmt sind, dem eigenen Geschäftsbetrieb durch Herstellung einer **dauernden** Verbindung zu jenen Unternehmen zu **dienen** (§ 271 Abs. 1 S. 1 HGB). 15

Bei Beteiligungen unter 20% ist der handelsrechtliche Ausweis nur ein **Indiz** für das Vorliegen einer Beteiligung. Nach der Regierungsbegründung notwendig aber ausreichend ist vielmehr eine über den bloßen Anteilsbesitz aus Anlage- und Renditegründen **hinausgehende** Absicht; als beispielhafte Indizien werden Kooperationen im Vertrieb oder anderen Unternehmensbereichen, vertragliche oder faktische Mitsprachemöglichkeiten, längerfristige Leistungsverträge oder Koordination im Wettbewerb genannt.[16] Im Zweifel trifft das Unternehmen die **Darlegungslast**, weshalb dauerhaft gehaltene Anteile nicht dem eigenen Geschäftsbetrieb dienen und die Beteiligung deshalb nicht einzubeziehen ist.[17] Die widerlegliche **Vermutung**[18] für das Vorliegen einer relevanten Beteiligung in § 271 Abs. 1 S. 3 HGB greift mangels entsprechenden Verweises in der Definition des Abs. 6 nicht ein.[19]

VIII. Gruppe (Abs. 7). Abs. 7 dient der Umsetzung von Art. 2 Nr. 12 RL 2002/87/EG und übernimmt für die Versicherungsbranche Teile der vorherigen Regelungen in § 104k Nr. 4 und § 104a VAG a. F., die mit dem FKRLUG geschaffen wurden. Art. 2 Nr. 12 RL 2002/87/EG stellt am Ende noch klar, dass auch etwaige **Untergruppen** einzubeziehen sind. Das Vorliegen einer **speziellen** Gruppe i. S. d. FKAG ist unverzichtbare Voraussetzung für die Existenz eines Finanzkonglomerats (§ 1 Abs. 2 FKAG). Abs. 7 enthält in Nr. 1 und Nr. 2 zwei **alternative** Definitionen, die in Nr. 2 nochmals in zwei weitere Alternativen unterfällt. Die Definitionen der Gruppe in Abs. 7 stimmt nicht mit der Gruppendefinition in § 7 Nr. 13 VAG überein. 16

1. Vertikale Gruppe (Abs. 7 Nr. 1). Die Vorschrift ersetzt für die Versicherungsbranche die vorherige Regelung in § 104k Nr. 4 lit. a VAG a. F. Nach Nr. 1 besteht eine **vertikale** Gruppe aus einem Mutterunternehmen (§ 2 Abs. 4 FKAG), seinen Tochterunternehmen (§ 2 Abs. 5 FKAG) und allen weiteren Unternehmen, an denen die Mutter- oder Tochterunternehmen ihrerseits Beteiligungen (§ 2 Abs. 6 FKAG) halten. 17

2. Verbundene Unternehmen (Abs. 7 Nr. 2). Die Vorschrift ersetzt für die Versicherungsbranche die vorherige Regelung in § 104k Nr. 5 VAG a. F. Die Existenz einer Gruppe setzt nach Nr. 2 voraus, dass mindestens zwei Unternehmen in der in lit. a **oder** lit. b geregelten Weise miteinander **verbunden** sind. 18

a) Einheitliche Leitung (Abs. 7 Nr. 2 lit. a). Nr. 2 lit. a fordert für die Gruppe, dass die Unternehmen aufgrund **Satzung** oder **Vertrag** unter einheitlicher Leitung stehen. Das entspricht der Regelung in § 290 Abs. 2 Nr. 3 HGB, ist aber **weiter**, da nicht nur ein Beherrschungsvertrag (§ 291 Abs. 1 S. 1 AktG) als Leitungsinstrument in Betracht kommt, sondern auch andere Verträge ausreichen können. Relevante Satzungsgestaltungen mit vergleichbarer Wirkung können etwa bei stimmrechtslosen Vorzugsaktien (§ 12 Abs. 1 S. 2 AktG) oder Entsenderechte in den Aufsichtsrat (§ 101 Abs. 2 AktG) vorliegen. Neben dem Beherrschungsvertrag kommen als weitere vertragliche Gestaltungsmittel etwa Konsortial-, Stimmbindungs- oder Betriebsführungsverträge in Betracht.

b) Horizontale Unternehmensgruppe (Abs. 7 Nr. 2 lit. b). Die zuvor in § 104a Abs. 2 Nr. 1 S. 4 VAG a. F. enthaltene Regelung formuliert die Legaldefinition für die horizontale Unternehmensgruppe, wie sie etwa bei VVaG-Gleichordnungskonzernen vorliegen kann.[20] Nr. 2 lit. b fordert für eine horizontale Unternehmensgruppe erstens **mehrheitliche Personenidentität** auf Organebene[21] und zweitens deren Amtsdauer bis zur **Aufstellung** des Konzernabschlusses. Der Begriff „Verwaltungs-, Leitungs- oder Aufsichtsorgane" stellt mit seiner **alternativen** Formulierung auf die für das betroffenen Unternehmen jeweils rechtlich begründeten Organzuständigkeiten ab. § 290 Abs. 1 HGB nennt hier die Zuständigkeit der gesetzlichen Vertreter der Kapitalgesellschaft, also des Vorstands bei der monistischen und des Verwaltungsrats bei der dualistischen AG oder SE sowie die Geschäftsführer bei der 19

[15] BT-Drs. 15/3641, 57 zu § 104k VAG.
[16] BT-Drs. 15/3641, 57 zu § 104k Nummern 3 und 4.
[17] BT-Drs. 15/3641, 57 zu § 104k Nummern 3 und 4.
[18] Baumbach/Hopt/*Merkt* § 271 Rn. 6.
[19] Luz/Neus/*Ellwanger* § 2 FKAG Rn. 10.
[20] Zum VVaG-Konzern *Dreher* FS Stuttgarter Lebensversicherung a. G., 2008, S. 139.
[21] Zu personellen Verflechtungen von Leitungsorganen *Dreher* FS E. Lorenz, 1994, S. 175.

GmbH. Beim VVaG trifft diese Pflicht den Vorstand. Diese **funktionsbezogene** Einschätzung bestätigt die Legaldefinition des Begriffs „Verwaltungs-, Leitungs- und Managementorgan" in Art. 1 Nr. 43 Solva II-VO, die ebenfalls auf die nationale (gesellschafts-)rechtliche Kompetenzverteilung abstellt.[22] Diese Personen müssen mehrheitlich bis zum Ablauf von fünf Monaten nach Ende des Konzerngeschäftsjahres im Amt sein. Das Wort „hätte" verdeutlicht, dass ein konsolidierter Abschluss keine Voraussetzung für das Vorliegen einer horizontalen Unternehmensgruppe ist,[23] sondern es lediglich um den Zeitraum nach § 290 Abs. 1 S. 1 HGB bezogen auf einen **hypothetischen** Abschluss geht.

20 **IX. Enge Verbindung (Abs. 8).** Abs. 8 dient der Umsetzung von Art. 2 Nr. 13 RL 2002/87/EG und ersetzt für die Versicherungsbranche die vorherige Regelung in § 104k Nr. 8 S. 2 VAG a. F., die mit dem FKRLUG eingeführt wurde. Die Definition hat vor allem Bedeutung für die Begriffsbestimmung zu den konglomeratsinternen Transaktionen nach § 2 Abs. 15 FKAG. Der Begriff wurde zusätzlich zum Terminus „Beteiligung" eingefügt, um nicht nur vertikale, sondern zugleich **horizontale** und **sternförmige** Verbindungen aufsichtsrechtlich zu erfassen.[24] Die Regelung in Abs. 8 definiert anschließend die **drei Situationen**, in denen eine enge Verbindung vorliegt. Das ist nach Nr. 1 zunächst in **zwei** Konstellationen der Fall, nämlich wenn entweder ein **Kontrollverhältnis** (§ 2 Abs. 9 FKAG) oder eine Situation vorliegt, in der mindestens zwei (natürliche oder juristische) Personen durch ein Kontrollverhältnis dauerhaft mit derselben Person verbunden sind. Das Kriterium der **Dauerhaftigkeit** der Verbindung wird in Anlehnung an § 271 HGB wie in § 2 Abs. 6 FKAG bei der Definition der „Beteiligung" zu beurteilen sein. Die **identische** Person, zu der diese Verbindung bestehen muss, kann ihrerseits eine natürliche oder eine juristische Person sein. Nr. 2 definiert sehr weit die **dritte** Fallgestaltung, die zu einer engen Verbindung führt und kombiniert dabei Vorgaben für die **Art** der Verbindung und der daraus resultieren **Einflussmöglichkeit**. Bei der Art werden Verbindungen zwischen mehreren Unternehmen oder mehreren natürlichen Personen erfasst, wobei die Verbindung jeweils mittelbar oder unmittelbar bestehen und sowohl über Tochterunternehmen als auch über Treuhänder hergestellt sein kann. Dieser weite Begriffsbestandteil wird durch eine **quantitative** Vorgabe im Hinblick auf die Einflussmöglichkeit der Verbindung eingeschränkt. Bezüglich der Einflussmöglichkeit ist immer zwingend weitere Voraussetzung, dass mindestens 20 % der Stimmrechte oder des Kapitals betroffen sind.

21 **X. Kontrollverhältnis (Abs. 9).** Abs. 9 dient der Umsetzung von Art. 2 Nr. 13 lit. b RL 2002/87/EG. Die Vorschrift übernimmt die vorherigen Regelung aus § 8 KWG a. F.; im VAG a. F. war keine entsprechende Vorgabe enthalten. Die Regelung in Abs. 9 definiert das „Kontrollverhältnis", das seinerseits ausgelagerter Bestandteil der Definition der engen Verbindung ist (Abs. 8 Nr. 1 FKAG). Die Vorschrift stuft **zwei Konstellationen** als Kontrollverhältnis ein. In der ersten besteht zwischen zwei Unternehmen ein Mutter-/Tochterverhältnis (§ 2 Abs. 4 und Abs. 5 FKAG). In der zweiten Variante existiert ein vergleichbares Verhältnis, bei dem aber nicht zwei Unternehmen beteiligt sein müssen; es genügt, dass die Funktion der Mutter von einer natürlichen **oder** juristischen Person ausgeübt wird. Für die Vergleichbarkeit bieten die Kriterien in § 290 HGB Orientierung, auf den auch die Definition der „Kontrolle" in § 7 Nr. 16 VAG ausdrücklich verweist.

22 **XI. Gemischte Finanzholding-Gesellschaft (Abs. 10).** Abs. 10 dient der Umsetzung von Art. 2 Nr. 15 RL 2002/87/EG und ersetzt für die Versicherungsbranche die vorherige Regelung in § 104k Nr. 3 VAG a. F., die mit dem FKRLUG geschaffen wurde. Die Definition ist ein weiterer **Schlüsselbegriff**, da sie für die zusätzliche Beaufsichtigung auf Konglomeratsebene wesentlich ist und das Mutterunternehmen eines Versicherungsunternehmens aufsichtsrechtlich erfasst.[25] Der Begriff hat weiter Bedeutung für die Ermächtigung zu direkten behördlichen **Maßnahmen** gegen diese Gesellschaften nach § 28 Abs. 1–4 FKAG und für die **Anzeigepflichten** nach § 28 Abs. 5 FKAG, wenn eine solche Gesellschaft an der Spitze eines Finanzkonglomerates steht. Die Existenz einer derartigen Gesellschaft knüpft an **fünf Voraussetzungen** an: Das Unternehmen muss Mutterunternehmen nach Abs. 4 sein (1), darf kein beaufsichtigtes Unternahme nach Abs. 1 sein (2), muss mehrere Tochterunternehmen nach Abs. 5 besitzen (3), von denen mindestens eines beaufsichtigt ist und seinen Sitz im Inland oder EWR hat (4) und muss mit dem beaufsichtigten Tochterunternehmen und anderen Unternehmen ein Finanzkonglomerat nach § 1 Abs. 2 FKAG bilden (5). Das Wort **gemischt** bezieht sich auf die verschiedenartigen Unternehmensbeteiligungen einer solchen Gesellschaft. Im Gegensatz zu den Anforderungen an die Versicherungs-Holdinggesellschaft (§ 7 Nr. 31 VAG) kommt es aufgrund der Definition in Abs. 10 nicht darauf an, dass der **Schwerpunkt** der Beteiligungsaktivitäten der gemischten Finanzholding-Gesellschaft in einer von der Finanzkonglomerateregulierung erfassten Branche liegt.[26] Die Schwelle für die aufsichtsrechtliche Relevanz solcher Gesellschaften ist daher im Vergleich deutlich niedriger.

---

22 *Bürkle* CB 2015, 158, 159.
23 Schwennicke/Auerbach/*Kempers/Häußler* § 2 FKAG Rn. 18.
24 BT-Drs. 13/7142, 69.
25 BT-Drs. 15/3641, 57 zu 104k VAG.
26 Bähr/*Krämer* § 15 Rn. 100.

XII. Staaten des Europäischen Wirtschaftsraums (Abs. 11). Abs. 11 dient der Umsetzung von Art. 2 Nr. 9 RL 2002/87/EG. Die Vorschrift hat Bedeutung für den **räumlichen** Anwendungsbereich der europäischen Regulierung und Beaufsichtigung der Finanzkonglomerate. Die Staaten des Europäischen Wirtschaftsraums umfassen die Mitgliedstaaten der EU und die EFTA-Vertragstaaten (vgl. auch § 7 Nr. 22 VAG). 23

XIII. Drittstaaten (Abs. 12). Abs. 12 dient der Umsetzung von Art. 2 Nr. 9 RL 2002/87/EG. Die Vorschrift hat Bedeutung für die **Zusammenarbeit** mit Behörden aus Drittstaaten (§ 4 Abs. 5 FKAG). Sie grenzt negativ dadurch ab, dass Drittstaaten alle Staaten sind, die nicht zum EWR nach Abs. 11 gehören. Eine konkretere Definition des Begriffs der Drittstaaten enthält § 7 Nr. 6 VAG. 24

XIV. Zuständige Behörden (Abs. 13). Abs. 13 dient der Umsetzung von Art. 2 Nr. 16 RL 2002/87/EG. Der Begriff hat Bedeutung für die in § 4 FKAG normierte Zusammenarbeit. Zuständige Behörden nach Abs. 13 sind nur Behörden der anderen **Staaten** des europäischen Wirtschaftsraums, nicht generell europäische Behörden. Die Norm verweist dynamisch auf die jeweilige nationale Behördenkompetenz zur Beaufsichtigung eines konglomeratsangehörigen Unternehmens auf Einzel- oder Gruppenebene. In Deutschland übernimmt diese Aufgaben aktuell die BaFin, teilweise in Kooperation mit der Bundesbank. 25

XV. Jeweils zuständige Behörden (Abs. 14). Abs. 14 dient der Umsetzung von Art. 2 Nr. 17 RL 2002/87/EG, der für die angesprochenen Behörden den abweichenden Begriff **relevant** benutzt. Der Begriff hat vor allem Bedeutung für die Aktivitäten des Koordinators nach § 5 FKAG und die grenzüberschreitende Behördenkooperation. Erfasst sind nach Satz 1 Behörden der EWR-Mitgliedstaaten, die für die branchenbezogenen Gruppenaufsicht zuständig sind (S. 1 Nr. 1), der Koordinator, falls er nicht bereits unter Nr. 1 fällt (S. 1 Nr. 2) und die im Auffangtatbestand erwähnten weiteren, nach Auffassung der Behörden i. S. v. S. 2 und S. 3 ebenfalls betroffenen Behörden (S. 1 Nr. 3). Satz 2 enthält eine **Übergangsregelung**, die eingreift, solange die Europäische Kommission von ihrer Befugnis aus Art. 21a Abs. 1 lit. a RL 2002/87/EG keinen Gebrauch macht, Kriterien zur Bestimmung der jeweils zuständigen Behörde vorzugeben. Zu berücksichtigen sind die **nicht abschließend** genannten Kriterien des Marktanteils der beaufsichtigten Finanzkonglomerateunternehmen sowie das Gewicht der konglomeratsangehörigen Unternehmen in anderen EWR-Staaten. 26

XVI. Konglomeratsinterne Transaktionen (Abs. 15). Abs. 15 dient der Umsetzung von Art. 2 Nr. 18 RL 2002/87/EG und ersetzt für die Versicherungsbranche die vorherige Regelung in § 104k Nr. 8 S. 1 VAG a. F., die mit dem FKRLUG geschaffen wurde. Die Definition hat vor allem Bedeutung für die **Anzeigepflichten** nach § 23 FKAG; sie erfasst vorgelagert alle konglomeratsinternen Transaktionen ohne Rücksicht auf ihre Qualität, während § 23 Abs. 2 FKAG Anzeigepflichten nur bei Vorliegen bedeutender Transaktionen vorsieht. Damit eine konglomeratsinterne Transaktion vorliegt, sind folgende **drei Voraussetzungen** erforderlich: Es muss ein **beaufsichtigtes** Unternehmen (§ 2 Abs. 1 FKAG) eines Finanzkonglomerats (§ 1 Abs. 2 FKAG) beteiligt sein (1), die Transaktion muss der **Erfüllung** einer Verbindlichkeit dienen (2) und das Unternehmen muss sich dabei (direkt oder indirekt) auf anderen Unternehmen **innerhalb** der Gruppe (§ 2 Abs. 7 FKAG) oder auf (natürliche oder juristische) Personen mit einer **engen Verbindung** (§ 2 Abs. 8 FKAG) zu gruppenangehörigen Unternehmen **stützen** (3). Diese Definition wird zusätzlich durch die Vorgabe ausgeweitet, dass die fragliche **Unterstützung** auf vertraglicher oder nicht vertraglicher sowie auf entgeltlicher oder unentgeltlicher Basis erfolgen kann. In Betracht kommen daher etwa auch eine Geschäftsführung ohne Auftrag (§§ 677 ff. BGB) oder eine Dividendenzahlung.[27] Der Begriff der bedeutenden konglomeratsinternen Transaktionen wird durch Art. 2 Abs. 1 VO 2015/2303 auf europäischer Ebene weiter ausführlich **konkretisiert**. Dort werden beispielhaft folgende, potenziell relevante Transaktionen genannt: Investitionen und Salden zwischen Unternehmen; forderungsbesicherte Schuldinstrumente; Regelungen für eine zentralisierte Verwaltung von Vermögenswerten oder Barmitteln oder für eine Kostenteilung; Garantien, Zusagen, Akkreditive oder sonstige außerbilanzielle Transaktionen; gruppeninterne Vergütungen im Zusammenhang mit Vertriebsverträgen; Verlagerung von Risikopositionen zwischen Unternehmen innerhalb des Finanzkonglomerats; Versicherungs-, Rückversicherungs- und Retrozessionsgeschäfte. 27

XVII. Risikokonzentration (Abs. 16). Abs. 16 dient der Umsetzung von Art. 2 Nr. 19 RL 2002/87/EG und ersetzt für die Versicherungsbranche die vorherige Regelung in § 104k Nr. 9 VAG a. F., die mit dem FKRLUG geschaffen wurde. Die Definition in Abs. 16, an die § 3 Nr. 26 VAG anknüpft, hat vor allem Bedeutung für die **Anzeigepflichten** nach § 23 FKAG. Der Begriff der Risikokonzentration wird durch Art. 3 VO 2015/2303 weiter konkretisiert. Abs. 16 enthält **drei Kriterien** für das Vorliegen einer Risikokonzentration auf Konglomeratsebene, also nicht nur bezogen auf Risiken innerhalb des Konglomerats:[28] Es muss sich um Risiken eines **konglomeratsangehörigen** Unternehmens handeln. 28

[27] Bähr/*Krämer* § 15 Rn. 120.
[28] Luz/Neus/*Ostermeier* § 23 FKAG Rn. 1.

unabhängig davon, ob dieses beaufsichtigt ist oder nicht (1), aus einem Engagement dieses Unternehmens muss ein **Ausfallrisiko** resultieren (2) und das Verlustpotenzial daraus kann die Solvabilität oder die allgemeine Finanzlage eines **beaufsichtigten** konglomeratsangehörigen Unternehmens gefährden (3). Die Vorgabe eines **großen** Ausfallpotenzials mit Folgen für Solvabilität und Finanzlage findet sich in ähnlicher Form in der Anzeigepflicht nach § 23 Abs. 1 FKAG, die an das Vorliegen einer **bedeutenden** Risikokonzentration anknüpft. Der Begriff des **Ausfallrisikos** wird sehr weit gefasst, denn es kann sich aus einem Adressausfallrisiko, einem Kreditrisiko, einem Anlagerisiko, einem Versicherungsrisiko, einem Marktrisiko oder **sonstigen** Risiken ergeben, so dass eine offene Aufzählung vorliegt; zu den sonstigen Risiken gehören etwa auch die gerade im Finanzsektor wichtigen operationellen Risiken.[29] Erfasst werden zudem Ausfallrisiken, die sich aus einer **Kombination** dieser Risiken oder einer **Wechselwirkungen** zwischen diesen Risiken ergeben. Zudem geht es nicht nur um aktuelle sondern auch um **potenzielle** Risiken und Risikokorrelationen. Das in § 3 Abs. 16 FKAG explizit genannte **Versicherungsrisiko** definiert § 33 Nr. 2 FKAG als Risiko der möglichen Inanspruchnahme, die unter Berücksichtigung der vertraglichen Versicherungssumme unter Einbeziehung der Rückversicherung, der Schadenerfahrungen der Vergangenheit und mathematischer Modelle zu bestimmen ist. Zudem enthält das VAG weitere Legaldefinitionen bezogen auf relevante **Risikokategorien**, etwa für das Konzentrationsrisiko (§ 7 Nr. 17 VAG), das Kreditrisiko (§ 7 Nr. 18 VAG), das Liquiditätsrisiko (§ 7 Nr. 19 VAG), das Marktrisiko (§ 7 Nr. 20 VAG) oder das operationelle Risiko (§ 7 Nr. 24 VAG). Auf **europäischer** Ebene regelt Art. 3 Abs. 1 VO 2015/2303 bedeutende Risikokonzentrationen. Diese ergeben sich im Falle beaufsichtigter Unternehmen und gemischter Finanzholdinggesellschaften aus Risikopositionen gegenüber Gegenparteien, die **nicht** Teil des Finanzkonglomerats sind, wenn diese Risikopositionen **alternativ**: Direkte oder indirekte Risikopositionen sind (1), Bilanz- und außerbilanzielle Posten sind (2), beaufsichtigte und nicht beaufsichtigte Unternehmen, die gleichen oder verschiedene Finanzbranchen eines Finanzkonglomerats betreffen (3) oder sich aus einer beliebigen Kombination oder Wechselwirkung zwischen den eben genannten Positionen ergeben.

29 **XVIII. Gemeinsamer Ausschuss (Abs. 17).** Abs. 17 dient der Umsetzung von Art. 2 Nr. 9 RL 2002/87/EG. Die Definition hat vor allem Bedeutung für die Regelungen zur **behördlichen Zusammenarbeit** in § 4 FKAG. Der Gemeinsame Ausschuss setzt sich zusammen aus den drei europäischen Finanzaufsichtsbehörden (European Supervisory Authorities – **ESA**), also der Europäischen Bankenaufsichtsbehörde (**EBA**), der Europäischen Aufsichtsbehörde für das Versicherungswesen und die betriebliche Altersversorgung (**EIOPA**) und der Europäischen Wertpapier- und Marktaufsichtsbehörde (**ESMA**). Seine Aufgaben sind in den insoweit gleichlautenden Verordnungstexten zu Errichtung der drei ESA geregelt. Nach Art. 54 Abs. 1 EIOPA-VO[30] dient der Gemeinsame Ausschuss als Forum für die regelmäßige und enge Zusammenarbeit der ESA und gewährleistet eine **sektorübergreifende Abstimmung**, insbesondere in Bezug auf einzelne Gebiete, zu denen auch die **Finanzkonglomerate** zählen. Zudem regelt der Gemeinsame Ausschuss gemäß Artikel 56 EIOPA-VO **Meinungsverschiedenheiten**, wenn ein Finanzinstitut -wie bei Finanzkonglomeraten- sektorübergreifend tätig ist.

Zusammenarbeit mit der Deutschen Bundesbank

3 **¹Die Bundesanstalt und die Deutsche Bundesbank arbeiten nach Maßgabe dieses Gesetzes zusammen. ²§ 7 des Kreditwesengesetzes gilt entsprechend.**

1 **I. Allgemeines.** § 3 sieht die Einbeziehung der deutschen Bundesbank in die Überwachungstätigkeit der BaFin bezogen auf die Finanzkonglomerate vor. Regeln zur Zusammenarbeit mit der EZB auf dem Gebiet der Finankonglomerateaufsicht enthält die Norm trotz der im Verordnungsweg[1] eingeräumten Kompetenzen der EZB im Rahmen der Mikroaufsicht über Institute[2] nicht. Diese würde zudem die Versicherungsbranche nicht umfassen.

2 **1. Entstehungsgeschichte.** § 3 wurde mit dem FKAG neu geschaffen; eine Vorgängerregelung für die Versicherungsbranche existierte teilweise mit § 104l Abs. 1 VAG a. F.

3 **2. Normzweck.** § 3 verpflichtet BaFin und Deutsche Bundesbank zur Zusammenarbeit nach den Vorgaben des FKAG soweit die Bundesbank in diese zusätzliche Beaufsichtigung eingebunden ist. Diese Regelung ändert wegen der entsprechenden Anwendung von § 7 KWG nichts daran, dass die BaFin die **zuständige** Behörde nach § 1 Abs. 1 S. 2 FKAG ist.[3] Generelle Inhalte zur Zusammenarbeit von BaFin

---

[29] Schwennicke/Auerbach/*Auerbach/Häußler* § 3 FKAG Rn. 30
[30] ABl.EU 2010 L 331, 84.
[1] VO (EU) Nr. 1024/2013 vom 15.10.2013, ABl.EU 2013 L 287,63.
[2] Dazu etwa *Hartig* EuZW 2012, 775; *Lehmann/Manger-Nestler* ZBB 2014, 2; *Ruthig* ZHR 178 (2014), 443; *Schuster* EuZW 2014, Beilage Heft 1, S. 3.
[3] BT-Drs. 17/12602, 31 zu § 3.

und Bundesbank im Bereich der Bankenaufsicht enthält die Aufsichtsrichtlinie vom 21.5.2013, zuletzt geändert am 19.12.2016.[4]

3. Europarechtlicher Hintergrund. § 3 FKAG stellt eine rein nationale Regelung ohne europarechtliche Grundlage dar. 4

Zusammenarbeit mit den zuständigen Behörden und dem Gemeinsamen Ausschuss

4 (1) **Bei der Beaufsichtigung von Finanzkonglomeraten, die grenzüberschreitend tätig sind, arbeiten die Bundesanstalt und die Deutsche Bundesbank bei der Ermittlung eines Finanzkonglomerats und bei der Beaufsichtigung auf Konglomeratsebene nach Maßgabe der Richtlinie 2002/87/EG des Europäischen Parlaments und des Rates vom 16. Dezember 2002 über die zusätzliche Beaufsichtigung der Kreditinstitute, Versicherungsunternehmen und Wertpapierfirmen eines Finanzkonglomerats und zur Änderung der Richtlinien 73/239/EWG, 79/267/EWG, 92/49/EWG, 92/96/EWG, 93/6/EWG und 93/22/EWG des Rates und der Richtlinien 98/78/EG und 2000/12/EG des Europäischen Parlaments und des Rates mit den zuständigen Behörden und dem Gemeinsamen Ausschuss zusammen; § 309 Absatz 4 und 8 Satz 4 des Versicherungsaufsichtsgesetzes und § 8 Absatz 5 und § 9 Absatz 1 Satz 8 des Kreditwesengesetzes gelten entsprechend.**

(2) **Die Bundesanstalt bestimmt mit den zuständigen Behörden der betroffenen Staaten des Europäischen Wirtschaftsraums, einschließlich desjenigen Staates, in dem die gemischte Finanzholding-Gesellschaft ihren Sitz hat, nach Maßgabe des Artikels 10 der Richtlinie 2002/87/EG den Koordinator.**

(3) **Auf Anfrage einer zuständigen Behörde übermittelt die Bundesanstalt die Informationen, die dazu dienen, die Beaufsichtigung nach der Richtlinie 2002/87/EG zu ermöglichen oder zu erleichtern.**

(4) **Die Bundesanstalt kann die zuständigen Behörden des Staates des Europäischen Wirtschaftsraums, in dem ein Mutterunternehmen seinen Sitz hat, ersuchen, von dem Mutterunternehmen die Informationen, die für die Wahrnehmung ihrer Aufgaben als Koordinator zweckdienlich sind, zu verlangen und diese an sie weiterzuleiten.**

(5) **Die nach Abschnitt 3 der Richtlinie 2002/87/EG erforderliche Zusammenarbeit und die Wahrnehmung der in Artikel 11 Absatz 1, 2 und 3 und Artikel 12 der Richtlinie 2002/87/EG genannten Aufgaben sowie gegebenenfalls die Abstimmung und Zusammenarbeit mit den jeweils zuständigen Aufsichtsbehörden in Drittstaaten in geeigneter Form und unter Einhaltung der Geheimhaltungspflichten und des Unionsrechts erfolgt durch Kollegien, die gemäß Artikel 131a der Richtlinie 2006/48/EG oder Artikel 248 Absatz 2 der Richtlinie 2009/138/EG eingesetzt wurden.**

(6) **[1]Die näheren Bestimmungen über die Zusammenarbeit legt die Bundesanstalt in Kooperationsvereinbarungen mit den zuständigen Behörden der betroffenen Staaten des Europäischen Wirtschaftsraums fest. [2]Diese Vereinbarungen werden gesondert in die schriftlichen Koordinierungsvereinbarungen, die nach Artikel 115 der Richtlinie 2013/36/EU oder Artikel 248 der Richtlinie 2009/138/EG geschlossen werden, aufgenommen. [3]§ 8e Absatz 7 des Kreditwesengesetzes gilt entsprechend.**

I. Allgemeines. § 4 behandelt die Zusammenarbeit der Aufsichtsbehörden mehrerer Staaten bei der zusätzlichen Beaufsichtigung von grenzüberschreitend tätigen Finanzkonglomeraten und deren Unternehmen. 1

1. Entstehungsgeschichte. Die Norm findet sich seit dem 27.6.2013 im damals neu geschaffenen FKAG und dient zusammen mit § 5 der Umsetzung der Art. 10–12 der RL 2002/87/EG. Die Regelungen in lediglich zwei FKAG-Vorschriften weicht somit von der Systematik der drei Artikel der RL 2002/87/EG ab. Sie ersetzt für die Versicherungsbranche die vorherige Regelung in § 104l VAG a. F., die mit dem FKRLUG geschaffen wurde. Abs. 1 wurde durch Art. 2 Abs. 35 Nr. 1 des Gesetzes zur Modernisierung der Finanzaufsicht über Versicherungen[1] mit einer Anpassung des Verweises redaktionell geändert. 2

2. Normzweck. § 4 dient der Koordination einer effektiven und effizienten behördliche Zusammenarbeit bei der zusätzlichen Beaufsichtigung **grenzüberschreitend** agierender Finanzkonglomerate innerhalb und außerhalb des EWR. 3

[4] Download unter bafin.de (letzter Abruf 6.2.2017).
[1] BGBl. 2015 I 434.

4 **3. Europarechtlicher Hintergrund.** Die Norm dient zusammen mit § 5 der Umsetzung der Art. 10–12 der RL 2002/87/EG. Die Richtlinieninhalte werden auf Behördenebene durch die Gemeinsame Leitlinien der ESA vom 22.12.2014 (JC/GL/2014/01)[2] über die Angleichung der Aufsichtspraxis in Bezug auf die Einheitlichkeit von Kooperationsvereinbarungen für die Beaufsichtigung von Finanzkonglomeraten ergänzt.

5 **II. Zusammenarbeitspflicht und Informationsaustausch (Abs. 1).** Abs. 1 Hs. 1 normiert als Generalklausel[3] die grundsätzliche **Pflicht** der BaFin und der Bundesbank bei der vorgelagerten Ermittlung und anschließenden Beaufsichtigung **grenzüberschreitend** tätiger Finanzkonglomerate mit den anderen zuständigen Behörden (§ 2 Abs. 13 FKAG) und dem Gemeinsamen Ausschuss (§ 2 Abs. 17 FKAG) zusammenzuarbeiten. Diese Pflicht impliziert eine Übermittlung und von Daten und Informationen ins **Ausland** und eine dortige Verarbeitung durch die lokalen Stellen. Daher verweist Hs. 2 auf die branchenspezifischen Regelungen zur Verschwiegenheitspflicht in § 309 VAG und in § 9 KWG, die eine klare Vorgaben für die nationalen Behörden bieten sollen. Die in Hs. 2 angesprochene Regelung in § 309 Abs. 4 VAG enthält eine **Verwendungsbeschränkung** für vertrauliche Informationen i. S. v. § 309 Abs. 1 S. 1 VAG, die nur für bestimmte Zwecke genutzt werden dürfen, hier konkret für die Beaufsichtigung von Finanzkonglomeraten. Nur für diesen **Verwendungszweck** ist somit zugleich ein Informationstransfer an ausländische Behörden überhaupt zulässig.[4] § 309 Abs. 8 S. 4 VAG schreibt vor, dass Informationen der BaFin, die aus einem anderen Staat stammen, nur mit ausdrücklicher **Zustimmung** der ausländischen Stelle weitergegeben werden dürfen.

6 **III. Bestimmung des Koordinators (Abs. 2).** Die BaFin **muss** einen Koordinator bestimmen, der anschließend die Aufgabe nach § 5 FKAG übernimmt. Die Bestimmung des Koordinators erfolgt gemeinsam mit den zuständigen Behörden (§ 2 Abs. 13 FKAG) im EWR (§ 2 Abs. 11 FKAG), in denen das Finanzkonglomerat tätig ist, einschließlich der Staaten, in denen die gemischte Finanzholding-Gesellschaft (§ 2 Abs. 10 FKAG) agiert. Da hier im Gegensatz zu vergleichbaren Vorgaben im FKAG (§ 4 Abs. 3, § 9 Abs. 4, § 13 Abs. 4, § 15 Abs. 1 FKAG) nicht von einem Einvernehmen gesprochen wird, bedeutet diese Vorgabe „gemeinsam mit" nur, dass die BaFin die anderen Stellen angemessen in die Entscheidungsfindung einbinden muss, aber das **(Letzt-)Entscheidungsrecht** bezüglich des Koordinators besitzt. Abs. 2 enthält keine Vorgaben für das Verfahren und die Kriterien zur Bestimmung des Koordinators, sondern **verweist** insofern auf den Inhalt von Art. 10 der RL 2002/87/EG, der somit ergänzend zum FKAG-Text herangezogen werden muss. Dort sieht Art. 10 Abs. 1 RL 2002/87/EG vor, dass der Name des Koordinators auf der Website des Gemeinsamen Ausschusses (§ 2 Nr. 17 FKAG) **veröffentlicht** werden muss; weitere prozedurale Vorgaben finden sich dort nicht. Art. 10 Abs. 2 RL 2002/87/EG formuliert **Auswahlkriterien** und unterscheidet danach, ob ein der Spitze des Finanzkonglomerats ein beaufsichtigtes oder ein unbeaufsichtigtes Unternehmen steht. Von diesen Auswahlkriterien können die Behörden nach § 10 Abs. 3 S. 1 nur in besonderen Fällen und nur **einvernehmlich** abweichen. Art. 10 Abs. 3 S. 1 RL 2002/87/EG und damit zugleich § 4 Abs. 1 Hs. 1 FKAG räumen den Behörden so die ungewöhnliche Befugnis ein, sich nicht an die europarechtlichen bzw. nationalen Vorschriften zu halten und von den vorgegebenen Kriterien in atypischen Konstellationen **abzuweichen**. Zudem wird die primäre Abweichungskontrolle durch das Erfordernis des Einvernehmens auf die Behörden delegiert. Eine weitere, allerdings nur formelle Vorgabe besteht in der obligatorischen Anhörung des Finanzkonglomerats, die aber keine materiell fundierte Einflussnahme oder gar Mitentscheidung ermöglicht.

7 **IV. Anfragen zuständiger Behörden (Abs. 3).** Abs. 3 übernimmt den Inhalt von § 111f Abs. 1 S. 2 VAG a. F. und regelt die Reaktion der BaFin auf Anfragen zuständiger Behörden (§ 2 Abs. 13 FKAG) in Form einer **Übermittlungspflicht**. Nach der Definition zuständiger Behörden in § 2 Abs. 13 FKAG werden Anfragen von Behörden aus **Drittstaaten** außerhalb des EWR (§ 2 Abs. 12 FKAG) nicht umfasst.[5] Die rechtmäßige Informationsübermittlung durch die BaFin steht unter dem Vorbehalt, dass die angeforderten Informationen dazu dienen, die Beaufsichtigung gemäß der RL 2002/87/EG zu ermöglichen oder zu erleichtern; das Merkmal erleichtern stellt geringere Anforderungen als das Kriterium erforderlich. Die Zulässigkeit der Informationsübermittlung beurteilt sich aber immer objektiv anhand der **Ziele** und des **Zwecks** der RL 2002/87/EG. Die anfragende Behörde muss diese Voraussetzungen darlegen und begründen.

8 **V. Ersuchen an zuständige Behörden (Abs. 4).** Ab. 4 übernimmt den Inhalt von § 111f Abs. 2 VAG a. F. VAG und regelt spiegelbildlich zu Abs. 3 Anfragen der BaFin an zuständige Behörden im **EWR** (§ 2 Abs. 11 FKAG); nicht erfasst sind Ersuchen an Behörden in Drittstaaten. Die Ersuchen an EWR-Behörden dienen abweichend von Abs. 3 der **mittelbaren** Informationsgewinnung, indem die

[2] https://esas-joint-committee.europa.eu/Publications/Guidelines/JC%20GL%202014%2001%20(Joint%20Guidelines%20on%20coordination%20arrangements%20for%20financial%20conglomerates.pdf.

[3] FKBP/*Pohlmann* § 104l Rn. 4.

[4] FKBP/*Pohlmann* § 104l Rn. 4.

[5] Schwennicke/Auerbach/*Auerbach/Häußler* § 4 FKAG Rn. 20.

BaFin die andere Behörde ersucht, von dem Mutterunternehmen (§ 2 Nr. 4 FKAG) Informationen zu verlangen und an die BaFin weiterzuleiten. Das Ersuchen ist durch den Zweck der Erfüllung der Aufgaben eines Koordinators (§ 5 FKAG) **beschränkt**. Es muss ein konkreter Bezug zu den Aufgaben bestehen und die konkrete erbetene Information muss für die Aufgabenerfüllung zweckdienlich, also zumindest geeignet sein.

VI. Zusammenarbeit mit Drittstaatenbehörden (Abs. 5). Abs. 5 regelt die Zusammenarbeit mit den jeweils zuständigen Behörden von **Drittstaaten** (§ 2 Abs. 12 FKAG), die über **Aufsichtskollegien** erfolgt. Diese Zusammenarbeit umfasst die Rolle des gemeinsamen Ausschusses (§ 2 Abs. 17 FKAG, Art. 9a RL 2002/87/EG),[6] die Aufgabenwahrnehmung betrifft die Aufgaben des Koordinators (Art. 11 Abs. 1–3 RL 2002/87/EG) sowie den Informationsaustausch (Art. 12 RL 2002/87/EG). Umfasst wird auch die Zusammenarbeit mit betroffenen Drittstaatenaufsichtsbehörden, soweit das Finanzkonglomerat dort agiert; in diesem Fall wird die Einhaltung der Geheimhaltungspflichten und des relevanten Unionsrechts, vor allem der finanzkonglomeratespezifischen Vorschriften, **zwingend** vorgeschrieben. Für die Aufsichtskollegien, in denen die betroffenen Behörden ihre Tätigkeit **koordinieren**, verweist Abs. 5 auf die Regelungen in der Banken- und Versicherungsbranche. Diese Kollegien stellen sicher, dass durch die Verfahren zur Zusammenarbeit, zum Informationsaustausch und zur Konsultation zwischen den Aufsichtsbehörden in den Kollegien, die **Konvergenz** ihrer jeweiligen Beschlüsse und Tätigkeiten erreicht wird (vgl. Art. 248 Abs. 2 Solva II-RL). Die Kollegien sind vor dem Hintergrund des **ergänzenden** Charakters der Finanzkonglomerateregulierung zu sehen und sollen die bereits bestehenden Kollegien in der Versicherungs- und Bankenbranche weder duplizieren noch ersetzen.[7] Damit werden zugleich die im 1. Erwägungsgrund zur RL 2011/89/EU genannten Ziele gefördert, nach denen eine **doppelte** Beaufsichtigung und **übermäßige** Belastung der Finanzkonglomerate verhindert werden soll.[8] 9

VII. Kooperationsvereinbarungen (Abs. 6). Abs. 6 S. 1 **verpflichtet** die BaFin Einzelheiten zur Zusammenarbeit mit den zuständigen Behörden im EWR mittels Vereinbarungen zu regeln. Diese Kooperationsvereinbarungen dienen dazu, die Zusammenarbeit zwischen den Aufsichtsbehörden zu stärken und können auch als Ad-hoc-Kooperationsvereinbarungen abgeschlossen werden;[9] bei dringendem und wesentlichem Bedarf wird daraus tendenziell eine Abschluss-, zumindest eine Hinwirkungspflicht der BaFin. Zum möglichen **Inhalt** dieser Vereinbarungen finden sich nationale Hinweise in der Regierungsbegründung. Danach können dem Koordinator darin zusätzliche Aufgaben übertragen werden; in Betracht kommen weiter Vereinbarungen über die Verfahren zur Beschlussfassung der jeweils zuständigen Behörden sowie über das Verfahren der Zusammenarbeit mit anderen zuständigen Behörden. Abs. 6 S. 2 regelt, dass abgeschlossen Kooperationsvereinbarungen automatisch Bestandteil der schriftlichen **Koordinierungsvereinbarungen** im Rahmen der Aufsichtskollegien werden. Auf Behördenebene werden die Koordinierungsvereinbarungen in Ziffern 19 ff. der Gemeinsamen Leitlinien der ESA vom 22.12.2014 (JC/GL/2014/01) über die Angleichung der Aufsichtspraxis in Bezug auf die Einheitlichkeit von Kooperationsvereinbarungen für die Beaufsichtigung von Finanzkonglomeraten behandelt. 10

Aufgaben der Bundesanstalt als Koordinator

5 (1) **Ist die Bundesanstalt Koordinator, hat sie folgende Aufgaben:**

1. die Koordinierung der Sammlung und der Verbreitung zweckdienlicher und grundlegender Informationen bei der laufenden Beaufsichtigung sowie in Krisensituationen,
2. die Planung und Koordinierung der Tätigkeiten bei der laufenden Beaufsichtigung sowie in Krisensituationen in Zusammenarbeit mit den jeweils zuständigen Behörden,
3. die generelle Aufsicht und die Beurteilung der Finanzlage des Finanzkonglomerats,
4. die Beurteilung der Einhaltung der Vorschriften über die Eigenmittelausstattung und über Risikokonzentrationen und konglomeratsinterne Transaktionen,
5. die Beurteilung der Struktur, Organisation und internen Kontrollsysteme des Finanzkonglomerats,
6. sonstige Aufgaben, Maßnahmen und Entscheidungen, die der Bundesanstalt als Koordinator durch die Richtlinie 2002/87/EG oder in Anwendung ihrer Bestimmungen zugewiesen werden.

(2) [1] **Darüber hinaus nimmt die Bundesanstalt als Koordinator folgende Aufgaben wahr:**

[6] Eingefügt durch RL 2010/78/EU v. 24.11.2010.
[7] 4. Erwägungsgrund zur RL 2011/89/EU.
[8] Schwennicke/Auerbach/*Auerbach/Häußler* § 4 FKAG Rn. 24.
[9] 12. Erwägungsgrund zur RL 2002/87/EG.

1. Sie unterrichtet über die Bekanntgabe der Feststellung nach § 8 Absatz 1
a) die zuständigen Behörden, die beaufsichtigte Unternehmen der Gruppe zugelassen haben,
b) die zuständigen Behörden des Staates des Europäischen Wirtschaftsraums, in dem die gemischte Finanzholding-Gesellschaft ihren Sitz hat, und
c) den Gemeinsamen Ausschuss.
2. Sie unterrichtet die jeweils zuständigen Behörden und die Europäische Kommission über die gewählte Vorgehensweise in den Fällen des § 15 Absatz 4.
3. Sie hört die jeweils zuständigen Behörden in den betroffenen Staaten des Europäischen Wirtschaftsraums vorab an
a) vor Entscheidungen nach § 12 Absatz 2 Satz 3 und § 15 Absatz 4,
b) vor Freistellungen nach § 19 Absatz 1 Nummer 3,
c) vor Maßnahmen nach den §§ 20, 21 Absatz 1, § 23 Absatz 4 und § 28 Absatz 1, wenn dies für die Aufsichtstätigkeit dieser Behörden von Bedeutung ist.

[2]In dringenden Fällen oder bei Gefahr im Verzug kann die Bundesanstalt von der vorherigen Anhörung absehen. Sie hat die jeweils zuständigen Behörden von der getroffenen Maßnahme unverzüglich zu unterrichten.

4. Sie unterbreitet den jeweils zuständigen Behörden Vorschläge für Entscheidungen zur
a) Nichtberücksichtigung bestimmter Unternehmen oder Beteiligungen bei der Ermittlung eines Finanzkonglomerats nach § 9 Absatz 1,
b) Aufhebung der Feststellung nach § 11 Absatz 2, dass eine Gruppe ein Finanzkonglomerat ist,
c) Befreiung nach § 13 Absatz 1 Nummer 3.
5. Sie teilt die Ergebnisse unionsweiter Prognoserechnungen dem Gemeinsamen Ausschuss mit.
6. Sie stellt dem Gemeinsamen Ausschuss die in Artikel 9 Absatz 4 und in Artikel 12 Absatz 1 Unterabsatz 2 Buchstabe a der Richtlinie 2002/87/EG genannten Informationen zur Verfügung.

(3) **Führt die Bundesanstalt als Koordinator den Vorsitz eines Kollegiums im Sinne des § 4 Absatz 5, entscheidet sie darüber, welche zuständigen Behörden an einer Sitzung oder Tätigkeit des Kollegiums teilnehmen.**

1 **I. Allgemeines.** § 5 gibt der BaFin in ihrer Rolle als Koordinator allgemeine Aufgaben (Abs. 1) sowie besondere Aufgaben (Abs. 2) vor und regelt die Tätigkeit der BaFin im Rahmen des Vorsitzes von Kollegien (Abs. 3).

2 **1. Entstehungsgeschichte.** Die Norm findet sich seit dem 27.6.2013 im damals neu geschaffenen FKAG. § 5 ersetzt für die Versicherungsbranche die vorherige Regelung in § 104l Abs. 2 VAG a. F., die mit dem FKRLUG geschaffen wurde.

3 **2. Normzweck.** § 5 dient der klaren Zuordnung von Aufgaben, Kompetenzen und Verantwortlichkeiten sowie der effektiven Koordination im Rahmen der gemeinsamen internationalen Überwachung durch mehrere Aufsichtsbehörden. Der Koordinator wird unter den relevanten Behörden bestimmt, um eine effektive und angemessene Beaufsichtigung **grenzüberschreitender** Finanzkonglomerate zu gewährleisten (Art. 10 Abs. 1 RL 2002/87/EG).[1] Die Aufgaben und Verantwortlichkeiten der zuständigen Behörden gemäß den jeweiligen Branchenvorschriften bleiben von der Tätigkeit des Koordinators unberührt.[2] Das Kriterium der **Angemessenheit** der Beaufsichtigung erläutert der 1. Erwägungsgrund zur RL 2011/89/EU dahingehend, dass bei Finanzkonglomeraten keine doppelte und keine beeinträchtigende Beaufsichtigung erfolgen soll.

4 **3. Europarechtlicher Hintergrund.** Die Regelung dient der Umsetzung von Art. 10 und 11 RL 2002/87/EG. Die Richtlinieninhalte werden auf Behördenebene durch die Gemeinsame Leitlinien der ESA vom 22.12.2014 (JC/GL/2014/01) über die Angleichung der Aufsichtspraxis in Bezug auf die Einheitlichkeit von Kooperationsvereinbarungen für die Beaufsichtigung von Finanzkonglomeraten ergänzt.

5 **II. Allgemeine Aufgaben (Abs. 1).** Absatz 1 übernimmt weitgehend die Vorgaben aus Art. 11 Abs. 1 RL 2002/87/EG, die **grundlegende** und **übergeordnete** Aktivitäten betreffen. Nr. 1 und 2 behandeln Aufgaben in Normal- und Krisensituationen. Nr. 3 nennt die generelle Aufsicht und Beurteilung der Finanzlage des Finanzkonglomerats, wobei die Einschätzung der Finanzlage über eine reine Betrachtung der Eigenmittelausstattung hinausgeht. Nr. 4 betrifft die Compliance bezogen auf Eigenmittelausstattung (§ 17 FKAG), Risikokonzentrationen und konglomeratsinterne Transaktionen (§ 23

[1] BT-Drs. 15/3641, 59 zu § 104l VAG.
[2] So explizit 10. Erwägungsgrund zur RL 2002/87/EG.

FKAG); hier ist eine behördliche Einschätzung („Beurteilung") bezüglich der Einhaltung der relevanten Vorgaben gefordert. Nr. 5 fordert ebenfalls eine Beurteilung, hier bezogen auf Struktur, Organisation und interne Kontrollmechanismen (vgl. § 25 FKAG). Nr. 6 formuliert einen **Auffangtatbestand**[3] im Hinblick auf mögliche künftige Entwicklungen der Finanzkonglomerateregulierung.

III. Besondere Aufgaben (Abs. 2). Abs. 2 enthält besondere Vorgaben, mit denen die speziellen Aufgaben der **Information** und **Kommunikation** innerhalb der beteiligten Behörden angesprochen werden. Adressaten sind die in § 2 Nr. 1 FKAG legaldefinierten jeweils zuständigen Behörden im EWR. Erfasst werden nur relevante Behörden (vgl. Art. 2 Nr. 17 RL 2220/87/EG), also solche, deren Einbindung wegen ihrer Betroffenheit im Einzelfall jeweils zweckmäßig ist.[4] Nr. 1–4 betreffen Entscheidungen, die bereits getroffen wurden (Nr. 1 und 2), bevorstehen und grundsätzlich eine vorangehende Anhörung (Ausnahme bei Gefahr im Verzug) anderer Behörden erfordern (Nr. 3) oder Entscheidungsvorschläge (Nr. 4). Dazu kommen Informationen des Gemeinsamen Ausschusses (§ 2 Abs. 17 FKAG) über unionsweite Prognoserechnungen (Nr. 5) und die Übermittlung von Erkenntnissen bezüglich der unternehmensinternen Kontrollverfahren zur Informationsübermittlung (Art. 9 Abs. 4 RL 2002/87/EG) sowie über die Gruppenstruktur und die zuständigen Behörden (Art. 12 Abs. 1 UAbs. 2 lit. a RL 2002/87/EG). 6

IV. Vorsitztätigkeit (Abs. 3). Abs. 3 gibt der BaFin die Entscheidungsbefugnis darüber, welche zuständigen Behörden (§ 2 Nr. 13 FKAG) im Rahmen eines Kollegiums (§ 4 Abs. 5 FKAG) mitwirken, wenn sie dort den Vorsitz innehat. 7

Ermittlung eines Finanzkonglomerats

§ 6 (1) **Die Bundesanstalt ermittelt, ob eine branchenübergreifend tätige Gruppe als Finanzkonglomerat einzustufen ist.**

(2) **Gelangt die Bundesanstalt zu der Auffassung, dass ein von ihr beaufsichtigtes Unternehmen im Sinne des § 2 Absatz 1 Nummer 1 bis 5 einer grenzüberschreitend tätigen Gruppe angehört, die ein Finanzkonglomerat sein könnte, teilt sie dies den zuständigen Behörden in den betroffenen Staaten des Europäischen Wirtschaftsraums und dem Gemeinsamen Ausschuss mit.**

I. Allgemeines. Die Norm verpflichtet die BaFin zur **Ermittlung** bezüglich der Existenz eines relevanten Finanzkonglomerats (Abs. 1) und zur **Mitteilung** bei grenzüberschreitend agierenden Gruppen mit möglicher Finanzkonglomeratseigenschaft (Abs. 2) 1

1. Entstehungsgeschichte. Die Norm findet sich seit dem 27.6.2013 im damals neu geschaffenen FKAG. Die Vorschrift ersetzt für die Versicherungsbranche die vorherige Regelung in § 104n Abs. 1 VAG a. F., die mit dem FKRLUG geschaffen wurde. 2

2. Normzweck. § 6 regelt eine der Beaufsichtigung vorgelagerte Pflichten der BaFin, die dazu dient, die förmliche Feststellung des Finanzkonglomerates **vorzubereiten** und so eine Beaufsichtigung aller relevanten heterogenen Gruppen sicherzustellen. Damit sollen Finanzkonglomerate **einheitlich** anhand des Ausmaßes ermittelt werden, in dem diese Gruppenrisiken ausgesetzt sind.[1] 3

3. Europarechtlicher Hintergrund. Die Vorschrift dient der Umsetzung von Art. 4 Abs. 1 RL 2002/87/EG und ersetzt für die Versicherungsbranche die vorherige Regelung in § 104n Abs. 1 VAG a. F., die mit dem FKRLUG geschaffen wurde. 4

II. Ermittlungspflicht (Abs. 1). Die BaFin hat nach Abs. 1 die **Pflicht**, bei Vorliegen relevanter Anhaltspunkte **von Amts wegen** zu ermitteln,[2] ob eine branchenübergreifend tätige Gruppe als Finanzkonglomerat i. S. v. § 1 Abs. 2 FKAG einzustufen ist. Die Ermittlung stellt die gesetzliche **Vorstufe** zur Feststellung der Eigenschaft als Finanzkonglomerat nach § 11 FKAG dar. Einschlägiges behördliches Instrument zur Umsetzung der Vorgabe sind vor allem die branchenspezifischen **Auskunftspflichten** nach § 305 VAG, § 44 KWG oder § 14 KAGB. Die angeforderten Auskünfte müssen sich auf die Kriterien beschränken, die für die Beurteilung der materiellen Voraussetzungen für das Vorliegen eines Finanzkonglomerats nach § 1 Abs. 2 FKAG **relevant** sind. Zu beachten ist, dass Kapitalverwaltungsgesellschaften und extern verwaltete Investmentgesellschaften hierbei **nicht** berücksichtigt werden (§ 2 Abs. 3 Nr. 1 a. E. FKAG). Zur Abgrenzung von Finanzkonglomeraten haben BaFin und Bundesbank am 23.5.2014 ein Merkblatt veröffentlicht, das die **Verwaltungspraxis** wiedergibt[3*] und 5

[3] FKBP/*Pohlmann* § 104l Rn. 5.
[4] Luz/Neus/*Müller-Feyen* § 5 FKAG Rn. 8.
[1] 3. Erwägungsgrund zur RL 2011/89/EU.
[2] Schwennicke/Auerbach/*Auerbach/Häußler* § 6 FKAG Rn. 3; FKBP/*Pohlmann* § 104n Rn. 1; *Rittner/Dreher,* Europäisches und Deutsche Wirtschaftsrecht, 3. Aufl. 2008, § 31 Rn. 46.
[3*] Merkblatt der BaFin und der Deutschen Bundesbank vom 23.5.2014, www.bafin.de, Fn. 17.

zu einer Selbstbindung der BaFin durch den Vertrauens- und Gleichbehandlungsgrundsatz führt, ohne Rechtswirkungen zulasten der Unternehmen zu entfalten.

6 **III. Mitteilungspflicht (Abs. 2).** Die BaFin hat nach Abs. 2 die **Pflicht**, die zuständigen Behörden der betroffenen EWR-Vertragsstaaten (§ 2 Abs. 13 FKAG) und den Gemeinsamen Ausschuss (§ 2 Abs. 17 FKAG) zu informieren, wenn die nach Abs. 1 durchgeführten Ermittlungen die Auffassung der BaFin begründen, dass ein **grenzüberschreitendes** Finanzkonglomerat vorliegen könnte, dem ein von ihr beaufsichtigtes Unternehmen (§ 2 Abs. 1–5 FKAG) angehört. Diese Mitteilungspflicht soll sicherstellen, dass die zuständigen Stellen die für die Ermittlung eines grenzüberschreitenden Finanzkonglomerats erforderlichen Angaben erhalten.[4]

Zugehörigkeit zur Finanzbranche

7 Eine Gruppe ist vorwiegend in der Finanzbranche tätig, wenn der Anteil der Bilanzsumme der beaufsichtigten und unbeaufsichtigten Finanzunternehmen dieser Gruppe an der Bilanzsumme der Gruppe insgesamt mehr als 40 Prozent beträgt.

1 **I. Allgemeines.** § 7 regelt, unter welcher Voraussetzung eine Gruppe von Unternehmen vorwiegend in der Finanzbranche tätig ist. Die Norm hat vor allem Bedeutung für die Definition des **Finanzkonglomerats**, wenn an der Spitze kein beaufsichtigtes Unternehmen steht. Der Regelungsgehalt wäre systematisch stimmiger besser in § 1 FKAG integriert worden.[1]

2 **1. Entstehungsgeschichte.** Die Norm findet sich seit dem 27.6.2013 im damals neu geschaffenen FKAG. § 7 ersetzt für die Versicherungsbranche die vorherige Regelung in § 104n Abs. 2 VAG a. F., die mit dem FKRLUG geschaffen wurde.

3 **2. Normzweck.** Die Regelung erfasst die Konstellation, dass an der Spitze des Finanzkonglomerats kein beaufsichtigtes Unternehmen steht, so dass die Definition in § 1 Abs. 2 KFKAG nicht eingreift. Um dennoch relevante Konstellationen zu erfassen gibt § 7 den dem Schwerpunkt der Tätigkeit der Gruppe in der Finanzbranche als Kriterium vor (§ 1 Abs. 2 S. 3).

4 **3. Europarechtlicher Hintergrund.** § 7 dient der Umsetzung von Art. 3 Abs. 1 RL 2002/87/EG.

5 **II. Regelungsinhalt.** § 7 regelt, unter welcher Voraussetzung eine Gruppe von Unternehmen vorwiegend in der Finanzbranche tätig ist. Die Norm stellt auf einen **relativen Schwellenwert** ab, für den sie an das Verhältnis der Bilanzsumme der beaufsichtigten und nicht beaufsichtigten Finanzunternehmen der Gruppe zur Bilanzsumme der gesamten Gruppe anknüpft; dieses Verhältnis muss 40 Prozent überschreiten. Relevante Finanzunternehmen sind die in der Finanzbranche (§ 2 Abs. 3 FKAG) tätigen Unternehmen; bei dieser vergleichenden Betrachtung werden Kapitalverwaltungsgesellschaften und extern verwaltete Investmentgesellschaften wie bei § 6 FKAG **nicht** berücksichtigt (§ 2 Abs. 3 Nr. 1 a. E. FKAG).

Erheblichkeit von konsolidierten oder aggregierten Tätigkeiten

8 (1) **Die branchenübergreifenden Tätigkeiten von Unternehmen der Gruppe oder Untergruppe sind als erheblich anzusehen, wenn**

1. für jede Branche der durchschnittliche Anteil der Bilanzsumme dieser Branche an der Bilanzsumme der Finanzunternehmen der Gruppe und der Anteil der Solvabilitätsanforderungen derselben Branche an der Gesamtsolvabilitätsanforderung der Finanzunternehmen der Gruppe mehr als 10 Prozent betragen oder

2. die Bilanzsumme der in der Gruppe am schwächsten vertretenen Branche 6 Milliarden Euro übersteigt.

(2) **Als die am schwächsten vertretene Branche in einem Finanzkonglomerat gilt diejenige mit dem geringsten durchschnittlichen Anteil und als die am stärksten vertretene Branche diejenige mit dem höchsten durchschnittlichen Anteil.**

(3) [1] **Bei der Berechnung des durchschnittlichen Anteils und der Ermittlung der im Finanzkonglomerat am schwächsten und am stärksten vertretenen Branche werden die Banken- und die Wertpapierdienstleistungsbranche gemeinsam berücksichtigt.** [2] **Verwaltungsgesellschaften im Sinne des § 1 Absatz 14 des Kapitalanlagegesetzbuchs werden innerhalb der Gruppe der Finanzbranche zugerechnet, der sie angehören.** [3] **Gehören sie nicht ausschließlich einer Branche innerhalb der Gruppe an, werden sie der kleinsten Branche zugerechnet.**

---

[4] BT-Drs. 15/3461, 39 zu § 8a KWG.

[1] Schwennicke/Auerbach/*Auerbach/Häußler* § 7 FKAG Rn. 2.

I. Allgemeines. § 8 regelt den Aspekt der Relevanz von branchenübergreifenden Tätigkeiten für die Finanzkonglomerateaufsicht. Abs. 1 normiert die relevanten Schwellenwerte, Abs. 2 definiert das Merkmal der am schwächsten vertretenen Branche und Abs. 3 definiert den relevanten Durchschnittsanteil. 1

1. Entstehungsgeschichte. Die Norm findet sich seit dem 27.6.2013 im damals neu geschaffenen FKAG. § 8 ersetzt für die Versicherungsbranche die vorherige Regelung in § 104n VAG a. F., die mit dem FKRLUG geschaffen wurde. 2

2. Normzweck. Die Norm bestimmt unabhängig von der Struktur des Finanzkonglomerats,[1] bei Überschreitung welcher Schwellenwerte die branchenübergreifenden Tätigkeiten einer Gruppe erheblich sind. Damit ist sie ein ausgelagertes Element der Legaldefinition des **Finanzkonglomerats**, dass eine derartige Erheblichkeit voraussetzt (§ 2 Abs. S. 1 Nr. 3 FKAG). 3

3. Europarechtlicher Hintergrund. § 8 dient der Umsetzung von Art. 3 Abs. 2 und Abs. 3 S. 1 RL 2002/87/EG.

II. Schwellenwerte (Abs. 1). Abs. 1 bestimmt zwei **alternative** Schwellenwerte für die Beurteilung der Erheblichkeit branchenübergreifender Tätigkeiten, den Nr. 1 **relativ** und Nr. 2 **absolut** vorgibt. Primär richtet sich die Beurteilung nach Nr. 1, da die Schwelle in Nr. 2 nur als **Auffangtatbestand** dient.[2] Die Anknüpfung an quantitative Schwellenwerte zeigt, dass konglomeratsspezifische Risiken erst ab einem gewissen **Umfang** der Geschäftstätigkeit als relevant angesehen werden. 4

1. Relative Schwelle (Abs. 1 Nr. 1). In Nr. 1 werden die entsprechenden Bilanzsummen und Solvabilitätsanforderungen aller Unternehmen der jeweiligen Branchen herangezogen und Größenrelationen betrachtet. Für jede Branche ist der **durchschnittliche** Anteil ihrer Bilanzsumme an der Bilanzsumme aller Finanzunternehmen der Gruppe zu ermitteln. Weiter ist der Anteil der Solvabilitätsanforderungen derselben Branche an der Gesamtsolvabilitätsanforderung der Finanzunternehmen der Gruppe zu bestimmen. **Beide** Anteile müssen mehr als 10 Prozent betragen, damit nach Nr. 1 eine erhebliche Tätigkeit vorliegt. Dabei lässt sich die Berechnung der beiden Stellgrößen Bilanzsumme und Solvabilitätsanforderung nach der Regierungsbegründung[3] als Formel darstellen. Danach sind die branchenspezifischen **Formeln** für die Versicherungsbranche: (A % + B %) / 2 > 10 % und für die Banken-/Wertpapierdienstleistungsbranche: (C % + D %) / 2 > 10 %. 5

Die einzelnen **Faktoren** in diesen Formeln werden wie folgt definiert:

$$A\,\% = \frac{\text{Bilanzsumme der Versicherungsbranche}}{\text{Bilanzsumme der Banken-/Wertpapier- und Versicherungsbranche}}$$

$$B\,\% = \frac{\text{Solvabilitätsanforderungen der Versicherungsbranche}}{\text{Solvabilitätsanforderungen der Banken-/Wertpapier- und Versicherungsbranche}}$$

$$C\,\% = \frac{\text{Bilanzsumme der Banken-/Wertpapierbranche}}{\text{Bilanzsumme der Banken-/Wertpapierdienstleistungs- und Versicherungsbranche}}$$

$$D\,\% = \frac{\text{Solvabilitätsanforderungen der Banken-/ Wertpapierdienstleistungsbranche}}{\text{Solvabilitätsanforderungen der Banken-/ Wertpapier- und Versicherungsbranche}}$$

2. Absolute Schwelle (Abs. 1 Nr. 2). Die absolute Schwelle nach Nr. 2 setzt voraus, dass die Bilanzsumme der in der Gruppe am **schwächsten** vertretenen Branche 6 Mrd. Euro übersteigt, damit das Erheblichkeitskriterium erfüllt wird. Dabei werden Kapitalverwaltungsgesellschaften und extern verwaltete Investmentgesellschaften **nicht** berücksichtigt (§ 2 Abs. 3 Nr. 1 a. E. FKAG), deren Bilanzsummen also nicht eingerechnet.[4] 6

Nach der Regierungsbegründung wird zur Bestimmung der Bilanzsumme einer Branche die Summe der jeweiligen Bilanzen der betroffenen Gruppenunternehmen herangezogen. Zudem macht die Begründung folgende detaillierte Ausführungen, wie bei der **Berechnung der Bilanzsumme** vorzugehen „ist“:[5] 7

– Außerbilanzielle Positionen werden ausgenommen.
– Anteile an einem Unternehmen der anderen Branche werden in Höhe des Buchwertes von der Bilanzsumme des beteiligten Unternehmens abgezogen und in Höhe des durchgerechneten Anteils an der Bilanzsumme der Branche zugerechnet, in der das Unternehmen tätig ist.

---

1 5. Erwägungsgrund zur RL 2002/87/EG.
2 BT-Drs. 15/3641, 60.
3 BT-Drs. 15/3641, 60.
4 FKBP/*Pohlmann* § 104n Rn. 4.
5 BT-Drs. 15/3641, 60 f.

– Hält ein Versicherungsunternehmen Beteiligungen an einem Unternehmen der Banken- und Wertpapierdienstleistungsbranche, das selbst wiederum Beteiligungen an einem Versicherungsunternehmen hält, dann sind diese Beteiligungen entsprechend herauszurechnen und ihre Bilanzsummen anteilig der Versicherungsbranche zuzurechnen und vice versa.
– Existiert ein Konzernabschluss für eine Untergruppe, deren gruppenangehörige Unternehmen ausschließlich in einer Finanzbranche tätig sind, dann ist dieser Konzernabschluss heranzuziehen.
– Ein Konzernabschluss kann auch dann herangezogen werden, wenn Unternehmen der anderen Finanzbranche nicht in den Konsolidierungskreis einbezogen werden, sondern lediglich als Beteiligungen ausgewiesen sind; dann sind diese Beteiligungen mit ihrem Buchwert von der Bilanzsumme des Konzerns abzuziehen.
– Die Vorgehensweise für Beteiligungsunternehmen gilt entsprechend für Tochterunternehmen.

8 Weiter sind die **Solvabilitätsanforderungen** einer Finanzbranche grundsätzlich nach den jeweiligen **lokal** geltenden Solvabilitätsanforderungen der regulierten Unternehmen einer Gruppe zu ermitteln. Dabei ist nach der Regierungsbegründung wie folgt vorzugehen:[6]
– Die Eigenmittel sind in der Höhe anzusetzen, die zur Einhaltung der Solvabilitätsvorschriften notwendig sind.
– Die Solvabilitätsanforderungen von einem Unternehmen, an dem eine Beteiligung gehalten wird, ist in Höhe des quotal gehaltenen Anteils anzusetzen.
– Werden konsolidierte Solvabilitätsanforderungen für eine Untergruppe erstellt, dann werden die Werte dieser konsolidierten Meldungen herangezogen.
– Zusätzliche Eigenmittelanforderungen – z. B. zur Unterlegung von Großkreditüberschreitungen – sind bei der Ermittlung der Solvabilitätsanforderungen zu berücksichtigen.
– Unregulierte Beteiligungsunternehmen, die nicht in einer konsolidierten Solvabilitätsberechnung einer Untergruppe einbezogen werden, sind in der Solvabilitätsanforderung einer Finanzbranche nicht zu berücksichtigen

9 **III. Schwächste Branche (Abs. 2).** Abs. 2 definiert den für die Beurteilung der relativen Schwelle in Nr. 2 eingeführten Begriff der „am schwächsten vertretenen Branche" und zugleich den Begrif der „am stärksten vertretenen Branche" im Weg einer **Fiktion**. Entscheidend für die Einordnung ist dabei der nach Nr. 1 ermittelte Anteil der Branchen.

10 **IV. Einzubeziehende Branchen und Unternehmen (Abs. 3).** Satz 1 regelt klarstellend, dass bei der Berechnung nach Abs. 2 die Banken- und Wertpapierdienstleistungsbranche **gemeinsam** berücksichtigt werden; dies ergibt sich eigentlich bereits aus § 2 Abs. 3 Nr. 1 FKAG. Satz 2 sieht vor, dass AIF-Verwaltungsgesellschaften und OGAW-Verwaltungsgesellschaften innerhalb der Gruppe der Finanzbranche zugerechnet werden, der sie **angehören**. AIF-Verwaltungsgesellschaften sind AIF-Kapitalverwaltungsgesellschaften nach § 1 Abs. 16 KAGB, EU-AIF-Verwaltungsgesellschaften nach § 1 Abs. 16 und Abs. 17 KAGB sowie ausländische AIF-Verwaltungsgesellschaften nach § 1 Abs. 18 KAGB. OGAW-Verwaltungsgesellschaften sind OGAW-Kapitalverwaltungsgesellschaften nach § 1 Nr. 15 KAGB und EU-OGAW-Verwaltungsgesellschaften nach § 1 Abs. 15 und Abs. 17 KAGB. Gehören diese mehr als einer Branche an, werden sie der nach S. 3 der kleinsten Branche i. S. v. Abs. 1 **zugerechnet.**

Berechnung der Zugehörigkeit zur Finanzbranche und der Erheblichkeit von konsolidierten oder aggregierten Tätigkeiten

9 (1) [1]**Bei den Berechnungen nach den §§ 7 und 8 kann die Bundesanstalt vorbehaltlich der Sätze 2 und 3 im Einzelfall ein konglomeratsangehöriges Unternehmen unberücksichtigt lassen, wenn und solange**

1. sich das Unternehmen in einem Drittstaat befindet, in dem Hindernisse der Übermittlung der notwendigen Informationen entgegenstehen;
2. das Unternehmen im Hinblick auf die Ziele der zusätzlichen Aufsicht auf Konglomeratsebene von untergeordneter Bedeutung ist;
3. die Einbeziehung des Unternehmens im Hinblick auf die Ziele der zusätzlichen Beaufsichtigung ungeeignet oder irreführend wäre.

[2]**Erfüllen mehrere konglomeratsangehörige Unternehmen für sich genommen die Voraussetzungen des Satzes 1 Nummer 2, sind sie zu berücksichtigen, wenn sie insgesamt im Hinblick auf die Ziele der zusätzlichen Beaufsichtigung nicht von untergeordneter Bedeutung sind.** [3]**Satz 1 gilt nicht, wenn das Unternehmen von einem Staat des Europäischen Wirtschaftsraums in einen Drittstaat umgezogen ist und dieser Umzug nachweislich erfolgt ist, um sich der Beaufsichtigung zu entziehen.**

[6] BT-Drs. 15/3641, 61.

(2) **Bei den Berechnungen nach den §§ 7 und 8 kann die Bundesanstalt außerdem im Einzelfall eine oder mehrere Beteiligungen an der schwächer vertretenen Branche ausschließen, wenn und solange diese Beteiligungen ausschlaggebend für eine Einstufung als Finanzkonglomerat, jedoch insgesamt im Hinblick auf die Ziele der zusätzlichen Beaufsichtigung von untergeordneter Bedeutung sind.**

(3) **Für die Anwendung der §§ 7 und 8 kann die Bundesanstalt im Einzelfall das Kriterium der Bilanzsumme durch eines oder mehrere der folgenden Kriterien ersetzen oder ergänzen, wenn diese im Hinblick auf die Ziele der zusätzlichen Beaufsichtigung besonders aussagekräftig sind:**

1. Ertragsstruktur,
2. außerbilanzielle Geschäfte,
3. Gesamtwert des verwalteten Vermögens.

(4) **Bei Finanzkonglomeraten, die grenzüberschreitend tätig sind, trifft die Bundesanstalt Entscheidungen nach den Absätzen 1 bis 3 im Einvernehmen mit den jeweils zuständigen Behörden.**

I. Allgemeines. § 9 erfasst die Fälle, in denen Unternehmen bei der Berechnung der **Schwellenwerte** zur Identifizierung eines Finanzkonglomerats unberücksichtigt bleiben können. Die Norm regelt in diesem Kontext die Nichtberücksichtigung konglomeratsangehöriger Unternehmen (Abs. 1), den Ausschluss von Beteiligungen (Abs. 2), alternative Berechnungskriterien (Abs. 3) und den Fall grenzüberschreitender Finanzkonglomerate (Abs. 4) 1

1. Entstehungsgeschichte. Die Norm findet sich seit dem 27.6.2013 im damals neu geschaffenen FKAG. Sie und ersetzt für die Versicherungsbranche die vorherige Regelung in § 104n Abs. 4 VAG a. F., die mit dem FKRLUG geschaffen wurde. 2

2. Normzweck. Die Norm regelt Einzelfälle, in denen die BaFin nach ihrem Ermessen von den zwingenden Berechnungsvorgaben in § 7 und § 8 FKAG abweichen kann, um eine **einzelfalladäquate** Beurteilung vornehmen zu können. 3

3. Europarechtlicher Hintergrund. § 9 Abs. 1 dient der Umsetzung von Art. 3 Abs. 4 lit. a i. V. m. Art. 6 Abs. 5 UAbs. 1 und 2 der RL 2002/87/EG. § 9 Absatz 2 dient der Umsetzung der Vorgaben in Art. 3 Abs. 4 lit. c der RL 2002/87/EG. 4

II. Nichtberücksichtigung konglomeratsangehöriger Unternehmen (Abs. 1). 1. Behördliches Ermessen. Abs. 1 S. 1 räumt der BaFin ein Ermessen ein, bei den Berechnungen nach § 7 und § 8 FKAG im Einzelfall ein konglomeratsangehöriges Unternehmen in **drei** Konstellationen nicht zu berücksichtigen. Die BaFin besitzt somit ein zunächst ein **Entschließungsermessen**, ob sie von dieser Ausnahme Gebrauch macht; anschließend verfügt sie über ein **Auswahlermessen**, welches einzelne Unternehmen sie nicht berücksichtigt. Das Ermessen muss pflichtgemäß ausgeübt werden, also entsprechend dem Zweck der Ermächtigung und unter Einhaltung der gesetzlichen Grenzen des Ermessens (vgl. § 40 VwVfG). Aufgrund des Ausnahmecharakters der Vorschrift kommt eine Nichtberücksichtigung nur in **atypischen** Situationen in Betracht. Das behördliche Ermessen ist nach S. 1 konditional und temporär („wenn und solange") **limitiert**; beim Wegfall der geforderten Voraussetzungen, greifen daher die zwingenden Vorgaben in § 7 und § 8 FKAG wieder ein. Das behördliche Ermessen wird zudem erst gar **nicht eröffnet** („vorbehaltlich"), wenn die Voraussetzungen nach S. 2 und S. 3 vorliegen. 5

2. Relevante Fallgestaltungen. Abs. 1 S. 1 Nr. 1 ermöglicht die Nichtberücksichtigung im Fall von Kommunikationshindernissen bei **Unternehmen** in **Drittstaaten** (§ 2 Abs. 12 FKAG). Diese Möglichkeit scheidet also bei Kommunikationsproblemen (nur) mit Behörden in Drittstaaten genauso aus, wie bei entsprechenden Problemen mit Unternehmen in EWR-Staaten, weil hier die Kommunikation nach der EWR-weiten Zulassung (im Regelfall unter Einschaltung lokaler Aufseher) funktionieren muss.[1] Abs. 1 S. 1 Nr. 2 ermöglicht die Nichtberücksichtigung, wenn das betroffene Unternehmen im Hinblick auf die Ziele der zusätzlichen Konglomerateaufsicht von **untergeordneter** Bedeutung ist. Eine gewisse Bedeutung darf also vorliegen, wenn dadurch die Erreichung der **Ziele** (Schutz der Stabilität des Finanzsystems und der Schutz einzelner Sparer, Versicherungsnehmer und Anleger)[2] nicht gefährdet wird. Das hängt vor allem von dem **Stellenwert** des Unternehmens für Solvabilität und Eigenkapitalbelegung, mögliche Risikokonzentrationen und relevante gruppeninterne Transaktionen bezogen auf das Finanzkonglomerat ab. Abs. 1 S. 1 Nr. 3 ermöglicht die Nichtberücksichtigung, wenn die Einbeziehung des betroffenen Unternehmens **ungeeignet** oder **irreführend** wäre. Die fehlende Eignung liegt vor, wenn die Einbeziehung den Zielen der ergänzenden Aufsicht auf Ebene des Finanz- 6

[1] Schwennicke/Auerbach/*Auerbach/Kempers* § 9 FKAG Rn. 3.
[2] 2. Erwägungsgrund S. 4 zur RL 2002/97/EG.

konglomerats nicht mindestens fördert. Eine Irreführung kann dadurch ausgelöst werden, dass die Einbeziehung die aufsichtsbehördliche Wahrnehmung verzerrt oder verfälscht.

7 **3. Einschränkung des Ermessens.** Abs. 1 Satz 2 enthält eine Einschränkung des behördlichen Ermessens bezüglich der Nichtberücksichtigung nach S. 1 Nr. 2. Könnten bei **isolierter** Betrachtung einzelne konglomeratsangehörige Unternehmen nach Nr. 2 unberücksichtigt bleiben, ist dies im Rahmen einer erweiterten **Gesamtbetrachtung** nur dann möglich, wenn sie bezogen auf die Ziele der Finanzkonglomerateregulierung (zusätzliche Aufsicht im Hinblick auf Eigenmittelausstattung, Risikokonzentration und interne Transaktionen) zusammen nicht von untergeordneter Bedeutung sind.

8 **4. Ausschluss der Nichtberücksichtigung.** Abs. 1 S. 3 schließt eine Befreiungsmöglichkeit für den Fall kategorisch aus, dass ein Umzug des betroffenen Unternehmens aus einem EWR-Staat in einen Drittstaat erfolgte, um die zusätzliche Finanzkonglomerateaufsicht zu **vermeiden**. Die Regelung erfordert nach ihrem Wortlaut nicht, dass die Umgehung der ergänzenden Aufsicht das einzige Ziel des Umzugs in den Drittstaat war. Sie verlangt aber, dass die BaFin anhand objektiver Anknüpfungstatsachen nachweist, also darlegt, begründet und im Zweifel beweist, dass auch dieser Zweck zumindest nicht untergeordnet verfolgt wurde.

9 **III. Ausschluss von Beteiligungen (Abs. 2).** Abs. 2 sieht zusätzlich zu Abs. 1 eine **weitere** Ermächtigung für die BaFin vor, im Rahmen ihrer pflichtgemäßen Ermessensbetätigung eine oder mehrere Beteiligungen von den Berechnungen nach § 7 und § 8 FKAG auszunehmen. Betroffen sind wiederum **atypische** Einzelfälle. In Betracht kommen dafür zunächst nur Beteiligungen an der **schwächer** vertretenen (vgl. § 8 Abs. 2 FKAG) Finanzbranche. Weiter Voraussetzung ist, dass die Beteiligung für die Einstufungsentscheidung zwar grundsätzlich relevant wäre, aber im Rahmen einer Gesambetrachtung bezogen auf die Regulierungsziele nur von **untergeordneter** Bedeutung ist; das betrifft somit die Aspekte der Eigenmittelausstattung, der Risikokonzentration und der internen Transaktionen des Finanzkonglomerats. Bei den relevanten Beteiligungen wird es sich in der Regel um **Minderheitsbeteiligungen** handeln.[3] Ein erfolgter Ausschluss **muss** von Amts wegen rückgängig gemacht werden, sobald seine Voraussetzungen entfallen sind („solange").

10 **IV. Ersatz und Ergänzung von Berechnungskriterien (Abs. 3).** Abs. 3 räumt der BaFin das Ermessen ein, bei **atypischen** Einzelfällen (nur) das Kriterium der **Bilanzsumme** zu ersetzen oder zu ergänzen. Als alternative oder additive Kriterien kommen **ausschließlich** die in Ziffern 1–3 genannten in Betracht, also Ertragsstruktur, außerbilanzielle Geschäfte und Gesamtwert des verwalteten Vermögens. Auf diese Kriterien und deren Kombination wird das Auswahlermessen der BaFin **eingeschränkt**. Da die Bilanzsumme das rechtlich vorgeschrieben Regelkriterium darstellt und die Norm ebenfalls die bloße Ergänzung durch andere Faktoren zulässt, wird ein kompletter Verzicht auf dieses **Kernkriterium** nur in ganz außergewöhnlichen Fällen möglich sein. Ersatz und Ergänzung sind zudem nur zulässig, wenn dadurch die Berechnung im Hinblick auf die Regulierungsziele **besonders** aussagekräftig wird, so dass hier hohe qualitative Voraussetzungen zu erfüllen sind, die vor allem eine nachweisbar höhere Aussagekraft als das Regelkriterium der Bilanzsumme umfassen.

11 **V. Grenzüberschreitend tätige Finanzkonglomerate (Abs. 4).** Abs. 4 enthält eine Sonderregelung für grenzüberschreitend agierende Finanzkonglomerate. Hier sind Entscheidungen der BaFin nach den Vorgaben in Abs. 1–3 zwar ebenfalls möglich, setzen aber die **Zustimmung** der jeweils zuständigen Behörden (§ 2 Nr. 14 FKAG) voraus.

Schwellenwerte für die Einstufung als Finanzkonglomerat

10 Werden bei einer Gruppe, deren beaufsichtigte Unternehmen im Sinne des § 2 Absatz 1 Nummer 1 bis 5 bereits einer zusätzlichen Beaufsichtigung nach diesem Gesetz unterliegen, die Schwellenwerte nach den §§ 7 und 8 während eines Geschäftsjahres unterschritten, gilt sie weiter als Finanzkonglomerat, wenn in den drei darauffolgenden Geschäftsjahren folgende Schwellenwerte überschritten werden:
1. im Fall des § 7 ein Schwellenwert von 35 Prozent,
2. im Fall des § 8 Absatz 1 Nummer 1 ein Schwellenwert von 8 Prozent oder
3. im Fall des § 8 Absatz 1 Nummer 2 ein Schwellenwert von 5 Milliarden Euro.

1 **I. Allgemeines.** Die Norm regelt die Auswirkungen kurzfristiger **Schwankungen** innerhalb des Finanzkonglomerates, die eigentlich Einfluss auf die Eigenschaft als Finanzkonglomerat hätten, aber nicht zur Beendigung der Einstufung als heterogene Gruppe führen, da in § 10 eine temporäre Reduzierung von Schwellenwerten erfolgt.

[3] BT-Drs. 17/12602, 32 zu § 9.

1. Entstehungsgeschichte. Die Norm findet sich seit dem 27.6.2013 im damals neu geschaffenen FKAG. Sie ersetzt für die Versicherungsbranche die bisherige Regelung in § 104n Abs. 5 VAG a. F., die mit dem FKRLUG geschaffen wurde. 2

2. Normzweck. Mit der in § 10 FKAG normierten **Fiktion** eines Finanzkonglomerats wird ein **Korridor** zwischen zwei Schwellenwerten vorgesehen, der eine **plötzliche** Beendigung der zusätzlichen Beaufsichtigung und einen häufigen Wechsel des Aufsichtsregimes vermeiden soll,[1] der etwa durch Umstrukturierungen eintreten kann.[2] 3

3. Europarechtlicher Hintergrund. Die Regelung dient der Umsetzung von Art. 3 Abs. 6 UAbs. 1 und UAbs. 2 der RL 2002/87/EG. 4

II. Fiktion und Schwellenwerte. Nach § 10 FKAG unterliegt ein bereits nach § 11 FKAG **festgestelltes** Finanzkonglomerat, das im Laufe eines Geschäftsjahres die in § 7 und § 8 FKAG genannten Schwellenwerte unterschreitet, auch **weiterhin** der zusätzlichen Aufsicht, wenn in drei darauf folgenden Geschäftsjahren die in Nr. 1–3 alternativ[3] genannten herabgesetzten Schwellenwerte überschritten werden. Die für diesen Zweck **reduzierten** Schwellenwert betragen im Fall von § 7 (vorwiegende Finanzbranchentätigkeit): 35 % (statt 40 %), im Fall von § 8 Abs. 1 Nr. 1 (durchschnittlicher Branchenanteil): 8 % (statt 10 %) und im Fall von § 8 Abs. 1 Nr. 2 (Bilanzsumme der schwächsten Branche): fünf Milliarden EUR (statt sechs Milliarden EUR). Da die in diesen Fällen bewirkte Fortdauer der ergänzenden Beaufsichtigung eine zusätzliche, erhebliche und großteils grundrechtsrelevante Belastung für die konglomeratsangehörigen Unternehmen **perpetuiert**, besteht die Möglichkeit, eine **Befreiung** oder **Freistellung** nach § 13 FKAG zu beantragen. 5

Feststellung eines Finanzkonglomerats

11 (1) [1]**Die Bundesanstalt stellt fest, dass eine branchenübergreifend tätige Gruppe ein Finanzkonglomerat ist.** [2]**Sie gibt die Feststellung dem Mutterunternehmen an der Spitze der Gruppe bekannt.** [3]**Wenn an der Spitze kein Mutterunternehmen steht, gibt sie die Feststellung dem beaufsichtigten Unternehmen mit der höchsten Bilanzsumme innerhalb der Gruppe bekannt.**

(2) [1]**In den Fällen des § 10 kann die Bundesanstalt während des maßgeblichen Zeitraums von drei Geschäftsjahren die Feststellung, dass eine Gruppe ein Finanzkonglomerat ist, aufheben; Absatz 1 Satz 2 und 3 gilt entsprechend.** [2]**Bei Finanzkonglomeraten, die grenzüberschreitend tätig sind, entscheidet die Bundesanstalt im Einvernehmen mit den jeweils zuständigen Behörden.**

(3) [1]**Die Bundesanstalt hat die Feststellung, dass eine Gruppe ein Finanzkonglomerat ist, aufzuheben, wenn die Voraussetzungen des § 1 Absatz 2 nicht mehr erfüllt sind.** [2]**Sie hat die Feststellung insbesondere aufzuheben, wenn folgende Schwellenwerte unterschritten werden:**
1. im Fall des § 7 ein Schwellenwert von 35 Prozent,
2. im Fall des § 8 Absatz 1 Nummer 1 ein Schwellenwert von 8 Prozent oder
3. im Fall des § 8 Absatz 1 Nummer 2 ein Schwellenwert von 5 Milliarden Euro.

[3]**Absatz 1 Satz 2 und 3 gilt entsprechend.**

I. Allgemeines. § 11 FKAG normiert zunächst die für die Anwendung der zusätzlichen Beaufsichtigung **grundlegende** behördliche Feststellung, dass eine branchenübergreifend tätige Gruppe ein Finanzkonglomerat nach § 1 Abs. 2 FKAG darstellt und die entsprechende Publizität (Abs. 1). Die Norm regelt zudem die **mögliche** Aufhebung dieser Feststellung beim Unterschreiten von Schwellenwerten (Abs. 2) und die **zwingende** Aufhebung bei Wegfall der relevanten Voraussetzungen (Abs. 3). 1

1. Entstehungsgeschichte. Die Norm findet sich seit dem 27.6.2013 im damals neu geschaffenen FKAG. Sie ersetzt für die Versicherungsbranche die vorherige Regelung in § 104o VAG a. F., die mit dem FKRLUG geschaffen wurde. 2

2. Normzweck. Die Regelung hat **konstitutiven** Charakter für die zusätzliche Regulierung und Beaufsichtigung der konglomeratsangehörigen Unternehmen und dient der **Rechtssicherheit** sowie der Rechtsklarheit für alle Beteiligten und die Öffentlichkeit, dass eine Gruppe aufsichtsrechtlich ein Finanzkonglomerat darstellt. 3

[1] BT-Drs. 17/12602, 32, zu § 10; *Heinrich* ZBB 2003, 230 (234).
[2] BT-Drs. 15/3641, 61, zu § 104; Schwennicke/Auerbach/*Auerbach/Kempers* § 10 FKAG Rn. 1; FKBP/*Pohlmann* § 104n Rn. 6.
[3] A. A. wohl entgegen dem Wortlaut („oder") Luz/Neus/*Ostermeier* § 10 R FKAG Rn. 3 („kumulativ zu beachten").

4 **3. Europarechtlicher Hintergrund.** § 11 FKAG dient der Umsetzung von Art. 4 Abs. 2 der RL 2002/87/EG.

5 **II. Feststellung eines Finanzkonglomerats (Abs. 1).** Sind als Ergebnis der Ermittlungen (§ 6 FKAG) die Voraussetzungen für ein Finanzkonglomerat (§ 1 Abs. 2 FKAG) erfüllt, hat die BaFin die **Pflicht**, das Vorliegen eines Finanzkonglomerats festzustellen (Abs. 1 S. 1). Die Feststellung, ob eine Gruppe ein Finanzkonglomerat darstellt, hängt sowohl von quantitativen Indikatoren als auch von risikobasierten Einschätzungen ab.[1] Bei dieser Feststellung handelt es sich um einen feststellenden und belastenden **(Dauer-)Verwaltungsakt**,[2] da unmittelbare Rechtsfolge die zusätzliche Beaufsichtigung der betroffenen Unternehmen darstellt, die diesen Pflichten auferlegt. Diesem Verwaltungsakt muss eine Anhörung der Adressaten nach § 28 Abs. 1 VwVfG vorangehen.[3] Die Feststellung ist dem Mutterunternehmen (§ 2 Abs. 4 FKAG) an der Spitze der Gruppe bekannt zu geben (Abs. 1 S. 2); existiert kein Mutterunternehmen, etwa bei horizontalen Gruppen (§ 2 Abs. 7 Nr. 2 FKAG), ist Adressat das beaufsichtigten Unternehmen mit der höchsten Bilanzsumme in der Gruppe (Abs. 1 S. 3). Die **Bekanntgabe** erfolgt nach den allgemeinen Verfahrensvorgaben in § 41 VwVfG. Die Feststellung der BaFin kann mit einer negativen Feststellungsklage (§ 43 Abs. 1 VwGO) angegriffen werden.

6 **III. Aufhebung der Feststellung bei Unterschreitung der Schwellenwerte (Abs. 2).** Abs. 2 S. 1 räumt der BaFin die Befugnis ein, die Feststellung nach Abs. 1 aufzuheben. Dabei handelt es sich um eine Entscheidung, die im **Ermessen** der Behörde steht. Das gemäß § 40 VwVfG pflichtgemäß auszuübende Ermessen wird nur eröffnet, wenn ein **fingiertes** Finanzkonglomerat i. S. v. § 10 FKAG vorliegt. Bei der Ermessensausübung ist der Zweck der Regelung in § 10 FKAG zu beachten (vgl. § 40 VwVfG).[4] Je weniger ein Wechsel des Aufsichtsregimes droht umso eher ist das Ermessen in Form einer Aufhebung der Feststellung auszuüben. Die Bekanntgabe der Aufhebung erfolgt gegenüber den selben Adressaten wie bei der Feststellung der Existenz des Finanzkonglomerats. Die Aufhebung der Feststellung ist als actus contrarius ebenfalls ein **Verwaltungsakt**.[5] Der Normtext in § 11 Abs. 2 S. 1 FKAG macht mit dem übergreifenden Begriff der **Aufhebung** jedoch nicht deutlich, ob es hier um die Rücknahme eines rechtswidrigen Verwaltungsaktes nach § 48 VwVfG oder um den Widerruf eines rechtmäßigen Verwaltungsaktes nach § 49 VwVfG durch die BaFin geht. Da es im behördlichen Ermessen steht, ob die Aufhebung erfolgt, wird man von einem bislang rechtmäßigen Verwaltungsakt und somit von einem **Widerruf** der zuvor erfolgten Feststellung ausgehen müssen. Abs. 2 S. 2 enthält eine vorrangige Spezialregelung für **grenzüberschreitend** agierende Finanzkonglomerate. Sie sieht vor, dass die Ermessensentscheidung der BaFin über die Aufhebung der Feststellung im Einvernehmen mit den jeweils zuständigen Behörden der EWR-Mitgliedstaaten (vgl. § 2 Abs. 13 FKAG) erfolgen muss, also deren **Zustimmung** erfordert.

7 **IV. Aufhebung der Feststellung bei Wegfall der Voraussetzungen (Abs. 3).** Nach Abs. 3 S. 1 hat die BaFin die **Pflicht** die Feststellung einer Unternehmensgruppe als Finanzkonglomerat aufzuheben, wenn die Tatbestandsvoraussetzungen für die Einstufung als Finanzkonglomerat nach § 1 Abs. 2 FKAG nicht mehr vorliegen. Im Gegensatz zur Aufhebung nach Abs. 2 handelt es sich im Fall von Abs. 3 um eine **gebundene** Entscheidung, die kein Ermessen eröffnet.[6] Die Aufhebung der Feststellung ist als actus contrarius ebenfalls ein Verwaltungsakt. In Abs. 3 S. 2 nennt das Gesetz **nicht abschließend**[7] („insbesondere") drei Fälle, in denen die Aufhebung erfolgen muss und die alle an rein quantitative Faktoren in Form von Schwellenwerten anknüpfen. Dabei liegen alle Schwellenwerte für diese Aufhebungsanlässe **unterhalb** der Schwellenwerte, die für die vorgelagerte Feststellung eines Finanzkonglomerats gelten. Diese Regelung ändert nichts daran, dass auch bei Wegfall **anderer** Kriterien, die für das Vorliegen eines Finanzkonglomerats i. S. v. § 1 Abs. 2 FKAG konstitutiv sind, eine Aufhebung erfolgen muss, da die Feststellung eines Finanzkonglomerats auch von risikobasierten Einschätzungen abhängt.[8] Abs. 3 S. 2 sieht vor, dass wie bei § 11 Abs. 1 S. 2 FKAG eine förmliche Mitteilung erforderlich ist, die an dieselben Adressaten wie im Fall von § 11 Abs. 1 S. 2 und S. 3 FKAG zu richten ist. Die Aufhebung ist ein begünstigender feststellender **Verwaltungsakt**, der dokumentiert, dass die zusätzliche Finanzkonglomerateaufsicht nicht mehr eingreift. Damit wird die vorgelagerte (rechtmäßige) Feststellung aufgehoben, konkret nach § 48 VwVfG widerrufen.

[1] BT-Drs. 17/12602, 32, zu § 11.
[2] Weitergehend FKBP/*Pohlmann* § 104o Rn. 1 (rechtsgestaltender VA).
[3] BT-Drs. 15/3641, 61 zu § 104o VAG.
[4] Schwennicke/Auerbach/*Auerbach/Kempers* § 11 FKAG Rn. 8.
[5] Boos/Fischer/Schulte-Mattler/*Achtelik*, 4. Aufl. 2012, § 51b Rn. 6; FKBP/*Pohlmann* § 104r Rn. 3.
[6] Schwennicke/Auerbach/*Auerbach/Kempers* § 11 FKAG Rn. 11; Luz/Neus/*Ostermeier* § 11 FKAG Rn. 4.
[7] Schwennicke/Auerbach/*Auerbach/Kempers* § 11 FKAG Rn. 11.
[8] BT-Drs. 17/12602, 32, zu § 11.

Übergeordnetes Unternehmen

12 (1) **Übergeordnetes Unternehmen eines Finanzkonglomerats ist ein beaufsichtigtes Unternehmen des Finanzkonglomerats, das an der Spitze des Finanzkonglomerats steht und seinen Sitz im Inland hat.**

(2) [1] **Steht an der Spitze eines Finanzkonglomerats kein beaufsichtigtes Unternehmen mit Sitz im Inland und hat die gemischte Finanzholding-Gesellschaft ihren Sitz im Inland, bestimmt die Bundesanstalt ein beaufsichtigtes Tochterunternehmen mit Sitz im Inland als übergeordnetes Unternehmen des Finanzkonglomerats.** [2] **Abweichend hiervon kann die Bundesanstalt die gemischte Finanzholding-Gesellschaft oder ein anderes beaufsichtigtes Unternehmen als übergeordnetes Unternehmen des Finanzkonglomerats bestimmen.** [3] **Die Bundesanstalt berücksichtigt neben der Struktur des Finanzkonglomerats auch, ob die Banken- und Wertpapierdienstleistungsbranche oder die Versicherungsbranche stärker im Sinne des § 8 Absatz 2 vertreten ist.** [4] **Das zu bestimmende Unternehmen ist vorab anzuhören.**

I. Allgemeines. § 12 normiert die Fälle, in denen die BaFin abweichend vom Regelfall des § 2 Abs. 1 FKAG aus aufsichtsrechtlichen Gründen ein übergeordnetes Unternehmen bestimmt. Die Regelung enthält in Abs. 1 eine **Definition** des wichtigen Begriffs des übergeordneten Unternehmens und sieht in Abs. 2 eine Befugnis der BaFin zur **Bestimmung** solcher Unternehmen vor. 1

1. Entstehungsgeschichte. Die Norm findet sich seit dem 27.6.2013 im damals neu geschaffenen FKAG und ersetzt für die Versicherungsbranche die vorherige Regelung in § 104q Abs. 3 S. 6 VAG a. F., die mit dem FKRLUG geschaffen wurde. 2

2. Normzweck. Der Begriff hat vor allem Bedeutung für die an mehreren Stellen im FKAG vorgesehene **Verantwortung** dieser Unternehmen als **zentrale** Normadressaten innerhalb des Finanzkonglomerats, die mangels **Rechtsfähigkeit** des Finanzkonglomerats geregelt wird.[1] Die übergeordneten Unternehmen sind vor allem verantwortlich für Eigenmittelausstattung, Organisation und Meldepflichten. Für den Charakter als übergeordnetes Unternehmen kommt es nicht zwangsläufig auf gesellschafts- oder handelsrechtliche Aspekte oder die Konzernstruktur an, so dass hier eine Abweichung vom nationalen Konzernrecht vorliegt.[2] Entscheidend ist vielmehr die „**aufsichtsrechtliche Wertigkeit**"[3] des Unternehmens. Daher ist bei einer Holdingstruktur regelmäßig ein Tochterunternehmen das übergeordnete Finanzkonglomerateunternehmen.[4] 3

3. Europarechtlicher Hintergrund. Die Regelung dient der Umsetzung von Art. 5 Abs. 2 und Art. 10 Abs. 2 RL 2002/87/EG. 4

II. Beaufsichtigtes Spitzenunternehmen (Abs. 1). Zentrales Merkmal des übergeordneten Unternehmens ist zunächst, dass es sich um ein **beaufsichtigtes** Unternehmen (§ 2 Abs. 1 FKAG) handeln muss. Dieses Unternehmen muss zudem seinen Sitz im **Inland** haben und entsprechend der Struktur an der **Spitze** der Gruppe stehen. Liegen diese drei Voraussetzungen vor, ist damit **zwingend** und ohne Abweichungsmöglichkeit für die BaFin die Eigenschaft eines übergeordneten Unternehmens gegeben. 5

III. Nicht beaufsichtigtes Spitzenunternehmen (Abs. 2). Abs. 2 S. 1 ermächtigt die BaFin, ein beaufsichtigtes Tochterunternehmen (§ 2 Abs. 5 FKAG) mit Sitz im Inland als übergeordnetes Unternehmen zu bestimmen; dabei handelt es sich um eine gebundene Entscheidung,[5] die eine **Bestimmungspflicht** auslöst. Erste Voraussetzung ist, dass an der Konglomeratsspitze **kein** beaufsichtigtes Unternehmen mit Sitz im Inland steht. Zweite und **kumulativ** erforderliche Voraussetzung ist, dass die gemischte Finanzholding-Gesellschaft ihren Sitz im **Inland** hat. Abs. 2 S. 2 ermächtigt die BaFin zu einer vom in S. 1 normierten Regelfall abweichenden **Ermessensentscheidung**,[6] die gemischte Finanz-Holding-Gesellschaft (§ 2 Nr. 10 FKAG) oder ein anderes **beaufsichtigtes** konglomeratsangehöriges Unternehmen (§ 2 Abs. 1 FKAG) als übergeordnetes Unternehmen zu bestimmen. Hintergrund dieser Ermächtigung ist, dass übergeordnetes Unternehmen eines Finanzkonglomerats nicht stets das **Konzern-Mutterunternehmen** sein muss, sondern es sich auch um ein Unternehmen handeln kann, das in der gesellschaftsrechtlichen Hierarchie ganz unten steht. Ein solches Unternehmen als übergeordnetes Unternehmen eines Finanzkonglomerats zu bestimmen, kann jedoch unzweckmäßig sein, weil ihm gesellschaftsrechtlich fundierte **Durchsetzungsmöglichkeiten** gegenüber den übrigen Unternehmen im Finanzkonglomerat fehlen. Deshalb kann die BaFin die gemischte Finanzholding- 6

[1] FKBP/*Pohlmann* § 104q Rn. 11.
[2] *Dreher/Ballmaier* ZGR 2014, 753 (760).
[3] BT-Drs, 15/3641, 61 zu § 104q VAG; Schwennicke/Auerbach/*Auerbach/Kempers* § 12 FKAG Rn. 7; Bähr/*Krämer* § 15 Rn. 109; FKBP/*Pohlmann* § 104q Rn. 5.
[4] BT-Drs, 15/3641, 61 zu § 104q VAG.
[5] Schwennicke/Auerbach/*Auerbach/Kempers* § 12 FKAG Rn. 1.
[6] Luz/Neus/*Ellwanger* § 12 FKAG Rn. 9; Schwennicke/Auerbach/*Auerbach/Kempers* FKAG § 12 Rn. 6.

Gesellschaft (§ 2 Abs. 10 FKAG), die in **gesellschaftsrechtlicher** Hinsicht an der Spitze steht, als übergeordnetes Unternehmen eines Finanzkonglomerats bestimmen.[7]

7 Diese gesetzgeberische Intention ist maßgeblich dafür, ob die BaFin ihr **Entschließungsermessen** ausübt (vgl. § 40 VwVfG) und abweichend vom Regelfall in Satz 1 ein Unternehmen ihrer Wahl als übergeordnet auswählt. Es geht darum, durch die Bestimmung eines geeigneten Unternehmens defizitäre Einflussmöglichkeiten zu kompensieren und gesellschaftsrechtlich wirksame Durchsetzungsmöglichkeiten im Finanzkonglomerat zu eröffnen. Das **Auswahlermessen** wird durch Abs. 2 S. 2 dabei auf bestimmte Unternehmen (beaufsichtigte Unternehmen und gemischte Finanz-Holdinggesellschaften) eingeschränkt. Abs. 2 S. 3 enthält weitere **einschränkende** Vorgaben für das Auswahlermessen, das dadurch beeinflusst wird, welche Struktur das Finanzkonglomerat aufweist und welche Branche im Finanzkonglomerat stärker vertreten ist. Abs. 2 S. 4 regelt, dass zuvor eine förmliche **Anhörung** (§ 28 Abs. 1 VwVfG) des ins Auge gefassten Unternehmens erfolgen muss.

Befreiung und Freistellung von der zusätzlichen Beaufsichtigung

13 (1) **Auf Antrag des Mutterunternehmens an der Spitze der Gruppe kann die Bundesanstalt von der Feststellung, dass eine Gruppe ein Finanzkonglomerat ist, absehen (Befreiung) oder das übergeordnete Unternehmen des Finanzkonglomerats von den Verpflichtungen nach den §§ 23 bis 25 ganz oder teilweise freistellen, wenn**

1. zwar die Bilanzsumme der am schwächsten vertretenen Branche 6 Milliarden Euro übersteigt, die Gruppe aber den in § 8 Absatz 1 Nummer 1 genannten Schwellenwert nicht erreicht und die Einbeziehung der Gruppe in die zusätzliche Beaufsichtigung auf Konglomeratsebene oder die Anwendung der §§ 23 bis 25 nicht erforderlich oder im Hinblick auf die Ziele der zusätzlichen Beaufsichtigung unangebracht oder irreführend wäre;

2. zwar die Gruppe den in § 8 Absatz 1 Nummer 1 genannten Schwellenwert erreicht, die Bilanzsumme der am schwächsten vertretenen Branche aber 6 Milliarden Euro nicht übersteigt und die Einbeziehung der Gruppe in die zusätzliche Beaufsichtigung auf Konglomeratsebene oder die Anwendung der §§ 23 bis 25 nicht erforderlich oder im Hinblick auf die Ziele der zusätzlichen Beaufsichtigung unangebracht oder irreführend wäre;

3. die Überschreitung der Schwellenwerte in den §§ 7 und 8 ausschließlich auf eine erhebliche Änderung der Struktur der Gruppe zurückzuführen ist; in diesem Fall ist die Befreiung auf höchstens drei Jahre, beginnend mit dem nächstfolgenden Geschäftsjahr, zu befristen.

(2) [1] **Steht an der Spitze der Gruppe kein Mutterunternehmen, kann das beaufsichtigte Unternehmen des Finanzkonglomerats mit der höchsten Bilanzsumme innerhalb der Gruppe den Antrag stellen.** [2] **In diesem Fall ist die Befreiung zu befristen.**

(3) **Die Bundesanstalt kann eine Befreiung mit Wirkung für die Zukunft ganz oder teilweise widerrufen, wenn ein Grund für die Befreiung nachträglich entfällt.**

(4) **Bei Finanzkonglomeraten, die grenzüberschreitend tätig sind, entscheidet die Bundesanstalt im Einvernehmen mit den jeweils zuständigen Behörden und teilt die Entscheidungen den zuständigen Behörden in den anderen betroffenen Staaten des Europäischen Wirtschaftsraums mit.**

(5) **Die Bundesanstalt veröffentlicht die Entscheidungen, sofern keine außergewöhnlichen Umstände vorliegen.**

(6) **Die Bundesanstalt bewertet jedes Jahr erneut die Befreiungen nach Absatz 1 und überprüft die quantitativen Indikatoren und die risikobasierten Einschätzungen der Gruppen.**

1 **I. Allgemeines.** § 13 regelt zwei alternative Ermächtigungen für Ermessensentscheidungen der BaFin. Die BaFin kann erstens von der Feststellung der Eigenschaft als Finanzkonglomerat **absehen** oder zweitens das übergeordnete Unternehmen ganz oder teilweise von den Verpflichtungen nach §§ 23–25 FKAG **freistellen**. Die Norm regelt die Voraussetzungen der Befreiung sowie den Inhalt der behördlichen Entscheidung (Abs. 1), die obligatorische Befristung (Abs. 2), den Widerruf der Befreiung (Abs. 3), die Befreiung bei grenzüberschreitenden Finanzkonglomeraten (Abs. 4), die Publizität der Behördenentscheidung (Abs. 5) sowie die jährliche Validierung dieser Entscheidung (Abs. 6).

2 **1. Entstehungsgeschichte.** Die Norm findet sich seit dem 27.6.2013 im damals neu geschaffenen FKAG und ersetzt für die Versicherungsbranche die vorherige Regelung in § 104p VAG a. F., die mit dem FKRLUG geschaffen wurde.

3 **2. Normzweck.** Die Norm ermächtigt die BaFin zu Befreiungen von der zusätzlichen Aufsicht, wenn und soweit diese bezogen auf den jeweiligen **Einzelfall** unangemessen oder nicht zielführend

[7] BT-Drs. 17/12602, 32 zu § 12; Luz/Neus/*Ellwanger* § 12 FKAG Rn. 10; Bähr/*Krämer* § 13 Rn. 109.

wäre. Die Befreiungsmöglichkeiten sind so gestaltet, dass Besonderheiten des jeweiligen Finanzkonglomerats angemessen berücksichtigt werden können[1] und müssen.

3. Europarechtlicher Hintergrund. § 13 dient der Umsetzung von Art. 3 Abs. 3 der RL 2002/87/EG. 4

II. Befreiung und Freistellung (Abs. 1). Abs. 1 formuliert die Voraussetzungen, die Grundlage für eine Befreiung oder Freistellung sind. Die Voraussetzungen für Befreiung und Freistellung sind zwar identisch, die **völlige** Befreiung hat aber deutlich weiterreichende Wirkungen als die nur **teilweise** Freistellung. Die Entscheidung steht jeweils im pflichtgemäßen **Ermessen** der BaFin („kann"),[2] das risikoabhängig auszuüben ist und von dem Ausmaß abhängt, in dem konglomeratsrelevante Gruppenrisiken vorliegen.[3] Die Entscheidung setzt einen entsprechenden **Antrag** des Mutterunternehmens (§ 2 Nr. 4 FKAG) an der Spitze der Gruppe (§ 2 Abs. 7 FKAG) voraus, aus dem sich ergeben muss, ob eine Befreiung oder eine Freistellung beantragt wird. Gegen die Ablehnung des Antrags stehen dem Mutterunternehmen Widerspruch (§ 68 Abs. 2 VwGO) und Verpflichtungsklage (§ 42 Abs. 1 VwGO) zur Verfügung. 5

1. Befreiung. Abs. 1 definiert den Begriff der Befreiung als ein **Absehen** der BaFin von der Feststellung, dass eine Gruppe ein Finanzkonglomerat darstellt. Folge ist, dass die konglomeratsangehörigen Unternehmen vollständig **nicht** unter die zusätzliche Aufsicht nach dem FKAG fallen, nicht die dort geregelten und an sie adressierten Vorgaben erfüllen müssen sowie nicht mit behördlichen Maßnahmen nach dem FKAG konfrontiert werden. Die Befreiung wird erteilt, obwohl die Kriterien für das Vorliegen eines Finanzkonglomerats (§ 1 Abs. 2 FKAG) **erfüllt** sind und stellt einen begünstigenden Verwaltungsakt[4] dar. 6

2. Freistellung. Bei einer Entscheidung über eine Freistellung bleibt das FKAG im Gegensatz zur Befreiung grundsätzlich **anwendbar**, die Unternehmen werden lediglich von einzelnen Vorgaben dispensiert. In Betracht kommen (nur) die Vorschriften über Risikokonzentrationen und konglomeratsinterne Transaktionen (§ 23 FKAG), die Vorschriften der dazu ergangenen Verordnung (§ 24 FKAG) und die Vorschriften über besondere organisatorischen Pflichten (§ 25 FKAG). Die Freistellung kann alle diese Regelungen in §§ 23–25 FKAG betreffen, sich nur auf einzelne dieser Normen oder nur auf einzelne Teile dieser Normen beziehen. Somit steht der BaFin ein erheblicher Gestaltungsspielraum zur Verfügung, der ihr ein flexibles Verwaltungshandeln ermöglicht. 7

3. Voraussetzungen. Abs. 1 nennt in Nr. 1–3 die **drei Fälle** in denen Befreiung oder Freistellung in Betracht kommen. Dabei geben Nr. 1 und Nr. 2 quantitative und qualitative Kriterien vor, während Nr. 3 nur an rein quantitative Aspekte anknüpft. Die Ermessensausübung wird wesentlich vom Ausmaß der ermittelten **Gruppenrisiken** beeinflusst, wobei diese Risikoperspektive bei größeren und international tätigen Finanzkonglomeraten verstärkt berücksichtigt werden muss.[5] 8

a) Befreiung und Freistellung nach Abs. 1 Nr. 1. Nr. 1 gibt zwei **kumulative** Voraussetzungen vor, wobei die zweite Voraussetzung ihrerseits drei **alternative** Tatbestände aufweist. Die erste quantitative Voraussetzung knüpft an § 8 Abs. 1 FKAG und die dortige 10 %-Schwelle an. Sie ist erfüllt, wenn die Bilanzsumme der am schwächsten vertretenen Branche (§ 8 Abs. 2 FKAG) zwar sechs Milliarden EUR übersteigt, aber die Gruppe (§ 2 Abs. 7 FKAG) die Schwelle von 10 % für die Relation zwischen Nicht-Finanzunternehmen und Finanzunternehmen unterschreitet. Die zweite qualitative Voraussetzung stellt darauf ab, dass eine (vollständige) Beaufsichtigung nicht erforderlich oder im Hinblick auf die Ziele der zusätzlichen Beaufsichtigung unangebracht oder irreführend wäre; damit werden Verhältnismäßigkeitsaspekte angesprochen. Die ergänzende Aufsicht ist nicht **erforderlich**, wenn bereits die Branchenaufsicht auf der Gruppenebene ausreicht, um den konglomeratsbedingten Gefahren wirksam zu begegnen.[6] Die zusätzliche Beaufsichtigung nach dem FKAG ist **unangebracht**, wenn dadurch ein Missverhältnis zwischen dem Nutzen der ergänzenden Beaufsichtigung[7] einerseits und der Belastung der betroffen Gruppe[8] andererseits besteht. Eine zusätzliche Aufsicht wäre **irreführend**, wenn durch die Ausweitung der Perspektive die Einschätzung der wirklich relevanten Gruppenrisiken durch die BaFin verzerrt und damit beeinträchtigt würde. 9

b) Befreiung und Freistellung nach Abs. 1 Nr. 2. Nr. 2 formuliert eine quantitative, im Vergleich zur Nr. 1 **spiegelbildliche** Vorgabe für die Befreiung oder Freistellung und knüpft an die Schwelle von sechs Milliarden EUR in § 8 FKAG an. Sie wird erfüllt, wenn die Gruppe (§ 2 Abs. 7 FKAG) die 10

[1] BT-Drs. 17/12602, 32 zu § 13.
[2] Luz/Neus/*Ellwanger* § 13 FKAG Rn. 4; Schwennicke/Auerbach/*Auerbach/Kempers* § 13 FKAG Rn. 2.
[3] 3. Erwägungsgrund zur RL 2011/89/EU.
[4] Schwennicke/Auerbach/*Auerbach/Kempers* § 13 FKAG Rn. 3; FKBP/*Pohlmann* § 104p Rn. 4.
[5] 3. Erwägungsgrund zur RL 2011/89/EU.
[6] Vgl. 6. Erwägungsgrund zur RL 2002/87/EG.
[7] Vgl. 4. Erwägungsgrund S. 3 zur RL 2011/89/EU.
[8] Vgl. 1. Erwägungsgrund S. 3 zur RL 2011/89/EU.

Schwelle von 10 % für die Relation zwischen Nicht-Finanzunternehmen und Finanzunternehmen überschreitet, aber die Bilanzsumme der am schwächsten vertretenen Branche (§ 8 Abs. 2 FKAG) nicht über sechs Milliarden EUR liegt. Die qualitativen Voraussetzungen und ihre Auslegung entsprechen den **identischen** Kriterien in Nr. 1. Art. 3 Abs. 3 S. 2 lit. a und lit. b RL 2002/87/EG, die bei einer Befreiung oder Freistellung **beispielhaft** zu berücksichtigen sind: Erstens die **relative Größe** der am schwächsten vertretenen Finanzbranche beträgt nicht mehr als 5 %, gemessen am durchschnittlichen Anteil oder an der Bilanzsumme oder den Solvabilitätsanforderungen dieser Finanzbranche. Zweitens der **Marktanteil** beträgt in keinem Mitgliedsstaat mehr als 5 %, gemessen an der Bilanzsumme in der Banken-/Wertpapierbranche und an den gebuchten Bruttobeiträgen in der Versicherungsbranche.

11 **c) Befreiung und Freistellung nach Abs. 1 Nr. 3.** Nr. 3 Hs. 1 lässt Befreiung und Freistellung trotz **Überschreitens** der quantitativen Schwellenwerte in § 7 und § 8 FKAG zu. Die behördliche Ermessensentscheidung setzt hier voraus, dass die zunächst ausreichend niedrigen Schwellenwerte **nur** wegen **erheblicher** Änderungen der Gruppenstruktur überschritten wurden. Die Änderungen der Gruppenstruktur müssen für das Überschreiten der Schwellen kausal sein. Derartige Änderungen können etwa auf Unternehmenskäufen und Umwandlungsvorgängen nach dem UmwG sowie speziell für die Versicherungsbranche auf Bestandsübertragungen (§ 13 VAG)[9] beruhen. Damit darf aber keine negative Veränderung der **Risikosituation** der Gruppe einhergehen. Nr. 3 Hs. 2 sieht zwingend eine maximal dreijährige **Befristung** vor, die als Nebenbestimmung zu dem befreienden oder freistellenden Verwaltungsakt ergeht (§ 36 Abs. 2 Nr. 1 VwVfG).

12 **III. Antragsbefugnis und Befristung (Abs. 2).** Nach Abs. 2 S. 1 steht die **Antragsbefugnis** dem beaufsichtigten Unternehmen des Finanzkonglomerats (§ 2 Abs. 1 FKAG) mit der höchsten Bilanzsumme zu, wenn an der Spitze der Gruppe (§ 2 Abs. 7 FKAG) kein Mutterunternehmen (§ 2 Abs. 4 FKAG) steht. Abs. 2 S. 2 sieht eine zwingende **Befristung** als Nebenbestimmung zum begünstigenden Verwaltungsakt vor (§ 36 Abs. 2 Nr. 1 VwVfG). Im Gegensatz zur Befristung nach Abs. 1 Nr. 3 wird **keine** maximale Zeitspanne für die Befristungsdauer vorgeschrieben, so dass die BaFin darüber nach pflichtgemäßem Ermessen entscheidet.

13 **IV. Widerruf der Befreiung (Abs. 3).** Abs. 3 räumt der BaFin die Möglichkeit des völligen oder teilweisen Widerrufs des begünstigenden Verwaltungsakts der **Befreiung** ein (§ 49 Abs. 2 Nr. 1 VwVfG). Der Widerruf setzt voraus, dass zumindest ein Befreiungsgrund nachträglich komplett entfällt. Ob eine Befreiung (ganz oder teilweise) widerrufen wird, hängt im Rahmen der **Ermessensentscheidung** der BaFin („kann") wesentlich davon ab, in welchem Umfang die betroffenen Voraussetzungen nicht mehr erfüllt sind, welche Voraussetzung nicht mehr gegeben ist und ob nur eine oder mehrere Voraussetzungen weggefallen sind. Für die **Freistellung** ist explizit kein derartiger Widerruf vorgesehen, der aber nach der allgemeinen Regelung in § 49 Abs. 2 Nr. 3 VwVfG dennoch möglich ist.

14 **V. Befreiung bei grenzüberschreitender Tätigkeit (Abs. 4).** Abs. 4 enthält eine Sonderregelung für die Befreiung nach Abs. 1 bei **grenzüberschreitenden** Aktivitäten des Finanzkonglomerats. Hier entscheidet die BaFin mit Zustimmung der der jeweils zuständigen Behörden (§ 2 Abs. 13 FKAG) in den betroffenen EWR-Staaten (§ 2 Abs. 11 FKAG) über die Befreiung. Für die Freistellung nach Abs. 1 sieht die Norm das Erfordernis des Einvernehmens nicht vor.

15 **VI. Veröffentlichung (Abs. 5).** Die BaFin muss grundsätzlich ihre Entscheidungen über Befreiungs- oder Freistellungsanträge veröffentlichen. Damit wird **Transparenz** über die Verwaltungspraxis für andere potenzielle Antragsteller geschaffen und eine Kontrolle der **Gleichbehandlung** der Antragsteller ermöglicht. Ausnahmen sind nur in außergewöhnlichen Fällen möglich[10] und müssen entsprechend begründet werden können. Dabei kommt es nicht nur auf die Interessen der Konglomeratsunternehmen an,[11] sondern gleichfalls auf die Transparenz für die Stakeholder im Hinblick auf die Intensität der behördlichen Überwachung.

16 **VII. Jährliche Validierung der Befreiung (Abs. 6).** Die BaFin muss im Jahresturnus die erteilten Befreiungen neu bewerten, also den **Prozess** der Ermessensentscheidung erneut durchlaufen. Dabei sind die für die Befreiung relevanten quantitativen Faktoren und qualitativen Risikoeinschätzungen heranzuziehen. Liegt eine Voraussetzung der Befreiung nicht mehr vor, steht der BaFin die Widerrufsmöglichkeit nach Abs. 3 zur Verfügung. Die Jahresfrist stellt eine **Maximalfrist** dar; liegen entsprechende Anhaltspunkte vor, muss die Prüfung wegen der behördlichen Ermittlungs- und Identifizierungspflicht (§ 6 Abs. 1 und § 11 Abs. 1 FKAG) auch **unterjährig** erfolgen.

---

[9] Dazu *Dreher/Lange* r+s 2012, 378; *Hasselbach* VersR 2010, 429; *Rollin* VersR 2013, 143; Bähr/*Rüdt* § 14.
[10] Schwennicke/Auerbach/*Auerbach/Kempers* § 13 FKAG Rn. 15.
[11] So wohl Luz/Neus/*Ellwanger* § 13 FKAG Rn. 13.

Ausnahme von der laufenden Beaufsichtigung

14 **[1] Auf Antrag eines übergeordneten Unternehmens eines Finanzkonglomerats kann die Bundesanstalt von der laufenden Beaufsichtigung auf Finanzkonglomeratsebene absehen und das übergeordnete Unternehmen des Finanzkonglomerats von den Verpflichtungen nach diesem Gesetz widerruflich freistellen, wenn**

1. das Finanzkonglomerat eine Untergruppe eines anderen Finanzkonglomerats ist, dessen übergeordnetes Unternehmen seinen Sitz in einem anderen Staat des Europäischen Wirtschaftsraums hat, und insoweit eine zusätzliche Beaufsichtigung nach Maßgabe der Richtlinie 2002/87/EG sichergestellt ist, oder

2. dies unter Berücksichtigung der Struktur des Finanzkonglomerats und des relativen Gewichts seiner Tätigkeiten in verschiedenen Staaten des Europäischen Wirtschaftsraums angemessen ist.

[2] Dem übergeordneten Unternehmen des Finanzkonglomerats ist Gelegenheit zur Äußerung zu geben.

I. Allgemeines. § 14 enthält eine Sonderregelung, die behördliche Ausnahmen von der laufenden Beaufsichtigung **grenzüberschreitend** tätiger und **gestufter** Finanzkonglomerate aufgrund entsprechender Anträge zulässt. 1

1. Entstehungsgeschichte. Die Norm findet sich seit dem 27.6.2013 im damals neu geschaffenen FKAG. Sie ersetzt für die Versicherungsbranche die vorherige Regelung in § 104m Abs. 1 VAG a. F., die mit dem FKRLUG geschaffen wurde. 2

2. Normzweck. Die Regelung ermöglicht der BaFin die **vollständige** Befreiung aller beaufsichtigten Unternehmen eines grenzüberschreitend agierenden Finanzkonglomerates von sämtlichen Instrumenten der zusätzlichen Beaufsichtigung,[1] wenn durch die Beaufsichtigung eines übergeordneten Finanzkonglomerats bereits eine **ausreichende** Beaufsichtigung nachgeordneter Finanzkonglomerate erfolgt oder die Beaufsichtigung im Einzelfall im Hinblick auf Struktur und Relevanz **unangemessen** wäre. Damit soll eine doppelte und unnötig belastende Beaufsichtigung vermieden werden. 3

3. Europarechtlicher Hintergrund. Die Norm dient der Umsetzung von Art. 5 Abs. 2 der RL 2002/78/EG. 4

II. Absehen von laufender Beaufsichtigung (Satz 1). Satz 1 erhält eine Ermächtigung für die BaFin, die ihr aufgrund des Antrags eines übergeordneten Unternehmens (§ 12 FKAG) eines festgestellten Finanzkonglomerats das Ermessen eröffnet, bezüglich des **nachgeordneten** Finanzkonglomerats (vgl. „Untergruppe" nach § 1 Abs. 2 S. 1 FKAG) von der laufenden Beaufsichtigung auf Konglomeratsebene abzusehen und das übergeordnete Unternehmen dieses **Unterkonglomerats** von den Verpflichtungen nach dem FKAG freizustellen. Erfolgt eine Freistellung, bleibt die Verantwortung der BaFin für die Beaufsichtigung auf Einzel- und Gruppenebene davon genauso unberührt, wie die Beaufsichtigung des übergeordneten Finanzkonglomerats.[2] Bei der Ermessensentscheidung der BaFin[3] über den begünstigenden Verwaltungsakt muss berücksichtigt werden, dass es sich um eine **Ausnahmeregelung** für besondere Fallkonstellationen handelt (vgl. Art. 10 Abs. 3 RL 2002/87/EG).[4] Ein wesentliches Entscheidungskriterium ist der Aspekt, ob betroffene Unternehmen bereits im Rahmen der Branchenvorschriften einer Gruppenaufsicht unterliegen oder nicht.[5] Die Entscheidung der BaFin muss zwingend mit einem **Widerrufsvorbehalt** verbunden werden, der als Nebenbestimmung (§ 36 Abs. 2 Nr. 3 VwVfG) aufzunehmen ist. Satz 1 sieht in Nr. 1 und Nr. 2 alternativ zwei **abschließende** Fallgestaltungen für mögliche Ausnahmen von der laufenden Beaufsichtigung vor. Gegen die Ablehnung des Antrags stehen dem Mutterunternehmen Widerspruch (§ 68 Abs. 2 VwGO) und Verpflichtungsklage (§ 42 Abs. 1 VwGO) zur Verfügung. 5

1. Freistellung bei Finanzkonglomeraten in Gruppen (Satz 1 Nr. 1). Die Regelung formuliert folgende **drei** Voraussetzungen für eine Freistellung: Das beantragende Finanzkonglomerat ist einem anderem Finanzkonglomerat **nachgeordnet** (1), das übergeordnete Finanzkonglomeratsunternehmen hat seinen **Sitz** in einem anderen EWR-Staat (2) und die **Beaufsichtigung** des übergeordneten Finanzkonglomeratsunternehmens (§ 12 Abs. 1 FKAG) in dem anderen EWR-Staat (§ 2 Abs. 12 FKAG) ist nach Maßgabe der RL 2002/87/EG, also gleichwertig sichergestellt (3). 6

2. Freistellung wegen Struktur und Bedeutung (Satz 1 Nr. 2). Die Regelung lässt eine Freistellung zu, wenn diese angemessen ist oder umgekehrt ausgedrückt, wenn eine zusätzliche Beaufsichti- 7

---

[1] BT-Drs. 17/12602, 32 zu § 14.
[2] BT-Drs. 17/12602, 32 zu § 14.
[3] A. A. entgegen dem Wortlaut („kann"), Schwennicke/Auerbach/*Kempers* § 14 FKAG Rn. 4 („muss").
[4] FKBP/*Pohlmann* § 104m Rn. 2.
[5] 6. Erwägungsgrund zur RL 2002/87/EG.

gung der Gruppe nach dem FKAG unangemessen wäre. Dabei ist vor allem die **Struktur** des Finanzkonglomerats und das **relative Gewichts** seiner Tätigkeiten in verschiedenen Mitglied- und Vertragsstaaten zu berücksichtigen; beide Faktoren haben den selben Stellenwert für die Ermessensentscheidung. Das Entscheidungskriterium der Struktur hängt von den rechtlichen und organisatorischen Gegebenheiten im Konglomerat sowie von den Beteiligungsverhältnissen (Art und Höhe der Beteiligungen) ab. Das Kriterium des relativen Gewichts erfordert eine vergleichende Betrachtung im Hinblick auf das übergeordnete Finanzkonglomerat und im Hinblick auf andere Finanzkonglomerate in den jeweils relevanten Märkten.

8 **III. Anhörung (Satz 2).** Satz 2 sieht zwingend vor, dass dem übergeordneten Finanzkonglomeratsunternehmen (§ 12 Abs. 1 FKAG) vor der Entscheidung Gelegenheit zur **Äußerung** zu geben ist. Es muss also im Gegensatz zur Regelung in § 12 Abs. 2 S. 4 FKAG keine förmliche Anhörung (§ 28 VwVfG) erfolgen, bevor der begünstigenden Verwaltungsakt ergeht. Die Regelung dient der Umsetzung von Art. 10 Abs. 3 der RL 2002/87/EG und ersetzt für die Versicherungsbranche die vorherige Regelung in § 104m Abs. 1 Nr. 2 Hs. 2 VAG a. F.

Erweiterung der zusätzlichen Beaufsichtigung

15 (1) [1]**Die Bundesanstalt kann im Einvernehmen mit den jeweils zuständigen Behörden über die Fälle des § 1 Absatz 2, § 12 Absatz 2 Satz 2 oder des Absatzes 3 hinaus nach Maßgabe des Artikels 2 Nummer 14, der Artikel 3 und 5 der Richtlinie 2002/87/EG eine branchenübergreifend tätige Gruppe als Finanzkonglomerat und ein beaufsichtigtes Unternehmen eines Finanzkonglomerats als übergeordnetes Unternehmen bestimmen.** [2]**Die Vorschriften dieses Gesetzes sind in diesem Fall entsprechend anzuwenden.**

(2) [1]**Liegt kein Finanzkonglomerat vor, bestehen jedoch Beteiligungen an mindestens einem beaufsichtigten Unternehmen eines Finanzkonglomerats oder Kapitalbeziehungen zu einem solchen Unternehmen oder kann auf ein solches Unternehmen ein beherrschender Einfluss ausgeübt werden, kann die Bundesanstalt im Einvernehmen mit den jeweils zuständigen Behörden die Vorschriften dieses Gesetzes auf diese Unternehmen ganz oder teilweise entsprechend anwenden, wenn die in § 1 Absatz 2 Satz 1 Nummer 2 und 3 genannten Bedingungen erfüllt sind; in diesem Fall bestimmt die Bundesanstalt eines dieser Unternehmen als übergeordnetes Unternehmen eines Finanzkonglomerats.** [2]**Die Bundesanstalt trifft ihre Entscheidung unter Berücksichtigung der Ziele der zusätzlichen Beaufsichtigung.**

(3) [1]**Unterliegen beaufsichtigte Unternehmen eines Finanzkonglomerats mit Sitz im Inland, die Tochterunternehmen eines beaufsichtigten Unternehmens eines Finanzkonglomerats oder einer gemischten Finanzholding-Gesellschaft mit Sitz in einem Drittstaat sind, in dem Drittstaat keiner Beaufsichtigung, die der Beaufsichtigung nach diesem Gesetz gleichwertig ist, kann die Bundesanstalt die Gruppe als Finanzkonglomerat und ein beaufsichtigtes Unternehmen eines Finanzkonglomerats als übergeordnetes Unternehmen bestimmen.** [2]**Die Vorschriften dieses Gesetzes sind in diesem Fall entsprechend anzuwenden.** [3]**Ist die Bundesanstalt nicht mit der von einer jeweils zuständigen Behörde im Sinne des Artikels 18 Absatz 1 der Richtlinie 2002/87/EG getroffenen Entscheidung einverstanden, kann sie nach Maßgabe des Artikels 19 der Verordnung (EU) Nr. 1093/2010, der Verordnung (EU) Nr. 1094/2010 oder der Verordnung (EU) Nr. 1095/2010 die Europäische Bankenaufsichtsbehörde, die Europäische Aufsichtsbehörde für das Versicherungswesen und die betriebliche Altersversorgung oder die Europäische Wertpapier- und Marktaufsichtsbehörde um Hilfe ersuchen.**

(4) [1]**Die Bundesanstalt kann abweichend von Absatz 3 im Einzelfall einer angemessenen Beaufsichtigung auf Konglomeratsebene in anderer Weise Rechnung tragen.** [2]**Sie kann insbesondere verlangen, dass eine gemischte Finanzholding-Gesellschaft mit Sitz im Inland oder in einem anderen Staat des Europäischen Wirtschaftsraums gegründet wird.** [3]**Die Vorschriften dieses Gesetzes sind in diesem Fall entsprechend anzuwenden.**

(5) **Wenn ein anderer Staat des Europäischen Wirtschaftsraums betroffen ist, trifft die Bundesanstalt Entscheidungen nach Absatz 4 im Einvernehmen mit dem Koordinator.**

1 **I. Allgemeines.** § 15 regelt die **Ausdehnung** der Anwendung der Vorschriften des FKAG auf Unternehmen, die eigentlich nicht in den sachlichen Anwendungsbereich des Gesetzes und somit nicht unter die zusätzliche Beaufsichtigung durch die BaFin fallen. Dazu räumt die Norm der BaFin Ermessensspielräume ein und gibt in Abs. 1–4 **abschließend** diejenigen Fallgestaltungen vor, in denen die BaFin von dieser Befugnis Gebrauch machen kann. Zudem behandelt die Norm in Abs. 5 grenzüberschreitende Konstellationen.

1. Entstehungsgeschichte. Die Norm findet sich seit dem 27.6.2013 im damals neu geschaffenen FKAG. Die Regelung ersetzt für die Versicherungsbranche die bisherigen Vorgaben in § 104l Absatz 5, § 104m, § 104q Abs. 4 und § 104v VAG a. F., die mit dem FKRLUG geschaffen wurden. 2

2. Normzweck. Mit der Ausdehnung der ergänzenden Konglomerateaufsicht sollen Unternehmensgruppen erfasst werden, die zwar **keine** Finanzkonglomerate sind, bei denen jedoch unter Berücksichtigung der Ziele der zusätzliche Beaufsichtigung ebenfalls eine Aufsicht **erforderlich** ist,[1] um relevante Gefahren abzuwenden. 3

3. Europarechtlicher Hintergrund. § 15 dient der Umsetzung **einzelner** Teile **mehrerer** Vorgaben der RL 2002/78/EG und weicht damit von der Systematik der Richtlinie ab, indem die Norm einzelne Regelungsbestandteile der Richtlinien herausgreift und abweichend von deren Reihenfolge zusammenfügt. Insgesamt dient die Vorschrift der Umsetzung von Art. 10 Abs. 3, Art. 5 Abs. 4, Art. 5 Abs. 3, Art. 18 Abs. 2 und Abs. 3 RL 2002/78/EG. 4

II. Konglomeratsähnliche Gruppen (Abs. 1). § 15 Abs. 1 regelt die entsprechende Anwendung der Vorschriften des FKAG auf **konglomeratsähnliche** Gruppen. Die Norm dient der Umsetzung von Art. 10 Abs. 3 RL 2002/87/EG und ersetzt für die Versicherungsbranche die bisherige Regelung in § 104m Abs. 2 VAG a. F. Abs. 1 S. 1 gibt der BaFin die Befugnis, im Rahmen einer Ermessensentscheidung und im Einvernehmen mit der jeweils zuständigen Behörde (§ 2 Nr. 14 FKAG) ein Finanzkonglomerat (§ 1 Abs. 2 FKAG) **festzustellen** und ein übergeordnetes Unternehmen (§ 12 FKAG) zu **bestimmen**. Damit soll der BaFin die Möglichkeit eingeräumt werden, subsidiär die Beaufsichtigung durchzuführen, wenn die eigentlich zuständige Behörde eines **EWR-Staates** (§ 2 Abs. 11 FKAG) auf die zusätzliche Konglomerateaufsicht verzichtet.[2] Das Erfordernis des Einverständnisses ausländischer Behörden im Vorfeld der Ausweitung zeigt, dass hier nur **grenzüberschreitend** agierende Gruppen erfasst werden. 5

Diese Ermächtigung gilt über die gesetzlich geregelten Normalfälle der Beaufsichtigung **hinaus** in folgenden **drei Konstellationen**: (1) Die Voraussetzungen für ein Finanzkonglomerat (§ 1 Abs. 2 FKAG) liegen nicht vor; die dortige Einstiegsdefinition ist hier somit keine Voraussetzung für die Anwendung des FKAG. (2) Die BaFin bestimmt eine inländische gemischten Finanzholding-Gesellschaft (§ 2 Abs. 10 FKAG) oder ein inländisches beaufsichtigtes Unternehmen als übergeordnetes Unternehmen (§ 12 Abs. 2 S. 2); die Begrenzung auf diese Unternehmen wird mit der Erweiterung nach § 15 aufgehoben und (3) die BaFin bestimmt eine Gruppe als Finanzkonglomerat oder ein Unternehmen als übergeordnetes Unternehmen in den Fällen, in denen der Sitz der Mutter oder einer Finanzholding-Gesellschaft in nicht gleichwertigen Drittstaaten (§ 2 Abs. 12 FKAG) liegt (§ 15 Abs. 3). Die Ausweitungsbefugnis der BaFin stellt eine nur **eng** anwendbare Ausnahme dar, zumal es sich hier um für die Unternehmen belastende und grundrechtsrelevante Verwaltungsakte der BaFin handelt. Die Ähnlichkeit zu Ausmaß und Intensität der Gefahren, die aus Finanzkonglomeraten resultieren, muss sehr groß sein, um die behördliche Extension der Überwachung zu rechtfertigen, die das Gesetz selbst ja gerade nicht vorsieht. Das betroffenen Unternehmen, das als übergeordnetes Unternehmen qualifiziert werden soll, muss zuvor nach § 28 VwVfG **angehört** werden (§ 12 Abs. 2 S. 4 FKAG). 6

Die anschließende Beaufsichtigung durch die BaFin erfolgt nach **Maßgabe** der Vorgaben der RL 2002/78/EG in Art. 2 Nr. 14 (Definition des Finanzkonglomerats), Art. 3 (Schwellenwerte für Finanzkonglomerate) und Art. 5 (Anwendungsbereich der zusätzlichen Beaufsichtigung beaufsichtigter Unternehmen). Die BaFin darf daher diese Vorgaben nicht überschreiten, selbst wenn der nationale Gesetzgeber im FKAG weiter reichende Vorschriften formuliert hat. Die in Abs. 1 S. 2 vorgesehene **entsprechende** Anwendung des FKAG erfolgt bezogen auf die Vorgabe der RL 2002/87/EG nur soweit diese auf die betroffene Gruppe passen und nur soweit die Vorschriften im FKAG den selben Inhalt wie die Vorgaben der RL 2002/87/EG aufweisen; überschießende Inhalte sind dann nicht anzuwenden. 7

III. Beziehungen zu Finanzkonglomeraten (Abs. 2). Abs. 2 dient der Umsetzung von Art. 5 Abs. 4 RL 2002/87/EG und ersetzt für die Versicherungsbranche die vorherige Regelung in § 104q Abs. 4 VAG a. F. Die Vorschrift soll Unternehmensgruppen erfassen, die zwar **kein** Finanzkonglomerat bilden, bei denen jedoch eine zusätzliche Beaufsichtigung unter Berücksichtigung der **Ziele** der RL 2002/87/EG **erforderlich** ist. Abs. 2 S. 1 eröffnet der BaFin die Befugnis, weitere Unternehmen in den Anwendungsbereich des FKAG und damit in die Beaufsichtigung einzubeziehen und eines von ihnen als übergeordnetes Unternehmen (§ 12 FKAG) zu qualifizieren. Betroffen sind Unternehmen, die zwar nicht zum Finanzkonglomerat gehören, aber zu Unternehmen des Finanzkonglomerats in bestimmten **Beziehungen** stehen. Die Erweiterung führt zu einer entsprechenden, also auf die jeweils betroffen Unternehmen und Konstellationen **angepassten** Anwendung der Normen des FKAG. 8

Zur Einbeziehung nicht konglomeratsangehöriger Unternehmen müssen **kumulativ vier** Voraussetzungen vorliegen, damit das behördliche Ermessen eröffnet wird: Erstens muss eine qualifizierte 9

[1] BT-Drs. 15/3641, 64 zu § 104q Abs. 4 VAG.
[2] FKBP/*Pohlmann* § 104m Rn. 3.

Beziehung mindestens zu einem **beaufsichtigten** Konglomeratsunternehmen (§ 2 Abs. 1 FKAG) bestehen. Zweitens muss **alternativ** eine Beteiligung (Art. 2 Abs. 13 lit. a RL 2002/87/EG), eine Kapitalbeziehung oder die Möglichkeit eines beherrschenden Einflusses bezogen auf ein solches Unternehmen bestehen. Diese Beteiligungsformen müssen eine Qualität aufweisen und Einflussmöglichkeiten eröffnen, die unter Risikoaspekten denen innerhalb eines Finanzkonglomerats **vergleichbar** ist. Drittens muss die Beziehung zu einem Unternehmen aus der Versicherungs- **und** der Banken-/Wertpapierbranche bestehen (§ 1 Abs. 2 Satz 1 Nr. 2 FKAG). Viertens muss in diesen Branchen jeweils eine **erhebliche** Tätigkeit vorliegen (§ 1 Abs. 2 Nr. 3 i. V. m. § 8 FKAG).

10 Die Erweiterung setzt voraus, dass die jeweils zuständigen Behörden (§ 2 Abs. 14 FKAG) vorab zugestimmt haben. Diese Erfordernis umfasst auch den Umfang der geplanten Beaufsichtigung, die zu einer **kompletten** oder nur **teilweisen** Anwendung der Vorschriften des FKAG führen kann. Die Möglichkeit einer lediglich partiellen Beaufsichtigung muss die BaFin im Rahmen ihrer Ermessensausübung daher zwingend in Betracht ziehen und risikobasiert bewerten. Abs. 2 S. 2 gibt für die Ermessensbetätigung der BaFin eher klarstellend (vgl. § 40 VwVfG) weiter vor, dass dabei die Ziele der zusätzlichen Beaufsichtigung über beaufsichtigte Unternehmen eines Finanzkonglomerats zu beachten sind. Die Einbeziehung weiterer Unternehmen muss zur Erreichung dieser Ziele **erforderlich** sein; daraus folgt dass keine anderen gleichermaßen geeigneten und zugleich milderen Mittel existieren dürfen, um die relevante Gefahr zu bekämpfen.

11 **IV. Mutterunternehmen in Drittstaaten (Abs. 3).** Abs. 3 dient der Umsetzung von Art. 5 Abs. 3 und von Art. 18 der RL 2002/87/EG und ersetzt für die Versicherungsbranche die vorherige Regelung in § 104v Abs. 1 VAG a. F., die mit dem FKRLUG eingeführt wurde. Die Norm erfasst **inländische beaufsichtigte** Tochterunternehmen eines beaufsichtigten Finanzkonglomeratsunternehmens oder einer gemischten Finanzholding-Gesellschaft (§ 2 Abs. 10 FKAG) mit Sitz in einem **Drittstaa**t außerhalb des EWR (§ 2 Abs. 12 FKAG). Nach S. 1 kann die BaFin diese Gruppe als Finanzkonglomerat qualifizieren und ein beaufsichtigtes übergeordnetes Unternehmen bestimmen, wenn in dem Drittstaat keine gleichwertige Beaufsichtigung von Finanzkonglomeraten stattfindet. Damit eine **Drittstaatenäquivalenz** vorliegt, müssen die Regeln im jeweiligen Drittstaat in ihrer Zielsetzung und ihren Ergebnissen mit den Bestimmungen der RL 2002/87/EG vergleichbar sein.[3] Weitere Voraussetzung der Gleichwertigkeit ist, dass die Aufsichtsbehörden im Drittstaat einer **Zusammenarbeit** mit den betroffenen Behörden bezüglich der Mittel und der Ziele der Durchführung der zusätzlichen Konglomerateaufsicht zugestimmt haben.[4] Das Ermessen der BaFin wird somit wesentlich durch den jeweiligen Grad der **Abweichung** zwischen Beaufsichtigung im EWR und Beaufsichtigung im jeweiligen Drittstaat und der Kooperationsbereitschaft der dortigen Behörden beeinflusst. Zu berücksichtigen sind zudem die vom gemeinsamen Ausschuss der ESA veröffentlichten Leitlinien.[5] Weitet die BaFin die Vorgaben des FKAG auf die relevanten Unternehmen aus, sieht S. 2 vor, dass die Vorschriften des FKAG nicht unmittelbar, sondern nur entsprechend, also im Hinblick auf die Normen im jeweiligen Drittstaat in angepasster Weise anzuwenden sind. S. 3 enthält eine Regelung für den Fall, dass die BaFin mit Entscheidungen der jeweils zuständigen Behörde im Drittland nicht einverstanden ist. Dann kann sich die BaFin an die betroffenen ESA (im Versicherungssektor an die EIOPA) wenden, um mit deren Hilfe die behördlichen Meinungsverschiedenheiten angelehnt an das **Schlichtungsverfahren** nach Art. 19 EIOPA-VO[6] beizulegen; die EBA-VO und die ESMA-VO enthalten identische Regelungen.

12 **V. Alternative Methoden (Abs. 4).** Abs. 4 räumt der BaFin im Fall des Absatzes 3 die Befugnis ein, bei der Beaufsichtigung über die Möglichkeiten des FKAG **hinaus**, nach ihrem Ermessen alternative Methoden anzuwenden. Die Norm dient der Umsetzung von Art. 18 Abs. 3 RL 2002/87/EG und ersetzt für die Versicherungsbranche die vorherige Regelung in § 104v Abs. 2 VAG a. F., die mit dem FKRLUG geschaffen wurde. Art. 13 Abs. 3 S. 4 RL 2002/87/EG formuliert als Vorgabe für sonstige zulässige Methoden, dass diese gewährleisten müssen, dass die mit der RL 2002/87/EG verfolgten **Ziele** ebenfalls erreicht werden. Diese Vorgabe wirkt auf die behördliche Ermessensausübung ein (vgl. § 40 VwVfG). Somit ist der Einsatz alternativer Aufsichtsmethoden unzulässig, die diese Ziele nicht zumindest wirksam fördern. Die Norm nennt in Satz 1 nur beispielhaft und nicht abschließend („insbesondere") die Befugnis, die Gründung einer Finanzholding-Gesellschaft mit Sitz in Deutschland oder einem anderen EWR-Staat zu verlangen. Bei dieser behördlichen „**Zwangsgründung**" handelt es sich um eine einschneidende und grundrechtsrelevante Maßnahme, die nur in extremen Ausnahmesituationen erfolgen kann und voraussetzt, dass mit einem Vorgehen nach Abs. 3 eine adäquate Beaufsichtigung **nicht** sichergestellt werden kann.[7] Macht die BaFin von ihrem Ermessen nach S. 1 Gebrauch, regelt S. 2, dass die Vorschriften des FKAG dann (nur) entsprechend anwendbar sind.

[3] 13. Erwägungsgrund zur RL 2002/87/EG.
[4] 14. Erwägungsgrund zur RL 2002/87/EG.
[5] Leitlinien über die Angleichung der Verwaltungspraxis vom 22.12.2014, emsa.europa.eu (letzter Abruf 17.2.2017), Fn. 18.
[6] Dazu *Gal* ZVersWiss 2013, 7.
[7] Schwennicke/Auerbach/*Auerbach/Kempers* § 15 FKAG Rn. 15 („ultima ratio")

VI. Betroffenheit anderer EWR-Staaten (Abs. 5). Abs. 5 schreibt für die Ermessensentscheidung der BaFin nach Abs. 4 vor, dass diese einvernehmlich mit dem Koordinator (§ 4 Abs. 2 FKAG) erfolgen muss, wenn ein anderer EWR-Staat (§ 2 Abs. 11 FKAG) davon betroffen wäre; das setzt eine entsprechende **Zustimmung** voraus. 13

Bezugnahme auf Bilanzsumme oder auf Solvabilitätsanforderungen

16 (1) **[1]Soweit in den §§ 7 bis 13 auf die Bilanzsumme Bezug genommen wird, ist von der anhand der einzelnen Jahresabschlüsse ermittelten aggregierten Bilanzsumme der Unternehmen der Gruppe auszugehen. [2]Unternehmen, an denen eine Beteiligung gehalten wird, werden in Höhe des Anteils ihrer Bilanzsumme berücksichtigt, der dem von der Gruppe gehaltenen aggregierten proportionalen Anteil entspricht. [3]Liegt ein konsolidierter Abschluss vor, ist abweichend von Satz 1 dieser maßgebend.**

(2) **[1]Soweit in § 8 auf Solvabilitätsanforderungen Bezug genommen wird, sind diese nach den §§ 89 und 250 des Versicherungsaufsichtsgesetzes sowie den Artikel 11 bis 386 der Verordnung (EU) Nr. 575/2013 zu ermitteln. [2]Ist ein Unternehmen mit Sitz in einem anderen Staat des Europäischen Wirtschaftsraums einzubeziehen, das nicht bereits von der Berechnung nach § 104g des Versicherungsaufsichtsgesetzes oder § 10a des Kreditwesengesetzes in Verbindung mit den Artikeln 11 bis 24 der Verordnung (EU) Nr. 575/2013 erfasst wird, sind die Solvabilitätsanforderungen des Sitzstaates maßgebend; dies gilt entsprechend für Unternehmen mit Sitz in einem Drittstaat, wenn dort gleichwertige Solvabilitätsanforderungen bestehen.**

I. Allgemeines. § 16 bestimmt, wie die **Begriffe** Bilanzsumme und Solvabilitätsanforderungen i. S. d. KFAG zu verstehen sind. Auf diese Begriffe wird bereits zuvor in §§ 7–13 FKAG bereits Bezug genommen, so dass die Regelung in § 16 systematisch sinnvoller vor diesen Normen zu platzieren wäre, damit eine Definition nicht erst nachträglich im Anschluss an die materiellen Regelungen erfolgt. 1

1. Entstehungsgeschichte. Die Norm findet sich seit dem 27.6.2013 im damals neu geschaffenen FKAG. Abs. 2 S. 2 wurde danach durch Art. 2 Abs. 35 Nr. 2 des Gesetzes zur Modernisierung der Finanzaufsicht über Versicherungen[1] mit einer Anpassung des Verweises redaktionell geändert. Die Regelung in § 16 ersetzt für die Versicherungsbranche die vorherige Regelung in § 104n Abs. 6 VAG a. F., die mit dem FKRLUG geschaffen wurde. 2

2. Normzweck. Die Norm legt zwecks Identifikation von Finanzkonglomeraten die Anknüpfung an die Bilanzsumme der Jahresabschlüsse für die Berechnung der Schwellenwerte zur Ermittlung der branchenübergreifenden Tätigkeit fest. Für die Solvabilitätsanforderungen verweist sie auf die jeweiligen branchenspezifischen Vorgaben. 3

3. Europarechtlicher Hintergrund. § 16 dient der Umsetzung von Art. 3 Abs. 7 RL 2002/87/EG. 4

II. Bilanzsumme (Abs. 1). Abs. 1 bestimmt den Begriff der Bilanzsumme auf der Basis des handelsrechtlichen **Jahresabschlusses** und unterscheidet danach, ob eine Aggregation (S. 1 und S. 2) oder eine Konsolidierung (S. 3) erfolgte. Nach Satz 1 werden zur Bestimmung der Bilanzsumme die anhand der Jahresabschlüsse ermittelten **aggregierten** Bilanzsummen der Einzelabschlüsse herangezogen. Satz 2 enthält eine ergänzende Regelung für Unternehmen, an denen eine **Beteiligung** (§ 2 Abs. 6 FKAG) gehalten wird. Diese sind in Höhe des Anteils an ihrer Bilanzsumme (Beteiligungswert) zu berücksichtigen, der dem von der Gruppe gehaltenen prozentualen Anteil entspricht.[2] Diese Vorgehensweise für Beteiligungen gilt entsprechend für **Tochterunternehmen** (§ 2 Abs. 5 FKAG).[3] Satz 3 schreibt den zwingenden **Vorrang** des **konsolidierten** Abschlusses, also der bereinigten Einzelabschlüsse zur Bestimmung der Bilanzsumme vor; liegt ein Konzernabschluss vor, ersetzt dieser somit die aggregierten Bilanzsummen der Einzelabschlüsse. 5

III. Solvabilitätsanforderungen (Abs. 2). Abs. 2 behandelt die Solvabilitätsanforderungen im Kontext der Erheblichkeitsschwellen der branchenübergreifenden Tätigkeiten nach § 8 FKAG. Die Solvabiltätsanforderungen werden dabei nach Art. 3 Abs. 7 UAbs. 1 RL 2002/87/EG jeweils gemäß den einschlägigen **Branchenvorschriften** berechnet. Satz 1 enthält die entsprechende nationale Regelung, während Satz 2 die Einbeziehung von Unternehmen aus dem Ausland betrifft. Nach Satz 1 bemessen sich die Solvabilitätsanforderungen in der **Versicherungsbranche** auf Einzelebene nach den Vorgaben in § 89 VAG und auf Gruppenebene nach den Vorgaben in § 250 VAG. Basis der Eigenmittelermittlung ist seit der Neuregelung durch das VAG 2016 nicht mehr die HGB-Bilanz, sondern die 6

[1] BGBl. 2015 I 434 (566).
[2] Schwennicke/Auerbach/*Auerbach/Kempers* § 16 FKAG Rn. 2; Luz/Neus/*Ostermeier* § 16 FKAG Rn. 2.
[3] BT-Drs. 15/3641, 67 zu § 104n Abs. 6 VAG.

aufsichtsrechtliche **Solvabilitätsübersicht** (§ 74 VAG) mit ihrem risikoorientierten und marktwertbasierten Ansatz. Aus der Solvabilitätsübersicht werden die Vermögenswerte und Verbindlichkeiten abgeleitet, aus denen dann als **Residualgröße** die vorhandenen Eigenmittel ermittelt werden. Hinzu treten spezielle aufsichtsrechtliche Vorgaben zur Qualifizierung und Einteilung der Eigenmittel in Qualitätsklassen sowie zur Anrechenbarkeit der Eigenmittel im Hinblick auf die Bedeckung der Kapitalanforderungen. Nach Satz 2 gelten für Unternehmen mit Sitz in **EWR-Staaten** (§ 2 Abs. 11 FKAG), die nicht in der branchenbezogenen Gruppensolvabilitätsberechnung erfasst werden, die Solvabilitätsanforderungen im Sitzland entsprechend. Das gilt nach Satz 2 Hs. 2 gleichfalls für Unternehmen mit Sitz in **Drittstaaten** (§ 2 Abs. 12 FKAG), wenn dort gleichwertige Solvabilitätsanforderungen erfüllt werden müssen. Der Verweis auf die mit dem VAG 2016 aufgehobene Regelung in § 104g VAG a. F. ist ein Redaktionsversehen; auch hier gilt der Verweis in Satz 1 auf § 250 VAG.

Eigenmittelausstattung

17 (1) **Ein Finanzkonglomerat muss auf Konglomeratsebene angemessene Eigenmittel haben.**

(2) **[1]Die Bundesanstalt überprüft, ob die Eigenmittelausstattung des Finanzkonglomerats angemessen ist. [2]Das übergeordnete Unternehmen eines Finanzkonglomerats hat der Bundesanstalt und der Deutschen Bundesbank die hierfür erforderlichen Angaben einzureichen.**

1 **I. Allgemeines.** Die Norm verpflichtet das Finanzkonglomerat auf eine angemessenes Eigenmittelausstattung (Abs. 1), regelt eine diesbezügliche Überwachung der BaFin (Abs. 2 S. 1) und Meldepflichten des übergeordneten Unternehmens des Finanzkonglomerats (Abs. 2 S. 2).

2 **1. Entstehungsgeschichte.** Die Norm findet sich seit dem 27.6.2013 im damals neu geschaffenen FKAG. Sie ersetzt für die Versicherungsbranche die vorherige Regelung in § 104q Abs. 1 S. 1 und Abs. 2 VAG a. F., die mit dem FKRLUG geschaffen wurde.

3 **2. Normzweck.** § 17 normiert die **grundlegenden** Eigenmittelanforderungen an Finanzkonglomerate und die darauf ausgerichtete behördliche Beaufsichtigung; sie soll die adäquate Eigenmittelausstattung auf Konglomeratsebene sicherstellen.

4 **3. Europarechtlicher Hintergrund.** Die Norm dient der Umsetzung von Art. 6 Abs. 1 und Abs. 2 i. V. m. Anhang I RL 2002/87/EG. Diese Inhalte werden durch die Delegierte Verordnung Nr. 342/2014 der Kommission im Hinblick auf technische Grundsätze und Berechnungsmethoden verbindlich weiter konkretisiert.

5 **II. Eigenmittelausstattung (Abs. 1).** Abs. 1 gibt vor, dass ein Finanzkonglomerat auf Konglomeratsebene angemessene Eigenmittel haben muss und enthält somit die **Grundsatzregelung**[1] zur Eigenmittelausstattung. Das Tatbestandsmerkmal „Konglomeratsebene" umfasst zwei Aspekte: Es bringt erstens zum Ausdruck, dass die Anforderungen auf Einzelunternehmens- und Gruppenebene von den konglomeratsspezifischen Anforderungen **unberührt** bleiben.[2] Es zeigt zweitens, dass es sich um **zusätzliche** Eigenmittelanforderungen handelt, die über die branchenspezifischen Vorgaben hinausgehen.

6 Das Kriterium der **Angemessenheit** der Eigenmittel wird durch das Ziel und den Zweck der Eigenmittelvorgaben näher bestimmt. Die Regulierung und Beaufsichtigung der Finanzkonglomerate zielt darauf ab, die Mehrfachbelegung, d. h. die Mehrfachverwendung von Eigenmitteln auszuschließen, die auf Ebene des Finanzkonglomerats in die Eigenmittelberechnung einbezogen werden können; weiteres Ziel ist es, unangemessene gruppeninterne Eigenkapitalschöpfungen zu verhindern.[3] Damit wird der Zweck verfolgt, ein genaues Bild derjenigen Eigenmittel des Konglomerats zu vermitteln, die zur **Verlustabsorption** tatsächlich zur Verfügung stehen.[4] Angemessene Vorgaben zur Eigenmittelausstattung berücksichtigen zudem, dass branchenspezifische Eigenmittelanforderungen eben lediglich **branchenspezifische** Risiken abdecken, aber nicht auf die Kompensation von Risiken außerhalb der jeweiligen Branche ausgerichtet sind.[5]

7 Das Angemessenheitskriterium wird auf europäischer Ebene zweifach regulatorisch **konkretisiert**. Erstens durch Anhang I zur RL 2002/87/EG, der die zulässigen Berechnungsmethoden zur Ermittlung der Eigenmittel vorgibt und zweitens durch die Delegierte Verordnung Nr. 342/2014 der Kommission, in der die technische Grundsätze und Berechnungsmethoden in Anhang I der RL 2002/87/EG weiter präzisiert werden. Nationale Konkretisierungen enthält die FkSolV, die von einer Angemessenheit ausgeht, wenn **ausreichende** Eigenmittel auf der Basis der Berechnung nach einer der drei in §§ 5–8 FkSolV genannten Methoden vorliegen (§ 1 S. 2 FkSolV). Die FkSolV berücksichtigt in ihrer aktuellen

[1] BT-Drs. 15/3641, 61 zu § 104q VAG.
[2] BT-Drs. 15/3641, 61 zu § 104q VAG.
[3] 1. Erwägungsgrund zur VO 342/2014.
[4] 1. Erwägungsgrund zur VO 342/2014.
[5] 4. Erwägungsgrund zur VO 342/2014.

Fassung jedoch die direkt wirkenden Vorgaben der VO Nr. 342/2014 und die Regelungen des VAG 2016 noch nicht.

Im Gegensatz zu Art. 6 Abs. 2 RL 2002/87/EG fordert § 17 Abs. 1 FKAG nicht explizit, dass die Eigenmittel **stets** vorhanden sein müssen, wie es für die Versicherungsbranche § 89 S. 1 VAG voraussetzt. § 1 S. 1 FkSolV geht aber davon aus, dass „jederzeit" ausreichende Eigenmittel vorhanden sein müssen. In der Versicherungsbranche lässt sich ein **temporäres** Unterschreiten der Solvabilitätskapitalanforderung aufgrund der mit der marktwertbasierten Bewertung ausgelösten starken und kurzfristig eintretenden Schwankungen des Werts der Eigenmittel jedoch kaum vermeiden.[6] Daher stellen trotz des Kriteriums „stets" lediglich kurzzeitige und geringe Unterdeckungen keinen Verstoß gegen die grundsätzliche Vorgabe in § 17 Abs. 1 FKAG dar. Dafür spricht zudem die Regelung in § 3 Abs. 6 FkSolV, die bei Eigenmitteldefiziten zunächst **Ausgleichsbemühungen** und **Informationspflichten** des übergeordneten Finanzkonglomerateunternehmens vorsieht. 8

III. Behördliche Überprüfung (Abs. 2). Die Kontrolle der Eigenmittel ist ein **zentrales** Instrument der zusätzlichen Aufsicht über die beaufsichtigten Unternehmen eines Finanzkonglomerats.[7] Wegen der herausgehobenen Bedeutung der Eigenmittel regelt Abs. 2 S. 1, dass die BaFin diesen Aspekt nicht nur in ihre allgemeine Überwachung einbeziehen, sondern konkret **prüfen** muss, ob angemessene Eigenmittel vorhanden sind. Art. 6 Abs. 1 RL 2002/87/EG regelt, dass diese Beaufsichtigung nach Maßgabe des Art. 9 RL 2002/87/EG über **Interne Kontrollmechanismen** und **Risikomanagement** sowie des Anhangs I der RL 2002/87/EG erfolgen muss. Anhang I enthält Vorgaben zur **Berechnung** der zusätzlichen Eigenkapitalanforderungen im Hinblick auf Berechnungsgrundsätze und Berechnungsmethoden. Entsprechende Grundsätze und Methoden enthalten auf nationaler Ebene § 3 und §§ 5–8 FkSolV. 9

Berechnung der Eigenmittel

18 (1) [1]**In die Berechnung der Eigenmittel auf Konglomeratsebene nach § 17 Absatz 1 sind einzubeziehen das übergeordnete Unternehmen eines Finanzkonglomerats mit Sitz im Inland und die konglomeratsangehörigen gemischten Finanzholding-Gesellschaften, Kreditinstitute, Finanzdienstleistungsinstitute, Finanzunternehmen, Anbieter von Nebendienstleistungen, Kapitalverwaltungsgesellschaften, extern verwaltete Investmentgesellschaften, E-Geld-Institute, Zahlungsinstitute, Versicherungsunternehmen, Versicherungs-Holdinggesellschaften und Versicherungs-Zweckgesellschaften (nachgeordnete Unternehmen eines Finanzkonglomerats).** [2]**Bei diesen Unternehmen gelten als Eigenmittel die Bestandteile, die den nach den Vorschriften des Kreditwesengesetzes der Verordnung (EU) Nr. 575/2013, des Versicherungsaufsichtsgesetzes und anderer Spezialgesetze anerkannten Bestandteilen entsprechen.**

(2) [1]**Die Bundesanstalt bestimmt, welche der in der Rechtsverordnung nach § 22 Absatz 1 Satz 1 Nummer 3 näher bestimmten Berechnungsmethoden das Finanzkonglomerat bei der Berechnung der Eigenmittel auf Konglomeratsebene anzuwenden hat; das übergeordnete Unternehmen des Finanzkonglomerats ist vorab anzuhören.** [2]**Steht eine gemischte Finanzholding-Gesellschaft an der Spitze eines Finanzkonglomerats, dessen beaufsichtigte Unternehmen des Finanzkonglomerats ihren Sitz nicht ausschließlich im Inland haben, ist die Anwendung jeder der in der Rechtsverordnung nach § 22 Absatz 1 Nummer 3 näher bestimmten Berechnungsmethoden zulässig; das übergeordnete Unternehmen des Finanzkonglomerats hat der Bundesanstalt und der Deutschen Bundesbank die Wahl der Berechnungsmethode unverzüglich anzuzeigen.**

(3) [1]**Das übergeordnete Unternehmen eines Finanzkonglomerats ist für eine angemessene Eigenmittelausstattung des Finanzkonglomerats verantwortlich.** [2]**Es darf jedoch zur Erfüllung dieser Verpflichtung auf die nachgeordneten Unternehmen des Finanzkonglomerats, die nach Absatz 1 in die Berechnung der Eigenmittel auf Konglomeratsebene einzubeziehen sind, nur einwirken, soweit dem das allgemeine Gesellschaftsrecht nicht entgegensteht.**

(4) [1]**Die Unternehmen, die nach Absatz 1 in die Berechnung der Eigenmittel auf Konglomeratsebene einzubeziehen sind, haben zur Sicherstellung der ordnungsgemäßen Aufbereitung und Weiterleitung der für die zusätzliche Beaufsichtigung erforderlichen Angaben eine ordnungsgemäße Organisation und angemessene interne Kontrollverfahren einzurichten.** [2]**Die nachgeordneten Unternehmen eines Finanzkonglomerats sind verpflichtet, die für die zusätzliche Beaufsichtigung erforderlichen Angaben an das nach § 17 Absatz 2 Satz 1 anzeigepflichtige übergeordnete Unternehmen des Finanzkonglomerats zu übermitteln.** [3]**Kann das anzeigepflichtige Unternehmen für einzelne nachgeordnete Unternehmen eines Finanz-**

---

[6] Kaulbach/Bähr/Pohlmann/*Bürkle*, VAG, 6. Aufl. 2018 (in Vorbereitung), § 89 Rn. 7.
[7] BT-Drs. 17/12602, 33 zu § 17.

konglomerats die erforderlichen Angaben nicht beschaffen, sind die auf diese Unternehmen entfallenden Buchwerte nach Maßgabe der Rechtsverordnung nach § 22 Absatz 1 von den Eigenmitteln des übergeordneten Unternehmens des Finanzkonglomerats abzuziehen.

(5) **§ 17 Absatz 1, 3 und 4 gilt nicht, wenn und solange das Finanzkonglomerat eine Untergruppe eines anderen Finanzkonglomerats ist, für das § 17 Absatz 1, 3 und 4 gilt und dessen übergeordnetes Unternehmen seinen Sitz im Inland hat.**

1 **I. Allgemeines.** § 18 normiert die Berechnung der Eigenmittel und regelt die dabei einzubeziehenden Unternehmen und deren Eigenmittel (Abs. 1), die Befugnis der BaFin zur Festlegung der Berechnungsmethoden (Abs. 2), die Verantwortlichkeit des übergeordneten Unternehmens (Abs. 3), die Mitwirkungspflichten nachgeordneter Unternehmen (Abs. 4) und Ausnahmen für Untergruppen (Abs. 5).

2 **1. Entstehungsgeschichte.** Die Norm findet sich seit dem 27.6.2013 im damals neu geschaffenen FKAG. Sie ersetzt für die Versicherungsbranche die vorherigen Regelungen in § 104q Abs. 3 und Abs. 6–8 VAG a. F., die mit dem FKRLUG geschaffen wurden.

3 **2. Normzweck.** Die Norm ergänzt und konkretisiert die allgemeine Vorgabe in § 17 Abs. 1 FKAG, in dem sie vorgibt, wie die dort vorausgesetzten angemessenen Eigenmittel zu berechnen sind.

4 **3. Europarechtlicher Hintergrund.** Die Norm dient der Umsetzung von Art. 6 Abs. 3 und Abs. 4 RL 2002/87/EG. Diese Vorgaben werden europarechtlich mit der VO 342/2014 der Kommission in wesentlichen Punkten konkretisiert.

5 **II. Einzubeziehende Unternehmen und Eigenmittel (Abs. 1).** Abs. 1 S. 1 nennt in einer **abschließenden** Aufzählung diejenigen Unternehmen, deren Eigenmittel bei der Berechnung der angemessenen Eigenmittel auf Konglomeratsebene einzubeziehen sind. Umfasst sind das **übergeordnete** Unternehmen des Finanzkonglomerats (§ 12 FKAG) mit Sitz im **Inland** und weitere konglomeratsangehörige Unternehmen, die als **nachgeordnete** Unternehmen eines Finanzkonglomerats durch eine Legaldefinition in Abs. 1 S. 1 bestimmt werden; das Sitzland der nachgeordneten Unternehmen spielt keine Rolle.[1] Nachgeordnete Unternehmen sind zunächst **gemischte Finanzholding-Gesellschaften** (§ 2 Abs. 10 und § 28 FKAG). Dazu kommen aus der **Banken-/Wertpapierbranche**: Kreditinstitute (§ 1 KWG), Finanzdienstleistungsinstitute (§ 1 Abs. 1a KWG), Finanzunternehmen (§ 1 Abs. 3 KWG), Anbieter von Nebendienstleistungen (§ 1 Abs. 3c KWG), Kapitalverwaltungsgesellschaften (§ 17 KAGB), extern verwaltete Investmentgesellschaften (§ 1 Abs. 13 KAGB), E-Geld-Institute (§ 1a Nr. 5 ZAG) und Zahlungsinstitute (§ 1 Nr. 5 ZAG). Aus der **Versicherungsbranche** werden erfasst: Versicherungsunternehmen (§ 7 Nr. 33 VAG), Versicherungs-Holdinggesellschaften (§ 7 Nr. 31 VAG) und Versicherungs-Zweckgesellschaft (§ 168 Abs. 1 S. 1 VAG). Abs. 1 S. 2 regelt im Weg einer Fiktion, dass als relevante Eigenmittel nur die Eigenmittelbestandteile gelten, die in den **jeweiligen Branchen** als anrechnungsfähig anerkannt sind („branchenübergreifendes Eigenkapital").[2] Zudem müssen diese Eigenmittel innerhalb des Finanzkonglomerats **verfügbar** sein; sie werden daher nur in die Berechnung der zusätzlichen Eigenmittel einbezogen, wenn für die konglomeratsinterne **Übertragung** keine praktischen oder rechtlichen Hindernisse bestehen oder absehbar sind (Art. 4 Abs. 1 VO 342/2014).

6 **III. Anzuwendende Berechnungsmethode (Abs. 2). 1. Methodenvorgabe.** Abs. 1 Hs. 1 räumt der BaFin die Befugnis ein, die Methode für die Eigenmittelberechnung auf Konglomeratsebene zu **bestimmen**. Dabei handelt es sich nicht wie in der Ausgangsregelung in Anhang I Abs. 3 S. 2 RL 2002/87/EG um ein behördliches Ermessen, sondern national um eine **Pflichtaufgabe** der BaFin (§ 2 FkSolV). Für die zulässigen Berechnungsmethoden verweist die Regelung auf § 22 Abs. 1 S. 1 Nr. 3 FkSolV. Europarechtlicher Ausgangspunkt für diese Methoden ist die RL 2002/87/EG, die mit der VO 342/2014 in wesentlichen Punkten konkretisiert wird, die zugleich die BaFin-Kompetenz **beeinflussen**. Anhang I Teil 2 RL 2002/87/EG gibt für die Berechnung der Eigenmittelanforderungen auf Konglomeratsebene **abschließend** nur die folgenden **drei** Methoden vor: Die Berechnung auf der Grundlage des konsolidierten Abschlusses (Methode 1), die Abzugs- und Aggregationsmethode (Methode 2) und die Kombinationsmethode, die Methode 1 und 2 verbindet (Methode 3). Die früher ebenfalls eröffnete Möglichkeit des Einsatzes einer konsolidierten Berechnung ist damit nicht mehr zulässig. Die VO 342/2014 präzisiert in Art. 14 die Methode 1 und in Art. 15 die Methode 2. Für die Versicherungsbranche werden die Vorgaben der Solva II-RL zur Bewertung von Vermögenswerten und Verbindlichkeiten als mit der Methode 1 **gleichwertig** angesehen (Art. 14 Abs. 5 VO 342/2014);[3] die Vorgaben der Solva II-RL wurden in §§ 74 ff. VAG umgesetzt. An die Inhalte der VO 342/2014 als direkt und unmittelbar wirkendes Recht ist auch die BaFin **gebunden**, deren Entscheidung daher zusätzlich durch die Vorgaben in Art. 16 Abs. 1 VO 342/2014 beeinflusst werden. Dort werden **einschränkend** die Voraussetzungen genannt, unter denen die BaFin die Anwendung der Methode 3

[1] Schwennicke/Auerbach/*Auerbach/Kempers* § 18 FKAG Rn. 6.
[2] Anhang I. 2. ii) RL 2002/87/EG.
[3] 8. Erwägungsgrund zur VO 342/2014.

überhaupt vorgeben darf. Weiter muss die Anwendung der Methode 3 im Zeitverlauf **konsistent** erfolgen (Art. 16 Abs. 3 VO 342/2014). Die unter diesen Aspekten zu bewertenden einschlägigen nationalen Regelungen zu den drei Methoden enthalten § 6 FkSolV (Methode 1), § 7 FkSolV (Methode 2) und § 8 FkSolV (Methode 3). Die technischen Grundsätze in § 3 FkSolV enthalten Regelungen für den Fall unzureichender Solvabilität (Abs. 1 und Abs. 2) und Berechnungsvorgaben, die unabhängig von der jeweiligen Methode eingreifen (Abs. 3–5).

2. Anhörung. Abs. 1 Hs. 2 regelt die **Pflicht** der BaFin zur Anhörung (§ 28 VwVfG) des übergeordneten Unternehmens (§ 12 FKAG) des Finanzkonglomerats vor der behördlichen Entscheidung über die Berechnungsmethode. Die Entscheidung hat wesentliche Auswirkungen auf die geforderten Eigenmittel (Höhe und Zusammensetzung), für die Pflichten der Unternehmen sowie für die Befugnisse der BaFin. Gegen den **Verwaltungsakt**, mit dem die BaFin die Berechnungsmethode vorgibt, stehen als Rechtsmittel Widerspruch (§ 68 Abs. 2 VwGO) und Anfechtungsklage (§ 42 Abs. 1 VwGO) zur Verfügung. 7

3. Gemischte Finanzholding-Gesellschaft. S. 2 Hs. 1 regelt im Anschluss an Anhang I Abs. 3 S. 2 RL 2002/87/EG speziell den Fall, dass an der **Spitze** des Finanzkonglomerats eine gemischte Finanzholding-Gesellschaft (§ 2 Nr. 10 und § 28 FKAG) steht und die beaufsichtigten Unternehmen (§ 2 Abs. 1 FKAG) des Finanzkonglomerats ihren Sitz nicht alle im **Inland** haben. Die nationale Regelung erklärt für diesen Fall die Anwendung aller drei Methoden nach **Wahl** der Unternehmen für zulässig. Allerdings gelten hier gleichfalls die europäischen **Restriktionen** aus der VO 342/2014, die bei der Auswahl zu beachten sind. S. 2 Hs. 2 sieht eine unverzügliche, also ohne schuldhaftes Zögern (vgl. § 121 BGB) zu erfüllende Anzeigepflicht des übergeordneten Unternehmens des Finanzkonglomerats (§ 12FKAG) bezüglich der gewählten Methode vor; diese Anzeigepflicht dient angesichts der Restriktionen der VO 342/2014 nicht nur der reinen Information der BaFin, sondern zugleich deren individueller **Prüfung**. § 2 Abs. 2 S. 2 FkSolV sieht vor, dass der nachträgliche Methodenwechsel ebenfalls eine Anzeigepflicht auslöst. 8

IV. Verantwortlichkeit des übergeordneten Unternehmens (Abs. 3). Abs. 3 S. 1 regelt die aufsichtsrechtliche Verantwortlichkeit des übergeordneten Finanzkonglomeratsunternehmens (§ 12 FKAG) für die angemessene Eigenmittelausstattung des Konglomerats, also für die **Einhaltung** der für das Finanzkonglomerat geltenden zusätzlichen Anforderungen. Diese Regelung bildet zugleich die Ausgangsbasis für mögliche aufsichtsbehördliche Maßnahmen nach § 21 Abs. 1 FKAG. Die Verantwortung des übergeordneten Konglomeratsunternehmens impliziert dessen **Verpflichtung**, die Eigenmittel zu berechnen,[4] den Eigenmittelstatus auf Konglomeratsebene zu überwachen und geeignete Schritte einzuleiten, wenn die Eigenmittel defizitär zu werden drohen oder bereits defizitär sind (vgl. § 3 Abs. 6 FkSolV). 9

Abs. 3 S. 2 schränkt die in S. 1 normierte Verantwortung des übergeordneten **Unternehmens** ein, in dem er Aktivitäten gegenüber den nachgeordneten Unternehmen unter den **Vorbehalt** des allgemeinen nationalen Gesellschaftsrechts stellt. Damit wird nach der Gesetzesbegründung der **Vorrang** des allgemeine Gesellschaftsrechts im Finanzkonglomerat bestätigt.[5] Rechtlicher Hintergrund dafür ist der Grundsatz „nemo utra posse obligatur“,[6] der zeigt, dass auch das Aufsichtsrecht niemanden zu rechtlich oder tatsächlich **Unmöglichem** verpflichten kann. Damit geht die aufsichtsrechtliche Regulierung im Bereich der Finanzkonglomerate nicht von dem Konzept eines übergeordneten **Gruppeninteresses**[7] oder einer **Konzernverantwortung**[8] aus, das als Sonderkonzernrecht Einwirkungsmechanismen jenseits gesellschaftsrechtlicher Möglichkeiten eröffnen würde. Auch in der Versicherungsbranche wurde das ursprünglich von der Europäischen Kommission in ihren Entwürfen verfolgte Konzept der **Gruppenaufsicht**[9] in der endgültigem Solvency II-Regulierung weder in der Solva II-RL noch in der Solva II-VO umgesetzt. 10

Die somit relevanten gesellschaftsrechtlichen **Schranken** werden durch die Beteiligungshöhe, die Gesellschaftsform und das Sitzland beeinflusst. Eine fundierte Einflussmöglichkeit setzt im faktischen Konzern gegenüber einer Aktiengesellschaft einen beherrschenden Einfluss voraus (§ 17 Abs. 1 AktG); selbst dann bleibt es jedoch dabei, dass die Vorstände der Tochterunternehmen „ihre“ AG in eigener Verantwortung (§ 76 S. 1 AktG), also **weisungsfrei** leiten. Weisungen sind über das Vehikel eines Beherrschungsvertrages (§ 308 Abs. 1 AktG) möglich; wegen der damit zwingend verbundenen Rechtsfolge der Verlustübernahme (§ 302 Abs. 1 AktG), besteht aber keine Pflicht, auf derartige Verträge hinzuwirken.[10] Damit würde die Solvabilität des übergeordneten Unternehmens gefährdet und das 11

---

[4] BT-Drs. 15/3641, 61 zu § 104q VAG.
[5] BT-Drs. 15/3641, 61 zu § 104q Abs. 6 VAG; *Dreher* WM 2015, 649 (659); *Marcelli* S. 202 f.
[6] Bähr/*Bürkle* § 9 Rn. 122; *Dreher/Ballmaier* ZGR 2014, 753 (786 f.).
[7] Dazu *Drygala* AG 2013, 198; *Weber-Rey/Gissing* AG 2014, 884.
[8] Dazu *Tröger* ZHR 177 (2013), 475; dagegen überzeugend *Dreher/Ballmaier* ZGR 2014, 753 (771 ff.).
[9] Dazu *Krämer* ZVersWiss 2008, 319; *Sehrbrock* ZVersWiss Supplement Jahrestagung 2008, 2008, 27.
[10] Bähr/*Bürkle* § 9 Rn. 124; Bürkle/*Mutter/Kruchen* § 3 Rn. 25; *Dreher/Ballmaier* ZGR 2014, 770, 788 ff.; *Louven/Ernst,* VersR 2014, 151, 153.

Ansteckungsrisiko erhöht;[11] beides widerspricht den **Zielen** der Finanzkonglomerateaufsicht. Im Vergleich zum Aktienrecht bietet das GmbH-Recht dagegen durchaus rechtlich fundierte Steuerungsmöglichkeiten innerhalb des Finanzkonglomerats. Diese werden über die Bindung des GmbH-Geschäftsführers an (rechtmäßige) **Weisungen** der Gesellschafterversammlung ermöglicht (vgl. § 37 Abs. 1 GmbHG).[12] Solche Einwirkungen kommen trotz des Rechtsformzwangs (§ 8 Abs. 2 VAG) ebenfalls in der Versicherungsbranche in Betracht, da die Versicherungsholding-Gesellschaften (§ 7 und § Nr. 31 VAG) sowie die Versicherungs-Zweckgesellschaften (§ 168 VAG) davon nicht erfasst werden und daher in der Rechtsform der GmbH agieren können.

12 **V. Mitwirkungspflichten nachgeordneter Unternehmen (Abs. 4).** Abs. 4 statuiert Anforderungen an die nachgeordneten Unternehmen (§ 18 Abs. 1 FKAG), damit das übergeordnete Unternehmen (§ 12 FKAG), seinen aufsichtsrechtlichen Pflichten nach dem FKAG nachkommen kann. Um die gesellschaftsrechtlich limitierten Möglichkeiten des übergeordneten Unternehmens zu **kompensieren**, sieht Abs. 4 korrespondierende **aufsichtsrechtliche Pflichten**[13] der nachgeordneten Unternehmen in Form von Organisations- und Informationspflichten vor, die somit zum eigentlichen Normadressaten werden.[14]

13 **1. Organisationspflichten (Abs. 4 S. 1).** S. 1 normiert eine **aufsichtsrechtliche Pflicht** der nachgeordneten Unternehmen im Hinblick auf die **Eigenmittelermittlung** auf Konglomeratsebene. Sie müssen eine ordnungsgemäße Organisation und interne Kontrollverfahren einrichten. Damit soll die ordnungsgemäße Aufbereitung (Erfassung und Zusammenstellung) und Weiterleitung der für die zusätzliche Beaufsichtigung erforderlichen Daten sichergestellt werden. Damit knüpft der deutsche Gesetzgeber an Art. 9 Abs. 4 RL 2002/87/EG an, der aber im Gegensatz zur nationalen Regelung in Satz 1 die **Ordnungsmäßigkeit** der Unternehmensorganisation nicht als Vorgabe enthält. Für die Konglomeratsunternehmen aus der Versicherungsbranche bieten die Anforderungen an die **Datenqualität** der Solva II-RL Anhaltspunkte zur rechtlichen Konkretisierung der Ordnungsmäßigkeit. Das europäische Recht nennt als **Kriterien** etwa Relevanz, Verlässlichkeit und Verständlichkeit der von den Unternehmen an die Aufsichtsbehörde zu übermittelnden Daten (Art. 35 Abs. 4 lit c. Solva II-RL). Die organisatorischen Aktivitäten nachgeordneter Unternehmen sollten darauf ausgerichtet sein, diese Anforderungen zu erfüllen. Erfasst werden von der Organisationspflicht aber lediglich Maßnahmen und Vorkehrungen im Hinblick auf erforderliche Daten, also lediglich bezogen auf solche, die zur Erfüllung der aufsichtsrechtlichen Mitteilungspflichten unverzichtbar **notwendig** sind.

14 **2. Mitteilungspflichten (Abs. 4 S. 2).** Abs. 2 statuiert eine aufsichtsrechtliche Pflicht der nachgeordneten Unternehmen, dem anzeigepflichtigen übergeordneten Konglomeratsunternehmen alle Informationen zu übermitteln, die dieses zur Erfüllung der konglomeratsspezifischen **Anzeigepflichten** benötigt.[15] Diese aufsichtsrechtliche Pflicht führt zu einem korrespondierenden aufsichtsrechtlichen **Anspruch**[16] des übergeordneten Unternehmens des Finanzkonglomerats, die erforderlichen Informationen rechtzeitig, strukturiert, richtig und vollständig zu erhalten. Diese Gestaltung entspricht der handelsrechtlichen Regelung zur Vorlage- und Auskunftspflicht von Tochterunternehmen bei Konzernabschlüssen (§ 294 Abs. 3 HGB).[17] Erfasst werden von der Mitteilungspflicht und dem korrespondierenden Informationsanspruch aber lediglich erforderliche Informationen, also nur solche, die zur Erfüllung der aufsichtsrechtlichen Pflichten nach § 17 Abs. 2 S. 1 FKAG unverzichtbar **notwendig** sind. Dieses Kriterium bildet dann für die Organe der nachgeordneten Unternehmen zugleich die **Grenze** für den gesellschaftsrechtlich zulässigen Datentransfer (vgl. § 93 Abs. 1 S. 3 AktG) in Erfüllung ihrer aufsichtsrechtlichen Pflicht.

15 **3. Unvollständige Angaben (Abs. 4 S. 3).** S. 3 normiert eine aufsichtsrechtliche **Sanktion**,[18] falls das anzeigepflichtige Unternehmen die relevanten Daten für die Aufsichtsbehörde nicht beschaffen kann. Als Konsequenz tritt zwingend eine **Abzugspflicht**[19] ein; die Buchwerte derjenigen Unternehmen, für die keine Daten vorliegen, sind von den Eigenmitteln des übergeordneten Finanzkonglomerateunternehmens abzuziehen. Diese (angedrohte) Sanktion, die sich signifikant auf die Eigenmittelsituation des Finanzkonglomerats auswirken kann,[20] entfaltet **Druck** auf das übergeordnete Unternehmen des Finanzkonglomerats, seinen Informationsanspruch aus Abs. 4 S. 2 mit allen rechtlich zulässigen Mitteln

[11] So zutreffend *Dreher/Ballmaier*, ZGR 2014, 770, 788.
[12] *Krauel/Klie* WM 2010, 1735; Bürkle/*Mutter/Kruchen* § 3 Rn. 22.
[13] BT-Drs. 15/3641, 65 zu § 104q Abs. 7 VAG.
[14] *Dreher/Ballmaier* ZGR 2014, 753 (781).
[15] *Dreher* WM 2015, 649 (655); *Hemeling/Lange* VersR 2014, 1283 (1285).
[16] *Dreher/Ballmaier* ZGR 2014, 754 (770).
[17] *Hemeling/Lange* VersR 2014, 1283 (1288).
[18] FKBP/*Pohlmann* § 104q Rn. 12.
[19] BT-Drs. 15/3641, 65 zu § 104q Abs. 7 VAG; Schwenicke/Auerbach/*Auerbach/Kempers* § 19 FKAG Rn. 51; Luz/Neus/*Ostermeier* § 18 FKAG Rn. 3
[20] *Beisheim* BKR 2010, 397, 401.

durchzusetzen.[21] Nach Einschätzung des Gesetzgebers dürften dabei Probleme nur mit nachgeordneten Konglomeratsunternehmen außerhalb des EWR geben, da im EWR die Mitglieds- und Vertragstaaten den europarechtlich erforderlichen Informationsfluss gewährleisten werden.[22]

VI. Ausnahmen für Untergruppen (Abs. 5). Abs. 5 sieht vor, dass § 17 Abs. 1, 3 und 4 FKAG nicht gelten, wenn und solange das Finanzkonglomerat eine Untergruppe eines anderen Finanzkonglomerats ist, für die gerade diese Regelungen **gelten** und dessen übergeordnetes Unternehmen seinen Sitz im **Inland** hat. Damit soll anknüpfend an Art. 5 Abs. 2 UAbs. 2 RL 2002/87/EG eine unnötige doppelte Beaufsichtigung vermieden werden.[23] Fallen diese Voraussetzungen weg, greifen die (ganz oder teilweise) suspendierten Regelungen folglich wieder ein. Da § 17 FKAG aber nur zwei Absätze aufweist, liegt beim Umfang des Verweises auf diese Norm ein Redaktionsversehen vor.[24] 16

Freistellung von den Eigenmittelanforderungen

19 (1) **Die Bundesanstalt kann ein übergeordnetes Unternehmen eines Finanzkonglomerats auf dessen Antrag oder von Amts wegen von den Eigenmittelanforderungen der §§ 17 und 18 hinsichtlich einzelner nachgeordneter Unternehmen eines Finanzkonglomerats widerruflich freistellen, wenn**

1. sich das Unternehmen in einem Drittstaat befindet, in dem der Übermittlung der notwendigen Informationen Hindernisse entgegenstehen,

2. das Unternehmen im Hinblick auf die Ziele der zusätzlichen Aufsicht auf Konglomeratsebene von untergeordneter Bedeutung ist,

3. die Einbeziehung des Unternehmens im Hinblick auf die Ziele der zusätzlichen Beaufsichtigung ungeeignet oder irreführend wäre.

(2) **Erfüllen mehrere nachgeordnete Unternehmen des Finanzkonglomerats für sich genommen die Voraussetzungen von Absatz 1 Nummer 2, scheidet eine Freistellung aus, wenn die Unternehmen insgesamt im Hinblick auf die Ziele der zusätzlichen Beaufsichtigung nicht von untergeordneter Bedeutung sind.**

I. Allgemeines. § 19 räumt der BaFin unter bestimmten Voraussetzungen das Ermessen ein, von einzelnen Eigenmittelanforderungen nach § 17 und § 18 FKAG freizustellen. Die Norm enthält in Abs. 1 die **Voraussetzungen** für eine mögliche Freistellung und regelt in Abs. 2 Einschränkungen bei der Freistellung **mehrerer** Unternehmen. 1

1. Entstehungsgeschichte. Die Norm findet sich seit dem 27.6.2013 im damals neu geschaffenen FKAG. Sie ersetzt für die Versicherungsbranche die vorherige Regelung in § 104q Abs. 9 VAG a. F., die mit dem FKRLUG geschaffen wurde. 2

2. Normzweck. Die Norm ermöglicht die punktgenaue Freistellung von einzelnen Anforderungen, soweit deren Einhaltung für die Erreichung der Ziele der zusätzlichen Beaufsichtigung auf Ebene des Finanzkonglomerats unangemessen ist. Sie reduziert damit die Finanzkonglomerateregulierung und -beaufsichtigung auf eine verhältnismäßige Intensität. 3

3. Europarechtlicher Hintergrund. Die Norm dient der Umsetzung von Art. 6 Abs. 5 RL 2002/87/EG. 4

II. Freistellungsentscheidung (Abs. 1). 1. Vorgaben für die Entscheidung. Die behördliche Freistellung betrifft bestimmte,[1] also nur einzelne und genau zu bezeichnende nachgeordnete Unternehmen (§ 18 Abs. 1 S. 1 FKAG) des Finanzkonglomerats. Es kommt zudem nur eine Freistellung von **einzelnen** Anforderungen, aber keine Komplettfreistellung in Betracht. Über die Freistellung entscheidet die BaFin einzelfallbezogen nach pflichtgemäßem Ermessen[2] unter Berücksichtigung des **Zwecks** der Regelung, von der freigestellt werden kann (§ 40 VwVfG). Da die über die branchenspezifischen Anforderungen hinausgehenden Eigenmittelanforderungen ein **Kernelement** der zusätzlichen Beaufsichtigung der Finanzkonglomerate darstellen, wird die Freistellung nur in wirklich außergewöhnlichen Fällen erfolgen können. Bei ihrer Entscheidung muss die BaFin berücksichtigen, ob das potenziell freizustellende Unternehmen bereits den branchenspezifischen Vorschriften zur **Gruppenaufsicht** unterliegt.[3] Der begünstigende **Verwaltungsakt** der BaFin bezüglich der Freistellung ergeht auf Antrag 5

[21] FKBP/*Pohlmann* § 104q Rn. 11.
[22] BT-Drs. 15/3641, 65 zu § 104q Abs. 7 VAG.
[23] FKBP/*Pohlmann* § 104q Rn. 13.
[24] Schwenicke/Auerbach/*Auerbach/Kempers* § 19 FKAG Rn. 54.
[1] BT-Drs. 17/12602, 33 zu § 19.
[2] BT-Drs. 15/3641, 65 zu § 104q Abs. 9 VAG.
[3] BT-Drs. 17/12602, 33 zu § 19.

des übergeordneten Unternehmens des Finanzkonglomerats oder von Amts wegen.[4] Die behördliche Freistellung muss zwingend mit einem **Widerrufsvorbehalt** (§ 36 Abs. 1 und Abs. 2 Nr. 3 VwVfG) verbunden werden. Gegen eine (völlige oder teilweise) Ablehnung des Antrags stehen dem übergeordneten Konglomeratsunternehmen (§ 12 FKAG) Widerspruch (§ 68 Abs. 2 VwGO) und Verpflichtungsklage (§ 42 Abs. 1 VwGO) zur Verfügung.

6 **2. Voraussetzungen der Entscheidung.** Die Norm formuliert abschließend **drei Konstellationen,** in denen die BaFin eine Ermessensentscheidung treffen darf und die den Kriterien für eine Nichtberücksichtigung nach § 9 Abs. 1 S. 1 FKAG entsprechen.

Nr. 1: Das betroffene Unternehmen befindet sich in einem **Drittstaat** (§ 2 Abs. 12 FKAG) und dort bestehen Hindernisse im Hinblick auf die Informationsübermittlung. Damit geht das FKAG über den Inhalt von Art. 5 Abs. 5 lit a RL 2002/87/EG hinaus, der nur **rechtliche** Hindernisse für den Informationstransfer als Freistellungsvoraussetzung nennt.[5] Die Einschränkung auf Drittstaaten rührt daher, dass aufgrund der zu transformierenden Regelung in der RL 2002/87/EG davon auszugehen ist, dass im EWR keine entsprechenden Einschränkungen für den Datentransfer existieren.[6]

Nr. 2: Das betroffene Unternehmen ist im Hinblick auf die Ziele der zusätzlichen Konglomerateaufsicht von **untergeordneter** Bedeutung. Eine gewisse Bedeutung darf also vorliegen, wenn dadurch die Erreichung der Ziele (Schutz der Stabilität des Finanzsystems und der Schutz der Sparer, Versicherungsnehmer und Anleger)[7] nicht gefährdet wird. Das hängt vor allem von dem Stellenwert des Unternehmens für Solvabilität und Eigenkapitalbelegung, mögliche Risikokonzentrationen und relevante gruppeninterne Transaktionen bezogen auf das Finanzkonglomerat ab.

Nr. 3: Die Einbeziehung des Unternehmens in die Eigenmittelanforderungen wäre im Hinblick auf die Ziele der zusätzliche Konglomerateaufsicht **ungeeignet** oder **irreführend**. Die fehlende Eignung liegt vor, wenn die Einbeziehung die Ziele der ergänzenden Aufsicht auf Ebene des Finanzkonglomerats nicht zumindest fördert. Eine Irreführung kann dadurch auslöst werden, dass die Einbeziehung in die zusätzliche Überwachung die aufsichtsbehördliche Wahrnehmung unter Gefahrenaspekten verzerrt oder verfälscht.[8]

7 **III. Freistellung mehrerer Unternehmen (Abs. 2).** Abs. 2 enthält (nur) für den Fall des § 19 Abs. 1 S. 2 FKAG eine Einschränkung der Freistellungsmöglichkeit, wenn die mögliche Freistellung **mehrerer** nachgeordneter Unternehmen des Finanzkonglomerats in Betracht kommt. Danach kommt es nicht nur auf die isolierte individuelle Perspektive der einzelnen Unternehmen an, sondern es muss im Rahmen einer **Gesamtbetrachtung** aller an sich freistellungsfähiger Unternehmen abgewogen werden,[9] ob insgesamt eine untergeordnete Bedeutung im Hinblick auf die Regulierungsziele vorliegt. Für die Frage der untergeordneten Bedeutung gelten die selben Kriterien wie in Abs. 1 Nr. 2.

Festsetzung von Korrekturposten

20 (1) **Die Bundesanstalt kann auf die Eigenmittel des Finanzkonglomerats einen Korrekturposten festsetzen, wenn**

1. **unbeschadet der Erfüllung der Anforderungen nach § 17 Absatz 1 in Verbindung mit der Rechtsverordnung nach § 22 Absatz 1 oder nach den §§ 23 bis 25 die Solvabilität des Finanzkonglomerats gefährdet ist oder**
2. **bedeutende konglomeratsinterne Transaktionen oder bedeutende Risikokonzentrationen auf Konglomeratsebene die Finanzlage des Finanzkonglomerats gefährden.**

(2) [1]**Die Bundesanstalt darf den Korrekturposten erst festsetzen, wenn die Gefährdung nicht innerhalb einer von der Bundesanstalt gesetzten Frist beseitigt wurde.** [2]**Die Bundesanstalt hat die Festsetzung auf Antrag des übergeordneten Unternehmens eines Finanzkonglomerats ganz oder zum Teil aufzuheben, wenn die Gefährdung wegfällt.**

1 **I. Allgemeines.** § 20 enthält eine Ermächtigung für die BaFin, einen Korrekturposten auf die Eigenmittel des Finanzkonglomerats festzusetzen. Abs. 1 regelt die zu beachtenden Voraussetzungen und Abs. 2 das anzuwendende Verfahren.

2 **1. Entstehungsgeschichte.** Die Norm findet sich seit dem 27.6.2013 im damals neu geschaffenen FKAG. Sie ersetzt für die Versicherungsbranche die vorherige Regelung in § 104q Abs. 5 VAG a. F., die mit dem FKRLUG geschaffen wurde.

[4] BT-Drs. 15/3641, 65 zu § 104q Abs. 9 VAG.
[5] A. A. Schwennicke/Auerbach/*Auerbach/Kempers* § 19 FKAG Rn. 6.
[6] Schwennicke/Auerbach/*Auerbach/Kempers* § 19 FKAG Rn. 6.
[7] 2. Erwägungsgrund S. 4 zur RL 2002/97/EG.
[8] Schwennicke/Auerbach/*Auerbach/Kempers* § 19 FKAG Rn. 10; Luz/Neus/*Ostermeier* § 19 FKAG Rn. 2.
[9] Luz/Neus/*Ostermeier* § 19 FKAG Rn. 3.

2. Normzweck. Die Norm ermächtigt die BaFin zu präventiven und frühzeitigen Eingriffen im **Vorfeld** der Nichteinhaltung der genannten rechtlichen Vorgaben. Sie bestätigt den polizeirechtlichen Charakter des Aufsichtsrechts, das aufsichtsbehördliche Eingriffe trotz aktueller Compliance im Hinblick auf die relevanten Vorgaben des FKAG zulässt. 3

3. Europarechtlicher Hintergrund. Die Norm dient der Umsetzung von Art. 16 UAbs. 1 RL 2002/87/EG. 4

II. Voraussetzungen (Abs. 1). Abs. 1 regelt **zwei alternative** Voraussetzungen für die Festsetzung eines Korrekturpostens durch die BaFin im Rahmen pflichtgemäßer Ermessensausübung. Diese beiden Varianten knüpfen an die Gefährdung der Solvabilität **oder** der Finanzlage auf der Ebene des Finanzkonglomerats an. In diesen Fällen kann die BaFin die Eigenmittelanforderungen über den gesetzlich vorgegebenen Rahmen hinaus im Weg eines Einzelverwaltungsaktes **verschärfen**. Der extreme Ausnahmecharakter dieser Eingriffsbefugnis jenseits der gesetzlichen Regelanforderungen spricht dafür, dass nur ganz **wesentliche**, also substanzielle und akute Gefährdungen die Festsetzung eines Korrekturpostens trotz Erfüllung der relevanten rechtlichen Vorgaben legitimieren können. 5

1. Gefährdung der Solvabilität. Die Festsetzung wird ermöglicht, wenn die Solvabilität des Finanzkonglomerats **gefährdet** ist, obwohl die Vorgaben an die Eigenmittel (§ 17 Abs. 1 FKAG) oder die Vorgaben für bedeutende Risikokonzentrationen (§ 2 Abs. 16 FKAG) und bedeutende konglomeratsinterne Transaktionen (§ 2 Abs. 15 FKAG) sowie für die organisatorischen Pflichten (§§ 23–25 FKAG) erfüllt werden. Konkretisierende Vorgaben, wann eine relevante Gefahr existiert oder Kriterien für die Ermessensausübung enthält das Gesetz nicht. Aus dem Wortlaut „gefährdet" folgt, dass eine Gefahr tatsächlich **vorliegen** muss, es also nicht ausreicht, wenn eine solche lediglich droht.[1] Die BaFin muss darlegen und im Zweifel beweisen, dass trotz der Erfüllung der gesetzliche Anforderungen eine derart erhebliche Gefahr existiert, die **ausnahmsweise** die Festsetzung eines Korrekturpostens in der jeweiligen Höhe rechtfertigt. Anhaltspunkte für mögliche Konstellationen bieten die Voraussetzungen für die Verhängung eines **Kapitalaufschlages**[2] nach § 301 VAG. 6

2. Gefährdung der Finanzlage. Die Festsetzung eines Korrekturpostens kann auch erfolgen, wenn konglomeratsinterne Transaktionen (§ 2 Nr. 15 FKAG) oder Risikokonzentrationen (§ 2 Nr. 15 FKAG), die jeweils bedeutend sein müssen, die Finanzlage des gesamten Konglomerats **tatsächlich** gefährden. Da Kriterium der **Bedeutung** wird für Transaktionen und Risikokonzentrationen durch § 33 Nr. 1 S. 2 und S. 2 FKAG sowie vorrangig durch Art. 2 und Art. 3 VO 2015/2303 verbindlich konkretisiert. Die BaFin muss darlegen und im Zweifel beweisen, dass trotz der Erfüllung der gesetzlichen Anforderungen eine Gefahr tatsächlich vorliegt und diese so gravierend ist, dass die **ausnahmsweise** die Festsetzung eines Korrekturpostens in der jeweiligen Höhe gerechtfertigt ist. Bezogen auf die internen Transaktionen kann dabei von Bedeutung sein, ob diese nach dem Grundsatz des Fremdvergleichs durchgeführt werden (vgl. Art. 4 Abs. 1 lit a VO 2015/2303) 7

III. Verfahren (Abs. 2). Abs. 2 S. 1 lässt die Festsetzung eines Korrekturpostens erst und nur dann zu, wenn die Gefährdung i. S. v. Abs. 1 nicht innerhalb einer von der BaFin wirksam gesetzten **Frist** beseitigt wurde. Diese förmliche Fristsetzung ist -vergleichbar der aufsichtsrechtlichen Verwarnung (§ 303 Abs. 1 S. 2 VAG)- ein feststellender **Verwaltungsakt**, da erst dadurch die rechtlichen Voraussetzungen für den anschließend festzusetzenden Korrekturposten geschaffen werden.[3] Der Verwaltungsakt muss eine angesichts der Gefahr angemessene **Frist** sowie eine **Begründung** für das Erfordernis und den Umfang des Korrekturpostens beinhalten. Innerhalb der Frist kann die Gefahr nicht nur durch die Erhöhung von Eigenmitteln, sondern ebenfalls durch eigenmittelrelevante **risikoreduzierende** Maßnahmen beseitigt werden. 8

Abs. 2 S. 2 sieht vor, dass die BaFin bei Wegfall der Gefährdung die Festsetzung **aufheben** muss; dabei handelt es sich um einen Widerruf nach § 49 VwVfG. Hat sich die Gefahr lediglich verringert, muss die BaFin durch eine teilweise Aufhebung eine entsprechende **Reduzierung** des festgesetzten Korrekturpostens vornehmen. Das Gesetz sieht für die (teilweise) Aufhebung einen entsprechenden **Antrag** des übergeordneten Finanzkonglomerateunternehmens als Voraussetzung vor. Aufgrund des Ausnahmecharakters der grundrechtsintensiven Sanktion wird die BaFin aber **von Amts wegen** reagieren müssen, wenn sich die Gefährdungslage positiv verändert hat. 9

Maßnahmen bei unzureichenden Eigenmitteln auf Konglomeratsebene

21 (1) **Entsprechen bei einem Finanzkonglomerat die Eigenmittel nicht den Anforderungen des § 17 Absatz 1, kann die Bundesanstalt gegenüber**

[1] Bähr/*Krämer* § 15 Rn. 115; zum Merkmal des Drohens *VG Frankfurt a. M.* Urt. v. 21.6.2005 – 1 G 1525/05 (1), VersR 2007, 189 m. Anm. *Bürkle*.
[2] Dazu *Sehrbrock* ZVersWiss 2010, 665.
[3] Vgl. BT-Drs. 18/2956, 291 f. zu § 303 VAG.

1. dem übergeordneten Unternehmen des Finanzkonglomerats, den in § 1 Absatz 2 Satz 1 oder § 2d Absatz 1 des Kreditwesengesetzes oder den in § 24 Absatz 2 Satz 2, auch in Verbindung mit § 293 Absatz 1 des Versicherungsaufsichtsgesetzes genannten Personen dieses Unternehmens oder den dieses Unternehmen kontrollierenden Personen die erforderlichen und geeigneten Maßnahmen treffen; sie kann insbesondere einen Sanierungsplan oder einen Finanzierungsplan verlangen, die freie Verfügung über die Vermögensgegenstände des Unternehmens einschränken oder untersagen und bilanzielle Maßnahmen untersagen oder beschränken, die dazu dienen, einen entstandenen Jahresfehlbetrag auszugleichen oder einen Bilanzgewinn auszuweisen;

2. der gemischten Finanzholding-Gesellschaft die erforderlichen und geeigneten Maßnahmen treffen; sie kann insbesondere Entnahmen durch Inhaber oder Gesellschafter und die Ausschüttung von Gewinnen untersagen oder beschränken.

(2) [1] **Die Bundesanstalt darf die in Absatz 1 bezeichneten Maßnahmen erst treffen, wenn das übergeordnete Unternehmen des Finanzkonglomerats oder die in Absatz 1 Nummer 1 genannten Personen dieses Unternehmens oder die gemischte Finanzholding-Gesellschaft den Mangel nicht innerhalb einer von der Bundesanstalt zu bestimmenden Frist behoben hat.** [2] **Beschlüsse über die Gewinnausschüttung sind insoweit nichtig, als sie einer Anordnung nach Absatz 1 Nummer 2 widersprechen.**

Übersicht

1 **I. Allgemeines.** § 21 ermächtigt die BaFin zu Maßnahmen, wenn die Eigenmittel auf Konglomeratsebene nicht ausreichen, um die gesetzlichen Anforderungen zu erfüllen. Abs. 1 regelt Voraussetzungen und Adressaten des Eingriffs, Abs. 2 enthält Regelungen für das dabei einzuhaltende behördliche Verfahren.

2 **1. Entstehungsgeschichte.** Die Norm findet sich seit dem 27.6.2013 im damals neu geschaffenen FKAG. Abs. 1 Nr. 1 wurde durch Art. 2 Abs. 35 Nr. 3 des Gesetzes zur Modernisierung der Finanzaufsicht über Versicherungen[1] mit einer Anpassung des Verweises redaktionell geändert. Die Norm ersetzt für die Versicherungsbranche die vorherige Regelung in § 104t VAG a. F., die mit dem FKRLUG geschaffen wurde.

3 **2. Normzweck.** Die Norm ermächtigt die BaFin zu Interventionen, um die Einhaltung der vorgeschrieben Eigenmittelanforderungen wieder zu gewährleisten und definiert dazu das übergeordnete Unternehmen und in diesem Unternehmen agierende Personen sowie die gemischte Finanzholding-Gesellschaft als zulässige Adressaten dieser Maßnahmen.

4 **3. Europarechtlicher Hintergrund.** § 21 dient der Umsetzung von Art. 16 RL 2002/87/EG, soweit es um behördliche Maßnahmen bei unzureichenden Eigenmitteln auf Konglomeratsebene geht.

5 **II. Maßnahmen (Abs. 1).** Abs. 1 bietet die Ermächtigungsgrundlage für ermessensgebundene Eingriffe der BaFin bei Defiziten im Hinblick auf die Eigenmittelvorgaben in § 17 Abs. 1 FKAG.

6 **1. Voraussetzungen.** Alle Maßnahmen setzen voraus, dass die Eigenmittelanforderungen gemäß § 17 Abs. 1 FKAG nicht eingehalten werden, die national in der FkSolV und supranational in der VO 2015/2303 weiter konkretisiert werden. Im Anschluss an Anhang I Abs. 1 Ziff. ii RL 2002/87/EG sieht § 3 Abs. 6 S. 1 FkSolV im **Vorfeld** der Maßnahmen nach § 21 Abs. 1 FKAG vor, dass das übergeordnete Finanzkonglomerateunternehmen (§ 12 FKAG) dafür Sorge tragen muss, dass ein Eigenmittel-

[1] BGBl. 2015 I 434.

defizit durch branchenübergreifend anerkannte Eigenmittel **ausgeglichen** wird. § 3 Abs. 6 S. 2 FkSolV normiert zusätzlich die Pflicht, zur unverzüglichen **Information** gegenüber der BaFin. Bei der Informationspflicht handelt es sich aber nicht um einen obligatorischen Zwischenschritt als Bedingung für die Maßnahmen nach § 21 Abs. 1 FKAG; diese sind auch dann zulässig, wenn die Pflichten aus § 3 Abs. 6 S. 1 und/oder S. 3 FkSolV nicht erfüllt werden.

2. Adressaten. Abs. 1 differenziert in Nr. 1 und in Nr. 2 nach den beiden Unternehmenstypen, die als Objekt des Eingriffs überhaupt in Betracht kommen; gegen sonstige Unternehmen des Finanzkonglomerats bietet die Norm **keine** Eingriffsgrundlage.[2] Abs. 1 Nr. 2 lässt auf dieser limitierten Grundlage zusätzlich Maßnahmen (nur) gegen bestimmte Personen zu. **7**

a) Übergeordnetes Finanzkonglomerateunternehmen und relevante Personen (Abs. 1 Nr. 1). Maßnahmen nach Nr. 1 sind nur gegen übergeordnete Finanzkonglomerateunternehmen i. S. v. § 12 FKAG und gegen ausgewählte, für diese Unternehmen agierende Personen zulässig, die **abschließend** genannt werden. Für Unternehmen der Versicherungsbranche sind Maßnahmen ausschließlich gegen solche Personen zulässig, die das Unternehmen tatsächlich leiten (§ 24 Abs. 2 S. 2 VAG) oder kontrollieren. **8**

aa) Personen. (1) Leitende Personen. § 24 Abs. 2 S. 2 VAG nennt als tatsächlich leitende Personen zunächst die Geschäftsleiter, die § 24 Abs. 2 S. 3 VAG anschließend definiert. Dazu gehören diejenigen **natürlichen** Personen, die zur Geschäftsführung **und** zur Vertretung des Versicherungsunternehmens berufen sind; explizit erwähnt werden auch die Hauptbevollmächtigten von Niederlassungen eines Versicherungsunternehmens aus dem EWR (§ 68 Abs. 2 VAG). Die Vorgaben des VAG, die einerseits auf die tatsächliche Leitung abstellen und andererseits zugleich Hauptbevollmächtigte umfassen, führen zu einem **weiteren** personellen Anwendungsbereich als die engeren Vorgaben für die Unternehmen der Bankenbranche in § 1 Abs. 2 und § 2d Abs. 2 KWG.[3] Mit der ausdrücklichen Einbeziehung der Vorgaben in § 293 Abs. 1 VAG erfolgt eine unternehmensspezifische **Ausweitung** auf den relevanten Personenkreis der tatsächlich leitenden Personen bei Versicherungs-Holdinggesellschaften (§ 7 Nr. 31 VAG) und gemischten Finanzholding-Gesellschaften (§ 28 FKAG und § 7 Nr. 10 VAG); Personen bei Versicherungs-Zweckgesellschaften (§ 168 Abs. 1 S. 1 VAG) werden mangels expliziter Erwähnung in der Norm somit nicht erfasst. Die gesetzliche Beschränkung in § 21 Abs. 1 Nr. 1 FKAG auf den in § 24 Abs. 2 S. 2 und § 293 Abs. 1 VAG genannten Personenkreis führt dazu, dass sich Maßnahmen nicht gegen diejenigen Personen richten können, die andere **Schlüsselaufgaben** wahrnehmen (§ 24 Abs. 1 VAG). Damit scheiden die Verantwortlichen Inhaber der Risikomanagement-Funktion, der Compliance-Funktion, der Versicherungsmathematischen Funktion und der internen Revisionsfunktion sowie Aufsichtsratsmitglieder als Adressaten aus.[4] Da § 24 Abs. 2 S. 2 VAG neben der Geschäftsführungs- und Vertretungsmacht auf die tatsächliche Leitung abstellt, kommen auch solche Personen in Betracht, die keine rechtlich fundierten Leitungskompetenzen besitzen. Es kommt somit nicht auf die rechtliche Leitungsmöglichkeit, sondern auf die **faktische Leitungsausübung** an;[5] erfasst werden soll so die informelle Leitung mittels Einflussmöglichkeiten von Personen, die eigentlich nicht zur Unternehmensleitung berufen sind („shadow directors“).[6] In Betracht kommen etwa Aufsichtsratsmitglieder, die gesetzeswidrig in die Leitungsautonomie des Vorstandes (§ 76 AktG) eingreifen.[7] Das kann gerade in Konglomeratsstrukturen die Person des vom Mutterunternehmen bestimmten Aufsichtsratsvorsitzenden betreffen. **9**

(2) Kontrollierende Personen. Das FKAG definiert den Begriff der kontrollierenden Personen nicht. Der Begriff findet sich für die Unternehmen der Versicherungsbranche in § 298 Abs. 1 S. 1 VAG, der dem bisherigen § 81 Abs. 2 S. 1 VAG a. F. entspricht. Dabei handelt es sich um nicht um Personen, die eine gesellschaftsrechtlich fundierte externe Kontrolle ausüben, sondern um das unternehmensinterne **Aufsichtsorgan**, also bei den dualistisch organisierten Unternehmen, um die Aufsichtsratsmitglieder.[8] **10**

bb) Maßnahmen. Die Norm sieht ein breites Arsenal nicht abschließend normierter Maßnahmen („insbesondere“) vor, die nach der Vorstellung des Gesetzgebers vorrangig geeignet sind. Die Maßnahme stehen aber unter dem **Vorbehalt**, dass die leitenden oder kontrollierenden Personen eine Pflicht verletzen, deren Erfüllung für sie rechtlich und tatsächlich möglich ist. Das Gesetz nennt auf dieser Basis drei Maßnahmengruppen: **11**

---

[2] Bähr/*Krämer* § 14 Rn. 115.

[3] Schwennicke/Auerbach/*Auerbach/Kempers* § 21 FKAG Rn. 4.

[4] Vgl. BT-Drs. 18/2956, 240 zu § 24.

[5] *Bürkle* WM 2012, 878, 882; *Pohlmann,* in Looschelders/Michael, Düsseldorfer Vorträge 2012, 2013, S. 29, 45.

[6] Schwennicke/Auerbach/*Auerbach/Langen/Häußler* § 23 FKAG Rn. 18; *Bürkle* WM 2012, 878, 882; *Pohlmann,* in Looschelders/Michael (Hrsg.), Düsseldorfer Vorträge 2012, 2013, S. 29, 42; a. A. wohl *Hersch* VersR 2016, 145, 149 der nur rechtlich fundierte Einflussmöglichkeiten prüft.

[7] *Bürkle* WM 2012, 878, 882.

[8] BT-Drs. 12/6959, 81 zu Nr. 35 (§ 81 VAG); FKBP/*Bähr* § 81 Rn. 48.

12 **(1) Sanierungsplan oder Finanzierungsplan:** Die entsprechenden Vorgaben für die Versicherungsbranche enthalten für den Sanierungsplan § 134 Abs. 2 und § 136 Abs. 1 VAG sowie für den Finanzierungsplan § 135 Abs. 2 und § 136 Abs. 1 VAG; beide Pläne müssen aufsichtsbehördlich genehmigt werden.[9] Den Sanierungsplan kann die BaFin bei Defiziten des Solvabilitätskapitals, den Finanzierungsplan bei Defiziten der Mindestkapitals anfordern; die Pläne beinhalten das Konzept zur Wiederherstellung einer ausreichenden Eigenmittelausstattung. Die Vorgaben des VAG lassen es ausreichen, dass entsprechende Defizite lediglich drohen,[10] während die spezielleren Eingriffsermächtigung im FKAG **enger** voraussetzt, dass Eigenmitteldefizite **tatsächlich** vorliegen.

13 **(2) Verfügungsbeschränkungen:** Die entsprechende Grundlage für Einschränkung oder Untersagung der Verfügung über freies Vermögen findet sich für die Versicherungsbranche in § 134 Abs. 7 VAG. Dort reicht es für die Maßnahme bereits aus, dass Tatsachen die Annahme rechtfertigen, dass sich die finanzielle Lage des Unternehmens verschlechtern wird; § 21 Abs. 1 FKAG setzt als spezielle Vorgabe **enger** voraus, dass ein Eigenmitteldefizit bereits **eingetreten** ist. Bei der anzuordnenden Verfügungsbeschränkung handelt es sich um ein **behördliches** Verbot (§ 136 BGB) und nicht um ein gesetzliches Verbot (§ 134 BGB).[11]

14 **(3) Bilanzielle Maßnahmen:** Die Kompetenz zur Einschränkung oder Untersagung bilanzieller Maßnahmen, die dazu dienen, einen entstandenen Jahresfehlbetrag auszugleichen oder einen Bilanzgewinn auszuweisen, findet sich für die Versicherungsbranche in § 137 Abs. 2 Nr. 3 VAG.[12] Diese Maßnahmen können **neben** Sanierungs- und Finanzierungsplänen eingesetzt werden, wenn sich die Eigenmittelsituation trotz dieser Pläne fortschreitend weiter verschlechtert.

15 **b) Gemischte Finanzholding-Gesellschaft (Abs. 1 Nr. 2).** Bei gemischten Finanzholding-Gesellschaften können Maßnahmen nur gegen das **Unternehmen** selbst, nicht gegen die für das Unternehmen handelnden Personen ergriffen werden. Die Regelung beschreibt nicht abschließend („insbesondere") nur Maßnahmen, die Entnahmen und Gewinnausschüttungen betreffen. Diese Maßnahmen zielen darauf ab, einen zusätzlichen **Eigenmittelabfluss** zu verhindern.[13] Die Norm ermächtigt daher die BaFin, **Entnahmen** durch Inhaber oder Gesellschafter zu beschränken oder zu untersagen. Da das FKAG den Begriff der Entnahme nicht selbst definiert, liegt eine Anknüpfung an die Regelung in § 122 HGB nahe,[14] zumal das FKAG auch sonst wiederholt auf das HGB Bezug nimmt. Erfasst werden daher sowohl Kapital- als auch Gewinnentnahmen sowie offene und verdeckte Entnahmen.[15] Die Eingriffsermächtigung bezieht sich weiter auf **Gewinnausschüttungen**, die im Hinblick auf den Normzweck, Eigenmittelabflüsse wegen der dadurch bewirkten weiteren Schwächung der Eigenmittelausstattung zu verhindern, sowohl offene als auch verdeckte Gewinnausschüttungen umfasst.

16 **3. Ermessensausübung.** Abs. 1 räumt der BaFin ein Entschließungsermessen und ein Auswahlermessen ein, wobei sich letzteres auf die Eingriffsadressaten und die Eingriffsinstrumente erstreckt. Die durch das Attribut „insbesondere" exemplarisch hervorgehobenen Maßnahmen sind jedoch alle nur gegen das jeweilige Unternehmen gerichtet. Dieser Schwerpunkt spricht dafür, dass aus Sicht des Gesetzgebers im Regelfall personenbezogene Maßnahmen nach Nr. 1 nur **nachrangig** in Betracht kommen. Das wird vor allem der Fall sein, wenn diese Personen, die an das Unternehmen adressierten Maßnahmen nicht, nicht richtig oder nicht rechtzeitig umsetzen. Als formelle personenbezogene Maßnahmen kommen in der Versicherungsbranche Verwarnung, Abberufungsverlangen oder Tätigkeitsverbot (§ 303 VAG) sowie der Sonderbeauftragteneinsatz (§ 307 VAG)[16] in Betracht. Unter Verhältnismäßigkeitsaspekten kann vor diesen grundrechtsintensiven Eingriffen der Einsatz informeller Mittel wie Hinweise, Belehrungen oder Missbilligungen geboten sein.[17]

17 Die Norm fordert, dass die BaFin (nur) erforderliche und geeignete Maßnahmen ergreift, wobei systematisch der Aspekt der Eignung vor der Erforderlichkeit zu prüfen ist. Aus dem in § 296 VAG verankerten **Verhältnismäßigkeitsgrundsatz** lässt sich weiter ableiten, dass die BaFin über die Maßnahme jeweils vor dem Hintergrund des individuellen und aktuellen Risikoprofils entscheiden muss; es kommt daher auf Art, Umfang und Komplexität der mit der Tätigkeit des jeweils betroffenen Finanzkonglomerats einhergehenden Risiken an. Das **Risikoprofil** entscheidet wesentlich über die Eignung der Maßnahme zur Wiederherstellung einer angemessenen Eigenmittelausstattung. Im Rahmen der

[9] Zu beiden Plänen *Sehrbrock* VersR 2016, 1017 ff. und 1026 f.

[10] Zum Merkmal des Drohens *VG Frankfurt a. M.* Urt. v. 21.6.2005 – 1 G 1525/05 (1), VersR 2007, 189 m. Anm. *Bürkle.*

[11] *Sehrbrock* VersR 2016, 1017 (1024).

[12] Dazu *Sehrbrock* VersR 2016, 1017(1025).

[13] BT-Drs. 15/3641, 67, zu § 104t VAG.

[14] Schwennicke/Auerbach/*Auerbach/Kempers* § 21 FKAG Rn. 15.

[15] Schwennicke/Auerbach/*Auerbach/Kempers* § 21 FKAG Rn. 15.

[16] Dazu ausführlich *Bürkle*, Sonderbeauftragter der BaFin, 2013; speziell zur Neuregelung in § 307 VAG 2016 *Bürkle* VersR 2015, 941.

[17] *BVerwG* Beschl. v. 6.11.2006 – 6 B 83/06, NJW-RR 2007, 492.

Erforderlichkeit ist zu beachten, dass bei der wahlweise eröffneten Möglichkeit der Einschränkung oder Untersagung, die Einschränkung stets das mildere Eingriffsmittel darstellt.

Aus der Regelung in § 137 Abs. 1 S. 2 VAG zu behördlichen Maßnahmen bei **fortschreitender** Verschlechterung der Solvabilität lässt sich zudem generalisierend die Anforderung an die Ermessensbetätigung ableiten, dass bei der Auswahl der Maßnahmen **Grad** und **Dauer** der Verschlechterung der Eigenmittelsituation des Finanzkonglomerats berücksichtigt werden müssen. Zusätzlich zu den explizit genannte Kriterien der Eignung und Erforderlichkeit ist in die Ermessensbetätigung auf der letzten Stufe noch zwingende der Aspekt der Verhältnismäßigkeit **im engeren Sinn** einzubeziehen;[18] hier ist zu bewerten, ob die Tiefe des grundrechtsintensiven Eingriffs nach § 21 Abs. 1 FKAG in einem adäquaten Verhältnis zum verfolgten Ziel steht. Aus den Gesetzesmaterialien[19] ergibt sich zugleich, dass die Maßnahmen nach § 21 Abs. 1 FKAG dazu dienen, solange behördlich zu intervenieren, bis die gesetzlichen Eigenmittelanforderungen wieder erfüllt werden.[20] Da somit vom Gesetzgeber nur ein **temporärer** Eingriff der BaFin gewollt und zulässig ist, muss die BaFin die getroffenen Maßnahmen **von Amts wegen** wieder aufheben, sobald die vorhandenen Eigenmittel die Vorgaben wieder erfüllen. 18

III. Verfahren (Abs. 2). Abs. 2 regelt das Erfordernis einer Fristsetzung im Vorfeld der Maßnahmen nach Abs. 1 und normiert die Auswirkungen von Maßnahmen nach Abs. 1 Nr. 2 auf Gewinnverwendungsbeschlüsse. Ein systematischer Zusammenhang dieser beiden in einer Norm zusammengefassten Regelungen ist nicht zu erkennen. 19

1. Fristsetzung (Abs. 2 S. 1). Die Regelung sieht vor, dass die BaFin alle Maßnahmen nach Abs. 1 erst ergreifen darf, wenn sie erstens gegenüber den jeweiligen Adressaten eine Frist zur Behebung der Mängel der Eigenmitteldefizite gesetzt hat und zweitens die Adressaten die Mängel nicht fristgerecht behoben haben. Das Motiv für dieses **obligatorische „Vorverfahren"** dokumentiert die Begründung des Gesetzgebers: „Da die Maßnahmen nach Absatz 1 erheblich in die Geschäftspolitik eines Finanzkonglomerats eingreifen, muss ihnen eine erfolglose Abmahnung vorausgehen."[21] Weder Normtext noch Gesetzesbegründung sehen ausnahmsweise einen Verzicht auf die Fristsetzung vor, die mithin gerade in Anbetracht des Gewichts der Maßnahmen stets erfolgen muss. Die Frist muss eine **realistische** Zeitvorgabe darstellen, die es dem betroffenen Unternehmen ermöglicht, innerhalb des Finanzkonglomerats wirksame Maßnahmen zu treffen, um weitere Eigenmittel zu beschaffen, bestehende Verbindlichkeiten zu reduzieren oder die Risikoexposition zu vermindern.[22] 20

Die BaFin **bestimmt** nach dem klaren Wortlaut der Norm eine Frist. Somit liegt ein Regelungscharakter gegenüber den Adressaten vor. Diese Fristsetzung führt zudem zu Rechtsfolgen, da erst durch sie die weitergehenden Maßnahmen nach Abs. 1 überhaupt ermöglicht werden. Zudem setzt die Fristsetzung die verbindliche behördliche Feststellung voraus, dass die Vorgaben aus Art. 17 Abs. 1 FKAG nicht erfüllt sind. Daher hat die Fristsetzung den Charakter eines belastenden **Verwaltungsaktes**.[23] Dafür spricht die parallele Einschätzung des Gesetzgebers zur Verwaltungsaktsqualität der Verwarnung,[24] die inhaltlich der in der Begründung zum Fristsetzungserfordernis genannten Abmahnung entspricht. 21

2. Gewinnverwendung (Abs. 2 S. 2). Die Regelung normiert die **Folgen** einer Maßnahme nach Abs. 1 Nr. 2 für Gewinnausschüttungsbeschlüsse. Ihr Anwendungsbereich **beschränkt** sich auf gemischte Finanzholdinggesellschaften als Adressaten und auf den Eingriff in die Gewinnausschüttung als Maßnahme. Von der Rechtsfolgenregelung nicht erfasst werden Maßnahmen nach Abs. 1 Nr. 1 und Eingriffe in Entnahmevorgänge nach Abs. 1 Nr. 1. Die normierte Rechtsfolge setzt voraus, dass die entsprechende Maßnahme formell und materiell rechtmäßig ist; insbesondere muss der Tatbestand des § 17 Abs. 1 FKAG erfüllt sein, eine pflichtgemäße Ermessensbetätigung und eine wirksame Fristsetzung der BaFin vorliegen. Als Rechtsfolge sieht die aufsichtsrechtliche Regelung in Abs. 2 S. 2 eine **zivilrechtliche (Teil-)Nichtigkeit** von Beschlüssen über die Gewinnausschüttung vor, soweit diese einer Anordnung nach Abs. 1 Nr. 2 widersprechen. Ein derartiger Teilwiderspruch kann vorliegen, wenn die Gewinnausschüttung nicht komplett untersagt, sondern nur beschränkt wurde, aber dennoch eine Vollausschüttung erfolgt. Die Rechtsfolge tritt nur ein, wenn die Anordnung nach Abs. 1 Nr. 2 zugeht, **bevor** der Beschluss über die Gewinnverwendung gefasst und die Ausschüttung vorgenommen wird. Geht die Anordnung später ein, sind Rückforderungsansprüche allenfalls nur von der BaFin gegen von ihr beaufsichtigte Unternehmen oder Personen durchsetzbar; im übrigen greift der Gutglaubensschutz der Anteilseigner gemäß § 62 AktG bzw. §§ 31 Abs. 2, 32 GmbHG.[25] 22

[18] Schwennicke/Auerbach/*Auerbach/Kempers* § 21 FKAG Rn. 8.
[19] BT-Drs. 16/1335, 66.
[20] Schwennicke/Auerbach/*Auerbach/Kempers* § 21 FKAG Rn. 1.
[21] BT-Drs. 15/3641, 67 zu § 104t Abs. 2 VAG.
[22] Schwennicke/Auerbach/*Auerbach/Kempers* § 21 FKAG Rn. 21.
[23] A. A. Schwennicke/Auerbach/*Auerbach/Kempers* § 21 FKAG Rn. 19.
[24] BT-Drs. 18/2956, 291 f. zu § 303 VAG.
[25] Schwennicke/Auerbach/*Auerbach/Kempers* § 21 FKAG Rn. 18.

23 **IV. Rechtsschutz.** Gegen die vorgelagerte Fristsetzung und die sich anschließenden Maßnahmen, die beide belastende Verwaltungsakte sind, können das jeweils betroffene Unternehmen und die betroffenen Personen mit Widerspruch (§ 68 Abs. 1 VwGO) und Anfechtungsklage (§ 42 Abs. 1 VwGO) vorgehen. § 31 FKG ordnet jedoch an, dass dadurch **kein Suspensiveffekt** eintrifft; dieser muss von den Adressaten im Rahmen des vorläufigen Rechtsschutzes durch einen Antrag auf Wiederherstellung der aufschiebenden Wirkung (§ 80 Abs. 5 VwGO) erreicht werden.

Verordnungsermächtigung für nähere Bestimmungen über die angemessene Eigenmittelausstattung

22 (1) **Das Bundesministerium der Finanzen wird ermächtigt, im Benehmen mit der Deutschen Bundesbank durch Rechtsverordnung, die nicht der Zustimmung des Bundesrates bedarf, nähere Bestimmungen über die angemessene Eigenmittelausstattung zur Umsetzung des Artikels 6 und des Anhangs I der Richtlinie 2002/87/EG zu erlassen, insbesondere über**

1. die zulässige Zusammensetzung der Eigenmittel,
2. den Umfang der zusätzlichen Eigenmittelanforderung und die Form ihrer Berechnung sowie die sonstigen technischen Grundsätze,
3. die folgenden zulässigen Berechnungsmethoden für die zusätzliche Eigenmittelanforderung:
a) Berechnung auf Grundlage des konsolidierten Abschlusses (Methode 1),
b) Abzugs- und Aggregationsmethode (Methode 2) oder
c) Kombination der Methoden 1 und 2,
4. Risikomodelle,
5. Berechnungsintervalle,
6. Art, Umfang, Zeitpunkt und Form der nach § 17 Absatz 2 einzureichenden Angaben sowie über die zulässigen Datenträger und Übertragungswege.

(2) **[1] Das Bundesministerium der Finanzen kann diese Ermächtigung durch Rechtsverordnung auf die Bundesanstalt mit der Maßgabe übertragen, dass die Rechtsverordnung im Einvernehmen mit der Deutschen Bundesbank ergeht. [2] Vor Erlass der Rechtsverordnung sind die Spitzenverbände der Institute im Sinne des § 1 Absatz 1b des Kreditwesengesetzes und der bei der Bundesanstalt bestehende Versicherungsbeirat nach § 325 des Versicherungsaufsichtsgesetzes anzuhören.**

1 **I. Allgemeines.** Die Norm enthält in Abs. 1 die Ermächtigung für das BMF zur rechtsverbindlichen Konkretisierung der Vorgabe zur angemessenen Eigenmittelausstattung und in Abs. 2 die Ermächtigung zur Subdelegation dieser Ermächtigung auf die BaFin.

2 **1. Entstehungsgeschichte.** Die Norm findet sich seit dem 27.6.2013 im damals neu geschaffenen FKAG. Abs. 2 S. 2 wurde durch Art. 2 Abs. 35 Nr. 4 des Gesetzes zur Modernisierung der Finanzaufsicht über Versicherungen[1] mit einer Anpassung des Verweises redaktionell geändert. Die Vorschrift ersetzt für die Versicherungsbranche die bisherige Regelung in § 104q Abs. 1 S. 2 VAG a. F., die mit dem FKRLUG geschaffen wurde.

3 **2. Normzweck.** Die Norm dient dazu, im Weg exekutiver Rechtssetzung, konkretere und einheitliche sowie schnell zu ändernde Vorgaben für die Bestimmung der Eigenmittel auf Konglomeratsebene zu machen.

4 **3. Europarechtlicher Hintergrund.** Die Norm dient der Umsetzung von Art. 6 Abs. 1 und Abs. 2 UAbs. 1 RL i. V. m. Anhang I 2002/87/EG. Die nationale Verordnungsermächtigung wird durch die Inhalte der europäischen VO 324/2014 beeinflusst, die konkretisierende und vorrangige Vorgaben zu den Berechnungsmethoden für das erforderliche Eigenkapital enthält.

5 **4. Verordnungsermächtigung (Abs. 1).** Abs. 1 enthält die nach Art. 80 Abs. 1 S. 1 GG grundsätzlich zulässige Ermächtigung für das BMF zum Erlass einer Rechtsverordnung, beschränkt auf konkretisierende Vorschriften zur angemessenen Eigenmittelausstattung. Die zu konkretisierende nationale Vorschrift ist § 17 Abs. 1 FKAG, europarechtliche Grundlagen bilden Art. 6 i. V. m. Anhang I RL 2002/87/EG. Auf Ebene des Unionsrechts wirkt sich zudem die direkt und unmittelbar geltende VO 342/2014[2] aus, die Regelungen zur Berechnung der Eigenkapitalanforderungen enthält; mit dieser Verordnung kollidierendes nationales (Verordnungs-)Recht darf **nicht angewendet** werden.[3] Die Rechtsverordnung ergeht im Benehmen, also mit Zustimmung der Deutschen Bundesbank und bedarf

[1] BGBl. 2015 I 434.
[2] ABl.EU 2014 L 100, 1.
[3] *BVerfG* Beschl. v. 19.7.2011 – 1 BvR 1916/09, NJW 2011, 3428 (3431 Rn. 81).

keiner Zustimmung des Bundesrates, da durch den Inhalt der Verordnung Länderbelange nicht tangiert werden. Abs. 1 nennt in Ziffern 1–6 lediglich **neun** Aspekte der angemessenen Eigenmittelausstattung des Finanzkonglomerats, die im Verordnungsweg konkretisierend geregelt werden können. Von der Verordnungsermächtigung wurde mit der FkSolV Gebrauch gemacht, die im Zuge der Schaffung des FKAG überarbeitet und neu gefasst wurde.[4] Weiterhin nicht enthalten sind in der FkSolV trotz existierender Ermächtigung in § 22 Abs. 1 Nr. 4 FKAG verbindliche Konkretisierungen zu **Risikomodellen**. Der mögliche Inhalt der Verordnung wird damit aber **nicht abschließend** bestimmt, sondern nur „insbesondere" vorgegeben. Damit bleiben Regelungen möglich, die über den Inhalt der konkreten Ermächtigungen in § 22 Abs. 1 FKAG hinausgehen. Diese offene Regelungstechnik kollidiert allerdings mit der grundgesetzlichen Vorgabe in Art. 80 Abs. 1 S. 2 GG, dass das „Ausmaß" der erteilten Ermächtigung zu einer exekutiven Rechtssetzung bereits **im Gesetz** bestimmt werden muss; auch die Heranziehung der europarechtlichen Vorgaben führt wohl nicht zu einer ausreichenden Konkretisierung.

5. Subdelegation (Abs. 2). Abs. 2 S. 1 sieht vor, dass das BMF die Verordnungsermächtigung im Rahmen der nach Art. 80 Abs. 1 S. 3 GG zulässigen **Subdelegation** an die BaFin übertragen kann; diese darf von der Ermächtigung dann nur im Einvernehmen, also mit **Zustimmung** der Bundesbank zu den Verordnungsinhalten Gebrauch machen. Abs. 2 S. 2 regelt eine Anhörungspflicht vor Erlass der Rechtsverordnung, die aber keine rechtlich fundierte Mitwirkungspflicht in Form eines **verbindlichen** Einwirkungsmöglichkeit auf den Verordnungsinhalt begründet. Anzuhören sind die Spitzenverbände der Institute i. S. v. § 1 Abs. 1b KWG, aber nicht die der Versicherungsbranche, sondern der bei der BaFin eingerichtete Versicherungsbeirat (§ 325 VAG). 5

II. Europäische Verordnung. Auf europäischer Ebene wurde die RL 2002/87/EG durch die delegierte Verordnung (EU) Nr. 324/2014 der Kommission[5] ergänzt. Dieser technische Regulierungsstandard behandelt die Methoden zur **Berechnung** der Eigenkapitalanforderungen für Finanzkonglomerate. Soweit die VO 324/2014 ergänzende Regelungen enthält, sind diese wegen ihrer Verbindlichkeit sowie ihrer direkten und unmittelbaren Wirkung (Art. 288 Abs. 2 AEUV) **zusätzlich** zu beachten. Im Kollisionsfall dürfen Inhalte der deutschen FkSolv wegen des **Vorrangs** des europäischen Rechts nicht angewendet werden.[6] 7

Risikokonzentrationen und konglomeratsinterne Transaktionen

23 **(1) Das übergeordnete Unternehmen eines Finanzkonglomerats hat der Bundesanstalt und der Deutschen Bundesbank bedeutende Risikokonzentrationen auf Konglomeratsebene und bedeutende konglomeratsinterne Transaktionen anzuzeigen.**

(2) [1] Ein beaufsichtigtes Unternehmen eines Finanzkonglomerats darf unbeschadet der Wirksamkeit der Rechtsgeschäfte nur auf Grund eines einstimmigen Beschlusses sämtlicher Geschäftsleiter des beaufsichtigten Unternehmens bedeutende konglomeratsinterne Transaktionen durchführen. [2] Der Beschluss soll vor der Durchführung gefasst werden. [3] Ist dies im Einzelfall wegen der Eilbedürftigkeit des Geschäftes nicht möglich, ist der Beschluss unverzüglich nachzuholen. [4] Der Beschluss ist aktenkundig zu machen. [5] Ist die konglomeratsinterne Transaktion ohne vorherigen einstimmigen Beschluss sämtlicher Geschäftsleiter durchgeführt worden und wird die Beschlussfassung nicht innerhalb eines Monats nach der Durchführung nachgeholt, hat das beaufsichtigte Unternehmen eines Finanzkonglomerats dies der Bundesanstalt und der Deutschen Bundesbank unverzüglich anzuzeigen.

(3) [1] Unbeschadet der Wirksamkeit der Rechtsgeschäfte ist das übergeordnete Unternehmen eines Finanzkonglomerats dafür verantwortlich, dass bedeutende Risikokonzentrationen auf Konglomeratsebene oder bedeutende konglomeratsinterne Transaktionen ohne Zustimmung der Bundesanstalt nicht die in der Rechtsverordnung nach § 24 Absatz 1 festgelegten Obergrenzen überschreiten oder gegen die in der Rechtsverordnung festgelegten Beschränkungen hinsichtlich der Art konglomeratsinterner Transaktionen verstoßen. [2] Das übergeordnete Unternehmen darf jedoch zur Erfüllung seiner Verpflichtungen nach Satz 1 auf die konglomeratsangehörigen Unternehmen nur einwirken, soweit das allgemeine Gesellschaftsrecht dem nicht entgegensteht; § 18 Absatz 4 Satz 1 und 2 und Absatz 5 gilt entsprechend. [3] § 18 Absatz 4 Satz 3 gilt entsprechend, wenn das nach Absatz 1 anzeigepflichtige Unternehmen für einzelne nachgeordnete Unternehmen eines Finanzkonglomerats im Sinne des § 18 Absatz 1 die für die Anzeige im Sinne des Absatzes 1 erforderlichen Angaben nicht beschaffen kann. [4] Ist dies der Fall, müssen diese nachgeordneten Unternehmen in angemessener Weise im Risikomanagementsystem des Finanzkonglomerats berücksichtigt werden. [5] Die

[4] Finanzkonglomerate-Solvabilitäts-Verordnung (FkSolV) vom 20.9.2013, BGBl. I 3672.
[5] ABl.EU 2014 L 100, 1.
[6] *BVerfG* Beschl. v. 19.7.2011 – 1 BvR 1916/09, Rn. 81, NJW 2011, 3428.

Zustimmung nach Satz 1 steht im Ermessen der Bundesanstalt. [6]Unabhängig davon, ob die Bundesanstalt die Zustimmung erteilt, hat das nach Absatz 1 anzeigepflichtige Unternehmen der Bundesanstalt und der Deutschen Bundesbank das Überschreiten der Obergrenzen oder die Verstöße gegen die Beschränkungen hinsichtlich der Art konglomeratsinterner Transaktionen unverzüglich anzuzeigen.

(4) **Die Bundesanstalt kann**

1. **bei einem Überschreiten der in der Rechtsverordnung nach § 24 Absatz 1 bestimmten Obergrenzen von dem übergeordneten Unternehmen eines Finanzkonglomerats die Unterlegung des Überschreitungsbetrags mit Eigenmitteln verlangen;**
2. **Verstöße gegen die in der Rechtsverordnung nach § 24 Absatz 1 bestimmten Beschränkungen hinsichtlich der Art konglomeratsinterner Transaktionen durch geeignete und erforderliche Maßnahmen unterbinden.**

1 **I. Allgemeines.** Die Norm behandelt mit den Risikokonzentrationen und den Transaktionen innerhalb des Finanzkonglomerats zwei **zentrale Elemente** der zusätzlichen Beaufsichtigung.[1] Sie regelt Anzeigepflichten bei bedeutenden Vorgängen (Abs. 1), Anforderungen an die interne Entscheidung bei Transaktionen (Abs. 2), die Verantwortung des übergeordneten Unternehmens (Abs. 3) und Eingriffsbefugnisse der BaFin (Abs. 4).

2 **1. Entstehungsgeschichte.** Die Norm findet sich seit dem 27.6.2013 im damals neu geschaffenen FKAG und ersetzt für die Versicherungsbranche die vorherigen Regelungen in § 104r Abs. 1, 3 und 4 VAG a. F., die mit dem FKRLUG geschaffen wurden.

3 **2. Normzweck.** Die Norm bezweckt die Überwachung von Risikokonzentrationen und Transaktionen, die bestimmte **Erheblichkeitsschwellen** überschreiten. Damit soll bei den relevanten Transaktionen vor allem **Kapitaltransfers** beaufsichtigter Unternehmen mit möglichen negativen Auswirkungen auf die Finanzierung, auf Solvabilität und Liquidität dieser Unternehmen unterbunden sowie mögliche Ansteckungseffekte innerhalb des Finanzkonglomerats verhindert werden.[2] Die relevanten Risikokonzentrationen sollen Konstellationen erfassen, bei denen die **Balance** zwischen einer möglicherweise gebotenen Spezialisierung einerseits und einer mangelnden Diversifikation der Risiken auf Konglomeratsebene andererseits nicht gewahrt wird.[3] Es soll verhindert werden, dass auf Einzelebene betrachtet tolerable und auf Konglomeratsebene eventuell unbekannte Risiken auf der Ebene des Konglomerats aggregiert zu Problemen führen.[4] Durch die Eingriffsbefugnisse in Abs. 4 sollen zudem Möglichkeiten eines Finanzkonglomerats zur Aufsichtsarbitrage eingeschränkt werden. Die Umgehung branchenspezifischer Vorschriften zur Risikokonzentration durch das Verlagern bestimmter Geschäfte auf andere Unternehmen des Finanzkonglomerats wird daher erschwert.[5]

4 **3. Europarechtlicher Hintergrund.** § 23 dient der Umsetzung von Art. 7 und Art. 8 RL 2002/87/EG. Art. 7 und Art. 8 RL 2002/87/EG werden europarechtlich durch die delegierte Verordnung (EU) 2015/2303 der Kommission vom 28.7.2015[6] weiter konkretisiert.

5 **II. Anzeigepflichten (Abs. 1).** Abs. 1 schreibt Anzeigepflichten vor, die das übergeordnete Unternehmen des Finanzkonglomerats (§ 12 FKAG) erfüllen muss. Diese Anzeigepflicht wird durch Risikokonzentrationen (§ 2 Abs. 16 FKAG) oder konglomeratsinterne Transaktionen (§ 2 Abs. 15 FKAG) ausgelöst, falls diese jeweils **bedeutsam** sind. Mit der Anknüpfung an den Kreis der in das Finanzkonglomerat einbezogenen Unternehmen (§ 1 Abs. 2 FKAG), werden auch von der zusätzlichen Aufsicht befreite (§ 13 FKAG), von dieser ausgenommene (§ 14 FKAG) und in die zusätzliche Aufsicht einbezogene Unternehmen (§ 15 FKAG) erfasst.[7] Erfasst werden zudem eng verbundene Unternehmen und natürliche Personen (§ 2 Nr. 8 FKAG).[8] Zur Regelung der Details der geforderten Anzeigen sowie zur Konkretisierung des Begriffs der Erheblichkeit von Risikokonzentrationen und Transaktionen sieht § 24 FKAG eine **Verordnungsermächtigung** vor, die bisher jedoch nicht genutzt wurde. Bis zum Erlass dieser Rechtsverordnung gelten für die Anzeigepflichten die **Übergangsvorschriften** in § 33 FKAG.

6 **III. Interne Entscheidung (Abs. 2 VAG).** Abs. 2 macht verbindliche **Vorgaben** für die interne Entscheidung eines beaufsichtigten Unternehmens (§ 12 FKAG) eines Finanzkonglomerats (§ 2 Abs. 1 FKAG) im Hinblick auf **bedeutende** konglomeratsinternen Transaktionen (§ 2 Abs. 15 FKAG) und

[1] BT-Drs. 17/61202, 33 zu § 23.
[2] BT-Drs. 15/3641, 65 zu § 104r VAG; Schwennicke/Auerbach/*Auerbach/Kempers* § 23 FKAG Rn. 1.
[3] BT-Drs. 15/3641, 65 zu § 104r VAG.
[4] Bähr/*Krämer* § 15 Rn. 124.
[5] BT-Drs. 15/3641, 65 f. zu § 104r VAG.
[6] ABl.EU 2015 L 124, 34.
[7] Schwennicke/Auerbach/*Auerbach/Kempers* § 23 FKAG Rn. 3.
[8] Bähr/*Krämer* § 15 Rn. 122; FKBP/*Pohlmann* § 104r Rn. 2.

greift damit signifikant in die unternehmerischen Prozesse ein. Die Vorgaben in Abs. 2 sind **zwingend** und können nicht durch interne Vorgaben modifiziert oder abbedungen werden. Die Regelung bildet ein gesetzliches Beispiel dafür, wie Risiken durch **Prozeduralisierung**[9] zumindest reduziert werden sollen. Satz 1 sieht vor, dass die genannten Transaktionen aufsichtsrechtlich einen **einstimmigen** Beschluss **sämtlicher** Geschäftsleiter des beaufsichtigten Unternehmens voraussetzen. Bereits eine Stimmenthaltung führt daher zum Fehlen der geforderten Einstimmigkeit, da Mehrheitsbeschlüsse gerade nicht genügen. Die Regelung stellt im übrigen klar, dass Transaktionen ohne eine derartige Zustimmung dennoch zivilrechtlich **wirksam** sind; aufsichtsbehördliche Maßnahmen bleiben aber möglich.[10] Das Beschlusserfordernis besteht unabhängig davon, ob das Unternehmen mit der Transaktion aktiv unterstützt oder passiv unterstützt werden soll.[11] Satz 2 regelt als **Sollvorgabe**, dass der Beschluss nach Satz 1 **vor** der Durchführung der Transaktion gefasst wird. Satz 3 lässt davon eine Ausnahme für den Fall zu, dass ein vorangehender Beschluss wegen der Eilbedürftigkeit der Transaktion objektiv nicht möglich ist. Das Gesetz sieht somit nur einen einzigen Ausnahmetatbestand vor, der zudem nur bei **unverschuldeter** Eilbedürftigkeit eingreift.[12] Zeitnot aufgrund subjektiver handwerklicher Fehler bei der Vorbereitung der Transaktion rechtfertigt somit keine Ausnahme. Satz 3 ergänzt weiter, dass ein wegen Eilbedürftigkeit unterbliebener Beschluss unverzüglich, also ohne schuldhaftes Zögern (vgl. § 121 BGB),[13] nachzuholen ist. Für diesen gilt dann weiterhin das Einstimmigkeitserfordernis nach S. 1. Satz 4 fordert, dass der entsprechende Beschluss „aktenkundig" zu machen ist. Dafür reicht eine Dokumentation auf einem dauerhaften **Datenträger** (vgl. § 126 BGB und Art. 2 Nr. 18 RL 2016/96)[14] aus, die für die Integrität der Daten und deren Nachprüfbarkeit durch Dritte sorgt. Diese Dokumentation sollte bei Beschlüssen, die nach Satz 2 ausnahmsweise nicht vor der Transaktion gefasst werden dürfen, ebenfalls Ausführungen zum objektiven Anlass der Eilbedürftigkeit beinhalten. Die Anzeige dient der Information der BaFin und der Bundesbank über die durchgeführte Transaktion. Satz 5 regelt die **aufsichtsrechtlichen** Konsequenzen, wenn der erforderliche Beschluss weder vorab gefasst noch binnen eines Monats nach Durchführung der Transaktion nachgeholt wurde. Dann wird eine **Anzeigepflicht** des Unternehmens gegenüber der BaFin und der Bundesbank ausgelöst, die unverzüglich zu erfüllen ist. Auch hier ist unverzüglich wieder i. S. v. § 121 BGB zu verstehen. Maßgeblicher Anlaufzeitpunkt für die Frage der Unverzüglichkeit der Anzeige ist das Ende der Monatsfrist.

IV. Verantwortung des übergeordneten Unternehmens (Abs. 3). 1. Umfang der Verantwortung. Satz 1 schreibt die Verantwortung des übergeordneten Unternehmens (§ 12 FKAG) für alle bedeutenden Risiken auf Konglomeratsebene und für alle bedeutenden konglomeratsinternen Transaktionen fest. Diese Verantwortung besteht aber nicht umfassend, sondern betrifft nur **zwei Aspekte**: Erstens den Verstoß gegen die **Obergrenzen** für Risikokonzentrationen und Transaktionen ohne eine dann vorab einzuholende Zustimmung[15] der BaFin. Zweitens den Verstoß gegen die **Beschränkungen** hinsichtlich der Art von Transaktionen. Sowohl für die Regelungen zur Obergrenzen als auch für die Regelungen zu den Beschränkungen verweist Satz 1 auf die Inhalte der nicht existenten Verordnung nach § 24 VAG. Die daher geltende **Übergangsregelung** in § 33 FKAG enthält jedoch nur Vorgaben zur Obergrenze für die Risikokonzentration (§ 33 S. 1 Nr. 1 FKAG) und für die Transaktionen (§ 33 S. 2 FKAG), die allerdings beide von der VO 2015/2303 **überlagert** werden. Keine Regelungen enthält das FKAG zu den Beschränkungen bezüglich der **Art** von Transaktionen, so dass die Verantwortungszuweisung insoweit leerläuft.[16] 7

2. Einwirkungsmöglickeiten. Satz 2 Hs. 1 **beschränkt** die Verantwortung des übergeordneten Unternehmens, die sich auf das gesamte Finanzkonglomerat bezieht, im Hinblick auf seine Möglichkeiten auf die anderen konglomeratsangehörigen Unternehmen einzuwirken. Das übergeordnete Unternehmen darf zur Erfüllung seiner Pflichten nach Satz 1 nur Einfluss nehmen, soweit dass allgemeine Gesellschaftsrecht dem nicht entgegensteht. Die Regelung hat eine zweifache Bedeutung: Sie bestätigt erstens für den Kollisionsfall den **Vorrang** des Gesellschaftsrechts[17] sowie des Konzernrechts[18] gegenüber dem Aufsichtsrecht. Sie enthält zweitens ein aufsichtsrechtliches **Verbot** gesellschaftsrechtswidriger Maßnahmen („darf … nur") zur Erfüllung aufsichtsrechtlicher Vorgaben. Die gesellschaftsrechtlich fundierten Einwirkungsmöglichkeiten hängen somit entscheidend von der Rechtsform und dem Sitzland der nachgeordneten Unternehmen sowie von der Beteiligungshöhe ab. Eine Pflicht des übergeordneten Unternehmens zum Abschluss eines **Beherrschungsvertrages** (§ 291 Abs. 1 AktG) besteht wegen der daraus zwingend resultierenden nachteiligen Pflicht zur Verlustübernahme (§ 302 Abs. 1 8

[9] Allgemein zur Prozeduralisierung von Entscheidungsprozessen *Binder* AG 2012, 885.
[10] BT-Drs. 17/12602, 33 zu § 23.
[11] Boos/Fischer/Schulte-Mattler/*Groß*, KWG, 4. Aufl. 2012, § 13d KWG Rn. 7.
[12] Schwennicke/Auerbach/*Auerbach/Kempers* § 23 FKAG Rn. 15.
[13] Schwennicke/Auerbach/*Auerbach/Kempers* § 23 FKAG Rn. 15.
[14] Richtlinie über den Versicherungsvertrieb vom 20.1.2016, ABl.EU 2016 L 26, 18.
[15] BT-Drs. 17/12602, 33 zu § 23.
[16] Schwennicke/Auerbach/*Auerbach/Kempers* § 23 FKAG Rn. 24.
[17] BT-Drs. 15/3641, 65 zu § 104r Abs. 4 VAG; *Beisheim* BKR 2010, 397, 399.
[18] *Dreher* WM 2015, 649, 659; *Hemeling/Lange* VersR 2014, 1283, 1288.

AktG) nicht.[19] Diese fehlende Pflicht bestätigen mittelbar die (Vorrang-)Regelungen in § 18 Abs. 3 S. 2 und § 23 Abs. 3 S. 2 FKAG, die nicht erforderlich wären, wenn derartige Verträge aufsichtsrechtlich gefordert würden.

9 Satz 2 Hs. 2 ordnet die **entsprechende** Geltung von § 18 Abs. 4 S. 1 und S. 2 und Abs. 5 FKAG an. Das übergeordnete Unternehmen muss somit organisatorische Maßnahmen ergreifen, um seiner Verantwortung nach § 23 Abs. 3 FKAG auf Konglomeratsene nachzukommen (§ 18 Abs. 4 S. 1). Durch § 18 Abs. 4 S. 2 FKAG werden die gesellschaftsrechtlich eingeschränkten Einwirkungsmöglichkeiten des übergeordneten Unternehmens auch hier durch **Mitwirkungspflichten** der nachgeordneten Unternehmens kompensiert. Schließlich gilt ebenfalls die befreiende Rückausnahme für gestufte Konglomeratsstrukturen (§ 18 Abs. 5 FKAG). Satz 3 regelt die gesetzliche **Sanktion** mit Strafcharakter,[20] falls das übergeordnete Unternehmen die für die Anzeige nach Abs. 2 erforderlichen Angaben nicht beschaffen kann. Zwingende Rechtsfolge ist in diesen Fällen ein **Buchwertabzug**. Die auf die mangelhaft informierenden konglomeratsangehörigen Unternehmen anfallenden Buchwerte werden von den Eigenmitteln des anzeigepflichtigen übergeordneten Unternehmens abgezogen; Voraussetzung ist dabei jedoch, dass mangelhaft informierende Unternehmen überhaupt in die Eigenmittelberechnung auf Konglomeratsebene einzubeziehen sind.[21]

10 Nach Satz 4 müssen im Fall von Satz 3 die mangelhaft informierenden nachgeordneten Unternehmen angemessen im **Risikomanagementsystem** des Finanzkonglomerats berücksichtigt werden. Diese Vorgabe konkretisiert die allgemeinen Anforderung in § 25 FKAG zu den konglomeratsspezifischen organisatorischen Pflichten. Nähere Hinweise, wie diese angemessene Berücksichtigung konkret aussehen soll, bleibt der Gesetzgeber schuldig; es wird vor allem darum gehen, dass entsprechende Risiko zu quantifizieren und zu steuern. Satz 5 kommt unsystematisch auf die bereits zuvor normierte Vorabzustimmung der BaFin nach Satz 1 zurück und regelt nun, dass die Zustimmung im **Ermessen** der BaFin steht. Es gibt somit einerseits keinen Anspruch auf die behördliche Zustimmung, über die aber andererseits auf der Basis einer pflichtgemäßen Ermessensbetätigung (§ 40 VwVfG) entschieden werden muss. Die Entscheidung der BaFin hängt davon ab, ob und wenn ja, in welcher Intensität eine relevante Gefahr ausgelöst würde. Satz 6 regelt abschließend und erneut wenig systematisch die unverzügliche **Anzeigepflicht** des übergeordneten Unternehmens bei Verstößen gegen die Obergrenze oder bei Verstößen bezüglich der Beschränkungen der Art konglomeratsinterner Transaktionen. Diese Anzeigepflicht gegenüber der BaFin und der Bundesbank besteht unabhängig davon, ob die BaFin die Zustimmung nach S. 1 erteilt hat oder nicht. Diese Anzeigepflicht erscheint jedenfalls gegenüber der BaFin **unverhältnismäßig**, falls sie die Zustimmung erteilt hat, da sie aufgrund ihrer Zustimmung die relevanten Fakten bereits kennt. Bezüglich der Art der Transaktionen gibt es von vorneherein keine Anzeigepflicht, weil zur Transaktionsart keine Regelung besteht.

11 **V. Eingriffsbefugnisse der BaFin (Abs. 4).** Abs. 4 sieht zwei Maßnahmen vor, über deren Einsatz die BaFin nach pflichtgemäßem **Ermessen** (§ 40 VwVfG) entscheidet. Die Maßnahmen knüpfen an unterschiedliche Auslöser an und ermächtigen zu beachtlichen behördlichen Interventionen. Nach Abs. 4 Nr. 1 kann die BaFin bei Überschreiten der Obergrenze für Risikokonzentrationen und für Transaktionen (§ 24 Abs. 1 Nr. 1 und 2 FKAG) von dem übergeordneten Unternehmen (§ 12 Abs. 1 FKAG) verlangen, dass der überschießende Betrag mit **Eigenmitteln** unterlegt wird. Nach Abs. 4 Nr. 2 kann die BaFin Verstöße gegen Beschränkungen bezüglich der Art von Transaktionen unterbinden. Zu diesem Zweck kann die Behörde auch die **Rückabwicklung** von Transaktionen fordern.[22] Beide in Abs. 4 Nr. 1 und Nr. 2 normierten Eingriffsbefugnisse betreffen Verstöße gegen die Rechtsverordnung auf Basis von § 24 Abs. 1 FKAG. Diese Rechtsverordnung wurde aber bislang nicht erlassen, so dass die vorgesehenen Eingriffsmöglichkeiten **keine Rechtsgrundlage** haben[23] und die nach Abs. 4 theoretisch möglichen Maßnahmen totes Recht darstellen.

Verordnungsermächtigung für nähere Bestimmungen zu Risikokonzentrationen und konglomeratsinternen Transaktionen

24 (1) **Das Bundesministerium der Finanzen wird ermächtigt, im Benehmen mit der Deutschen Bundesbank durch Rechtsverordnung, die nicht der Zustimmung des Bundesrates bedarf, nähere Bestimmungen zu Risikokonzentrationen und konglomeratsinternen Transaktionen zur Durchführung der Artikel 7 und 8 und des Anhangs II der Richtlinie 2002/87/EG zu erlassen, insbesondere über**

[19] Bähr/*Bürkle* § 9 Rn. 124; Bürkle/*Mutter/Kruchen* § 3 Rn. 25; *Dreher/Ballmaier* ZGR 2014, 753, 788 ff.; *Louven/Ernst* VersR 2014, 151, 153.
[20] Bähr/*Krämer* § 15 Rn. 116.
[21] BT-Drs. 17/12602, 33 zu § 23.
[22] BT-Drs. 15/3641, 65 f. zu § 104r Abs. 4; Schwennicke/Auerbach/*Auerbach/Kempers* § 23 FKAG Rn. 28; Luz/Neus/*Ostermeier* § 23 FKAG Rn. 17.
[23] Schwennicke/Auerbach/*Auerbach/Kempers* § 23 FKAG Rn. 31.

1. die Arten der anzuzeigenden Risikokonzentrationen und konglomeratsinternen Transaktionen sowie Schwellenwerte, anhand derer die Risikokonzentrationen und konglomeratsinternen Transaktionen als bedeutend anzusehen sind;
2. die Obergrenzen für bedeutende Risikokonzentrationen und bedeutende konglomeratsinterne Transaktionen sowie Beschränkungen hinsichtlich der Art konglomeratsinterner Transaktionen;
3. Art, Umfang, Zeitpunkt und Form der nach § 23 Absatz 1 bis 3 anzuzeigenden Angaben sowie über die zulässigen Datenträger und Übertragungswege.

(2) [1]**Das Bundesministerium der Finanzen kann die Ermächtigung durch Rechtsverordnung mit der Maßgabe auf die Bundesanstalt übertragen, dass die Rechtsverordnung im Einvernehmen mit der Deutschen Bundesbank ergeht.** [2]**Vor Erlass der Rechtsverordnung sind insbesondere die Spitzenverbände der Institute im Sinne des § 1 Absatz 1b des Kreditwesengesetzes und der Versicherungsbeirat nach § 325 des Versicherungsaufsichtsgesetzes zu hören.**

I. Allgemeines. Die Norm ermöglicht die Konkretisierung wesentlicher Kriterien und Schwellenwerte im Rahmen exekutiver Rechtssetzung, um so Transparenz für die Rechtsanwender zu fördern. Abs. 1 regelt die Kompetenz zum Erlass und die möglichen Inhalt der Verordnung; Abs. 2 behandelt Einzelheiten der möglichen Subdelegation. 1

1. Entstehungsgeschichte. Die Norm findet sich seit dem 27.6.2013 im damals neu geschaffenen FKAG. Sie entspricht für die Versicherungsbranche weitgehend der vorherigen Regelung in § 104r Abs. 2 VAG a. F., die mit dem FKRLUG geschaffen wurde. In Abs. 2 Satz 2 wurde im Rahmen der Verabschiedung des FKAG das Wort „sind" durch „insbesondere" ersetzt, um zu verdeutlichen, dass auch die Spitzenverbände der Kapitalanlagegesellschaften anzuhören sind.[1] Abs. 2 S. 2 wurde durch Art. 2 Abs. 35 Nr. 4 des Gesetzes zur Modernisierung der Finanzaufsicht über Versicherungen[2] mit einer Anpassung des Verweises redaktionell geändert. 2

2. Normzweck. Die Norm bildet die Ermächtigungsgrundlage zum Erlass von Rechtsverordnungen, um bestimmte Aspekte bezüglich der Risikokonzentrationen und konglomeratsinternen Transaktionen im Rahmen exekutiver Rechtssetzung zu konkretisieren. Die Verlagerung auf die Verordnungsebene erfolgte, um wegen der Vielzahl möglicher Risikokonzentrationen und Transaktionen die notwendige **Flexibilität** zu gewährleisten.[3] Entsprechende Verordnungen wurden bisher nicht erlassen, um der Koordinierung auf europäischer Ebene nicht vorzugreifen und keine Wettbewerbsverzerrungen für deutsche Unternehmen auszulösen.[4] 3

3. Europarechtlicher Hintergrund. Die Vorschrift dient der Durchführung der Vorgaben in Art. 7 und Art. 8 sowie des Anhangs II RL 2002/87/EG auf die jeweils **dynamisch** verwiesen[5] wird und die ihrerseits durch die VO 2015/2303 komkretisierend **überlagert** werden, die sich ebenfalls mit konglomeratsinternen Risikokonzentrationen und Transaktionen befasst und sich somit zugleich eine mögliche nationale Verordnung auswirkt. 4

II. Verordnungsinhalt (Abs. 1). Die Verordnungsermächtigung wird dem BMF eingeräumt, das dabei im Benehmen, also mit **Zustimmung** der Deutschen Bundesbank handelt. Das BMF hat von der Ermächtigung bislang keinen Gebrauch gemacht, es gelten daher die „Übergangsregelungen" in § 33 FKAG. Die Ermächtigung zur exekutiven Rechtssetzung betrifft nur den in der RL 2002/87/EG angesprochenen Regelungsbereich der konglomeratsinternen Risikokonzentrationen und Transaktionen. Die Ermächtigung sieht „insbesondere" einige Aspekte im Verordnungsweg als regelungsbedürftig an. Die Interpretation der Aufsichtsbehörde reflektiert das Merkblatt der BaFin und der Bundesbank zur Abgrenzung von Finanzkonglomeraten aus dem Jahr 2014. Diese Auslegung ist aber rechtlich unverbindlich und unter dem Aspekt des Formenmissbrauchs fragwürdig, solange das BMF keinen Grund sieht, von der eingeräumten Ermächtigung zur verbindlichen Konkretisierung Gebrauch zu machen. Außerdem geht der Gesetzgeber davon aus, dass Inhalt, Zweck und Ausmaß der Ermächtigung bereits durch die **europarechtlichen** Vorgaben bestimmt werden.[6] Daher werden zugleich die Übergangsvorschriften und die Einschätzung der nationalen Aufsichtsbehörden vor allem durch die unionsrechtlichen Vorgaben der VO 2015/2303 merklich beeinflusst. Diese unionsrechtlichen Vorgabe wirken sich unter anderem auf die nationalen Definitionen der bedeutenden Risikokonzentration (§ 33 S. 1 FKAG) und der bedeutenden Transaktion (§ 33 S. 2 und S. 3 FKAG) aus. Bezüglich der im Verordnungsweg insbesondere regelungsfähigen Gegenstände nennt Abs. 1 in r. 1–3 folgende **fünf** Aspekte: Erstens Arten 5

[1] BT-Drs. 17/13245, 7.
[2] BGBl. 2015 I 434.
[3] BT-Drs. 15/3641, 65 zu § 104r VAG.
[4] BT-Drs. 15/3641, 66 zu § 104r Abs. 4 VAG.
[5] BT-Drs. 17/12602, 34 zu § 33.
[6] BT-Drs. 15/3641, 66 zu § 104r VAG.

der anzuzeigenden Risikokonzentrationen und Transaktionen (Nr. 1), zweitens Schwellenwerte für bedeutende Risikokonzentrationen und Transaktionen (Nr. 1), drittens Obergrenzen für bedeutende Risikokonzentrationen und Transaktionen (Nr. 2), viertens Beschränkungen bezüglich der Art konglomeratsinterner Transaktionen (Nr. 2), und fünftens Details zur Anzeigepflicht nach § 23 Abs. 1–3 (Nr. 3). Bei diesen Aspekten finden sich inhaltliche **Überschneidungen** zu den vorrangigen Vorgaben der VO 2015/2303.

6 **III. Subdelegation (Abs. 2).** Satz 1 ermöglicht die in Art. 80 Abs. 1 S. 3 GG eingeräumte Möglichkeit der Subdelegation der Verordnungsbefugnis an die BaFin, die dann eine Verordnung ebenfalls nur mit **Zustimmung** der Bundesbank erlassen darf. Satz 2 regelt die **Anhörungspflicht** der BaFin vor Erlass der Verordnung, die sich auf eine Beratung beschränkt. Das Wort insbesondere soll ausdrücken, dass neben den Verbänden der Institute auch die Verbände der Wertpapierbranche anzuhören sind.[7] In der Versicherungsbranche sind abweichend von den anderen Branchen nicht die Verbände der Unternehmen, sondern der **Versicherungsbeirat** (§ 325 VAG) anzuhören. Im Ergebnis wird so der Einfluss der Versicherungsunternehmen auf den Verordnungsinhalt vergleichsweise geringer sein.

Besondere organisatorische Pflichten

25 (1) [1]**Ein Finanzkonglomerat muss über eine ordnungsgemäße Geschäftsorganisation nach Maßgabe des Artikels 9 der Richtlinie 2002/87/EG verfügen.** [2]**§§ 23, 26, 27, 29 und 30 des Versicherungsaufsichtsgesetzes und § 25a Absatz 1 und 2 des Kreditwesengesetzes gelten entsprechend mit der Maßgabe, dass die in § 24 Absatz 2 Satz 2, auch in Verbindung mit § 293 Absatz 1 des Versicherungsaufsichtsgesetzes oder die in § 1 Absatz 2 Satz 1 oder § 2d Absatz 1 des Kreditwesengesetzes genannten Personen des übergeordneten Unternehmens eines Finanzkonglomerats für die ordnungsgemäße Geschäftsorganisation des Finanzkonglomerats verantwortlich sind.** [3]**§ 18 Absatz 3 Satz 2 und Absatz 4 Satz 1 und 2 sowie § 23 Absatz 5, § 294 Absatz 4 und § 275 des Versicherungsaufsichtsgesetzes gelten entsprechend.** [4]**Für übergeordnete Unternehmen eines Finanzkonglomerats gelten die §§ 25 und 34 des Versicherungsaufsichtsgesetzes entsprechend.** [5]**Eine ordnungsgemäße Geschäftsorganisation auf Konglomeratsebene umfasst zudem geeignete Vorkehrungen, um bei Bedarf zu geeigneten Sanierungs- und Abwicklungsverfahren und -plänen beizutragen und solche Verfahren und Pläne zu entwickeln.** [6]**Diese Vorkehrungen sind regelmäßig zu überprüfen und anzupassen.**

(2) **Die Bundesanstalt kann gegenüber dem übergeordneten Unternehmen des Finanzkonglomerats, gegenüber einem beaufsichtigten nachgeordneten Unternehmen eines Finanzkonglomerats, gegenüber den in Absatz 1 Satz 2 genannten Personen dieser Unternehmen und gegenüber den diese Unternehmen kontrollierenden Personen Maßnahmen ergreifen, die geeignet und erforderlich sind, um die Beachtung der besonderen organisatorischen Pflichten im Sinne des Absatzes 1 zu schaffen.**

(3) **Übergeordnete Unternehmen eines Finanzkonglomerats müssen der Bundesanstalt und der Deutschen Bundesbank bis zum 15. Mai jedes Jahres Einzelheiten der rechtlichen sowie der Governance- und Organisationsstruktur des Finanzkonglomerats, einschließlich aller beaufsichtigten Unternehmen, nicht beaufsichtigten Tochtergesellschaften und bedeutenden Zweigniederlassungen, mitteilen.**

(4) **Übergeordnete Unternehmen eines Finanzkonglomerats müssen bis zum 15. Mai jedes Jahres entweder vollständig oder durch Verweisung auf gleichwertige Informationen eine Beschreibung der rechtlichen sowie der Governance- und Organisationsstruktur des Finanzkonglomerats veröffentlichen.**

Übersicht

[7] BT-Drs. 17/13245, 7 zu § 24.

I. Allgemeines. § 25 regelt grundlegende Vorgaben zur Geschäftsorganisation und zur entsprechenden Verantwortlichkeit (Abs. 1), enthält eine Eingriffsermächtigung der BaFin bei organisatorischen Defiziten (Abs. 2) und regelt bezüglich der Organisation zudem Mitteilungspflichten (Abs. 3) sowie Offenlegungspflichten (Abs. 4). Die Anwendung der Norm wird durch eine relativ intransparente **Mischung** europarechtlicher und nationaler Regelungen erschwert. Zur Verwirrung trägt weiter bei, dass § 25 neben den eigentlichen Vorgaben für die Unternehmen zugleich Vorgaben für die Beaufsichtigung durch die Behörden enthält. 1

1. Entstehungsgeschichte. Die Norm findet sich seit dem 27.6.2013 im damals neu geschaffenen FKAG. Abs. 1 S. 2, S. 3 und S. 4 wurden durch Art. 2 Abs. 35 Nr. 5 des Gesetzes zur Modernisierung der Finanzaufsicht über Versicherungen[1] mit einer Anpassung der Verweise geändert. § 25 ersetzte für die Versicherungsbranche die vorherige Regelung in § 104s VAG a. F.; diese wurde zunächst mit dem FKRLUG geschaffen und danach mit dem Gesetz über aufsichtsrechtliche Vergütungsanforderungen 2010[2] im Hinblick auf die Neuregelung in § 64a VAG[3] durch die vorangegangene 9. VAG-Novelle im Jahr 2007[4] geändert. 2

2. Normzweck. § 25 regelt grundlegend wichtige und **spezielle** organisatorische Pflichten auf Ebene des Finanzkonglomerats. Neben den Vorgaben zur Eigenmittelausstattung sowie zu konglomeratsinternen Risikokonzentrationen und Transaktionen stellt die Regelung zu den Organisationspflichten das dritte **zentrale** Element der zusätzlichen branchenübergreifenden Regulierung und Beaufsichtigung auf Ebene des Finanzkonglomerates dar. Damit sollen angemessene **Vorkehrungen** auf dem Feld des Risikomanagements und der internen Kontrolle sichergestellt werden. Hinzu treten die branchenspezifischen Organisationspflichten, die zusätzlich die **Compliance** beinhalten[5] und die internen Governance-Anforderungen komplettieren 3

3. Europarechtlicher Hintergrund. Die Vorschrift dient der Umsetzung von Art. 9 RL 2002/87/EG, der eine zusätzliche Beaufsichtigung von internen Kontrollmechanismen und Risikomanagementverfahren bezweckt, weitet aber die nationale Aufsicht auf weitere Elemente der Geschäftsorganisation aus. § 25 Abs. 3 und Abs. 4 FKAG berücksichtigen die entsprechenden Änderungen der europäischen Vorgaben durch Art. 2 Nr. 8 RL 2011/89/EU. 4

II. Besondere organisatorische Pflichten (Abs. 1). 1. Allgemeines. Abs. 1 enthält eine unübersichtliches „Konglomerat" von relevanten Vorgaben: Satz 1 fordert, dass die Geschäftsorganisation die **europäischen** Vorgaben in Art. 9 RL 2002/87/EG zu Internen Kontrollmechanismen und zum Risikomanagement erfüllt. Satz 2 sieht vor, dass daneben weiterhin Teile der **nationalen** branchenspezifischen Organisationsvorschriften des VAG und des KWG entsprechend gelten und regelt zugleich die Verantwortlichkeit für deren Einhaltung. Satz 3 **erweitert** Satz 2 und sieht die entsprechende Geltung weiterer organisationsrechtlicher Vorgaben, jetzt nur aus dem VAG vor. Satz 4 erweitert die bisherigen Vorgaben nochmals und sieht speziell die Geltung der **Vergütungsvorschriften**, aber erneut nur derjenigen des VAG vor. Satz 5 erweitert nochmals die Organisationsanforderungen im Hinblick auf **Sanierung** und **Abwicklung**, allerdings ohne jeden Bezug auf konkrete Normen und Satz 6 sieht schließlich die regelmäßige **Evaluierung** der Organisation vor. 5

2. Vorgaben der RL 2002/87EG (Abs. 1 S. 1). Abs. 1 Satz 1 verpflichtet das Finanzkonglomerat („muss") über eine ordnungsgemäße Geschäftsorganisation gemäß den Vorgaben in Art. 9 RL 2002/87/EG zu verfügen. Damit wird der jeweilige Inhalt dieser europäischen Norm im Rahmen einer **dynamischen** Verweisung ohne weiteren Transformationsakt zum verbindlichen Bestandteil des **nationalen** Rechts. 6

[1] BGBl. 2015 I 434.
[2] BGBl. 2010 I 950.
[3] Dazu *Armbrüster* VersR 2009, 1293; Bähr/*Bürkle* § 9 Rn. 11 ff.; *Dreher* VersR 2008, 998.
[4] BGBl. 2007 I 3248; dazu *Bürkle* VW 2008, 212.
[5] Überblick bei Bürkle/Hauschka/*Bürkle* § 13 Rn. 30 ff.

7 **a) Umfang der Verweisung.** Der globale Verweis in S. 1 ist inhaltlich zu **reduzieren**, da er nicht Art. 9 Abs. 4 und Abs. 5 RL 2002/87/EG betrifft, die Informations- und Veröffentlichungspflichten regeln, die national separat erst später in § 25 Abs. 3 und Abs. 4 FKAG normiert werden. Außerdem betrifft Art. 9 Abs. 6 RL 2002/87/EG nur die Tätigkeit der Aufsichtsbehörden und nicht die organisatorischen Pflichten im Finanzkonglomerat. Die verbleibenden und für Satz 1 relevanten Absätze 1–3 in Art. 9 RL 2002/87/EG betreffen die internen **Kontrollmechanismen** und das **Risikomanagement**. Darauf bezieht sich in richtlinienkonformer Interpretation der globale Verweis in Satz 1 bezüglich der geforderten ordnungsgemäßen Geschäftsorganisation,[6] die somit nicht über die Inhalte von Art. 9 RL 2002/87/EG zur **internen Governance** hinausgeht, zumal Art. 9 RL 2002/87/EG das Kriterium der Ordnungsmäßigkeit nicht als übergeordneten Begriff für die Organisationsanforderungen verwendet.[7]

8 **b) Angemessenheit.** Als die **zwei** verbindlichen Elemente der konglomeratespezifisch ordnungsgemäßen Organisationsanforderungen für die **beaufsichtigten** Unternehmen (§ 2 Abs. 1 FKAG) sieht Art. 9 Abs. 1 RL 2002/87/EG in seiner Überschrift „Interne Kontrollmechanismen und Risikomanagement" vor. Die Regelung fordert diese Elemente allerdings nur in **angemessener** Form. Während Art. 9 Abs. 2 RL 2002/87/EG für das Risikomanagement die Angemessenheit (jedoch lediglich formal) weiter bestimmt, fehlt eine entsprechende Regelung für die Kontrollmechanismen in Art. 9 Abs. 3 RL 2002/87/EG. Materiell lässt sich der Aspekt der Angemessenheit anhand der inhaltlich vergleichbaren Regelungen in § 23 Abs. 1 S. VAG und § 25a Abs. 1 S. 4 KWG konkretisieren,[8] da diese jeweils ebenfalls auf europäischen Direktiven beruhen. Danach kommt es nach dem aufsichtsrechtlichen **Proportionalitätsprinzip** des Unionsrechts auf die Risiken an, die aus Art, Umfang und Komplexität der Geschäftstätigkeit resultieren. Aus dieser Kriterientrias lässt sich das **Risikoprofil** des Konglomerats ermitteln, das damit individuell und situativ zu bestimmen ist.

9 **c) Risikomanagement (Art. 9 Abs. 2 RL 2002/87/EG).** Das angemessene Risikomanagement umfasst nach Art. 9 RL 2002/87/EG die dort in lit. a–d **abschließend** aufgeführten folgenden **vier** Elemente: 1. Fachmännisches Führen und Management mit Genehmigung und regelmäßiger Überprüfung der Strategien und Maßnahmen durch die jeweiligen Leitungsgremien auf Konglomeratsebene hinsichtlich aller eingegangenen Risiken (lit. a); 2. Angemessene Politik der Eigenkapitalausstattung, welche die Auswirkungen der Geschäftsstrategie auf das Risikoprofil und auf die gemäß Artikel 6 und Anhang I ermittelten Eigenkapitalanforderungen im Vorhinein berücksichtigt (lit. b); 3. geeignete Verfahren, die sicherstellen, dass die Systeme zur Risikoüberwachung angemessen in die Geschäftsorganisation integriert sind und durch entsprechende Maßnahmen gewährleistet ist, dass die in den der zusätzlichen Beaufsichtigung unterliegenden Unternehmen angewandten Systeme miteinander vereinbar sind, damit alle Risiken auf Konglomeratsebene quantifiziert, überwacht und kontrolliert werden können (lit. c) und 4. bestehende Vereinbarungen mit dem Ziel, bei Bedarf zu geeigneten Sanierungs- und Abwicklungsvorkehrungen und -plänen beizutragen und solche Vorkehrungen und Pläne zu entwickeln; diese Vereinbarungen werden regelmäßig aktualisiert (lit. d). Der in lit. d vorgeschriebene vierte Baustein des Risikomanagements wurde mit der Änderungsrichtlinie 2011/78/EU in Art. 9 RL 2002/87/EG aufgenommen. Wie die verschiedenen Bausteine zeigen, geht es um mehr als nur um ein **strategisches** Risikomanagement,[9] da dieser Aspekt nur in lit. a genannt und dort zusätzlich durch operative Maßnahmen ergänzt wird.

10 **d) Interne Kontrollmechanismen (Art. 9 Abs. 3 RL 2002/87/EG).** Die internen Kontrollmechanismen bestehen aus den in Art. 9 Abs. 3 lit. a und lit. b RL 2002/87/EG **abschließend** genannten folgenden **zwei** Elementen: Erstens Kontrollmechanismen bezogen auf die Ermittlung aller wesentlichen Risiken im Finanzkonglomerat und die entsprechende Eigenmittelunterlegung. Zweitens Kontrollmechanismen bezogen auf das ordnungsgemäße Berichtswesen und die ordnungsgemäßen Rechnungslegungsverfahren, allerdings nur bezüglich der Transaktionen und der Risikokonzentrationen im Konglomerat. Die internen Kontrollmechanismen werden also europarechtlich auf diese zwei Überwachungsfelder begrenzt. Der Begriff **ordnungsgemäß** ist dabei jeweils so zu verstehen, dass die Einhaltung der dabei zu beachtenden **aufsichtsrechtlichen** Vorgaben sichergestellt sein muss, da nur so klare Anforderungen für die Unternehmen formuliert werden und jenseits der relevanten Vorschriften keine Organisationspflicht besteht.

11 **3. Branchenbezogene Vorgaben (Abs. 1 S. 2). a) Geltungsbereich.** Die europäische ergänzende Aufsicht wird durch nationale Vorgaben in Satz 2 angereichert, der **zusätzlich** zu den Inhalten von Art. 9 RL 2002/87/EG die entsprechende Geltung versicherungs- und bankenaufsichtsrechtlicher Vorschriften zur Geschäftsorganisation vorsieht.[10] Für die beaufsichtigten Unternehmen der Wertpapier-

[6] Bähr/*Krämer* § 15 Rn. 132.
[7] Bähr/*Krämer* § 15 Rn. 135; Schwennicke/Auerbach/*Auerbach/Langen/Häußler* § 25 FKAGRn. 7.
[8] Schwennicke/Auerbach/*Auerbach/Langen/Häußler* § 25 FKAG Rn. 8.
[9] So aber wohl Schwennicke/Auerbach/*Auerbach/Langen/Häußler* § 25 FKAG Rn. 8.
[10] Zur Entwicklung dieser Organisationspflichten *Binder* ZGR 2015, 667, 672 ff.

branche sollen die Vorgaben im KWG aber nicht zu einer Erweiterung der branchenspezifischen Organisationsanforderungen führen,[11] die in § 28 KAGB und § 33 WpHG normiert sind.

12 **b) Entwicklung.** Die Regelung wurde zunächst mit dem FKRLUG in § 25a Abs. 1b KWG geschaffen. Danach galten für Einzelinstitute die im Zug der Transformation der RL 2002/87/EG **angereicherten** Vorgaben in § 25a Abs. 1 KWG auf Konglomeratsebene entsprechend.[12] In § 104s VAG a. F. wurde für die Versicherungsbranche im Jahr 2004 zunächst keine dem KWG entsprechende umfangreiche Regelung aufgenommen, da das VAG damals keine dem § 25a KWG vergleichbare Norm mit allgemeinen Organisationsanforderungen enthielt. Nachdem im Jahr 2007 dann § 64a VAG a. F. als organisationsrechtliche Zentralnorm nach dem Vorbild des § 25a KWG geschaffen wurde,[13] hat der Gesetzgeber im Jahr 2010 anschließend zur **Angleichung** an § 25a Abs. 1a KWG[14] eine entsprechende Anwendung der für einzelne Versicherungsunternehmen geltenden Vorgaben auf der Ebene des Finanzkonglomerats in § 104s S. 1 VAG a. F. normiert. Dabei ging er davon aus, dass damit **einheitliche** Anforderungen vorliegen, unabhängig davon, ob das KWG oder das VAG zur Anwendung kommt.[15] Mit dem neuen FKAG hat der Gesetzgeber dann schlicht beide Verweise auf das KWG und das VAG übernommen und in § 25 Abs. 2 FKAG zusammengeführt.

13 Die ab 2010 vorgesehenen parallele Anwendung von § 25a KWG und § 64a VAG a. F. und der globale Verweis auf die beiden organisationsrechtlichen Zentralnormen für die Versicherungs- und Bankenbranche (§ 64a VAG a. F. und § 25a KWG) wurde dahingehend verstanden, dass wegen ihres inhaltlichen **Gleichlaufs** eine parallele Anwendung dieser beiden Normen kaum erforderlich sein wird;[16] beide wurden gleichsam als eine einzige Norm betrachtet. Nachdem in Satz 2 zunächst nur ein globaler Verweis auf § 25a KWG und § 64a VAG a. F. enthalten war, wurde der Anwendungsbereich der VAG-Normen durch das VAG 2016 jedoch erweitert und ihr Inhalt konkretisiert. Es gelten somit für die Unternehmen zwar weiterhin die **jeweiligen** branchenspezifischen Organisationsanforderungen.[17] Allerdings haben sich die Inhalte der Vorgaben im Versicherungs- und Bankenaufsichtsrecht auf die § 25 Abs. 1 S. 2 FKAG weiterhin parallel verweist, deutlich auseinander entwickelt. Die neuen Vorgaben im VAG **beseitigen** mit der Umsetzung der Solva II-RL den vorherigen Gleichlauf, der auf einer Übernahme der bankenaufsichtlichen Regelung in § 25a KWG in § 64a VAG beruhte.[18] Damit gilt die gesetzgeberische Prämisse aus dem Jahr 2010 nicht mehr, dass einheitliche Anforderungen an die Organisation des Konglomerats gelten, unabhängig davon, ob das KWG oder das VAG maßgebend ist.[19]

14 **c) Aktuelle Rechtslage.** Nach der Transformation der Solva II-RL weicht § 23 VAG von § 25a Abs. 1 KWG in wesentlichen Punkten ab. Das VAG sieht im Gegensatz zum KWG eine Trennung des Risikomanagementsystems und des internen Kontrollsystems als zwei **gleichrangigen** Subsysteme eines übergeordneten Governance-Systems (deutsch: Geschäftsorganisation) vor.[20] § 25a Abs. 1 KWG ordnet dagegen das internen Kontrollsystem weiterhin als einen **untergeordneten Bestandteil** des Risikomanagementsystems ein. Eine organisatorische Trennung zwischen Risikomanagement und interner Kontrolle wie nun im VAG vorgeschrieben, liegt ebenfalls der zu transformierenden Vorgabe in Art. 9 RL 2002/87/EG zugrunde, der in Abs. 2 und Abs. 3 diese beiden Elemente systematisch separat und eigenständig normiert. Damit sprechen die gebotene zielorientierte Richtlinientransformation (Art. 288 Abs. 3 AEUV) und die gebotene richtlinienkonforme Auslegung gegen die organisatorische Integration der internen Kontrollen in das Risikomanagement und für das **Trennungsmodell**. Außerdem werden mit dem VAG 2016 und der Solva II-VO zugleich die Aufgaben der Compliance-Funktion im Versicherungsaufsichtsrecht deutlich umfassender und konkreter normiert als im Bankenaufsichtsrecht.[21] Die Compliance-Funktion des VAG ist im Gegensatz zu § 25a KWG nach § 29 Abs. 1 VAG ein Element des Internen Kontrollsystems und hat unter anderem die Aufgabe, die Rechtskonformität der Unternehmensorganisation und somit zugleich die Rechtskonformität des auf **aufsichtsrechtlichen** und nicht auf betriebswirtschaftlichen Vorgaben[22] beruhenden Risikomanagementsystems zu überwachen.[23] Mit der Integration des Internen Kontrollsystems in das Risikomanagementsystem wäre die unabdingbare Unabhängigkeit (Art. 268 Abs. 1 Solva II-VO) und die erforderlich Wirksamkeit der

[11] BT-Drs. 17/12602, S. 33 zu § 25.
[12] BT-Drs. 15/3641, 48 zu Nummer 24 (§ 25a KWG).
[13] BT-Drs. 16/6518, 15 zu Nummer 12 (§ 64a VAG).
[14] BT-Drs. 17/1291, 13 zu Nummer 7 (§ 104s VAG)
[15] BT-Drs. 17/1291, 13 zu Nummer 7 (§ 104s VAG).
[16] FKBP/*Pohlmann* § 104s VAG Rn. 2; Schwennicke/Auerbach/*Auerbach/Langen/Häußler* § 25 FKAG Rn. 15.
[17] Annuß/Früh/Hasse/*Hasse* § 25 VAG Rn. 37.
[18] BT-Drs. 16/6518, 15 zu Nummer 12 (§ 64a VAG).
[19] BT-Drs. 17/1291, 13 zu Nummer 7 (§ 104s VAG)
[20] *Bürkle* WM 2012, 878 (882); *Dreher/Hoffmann* ZGR 2016, 445 (466).
[21] Dazu Bürkle/Hauschka/*Bürkle* 2015, § 13 Rn. 30 ff.
[22] Generell zu Recht kritisch zu betriebswirtschaftlichen Standards im Kontext der Legalitätspfllicht Bürkle/*Bürkle* § 2 Rn. 23 f.; *Dreher/Hoffmann* ZGR 2016, 446, 452 ff.; *Sethe* ZBB/JBB 2012, 357, 359.
[23] *Bürkle* CCZ 2012, 220, 224; *Dreher* VersR 2008, 998 (1004); *Spindler* RW 2013, 929, 307; *Weber-Rey* AG 2008, 345, 348; *Wolf* VersR 2013, 678, 682.

Compliance-Funktion (§ 29 Abs. 1 VAG) nicht mehr gewährleistet. Das Trennungsmodell findet sich zudem in der ebenfalls europarechtsbasierten Vorgabe in § 289 Abs. 5 HGB.[24]

Die entsprechend anzuwendenden Vorgaben aus dem VAG betreffen die neue grundlegende **Zentralnorm** zur ordnungsgemäßen Geschäftsorganisation, die neben der Einhaltung der rechtlichen Vorgaben eine solide und vorsichtige Unternehmensleitung gewährleisten soll (§ 23 VAG); dazu zählt eine angemessene, transparente Organisationsstruktur, ein wirksames unternehmensinternes Kommunikationssystem, eine regelmäßige Prüfung der Organisation sowie Unternehmensleitlinien (zum Risikomanagement, zum internen Kontrollsystem, zur internen Revision und zur Ausgliederung). Erfasst werden weiter die Detailvorschriften zum Risikomanagement (§ 26 VAG), zur unternehmenseigenen Risiko- und Solvabilitätsbeurteilung[25] (§ 27 VAG), zum internen Kontrollsystem, inklusive der obligatorischen Compliance-Funktion[26] (§ 29 VAG) und zu internen Revision[27] (§ 30 VAG). Bezüglich der KWG-Normen schreibt Satz 2 die entsprechende Geltung von § 25a KWG vor, die aber nur dessen Abs. 1 umfasst. Satz 2 regelt neben den nationalen materiellen Vorgaben zugleich die **Verantwortung** für die ordnungsgemäße Geschäftsorganisation, die sich aber nicht auf S. 2 beschränkt, sondern die Einhaltung aller Vorgaben in § 25 FKAG umfasst. Diese Verantwortung trifft abhängig vom Typus des übergeordneten Konglomeratsunternehmens (§ 12 Abs. 1 FKAG) die **Geschäftsleiter** der Versicherungsunternehmen (§ 24 Abs. 2 S. 2 VAG), der Versicherungsholding-Gesellschaft (§ 293 Abs. 1 i. V. m. § 24 Abs. 2 S. 2VAG), der gemischten Finanzholding-Gesellschaft (§ 293 Abs. 1 i. V. m. § 24 Abs. 2 S. 2 VAG), der Institute (§ 1 Abs. 2 S. 1 KWG) oder der Finanzholding-Gesellschaft bzw. einer gemischten Finanzholding-Gesellschaft (§ 2d Abs. 1 KWG).

15 **4. Verantwortung und Überwachung (Abs. 1 S. 3).** Satz 3 ordnet die entsprechende Anwendung von Normen des FKAG (§ 18 Abs. 3 S. 2 und Abs. 4 S. 1 und S. 2) und des VAG (§§ 23 Abs. 5, § 294 Abs. 4, 275) an, die sich einerseits an die Unternehmen und andererseits an die BaFin richten.

16 **a) Verantwortungszuweisung.** Die Vorgaben bezüglich interner Kontrolle, Risikomanagement und Berichtswesen müssen bei allen Konglomeratsunternehmen so umgesetzt sein, dass diesbezüglich eine **Steuerung** und **Kontrolle** auf Konglomeratsebene erfolgen kann (vgl. § 275 Abs. 1 VAG). Die Normen des FKAG führen jedoch dazu, dass die Verantwortung der Geschäftsleiter nach Satz 2 auf das tatsächlich und rechtlich Mögliche **eingeschränkt** wird (§ 18 Abs. 3 S. 2 und § 23 Abs. 3 FKAG)[28] weiter, dass die in die Eigenmittelberechnung einbezogenen Unternehmen zu Informationszwecken organisatorische **Maßnahmen** ergreifen müssen (§ 18 Abs. 4 S. 1 FKAG) und dass die **Informationspflichten** nachgeordneter Konglomeratsunternehmen gegenüber dem übergeordneten Unternehmen ebenfalls gelten (§ 18 Abs. 4 S. 2 FKAG). Damit wird die Systematik aus § 18 FKAG übernommen, der die Verantwortung der Geschäftsleiter des übergeordneten Unternehmens **einschränkt** und sie teilweise auf die nachgeordneten Unternehmen und deren Geschäftsleiter **verlagert**. Die entsprechend anwendbare Regelung in § 23 Abs. 5 VAG führt zum Erfordernis einer für Dritte nachvollziehbaren **Dokumentation** der aufbau- und ablauforganisatorischen Regelungen (etwa Strategien, interne Leitlinien, Prozesse und Verfahren)[29] sowie des internen Kontrollsystems, die sechs Jahre lang aufbewahrt werden muss. Die Aufbewahrung kann unter den Voraussetzungen des § 257 Absatz 3 und 5 HGB auf Bild- und Datenträgern erfolgen.

17 **b) Behördliche Überwachung.** Die im Rahmen von § 25 FKAG systematisch unpassende Vorgabe der entsprechend Anwendung von § 294 Abs. 4 VAG regelt, dass die Aufgaben der BaFin im Rahmen der Finanzaufsicht die Überwachung der ordnungsgemäßen Geschäftsorganisation der Finanzkonglomerate einschließt. Der ebenfalls nur den Behördenauftrag betreffende anwendbare § 275 VAG enthält Vorgaben für die Überwachung des Governance-Systems, die für Finanzkonglomerate entsprechend gelten. Für die Durchführung der Überwachung gelten die europarechtsbasierten Vorgaben zum behördlichen **Überprüfungsverfahren** in der Versicherungsbranche (Art. 248 Solva II-RL)[30] und in der Bankenbranche (Art. 124 RL 2006/48/EG).[31] Das entspricht der Vorgabe in Art. 9 Abs. 6 S. 1 RL 2002/87/EG, die durch Art. 2 Nr. 8 lit. b RL 2011/89/EU dort aufgenommen wurde. Im Rahmen der Überprüfungsverfahren beschränkt sich die Überwachung auf eine reine **Legalitätskontrolle**.[32] Zudem gilt das Kriterium der angemessenen Beaufsichtigung, das der 1. Erwägungsgrund zur RL 2011/89/EU weiter dahingehend erläutert, dass bei Finanzkonglomeraten keine

[24] *Kort*, ZGR 2010, 440, 445.
[25] Dazu *Dreher/Ballmaier* VersR 2012, 129; Dreher/Wandt/*Kordges*, Solvency II in der Rechtsanwendung, 2014, S. 87.
[26] Dazu Bürkle/*Bürkle* § 2 Rn. 105 ff.; *Dreher* VersR 2013, 929; *Reese/Ronge* VersR 2011, 1217; *Sandmann* CCZ 2015, 70.
[27] Zu Internen Revisionsfunktion und zur Compliance-Funktion nach Solvency II *Bürkle* CCZ 2012, 220.
[28] *Beisheim* BKR 2010, 397, 399; Schwennicke/Auerbach/*Auerbach/Langen/Häußler* § 25 FKAG Rn. 17.
[29] BT-Drs. 18/2956, 240 zu § 23 Abs. 5.
[30] Dazu *Lipowsky* in: Dreher/Wandt 2012, S. 57; *Dreher/Ballmaier* in: Dreher/Wandt 2012, S. 73.
[31] BT-Drs. 17/12602, 33 zu § 25.
[32] *Lipowsky* in: Dreher/Wandt 2012, S. 57, 62.

doppelte und keine **beeinträchtigende** Beaufsichtigung erfolgen soll. Art. 9 Abs. 6 RL 2002/87/EG sieht vor, dass die ESA für das aufsichtlichen Überprüfungsverfahren über den Gemeinsamen Ausschuss gemeinsame Leitlinien veröffentlichen, um auf eine **Angleichung** der Aufsichtspraktiken bei der in diesem Artikel vorgesehenen zusätzlichen Beaufsichtigung von internen Kontrollmechanismen und Risikomanagementverfahren sowie auf **Kohärenz** mit den in Art. 124 der Richtlinie 2006/48/EG und Art. 248 Solva II-RL vorgesehenen aufsichtlichen Überprüfungsverfahren zu erreichen.

5. Vergütung (Abs. 1 S. 4). Satz 4 ordnet für übergeordnete Finanzkonglomerateunternehmen (§ 12 FKAG) die entsprechende Geltung der Regelungen in § 25 VAG und § 34 VAG zur Vergütung an. Das betrifft zunächst die **übergeordneten** Unternehmen selbst, soweit sie nicht bereits den branchenspezifischen Vorgaben (§ 2 Abs. 3 FKAG) zur Vergütung unterliegen. Danach muss das Vergütungssystem für Geschäftsleiter, Mitarbeiter und Aufsichtsratsmitglieder **angemessen**, **transparent** und auf eine **nachhaltige** Unternehmensentwicklung ausgerichtet sein (§ 25 Abs. 1 VAG). Übergeordnete Konglomeratsunternehmen dürfen zudem Geschäftsleitern und Aufsichtsratsmitgliedern andere Tätigkeiten, die sie für diese Unternehmen erbringen, nur vergüten, soweit dies mit ihren Aufgaben als Organmitglieder vereinbar ist (§ 25 Abs. 2 VAG). Schließlich gilt auch die branchenspezifische Eingriffsbefugnis der BaFin im Hinblick auf die variable Vergütung (§ 25 Abs. 4 VAG) entsprechend. 18

Weiter erfasst sind die **nachgeordneten** Unternehmen des Finanzkonglomerats (§ 18 Abs. 1 S. 1 FKAG), aber ebenfalls nur, wenn diese nicht bereits der aufsichtsrechtlichen Regulierung der Finanzbranche (§ 2 Abs. 3 FKAG) unterliegen. Insoweit muss das übergeordnete Unternehmen des Konglomerats **sicherstellen**, dass die Vergütungssysteme für Geschäftsleiter, Mitarbeiter und Aufsichtsratsmitglieder innerhalb des gesamten Konglomerats ebenfalls angemessen, transparent und auf eine nachhaltige Entwicklung ausgerichtet sind (§ 25 Abs. 3 S. 1 VAG), somit denselben Grundsätzen wie das eigene Vergütungssystem entsprechen. § 34 Abs. 1 VAG enthält eine Verordnungsermächtigung, die in Abs. 2 konkretisiert wird und so zugleich mittelbare Vorgaben für das übergeordnete Konglomeratsunternehmen enthält.[33] Danach orientieren sich die Vergütungsvorgaben für Unternehmen, die einem Finanzkonglomerat angehören, **zusätzlich** zur Soloebene an der Größe des Finanzkonglomerats sowie an Art, Umfang, Komplexität, Risikogehalt und Internationalität seiner Geschäftsaktivitäten (§ 34 Abs. 2 S. 3 VAG). 19

Diese Verordnungsermächtigung wurde 2016 mit der VersVergV[34] genutzt. § 5 Abs. 1 VersVergV regelt nochmals die in § 25 Abs. 3 VAG normierte **Sicherstellungspflicht** der übergeordneten Finanzkonglomerateunternehmen. Dazu müssen diese nach § 5 Abs. 2 VersVergV auf der Basis einer eigenverantwortlichen Risikoanalyse vorab ermitteln, für welche konglomeratsangehörigen Unternehmen weder die versicherungs- noch die bankenaufsichtsrechtlichen Vergütungsvorschriften gelten. Die Ermittlungspflicht und die anschließende Sicherstellungspflicht werden aber durch die rechtlichen Möglichkeiten der übergeordneten Finanzkonglomerateunternehmen und durch den Verhältnismäßigkeitsgrundsatz **begrenzt**.[35] Für Versicherungs-Holdinggesellschaften und gemischte Finanzholding-Gesellschaften ergibt sich die Anwendung der versicherungsaufsichtsrechtlichen Vergütungsvorgaben aus § 1 Abs. 1 Nr. 2 und Nr. 4 VersVergV sowie bereits aus § 293 Abs. 1 VAG. Zu den versicherungsaufsichtsrechtlichen Vorgaben zählen auch die Regelungen in Art. 275 Solva II-VO. Die **versicherungsaufsichtsrechtlichen** Vergütungsvorgaben bilden somit den Rahmen für die Verantwortung des übergeordneten Konglomeratsunternehmens. Daran ändert auch die bankenaufsichtsrechtliche Vorgabe für diese Unternehmen in § 27 Abs. 1 S. 1 InstitutsVergV[36] nichts.[37] Denn der eindeutige Gesetzeswortlaut in § 25 Abs. 1 S. 4 FKAG knüpft ausschließlich an versicherungsaufsichtsrechtliche Vorgaben an.[38] Zudem trifft diese vergütungsbezogene Pflicht alle übergeordneten Konglomerateunternehmen, auch solche in „bankgeführten" Konglomeraten,[39] somit ebenfalls übergeordnete Finanzkonglomerateunternehmen aus der Banken- und Wertpapierbranche.[40] 20

6. Sanierung und Abwicklung (Abs. 1 S. 5 und S. 6). Satz 5 sieht zur Umsetzung von Art. 9 Abs. 6 RL 2002/87/EG Vorkehrungen vor, die dazu dienen sollen, bei Bedarf zu geeigneten Sanierungs- und Abwicklungsverfahren und zu entsprechenden Plänen beizutragen. Es geht hierbei um die Entwicklung prophylaktischer und individueller Konzepte, die organisatorische Abläufe und materielle Inhalte betreffen. Die Verantwortung hierfür tragen nach Satz 3 die Leitenden Personen des übergeordneten Finanzkonglomeratsunternehmens, da es sich um einen Bestandteil der ordnungsgemäßen Geschäftsorganisation handelt. In der **Versicherungsbranche** existieren bislang keine entsprechenden 21

[33] Luz/Neus/*Ellwanger* § 25 FKAG Rn. 11; Schwennicke/Auerbach/*Häußler* § 25 FKAG Rn. 22.
[34] Versicherungs-Vergütungsverordnung vom 18.4.2016, BGBl. I 763.
[35] Vgl. *Bartel/Bilobrk/Zopf* BB 2011, 1269, 1270.
[36] Verordnung über die aufsichtsrechtlichen Anforderungen an Vergütungssysteme von Instituten (Institutsvergütungsverordnung) vom 16.12.2013, BGBl. I 4270.
[37] A. A. Schwennicke/Auerbach/*Auerbach/Langen/Häußler* § 25 FKAG Rn. 22.
[38] Annuß/Früh/Hasse/*Hasse* § 25 VAG Rn. 39.
[39] BT-Drs. 17/12602, 33 zu § 25 unter Verweis auf die vorherige Vergütungsregelung in § 64b VAG.
[40] *Pockrant* S. 289; Luz/Neus/*Ellwanger* § 25 FKAG Rn. 11; Schwennicke/Auerbach/*Häußler* § 25 FKAG Rn. 22.

Vorgaben, so dass die betroffenen Unternehmen dieser Branche eigenverantwortlich über die Ausgestaltung entscheiden können. Für die **Bankenbranche** ergeben sich Anhaltspunkte für die geforderten Vorkehrungen aus den einschlägigen und für die Finanzkonglomerate entsprechend heranzuziehenden Vorgaben im SAG.[41] Wie im Rahmen des im Rahmen des BRRD-Umsetzungsgesetzes[42] durch eine Streichung in § 1 SAG jedoch klargestellt wurde, unterliegen die einem Finanzkonglomerat angehörenden **Versicherungsunternehmen** jedoch nicht dem Sanierungs- und Abwicklungsregime des SAG; sie müssen lediglich Mitwirkungspflichten bei der Vernetzungsanalyse erfüllen (§ 45 Abs. 1 Nr. 1 SAG).[43] Satz 6 regelt eine Überprüfungspflicht bezüglich der Vorkehrungen, die bei Bedarf zu deren Modifikation führen. Die **Überprüfung** sollte im Jahresturnus erfolgen, wesentliche Entwicklungen können eine unterjährige ad-hoc-Prüfungspflicht begründen.

22 **III. Maßnahmen der BaFin (Abs. 2).** Abs. 2 sieht eine generalklauselartige[44] Anordnungsbefugnis der BaFin vor, um die Einhaltung der besonderen organisatorischen Vorgaben nach Abs. 1 zu gewährleisten. Möglicher Auslöser der Intervention ist nur die Nichteinhaltung der **rechtlichen** Vorgabe nach Abs. 1. Die BaFin kann Maßnahmen nur bei tatsächlichen Rechtsverstößen ergreifen, nicht wegen „Missständen" außerhalb der speziellen organisationsbezogenen Legalitätspflicht. Für die Bekämpfung anderer Defizite bietet die Norm keine Grundlage. Die BaFin („kann") verfügt über ein **Entschließungsermessen** („ob") und über eine **Auswahlermessen** („wie") bezüglich ihrer Maßnahmen. Das Auswahlermessen umfasst erstens das einzusetzende Mittel und zweitens den anzusprechenden Adressaten. Es sind diejenigen Maßnahmen zulässig, die das organisationsrechtliche Defizit im jeweiligen Einzellfall wirksam, aber zugleich möglichst schonend beseitigen.

23 **IV. Berichtspflichten (Abs. 3).** Die in Abs. 3 geregelte Verpflichtung zur jährlichen Mitteilung gegenüber der BaFin und der Bundesbank dient der Umsetzung von Art. 9 Abs. 4 RL 2002/87/EG in seiner durch Art. 2 Nr. 8 lit. a RL 2011/89/EU ergänzten Fassung. Damit soll eine angemessene behördliche Aufsicht gewährleistet werden.[45] Die jährliche Berichtspflicht muss nach Abs. 3 das **übergeordnete** Unternehmen des Konglomerats (§ 12 Abs. 1 FKAG) erfüllen, während Art. 9 Abs. 4 UAbs. 1 RL 2002/87/EG von einer entsprechenden Pflicht aller **beaufsichtigten** Unternehmen ausgeht. Der Berichtstermin wurde auf Vorschlag des Bundestags-Finanzausschusses vom ursprünglich vorgesehenen 15. März auf den 15. Mai verschoben, weil sich die Berichtsinhalte mit Angaben aus dem **Geschäftsbericht** des übergeordneten Unternehmens decken, die zum 15. März noch nicht vorliegen; zugleich wird mit der Verschiebung doppelter Aufwand vermieden.[46] Der Jahresbericht muss **Einzelheiten** der Rechts-, Governance- und Organisationsstruktur des übergeordneten Konglomeratsunternehmens beinhalten. Weiter erfasst sind die beaufsichtigten Unternehmen, nicht beaufsichtigte Tochtergesellschaften und bedeutende Zweigniederlassungen. Der Bericht erscheint bezüglich der beaufsichtigten Unternehmen zur angemessenen Beaufsichtigung nicht erforderlich und damit **unverhältnismäßig**, weil diese bereits selbst umfangreiche Berichtspflichten mit weitgehend identischem Inhalt gegenüber der BaFin erfüllen müssen (vgl. § 40 und § 43 VAG sowie Art. 304–314 Solva II-VO). Es genügt dann für die Aufsichtszwecke, wenn diese detaillierten Informationen bei der BaFin vorliegen, die diese dann bei Bedarf an die Bundesbank oder andere Aufsichtsbehörden im EWR übermitteln kann (vgl. § 29 Abs. 1 S. 3 FKAG). Die Begriffe Rechts-, Governance- und Organisationsstruktur sind nicht in allen Einzelheiten trennscharf zu unterscheiden, sondern weisen teilweise überlappende Inhalte auf. Wegen des europarechtlichen Ursprungs der Berichtspflicht und weil es sich um **unionsrechtliche** Begriffe handelt, die autonom auszulegen sind, bietet sich bezüglich des Berichtsinhalts eine Orientierung an den entsprechenden Berichtspflichten auf Versicherungsgruppenebene gegenüber der BaFin an (§ 278 i. V. m. §§ 40 ff. VAG und Art. 372 ff. Solva II-VO i. V. m. mit Anlage XX). Weitere Anhaltspunkte enthält die Versicherungsberichterstattungs-Verordnung (BerVersV).

24 **V. Offenlegungspflichten (Abs. 4).** Die Verpflichtung zur jährlichen Offenlegung gegenüber der **Allgemeinheit** (§ 25 Abs. 4) dient der Umsetzung von Art. 9 Abs. 4 RL 2002/87/EG in seiner durch Art. 2 Nr. 8 lit. a RL 2011/89/EU ergänzten Fassung. Hier bietet sich bezüglich des Berichtsinhalts eine Orientierung an den entsprechenden Berichtspflichten auf Versicherungsgruppenebene gegenüber der Öffentlichkeit an (§ 278 i. V. m. §§ 40 ff. VAG und Art. 359 ff. Solva II-VO i. V. m. mit Anlage XX). Die Offenlegung nach Abs. 4 umfasst im Hinblick auf die Adressaten im Gegensatz zu Abs. 3 keine Einzelheiten,[47] sondern nur **allgemeine** und ohne expertenwissen verständliche Ausführungen bezüglich der Rechts-, Governance- und Organisationsstruktur. Betriebs- und Geschäftsgeheimnisse[48] werden

[41] Sanierungs- und Abwicklungsgesetz vom 10. Dezember 2014, BGBl. 2014 I 2091.
[42] Gesetz zur Umsetzung der Sanierungs- und Abwicklungsrichtlinie vom 10.12.2014, BGBl. 2014 I 2091
[43] BT-Drs. 18/3008, S. 374.
[44] Auerbach/Schwennicke/*Auerbach/Langen/Kempers* § 25 Rn. 24; FKBP/*Pohlmann* § 104s Rn. 5.
[45] 5. Erwägungsgrund zur RL 2011/89/EU.
[46] BT-Drs. 17/13245, 7.
[47] Luz/Neus/*Ellwanger* § 25 FKAG Rn. 18.
[48] Dazu RL 2016/943 (EU) vom 8.6.2016, ABl.EU 2016 Nr. L 157/1; dazu *Baranowski/Glaßl*, BB 2016, 2563; *Hauck*, NJW 2016, 2218; *Heinzke* CCZ 2016, 179; *Rauer/Eckert* DB 2016, 1239.

von der Offenlegungspflicht ebenfalls nicht erfasst; eine vorherige behördliche **Genehmigung** für eine unterbliebene Offenlegung sieht das FKAG im Gegensatz zu § 41 VAG zu Recht nicht vor. Die Offenlegung kann durch einen Verweis auf eine konkrete Fundstelle in gleichwertigen Dokumente ersetzt werden, der im Gegensatz zu § 49 Abs. 8 VAG zu Recht ebenfalls keine behördliche **Genehmigung** erfordert. Als **gleichwertiges** Dokument kommt vor allem der Geschäftsbericht in Betracht; als Veröffentlichungsmedium kann die Homepage des übergeordneten Finanzkonglomerateunternehmens dienen (vgl. Art. 301 Abs. 1 Solva II-VO).

Prognoserechnungen

26 (1) **[1]Die Bundesanstalt kann von dem übergeordneten Unternehmen eines Finanzkonglomerats die Vorlage von Prognoserechnungen für das betreffende Finanzkonglomerat verlangen. [2]In diesem Fall legt sie die Parameter, Stichtage und Berechnungsmethoden sowie die Form und Frist, in denen die Prognoserechnung vorzulegen ist, fest.**

(2) **[1]Die Bundesanstalt gestattet dem übergeordneten Unternehmen eines Finanzkonglomerats die Verwendung eigener Berechnungsmethoden, soweit dies die Beurteilung des Finanzkonglomerats oder des entsprechenden Marktes insgesamt nicht erschwert. [2]Sie kann verlangen, dass dabei bestimmte Rechnungsannahmen zugrunde gelegt werden.**

I. Allgemeines. Die Norm verwendet den Begriff „Prognoserechnungen", der im deutschen Aufsichtsrecht bereits benutzt wird (§ 44 VAG), anstelle des europäischen Begriffs der Stresstests.[1] § 26 lehnt sich an die Detailregelungen in § 44 VAG an und ist daher wie dort und für Finanzkonglomerate entsprechend auszulegen. Abs. 1 ermächtigt die BaFin zur Anforderung von Prognoserechnungen und Abs. 2 regelt die anzuwendenden Berechnungsmethoden. 1

1. Entstehungsgeschichte. Die Norm findet sich seit dem 27.6.2013 erstmals im damals neu geschaffenen FKAG und hat für Finanzkonglomerate keine Vorgängerregelung im VAG. 2

2. Normzweck. Die Regelung dient zur kohärenten Durchführung (unionsweiter) Stresstests in allen beaufsichtigten Branchen des Finanzkonglomerats, mit denen spezifische Gruppenrisiken identifiziert werden sollen,[2] um die präventive und prospektive Beaufsichtigung zu stärken.[3] 3

3. Europarechtlicher Hintergrund. Die Norm dient der Umsetzung der Regelung in Art. 9b RL 2002/87/EG, die dort durch Art. 2 Nr. 9 RL 2011/89/EU eingefügt wurde. 4

II. Anordnungsbefugnis (Abs. 1). 1. Prognoserechnungen (Abs. 1 S. 1). Satz 1 räumt der Aufsichtsbehörde das Entschließungsermessen ein,[4] von dem **übergeordneten** Unternehmen (§ 12 FKAG) die Durchführung von Prognoserechungen für das Finanzkonglomerat zu fordern. Derartige konglomeratsweite Berechnungen erfordern unfangreiche organisatorische Umsetzungsmaßnahmen. Sie binden zudem erhebliche Personal- und Rechnerkapazitäten bei den Unternehmen. Die Anforderung ist daher nur zulässig, soweit die Berechnung für die Überwachungsaufgaben der Behörde im Bereich der Finanzkonglomerateaufsichtaufsicht tatsächlich **erforderlich** ist. Ein entsprechendes Verlangen der Behörde muss als (Sammel)-Verwaltungsakt nach § 35 Abs. 1 VwVfG[5] eine **konkrete** Begründung bezüglich des ob und wie des Berechnungsverlangens enthalten. 5

2. Inhalte (Abs. 1 S. 2). Satz 2 konkretisiert das behördliche **Auswahlermessen** bezüglich des Inhalts möglicher Berechnungen und nennt materiell Parameter, Stichtage und Berechnungsmethoden sowie formell Form und Frist. Er regelt **abschließend** den zulässigen Inhalt des entsprechenden Verwaltungsaktes; weitere Inhalte kann die BaFin nicht vorgeben. Dabei sollte sich die prospektive Betrachtung auf einen **aussagekräftigen** Zeitraum beschränken, da überzogen lange Prognosezeiträume keine belastbaren Aussagen liefern und für die Finanzaufsicht nicht erforderlich sind. Angesichts der Dynamik des Marktes und des Umfelds erscheint regelmäßig ein Zeitraum von drei Jahren angemessen. 6

III. Berechnungsmethoden (Abs. 2). 1. Unternehmenseigene Berechnungsmethoden (Abs. 2 S. 1). Satz 1 gibt vor, dass die BaFin dem übergeordneten Unternehmen auf Antrag[6] die Verwendung eigener Berechnungsmethoden gestattet, also mangels Ermessens gestatten **muss**, soweit dadurch die Beurteilung des Finanzkonglomerats oder des entsprechenden Marktes nicht erschwert wird; maßgebend ist dabei unter anderem die Qualität ihrer Aussagekraft bezüglich der konglomerats- 7

[1] BT-Drs. 17/12602, 30 zu § 62.
[2] 11. Erwägungsgrund zur RL 2011/89/EU.
[3] Luz/Neus/*Ellwanger* § 26 FKAG Rn. 3; Auerbach/Schwennicke/*Auerbach/Häußler* § 26 FKAG Rn. 4.
[4] Luz/Neus/*Ellwanger* § 26 FKAG Rn. 7; Auerbach/Schwennicke/*Auerbach/Häußler* § 26 FKAG Rn. 4.
[5] Auerbach/Schwennicke/*Auerbach/Häußler* § 26 FKAG Rn. 3.
[6] Auerbach/Schwennicke/*Auerbach/Häußler* § 26 FKAG Rn. 7.

spezifischen Risiken.[7]**Eigene** Berechnungsmethoden müssen dabei nicht zwingend unternehmensindividuelle Methoden sein.

8 **2. Vorgabe von Rechnungsgrundlagen (Abs. 2 S. 2).** Nach Satz 2 steht es im ordnungsgemäß auszuübenden **Ermessen** der Aufsichtsbehörde (§ 40 VwVfG) zu verlangen, dass die Unternehmen bestimmten Rechnungsgrundlagen verwenden, wenn diese nach Satz 1 mit unternehmenseigenen Berechnungsmethoden arbeiten. Dieses Verlangen dient der **Vergleichbarkeit** der späteren Berechnungsergebnisse der einzelnen Finanzkonglomerate, darf aber nicht dazu führen, dass der individuelle Charakter der Berechnungen entwertet wird.

Begründung von Unternehmensbeziehungen

27 (1) **Ein beaufsichtigtes Unternehmen eines Finanzkonglomerats hat bei dem Erwerb einer Beteiligung an einem Unternehmen mit Sitz im Ausland oder bei der Begründung einer Unternehmensbeziehung mit einem Unternehmen, wodurch dieses Unternehmen zu einem nachgeordneten Unternehmen im Sinne des § 18 Absatz 1 wird, sicherzustellen, dass das für die Zusammenfassung verantwortliche übergeordnete Unternehmen des Finanzkonglomerats die für die Erfüllung der jeweiligen Pflichten nach den §§ 17 bis 24 erforderlichen Angaben erhält.**

(2) [1]**Absatz 1 ist nicht anzuwenden, wenn**

1. **das jeweilige beaufsichtigte Unternehmen des Finanzkonglomerats die erforderlichen Angaben für die Zusammenfassung nach den §§ 17 bis 24 nicht beschaffen und an das übergeordnete Unternehmen weiterleiten oder dem übergeordneten Unternehmen auf andere Weise zugänglich machen kann,**
2. **bei der Zusammenfassung entsprechend § 10a Absatz 4 und 5 des Kreditwesengesetzes dem Risiko aus der Begründung der Beteiligung oder der Unternehmensbeziehung Rechnung getragen wird und**
3. **es der Bundesanstalt ermöglicht wird, die Einhaltung der Voraussetzung nach Nummer 2 zu überprüfen.**

[2]**Das beaufsichtigte Unternehmen eines Finanzkonglomerats hat die Begründung, die Veränderung oder die Aufgabe einer in Absatz 1 genannten Beteiligung oder Unternehmensbeziehung unverzüglich der Bundesanstalt und der Deutschen Bundesbank anzuzeigen.**

(3) **Die Bundesanstalt kann die Fortführung der Beteiligung oder der Unternehmensbeziehung untersagen, wenn das übergeordnete Unternehmen eines Finanzkonglomerats die für die Erfüllung der Pflichten nach den §§ 17 bis 24 erforderlichen Angaben nicht erhält.**

1 **I. Allgemeines.** Die Norm regelt die Auswirkungen der Begründung bestimmter Unternehmensbeziehungen durch beaufsichtigte Finanzkonglomeratsunternehmen. Abs. 1 normiert eine konglomeratsspezifische Sicherstellungspflicht, von der Abs. 2 Ausnahmen vorsieht und im übrigen eine Anzeigepflicht regelt. Abs. 3 enthält Eingriffsermächtigungen für die BaFin.

2 **1. Entstehungsgeschichte.** Die Norm findet sich seit dem 27.6.2013 branchenübergreifend im damals neu geschaffenen FKAG. Eine Vorgängerregelung existierte mit § 12a KWG a. F. nur für die Bankenbranche.

3 **2. Normzweck.** Die Norm bezweckt die Sicherstellung der Erfüllung der Anzeigepflichten des übergeordneten Finanzkonglomeratsunternehmens nach §§ 17–24 FKAG durch vorgelagerte Meldepflichten der nachgeordneten Konglomeratsunternehmen. Damit sollen potenzielle Risiken, die für das Finanzkonglomerat aus Beteiligungen resultieren können, kontrolliert und überwacht werden.[1]

4 **3. Europarechtlicher Hintergrund.** Es handelt sich um eine rein nationale Regelung, ohne verbindliche europarechtliche Vorgabe.

5 **II. Sicherstellungspflicht (Abs. 1).** Abs. 1 normiert eine Sicherstellungspflicht im H8inblick auf bestimmte Angaben, die alle **beaufsichtigten** Unternehmen (§ 2 Abs. 1 FKAG) trifft. Anders als bisher im KWG erstreckt sich die Verpflichtung nun auf jedes beaufsichtigte Unternehmen eines Finanzkonglomerats.[2] Diese Pflicht besteht im Interesse des übergeordneten Unternehmens des Finanzkonglomerats und dient dazu, die Erfüllung dessen Anzeigepflichten nach §§ 17–24 FKAG zu gewährleisten. Die Pflicht wird durch zwei abschließend normierte Anlässe ausgelöst. Erstens durch den Erwerb einer **Beteiligung** (§ 2 Abs. 6 FKAG) an einem Unternehmen mit Sitz im Ausland. Dabei umfasst die Mitteilungspflicht der beaufsichtigten Unternehmen erst den tatsächlichen, nicht bereits den beabsich-

[7] BT-Drs. 17/12602, 30 zu § 62; Luz/Neus/*Ellwanger* § 26 FKAG Rn. 7.
[1] 8. Erwägungsgrund zur RL 2011/89/EU.
[2] BT-Drs., 17/12602, 34 zu § 27.

tigten Erwerb von Unternehmen aller Rechtsformen im EWR und in Drittstaaten. Zweitens wird die Pflicht durch die Begründungen einer **Beziehung** zu Unternehmen im In- und Ausland ausgelöst, mit der das beaufsichtigten Unternehmen den Status eines nachgeordneten Finanzkonglomeratsunternehmens (§ 18 Abs. 1 FKAG) erlangt. Bei diesen Unternehmensbeziehungen handelt es sich nicht um enge Verbindungen i. S. v. § 2 Abs. 8 FKAG. Da der Sitz für die Eigenschaft als nachgeordnetes Unternehmen unerheblich ist, werden Beziehungen zu Unternehmen mit Sitz im Ausland ebenfalls erfasst.[3]

III. Ausnahmen und Anzeigepflicht (Abs. 2). Satz 1 regelt, dass die Sicherstellungspflicht nach Abs. 1 dann nicht besteht, wenn die in Nr. 1–3 geforderten **kumulativen**[4] Voraussetzungen vorliegen. Nr. 1 verlangt, dass beaufsichtigte Unternehmen die für die Aggregation auf Konglomeratsbasis nach §§ 17–24 FKAG erforderlichen Angaben (aus rechtlichen oder tatsächlichen Gründen) nicht machen kann. Nr. 2 fordert eine risikoorientierte Betrachtung der Folgen der neuen Beteiligung bzw. Beziehung unter entsprechender Anwendung von § 10a Abs. 6 oder 7 KWG, die insoweit auch für die Versicherungsbranche relevant werden; der Wortlautvergleich mit § 12a KWG zeigt, dass kein Buchwertabzug, sondern ein adäquates Management des neuen Risikos gefordert wird.[5] Nr. 3 setzt voraus, dass die BaFin die Möglichkeit erhält, die Einhaltung der in Nr. 2 geforderten Bedingung zu prüfen. Satz 2 schreibt eine **Anzeigepflicht** der **beaufsichtigten** Finanzkonglomeratsunternehmen gegenüber der BaFin und der Bundesbank vor, die bezüglich der Bundesbank auch für Unternehmen der Versicherungsbranche gilt; eine Weiterleitung der BaFin wäre auch hier ausreichend. **Auslöser** sind Begründung, Erwerb und Beendigung einer Beteiligung oder einer Unternehmensbeziehung i. S. v. Abs. 1. Die Anzeigepflicht muss unverzüglich nach Eintritt dieser Ereignisse, also ohne schuldhaftes Zögern (vgl. § 121 Abs. 1 BGB) erfolgen. Eine Wesentlichkeitsschwelle als Begrenzung der Anzeigepflicht auf bedeutsame Vorgänge sieht die Norm nicht vor. 6

IV. Behördliche Untersagungsbefugnis (Abs. 3). Abs. 3 sieht als mögliche Sanktion gegenüber den **beaufsichtigten** Unternehmen die Untersagung ihrer Beteiligung oder der Unternehmensbeziehung vor, wenn das übergeordnete Finanzkonglomeratsunternehmen (§ 12 FKAG) die Daten nicht erhält, die es für die Erfüllung der Anzeigepflichten nach §§ 17–24 FKAG benötigt. Dieser gravierenden und **grundrechtsintensiven** Intervention (Art. 12 GG und Art. 16 GRCh) im Ermessen der BaFin („kann") wird aus Verhältnismäßigkeitsgründen regelmäßig zumindest eine informelle Ankündigung vorausgehen müssen. Die endgültige Untersagungsverfügung ergeht als **Verwaltungsakt**. Die Anordnung muss eine dem Einzelfall angemessene Frist vorsehen, damit beaufsichtigte Unternehmen etwa Beteiligungen nicht unter zu großem Zeitdruck mit erheblichem Abschlag veräußern müssen, wodurch die Solvabilität auch auf Konglomeratsebene negativ betroffen sein kann. 7

Gemischte Finanzholding-Gesellschaften

28 (1) **Die Bundesanstalt kann einer gemischten Finanzholding-Gesellschaft an der Spitze eines Finanzkonglomerats die Ausübung ihrer Stimmrechte an dem übergeordneten Unternehmen eines Finanzkonglomerats und den nachgeordneten Unternehmen des Finanzkonglomerats untersagen, wenn**

1. die gemischte Finanzholding-Gesellschaft dem nach § 17 Absatz 2 und § 23 Absatz 1 anzeigepflichtigen Unternehmen nicht die für die Beaufsichtigung auf Konglomeratsebene nach den §§ 17 bis 24 erforderlichen Angaben gemäß § 18 Absatz 4 Satz 2 oder § 18 Absatz 4 Satz 2 in Verbindung mit § 23 Absatz 3 Satz 2 zweiter Halbsatz übermittelt;
2. Tatsachen vorliegen, aus denen sich ergibt, dass eine Person, die die Geschäfte der gemischten Finanzholding-Gesellschaft tatsächlich führt, nicht zuverlässig ist oder nicht die zur Führung der Geschäfte erforderliche fachliche Eignung hat;
3. Tatsachen vorliegen, aus denen sich ergibt, dass eine Person, die dem Kontrollorgan der gemischten Finanzholding-Gesellschaft angehört, nicht zuverlässig ist oder nicht die zur Wahrnehmung der Kontrollfunktion sowie zur Beurteilung und Überwachung der Geschäfte, die das Unternehmen betreibt, erforderliche Sachkunde besitzt.

(2) [1] **Im Fall der Untersagung nach Absatz 1 hat auf Antrag der Bundesanstalt das Gericht des Sitzes des übergeordneten Unternehmens des Finanzkonglomerats einen Treuhänder zu bestellen, auf den es die Ausübung der Stimmrechte überträgt.** [2] **Der Treuhänder hat bei der Ausübung der Stimmrechte den Interessen einer soliden und aufsichtskonformen Führung der betroffenen Unternehmen Rechnung zu tragen.** [3] **Die Bundesanstalt kann aus wichtigem Grund die Bestellung eines anderen Treuhänders beantragen.** [4] **Sind die Voraussetzungen des Absatzes 1 entfallen, hat die Bundesanstalt den Widerruf der Bestellung des Treuhänders zu**

[3] BT-Drs. 15/3641, 63 zu § 104q VAG.
[4] BT-Drs. 17/12602, 34 zu § 27; Luz/Neus/*Ellwanger* § 27 FKAG Rn. 9; Auerbach/Schwennicke/*Auerbach/Häußler* § 27 FKAG Rn. 2.
[5] Luz/Neus/*Ellwanger* § 27 FKAG Rn. 8.

beantragen. [5] Der Treuhänder hat Anspruch auf Ersatz angemessener Auslagen und auf Vergütung für seine Tätigkeit. [6] Das Gericht setzt auf Antrag des Treuhänders die Auslagen und die Vergütung fest; die Rechtsbeschwerde gegen die Vergütungsfestsetzung ist ausgeschlossen. [7] Die Bundesanstalt schießt die Auslagen und die Vergütung vor; für seine Aufwendungen haften die gemischte Finanzholding-Gesellschaft und die betroffenen Unternehmen gesamtschuldnerisch.

(3) **Solange die Untersagungsverfügung nach Absatz 1 vollziehbar ist, gelten die betroffenen Unternehmen nicht als nachgeordnete Unternehmen im Sinne des § 18 Absatz 1 der gemischten Finanzholding-Gesellschaft.**

(4) **[1] Die Bundesanstalt kann in den Fällen des Absatzes 1 Nummer 2 auch gegenüber dem übergeordneten Unternehmen des Finanzkonglomerats anordnen, Weisungen der gemischten Finanzholding-Gesellschaft nicht zu befolgen, sofern es keine gesellschaftsrechtlichen Möglichkeiten gibt, die Personen abzuberufen, die die Geschäfte der gemischten Finanzholding-Gesellschaft tatsächlich führen. [2] Das Gleiche gilt, wenn solche Möglichkeiten zwar vorhanden sind, ihre Ausschöpfung aber erfolglos geblieben ist.**

(5) **[1] Eine gemischte Finanzholding-Gesellschaft, die an der Spitze eines Finanzkonglomerats steht, hat der Bundesanstalt und der Deutschen Bundesbank einmal jährlich die konglomeratsangehörigen Unternehmen anzuzeigen. [2] Veränderungen im Bestand konglomeratsangehöriger Unternehmen sind der Bundesanstalt und der Deutschen Bundesbank unverzüglich anzuzeigen.**

(6) **Die Vorschriften des Kreditwesengesetzes und des Versicherungsaufsichtsgesetzes für gemischte Finanzholding-Gesellschaften bleiben unberührt.**

1 **I. Allgemeines.** Die Norm regelt **konglomeratespezifische** Befugnisse der BaFin gegenüber gemischten Finanzholding-Gesellschaften an der Konglomeratsspitze. Sie umfasst eine Untersagungsbefugnis bezogen auf Stimmrechte (Abs. 1), deren Rechtsfolgen (Abs. 2 und Abs. 3), zusätzliche Maßnahmen (Abs. 4), Anzeigepflichten der gemischten Finanzholding-Gesellschaften (Abs. 5) und eine Abgrenzung zu den branchenspezifischen Aufsichtsgesetzen (Abs. 6)

2 **1. Entstehungsgeschichte.** Die Norm findet sich seit dem 27.6.2013 im damals neu geschaffenen FKAG und ersetzt für die Versicherungsbranche die vorherige Regelung in § 104u Abs. 1–4 und Abs. 3 VAG a. F. sowie bezüglich der Anzeigepflicht die vorherige Regelung in § 13e Abs. 3 VAG a. F., die mit dem FKRLUG geschaffen wurden.

3 **2. Normzweck.** Die speziellen Regelungen für gemischte Finanzholding-Gesellschaften, die aufsichtsrechtlich an der Spitze eines Finanzkonglomerats stehen, sollen eine schädliche Einflussnahmen dieser Unternehmen auf die über- und nachgeordneten Konglomeratsunternehmen verhindern und die materiellen Anforderungen an Organmitglieder von gemischte Finanzholding-Gesellschaften ergänzen;[1] dazu räumt die Norm der BaFin alternative Eingriffsbefugnisse ein.

4 **3. Europarechtlicher Hintergrund.** Die Norm dient der Umsetzung von Art. 16 RL 2002/87/EG soweit dort Zwangsmaßnahmen gegen gemischte Finanzholding-Gesellschaften vorgegeben werden sowie von Art. 17 Abs. 2 RL 2002/87/EG bezüglich der dort geregelten zusätzlichen Behördenbefugnisse.

5 **II. Stimmrechtsuntersagung (Abs. 1).** Die Untersagung der Stimmrechtsausübung stellt einen tiefen Eingriff in Grundrechte (Art. 12 und 14 GG, Art. 16 GRCh) dar und ist daher nach Einschätzung des Gesetzgebers nur als **ultima ratio** möglich.[2] Er betont allerdings zugleich, dass gegenüber der gemischten Finanzholding-Gesellschaft, die nicht auf Einzelebene beaufsichtigt wird, kein milderes Mittel zur Verfügung steht.[3] Adressat des möglichen Eingriffs ist die gemischte Finanzholding-Gesellschaft an der **Spitze** des Finanzkonglomerats. Eine parallele Regelung findet sich in § 19 Abs. 1 VAG. Die Befugnis der BaFin besteht grundsätzlich auch gegenüber entsprechenden Unternehmen im **Ausland**, da Regelungsgegenstand die Beteiligung an einem Unternehmen mit Sitz im Inland ist.[4] Bei der Durchsetzung ihrer Anordnung wird die BaFin dann auf die Kooperation ausländischer Behörden und die eventuelle Inanspruchnahme dortiger Gerichte angewiesen sein. Abs. 1 sieht **abschließend drei alternative** Anlässe vor, in denen die BaFin das Ermessen besitzt („kann"), der gemischten Finanzholding-Gesellschaft an der Konglomeratsspitze die Ausübung ihrer Stimmrechte sowohl an dem übergeordneten als auch an den nachgeordneten Finanzkonglomeratsunternehmen zu untersagen. Dagegen sind Widerspruch und Anfechtungsklage möglich, die aber kraft Gesetzes keinen Suspensiveffekt entfalten (§ 31 FKAG), so dass im Regelfall die Wiederherstellung der aufschiebenden Wirkung

[1] BT-Drs. 17/12602, 34 zu § 28.
[2] Vgl. BT-Drs. 12/6957, 36 zu § 45a KWG.
[3] BT-Drs. 15/3641, 67 zu § 104u Abs. 1 VAG.
[4] BT-Drs. 17/12602, 34 zu § 28; Auerbach/Schwennicke/*Auerbach/Häußler* § 26 FKAG Rn. 4.

beantragt werden muss (§ 80 Abs. 5 VwGO); eine abweichende Aussetzungsentscheidung der BaFin (§ 80 Abs. 4 VwGO) erscheint wegen der speziellen gesetzlichen Regelung unwahrscheinlich.

1. Verletzung konglomeratsinterner Mitteilungspflichten (Abs. 1 Nr. 1). Nr. 1 setzt voraus, dass die gemischte Finanzholding-Gesellschaft dem übergeordneten Finanzkonglomeratsunternehmen die erforderlichen Angaben nicht übermittelt, die dieses zur Erfüllung gesetzlicher Anzeigepflichten gegenüber BaFin und Bundesbank **benötigt**. Betroffen sind **nur** die Anzeigen im Hinblick auf die angemessene Eigenmittelausstattung (§ 17 Abs. 2 FKAG) sowie im Hinblick auf bedeutende Risikokonzentrationen und bedeutende Transaktionen auf Konglomeratsebene (§ 23 Abs. 1 FKAG). Mit der drohenden Stimmrechtsuntersagung soll **Druck** auf die gemischte Finanzholding-Gesellschaft an der Konglomeratsspitze ausgeübt werden, den das anzeigepflichtige, aber nur aufsichts- und nicht gesellschaftsrechtlich übergeordnete Finanzkonglomeratsunternehmen gegenüber dem Spitzenunternehmen nicht entfalten kann.[5] Eine relevante **Pflichtverletzung** der gemischten Finanzholding-Gesellschaft liegt vor, wenn dessen Mitteilung an das übergeordnete Finanzkonglomeratsunternehmen nicht, unvollständig, fehlerhaft oder verspätet erfolgt. Diese **einzelfallabhängigen** Umstände muss die BaFin bei ihrer Ermessensentscheidung über eine Stimmrechtsuntersagung berücksichtigten. 6

2. Disqualifikation führender Personen (Abs. 1 Nr. 2). Zweiter möglicher Auslöser für eine Stimmrechtsuntersagung sind (nachträglich eingetretene oder nachträglich festgestellte) Defizite im Hinblick auf fachliche Eignung oder persönliche Zuverlässigkeit einer Person, die **faktisch** die gemischte Finanzholding-Gesellschaft führt. Grund für die geforderte Qualifikation dieses Personenkreis ist, dass Finanzkonglomerate abweichend von der rechtlichen Struktur häufig auf Geschäftsbereichsbasis verwaltet werden;[6] in solchen Matrix-Strukturen sind daher ebenfalls aufsichtsrechtliche Anforderungen an die Leiter der gemischten Finanzholding-Gesellschaft erforderlich. Der in Nr. 2 angesprochene Personenkreis geht über Art. 17 Abs. 2 S. 1 RL 2002/78/EG hinaus,[7] die nur verantwortliche Geschäftsleiter umfasst. Diese Ausweitung auf Personen, die unabhängig von ihrer rechtlichen Position tatsächlich führen, ist aber wegen des lediglich mindestharmonisierenden Charakters der RL[8] zulässig. Inhaltlich „übersetzt" der deutsche Gesetzgeber die Vorgaben in Art. 13 RL 2002/87/EG in die tradierte Begriffswelt des nationalen Aufsichtsrechts.[9] Aus **gut beleumundet** wird zuverlässig und die Vorgabe **ausreichender Erfahrung** wird zu fachlich geeignet. Die Beibehaltung der nationalen Begriffe ändert aber nichts daran, dass die Begriffe der Richtlinie **autonome** Termini des Unionsrechts sind, deren Inhalt nach den Auslegungsgrundsätzen des EuGH zu bestimmen ist. Die betroffene Person muss **tatsächlich** ungeeignet oder unzuverlässig sein, so dass im Fall einer Untersagung ein entsprechender Nachweis geführt werden muss. Ein bloßer Verdacht oder eine reine Annahme der BaFin reicht angesichts der Intensität des Eingriffs nicht aus. 7

Die Qualifikationsanforderungen für die leitenden Personen ergeben sich für den Versicherungssektor nach § 293 Abs. 1 VAG aus den entsprechend anwendbaren Vorgaben in § 24 Abs. 1 VAG (vgl. § 28 Abs. 6 FKAG).[10] Die versicherungsspezifischen Anforderungen sind lediglich entsprechend heranzuziehen, so dass **versicherungsspezifisches** Fachwissen für die Leitung eines Unternehmens an der Spitze eines branchenübergreifend agierenden Finanzkonglomerats deutlich weniger relevant ist, als bei einem operativ tätigen Versicherungsunternehmen.[11] Hinzu kommt, dass nach Art. 273 Abs. 2 Solva II-VO selbst für die Versicherungsbranche Erfahrungen **außerhalb** der Branche ausreichen können. Es geht an der Spitze eines Finanzkonglomerats weniger um operative Erfahrung, sondern mehr um eine strategische, kontrollierende, koordinierende und steuernde **Managementkompetenz**. Die nur entsprechende Geltung der branchenbezogenen Vorschriften schafft die notwendige Flexibilität, um die Eignung **individuell** in Abhängigkeit vom jeweiligen Risikoprofil des Finanzkonglomerats und der konkreten Geschäftstätigkeit der betroffenen gemischten Finanzholding-Gesellschaft zu bestimmen.[12] Die Regelung in Nr. 2 stellt nach ihrem Wortlaut darauf ab, dass „eine Person" nicht hinreichend qualifiziert ist. Die Gesetzesbegründung spricht aber von „**Leitungsorgan**",[13] so dass auch Defizite einzelner Mitglieder von Kollegialorganen als Anknüpfungspunkte für eine Stimmrechtsuntersagung in Betracht kommen. Allerdings werden individuelle fachliche Eignungsmängel bei nur einem Organmitglied nicht immer für den behördlichen Eingriff ausreichen, da derartige Defizite durch eine entsprechende Arbeitsteilung und gegenseitige Beratung innerhalb des Organs möglicherweise **kompensiert** werden können. 8

[5] Auerbach/Schwennicke/*Auerbach* § 28 FKAG Rn. 6; Luz/Neus/*Ellwanger* § 27 FKAG Rn. 5; FKBP/*Pohlmann* § 104u Rn. 1.
[6] 8. Erwägungsgrund zur RL 2002/87/EG.
[7] *Pockrant* S. 226.
[8] So ausdrücklich 16. Erwägungsgrund zur RL 2002/87/EG.
[9] BT-Drs. 15/3641, 55 zu Nr. 4 (§ 7a VAG a. F.).
[10] Vgl. § 24 VAG.
[11] Vgl. BT-Drs. 15/3641, 55 zu Nr. 4 (§ 7a VAG a. F.).
[12] *Pockrant* S. 231.
[13] BT-Drs. 17/12602, 34 zu § 28.

9 **3. Disqualifikation kontrollierender Personen (Abs. 1 Nr. 3).** Den Kreis der kontrollierenden Personen, der auch als **Kontrollorgan** bezeichnet wird und bei dualistisch organisierten Unternehmen den Aufsichtsrat betrifft, erfassen die Ausgangsregelungen in Art. 13 und Art. 17 Abs. 2 RL 2002/87/EG als Adressaten nicht. Die **Erweiterung** ist wegen der Mindestharmonisierung auf europäischer Ebene[14] aber zulässig. Die versicherungsaufsichtsrechtlichen Anforderungen für diesen Personenkreis ergeben sich aus § 293 Abs. 1 S. 1 i. V. m. § 24 Abs. 1 S. 1 VAG (vgl. § 28 Abs. 6 VAG), da der deutsche Gesetzgeber (rechtlich fragwürdig) Aufsichtsratsmitglieder als Personen ansieht, die (andere) Schlüsselaufgaben wahrnehmen.[15] Die Eignungsanforderungen sind aufgrund der nur entsprechenden Anwendbarkeit des Branchenrechts hier ebenfalls **individuell** zu bestimmen, aber im Vergleich zum Leitungsorgan stets **reduziert**. An dieser Abstufung ändert auch der Verzicht auf das vormalige spezielle Eignungskriterium der Sachkunde für Aufsichtsratsmitglieder im VAG a. F.[16] nichts, da mit dem abweichenden Normtext im VAG 2016 keine materielle Änderung beabsichtigt war.[17] Im Bereich der Abschlussprüfung genügt sogar Vertrautheit mit der Branche als Qualifikationskriterium (§§ 100 Abs. 5, § 107 Abs. 4 AktG).[18] Im Hinblick auf Eignungsdefizite gilt hier ebenfalls, dass partielle, individuelle Unzulänglichkeiten im Kollegialorgan arbeitsteilig kompensiert werden können.[19]

10 **III. Stimmrechtstreuhänder (Abs. 2).** Wenn die BaFin die Stimmrechtsausübung nach Abs. 1 untersagt, sieht Abs. 2 die Einsetzung eines Stimmrechtstreuhänders vor. Der Wortlaut lässt offen, ob die BaFin die Einsetzung dieses Treuhänders bei Gericht beantragen kann[20] oder beantragen muss.[21] Gegen ein Ermessen spricht der abweichende Wortlaut in Abs. 1, Abs. 3 und vor allem in Abs. 2 S. 2, der mit „kann" jeweils das behördliche Ermessen ausdrückt. Zudem wird die Gesellschaft ohne den Treuhänder zwar nicht führungslos, da dieser keine operativen und strategischen Aufgaben übernimmt; aber ohne ihn können wichtige Beschlüsse der Gesellschaft (etwa zum Jahresabschluss oder zu Umwandlungsvorgängen) nicht gefasst werden, so dass die interne Governance beeinträchtigt würde. Daher muss die BaFin den Antrag im Regelfall stellen.

11 **1. Treuhänderbestellung (Abs 2 S. 1).** Die BaFin kann die Treuhänderbestellung nicht selbst vornehmen, sondern muss diese beim Amtsgericht (§ 375 Nr. 13 FamFG) am Sitz des übergeordneten Finanzkonglomerateunternehmens (§ 12 FKAG) **beantragen**. Nach dem Normtext **muss** das AG dann einen Stimmrechtstreuhänder bestellen; Voraussetzung ist jedoch, dass die BaFin einen formell wirksamen Antrag stellt, aus dem sich zugleich das Vorliegen der gesetzlichen Voraussetzungen nach Abs. 1 ergibt. Erst die gerichtliche Bestellung hat unmittelbare rechtliche Außenwirkung. Der Antrag der BaFin stellt daher als Vorbereitungshandlung keinen Verwaltungsakt, sondern einen **Realakt** der Behörde dar.[22] Rechtsschutzmöglichkeiten bieten eine vorbeugende Unterlassungsklage vor der Bestellung und danach eine Verpflichtungsklage auf einen Widerrufsantrag bezüglich der Bestellung (vgl. S. 4), beide gegen die BaFin.

12 **2. Tätigkeit des Treuhänders (Abs. 2 S. 2).** Die Norm formuliert keine Qualifikationsanforderungen an den Treuhänder, so dass diese aus seinen **Aufgaben** abzuleiten sind. S. 2 konkretisiert die Aufgabe des Stimmrechtstreuhänders dahin, dass sich diese auf die Führung der betroffenen Unternehmen bezieht. Die darin enthaltene Vorgabe einer **soliden**, also risikoorientierten und aufsichtsrechtskonformen Unternehmensführung, ist eigentlich selbstverständlich. Offen bleibt, wie der Treuhänder allein durch seine Stimmrechtsausübung die Unternehmensführung beeinflussen können soll. Eine Einflussnahme auf die **Strategie** des Finanzkonglomerats wird von ihm jedenfalls nicht gefordert;[23] ebenso bildet die **Steuerung** des Konglomerats keinen Bestandteil der Aufgabe des Treuhänders.[24]

13 **3. Dauer der Treuhänderstellung (Abs. 2 S. 2 und 3).** Die Treuhändertätigkeit endet auf Antrag der BaFin mit Bestellung eines anderen Treuhänders (Satz 2) oder aufgrund der **Akzessorietät** bei Wegfall der Voraussetzungen für die Stimmrechtsuntersagung nach Abs. 1 (Satz 3). Der Antrag auf Bestellung eines anderen Treuhänders steht im Ermessen der BaFin, setzt aber eine **wichtigen** Grund voraus, über dessen Vorliegen dann das AG entscheiden muss. Bezüglich des Antrags auf Widerruf der Bestellung besteht aufgrund der Akzessorietät zu weggefallenen Stimmrechtsuntersagung eine **Rechtspflicht** der BaFin, die angesichts der erheblichen Grundrechtsrelevanz der Maßnahme sofort erfüllt werden muss.

---

[14] So ausdrücklich 16. Erwägungsgrund zur RL 2002/87/EG.
[15] *Bürkle* ZVersWiss 2012, 493, 507 f.; *Dreher* VersR 2012, 933, 937 f.
[16] Dazu *Bürkle* VersR 2010, 1005.
[17] BT-Drs. 18/2965, 240 zu § 24; kritisch zur damit ausgelösten Intransparenz *Bürkle* ZVersWiss 2012, 493, 512 f.
[18] *Bürkle* VersR 2016, 1145, 1146 f.
[19] *Bürkle* VersR 2016, 1145, 1147; *Dreher* FS Hoffmann-Becking, 2013, 313, 315.
[20] So Auerbach/Schwennicke/*Auerbach* § 28 FKAG Rn. 10.
[21] So FKBP/*Pohlmann* § 104u Rn. 6.
[22] *VG Frankfurt/Main* Urt. vom 4.11.2007 – 1 G 755/07 Rn. 17; Auerbach/Schwennicke/*Auerbach* § 28 FKAG Rn. 6; *Pockrant* S. 535.
[23] Vgl. BT-Drs. 12/6957, 36; Auerbach/Schwennicke/*Auerbach* § 28 FKAG Rn. 12; *Pockrant* S. 537.
[24] FKBP/*Pohlmann* § 104u Rn. 9.

14 **4. Auslagen und Vergütung des Treuhänders (Abs. 2 S. 4).** Das AG setzt Auslagen und Vergütung des Treuhänders in angemessener Höhe, also einzelfallorientiert fest. Dagegen ist eine Rechtsbeschwerde nur bezüglich der Auslagen möglich. Die BaFin tritt bezüglich der gerichtlichen Festsetzung in Vorlage und kann die entsprechenden Kosten (bei einer **rechtmäßigen** Stimmrechtsuntersagung) von der gemischten Finanzholding-Gesellschaft und den von der Treuhänderbestellung betroffenen Unternehmen gesamtschuldnerisch einfordern.

15 **IV. Rechtsfolgen der Stimmrechtsuntersagung (Abs. 3).** Nach Abs. 3 löst die Stimmrechtsuntersagung nach Abs. 1 als automatische und zwingende Rechtsfolge eine **Fiktion** aus. Diese führt dazu, dass die betroffenen Unternehmen kraft Gesetzes (nur) bezogen auf die Einbeziehung in die Eigenmittelanforderungen nach § 18 Abs. 1 FKAG **nicht** mehr als der gemischten Finanzholding-Gesellschaft **nachgeordnet** eingestuft werden. Diese fingierte Wirkung greift, solange die Untersagungsverfügung nach Abs. 1 vollziehbar ist. § 31 FKAG ordnet von Gesetzes wegen die sofortige Vollziehbarkeit (§ 80 Abs. 2 Nr. 3 VwGO) dieser Untersagung an. Beseitigt werden kann die Fiktionswirkung des Abs. 3 durch eine Anfechtungsklage (§ 42 Abs. 1 VwGO) gegen die Untersagung oder schneller durch einen Antrag auf Wiederherstellung der aufschiebenden Wirkung nach § 80 Abs. 5 VwGO.

16 **V. Weisungen des gemischten Finanzholding-Gesellschaft (Abs. 4).** Abs. 4 räumt der BaFin eine zusätzliche Anordnungsbefugnis ein, von der sie nach pflichtgemäßem Ermessen (§ 40 VwVfG) Gebrauch machen muss. Die Anordnung nach Abs. 4 stellt eine „weitere Maßnahme" dar,[25] die somit **unabhängig** von den Maßnahmen nach Abs. 1 und 2 oder zusätzlich zu diesen erfolgen kann. **Adressat** der Maßnahme ist nur das übergeordnete Finanzkonglomeratsunternehmen (§ 12 FKAG), dem die BaFin untersagen kann, Weisungen der gemischten Finanzholding-Gesellschaft an der Konglomeratsspitze zu befolgen. Weisungen sind nur **gesellschaftsrechtlich** fundierte Anweisungen,[26] nicht rein faktische Einflussmöglichkeiten, die zudem in einem Verwaltungsakt nicht mit der gebotenen Bestimmtheit geregelt werden könnten. Die Anordnungsbefugnis nach Abs. 4 wird auf die Fälle der **Qualifikationsdefizite** von tatsächlich leitenden Personen i. S. v. Abs. 1 Nr. 1 beschränkt. Das Befolgungsverbot soll mittelbaren **Druck** auf die gemischte Finanzholding-Gesellschaft erzeugen, die anweisenden Personen aus der Leitungsfunktion zu entfernen. Die Anordnungsbefugnis wird gesellschaftsrechtlich beeinflusst, da sie **nur** dann ergehen darf, wenn keine gesellschaftsrechtliche Möglichkeit zur Abberufung dieser Personen existiert oder wenn eine solche Möglichkeit erfolglos ausgeschöpft wurde. Eine gesellschaftsrechtlich fundierte Abberufungsmöglichkeit fehlt bei faktischen Leitungspersonen, wenn diese keine Unternehmensorgane sind.[27] In Betracht kommen aber etwa **Generalbevollmächtigte**, die aufgrund weitreichender Vollmachten Einfluss auf nachgelagerte Konglomeratsunternehmen ausüben können. Erfolglos **ausgeschöpft** ist die Abberufungsmöglichkeit spätestens dann, wenn sich die leitende Person gerichtlich erfolgreich gegen die Abberufung gewehrt hat. Stets bleibt im Versicherungssektor aber das behördliche **Tätigkeitsverbot** möglich, das ohne Umsetzung im Unternehmen auch gegen faktische leitende Personen direkt wirkt (§ 293 Abs. 1 VAG i. V. m. § 303 Abs. 2 Nr. 1 VAG).

17 **VI. Anzeigepflichten (Abs. 5).** Die gemischte Finanzholding-Gesellschaft muss der BaFin und der Bundesbank **jährlich** anzeigen, welche Unternehmen zum Finanzkonglomerat gehören (S. 1); einen bestimmten Zeitpunkt für die Jahresmeldung gibt der Normtext nicht vor.[28] Damit soll die BaFin die Richtigkeit, Vollständigkeit und Aktualität der einzubeziehenden Unternehmen prüfen können. Unterjährige **Veränderungen** im Bestand der konglomeratsangehörigen Unternehmen sind denselben Adressaten unverzüglich, also ab Kenntnis ohne schuldhaftes Zögern (vgl. § 121 BGB)[29] anzuzeigen; eine Wesentlichkeitsschwelle für bedeutsame anzeigepflichtige Veränderungen sieht das Gesetz nicht vor. Die Anzeigepflicht wird erst durch tatsächlich **eingetretene**, nicht bereits durch bevorstehende Veränderungen ausgelöst. Die herausgehobene Bedeutung der jährlichen Anzeigepflicht zeigt die besondere Regelung, dass Pflichtverletzungen mit **Bußgeldern** geahndet werden können (§ 32 FKAG); die unterjährigen ad-hoc Anzeigen nach S. 2 sind dagegen nicht bußgeldbewehrt.

18 **VII. Branchenspezifische Vorschriften (Abs. 6).** Die branchenspezifischen Vorschriften des Aufsichtsrechts im VAG und KWG enthalten ebenfalls verbindliche Vorgaben für gemischte Finanzholding-Gesellschaften, die aber im Gegensatz zu § 28 FKAG nicht konglomeratsspezifisch sind. Daher regelt Abs. 6 zur **Klarstellung**, dass diese Branchenvorschriften trotz der Regelung in § 28 FKAG unverändert gelten. Dabei kommen nur die jeweiligen nicht konglomeratsspezifischen Vorschriften des VAG **oder** des KWG zur Anwendung;[30] eine parallele Anwendung scheidet somit aus.

[25] BT-Drs. 15/3641, 67 zu § 104q Abs. 4 VAG.
[26] A. A. Schwennicke/Auerbach/*Auerbach* § 28 FKAG Rn. 19.
[27] Schwennicke/Auerbach/*Auerbach* § 28 FKAGRn. 23.
[28] Luz/Neus/*Ellwanger* § 28 FKAG Rn. 23.
[29] Schwennicke/Auerbach/*Auerbach* § 28 FKAG Rn. 25; Luz/Neus/*Ellwanger* § 28 FKAG Rn. 23.
[30] BT-Drs. 17/12602, 34 zu § 28; Schwennicke/Auerbach/*Auerbach* § 28 FKAG Rn. 26; Luz/Neus/*Ellwanger* § 28 FKAG Rn. 28.

Auskünfte und Prüfungen

29 (1) [1]**Die Bundesanstalt und die Deutsche Bundesbank sind befugt, von beaufsichtigten Unternehmen eines Finanzkonglomerats, den Mitgliedern ihres Vorstandes sowie sonstigen Geschäftsleitern oder den diese Unternehmen kontrollierenden Personen Auskünfte und die Vorlage von Unterlagen über die Geschäftsangelegenheiten zu verlangen, die für die zusätzliche Beaufsichtigung zweckdienlich sind.** [2]**Übermittelt das beaufsichtigte Unternehmen des Finanzkonglomerats diese Informationen trotz Aufforderung nicht, können die Bundesanstalt und die Deutsche Bundesbank die Auskünfte und die Vorlage der Unterlagen auch von der gemischten Finanzholding-Gesellschaft verlangen.** [3]**Benötigt die Bundesanstalt oder die Deutsche Bundesbank Informationen, die im Einklang mit den Rechtsvorschriften, die für die in die zusätzliche Beaufsichtigung einbezogenen Unternehmen erlassen wurden, bereits einer zuständigen Behörde erteilt wurden, soll sie sich an diese Behörde wenden.**

(2) [1]**Im Rahmen der zusätzlichen Beaufsichtigung kann die Bundesanstalt auch ohne besonderen Anlass in den Geschäftsräumen der beaufsichtigten Unternehmen eines Finanzkonglomerats Prüfungen der Informationen nach Absatz 1 vornehmen.** [2]**Diese Befugnis hat sie auch gegenüber verbundenen Unternehmen und beteiligten Unternehmen und deren verbundenen Unternehmen des der zusätzlichen Beaufsichtigung unterliegenden beaufsichtigten Unternehmens eines Finanzkonglomerats sowie gegenüber der entsprechenden gemischten Finanzholding-Gesellschaft.** [3]**Die Bundesanstalt kann an von ihr durchgeführten Prüfungen Abschlussprüfer im Sinne des § 319 des Handelsgesetzbuchs beteiligen oder solche Personen mit der Durchführung von Prüfungen beauftragen; für diese Personen gelten § 323 des Handelsgesetzbuchs sowie die Ausschlussgründe des § 319 Absatz 2 bis 5 und des § 319a des Handelsgesetzbuchs entsprechend.** [4]**Die Bundesanstalt kann der Deutschen Bundesbank die Durchführung einer Prüfung übertragen.**

(3) [1]**Die Bediensteten der Bundesanstalt, der Deutschen Bundesbank sowie der sonstigen Personen, derer sich die Bundesanstalt bei der Durchführung der Prüfungen bedient, können hierzu die Geschäftsräume der Unternehmen innerhalb der üblichen Betriebs- und Geschäftszeiten betreten und besichtigen.** [2]**Das Grundrecht des Artikels 13 des Grundgesetzes wird insoweit eingeschränkt.** [3]**Die Betroffenen haben Maßnahmen nach den Absätzen 2 und 3 zu dulden.**

(4) **Der zur Erteilung einer Auskunft Verpflichtete kann die Auskunft auf solche Fragen verweigern, deren Beantwortung ihn selbst oder einen der in § 383 Absatz 1 Nummer 1 bis 3 der Zivilprozessordnung bezeichneten Angehörigen der Gefahr strafrechtlicher Verfolgung oder eines Verfahrens nach dem Gesetz über Ordnungswidrigkeiten aussetzen würde.**

1 **I. Allgemeines.** Die Norm regelt konglomeratsspezifische Informationspflichten (Abs. 1), die Duldungspflicht bei örtlichen Prüfungen (Abs. 2), die entsprechenden Zutrittsrechte (Abs. 3) sowie schließlich Auskunftsverweigerungsrechte (Abs. 4).

2 **1. Entstehungsgeschichte.** Die Norm findet sich seit dem 27.6.2013 branchenübergreifend im damals neu geschaffenen FKAG und ersetzt für die Versicherungsbranche die vorherigen Regelungen in § 83 Abs. 1 S. 1 Nr. 1b, Nr. 2, Nr. 4 und S. 3 VAG a. F.

3 **2. Normzweck.** Die Norm dient der Sicherstellung umfassender aufsichtsbehördlicher Informationsrechte und Ermittlungsmöglichkeiten auf der Ebene des Finanzkonglomerats.

4 **3. Europarechtlicher Hintergrund.** Die Norm dient der Umsetzung von Art. 14 Abs. 2 RL 2002/87/EG.

5 **II. Auskunfts- und Vorlagepflichten (Abs. 1).** Abs. 1 regelt zur Sicherstellung adäquater Informationen die konglomeratsspezifischen Pflichten, gegenüber der BaFin und der Bundesbank Auskünfte zu erteilen und diesen Unterlagen vorzulegen.

6 **1. Inhalt und Adressaten (Abs. 1 S. 1).** BaFin und Bundesbank haben die Befugnis, Auskünfte und Unterlagen zu verlangen, die für die zusätzliche Konglomerateaufsicht zweckdienlich sind. Das Verlangen wird somit durch den objektiven Aufsichtszweck **begrenzt**; es genügt nicht, dass Auskünfte und Unterlagen lediglich subjektiv interessant sind. Zudem ist ein ausreichender Bezug zum Geschäftsbetrieb des betroffenen Konglomerats erforderlich Die **konglomeratsspezifische Zweckdienlichkeit** des Verlangens muss in dem Verwaltungsakt, der auf der Basis von Abs. 1 ergeht, dargelegt werden. Das Verlangen setzt keinen bestimmten Anlass voraus, muss aber konglomeratespezifisch motiviert sein. Sein Einsatz steht im pflichtgemäß auszuübenden Ermessen,[1] das durch **Verhältnismäßigkeitsaspekte** beeinflusst wird. Einschlägige spezielle Informationsinstrumente sind vorrangig einzusetzen. Ein wei-

[1] FKBP/*Bähr* § 83 Rn. 2.

tergehendes (Folge-)Verlangen ist unzulässig, wenn bereits für Aufsichtszwecke ausreichende Informationen erteilt wurden.[2]

Die **Auskünfte** können objektive Tatsachen und subjektive Bewertungen betreffen. Sie können schriftlich, in Textform oder mündlich erteilt werden, wobei die Entscheidung der Aufsichtsbehörde über die Form wesentlich von Inhalt, Komplexität, Bedeutung und Eilbedürftigkeit der Anfrage abhängt. Die Vorlage von **Unterlagen** erfasst Dokumente jeglicher Art, etwa Urkunden, Vereinbarungen, Protokolle, Beschlüsse oder Korrespondenz und betrifft auch elektronisch gespeicherte Dokumente. **Adressaten** des Verlangens können Unternehmen und natürliche Personen sein. Der Kreis der relevanten **Unternehmen** ist aber begrenzt; in Betracht kommen nur beaufsichtigte Unternehmen eines Finanzkonglomerats (§ 2 Abs. 1 FKAG). Der Kreis der relevanten **Personen** wird ebenfalls eingeschränkt und umfasst nur die Geschäftsleiter und die kontrollierenden Personen dieser Unternehmen; **Beschäftigte** von Unternehmen werden im Gegensatz zu den Branchenvorschriften (§ 305 Abs. 1 Nr. 1 VAG bzw. § 44 Abs. 1 S. 1 KWG) nicht erfasst und scheiden als Adressaten aus. Die **Auswahl** unter den zulässigen Adressaten hängt davon ab, wer die zweckdienlichen Informationen zuverlässig und schnell übermitteln kann. Zudem spielt die mögliche Betroffenheit natürlicher Personen eine Rolle (vgl. Abs. 4). 7

2. Informationspflicht der gemischten Finanzholding-Gesellschaft (Abs. 1 S. 2). Satz 2 ermächtigt BaFin und Bundesbank die Informationen (Auskünfte und Unterlagen) von der gemischten Finanzholding-Gesellschaft zu verlangen. Diese Möglichkeit ist gegenüber den Informationsrechten nach Satz 1 **subsidiär** und wird nur eröffnet, wenn beaufsichtigte Unternehmen dieselben Informationen trotz Aufforderung nicht zur Verfügung stellen. Das Vorliegen dieser Voraussetzungen als Bedingung der Befugnis muss in dem Informationsverlangen **nachgewiesen** werden. Die erforderliche Aufforderung setzt angesichts der Befugnis gegenüber beaufsichtigten Unternehmen (§ 2 Abs. 1 FKAG) nach Satz 1 mehr als ein rein informelles Verlangen voraus. Die mit dem Verlangen ausgelöste korrespondierende **Informationspflicht** der gemischten Finanzholding-Gesellschaft reicht nur soweit, wie diese die Auskünfte und Unterlagen selbst zur Verfügung stellen kann oder belastbare rechtliche Möglichkeiten besitzt, sich diese zu verschaffen. Eine **zwangsweise** Durchsetzung gegenüber den beaufsichtigten Konglomeratsunternehmen kann nicht verlangt werden, da BaFin und Bundesbank mit entsprechenden Anordnungen selbst über wirksamere Instrumente verfügen und gemischte Finanzholding-Gesellschaft somit nicht für Aufsichtszwecke instrumentalisieren können. 8

3. Amtshilfe (Abs. 1 S. 3). Satz 3 regelt den **Vorrang** der Informationsbeschaffung im Weg der Amtshilfe vor den Befugnissen gegenüber Unternehmen nach Satz 1 und Satz 2. Dieser Vorrang hat einen doppelten Zweck, denn er reduziert die Belastung der Unternehmen[3] und führt für die Aufsicht zu schnelleren und objektiven Ergebnissen. Informationen über konglomeratsangehörige Unternehmen, die aufgrund der Vorgaben der Finanzkonglomerateregulierung bereits bei anderen Behörden vorliegen, sollen daher dort abgerufen werden. Die Ausgestaltung der Informationsbeschaffungsvorgabe als **Sollvorschrift** zeigt, dass BaFin und Bundesbank nicht frei entscheiden können, bei wem sie benötigte Informationen anfordern, sondern zunächst regelmäßig prüfen müssen, ob sie die gewünschten Informationen im Weg der Amtshilfe beschaffen können;[4] daher muss die vom Regelfall abweichende Anforderung bei den Unternehmen entsprechend begründet werden. 9

III. Örtliche Prüfungen (Abs. 2). Örtliche Prüfungen sind ein klassisches und wichtiges Instrument der Tätigkeitsaufsicht,[5] weil die BaFin dadurch einen unmittelbaren Eindruck von den handelnden Personen im Unternehmen und von der Unternehmenskultur gewinnt. 10

1. Prüfungsbefugnis (Abs. 2 S. 1). Satz 1 ermächtigt nur die **BaFin** und nicht die Bundesbank zu ermessensgesteuerten Prüfungen (nur) in den Geschäftsräumen beaufsichtigter Konglomeratsunternehmen (§ 2 Abs. 1 FKAG). Die Regelung setzt keinen besonderen Prüfungsanlasss voraus; insbesondere turnusmäßige vor-Ort-Prüfungen sind sinnvoll und vermeiden zudem einen möglichen Willküreinwand.[6] Die Prüfung erfolgt auf der Basis einer behördlichen Anordnung, die unter anderem den Beginn und den Gegenstand der Prüfung festlegt; eine (nicht immer sicher vorhersehbare) Prüfungsdauer muss nicht bestimmt werden.[7] Eine anlassbezogene Prüfung darf in der Begründung nicht als Routineprüfung dargestellt und angeordnet werden.[8] Die Prüfungsanordnung muss zudem stets die **örtliche** Beschränkung auf Geschäftsräume, die **sachliche** Beschränkung auf die Prüfung von Informationen i. S. v. Abs. 1 und die **adressatenbezogene** Beschränkung auf beaufsichtigte Konglomeratsunternehmen (§ 2 Abs. 1 FKAG) beachten. 11

[2] Prölss/*Kollhosser,* 12. Aufl., § 83 Rn. 2.
[3] BT-Drs. 16/1335, 66 zu § 44 KWG.
[4] BT-Drs. 16/1335, 66 zu § 44 KWG.
[5] Dazu für die Versicherungsbranche *Tietze* FS 100 Jahre BAV, 2001, 457.
[6] *VG Frankfurt a. M.* Urt. v. 29.10.2009 – 1 K 4182/08.F, WM 2010, 1745, 1747 f.
[7] *VG Frankfurt a. M.* Urt. v. 29.10.2009 – 1 K 4182/08.F, WM 2010, 1745, 1749.
[8] *VGH Kassel* Urt. v. 6.5.2015 – 6 A 493/14, VersR 2016, 309, 311.

12 **2. Ausweitung der Prüfungsbefugnis (Abs. 2 S. 2).** Satz 2 dehnt den Kreis potenzieller Adressaten einer Prüfungsanordnung aus. Prüfungen können in den **Grenzen** von Satz 1 auch bei verbundenen und beteiligten Unternehmen sowie deren verbundenen Unternehmen, dann jeweils bezogen auf die beaufsichtigten Konglomeratsunternehmen (§ 2 Abs. 1 FKAG), erfolgen; erfasst werden zudem gemischte Finanzholding-Gesellschaften (§ 2 Abs. 10 FKAG). Im Rahmen ihrer ermessensgeleiteten Prüfungsanordnung[9] muss die BaFin darlegen, warum eine Ausweitung nach Satz 2 bezogen auf das davon jeweils betroffene Unternehmen angemessen, also geeignet, erforderlich und im engeren Sinn verhältnismäßig ist.

13 **3. Beauftragung von Abschlussprüfern (Abs. 2 S. 3).** Satz 4 räumt der BaFin das Ermessen ein, Abschlussprüfer i. S. v. § 319 HGB an ihren Prüfungen zu beteiligen oder diesen sogar Prüfungen zu übertragen. Bei ihrer Entscheidung muss die BaFin bedenken, dass dadurch erhebliche Zusatzkosten ausgelöst werden und ein größerer Personenkreis Zugang zu Unternehmensinterna erhält, die nicht Gegenstand der regulären Abschlussprüfung sind. Bei einer Komplettübertragung kommt hinzu, dass die BaFin nur **gefilterte** Informationen und Einschätzungen aus zweiter Hand erhält und keinen eigenen Eindruck gewinnt. Vor allem muss die BaFin ihre aufsichtlichen Pflichten **autonom** erfüllen können und dazu selbst mit allen erforderlichen Mitteln ausgestattet sein.[10] Daher sollte der Einsatz der Abschlussprüfer auf wirkliche **Ausnahmesituationen** beschränkt werden. Mit dem Einsatz der Abschlussprüfer durch die BaFin werden diese zu ihren **Beauftragten**; vertragliche Beziehungen zu den Unternehmen werden nicht begründet. Für die Verantwortlichkeit der Abschlussprüfer gegenüber der BaFin gilt die Regelung in § 323 HGB, die in Abs. 2 eine beachtliche Haftungslimitierung beinhaltet. Die BaFin muss bei der Beauftragung die allgemeinen Ausschlussgründe in § 319 Abs. 2–5 HGB und die besonderen Ausschlussgründe bei Unternehmen im öffentlichen Interesse in § 319a HGB beachten, zu denen auch Versicherungsunternehmen[11] und Institute zählen. Für diesen Unternehmenskreis resultieren zusätzliche Restriktionen aus Art. 5 und Art. 16 PIE-VO,[12] die ebenfalls zu beachten sind, da sie die Unabhängigkeit des Abschlussprüfers tangieren können.

14 **4. Prüfungsübertragung an die Bundesbank (Abs. 2 S. 4).** Satz 4 räumt der BaFin die Möglichkeit ein, die Prüfung nicht selbst durchzuführen, sondern diese an die Bundesbank zu übertragen. Diese Delegationsentscheidung steht im Ermessen der BaFin. Eine Übertragung kommt in Betracht, wenn die Bundesbank über **spezielles Know-how** vor allem im Finanzkonglomeratesektor verfügt, das die BaFin nicht besitzt. Obwohl der Wortlaut nur von einer Komplettübertragung spricht, sollte auch eine teilweise Übertragung möglich sein, die im Rahmen dann gemeinsamer Prüfungen nicht zuletzt dem Know-how-Transfer dienen kann. Ein Einsatz der Bundesbank bei Unternehmen der Versicherungsbranche wird regelmäßig nicht in Betracht kommen, da ihr hierfür das ebenfalls wichtige Branchen-Know-how fehlt.

15 **IV. Zutrittsrechte (Abs. 3).** Alle Personen, die nach Abs. 1 oder Art. 2 an örtlichen Prüfungen teilnehmen bzw. diese durchführen dürfen, verfügen über **gesetzliche** Zutrittsrechte. Diese beziehen sich aber nur auf Geschäfts- und nicht auf Privaträume. Außerdem darf der Zutritt ausschließlich während der üblichen Betriebs- und Geschäftszeiten erfolgen. Nur insoweit erfolgen Einschränkungen des Grundrechts aus Art. 13 GG und lediglich insoweit wird eine gesetzliche **Duldungspflicht** bezüglich des Zutritts ausgelöst.

16 **V. Auskunftsverweigerungsrecht (Abs. 4).** Den nach Abs. 1 auskunftspflichtigen natürlichen Personen steht ein Auskunftsverweigerungsrecht zu, das aus dem nemo-tenetur-Grundsatz folgt und die Aussagefreiheit („**Selbstbelastungsfreiheit**") sichert. Das Verweigerungsrecht umfasst Auskünfte jeder Art, also in Schrift- oder in Textform genauso wie mündliche Auskünfte.[13] Das Auskunftsverweigerungsrecht knüpft an die **Gefahr** an, wegen der Auskunft straf- oder ordnungswidrigkeitenrechtlich verfolgt zu werden.[14] Dabei kommen alle Ordnungswidrigkeitentatbestände und nicht nur der spezielle Tatbestand in § 32 FKAG als gefahrenauslösende Sanktionsandrohung in Betracht. Wegen des ständig wachsenden Umfangs straf- und ordnungswidrigkeitenrechtlicher Sanktionen im Wirtschafts(aufsichts)recht einerseits sowie wegen der häufig fließenden Grenzen zwischen Verwaltungsverfahren sowie Straf- und Ordnungswidrigkeitenverfahren andererseits wird diese Gefahr häufig vorliegen.

17 In **personeller** Hinsicht knüpft das Auskunftsverweigerungsrecht nur an die Verfolgungsgefahr für die nach Abs. 1 Auskunftspflichtigen oder deren Angehörigen i. S. v. § 383 Abs. 1 Nr. 1–3 ZPO an, die aus persönlichen Gründen zur Zeugnisverweigerung berechtigt sind. Das Auskunftsverweigerungsrecht der Angehörigen gilt für Verlobte oder Personen, mit denen der Auskunftspflichtige ein Versprechen eingegangen ist eine Lebensgemeinschaft zu bilden (Nr. 1), der Ehegatte des Auskunftspflichtigen, auch wenn die Ehe nicht mehr besteht (Nr. 2) und der Lebenspartner des Auskunftspflichtigen, auch wenn

[9] Vgl. *VG Frankfurt a. M.* Urt. v. 29.10.2009 – 1 K 4182/08.F, WM 2010, 1745, 1749.

[10] So 18. Erwägungsgrund zur Solva II-RL.

[11] Zu den Auswirkungen der europäischen Abschlussprüfungsvorgaben *Bürkle* VersR 2016, 1145.

[12] Verordnung (EU) Nr. 537/2014 über spezifische Anforderungen an die Abschlussprüfung bei Unternehmen von öffentlichem Interesse, ABl.EU Nr. 2014 L158, 77.

[13] *VG Berlin* NJW 1988, 1105 (1106).

[14] Vgl. zur relevanten Gefahr *OLG Celle* Beschl. v. 11.1.2016 13 W 58/15, NZG 2016, 699, 700 m. w. N.

die Lebenspartnerschaft nicht mehr besteht (Nr. 3). In **sachlicher** Hinsicht ist umstritten, ob das Auskunftsverweigerungsrecht zugleich die Verweigerung der Herausgabe von **Dokumenten** umfasst. Diese Ausweitung lehnt die h. M. unter anderem mit dem Wortlautargument ab.[15] Jedoch kann die erzwungene Herausgabe von Dokumenten dieselbe Gefährdung auslösen wie eine Aussage, vor der Abs. 4 aber gerade schützen will. Damit der **Schutzzweck** der Norm nicht leerläuft, sollte daher auch die Dokumentenvorlage von dem Verweigerungsrecht erfasst werden, zumal unabhängig davon ein Herausgabeanspruch gegen das Unternehmen existiert.

Grenzüberschreitende Auskünfte und Prüfungen

30 (1) [1]**Rechtsvorschriften, die einer Übermittlung von Daten entgegenstehen, sind nicht anzuwenden auf die Übermittlung von Daten zwischen einem übergeordneten oder einem nachgeordneten Unternehmen eines Finanzkonglomerats im Sinne des § 18 Absatz 1 und einem anderen derartigen Unternehmen mit Sitz im Ausland oder zwischen einem konglomeratsangehörigen Unternehmen und einem Unternehmen mit Sitz im Ausland, zu dem eine enge Verbindung im Sinne des § 2 Absatz 8 besteht, wenn die Übermittlung der Daten erforderlich ist, um Bestimmungen der Aufsicht nach Maßgabe der Richtlinie 2002/87/EG über das Unternehmen mit Sitz im Ausland zu erfüllen.** [2]**Die Bundesanstalt kann einem übergeordneten oder nachgeordneten Unternehmen eines Finanzkonglomerats die Übermittlung von Daten in einen Drittstaat untersagen.**

(2) [1]**Nachgeordnete Unternehmen eines Finanzkonglomerats mit Sitz im Ausland haben der Bundesanstalt auf Verlangen die nach diesem Gesetz zulässigen Prüfungen, insbesondere die Überprüfung der Richtigkeit der nach den §§ 17 bis 24 übermittelten Daten, zu gestatten, soweit dies zur Erfüllung der Aufgaben der Bundesanstalt erforderlich und nach dem Recht des anderen Staates zulässig ist.** [2]**Satz 1 gilt auch für nicht einbezogene Tochterunternehmen mit Sitz im Ausland.** [3]**Für die Prüfung von im Rahmen der zusätzlichen Beaufsichtigung benötigten Informationen in einem anderen Staat des Europäischen Wirtschaftsraums ersucht die Bundesanstalt die zuständige Behörde des betreffenden Staates unter Mitteilung der beabsichtigten Maßnahmen um Zusammenarbeit.**

(3) [1]**Auf ein Ersuchen einer zuständigen Behörde (ersuchende Behörde) im Sinne des Absatzes 2 Satz 3 hat die Bundesanstalt die Richtigkeit der von einem Unternehmen mit Sitz im Inland nach Maßgabe der Richtlinie 2002/87/EG übermittelten Daten zu überprüfen oder zu gestatten, dass die ersuchende Behörde, ein Wirtschaftsprüfer oder ein Sachverständiger diese Daten überprüft.** [2]**Die ersuchende Behörde darf auf Wunsch zugegen sein, wenn die Bundesanstalt die Prüfung selbst vornimmt.** [3]**Anderenfalls kann sich die Bundesanstalt an der Prüfung beteiligen.** [4]**Die Bundesanstalt kann nach pflichtgemäßem Ermessen gegenüber Aufsichtsbehörden in Drittstaaten entsprechend verfahren, wenn Gegenseitigkeit gewährleistet ist.** [5]**§ 5 Absatz 2 des Verwaltungsverfahrensgesetzes über die Grenzen der Amtshilfe sowie § 29 Absatz 3 gelten entsprechend.**

(4) **Wenn eine zuständige Behörde als Koordinator ein beaufsichtigtes Unternehmen eines Finanzkonglomerats mit Sitz im Inland aus einem Grund, der § 19 Absatz 1 Nummer 2 und 3 entspricht, nicht in die Berechnung der zusätzlichen Eigenmittelanforderung einbezieht, kann die Bundesanstalt von dem Unternehmen an der Spitze des Finanzkonglomerats mit Sitz in dem anderen Staat des Europäischen Wirtschaftsraums Informationen verlangen, die ihr die Aufsicht über das betreffende Unternehmen erleichtern.**

I. Allgemeines. Die Norm behandelt den grenzüberschreitenden Datentransfer (Abs. 1), die behördliche vor-Ort-Prüfung im Inland (Abs. 2), die Zusammenarbeit mit ausländischen Behörden bei Prüfungen (Abs. 3) und den Informationsanspruch gegenüber ausländischen Spitzenunternehmen des Konglomerats (Abs. 4). 1

1. Entstehungsgeschichte. Die Norm findet sich seit dem 27.6.2013 im damals neu geschaffenen FKAG und ersetzt für die Versicherungsbranche die vorherigen Regelungen in § 104w und § 111 Abs. 3 S. 4 VAG a. F. 2

2. Normzweck. Die Norm formuliert rechtssichere Vorgaben zum Datentransfer ins Ausland sowie zum Informationsanspruch gegenüber Spitzenunternehmen im Ausland und dient zusammen mit den Vorgaben zur Prüfung der ausreichenden Informationsversorgung der Aufsichtsbehörden. 3

3. Europarechtlicher Hintergrund. § 30 Abs. 1 und Abs. 2 dienen der Umsetzung von Art. 14 Abs. 1 RL 2002/87/EG. § 30 Abs. 4 dient der Umsetzung von Art. 6 Abs. 5 UAbs. 4 RL 2002/87/EG. 4

[15] *VG Berlin* Urt. v. 23.7.1987 – 14 A 16/87, NJW 1988, 1105; *Hartung* NJW 1988, 1070; Schwennicke/Auerbach/*Kempers* § 29 FKAG Rn. 19; a. A. für den Parallelfall in § 4 Abs. 3 WpHG *Szesny* BB 2010, 1995.

5 **II. Datentransfer (Abs. 1).** Satz 1 **erlaubt** den grenzüberschreitenden Datentransfer zwischen Unternehmen. Die Restriktionen des einschlägigen Rechts gelten aber nur insoweit nicht, wie der Datentransfer dem speziellen Zweck der zusätzlichen Finanzkonglomerateaufsicht dient und insoweit **erforderlich** ist.[1] Privilegiert wird zudem **nur** der grenzüberschreitende Datentransfer zwischen übergeordneten (§ 12 FKAG) und nachgeordneten (§ 18 Abs. 1 S. 1 FKAG) Finanzkonglomeratsunternehmen sowie zwischen konglomeratsangehörigen Unternehmen und Auslandsunternehmen, zu denen eine enge Verbindung (§ 2 Abs. 8 FKAG) besteht. Satz 2 **ermächtigt** die BaFin dem übergeordneten Unternehmen oder den nachgeordneten Unternehmen zu untersagen, Daten in einen **Drittstaat** (§ 2 Abs. 12 FKAG) zu übermitteln; die Untersagungsbefugnis betrifft nicht den Datentransfer innerhalb des EWR. Die Befugnis betrifft sowohl die Datenübermittlung an andere Unternehmen als auch an Behörden. Die Untersagungsentscheidung steht im pflichtgemäßen Ermessen (§ 40 VwVfG) der BaFin. Ein hinreichender sachlicher Grund liegt insbesondere vor, wenn der betroffene Drittstaat seinerseits keinen Datentransfer zu aufsichtlichen Zwecken sicherstellt.[2] In diesen Fällen kann die BaFin mit der Untersagung Druck ausüben, um eine **Drittstaatenäquivalenz** zu fördern.[3]

6 **III. Prüfungen im Ausland (Abs. 2).** Abs. 2 verpflichtet **ausländische nachgeordnete** Konglomeratsunternehmen (§ 18 Abs. 1 S. 1 FKAG) der BaFin auf deren Verlangen die Durchführung der im FKAG vorgesehenen Prüfungen zu gestatten. Das behördliche Verlangen ist an zwei Voraussetzungen geknüpft: Erstens muss die Prüfung dem Grunde nach **erforderlich** sein, damit die BaFin ihre Aufgaben im Bereich der Finanzkonglomerateaufsicht erfüllen kann; dann liegt ein berechtigtes Interesse vor.[4] Dieser Zweck **begrenzt** zugleich den Umfang und die Tiefe („soweit") eines zulässigen Verlangens. Zweitens muss das Recht des Sitzstaates des betroffenen Unternehmens derartige Prüfungen **zulassen**; dies wird aufgrund der europäischen Regulierung des Finanzkonglomeratesektors in Staaten des EWR regelmäßig der Fall sein. Inhaltlich bezieht sich die Prüfung „insbesondere" und damit **nicht abschließend** auf die Richtigkeit der von den nachgeordneten Finanzkonglomeratsunternehmen übermittelten Daten. Hier muss ein begründeter und nicht anders auszuräumender hinreichender Verdacht bestehen, dass die von dem übergeordneten Konglomeratsunternehmen gemeldeten Daten unzutreffend sein können. Eine entsprechende Verdachtsschwelle muss bei anderen denkbaren Prüfungsgegenständen ebenfalls erreicht werden.

7 **IV. Amtshilfe bei Prüfungen im Inland (Abs. 3).** Spiegelbildlich zu Abs. 2 regelt Abs. 3 den Fall von Anfragen ausländischer Behörden. Satz 1 betrifft Anfragen von dort legaldefinierten **ersuchenden** Behörden. Dabei handelt es sich um zuständige Behörden i. S. v. § 2 Abs. 13 FKAG, also nur um Behörden aus dem **EWR**. Das Ersuchen solcher Behörden löst eine Pflicht der BaFin aus, die von einem Inlandsunternehmen ins Ausland übermittelten Daten selbst zu prüfen oder deren Überprüfung durch Dritte zu gestatten. Der Kreis dieser Dritten umfasst abschließend die ersuchende Behörde, Wirtschaftsprüfer und Sachverständige. Welcher Personenkreis als sachverständig in Betracht kommt, wird nicht vorgegeben; dies wird einzelfallbezogen von der Qualität und Struktur der jeweils relevanten Daten abhängen. Satz 2 und Satz 3 regeln die Mitwirkung **ausländischer** Behörden bei Inlandsprüfungen der BaFin. Prüft die BaFin selbst, darf die Auslandsbehörde nach Satz 2 auf ihren Wunsch daran teilnehmen. Damit wird keine Pflicht der BaFin ausgelöst, die Teilnahme zu gestatten, sondern eine einzelfallabhängige Ermessensentscheidung gefordert. Führt die ausländische Behörde die Prüfung selbst durch, kann sich die BaFin nach Satz 3 daran beteiligen; eine entsprechende Pflicht besteht jedoch grundsätzlich nicht. Das kann sich bei einer **Ermessensreduzierung** auf Null ändern, etwa wenn gravierende Mängel der Datenlieferung des von der BaFin beaufsichtigten Unternehmens im Raum stehen.

8 Satz 4 und Satz 5 regeln die Amtshilfe bei Anfragen von Behörden aus **Drittstaaten** (§ 2 Abs. 12 FKAG). Hier kann die BaFin nach pflichtgemäßem Ermessen wie bei den Anfragen von Behörden aus dem EWR agieren. Ein Ermessen wird aber nach Satz 4 nur im Fall der **Gegenseitigkeit** überhaupt eröffnet,[5] also wenn die Drittlandsbehörde gleichfalls Amtshilfe im selben Umfang leistet. Satz 5 verweist auf die entsprechende Geltung der Regelungen in § 5 Abs. 2 VwVfG und § 29 Abs. VwVfG, die beide von der BaFin zu beachten sind und eine zulässige Amtshilfe **reglementieren**. § 5 Abs. 2 S. 1 VwVfG verbietet die Amtshilfe, wenn diese rechtswidrig wäre oder einen erheblichen Nachteil für Bund oder Länder auslösen würde. § 5 Abs. 2 S. 2 VwVfG regelt, dass insbesondere behördliche Geheimhaltungspflichten eine Amtshilfe ausschließen. § 29 Abs. 3 VwVfG sieht vor, dass eine Akteneinsicht im Rahmen der Amtshilfe regelmäßig bei der BaFin bzw. der Bundesbank als aktenführenden Behörden erfolgt.

9 **V. Informationsverlangen der BaFin (Abs. 4).** Abs. 4 normiert ein Informationsverlangen als spezielle Befugnis der BaFin gegenüber dem Unternehmen an der Konglomeratsspitze mit Sitz in einem anderen **EWR-Staat** (§ 2 Abs. 11 FKAG). Die Befugnis knüpft an **drei Voraussetzungen** an: Erstens muss eine zuständige Behörde (§ 2 Abs. 13 FKAG) als Koordinator (vgl. § 4 Ab. 2 FKAG) ein Inlands-

[1] BT-Drs. 15/3641, 68 zu § 104w VAG.
[2] BT-Drs. 17/12602, 34 zu § 30.
[3] FKBP/*Pohlmann* § 104w Rn. 1.
[4] Luz/Neus/*Ellwanger* § 30 FKAG Rn. 6.
[5] Luz/Neus/*Ellwanger* § 30 FKAG Rn. 6.

unternehmen nicht in die Berechnung der zusätzlichen Eigenmittelanforderungen einbeziehen. Zweitens muss es sich bei dem befreiten Unternehmen um ein **beaufsichtigtes** Unternehmen (§ 2 Abs. 1 FKAG) handeln und dessen Befreiung muss aus Gründen erfolgt sein, die den in § 19 Abs. 1 Nr. 1 und Nr. 2 FKAG genannten **vergleichbar** sind. Drittens muss die Ausübung der Befugnis der BaFin dazu dienen, ihr die Aufsicht zu **erleichtern**. Das Merkmal „erleichtern" setzt weniger voraus als das Merkmal „erforderlich", wird aber ebenfalls durch den besonderen Zweck der zusätzlichen Konglomerateaufsicht beeinflusst.

Sofortige Vollziehbarkeit

31 **Widerspruch und Anfechtungsklage gegen Maßnahmen nach den §§ 21, 23 Absatz 4, § 28 Absatz 1 und § 29 Absatz 1 und 2 haben keine aufschiebende Wirkung.**

I. Allgemeines. Die Norm erklärt in einem abschließenden Katalog bestimmte Anordnungen der BaFin als von Gesetzes wegen für sofort vollziehbar (§ 80 Abs. 2 Nr. 3 VwGO). In diesen Fällen haben Widerspruch und Anfechtungsklage im Gegensatz zum Regelfall (§ 80 Abs. 1 VwGO) keine aufschiebende Wirkung. 1

1. Entstehungsgeschichte. Die Norm findet sich seit dem 27.6.2013 im damals neu geschaffenen FKAG und ersetzt für die Versicherungsbranche die vorherige Regelung in § 89a VAG a. F. 2

2. Normzweck. Die Norm dient der effektiven und kurzfristigen Gefahrenabwehr im Hinblick auf regelmäßig eilbedürftige Maßnahmen der BaFin.[1] Der Gesetzgeber sieht die Vorgaben zur Eigenmittelausstattung und zu Obergrenzen für Risikokonzentrationen und Transaktionen als **zentrale** aufsichtsrechtliche Regelungen an und geht dabei davon aus, dass selbst **untertägige** Rechtsverstöße eine **Existenzgefährdung** des Finanzkonglomerats auslösen können.[2] 3

3. Europarechtlicher Hintergrund. Die Norm hat keinen europarechtlichen Hintergrund, sondern ist Teil des originären nationalen Verwaltungsrechts. 4

II. Sofort vollziehbare Maßnahmen. Bei den von Gesetzes wegen sofort vollziehbaren **sechs** Maßnahmen handelt es sich um: 5

1. Maßnahmen bei unzureichenden Eigenmitteln auf Konglomeratsebene (§ 21 FKAG). 2. Zusätzliche Eigenmittelanforderungen bei Überschreiten der Obergrenze für bedeutenden Risikokonzentrationen und Transaktionen (§ 24 Abs. 1 Nr. 1 FKAG). 3. Maßnahmen bei Verstößen gegen Beschränkungen hinsichtlich der Art konglomeratsinterner Transaktionen, wobei die entsprechende Ausgangsregelung in der VO noch fehlt. 4. Stimmrechtsuntersagungen gegenüber gemischten Finanzholding-Gesellschaften (§ 28 Abs. 1 FKAG). 5. Verlangen bezüglich Auskünften und Vorlagen von Dokumenten (§ 29 Abs. 1 FKAG). 6. Anordnungen örtlicher Prüfungen (§ 29 Abs. 2 FKAG). Als **Rechtsschutzmöglichkeit** steht den betroffenen Unternehmen der Antrag auf Wiederherstellung der aufschiebenden Wirkung nach § 80 Abs. 5 VwGO zur Verfügung. Ein Antrag auf eine Aussetzung der Vollziehung bei der BaFin (§ 80 Abs. 4 VwGO) erscheint angesichts des gesetzliche angeordneten Regelfalls des Sofortvollzugs wegen der besonderen Eilbedürftigkeit der relevanten Maßnahmen wenig aussichtsreich[3] und kann zu nachteiligen Verzögerungen führen.

Bußgeldvorschriften

32 (1) **Ordnungswidrig handelt, wer vorsätzlich oder leichtfertig entgegen § 28 Absatz 5 Satz 1 eine Anzeige nicht, nicht richtig, nicht vollständig oder nicht rechtzeitig erstattet.**

(2) **Die Ordnungswidrigkeit kann mit einer Geldbuße bis zu zweihunderttausend Euro geahndet werden.**

I. Allgemeines. Die Norm regelt einen Bußgeldtatbestand bei Verletzung einer bestimmten und konglomeratsspezifischen Anzeigepflicht. Sie ist der einzige spezielle Ordnungswidrigkeitentatbestand im FKAG. 1

1. Entstehungsgeschichte. Die Norm findet sich seit dem 27.6.2013 im damals neu geschaffenen FKAG und ersetzt für die Versicherungsbranche die vorherige Regelung in § 144 Abs. 1a S. 1 Nr. 2 und Abs. 2 VAG a. F. 2

2. Normzweck. Die Norm soll mit ihrer Sanktionsandrohung die Erfüllung der wichtigen Anzeigepflichten nach § 28 Abs. 5 S. 1 FKAG sicherstellen und deren Durchsetzung forcieren.[1*] 3

[1] BT-Drs. 17/12602, 34 zu § 31.
[2] BT-Drs. 15/3641, 56 zu Nr. 13 (§ 89a VAG).
[3] Vgl. Schwennicke/Auerbach/*Kempers* § 31 FKAG Rn. 7.
[1*] BT-Drs. 17/12602, 34 zu § 32; Luz/Neus/*Ellwanger* § 31 FKAG Rn. 3.

4 **3. Europarechtlicher Hintergrund.** Die Norm hat keinen europarechtlichen Hintergrund, sondern regelt eine rein nationale Sanktion.

5 **II. Ordnungswidrigkeit.** Die Ordnungswidrigkeit wird nur durch die defizitäre Erfüllung der Pflicht zur **Jahresmeldung** nach § 28 Abs. 5 S. 1 FKAG, nicht zu ad-hoc-Meldungen nach § 28 Abs. 5 FKAG [2] und nur dadurch ausgelöst, dass die Meldung nicht, nicht richtig, nicht vollständig oder nicht rechtzeitig erfolgt. Die Art des jeweiligen Verstoßes hat dann Auswirkungen auf die Höhe des Bußgeldes im konkreten Fall, die von der Bedeutung der Ordnungswidrigkeit, dem Tatvorwurf, den wirtschaftlichen Verhältnisse des Täters sowie seinen wirtschaftlichen Vorteile aus der Tat abhängt.[3] Die wesentliche Bedeutung zeigt bereits die Tatsache, dass der Gesetzgeber nur bei diesem Verstoß ein Bußgeld vorsieht. Bei der Ordnungswidrigkeit handelt es sich um ein **Sonderdelikt.** Das Bußgeld trägt, „wer" bei der gemischten Finanzholding-Gesellschaft an der Konglomeratsspitze für die Erfüllung der Meldepflicht verantwortlich ist. Subjektiv muss die Meldepflicht vorsätzlich oder leichtfertig verletzt worden sein. **Leichtfertigkeit** erfasst einen gesteigerten Fahrlässigkeitsgrad entsprechend der groben Fahrlässigkeit im Zivilrecht.[4] Eine mangelhafte Information der anderen Konglomeratsunternehmen an die gemischte Finanzholding-Gesellschaft wird den subjektiven Tatbestand jedenfalls bei fehlenden gesellschaftsrechtlichen Einwirkungsmöglichkeiten regelmäßig nicht erfüllen.

Übergangsvorschriften zu § 23

33 **[1]Bis zum Erlass der Rechtsverordnung nach § 24 Absatz 1 hat das übergeordnete Unternehmen eines Finanzkonglomerats der Bundesanstalt und der Deutschen Bundesbank**

1. sämtliche während eines Kalenderjahres auftretenden bedeutenden Risikokonzentrationen bis zum 15. Mai des darauffolgenden Jahres anzuzeigen. Eine Risikokonzentration ist bedeutend, wenn das Adressenausfallrisiko, Kreditrisiko oder Anlagerisiko, das entsprechend den Artikeln 387 bis 403 in Verbindung mit Artikel 10 der Verordnung (EU) Nr. 575/2013 und § 13 des Kreditwesengesetzes, jeweils auch in Verbindung mit der Rechtsverordnung nach § 13 des Kreditwesengesetzes, sowie dem § 124 des Versicherungsaufsichtsgesetzes zu ermitteln ist, gegenüber einer nach Maßgabe des Artikels 4 Absatz 1 Nummer 39 der Verordnung (EU) Nr. 575/2013 zu bestimmenden Adresse einzeln oder in der Summe 10 Prozent der Eigenkapitalanforderung auf Konglomeratsebene erreicht oder überschreitet;

2. die aus Versicherungsrisiken resultierenden, auf Basis des internen Risikomanagementsystems als bedeutend identifizierten Risikokonzentrationen, die sich aus Großrisiken und Kumulrisiken sowie Risiken mit langer Entwicklungsphase bei unsicherer Ursachenkette ergeben, unverzüglich anzuzeigen. Soweit sich solche Risiken auch auf einzelne Adressen nach Nummer 1 unmittelbar auswirken, ist dies in der Anzeige, aufgeschlüsselt nach Einzeladressen, ebenfalls anzugeben. Das Versicherungsrisiko besteht in der möglichen Inanspruchnahme, deren Höhe unter Berücksichtigung der vertraglichen Versicherungssumme unter Einbeziehung der Rückversicherung, der Schadenerfahrungen der Vergangenheit und mathematischer Modelle zu bestimmen ist;

3. Risiken unverzüglich anzuzeigen, die sich durch eine Kombination aus und durch Wechselwirkungen zwischen den einzelnen Risikoarten ergeben;

4. sämtliche bedeutende konglomeratsinterne Transaktionen, die während eines Kalenderjahres durchgeführt wurden, bis zum 15. Mai des darauffolgenden Jahres anzuzeigen. Konglomeratsinterne Transaktionen sind insbesondere
   a) Darlehen,
   b) Bürgschaften, Garantien und andere außerbilanzielle Geschäfte,
   c) Geschäfte, die Eigenmittelbestandteile im Sinne der Artikel 11 bis 91 der Verordnung (EU) Nr. 575/2013 sowie der §§ 89 bis 95 und 250 bis 272 des Versicherungsaufsichtsgesetzes betreffen,
   d) Kapitalanlagen,
   e) Rückversicherungsgeschäfte,
   f) Kostenteilungsvereinbarungen.

[2]Eine konglomeratsinterne Transaktion ist bedeutend, wenn die einzelne Transaktion mindestens 5 Prozent der Eigenkapitalanforderung auf Konglomeratsebene erreicht. [3]Mehrere Transaktionen desselben oder verschiedener konglomeratsangehöriger Unternehmen mit einem anderen konglomeratsangehörigen Unternehmen während eines Geschäftsjahres sind jeweils adressatenbezogen zusammenzufassen, auch wenn die einzelne Transaktion 5 Prozent der Eigenkapitalanforderung auf Konglomeratsebene nicht erreicht.

---

[2] Schwennicke/Auerbach/*Auerbach/Häußler* § 32 FKAG Rn. 1.
[3] Vgl. BT-Drs. 18/7219, 49 zu Nr. 11 (§ 334 HGB).
[4] FKBP/*Göertz* § 144 Rn. 27.

I. Allgemeines. Die Norm enthält Übergangsvorschriften im Hinblick auf Anzeigepflichten und Definitionen bezüglich Risikokonzentrationen und konglomeratsinterner Transaktionen. Die Regelung sollte zunächst zeitlich begrenzt solange gelten, bis die Begleitverordnungen im VAG und KWG in Kraft getreten waren.[1] Die Begleitverordnungen wurden bis zum Inkrafttreten des FKAG nicht geschaffen und auch von der Folgeermächtigung in § 24 FKAG wurde bislang kein Gebrauch gemacht. Der Verzicht auf nationale Rechtsverordnungen dient der Verhinderung von Wettbewerbsverzerrungen.[2] 1

1. Entstehungsgeschichte. Die Norm findet sich seit dem 27.6.2013 im damals neu geschaffenen FKAG. Der Inhalt entspricht für die Versicherungsbranche weitgehend der vorherigen Regelung in § 123c Abs. 1 VAG a. F. Abs. 1 Nr. 1 und Nr. 2 wurden durch Art. 2 Abs. 35 Nr. 6 des Gesetzes zur Modernisierung der Finanzaufsicht über Versicherungen[3] mit einer Anpassung des Verweises redaktionell geändert. 2

2. Normzweck. Die Norm soll für eine Übergangsphase rechtliche Sicherheit bezüglich der durch sie geregelten Aspekte für Unternehmen und Behörden bieten. 3

3. Europarechtlicher Hintergrund. Mit der Norm macht der deutsche Gesetzgeber von der Option in Art. 7 Abs. 3 und Art. 8 Abs. 3 RL 2002/87/EG Gebrauch, **quantitative** Grenzen für Risikokonzentrationen und Transaktionen vorzuschreiben. Auf europäischer Ebene finden sich dazu Vorgaben in der VO 2015/2303, die das nationale Recht überlagern.[4] 4

II. Anzeigepflichten. Satz 1 und Satz 2 regeln Anzeigepflichten gegenüber der BaFin **und** der Bundesbank, die jeweils das **übergeordnete** Unternehmen des Finanzkonglomerats (§ 12 FKAG) erfüllen muss. Im Rahmen dieser Anzeigepflichten werden zugleich wichtige Begriffe gesetzlich **definiert**. 5

1. Adressausfall-, Kredit- und Anlagerisiken (S. 1 Nr. 1). Anzeigen solcher Risikokonzentrationen müssen für jedes Kalenderjahr bis zum 15. Mai des Folgejahres vorgenommen werden. Die ursprünglich geregelte Frist bis zum 16. Januar wurde verlängert, da zu diesem Zeitpunkt keine belastbaren Zahlen vorlagen.[5] Inhaltlich umfasst die Jahresmeldung **nur** Konzentrationen bezogen auf das Adressausfallrisiko, das Kreditrisiko und das Anlagerisiko. Die wichtigen Marktrisiken und operationellen Risiken werden abweichend von der Definition in § 2 Abs. 16 FKAG nicht in die Betrachtung einbezogen.[6] Die Anzeigepflicht setzt weiter und abweichend von § 12 Abs. 16 FKAG[7] voraus, dass es sich um **bedeutende** Risikokonzentrationen handelt. Für deren Ermittlung verweist die Norm auf die entsprechenden Regelungen für den Banken- und den Versicherungssektor (§ 54 VAG). Erreicht das so ermittelte Risiko gegenüber den gemäß der in Bezug genommenen VO 575/2013[8] zu bestimmenden Adressen **10 Prozent** der Eigenkapitalanforderungen auf Konglomeratsebene, liegt zwingend eine bedeutende Risikokonzentration vor. Die zunächst adressbezogen ermittelten Risiken sind dann zusammenzufassen, um eine **Umgehung** der Anzeigepflicht zu vermeiden. 6

2. Versicherungsrisiken (S. 1 Nr. 2). Aus Versicherungsrisiken resultierende bedeutende Risikokonzentrationen werden separat normiert. Für sie ist nach Nr. 2 Satz 1 keine jährliche, sondern eine **unverzügliche** Anzeigepflicht vorgesehen. Diese ist in Anlehnung an § 121 BGB ohne schuldhaftes Zögern zu erfüllen,[9] also sobald das übergeordnete Finanzkonglomeratsunternehmen (§ 12 FKAG) von der Existenz einer bedeutenden Risikokonzentration erfährt. Die Identifikation der allein anzeigepflichtigen **bedeutenden** Risikokonzentrationen muss auf der Basis des internen Risikomanagementsystems erfolgen; eine feste prozentuale Grenze wird im Gegensatz zu S. 1 Nr. 1 nicht normiert. Die relevanten Risikokonzentrationen aus Versicherungsrisiken, die sich mit dem Abschluss entsprechender Verträge ergeben,[10] können sich aus Großrisiken, Kumulrisiken und Long-Tail-Risiken ergeben. Nr. 2 Satz 2 **erweitert** die Anzeigepflicht nach Satz 1 auf diejenigen Fälle, in denen sich diese Risiken auf Adressen nach Nr. 1 unmittelbar auswirken; dabei muss die Anzeige nach Einzeladressen aufgeschlüsselt erfolgen. Das übergeordnete Finanzkonglomeratsunternehmen muss somit einen **Abgleich** dieser Risiken mit den nach Nr. 1 ermittelten Adressen durchführen und im Weg einer eigenständigen **Einschätzung** beurteilen, ob unmittelbare Auswirkungen vorliegen. Nr. 2 Satz 3 enthält eine **Legaldefinition** des Versicherungsrisikos, aus dem die in Satz 1 genannten Einzelrisiken resultieren können. 7

[1] BT-Drs. 15/3641, 68 zu § 123c VAG.
[2] BT-Drs. 17/12602, 34 zu § 33.
[3] BGBl. 2015 I 434.
[4] Dazu bereits ausführlich § 2 Rn. 28.
[5] BT-Drs. 17/12602, 34 zu § 33.
[6] Schwennicke/Auerbach/*Auerbach/Häußler* § 33 FKAG Rn. 4; Luz/Neus/*Ostermeier* § 33 FKAG Rn. 9.
[7] Luz/Neus/*Ostermeier* § 33 FKAG Rn. 9.
[8] Verordnung des Europäischen Parlaments und des Rates vom 26.6.2013 über Aufsichtsanforderungen an Kreditinstitute und Wertpapierfirmen, ABl.EU 2013 L 176, 1.
[9] Schwennicke/Auerbach/*Kempers* § 33 FKAG Rn. 13.
[10] Luz/Neus/*Ostermeier* § 33 FKAG Rn. 10.

8 **3. Kombinationen und Wechselwirkungen (S. 1 Nr. 3).** Die Anzeigepflicht nach Nr. 3 ist wie die nach Nr. 2 fortlaufend und unverzüglich erfüllen. Hierfür gilt ebenfalls das Kriterium ohne schuldhaftes Zögern (vgl. § 121 BGB), das daran anknüpft, wann das übergeordnete Finanzkonglomeratsunternehmen über die für die Beurteilung erforderlichen Informationen verfügt. Die Anzeigepflicht wird erstens durch eine Kombination der in Nr. 1 und Nr. 2 genannten Risikoarten sowie zweitens durch Wechselwirkungen zwischen diesen Risiken ausgelöst. Damit muss eine **Gesamtbetrachtung** dieser unterschiedlichen Risikokategorien im Hinblick auf mögliche Korrelationen erfolgen.

9 **4. Europäisches Verordnungsrecht.** Art. 3 Abs. 1 VO 2015/2303 normiert die Fälle, in denen sich eine bedeutende Risikokonzentration durch Risikopositionen gegenüber Gegenparteien **außerhalb** des Finanzkonglomerats ergeben. Art. 3 Abs. 2 VO 2015/2303 nennt als Gegenpartei- oder Ausfallrisiko insbesondere, also nicht abschließend, Risiken im Zusammenhang verbundener Gegenparteien in **Gruppen**, die nicht Teil eines Finanzkonglomerats sind. Art. 3 Abs. 3 VO 2015/2303 normiert – wiederum nur „insbesondere", aber dennoch umfangreich – verbindliche **Aspekte** für die Aufsichtsbehörden, die bei der Ermittlung bedeutender Risikokonzentrationen, bei der Festlegung angemessener Schwellenwerte und bei den Anzeigefristen zu beachten sind. Art. 3 Abs. 5 VO 2015/2303 enthält Mindestvorgaben für die **Inhalte** der Meldungen, der somit national ausgeweitet werden kann. Das Kriterium **bedeutend** wird in Art. 2 Abs. 1 VO 2015/2303 weiter konkretisiert, der (beispielhaft und nicht abschließend) umfangreich Transaktionen nennt, die innerhalb eines Finanzkonglomerats als bedeutende gruppeninterne Transaktionen betrachtet werden können. Art. 2 Abs. 2 VO 2015/2303 enthält Vorgaben für die behördliche **Einschätzung** bei der Ermittlung der Arten bedeutender gruppeninterner Transaktionen, Art. 2 Abs. 3 und 4 VO 2015/2303 enthalten Regelungen zur Form und Inhalt der abzugebenden Meldungen. Art 5 VO 2015/2303 schreibt schließlich vor, dass für die Berechnung der Schwellenwerte nach Art. 8 Abs. 2 RL 2002/87/EG mehrere – innerhalb eines einzelnen Geschäftsvorgangs durchgeführte – Transaktionen aggregiert werden.

10 **5. Transaktionen (S. 1 Nr. 4).** Satz 1 sieht eine **Anzeigepflicht** für sämtliche bedeutenden konglomeratsinterne Transaktionen, die während eines Kalenderjahres durchgeführt wurden und die wie die Risikokonzentrationen bis zum 15. Mai des darauffolgenden Jahres angezeigt werden müssen. Satz 2 übernimmt bezüglich des Begriffs der **konglomeratsinternen** Transaktionen die vorherige Definition gruppeninterner Transaktionen aus § 104e Abs. 2 VAG a. F.[11] und beschreibt in einer nicht abschließenden Aufzählung („insbesondere") sechs Arten von konglomeratsinternen Transaktionen. Die Regelung nennt: Darlehen (1), Bürgschaften, Garantien und andere außerbilanzielle Geschäfte (2), Geschäfte, die Eigenmittelbestandteile im Sinne der Art. 11–91 der Verordnung (EU) Nr. 575/2013 sowie der §§ 89–95 und 250–272 des Versicherungsaufsichtsgesetzes betreffen (3), Kapitalanlagen (4), Rückversicherungsgeschäfte (5) und Kostenteilungsvereinbarungen (6). Eine konglomeratsinterne Transaktion ist nach Satz 3 **bedeutend**, wenn sie mindestens 5 Prozent der Eigenkapitalanforderung auf Konglomeratsebene erreicht. Der Gesetzgeber belässt es bei einer prozentualen Anknüpfung und verzichtet bis zum Erlass der Rechtsverordnung auf die Festlegung quantitativer Obergrenzen.[12] Nach Satz 4 sind mehrere Transaktionen desselben oder verschiedener konglomeratsangehöriger Unternehmen mit einem anderen konglomeratsangehörigen Unternehmen während eines Geschäftsjahres jeweils adressatenbezogen **zusammenzufassen**; das gilt selbst dann wenn die einzelne Transaktion 5 Prozent der Eigenkapitalanforderung auf Konglomeratsebene nicht erreicht. Damit soll eine Umgehung der Fünf-Prozent-Meldeschwelle durch eine Aufspaltung an sich bedeutender gruppeninterner Transaktion in mehrere, isoliert unbedenkliche Einzeltransaktionen verhindert werden.[13]

11 Das **Europäische Verordnungsrecht** regelt überlagernd in Art. 2 Abs. 1 VO 2015/2303 umfangreich, welche konglomeratsinternen Transaktionen **bedeutend** sein können und nennt beispielhaft: Investitionen und Salden zwischen Unternehmen; forderungsbesicherte Schuldinstrumente; Regelungen für eine zentralisierte Verwaltung von Vermögenswerten oder Barmitteln oder für eine Kostenteilung; Garantien, Zusagen, Akkreditive oder sonstige außerbilanzielle Transaktionen; gruppeninterne Vergütungen im Zusammenhang mit Vertriebsverträgen; Verlagerung von Risikopositionen zwischen Unternehmen innerhalb des Finanzkonglomerats; Versicherungs-, Rückversicherungs- und Retrozessionsgeschäfte. Art. 2 Abs. 2 VO 2015/2303 formuliert für die Tätigkeit des Koordinators und der nationalen Behörden die relevanten Aspekte zur Ermittlung der verschiedenen **Arten** konglomeratsinterner Transaktionen, zur Ermittlung angemessener Schwellenwerte und zu Berichtszeiträumen. Art. 2 Abs. 4 und Abs. 5 VO 2015/2303 sehen zudem vor, dass sich Koordinator und nationale Behörden auf Form und (Mindest-)Inhalt der Meldungen einigen müssen.

[11] BT-Drs. 15/3641, 68, zu § 123c Abs. 1 VAG.
[12] BT-Drs. 15/3641, 68, zu § 123c Abs. 1 VAG.
[13] BT-Drs. 15/3641, 68, zu § 123c Abs. 1 VAG.

Gesetz über die Bundesanstalt für Finanzdienstleistungsaufsicht (Finanzdienstleistungsaufsichtsgesetz – FinDAG)

Vom 22. April 2002 (BGBl. I 1310)

zuletzt geändert durch Art. 2 G vom 23.12.2016 (BGBl. I 3171).

Erster Abschnitt. Errichtung, Aufsicht, Aufgaben

Errichtung

1 (1) [1]**Im Geschäftsbereich des Bundesministeriums der Finanzen wird durch Zusammenlegung des Bundesaufsichtsamtes für das Kreditwesen, des Bundesaufsichtsamtes für das Versicherungswesen und des Bundesaufsichtsamtes für den Wertpapierhandel eine bundesunmittelbare, rechtsfähige Anstalt des öffentlichen Rechts zum 1. Mai 2002 errichtet.** [2]**Sie trägt die Bezeichnung „Bundesanstalt für Finanzdienstleistungsaufsicht" (Bundesanstalt).**

(2) **Die Bundesanstalt hat ihren Sitz in Bonn und in Frankfurt am Main.**

(3) [1]**Für Klagen gegen die Bundesanstalt gilt Frankfurt am Main als Sitz der Behörde.** [2]**In Verfahren nach dem Gesetz über Ordnungswidrigkeiten gilt Frankfurt am Main als Sitz der Verwaltungsbehörde.** [3]**Satz 1 ist auf Klagen aus dem Beamtenverhältnis und auf Rechtsstreitigkeiten, für die die Gerichte für Arbeitssachen zuständig sind, nicht anzuwenden.**

(4) **Die Bundesanstalt ist in Verfahren vor den ordentlichen Gerichten von der Zahlung der Gerichtskosten befreit.**

Übersicht

Schrifttum: *Hagemeister,* Die neue Bundesanstalt für Finanzdienstleistungsaufsicht, WM 2002, S. 1773; *Laars* FinDAG; Boos/Fischer/Schulte-Mattler/*Schwirten*, 3. Aufl. 2008, §§ 1–11 und §§ 18–22 FinDAG; Boos/Fischer/Schulte-Mattler/*Lindemann*, 3. Aufl. 2008, §§ 12–17d FinDAG.

I. Allgemeines. 1. Entstehungsgeschichte des FinDAG. Maßgebend für das FinDAG ist die 1
Konzeption der Bundesanstalt für Finanzdienstleistungsaufsicht (BaFin) als Allfinanzaufsichtsbehörde. Die Idee der Allfinanzaufsicht wurde in Deutschland erstmalig 2002 mit dem **Gesetz über die integrierte Finanzdienstleistungsaufsicht** realisiert. Dieses Artikelgesetz besteht aus dem FinDAG[1] und weiteren Artikeln, in denen die begleitenden Änderungsvorschriften für die Fachgesetze enthalten

[1] Art. 1 des Gesetzes über die integrierte Finanzdienstleistungsaufsicht vom 22.4.2002 (BGBl. I 1310).

sind. Neben einzelnen Neufassungen wie § 7 KWG[2] und § 4 WpHG[3] sind die Änderungen überwiegend redaktioneller Natur und dienen der Anpassung an die neue Aufsichtsstruktur. Dabei wurden auch verfahrens- und organisationsrechtliche Besonderheiten wie die in § 10a des Gesetzes über die Errichtung eines Bundesaufsichtsamtes für das Versicherungswesen[4] normierte erst- und zugleich letztinstanzliche Zuständigkeit des Bundesverwaltungsgerichts bei Anfechtungsklagen gegen Entscheidungen der Beschlusskammern des damaligen Bundesaufsichtsamtes für das Versicherungswesen aufgehoben.[5] Die Neufassung des § 7 KWG über die Zusammenarbeit der BaFin mit der Deutschen Bundesbank ist im Zusammenhang mit dem parallel durchgeführten Gesetzgebungsverfahren über das Siebente Gesetz zur Änderung des Gesetzes über die Deutsche Bundesbank vom 23.3.2002[6] zu sehen. Die Zuordnung der Zuständigkeiten in der Bankenaufsicht zwischen der BaFin und der Bundesbank war von wesentlicher Bedeutung für den Aufgabenzuschnitt und die organisatorische Ausgestaltung der BaFin im FinDAG. Für alle weiteren Regelungen des FinDAG bildet die grundlegende Norm des § 1 den Ausgangspunkt und setzt den institutionellen Rahmen. Dessen Wortlaut in den Abs. 1 – 3 ist seit 2002 unverändert; es wurde lediglich zum 21.12.2004 der Abs. 4 hinzugefügt.[7]

2 **a) Die drei Vorgängerbehörden und die Zentralbank.** In der Geschichte der ehemaligen drei sektoralen Aufsichtsämter zeigen sich merkliche Unterschiede, die sich in den **Strukturen und Aufsichtskulturen** widerspiegelten und bis heute Einfluss auf die Verwaltungspraxis der Geschäftsbereiche der BaFin haben. Während die noch relativ junge Marktaufsicht über die Emittenten von Wertpapieren primär mit der Überwachung von Verhaltensvorschriften wie u. a. dem Verbot von Insidergeschäften oder Marktmanipulationen beauftragt ist, unterliegen die Versicherungsunternehmen und Kreditinstitute der dauerhaft fortlaufenden umfangreichen Solvenzaufsicht. Allerdings weisen auch die beiden Geschäftsbereiche Versicherungsaufsicht und Bankenaufsicht mit den strukturell gleich gelagerten Aufgaben in der Solvenzaufsicht erhebliche Differenzen auf. Die Versicherungsaufsicht auf der gesamtstaatlichen Ebene in Deutschland war seit ihrem Beginn in einer Hand. Die Aufsichtsbehörde führte stets selbst örtliche Prüfungen bei den Versicherungsunternehmen durch und stand durchgängig mit ihnen in unmittelbarem Kontakt. Demgegenüber gab es in der Bankenaufsicht eine sich im Laufe der Zeit wandelnde **Dichotomie mit den beiden Institutionen Aufsichtsbehörde und Zentralbank.** Hier lag der Kontakt zu den Kreditinstituten überwiegend bei der Bundesbank mit den in der Fläche verteilten Landeszentralbanken. Um die Entwicklung der Allfinanzaufsicht und die späteren Veränderungen durch die Europäische Bankenunion darzustellen, nimmt die Befassung mit der Geschichte der Zentralbank im Bereich der Bankenaufsicht einen großen Raum ein.

3 **aa) Versicherungsaufsicht. (1) Sozialversicherung.** Entsprechend der historischen Entwicklung lässt sich das Versicherungswesen in Deutschland in die Sozialversicherung und die Privatversicherung unterteilen. Mit der Einführung der Sozialgesetzgebung[8] des Reichskanzlers Otto von Bismarck entstand mit dem Reichsversicherungsamt 1884 auch die erste Aufsichtsbehörde.[9] In dessen Nachfolge wurde 1956 das **Bundesversicherungsamt (BVA)** in Berlin errichtet,[10] das gemäß § 94 Abs. 2 SGB IV zum Geschäftsbereich des Bundesministeriums für Arbeit und Soziales (BMAS) gehört und im Bereich der gesetzlichen Kranken- und Pflegeversicherung mit dem Bundesministerium für Gesundheit (BMG) zusammenwirkt. Das BVA ist gemäß § 90 SGB IV für die Rechtsaufsicht über die bundesunmittelbaren Träger der gesetzlichen Kranken-, Pflege-, Renten- und Unfallversicherung zuständig. Daneben existieren Aufsichtsbehörden der Länder, die oftmals bei den Gesundheits- oder Sozialministerien angesiedelt sind.

4 **(2) Privatversicherung.** Das **Bundesaufsichtsamt für das Versicherungswesen (BAV)** ging auf das Kaiserliche Aufsichtsamt für Privatversicherung (AfP) zurück, das zum 1.7.1901 in Berlin gegründet wurde und am Ludwigkirchplatz im Bezirk Wilmersdorf ansässig war. Auf der Grundlage des Reichs-

---

[2] Art. 2 Nr. 9 des Gesetzes über die integrierte Finanzdienstleistungsaufsicht vom 22.4.2002 (BGBl. I 1310).

[3] Art. 4 Nr. 4 des Gesetzes über die integrierte Finanzdienstleistungsaufsicht vom 22.4.2002 (BGBl. I 1310).

[4] Gesetz über die Errichtung eines Bundesaufsichtsamtes für das Versicherungswesen (Bundesaufsichtsamtsgesetz – BAG) vom 31.7.1951 (BGBl. I 480).

[5] Art. 16 des Gesetzes über die integrierte Finanzdienstleistungsaufsicht vom 22.4.2002 (BGBl. I 1310).

[6] Art. 1 des Siebenten Gesetzes zur Änderung des Gesetzes über die Deutsche Bundesbank vom 23.3.2002 (BGBl. I 1159).

[7] Art. 4a Nr. 1 des Gesetzes zur Änderung des VAG und anderer Gesetze vom 20.12.2004 (BGBl. I 3416).

[8] Gesetz betreffend die Krankenversicherung der Arbeiter vom 15.6.1883 (RGBl. 73); Unfallversicherungsgesetz vom 6.7.1884 (RGBl. 69); Gesetz betreffend die Invaliditäts- und Altersversicherung vom 22.6.1889 (RGBl. 97) – Die Gesetze wurden 1911 in der Reichsversicherungsordnung (RVO) vom 19.7.1911 (RGBl. 509) zusammengefasst und ab 1975 in die verschiedenen Bücher des Sozialgesetzbuches (SGB I–XII) überführt.

[9] bundesversicherungsamt.de unter „Bundesversicherungsamt"/„Aufgaben und Geschichte" abgerufen am 12.11.2016.

[10] Gesetz über die Errichtung des Bundesversicherungsamts, die Aufsicht über die Sozialversicherungsträger und die Regelung von Verwaltungszuständigkeiten in der Sozialversicherung und der betrieblichen Altersfürsorge (Bundesversicherungsamtsgesetz – BVAG) vom 9.5.1956 (BGBl. I 415).

gesetzes über die privaten Versicherungsunternehmungen vom 12.5.1901[11] als dem ersten reichsweit geltenden Aufsichtsgesetz begann die hoheitliche Versicherungsaufsicht auf gesamtstaatlicher Ebene mit Inkrafttreten am 1.1.1902. Zuvor gab es nur punktuell aufsichtsrechtliche Vorschriften in verschiedenen Gesetzen einzelner Gliedstaaten des Deutschen Kaiserreichs.[12] Von Beginn an war die Versicherungsaufsicht sowohl auf die Einhaltung der Solvenzvorschriften als auch auf den Schutz der Versicherungsnehmer ausgerichtet. Die nachfolgenden fundamentalen Umwälzungen der Staatsform in der deutschen Geschichte spiegelten sich in den späteren Bezeichnungen des Aufsichtsamtes wider. Nach dem Ende der Monarchie erhielt die Behörde 1918 den Namen Reichsaufsichtsamt für Privatversicherung (RAA). 1932 wurde sie auch für die Aufsicht über Bausparkassen verantwortlich und in Reichsaufsichtsamt für das Versicherungs- und Bausparwesen umbenannt. In der Phase des Wiederaufbaus nach dem Zweiten Weltkrieg wurde das Bundesaufsichtsamt für das Versicherungs- und Bausparwesen zum 1.4.1952 im Geschäftsbereich des Bundesministers für Wirtschaft (BMWi) mit Sitz in Berlin aufgebaut (§ 1 BAG). Mit dem Inkrafttreten des Bausparkassengesetzes[13] am 1.1.1973 ging die Zuständigkeit für deren Beaufsichtigung auf das Bundesaufsichtsamt für das Kreditwesen (BAKred) über und entsprechend wurde sie im Namen des BAV gestrichen. Zum 29.12.1974 wurde das BAV durch die Änderung des BAG[14] in das Ressort des Bundesfinanzministers übertragen. Im Rahmen der Wiedervereinigung befürwortete die Unabhängige Föderalismuskommission vom Deutschen Bundestag und Bundesrat die Überlegungen des Arbeitsstabes Berlin/Bonn der Bundesregierung, als Ausgleich für den Umzug der Bundesregierung mehrere Bundesinstitutionen von Berlin nach Bonn zu verlagern.[15] Ebenso wie bei dem Bundeskartellamt, dem Bundesversicherungsamt und dem BAKred wurde der Sitz des BAV mittels des Berlin/Bonn-Gesetzes vom 26.4.1994[16] nach Bonn verlegt.[17] Dies erfolgte durch die Eröffnung einer Außenstelle im August 1999 und den endgültigen Umzug mit Wirkung zum 30.10.2000.[18]

Auf der Ebene der Länder bestehen bei den Wirtschafts- oder Finanzministerien Landesaufsichtsbehörden (LAB), die die Aufsicht über private Versicherungsunternehmen von geringerer wirtschaftlicher Bedeutung und über öffentlich-rechtliche Wettbewerbs-Versicherungsunternehmen, die nur in dem Hoheitsgebiet eines Landes tätig sind, sowie Versorgungswerke[19] führen. Regelungen über die Zuständigkeiten und die Zusammenarbeit finden sich in §§ 320–324 VAG. 5

bb) Bankenaufsicht. Die Abgrenzung der Kompetenzen ist ein fundamentales Grundthema des Föderalismus, was auch in der Bankenaufsicht deutlich wird. Das zeigt sich sowohl in den innerdeutschen Diskussionen zwischen dem Bund und den Ländern als auch zwischen der Europäischen Union und den Mitgliedstaaten. Wie ein roter Faden zieht sich das Thema Zuständigkeiten in der Bankenaufsicht durch die weitere Entwicklung von 1945 bis zur Schaffung des Einheitlichen Aufsichtsmechanismus (Single Supervisory Mechanism – SSM) im Jahr 2014. Stets wird auf der einen Seite die Wichtigkeit der Nähe zum heimischen Markt mit den dort ansässigen Kreditinstituten und ihren jeweiligen Besonderheiten betont, während die andere Seite den Schwerpunkt bei einer einheitlichen Herangehensweise mit einer konsistenten Beaufsichtigung aller Kreditinstitute sieht. Bei der Vielschichtigkeit der einzubeziehenden Aspekte können beide Positionen jeweils relevante Argumente benennen. Dass daneben auch Partikularinteressen als vermeintliche Sachgründe ins Feld geführt werden, ist in den Diskussionen im öffentlichen Raum üblich. Die Suche nach einem rechtlich tragbaren und zugleich möglichst praktikablen Weg bringt meistens die Notwendigkeit eines Kompromisses mit sich. Ein solcher Kompromiss ist oftmals dogmatisch nicht ganz makellos, doch er ist ein anzuerkennendes Ergebnis des politischen Prozesses. Die Finanzaufsicht wird sich immer in einem **dynamischen Spannungsfeld** bewegen und so sind im Laufe der Zeit weitere Veränderungen – in erster Linie im Bereich der Bankenaufsicht – zu erwarten. 6

Das **Bundesaufsichtsamt für das Kreditwesen (BAKred)** hatte seine Ursprünge in dem bei der Reichsbank eingerichteten Kuratorium für das Bankgewerbe der 1930er Jahre. Es gab zur Zeit des Deutschen Kaiserreichs und der Weimarer Republik nur fragmentarische Aufsichtsvorschriften für bestimmte Bankgeschäfte und Institutsarten.[20] Die einheitliche Bankenaufsicht nahm ihren Anfang in 7

[11] RGBl. 139,1.

[12] Auch das Versicherungsvertragsrecht wurde erst später mit dem Gesetz über den Versicherungsvertrag (Versicherungsvertragsgesetz – VVG) vom 30.5.1908 (RGBl. 263) vereinheitlicht.

[13] Gesetz über Bausparkassen vom 16.11.1972 (BGBl. I 2097).

[14] Artikel 2 des Gesetzes zur Änderung des Gesetzes über die Beaufsichtigung der privaten Versicherungsunternehmen, vom 20.12.1974 (BGBl. I 3693).

[15] BT-Drs. 12/2853, 3, Abschnitt II.6.

[16] Gesetz zur Umsetzung des Beschlusses des Deutschen Bundestages vom 20.6.1991 zur Vollendung der Einheit Deutschlands (Berlin/Bonn-Gesetz) vom 26.4.1994 (BGBl. I 918).

[17] § 7 Abs. 1 Nr. 4 und lit. d) des Berlin/Bonn-Gesetzes.

[18] Bekanntmachung des BMF über den Dienstsitz des Bundesaufsichtsamtes für das Versicherungswesen (BAVSitzBek) vom 10.11.2000 (BGBl. I 1697).

[19] Versorgungswerke sind überwiegend Einrichtungen der Altersversorgung für die Angehörigen der kammerfähiger freien Berufe.

[20] BaFin, http://www.bafin.de/DE/DieBaFin/AufgabenGeschichte/Bankenaufsicht/bankenaufsicht_node.html (abgerufen am 12.11.2016).

der 1931 erlassenen Notverordnung,[21] die der Reichspräsident als Reaktion auf die gravierenden Auswirkungen der 1929 begonnenen Weltwirtschaftskrise und die in deren Folge entstandene „Deutsche Bankenkrise" erließ.[22] Aufgrund der Notverordnung wurden im Ressort des Reichswirtschaftsministers der **Reichskommissar für das Bankgewerbe** und das **Kuratorium für das Bankgewerbe bei der Reichsbank** mit primär beobachtender Funktion eingesetzt. Mit dem Inkrafttreten des Reichsgesetzes über das Kreditwesen von 1934[23] bekamen die beiden Einrichtungen erweiterte Kompetenzen und die neuen Bezeichnungen Reichskommissar für das Kreditwesen und Aufsichtsamt für das Kreditwesen. Fünf Jahre später erfolgte eine Novellierung mit dem Gesetz über das Kreditwesen von 1939,[24] dessen materielle Regelungen bis 1961 zur Anwendung kamen. Die Zuständigkeitsregelungen sahen eine Mitwirkung des Reichsbankdirektoriums bei der Aufsichtstätigkeit des Reichswirtschaftsministers vor.

8 Nach dem Ende des Zweiten Weltkriegs begannen die Alliierten mit der – letztlich erst 1961 endgültig abgeschlossenen – Auflösung der Reichsbank.[25] In den neu gebildeten Ländern der westlichen Besatzungszonen wurde die Bankenaufsicht zunächst durch die Wirtschafts- oder Finanzminister der einzelnen Landesregierungen ausgeübt, die insofern für ihr Hoheitsgebiet die vormaligen Befugnisse des Reichswirtschaftsministers übernahmen. Partiell gingen Zuständigkeiten der Reichsbank auf die neu entstandenen Landeszentralbanken über. Für die Koordinierung der Aufsichtstätigkeiten gründete der Wirtschaftsrat des Vereinigten Wirtschaftsgebietes 1948 den **Sonderausschuss Bankenaufsicht**, der aus Vertretern der Landesregierungen und der Bank deutscher Länder sowie nach 1949 auch aus Vertretern der Bundesregierung und ab 1957 der Deutschen Bundesbank bestand.[26] Viele Jahre herrschte Uneinigkeit über die Organisation der Bankenaufsicht in der Bundesrepublik zwischen Befürwortern einer föderal gegliederten Struktur und Verfechtern einer bundesweit konsistenten Aufsicht mit Einbeziehung der Deutschen Bundesbank. Schließlich wurde mit dem neuen **Gesetz über das Kreditwesen von 1961**[27] ein Kompromiss gefunden: Die Bankenaufsicht wurde ab dem 1.1.1962 mit einer **funktionellen Zuständigkeitsverteilung** gemeinsam vom neu errichteten **Bundesaufsichtsamt für das Kreditwesen (BAKred)** mit Sitz in Berlin[28] und den dezentral aufgestellten Landeszentralbanken als Hauptverwaltungen der Deutschen Bundesbank ausgeübt. Das BAKred im Geschäftsbereich des BMWi war für alle hoheitlichen Maßnahmen verantwortlich und die Bundesbank übernahm die kontinuierliche Auswertung der Prüfberichte, Jahresabschlüsse und Meldungen der Kreditinstitute. Die vier Länder Nordrhein-Westfalen, Bremen, Hessen und Rheinland-Pfalz sahen ihre verfassungsmäßigen Rechte durch das KWG beschränkt und reichten eine abstrakte Normenkontrollklage beim BVerfG ein, die durch fünf weitere Länder unterstützt wurde. Das BVerfG sah die Regelungen des KWG im Einklang mit dem Grundgesetz: Der Gesetzgeber durfte gemäß Art. 87 Abs. 3 S. 1 GG eine Bundesoberbehörde errichten, die ihre Aufgabe der Bankenaufsicht im ganzen Bundesgebiet einheitlich wahrnimmt und hierbei die Bundesbank beteiligt.[29] 1975 wechselte das BAKred wie zuvor schon das BAV vom BMWi in das Ressort des BMF.[30] Zusammen mit dem BAV wurde der Sitz des BAKred durch das Berlin/Bonn-Gesetz nach Bonn verlegt.[31]

9 Seit der Einführung der Bankenaufsicht auf gesamtstaatlicher Ebene im Jahr 1934 findet hierbei eine Einbindung der deutschen **Zentralbank** statt. Die originären Aufgaben von Zentralbanken liegen primär in der makroökonomischen Sphäre der Geldpolitik. Die Sicherung der Preisniveaustabilität ist dabei das vorrangige Ziel der Zentralbank, das sie als unabhängiges Staatsorgan weisungsfrei verfolgt. Ihr wichtigstes Instrument ist hierbei die Festsetzung des Leitzinses für Zentralbankgeld, mit dem sich die Geschäftsbanken refinanzieren. Des Weiteren hat sie regelmäßig die Funktion einer Notenbank und emittiert in ihrem territorialen Zuständigkeitsbereich die Geldnoten. Durch diese Zuständigkeiten steht sie in einem direkten Kontakt zu den Kreditinstituten und erhält umfangreiche Daten über deren Geschäftsaktivitäten. Die einzelnen Datensätze können institutsspezifisch ausgewertet und zugleich auch für makroprudentielle Analysen aggregiert werden. Im Rahmen ihres systemisch ausgerichteten Mandats ist die Zentralbank in die Solvenzaufsicht über die Kreditinstitute einbezogen, wobei jedoch Aspekte des kollektiven Verbraucherschutzes außerhalb ihres Fokus stehen. Während des 19. Jahrhunderts existierte eine Vielzahl von öffentlichen und privaten Banken, die eine Erlaubnis ihrer jeweiligen Landesherren zur Notenausgabe besaßen. Zur Zeit der Reichsgründung 1871 war die aus der Königlichen Hauptbank

---

[21] Verordnung über Aktienrecht, Bankenaufsicht und Steueramnestie vom 19.9.1931 (RGBl. I 493).

[22] *Kleinheisterkamp*, Kreditwesengesetz und Strafverfahren, 2010, 10.

[23] Reichsgesetz über das Kreditwesen vom 5.12.1934 (RGBl. I 1203).

[24] Gesetz über das Kreditwesen vom 25.9.1939 (RGBl. I 1955); geändert durch die Änderungsverordnung vom 18.9.1944 (RGBl. I 211).

[25] *Deutsche Bundesbank,* Die Deutsche Bundesbank – Aufgabenfelder, Rechtlicher Rahmen, Geschichte, 2006, 23.

[26] Boos/Fischer/Schulte-Mattler/*Fischer* Einf KWG Rn. 8.

[27] Gesetz über das Kreditwesen (Kreditwesengesetz – KWG) vom 10.7.1961 (BGBl. I 881).

[28] § 5 Abs. 1 KWG, der durch Art. 2 Nr. 7 des Gesetzes über die integrierte Finanzdienstleistungsaufsicht aufgehoben wurde.

[29] *BVerfG*, Urt. v. 24.7.1962 – 2 BvF 4/61 u. a., BVerfGE 14, 197 = DVBl 1962, 672.

[30] Art. 10 des Gesetzes zur Anpassung gesetzlich festgelegter Zuständigkeiten an die Neuabgrenzung der Geschäftsbereiche von Bundesministerien (Zuständigkeitsanpassungs-Gesetz) vom 18.3.1975 (BGBl. I 705).

[31] § 7 Abs. 1 Nr. 3 und lit. c) des Berlin/Bonn-Gesetzes.

hervorgegangene **Preußische Bank** die größte von insgesamt 33 Notenbanken, die in sieben Währungsgebieten 117 verschiedene Sorten Banknoten neben 119 unterschiedlichen Sorten Münzen herausgaben.[32] Schrittweise kam es durch das erste Münzgesetz von 1871,[33] das zweite Münzgesetz von 1873[34] und das Bankgesetz von 1875[35] zu fortschreitenden Vereinheitlichungen im Reichsgebiet. Bis 1876 wurde das moderne Einheitsgeldwesen etabliert und das Banknotenwesen harmonisiert. In diesem Zusammenhang entstand aus der Preußischen Bank zum 1.1.1876 die **Reichsbank.**[36] Die 32 anderen mit Notenprivileg lizenzierten Banken[37] durften als sog. Privat-Notenbanken[38] nur noch in einem kontingentierten Umfang Noten emittieren. Zugleich enthielt das Bankengesetz Regelungen, die den Betrieb anderer Bankgeschäfte neben dem Notengeschäft erheblich einschränkten. Dies führte dazu, dass sich fast alle diese Banken aus dem Notenbankwesen zurückzogen und letztlich die Reichsbank de facto die Zentralnotenbank des Deutschen Reiches wurde.[39]

Während sich die vollständige Abwicklung der Reichsbank von 1945 bis 1961 hinzog,[40] wurden in den westlichen Besatzungszonen zwischen 1946 und 1948 **Landeszentralbanken (LZB)** gegründet, die fast alle Zentralbankfunktionen ausübten. Auf zonenübergreifender Ebene wurde am 1.3.1948 die **Bank deutscher Länder (BdL)** in Frankfurt a. M. gegründet,[41] der schließlich alle Landeszentralbanken als Träger beitraten. Für das so geschaffene föderal aufgebaute Zentralbankensystem war das US-amerikanische Konzept der Dezentralisierung für Deutschland prägend.[42] Im Zentralbankbereich sollte ein ähnliches System wie das Federal Reserve System[43] der USA etabliert werden. Die Bank deutscher Länder mit dem obersten Entscheidungsgremium Zentralbankrat hatte das alleinige Recht zur Notenemission und war für die Geldpolitik verantwortlich. Für die Refinanzierungsaufgaben und den Giroverkehr der Kreditinstitute waren ausschließlich die Landeszentralbanken in ihren jeweiligen territorialen Wirkungskreisen zuständig. 10

Das Grundgesetz vom 23.5.1949 enthielt mit Art. 88 erstmals eine Vorschrift über die Errichtung einer „Währungs- und Notenbank als Bundesbank", ohne nähere Ausführungen über ihren Aufbau und ihr Mandat zu machen. Nach langen politischen Diskussionen in zwei Legislaturperioden und gescheiterten Gesetzentwürfen[44] wurde 1957 das Gesetz über die Deutsche Bundesbank[45] verabschiedet. Die Bundesregierung kam damit dem Auftrag aus Art. 88 GG nach, während die Länder im Bundesrat keine Notwendigkeit sahen, das aus ihrer Sicht funktionierende System zu ändern.[46] Die neu gegründete **Deutsche Bundesbank** besaß das ausschließliche Recht zur Ausgabe von Banknoten[47] in der Bundesrepublik. Als Organe waren der Zentralbankrat, das Direktorium mit einem Präsidenten an der Spitze und die Vorstände der Landeszentralbanken eingesetzt.[48] Die Bundesbank wurde von dem Direktorium geleitet, dem der Zentralbankrat übergeordnet war.[49] Der Zentralbankrat setzte sich aus den Mitgliedern des Direktoriums und den Präsidenten der Landeszentralbanken zusammen. Die Direktoriumsmitglieder wurden auf Vorschlag der Bundesregierung vom Bundespräsidenten bestellt.[50] Die Präsidenten der Landeszentralbanken wurden formal in einem zweistufigen Vorschlagsverfahren ausgewählt: Die Landesregierungen teilten ihre Kandidaten dem Bundesrat mit, der sie dem Bundespräsidenten zur Bestellung antrug. Der Kern des politischen Kompromisses zwischen dem Bund und den Ländern bestand darin, dass die Landeszentralbanken der Länder in rechtlich unselbständige Hauptverwaltungen der Bundes- 11

[32] *Deutsche Bundesbank,* Die Deutsche Bundesbank, 2006, 14.
[33] Gesetz betreffend die Ausprägung von Reichsgoldmünzen vom 4.12.1871 (RGBl. 404).
[34] Münzgesetz vom 9.7.1873 (RGBl. 233).
[35] Bankgesetz vom 14.3.1875 (RGBl. 177).
[36] § 12 des Bankgesetzes.
[37] Auflistung der Notenbanken in der Anlage zu § 9 des Bankgesetzes.
[38] § 42 des Bankgesetzes.
[39] *Deutsche Bundesbank,* Die Deutsche Bundesbank, 2006, 14.
[40] Vgl. bspw. die Richtlinien der Bank deutscher Länder zur Erstellung der Reichsmark-Schlußbilanz und der Umstellungsrechnung der Geldinstitute (RBDL) vom 31.1.1949.
[41] Gesetz Nr. 60 (Amerikanisches Kontrollgebiet), Verordnung Nr. 129 (Britisches Kontrollgebiet), Verordnung Nr. 203 (Französisches Kontrollgebiet) „Errichtung der Bank deutscher Länder" der Militärregierung Deutschland vom 1.1.1948, Gesetz- und Verordnungsblatt des Wirtschaftsrates des Vereinigten Wirtschaftsgebietes 1948, Beilage 3, 8.
[42] *Deutsche Bundesbank,* Die Deutsche Bundesbank, 2006, 24.
[43] Das Federal Reserve System besteht seit der Gründung 1913 aus zwölf regionalen Federal Reserve Banks und dem zentralen Board of Governors of the Federal Reserve System (Federal Reserve Board – FRB) in Washington, D. C.
[44] Entwurf eines Gesetzes über die Währungs- und Notenbank des Bundes (Bundesbankgesetz) in BT-Drs. 1/4020 und Entwurf eines Gesetzes über die Landeszentralbanken (Landeszentralbankgesetz) in BT-Drs. 1/4240.
[45] Gesetz über die Deutsche Bundesbank vom 26.7.1957 (BGBl. I 745).
[46] Stellungnahme des Bundesrates in Anlage 2 zum Entwurf eines Gesetzes über die Deutsche Bundesbank in BT-Drs. 2/2781.
[47] § 14 BBankG a. F.
[48] § 5 BBankG a. F. Nach § 29 Abs. 1 BBankG a. F. hatten der Zentralbankrat und das Direktorium die Stellung von obersten Bundesbehörden, die Landeszentralbanken die Stellung von Bundesbehörden.
[49] § 6 Abs. 1, § 7 Abs. 1 S. 1 und 2 BBankG a. F.
[50] § 7 Abs. 3 BBankG a. F.

bank mit der Bezeichnung „Landeszentralbank" umgewandelt wurden,[51] ihnen jedoch die Geschäfte mit den Kreditinstituten[52] ihres Bereichs, mit dem jeweiligen Land und mit den dortigen öffentlichen Verwaltungsträgern[53] exklusiv vorbehalten waren.[54] Nur die Landeszentralbanken durften Filialen[55] errichten. Das Direktorium als zentrale Einheit auf übergeordneter Ebene war für Auslandsgeschäfte, Geschäfte mit dem Bund und dessen Sondervermögen sowie mit Kreditinstituten, die zentrale Aufgaben im gesamten Bundesgebiet hatten, zuständig.[56] Das Gesetz enthielt keine präzisen Regelungen zu den Zuständigkeiten im Einzelnen, so dass die Bundesbank selbst von einer **„unvollkommenen Kompetenzabgrenzung"** sprach.[57] Durch die Vorbehaltsrechte der Landeszentralbanken und das Vorschlagsverfahren für ihre Präsidenten behielten sie de facto weitgehend ihre Stellung wie zuvor, als sie selbständige juristische Personen nach Landesrecht waren.[58] Die Länder wollten ihre historisch entstandenen Einflussmöglichkeiten auch später noch bewahren als sich die Rahmenbedingungen grundlegend durch die Europäische Einigung geändert hatten und eine Anpassung der Struktur der Bundesbank angezeigt war.

12 Die Reform der Bundesbank wurde durch die Schaffung der **Europäischen Wirtschafts- und Währungsunion (EWWU)** ausgelöst, die auf der Grundlage eines Plans des damaligen Präsidenten der Europäischen Kommission Jacques Delors in drei Stufen ablief. Als erste Stufe war die verstärkte Zusammenarbeit der nationalen Zentralbankpräsidenten im sog. Gouverneursausschuss ab dem 1.7.1990 vorgesehen. Während diese erste Stufe auf einem Beschluss des Europäischen Rates basierte, wurden die beiden weiteren Stufen detailliert im Vertrag von Maastricht[59] geregelt. Zum 1.1.1994 wurde in der zweiten Stufe das Europäische Wirtschaftsinstitut (EWI)[60] in Frankfurt a. M. errichtet, um den Aufbau des Europäischen Systems der Zentralbanken vorzubereiten. Das EWI unter der Leitung von Alexandre Lamfalussy war dabei ein institutioneller Vorläufer der Europäischen Zentralbank (EZB), die zum 1.6.1998 gegründet wurde und die seit 1.12.2009 zu den Organen der Europäischen Union zählt.[61] Die EZB und die nationalen Zentralbanken bilden das **Europäische System der Zentralbanken (ESZB)**,[62] das zum 1.1.1999 eingeführt wurde. Zu diesem Zeitpunkt ging die Zuständigkeit in der Geldpolitik von den nationalen Zentralbanken auf das ESZB über. Zu dessen grundlegenden Aufgaben gehören die Festlegung und Ausführung der Geldpolitik der Europäischen Union.[63] Dies stellt zusammen mit der gleichzeitigen Einführung des Euro die dritte Stufe dar.

13 In Deutschland wurde zur Implementierung der Wirtschafts- und Währungsunion schon 1992 das Grundgesetz geändert und dem Art. 88 GG der Satz 2 angefügt.[64] Danach können die Aufgaben und Befugnisse der Bundesbank auf die **Europäische Zentralbank** übertragen werden. Als dies zum 1.1.1999 umgesetzt wurde, fand angesichts des Verlusts fundamentaler nationaler Zentralbankfunktionen eine intensive Diskussion um die zukünftige Rolle der Bundesbank und ihre Organisation statt. Weder im Zentralbankrat noch in der von Bund und Länder eingesetzten Expertenkommission unter dem Vorsitz des ehemaligen Bundesbankpräsidenten Karl Otto Pöhl gab es Einigkeit über die künftige Struktur. Es zeigte sich das typische Muster der grundsätzlichen Diskussion im Föderalismus mit den entgegenstehenden Positionen der Befürworter und Gegner einer zentralisierten oder einer dezentralen Lösung. Das Konzept der Bundesregierung sah vor, zum einen das BAKred mit dem BAV und dem BAWe zur BaFin zu vereinen, um die hoheitliche Bankenaufsicht in die neue Allfinanzaufsichtsbehörde im Geschäftsbereich des BMF zu integrieren, sowie zum anderen den Aufbau der Bundesbank zu modernisieren. Nach dem sog. **Vorstandsmodell** sollte die Bundesbank nur noch ein einziges Organ haben. An die Stelle des Zentralbankrats und des Direktoriums sollte alleine der neue Vorstand treten, der bei der Zentrale in Frankfurt a. M. angesiedelt werden und aus dem Präsidenten sowie den weiteren Vorstandsmitgliedern bestehen sollte. Die LZB-Vorstände mit ihren Vorbehaltszuständigkeiten sollten aufgelöst werden und die Hauptverwaltungen sollten jeweils von einem dem Bundesbank-Vorstand nachgeordneten Präsidenten angeführt werden. Zum Ausgleich sollte das Vorschlagsrecht für die Mitglieder des Vorstands auf die Bundesregierung und den Bundesrat aufgeteilt werden. Anders als die Bundesregierung wollten die Länder die Bezeichnung Landeszentralbanken für die Hauptverwaltungen erhalten und ihnen auch verstärkt Aufgaben der Bankenaufsicht übertragen. Es wurde ferner

---

[51] § 8 Abs. 1 BBankG a. F.
[52] Geschäfte gemäß § 19 BBankG a. F.
[53] Geschäfte gemäß § 20 BBankG a. F.
[54] § 8 Abs. 2 S. 2 Nr. 1 und 2 BBankG a. F.
[55] „Zweiganstalten" (Hauptstellen und Zweigstellen) gemäß § 10 BBankG a. F.
[56] § 7 Abs. 1 S. 3 BBankG a. F.
[57] Geschäftsbericht der Deutschen Bundesbank für das Jahr 1957, 6.
[58] Geschäftsbericht der Deutschen Bundesbank für das Jahr 1957, 4.
[59] ABl. Nr. C 224/105 vom 31.8.1992.
[60] Art. 109f EGV a. F. = Art. 117 EG.
[61] Art. 13 EUV.
[62] Art. 282 Abs. 1 AEUV.
[63] Art. 127 Abs. 2 AEUV.
[64] 38. Gesetz zur Änderung des Grundgesetzes vom 21.12.1992 (BGBl. I 2086).

vorgeschlagen, die Bankenaufsichtsbehörde komplett in die Bundesbank zu integrieren.[65] Dem stand und steht weiterhin die rechtliche Ausgestaltung der Bundesbank im Staatsgefüge der Bundesrepublik entgegen: Nach § 12 S. 1 BBankG ist die Bundesbank bei der Ausübung der ihr zugewiesenen Befugnisse von Weisungen der Bundesregierung unabhängig. Die Bankenaufsicht nach dem KWG ist jedoch mit weitgehenden Eingriffsrechten gegenüber den beaufsichtigten Unternehmen verbunden. In der rechtsstaatlichen Ordnung der Bundesrepublik mit der verfassungsrechtlich verankerten Gewaltenteilung erfolgt eine Kontrolle der Exekutive durch das Parlament. An der Spitze der Bundesverwaltung steht die Bundesregierung, innerhalb derer die Minister gemäß Art. 65 S. 2 GG ihr jeweiliges Ressort, d. h. das Ministerium mit dem nachgeordneten Bereich, leiten und gegenüber dem Bundestag politisch verantwortlich sind. Aufgrund ihrer sog. **Ministerialfreiheit** und den dementsprechend fehlenden parlamentarischen Kontrollmöglichkeiten kann die Bundesbank folglich nicht mit der Ausübung von hoheitlichen Eingriffsbefugnissen betraut werden ohne sie einer entsprechenden Kontrolle zu unterstellen und so ihre Unabhängigkeit zu verlieren. Die Bundesregierung brachte ihren Entwurf des Siebenten Gesetzes zur Änderung des Gesetzes über die Deutsche Bundesbank auf der Grundlage des Vorstandsmodells im September 2001 in den Bundestag ein.[66] Das Gesetzgebungsverfahren fand in zeitlicher Nähe zu den Beratungen zum Gesetz über die integrierte Finanzdienstleistungsaufsicht mit Bezugnahmen untereinander statt.[67] Beide Gesetze waren schließlich aufeinander folgende Tagesordnungspunkte in derselben Sitzung des Bundesrats am 22.3.2002.[68] Mit Inkrafttreten des Siebenten Änderungsgesetzes am 30.4.2002 wurden die Struktur und die Aufgabenbeschreibung der Bundesbank an die veränderten europäischen Rahmenbedingungen angepasst und die Zusammenarbeit mit der BaFin bei der Bankenaufsicht umschrieben.[69] In den neun Hauptverwaltungen wurden für die Bankenaufsicht die beiden Bereiche „Laufende Aufsicht" (für die Auswertung der eingehenden Berichterstattung) und „Bankgeschäftliche Prüfungen" (für die örtlichen Prüfungen der Kreditinstitute mit Schwerpunkten bei der Eigenkapitalausstattung und den internen Risikosteuerungsverfahren) eingerichtet.[70]

Tiefgreifende Veränderungen in der Bankenaufsicht wurden aufgrund der Erfahrungen aus der Finanzkrise und nachfolgenden Staatsschuldenkrisen eingeleitet, um die Gefahr der Wiederholung derartiger Situationen zu reduzieren. Zuerst wurde zum 1.1.2011 das Europäische System der Finanzaufsicht **(European System of Financial Supervision – ESFS)** mit den drei europäischen Aufsichtsbehörden für das Bankenwesen (European Banking Authority – EBA), für das Versicherungswesen und die betriebliche Altersversorgung (European Authority for Insurance and Occupational Pensions Authority – EIOPA) sowie für das Wertpapierwesen (European Securities and Markets Authority – ESMA) sowie dem bei der EZB angesiedelten Europäischen Ausschuss für Systemrisiken (European Systemic Risk Board – ESRB) errichtet. Die Behörden des ESFS traten an die Stelle der vorher bestehenden sektoralen Ausschüsse CEBS,[71] CEIOPS[72] und CESR[73] und sind nunmehr für die gesamte Europäische Union bei der Entwicklung von technischen Standards zuständig. In einem weitergehenden Ansatz entwickelten die Staats- und Regierungschefs der Eurozonenländer ab 2012 das Konzept der **Europäischen Bankenunion** mit den beiden wesentlichen Elementen einer zentralen Bankenaufsicht (Einheitlicher Aufsichtsmechanismus) und einer Struktur für die Abwicklung von bestandsgefährdeten Banken (Einheitlicher Abwicklungsmechanismus). Daneben steht noch eine gemeinsame Einlagensicherung (European Deposit Insurance Scheme – EDIS) in der Diskussion, die allerdings besonders in Deutschland auf gravierende Vorbehalte trifft, da die Sicherungssysteme in den Eurostaaten sehr unterschiedlich ausgestaltet sind. 14

Während der einheitliche Aufsichtsmechanismus bei der EZB eingerichtet wurde, wurde für den einheitlichen Abwicklungsmechanismus eine eigene Behörde gegründet. Der **einheitliche Abwicklungsmechanismus (Single Resolution Mechanism – SRM)** besteht aus den nationalen Abwicklungsbehörden und dem Einheitlichen Abwicklungsausschuss (Single Resolution Board – SRB) mit Sitz 15

[65] Stellungnahme des Bundesrats in BR-Drs. 14/7033, 45.
[66] BT-Drs. 14/6879 vom 7.9.2001.
[67] Der Bundesrat legte den Schwerpunkt seiner Stellungnahme zum Regierungsentwurf des Gesetzes über die integrierte Finanzdienstleistungsaufsicht in BT-Drs. 14/7033, 44 f. auf die Forderung, die LZB in der Bankenaufsicht zu stärken. Dieses Artikelgesetz sah sowohl im FinDAG als auch in § 7 KWG Vorschriften mit inhaltlichen Berührungspunkten zu der Anpassung der Zusammenarbeit von BaFin und Bundesbank bei der laufenden Aufsicht über die Kreditinstitute vor. Eine Regelung über den Umgang mit Meinungsverschiedenheiten zwischen BaFin und Bundesbank bei der laufenden Aufsicht wurde erst zum 1.1.2013 mit der Einführung des § 4a FinDAG aufgenommen. Nach § 4 Abs. 3 FinDAG kann sich die BaFin anderer Einrichtungen zur Erfüllung ihrer Aufgaben bedienen, dies sind in der Praxis in erster Linie die Bundesbank und Wirtschaftsprüfer (vgl. § 4 Rn. 15).
[68] BR-Plenarprotokoll 774 vom 22.3.2002, 175, vgl. Rn. 25.
[69] Vgl. § 4 Rn. 19; § 4a Rn. 4.
[70] *Deutsche Bundesbank*, http://www.bundesbank.de/Navigation/DE/Bundesbank/Hauptverwaltung_und_Filialen/BW/Bankenaufsicht/bankenaufsicht.html (abgerufen am 12.11.2016).
[71] Committee of European Banking Supervisors.
[72] Committee of European Insurance and Occupational Pensions Supervisors.
[73] Committee of European Securities Regulators.

in Brüssel sowie dem von ihm verwalteten Abwicklungsfonds (Single Resolution Fund – SRF).[74] Der SRF trat zum 1.1.2016 für die Staaten der Eurozone an die Stelle vorheriger nationaler Fonds wie dem von der **Bundesanstalt für Finanzmarktstabilisierung (Finanzmarktstabilisierungsanstalt – FMSA)** verwalteten Finanzmarktstabilisierungsfonds (FMS – auch Sonderfonds Finanzmarktstabilisierung – SoFFin). Das SRB ist mit dem SRF für die Finanzierung von Abwicklungsmaßnahmen der unter Aufsicht der EZB stehenden Banken der Eurozone zuständig. Der Finanzmarktstabilisierungsfonds wurde im Oktober 2008 in einer schnellen Reaktion auf die Finanzkrise als Sondervermögen des Bundes errichtet, um insbesondere akut bestandsgefährdeten Banken liquide Mittel zur Verfügung zu stellen.[75] Die zum 20.10.2008 gegründete FMSA ist ebenso wie die BaFin eine bundesunmittelbare, rechtsfähige Anstalt des öffentlichen Rechts im Geschäftsbereich des BMF.[76] Die FMSA wurde in Frankfurt a. M. errichtet und bekam anfangs personelle und organisatorische Unterstützung durch die Bundesbank. Zum 1.1.2011 wurde neben dem FMS der Restrukturierungsfonds als separates Sondervermögen geschaffen.[77] Als nächster Schritt kam die Bestimmung der FMSA als **nationale Abwicklungsbehörde (NAB)** zum 1.1.2015 durch § 3 Abs. 1 SAG.[78] Die FMSA in ihrer Funktion als Abwicklungsbehörde und die BaFin sollen sich insbesondere im Hinblick auf Angelegenheiten der internationalen Zusammenarbeit koordinieren. Zugleich sieht § 3 Abs. 2 Nr. 2 SAG vor, dass die Integration der Abwicklungsbehörde in die BaFin vorbereitet wird. Zum Zeitpunkt des Gesetzgebungsverfahrens für das SAG war vorgesehen, dass die Abwicklungsbehörde als „Anstalt in der Anstalt" in die BaFin übertragen wird.[79] Auf diese Weise sollte eine organisatorische Trennung und strukturelle Eigenständigkeit gemäß der Anforderung aus Art. 3 Abs. 3 der Richtlinie 2014/59/EU (Bank Recovery and Resolution Directive – BRRD) zur Vermeidung von Interessenkonflikten zwischen Aufsichts- und Abwicklungsfunktionen erreicht werden.[80] Angesichts der Einsetzung des SRM mit SRB und SRF zum 1.1.2016 und der daraus resultierenden Schließung des FMS für neue Maßnahmen wird die FMSA zum 1.1.2018 aufgespalten.[81] Zum einen wird die Verwaltung des abzuwickelnden FMS von der Finanzagentur des Bundes (Bundesrepublik Deutschland – Finanzagentur GmbH) übernommen und zum anderen wird für die Funktion der NAB zum 1.1.2018 ein eigener Geschäftsbereich der BaFin geschaffen.[82] Die NAB soll ihre Aufgaben unabhängig von der Bankenaufsicht unter dem Dach der BaFin wahrnehmen und deshalb wird das Direktorium für den neuen Geschäftsbereich um einen Exekutivdirektor erweitert.[83] Der Ansatz einer Eingliederung mit dem Modell einer „Anstalt in der Anstalt" ist damit hinfällig.

16 Seit dem Inkrafttreten des **Einheitlichen Aufsichtsmechanismus (Single Supervisory Mechanism – SSM)** am 4.11.2014 ist die EZB gemäß § 1 Abs. 5 Nr. 1 KWG Aufsichtsbehörde im Sinne des KWG neben der BaFin, die gemäß § 1 Abs. 5 Nr. 2 KWG nur noch subsidiär zuständig ist.[84] Die 1992 ausgehandelten Bestimmungen im Vertrag von Maastricht über die Errichtung des ESZB und der EZB[85] enthielten in Art. 105 Abs. 6 EGV[86] eine weit vorausschauende Vorschrift. Der Europäische Rat wurde

[74] Art. 1 der SRM-Verordnung – Verordnung (EU) Nr. 806/2014 des Europäischen Parlaments und des Rates vom 15.7.2014 zur Festlegung einheitlicher Vorschriften und eines einheitlichen Verfahrens für die Abwicklung von Kreditinstituten und bestimmten Wertpapierfirmen im Rahmen eines einheitlichen Abwicklungsmechanismus und eines einheitlichen Abwicklungsfonds sowie zur Änderung der Verordnung (EU) Nr. 1093/2010 (ABl. L 225 vom 30.7.2014, 1).

[75] § 2 Abs. 1 des Gesetzes zur Errichtung eines Finanzmarktstabilisierungsfonds (Finanzmarktstabilisierungsfondsgesetz – FMStFG vom 17.10.2008, BGBl. I 1982). Das FMStFG ist als Art. 1 des Gesetzes zur Umsetzung eines Maßnahmenpakets zur Stabilisierung des Finanzmarktes (FMStG) das Kernstück dieses Artikelgesetzes.

[76] § 3a Abs. 1 FMStFG.

[77] § 1 des Gesetzes zur Errichtung eines Restrukturierungsfonds für Kreditinstitute (Restrukturierungsfondsgesetz – RStruktFG vom 9.12.2010, BGBl. I 1900). Das RStruktFG ist als Art. 3 des Gesetzes zur Restrukturierung und geordneten Abwicklung von Kreditinstituten, zur Errichtung eines Restrukturierungsfonds für Kreditinstitute und zur Verlängerung der Verjährungsfrist der aktienrechtlichen Organhaftung (Restrukturierungsgesetz) ein zentraler Bestandteil dieses Artikelgesetzes.

[78] Das Gesetz zur Sanierung und Abwicklung von Instituten und Finanzgruppen (Sanierungs- und Abwicklungsgesetz – SAG vom 10.12.2014, BGBl. I 2091) ist als Art. 1 das Kernstück des Gesetzes zur Umsetzung der Richtlinie 2014/59/EU des Europäischen Parlaments und des Rates vom 15.5.2014 zur Festlegung eines Rahmens für die Sanierung und Abwicklung von Kreditinstituten und Wertpapierfirmen und zur Änderung der Richtlinie 82/891/EWG des Rates, der Richtlinien 2001/24/EG, 2002/47/EG, 2004/25/EG, 2005/56/EG, 2007/36/EG, 2011/35/EU, 2012/30/EU und 2013/36/EU sowie der Verordnungen (EU) Nr. 1093/2010 und (EU) Nr. 648/2012 des Europäischen Parlaments und des Rates (BRRD-Umsetzungsgesetz).

[79] Vgl. BT-Drs. 18/2575, 2, 145.

[80] Gesetzentwurf der Bundesregierung zum BRRD-Umsetzungsgesetz, BT-Drs. 18/2575, 2.

[81] Entwurf der Bundesregierung eines Gesetzes zur Neuordnung der Aufgaben der Bundesanstalt für Finanzmarktstabilisierung (FMSA-Neuordnungsgesetz –FMSANeuOG), BT-Drs. 18/9530, 1 ff.

[82] Vgl. § 6 Rn. 16.

[83] Der Entwurf des FMSANeuOG sieht die umfangreiche Änderungen von bestehenden Regelungen und die Einführung von neuen Regelungen bei der Umlage, der Rechtsnachfolge der FMSA und den Übergangsvorschriften im FinDAG sowie in der Verordnung über die Satzung der BaFin vor.

[84] § 1 Abs. 5 KWG nF trat als Art. 2 Nr. 2 des BRRD-Umsetzungsgesetzes vom 10.12.2014 (BGBl. I 2019) zum 19.12.2014 in Kraft.

[85] Vgl. Rn. 8.

[86] Art. 105 EGV = Art. 127 AEUV.

ermächtigt, durch Verordnungen in einem „besonderen Gesetzgebungsverfahren" „besondere Aufgaben im Zusammenhang mit der Aufsicht über Kreditinstitute und sonstige Finanzinstitute" auf die EZB zu übertragen. Diese Ermächtigungsgrundlage wurde nach der Finanzkrise genutzt, als der Rat 2013 die SSM-Verordnung erließ.[87] Der EZB wurde darin die Verantwortung für das Funktionieren des SSM zugewiesen, der aus der EZB und den nationalen zuständigen Behörden (National Competent Authorities – NCA) besteht.[88] In Deutschland ist dies gemäß § 6 Abs. 1 KWG die BaFin,[89] die dabei von der Bundesbank unterstützt wird.[90] Der EZB-Rat erließ im April 2014 auf der Grundlage der Art. 127 Abs. 6 und Art. 132 AEUV zur weiteren Konkretisierung die SSM-Rahmenverordnung.[91] Der SSM ist für die **direkte Aufsicht über die „bedeutenden" Kreditinstitute (Significant Institutes – SI)**[92] der Eurozone zuständig, die von gemeinsamen Aufsichtsteams (Joint Supervisory Team – JST)[93] unter Federführung eines Koordinators der EZB durchgeführt wird. Das erste von mehreren alternativen Kriterien für die Einstufung als bedeutendes Institut ist ein Gesamtwert der Aktiva von mehr als 30 Milliarden Euro,[94] wobei die EZB immer die direkte Aufsicht über die drei größten Kreditinstitute eines jeden teilnehmenden Staates ausübt.[95] Bei der formalen Tätigkeitsaufnahme am 4.11.2014 handelte es sich bei 21 von insgesamt 120 als bedeutsam eingestuften Unternehmen um deutsche Institute.[96] Die anderen ca. 3.500 Kreditinstitute in der Eurozone[97] werden als „weniger bedeutend" bezeichnet **(Less Significant Institutes – LSI).**[98] Sie werden von der EZB mittelbar beaufsichtigt, da die aufsichtlichen Entscheidungsbefugnisse bis auf weiteres überwiegend bei den nationalen Aufsichtsbehörden verbleiben. Die EZB kann jedoch gemäß Art. 6 Abs. 5 lit. b der SSU-Verordnung die Aufsicht über LSI an sich ziehen. Bei allen Instituten ist die EZB allerdings für sog. common procedures wie die Erteilung und den Entzug der Zulassung zum Betrieb von Bankgeschäften zuständig.[99]

Die Bankenaufsicht der EZB besteht aus vier Generaldirektionen (Directorates General – DG), die **17**
dem **Aufsichtsgremium (Supervisory Board)**[100] mit Lenkungsausschuss (Steering Comittee) und Sekretariat unterstehen. Das Aufsichtsgremium ist gemäß in Art. 26 Abs. 1 UAbs. 1 S. 1 SSU-Verordnung ein „internes Organ" der EZB, da nach dem AEUV nur der EZB-Rat und das EZB-Direktorium Beschlussorgane sind.[101] Es setzt sich aus dem Vorsitzenden, dem stellvertretenden Vorsitzenden, vier Vertretern der EZB sowie den Vertretern der nationalen Aufsichtsbehörden und Zentralbanken zusammen. Das Amt des Vorsitzenden ist nicht mit anderen Mandaten kombinierbar und kann nur für eine Amtsperiode von fünf Jahren ohne Verlängerungsmöglichkeit ausgeübt werden.[102] Der stellvertretende Vorsitzende ist gemäß der Vorgaben in Art. 26 Abs. 3 UAbs. 1 S. 4 Verordnung (EU) Nr. 1024/2013 zugleich Mitglied des EZB-Direktoriums. Aufsichtsentscheidungen werden von den Generaldirektionen vorbereitet und formal als Entwürfe des Aufsichtsgremiums dem EZB-Rat vorgelegt.[103] Nach dem sog. Verfahren der impliziten Zustimmung gelten die Entwürfe als genehmigt, wenn der EZB-Rat nicht innerhalb eines Zeitraums von höchstens zehn Arbeitstagen Einspruch erhebt.[104] Um die Aufsichtsfunktion von der primären geldpolitischen Funktion der EZB zu trennen und um Interessenkonflikten vorzubeugen, tagt der EZB-Rat in derselben Zusammensetzung in separaten Sitzungen.[105] Das Personal auf der Arbeitsebene darf nur in einem der Funktionsbereiche tätig sein.[106] Die Regelungen über die Organisation und die Beschlussfassung der EZB-Bankenaufsicht sind durch die primärrechtlichen Vor-

[87] Verordnung (EU) Nr. 1024/2013 des Rates vom 15.10.2013 zur Übertragung besonderer Aufgaben im Zusammenhang mit der Aufsicht über Kreditinstitute auf die Europäische Zentralbank, ABl. 2013 L 287, 63 vom 29.10.2013.

[88] Art. 6 Abs. 1 Verordnung (EU) Nr. 1024/2013.

[89] Nationale zuständige Behörde im Sinne von Art. 2 Nr. 2 Verordnung (EU) Nr. 1024/2013; https://www.bankingsupervision.europa.eu/organisation/nationalsupervisors/html/index.en.html.

[90] Nach Art. 36 Abs. 1 UAbs. 2 Verordnung (EU) Nr. 1024/2013 kann der Vertreter der nationalen zuständigen Behörde einen Vertreter der Zentralbank in das Aufsichtsgremium mitbringen.

[91] Verordnung (EU) Nr. 468/2014 der Europäischen Zentralbank vom 16.4.2014 zur Einrichtung eines Rahmenwerks für die Zusammenarbeit zwischen der Europäischen Zentralbank und den nationalen zuständigen Behörden und den nationalen benannten Behörden innerhalb des einheitlichen Aufsichtsmechanismus (EZB/2014/17).

[92] Art. 2 Nr. 16 Verordnung (EU) Nr. 468/2014.

[93] Art. 2 Nr. 6, Art. 3 ff. Verordnung (EU) Nr. 468/2014.

[94] Art. 6 Abs. 4 UAbs. 2i) Verordnung (EU) Nr. 1024/2013.

[95] Art. 6 Abs. 4 UAbs. 5 Verordnung (EU) Nr. 1024/2013; Art. 50 Abs. 2 Verordnung (EU) Nr. 468/2014.

[96] Die EZB veröffentlicht gemäß Art. 49 Verordnung (EU) Nr. 468/2014 eine regelmäßig aktualisierte Liste auf ihrer Internetseite (https://www.bankingsupervision.europa.eu/banking/list/who/html/index.en.html). Zum Stand 31.5.2016 waren von insgesamt 129 als bedeutsam eingestuften Instituten 22 deutsche Unternehmen aufgelistet.

[97] *EZB*, https://www.bankingsupervision.europa.eu/about/faqs/html/index.en.html (abgerufen am 12.11.2016).

[98] Art. 2 Nr. 7 Verordnung (EU) Nr. 468/2014.

[99] Art. 14 Verordnung (EU) Nr. 1024/2013; Art. 73 ff. Verordnung (EU) Nr. 468/2014.

[100] Art. 26 Abs. 1 Verordnung (EU) Nr. 1024/2013; die Regelungen über das Sekretariat und den Lenkungsausschuss sind in Abs. 9 und 10 enthalten.

[101] Art. 129 Abs. 1 AEUV (ex-Art. 107 EGV).

[102] Art. 26 Abs. 3 UAbs. 2 Verordnung (EU) Nr. 1024/2013.

[103] Art. 26 Abs. 8 S. 1 Verordnung (EU) Nr. 1024/2013.

[104] Art. 26 Abs. 8 S. 3 Verordnung (EU) Nr. 1024/2013.

[105] Art. 25 Abs. 4 Verordnung (EU) Nr. 1024/2013.

[106] Art. 25 Abs. 2 UAbs. 2 Verordnung (EU) Nr. 1024/2013.

gaben des AEUV bedingt, doch weist diese Ausgestaltung aus der Sicht der deutschen Rechtsordnung Schwierigkeiten auf. Der EZB-Rat ist für beide Funktionsbereiche das Beschlussorgan und soll sowohl der Preisniveaustabilität als auch der Solvenzaufsicht über die Banken gerecht werden, wodurch sich **Zielkonflikte und die Gefahr von Interessenkollisionen** ergeben können.[107] Insbesondere ist im Hinblick auf den stellvertretenden Vorsitzenden die personelle Überschneidung zwischen dem Aufsichtsgremium und dem EZB-Direktorium problematisch.[108] In verwaltungspraktischer Sicht sind zudem die Entscheidungswege einer Zentralbank für die Aufgaben der Bankenaufsicht in einem hochdynamischen Umfeld nur sehr eingeschränkt praktikabel.

18 In Art. 105 Abs. 6 des Vertrags von Maastricht[109] wurden **Versicherungsunternehmen explizit von der Möglichkeit einer Zuständigkeitsübertragung auf die EZB ausgenommen**. Bevor es im Bereich der Versicherungsaufsicht zu einer Veränderung der bestehenden Verhältnisse kommen könnte, bedürfte es einer Vertragsänderung, die derzeit sehr unwahrscheinlich ist. Die Versicherungsaufsicht in Deutschland wird auch zukünftig nach Maßgabe der §§ 320 ff. VAG durch die BaFin und die Landesaufsichtsbehörden ausgeübt.

19 **cc) Wertpapieraufsicht.** Der Geschäftsbereich Wertpapieraufsicht ist aus der jüngsten Vorgängerbehörde der BaFin entstanden. Zum 1.1.1995 wurde das **Bundesaufsichtsamt für den Wertpapierhandel (BAWe)** in Frankfurt a. M. errichtet.[110] Gemäß der Empfehlungen der Unabhängigen Föderalismuskommission vom 27.5.1992 sollten zu diesem Zeitpunkt neue Behörden nur in den neuen Bundesländern angesiedelt werden.[111] Beim BAWe wurde jedoch die räumliche Nähe zum Börsen- und Finanzplatz als derart wichtig angesehen, dass eine Ausnahme gemacht wurde. Ein Teilbereich der Kompetenzen des BAKred wurde auf das BAWe übertragen und zudem mit dem neu geschaffenen WpHG auch die Aufsicht über die Kredit- und die Finanzdienstleistungsinstitute im Bereich der Erbringung von Wertpapierdienstleistungen ausgeweitet.[112] Das BAWe wurde 2002 mit dem BAV und dem BAKred unter Beibehaltung der beiden Standorte Bonn und Frankfurt a. M. zusammengeschlossen.

20 **b) Das Konzept der Allfinanzaufsicht.** Der erstmalige Schaffung einer Allfinanzaufsicht in Deutschland durch den Zusammenschluss der sektoral zuständigen Vorgängerbehörden war durch verschiedene Entwicklungen beeinflusst. Neben dem durch die Europäische Wirtschafts- und Währungsunion ausgelösten einschneidenden Anpassungsbedarf bei der Deutschen Bundesbank mit den Auswirkungen auf die Organisation der Bankenaufsicht sind vor allem die Veränderungsprozesse auf den Finanzmärkten zu nennen.[113] Ein Impuls kam durch die Bildung von **Finanzkonglomeraten** aus Versicherungsunternehmen und Kreditinstituten, bei denen insbesondere die Übernahme der Dresdner Bank AG durch die Allianz AG im Sommer 2001[114] und die zeitweise sehr wesentliche Beteiligung der Münchener Rückversicherungs-Gesellschaft AG an der Bayerischen Hypo- und Vereinsbank AG eine große Rolle in der öffentlichen Wahrnehmung erfuhren. Auch wenn die Zahl der Finanzkonglomerate in Deutschland seitdem nicht markant angestiegen ist[115] und die beiden genannten Unternehmensverbindungen zwischenzeitlich wieder aufgelöst wurden, kommt dem Allfinanzgedanken im Markt doch eine große Bedeutung in unterschiedlichen Ausprägungen zu. Viele Versicherungsunternehmen und Kreditinstitute sind in der einen oder der anderen Form – teilweise auch in mehrerer Hinsicht kombiniert – miteinander verbunden, sei es als Vertriebspartner, als alleinige oder gemeinschaftliche Anteilseigner oder eben auch in einem Finanzkonglomerat: Einzelne Banken und mehrere Bausparkassen gehören zu diversen Versicherungsunternehmensgruppen; die Sparkassen sowie die Volks- und Raiffeisenbanken mit ihren Spitzeninstituten sind die wichtigsten Anteilseigner der öffentlichen Versicherer bzw. der Versicherer der genossenschaftlichen Finanzgruppe. Die sich hieraus ergebenden Vertriebskooperationen werden als **Bancassurance** (Vertrieb von Versicherungsprodukten durch Kreditinstitute) und **Assurbanking** (Vertrieb von Bankprodukten über Versicherer) bezeichnet. Das Bancassurance-Geschäft spielt im Gegensatz zum Assurbanking eine bedeutende Rolle im Vertrieb der

---

107 Vgl. *Europäischer Rechnungshof,* Sonderbericht Nr. 29/2016: Der Einheitliche Aufsichtsmechanismus – Guter Auftakt, doch bedarf es weiterer Verbesserungen, S. 29 ff.

108 *Deutsche Bundesbank,* Die Deutsche Bundesbank – Notenbank für Deutschland, 2016, S. 217: „Die Gremien und Entscheidungsstrukturen im Einheitlichen Aufsichtsmechanismus können somit nicht als Ideallösung angesehen werden."

109 Art. 105 EGV = Art. 127 AEUV.

110 § 3 Abs. 1 WpHG, der durch Art. 4 Nr. 3 des Gesetzes über die integrierte Finanzdienstleistungsaufsicht aufgehoben wurde.

111 BT-Drs. 12/2853, 3, Abschnitt II.1.: „Neue Bundeseinrichtungen und –institutionen sind grundsätzlich in den neuen Ländern anzusiedeln."

112 Boos/Fischer/Schulte-Mattler/*Fischer* Einf KWG Rn. 13.

113 BT-Drs. 14/7033, 31.

114 Vgl. BT-Drs. 14/7033, 31.

115 Nach Mitteilung im BaFinJournal 2/2012, S. 14, waren 2012 in Deutschland sieben Finanzkonglomerate einer zusätzlichen Aufsicht nach VAG und KWG – seit 2013 im Gesetz zur zusätzlichen Aufsicht über beaufsichtigte Unternehmen eines Finanzkonglomerats (Finanzkonglomerate-Aufsichtsgesetz – FKAG, BGBl. I 1862 vom 27.6.2013) normiert – unterworfen.

Finanzprodukte. Während Bankangestellte sich als Versicherungsvermittler bei den Industrie- und Handelskammern registrieren lassen können, steht einer Vermittlung von Bankprodukten durch Mitarbeiter von Versicherungsunternehmen vielfach das Verbot versicherungsfremder Geschäfte nach § 15 VAG entgegen.

In diesem Zusammenhang ist allerdings auch die Besonderheit der **eigentümlichen Geschäfte von Versicherungsunternehmen** zu berücksichtigen. Versicherungsunternehmen sind gemäß § 2 Abs. 1 Nr. 4 i. V. m. Abs. 3 und Abs. 6 S. 1 Nr. 4 i. V. m. S. 2 KWG keine Kreditinstitute bzw. keine Finanzdienstleistungsinstitute und unterliegen nicht den Vorschriften des KWG, soweit sie Bankgeschäfte betreiben und Finanzdienstleistungen erbringen, die zu den ihnen eigentümlichen Geschäften gehören. Diese **Bereichsausnahme für Versicherungsunternehmen** ist darin begründet, dass sie schon einer originären Aufsicht nach dem VAG unterliegen. Das grundlegende Konzept des Versicherungsgeschäfts, nämlich die vertragliche Übernahme von Risiken des Versicherungsnehmers, lässt sich insbesondere bei der Kautionsversicherung (Nr. 15 der Anlage 1 des VAG) auch als Garantiegeschäft i. S. d. § 1 Abs. 1 S. 2 Nr. 8 KWG einordnen.[116] Die durch die Vorauszahlung von Versicherungsprämien entstehenden Beitragsdepots und die Kapitalisierungsgeschäfte (§ 1 Abs. 2 S. 2 VAG, Nr. 23 der Anlage 1 des VAG) können die Merkmale des Einlagengeschäfts i. S. d. § 1 Abs. 1 S. 2 Nr. 1 KWG erfüllen.[117] Des Weiteren ist die in der Praxis bedeutsame Gewährung von Darlehen aus dem Sicherungsvermögen[118] von Versicherungsunternehmen insbesondere bei der Baufinanzierung als Kreditgeschäft i. S. d. § 1 Abs. 1 S. 2 Nr. 2 KWG zu verstehen.[119] Oftmals werden solche Darlehen im Verbund mit Lebensversicherungsverträgen angeboten. 21

Bei einigen wichtigen Finanzdienstleistungen wie u. a. Altersvorsorge, Kapitalbildung, Baufinanzierung und Risikoschutz gibt es **Kombinationen, Überschneidungen und Konvergenzprozesse** bei Produkten, Vertriebswegen und Anbietern,[120] so dass vielfach keine trennscharfe Abgrenzung möglich ist. Dies zeigt sich bei den Bausparkassen, die wegen ihres auf dem Kollektiv basierenden Geschäftsmodells ursprünglich vom damaligen BAV beaufsichtigt wurden. Später wurde ihre Eigenschaft als spezielle Kreditinstitute stärker gewichtet und so ging 1973 die Zuständigkeit auf das BAKred über.[121] Ein weiteres Beispiel für Berührungspunkte zwischen den Aufsichtsbereichen sind Kreditinstitute, die Wertpapierdienstleistungsgeschäfte betreiben. Sie sind Wertpapierdienstleistungsunternehmen i. S. d. § 2 Abs. 4 WpHG und unterliegen daher parallel der Aufsicht nach dem KWG und dem WpHG. Der Fokus der Aufsicht ist dabei jeweils unterschiedlich (Solvenz in der Bankenaufsicht und Verhaltenspflichten in der Wertpapieraufsicht), doch schon direkt nach der Gründung des BAWe zeigte sich in der Verwaltungspraxis die Notwendigkeit einer intensiven Abstimmung und Zusammenarbeit mit dem BAKred.[122] 22

Bei der Errichtung der BaFin als Allfinanzaufsicht waren vor allem organisationsrechtliche Regelungen von Bedeutung, während das materielle Aufsichtsrecht beibehalten wurde.[123] Eine Angleichung wäre in den meisten Fällen angesichts der jeweiligen europarechtlichen Vorgaben sowie der aufsichtlichen Ziele auch schwerlich möglich gewesen. Das KWG hat die Solvenzaufsicht im Fokus, während das VAG stets auch auf den ausreichenden Schutz der Belange der Versicherten ausgerichtet war und deshalb in der Versicherungsaufsicht die Bearbeitung von Beschwerden schon seit 1903 etabliert ist.[124] Hierbei war der Prüfmaßstab für die Eröffnung eines Verfahrens niederschwellig und damit deutlich **verbraucherfreundlicher** als im BAKred.[125] Mit der Gründung der BaFin kam es zu einer Vereinheitlichung der Beschwerdebearbeitung aus den beiden Aufsichtsbereichen. Seit 2013 ist sie in § 4b FinDAG gesetzlich verankert. Mit der Schaffung der Allfinanzaufsicht war eine intensivierte und koordinierte Zusammenarbeit bei der Aufsicht bezweckt. Der Informationsaustausch sollte vereinfacht und Synergieeffekte in der inneren Verwaltung sowie bei den Querschnittsaufgaben erzielt werden.[126] Dieser Ansatz hat sich in der Praxis sowohl bei bereichsübergreifenden Themen wie der Geldwäschebekämpfung, der Verfolgung unerlaubter Geschäfte und der internationalen Zusammenarbeit als auch der Zusammenarbeit zwischen den sektoral ausgerichteten Geschäftsbereichen bewährt. Entwicklungen wie die Einführung des SSM und interne Neuausrichtungen aufgrund von praktischen Notwendigkeiten 23

[116] Abschnitt 2. b) cc) des Merkblatts der BaFin – Hinweise zur Bereichsausnahme für Versicherungsunternehmen vom 15.11.2010, geändert am 25.1.2016, https://www.bafin.de/SharedDocs/Veroeffentlichungen/DE/Merkblatt/mb_101112_ ausnahme_versicherungsunternehmen.html.

[117] Abschnitt 2. b) bb) des BaFin-Merkblatts zur Bereichsausnahme für Versicherungsunternehmen.

[118] Derartige Darlehen sind als Anlageform für das Sicherungsvermögen in § 2 Abs. 1 Nr. 1 der Verordnung über die Anlage des Sicherungsvermögens von Pensionskassen, Sterbekassen und kleinen Versicherungsunternehmen (Anlageverordnung – AnlV) vom 18.4.2016 (BGBl. I 769) aufgeführt. Vgl. auch *v. Saldern* BaFinJournal 1/2017, S. 20.

[119] Abschnitt 2. b) aa) des BaFin-Merkblatts zur Bereichsausnahme für Versicherungsunternehmen.

[120] Vgl. BT-Drs. 14/7033, 31.

[121] § 3 des Gesetzes über Bausparkassen vom 16.11.1972 (BGBl. I 2097).

[122] Vgl. Jahresbericht BAWe 1996, 31 f.

[123] *Laars* FinDAG Einl. Rn. 3, 5.

[124] *Rink* BaFinJournal 06/12, 7 (8).

[125] Vgl. *Rink* BaFinJournal 06/12, 7.

[126] Vgl. BT-Drs. 14/7033, 32.

führen – wie auch in jeder anderen Organisation – in unregelmäßigen Abständen zu Anpassungen und Umstrukturierungen.

24 Bei einem Vergleich in Europa zeigt sich ein sehr **heterogenes Bild der Strukturen** der Finanzaufsichtsbehörden. Die Ausgestaltung der staatlichen Finanzaufsicht hängt von den jeweiligen nationalen rechtlichen Rahmenbedingungen ab, doch es zeigt sich eine Tendenz zur Konzentration der Finanzaufsicht bei der Zentralbank, die in Deutschland aus rechtlichen Gründen nicht in Frage kommt.[127] Vielfach wurden die Aufsichtsbehörden in die nationale Zentralbank eingebunden oder es wird die Aufsicht durch die Zentralbank ausgeübt. Die 1998 gegründete ehemalige britische Financial Services Authority (FSA)[128] war ein Vorbild für die Organisation der BaFin als Allfinanzaufsichtsbehörde. Sie wurde jedoch 2013 in die für die Marktaufsicht zuständige Financial Conduct Authority (FCA) und die Prudential Regulation Authority (PRA) aufgespalten (sog. Twin-Peak-Ansatz), wobei die für die Solvenzaufsicht zuständige PRA in die Bank of England (BoE) eingegliedert wurde. Daneben existiert in Großbritannien mit The Pensions Regulator (TPR) noch eine separate Behörde für die Aufsicht über Einrichtungen der betrieblichen Altersversorgung. Sowohl in den Niederlanden[129] als auch Belgien[130] und Frankreich[131] ist die Finanzaufsicht unter dem Dach der Zentralbank angesiedelt, während Österreich,[132] Liechtenstein[133] und die Schweiz[134] eine von ihr unabhängige Aufsichtsbehörde eingerichtet haben. Angesichts vielfältiger zu berücksichtigender Aspekte in den Staaten mit ihren unterschiedlich strukturierten Finanzmärkten gibt es keine allgemeingültig vorzugswürdige Organisationsform.[135]

25 **c) Das Gesetzgebungsverfahren.** Die Regelungsmaterie des Gesetzes über die integrierte Finanzdienstleistungsaufsicht gehört als Annexkompetenz zum Gebiet der konkurrierenden Gesetzgebung nach Art. 74 Abs. 1 Nr. 11 GG („das Recht der Wirtschaft ([…] Bank- und Börsenwesen, privatrechtliches Versicherungswesen)"). Die Bundesregierung leitete ihren Entwurf gemäß Art. 76 Abs. 2 GG dem Bundesrat zu, der am 27.9.2001 seine kritische Stellungnahme beschloss.[136] Am 4.10.2001 wurde der Gesetzentwurf an den Bundestag gesandt.[137] Nach den Beratungen im Finanzausschuss stimmte der Bundestag am 1.3.2002 dem Gesetzentwurf zu.[138] Das Gesetzgebungsverfahren für Einspruchsgesetze sieht gemäß Art. 77 Abs. 1 GG die anschließende Übersendung an den Bundesrat vor. Angesichts der entgegenstehenden Position mehrerer Länder im Bundesrat wurde mit der Anrufung des Vermittlungsausschusses nach Art. 77 Abs. 2 GG gerechnet. Aufgrund der **Kontroverse über das Zuwanderungsgesetz** und die rechtliche Beurteilung des **Abstimmungsverfahrens des Landes Brandenburg** durch den Präsidenten des Bundesrats[139] verließen die Vertreter der unionsgeführten Länder vorzeitig die Sitzung des Bundesrats am 22.3.2002[140] und die verbliebenen Mitglieder stimmten gegen eine Anrufung des Vermittlungsausschusses,[141] so dass das Gesetz über die integrierte Finanzdienstleistungsaufsicht anschließend gemäß Art. 78 GG zustande kam.

26 **2. Normzweck.** § 1 ist der Gründungsrechtsakt für die BaFin. Er enthält zudem Bestimmungen für die Beteiligungsfähigkeit der BaFin in Verfahren bei verschiedenen Gerichtsbarkeiten.

27 **3. Europarechtlicher Hintergrund.** Es gibt keinen europarechtlichen Hintergrund für § 1.

28 **II. Errichtung der BaFin (Abs. 1). 1. Zugehörigkeit zum sonstigen Geschäftsbereich des BMF.** Die BaFin wurde zum 1.5.2002 durch den Zusammenschluss der drei Vorgängerbehörden als staatliche Allfinanzaufsicht im Geschäftsbereich des Bundesministeriums der Finanzen (BMF) gegründet, das gemäß § 2 die Rechts- und Fachaufsicht ausübt. Der **Geschäftsbereich des BMF** gliedert sich in die Bundesfinanzverwaltung (BFV) im engeren Sinn und den sonstigen Geschäftsbereich.[142] Die Organisation der **Bundesfinanzverwaltung im engeren Sinn** ist im Gesetz über die Finanzverwaltung

---

[127] Vgl. Rn. 9 und *Weber-Rey/Horak* VersR 2011, 452.
[128] *Thiele*, Finanzaufsicht, 2014, S. 173, 180.
[129] Aufsichtsbehörde und Zentralbank: De Nederlandsche Bank (DNB).
[130] Aufsichtsbehörde und Zentralbank: Bank nationale de Belgique (BNB).
[131] Aufsichtsbehörde Autorité de contrôle prudentiel et de résolution (ACPR) in der Zentralbank Banque de France.
[132] Aufsichtsbehörde: Finanzmarktaufsicht (FMA), Zentralbank: Österreichische Nationalbank (OeNB).
[133] Aufsichtsbehörde: FMA Finanzmarktaufsicht Liechtenstein.
[134] Aufsichtsbehörde: Eidgenössische Finanzmarktaufsicht (finma), Zentralbank: Schweizerische Nationalbank (SNB).
[135] *Thiele*, Finanzaufsicht, 2014, 185.
[136] Vgl. BT-Drs. 14/7033, 44 f.
[137] BT-Drs. 14/7033, 3.
[138] BT-Plenarprotokoll 14/222, 22099.
[139] Vgl. BVerfG, Urt. v. 18.12.2002, Az. 2 BvF 1/02, BVerfGE 106, 310 = NJW 2003, 339 zur Abgabe der Stimmen von Vertretern eines Landes im Bundesrat gemäß Art. 51 Abs. 3 S. 2 GG.
[140] BR-Plenarprotokoll 774 vom 22.3.2002, 175.
[141] BR-Plenarprotokoll 774 vom 22.3.2002, 176.
[142] *BMF*, http://www.bundesfinanzministerium.de/Web/DE/Ministerium/Geschaeftsbereich/bmf-geschaeftsbereich.html (abgerufen am 12.11.2016).

(Finanzverwaltungsgesetz – FVG)[143] geregelt. Sie ist unmittelbare Bundesverwaltung und besteht gemäß § 1 FVG aus dem BMF als oberster Behörde, drei Oberbehörden (u. a. das Bundeszentralamt für Steuern (BZSt) und die Generalzolldirektion) sowie den örtlichen Behörden der hierarchisch organisierten Zollverwaltung (Hauptzollämter, Zollämter und Zollfahndungsämter). Die zum Jahresende 2015 aufgelösten Bundesfinanzdirektionen (BFD) waren Mittelbehörden.[144] **Der sonstige Geschäftsbereich des BMF** teilt sich in die Postnachfolgeeinrichtungen (u. a. die Museumsstiftung Post und Telekommunikation) und die vier separaten Bundesanstalten auf, die speziell zur Erledigung der ihnen gesetzlich zugewiesenen Aufgaben in eigenständiger Rechtsform gegründet wurden. Neben der BaFin sind dies die Bundesanstalt für Finanzmarktstabilisierung (FMSA)[145], die Bundesanstalt für Immobilienaufgaben (BImA) und die Bundesanstalt für vereinigungsbedingte Sonderaufgaben (BvS, vormals Treuhandanstalt).[146]

2. Bundesunmittelbare rechtsfähige Anstalt des öffentlichen Rechts. Die drei Vorgängerbehörden waren Bundesoberbehörden im Geschäftsbereich des BMF und gehörten zur Bundesfinanzverwaltung im engeren Sinn. Ihr Verwaltungsträger war die Bundesrepublik. In Gerichtsverfahren war die Bundesrepublik Partei oder Beteiligte, die durch den Präsidenten des jeweiligen Aufsichtsamtes vertreten wurde.[147] Mit der Gründung der BaFin wurden die Aufsichtsämter aus der enumerativen Aufzählung der Oberbehörden in § 1 Nr. 2 FVG gestrichen.[148] Für die BaFin wurde die Rechtsform einer bundesunmittelbaren **rechtsfähigen Anstalt des öffentlichen Rechts** gewählt (§ 1 Abs. 1 S. 1). Gemäß Art. 87 Abs. 3 S. 1 GG kann der Bund u. a. neue bundesunmittelbare Anstalten des öffentlichen Rechts für Angelegenheiten im Rahmen seiner Gesetzgebungskompetenz errichten. Anstalten sind neben Körperschaften und Stiftungen eine von drei Gruppen von juristischen Personen des öffentlichen Rechts, die auch in § 1 Abs. 1 Nr. 1 VwVfG genannt sind. Sie werden durch Gesetz oder aufgrund eines Gesetzes errichtet. Wenn der Staat die Wahrnehmung bestimmter öffentlicher Aufgaben auf solche juristischen Personen überträgt, werden sie Teil der mittelbaren Staatsverwaltung. Die im Zusammenhang mit der „mittelbaren Staatsverwaltung" auf den ersten Blick irritierende Bezeichnung „**bundesunmittelbar**" dient der begrifflichen Zuordnung zum Organisationsgefüge des Bundes[149] in Abgrenzung juristischen Personen, die auf Landesebene gebildet werden. Das Kennzeichen der mittelbaren Bundesverwaltung ist, dass die zugehörigen Verwaltungseinrichtungen sowohl organisatorisch als auch rechtlich selbständig sind. Für öffentlich-rechtliche Anstalten existiert keine Legaldefinition und angesichts der vielfältigen Formen von Anstalten in der Rechtswirklichkeit (z. B. die Börsen gemäß § 2 Abs. 1 BörsG, der Deutsche Wetterdienst, die Bundesanstalt Technisches Hilfswerk (THW), die Deutsche Nationalbibliothek, die Sparkassen in kommunaler Trägerschaft, die Rundfunkanstalten) ist eine umfassende Definition schwerlich möglich.[150] Es lassen sich jedoch grundlegende Merkmale benennen und eine Abgrenzung gegenüber Körperschaften und Stiftungen des öffentlichen Rechts vornehmen. **Anstalten sind rechtlich verfestigte Organisationen** mit einem darin zusammengefassten Bestand von personellen und sachlichen Mitteln zur Erfüllung öffentlicher Angelegenheiten. Sie sind im Gegensatz zu Körperschaften nicht mitgliedschaftlich verfasst. Stiftungen sind zweckgebundene rechtlich selbständige Sondervermögen mit Destinatären. Die BaFin nimmt Aufgaben der öffentlichen Verwaltung wahr und ist somit eine **Behörde im verwaltungsverfahrensrechtlichen Sinn** des § 1 Abs. 4 VwVfG.[151] Bei der Durchführung von Verwaltungstätigkeiten mit Außenwirkung gegenüber den beaufsichtigten Unternehmen hat sie die Verfahrensvorschriften des VwVfG einzuhalten. Die BaFin führt als eigenständige juristische Person die Verwaltungsverfahren der Vorgängerbehörden fort und wird kraft Gesetzes Partei oder Beteiligte in den anhängigen Gerichtsverfahren.[152] 29

3. Fortführung der gesetzlichen Aufsichtsaufgaben. Die Aufgaben und Befugnisse der drei früheren Behörden nach den materiellen Aufsichtsgesetzen bleiben von der Zusammenlegung zur Allfinanzaufsicht mit der eigenständigen Rechtsform Anstalt des öffentlichen Rechts unberührt.[153] Bei den Rechten und Pflichten, die die Vorgängerbehörden mit Wirkung für und gegen die Bundesrepublik 30

[143] FVG vom 30.8.1971 (BGBl. I 1426).
[144] § 24 FVG.
[145] Vgl. Rn. 15.
[146] *BMF*, http://www.bundesfinanzministerium.de/Web/DE/Ministerium/Geschaeftsbereich/Sonstiger_Geschaeftsbereich/sonstiger_geschaeftsbereich.html (abgerufen am 12.11.2016).
[147] Vgl. § 18 Abs. 1 S. 2.
[148] Art. 15 des Gesetzes über die integrierte Finanzdienstleistungsaufsicht.
[149] *BVerfG* Urt. v. 10.5.1960 – 1 BvR 190/58 u. a., BVerfGE 1, 105, 108.
[150] *Berg* NJW 1985, 2294, 2295.
[151] In diesem Sinn des VwVfG wird der Begriff „Behörde" in Abs. 3 S. 1 verwendet. Dieser Behördenbegriff gilt nicht umfassend, sondern bezogen auf den Regelungskontext. Es gibt mehrere Behördenbegriffe, die in verschiedenen Rechtsgebieten unterschiedlich verwendet werden. Im organisationsrechtlichen Sinn ist eine Behörde ein verselbständigtes Organ eines Verwaltungsträgers, das berechtigt ist, mit Außenwirkung Verwaltungstätigkeiten auszuüben (*BVerwG* Urt. v. 3.11.2011 – 7 C 3.11, BVerwGE 141, 122, 124 = DVBl 2012, 176). Zum beamtenrechtlichen Begriff der obersten Dienstbehörde i. S. v. § 3 Abs. 1 BBG s. § 9a Rn. 6.
[152] Für zum Zeitpunkt der Errichtung der BaFin anhängige Verwaltungs- und Gerichtsverfahren sieht § 18 Abs. 1 genaue Überleitungsregelungen vor: s. § 18, Rn. 4.
[153] Vgl. § 4 Rn. 4.

begründet haben, fand ein **gesetzlich angeordneter Übergang** auf die BaFin statt.[154] Durch das Zusammenwirken der Bestimmungen in § 1 Abs. 1 S. 1, § 4 Abs. 1 S. 1 und § 21 Abs. 1 wurde eine umfassende Kontinuität der Finanzaufsicht gewährleistet.

31 **4. Bezeichnung „BaFin".** Im FinDAG wie auch in den Aufsichtsgesetzen wird offiziell von der „Bundesanstalt" gesprochen.[155] Nach § 1 Abs. 1 S. 2 der Satzung[156] ist die Verwendung der **Bezeichnung „BaFin"** im Geschäftsverkehr ausdrücklich erlaubt, wovon rege Gebrauch gemacht wird: Sie wird zusammen mit dem Guillochen-Logo (ein Ausschnitt von Linienmustern wie sie auf Wertpapieren zur gestalterischen Verzierung genutzt werden) im allgemeinen Schriftverkehr, bei den Veröffentlichungen (zu nennen sind insbesondere das monatlich erscheinende BaFinJournal und der Jahresbericht), auf der Internetseite und bei Veranstaltungen genutzt. Das BaFinJournal setzt die Tradition der periodischen Publikationen der Versicherungsaufsicht fort: Beginnend mit den „Veröffentlichungen des Kaiserlichen Aufsichtsamts für Privatversicherung" wurden stets Informationen über die Aufsichtstätigkeit allgemein zugänglich mitgeteilt.[157] Aus den „Veröffentlichungen des BAV" (VerBAV) wurden 2002 die „Veröffentlichungen der BaFin" (VerBaFin), die erstmals mit der Januar-Ausgabe 2007 als BaFinJournal (BJ) bezeichnet wurden.[158] Dort erscheinen weiterhin die amtlichen Veröffentlichungen der Versicherungsaufsicht, während die offiziellen Meldungen der Bankenaufsicht und der Wertpapieraufsicht im Bundesanzeiger abgedruckt werden.

32 **III. Doppelsitz (Abs. 2).** Die BaFin hat, ausgehend von den Sitzen der Vorgängerbehörden zum Zeitpunkt der Zusammenlegung, **zwei gleichberechtigte Dienstsitze** in Bonn und Frankfurt a. M.[159] Dementsprechend sind die Aufsichtsgeschäftsbereiche Versicherungs- und Pensionsfondsaufsicht (VA) sowie Bankenaufsicht (BA) weiterhin in Bonn angesiedelt, der Geschäftsbereich Wertpapieraufsicht/Asset-Management (WA) in Frankfurt. Durch neue gesetzliche Aufgaben und Anpassungen an organisatorische oder personelle Bedürfnisse wurden einzelne Organisationseinheiten im Laufe der Zeit den Geschäftsbereichen und teilweise auch den Standorten wechselnd zugeordnet. Die innere Verwaltung mit den zentralen Zuständigkeiten u. a. für Personalangelegenheiten, Haushalt, Umlage, Liegenschaften und Informationstechnik ist ebenso wie der Präsidialbereich an beiden Standorten präsent, wobei jeweils der personelle Schwerpunkt in Bonn liegt.

33 **IV. Örtliche Zuständigkeiten in Gerichtsverfahren (Abs. 3). 1. Aufsichtsrechtliche Verfahren.** Bei der überwiegenden Anzahl von Gerichtsverfahren mit Beteiligung der BaFin als Klage- bzw. Antragsgegner ist nach Abs. 3 S. 1 der Frankfurter Sitz zur Bestimmung der örtlichen Zuständigkeit maßgeblich.[160] Die größte praktische Relevanz hat dies für Anfechtungsklagen gemäß § 42 Abs. 1 Var. 1 VwGO gegen Verwaltungsakte der BaFin in aufsichtsrechtlichen Angelegenheiten. Dies gilt für alle Aufsichtsgeschäftsbereiche, unabhängig davon, ob sie in Bonn oder Frankfurt a. M. ansässig sind. Hier ist gemäß § 52 Nr. 2 S. 1 VwGO das **Verwaltungsgericht Frankfurt a. M.**[161] mit dem **Hessischen Verwaltungsgerichtshof** in Kassel als Berufungsinstanz[162] zuständig. Durch diese Konzentration wird eine einheitliche Rechtsprechung zu Fragen des Aufsichtsrechts angestrebt. Innerhalb der BaFin werden die Widerspruchs- und Gerichtsverfahren der Aufsichtsgeschäftsbereiche federführend in der Zentralen Rechtsabteilung (ZR) bearbeitet. Die Durchführung der förmlichen Verfahren der Versicherungs- und Pensionsfondsaufsicht obliegt dem Referat ZR 1 (ehemals Referat „Q 26" aus dem Querschnittsbereich).[163]

34 **2. Bußgeldverfahren.** Die Zuständigkeit der hessischen Gerichte gilt auch in Bußgeldverfahren; hier entscheidet gemäß § 1 Abs. 3 S. 2 FinDAG i. V. m. § 68 Abs. 1 S. 1 OWiG das **AG Frankfurt a. M.** über Einsprüche gegen Bußgeldbescheide der BaFin. Beschwerdegericht bei der Einlegung von Rechtsmitteln ist das OLG Frankfurt a. M. (§ 79 Abs. 3 OWiG i. V. m. § 121 GVG und §§ 333 ff. StPO). Die BaFin ist mehrfach fachgesetzlich als sachlich zuständige Verwaltungsbehörde im Sinne des § 36 Abs. 1 Nr. 1 OWiG bestimmt. Für die Ahndung von versicherungsaufsichtsrechtlichen Ordnungswidrigkeiten

---

[154] Vgl. § 21 Rn. 4

[155] § 6 Abs. 2 S. 1 VAG, § 2 Abs. 4 S. 1 KWG, § 1 Abs. 1 S. 2 FKAG, § 3 Abs. 4 S. 1 KAGB, § 1 Abs. 8 S. 2 ZAG, § 4 Abs. 1 S. 1 WpHG, § 1 Abs. 3 S. 1 Nr. 2 lit. b bb WpÜG.

[156] Satzung als Anhang der Rechtsverordnung gemäß § 5 Abs. 2 und 3, vgl. § 5 Rn. 8.

[157] *BAV*, 100 Jahre materielle Versicherungsaufsicht in Deutschland, 2001, S. IX.

[158] *BaFin*, https://www.bafin.de/DE/Publikationen/BaFinJournal/AlleAusgaben/bafinjournal_alle_node.html (abgerufen am 12.11.2016).

[159] Das BAV und das BAKred verlegten ihre Dienstsitze in 2000 von Berlin nach Bonn, vgl. Rn. 3, 5. Das BAWe wurde 1995 in Frankfurt a. M. errichtet, vgl. Rn. 13.

[160] Auch für die Geltendmachung eines presserechtlichen Anspruchs nach § 3 Abs. 1 des Hessischen Pressegesetzes gilt Frankfurt a. M. als prozessrechtlicher Sitz der BaFin, *VGH Kassel* Urt. v. 15.3.2015 – 6 A 1071/13, WM 2015, 1750.

[161] § 1 Abs. 2 Nr. 2 des Hessischen Gesetzes zur Ausführung der Verwaltungsgerichtsordnung (Hess. AGVwGO) vom 27.10.1997 (GVBl. I S. 381).

[162] § 1 Abs. 1 Hess. AGVwGO.

[163] *BaFin*, https://www.bafin.de/SharedDocs/Downloads/DE/Liste/dl_organigramm.html (abgerufen am 12.11.2016), s. § 6 Rn. 15.

(§ 332 VAG) ist sie in § 333 VAG benannt soweit sie in Abgrenzung zu den Landesaufsichtsbehörden die Aufsicht über die Versicherungsunternehmen führt. Auch bei den speziellen rechnungslegungsbezogenen Ordnungswidrigkeitentatbeständen des § 341n Abs. 1–2a HGB für Versicherungsunternehmen gehört die Ahndung gemäß § 341n Abs. 4 S. 1 HGB zu den Aufgaben der BaFin.[164] Innerhalb der BaFin führt das Referat ZR 6 diese Bußgeldverfahren der Versicherungs- und Pensionsfondsaufsicht.[165]

Daneben bestimmt auch § 12 Abs. 3 des Gesetzes zur Verbesserung der betrieblichen Altersversorgung (Betriebsrentengesetz – BetrAVG) die BaFin als sachlich zuständige Verwaltungsbehörde für Bußgeldverfahren. Hierbei handelt es sich um eine atypische Konstellation im Bereich der Versicherungsaufsicht, die einen **Annex zur Aufsicht über den Pensions-Sicherungs-Verein Versicherungsverein auf Gegenseitigkeit (PSVaG)** darstellt. Als Versicherungsverein auf Gegenseitigkeit (VVaG) unterliegt er der regulären Versicherungsaufsicht nach dem VAG. Der PSVaG hat allerdings eine einzigartige Funktion, da er als Träger der Insolvenzsicherung der betrieblichen Altersversorgung (§ 14 Abs. 1 S. 1 BetrAVG) zum 1.1.1975 bestimmt wurde. Alle Arbeitgeber, für deren Mitarbeiter insolvenzsicherungspflichtige Formen der betrieblichen Altersversorgung durchgeführt werden, haben nach § 11 BetrAVG jährliche Melde-, Auskunfts- und Mitteilungspflichten gegenüber dem PSVaG. Verstöße gegen diese Pflichten stellen Ordnungswidrigkeiten dar (§ 12 Abs. 1 BetrAVG), die von der BaFin als staatlicher Stelle geahndet werden, da der PSVaG selbst keine Verwaltungsbehörde im Sinne des OWiG ist. 35

3. Beamtenrechtliche Verfahren. Bei der BaFin sind Beamte (§ 9a) und Angestellte (§ 10) beschäftigt, die entweder schon für die drei Vorgängerbehörden tätig waren und übernommen wurden (§ 19 Abs. 1 und Abs. 3) oder neu eingestellt wurden. Klageverfahren mit Bezug zum Beamtenverhältnis sind gemäß § 126 Abs. 1 Bundesbeamtengesetz (BBG) der Verwaltungsgerichtsbarkeit zugewiesen. Für solche Verfahren legt Abs. 3 S. 3 eine Ausnahme von der Regelung des Satzes 1 fest. Die gesetzliche Fiktion des Sitzes der BaFin alleine in Frankfurt a. M. ist hier nicht einschlägig und es kommt zum **Auseinanderfallen der örtlichen Zuständigkeiten der Verwaltungsgerichte**. Die örtliche Zuständigkeit in beamtenrechtlichen Streitigkeiten richtet sich gemäß § 52 Nr. 4 S. 1 VwGO grundsätzlich nach dem Wohnsitz des Klägers oder des Beklagten. Falls kein Wohnsitz im Zuständigkeitsbereich der Behörde besteht, ist nach § 52 Nr. 4 S. 2 VwGO eine Zuständigkeit des Verwaltungsgerichts gegeben, in dessen Bezirk der Sitz der Behörde liegt. Für alle anderen Fälle legt § 52 Nr. 5 VwGO fest, dass der Sitz, Wohnsitz oder Aufenthalt des Beklagten maßgeblich ist. In den meisten Fällen wird entweder das VG Frankfurt a. M.[166] oder das VG Köln[167] zuständig sein. Als Klagen aus dem Beamtenverhältnis sind Auseinandersetzungen über u. a. Beurteilungen, die Besetzung von Beförderungsdienstposten,[168] Beihilfe und Versorgungsansprüche denkbar. Auch für Klagen von Privatpersonen gegen die BaFin auf Erteilung einer Aussagegenehmigung für Beamte der BaFin, damit sie als Zeugen in Zivilprozessen aussagen, ist der Zugang zu den Verwaltungsgerichten eröffnet. Hier richtet sich die örtliche Zuständigkeit nach dem Wohnort des Klägers.[169] 36

4. Arbeitsrechtliche Verfahren. Auch für Verfahren des Individualarbeitsrechts ist in Abs. 3 S. 3 eine Ausnahme von der Regelung des Satzes 1 normiert. Für die meisten in der Praxis relevanten arbeitsrechtlichen Streitigkeiten zwischen Angestellten (§ 10) und der BaFin als Arbeitgeber ist nach § 48 Abs. 1a i. V. m. § 2 Abs. 1 Nr. 3 ArbGG der gewöhnliche Beschäftigungsort maßgeblich. Folglich sind das **ArbG Bonn** und das **ArbG Frankfurt a. M.** zuständig. 37

5. Amtshaftungsverfahren. Während sich der allgemeine Gerichtsstand für Zivilprozesse, die gegen die BaFin angestrengt werden, über § 12 ZPO bestimmt und dies aufgrund der Regelung in Abs. 3 S. 1 Frankfurt a. M. ist, können bei Amtshaftungsklagen im Hinblick auf § 32 ZPO auch andere Zivilge- 38

---

164 Für Pensionsfonds wird die Anwendbarkeit der Bußgeldvorschriften nochmals in § 341p HGB geregelt.

165 *BaFin*, https://www.bafin.de/SharedDocs/Downloads/DE/Liste/dl_organigramm.html (abgerufen am 12.11.2016).

166 § 1 Abs. 2 Nr. 2 Hess. AGVwGO.

167 § 17 Nr. 5 des Gesetzes über die Justiz im Land Nordrhein-Westfalen (Justizgesetz NRW) vom 26.1.2010 (GV. NRW S. 30).

168 *OVG Münster* Beschl. v. 14.3.2012 – 1 B 1042/11, BeckRS 2012, 48974, zur Besetzung eines Beförderungsdienstpostens am Bonner Sitz der BaFin.

169 Vgl. *Hetterscheidt/Thonfeld* BaFinJournal 4/2011, 8 zu einer besonderen Verfahrenskonstellation mit aufgesplitterten örtlichen Zuständigkeiten. Insgesamt 42 Personen wollten vor dem VG Frankfurt a. M. eine Verpflichtung der BaFin zur Erteilung der Aussagegenehmigung für den damaligen Präsidenten und für eine Beschäftigte der BaFin in einem zivilrechtlichen Anlegerschutzverfahren gegen ein Kreditinstitut wegen möglicher Verletzungen von kapitalmarktrechtlichen Ad-hoc-Mitteilungspflichten nach dem WpHG vor dem LG München I erreichen. Das VG Frankfurt a. M. nahm aufgrund der Regelung des § 52 Nr. 4 S. 1 VwGO eine Abtrennung der meisten Verfahren und deren Verweisung an 18 verschiedene Verwaltungsgerichte entsprechend der Wohnorte der Kläger vor. Der dagegen gemäß § 53 Abs. 1 Nr. 3, Abs. 3 VwGO gerichtete Antrag an das BVerwG auf Bestimmung des VG Frankfurt a. M. als einheitlich örtlich zuständig wurde abgewiesen (*BVerwG* Beschl. v. 12.10.2010 – 2 AV 1/10). In der Sache entschied das *VG Minden* mit Beschl. v. 17.12.2010 (Az. 10 L 690/10) und lehnte das Begehren ab, da die bereichsbezogene Regelung des § 9 KWG die allgemeine Pflicht zur Amtsverschwiegenheit konkretisiere und bei der Prüfung eines Antrags auf Erteilung einer Aussagegenehmigung zu berücksichtigen sei.

richte zuständig sein.[170] Der in § 32 ZPO normierte besondere Gerichtsstand der unerlaubten Handlung ist allerdings **kein ausschließlicher Gerichtsstand.**[171] In der forensischen Praxis wurde zuletzt der Standort Frankfurt a. M. für die Einreichung der Klage gewählt.[172]

39 **6. Spezialgesetzliche Beschwerdeverfahren.** In Beschwerdeverfahren des Wertpapiererwerbs- und Übernahmegesetzes (WpÜG) besteht die Besonderheit, dass ausschließlich das **OLG Frankfurt a. M.** zuständig ist (§ 1 Abs. 3 S. 1 FinDAG i. V. m. § 48 Abs. 4 WpÜG).[173] Dies gilt auch für Beschwerden gegen Verfügungen der BaFin im Enforcement-Verfahren[174] (Verweisung in § 37u Abs. 2 WpHG u. a. auf § 48 Abs. 4 WpÜG).

40 **7. Zuständigkeit bei Aufgaben nach dem Anlegerentschädigungsgesetz.** Eine besondere Konstellation der Zuständigkeitsverteilung besteht im Bereich der Anlegerentschädigung. Nach § 6 Abs. 4 AnlEntG[175] ist die BaFin für die Entscheidung über Widersprüche gegen Verwaltungsakte wie insbesondere Beitragsbescheide der Entschädigungseinrichtung zuständig.[176] Die Entschädigungseinrichtung der Wertpapierhandelsunternehmen (EdW) ist gemäß § 6 Abs. 1 S. 1 AnlEntG ein nicht rechtsfähiges Sondervermögen des Bundes, das bei der Kreditanstalt für Wiederaufbau (KfW) in Berlin errichtet wurde. Für Anfechtungsklagen gegen Verwaltungsakte der EdW in der Fassung von abschlägig verfügten Widerspruchsbescheiden der BaFin ist bei Verfahren vor dem gemäß § 52 Nr. 2 VwGO zuständigen **VG Berlin** ausschließlich die EdW passiv-legitimiert (§ 6 Abs. 1 Satz 2 AnlEntG).[177]

41 **8. Frühere direkte Zuständigkeit des BVerwG.** Im Bereich der Versicherungsaufsicht gab es im BAV die Eigentümlichkeit der Beschlusskammern. Nach § 10a S. 1 BAG[178] war das BVerwG im Zeitraum von 1955 bis 2002 grundsätzlich erst- und zugleich letztinstanzlich für Anfechtungsklagen gegen Entscheidungen des BAV und für Verpflichtungsklagen gegen das BAV zuständig. Über die Verweisung in § 10a S. 2 BAG auf § 9 Abs. 2 des Gesetzes über das Bundesverwaltungsgericht[179] konnte das BVerwG ein Verfahren an das örtlich zuständige Verwaltungsgericht verweisen, wenn die Angelegenheit nicht nach Umfang, Bedeutung oder Auswirkung über das Gebiet eines Landes hinausging, keine allgemeine grundsätzliche Bedeutung hat oder keine zwingenden Gründe des öffentlichen Interesses vorliegen. Die wesentlichen aufsichtlichen Entscheidungen des BAV wurden gemäß § 7 Abs. 2 der Dritten Durchführungsverordnung zum BAG[180] im förmlichen Verwaltungsverfahren nach dem VwVfG von **Beschlusskammern** getroffen.[181] Die Beschlusskammern waren gemäß § 8 der Dritten Durchführungsverordnung zum BAG auch für Widersprüche gegen Verfügungen des BAV-Präsidenten zuständig. Gemäß § 18 Abs. 2 FinDAG bleibt das BVerwG für anhängige Gerichtsverfahren gegen das BAV im Sinne des § 10a BAG auch nach der Errichtung der BaFin zuständig. Dies hat nun keine praktische Relevanz mehr.

42 **V. Befreiung von Gerichtskosten (Abs. 4).** Die Parteien von Gerichtsverfahren tragen grundsätzlich die zugehörigen Kosten. Für den Bund, die Länder und die haushaltsmäßig umfassten öffentlichen Anstalten und Kassen auf Bundes- und Landesebene ist in § 2 Abs. 1 S. 1 GKG eine Befreiung in Verfahren vor den ordentlichen Gerichten vorgesehen. Die drei ehemaligen Aufsichtsämter waren rechtlich unselbständige Behörden des Bundes, so dass der Bund in Gerichtsverfahren Partei war[182] und die Regelung über die Kostenbefreiung zur Anwendung kam. Die BaFin ist als rechtsfähige Anstalt des öffentlichen Rechts eine selbständige juristische Person und organisationsrechtlich vom Bund abzugrenzen. Sie wird auch nicht nach dem Haushaltsplan des Bundes verwaltet, sondern stellt gemäß § 12 Abs. 1 S. 1 einen eigenen Haushaltsplan auf. Um sie weiterhin von Gerichtskosten in

---

[170] Vgl. BT-Drs. 14/7033, 33.
[171] BeckOK ZPO/*Toussaint*, 21. Ed., § 32 Rn. 16.
[172] *OLG Frankfurt a. M.* Urt. v. 13.7.2006 – 1 U 239/05.
[173] Vgl. § 8 Rn. 12 zum Widerspruchsausschuss.
[174] Allgemein zum Enforcement-Verfahren § 17a Rn. 4.
[175] Anlegerentschädigungsgesetz vom 16.7.1998 (BGBl. I 1842); vgl. § 4 Rn. 19.
[176] Zur Verfassungsmäßigkeit der Jahresbeiträge auf der Grundlage der EdW-Beitragsverordnung (EdWBeitrV) vom 19.8.1999 (BGBl. I 1891) vgl. BVerfG Beschl. v. 24.11.2009 – 2 BvR 1387/04, BVerfGE 124, 348 = VersR 2010, 500.
[177] *VG Frankfurt a. M.* Beschl. v. 20.12.2013 – 9 K 4269/13.F.
[178] Gesetz über die Errichtung eines Bundesaufsichtsamtes für das Versicherungswesen (Bundesaufsichtsamtsgesetz – BAG) vom 31.7.1951 (BGBl. I 480).
[179] Gesetz über das Bundesverwaltungsgericht (BVerwGG) vom 23.9.1952 (BGBl. I 625) das gemäß § 195 Abs. 2 VwGO zum 31.3.1960 aufgehoben wurde.
[180] Dritte Durchführungsverordnung zum BAG (Verfahrens- und Geschäftsordnung) vom 25.3.1953 (BGBl. I 75).
[181] In der fünfköpfigen Besetzung der Beschlusskammern zeigte sich eine weitere Besonderheit des BAV: Drei Personen waren gemäß § 7 Abs. 2 der Dritten Durchführungsverordnung zum BAG sog. ständige Mitglieder des BAV i. S. v. § 90 Abs. 2 S. 2 VAG a. F. und zwei Personen waren Mitglieder des Versicherungsbeirates (vgl. § 8 Rn. 9). Die ständigen Mitglieder wurden ebenso wie der Präsident des BAV vom Bundespräsidenten ernannt.
[182] Der Bund wurde durch die Präsidenten der Aufsichtsämter vertreten, vgl. § 18 Abs. 1 S. 2.

Verfahren vor den ordentlichen Gerichten zu befreien, bedurfte es der gesonderten Vorschrift in Abs. 4.[183] Dies ist eine **Kombination aus einer persönlichen und einer sachlichen Befreiung** i. S. d. § 2 GKG.

Rechts- und Fachaufsicht

§ 2 Die Bundesanstalt untersteht der Rechts- und Fachaufsicht des Bundesministeriums der Finanzen (Bundesministerium).

I. Allgemeines. 1. Entstehungsgeschichte. Die Vorschrift ist seit dem Inkrafttreten 2002 unverändert geblieben. 1

2. Normzweck. § 2 legt die Aufsicht des BMF über die BaFin fest. 2

3. Europarechtlicher Hintergrund. Es besteht kein europarechtlicher Hintergrund für § 2. 3

II. Formen der Aufsicht über Einrichtungen der öffentlichen Verwaltung. 1. Fachaufsicht. Eine zentrale Aufgabe von Bundesministerien ist die Wahrnehmung von Steuerungs- und Aufsichtsfunktionen gegenüber dem nachgeordneten Geschäftsbereich (§ 3 Abs. 1 S. 2 GGO),[1] die insbesondere durch die Fachaufsicht ausgeübt wird. Bei der Zuweisung von Aufgaben an selbständige Verwaltungseinrichtungen außerhalb der unmittelbaren Bundesverwaltung wird über die Aufsicht eine Kontrolle vorgenommen.[2] Dies folgt aus dem rechtsstaatlichen Erfordernis, dass insbesondere die Eingriffsverwaltung in eine demokratische Legitimationskette eingebunden ist. Die Fachaufsicht ist eine Form der Überwachung von Einrichtungen der öffentlichen Verwaltung durch eine übergeordnete Stelle. Hierbei werden die Rechtmäßigkeit und auch die Zweckmäßigkeit des Verwaltungshandelns überprüft (§ 3 Abs. 1 S. 3 GGO). Der Maßstab der Rechtmäßigkeit ist die Beachtung von Gesetz und Recht, wie es in dem elementaren Prinzip des Rechtsstaates gemäß Art. 20 Abs. 3 GG für die Exekutive verankert ist. Die Prüfung der **Zweckmäßigkeit** befasst sich auf dieser Grundlage mit der Art und Weise des Verwaltungshandelns. So kann die übergeordnete Stelle die beaufsichtigte Verwaltungseinheit im Hinblick auf Prioritäten bei der Aufgabenerledigung und den Ressourceneinsatz steuern. Zu der in § 3 Abs. 1 GGO beschriebenen Fachaufsicht wurden „Grundsätze zur Ausübung der Fachaufsicht der Bundesministerien über den Geschäftsbereich" erstellt.[3] Der Fachaufsicht ist das Weisungsrecht immanent, so dass mit dem Aufsichtsmittel der Weisung ein bestimmtes Verhalten allgemein oder einzelfallbezogen angeordnet werden kann. Neben der Weisung stehen der aufsichtsführenden Stelle weitere traditionelle Instrumente wie Erlasse und die Anordnung von Berichtspflichten zur Verfügung, es können aber auch kooperative Elemente wie Zielvereinbarungen genutzt werden. 4

2. Rechtsaufsicht. Die Rechtsaufsicht bezieht sich nur auf die Prüfung der **Rechtmäßigkeit.** Sie ist somit von der Fachaufsicht umfasst. Es hätte keiner gesonderten Aufnahme in den Gesetzestext bedurft, doch die Nennung ist unschädlich. Instrumente der Rechtsaufsicht sind die Beanstandung und der Hinweis. 5

III. Aufsicht des BMF über die BaFin. 1. Das Bundesministerium der Finanzen. Das BMF übt die Rechts- und Fachaufsicht über den gesamten Geschäftsbereich aus,[4] dem die BaFin gemäß § 1 Abs. 1 S. 1 angehört. Als juristische Person in der Rechtsform der Anstalt des öffentlichen Rechts ist sie nicht in die klassische hierarchische Behördenstruktur der unmittelbaren Bundesverwaltung eingebunden, sondern sie ist Teil des sonstigen Geschäftsbereichs des BMF.[5] Eine Besonderheit der BaFin im Vergleich zu anderen Einrichtungen in der mittelbaren Bundesverwaltung ist der vom Bundeshaushalt unabhängige Haushalt.[6] Die spezielle Funktion und Organisation der BaFin war ausschlaggebend für die nähere Ausgestaltung der Fachaufsicht in den **„Grundsätzen für die Ausübung der Rechts- und** 6

[183] Die Bundesanstalt für Immobilienaufgaben (BImA) und die Bundesanstalt für vereinigungsbedingte Sonderaufgaben (BvS), die beide ebenso wie die BaFin zum sonstigen Geschäftsbereich des BMF gehören (vgl. Rn. 21.), sind mangels entsprechender gesetzlicher Vorschriften nicht von den Kosten in Gerichtsverfahren befreit, *BGH* Beschl. v. 19.2.2009 – V ZR 172/08, NZM 2009, 451; *BGH* Beschl. v. 16.1.1997 – IX ZR 40/96, VIZ 1997, 310.

[1] Gemeinsame Geschäftsordnung der Bundesministerien vom 30.8.2000, GMBl. 526.

[2] Vgl. § 1 Rn. 29.

[3] *BMI,* http://www.verwaltung-innovativ.de/SharedDocs/Kurzmeldungen/DE/2008/20080515_neu_grundsaetze_zur_ausuebung_von_fachaufsicht.html (abgerufen am 12.11.2016).

[4] Bei der BaFin übt nur das BMF die Aufsicht aus. Es gibt auch Verwaltungseinrichtungen, bei denen mehrere Ministerien die Aufsicht führen. Die ebenfalls zum sonstigen Geschäftsbereich des BMF gehörende Bundesanstalt für Immobilienaufgaben (BImA) untersteht gemäß § 3 Abs. 1 BImAG (Gesetz über die Bundesanstalt für Immobilienaufgaben vom 9.12.2004 (BGBl. I 3235) grundsätzlich der Rechts- und Fachaufsicht des BMF. Sie ist nach § 1 Abs. 1 S. 3 und 4 BImAG für die Liegenschaften der Dienststellen der Bundesverwaltung zuständig. Soweit sie dabei Aufgaben aus dem Geschäftsbereich eines anderen Bundesministeriums erledigt, übt dieses gemäß § 3 Abs. 2 S. 1 BImAG die Rechts- und Fachaufsicht aus.

[5] Vgl. dazu § 1 Rn. 28.

[6] Vgl. dazu § 12 Rn. 4.

Fachaufsicht des Bundesministeriums der Finanzen (BMF) über die BaFin" vom 16.2.2010.[7] Innerhalb des BMF ist die Abteilung VII „Finanzmarktpolitik" für die Aufsicht über die BaFin zuständig. Organisatorische, satzungs- sowie haushaltsbezogene Angelegenheiten werden im Referat VII A 5 bearbeitet. Die fachlichen Themen der Finanzregulierung und -aufsicht sind spezialisierten Referaten zugeordnet; für die Versicherungsaufsicht ist es das Referat VII B 4 „Versicherungswesen".[8]

7 **2. Das Recht der Versicherungsaufsicht.** Das Recht der Versicherungsaufsicht gehört zur Finanzmarktpolitik und somit nur zur Ressortzuständigkeit des BMF innerhalb der Bundesregierung. Rechtssystematisch ist das Versicherungsaufsichtsrecht neben dem Versicherungsvertragsrecht und dem großen Komplex des Sozialversicherungsrechts ein Teil des Versicherungsrechts. Weitere Rechtsgebiete wie das Vermittlerwesen und die betriebliche Altersversorgung haben sehr relevante **Schnittmengen** mit dem Versicherungsrecht und können ihm zumindest teilweise zugerechnet werden. Die Ressortzuständigkeiten sind hierbei auf mehrere Ministerien verteilt: Dem BMJV[9] ist das im VVG normierte Versicherungsvertragsrecht zugewiesen, das BMG[10] ist bei Fragen der gesetzlichen Krankenversicherung gemäß SGB V federführend, das BMAS[11] ist für die im BetrAVG regulierte betriebliche Altersversorgung und das BMWi[12] für die in der GewO enthaltenen Regelungen über die Versicherungsvermittlung zuständig. Bei diesen Themengebieten gibt es oftmals inhaltliche Berührungspunkte und gewisse Überschneidungen mit dem Versicherungsaufsichtsrecht, so dass bei Regulierungsvorhaben ein Abstimmungs- und Koordinierungsbedarf innerhalb der Bundesregierung besteht, in den die Expertise der BaFin bei Bedarf über das BMF einbezogen wird. Nach § 19 Abs. 1 S. 1 GGO[13] arbeiten die Bundesministerien in Angelegenheiten, die die Geschäftsbereiche mehrerer Bundesministerien berühren, zusammen, um ein einheitliches Handeln der Bundesregierung zu gewährleisten. Das Bundesministerium mit der überwiegenden Zuständigkeit übernimmt die Federführung und koordiniert die Tätigkeiten. Beispielhaft für die **Interdependenzen** lässt sich die private Krankenversicherung nennen: Die Regelungen über die substitutive Krankenversicherung in § 146 Abs. 1 VAG beziehen sich auf die gesetzliche Krankenversicherung und die Vertragsleistungen des Basistarifs richten sich gemäß § 152 Abs. 1 VAG am SGB V aus. Ein hohes Maß an Komplexität findet sich bei der Lebensversicherung, für die zugleich spezielle Vorschriften des Versicherungsaufsichtsrechts, des Versicherungsvertragsrechts, des Handels- und Bilanzrechts sowie des Steuerrechts zu beachten sind.[14]

8 **3. Die BaFin-spezifischen Grundsätze für die Aufsicht des BMF.** Zur einheitlichen Handhabung der Aufsichtstätigkeit wurden die „Grundsätze für die Ausübung der Rechts- und Fachaufsicht des BMF über die BaFin" vom 16.2.2010 entwickelt.[15] Zentrale Elemente sind **Informationspflichten** der BaFin (Abschnitt III.) sowie Erlaubnisvorbehalte des BMF bei Rechtsverordnungen, bedeutenden Allgemeinverfügungen und Rundschreiben[16] (Abschnitt IV.1.). Die Beantwortung von Anfragen aus dem parlamentarischen Raum zu laufenden Gesetzgebungsvorhaben oder allgemeinen Fragen der Finanzmarktpolitik hat sich das BMF selbst vorbehalten. Hinsichtlich der Sitzungen des Verwaltungsrats und der Beiräte werden vorbereitende organisatorische Abläufe festgelegt (Abschnitt II.). Das BMF stützt sich bei der Ausübung der Rechts- und Fachaufsicht auf allgemein zugängliche Informationen und auf Erkenntnisse der BaFin, die es im Wege der dienstlichen Berichterstattung erhält. Die Beschäftigten der BaFin haben die Verschwiegenheitspflicht des § 11 mit Hinweis auf die Fachgesetze zu beachten. Nach § 309 Abs. 1 S. 2 VAG gilt die Verschwiegenheitspflicht über vertrauliche Informationen aus der Aufsichtstätigkeit auch für die Personen, die sie im Wege der dienstlichen Berichterstattung erhalten. Damit sind die Beschäftigten des BMF umfasst. Es gibt sowohl regelmäßige als auch anlassbezogene Informationspflichten. Die BaFin berichtet dem BMF über interne organisatorische Angelegenheiten, wesentliche Ereignisse bei der Ausübung der Finanzaufsicht, Erkenntnisse über mögliche Gefahren für beaufsichtigte Unternehmen mit systemweiter Bedeutung, aufsichtsrechtliche Maßnahmen von wesentlicher Bedeutung und bedeutende Themen im Zusammenhang mit Aktivitäten auf internationaler Ebene. Mittels der **Erlaubnisvorbehalte** beim Erlass von Rechtsverordnungen, bedeutenden Allgemeinverfügungen und Rundschreiben kann das BMF seine Steuerungsfunktion für die Verwal-

[7] *BaFin*, https://www.bafin.de/SharedDocs/Veroeffentlichungen/DE/Aufsichtsrecht/Satzung/aufsicht_bmf_bafin.html (abgerufen am 12.11.2016).

[8] *BMF*, https://www.bundesfinanzministerium.de/Content/DE/Downloads/Ministerium/organigramm.html (abgerufen am 12.11.2016).

[9] Bundesministerium der Justiz und für Verbraucherschutz.

[10] Bundesministerium für Gesundheit.

[11] Bundesministerium für Arbeit und Soziales.

[12] Bundesministerium für Wirtschaft und Energie.

[13] Gemeinsame Geschäftsordnung der Bundesministerien vom 30.8.2000, GMBl. 526.

[14] Vgl. *Wandt* Rn. 1146, 1198.

[15] *BaFin*, https://www.bafin.de/SharedDocs/Veroeffentlichungen/DE/Aufsichtsrecht/Satzung/aufsicht_bmf_bafin.html (abgerufen am 12.11.2016).

[16] Die frühere Verwaltungspraxis, sog. anordnende Rundschreiben zu veröffentlichen, wurde zwischenzeitlich beendet. Rundschreiben gehören nunmehr neben Merkblättern und Auslegungsentscheidungen zu den Veröffentlichungsformen der BaFin für ihre Aufsichtspraxis (https://www.bafin.de/DE/RechtRegelungen/recht_regelungen_node.html).

tungspraxis effektiv wahrnehmen. Auf einzelne Aufsichtsmaßnahmen nimmt das BMF dagegen grundsätzlich keinen Einfluss.[17] Die Ermächtigungsgrundlagen im VAG und anderen Fachgesetzen benennen entweder die Bundesregierung, das BMF oder die BaFin als Verordnungsgeber. Oftmals ist auch eine Möglichkeit der Subdelegation vom BMF auf die BaFin enthalten. Die Ermächtigung zum Erlass von einigen Verordnungen wurde mit der BaFinBefugV auf die BaFin übertragen.[18] Die entsprechenden Verordnungen auf der Grundlage des VAG sind in § 1a Nr. 1–5 BaFinBefugV aufgeführt.

(aufgehoben)

3

Seit der Gründung der BaFin war das Forum für Finanzmarktaufsicht in § 3 verankert. Es wurde ursprünglich als Koordinierungsgremium von den Präsidenten der drei Vorgängerbehörden und der Bundesbank am 3.11.2000 geschaffen. Damals bildete eine nichtförmliche Vereinbarung die Grundlage.[1] Das Forum sollte die **Kooperation** der vier beteiligten Institutionen bei der laufenden Aufsicht fördern. Mit der Zusammenlegung der drei Aufsichtsbehörden zur BaFin im Jahr 2002 blieben nur noch zwei Akteure übrig, für die ein zusätzliches Forum neben der in § 7 KWG geregelten Zusammenarbeit nicht mehr nötig war.[2] § 3 wurde zum 1.1.2013 aufgehoben.[3] 1

Aufgaben und Zusammenarbeit

4

(1) [1]**Die Bundesanstalt übernimmt die dem Bundesaufsichtsamt für das Kreditwesen, dem Bundesaufsichtsamt für das Versicherungswesen und dem Bundesaufsichtsamt für den Wertpapierhandel übertragenen Aufgaben.** [2]**Sie nimmt darüber hinaus die ihr nach anderen Bestimmungen übertragenen Aufgaben einschließlich der Beratungstätigkeit im Zusammenhang mit dem Aufbau und der Unterstützung ausländischer Aufsichtssysteme wahr.** [3]**Die Bundesanstalt wird im Wege der Organleihe für das Bundesministerium der Finanzen im Rahmen der ihm nach den Vorschriften der Anstaltssatzung obliegenden Aufsicht über die Versorgungsanstalt des Bundes und der Länder tätig.** [4]**Das Nähere einschließlich des Beginns der Organleihe wird im Einvernehmen mit dem Bundesministerium des Innern in einer Verwaltungsvereinbarung zwischen dem Bundesministerium der Finanzen und der Bundesanstalt geregelt.**

(1a) [1]**Die Bundesanstalt ist innerhalb ihres gesetzlichen Auftrags auch dem Schutz der kollektiven Verbraucherinteressen verpflichtet.** [2]**Unbeschadet weiterer Befugnisse nach anderen Gesetzen kann die Bundesanstalt gegenüber den Instituten und anderen Unternehmen, die nach dem Kreditwesengesetz, dem Zahlungsdiensteaufsichtsgesetz, dem Versicherungsaufsichtsgesetz, dem Wertpapierhandelsgesetz, dem Kapitalanlagegesetzbuch sowie nach anderen Gesetzen beaufsichtigt werden, alle Anordnungen treffen, die geeignet und erforderlich sind, um verbraucherschutzrelevante Missstände zu verhindern oder zu beseitigen, wenn eine generelle Klärung im Interesse des Verbraucherschutzes geboten erscheint.** [3]**Ein Missstand im Sinne des Satzes 2 ist ein erheblicher, dauerhafter oder wiederholter Verstoß gegen ein Verbraucherschutzgesetz, der nach seiner Art oder seinem Umfang die Interessen nicht nur einzelner Verbraucherinnen oder Verbraucher gefährden kann oder beeinträchtigt.**

(2) **Die Bundesanstalt arbeitet mit anderen Stellen und Personen im In- und Ausland nach Maßgabe der in Absatz 1 genannten Gesetze und Bestimmungen sowie nach Maßgabe**

1. **der Verordnung (EU) Nr. 1092/2010 des Europäischen Parlaments und des Rates vom 24. November 2010 über die Finanzaufsicht der Europäischen Union auf Makroebene und zur Errichtung eines Europäischen Ausschusses für Systemrisiken (ABl. L 331 vom 15.12.2010, S. 1),**
2. **der Verordnung (EU) Nr. 1093/2010 des Europäischen Parlaments und des Rates vom 24. November 2010 zur Errichtung einer Europäischen Aufsichtsbehörde (Europäische Bankenaufsichtsbehörde), zur Änderung des Beschlusses Nr. 716/2009/EG und zur Aufhebung des Beschlusses 2009/78/EG der Kommission (ABl. L 331 vom 15.12.2010, S. 12),**
3. **der Verordnung (EU) Nr. 1094/2010 des Europäischen Parlaments und des Rates vom 24. November 2010 zur Errichtung einer Europäischen Aufsichtsbehörde (Europäische Aufsichtsbehörde für das Versicherungswesen und die betriebliche Altersversorgung), zur**

---

[17] *Laars* § 2 FinDAG Rn. 2.

[18] Verordnung zur Übertragung von Befugnissen zum Erlass von Rechtsverordnungen auf die Bundesanstalt für Finanzdienstleistungsaufsicht (BaFinBefugV) vom 13.12.2002 (BGBl. I 3).

[1] BT-Drs. 14/7033, 33.

[2] BT-Drs. 17/10040, 17 f.

[3] Art. 2 Nr. 2 des Gesetzes zur Stärkung der deutschen Finanzaufsicht vom 28.11.2012 (BGBl. I 2369).

Änderung des Beschlusses Nr. 716/2009/EG und zur Aufhebung des Beschlusses 2009/79/EG der Kommission (ABl. L 331 vom 15.12.2010, S. 48) und

4. der Verordnung (EU) Nr. 1095/2010 des Europäischen Parlaments und des Rates vom 24. November 2010 zur Errichtung einer Europäischen Aufsichtsbehörde (Europäische Wertpapier- und Marktaufsichtsbehörde), zur Änderung des Beschlusses Nr. 716/2009/EG und zur Aufhebung des Beschlusses 2009/77/EG der Kommission (ABl. L 331 vom 15.12.2010, S. 84)

zusammen.

(3) **Bei der Durchführung ihrer Aufgaben kann sich die Bundesanstalt anderer Personen und Einrichtungen bedienen.**

(4) **Die Bundesanstalt nimmt ihre Aufgaben und Befugnisse nur im öffentlichen Interesse wahr.**

Übersicht

1 **I. Allgemeines. 1. Entstehungsgeschichte.** Die Vorschrift wurde im Laufe der Zeit um zwei wesentliche Punkte erweitert, während die bereits kurz nach dem Inkrafttreten des FinDAG vorgenommene Änderung des Abs. 1 zum 30.7.2002 nur eine klarstellende Funktion hatte.[1] Zum einen wurde Abs. 2 zum 1.1.2012 durch die Aufnahme der europäischen Verordnungen über die vier Institutionen des Europäischen Finanzaufsichtssystems deutlich erweitert[2] und zum anderen wurde durch Art. 1 des Kleinanlegerschutzgesetzes mit dem Abs. 1a erstmalig eine aufsichtsrechtliche Ermächtigungsgrundlage in das FinDAG eingefügt, die auf den **kollektiven Verbraucherschutz** ausgerichtet ist und zum 10.7.2015 in Kraft getreten ist.[3] Mit dem FMSA-Neuordnungsgesetz vom 23.12.2016 wurde in Abs. 1 mit S. 3 und 4 eine neue Vorschrift eingefügt, wonach die BaFin erstmalig im Wege der Organleihe für das BMF als Aufsicht über die VBL tätig werden soll.[4]

2 **2. Normzweck.** § 4 hat eine zentrale Bedeutung für die BaFin, da in Abs. 4 der Maßstab für ihr gesamtes Aufsichtshandeln normiert ist. Die Funktion der BaFin ist dadurch gekennzeichnet, dass sie ihre Aufgaben und Befugnisse **nur im öffentlichen Interesse** wahrnimmt und nicht für privatrechtliche Einzelinteressen tätig wird. Diese grundlegende Positionierung durch den Gesetzgeber ist nicht neu, sondern eine Fortführung der sektoralen fachgesetzlichen Regelungen für die BaFin. Mit dem Kleinanlegerschutzgesetz wurde in Abs. 1a der kollektive Verbraucherschutz ausdrücklich als Ziel inner-

[1] Art. 2 des Gesetzes zur Änderung des Mineralölsteuergesetzes und anderer Gesetze vom 23.7.2002 (BGBl. I 2778).

[2] Art. 8 Nr. 2 des Gesetzes zur Umsetzung der Richtlinie 2010/78/EU vom 24. November 2010 im Hinblick auf die Errichtung des Europäischen Finanzaufsichtssystems vom 4.12.2011 (BGBl. I 2427).

[3] Art. 1 Nr. 1 des Kleinanlegerschutzgesetzes vom 3.7.2015 (BGBl. I 1114).

[4] Art. 2 Nr. 2 des FMSANeuOG vom 23.12.2016 (BGBl. I 3171).

halb des gesetzlichen Auftrags aufgenommen. Das Verständnis des kollektiven Verbraucherschutzes und die diesbezügliche Ausgestaltung der Verwaltungspraxis sind in einer kontinuierlichen Entwicklung begriffen und können (noch) nicht genau umrissen werden. Die übrigen Regelungen des § 4 sind primär verwaltungstechnisch und haben keine vergleichbar große Tragweite.

3. Europarechtlicher Hintergrund. Eine Konsequenz aus der Finanzkrise war die Errichtung des Europäischen Finanzaufsichtssystems mit den drei Aufsichtsbehörden und dem Ausschuss für Systemrisiken zum 1.1.2011.[5] Die europäischen Verordnungen über diese vier Einrichtungen werden in Abs. 2 bei der Vorschrift über die Zusammenarbeit der BaFin mit anderen Akteuren explizit aufgeführt. 3

II. Fortführung der Aufgaben der Vorgängerbehörden und Beratungstätigkeit im Ausland (Abs. 1). Die Vorschrift des § 4 Abs. 1 S. 1 korrespondiert mit § 1 Abs. 1 S. 1 dahingehend, dass die aus den drei Vorgängerbehörden fusionierte BaFin deren **Aufgaben** übernimmt und ohne eine inhaltliche oder zeitliche Lücke **fortführt**. In der bestehenden Fassung weisen die beiden Gesetzespassagen eine gewisse Redundanz auf, die sich aus der Entstehungsgeschichte erklärt. Ursprünglich sah Abs. 1 so aus, dass nicht auf die Vorgängerbehörden, sondern auf drei Gesetze (KWG, VAG und WpHG) und „andere Bestimmungen" abgestellt wurde. Unmittelbar nach dem Inkrafttreten des FinDAG wurde die Bezugnahme auf die drei wichtigsten Aufsichtsgesetze als zu kurz gegriffen angesehen und der Gesetzestext geändert.[6] Diese Änderung war jedoch unnötig, da die weiteren Aufsichtsgesetze (u. a. BausparkassenG, DepotG, GwG, WpÜG) zu den „anderen Bestimmungen" hätten gezählt werden können. Der Begriff der „anderen Bestimmungen" ist sehr weit zu verstehen und umfasst neben formellen Gesetzen und Rechtsverordnungen auch internationale Übereinkommen und bilaterale bzw. multilaterale Vereinbarungen mit ausländischen Aufsichtsbehörden. Die Änderung des Gesetzestextes in Abs. 1 war nicht nur unnötig, sondern wurde auch unvollständig vorgenommen, da nun der Wortlaut des Abs. 2 („nach Maßgabe der in Absatz 1 genannten Gesetze") nicht mehr stimmig ist.[7] 4

Die in Abs. 1 S. 2 erwähnten Beratungstätigkeiten im Zusammenhang mit dem Aufbau und der Unterstützung ausländischer Aufsichtssysteme gibt es primär bei Projekten der Europäischen Kommission (sog. **Twinning**). Die zuvor nur auf der Verwaltungspraxis basierende Beratung wurde gesetzlich verankert. Beim Twinning arbeiten seit 1998 Fachleute aus den EU-Mitgliedsstaaten mit Vertretern von Beitrittskandidaten zusammen, um sie bei den Vorbereitungen auf den Beitritt zu unterstützen.[8] 5

III. Aufsicht über die VBL im Wege der Organleihe (Abs. 1 S. 3 und 4). 1. Die Versorgungsanstalt des Bundes und der Länder. Die „Versorgungsanstalt des Bundes und der Länder" (VBL) ist eine besondere **Zusatzversorgungskasse (ZVK) der Angestellten im öffentlichen Dienst**. Sie wurde 1929 durch das Deutschen Reich und das Land Preußen unter dem Namen „Zusatzversorgungsanstalt des Reichs und der Länder" (ZRL) in Berlin auf der Grundlage eines Staatsvertrages und einer gemeinsamen Errichtungsverfügung gegründet.[9] In der Folge traten mehrere Länder, u. a. Bayern, der ZRL bei. 1949 vereinbarten die Finanzminister der Länder der westlichen Besatzungszonen, die ZRL als Anstalt des öffentlichen Rechts zunächst mit Sitz im bayerischen Amberg und unter Aufsicht des Bayerischen Staatsministeriums der Finanzen fortzuführen.[10] Im folgenden Jahr beteiligte sich das BMF als „Mitträger" und übernahm durch Erlass vom 23.5.1950 die Aufsicht über die Anstalt,[11] deren Sitz nach Karlsruhe verlegt wurde und die 1951 ihren heutigen Namen erhielt.[12] 6

a) Pflichtversicherung. Die VBL weist mehrere Besonderheiten auf, die sie von anderen Versorgungseinrichtungen und Versicherungsunternehmen unterscheidet. Als Rechtsgrundlage existiert primär nur die **Satzung (VBLS)**.[13] Nach § 3 Abs. 1 S. 1 VBLS übt das BMF – vorbehaltlich § 3 Abs. 3 VBLS – die Aufsicht über die VBL aus, die gemäß § 3 Abs. 1 Nr. 7 VAG von der regulären Aufsicht nach dem VAG ausgenommen ist. Dies bezieht sich auf nur auf die VBL-**Pflichtversicherung** (§§ 26–53 VBLS), die gemäß § 59 S. 4, §§ 60–69 VBLS im sog. Abschnittsdeckungsverfahren finanziert wird. 7

b) Freiwillige Versicherung. Davon zu trennen ist jedoch der 2001 eingeführte **Abrechnungsverband der freiwilligen Versicherung**[14] über den nach § 3 Abs. 3 VBLS die BaFin die Aufsicht 8

[5] Siehe auch § 1 Rn. 14.
[6] BT-Drs. 14/9265, 18.
[7] Vgl. Rn. 14.
[8] *Bundesverwaltungsamt (BVA)*, http://www.bva.bund.de/DE/Themen/Internationales/EUTwinning/eutwinning-node.html (abgerufen am 12.11.2016).
[9] *VBL*, Zukunft durch Wandel – 75 Jahre VBL 1929–2004, 2004, S. 13, 78.
[10] *VBL*, Zukunft durch Wandel – 75 Jahre VBL 1929–2004, 2004, S. 35.
[11] *VBL*, Zukunft durch Wandel – 75 Jahre VBL 1929–2004, 2004, S. 35.
[12] *VBL*, https://www.vbl.de/de/die_vbl/auf_einen_blick/daten_fakten_geschichte/ (abgerufen am 8.2.2017).
[13] *VBL*, https://www.vbl.de/de/die_vbl/auf_einen_blick/satzung/ (abgerufen am 8.2.2017).
[14] *VBL*, Zukunft durch Wandel – 75 Jahre VBL 1929–2004, 2004, S. 82.

führt. Auf diesen Abrechnungsverband sind gemäß § 2 Abs. 1 S. 3 VAG die VAG-Vorschriften über Pensionskassen entsprechend anzuwenden. Die freiwillige Versicherung (§ 54 VBLS) wird gemäß § 59 S. 5, § 70 VBLS im Kapitaldeckungsverfahren finanziert.

9 **2. Organleihe.** Aufgrund der neuen Regelung des Abs. 1 S. 3 und 4 sowie einer Verwaltungsvereinbarung wird die BaFin erstmalig aufgrund des verwaltungsrechtlichen Instruments der Organleihe tätig deren Kosten das BMF trägt.[15] Dies betrifft die Pflichtversicherung der VBL, da der Abrechnungsverband der freiwilligen Versicherung schon bisher von der BaFin beaufsichtigt wird. Bei der Organleihe bedient sich ein Rechtsträger zur Erfüllung bestimmter Aufgaben eines Organs einer anderen juristischen Person. Das ausgeliehene Organ ist weisungsgebunden tätig und daher werden seine Handlungen **dem Entleiher zugerechnet**.[16] Als Konsequenz haftet der Entleiher und er ist nach § 78 Abs. 1 Nr. 1 VwGO der Klagegegner.[17] Der klassische Anwendungsfall für eine Organleihe ist die Tätigkeit des Landrats für den Staat. Der Landrat ist originär ein Organ des Landkreises, das jedoch auch hoheitlich für die Landesregierung eingesetzt werden kann. Angesichts des erheblichen Eingriffs in die Organisationshoheit des Entleihers ist eine gesetzliche Grundlage erforderlich. Die Regelung des § 4 Abs. 1 S. 3 ist terminologisch unpräzise, da nach § 5 nur der Präsident, das Direktorium und der Verwaltungsrat Organe der BaFin sind. In der Norm wird jedoch kein Organ bezeichnet, sondern die BaFin, die als juristische Person des öffentlichen Rechts selber Rechtsträger ist.

10 **IV. Missstandsaufsicht im kollektiven Verbraucherschutz (Abs. 1a).** Durch das Kleinanlegerschutzgesetz ist im Jahr 2015 eine Vorschrift in das FinDAG aufgenommen worden, die in Abs. 1a S. 1 expressis verbis den kollektiven Verbraucherschutz als Aufsichtsziel der BaFin innerhalb ihrer Aufgaben nach den Fachaufsichtsgesetzen festschreibt. Zugleich wurde in Abs. 1a S. 2 und 3 eine hiermit verknüpfte Missstandsaufsicht mit der Befugnis der BaFin zum Erlass von Anordnungen gegenüber allen beaufsichtigten Unternehmen bei verbraucherschutzrelevanten Missständen eingeführt. Bis zu diesem Zeitpunkt waren Anordnungsbefugnisse der BaFin nur sektorspezifisch in den wichtigsten Aufsichtsgesetzen normiert.[18] Dieses **Prinzip der begrenzten Generalbefugnisse**[19] wird nunmehr durch Abs. 1a für alle Aufsichtsgebiete der BaFin hinsichtlich des kollektiven Verbraucherschutzes flankiert. Die generelle Missstandsaufsicht des Abs. 1a ist ebenso wie die fachgesetzliche Missstandsaufsicht prinzipiell subsidiär gegenüber speziellen Ermächtigungsgrundlagen. Die Finanzaufsicht mit ihren zentralen Elementen Solvenzaufsicht und Marktaufsicht bildet den **Rahmen**, innerhalb dessen die BaFin für den kollektiven Verbraucherschutz tätig sein kann. Dies wird aus dem Wortlaut des Abs. 1a S. 1 deutlich: Der gesetzliche Auftrag setzt sich aus den in Abs. 1 genannten schon bestehenden Aufgaben der BaFin zusammen. Innerhalb des dadurch vom Gesetzgeber geschaffenen Rahmens ist sie **auch dem Schutz der kollektiven Verbraucherinteressen verpflichtet**. Sofern die Zielrichtungen der Finanzaufsicht und des kollektiven Verbraucherschutzes sich nicht vollständig miteinander vereinbaren lassen, **kommt der Solvenzaufsicht als primärer Aufgabe der BaFin der Vorrang zu**. Sie dient von sich aus immer schon auch dem kollektiven Verbraucherschutz in der Weise, dass Insolvenzen nach Möglichkeit vermieden oder drohende Insolvenzen zumindest frühzeitig erkannt und die erforderlichen aufsichtlichen Maßnahmen für ein geordnetes Vorgehen im Interesse der Versicherungsunternehmer, Bezugsberechtigten und Kunden und des Marktes ergriffen werden. Neben der Missstandsaufsicht sind verschiedene Vorgehensweisen beim kollektiven Verbraucherschutz separat oder kumulativ möglich. Die BaFin stellt wie schon zuvor vielfältige Informationen zu Finanzthemen öffentlich im BaFinJournal, den Jahresberichten, Broschüren und auf der Internetseite zur Verfügung. Sie veröffentlicht Warnungen und den Erlass von Sanktionen gegenüber Anbietern, sofern sie die gesetzlichen Vorgaben nicht einhalten.[20] Neu sind seit 2015 die in § 18 VermAnlG[21] und § 4b WpHG geregelten Befugnisse, das öffentliche Angebot von Vermögensanlagen bei Vorliegen von Anhaltspunkten für in § 18 Abs. 1 Nr. 1–7 VermAnlG aufgeführte rechtswidrige Tatbestände bzw. Vermarktung, Vertrieb oder Verkauf von Finanzinstrumenten sowie bestimmte Formen der Finanztätigkeit zu untersagen.

11 **1. Kollektiver Verbraucherschutz.** Der zentrale Anknüpfungspunkt bei der Missstandsaufsicht nach Abs. 1a ist der kollektive Verbraucherschutz. In § 13 BGB ist seit dem 1.1.2000 eine Legaldefinition des Verbrauchers vorhanden, [22] die zur Umsetzung von sechs europäischen Richtlinien

[15] Vgl. BT-Drs. 18/9530, 43.
[16] BVerwG Urt. v. 3.3.1989 – 8 C 98.85, NVwZ-RR 1990, 44.
[17] BeckOK VwGO/*Kintz*, Ed. 36, 78 Rn. 28.
[18] § 298 Abs. 1 VAG (bis 31.12.2015: § 81 Abs. 2 VAG a. F.), § 6 Abs. 3 KWG, § 4 Abs. 1 WpHG, § 4 Abs. 1 WpÜG, § 3 Abs. 2 ZAG, § 5 Abs. 6 KAGB.
[19] *Zetsche* in: Schwark/Zimmer, Kapitalmarktrechtskommentar, 4. A. 2010, § 4 WpHG Rn. 1.
[20] Vgl. § 17 Rn. 5.
[21] Gesetz über Vermögensanlagen (Vermögensanlagengesetz) vom 6.12.2011 (BGBl. I 2481).
[22] § 13 BGB: „Verbraucher ist jede natürliche Person, die ein Rechtsgeschäft zu Zwecken abschließt, die überwiegend weder ihrer gewerblichen noch ihrer selbständigen beruflichen Tätigkeit zugerechnet werden können."

dient,[23] doch bei dem Terminus Verbraucherschutz handelt es sich um einen Sammelbegriff, dessen Inhalt und Umfang sich nur aus dem jeweiligen Kontext bestimmen lassen. Zudem ist er in einem starken Maß von dem sich im Lauf der Jahre **wandelnden Bild des Verbrauchers** in der Gesellschaft geprägt. Das Spannungsfeld zwischen der Vorstellung eines informierten mündigen Verbrauchers und der Sichtweise, die mehr eine gegenüber den strukturell überlegenen Unternehmen schutzbedürftige Privatperson vor Augen hat, bewegt sich mit der Zeit und dem Zeitgeist. In den Jahren nach der Finanzkrise verstärkte sich die Bedeutung des Verbraucherschutzes massiv.[24] Dass die BaFin ein Mandat nur für den kollektiven Verbraucherschutz hat, steht in Übereinstimmung mit der in Abs. 4 normierten Ausrichtung der Aufgabenwahrnehmung nur im öffentlichen Interesse. Die BaFin hat keine Befugnis für die Durchsetzung von individuellen Interessen; hierfür sind die ordentlichen Gerichte zuständig. Von **kollektivem Verbraucherschutz** kann gesprochen werden, wenn ein Sachverhalt mit einem Verbraucher über einen Einzelfall hinaus bedeutsam ist. Eine abstrakte Festlegung ex-ante von weiteren Kriterien ist schwerlich möglich.[25]

In dem Bereich des Versicherungsrechts besteht angesichts der **Komplexität der wirtschaftlichen** 12
und rechtlichen Rahmenbedingungen von vielen Versicherungsverträgen typischerweise ein Schutzbedarf von Verbrauchern hinsichtlich eines Informations- und Wissensungleichgewichts zwischen ihnen und den Versicherungsunternehmen. Ein anderer Gegenstand des Verbraucherschutzes im Versicherungsbereich sind die Regelungen zu Widerrufs- und Beendigungsmöglichkeiten von Versicherungsverträgen. Des Weiteren können generelle Geschäftspraktiken für den kollektiven Verbraucherschutz relevant sein[26] wie sie in der von den Landesjustizverwaltungen durchgeführten Befragung zum Thema Schadenregulierung durch Versicherer im Jahr 2013 untersucht wurden.[27]

2. Missstand. Ein Missstand liegt gemäß Abs. 1a S. 3 bei einem erheblichen, dauerhaften oder 13
wiederholten Verstoß gegen ein Verbraucherschutzgesetz vor, der kollektive Verbraucherinteressen gefährdet oder beeinträchtigt. Um als **Verbraucherschutzgesetz** qualifiziert zu werden, muss eine Vorschrift dem Verbraucherschutz „dienen".[28] Dies tut sie, wenn sie den Verbraucherschutz als eigentlichen Zweck hat.[29] Die gleichzeitige Verfolgung von weiteren Zwecken ist auch möglich. Es bedarf daher immer einer Betrachtung der jeweiligen Norm im Hinblick auf ihren zentralen Regelungsgehalt. Nicht jede Vorschrift, die möglicherweise als Rechtsreflex oder über mehrere Kausalitätsstufen die Interessen der Verbraucher berührt, ist ein Verbraucherschutzgesetz. Als ein Anhaltspunkt kann § 2 Abs. 2 UKlaG herangezogen werden, der eine nicht abschließende Liste von Verbraucherschutzgesetzen im Sinne des UKlaG enthält. Dort werden sowohl ganze Gesetze als auch Abschnitte von Gesetzen und einzelne Paragrafen aufgeführt.[30] Vorschriften mit Widerrufsrechten von Verbrauchern sowie Vorschriften mit Informations-, Beratungs- und Belehrungspflichten von Unternehmern wie §§ 6, 7 VVG und die VVG-InfoV dienen dem Verbraucherschutz. Unvollständige, irreführende oder gar ganz fehlende Informationen sind relevante Verletzungen der Verbraucherschutzgesetze. Bei eventuell missverständlichen Informationen besteht angesichts von verschiedenen Auslegungsmöglichkeiten ein Graubereich.

[23] Richtlinie 85/577/EWG des Rates vom 20. Dezember 1985 betreffend den Verbraucherschutz im Falle von außerhalb von Geschäftsräumen geschlossenen Verträgen (ABl. EG 1985 L 372, 31), Richtlinie 87/102/EWG des Rates zur Angleichung der Rechts- und Verwaltungsvorschriften der Mitgliedstaaten über den Verbraucherkredit (ABl. EG 1987 L 42, 48), zuletzt geändert durch die Richtlinie 98/7/EG des Europäischen Parlaments und des Rates vom 16. Februar 1998 zur Änderung der Richtlinie 87/102/EWG zur Angleichung der Rechts- und Verwaltungsvorschriften der Mitgliedstaaten über den Verbraucherkredit (ABl. EG 1998 L 101, 17), Richtlinie 93/13/EWG des Rates vom 5. April 1993 über missbräuchliche Klauseln in Verbraucherverträgen (ABl. EG 1993 L 95, 29), Richtlinie 94/47/EG des Europäischen Parlaments und des Rates vom 26. Oktober 1994 zum Schutz der Erwerber im Hinblick auf bestimmte Aspekte von Verträgen über den Erwerb von Teilzeitnutzungsrechten an Immobilien (ABl. EG 1994 L 280, 82), Richtlinie 97/7/EG des Europäischen Parlaments und des Rates vom 20. Mai 1997 über den Verbraucherschutz bei Vertragsabschlüssen im Fernabsatz (ABl. EG 1997 L 144, 19), Richtlinie 1999/44/EG des Europäischen Parlaments und des Rates vom 25. Mai 1999 zu bestimmten Aspekten des Verbrauchsgüterkaufs und der Garantien für Verbrauchsgüter (ABl. EG 1999 L 171, 12).

[24] Beim BMJV wurde 2014 der Sachverständigenrat für Verbraucherfragen eingerichtet (Einrichtungserlass BAnz AT 6.11.2014 B2) und 2015 begannen die Marktwächter Finanzen und Digitale Welt beim Bundesverband der Verbraucherzentralen und Verbraucherverbände – Verbraucherzentrale Bundesverband e. V. (vzbv) und den Verbraucherzentralen ihre Tätigkeit. Seit 2016 besteht eine Abteilung Verbraucherschutz (VBS) bei der BaFin (dazu *Sperling* BaFinJournal 4/2016, S. 11).

[25] Antwort der Bundesregierung auf die Kleine Anfrage von Abgeordneten und der Fraktion Bündnis 90/Die Grünen BT-Drs. 18/5546, 2.

[26] Antwort der Bundesregierung auf die Kleine Anfrage von Abgeordneten und der Fraktion Bündnis 90/Die Grünen in BT-DRs. 18/5546, 2.

[27] Versicherungsbote, Meldung vom 23.7.2013, http://www.versicherungsbote.de/id/4779431/Justizministerium-aeussert-sich-zu-Ergebnis-der-Umfrage-zur-Schadenregulierung (abgerufen am 9.2.2017).

[28] Legaldefinition für Unterlassungsansprüche in § 2 Abs. 1 S. 1 des Gesetzes über Unterlassungsklagen bei Verbraucherrechts- und anderen Verstößen (Unterlassungsklagengesetz – UKlaG) vom 26.11.2001 (BGBl. I 3138, 3173).

[29] BT-Drs. 18/3994, S. 37 mit Verweis auf BT-Drs. 14/2658, S. 53 zur Einführung des damaligen § 22 AGBG (seit 1.1.2002: § 2 UKlaG).

[30] Aus Fachgesetzen der Finanzaufsicht sind § 126 des Investmentgesetzes/ § 305 KAGB (§ 2 Abs. 2 Nr. 6 UKlaG) und die Vorschriften des Abschnitts 6 des WpHG, die das Verhältnis zwischen Wertpapierdienstleistungsunternehmen und Kunden regeln (§ 2 Abs. 2 Nr. 7 UKlaG) explizit genannt.

Wenn komplexe rechtliche Rahmenbedingungen mit verschiedenen Einflüssen und Stellschrauben wie z. B. im Bereich der kapitalbildenden Lebensversicherung zu beachten sind, ist es schwierig, dies in allgemeinverständlicher Form darzustellen. Sofern eine gefestigte obergerichtliche Rechtsprechung zu verbraucherschützenden zivilrechtlichen Normen existiert, führt deren bewusste Nichtbeachtung durch Unternehmen zu einem Missstand des kollektiven Verbraucherschutzes. Bei systematischen Verstößen gegen Verbraucherschutzgesetze können auch ohne eine höchstrichterliche Rechtsprechung solche Missstände vorliegen.[31]

14 **3. Anordnungsbefugnis.** Die BaFin kann gegenüber den beaufsichtigten Unternehmen alle geeigneten und erforderlichen Anordnungen treffen, um einen drohenden oder vorliegenden Missstand zu verhindern oder zu beseitigen. Es muss allerdings noch ein zusätzliches Tatbestandsmerkmal des Abs. 1a S. 2, nämlich dass eine generelle Klärung im Interesse des Verbraucherschutzes geboten erscheint, erfüllt sein. Dieses Merkmal dürfte bei Vorliegen eines in Abs. 1a S. 3 definierten Missstandes unproblematisch sein und wirkt sich ermessensleitend auf das Entschließungsermessen der BaFin aus, da sie nach Maßgabe des Abs. 1a S. 1 dem kollektiven Verbraucherschutz verpflichtet ist. Die BaFin hat bei dem **Auswahlermessen**, mit welchen Maßnahmen sie auf den Missstand reagiert, selbstverständlich den Verhältnismäßigkeitsgrundsatz zu berücksichtigen. Anordnungen sind förmliche Verwaltungsakte i. S. d. § 35 VwVfG, gegen die Widerspruch und Anfechtungsklage als reguläre Rechtsbehelfe statthaft sind. Regelungsinhalt der Anordnungen kann ein Handeln, Dulden oder Unterlassen sein. Im Versicherungsbereich sind als Beispiele die Verpflichtung zur präzisen Information über Widerrufs- und Kündigungsrechte oder das Unterlassen der Verwendung von Allgemeinen Versicherungsbedingungen (AVB), die die Versicherungsnehmer unangemessen benachteiligen, denkbar.

15 **4. Die versicherungsspezifische Missstandsaufsicht des VAG.** Die Missstandsaufsicht ist seit dem Inkrafttreten des ersten Aufsichtsgesetzes im Jahr 1901 kontinuierlich ein außerordentlich wichtiges Mittel der staatlichen Versicherungsaufsicht, das seit 1.1.2016 in § 298 VAG fortgeführt wird. Die ursprünglich in § 64 Abs. 2 des Reichsgesetzes über die privaten Versicherungsunternehmen vom 12.5.1901 enthaltene Anordnungsbefugnis wurde im Zuge einer weitgehenden Novellierung des Gesetzes in § 81 Abs. 2 des Gesetzes über die Beaufsichtigung der privaten Versicherungsunternehmen und Bausparkassen vom 6.6.1931 überführt. Seit der Umsetzung der dritten Generation der europäischen Versicherungsrichtlinien mit dem Dritten Durchführungsgesetz/EWG zum VAG[32] ist der Begriff des Missstandes in § 81 Abs. 2 S. 2 VAG a. F. explizit mit den gesetzlich festgelegten Aufsichtszielen verknüpft die nun in § 294 VAG normiert sind. Der Begriff des Missstandes in § 298 Abs. 1 S. 2 VAG bezieht sich allerdings nicht auf das in § 294 Abs. 1 VAG beschriebene Hauptziel der Beaufsichtigung (Schutz der Versicherungsnehmer und der Begünstigten von Versicherungsleistungen), sondern nur auf die in § 294 Abs. 2 VAG enthaltenen Aufsichtsziele. Demnach ist der Maßstab für die Aufsichtstätigkeit die Einhaltung der für den Betrieb von Versicherungsgeschäften geltenden Gesetze bei Erst- und Rückversicherungsunternehmen[33] sowie bei Erstversicherungsunternehmen die **ausreichende Wahrung der Belange der Versicherten**.[34] Essentiell für die Wahrung der Belange der Versicherten ist dabei die dauernde Erfüllbarkeit der Verpflichtungen aus den Versicherungen (§ 294 Abs. 4 VAG). Über die weitreichende Formulierung „Gesetze, die für den Betrieb des Versicherungsgeschäfts gelten" sind sowohl öffentlich-rechtliche als auch zivilrechtliche Normen umfasst. Dazu zählen neben dem VAG mindestens die in Bezug genommenen Normen aus VVG, PflVG, SGB V, BGB, HGB, AktG, GenG, GwG und aus europäischen Verordnungen sowie die auf der Grundlage des VAG erlassenen Rechtsverordnungen. § 298 VAG bringt eine Erweiterung des Missstandsbegriff mit sich, da zu der Verknüpfung mit den Aufsichtszielen nun auch Schwächen oder Mängel als Feststellungen im Rahmen des aufsichtlichen Überprüfungsverfahrens hinzukommen (§ 298 Abs. 1 S. 3 VAG). Das VAG enthält neben der generellen Anordnungsbefugnis noch spezifische Ermächtigungsgrundlagen. Nach § 140 Abs. 2 und § 151 Abs. 2 VAG liegt etwa in der Lebens- und der Krankenversicherung ein die Belange der Versicherten gefährdender Missstand vor, wenn keine angemessene Zuführung zur Rückstellung für erfolgsabhängige Beitragsrückerstattung erfolgt.

[31] BT-Drs. 18/3994, 36.

[32] Drittes Gesetz zur Durchführung versicherungsrechtlicher Richtlinien des Rates der Europäischen Wirtschaftsgemeinschaft (Drittes Durchführungsgesetz/EWG zum VAG) vom 21.7.1994 (BGBl. I 1630).

[33] Im Bereich der privaten Krankenversicherung entschied das BVerwG in zwei Verfahren, dass Anordnungen der BaFin auf der Grundlage des § 81 Abs. 2 VAG a. F. rechtmäßig waren, da die Versicherungsunternehmen gegen Bestimmungen des VVG (§ 204 VVG n. F. =§ 178f VVG a. F.) verstoßen hatten (*BVerwG* Urt. v. 18.8.2006 – 6 C 26.06, NJW 2007, 2871 – Zahnstaffel); Urt. v. 23.7.2009 – 8 C 42.09, BVerwGE 137, 179 = VersR 2010, 1345 (Tarifstrukturzuschlag in der substitutiven Krankenversicherung)).

[34] Die Belange der Versicherten sah der VGH Kassel bei einer das Versicherungsverhältnis betreffenden Satzungsbestimmung eines Versicherungsunternehmens nicht ausreichend gewahrt, die gegen geltendes Recht (hier § 39 Abs. 1 GenG, der über die Verweisungsvorschrift des § 53 Abs. 3 VAG a. F./ § 210 Abs. 2 S. 3 VAG Anwendung findet) verstößt, *VGH Kassel* Beschl. v. 1.7.2016 – 6 A 1590/15.Z, BeckRS 2016, 50082; dazu *Redenz/Rathenow* BaFinJournal 8/2016, 19.

5. Das Verhältnis der Anordnungsbefugnisse in FinDAG und VAG zueinander. Die Vorschriften über die Missstandsaufsicht in § 4 Abs. 1a FinDAG und § 298 Abs. 1 VAG sind strukturell weitgehend kongruent. Unterschiede bestehen bei einzelnen Tatbestandsmerkmalen und beim Anwendungsbereich der Gesetze. Die Ermächtigungsgrundlage des FinDAG richtet sich ausschließlich an die BaFin, während Aufsichtsbehörde im Sinne des VAG sowohl die BaFin als auch die Landesaufsichtsbehörden (LAB) sind.[35] Der Adressatenkreis in § 298 Abs. 1 S. 1 und Abs. 2 VAG umfasst neben den Erst- und Rückversicherungsunternehmen auch deren Geschäftsleiter und Aufsichtsorganmitglieder; § 4 Abs. 1a FinDAG bezieht sich auf die beaufsichtigten Unternehmen. **Der schützenswerte Personenkreis** sind einmal die Versicherten und einmal die Verbraucher. Bei den Versicherten ist einerseits zu präzisieren, dass nur die bei Erstversicherungsunternehmen versicherten Personen gemeint sind und andererseits auch Begünstigte von Versicherungsleistungen wie u. a. Bezugsberechtigte von Versorgungsleistungen einbezogen werden. Das FinDAG bezieht sich auf Verbraucher, d. h. natürliche Personen außerhalb einer überwiegend gewerblichen oder selbständigen beruflichen Tätigkeit. Demgegenüber können auch Gewerbetreibende, Selbständige und Wirtschaftsunternehmen als Versicherte von Erstversicherungsunternehmen in Erscheinung treten. Der Begriff des Missstandes ist in den beiden Normen mit Bezug auf den kollektiven Verbraucherschutz bzw. die Beachtung der das Versicherungsgeschäft geltenden Gesetze und die ausreichende Wahrung der Belange der Versicherten unterschiedlich definiert. Dem Wortlaut nach enthält § 4 Abs. 1a S. 2 FinDAG ein zusätzliches Tatbestandsmerkmal („wenn eine generelle Klärung im Interesse des Verbraucherschutzes geboten erscheint."), das keine wörtliche Entsprechung in § 298 Abs. 1 VAG findet. Auf der Rechtsfolgenseite ist in beiden Gesetzen gleichermaßen das pflichtgemäße Ermessen zum Erlass von allen geeigneten und erforderlichen Anordnungen normiert. Konsequenterweise ist in beiden Gesetzen ausdrücklich festgeschrieben, dass die BaFin **nur im öffentlichen Interesse** tätig ist (§ 294 Abs. 8 VAG; § 4 Abs. 4 FinDAG).[36] In verwaltungsverfahrensrechtlicher Hinsicht ist ein Unterschied, dass Anordnungen nach § 298 i. V. m. §§ 15, 294 Abs. 6 und § 295 VAG gemäß § 310 Abs. 2 VAG sofort vollziehbar sind, während dies für Anordnungen nach § 4 Abs. 1a FinDAG nicht gilt. 16

Im Bereich der Versicherungsaufsicht haben die generalklauselartigen Anordnungsbefugnisse aus dem VAG und dem FinDAG eine **große Schnittmenge** und stehen in vielen Konstellationen **nebeneinander**, in denen es sich bei den Versicherten um Privatpersonen handelt, die somit auch den Verbraucherbegriff erfüllen. Versicherungsrechtlich relevante Vorschriften, deren Zweck der Verbraucherschutz ist, sind oftmals zugleich Gesetze, die für den Betrieb des Versicherungsgeschäfts gelten. Hier sind exemplarisch §§ 6, 7, 204 VVG und §§ 307–309 BGB zu nennen. Die versicherungsspezifische Missstandsaufsicht war immer schon eine verbraucherschutzorientierte Missstandsaufsicht – auch als es diesen Begriff noch nicht (in der heutigen Ausprägung) gab. Sofern Geschäftspraktiken bei Versicherungsverträgen die Versicherten unangemessen behandeln und benachteiligen, können solche Praktiken verbraucherschutzrelevante Missstände darstellen, die sowohl nach § 298 Abs. 1 VAG als auch nach § 4 Abs. 1a FinDAG aufsichtlich verfolgt werden können. Ein eventuell denkbarer eigenständiger Anwendungsbereich für die Missstandsaufsicht der BaFin im Versicherungsbereich nach § 4 Abs. 1a FinDAG könnte sich theoretisch bei einer Darlehensvergabe von Versicherungsunternehmen an Verbraucher ohne Abschluss eines Versicherungsvertrages ergeben, wenn das Unternehmen dabei gegen die verbraucherschützenden Vorgaben der §§ 491–505 BGB verstößt. Für die anderen Aufsichtsgebiete hat die Vorschrift des § 4 Abs. 1a FinDAG eine größere Bedeutung, da sich deren generelle Befugnisnormen[37] auf Missstände bei insbesondere nicht ordnungsgemäßer Durchführung der Bankgeschäfte oder des Handels mit Wertpapierdienstleistungen beziehen. Anders als im VAG fehlt dort eine direkte Einbindung von Privatpersonen in die Betrachtung der Missstandsaufsicht. 17

V. Zusammenarbeit mit anderen Stellen (Abs. 2). Durch die unvollständige Gesetzesänderung im Sommer 2002[38] führt die Bezugnahme in Abs. 2 auf Abs. 1 ins Leere, da dort keine Gesetze genannt werden. Dies ist im Ergebnis unschädlich, da Abs. 2 letztlich nur deklaratorisch ist und sich Regelungen zur Zusammenarbeit mit anderen Stellen ohnehin aus den Fachgesetzen ergeben. Vielfach steht ein **Informationsaustausch** unter Beachtung der Verschwiegenheitspflichten im Mittelpunkt der Zusammenarbeit. Im VAG sind verschiedene Vorschriften über die Zusammenarbeit mit anderen Stellen sowohl im In- als auch im Ausland enthalten: § 276 (Gegenseitiger Informationsaustausch mit in die Gruppenaufsicht einbezogenen natürlichen und juristischen Personen), § 324 (Zusammenarbeit der BaFin und der Landesaufsichtsbehörden), §§ 326–328 (Zusammenarbeit mit der Europäischen Kommission und den Aufsichtsbehörden der Mitglieds- und Vertragsstaaten u. a. bei örtlichen Prüfungen und Zustellungen), § 329 (Zusammenarbeit mit EIOPA). Hinsichtlich der Zusammenarbeit mit EIOPA gemäß der Verordnung (EU) Nr. 1094/2010 sind Abs. 2 Nr. 3 und § 329 VAG somit redundant. Es wäre nicht zwingend nötig gewesen, die Verordnungen der vier Institutionen des Europäischen Finanz- 18

[35] Zur Verteilung der Zuständigkeiten: §§ 320 ff. VAG.
[36] Vgl. Rn. 20.
[37] § 6 Abs. 3 KWG, § 4 Abs. 1 WpHG, § 4 Abs. 1 WpÜG, § 3 Abs. 2 ZAG, § 5 Abs. 6 KAGB.
[38] Vgl. Rn. 4.

aufsichtssystems (European System of Financial Supervision – ESFS)[39] explizit aufzuführen, da auch die Auflistung nur eine hinweisende Funktion hat. Bei den Verordnungen fehlt der Zusatz „in der jeweils gültigen Fassung" für eine dynamische Verweisung, doch das dürfte gemeint sein.

19 **VI. Hilfsorgane und Erfüllungsgehilfen (Abs. 3).** Für die Unterstützung der BaFin bei der Aufsicht sind vor allem **Wirtschaftsprüfer** mit ihrer Expertise wichtig.[40] Sie sind gemäß § 341k HGB als Abschlussprüfer i. S. v. § 319 HGB bei den Versicherungsunternehmen tätig. Bei festgestellten Unrichtigkeiten oder Verstößen hat der Abschlussprüfer gemäß § 341k Abs. 3 i. V. m. § 321 Abs. 1 S. 3 HGB unverzüglich die BaFin zu unterrichten. Nach § 306 Abs. 1 S. 1 Nr. 3 VAG können Wirtschaftsprüfer mit der Durchführung von Prüfungen des Geschäftsbetriebs beauftragt werden. Im Bereich der Bankenaufsicht können gemäß § 44 Abs. 1 S. 3 KWG u. a. Wirtschaftsprüfer und **Bedienstete der Bundesbank** für die Aufsicht über Kreditinstitute eingesetzt werden. Wirtschaftsprüfer werden in der Praxis oftmals mit Untersuchungen der Werthaltigkeit von Kreditsicherheiten betraut. Auf der Grundlage der gesetzlichen Vorgaben des § 7 KWG über die Zusammenarbeit mit der Bundesbank und der gemäß § 7 Abs. 2 S. 2 KWG erstellten Aufsichtsrichtlinie sind die Zuständigkeiten weitgehend abgegrenzt.[41] Dort wo die Bundesbank primär zuständig ist, braucht sie nicht von der BaFin beauftragt werden. Sollten Meinungsverschiedenheiten auftreten, ist der Umgang mit ihnen in § 4a FinDAG geregelt.[42] Ebenso wie Abs. 2 hat auch Abs. 3 nur eine deklaratorische Bedeutung.

20 **VII. Aufsichtstätigkeit nur im öffentlichen Interesse (Abs. 4). 1. Regelung im FinDAG und in Fachaufsichtsgesetzen.** Die Bedeutung von Abs. 4 für die Aufsichtstätigkeit der BaFin kann nicht hoch genug eingestuft werden. Die Vorschrift ist die gesetzliche Festlegung, dass die BaFin nur im öffentlichen Interesse tätig wird. Die BaFin ist nicht für die Prüfung oder Durchsetzung privater Ansprüche zuständig und auch nicht zu einem Handeln verpflichtet. Dementsprechend gehören Dritte nicht zum geschützten Personenkreis und es bestehen **keine Amtspflichten ihnen gegenüber**, bei deren Verletzung ansonsten Staatshaftungsansprüche zu prüfen wären. Diese Entscheidung steht im verfassungsrechtlich zulässigen Rahmen des gesetzgeberischen Gestaltungsspielraumes.[43] Das VAG enthält mit § 298 Abs. 8 eine Parallelvorschrift, um auch die Landesaufsichtsbehörden im Versicherungsbereich abzudecken. Bei der Gründung der BaFin wurden die entsprechenden Vorschriften für das BAKred in § 6 Abs. 4 KWG a. F. und für das BAWe in § 4 Abs. 2 WpHG a. F. aufgehoben,[44] da es hier keine Aufsichtszuständigkeiten auf der Ebene der Länder gibt und die zentrale Regelung im FinDAG ausreichend ist. Bei der Überwachung der Börsen sind wiederum ausschließlich die Länder zuständig und so ist in § 3 Abs. 3 BörsG eine gleichstehende Regelung für deren Börsenaufsichtsbehörden enthalten. Dies gilt gemäß § 7 Abs. 6 BörsG auch für die Handelsüberwachungsstellen (HÜSt) der Börsen.

21 **2. Historische Entwicklung in den Aufsichtsbereichen.** Die historische Entwicklung des Aufsichtsmaßstabes verlief in den Aufsichtsbereichen unterschiedlich. Das VAG war stets auch auf den ausreichenden Schutz der Belange der Versicherten als eines der Aufsichtsziele ausgerichtet. Dieses Aufsichtsziel umfasst jedoch kein Optimierungsgebot und besteht nur im Verhältnis zwischen der Aufsichtsbehörde und den Versicherungsunternehmen.[45] Weder die Versicherungsnehmer noch die Versicherten konnten ein subjektives öffentliches Recht auf ein bestimmtes Handeln der Aufsichtsbehörde aus dem VAG herleiten.[46] In einer Entscheidung von 1980 beschrieb das BVerwG die **Versicherungsaufsichtsbehörde als Sachwalter der durch das Gesetz bestimmten Interessen**, das in strenger Bindung an das Gesetz die Belange der Versicherten nur in dem dort bezeichneten Maße geltend machen dürfe.[47] Dass das Verhältnis zwischen der staatlichen Versicherungsaufsicht und den Versicherungsunternehmen sich als Rechtsreflex auf die Versicherten auswirkt, und ihnen keine Klagebefugnis gegen Entscheidungen der Aufsichtsbehörde zukommt, ist nach dem BVerfG verfassungsrechtlich nicht zu beanstanden.[48] Durch die Aufsichtstätigkeit werden keine Individualrechte von Versicherten begründet.[49] Nicht nur das BVerwG, sondern auch der 3. Zivilsenat des BGH sah 1972 nur das öffentliche Interesse als gesetzliche Maßgabe für die Versicherungsaufsicht und lehnte einen Amtshaftungsanspruch einer geschädigten Privatperson nach dem Konkurs eines Kfz-Haftpflichtversicherers ab.[50]

---

[39] Vgl. § 1 Rn. 14.
[40] Vgl. *BGH* Urt. v. 16.2.2016 – VI ZR 441/14, VersR 2016, 617.
[41] Vgl. § 1 Rn. 13; § 4a Rn. 4.
[42] § 4a Rn. 4.
[43] *BGH* Urt. v. 20.1.2005 – III ZR 48/01, BGHZ 162, 49 = NJW 2005, 742.
[44] Art. 2 Nr. 8 lit. d und Art. 4 Nr. 4 des Gesetzes über die integrierte Finanzdienstleistungsaufsicht vom 22.4.2002 (BGBl. I 1310).
[45] *BVerwG* Urt. v. 14.10.1980 – 1 A 12/78; BVerwGE 61, 59 = VersR 1981, 221.
[46] *BVerwG* Urt. v. 16.7.1968 – I A 5.67; BVerwGE 30, 135 = NJW 1968, 2258.
[47] *BVerwG* Urt. v. 14.10.1980 – 1 A 12/78; BVerwGE 61, 59; VersR 1981, 221. Dazu *Rittner* VersR 1982, 205.
[48] Das *BVerfG* nahm mit Kammerbeschluss vom 6.7.1989 – 1 BvR 290/87, NJW 1990, 2249, eine Verfassungsbeschwerde gegen das Urteil des *BVerwG* vom 25.11.1986 – 1 A 20/82, BVerwGE 75, 147 = NJW 1987, 1837 nicht an.
[49] *BVerwG* Beschl. v. 14.12.1995 – 1 A 4/95, VersR 1996, 1133.
[50] *BGH* Urt. v. 24.1.1972 – III ZR 166/69; BGHZ 58, 96 = NJW 1972, 577.

Einen solchen konsequenten Ausschluss des Drittschutzes durch die Rechtsprechung wie im VAG gab es in der Bankenaufsicht nicht. Das KWG enthielt ursprünglich keine gesetzliche Regelung, da der historische Gesetzgeber die Wahrung der Funktionsfähigkeit der Kreditwirtschaft als vorrangiges Ziel der staatlichen Bankenaufsicht vor Augen hatte.[51] Daneben sollten die Gläubiger der Banken „nach Möglichkeit" vor Verlusten geschützt werden, wobei der Zusammenbruch von einzelnen Kreditinstituten nicht ausgeschlossen werden könne.[52] Der Gesetzgeber ging dabei von dem zu der Zeit als anerkannt angesehenem Verständnis aus, dass die Bankenaufsicht von der Aufsichtsbehörde nur im öffentlichen Interesse wahrgenommen werde[53] und somit keine Haftungsansprüche von Dritten greifen. Dies änderte sich durch zwei einschneidende Entscheidungen des BGH. Der 3. Zivilsenat des BGH kam 1979 in zwei Verfahren zu der Auffassung, dass das BAKred auch **gegenüber Einlagegläubigern von Kreditinstituten Amtspflichten** habe, deren Verletzung Schadensersatzansprüche auslösen könnten.[54] Daraufhin wurde mit der Dritten KWG-Novelle in § 6 KWG der damalige Abs. 3 eingefügt,[55] um Amtshaftungsansprüche von Dritten gesetzlich auszuschließen.[56] 22

3. Europarechtskonformität. Die Regelung des Abs. 4 ist auch mit dem Europäischen Gemeinschaftsrecht vereinbar. Dies stellte der EuGH in einem Verfahren fest, das durch Klagen mehrerer Einlagegläubiger einer insolventen Bank gegen die Bundesrepublik Deutschland ausgelöst wurde.[57] Die Kläger waren Einlagegläubiger einer Bank, die seit der Erteilung der Erlaubnis zum Geschäftsbetrieb 1987 keinem Einlagensicherungssystem angehörte, da sie die Aufnahmekriterien nicht erfüllte. Hierüber hatte sie ihre Kunden gemäß einer Auflage des BAKred zu informieren. Am 1.12.1997 wurde das Konkursverfahren eröffnet und die Einlagen der Kläger unterfielen dem Vermögensverfall. Sie verklagten die Bundesrepublik auf Schadensersatz wegen verspäteter Umsetzung der Richtlinie über Einlagensicherungssysteme[58] sowie behaupteter Amtshaftung wegen Verletzung der Bankenaufsicht durch das BAKred. Die Richtlinie sah in Art. 7 Abs. 1 für die Deckung der Einlagensicherungssysteme einen Betrag in Höhe von 20.000 ECU (European Currency Unit) pro Anleger als Haftungshöchstgrenze vor. Die Bundesrepublik hätte die Richtlinie gemäß Art. 14 Abs. 1 bis zum 1.7.1995 in nationales Recht umsetzen müssen, tat dies jedoch erst über drei Jahre später mit dem Einlagensicherungs- und Anlegerentschädigungsgesetz, das zum 1.8.1998 in Kraft trat.[59] Die für Klagen gegen öffentlich-rechtliche Gebietskörperschaften zuständige 1. Zivilkammer des Landgerichts Bonn verurteilte die Bundesrepublik zur Zahlung von höchstens 39.450 DM (dies entsprach dem Gegenwert von 20.000 ECU im Zeitpunkt des Entschädigungsfalls) pro Kläger wegen der nicht rechtzeitigen Umsetzung der Richtlinie und wies darüber hinausgehende Forderungen ab.[60] Da aufgrund der gesetzlichen Regelung des § 6 Abs. 4 KWG a. F./ § 4 Abs. 4 FinDAG **gegenüber den Klägern keine Amtspflichten bestehen**, konnten sie keine Ansprüche aus einer behaupteten Verletzung herleiten. Nach der Zurückweisung der Berufungen durch das OLG Köln[61] legte der BGH im Revisionsverfahren dem EuGH mittels eines Vorabentscheidungsersuchens mehrere Fragen vor. Der EuGH urteilte, dass die Richtlinienvorgaben einer solchen nationalen Vorschrift zum Ausschluss der Staatshaftung nicht entgegenstehen.[62] Anschließend wies der BGH die Revision der Kläger zurück.[63] 23

[51] BT-Drs. III/1114, 20.
[52] BT-Drs. III/1114, 20.
[53] So *BGH* Urt. v. 24.1.1972 – III ZR 166/69; BGHZ 58, 96 = NJW 1972, 577.
[54] *BGH* Urt. v. 15.2.1979 – III ZR 108/76 (namensgebende Bezeichnungen sind sowohl „Wetterstein" als auch „Hubmann"), BGHZ 74, 144 = NJW 1979, 1354; *BGH* Urt. v. 12.7.1979 – III ZR 154/77, BGHZ 75, 120 = 1979, 1879 – „Herstatt-Bank".
[55] Art. 1 Nr. 3 des Dritten Gesetzes zur Änderung des Gesetzes über das Kreditwesen vom 20.12.1984 (BGBl. I 1693). Aufgrund von Art. 1 Nr. 9 lit. d) des Gesetzes zur Umsetzung von EG-Richtlinien zur Harmonisierung bank- und wertpapieraufsichtsrechtlicher Vorschriften vom 22.10.1997 (BGBl. I 2518) wurde Abs. 3 des § 6 KWG zu Abs. 4.
[56] BT-Drs. 10/1441, 20.
[57] *EuGH* Urt. v. 12.10.2004 – C-222/02, NJW 2004, 3479.
[58] Richtlinie 94/19/EG des Europäischen Parlaments und des Rates vom 30.5.1994 über Einlagensicherungssysteme (ABl. L 135, S. 5).
[59] Einlagensicherungs- und Anlegerentschädigungsgesetz (EAEG) vom 16.7.1998 (BGBl. I 1842). Durch das Gesetz zur Umsetzung der Richtlinie 2014/49/EU des Europäischen Parlaments und des Rates vom 16.4.2014 über Einlagensicherungssysteme (DGSD-Umsetzungsgesetz) vom 28.5.2015 (BGBl. I 786) wurde das EAEG zum 3.7.2015 in Anlegerentschädigungsgesetz (AnlEntG) umbenannt und das Einlagensicherungsgesetz (EinSiG) neu geschaffen. Die DGSD-Richtlinie 2014/49/EU (Deposit Guarantee System Directive) sieht nunmehr in Art. 6 Abs. 1 eine Deckungssumme von 100.000 Euro vor. Die Umsetzung in nationales Recht ist in § 8 Abs. 1 EinSiG erfolgt.
[60] *LG Bonn* Urt. v. 31.3.2000 – 1 O 159/99.
[61] *OLG Köln* Urt. v. 11.1.2001 – 7 U 104/00, NJW 2005, 784.
[62] *EuGH* Urt. v. 12.10.2004 – C-222/02; Slg. 2004, I-9425, NJW 2004, 3479.
[63] *BGH* Urt. v. 20.1.2005 – III ZR 48/01; BGHZ 162, 49, NJW 2005, 742.

24 **VIII. Amtshaftungsansprüche von Aufsichtsobjekten. 1. Reguläre Aufsichtstätigkeit der BaFin.** Neben den beaufsichtigten Unternehmen können auch bestimmte dort tätige Personen[64] Adressaten oder Betroffene von aufsichtlichen Maßnahmen sein. Sofern Beschäftigte der BaFin dabei rechtswidrig und schuldhaft eine drittbezogene Amtspflicht verletzen, kann ein Anspruch auf Schadensersatz aus Amtshaftung über § 839 BGB i. V. m. Art. 34 GG entstehen. Anspruchsgegnerin ist dabei seit 1.5.2002 die BaFin. Sie haftet wegen § 21 Abs. 1 FinDAG auch für Amtshaftungsansprüche, die ursprünglich gegen die Bundesrepublik als ehemalige Verwaltungsträgerin der Vorgängerbehörden aufgrund von Amtspflichtverletzungen von deren Beschäftigten entstanden sind.[65] Die zu zahlenden Beträge für rechtskräftig festgestellte Schadensersatzansprüche bei einfach fahrlässig begangenen Amtspflichtverletzungen sind Kosten der Aufsicht und fließen in die Berechnung der Umlage nach §§ 13, 16 FinDAG ein. Diese Handhabung wurde vom BVerfG als verfassungsgemäß beurteilt, da eine besondere Sachnähe der beaufsichtigten Unternehmen besteht und die Möglichkeit von Fehlentscheidungen dem menschlichen Handeln immanent ist.[66]

25 **2. Tätigkeiten der BaFin im Rahmen der Organleihe für das BMF.** Bei Tätigkeiten im Rahmen der Organleihe werden die Handlungen der BaFin aufgrund ihrer Weisungsgebundenheit **dem BMF als Entleiher zugerechnet**.[67] Anspruchsgegner und verwaltungsprozessualer Beklagter bei eventuellen Amtshaftungsansprüchen ist demnach die durch das BMF vertretene Bundesrepublik.

26 **IX. Zukünftige Änderung durch das FMSA-Neuordnungsgesetz.** Zum 1.1.2018 wird die FMSA[68] teilweise in die BaFin und teilweise in die Finanzagentur des Bundes (Bundesrepublik Deutschland – Finanzagentur GmbH) integriert.[69] Die BaFin wird zukünftig die **Aufgaben der nationalen Abwicklungsbehörde** nach § 3 Abs. 1 SAG und die Aufgaben nach dem RStruktFG wahrnehmen.[70] Damit im Zusammenhang stehen die zukünftigen Regelungen über die Einrichtung eines fünften Geschäftsbereichs „Abwicklung" in § 6 Abs. 4, die Umlagepflicht für einbezogene Institute in § 16k und die Bestimmungen über die Rechtsnachfolge der FMSA mit Teilintegration in die BaFin einschließlich arbeitsrechtlicher Aspekte in § 18a.

Meinungsverschiedenheiten bei der laufenden Überwachung

4a **[1]Meinungsverschiedenheiten von erheblicher Bedeutung zwischen der Bundesanstalt und der Deutschen Bundesbank im Rahmen der laufenden Überwachung nach dem Kreditwesengesetz und dem Zahlungsdiensteaufsichtsgesetz sollen einvernehmlich beigelegt werden. [2]Kann ein Einvernehmen nicht hergestellt werden, entscheidet das Bundesministerium im Benehmen mit der Deutschen Bundesbank.**

1 **I. Allgemeines. 1. Entstehungsgeschichte.** § 4a wurde zum 1.1.2013 eingeführt.[1]

2 **2. Normzweck.** Wenn BaFin und Bundesbank bei ihrer Zusammenarbeit gemäß § 7 KWG und § 3 Abs. 3 ZAG zu unterschiedlichen Auffassungen in wichtigen Angelegenheiten geraten sollten, sieht § 4a einen Eskalationsmechanismus zur Entscheidungsfindung vor.

3 **3. Europarechtlicher Hintergrund.** Es besteht kein europarechtlicher Hintergrund für § 4a.

4 **II. Zusammenarbeit von BaFin und Bundesbank in der Bankenaufsicht.** In § 7 KWG ist die Zusammenarbeit von BaFin und Bundesbank bei der laufenden Überwachung von Kreditinstituten geregelt. Die Hauptverwaltungen der Bundesbank werten u. a. die Prüfungsberichte nach § 26 KWG aus.[2] Auf der Basis der Prüfungsfeststellungen und Bewertungen der Bundesbank erlässt die BaFin formelle aufsichtliche Maßnahmen, da nur sie – im Gegensatz zur ministerialfreien Bundesbank – hoheitlich tätig werden darf.[3] Die BaFin erlässt gemäß § 7 Abs. 2 S. 1 und 2 KWG im Einvernehmen mit der Bundesbank eine Richtlinie für die laufende Aufsicht.[4] Die **Aufsichtsrichtlinie** in der aktualisierten Fassung vom 19.12.2016 berücksichtigt nunmehr die Zuständigkeit der EZB im SSM mit dem

[64] Gemäß § 303 VAG können u. a. Geschäftsleiter und Aufsichtsratsmitglieder von Versicherungsunternehmen verwarnt werden. Die Aufsichtsbehörde kann auch deren Abberufung verlangen und ihnen die Ausübung ihrer Tätigkeit untersagen.

[65] *OLG Frankfurt a. M.* Urt. v. 13.7.2006 – 1 U 239/05.

[66] *BVerfG* Beschl. v. 24.11.2015 – 2 BvR 355/12, VersR 2016, 170.

[67] Vgl. Rn. 9.

[68] Zur FMSA vgl. § 1 Rn. 15.

[69] BT-Drs.18/9530, 1 ff.

[70] Art. 2 Nr. 3 des FMSANeuOG vom 23.12.2016 (BGBl. I 3171).

[1] Art. 2 Nr. 3 des Gesetzes zur Stärkung der deutschen Finanzaufsicht vom 28.11.2012 (BGBl. I 2369).

[2] Vgl. § 1 Rn. 13 a. E.

[3] Vgl. § 1 Rn. 13.

[4] Richtlinie zur Durchführung und Qualitätssicherung der laufenden Überwachung der Kredit- und Finanzdienstleistungsinstitute durch die Deutsche Bundesbank (Aufsichtsrichtlinie), abrufbar unter bafin.de.

daraus erwachsenden mehrpoligen Spannungsfeld in der Bankenaufsicht.[5] Sollte es zu Meinungsverschiedenheiten bei bedeutsamen Themen zwischen BaFin und Bundesbank kommen, ist eine einvernehmliche Lösung möglichst schon auf der Arbeitsebene anzustreben.[6] Unter Einvernehmen ist verwaltungsrechtlich eine ausdrückliche Zustimmung zu verstehen. Wenn dies nicht gelingen sollte, liegt die Schlichtungs- und Entscheidungskompetenz im Benehmen mit der Bundesbank beim BMF. Da das BMF gemäß § 2 die Fachaufsicht über die BaFin führt, kann es konsequenterweise der BaFin eine Entscheidung vorgeben. Das herbeizuführende Benehmen mit der Bundesbank ist eine Beteiligung im Sinne einer Anhörung. Auch um eine Eskalation bei der Entscheidungsfindung zu vermeiden, sind in der Aufsichtsrichtlinie mit dem **„Gremium laufende Aufsicht" (GlA)** sowie dem **„Strategie- und Risikoausschuss" (SRA)** zwei Einrichtungen für die Abstimmung und den Informationsaustausch benannt.[7]

III. Zusammenarbeit bei der Beaufsichtigung von Zahlungsdienstleistern. Auch bei der Beaufsichtigung von Zahlungsdienstleistern arbeiten BaFin und Bundesbank zusammen, § 3 Abs. 3 Hs. 2 ZAG verweist auf § 7 KWG. 5

Beschwerden

4b (1) **Kunden von solchen Instituten und Unternehmen, die der Aufsicht der Bundesanstalt unterliegen, und qualifizierte Einrichtungen nach § 3 Absatz 1 Satz 1 Nummer 1 des Unterlassungsklagengesetzes können wegen behaupteter Verstöße gegen Bestimmungen, deren Einhaltung die Bundesanstalt überwacht, Beschwerde bei der Bundesanstalt einlegen, sofern im jeweiligen Aufsichtsgesetz kein spezielles Beschwerdeverfahren vorgesehen ist.**

(2) **Die Beschwerden sind in Schrift- oder Textform bei der Bundesanstalt einzulegen und sollen den Sachverhalt sowie den Beschwerdegrund enthalten.**

(3) [1]**Die Bundesanstalt hat gegenüber dem Beschwerdeführer in angemessener Frist zu der Beschwerde unter Beachtung des § 11 Stellung zu nehmen.** [2]**Bei geeigneten Beschwerden kann die Bundesanstalt auf Möglichkeiten zur außergerichtlichen Streitbeilegung hinweisen.**

(4) **Die Bundesanstalt kann bei Beschwerden im Rahmen der bestehenden aufsichtsrechtlichen Auskunftsansprüche das von der Beschwerde betroffene Institut oder Unternehmen zur Stellungnahme auffordern und dieses um Mitteilung bitten, ob es mit der Übermittlung der Stellungnahme oder von Teilen der Stellungnahme an den Beschwerdeführer einverstanden ist.**

I. Allgemeines. 1. Entstehungsgeschichte. § 4b wurde zum 1.1.2013 eingeführt.[1] 1

2. Normzweck. Mit § 4b wurde die schon lange praktizierte Bearbeitung von Beschwerden auf einfachgesetzlicher Ebene für alle Aufsichtsbereiche geregelt. Dies ist eine nähere Ausgestaltung des allgemeinen Petitionsrechts aus Art. 17 GG. 2

3. Europarechtlicher Hintergrund. Es besteht kein europarechtlicher Hintergrund für § 4b. 3

II. Beschwerdebearbeitung bei der BaFin. 1. Historische Entwicklung. In der Versicherungsaufsicht hatte sich schon das Kaiserliche Aufsichtsamt für Privatversicherungen seit den Anfangsjahren mit Beschwerden von Versicherungsnehmern befasst und in einer Veröffentlichung von 1903 seine Vorgehensweise erläutert.[2] Bei der Prüfung von Beschwerden wurden damals wie heute Anhaltspunkte für mögliche Missstände zum Anlass genommen, die Geschäftspraktiken von Versicherungsunternehmen näher zu untersuchen und im Bedarfsfall auch aufsichtliche Maßnahmen einzuleiten. Vor der Aufnahme der gesetzlichen Regelung in § 4b wurde das Verfahren der Beschwerdebearbeitung bei der BaFin in Verwaltungsvorschriften beschrieben.[3] Über die Beschwerden im Versicherungsbereich veröffentlicht die BaFin gemäß § 318 Abs. 1 VAG jährliche Statistiken, die nach Versicherungssparten mit Nennung der Versicherungsunternehmen aufgeschlüsselt sind.[4] Zu dieser detaillierten Veröffentlichung wurde das BAV als Vorgängerbehörde im Versicherungsbereich[5] auf Antrag eines Fernsehsenders gerichtlich ver- 4

[5] Vgl. § 1 Rn. 16.
[6] BT-Drs. 17/10400, 18.
[7] Abschnitt 5 der Aufsichtsrichtlinie.
[1] Art. 2 Nr. 3 des Gesetzes zur Stärkung der deutschen Finanzaufsicht vom 28.11.2012 (BGBl. I 2369).
[2] *Rink* BaFinJournal 06/12, 7, 8.
[3] Rundschreiben 1/2006 (VA) – „Hinweise zur Bearbeitung von Beschwerden" vom 23.3.2006; *BaFin*, https://www.bafin.de/SharedDocs/Veroeffentlichungen/DE/Rundschreiben/rs_0601_va_Beschwerdebearbeitung.html (abgerufen am 12.11.2016).
[4] *BaFin*, https://www.bafin.de/DE/Verbraucher/BeschwerdenAnsprechpartner/beschwerdenansprechpartner_node.html (abgerufen am 12.11.2016).
[5] Vgl. § 1 Rn. 4.

pflichtet.[6] Dies geschah auf der Grundlage des presserechtlichen Informationsanspruchs aus § 4 Abs. 1 i. V. m. § 23 Abs. 1 des Berliner Landespressegesetzes, der vom OVG Berlin auch bei Bundesbehörden als anwendbar angesehen wurde. Die Interessen der gewerblich tätigen Versicherungsunternehmen seien durch die Herausgabe der Statistiken nicht verletzt. Die **Beschwerdestatistik** enthält die Anzahl der jeweils abschließend bearbeiteten Beschwerden, jedoch keine Angabe, ob sie begründet sind oder nicht. In der Statistik werden den Beschwerden die von den Versicherungsunternehmen gemeldeten Zahlen über den Bestand an Versicherungsverträgen gegenübergestellt. Somit lässt sich deren Verhältnis zueinander errechnen, was allerdings keine belastbaren Rückschlüsse für eine Gesamtbewertung des jeweiligen Versicherungsgeschäfts zulässt.

5 **2. Beschwerden (Abs. 1). a) Beschwerdeobjekte und Beschwerdeberechtigte.** Beschwerden können über von der BaFin beaufsichtigte Unternehmen erfolgen. Beschwerdeberechtigt sind Kunden von beaufsichtigten Unternehmen sowie qualifizierte Verbraucherschutzeinrichtungen im Sinne von § 3 Abs. 1 S. 1 Nr. 1 UKlaG. Die qualifizierten Einrichtungen, die gemäß § 4 Abs. 1 UKlaG in der Liste des Bundesamtes für Justiz (BfJ) eingetragen sind, können gerichtlich und außergerichtlich gegen verbraucherschädigende Geschäftspraktiken vorgehen. Dort sind über siebzig solcher Einrichtungen eingetragen, darunter die Verbraucherzentralen und der Bund der Versicherten (BdV).[7]

6 **b) Beschwerdegegenstand.** Beschwerden können wegen behaupteter Verstöße gegen Bestimmungen, deren Einhaltung die BaFin überwacht, eingereicht werden. Die BaFin überwacht im Versicherungsbereich gemäß § 294 Abs. 2 S. 2 VAG die Einhaltung der Gesetze, die für den Betrieb des Versicherungsgeschäfts gelten. Nach der Einführung des § 4 Abs. 1a FinDAG stehen im Rahmen des gesetzlichen Auftrags der BaFin auch Verstöße gegen Verbraucherschutzgesetze mit im Fokus ihrer Tätigkeit, soweit sie für den kollektiven Verbraucherschutz relevant sind.[8] Inhaltlich stehen in erster Linie die Ausgestaltung von Allgemeinen Versicherungsbedingungen (AVB) und die Regulierungspraxis in Schadens- bzw. Leistungsfällen im Mittelpunkt der Beschwerden. Mitunter gibt es bei den Beschwerdeführern Missverständnisse oder Fehlvorstellungen hinsichtlich der Reichweite der Beschwerdebearbeitung bei der BaFin. Da die BaFin gemäß § 4 Abs. 4 nur im öffentlichen Interesse tätig ist, besteht kein subjektives öffentliches Recht von Privatpersonen auf ein aufsichtliches Einschreiten. Die BaFin ist weder für die Durchsetzung privater Ansprüche noch für eine rechtliche Beratung zuständig und kann Streitfälle zwischen den beaufsichtigten Unternehmen und deren Kunden nicht verbindlich klären.[9]

7 **c) Spezielle fachgesetzliche Beschwerdeverfahren.** Für den Investmentbereich und für die Zahlungsdienste gibt es mit § 342 KAGB und § 28 ZAG gesonderte Vorschriften über Beschwerdeverfahren, wobei kein materieller Unterschied besteht. Bei § 28 ZAG ist zu erwähnen, dass der Kreis der beschwerdebefugten Stellen weiter als bei § 4b FinDAG ist, da neben den Nutzern von Zahlungsdienstleistern und den qualifizierten Verbraucherschutzorganisationen auch Branchenverbände sowie die Industrie- und Handelskammern wegen behaupteter Verstöße gegen das ZAG und die §§ 675b–676b BGB umfasst sind.

8 **3. Formalia der Beschwerden (Abs. 2).** Um die Beschwerden effizient bearbeiten zu können, ist in Abs. 2 Schrift- oder Textform (§§ 126, 126a BGB) vorgesehen. In ihnen sollen dabei der Sachverhalt und der Beschwerdegrund dargestellt werden. Um die Beschwerden nachvollziehen und überprüfen zu können, müssen die Eingaben **substantiiert** sein, was in der Praxis allerdings oftmals nicht gegeben ist.

9 **4. Stellungnahme durch die BaFin (Abs. 3).** Die BaFin ist gemäß Abs. 3 S. 1 zur Rückmeldung an den Beschwerdeführer verpflichtet. Die Rückmeldung kann dabei auch so aussehen, dass die BaFin mitteilt, dass sie sich mit der Eingabe befasst hat und die hieraus erzielten Erkenntnisse in ihre Aufsichtstätigkeit einfließen lässt.[10] Die Beschwerdeführer haben keinen Anspruch auf ein Einschreiten oder den Erhalt einer aufsichtlichen Wertung. Die Angemessenheit der Frist für eine **Stellungnahme** ist in Abhängigkeit von der Komplexität des Sachverhalts einzustufen und bewegt sich daher in einem Rahmen von mehreren Monaten. Bei der Bearbeitung ist die Verschwiegenheitspflicht des § 11 stets zu beachten, so dass Informationen, die die BaFin im Rahmen ihrer Aufsichtstätigkeit erhalten hat, nicht an Dritte, d. h. auch nicht an beschwerdeführende Verbraucher, weitergegeben werden dürfen.

10 **5. Hinweis auf außergerichtliche Streitbeilegung.** Nach Abs. 3 S. 2 können Hinweise auf Möglichkeiten der außergerichtlichen bzw. sog. alternativen Streitbeilegung (**Alternative Dispute Resolution – ADR**) gegeben werden. In den letzten Jahren hat deren Bedeutung stetig zugenommen[11] und es

[6] *OVG Berlin* Urt. v. 25.7.1995 – OVG 8 B 16/94, NVwZ-RR 1997, 32.

[7] *BfJ*, https://www.bundesjustizamt.de/DE/SharedDocs/Publikationen/Verbraucherschutz/Liste_qualifizierter_Einrichtungen.html (abgerufen am 12.11.2016).

[8] Vgl. § 4 Rn. 9.

[9] Vgl. § 4 Rn. 20.

[10] BT-Drs. 17/10400, 18.

[11] Mitarbeiter von außergerichtlichen Streitschlichtungssystemen sollen gemäß § 8a Abs. 2 S. 3 FinDAG im Verbraucherbeirat der BaFin vertreten sein.

wurden Ombudsleute und Schieds- bzw. Schlichtungsstellen für verschiedene Themengebiete in der Finanzbranche sowie in anderen Branchen wie Post, Telekommunikation und Luftverkehr eingesetzt. Das BfJ führt als Zentrale Anlaufstelle für Verbraucherschlichtung gemäß § 33 Abs. 1 VSBG[12] eine Liste der anerkannten **Verbraucherschlichtungsstellen.**[13] Im Versicherungsbereich stehen der Versicherungsombudsmann und der Ombudsmann Private Kranken- und Pflegeversicherung für Beschwerden zur Verfügung. Bei den Branchenverbänden im Bank- und im Investmentbereich gibt es mehrere Schiedspersonen. Zudem hat die BaFin zum 1.7.2011 eine – von der Aufsichtstätigkeit losgelöste unabhängige – **behördliche Schlichtungsstelle** zur außergerichtlichen Beilegung von verbraucherrechtlichen Streitigkeiten nach dem damaligen § 143c InvG (seit 22.7.2013 ist § 342 Abs. 1 KAGB[14] die maßgebliche Vorschrift) eingerichtet.[15] Neben Streitigkeiten aus dem Investmentbereich kann sie gemäß § 14 Abs. 1 S. 2 Hs. 2 UKlaG[16] bei Streitigkeiten zwischen einem Verbraucher und einem Unternehmen über Bankgeschäfte nach § 1 Abs. 1 S. 2 KWG und Finanzdienstleistungen nach § 1 Abs. 1a S. 2 KWG angerufen werden. Sie hat gemäß § 14 Abs. 1 S. 3 UKlaG eine subsidiäre Zuständigkeit gegenüber den anerkannten privaten Schlichtungsstellen. Für die Durchführung der Schlichtungsverfahren gilt ab dem 1.2.2017 die vom BMJV im Einvernehmen mit dem BMF erlassene Finanzschlichtungsstellenverordnung.[17] Die BaFin-Schlichtungsstelle ist als Mitglied des FIN-NET[18] in einen europaweiten Verbund eingebunden. Dies ist ein Netzwerk von Schlichtungsstellen in den EWR-Staaten für Streitfälle zwischen Verbrauchern und Unternehmen über Finanzdienstleistungen,[19] das 2001 auf Initiative der EU-Kommission gegründet.[20] Die zugehörigen Schlichtungsstellen kooperieren grenzüberschreitend miteinander und sorgen dafür, dass Beschwerden über ausländische Unternehmen an die zuständige Stelle des jeweiligen Heimatlandes weitergeleitet werden.

6. Aufforderung der Unternehmen zur Stellungnahme (Abs. 4). Die BaFin fordert die Ver- 11
sicherungsunternehmen mittels Auskunfts- und Vorlageersuchen (AuV) gemäß § 305 Abs. 1 Nr. 1 VAG zur Stellungnahme auf und bittet um Mitteilung, ob die Stellungnahme an die Beschwerdeführer weitergeleitet werden kann. Diese in Abs. 4 normierte Vorgehensweise stellt eine Fortführung der bisherigen Verwaltungspraxis dar.

III. Beschwerdebearbeitung bei den Versicherungsunternehmen. Unabhängig von der in § 4b 12
normierten Beschwerdeprüfung durch die BaFin besteht die Forderung an die Versicherungsunternehmen, eine Beschwerdemanagementfunktion einzurichten. Dies wurde durch die gemäß Art. 16 EIOPA-VO **von EIOPA erstellten Leitlinien** zur Beschwerdebearbeitung durch Versicherungsunternehmen vom 14.6.2012[21] ausgelöst und veranlasste die BaFin, die **Sammelverfügung „Beschwerdemanagementfunktion und Beschwerdebearbeitung bei Versicherungsunternehmen"** vom 20.9.2013[22] und das zugehörige Rundschreiben 3/2013 (VA) „Mindestanforderungen an die Beschwerdebearbeitung durch Versicherungsunternehmen" vom selben Datum[23] zu verlautbaren. Mittels der Sammelverfügung wurden die im Inland tätigen Versicherungsunternehmen verpflichtet, jährlich einen Beschwerdebericht bei der BaFin einzureichen. Der Beschwerdebericht muss mindestens Angaben u. a. über die Anzahl der Beschwerden (gesamt und aufgeschlüsselt nach den Versicherungszweigen) und eine

[12] Gesetz über die alternative Streitbeilegung in Verbrauchersachen (Verbraucherstreitbeilegungsgesetz – VSBG) vom 19.2.2016 (BGBl. I 254, 1039). Das VSBG dient der Umsetzung der Richtlinie 2013/11/EU des Europäischen Parlaments und des Rates vom 21.5.2013 über die alternative Beilegung verbraucherrechtlicher Streitigkeiten und zur Änderung der Verordnung (EG) Nr. 2006/2004 und der Richtlinie 2009/22/EG (Richtlinie über alternative Streitbeilegung in Verbraucherangelegenheiten) (ABl. 2013 L 165, 63) in nationales Recht. Hinsichtlich von Online-Streitbeilegung (Online Dispute Resolution – ODR) ergänzt die Verordnung (EU) Nr. 524/2013 des Europäischen Parlaments und des Rates vom 21.5.2013 über die Online-Beilegung verbraucherrechtlicher Streitigkeiten und zur Änderung der Verordnung (EG) Nr. 2006/2004 und der Richtlinie 2009/22/EG (Verordnung über Online-Streitbeilegung in Verbraucherangelegenheiten) (ABL. 2009 L 165, 1) die ADR um spezielle Verfahrensvorschriften.

[13] *BfJ,* https://www.bundesjustizamt.de/DE/SharedDocs/Publikationen/Verbraucherschutz/Liste_Verbraucherschlichtungsstellen.html (abgerufen am 12.11.2016).

[14] Kapitalanlagegesetzbuch (KAGB) vom 4.7.2013 (BGBl. I 1981).

[15] Behördliche Verbraucherschlichtungsstelle i. S. v. § 28 VSBG. BaFin, https://www.bafin.de/DE/Verbraucher/BeschwerdenAnsprechpartner/Ansprechpartner/Schlichtungsstelle/schlichtungsstelle_node.html;jsessionid=8220E78F635F60ED722C071ED8D33732.1_cid363; https://www.bafin.de/SharedDocs/Downloads/DE/Broschuere/dl_b_schlichtungsstelle.html (abgerufen am 12.11.2016).

[16] Gesetz über Unterlassungsklagen bei Verbraucherrechts- und anderen Verstößen (Unterlassungsklagengesetz) vom 27.8.2002 (BGBl. I 3422, 4346).

[17] Verordnung über die Verbraucherschlichtungsstellen im Finanzbereich nach § 14 des Unterlassungsklagengesetzes und ihr Verfahren (Finanzschlichtungsstellenverordnung – FinSV) vom 5.9.2016 (BGBl. I 2140). Die Verordnung über die Schlichtungsstelle nach § 342 des Kapitalanlagegesetzbuches (Kapitalanlageschlichtungsstellenverordnung – KASchlichtV) wurde zum 31.1.2017 aufgehoben.

[18] Financial Dispute Resolution Network.

[19] *Europäische Kommission,* http://ec.europa.eu/finance/fin-net/index_de.htm (abgerufen am 12.11.2016).

[20] *BaFin,* https://www.bafin.de/DE/Verbraucher/BeschwerdenAnsprechpartner/Ansprechpartner/Grenzueberschreitend/grenzueberschreitende_schlichtung_node.html (abgerufen am 12.11.2016).

[21] EIOPA-BoS-12/069, abrufbar unter eiopa.europa.eu.

[22] Abrufbar unter bafin.de.

[23] Abrufbar unter bafin.de.

Übersicht über die verschiedenen Beschwerdegründe unter Angabe der Fallzahlen enthalten. Bislang noch offen ist die Frage, ob Versicherer mit Sitz im Ausland, die im Dienstleistungsverkehr oder über eine Niederlassung Versicherungsgeschäfte im Inland betreiben, über ihr Beschwerdewesen an die BaFin berichten müssen.[24]

Aktenvorlage und Auskunftspflicht in verwaltungsgerichtlichen Verfahren

4c Für die Vorlage von Urkunden oder Akten, die Übermittlung elektronischer Dokumente oder die Erteilung von Auskünften durch die Bundesanstalt in verwaltungsgerichtlichen Verfahren ist § 99 der Verwaltungsgerichtsordnung mit der Maßgabe anzuwenden, dass an die Stelle der obersten Aufsichtsbehörde die Bundesanstalt tritt.

1 **I. Allgemeines. 1. Entstehungsgeschichte.** § 4c wurde mit Wirkung zum 1.1.2013 eingeführt.[1]

2 **2. Normzweck.** Durch § 4c wurde die Zuständigkeit für die Entscheidung über die Vorlage von Akten der BaFin in verwaltungsgerichtlichen Verfahren vom BMF auf die BaFin übertragen.

3 **3. Europarechtlicher Hintergrund.** Es besteht kein europarechtlicher Hintergrund für § 4c.

4 **II. Vorlage- und Auskunftspflicht von Behörden bei Verwaltungsgerichten. 1. Allgemeine Grundsätze.** Nach § 99 Abs. 1 S. 1 VwGO sind Behörden in verwaltungsgerichtlichen Verfahren zur Vorlage von Urkunden oder Akten, zur Übermittlung elektronischer Dokumente und zu Auskünften verpflichtet. Die Verwaltungsgerichte haben gemäß § 86 Abs. 1 S. 1 VwGO den entscheidungserheblichen Sachverhalt von Amts wegen umfassend zu ermitteln. Für die Beteiligten ist in § 100 Abs. 1 VwGO ein Einsichtsrecht in die Akten normiert. Nach § 108 Abs. 2 VwGO darf ein Urteil nur auf Tatsachen und Beweisergebnisse gestützt werden, zu denen sich die Beteiligten äußern konnten. Dem Gesetzgeber war gleichwohl bewusst, dass es geheimhaltungsbedürftige Unterlagen in Behördenakten gibt. Daher sieht § 99 Abs. 1 S. 2 VwGO die Möglichkeit vor, dass die zuständige oberste Aufsichtsbehörde die Vorlage von Akten und die Erteilung von Auskünften verweigern kann, wenn das Bekanntwerden von deren Inhalt zu Nachteilen des Staatswohls führen würde oder die Vorgänge nach einem Gesetz oder ihrem Wesen nach geheim gehalten werden müssen. Sofern ein Beteiligter beantragt, die Rechtmäßigkeit der Weigerung zu überprüfen, findet ein sog. **in-camera-Verfahren** nach § 99 Abs. 2 VwGO statt. Bei in-camera-Verfahren werden geheimhaltungsbedürftige Vorgänge nur gegenüber dem Gericht offengelegt.[2] Für die Prüfung der Geheimhaltungsbedürftigkeit nach § 99 Abs. 2 S. 1 VwGO ist gemäß § 189 VwGO ein Fachsenat beim Oberverwaltungsgericht zuständig, dessen Mitglieder gemäß § 99 Abs. 2 S. 10 VwGO zur Geheimhaltung verpflichtet sind. Die in-camera-Verfahren unterliegen zudem gemäß § 99 Abs. 2 S. 7 VwGO den Vorschriften des materiellen Geheimschutzes, d. h. es sind entsprechende organisatorische und technische Maßnahmen zum Schutz der Informationen von den Gerichten zu verwenden. Das Spannungsfeld von Informationsfreiheit, fairem Verfahren und zugleich Wahrung des Schutzes von Betriebs- und Geschäftsgeheimnissen sowie sonstigen geheimhaltungsbedürftigen Informationen bleibt allerdings weiterhin bestehen.

5 **2. Auswirkungen auf die BaFin.** Das BMF übt gemäß § 2 die Rechts- und Fachaufsicht über die BaFin aus, so dass es für die Entscheidung über eine Weigerung der Vorlage von BaFin-Akten prinzipiell zuständig ist. Mit § 4c ist diese Befugnis auf die BaFin übergegangen. Angesichts einer steigenden Anzahl von Anträgen auf Akteneinsicht nach dem IFG[3] und anschließenden Gerichtsverfahren bei abschlägig beschiedenen Anträgen sah der Gesetzgeber es als sachgerecht an, die Entscheidungskompetenz auf die BaFin zu übertragen, da sie die Sachkenntnis hat, welche ihrer Akten geheimhaltungsbedürftige Betriebs- und Geschäftsgeheimnisse der beaufsichtigten Unternehmen enthalten.[4] Hinsichtlich der Reichweite der Ausnahmen in § 3 Nr. 1 lit. d (bei möglichen nachteiligen Auswirkungen auf Kontroll- oder Aufsichtsaufgaben der Finanz-, Wettbewerbs- und Regulierungsbehörden) und Nr. 4 IFG (Informationen unterliegen einem Berufs- oder besonderen Amtsgeheimnis) vom grundsätzlich bestehenden Anspruch auf Informationszugang ist die Entwicklung in der Rechtsprechung noch im Fluss.[5] Die Beschäftigten der BaFin haben die **fachgesetzlichen Verschwiegenheitspflichten** zu beachten (§ 11). Für den Versicherungsbereich ist dabei § 309 VAG maßgeblich, der ein Verbot der Weitergabe von vertraulichen Informationen normiert. § 309 VAG enthält in Abs. 5 Nr. 12 eine dahingehende Sonderregelung, dass solche Informationen dann an Verwaltungsgerichte weitergegeben werden können, wenn die BaFin Beklagte in einem Verfahren ist und die Verwaltungsgerichte die

---

[24] *Dorsel/Scheer* BaFinJournal 11/2015, 20.

[1] Art. 2 Nr. 3 des Gesetzes zur Stärkung der deutschen Finanzaufsicht vom 28.11.2012 (BGBl. I 2369).

[2] BT-Drs. 14/6393, 1.

[3] Gesetz zur Regelung des Zugangs zu Informationen des Bundes (Informationsfreiheitsgesetz – IFG) vom 5.9.2005 (BGBl. I 2722).

[4] BT-Drs. 17/10040, 19.

[5] Vgl. § 11 Rn. 3; *BVerwG* Beschl. v. 4.11.2015 – 7 C 4.14, NVwZ 2016, 1335 (Vorabentscheidungsersuchen an den EuGH, dort unter dem Az. C-15/16 anhängig).

Informationen zur Erfüllung ihrer Aufgaben benötigen, wobei Klagen nach dem IFG explizit ausgenommen sind.

Der Hessische VGH nimmt seit 2015 unter Bezugnahme auf den EuGH[6] eine weite richtlinienkonforme Auslegung von § 9 KWG und § 8 WpHG dahingehend vor, dass die BaFin verpflichtet ist, keine vertraulichen Informationen zu offenbaren.[7] Danach ist das Berufsgeheimnis dahingehend weit zu verstehen und stellt eine Ausnahme i. S. v. § 3 Nr. 4 IFG dar.

Gemäß § 22 Abs. 1 gilt § 4c in verschiedenen möglichen Verfahrensstadien erst seit dem 1.1.2013. **6**

Meldung von Verstößen; Verordnungsermächtigung

4d (1) [1]**Die Bundesanstalt errichtet ein System zur Annahme von Meldungen über potentielle oder tatsächliche Verstöße gegen Gesetze, Rechtsverordnungen, Allgemeinverfügungen und sonstige Vorschriften sowie Verordnungen und Richtlinien der Europäischen Union, bei denen es die Aufgabe der Bundesanstalt ist, deren Einhaltung durch die von ihr beaufsichtigten Unternehmen und Personen sicherzustellen oder Verstöße dagegen zu ahnden.** [2]**Die Meldungen können auch anonym abgegeben werden.**

(2) [1]**Die Bundesanstalt ist zu diesem Zweck befugt, personenbezogene Daten zu erheben, zu verarbeiten und zu nutzen, soweit dies zur Erfüllung ihrer Aufgaben erforderlich ist.** [2]**Die eingehenden Meldungen unterliegen dem Datenschutz im Sinne des Bundesdatenschutzgesetzes.**

(3) [1]**Die Bundesanstalt macht die Identität einer Person, die eine Meldung erstattet hat, nicht bekannt, ohne zuvor die ausdrückliche Zustimmung dieser Person eingeholt zu haben.** [2]**Ferner gibt die Bundesanstalt die Identität einer Person, die Gegenstand einer Meldung ist, nicht preis.** [3]**Die Sätze 1 und 2 gelten nicht, wenn eine Weitergabe der Information im Kontext weiterer Ermittlungen oder nachfolgender Verwaltungs- oder Gerichtsverfahren auf Grund eines Gesetzes erforderlich ist oder wenn die Offenlegung durch einen Gerichtsbeschluss oder in einem Gerichtsverfahren angeordnet wird.**

(4) [1]**Die Bundesanstalt berichtet in ihrem Jahresbericht in abgekürzter oder zusammengefasster Form über die eingegangenen Meldungen.** [2]**Der Bericht lässt keine Rückschlüsse auf die beteiligten Personen oder Unternehmen zu.**

(5) **Das Informationsfreiheitsgesetz findet auf die Vorgänge nach dem Hinweisgeberverfahren keine Anwendung.**

(6) **Mitarbeiter, die bei Unternehmen und Personen beschäftigt sind, die von der Bundesanstalt beaufsichtigt werden, oder bei anderen Unternehmen oder Personen beschäftigt sind, auf die Tätigkeiten von beaufsichtigten Unternehmen oder Personen ausgelagert wurden, und die eine Meldung nach Absatz 1 abgeben, dürfen wegen dieser Meldung weder nach arbeitsrechtlichen oder strafrechtlichen Vorschriften verantwortlich gemacht noch zum Ersatz von Schäden herangezogen werden, es sei denn, die Meldung ist vorsätzlich oder grob fahrlässig unwahr abgegeben worden.**

(7) [1]**Die Berechtigung zur Abgabe von Meldungen nach Absatz 1 durch Mitarbeiter, die bei Unternehmen und Personen beschäftigt sind, die von der Bundesanstalt beaufsichtigt werden oder bei anderen Unternehmen oder Personen beschäftigt sind, auf die Tätigkeiten von beaufsichtigten Unternehmen oder Personen ausgelagert wurden, darf vertraglich nicht eingeschränkt werden.** [2]**Entgegenstehende Vereinbarungen sind unwirksam.**

(8) **Die Rechte einer Person, die Gegenstand einer Meldung ist, insbesondere die Rechte nach den §§ 28 und 29 des Verwaltungsverfahrensgesetzes, nach den §§ 68 bis 71 der Verwaltungsgerichtsordnung und nach den §§ 137, 140, 141 und 147 der Strafprozessordnung werden durch die Einrichtung des Systems zur Meldung von Verstößen nach Absatz 1 nicht eingeschränkt.**

(9) [1]**Das Bundesministerium der Finanzen kann durch Rechtsverordnung, die nicht der Zustimmung des Bundesrates bedarf, nähere Bestimmungen über Inhalt, Art, Umfang und Form der Meldung von Verstößen gegen Vorschriften der Verordnung (EU) Nr. 596/2014 des Europäischen Parlaments und des Rates vom 16. April 2014 über Marktmissbrauch (Marktmissbrauchsverordnung) und zur Aufhebung der Richtlinie 2003/6/EG des Europäischen Parlaments und des Rates und der Richtlinien 2003/124/EG, 2003/125/EG und 2004/72/EG der Kommission (ABl. L 173 vom 12.6.2014, S. 1), zur Konkretisierung des auf Grundlage von Artikel 32 Absatz 5 der Verordnung (EU) Nr. 596/2014 erlassenen Durchführungsrechts-**

---

[6] *EuGH* Urt. v. 12.11.2014 – C-140/13, NVwZ 2015, 46.

[7] *VGH Kassel* Urt. v. 11.3.2015 – 6 A 1071/13, WM 2015, 1750.

akts der Europäischen Kommission erlassen. [2]Das Bundesministerium der Finanzen kann die Ermächtigung durch Rechtsverordnung auf die Bundesanstalt übertragen.

1 **I. Allgemeines. 1. Entstehungsgeschichte.** § 4d wurde zum 2.7.2016 eingeführt.[1]

2 **2. Normzweck.** § 4d gibt den rechtlichen Rahmen des Hinweisgebersystems bei der BaFin vor. Flankierend sind Regelungen zum Schutz von Hinweisgebern enthalten.

3 **3. Europarechtlicher Hintergrund.** § 4d dient der Umsetzung von Art. 71 der CRD-IV-Richtlinie (Capital Requirements Directive) 2013/36/EU,[2] Art. 32 der Marktmissbrauchsverordnung (Market Abuse Regulation – MAR) VO Nr. 596/2014,[3] Art. 28 der PRIIPs-Verordnung (Packaged retail and insurance-based investment products) VO (EU) Nr. 1286/2014[4] und Art. 99d der OGAW-V-Richtlinie (Organismen für gemeinsame Anlagen in Wertpapieren) 2014/91/EU[5] über Mechanismen für die Meldungen über Verstöße gegen aufsichtsrechtliche Vorschriften.

4 **II. Hinweisgebersystem bei der BaFin (Abs. 1–5). 1. Hinweisgeberstelle (Abs. 1).** Die BaFin hat zum 2.7.2016 eine Hinweisgeberstelle für Verstöße gegen Aufsichtsrecht i. S. d. Abs. 1 eingerichtet.[6] Hinweise können per Post, per E-Mail, per Telefon und persönlich in einer Bonner Dienststelle übermittelt werden.[7] Für die BaFin sind **namentliche oder anonyme Hinweise** auf mögliche oder sicher begangene Verstöße gegen aufsichtsrechtliche Vorschriften in ihrem Zuständigkeitsbereich relevant.

5 **2. Umgang mit personenbezogenen Daten (Abs. 2).** Unter Beachtung des Bundesdatenschutzgesetzes darf die BaFin im Rahmen der Erfüllung ihrer Aufgaben personenbezogene Daten erheben, verarbeiten und nutzen.

6 **3. Schutz der Identität der Hinweisgeber (Abs. 3).** Die BaFin bewahrt grundsätzlich die Identität der Hinweisgeber (Satz 1) und der in den Hinweisen genannten Personen (Satz 2). Von diesen Grundsätzen wird gemäß Satz 3 abgewichen, wenn auf einer gesetzlichen Grundlage die Weitergabe der Informationen über die Identitäten für weitere Ermittlungen oder Verwaltungs- oder Gerichtsverfahren erforderlich ist. Auch aufgrund einer gerichtlichen Anordnung können die Identitätsdaten weitergegeben werden. Wenn ein Hinweisgeber unerkannt bleiben möchte, so kann er einen anonymen Hinweis geben. Auch solche Hinweise werden ohne Einschränkungen von der BaFin geprüft (vgl. Abs. 1 S. 2). Mittels eines geschützten elektronischen Meldesystems können Hinweisgeber seit dem 1.1.2017 unter **Beibehaltung ihrer Anonymität** mit der BaFin kommunizieren.[8]

7 **4. Überblick im Jahresbericht (Abs. 4).** Die BaFin erstellt für den Jahresbericht einen aggregierten Überblick zu den eingegangenen Hinweisen.

8 **5. Keine Akteneinsicht (Abs. 5).** Bei den BaFin-internen Akten der Hinweisgeberstelle ist eine Akteneinsicht nach dem IFG ausgeschlossen, da ansonsten der Schutz der Identität der Hinweisgeber ausgehöhlt werden könnte. Dies entspricht auch der Regelung des § 3 Nr. 7 IFG.

9 **III. Begleitende Regelungen und Verordnungsermächtigung (Abs. 6–9). 1. Arbeits- und strafrechtlicher Schutz der Hinweisgeber (Abs. 6).** In Umsetzung der europäischen Vorgaben regelt Abs. 6, dass für Hinweisgeber keine arbeitsrechtlichen Sanktionen, keine Schadensersatzansprüche und keine strafrechtliche Verfolgung wegen ihrer Hinweise erfolgen dürfen. Dies gilt nicht bei vorsätzlich oder grob fahrlässig unwahren Hinweisen. Die **Hinweisgeber sollen bestmöglich geschützt** werden.

[1] Art. 9 Nr. 2 des Ersten Gesetzes zur Novellierung von Finanzmarktvorschriften auf Grund europäischer Rechtsakte (Erstes Finanzmarktnovellierungsgesetz – 1. FiMaNoG) vom 30.6.2016 (BGBl. I 1514).

[2] Richtlinie 2013/36/EU des Europäischen Parlaments und des Rates vom 26.6.2013 über den Zugang zur Tätigkeit von Kreditinstituten und die Beaufsichtigung von Kreditinstituten und Wertpapierfirmen, zur Änderung der Richtlinie 2002/87/EG und zur Aufhebung der Richtlinien 2006/48/EG und 2006/49/EG (ABl. 2013 L 176, 338).

[3] Verordnung (EU) Nr. 596/2014 des Europäischen Parlaments und des Rates vom 16.4.2014 über Marktmissbrauch (Marktmissbrauchsverordnung) und zur Aufhebung der Richtlinie 2003/6/EG des Europäischen Parlaments und des Rates und der Richtlinien 2003/124/EG, 2003/125/EG und 2004/72/EG der Kommission (ABl. 2014 L 173, 1).

[4] Verordnung (EU) Nr. 1286/2014 des Europäischen Parlaments und des Rates vom 26.11.2014 über Basisinformationsblätter für verpackte Anlageprodukte für Kleinanleger und Versicherungsanlageprodukte (ABl. 2014 L 352, 1).

[5] Richtlinie 2014/91/EU des Europäischen Parlaments und des Rates vom 23.7.2014 zur Änderung der Richtlinie 2009/65/EG zur Koordinierung der Rechts- und Verwaltungsvorschriften betreffend bestimmte Organismen für gemeinsame Anlagen in Wertpapieren (OGAW) im Hinblick auf die Aufgaben der Verwahrstelle, die Vergütungspolitik und Sanktionen (ABl. 2014 L 257, 186).

[6] *Schmitz* BaFinJournal 7/2016, S. 33.

[7] *BaFin*, https://www.bafin.de/DE/Aufsicht/Hinweisgeberstelle/hinweisgeberstelle_node.html (abgerufen am 12.11.2016).

[8] *Deppmeyer* BaFinJournal 1/2017, S. 24.

2. Verbot einer vertraglichen Einschränkung von Hinweisgebern (Abs. 7). Vertragliche Einschränkungen der Befugnis zur Mitteilung von Hinweisen an die BaFin, die zwischen einem Unternehmen und seinen Mitarbeitern abgeschlossen werden, sind unwirksam. So soll eine Aushöhlung des Hinweisgebersystems verhindert werden. 10

3. Wahrung der prozessualen Rechte der in Hinweisen genannten Personen (Abs. 8). Die prozessualen Rechte der in den Hinweisen genannten Personen in Verwaltungsverfahren und Strafverfahren bleiben uneingeschränkt bestehen. Dies ist selbstverständlich, so dass es der deklaratorischen Vorschrift des Abs. 8 nicht bedurft hätte. Die Auswahl der dort aufgeführten Vorschriften wirkt nicht stringent. Neben der in § 28 VwVfG normierten Anhörung vor Erlass von belastenden Verwaltungsakten, dem Recht auf Akteneinsicht sowohl im Verwaltungsverfahren (§ 28 VwVfG) als auch im Strafverfahren (§ 147 StPO), dem Recht des Beschuldigten auf Hinzuziehung eines Verteidigers gemäß § 137 StPO und den Vorschriften zur notwendigen Verteidigung in Strafverfahren (§ 140 StPO) mit Bestellung eines Pflichtverteidigers (§ 141 StPO) werden die §§ 68–71 VwGO über das Widerspruchsverfahren herausgegriffen. 11

4. Verordnungsermächtigung (Abs. 9). Von der Ermächtigung zum Erlass einer Rechtsverordnung zur näheren Ausgestaltung des Hinweisgebersystems wurde bislang kein Gebrauch gemacht. 12

IV. Hinweisgebersysteme bei Unternehmen. Parallel zum Hinweisgebersystem der BaFin wurden durch das 1. FiMaNoG als Umsetzung der in Rn. 3 genannten europäischen Vorschriften auch private Unternehmen zur Einrichtung von internen Hinweisgebersystemen verpflichtet. Für Versicherungsunternehmen ist dies in § 23 Abs. 6 VAG[9] geregelt und für die Träger von Börsen in § 5 Abs. 7 BörsG.[10] 13

V. Geplante Änderungen durch das 2. FiMaNoG. In dem Entwurf des Zweiten Gesetzes zur Novellierung von Finanzmarktvorschriften auf Grund europäischer Rechtsakte (Zweites Finanzmarktnovellierungsgesetz – 2. FiMaNoG) ist vorgesehen, die Aufzählung der rechtlichen Bestimmungen in Abs. 9 um eine umfassende Formulierung zu ergänzen.[11] 14

Zweiter Abschnitt. Organisation

Organe, Satzung

5 (1) **Organe der Bundesanstalt sind das Direktorium, der Präsident oder die Präsidentin und der Verwaltungsrat.**

(2) **Aufgaben und Befugnisse der Organe bestimmt die Satzung der Bundesanstalt, soweit sie nicht durch dieses Gesetz geregelt sind.**

(3) [1]**Das Bundesministerium wird ermächtigt, die Satzung der Bundesanstalt durch Rechtsverordnung zu erlassen.** [2]**Die Satzung kann vom Bundesministerium durch Rechtsverordnung im Benehmen mit dem Verwaltungsrat geändert werden.** [3]**In die Satzung sind insbesondere Bestimmungen aufzunehmen über**

1. den Aufbau und die Organisation der Bundesanstalt,
2. die Rechte und Pflichten der Organe der Bundesanstalt,
3. die Einzelheiten der Bestellung und Abberufung der Mitglieder des Verwaltungsrats und des Anhörungsrechts der Verbände der Kredit- und Versicherungswirtschaft sowie der Kapitalverwaltungsgesellschaften,
4. die Einzelheiten der Bestellung und Abberufung der Mitglieder des Fachbeirats und des Verbraucherbeirats,
5. die Haushaltsführung sowie die Rechnungslegung der Bundesanstalt.

I. Allgemeines. 1. Entstehungsgeschichte. Zum 5.4.2008 wurde § 5 erstmals geändert und das Direktorium als Organ in Abs. 1 aufgenommen.[1] Die zwei folgenden Änderungen in 2013 betrafen nur einzelne Nummern in Abs. 3 S. 3.[2] 1

---

[9] Art. 7 des 1. FiMaNoG vom 30.6.2016 (BGBl. I 1514).
[10] Art. 5 Nr. 2 des 1. FiMaNoG vom 30.6.2016 (BGBl. I 1514).
[11] BT-Drs. 18/10936, 180.
[1] Art. 1 Nr. 1 des Gesetzes zur Modernisierung der Aufsichtsstruktur der Bundesanstalt für Finanzdienstleistungsaufsicht (Aufsichtsstrukturmodernisierungsgesetz) vom 28.3.2008 (BGBl. I 493).
[2] Durch Art. 2 Nr. 4 des Gesetzes zur Stärkung der deutschen Finanzaufsicht vom 28.11.2012 (BGBl. I 2369) wurden § 5 Abs. 3 S. 3 Nr. 3 (Verwaltungsrat) und 4 (Verbraucherbeirat) geändert. Durch Art. 20 Nr. 1 des Gesetzes zur Umsetzung der Richtlinie 2011/61/EU über die Verwalter alternativer Investmentfonds (AIFM-Umsetzungsgesetz – AIFM-UmsG) vom 4.7.2013 (BGBl. I 1981) wurde § 5 Abs. 3 S. 3 Nr. 3 (Verwaltungsrat) geändert.

2 **2. Normzweck.** § 5 ist der normative Ausgangspunkt für die organisatorische Aufstellung der BaFin mit ihren Organen und den beiden Beiräten.

3 **3. Europarechtlicher Hintergrund.** Es besteht kein europarechtlicher Hintergrund für § 5.

4 **II. Die Organe der BaFin (Abs. 1). 1. Direktorium und Präsident.** Die BaFin verfügt mit dem Direktorium, dem Präsidenten und dem Verwaltungsrat seit dem 5.4.2008 über **drei Organe**. Ursprünglich sah das FinDAG bei der Gründung der BaFin im Jahr 2002 nur zwei Organe vor, nämlich den Präsidenten und den Verwaltungsrat. Aufbauorganisatorisch waren dem Präsidenten der Vizepräsident mit der Zuständigkeit für zentrale Aufgaben und dann auf der nächsten Ebene die drei Ersten Direktoren für die Aufsichtsbereiche nachgeordnet. Dies entsprach dem klassischen hierarchischen Behördenaufbau. Nach einer Korruptionsaffäre[3] wurde kritisiert, dass es in der BaFin kein internes Kontrollsystem gab und die Leitung es versäumt hatte, ein solches einzurichten. Durch das Aufsichtsstrukturmodernisierungsgesetz[4] wurde 2008 die Leitungsstruktur tiefgreifend verändert: Aus dem Vizepräsidenten und den Ersten Direktoren wurden vier Exekutivdirektoren, die zusammen mit dem Präsidenten das **Direktorium** bilden. In § 6 finden sich nähere Regelungen zum Direktorium (§ 6 Abs. 1, 2) und dem Präsidenten (§ 6 Abs. 1, 3, 5) sowie in § 9 zur Rechtsstellung der Direktoriumsmitglieder.

5 **2. Verwaltungsrat.** Der Verwaltungsrat ist hingegen eine Besonderheit der BaFin. Als rechtsfähige Anstalt des öffentlichen Rechts im sonstigen Geschäftsbereich des BMF gehört sie zur mittelbaren Bundesverwaltung und steht außerhalb der klassischen Behördenstruktur.[5] Sie verwaltet gemäß § 12 ihren eigenen – vom Bundeshaushalt unabhängigen – Haushalt und wird hierbei vom Verwaltungsrat kontrolliert. Detaillierte Regelungen sind in § 7 normiert.

6 **III. Aufgaben und Befugnisse der Organe (Abs. 2). 1. Direktorium und Präsident.** Die Aufgaben und Befugnisse der Organe werden durch Vorschriften des FinDAG und die nach Abs. 3 erlassene Satzung festgelegt. Das Direktorium ist gemäß § 6 Abs. 1 S. 1 FinDAG und § 2 Abs. 1 der Satzung für die **gesamtverantwortliche Leitung der BaFin** zuständig. Hierüber berichten die Mitglieder des Direktoriums gemäß § 7 Abs. 1 S. 3 und 4 FinDAG an den Verwaltungsrat. Dem Direktorium obliegt die Aufstellung des Haushaltsplans (§ 12 Abs. 2 S. 1 FinDAG) und nach Ende des Haushaltsjahres die Aufstellung einer Einnahmen- und Ausgaben-Rechnung (§ 12 Abs. 3 S. 1 FinDAG). Als Fristen sind in § 9 Abs. 2 der Satzung der 31.3. und der 1.9. eines jeden Jahres bestimmt. Der Präsident bestimmt nach § 6 Abs. 3 FinDAG die strategische Ausrichtung der BaFin und vertritt die BaFin gemäß § 6 Abs. 5 FinDAG und § 2 Abs. 2 S. 1 der Satzung gerichtlich und außergerichtlich.

7 **2. Verwaltungsrat.** Der Verwaltungsrat **überwacht** gemäß § 7 Abs. 1 S. 2 FinDAG und § 4 Abs. 1 S. 1 der Satzung die Geschäftsführung der BaFin. Bei Änderungen der Satzung hat das BMF gemäß Abs. 3 S. 2 das Benehmen mit dem Verwaltungsrat herzustellen. Er stellt den Haushaltsplan fest (§ 12 Abs. 2 S. 3 FinDAG) und erteilt mit Zustimmung des BMF die Entlastung des Direktoriums nach dem Ende des Haushaltsjahres (§ 12 Abs. 3 S. 2 FinDAG). Von den Mitgliedern des Direktoriums kann der Verwaltungsrat gemäß § 4 Abs. 2 S. 2 und Abs. 3 S. 1 der Satzung jederzeit eine Berichterstattung zu den Angelegenheiten der BaFin einfordern.

8 **IV. Die Satzung der BaFin (Abs. 3).** Abs. 3 S. 1 enthält die Ermächtigungsgrundlage zum Erlass der BaFin-Satzung durch das BMF per Rechtsverordnung. Das BMF hat hiervon Gebrauch gemacht und die Satzung als **Anlage zur Rechtsverordnung** vom 29.4.2002 erlassen.[6] Änderungen der Satzung bedürfen gemäß Abs. 3 S. 2 des Benehmens des Verwaltungsrates und konsequenterweise auch der Form einer Rechtsverordnung. Die Regelungen der Satzung konkretisieren und ergänzen das FinDAG, wobei auch einige Redundanzen und Querverweise enthalten sind. Die in Abs. 3 S. 3 Nr. 1–5 vorgesehenen Mindestinhalte wurden in der Satzung umgesetzt: Vorschriften über Aufbau und Organisation (Nr. 1) finden sich in § 1 Abs. 2 der Satzung, über Rechte und Pflichten der Organe (Nr. 2) in §§ 2 und 4 der Satzung, über die Bestellung und Abberufung der Verwaltungsratsmitglieder sowie das Anhörungsrecht der Verbände (Nr. 3) in § 3 der Satzung, über die Bestellung und Abberufung der Mitglieder des Fachbeirats und des Verbraucherbeirats (Nr. 4) in §§ 8 und 8a der Satzung sowie über die Haushaltsführung und Rechnungslegung (Nr. 5) in §§ 9 und 10 der Satzung.

9 Die Verwendung des Begriffs „Satzung" für das in § 5 Abs. 2 und 3 bezeichnete Regelwerk weicht vom herkömmlichen juristischen Sprachgebrauch ab. Im Privatrecht sind Satzungen u. a. von Vereinen in §§ 25, 57 BGB und von Aktiengesellschaften in § 23 AktG vorgesehen. Das öffentliche Recht kennt Satzungen in den Gemeindeordnungen der Länder sowie bei anderen juristischen Personen des öffentlichen Rechts wie u. a. Berufskammern, Krankenkassen, Universitäten, Stiftungen und Rundfunkanstal-

[3] *BaFin,* Jahresbericht 2006, 3.
[4] BT-Drs. 16/7078, 7 f.
[5] Vgl. § 1 Rn. 28.
[6] Verordnung über die Satzung der Bundesanstalt für Finanzdienstleistungsaufsicht vom 29.4.2002 (BGBl. I 1499).

ten. Satzungen können von juristischen Personen erlassen werden, die für ihren Zuständigkeitsbereich über Satzungsautonomie verfügen.[7] Die BaFin verfügt über **keine Satzungsautonomie**, da ihr die „Satzung" durch eine Rechtsverordnung des BMF oktroyiert wird. Nur beim Beschluss über das in § 6 Abs. 1 S. 3 als Organisationsstatut und die in § 6 Abs. 2 S. 4 als Geschäftsordnung bezeichneten Vorschriften des Binnenrechts kommt der BaFin eine gewisse Autonomie zu.

V. Die untergesetzlichen Bestimmungen für die Binnenorganisation der BaFin. Auf der Grundlage des FinDAG und der Satzung wurden mehrere Geschäftsordnungen und andere **untergesetzliche Bestimmungen** erlassen, die zusammen mit Dienstanweisungen und Dienstvereinbarungen die schriftlich fixierte Ordnung (SFO) der BaFin begründen. Die Dokumente verweisen vielfach aufeinander und sind teilweise redundant. Die Tabelle gibt einen Überblick über die Bestimmungen und ihre Rechtsgrundlagen. 10

Dokument	Rechtsgrundlage	Kommentierung
Organisationsstatut (OsBaFin)	§ 6 Abs. 1 S. 3 und 4 FinDAG § 2 Abs. 3 der Satzung	§ 6 Rn. 5
Geschäftsordnung der BaFin (GoBaFin)	§ 6 Abs. 2 S. 4 und 5 FinDAG § 2 Abs. 3 der Satzung	§ 6 Rn. 11
Geschäftsordnung des Direktoriums (GoDirBaFin)	§ 3 Abs. 1 S. 2 OsBaFin	§ 6 Rn. 10
Geschäftsverteilungsplan (GVPl.)	§ 1 Abs. 3 OsBaFin	§ 6 Rn. 6
Geschäftsordnung des Verwaltungsrats	§ 7 Abs. 2 FinDAG § 4 Abs. 1 S. 2 Nr. 4 der Satzung	§ 7 Rn. 6
Geschäftsordnung des Fachbeirats	§ 8 Abs. 3 S. 2 FinDAG § 8 Abs. 1 S. 1 der Satzung	§ 8 Rn. 7
Geschäftsordnung des Verbraucherbeirats	§ 8a Abs. 3 S. 2 FinDAG § 8a Abs. 4 i. V. m. § 8 der Satzung	§ 8a Rn. 7

Leitung

6 (1) [1]**Die Bundesanstalt wird durch das Direktorium gesamtverantwortlich geleitet und verwaltet.** [2]**Das Direktorium besteht aus einem Präsidenten oder einer Präsidentin sowie vier Exekutivdirektoren oder Exekutivdirektorinnen, von denen einer oder eine als Vizepräsident oder Vizepräsidentin ständiger Vertreter oder ständige Vertreterin des Präsidenten oder der Präsidentin ist.** [3]**Das Direktorium beschließt einstimmig ein Organisationsstatut, welches die Zuständigkeiten und Aufgaben innerhalb des Direktoriums festlegt.** [4]**Das Organisationsstatut sowie deren Änderungen sind dem Bundesministerium zur Genehmigung vorzulegen.**

(2) [1]**Das Direktorium berät unter dem Vorsitz des Präsidenten oder der Präsidentin.** [2]**Es fasst seine Beschlüsse – auch im Falle von Meinungsverschiedenheiten – mit einfacher Mehrheit der abgegebenen Stimmen.** [3]**Bei Stimmengleichheit gibt die Stimme des Präsidenten oder der Präsidentin den Ausschlag.** [4]**Das Direktorium regelt die innere Organisation der Bundesanstalt durch eine Geschäftsordnung.** [5]**Über die Geschäftsordnung und deren Änderungen, die der Genehmigung des Bundesministeriums bedürfen, beschließt das Direktorium einstimmig.**

(3) [1]**Der Präsident oder die Präsidentin bestimmt die strategische Ausrichtung der Bundesanstalt als Allfinanzaufsicht national und international.** [2]**Im Rahmen dieser Vorgaben obliegt den Exekutivdirektoren und Exekutivdirektorinnen die Verantwortung für ihren Geschäftsbereich.**

(4) **Zur Wahrnehmung der gesetzlichen Aufgaben der Bundesanstalt werden vier Geschäftsbereiche eingerichtet: Innere Verwaltung und Recht, Bankenaufsicht, Versicherungs- und Pensionsfondsaufsicht und Wertpapieraufsicht/Asset-Management.**

(5) **Der Präsident oder die Präsidentin vertritt die Bundesanstalt gerichtlich und außergerichtlich.**

[7] Vgl. *BVerfG* Urt. v. 14.7.1959 – 2 BvF 1/58, BVerfGE 10, 20, NJW 1959, 1531.

1 **I. Allgemeines. 1. Entstehungsgeschichte.** § 6 wurde durch das Aufsichtsstrukturmodernisierungsgesetz zum 5.4.2008 vollständig neu gefasst.[1] Mit dem FMSA-Neuordnungsgesetz vom 23.12.2016 wurden die Bezeichnungen der Geschäftsbereiche in Abs. 4 aktualisiert.[2]

2 **2. Normzweck.** Grundlegend bestimmt die Vorschrift die **gesamtverantwortliche Leitung** und Verwaltung der BaFin durch das fünfköpfige Direktorium.[3] Zugleich wird die Kompetenzverteilung zwischen den Organen Direktorium und Präsident festgelegt, wobei die organisationsrechtliche Besonderheit besteht, dass der Präsident selbst ein Organ ist und zugleich dem Direktorium als weiterem Organ angehört. Des Weiteren werden die Aufgaben und Befugnisse der Exekutivdirektoren mit ihren Geschäftsbereichen im Gesetz bestimmt. § 6 ist auch die Grundlage für das Organisationsstatut und die Geschäftsordnung der BaFin.

3 **3. Europarechtlicher Hintergrund.** Es besteht kein europarechtlicher Hintergrund für § 6.

4 **II. Das Direktorium (Abs. 1, 2). 1. Kollegialverfassung und gesamtverantwortliche Leitung.** Als Konsequenz aus einer Korruptionsaffäre[4] und der nicht erfolgten Errichtung eines internen Kontrollsystems wurde die Leitungsstruktur der BaFin zum 5.4.2008 neu ausgerichtet.[5] An der Spitze der BaFin steht seither statt eines alleinigen Präsidenten nunmehr das Direktorium mit fünf Mitgliedern, die die BaFin gemäß § 6 Abs. 1 S. 1 FinDAG und § 2 Abs. 1 der Satzung gesamtverantwortlich leiten. Einer der vier Exekutivdirektoren ist nach Abs. 1 S. 2 als Vizepräsident der ständige Vertreter des Präsidenten, wobei diese Amtsbezeichnung seit 2008 nicht mehr benutzt wird. Der Vizepräsident wird gemäß § 2 Abs. 4 S. 2 des Organisationsstatuts auf Vorschlag des Präsidenten vom BMF bestimmt. Ursprünglich wurde als Begründung für die frühere Präsidialstruktur die „auf dem Gebiet der Eingriffsverwaltung erforderliche Klarheit und Einheit in der Leitung und Verantwortung" angegeben,[6] die dafür besser geeignet als andere Führungsmodelle sei. Gegenüber dem **Kollegialmodell** habe die Präsidialführung „den Vorteil der eindeutigen Zuordnung von Kompetenzen und Verantwortlichkeiten". Angesichts der vielfältigen Aufgaben in den immer komplexeren und stärker regulierten Feldern der Finanzaufsicht ist eine Spezialisierung in der Leitung angezeigt, die auch schon frühzeitig in der Literatur gefordert wurde.[7] Bei der Verteilung der Zuständigkeiten im Direktorium gibt es Parallelen zur Bundesregierung mit der Richtlinienkompetenz des Bundeskanzlers und der Verantwortung der Minister für ihre Ressorts gemäß Art. 65 GG.

5 **2. Das Organisationsstatut.** Das Direktorium bestimmt seine **internen Zuständigkeiten und Aufgaben** gemäß § 6 Abs. 1 S. 3 FinDAG und § 2 Abs. 3 S. 1 der Satzung durch das Organisationsstatut.[8] Das Organisationsstatut wiederholt in § 1 Abs. 1 die gemeinsame Verantwortung der Direktoriumsmitglieder für die Leitung der BaFin und enthält Bestimmungen zu den Zuständigkeiten des Präsidenten (§ 2), des Direktoriums (§ 3) und der Exekutivdirektoren (§ 4). Von Bedeutung für die Verteilung der Zuständigkeiten ist § 1 Abs. 2 des Organisationsstatuts, der die Vorschrift des § 6 Abs. 4 FinDAG über die Geschäftsbereiche ergänzt und dem Präsidenten mehrere Organisationseinheiten (u. a. die Innenrevision, die Presse- und Öffentlichkeitsarbeit sowie die Abteilung für Internationales) zuweist. Für die nähere Ausgestaltung verweist § 1 Abs. 3 des Organisationsstatuts auf den **internen Geschäftsverteilungsplan**.

6 **3. Der Geschäftsverteilungsplan.** Im Geschäftsverteilungsplan (GVPl.) sind die Zuständigkeiten der Abteilungen, Gruppen, Referate und Stabsstellen detailliert aufgeführt.

7 **4. Die innere Ordnung des Direktoriums.** Der Präsident führt gemäß § 6 Abs. 2 S. 1 FinDAG den **Vorsitz im Direktorium**. Bei der Beschlussfassung gilt nach § 6 Abs. 2 S. 2 FinDAG das Mehrheitsprinzip der abgegebenen Stimmen mit ausschlaggebender Stimme des Präsidenten bei Stimmengleichheit (§ 6 Abs. 2 S. 3 FinDAG). Die Regeln zur Beschlussfassung werden in § 3 der Geschäftsordnung des Direktoriums präzisiert und u. a. um Vorgaben zur Beschlussfähigkeit ergänzt. § 6 FinDAG ist nicht ganz stringent aufgebaut: Die Regelungen über den Vorsitz und die Beschlussfassung in Abs. 2 S. 1–3 gehören zu Abs. 1 während die Vorschriften über die GoBaFin in Abs. 2 S. 4 und 5 sinnvollerweise in einem eigenen Absatz geregelt wären.

[1] Art. 1 Nr. 2 des Gesetzes zur Modernisierung der Aufsichtsstruktur der Bundesanstalt für Finanzdienstleistungsaufsicht (Aufsichtsstrukturmodernisierungsgesetz) vom 28.3.2008 (BGBl. I 493).

[2] Art. 2 Nr. 4 lt. b) des FMSANeuOG vom 23.12.2016 (BGBl. I 3171).

[3] Die Mitglieder des Direktoriums sind seit 9.12.2011 grundsätzlich keine Beamten mehr – die zu diesem Zeitpunkt aktiven Mitglieder verbleiben gemäß § 18 Abs. 7 im Amt – und stehen gemäß § 9 Abs. 1 S. 1 FinDAG in einem öffentlich-rechtlichen Amtsverhältnis zum Bund.

[4] *BaFin,* Jahresbericht 2006, 3.

[5] § 5 Rn. 4.

[6] BT-Drs. 14/7033, 34.

[7] *Hagemeister* WM 2002, 1773, 1776.

[8] Organisationsstatut für die Bundesanstalt für Finanzdienstleistungsaufsicht (OsBaFin) vom 9.6.2008, abrufbar unter bafin.de.

Das Organisationsstatut enthält in § 3 einige wichtige Bestimmungen im Hinblick auf die Rolle des Direktoriums. Nach § 3 Abs. 1 S. 2 des Organisationsstatuts gibt sich das Direktorium eine eigene **Geschäftsordnung**. Weiter ist geregelt, dass sich die Mitglieder gegenseitig mit Stimmrecht vertreten (§ 3 Abs. 2 des Organisationsstatuts). Sie sollen sich fortlaufend und rechtzeitig über alle wichtigen Entscheidungen und Vorgänge unterrichten (§ 3 Abs. 1 S. 3 des Organisationsstatuts). Nach § 4 des Organisationsstatuts kann jedes Mitglied verlangen, dass auch Angelegenheiten aus anderen Geschäftsbereichen im Direktorium behandelt werden. Die in § 1 Abs. 1 des Organisationsstatuts ausdrücklich angesprochene gemeinsame Verantwortung für die Leitung der BaFin wird in § 3 Abs. 3 S. 2 des Organisationsstatuts mit einer nicht abschließenden Aufzählung von wichtigen Angelegenheiten konkretisiert. Dabei werden u. a. die risikoorientierte Steuerung des geschäftsbereichsübergreifenden Ressourceneinsatzes und der Erlass von geschäftsbereichsübergreifenden Verwaltungsvorschriften über die innere Ordnung der BaFin und ihr sachliches Verwaltungshandeln (**Aufsichtspraxis**) genannt. Das Direktorium gibt gemäß § 2 Abs. 4 der Satzung regelmäßig Veröffentlichungen wie das BaFinJournal und den Jahresbericht heraus.[9] 8

5. Die Funktionen des Direktoriums als Dienstvorgesetzter und als Leiter der Dienststelle. Nach § 3 Abs. 5 S. 1 des Organisationsstatuts nimmt das Direktorium die Funktion des Dienstvorgesetzten für die Beschäftigten der BaFin wahr. **Dienstvorgesetzter** ist gemäß § 3 Abs. 2 BBG, wer für beamtenrechtliche Entscheidungen über die persönlichen Angelegenheiten der ihm nachgeordneten Beamten zuständig ist. Des Weiteren ist das Direktorium gemäß § 3 Abs. 5–9 des Organisationsstatuts als Leiter der Dienststelle im Sinne mehrerer Gesetze tätig (personalvertretungsrechtlich i. S. v. § 7 S. 1 BPersVG, haushaltsrechtlich i. S. v. § 9 Abs. 1 BHO, datenschutzrechtlich i. S. v. § 4f Abs. 3 BDSG und gleichstellungsrechtlich i. S. v. § 24 BGleiG).[10] 9

6. Die Geschäftsordnung des Direktoriums. Auf der Grundlage des § 3 Abs. 1 S. 2 des Organisationsstatuts gibt sich das Direktorium eine eigene **Geschäftsordnung**.[11] Dort finden sich Vorgaben zu den vertraulich geführten Sitzungen des Direktoriums (§ 2 Abs. 4 GoDirBaFin), Beschlussfähigkeit und Beschlussfassung (§ 3 Abs. 1 und 2 GoDirBaFin) und den Protokollen, die ebenfalls vertraulich sind (§ 4 Abs. 4 GoDirBaFin). Im Sinne einer effizienten Leitung der BaFin sollen Beschlussvorlagen gemäß § 2 Abs. 2 S. 3 GoDirBaFin kurz, präzise und lösungsorientiert formuliert sein. 10

7. Die Geschäftsordnung der BaFin. Nach § 6 Abs. 2 S. 4 FinDAG und § 2 Abs. 3 S. 1 der Satzung bestimmt das Direktorium die innere Organisation der BaFin mit den Verwaltungsabläufen und der Aktenführung durch eine **Geschäftsordnung (GoBaFin)**. 11

III. Der Präsident (Abs. 1, 3, 5). 1. Die Funktionen des Präsidenten. Der Präsident hat eine besondere Stellung und übt unterschiedliche Funktionen aus. Er ist gemäß § 5 Abs. 1 eines von drei Organen der BaFin und zugleich Mitglied des weiteren Organs Direktorium. Dort führt er gemäß § 6 Abs. 2 S. 2 FinDAG den Vorsitz („Präsident als Vorsitzender des Direktoriums"), wo ihm bei Abstimmungen im Fall des Stimmengleichstands die ausschlaggebende Stimme zusteht (§ 3 Abs. 2 S. 4 GoDirBaFin). Er bestimmt die strategische Ausrichtung der BaFin (§ 6 Abs. 3 S. 1 FinDAG und § 2 Abs. 2 S. 1 des Organisationsstatuts). Diese **Richtlinienkompetenz** nimmt er gemäß § 2 Abs. 2 S. 2 des Organisationsstatuts durch Richtlinien und Richtlinienentscheidungen (Vorgaben) wahr. Die Vorgaben sind für die Exekutivdirektoren verbindlich (§ 2 Abs. 3 des Organisationsstatuts) und bei öffentlichen Äußerungen oder Pressegesprächen zu beachten (§ 1 Abs. 2 GoDirBaFin). Die Exekutivdirektoren informieren den Präsidenten über Vorgänge von strategischer Bedeutung, die er im Benehmen mit dem zuständigen Exekutivdirektor an sich ziehen kann (§ 2 Abs. 2 S. 4 des Organisationsstatuts). Schließlich vertritt er die BaFin gerichtlich und außergerichtlich (§ 6 Abs. 5 FinDAG). Neben diesen für die gesamte BaFin maßgeblichen Funktionen leitet er in eigener Zuständigkeit den Präsidialbereich, dem gemäß § 1 Abs. 2 S. 3 der Satzung Organisationseinheiten für geschäftsbereichsübergreifende Aufgaben angehören können. 12

2. Der Präsidialbereich. Der Präsidialbereich ist ähnlich wie ein Geschäftsbereich aufgebaut, umfasst jedoch weniger Organisationseinheiten und Personal. In § 1 Abs. 2 S. 2 des Organisationsstatuts sind die zugehörigen Organisationseinheiten aufgezählt, die allerdings teilweise noch nicht die neuen Bezeichnungen tragen. Das Präsidialbüro und die Innenrevision sind ausschließlich dem Präsidenten zugeordnet, während die Abteilung für Internationales sowie die Presse- und Öffentlichkeitsarbeit gemäß § 1 Abs. 2 S. 3 des Organisationsstatuts auch die Geschäftsbereiche der Exekutivdirektoren unterstützen. 13

IV. Die Exekutivdirektoren und die Geschäftsbereiche (Abs. 3, 4). Die Exekutivdirektoren stehen den in Abs. 4 genannten Geschäftsbereichen vor, die sie im Rahmen der Vorgaben des Präsidenten (§ 6 Abs. 3 S. 2 FinDAG und § 2 Abs. 2 S. 2 des Organisationsstatuts) eigenverantwortlich 14

[9] Vgl. § 1 Rn. 31.
[10] Der in § 3 Abs. 9 des Organisationsstatuts genannte § 18 BGleiG a. F. entspricht § 24 BGleiG nF.
[11] Geschäftsordnung des Direktoriums der BaFin (GoDirBaFin) vom 19.12.2012, abrufbar unter bafin.de.

führen (§ 4 Abs. 1 S. 1 des Organisationsstatuts). Bei Angelegenheiten, die zugleich die Zuständigkeit von anderen Geschäftsbereichen betreffen, soll gemäß § 4 Abs. 1 S. 2 des Organisationsstatuts eine Abstimmung erfolgen. Zur Wahrnehmung der gesetzlichen Aufgaben werden nach § 6 Abs. 4 FinDAG und § 1 Abs. 2 der Satzung die vier **Geschäftsbereiche** „Innere Verwaltung und Recht" (IVR), „Bankenaufsicht" (BA), „Versicherungs- und Pensionsfondsaufsicht" (VA) und „Wertpapieraufsicht/Asset-Management" (WA) eingerichtet. Davon zu unterscheiden sind die umlagerechtlichen Aufsichtsbereiche, denen die beaufsichtigten Unternehmen und Marktteilnehmer zugeordnet werden.[12]

15 Seit der Gründung der BaFin gab es mehrere Umstrukturierungen um den Aufbau der BaFin an veränderte Gegebenheiten anzupassen. Eine einschneidende Änderung gab es 2008 bei der Einführung des Direktoriums mit der gleichzeitigen Aufwertung der ehemaligen Ersten Direktoren zu Exekutivdirektoren.[13] Auch die Zuschnitte der Geschäftsbereiche wurden im Laufe der Zeit geändert und insbesondere sektorübergreifend tätige Organisationseinheiten bzw. Querschnittsfunktionen wurden verschoben. Zuletzt fand eine tiefgreifende Umstrukturierung der BaFin zum 1.1.2016 statt, infolgedessen vor allem der ehemals als „Querschnitt/Innere Verwaltung" (Q/IV) bezeichnete Geschäftsbereich umgestaltet und in IVR umbenannt wurde. Zu den teilweise neu gestalteten Organisationseinheiten gehören die Zentrale Rechtsabteilung (ZR), die Abteilung Geldwäscheprävention (GW) und die Abteilung Verbraucherschutz (VBS) ebenso wie die Abteilung für die Erlaubnispflicht und Verfolgung unerlaubter Geschäfte (EVG),[14] die nun nach dem sog. EfA („Einer für Alle")-Prinzip arbeiten[15] und für alle Aufsichtsbereiche tätig sind. Bei einer solchen **Matrixstruktur** sind immer verschiedene Ordnungsmuster denkbar, je nachdem ob eine Ausrichtung an unternehmensbezogenen Kategorien (Aufsicht über Versicherungsunternehmen, Aufsicht über Kreditinstitute) oder an themen- bzw. verfahrensbezogenen Kategorien (Durchführung von Widerspruchs- und Gerichtsverfahren oder Bußgeldverfahren, Geldwäscheprävention, Verfolgung unerlaubter Geschäfte) vorgenommen wird. Es wird nie eine abschließende umfassende Lösung geben, daher bedarf es für die Verwaltungspraxis einer ausgewogenen praktikablen Ausgestaltung, die die verschiedenen Aspekte berücksichtigt und miteinander kombiniert. Rein dogmatisch orientierte Organisationsformen stoßen in der komplexen Realität an ihre Grenzen und vermögen den verschiedenen zu beachtenden Bedürfnissen nicht gerecht zu werden. Dazu gehören neben den inhaltlichen Aspekten auch verwaltungstechnische Momente.

16 **V. Zukünftige Änderungen durch das FMSA-Neuordnungsgesetz.** Zum 1.1.2018 wird die FMSA[16] teilweise in die BaFin und teilweise in die Finanzagentur des Bundes (Bundesrepublik Deutschland – Finanzagentur GmbH) integriert.[17] In der BaFin wird dafür ein fünfter **Geschäftsbereich „Abwicklung"** eingerichtet, der ab diesem Zeitpunkt in Abs. 4 aufgeführt wird.[18] Damit im Zusammenhang stehen die zukünftigen Regelungen über die Aufgabenübertragung der nationalen Abwicklungsbehörde (NAB) in § 4 Abs. 1 S. 5, die Umlagepflicht für einbezogene Institute in § 16k, die Umbenennung des umlagerechtlichen Begriffs „Aufsichtsbereiche" in „Aufgabenbereiche"[19] und die Bestimmungen über die Rechtsnachfolge der FMSA mit Teilintegration in die BaFin einschließlich arbeitsrechtlicher Aspekte in § 18a. Des Weiteren wird mit § 1a eine neue Norm in die Satzung eingeführt,[20] die festschreibt, dass die Aufgaben der Abwicklungsbehörde operativ unabhängig von den laufenden Aufsichtsaufgaben der BaFin wahrgenommen werden (§ 1a Abs. 1 S. 1 der Satzung). Es bedarf zudem immer einer organisatorischen Trennung zwischen den Aufgaben der Abwicklungsbehörde und anderen Aufgaben im Geschäftsbereich Abwicklung (§ 1a Abs. 1 S. 2 der Satzung). Auf der Ebene der Mitarbeiter darf es hierbei gemäß § 1a Abs. 2 S. 1 der Satzung keine personellen Überschneidungen geben.

Verwaltungsrat

7 (1) [1]**Bei der Bundesanstalt wird ein Verwaltungsrat gebildet.** [2]**Der Verwaltungsrat überwacht die Geschäftsführung der Bundesanstalt und unterstützt diese bei der Erfüllung ihrer Aufgaben.** [3]**Der Präsident oder die Präsidentin hat den Verwaltungsrat regelmäßig über die Geschäftsführung der Bundesanstalt zu unterrichten.** [4]**Die Exekutivdirektoren und Exekutivdirektorinnen haben über ihre Aufgabenbereiche zu berichten.**

(2) **Der Verwaltungsrat gibt sich eine Geschäftsordnung.**

---

[12] Vgl. § 16b Rn. 4.
[13] Vgl. Rn. 4 und § 9 Rn. 4.
[14] Vorherige Bezeichnung „Integrität des Finanzsystems"; *Gohr* BaFinJournal 9/2013, S. 8; *Raschke/Wegner* BaFinJournal 5/2015, S. 18.
[15] BaFinJournal 12/2015, S. 19.
[16] Zur FMSA vgl. § 1 Rn. 15.
[17] BT-Drs.18/9530, 1 ff.
[18] Art. 2 Nr. 4 lit. a und c des FMSANeuOG vom 23.12.2016 (BGBl. I 3171).
[19] Vgl. § 16b Rn. 8.
[20] Art. 8 Nr. 2 des FMSANeuOG vom 23.12.2016 (BGBl. I 3171).

(3) [1]Der Verwaltungsrat besteht aus
1. dem Vorsitzenden, seinem Stellvertreter und einem weiteren Mitglied, die vom Bundesministerium der Finanzen entsandt werden, und
2. folgenden 14 weiteren Mitgliedern:
a) einem Vertreter des Bundesministeriums für Wirtschaft und Energie,
b) zwei Vertretern des Bundesministeriums der Justiz und für Verbraucherschutz,
c) fünf Mitgliedern des Deutschen Bundestages und
d) sechs Personen mit beruflicher Erfahrung oder besonderen Kenntnissen auf dem Gebiet des Kredit-, Finanzdienstleistungs-, Zahlungsdienste-, Investment-, Versicherungs-, Wertpapier- oder Bilanzwesens, die jedoch nicht der Bundesanstalt angehören dürfen.

[2]Die Deutsche Bundesbank kann mit einem Vertreter ohne Stimmrecht an den Sitzungen des Verwaltungsrats teilnehmen. [3]Das gleiche Teilnahmerecht haben der Vorsitz des Personalrats der Bundesanstalt und seine Stellvertreter.

(4) [1]Die Beschlüsse des Verwaltungsrats erfolgen mit einfacher Mehrheit. [2]Bei Stimmengleichheit entscheidet die Stimme des Vorsitzenden.

(5) [1]Die Mitglieder des Verwaltungsrats werden durch das Bundesministerium bestellt. [2]Für den Fall der Verhinderung des Vorsitzenden, seines Stellvertreters oder des weiteren Mitglieds des Verwaltungsrats nach Absatz 3 Satz 1 Nummer 1 bestellt das Bundesministerium der Finanzen zwei weitere stellvertretende Mitglieder des Verwaltungsrats. [3]Für jedes Mitglied des Verwaltungsrats nach Absatz 3 Satz 1 Nummer 2 Buchstabe a bis c ist für den Fall seiner Verhinderung ein Stellvertreter zu benennen und durch das Bundesministerium zu bestellen. [4]Die Mitglieder des Verwaltungsrats müssen die Voraussetzungen für die Wählbarkeit zum Deutschen Bundestag erfüllen. [5]Vor Bestellung der Mitglieder nach Absatz 3 Satz 1 Nummer 2 Buchstabe d sind die Verbände der Kredit- und Versicherungswirtschaft sowie der Kapitalverwaltungsgesellschaften anzuhören. [6]Für drei dieser Mitglieder können die Verbände namentliche Vorschläge unterbreiten, die die Voraussetzungen des Absatzes 3 Satz 1 Nummer 2 Buchstabe d erfüllen müssen.

(6) [1]Die Abgeordneten des Deutschen Bundestages werden vom Deutschen Bundestag vorgeschlagen und für die Dauer der Wahlperiode des Deutschen Bundestages berufen. [2]Sie bleiben nach Beendigung der Wahlperiode noch so lange im Amt, bis die neuen Mitglieder ernannt worden sind.

(7) [1]Die Wiederberufung ist möglich. [2]Die Mitglieder können durch schriftliche Erklärung gegenüber der Bundesregierung auf ihre Mitgliedschaft verzichten und ihr Amt niederlegen. [3]Eine Abberufung erfolgt, wenn die Voraussetzungen der Berufung nicht mehr gegeben sind oder sonst ein wichtiger Grund in der Person des Mitglieds vorliegt, in diesem Fall jedoch nur nach Anhörung der entsendenden Institution.

(8) [1]Scheidet ein Mitglied aus, so ist unverzüglich an seine Stelle ein neues Mitglied zu berufen. [2]Bis zur Ernennung eines neuen Mitglieds und bei einer vorübergehenden Verhinderung des Mitglieds übernimmt der ernannte Stellvertreter die Aufgaben. [3]Die Absätze 1 bis 8 finden auf die stellvertretenden Mitglieder entsprechende Anwendung.

I. Allgemeines. 1. Entstehungsgeschichte. Die Vorschrift des § 7 wurde bisher neunmal geändert, wobei sich fast alle Änderungen in kleinteiliger Weise auf die Zusammensetzung des Verwaltungsrats in Abs. 3 und die Bestellung der Mitglieder in Abs. 5 beziehen.[1] Hervorzuheben ist hierbei die Zäsur durch das Gesetz zur Stärkung der deutschen Finanzaufsicht, wonach die Amtszeit der Vertreter der beaufsichtigten Unternehmen zum 1.3.2013 endete. Lediglich das Aufsichtsstrukturmodernisierungsgesetz 2008 betraf mit der Einfügung der Berichtspflicht der Exekutivdirektoren in Abs. 1 S. 4 einen anderen Aspekt.[2] 1

2. Normzweck. Der Verwaltungsrat ist das Überwachungsorgan der BaFin. § 7 regelt die Zusammensetzung des dritten Organs mit detaillierten Vorschriften über die Bestellung der unterschiedlichen Mitgliedergruppen. 2

[1] Art. 137 der Achten Zuständigkeitsanpassungsverordnung vom 25.11.2003 (BGBl. I 2003); Art. 171 der Neunten Zuständigkeitsanpassungsverordnung vom 31.10.2006 (BGBl. I 2407); Art. 2 Nr. 5 des Gesetzes zur Stärkung der deutschen Finanzaufsicht vom 28.11.2012 (BGBl. I 2369); Art. 20 Nr. 3 des Gesetzes zur Umsetzung der Richtlinie 2011/61/EU über die Verwalter alternativer Investmentfonds (AIFM-Umsetzungsgesetz – AIFM-UmsG) vom 4.7.2013 (BGBl. I 1981); Art. 8 Nr. 1 des Gesetzes zur Anpassung des Investmentsteuergesetzes und anderer Gesetze an das AIFM-Umsetzungsgesetz vom 18.12.2013 (BGBl. I 4318); Art. 12 Nr. 1 des Gesetzes zur Anpassung von Gesetzen auf dem Finanzmarkt vom 15.7.2014 (BGBl. I 934); Art. 340 Nr. 1 der Zehnten Zuständigkeitsanpassungsverordnung vom 31.8.2015 (BGBl. I 1474); Art. 2 Nr. 5 des FMSANeuOG vom 23.12.2016 (BGBl. I 3171).

[2] Art. 1 Nr. 3 des Gesetzes zur Modernisierung der Aufsichtsstruktur der Bundesanstalt für Finanzdienstleistungsaufsicht (Aufsichtsstrukturmodernisierungsgesetz) vom 28.3.2008 (BGBl. I 493).

3 **3. Europarechtlicher Hintergrund.** Es besteht kein europarechtlicher Hintergrund für § 7.

4 **II. Die Aufgaben und Befugnisse des Verwaltungsrats (Abs. 1).** Nach Abs. 1 S. 2 ist der Verwaltungsrat für die Überwachung der Geschäftsführung der BaFin zuständig. Er unterstützt sie auch bei der Erfüllung ihrer Aufgaben, während der Fachbeirat und der Verbraucherbeirat sie dabei nur beraten sollen (§ 8 Abs. 1 S. 2, § 8a Abs. 1 S. 2). In der Begründung des Regierungsentwurfes heißt es, dass der Verwaltungsrat dem Aufsichtsrat einer Aktiengesellschaft nachgebildet sei.[3] Von einer Nachbildung kann angesichts der offensichtlich anders gelagerten Ausgestaltung allerdings nur in einem übertragenen Sinn gesprochen werden. Der Verwaltungsrat **überwacht** ebenso wie ein Aufsichtsrat die Geschäftsführung. Anders als ein Aufsichtsrat hat der Verwaltungsrat jedoch keine Kompetenz zur Ernennung und Abberufung der Direktoriumsmitglieder.[4] Die Kontrolle bezieht sich nur auf den Haushalt, der die Besonderheit der Trennung vom Bundeshaushalt aufweist. Hinsichtlich der Aufsichtstätigkeit ist nicht der Verwaltungsrat, sondern das BMF maßgeblich, das gemäß § 2 die Rechts- und Fachaufsicht über die BaFin führt.

5 Die einzelnen Aufgaben des Verwaltungsrats finden sich in verschiedenen Normen des FinDAG und sind in § 4 Abs. 1 S. 2 der Satzung aufgeführt. An erster Stelle stehen die **Feststellung des Haushaltsplans** nach Vorlage durch das Direktorium (§ 12 Abs. 2 FinDAG) und die Feststellung der Jahresrechnung (§ 12 Abs. 3 und 5 FinDAG). Des Weiteren ist der Verwaltungsrat gemäß § 4 Abs. 1 S. 2 Nr. 3 und Nr. 6 der Satzung vor der Beauftragung eines Abschlussprüfers und bei förmlichen Vereinbarungen über die Zusammenarbeit mit anderen Institutionen (vgl. § 4 Abs. 2 FinDAG) anzuhören; bei Änderungen der Satzung ist vom BMF das Benehmen herzustellen (§ 5 Abs. 3 FinDAG). Bei Angelegenheiten mit Relevanz für den Haushalt wie dem Abschluss von Arbeitsverträgen mit einer außertariflichen Vergütung (§ 10 Abs. 2 S. 1), der Zahlung des Personalgewinnungszuschlags oberhalb der im BBesG bestimmten Grenze (§ 10b) und der Übertragung eines Überschusses auf das folgende Haushaltsjahr (§ 12 Abs. 4 S. 1) ist die Zustimmung des Verwaltungsrats erforderlich.

Der Präsident und die Exekutivdirektoren berichten über die Geschäftsführung und ihre Aufgabenbereiche (§ 7 Abs. 1 S. 3 und 4 FinDAG, § 4 Abs. 2 S. 1 der Satzung). Der Verwaltungsrat kann Auskünfte einholen und eine Berichterstattung von den Mitgliedern des Direktoriums verlangen (§ 4 Abs. 2 S. 2, Abs. 3 S. 1 der Satzung).

6 **III. Die innere Ordnung des Verwaltungsrats. 1. Geschäftsordnung und Beschlussfassung (Abs. 2 und 4).** In seiner konstituierenden Sitzung am 30.8.2002 beschloss der Verwaltungsrat eine Geschäftsordnung.[5] Die Beschlussfassung erfolgt gemäß Abs. 4 mit einfacher Mehrheit; bei Stimmgleichheit entscheidet die Stimme des Vorsitzenden.

7 **2. Vertraulichkeit der Sitzungen und der Protokolle.** Die Sitzungen sind nach § 6 Abs. 1 S. 2 der Satzung vertraulich. Die Vertraulichkeit erstreckt sich auch auf Protokolle und Niederschriften sowohl des Verwaltungsrats als auch des HkPA. Dies bestätigte das BVerwG in einem Verfahren, in dem ein früherer Gruppenleiter der BaFin erfolglos Akteneinsicht in Protokolle und Niederschriften des Verwaltungsrats und des HkPA beim BMF beantragte.[6]

8 **3. Haushaltskontroll- und Prüfungsausschuss.** Der Verwaltungsrat beschloss im Jahr 2006, einen Haushaltskontroll- und Prüfungsausschuss (HkPA) einzurichten.[7] Er soll sich mit Haushaltsfragen, der Aufbau- und Ablauforganisation der BaFin sowie dem Zusammenwirken von Innenrevision, Rechtsaufsicht des BMF nach § 2, Wirtschaftsprüfern und dem Bundesrechnungshof befassen.[8]

9 **IV. Zusammensetzung des Verwaltungsrats (Abs. 3). 1. Mitglieder.** Seit der einschneidenden Änderung durch das Gesetz zur Stärkung der deutschen Finanzaufsicht besteht der Verwaltungsrat statt aus 21 nunmehr aus 17 Mitgliedern. Die wichtigste Änderung ist die durch § 22 Abs. 2 gesetzliche angeordnete **Beendigung der Amtszeit der zehn Vertreter von beaufsichtigten Unternehmen** zum 1.3.2013. Nach § 7 Abs. 3 S. 1 Nr. 2 lit. e)-g) FinDAG a. F. wurden fünf Vertreter von Kreditinstituten, vier von Versicherungsunternehmen und ein Vertreter von Kapitalanlagegesellschaften als Mitglieder bestellt. Zweifel an der Unabhängigkeit der Finanzaufsicht von den beaufsichtigten Unternehmen sollten mit der Änderung ausgeräumt werden.[9] Nach § 3 Abs. 2 S. 2 und 3 der Satzung sollen keine Personen, die zugleich in einem Leitungsorgan eines beaufsichtigten oder in einem Aufsichtsorgan eines sonstigen gewerblichen Unternehmen tätig sind, als Mitglieder des Verwaltungsrats wiederbestellt werden.

[3] BT-Drs. 14/7033, 35.
[4] BT-Drs. 14/7033, 35.
[5] *Schwirten* § 7 Rn. 3.
[6] *BVerwG* Urt. v. 28.7.2016 – 7 C 3/15, BeckRS 2016, 53117.
[7] BT-Drs. 16/7078, 7.
[8] BT-Drs. 16/7078, 7.
[9] BT-Drs. 17/10040, 19.

Die 17 Mitglieder setzen sich seit 2013 aus drei Gruppen zusammen: Sechs Vertreter von Bundesministerien, fünf Vertreter des Deutschen Bundestages sowie sechs externe Experten aus Wirtschaftsverbänden und Wissenschaft. Bei den Vertretern der Bundesministerien ist das **BMF in der führenden Rolle**, da der Vorsitzende, sein Stellvertreter und ein weiteres Mitglied gemäß § 7 Abs. 3 S. 1 Nr. 1 FinDAG von dort entsandt werden. Über die beiden Vertreter des Bundesministeriums der Justiz und für Verbraucherschutz (BMJV) wird dem Verbraucherschutz eine bedeutende Rolle beigemessen. Der sechste Vertreter in dieser Gruppe stammt vom Bundesministerium für Wirtschaft und Energie (BMWi). Durch die Vertreter des Bundestages ist das Parlament an der Kontrolle des BaFin-Haushalts beteiligt. Die fünf Abgeordneten werden gemäß Abs. 6 S. 1 vom Bundestag vorgeschlagen und für die Dauer der Legislaturperiode berufen. Sie bleiben gemäß Abs. 6 S. 2 so lange im Amt bis Nachfolger nach dem Zusammentritt eines neuen Bundestags ernannt worden sind. Für die Vertreter der Bundesministerien und des Bundestages sind gemäß § 7 Abs. 5 S. 1 FinDAG und § 3 Abs. 4 der Satzung Stellvertreter zu bestellen, nicht jedoch für die sechs externen Experten, da hier die persönliche Expertise zählt. Es ist ausdrücklich in § 7 Abs. 3 S. 1 Nr. 2 lit. d FinDAG nF geregelt, dass diese Personen keine BaFin-Beschäftigten sein dürfen, damit keine Selbstkontrolle erfolgen kann. Die **Verbände** haben gemäß § 7 Abs. 5 S. 3 und 4 FinDAG ein namentliches Vorschlagrecht und werden vor der Bestellung dieser sechs Mitglieder angehört. § 3 Abs. 3 S. 1 der Satzung konkretisiert die Verbände: Die Deutsche Kreditwirtschaft (DK), der Gesamtverband der Deutschen Versicherungswirtschaft e. V. (GDV) und der Bundesverband Investment und Asset Management e. V. (BVI). Ein Teilnahmerecht ohne Stimmrecht haben die Bundesbank und der Personalrat der BaFin (§ 7 Abs. 3 S. 2 und 3 FinDAG). 10

Die aktuelle Zusammensetzung der Mitglieder ist auf der Internetseite der BaFin abrufbar.[10] Nach Abs. 5 S. 3 müssen die Mitglieder die persönlichen Voraussetzungen für die Wählbarkeit zum Bundestag gemäß § 15 BWahlG erfüllen. **Passiv wahlberechtigt** sind demnach alle volljährigen Deutschen i. S. d. Art. 116 Abs. 1 GG, die nicht nach § 13 BWahlG vom Wahlrecht ausgeschlossen sind und nicht nach § 45 StGB die Wählbarkeit verloren haben. 11

2. Bestellung der Mitglieder (Abs. 5 und 6). Die Mitglieder des Verwaltungsrats werden gemäß § 7 Abs. 5 S. 1 FinDAG und § 3 Abs. 1 S. 2 der Satzung vom BMF bestellt. 12

3. Ende der Mitgliedschaft (Abs. 7 und 8). Die Mitgliedschaft endet durch Verzicht durch schriftliche Erklärung gegenüber der Bundesregierung oder die Abberufung durch das BMF gemäß § 3 Abs. 1 S. 2, Abs. 3 der Satzung, wenn die persönlichen Voraussetzungen nicht mehr gegeben sind oder ein anderer wichtiger Grund in der Person vorliegt, wobei zuerst die entsendende Institution angehört werden muss. 13

Fachbeirat

8 (1) [1]**Bei der Bundesanstalt wird ein Fachbeirat gebildet.** [2]**Er berät die Bundesanstalt bei der Erfüllung ihrer Aufgaben.** [3]**Er kann auch Empfehlungen zur allgemeinen Weiterentwicklung der Aufsichtspraxis einbringen.**

(2) [1]**Der Fachbeirat besteht aus 24 Mitgliedern.** [2]**Die Mitglieder des Fachbeirats werden durch das Bundesministerium bestellt.** [3]**Im Fachbeirat sollen die Finanzwissenschaft, die Kredit- und Versicherungswirtschaft, die Deutsche Bundesbank und die Verbraucherschutzvereinigungen angemessen vertreten sein.**

(3) [1]**Der Fachbeirat wählt aus seinem Kreis einen Vorsitzenden.** [2]**Der Fachbeirat gibt sich eine Geschäftsordnung.**

I. Allgemeines. 1. Entstehungsgeschichte. Die Vorschrift über den Fachbeirat ist seit Beginn unverändert im FinDAG. 1

2. Normzweck. § 8 ist die Grundlage für den ersten Beirat der BaFin. 2

3. Europarechtlicher Hintergrund. Es besteht kein europarechtlicher Hintergrund für § 8. 3

II. Der Fachbeirat. 1. Stellung. Der Fachbeirat ist ein **sektorenübergreifend beratendes Gremium**, das keinen Organstatus hat. Als konzeptionelles Vorbild diente der Versicherungsbeirat des BAV.[1] Über den Fachbeirat soll das Wissen verschiedener Stakeholder für die Aufsichtspraxis aller Geschäftsbereiche der BaFin genutzt werden.[2] 4

2. Aufgaben (Abs. 1). Der Fachbeirat soll gemäß S. 2 die BaFin bei ihrer Aufgabenerfüllung beraten – wie auch der später eingerichtete Verbraucherbeirat nach § 8a Abs. 1 S. 2. Demgegenüber unterstützt 5

[10] *BaFin*, https://www.bafin.de/DE/DieBaFin/GrundlagenOrganisation/Gremien/Verwaltungsrat/verwaltungsrat_artikel.html (abgerufen am 12.11.2016).
[1] *Laars* § 8 FinDAG Rn. 1.
[2] BT-Drs. 14/7033, 35.

der Verwaltungsrat die BaFin bei der Aufgabenerfüllung gemäß § 7 Abs. 1 S. 2. Der Fachbeirat kann gemäß Satz 3 **Empfehlungen** zur allgemeinen Weiterentwicklung der Aufsichtspraxis einbringen, wobei für Empfehlungen in fachlichen Angelegenheiten gemäß § 8 Abs. 6 S. 1 und 2 der Satzung die Unterstützung von mehr als der Hälfte der Mitglieder erforderlich ist. Sofern es um die Zusammenarbeit mit der Bundesbank nach § 7 KWG geht, ist das von der Bundesbank entsandte Mitglied nicht stimmberechtigt.

6 **3. Zusammensetzung (Abs. 2).** Der Fachbeirat besteht aus insgesamt **24 Mitgliedern**, die durch das BMF für fünf Jahre bestellt werden (§ 8 Abs. 2 S. 1 der Satzung). Die von Satz 3 geforderte angemessene Vertretung von Finanzwissenschaft, beaufsichtigten Unternehmen, Bundesbank und Verbraucherschutzorganisationen wird in § 8 Abs. 4 S. 1 der Satzung näher ausgeführt. Dort sind die Verbände der Finanzbranche aufgezählt, die ein namentliches Vorschlagsrecht für 13 Mitglieder haben: Sechs Bankverbände, ein Investmentverband und für den Versicherungsbereich der Gesamtverband der Deutschen Versicherungswirtschaft e. V. (GDV), der Verband der privaten Krankenversicherung (PKV-Verband) sowie die Arbeitsgemeinschaft für betriebliche Altersversorgung e. V. (aba) sind als Vorschlagsberechtigte aufgeführt. Bemerkenswert ist, dass auch die freien Berufe, die Gewerkschaften, der Mittelstand und die Industrie in § 8 Abs. 4 S. 2 der Satzung genannt sind und im Fachbeirat vertreten sein sollen. Auf diese Weise bildet das Gremium ein großes Spektrum von verschiedenen Akteuren ab. Einzelne Personen können gemäß § 8 Abs. 4 S. 3 der Satzung zugleich auch in anderen Beiräten Mitglied sein. Auf der Internetseite der BaFin sind die aktuellen Mitglieder aufgelistet.[3]

7 **4. Innere Ordnung (Abs. 3).** Der Vorsitzende wird gemäß S. 1 aus dem Kreis der Mitglieder gewählt. Sowohl Satz 2 als auch die redundante Vorschrift des § 8 Abs. 1 S. 1 der Satzung enthalten die Befugnis zur Erstellung einer **Geschäftsordnung**. Bei den Sitzungen ist die Öffentlichkeit nicht zugelassen (§ 8 Abs. 1 S. 8 der Satzung).

8 **III. Sektorspezifische Beiräte der BaFin.** Die auf der Grundlage von Fachgesetzen errichteten Beiräte sollen sich im Gegensatz zum Fachbeirat nur mit ihren sektorspezifischen Aufgaben befassen.[4]

9 **1. Der Versicherungsbeirat.** Der einmal jährlich tagende Versicherungsbeirat ist gemäß § 325 Abs. 1 VAG zur Mitwirkung bei der Aufsicht vorgesehen. Dies geschieht durch die Einbringung Fachwissens **der 24 Mitglieder** die je zu einem Drittel aus den Vertretern der Versicherungsunternehmen einschließlich des Versicherungsvertriebs, Vertretern der Versicherungsnehmer (Verbraucherschutzorganisationen, Gewerkschaften, Mittelstand, Industrie und Versicherungsmakler) sowie der Wissenschaft (§ 325 Abs. 2 VAG) entstammen. Die derzeitige Zusammensetzung ist auf der BaFin-Internetseite einsehbar.[5] Während des Bestehens des BAV bestand der Versicherungsbeirat gemäß § 3 Abs. 1 der Dritten Durchführungsverordnung zum BAG[6] aus 60 Mitgliedern. Für die Besetzung jeder Beschlusskammer waren neben drei BAV-Angehörigen (sog. ständige Mitglieder des BAV i. S. v. § 90 Abs. 2 S. 2 VAG a. F.) auch zwei Beiratsmitglieder (§ 7 Abs. 2 der Dritten Durchführungsverordnung zum BAG) notwendig, so dass ihnen eine formale Rolle im Beschlusskammerverfahren zukam.[7]

10 **2. Der Wertpapierrat.** Der in § 5 WpHG beschriebene Wertpapierrat besteht aus Vertretern der Länder und berät die BaFin hinsichtlich der Aufsichtstätigkeit, der Auswirkungen von Aufsichtsfragen auf die Börsen- und Marktstrukturen, den Wettbewerb im Wertpapierhandel und die Zusammenarbeit zwischen BaFin und **Börsenaufsichtsbehörden**. Die Mitglieder werden von den jeweiligen Finanz- oder Wirtschaftsministerien der Länder entsandt.[8]

11 **3. Der Übernahmebeirat.** Der Übernahmebeirat mit 15 Mitgliedern[9] soll insbesondere beim **Erlass von Rechtsverordnungen im Bereich des Übernahmerechts** beratend tätig sein (§ 5 WpÜG). Er ist nach § 5 Abs. 3 S. 3 WpÜG auch für die Besetzung der Beisitzer des Widerspruchsausschusses vorschlagsberechtigt.

[3] *BaFin*, https://www.bafin.de/DE/DieBaFin/GrundlagenOrganisation/Gremien/Fachbeirat/fachbeirat_node.html (abgerufen am 12.11.2016).

[4] BT-Drs. 14/7033, 35.

[5] *BaFin*, https://www.bafin.de/DE/DieBaFin/GrundlagenOrganisation/Gremien/Versicherungsbeirat/versicherungsbeirat_node.html (abgerufen am 12.11.2016).

[6] Dritte Durchführungsverordnung zum Gesetz über die Errichtung eines Bundesaufsichtsamtes für das Versicherungswesen (BAG) (Verfahrens- und Geschäftsordnung) vom 25.3.1953 (BGBl. I 75).

[7] Zum Beschlusskammerverfahren s. § 1 Rn. 41.

[8] *BaFin*, https://www.bafin.de/DE/DieBaFin/GrundlagenOrganisation/Gremien/Wertpapierrat/wertpapierrat_node.html (abgerufen am 12.11.2016).

[9] *BaFin*, https://www.bafin.de/DE/DieBaFin/GrundlagenOrganisation/Gremien/Uebernahmebeirat/uebernahmebeirat_node.html (abgerufen am 12.11.2016).

IV. Der Widerspruchsausschuss der BaFin. Für Widersprüche gegen Verfügungen der BaFin nach dem WpÜG ist gemäß § 6 Abs. 1 S. 2 WpÜG **der sechsköpfige Widerspruchsausschuss** zuständig, der paritätisch mit BaFin-Angehörigen und ehrenamtlichen Beisitzern besetzt ist.[10] Sofern einem Widerspruch nicht abgeholfen wird, ist nach § 48 WpÜG eine Beschwerde zum OLG Frankfurt a. M. statthaft.[11] 12

V. Der Ausschuss für Finanzstabilität. Der Ausschuss für Finanzstabilität (AFS) ist kein Gremium der BaFin, da er gemäß § 2 Abs. 1 FinStabG[12] beim BMF errichtet wurde. Ihm gehören allerdings neben jeweils drei Vertretern des BMF und der Bundesbank auch drei Vertreter der BaFin (der Präsident und die Exekutivdirektoren der Versicherungsaufsicht und der Bankenaufsicht) an. Der Vorsitzende des Leitungsausschusses der Bundesanstalt für Finanzmarktstabilisierung (FMSA) hat im Gegensatz zu den anderen Mitgliedern kein Stimmrecht. Der AFS soll die Expertise der beteiligten Stellen in einem **makroprudentiellen Gremium** zusammenführen und bildet das nationale Pendant zum Europäischen Ausschuss für Systemrisiken (European Systemic Risk Board – ESRB).[13] Er kann gemäß § 3 FinStabG Warnungen und Empfehlungen im Hinblick auf systemische Gefahren für die Finanzstabilität an die Bundesregierung, die BaFin und andere öffentliche Stellen aussprechen. 13

Verbraucherbeirat

8a (1) [1]**Bei der Bundesanstalt wird ein Verbraucherbeirat gebildet.** [2]**Er berät die Bundesanstalt aus Verbrauchersicht bei der Erfüllung ihrer Aufsichtsaufgaben.**

(2) [1]**Der Verbraucherbeirat besteht aus zwölf Mitgliedern.** [2]**Die Mitglieder des Verbraucherbeirats werden durch das Bundesministerium bestellt.** [3]**Im Verbraucherbeirat sollen die Wissenschaft, Verbraucher- und Anlegerschutzorganisationen, Mitarbeiter außergerichtlicher Streitschlichtungssysteme sowie das Bundesministerium der Justiz und für Verbraucherschutz angemessen vertreten sein.**

(3) [1]**Der Verbraucherbeirat wählt aus seinem Kreis einen Vorsitzenden.** [2]**Der Verbraucherbeirat gibt sich eine Geschäftsordnung.**

I. Allgemeines. 1. Entstehungsgeschichte. § 8a wurde mit Wirkung zum 1.1.2013 eingeführt.[1] Die einzige Änderung betraf die Einsetzung des BMJV anstelle des früheren BMELV[2] in Abs. 2 S. 3[3] nach dem Neuzuschnitt der Ressortzuständigkeiten der Ministerien im Anschluss an die Bundestagswahl 2013 und die Bildung der Regierungskoalition. 1

2. Normzweck. Der Verbraucherbeirat soll mit der Perspektive des Verbraucherschutzes die BaFin bei der Erfüllung ihrer Aufsichtsaufgaben beraten. 2

3. Europarechtlicher Hintergrund. Es besteht kein europarechtlicher Hintergrund für § 8a. 3

II. Der Verbraucherbeirat (Abs. 1). 1. Stellung. Der Verbraucherbeirat ist ebenso wie der Fachbeirat ein beratendes Gremium ohne Organstatus. 4

2. Aufgaben (Abs. 1). Über die Beratung durch den Verbraucherbeirat soll der Verbraucherschutz stärker in das aufsichtliche Handeln der BaFin einbezogen werden. Nach § 8a Abs. 3 der Satzung kann er für Angelegenheiten des Verbraucher- oder Anlegerschutzes **Empfehlungen** an die BaFin aussprechen, wenn mehr als die Hälfte der Mitglieder dem zustimmt. 5

3. Zusammensetzung (Abs. 2). Der Verbraucherbeirat besteht aus **zwölf Mitgliedern**, die durch das BMF für fünf Jahre bestellt werden (§ 8a Abs. 4 i. V. m. § 8 Abs. 2 S. 1 der Satzung). Es handelt sich gemäß Abs. 2 S. 3 und des konkretisierenden § 8a Abs. 1 S. 1 der Satzung um Vertreter von Verbraucher- und Anlegerschutzorganisationen, von außergerichtlichen Streitschlichtungssystemen, der Wissenschaft, des BMJV und der Gewerkschaften. Einzelne Personen können gemäß § 8a Abs. 1 S. 2 der Satzung zugleich auch in anderen Beiräten Mitglied sein. Auf der Internetseite der BaFin sind die aktuellen Mitglieder aufgelistet.[4] 6

[10] *BaFin*, https://www.bafin.de/DE/DieBaFin/GrundlagenOrganisation/Gremien/Widerspruchsausschuss/widerspruchsausschuss_node.html (abgerufen am 12.11.2016).

[11] Vgl. § 1 Rn. 39.

[12] Gesetz zur Überwachung der Finanzstabilität (Finanzstabilitätsgesetz – FinStabG) vom 28.11.2012 (BGBl. I 2369) als Art. 1 des Gesetzes zur Stärkung der deutschen Finanzaufsicht.

[13] Der ESRB gehört zum ESFS, vgl. § 1 Rn. 14.

[1] Art. 2 Nr. 6 des Gesetzes zur Stärkung der deutschen Finanzaufsicht vom 28.11.2012 (BGBl. I 2369).

[2] Bundesministerium für Ernährung, Landwirtschaft und Verbraucherschutz.

[3] Art. 12 Nr. 2 des Gesetzes zur Anpassung von Gesetzen auf dem Gebiet des Finanzmarktes vom 15.7.2014 (BGBl. I 934).

[4] *BaFin*, https://www.bafin.de/DE/DieBaFin/GrundlagenOrganisation/Gremien/Verbraucherbeirat/verbraucherbeirat_node.html (abgerufen am 12.11.2016).

7 **4. Innere Ordnung (Abs. 3).** Der Vorsitzende wird gemäß Satz 1 aus dem Kreis der Mitglieder gewählt. Über den Verweis in § 8a Abs. 4 der Satzung auf § 8 Abs. 1–3 und 7 der Satzung gelten die dortigen Vorschriften zu organisatorischen Aspekten ebenso wie beim Fachbeirat. Auch dessen Sitzungen finden unter Ausschluss der Öffentlichkeit statt.

Dritter Abschnitt. Personal

Rechtsstellung der Mitglieder des Direktoriums

9 (1) **[1]Die Mitglieder des Direktoriums stehen in einem öffentlich-rechtlichen Amtsverhältnis zum Bund. [2]Sie müssen besondere fachliche Eignung besitzen und werden auf Vorschlag der Bundesregierung durch den Bundespräsidenten ernannt. [3]Die Mitglieder des Direktoriums werden für acht Jahre, ausnahmsweise auch für kürzere Zeit, mindestens jedoch für fünf Jahre bestellt. [4]Wiederbestellung ist zulässig.**

(2) **[1]Das Amtsverhältnis der Mitglieder des Direktoriums beginnt mit der Aushändigung der Ernennungsurkunde, wenn nicht in der Urkunde ein späterer Tag bestimmt ist. [2]Es endet mit Ablauf der Amtszeit oder mit der Entlassung. [3]Der Bundespräsident entlässt ein Mitglied des Direktoriums auf dessen Verlangen oder auf Beschluss der Bundesregierung aus wichtigem Grund. [4]Vor der Beschlussfassung der Bundesregierung ist dem Mitglied des Direktoriums Gelegenheit zur Stellungnahme zu geben. [5]Im Falle der Beendigung des Amtsverhältnisses erhält das Mitglied des Direktoriums eine von dem Bundespräsidenten vollzogene Urkunde. [6]Die Entlassung auf Verlangen wird mit der Aushändigung der Urkunde wirksam, wenn in ihr nicht ausdrücklich ein späterer Tag bestimmt ist. [7]Die Entlassung aus wichtigem Grund wird mit dem Vollzug des Beschlusses der Bundesregierung wirksam, wenn sie sie nicht ausdrücklich für einen späteren Tag beschließt.**

(3) **[1]Die Mitglieder des Direktoriums leisten vor dem Bundesminister der Finanzen folgenden Eid: „Ich schwöre, das Grundgesetz für die Bundesrepublik Deutschland und alle in der Bundesrepublik Deutschland geltenden Gesetze zu wahren und meine Amtspflichten gewissenhaft zu erfüllen, so wahr mir Gott helfe." [2]Der Eid kann auch ohne religiöse Beteuerung geleistet werden.**

(4) **[1]Die Mitglieder des Direktoriums dürfen ohne Zustimmung des Bundesministeriums der Finanzen neben ihrem Amt kein anderes besoldetes Amt, kein Gewerbe und keinen Beruf ausüben und weder der Leitung eines auf Erwerb gerichteten Unternehmens noch einem Aufsichtsrat, Verwaltungsrat, Beirat oder einem anderen Gremium eines öffentlichen oder privaten Unternehmens, noch einer Regierung oder einer gesetzgebenden Körperschaft des Bundes oder eines Landes angehören. [2]Sie dürfen ohne Zustimmung des Bundesministeriums der Finanzen nicht gegen Entgelt außergerichtliche Gutachten erstellen. [3]Die Zustimmung des Bundesministeriums der Finanzen ist unter den in § 99 Absatz 2 des Bundesbeamtengesetzes genannten Voraussetzungen zu versagen.**

(5) **[1]Die §§ 67 bis 69 und 71 des Bundesbeamtengesetzes gelten entsprechend. [2]An die Stelle der obersten Dienstbehörde tritt das Bundesministerium der Finanzen.**

(6) **[1]Im Übrigen werden die Rechtsverhältnisse der Mitglieder des Direktoriums durch Verträge geregelt, die das Bundesministerium der Finanzen mit den Mitgliedern des Direktoriums schließt. [2]Die Verträge bedürfen der Zustimmung der Bundesregierung.**

(7) **[1]Wird ein Bundesbeamter zum Mitglied des Direktoriums ernannt, scheidet er mit Beginn des Amtsverhältnisses aus dem bisherigen Amt aus. [2]Für die Dauer des Amtsverhältnisses ruhen die Rechte und Pflichten aus dem Beamtenverhältnis. [3]Dies gilt nicht für die Pflicht zur Amtsverschwiegenheit und das Verbot der Annahme von Belohnungen oder Geschenken. [4]Satz 2 gilt längstens bis zum Eintritt oder bis zur Versetzung in den Ruhestand.**

(8) **[1]Endet das Amtsverhältnis nach Absatz 1 Satz 1 und wird die oder der Betroffene nicht anschließend in ein anderes öffentlich-rechtliches Amtsverhältnis zum Bund berufen, treten Beamtinnen und Beamte, wenn ihnen nicht innerhalb von drei Monaten unter den Voraussetzungen des § 28 Absatz 2 des Bundesbeamtengesetzes oder vergleichbarer landesgesetzlicher Regelungen ein anderes Amt übertragen wird, mit Ablauf dieser Frist aus ihrem Dienstverhältnis als Beamte in den einstweiligen Ruhestand, sofern sie zu diesem Zeitpunkt noch nicht die gesetzliche Altersgrenze erreicht haben. [2]Im Übrigen gelten die Vorschriften des Bundesbeamtengesetzes zum einstweiligen Ruhestand. [3]Sie erhalten ein Ruhegehalt, das sie in ihrem früheren Amt unter Hinzurechnung der Zeit des Amtsverhältnisses nach Absatz 1**

Satz 1 erdient hätten. [4]Die Zeit des Amtsverhältnisses nach Absatz 1 Satz 1 ist auch ruhegehaltfähig, wenn der Beamtin oder dem Beamten nach Satz 1 ein anderes Amt in einem Beamtenverhältnis zum Bund übertragen wird. [5]Für die beamteten Mitglieder des Direktoriums gilt § 107b des Beamtenversorgungsgesetzes entsprechend. [6]Eine vertragliche Versorgungsregelung nach Absatz 6 bleibt unberührt. [7]Die Ruhens- und Anrechnungsvorschriften des Beamtenversorgungsgesetzes sind sinngemäß anzuwenden.

(9) **Die Absätze 7 und 8 gelten für Richter oder Richterinnen und für Berufssoldaten oder Berufssoldatinnen entsprechend.**

I. Allgemeines. 1. Entstehungsgeschichte. § 9 in seiner jetzigen Fassung ist zum 9.12.2011 in Kraft getreten.[1] Der bisherige § 9 über die Beamten der BaFin wurde zu § 9a. 1

2. Normzweck. Die kleinteilig-verwaltungstechnische Vorschrift ist nötig, um den Sonderstatus der Direktoriumsmitglieder in dem öffentlich-rechtlichen Amtsverhältnis zu regeln. Da die Direktoriumsmitglieder seit 9.12.2011[2] keine Beamten mehr sind, findet das BBG keine Anwendung und es sind eigene Vorschriften oder explizite Verweisungen nötig. 2

3. Europarechtlicher Hintergrund. Es besteht kein europarechtlicher Hintergrund für § 9. 3

II. Öffentlich-rechtliches Amtsverhältnis der Direktoriumsmitglieder. Bei der Gründung der BaFin und in den Folgejahren hatten sowohl der Präsident, der Vizepräsident als auch die Exekutivdirektoren den Beamtenstatus. Um eine größere Flexibilität bei der Besetzung der Leitungsposten und deren Vergütung zu ermöglichen, wurde das öffentlich-rechtliche Amtsverhältnis für die Mitglieder des Direktoriums geschaffen, wobei die am 9.12.2011 aktiven Direktoriumsmitglieder gemäß § 18 Abs. 7 im Amt verblieben. Es ist beamtenähnlich, jedoch durch bestimmte Merkmale geprägt, die in § 9 gesondert normiert sind. Nach Abs. 7 S. 2 ruhen bei Bundesbeamten für die Dauer des Amtsverhältnisses die Rechte und Pflichten aus dem Beamtenverhältnis mit Ausnahme der Vorschriften der §§ 67–69 und 71 BBG.[3] Für Personen, die keine Beamten waren, gelten die §§ 67–69 und 71 BBG gemäß Abs. 5 S. 1 entsprechend. Da für die Direktoriumsmitglieder keine oberste Dienstbehörde i. S. v. § 3 Abs. 1 BBG existiert, wird das BMF durch Abs. 5 S. 2 als übergeordnete Stelle bestimmt. Nach Abs. 6 S. 1 werden die weiteren Aspekte des öffentlich-rechtlichen Amtsverhältnisses durch Verträge mit dem BMF geregelt. Parallele Regelungen über öffentlich-rechtliche Amtsverhältnisse gibt es für die Mitglieder der Bundesregierung (§ 1 Bundesministergesetz),[4] die Mitglieder des Vorstands der Bundesbank (§ 7 Abs. 1 BBankG)[5] und die Mitglieder des Vorstands der Bundesanstalt für Immobilienaufgaben (§ 5 Abs. 1 S. 2 BImAG).[6] 4

Die Direktoriumsmitglieder müssen gemäß Abs. 1 S. 2 besondere fachliche Eignung besitzen. Die Direktoriumsmitglieder werden auf Vorschlag der Bundesregierung durch den Bundespräsidenten für **grundsätzlich acht Jahre**, jedoch mindestens fünf Jahre, ernannt. Die in Abs. 3 beschriebene Eidesleistung ist ähnlich wie die für Beamte in § 64 BBG. Das Amtsverhältnis beginnt i. d. R. mit Aushändigung der Ernennungsurkunde und endet mit Ablauf der Amtszeit nach Abs. 1 S. 3 oder mit Entlassung nach Abs. 2 S. 3.

Beamte

9a

(1) **Der Bundesanstalt wird das Recht verliehen, Beamte zu haben.**

(2) **[1]Der Präsident ernennt die Beamten der Besoldungsgruppen A 2 bis A 16 der Besoldungsordnung A. [2]Der Bundespräsident ernennt die übrigen Beamten.**

(3) **[1]Für die Beamten ist oberste Dienstbehörde der Präsident oder die Präsidentin. [2]Der Präsident oder die Präsidentin kann seine oder ihre Befugnisse nach diesem Absatz auf ein oder mehrere Mitglieder des Direktoriums übertragen.**

I. Allgemeines. 1. Entstehungsgeschichte. Der bisherige § 9 wurde am 9.12.2011 zu § 9a, als der jetzige § 9 über die Rechtsstellung der Direktoriumsmitglieder eingeführt wurde. Frühere Bestimmun- 1

---

[1] Art. 8 Nr. 3 des Gesetzes zur Umsetzung der Richtlinie 2010/78/EU vom 24.11.2010 im Hinblick auf die Errichtung des Europäischen Finanzaufsichtssystems vom 4.12.2011 (BGBl. I 2427). Vgl. § 5 Rn. 4, § 6 Rn. 15.

[2] Vgl. § 5 Rn. 4 und § 6 Rn. 15.

[3] Bundesbeamtengesetz (BBG) vom 5.2.2009 (BGBl. I 160); § 67 BBG: Verschwiegenheitspflicht; § 68 BBG: Versagung der Aussagegenehmigung; § 69 BBG: Regelung über die Voraussetzungen für die Zulässigkeit einer Gutachtenerstattung; § 71 BBG: Verbot der Annahme von Belohnungen, Geschenken und sonstigen Vorteilen.

[4] Gesetz über die Rechtsverhältnisse der Mitglieder der Bundesregierung (Bundesministergesetz – BMinG) vom 17.6.1953 (BGBl. I 1166).

[5] Gesetz über die Deutsche Bundesbank in der Fassung der Bekanntmachung vom 22.10.1992 (BGBl. I 1782).

[6] Gesetz über die Bundesanstalt für Immobilienaufgaben vom 9.12.2004 (BGBl. I 3235).

gen zum Präsidenten, Vizepräsidenten und den Exekutivdirektoren sind entfallen.[1] Im Zuge der Dienstrechtsreform wurde der zuvor vorhandene zweite Hs. des Abs. 1 „sie sind mittelbare Bundesbeamte." gestrichen[2] da die bisherige begriffliche Unterscheidung keine praktische Relevanz mehr hatte.[3]

2 **2. Normzweck.** § 9a normiert die Dienstherrnfähigkeit der BaFin als Voraussetzung für die Beschäftigung von Beamten und legt die oberste Dienstbehörde für sie fest.

3 **3. Europarechtlicher Hintergrund.** Es besteht kein europarechtlicher Hintergrund für § 9a.

4 **II. Dienstherrnfähigkeit der BaFin (Abs. 1).** Die BaFin als bundesunmittelbare rechtsfähige Anstalt des öffentlichen Rechts ist **berechtigt, eigene Beamte zu beschäftigen**. § 9a Abs. 1 ist die gesetzliche Vorschrift zur Verleihung der Dienstherrnfähigkeit i. S. v. § 2 Nr. 2 BeamtStG[4] und § 2 BBG.[5] Beamte stehen gemäß § 4 BBG in einem öffentlich-rechtlichen Dienst- und Treueverhältnis zu ihrem Dienstherrn.

5 **III. Ernennung der Beamten (Abs. 2).** Die meisten Beamten sind auf der Arbeitsebene tätig und gehören der Besoldungsordnung A an; sie werden vom Präsidenten ernannt. Bei den übrigen Beamten, die zur Besoldungsordnung B gehören, handelt es sich um die Abteilungsleiter in der Besoldungsgruppe B 2.[6]

6 **IV. Oberste Dienstbehörde (Abs. 3).** Die oberste Dienstbehörde (§ 3 Abs. 1 BBG) ist **die oberste Behörde im organisationsrechtlichen Sinn eines Geschäftsbereichs**. In der unmittelbaren Bundesverwaltung ist dies i. d. R. ein Bundesministerium; so war das BMF die oberste Dienstbehörde für die Beamten der drei Vorgängerbehörden. Bei juristischen Personen des öffentlichen Rechts in der mittelbaren Bundesverwaltung bedarf es einer gesetzlichen Festlegung der obersten Dienstbehörde wie hier in Abs. 3 S. 1. Sie ist für bestimmte wesentliche beamtenrechtliche Entscheidungen wie u. a. die Versagung einer Aussagegenehmigung (§ 68 Abs. 3 S. 1 BBG) zuständig. Durch § 9a Abs. 3 S. 1 FinDAG und § 2 Abs. 1 S. 1 des Organisationsstatuts ist hierfür der **Präsident** bestimmt, der seine Befugnisse auf die Exekutivdirektoren delegieren kann.

Angestellte, Arbeiter und Auszubildende

10 (1) **Auf die Angestellten, Arbeiter und Auszubildenden der Bundesanstalt sind die für Arbeitnehmer und Auszubildende des Bundes jeweils geltenden Tarifverträge und sonstigen Bestimmungen anzuwenden.**

(2) [1] **Angestellte können mit Zustimmung des Verwaltungsrats auch oberhalb der höchsten tarifvertraglichen Vergütungsgruppe in einem außertariflichen Angestelltenverhältnis beschäftigt werden, soweit dies für die Durchführung der Aufgaben erforderlich ist.** [2] **Satz 1 gilt für die sonstige Gewährung von über- oder außertariflichen Leistungen entsprechend.**

1 **I. Allgemeines. 1. Entstehungsgeschichte.** § 10 ist seit 2002 unverändert.

2 **2. Normzweck.** § 10 befasst sich mit den Angestellten, Arbeitern und Auszubildenden der BaFin; für sie stellt § 10 die Verbindungsnorm zu den arbeitsrechtlichen Regelungen wie insbesondere die zwischen Gewerkschaften und dem Bund abgeschlossenen Tarifverträge dar. Zudem ist in § 10 die Erlaubnis zum Abschluss von außertariflichen Arbeitsverträgen normiert.

3 **3. Europarechtlicher Hintergrund.** Es besteht kein europarechtlicher Hintergrund für § 10.

4 **II. Arbeitnehmer und Auszubildende (Abs. 1).** Die frühere begriffliche Unterscheidung zwischen Angestellten und Arbeitern im Arbeits- und Sozialversicherungsrecht ist spätestens seit der Rentenversicherungsreform 2005[1*] und dem Inkrafttreten des TVöD[2*] überkommen, so dass nunmehr einheitlich von Arbeitnehmern gesprochen wird. Für sie werden die **Tarifverträge des Bundes** und sonstige Bestimmungen durch Abs. 1 für anwendbar erklärt. Diese Regelung ist nötig, da die BaFin

---

[1] Art. 1 Nr. 4 des Gesetzes zur Modernisierung der Aufsichtsstruktur der Bundesanstalt für Finanzdienstleistungsaufsicht (Aufsichtsstrukturmodernisierungsgesetz) vom 28.3.2008 (BGBl. I 493); Art. 8 Nr. 4 des Gesetzes zur Umsetzung der Richtlinie 2010/78/EU vom 24.11.2010 im Hinblick auf die Errichtung des Europäischen Finanzaufsichtssystems vom 4.12.2011 (BGBl. I 2427).

[2] Art. 15 Abs. 86 des Gesetzes zur Neuordnung und Modernisierung des Bundesdienstrechts (Dienstrechtsneuordnungsgesetz – DNeuG) vom 5.2.2009 (BGBl. I 160).

[3] Zur Streichung des § 2 Abs. 2 BBG a. F.: BT-Drs. 16/7076, 100.

[4] Gesetz zur Regelung des Statusrechts der Beamtinnen und Beamten in den Ländern (Beamtenstatusgesetz – BeamtStG) vom 17.6.2008 (BGBl. I 1010).

[5] Bundesbeamtengesetz (BBG) vom 5.2.2009 (BGBl. I 160).

[6] Vgl. Anlage I zu § 20 Abs. 2 S. 1 Bundesbesoldungsgesetz (BBesG) in der Fassung der Bekanntmachung vom 19.6.2009 (BGBl. I 1434).

[1*] Gesetz zur Organisationsreform in der gesetzlichen Rentenversicherung (RVOrgG) vom 9.12.2004 (BGBl. I 3242).

[2*] Tarifvertrag für den öffentlichen Dienst (TVöD) vom 19.9.2005.

gemäß § 1 Abs. 1 S. 1 eine eigene Rechtspersönlichkeit hat und nicht wie der Bund Tarifpartei des TVöD ist. Nach § 19 Abs. 3 wurden die Arbeitnehmer und Auszubildenden der Vorgängerbehörden von der BaFin übernommen. Bei der Gruppe der Arbeitnehmer kann begrifflich zwischen den von Abs. 1 umfassten Tarifbeschäftigten und den Arbeitnehmern mit außertariflichen Arbeitsverträgen unterschieden werden.

III. Arbeitnehmer mit außertariflichen Arbeitsverträgen (Abs. 2). Für bestimmte Aufgaben können mit Zustimmung des Verwaltungsrats[3] im Einzelfall Angestellte in einem **außertariflichen Arbeitsverhältnis** beschäftigt werden. Dies kommt vor allem für Personen mit großer Expertise in der quantitativen Risikomodellierung in Betracht. 5

Stellenzulage

10a (1) **Die bei der Bundesanstalt verwendeten Beamten erhalten eine nicht ruhegehaltfähige Stellenzulage in Höhe von 80 Prozent der Zulage nach Vorbemerkung Nummer 7 der Anlage I (Bundesbesoldungsordnungen A und B) des Bundesbesoldungsgesetzes.**

(2) **Die Bundesanstalt kann den Tarifbeschäftigten der Bundesanstalt mit Zustimmung des Bundesministeriums der Finanzen und des Bundesministeriums des Innern außertariflich eine entsprechende Zulage gewähren.**

I. Allgemeines. 1. Entstehungsgeschichte. § 10a wurde zum 1.1.2013 eingeführt.[1] 1

2. Normzweck. Zur Steigerung der Attraktivität der BaFin als Dienstherr bzw. Arbeitgeber wird den Beamten und Tarifbeschäftigten eine Zulage gezahlt. 2

3. Europarechtlicher Hintergrund. Es besteht kein europarechtlicher Hintergrund für § 10a. 3

II. Stellenzulage für Beamte (Abs. 1). Den Beamten wird eine Stellenzulage in Höhe von 80 % der Ministerialzulage gezahlt. Das ist eine Stellenzulage i. S. d. § 42 Abs. 1, 3 BBesG.[2] Nach § 22 Abs. 3 FinDAG wird die Zulage ab dem Jahr 2013 gezahlt. 4

III. Zulage für Tarifbeschäftigte (Abs. 2). Für die Tarifbeschäftigten kann eine entsprechende Zulage als einseitige außertarifliche Leistung des Arbeitgebers gewährt werden, wenn das BMF und das BMI zustimmen. Die Einbeziehung des BMI erklärt sich aus dessen Zuständigkeit für das Besoldungsrecht und das Tarifrecht des Bundes. 5

Personalgewinnungszuschlag

10b Die Bundesanstalt kann durch Beschluss des Direktoriums mit Zustimmung des Verwaltungsrats von § 43 Absatz 11 des Bundesbesoldungsgesetzes abweichen.

I. Allgemeines. 1. Entstehungsgeschichte. § 10b wurde zum 1.1.2013 eingeführt.[1*] 1

2. Normzweck. Mit § 10b soll die Obergrenze für die Zahlung von Zuschlägen umgangen werden können. 2

3. Europarechtlicher Hintergrund. Es besteht kein europarechtlicher Hintergrund für § 10b. 3

II. Personalgewinnungszuschlag. § 43 Abs. 11 BBesG normiert eine Obergrenze von 0,3 % der jährlichen Besoldungsausgaben für Zuschläge. Durch die in § 10b normierte Erlaubnis zur Abweichung von dieser Vorgabe sollen Personalgewinnungszuschläge für Experten mit besonders gesuchten Qualifikationen gezahlt werden können. Aufgrund des haushaltlichen Bezuges ist die Zustimmung des Verwaltungsrates notwendig.[2*] 4

Verschwiegenheitspflicht

11 **[1]Die Verschwiegenheitspflicht der Beschäftigten der Bundesanstalt in Bezug auf Tatsachen, die ihnen bei ihrer Tätigkeit bekannt geworden sind, bestimmt sich nach den aufsichtsrechtlichen Bestimmungen, auf Grund deren der einzelne Beschäftigte tätig geworden ist. [2]Satz 1 gilt für die Mitglieder des Verwaltungsrats und der Beiräte hinsichtlich der ihnen bei Wahrnehmung ihrer Aufgaben bekannt gewordenen Tatsachen entsprechend.**

---

[3] Vgl. § 7 Rn. 5.
[1] Art. 2 Nr. 7 des Gesetzes zur Stärkung der deutschen Finanzaufsicht vom 28.11.2012 (BGBl. I 2369).
[2] Bundesbesoldungsgesetz (BBesG) in der Fassung der Bekanntmachung vom 19.6.2009 (BGBl. I 1434).
[1*] Art. 2 Nr. 7 des Gesetzes zur Stärkung der deutschen Finanzaufsicht vom 28.11.2012 (BGBl. I 2369).
[2*] Vgl. § 7 Rn. 5.

1 **I. Allgemeines. 1. Entstehungsgeschichte.** § 11 ist seit 2002 unverändert.

2 **2. Normzweck.** Für die Verschwiegenheitspflicht der BaFin-Beschäftigten verweist § 11 auf die Fachgesetze und erklärt deren Geltung auch für Gremienmitglieder.

3 **3. Europarechtlicher Hintergrund.** Für § 11 besteht kein direkter europarechtlicher Hintergrund, allerdings sind in verschiedenen europäischen Rechtsakten Vorschriften zur Verschwiegenheitspflicht enthalten, die in nationalen Gesetzen umgesetzt wurden. Für die Versicherungsaufsicht ist in erster Linie § 309 VAG einschlägig, der der Umsetzung von Art. 65 der Solvabilität-II-Richtlinie[1] dient. Die Auslegung des Art. 54 der Richtlinie 2004/39/EG (Markets in Financial Instruments Directive – MiFiD)[2] über das Berufsgeheimnis und dessen Umsetzung in § 9 KWG und § 8 WpHG im Spannungsfeld mit dem IFG[3] ist Gegenstand mehrerer Gerichtsverfahren.[4]

4 **II. Aufsichtsrechtliche Verschwiegenheitspflicht der Beschäftigten (Satz 1).** Für die Beschäftigten der BaFin gelten ipso jure die jeweiligen fachgesetzlichen Vorschriften über die Verschwiegenheitspflicht, so dass Satz 1 nur deklaratorischen Charakter hat. Der Gesetzgeber wollte damit klarstellen, dass sich die Verschwiegenheitspflichten nach den konkreten Tätigkeiten der Beschäftigten richten.[5] Wenn beispielsweise Beschäftigte an zentraler Stelle der BaFin Unternehmensdaten von Versicherungsunternehmen und Kreditinstituten für Zwecke der Finanzstabilität analysieren, sind die Vorschriften sowohl des VAG als auch des KWG zu beachten. Zu den sektorspezifischen Bestimmungen zählen § 309 VAG, § 9 KWG, § 8 WpHG, § 9 WpÜG, § 27 WpPG, § 4 VermAnlG, § 6 ZAG und § 8 KAGB. Für den Versicherungsbereich ist dabei § 309 VAG maßgeblich, der ein **Verbot der Weitergabe von vertraulichen Informationen** normiert. § 309 VAG enthält in Abs. 5 Nr. 12 eine dahingehende Sonderregelung, dass solche Informationen dann an Verwaltungsgerichte weitergegeben werden können, wenn die BaFin Beklagte in einem Verfahren ist und die Verwaltungsgerichte die Informationen zur Erfüllung ihrer Aufgaben benötigen, wobei Klagen nach dem IFG explizit ausgenommen sind. Der Hessische VGH nimmt seit 2015 unter Bezug auf den EuGH[6] eine **weite richtlinienkonforme Auslegung von § 9 KWG und § 8 WpHG** dahingehend vor, dass die BaFin verpflichtet ist, keine vertraulichen Informationen zu offenbaren.[7] Danach ist das **Berufsgeheimnis** dahingehend weit zu verstehen und stellt einen Ausschlussgrund i. S. v. § 3 Nr. 4 IFG dar.

5 **III. Aufsichtsrechtliche Verschwiegenheitspflicht der Gremienmitglieder (Satz 2).** Über Satz 2 werden die fachgesetzlichen Vorschriften zur Verschwiegenheitspflicht auch für die Mitglieder des Verwaltungsrats und der Beiräte[8] angewandt, die selber keine Beschäftigten der BaFin sind. Dies gilt insbesondere für Betriebs- und Geschäftsgeheimnisse von beaufsichtigten Unternehmen. Durch die Bestimmungen in der Satzung über die **Nicht-Öffentlichkeit der Sitzungen** von Verwaltungsrat (§ 6 Abs. 1 S. 2), Fachbeirat und Verbraucherbeirat (§ 8 Abs. 1 S. 7 auch i. V. m. § 8a Abs. 4) sind auch Informationen über andere Themen und den Verlauf der Beratungen von den Mitgliedern vertraulich zu behandeln.[9]

6 **IV. Dienstrechtliches Amtsgeheimnis.** Daneben gilt die beamtenrechtliche Verschwiegenheitspflicht des § 67 BBG über dienstliche Abläufe und binnenorganisatorische Sachverhalte, der über die Verweisung in § 9 Abs. 5 S. 1 auch für die Direktoriumsmitglieder gilt. Die Tarifbeschäftigten haben § 3 Abs. 1 TVöD zu beachten.

---

[1] Richtlinie 2009/138/EG des Europäischen Parlaments und des Rates vom 25.11.2009 betreffend die Aufnahme und Ausübung der Versicherungs- und der Rückversicherungstätigkeit (Solvabilität II; ABl. 2009 L 335, 1).

[2] Richtlinie 2004/39/EG des Europäischen Parlaments und des Rates vom 21.4.2004 über Märkte für Finanzinstrumente, zur Änderung der Richtlinien 85/611/EWG und 93/6/EWG des Rates und der Richtlinie 2000/12/EG des Europäischen Parlaments und des Rates und zur Aufhebung der Richtlinie 93/22/EWG des Rates (ABl. 2004 L 145, 1).

[3] Informationsfreiheitsgesetz (IFG) vom 5.9.2005 (BGBl. I 2722).

[4] *EuGH* Urt. v. 12.11.2014 – C-140/13, NVwZ 2015, 46 – Altmann; *BVerwG* Beschl. v. 4.11.2015 – 7 C 4.14, NVwZ 2016, 1335 (Vorabentscheidungsersuchen an den EuGH, dort unter dem Az. C-15/16 anhängig).

[5] BT-Drs. 14/7033, 36.

[6] *EuGH* Urt. v. 12.11.2014 – C-140/13, NVwZ 2015, 46.

[7] *VGH Kassel* Urt. v. 11.3.2015 – 6 A 1598/13, NVwZ 2015, 1302.

[8] Fachbeirat (§ 8 FinDAG), Verbraucherbeirat (§ 8a FinDAG), Versicherungsbeirat (§ 325 VAG), Wertpapierrat (§ 5 WpHG), Übernahmebeirat (§ 5 WpÜG).

[9] Vgl. § 7 Rn. 7 mit Hinweis auf *BVerwG* Urt. v. 28.7.2016 – 7 C 3.15, BeckRS 2016, 53117.

Vierter Abschnitt. Haushaltsplan, Rechnungslegung, Deckung des Verwaltungsaufwands

Haushaltsplan, Rechnungslegung

12 (1) [1]**Die Bundesanstalt weist die in ihrem Verwaltungsbereich voraussichtlich zu erwartenden Einnahmen und zu leistenden Ausgaben in einem Haushaltsplan einschließlich eines Stellenplans aus.** [2]**Haushaltsjahr ist das Kalenderjahr.** [3]**Auf Zahlungen, die Buchführung und die Rechnungslegung sind die für die bundesunmittelbaren juristischen Personen geltenden Bestimmungen der Bundeshaushaltsordnung anzuwenden.**

(1a) [1]**Bei der Aufstellung des Haushaltsplans beachtet die Bundesanstalt insbesondere in Bezug auf den Stellenplan im besonderen Maße die Grundsätze der Wirtschaftlichkeit und Sparsamkeit.** [2]**Die Erforderlichkeit der im Haushaltsplan ausgebrachten Planstellen und sonstigen Stellen ist bei gegebenem Anlass, im Übrigen regelmäßig zu überprüfen.** [3]**Dabei sind insbesondere Art und Umfang der Aufgabenerledigung zu überprüfen.**

(2) [1]**Der Haushaltsplan wird vom Direktorium aufgestellt.** [2]**Das Direktorium hat dem Verwaltungsrat den Entwurf des Haushaltsplans unverzüglich vorzulegen.** [3]**Der Haushaltsplan wird durch den Verwaltungsrat festgestellt.**

(3) [1]**Nach Ende des Haushaltsjahres hat das Direktorium eine Rechnung über die Einnahmen und Ausgaben der Bundesanstalt aufzustellen.** [2]**Die Entlastung erteilt der Verwaltungsrat mit Zustimmung des Bundesministeriums.**

(4) [1]**Ergibt die Rechnung einen Überschuss, kann dieser mit Zustimmung des Verwaltungsrats auf das folgende Haushaltsjahr übertragen werden.** [2]**Anstelle der Übertragung kann in Höhe des Überschusses eine Rücklage für zukünftige Investitionsvorhaben gebildet werden.** [3]**Die Bildung der Rücklage bedarf zu ihrer Wirksamkeit der Zustimmung des Verwaltungsrats.**

(5) [1]**Die Prüfung der Rechnung und der Haushalts- und Wirtschaftsführung ist unbeschadet einer Prüfung des Bundesrechnungshofs nach § 111 der Bundeshaushaltsordnung von der in der Satzung bestimmten Stelle vorzunehmen.** [2]**Die Ergebnisse der Prüfung sind dem Direktorium, dem Verwaltungsrat und dem Bundesministerium sowie dem Bundesrechnungshof zuzuleiten.**

I. Allgemeines. 1. Entstehungsgeschichte. In § 12 wurden seit 2002 nur redaktionelle Anpassungen an die 2008 reformierte Leitungsstruktur vorgenommen[1] und mit Wirkung zum 1.1.2013 der Abs. 1a über die Grundsätze der Wirtschaftlichkeit und Sparsamkeit eingefügt.[2] 1

2. Normzweck. § 12 ist die Grundlage für den vom Bundeshaushalt unabhängigen Haushalt der BaFin. 2

3. Europarechtlicher Hintergrund. Es besteht kein europarechtlicher Hintergrund für § 12. 3

II. Der Haushalt der BaFin. 1. Anzuwendende Vorschriften (Abs. 1). Der Haushalt der BaFin ist vom Bundeshauhalt losgelöst und bedarf daher eigener gesetzlicher Regelungen im FinDAG. Über die Verweisung in Abs. 1 S. 3 auf die Vorschriften für bundesunmittelbare juristische Personen des öffentlichen Rechts in der **Bundeshaushaltsordnung** (BHO)[3] sind gemäß § 105 Abs. 1 BHO die §§ 106–110 BHO direkt und die §§ 1–87 BHO entsprechend auf die BaFin anzuwenden. Auch § 9 Abs. 1 der Satzung enthält den Verweis, dass der Haushaltsplan nach den Grundsätzen der §§ 105–112 BHO aufzustellen ist. 4

2. Der Haushaltsplan. Die allgemeinen Vorschriften zum Haushaltsplan finden sich im Abschnitt I des Haushaltsgrundsätzegesetzes,[4] das auch auf bundesunmittelbare juristische Personen des öffentlichen Rechts anzuwenden ist (§ 48 Abs. 1 HGrG). Der Haushaltsplan ist die **Zusammenstellung der für das Haushaltsjahr veranschlagten Einnahmen und Ausgaben**. Er dient der Feststellung und Deckung des Finanzbedarfs; zugleich bildet er die Grundlage für die Haushalts- und Wirtschaftsführung 5

[1] Art. 4 Nr. 2 des Gesetzes zur Kontrolle von Unternehmensabschlüssen vom 15.12.2004 (BGBl. I 3408); Art. 1 Nr. 5 des Gesetzes zur Modernisierung der Aufsichtsstruktur der Bundesanstalt für Finanzdienstleistungsaufsicht (Aufsichtsstrukturmodernisierungsgesetz) vom 28.3.2008 (BGBl. I 493).

[2] Art. 2 Nr. 8 des Gesetzes zur Stärkung der deutschen Finanzaufsicht vom 28.11.2012 (BGBl. I 2369).

[3] Bundeshaushaltsordnung (BHO) vom 19.8.1969 (BGBl. I 1284).

[4] Gesetz über die Grundsätze des Haushaltsrechts des Bundes und der Länder (Haushaltsgrundsätzegesetz – HGrG) vom 19.8.1969 (BGBl. I 1273).

(§ 2 S. 1 und 2 HGrG). Nach § 3 Abs. 1 HGrG wird der Haushaltsplan mit der Feststellung verbindlich, d. h. die BaFin ist dann befugt, Verpflichtungen einzugehen und Ausgaben zu leisten. Der Haushaltsplan der BaFin enthält gemäß Abs. 1 S. 1 auch den Stellenplan. Für die Aufgaben der Bilanzkontrolle im Enforcement-Bereich[5] sind die zugehörigen Einnahmen und Ausgaben nach § 17a S. 1 in einem gesonderten Teil des Haushaltsplans mit gesondertem Stellenplan auszuweisen.

6 **3. Grundsätze der Wirtschaftlichkeit und Sparsamkeit (Abs. 1a).** Durch den 2013 eingefügten Abs. 1a sind die Grundsätze der Wirtschaftlichkeit und Sparsamkeit ausdrücklich in das FinDAG in redundanter Weise aufgenommen worden, die auch schon in § 7 Abs. 1 S. 1 BHO und § 6 Abs. 1 HGrG normiert sind.

7 **4. Aufstellung, Feststellung und Genehmigung des Haushaltsplans (Abs. 2).** Während beim Bundeshaushalt der Bundestag über die Verabschiedung des Haushaltsgesetzes[6] den Haushalt beschließt, sieht das Verfahren bei der BaFin so aus, dass der Haushaltsplan nach der Aufstellung durch das Direktorium (Abs. 3 S. 1 – § 106 Abs. 1 BHO) vom Verwaltungsrat festgestellt wird (Abs. 3 S. 3 – § 106 Abs. 2 BHO) und nach § 108 S. 1 und 2 BHO vom BMF zu genehmigen ist.

8 **5. Rechnung über Einnahmen und Ausgaben (Abs. 3).** Nach Ende des Haushaltsjahres stellt das Direktorium gemäß Abs. 3 S. 1 eine Rechnung über Einnahmen und Ausgaben auf (vgl. § 109 Abs. 2 BHO). Für die Entlastung liegt die Zuständigkeit beim Verwaltungsrat, der der Zustimmung des BMF bedarf. Gemäß §§ 80–86 BHO sind eine Haushalts-, eine Kassen- und eine Vermögensrechnung aufzustellen. Die Haushaltsrechnung ist ein Abgleich mit dem Haushaltsplan.

9 **6. Möglichkeiten zur Verwendung eines Überschusses (Abs. 4).** Sofern die Rechnung des Abs. 3 einen Überschuss ergibt, kann dieser gemäß Abs. 4 S. 1 auf das folgende Haushaltsjahr übertragen oder eine Rücklage für zukünftige Investitionsvorhaben gemäß Abs. 4 S. 2 gebildet werden. Stets ist eine Zustimmung des Verwaltungsrats erforderlich.[7] Es gibt im FinDAG keine Regelung zu Jahresfehlbeträgen.

10 **III. Die Prüfung der Haushalts- und Wirtschaftsführung (Abs. 5).** Die Prüfung der Rechnungslegung sowie der Haushalts- und Wirtschaftsführung ist gemäß § 10 Abs. 3 S. 1 und 2 der Satzung von einem Wirtschaftsprüfer als Abschlussprüfer vorzunehmen. Daneben kann der **Bundesrechnungshof (BRH)** eigene Prüfungen nach § 111 BHO vornehmen. Der BRH informiert den Verwaltungsrat gemäß § 10 Abs. 4 der Satzung über relevante Erkenntnisse. Der Verwaltungsrat berücksichtigt den Prüfbericht des Abschlussprüfers und Mitteilungen des BRH bei der Feststellung der Jahresrechnung und der Entlastung des Direktoriums (§ 4 Abs. 1 S. 2 Nr. 2 der Satzung).

Deckung der Kosten der Aufsicht

13 (1) [1]**Die Bundesanstalt deckt ihre Kosten, einschließlich der Kosten, mit denen die Deutsche Bundesbank die Bundesanstalt nach § 15 Abs. 2 belastet, aus eigenen Einnahmen nach Maßgabe der §§ 14 bis 16 und den sonstigen eigenen Einnahmen, soweit in den §§ 17a bis 17d nichts anderes bestimmt ist.** [2]**Bußgelder bleiben unberücksichtigt.**

(2) [1]**Der Bund leistet die zur Aufrechterhaltung einer ordnungsgemäßen Kassenwirtschaft notwendigen Liquiditätshilfen als verzinsliches Darlehen nach Maßgabe des Haushaltsgesetzes.** [2]**Die Höhe des Zinssatzes wird durch Vereinbarung zwischen dem Bund und der Bundesanstalt festgelegt.** [3]**Das Darlehen ist so bald wie möglich zurückzuzahlen, spätestens jedoch mit dem Ende des Haushaltsjahres.**

1 **I. Allgemeines. 1. Entstehungsgeschichte.** 2004 wurde Abs. 1 neu gefasst um die Vorschriften über die Finanzierung der Bilanzkontrolle und die Regelung über Bußgelder einzufügen.[1] Im Zuge der Reform des Gebührenrechts wird mit Wirkung zum 1.10.2021 eine Anpassung an das Bundesgebührengesetz und die zukünftige Besondere Gebührenverordnung des BMF in Kraft treten.[2]

2 **2. Normzweck.** In § 13 wird statuiert, dass die Kosten der BaFin durch eigene Einnahmen ohne Bußgelder abgedeckt werden. Das ist konsequent im Hinblick auf den eigenständigen Haushalt nach § 12. Nur als vorübergehende Ausnahme kommt die Gewährung eines zurückzuzahlenden Darlehens durch den Bund in Betracht.

---

[5] Vgl. § 17a Rn. 1.
[6] Haushaltsgesetze i. S. d. Art. 110 Abs. 2 GG sind rein formelle Gesetze, da sie keine Außenwirkung entfalten.
[7] Vgl. § 7 Rn. 5.
[1] Art. 4 Nr. 3 des Gesetzes zur Kontrolle von Unternehmensabschlüssen vom 15.12.2004 (BGBl. I 3408).
[2] Art. 4 Abs. 76 Nr. 2 des Gesetzes zur Aktualisierung der Strukturreform des Gebührenrechts des Bundes vom 18.7.2016 (BGBl. I 1666).

3. Europarechtlicher Hintergrund. Es besteht kein europarechtlicher Hintergrund für § 13. 3

II. Die Finanzierung der BaFin (Abs. 1 S. 1). 1. Die Kosten der Aufsicht. Zu den Kosten der BaFin zählen die Aufwendungen für Personal-, Sach- und Gemeinkosten. S. 1 nennt ausdrücklich den bei Prüfungen im Auftrag der BaFin entstehenden Personal- und Sachaufwand der Bundesbank als Teil der Kosten. Auch Schadensersatzzahlungen für leicht fahrlässig begangene Amtspflichtverletzungen von BaFin-Beschäftigten bei der Aufsichtstätigkeit gehören dazu.[3] 4

2. Einnahmen. Unter den Oberbegriff der eigenen Einnahmen fallen die regulär vorgesehenen Einnahmen und die sonstigen eigenen Einnahmen. Das FinDAG sieht **drei reguläre Einnahmearten** vor: Gebühren für individuell zurechenbare öffentliche Leistungen (§ 14 i. V. m. §§ 1 ff. FinDAGKostV mit Gebührenverzeichnis), gesonderte Erstattungen für Kosten aufgrund von enumerativ aufgelisteten Tatbeständen (§ 15) und die Umlage (§§ 16–16q). Es ist nicht eindeutig, was unter dem **Auffangbegriff der sonstigen eigenen Einnahmen** fällt; in Betracht können Zwangsgelder und Zinsen kommen.[4] Die Erfüllung der gesonderten Aufgabe der Bilanzkontrolle wird durch gesonderte eigene Einnahmen finanziert: Gebühren für gesonderte individuell zurechenbare öffentliche Leistungen (§ 17b), gesonderte Erstattung bei gesonderten Prüfungen (§ 17c) und die gesonderte Umlage (§ 17d). 5

III. Bußgelder (Abs. 1 S. 2). Von der BaFin verhängte Bußgelder[5] sind nicht bei den Einnahmen einbezogen (Abs. 1 S. 2) und bleiben konsequenterweise bei der Berechnung der umlagefähigen Kosten unberücksichtigt (§ 16a Abs. 2 S. 3). Gemäß § 90 Abs. 2 S. 1 OWiG werden die Geldbußen an die Bundeskasse abgeführt. 6

IV. Ausnahme für Darlehen des Bundes (Abs. 2). Für den bisher nicht eingetretenen Fall, dass die BaFin in einen Liquiditätsengpass gerät und somit eine ordnungsgemäße Kassenwirtschaft der BaFin nicht gewährleistet wäre, kann der Bund temporär verzinsliche Darlehen gewähren. Der Gesetzgeber wollte eine Kreditaufnahme am Kapitalmarkt ausschließen.[6] Es wäre auch unbedingt zu vermeiden, dass die BaFin bei einem beaufsichtigten Unternehmen einen Kredit aufnimmt. 7

Fünfter Abschnitt. Gebühren und Umlage, Zwangsmittel

Gebühren für individuell zurechenbare öffentliche Leistungen

14 (1) **Die Bundesanstalt kann für individuell zurechenbare öffentliche Leistungen im Rahmen der ihr zugewiesenen Aufgaben Gebühren in Höhe von bis zu 500 000 Euro erheben, soweit nicht die für die Bundesanstalt geltenden Gesetze besondere Gebührenregelungen enthalten, nach § 15 eine gesonderte Erstattung von Kosten vorgesehen ist oder eine gesonderte Finanzierung nach Maßgabe der §§ 17a bis 17d stattfindet.**

(2) **¹Das Bundesministerium wird ermächtigt, durch Rechtsverordnung die gebührenpflichtigen Tatbestände und die Gebühren nach Maßgabe des Absatzes 1 durch feste Sätze oder Rahmensätze und durch Regelungen über Erhöhungen, Ermäßigungen und Befreiungen für bestimmte Arten von individuell zurechenbaren öffentlichen Leistungen näher zu bestimmen. ²Dabei kann von § 23 Absatz 5 Satz 1 und 2 des Bundesgebührengesetzes abgewichen werden. ³Die Gebührensätze sind so zu bemessen, dass zwischen der den Verwaltungsaufwand berücksichtigenden Höhe und der Bedeutung, dem wirtschaftlichen Wert oder dem sonstigen Nutzen der individuell zurechenbaren öffentlichen Leistung ein angemessenes Verhältnis besteht. ⁴Das Bundesministerium kann die Ermächtigung zum Erlass der Rechtsverordnung nach Satz 1 durch Rechtsverordnung auf die Bundesanstalt übertragen.**

(3) **In der Rechtsverordnung nach Absatz 2 kann bestimmt werden, dass sie auch auf die bei ihrem Inkrafttreten anhängigen Verwaltungsverfahren anzuwenden ist, soweit in diesem Zeitpunkt die Gebühr nicht bereits festgesetzt ist.**

I. Allgemeines. 1. Entstehungsgeschichte. Die ersten Änderungen betrafen die Aufnahme der Vorschriften über die Finanzierung der gesonderten Aufgabe Bilanzkontrolle[1] und der Dispens von den Vorgaben des früheren § 15 Verwaltungskostengesetz bzw. § 23 Abs. 5 S. 1 und 2 Bundesgebührenge- 1

---

[3] Vgl. *BVerfG* Beschl. v. 24.11.2015 – 2 BvR 335/12, NVwZ 2016, 606.
[4] *Laars* § 13 FinDAG Rn. 3.
[5] Die BaFin ist gemäß § 333 VAG und § 341n Abs. 4 S. 1 HGB die zuständige Bußgeldbehörde i. S. v. § 36 OWiG für die versicherungsspezifischen Ordnungswidrigkeitentatbestände in § 332 VAG und § 341n ggf. i. V. m. § 341p HGB.
[6] BT-Drs. 14/7033, 37.
[1] Art. 4 Nr. 4 des Gesetzes zur Kontrolle von Unternehmensabschlüssen vom 15.12.2004 (BGBl. I 3408).

setz in Abs. 2 S. 2.[2] Die ursprüngliche Überschrift „Gebühren für Amtshandlungen" des § 14 wurde 2013 ebenso wie Abs. 1 und Abs. 2 im Zuge der **Gebührenrechtsreform** an die neue Terminologie angepasst.[3] In einem nächsten Schritt wird § 14 mit Wirkung zum 1.10.2021 komplett aufgehoben.[4]

2 **2. Normzweck.** § 14 ist die Ermächtigungsgrundlage für den Erlass der FinDAGKostV, die Vorgaben zu Gebühren mit Tatbeständen und Gebührensätzen enthält.

3 **3. Europarechtlicher Hintergrund.** Es besteht kein europarechtlicher Hintergrund für § 14.

4 **II. Gebühren (Abs. 1). 1. Das Gebührenrecht mit grundlegender Terminologie.** Die allgemeinen Vorgaben zum Gebührenrecht finden sich seit dem 15.8.2013 im Bundesgebührengesetz (BGebG),[5] das das zuvor geltende Verwaltungskostengesetz abgelöst hat und nach § 2 Abs. 1 BGebG auch für bundesunmittelbare Anstalten des öffentlichen Rechts gilt. Mit der Strukturreform des Gebührenrechts des Bundes ist eine Vereinheitlichung bei der Kalkulation und der Terminologie bezweckt. Gebühren sind öffentlich-rechtliche Geldleistungen, die der Gebührengläubiger vom Gebührenschuldner für individuell zurechenbare öffentliche Leistungen erhebt (§ 3 Abs. 4 BGebG). Statt „Amtshandlungen" wird nunmehr der **Begriff der „individuell zurechenbaren öffentlichen Leistungen"** gemäß § 3 Abs. 1 BGebG verwendet, zu dessen Merkmalen die Außenwirkung zählt. Der Begriff der Amtshandlungen war unpräzise, da auch verwaltungsinterne Vorgänge ohne Außenwirkung davon umfasst waren. Auf der Grundlage des BGebG sollen in mehreren Stufen Konkretisierungen des Gebührenrechts erfolgen: Als ersten Schritt erließ die Bundesregierung im Jahr 2015 gemäß § 22 Abs. 3 BGebG die Allgemeine Gebührenverordnung (AGebV).[6] Darauf aufbauend werden die Bundesministerien für ihre Geschäftsbereiche eigene Besondere Gebührenverordnungen (BGebV) nach § 22 Abs. 4 BGebG erstellen, die sich am Muster der zukünftigen BGebV des Bundesministeriums des Innern (BMI) orientieren sollen.[7] Der ursprünglich vorgesehene Termin 14.8.2018 für eine BGebV des BMF wurde auf den 1.10.2021 verschoben.[8]

5 **2. Anwendungsbereich.** Um eine verursachungsgerechte Zurechnung der Kosten für bestimmte Aufsichtstätigkeiten zu erreichen, kann die BaFin Gebühren erheben. Vorrangig vor der Erhebung von Gebühren sind jedoch die in § 15 aufgelisteten Tatbestände, bei denen die Unternehmen die entstandenen Kosten von Aufsichtstätigkeiten gesondert an die BaFin zu erstatten haben. Unabhängig von den regulären Aufsichtsaufgaben mit der Kostentragung nach §§ 14 ff. erfolgt die Finanzierung der Bilanzkontrolle ausschließlich nach §§ 17a–17d, die mit § 17b eine separate Vorschrift über Gebühren für gesonderte individuell zurechenbare öffentliche Leistungen enthalten.

6 **3. Gebührenarten, Gebührenrahmen und Gebührenhöhe.** Nach § 11 BGebG gibt es als Gebührenarten Festgebühren (feste Sätze), Zeitgebühren und Rahmengebühren (Rahmensätze). Festgebühren sind für standardisierte Verwaltungstätigkeiten vorgesehen, während bei Rahmengebühren und Zeitgebühren der Aufwand der Verwaltung je nach Einzelfall variieren kann und die Komplexität bzw. der konkrete Zeitaufwand der Bearbeitung relevant sind. Die Obergrenze für Gebühren der BaFin ist in § 14 Abs. 1 FinDAG grundsätzlich auf 500.000 EUR festgelegt, wobei Abweichungen in fachgesetzlichen Vorschriften zulässig sind. Das VAG enthält keine besonderen Gebührenregelungen, nur im Bereich der Wertpapieraufsicht gibt es solche Vorschriften in § 47 WpÜG, § 33 WpPG, § 27 VermAnlG. Es wird keine Untergrenze im FinDAG genannt, in der FinDAGKostV gibt es jedoch bei manchen Gebührentatbeständen Mindestgebühren. Das BGebG beschreibt in § 9 die Grundlagen der Gebührenbemessung, wozu auch die Berücksichtigung eines wirtschaftlichen Nutzens oder Wertes einer individuell zurechenbaren öffentlichen Leistung gehört.

7 **III. FinDAGKostV (Abs. 2 und 3).** Auf der Grundlage des Abs. 2 S. 1 und 3, Abs. 3 erließ das BMF die Verordnung über die Erhebung von Gebühren und die Umlegung von Kosten nach dem Finanzdienstleistungsaufsichtsgesetz (FinDAGKostV).[9] Sie besteht aus drei Abschnitten (Abschnitt 1 „Gebührenerhebung"; Abschnitt 2 „Umlage"; Abschnitt 3 „Übergangs- und Schlussbestimmungen") und dem **Gebührenverzeichnis als Anlage**. Das Gebührenverzeichnis setzt sich aus insgesamt zehn

[2] Art. 7 Nr. 1 des Gesetzes zur Ergänzung der Bekämpfung der Geldwäsche und der Terrorismusfinanzierung vom 13.8.2008 (BGBl. I 1690).

[3] Art. 2 Abs. 103 Nr. 2 des Gesetzes zur Strukturreform des Gebührenrechts des Bundes vom 7.8.2013 (BGBl. I 3154).

[4] Art. 4 Abs. 76 Nr. 3 des Gesetzes zur Aktualisierung der Strukturreform des Gebührenrechts des Bundes vom 18.7.2016 (BGBl. I 1666).

[5] Gesetz über Gebühren und Auslagen des Bundes (Bundesgebührengesetz – BGebG) vom 7.8.2013 (BGBl. I 3154).

[6] Allgemeine Gebührenverordnung (AGebV) vom 11.2.2015 (BGBl. I 130).

[7] BT-Drs. 17/10422, S. 79; BT-Drs. 18/7988, S. 1.

[8] Art. 7 Abs. 3 des Gesetzes zur Aktualisierung der Strukturreform des Gebührenrechts des Bundes vom 18.7.2016 (BGBl. I 1666).

[9] Verordnung über die Erhebung von Gebühren und die Umlegung von Kosten nach dem Finanzdienstleistungsaufsichtsgesetz (FinDAGKostV) vom 29.4.2002 (BGBl. I 1504, 1847).

Abschnitten zusammen, von denen Nr. 6 die individuell zurechenbaren öffentlichen Leistungen nach dem VAG enthält. Von der Delegationsbefugnis auf die BaFin nach Abs. 2 S. 4 wurde bislang kein Gebrauch gemacht. Die in Abs. 3 verankerte Option, die FinDAGKostV auf am 1.5.2002 anhängige Verwaltungsverfahren anzuwenden, sofern noch keine Gebühr festgesetzt wurde, ist nicht in der FinDAGKostV umgesetzt worden.

Die Vorschriften über die Umlage in Abschnitt 2 der FinDAGKostV wurden zum 1.1.2013 in aktualisierter Fassung in §§ 16a-16q FinDAG überführt.[10] Im Rahmen der Gebührenrechtsreform werden der Abschnitt 1 der FinDAGKostV und das Gebührenverzeichnis ebenso wie § 14 zum 1.10.2021 aufgehoben.[11] Dann wird nur noch der rudimentäre Abschnitt 3 „Übergangs- und Schlussbestimmungen" (§§ 13–15) übrig bleiben und die Verordnung erhält den Titel Verordnung über die Umlegung von Kosten nach dem Finanzdienstleistungsaufsichtsgesetz. 8

IV. Spezielle Gebührenverordnungen. Neben der FinDAGKostV enthalten auch drei auf der Grundlage von Fachgesetzen erlassenen Verordnungen Gebührenvorschriften für individuell zurechenbare öffentliche Leistungen: Die WpÜG-Gebührenverordnung,[12] die Vermögensanlagen-Verkaufsprospektgebührenverordnung,[13] und die Wertpapierprospektgebührenverordnung.[14] 9

Gesonderte Erstattung

15 (1) [1] **Die Kosten, die der Bundesanstalt entstehen**

1. durch die Bestellung eines Abwicklers nach § 37 Abs. 1 Satz 2, § 38 Abs. 2 Satz 2 oder 4 des Kreditwesengesetzes oder einer Aufsichtsperson nach § 46 Abs. 1 Satz 2 des Kreditwesengesetzes, durch eine Bekanntmachung nach § 32 Abs. 4, § 37 Abs. 1 Satz 3 oder § 38 Abs. 3 des Kreditwesengesetzes, durch eine auf Grund des § 44 Abs. 1 oder 2, § 44b Abs. 2 oder § 44c Abs. 2 auch in Verbindung mit Maßnahmen nach § 44c Abs. 3 oder 4 des Kreditwesengesetzes vorgenommene Prüfung,

1a. durch eine auf Grund des § 4 Nummer 3 der KfW-Verordnung in Verbindung mit § 44 Absatz 1 oder Absatz 2 des Kreditwesengesetzes vorgenommene Prüfung,

1b. durch vor Ort im Auftrag der Europäischen Zentralbank nach Artikel 12 der Verordnung (EU) Nr. 1024/13 vorgenommene Prüfungshandlungen, soweit diese Kosten nicht durch die Europäische Zentralbank abgerechnet werden,

2. durch eine auf Grund des § 35 Abs. 1 oder § 36 Abs. 4 des Wertpapierhandelsgesetzes vorgenommene Prüfung,

3. auf Grund einer nach § 44 Abs. 3 des Kreditwesengesetzes vorgenommenen Prüfung der Richtigkeit der für die Zusammenfassung nach § 10a Absatz 4 und 5 und § 25 Abs. 2 des Kreditwesengesetzes sowie nach Artikel 11 der Verordnung (EU) Nr. 575/2013 des Europäischen Parlaments und des Rates vom 26. Juni 2013 über Aufsichtsanforderungen an Kreditinstitute und Wertpapierfirmen und zur Änderung der Verordnung (EU) Nr. 646/2012 (ABl. L 176 vom 27.6.2013, S. 1) übermittelten Daten,

4. durch die Bestellung eines Abwicklers nach § 308 Absatz 1 Satz 2, durch eine auf Grund des § 306 Absatz 1 Nummer 1, 2 oder 3, auch in Verbindung mit § 306 Absatz 2, oder des § 306 Absatz 4 auch in Verbindung mit Maßnahmen nach § 306 Absatz 5 und 6 jeweils auch in Verbindung mit § 1 Absatz 3 und 4 Satz 1, § 65 Absatz 2 und 3, § 67 Absatz 2, § 225 Satz 3 oder § 237 Absatz 1 des Versicherungsaufsichtsgesetzes vorgenommene Prüfung,

5. durch die Bestellung oder Abberufung eines Verwalters nach § 22e des Kreditwesengesetzes,

6. durch die Beantragung der Bestellung oder Abberufung eines Sachwalters nach § 22l oder § 22o des Kreditwesengesetzes,

7. durch

a) die Bestellung eines Abwicklers nach § 39 Absatz 4 des Kapitalanlagegesetzbuchs in Verbindung mit § 38 Absatz 2 Satz 2 oder 3 des Kreditwesengesetzes,

---

[10] Art. 2a und 3a des Gesetzes zur Stärkung der deutschen Finanzaufsicht vom 28.11.2012 (BGBl. I 2369).

[11] Art. 4 Abs. 77 Nr. 2 des Gesetzes zur Aktualisierung der Strukturreform des Gebührenrechts des Bundes vom 18.7.2016 (BGBl. I 1666).

[12] Verordnung über Gebühren nach dem Wertpapiererwerbs- und Übernahmegesetz (WpÜG-Gebührenverordnung vom 27.12.2001 (BGBl. I 4267).

[13] Verordnung über die Gebühren für Amtshandlungen betreffend Verkaufsprospekte für Vermögensanlagen nach dem Vermögensanlagengesetz (Vermögensanlagen-Verkaufsprospektgebührenverordnung – VermVerkProspGebV) vom 29.6.2005 (BGBl. I 1873).

[14] Verordnung über die Erhebung von Gebühren nach dem Wertpapierprospektgesetz (Wertpapierprospektgebührenverordnung – WpPGebV) vom 29.6.2005 (BGBl. I 1875).

b) eine Bekanntmachung nach § 21 Absatz 4 oder § 22 Absatz 5 oder § 39 Absatz 4 des Kapitalanlagegesetzbuchs in Verbindung mit § 38 Absatz 3 des Kreditwesengesetzes,
c) die Bestellung eines Abwicklers nach § 15 des Kapitalanlagegesetzbuchs,
d) eine Prüfung, die auf Grund des § 14 des Kapitalanlagegesetzbuchs in Verbindung mit § 44 Absatz 1 oder § 44b Absatz 2 des Kreditwesengesetzes vorgenommen wird,
8. durch eine auf Grund des § 50 des Einlagensicherungsgesetzes oder des § 7 Absatz 3 Satz 4 des Anlegerentschädigungsgesetzes in Verbindung mit § 44 Absatz 1 des Kreditwesengesetzes, auch in Verbindung mit § 6 Absatz 3 Satz 3 des Anlegerentschädigungsgesetzes vorgenommene Prüfung oder
9. *(aufgehoben)*
10. durch
a) die Bestellung eines Abwicklers nach § 4 Abs. 1 Satz 2 des Zahlungsdiensteaufsichtsgesetzes, nach § 10 Abs. 3 Satz 1 des Zahlungsdiensteaufsichtsgesetzes in Verbindung mit § 38 Abs. 2 Satz 2 oder 4 des Kreditwesengesetzes, nach § 26 Abs. 3 oder 4, jeweils in Verbindung mit § 4 Abs. 1 Satz 2 des Zahlungsdiensteaufsichtsgesetzes, oder einer Aufsichtsperson nach § 16 Abs. 2 Satz 2 Nr. 3 des Zahlungsdiensteaufsichtsgesetzes,
b) eine Bekanntmachung nach § 4 Abs. 1 Satz 3, nach § 26 Abs. 3 oder 4, jeweils in Verbindung mit § 4 Abs. 1 Satz 3 oder eine Bekanntmachung nach § 10 Abs. 4 des Zahlungsdiensteaufsichtsgesetzes,
c) eine Prüfung, die vorgenommen wurde auf Grund
aa) des § 5 Abs. 2, auch in Verbindung mit Maßnahmen nach Abs. 3 oder 4 oder des § 14 Abs. 1 Satz 2 des Zahlungsdiensteaufsichtsgesetzes,
bb) des § 26 Abs. 3 oder 4, jeweils in Verbindung mit § 5 Abs. 2, 3 oder 4 oder § 14 Abs. 1 Satz 2 des Zahlungsdiensteaufsichtsgesetzes

sind in den Fällen der Nummern 1, 1b, 2, 4, 7, 9 und 10 von dem betroffenen Unternehmen, im Fall der Nummer 1a von der Kreditanstalt für Wiederaufbau, in den Fällen der Nummer 3 von dem zur Zusammenfassung verpflichteten Unternehmen, in den Fällen der Nummer 5 von dem registerführenden Unternehmen, in den Fällen der Nummer 6 von den in § 22n Abs. 4 Satz 2 und 3 des Kreditwesengesetzes genannten Unternehmen und in den Fällen der Nummer 8 von den betroffenen Einrichtungen der Bundesanstalt gesondert zu erstatten und ihr auf Verlangen vorzuschießen. [2] Zu den Kosten nach Satz 1 gehören auch die Kosten, mit denen die Bundesanstalt von der Deutschen Bundesbank und anderen Behörden, die im Rahmen solcher Maßnahmen für die Bundesanstalt oder im Rahmen des einheitlichen Aufsichtsmechanismus im Sinne des Artikels 2 Nummer 9 der Verordnung (EU) Nr. 1024/2013 im Auftrag der Europäischen Zentralbank tätig werden, belastet wird, sowie die Kosten für den Einsatz eigener Mitarbeiter.

(2) **[1] Die Bundesanstalt hat der Deutschen Bundesbank und den anderen Behörden, die im Rahmen des Absatzes 1 für sie oder im Rahmen des einheitlichen Aufsichtsmechanismus im Sinne des Artikels 2 Nummer 9 der Verordnung (EU) Nr. 1024/2013 im Auftrag der Europäischen Zentralbank tätig werden, den Personal- und Sachaufwand zu ersetzen. [2] Die Höhe des Erstattungsbetrags, insbesondere die Stundensätze für den Einsatz von Mitarbeitern dieser Behörden, bestimmen sich nach Erstattungsrichtlinien, die das Bundesministerium erlässt.**

1 **I. Allgemeines. 1. Entstehungsgeschichte.** Bei der kleinteiligen Regelung des § 15 haben diverse Änderungen der in Bezug genommenen Fachgesetze seit 2002 bisher 16 Anpassungen nach sich gezogen.[1] In der ursprünglichen Fassung des § 15 von 2002 waren nur einzelne Maßnahmen aus dem KWG und dem WpHG aufgeführt, bis durch die Gesetzesänderung mit der VAG-Novelle 2003 auch die Maßnahmen aus dem VAG aufgenommen wurden.

[1] Art. 3 des Gesetzes zur Umsetzung aufsichtsrechtlicher Bestimmungen zur Sanierung und Liquidation von Versicherungsunternehmen und Kreditinstituten vom 10.12.2003 (BGBl. I 2478); Art. 4b des Gesetzes zur Neuorganisation der Bundesfinanzverwaltung und zur Schaffung eines Refinanzierungsregisters vom 22.9.2005 (BGBl. I 2809); Art. 7 des Gesetzes zur Umsetzung der neu gefassten Bankenrichtlinie und der neu gefassten Kapitaladäquanzrichtlinie vom 17.11.2006 (BGBl. I 2606); Art. 2 Nr. 1 des Achten Gesetzes zur Änderung des Versicherungsaufsichtsgesetzes sowie zur Änderung des Finanzdienstleistungsaufsichtsgesetzes und anderer Vorschriften vom 28.5.2007 (BGBl. I 923); Art. 6 Nr. 1 des Gesetzes zur Änderung des Investmentgesetzes und zur Anpassung anderer Vorschriften vom 21.12.2007 (BGBl. I 3089); Art. 3 Nr. 1 des Gesetzes zur Umsetzung der aufsichtsrechtlichen Vorschriften der Zahlungsdiensterichtlinie vom 25.6.2009 (BGBl. I 1506); Art. 3 Nr. 1 des Gesetzes zur Änderung des EAEG und anderer Gesetze vom 25.6.2009 (BGBl. I 1528); Art. 2 des Ausführungsgesetzes zur EU-Ratingverordnung vom 14.6.2010 (BGBl. I 786); Art. 19 des Gesetzes zur Novellierung der Finanzanlagenvermittler- und Vermögensanlagenrechts vom 6.12.2011 (BGBl. I 2481); Art. 20 Nr. 3 des AIFM-Umsetzungsgesetzes vom 4.7.2013 (BGBl. I 1981); Art. 6 Abs. 9 des CRD-IV-Umsetzungsgesetzes vom 28.8.2013 (BGBl. I 3395); Art. 8 Nr. 2 des AIFM-Steuer-Anpassungsgesetzes vom 18.12.2013 (BGBl. I 4318); Art. 2 Abs. 42 des Gesetzes zur Modernisierung der Finanzaufsicht über Versicherungen vom 1.4.2015 (BGBl. I 434); Art. 5 des DGSD-Umsetzungsgesetzes vom 28.5.2015 (BGBl. I 786); Art. 1 Nr. 2 des Kleinanlegerschutzgesetzes vom 3.7.2015 (BGBl. I 1114); Art. 2 Nr. 6 des FMSA-NeuOG vom 23.12.2016 (BGBl. I 3171).

2. Normzweck. Die in § 15 enumerativ aufgelisteten Tätigkeiten sind aufsichtliche Maßnahmen, die von der BaFin angeordnet werden und deren Kosten von den Unternehmen zu tragen sind. 2

3. Europarechtlicher Hintergrund. Es besteht kein europarechtlicher Hintergrund für § 15. Die erstattungsfähigen Tatbestände im Zusammenhang mit dem SSM wurden erst nachträglich aufgenommen. 3

II. Gesondert zu erstattende Kosten für aufsichtliche Maßnahmen (Abs. 1). 1. Vorrang der Kostenerstattung vor einer Gebührenerhebung. In dem detaillierten Katalog des Abs. 1 S. 1 sind **verschiedene hoheitliche Eingriffsmaßnahmen** aus den Fachgesetzen aufgelistet. Dies sind in erster Linie aufsichtliche Prüfungen sowie die Bestellungen von Abwicklern, Verwaltern oder Sachwaltern. Die gesetzlich bestimmte Kostenerstattungspflicht bei den im Katalog genannten Maßnahmen geht gemäß § 14 Abs. 1 einer eventuellen Gebührenerhebung vor und fließt gemäß § 16 auch nicht in die Berechnung der Umlage ein. Nach Abs. 1 S. 2 gehören neben den Personalkosten für den Einsatz von BaFin-Beschäftigten auch der Personal- und Sachaufwand der Bundesbank bei bankgeschäftlichen Prüfungen (§ 7 KWG)[2] sowie der Personal- und Sachaufwand von anderen Behörden und Stellen, die für die BaFin tätig werden (§ 4 Abs. 3). Die BaFin fordert ihren Erstattungsanspruch mit Kostenbescheid von den Unternehmen ein. Die Kritik, dass kleinere Unternehmen durch die gesonderte Kostenerstattung verhältnismäßig stärker belastet werden als größere Unternehmen, hat das BVerwG im Hinblick auf die frühere Regelung des § 51 Abs. 3 KWG über die Erstattung von Kosten für Prüfungen nach § 44 KWG zurückgewiesen und keinen Verstoß gegen den Gleichbehandlungsgrundsatz gesehen:[3] Da die kostenverursachenden Handlungen des damaligen BAKred durch die vom Institut betriebenen Geschäfte ausgelöst wurden, liege auch kein Verstoß gegen das Veranlassungsprinzip vor. 4

2. Maßnahmen nach dem VAG (Abs. 1 Nr. 4). a) Bestellung eines Abwicklers. Bei unerlaubt betriebenen Versicherungsgeschäften kann die Bestellung eines Abwicklers nach § 308 Abs. 1 S. 2 VAG angeordnet werden. Solche Fälle sind in der Praxis recht selten, kommen jedoch auch vor.[4] 5

b) Durchführung von Prüfungen. Prüfungen können bei zugelassenen Unternehmen (§ 306 Abs. 1 VAG) und auch bei Unternehmen oder Personen die unerlaubt Versicherungsgeschäfte betreiben (§ 306 Abs. 4 i. V. m. § 305 Abs. 4 und § 308 Abs. 1 VAG) durchgeführt werden. Neben den eher seltenen Fällen des unerlaubten Versicherungsgeschäfts sind die routinemäßig angeordneten aber auch anlassbezogenen **örtlichen Prüfungen** bei den Versicherungsunternehmen, Pensionsfonds und Sicherungsfonds zahlenmäßig vorherrschend. 6

III. Erstattungspflicht der BaFin (Abs. 2). Die Bundesbank und andere für die BaFin tätige Behörden erhalten gemäß Abs. 2 S. 1 von ihr die Kosten für den Personal- und Sacheinsatz ersetzt. Zur Berechnung des Erstattungsbetrages sind nach Abs. 2 S. 2 die **Personalkostensätze (PKS)** des BMF[5] zu verwenden. 7

IV. Zukünftige Änderungen durch das FMSA-Neuordnungsgesetz. Im Gesetz zur Neuordnung der Aufgaben der Bundesanstalt für Finanzmarktstabilisierung (FMSA-Neuordnungsgesetz – FMSANeuOG) sind Einzelregelungen für Kostenerstattungen im Zusammenhang mit der zukünftigen Wahrnehmung der Aufgabe der nationalen Abwicklungsbehörde vorgesehen, die zum 1.1.2018 in Kraft treten.[6] Zudem werden Bestimmungen über die Anwendbarkeit von Vorschriften des BGebG und eine Verordnungsermächtigung für die Regelung von Einzelheiten der gesonderten Erstattung in die zukünftigen Abs. 3 bis 9 aufgenommen. 8

V. Geplante Änderungen durch das 2. FiMaNoG. In dem Entwurf des Zweiten Gesetzes zur Novellierung von Finanzmarktvorschriften auf Grund europäischer Rechtsakte (Zweites Finanzmarktnovellierungsgesetz – 2. FiMaNoG) ist vorgesehen, Abs. 1 Nr. 2 redaktionell zu korrigieren.[7] 9

Umlage

16 Soweit die Kosten der Bundesanstalt nicht durch Gebühren, gesonderte Erstattungen nach § 15 oder sonstige Einnahmen gedeckt werden, sind sie unter Berücksichtigung von Fehlbeträgen, nicht eingegangenen Beträgen und Überschüssen der Vorjahre anteilig auf die Kreditinstitute, Finanzdienstleistungs-, Zahlungs- und E-Geld-Institute, die Kreditanstalt für Wiederaufbau, die Kapitalverwaltungsgesellschaften, extern verwalteten OGAW-Invest-

[2] Vgl. § 4a Rn. 4.
[3] *BVerwG* Urt. v. 4.5.1982 – 1 C 190.79, BVerwGE 65, 292, NJW 1982, 2681.
[4] BaFinJournal 12/2014, S. 26: „BaFin untersagt Peter Fitzek und weiteren Personen und Vereinigungen das Einlagen- und das Versicherungsgeschäft und bestellt Abwickler".
[5] *BMF*, http://www.bundesfinanzministerium.de/Content/DE/Standardartikel/Themen/Oeffentliche_Finanzen/Bundeshaushalt/personalkostensaetze.html (abgerufen am 12.11.2016).
[6] Art. 2 Nr. 6 des FMSANeuOG vom 23.12.2016 (BGBl. I 3171).
[7] BT-Drs. 18/10936, 180.

mentaktiengesellschaften, Versicherungsunternehmen, Wertpapierdienstleistungsunternehmen und Emittenten mit Sitz im Inland, deren Wertpapiere an einer inländischen Börse zum Handel zugelassen oder in den Freiverkehr einbezogen sind, sowie die Abwicklungsanstalten nach Maßgabe der §§ 16a bis 16q umzulegen.

1 **I. Allgemeines. 1. Entstehungsgeschichte.** § 16 wurde seit 2002 mehrfach umgestaltet. Ursprünglich enthielt die Vorschrift die Ermächtigungsgrundlage zum Erlass einer Rechtsverordnung, die dahingehend genutzt wurde, bis zum 31.12.2012 Regelungen über die Umlage in den §§ 5–12b FinDAGKostV[1] festzulegen. Mit der Reform der Umlagevorschriften im Gesetz zur Stärkung der deutschen Finanzaufsicht[2] wurden die §§ 5–12b FinDAGKostV gestrichen und die detaillierten technischen Regeln in die §§ 16a–16q FinDAG überführt. Zugleich wurde § 16 neu gefasst[3] und die Übergangsregelung des § 23 für die Umlageerhebung angefügt. Die vier nachfolgenden Änderungen des § 16 dienen redaktionellen Anpassungen.[4]

2 **2. Normzweck.** § 16 ist die Ausgangsnorm für die Erhebung der Umlage von den beaufsichtigten Unternehmen.

3 **3. Europarechtlicher Hintergrund.** Es besteht kein europarechtlicher Hintergrund für § 16.

4 **II. Das Umlagesystem der BaFin.** Die Finanzierung der BaFin erfolgt gemäß § 13 Abs. 1 S. 1 aus eigenen Einnahmen. Hierbei ist nach § 16 und § 14 Abs. 1 eine **Reihenfolge der Einnahmen für die Deckung der Kosten** vorgeschrieben: Zuerst werden die gesonderten Kostenerstattungen nach § 15 betrachtet, anschließend die Gebühren nach § 14 und etwaige sonstige eigene Einnahmen.[5] Bei dem Residualbetrag sind Fehlbeträge, nicht eingegangene Beträge und Überschüsse der Vorjahre zu berücksichtigen. Der dann verbleibende Kostenbetrag wird auf die in § 16 genannten beaufsichtigten Unternehmen, Emittenten und Abwicklungsanstalten umgelegt. Diese werden in den §§ 16e–16j einem der drei Aufsichtsbereiche (§§ 16e–16g: Aufsichtsbereich Banken und sonstige Finanzdienstleistungen; § 16h: Aufsichtsbereich Versicherungen; §§ 16i–16j: Aufsichtsbereich Wertpapierhandel) – ggf. auch zwei Aufsichtsbereichen[6] – zugeordnet. Abgesehen vom Aufsichtsbereich Versicherungen erfolgt dann noch eine Unterteilung in Gruppen. In §§ 16a–16d und §§ 16j–16q sind detaillierte Berechnungs- und Verfahrensvorschriften niedergelegt. Die Finanzierung der gesonderten Aufgabe Bilanzkontrolle erfolgt nach §§ 17a–17d separat.

5 **III. Rechtsnatur der Umlage als Sonderabgabe mit Finanzierungsfunktion.** In mehreren Gerichtsverfahren, die dreimal zur Befassung des BVerfG mit der Umlage geführt haben, wurde die Rechtmäßigkeit der Umlage an sich und von einzelnen Regelungen bestätigt.[7] Die Umlage ist demnach eine **verfassungsrechtlich zulässige Sonderabgabe mit Finanzierungsfunktion.** Sie erfüllt die Voraussetzungen des BVerfG, da die sonderabgabepflichtigen Unternehmen eine abgrenzbare und ausreichend homogene Gruppe sind, die eine spezifische Beziehung zu dem Zweck der Umlage aufweisen. Ihnen kommt daher eine **besondere Finanzierungsverantwortung** zu. Die Umlage wird gruppennützig zur Beaufsichtigung der am Finanzplatz tätigen Unternehmen verwendet.

6 **IV. Zukünftige Änderung durch das FMSA-Neuordnungsgesetz.** Im Gesetz zur Neuordnung der Aufgaben der Bundesanstalt für Finanzmarktstabilisierung (FMSA-Neuordnungsgesetz – FMSA-NeuOG) ist vorgesehen, dass § 16 zum 1.1.2018 entsprechend der Einführung einer Umlagevorschrift für den Aufgabenbereich Abwicklung in § 16k angepasst wird.[8]

Umlagefähige Kosten; Umlagejahr

16a (1) [1]**Die Bundesanstalt hat als Kosten im Sinne des § 16 die Ausgaben eines Haushaltsjahres zu ermitteln.** [2]**Zu den Kosten gehören auch die Zuführungen zu einer Investitionsrücklage gemäß § 12 Absatz 4 Satz 2 und die Zuführungen zu der Pensionsrücklage nach § 19 Absatz 2.**

[1] Zur FinDAGKostV vgl. § 14 Rn. 7.
[2] Art. 2a des Gesetzes zur Stärkung der deutschen Finanzaufsicht vom 28.11.2012 (BGBl. I 2369).
[3] Art. 2a Nr. 2 des Gesetzes zur Stärkung der deutschen Finanzaufsicht vom 28.11.2012 (BGBl. I 2369).
[4] Art. 7 Nr. 1 des EMIR-Ausführungsgesetzes vom 13.2.2013 (BGBl. I 174); Art. 20 Nr. 4 des AIFM-Umsetzungsgesetzes vom 4.7.2013 (BGBl. I 1981); Art. 8 Nr. 3 des AIFM-Steuer-Anpassungsgesetzes vom 18.12.2013 (BGBl. I 4318); Art. 1 Nr. 3 des Kleinanlegerschutzgesetzes vom 3.7.2015 (BGBl. I 1114).
[5] Zu den sonstigen eigenen Einnahmen § 13 Rn. 5.
[6] Vgl. § 16b Rn. 4.
[7] *BVerfG* Beschl. v. 27.2.2007 – 1 BvR 3140/06; BVerfGK 10, 346 = NVwZ-RR 2007, 433 (Verfassungsbeschwerde eines Kursmaklers); *BVerfG* Beschl. v. 16.9.2009 – 2 BvR 852/07, BVerfGE 124, 235 = NVwZ 2010, 35 (Verfassungsbeschwerde eines Finanzportfolioverwalters); *BVerfG* Beschl. v. 24.11.2015 – 2 BvR 355/12, NVwZ 2016, 606 (Verfassungsbeschwerde eines Kreditinstituts wegen der Einstellung von Schadensersatzaufwand in die Umlage).
[8] Art. 2 Nr. 7 des FMSANeuOG vom 23.12.2016 (BGBl. I 3171).

(2) [1]**Von diesen Kosten sind diejenigen Kosten umlagefähig, die nach Abzug der Einnahmen und Berücksichtigung der Fehlbeträge, nicht eingegangenen Beträge und Überschüsse der Vorjahre verbleiben.** [2]**Zu den Einnahmen gehören auch Entnahmen aus der Pensionsrücklage sowie Entnahmen aus einer Investitionsrücklage.** [3]**Bußgelder bleiben unberücksichtigt.**

(3) **Das Haushaltsjahr ist das Umlagejahr im Sinne dieses Gesetzes.**

I. Allgemeines. 1. Entstehungsgeschichte. § 16a ist ebenso wie die Übergangsvorschrift des § 23 seit dem 1.1.2013 in Kraft.[1] Zuvor gab es eine entsprechende Regelung in § 5 Abs. 1 FinDAGKostV. 1

2. Normzweck. In § 16a wird beschrieben, welche Positionen zu den umlagefähigen Kosten gehören. 2

3. Europarechtlicher Hintergrund. Es besteht kein europarechtlicher Hintergrund für § 16a. 3

II. Kosten und Einnahmen. 1. Kosten (Abs. 1). Die Kosten i. S. d. § 16 sind die Ausgaben des Haushaltsjahres, zu denen auch Zuführungen zu den Rücklagen, die Investitionsrücklage nach § 12 Abs. 4 S. 2 und die Pensionsrücklage nach § 19 Abs. 2 gehören. 4

2. Umlagefähige Kosten (Abs. 2 S. 1). Von den Kosten sind die Einnahmen abzuziehen sowie die Fehlbeträge, die nicht eingegangenen Beträge und die Überschüsse der Vorjahre zu berücksichtigen. Die verbleibenden Kosten sind umlagefähig. 5

3. Einnahmen (Abs. 2 S. 2 und 3). Zu den Einnahmen gehören auch Entnahmen aus den beiden Rücklagen. Bußgelder bleiben gemäß Abs. 2 S. 3 wie auch bei § 13 Abs. 1 S. 2 unberücksichtigt. 6

III. Umlagejahr (Abs. 3). Das Haushaltsjahr ist nach § 12 Abs. 1 S. 2 das Kalenderjahr und entspricht somit zugleich dem Umlagejahr. 7

Kostenermittlung nach Aufsichtsbereichen und Gruppen

16b (1) [1]**Die Kosten sind für die folgenden Aufsichtsbereiche, die jeweils nach den maßgeblichen Aufsichtsgesetzen in die Zuständigkeit der Bundesanstalt fallen, getrennt zu ermitteln:**

1. Kredit-, Finanzdienstleistungs-, Zahlungsdienste- und inländisches Investmentwesen (Aufsichtsbereich Banken und sonstige Finanzdienstleistungen),
2. Versicherungswesen (Aufsichtsbereich Versicherungen) und
3. Wertpapierhandel (Aufsichtsbereich Wertpapierhandel).

[2]**Innerhalb des Aufsichtsbereichs Banken und sonstige Finanzdienstleistungen sowie des Aufsichtsbereichs Wertpapierhandel hat eine gesonderte Ermittlung nach Gruppen gemäß den §§ 16e und 16i zu erfolgen.**

(2) [1]**Kosten, die zwei Aufsichtsbereichen nach Absatz 1 Satz 1 gemeinsam zugerechnet werden können, sind jeweils gesondert zu erfassen.** [2]**Sie sind auf die betroffenen Aufsichtsbereiche entsprechend dem Verhältnis aufzuteilen, das zwischen den Kosten besteht, die den Aufsichtsbereichen unmittelbar zuzurechnen sind.** [3]**Die so ermittelten Kostenanteile sind jeweils den Kosten hinzuzurechnen, die auf die Aufsichtsbereiche unmittelbar entfallen.**

(3) [1]**Die übrigen Kosten, die weder einem Aufsichtsbereich nach Absatz 1 Satz 1 unmittelbar noch nach Absatz 2 zwei Aufsichtsbereichen gemeinsam zugeordnet werden können (Gemeinkosten), sind ebenfalls gesondert zu erfassen.** [2]**Sie sind auf alle Aufsichtsbereiche entsprechend dem Verhältnis aufzuteilen, das zwischen den Kosten besteht, die den Aufsichtsbereichen nach Durchführung der in Absatz 2 vorgegebenen Verteilung zuzurechnen sind.**

(4) [1]**Die Einnahmen im Sinne des § 16 sind von den Kosten des Aufsichtsbereichs abzusetzen, dem sie jeweils unmittelbar zuzurechnen sind.** [2]**Einnahmen, die zwei Aufsichtsbereichen gemeinsam zugerechnet werden können, sind entsprechend dem Verhältnis der Kosten, die den Aufsichtsbereichen unmittelbar zuzurechnen sind, abzuziehen.** [3]**Einnahmen, die keinem Aufsichtsbereich unmittelbar zugerechnet werden können, sind vor Verteilung der Gemeinkosten nach Absatz 3 von diesen abzuziehen.**

I. Allgemeines. 1. Entstehungsgeschichte. § 16b ist ebenso wie die Übergangsvorschrift des § 23 seit dem 1.1.2013 in Kraft.[1*] Zuvor gab es eine entsprechende Regelung in § 5 Abs. 2–5 FinDAGKostV. 2013 erfolgte eine Anpassung des Abs. 1 S. 1 Nr. 1.[2] 1

[1] Art. 2a Nr. 3 des Gesetzes zur Stärkung der deutschen Finanzaufsicht vom 28.11.2012 (BGBl. I 2369).
[1*] Art. 2a Nr. 3 des Gesetzes zur Stärkung der deutschen Finanzaufsicht vom 28.11.2012 (BGBl. I 2369).
[2] Art. 8 Nr. 4 des AIFM-Steuer-Anpassungsgesetzes vom 18.12.2013 (BGBl. I 4318).

2 **2. Normzweck.** Die Vorschrift dient der Einteilung der Unternehmen in drei Aufsichtsbereiche für Umlagezwecke.

3 **3. Europarechtlicher Hintergrund.** Es besteht kein europarechtlicher Hintergrund für § 16b.

4 **II. Aufsichtsbereiche (Abs. 1).** Die umlagepflichtigen Unternehmen werden den **drei Aufsichtsbereichen** (§§ 16e–16g: Aufsichtsbereich Banken und sonstige Finanzdienstleistungen; § 16h: Aufsichtsbereich Versicherungen; §§ 16i–16j: Aufsichtsbereich Wertpapierhandel) zugeordnet um die entstehenden Kosten der BaFin verursachungsgerecht aufzuschlüsseln. Die umlagerechtlich definierten Aufsichtsbereiche sind nicht deckungsgleich mit den Geschäftsbereichen der BaFin i. S. v. § 6 Abs. 4, da solche Unternehmen, die gleichzeitig Geschäftstätigkeiten in verschiedenen Aufsichtsbereichen ausüben, dementsprechend mehrfach zur Umlagezahlung herangezogen werden (§ 16d). Dies trifft insbesondere auf Kreditinstitute zu, die neben Bankgeschäften nach dem KWG auch Wertpapierhandel nach dem WpHG betreiben.

5 **III. Gemeinsam zurechenbare Kosten; Mischkosten (Abs. 2).** Es erfolgt eine gesonderte Erfassung von Kosten, die zwei Aufsichtsbereichen zuzuordnen sind, die im Verhältnis der unmittelbaren Zurechnung aufgeteilt werden und mit den unmittelbar zurechenbaren Kosten zu addieren sind.

6 **IV. Gemeinkosten (Abs. 3).** Die übrigen Kosten sind als Gemeinkosten gesondert zu erfassen. Sie werden im Verhältnis der Kosten nach Durchführung der Berechnung der gemeinsam zurechenbaren Kosten gemäß Abs. 2 auf die Aufsichtsbereiche aufgeteilt.

7 **V. Zurechnung der Einnahmen (Abs. 4).** Die unmittelbar zurechenbaren Einnahmen sind von den Kosten des Aufsichtsbereichs abzusetzen. Einnahmen von zwei Aufsichtsbereichen sind entsprechend des Verhältnisses untereinander abzuziehen. Nicht unmittelbar zurechenbare Einnahmen sind von den Gemeinkosten abzuziehen bevor diese verteilt werden.

8 **VI. Zukünftige Änderungen durch das FMSA-Neuordnungsgesetz.** Im Gesetz zur Neuordnung der Aufgaben der Bundesanstalt für Finanzmarktstabilisierung (FMSA-Neuordnungsgesetz – FMSANeuOG) ist vorgesehen, dass § 16b zum 1.1.2018 entsprechend der Einführung einer Umlagevorschrift für den Aufgabenbereich Abwicklung in § 16k angepasst wird.[3] Die im zukünftigen Geschäftsbereich Abwicklung entstehenden Kosten werden in die Berechnung der Umlage einfließen und infolgedessen wird die Terminologie der Umlagevorschriften geändert: Statt „Aufsichtsbereiche" wird der Begriff „Aufgabenbereiche" verwendet, da die Tätigkeit der nationalen Abwicklungsbehörde keine Aufsichtstätigkeit ist.

Fehlbeträge, nicht eingegangene Beträge und Überschüsse der Vorjahre

16c (1) [1] **Nach Ermittlung und Verteilung der Kosten für das Umlagejahr nach Maßgabe des § 16b sind die zu berücksichtigenden Fehlbeträge, nicht eingegangenen Beträge und Überschüsse, die dem Umlagejahr 2009 und späteren Umlagejahren zuzuordnen sind, den Aufsichtsbereichen zuzuordnen. [2] Den Kosten der Aufsichtsbereiche sind die Fehlbeträge und nicht eingegangenen Beträge jeweils entsprechend ihrer Zuordnung nach Satz 1 hinzuzurechnen; Überschüsse sind jeweils entsprechend ihrer Zuordnung nach Satz 1 von diesen Kosten abzuziehen. [3] Stichtag für die Berücksichtigung der in den Sätzen 1 und 2 genannten Beträge und Überschüsse ist der 30. Juni des Jahres, das dem Umlagejahr folgt, für das die Kosten ermittelt wurden. [4] Nach diesem Stichtag anfallende Fehlbeträge, nicht eingegangene Beträge und Überschüsse werden als Fehlbeträge, nicht eingegangene Beträge und Überschüsse bei der Festsetzung der Umlagebeträge in den nächstfolgenden Jahren berücksichtigt.**

(2) [1] **Fehlbeträge und nicht eingegangene Beträge, die den Umlagejahren 2002 bis 2008 zuzuordnen sind und nicht nach § 16 Absatz 1 in der bis zum 25. März 2009 geltenden Fassung umgelegt wurden oder werden, sind mit den Überschüssen, die den Umlagejahren 2002 bis 2008 zuzuordnen sind und nicht nach § 6 Absatz 1 Satz 6 der Verordnung über die Erhebung von Gebühren und die Umlegung von Kosten nach dem Finanzdienstleistungsaufsichtsgesetz in der bis zum 25. März 2009 geltenden Fassung umgelegt wurden oder werden, zu verrechnen. [2] Übersteigen die nach Satz 1 zu verrechnenden Überschüsse die zu verrechnenden Fehlbeträge und nicht eingegangenen Beträge, ist der übersteigende Betrag bei der Festsetzung der Umlage für das Umlagejahr 2009 oder für spätere Umlagejahre vor Verteilung der Gemeinkosten von diesen abzuziehen. [3] Übersteigen die nach Satz 1 zu verrechnenden Fehlbeträge und nicht eingegangenen Beträge die zu verrechnenden Überschüsse, ist der übersteigende Betrag bei der Festsetzung der Umlage für das Umlagejahr 2013 oder für spätere Umlagejahre vor Verteilung der Gemeinkosten zu diesen hinzuzurechnen.**

[3] Art. 2 Nr. 8 des FMSANeuOG vom 23.12.2016 (BGBl. I 3171).

I. Allgemeines. 1. Entstehungsgeschichte. § 16c ist ebenso wie die Übergangsvorschrift des § 23 seit dem 1.1.2013 in Kraft.[1] Zuvor gab es eine entsprechende Regelung in § 5 Abs. 6 FinDAGKostV. 1

2. Normzweck. Die Vorschrift regelt die Zuordnung von Fehlbeträgen, nicht eingegangenen Beträgen und Überschüssen der Vorjahre zu den Aufsichtsbereichen. 2

3. Europarechtlicher Hintergrund. Es besteht kein europarechtlicher Hintergrund für § 16c. 3

II. Zuordnung von Fehlbeträgen, nicht eingegangenen Beträgen und Überschüssen (Abs. 1). Die Fehlbeträge, die nicht eingegangenen Beträge und die Überschüsse der Vorjahre sind nach Ermittlung und Verteilung der Kosten des Umlagejahres den Aufsichtsbereichen zuzuordnen. Die Fehlbeträge und nicht eingegangenen Beträge sind gemäß der Zuordnung nach Satz 1 hinzuzurechnen. Die Überschüsse sind von den Kosten gemäß der Zuordnung nach Satz 1 abzuziehen. Stichtag für Berücksichtigung dieser Beträge und Überschüsse ist der 30. Juni des nachfolgenden Umlagejahres. Fehlbeträge, nicht eingegangene Beträge und Überschüsse der Vorjahre, die nach dem Stichtag 30. Juni anfallen, zählen zu den folgenden Umlagejahren. 4

III. Übergangsregelung (Abs. 2). Die Fehlbeträge und nicht eingegangene Beträge der Umlagejahre 2002–2008, die nicht nach § 16 Abs. 1 a. F. bis zum 25.3.2009 umgelegt wurden, werden mit den Überschüssen der Umlagejahre 2002–2008, die nicht nach § 6 Abs. 1 S. 6 FinDAGKostV bis 25.3.2009 umgelegt wurden, verrechnet. Wenn die Überschüsse die Fehlbeträge und die nicht eingegangenen Beträge übersteigen, so ist der übersteigende Betrag für die Umlagejahre 2009 ff. von den Gemeinkosten abzuziehen, bevor diese verteilt werden. Wenn die Fehlbeträge und nicht eingegangenen Beträge die Überschüsse übersteigen, ist der übersteigende Betrag bei der Umlage-Festsetzung für die Umlagejahre 2013 ff. den Gemeinkosten hinzuzurechnen, bevor diese verteilt werden. 5

IV. Zukünftige Änderung durch das FMSA-Neuordnungsgesetz. Die Terminologie der Umlagevorschriften wird zum 1.1.2018 an die Aufnahme des Geschäftsbereichs Abwicklung angepasst: Statt „Aufsichtsbereiche" wird auch in § 16c der Begriff „Aufgabenbereiche" verwendet.[2] 6

Umlagebetrag, Umlagepflicht und Verteilungsschlüssel

16d **[1]Umlagebetrag ist der Anteil an den umlagefähigen Kosten, der innerhalb eines Aufsichtsbereichs oder einer Gruppe für einen Umlagepflichtigen ermittelt wird. [2]Ein Umlagepflichtiger kann mehreren Aufsichtsbereichen oder Gruppen innerhalb eines Aufsichtsbereichs zugeordnet sein. [3]Die Umlagepflicht und die Verteilung der Kosten innerhalb eines Aufsichtsbereichs bestimmen sich nach Maßgabe der §§ 16e bis 16j.**

I. Allgemeines. 1. Entstehungsgeschichte. § 16d ist ebenso wie die Übergangsvorschrift des § 23 seit dem 1.1.2013 in Kraft.[1*] Zuvor gab es eine entsprechende Regelung in § 6 Abs. 1 FinDAGKostV. 1

2. Normzweck. § 16d definiert den Umlagebetrag und stellt klar, dass umlagepflichtige Unternehmen mehreren Aufsichtsbereichen zugeordnet sein können. 2

3. Europarechtlicher Hintergrund. Es besteht kein europarechtlicher Hintergrund für § 16d. 3

II. Umlagebetrag. Der Umlagebetrag ist der Betrag des einzelnen Umlagepflichtigen, d. h. sein Anteil an den umlagefähigen Kosten innerhalb eines Aufsichtsbereichs oder einer Gruppe. Da die umlagerechtlich definierten **Aufsichtsbereiche** nicht deckungsgleich mit den Geschäftsbereichen der BaFin i. S. v. § 6 Abs. 4 sind, werden Unternehmen, die gleichzeitig Geschäftstätigkeiten in verschiedenen Aufsichtsbereichen ausüben, dementsprechend mehrfach zur Umlagezahlung herangezogen. Dies trifft insbesondere auf Kreditinstitute zu, die neben Bankgeschäften nach dem KWG auch Wertpapierhandel nach dem WpHG betreiben. 4

III. Zukünftige Änderung durch das FMSA-Neuordnungsgesetz. Die Terminologie der Umlagevorschriften wird zum 1.1.2018 an die Aufnahme des Geschäftsbereichs Abwicklung angepasst: Statt „Aufsichtsbereiche" wird auch in § 16d der Begriff „Aufgabenbereiche" verwendet.[2*] 5

Kostenermittlung und Umlagepflicht im Aufsichtsbereich Banken und sonstige Finanzdienstleistungen

16e (1) **[1]Innerhalb des Aufsichtsbereichs Banken und sonstige Finanzdienstleistungen hat eine gesonderte Ermittlung der Kosten nach folgenden Gruppen zu erfolgen:**

[1] Art. 2a Nr. 3 des Gesetzes zur Stärkung der deutschen Finanzaufsicht vom 28.11.2012 (BGBl. I 2369).
[2] Art. 2 Nr. 9 des FMSANeuOG vom 23.12.2016 (BGBl. I 3171).
[1*] Art. 2a Nr. 3 des Gesetzes zur Stärkung der deutschen Finanzaufsicht vom 28.11.2012 (BGBl. I 2369).
[2*] Art. 2 Nr. 10 des FMSANeuOG vom 23.12.2016 (BGBl. I 3171).

1. Gruppe Kredit- und Finanzdienstleistungsinstitute: Kreditinstitute, Finanzdienstleistungsinstitute mit einer Erlaubnis nach § 1 Absatz 1a Satz 2 Nummer 1 bis 5, 7, 9 bis 11 des Kreditwesengesetzes und die nach § 53 Absatz 1 Satz 1 des Kreditwesengesetzes tätigen Unternehmen, soweit die Finanzdienstleistungsinstitute und Unternehmen nicht ausschließlich Finanzdienstleistungen nach § 1 Absatz 1a Satz 2 Nummer 9 oder 10 des Kreditwesengesetzes erbringen, Institute im Sinne des § 1 Absatz 2a des Zahlungsdiensteaufsichtsgesetzes und die nach § 27 des Zahlungsdiensteaufsichtsgesetzes tätigen Unternehmen sowie die Kreditanstalt für Wiederaufbau, wobei
a) Kreditinstitute und entsprechend nach § 53 des Kreditwesengesetzes tätige Unternehmen, die Bankgeschäfte betreiben und gleichzeitig das E-Geld-Geschäft betreiben oder Zahlungsdienste erbringen, ausschließlich als Kreditinstitute und
b) Finanzdienstleistungsinstitute und entsprechend nach § 53 des Kreditwesengesetzes tätige Unternehmen, die Finanzdienstleistungen erbringen und gleichzeitig das E-Geld-Geschäft betreiben oder Zahlungsdienste erbringen, ausschließlich als Finanzdienstleistungsinstitute
im Sinne der nachfolgenden Vorschriften gelten,
2. Gruppe Factoring- und Finanzierungsleasingunternehmen: Finanzdienstleistungsinstitute mit einer Erlaubnis nach § 1 Absatz 1a Satz 2 Nummer 9 oder 10 des Kreditwesengesetzes sowie die nach § 53 Absatz 1 Satz 1 des Kreditwesengesetzes tätigen Unternehmen, soweit sie nicht unter Nummer 1 fallen,
3. Gruppe Abwicklungsanstalten: Abwicklungsanstalten im Sinne des § 8a Absatz 1 Satz 1 oder des § 8b Absatz 1 des Finanzmarktstabilisierungsfondsgesetzes,
4. Gruppe Kapitalverwaltungsgesellschaften und extern verwaltete OGAW-Investmentaktiengesellschaften: Kapitalverwaltungsgesellschaften im Sinne des § 17 Absatz 1 des Kapitalanlagegesetzbuchs und extern verwaltete OGAW-Investmentaktiengesellschaften im Sinne des § 113 des Kapitalanlagegesetzbuchs.

²Die Kosten des Aufsichtsbereichs Banken und sonstige Finanzdienstleistungen, die keiner Gruppe nach Satz 1 unmittelbar zugeordnet werden können, sind gesondert zu erfassen. ³Sie sind auf die Gruppen entsprechend dem Verhältnis aufzuteilen, das zwischen den Kosten besteht, die den Gruppen unmittelbar zuzurechnen sind. ⁴Im Übrigen sind § 16b Absatz 4 Satz 1 und 3 sowie § 16c entsprechend anzuwenden.

(2) **Umlagepflichtig für den Aufsichtsbereich Banken und sonstige Finanzdienstleistungen ist vorbehaltlich des Absatzes 3, wer einer der in Absatz 1 genannten Gruppen angehört.**

(3) **Ausgenommen von der Umlagepflicht nach Absatz 2 sind**
1. vorbehaltlich des § 2 Absatz 3 des Kreditwesengesetzes die nach § 2 Absatz 1 Nummer 1, 3 und 3a, 3c bis 6 und 7 bis 12 des Kreditwesengesetzes nicht als Kreditinstitute geltenden Einrichtungen und Unternehmen,
2. vorbehaltlich des § 2 Absatz 6 Satz 2 des Kreditwesengesetzes die nach § 2 Absatz 6 Satz 1 Nummer 1, 3 bis 5, 5b bis 20 und Absatz 10 des Kreditwesengesetzes nicht als Finanzdienstleistungsinstitute geltenden Einrichtungen und Unternehmen,
3. Institute oder Unternehmen, welche die Bundesanstalt nach § 2 Absatz 4 des Kreditwesengesetzes freigestellt hat,
4. AIF-Kapitalverwaltungsgesellschaften mit einer Registrierung nach § 44 des Kapitalanlagegesetzbuchs.

(4) **¹Die Umlagepflicht nach Absatz 2 entsteht mit Erteilung oder der Fiktion der Erlaubnis oder im Fall einer Abwicklungsanstalt mit deren Errichtung. ²Sie endet in dem Jahr des Erlöschens der Erlaubnis oder der Auflösung der Abwicklungsanstalt. ³Ändert sich im Laufe eines Umlagejahres der Erlaubnisumfang oder wird von der Aufsichtsbehörde im Sinne des § 1 Absatz 5 des Kreditwesengesetzes eine Erlaubnis zum Betreiben eines anderen Geschäfts erteilt, wird der Umlagepflichtige nach Maßgabe der Regelungen zur Umlage herangezogen, die für das Geschäft gelten, auf das sich die zuletzt im Umlagejahr bestehende Erlaubnis bezieht. ⁴Die Umlagepflicht der Kreditanstalt für Wiederaufbau beginnt am 1. Januar 2015 und endet mit Ende der Beaufsichtigung durch die Bundesanstalt.**

1 **I. Allgemeines. 1. Entstehungsgeschichte.** § 16e ist ebenso wie die Übergangsvorschrift des § 23 seit dem 1.1.2013 in Kraft.[1] Zuvor gab es entsprechenden Regelungen in § 5 Abs. 7, § 7 Abs. 1–3 FinDAGKostV und separat in § 8a Abs. 6 FMStFG[2] für die Gruppe der Abwicklungsanstalten (Abs. 1

[1] Art. 2a Nr. 3 des Gesetzes zur Stärkung der deutschen Finanzaufsicht vom 28.11.2012 (BGBl. I 2369).
[2] Gesetz zur Errichtung eines Finanzmarktstabilisierungsfonds (Finanzmarktstabilisierungsfondsgesetz – FMStFG) vom 17.10.2008 (BGBl. I 1982).

S. 1 Nr. 3). Die vier Änderungen des § 16e bezweckten punktuelle Anpassungen, wie u. a. die Aufnahme der Kreditanstalt für Wiederaufbau (KfW) in Abs. 1 S. 1 Nr. 1.[3]

2. Normzweck. In § 16e wird der Kreis der umlagepflichtigen Unternehmen des Aufsichtsbereichs Banken und sonstige Finanzdienstleistungen mit Regelungen zur Kostenermittlung sowie für Beginn und Ende der Umlagepflicht aufgelistet. Die zugehörigen Bemessungsgrundlagen sind in § 16f und die Mindestumlagebeträge in § 16g normiert. 2

3. Europarechtlicher Hintergrund. Es besteht kein europarechtlicher Hintergrund für § 16e. 3

II. Umlagepflichtige Unternehmen des Aufsichtsbereichs Banken und sonstige Finanzdienstleistungen (Abs. 1). Innerhalb des Aufsichtsbereichs Banken und sonstige Finanzdienstleistungen werden die Kosten getrennt nach den **vier Gruppen** (Nr. 1) Kredit- und Finanzdienstleistungsinstitute, (Nr. 2) Factoring- und Finanzierungsleasingunternehmen, (Nr. 3) Abwicklungsanstalten sowie (Nr. 4) Kapitalverwaltungsgesellschaften und extern verwaltete OGAW-Investmentaktiengesellschaften ermittelt. Hier findet eine Unterscheidung zwischen unmittelbar zuzurechnenden und nicht unmittelbar zuzurechnenden Kosten statt. Außerhalb der vier Gruppen entstehende Kosten sind gesondert zu erfassen und im Verhältnis der regulären Kosten auf die Gruppen aufzuteilen. 4

III. Ausnahmen von der Umlagepflicht und zeitlicher Umfang (Abs. 2–4). Abs. 3 bestimmt die Ausnahmen von der Umlagepflicht des Abs. 2. Die Umlagepflicht entsteht mit Erteilung oder Fiktion der Erlaubnis und endet im Jahr des Erlöschens der Erlaubnis oder der Auflösung der Abwicklungsanstalt. 5

IV. Zukünftige Änderungen durch das FMSA-Neuordnungsgesetz. Die Terminologie der Umlagevorschriften wird zum 1.1.2018 an die Aufnahme des Geschäftsbereichs Abwicklung angepasst: Statt „Aufsichtsbereich" wird auch in § 16e der Begriff „Aufgabenbereich" verwendet.[4] 6

V. Geplante Änderungen durch das 2. FiMaNoG. In dem Entwurf des Zweiten Gesetzes zur Novellierung von Finanzmarktvorschriften auf Grund europäischer Rechtsakte (Zweites Finanzmarktnovellierungsgesetz – 2. FiMaNoG) ist vorgesehen, eine **neue Umlagegruppe „Datenbereitstellungsdienstleister"** in Abs. 1 S. 1 Nr. 5 einzufügen und Abs. 3 redaktionell zu aktualisieren.[5] 7

Bemessungsgrundlagen der Umlage im Aufsichtsbereich Banken und sonstige Finanzdienstleistungen

16f (1) **Der Umlagebetrag für die Umlagepflichtigen im Aufsichtsbereich Banken und sonstige Finanzdienstleistungen ist zu bemessen:**

1. in den Gruppen Kredit- und Finanzdienstleistungsinstitute, Factoring- und Finanzierungsleasingunternehmen sowie Abwicklungsanstalten vorbehaltlich des Absatzes 2 und des § 16g jeweils nach dem Verhältnis der Bilanzsumme des einzelnen Umlagepflichtigen zum Gesamtbetrag der Bilanzsummen aller Umlagepflichtigen der Gruppe. Maßgebend ist die auf der Grundlage der jeweils anzuwendenden Rechnungslegungsvorschriften aufgestellte und festgestellte Bilanz für das Geschäftsjahr, das dem Umlagejahr vorausgeht; bei den Abwicklungsanstalten ist die Bilanz für das im Umlagejahr endende Geschäftsjahr maßgebend;

2. in der Gruppe Kapitalverwaltungsgesellschaften und extern verwaltete OGAW-Investmentaktiengesellschaften nach dem Wert der von den Kapitalverwaltungsgesellschaften verwalteten Investmentvermögen und den von extern verwalteten OGAW-Investmentaktiengesellschaften zur gemeinschaftlichen Kapitalanlage verwalteten und angelegten Mitteln. Dabei ist die Summe der Werte aller von einem Umlagepflichtigen verwalteten Investmentvermögen oder zur gemeinschaftlichen Kapitalanlage verwalteten oder angelegten Mittel in das Verhältnis zu dem Gesamtbetrag des Wertes zu setzen, den die Investmentvermögen und zur gemeinschaftlichen Kapitalanlage verwalteten oder angelegten Mittel aller Umlagepflichtigen haben. Maßgebend ist jeweils der Wert, der nach § 101 Absatz 1 Satz 3 Nummer 1 Satz 6 oder nach § 120 Absatz 2 und 5, § 135 Absatz 3 und 5, § 148 oder § 158 jeweils in Verbindung mit § 101 Absatz 1 Satz 3 Nummer 1 Satz 6 des Kapitalanlagegesetzbuchs in dem Jahresbericht für das Geschäftsjahr angegeben wird, das dem Umlagejahr vorausgeht. Investmentvermögen, die keine Spezial-AIF im Sinne des § 1 Absatz 6 Satz 1 des Kapitalanlagegesetzbuchs sind, oder Mittel von

[3] Art. 7 Nr. 2 des EMIR-Ausführungsgesetzes vom 13.2.2013 (BGBl. I 174); Art. 20 Nr. 5 des AIFM-Umsetzungsgesetzes vom 4.7.2013 (BGBl. I 1981); Art. 8 Nr. 5 des AIFM-Steuer-Anpassungsgesetzes vom 18.12.2013 (BGBl. I 4318); Art. 1 Nr. 4 des Kleinanlegerschutzgesetzes vom 3.7.2015 (BGBl. I 1114).

[4] Art. 2 Nr. 11 des FMSANeuOG vom 23.12.2016 (BGBl. I 3171).

[5] BT-Drs. 18/10936, 180.

OGAW-Investmentaktiengesellschaften werden bei der Berechnung nach Satz 2 doppelt gewichtet.

(2) [1]**Abweichend von Absatz 1 Nummer 1 gilt als Bilanzsumme:**
1. **für Umlagepflichtige der Gruppe Kredit- und Finanzdienstleistungsinstitute,**
   a) **die in ihrer Bilanz auf der Aktivseite zu mehr als einem Fünftel Treuhandgeschäfte im Sinne des § 6 Absatz 1 und 2 der Kreditinstituts-Rechnungslegungsverordnung ausweisen, die um die Beträge dieser Geschäfte gekürzte Bilanzsumme,**
   b) **deren erlaubnispflichtige Tätigkeit sich nach § 2 Absatz 3 oder Absatz 6 Satz 2 des Kreditwesengesetzes beurteilt, der dem Verhältnis der von ihnen betriebenen, ihnen nicht eigentümlichen Bankgeschäfte oder Finanzdienstleistungen zum Gesamtgeschäft entsprechende Bruchteil der Bilanzsumme,**
   c) **die zu mehr als einem Fünftel bank-, finanz- oder zahlungsdienstfremde Geschäfte betreiben, der dem Verhältnis der erlaubnispflichtigen Geschäfte oder Finanzdienstleistungen zum Gesamtgeschäft entsprechende Bruchteil der Bilanzsumme,**
   d) **die in der Rechtsform des Einzelkaufmanns tätig sind, die um ein fiktives Geschäftsführergehalt, das auf die Höhe des Jahresüberschusses und die Höhe der Bilanzsumme begrenzt ist, verminderte Bilanzsumme,**
2. **für Umlagepflichtige der Gruppen Kredit- und Finanzdienstleistungsinstitute sowie Factoring- und Finanzierungsleasingunternehmen, die ihre Geschäftstätigkeit im Umlagejahr erst aufnehmen, die in der Planbilanz für das erste Geschäftsjahr gemäß § 32 Absatz 1 Satz 2 Nummer 5 und Satz 3 des Kreditwesengesetzes in Verbindung mit § 14 Absatz 7 Nummer 1 der Anzeigenverordnung oder nach § 8 Absatz 3 Nummer 2 des Zahlungsdiensteaufsichtsgesetzes ausgewiesene Bilanzsumme,**
3. **für Umlagepflichtige der Gruppen Kredit- und Finanzdienstleistungsinstitute, Factoring- und Finanzierungsleasingunternehmen sowie Abwicklungsanstalten, die nicht das ganze Jahr umlagepflichtig waren, ein Bruchteil der nach Absatz 1 Nummer 1, auch in Verbindung mit den Nummern 1 und 2 dieses Satzes ermittelten Bilanzsumme, wobei der Bruchteil dem Verhältnis der Anzahl der angefangenen Monate, in denen die Umlagepflicht bestand, zur Anzahl der Monate des Umlagejahres entspricht.**

[2]**Satz 1 Nummer 1 Buchstabe c gilt für die von der Bundesanstalt beaufsichtigten Geschäfte der Kreditanstalt für Wiederaufbau entsprechend.** [3]**Die abweichenden Bilanzsummen nach Satz 1 Nummer 1 sind von der Bundesanstalt nur zu berücksichtigten, wenn der Umlagepflichtige dies vor dem 1. Juni des auf das Umlagejahr folgenden Kalenderjahres beantragt und das Vorliegen der Voraussetzungen durch Vorlage geeigneter Unterlagen nachgewiesen hat; Tatsachen, die verspätet vorgetragen oder nachgewiesen werden, bleiben unberücksichtigt.** [4]**Die Höhe des fiktiven Geschäftsführergehalts im Sinne des Satzes 1 Nummer 1 Buchstabe d ist durch eine Bescheinigung eines Wirtschaftsprüfers, einer Wirtschaftsprüfungsgesellschaft, eines vereidigten Buchprüfers oder einer Buchprüfungsgesellschaft zu belegen.**

(3) **Für Umlagepflichtige der Gruppe Kapitalverwaltungsgesellschaften und extern verwaltete OGAW-Investmentaktiengesellschaften, die nicht das ganze Jahr umlagepflichtig waren, ist abweichend von Absatz 1 Nummer 2 der Bruchteil der jeweiligen Bemessungsgrundlage maßgeblich, der dem Verhältnis der Anzahl der angefangenen Monate, in denen die Umlagepflicht bestand, zur Anzahl der Monate des Umlagejahres entspricht.**

(4) [1]**In den Gruppen Kredit- und Finanzdienstleistungsinstitute, Factoring- und Finanzierungsleasingunternehmen sowie Abwicklungsanstalten haben die Umlagepflichtigen bis spätestens zum 30. Juni des dem Umlagejahr folgenden Kalenderjahres die für die Bemessung des Umlagebetrages notwendigen, von einem Wirtschaftsprüfer oder einer Wirtschaftsprüfungsgesellschaft bestätigten Daten mitzuteilen, sofern bis zu diesem Zeitpunkt noch keine festgestellte und geprüfte Bilanz für das letzte Geschäftsjahr bei der Bundesanstalt eingereicht worden ist oder die eingereichte Bilanz nicht den Anforderungen der §§ 340 bis 340k des Handelsgesetzbuchs und der Kreditinstituts-Rechnungslegungsverordnung genügt.** [2]**Bei Finanzdienstleistungsinstituten, deren Bilanzsumme des letzten Geschäftsjahres 150 Millionen Euro nicht übersteigt, können die Bestätigungen nach Satz 1 auch durch vereidigte Buchprüfer oder Buchprüfungsgesellschaften vorgenommen werden.**

(5) [1]**Liegen die Bilanz oder die Daten nach Absatz 4 am 1. Juli nicht vor, schätzt die Bundesanstalt die Bilanzsumme und setzt den Umlagebetrag anhand der geschätzten Daten fest.** [2]**Die Bundesanstalt kann auf Antrag eine angemessene Nachfrist von bis zu einem Monat zur Einreichung der in Absatz 4 genannten Unterlagen gewähren.** [3]**Bei der Schätzung hat die Bundesanstalt im Regelfall die Bilanzdaten des Umlagepflichtigen aus vorangegangenen Geschäftsjahren zugrunde zu legen.** [4]**Liegen keinerlei Daten im Sinne des Satzes 3 und auch keine entsprechenden Daten für die nachfolgenden Geschäftsjahre vor, hat die Schätzung auf**

der Grundlage des arithmetischen Mittels der vorliegenden Bilanzdaten der anderen Umlagepflichtigen derselben nach § 16g Absatz 1 Nummer 1 Buchstabe a bis d oder Nummer 2 bestimmten Gruppe zu erfolgen.

I. Allgemeines. 1. Entstehungsgeschichte. § 16f ist ebenso wie die Übergangsvorschrift des § 23 seit dem 1.1.2013 in Kraft.[1] Zuvor gab es entsprechende Regelungen in §§ 8 Abs. 1 Nr. 1–1b, Abs. 2, Abs. 2a, § 9 Abs. 1–3 FinDAGKostV. Die fünf Änderungen des § 16f dienen punktuellen Anpassungen.[2] 1

2. Normzweck. § 16f regelt die Berechnung der Umlage im Aufsichtsbereich Banken und sonstige Finanzdienstleistungen. Die Bestimmung der umlagepflichtigen Unternehmen ist in § 16e und die Mindestumlagebeträge sind in § 16g normiert. 2

3. Europarechtlicher Hintergrund. Es besteht kein europarechtlicher Hintergrund für § 16 f. 3

II. Bemessung aufgrund von Unterlagen (Abs. 1–4). Für die Bemessung des Umlagebetrages gibt es bei den Gruppen unterschiedliche Berechnungsweisen. Bei den meisten Gruppen einschließlich der Kreditinstitute ist nach Abs. 1 das Verhältnis der **Bilanzsumme** des jeweils umlagepflichtigen Unternehmens zum Gesamtbetrag der Bilanzsummen maßgeblich. Abs. 2 und 3 sehen für bestimmte Umstände Abweichungen von Abs. 1 vor. Die Einreichung der bilanziellen Unterlagen ist bis zum 30. Juni des Folgejahres vorzunehmen. 4

III. Schätzung (Abs. 5). Wenn bis zum 1. Juli keine bilanziellen Unterlagen eingereicht wurden, schätzt die BaFin die Bilanzsumme und setzt dementsprechend den Umlagebetrag fest. 5

IV. Zukünftige Änderungen durch das FMSA-Neuordnungsgesetz. Die Terminologie der Umlagevorschriften wird zum 1.1.2018 an die Aufnahme des Geschäftsbereichs Abwicklung angepasst: Statt „Aufsichtsbereich" wird auch in § 16f der Begriff „Aufgabenbereich" verwendet.[3] 6

V. Geplante Änderungen durch das 2. FiMaNoG. In dem Entwurf des Zweiten Gesetzes zur Novellierung von Finanzmarktvorschriften auf Grund europäischer Rechtsakte (Zweites Finanzmarktnovellierungsgesetz – 2. FiMaNoG) ist vorgesehen, die neue Gruppe „Datenbereitstellungsdienstleister" in Abs. 1 Nr. 3 einzuführen.[4] 7

Mindestumlagebeträge im Aufsichtsbereich Banken und sonstige Finanzdienstleistungen

16g (1) **Der von jedem Umlagepflichtigen des Aufsichtsbereichs Banken und sonstige Finanzdienstleistungen zu entrichtende Umlagebetrag beträgt**

1. in der Gruppe Kredit- und Finanzdienstleistungsinstitute mindestens

a) 4 000 Euro für Kreditinstitute mit Ausnahme der Wertpapierhandelsbanken und für die Kreditanstalt für Wiederaufbau, bei einer nach § 16f ermittelten Bilanzsumme von 100 Millionen Euro oder weniger jedoch nur 3 500 Euro und für Wohnungsunternehmen mit Spareinrichtung nur 2 500 Euro,

b) 3 500 Euro für Wertpapierhandelsbanken und für Finanzdienstleistungsinstitute mit einer Erlaubnis

aa) nach § 1 Absatz 1a Satz 2 Nummer 1, 1c, 2, 3 oder 11 des Kreditwesengesetzes, wenn die Erlaubnis in diesen Fällen die Befugnis umfasst, sich Eigentum oder Besitz an Geldern oder Wertpapieren von Kunden zu verschaffen,

bb) nach § 1 Absatz 1a Satz 2 Nummer 1b oder 4 des Kreditwesengesetzes oder

cc) nach § 1 Absatz 1a Satz 2 Nummer 11 des Kreditwesengesetzes, wenn die Erlaubnis in diesen Fällen die Befugnis umfasst, auf eigene Rechnung zu handeln,

c) 2 500 Euro für Finanzdienstleistungsinstitute mit einer Erlaubnis

aa) nach § 1 Absatz 1a Satz 2 Nummer 1, 1c, 2, 3 oder 11 des Kreditwesengesetzes, wenn die Erlaubnis nicht die Befugnis umfasst, sich Eigentum oder Besitz an Geldern oder Wertpapieren von Kunden zu verschaffen, oder

bb) nach § 1 Absatz 1a Satz 2 Nummer 1a des Kreditwesengesetzes,

d) 1 300 Euro für Finanzdienstleistungsinstitute mit einer Erlaubnis nach § 1 Absatz 1a Satz 2 Nummer 5 oder 7 des Kreditwesengesetzes und für Institute im Sinne des § 1 Absatz 2a des Zahlungsdiensteaufsichtsgesetzes,

---

[1] Art. 2a Nr. 3 des Gesetzes zur Stärkung der deutschen Finanzaufsicht vom 28.11.2012 (BGBl. I 2369).

[2] Art. 7 Nr. 3 des EMIR-Ausführungsgesetzes vom 13.2.2013 (BGBl. I 174); Art. 20 Nr. 6 des AIFM-Umsetzungsgesetzes vom 4.7.2013 (BGBl. I 1981); Art. 8 Nr. 6 des AIFM-Steuer-Anpassungsgesetzes vom 18.12.2013 (BGBl. I 4318); Art. 1 Nr. 5 des Kleinanlegerschutzgesetzes vom 3.7.2015 (BGBl. I 1114); Art. 2 Nr. 12 lit. c) des FMSANeuOG vom 23.12.2016 (BGBl. I 3171).

[3] Art. 2 Nr. 12 des FMSANeuOG vom 23.12.2016 (BGBl. I 3171).

[4] BT-Drs. 18/10936, 181.

e) die Hälfte des Mindestbetrages der Buchstaben b bis d für die dort genannten Unternehmen, soweit deren Bilanzsumme den Betrag von 100 000 Euro unterschreitet,
2. in der Gruppe Factoring- und Finanzierungsleasingunternehmen mindestens 1 300 Euro,
3. in der Gruppe Kapitalverwaltungsgesellschaften und extern verwaltete OGAW-Investmentaktiengesellschaften mindestens 7 500 Euro.

(2) **Die Mindestumlagebeträge nach Absatz 1 Nummer 1 Buchstabe b bis d erhöhen sich**
1. ab einer Bilanzsumme von 750 000 Euro auf 4 500 Euro,
2. ab einer Bilanzsumme von 1 Million Euro auf 5 150 Euro,
3. ab einer Bilanzsumme von 1,5 Millionen Euro auf 5 800 Euro,
4. ab einer Bilanzsumme von 2 Millionen Euro auf 8 500 Euro,
5. ab einer Bilanzsumme von 3 Millionen Euro auf 10 500 Euro,
6. ab einer Bilanzsumme von 5 Millionen Euro auf 14 500 Euro,
7. ab einer Bilanzsumme von 7,5 Millionen Euro auf 19 500 Euro,
8. ab einer Bilanzsumme von 12,5 Millionen Euro auf 27 000 Euro,
9. ab einer Bilanzsumme von 20 Millionen Euro auf 36 000 Euro,
10. ab einer Bilanzsumme von 30 Millionen Euro auf 44 000 Euro,
11. ab einer Bilanzsumme von 50 Millionen Euro auf 54 000 Euro,
12. ab einer Bilanzsumme von 100 Millionen Euro auf 100 000 Euro.

1 **I. Allgemeines. 1. Entstehungsgeschichte.** § 16g ist ebenso wie die Übergangsvorschrift des § 23 seit dem 1.1.2013 in Kraft.[1] Zuvor gab es eine entsprechende Regelung in § 6 Abs. 3–4 FinDAGKostV. Die drei Änderungen des § 16g dienen punktuellen Anpassungen.[2]

2 **2. Normzweck.** § 16g legt Mindestumlagebeträge im Aufsichtsbereich Banken und sonstige Finanzdienstleistungen fest. Die Bestimmung der umlagepflichtigen Unternehmen ist in § 16e und die Berechnung der Umlage in § 16f normiert.

3 **3. Europarechtlicher Hintergrund.** Es besteht kein europarechtlicher Hintergrund für § 16g.

4 **II. Mindestumlagebeträge (Abs. 1).** Die Unternehmen des Aufsichtsbereichs Banken und sonstige Finanzdienstleistungen müssen mindestens die in Abs. 1 genannten Umlagebeträge entrichten.

5 **III. Erhöhungen der Mindestumlagebeträge (Abs. 2).** In Abhängigkeit von der Bilanzsumme erhöhen sich die Mindestumlagebeträge stufenweise.

6 **IV. Zukünftige Änderungen durch das FMSA-Neuordnungsgesetz.** Die Terminologie der Umlagevorschriften wird zum 1.1.2018 an die Aufnahme des Geschäftsbereichs Abwicklung angepasst: Statt „Aufsichtsbereich" wird auch in § 16g der Begriff „Aufgabenbereich" verwendet.[3]

7 **V. Geplante Änderungen durch das 2. FiMaNoG.** In dem Entwurf des Zweiten Gesetzes zur Novellierung von Finanzmarktvorschriften auf Grund europäischer Rechtsakte (Zweites Finanzmarktnovellierungsgesetz – 2. FiMaNoG) ist vorgesehen, Abs. 1 Nr. 1 lit. b redaktionell zu aktualisieren.[4]

Aufsichtsbereich Versicherungen

16h (1) [1]**Umlagepflichtig im Aufsichtsbereich Versicherungen ist die Gesamtheit der inländischen Versicherungsunternehmen und Pensionsfonds sowie der inländischen Niederlassungen ausländischer Versicherungsunternehmen und Pensionsfonds, welche ihren Sitz außerhalb der Mitgliedstaaten der Europäischen Union oder eines anderen Vertragsstaates des Abkommens über den Europäischen Wirtschaftsraum haben.** [2]**§ 16e Absatz 4 Satz 1 und 2 gilt entsprechend.**

(2) [1]**Der Umlagebetrag bemisst sich vorbehaltlich des Satzes 2 nach dem Verhältnis der verdienten Brutto-Beitragseinnahmen des einzelnen Umlagepflichtigen zum Gesamtbetrag der Brutto-Beitragseinnahmen, die allen Umlagepflichtigen des Aufsichtsbereichs Versicherungen in dem Geschäftsjahr erwachsen sind, das dem Umlagejahr vorausgeht.** [2]**Von den Brutto-Beitragseinnahmen sind die an die Versicherungsnehmer zurückgewährten Überschüsse oder Gewinnanteile in voller Höhe und die Provisionsaufwendungen aus der aktiven Rückversicherung zu 50 Prozent abzuziehen.** [3]**Für Pensionsfonds gilt dies entsprechend bezogen auf die Pensionsfondsbeiträge und die Versorgungsberechtigten.**

[1] Art. 2a Nr. 3 des Gesetzes zur Stärkung der deutschen Finanzaufsicht vom 28.11.2012 (BGBl. I 2369).
[2] Art. 20 Nr. 7 des AIFM-Umsetzungsgesetzes vom 4.7.2013 (BGBl. I 1981); Art. 8 Nr. 7 des AIFM-Steuer-Anpassungsgesetzes vom 18.12.2013 (BGBl. I 4318); Art. 1 Nr. 6 des Kleinanlegerschutzgesetzes vom 3.7.2015 (BGBl. I 1114).
[3] Art. 2 Nr. 13 des FMSANeuOG vom 23.12.2016 (BGBl. I 3171).
[4] BT-Drs. 18/10936, 181.

(3) **Für Umlagepflichtige, die nicht das ganze Jahr umlagepflichtig waren, ist abweichend von Absatz 2 der Bruchteil der Bemessungsgrundlage maßgeblich, der dem Verhältnis der Anzahl der angefangenen Monate, in denen die Umlagepflicht bestand, zur Anzahl der Monate des Umlagejahres entspricht.**

(4) **Der von jedem Umlagepflichtigen des Aufsichtsbereichs Versicherungen zu entrichtende Umlagebetrag beträgt mindestens 250 Euro.**

I. Allgemeines. 1. Entstehungsgeschichte. § 16h ist ebenso wie die Übergangsvorschrift des § 23 seit dem 1.1.2013 in Kraft.[1] Zuvor gab es entsprechende Regelungen in § 6 Abs. 2 S. 1 Nr. 2 und Abs. 3 S. 4, § 7 Abs. 4–5, § 8 Abs. 1 Nr. 2 und Abs. 3 FinDAGKostV. 1

2. Normzweck. § 16h enthält in kompakter Form alle Regelungen zur Umlagepflicht, Kostenermittlung und Bemessungsgrundlagen der Umlage im Aufsichtsbereich Versicherungen. 2

3. Europarechtlicher Hintergrund. Es besteht kein europarechtlicher Hintergrund für § 16h. 3

II. Umlagepflicht (Abs. 1). Umlagepflichtig sind alle inländischen Versicherungsunternehmen und Pensionsfonds sowie inländische Niederlassungen von Versicherungsunternehmen und Pensionsfonds aus Drittstaaten. 4

III. Bemessung des Umlagebetrages (Abs. 2). Die Bemessungsgrundlage des Umlagebetrages ist das Verhältnis der verdienten Brutto-Beitragseinnahmen (BBE) des einzelnen Unternehmens zum Gesamtbetrag der Brutto-Beitragseinnahmen im Vorjahr, von denen die beiden in Satz 2 genannten Positionen von den Brutto-Beitragseinnahmen zu subtrahieren sind. Die Versicherungsunternehmen melden ihre wirtschaftlichen Kennzahlen einschließlich der Brutto-Beitragseinnahmen mittels der in der § 2 BerVersV[2] vorgeschriebenen Formblätter. 5

IV. Zeitlicher Rahmen der Umlagepflicht (Abs. 1 und 3). Über die Verweisung in Abs. 1 S. 2 auf § 16e Abs. 4 S. 1 und 2 entsteht die Umlagepflicht mit der Erteilung oder Fiktion der Erlaubnis und endet im Jahr des Erlöschens der Erlaubnis. 6

V. Mindestumlagebetrag. Der Mindestumlagebetrag ist mit 250 EUR wie auch in § 16j Abs. 6 sehr niedrig angesetzt. 7

VI. Zukünftige Änderungen durch das FMSA-Neuordnungsgesetz. Die Terminologie der Umlagevorschriften wird zum 1.1.2018 an die Aufnahme des Geschäftsbereichs Abwicklung angepasst: Statt „Aufsichtsbereich" wird auch in § 16h der Begriff „Aufgabenbereich" verwendet.[3] 8

Kostenermittlung und Umlagepflicht im Aufsichtsbereich Wertpapierhandel

16i (1) **¹Innerhalb des Aufsichtsbereichs Wertpapierhandel hat eine gesonderte Ermittlung der Kosten nach folgenden Gruppen zu erfolgen:**

1. **Gruppe Wertpapierdienstleistungsunternehmen und Anlageverwalter: Wertpapierdienstleistungsunternehmen im Sinne des § 2 Absatz 4 des Wertpapierhandelsgesetzes und Institute und Unternehmen, auf die § 2 Absatz 3 Satz 3 des Wertpapierhandelsgesetzes anzuwenden ist, sowie**
2. **Gruppe Emittenten: Emittenten mit Sitz im Inland, deren Wertpapiere an einer inländischen Börse zum Handel zugelassen oder in den Freiverkehr einbezogen sind.**

²Die Kosten des Aufsichtsbereichs Wertpapierhandel, die einer Gruppe nach Satz 1 nicht unmittelbar zugeordnet werden können, sind gesondert zu erfassen. ³Sie sind auf die Gruppen entsprechend dem Verhältnis aufzuteilen, das zwischen den Kosten besteht, die den Gruppen unmittelbar zuzurechnen sind. ⁴§ 16b Absatz 4 Satz 1 und 3 ist entsprechend anzuwenden. ⁵§ 16c ist mit der Maßgabe entsprechend anzuwenden, dass Fehlbeträge, nicht eingegangene Beträge und Überschüsse erst nach der Aufteilung der Kosten nach Satz 1 gruppenbezogen zu berücksichtigen sind.

(2) **¹Umlagepflichtig für den Aufsichtsbereich Wertpapierhandel ist, wer den in Absatz 1 genannten Gruppen angehört. ²Die Umlagepflicht in der Gruppe der Wertpapierdienstleistungsunternehmen und Anlageverwalter besteht mit Erteilung oder Fiktion der Erlaubnis zum Erbringen einer oder mehrerer Wertpapierdienstleistungen oder mit Erteilung der Erlaubnis zur Erbringung der Dienstleistung Anlageverwaltung. ³Sie endet in dem Jahr des**

[1] Art. 2a Nr. 3 des Gesetzes zur Stärkung der deutschen Finanzaufsicht vom 28.11.2012 (BGBl. I 2369).

[2] Die Verordnung über die Berichterstattung von Versicherungsunternehmen gegenüber der Bundesanstalt für Finanzdienstleistungsaufsicht (Versicherungsberichterstattungs-Verordnung – BerVersV) vom 29.3.2006 (BGBl. I 622) wurde Art. 2 Nr. 2 der Verordnung zur Aufhebung von Verordnungen nach dem VAG vom 16.12.2015 (BGBl. I 2345) mit Wirkung zum 31.3.2016 aufgehoben.

[3] Art. 2 Nr. 14 des FMSANeuOG vom 23.12.2016 (BGBl. I 3171).

Erlöschens der Erlaubnis. [4]Die Umlagepflicht besteht auch dann, wenn die Voraussetzungen nicht das ganze Jahr vorliegen. [5]Die Umlagepflicht in der Gruppe der Emittenten erstreckt sich auf die Umlagejahre, in denen ein Emittent die in Absatz 1 Satz 1 Nummer 2 genannten Voraussetzungen erfüllt.

(3) **Fehlbeträge, nicht eingegangene Beträge und Überschüsse der Umlageabrechnungen für die Jahre 2009 bis 2012 in den in § 6 Absatz 2 Satz 1 Nummer 3 Buchstabe a bis c der Verordnung über die Erhebung von Gebühren und die Umlegung von Kosten nach dem Finanzdienstleistungsaufsichtsgesetz in der bis zum 31. Dezember 2012 geltenden Fassung genannten Gruppen des Aufsichtsbereichs Wertpapierhandel gelten ab der Abrechnung für das Umlagejahr 2013 als Fehlbeträge, nicht eingegangene Beträge und Überschüsse der Gruppe Wertpapierdienstleistungsunternehmen und Anlageverwalter.**

1 **I. Allgemeines. 1. Entstehungsgeschichte.** § 16i ist ebenso wie die Übergangsvorschrift des § 23 seit dem 1.1.2013 in Kraft.[1] Zuvor gab es eine entsprechende Regelung in § 6 Abs. 2 S. 1 Nr. 3 und § 7 Abs. 1 S. 1 Nr. 2 FinDAGKostV.

2 **2. Normzweck.** § 16i regelt die Umlagepflicht und Kostenermittlung im Aufsichtsbereich Wertpapierhandel mit den zwei Gruppen Wertpapierdienstleistungsunternehmen und Anlageverwalter sowie Emittenten. Die zugehörigen Bestimmungen über die Bemessungsgrundlagen sind in § 16j normiert.

3 **3. Europarechtlicher Hintergrund.** Es besteht kein europarechtlicher Hintergrund für § 16i.

4 **II. Umlagepflichtige Unternehmen und Kostenermittlung (Abs. 1).** Im Aufsichtsbereich Wertpapierhandel findet eine gesonderte Ermittlung der Kosten bei den **zwei wesensverschiedenen Gruppen** statt. Die Kosten werden entsprechend des Aufwandes der BaFin ermittelt. Die Unternehmen der Gruppe Wertpapierdienstleistungsunternehmen und Anlageverwalter werden hinsichtlich des Meldewesens nach § 9 WpHG und der Verhaltensregeln des WpHG beaufsichtigt. Bei den Emittenten steht die Überwachung der Mitteilungs- und Veröffentlichungspflichten nach WpHG, WpÜG und WpPG im Fokus der BaFin.[2] Kosten außerhalb der Gruppen sind gesondert zu erfassen und im Verhältnis der unmittelbar zuzurechnenden Kosten aufzuteilen. Über die Verweisung in Abs. 1 S. 4 auf § 16b Abs. 4 S. 1 u. 3 sind unmittelbar zurechenbare Einnahmen von den Kosten des Aufsichtsbereichs abzusetzen und nicht unmittelbar zurechenbare Einnahmen sind von den Gemeinkosten abzuziehen, bevor diese verteilt werden.

5 **III. Zeitlicher Rahmen der Umlagepflicht (Abs. 2).** Die Umlagepflicht in der Gruppe der Wertpapierdienstleistungsunternehmen und Anlageverwalter beginnt mit der Erteilung oder Fiktion der Erlaubnis und endet im Jahr des Erlöschens der Erlaubnis. Bei der Gruppe der Emittenten besteht die Umlagepflicht in den Jahren, in denen ihre Wertpapiere an einer inländischen Börse zum Handel zugelassen oder in den Freiverkehr einbezogen sind.

6 **IV. Übergangsvorschrift (Abs. 3).** Fehlbeträge, nicht eingegangene Beträge und Überschüsse der Umlageabrechnungen der Jahre 2009 bis 2012 gelten ab der Abrechnung des Umlagejahres 2013 als Fehlbeträge der Gruppe der Wertpapierdienstleistungsunternehmen und Anlageverwalter.

7 **V. Zukünftige Änderungen durch das FMSA-Neuordnungsgesetz.** Die Terminologie der Umlagevorschriften wird zum 1.1.2018 an die Aufnahme des Geschäftsbereichs Abwicklung angepasst: Statt „Aufsichtsbereich" wird auch in § 16i der Begriff „Aufgabenbereich" verwendet.[3]

8 **VI. Geplante Änderungen durch das 2. FiMaNoG.** In dem Entwurf des Zweiten Gesetzes zur Novellierung von Finanzmarktvorschriften auf Grund europäischer Rechtsakte (Zweites Finanzmarktnovellierungsgesetz – 2. FiMaNoG) ist vorgesehen, die neue Gruppe „Datenbereitstellungsdienstleister" in Abs. 1 S. 1 Nr. 3 einzuführen und Abs. 2 S. 2 entsprechend neu zu fassen.[4]

Bemessungsgrundlagen der Umlage im Aufsichtsbereich Wertpapierhandel

16j (1) [1]**Für die Umlagepflichtigen in der Gruppe Wertpapierdienstleistungsunternehmen und Anlageverwalter ist der Umlagebetrag nach dem Verhältnis der Nettoerträge des einzelnen Umlagepflichtigen zum Gesamtbetrag der Nettoerträge aller Umlagepflichtigen der Gruppe zu bemessen, wobei sich die Nettoerträge aus folgenden Positionen der Anlagen 1 und 4 der Prüfungsberichtsverordnung (SON01 und SON04) zusammensetzen:**

[1] Art. 2a Nr. 3 des Gesetzes zur Stärkung der deutschen Finanzaufsicht vom 28.11.2012 (BGBl. I 2369).
[2] BT-Drs. 17/11119, S. 30.
[3] Art. 2 Nr. 15 des FMSANeuOG vom 23.12.2016 (BGBl. I 3171).
[4] BT-Drs. 18/10936, 181.

1. bei Kreditinstituten mit Ausnahme der Wertpapierhandelsbanken aus
a) dem Provisionsergebnis (Position 033 der Anlage SON01), wenn der Betrag positiv oder null ist,
b) zuzüglich des Nettoergebnisses des Handelsbestandes aus Geschäften mit Wertpapieren des Handelsbestandes (Position 034 der Anlage SON01), wenn der Saldo positiv ist,
c) zuzüglich des Nettoergebnisses des Handelsbestandes aus Geschäften mit Devisen und Edelmetallen (Position 035 der Anlage SON01), wenn der Saldo positiv ist, und
d) zuzüglich des Nettoergebnisses des Handelsbestandes aus Geschäften mit Derivaten (Position 036 der Anlage SON01), wenn der Saldo positiv ist,
2. bei Finanzdienstleistungsinstituten, die mit Finanzinstrumenten auf eigene Rechnung handeln oder die Befugnis haben, sich Eigentum oder Besitz an Geldern oder Wertpapieren von Kunden zu verschaffen, und bei Wertpapierhandelsbanken aus
a) dem Saldo aus den Erträgen aus Geschäften mit Wertpapieren des Handelsbestandes (Position 316 der Anlage SON01) und Aufwendungen aus Geschäften mit Wertpapieren des Handelsbestandes (Position 315 der Anlage SON01), wenn der Saldo positiv ist,
b) zuzüglich des Saldos aus Erträgen aus Geschäften mit Devisen und Edelmetallen (Position 318 der Anlage SON01) und den Aufwendungen aus Geschäften mit Devisen und Edelmetallen (Position 317 der Anlage SON01), wenn der Saldo positiv ist,
c) zuzüglich des Saldos aus Erträgen aus Geschäften mit Derivaten (Position 320 der Anlage SON01) und den Aufwendungen aus Geschäften mit Derivaten (Position 319 der Anlage SON01), wenn der Saldo positiv ist,
3. bei allen übrigen Wertpapierdienstleistungsunternehmen, die nicht auf eigene Rechnung mit Finanzinstrumenten handeln und die nicht befugt sind, sich bei der Erbringung von Finanzdienstleistungen Eigentum oder Besitz an Geldern oder Wertpapieren von Kunden zu verschaffen, aus den Provisionserträgen (Position 313 der Anlage SON04) abzüglich der Provisionsaufwendungen (Position 314 der Anlage SON04).

[2] Zugrunde zu legen sind die Ertragsdaten des dem Umlagejahr vorausgehenden Kalenderjahres.

(2) **[1] Für die Umlagepflichtigen der Gruppe Wertpapierdienstleistungsunternehmen und Anlageverwalter sind bei der Ermittlung der umlagerelevanten Ergebnisse nach Absatz 1 auf Antrag von dem Provisionsergebnis abzuziehen**
1. Nettoerträge aus dem Zahlungsverkehr,
2. Nettoerträge aus dem Außenhandelsgeschäft,
3. Nettoerträge aus dem Reisezahlungsmittelgeschäft,
4. Nettoerträge für Treuhandkredite und Verwaltungskredite,
5. Nettoerträge aus der Vermittlung von Kredit-, Spar-, Bauspar- und Versicherungsverträgen,
6. Nettoerträge aus der Kreditbearbeitung und dem Avalgeschäft,
7. Nettoerträge aus von ausländischen Tochterunternehmen für Einlagengeschäfte erhaltenen Vergütungen,
8. Nettoerträge aus Nachlassbearbeitungen,
9. Nettoerträge für Electronic Banking Services,
10. Nettoerträge aus Gutachtertätigkeiten und
11. Nettoerträge aus sonstigen Bearbeitungsentgelten.

[2] Die Abzugsposten nach Satz 1 sind von der Bundesanstalt nur zu berücksichtigen, wenn sie in der Summe mehr als ein Fünftel des gesamten Provisionsergebnisses betragen und der Umlagepflichtige die Nichtberücksichtigung vor dem 1. Februar des auf das Umlagejahr folgenden Kalenderjahres beantragt sowie das Vorliegen der Voraussetzungen durch Vorlage geeigneter Unterlagen nachgewiesen hat; Tatsachen, die verspätet vorgetragen oder nachgewiesen werden, bleiben unberücksichtigt. [3] Die Beträge der Abzugsposten sind durch eine Bestätigung eines Wirtschaftsprüfers, einer Wirtschaftsprüfungsgesellschaft, eines vereidigten Buchprüfers, einer Buchprüfungsgesellschaft, eines genossenschaftlichen Prüfungsverbandes oder einer Prüfungsstelle der Sparkassen- und Giroverbände nachzuweisen.

(3) **Für Umlagepflichtige der Gruppe Wertpapierdienstleistungsunternehmen und Anlageverwalter, die nicht das ganze Jahr umlagepflichtig waren, ist abweichend von den Absätzen 1 und 2 der Bruchteil der ermittelten Erträge maßgeblich, der dem Verhältnis der Anzahl der angefangenen Monate, in denen die Umlagepflicht bestand, zur Anzahl der Monate des Umlagejahres entspricht.**

(4) **[1] In der Gruppe Wertpapierdienstleistungsunternehmen und Anlageverwalter haben die Unternehmen bis spätestens zum 30. Juni des dem Umlagejahr folgenden Kalenderjahres die für die Bemessung des Umlagebetrages notwendigen, von einem Wirtschaftsprüfer, einer**

Wirtschaftsprüfungsgesellschaft, einem genossenschaftlichen Prüfungsverband oder einer Prüfungsstelle der Sparkassen- und Giroverbände bestätigten Daten mitzuteilen, sofern bis zu diesem Zeitpunkt noch kein Prüfungsbericht über den Jahresabschluss für das letzte Geschäftsjahr bei der Bundesanstalt eingereicht worden ist. [2] Bei Finanzdienstleistungsinstituten, deren Bilanzsumme des letzten Geschäftsjahres 150 Millionen Euro nicht übersteigt, können die Bestätigungen nach Satz 1 auch durch vereidigte Buchprüfer oder Buchprüfungsgesellschaften vorgenommen werden. [3] Liegen die Daten nach Satz 1 am 1. Juli nicht vor, schätzt die Bundesanstalt die Erträge und setzt den Umlagebetrag anhand der geschätzten Daten fest. [4] Die Bundesanstalt kann auf Antrag eine angemessene Nachfrist von bis zu einem Monat zur Einreichung der in Satz 1 genannten Daten gewähren. [5] Bei der Schätzung hat die Bundesanstalt im Regelfall Ertragsdaten des Umlagepflichtigen aus vorangegangenen Geschäftsjahren zugrunde zu legen. [6] Liegen keinerlei Daten im Sinne des Satzes 5 und auch keine entsprechenden Daten für die nachfolgenden Geschäftsjahre vor, sind die Daten von Unternehmen der Umlagegruppe mit vergleichbarer Größe entsprechend heranzuziehen. [7] Bei Unternehmen, denen im Umlagejahr erstmals die Erlaubnis erteilt wurde oder die ihre erste erlaubnispflichtige Geschäftstätigkeit aufgenommen haben, entspricht der Umlagebetrag dem Mindestumlagebetrag nach Absatz 6.

(5) **Für Umlagepflichtige der Gruppe Emittenten ist der Umlagebetrag nach dem Verhältnis der nach § 9 Absatz 1 des Wertpapierhandelsgesetzes im Umlagejahr gemeldeten Umsätze der zum Handel zugelassenen oder in den Freiverkehr einbezogenen Wertpapiere des einzelnen Umlagepflichtigen zum Gesamtbetrag der gemeldeten Umsätze aller Umlagepflichtigen der Gruppe zu bemessen.**

(6) **Der von jedem Umlagepflichtigen des Aufsichtsbereichs Wertpapierhandel zu entrichtende Umlagebetrag beträgt in jeder Gruppe mindestens 250 Euro.**

(7) **[1] Das Bundesministerium der Finanzen wird ermächtigt, durch Rechtsverordnung ohne Zustimmung des Bundesrates näher zu bestimmen, auf welchem Wege und in welcher Form der Antrag und die Nachweise nach Absatz 2 der Bundesanstalt zu übermitteln sind. [2] Das Bundesministerium kann die Ermächtigung zum Erlass der Rechtsverordnung nach Satz 1 auf die Bundesanstalt übertragen.**

1 **I. Allgemeines. 1. Entstehungsgeschichte.** § 16j ist ebenso wie die Übergangsvorschrift des § 23 seit dem 1.1.2013 in Kraft.[1] Zuvor gab es entsprechende Regelungen in § 6 Abs. 3 S. 4 und § 8 Abs. 2 FinDAGKostV. Durch das FMSANeuOG wurden die genossenschaftlichen Prüfungsverbände und die Prüfungsstellen der Sparkassen- und Giroverbände als bestätigende Stellen in § 16j aufgenommen.[2]

2 **2. Normzweck.** § 16j ist die Vorschrift über die Bemessungsgrundlagen der Umlagebeträge im Aufsichtsbereich Wertpapierhandel. Die zugehörigen Bestimmungen über die Umlagepflicht und die Kostenermittlung sind in § 16i normiert.

3 **3. Europarechtlicher Hintergrund.** Es besteht kein europarechtlicher Hintergrund für § 16j.

4 **II. Bemessungsgrundlagen der Umlage. 1. Gruppe Wertpapierdienstleistungsunternehmen und Anlageverwalter (Abs. 1–4).** In der Gruppe Wertpapierdienstleistungsunternehmen und Anlageverwalter bemisst sich der Umlagebetrag gemäß Abs. 1 nach dem Verhältnis der **Nettoerträge** des einzelnen Unternehmens zum Gesamtbetrag der Nettoerträge. Die Nettoerträge setzen sich aus Positionen der Anlagen 1 und 4 der PrüfbV[3] (Formblätter SON01 „Datenübersicht für Kreditinstitute und Finanzdienstleistungsinstitute der Gruppen I und II" und SON04 „Datenübersicht für Institute, die Bereiche auf ein anderes Unternehmen ausgelagert haben") zusammen. In Abs. 2 sind mehrere Posten enthalten, die auf Antrag vom Provisionsergebnis abgezogen werden können, wenn sie durch die Bestätigung eines Wirtschaftsprüfers, eines vereidigten Buchprüfers, eines genossenschaftlichen Prüfungsverbands oder einer Prüfungsstelle der Sparkassen- und Giroverbände nachgewiesen sind. Wenn Unternehmen nur zeitweise umlagepflichtig sind, wird eine monatsanteilige Berechnung vorgenommen. Die Daten sind gemäß Abs. 4 der BaFin bis zum 30. Juni des nachfolgenden Jahres mitzuteilen, ansonsten kann die BaFin eine Schätzung vornehmen.

5 **2. Gruppe Emittenten (Abs. 5).** In der Gruppe Emittenten ist das Verhältnis der gemeldeten Umsätze der relevanten Wertpapiere des jeweiligen Unternehmens zum Gesamtbetrag der gemeldeten Umsätze entscheidend für die Bemessung der Umlage.

6 **III. Mindestumlage (Abs. 6).** Die Mindestumlagebetrag ist ebenso wie in § 16h Abs. 4 auf 250 EUR festgelegt.

[1] Art. 2a Nr. 3 des Gesetzes zur Stärkung der deutschen Finanzaufsicht vom 28.11.2012 (BGBl. I 2369).
[2] Art. 2 Nr. 16 des FMSANeuOG vom 23.12.2016 (BGBl. I 3171).
[3] Verordnung über die Prüfung der Jahresabschlüsse der Kreditinstitute und Finanzdienstleistungsinstitute sowie über die darüber zu erstellenden Berichte (Prüfungsberichtsverordnung – PrüfbV) vom 11.6.2015 (BGBl. I 930).

IV. Ermächtigungsgrundlage für Rechtsverordnung (Abs. 7). Das BMF hat bislang keinen Gebrauch von der Ermächtigung zum Erlass einer Rechtsverordnung über die Form des Antrags und die Nachweise gemacht. 7

V. Zukünftige Änderungen durch das FMSA-Neuordnungsgesetz. Die Terminologie der Umlagevorschriften wird zum 1.1.2018 an die Aufnahme des Geschäftsbereichs Abwicklung angepasst: Statt „Aufsichtsbereich" wird auch in § 16j der Begriff „Aufgabenbereich" verwendet.[4] 8

VI. Geplante Änderungen durch das 2. FiMaNoG. In dem Entwurf des Zweiten Gesetzes zur Novellierung von Finanzmarktvorschriften auf Grund europäischer Rechtsakte (Zweites Finanzmarktnovellierungsgesetz – 2. FiMaNoG) ist vorgesehen, die Bemessung des Umlagebeitrages in Abs. 5 neu zu fassen, die neue Gruppe „Datenbereitstellungsdienstleister" in einem neuen Abs. 5a einzuführen sowie Abs. 6 und 7 redaktionell zu bearbeiten.[5] 9

Entstehung der Umlageforderung, Festsetzung des Umlagebetrages und Fälligkeit

16k (1) **Die Umlageforderung entsteht mit Ablauf des Umlagejahres, für das die Umlagepflicht besteht.**

(2) **Nach Feststellung der Jahresrechnung über die Einnahmen und Ausgaben des jeweiligen Umlagejahres durch den Verwaltungsrat hat die Bundesanstalt für jeden Umlagepflichtigen den von diesem zu entrichtenden Umlagebetrag zu ermitteln.**

(3) [1]**Die Bundesanstalt hat den Umlagebetrag schriftlich oder elektronisch festzusetzen, sobald er nach Absatz 2 abschließend ermittelt worden ist.** [2]**Der Umlagebetrag ist kaufmännisch auf volle Euro zu runden.** [3]**Eine vorherige Anhörung der Umlagepflichtigen ist nicht erforderlich.**

(4) **Die Umlageforderung wird mit der Bekanntgabe ihrer Festsetzung an den Umlagepflichtigen fällig, wenn nicht die Bundesanstalt im Einzelfall einen späteren Zeitpunkt bestimmt.**

(5) [1]**Die Bundesanstalt kann zulassen, dass ein Verband die Umlagebeträge der ihm angehörenden Umlagepflichtigen für diese Umlagepflichtigen in einer Summe entrichtet, wenn er sich hierzu in Schriftform gegenüber der Bundesanstalt verpflichtet hat.** [2]**In diesem Fall werden die Festsetzungen gegenüber den verbandsangehörigen Umlagepflichtigen diesen über den Verband bekannt gegeben, soweit sich die Umlagepflichtigen damit einverstanden erklärt haben oder der Verband erklärt hat, zum Empfang der Festsetzungen ermächtigt zu sein.** [3]**Eine gesonderte Bekanntgabe der Festsetzung an den einzelnen verbandsangehörigen Umlagepflichtigen ist insoweit entbehrlich.**

I. Allgemeines. 1. Entstehungsgeschichte. § 16k ist ebenso wie die Übergangsvorschrift des § 23 seit dem 1.1.2013 in Kraft.[1] Zuvor gab es entsprechende Regelungen in § 12 Abs. 1 und 2, § 11 Abs. 1–3 FinDAGKostV. 1

2. Normzweck. Die Norm regelt den Zeitpunkt der Entstehung der Umlageforderung und den zeitlichen **Verfahrensablauf** (Feststellung der Jahresrechnung durch Verwaltungsrat, Ermittlung des jeweiligen Umlagebetrages, Festsetzung und Bekanntgabe der Festsetzung = Fälligkeit) der Umlagezahlungen. 2

3. Europarechtlicher Hintergrund. Es besteht kein europarechtlicher Hintergrund für § 16k. 3

II. Entstehung der Umlageforderung (Abs. 1). Die Umlageforderung entsteht am Ende des Umlagejahres. 4

III. Feststellung der Jahresrechnung und Ermittlung der Umlagebeträge (Abs. 2). Nachdem der Verwaltungsrat die Jahresrechnung über Einnahmen und Ausgaben des jeweiligen Umlagejahres gemäß § 12 Abs. 3 und § 4 Abs. 1 S. 2 Nr. 2 der Satzung festgestellt hat, ermittelt die BaFin die jeweiligen Umlagebeträge der Unternehmen. 5

IV. Festsetzung der Umlagebeträge (Abs. 3). Die BaFin setzt die Umlagebeträge schriftlich oder elektronisch ohne vorherige Anhörung gegenüber den Unternehmen fest. Dies entspricht der in § 28 Abs. 2 Nr. 4 VwVfG geregelten Ausnahme für gleichartige Verwaltungsakte in größerer Zahl von der grundsätzlich vorgesehenen Anhörung vor Erlass eines Verwaltungsakts. Die Frist für die Festsetzung ist in § 16o geregelt. 6

---

[4] Art. 2 Nr. 16 des FMSANeuOG vom 23.12.2016 (BGBl. I 3171).
[5] BT-Drs. 18/10936, 181.
[1] Art. 2a Nr. 3 des Gesetzes zur Stärkung der deutschen Finanzaufsicht vom 28.11.2012 (BGBl. I 2369).

7 **V. Bekanntgabe der Festsetzung als Zeitpunkt der Fälligkeit (Abs. 4).** Im Regelfall wird die Umlageforderung mit der Bekanntgabe der Festsetzung fällig.

8 **VI. Entrichtung der Umlagebeträge über Verbände (Abs. 5).** Bei verbandsangehörigen Unternehmen kann die Durchführung des Umlageverfahrens gesammelt über einen Verband erfolgen. Dies kommt für die in § 340k Abs. 2 und 3 HGB behandelten verbandszugehörigen Sparkassen und die genossenschaftlichen Volks- und Raiffeisenbanken in Betracht. Für die Sparkassen sind in den Sparkassengesetzen der Länder die Prüfstellen der Sparkassen- und Giroverbände vorgesehen und für die genossenschaftlichen Volks- und Raiffeisenbanken die Prüfungsverbände nach §§ 53 ff. GenG.

9 **VII. Zukünftige Änderungen durch das FMSA-Neuordnungsgesetz.** Zum 1.1.2018 wird ein neuer § 16k „Aufgabenbereich Abwicklung" mit Regelungen über die Umlagepflicht und die Bemessung der Umlage in das FinDAG eingefügt.[2] Der bisherige § 16k wird zu § 16l[3] und die bisherigen §§ 16m–q werden zu §§ 16n–r.

Festsetzung und Fälligkeit von Umlagevorauszahlungen

16l (1) [1] **Die Bundesanstalt hat eine Vorauszahlung auf den Umlagebetrag eines Umlagejahres festzusetzen, sobald der für dieses Umlagejahr festgestellte Haushaltsplan vom Bundesministerium der Finanzen genehmigt ist.** [2] **Der Festsetzung sind die Ausgaben zugrunde zu legen, die in dem Haushaltsplan für dieses Umlagejahr veranschlagt sind.** [3] **§ 16k Absatz 3 und 5 gilt entsprechend.**

(2) [1] **Vorauszahlungspflichtig ist, wer im letzten abgerechneten Umlagejahr umlagepflichtig war und im Jahr der Festsetzung der Vorauszahlung umlagepflichtig ist, es sei denn, er weist im Jahr der Vorauszahlungsfestsetzung vor dem 1. Dezember nach, dass er im darauf folgenden Jahr nicht mehr umlagepflichtig sein wird.** [2] **Wird der Nachweis nach Satz 1 nicht fristgerecht erbracht, hat der Vorauszahlungspflichtige den Vorauszahlungsbetrag auch dann für das volle Umlagejahr zu leisten, wenn er in diesem Jahr teilweise oder überhaupt nicht mehr umlagepflichtig sein wird.** [3] **Eine anteilige Ermittlung der Vorauszahlung ist ausgeschlossen.**

(3) [1] **Die Verteilung der voraussichtlichen Kosten, die auf die Vorauszahlungspflichtigen umzulegen sind, ist auf der Grundlage der Verhältnisse des letzten abgerechneten Umlagejahres nach Maßgabe der §§ 16e bis 16j zu ermitteln.** [2] **Verhältnisse im Sinne des Satzes 1 sind die Verteilungsverhältnisse zwischen den Aufsichtsbereichen und Gruppen sowie die Bemessungsgrundlagen für die einzelnen Umlagepflichtigen.**

(4) **Die nach Absatz 1 festgesetzte Umlagevorauszahlung wird nach der Bekanntgabe der Festsetzung jeweils zu gleichen Teilen am 15. Januar und am 15. Juli fällig, wenn nicht die Bundesanstalt im Einzelfall einen anderen Zeitpunkt bestimmt.**

(5) [1] **Soweit der Umlagebetrag die Vorauszahlung voraussichtlich übersteigen wird, kann die Bundesanstalt für das laufende Umlagejahr eine weitere Umlagevorauszahlung festsetzen.** [2] **Die Vorauszahlungspflicht bestimmt sich nach Absatz 2.** [3] **Die umzulegenden Kosten sind nach Maßgabe des Absatzes 3 zu verteilen.** [4] **Für den nach Satz 1 festgesetzten Vorauszahlungsbetrag hat die Bundesanstalt den Zeitpunkt der Fälligkeit zu bestimmen.**

1 **I. Allgemeines. 1. Entstehungsgeschichte.** § 16l ist ebenso wie die Übergangsvorschrift des § 23 seit dem 1.1.2013 in Kraft.[1] Zuvor gab es eine entsprechende Regelung in § 11a FinDAGKostV.

2 **2. Normzweck.** In § 16l werden Regelungen für die Umlagevorauszahlungen aufgestellt.

3 **3. Europarechtlicher Hintergrund.** Es besteht kein europarechtlicher Hintergrund für § 16l.

4 **II. Festsetzung von Vorauszahlungen auf die Umlagebeträge (Abs. 1).** Die BaFin setzt auf der Grundlage der im Haushaltsplan veranschlagten Ausgaben Vorauszahlungen auf die Umlagebeträge fest. Über die Verweisung in Abs. 1 S. 3 auf § 16k Abs. 3 und 5 erfolgt auch die Festsetzung der Umlagevorauszahlungen ohne vorherige Anhörung und kann über Prüfungsverbände erfolgen.

5 **III. Vorauszahlungspflichtige Unternehmen (Abs. 2).** Solange der BaFin kein Nachweis eines Unternehmens über das Ende der Umlagepflicht vorliegt, sind alle im vorhergehenden Jahr umlagepflichten Unternehmen vorauszahlungspflichtig.

Im Fall der Insolvenz eines Unternehmens bildet die **Eröffnung des Insolvenzverfahrens eine Zäsur**. Vorher fällige Umlageforderungen sind gemäß § 38 InsO quotal aus der Restmasse zu bedienen. Die später fällig werdenden Umlageforderungen sind sonstige Masseverbindlichkeiten i. S. v. § 55 Abs. 1

[2] Art. 2 Nr. 17 des FMSANeuOG vom 23.12.2016 (BGBl. I 3171).
[3] Art. 2 Nr. 18 des FMSANeuOG vom 23.12.2016 (BGBl. I 3171).
[1] Art. 2a Nr. 3 des Gesetzes zur Stärkung der deutschen Finanzaufsicht vom 28.11.2012 (BGBl. I 2369).

Nr. 1 InsO, da die Unternehmen auch während eines Insolvenzverfahrens unter der Aufsicht der BaFin stehen und die Umlageforderungen somit Kosten der Verwaltung der Insolvenzmasse sind.

IV. Höhe der Vorauszahlung (Abs. 3). Die Höhe der Umlagevorauszahlung bestimmt sich anhand der Verhältnisse des letzten Umlagejahres zwischen den Aufsichtsbereichen und Gruppen. 6

V. Fälligkeit der Vorauszahlung (Abs. 4). Die Umlagevorauszahlung wird nach Bekanntgabe in der Regel jeweils hälftig am 15. Januar und 15. Juli fällig. 7

VI. Zusätzliche Vorauszahlung (Abs. 5). Soweit der Umlagebetrag voraussichtlich größer ist als die Vorauszahlung, kann die BaFin eine weitere Umlagevorauszahlung festsetzen. 8

VII. Zukünftige Änderungen durch das FMSA-Neuordnungsgesetz. Die Terminologie der Umlagevorschriften wird zum 1.1.2018 an die Aufnahme des Geschäftsbereichs Abwicklung angepasst: Statt „Aufsichtsbereiche" wird der Begriff „Aufgabenbereiche" verwendet. Durch die Einfügung des neuen § 16k verschiebt sich die Nummerierung und der bisherige § 16l wird zu § 16m.[2] 9

Differenz zwischen Umlagebetrag und Vorauszahlung

16m (1) **Entsteht nach der Anrechnung des gezahlten Umlagevorauszahlungsbetrages auf den festgesetzten Umlagebetrag ein Fehlbetrag, ist dieser innerhalb eines Monats nach Bekanntgabe des festgesetzten Umlagebetrages zu entrichten.**

(2) **Übersteigt der gezahlte Vorauszahlungsbetrag den festgesetzten Umlagebetrag oder ist die Vorauszahlung von einem endgültig nicht Umlagepflichtigen geleistet worden, ist die Überzahlung zu erstatten.**

(3) **Ansprüche auf Erstattung von Überzahlungen im Sinne des Absatzes 2 erlöschen durch Verjährung, wenn sie nicht bis zum Ablauf des fünften Kalenderjahres nach dem Kalenderjahr geltend gemacht werden, in dem die Festsetzung des Umlagebetrages oder die Aufhebung des Vorauszahlungsbescheides unanfechtbar geworden ist.**

I. Allgemeines. 1. Entstehungsgeschichte. § 16m ist ebenso wie die Übergangsvorschrift des § 23 seit dem 1.1.2013 in Kraft.[1] Zuvor gab es eine entsprechende Regelung in § 11b FinDAGKostV. 1

2. Normzweck. Die Norm regelt die Auswirkungen einer Differenz der Vorauszahlungen zu den später festgesetzten Umlagebeträgen. Die BaFin erstattet rechtswidrig erhobene Umlagebeträge oder sonstige Überzahlungen nach § 16q. 2

3. Europarechtlicher Hintergrund. Es besteht kein europarechtlicher Hintergrund für § 16 m. 3

II. Nachforderungen der BaFin (Abs. 1). Wenn ein Fehlbetrag zwischen dem Vorauszahlungsbetrag und dem Umlagebetrag auftritt, so ist er innerhalb eines Monats nach Bekanntgabe des festgesetzten Umlagebetrages an die BaFin zu zahlen. 4

III. Erstattungspflicht der BaFin bei Überzahlungen (Abs. 2 und 3). Sofern der Vorauszahlungsbetrag höher ist als der Umlagebetrag, dann wird die Überzahlung von der BaFin erstattet. Die Bezugspunkte für den Beginn der fünfjährigen Verjährungsfrist von Erstattungsansprüchen sind in Abs. 3 geregelt. 5

IV. Zukünftige Änderung durch das FMSA-Neuordnungsgesetz. Durch die Einfügung des neuen § 16k zum 1.1.2018 verschiebt sich die Nummerierung und der bisherige § 16m wird zu § 16n.[2*] 6

Säumniszuschläge; Beitreibung

16n (1) [1]**Werden die Umlagebeträge und Umlagevorauszahlungsbeträge nicht bis zum Ablauf des Fälligkeitstages entrichtet, ist für jeden angefangenen Monat der Säumnis ein Säumniszuschlag von 1 Prozent des abgerundeten rückständigen Betrages zu entrichten.** [2]**Der Säumniszuschlag wird nur erhoben, wenn der rückständige Betrag 50 Euro übersteigt und die Säumnis länger als drei Tage beträgt.** [3]**Wird die Festsetzung einer Umlage aufgehoben oder geändert, bleiben die bis dahin verwirkten Säumniszuschläge unberührt.**

(2) **Für die Berechnung des Säumniszuschlages ist der rückständige Betrag auf volle 50 Euro abzurunden.**

---

[2] Art. 2 Nr. 19 des FMSANeuOG vom 23.12.2016 (BGBl. I 3171).

[1] Art. 2a Nr. 3 des Gesetzes zur Stärkung der deutschen Finanzaufsicht vom 28.11.2012 (BGBl. I 2369).

[2*] Art. 2 Nr. 20 des FMSANeuOG vom 23.12.2016 (BGBl. I 3171).

(3) **Ein wirksam geleisteter Umlagebetrag oder Umlagevorauszahlungsbetrag gilt als entrichtet**

1. **bei Übergabe oder Übersendung von Zahlungsmitteln am Tag des Eingangs bei der für die Bundesanstalt zuständigen Kasse (Bundeskasse oder Zahlstelle); bei Hingabe oder Übersendung von Schecks jedoch drei Tage nach dem Tag des Eingangs des Schecks bei der zuständigen Kasse,**
2. **bei Überweisung oder Einzahlung auf ein Konto der zuständigen Kasse und bei Einzahlung mit Zahlschein oder Postanweisung an dem Tag, an dem der Betrag der Kasse gutgeschrieben wird, oder**
3. **bei Vorliegen einer Einzugsermächtigung am Fälligkeitstag.**

(4) [1] **In den Fällen der Gesamtschuld entstehen Säumniszuschläge gegenüber jedem säumigen Gesamtschuldner.** [2] **Insgesamt ist jedoch kein höherer Säumniszuschlag zu entrichten, als verwirkt worden wäre, wenn die Säumnis nur bei einem Gesamtschuldner eingetreten wäre.**

(5) [1] **Nicht fristgerecht entrichtete Umlage- und Umlagevorauszahlungsbeträge werden nach den Vorschriften des Verwaltungs-Vollstreckungsgesetzes durch die Bundesanstalt beigetrieben.** [2] **Vollstreckungsbehörde ist das für den Sitz oder die Niederlassung des Vollstreckungsschuldners zuständige Hauptzollamt.**

1 **I. Allgemeines. 1. Entstehungsgeschichte.** § 16n ist ebenso wie die Übergangsvorschrift des § 23 seit dem 1.1.2013 in Kraft.[1]

2 **2. Normzweck.** Die Norm regelt Säumniszuschläge bei verspäteten Umlagezahlungen.

3 **3. Europarechtlicher Hintergrund.** Es besteht kein europarechtlicher Hintergrund für § 16n.

4 **II. Höhe der Säumniszuschläge (Abs. 1 und 2).** Wenn die Umlagebeträge und Vorauszahlungsbeträge nicht bis zum Fälligkeitstag an die BaFin gezahlt werden, entsteht ein Säumniszuschlag i. H. v. 1 % des auf volle 50 EUR abgerundeten rückständigen Betrages pro angefangenen Monat.

5 **III. Entrichtung von Beträgen (Abs. 3).** Die Entrichtung von Beiträgen kann über die in Abs. 3 genannten Zahlungswege erfolgen.

6 **IV. Gesamtschuldner (Abs. 4).** Bei der Durchführung des Umlageverfahrens über einen Prüfungsverband gemäß § 16k Abs. 3 entsteht bei jedem säumigen Gesamtschuldner ein in der Höhe begrenzter Säumniszuschlag.

7 **V. Beitreibung (Abs. 5).** Die Beitreibung von fälligen Umlagebeträgen erfolgt wie die Durchsetzung anderer Verfügungen mit Zwangsmitteln wie Zwangsgeld gemäß § 17 nach dem VwVG.

8 **VI. Zukünftige Änderung durch das FMSA-Neuordnungsgesetz.** Durch die Einfügung des neuen § 16k zum 1.1.2018 verschiebt sich die Nummerierung und der bisherige § 16n wird zu § 16o.[2]

Festsetzungsverjährung

16o (1) [1] **Die Festsetzung des Umlagebetrages ist nicht mehr zulässig, wenn die Festsetzungsfrist abgelaufen ist (Festsetzungsverjährung).** [2] **Die Festsetzungsfrist beträgt vier Jahre; sie beginnt mit Ablauf des Umlagejahres.**

(2) **Die Festsetzungsfrist läuft nicht ab, solange die Festsetzung wegen höherer Gewalt innerhalb der letzten sechs Monate des Fristablaufs nicht erfolgen kann.**

(3) [1] **Wird die Festsetzung angefochten, läuft die Festsetzungsfrist erst sechs Monate nach dem Zeitpunkt ab, an dem die Festsetzung unanfechtbar geworden ist; dies gilt auch, wenn der Rechtsbehelf erst nach Ablauf der Festsetzungsfrist eingelegt wird.** [2] **Der Ablauf der Festsetzungsfrist ist hinsichtlich des gesamten Anspruchs gehemmt.** [3] **Satz 1 gilt entsprechend für vor Ablauf der Festsetzungsfrist gestellte Anträge auf Aufhebung oder Änderung der Festsetzung.**

1 **I. Allgemeines. 1. Entstehungsgeschichte.** § 16o ist ebenso wie die Übergangsvorschrift des § 23 seit dem 1.1.2013 in Kraft.[1*] Zuvor gab es eine entsprechende Regelung in § 12a FinDAGKostV.

2 **2. Normzweck.** Mit der Regelung über die Festsetzungsverjährung soll für die umlagepflichtigen Unternehmen diesbezüglich Klarheit geschaffen werden.

3 **3. Europarechtlicher Hintergrund.** Es besteht kein europarechtlicher Hintergrund für § 16o.

---

[1] Art. 2a Nr. 3 des Gesetzes zur Stärkung der deutschen Finanzaufsicht vom 28.11.2012 (BGBl. I 2369).
[2] Art. 2 Nr. 20 des FMSANeuOG vom 23.12.2016 (BGBl. I 3171).
[1*] Art. 2a Nr. 3 des Gesetzes zur Stärkung der deutschen Finanzaufsicht vom 28.11.2012 (BGBl. I 2369).

II. Festsetzungsverjährung. Nach Ablauf der vierjährigen Festsetzungsfrist ist eine Festsetzung von Umlagebeträgen gemäß § 16k Abs. 3 S. 1 unzulässig. Ausnahmen gelten nur für die in Abs. 2 und 3 beschriebenen Konstellationen. 4

III. Zukünftige Änderung durch das FMSA-Neuordnungsgesetz. Durch die Einfügung des neuen § 16k zum 1.1.2018 verschiebt sich die Nummerierung und der bisherige § 16o wird zu § 16p.[2] 5

Zahlungsverjährung

16p (1) [1]**Der Anspruch auf Zahlung des festgesetzten Umlagebetrages verjährt nach fünf Jahren (Zahlungsverjährung).** [2]**Die Verjährungsfrist beginnt mit dem Ablauf des Kalenderjahres, in dem der Anspruch erstmals fällig geworden ist.**

(2) **Die Zahlungsverjährung ist gehemmt, solange der Anspruch wegen höherer Gewalt innerhalb der letzten sechs Monate der Verjährungsfrist nicht verfolgt werden kann.**

(3) **Die Zahlungsverjährung wird unterbrochen durch**

1. **schriftliche Geltendmachung des Anspruchs,**
2. **Zahlungsaufschub,**
3. **Stundung,**
4. **Eintritt der aufschiebenden Wirkung,**
5. **Aussetzung der Vollziehung,**
6. **Sicherheitsleistung,**
7. **Vollstreckungsaufschub,**
8. **eine Vollstreckungsmaßnahme,**
9. **Anmeldung im Insolvenzverfahren,**
10. **Aufnahme in einen Insolvenzplan oder gerichtlichen Schuldenbereinigungsplan,**
11. **Einbeziehung in ein Verfahren, das die Restschuldbefreiung für den Umlageschuldner zum Ziel hat, oder**
12. **Ermittlungen der Bundesanstalt nach dem Wohnsitz oder dem Aufenthaltsort des Umlagepflichtigen.**

(4) **Die Unterbrechung der Zahlungsverjährung durch eine der in Absatz 3 genannten Maßnahmen dauert fort, bis**

1. **der Zahlungsaufschub, die Stundung, die aufschiebende Wirkung, die Aussetzung der Vollziehung oder der Vollstreckungsaufschub beendet ist,**
2. **bei Sicherheitsleistung, Pfändungspfandrecht, Zwangshypothek oder einem sonstigen Vorzugsrecht auf Befriedigung das entsprechende Recht erloschen ist,**
3. **das Insolvenzverfahren beendet ist,**
4. **der Insolvenzplan oder der gerichtliche Schuldenbereinigungsplan erfüllt ist oder hinfällig wird,**
5. **die Restschuldbefreiung erteilt oder versagt wird oder das Verfahren, das die Restschuldbefreiung zum Ziel hat, vorzeitig beendet wird, oder**
6. **die Ermittlung der Bundesanstalt nach dem Wohnsitz oder dem Aufenthalt des Umlagepflichtigen beendet ist.**

(5) [1]**Die Zahlungsverjährung wird nur in Höhe des Betrages unterbrochen, auf den sich die Unterbrechungshandlung bezieht.** [2]**Mit Ablauf des Kalenderjahres, in dem die Unterbrechung geendet hat, beginnt eine neue Verjährungsfrist.**

(6) [1]**Wird die Festsetzung des Umlagebetrages angefochten, erlöschen die Zahlungsansprüche aus ihr nicht vor Ablauf von sechs Monaten, nachdem die Festsetzung unanfechtbar geworden ist oder sich das Verfahren auf andere Weise erledigt hat.** [2]**Die Frist nach Satz 1 kann durch verjährungsunterbrechende Maßnahmen nach Absatz 3 unterbrochen werden.**

I. Allgemeines. 1. Entstehungsgeschichte. § 16p ist ebenso wie die Übergangsvorschrift des § 23 seit dem 1.1.2013 in Kraft.[1] Zuvor gab es eine entsprechende Regelung in § 12b FinDAGKostV. 1

2. Normzweck. Die Norm regelt die Verjährung des Anspruchs der BaFin auf Zahlung des festgesetzten Umlagebetrages. 2

3. Europarechtlicher Hintergrund. Es besteht kein europarechtlicher Hintergrund für § 16p. 3

II. Zahlungsverjährung. Zahlungsverjährung tritt gemäß Abs. 1 grundsätzlich nach fünf Jahren ein sofern kein Hemmungs- oder Unterbrechungstatbestand nach Abs. 2–4 vorliegt. 4

[2] Art. 2 Nr. 20 des FMSANeuOG vom 23.12.2016 (BGBl. I 3171).
[1] Art. 2a Nr. 3 des Gesetzes zur Stärkung der deutschen Finanzaufsicht vom 28.11.2012 (BGBl. I 2369).

5 **III. Zukünftige Änderung durch das FMSA-Neuordnungsgesetz.** Durch die Einfügung des neuen § 16k zum 1.1.2018 verschiebt sich die Nummerierung und der bisherige § 16p wird zu § 16q.[2]

Erstattung überzahlter Umlagebeträge

16q (1) **Zu Unrecht erhobene Umlagebeträge und sonstige Überzahlungen auf Umlagebeträge, die nicht auf der Erhebung einer Vorauszahlung beruhen, sind nach Kenntniserlangung durch die Bundesanstalt zu erstatten.**

(2) **Ansprüche auf Erstattung von zu Unrecht erhobenen Umlagebeträgen entstehen mit Unanfechtbarkeit der Feststellung der Rechtswidrigkeit; Ansprüche auf Erstattung von sonstigen Überzahlungen im Sinne des Absatzes 1 entstehen mit Zahlungseingang bei der Bundesanstalt.**

(3) **Ansprüche auf Erstattung von zu Unrecht erhobenen Umlagebeträgen und von sonstigen Überzahlungen im Sinne des Absatzes 1 erlöschen durch Verjährung, wenn sie nicht bis zum Ablauf des fünften Kalenderjahres geltend gemacht werden, das auf die Entstehung des Anspruchs folgt.**

1 **I. Allgemeines. 1. Entstehungsgeschichte.** § 16q ist ebenso wie die Übergangsvorschrift des § 23 seit dem 1.1.2013 in Kraft.[1]

2 **2. Normzweck.** Die Norm regelt die Erstattung rechtswidrig erhobener Umlagebeträge und überzahlter sonstiger Umlagebeträge.

3 **3. Europarechtlicher Hintergrund.** Es besteht kein europarechtlicher Hintergrund für § 16q.

4 **II. Erstattung überzahlter Umlagebeträge.** Die BaFin erstattet den Unternehmen rechtswidrig erhobene Umlagebeträge oder sonstige Überzahlungen. Übersteigende Vorauszahlungsbeträge nach § 16m Abs. 2 sind nicht von der Regelung des Abs. 1 umfasst. In Abs. 2 und 3 sind Entstehung und Verjährung von entsprechenden Erstattungsansprüchen geregelt.

5 **III. Zukünftige Änderung durch das FMSA-Neuordnungsgesetz.** Durch die Einfügung des neuen § 16k zum 1.1.2018 verschiebt sich die Nummerierung und der bisherige § 16q wird zu § 16r.[2*]

Zwangsmittel; Bekanntgabe von Allgemeinverfügungen

17 (1) **[1]Die Bundesanstalt kann ihre Verfügungen, die sie innerhalb ihrer gesetzlichen Befugnisse trifft, mit Zwangsmitteln nach den Bestimmungen des Verwaltungs-Vollstreckungsgesetzes durchsetzen. [2]Dabei kann sie die Zwangsmittel für jeden Fall der Nichtbefolgung androhen. [3]Sie kann auch Zwangsmittel gegen juristische Personen des öffentlichen Rechts anwenden. [4]Die Höhe des Zwangsgelds beträgt bis zu 2 500 000 Euro.**

(2) **[1]Die Bundesanstalt gibt Allgemeinverfügungen öffentlich bekannt. [2]Die öffentliche Bekanntgabe gemäß § 41 Absatz 4 Satz 1 des Verwaltungsverfahrensgesetzes erfolgt durch elektronische Bekanntmachung auf der Internetseite der Bundesanstalt. [3]Dabei sind der Bekanntmachungszeitpunkt sowie der Bekanntgabezeitpunkt anzugeben. [4]Abweichend von § 41 Absatz 4 Satz 4 des Verwaltungsverfahrensgesetzes kann in besonders begründeten Fällen der Bekanntmachungszeitpunkt als Bekanntgabezeitpunkt bestimmt werden. [5]Ein besonders begründeter Fall im Sinne des Satzes 4 kann insbesondere vorliegen bei Allgemeinverfügungen der Bundesanstalt zur**

1. **Beseitigung oder Verhinderung von Nachteilen für die Stabilität der Finanzmärkte, von Zuständen, die das Vertrauen in die Funktionsfähigkeit der Finanzmärkte erschüttern können, oder von sonstigen erheblichen Nachteilen für den Finanz- oder Wertpapiermarkt oder**
2. **Sicherung der Liquidität oder Solvenz von beaufsichtigten Unternehmen oder bedeutender Vermögenswerte von Kunden oder Anlegern.**

[6]Ein besonders begründeter Fall im Sinne des Satzes 4 kann darüber hinaus insbesondere auch vorliegen, wenn

1. **bei späterer Bekanntgabe der Allgemeinverfügung deren Umgehung durch die Adressaten zu befürchten ist,**
2. **abgestimmte Maßnahmen mehrerer europäischer Aufsichtsbehörden erforderlich sind und eine frühere Bekanntgabe vereinbart wurde oder**
3. **eine frühere Bekanntgabe auf Grund europäischer Rechtsvorschriften erforderlich ist.**

---

[2] Art. 2 Nr. 20 des FMSANeuOG vom 23.12.2016 (BGBl. I 3171).
[1] Art. 2a Nr. 3 des Gesetzes zur Stärkung der deutschen Finanzaufsicht vom 28.11.2012 (BGBl. I 2369).
[2*] Art. 2 Nr. 20 des FMSANeuOG vom 23.12.2016 (BGBl. I 3171).

(3) **Falls die für eine elektronische Bekanntmachung notwendigen Systeme nicht verfügbar sein sollten, erfolgt die öffentliche Bekanntgabe abweichend von Absatz 2 Satz 2 durch die Bekanntmachung an der hierfür durch die Bundesanstalt bestimmten allgemein zugänglichen Stelle; Absatz 2 Satz 3 bis 6 gilt entsprechend.**

I. Allgemeines. 1. Entstehungsgeschichte. Der jetzige Abs. 1 war von 2002 bis 2016 der alleinige Normtext des § 17. Die Abs. 2 und 3 wurden mit Wirkung zum 2.7.2016 angefügt.[1] Durch das FMSANeuOG wurde der Zwangsgeldrahmen auf 2.500.000 Euro verzehnfacht.[2] 1

2. Normzweck. Die Vorschrift regelt in Abs. 1 die Durchsetzung von Verfügungen mit Zwangsmitteln nach dem VwVG[3] wie auch § 16n Abs. 5 für Umlage- und Umlagevorauszahlungsbeträge und § 17d Abs. 1 S. 1 bei der gesonderten Umlage. Die neu hinzugekommenen Abs. 2 und 3 befassen sich mit der Bekanntgabe von Allgemeinverfügungen, die nunmehr auch auf der Internetseite erfolgen kann. 2

3. Europarechtlicher Hintergrund. Es besteht kein direkter europarechtlicher Hintergrund für § 17. Die Begründung des Entwurfes des Ersten Finanzmarktnovellierungsgesetzes leitet die Notwendigkeit einer sofortigen Wirkung der Bekanntgabe von Allgemeinverfügungen in Abs. 2 daraus her, dass eine solche Regelung im europäischen Recht vorausgesetzt werde und nennt Art. 25 Abs. 3 der Leerverkaufsverordnung Nr. 236/2012[4] als einziges Beispiel.[5] 3

II. Durchsetzung von Verfügungen mit Zwangsmitteln (Abs. 1). Die Möglichkeit der Durchsetzung von hoheitlichen Anordnungen ist für eine effektive Aufsichtstätigkeit unverzichtbar. Dass die BaFin dies nach Satz 1 nur bei Verfügungen innerhalb ihrer gesetzlichen Befugnisse tun kann, ist eine Selbstverständlichkeit. Ihre Befugnisse zur Anordnung eines bestimmten Verhaltens (Handeln, Dulden, Unterlassen) ergeben sich aus den Aufsichtsgesetzen und seit 2015 auch aus § 4 Abs. 1a FinDAG. **Voraussetzung für die Vollstreckung** ist nach § 6 Abs. 1 VwVG, dass der Verwaltungsakt unanfechtbar oder sofort vollziehbar ist. Dies kann ein einzelner Verwaltungsakt nach § 35 S. 1 VwVfG, eine Sammelverfügung mit vielen inhaltsgleichen Verwaltungsakten oder eine Allgemeinverfügung nach § 35 S. 2 VwVfG als Sonderform des Verwaltungsakts sein. Die zur Verfügung stehenden Zwangsmittel sind in § 9 VwVG aufgelistet: Ersatzvornahme bei vertretbaren Handlungen (§ 10 VwVG), Zwangsgeld (§ 11 VwVG) und unmittelbarer Zwang (§ 12 VwVG). Die BaFin hat bei der Auswahl und Anwendung von Zwangsmitteln das Verhältnismäßigkeitsprinzip des § 9 Abs. 2 VwVG zu beachten. Vor der Anwendung sind sie grundsätzlich nach § 13 VwVG mit Fristsetzung schriftlich anzudrohen. In Abweichung von der in § 11 Abs. 3 VwVG vorgesehenen Höchstgrenze von 25.000 Euro kann die BaFin gemäß Satz 4 ein hundertmal höheres **Zwangsgeld** festsetzen. Nach § 17 VwVG ist die Vollstreckung gegen juristische Personen des öffentlichen Rechts grundsätzlich unzulässig, doch Satz 3 erlaubt dies der BaFin. Einige der beaufsichtigten Unternehmen wie die in § 33 Abs. 2 VAG erwähnten öffentlich-rechtlichen Versicherungsunternehmen sowie auch die meisten Sparkassen, Landesbanken und Förderbanken sind juristische Personen des öffentlichen Rechts. 4

Die BaFin handelt hierbei weiterhin **präventiv** als besondere Gewerbeaufsichtsbehörde zur Gefahrenabwehr. Wenn in der Versicherungsaufsicht ein Sachverhalt vorliegt, in dem zugleich ein Ordnungswidrigkeitentatbestand erfüllt ist, kann die BaFin unter Beachtung der verfahrensrechtlichen Vorschriften des OWiG und der StPO parallel zum Verwaltungsverfahren ein Bußgeldverfahren nach § 332 VAG oder §§ 341n, 341p HGB einleiten. Nur in den Ordnungswidrigkeitenverfahren handelt die BaFin **repressiv**. Auch bei Vorliegen einer Situation, die ein verwaltungsrechtliches Eingreifen erfordert und in der zugleich ein Straftatbestand des § 331 VAG einschlägig ist, können beide Verfahren parallel geführt werden, wobei für die Verfolgung von Straftaten die Staatsanwaltschaft zuständig ist. Bestandskräftig gewordene Maßnahmen und unanfechtbar gewordene Bußgeldentscheidungen sollen nach § 319 VAG wie auch nach § 60b KWG, §§ 40b-40d WpHG und § 341a KAGB veröffentlicht werden. 5

III. Bekanntgabe von Allgemeinverfügungen (Abs. 2 und 3). Für Verwaltungsakte ist die Bekanntgabe eine Voraussetzung des Eintritts der Wirksamkeit. Unter der **Bekanntgabe** ist **die Eröffnung des Verwaltungsakts** zu verstehen, so dass für den Adressaten die Möglichkeit der Kenntnisnahme besteht. Abs. 2 S. 1 ist die gesetzliche Grundlage für die öffentliche Bekanntgabe von Verwaltungsakten der BaFin i. S. v. § 41 Abs. 3 VwVfG. Mit der öffentlichen Bekanntgabe wird die schriftliche Ausfertigung des Verwaltungsakts ersetzt. Dies geschieht durch die **Bekanntmachung als** 6

[1] Art. 9 Nr. 3 des Ersten Gesetzes zur Novellierung von Finanzmarktvorschriften auf Grund europäischer Rechtsakte (Erstes Finanzmarktnovellierungsgesetz – 1. FiMaNoG) vom 30.6.2016 (BGBl. I 1514).

[2] Art. 2 Nr. 21 des FMSANeuOG vom 23.12.2016 (BGBl. I 3171).

[3] Verwaltungs-Vollstreckungsgesetz (VwVG) vom 27.4.1953 in der im BGBl. III, Gliederungsnummer 201-4, veröffentlichten bereinigten Fassung.

[4] Verordnung (EU) Nr. 236/2012 des Europäischen Parlaments und des Rates vom 14.3.2012 über Leerverkäufe und bestimmte Aspekte von Credit Default Swaps (ABl 2012 L 86, 1).

[5] BT-Drs. 18/7482, S. 78.

besondere Form der öffentlichen Bekanntgabe von Verwaltungsakten.[6] Dies kann mittels tatsächlicher Handlungen wie dem Anbringen eines Aushangs in einem Schaukasten geschehen. Nach Abs. 2 S. 2 werden Allgemeinverfügungen der BaFin grundsätzlich elektronisch auf ihrer Internetseite öffentlich bekannt gegeben. Nur sofern die dafür benötigten Computersysteme nicht verfügbar sind, wird die öffentliche Bekanntgabe an den Schaukästen vor den BaFin-Liegenschaften in Bonn und Frankfurt a. M. vorgenommen (Abs. 3 S. 1). Allgemeinverfügungen sind gemäß § 35 S. 2 VwVfG Verwaltungsakte, die sich an einen nach allgemeinen Merkmalen bestimmten oder bestimmbaren Personenkreis richten. Hierdurch kann die BaFin Anordnungen zur allgemeinen Regelung von Sachverhalten an alle Marktteilnehmer erlassen.[7] Mit einer ortsüblichen Bekanntmachung des Tenors eines Verwaltungsakts wird nach § 41 Abs. 4 S. 1 VwVfG die öffentliche Bekanntgabe bewirkt. Grundsätzlich gilt ein Verwaltungsakt gemäß § 41 Abs. 4 S. 3 VwVfG zwei Wochen nach der ortsüblichen Bekanntmachung als bekannt gegeben, wobei in Allgemeinverfügungen davon abgewichen werden kann. Auch bei Allgemeinverfügungen ist grds. frühestens der Tag nach der Bekanntmachung als Zeitpunkt der Bekanntgabe zulässig (§ 41 Abs. 4 S. 4 VwVfG). Als Ausnahme von dieser Vorschrift erlaubt nun § 17 Abs. 2 S. 4 FinDAG, dass in besonders begründeten Fällen der **Bekanntmachungszeitpunkt zugleich der Bekanntgabezeitpunkt** ist. Beispiele für solche Fälle sind in Abs. 2 S. 5 Nr. 1 u. 2 und S. 6 Nr. 1–3 aufgeführt. Die dort umschriebenen Konstellationen betreffen u. a. krisenhafte Situationen und die beabsichtigte Verhinderung von Umgehungsgeschäften der Adressaten. Die absolute Verkürzung der Zeitspanne zwischen Bekanntmachung und Bekanntgabefiktion begegnet verfahrensrechtlichen Bedenken, da die Adressaten vorher keine Zeit haben, sich auf die Befolgung der Anordnungen in den Allgemeinverfügungen einzustellen. Dies ist auch teilweise wie in Abs. 2 S. 6 Nr. 1 vom Gesetzgeber beabsichtigt, bedarf bei der Anwendung allerdings einer fundierten Argumentation.

Sechster Abschnitt. Finanzierung gesonderter Aufgaben

Finanzierung gesonderter Aufgaben

17a [1] **Die Bundesanstalt weist die in ihrem Verwaltungsbereich voraussichtlich zu erwartenden Einnahmen und zu leistenden Ausgaben für Aufgaben nach Abschnitt 11 des Wertpapierhandelsgesetzes und nach diesem Abschnitt in einem gesonderten Teil des Haushaltsplans einschließlich eines gesonderten Stellenplans aus. [2] Die Summe der Einnahmen und Ausgaben der Prüfstelle sind in diesem Teil des Haushaltsplans zu berücksichtigen und ebenfalls gesondert auszuweisen. [3] Dieser Teil des Haushaltsplans wird unter Berücksichtigung des nach § 342d Satz 2 des Handelsgesetzbuchs genehmigten Wirtschaftsplans der Prüfstelle vom Verwaltungsrat gesondert festgestellt. [4] Die Kosten für die in Satz 1 genannten Aufgaben werden entsprechend gesondert erfasst und einem eigenen Buchungskreislauf zugeordnet. [5] Im Übrigen sind § 12 Abs. 1, 3 bis 5 und § 13 Abs. 2 Satz 1 und 2 entsprechend anzuwenden.**

1 **I. Allgemeines. 1. Entstehungsgeschichte.** § 17a wurde mit Wirkung zum 21.12.2004 durch das Bilanzkontrollgesetz in das FinDAG aufgenommen.[1]

2 **2. Normzweck.** § 17a ist die grundlegende Vorschrift über die Finanzierung der gesonderten Aufgabe „Kontrolle von Unternehmensabschlüssen und -berichten". Sie enthält die Vorgaben für den gesonderten Teil des Haushaltsplans einschließlich eines gesonderten Stellenplans (§ 12 Abs. 1 und 2) mit der Zuordnung der gesondert zu erfassenden Kosten in einem eigenen Buchungskreislauf.

3 **3. Europarechtlicher Hintergrund.** Es besteht kein europarechtlicher Hintergrund für § 17a.

4 **II. Gesonderte Aufgabe Bilanzkontrolle. 1. Das Enforcement-System.** Der BaFin wurde in den §§ 37n–z WpHG die gesonderte Aufgabe „Kontrolle von Unternehmensabschlüssen und -berichten" übertragen, die vom Referat WA 15 „Bilanzkontrolle und Transparenzpflicht von Emittenten" ausgeübt wird.[2] Anlässlich mehrerer auch durch Bilanzmanipulationen verursachter Unternehmenskrisen[3] beschloss die Bundesregierung im Jahr 2003 einen Maßnahmenkatalog zur Stärkung der Unter-

[6] Die Begriffe Bekanntgabe und Bekanntmachung sind nicht legaldefiniert und werden im VwVfG uneinheitlich verwendet (BeckOK VwVfG/*Prell,* Ed. 35, § 27a Rn. 5).

[7] Auf der Internetseite der BaFin https://www.bafin.de/DE/DatenDokumente/Dokumentlisten/ListeVerfuegungen/liste_verfuegungen_node.html sind sowohl Allgemeinverfügungen als auch Sammelverfügungen aufgelistet (abgerufen am 12.11.2016).

[1] Art. 4 Nr. 5 des Gesetzes zur Kontrolle von Unternehmensabschlüssen (Bilanzkontrollgesetz – BilKoG) vom 15.12.2004 (BGBl. I 3408).

[2] *BaFin,* https://www.bafin.de/SharedDocs/Downloads/DE/Liste/dl_organigramm.html.

[3] Boos/Fischer/Schulte-Muttler/Lindemann, 3. Aufl. 2008, § 17a Rn 1 führt mit FlowTex, EM-TV, Comroad, Parmalat und Enron sowohl nationale als auch ausländische Vorfälle auf.

nehmensintegrität und des Anlegerschutzes, der u. a. als Punkt 6 die Überwachung der Rechtmäßigkeit korrekter Unternehmensabschlüsse durch eine von den Unternehmen und den Wirtschaftsprüfern unabhängige Stelle enthielt.[4] Dies wurde mit dem Begriff „Enforcement" bezeichnet und im Bilanzkontrollgesetz umgesetzt, um das Vertrauen der Anleger in die Richtigkeit von Unternehmensabschlüssen und den Kapitalmarkt an sich wiederherzustellen und zu stärken.[5] Das **Enforcement-System ist zweistufig aufgebaut** und besteht aus einer privatrechtlichen Prüfstelle für Rechnungslegung und der hoheitlich tätigen BaFin. Die Bilanzkontrolle gehört nicht zum originären Aufgabenkatalog der BaFin, so dass von einer „gesonderten" Aufgabe gesprochen wird.

2. Die Tätigkeiten der DPR und der BaFin. Hierzu wurde die Deutsche Prüfstelle für Rechnungslegung e. V. (DPR – englische Bezeichnung: Financial Reporting Enforcement Panel (FREP)) in Berlin gegründet und vom damaligen Bundesministerium der Justiz mit Vertrag vom 30.3.2005 als zuständige Stelle i. S. v. § 342b HGB anerkannt.[6] Zu den Mitgliedern der DPR gehören neben der Wirtschaftsprüferkammer (WPK), dem Deutschen Rechnungslegungs Standards Committee e. V. (DRSC) u. a. auch Anlegerschutzverbände, sowie Banken- und Versicherungsverbände. Die DPR prüft nach § 342b Abs. 2 HGB mit Stichproben, bei Anhaltspunkten für Bilanzfehler und auf Anweisung der BaFin die Jahresabschlüsse und Lageberichte der im amtlichen und geregelten Markt börsennotierten Unternehmen[7] auf ihre Richtigkeit hinsichtlich der gesetzlichen Vorschriften, Grundsätze ordnungsgemäßer Buchführung (§ 238 Abs. 1 HGB) und Rechnungslegungsstandards. Die Unternehmen sind nicht gesetzlich zur Mitwirkung verpflichtet. Wenn sie mitwirken, müssen sie jedoch richtig und vollständig Auskünfte geben und Unterlagen zur Verfügung stellen, da sie sich ansonsten nach § 342e Abs. 1 HGB ordnungswidrig verhalten. Wenn ein Unternehmen nicht mit der DPR kooperiert oder Meinungsverschiedenheiten oder begründete Zweifel an den Prüfungsfeststellungen der DPR bestehen, wird die BaFin tätig. Bei einer fehlerhaften Rechnungslegung stellt die BaFin nach § 37q Abs. 1 WpHG den Fehler fest und ordnet gemäß § 37q Abs. 2 WpHG dessen Bekanntmachung an. Dagegen können die Unternehmen gemäß § 37t Abs. 1 WpHG Widerspruch und bei abschlägiger Bescheidung anschließend gemäß § 37u WpHG i. V. m. § 48 Abs. 4 WpÜG eine Beschwerde beim OLG Frankfurt a. M. einlegen.[8] 5

III. Finanzierung der Bilanzkontrolle. Die Finanzierung der gesonderten Aufgabe Bilanzkontrolle bei der DPR und der BaFin erfolgt parallel zur regulären Finanzierung der BaFin durch die **drei regulären Einnahmearten** Gebühren für gesondert zurechenbare öffentliche Leistungen (§ 17b), gesonderte Erstattungen bei gesonderten Prüfungen (§ 17c) und die gesonderte Umlage (§ 17d). Auch hier wird in der Reihenfolge vorgegangen, dass zuerst die gesonderte Erstattung, dann die Gebühren und letztlich sonstige Einnahmen (vgl. § 17d Abs. 1 S. 1) sowie die Umlage betrachtet werden (vgl. § 17b Abs. 1 S. 1 und § 17d Abs. 1 S. 1). Die zugehörigen Einnahmen und Ausgaben der DPR und der BaFin werden gesondert erfasst, einem **eigenen Buchungskreislauf** zugeordnet und nach § 17a S. 1 in einem **gesonderten Teil des BaFin-Haushaltsplans** mit gesondertem Stellenplan ausgewiesen. Dieser Teil des Haushaltsplans wird unter Berücksichtigung des Wirtschaftsplans der DPR nach § 342d S. 2 HGB durch den Verwaltungsrat gesondert festgestellt. 6

IV. Geplante Änderung durch das 2. FiMaNoG. In dem Entwurf des Zweiten Gesetzes zur Novellierung von Finanzmarktvorschriften auf Grund europäischer Rechtsakte (Zweites Finanzmarktnovellierungsgesetz – 2. FiMaNoG) ist vorgesehen, die Verweisung auf das WpHG zu aktualisieren.[9] 7

Gebühren für gesonderte individuell zurechenbare öffentliche Leistungen

17b (1) [1]**Die Bundesanstalt kann für individuell zurechenbare öffentliche Leistungen im Rahmen der ihr zugewiesenen Aufgaben nach Abschnitt 11 des Wertpapierhandelsgesetzes Gebühren in Höhe von bis zu 500 000 Euro erheben, soweit nicht nach § 17c eine gesonderte Erstattung von Kosten vorgesehen ist.** [2]**Ergibt die Prüfung durch die Bundesanstalt, dass die Rechnungslegung nicht fehlerhaft ist, sieht sie von der Erhebung der Gebühr ab.**

(2) [1]**Das Bundesministerium wird ermächtigt, durch Rechtsverordnung die gebührenpflichtigen Tatbestände und die Gebühren nach Maßgabe des Absatzes 1 durch feste Sätze**

[4] *Bibliothek des BGH*, http://www.gesmat.bundesgerichtshof.de/gesetzesmaterialien/15_wp/Bilanzkontrollgesetz/bilkog-index.htm (abgerufen am 12.11.2016).

[5] BT-Drs. 15/3421, 1.

[6] *DPR*, http://www.frep.info/struktur_der_dpr/rechtliche_grundlagen/anerkennungsvertrag.php (abgerufen am 12.11.2016).

[7] Zum 1.7.2015 gab es 756 kapitalmarktorientierte Unternehmen in Deutschland, davon 168 Unternehmen mit Sitz im Ausland und Börsenzulassung in Deutschland; https://www.bafin.de/SharedDocs/Downloads/DE/Liste/dl_li_fis_enforcement.html (abgerufen am 12.11.2016).

[8] Vgl. § 1 Rn. 39.

[9] BT-Drs. 18/10936, 182.

oder Rahmensätze oder durch Regelungen über Erhöhungen, Ermäßigungen und Befreiungen für bestimmte Arten von individuell zurechenbaren öffentlichen Leistungen näher zu bestimmen. [2] § 14 Abs. 2 Satz 2, 3 und Abs. 3 ist entsprechend anzuwenden. [3] Das Bundesministerium kann die Ermächtigung durch Rechtsverordnung auf die Bundesanstalt übertragen.

1 **I. Allgemeines. 1. Entstehungsgeschichte.** § 17b wurde mit Wirkung zum 21.12.2004 durch das Bilanzkontrollgesetz in das FinDAG aufgenommen.[1] Nach einer mit § 14 gleichlaufenden Anpassung[2] wurde die Vorschrift im Zuge der Gebührenrechtsreform an die neue Terminologie angepasst.[3] In einem nächsten Schritt wird § 17b mit Wirkung zum 1.10.2021 komplett aufgehoben.[4]

2 **2. Normzweck.** § 17b regelt die Gebührenerhebung für Aufgaben nach §§ 37n WpHG ff.

3 **3. Europarechtlicher Hintergrund.** Es besteht kein europarechtlicher Hintergrund für § 17b.

4 **II. Gebühren bei der Bilanzkontrolle (Abs. 1).** Die BaFin kann Gebühren bis zu 500.000 EUR für individuell zurechenbare öffentliche Leistungen bei der Bilanzkontrolle erheben soweit nicht ein Tatbestand der gesonderten Kostenerstattung nach § 17c einschlägig ist. Wenn sich herausstellt, dass die geprüfte Rechnungslegung zutreffend ist, werden keine Kosten von der BaFin geltend gemacht.

5 **III. Ermächtigungsgrundlage für Rechtsverordnung (Abs. 2).** Das BMF kann Tatbestände und Gebühren durch eine Rechtsverordnung bestimmen, hat dies jedoch bislang nicht getan.

6 **IV. Geplante Änderung durch das 2. FiMaNoG.** In dem Entwurf des Zweiten Gesetzes zur Novellierung von Finanzmarktvorschriften auf Grund europäischer Rechtsakte (Zweites Finanzmarktnovellierungsgesetz – 2. FiMaNoG) ist vorgesehen, die Verweisung auf das WpHG zu aktualisieren.[5]

Gesonderte Erstattung bei gesonderten Prüfungen

17c **[1] Die Kosten, die der Bundesanstalt durch die Wahrnehmung der Aufgaben nach § 37p Abs. 1 Satz 2 Nr. 1 des Wertpapierhandelsgesetzes entstehen, sind ihr von den Unternehmen im Sinne des § 37n des Wertpapierhandelsgesetzes gesondert zu erstatten und ihr auf Verlangen vorzuschießen. [2] Eine gesonderte Erstattung von Kosten, die durch die Wahrnehmung der Aufgaben nach § 37p Abs. 1 Satz 2 Nr. 1 des Wertpapierhandelsgesetzes entstehen, findet nicht statt, wenn das Prüfungsergebnis der Bundesanstalt vom Prüfungsergebnis der Prüfstelle zu Gunsten des betroffenen Unternehmens abweicht. [3] Zu den Kosten nach Satz 1 gehören auch die Kosten, mit denen die Bundesanstalt von der Prüfstelle im Rahmen ihrer Tätigkeit nach § 37o Abs. 3 des Wertpapierhandelsgesetzes oder von anderen Stellen, die im Rahmen solcher Maßnahmen für die Bundesanstalt tätig werden, belastet wird, sowie die Kosten für den Einsatz eigener Mitarbeiter. [4] Das Bundesministerium wird ermächtigt, Einzelheiten der gesonderten Erstattung durch eine Rechtsverordnung zu bestimmen. [5] Das Bundesministerium kann die Ermächtigung durch Rechtsverordnung auf die Bundesanstalt übertragen.**

1 **I. Allgemeines. 1. Entstehungsgeschichte.** § 17c wurde mit Wirkung zum 21.12.2004 durch das Bilanzkontrollgesetz in das FinDAG aufgenommen.[1*]

2 **2. Normzweck.** § 17c regelt die gesonderte Erstattung der Kosten bei gesonderten Prüfungen der Bilanzkontrolle.

3 **3. Europarechtlicher Hintergrund.** Es besteht kein europarechtlicher Hintergrund für § 17c.

4 **II. Gesonderte Erstattungen bei der Bilanzkontrolle.** Nur die Kosten von gesonderten Prüfungen auf der zweiten Stufe des Enforcement-Verfahrens nach § 37p Abs. 1 S. 2 Nr. 1 WpHG, d. h. wenn die DPR mitteilt, dass ein Unternehmen seine Mitwirkung bei der Prüfung verweigert oder mit dem Ergebnis der Prüfung nicht einverstanden ist, sind gesondert nach § 17c S. 1 zu erstatten. Sofern die Prüfung der BaFin zu einem für das Unternehmen vorteilhafteren Ergebnis als die DPR-Prüfung kommt, wird nach Satz 3 keine Kostenerstattung gefordert.

[1] Art. 4 Nr. 5 des Gesetzes zur Kontrolle von Unternehmensabschlüssen (Bilanzkontrollgesetz – BilKoG) vom 15.12.2004 (BGBl. I 3408).

[2] Art. 7 Nr. 2 des Gesetzes zur Ergänzung der Bekämpfung der Geldwäsche und der Terrorismusfinanzierung vom 13.8.2008 (BGBl. I 1690).

[3] Art. 2 Abs. 103 Nr. 3 des Gesetzes zur Strukturreform des Gebührenrechts des Bundes vom 7.8.2013 (BGBl. I 3154).

[4] Art. 4 Abs. 76 Nr. 3 des Gesetzes zur Aktualisierung der Strukturreform des Gebührenrechts des Bundes vom 18.7.2016 (BGBl. I 1666).

[5] BT-Drs. 18/10936, 182.

[1*] Art. 4 Nr. 5 des Gesetzes zur Kontrolle von Unternehmensabschlüssen (Bilanzkontrollgesetz – BilKoG) vom 15.12.2004 (BGBl. I 3408).

III. Ermächtigungsgrundlage für Rechtsverordnung. Das BMF hat bisher keinen Gebrauch von der Ermächtigungsgrundlage des Satz 4 gemacht. 5

IV. Geplante Änderungen durch das 2. FiMaNoG. In dem Entwurf des Zweiten Gesetzes zur Novellierung von Finanzmarktvorschriften auf Grund europäischer Rechtsakte (Zweites Finanzmarktnovellierungsgesetz – 2. FiMaNoG) ist vorgesehen, die Verweisungen auf das WpHG zu aktualisieren.[2] 6

Gesonderte Umlage

17d (1) [1]**Soweit die nach § 17a Satz 4 gesondert erfassten Kosten und die Kosten, die zur Erfüllung der Aufgaben der Prüfstelle nach § 342b des Handelsgesetzbuchs erforderlich waren, nicht durch Gebühren, gesonderte Erstattung oder sonstige Einnahmen gedeckt werden, sind sie von der Bundesanstalt einschließlich der Fehlbeträge und der nicht eingegangenen Beträge des Vorjahres auf die zum Stichtag nach Satz 2 umlagepflichtigen Unternehmen nach einem geeigneten Verteilungsschlüssel unter Zugrundelegung ihrer inländischen Börsenumsätze anteilig umzulegen und nach den Vorschriften des Verwaltungs-Vollstreckungsgesetzes beizutreiben.** [2]**Umlagepflichtige Unternehmen im Sinne des Satzes 1 sind Emittenten von zugelassenen Wertpapieren im Sinne des § 2 Absatz 1 des Wertpapierhandelsgesetzes, für die die Bundesrepublik Deutschland nach § 2 Absatz 6 des Wertpapierhandelsgesetzes der Herkunftsstaat ist; unberücksichtigt bleiben hierbei Anteile und Aktien an offenen Investmentvermögen im Sinne des § 1 Absatz 4 des Kapitalanlagegesetzbuchs.** [3]**Für die Umlage können Mindest- und Höchstbeträge festgelegt werden.** [4]**Im Hinblick auf die Umlage nach Satz 1 kann die Bundesanstalt Vorauszahlungen auf der Grundlage der Kosten festsetzen, die nach dem Haushaltsplan voraussichtlich für das Umlagejahr zu erwarten sind.**

(2) [1]**Die inländischen Börsen haben der Bundesanstalt zur Festsetzung der Umlage und der Umlagevorauszahlung über die Börsenumsätze Auskünfte zu erteilen und Unterlagen vorzulegen.** [2]**Die Bundesanstalt kann von den Unternehmen Auskünfte und die Vorlage von Unterlagen verlangen, soweit dies zur Festsetzung der Umlage und der Umlagevorauszahlung erforderlich ist.**

(2a) **Auf die Erstattung von Überzahlungen und die Verjährung sind § 16m Absatz 2 und 3 sowie die §§ 16o, 16p und 16q entsprechend anzuwenden.**

(3) [1]**Das Nähere über die Erhebung der Umlage und der Umlagevorauszahlung, insbesondere über die Kostenermittlung und den Verteilungsschlüssel, den Stichtag, die Mindest- und Höchstveranlagung, das Umlageverfahren einschließlich eines geeigneten Schätzverfahrens bei nicht zweifelsfreier Datenlage, die Ausschlussfristen für die Erbringung von Nachweisen, Zahlungsfristen, die Höhe der Säumniszuschläge und die Beitreibung sowie den Differenzausgleich zwischen Umlagevorauszahlung und Umlagefestsetzung, auch in Bezug auf Vorschusszahlungen gemäß § 342d Abs. 1 Satz 3 des Handelsgesetzbuchs, bestimmt das Bundesministerium einvernehmlich mit dem Bundesministerium der Justiz und für Verbraucherschutz durch Rechtsverordnung.** [2]**Die Rechtsverordnung kann auch Regelungen über die vorläufige Festsetzung des Umlagebetrags vorsehen.** [3]**Das Bundesministerium kann die Ermächtigung mit Zustimmung des Bundesministeriums der Justiz und für Verbraucherschutz durch Rechtsverordnung auf die Bundesanstalt übertragen.**

(4) **Bei erstmaliger Erhebung der Umlage sind auch die Kosten zu berücksichtigen, die zur Errichtung der Prüfstelle erforderlich waren, auch wenn sie bereits vor Anerkennung der Prüfstelle nach § 342b des Handelsgesetzbuchs entstanden sind.**

I. Allgemeines. 1. Entstehungsgeschichte. § 17d wurde mit Wirkung zum 21.12.2004 durch das Bilanzkontrollgesetz in das FinDAG aufgenommen.[1] Seitdem sind fünf umlagetechnische Änderungen einschließlich der Einführung des Abs. 2a im Jahr 2013 erfolgt.[2*] Zusammen mit der letzten Änderung im Jahr 2015 wurde auch die Übergangsvorschrift des § 23 Abs. 6 eingefügt. 1

2. Normzweck. § 17d regelt parallel zu den §§ 16–16q die gesonderte Umlage für die Kosten der Bilanzkontrolle. 2

---

[2] BT-Drs. 18/10936, 182.

[1] Art. 4 Nr. 5 des Gesetzes zur Kontrolle von Unternehmensabschlüssen (Bilanzkontrollgesetz – BilKoG) vom 15.12.2004 (BGBl. I 3408).

[2*] Art. 12 des Finanzmarktrichtlinie-Umsetzungsgesetzes vom 16.7.2007 (BGBl. I 1330); Art. 2a Nr. 4 des Gesetzes zur Stärkung der deutschen Finanzaufsicht vom 28.11.2012 (BGBl. I 2369); Art. 12 Nr. 3 des Gesetzes zur Anpassung von Gesetzen auf dem Gebiet des Finanzmarktes vom 15.7.2014 (BGBl. I 934); Art. 340 Nr. 2 der Zehnten Zuständigkeitsanpassungsverordnung vom 31.8.2015 (BGBl. I 1474); Art. 10 Nr. 1 des Gesetzes zur Umsetzung der Transparenzrichtlinie-Änderungsrichtlinie vom 20.11.2015 (BGBl. I 2029).

3 **3. Europarechtlicher Hintergrund.** Es besteht kein europarechtlicher Hintergrund für § 17d.

4 **II. Gesonderte Umlage.** In der Reihenfolge der Finanzierungsbeiträge der gesonderten Aufgabe Bilanzkontrolle kommt die gesonderte Umlage gemäß der gesetzlichen Konzeption am Ende nach der gesonderten Erstattung, gesonderten Gebühren und sonstigen Einnahmen. De facto ist die gesonderte Umlage aber vorherrschend, da gesonderte Erstattungen nach § 17c nur für seltene BaFin-Prüfungen auf der zweiten Stufe des Enforcement-Verfahrens anfallen und es keine Verordnung für die gesonderten Gebühren gibt. Die Regelung, wonach die Unternehmen gemäß Abs. 4 auch die Errichtungskosten der DPR nach der Einführung der Vorschriften zur Bilanzkontrolle im Jahr 2004 tragen mussten, hat sich mittlerweile schon lange erübrigt. Die gesonderte Umlage ist von den in Abs. 1 S. 2 genannten Unternehmen zu tragen. In diesem Zusammenhang sind die inländischen Börsen sowie die Unternehmen gemäß Abs. 2 zur Erteilung von Auskünften und Vorlage von Unterlagen zur Festsetzung der gesonderten Umlage verpflichtet. Die **inländischen Börsenumsätze** werden als Grundlage für die Verteilung der Umlagebeträge herangezogen.

5 **III. Bilanzkontrollkosten-Umlageverordnung.** Zur detaillierten Ausgestaltung der gesonderten Umlage erließ das BMF gemäß Abs. 3 im Einvernehmen mit dem Bundesministerium der Justiz die Bilanzkontrollkosten-Umlageverordnung (BilKoUmV).[3] Die Regelung des § 7 BilKoUmV über die Ober- und Untergrenzen der Umlagebeträge (ursprünglich höchstens 15.000 EUR, derzeit höchstens 40.000 EUR und mindestens 250 Euro) wurde vom VG Frankfurt a. M. ebenso wie gesonderte Umlage an sich als verfassungsgemäß angesehen.[4]

6 **IV. Geplante Änderung durch das 2. FiMaNoG.** In dem Entwurf des Zweiten Gesetzes zur Novellierung von Finanzmarktvorschriften auf Grund europäischer Rechtsakte (Zweites Finanzmarktnovellierungsgesetz – 2. FiMaNoG) ist vorgesehen, eine Verweisung auf das WpHG zu aktualisieren.[5]

Siebenter Abschnitt. Übergangs- und Schlussbestimmungen

Übergangsbestimmungen

18 (1) [1] **Bei dem Bundesaufsichtsamt für das Kreditwesen, dem Bundesaufsichtsamt für das Versicherungswesen und dem Bundesaufsichtsamt für den Wertpapierhandel anhängige Verwaltungsverfahren werden ab dem 1. Mai 2002 von der Bundesanstalt fortgeführt.** [2] **In anhängigen Gerichtsverfahren, in denen die Bundesrepublik Deutschland, vertreten durch den Präsidenten des jeweiligen Bundesaufsichtsamtes, Partei oder Beteiligte ist, ist die Bundesanstalt mit Inkrafttreten dieses Gesetzes Partei oder Beteiligte.**

(2) [1] **Für Gerichtsverfahren, die gemäß § 10a des Gesetzes über die Errichtung eines Bundesaufsichtsamtes für das Versicherungswesen anhängig sind, bleibt das Bundesverwaltungsgericht zuständig.** [2] **Der Lauf von Fristen wird nicht unterbrochen.**

(3) ***(aufgehoben)***

(4) ***(aufgehoben)***

(5) **Auf die am 30. April 2002 im Amt befindlichen Präsidenten und Vizepräsidenten der Bundesaufsichtsämter für das Versicherungswesen, für das Kreditwesen und den Wertpapierhandel sind die Vorschriften des Bundesbesoldungsgesetzes in der vor Inkrafttreten des Artikels 14 des Gesetzes über die integrierte Finanzdienstleistungsaufsicht vom 22. April 2002 (BGBl. I S. 1310) geltenden Fassung bis zur Übertragung eines anderen Amtes anzuwenden.**

(6) [1] **Die von den beaufsichtigten Unternehmen zu erstattenden Kosten des Bundesaufsichtsamtes für das Kreditwesen, des Bundesaufsichtsamtes für das Versicherungswesen und des Bundesaufsichtsamtes für den Wertpapierhandel für das Jahr 2002 bis zum 30. April 2002 und für die Vorjahre, soweit sie noch nicht erstattet wurden, sind an die Bundesanstalt zu entrichten.** [2] **Die Bundesanstalt führt diese Beträge an den Bund ab.**

(7) [1] **Die am 9. Dezember 2011 im Amt befindlichen Mitglieder des Direktoriums verbleiben im Amt.** [2] **Auf diese sind bis zu einer Berufung in ein öffentlich-rechtliches Amtsverhältnis die Vorschriften des § 9 in der vor dem 9. Dezember 2011 geltenden Fassung weiter anzuwenden.** [3] **Weiterhin sind auf diese die Vorschriften der Anlage I des Bundesbesoldungs-**

[3] Verordnung über die Umlegung von Kosten der Bilanzkontrolle nach § 17d des Finanzdienstleistungsaufsichtsgesetzes (Bilanzkontrollkosten-Umlageverordnung – BilKoUmV) vom 9.5.2005 (BGBl. I 1259).
[4] *VG Frankfurt a. M.* Urt. v. 11.10.2007 – 1 E 1477/07, BeckRS 2008, 36639.
[5] BT-Drs. 18/10936, 182.

gesetzes in der vor dem 9. Dezember 2011 geltenden Fassung bis zur Übertragung eines anderen Amtes anzuwenden.

I. Allgemeines. 1. Entstehungsgeschichte. Die aufgehobenen Abs. 3 und 4 enthielten Übergangsvorschriften für die Personalvertretung der BaFin und den Versicherungsbeirat.[1] Die Übergangsregelung des Abs. 7 für die Direktoriumsmitglieder ist zum 9.12.2011 in Kraft getreten.[2] 1

2. Normzweck. In § 18 sind diverse Übergangsvorschriften versammelt. 2

3. Europarechtlicher Hintergrund. Es besteht kein europarechtlicher Hintergrund für § 18. 3

II. Verwaltungs- und Gerichtsverfahren (Abs. 1 und 2). Anhängige Verwaltungsverfahren der Vorgängerbehörden werden von der BaFin fortgeführt. In Gerichtsverfahren tritt ein **Partei- bzw. Beteiligtenwechsel kraft Gesetzes** ein.[3] Diese Regelung war notwendig, da die Vorgängerbehörden vor der Gründung der BaFin Bundesoberbehörden der Finanzverwaltung im unmittelbaren Geschäftsbereich des BMF waren. Partei oder Beteiligte war die Bundesrepublik, die durch einen der drei damaligen Behördenpräsidenten vertreten wurde. In der besonderen Konstellation der direkten Zuständigkeit des BVerwG nach § 10a BAG[4] wurden anhängige Verfahren dort weitergeführt. 4

III. Personalangelegenheiten der Leitung (Abs. 5 und 7). Die Übergangsvorschrift hat keine praktische Bedeutung mehr für die mittlerweile im Ruhestand befindlichen Präsidenten und Vizepräsidenten der drei Vorgängerbehörden und die am 9.12.2011 im Amt befindlichen Direktoriumsmitglieder. 5

IV. Kosten (Abs. 6). Abs. 6 bezweckt eine klare Trennung der Finanzierungsbeiträge zwischen dem Bund und der BaFin. 6

V. Zukünftige Änderungen durch das FMSA-Neuordnungsgesetz. Durch das FMSANeuOG wird zum 1.9.2017 hinter § 18 ein neuer § 18a eingefügt,[5] der Regelungen über die Teilintegration der FMSA in die BaFin enthält und im Zusammenhang mit der zeitgleich erfolgenden Ergänzung des § 4 Abs. 1 (Wahrnehmung der Aufgabe der nationalen Abwicklungsbehörde) zu sehen ist. Die BaFin tritt in diesem Umfang in die Rechtsnachfolge der FMSA ein und übernimmt die zugehörigen Beschäftigten der FMSA. 7

Überleitung/Übernahme von Beschäftigten

19 (1) [1]**Die Beamten der Bundesaufsichtsämter für das Kreditwesen, für das Versicherungswesen und für den Wertpapierhandel sind mit Wirkung zum 1. Mai 2002 Beamte der Bundesanstalt.** [2]**§ 130 Abs. 1 des Beamtenrechtsrahmengesetzes in der Fassung der Bekanntmachung vom 31. März 1999 (BGBl. I S. 654) findet entsprechend Anwendung.**

(2) [1]**Soweit die Versorgungslast für die Beamten der Bundesanstalt nicht nach § 20 vom Bund zu tragen ist, sind bei der Bundesanstalt Pensionsrücklagen zu bilden.** [2]**Satz 1 gilt entsprechend für Versorgungsansprüche der Mitglieder des Direktoriums.**

(3) [1]**Die bei den in Absatz 1 genannten Bundesaufsichtsämtern beschäftigten Angestellten, Arbeiter und Auszubildenden sind mit Wirkung zum 1. Mai 2002 in den Dienst der Bundesanstalt übernommen.** [2]**Die Bundesanstalt tritt unbeschadet des § 10 Abs. 1 in die Rechte und Pflichten aus den im Zeitpunkt der Übernahme bestehenden Arbeits- und Ausbildungsverhältnisse ein.**

I. Allgemeines. 1. Entstehungsgeschichte. In § 19 wurden drei einzelne Anpassungen vorgenommen.[1*] 1

2. Normzweck. § 19 dient der Überleitung der Beschäftigten von den Vorgängerbehörden zur BaFin. 2

---

[1] Art. 1 Nr. 6 des Gesetzes zur Modernisierung der Aufsichtsstruktur der Bundesanstalt für Finanzdienstleistungsaufsicht (Aufsichtsstrukturmodernisierungsgesetz) vom 28.3.2008 (BGBl. I 493).

[2] Art. 8 Nr. 5 Gesetzes zur Umsetzung der Richtlinie 2010/78/EU vom 24. November 2010 im Hinblick auf die Errichtung des Europäischen Finanzaufsichtssystems vom 4.12.2011 (BGBl. I 2427).

[3] Vgl. das am LG Bonn begonnene Verfahren (Urt. v. 31.3.2000 –1 O 159/99), das nach der Vorabentscheidung des *EuGH* (Urt. v. 12.10.2004 – C-222/02) vom BGH (Urt. v. 20.1.2005 – III ZR 48/01, BGHZ 162, 49 = NJW 2005, 742) beendet wurde. Hierzu § 4 Rn. 19.

[4] § 1 Rn. 41.

[5] Art. 2 Nr. 22 des FMSANeuOG vom 23.12.2016 (BGBl. I 3171).

[1*] Art. 4 Nr. 7 des Gesetzes zur Kontrolle von Unternehmensabschlüssen (Bilanzkontrollgesetz – BilKoG) vom 15.12.2004 (BGBl. I 3408); Art. 3 Nr. 2 des Gesetzes zur Änderung des EAEG und anderer Gesetze vom 25.6.2009 (BGBl. I 1528); Art. 8 Nr. 6 Gesetzes zur Umsetzung der Richtlinie 2010/78/EU vom 24. November 2010 im Hinblick auf die Errichtung des Europäischen Finanzaufsichtssystems vom 4.12.2011 (BGBl. I 2427).

3 **3. Europarechtlicher Hintergrund.** Es besteht kein europarechtlicher Hintergrund für § 19.

4 **II. Überleitung der Beamten (Abs. 1).** Die Beamten der Vorgängerbehörden wurden mit Wirkung zum 1.5.2002 Beamte der BaFin. Die dazu erforderliche Dienstherrnfähigkeit der BaFin ist in § 9a Abs. 1 normiert. Die übernommenen Beamten sollten gemäß Satz 2 i. V. m. § 130 Abs. 1 BRRG dort ein nach Bedeutung und Inhalt gleichzubewertendes Amt übertragen bekommen, wie sie es zuvor bei den Vorgängerbehörden innehatten.

5 **III. Pensionsrücklagen (Abs. 2).** Bei den übernommenen Beamten der Vorgängerbehörden richtet sich die Verteilung der Versorgungskosten gemäß § 20 nach den dort und den bei der BaFin geleisteten Dienstzeiten. Für die Dienstzeiten ab dem 1.5.2002 muss die BaFin **Pensionsrücklagen** bilden, die auch bei der Berechnung der umlagefähigen Kosten i. S. v. § 16a einzubeziehen sind. Dies gilt ebenso für Beamte, die ihren Dienst nach der Gründung der BaFin aufgenommen haben. Der Austausch des ursprünglich verwendeten Begriffes „Pensionsrückstellungen" durch „Pensionsrücklagen" wurde im Gesetzgebungsverfahren 2009 als rein redaktionelle Änderung bezeichnet.[2] Dabei ist zu bedenken, dass dies keine präzise Übertragung der bilanziellen Terminologie des § 266 HGB ist. Für die Versorgungsansprüche der Direktoriumsmitglieder nach § 9 Abs. 8 ist entsprechend wie bei den Beamten zu verfahren.

6 **IV. Übernahme der Arbeitnehmer (Abs. 3).** Die Arbeitnehmer der Vorgängerbehörden wurden ebenfalls nahtlos von der BaFin übernommen.

Verteilung der Versorgungskosten

20 (1) **Die Bundesanstalt trägt die Versorgungsbezüge für die bei ihr zurückgelegten Dienstzeiten der übernommenen Beamten der Bundesaufsichtsämter für das Kreditwesen, für das Versicherungswesen und für den Wertpapierhandel.**

(2) **[1]Der Bund trägt die Versorgungsbezüge für die Dienstzeiten der Beamten nach ihrer Anstellung bei den Bundesaufsichtsämtern für das Kreditwesen, für das Versicherungswesen und für den Wertpapierhandel bis zu ihrer Übernahme in die Bundesanstalt. [2]Im Übrigen gilt § 107b des Beamtenversorgungsgesetzes entsprechend.**

(3) **Für die vorhandenen Versorgungsempfänger der Bundesaufsichtsämter für das Kreditwesen, für das Versicherungswesen und für den Wertpapierhandel werden die Versorgungsbezüge vom Bund getragen.**

1 **I. Allgemeines. 1. Entstehungsgeschichte.** § 20 ist seit 2002 unverändert geblieben.

2 **2. Normzweck.** Mit § 20 werden die Versorgungskosten der Beamten der Vorgängerbehörden nach dem Vorbild des § 107b BeamtVG geregelt.

3 **3. Europarechtlicher Hintergrund.** Es besteht kein europarechtlicher Hintergrund für § 20.

4 **II. Versorgungsbezüge. 1. Tragung durch die BaFin (Abs. 1).** Die BaFin trägt die Versorgungsbezüge für die bei ihr geleisteten Dienstzeiten der von den Vorgängerbehörden übernommenen Beamten und bildet hierfür Pensionsrücklagen nach § 19 Abs. 2.

5 **2. Tragung durch den Bund (Abs. 2 und 3).** Da die Vorgängerbehörden zur unmittelbaren Bundesverwaltung gehörten, ist es konsequent, dass der Bund die Versorgungsbezüge für die **dort geleisteten Dienstzeiten** der übernommenen Beamten und für die Versorgungsempfänger trägt. Diese Verteilung entspricht der Regelung über die anteilige Kostentragung gemäß § 107b BeamtVG.

Übergang von Rechten und Pflichten

21 (1) **Rechte und Pflichten, die die Bundesaufsichtsämter für das Kreditwesen, für das Versicherungswesen und für den Wertpapierhandel mit Wirkung für und gegen die Bundesrepublik Deutschland begründet haben, gehen auf die Bundesanstalt über.**

(2) **Das von den Bundesaufsichtsämtern zum Zeitpunkt der Errichtung der Bundesanstalt genutzte bewegliche Verwaltungsvermögen der Bundesrepublik Deutschland wird der Bundesanstalt zur unentgeltlichen Nutzung überlassen.**

1 **I. Allgemeines. 1. Entstehungsgeschichte.** § 21 ist seit 2002 unverändert geblieben.

2 **2. Normzweck.** § 21 regelt den Übergang der Rechte und Pflichten der früheren Aufsichtsbehörden auf die BaFin.

[2] BT-Drs. 16/12255, 16.

3. Europarechtlicher Hintergrund. Es besteht kein europarechtlicher Hintergrund für § 21. 3

II. Übergang von Rechten und Pflichten (Abs. 1). Der in Abs. 1 angeordnete Übergang der Rechte und Pflichten der Vorgängerbehörden mit Wirkung für und gegen die Bundesrepublik auf die BaFin ist eine konsequente Ergänzung des § 1 Abs. 1 S. 1. 4

III. Überlassung von Verwaltungsvermögen (Abs. 2). Um die Arbeitsfähigkeit bei der BaFin-Gründung zu gewährleisten, wurde das genutzte bewegliche Verwaltungsvermögen der BaFin unentgeltlich vom Bund überlassen. 5

Übergangsvorschriften zum Gesetz zur Stärkung der deutschen Finanzaufsicht

22 (1) **§ 4c gilt nicht in Verwaltungsgerichtsverfahren, die vor dem 1. Januar 2013 anhängig geworden sind oder für die die Klagefrist vor diesem Tag begonnen hat, sowie nicht in Verfahren über Rechtsmittel gegen gerichtliche Entscheidungen, die vor dem 1. Januar 2013 bekannt gegeben oder verkündet oder von Amts wegen anstelle einer Verkündung zugestellt worden sind.**

(2) **Die Amtszeit der Mitglieder des Verwaltungsrats nach § 7 Absatz 3 Satz 1 Nummer 2 Buchstabe e bis g in der bis zum 28. Februar 2013 geltenden Fassung und ihrer Stellvertreter endet am 1. März 2013.**

(3) **§ 10a Absatz 1 ist erstmals anzuwenden auf die laufenden Dienstbezüge, die für einen nach dem 31. Dezember 2012 endenden Zahlungszeitraum gezahlt werden.**

I. Allgemeines. 1. Entstehungsgeschichte. § 22 enthielt ursprünglich die Ermächtigung des BMF, anlässlich der BaFin-Gründung durch Rechtsverordnung sprachliche Anpassungen in Nebengesetzen vorzunehmen. Mit Wirkung zum 1.1.2013 wurde § 22 neu gefasst.[1] 1

2. Normzweck. § 22 enthält verschiedene Übergangsbestimmungen im Zuge der Neuregelungen aufgrund des Gesetzes zur Stärkung der deutschen Finanzaufsicht. 2

3. Europarechtlicher Hintergrund. Es besteht kein europarechtlicher Hintergrund für § 22. 3

II. Übergangsregelungen. Die Übergangsregelungen betreffen die verwaltungsgerichtlichen **in-camera-Verfahren** nach § 99 VwGO (Abs. 1 i. V. m. § 4c), die Beendigung der Amtszeit der Verwaltungsratsmitglieder, die Vertreter der beaufsichtigten Unternehmen im Verwaltungsrat (Abs. 2 i. V. m. § 7 Abs. 3) und die erstmalige Anwendung der Stellenzulage auf laufende Dienstbezüge (Abs. 3 i. V. m. § 10a Abs. 1). 4

Übergangsbestimmungen zur Umlageerhebung

23 (1) [1]**Die §§ 16 bis 16k und 16m bis 16q in der ab dem 1. Januar 2013 geltenden Fassung sind erstmals auf die Umlageerhebung für das Umlagejahr 2013 anzuwenden.** [2]**Auf die Erhebung der Vorauszahlung für das Umlagejahr 2013, auf die Umlageerhebung für das Umlagejahr 2012 und die Abrechnung früherer Umlagejahre sind § 16, die auf der Grundlage des § 16 Absatz 2 erlassene Rechtsverordnung sowie die §§ 5, 6, 8 und 13 der Verordnung über die Erhebung von Gebühren und die Umlegung von Kosten nach dem Finanzdienstleistungsaufsichtsgesetz und § 8a Absatz 6 und § 8b Absatz 2 Satz 1 des Finanzmarktstabilisierungsfondsgesetzes jeweils in der bis zum 31. Dezember 2012 geltenden Fassung weiter anzuwenden.**

(2) [1]**§ 16l in der ab dem 1. Januar 2013 geltenden Fassung ist erstmals auf die Erhebung der Vorauszahlungen für das Umlagejahr 2014 anzuwenden.** [2]**Hinsichtlich der Vorauszahlungen für das Umlagejahr 2014 im Aufsichtsbereich Wertpapierhandel gilt § 16l jedoch mit folgenden Maßgaben:**

1. **Von den im Aufsichtsbereich zu tragenden Vorauszahlungsbeträgen hat die Gruppe der Wertpapierdienstleistungsunternehmen und Anlageverwalter 46 Prozent und die Gruppe der Emittenten 54 Prozent zu tragen.**
2. **In der Gruppe der Wertpapierdienstleistungsunternehmen und Anlageverwalter ist vorauszahlungspflichtig, wer im Jahr der Vorauszahlungsfestsetzung die Voraussetzungen des § 16i Absatz 1 Satz 1 Nummer 1 erfüllt, es sei denn, er weist im Jahr der Vorauszahlungsfestsetzung vor dem 1. Dezember nach, dass er im darauf folgenden Jahr nicht mehr umlagepflichtig sein wird.**
3. **In der Gruppe der Wertpapierdienstleistungsunternehmen und Anlageverwalter bemisst sich die Vorauszahlung für das Jahr 2014 auf der Grundlage von Daten aus dem Jahr 2011.**

[1] Art. 2 Nr. 10 des Gesetzes zur Stärkung der deutschen Finanzaufsicht vom 28.11.2012 (BGBl. I 2369).

4. Auf die Bemessung der Vorauszahlungsbeträge ist § 16j Absatz 2 und 4 nicht anzuwenden.
5. Soweit bei Wertpapierdienstleistungsunternehmen und Anlageverwaltern keine Daten für die Bemessungsgrundlage des Vorauszahlungsbetrages vorliegen, ist ein Bemessungsbetrag von null Euro anzusetzen; der Vorauszahlungsbetrag entspricht in diesem Fall dem Mindestumlagebetrag nach § 16j Absatz 6.

(3) Die §§ 16e und 16f sind ab dem 22. Juli 2013 mit folgenden Maßgaben anzuwenden:
1. Umlagepflichtig in der Gruppe Kapitalverwaltungsgesellschaften und extern verwaltete OGAW-Investmentaktiengesellschaften sind auch solche Kapitalverwaltungsgesellschaften, die eine Erlaubnis nach § 7 oder § 97 Absatz 1 des Investmentgesetzes in der bis zum 21. Juli 2013 geltenden Fassung erhalten haben, die für den in § 345 Absatz 2 Satz 1, Absatz 3 Satz 2, in Verbindung mit Absatz 2 Satz 1, oder Absatz 4 Satz 1 des Kapitalanlagegesetzbuchs vorgesehenen Zeitraum noch fortbesteht.
2. Auf für das Umlagejahr 2013 Umlagepflichtige in der Gruppe Kapitalverwaltungsgesellschaften und extern verwaltete OGAW-Investmentaktiengesellschaften ist bei der Bemessung der Umlagebeträge für dieses Umlagejahr § 16f Absatz 1 Nummer 2 in der bis zum 21. Juli 2013 geltenden Fassung entsprechend anzuwenden.
3. Sofern auf Umlagepflichtige in der Gruppe Kapitalverwaltungsgesellschaften und extern verwaltete OGAW-Investmentaktiengesellschaften auch nach dem Umlagejahr 2013 das Investmentgesetz in der bis zum 21. Juli 2013 geltenden Fassung anzuwenden ist, sind die von ihnen auf der Grundlage des Investmentgesetzes verwalteten Sondervermögen und zur gemeinschaftlichen Kapitalanlage verwalteten und angelegten Mittel in die Bemessung der Umlagebeträge des jeweiligen Umlagejahres in entsprechender Anwendung des § 16f Absatz 1 Nummer 2 einzubeziehen. Als Wert im Sinne des Satzes 3 gilt dabei jeweils der Wert, der nach § 44 Absatz 1 Satz 3 Nummer 1 Satz 6 oder nach § 99 Absatz 3 in Verbindung mit § 44 Absatz 1 Satz 3 Nummer 1 Satz 6 des Investmentgesetzes in der bis zum 21. Juli 2013 geltenden Fassung in dem Jahresbericht für das Geschäftsjahr angegeben wird, das dem Umlagejahr vorausgeht.

(4) Für die Umlagejahre 2014 und 2015 ist § 16k Absatz 2 in Verbindung mit § 16e mit folgenden Maßgaben anzuwenden:
1. Die Kosten, die der Bundesanstalt durch die Inanspruchnahme von Beratungs-, Management- oder Unterstützungsleistungen in Ausführung von Artikel 1 des Beschlusses der Europäischen Zentralbank vom 4. Februar 2014 (EZB/2014/3) in Verbindung mit Artikel 33 Absatz 4 der Verordnung (EU) Nr. 1024/2013 des Rates vom 15. Oktober 2013 zur Übertragung besonderer Aufgaben im Zusammenhang mit der Aufsicht über Kreditinstitute auf die Europäische Zentralbank (ABl. L 287 vom 29.10.2013, S. 63) entstehen, werden innerhalb der Gruppe Kredit- und Finanzdienstleistungsinstitute gesondert ermittelt und nach Maßgabe des § 16f Absatz 1 Nummer 1, Absatz 2, 4 und 5 auf diejenigen Umlagepflichtigen dieser Gruppe verteilt, die
   a) nach vorgenanntem Beschluss geprüft oder in eine Prüfung einbezogen werden und,
   b) den im Anhang des Beschlusses der Europäischen Zentralbank aufgeführten deutschen Unternehmen zuzurechnen sind oder auf die Artikel 1 Absatz 3 des Beschlusses anzuwenden ist.
2. Der nach Nummer 1 ermittelte Betrag ist dem Betrag hinzuzurechnen, der nach § 16k Absatz 2 in Verbindung mit § 16e ohne die in Nummer 1 genannten Kosten ermittelt wird.

(5) Die §§ 16, 16e, 16f und 16g in der ab dem 10. Juli 2015 geltenden Fassung sind erstmals auf die Umlageerhebung für das Umlagejahr 2015 anzuwenden.

(6) § 17d Absatz 1 in der ab dem 26. November 2015 geltenden Fassung ist erstmals auf die Umlageerhebung für das Umlagejahr 2016 anzuwenden.

(7) [1] Für das Umlagejahr 2017 hat die Bundesanstalt zusätzlich zu der ihr nach diesem Gesetz zugewiesenen Erhebung von Umlagen auch die Umlage für den Aufgabenbereich Abwicklungsbehörde der Bundesanstalt für Finanzmarktstabilisierung im Sinne des § 6 Absatz 1 Nummer 1 der FMSA-Kostenverordnung in der am 31. Dezember 2017 geltenden Fassung zu erheben. [2] Sie hat dabei die §§ 3f bis 3h und 3j des Finanzmarktstabilisierungsfondsgesetzes in der bis zum 31. Dezember 2017 geltenden Fassung sowie die §§ 6, 7 und 9 bis 14 der FMSA-Kostenverordnung in der am 31. Dezember 2017 geltenden Fassung entsprechend anzuwenden. [3] Die Bundesanstalt hat in entsprechender Anwendung des § 3h Absatz 2 des Finanzmarktstabilisierungsfondsgesetzes in der bis zum 31. Dezember 2017 geltenden Fassung für jedes umlagepflichtige Institut den von diesem zu entrichtenden Umlagebetrag auf der Grundlage der Haushaltsrechnung zu ermitteln, die vom Leitungsausschuss der Bundesanstalt für Finanzmarktstabilisierung für das Umlagejahr 2017 auf-

gestellt wurde. [4]Die für das Umlagejahr 2017 geleistete Umlagevorauszahlung ist in entsprechender Anwendung des § 3j Absatz 1 des Finanzmarktstabilisierungsfondsgesetzes in der bis zum 31. Dezember 2017 geltenden Fassung bei der Festsetzung des jeweiligen Umlagebetrages für das Umlagejahr 2017 anzurechnen. [5]Übersteigen die für den Aufgabenbereich Abwicklungsbehörde nach Satz 4 geleisteten Umlagevorauszahlungen die nach Satz 1 festgesetzten Umlagebeträge, so hat die Bundesanstalt für Finanzmarktstabilisierung an die Bundesanstalt die zur Erstattung der überzahlten Umlagevorauszahlungsbeträge erforderlichen Mittel zu leisten. [6]Übersteigen die für den Aufgabenbereich Abwicklungsbehörde festgesetzten Umlagebeträge nach Satz 1 die nach Satz 4 geleisteten Umlagevorauszahlungen im Sinne von § 3j Absatz 1 des Finanzmarktstabilisierungsfondsgesetzes in der bis zum 31. Dezember 2017 geltenden Fassung, so hat die Bundesanstalt die Fehlbeträge im Sinne von § 3j Absatz 2 Satz 1 des Finanzmarktstabilisierungsfondsgesetzes, die von den Umlagepflichtigen an die Bundesanstalt entrichtet wurden, an die Bundesanstalt für Finanzmarktstabilisierung zu leisten. [7]Gleicht die Bundesanstalt in der Zeit zwischen dem 1. Januar und dem 30. Juni 2018 aus ihrem Haushalt Fehlbeträge aus, die in entsprechender Anwendung des § 7 Absatz 1, 2 und 4 der FMSA-Kostenverordnung in der am 31. Dezember 2017 geltenden Fassung dem Umlagejahr 2017 der Bundesanstalt für Finanzmarktstabilisierung zuzurechnen sind, so sind diese von den Leistungen nach Satz 6 abzuziehen. [8]Fließen dem Haushalt der Bundesanstalt in der Zeit zwischen dem 1. Januar und dem 30. Juni 2018 Überschüsse zu, die in entsprechender Anwendung des § 7 Absatz 1, 2 und 4 der FMSA-Kostenverordnung in der am 31. Dezember 2017 geltenden Fassung dem Umlagejahr 2017 der Bundesanstalt für Finanzmarktstabilisierung zuzurechnen sind, so sind diese den Leistungen nach Satz 6 hinzuzurechnen. [9]Auf Umlagebeträge des Aufgabenbereichs Abwicklungsbehörde der Bundesanstalt für Finanzmarktstabilisierung, die Umlagejahre betreffen, welche dem Umlagejahr 2017 vorausgehen, hat die Bundesanstalt die §§ 3f bis 3h und 3j des Finanzmarktstabilisierungsfondsgesetzes in der bis zum 31. Dezember 2017 geltenden Fassung sowie die §§ 6, 7 und 9 bis 14 der FMSA-Kostenverordnung in der am 31. Dezember 2017 geltenden Fassung entsprechend anzuwenden.

(8) **[1]Die §§ 16 bis 16l und 16n bis 16r in der ab dem 1. Januar 2018 geltenden Fassung sind erstmals auf das Umlagejahr 2018 anzuwenden. [2]Fehlbeträge, nicht eingegangene Beträge und Überschüsse, die nach dem 30. Juni 2018 entstehen und die dem Aufgabenbereich Abwicklungsbehörde der Bundesanstalt für Finanzmarktstabilisierung für das Umlagejahr 2017 und frühere Umlagejahre nach § 7 Absatz 1, 2 und 4 der FMSA-Kostenverordnung in der am 31. Dezember 2017 geltenden Fassung zuzuordnen gewesen wären, gelten als Fehlbeträge, nicht eingegangene Beträge und Überschüsse im Sinne von § 16c Absatz 1 in der ab dem 1. Januar 2018 geltenden Fassung. [3]Sie sind dem Aufgabenbereich Abwicklung der Bundesanstalt zuzuordnen.**

(9) **[1]Die Bundesanstalt für Finanzmarktstabilisierung setzt die Vorauszahlung für den Aufgabenbereich Abwicklung der Bundesanstalt für das Umlagejahr 2018 in entsprechender Anwendung des § 3i des Finanzmarktstabilisierungsfondsgesetzes in der bis zum 31. Dezember 2017 geltenden Fassung fest. [2]Die auf der Grundlage von Satz 1 gezahlte Vorauszahlung ist von der Bundesanstalt nach § 16n Absatz 1 oder 2 in der ab dem 1. Januar 2018 geltenden Fassung auf den für das Umlagejahr 2018 festgesetzten Umlagebetrag anzurechnen. [3]Die Bundesanstalt erhebt die Vorauszahlung für das Jahr 2018 nach § 16l in der bis zum 31. Dezember 2017 geltenden Fassung mit der Maßgabe, dass der Festsetzung nach § 16l Absatz 1 Satz 2 in der bis zum 31. Dezember 2017 geltenden Fassung nur die Ausgaben des Haushaltsplans zugrunde zu legen sind, die sich nach Abzug des Betrages ergeben, den die Bundesanstalt für Finanzmarktstabilisierung als Vorauszahlung nach Satz 1 festgesetzt hat. [4]§ 16m in der ab dem 1. Januar 2018 geltenden Fassung ist erstmals auf die Erhebung der Vorauszahlung für das Umlagejahr 2020 anzuwenden. [5]Für das Umlagejahr 2019 ist Satz 4 mit der Maßgabe anzuwenden, dass in die Verteilungsverhältnisse im Sinne des § 16m Absatz 3 Satz 2 in der ab dem 1. Januar 2018 geltenden Fassung der Teil des abgerechneten Umlagejahres 2017 der Bundesanstalt für Finanzmarktstabilisierung einzubeziehen ist, der sich auf den Aufgabenbereich Abwicklungsbehörde bezieht.**

I. Allgemeines. 1. Entstehungsgeschichte. Mit Wirkung zum 1.1.2013 wurde § 23 in das FinDAG aufgenommen.[1] Nach einer Änderung des Abs. 1[2] wurden anlassbezogen die Abs. 3–6 angefügt.[3] 1

[1] Art. 2a Nr. 5 des Gesetzes zur Stärkung der deutschen Finanzaufsicht vom 28.11.2012 (BGBl. I 2369).

[2] Art. 7 Nr. 4 des EMIR-Ausführungsgesetzes vom 13.2.2013 (BGBl. I 174).

[3] Art. 20 Nr. 8 des AIFM-Umsetzungsgesetzes vom 4.7.2013 (BGBl. I 1981); Art. 12 Nr. 4 des Gesetzes zur Anpassung von Gesetzen auf dem Gebiet des Finanzmarktes vom 15.7.2014 (BGBl. I 934); Art. 1 Nr. 7 des Kleinanlegerschutzgesetzes vom 3.7.2015 (BGBl. I 1114); Art. 10 Nr. 2 des Gesetzes zur Umsetzung der Transparenzrichtlinie-Änderungsrichtlinie vom 20.11.2015 (BGBl. I 2029).

Durch das FMSANeuOG wurden mit den Abs. 7–9 Übergangsvorschriften für die Umlagejahre 2017 und 2018 des Aufgabenbereichs Abwicklung in § 23 eingefügt.[4]

2 **2. Normzweck.** § 23 ist eine ausdifferenzierte technische Regelung zum Übergang auf geänderte Umlagevorschriften.

3 **3. Europarechtlicher Hintergrund.** Die Kosten der Vorbereitungen für den Start des Einheitlichen Aufsichtsmechanismus bei der EZB wurden mittels Abs. 4 in die Umlageberechnung der Jahre 2014 und 2015 einbezogen.

4 **II. Übergangsvorschriften für geänderte Umlagevorschriften.** Da nur Umlagevorschriften für die Aufsichtsbereiche Banken und sonstige Finanzdienstleistungen sowie Wertpapierhandel geändert wurden, sind keine Übergangsvorschriften für den Aufsichtsbereich Versicherungen enthalten.

5 **III. Zukünftige Änderung durch das FMSA-Neuordnungsgesetz.** Die Terminologie wird zum 1.1.2018 an die Aufnahme des Geschäftsbereichs Abwicklung angepasst: Statt „Aufsichtsbereiche" wird auch in § 23 der Begriff „Aufgabenbereiche" verwendet.[5]

6 **IV. Geplante Änderungen durch das 2. FiMaNoG.** In dem Entwurf des Zweiten Gesetzes zur Novellierung von Finanzmarktvorschriften auf Grund europäischer Rechtsakte (Zweites Finanzmarktnovellierungsgesetz – 2. FiMaNoG) ist vorgesehen, einen Abs. 10 mit einer Übergangsvorschrift für das Umlagejahr 2018 aufzunehmen.[6]

[4] Art. 2 Nr. 23 des FMSANeuOG vom 23.12.2016 (BGBl. I 3171).
[5] Art. 2 Nr. 23 des FMSANeuOG vom 23.12.2016 (BGBl. I 3171).
[6] BT-Drs. 18/10936, 182.

Verordnung (EU) Nr. 1094/2010 des Europäischen Parlaments und des Rates vom 24. November 2010 zur Errichtung einer Europäischen Aufsichtsbehörde (Europäische Aufsichtsbehörde für das Versicherungswesen und die betriebliche Altersversorgung), zur Änderung des Beschlusses Nr. 716/2009/EG und zur Aufhebung des Beschlusses 2009/79/EG der Kommission

(ABl. EU 2010 L 331, 48)

Kapitel I. Einrichtung und Rechtsstellung

Einrichtung und Tätigkeitsbereich

1 (1) **Mit dieser Verordnung wird eine Europäische Aufsichtsbehörde (Europäische Aufsichtsbehörde für das Versicherungswesen und die betriebliche Altersversorgung, im Folgenden „Behörde") eingerichtet.**

(2) **Die Behörde handelt im Rahmen der ihr durch diese Verordnung übertragenen Befugnisse und innerhalb des Anwendungsbereichs der Richtlinie 2009/138/EG mit Ausnahme des Titels IV, der Richtlinien 2002/92/EG, 2003/41/EG, 2002/87/EG, 64/225/EWG, 73/239/EWG, 73/240/EWG, 76/580/EWG, 78/473/EWG, 84/641/EWG, 87/344/EWG, 88/357/EWG, 92/49/EWG, 98/78/EG, 2001/17/EG, 2002/83/EG, 2005/68/EG und, soweit diese Rechtsvorschriften sich auf Versicherungs- und Rückversicherungsunternehmen, auf Einrichtungen der betrieblichen Altersversorgung und Versicherungsvermittler beziehen, die einschlägigen Teile der Richtlinien 2005/60/EG und 2002/65/EG, einschließlich sämtlicher Richtlinien, Verordnungen und Beschlüsse, die auf der Grundlage dieser Rechtsakte angenommen wurden, sowie aller weiteren verbindlichen Rechtsakte der Union, die der Behörde Aufgaben übertragen.**

(3) **Die Behörde wird auch in den Tätigkeitsbereichen von Versicherungs- und Rückversicherungsunternehmen und Finanzkonglomeraten sowie von Einrichtungen der betrieblichen Altersversorgung und Versicherungsvermittlern im Zusammenhang mit Fragen tätig, die nicht unmittelbar von den in Absatz 2 genannten Rechtsakten abgedeckt werden, einschließlich Fragen der Unternehmensführung sowie der Rechungsprüfung* und Rechnungslegung, vorausgesetzt solche Maßnahmen der Behörde sind erforderlich, um die wirksame und kohärente Anwendung dieser Rechtsakte sicherzustellen.**

(4) **In Bezug auf Einrichtungen der betrieblichen Altersversorgung lassen die Maßnahmen der Behörde die nationalen sozial- und arbeitsrechtlichen Vorschriften unberührt.**

(5) **Die Bestimmungen dieser Verordnung berühren nicht die Befugnisse der Kommission, die ihr insbesondere aus Artikel 258 AEUV erwachsen, um die Einhaltung des Unionsrechts zu gewährleisten.**

(6) **[1]Das Ziel der Behörde besteht darin, das öffentliche Interesse zu schützen, indem sie für die Wirtschaft der Union, ihre Bürger und Unternehmen zur kurz-, mittel- und langfristigen Stabilität und Effizienz des Finanzsystems beiträgt. [2]Die Behörde trägt zu Folgendem bei:**

a) Verbesserung des Funktionierens des Binnenmarkts, insbesondere mittels einer soliden, wirksamen und kohärenten Regulierung und Überwachung;
b) Gewährleistung der Integrität, Transparenz, Effizienz und des ordnungsgemäßen Funktionierens der Finanzmärkte;
c) Ausbau der internationalen Koordinierung der Aufsicht;
d) Verhinderung von Aufsichtsarbitrage und Förderung gleicher Wettbewerbsbedingungen;
e) Gewährleistung, dass die Übernahme von Risiken im Zusammenhang mit Tätigkeiten der Versicherung, Rückversicherung und betrieblichen Altersversorgung angemessen reguliert und beaufsichtigt wird, und
f) Verbesserung des Verbraucherschutzes.

* **Hinweis des Verlags:** Richtig wohl „Rechnungsprüfung".

Zu diesen Zwecken leistet die Behörde einen Beitrag zur Gewährleistung der kohärenten, effizienten und wirksamen Anwendung der in Absatz 2 genannten Rechtsakte, fördert die Angleichung der Aufsicht, gibt Stellungnahmen für das Europäische Parlament, den Rat und die Kommission ab und führt wirtschaftliche Analysen der Märkte,[1] die das Erreichen des Ziels der Behörde fördern sollen.

Bei der Wahrnehmung der ihr durch diese Verordnung übertragenen Aufgaben berücksichtigt die Behörde insbesondere die potenziellen Systemrisiken, die von Finanzinstituten ausgehen, deren Zusammenbruch Auswirkungen auf das Finanzsystem oder die Realwirtschaft haben kann.

Bei der Wahrnehmung ihrer Aufgaben handelt die Behörde unabhängig und objektiv und im alleinigen Interesse der Union.

Übersicht

Schrifttum – Allgemein zum Unionsrecht: *Calliess/Ruffert,* EUV/AEUV, 5. Aufl. 2016; *Dauses,* EU-Wirtschaftsrecht, Stand: 41. EL Mai 2017; *Grabitz/Hilf/Nettesheim,* Das Recht der Europäischen Union, Stand: 60. EL 2016; *von der Groeben/Schwarze/Hatje,* Europäisches Unionsrecht, 7. Aufl. 2015; *Schwarze,* EU-Kommentar, 3. Aufl. 2012; *Streinz,* EUV/AEUV, 2. Aufl. 2012.

Allgemein zum ESFS: *Baur/Boegl,* Die neue europäische Finanzmarktaufsicht – Der Grundstein ist gelegt, BKR 2011, S. 177 ff.; *Carvajal,* An Assessment of Markets and Credit Rating Agency Regulation, in: Enoch u. a., From Fragmentation to Financial Integration in Europe, 2013, S. 335 ff.; *Chiu,* Power and Accountability in the EU Financial Regulatory Architecture: Examining Inter-Agency Relations, Agency Independence and Accountability, in: Andenas/Deipenbrock, Regulating and Supervising European Financial Markets – More Risks than Achievements, 2016, S. 67; *Ferran,* Understanding the New Institutional Architecture of EU Financial Market Supervision, in: Wymeersch/Hopt/Ferrarini, Financial Regulation and Supervision: A Post-Crisis Analysis, 2012; *Fischer zu Cramburg,* EU-Finanzaufsicht: Verschärfte Vorschriften und neue Behörden, NZG 2009, S. 1179; *Frach,* Finanzaufsicht in Deutschland und Großbritannien, 2008; *Gergen,* Systemrelevanz und staatliche Verflechtung – ein Beitrag zur neuen Marktinfrastruktur für außerbörsliche Derivate unter Einschaltung einer zentralen Gegenpartei, in: jM 2015, S. 139 ff.; *Hoffmann/Detzen,* ESMA – Praktische Implikationen und kritische Würdigung der neuen Europäischen Wertpapier- und Marktaufsichtsbehörde, in: DB 2011, S. 1261 ff.; *Iglesias Rodríguez,* Towards a new European Supervision Architecture, Col. J. Europ. L. online 16 (2009/2010) Heft 1, S. 1 ff.; *Kaufhold,* Systemaufsicht – Der Europäische Ausschuss für Systemrisiken im Finanzsystem als Ausprägung einer neuen Aufsichtsform, Verw 2013, S. 21 ff.; *Koslowski,* Die Europäische Bankenaufsichtsbehörde und ihre Befugnisse, 2014; *Lehmann/Manger-Nestler,* Die Vorschläge zur neuen Architektur der europäischen Finanzaufsicht, in: EuZW 2010, S. 87 ff.; *dies.,* Das neue Europäische Finanzaufsichtssystem, ZBB 2011, S. 2 ff.; *Manger-Nestler,* Rechtsschutz in der europäischen Bankenaufsicht, ZfgK 2012, S. 528 ff.; *Michel,* Die neue Europäische Bankenaufsichtsbehörde, DÖV 2011, S. 728 ff.; *Möllers,* Auf dem Weg zu einer neuen europäischen Finanzmarktaufsichtsstruktur – Ein systematischer Vergleich der Rating-VO (EG) Nr. 1060/2009 mit der geplanten ESMA-VO, NZG 2010, S. 285 ff.; *Partsch,* Die Harmonisierung der Europäischen Finanzaufsicht, ZBB 2010, S. 72 ff.; *Papathanassiou/Zagouras,* Mehr Sicherheit für den Finanzsektor: Der Europäische Ausschuss für Systemrisiken und die Rolle der EZB, WM 2010, S. 1584 ff.; *Ruppel,* Finanzdienstleistungsaufsicht in der Europäischen Union, 2013; *Spendzharova,* Is More 'Brussels' the Solution? New European Union Member States' Preferences about the European Financial Architecture, Journal of Common Market Studies 2012, S. 315 ff.; *Siekmann,* Neuorganisation der Finanzaufsicht, in: Kadelbach, Nach der Finanzkrise, 2012, S. 131 ff.; *Verhelst,* Renewed Financial Supervision in Europe – Final or Transitory?, 2011; *Walla,* Die Europäische Wertpapier- und Marktaufsichtsbehörde (ESMA) als Akteur bei der Regulierung der Kapitalmärkte Europas – Grundlagen, erste Erfahrungen und Ausblick, BKR 2012, S. 265 ff.; *Weber-Rey,* Neue Finanzaufsichtsarchitektur für Europa, AG 2010, S. R453 ff.; *Weismann,* European Agencies and Risk Governance in EU Financial Market Law, 2016; *Wymeersch,* The Structure of Financial Supervision in Europe: About Single Financial Supervisors, Twin Peaks and Multiple Financial Supervisors, EBOR 2007, S. 237 ff.; *ders.,* Das neue europäische Finanzmarktregulierungs- und Aufsichtssystem, ZGR 2011, S. 443 ff.

Allgemein zur EIOPA: *Dreher,* Versicherungsaufsichtsrecht und Verbraucherschutz im Solvency-II- und EIOPA-System, VersR 2013, S. 401 ff.; *Forst,* Zum Verordnungsvorschlag der Kommission über eine europäische Versicherungsaufsicht, VersR 2010, S. 155 ff.; *Gal,* Europäische Streitbeilegungsmechanismen bei Meinungsverschiedenheiten zwischen nationalen Versicherungsaufsichtsbehörden – EIOPA als Schlichter, Mediator, Schiedsrichter oder in genuinem Kleide?, ZVersWiss 2013, S. 7 ff.; *ders.,* Legitimationsdefizite und Kompetenzen der EIOPA im Lichte der Meroni-Rechtsprechung, ZVersWiss 2013, S. 325 ff.; *ders.,* Rechtsschutz gegen Maßnahmen der EIOPA, in: Dreher/Wandt 2014, S. 11 ff.; *Goldmann/Purnhagen,* EIOPA – Die neue europäische Versicherungsaufsicht, VersR 2012,

[1] **Hinweis des Verlags:** Richtig wohl „führt wirtschaftliche Analysen der Märkte durch".

S. 29 ff.; *Keune*, Rechtliche Grundlagen und Grenzen der EIOPA, 2015; *dies.*, EIOPA – Eine Überschreitung des europäischen Rechtsrahmens und die sich daraus ergebenden praktischen Konsequenzen, ZVersWiss 2014, S. 7 ff.; *López de Rodas*, La Autoridad Europea de Seguros y Pensiones de Jubilación (EIOPA) – Su estudio desde el derecho administrativo, 2015; *Müller-Reichart/Altenhofen/Wagner/Weckbecker*, Die Rollen werden bei der Aufsicht neu verteilt, VW 2011, S. 962 ff.; *Sasserath-Albert/Hartig*, EIOPA-Verordnung: Rechtliche Herausforderungen für die Praxis, VersR 2012, S. 524 ff.; *Wandt/Gal*, Grenzbereiche der Befugnisse von EIOPA, in: Dreher/Wandt 2013, S. 147 ff.

I. Allgemeines. Art. 1 EIOPA-VO enthält neben dem organisatorischen Errichtungsakt der EIOPA (Abs. 1) auch die Festlegung der Bereiche, in denen die EIOPA tätig werden darf (Abs. 2 und 3), das Verhältnis der Maßnahmen der EIOPA im Bereich der bAV zum mitgliedstaatlichen Sozial- und Arbeitsrecht (Abs. 3) und die Auswirkungen der Übertragung von Befugnissen auf die EIOPA auf die Kompetenzen der Kommission (Abs. 4). Schließlich definiert Art. 1 EIOPA-VO noch die Aufsichtsziele (Abs. 6 UAbs. 1), umreißt grob die Aufgaben (Abs. 6 UAbs. 2 und 3) und legt den Aufsichtsmaßstab der EIOPA fest (Abs. 6 UAbs. 4). 1

II. Errichtung (Abs. 1). Abs. 1 enthält den **organisatorischen Errichtungsakt** für die Europäische Aufsichtsbehörde für das Versicherungswesen und die betriebliche Altersversorgung (**EIOPA**). Der EIOPA wird durch diesen Errichtungsakt, der gemäß Art. 82 Abs. 3 EIOPA-VO am 1.1.2011 eintrat, entsprechend Art. 5 EIOPA-VO eine eigene **Rechtspersönlichkeit** verliehen, sodass ihr unionsorganisatorisch Befugnisse und Pflichten, aber auch im Privatrechtsverkehr eigene Rechts- und Geschäftsfähigkeit zukommen. Die EIOPA ist hierbei als **Rechtsnachfolgerin** des Ausschusses der Europäischen Aufsichtsbehörden für das Versicherungswesen und die betriebliche Altersversorgung (*Committee of European Insurance and Occupational Pension Supervisors*, **CEIOPS**) zu sehen (vgl. Art. 76 Abs. 4 S. 1 EIOPA-VO). Mithin tritt sie in alle Rechte und Pflichten des CEIOPS ein, wobei jedoch ihre Aufgaben und Befugnisse durch die EIOPA-VO stark ausgeweitet werden. 2

III. Tätigkeitsbereiche (Abs. 2, 3). Die EIOPA-VO **unterscheidet** – wie dies auch im deutschen öffentlichen Recht für Gesetze charakteristisch ist, die das Tätigwerden hoheitlicher Instanzen regeln[2] – zwischen **Aufgaben und Befugnissen**. Jedoch sieht das gegenwärtige **Unionsrecht** im Bereich des **Versicherungsaufsichtsrechts** trotz der gegenwärtigen großen Harmonisierungsschritte noch **keine Vollharmonisierung** vor. 3

Insofern erfolgen die Aufgabenzuweisungen des Abs. 6 und insbesondere des Art. 8 unter dem **Vorbehalt**, dass die **Tätigkeitsbereiche** der Abs. 2 und 3 **eröffnet** sind, dass es sich mithin unter Beachtung des **Subsidiaritätsprinzips** um Bereiche handelt, die bereits eine Harmonisierung erfahren haben oder zumindest auf Grund eines Annexes zu harmonisierten Bereichen harmonisiert werden müssen. Die Rechtmäßigkeit einer Maßnahme der EIOPA steht mithin unter der **dreifachen Bedingung**, dass sie von einer der EIOPA eingeräumten Befugnis gedeckt ist, zur Erfüllung einer zugewiesenen Aufgabe erfolgt und diese Aufgabe im Tätigkeitsbereich der EIOPA liegt. 4

Soweit die EIOPA **außerhalb** der durch Abs. 2 und 3 festgesetzten **Tätigkeitsbereiche** Aufgaben wahrnimmt und Maßnahmen erlässt, **überschreitet** sie ihre **Zuständigkeit**. 5

1. Enumerierte Tätigkeitsbereiche (Abs. 2). Unter Wahrung des **Prinzips der begrenzten Einzelermächtigung** überträgt Abs. 2 der EIOPA ihre Aufgaben insbesondere insoweit, als es um den Anwendungsbereich derjenigen **Unionsrechtsakte,** durch die das Versicherungsaufsichtsrecht bereits harmonisiert wurde, geht. 6

Diese Unionsrechtsakte werden als ein ***numerus clausus*** aufgezählt. Es handelt sich hierbei um die 7
- Solvency II-Rahmenrichtlinie (RL 2009/138/EG),[3] allerdings mit Ausnahme der Vorschriften in dessen Kapitel IV (Art. 267–296) zur Sanierung und Liquidation von Versicherungsunternehmen
- Versicherungsvermittlerrichtlinie (RL 2002/92/EG),[4]
- Pensionsfondsrichtlinie (RL 2003/41/EG),[5]
- Finanzkonglomeratrichtlinie (RL 2002/87/EG),[6]
- Rückversicherungsliberalisierungsrichtlinie (RL 64/225/EWG),[7]

---

[2] So beispielsweise *Platzer*, Versicherungsaufsicht in der Europäischen Union, 2015, S. 152.

[3] Richtlinie 2009/138/EG des Europäischen Parlaments und des Rates vom 25. November 2009 betreffend die Aufnahme und Ausübung der Versicherungs- und der Rückversicherungstätigkeit (Solvabilität II), ABl. 2009 L 335, 1.

[4] Richtlinie 2002/92/EG des Europäischen Parlaments und des Rates vom 9. Dezember 2002 über Versicherungsvermittlung, ABl. 2002 L 9, 3.

[5] Richtlinie 2003/41/EG des Europäischen Parlaments und des Rates vom 3. Juni 2003 über die Tätigkeiten und die Beaufsichtigung von Einrichtungen der betrieblichen Altersversorgung, ABl. 2003 L 235, 10.

[6] Richtlinie 2002/87/EG des Europäischen Parlaments und des Rates vom 16. Dezember 2002 über die zusätzliche Beaufsichtigung der Kreditinstitute, Versicherungsunternehmen und Wertpapierfirmen eines Finanzkonglomerats, ABl. 2002 L 35, 1.

[7] Richtlinie 64/225/EWG des Rates vom 25. Februar 1964 zur Aufhebung der Beschränkungen der Niederlassungsfreiheit und des freien Dienstleistungsverkehrs auf dem Gebiet der Rückversicherung und Retrozession, ABl. 1964 Nr. 56, 878.

– 1. Koordinierungsrichtlinie Schaden (RL 73/239/EWG),[8]
– Liberalisierungsrichtlinie (73/240/EWG),[9]
– Änderungsrichtlinie der Koordinierungsrichtlinie Schaden (RL 76/580/EWG),[10]
– Mitversicherungsrichtlinie (RL 78/473/EWG),[11]
– Richtlinie Touristische Beistandsleistungen (RL 84/641/EWG),[12]
– Spartentrennungsrichtlinie Rechtsschutz (RL 87/344/EWG),[13]
– 2. Koordinierungsrichtlinie Schaden (RL 88/357/EWG),[14]
– 3. Koordinierungsrichtlinie Schaden (RL 92/49/EWG),[15]
– Versicherungsgruppenrichtlinie (RL 98/78/EG),[16]
– Versicherungssanierungsrichtlinie (RL 2001/17/EG),[17]
– Lebensversicherungsrichtlinie (RL 2002/83/EG)[18] und die
– Rückversicherungsrichtlinie (RL 2005/68/EG).[19]

Von den aufgeführten Richtlinien wurden dreizehn Richtlinien durch Art. 310 UAbs. 1 Solva II-RL mit Wirkung zum 1.1.2016 aufgehoben, wobei die Verweise auf diese Richtlinien nunmehr gemäß Art. 310 UAbs. 2 Solva II-RL als Verweise auf die Solvency II-Richtlinie zu lesen sind. In Kraft sind gegenwärtig von den oben aufgeführten Richtlinien nur noch die **Solvency II-Rahmenrichtlinie** (RL 2009/138/EG), die **Versicherungsvermittlerrichtlinie** (RL 2002/92/EG), die **Pensionsfondsrichtlinie** (RL 2003/41/EG) und die **Finanzkonglomeratrichtlinie** (RL 2002/87/EG).

8 Der Tätigkeitsbereich der EIOPA ist jedoch gemäß Abs. 2 Hs. 2 auch eröffnet, **soweit** die folgenden **limitativ enumerierten** Unionsrechtsakte **Rechtsvorschriften** enthalten, die auf **Versicherungs- und Rückversicherungsunternehmen**, **Einrichtungen der betrieblichen Altersversorgung und Versicherungsvermittler** anwendbar sind:
– Geldwäscherichtlinie (RL 2005/60/EG)[20] und
– Finanzdienstleistungsfernabsatzrichtlinie (RL 2002/65/EG).[21]

9 Zudem ist der Tätigkeitsbereich der EIOPA gemäß Abs. 2 Hs. 2 eröffnet im Anwendungsbereich von **Richtlinien, Verordnungen und Beschlüssen**, die auf **Grundlage der** in Rn. 7 und 8 **enumerierten Rechtsakte erlassen** wurden.

10 Dies bedeutet also für **Richtlinien und Verordnungen**, dass solche erfasst werden, die durch eine Ermächtigungsnorm in den vorgenannten Basisrechtsakten als **delegierter Rechtsakt** nach Art. 290 AEUV oder als **Durchführungsrechtsakt** nach Art. 291 AEUV (beziehungsweise in der besonderen Form eines **technischen Regulierungsstandards** [siehe Art. 10 ff. EIOPA-VO] oder **technischen Durchführungsstandards** [siehe Art. 15 EIOPA-VO]) erlassen wurden. Über diese Norm zur Erwei-

---

[8] Richtlinie 73/239/EWG des Rates vom 24. Juli 1973 zur Koordinierung der Rechts- und Verwaltungsvorschriften betreffend die Aufnahme und Ausübung der Tätigkeit der Direktversicherung (mit Ausnahme der Lebensversicherung), ABl. 1973 L 228, 3.

[9] Richtlinie 73/240/EWG des Rates vom 24. Juli 1973 zur Aufhebung der Beschränkungen der Niederlassungsfreiheit auf dem Gebiet der Direktversicherung mit Ausnahme der Lebensversicherung, ABl. 1973 L 228, 20.

[10] Richtlinie 76/580/EWG des Rates vom 29. Juni 1976 zur Änderung der Richtlinie 73/239/EWG zur Koordinierung der Rechts- und Verwaltungsvorschriften betreffend die Aufnahme und Ausübung der Tätigkeit der Direktversicherung (mit Ausnahme der Lebensversicherung), ABl. 1976 L 189, 13.

[11] Richtlinie 78/473/EWG des Rates vom 30. Mai 1978 zur Koordinierung der Rechts- und Verwaltungsvorschriften auf dem Gebiet der Mitversicherung auf Gemeinschaftsebene, ABl. 1978 L 151, 25.

[12] Richtlinie 84/641/EWG des Rates vom 10. Dezember 1984 zur insbesondere auf die touristische Beistandsleistung bezüglichen Änderung der Ersten Richtlinie 73/239/EWG zur Koordinierung der Rechts- und Verwaltungsvorschriften betreffend die Aufnahme und Ausübung der Tätigkeit der Direktversicherung (mit Ausnahme der Lebensversicherung), ABl. 1984 L 339, 21.

[13] Richtlinie 87/344/EWG des Rates vom 22. Juni 1987 zur Koordinierung der Rechts- und Verwaltungsvorschriften für die Rechtsschutzversicherung, ABl. 1987 L 185, 77.

[14] Richtlinie 88/357/EWG des Rates vom 22. Juni 1988 zur Koordinierung der Rechts- und Verwaltungsvorschriften für die Direktversicherung (mit Ausnahme der Lebensversicherung) und zur Erleichterung der tatsächlichen Ausübung des freien Dienstleistungsverkehrs, ABl. 1988 L 172, 1.

[15] Richtlinie 92/49/EWG des Rates vom 18. Juni 1992 zur Koordinierung der Rechts- und Verwaltungsvorschriften für die Direktversicherung (mit Ausnahme der Lebensversicherung) (Dritte Richtlinie Schadenversicherung), ABl. 1992 L 228, 1.

[16] Richtlinie 98/78/EG des Europäischen Parlaments und des Rates vom 27. Oktober 1998 über die zusätzliche Beaufsichtigung der einer Versicherungsgruppe angehörenden Versicherungsunternehmen, ABl. 1998 L 330, 1.

[17] Richtlinie 2001/17/EG des Europäischen Parlaments und des Rates vom 19. März 2001 über die Sanierung und Liquidation von Versicherungsunternehmen, ABl. 2001 L 110, 28.

[18] Richtlinie 2002/83/EG des Europäischen Parlaments und des Rates vom 5. November 2002 über Lebensversicherungen, ABl. 2002 L 345, 1.

[19] Richtlinie 2005/68/EG des Europäischen Parlaments und des Rates vom 16. November 2005 über die Rückversicherung, ABl. 2005 L 323, 1.

[20] Richtlinie 2005/60/EG des Europäischen Parlaments und des Rates vom 26. Oktober 2005 zur Verhinderung der Nutzung des Finanzsystems zum Zwecke der Geldwäsche und der Terrorismusfinanzierung, ABl. 2005 L 309, 15.

[21] Richtlinie 2002/65/EG des Europäischen Parlaments und des Rates vom 23. September 2002 über den Fernabsatz von Finanzdienstleistungen an Verbraucher, ABl. 2002 L 271, 16.

terung des Tätigkeitsbereiches wird die EIOPA beispielsweise auch zuständig für Aufgaben im Anwendungsbereich der Solva II-VO[22] und die zahlreichen technischen Durchführungsstandards zur Solva II-RL.[23]

Bei **Beschlüssen** ist die Ausweitung des Tätigkeitsbereichs gemäß Abs. 2 Hs. 2 so zu verstehen, dass die EIOPA auch innerhalb des Anwendungsbereichs von Beschlüssen (der Unionsorgane, insbesondere der Kommission) tätig werden kann, wenn die Ermächtigung zum Beschlusserlass durch einen der in Rn. 7 und 8 aufgeführten Basisrechtsakte erfolgte. 11

2. Dynamisierungsklausel (Abs. 2 Hs. 2 a. E.). Abs. 2 Hs. 2 a. E. eröffnet den Tätigkeitsbereich auch für sämtliche **weitere verbindliche Unionsrechtsakte**, die der EIOPA Aufgaben zuweisen. Hierdurch wird die **EIOPA-VO dynamisiert**, indem sie dem Unionsgesetzgeber die Möglichkeit eröffnet durch neue Sekundär- und Tertiärrechtsakte der EIOPA neue Aufgaben zuzuweisen, zu deren Erfüllung sie dann die ihr in dem entsprechenden Rechtsakt oder der EIOPA-VO zugewiesenen Maßnahmen nach den Bedingungen der EIOPA-VO ergreifen kann. Mit wachsendem Fortschreiten der Harmonisierung des Versicherungsaufsichtsrechts ist also ein stetes Anwachsen der Aufgaben der EIOPA zu erwarten. 12

Ein Beispiel für einen solchen Unionsrechtsakt ist beispielsweise die PRIIP-VO,[24] die der EIOPA im Zusammenhang mit den Basisinformationsblättern für verpackte Anlageprodukte für Kleinanleger und Versicherungsanlageprodukte neue Aufgaben (und Befugnisse) zuweist. 13

3. Annexklausel (Abs. 3). Abs. 3 weicht das in Abs. 2 vorgesehene **Prinzip der begrenzten Einzelermächtigung auf**, indem er den Tätigkeitsbereich der EIOPA für solche Tätigkeiten von Versicherungs- und Rückversicherungsunternehmen, Finanzkonglomeraten oder Einrichtungen der betrieblichen Altersversorgung eröffnet, die in einem (engen) **funktionalem Zusammenhang mit** Fragen stehen, die durch die **in Abs. 2 vorgesehenen Unionsrechtsakte** geregelt sind, aber selbst dort nicht adressiert werden. Diese **Annexkompetenz** der EIOPA nach Abs. 3 besteht innerhalb des Lamfalussy-Systems nur für die „Anwendung" von Unionsrechtsakten, die auf Level 1 und 2 vorhanden sind.[25] Hieraus wird deutlich, dass es sich im Duktus des deutschen Verfassungsdiskurses eben nicht um eine Kompetenz kraft Sachzusammenhangs, sondern um eine Kompetenz kraft Annexes handelt.[26] Abs. 3 weitet die Kompetenzen insofern über die Grenzen der expliziten Regelungsbefugnisse in den in Abs. 2 vorgesehen Rechtsakten hinaus aus. Dies führt jedoch nicht zu einer materiell-gegenständlichen Kompetenzausdehnung, sondern bezieht die Kompetenzerweiterung auf Stadien der Vorbereitung und Durchführung dieser Rechtsakte.[27] Die EIOPA scheint hierzu ein anderes Verständnis zu haben und Abs. 3 auch als Begründung einer Kompetenz kraft Sachzusammenhang (bzw. kraft Natur der Sache) zu sehen.[28] Dies lässt sich jedoch mit dem Wortlaut und der systematischen Stellung des Abs. 3 nicht in Einklang bringen, sodass der Annexkompetenz ein wesentlich engerer Anwendungsbereich zugeschrieben werden muss.[29] 14

Um die Annexkompetenz der EIOPA zu eröffnen, muss der zu regelnde Bereich jedoch nicht nur in einem wie beschriebenen funktionalen Zusammenhang zu einem bereits durch einen Unionsrechtsakt nach Abs. 2 harmonisierten Bereich stehen (siehe Rn. 14), sondern muss auch die **Erforderlichkeitsklausel** des Abs. 3 erfüllen. Hiernach darf die EIOPA nur dann und soweit Maßnahmen ergreifen, als „solche Maßnahmen der Behörde […] erforderlich [sind], um die wirksame und kohärente Anwendung dieser Rechtsakte sicherzustellen". Der funktionale Zusammenhang muss also so beschaffen sein, dass die Inanspruchnahme der Annexkompetenz durch EIOPA für die Erfüllung ihrer explizit zugewiesenen Aufgabe in einem explizit eröffneten Tätigkeitsbereich (zwingend) **erforderlich** ist. 15

Abs. 3 stellt hierzu **beispielhaft** fest, dass die EIOPA **Fragen der Unternehmensführung**, der **Rechnungsprüfung** und **Rechnungslegung** regeln darf, wenn dies erforderlich ist, da die in Abs. 2 16

[22] Delegierte Verordnung (EU) 2015/35 der Kommission vom 10. Oktober 2014 zur Ergänzung der Richtlinie 2009/138/EG des Europäischen Parlaments und des Rates betreffend die Aufnahme und Ausübung der Versicherungs- und der Rückversicherungstätigkeit (Solvabilität II), ABl. 2015 L 12, 1; abgeändert durch Delegierte Verordnung (EU) 2016/467 der Kommission vom 30. September 2015 zur Änderung der Delegierten Verordnung (EU) 2015/35 in Bezug auf die Berechnung der gesetzlichen Kapitalanforderungen für verschiedene von Versicherungs- und Rückversicherungsunternehmen gehaltene Anlageklassen, ABl. 2016 L 85, 6.

[23] Für einen guten Überblick siehe https://www.bafin.de/DE/Aufsicht/VersichererPensionsfonds/Aufsichtsregime/RechtsgrundlagenLeitlinien/rechtsgrundlagen_node.html (zuletzt besucht im September 2017).

[24] Verordnung (EU) Nr. 1286/2014 des Europäischen Parlaments und des Rates vom 26. November 2014 über Basisinformationsblätter für verpackte Anlageprodukte für Kleinanleger und Versicherungsanlageprodukte (PRIIP), ABl. 2014 L 352, 1.

[25] So *Dreher* VersR 2013, 401, 412.

[26] Vgl. bspw. Maunz/Dürig/*Uhle* Art. 70 Rn. 67 ff. und 71 ff.

[27] Vgl. Maunz/Dürig/*Uhle* Art. 70 Rn. 71.

[28] Vergleiche Public Consultation on the Guidelines and Best Practices—Report on Complaints-Handling by Insurance Undertakings Summary of the responses received (EIOPA-BoS-12/072), S. 4.

[29] Ebenfalls für eine restriktive Auslegung *Sasserath-Albert/Hartig* VersR 2012, 524, 532; vgl. auch *Dreher* VersR 2013, 401, 407 f.

niedergelegten Rechtsakte ansonsten nicht in wirksamer und kohärenter Weise angewandt werden können.

17 Die **Reichweite der Annexkompetenz** wird bestimmt durch den sie begründenden Regelungszusammenhang mit den Tätigkeitsbereichen der Unionsrechtsakte des Abs. 2. Im Umfang legitimiert sie die EIOPA daher nur zu Maßnahmen, die in dem konstitutiven funktionalen Zusammenhang zu den ausdrücklichen Aufgaben stehen, weshalb über diese Kompetenz typischerweise nur punktuelle Regelungen erfolgen können, während eine umfassende Regelung dem Unions- oder dem nationalen Gesetzgeber vorbehalten bleiben muss.

18 **IV. Verhältnis zu nationalstaatlichen Regelungen im Bereich der betrieblichen Altersvorsorge (Abs. 4).** Abs. 4 ordnet an, dass die Maßnahmen der EIOPA in Bezug auf Einrichtungen der betrieblichen Altersversorgung (**bAV**) die **sozial- und arbeitsrechtlichen Vorschriften der Mitgliedstaaten unberührt** lassen. Dies bedeutet, vorrangig, dass diese nationalen Vorschriften auch neben den Maßnahmen der EIOPA anwendbar bleiben, dass also in diesem politisch besonders heiklen Bereich, dem Unionsrecht kein Vorrang zukommen soll, solange dies nicht auf Ebene des Sekundärrechts geschehen ist. Gemeint ist im Ergebnis jedoch nicht nur eine verbleibende Anwendbarkeit des mitgliedstaatlichen Arbeits- und Sozialrechts, sondern auch eine **Begrenzung der Tätigkeitsbereiche** der EIOPA, die solche (harmonisierenden) Maßnahmen zu unterlassen hat, die offenkundig in die Bereiche des Arbeits- und Sozialrechts der Mitgliedstaaten eingreifen.

19 **V. Zuständigkeitsabgrenzung zur Kommission (Abs. 5).** Seit Beginn der europäischen Integration ist die **Kommission** die **Hüterin der Verträge** und hat als solche die rechtmäßige Umsetzung und Anwendung des Unionsrechts zu überwachen.[30] Zu diesem Zweck ist in Art. 258 AEUV das Vertragsverletzungsverfahren statuiert, über welches die Kommission gegen Mitgliedstaaten wegen Verletzung des objektiven Unionsrechts vorgehen kann. Hierbei ist die Kompetenz der Kommission als Hüterin der Verträge weit auszulegen und beinhaltet nicht nur die Verträge (EUV und AEUV), sondern das gesamte Primär- und Sekundärrecht, geschriebenes und ungeschriebenes Recht einschließlich der vom Gerichtshof entwickelten allgemeinen Rechtsgrundsätze.[31]

20 Insofern werden der **EIOPA** insbesondere in Art. 17, 18 und 19 EIOPA-VO **Befugnisse übertragen**, dh Überwachung der Einhaltung des versicherungsaufsichtsrechtlichen Unionsrechts, **die nach** dem **Primärrecht der Kommission zukommen**. Abs. 5 stellt mithin lediglich klar, dass durch die sekundärrechtliche Verordnung nicht der Kommission Befugnisse entzogen werden, sondern die aufsichtsrechtlichen Kompetenzen der EIOPA neben die Kompetenzen der Kommission treten. Die Kommission bleibt insofern unabhängig von den Entscheidungen der EIOPA, (nicht) gegen eine mitgliedstaatliche Versicherungsbehörde wegen der Verletzung von Unionsrecht vorzugehen, ermächtigt, unmittelbar gegen den entsprechenden Mitgliedstaat gemäß Art. 258 AEUV vorzugehen.

21 Diese **Dopplung** der Aufgaben und Befugnisse auf Unionsebene erscheint **aus Effizienzgesichtspunkten problematisch**. Es ist insofern zu hoffen, dass sowohl die Kommission als auch EIOPA, im Hinblick auf die beide treffende **Loyalitätsplicht** aus Art. 4 Abs. 3 EUV (für die EIOPA i. V. m. Art. 2 Abs. 4; siehe Art. 2 Rn. 20 ff.), die Ausübung ihrer Kompetenzen in adäquater Weise koordinieren, um Streitigkeiten über den Gehalt des Unionsrechts in dem Forum zu führen, in dem eine Lösung am erfolgversprechendsten erscheint.

22 **VI. Aufsichts- und Regulierungsziele (Abs. 6 UAbs. 1).** Abs. 6 UAbs. 1 **definiert** die **Ziele** der EIOPA im Zusammenhang mit ihren **Aufsichts- und Regulierungsaufgaben**. Hierbei werden zunächst das Hauptaufsichtsziel und danach dessen Bestandteile als Unteraufsichtsziele aufgestellt.

23 Das **Hauptaufsichtsziel** der EIOPA ist gemäß Abs. 6 UAbs. 1 S. 1 der **Schutz des öffentlichen Interesses**, durch Leistung eines Beitrags zur **kurz-, mittel- und langfristigen Stabilität und Effizienz des Finanzsystems** für die Wirtschaft der Union, ihre Bürger und Unternehmen. Wie durch Abs. 6 UAbs. 4 noch einmal hervorgehoben, handelt die EIOPA hierbei im alleinigen Interesse der Union, was in diesem Kontext bedeutet, dass die EIOPA nicht das Ziel der Durchsetzung von Individualinteressen verfolgt, sondern die Stärkung und Sicherstellung der Stabilität und Effizienz des Finanzsystems allein zum Wohle des Allgemeininteresses erfolgt.

24 Durch Abs. 6 UAbs. 1 S. 2 wird dieses Hauptziel in **Unterziele** heruntergebrochen, wobei einige dieser Ziele eher als Aufgaben redigiert sind. Hiernach zielt die Tätigkeit der EIOPA darauf, das **Funktionieren des Binnenmarkts**, insbesondere mittels einer soliden, wirksamen und kohärenten Regulierung und Überwachung zu **verbessern** (lit. a); die **Integrität, Transparenz, Effizienz und** das ordnungsgemäße **Funktionieren** der **Finanzmärkte** zu gewährleisten (lit. b); die **internationale Koordinierung der Aufsicht** auszubauen (lit. c); **Aufsichtsarbitrage** zu **verhindern** und **gleiche Wettbewerbsbedingungen** zu **fördern** (lit. d); zu gewährleisten, dass die **Übernahme von Risiken** im Zusammenhang mit Tätigkeiten der Versicherung, Rückversicherung und betrieblichen Altersversorgung **angemessen reguliert und beaufsichtigt** wird (lit. e) und den **Verbraucherschutz** zu

[30] Siehe von der Groeben/Schwarze/Hatje/*Wunderlich* Art. 258 AEUV Rn. 1.
[31] Calliess/Ruffert/*Cremer* Art. 258 AEUV Rn. 33; Grabitz/Hilf/Nettesheim/*Karpenstein* Art. 258 AEUV Rn. 25.

verbessern (lit. f). Hervorzuheben ist, dass die EIOPA selbst die genannten Unterziele nicht als Aufsichtsziele, sondern nur als Aufgaben betrachtet, die der Erreichung des einzigen Aufsichtsziels (siehe Rn. 23) dienen.[32] Dies entspricht jedoch nicht der Struktur der EIOPA-VO.

Die EIOPA hat **alle** ihre **Maßnahmen an** diesen **Zweckvorgaben** des Abs. 6 UAbs. 1 **auszurichten**. Maßnahmen können also nur insoweit ergriffen werden, als durch sie das Hauptziel (oder eines der Unterziele) befördert werden kann. 25

VII. Grobdefinition der Aufgaben (Abs. 6 UAbs. 2, 3). In Abs. 6 UAbs. 2 und 3 werden die **Aufgaben** der EIOPA, die in Art. 8 EIOPA-VO im Detail statuiert werden, **grob skizziert**. Dass es sich hierbei nicht ebenfalls um die Definition von Zielen handelt, ergibt sich bereits aus dem Wortlaut („Zu diesen Zwecken" und „die das Erreichen des Ziels fördern sollen") und der systematischen Stellung unmittelbar nach dem die Ziele definierenden Abs. 6 UAbs. 1. 26

Hiernach kommen der EIOPA zur Erreichung des Ziels des UAbs. 1 gemäß UAbs. 2 die Aufgaben zu, 1. die **kohärente, effiziente und wirksame Anwendung** der von Abs. 2 erfassten **Unionsrechtsakte** mit zu gewährleisten, 2. die **Angleichung der Aufsicht** zu fördern, 3. **Stellungnahmen** für das Europäische Parlament, den Rat und die Kommission **abzugeben** und 4. **wirtschaftliche Analysen der Märkte** durchzuführen. 27

Daneben legt Abs. 6 UAbs. 3 noch eine **Nebenaufgabe** fest, wobei diese Norm vorrangig den Aufsichtsmaßstab der EIOPA mitkonkretisiert (siehe Rn. 29 f.). Indem Abs. 6 UAbs. 3 die EIOPA verpflichtet bei der Wahrnehmung ihrer Aufgaben potenzielle Systemrisiken zu berücksichtigen, weist er der EIOPA indirekt auch die Aufgabe zu, solche potentiellen **Systemrisiken** zu **identifizieren** und einen Beitrag zu deren adäquaten Behandlung zu leisten. 28

VIII. Aufsichtsmaßstab (Abs. 6 UAbs. 4). Abs. 6 UAbs. 4 legt fest, dass die EIOPA ihre Aufgaben unabhängig und nach objektivem Maßstab im alleinigen Interesse der Union wahrnimmt, sodass der **Aufsichtsmaßstab** ein **objektiver am Allgemeininteresse** der **Gesamtunion** (und nicht von Teilmärkten oder einzelnen Mitgliedstaaten) und niemals am Partikularinteresse oder gar am Einzelinteresse ausgerichteter ist. 29

Der Aufsichtsmaßstab der Ausrichtung am Unionsinteresse des Abs. 6 UAbs. 4 wird noch durch Abs. 6 UAbs. 3 konkretisiert, nach dem **Systemrisiken** bei Erlass der Maßnahmen (angemessen) **berücksichtigt** werden müssen. Dies bedeutet letztlich nur, dass die EIOPA in ihrem Entschließen die Auswirkungen nicht nur für das einzelne Finanzinstitut, sondern auf das (Gesamt-) oder Teilfinanzsystem der Union zu berücksichtigen hat. Hierdurch wird der Verzahnung der Versicherungswirtschaft (und der gesamten Finanzwirtschaft) in der EU Rechnung getragen, sowie der volkswirtschaftlichen Bedeutung, die Tochterunternehmen und Zweigniederlassungen von Instituten mit Sitz in einem Mitgliedstaat in anderen Mitgliedstaaten haben können.[33] 30

Die Aufgabenwahrnehmung erfolgt hierbei **unabhängig** von den Organen, Einrichtungen und sonstigen Stellen der Union und den Mitgliedstaaten (zur Unabhängigkeitsgarantie innerhalb der EIOPA siehe für Mitglieder des Rates der Aufseher Art. 42 EIOPA-VO; Mitglieder des Verwaltungsrates, Art. 46 EIOPA-VO; den Vorsitzenden, Art. 49 Abs. 1 und 2 EIOPA-VO; den Exekutivdirektor, Art. 52 Abs. 1 und 2 EIOPA-VO; die Mitglieder des Beschwerdeausschusses, Art. 59 Abs. 1 S. 1 und 2 EIOPA-VO und letztlich [in abgeschwächtem Maße] für alle Personalmitglieder der EIOPA, Art. 70 Abs. 1 UAbs. 4 EIOPA-VO). 31

Europäisches System der Finanzaufsicht

2 (1) [1]**Die Behörde ist Bestandteil eines Europäischen Systems der Finanzaufsicht (ESFS).** [2]**Das Hauptziel des ESFS besteht darin, die angemessene Anwendung der für den Finanzsektor geltenden Vorschriften zu gewährleisten, um die Finanzstabilität zu erhalten und für Vertrauen in das Finanzsystem insgesamt und für einen ausreichenden Schutz der Kunden, die Finanzdienstleistungen in Anspruch nehmen, zu sorgen.**

(2) **Das ESFS besteht aus:**

a) dem Europäischen Ausschuss für Systemrisiken (ESRB) zur Wahrnehmung der Aufgaben gemäß Verordnung (EU) Nr. 1092/2010 und der vorliegenden Verordnung;

b) der Behörde;

[32] Art. 2 Nr. 2 EIOPA procedures for issuing warnings, temporary prohibitions and restrictions vom 12.11.2012 [ohne Aktenzeichen]: „EIOPA's objectives as laid down in the first paragraph of Article 1(6) of The Regulation are to protect public interest by contributing to the short, medium and long-term stability and effectiveness of the financial system for the Union economy, its citizens and businesses. In doing so, EIOPA shall contribute to tasks listed in litra a-f of the first paragraph of Article 1(6), which represents ways of ensuring the fulfilment of the objectives of stability and effectiveness of the financial system but not objectives in their own right."

[33] Vgl. zu einer ähnlichen Norm des Bankaufsichtsrechts Boos/Fischer/Schulte-Mattler/*Schäfer* § 6 KWG Rn. 71.

c) der durch die Verordnung (EU) Nr. 1093/2010 des Europäischen Parlaments und des Rates errichteten Europäischen Aufsichtsbehörde (Europäische Bankenaufsichtsbehörde);

d) der durch die Verordnung (EU) Nr. 1095/2010 des Europäischen Parlaments und des Rates errichteten Europäischen Aufsichtsbehörde (Europäische Wertpapier-und Marktaufsichtsbehörde);

e) dem Gemeinsamen Ausschuss der Europäischen Aufsichtsbehörden („Gemeinsamer Ausschuss") zur Wahrnehmung der Aufgaben gemäß den Artikeln 54 bis 57 der vorliegenden Verordnung, der Verordnung (EU) Nr. 1093/2010 und der Verordnung (EU) Nr. 1095/2010;

f) den zuständigen Behörden oder Aufsichtsbehörden in den Mitgliedstaaten, die in den in Artikel 1 Absatz 2 der vorliegenden Verordnung, in der Verordnung (EU) Nr. 1093/2010 und der Verordnung (EU) Nr. 1095/2010 genannten Rechtsakten der Union genannt sind.

(3) **Die Behörde arbeitet im Rahmen des Gemeinsamen Ausschusses regelmäßig und eng mit dem ESRB sowie der Europäischen Aufsichtsbehörde (Europäische Bankenaufsichtsbehörde) und der Europäischen Aufsichtsbehörde (Europäische Wertpapier- und Marktaufsichtsbehörde) zusammen und gewährleistet eine sektorübergreifende Kohärenz der Arbeiten und das Herbeiführen gemeinsamer Positionen im Bereich der Beaufsichtigung von Finanzkonglomeraten und zu anderen sektorübergreifenden Fragen.**

(4) **Im Einklang mit dem Grundsatz der loyalen Zusammenarbeit gemäß Artikel 4 Absatz 3 des Vertrags über die Europäische Union arbeiten die Teilnehmer des ESFS vertrauensvoll und in uneingeschränktem gegenseitigen Respekt zusammen und stellen insbesondere die Weitergabe von angemessenen und zuverlässigen Informationen untereinander sicher.**

(5) **Diese Aufsichtsbehörden, die zum ESFS gehören, sind verpflichtet, die in der Union tätigen Finanzinstitute gemäß den in Artikel 1 Absatz 2 genannten Rechtsakten zu beaufsichtigen.**

Übersicht

Schrifttum: Siehe die Angaben bei Art. 1 EIOPA-VO („Allgemein zum ESFS" und „Allgemein zur EIOPA); *Collins*, Towards a Mature Approach to Data Collection in EU Financial Regulation, in: Journal of Decision Systems 2016, S. 589 ff.

1 **I. Allgemeines.** Art. 2 EIOPA-VO begründet das Europäische System der Finanzaufsicht (Abs. 1 S. 1 EIOPA-VO), legt dessen Zusammensetzung fest (Abs. 2), weist den Bestandteilen des ESFS bestimmte Aufsichtsziele und Aufgaben zu (Abs. 1 S. 2, Abs. 5), unterwirft die EIOPA, die anderen ESA und das ESRB einer Kooperationspflicht (Abs. 3) und alle Bestandteile des ESFS dem Prinzip der Loyalität bzw. Unionstreue (Abs. 4).

2 **II. Konstituierung des ESFS (Abs. 1 S. 1, Abs. 2).** Abs. 1 S. 1 **konstituiert** im Zusammenspiel mit Art. 2 Abs. 1 S. 1 der EBA-VO, Art. 2 Abs. 1 S. 1 der ESMA-VO und Art. 1 Abs. 2 der ESRB-VO das neue **Europäische Finanzaufsichtssystem** (*European System of Financial Supervision*/**ESFS**).[1]

3 Ursprünglich war das ESFS – damals noch unter dem Namen *European System of Financial Supervisors* – geplant als ein **Netzverbund** der sektoriellen Europäischen Aufsichtsbehörden (ESA) und der jeweiligen zuständigen (sektoriellen) Aufsichtsbehörden der Mitgliedstaaten, mithin als reiner Mikrofinanzaufsichtsverbund.[2] Nunmehr ruht er jedoch auf den **zwei Säulen** der Mikro- und Makroaufsicht. Hierbei kommt dem ESFS selbst **keine eigene Rechtspersönlichkeit** zu,[3] sondern es hat als integriertes Netzwerk zu gelten.[4] Man mag sich das ESFS insofern analog zur Europäischen Union nach dem Maastrichter, aber vor dem Lissaboner Vertrag vorstellen, die zumindest nach vielfacher Meinung über

[1] Für einführende Darstellungen hierzu siehe *Wymeersch* ZGR 2011, 443; *Baur/Boegl* BKR 2011, 177; noch zu den Entwürfen *Partsch* ZBB 2010, 72; *Lehmann/Manger-Nestler* EuZW 2010, 87; grober Überblick bereits bei *Fischer zu Cramburg* NZG 2009, 1179.

[2] Siehe *Ksion*, Mitteilung vom 27.5.2009 zur Europäischen Finanzaufsicht, in: KOM (2009) 252 endg., S. 3 und passim; vgl. hierzu *Lehmann/Manger-Nestler* EuZW 2010, 87, 89; *Iglesias Rodríguez* Col. J. Europ. L. online 16 (2009/2010) Heft 1, 1. Das ESRB wäre zu diesem Zeitpunkt also nicht Bestandteil des ESFS gewesen, was sich aber nunmehr geändert hat (vgl. Art. 2 Abs. 2 lit. a EIOPA-VO).

[3] So bereits *Gal* ZVersWiss 2013, 7, 10.

[4] Siehe Erwägungsgrund 8 S. 1.

keine eigene Rechtspersönlichkeit verfügte,[5] aber den Rahmen für die beinhalteten Europäischen Gemeinschaften und Politikbereiche gab. Hierbei dürfte dem ESFS jedoch nach keiner Auslegung eine Rechtspersönlichkeit zukommen, da es letztlich nicht mehr beinhaltet als die Summe seiner Teile.

Auf der einen Seite umfasst das ESFS die **Säule der Makroaufsicht**, die auf Unionsebene gemäß Abs. 2 lit. a der **Europäische Ausschuss für Systemrisiken** (*European Systemic Risk Board*/**ESRB**) verkörpert.[6] **4**

Auf der anderen Seite umfasst das ESFS die **Säule der Mikroaufsicht**, die auf Unionsebene neben der durch Art. 1 Abs. 1 EIOPA-VO errichteten **Europäischen Aufsichtsbehörde für das Versicherungswesen und die betriebliche Altersversorgung** (*European Insurance and Occupational Pensions Authority*/**EIOPA**), noch gemäß Abs. 2 lit. b–e verkörpert werden durch die **Europäische Bankaufsichtsbehörde** (*European Banking Authority*/**EBA**)[7] mit Sitz in London, die **Europäische Wertpapier- und Marktaufsichtsbehörde** (*European Securities and Markets Authority*/**ESMA**)[8] mit Sitz in Paris und durch den zwischen den dreien stehenden **Gemeinsamen Ausschuss** (siehe Art. 54 ff.). Entgegen dem wohl vom Europäischen Parlament verfolgten Konzept – und entgegen dem Trend in den Nationalstaaten hin zur Allfinanzaufsicht[9] – wurde also keine monolithische europäische Allfinanzaufsichtsbehörde,[10] sondern drei unabhängige sektorielle europäische Aufsichtsbehörden und ein gemeinsamer Ausschuss errichtet. **5**

Die Säule der **Makroaufsicht** verfügt zumindest nach dem Regelungskonzept des Art. 2 Abs. 2 EIOPA-VO **nur** über **eine Ebene**, nämlich die Unionsebene. Es ist jedoch zu berücksichtigen, dass das ESRB als nur teilselbständiges Gremium der EZB[11] indirekt in das Europäische System der Zentralbanken (ESZB) eingebunden ist und in seinem Hauptbeschlussorgan, dem Verwaltungsrat (siehe Art. 6 Abs. 1 und 2 ESRB-VO), neben den Leitern der nationalen Zentralbanken, auch die Leiter der mitgliedstaatlichen Mikrofinanzaufsichtsbehörden – wenn letztere auch ohne Stimmrecht – vertreten sind. Ferner werden die notwendigen Informationen an das ESRB durch die sektoriellen ESA (die diese wiederum bei den nationalen Aufsichtsbehörden erheben) und das ESZB mithin mittelbar durch die nationalen Zentralbanken übermittelt und Warnungen und Empfehlungen können vom ESRB auch direkt an Mitgliedstaaten und nationale Aufsichtsbehörden adressiert werden. Hieraus wird deutlich, dass auch die Makroaufsicht des ESFS über eine teilintegrierte zweite nationalstaatliche Ebene verfügt. **6**

Die Säule der **Mikroaufsicht des ESFS** – die noch einmal sektoriell in die drei Finanzsektoren unterteilt, dann aber wieder durch den Gemeinsamen Ausschuss zusammengefügt ist – verfügt hingegen über **zwei Ebenen**, nämlich die jeweilige Unionsebene und die nachgeordnete nationalstaatliche Aufsichtsebene. So man den Gemeinsamen Ausschuss, dem jedoch im Hinblick auf die fehlende Rechtspersönlichkeit und die mangelnden Befugnisse keine Zwangsgewalt gegenüber den ESA zukommt, im Hinblick auf seine Koordinierungsfunktion als eigenständige Ebene sehen möchte, könnte man auch von einer dreiebigen Mikroaufsichtssäule sprechen. Die **Ebenenstruktur** sieht hier so aus, dass die ESA, die durch Umwandlung der vormals bestehenden Stufe-3-Ausschüsse (für das Versicherungswesen war dies CEIOPS, siehe Art. 76 Rn. 11 EIOPA-VO) entstanden, die obere Ebene des Europäischen Mikroaufsichtssystems bilden, wobei die drei Teilsegmente durch den Gemeinsamen Ausschuss verbunden werden, über den sektorübergreifende Problemstellungen adressiert werden. Die untergeordnete zweite Ebene, der ganz überwiegend das Tagesgeschäft der Aufsicht obliegen soll,[12] bilden nach wie vor die **nationalen Aufsichtsbehörden** – für Deutschland also nach momentanem **7**

[5] Vgl. Grabitz/Hilf/Nettesheim/*Dörr* Art. 47 EUV Rn. 1 ff.

[6] Verordnung (EU) Nr. 1092/2010 des Europäischen Parlaments und des Rates vom 24. November 2010 über die Finanzaufsicht der Europäischen Union auf Makroebene und zur Errichtung eines Europäischen Ausschusses für Systemrisiken, ABl. 2010 L 331, 1; für eine einführende Darstellung siehe bspw. *Kaufhold* Verw 2013, 21.

[7] Verordnung (EU) 1093/2010 des Europäischen Parlaments und des Rates zur Errichtung einer Europäischen Aufsichtsbehörde (Europäische Bankenaufsichtsbehörde), zur Änderung des Beschlusses Nr. 716/2009/EG und zur Aufhebung des Beschlusses 2009/78/EG der Kommission, ABl. 2010 L 331, 12; zur EBA einleitend bspw. *Baur/Boegl* BKR 2011, 177, insb. 181 ff.

[8] Verordnung (EU) 1095/2010 des Europäischen Parlaments und des Rates zur Errichtung einer Europäischen Aufsichtsbehörde (Europäische Wertpapier-und Marktaufsichtsbehörde), zur Änderung des Beschlusses Nr. 716/2009/EG und zur Aufhebung des Beschlusses 2009/77/EG der Kommission, ABl. 2010 L 331, 84; zur ESMA einleitend bspw. *Möllers* NZG 2010, 285; *Hoffmann/Detzen* DB 2011, 1261.

[9] Für eine umfassende Übersicht *Wymeersch* EBOR 2007, 237, insb. 289 ff.; knapper *ders.* ZGR 2011, 443, 443 und 450.

[10] Das Konzept von einer monolithischen Behörde mit drei Abteilungen, das dem Europäischen Parlament wohl vorschwebte (vgl. die Fehldeutung des de Larosière-Berichts durch *Committee on Economic and Monetary Affairs des EP*, Bericht A7–0170/2010 vom 26.5.2010, S. 118 f.), hat sich zumindest vorerst noch nicht durchgesetzt; unverständlich insofern *Lehmann/Manger-Nestler* EuZW 2010, 87, 88, die in den Kommissionsentwürfen ein Konzept der Allfinanzaufsicht erkennen wollen.

[11] Siehe Erwägungsgrund 15 S. 3 Hs. 2 der der ESRB-VO; so auch *Papathanassiou/Zagouras* WM 2010, 1584, 1587 *neuartiges Gremium*. Anders anscheinend *Siekmann* in: Kadelbach, Nach der Finanzkrise, 2012, 131, 173, der das ESRB wohl für eine Unionsagentur hält, was gleichzeitig eine Rechtspersönlichkeit implizieren würde.

[12] Erwägungsgrund 8 S. 1; vgl. *Weber-Rey* AG 2010, R453, R455; *Wymeersch* ZGR 2011, 443, 448 verweist aber natürlich zu Recht darauf, dass es allein die Finanzaufsichtsaufgaben sind, die generell bei den nationalen Behörden verbleiben, während die Finanzregulierungsaufgaben zunehmend auf die europäische Ebene gehoben werden.

Stand für alle drei Finanzsektoren die BaFin –, die gemäß Abs. 2 lit. f EIOPA-VO auch eigenständiger Bestandteil des ESFS werden. In diesem Konzept kommen den ESA auf Unionsebene also vorrangig Regulierungskompetenzen zu. Die Aufsichtskompetenzen sind hingegen eher Aufsichtskompetenzen über die nationalen Aufsichtsbehörden – gleichsam als „Aufseher der Aufseher" – und nur im Einzelfall unmittelbar gegenüber den Finanzinstituten (vgl. hierzu Art. 17–19 EIOPA-VO).

8 **Nicht Teil** des **ESFS** ist die EZB Bankenaufsicht (**ECB SSM**).[13] Durch den einheitlichen europäischen Aufsichtsmechanismus (*Single Supervisory Mechanism* – SSM) werden bedeutende Großbanken der teilnehmenden Mitgliedstaaten unter die direkte Aufsicht der ECB SSM gestellt und mithin nicht nur der Aufsicht der nationalen Bankaufsichtsbehörden (die jedoch innerhalb des SSM die Aufsichtsaufgaben mit der ECB SSM teilen), sondern auch der indirekten Aufsicht der EBA entzogen. Die ECB SSM übernimmt insofern zahlreiche Aufgaben, die vorher im ESFS lagen. Allerdings hat der Verordnungsgeber es versäumt, die ECB SSM in das ESFS zu integrieren. Jedoch ist die ECB SSM hinsichtlich ihrer durch die SSM-VO[14] übertragenen Aufgaben zur Kooperation mit dem ESFS und insbesondere mit der EBA, aber auch mit EIOPA und ESMA verpflichtet.[15] Zudem ist die EZB im Rat der Aufseher, anders als im Rat der Aufseher der EIOPA (vgl. Art. 40 Rn. 4 EIOPA-VO), unmittelbar als nicht-stimmberechtigtes Mitglied vertreten,[16] sodass die ECB SSM auch hierüber in das ESFS eingebunden ist. Eine wünschenswerte stärkere Integration der beiden Systeme ist gegenwärtig deshalb nicht möglich, da nur die Mitgliedstaaten des Euroraums zwingende Mitglieder des SSM sind, während andere Mitgliedstaaten dem SSM nur auf freiwilliger Basis beitreten können (was bisher noch nicht geschehen ist).

9 Auch der neben dem SSM zweite Bestandteil der europäischen Bankenunion, der einheitliche Abwicklungsmechanismus (Single Resolution Mechanism – **SRM**), und mithin der mit eigener Rechtspersönlichkeit neu geschaffene Ausschuss für die einheitliche Abwicklung (Single Resolution Board – **SRB**) ist **nicht** unmittelbar **Teil** des ESFS. Allerdings verpflichtet die SRM-VO[17] das SRB zur Kooperation mit der EBA (und mit den anderen Teilen des ESFS)[18] und das SRB gilt im Rahmen seiner Abwicklungstätigkeit als zuständige Behörde innerhalt der EBA-VO[19] – was ihre Mitgliedschaft im Rat der Aufseher der EBA impliziert. Die EBA ist in das Abwicklungsverfahren und die sonstigen Tätigkeiten des SRB stark eingebunden. Eine noch stärkere Integration des SRB in das ESFS scheitert wiederum an den unterschiedlichen Mitgliedschaftsstrukturen, da der SRM wie der SSM (Rn. 8) nur für die Eurostaaten zwingend gilt.

10 Ebenfalls **nicht Teil** des ESFS ist das **ESZB** mit seinen Komponenten, dh die EZB und die Zentralbanken der Mitgliedstaaten. Die EZB ist jedoch über den ihr zugehörigen Ausschuss des ESRB in das ESFS eingebunden und auch die nationalen Zentralbanken[20] spielen im ESRB eine gewichtige Rolle (siehe Rn. 6). Auch hier scheitert eine stärkere Integration der beiden Systeme (siehe Rn. 8) an der Tatsache, dass nicht alle Mitgliedstaaten in den Euroraum eingebunden sind und mithin eine vollständige Konsolidierung der Systeme eine Art von Zwangswährungspolitik der Union bedeuten würde. Auch die **Kommission** ist – anders als noch in ihrem Verordnungsentwurf[21] – nicht integraler Bestandteil des ESFS. Über ihre Aufgaben insbesondere im Zusammenhang mit dem Erlass technischer Standards (siehe Art. 10 Rn. 39 ff., 49 ff., 56 ff.; 15 Rn. 29 ff., 39 ff., 46 ff.), über ihre nicht-stimmberechtigte Mitgliedschaften im Rat der Aufseher (siehe Art. 40 Rn. 4) und im Verwaltungsrat (Art. 45 Rn. 16 ff.), dem Teilnahmerecht an den Sitzungen des Gemeinsamen Ausschusses (siehe Art. 55 Rn. 30), der stimmberechtigten Mitgliedschaft im Verwaltungsrat des ESRB (Art. 6 Abs. 1 lit. c ESRB-VO) und zahlreichen Informationsansprüchen und Einbindung in die Funktionen der EIOPA (und der anderen ESA) ist die Kommission jedoch untrennbar mit dem ESFS verwoben.

[13] Die EZB Bankenaufsicht ist zwar keine eigenständige juristische Person, ist jedoch strukturell von der EZB als Zentralbank getrennt.

[14] Verordnung (EU) Nr. 1024/2013 des Rates vom 15. Oktober 2013 zur Übertragung besonderer Aufgaben im Zusammenhang mit der Aufsicht über Kreditinstitute auf die Europäische Zentralbank, in: ABl. 2013 L 287, 63.

[15] Siehe Erwägungsgrund 31 und Art. 3 Abs. 1 der SSM-VO.

[16] Siehe Art. 40 Abs. 1 lit. d EBA-VO in der Fassung von Art. 1 Abs. 21 lit. a Verordnung (EU) Nr. 1022/2013 des Europäischen Parlaments und des Rates vom 22. Oktober 2013 zur Änderung der Verordnung (EU) Nr. 1093/2010 zur Errichtung einer Europäischen Aufsichtsbehörde (Europäische Bankenaufsichtsbehörde) hinsichtlich der Übertragung besonderer Aufgaben auf die Europäische Zentralbank gemäß der Verordnung (EU) Nr. 1024/2013, ABl. 2013 L 287, 5.

[17] Verordnung (EU) Nr. 806/2014 des Europäischen Parlaments und des Rates vom 15. Juli 2014 zur Festlegung einheitlicher Vorschriften und eines einheitlichen Verfahrens für die Abwicklung von Kreditinstituten und bestimmten Wertpapierfirmen im Rahmen eines einheitlichen Abwicklungsmechanismus und eines einheitlichen Abwicklungsfonds sowie zur Änderung der Verordnung (EU) Nr. 1093/2010, ABl. 2014 L 225, 1.

[18] Siehe Erwägungsgründe 35, 89, 118

[19] Siehe Art. 4 Nr. 2 Subnr. iv EBA-VO in der Fassung von Art. 95 Verordnung (EU) Nr. 806/2014 des Europäischen Parlaments und des Rates vom 15. Juli 2014 zur Festlegung einheitlicher Vorschriften und eines einheitlichen Verfahrens für die Abwicklung von Kreditinstituten und bestimmten Wertpapierfirmen im Rahmen eines einheitlichen Abwicklungsmechanismus und eines einheitlichen Abwicklungsfonds sowie zur Änderung der Verordnung (EU) Nr. 1093/2010, ABl. 2014 L 225, 1.

[20] Viele mitgliedstaatlichen Zentralbanken sind jedoch zuständige Behörde nach der EBA-VO oder gar nach allen ESA-Gründungsverordnungen.

[21] Siehe Art. 39 Abs. 2 lit. f EIOPA-VOE, in: KOM(2009) 501 endg.

Unter Aussparung der nur assoziierten Akteure (siehe Rn. 8 ff.) besteht das ESFS mithin aus **4 Unionsbehörden**[22] und über **60 nationalen zuständigen Behörden** in den 29 Mitgliedstaaten, die gemeinsam über 100.000 beaufsichtigten Finanzinstituten in den 29 Mitgliedstaat kontrollieren.[23] 11

III. Aufsichtsziele und -aufgaben des ESFS und seiner Bestandteile (Abs. 1 S. 2, Abs. 5). Das ESFS hat keine eigene Rechtspersönlichkeit (siehe Rn. 3), verfügt über kein eigenes Personal und kann insofern auch nicht über eigene Aufsichtskompetenzen verfügen. Wenn Abs. 1 S. 2 insofern für das ESFS als **Aufsichtsziel** festlegt, **die angemessene Anwendung der für den Finanzsektor geltenden Vorschriften zu gewährleisten**, um die Finanzstabilität zu erhalten und für Vertrauen in das Finanzsystem insgesamt und für einen ausreichenden Schutz der Kunden, die Finanzdienstleistungen in Anspruch nehmen, zu sorgen, so bindet dies die Bestandteile des ESFS, mithin für Zwecke der EIOPA-VO, die EIOPA, den Gemeinsamen Ausschuss und die nationalen Versicherungsaufsichtsbehörden. 12

Abs. 1 S. 2 ist so verstanden zumindest **für** die **EIOPA nur** eine **Ergänzung der Aufsichtsziele des Art. 1 Abs. 6** EIOPA-VO, legt daneben aber die **gemeinsamen Ziele** fest, unter deren Geltung die **Kooperation** der einzelnen Bestandteile des **ESFS** erfolgt. 13

Die **Aufsichtsziele** des Abs. 1 S. 2 **binden** die Bestandteile des ESFS im Sinne von Aufsichtsmaßstäben jedoch nicht nur **im Hinblick auf** die Wahrnehmung ihrer **Aufsichtsaufgaben**, sondern auch im Hinblick auf ihre **Regulierungsbefugnisse**. 14

Inhaltlich ist das durch Abs. 1 S. 2 definierte Aufsichtsziel, die Wahrung der angemessenen Anwendung der für den Finanzsektor geltenden Vorschriften, eher eine Aufsichtsaufgabe. Die eigentlichen Aufsichtsziele schließen an diese als Hauptziel ausgegebene Aufgabe an, und sind mit Wahrung der **Finanz(markt)stabilität,** Stärkung des **Vertrauens in** das **(Gesamt-)Finanzsystem** und Sicherstellung eines **ausreichenden Finanzkundenschutzniveaus** zu umschreiben. Hierbei ist wie beispielsweise auch unter § 294 Abs. 1 VAG der Schutz des Kunden von Finanzdienstleistungen als der Schutz von Kollektivinteressen und nicht als die Berücksichtigung von Individualinteressen zu verstehen vgl. § 294 VAG Rn. 91. 15

Diese Zielvorgabe des Abs. 1 S. 2 soll dadurch erreicht werden, dass den Aufsichtsbehörden, die zum ESFS gehören, die **Aufgabe** zukommt, die angemessene Anwendung der für den Finanzsektor geltenden Vorschriften zu gewährleisten (Abs. 1 S. 2) und die in der Union tätigen Finanzinstitute gemäß den in Art. 1 Abs. 2 EIOPA-VO genannten Rechtsakten zu beaufsichtigen (Abs. 5). Diese Aufgabenzuweisung des ESFS blendet zwar zu stark die makroprudentielle Säule aus, bringt jedoch zumindest für den mikroprudentiellen Bereich hinreichend zum Ausdruck, dass es auch die Aufgabe der ESA ist – wenn auch oftmals nur indirekt über eine Aufsichtsbefugnis über die nationalen zuständigen Behörden – für eine adäquate Aufsicht über die Finanzinstitute innerhalb der Union zu sorgen. Hierbei soll sichergestellt werden (im Sinne einer Rechtsaufsicht), dass die anwendbaren Rechtsvorschriften (in angemessener Weise) eingehalten werden. 16

IV. Kooperationspflicht, -ziel und -aufgaben (Abs. 3). Abs. 3 verpflichtet die EIOPA (gleiches gilt für die EBA und die ESMA nach Art. 2 Abs. 3 der jeweiligen Gründungsverordnung)[24] zur **Kooperation** mit den anderen ESA und dem ESRB **im** Rahmen des **Gemeinsamen Ausschusses** (siehe Art. 54 ff. EIOPA-VO). 17

Aufsichtsziel dieser Kooperation ist die Erreichung von gesteigerter **Kohärenz der sektoriellen Aufsichtssysteme**, sodass alle Sektoren soweit möglich gleichlaufenden Aufsichtsprinzipien und praktischer Aufsicht unterliegen, wenn nicht die Spezifität des einzelnen Sektors abweichender Behandlung bedarf. 18

Dieses Ziel der gesteigerten Kohärenz ist dadurch zu erreichen, dass überall dort, wo dies möglich und notwendig ist, das heißt insbesondere im Hinblick auf die Beaufsichtigung von Finanzkonglomeraten, aber auch bezüglich anderer sektorübergreifender Fragen, den ESA die **Kooperationsaufgabe** zukommt, diese Fragen über die Instrumente der **gemeinsamen Position** (und der **gemeinsamen Maßnahme**) nach Art. 56 EIOPA-VO zu adressieren. Dies bedeutet, dass die ESA zumindest den Versuch zu unternehmen haben, sektorübergreifenden Fragestellungen durch einheitliche – im Gemeinsamen Ausschuss vereinbarte – Handlungsformen zu begegnen. 19

V. Loyalitätspflicht (Abs. 4). Abs. 4 erklärt den **Grundsatz der Loyalität**, wie er in Art. 4 Abs. 3 EUV niedergelegt ist, für alle Bestandteile des ESFS für verbindlich. Diese primärrechtliche Loyalitätspflicht – zumindest für die Mitgliedstaaten oftmals auch als **Unionstreue** bezeichnet –, bindet die Mitgliedstaaten als Einheit, das heißt sämtlich Träger öffentlicher Gewalt (und mithin auch die nationa- 20

---

[22] Wobei hier die EZB, deren Bestandteil das ESRB ist, als Unionsbehörde (obgleich streng genommen ein Organ) und der Gemeinsame Ausschuss nicht gezählt wird.

[23] Siehe für einen Überblick *Collins* Journal of Decision Systems 2016, 589, 590.

[24] Für das ESRB ergibt sich eine vergleichbare, aber natürlich andere Kooperationspflicht (das ESRB ist nicht stimmberechtigt im Gemeinsamen Ausschuss vertreten, sondern nur teilnahmeberechtigt, siehe Art. 55 Rn. 30) über Art. 1 Abs. 4, 3 Abs. 2 lit. g ESRB-VO.

len Aufsichtsbehörden), und die Union inklusive aller Organe, Einrichtungen und sonstigen Stellen (mithin auch die ESA als Unionsagenturen [vgl. Art. 5 Rn. 1 EIOPA-VO] und den ESRB als Bestandteil des Unionsorgans EZB). Abs. 4 kommt hinsichtlich seines Verweises mithin nur deklaratorische Wirkung zu.

21 Die **weiteren Ausführungen** zur **Ausgestaltung** des **Grundsatzes der loyalen Zusammenarbeit** (sie arbeiten „*vertrauensvoll und in uneingeschränktem gegenseitigen Respekt zusammen*") wirken eher programmatisch als juristisch überprüfbar. Dieser Passus bringt im Vergleich zu Art. 4 Abs. 3 EUV („*achten und unterstützen*") allenfalls zum Ausdruck, dass im Hinblick auf die vollkommene Verzahnung des nationalen mit dem europäischen Finanzaufsichtssystem zu einem (weitestgehend) einheitlichen Unionsaufsichtssystem eine noch größere Loyalitätsanforderung an die Akteure zu stellen ist, als dies im allgemeinen Grundsatz (der auch auf Fragestellungen Anwendungen findet, in denen die europäische Integration noch nicht so weit vorangeschritten ist) der Fall ist.

22 Zur Errichtung und dem Funktionieren des ESFS ist es erforderlich, dass alle Akteure allzeit über die für sie **notwendigen Informationen** verfügen. Hierbei sollte es auch vermieden werden, dass gleiche Informationen durch mehrere Stellen erhoben werden müssen, da nur hierdurch potentielle Synergieeffekte, die das ESFS erzeugen kann, genutzt werden. Abs. 4 Hs. 2 stellt insofern als einen Unteraspekt der Loyalitätspflicht hieraus, dass alle Bestandteile des ESFS untereinander die Weitergabe von angemessenen und zuverlässigen Informationen sicherstellen. Diese informationsbezogene Loyalitätspflicht sollte jedoch nicht als allgemeine Rechtfertigungsnorm verstanden werden, vielmehr gelten auch innerhalb des ESFS bspw. die allgemeinen Regeln des Berufs- bzw. Amtsgeheimnisses (siehe Art. 70 EIOPA-VO) und des Datenschutzes (siehe Art. 71 EIOPA-VO). Die genaue Art der Informationsweitergabe zwischen der EIOPA und den nationalen Versicherungsaufsichtsbehörden ist in Art. 35 EIOPA-VO geregelt.

Rechenschaftspflicht der Behörden

3 Die in Artikel 2 Absatz 2 Buchstaben a bis d genannten Behörden sind dem Europäischen Parlament und dem Rat gegenüber rechenschaftspflichtig.

1 Art. 3 EIOPA-VO statuiert den Grundsatz der **Rechenschaftspflicht** (*accountability*) der ESA und des ESRB **gegenüber** dem **Europäischen Parlament** und dem **Rat.**

2 **Adressaten** der Rechenschaftspflicht des Art. 3 EIOPA-VO sind sämtliche Bestandteile des ESFS soweit sie in Art. 2 Abs. 2 lit. a–d EIOPA-VO enumeriert werden. Neben der **EIOPA** (lit. b), sind dies mithin die EBA (lit. c), die ESMA (lit. d) und der ESRB (lit. a). Eine eigenständige Bedeutung kommt Art. 3 EIOPA-VO jedoch nur gegenüber der EIOPA zu, da für die EBA und die ESMA diese Rechenschaftspflicht in den jeweiligen Gründungsverordnungen inhaltsgleich geregelt wird. Allenfalls für den ESRB mag der Regelung (sowie auch Art. 3 EBA-VO[1] und Art. 3 ESMA-VO)[2] ein gewisser Regelungsgehalt zugesprochen werden, da die ESRB-VO[3] keine vergleichbare Regelung bereithält, sondern allein den Vorsitzenden des ESRB einer Rechenschafts- und Berichtspflicht gegenüber dem Europäischen Parlament und Rat unterwirft (Art. 19 ESRB-VO). Da jedoch dem ESRB anders als den ESA – d. h. EIOPA, EBA und ESMA – keine Rechtspersönlichkeit zukommt,[4] erscheint es konsequent, dass ihr selbst keine Rechenschaftspflicht zukommt, sondern diese Rechenschaftspflicht allein ihren Vorsitzenden trifft.

3 **Nicht-Adressaten** sind die anderen Bestandteile des ESFS, dh der Gemeinsame Ausschuss der ESAs (Art. 2 Abs. 2 lit. e, vgl. Art. 54 EIOPA-VO) und die zuständigen Behörden der Mitgliedstaaten (Art. 2 Abs. 2 lit. f EIOPA-VO).

4 Art. 3 EIOPA-VO bleibt unklar hinsichtlich des **Inhalts der Rechenschaftspflicht.** Es lassen sich sehr unterschiedliche Aspekte der Rechenschaftspflicht voneinander unterscheiden. So lässt sich beispielsweise danach differenzieren, ob es um eine *ex ante-* oder *ex post*-Kontrolle handelt, ob ein *normativer* oder *politischer* Kontrollrahmen besteht und ob die Rechenschaftslegung *de jure* oder *de facto* erfolgt.[5] Von besonderer Bedeutung ist auch, welche Rechtsfolgen die rechenschaftspflichtige Person im Falle negativer Evaluation vom prüfberechtigten Organ zu erwarten hat. Hierbei ist die durch Art. 3 EIOPA-VO

---

[1] Verordnung (EU) 1093/2010 des Europäischen Parlaments und des Rates zur Errichtung einer Europäischen Aufsichtsbehörde (Europäische Bankenaufsichtsbehörde), zur Änderung des Beschlusses Nr. 716/2009/EG und zur Aufhebung des Beschlusses 2009/78/EG der Kommission, ABl. 2010 L 331, 12.

[2] Verordnung (EU) 1095/2010 des Europäischen Parlaments und des Rates zur Errichtung einer Europäischen Aufsichtsbehörde (Europäische Wertpapier-und Marktaufsichtsbehörde), zur Änderung des Beschlusses Nr. 716/2009/EG und zur Aufhebung des Beschlusses 2009/77/EG der Kommission, ABl. 2010 L 331, 84.

[3] Verordnung (EU) 1092/2010 des Europäischen Parlaments und des Rates über die Finanzaufsicht der Europäischen Union auf Makroebene und zur Errichtung eines Europäischen Ausschusses für Systemrisiken, ABl. 2010 L 331, 1.

[4] Siehe Erwägungsgrund 15 S. 3 Hs. 2 der ESRB-VO; so auch *Papathanassiou/Zagouras* WM 2010, 1584, 1587: neuartiges Gremium. Anders anscheinend *Siekmann* in: Kadelbach, Nach der Finanzkrise, 2012, 131, 173, der das ESRB wohl für eine Unionsagentur hält, was gleichzeitig eine Rechtspersönlichkeit implizieren würde.

[5] Siehe hierzu (bspw.) Grabitz/Hilf/Nettesheim/*Griller* Art. 130 AEUV Rn. 20.

statuierte Rechenschaftspflicht im Lichte der Unabhängigkeit der Mitglieder des Rates der Aufseher (Art. 42 UAbs. 1 EIOPA-VO), der Mitglieder des Verwaltungsrates (Art. 46 UAbs. 1 EIOPA-VO), des Vorsitzenden (Art. 49 UAbs. 1 EIOPA-VO), des Exekutivdirektors (Art. 52 UAbs. 1 EIOPA-VO) und in leicht abgestuftem Maße alle Angestellten der EIOPA (Art. 70 Abs. 1 UAbs. 4 EIOPS-VO) auch gegenüber den beiden Organen Europäisches Parlament und Rat auszulegen.

So verstanden kann über Art. 3 keine vollumfängliche Rechenschaftspflicht gemeint sein, sondern eine **demokratisch-politische Rechenschaftspflicht** für die Versicherungsaufsichts- und -regulierungspolitik der EIOPA. Es geht hier – wie bei der insoweit vergleichbaren unabhängigen EZB – darum, dass die unabhängige EIOPA in demokratischer Verantwortung über ihre Tätigkeit berichten und ihre Regulierungs- und (in geringerem Maße) Aufsichtsentscheidungen in Anhörungsverfahren vor dem Europäischen Parlament (und vor dem Rat) rechtfertigen muss.[6] 5

Die **Rechenschaftspflicht** des Art. 3 geht insofern nicht weiter als die Berichts- und Mitteilungspflichten der Kapitel II ff. der EIOPA-VO. Im Schwerpunkt wird diese Rechenschaftspflicht also dadurch **ausgestaltet**, dass die EIOPA ihre Arbeitsprogramme (Art. 43 Rn. 11 ff. und 24 ff. EIOPA-VO) und ihre Jahresberichte (Art. 43 Rn. 18 ff. EIOPA-VO) unter anderem auch dem Europäischen Parlament und dem Rat zu übermitteln hat. Im Schwerpunkt bedeutet die Rechenschaftspflicht des Art. 3 EIOPA-VO jedoch nur das allgemeine Prinzip aus dem sich die Erklärungs- und Berichtspflicht des Vorsitzenden der EIOPA aus Art. 50 EIOPA-VO erklären lässt. 6

Diese **Rechenschaftspflicht** gegenüber Europäischem Parlament und dem Rat, die also im Ergebnis fast ausschließlich den Vorsitzenden der EIOPA trifft, ist auf den ersten Blick darüber **abgesichert**, dass dem Europäischen Parlament das **Abberufungsrecht** für den Vorsitzenden zukommt (Art. 48 Abs. 5 UAbs. 1 EIOPA-VO). Tatsächlich kann das Europäische Parlament über eine solche eventuelle Abberufung jedoch nur befinden, wenn der Rat der Aufseher der EIOPA eine solche Abberufung beantragt. Insofern kommt der EIOPA, da die Mitglieder des Rates der Aufseher im Rahmen ihrer Tätigkeit auch gegenüber den sie entsendenden mitgliedstaatlichen Regierungen und den mitgliedstaatlichen Parlamenten unabhängig sind (Art. 42 UAbs. 1 EIOPA-VO), vollkommene innerbehördliche Ausgestaltungsautonomie zu. Dies ändert aber nichts daran, dass der Vorsitzende über seine Erfolge und Misserfolge zu berichten hat und im Falle entsprechenden politischen und öffentlichen Drucks auch der Rat der Aufseher wohl einer Abberufung zustimmen wird. So verstanden dient die Rechenschaftspflicht (verbunden mit der allgemeinen Transparenzpflicht) der demokratischen Rückanbindung der EIOPA. 7

Begriffsbestimmungen

4 Im Sinne dieser Verordnung bezeichnet der Ausdruck

1. **„Finanzinstitute" Unternehmen, Institute sowie natürliche und juristische Personen, die einem der in Artikel 1 Absatz 2 genannten Gesetzgebungsakte unterliegen. In Bezug auf die Richtlinie 2005/60/EG sind „Finanzinstitute" lediglich Versicherungsunternehmen und Versicherungsvermittler im Sinne jener Richtlinie;**
2. **„zuständige Behörden":**
   i) Aufsichtsbehörden im Sinne der Richtlinie 2009/138/EG und zuständige Behörden im Sinne der Richtlinien 2003/41/EG und 2002/92/EG;
   ii) in Bezug auf die Richtlinien 2002/65/EG und 2005/60/EG die Behörden, die dafür zuständig sind, die Einhaltung der Vorschriften dieser Richtlinien durch die Finanzinstitute im Sinne von Nummer 1 sicherzustellen.

Art. 4 EIOPA-VO enthält zwei dem europäischen Gesetzgeber wichtig erscheinende **Begriffsbestimmungen**, wobei dies im Vergleich zu ähnlichen Verordnungen eine sehr geringe Zahl ist. Diese Begriffsdefinitionen verlangen nur innerhalb der EIOPA-VO Geltung. Ihnen kann schon im Hinblick auf die angewandte Definitionstechnik, die in der Definitionsleihe aus externen Rechtsinstrumenten besteht, keine Allgemeinverbindlichkeit im Unionsrecht zukommen. 1

Der Begriff des **Finanzinstituts** erfährt durch Nr. 1 S. 1 keine eigenständige, abschließende Definition, sondern wird dynamisch durch Bezugnahme auf Art. 1 Abs. 2 bestimmt. Über den allgemeinen Sprachgebrauch hinaus (bzw. hinter diesem zurückbleibend) sind Finanzinstitute mithin alle Unternehmen, Institute sowie natürliche und juristische Personen, soweit sie in einem der in Art. 1 Abs. 2 EIOPA-VO explizit aufgeführten Rechtsakte (siehe Art. 1 EIOPA-VO Rn. 6 ff.) erfasst werden. Die einzige **Ausnahme** hiervon bildet die Geldwäscherichtlinie.[1] Von allen durch diese erfassten Personen gelten gemäß Nr. 1 S. 2 ausschließlich Versicherungsunternehmen und Versicherungsvermittler als Finanzinstitute im Sinne der EIOPA-VO. Der Finanzinstitutsbegriff ist hierbei **nicht statisch** definiert, 2

[6] Vgl. zur EZB Grabitz/Hilf/Nettesheim/*Palm* Art. 284 AEUV Rn. 15.

[1] Richtlinie 2005/60/EG des Europäischen Parlaments und des Rates vom 26. Oktober 2005 zur Verhinderung der Nutzung des Finanzsystems zum Zwecke der Geldwäsche und der Terrorismusfinanzierung, ABl. 2005 C 309, 15.

da Art. 1 Abs. 2 EIOPA-VO nicht nur gegenwärtige Richtlinien abschließend aufzählt, sondern in Hs. 2 den Tätigkeitsbereich der EIOPA ergänzt um sämtliche Richtlinien, Verordnungen und Beschlüsse, die auf der Grundlage der vorgehend enumerierten Rechtsakte angenommen wurden, sowie alle weiteren verbindlichen Rechtsakte der Union, die der EIOPA Aufgaben übertragen (siehe Art. 1 EIOPA-VO Rn. 12 ff.). Mithin sind gegenwärtig und zukünftig auch solche Personen Finanzinstitute, die in diesen bereits erlassenen oder noch zu erlassenden Rechtsakten der EU der Aufsicht unterworfen werden. Bereits gegenwärtig erfasst der Begriff des Finanzinstituts ein große Bandbreite an Personen, wie insbesondere Versicherungsunternehmen (inkl. Lebensversicherungsunternehmen), Rückversicherungsunternehmen, Versicherungsvermittler, Rückversicherungsvermittler, EbAV und Finanzkonglomerate.[2]

3 Auch der Begriff der **zuständigen Behörde** erfährt keine autonome Definition, sondern wird unter Bezugnahme auf abschließend aufgezählte Rechtsakte festgelegt. Anders als der Begriff des Finanzinstituts (siehe Rn. 2) ist der Begriff der zuständigen Behörde also nicht dynamisiert, da keine zukünftigen Rechtsakte erfasst werden. Gemäß Nr. 1 lit. i sind die in der Solvency II-Rahmenrichtlinie adressierten Aufsichtsbehörden und die in Pensionsfondsrichtlinie und der Versicherungsvermittlerrichtlinie genannten zuständigen Behörden jeweils zuständige Behörde im Sinne der EIOPA-VO. Für Deutschland bedeutet dies, dass die BaFin zuständige Behörde ist; soweit die Versicherungsvermittlerrichtlinie betroffen ist, sind jedoch auch die zuständigen Industrie- und Handelskammern zuständige Behörde. Daneben sind gemäß Nr. 1ii) auch noch diejenigen Stellen zuständige Behörde, die die Einhaltung der nationalen Transformationsnormen der Finanzdienstleistungsfernabsatzrichtlinie und der Geldwäscherichtlinie durch solche Personen, die als Finanzinstitute i. S. d. Nr. 1 gelten, überwachen. Diese Aufgaben sind in Deutschland der BaFin zugewiesen.

Rechtsstellung

5 (1) **Die Behörde ist eine Einrichtung der Union mit eigener Rechtspersönlichkeit.**

(2) [1] **Die Behörde verfügt in jedem Mitgliedstaat über die weitestreichende Rechtsfähigkeit, die juristischen Personen nach dem jeweiligen nationalen Recht zuerkannt wird.** [2] **Sie kann insbesondere bewegliches und unbewegliches Vermögen erwerben und veräußern und ist vor Gericht parteifähig.**

(3) **Die Behörde wird von ihrem Vorsitzenden vertreten.**

Schrifttum: *Berger*, Vertraglich nicht vorgesehene Einrichtungen des Gemeinschaftsrechts mit eigener Rechtspersönlichkeit, 1999; *Busuioc*, European Agencies—Law and Practices of Accountability, 2013, *Brenner*, Die Agenturen im Recht der Europäischen Union – Segen oder Fluch, in: Ipsen/Stüer, Europa im Wandel – Festschrift für Hans-Werner Rengeling, 2008, S. 193–204; *Chamon*, EU Agencies—Legal and Political Limits to the Transformation of the EU Administration, 2016; *Görisch*, Demokratische Verwaltung durch Unionsagenturen – Ein Beitrag zur Konkretisierung der europäischen Verfassungsstrukturprinzipien, 2009.

1 Bei der EIOPA handelt es sich um eine vertragsexterne Unionseinrichtung, dh eine solche Einrichtung, die kein Organ der Union ist und primärrechtlich nicht explizit vorgesehen wird. Die Errichtung solcher **Unionsagenturen** ist grundsätzlich zulässig; dies ergibt sich beispielsweise bereits aus Art. 15, 267 UAbs. 1 lit. b AEUV und Art. 9 S. 1 EUV, die das Bestehen solcher Agenturen voraussetzen.[1] Diese Möglichkeit zur Einrichtung von Unionsagenturen entspricht zudem nicht nur mittlerweile lang geübter Praxis in der EU,[1*] sondern wurde auch explizit durch den EuGH bestätigt.[2] In der Wahl der Bezeichnung der EIOPA als **Behörde** (*authority*) ist keine wesentliche inhaltliche Abweichung zu den hergebrachten **Agenturen** (*agencies*)[3]der EU zu sehen. Dieses Firmieren unter dem Begriff der Behörde stellt keine Besonderheit der EIOPA (und der anderen Behörden des ESFS) dar, vielmehr gibt bzw. gab es mit der Europäischen GNSS-Aufsichtsbehörde (GSA)[4] und der Europäischen Behörde für Lebensmittelsicherheit (EFSA) zwei nicht-finanzbezogene Einrichtungen der EU, die als Unionsagenturen betrachtet werden[5] und ebenfalls als Behörden firmieren.[6] Zukünftig sollen allerdings alle neuen Unions-

---

[2] Siehe für eine Auflistung *Keune*, Rechtliche Grundlagen und Grenzen der EIOPA, 2015, 97.

[1] So auch *Siekmann* in: Kadelbach, Nach der Finanzkrise, 2012, 174. Hierbei sei darauf hingewiesen, dass die deutsche Fassung der genannten Normen zwar nur von „Einrichtungen oder sonstige Stellen der Union" spricht, die englische Fassung hingegen explizit Agenturen (*agencies*) nennt.

[1*] Für einen geschichtlichen Überblick und eine aufschlussreiche grafische Darstellung zur Entwicklung der Unionsagenturen siehe *Busuioc*, European Agencies, 2013, 13 ff.

[2] Siehe bspw. *EuGH* Urt. v. 2.5.2006 – C-217/04, Rn. 44 ff. – ENISA.

[3] Vgl. zu Unionsagenturen allgemein *Brenner* FS Rengeling, 2008, 196; *Gal* ZVersWiss 2013, 328 ff.

[4] Diese wurde allerdings 2010 in Agentur für das Europäische GNSS umbenannt.

[5] So Calliess/Ruffert/*Calliess* Art. 13 EUV Rn. 38.

[6] Tatsächlich taucht bei 19 der 42 (exklusive der Finanzaufsichtsbehörden) offiziell aufgeführten Unionsagenturen das Wort Agentur im Namen nicht auf; vgl. http://europa.eu/agencies/inyourcountry/index_en.htm.

agenturen explizit auf diesen Namen lauten.[7] Ob dies zu einer Umbenennung der bestehenden Agenturen führen wird, bleibt ungewiss, aber unwahrscheinlich.

Der EIOPA kommt als Unionsagentur **eigene Rechtspersönlichkeit** zu. Hierbei ist aus dem Wortlaut der Abs. 1 und Abs. 2 nicht unmittelbar abzuleiten, welche Art der Rechtspersönlichkeit der EIOPA durch diese verliehen werden soll. Hierbei unterscheidet man im Hinblick auf unionsrechtliche Einrichtungen drei unterschiedliche Arten von Rechtspersönlichkeit bzw. drei unterschiedliche Facetten der Rechtspersönlichkeit, nämlich die unionsorganisatorische Rechtspersönlichkeit, die Völkerrechtssubjektivität und die Rechtspersönlichkeit im privatrechtlichen Sinne.[8] 2

Abs. 1 und Abs. 2 weisen hierbei strukturelle Ähnlichkeiten zu Art. 47 EUV und Art. 335 AEUV auf, sodass man versucht sein könnte, aus Abs. 1 die Verleihung von Völkerrechtssubjektivität[9] an die EIOPA herauszulesen, da diese Norm als eine solche Verleihung für die Europäische Union verstanden wird. Eine solche **Völkerrechtssubjektivität** im Sinne einer Rechtspersönlichkeit für den Völkerrechtsverkehr, die Gliedern von internationalen Organen nur ausnahmsweise zukommt, wird der EIOPA grundsätzlich **nicht zuerkannt**.[10] Eine Ausnahme hiervon ist in der Ermächtigung zum Abschluss eines Sitzabkommens mit der Bundesrepublik Deutschland nach Art. 74 EIOPA-VO zu sehen, sodass der EIOPA zumindest zu diesem Zweck beschränkte Völkerrechtssubjektivität zukommt. Dessen ungeachtet kann die EIOPA aber mit anderen Institutionen, Behörden und Nichtregierungsorganisationen (Verwaltungs-)Vereinbarungen (nicht jedoch Verwaltungsabkommen) schließen, soweit der Inhalt dieser Vereinbarung in den Tätigkeitsbereich der Behörde fällt (siehe Art. 33 EIOPA-VO Rn. 2 ff.). 3

Abs. 1 bewirkt mithin allein, dass der EIOPA **unionsorganisatorische Rechtspersönlichkeit** verliehen wird. In der Formulierung kommt insofern vorrangig die rechtliche und organisatorische, aber auch die politische und finanzielle Selbständigkeit der Behörde EIOPA von den Organen der EU, insbesondere der Kommission, zum Ausdruck. Sie ist eine juristische Person des öffentlichen (Unions-)Rechts und als solche Träger eigener institutioneller Rechte und Pflichten. 4

Unter einer Rechtsperson (bzw. einem Rechtssubjekt) versteht man eine Person, die rechtsfähig ist und somit Träger von Rechten und Adressat von Pflichten sein kann. Da der unionsrechtliche Rechtspersönlichkeitsbegriff – abgesehen vom Begriff der Völkerrechtssubjektivität – keine hinreichende Konturierung erfahren hat, bedarf er der Ausfüllung hinsichtlich der **Rechts- und Geschäftsfähigkeit** im innerstaatlichen Recht der Mitgliedstaaten. Abs. 2 konkretisiert die Rechtssubjektivität der EIOPA im innerstaatlichen Recht – die hierbei verwandte Formulierung ist nahezu deckungsgleich mit Art. 335 AEUV zur Rechts- und Geschäftsfähigkeit der EU – dahingehend, dass ihr jeweils die weitestreichende Rechtsfähigkeit, die juristischen Personen nach diesem nationalen Recht zuerkannt wird, gewährt wird. Insoweit unterscheidet sich EIOPA auch von Organen der EU, denen gerade keine innerstaatliche Rechtspersönlichkeit zukommt, da eine solche nur der EU als Ganzer gewährt wird.[11] Hierbei ist Abs. 2 trotz der insoweit abweichenden Formulierung zu Art. 335 AEUV so zu verstehen, dass diese Vorgabe auch für die Geschäftsfähigkeit, dh hinsichtlich der willensgesteuerten Fähigkeit im innerstaatlichen Recht den Abschluss von Rechtsgeschäften zu bewirken, gilt. Insofern wandelt sich die Rechts- und Geschäftsfähigkeit der EIOPA, je nach dem nach welcher Rechtsordnung diese anlassbezogen beurteilt werden muss. Es handelt sich bei ihr um eine sogenannte **plurinationale Rechtsperson.**[12] Hierbei wird die EIOPA zur Beurteilung der Rechts- und Geschäftsfähigkeit im nationalen Recht nicht als juristische Person (des öffentlichen Rechts), sondern wie eine solche behandelt.[13] Streitig ist hierbei, ob zur Ermittlung der Rechtsstellung der EIOPA mit der wohl hM auf die Summe der Rechte, die der entsprechende Mitgliedstaat juristischen Personen gewährt, abzustellen ist,[14] oder ob im Sinne einer Meistbegünstigtenklausel die EIOPA wie die juristische Person zu behandeln ist, die im Rahmen einer 5

---

[7] Zukünftige Agenturen sollen die einheitliche Bezeichnung als „Agentur der Europäischen Union für …" bekommen; so Nr. 1 Gedankenstrich 1 der Gemeinsamen Erklärung und des Gemeinsamen Konzepts des Europäischen Parlaments, des Rates der EU und der Europäischen Kommission zu den dezentralen Agenturen vom 19.7.2012 und Roadmap on the follow-up to the Common Approach on EU decentralised agencies vom 19.12.2012; beide abrufbar unter http://europa.eu/agencies/regulatory_agencies_bodies/index_en. htm.

[8] Siehe einführend *Berger*, Vertraglich nicht vorgesehene Einrichtungen des Gemeinschaftsrechts mit eigener Rechtspersönlichkeit, 1999, 58 ff.

[9] Calliess/Ruffert/*Ruffert* Art. 47 EUV Rn. 5 ff.

[10] So auch *Keune*, Rechtliche Grundlagen und Grenzen der EIOPA, S. 72 f.; die dies jedoch bedauert, da dies die internationale Arbeit der EIOPA erschwere.

[11] Ausnahmen bilden die EZB, EIB und EAD, denen als primärrechtliche Einrichtungen eigene Rechtspersönlichkeit zukommt; vgl. bspw. Grabitz/Hilf/Nettesheim/*Athen*/*Dörr* Art. 335 AEUV Rn. 13 f.

[12] Vgl. zum Begriff: geprägt wohl durch Grabitz/Hilf/*Simma*/*Vedder* Art. 282 EGV, Rn. 1; weitere Nachweise bei Calliess/Ruffert/*Ruffert* Art. 335 AEUV Rn. 3.

[13] Vgl. zur Einordnung als juristische Person des öffentlichen Rechts bspw. *EuGH* Schlussantrag des Generalanwalts vom 18.10.1960 – C-44/59; vgl. zur Frage der nur rechtsfragebezogenen Gleichsetzung („nicht als, sondern wie") insb. Grabitz/Hilf/Nettesheim/*Athen*/*Dörr* Art. 335 AEUV Rn. 27.

[14] So bspw. allerdings zur EU nicht zu EIOPA Streinz/*Kokott* Art. 335 AEUV Rn. 4; Calliess/Ruffert/*Ruffert* Art. 335 AEUV Rn. 2; von der Groeben/Schwarze/Hatje/*Hatje* Art. 335 AEUV Rn. 47 jeweils mwN.

Gesamtbetrachtung über die umfassendste Rechts- und Geschäftsfähigkeit verfügt.[15] Im Hinblick auf den Wortlaut des Abs. 2, der von der weitestreichenden Rechtsfähigkeit, die *juristischen Personen* zuerkannt wird, spricht und nicht etwa auf eine konkrete juristische Personenform abstellt, sprechen die besseren Argumente dafür, dass sich der Maßstab der Rechts- und Geschäftsfähigkeit aus der Summierung des Standards der konkreten mitgliedsstaatlichen Rechtsordnung ergibt. Für außereuropäische Rechtsordnungen bewirkt Art. 5 Abs. 1, 2 hingegen nicht zwingend die Rechts- und Geschäftsfähigkeit der EIOPA. Ob ihr in diesen eine solche zukommt, ist nach dem insoweit anwendbaren kollisionsrechtlichen Normen zu bestimmen.

6 Durch die Verleihung der Rechts- und Geschäftsfähigkeit ist die EIOPA in die Lage versetzt, in jedem Mitgliedstaat und insbesondere in ihrem Sitzstaat vollumfänglich am Rechtsverkehr teilzunehmen. Nach Abs. 2 S. 2 kann die EIOPA insbesondere bewegliches und unbewegliches Vermögen erwerben und veräußern und ist vor Gericht parteifähig. Im Hinblick auf die Reglungssystematik dürften diese Möglichkeiten wohl selbst dann bestehen – wobei es sich hier um eine hypothetische Frage handelt –, dass das jeweilige mitgliedstaatliche Recht in summa den juristischen Personen des öffentlichen Rechts eine solche Rechts- und Geschäftsfähigkeit nicht zugesteht. Bei den in Abs. 2 S. 2 genannten **Betätigungsformen** handelt es sich zudem nicht um einen *numerus clausus* („insbesondere"), sondern nur um Regelbeispiele. Daneben kann die EIOPA auch andere Geschäfte abschließen. Typische Geschäfte wären hierbei die Anmietung von Dienstgebäuden, der Ankauf von Mobiliar und Bürobedarf, Abschluss von Arbeits- und Dienstverträgen sowie alle weiteren Rechtsgeschäfte zur Bedarfsdeckung.[16]

7 Die EIOPA wird außergerichtlich (insb. auch rechtsgeschäftlich) und gerichtlich gemäß Abs. 3 **vertreten** durch ihren **Vorsitzenden** (Art. 48 EIOPA-VO). Diese Vertretungsbefugnis erstreckt sich auf sämtliche Handlungen, die der innerstaatlichen Rechtsfähigkeit der EIOPA, aber auch der institutionellen Rechtspersönlichkeit unterfallen. Sie umfasst mithin den Abschluss (und die Kündigung) von Verträgen und auch die Vertretung in behördlichen und gerichtlichen Verfahren. Diese Vertretungsbefugnis ist so zu verstehen, dass der Vorsitzende die Vertretungsmacht auch auf einen Dritten übertragen kann, sei es etwa für den Abschluss bestimmter Verträge auf den Exekutivdirektor oder in einem Gerichtsverfahren auf den Prozessvertreter. Eine anderweitige Vertretungsbefugnis, insbesondere des Exekutivdirektors, kann sich jedoch aus dem Regelungsgefüge und den Aufgabenzuweisungen ergeben. Im Falle der Verhinderung des Vorsitzenden kommt dessen **Vertretungsbefugnis** ohne zusätzliche Vollmachtserteilung ***qua legem*** dem **Stellvertreter des Vorsitzenden** nach Art. 48 Abs. 2 UAbs. 3 EIOPA-VO zu.[17]

Zusammensetzung

6

Die Behörde besteht aus

1. einem Rat der Aufseher, der die in Artikel 43 vorgesehenen Aufgaben wahrnimmt,
2. einem Verwaltungsrat, der die in Artikel 47 vorgesehenen Aufgaben wahrnimmt,
3. einem Vorsitzenden, der die in Artikel 48 vorgesehenen Aufgaben wahrnimmt,
4. einem Exekutivdirektor, der die in Artikel 53 vorgesehenen Aufgaben wahrnimmt,
5. einem Beschwerdeausschuss, der die in Artikel 60 vorgesehenen Aufgaben wahrnimmt.

Schrifttum: *Heukamp* § 4 Rn. 25 ff.; *Keune*, Rechtliche Grundlagen und Grenzen der EIOPA, 2015; *Platzer*, Versicherungsaufsicht in der Europäischen Union, 2015.

1 Die EIOPA, die gemäß Art. 5 Abs. 1 und 2 EIOPA-VO eine juristische Person mit eigener Rechtspersönlichkeit ist, nimmt ihre Aufgaben (Art. 8 EIOPA-VO) vermittelt über die in Art. 6 EIOPA-VO abschließend aufgelisteten **Organe** wahr:

- der Rat der Aufseher (Art. 40 EIOPA-VO) nimmt die in Art. 43 EIOPA-VO,
- der Verwaltungsrat (Art. 45 EIOPA-VO) nimmt die in Art. 47 EIOPA-VO,
- der Vorsitzende (Art. 48 EIOPA-VO) nimmt die in Art. 48 EIOPA-VO,
- der Exekutivdirektor (Art. 51 EIOPA-VO) nimmt die in Art. 53 EIOPA-VO und
- der Beschwerdeausschuss (Art. 58 EIOPA-VO) nimmt die in Art. 60 EIOPA-VO vorgesehenen Aufgaben wahr.

2 Hierbei hat sich der europäische Gesetzgeber für die EIOPA für ein **dualistisches Leitungsmodell** mit zwei Kollegialorganen entschieden.[1] Als zentrales Leitungsorgan fungiert hierbei der **Rat der Aufseher**, der sich aus den stimmberechtigten Leitern der nationalen Aufsichtsbehörden und den jeweils nicht stimmberechtigten Vertretern der Kommission, des ESRB, der EBA, der ESMA und dem Vorsitzenden (Art. 40 Abs. 1 EIOPA-VO) sowie den Leitern der nationalen Aufsichtsbehörden der EFTA-Staaten und

[15] So zur EU bspw. Grabitz/Hilf/Nettesheim/*Athen/Dörr* Art. 335 AEUV Rn. 30; *Ipsen,* Europäisches Gemeinschaftsrecht, 1984, 205.
[16] Vgl. für weitere Beispiele Grabitz/Hilf/Nettesheim/*Athen/Dörr* Art. 335 AEUV Rn. 33.
[17] Vgl. Art. 2 Abs. 3 Board of Supervisors of EIOPA Rules of Procedure of EIOPA (EIOPA-BoS-11/003).
[1] *Platzer*, Versicherungsaufsicht in der Europäischen Union, 2015, 148; *Heukamp* § 4 Rn. 25.

einem Vertreter der EFTA Überwachungsbehörde (siehe Art. 41 EIOPA-VO Rn. 5) zusammensetzt. Dem Rat der Aufseher kommen hierbei insbesondere die Festlegung des Arbeitsprogramms und der Leitlinien der Behördenarbeit der EIOPA zu, er gibt die Stellungnahmen und Empfehlungen ab und erlässt die Beschlüsse der EIOPA und er ernennt den Vorsitzenden sowie den Exekutivdirektor (vgl. Art. 43 EIOPA-VO).[2] Gerade im Hinblick auf die Größe des Leitungsorgans Rat der Aufseher ergeben sich jedoch Defizite in der effizienten Behördentätigkeit, die durch die Einsetzung eines zweiten Kollegialorgans, des im Schwerpunkt als Überwachungsorgan tätigen **Verwaltungsrates**, kompensiert werden.[3] Hierbei besteht jedoch die Besonderheit, dass die stimmberechtigten Mitglieder des Verwaltungsrates aus dem Kreis und von den stimmberechtigten Mitgliedern des Rates der Aufseher gewählt werden. Stimmberechtigtes Mitglied ist auch der Vorsitzende; Exekutivdirektor und ein Vertreter der Kommission scheinen auf den ersten Blick keine Mitglieder, sondern nur Teilnahmeberechtigte zu sein (Art. 45 Abs. 2 UAbs. 2 EIOPA-VO), sind tatsächlich aber (grundsätzlich) nicht-stimmberechtigte Mitglieder (siehe Art. 45 EIOPA-VO Rn. 16 ff.). Aus dieser personellen Verquickung der Organe ergibt sich bereits, dass es sich beim Verwaltungsrat nicht um ein vollwertiges Überwachungsorgan, wie etwa der Aufsichtsrat einer deutschen Aktiengesellschaft, sondern eher um einen Ausschuss des Rates der Aufseher mit Überwachungsfunktionen handelt.[4] Dem Verwaltungsrat kommt hierbei im Schwerpunkt die Aufgabe zu, zu überwachen und zu gewährleisten, dass die EIOPA ihren Aufgaben nachkommt. Hierbei hat der Verwaltungsrat auch Kompetenzen im Bereich der Haushalts- und Personalplanung zugewiesen bekommen und ihm obliegt vielfach eine Vorarbeits- bzw. Filterfunktion, um den Rat der Aufseher zu entlasten (Art. 47 EIOPA-VO). Daneben verfügt die EIOPA über einen **Vorsitzenden**, der sie vertritt, also ihr gesetzlicher Vertreter ist (Art. 48 EIOPA-VO). Seine Aufgaben sind neben der Wahrnehmung dieser Vertretungsbefugnis insbesondere auch in der Kommunikation mit den Europäischen Organen zu sehen. Von besonderer Wichtigkeit ist jedoch seine Aufgabe zur Einberufung und Leitung der Sitzungen des Rates der Aufseher und des Verwaltungsrates. Über diesen Aufgabenbereich erstarkt das Organ des Vorsitzenden, dem kaum explizite Aufgaben zugewiesen werden (vgl. Art. 48 EIOPA-VO), von einem eher repräsentativen zu einem administrativ gestaltenden Organ. Schließlich ist bei der EIOPA ein **Exekutivdirektor** zu ernennen. Dieser ist das eigentliche administrative Herz der Behörde, da ihm die Behördenleitung obliegt, wobei er jeweils auch die Arbeiten des Verwaltungsrates vorzubereiten hat (vgl. Art. 53 EIOPA-VO). Der **Beschwerdeausschuss**, ein gemeinsames Gremium aller ESA (dem zudem für jede ESA, also auch die EIOPA, eine Organstellung zukommt, wenn es in deren Pflichtenkreis tätig wird), hat im engeren Sinne keine Leitungsfunktion, sondern eher eine Kontrollfunktion. Der Beschwerdeausschuss, dessen Mitglieder insbesondere keiner der ESA und auch keinem der nationalen Aufseher angehören dürfen, dient als Widerspruchsinstanz für Beschwerden gegen Beschlüsse der EIOPA.

Anderen Einrichtungen der EIOPA, etwa dem Gemeinsamen Ausschuss der Europäischen Auf- 3
sichtsbehörden (Art. 54 EIOPA-VO) oder den Interessengruppen (Art. 37 EIOPA-VO), kommt **keine Organstellung** zu.

Die EIOPA ist zur Wahrnehmung ihrer Aufgaben gegenwärtig **organisatorisch** in drei Direktionen, 4
nämlich „Regulation", „Oversight and Operations" und „Quality Control" **gegliedert,** die jeweils der Aufsicht des Exekutivdirektors unterliegen (Art. 53 EIOPA-VO). Die ersten beiden Direktorate untergliedern sich gegenwärtig in die folgenden sogenannten *units*: „Policy Unit" und „Cross-Sectoral and Consumer Protection Unit" unter der Direktion „Regulation" sowie „Oversight Unit", „Financial Stability and Information Unit" und „Corporate Support Unit" unter der Direktion „Oversight and Operations". Neben den Untereinheiten unter diesen *units* gibt es noch die Abteilungen „Legal" und „Gouvernance and Organisation" sowie „Strategy and Institutional Coordination" und „Communication".[5]

Sitz

7 Die Behörde hat ihren Sitz in Frankfurt am Main.

Historisch hatte bereits die Vorgängerorganisation der EIOPA, der Ausschuss der Europäischen 1
Aufsichtsbehörden für Versicherungsverwesen und Betriebliche Altersvorsorge (CEIOPS), ihren Sitz in Frankfurt.[1] Dies wurde auch für die EIOPA beibehalten. Darüber hinaus gab es zeitweise Überlegungen

[2] Die Ernennungsbefugnis für den Exekutivdirektor ist in Art. 43 EIOPA-VO nicht aufgelistet, ergibt sich jedoch zweifelsfrei aus Art. 51 Abs. 2 EIOPA-VO.

[3] *Platzer*, Versicherungsaufsicht in der Europäischen Union, 2015, 150; *Heukamp* § 4 Rn. 26.

[4] So bereits *Heukamp* § 4 Rn. 26.

[5] Für ein Organigramm des gegenwärtigen Aufbaus siehe insb. https://eiopa.europa.eu/Publications/Administrative/2016%2009%20Organigram%20External%20USE.pdf.

[1] Endgültig begründet durch Beschluss der Kommission 2004/6/EG vom 5. November 2003 zur Einsetzung des Ausschusses der Europäischen Aufsichtsbehörden für das Versicherungswesen und die betriebliche Altersversorgung ABl. 2004 L 03, 34. Die Begründung des Sitzes des Sekretariats der CEIOPS in Frankfurt erfolgte nicht durch diesen Beschluss, vielmehr wurde der CEIOPS als eingetragener Verein mit Sitz in Frankfurt gegründet; vgl. Beschluss des Rats in der EcoFin-Formation vom 20.1.2004, siehe CEIOPS, Annual Report 2004, S. 8.

– insbesondere durch einige Europaparlamentarier –, alle Europäischen Aufsichtsbehörden nach Frankfurt zu verlagern, um sie mit der EZB und dem ESRB an einem Standort zu konzentrieren.[2] Gerade im Hinblick darauf, dass die EBA mit Sitz in London zwischenzeitig zahlreiche ihrer Kompetenzen im Rahmen des einheitlichen Bankenaufsichtsmechanismus (*single supervisory mechanisme* – SSM) an die EZB nach Frankfurt verloren hat und dass der Sitz der EBA im Hinblick auf den angekündigten Austritt Großbritanniens aus der EU (sogenannter *Brexit*) wohl verlegt werden muss, mögen solche Überlegungen **zukünftig** wieder angestrengt werden. Die Kommission hat die mögliche Notwendigkeit einer Sitzzusammenlegung der drei ESA dreijährlich zu evaluieren, vgl. Art. 81 Abs. 2 lit. h (vgl. Art. 81 EIOPA-VO Rn. 10). In ihrem Bericht von 2014 sah die Kommission eine Sitzzusammenlegung zwar nicht für notwendig an, stellte jedoch fest, dass hierüber zukünftig verstärkt nachgedacht werden sollte.[3]

2 Der Sitz der Behörde ist besonders von **völkerrechtlicher Bedeutung**. Dadurch dass die Europäische Union über kein genuines eigenes Staatsgebiet verfügt, stellen sich für all seine Organe und Einrichtungen, die ihren Sitz in einem der Mitgliedsstaaten haben, Souveränitätsfragen und Ähnliches. Man denke hier beispielsweise an die Unverletzlichkeit der Räume, Steuerpflichtigkeit, Verwendung von Hoheitszeichen, aber auch die Anwendbarkeit mitgliedsstaatlicher Gesetze wie insbesondere das lokale Arbeits- und Sozialrecht. Aus diesem Grund wird die Bundesrepublik Deutschland als Sitzstaat der EIOPA über Art. 59 EIOPA-VO zum Abschluss eines Sitzabkommens mit der EIOPA verpflichtet.[4]

3 Daneben hat der Sitz insbesondere eine **verfahrensrechtliche Bedeutung**. Diese ist jedoch weniger markant als bei inländischen Behörden. Dies hängt damit zusammen, dass gegen die meisten Rechtsakte (eventuell nach einem vorgeschalteten Beschwerdeverfahren nach Art. 60 EIOPA-VO) der EIOPA der Rechtsweg unmittelbar zum EuGH respektive zum EuG eröffnet ist (vgl. Art. 61 EIOPA-VO), sodass sich die Fragen der internationalen und örtlichen Zuständigkeit, für die der Sitz von Bedeutung wäre, nicht stellen. Auch für Ansprüche auf „Staatshaftung" gelangt der Sitz nicht zur Bedeutung, da hier ebenfalls eine Sonderzuständigkeit des Gerichtshofs der Europäischen Union (Art. 69 Abs. 1 S. 2 EIOPA-VO) besteht. Gleiches gilt für arbeitsrechtliche bzw. beamtenrechtliche Streitigkeiten.[5]

4 Die Bedeutung erstreckt sich insofern verfahrensrechtlich allenfalls auf Klagen bezüglich **privatrechtlicher Verbindlichkeiten** der EIOPA.

5 Bedeutung erlangt der Sitz hingegen für das **Beschwerdeverfahren**. Soweit eine Person ein Beschwerdeverfahren gegen einen Beschluss der EIOPA initiieren möchte, so hat sie die Beschwerde innerhalb einer zweimonatigen Frist bei der Behörde, die den Beschluss erlassen hat (dh EIOPA), schriftlich einzureichen (Art. 60 Abs. 2 UAbs. 1 EIOPA-VO). Eine Adressierung hat also an den Sitz der EIOPA zu erfolgen, wobei jedoch Art. 4 Abs. 2 Nr. 1 der Verfahrensordnung des Beschwerdeausschusses (vgl. Art. 60 Rn. 17 ff. EIOPA-VO)[6] dies noch dahingehend konkretisiert, dass eine Beschwerde an die Adresse zu richten ist, die auf der Internetseite der beschließenden ESA genannt wird.[7] Diese Adresse korreliert jedoch – zumindest gegenwärtig – mit dem Sitz. Hiermit endet jedoch die verfahrensrechtliche Bedeutung des Sitzes der beschlusserlassenden Behörde. Allein der Sitz der ESA, die für das betreffende Verfahren das Sekretariat stellt (vgl. Art. 60 EIOPA-VO Rn. 27), erlangt weitere verfahrensrechtliche Relevanz. So ist im weiteren schriftlichen Verfahren die Korrespondenz an den Sitz der das Sekretariat des Beschwerdeausschusses stellenden ESA zu richten.[8] Soweit der Beschwerdeausschuss eine mündliche Verhandlung anordnet, hat der Tagungsort grundsätzlich am Sitz einer der ESA zu sein (Art. 18 Abs. 4 S. 1 Verfahrensordnung des Beschwerdeausschusses).[9]

---

[2] Vgl. *Wymeersch* ZGR 2011, 443, 456; *Weber-Rey* AG 2010, R453, R455; *Berschens*, Die EU soll nun doch eine mächtige zentrale Finanzaufsicht bekommen, in: Handelsblatt vom 2.9.2010, S. 13.

[3] Bericht der Kommission an das Europäische Parlament und den Rat über die Tätigkeit der Europäischen Aufsichtsbehörden (ESA) und das Europäische System der Finanzaufsicht (ESFS), KOM(2014) 509 endg., S. 12 f.

[4] Siehe hierzu BT-Drs. 17/8236.

[5] Vgl. Art. 68 Abs. 1 (sowie Erwägungsgrund 61) i. V. m. Art. 91 Abs. 1 Verordnung Nr. 31 (EWG) 11 (EAG) über das Statut der Beamten und über die Beschäftigungsbedingungen für die sonstigen Bediensteten der Europäischen Wirtschaftsgemeinschaft und der Europäischen Atomgemeinschaft, ABl. 62/45, S. 1385 i. d. F. der Verordnung (EU, Euratom) Nr. 423/2014 des Europäischen Parlaments und des Rates, ABl. L 14/129, S. 12 i. V. m. Art. 270 AEUV.

[6] Board of Appeal of the European Supervisory Authorities – Rules of Procedure (BOA 2012 002).

[7] EIOPA fordert auf ihrer Internetseite (https://eiopa.europa.eu/about-eiopa/organisation/board-of-appeal/index.html; zuletzt besucht im September 2017) Beschwerdeführer zudem dazu auf, ihre Beschwerde in Kopie an diejenige ESA zu senden, die gegenwärtig das Sekretariat des gemeinsamen Beschwerdeausschusses führt [derzeit die EBA] – hierfür mögen Praktikabilitätsgesichtspunkte sprechen, eine Rechtspflicht hierzu besteht auf jeden Fall nicht. In diese Richtung deuten auch die Guidelines to the Parties to Appeal Proceedings before the Joint Board of Appeal of the European Supervisory Authorities (BOA 2012 004), S. 2, die nur eine Einreichung bei der beschlussfassenden Behörde erwähnen.

[8] Art. 4 Abs. 2 Nr. 2 Verfahrensordnung des Beschwerdeausschusses.

[9] Da Art. 18 Abs. 4 S. 2 Verfahrensordnung des Beschwerdeausschusses anordnet, dass auch das Sekretariat anwesend sein muss, wird sich wohl der Usus herauszubilden, dass grundsätzlich der Behördensitz der sekretariatsleitenden ESA als Tagungsort gewählt wird. Zumindest war bei den bisherigen im Wege einer mündlichen Verhandlung ergangenen Beschwerdebeschlüssen Tagungsort Frankfurt, wobei jeweils die EIOPA das Sekretariat stellte; vgl. *ESA-BoA*, Beschluss vom 24.6.2013, Rs. EBA C 2013 002 (SV Capital OÜ./. EBA), BoA 2013-008, Rn. 7; *ESA-BoA*, Beschluss vom 14.7.2014, Rs. BoA 2014-C1–02 (SV Capital OÜ./. EBA), Rn. 7.

Kapitel II. Aufgaben und Befugnisse der Behörde

Aufgaben und Befugnisse der Behörde

8 (1) **Die Behörde hat folgende Aufgaben:**

a) Sie leistet einen Beitrag zur Festlegung qualitativ hochwertiger gemeinsamer Regulierungs- und Aufsichtsstandards und -praktiken, indem sie insbesondere Stellungnahmen für die Organe der Union abgibt und Leitlinien, Empfehlungen sowie Entwürfe für technische Regulierungs- und Durchführungsstandards ausarbeitet, die sich auf die in Artikel 1 Absatz 2 genannten Gesetzgebungsakte stützen;

b) sie trägt zur kohärenten Anwendung der verbindlichen Rechtsakte der Union bei, indem sie eine gemeinsame Aufsichtskultur schafft, die kohärente, effiziente und wirksame Anwendung der in Artikel 1 Absatz 2 genannten Rechtsakte sicherstellt, eine Aufsichtsarbitrage verhindert, bei Meinungsverschiedenheiten zwischen den zuständigen Behörden vermittelt und diese beilegt, eine wirksame und einheitliche Beaufsichtigung der Finanzinstitute sowie ein kohärentes Funktionieren der Aufsichtskollegien sicherstellt, unter anderem in Krisensituationen;

c) sie regt die Delegation von Aufgaben und Zuständigkeiten unter zuständigen Behörden an und erleichtert diese;

d) sie arbeitet eng mit dem ESRB zusammen, indem sie dem ESRB insbesondere die für die Erfüllung seiner Aufgaben erforderlichen Informationen übermittelt und angemessene Folgemaßnahmen für die Warnungen und Empfehlungen des ESRB sicherstellt;

e) sie organisiert vergleichende Analysen („Peer Reviews") der zuständigen Behörden organisieren und* führt diese durch, einschließlich der Herausgabe von Leitlinien und Empfehlungen und der Bestimmung vorbildlicher Vorgehensweisen, um die Kohärenz der Ergebnisse der Aufsicht zu stärken;

f) sie überwacht und bewertet Marktentwicklungen in ihrem Zuständigkeitsbereich;

g) sie führt wirtschaftliche Analysen der Märkte, um bei der Wahrnehmung ihrer Aufgaben auf entsprechende Informationen zurückgreifen zu können;

h) sie fördert den Schutz der Versicherungsnehmer und Begünstigten;

i) sie trägt im Einklang mit den Artikeln 21 bis 26 zur einheitlichen und kohärenten Funktionsweise der Aufsichtskollegien, zur Überwachung, Bewertung und Messung der Systemrisiken und zur Entwicklung und Koordinierung von Sanierungs- und Abwicklungsplänen bei und bietet ein hohes Schutzniveau für Versicherungsnehmer und Begünstige in der gesamten Union;

j) sie erfüllt jegliche sonstigen Aufgaben, die in dieser Verordnung oder in anderen Gesetzgebungsakten festgelegt sind;

k) sie veröffentlicht auf ihrer Website regelmäßig aktualisierte Informationen über ihren Tätigkeitsbereich, insbesondere innerhalb ihres Zuständigkeitsbereichs über registrierte Finanzinstitute, um sicherzustellen, dass die Informationen für die Öffentlichkeit leicht zugänglich sind;

l) sie übernimmt gegebenenfalls sämtliche bestehenden und laufenden Aufgaben des Ausschusses der Europäischen Aufsichtsbehörden für das Versicherungswesen und die betriebliche Altersversorgung (CEIOPS).

(2) **Um die in Absatz 1 festgelegten Aufgaben ausführen zu können, wird die Behörde mit den in dieser Verordnung vorgesehenen Befugnissen ausgestattet; dazu zählen insbesondere die Befugnisse:**

a) zur Entwicklung von Entwürfen technischer Regulierungsstandards in den in Artikel 10 genannten besonderen Fällen;

b) zur Entwicklung von Entwürfen technischer Durchführungsstandards in den in Artikel 15 genannten besonderen Fällen;

c) zur Herausgabe von Leitlinien und Empfehlungen gemäß Artikel 16;

d) zur Abgabe von Empfehlungen in besonderen Fällen gemäß Artikel 17 Absatz 3;

e) zum Erlass von an die zuständigen Behörden gerichteten Beschlüsse im Einzelfall in den in Artikel 18 Absatz 3 und Artikel 19 Absatz 3 genannten besonderen Fällen;

* **Hinweis des Verlags:** Richtig wohl „sie organisiert vergleichende Analysen (‚Peer Reviews') der zuständigen Behörden und …".

f) in Fällen, die das unmittelbar anwendbare Unionsrecht betreffen, zum Erlass von an die Finanzinstitute gerichteten Beschlüsse im Einzelfall in den in Artikel 17 Absatz 6, in Artikel 18 Absatz 4 und in Artikel 19 Absatz 4 genannten besonderen Fällen;

g) zur Abgabe von Stellungnahmen an das Europäische Parlament, den Rat oder die Kommission gemäß Artikel 34;

h) zur Einholung der erforderlichen Informationen zu Finanzinstituten gemäß Artikel 35;

i) zur Entwicklung gemeinsamer Methoden zur Bewertung der Wirkungen von Produktmerkmalen und Verteilungsprozessen auf die Finanzlage der Institute und den Verbraucherschutz;

j) zur Bereitstellung einer zentral zugänglichen Datenbank der registrierten Finanzinstitute in ihrem Zuständigkeitsbereich, sofern dies in den in Artikel 1 Absatz 2 genannten Rechtsakten vorgesehen ist.

1 **I. Allgemeines.** Art. 8 EIOPA-VO **unterscheidet** – wie dies auch im deutschen öffentlichen Recht für Gesetze charakteristisch ist, die das Tätigwerden hoheitlicher Instanzen regeln[1] – zwischen **Aufgaben** (Abs. 1) **und Befugnissen** (Abs. 2).[2] Hierbei ergibt sich die Kompetenz der EIOPA jedoch nicht isoliert aus Art. 8 EIOPA-VO, vielmehr muss für deren Tätigwerden auch noch der Tätigkeitsbereich des Art. 1 Abs. 2 oder 3 EIOPA-VO eröffnet sein (vgl. Art. 1 EIOPA-VO Rn. 3 ff.).

2 **II. Aufgaben (Abs. 1). Abs. 1 definiert** die **Aufgaben**, zu deren Erfüllung der EIOPA die Befugnisse des Abs. 2 übertragen werden.

3 **Im Einzelnen** sind der EIOPA folgende Aufgaben übertragen:

- Die Leistung eines Beitrags zur **Festlegung qualitativ hochwertiger gemeinsamer Regulierungs- und Aufsichtsstandards und -praktiken**, indem sie insbesondere Stellungnahmen für die Organe der Union abgibt (siehe Art. 1 EIOPA-VO Rn. 27) und Leitlinien, Empfehlungen sowie Entwürfe für technische Regulierungs- und Durchführungsstandards ausarbeitet (lit. a);
- die Leistung eines Beitrags zur **kohärenten Anwendung der verbindlichen Rechtsakte der Union**, indem sie eine gemeinsame Aufsichtskultur schafft, die **kohärente, effiziente und wirksame Anwendung** der in Art. 1 Abs. 2 EIOPA-VO genannten **Rechtsakte** sicherstellt (siehe bereits Art. 1 EIOPA-VO Rn. 27), eine **Aufsichtsarbitrage verhindert** (siehe bereits Art. 1 EIOPA-VO Rn. 24), bei **Meinungsverschiedenheiten** zwischen den nationalen Versicherungsaufsichtsbehörden vermittelt und diese **beilegt**, eine **wirksame und einheitliche Beaufsichtigung der Finanzinstitute** sowie ein **kohärentes Funktionieren der Aufsichtskollegien** sicherstellt, insbesondere in Krisensituationen (lit. b);
- die Anregung und Erleichterung der **Delegation von Aufgaben und Zuständigkeiten unter** den **nationalen Aufsichtsbehörden** anregt und diese erleichtert (lit. c);
- die enge **Zusammenarbeit mit dem ESRB** (siehe Art. 2 EIOPA-VO Rn. 4, 6; und insbesondere Art. 36 EIOPA-VO) zusammen, indem sie ihm insbesondere die für die Erfüllung seiner Aufgaben erforderlichen **Informationen übermittelt** und angemessene **Folgemaßnahmen für die Warnungen und Empfehlungen des ESRB** sicherstellt (lit. d);
- die Organisation und Durchführung von **vergleichende Analysen** (sogenannte ***peer reviews***) der nationalen Aufsichtsbehörden, einschließlich der **Herausgabe von Leitlinien und Empfehlungen** (hierzu) und die Bestimmung vorbildlicher Vorgehensweisen (sogenannte ***best practices***), um die Kohärenz der Ergebnisse der Aufsicht zu stärken (lit. e);
- die **Überwachung und Bewertung von Marktentwicklungen** in ihrem Zuständigkeitsbereich (lit. f);
- die Durchführung **wirtschaftlicher Analysen der Märkte** (siehe Art. 1 Rn. 27), **um** bei der Wahrnehmung ihrer Aufgaben **auf entsprechende Informationen zurückgreifen zu können** (lit. g);
- die Förderung des **Schutzes der Versicherungsnehmer und Begünstigten** (lit. h);
- die Leistung eines Beitrags im Einklang mit den Art. 21–26 EIOPA-VO zur **einheitlichen und kohärenten Funktionsweise der Aufsichtskollegien,** zur **Überwachung, Bewertung und Messung der Systemrisiken,** zur **Entwicklung und Koordinierung von Sanierungs- und Abwicklungsplänen** und zur Gewährleistung eines **hohen Schutzniveaus** in der gesamten Union **für Versicherungsnehmer und** sonstige **Begünstigte** (lit. i);
- die Erfüllung sämtlicher **sonstiger Aufgaben**, die ihr in der EIOPA-VO oder in anderen Unionsrechtsakten übertragen wurden (lit. j) – hierzu gehören beispielsweise die in Art. 9 näher bezeichneten Aufgaben im Zusammenhang mit dem Verbraucherschutz und Finanztätigkeiten;[3]
- die regelmäßig aktualisierte **Veröffentlichung von Informationen über** ihren **Tätigkeitsbereich**, insbesondere innerhalb ihres Zuständigkeitsbereichs über registrierte Finanzinstitute, auf ihrer Webseite (https://eiopa.europa.eu), um sicherzustellen, dass diese **Information der Öffentlichkeit zugänglich** sind (lit. k);

---

[1] So beispielsweise *Platzer*, Versicherungsaufsicht in der Europäischen Union, 2015, 152.
[2] Dauses/*Beckmann* Kap. E.VI Rn. 157.
[3] Dauses/*Beckmann* Kap. E.VI Rn. 160.

– die **Übernahme und Ausführung** sämtlicher gegebenenfalls **bestehenden und laufenden Aufgaben des CEIOPS** (lit. l).

III. Befugnisse (Abs. 2). Zur Erfüllung der der EIOPA in Abs. 1 zugewiesenen Aufgaben überträgt Abs. 2 der EIOPA zahlreiche **Befugnisse**. Abs. 2 listet hierbei die Befugnisse auf, die in Art. 9 ff. EIOPA-VO näher ausgeführt werden. Bei der Auflistung des Abs. 2 handelt es sich jedoch **nicht** um einen ***numerus clausus*** der Befugnisse der EIOPA, wie sich bereits aus dem Wortlaut („insbesondere") ergibt.[4] 4

Bei den **beispielhaft** in Abs. 2 **aufgeführten**, besonders wichtigen **Befugnissen** der EIOPA handelt es sich um folgende: 5

– Die Befugnis zur Entwicklung von **Entwürfen technischer Regulierungsstandards** in den in Art. 10 EIOPA-VO genannten Fällen (lit. a);
– die Befugnis zur Entwicklung von **Entwürfen technischer Durchführungsstandards** in den in Art. 15 EIOPA-VO genannten Fällen (lit. b);
– die Befugnis zur Herausgabe von **Leitlinien und Empfehlungen** nach Art. 16 EIOPA-VO (lit. c);
– die Befugnis zur Abgabe von **Empfehlungen** im Zusammenhang mit der **Verletzung des Unionsrechts** nach Art. 17 Abs. 3 EIOPA-VO (lit. d);
– die Befugnis zum Erlass eines **an** die **nationale Aufsichtsbehörde gerichteten Beschlusses** in den Fällen der Art. 18 Abs. 3 EIOPA-VO (Krisenfall) und Art. 19 Abs. 3 EIOPA-VO (Meinungsverschiedenheit) (lit. e);
– die Befugnis zum Erlass eines **an** ein **Finanzinstitut gerichteten Beschlusses**, soweit das unmittelbar anwendbare Unionsrecht betroffen ist, in den Fällen des Art. 17 Abs. 6 EIOPA-VO (Verletzung von Unionsrecht), Art. 18 Abs. 4 EIOPA-VO (Krisenfall) und Art. 19 Abs. 4 EIOPA-VO (Meinungsverschiedenheit) (lit. f);
– die Befugnis zur **Abgabe von Stellungnahmen** an das Europäische Parlament, den Rat oder die Kommission gemäß Art. 34 EIOPA-VO (lit. g);
– die Befugnis zur **Einholung von erforderlichen Informationen zu Finanzinstituten** nach Art. 35 EIOPA-VO (lit. h);
– die Befugnis zur **Entwicklung gemeinsamer Methoden zur Bewertung der Wirkungen von Produktmerkmalen und Verteilungsprozessen** auf die Finanzlage der Institute und den Verbraucherschutz (lit. i) und
– die Befugnis zur **Bereitstellung einer zentral zugänglichen Datenbank der registrierten Finanzinstitute** in ihrem Zuständigkeitsbereich, wobei diese Befugnis nur soweit besteht, als dies in den von Art. 1 Abs. 2 EIOPA-VO erfassten Unionsrechtsakten vorgesehen ist (lit. j).

Von der letztgenannten Befugnis, die in der weiteren EIOPA-VO nicht näher ausgestaltet wird, hat die EIOPA Gebrauch gemacht und ein **Register** der in den Mitgliedstaaten **niedergelassenen Versicherer**[5] **und** ein **Register** der in den Mitgliedstaaten niedergelassenen **Einrichtungen der bAV**[6] erstellt und zugängig gemacht. Die Ermächtigungen zur Erstellung und Veröffentlichung der Datenbank findet sich in Art. 25a S. 2, 3 Solva II-RL und in Art. 9 Abs. 1 lit. a Hs. 3 Pensionsfondsrichtlinie. 6

Aufgaben im Zusammenhang mit dem Verbraucherschutz und Finanztätigkeiten

9 (1) **Die Behörde übernimmt eine Führungsrolle bei der Förderung der Transparenz, Einfachheit und Fairness auf dem Markt für Finanzprodukte und -dienstleistungen für Verbraucher im gesamten Binnenmarkt, und zwar unter anderem durch**

a) die Erfassung und Analyse von Verbrauchertrends und die Berichterstattung über diese Trends;
b) die Überprüfung und Koordinierung von Initiativen der zuständigen Behörden zur Vermittlung von Wissen und Bildung über Finanzfragen;
c) die Entwicklung von Ausbildungsstandards für die Wirtschaft und
d) die Mitwirkung an der Entwicklung allgemeiner Offenlegungsvorschriften.

(2) **Die Behörde überwacht neue und bestehende Finanztätigkeiten und kann Leitlinien und Empfehlungen annehmen, um die Sicherheit und Solidität der Märkte und die Angleichung im Bereich der der Regulierungspraxis* zu fördern.**

(3) **Die Behörde kann auch Warnungen herausgeben, wenn eine Finanztätigkeit eine ernsthafte Bedrohung für die in Artikel 1 Absatz 6 festgelegten Ziele darstellt.**

[4] *Keune*, Rechtliche Grundlagen und Grenzen der EIOPA, 2015, 88; siehe bereits *Platzer*, Versicherungsaufsicht in der Europäischen Union, 2015, 153.
[5] Insurance Register Extract (05/01/2017) abrufbar unter: https://eiopa.europa.eu/publications/register-of-insurance-undertakings.
[6] Register of Institutions for Occupational Retirement Provision, abrufbar unter: https://eiopa.europa.eu/publications/register-of-institutions-for-occupational-retirement-provision.
* **Hinweis des Verlags:** Richtig wohl „im Bereich der Regulierungspraxis".

(4) Die Behörde errichtet — als integralen Bestandteil der Behörde — einen Ausschuss für Finanzinnovationen, der alle einschlägigen zuständigen nationalen Aufsichtsbehörden zusammen bringt, um eine koordinierte Herangehensweise an die regulatorische und aufsichtsrechtliche Behandlung neuer oder innovativer Finanztätigkeiten zu erreichen und der Behörde Rat zu erteilen, den sie dem Europäischen Parlament, dem Rat und der Kommission vorlegt.

(5) Die Behörde kann bestimmte Finanztätigkeiten, durch die das ordnungsgemäße Funktionieren und die Integrität der Finanzmärkte oder die Stabilität des Finanzsystems in der Union als Ganzes oder in Teilen gefährdet wird, in den Fällen und unter den Bedingungen, die in den in Artikel 1 Absatz 2 genannten Gesetzgebungsakten festgelegt sind, beziehungsweise erforderlichenfalls im Krisenfall nach Maßgabe des Artikels 18 und unter den darin festgelegten Bedingungen vorübergehend verbieten oder beschränken.

[1]Die Behörde überprüft den in Unterabsatz 1 genannten Beschluss in angemessenen Abständen, mindestens aber alle drei Monate. [2]Wird der Beschluss nach Ablauf von drei Monaten nicht verlängert, so tritt er automatisch außer Kraft.

[1]Ein Mitgliedstaat kann die Behörde ersuchen, ihren Beschluss zu überprüfen. [2]In diesem Fall beschließt die Behörde im Verfahren des Artikels 44 Absatz 1 Unterabsatz 2, ob sie ihren Beschluss aufrechterhält.

Die Behörde kann auch überprüfen, ob es notwendig ist, bestimmte Arten von Finanztätigkeiten zu verbieten oder zu beschränken, und, sollte dies notwendig sein, die Kommission informieren, um den Erlass eines Verbots oder einer Beschränkung zu erleichtern.

Übersicht

Schrifttum: *Dreher,* Versicherungsaufsichtsrecht und Verbraucherschutz im Solvency-II- und EIOPA-System, in: VersR 2013, S. 401 ff.; *ders.,* Treaties on Solvency II, 2015; *Sasserath-Albert/Hartig,* EIOPA-Verordnung: Rechtliche Herausforderungen für die Praxis, VersR 2012, S. 524 ff.

1 **I. Allgemeines.** Gemäß Art. 1 Abs. 6 UAbs. 1 S. 2 lit. f EIOPA-VO ist es eines der (Unter-) Aufsichtsziele der EIOPA, innerhalb der Union den Verbraucherschutz im Versicherungssektor zu verbessern. Zur Erreichung dieses Ziels werden der EIOPA in Art. 9 EIOPA-VO mehrere Aufgaben und Befugnisse übertragen. Hierbei überträgt Art. 9 EIOPA-VO der EIOPA eine Führungsrolle und allgemeine Förderungspflicht im Hinblick auf den Verbraucherschutz (Abs. 1), die Aufgabe zur Überwachung von Finanztätigkeiten und der Herausgabe von Leitlinien und Empfehlungen in diesem Zusammenhang (Abs. 2), die Befugnis zur Herausgabe von Warnungen bezüglich bestimmter Finanztätigkeiten (Abs. 3), die Ermächtigung zur Errichtung eines Ausschusses für Finanzinnovationen (Abs. 4) und die besonders eingreifende Kompetenz zum Verbot oder der Beschränkung bestimmter Finanztätigkeiten (Abs. 5).

2 **II. Allgemeine Förderungspflicht im Hinblick auf den Verbraucherschutz (Abs. 1). 1. Führungsrolle bei der Förderung (Abs. 1 Hs. 1).** Abs. 1 weist der EIOPA die **Führungsrolle** bei der **Förderung** der Transparenz, Einfachheit und Fairness auf dem Markt für Finanzprodukte und -dienstleistungen für **Verbraucher** im gesamten Binnenmarkt zu. Hierbei ist die Aufgabe auf den kollektiven und nicht den individuellen Verbraucherschutz gerichtet.

3 In diesem Zusammenhang ist zu berücksichtigen, dass die EIOPA auch im Hinblick auf diese Aufgaben und Befugnisse des Art. 9 grundsätzlich **nur im Tätigkeitsbereich des Art. 1 Abs. 2** tätig werden darf, soweit es um echte Regulierungsaufgaben und nicht um Beratungsaufgaben – insbesondere gegenüber dem Unionsgesetzgeber – zur Weiterentwicklung des Versicherungsaufsichtsrechts geht. Anders als in der EIOPA-VO haben jedoch die meisten Basisrechtsakten des Art. 1 Abs. 2 EIOPA-VO gegenwärtig nicht den Verbraucherschutz, sondern allenfalls den Schutz der Versicherten und Begüns-

tigten zum Ziel, was insbesondere für die Solvency II-Richtlinie gilt.[1] Hierdurch entsteht ein scheinbarer Aufsichtszielkonflikt zwischen dem europäischen Versicherungsaufsichts- und dem europäischen Versicherungsaufsichtsbehördenrecht.[2] Dies ist letztlich auf Grund der Beschränkung des Tätigkeitsbereiches jedoch nicht der Fall. Vielmehr ist der Konflikt so aufzulösen, dass die EIOPA nur im Hinblick auf solche Basisrechtsakte regulatorisch verbraucherschützend tätig werden darf, die selbst das aufsichtsrechtliche Ziel des Verbraucherschutzes verfolgen. Dies erfasst zwar den Großteil der Basisrechtsakte nicht, zumindest aber die Versicherungsvermittlerrichtlinie dient auch der Verbesserung des Verbraucherschutzes.[3]

Die EIOPA kann jedoch auch **außerhalb** des unmittelbaren durch Art. 1 Abs. 2 (und 3) EIOPA-VO **definierten Tätigkeitsbereichs** tätig werden, solange es um Verbraucherschutzfragen im Versicherungsmarkt geht und die Tätigkeit nicht direkt auf die Regulierung der Aufsicht über die Zulassung und Tätigkeit von Finanzinstituten zielt.[4] Gerade im Bereich der durch Abs. 1 übertragenen Querschnittaufgaben zur Förderung der Transparenz, Einfachheit und Fairness auf dem Markt für Finanzprodukte und -dienstleistungen, soweit es im Schwerpunkt um Marktbeobachtungs-, Berichts- und Empfehlungsaufgaben geht, kann die EIOPA mithin auch außerhalb des genuinen Tätigkeitsbereichs Aufgaben erfüllen. 4

2. Exemplarische Aufgaben (Abs. 1 Hs. 2 lit. a–d). Abs. 1 Hs. 2 führt **exemplarisch** („unter anderem") **vier Aufgaben und Befugnisse** auf, mittels deren die EIOPA ihrer Führungsrolle im Bereich der Stärkung des Verbraucherschutzes gerecht werden kann. 5

Nach Abs. 1 lit. a hat die EIOPA regelmäßig **Verbrauchertrends** im Versicherungssektor zu erfassen, analysieren und darüber zu berichten. EIOPA versteht den Begriff des Verbrauchertrends hierbei – und dies erscheint durchaus zulässig –, als eine Entwicklung des Verbraucherverhaltens auf dem Versicherungsmarkt (oder Markt für bAV) insbesondere in Bezug auf das (Rechts-)Verhältnis zwischen Verbrauchern und den Versicherungsunternehmen (oder den Versicherungsvermittlern), die im Hinblick auf ihre Auswirkung oder ihre Novität signifikant erscheint. Ein Trend kann insofern beispielsweise in quantitativen Entwicklungen im Hinblick auf die Beziehungen von Verbrauchern und Versicherern (bspw. Anstieg des Absatzes bestimmter Produkte, vermehrte Streitigkeiten in bestimmten Produktklassen), aber auch in einer phänomenologischen Neuerscheinung, die zukünftig eine bedeutende Rolle spielen kann, liegen.[5] Dieser Aufgabe kommt die EIOPA insbesondere durch ihren jährlich veröffentlichten **Verbrauchertrendsbericht** nach.[6] Um diese Aufgabe zu erfüllen, muss die EIOPA die notwendigen Informationen erheben, was sie grundsätzlich über Art. 35 EIOPA-VO bei den zuständigen Behörden kann. Hierdurch ist jedoch nicht sichergestellt, dass die jeweilige nationale Behörde die entsprechenden Informationen selbst im Markt erhebt. Hierzu ist klarzustellen, dass die Tatsache, dass die EIOPA über Verbrauchertrends zu berichten hat und gegenüber den nationalen Aufsichtsbehörden einen Informationsübermittlungsanspruch hat, keine *carte blanche* für den nationalen Aufseher darstellt, nunmehr bei den Versicherern Daten zu erheben, wenn nicht das nationale Versicherungsaufsichtsrecht eine solche Informationsübermittlung zulässt. 6

Die EIOPA soll gemäß Abs. 1 lit. b auch Initiativen der zuständigen Behörden zur **Vermittlung von Wissen und Bildung über Finanzfragen** (das heißt konkret über Versicherungsfragen) überprüfen und eventuell koordinieren. Der EIOPA wird insofern eine Aufklärungsfunktion gegenüber der Öffentlichkeit zugeschrieben. Im Schwerpunkt geht es hier nicht darum, dass die EIOPA selbst sich an Verbraucher richtet, um durch Öffentlichkeitsarbeit die Informationsasymmetrie zwischen Verbraucher und Versicherer zu verkleinern. Dies erscheint schon von daher nicht der richtige Ansatz, als das Versicherungsvertragsrecht nach wie vor nicht harmonisiert ist und insofern die nationalen Aufseher in einer besseren Position sind, solche Aufklärungsarbeit zu leisten. Als Ausgangspunkt zur Erfüllung dieser Aufgabe hat der CCPFI (siehe Rn. 20 ff.) für die EIOPA 2011 einen Bericht über den *status quo* der Aufklärungsinitiativen der nationalen Aufsichtsbehörden erstellt.[7] Im Anschluss an diesen Bericht hat die EIOPA auf ihrer Website eine sogenannte „Consumer Lounge" eingerichtet. In diesem Bereich finden sich unter anderem – hierdurch wird die EIOPA ihrer Koordinierungsfunktion in diesem Bereich 7

---

[1] So insbesondere *Dreher* VersR 2013, 401, 403; *ders.*, Treaties on Solvency II, 2015, 71 f.

[2] *Dreher* VersR 2013, 401, 404.

[3] So stellen insbesondere Erwägungsgrund 8, 17 und 18 Facetten des Verbraucherschutzes als Aufsichtsziel heraus.

[4] So ähnlich auch *Dreher* VersR 2013, 401, 405.

[5] Siehe Nr. 2.2 UAbs. 1 Methodology Report for Collecting, Analysing and Reporting on Consumer Trends (EIOPA-CCPFI-12–037): „EIOPA has focused on the evolutions in consumer behaviour in the insurance markets in particular to the relationship between consumers and undertakings (including where relevant, insurance intermediaries) that are significant regarding their impact or their novelty. ‚Trends', is therefore taken here to be, for example, evolution in volume, in the way that the relationship between customers and undertakings is determined, and also evolutions that are only emerging in the market which can play a significant role in the future."

[6] EIOPA Fifth Consumer Trends Report (EIOPA-BoS-16–239); EIOPA Fourth Consumer Trends Report (EIOPA-BoS-15–233); EIOPA Third Consumer Trends Report (EIOPA-BoS-14/207); Consumer Trends Report (EIOPA-BoS-13/175 rev1); EIOPA's Initial Overview of Key Consumer Trends in the EU (EIOPA-CCPFI-11/029).

[7] Report on Financial Literacy and Education Initiatives by Competent Authorities (EIOPA-CCPFI-11/018).

gerecht – die Links zu den von den nationalen Aufsehern bereitgestellten Aufklärungsinitiativen.[8] Ob diese Initiativen auch nach wie vor durch die EIOPA „überprüft" werden, ist nicht klar. Insgesamt hat sich die EIOPA aber auch stark hin zu eigenen Aufklärungsinitiativen entwickelt, was zwar nicht der Aufgabe des Abs. 1 lit. b entspricht, aber im Hinblick auf Abs. 1 Hs. 1 wohl zulässig ist. Hierbei sieht die Verbraucherecke zum einen einige Themen vor, die sich direkt an Verbraucher richten, zum anderen führt die EIOPA zusammen mit den anderen ESA jährlich den sogenannten Joint ESAs Consumer Protection Day durch, eine Konferenz bei der insbesondere auch Verbraucherverbände beteiligt werden, wodurch Wissen der EIOPA mittelbar in den Markt getragen wird.

8 Gemäß Abs. 1 lit. c soll die EIOPA auch **Ausbildungsstandards für die Wirtschaft** entwickeln. Diese Aufgabe erscheint von daher problematisch, als hier die Gefahr besteht, dass die EIOPA durch das Setzen von *best practices* oder gar Leitlinien mittelbar auch die Aufsicht über die Tätigkeit von Versicherungsunternehmen reguliert, in Bereichen, die nicht vom gegenwärtigen Unionsrecht erfasst sind. Explizit eröffnet ist der Tätigkeitsbereich der EIOPA jedoch, was den Ausbildungsstandard von Versicherungsvermittlern angeht, da dieser durch Art. 4 Versicherungsvermittlerrichtlinie geregelt (aber nicht vollharmonisiert) wird. Zur Erfüllung dieser Aufgabe hat die EIOPA zunächst einen Bericht über den *status quo* der von den nationalen Aufsichtsbehörden zugrunde gelegten Ausbildungsstandards verfasst.[9] Nach einer Konsultation[10] hat die EIOPA insbesondere einen Bericht zu gutem aufsichtlichem Verhalten im Zusammenhang mit Wissen und Fähigkeiten von Vermittlern von Versicherungsprodukten[11] veröffentlicht.

9 Die EIOPA hat zudem gemäß Abs. 1 lit. d die Aufgabe, an der **Entwicklung allgemeiner Offenlegungsvorschriften** mitzuwirken. Auch bei dieser Aufgabe ist dafür Sorge zu tragen, dass die EIOPA nicht über die Tätigkeitsbereiche der Art. 1 Abs. 2 und 3 EIOPA-VO hinaus Offenlegungspflichten schafft oder konkretisiert, die nicht im Unionsrecht veranlagt sind. Dies bedeutet nicht, dass die EIOPA nicht auch eine Diskussion über notwendige neue Offenlegungspflichten anschieben kann, sie darf diese lediglich nicht ohne Ansatzpunkt im Unionsrecht schaffen. Ein Beispiel, wie die EIOPA dieser Aufgabe nachkommt, ist der Bericht zu gutem Verhalten in der Offenlegung und im Vertrieb von Versicherungsprodukten mit variablen Annuitäten.[12]

10 **III. Überwachung von Finanztätigkeiten und Herausgabe von Leitlinien und Empfehlungen (Abs. 2).** Abs. 2 Hs. 1 verpflichtet die EIOPA dazu, **neue und bestehende Finanztätigkeiten** der Finanzinstitute zu **überwachen**. Diese Pflicht ergibt sich zumindest teilweise bereits aus Abs. 1 lit. a, wonach die EIOPA Verbrauchertrends zu ermitteln und zu analysieren hat (siehe Rn. 6). Nach dem Wortlaut des Abs. 2 geht es hier nicht um eine Überwachung von Versicherungsprodukten (Finanzinstrumenten) oder Finanzpraktiken, sondern nur um die Überwachung von Finanztätigkeiten. Im Hinblick darauf, dass der Unionsgesetzgeber ansonsten zwischen dem Verbot von Finanzinstrumenten und von Finanztätigkeiten trennt,[13] liegt die Annahme nah, dass die EIOPA nicht die Finanzinstrumente überwacht, die die Versicherer vertreiben, sondern die Finanztätigkeiten, denen die Versicherer im Rahmen ihrer Investitionen nachgeht.[14] Der **Begriff der Finanztätigkeit** sollte in Art. 9 gleichwohl weit verstanden werden, sodass über Abs. 2 Hs. 1 eine Überwachung auch von Finanzinstrumenten erfolgen soll, da je nach Strukturierung des Versicherungsproduktes und entsprechendem Verbreitungsgrad auch von diesen ein systemisches Risiko ausgehen kann, das gemäß Abs. 3 eine Warnungs- oder nach Abs. 5 eine Verbots- bzw. Beschränkungskompetenz notwendig erscheinen lässt. Auch die EIOPA legt für den Begriff der Finanztätigkeit eine sehr weite Definition zugrunde, nach der eine Finanztätigkeit jede Tätigkeit eines Finanzinstituts während des gesamten Lebenszyklus eines Versicherungsproduktes ist, angefangen von der Ausgestaltung des Produkts bis hin zur Erfüllung der Pflichten durch den Versicherer.[15]

11 Die Überwachungspflicht der EIOPA hinsichtlich der neuen und bestehenden Finanztätigkeiten sollte jedoch nicht als eine allumfassende Produkt- oder Finanzüberwachung gegenüber den Versicherungsunternehmen verstanden werden. Vielmehr hat die EIOPA die Aufgabe, die bestehenden und neuen

[8] Siehe https://eiopa.europa.eu/consumer-protection/financial-literacy-and-education.

[9] Report on a mapping exercise on Industry Training Standards applied by national competent authorities (EIOPA-BoS-12/092).

[10] Consultation Paper On A Draft Report on Good Supervisory Practices regarding knowledge and ability requirements for distributors of insurance products (EIOPA-CP-13/016).

[11] Report on Good Supervisory Practices regarding knowledge and ability requirements for distributors of insurance products (EIOPA-BoS-13/172).

[12] Report on Good Practices for Disclosure and Selling of Variable Annuities (EIOPA-CP-11/007).

[13] Siehe beispielsweise Art. 42 Abs. 1 MiFiR – Verordnung (EU) Nr. 600/2014 des Europäischen Parlaments und des Rates vom 15. Mai 2014 über Märkte für Finanzinstrumente und zur Änderung der Verordnung (EU) Nr. 648/2012 Text von Bedeutung für den EWR, ABl. 2014 L 173, 84. Umgesetzt durch § 4b Abs. 1 WpHG.

[14] So wohl *Gergen* jM 2015, 139, 143.

[15] Art. 2 Nr. 4 EIOPA procedures for issuing warnings, temporary prohibitions and restrictions vom 12.11.2012 [ohne Aktenzeichen]: „A ‚financial activity' and ‚certain financial activities' mean an activity or activities undertaken at any stage during the entire cycle of a [insurance] contract from the very design level and throughout the life of the contract, including the execution of the commitment by the issuer of the contract."

Finanztätigkeiten im Sinne einer Trendüberwachung daraufhin zu verfolgen, ob aus diesen sich **Gefahren** für die **Sicherheit und Solidität der Märkte** ergeben könnten.

12 Die EIOPA darf gemäß Abs. 2 Hs. 2 in Reaktion auf als problematisch erkannte Finanztätigkeiten auch **Leitlinien und Empfehlungen** herausgeben, um eine Angleichung in der Regulierungspraxis zu fördern. Dies ändert jedoch nichts daran, dass auch Leitlinien und Empfehlungen zur Behandlung aufsichtlicher Gefahren aus bestimmten Finanztätigkeiten der kohärenten Anwendung des Unionsrechts (wie es sich aus den Basisrechtsakten des Art. 1 Abs. 2 EIOPA-VO ergibt) dienen müssen. Abs. 2 Hs. 2 ist somit als eine Verweisung auf Art. 15 EIOPA-VO zu verstehen. Mithin kann die EIOPA nur unter Einhaltung des Verfahrens (siehe Art. 15 EIOPA-VO Rn. 36 ff.) und der Herausgabevoraussetzungen (siehe Art. 15 EIOPA-VO Rn. 24 ff.) Leitlinien und Empfehlungen zur Adressierung von problematischen Finanztätigkeiten herausgeben. Insofern ist der Hinweis des Abs. 2 Hs. 2 rein deklaratorisch und ändert nichts an den Befugnisvoraussetzungen.

13 **IV. Herausgabe von Warnungen vor Finanztätigkeiten (Abs. 3).** Gemäß Abs. 3 hat die EIOPA die Aufgabe und Befugnis, **Warnungen vor Finanztätigkeiten** (von Finanzinstituten im Sinne des Art. 4 Nr. 1 EIOPA-VO) auszusprechen, wenn von diesen eine ernsthafte Bedrohung für die **Aufsichtsziele** nach Art. 1 Abs. 6 UAbs. 1 EIOPA-VO (siehe Art. 1 EIOPA-VO Rn. 23 f.) ausgeht. Dies bedeutet, dass die **Kompetenz** zur Warnung vor Finanztätigkeiten nicht nur dann **eröffnet** ist, wenn diese eine ernsthafte Bedrohung für das Hauptziel des Schutzes und der Gewährleistung der Stabilität, der Integrität, der Transparenz, Effizienz und des ordnungsgemäßen Funktionierens der Finanzmärkte gemäß Art. 1 Abs. 6 UAbs. 1 S. 1 EIOPA-VO darstellen. Vielmehr kann eine Warnung schon dann erfolgen, wenn beispielsweise von diesen eine ernsthafte Bedrohung für den Verbraucherschutz oder für die Förderung gleicher Wettbewerbsbedingungen ausgeht.[16] Die EIOPA vertritt demgegenüber hier ein begrenzteres Verständnis, da sie die Unterziele des Art. 1 Abs. 6 UAbs. 1 S. 2 EIOPA-VO nicht als Aufsichtsziele, sondern als Aufgaben auffasst (siehe Art. 1 EIOPA-VO Rn. 24). Nach ihr kann eine Warnung nur erfolgen, wenn eine ernsthafte Bedrohung für das Hauptziel der Stabilität, Integrität, Transparenz, Effizienz und des ordnungsgemäßen Funktionierens der Finanzmärkte gegeben ist.[17]

14 Das Aufsichtsziel muss durch die Finanztätigkeit nicht nur berührt sein, sondern es muss **ernsthaft bedroht** sein. Dies bedeutet, dass die Gefährdungslage eine höhere sein muss als für die Verbote oder Beschränkung von Finanztätigkeiten nach Abs. 5, wo eine (einfache) Gefährdung ausreicht (wo allerdings noch weitere Tatbestandsvoraussetzungen hinzutreten müssen). Was genau unter einer solchen ernsthaften Bedrohung zu verstehen ist, wird weder durch die EIOPA-VO noch durch die Materialien der EIOPA zu dieser Bestimmung näher konkretisiert. Man kann insofern stark bezweifeln, ob im Hinblick auf die potentiellen Folgen einer Warnung für Finanzinstitute die Regelung des Abs. 3 noch dem Bestimmtheitsgrundsatz gerecht wird.[18] Man wird eine Bedrohung wohl dann als ernsthaft einzustufen haben, wenn das Risiko hinsichtlich seiner Verwirklichung eine stark gesteigerte Wahrscheinlichkeit aufweist und die potentiellen Folgen für das entsprechende Aufsichtsziel signifikant spürbar wären.

15 Bedeutsam ist, dass Abs. 3 für die Herausgabe einer Warnung anders als Abs. 5 für das Verbot oder die Beschränkung einer Finanztätigkeit keine weiteren Anforderungen stellt. Dies bedeutet, dass eine Warnung vor Finanztätigkeiten auch dann erfolgen kann, wenn eine solche Kompetenz nicht in einem Basisrechtsakt nach Art. 1 Abs. 2 vorgesehen ist. Abs. 3 ist insofern eine **in sich geschlossene Ermächtigung** zur Herausgabe von Warnungen.

16 Gleichwohl ergibt sich aus dem Strukturgefüge des ESFS, dass die EIOPA von dieser Kompetenz nicht im freien Ermessen bei Feststellung einer Gefahr Gebrauch machen kann. Vielmehr gebietet es der **Subsidiaritätsgrundsatz**, dass auch Warnungen – als genuine Aufsichtsaufgabe – vorrangig von den nationalen Aufsehern ausgesprochen werden. Die EIOPA hat sich mithin zumindest mit den betroffenen zuständigen Behörden zu koordinieren und wenn die Erreichung des Aufsichtsziels in gleich effizienter Weise durch Maßnahmen der nationalen Aufseher (sei es durch koordinierte nationale Warnungen oder durch andere Maßnahmen) erreicht werden kann, so hat die EIOPA von einer einheitlichen unionsweiten Warnung abzusehen.[19] Zwar erkennt die EIOPA die Notwendigkeit einer Koordinierung an, versteht dies aber eher im Sinne einer ersten Evaluationspflicht durch die nationalen Aufsichtsbehörden, wenn diese entsprechende Gefahren identifizieren, und einer anschließenden Informationspflicht.[20] Es bleibt zu hoffen, dass der Rat der Aufseher auch erkennt, dass auch Warnungen (zumindest wenn sie sich im Schwerpunkt nur auf einzelne Märkte beziehen) grundsätzlich das Proprium der nationalen Aufseher bleiben sollen.

---

[16] So bereits *Sasserath-Alberti/Hartig* VersR 2012, 524, 534.

[17] Art. 2 Nr. 2 EIOPA procedures for issuing warnings, temporary prohibitions and restrictions vom 12.11.2012 [ohne Aktenzeichen].

[18] *Sasserath-Alberti/Hartig* VersR 2012, 524, 534.

[19] *Sasserath-Alberti/Hartig* VersR 2012, 524, 535.

[20] Art. 3 Abs. 3 EIOPA procedures for issuing warnings, temporary prohibitions and restrictions vom 12.11.2012 [ohne Aktenzeichen].

17 Daneben ist die EIOPA, selbst wenn sie davon ausgeht, dass eine Warnung durch sie grundsätzlich zulässig erscheint, verpflichtet, am Maßstab der **Verhältnismäßigkeit** abzuwägen, ob nicht mildere Mittel zur Verfügung stehen. Hierbei hat die EIOPA vor allem abzuwägen, ob nicht dem nationalen Aufseher mildere Mittel zur Verfügung stehen, wobei die EIOPA ein solches milderes Mittel über Art. 29 Abs. 1 S. 2 lit. a EIOPA-VO anregen könnte. Allein wenn die zuständige Behörde ein solches Handeln unterlässt, erscheint die Herausgabe einer Warnung angemessen.

18 **Praktisch** hat die EIOPA das **Verfahren** zur Herausgabe von Warnungen so ausgestaltet, dass die Gefahr nach Identifizierung dem CCPFI (siehe Rn. 20 ff.) zur Beurteilung bekanntgegeben wird. So dieser die Gefahr für relevant hält, entwirft er eine Warnung, die dann dem Rat der Aufseher zur Annahme vorgelegt wird.[21] Wenn die Warnungen einen Adressaten haben – Adressaten können hierbei die zuständigen Behörden oder Finanzinstitute sein –, hat die EIOPA sich selbst dazu verpflichtet, für die Beschlussfassung zur Herausgabe der Warnung das Verfahren nach Art. 39 EIOPA-VO zu verwenden.[22] Es erscheint im Hinblick auf die potentiellen Folgen einer identifizierenden Warnung auch höchst angebracht, dass der Adressat vergleichbare Verfahrensrechte zugestanden bekommt wie bei Erlass eines Beschlusses. Dies ist besonders deshalb notwendig, als Warnungen grundsätzlich öffentlich gemacht werden, wenn nicht ausnahmsweise gegenlaufende Interessen überwiegen.[23] Soweit eine Warnung sektorübergreifende Bedeutung hat, so ist die EIOPA dazu verpflichtet, die Angelegenheit über den Gemeinsamen Ausschuss zu koordinieren,[24] sodass die Warnung erforderlichenfalls als gemeinsame Maßnahme nach Art. 56 UAbs. 2 EIOPA-VO beschlossen werden kann (siehe Art. 56 EIOPA-VO Rn. 8 ff.).

19 Ein verbleibendes Problem ist das Fehlen einer Regelung zur **Rücknahme von Warnungen**, wie dies im nationalen Recht typischerweise vorgesehen wird.[25] Der Grundsatz der Verhältnismäßigkeit gebietet es jedoch, dass eine Warnung, wenn die ernsthafte Bedrohung nicht mehr besteht, aufgehoben werden muss.[26]

20 **V. Ermächtigung zur Errichtung eines Ausschusses für Finanzinnovationen (Abs. 4).** Abs. 4 **ermächtigt** und verpflichtet die EIOPA dazu, einen **Ausschuss für Finanzinnovationen** zu **errichten**, der – wie auch die auf Grundlage des Art. 41 Abs. 1 EIOPA-VO errichtbaren Ausschüsse – integraler Bestandteil der EIOPA wird. Dies bedeutet, dass der Ausschuss im Rahmen der ihm übertragenen Aufgaben und Befugnisse für die EIOPA handeln kann.

21 Die EIOPA hat gestützt auf Abs. 4 das **Committee on Consumer Protection and Financial Innovation** (CCPFI) errichtet.[27] Dieses ist letztlich der Nachfolger des Committee on Consumer Protection (CCP), das im März 2008 durch die CEIOPS eingerichtet wurde.[28] Das CCP wurde durch Beschluss im schriftlichen Verfahren durch den Rat der Aufseher im Januar 2011 umbenannt[29] und hierdurch quasi zum Ausschuss nach Abs. 4 umgegründet.

22 Das besondere Charakteristikum des CCPFI ist, dass er anders als die sonstigen Ausschüsse, die der Rat der Aufseher nach Art. 41 Abs. 1 EIOPA-VO einsetzen kann, nicht nur mit Vertretern der zuständigen Behörden (siehe Art. 41 EIOPA-VO Rn. 4), dh mit Versicherungsaufsichtsbeamten, sondern auch mit Vertretern anderer Aufsichtsbehörden, die Aufgaben im Bereich der Aufsicht über die Versicherungsvermittlung erfüllen, besetzt ist.[30] Dass dies hier ausnahmsweise zulässig sein soll, bringt Abs. 4 dadurch hinreichend zum Ausdruck, dass es nicht wie sonst von zuständigen Behörden (im Sinne des Art. 4 Nr. 2 EIOPA-VO), sondern von **allen einschlägigen zuständigen nationalen Aufsichtsbehörden** spricht. Hierdurch wird der Besonderheit Rechnung getragen, dass viele nationale Versicherungsaufsichtsbehörden gerade keine Zuständigkeit in Verbraucherschutzangelegenheiten haben und solche Aufgaben anderen Aufsichtsbehörden übertragen werden. Insofern erscheint der gewählte Ansatz sinnvoll, diesen Behörden, da sie schon nicht Mitglieder in den Rat der Aufseher entsenden können, zumindest über den CCPFI ein Mitspracherecht und eine Mitgestaltungsmöglichkeit zu gewähren.

---

[21] Art. 3 Abs. 4, 5 EIOPA procedures for issuing warnings, temporary prohibitions and restrictions vom 12.11.2012 [ohne Aktenzeichen].

[22] Art. 4 Abs. 1 EIOPA procedures for issuing warnings, temporary prohibitions and restrictions vom 12.11.2012 [ohne Aktenzeichen].

[23] Art. 6 Abs. 1 EIOPA procedures for issuing warnings, temporary prohibitions and restrictions vom 12.11.2012 [ohne Aktenzeichen].

[24] Vgl. Erwägungsgrund 11 S. 3.

[25] Siehe bspw. Art. 308 Abs. 7 S. 4 VAG, wonach eine falsche oder unrichtige Information über Versicherungsunternehmen in gleicher Weise richtiggestellt werden müssen.

[26] *Sasserath-Alberti/Hartig* VersR 2012, 524, 535.

[27] Mandat EIOPA-BoS-15/252.

[28] CEIOPS Annual Report 2008 and Work Programme 2009; S. 11; abrufbar unter: https://eiopa.europa.eu/CEIOPS-Archive/Documents/Reports/CEIOPS-Annual-Report-2008.pdf.

[29] Siehe bspw. EIOPA's updated Survey of the competences of national competent authorities in the field of Consumer Protection (EIOPA- BoS-12/074), S. 3.

[30] Mandat EIOPA-BoS-15/252, S. 1.

Das CCPFI nimmt hierbei für die EIOPA entsprechend seinem Mandat nahezu alle Aufgaben des Art. 9 EIOPA-VO in der **Vorbereitungsphase** war.[31] Hierdurch kommt dem CCPFI im Bereich der Finanzinnovation und dem Verbraucherschutz eine große faktische Gestaltungsmacht zu, da es grundsätzlich auch initiativ tätig werden und Entwürfe unterbreiten kann. Selbst wenn man dies hinwegdenkt, so zeigt bereits ein Blick auf die zwanzig Leistungsbeschreibungen (*deliverables*) für das Jahr 2016, welche weitreichenden Arbeiten durch das CCPFI für die EIOPA erbracht werden und durch den Rat der Aufseher oftmals nur noch abgenickt werden. 23

VI. Verbot oder Beschränkung bestimmter Finanztätigkeiten (Abs. 5). Abs. 5 regelt die **Kompetenz** der EIOPA, bestimmte **Finanztätigkeiten** vor allem aus Verbraucherschutzgesichtspunkten[32] vorübergehend zu **verbieten** oder zu **beschränken** bzw. auf ein permanentes Verbot oder eine solche Beschränkung hinzuwirken. 24

1. Vorübergehendes Verbot und vorübergehende Beschränkung (Abs. 5 UAbs. 1). Abs. 5 UAbs. 1 ermächtigt die EIOPA dazu, unter bestimmten Bedingungen einen Beschluss zu erlassen, durch den bestimmte Finanztätigkeiten (siehe Rn. 10) vorübergehend **verboten** oder **beschränkt** werden. Unter einem Verbot ist hierbei gemäß der richtigen Definition der EIOPA eine absolute Untersagung einer bestimmten Finanztätigkeit zu verstehen,[33] während eine Beschränkung entweder quantitativ ausgestaltet sein kann oder für bestimmte Finanztätigkeiten zusätzliche qualitative Bedingungen aufstellt.[34] Bei der Auswahl, welche der beiden Rechtswirkungen dem Beschluss beizulegen ist, ist die EIOPA an den **Verhältnismäßigkeitsgrundsatz** gebunden, sodass sie auf die Anordnung einer Beschränkung beschränkt ist, wenn hierdurch der Gefährdung des Aufsichtsziels in gleicher Weise abgeholfen werden kann. 25

Anders als im Falle einer Warnung (siehe Rn. 13) ist die **Kompetenz** der EIOPA nicht bereits dann **eröffnet**, wenn ein beliebiges der **Aufsichtsziele** des Art. 1 Abs. 6 UAbs. 1 EIOPA-VO betroffen ist. Vielmehr muss durch die Finanztätigkeit das ordnungsgemäße Funktionieren und die Integrität der Finanzmärkte oder die Stabilität des Finanzsystems in der Union als Ganzes oder in Teilen **betroffen** sein. Dies stimmt weitestgehend mit dem Unteraufsichtsziel des Art. 1 Abs. 6 UAbs. 1 S. 2 lit. b EIOPA-VO überein. 26

Wiederum anders als bei der Herausgabe von Verboten (siehe Rn. 14) erfordert die Kompetenzeröffnung zum Erlass von Verboten oder Beschränkungen von Finanztätigkeiten nicht eine „ernsthafte Gefährdung" des geschützten Aufsichtsziels, sondern lässt bereits eine **einfache Gefährdung** ausreichen. Dies ist als qualitatives oder quantitatives Minus zur ernsthaften Gefährdung des Abs. 3 zu verstehen. Entsprechend muss das Eintreten der negativen Auswirkungen auf das Aufsichtsziel lediglich mit einiger Wahrscheinlichkeit gegeben sein oder die potentiellen Folgen müssen lediglich in der Weise spürbar sein, dass sie nicht unwesentlich erscheinen. 27

Es erscheint insofern auf den ersten Blick so, als wären Verbote und Beschränkungen von Finanztätigkeiten unter einfacheren Voraussetzungen möglich als Warnungen. Dies ist rechtstechnisch jedoch nicht der Fall, da die EIOPA nur dann zum Erlass von Verboten und Beschränkungen befähigt ist, wenn eine solche Ermächtigung in einem der **Basisrechtsakte** des Art. 1 Abs. 2 EIOPA-VO vorgesehen ist und die dort **geregelten Voraussetzungen erfüllt** sind. Daneben kann die EIOPA ein Verbot oder eine Beschränkung einer Finanztätigkeit auch aussprechen, wenn eine solche Möglichkeit zwar nicht in einem Basisrechtsakt vorgesehen ist, jedoch der **Krisenfall** gemäß Art. 18 Abs. 2 UAbs. 1 S. 1 EIOPA-VO erklärt wurde. In diesem Fall hat der Beschluss zum Verbot oder zur Begrenzung bestimmter Finanztätigkeiten jedoch unter den Voraussetzungen des Art. 18 Abs. 3, 4 EIOPA-VO zu erfolgen. 28

Die EIOPA ist immer nur dazu ermächtigt, die Finanztätigkeit **vorübergehend** zu verbieten oder zu begrenzen. Ein ständiges Verbot oder eine solche Begrenzung erfordert hingegen das Tätigwerden des Gesetzgebers (siehe Rn. 35). Vorübergehend bedeutet hierbei im Hinblick auf Abs. 5 UAbs. 2 S. 1 EIOPA-VO eine Beschränkung auf maximal drei Monate, wobei Abs. 5 keine Beschränkung für Verlängerungsmöglichkeiten anordnet. Entsprechend kann die Wirkung des Beschlusses grundsätzlich beliebig oft um weitere drei Monate verlängert werden. Nach mehrmaliger Verlängerung hat die EIOPA jedoch im Hinblick auf den Vorrang des Gesetzgebers abzuwägen, ob nicht ein permanentes Verbot oder eine solche Beschränkung erforderlich ist und gemäß Abs. 5 UAbs. 4 auf ein solches oder eine solche hinzuwirken. Soweit ein Beschluss nicht durch weiteren Beschluss verlängert wird, so tritt er gemäß Abs. 5 UAbs. 2 S. 2 automatisch nach Ablauf von drei Monaten außer Kraft. 29

---

[31] Anders als wohl von *Dreher* VersR 2013, 401, 402 f.; *ders.*, Treaties on Solvency II, 2015, 71 f. angenommen, legt der CCPFI seine Aufgaben im Mandat nicht selbst fest, sondern das Mandat wird durch die EIOPA mit Zustimmung des Rates der Aufseher erteilt.

[32] So *Sasserath-Alberti/Hartig* VersR 2012, 524, 534.

[33] Art. 2 Abs. 6 EIOPA procedures for issuing warnings, temporary prohibitions and restrictions vom 12.11.2012 [ohne Aktenzeichen].

[34] Art. 2 Abs. 7 EIOPA procedures for issuing warnings, temporary prohibitions and restrictions vom 12.11.2012 [ohne Aktenzeichen].

30 Das **Verfahren** zur Anordnung von vorübergehenden Verboten oder Beschränkungen ist **praktisch** genauso ausgestaltet wie für die Herausgabe von Warnungen (siehe Rn. 18). Dies bedeutet insbesondere, dass im Falle von adressierten Verboten oder Beschränkungen das Beschlussverfahren nach Art. 39 EIOPA-VO zur Anwendung kommt.[35] Soweit das Verbot bzw. die Beschränkung eine Allgemeinverfügung ist (und es nicht um eine Anordnung im Krisenfall geht [siehe Rn. 28]), hat die EIOPA grundsätzlich eine öffentliche Konsultation des Entwurfes der Anordnung durchzuführen, wobei insbesondere Vertreter der Interessengruppen zu hören sind, die vom Beschluss besonders betroffen wären.[36] Soweit ein Verbot oder eine Beschränkung sektorübergreifende Bedeutung hat, so ist die EIOPA dazu verpflichtet, die Angelegenheit über den Gemeinsamen Ausschuss zu koordinieren.[37] Wenn dies erforderlich erscheint, ist das Verbot oder die Beschränkung als gemeinsame Maßnahme nach Art. 56 UAbs. 2 EIOPA-VO zu beschließen (siehe Art. 56 EIOPA-VO Rn. 8 ff.).

31 **2. Überprüfung des Beschlusses (Abs. 5 UAbs. 2, 3).** Gemäß Abs. 5 UAbs. 2 S. 1 hat die EIOPA ihren Beschluss zur Anordnung eines vorübergehenden Verbots oder einer solchen Beschränkung in **angemessenen Abständen** – aber im Hinblick auf Abs. 5 UAbs. 2 S. 2 mindestens vor Ablauf von drei Monaten – zu **überprüfen**. Grundsätzlich hat die EIOPA für eine laufende Überwachung der Einhaltung des Beschlusses zu sorgen und muss so frühzeitig wie nötig eine Überprüfung vornehmen, ob der Beschluss aufgehoben oder verlängert werden muss. Hierbei wird von Abs. 5 UAbs. 2 die Möglichkeit einer Aufhebung zwar nicht explizit vorgesehen. Im Hinblick auf den Grundsatz der Verhältnismäßigkeit erscheint es jedoch im Einzelfall nicht ausreichend, dass die EIOPA, wenn sie erkennt, dass ein Beschluss nicht länger erforderlich ist, nur den Ablauf von drei Monaten abwartet, um das automatische Außerkrafttreten abzuwarten.

32 Neben der Überprüfung von Amtswegen kann eine **Überprüfung** auch durch **Antrag** eines **Mitgliedstaats** gemäß Abs. 5 UAbs. 3 erzwungen werden. Hierbei ist zunächst anzumerken, dass nicht die zuständige Behörde, sondern nur der Mitgliedstaat selbst antragsbefugt ist. Alternativ zu einem Antrag nach Abs. 5 UAbs. 3 S. 1 kann ein Mitgliedstaat – je nach Wirkung des Beschlusses und wenn dieser im Rahmen der Krisenfallkompetenzen gefasst wurde (siehe Rn. 28) – auch durch eine Berufung auf die *Safeguardklausel* gemäß Art. 38 Abs. 3 EIOPA-VO die Überprüfung des Beschlusses veranlassen (siehe Art. 38 EIOPA-VO Rn. 30 ff.).

33 Abs. 5 UAbs. 3 S. 2 bewirkt, dass der Beschluss der EIOPA durch den Antrag des Mitgliedstaates grundsätzlich außer Kraft tritt, wenn nicht der Rat der Aufseher mit **qualifizierter Mehrheit** gemäß Art. 44 Abs. 1 UAbs. 2 EIOPA-VO (siehe Art. 44 EIOPA.VO Rn. 10 ff.) die **Aufrechterhaltung** des Beschlusses **beschließt**.

34 **3. Permanentes Verbot oder permanente Beschränkung (Abs. 5 UAbs. 4).** Daneben ist die EIOPA gemäß Abs. 5 UAbs. 4 gehalten zu überprüfen, ob es notwendig ist, bestimmte Arten von Finanztätigkeiten zu verbieten oder zu beschränken. Im Hinblick auf einen systematischen Vergleich von Abs. 5 UAbs. 4 mit Abs. 5 UAbs. 1, der die EIOPA zum Erlass vorübergehender Verbote und Beschränkungen ermächtigt, wird deutlich, dass es in Abs. 5 UAbs. 4 um das **permanente Verbot** oder eine solche **Beschränkung** von bestimmten Finanztätigkeiten geht.

35 So ein permanentes Verbot oder eine solche Beschränkung der EIOPA erforderlich erscheint, kann sie diese jedoch nicht selbst anordnen, sondern solche haben **im Wege** des ordentlichen **gesetzgeberischen Verfahrens** zu erfolgen.[38] Die Aufgabe der EIOPA besteht insofern allein darin, die Kommission über die von ihr angenommene Notwendigkeit eines permanenten Verbots oder einer solchen Beschränkung zu informieren, um hierdurch den Erlass eines Verbots oder einer Beschränkung zu erleichtern, das heißt die Initiierung eines Gesetzgebungsverfahrens durch die Kommission anzuregen. Dies bedeutet im Hinblick auf den Effizienzgrundsatz, dass die EIOPA der Kommission im besten Fall einen Entwurf zu einem erforderlichen Gesetzgebungsakt übermittelt.

Technische Regulierungsstandards

10 (1) [1]**Übertragen das Europäische Parlament und der Rat der Kommission die Befugnis, gemäß Artikel 290 AEUV technische Regulierungsstandards mittels delegierter Rechtsakte zu erlassen, um eine kohärente Harmonisierung in den Bereichen zu gewährleisten, die in den in Artikel 1 Absatz 2 genannten Gesetzgebungsakten aufgeführt sind, so kann die Behörde Entwürfe technischer Regulierungsstandards erstellen.** [2]**Die Behörde legt ihre Entwürfe der Standards der Kommission zur Billigung vor.**

[35] Art. 4 Abs. 1 EIOPA procedures for issuing warnings, temporary prohibitions and restrictions vom 12.11.2012 [ohne Aktenzeichen].

[36] Art. 5 Abs. 1 EIOPA procedures for issuing warnings, temporary prohibitions and restrictions vom 12.11.2012 [ohne Aktenzeichen].

[37] Siehe Erwägungsgrund 11 S. 3.

[38] *Sasserath-Alberti/Hartig* VersR 2012, 524, 534.

Die technischen Regulierungsstandards sind technischer Art und beinhalten keine strategischen oder politischen Entscheidungen, und ihr Inhalt wird durch die Gesetzgebungsakte, auf denen sie beruhen, begrenzt.

[1]Bevor sie die Standards der Kommission übermittelt, führt die Behörde offene öffentliche Anhörungen zu Entwürfen technischer Regulierungsstandards durch und analysiert die potenziell anfallenden Kosten und den Nutzen, es sei denn, solche Anhörungen und Analysen sind im Verhältnis zum Anwendungsbereich und zu den Auswirkungen der betreffenden Entwürfe technischer Regulierungsstandards oder im Verhältnis zur besonderen Dringlichkeit der Angelegenheit unangemessen. [2]Die Behörde holt auch die Stellungnahme der in Artikel 37 genannten einschlägigen Interessengruppe ein.

Legt die Behörde einen Entwurf eines technischen Regulierungsstandards vor, so leitet die Kommission diesen umgehend an das Europäische Parlament und den Rat weiter.

[1]Innerhalb von drei Monaten nach Erhalt eines Entwurfs eines technischen Regulierungsstandards befindet die Kommission darüber, ob sie diesen billigt. [2]Die Kommission kann den Entwurf technischer Regulierungsstandards lediglich teilweise oder mit Änderungen billigen, sofern dies aus Gründen des Unionsinteresses erforderlich ist.

[1]Beabsichtigt die Kommission, einen Entwurf eines technischen Regulierungsstandards nicht oder nur teilweise beziehungsweise mit Änderungen zu billigen, so sendet sie den Entwurf technischer Regulierungsstandards an die Behörde zurück und erläutert dabei, warum sie ihn nicht billigt, oder gegebenenfalls, warum sie Änderungen vorgenommen hat. [2]Die Behörde kann den Entwurf technischer Regulierungsstandards anhand der Änderungsvorschläge der Kommission innerhalb eines Zeitraums von sechs Wochen ändern und ihn der Kommission in Form einer förmlichen Stellungnahme erneut vorlegen. [3]Die Behörde übermittelt dem Europäischen Parlament und dem Rat eine Kopie ihrer förmlichen Stellungnahme.

Hat die Behörde bei Ablauf dieser Frist von sechs Wochen keinen geänderten Entwurf eines technischen Regulierungsstandards vorgelegt oder hat sie einen Entwurf eines technischen Regulierungsstandards vorgelegt, der nicht in Übereinstimmung mit den Änderungsvorschlägen der Kommission geändert worden ist, so kann die Kommission den technischen Regulierungsstandard entweder mit den von ihr als wichtig erachteten Änderungen annehmen oder ihn ablehnen.

Die Kommission darf den Inhalt eines von der Behörde ausgearbeiteten Entwurfs eines technischen Regulierungsstandards nicht ändern, ohne sich vorher mit der Behörde gemäß diesem Artikel abgestimmt zu haben.

(2) Hat die Behörde keinen Entwurf eines technischen Regulierungsstandards innerhalb der Frist, die in den in Artikel 1 Absatz 2 genannten Gesetzgebungsakten angegeben ist, vorgelegt, so kann die Kommission einen solchen Entwurf innerhalb einer neuen Frist anfordern.

(3) Nur wenn die Behörde der Kommission innerhalb der Frist gemäß Absatz 2 keinen Entwurf eines technischen Regulierungsstandards vorlegt, kann die Kommission einen technischen Regulierungsstandard ohne Entwurf der Behörde mittels eines delegierten Rechtsakts erlassen.

[1]Die Kommission führt offene öffentliche Anhörungen zu Entwürfen technischer Regulierungsstandards durch und analysiert die potenziell anfallenden Kosten und den Nutzen, es sei denn, solche Anhörungen und Analysen sind im Verhältnis zum Anwendungsbereich und zu den Auswirkungen der betreffenden Entwürfe technischer Regulierungsstandards oder im Verhältnis zur besonderen Dringlichkeit der Angelegenheit unangemessen. [2]Die Kommission holt auch die Stellungnahme oder Empfehlung der in Artikel 37 genannten einschlägigen Interessengruppe ein.

Die Kommission leitet den Entwurf des technischen Regulierungsstandards umgehend an das Europäische Parlament und den Rat weiter.

[1]Die Kommission übermittelt der Behörde ihren Entwurf des technischen Regulierungsstandards. [2]Die Behörde kann den Entwurf des technischen Regulierungsstandards innerhalb einer Frist von sechs Wochen ändern und ihn der Kommission in Form einer förmlichen Stellungnahme vorlegen. [3]Die Behörde übermittelt dem Europäischen Parlament und dem Rat eine Kopie ihrer förmlichen Stellungnahme.

Hat die Behörde bei Ablauf der in Unterabsatz 4 genannten Frist von sechs Wochen noch keinen geänderten Entwurf des technischen Regulierungsstandards vorgelegt, so kann die Kommission den technischen Regulierungsstandard annehmen.

[1]Hat die Behörde innerhalb der Frist von sechs Wochen einen geänderten Entwurf des technischen Regulierungsstandards vorgelegt, so kann die Kommission den Entwurf des

technischen Regulierungsstandards auf der Grundlage der von der Behörde vorgeschlagenen Änderungen ändern oder den technischen Regulierungsstandard mit den von ihr als wichtig erachteten Änderungen annehmen. [2]Die Kommission darf den Inhalt des von der Behörde ausgearbeiteten Entwurfs des technischen Regulierungsstandards nicht ändern, ohne sich vorher mit der Behörde gemäß diesem Artikel abgestimmt zu haben.

(4) **[1]Die technischen Regulierungsstandards werden mittels Verordnungen oder Beschlüssen erlassen. [2]Sie werden im Amtsblatt der Europäischen Union veröffentlicht und treten an dem darin genannten Datum in Kraft.**

Übersicht

Schrifttum: *Fabricius*, Der Technische Regulierungsstandard für Finanzdienstleistungen – Eine kritische Würdigung unter besonderer Berücksichtigung des Art. 290 AEUV, 2013; *v. Fürstenwerth/Gause*, Die Erweiterung des Lamfalussy-Verfahrens auf den Versicherungssektor,, FS E. Lorenz, 2004, S. 253 ff.; *Gal/Sehrbrock*, Taking Stock of the Solvency II Reform Project: Towards a New European Insurance Supervisory Framework, EPL 2013, S. 195 ff.; *dies.*, Solvency II – Europäischer Rechtsrahmen einer neuen Versicherungsaufsicht, CFL 2012, S. 140 ff.; *Goldmann/Purnhagen*, EIOPA – Die neue europäische Versicherungsaufsicht, VersR 2012, S. 29 ff.; *Peers/Costa*, Accountability for Delegated and Implementing Acts after the Treaty of Lisbon, in: ELJ 2012, S. 427; *Stelkens*, Art. 291 AEUV, das Unionsverwaltungsrecht und die Verwaltungsautonomie der Mitgliedstaaten – zugleich zur Abgrenzung der Anwendungsbereiche von Art. 290 und Art. 291 AEUV, EuR 2012, S. 511 ff.; *Walla*, Die Europäische Wertpapier- und Marktaufsichtsbehörde (ESMA) als Akteur bei der Regulierung der Kapitalmärkte Europas – Grundlagen, erste Erfahrungen und Ausblick, BKR 2012, S. 265 ff.; *Wandt/Gal*, Grenzbereiche der Befugnisse von EIOPA, in: Dreher/Wandt 2013, S. 147 ff.; *Wandt/Sehrbrock*, Solvency II – Rechtsrahmen und Rechtsetzung, in: Dreher/Wandt 2009, S. 1 ff.; *Weber-Rey/Horak*, Europäischer Finanzsektor und Gesetzgebungsverfahren – Ein Zwischenbericht am Beispiel des Versicherungssektors, WM 2013, S. 721 ff.

1 **I. Allgemeines.** Art. 10 EIOPA-VO regelte das besondere Verfahren zum Erlass von delegierten Rechtsakten nach Art. 290 AEUV in der speziellen Form des technischen Regulierungsstandards. Hierbei unterscheidet Art. 10 EIOPA-VO das Verfahren danach, ob das Erlassverfahren vorschriftsgemäß durch EIOPA initiiert wird (Abs. 1) oder die EIOPA mit der Erstellung eines Entwurfes in Verzug kommt bzw. einen solchen gänzlich unterlässt (Abs. 2 und 3). Durch Abs. 4 wird festgelegt, in welchen Rechtsaktformen ein technischer Regulierungsstandard erlassen werden kann, wann er in Kraft tritt und wie er zu veröffentlichen ist. Hierbei fügt sich der technische Regulierungsstand jedoch nicht ganz stimmig in das primärrechtliche Konzept der Delegation von Gesetzgebungsbefugnissen.

2 **1. Zweigleisiges Model zum Erlass delegierter Rechtsakte.** Der EIOPA kommt über die Beteiligung am Erlass von technischen Regulierungsstandards nach Art. 10 EIOPA-VO eine **bedeutende**

Funktion im Rahmen der **europäischen Finanzaufsichtsgesetzgebung** zu. Hierbei handelt es sich um eine Kompetenz bei Erarbeitung der Normen der zweiten Lamfalussyebene.[1]

Diese **zweite Lamfalussyebene** ist mit Inkrafttreten des Lissaboner Vertrages und der damit einhergehenden Neunormierung des delegierten Rechtsakts in Art. 290 AEUV (und des Durchführungsrechtsakts in Art. 291 AEUV) wesentlich **komplexer** geworden als einst. Nunmehr stehen sich auf dieser Lamfalussyebene der delegierte Rechtsakt und der in der EIOPA-VO und der Solvency II-Richtlinie (in der Fassung der Omnibus II-Richtlinie)[2] genannte technische Regulierungsstandard gegenüber. Insofern wird teilweise hinsichtlich der **delegierten Rechtsakte** ***sensu stricto*** von der **Lamfalussy-Ebene 2**, hinsichtlich der **technischen Regulierungsstandards** von der **Lamfalussy-Ebene 2.5** gesprochen.[3] Dies sollte jedoch nicht darüber hinwegtäuschen, dass technische Regulierungsstandards in Form eines delegierten Rechtsaktes erlassen werden und sich von diesen jeweils nur durch ein angepasstes Erlassverfahren insbesondere hinsichtlich der Einbindung der EIOPA unterscheiden. 3

2. Einbindung der EIOPA bei Erlass delegierter Rechtsakte sensu stricto. Nach Vorstellung der Kommission[4] und nunmehriger Regelungstechnik der Solvency II-Richtlinie in der Fassung der Omnibus II-Richtlinie[5] wird es im Bereich des Versicherungsaufsichtsrechts auch **weiterhin** nicht nur **technische Regulierungsstandards**, sondern auch **delegierte Rechtsakte** ***sensu stricto*** geben, bei denen das Verfahren nicht durch die Art. 10 ff. EIOPA-VO angepasst wird. 4

Welche Funktion der **EIOPA im Erlass** der delegierten Rechtsakte *sensu stricto* zukommen soll, ist allerdings noch nicht hinreichend geklärt, da eine Einbindung weder durch Art. 290 AEUV noch durch den Omnibus II-Richtlinie explizit vorgesehen wird. Hierbei ist jedoch beachtlich, dass die Kommission in ihrer Erklärung 39 zu Art. 290 AEUV hat verlautbaren lassen, dass sie trotz der strukturellen Änderungen im Rahmen der an sie delegierten Rechtsakte weiterhin das Lamfalussyverfahren anwenden will.[6] Explizit bezieht sich dies jedoch nur auf die Absicht der Konsultation von durch die Mitgliedsstaaten benannten Experten (das heißt *in concreto* des Europäischen Ausschusses für das Versicherungswesen und die betriebliche Altersversorgung [EIOPC]).[7][8] Inwieweit die EIOPA – wie bisher CEIOPS – von der Kommission immer aufgefordert werden wird, einen Entwurf des delegierten Rechtsaktes zu verfassen, auf Grundlage dessen die Kommission in Abstimmung mit dem EIOPC den endgültigen Rechtsakt erlässt, ist unklar.[9] 5

Wenn es auch zukünftig dabei bleiben sollte, dass die Kommission in vielen Bereichen zum Erlass von delegierten Rechtsakten *strictu senso* ermächtigt wird, so erschiene eine solche Einbindung der EIOPA höchst **wünschenswert**, um deren Expertise schon im Entwurfsstadium nutzbar zu machen. Im Rahmen des Art. 290 AEUV gäbe es jedoch – wollte man nicht Erklärung 39 als eine Art Selbstverpflichtung verstehen[10] – **keine Verpflichtung der Kommission zu** einer solchen **Einbindung der** 6

---

[1] Zur Rechtsetzung im Lamfalussy-Verfahren im Rahmen des Solvency II-Projektes vgl. *Wandt/Sehrbrock* in: Dreher/Wandt 2009, 1, 5 ff.; *v. Fürstenwerth/Gause* FS Lorenz, 2004, 253; *Gal/Sehrbrock* EPL 2013, 195, 297 ff.; *dies.* CFL 2012, 140, 141.

[2] Richtlinie 2014/51/EU des Europäischen Parlaments und des Rates vom 16. April 2014 zur Änderung der Richtlinien 2003/71/EG und 2009/138/EG und der Verordnungen (EG) Nr. 1060/2009, (EU) Nr. 1094/2010 und (EU) Nr. 1095/2010 im Hinblick auf die Befugnisse der Europäischen Aufsichtsbehörde (Europäische Aufsichtsbehörde für das Versicherungswesen und die betriebliche Altersversorgung) und der Europäischen Aufsichtsbehörde (Europäische Wertpapier- und Marktaufsichtsbehörde), ABl. 2014 L 153, 1. Die Anpassung an die neue Struktur der delegierten Rechtsetzung im Lissaboner Vertrag ist eines der Hauptanliegen dieser Änderungsrichtlinie; vgl. Erwägungsgründe 8 ff. des Richtlinienentwurfs und Nr. 6 der Entwurfsbegründung der Kommission (KOM[2011] 8 endg.).

[3] So beispielsweise *Weber-Rey/Horak* WM 2013, 721, 723; vgl. auch *Goldmann/Purnhagen* VersR 2012, 29, 33, nach denen EIOPA im Vergleich zum Level-3-Komitee CEIOPS mehr als ein Level-2,5-Komitee angesehen werden kann.

[4] Nach dem Entwurf der Omnibus II-Richtlinie (KOM[2011] 8 endg.) sollten im Rahmen von Solvency II überhaupt keine technischen Regulierungsstandards vorgesehen werden, sondern nur die Kommission zum Erlass von delegierten Rechtsakten ermächtigt werden (vgl. die in Art. 2 Abs. 68 Omnibus II-Entwurf genannten Normen), während eine Ermächtigung zum Erlass von technischen Durchführungsstandards angedacht wurde und scheinbar durchgängig eine Ermächtigung zum Erlass von Durchführungsrechtsakten *sensu stricto* ersetzen sollte.

[5] Siehe insb. Art. 301a und 301b.

[6] Erklärungen zur Schlussakte der Regierungskonferenz, die den am 13. Dezember 2007 unterzeichneten Vertrag von Lissabon angenommen hat, ABl. 2010 C 83, 350.

[7] Vgl. *Kommission*, Beschluss vom 05. November 2003 zur Einsetzung des Europäischen Ausschusses für das Versicherungswesen und die betriebliche Altersversorgung, ABl. 2004 L 3, 34.

[8] Erklärungen zur Schlussakte der Regierungskonferenz, die den am 13. Dezember 2007 unterzeichneten Vertrag von Lissabon angenommen hat, ABl. 2010 C 83, 350.

[9] Zumindest in der Interinstitutionellen Vereinbarung zwischen dem Europäischen Parlament, dem Rat der Europäischen Union und der Europäischen Kommission über bessere Rechtsetzung, in: ABL. 2016 L 123, 1 findet sich in den Nr. 4 ff. des Anhangs – Verständigung zwischen dem Europäischen Parlament, dem Rat und der Kommission über delegierte Rechtsakte, die die Einbindung Dritter in den Erlass von delegierten Rechtsakten vorsehen, nichts hierzu.

[10] Mit guten Argumenten gegen eine Selbstbindung aus der Erklärung (und aus anderen Rechtsakten) *Fabricius*, Der Technische Regulierungsstandard für Finanzdienstleistungen, 2013, 52 ff. und passim.

EIOPA.[11] Das Initiativrecht und die Entscheidungsgewalt über den Inhalt des delegierten Rechtsaktes verbleiben vollumfänglich bei der Kommission.

7 **II. Vorbemerkung: Primärrechtliche Bedenken gegen technische Regulierungsstandards.** Die Ausgestaltung des Verfahrens zum Erlass technischer Regulierungsstandards nach Art. 10 ff. EIOPA-VO begegnet **primärrechtlichen Bedenken.**[12] Das Verfahren zum Erlass von technischen Regulierungsstandards weist erhebliche Abweichungen gegenüber dem Verfahren zum Erlass von delegierten Rechtsakten *sensu stricto* auf. So steht das Initiativrecht zum Erlass dieser Standards nicht wie gemäß Art. 290 AEUV der Kommission, sondern der EIOPA zu. Es ist gemäß Art. 10 Abs. 1 EIOPA-VO an EIOPA – nach Einholung von Stellungnahmen der Stakeholdergruppen (siehe Art. 37 EIOPA-VO) und (grundsätzlich) nach Durchführung öffentlicher Anhörungen und Erstellung einer Kosten-Nutzen-Analyse – einen Entwurf des technischen Regulierungsstandards zu erstellen und dieser der Kommission zur Billigung, das heißt zum Erlass als delegierter Rechtsakt in Form einer Verordnung oder eines Beschlusses,[13] vorzulegen. Zudem kann die Kommission gemäß Art. 10 Abs. 1 UAbs. 5 S. 2 EIOPA-VO eine Billigung des Entwurfes nur dann verweigern oder nur teilweise billigen, wenn dies aus Gründen des Unionsinteresses erforderlich erscheint.

8 Jenseits der Frage nach einer eventuellen Verletzung der Meroni-Doktrin durch eine Übertragung von Rechtsetzungsbefugnissen auf EIOPA[14] stellt sich hinsichtlich des in den Art. 10 ff. geregelten Verfahrens die Frage nach einem Verstoß gegen den primärrechtlichen Art. 290 AEUV. Art. 290 AEUV sieht als **Delegatar der Befugnis zum Erlass von delegierten Rechtsakten** ausschließlich die **Kommission** vor. Die Möglichkeit einer abweichenden Delegation oder einer Subdelegation ist in der Norm zumindest nicht explizit vorgesehen. Hieraus wird herrschend abgeleitet, dass zumindest eine Kompetenz zum Erlass von Gesetzgebungsakten – und als solche sind die technischen Regulierungsstandards zumindest im materiellen Sinne aufzufassen – nicht auf Unionsagenturen übertragen werden kann.[15]

9 **Auf den ersten Blick** erscheint diese Einschränkung im Rahmen der Befugnisse der EIOPA **unproblematisch, da EIOPA** die technischen Regulierungsstandards **nicht selbst erlässt** – dies kann nur die Kommission –, sondern diese nur entwirft und der Kommission zur Billigung vorlegt. Erst durch Erlass der Entwürfe als Verordnung oder Beschlüsse durch die Kommission erlangen diese Außenwirkung,[16] sodass EIOPA rein formal betrachtet keine Gesetzgebungsbefugnisse wahrnimmt, sondern lediglich an der Vorbereitung von Gesetzesentwürfen mitwirkt.

10 Jedoch wird die **Kommission** sowohl **in ihrem Initiativrecht**, in der **Ausgestaltungsfreiheit des Konsultationsverfahrens** als auch in der **Entschließungsfreiheit** durch Art. 10 ff. EIOPA-VO gegenüber Art. 290 AEUV erheblich beschränkt. Als die Kommission ihren ursprünglichen Entwurf zur EIOPA-VO vorlegte, geschah dies noch unter Geltung des Vertrags von Nizza, sodass auch die primärrechtliche Grundlage des Lamfalussyverfahrens eine andere war. Bereits zu diesem Zeitpunkt wies die Kommission darauf hin, dass der Vorschlag durch die Kommission nicht die Diskussion über künftige Verfahren berühre.[17] Dies sollte wohl implizieren, dass der Vorschlag unter der Vorgabe erfolgte, dass das Verfahren zu einem späteren Zeitpunkt gegebenenfalls an die neuen verfahrensrechtlichen Gegebenheiten angepasst werden müsste. Trotz des anschließenden Inkrafttretens des Lissaboner Vertrags erfolgte eine solche Anpassung nicht und in der endgültigen Fassung der Verordnung wurde die Stellung der EIOPA gegenüber der Kommission im Rechtssetzungsverfahren zum technischen Regulierungsstandard eher noch gestärkt. Die **Kommission** scheint mit diesem Bedeutungsverlust, der dem formellen Bedeutungsgewinn im Gefüge des Lissaboner Vertrags deutlich entgegensteht, sehr unzufrieden und war zeitweise dazu übergegangen, ihren Entwürfen zu sektoriellen Änderungsrechtsakten nahezu reflexartig ein *ceterum censeo* voranzustellen, dass in der Beschränkung der Rolle der Kommission im Rahmen der Fassung **technischer Regulierungsstandards ein Verstoß gegen Art. 290 AEUV** gesehen werden könnte.[18] In eine ähnliche Richtung ging auch die Wortmeldung des Kommissars Antonio Tajani 2012

[11] Auch die Interinstitutionelle Vereinbarung zwischen dem Europäischen Parlament, dem Rat der Europäischen Union und der Europäischen Kommission über bessere Rechtsetzung, ABl. 2016 L 123, 1 ändert hieran nichts, da sie im Verhältnis zu Art. 290 AEUV zum einen unverbindlich wäre und zum anderen nur die Einbindung der Kommittees (also EIOPC) adressiert.

[12] Siehe hierzu bereits ausführlich *Wandt/Gal* in: Dreher/Wandt 2013, 147, 155 ff.

[13] Delegierte Rechtsakte können grundsätzlich auch als Richtlinien erlassen werden, siehe bspw. Calliess/Ruffert/*Ruffert* Art. 290 AEUV Rn. 3. Die insoweit zulässige Beschränkung auf Verordnungen und Beschlüsse erfolgt durch Abs. 4 S. 1.

[14] Zu dieser Fragestellung ausführlich *Gal* ZVersWiss 2013, 325.

[15] Siehe statt aller Grabitz/Hilf/Nettesheim/*Nettesheim* Art. 290 AEUV Rn. 30; Calliess/Ruffert/*Ruffert* Art. 290 AEUV Rn. 4; von der Groeben/Schwarze/Hatje/*Schmidt* Art. 290 AEUV Rn. 19.

[16] Siehe Erwägungsgründe 22 und 24.

[17] KOM(2009) 502 endg., S. 5.

[18] Solche Ausführungen finden sich beispielsweise im Entwurf der Omnibus II-Richtlinie, KOM(2011) 8 endg.; Entwurf der MiFiD II-Richtlinie, KOM(2011) 656; Entwurf Basel III-Richlinie, KOM(2011) 452 endg.; Entwurf der Marktmißbrauchrichtlinie, KOM(2011), 651 endg.; siehe bereits die Anmerkung der Kommission bei Erlass der EIOPA-VO in *Rat*, Monatliche Aufstellung der Rechtsakte des Rates November 2010 (5455/11), S. 14.

im Rahmen der Abstimmung des Parlaments zur EMIR, in der dieser feststellte, dass „[d]ie Kommission […] der Auffassung [ist], dass Artikel 290 so zu interpretieren ist, dass sie in der Erarbeitung und im Erlass delegierter Rechtsakte autonom ist. Der Modelerwägungsgrund zur Konsultation von Fachleuten in der Gemeinsamen Verständigung (*Common Understanding*) zwischen den drei Organen ist ein Beleg dieser Interpretation. Es ist folglich nicht hinnehmbar und verstößt gegen Artikel 290, wenn man über den in der Gemeinsamen Verständigung (*Common Understanding*) niedergelegten Erwägungsgrund hinausgeht und eine Pflicht zur Konsultation von Fachleuten in den materiellen Bestimmungen niederlegt."[19] Vereinzelt (wenn nicht gar in der Mehrheit) hat auch die Lehre die Position der Kommission aufgegriffen und eine Verletzung des Art. 290 AEUV bejaht.[20] Dieser Streit ist zwar politisch mittlerweile wohl beigelegt – da die neue Gemeinsame Verständigung (*Common Understanding*) über delegierte Rechtsakte nunmehr eine Fußnote enthält, dass den Besonderheiten des Verfahrens zur Ausarbeitung technischer Regulierungsstandards nach Maßgabe der ESA-Verordnungen unbeschadet der in dieser Vereinbarung festgelegten Konsultationsverfahren Rechnung getragen wird.[21] Da jedoch interinstitutionelle Vereinbarungen zwar eine Selbstbindung der Organe bewirken können,[22] jedoch keinen Vorrang gegenüber dem Primärrecht bewirken, bleibt die Frage letztlich relevant.

Eine Verletzung von Art. 290 AEUV setzt voraus, dass diese Vorschrift mit der Kommission so zu lesen ist, dass die Kommission sowohl in der Vorbereitung als auch im Erlass der delegierten Rechtsakte soweit Autonomie genießt, dass keine **von Art. 290 Abs. 2 UAbs. 1 AEUV abweichende Beschränkung** vorgesehen werden kann. Hierbei sind die Fragen zu unterscheiden, ob eine Beschränkung des Initiativrechts bzw. eine Vorgabe zum Verfahrensablauf durch die Übertragung (bzw. durch eine allgemeine Regelung des Sekundärrechts) vorgesehen werden kann und ob die Bevollmächtigung eines anderen Delegatar als der Kommission erfolgen kann. Die letzte Frage muss verneint werden, da Art. 290 AEUV die Kommission klar als einzigen möglichen Bevollmächtigten vorsieht.[23] Möglich wäre insofern allenfalls – wobei dies wiederum aus Gesichtspunkten der Meroni-Rechtsprechung äußerst problematisch wäre[24] – eine Unterbevollmächtigung der EIOPA durch die Kommission. Art. 10 EIOPA-VO weist jedoch gerade keine Übertragung der Rechtsetzungsbefugnis auf EIOPA auf, sodass ein Verstoß zumindest hinsichtlich dieses Gesichtspunkts zunächst fernliegend erscheint. 11

Bei dieser Betrachtung würde jedoch teilweise verkannt, dass die Kommission in ihrer Entscheidung über den Inhalt der Standards sehr stark an die Entwürfe der EIOPA gebunden wird und diese gemäß den Erwägungsgründen „nur in äußerst begrenzten Fällen und unter außergewöhnlichen Umständen geändert werden dürfen".[25] Dies mag zwar im Hinblick auf die zu erwartende größere Sachnähe und -kunde der EIOPA wünschenswert sein, erscheint aus Demokratiegesichtspunkten jedoch fragwürdig. Gemäß Abs. 1 UAbs. 5 S. 2 EIOPA-VO kann eine Billigung des Entwurfes nur dann verweigert werden oder nur teilweise erfolgen, wenn dies aus Gründen des Unionsinteresses erforderlich erscheint. Wollte man dies wirklich im Sinne der Erwägungsgründe als strenge Bindung an die Entwürfe der EIOPA auslegen, so würde dies die Gefahr begründen, dass in dem ganzen Verfahren eine Verletzung des Art. 290 AEUV gesehen würde.[26] Insofern ist der betreffende Passus des Erwägungsgrundes 22 eher weit auszulegen und ist der Kommission, als dem Organ, das für den Inhalt der Rechtsakte nach außen die Verantwortung trägt, eine ausreichende **Entscheidungsprärogative** zuzubilligen. 12

Auch soweit man die durch Art. 290 AEUV der Kommission zugestandene Beschlussfreiheit als nicht beeinträchtigt ansieht, kann durch das ganze Verfahren des Art. 10 EIOPA-VO gleichwohl eine **primärrechtswidrige Verletzung des Initiativrechts und des Verfahrensgestaltungsrechts der Kommission** gesehen werden. Dies setzt jedoch voraus, dass Art. 290 AEUV der Kommission tatsächlich ein solches Initiativrecht und Verfahrensgestaltungsfreiheit zusichert und beide nicht durch Sekundärrechtsakte angetastet werden dürfen. Die Kommission hat ihrer diesbezüglichen Rechtsauffassung bereits in ihrer Mitteilung zur Umsetzung von Art. 290 AEUV vom 9.12.2009 Ausdruck verliehen.[27] Die alte Gemeinsame Verständigung (*Common Understanding*) über delegierte Rechtsakte des Parlaments, 13

[19] *Rat*, Addendum to „I" Item Note v. 20.3.2012, Dok. 7509/1/12 Rev 1 Add 2 Annex: „The Commission is of the view that Article 290 is to be interpreted as meaning that it is autonomous in the preparation and adoption of delegated acts. The standard recital on expert advice contained in the Common Understanding agreed between the three institutions is a reflection of this interpretation. It is therefore not acceptable and is contrary to Article 290 to go beyond the recital as agreed in the Common Understanding and to include an obligation to consult experts in the substantive provisions".

[20] Insbesondere *Fabricius*, Der Technische Regulierungsstandard für Finanzdienstleistungen, 2013, 63 ff.; in diese Richtung auch Grabitz/Hilf/Nettesheim/*Nettesheim* Art. 290 AEUV Rn. 67.

[21] Interinstitutionellen Vereinbarung zwischen dem Europäischen Parlament, dem Rat der Europäischen Union und der Europäischen Kommission über bessere Rechtsetzung, in: ABl. 2016 L 123, 1 Anhang – Verständigung zwischen dem Europäischen Parlament, dem Rat und der Kommission über delegierte Rechtsakte, Fußnote unter Rn. 4.

[22] Calliess/Ruffert/*Callies* Art. 13 EUV Rn. 27; von der Groeben/Schwarze/Hatje/*van Vormizeele* Art. 295 AEUV Rn. 6.

[23] Grabitz/Hilf/Nettesheim/*Nettesheim* Art. 290 AEUV Rn. 30; Calliess/Ruffert/*Ruffert* Art. 290 AEUV Rn. 4.

[24] *Gal* ZVersWiss 2013, 325, 341 ff. *et passim*.

[25] So explizit Erwägungsgrund 22.

[26] Auch als Gefahr erkennt dies *Siekmann* in: Kadelbach, Nach der Finanzkrise, 2012, 196.

[27] KOM(2009) 673 endg., S. 6 f.

des Rates und der Kommission war in dieser Frage hingegen unklar, da es die vorherigen Ansichten der Kommission zu diesen Punkten nicht aufgriff.[28] Auch in der neuen Gemeinsamen Verständigung (*Common Understanding*) über delegierte Rechtsakte wird lediglich eine Fußnote gesetzt, nach der den Besonderheiten des Verfahrens zur Ausarbeitung technischer Regulierungsstandards nach Maßgabe der ESA-Verordnungen unbeschadet der in dieser Vereinbarung festgelegten Konsultationsverfahren Rechnung getragen werden soll.[29] Jedoch lässt Art. 290 AEUV entgegen der Auffassung der Kommission einen gewissen Interpretationsspielraum. So ist die Tatsache, dass der Erlass delegierter Rechtsakte nur der Kommission übertragen werden kann, nicht gleichbedeutend mit der Behauptung, dass der Kommission zwingend durch die Ermächtigungsnormen das Initiativrecht zugebilligt werden muss und ihr in verfahrensrechtlicher Hinsicht keine Beschränkungen auferlegt werden dürfen. Hierzu schweigt Art. 290 AEUV gerade. Man hat insofern davon auszugehen, dass – wenn der Ermächtigungsakt keine abweichende Regelung trifft – der Kommission das Initiativrecht und die Verfahrensgestaltungsfreiheit zukommt. Es erscheint jedoch sehr wohl denkbar, dass dies durch den Ermächtigungsakt abweichend geregelt werden kann. Hierfür spricht gerade auch Art. 290 Abs. 2 UAbs. 1 Hs. 1 AEUV, der bestimmt, dass die Bedingungen, unter denen die Übertragung erfolgt, in den Gesetzgebungsakten ausdrücklich festgelegt werden. Dieser erste Halbsatz wird oftmals nur im Zusammenhang mit dem zweiten Halbsatz gelesen, nachdem entweder Rat und Parlament ein Widerrufsvorbehalt (bezüglich der Ermächtigung) oder ein Einspruchsvorbehalt (bezüglich des delegierten Rechtsaktes) zugebilligt werden kann. Man versteht Art. 290 Abs. 2 UAbs. 1 AEUV insofern als abschließend, sodass keine anderen Kontrollmöglichkeiten über die Kommission vorgesehen werden können.[30] Das Parlament ist hingegen der Ansicht, dass diese beiden Kontrollmöglichkeiten rein beispielhafter Natur sind und durch den europäischen Gesetzgeber andere Kontrollmechanismen vorgesehen werden können,[31] dass also beispielsweise auch die EIOPA gewissermaßen als Kontrollinstanz miteingebunden werden kann.

14 Obgleich sich insofern für beide Seiten überzeugende Argumente finden lassen, scheinen doch die **gewichtigeren Argumente dafür** zu sprechen, dass die **Ermächtigung** hinsichtlich der Ausgestaltung des Verfahrens zum Erlass des delegierten Rechtsaktes **veränderte Vorgaben vorsehen kann**, soweit hierdurch nicht das institutionelle Gleichgewicht des Lissaboner Vertrages in Frage gestellt wird.[32] Zum Zeitpunkt des Inkrafttretens dieses Vertrages war das Lamfalussyverfahren für den Finanzsektor bereits wohl etabliert und es gab keinerlei Anhaltspunkte dafür, dass der europäische Gesetzgeber dieses durch die Schaffung des Art. 290 AEUV abschaffen wollte. Das Lamfalussyverfahren, sei es in der überkommenen Form oder in der angepassten Form der ESA-Verordnungen, wäre jedoch primärrechtswidrig, wollte man mit der Kommission Art. 290 Abs. 2 AEUV als abschließend ansehen.[33] Dies widerspricht der großen Bedeutung, die die europäischen Organe dem Lamfalussyverfahren in der Regulierung der Finanzmärkte ununterbrochen beigemessen haben. Insofern scheint es näherliegend, eine Einbindung der EIOPA grundsätzlich für zulässig zu erachten. Hieran ändert sich auch nichts dadurch, dass der europäische Gesetzgeber insoweit mit einem Verweisprinzip arbeitet, er also die genaue Regelung des Verfahrens in der EIOPA-VO regelt, deren Regelungen durch Bezugnahme in die die Ermächtigung enthaltenden Basisrechtsakte einbezogen werden.[34] Wollte man hingegen der wohl herrschenden Meinung folgen, dass Art. 290 Abs. 2 UAbs. 1 AEUV nur die in den lit. a und b vorgesehenen Beschränkungen im Hinblick auf die Delegation zulässt, so würde dies für jeden technischen Standard potentiell das Nichtigkeitsverfahren eröffnen – hierbei wäre allerdings zu beachten, dass es der Kommission auch bei einer Auslegung, die letztlich zur Nichtigkeit der Art. 10 ff. führen würde, offen stünde, freiwillig den Erlass delegierter Rechtsakte unter Zuhilfenahme der EIOPA gemäß dem Verfahren von Art. 10 ff. zu organisieren.

15 **III. Reguläres Erlassverfahren nach Abs. 1.** Soweit man, wie hier, von der im Spiegel des Primärrechts bewerteten Rechtmäßigkeit der Übertragung zum Erlass von technischen Regulierungsstandards ausgeht (siehe Rn. 7 ff.), so ist zu konstatieren, dass die **Kompetenzen** im Hinblick auf den **Erlass von technischen Regulierungsstandards** (und technischen Durchführungsstandards) zu den **wichtigsten Befugnissen der EIOPA** gehören. Über diese Befugnisse trägt die EIOPA im besonderen Maße zur

[28] *Rat*, Common Understanding on delegated acts vom 4.4.2011, Dok. 8640/11.

[29] Interinstitutionellen Vereinbarung zwischen dem Europäischen Parlament, dem Rat der Europäischen Union und der Europäischen Kommission über bessere Rechtsetzung, ABl. 2016 L 123, 1 Anhang – Verständigung zwischen dem Europäischen Parlament, dem Rat und der Kommission über delegierte Rechtsakte, Fußnote unter Rn. 4.

[30] So bspw. Schwarze/*Schoo* Art. 290 AEUV Rn. 13; von der Groeben/Schwarze/Hatje/*Schmidt* Art. 290 AEUV Rn. 32; Grabitz/Hilf/Nettesheim/*Nettesheim* Art. 290 AEUV Rn. 67; Calliess/Ruffert/*Ruffert* Art. 290 AEUV Rn. 16a f.; a. A. bspw. *Peers/Costa* ELJ 2012, 427, 443.

[31] Entschließung des Europäischen Parlaments vom 5.5.2010 zur legislativen Befugnisübertragung, in: ABl. 2011 C 81/E/6 (7).

[32] So bereits *Wandt/Gal* in: Dreher/Wandt 2013, 147, 159.

[33] So bspw. Grabitz/Hilf/Nettesheim/*Nettesheim* Art. 290 AEUV Rn. 67.

[34] Durch diese Verweistechnik wird auch eine gewisse Flexibilität gewonnen, da die Ermächtigung im Basisrechtsakt einen Verweis auf die EIOPA-VO auch unterlassen kann, sodass es beim unveränderten Verfahren des Art. 290 AEUV verbleibt.

Harmonisierung der Versicherungsmärkte bei und befördert den Weg hin zum mittel- bis langfristigen Ziel eines ***single rule book*** für die Versicherungswirtschaft und die Versicherungsaufsicht.[35]

Hierbei ist für das Verfahren zum Erlass der technischen Regulierungsstandards charakteristisch, dass die Kommission im Hinblick auf Art. 290 AEUV immer die Letztentscheidungsbefugnis innehaben muss, dass sie im Erlass dieser besonderen Form des delegierten Rechtsaktes jedoch allzeit zu einer Abstimmung mit der EIOPA verpflichtet ist. Im Hinblick darauf, dass die EIOPA grundsätzlich das Recht hat, die Entwürfe der technischen Regulierungsstandards zu erarbeiten, ist es an ihr, die Diskussionsgrundlage zu schaffen. Berücksichtigt man ferner ihre besondere Expertise und die von ihr gesteuerte Konsultation der interessierten Kreise, kann die **EIOPA** über ihre Entwürfe wohl vielfach bereits Fakten schaffen und den **endgültigen Rechtsakt maßgeblich prägen.**[36] Die starke **präjudizierende Wirkung der Entwürfe** zeigt sich empirisch darin, dass im Zeitraum von Januar 2011 bis Dezember 2013 über 45 der durch die drei ESA übermittelten Entwürfe durch die Kommission sofort gebilligt und nur 3 zur weiteren Bearbeitung an die entsprechende ESA zurückgesandt wurden.[37] 16

1. Bestehen einer Befugnisübertragung (Abs. 1 UAbs. 1 S. 1). Abs. 1 UAbs. 1 S. 1 ist für sich **keine Delegation von Befugnissen** zum Erlass von delegierten Rechtsakten in der Form eines technischen Regulierungsstandards, sondern setzt eine solche voraus. Die Art. 10 ff. gestalten jede Delegation, die in einem Basisrechtsakt erfolgt, durch Verwendung des Verweisprinzips aus. Dies bedeutet, dass der die Befugnisübertragung enthaltende Basisrechtsakt (i. S. d. Art. 1 Abs. 2 EIOPA-VO) die Ermächtigung zum Erlass von technischen Regulierungsstandards und eine Bezugnahme auf die Art. 10 ff. vorsehen muss, damit der Anwendungsbereich des Abs. 1 UAbs, 1 S. 1 eröffnet ist. 17

Die **Befugnisübertragung** muss hierbei **in einem von Art. 1 Abs. 2 EIOPA-VO erfassten Rechtsakt** niedergelegt sein, dies wird aus Abs. 1 UAbs. 1 S. 1 nicht hinreichend deutlich, da die EIOPA nur in diesem Fall zum Tätigwerden ermächtigt ist. 18

Ferner darf die **Befugnisübertragung** zum Zeitpunkt des Tätigwerdens **nicht widerrufen** worden sein (siehe Art. 12 EIOPA-VO Rn. 2 ff.). 19

2. Begriff des technischen Regulierungsstandards und inhaltliche Begrenzung (Abs. 1 UAbs. 2). Eine Frage von besonderer Wichtigkeit ist die, **welche Regelungen** die EIOPA in ihrem Entwurf vorsehen und die Kommission letztlich erlassen kann, wenn die Delegation zum Erlass von **technischen Regulierungsstandards** (*regulatory technical standards* [RTS]) besteht, sodass eine notwendige **Abgrenzung** zu legislatorischen Rechtsakten und zu den dichotomischen technischen Durchführungsstandards nötig wird. 20

So wurde mit dem Ziel, das Rechtsetzungsverfahren effizienter und sachnäher auszugestalten, mit Schaffung der EIOPA-VO mit den technischen Regulierungsstandards (Art. 10 ff. EIOPA-VO) und den technischen Durchführungsstandards (Art. 15 EIOPA-VO) jeweils eine **neue Unterform von delegierten Rechtsakten** (Art. 290 AEUV) und von Durchführungsrechtsakten (Art. 291 AEUV) geschaffen. Deren Ausarbeitung soll in nicht unerheblichem Umfang nicht mehr ausschließlich durch die Kommission, sondern durch EIOPA gesteuert werden. Dazu werden EIOPA tiefgreifende Kompetenz zur Ausarbeitung dieser Normen der zweiten Lamfalussyebene zugestanden. 21

Gemäß Art. 10 ff. und 15 EOPA-VO sind Kompetenzen zur Erarbeitung von technischen Regulierungsstands und Kompetenzen zur Erarbeitung von technischen Durchführungsstandards zu unterscheiden. Die **Abgrenzung** der beiden Standards ist für die Frage des Ausmaßes der **demokratischen Legitimation von Bedeutung**, da Rat und Parlament beispielsweise den Erlass von technischen Regulierungsstandards gemäß Art. 13 Abs. 1 und 3 EIOPA-VO mittels eines Vetos verhindern können (siehe Art. 13 EIOPA-VO Rn. 3 ff.), dagegen bei Erlass technischer Durchführungsstandards lediglich über Informationsrechte verfügen (vgl. Art. 15 Abs. 1 UAbs. 3 und 5 S. 3 und Abs. 3 UAbs. 3 und 4 S. 3 EIOPA-VO).[38] 22

Eine **klare Abgrenzung** der beiden Standards voneinander ist wegen des unklaren Regelungswortlauts jedoch **nur schwer möglich.**[39] Gemäß Abs. 1 UAbs. 2 sind technische Regulierungsstandards „technischer Art und beinhalten keine strategischen oder politischen Entscheidungen, und ihr Inhalt wird durch die Gesetzgebungsakte, auf denen sie beruhen, begrenzt". Dagegen sind die technischen Durchführungsstandards gemäß Art. 15 Abs. 1 UAbs. 1 S. 2 EIOPA-VO „technischer Art und beinhalten keine strategischen oder politischen Entscheidungen, und ihr Inhalt dient dazu, die Bedingungen für 23

---

[35] So beispielsweise *Bürkle* VersR 2011, 1469, 1472; *Baur/Boegl* BKR 2011, 177, 182; *Lehmann/Manger-Nestler* ZBB 2011, 2.

[36] So beispielsweise auch *Platzer*, Versicherungsaufsicht in der Europäischen Union, 2015, 156; *Gal* ZVersWiss 2013, 325, 343; *Goldmann/Purnhagen* VersR 2012, 29, 32, die richtig darauf hinweisen, dass in vielen Fällen der Kommission für eine echte Kontrolle die Ressourcen fehlen werden.

[37] Siehe Bericht der Kommission an das Europäische Parlament und den Rat über die Tätigkeit der Europäischen Aufsichtsbehörden (ESA) und das Europäische System der Finanzaufsicht (ESFS), in: KOM(2014) 509 endg., S. 6.

[38] Siehe zu dieser Abgrenzung bereits *Wandt/Gal* in: Dreher/Wandt 2013, 147, 152 ff.

[39] So auch *Sasserath-Alberti/Hartig* VersR 2012, 524, 527.

die Anwendung der genannten Gesetzgebungsakte festzulegen".[40, 41] Eine sinnvolle Abgrenzung hat hierbei am Maßstab des Primärrechts zu erfolgen, und zwar für delegierte Rechtsakte in Form von technischen Regulierungsstandards am Maßstab des Art. 290 AEUV und für Durchführungsrechtsakte in Form von technischen Durchführungsstandards am Maßstab des Art. 291 Abs. 4 AEUV.[42] Allerdings ist das Problem hiermit nur auf eine andere Ebene verschoben, da auch die Abgrenzung der Befugnisse unter Art. 290 und Art. 291 AEUV noch höchst umstritten ist.[43] Ohne diesen Meinungsstreit hier abschließend bewerten zu wollen, geht es bei den delegierten Rechtsakten in der besonderen Form **technischer Regulierungsstandards**[44] um die **Ergänzung oder Änderung bestimmter nicht wesentlicher Vorschriften des betreffenden europäischen Rechtsaktes.**[45] Übertragen auf die Solvency II-Richtlinie bedeutet dies beispielsweise, dass sich diese als Basisrechtsakt auf die wesentlichen und grundlegenden Regelungen beschränkt, während häufiger anzupassende Detailvorschriften in technische Regulierungsstandards in Form von Kommissionsverordnungen bzw. -beschlüssen „outgesourct" werden, die vergleichsweise zügig modifiziert werden können.[46] Durchführungsrechtsakte in der speziellen Form der technischen Durchführungsstandards[47] dienen hingegen nicht der Ergänzung oder Änderung des Basisrechtsaktes, sondern nur dem einheitlichen Vollzug dieses Rechtsaktes, indem etwa Verfahrensabläufe, einheitliche Formulare oder ähnliches festgelegt werden. Im Ergebnis sind EIOPA bzw. die Kommission gut beraten, das Tatbestandsmerkmal eines Bedarfs von einheitlichen Bedingungen für die Durchführung der verbindlichen Rechtsakte (Art. 291 Abs. 2 AEUV) bzw. der Festlegung der Bedingungen für die Anwendung der verbindlichen Rechtsakte (Art. 15 Abs. 1 EIOPA-VO) eng auszulegen, um eine Aushöhlung der Kompetenzen von Rat und Parlament zu vermeiden und zu verhindern, dass EIOPA Regelungskomplexe im vereinfachten Verfahren des Art. 15 EIOPA-VO einer Normierung zuführt, die eigentlich einem technischen Regulierungsstandard vorbehalten bleiben müssten.

24 Ein nach wie vor ungeklärtes Problem ist die **Abgrenzung zwischen wesentlichen und nicht wesentlichen Inhalten der Gesetzgebungsakte** des europäischen Gesetzgebers. Da durch technische Regulierungsstandards nur nicht wesentliche Regelungen getroffen werden dürfen, kommt dieser Abgrenzung erhebliche Bedeutung zu. Der Grundsatz der Wesentlichkeit ist vorrangig am zu adressierenden Inhalt zu bewerten. Eine besondere Problematik stellt sich hinsichtlich der Wesentlichkeitsgrenze auch in Ansehung des zahlenmäßigen Ausmaßes der Ermächtigungen. So hat die Kommission in ihrem Entwurf der Omnibus II-Richtlinie gegenüber der ursprünglichen Fassung der Solvency II-Richtlinie noch zahlreiche weitere Befugnisübertragungen vorgesehen, die letztlich auch in der konsolidierten Fassung der Solvency II-Richtlinie Einzug gefunden haben. Hieraus ergibt sich die Frage, ob die Wesentlichkeitsgrenze auch durch Kumulation einer Vielzahl individuell betrachtet nicht wesentlicher Regelungen in den delegierten Rechtsakten überschritten werden kann. Hierzu wird teilweise vertreten, dass eine solche Addition von Art. 290 AEUV nicht vorgesehen werde, es insofern immer nur auf die Unwesentlichkeit der Regelungen des einzelnen delegierten Rechtsaktes ankomme.[48] Dies scheint zwar im Ansatz richtig, mag in besonders extrem gelagerten Einzelfällen jedoch anders zu beurteilen sein. Hierbei ist zu berücksichtigen, dass Wesentlichkeit anders als im deutschen Verfassungsrecht nicht rechtsstaatlich-grundrechtsbezogen, sondern demokratisch-politisch verstanden wird.[49] Da es hierbei insofern um das institutionelle Gleichgewicht der europäischen Organe geht, wäre es durchaus vorstellbar, dass ein Basisrechtsakt, der vollständig entkernt wird, indem alles, was gerade noch als unwesentlich anzusehen ist, in delegierte Rechtsakte ausgelagert wird, als im Widerspruch zum Wesentlichkeitsvorbehalt angesehen wird. Hierbei dürfte es jedoch nicht um eine rein quantitative Bewertung gehen, sondern vielmehr darum, dass die einzelnen delegierten Rechtsakte durch ihr inhaltliches Ineinandergreifen auch qualitativ als wesentlich für die zu regelnden Rechtsbereiche erscheinen. Eine

---

[40] Die Formulierung „Bedingungen für die Anwendung […]" in der deutschen Sprachfassungen ist missverständlich. Klarer wäre es gewesen, von „Einzelheiten der Art und Weise der Anwendung […]" zu sprechen.

[41] Anders als Art. 15 Abs. 1 UAbs. 1 S. 2 EIOPA-VO betreffend die technischen Durchführungsstandards ist Art. 10 Abs. 1 UAbs. 2 EIOPA-VO insoweit unvollständig, als die Regelung den Zweck der technischen Regulierungsstandards nicht nennt. Nach Art. 290 AEUV erfolgt die Befugnisübertragung auf die Kommission „zur Ergänzung oder Änderung bestimmter nicht wesentlicher Vorschriften des betreffenden Gesetzgebungsaktes". Art. 10 Abs. 1 UAbs. 1 spricht von der Befugnisübertragung auf die Kommission, um eine kohärente Harmonisierung in den Bereichen zu gewährleisten, die in den in Art. 1 Abs. 2 EIOPA-VO genannten Gesetzgebungsakten aufgeführt sind.

[42] So bspw. auch *Walla* BKR 2012, 265, 267 f.

[43] Vgl. bspw. *Stelkens* EuR 2012, 511, 536 f.

[44] Offengelassen wird hierbei die Frage, ob die technischen Regulierungsstandards, anders als delegierte Rechtsakte allgemein, auch notwendig der Harmonisierung dienen müssen (so wohl Art. 10 Abs. 1 UAbs. 1 S. 1 EIOPA-VO); siehe *Sasserath-Alberti/Hartig* VersR 2012, 524, 527 f.

[45] Vgl. hierzu Calliess/Ruffert/*Ruffert* Art. 290 AEUV Rn. 5 ff.

[46] Siehe *Sehrbrock/Gal* CFL 2012, 140, 141.

[47] Hier mag der Streit dahinstehen, ob es sich bei Durchführungsrechtsakten (ausschließlich) um Durchführungsrechtssetzung oder zumindest auch um Maßnahmen der administrativen Durchführung im Einzelfall handelt, vgl. hierzu bspw. *Stelkens* EuR 2012, 511, 513 ff.

[48] *Sasserath-Alberti/Hartig* VersR 2012, 524, 529.

[49] So richtig Calliess/Ruffert/*Ruffert* Art. 290 AEUV Rn. 10.

solche Verletzung des Wesentlichkeitsvorbehalt wäre jedoch eher theoretischen Extremfällen vorbehalten. Im Falle der konsolidierten Solvency II-Richtlinie ist dies hingegen noch nicht der Fall.[50]

Neben der inhärenten Begrenzung des technischen Regulierungsstandards, die sich aus seiner Begriffsbestimmung in Abgrenzung zum legislatorischen Basisrechtsakt und zum technischen Durchführungsstandard ergibt (siehe insb. Rn. 23), wird der potentielle **Inhalt** des Standards gemäß Abs. 1 UAbs. 2 Hs. 2 jedoch auch durch die Ermächtigung **begrenzt**. Dies entspricht der Pflicht des Art. 290 Abs. 1 UAbs. 2 AEUV, nach dem der Umfang der Delegation durch den Deleganten zu beschränken ist. Diese Beschränkung hat sich auf das Ziel, den Inhalt ieS und den Geltungsbereich des zu erlassenden technischen Regulierungsstandards zu beziehen. Die **Beschränkung** der Delegation **hinsichtlich** des **Ziels, Inhalts und Geltungsbereiches**[51] ergibt sich hierbei aus Art. 1 Abs. 6 UAbs. 1 S. 1 EIOPA-VO (siehe Art. 1 EIOPA-VO Rn. 23), Art. 8 Abs. 1 lit. a (siehe Art. 8 EIOPA-VO Rn. 3 GS 1) und Art. 10 Abs. 1 UAbs. 1 S. 1 EIOPA-VO jeweils i. V. m. der genaueren Ausgestaltung (insbesondere zu Inhalt und Geltungsbereich) im Basisrechtsakt, der die konkrete Befugnisübertragung vornimmt. 25

Die EIOPA hat sich bereits bei Erstellung der Entwürfe und die Kommission bei Erlass des technischen Regulierungsstandards **innerhalb** der **inhaltlichen Grenzen der Befugnisübertragung** zu halten. Hierbei hat das Ziel der Maßnahme, unabhängig von der sonstigen Festlegung des Ziels im Basisrechtsakt, gemäß Abs. 1 UAbs. 1 S. 1 immer auch die **kohärente Harmonisierung der delegierten Bereiche** zu sein.[52] Ein solches Harmonisierungserfordernis ist durch den Lissaboner Vertrag jedoch für delegierte Rechtakte eigentlich nicht vorgesehen, sondern nur für Durchführungsrechtsakte (siehe Art. 291 Abs. 2 AEUV bezogen auf einheitliche Bedingungen für die Durchführung der verbindlichen Rechtsakte). Diese zusätzliche Anforderung, die sich in Art. 290 Abs. 1 AEUV nicht findet, erklärt sich mit der Tatsache, dass die EIOPA auf Grundlage des Art. 114 AEUV errichtet wurde. Da diese Rechtsgrundlage nur gewählt werden darf, wenn die Maßnahmen der Angleichung der Recht- und Verwaltungsvorschriften der Mitgliedsstaaten dienen, sah sich der europäische Gesetzgeber wohl verpflichtet, zu bestimmen, dass alle Maßnahmen, an denen die auf dieser Grundlage gegründete EIOPA beteiligt ist, auch der Harmonisierung der mitgliedstaatlichen Rechte dienen müssen.[53] In dieser zusätzlichen Anforderung ist kein Verstoß gegen Art. 290 AEUV zu sehen, da dieser in Art. 290 Abs. 1 UAbs. 2 S. 1 AEUV es gerade dem Ermächtigungsakt überlässt, die Ziele der Befugnisübertragung festzulegen. Insofern erscheint die abstrakt-generelle Zielfestlegung in Abs. 1 UAbs. 1 S. 1, dass die Maßnahme der Harmonisierung dienen muss, unbedenklich. 26

3. Entwurfentwicklungsphase bei der EIOPA. Abs. 1 UAbs. 1 gewährt der **EIOPA** das **Initiativrecht** für den Erlass von technischen Regulierungsstandards, sodass sie selbstbestimmt einen Entwurf erarbeitet, konsultieren lässt, nachbessert und schließlich der Kommission zur Billigung übermittelt. 27

a) Erstellung des Entwurfes (Abs. 1 UAbs. 1 S. 1). Die **EIOPA erstellt** nach Abs. 1 UAbs. 1 S. 1 die **Entwürfe** zu den technischen Regulierungsstandards. Dies bedeutet, dass die EIOPA die Befugnisübertragungen in den Basisrechtsakten zum Erlass solcher technischer Regulierungsstandards angemessen zu sichten hat und innerhalb der vorgegebenen Fristen unter Berücksichtigung der inhaltlichen Begrenzungen (siehe insbesondere Rn. 24 ff.) einen Entwurf zu erstellen hat. Die Arretierung des Entwurfs erfolgt wie alle wesentlichen Maßnahmen innerhalb des Art. 10 EIOPA-VO durch Beschluss des Rates der Aufseher (siehe Art. 43 Rn. 6 EIOPA-VO). 28

Dieser **Entwurf** hat in der Weise **ausgestaltet** zu sein, dass er grundsätzlich nur noch von der Kommission veröffentlicht werden muss (unter Wahrung der Schweigensfrist, siehe Art. 13 EIOPA-VO Rn. 16 f.), um rechtskräftig zu werden. Dies bedeutet beispielsweise, dass bereits die EIOPA unter Abwägungsgesichtspunkten zu entscheiden hat, in welcher Handlungsform – dh Verordnung oder Beschluss (siehe Rn. 71 f.) – der technische Regulierungsstandard später erlassen werden soll. Diese Anforderung an den Entwurf ergibt sich daraus, dass es der Kommission grundsätzlich ermöglicht werden muss, den Entwurf ohne Änderung zu billigen (siehe Rn. 40, 47), was voraussetzt, dass der Entwurf bereits die konkrete Ausgestaltung eines delegierten Rechtsaktes nach Art. 290 EIOPA-VO besitzt. Zulässig dürfte es hingegen sein, wenn die EIOPA den Zeitpunkt des Inkrafttretens im Entwurf nur abstrakt bestimmt, da eine konkrete Bestimmung frühestens möglich ist, wenn die Kommission ihre Billigungsentscheidung getroffen hat. Das Einsetzen eines genauen Datums wäre hier nicht als eine Änderung zu sehen. 29

b) Konsultation, Kosten-Nutzen-Analyse und Stellungnahme der *Stakeholdergruppe* (Abs. 1 UAbs. 3). Bevor die EIOPA den von ihr erarbeiteten Entwurf der Kommission übermittelt, hat sie gemäß Abs. 1 UAbs. 3 S. 1 Hs. 1 Alt. 1 (grundsätzlich) **offene öffentliche Anhörungen** (*open public* 30

[50] Siehe hierzu bereits *Wandt/Gal* in: Dreher/Wandt 2013, 147, 162 f.

[51] Siehe zur Abgrenzung dieser Bereiche Calliess/Ruffert/*Ruffert* Art. 290 AEUV Rn. 12 ff.; zuzustimmen ist aber von der Groeben/Schwarze/Hatje/*Schmidt* Art. 290 AEUV Rn. 30, dass diese drei Bereiche kaum trennscharf voneinander zu scheiden sind.

[52] Siehe zu den Gründen dieser fragwürdigen Anforderung *Sasserath-Alberti/Hartig* VersR 2012, 524, 527 f.

[53] So bereits *Sasserath-Alberti/Hartig* VersR 2012, 524, 527 f.; *Wandt/Gal* in: Dreher/Wandt 2013, 147, 161 f.

consultations) durchzuführen. Dies bedeutet zunächst, dass der Entwurf veröffentlicht werden muss und eine Aufforderung an die Öffentlichkeit zur Stellungnahme zu erfolgen hat. Dadurch, dass diese Anhörung nicht nur öffentlich, sondern auch offen zu sein hat, wird zum Ausdruck gebracht, dass es der EIOPA nicht zusteht, diese Konsultation nur auf bestimmte Marktteilnehmer zu beschränken. Vielmehr ist jede juristische oder natürliche Person zur Kommentierung berechtigt.

31 Daneben hat die EIOPA zu diesem Zeitpunkt, also nach Vorliegen des Entwurfs, aber nicht zwingend vor der Konsultation, gemäß Abs. 1 UAbs. 3 S. 1 Hs. 1 Alt. 2 eine **Kosten-Nutzen-Analyse** zu erstellen. Dies bedeutet, dass die EIOPA die Vorteile und die Belastung gegeneinander abwägt, die Folge des Erlasses des technischen Regulierungsstandards gegenüber dem Nichterlass wären (wobei eine sinnvolle Kosten-Nutzen-Analyse nicht nur gegenüber dem Nichterlass, sondern potentiell weniger eingriffsintensiven Regelungen abzuwägen hat).

32 Beide **Maßnahmen** (siehe Rn. 30 f.) sind grundsätzlich vorzunehmen und gemäß Abs. 1 UAbs. 3 S. 1 Hs. 2 dürfen sie **ausnahmsweise** nur dann **unterbleiben** – diese Voraussetzung erscheint trotz einer gewissen Einschätzungsprärogative der EIOPA zur Dringlichkeit voll justiziabel –, wenn die öffentliche Konsultation und/oder die Kosten-Nutzen-Analyse im Verhältnis zum (begrenzten) Anwendungsbereich und zur (geringen) Auswirkung der Entwürfe oder im Verhältnis zur (besonderen) Dringlichkeit der Angelegenheit unverhältnismäßig erscheinen. Soweit einer dieser Verfahrensschritte unrechtmäßig unterbleibt, so ist dies als ein dem als Verordnung oder Beschluss ergehenden technischer Standard anhaftender Verfahrensfehler anzusehen.[54]

33 Daneben hat EIOPA, bevor es den von ihr erarbeiteten Entwurf der Kommission übermittelt, gemäß Abs. 1 UAbs. 3 S. 2 die **Stellungnahmen** der einschlägigen ***Stakeholdergruppe*** (Art. 37 EIOPA-VO) einzuholen.

34 Anders als die öffentliche Konsultation und die Kosten-Nutzen-Analyse – dies ergibt sich daraus, dass Abs. 1 UAbs. 3 S. 2 keine dem Abs. 1 UAbs. 3 S. 1 Hs. 1 nachgebildete Ausnahmeregelung enthält – kann die Konsultation der einschlägigen Interessengruppe niemals unterbleiben, sondern ist **zwingend**. Da diese Interessengruppen in relativ knapper Frist konsultiert werden können und im Hinblick auf ihre Zusammensetzung ein relativ ausgewogenes Bild der Marktteilnehmer gewähren, kann die Konsultation gerade im Fall des ausnahmsweisen Verzichts auf eine öffentliche Konsultation eine gewisse Kompensation bewirken.

35 Hierbei ist der Begriff der **einschlägigen** Interessengruppe am zu regelnden Inhalt des technischen Regulierungsstandards auszulegen, sodass entweder die Stakeholdergruppe für Versicherung und Rückversicherung oder die Stakeholdergruppe für betriebliche Altersversorgung zu konsultieren ist.[55] Soweit ein Entwurf eines technischen Regulierungsstandards ausnahmsweise – weil er auf gleichlautenden Ermächtigungen aus Basisrechtsakten zu beiden Bereichen beruht und die EIOPA durch einen einheitlichen Standard eine untersektoriell kohärente Anwendung erreichen will – beide Bereiche erfasst, so wäre Abs. 1 UAbs. 3 S. 2 erweiternd zu lesen. Solche Entwürfe von technischen Regulierungsstandards, die beide Interessensgruppen tangieren, eröffnen eine Konsultationspflicht beider Interessengruppen.

36 **c) Nachbesserung und Vorlage des Entwurfes zur Billigung (Abs. 1 UAbs. 1 S. 2).** Ohne dass Abs. 1 dies explizit erwähnen würde, hat die **EIOPA** die eingegangenen **Stellungnahmen** der Interessengruppen und die öffentlichen Stellungnahmen nunmehr zu **sichten** und zu **bewerten** sowie letztlich **abzuwägen**, ob der Entwurf unter Berücksichtigung der gewonnenen Erkenntnisse abzuändern ist. Eine Abänderungspflicht entsteht hierbei jedoch nicht innerhalb des politischen Ermessensbereichs. Die Grenze, die der EIOPA vorgegeben ist, bestimmt sich ausschließlich aus der Befugnisübertragung (siehe Rn. 24 ff.) und höherrangigen Rechtsprinzipien (wie beispielsweise dem unionsrechtlichen Verhältnismäßigkeitsgrundsatz oder den Grundfreiheiten).

37 Es ist jedoch wünschenswert, dass die EIOPA den Input von interessierten Kreisen und insbesondere auch der Interessengruppen umfassend berücksichtigt und regelmäßig ihre **Entwürfe** einer erneuten Prüfung unterzieht und gegebenenfalls **anpasst**. Unklar ist hierbei, ob eine umfassende Änderung des Entwurfes eine erneute Konsultation, Kosten-Nutzen-Analyse und Konsultation der einschlägigen *Stakeholdergruppe* nach Abs. 1 UAbs. 3 auslöst. Dies ist grundsätzlich zu verneinen. Bei diesen Anhörungsrechten geht es grundsätzlich darum, eine Stellungnahme zur Regelung eines bestimmten Regelungsbereiches zu eröffnen, wobei der zur Konsultation gestellte Entwurf lediglich eine Diskussionsgrundlage ist, die interessierten Kreise aber auch über den Entwurf hinausgehende Anmerkungen einbringen können. Es ist insofern auch keine Verkürzung des Anhörungsrechtes, wenn die EIOPA auf Grund der Konsultation später eine Regelung abändert oder aufnimmt und den Entwurf so an die Kommission weiterleitet, über die letztlich keine Konsultation durchgeführt wurde. Dies hat jedoch spätestens dann nicht mehr zu gelten, wenn die Änderungen dem Entwurf ein vom ursprünglichen

[54] Zu den Folgen siehe *Gal* in: Dreher/Wandt 2014, 11, 19 ff.

[55] *Keune*, Rechtliche Grundlagen und Grenzen der EIOPA, 2015, 93 geht demgegenüber davon aus, dass drei Stakeholdergruppen, nämlich eine für Versicherung, eine für Rückversicherung und eine für betriebliche Altersversorgung einzurichten sind. Dies widerspricht jedoch den Art. 37 Abs. 2, 3 EIOPA-VO.

Entwurf stark abweichendes Gepräge geben. Zumindest in diesem Fall ist eine **erneute Konsultationsrunde** durchzuführen.

38 Sobald die EIOPA die Anpassung ihres Entwurfes – und eventuell erneute Konsultation, wobei gerade hier die Ausnahmevorschrift des Abs. 1 UAbs. 3 S. 1 Hs. 2 (siehe Rn. 32) zum Tragen kommen kann – abgeschlossen hat, hat sie diesen gemäß Abs. 1 UAbs. 1 S. 2 der **Kommission zur Billigung** zu **übermitteln**.

39 **4. Billigungs- oder Änderungsphase bei der Kommission (Abs. 1 UAbs. 4, 5).** Die **Kommission** ist **nur formal Herrin des Verfahrens** zum endgültigen Erlass des technischen Regulierungsstandards. So ist es ihr nur unter engen Bedingungen möglich, einen durch die EIOPA eingereichten Entwurf abzuändern. Zudem trifft sie, wenn sie eine andere Maßnahme als die unbedingte Billigung des Entwurfes erlassen will, eine Abstimmungspflicht mit der EIOPA.

40 **a) Handlungsoptionen und Korrekturmaßstab der Kommission (Abs. 1 UAbs. 5).** Der Kommission stehen **vier Handlungsoptionen** im Hinblick auf einen Entwurf der EIOPA zu: Sie kann den Entwurf vollumfänglich billigen, teilweise billigen, mit Änderungen billigen oder vollumfänglich nichtbilligen. Verwunderlich ist hierbei, dass in Abs. 1 UAbs. 5 die unbedingte Nichtbilligung nicht vorgesehen wird. Hieraus könnte man den Schluss ziehen, dass diese Handlungsoption der Kommission überhaupt nicht gegeben ist. Hiergegen spricht jedoch Abs. 1 UAbs. 6 S. 1, der gerade auch den Fall der Nichtbilligung vorsieht.

41 Anders als dies der hier gewählte Begriff der Handlungsoption nahelegt, ist die Kommission in ihrer **Entscheidung** jedoch **nicht** vollkommen **frei**. Hierzu ist zunächst noch einmal in Erinnerung zu rufen (siehe Rn. 12), dass die Kommission in ihrer Entscheidung über den Inhalt der Standards sehr stark an die Entwürfe der EIOPA gebunden wird und diese gemäß den **Erwägungsgründen** „nur in äußerst begrenzten Fällen und unter außergewöhnlichen Umständen geändert werden dürfen".[56] Diese Einschränkung spiegelt sich jedoch im regulativen Teil der Verordnung nur bedingt wieder. Im Hinblick auf die Implikationen einer Auslegung, die die Kommission in ihrer Entscheidungshoheit übermäßig einschränkt – dies würde die Gefahr begründen, dass in dem ganzen Verfahren eine Verletzung der Art. 290 f. AEUV, eine Beeinträchtigung des institutionellen Gleichgewichts und eine Verletzung des Demokratieprinzips gesehen wird[57] –, ist dieser Passus der Erwägungsgründe als grundsätzliche Zielvorstellung aufzufassen und weit auszulegen.

42 Es bleibt jedoch dabei, dass der Ermessensspielraum der Kommission auch durch den zwingend zu beachtenden regulativen Teil der EIOPA-VO eingeschränkt wird. Gemäß Abs. 1 UAbs. 5 S. 2 kann eine Billigung des Entwurfes nur teilweise oder mit Änderungen erfolgen, wenn dies aus **Gründen des Unionsinteresses erforderlich** erscheint.

43 Dies wirft zunächst die Frage auf, wie die Nichtnennung der **Nichtbilligung** im Abs. 1 UAbs. 5 S. 2 – die Nichtbilligung wird nur in Abs. 1 UAbs. 6 S. 1 aufgeführt – zu verstehen ist. Man könnte dies so auffassen, dass eine Nichtbilligung immer erfolgen kann, also auch dann, wenn dies nicht aus Gründen des Unionsinteresses erforderlich ist. Eine solche Auslegung erscheint jedoch systematisch und teleologisch verfehlt. Hier würde die vollständige Nichtbilligung an geringere Voraussetzungen geknüpft als die (für EIOPA) weniger einschneidende teilweise Billigung bzw. Billigung mit Änderungen. Man wird insofern davon auszugehen haben, dass eine vollständige Nichtbilligung grundsätzlich möglich, **aber ebenfalls nur aus Gründen des Unionsinteresses zulässig** ist.[58] Überlegen könnte man allerdings, ob nicht der Grundsatz der Verhältnismäßigkeit es gebietet, dass eine solche vollständige Verweigerung der Kommission von dem Willen getragen sein muss, besonders gewichtige Unionsinteressen zu schützen.

44 Gänzlich ungeklärt ist bisher, welcher **Überprüfungsmaßstab** mit dem Begriff des **Unionsinteresses** eröffnet wird. Wie bereits angemerkt (siehe Rn. 12, 41), sollte der Begriff der Unionsinteressen jedoch eher großzügig ausgelegt werden, um der Kommission, als dem Organ, das für den Inhalt der Rechtsakte nach außen die Verantwortung trägt, eine ausreichende Entscheidungsprärogative zuzubilligen. Eine Beeinträchtigung des Unionsinteresses ist mit den Erwägungsgründen zumindest dann gegeben, wenn der Entwurf nicht mit dem Unionsrecht vereinbar ist, gegen den Grundsatz der Verhältnismäßigkeit verstößt oder grundlegenden Prinzipien des Binnenmarkts für Finanzdienstleistungen zuwider läuft.[59] Diese genannten Anwendungsfälle stellen besonders einschneidende Beeinträchtigungen des Unionsinteresses dar. Wollte man hierbei stehen bleiben, so wäre die Kommission im Bereich der Standards allerdings auf die Funktion einer Legalitätsaufsicht beschränkt. Es ist deshalb weiter zu gehen und der Kommission noch eine gewisse Einschätzungsprärogative darüber zuzubilligen, welche Maßnahmen dem Unionsinteresse zuträglich oder abträglich sind. Praktisch wird dies voraussichtlich aber nichts daran ändern, dass der Inhalt der Standards maßgeblich durch die EIOPA bestimmt werden wird.

[56] So explizit Erwägungsgrund 22 (siehe bereits Rn. 12).
[57] Siehe *Gal* ZVersWiss 2013, 325, 343; *Siekmann* in: Kadelbach, Nach der Finanzkrise, 2012, 196.
[58] So schon *Wandt/Gal* in: Dreher/Wandt 2013, 147, 160.
[59] Siehe Erwägungsgrund 22 S. 3.

Zumindest im Zeitraum von Januar 2011 bis Dezember 2013 wurden über 45 der durch die drei ESA übermittelten Entwürfe durch die Kommission sofort gebilligt und nur 3 zur weiteren Bearbeitung an die entsprechende ESA – mutmaßlich aus Gründen des Unionsinteresses – zurückgesandt.[60]

45 **b) Fristen und Pflichten der Kommission (je nach gewählter Handlungsoption) (Abs. 1 UAbs. 4, 5 S. 1).** Mit Erhalt des **Entwurfes** des technischen Regulierungsstandards hat die Kommission diesen gemäß Abs. 1 UAbs. 4 umgehend an das **Europäische Parlament** und den **Rat weiterzuleiten** (zur Bedeutung dieser Übermittlung auf die Dauer der Einspruchsfrist siehe Art. 13 Rn. 11).

46 Die Kommission hat ihre Entscheidung über den Entwurf gemäß Abs. 1 UAbs. 5 S. 1 (siehe Rn. 40 ff.) innerhalb einer **Frist** von **drei Monaten** ab Zugang des Entwurfes bei ihr zu treffen. An ein Verstreichen dieser Frist ist jedoch keine unmittelbare Rechtsfolge gebunden. Insbesondere erlangt der Entwurf in diesem Fall nicht automatisch Rechtskraft – es gibt also keine Billigungsfiktion. Die EIOPA hätte in diesem Fall jedoch einen Anspruch auf ein Tätigwerden der Kommission, sodass sie grundsätzlich nach vorheriger Aufforderung zum Tätigwerden auch im Wege der Untätigkeitsklage nach Art. 265 AEUV gegen die Kommission vorgehen könnte.

47 So die Kommission den Entwurf **vollumfänglich billigt**, trifft sie gegenüber der EIOPA explizit keine weitere Pflicht mehr. Vielmehr **erlässt** sie gemäß Abs. 1 UAbs. 1 S. 1 den Entwurf als delegierten Rechtsakt in der Form eines technischen Regulierungsstandards wie von der EIOPA vorgeschlagen als Verordnung oder Beschluss. Den so erlassenen technischen Regulierungsstandard hat sie sodann gemäß Art. 11 Abs. 2 EIOPA-VO dem Europäischen Parlament und dem Rat zu **übermitteln** (siehe Art. 11 EIOPA-VO Rn. 15 ff.). Aus dem Regelungskonzept der Art. 10 ff. EIOPA-VO ist jedoch zu schließen, dass der EIOPA der technische Standard auch zu übermitteln ist oder dieser zumindest mitzuteilen ist, dass der Entwurf unverändert als delegierter Rechtsakt erlassen wurde. Nach ereignislosem Ablauf der anwendbaren Einspruchsfrist des Art. 13 Abs. 1 UAbs. 2 EIOPA-VO (siehe Art. 13 Rn. 6 ff. EIOPA-VO), hat die Kommission den technischen Regulierungsstandard noch im Amtsblatt veröffentlichen zu lassen (siehe Rn. 73 und Art. 13 EIOPA-VO Rn. 16).

48 So die Kommission sich hingegen dazu entscheidet, den Entwurf **vollumfänglich nicht** zu **billigen**, nur **teilweise** zu **billigen** oder nur **mit Änderungen** zu **billigen**, so hat sie gemäß Abs. 1 UAbs. 6 S. 1 der **EIOPA** den Entwurf mit einer Erläuterung ihrer Position zurückzusenden. Zum gleichen Zeitpunkt hat sie auch das Europäische Parlament und den Rat gemäß Art. 14 Abs. 1 EIOPA-VO hiervon zu **unterrichten** und ihr Vorgehen zu **begründen** (siehe Art. 14 EIOPA-VO Rn. 3 f.) – gegebenenfalls kann hieran ein zwingender Vermittlungsversuch nach Art. 14 Abs. 2 EIOPA-VO anschließen (siehe Art. 14 EIOPA-VO Rn. 5 ff.). Im Hinblick auf den Überprüfungsmaßstab der Kommission (siehe Rn. 44) ist es etwa an dieser, für jede vorgeschlagene Änderung zu erläutern, in wie weit die entworfene Fassung dem Unionsinteresse zuwiderliefe oder zumindest wie die geänderte Fassung dem Unionsinteresse zuträglicher erscheint.

49 **5. Weiteres Verfahren bei nur teilweiser Billigung oder Änderung des Entwurfes (Abs. 1 UAbs. 6, 7).** Im Falle der Billigung des Entwurfes ist die EIOPA nicht mehr wesentlich in das **weitere Verfahren** (siehe Rn. 47) eingebunden, anders jedoch im Falle der Nichtbilligung, der Teilbilligung oder der abändernden Billigung.

50 **a) Fristgemäße Überarbeitung des Entwurfes durch EIOPA (Abs. 1 UAbs. 6 S. 2).** In diesem Fall ist es gemäß Abs. 1 UAbs. 6 S. 2 an der EIOPA, den **Entwurf** des technischen Regulierungsstandards unter Berücksichtigung der Änderungsvorschläge der Kommission zu **überarbeiten** und den abgeänderten Entwurf der Kommission in Form einer förmlichen Stellungnahme erneut zu **übersenden**. Der überarbeite Entwurf hat der Kommission hierbei zuzugehen innerhalb einer **Frist** von **sechs Wochen** ab Zugang der Begründung der Nichtbilligung des Entwurfes durch die Kommission bei der EIOPA. Hieraus ergibt sich jedoch keine Pflicht der EIOPA ihren Entwurf abzuändern. Vielmehr erscheint es auch zulässig, dass sich die EIOPA mit den Änderungswünschen der Kommission auseinandersetzt und ihr dann einen unveränderten Entwurf mit einer Begründung zum Unterbleiben einer Änderung übersendet. In jedem Fall hat die EIOPA gemäß Abs. 1 UAbs. 6 S. 3 die förmliche Stellungnahme nicht nur der Kommission, sondern auch dem Europäischen Parlament und dem Rat zuzusenden.

51 Wenn die EIOPA in ihrem **überarbeiteten Entwurf alle** von der Kommission geforderten **Änderungen vorgenommen** hat, so ist die Kommission nunmehr (grundsätzlich) verpflichtet – ohne dass Abs. 1 dies ausführen würde – den nunmehrigen Entwurf als delegierten Rechtsakt zu **erlassen** (zum dann einschlägigen weiteren Verfahren siehe Rn. 47).

52 Falls die EIOPA hingegen im **überarbeiteten Entwurf nicht sämtliche Änderungsvorschläge** der Kommission **berücksichtigt**, so ist es gemäß Abs. 1 UAbs. 7 Alt. 2 an der Kommission, den Entwurf entweder **endgültig nicht** zu **billigen oder** aber diesen überarbeiteten Entwurf **mit** den

---

[60] Siehe Bericht der Kommission an das Europäische Parlament und den Rat über die Tätigkeit der Europäischen Aufsichtsbehörden (ESA) und das Europäische System der Finanzaufsicht (ESFS), in: KOM(2014) 509 endg., S. 6.

(weiterhin) für wichtig erachteten **Änderungen** als delegierten Rechtsakt zu **erlassen**.[61] Selbstverständlich – ohne dass dies näher in Abs. 1 ausgeführt werden müsste – kann sich die Kommission auch in diesem Stadium dazu entschließen, den überarbeiteten Entwurf trotz einer Abweichung zu ihren Änderungswünschen vollumfänglich zu billigen. Fraglich ist jedoch, ob die Kommission ein freies Ermessen zwischen den beiden Handlungsoptionen Nichtbilligung und ändernde Billigung hat. Im Hinblick darauf, dass die Kommission zum Erlass von technischen Regulierungsstandards ermächtigt wurde, also nicht nur das Recht, sondern auch die Pflicht hat, bestimmte regulatorische Lücken zu füllen, wird man in den meisten Fällen wohl annehmen müssen, dass die Kommission eine Pflicht trifft, den technischen Regulierungsstandard mit den von ihr für zwingend erachteten Änderungen zu erlassen. Hierbei kann die Kommission jedoch nicht in dieser Phase gänzlich neue Änderungen vorsehen. Abs. 1 UAbs. 8 normiert unbedingt, dass die Kommission Änderung an den Entwürfen nur vornehmen darf, wenn sie sich **mit** der **EIOPA** gemäß der Bestimmungen des Art. 10 EIOPA-VO **abgestimmt** hat. Dies bedeutet, dass die Kommission, wenn sie in dieser Phase bisher noch nicht angesprochene Änderungen am überarbeiteten Entwurf vornehmen möchte, eine erneute Übermittlungs- und Begründungspflicht nach Abs. 1 UAbs. 6 trifft und der EIOPA die Möglichkeit eröffnet wird, ihren Entwurf erneut zu überarbeiten.

b) Untätigkeit der EIOPA (Abs. 1 UAbs. 7). In dem Fall, dass die **EIOPA** ihren Entwurf **nicht innerhalb** der sechswöchigen **Frist überarbeitet** und der Kommission übersendet (siehe Rn. 50), kann die Kommission auch in diesem Fall gemäß Abs. 1 UAbs. 7 Alt. 1 den Entwurf entweder **endgültig nicht billigen oder** den ursprünglichen Entwurf der EIOPA **mit** den (weiterhin) für wichtig erachteten **Änderungen**[62] als delegierten Rechtsakt **erlassen** (zum Auswahlermessen und zu weiteren Verfahrensanforderungen siehe Rn. 52). 53

c) Übermittlung des beschlossenen technischen Standards. Wenn die Kommission einen technischen Regulierungsstandard erlassen hat – sei es mit oder ohne Änderungen – so ist dieser gemäß Art. 11 Abs. 2 EIOPA-VO dem Europäischen Parlament und dem Rat zu **übermitteln** (siehe Art. 11 EIOPA-VO Rn. 15 ff.) und auch der EIOPA zugängig zu machen (siehe Rn. 47). 54

Keine Regelung hat die Frage erfahren, wer davon zu **unterrichten** ist, wenn die Kommission eine **endgültige Nichtbilligung** eines Entwurfes (siehe Rn. 52, 53) beschließt. Es erscheint hierbei zwingend, dass die **EIOPA** von diesem Entschluss in Kenntnis gesetzt wird. Entsprechend der sonstigen Einbindung des Unionsgesetzgebers in das Erlassverfahren bei technischen Regulierungsstandards erscheint es jedoch auch dem Regelungskonzept zu entsprechen, dass die Kommission auch das **Europäischen Parlament** und den **Rat** von ihrem Entschluss in Kenntnis setzen muss. 55

IV. Erlassverfahren bei Verzug der EIOPA nach Abs. 2, 3. Abs. 1 weist der EIOPA das Initiativrecht bei Erstellung der technischen Regulierungsstandards zu, sodass die Kommission ein Erlassverfahren nicht eigenständig beginnen kann. Insofern bedarf die Konstellation einer Lösung, dass die EIOPA einer Initiierungspflicht nicht nachkommt. Primärrechtlich wäre es hier möglich, wenn in der Vorlage eines Entwurfes zum konkreten Zeitpunkt eine Rechtspflicht zu sehen wäre, dass die Kommission gegen die EIOPA mit dem Mittel der Untätigkeitsklage nach Art. 265 AEUV vorgeht. Dies wäre jedoch eine etwas umständliche Methode, sodass Abs. 2 und 3 eine andere Lösung bei **Untätigkeit der EIOPA** vorsehen. Hierdurch kann in bestimmten Konstellationen die Kommission das Initiativrecht gewinnen, wobei sie auch dann eine Abstimmungspflicht mit der EIOPA trifft. 56

1. Verzug der Entwurfserstellung der EIOPA (Abs. 2). Ein Verlust des Initiativrechts der EIOPA ist nur dann denkbar, wenn die EIOPA mit ihrer Pflicht zur **Vorlage eines Entwurfes** gemäß Abs. 2 **in Verzug** gerät. Dies setzt voraus, dass die EIOPA den Entwurf nicht bis zu dem in dem die Ermächtigung erteilenden Basisrechtsakt vorgesehenen Zeitpunkt vorgelegt hat. 57

Abs. 2 ist hierbei wohl so zu verstehen, dass ein Verzug immer **nur** dann eintreten kann, **wenn** der **Basisrechtsakt** für den Erlass des technischen Regulierungsstandards eine **explizite Frist vorsieht**. Dies ist jedoch für die Ermächtigung zum Erlass von technischen Regulierungsstandards – anders als bei den technischen Durchführungsstandards[63] – in der Solvency II-Richtlinie nicht der Fall. Die Ermächtigung erfolgt insofern für einen Zeitraum von vier Jahren. Einzig Art. 301b Abs. 3 UAbs. 1 Solva II-RL sieht für technische Regulierungsstandards eine Art von Frist vor, indem er feststellt, dass die EIOPA bis zum 24.5.2016 der Kommission zur Anpassung einiger delegierter Rechtsakte an die technischen 58

[61] *Keune*, Rechtliche Grundlagen und Grenzen der EIOPA, 2015, 94 geht demgegenüber davon aus, dass die Kommission in dieser Konstellation den überarbeiteten Entwurf nur entweder annehmen oder ablehnen kann. Tatsächlich ist aber eine abändernde Annahme möglich.

[62] A. A. *Keune*, Rechtliche Grundlagen und Grenzen der EIOPA, 2015, 94, die davon ausgeht, dass die Kommission in diesem Fall nur entweder den ursprünglichen Entwurf annehmen oder ablehnen kann. Tatsächlich ist aber eine abändernde Annahme möglich.

[63] Siehe Art. 31 Abs. 5 UAbs. 2, 35 Abs. 10 UAbs. 2, 37 Abs. 8 UAbs. 2, 44 Abs. 4a UAbs. 3, 56 UAbs. 3, 92 Abs. 3 UAbs. 2, 109a Abs. 1 UAbs. 2, Abs. 2 UAbs. 2 und Abs. 4 UAbs. 2, 111 Abs. 2 UAbs. 2, 114 Abs. 2 UAbs. 2, 211 Abs. 2a UAbs. 2, 244 Abs. 6 UAbs. 2, 259 Abs. 4 UAbs. 2, 256 Abs. 5 UAbs. 2, 308b Abs. 13 UAbs. 5 Solva II-RL.

Entwicklungen auf den Finanzmärkten Entwürfe technischer Regulierungsstandards vorlegen kann. Allein aus dieser Kann-Formulierung ergibt sich jedoch, dass eine zeitgebundene Pflicht hiermit nicht zwingend gemeint ist. Es ist insofern fraglich, ob in diesem Fall zumindest das Ablaufen der ersten Vierjahresperiode der Ermächtigung (siehe Art. 11 EIOPA-VO Rn. 2 ff.) als ein Fall der Untätigkeit anzusehen ist, der der Kommission die Möglichkeiten des Abs. 2 und dann des Abs. 3 eröffnet. Dies erscheint jedoch nicht zwingend. Eine Ermächtigung zum Erlass eines technischen Regulierungsstandards erfolgt stets in der Annahme, dass eine Konkretisierung und Ausfüllung verbleibender regulatorischer Lücken durch die Exekutive unter enger Anbindung an die Bedürfnisse der Praxis erfolgen soll. Wenn sich jedoch in der Praxis hierfür keine Notwendigkeit ergibt, so soll eine Ausfüllung eben auch unterbleiben können. Soweit der Gesetzgeber von der zwingenden Notwendigkeit einer Ausfüllung ausgeht, so kann er dies durch das Vorsehen einer Frist deutlich zum Ausdruck bringen.

59 So der EIOPA jedoch für das Vorlegen des Entwurfs in der Ermächtigung des Basisrechtsaktes eine Frist gesetzt wird, so kommt das Initiativrecht nicht automatisch mit Ablauf dieser Frist der Kommission zu. Vielmehr hat die Kommission der EIOPA gemäß Abs. 2 eine **Nachfrist** zu setzen – man darf annehmen, dass diese Frist **angemessen** zu sein hat (unter zeitlicher Berücksichtigung der Notwendigkeit der Erarbeitung des Entwurfs [siehe Rn. 27 ff.], der öffentlichen Konsultation [siehe Rn. 30] und der Erstellung einer Risiko-Nutzen-Analyse [siehe Rn. 31] und der Stellungnahme der Interessengruppe [siehe Rn. 33 ff.] und der eventuell erforderlichen Nachbesserung des Entwurfes [siehe Rn. 36 ff.]).

60 Obgleich eine Fristsetzung nach Abs. 2 eigentlich nur dann und erst dann möglich ist, wenn eine Tätigkeitsfrist im Basisrechtsakt ereignislos verstrichen ist (siehe Rn. 58), wird man es der Kommission wohl analog auch erlauben müssen, dass sie der EIOPA eine Frist zur Erstellung eines Entwurfs stellt, **wenn** die **Notwendigkeit der Schließung einer regulatorischen Lücke** mittels eines technischen Regulierungsstandards **evident** ist.

61 **Erst mit Ablauf** der angemessenen **Nachfrist** (siehe Rn. 59) ist die EIOPA im eigentlichen Sinne in **Verzug** mit der Folge, dass nunmehr das Initiativrecht auf die Kommission übergeht und das Erlassverfahren nach Abs. 3 auszugestalten ist. **So** die **EIOPA** hingegen nunmehr innerhalb der Frist einen **Entwurf vorlegt**, so kommt das **Verfahren nach Abs. 1** zur Anwendung.

62 **2. Verfahren bei Verlust des Initiativrechts der EIOPA an die Kommission (Abs. 3).** Wenn die EIOPA auch innerhalb der Nachfrist (siehe Rn. 59, 61) keinen Entwurf vorlegt, so kann die Kommission – und zwar nur in diesem Fall – gemäß Abs. 3 UAbs. 1 einen **technischen Standard ohne einen Entwurf der EIOPA** erlassen. Dies bedeutet insbesondere, dass das Initiativrecht auf die Kommission übergeht. Jedoch hat die Kommission auch in diesem Fall zahlreiche Besonderheiten zu beachten und kann nicht einfach einen delegierten Rechtsakt erlassen.

63 Unklar bleibt hierbei, wie genau vorzugehen wäre, wenn die EIOPA erst **nach dem Ablauf der angemessenen Nachfrist** einen **Entwurf** bei der Kommission einreichen würde. Es wäre selbstverständlich möglich, dass die Kommission hier freiwillig auf ein Verfahren nach Abs. 1 umschwenkt. Fraglich ist jedoch, ob sie hierzu verpflichtet sein kann. Dies ist im Ergebnis abzulehnen. Da die Kommission für die nunmehr von ihr vorzunehmende Entwerfung des technischen Regulierungsstandards, dessen Konsultation etc. Zeit bedarf und diese Arbeiten koordinieren muss, kann es letztlich nicht sein, dass die EIOPA durch nunmehriges verspätetes Vorlegen eines Entwurfes diese Vorarbeit entwertet und wieder faktische Herrin des Verfahrens wird. Allenfalls könnte man darüber nachdenken, ob nicht das Prinzip der Loyalität die Kommission dazu verpflichtet, auf das Verfahren nach Abs. 1 umzuschwenken, wenn der Entwurf zu einem Zeitpunkt eingeht, zu dem sie selbst noch keine Vorarbeiten getroffen hat.

64 **a) Entwurfsphase bei der Kommission (Abs. 3 UAbs. 1, 2, 3).** So das Initiativrecht auf die Kommission übergangenen ist, unterscheidet sich das Erlassverfahren insbesondere im Hinblick auf die **Entwurfsphase**. Hier hat nunmehr gemäß Abs. 3 UAbs. 2 die **Kommission** unter den gleichen Anforderungen und Bedingungen wie sonst die EIOPA den **Entwurf** zu **erarbeiten** (vgl. Rn. 27 ff.), eine **offene öffentliche Konsultation** durchzuführen (vgl. Rn. 30) und eine **Risiko-Nutzen-Analyse** zu erstellen (vgl. Rn. 31), die Stellungnahme der einschlägigen **Interessengruppe** der EIOPA einzuholen (vgl. Rn. 33 ff.) und eine eventuell erforderliche **Nachbesserung des Entwurfes** vorzunehmen (vgl. Rn. 36 ff.).

65 **b) Übermittlung des Entwurfes (Abs. 3 UAbs. 4).** Diesen dergestalt erstellten Entwurf hat die Kommission nunmehr gemäß Abs. 3 UAbs. 3 dem **Europäischen Parlament** und dem **Rat** und gemäß Abs. 3 UAbs. 4 S. 1 der **EIOPA** zu **übermitteln** (zur Bedeutung dieser Übermittlung auf die Dauer der Einspruchsfrist siehe Art. 13 EIOPA-VO Rn. 11).

66 Diese Übermittlung löst für die EIOPA gemäß Abs. 3 UAbs. 4 S. 2 eine **sechswöchige Frist** ab Zugang des Entwurfes aus, innerhalb deren sie den **Entwurf** der Kommission **überarbeiten** und der Kommission in Form einer förmlichen Stellungnahme zukommen lassen kann. Hieraus ergibt sich jedoch keine Pflicht der EIOPA, den Entwurf der Kommission abzuändern. Vielmehr ist es auch

zulässig, dass sich die EIOPA mit dem Entwurf der Kommission auseinandersetzt und ihn mit einer Begründung zum Unterbleiben einer Änderung übersendet (das heißt vollumfänglichen Billigung).[64] In jedem Fall hat die EIOPA gemäß Abs. 3 UAbs. 4 S. 3 die förmliche Stellungnahme nicht nur der Kommission, sondern auch dem Europäischen Parlament und dem Rat zuzusenden.

c) Fristgemäße Überarbeitung des Entwurfes durch EIOPA (Abs. 3 UAbs. 6). Sollte die EIOPA in ihrem fristgemäß **überarbeiteten Entwurf** dem **Entwurf** der Kommission **vollumfänglich zustimmen**, so ist die Kommission nunmehr verpflichtet – ohne dass Abs. 3 dies ausführen würde – den Entwurf als delegierten Rechtsakt zu **erlassen** (zum dann einschlägigen weiteren Verfahren siehe Rn. 47). 67

Wenn die EIOPA hingegen innerhalb der sechswöchigen Frist auf der Grundlage des Entwurfs der Kommission einen eigenen **Entwurf** vorlegt, **der Änderungen** zum Entwurf der Kommission **vorsieht**, so ist es gemäß Abs. 3 UAbs. 6 S. 1 an der Kommission, den von der EIOPA eingereichten Entwurf zu **billigen** (Abs. 3 UAbs. 6 S. 1 Alt. 1 spricht hier davon, dass „die Kommission den Entwurf des technischen Regulierungsstandards [gemeint ist der Entwurf der Kommission] auf der Grundlage der von der Behörde [sc. EIOPA] vorgeschlagenen Änderungen ändern [kann]" – dies ist im Ergebnis letztlich die Billigung des von der EIOPA eingereichten Änderungsentwurfs). **Alternativ** kann sie gemäß Abs. 3 UAbs. 6 S. 1 Alt. 2 den überarbeiteten Entwurf **mit** den für wichtig erachteten **Änderungen** als delegierten Rechtsakt **erlassen**.[65] Anders als im Rahmen des regulären Erlassverfahrens (siehe Rn. 52) kann die Kommission sich nicht dazu entscheiden, dem Entwurf endgültig die Billigung zu verweigern. Was die Änderungsoption anbelangt, kann die Kommission nicht in dieser Phase gänzlich neue Änderungen vorsehen. Abs. 3 UAbs. 6 S. 2 legt fest, dass die Kommission Änderung am von der EIOPA innerhalb der Sechswochenfrist ausgearbeiteten Gegenentwurf nur vornehmen darf, wenn sie sich **mit** der **EIOPA** gemäß der Bestimmungen des Art. 10 EIOPA-VO **abgestimmt** hat. Dies bedeutet, dass die Kommission, wenn sie in dieser Phase Änderungen vornehmen möchte, die nicht mit ihrem ursprünglichen Entwurf korrelieren, eine erneute Übermittlungs- und Begründungspflicht nach Abs. 1 UAbs. 6 analog trifft und der EIOPA die Möglichkeit eröffnet wird, ihren Entwurf erneut zu überarbeiten. 68

d) Weitere Untätigkeit der EIOPA (Abs. 3 UAbs. 5). Im Falle dass die **EIOPA** innerhalb der sechswöchigen **Frist keinen Gegenentwurf erarbeitet** und der Kommission übersendet (siehe Rn. 66), so kann die Kommission gemäß Abs. 3 UAbs. 5 ihren Entwurf **endgültig als delegierten Rechtsakt erlassen.** Eine Nichtbilligung ist hier anders als im regulären Erlassverfahren (siehe Rn. 53) nicht explizit vorgesehen – da jedoch nunmehr die Kommission Herrin des Verfahrens ist und die Norm als Kann-Vorschrift ausgestaltet ist, wäre es für die Kommission grundsätzlich auch möglich das Erlassverfahren fallenzulassen. Auch die Option einer Annahme mit Änderungen zum eigenen ursprünglichen Entwurf wird der Kommission nicht explizit eröffnet. So jedoch innerhalb der sechswöchigen Frist neue Erkenntnisse eine Änderung nötig erscheinen lassen, kann die Kommission ihren Entwurf selbstverständlich abändern. In diesem Fall greift jedoch auch hier der Rechtsgedanke des Abs. 3 UAbs. 6 S 2, sodass eine Abstimmung mit der EIOPA zu suchen wäre, was eine erneute Übermittlungs- und Begründungspflicht nach Abs. 1 UAbs. 6 analog begründen und der EIOPA die Möglichkeit eröffnen würde, nunmehr einen Gegenentwurf zu erstellen. 69

e) Übermittlung des beschlossenen technischen Standards. Sobald die Kommission einen technischen Regulierungsstandard gemäß dem Verfahren nach Abs. 3 erlassen hat, so ist dieser gemäß Art. 11 Abs. 2 EIOPA-VO dem Europäischen Parlament und dem Rat zu **übermitteln** (siehe Art. 11 EIOPA-VO Rn. 15 ff.) und auch der EIOPA zugängig zu machen (siehe Rn. 47). 70

V. Handlungsformen (Abs. 4 S. 1). Bei den **technischen Regulierungsstandards** handelt es sich gemäß Abs. 1 UAbs. 1 S. 1 um eine **besondere Form der delegierten Rechtsakte** des Art. 290 AEUV. Solche delegierten Rechtsakte können durch die Kommission **grundsätzlich** in **jeder Handlungsform** (dh in den Rechtsaktformen des Art. 288 AEUV),[66] also neben der Form der Verordnung und des Beschlusses auch als Richtlinien erlassen werden.[67] 71

Abs. 4 S. 1 schränkt diese Option der Kommission (und der EIOPA hinsichtlich der Entwurfsphase) jedoch dahingehend ein, dass die **technischen Regulierungsstandards nur** als **delegierte Verord-** 72

---

[64] So auch *Keune*, Rechtliche Grundlagen und Grenzen der EIOPA, 2015, 94.

[65] *Keune*, Rechtliche Grundlagen und Grenzen der EIOPA, 2015, 94 geht demgegenüber davon aus, dass die Kommission in dieser Konstellation den überarbeiteten Entwurf nur entweder annehmen oder ablehnen kann. Tatsächlich ist aber eine abändernde Annahme möglich.

[66] Hierbei ergeben zumindest Empfehlungen und Stellungnahmen nach Art. 288 UAbs. 5 AEUV im Kontext der Finanzmarktregulierung per se keinen Sinn, da hierfür bereits das Instrument der Leitlinien und Empfehlungen nach Art. 15 EIOPA-VO vorgesehen sind.

[67] Siehe bspw. Calliess/Ruffert/*Ruffert* Art. 290 AEUV Rn. 3; Grabitz/Hilf/Nettesheim/*Nettesheim* Art. 290 AEUV Rn. 32.

nungen und **delegierte Beschlüsse** ergehen können.[68] Bei richtigem Verständnis ist Art. 290 AEUV so zu verstehen, dass die Ermächtigung im Basisrechtsakt der Kommission die zu wählende Handlungsform für den delegierten Rechtsakt durchaus auch vorschreiben darf.[69] Folglich muss diese Beschränkung der Handlungsform dem besonderen Regelungsgefüge der EIOPA-VO entsprechend **nicht** mehr **in jedem** einzelnen **Basisrechtsakt** (i. S. d. Art. 1 Abs. 2 EIOPA-VO) ausgeführt werden. Vielmehr erfasst **die in Abs. 4 S. 1 vorgesehenen Schranke** alle in den Basisrechtsakten vorgenommen Delegationen.

73 **VI. Inkrafttreten und Veröffentlichung (Abs. 4 S. 2).** Abs. 4 S. 2 regelt die **Veröffentlichungspflicht** und das **Inkrafttreten** von technischen Regulierungsstandards. Diese **Norm** erscheint jedoch letztlich **überflüssig und irreführend**, da hierbei nicht hinreichend berücksichtigt wird, dass es sich bei den technischen Regulierungsstandards um delegierte Rechtsakte mit einem Vetorecht des Europäischen Parlaments und des Rates handelt. Insofern gilt für das Inkrafttreten und die Veröffentlichung im Ergebnis ausschließlich Art. 13 Abs. 2 EIOPA-VO (siehe Art. 13 EIOPA-VO Rn. 16 f.) und Abs. 4 S. 2 hat nur eine deklaratorische Wirkung. Dies bedeutet, dass ein technischer Regulierungsstandard erst veröffentlicht werden darf, wenn entweder die konkret anwendbare Schweigensfrist (siehe Art. 13 EIOPA-VO Rn. 10 ff.) ereignislos verstrichen ist oder das Europäische Parlament und der Rat einen Verzicht auf ihr Einspruchsrecht erklärt haben. In beiden Fällen gilt als Zeitpunkt des Inkrafttretens – wie auch in Art. 13 Abs. 2 S. 1 und 2 EIOPA-VO festgestellt wird – der im delegierten Rechtsakt genannte Zeitpunkt. So ein Zeitpunkt ausnahmsweise nicht festgesetzt wird, gilt der technische Regulierungsstandard gemäß Art. 297 Abs. 2 UAbs. 2 S. 2 Alt. 2 AEUV ab dem zwanzigsten Tag nach seiner Veröffentlichung.

Ausübung der Befugnisübertragung

11 (1) [1]**Die Befugnis zum Erlass der in Artikel 10 genannten technischen Regulierungsstandards wird der Kommission für einen Zeitraum von vier Jahren ab dem 16. Dezember 2010 übertragen.** [2]**Die Kommission legt spätestens sechs Monate vor Ablauf des Zeitraums von vier Jahren einen Bericht über die übertragenen Befugnisse vor.** [3]**Die Befugnisübertragung verlängert sich automatisch um Zeiträume gleicher Länge, es sei denn, das Europäische Parlament oder der Rat widerrufen sie gemäß Artikel 14.**

(2) **Sobald die Kommission einen technischen Regulierungsstandard erlässt, übermittelt sie ihn gleichzeitig dem Europäischen Parlament und dem Rat.**

(3) **Die der Kommission übertragene Befugnis zum Erlass technischer Regulierungsstandards unterliegt den in den Artikeln 12 bis 14 genannten Bedingungen.**

Übersicht

Schrifttum: Siehe die Angaben bei Art. 10 EIOPA-VO.

1 **I. Allgemeines.** Art. 11 EIOPA-VO regelt die Beschränkung der Befugnisübertragung zum Erlass von technischen Regulierungsstandards in zeitlicher Hinsicht (Abs. 1 S. 1 und 3) und legt die Bedingungen fest, unter denen die Befugnis ausgeübt werden kann (Abs. 3). Daneben werden Übermittlungs- (Abs. 2) und Berichtspflichten (Abs. 1 S. 2) festgelegt.

2 **II. Beschränkungen und Bedingungen der Delegation (Abs. 1, 3).** Gemäß Art. 290 Abs. 1 UAbs. 2 AEUV ist der **Umfang der Delegation** durch den Deleganten zu **beschränken**. Dieser Pflicht kommen das Europäische Parlament und der Rat teilweise durch Abs. 1 nach. Zudem sieht Art. 290 Abs. 2 UAbs. 1 AEUV die Möglichkeit vor, die Ausübung der Befugnis unter zusätzliche **Bedingungen** zu stellen, was gemäß Abs. 3 unter Verweis auf die Art. 12–14 EIOPA-VO geschieht.

[68] A. A. *Keune*, Rechtliche Grundlagen und Grenzen der EIOPA, 2015, 92, die davon ausgeht, dass die EIOPA-VO keine Handlungsformbegrenzung vorsieht, sodass die technischen Regulierungsstandards nach ihrer Auffassung auch als Richtlinie ergehen können.

[69] So zumindest Calliess/Ruffert/*Ruffert* Art. 290 AEUV Rn. 3.

1. (Zeitliche) Beschränkung der Befugnisübertragung (Abs. 1 S. 1, 3). Art. 290 Abs. 1 UAbs. 2 AEUV verpflichtet den **Unionsgesetzgeber** dazu, im Basisrechtsakt Ziel, Inhalt, Geltungsbereich und Dauer der Befugnisübertragung zum Erlass delegierter Rechtsakte (dies gilt demgemäß auch für den delegierten Rechtsakt in der Form des technischen Regulierungsstandards; siehe Art. 10 EIOPA-VO Rn. 3, 7 ff., 71 f.) festzulegen, also die **Schranken der Delegation** zu **definieren.** 3

Dem besonderen Regelungsgefüge der EIOPA-VO entsprechend müssen die **Schranken nicht in jedem** einzelnen **Basisrechtsakt** (i. S. d. Art. 1 Abs. 2 EIOPA-VO) ausgeführt werden. Vielmehr erfassen **die in den Art. 10 ff. EIOPA-VO vorgesehenen Schranken** alle in den Basisrechtsakten vorgenommen Delegationen (soweit dort nicht abweichende Schranken eingefügt wurden). Für die Zwecke des Art. 290 Abs. 1 UAbs. 2 AEUV haben mithin die Art. 10 ff. EIOPA-VO zumindest ergänzend als Basisrechtsakt zu gelten. Hierfür ist es nur erforderlich, dass aus dem eigentlichen Basisrechtsakt deutlich wird, dass der Kommission (und der EIOPA) die Befugnis zum Erlass von technischen Regulierungsstandards in den Bedingungen der Art. 10 ff. EIOPA-VO übertragen werden.[1] 4

Die **Beschränkung** der Delegation **hinsichtlich** des **Ziels, Inhalts und Geltungsbereiches**[2] ergibt sich aus Art. 1 Abs. 6 UAbs. 1 S. 1 EIOPA-VO (siehe Art. 1 EIOPA-VO Rn. 23), Art. 8 Abs. 1 lit. a EIOPA-VO (siehe Art. 8 EIOPA-VO Rn. 3 GS 1) und Art. 10 Abs. 1 EIOPA-VO jeweils i. V. m. der genaueren Ausgestaltung (insbesondere zu Inhalt und Geltungsbereich) im Basisrechtsakt, der die konkrete Befugnisübertragung vornimmt. 5

Abs. 1 sieht jedoch eine **allgemeine zeitliche Beschränkung** vor, die **alle** in den **Basisrechtsakten** des Art. 1 Abs. 2 EIOPA-VO **vorgenommenen Befugnisübertragungen erfasst**. Hierbei bleibt es jedoch möglich, dass der Basisrechtsakt eine hiervon abweichende zeitliche Dauer festlegt. 6

Nach Abs. 1 S. 1 ist der Kommission die Befugnis zum Erlass der in Art. 10 EIOPA-VO genannten technischen Regulierungsstandards (und mithin auch die Mitwirkungsbefugnis der EIOPA) für einen **Zeitraum** von **vier Jahren** beginnend mit dem **16.12.2010** übertragen. 7

Diese zeitliche Beschränkung ist jedoch **nicht** als eine **Auslaufklausel** (sogenannte *sunset-clause*) zu verstehen. Vielmehr **verlängert sich** die Befugnisübertragung gemäß Abs. 1 S. 3 Hs. 1 – unabhängig von der Erfüllung der Berichtspflicht des Abs. 1 S. 2 durch die Kommission (siehe Rn. 18 ff.) – **automatisch** um einen Zeitraum von **jeweils** wieder **vier Jahren**. Dies bedeutet, dass die Befugnisübertragung gegenwärtig bis zum 15.12.2018 um 24 Uhr läuft. 8

Eine solche automatische **Verlängerung** tritt gemäß Abs. 1 S. 3 Hs. 2 **nur dann nicht** ein, **wenn** das Europäische Parlament oder der Rat die **Befugnisübertragung widerrufen**. Entgegen dem expliziten Wortlaut des Abs. 1 S. 3 Hs. 2 muss der Widerruf jedoch nicht gemäß Art. 14 EIOPA-VO – der die Nichtannahme oder Änderung des Entwurfs eines technischen Regulierungsstandards durch die Kommission behandelt –, sondern gemäß Art. 12 EIOPA-VO erfolgen (vgl. insb. Art. 12 EIOPA-VO Rn. 5 ff.). 9

Zudem ordnet Abs. 1 S. 2 noch eine **Berichtspflicht** der Kommission an (siehe Rn. 18 f.). 10

2. Bedingungen der Befugnisausübung (Abs. 3). Art. 290 Abs. 2 UAbs. 1 AEUV eröffnet dem Deleganten die Möglichkeit, die Ausübung der Befugnis durch den Delegatar unter zusätzliche **Bedingungen** zu stellen, was gemäß Abs. 3 unter Verweis auf die Art. 12–14 EIOPA-VO geschieht. 11

Hierdurch wird – mittels des Verweises auf Art. 12 EIOPA-VO – die Befugnisausübung unter eine „Bedingung“[3] im Sinne von Art. 290 Abs. 2 UAbs. 1 lit. a AEUV gestellt, nach der die **Befugnisübertragung** unter den in Art. 12 EIOPA-VO genannten Bedingungen **widerrufen** werden kann (siehe Art. 12 EIOPA-VO Rn. 2 ff.). 12

Durch den Verweis des Abs. 3 auf Art. 13 EIOPA-VO wird die Befugnisausübung unter eine Bedingung im Sinne des Art. 290 Abs. 2 UAbs. 1 lit. b AEUV gestellt, wonach das Europäische Parlament oder der Rat innerhalb der in Art. 13 EIOPA-VO vorgesehenen Fristen **Einwände** erheben und dadurch das Inkrafttreten von durch die Kommission erlassenen technischen Regulierungsstandards verhindern kann (siehe Art. 13 EIOPA-VO Rn. 14 f.). 13

Der Verweis des Abs. 3 auf Art. 14 EIOPA-VO bewirkt das Vorsehen einer Bedingung für die Befugnisausübung – nämlich eine **Begründungspflicht der Kommission** zu der Frage, weshalb sie einen Entwurf eines technischen Regulierungsstandards der EIOPA nicht oder nur in abgeänderter Form annehmen möchte, und die Möglichkeit von (verpflichtenden) **Vermittlungsdiskussionen** zwischen der Kommission und der EIOPA im Falle von Meinungsverschiedenheiten (siehe Art. 14 EIOPA-VO Rn. 5 ff.). Hierbei ist zu beachten, dass die Möglichkeit einer solchen Bedingung in Art. 290 Abs. 2 UAbs. 1 AEUV nicht explizit vorgesehen wird. So man der wohl herrschenden 14

[1] Vgl. hierzu bspw. Art. 301b Solva II-RL.

[2] Siehe zur Abgrenzung dieser Bereiche Calliess/Ruffert/*Ruffert* Art. 290 AEUV Rn. 12 ff.; zuzustimmen ist aber von der Groeben/Schwarze/Hatje/*Schmidt* Art. 290 AEUV Rn. 30, dass diese drei Bereiche kaum trennscharf voneinander zu scheiden sind.

[3] Das Widerrufsrecht wird zwar in Art. 290 Abs. 2 UAbs. 1 lit. a AEUV als Bedingung für die Befugnisausübung bezeichnet, ist in Wirklichkeit aber ein Gestaltungsrecht, durch das das Europäische Parlament oder der Rat die Delegation beenden können; siehe Grabitz/Hilf/Nettesheim/*Nettesheim* Art. 290 AEUV Rn. 58.

Literaturmeinung folgt, nach der Art. 290 Abs. 2 UAbs. 1 AEUV einen *numerus clausus* der im Basisrechtsakt vorsehbaren möglichen Bedingungen aufstellt (vgl. Art. 10 EIOPA-VO Rn. 10 ff.),[4] so ist die sekundärrechtliche Beschränkung der Befugnisübertragung in Art. 14 EIOPA-VO wegen Verstoßes gegen den primärrechtlichen Art. 290 Abs. 2 UAbs. 1 AEUV für nichtig erklärbar. Dies hätte aber letztlich keine praktischen Auswirkungen, da bei Zugrundelegung dieser Auslegung die gesamte Einbindung der EIOPA in den Verfahrensprozess nach Art. 10 EIOPA-VO primärrechtswidrig wäre (siehe Art. 10 EIOPA-VO Rn. 14).

15 **III. Übermittlungs- und Berichtspflicht (Abs. 1 S. 2, Abs. 2). 1. Übermittlungspflicht für technische Regulierungsstandards (Abs. 2).** Abs. 2 verpflichtet die **Kommission** dazu, dass sie einen im Anschluss an das Verfahren nach Art. 10 EIOPA-VO erlassenen **technischen Regulierungsstandard** dem Europäischen Parlament und dem Rat **übermittelt.**

16 Die Übermittlungspflicht **dient dazu**, dem Europäischen Parlament und dem Rat die **Ausübung** ihres **Einwandrechts** (siehe Rn. 13, Art. 13 EIOPA-VO Rn. 3 ff.) **zu ermöglichen.**

17 Indem Abs. 2 anordnet, dass die Kommission die Übermittlung „gleichzeitig" mit dem Erlass – und „sobald" sie den technischen Regulierungsstandard erlassen hat – vorzunehmen hat, ist anzunehmen, dass die **Übermittlung sofort** zu erfolgen hat.

18 **2. Berichtspflicht der Kommission zur Ausübung der übertragenen Befugnisse (Abs. 1 S. 2).** Abs. 1 S. 2 verpflichtet die Kommission **alle vier Jahre**, solange ihr im Rahmen des harmonisierten Versicherungsaufsichtsrechts Befugnisse zum Erlass von technischen Regulierungsstandards übertragen sind, einen **Bericht über** die **übertragenen Befugnisse vorzulegen.**

19 Dieser Bericht ist jeweils spätestens sechs Monate vor Ablauf des in Abs. 1 S. 1 und 3 vorgesehenen Zeitraums vorzulegen. Der **späteste Zeitpunkt** ist mithin der 15. Juni des Jahres, in dem bei Unterbleiben eines Widerrufs der Befugnisübertragung (siehe Rn. 9, Art. 12 EIOPA-VO Rn. 5 ff.) nach Abs. 1 S. 3 eine automatische vierjährige Verlängerung der Befugnisübertragung erfolgt. Der erste Bericht der Kommission wurde hierbei verspätet übermittelt – was letztlich keine Rechtsfolgen für den Bericht oder die automatische Verlängerung der Befugnisübertragung (siehe Rn. 8) zeitigt –, nämlich erst am 8.8.2014.[5]

20 **Weitere Regelungen** sind für diesen Bericht – insbesondere hinsichtlich der Veröffentlichungspflicht und der Adressaten der Übermittlung – **nicht vorgesehen.** Es ist davon auszugehen, da die Schutzrichtung die gleiche ist, dass diesbezüglich die Bedingungen der Berichtspflicht des Art. 81 EIOPA-VO für den Evaluationsbericht der Kommission entsprechend anzuwenden sind, sodass der Befugnisübertragungsbericht der Kommission ebenfalls zu **veröffentlichen und** sowohl dem **Europäischen Parlament** als auch dem **Rat** zu **übermitteln** ist (siehe Art. 81 EIOPA-VO Rn. 14).

Widerruf der Befugnisübertragung

12 (1) **Die in Artikel 10 genannte Befugnisübertragung kann vom Europäischen Parlament oder vom Rat jederzeit widerrufen werden.**

(2) **Das Organ, das ein internes Verfahren eingeleitet hat, um zu beschließen, ob eine Befugnisübertragung widerrufen werden soll, bemüht sich, das andere Organ und die Kommission innerhalb einer angemessenen Frist vor der endgültigen Beschlussfassung zu unterrichten, unter Nennung der übertragenen Befugnis, die widerrufen werden könnte.**

(3) **¹Der Beschluss über den Widerruf beendet die in diesem Beschluss angegebene Befugnisübertragung. ²Er wird sofort oder zu einem darin angegebenen späteren Zeitpunkt wirksam. ³Die Gültigkeit von technischen Regulierungsstandards, die bereits in Kraft sind, wird davon nicht berührt. ⁴Er wird im Amtsblatt der Europäischen Union veröffentlicht.**

Schrifttum: Siehe die Angaben bei Art. 10 EIOPA-VO.

1 **I. Allgemeines.** Art. 12 EIOPA-VO sieht vor, dass die Befugnisübertragung des Art. 10 EIOPA-VO i. V. m. der Befugnisübertragung im entsprechenden Basisrechtsakt (i. S. d. Art. 1 Abs. 2 EIOPA-VO) durch das Parlament oder den Rat jederzeit widerrufen werden kann (Abs. 1), welche Beteiligungspflichten das widerrufende Organ hierbei treffen (Abs. 2) und welche Wirkung der Widerruf hierbei hat (Abs. 3).

2 **II. Widerrufsrecht (Abs. 1).** Abs. 1 gewährt dem **Europäischen Parlament** und dem **Rat** jeweils **getrennt** ein jederzeitiges **Widerrufsrecht** für die Befugnisübertragung nach Art. 10 EIOPA-VO auf die Kommission, technische Regulierungsstandards zu erlassen.

[4] Schwarze/*Schoo* Art. 290 AEUV Rn. 13; von der Groeben/Schwarze/Hatje/*Schmidt* Art. 290 AEUV Rn. 32; Calliess/Ruffert/*Ruffert* Art. 290 AEUV Rn. 16a f.; a. A. bspw. *Peers/Costa* ELJ 2012, 427, 443.

[5] Bericht der Kommission über die Ausübung der Befugnis zum Erlass von Entwürfen technischer Regulierungsstandards gemäß Artikel 11 Absatz 1 der ESA-Verordnung, in: KOM(2014) 509 endg. Annex 1.

Durch die Anordnung dieses **Evokationsrechts** (sogenanntes *call back*)[1] hat der Verordnungsgeber die Übertragung zum Erlass von delegierten Rechtsakten (in der besonderen Form eines technischen Regulierungsstandards, siehe Art. 10 EIOPA-VO Rn. 3, 7 ff., 71 f.) unter eine Bedingung gemäß Art. 290 Abs. 2 UAbs. 1 lit. a AEUV gestellt. Dies bedeutet insbesondere, dass die **Basisrechtsakte**, die eine Delegation für bestimmte technische Standards vorsehen, ein solches **Widerrufsrecht nicht mehr gesondert anordnen müssen**, da das Widerrufsrecht des Art. 12 EIOPA-VO alle in den Basisrechtsakten vorgenommen Delegationen erfasst. Für die Zwecke des Art. 290 Abs. 2 UAbs. 1 lit. a AEUV hat mithin der Art. 12 EIOPA-VO als Basisrechtsakt zu gelten. Hierfür ist es nur erforderlich, dass aus dem eigentlichen Basisrechtsakt deutlich wird, dass der Kommission (und der EIOPA) die Befugnis zum Erlass von technischen Standards in den Bedingungen der Art. 10 ff. EIOPA-VO übertragen werden.[2] 3

Die Rechtsfolge dieser Anordnung eines Widerrufsvorbehalts begründet nicht die **Widerrufbarkeit der Delegation** – eine solche würde auch nach der allgemeinen Regel immer bestehen –, sondern **senkt die Schranken** hierfür. Unter Hinwegdenken des Art. 12 EIOPA-VO (i. V. m. Art. 290 Abs. 2 UAbs. 1 lit. a AEUV) wäre für einen Widerruf im gewöhnlichen Gesetzgebungsverfahren zunächst regelmäßig eine Initiative der Kommission erforderlich (also gerade des Organs, dem die Befugnis wieder entzogen werden soll) und zumindest im ordentlichen Gesetzgebungsverfahren eine Übereinstimmung zwischen Rat und Parlament notwendig.[3] 4

Nach dem durch Abs. 1, 2 (i. V. m. Art. 290 Abs. 2 UAbs. 1 lit. a AEUV) vorgesehenen Verfahren können hingegen sowohl das Europäische Parlament als auch der Rat **eigeninitiativ** und **selbständig** über einen Widerruf der Befugnisübertragung beschließen.[4] 5

Durch diese Möglichkeit können die beiden Organe, denen die gesetzgeberischen Befugnisse ieS zukommen, auf Kompetenzüberschreitungen der Kommission bei der Ausübung ihrer delegierten Rechtsetzungsbefugnis reagieren sowie einer geänderten Beurteilung des politischen Gewichts der delegierten Regelungsmaterie Rechnung tragen.[5] Aus Abs. 1 (i. V. m. Art. 290 Abs. 2 UAbs. 1 lit. a AEUV) wird deutlich, dass es **nicht notwendig** ist, dass das widerrufsberechtigte Organ seinen **Widerruf** auf **Gründe**, wie eben einen Rechtsbruch der Kommission, stützt, sondern dass es ausreichend ist, dass sich im entsprechenden Organ die notwendige Mehrheit für einen Widerruf findet.[6] 6

III. Widerrufsausübung (Abs. 2, 3 Abs. 4). Während der dem Art. 12 EIOPA-VO zugrundeliegende Art. 290 Abs. 2 AEUV sich zur Verfahrensausgestaltung nahezu nicht äußert, sieht Abs. 2 hierzu eine **zulässige Konkretisierung** vor. Hiernach hat das widerrufswillige Organ, sich vor der Beschlussfassung darum zu bemühen, das **andere Organ und** die **Kommission** in angemessener Frist vor der endgültigen Beschlussfassung von dieser zu **unterrichten**. Hierbei hat der **eventuelle Beschluss** in der Weise dargestellt zu werden, dass die übertragene Befugnis, die konkret widerrufen werden könnte, zu benennen ist. 7

Hierdurch wird der Kommission (und mit ihr dem anderen Organ) zumindest das von ihr generell im Anwendungsbereich des Art 290 Abs. 2 UAbs. 1 lit. a AEUV proklamierte **Informationsrecht** gewährt.[7] Aus Abs. 2 lässt sich jedoch **nicht** herauslesen, dass das widerrufende Organ auch eine **Begründungspflicht oder** eine **Anhörungspflicht** trifft.[8] Die Informationspflicht soll so verstanden die Kommission und das andere Organ zwar auch in die Lage versetzen, ein Anhörungs- bzw. Verständigungsgesuch an das widerrufswillige Organ zu richten, ohne dass dieses aber hierauf eingehen müsste. 8

Fraglich ist insofern lediglich, welche Rechtsfolgen der Widerruf einer Befugnisübertragung hätte, wenn das widerrufende Organ eine **Mitteilung in zu knapper Frist** vornimmt oder **gänzlich unterlässt**. Im Hinblick auf die Formulierung des Abs. 2 („bemüht sich")[9] ist davon auszugehen, dass ein Unterbleiben der Informationspflicht **nicht** als **wesentlicher Verfahrensverstoß** zu werten wäre und der Widerrufsbeschluss insoweit keinen Nichtigkeitsgrund in sich tragen würde. 9

---

1 Siehe Calliess/Ruffert/*Ruffert* Art. 290 AEUV Rn. 17.

2 Vgl. hierzu bspw. Art. 301b Solva II-RL.

3 Vgl. Grabitz/Hilf/Nettesheim/*Nettesheim* Art. 290 AEUV Rn. 61.

4 Teilweise wird angenommen, dass Art. 290 Abs. 2 UAbs. 1 lit. a AEUV – dies würde dann auch für Abs. 1 gelten – teleologisch zu reduzieren ist, wenn im konkreten die Befugnisübertragung enthaltenden Rechtsakt nur eines der Organe (dh der Rat) als Gesetzgeber tätig geworden ist, sodass nur dem eigentlichen Deleganten ein Widerrufsrecht gegenüber dem Delegatar zukommen soll; so bspw. von der Groeben/Schwarze/Hatje/*Schmidt* Art. 290 AEUV Rn. 34. Dies kann im Hinblick auf den klaren Wortlaut und den angestrebten Zuwachs der Rechte des Europäischen Parlaments jedoch nicht überzeugen; so auch Grabitz/Hilf/Nettesheim/*Nettesheim* Art. 290 AEUV Rn. 62.

5 Calliess/Ruffert/*Ruffert* Art. 290 AEUV Rn. 17.

6 Grabitz/Hilf/Nettesheim/*Nettesheim* Art. 290 AEUV Rn. 61; Calliess/Ruffert/*Ruffert* Art. 290 AEUV Rn. 17.

7 Siehe Mitteilung der Kommission an das Europäische Parlament und den Rat – Umsetzung von Artikel 290 des Vertrags über die Arbeitsweise der Europäischen Union, in: KOM(2009) 673 endg., S. 8 f.; allgemein ablehnend zu dieser Rechtsansicht der Kommission bspw. von der Groeben/Schwarze/Hatje/*Schmidt* Art. 290 AEUV Rn. 34.

8 So aber wiederum bereits allgemein (und somit wohl auch hier) Mitteilung der Kommission an das Europäische Parlament und den Rat – Umsetzung von Artikel 290 des Vertrags über die Arbeitsweise der Europäischen Union, in: KOM(2009) 673 endg., S. 8.

9 Ähnlich unverbindliche Formulierungen sehen auch die anderen Sprachfassungen vor – Englisch: *shall endeavour to inform*; Französisch: *s'efforce d'informer*, Italienisch: *si adopera per informarne*; Spanisch: *se esforzará por informar*, Portugiesisch: *procura informar* und Niederländisch: *beijvert zich*.

10 Das einzige echte Verfahrenserfordernis ist insofern darin zu sehen, dass der Beschluss innerhalb des im betreffenden Organ geltenden Verfahrens mit der erforderlichen Mehrheit gefasst wurde. Der **Widerrufsbeschluss** ist jedoch im Hinblick auf die Mehrheitserfordernisse (für das Europäische Parlament) an relativ hohe Schwellen gebunden.[10] Hierbei sind die Mehrheitserfordernisse immer gleichbleibend, unabhängig davon, welche Mehrheitserfordernisse für den Basisrechtsakt, der die Befugnisübertragung enthält, gelten. Für die Zwecke eines Widerrufsbeschlusses nach Abs. 1 beschließt gemäß Art. 290 Abs. 2 UAbs. 2 AEUV das **Europäische Parlament** mit der Mehrheit seiner Mitglieder (**absolute Mehrheit**) und der **Rat** mit **qualifizierter Mehrheit** (gemäß Art. 238 Abs. 2 AEUV).

11 Der Beschluss ist gemäß Abs. 3 S. 4 im **Amtsblatt** zu **veröffentlichen.**

12 **IV. Widerrufswirkung (Abs. 3).** Durch den Beschluss über den Widerruf wird gemäß Abs. 3 S. 1 die in diesem Beschluss **angegebene Befugnisübertragung beendet**. Dies bedeutet, dass der Beschluss die zu widerrufende Befugnisübertragung möglichst genau zu benennen hat und es lässt sich hieraus deduzieren, dass es auch möglich ist, die übertragenen Befugnisse nur zum Teil zu widerrufen.[11]

13 Abs. 3 S. 2 Alt. 1 ordnet abweichend vom allgemeinen Grundsatz des Art. 297 Abs. 1 UAbs. 3 S. 2 Alt. 2 AEUV – der bestimmt, dass ein Unionrechtsakt, der kein Datum zum Inkrafttreten vorsieht, am zwanzigsten Tag nach Veröffentlichung im Amtsblatt (siehe Rn. 11) in Kraft tritt – an, dass ein Widerrufsbeschluss nach Abs. 1 **im Schweigensfall sofort in Kraft** tritt. Abs. 3 S. 2 Alt. 2 gewährt dem widerrufenden Organ jedoch die Option, die Widerrufswirkung auf einen im Beschluss angegebenen **späteren** (nie aber früheren) **Zeitpunkt** zu **datieren.**

14 Der Widerruf hat hierbei immer nur eine Wirkung *ex nunc*, was gemäß Abs. 3 S. 3 insbesondere auch bedeutet, dass die **Gültigkeit von** bereits **erlassenen technischen Regulierungsstandards nicht berührt** wird.[12] Würde man dies anders regeln, so würde das Widerrufsrecht zugleich in ein *Super-Einwandsrecht*[13] umgestaltet, da die Organe gegen technische Regulierungsstandards keine Einwände innerhalb der Fristen des Art. 13 EIOPA-VO mehr erheben müssten, sondern nach Verfristung die unliebsamen delegierten Rechtsakte durch einen Widerrufsbeschluss zu Fall bringen könnten. Wenn das Organ insofern im Nachhinein auch die auf der Ermächtigungsgrundlage ergangenen technischen Regulierungsstandards beseitigen möchte, so erfordert dies die Aufhebung des delegierten Rechtsaktes durch einen im ordentlichen Gesetzgebungsverfahren ergehenden Gesetzgebungsakt.[14]

Einwände gegen technische Regulierungsstandards

13 (1) [1]**Das Europäische Parlament oder der Rat können gegen einen technischen Regulierungsstandard innerhalb einer Frist von drei Monaten ab dem Datum der Übermittlung des von der Kommission erlassenen technischen Regulierungsstandards Einwände erheben.** [2]**Auf Initiative des Europäischen Parlaments oder des Rates wird diese Frist um drei Monate verlängert.**

[1]**Erlässt die Kommission einen technischen Regulierungsstandard, bei dem es sich um den von der Behörde übermittelten Entwurf eines technischen Regulierungsstandards handelt, so beträgt der Zeitraum, in dem das Europäische Parlament und der Rat Einwände erheben können, einen Monat ab dem Datum der Übermittlung.** [2]**Auf Initiative des Europäischen Parlaments oder des Rates wird diese Frist um einen Monat verlängert.** [3]**Auf Initiative des Europäischen Parlaments oder des Rates ist eine weitere Verlängerung dieser Frist um einen Monat möglich.**

(2) [1]**Haben bei Ablauf der in Absatz 1 genannten Frist weder das Europäische Parlament noch der Rat Einwände gegen den technischen Regulierungsstandard erhoben, so wird dieser im Amtsblatt der Europäischen Union veröffentlicht und tritt zu dem darin genannten Zeitpunkt in Kraft.** [2]**Der technische Regulierungsstandard kann vor Ablauf dieser Frist im Amtsblatt der Europäischen Union veröffentlicht werden und in Kraft treten, wenn das Europäische Parlament und der Rat beide der Kommission mitgeteilt haben, dass sie nicht die Absicht haben, Einwände zu erheben.**

(3) [1]**Erheben das Europäische Parlament oder der Rat innerhalb der in Absatz 1 genannten Frist Einwände gegen einen technischen Regulierungsstandard, so tritt dieser nicht in Kraft.**

[10] Sehr kritisch hierzu von der Groeben/Schwarze/Hatje/*Schmidt* Art. 290 AEUV Rn. 35.

[11] Vgl. hierzu bereits Mitteilung der Kommission an das Europäische Parlament und den Rat – Umsetzung von Artikel 290 des Vertrags über die Arbeitsweise der Europäischen Union, in: KOM(2009) 673 endg., S. 9.

[12] Durch die Klarstellung des Abs. 3 S. 3 gilt dies zweifelslos. Nach richtiger Ansicht gilt dies aber bereits unter den allgemeinen Grundsätzen des Art. 290 Abs. 2 UAbs. 1 lit. a AEUV; so Calliess/Ruffert/*Ruffert* Art. 290 AEUV Rn. 18; von der Groeben/Schwarze/Hatje/*Schmidt* Art. 290 AEUV Rn. 36; a. A. wohl fast nur Grabitz/Hilf/Nettesheim/*Nettesheim* Art. 290 AEUV Rn. 64.

[13] Siehe hierzu von der Groeben/Schwarze/Hatje/*Schmidt* Art. 290 AEUV Rn. 36.

[14] Calliess/Ruffert/*Ruffert* Art. 290 AEUV Rn. 18.

[2]**Gemäß Artikel 296 AEUV gibt das Organ, das Einwände erhebt, die Gründe für seine Einwände gegen den technischen Regulierungsstandard an.**

Schrifttum: Siehe die Angaben bei Art. 10 EIOPA-VO.

I. Allgemeines. Art. 13 EIOPA-VO regelt das Einspruchsrecht des Europäischen Parlaments und des Rates auch hinsichtlich seiner Frist (Abs. 1), die Anforderungen an die Erhebung des Einwands (Abs. 3 S. 2) und deren Wirkung (Abs. 3 S. 1). Daneben sind die Veröffentlichungspflicht und das Inkrafttreten der technischen Regulierungsstandards bei Unterbleiben eines Einwands festgelegt (Abs. 2). 1

II. Einspruchsrecht, -erhebung und -wirkung (Abs. 1). Abs. 1 gewährt dem Europäischen Parlament und dem Rat ein **Einspruchsrecht**, das innerhalb einer bestimmten Frist geltend gemacht werden muss, wobei Abs. 3 für die Einspruchserhebung weitere Bedingungen vorsieht und auch die Wirkung des Einspruchs festlegt. 2

1. Einspruchsrecht (Abs. 1 UAbs. 1 S. 1). Abs. 1 gewährt dem **Europäischen Parlament** und dem **Rat** jeweils **getrennt** ein **fristgebundenes** Recht, gegen die technischen Regulierungsstandards Einwände zu erheben (sogenanntes **Einspruchsrecht**).[1] Hierdurch erhält der Unionsgesetzgeber eine ***ex ante* Kontrollmöglichkeit** bezüglich aller auf Basis einer Delegation nach Art. 290 AEUV unter Geltung des Art. 10 EIOPA-VO angenommenen technischen Regulierungsstandards – anders als der Widerspruch des Art. 12 EIOPA-VO bezieht sich der Einspruch des Art. 13 EIOPA-VO also nicht auf die Befugnisübertragung als Ganze, sondern auf den einzelnen, spezifischen Rechtsakt. 3

Durch die Anordnung dieses **Einspruchsrechts** hat der Verordnungsgeber die Übertragung zum Erlass von delegierten Rechtsakten (in der besonderen Form eines technischen Regulierungsstandards, siehe Art. 10 EIOPA-VO Rn. 3, 7 ff., 71 f.) unter eine Bedingung gemäß Art. 290 Abs. 2 UAbs. 1 lit. b AEUV gestellt. Dies bedeutet insbesondere, dass die **Basisrechtsakte**, die eine Delegation für bestimmte technische Standards vorsehen, ein solches **Einspruchsrecht nicht mehr gesondert anordnen müssen**, da das Einspruchsrecht des Art. 13 EIOPA-VO alle in den Basisrechtsakten vorgenommen Delegationen erfasst. Für die Zwecke des Art. 290 Abs. 2 UAbs. 1 lit. b AEUV hat mithin der Art. 13 EIOPA-VO als Basisrechtsakt zu gelten. Hierfür ist es nur erforderlich, dass aus dem eigentlichen Basisrechtsakt deutlich wird, dass der Kommission (und der EIOPA) die Befugnis zum Erlass von technischen Standards in den Bedingungen der Art. 10 ff. EIOPA-VO übertragen werden.[2] 4

Sowohl das **Europäische Parlament** als auch der **Rat** können **eigeninitiativ** und **selbständig** einen **Einwand** gegen einen von der Kommission erlassenen technischen Regulierungsstandard **erheben.**[3] 5

2. Fristgerechte Erhebung des Einspruchs (Abs. 1 UAbs. 1, 2, Abs. 3 S. 2). Die Einspruchserhebung erfolgt durch Beschluss eines der beiden einspruchsberechtigten Organe[4] (siehe Rn. 5). Dieser Beschluss muss innerhalb des im betreffenden Organ geltenden Verfahrens mit der erforderlichen Mehrheit gefasst werden. Der **Einspruchsbeschluss** ist hierbei im Hinblick auf die Mehrheitserfordernisse (für das Europäische Parlament) an relativ hohe Schwellen gebunden.[5] Hierbei sind die Mehrheitserfordernisse immer gleichbleibend, unabhängig davon, welche Mehrheitserfordernisse für den Basisrechtsakt, der die Befugnisübertragung enthält, gelten. Für die Zwecke eines Einspruchsbeschlusses nach Abs. 1 beschließt gemäß Art. 290 Abs. 2 UAbs. 2 AEUV das **Europäische Parlament** mit der Mehrheit seiner Mitglieder (**absolute Mehrheit**) und der **Rat** mit **qualifizierter Mehrheit** (gemäß Art. 238 Abs. 2 AEUV). 6

Anders als im Hinblick auf einen Widerruf der Befugnisübertragung nach Art. 12 EIOPA-VO (siehe Art. 12 EIOPA-VO Rn. 7 ff.) muss das einspruchswillige Organ sich vor der Beschlussfassung nicht darum bemühen, das andere einspruchsberechtigte Organ oder die Kommission von seiner Absicht, einen Einwand zu erheben, zu unterrichten. Anders als im Rahme eines Widerrufs der Befugnisübertragung erscheint eine **Informationspflicht gegenüber** den **anderen Organen** hier auch **nicht erforderlich**. Während ein erfolgreicher Widerruf der Befugnisübertragung einschneidende Bedeutung für die zukünftige (legislatorische) Tätigkeit der Kommission und der Unionsgesetzgeber hat, bedeutet 7

[1] So beispielsweise von der Groeben/Schwarze/Hatje/*Schmidt* Art. 290 AEUV Rn. 38; Grabitz/Hilf/Nettesheim/*Nettesheim* Art. 290 AEUV Rn. 65; Streinz/*Gellermann* Art. 290 AEUV Rn. 11.

[2] Vgl. hierzu bspw. Art. 301b Solva II-RL.

[3] Statt aller (zu delegierten Rechtsakten allgemein): Grabitz/Hilf/Nettesheim/*Nettesheim* Art. 290 AEUV Rn. 65; Streinz/*Gellermann* Art. 290 AEUV Rn. 11.

[4] Teilweise wird hinsichtlich des Widerrufsrechts nach Art. 290 Abs. 2 UAbs. 1 lit. a AEUV – dies müsste dann auch für das Einspruchsrecht nach Art. 290 Abs. 2 UAbs. 1 lit. b AEUV gelten – angenommen, dass dieses teleologisch zu reduzieren ist, wenn im konkreten die Befugnisübertragung enthaltenden Rechtsakt nur eines der Organe (dh der Rat) als Gesetzgeber tätig geworden ist, sodass nur dem eigentlichen Deleganten ein Widerrufsrecht gegenüber dem Delegatar zukommen soll; so bspw. von der Groeben/Schwarze/Hatje/*Schmidt* Art. 290 AEUV Rn. 34. Dies kann im Hinblick auf den klaren Wortlaut und den angestrebten Zuwachs der Rechte des Europäischen Parlaments jedoch nicht überzeugen; so auch Grabitz/Hilf/Nettesheim/*Nettesheim* Art. 290 AEUV Rn. 62.

[5] Sehr kritisch hierzu (allerdings insbesondere mit Blick auf das Widerrufsrecht) von der Groeben/Schwarze/Hatje/*Schmidt* Art. 290 AEUV Rn. 35.

ein Einwand nur ein momentanes Scheitern eines legislatorischen Vorhabens. EIOPA und die Kommission sind nicht daran gehindert, unmittelbar nach diesem Scheitern auf der noch bestehenden Ermächtigungsgrundlage einen neuen technischen Standard zu erarbeiten und zu erlassen.

8 Wiederum anders als für den Widerrufsbeschluss des Art. 12 EIOPA-VO (siehe Art. 12 EIOPA-VO Rn. 8) wird durch Abs. 3 S. 2 für den Einspruchsbeschluss eine **Begründungspflicht** nach Art. 296 UAbs. 2 Hs. 1 AEUV angeordnet.[6] Diese Begründungspflicht, nach der die Gründe für die Einspruchserhebung in dem Beschluss förmlich dargestellt und erläutert werden müssen, erscheint anders als im Widerrufsverfahren hier auch zwingender, da die Befugnis zum Erlass von technischen Regulierungsstandards auch in Zukunft bei der Kommission (in Zusammenarbeit mit der EIOPA) verbleibt. Nur durch eine ausreichende Begründung der Einwände werden die Kommission und EIOPA davon abgehalten, einen legislatorischen Ansatz weiterzuverfolgen, der dazu führt, dass das Europäische Parlament oder der Rat wieder Einwände erheben.[7] Gleichzeitig werden der EIOPA und der Kommission durch die Begründung im Idealfall Wege aufgezeigt, wie ein technischer Regulierungsstandard aussehen könnte, an dem das einspruchserhebende Organ keinen Anstoß nimmt.

9 Gemäß Art. 290 Abs. 2 UAbs. 1 lit. b AEUV muss, wenn in einem Basisrechtsakt ein Einspruchsrecht vorgesehen wird, dieses an eine **zu bestimmende Frist** geknüpft werden. Dieser Vorgabe kommt Abs. 1 nach, der zwei unterschiedliche Fristen mit unterschiedlichen Verlängerungsmöglichkeiten vorsieht.

10 Hierbei setzt Abs. 1 UAbs. 1 S. 1 die **regelmäßige Einspruchsfrist** gegen durch die Kommission erlassene technische Regulierungsstandards auf **drei Monate ab Übermittlung** des erlassenen Standards an das jeweilige Organ fest.

11 Hiervon abweichend sieht Abs. 1 UAbs. 2 S. 1 vor, dass die **Einspruchsfrist** nur **einen Monat** beträgt, **wenn** es sich bei dem von der Kommission übermittelten **technischen Regulierungsstandard**, „um den **von** der Behörde [d. h. **EIOPA**] **übermittelten Entwurf** eines technischen Regulierungsstandards handelt" [Hervorhebung durch Verf.]. Hierbei ist äußerst fraglich, welcher Sinngehalt dieser Norm zu geben ist. Es wäre denkbar, dass allein die technischen Regulierungsstandards, die die Kommission nach Art. 10 Abs. 3 EIOPA-VO wegen der Untätigkeit der EIOPA ohne einen Entwurf durch diese erlässt unter die regelmäßige Einspruchsfrist des Abs. 1 UAbs. 1 (siehe Rn. 10) fallen. Dies würde bedeuten, dass alle technischen Regulierungsstandards, die im regelmäßigen Verfahren nach Art. 10 Abs. 1 EIOPA-VO auf Grundlage eines Entwurfes der EIOPA ergehen, von der regelmäßigen Einspruchsfrist ausgenommen und der verkürzten Einspruchsfrist des Abs. 1 UAbs. 2 unterworfen wären. Wäre dies vom Verordnungsgeber gewünscht gewesen, so würde der systematische Aufbau des Abs. 1 verwunderlich erscheinen, da dann die als Grundregel postulierte dreimonatige Einspruchsfrist des UAbs. 1 in Wirklichkeit eine Ausnahmeregel mit äußerst geringem Anwendungsbereich wäre. Tatsächlich hat Abs. 1 UAbs. 2 S. 1 einen reduzierten sachlichen Anwendungsbereich. Erfasst wird nur der durch die Kommission erlassene technische Standard, der mit dem von der EIOPA erarbeiteten und der Kommission nach Art. 10 Abs. 1 EIOPA-VO zur Billigung übermittelten Entwurf identisch ist. Dies geht aus anderen Sprachfassungen des Abs. 1 UAbs. 2 S. 1 auch wesentlich deutlicher hervor.[8] Das heißt, die verkürzte Einspruchsfrist greift bereits dann nicht, wenn die Kommission den Entwurf gemäß Art. 10 Abs. 1 UAbs. 5 S. 2 nur teilweise oder mit Änderungen billigt. Dies ergibt auch regelungstechnisch Sinn, da im Falle einer unveränderten vollständigen Billigung des Entwurfes der EIOPA eines technischen Standards, der Rat und das Parlament bereits geraume Zeit zur Beschäftigung mit dem nunmehr durch die Kommission erlassenen Standard hatten. Da der Entwurf nach Art. 10 Abs. 1 UAbs. 4 dem Rat und dem Europäischen Parlament in etwa zur gleichen Zeit zugeht wie der Kommission, würde es übertrieben erscheinen, ihnen bei einem unveränderten Erlass dieses Entwurfes als delegierter Rechtsakt ein dreimonatiges Einspruchsrecht zu gewähren.[9] Wenn jedoch durch die Kommission im Wechselspiel mit EIOPA Änderungen vorgenommen werden, so muss die Entschließungszeit für den Unionsgesetzgeber großzügiger bemessen sein, das heißt Abs. 1 UAbs. 1 muss zur Anwendung gelangen. Aus dem Telos der Norm ist nicht zu schlussfolgern, dass die verkürzte Frist des Abs. 1

[6] Die Kommission geht davon aus, dass eine solche Begründungspflicht nicht angeordnet werden muss, sondern sich schon aus Art. 290 Abs. 2 AEUV ergibt; siehe Mitteilung der Kommission an das Europäische Parlament und den Rat – Umsetzung von Artikel 290 des Vertrags über die Arbeitsweise der Europäischen Union, in: KOM(2009) 673 endg., S. 10; a. A. aber die h. L., siehe bspw. Grabitz/Hilf/Nettesheim/*Nettesheim* Art. 290 AEUV Rn. 65.

[7] Vgl. Mitteilung der Kommission an das Europäische Parlament und den Rat – Umsetzung von Artikel 290 des Vertrags über die Arbeitsweise der Europäischen Union, in: KOM(2009) 673 endg., S. 10.

[8] Hervorhebungen jeweils durch Verf. – Englisch: regulatory technical standard *which is the same* as the draft regulatory technical standard submitted by the Authority; Französisch: norme technique de réglementation *qui est identique au* projet de norme technique de réglementation soumis par l'Autorité; Italienisch: norma tecnica di regolamentazione *invariata rispetto al* progetto di norma tecnica di regolamentazione presentato dall'Autorità; Spanisch: norma técnica de regulación *que sea idéntica al* proyecto de norma técnica de regulación presentado por la Autoridad; Portugiesisch: norma técnica de regulamentação *que seja idêntica ao* projecto apresentado pela Autoridade; Niederländisch: technische reguleringsnorm vaststelt *die identiek is aan* het door de Autoriteit ingediende ontwerp van technische reguleringsnorm.

[9] Aus diesen Überlegungen heraus erscheint es auch zwingend den Abs. 1 UAbs. 2 S. 1 teleologisch zu reduzieren und die verkürzte Frist dann nicht anzuwenden, wenn die Kommission ihrer Pflicht zur umgehenden Übersendung des Entwurfes nach Art. 10 Abs. 1 UAbs. 4 EIOPA-VO nicht nachgekommen ist.

UAbs. 2 S. 1 auch gegen den Wortlaut dann zur Anwendung kommt, wenn der Entwurf wegen der Untätigkeit der EIOPA von der Kommission kommt und die EIOPA dem Entwurf nicht innerhalb der Sechswochenfrist widersprochen hat oder keine Änderungsvorschläge unterbreitet hat und die Kommission ihren Entwurf ohne Änderungen erlässt (vgl. Art. 10 EIOPA-VO Rn. 65 ff., 69). Gerade in einem solchen Fall, der üblicherweise wohl auf die Behördenüberlastung der EIOPA zurückzuführen sein dürfte, wird der Unionsgesetzgeber besonders gehalten sein, den technischen Regulierungsstandard intensiv zu prüfen, sodass ihm hierfür auch die längere Frist zur Verfügung stehen sollte.

Sowohl die regelmäßige **Einspruchsfrist** als auch die verkürzte Einspruchsfrist kann **verlängert** 12 werden. Die regelmäßige Einspruchsfrist kann hierbei gemäß Abs. 1 UAbs. 1 S. 2 um drei Monate verlängert werden, während die verkürzte Einspruchsfrist gemäß Abs. 1 UAbs. 2 S. 2 um einen Monat und gemäß Abs. 1 UAbs. 2 S. 3 – die zweite Verlängerungsmöglichkeit wurde durch die Omnibus II-Richtlinie eingefügt[10] – hiernach letztmalig um noch einen Monat verlängert werden kann.

Abs. 1 ist dahingehend intransparent, wie diese Einspruchsfristverlängerung herbeigeführt wird. 13 Hierzu wird nur festgestellt, dass diese Fristverlängerung auf „**Initiative**" des Europäischen Parlaments oder des Rates erfolgt. Da nicht ersichtlich ist, welches Organ letztlich über eine solche Initiative entscheiden sollte, ist davon auszugehen, dass die Fristverlängerung durch **eigeninitiativen** und **selbständigen Beschluss** eines der Organe erfolgt. Fraglich ist dann jedoch, mit welcher **Mehrheit** ein solcher Beschluss zu erfolgen hat. Regulatorisch könnte man annehmen, dass ein solcher Beschluss, da er der Ausgestaltung des Einspruchsrechts aus Art. 290 Abs. 2 UAbs. 1 lit. b AEUV dient, auch den Mehrheitserfordernissen des Art. 290 Abs. 2 UAbs. 2 AEUV unterliegt. Dies würde für das Europäische Parlament jedoch bedeuten, dass ein Fristverlängerungsbeschluss nur mit absoluter Mehrheit gefasst werden könnte, was für eine reine Fristverlängerung, die vielleicht auch gerade deshalb notwendig ist, um eine ausreichende Zahl der MEP hinreichend zu informieren, überschießend erscheint. Entsprechend ist davon auszugehen, dass der Fristverlängerungsbeschluss des Europäischen Parlaments gemäß Art, 231 UAbs. 1 AEUV mit einfacher Mehrheit (der abgegebenen Stimmen) und der des Rates gemäß Art. 238 Abs. 1 AEUV mit einfacher Mehrheit (der Mitglieder) ergehen kann.

3. Wirkung der Einspruchserhebung (Abs. 3 S. 1). Die von Art. 290 Abs. 2 UAbs. 1 lit. b 14 AEUV vorgesehene und durch Abs. 1 eingeführte Einspruchsfrist bewirkt, dass das Inkrafttreten eines technischen Regulierungsstandards unter die **aufschiebende Bedingung** eines ereignislosen Fristablaufs bzw. einer vorgezogenen Genehmigung durch beide einspruchsberechtigte Organe gestellt wird. Es ist also für den Bedingungseintritt grundsätzlich ein **Verstreichen der Schweigensfrist**[11] ohne Einwände durch das Europäische Parlament oder den Rat erforderlich.[12]

Die **Erhebung eines Einwands** führt mithin gemäß Abs. 3 S. 1 dazu, dass die aufschiebende 15 Bedingung (siehe Rn. 14) endgültig nicht mehr eintreten kann, sodass auch der betroffene technische Regulierungsstandard endgültig nicht mehr in Kraft gesetzt werden kann.[13]

III. Inkrafttreten und Veröffentlichung von technischen Regulierungsstandards (Abs. 2). Abs. 2 S. 1 ordnet an, dass ein technischer Regulierungsstandard regelmäßig in Kraft tritt, wenn die 16 konkret anwendbare Schweigensfrist (siehe Rn. 10 ff.) ereignislos verstrichen ist und die Kommission den delegierten Rechtsakt **nach Ablauf der Frist im Amtsblatt veröffentlicht**. Als Zeitpunkt des Inkrafttretens gilt der **im delegierten Rechtsakt genannte Zeitpunkt**. So ein Zeitpunkt ausnahmsweise nicht festgesetzt wird, gilt der technische Regulierungsstandard gemäß Art. 297 Abs. 2 UAbs. 2 S. 2 Alt. 2 AEUV ab dem zwanzigsten Tag nach seiner Veröffentlichung.

Daneben sieht Abs. 2 S. 2 die Möglichkeit eines früheren Inkrafttretens vor – das heißt vor Ablauf der 17 jeweils anwendbaren Einspruchsfrist. Inzidenter normiert Abs. 2 S. 2 die Eröffnung eines **Pseudodringlichkeitsverfahrens.**[14] Soweit sowohl das Europäische Parlament als auch der Rat – eventuell unter Hinweis der Kommission auf die Dringlichkeit der Angelegenheit – vor Ablauf der anwendbaren Einspruchsfrist ihren Verzicht auf die Erhebung eines Einwands erklären, so kann der technische Regulierungsstandard bereits zu diesem Zeitpunkt veröffentlicht werden und zum im Standard vorgesehenen Zeitpunkt in Kraft treten.

---

[10] Art. 4 Nr. 1 Richtlinie 2014/51/EU des Europäischen Parlaments und des Rates vom 16. April 2014 zur Änderung der Richtlinien 2003/71/EG und 2009/138/EG und der Verordnungen (EG) Nr. 1060/2009, (EU) Nr. 1094/2010 und (EU) Nr. 1095/2010 im Hinblick auf die Befugnisse der Europäischen Aufsichtsbehörde (Europäische Aufsichtsbehörde für das Versicherungswesen und die betriebliche Altersversorgung) und der Europäischen Aufsichtsbehörde (Europäische Wertpapier- und Marktaufsichtsbehörde), in: ABl. 2014 L 153, 1.

[11] Siehe Calliess/Ruffert/*Ruffert* Art. 290 AEUV Rn. 19.

[12] Siehe von der Groeben/Schwarze/Hatje/*Schmidt* Art. 290 AEUV Rn. 38; Grabitz/Hilf/Nettesheim/*Nettesheim* Art. 290 AEUV Rn. 65; Streinz/*Gellermann* Art. 290 AEUV Rn. 11.

[13] So explizit auch zum delegierten Rechtsakt bspw. Grabitz/Hilf/Nettesheim/*Nettesheim* Art. 290 AEUV Rn. 65.

[14] Zu Dringlichkeitsverfahren (*urgency procedure*), die jedoch, damit das Europäische Parlament und der Rat zur früheren Entscheidung verpflichtet wären, ausdrücklich angeordnet werden müssten, was in der EIOPA-VO nicht der Fall ist, siehe Nr. 20 ff. des Anhangs – Verständigung zwischen dem Europäischen Parlament, dem Rat und der Kommission über delegierte Rechtsakte zur Interinstitutionellen Vereinbarung zwischen dem Europäischen Parlament, dem Rat der Europäischen Union und der Europäischen Kommission über bessere Rechtsetzung, ABl. 2016 L 123, 1.

Nichtannahme oder Änderung des Entwurfs eines technischen Regulierungsstandards

14 (1) **Nimmt die Kommission den Entwurf eines technischen Regulierungsstandards nicht an oder ändert sie ihn gemäß Artikel 10 ab, so unterrichtet sie die Behörde, das Europäische Parlament und den Rat unter Angabe der Gründe dafür.**

(2) **Das Europäische Parlament oder der Rat können gegebenenfalls den zuständigen Kommissar zusammen mit dem Vorsitzenden der Behörde innerhalb eines Monats nach der in Absatz 1 genannten Unterrichtung zu einer Ad-hoc-Sitzung des zuständigen Ausschusses des Europäischen Parlaments oder des Rates zur Darlegung und Erläuterung ihrer Differenzen einladen.**

Schrifttum: Siehe die Angaben bei Art. 10 EIOPA-VO.

1 **I. Allgemeines.** Art. 14 EIOPA-VO bewirkt das Vorsehen einer Bedingung für die Befugnisausübung zum Erlass eines technischen Standards durch die Kommission – nämlich eine **Begründungs- und Unterrichtungspflicht der Kommission** gegenüber dem Europäischen Parlament und dem Rat zu der Frage, weshalb sie einen Entwurf eines technischen Regulierungsstandards der EIOPA nicht oder nur in abgeänderter Form annehmen möchte (Abs. 1) und die Befugnis des Europäischen Parlaments und des Rates den zuständigen Kommissar und den Vorsitzenden zu (verpflichtenden) **Vermittlungsdiskussionen** zu laden (Abs. 2).

2 Hierbei ist zu berücksichtigen, dass die Möglichkeit einer solchen Bedingung in Art. 290 Abs. 2 UAbs. 1 AEUV nicht explizit vorgesehen wird. So man der wohl **herrschenden Literaturmeinung** folgt, nach der Art. 290 Abs. 2 UAbs. 1 AEUV einen *numerus clausus* der im Basisrechtsakt vorsehbaren möglichen Bedingungen aufstellt (vgl. Art. 10 EIOPA-VO Rn. 10 ff.),[1] so ist die sekundärrechtliche Beschränkung der Befugnisübertragung in Art. 14 EIOPA-VO wegen **Verstoßes gegen** den **primärrechtlichen Art. 290 Abs. 2 UAbs. 1 AEUV** für nichtig erklärbar. Dies hätte aber letztlich keine praktischen Auswirkungen, da bei Zugrundelegung dieser Auslegung die gesamte Einbindung der EIOPA in den Verfahrensprozess nach Art. 10 EIOPA-VO primärrechtswidrig wäre (siehe Art. 10 EIOPA-VO Rn. 14).

3 **II. Begründungs- und Unterrichtungspflicht (Abs. 1).** Abs. 1 ordnet an, dass die Kommission im Falle der **Nichtbilligung** des von EIOPA übermittelten **Entwurfes** eines technischen Regulierungsstandards oder im Falle einer **Billigung unter Änderungen** die EIOPA, das Europäische Parlament und den Rat hiervon zu **unterrichten** und ihr Vorgehen zu **begründen** hat. Für die EIOPA kommt dem Abs. 1 hierbei nur deklaratorische Wirkung zu, da eine gleichlaufende Pflicht bereits in Art. 10 Abs. 1 UAbs. 6 S. 1 EIOPA-VO vorgesehen ist. Genau an dieser Stelle im Verfahren knüpft auch die Pflicht des Abs. 1 an. Das heißt von der Zielvorgabe her, dass das Europäische Parlament und der Rat genauso wie die EIOPA innerhalb von drei Monaten ab Erhalt des Entwurfes von der Nichtbilligung oder der nur geänderten Billigung und den Gründen hierzu zu unterrichten sind.

4 Es geht bei dieser Pflicht darum, dass das **Europäische Parlament** und der **Rat** als einspruchsberechtigte Organe (siehe Art. 13 EIOPA-VO Rn. 5) bereits **frühzeitig von Differenzen** zwischen der Kommission und der sektoriellen Regulierungsagentur EIOPA **informiert** werden, insbesondere um die Möglichkeit zu haben, über einen Vermittlungsversuch (siehe Rn. 5 ff.), aber auch über die frühzeitige Überlegung, ob die Position der Kommission im Ernstfall durch die Erhebung eines Einspruchs letztlich zugunsten der Position der EIOPA verhindert werden soll, zu entscheiden.

5 **III. Vermittlungsverfahren (Abs. 2).** Abs. 2 gewährt sowohl dem **Europäischen Parlament** als auch dem **Rat** ein **eigeninitiatives** und **selbständiges** Recht, den zuständigen Kommissar und den Vorsitzenden der EIOPA zu einer streitvermittelnden Aussprache zu laden.

6 Eine solche Einladung zur Aussprache, der der zuständige Kommissar und der Vorsitzende der EIOPA nachzukommen haben, kann nur **innerhalb eines Monats nach Zugang der Unterrichtung** erfolgen.

7 Die Vermittlung erfolgt im **zuständigen Ausschuss** des Europäischen Parlaments oder des Rates – je nach dem welches Organ die Ladung ausspricht – im Rahmen einer ***ad hoc*-Sitzung**. Dort haben die beiden geladenen Akteure – und eventuell zugezogene Fachleute der beiden Behörden – ihre Position dazulegen und die verbleibenden Differenzen zu erläutern. Es ist davon auszugehen, dass auch Mitglieder des Rates oder des Europäischen Parlamentes ihre Position verlautbaren lassen werden, woraus die Kommission und die EIOPA auch etwaige Rückschlüsse auf die Wahrscheinlichkeit einer Einspruchserhebung (siehe Art. 13 EIOPA-VO) im Falle eines Beibehaltens ihrer Positionen ziehen können.

---

[1] Schwarze/*Schoo* Art. 290 AEUV Rn. 13; von der Groeben/Schwarze/Hatje/*Schmidt* Art. 290 AEUV Rn. 32; Calliess/Ruffert/*Ruffert* Art. 290 AEUV Rn. 16a f.; a. A. bspw. *Peers/Costa* ELJ 2012, 427, 443.

Technische Durchführungsstandards

15 (1) [1] **Die Behörde kann technische Durchführungsstandards mittels Durchführungsrechtsakten gemäß Artikel 291 AEUV für die Bereiche entwickeln, die ausdrücklich in den in Artikel 1 Absatz 2 genannten Gesetzgebungsakten festgelegt sind.** [2] **Die technischen Durchführungsstandards sind technischer Art und beinhalten keine strategischen oder politischen Entscheidungen, und ihr Inhalt dient dazu, die Bedingungen für die Anwendung der genannten Gesetzgebungsakte festzulegen.** [3] **Die Behörde legt ihre Entwürfe technischer Durchführungsstandards der Kommission zur Zustimmung vor.**

[1] **Bevor sie die Entwürfe technischer Durchführungsstandards der Kommission übermittelt, führt die Behörde offene öffentliche Anhörungen durch und analysiert die potenziell anfallenden Kosten und den Nutzen, es sei denn, solche Anhörungen und Analysen sind im Verhältnis zum Anwendungsbereich und zu den Auswirkungen der betreffenden Entwürfe technischer Durchführungsstandards oder im Verhältnis zur besonderen Dringlichkeit der Angelegenheit unangemessen.** [2] **Die Behörde holt auch die Stellungnahme der in Artikel 37 genannten einschlägigen Interessengruppe ein.**

Legt die Behörde einen Entwurf eines technischen Durchführungsstandards vor, so leitet die Kommission diesen umgehend an das Europäische Parlament und den Rat weiter.

[1] **Innerhalb von drei Monaten nach Erhalt eines Entwurfs eines technischen Durchführungsstandards befindet die Kommission über seine Billigung.** [2] **Die Kommission kann diese Frist um einen Monat verlängern.** [3] **Die Kommission kann den Entwurf des technischen Durchführungsstandards lediglich teilweise oder mit Änderungen billigen, wenn dies aus Gründen des Unionsinteresses erforderlich ist.**

[1] **Beabsichtigt die Kommission, einen Entwurf eines technischen Durchführungsstandards nicht oder nur teilweise oder mit Änderungen anzunehmen, so sendet sie diesen zurück an die Behörde und erläutert dabei, warum sie ihn zu nicht billigen beabsichtigt, oder gegebenenfalls, warum sie Änderungen vorgenommen hat.** [2] **Die Behörde kann den Entwurf technischer Durchführungsstandards anhand der Änderungsvorschläge der Kommission innerhalb eines Zeitraums von sechs Wochen ändern und ihn der Kommission in Form einer förmlichen Stellungnahme erneut vorlegen. Die Behörde übermittelt dem Europäischen Parlament und dem Rat eine Kopie ihrer förmlichen Stellungnahme.**

Hat die Behörde bei Ablauf der in Unterabsatz 5 genannten Frist von sechs Wochen keinen geänderten Entwurf des technischen Durchführungsstandards vorgelegt oder einen Entwurf eines technischen Durchführungsstandards vorgelegt, der nicht in Übereinstimmung mit den Änderungsvorschlägen der Kommission abgeändert worden ist, so kann die Kommission den technischen Durchführungsstandard entweder mit den von ihr als wichtig erachteten Änderungen annehmen oder aber ihn ablehnen.

Die Kommission darf den Inhalt eines von der Behörde ausgearbeiteten Entwurfs eines technischen Durchführungsstandards nicht ändern, ohne sich nicht vorher mit der Behörde gemäß diesem Artikel abgestimmt zu haben.

(2) **Hat die Behörde keinen Entwurf eines technischen Durchführungsstandards innerhalb der Frist, die in den in Artikel 1 Absatz 2 genannten Gesetzgebungsakten angegeben ist, vorgelegt, so kann die Kommission einen solchen Entwurf innerhalb einer neuen Frist anfordern.**

(3) **Nur wenn die Behörde der Kommission innerhalb der Fristen nach Absatz 2 keinen Entwurf eines technischen Durchführungsstandards vorlegt, kann die Kommission einen technischen Durchführungsstandard ohne Entwurf der Behörde mittels eines Durchführungsrechtsakts annehmen.**

[1] **Die Kommission führt offene öffentliche Anhörungen zu Entwürfen technischer Durchführungsstandards durch und analysiert die potenziell anfallenden Kosten und den Nutzen, es sei denn, solche Anhörungen und Analysen sind im Verhältnis zum Anwendungsbereich und zu den Auswirkungen der betreffenden Entwürfe technischer Durchführungsstandards oder im Verhältnis zur besonderen Dringlichkeit der Angelegenheit unangemessen.** [2] **Die Kommission holt auch die Stellungnahme oder Empfehlung der in Artikel 37 genannten einschlägigen Interessengruppe ein.**

Die Kommission leitet den Entwurf eines technischen Durchführungsstandards umgehend an das Europäische Parlament und den Rat weiter.

[1] **Die Kommission übersendet der Behörde den Entwurf eines technischen Durchführungsstandards.** [2] **Die Behörde kann den Entwurf eines technischen Durchführungsstandards innerhalb einer Frist von sechs Wochen ändern und ihn der Kommission in Form einer förmlichen Stellungnahme erneut vorlegen.** [3] **Die Behörde übermittelt dem Europäischen Parlament und dem Rat eine Kopie ihrer förmlichen Stellungnahme.**

Hat die Behörde nach Ablauf der in Unterabsatz 4 genannten Frist von sechs Wochen noch keinen geänderten Entwurf des technischen Durchführungsstandard vorgelegt, so kann die Kommission den technischen Durchführungsstandard erlassen.

Hat die Behörde innerhalb der Frist von sechs Wochen einen geänderten Entwurf des technischen Durchführungsstandards vorgelegt, so kann die Kommission den Entwurf des technischen Durchführungsstandards auf der Grundlage der von der Behörde vorgeschlagenen Änderungen ändern oder den technischen Durchführungsstandard mit den von ihr als wichtig erachteten Änderungen erlassen.

Die Kommission darf den Inhalt des von der Behörde ausgearbeiteten Entwurfs des technischen Durchführungsstandards nicht ändern, ohne sich nicht vorher mit der Behörde gemäß diesem Artikel abgestimmt zu haben.

(4) **[1] Die technischen Durchführungsstandards werden mittels Verordnungen oder Beschlüssen erlassen. [2] Sie werden im Amtsblatt der Europäischen Union veröffentlicht und treten an dem darin genannten Datum in Kraft.**

Übersicht

Schrifttum: *Fabricius*, Der Technische Regulierungsstandard für Finanzdienstleistungen – Eine kritische Würdigung unter besonderer Berücksichtigung des Art. 290 AEUV, 2013; *v. Fürstenwerth/Gause*, Die Erweiterung des Lamfalussy-Verfahrens auf den Versicherungssektor, FS E. Lorenz, 2004, S. 253 ff.; *Gal/Sehrbrock*, Taking Stock of the Solvency II Reform Project: Towards a New European Insurance Supervisory Framework, EPL 2013, S. 195 ff.; *dies.*, Solvency II – Europäischer Rechtsrahmen einer neuen Versicherungsaufsicht, CFL 2012, S. 140ff, insbes. 141; *Goldmann/Purnhagen*, EIOPA – Die neue europäische Versicherungsaufsicht, VersR 2012, S. 29 ff. *Peers/Costa*, Accountability for Delegated and Implementing Acts after the Treaty of Lisbon, ELJ 2012, S. 427 ff.; *Stelkens*, Art. 291 AEUV, das Unionsverwaltungsrecht und die Verwaltungsautonomie der Mitgliedstaaten – zugleich zur Abgrenzung der Anwendungsbereiche von Art. 290 und Art. 291 AEUV, EuR 2012, S. 511 ff.; *Walla*, Die Europäische Wertpapier- und Marktaufsichtsbehörde (ESMA) als Akteur bei der Regulierung der Kapitalmärkte Europas – Grundlagen, erste Erfahrungen und Ausblick, BKR 2012, S. 265 ff.; *Wandt/Gal*, Grenzbereiche der Befugnisse von EIOPA, in: Dreher/Wandt 2013, S. 147; *Wandt/Sehrbrock*, Solvency II – Rechtsrahmen und Rechtsetzung, in: Dreher/Wandt 2009, S. 1 ff.; *Weber-Rey/Horak*, Europäischer Finanzsektor und Gesetzgebungsverfahren – Ein Zwischenbericht am Beispiel des Versicherungssektors, WM 2013, S. 721 ff.

1 **I. Allgemeines.** Art. 15 EIOPA-VO regelte das besondere Verfahren zum Erlass von Durchführungsrechtsakten nach Art. 291 Abs. 2 AEUV in der speziellen Form des technischen Durchführungsstandards. Hierbei unterscheidet Art. 15 EIOPA-VO das Verfahren danach, ob das Erlassverfahren vorschriftsgemäß durch EIOPA initiiert wird (Abs. 1) oder die EIOPA mit der Erstellung eines Entwurfes in Verzug kommt bzw. einen solchen gänzlich unterlässt (Abs. 2 und 3). Durch Abs. 4 wird festgelegt, in

welchen Rechtsaktformen ein technischer Durchführungsstandard erlassen werden kann, wann er in Kraft tritt und wie er zu veröffentlichen ist.

1. Zweigleisiges Model zum Erlass von Durchführungsrechtsakte. Der EIOPA kommt über die Beteiligung am Erlass von technischen Durchführungsstandard nach Art. 15 EIOPA-VO eine **bedeutende Funktion** im Rahmen der **europäischen Finanzaufsichtsgesetzgebung** zu. Hierbei handelt es sich um eine Kompetenz bei Erarbeitung der Normen der zweiten Lamfalussy-Ebene.[1] 2

Diese **zweite Lamfalussyebene** ist mit Inkrafttreten des Lissaboner Vertrages und der damit einhergehenden Neunormierung des Durchführungsrechtsakts in Art. 291 Abs. 2 AEUV (und des delegierten Rechtsakts in Art. 290 AEUV) wesentlich **komplexer** geworden als einst. Nunmehr stehen sich auf dieser Lamfalussyebene der Durchführungsrechtsakt und der in der EIOPA-VO und der Solvency II-Richtlinie (in der Fassung der Omnibus II-Richtlinie)[2] genannte technische Durchführungsstandard gegenüber. Insofern wird teilweise hinsichtlich der **Durchführungsrechtsakte *sensu stricto*** von der **Lamfalussy-Ebene 2**, hinsichtlich der **technischen Durchführungsstandards** von der **Lamfalussy-Ebene 2.5** gesprochen.[3] Dies sollte jedoch nicht darüber hinwegtäuschen, dass technische Durchführungsstandards in Form eines Durchführungsrechtsaktes erlassen werden und sich von diesen jeweils nur durch ein angepasstes Erlassverfahren insbesondere hinsichtlich der Einbindung der EIOPA unterscheiden. 3

2. Einbindung der EIOPA bei Erlass von Durchführungsrechtsakten *sensu stricto*. Anders als im Verhältnis zwischen delegierten Rechtsakten und technischen Regulierungsstandards (siehe Art. 10 EIOPA-VO Rn. 4 ff.) verdrängen die Ermächtigungen zum Erlass von technischen Durchführungsstandards die Ermächtigungen zum Erlass von Durchführungsrechtsakten *sensu stricto* im versicherungsaufsichtsrechtlichen Bereich fast vollständig. Gleichwohl bleiben auch hier **Ermächtigungen** zum **Erlass von Durchführungsrechtsakten *sensu stricto* weiterhin möglich**. Dies zeigt sich beispielsweise in Art. 77e Abs. 2 Solva II-RL, der die Kommission ermächtigt, einen Durchführungsrechtsakt zu der Berechnungsmethoden zum besten Schätzwert nach Artikel 77 Solva II-RL, den Matching-Anpassung nach Artikel 77c Solva II-RL und den Volatilitätsanpassung nach Artikel 77d Solva II-RL für jede maßgebliche Währung festzulegen. Die Kommission hat auf dieser Grundlage die Durchführungsverordnungen (EU) 2016/165 erlassen.[4] 4

Welche Funktion der **EIOPA im Erlass** der Durchführungsrechtsakte *sensu stricto* zukommen soll, ist nicht hinreichend geklärt, da eine Einbindung weder durch Art. 291 AEUV noch durch die Omnibus II-Richtlinie explizit vorgesehen wird. Beachtlich ist allenfalls, dass die Kommission in ihrer Erklärung 39 zu Art. 290 AEUV hat verlautbaren lassen, dass sie trotz der strukturellen Änderungen im Rahmen der an sie delegierten Rechtsakte weiterhin das Lamfalussyverfahren anwenden will.[5] Explizit bezieht sich dies jedoch nur auf die Absicht der Konsultation von durch die Mitgliedsstaaten benannten Experten (das heißt *in concreto* des Europäischen Ausschusses für das Versicherungswesen und die betriebliche Altersversorgung [EIOPC])[6, 7] und ist zudem nicht auf das Verfahren zum Erlass von Durchführungsrechtsakten bezogen. Es ist jedoch zu beachten, dass über Art. 291 Abs. 3 AEUV eine Anbindung der Befugnisübertragung der Kommission an die Mitgliedstaaten erfolgen kann. Dies ist mittels des Übertragens des alten Komitologiebeschlusses[8] in die geänderten neue Komitologieverordnung[9] geschehen. Beispielsweise hat die Kommission gemäß Art. 301 Abs. 2 Solva II-RL ihre Befugnis- 5

[1] Zur Rechtsetzung im Lamfalussy-Verfahren im Rahmen des Solvency II-Projektes vgl. *Wandt/Sehrbrock* in: Dreher/Wandt 2009, 1, 5 ff.; *v. Fürstenwerth/Gause* FS Lorenz, 2004, 253; *Gal/Sehrbrock* EPL 2013, 195, 297 ff.; *dies.* CFL 2012, 140, 141.

[2] Richtlinie 2014/51/EU des Europäischen Parlaments und des Rates vom 16. April 2014 zur Änderung der Richtlinien 2003/71/EG und 2009/138/EG und der Verordnungen (EG) Nr. 1060/2009, (EU) Nr. 1094/2010 und (EU) Nr. 1095/2010 im Hinblick auf die Befugnisse der Europäischen Aufsichtsbehörde (Europäische Aufsichtsbehörde für das Versicherungswesen und die betriebliche Altersversorgung) und der Europäischen Aufsichtsbehörde (Europäische Wertpapier- und Marktaufsichtsbehörde), ABl. 2014 L 53, 1. Die Anpassung an die neue Struktur der delegierten Rechtsetzung im Lissaboner Vertrag ist eines der Hauptanliegen dieser Änderungsrichtlinie; vgl. Erwägungsgründe 8 ff. des Richtlinienentwurfs und Nr. 6 der Entwurfsbegründung der Kommission (KOM[2011] 8 endg.).

[3] So beispielsweise *Weber-Rey/Horak* WM 2013, 721, 723; vgl. auch *Goldmann/Purnhagen* VersR 2012, 29, 33, nach denen EIOPA im Vergleich zum Level-3-Komitee CEIOPS mehr als ein Level-2,5-Komitee angesehen werden kann.

[4] Durchführungsverordnung (EU) 2016/165 der Kommission vom 5. Februar 2016 zur Festlegung technischer Informationen für die Berechnung von versicherungstechnischen Rückstellungen und Basiseigenmitteln für Meldungen mit Stichtagen vom 1. Januar bis zum 30. März 2016 im Einklang mit der Richtlinie 2009/138/EG des Europäischen Parlaments und des Rates („Solvabilität II"), ABl. 2016 L 32, 31.

[5] Erklärungen zur Schlussakte der Regierungskonferenz, die den am 13. Dezember 2007 unterzeichneten Vertrag von Lissabon angenommen hat, ABl. 2010 C 83, 350.

[6] Vgl. *Kommission*, Beschluss vom 5. November 2003 zur Einsetzung des Europäischen Ausschusses für das Versicherungswesen und die betriebliche Altersversorgung, ABl. 2004 L 3, 34.

[7] Erklärungen zur Schlussakte der Regierungskonferenz, die den am 13. Dezember 2007 unterzeichneten Vertrag von Lissabon angenommen hat, ABl. 2010 C 83, 350.

[8] Beschluss 1999/468/EG des Rates vom 28. Juni 1999 zur Festlegung der Modalitäten für die Ausübung der der Kommission übertragenen Durchführungsbefugnisse, ABl. 1999 L 184, 23.

[9] Verordnung (EU) Nr. 182/2011 des Europäischen Parlaments und des Rates vom 16. Februar 2011 zur Festlegung der allgemeinen Regeln und Grundsätze, nach denen die Mitgliedstaaten die Wahrnehmung der Durchführungsbefugnisse durch die Kommission kontrollieren, ABl. 2011 L 55, 13.

ausübung nach Art. 77e Abs. 2 Solva II-RL zum Erlass eines Durchführungsrechtsaktes unter Anwendung des Beratungsverfahrens mit dem EIOPC durchzuführen.

6 Eine zwingende Einbindung der EIOPA beim Erlass von Durchführungsrechtsakten *strictu senso* ist nicht vorgesehen, erscheint aber höchst **wünschenswert**, um deren Expertise schon im Entwurfsstadium nutzbar zu machen. Im Rahmen des Art. 291 AEUV i. V. m. der Komitologieverordnung gäbe es jedoch – wollte man nicht Erklärung 39 als eine Art Selbstverpflichtung verstehen[10] – **keine Verpflichtung der Kommission zu** einer solchen **Einbindung der EIOPA**.[11] Das Initiativrecht und die Entscheidungsgewalt über den Inhalt des Durchführungsrechtsaktes *sensu stricto* verbleiben vollumfänglich bei der Kommission.

II. Vorbemerkung: Primärrechtliche Bedenken gegen technische Durchführungsstandards.

7 Während die Ausgestaltung des Verfahrens zum Erlass technischer Regulierungsstandards nach Art. 10 ff. erheblichen **primärrechtlichen Bedenken**[12] begegnet (siehe Art. 10 EIOPA-VO Rn. 7 ff.), trifft dies auf die Ermächtigung zum Erlass von technischen Durchführungsstandards nicht im gleichen Maße zu. Zwar weicht auch das Verfahren zum Erlass von technischen Durchführungsstandards erheblich gegenüber dem Verfahren zum Erlass von Durchführungsrechtsakten *sensu stricto* ab. So steht das Initiativrecht zum Erlass dieser Standards nicht wie gemäß Art. 291 Abs. 2 AEUV der Kommission, sondern der EIOPA zu. Es ist gemäß Art. 15 Abs. 1 EIOPA-VO an der EIOPA – nach Einholung von Stellungnahmen der Stakeholdergruppen (siehe Art. 37 EIOPA-VO) und (grundsätzlich) nach Durchführung öffentlicher Anhörungen und Erstellung einer Kosten-Nutzen-Analyse – einen Entwurf des technischen Durchführungsstandards zu erstellen und diesen der Kommission zur Billigung, das heißt zum Erlass als Durchführungsrechtsakt in Form einer Verordnung oder eines Beschlusses,[13] vorzulegen. Zudem kann die Kommission gemäß Art. 15 Abs. 1 UAbs. 4 S. 3 EIOPA-VO eine Billigung des Entwurfes nur dann verweigern oder nur teilweise billigen, wenn dies aus Gründen des Unionsinteresses erforderlich erscheint.

8 Jenseits der Frage nach einer eventuellen Verletzung der Meroni-Doktrin durch eine Übertragung von Rechtsetzungsbefugnissen auf die EIOPA[14] stellt sich hinsichtlich des in dem Art. 15 EIOPA-VO geregelten Verfahrens die Frage nach einem **Verstoß gegen den primärrechtlichen Art. 291 AEUV**. Hierbei besteht jedoch ein erheblicher **Unterschied** zwischen der Beschränkungsmöglichkeit hinsichtlich der Ermächtigung zum Erlass von Durchführungsrechtsakten nach Art. 291 Abs. 3 AEUV und der **Beschränkungsmöglichkeit hinsichtlich der Ermächtigung zum Erlass von delegierten Rechtsakten** nach Art. 290 Abs. 2 UAbs. 1 AEUV. Während letzterer von großen Teilen der Lehre als abschließend angesehen wird, sodass andere Beschränkungen der Befugnisausübung nicht vorgesehen werden können, was zumindest nach einer Auslegung zur Nichtigkeit des gesamten in Art. 10 ff. EIOPA-VO vorgesehenen Verfahrens zum Erlass von technischen Regulierungsstandards führen würde (siehe Art. 10 EIOPA-VO Rn. 7 ff.), trifft dies auf Art. 291 Abs. 3 AEUV nicht in gleichem Maße zu. Art. 291 Abs. 3 AEUV ist hierbei sehr offen formuliert. Wenn Art. 291 Abs. 3 AEUV bestimmt, dass „das Europäische Parlament und der Rat gemäß dem ordentlichen Gesetzgebungsverfahren durch Verordnungen im Voraus allgemeine Regeln und Grundsätze fest[legen], nach denen die Mitgliedstaaten die Wahrnehmung der Durchführungsbefugnisse durch die Kommission kontrollieren", so zielt dies vorrangig auf den Erlass der neuen Komitologieverordnung. Es ist jedoch auch möglich, den Mitgliedstaaten eine andere Form der Kontrolle über die Durchführungsrechtsakte zu gewähren. Eine solche Möglichkeit sieht der ebenfalls im ordentlichen Gesetzgebungsverfahren erlassene Art. 15 EIOPA-VO vor. Durch diesen können die Mitgliedstaaten vertreten durch die Leiter ihrer nationalen Aufsichtsbehörden im Rat der Aufseher der EIOPA die Durchführungsrechtsakte in Form von technischen Durchführungsstandards selbst entwerfen und damit die Steuerung des Erlassverfahrens erheblich beeinflussen. Insofern bewegt sich Art. 15 EIOPA-VO innerhalb der durch Art. 291 Abs. 3 AEUV eröffneten Beschränkungsmöglichkeit. Im Hinblick auf die Meroni-Rechtsprechung sollte aber auch hier versucht werden, Art. 15 EIOPA-VO in einer Weise zu lesen, die das institutionelle Gleichgewicht des Lissaboner Vertrages am geringsten in Frage stellt (siehe Art. 10 EIOPA-VO Rn. 14).

9 **III. Reguläres Erlassverfahren nach Abs. 1.** Soweit man, wie hier, von der Rechtmäßigkeit der Übertragung zum Erlass von technischen Durchführungsstandards ausgeht (siehe Rn. 7 f.), so ist zu konstatieren, dass die **Kompetenzen** im Hinblick auf den **Erlass von technischen Durchführungs-**

---

[10] Mit guten Argumenten gegen eine Selbstbindung aus der Erklärung (und aus anderen Rechtsakten) *Fabricius*, Der Technische Regulierungsstandard für Finanzdienstleistungen, 2013, 52 ff. und passim.

[11] Auch die Interinstitutionelle Vereinbarung zwischen dem Europäischen Parlament, dem Rat der Europäischen Union und der Europäischen Kommission über bessere Rechtsetzung, ABl. 2016 L 123, 1 ändert hieran nichts, da sie im Verhältnis zu Art. 290 AEUV zum einen unverbindlich ist und zum anderen nur die Einbindung der Komitees (also EIOPC) adressiert.

[12] Siehe hierzu bereits ausführlich *Wandt/Gal* in: Dreher/Wandt 2013, 147, 155 ff.

[13] Durchführungsrechtsakte können grundsätzlich auch als Richtlinien erlassen werden, siehe bspw. Calliess/Ruffert/*Ruffert* Art. 291 AEUV Rn. 11. Die insoweit zulässige Beschränkung auf Verordnungen und Beschlüsse erfolgt durch Abs. 4 S. 1.

[14] Zu dieser Fragestellung ausführlich *Gal* ZVersWiss 2013, 325.

standards (und technischen Regulierungsstandards) zu den **wichtigsten Befugnissen der EIOPA** gehören. Über diese Befugnisse trägt die EIOPA im besonderen Maße zur Harmonisierung der Versicherungsmärkte bei und befördert den Weg hin zum mittel- bis langfristigen Ziel eines ***single rule book*** für die Versicherungswirtschaft und die Versicherungsaufsicht.[15]

Hierbei ist für das Verfahren zum Erlass der technischen Durchführungsstandards charakteristisch, dass die Kommission im Hinblick auf Art. 291 AEUV immer die Letztentscheidungsbefugnis innehaben muss, dass sie im Erlass dieser besonderen Form des Durchführungsrechtsaktes jedoch allzeit zu einer Abstimmung mit der EIOPA verpflichtet ist. Im Hinblick darauf, dass die EIOPA grundsätzlich das Recht hat, die Entwürfe der technischen Durchführungsstandards zu erarbeiten, ist es an ihr, die Diskussionsgrundlage zu schaffen. Berücksichtigt man ferner ihre besondere Expertise und die von ihr gesteuerte Konsultation der interessierten Kreise, kann die **EIOPA** über ihre Entwürfe wohl vielfach bereits Fakten schaffen und den **endgültigen Rechtsakt maßgeblich prägen**.[16] Die starke **präjudizierende Wirkung der Entwürfe** zeigt sich empirisch darin, dass im Zeitraum von Januar 2011 bis Dezember 2013 über 45 der durch die drei ESA übermittelten Entwürfe durch die Kommission sofort gebilligt und nur drei zur weiteren Bearbeitung an die entsprechende ESA zurückgesandt wurden.[17] 10

1. Bestehen einer Befugnisübertragung (Abs. 1 UAbs. 1 S. 1). Abs. 1 UAbs. 1 S. 1 ist für sich **keine Delegation von Befugnissen** zum Erlass von Durchführungsrechtsakten in der Form eines technischen Durchführungsstandards, sondern setzt eine solche voraus. Der Art. 15 EIOPA-VO gestaltet jede Delegation, die in einem Basisrechtsakt erfolgt, durch Verwendung des Verweisprinzips aus. Dies bedeutet, dass der die Befugnisübertragung enthaltende Basisrechtsakt (i. S. d. Art. 1 Abs. 2 EIOPA-VO) die Ermächtigung zum Erlass von technischen Durchführungsstandards und eine Bezugnahme auf Art. 15 EIOPA-VO vorsehen muss, damit der Anwendungsbereich des Abs. 1 UAbs. 1 S. 1 eröffnet ist. 11

Die **Befugnisübertragung** muss hierbei **in einem von Art. 1 Abs. 2 EIOPA-VO erfassten Rechtsakt** niedergelegt sein, dies wird aus Abs. 1 UAbs. 1 S. 1 nicht hinreichend deutlich, da die EIOPA nur in diesem Fall zum Tätigwerden ermächtigt ist. 12

2. Begriff des technischen Durchführungsstandards und inhaltliche Begrenzung (Abs. 1 UAbs. 1 S. 2). Eine Frage von besonderer Wichtigkeit ist die, **welche Regelungen** die EIOPA in ihrem Entwurf vorsehen und die Kommission letztlich erlassen kann, wenn die Delegation zum Erlass von **technischen Durchführungsstandards** (*implementing technical standards* [ITS]) besteht, sodass eine notwendige **Abgrenzung** zu legislatorischen Rechtsakten und zu den dichotomischen technischen Regulierungsstandards nötig wird (siehe hierzu ausführlich Art. 10 EIOPA-VO Rn. 20 ff.). 13

Eine **klare Abgrenzung** der beiden Standards voneinander ist wegen des unklaren Regelungswortlauts jedoch **nur schwer möglich**.[18] Gemäß Abs. 1 UAbs. 1 S. 2 sind technische Durchführungsstandards „technischer Art und beinhalten keine strategischen oder politischen Entscheidungen, und ihr Inhalt dient dazu, die Bedingungen für die Anwendung der genannten Gesetzgebungsakte festzulegen".,[19] Dagegen sind gemäß Art. 10 Abs. 1 UAbs. 2 EIOPA-VO technische Regulierungsstandards „technischer Art und beinhalten keine strategischen oder politischen Entscheidungen, und ihr Inhalt wird durch die Gesetzgebungsakte, auf denen sie beruhen, begrenzt".[20] Eine sinnvolle Abgrenzung hat hierbei am Maßstab des Primärrechts zu erfolgen, und zwar für delegierte Rechtsakte in Form von technischen Regulierungsstandards am Maßstab des Art. 290 AEUV und für Durchführungsrechtsakte in Form von technischen Durchführungsstandards am Maßstab des Art. 291 Abs. 4 AEUV.[21] Allerdings ist das Problem hiermit nur auf eine andere Ebene verschoben, da auch die Abgrenzung der Befugnisse unter Art. 290 und Art. 291 AEUV noch höchst umstritten ist.[22] Ohne diesen Meinungsstreit hier abschließend bewerten zu wollen, dienen die Durchführungsrechtsakte in der speziellen Form der 14

[15] So beispielsweise *Bürkle* VersR 2011, 1469, 1472; *Baur/Boegl* BKR 2011, 177, 182; *Lehmann/Manger-Nestler* ZBB 2011, 2.

[16] So beispielsweise auch *Platzer*, Versicherungsaufsicht in der Europäischen Union, 2015, 156; *Gal* ZVersWiss 2013, 325, 343; *Goldmann/Purnhagen* VersR 2012, 29, 32, die richtig darauf hinweisen, dass in vielen Fällen der Kommission für eine echte Kontrolle die Ressourcen fehlen werden.

[17] Siehe Bericht der Kommission an das Europäische Parlament und den Rat über die Tätigkeit der Europäischen Aufsichtsbehörden (ESA) und das Europäische System der Finanzaufsicht (ESFS), in: KOM(2014) 509 endg., S. 6.

[18] So auch *Sasserath-Alberti/Hartig* VersR 2012, 524, 527.

[19] Die Formulierung „Bedingungen für die Anwendung […]" in der deutschen Sprachfassungen ist missverständlich. Klarer wäre es gewesen, von „Einzelheiten der Art und Weise der Anwendung […]" zu sprechen.

[20] Anders als Art. 15 Abs. 1 UAbs. 1 S. 2 betreffend die technischen Durchführungsstandards ist Art. 10 Abs. 1 UAbs. 2 EIOPA-VO insoweit unvollständig, als die Regelung den Zweck der technischen Regulierungsstandards nicht nennt. Nach Art. 290 AEUV erfolgt die Befugnisübertragung auf die Kommission „zur Ergänzung oder Änderung bestimmter nicht wesentlicher Vorschriften des betreffenden Gesetzgebungsaktes". Art. 10 Abs. 1 UAbs. 1 EIOPA-VO spricht von der Befugnisübertragung auf die Kommission, um eine kohärente Harmonisierung in den Bereichen zu gewährleisten, die in den in Art. 1 Abs. 2 EIOPA-VO genannten Gesetzgebungsakten aufgeführt sind.

[21] So bspw. auch *Walla* BKR 2012, 265, 267 f.

[22] Vgl. bspw. *Stelkens* EuR 2012, 511, 536 f.

technischen Durchführungsstandards[23] nicht der Ergänzung oder Änderung des Basisrechtsaktes, sondern nur dem **einheitlichen Vollzug dieses Rechtsaktes, indem etwa Verfahrensabläufe, einheitliche Formulare oder ähnliches festgelegt werden**. Im Ergebnis sind EIOPA bzw. die Kommission gut beraten, das Tatbestandsmerkmal eines Bedarfs von einheitlichen Bedingungen für die Durchführung der verbindlichen Rechtsakte (Art. 291 Abs. 2 AEUV) bzw. der Festlegung der Bedingungen für die Anwendung der verbindlichen Rechtsakte (Art. 15 Abs. 1 EIOPA-VO) eng auszulegen, um eine Aushöhlung der Kompetenzen von Rat und Parlament zu vermeiden und zu verhindern, dass EIOPA Regelungskomplexe im vereinfachten Verfahren des Art. 15 EIOPA-VO einer Normierung zuführt, die eigentlich einem technischen Regulierungsstandard vorbehalten bleiben müssten.

15 Wie auch der technische Regulierungsstandard (siehe Art. 10 EIOPA-VO Rn. 24) ist der technische Durchführungsstandard auf **nicht wesentliche Inhalte zu beschränken**, während die wesentlichen Entscheidungen dem Unionsgesetzgeber vorbehalten bleiben. Diese Beschränkung dürfte für den technischen Durchführungsstandard wenig Bedeutung haben, da Vollzugsakte naturgemäß die wesentlichen Elemente des Basisrechtsakts nicht beeinflussen können.[24]

16 Eine inhärente Begrenzung des technischen Durchführungsstandards ergibt sich aus seiner Begriffsbestimmung in Abgrenzung zum legislatorischen Basisrechtsakt und zum technischen Regulierungsstandard (siehe insb. Rn. 14 f.). Daneben kann der potentielle **Inhalt** des Standards – ohne dass es in Art. 15 EIOPA-VO eine analoge Regelung zu Art. 10 Abs. 1 UAbs. 2 Hs. 2 EIOPA-VO gäbe – durch die Ermächtigung **begrenzt** werden. Die **Beschränkung** der Delegation **hinsichtlich** des **Ziels, Inhalts und Geltungsbereiches**[25] ergibt sich hierbei aus Art. 1 Abs. 6 UAbs. 1 S. 1 EIOPA-VO (siehe Art. 1 EIOPA-VO Rn. 23)und Art. 8 Abs. 1 lit. a EIOPA-VO (siehe Art. 8 EIOPA-VO Rn. 3 GS 1) jeweils i. V. m. der eventuellen genaueren Ausgestaltung (insbesondere zu Inhalt und Geltungsbereich) im Basisrechtsakt, der die konkrete Befugnisübertragung vornimmt. Hierbei hat das Ziel der Maßnahme, unabhängig von der sonstigen Festlegung des Ziels im Basisrechtsakt gemäß Art. 291 Abs. 2 AEUV immer auch die **kohärente Harmonisierung der delegierten Bereiche** („einheitliche Bedingungen für die Durchführung der verbindlichen Rechtsakte") zu sein.

17 **3. Entwurfentwicklungsphase bei der EIOPA (Abs. 1 UAbs. 1 S. 1).** Abs. 1 UAbs. 1 gewährt der **EIOPA** das **Initiativrecht** für den Erlass von technischen Durchführungsstandards, sodass sie selbstbestimmt einen Entwurf erarbeitet, konsultieren lässt, nachbessert und schließlich der Kommission zur Billigung übermittelt.

18 **a) Erstellung des Entwurfes (Abs. 1 UAbs. 1 S. 1).** Die **EIOPA erstellt** nach Abs. 1 UAbs. 1 S. 1 die **Entwürfe** zu den technischen Durchführungsstandards. Dies bedeutet, dass die EIOPA die Befugnisübertragungen in den Basisrechtsakten zum Erlass solcher technischer Regulierungsstandards angemessen zu sichten hat und innerhalb der vorgegebenen Fristen unter Berücksichtigung der inhaltlichen Begrenzungen (siehe insbesondere Rn. 13 ff.) einen Entwurf zu erstellen hat. Die Arretierung des Entwurfs erfolgt wie alle wesentlichen Maßnahmen innerhalb des Art. 15 EIOPA-VO durch Beschluss des Rates der Aufseher (siehe Art. 43 EIOPA-VO Rn. 6).

19 Dieser **Entwurf** hat in der Weise **ausgestaltet** zu sein, dass er grundsätzlich nur noch von der Kommission veröffentlicht werden muss, um rechtskräftig zu werden. Dies bedeutet beispielsweise, dass bereits die EIOPA unter Abwägungsgesichtspunkten zu entscheiden hat, in welcher Handlungsform – dh Verordnung oder Beschluss (siehe Rn. 60 f.) – der technische Durchführungsstandard später erlassen werden soll. Diese Anforderung an den Entwurf ergibt sich daraus, dass es der Kommission grundsätzlich ermöglicht werden muss, den Entwurf ohne Änderung zu billigen (siehe Rn. 30, 37), was voraussetzt, dass der Entwurf bereits die konkrete Ausgestaltung eines Durchführungsrechtsaktes nach Art. 291 Abs. 2 AEUV besitzt.

20 **b) Konsultation, Kosten-Nutzen-Analyse und Stellungnahme der *Stakeholdergruppe* (Abs. 1 UAbs. 2).** Bevor die EIOPA den von ihr erarbeiteten Entwurf der Kommission übermittelt, hat sie gemäß Abs. 1 UAbs. 2 S. 1 Hs. 1 Alt. 1 (grundsätzlich) **offene öffentliche Anhörungen** (*open public consultations*) durchzuführen. Dies bedeutet zunächst, dass der Entwurf veröffentlicht werden muss und eine Aufforderung an die Öffentlichkeit zur Stellungnahme zu erfolgen hat. Dadurch, dass diese Anhörung nicht nur öffentlich, sondern auch offen zu sein hat, wird zum Ausdruck gebracht, dass es der EIOPA nicht zusteht, diese Konsultation nur auf bestimmte Marktteilnehmer zu beschränken. Vielmehr ist jede juristische oder natürliche Person zur Kommentierung berechtigt.

[23] Hier mag der Streit dahinstehen, ob es sich bei Durchführungsrechtsakten (ausschließlich) um Durchführungsrechtssetzung oder zumindest auch um Maßnahmen der administrativen Durchführung im Einzelfall handelt, vgl. hierzu bspw. *Stelkens* EuR 2012, 511, 513 ff.

[24] Siehe von der Groeben/Schwarze/Hatje/*Schmidt* Art. 291 AEUV Rn. 14.

[25] Siehe zur Abgrenzung dieser Bereiche Calliess/Ruffert/*Ruffert* Art. 290 AEUV Rn. 12 ff.; zuzustimmen ist aber von der Groeben/Schwarze/Hatje/*Schmidt* Art. 290 AEUV Rn. 30, dass diese drei Bereiche kaum trennscharf voneinander zu scheiden sind.

Daneben hat die EIOPA zu diesem Zeitpunkt, also nach Vorliegen des Entwurfs, aber nicht zwingend vor der Konsultation, gemäß Abs. 1 UAbs. 2 S. 1 Hs. 1 Alt. 2 eine **Kosten-Nutzen-Analyse** zu erstellen. Dies bedeutet, dass die EIOPA die Vorteile und die Belastung gegeneinander abwägt, die Folge des Erlasses des technischen Durchführungsstandards gegenüber dem Nichterlass wären (wobei eine sinnvolle Kosten-Nutzen-Analyse nicht nur gegenüber dem Nichterlass, sondern auch gegenüber potentiell weniger eingriffsintensiven Regelungen abzuwägen ist). 21

Beide **Maßnahmen** (siehe Rn. 20 f.) sind grundsätzlich vorzunehmen und gemäß Abs. 1 UAbs. 2 S. 1 Hs. 2 dürfen sie **ausnahmsweise** nur dann **unterbleiben** – diese Voraussetzung erscheint trotz einer gewissen Einschätzungsprärogative der EIOPA zur Dringlichkeit voll justiziabel –, wenn die öffentliche Konsultation und/oder die Kosten-Nutzen-Analyse im Verhältnis zum (begrenzten) Anwendungsbereich und zur (geringen) Auswirkung der Entwürfe oder im Verhältnis zur (besonderen) Dringlichkeit der Angelegenheit unverhältnismäßig erscheinen. Soweit einer dieser Verfahrensschritte unrechtmäßig unterbleibt, so ist dies als ein dem als Verordnung oder Beschluss ergehenden technischer Durchführungsstandard anhaftender Verfahrensfehler anzusehen.[26] 22

Daneben hat EIOPA, bevor es den von ihr erarbeiteten Entwurf der Kommission übermittelt, gemäß Abs. 1 UAbs. 2 S. 2 die **Stellungnahmen** der einschlägigen ***Stakeholdergruppe*** (Art. 37 EIOPA-VO) einzuholen. 23

Anders als die öffentliche Konsultation und die Kosten-Nutzen-Analyse – dies ergibt sich daraus, dass Abs. 1 UAbs. 2 S. 2 keine dem Abs. 1 UAbs. 2 S. 1 Hs. 1 nachgebildete Ausnahmeregelung enthält – kann die Konsultation der einschlägigen Interessengruppe niemals unterbleiben, sondern ist **zwingend**. Da diese Interessengruppen in relativ knapper Frist konsultiert werden können und im Hinblick auf ihre Zusammensetzung ein relativ ausgewogenes Bild der Marktteilnehmer gewähren, kann die Konsultation gerade im Fall des ausnahmsweisen Verzichts auf eine öffentliche Konsultation eine gewisse Kompensation bewirken. 24

Hierbei ist der Begriff der **einschlägigen** Interessengruppe am zu regelnden Inhalt des technischen Durchführungsstandards auszulegen, sodass entweder die Stakeholdergruppe für Versicherung und Rückversicherung oder die Stakeholdergruppe für betriebliche Altersversorgung zu konsultieren ist.[27] Soweit ein Entwurf eines technischen Durchführungsstandards ausnahmsweise – weil er auf gleichlautenden Ermächtigungen aus Basisrechtsakten zu beiden Bereichen beruht und die EIOPA durch einen einheitlichen Standard eine untersektoriell kohärente Anwendung erreichen will – beide Bereiche erfasst, so wäre Abs. 1 UAbs. 2 S. 2 erweiternd zu lesen. Solche Entwürfe von technischen Durchführungsstandards, die beide Interessensgruppen tangieren, eröffnen eine Konsultationspflicht beider Interessengruppen. 25

c) Nachbesserung und Vorlage des Entwurfes zur Billigung (Abs. 1 UAbs. 1 S. 3). Ohne dass Abs. 1 dies explizit erwähnen würde, hat die **EIOPA** die eingegangenen **Stellungnahmen** der Interessengruppen und die öffentlichen Stellungnahmen nunmehr zu **sichten** und zu **bewerten** sowie letztlich **abzuwägen**, ob der Entwurf unter Berücksichtigung der gewonnenen Erkenntnisse abzuändern ist. Eine Abänderungspflicht entsteht hierbei jedoch nicht innerhalb des politischen Ermessensbereichs. Die Grenze, die der EIOPA vorgegeben ist, bestimmt sich ausschließlich aus der Befugnisübertragung (siehe Rn. 11 ff.) und höherrangigen Rechtsprinzipien (wie beispielsweise dem unionsrechtlichen Verhältnismäßigkeitsgrundsatz oder den Grundfreiheiten). 26

Es ist jedoch wünschenswert, dass die EIOPA den Input von interessierten Kreisen und insbesondere auch der Interessengruppen umfassend berücksichtigt und regelmäßig ihre **Entwürfe** einer erneuten Prüfung unterzieht und gegebenenfalls **anpasst**. Unklar ist hierbei, ob eine umfassende Änderung des Entwurfes eine erneute Konsultation, Kosten-Nutzen-Analyse und Konsultation der einschlägigen *Stakeholdergruppe* nach Abs. 1 UAbs. 2 auslöst. Dies ist grundsätzlich zu verneinen. Bei diesen Anhörungsrechten geht es grundsätzlich darum, eine Stellungnahme zu Regelung eines bestimmten Regelungsbereiches zu eröffnen, wobei der zur Konsultation gestellte Entwurf lediglich eine Diskussionsgrundlage ist, die interessierten Kreise aber auch über den Entwurf hinausgehende Anmerkungen einbringen können. Es ist insofern auch keine Verkürzung des Anhörungsrechtes, wenn die EIOPA auf Grund der Konsultation später eine Regelung abändert oder aufnimmt und den Entwurf so an die Kommission weiterleitet, über die letztlich keine Konsultation durchgeführt wurde. Dies hat jedoch spätestens dann nicht mehr zu gelten, wenn die Änderungen dem Entwurf ein vom ursprünglichen Entwurf stark abweichendes Gepräge geben. Zumindest in diesem Fall ist eine **erneute Konsultationsrunde** durchzuführen. 27

Sobald die EIOPA die Anpassung ihres Entwurfes – und eventuell erneute Konsultation, wobei gerade hier die Ausnahmevorschrift des Abs. 1 UAbs. 2 S. 1 Hs. 2 (siehe Rn. 22) zum Tragen kommen kann – abgeschlossen hat, hat sie diesen gemäß Abs. 1 UAbs. 1 S. 3 der **Kommission zur Billigung** zu 28

[26] Zu den Folgen siehe *Gal* in: Dreher/Wandt 2014, 11, 19 ff.

[27] *Keune*, Rechtliche Grundlagen und Grenzen der EIOPA, 2015, 93 geht demgegenüber davon aus, dass drei Stakeholdergruppen, nämlich eine für Versicherung, eine für Rückversicherung und eine für betriebliche Altersversorgung einzurichten sind. Dies widerspricht jedoch Art. 37 Abs. 2, 3 EIOPA-VO.

übermitteln. Anders als Art. 10 Abs. 1 UAbs. 1 S. 2 EIOPA-VO und sonst in Art. 15 EIOPA-VO spricht Abs. 1 UAbs. 1 S. 3 hier nicht von Billigung, sondern von Zustimmung. Die Ausdrücke Billigung und Zustimmung sind hierbei jedoch als Synonyme zu sehen und die Verwendung von unterschiedlichen Begriffen in der deutschen Sprachfassung – anders als in den anderen Sprachfassungen[28] – ist ein schlichter Redaktionsfehler.

29 **4. Billigungs- oder Änderungsphase bei der Kommission (Abs. 1 UAbs. 3, 4).** Die **Kommission** ist **nur formal Herrin des Verfahrens** zum endgültigen Erlass des technischen Durchführungsstandards. So ist es ihr nur unter engen Bedingungen möglich, einen durch die EIOPA eingereichten Entwurf abzuändern. Zudem trifft sie, wenn sie eine andere Maßnahme als die unbedingte Billigung des Entwurfes erlassen will, eine Abstimmungspflicht mit der EIOPA.

30 **a) Handlungsoptionen und Korrekturmaßstab der Kommission (Abs. 1 UAbs. 4).** Der Kommission stehen **vier Handlungsoptionen** im Hinblick auf einen Entwurf der EIOPA zu: Sie kann den Entwurf vollumfänglich billigen, teilweise billigen, mit Änderungen billigen oder vollumfänglich nichtbilligen. Verwunderlich ist hierbei, dass in Abs. 1 UAbs. 4 die unbedingte Nichtbilligung nicht vorgesehen wird. Hieraus könnte man den Schluss ziehen, dass diese Handlungsoption der Kommission überhaupt nicht gegeben ist. Hiergegen spricht jedoch Abs. 1 UAbs. 5 S. 1, der gerade auch den Fall der Nichtbilligung vorsieht.

31 Anders als dies der hier gewählte Begriff der Handlungsoption nahelegt, ist die Kommission in ihrer **Entscheidung** jedoch **nicht** vollkommen **frei**. Hierzu ist zunächst noch einmal in Erinnerung zu rufen (vgl. Art. 10 EIOPA-VO Rn. 12), dass die Kommission in ihrer Entscheidung über den Inhalt der technischen Durchführungsstandards sehr stark an die Entwürfe der EIOPA gebunden wird und diese gemäß den **Erwägungsgründen** „nur in äußerst begrenzten Fällen und unter außergewöhnlichen Umständen geändert werden dürfen".[29] Diese Einschränkung spiegelt sich jedoch im regulativen Teil der Verordnung nur bedingt wieder. Im Hinblick auf die Implikationen einer Auslegung, die die Kommission in ihrer Entscheidungshoheit übermäßig einschränkt – dies würde die Gefahr begründen, dass in dem ganzen Verfahren eine Beeinträchtigung des institutionellen Gleichgewichts und eine Verletzung des Demokratieprinzips gesehen wird[30] –, ist dieser Passus der Erwägungsgründe (wenn man ihn für technische Durchführungsstandards überhaupt für einschlägig hält) als grundsätzliche Zielvorstellung aufzufassen und weit auszulegen.

32 Es bleibt jedoch dabei, dass der Ermessensspielraum der Kommission auch durch den zwingend zu beachtenden regulativen Teil der EIOPA-VO eingeschränkt wird. Gemäß Abs. 1 UAbs. 4 S. 3 kann eine Billigung des Entwurfes nur teilweise oder mit Änderungen erfolgen, wenn dies aus **Gründen des Unionsinteresses erforderlich** erscheint.

33 Dies wirft zunächst die Frage auf, wie die Nichtnennung der **Nichtbilligung** im Abs. 1 UAbs. 4 S. 3 – die Nichtbilligung wird nur in Abs. 1 UAbs. 5 S. 1 aufgeführt – zu verstehen ist. Man könnte dies so auffassen, dass eine Nichtbilligung immer erfolgen kann, also auch dann, wenn dies nicht aus Gründen des Unionsinteresses erforderlich ist. Eine solche Auslegung erscheint jedoch systematisch und teleologisch verfehlt. Hier würde die vollständige Nichtbilligung an geringere Voraussetzungen geknüpft als die (für EIOPA) weniger einschneidende teilweise Billigung bzw. Billigung mit Änderungen. Man wird insofern davon auszugehen haben, dass eine vollständige Nichtbilligung grundsätzlich möglich, **aber ebenfalls nur aus Gründen des Unionsinteresses zulässig** ist.[31] Überlegen könnte man allerdings, ob nicht der Grundsatz der Verhältnismäßigkeit es gebietet, dass eine solche vollständige Verweigerung der Kommission von dem Willen getragen sein muss, besonders gewichtige Unionsinteressen zu schützen.

34 Gänzlich ungeklärt ist bisher, welcher **Überprüfungsmaßstab** mit dem Begriff des **Unionsinteresses** eröffnet wird. Wie bereits angemerkt (siehe Art. 10 EIOPA-VO Rn. 12, 41, 44), sollte der Begriff der Unionsinteressen jedoch eher großzügig ausgelegt werden, um der Kommission, als dem Organ, das für den Inhalt der Rechtsakte nach außen die Verantwortung trägt, eine ausreichende Entscheidungsprärogative zuzubilligen. Eine Beeinträchtigung des Unionsinteresses ist mit den Erwägungsgründen zumindest dann gegeben, wenn der Entwurf nicht mit dem Unionsrecht vereinbar ist, gegen den Grundsatz der Verhältnismäßigkeit verstößt oder grundlegenden Prinzipien des Binnenmarkts für Finanzdienstleistungen zuwider läuft.[32] Diese genannten Anwendungsfälle stellen besonders einschneidende Beeinträchtigungen des Unionsinteresses dar. Wollte man hierbei stehen bleiben, so wäre die Kommission im Bereich der Standards allerdings auf die Funktion einer Legalitätsaufsicht beschränkt. Es

---

[28] Die gleiche Begrifflichkeiten in Art. 10 Abs. 1 UAbs. 1 S. 2 EIOPA-VO und Art. 15 Abs. 1 UAbs. 1 S. 3 EIOPA-VO verwenden beispielsweise die englische (*endorsement*), französische (*approbation*), italienische (*approvazione*), spanische (*aprobación*), portugiesische (*aprovação*) und niederländische (*bevestiging*) Sprachfassung.

[29] So explizit Erwägungsgrund 22 allerdings nur zu technischen Regulierungsstandards.

[30] Siehe *Gal* ZVersWiss 2013, 325, 343; *Siekmann* in: Kadelbach, Nach der Finanzkrise, 2012, 196.

[31] So schon *Wandt/Gal* in: Dreher/Wandt 2013, 147, 160.

[32] Siehe Erwägungsgrund 22 S. 3, wobei diese Erläuterung streng genommen nur für technische Regulierungsstandards gilt, wobei eine Übertragung notwendig erscheint.

ist deshalb weiter zu gehen und der Kommission noch eine gewisse Einschätzungsprärogative darüber zuzubilligen, welche Maßnahmen dem Unionsinteresse zuträglich oder abträglich sind. Praktisch wird dies voraussichtlich aber nichts daran ändern, dass der Inhalt der Standards maßgeblich durch die EIOPA bestimmt werden wird. Zumindest im Zeitraum von Januar 2011 bis Dezember 2013 wurden über 45 der durch die drei ESA übermittelten Entwürfe durch die Kommission sofort gebilligt und nur drei zur weiteren Bearbeitung an die entsprechende ESA – mutmaßlich aus Gründen des Unionsinteresses – zurückgesandt.[33]

b) Fristen und Pflichten der Kommission (je nach gewählter Handlungsoption) (Abs. 1 UAbs. 3, 4 S. 1). Mit Erhalt des **Entwurfes** des technischen Durchführungsstandards hat die Kommission diesen gemäß Abs. 1 UAbs. 3 umgehend an das **Europäische Parlament** und den **Rat weiterzuleiten.** Anders als im Verfahren zum Erlass von technischen Regulierungsstandards dient dies nur der Information des Unionsgesetzgebers (zur Bedeutung dieser Übermittlung auf die Dauer der Einspruchsfrist bei technischen Regulierungsstandards siehe Art. 13 EIOPA-VO Rn. 11), da dieser gegenüber den technischen Durchführungsstandards kein Vetorecht hat. 35

Die Kommission hat ihre Entscheidung über den Entwurf gemäß Abs. 1 UAbs. 4 S. 1 (siehe Rn. 30 ff.) innerhalb einer **Frist** von **drei Monaten** ab Zugang des Entwurfes bei ihr zu treffen. Anders als im Verfahren zum Erlass von technischen Regulierungsstandards ist der Kommission gemäß Abs. 1 UAbs. 4 S. 1 eine **Verlängerungsoption** gewährt, nach der die Frist mittels eines einseitigen Gestaltungsrechts der Kommission um einen Monat verlängert werden kann. An ein Verstreichen dieser Frist ist jedoch keine unmittelbare Rechtsfolge gebunden. Insbesondere erlangt der Entwurf in diesem Fall nicht automatisch Rechtskraft – es gibt also keine Billigungsfiktion. Die EIOPA hätte in diesem Fall jedoch einen Anspruch auf ein Tätigwerden der Kommission, sodass sie grundsätzlich nach vorheriger Aufforderung zum Tätigwerden auch im Wege der Untätigkeitsklage nach Art. 265 AEUV gegen die Kommission vorgehen könnte. 36

So die Kommission den Entwurf **vollumfänglich billigt**, trifft sie gegenüber der EIOPA explizit keine weitere Pflicht mehr. Vielmehr **erlässt** sie gemäß Abs. 4 S. 1 den Entwurf als Durchführungsrechtsakt in der Form eines technischen Durchführungsstandards wie von der EIOPA vorgeschlagen als Verordnung oder Beschluss. Den so erlassenen technischen Durchführungsstandard muss sie anders als technische Regulierungsstandards **nicht** dem Europäischen Parlament und dem Rat **übermitteln** (siehe Art. 11 EIOPA-VO Rn. 15 ff.). Es ist jedoch anzunehmen, dass das Regelungskonzept des Art. 15 EIOPA-VO erfordert, dass der EIOPA der technische Durchführungsstandard zu übermitteln ist oder dieser zumindest mitzuteilen ist, dass der Entwurf unverändert als Durchführungsrechtsakt erlassen wurde. Die Kommission hat den technischen Durchführungsstandard zudem unverzüglich im Amtsblatt veröffentlichen zu lassen (siehe Rn. 62). 37

Entscheidet sich die Kommission dazu, den Entwurf **vollumfänglich nicht** zu **billigen**, nur **teilweise** zu **billigen** oder nur **mit Änderungen** zu **billigen**, so muss sie gemäß Abs. 1 UAbs. 5 S. 1 der **EIOPA** den Entwurf mit einer Erläuterung ihrer Position zurückzusenden. Erstaunlich ist hierbei, dass anders als im Fall der (teilweisen) Nichtbilligung von technischen Regulierungsstandards (siehe Art. 10 EIOPA-VO Rn. 48 und Art. 14 EIOPA-VO Rn. 3 f.) hier keine Unterrichtungs- und Begründungspflicht gegenüber dem Europäischen Parlament und dem Rat vorgesehen ist. Obgleich der Unionsgesetzgeber im Erlass von technischen Durchführungsstandards eine reduzierte Rolle spielt, erscheint dies als regulatorischer Lapsus, da Europäisches Parlament und Rat vom Entwurf der EIOPA (siehe Rn. 35) und von etwaigen förmlichen Stellungnahmen der EIOPA (siehe Rn. 40) zu unterrichten sind. Die letzte Pflicht ergibt jedoch letztlich keinen Sinn, wenn nicht auch die Änderungswünsche der Kommission an den Unionsgesetzgeber zu übermitteln wären. Insofern ist hier in Analogie zu Art. 14 Abs. 1 EIOPA-VO eine Übermittlungs- und Begründungspflicht auch gegenüber dem Europäischen Parlament und dem Rat anzunehmen. Im Hinblick auf den Überprüfungsmaßstab der Kommission (siehe Rn. 34) ist es etwa an dieser, für jede vorgeschlagene Änderung zu erläutern, in wie weit die entworfene Fassung dem Unionsinteresse zuwiderliefe oder zumindest wie die geänderte Fassung dem Unionsinteresse zuträglicher erscheint. 38

5. Weiteres Verfahren bei nur teilweiser Billigung oder Änderung des Entwurfes (Abs. 1 UAbs. 5, 6). Im Falle der Billigung des Entwurfes ist die EIOPA nicht mehr wesentlich in das **weitere Verfahren** (siehe Rn. 37) eingebunden, anders jedoch im Falle der Nichtbilligung, der Teilbilligung oder der abändernden Billigung. 39

a) Fristgemäße Überarbeitung des Entwurfes durch EIOPA (Abs. 1 UAbs. 5 S. 2). In diesem Fall ist es gemäß Abs. 1 UAbs. 5 S. 2 an der EIOPA, den **Entwurf** des technischen Durchführungsstandards unter Berücksichtigung der Änderungsvorschläge der Kommission zu **überarbeiten** und den abgeänderten Entwurf der Kommission in Form einer förmlichen Stellungnahme erneut zu **übersenden**. Der überarbeite Entwurf hat der Kommission hierbei innerhalb einer **Frist** von **sechs Wochen** 40

[33] Siehe Bericht der Kommission an das Europäische Parlament und den Rat über die Tätigkeit der Europäischen Aufsichtsbehörden (ESA) und das Europäische System der Finanzaufsicht (ESFS), in: KOM(2014) 509 endg., S. 6.

zuzugehen ab Zugang der Begründung der Nichtbilligung des Entwurfes durch die Kommission bei der EIOPA. Hieraus ergibt sich jedoch keine Pflicht der EIOPA ihren Entwurf abzuändern. Vielmehr erscheint es auch zulässig, dass sich die EIOPA mit den Änderungswünschen der Kommission auseinandersetzt und ihr dann einen unveränderten Entwurf mit einer Begründung zum Unterbleiben einer Änderung übersendet. In jedem Fall hat die EIOPA gemäß Abs. 1 UAbs. 5 S. 3 die förmliche Stellungnahme nicht nur der Kommission, sondern auch dem Europäischen Parlament und dem Rat zuzusenden.

41 So die EIOPA in ihrem **überarbeiteten Entwurf alle** von der Kommission geforderten **Änderungen vorgenommen** hat, ist die Kommission nunmehr (grundsätzlich) verpflichtet – ohne dass Abs. 1 dies ausführen würde – den nunmehrigen Entwurf als Durchführungsrechtsakt zu **erlassen** (zum dann einschlägigen weiteren Verfahren siehe Rn. 37).

42 Wenn die EIOPA hingegen im **überarbeiteten Entwurf nicht sämtliche Änderungsvorschläge** der Kommission **berücksichtigt**, so ist es gemäß Abs. 1 UAbs. 6 Alt. 2 an der Kommission, den Entwurf entweder **endgültig nicht** zu **billigen oder** aber diesen überarbeiteten Entwurf **mit** den (weiterhin) für wichtig erachteten **Änderungen** als Durchführungsrechtsakt zu **erlassen.**[34] Selbstverständlich – ohne dass dies näher in Abs. 1 ausgeführt werden müsste – kann sich die Kommission auch in diesem Stadium dazu entschließen, den überarbeiteten Entwurf trotz einer Abweichung zu ihren Änderungswünschen vollumfänglich zu billigen. Fraglich ist jedoch, ob die Kommission ein freies Ermessen zwischen den beiden Handlungsoptionen Nichtbilligung und ändernde Billigung hat. Im Hinblick darauf, dass die Kommission zum Erlass von technischen Durchführungsstandards ermächtigt wurde, also nicht nur das Recht, sondern auch die Pflicht hat, bestimmte regulatorische Lücken zu füllen, wird man in den meisten Fällen wohl annehmen müssen, dass die Kommission eine Pflicht trifft, den technischen Durchführungsstandard mit den von ihr für zwingend erachteten Änderungen zu erlassen. Hierbei kann die Kommission jedoch nicht in dieser Phase gänzlich neue Änderungen vorsehen. Abs. 1 UAbs. 7 normiert unbedingt, dass die Kommission Änderung an den Entwürfen nur vornehmen darf, wenn sie sich **mit** der **EIOPA** gemäß der Bestimmungen des Art. 15 EIOPA-VO **abgestimmt** hat. Dies bedeutet, dass die Kommission, wenn sie in dieser Phase bisher noch nicht angesprochene Änderungen am überarbeiteten Entwurf vornehmen möchte, eine erneute Übermittlungs- und Begründungspflicht nach Abs. 1 UAbs. 5 trifft und der EIOPA die Möglichkeit eröffnet wird, ihren Entwurf erneut zu überarbeiten.

43 **b) Untätigkeit der EIOPA (Abs. 1 UAbs. 6).** In dem Fall, dass die **EIOPA** ihren Entwurf **nicht innerhalb** der sechswöchigen **Frist überarbeitet** und der Kommission übersendet (siehe Rn. 40), kann die Kommission auch in diesem Fall gemäß Abs. 1 UAbs. 6 Alt. 1 den Entwurf entweder **endgültig nicht billigen oder** den ursprünglichen Entwurf der EIOPA **mit** den (weiterhin) für wichtig erachteten **Änderungen**[35] als Durchführungsrechtsakt **erlassen** (zum Auswahlermessen und zu weiteren Verfahrensanforderungen siehe Rn. 42).

44 **c) Übermittlung des beschlossenen technischen Standards.** Wenn die Kommission einen technischen Durchführungsstandard erlassen hat, muss sie diesen nur veröffentlichen lassen und **nicht** – wie im Fall des technischen Regulierungsstandards (siehe Art. 10 EIOPA-VO Rn. 54 und Art. 11 EIOPA-VO Rn. 15 ff.) – dem Europäischen Parlament und dem Rat zu **übermitteln**. Bei richtigem Verständnis ist der technische Durchführungsstandard der EIOPA jedoch zugängig zu machen (siehe Rn. 37).

45 Keine Regelung hat die Frage erfahren, wer davon zu **unterrichten** ist, wenn die Kommission eine **endgültige Nichtbilligung** eines Entwurfes (siehe Rn. 42, 43) beschließt. Es erscheint hierbei zwingend, dass die **EIOPA** von diesem Entschluss in Kenntnis gesetzt wird. Entsprechend der sonstigen Einbindung des Unionsgesetzgebers in das Erlassverfahren bei technischen Durchführungsstandards erscheint es jedoch auch dem Regelungskonzept zu entsprechen, dass die Kommission auch das **Europäische Parlament** und den **Rat** von ihrem Entschluss in Kenntnis setzen muss.

46 **IV. Erlassverfahren bei Verzug der EIOPA nach Abs. 2, 3.** Abs. 1 weist der EIOPA das Initiativrecht bei Erstellung der technischen Durchführungsstandards zu, sodass die Kommission ein Erlassverfahren nicht eigenständig beginnen kann. Insofern bedarf die Konstellation einer Lösung, dass die EIOPA einer Initiierungspflicht nicht nachkommt. Primärrechtlich wäre es hier möglich, wenn in der Vorlage eines Entwurfes zum konkreten Zeitpunkt eine Rechtspflicht zu sehen wäre, dass die Kommission gegen die EIOPA mit dem Mittel der Untätigkeitsklage nach Art. 265 AEUV vorgeht. Dies wäre jedoch eine etwas umständliche Methode, sodass Abs. 2 und 3 eine andere Lösung bei **Untätigkeit der**

[34] *Keune*, Rechtliche Grundlagen und Grenzen der EIOPA, 2015, 94 geht demgegenüber davon aus, dass die Kommission in dieser Konstellation den überarbeiteten Entwurf nur entweder annehmen oder ablehnen kann. Tatsächlich ist aber eine abändernde Annahme möglich.

[35] A. A. *Keune*, Rechtliche Grundlagen und Grenzen der EIOPA, 2015, 94, die davon ausgeht, dass die Kommission in diesem Fall nur entweder den ursprünglichen Entwurf annehmen oder ablehnen kann. Tatsächlich ist aber eine abändernde Annahme möglich.

EIOPA vorsehen. Hierdurch kann in bestimmten Konstellationen die Kommission das Initiativrecht gewinnen, wobei sie auch dann eine Abstimmungspflicht mit der EIOPA trifft.

1. Verzug der Entwurfserstellung der EIOPA (Abs. 2, Abs. 3 UAbs. 1). Ein Verlust des Initiativrechts der EIOPA ist nur dann denkbar, wenn die EIOPA mit ihrer Pflicht zur **Vorlage eines Entwurfes** gemäß Abs. 2 **in Verzug** gerät. Dies setzt voraus, dass die EIOPA den Entwurf nicht bis zu dem in dem die Ermächtigung erteilenden Basisrechtsakt vorgesehenen Zeitpunkt vorgelegt hat. 47

Abs. 2 ist hierbei wohl so zu verstehen, dass ein Verzug immer **nur** dann eintreten kann, **wenn** der **Basisrechtsakt** für den Erlass des technischen Durchführungsstandards eine **explizite Frist vorsieht**. Dies ist für die Ermächtigung zum Erlass von technischen Durchführungsstandards – anders als bei den technischen Regulierungsstandards (siehe Art. 10 EIOPA-VO Rn. 58) – in der Solvency II-Richtlinie nahezu immer der Fall. So sehen die Ermächtigungsnormen in Art. 31 Abs. 5 UAbs. 2, 35 Abs. 10 UAbs. 2, 37 Abs. 8 UAbs. 2, 44 Abs. 4a UAbs. 3, 56 UAbs. 3, 92 Abs. 3 UAbs. 2, 109a Abs. 1 UAbs. 2, Abs. 2 UAbs. 2 und Abs. 4 UAbs. 2, 111 Abs. 2 UAbs. 2, 114 Abs. 2 UAbs. 2, 211 Abs. 2a UAbs. 2, 244 Abs. 6 UAbs. 2, 259 Abs. 4 UAbs. 2, 256 Abs. 5 UAbs. 2, 308b Abs. 13 UAbs. 5 Solva II-RL allesamt eine Frist für die Erstellung des Entwurfes vor. 48

Auch wenn der EIOPA für das Vorlegen des Entwurfs in der Ermächtigung des Basisrechtsaktes eine Frist gesetzt wird, so kommt das Initiativrecht nicht automatisch mit Ablauf dieser Frist der Kommission zu. Vielmehr hat die Kommission der EIOPA gemäß Abs. 2 eine **Nachfrist** zu setzen – man darf annehmen, dass diese Frist **angemessen** zu sein hat (unter zeitlicher Berücksichtigung der Notwendigkeit der Erarbeitung des Entwurfs [siehe Rn. 17 ff.], der öffentlichen Konsultation [siehe Rn. 20] und der Erstellung einer Risiko-Nutzen-Analyse [siehe Rn. 21] und der Stellungnahme der Interessengruppe [siehe Rn. 23 ff.] und der eventuell erforderlichen Nachbesserung des Entwurfes [siehe Rn. 26 ff.]). 49

Obgleich eine Fristsetzung nach Abs. 2 eigentlich nur dann und erst dann möglich ist, wenn eine Tätigkeitsfrist im Basisrechtsakt ereignislos verstrichen ist (siehe Rn. 48), wird man es der Kommission wohl analog auch erlauben müssen, dass sie der EIOPA eine Frist zur Erstellung eines Entwurfs stellt, **wenn** die **Notwendigkeit der Schließung einer regulatorischen Lücke** mittels eines technischen Durchführungsstandards **evident** ist. 50

Erst mit Ablauf der angemessenen **Nachfrist** (siehe Rn. 49) ist die EIOPA im eigentlichen Sinne in **Verzug** mit der Folge, dass nunmehr das Initiativrecht auf die Kommission übergeht und das Erlassverfahren nach Abs. 3 auszugestalten ist. **So** die **EIOPA** hingegen nunmehr innerhalb der Frist einen **Entwurf vorlegt**, so kommt das **Verfahren nach Abs. 1** zur Anwendung. 51

2. Verfahren bei Verlust des Initiativrechts der EIOPA an die Kommission (Abs. 3). Wenn die EIOPA auch innerhalb der Nachfrist (siehe Rn. 49, 51) keinen Entwurf vorlegt, so kann die Kommission – und zwar nur in diesem Fall – gemäß Abs. 3 UAbs. 1 einen **technischen Durchführungsstandard ohne einen Entwurf der EIOPA** erlassen. Dies bedeutet insbesondere, dass das Initiativrecht auf die Kommission übergeht. Jedoch hat die Kommission auch in diesem Fall zahlreiche Besonderheiten zu beachten und kann nicht einfach einen Durchführungsrechtsakt erlassen. 52

Unklar bleibt hierbei, wie genau vorzugehen wäre, wenn die EIOPA erst **nach dem Ablauf der angemessenen Nachfrist** einen **Entwurf** bei der Kommission einreichen würde. Es wäre selbstverständlich möglich, dass die Kommission hier freiwillig auf ein Verfahren nach Abs. 1 umschwenkt. Fraglich ist jedoch, ob sie hierzu verpflichtet sein kann. Dies ist im Ergebnis abzulehnen. Da die Kommission für die nunmehr von ihr vorzunehmende Entwerfung des technischen Durchführungsstandards, dessen Konsultation etc. Zeit bedarf und diese Arbeiten koordinieren muss, kann es letztlich nicht sein, dass die EIOPA durch nunmehriges verspätetes Vorlegen eines Entwurfes diese Vorarbeit entwertet und wieder faktische Herrin des Verfahrens wird. Allenfalls könnte man darüber nachdenken, ob nicht das Prinzip der Loyalität die Kommission dazu verpflichtet, auf das Verfahren nach Abs. 1 umzuschwenken, wenn der Entwurf zu einem Zeitpunkt eingeht, zu dem sie selbst noch keine Vorarbeiten getroffen hat. 53

a) Entwurfsphase bei der Kommission (Abs. 3 UAbs. 1, 2, 3). So das Initiativrecht auf die Kommission übergangenen ist, unterscheidet sich das Erlassverfahren insbesondere im Hinblick auf die **Entwurfsphase**. Hier hat nunmehr gemäß Abs. 3 UAbs. 2 die **Kommission** unter den gleichen Anforderungen und Bedingungen wie sonst die EIOPA den **Entwurf** zu **erarbeiten** (vgl. Rn. 17 ff.), eine **offene öffentliche Konsultation** durchzuführen (vgl. Rn. 20) und eine **Risiko-Nutzen-Analyse** zu erstellen (vgl. Rn. 21), die Stellungnahme der einschlägigen **Interessengruppe** der EIOPA einzuholen (vgl. Rn. 23 ff.) und eine eventuell erforderliche **Nachbesserung des Entwurfes** vorzunehmen (vgl. Rn. 26 ff.). 54

b) Übermittlung des Entwurfes (Abs. 3 UAbs. 4). Diesen dergestalt erstellten Entwurf hat die Kommission nunmehr gemäß Abs. 3 UAbs. 3 dem **Europäischen Parlament** und dem **Rat** und gemäß Abs. 3 UAbs. 4 S. 1 der **EIOPA** zu **übermitteln**. Anders als im Verfahren zum Erlass von technischen Regulierungsstandards dient dies nur der Information des Unionsgesetzgebers (zur Bedeutung dieser Übermittlung auf die Dauer der Einspruchsfrist bei technischen Regulierungsstandards siehe 55

Art. 13 EIOPA-VO Rn. 11), da dieser gegenüber den technischen Durchführungsstandards kein Vetorecht hat.

56 Diese Übermittlung löst für die EIOPA gemäß Abs. 3 UAbs. 4 S. 2 eine **sechswöchige Frist** ab Zugang des Entwurfes aus, innerhalb derer sie den **Entwurf** der Kommission **überarbeiten** und der Kommission in Form einer förmlichen Stellungnahme zukommen lassen kann. Hieraus ergibt sich jedoch keine Pflicht der EIOPA, den Entwurf der Kommission abzuändern. Vielmehr ist es auch zulässig, dass sich die EIOPA mit dem Entwurf der Kommission auseinandersetzt und ihn mit einer Begründung zum Unterbleiben einer Änderung übersendet (das heißt vollumfänglichen Billigung).[36] In jedem Fall hat die EIOPA gemäß Abs. 3 UAbs. 4 S. 3 die förmliche Stellungnahme nicht nur der Kommission, sondern auch dem Europäischen Parlament und dem Rat zuzusenden.

57 **c) Fristgemäße Überarbeitung des Entwurfes durch EIOPA (Abs. 3 UAbs. 6, 7).** Sollte die EIOPA in ihrem fristgemäß **überarbeiteten Entwurf** dem **Entwurf** der Kommission **vollumfänglich zustimmen**, so ist die Kommission nunmehr verpflichtet – ohne dass Abs. 3 dies ausführen würde – den Entwurf als Durchführungsrechtsakt zu **erlassen** (zum dann einschlägigen weiteren Verfahren siehe Rn. 37).

58 Wenn die EIOPA hingegen innerhalb der sechswöchigen Frist auf der Grundlage des Entwurfs der Kommission einen eigenen **Entwurf** vorlegt, **der Änderungen** zum Entwurf der Kommission **vorsieht**, so ist es gemäß Abs. 3 UAbs. 6 an der Kommission, den von der EIOPA eingereichten Entwurf zu **billigen** (Abs. 3 UAbs. 6 Alt. 1 spricht hier davon, dass „die Kommission den Entwurf des technischen Durchführungsstandards [gemeint ist der Entwurf der Kommission] auf der Grundlage der von der Behörde [sc. EIOPA] vorgeschlagenen Änderungen ändern [kann]" – dies ist im Ergebnis letztlich die Billigung des von der EIOPA eingereichten Änderungsentwurfs). **Alternativ** kann sie gemäß Abs. 3 UAbs. 6 Alt. 2 den überarbeiteten Entwurf **mit** den für wichtig erachteten **Änderungen** als Durchführungsrechtsakt **erlassen**.[37] Anders als im Rahmen des regulären Erlassverfahrens (siehe Rn. 42) kann die Kommission sich nicht dazu entscheiden, dem Entwurf endgültig die Billigung zu verweigern. Was die Änderungsoption anbelangt, kann die Kommission nicht in dieser Phase gänzlich neue Änderungen vorsehen. Abs. 3 UAbs. 7 legt fest, dass die Kommission Änderung am von der EIOPA innerhalb der Sechswochenfrist ausgearbeiteten Gegenentwurf nur vornehmen darf, wenn sie sich **mit** der **EIOPA** gemäß der Bestimmungen des Art. 15 EIOPA-VO **abgestimmt** hat. Dies bedeutet, dass die Kommission, wenn sie in dieser Phase Änderungen vornehmen möchte, die nicht mit ihrem ursprünglichen Entwurf korrelieren, sie eine erneute Übermittlungs- und Begründungspflicht nach Abs. 1 UAbs. 5 analog trifft und der EIOPA die Möglichkeit eröffnet wird, ihren Entwurf erneut zu überarbeiten.

59 **d) Weitere Untätigkeit der EIOPA (Abs. 3 UAbs. 5).** In dem Falle dass die **EIOPA** innerhalb der sechswöchigen **Frist keinen Gegenentwurf erarbeitet** und der Kommission übersendet (siehe Rn. 56), kann die Kommission gemäß Abs. 3 UAbs. 5 ihren Entwurf **endgültig als Durchführungsrechtsakt erlassen.** Eine Nichtbilligung ist hier anders als im regulären Erlassverfahren (siehe Rn. 43) nicht explizit vorgesehen – da jedoch nunmehr die Kommission Herrin des Verfahrens ist und die Norm als Kann-Vorschrift ausgestaltet ist, wäre es für die Kommission grundsätzlich auch möglich das Erlassverfahren fallenzulassen. Auch die Option einer Annahme mit Änderungen zum eigenen ursprünglichen Entwurf wird der Kommission nicht explizit eröffnet. So jedoch innerhalb der sechswöchigen Frist neue Erkenntnisse eine Änderung nötig erscheinen lassen, kann die Kommission ihren Entwurf selbstverständlich abändern. In diesem Fall greift jedoch auch hier der Rechtsgedanke des Abs. 3 UAbs. 7, sodass eine Abstimmung mit der EIOPA zu suchen wäre, was eine erneute Übermittlungs- und Begründungspflicht nach Abs. 1 UAbs. 5 analog begründen und der EIOPA die Möglichkeit eröffnet würde, nunmehr einen Gegenentwurf zu erstellen.

60 **V. Handlungsformen (Abs. 4 S. 1).** Bei den **technischen Durchführungsstandards** handelt es sich gemäß Erwägungsgrund 25 und Abs. 1 UAbs. 1 S. 1 um eine **besondere Form der Durchführungsrechtsakte** des Art. 291 Abs. 2 AEUV. Solche Durchführungsrechtsakte können durch die Kommission **grundsätzlich** in **jeder Handlungsform** (dh in den Rechtsaktformen des Art. 288 AEUV),[38] also neben der Form der Verordnung und des Beschlusses auch als Richtlinien erlassen werden.[39]

61 Abs. 4 S. 1 schränkt diese Option der Kommission (und der EIOPA hinsichtlich der Entwurfsphase) jedoch dahingehend ein, dass die **technischen Durchführungsstandards nur** als **Durchführungs-**

[36] So auch *Keune*, Rechtliche Grundlagen und Grenzen der EIOPA, 2015, 94.

[37] *Keune*, Rechtliche Grundlagen und Grenzen der EIOPA, 2015, 94 geht demgegenüber davon aus, dass die Kommission in dieser Konstellation den überarbeiteten Entwurf nur entweder annehmen oder ablehnen kann. Tatsächlich ist aber eine abändernde Annahme möglich.

[38] Hierbei ergeben zumindest Empfehlungen und Stellungnahmen nach Art. 288 UAbs. 5 AEUV im Kontext der Finanzmarktregulierung per se keinen Sinn, da hierfür bereits das Instrument der Leitlinien und Empfehlungen nach Art. 15 EIOPA-VO vorgesehen sind.

[39] Siehe bspw. Calliess/Ruffert/*Ruffert* Art. 291 AEUV Rn. 11; Grabitz/Hilf/Nettesheim/*Nettesheim* Art. 291 AEUV Rn. 27; von der Groeben/Schwarze/Hatje/*Schmidt* Art. 291 AEUV Rn. 15.

verordnungen und **Durchführungsbeschlüsse** ergehen können.[40] Bei richtigem Verständnis ist Art. 291 AEUV so zu verstehen, dass die Ermächtigung im Basisrechtsakt der Kommission die zu wählende Handlungsform für den Durchführungsrechtsakt durchaus auch vorschreiben darf.[41] Folglich muss diese Beschränkung der Handlungsform dem besonderen Regelungsgefüge der EIOPA-VO entsprechend **nicht** mehr **in jedem** einzelnen **Basisrechtsakt** (iSd Art. 1 Abs. 2 EIOPA-VO) ausgeführt werden. Vielmehr erfasst **die in Abs. 4 S. 1 vorgesehene Schranke** alle in den Basisrechtsakten vorgenommen Delegationen.

VI. Inkrafttreten und Veröffentlichung (Abs. 4 S. 2). Abs. 4 S. 2 regelt die **Veröffentlichungspflicht** und das **Inkrafttreten** von technischen Durchführungsstandards. Hiernach sind die technischen Durchführungsstandards unmittelbar nach ihrem Erlass im **Amtsblatt** zu **veröffentlichen.** Als Zeitpunkt des Inkrafttretens gilt der **im Durchführungsrechtsakt genannte Zeitpunkt**. So ein Zeitpunkt ausnahmsweise nicht festgesetzt wird gilt der technische Durchführungsstandard gemäß Art. 297 Abs. 2 UAbs. 2 S. 2 Alt. 2 AEUV ab dem zwanzigsten Tag nach seiner Veröffentlichung. 62

Leitlinien und Empfehlungen

16 (1) **Um innerhalb des ESFS kohärente, effiziente und wirksame Aufsichtspraktiken zu schaffen und eine gemeinsame, einheitliche und kohärente Anwendung des Unionsrechts sicherzustellen, gibt die Behörde Leitlinien und Empfehlungen für die zuständigen Behörden und die Finanzinstitute heraus.**

(2) **[1]Die Behörde führt gegebenenfalls offene öffentliche Anhörungen zu den Leitlinien und Empfehlungen durch und analysiert die damit verbundenen potenziellen Kosten und den damit verbundenen potenziellen Nutzen. [2]Diese Anhörungen und Analysen müssen im Verhältnis zu Umfang, Natur und Folgen der Leitlinien oder Empfehlungen angemessen sein. [3]Die Behörde holt gegebenenfalls auch die Stellungnahme oder den Rat der in Artikel 37 genannten relevanten Interessengruppe ein.**

(3) **Die zuständigen Behörden und Finanzinstitute unternehmen alle erforderlichen Anstrengungen, um diesen Leitlinien und Empfehlungen nachzukommen.**

[1]Binnen zwei Monaten nach der Herausgabe einer Leitlinie oder Empfehlung bestätigt jede zuständige Behörde, ob sie dieser Leitlinie oder Empfehlung nachkommt oder nachzukommen beabsichtigt. [2]Kommt eine zuständige Behörde der Leitlinie oder Empfehlung nicht nach oder beabsichtigt sie nicht, dieser nachzukommen, teilt sie dies der Behörde unter Angabe der Gründe mit.

[1]Die Behörde veröffentlicht die Tatsache, dass eine zuständige Behörde dieser Leitlinie oder Empfehlung nicht nachkommt oder nicht nachzukommen beabsichtigt. [2]Die Behörde kann zudem von Fall zu Fall die Veröffentlichung der von der zuständigen Behörde angegebenen Gründe für die Nichteinhaltung einer Leitlinie oder Empfehlung beschließen. [3]Die zuständige Behörde wird im Voraus über eine solche Veröffentlichung informiert.

Wenn dies gemäß dieser Leitlinie oder Empfehlung erforderlich ist, erstatten die Finanzinstitute auf klare und ausführliche Weise Bericht darüber, ob sie einer Leitlinie oder Empfehlung nachkommen.

(4) **In dem in Artikel 43 Absatz 5 genannten Bericht informiert die Behörde das Europäische Parlament, den Rat und die Kommission darüber, welche Leitlinien und Empfehlungen herausgegeben worden sind und welche zuständigen Behörden diesen nicht nachgekommen sind, wobei auch erläutert wird, wie die Behörde beabsichtigt sicherzustellen, dass die betroffenen zuständigen Behörden den Empfehlungen und Leitlinien in Zukunft nachkommen werden.**

Übersicht

[40] A. A. *Keune*, Rechtliche Grundlagen und Grenzen der EIOPA, 2015, 92, die davon ausgeht, dass die EIOPA-VO keine Handlungsformbegrenzung vorsieht, sodass die technischen Regulierungsstandards nach ihrer Auffassung auch als Richtlinie ergehen können.

[41] So zumindest zu delegierten Rechtsakten Calliess/Ruffert/*Ruffert* Art. 290 AEUV Rn. 3.

Schrifttum: *Bast*, Handlungsformen und Rechtsschutz, in: Bogdandy/Bast, Europäisches Verfassungsrecht – Theoretische und dogmatische Grundzüge, 2. Aufl. 2009, S. 489 ff.; *Fekonja*, BaFin-Verlautbarungen – Möglichkeiten und Grenzen der rechtlichen Bindungswirkung, 2014; *Frank*, Die Rechtswirkung der Leitlinien und Empfehlungen der Europäischen Wertpapier- und Marktaufsichtsbehörde, 2012; *Gal*, Legitimationsdefizite und Kompetenzen der EIOPA im Lichte der Meroni-Rechtsprechung, ZVersWiss 2013, S. 325 ff.; *ders.*, Rechtsschutz gegen die Leitlinien der EIOPA, in: Koch/Werber/Winter (Hrsg.), Der Forschung – der Lehre – der Bildung: 100 Jahre Seminar für Versicherungswissenschaft und Versicherungswissenschaftlicher Verein in Hamburg e. V., 2016, S. 713 ff.; *Görisch*, Die Agenturen der Europäischen Union, Jura 2012, S. 42 ff.; *v. Graevenitz*, Mitteilungen, Leitlinien, Stellungnahmen – Soft Law der EU mit Lenkungswirkung, EuZW 2013, S. 169 ff.; *Groß*, Exekutive Vollzugsprogrammierung durch tertiäres Gemeinschaftsrecht?, DÖV 2004, S. 20 ff.; *Hartig*, Abweichkultur und Befolgungsdruck bei Leitlinien der europäischen Aufsichtsbehörden im Finanzbereich vor dem Hintergrund des § 161 AktG und des DCGK, BB 2012, S. 2959 ff.; *Pohlmann*, Keine Bindungswirkung von Bekanntmachungen und Mitteilungen der Europäischen Kommission, in: WuW 2005, S. 1005 ff.; *Sasserath-Alberti*, Aufgaben und Befugnisse von EIOPA: Möglichkeiten und Grenzen der Leitlinienbefugnis nach Art. 16 EIOPA-VO, in: Dreher/Wandt 2013, S. 129 ff.; *Schwarze*, Soft Law im Recht der Europäischen Union, EuR 2011, S. 3 ff.; *Siegel*, Auslegungsmitteilungen der Europäischen Kommission als tertiäres Unionsrecht – Zugleich eine Anmerkung zur Auslegungsmitteilung zu institutionalisierten Öffentlich-Privaten Partnerschaften (IÖPP), NVwZ 2008, S. 620 ff.; *Schweda*, Die Bindungswirkung von Bekanntmachungen und Leitlinien der Europäischen Kommission, WuW 2004, S. 1133 ff.; *Thomas*, Die Bindungswirkung von Mitteilungen, Bekanntmachungen und Leitlinien der EG-Kommission, EuR 2009, S. 423 ff.; *Wandt/Gal*, Grenzbereiche der Befugnisse von EIOPA, in: Dreher/Wandt 2013, S. 147 ff.

1 **I. Allgemeines.** Art. 16 EIOPA-VO ermächtigt die EIOPA dazu, Leitlinien und Empfehlungen für die nationalen Aufseher und für die Finanzinstitute herauszugeben (Abs. 1), regelt das hierbei zu wahrende Verfahren (Abs. 2), bestimmt die Durchsetzung der Leitlinien insbesondere mittels des *comply or explain*-Verfahrens und des *naming and shaming*-Mechanismus (Abs. 3) und verpflichtet die EIOPA zur Berichtsleistung über die Ergebnisse in diesem Bereich (Abs. 4)

2 **II. Ermächtigung zum Erlass von Leitlinien und Empfehlungen (Abs. 1).** Abs. **ermächtigt** die EIOPA zum **Erlass** von **Leitlinien und Empfehlungen**, um innerhalb des ESFS (siehe Art. 2 EIOPA-VO Rn. 2 ff., insb. Rn. 11) kohärente, effiziente und wirksame Aufsichtspraktiken zu schaffen und eine gemeinsame, einheitliche und kohärente Anwendung des Unionsrechts sicherzustellen. Von dieser Befugnis zum Erlass von Leitlinien hat EIOPA bereits regen Gebrauch gemacht.[1] Den Leitlinien und Empfehlungen kommt nach der Regelungssystematik der EIOPA-VO keine Bindungswirkung im engeren Sinne zu (siehe Rn. 5, 15 ff.). Sie sind insofern weder als Akte der Gesetzgebung noch als Verwaltungsakte zu qualifizieren. Gleichwohl handelt es sich bei ihnen um abstrakt-generelle Vorgaben an die nationalen Aufsichtsbehörden (oder an die beaufsichtigten Unternehmen), denen zumindest – wie noch auszuführen ist – ein gesteigerter faktischer Befolgungs- bzw. Umsetzungsdruck zuzusprechen ist, und diese insofern in die **Nähe eines Gesetzes** rückt. Bei den Leitlinien handelt es sich faktisch um ein besonders **wirkmächtiges Instrument der EIOPA** zur Annäherung an ein *single rule book*, wobei hier die Gefahr besteht, dass EIOPA über das Instrument der Leitlinien und Empfehlungen sich die Rechtstellung des Gesetzgebers anmaßt.

3 **1. Abgrenzung von Leitlinien und Empfehlungen.** In welcher Weise sich eine Leitlinie von einer Empfehlung nach Art. 16 EIOPA-VO unterscheiden lässt, ist noch gänzlich ungeklärt. Zumindest die **ESMA** – die mehrere ihrer gem. Art. 16 ESMA-VO (wortgleich mit Art. 16 EIOPA-VO) erlassenen Maßnahmen als **„Leitlinien und Empfehlungen"** bezeichnet,[2] ohne innerhalb der Maßnahmen zwischen beiden zu unterscheiden – scheint dieses Begriffspaar als ein **Hendiadyoin** zu sehen, das in seiner Zusammenfügung der beiden als Synonyme angenommenen Wörter das spezifische Rechtsinstrument des Art. 16 EIOPA-VO beschreibt; wobei dann teilweise wieder der Begriff der Leitlinie in der

[1] Gegenwärtig [Stand Dezember 2016] hat EIOPA vierunddreißig Leitlinienbündel (exklusive der außer Kraft getretenen *preparatory guidelines*) herausgegeben, die insgesamt 730 Leitlinien enthalten. Zur Umsetzungspraxis der nationalen Aufseher vgl. unten Rn. 50.

[2] Siehe bspw. *ESMA*, Leitlinien und Empfehlungen zu schriftlichen Vereinbarungen zwischen Mitgliedern von CCP-Kollegien (ESMA/2013/1390); *ESMA*, Leitlinien und Empfehlungen zum Geltungsbereich der CRA-Verordnung (ESMA/2013/720); *ESMA*, Leitlinien und Empfehlungen für die Erstellung kohärenter, effizienter und wirksamer Bewertungen von Interoperationalitätsvereinbarungen (ESMA/2013/322); *ESMA*, Leitlinien und Empfehlungen zur Zusammenarbeit einschließlich Delegation zwischen ESMA, den zuständigen Behörden und den sektoralen zuständigen Behörden gemäß Verordnung (EU) Nr. 513/2011 über Ratingagenturen (ESMA/2011/188).

Praxis der ESMA *pars pro toto* für das Rechtsinstrument „Leitlinie und Empfehlung" verwandt wird.[3] Ein solches Verständnis widerspricht jedoch zumindest dem Erwägungsgrund 47 der EIOPA-VO, nach dem die EIOPA und alle anderen ESA gehalten sind, interessierte Parteien zu „Leitlinien *oder* Empfehlungen" [Hervorhebung durch Verf.] zu konsultieren. Auch innerhalb des Art. 16 EIOPA-VO sprechen einige Normen von Leitlinien *oder* Empfehlungen (bspw. Abs. 2 S. 2, Abs. 3 UAbs. 2 S. 1, Abs. 3 UAbs. 3 S. 1 und 2, Abs. 3 UAbs. 4). Dass es sich bei beiden um **abgrenzungspflichtige Rechtsinstrumente** handeln muss, ergibt sich ferner auch aus Art. 8 Abs. 1 lit. a EIOPA-VO, der der EIOPA die Aufgabe zuweist, „Leitlinien, Empfehlungen sowie Entwürfe für technische Regulierungs- und Durchführungsstandards" auszuarbeiten.

Die EIOPA-VO gibt keine Hinweise darauf, an welchen **Merkmalen eine Abgrenzung** erfolgen 4
könnte. Ausgeschlossen werden kann zumindest eine Auslegung, dass Leitlinien sich nur an die Aufseher und Empfehlungen nur an die Versicherungsunternehmen richten. Abs. 3 UA 4 EIOPA-VO stellt klar, dass Versicherungsunternehmen, wenn dies nach einer Leitlinie oder Empfehlung erforderlich ist, Bericht zu erstatten haben, ob sie der Leitlinie oder Empfehlung nachkommen. Insofern ist eine Unterscheidung am Merkmal des Adressaten der Maßnahme unzulässig. Auch ein Rückgriff auf das Primärrecht vermag hier keine Klärung zu bewirken. Zwar werden in Art. 288 AEUV Empfehlungen und Stellungnahmen als mögliche unverbindliche Handlungsformen der EU aufgeführt, wobei aber anerkannt ist, dass auch andere (unverbindliche) Handlungsformen, die nicht aufgeführt sind, zulässig sind.[4,5] Jedoch ermöglicht die Definition der Empfehlungen unter dieser Norm keine Abgrenzung zu Leitlinien,[6] sondern allenfalls zu den primärrechtlich erwähnten Stellungnahmen. Nach einer gebräuchlichen Definition legen die Akteure mit Empfehlungen aus eigenem Entschluss dem Adressaten ein bestimmtes Verhalten nahe, während Stellungnahmen häufig eine sachverständige Meinungsäußerung zu fremden Initiativen enthalten.[7] Insofern werden beide als unverbindliche Rechtsinstrumente angesehen, die sich primär hinsichtlich des Auslösers ihres Erlasses unterscheiden.[8] Inwiefern sich Empfehlungen hiernach von Leitlinien unterscheiden, bleibt unklar. Eine **sinnvolle Abgrenzung** wird wohl nur **am Maßstab der Abstraktheit und Generalität** vorzunehmen sein. Während die **Leitlinien** ein Rechtsinstrument darstellen, das in einem **hohen Maße abstrakt-generell ist** und insofern in der **Nähe eines europäischen materiellen Gesetzes** steht, dürften **Empfehlungen** zwar nicht zwingend konkret-individuell sein, jedoch **entweder im Hinblick auf ihre Abstraktheit oder auf ihre Generalität ein Minus zu den Leitlinien** darstellen, sodass diese zumindest ein wenig in die Nähe eines europäischen Verwaltungsaktes rutschen. Unabhängig von der Vornahme dieser Abgrenzung sind Leitlinien und Empfehlungen aber als zwei Seiten einer Medaille zu betrachten: In verfahrensrechtlicher Hinsicht sind diese im Rahmen des Art. 16 EIOPA-VO und aller anderen Vorschriften gleichgestellt, sodass die Ausführungen zu Leitlinien *mutatis mutandis* immer auch für Empfehlungen gelten.

2. Rechtsnatur und -bindungswirkung der Leitlinien und Empfehlungen. Den **Leitlinien** 5
(und Empfehlungen) der EIOPA kommt nach der Regelungssystematik der EIOPA-VO **keine Bindungswirkung im engeren Sinne** zu.[9] Diese Rechtsansicht vertreten auch die Kommission[10] und

---

[3] Siehe bspw. *ESMA*, Leitlinien und Empfehlungen zur Zusammenarbeit einschließlich Delegation zwischen ESMA, den zuständigen Behörden und den sektoralen zuständigen Behörden gemäß Verordnung (EU) Nr. 513/2011 über Ratingagenturen (ESMA/2011/188); der Ausdruck Empfehlung taucht nur im Titel auf, während im Dokument nur von Leitlinien gesprochen wird.

[4] Statt vieler *v. Graevenitz* EuZW 2013, 169; *Görisch* Jura 2012, 42, 47.

[5] Zur Tatsache, dass Art. 288 AEUV nicht die Aufstellung eines *numerus clausus* intendiert, siehe bspw. *Bast* in: Bogdandy/Bast, Europäisches Verfassungsrecht, 2. Aufl. 2009, S. 489, 526 ff.

[6] Der Begriff der Leitlinie findet sich zwar nicht im Handlungsformenkatalog des Art. 288 AEUV, aber verstreut an mehreren anderen Stellen (bspw. Art. 5 Abs. 2, 26 Abs. 3, 68, 148 Abs. 2, 168 Abs. 2 UAbs. 2 S. 2, 171 Abs. 1 UAbs. 1 Spiegelstrich 1 AEUV). Hierbei wird der Begriff jedoch nicht legal definiert und es ist davon auszugehen, dass der Begriff auch nicht einheitlich im Sinne einer konkreten Handlungsform verwandt wird, sondern teilweise auch politisch im Sinne von Rahmenvorgabe gemeint ist (so werden beispielsweise die „Leitlinien" im Rahmen der Transeuropäischen Netze unter Geltung des Art. 172 AEUV vielfach in der Handlungsform des Beschlusses (bzw. früher der Entscheidung) erlassen); vgl. mit Beispielen von der Groeben/Schwarze/Hatje/*Buschle* Art. 172 AEUV Rn. 6 f.

[7] Vgl. Calliess/Ruffert/*Ruffert* Art. 288 AEUV Rn. 96; von der Groeben/Schwarze/Hatje/*Geismann* Art. 299 AEUV Rn. 63.

[8] Siehe Grabitz/Hilf/Nettesheim/*Nettesheim* Art. 288 AEUV Rn. 201.

[9] Die EIOPA-VO stellt dies nicht explizit fest; in Art. 71 Abs. 3 Solva II-RL a. F. (ABl. 2009 L 335, 1) wurden die Leitlinien des CEIOPS, der Vorgängerorganisation der EIOPA, jedoch ausdrücklich als unverbindlich bezeichnet. Diese Regelung wurde allerdings aufgehoben durch Art. 1 Nr. 21 der Omnibus II-Richtlinie *recte* Richtlinie 2014/51/EU des Europäischen Parlaments und des Rates vom 16. April 2014 zur Änderung der Richtlinien 2003/71/EG und 2009/138/EG und der Verordnungen (EG) Nr. 1060/2009, (EU) Nr. 1094/2010 und (EU) Nr. 1095/2010 im Hinblick auf die Befugnisse der Europäischen Aufsichtsbehörde (Europäische Aufsichtsbehörde für das Versicherungswesen und die betriebliche Altersversorgung) und der Europäischen Aufsichtsbehörde (Europäische Wertpapier- und Marktaufsichtsbehörde), ABl. 2014 L 153, 1. Diese Aufhebung ist jedoch nicht dem Umstand geschuldet, dass der europäische Gesetzgeber die Unverbindlichkeit für verfehlt gehalten hätte, sondern dass diese Norm auf Grund des zwischenzeitigen Inkrafttretens der EIOPA-VO überflüssig geworden ist.

[10] Bericht der Kommission an das Europäische Parlament und den Rat über die Tätigkeit der Europäischen Aufsichtsbehörden (ESA) und das Europäische System der Finanzaufsicht (ESFS), in: KOM(2014) 509 endg., S. 6.

wohl auch der gemeinsame Beschwerdeausschuss der ESA.[11] Sie sind insofern weder als Akte der Gesetzgebung noch als Verwaltungsakte zu qualifizieren. Aus diesem Charakteristikum der fehlenden rechtlichen Verpflichtung wird weit verbreitet geschlussfolgert, dass es sich bei ihnen um sogenanntes ***soft law*** handele.[12] Für eine solche Qualifizierung als *soft law* ist jedoch typisch, dass den Normen lediglich ein **Appellcharakter** zukommt.[13] Dies trifft jedoch auf die durch EIOPA zu erlassenden Leitlinien und Empfehlungen nur bedingt zu. Bei den Leitlinien handelt es sich um abstrakt-generelle Vorgaben an die nationalen Aufsichtsbehörden (oder an die beaufsichtigten Unternehmen), denen zumindest ein gesteigerter faktischer Befolgungs- bzw. Umsetzungsdruck zuzusprechen ist, sodass es sich zumindest um relativ hartes *soft law* handelt.[14] Mit dieser Feststellung ist jedoch wenig gewonnen. Im Folgenden soll im Detail auseinandergesetzt werden, wie sich die Rechtsbindungswirkung (im weiteren Sinne) für die einzelnen Akteure darstellt.

6 **a) Rechtsbindung der EIOPA.** In der Literatur wurde bisher vorrangig die Frage der Bindungswirkung gegenüber den Aufsichtsbehörden und den Versicherungsunternehmen diskutiert.[15] Die Frage, inwieweit für die **EIOPA selbst eine Bindungswirkung entsteht**, wurde, soweit ersichtlich, eher vernachlässigt.[16]

7 **aa) Selbstbindung durch Herausgabe von Leitlinien.** Hierbei ist zu beachten, dass die Leitlinien der EIOPA im rechtlichen Charakter den durch die **Kommission** zu erlassenden **Leitlinien gleichen**. Diese Leitlinien der Kommission, die primärrechtlich nicht explizit als allgemeine Handlungsform vorgesehen werden,[17] sind genauso wie deren Empfehlungen und Stellungnahmen nach Art. 288 UAbs. 5 AEUV unverbindlich.[18] Diese primärrechtliche Anordnung der **Unverbindlichkeit** wirkt jedoch nach Auffassung des EuGH **nur gegenüber** den **Normadressaten** und anderen **beschäftigten Institutionen,**[19] nicht jedoch gegenüber dem Autor der Leitlinie.

8 Spätestens seit der Entscheidung des EuG in der Rechtssache „Royal Philips" im Jahre 2003 ist anerkannt, dass die durch die Kommission erlassenen **Leitlinien diese selbst** rechtlich **binden.**[20] Da sich die Leitlinien an den Rechtsverkehr richten und einen der Kommission zurechenbaren Vertrauenstatbestand schaffen,[21] gebietet es der allgemeine Gleichheitssatz und der Grundsatz des Vertrauensschutzes,[22] dass die Kommission die eigenen Leitlinien in ihrer Entscheidungspraxis auch unterschiedslos befolgt. Auch die grundsätzlich unverbindlichen Leitlinien der EIOPA richten sich an den Rechtsverkehr (sei es an die nationalen Aufsichtsbehörden oder unmittelbar an die Finanzinstitute) und der hierdurch geschaffene Vertrauenstatbestand ist unmittelbar der EIOPA zuzurechnen. Es ist insofern davon auszugehen, dass die Rechtsprechung der europäischen Gerichte zur Selbstbindungswirkung der Kommissionsleitlinien auf die Leitlinien der EIOPA übertragen werden kann und sollte. Es bleibt jedoch zu berücksichtigen, dass Leitlinien typischerweise norm- und vor allem ermessenskonkretisierend wirken sollen, sodass ausschließlich der Autor, dh EIOPA, an diese gebunden wird und nicht etwa alle Unionsinstitutionen.[23]

---

[11] *ESA-BoA*, Beschluss vom 24.6.2013, Rs. EBA C 2013 002 (SV Capital OÜ./. EBA), BoA 2013-008, Rn. 56: „even on the basis that the EBA Guidelines are not legally binding […]", was zwar zum einen nur die Rechtsposition der EBA wiedergibt und zum anderen einer gewissen Mehrdeutigkeit nicht entbehrt, aber im Gesamtkontext so zu verstehen ist, dass der Beschwerdeausschuss Leitlinien als rechtlich unverbindlich ansieht; so auch *Janssen* Law and Financial Markets Review 2013, 311, 313.

[12] So beispielsweise *Walla* BKR 2012, 265, 267.

[13] *Siekmann* in: Kadelbach, Nach der Finanzkrise, 2012, 131, 199; für ein etwas weiteres Verständnis siehe *Schwarze* EuR 2011, 3.

[14] So bereits *Wandt/Gal* in: Dreher/Wandt 2013, 147, 166 ff.

[15] Siehe beispielsweise *Sasserath-Alberti* in: Dreher/Wandt 2013, 129, 136 ff.; *Gal* ZVersWiss 2013, 325, 344 ff.; *Wandt/Gal* in: Dreher/Wandt 2013, 147, 166 ff.

[16] Zu Leitlinien der Kommission (und anderer Unionsagenturen) wurde diese Frage hingegen bereits mehrfach untersucht; siehe bspw. *Groß* DÖV 2004, 20, 23 *et passim*; *Siegel* NVwZ 2008, 620, 620; *Thomas* EuR 2009, 423, 426 ff.; knappe Feststellung zur Selbstbindungswirkung der EBA-Leitlinien durch *Michel* DÖV 2011, 728, 732.

[17] Für einen nicht abschließenden Katalog der in Art. 288 AEUV nicht aufgeführten sonstigen Handlungsformen, siehe bspw. Grabitz/Hilf/Nettesheim/*Nettesheim* Art. 288 AEUV Rn. 209 ff.

[18] So *Schwarze* EuR 2011, 3, 5 ff.

[19] In *EuGH* Urt. v. 7.3.2002 – Rs. C-310/99, Rn. 52 – Italien/Ksion stellt der Gerichtshof bereits fest, dass die Leitlinien zwar zu einer Selbstbindung der Kommission, nicht aber zu einer Bindung des Gerichtshofs führen können. Allerdings dürften Leitlinien, genauso wie Empfehlungen nach Art. 288 AEUV, wohl nicht als gänzlich unverbindlich anzusehen sein, da der EuGH für letztere eine Pflicht nationaler Gerichte (und wohl auch Behörden) konstatiert, diese in ihrer Erwägung zumindest zu berücksichtigen, wenn auch nicht zwingend zu befolgen (*EuGH* Urt. v. 13.12.1989 – Rs. C-322/88, Rn. 18 – Grimaldi/Fonds des maladies professionnelles).

[20] *EuG* Urt. v. 28.6.2003 – Rs. T-119/02, Rn. 242 – Royal Philips/Ksion. Dieses Urteil zum Beihilferecht zeigt auf, dass es im Rahmen der Selbstbindung vorrangig auf die Feststellung des Regelungsumfangs ankommt.

[21] *Thomas* EuR 2009, 423, 426.

[22] So bspw. *EuGH* Urt. v. 28.6.2005 – Rs. C-189/02 P u. a., Rn. 209 – Dansk Rørindustri A/S u. a./Ksion; *EuG* Urt. v. 8.10.2008 – Rs. T-73/04, Rn. 72 – Carbone-Lorraine/Ksion.

[23] So bereits zu Kommissionsleitlinien *EuGH,* Urt. v. 28.6.2005 – Rs. C-189/02 P u. a., Rn. 211 – Dansk Rørindustri A/S u. a./Ksion.

9 **bb) Grenzen der Selbstbindung.** Auch diese **Selbstbindungswirkung** kann jedoch **nicht schrankenlos** sein. Insofern kommt den Leitlinien selbst im Verhältnis der EIOPA zu den nationalen Aufsehern oder den Finanzinstitutionen – und noch viel mehr im Verhältnis Dritter zueinander – **nur bedingt** eine ***safe harbour*-Funktion** zu.[24] Vielmehr sind die durch die europäische Rechtsprechung anerkannten Ausnahmen für Kommissionsleitlinien auch auf die Leitlinien der EIOPA zu übertragen.

10 Hierbei ist zunächst anerkannt (dies ist eigentlich selbstverständlich), dass die **Selbstbindungswirkung** einer Leitlinie **nur so weit** reicht wie ihr **Anwendungsbereich.**[25] Leitlinien werden typischerweise nicht als allerfassendes Rechtsinstrument herausgegeben, sondern adressieren nur die typischerweise auftretenden Rechtsanwendungsfälle.[26] Alle vom *telos* der Leitlinien nicht mehr erfassten Einzelfälle könnten insofern im freien Ermessen der EIOPA entschieden werden.

11 Wenn jedoch ein Fall durch die Leitlinie erfasst wird, so gebieten es der Grundsatz der Gleichbehandlung und der des Vertrauensschutzes, dass dieser durch die selbstgebundene Behörde, dh EIOPA, auch entsprechend den Regelungen der Leitlinie entschieden wird. Eine **Abweichung** von den Regelungen der Leitlinie ist nur dann möglich, **wenn** hierfür eine **sachliche Rechtfertigung** angeführt werden kann. Dies wird jedoch nur unter besonderen Voraussetzungen möglich sein, da eine abschließende Abwägung eigentlich bereits in der Leitlinie als norm- und ermessenskonkretisierendem Instrument erfolgt. Nach eigener Aussage der Kommission ist eine Abweichung von ihren Leitlinien nur möglich bei Vorliegen „einer in Stahlbeton […] gegossenen Rechtfertigung".[27] Im Ergebnis dürfte dies heißen, dass eine Abweichung von Leitlinien der Kommission (und aus den gleichen Gründen von denen der EIOPA) auf eher theoretische Ausnahmefälle beschränkt zu bleiben hat.[28]

12 Die bedeutendste Einschränkung besteht darin, dass auch der Autor einer Leitlinie **nicht** an diese **gebunden** sein soll, **soweit** diese **gegen Primär- oder Sekundärrecht verstößt.**,[29][30] EIOPA kann insofern nicht gezwungen sein, als rechtswidrig erkannte Leitlinien anzuwenden. Auch in einem solchen Fall kann jedoch die Tatsache, dass EIOPA eine rechtswidrige Leitlinie erlassen hat, die einen zurechenbaren Vertrauenstatbestand darstellte, im Rahmen von Einzelentscheidungen nicht völlig unberücksichtigt bleiben. Vielmehr hat diese Tatsache im Rahmen einer verhältnismäßigen Ermessensentscheidung einzufließen, was im Ergebnis beispielsweise zu längeren Fristen zur Abstellung einer Zuwiderhandlung oder sogar zum Absehen von einem Einschreiten führen kann. Eine besondere Bedeutung wird der Tatsache einer rechtswidrigen Leitlinie dort zuzumessen sein, wo eine bestimmte Rechtsfolge an ein Verschulden geknüpft ist, da ein solches hier kaum zu begründen sein wird. Man wird wohl nur äußerst selten davon ausgehen können – nur hierdurch ließe sich eine Fahrlässigkeit begründen –, dass eine durch EIOPA nicht erkannte Rechtswidrigkeit sich für die nationale Aufsichtsbehörde (bzw. das Versicherungsunternehmen) als offenkundiger Verstoß gegen das Unionsrecht darstellte, sodass diese dazu gehalten gewesen wäre, die Leitlinie zu ignorieren.[31] Die sich daneben stellende Frage nach einer Schadensersatzpflicht der EIOPA mag hier dahinstehen.[32]

13 **b) Rechtsbindung der nationalen Aufsichtsbehörde.** Eine **unmittelbare Bindungswirkung für** die **nationalen Aufsichtsbehörden** käme den Leitlinien der EIOPA **nur** zu, wenn sie den **Leitlinien der Europäischen Zentralbank** vergleichbar wären. Letztere sind gemäß Art. 12.1 S. 1 und Art. 14.1 S. 1 ESZBS – diese Satzungsnormen genießen Primärrechtsrang[33] – verbindlich.[34, 35] An einer solchen Anordnung fehlt es für die Leitlinien der EIOPA jedoch sowohl im Primär- als auch im Sekundärrecht. Sie gleichen insofern im rechtlichen Charakter, wie bereits aufgezeigt (siehe Rn. 7 ff.),

[24] Siehe hierzu *von Graevenitz* EuZW 2013, 169.

[25] *EuGH* Urt. v. 23.11.2000 – Rs. C-1/98 P, Rn. 34 – British Steel plc/Ksion u. a.

[26] *Thomas* EuR 2009, 423, 427.

[27] Zitiert in *GA Alber*, Schlussanträge zur Rs. C-204/97, Rn. 36 – Portugal/Ksion.

[28] So insbesondere *Thomas* EuR 2009, 423, 428.

[29] *EuG* Urt. v. 28.6.2003 – Rs. T-119/02, Rn. 242 – Royal Philips/Ksion. *EuGH* Urt. v. 13.6.2002 – Rs. C-382/99, Rn. 24 – Niederlande/Ksion stellte noch zu verknappt fest, dass die Bindungswirkung (nur) bei einem Primärrechtsverstoß wegfalle.

[30] Gleiches muss auch für die tertiärrechtlichen technischen Standards, wie sie durch die Kommission erlassen werden (vgl. Art. 10 ff. und 15 EIOPA-VO), gelten.

[31] So auch *Thomas* EuR 2009, 423, 429.

[32] Eine solche Schadensersatzpflicht wird grundsätzlich abgelehnt durch *Frank*, Die Rechtswirkung der Leitlinien und Empfehlungen der Europäischen Wertpapier- und Marktaufsichtsbehörde, 2012, S. 189; *Manger-Nestler* ZfgK 2012, 528, 531.

[33] Siehe *Gal/Sehrbrock* AöR 2012, 360, 392.

[34] Siehe hierzu bspw. *Gaitanides*, Das Recht der Europäischen Zentralbank: Unabhängigkeit und Kooperation in der Europäischen Währungsunion, 2005, S. 91; *Manger-Nestler*, Par(s) inter pares? – Die Bundesbank als nationale Zentralbank im Europäischen System der Zentralbanken, 2008, S. 207 ff. *et passim*.

[35] Die einzigen anderen Leitlinien des Unionsrechts, denen echte Rechtsverbindlichkeit zugesprochen werden könnte, sind solche des Art. 171 AEUV im Rahmen Transeuropäischer Netze. Diese TEN-Leitlinien werden jedoch gemäß Art. 172 UAbs. 1 AEUV im ordentlichen Gesetzgebungsverfahren erlassen und unterscheiden sich insofern maßgeblich von den vorliegend betrachteten EIOPA-Leitlinien; zur Verbindlichkeit von TEN-Leitlinien siehe bspw. Calliess/Ruffert/*Calliess* Art. 171 AEUV Rn. 3 mit Nachweisen auch zur Gegenauffassung.

eher den Leitlinien der Kommission und erzeugen keine unmittelbare Bindungswirkung gegenüber den Aufsichtsbehörden.[36] Für Leitlinien der Kommission wurde dies bereits höchstrichterlich festgestellt. Nach der ständigen Rechtsprechung des EuGH sind diese Leitlinien „nicht als Rechtsnormen [zu qualifizieren], die die Verwaltung auf jeden Fall zu beachten hat".[37] In seiner Entscheidung „Bundesrepublik Deutschland ./. Ksion" aus dem Jahr 2010 hat das EuG dies noch stärker zum Ausdruck gebracht und letztlich festgestellt, dass Leitlinien keine Rechtsbindung eines Dritten (sc. einer nicht mit der Kommission identischen Person) erzeugen können.[38] Es ist kein Grund ersichtlich, weshalb der EuGH hinsichtlich der Leitlinien der EIOPA zu einem anderen Ergebnis kommen sollte, sodass auch diese als für die Aufsichtsbehörden unverbindlich zu gelten haben.

14 Von dieser Feststellung wird man jedoch eine **Ausnahme** hinsichtlich der die **Aufsichtsbehörden treffenden Mitteilungspflicht** machen müssen. Gemäß Abs. 3 UAbs. 2 EIOPA-VO hat jede Aufsichtsbehörde der EIOPA binnen zweier Monate seit Herausgabe der Leitlinie mitzuteilen, ob sie den Leitlinien nachkommt (*comply*), gedenkt nachzukommen (*intend to comply*) oder nicht gedenkt nachzukommen (*non-comply*), wobei im letzteren Fall auch Gründe für die Nichtumsetzung anzugeben sind (sog. *comply or explain*-Grundsatz). Es spricht einiges dafür, dass die Leitlinien im Zusammenspiel mit der sekundärrechtlichen EIOPA-VO zumindest hinsichtlich dieser Berichtspflicht den Aufsichtsbehörden eine **echte Rechtspflicht** auferlegen.[39] Hierdurch sind die nationalen Aufseher zwar nicht zur Umsetzung der Leitlinien, aber zumindest zur Auseinandersetzung mit diesen gezwungen. Insofern ändert sich aber auch nichts daran, dass der materielle Regelungsgehalt der Leitlinien unverbindlich bleibt.

15 **aa) Bindungswirkung im engeren Sinne.** Wenn insofern die Leilinien *eo ipso* zumindest hinsichtlich des materiellen Gehalts keine echte Bindungswirkung gegenüber den Aufsichtsbehörden erzeugen, so bleibt gleichwohl zu untersuchen, ob nicht **durch** das **Hinzutreten anderer Umstände** eine dann **mittelbare Rechtsbindung** entstehen kann. Als ein solcher Umstand könnte insbesondere eine durch die betreffende Aufsichtsbehörde abgegebene *comply*- oder *intend to comply*-Zusage angesehen werden. Man könnte sich hier auf den Standpunkt stellen, dass alle nationalen Aufsichtsbehörden (bzw. die Mitgliedstaaten) durch die Abgabe solcher Zusagen ein finanzaufsichtspolitisches Übereinkommen analog zu den beihilfekontrollpolitischen Übereinkommen unter Art. 108 Abs. 1 AEUV abschließen. Auf Grundlage der letztgenannten primärrechtlichen Norm ist die Kommission dazu ermächtigt, Leitlinien (als *zweckdienliche* Maßnahmen im Sinne der Norm) zu erarbeiten und diese den Mitgliedstaaten zur Zustimmung vorzulegen.[40] Diese Zustimmung führt nach der Rechtsprechung des EuGH zur Verbindlichkeit der Leitlinien für die Mitgliedstaaten gegenüber der Kommission.[41] Diese **Überlegungen lassen sich jedoch auf die *comply*- und *intend to comply*-Zusagen** zu den Leitlinien der EIOPA nicht **übertragen**. Hierbei ist zu beachten, dass die Gründe, die im Rahmen des Art. 108 AEUV für den Abschluss eines Übereinkommens sprechen, nämlich insbesondere die Tatsache, dass die Beihilferegelungen ausdrücklich in Zusammenarbeit von Kommission und Mitgliedstaaten entwickelt werden, auf die Leitlinien der EIOPA nicht zutreffen. Nicht nur werden diese Leitlinien weitaus weniger kooperativ entwickelt – tatsächlich muss EIOPA seine Entwürfe gemäß Abs. 2 EIOPA-VO nur „gegebenenfalls" konsultieren lassen (siehe Rn. 39)[42] – auch fehlt für diese eine Art. 19 Abs. 1 S. 2 EU-BeihilfeVerfVO[43] vergleichbare Regelung, die explizit anordnen würde, dass die Zustimmung zu den Leitlinien zu deren Verbindlichkeit führt. Auf Grund der sehr offenen Formulierung des Art. 16 EIOPA-VO, der die Frage der Bindungswirkung nicht explizit adressiert, verbleibt aber ein Restrisiko, dass der EuGH diese Frage in seiner künftigen Rechtssprechungspraxis abweichend beurteilt.

16 Ein anderer Interpretationsansatz, der zur **mittelbaren Verbindlichkeit** der Leitlinien führen würde, sieht im Hinblick auf die Aufforderung des Abs. 3 UAbs. 1 an die Aufsichtsbehörden „alle erforderlichen Anstrengungen [zu unternehmen], um diesen Leitlinien nachzukommen" in Verbindung mit einer dann erfolgten *comply*- oder *intend to comply*-Zusage eine **Treuepflicht** der Aufsichtsbehörden, dies dann

[36] So auch *Siekmann* in: Kadelbach, Nach der Finanzkrise, 2012, 131, 165 f.; *Gal* ZVersWiss 2013, 325, 344 ff.; *Wandt/Gal* in: Dreher/Wandt 2013, 147, 166; a. A. aber *Lehmann/Manger-Nestler* EuZW 2010, 87, 90, die aus einem Vergleich zu den Leitlinien der EZB eine begrenzte Bindungswirkung der Leitlinien der EIOPA ableiten wollen; differenzierter jedoch jetzt *dies.* ZBB 2011, 2, 12 f.

[37] *EuG* Urt. v. 8.10.2008 – Rs. T-73/04, Rn. 70 – Carbone-Lorraine/Ksion; so bereits *EuGH* Urt. v. 28.6.2005 – Rs. C-189/02 P u. a., Rn. 209 – Dansk Rørindustri A/S u. a./Ksion.

[38] *EuG* Urt. v. 20.5.2010 – Rs. T-258/06, Rn. 162 – Bundesrepublik Deutschland/Ksion.

[39] So wohl auch *Hartig* BB 2012, 2959, 2961.

[40] Vgl. einführend hierzu *Thomas* EuR 2009, 423, 433 f.

[41] St. Rspr. seit *EuGH* Urt. v. 24.3.1993 – Rs. C-313/90, Rn. 35 f. – CIRFS u. a./Ksion (sog. Allied Signal-Urteil).

[42] Hierzu zu Recht sehr kritisch *Sasserath-Alberti* in: Dreher/Wandt 2013, 129, 141.

[43] Verordnung (EG) 659/1999 des Rates vom 22. März 1999 über besondere Vorschriften für die Anwendung von Artikel 108 des Vertrags über die Arbeitsweise der Europäischen Union, ABl. 1999 L 83, 1 in der Fassung der Verordnung (EU) 734/2013, ABl. 2013 L 204, 15.

auch tatsächlich zu tun.[44] Eine solche Interpretation würde den sehr intransparent abgefassten Abs. 3 UAbs. 1 in seinem Wirkungsgehalt jedoch weit über das Erforderliche ausdehnen. Die Leitlinien würden bei dieser Auslegung in den weit überwiegenden Fällen für die nationalen Aufsichtsbehörden verbindlich und würden so – über den Kunstgriff der Berufung auf das Prinzip der Unionstreue (siehe Art. 2 EIOPA-VO Rn. 20 ff.) – zu einer unionsrechtlichen Gesetzeskategorie *sui generis*, deren Erlass ohne Beteiligung der europäischen und nationalstaatlichen Gesetzgeber als reines Exekutivrecht auf Grundlage einer sehr allgemeinen Generalermächtigung erfolgen würde. Eine solche extensive Auslegung kann insofern als kaum mit dem gesetzgeberischen Willen vereinbar gesehen werden.[45] Hiermit soll nicht gesagt sein, dass dem Prinzip der Unionstreue in diesem Kontext kein Anwendungsbereich verbliebe. So würde sich eine nationale Aufsichtsbehörde, wenn sie eine *comply*- oder *intend to comply*-Aussage trifft, obwohl sie nachweislich von Beginn an nicht die Absicht hat, die Leitlinie umzusetzen, treuwidrig verhalten. Die Rechtsfolge einer solchen Treuepflichtsverletzung sollte jedoch selbst in diesem Fall – und erst recht in dem Fall, dass die Zusage ursprünglich in bester Absicht gegeben wird – nicht in der Verbindlichkeit der Leitlinie bestehen.

Insofern zeitigt die Leitlinie **selbst im Fall** der Abgabe einer ***comply*- oder *intend to comply*-Zusage für** die **Aufsichtsbehörde keine Bindungswirkung** gegenüber EIOPA. Hiervon losgelöst ist jedoch die Frage zu bewerten, ob durch eine öffentlich abgegebene *comply*- oder *intend to comply*-Aussage für die Aufsichtsbehörde eine **Rechtsbindung gegenüber den Versicherungsunternehmen** entsteht. In der Tat lässt sich eine solche Aussage, dass die Leitlinien bereits den geltenden nationalen Verwaltungspraktiken entsprechen oder diese entsprechend angepasst werden, durchaus als eine Selbstbindung der Verwaltung sehen. Hier wird gegenüber den Aufsichtsunterworfenen ein Vertrauenstatbestand erzeugt,[46] an dem sich die Aufsicht wird festhalten lassen müssen. Diese Auslegung zieht allerdings einige Folgeprobleme nach sich; etwa die Frage, ob in dem Fall, dass die Umsetzungsmaßnahme der nationalen Aufsichtsbehörde den Leitlinien offensichtlich widerspricht, der Vertrauenstatbestand aufgehoben wurde. Dies wird wohl zumindest dann zu bejahen sein, wenn der Wortlaut der Umsetzungsmaßnahme auch durch extensive Auslegung nicht in Konkordanz mit dem Leitlinientext gebracht werden kann. 17

bb) Bindungswirkung im weiteren Sinne. Entscheidender als eine nur für punktuelle Ausnahmefälle mögliche echte Bindungswirkung für die Aufsichtsbehörde ist die durch den **gesteigerten faktischen Befolgungs- bzw. Umsetzungsdruck** entstehende **Bindungswirkung im weiteren Sinne**. So haben die von Leitlinien erfassten Aufsichtsbehörden (und Versicherungsunternehmen) gemäß Abs. 3 UAbs. 1 „alle erforderlichen Anstrengungen [zu unternehmen], um diesen Leitlinien und Empfehlungen nachzukommen". Zwar darf dies nicht dahingehend verstanden werden, dass eine vollstreckbare Umsetzungspflicht bestünde. Allerdings dürfen die Aufsichtsbehörden die Leitlinien auch nicht einfach ignorieren, sondern müssen EIOPA die Nichtumsetzung unter Angabe von Gründen anzeigen (Abs. 3 UAbs. 2, siehe Rn. 46 ff.). 18

Dieses für die nationalen Aufsichtsbehörden geltende *comply or explain*-Prinzip wird durch einen ***naming and shaming*-Mechanismus**[47] ergänzt. EIOPA ist nämlich verpflichtet, die Namen der nichtumsetzenden Behörden zu veröffentlichen, und kann zudem „von Fall zu Fall" die von der nationalen Aufsichtsbehörde angegebenen Gründe für die Nichteinhaltung der Leitlinie veröffentlichen (siehe Rn. 51 ff.). Auch wenn eine Nichtbefolgung der Leitlinien keine weiteren Rechtsfolgen – insbesondere keine hieran anknüpfenden Einzelmaßnahmen – nach sich zieht, kann man unter diesen Gegebenheiten **schwerlich** von einem **reinen Appellcharakter** sprechen. 19

Die Einschätzung als relativ hartes *soft law* wird noch dadurch bestätigt, dass die Leitlinien – anders als anderes *soft law*, das gewöhnlich dem Bereich der freiwilligen Selbstverpflichtung entstammt[48] – **in der hierarchischen Struktur des Europäischen Finanzaufsichtssystems ergeht**, sodass die nationalen Aufsichtsbehörden (als eigentliche Aufsichtsobjekte der EIOPA)[49] sich viel stärker zur Umsetzung 20

---

[44] In diese Richtung *Schweda* WuW 2004, 1133, 1140 ff.; mit Recht sehr kritisch hierzu *Pohlmann* WuW 2005, 1005; ähnlich wie *Schweda* auch *Frank*, Die Rechtswirkung der Leitlinien und Empfehlungen der Europäischen Wertpapier- und Marktaufsichtsbehörde, 2012, 170, der annimmt, dass interpretierende Leitlinien die Rechtsinstrumente der ersten und zweiten Lamfalussyebene „inhaltlich aufladen" und hierdurch mittelbare Verbindlichkeit erlangen können.

[45] Insbesondere im Hinblick darauf, dass eine solche gesetzgeberische Kompetenz gegen die Grundsätze der Meroni-Rechtsprechung verstoßen würden; vgl. bspw. *Gal* ZVersWiss 2013, 325, 337 ff. *et passim*; *Keune* ZVersWiss 2014, 7, 20 ff.

[46] Siehe zur Selbstbindung durch Schaffung eines Vertrauenstatbestandes durch die BaFin allgemein *Fekonja*, BaFin-Verlautbarungen – Möglichkeiten und Grenzen der rechtlichen Bindungswirkung, 2014, 171 ff.

[47] Übertragung dieses Begriffes auf die vorliegende Konstellation bereits in *Gal* ZVersWiss 2013, 325, 344. Dieser Begriff wird im Kontext von Solvency II typischerweise für die Konstellation verwendet, dass die Aufsicht die gegen Versicherungsunternehmen verhängte Maßnahmen veröffentlicht; vgl. *Wandt* VW 2007, 473, 476. *Lehmann/Manger-Nestler* ZBB 2011, 2, 13 sprechen hier von einer Prangerwirkung.

[48] Siehe bspw. *Haar* FS 100 Jahre Rechtswissenschaft in Frankfurt, 2014, 471; tiefergehend zum comply-or-explain-Grundsatz im europäischen Privatrecht *Leyens* ZEuP 2016, 388.

[49] EIOPA ist vorrangig der „Aufseher der Aufseher", vgl. *Gal* ZVersWiss 2013, 325, 346.

veranlasst sehen werden, als dies im gänzlich freien Ermessensbereich der Fall wäre.[50] Schließlich ist noch zu berücksichtigen, dass die mit zwei Monaten für viele Fälle wohl sehr knappe Frist des Abs. 3 UAbs. 2 S. 1 (siehe Rn. 45) den Befolgungsdruck erhöht. Viele Aufsichtsbehörden werden wohl schon aus schlichter Zeitnot eine *comply-* oder *intend to comply*-Aussage und eine eins-zu-eins Umsetzung der Leitlinien einer differenzierten Auseinandersetzung mit den Leitlinien verbunden mit einer Begründung, weshalb die Leitlinien teilweise nicht national umgesetzt werden sollen, vorziehen.[51] Ob unter diesen Umständen die Entstehung einer teilweise herbeigesehnten Abweichkultur[52] wahrscheinlich ist, begegnet Zweifeln.[53]

21 **c) Rechtsbindung der Finanzinstitute.** Eine **unmittelbare Bindungswirkung** können die Leitlinien **gegenüber** den **Versicherungsunternehmen** als untergesetzliche Normkategorie **nicht erzeugen**. Sowie eine Bindungswirkung ieS im Verhältnis zu den nationalen Aufsichtsbehörden ausscheidet (siehe Rn. 15 ff.), muss dies für die Versicherungsunternehmen erst recht gelten, soweit sie – was eher die Ausnahme sein dürfte – der unmittelbare Normadressat der Leitlinie sind. Wenn sich die Leitlinie an sie richtet, also nicht erst durch die nationalen Aufsichtsbehörden als Normadressaten umgesetzt werden muss, könnte jedoch auch hier,[54] eine dann etwaig gemäß Abs. 3 UAbs. 4 bestehende **Berichtspflicht** der Versicherungsunternehmen als **echte Rechtspflicht** einzuordnen sein. Dies bedeutet im Rahmen des hier geltenden *comply or disclose*-Grundsatzes – dh nicht *comply or explain* wie für die Aufsichtsbehörden – dass das Unternehmen dazu rechtlich verpflichtet wäre, kundzugeben, ob es die Leitlinien umzusetzen gedenkt oder nicht. Die oben angeführten Gründe gegen eine Bindungswirkung des materiellen Regelungsgehalts der Leitlinien für die Aufsichtsbehörden im Zusammenhang mit einer *comply* oder *intend to comply*-Aussage (siehe Rn. 16 f.) gelten *mutatis mutandis* auch für solche der Versicherungsunternehmen. Für diese entsteht unter keinen Umständen eine Bindungswirkung weder gegenüber EIOPA noch gegenüber der nationalen Aufsichtsbehörde.

22 Ein wesentlich größeres Problem dürfte für Versicherungsunternehmen eine etwaige **mittelbare Bindungswirkung** der Leitlinien darstellen. Die Leitlinien werden sich typischerweise an die nationalen Aufsichtsbehörden richten, die diese dann durch Rechtsinstrumente umsetzt, die sich an die Versicherungsunternehmen richten. Hierbei besteht die Gefahr, dass die **nationale Aufsichtsbehörde** sich für eine Implementierung der Leitlinie durch Erlass einer **bindenden Umsetzungsmaßnahme** entscheidet.[55] Dass es sich bei der Beschäftigung mit dieser Frage um kein rechtswissenschaftliches Glasperlenspiel handelt, zeigt die Umsetzung der Beschwerdebearbeitungsleitlinien[56] der EIOPA. Die BaFin hat sich dazu entschieden, die Leitlinie durch Herausgabe eines Rundschreibens[57] und Erlass einer Sammelverfügung[58] umzusetzen. Durch die Sammelverfügung wird für die Versicherungsunternehmen nunmehr zwingend die Einrichtung einer internen Beschwerdemanagementfunktion gefordert, während eine solche Pflicht bisher (zumindest explizit) weder im Unionsrecht noch im VAG bestand und die Leitlinien der EIOPA die Einrichtung einer solchen Stelle lediglich voraussetzten und die nationalen Aufsichtsbehörden nur unverbindlich zur Sicherstellung der Einrichtung solcher Stellen aufforderten.[59] Insofern zeigt sich bei der Umsetzung der Beschwerdebearbeitungsleitlinien symptomatisch die **Problematik** des durch Leitlinien ausgelösten **„Spiels über Bande"**: Auf nationaler Ebene werden durch die Exekutive neue Rechtspflichten unter dem Vorwand geschaffen, hierzu durch europäische Vorgaben verpflichtet zu sein. Dies zeugt jedoch von einem grundlegenden Fehlverständnis der Funktion der Leitlinien. Neue rechtliche Pflichten dürfen durch Leitlinien weder auf gesamteuropäischer noch auf

---

[50] Angedeutet bereits bei *Sasserath-Alberti* in: Dreher/Wandt 2013, 129, 137.

[51] So *Sasserath-Alberti* in: Dreher/Wandt 2013, 129, 138 f.

[52] Insb. *Hartig* BB 2012, 2959, 2961 f.; *Sasserath-Alberti* in: Dreher/Wandt 2013, 129, 139 f.

[53] Zu den bereits vorhandenen punktuellen Abweichungen einiger Aufsichtsbehörden siehe Rn. 50. Hierbei haben sich insbesondere die Aufsichtsbehörden Frankreichs und in geringerem Maße Dänemarks, Luxemburgs und Sloweniens zu punktuellen Nichtbefolgungen der *preparatory guidelines* entschieden (die zahlenmäßig besonders bedeutenden Abweichentscheidungen Islands und Kroatiens beschränken sich auf die vollständige Nichtumsetzung der Vorgenehmigungsleitlinien). Auch diese „Abweichungen" sind jedoch mit Vorsicht zu genießen: So wurde teilweise aus Kreisen von Insurance Europe berichtet, dass Frankreich – unter vollständiger Verkennung des Aussagewertes einer *non comply*-Aussage – zu zahlreichen Leitlinien deshalb eine *non-comply*-Antwort gegeben habe, da diese Leitlinien bereits Bestandteil des gegenwärtigen Rechts seien.

[54] So wie bereits für die Berichtspflicht der Aufsichtsbehörden ausgeführt; siehe Rn. 14.

[55] Zu dieser Gefahr *Sasserath-Alberti* in: Dreher/Wandt 2013, 129, 138.

[56] *EIOPA*, Leitlinien zur Beschwerdebearbeitung von Versicherungsunternehmen (EIOPA-BoS-12/069); zu diesen Leitlinien im Detail *Dreher* VersR 2013, 401, 407 ff.

[57] Rundschreiben 3/2013 (VA) – Mindestanforderungen an die Beschwerdebearbeitung durch Versicherungsunternehmen (Gz.: VA 43 – 2512 – 2013/0007).

[58] Sammelverfügung vom 20.9.2013 – Anordnung betreffend die Einrichtung einer Beschwerdemanagementfunktion und die aufsichtlichen Informationspflichten der Versicherungsunternehmen im Bereich der Beschwerdebearbeitung (Gz.: VA 43 – I 2512 – 2013/0007).

[59] *Sasserath-Alberti* in: Dreher/Wandt 2013, 129, 135 ist jedoch darin zuzustimmen, dass hinsichtlich der Errichtung eines Beschwerdemanagementsystems für Vermittlerbeschwerden, den EIOPA Leitlinien eine Tendenz zugrunde liegt, die alleinige Errichtung eines *externen* Beschwerdemanagementsystems als europarechtswidrig (hinsichtlich der IMD 1) darzustellen, während dies eigentlich eine Wahlmöglichkeit des nationalen Gesetzgebers unter dieser Richtlinie war.

nationaler Ebene geschaffen werden, da die Schaffung solcher Pflichten im Sinne eines erweiterten Wesentlichkeitsgrundsatzes entweder dem europäischen Gesetzgeber bzw. der Kommission als der Ermächtigten zum Erlass technischer Standards oder aber, wenn das Subsidiaritätsprinzip dies gebietet, dem nationalen Gesetzgeber vorbehalten bleibt. Insofern erscheint die Notwendigkeit einer nationalen Rechtsänderung zur Umsetzung einer Leitlinie – und eine solche Rechtsänderung dürfte wohl beispielsweise in der Sammelverfügung zur Einrichtung einer Beschwerdefunktion zu sehen sein, wenn sie auch rein formell als Verwaltungsakt firmiert – als starkes Indiz für die Rechtswidrigkeit[60] der entsprechenden Leitlinie.[61]

Auch in den Fällen, in denen es nicht zu einer mittelbaren echten Bindungswirkung der Leitlinien kommt – der **nationale Aufseher** also **mittels unverbindlicher Rechtsinstrumente umsetzt** –, verbleibt es bei der Gefahr eines erhöhten **faktischen Befolgungsdrucks**. Auf Grund der im Fall umfangreicherer Leitlinien sehr kurz anmutenden „Umsetzungsfrist" von zwei Monaten des Abs. 3 UAbs. 2 S. 1 und der grundsätzlichen Subordination der nationalen Aufseher unter die EIOPA ist die Wahrscheinlichkeit einer undifferenzierten Auseinandersetzung mit den Leitlinien und einer eins-zu-eins-Umsetzung stark erhöht.[62] Viele Aufsichtsbehörden – insbesondere in den Mitgliedstaaten mit einer weniger ausgeprägten Aufsichtstradition – werden wohl schon aus schlichter Zeitnot und falsch verstandener Unionstreue eine *comply*- oder *intend to comply*-Aussage abgeben. Durch die Mitteilung des nationalen Aufsehers an EIOPA, dass er befolgt bzw. umsetzt (*comply*), entsteht für diesen eine faktische Bindung (*recte* ein psychologischer Druck), die Leitlinie gegenüber den Marktteilnehmern auch ausnahmslos umzusetzen.[63] Den Marktteilnehmern wird hierdurch die Aufsichtsbehörde als Ansprechpartner genommen, mit dem bisher über die konkrete Anwendung von Rundbriefen oder ähnlichen unverbindlichen Instrumenten gesprochen werden konnte. Viele nationale Aufseher werden ein solches Gespräch nunmehr in der Tendenz eher mit einem Verweis auf die Leitlinie der EIOPA kategorisch abblocken. Insofern steigert gerade die Mittelbarkeit von Leitlinien für die Marktteilnehmer deren Wirkung zu einem faktischen (unmittelbaren) Befolgungsdruck. 23

3. Ermächtigung zum Erlass von Leitlinien und Empfehlungen. Mit der Möglichkeit zum Erlass von Leitlinien ist der EIOPA ein Mittel an die Hand gegeben, mit dessen Hilfe sie zügig und effizient – dh im Umkehrschluss ohne nennenswerte demokratische Kontrolle durch andere Institutionen[64] – regulatorisch vorgehen kann. Genau hierin liegt auch die von diesen Leitlinien ausgehende Gefahr, da die EIOPA-VO bedauerlich apodiktisch bleibt, in welchen Bereichen und zu welchen Regelungsmaterien solche Leitlinien ergehen können. Hierdurch entstehen **Abgrenzungsprobleme zu den technischen Standards**, aber auch die **Gefahr**, dass **eigentlich dem Gesetzgeber vorzubehaltende Materien** auf diesem Weg einer **Regelung zugeführt werden.** Wenn sich bewahrheiten sollte, wovon gegenwärtig ausgegangen werden kann, dass Leitlinien trotz ihrer rechtlichen Unverbindlichkeit auf Grund ihres faktischen Befolgungsdrucks breitflächig befolgt bzw. umgesetzt werden,[65] könnte EIOPA dazu tendieren, bestimmte Regelungsmaterien ausschließlich über diese Rechtsinstrumente zu adressieren. Durch ein solches Vorgehen würden jedoch die Unionsorgane in ihren primärrechtlich und in Art. 10 ff., 15 EIOPA-VO vorgesehenen Mitwirkungsrechten bezüglich der technischen Standards beschnitten. Es erscheint insofern von größter praktischer Bedeutung, den Umfang der Ermächtigung zum Erlass von Leitlinien möglichst genau zu umreißen. 24

a) Kompetenzeröffnende Tatbestandsvoraussetzungen. Gemäß Abs. 1 EIOPA-VO kann EIOPA Leitlinien erlassen, „[u]m innerhalb des ESFS kohärente, effiziente und wirksame Aufsichtspraktiken zu schaffen *und* eine gemeinsame, einheitliche und kohärente Anwendung des Unionsrechts sicherzustellen" [Hervorhebung durch Verf.]. Ohne hier im Detail auf jedes der tatbestandlichen Adjektive eingehen zu wollen, ist dieser Ermächtigungsnorm eine selbst für den Standard des europäischen Sekundärrechts untypische Vagheit zu attestieren. Insbesondere ist die Frage aufzuwerfen, ob die Tatbestandsmerkmale **„Schaffung von Aufsichtspraktiken"** und **„Sicherstellung der Anwendung des Unionsrechts" kumulativ** oder alternativ vorliegen müssen. Für die Notwendigkeit eines kumulativen Vorliegens spricht hierbei der Wortlaut der Norm, der diese Merkmale mit der Konjunktion „und" 25

---

[60] Die Beschwerdebearbeitungsleitlinien wegen Kompetenzüberschreitung für rechtswidrig hält mit guten Gründen insb. *Dreher* VersR 2013, 401, 408; i. E. wohl auch *Sasserath-Alberti* in: Dreher/Wandt 2013, 129, 134.

[61] In diesem Sinne bereits *Wandt* zitiert in *Wink* in: Dreher/Wandt 2013, 181, 183. Wandt stellt zudem richtig heraus, dass diese Indizwirkung höchstens dann nicht greift, wenn die durch die Leitlinie notwendige Rechtsanpassung ursprünglich daher rührt, dass der nationale Gesetzgeber bereits vorrangiges Sekundärrecht nicht ordnungsgemäß umgesetzt hat; siehe *ibidem*.

[62] So *Sasserath-Alberti* in: Dreher/Wandt 2013, 129, 139.

[63] Vgl. hierzu *Gal* ZVersWiss 2013, 325, 345 (insb. Fn. 101); *Wandt/Gal* in: Dreher/Wandt 2013, 147, 167 (insb. Fn. 58).

[64] Zur gemeinschaftsrechtlichen Problematik dieses Demokratiedefizits siehe *Gal* ZVersWiss 2013, 325, 344.

[65] Siehe zur Umsetzungspraxis der nationalen Aufsichtsbehörden unten Rn. 50.

verbindet.[66] Hätte der Gesetzgeber hingegen eine Alternativität der Tatbestandsmerkmale angestrebt, so wäre es ihm ein Leichtes gewesen, dies durch eine Vertauschung des „und" mit der Konjunktion „oder" zum Ausdruck zu bringen. Gleichwohl wurde bereits die Meinung angedeutet, dass diese Tatbestandsmerkmale entgegen dem Wortlaut als alternativ aufzufassen sind.[67] Auch die EIOPA hat schon eine gewisse Tendenz erkennen lassen, den Schwerpunkt ihrer Prüfung auf die „Schaffung von Aufsichtspraktiken" zu legen und der „Sicherstellung der Anwendung des Unionsrechts" eine geringere Bedeutung beizumessen. Dies zeigt sich beispielsweise im Erlass der Beschwerdebearbeitungsleitlinien,[68] die zu einem Bereich ergangen sind, von dem EIOPA selbst feststellte, dass es sich hierbei um „eine Regelungslücke – eine gegenwärtige Abwesenheit von unionsrechtlichen Regelungen zur Beschwerdebearbeitung von Versicherungsunternehmen"[69] handele. EIOPA gesteht insofern ein, dass es bei Erlass der Leitlinie nicht um die inhaltliche Konkretisierung eines Rechtsbereiches ging, der bereits durch EU-Recht erfasst wurde,[70] sondern um die Verregelung eines Bereichs, der bisher dem mitgliedstaatlichen Recht überlassen blieb.[71] Entgegen diesem faktisch offenbarten Verständnis müssen die Tatbestandsmerkmale jedoch in jedem Fall kumulativ erfüllt sein. Es wäre insofern wünschenswert, dass diese Frage schnellstmöglich einer gerichtlichen Prüfung zugeführt wird – was jedoch auf Grund der gegenwärtigen Situation des Rechtsschutzes gegen Leitlinien[72] nicht sonderlich wahrscheinlich ist. Zumindest aber wurde diese Frage durch die Kommission in ihrem Evaluationsbericht zum ESFS noch einmal explizit adressiert, wo diese richtigerweise klarstellte, dass die Voraussetzungen kumulativ vorzuliegen haben.[73]

26 In Anbetracht des in Art. 5 Abs. 1 S. 1, Abs. 2 EUV normierten **Prinzips der begrenzten Einzelermächtigung**[74] und des **Grundsatzes der Subsidiarität**[75] gemäß Art. 5 Abs. 1 S. 2, Abs. 3 EUV ist auch EIOPA gehalten, nur Leitlinien zu Regelungsbereichen zu erlassen, die in die Zuständigkeit der Europäischen Union fallen (und die der EIOPA durch die EIOPA-VO zugewiesen wurden) und auch nur dann, wenn die regulatorischen Ziele nicht gleich effizient auf mitgliedstaatlicher Ebene erreicht werden können. Hierbei ist allerdings zu berücksichtigen, dass im Hinblick auf Art. 1 Abs. 2 EIOPA-VO und insbesondere Art. 1 Abs. 3 EIOPA-VO eine sehr weite Ermächtigung der EIOPA zu konstatieren ist und im Hinblick auf die mantrahaft wiederholte Behauptung vom regulatorischen Versagen der nationalen Aufseher im Rahmen der Finanzkrise ein Harmonisierungsbedürfnis weitflächig anerkannt wird. Dies ändert aber nichts daran, dass EIOPA nur in solchen **Tätigkeitsbereichen** (mit Leitlinien) tätig werden darf, die ihr entweder direkt durch die EIOPA-VO zugewiesen werden (Art. 1 Abs. 2 Alt. 1 EIOPA-VO) oder die durch die in Art. 1 Abs. 2 Alt. 2 EIOPA-VO enumerierten Rechtsakte betroffen sind. In anderen Feldern als solchen, die bereits durch das Sekundärrecht einer zumindest partiellen Regelung zugeführt wurden, kann die EIOPA gemäß Art. 1 Abs. 3 EIOPA-VO nur dann tätig werden, wenn diese Bereiche eine gewisse Konnexität zu den in Art. 1 Abs. 2 EIOPA-VO niedergelegten Maßnahmen aufweist und zudem ein spezielles Verhältnismäßigkeitskriterium erfüllt (siehe im Detail Art. 1 EIOPA-VO Rn. 14 ff.). Dass EIOPA auch diesbezüglich ein sehr weites Verständnis an den Tag legt, zeigt sich wiederum am Erlass der Beschwerdebearbeitungsleitlinien, die Regelungsbereiche betrafen, die weder durch eine der in Art. 1 Abs. 2 EIOPA-VO genannten Rechtsakte abgedeckt waren, noch ersichtlich war, in wie weit die Beschwerdebearbeitung eine solche Verbindung mit solchen Regelungsbereichen aufwies, dass der Erlass der Beschwerdebearbeitungsleitlinien erforderlich

[66] Dies ist beispielsweise auch in der französischen, italienischen, niederländischen, portugiesischen und der spanischen Fassung der Fall, sodass der Wortlaut hier auch beachtenswert erscheint. Die englische Sprachfassung stellt insofern eine Besonderheit dar, als sie zwischen den beiden Tatbestandsbündeln ein sog. *serial comma (vulgo Oxford comma)* verwendet: „in view to establishing consistent, efficient and effective supervisory practices within the ESFS, and to ensuring the common, uniform and consistent application of Union law". Durch diese Setzung des Kommas vor die nebenordnende Konjunktion *„and"* impliziert die englische Sprachfassung das Kumulativitätsverhältnis insofern noch deutlicher.

[67] Vgl. *Wandt* zitiert in *Wink* in: Dreher/Wandt 2013, 181, 182; wohl auch *Platzer*, Versicherungsaufsicht in der Europäischen Union, 2015, 157 („zum einen" „zum anderen").

[68] *EIOPA*, Leitlinien zur Beschwerdebearbeitung von Versicherungsunternehmen (EIOPA-BoS-12/069).

[69] „An existing regulatory gap – a current lack of EU rules on complaints-handling by insurance companies, leading to a diverse number of national approaches and a potentially unlevel playing field", *EIOPA*, Newsletter vom 27.6.2012; abrufbar unter https://eiopa.europa.eu/en/newsletters/news-alerts/eiopa-publisghes-guidelines-on-complaints-handling-by-insurers/index.html (zuletzt abgerufen im September 2017).

[70] Man würde insofern denken, dass sich EIOPA einzig auf das Tatbestandsbündel „Schaffung von Aufsichtspraktiken" beruft, tatsächlich stützt sie sich aber doch allein darauf, dass die Leitlinien notwendig seien „[to] ensuring the common, uniform and consistent application of Union law"; *EIOPA*, Public Consultation on the Guidelines and Best Practices Report on Complaints-Handling by Insurance Undertakings – Summary of the responses received (EIOPA-BoS-12/072), S. 5.

[71] Für eine kritische und sehr ausführliche Auseinandersetzung mit diesen Leitlinien siehe *Dreher* VersR 2013, 401, 407 ff.

[72] Siehe hierzu vertieft *Gal* FS 100 Jahre Seminar für Versicherungswissenschaft, 2016, 713.

[73] Bericht der Kommission an das Europäische Parlament und den Rat über die Tätigkeit der Europäischen Aufsichtsbehörden (ESA) und das Europäische System der Finanzaufsicht (ESFS), in: KOM(2014) 509 endg., S. 6.

[74] Vgl. hierzu *Kraußer*, Das Prinzip begrenzter Ermächtigung im Gemeinschaftsrecht als Strukturprinzip des EWG-Vertrages, 1991; Grabitz/Hilf/Nettesheim/*Bast* Art. 5 EUV Rn. 13 ff.; Calliess/Ruffert/*Calliess* Art. 5 EUV Rn. 6 ff.

[75] *Molsberger*, Das Subsidiaritätsprinzip im Prozess europäischer Konstitutionalisierung, 2009; Grabitz/Hilf/Nettesheim/*Bast* Art. 5 EUV Rn. 49 ff.; Calliess/Ruffert/*Calliess* Art. 5 EUV Rn. 20 ff.

gewesen wäre, um die wirksame und kohärente Anwendung dieser Sekundärrechtsakte des Art. 1 Abs. 2 EIOPA-VO sicherzustellen.[76]

Weitgehend ungeklärt ist noch die Frage, welchen Bedeutungsgehalt der **Grundsatz der Verhältnismäßigkeit im Hinblick auf das Formenwahlermessen** hat, wenn nicht wie sonst zwischen grundsätzlichen bindenden Rechtsakten – wie typischerweise zwischen einer Verordnung und einer Richtlinie – sondern wie hier zwischen *hard law-* und *soft law*-Maßnahmen eine Auswahl getroffen werden muss. Der Grundsatz des Interventionsminimums[77] legt es *prima facie* nahe, dass es grundsätzlich immer geboten erscheint, eine *soft law*-Maßnahme zu erlassen, da diese Maßnahme den geringstmöglichen Eingriff in die mitgliedstaatliche Autonomie darstellt. Ein solches Verständnis scheint jedoch fehlleitend, da die Europäische Union grundsätzlich gehalten ist, wesentliche Fragen einer rechtlichen Regelung zuzuführen. Der Erlass von Leitlinien kommt insofern nur dann in Frage, wenn im Hinblick auf das Harmonisierungsbedürfnis eine verbindliche Maßnahme nicht erforderlich erscheint. Hierdurch entsteht das (scheinbare) Paradoxon, dass Leitlinien der EIOPA gemäß Abs. 1 nur erlassen werden können, wenn ein Harmonisierungsbedürfnis besteht, dies primärrechtlich aber nur dann die zulässige Handlungsform der Union darstellen kann, wenn das Harmonisierungsbedürfnis so gering wiegt, dass die Setzung verbindlichen Rechts nicht erforderlich scheint. 27

b) Inhärente Kompetenzbeschränkung. Auch wenn man wie vorliegend die Position einnimmt (siehe Rn. 25 ff.), dass die Tatbestandsmerkmale des Abs. 1 kumulativ vorliegen müssen, um die EIOPA zum Erlass von Leitlinien zu ermächtigen, so bleibt diese Kompetenz im Hinblick auf die in Art. 1 Abs. 3 EIOPA-VO festgesetzte Annexkompetenz – zumal wenn man die Annexkompetenz mit EIOPA zu einer Art Kompetenz kraft Sachzusammenhang umdeutet (siehe Art. 1 EIOPA-VO Rn. 14 ff.) doch von sehr **großer Reichweite**. Eine Einschränkung der möglichen Regelungsbereiche, die EIOPA mit Leitlinien behandeln kann, nimmt die EIOPA-VO nicht explizit vor.[78] 28

Lediglich in Erwägungsgrund 25 wird festgestellt, dass Leitlinien nur in von den technischen Regulierungs- und Durchführungsstandards „nicht abgedeckten" Bereichen möglich sein sollen. Diese **Einschränkung durch die Erwägungsgründe** spiegelt sich jedoch im regulativen Teil der Verordnung nicht wieder, sodass die Notwendigkeit einer zwingenden Beachtung nicht evident erscheint. Zudem ist der Bedeutungsgehalt der Aussage des Erwägungsgrundes 25 eher unklar. Dieser *considérant* ließe sich einerseits so verstehen, dass Leitlinien nur in Ergänzung zu technischen Standards erlassen werden können, um im dortigen Regelungstext bewusst oder unbewusst offen gelassene Fragen zu konkretisieren. Andererseits könnte man dessen Aussage auch so verstehen, und dies erscheint näherliegend, dass alle Fragestellungen, die nicht im Rahmen eines technischen Standards einer Regelung zugeführt wurden, durch Leitlinien behandelt werden können. 29

aa) Sperrwirkung von erlassenen technischen Standards (und anderem Unionsrecht). Unabhängig von der Beurteilung der rechtlichen Wirkung des Erwägungsgrundes 25 stellt sich zunächst die Frage, in wie weit **erlassene technische Standards** eine **Sperrwirkung** für das Instrument der **Leitlinien** erzeugt. Da EIOPA zum Erlass von Leitlinien nicht gesondert im Basisrechtsakt ermächtigt werden muss (wie dies für die technischen Standards der Fall ist),[79] kann EIOPA eine Leitlinie grundsätzlich zu jeder Materie erlassen, die in ihren Kompetenzbereich nach Art. 1 Abs. 2 und 3 EIOPA-VO fällt.[80] 30

Diese weite Zuständigkeit stellt dogmatisch kein Problem dar, wenn die **Leitlinie inhaltlich mit** einer Regelung der **technischen Standards** (oder der Basisrechtsakte) **im Widerspruch** steht. Auch Leitlinien dürfen nicht in Widerspruch zum höherrangigen Unionsrecht – sei es Primär-, Sekundär- oder Tertiärrecht – stehen und ein solcher Widerspruch müsste durch Abänderung bzw. Nichtbeachtung der Leitlinie aufgelöst werden.[81] 31

[76] Insofern richtig eine fehlende Kompetenz zum Erlass dieser Leitlinien annehmend *Sasserath-Alberti/Hartig* VersR 2012, 524, 531 f.; *Dreher* VersR 2013, 401, 408.

[77] Grabitz/Hilf/Nettesheim/*Bast* Art. 5 EUV Rn. 72.

[78] Siehe hierzu bereits *Gal* ZVersWiss 2013, 325, 345 f.; *Wandt/Gal* in: Dreher/Wandt 2013, 147, 170 ff.

[79] Anders aber (zumindest *de lege lata*) wohl das Europäische Parlament; siehe *EP*, Entschließung vom 1.3.2014 mit Empfehlung an die Kommission zur Überprüfung des Europäischen Systems der Finanzaufsicht (ESFS), P7_TA(2014) 0202 – dort Anlage zum Entschließungsantrag, Überschrift „Einheitliches Regelwerk und Binnenmarkt", 8. Gedankenstrich.

[80] Hierbei sollte es eine Selbstverständlichkeit sein, dass EIOPA nur zu Gegenständen Leitlinien erlassen kann, die in ihren Aufgabenkreis fallen, und dass EIOPA die jeweilige Befugnisnorm benennt. Dass dies nicht ganz so selbstverständlich ist, wie man annehmen mag, beweisen hingegen die ersten von EIOPA herausgegebenen Leitlinien: die Guidelines on Complaints-Handling by Insurance Undertakings. In den Leitlinien selbst beruft EIOPA sich nur auf Art. 16 EIOPA-VO, ohne auszuführen, der kohärenten Anwendung welchen Unionsrechts diese Leitlinien dienen sollen. Wie Vertreter der Lehre bereits festgehalten haben, erscheint es zweifelhaft, ob die Vereinheitlichung der Beschwerdeaufsichtssysteme noch in den Aufgabenkreis der EIOPA fällt, da dieser Bereich bisher noch nicht Gegenstand einer Harmonisierung war und insofern kein Unionsrecht angepasst werden müsste; siehe *Dreher* VersR 2013, 401, 407 ff.; so bereits vorher *Sasserath-Alberti/Hartig* VersR 2012, 524, 531 f. Es scheint vielmehr, als würde EIOPA hier Unionsrecht erst schaffen.

[81] So bereits *Wandt/Gal* in: Dreher/Wandt 2013, 147, 171.

32 Problematischer ist die Frage, ob EIOPA wirklich alle regulatorischen Lücken eines technischen Standards (oder eines Basisrechtsakts) mit Leitlinien füllen darf. Die Crux besteht hier darin, dass gerade die Basisrechtsakte (aber wohl auch noch die technischen Standards auf der zweiten Lamfalussyebene) im Versicherungsaufsichtsrecht im Hinblick auf den Wandel hin zum *principles-based law* oftmals bewusst Lücken lassen werden.[82] So mag es einerseits gerade dem Zweck dieser Normen entsprechen, dass die **Lücken** durch die EIOPA auf Ebene 3 des Lamfalussyverfahrens geschlossen werden, andererseits kann es aber sehr wohl auch der gesetzgeberischen Intention entsprechen, dass eine solche Lücke nicht **„verreguliert"** wird,[83] sondern zur Förderung einer größeren Flexibilität des Systems offen bleibt. Man wird folglich im Einzelfall abwägen müssen, welche Intention der Gesetzgeber verfolgte, um zu bestimmen, ob EIOPA eine Lücke mittels Leitlinien schließen darf.

33 Obgleich EIOPA, wie bereits gesagt, auch **ohne spezielle Ermächtigung** (abgesehen von der der EIOPA-VO) Leitlinien erlassen kann, wäre es insofern durchaus hilfreich, wenn in den **technischen Standards explizite Öffnungsklauseln** vorgesehen würden, die die Bereiche identifizieren, die durch Leitlinien auf der dritten Lamfalussyebene weiter konkretisiert werden sollen. Hieraus würden sich dann allerdings – dies soll nicht verschwiegen werden – Anschlussprobleme ergeben, insbesondere die Frage, ob der Ebene 2-„Gesetzgeber" (dh die Kommission) befugt wäre, die – von Parlament und Rat gewährten – Kompetenzen der EIOPA zum Erlass von Leitlinien in dieser Weise einzuschränken.[84] Das Europäische Parlament allerdings vertritt eine noch engere Auslegung, indem es für die Zukunft fordert, dass klargestellt wird, dass Leitlinien nur erlassen werden dürfen, wenn und soweit der sektorielle Basisrechtsakt (dh bspw. die Solvency II-Rahmenrichtlinie) hierzu ermächtigt.[85]

34 **bb) Sperrwirkung einer Ermächtigung zum Erlass eines technischen Standards.** Noch ungewisser als die Art und der Umfang der **Sperrwirkung** bereits ergangener technischer Standards für den Erlass von Leitlinien ist die Antwort auf die Frage, welche Wirkung eine **Ermächtigung zum Erlass von technischen Standards** (oder delegierten Rechtsakten bzw. Durchführungsrechtsakten) hat, solange von dieser nicht oder nur teilweise Gebrauch gemacht wurde. EIOPA könnte in einer solchen Konstellation die gesamte Regelungsmaterie im Vorgriff durch eine Leitlinie behandeln: Im Falle der Ermächtigung zum Erlass eines delegierten Rechtsaktes könnte dies geschehen, um der Kommission zuvorzukommen und hierdurch eine gewisse Faktizität zu schaffen, und im Falle einer Ermächtigung zum Erlass eines technischen Regulierungsstandards, um einem sich abzeichnenden Streit mit der Kommission aus dem Weg zu gehen bzw. um die Kontrolle durch das Europäische Parlament und den Rat zu umgehen. Die tatbestandlichen Voraussetzungen des Art. 16 EIOPA-VO hindern einen solchen Vorgriff nicht und auch aus dem Erwägungsgrund 25 lässt sich zu dieser Konstellation unmittelbar nichts ableiten, da der Erwägungsgrund nach seinem Wortlaut wohl nur eine Abgrenzung zu bereits ergangenen technischen Standards bietet.

35 Ein solches Vorgehen erschiene (zumindest in vielen Situationen) gleichwohl als nicht zulässig. Denn nach dem **Grundsatz der Unionstreue** (siehe Art. 2 EIOPA-VO Rn. 20 ff.) ist EIOPA gehalten, mit den europäischen Organen loyal zusammenzuarbeiten. Insofern erschiene es illoyal bestimmte Regelungsmaterien, die der europäische Gesetzgeber bewusst in einer bestimmten rechtlichen Form geregelt wissen will, in einer anderen Form in Kraft zu setzen, um sie dadurch der rechtlichen Kontrolle durch die Organe und weitreichend auch der Gerichte zu entziehen.[86] Dies schließt allerdings nicht zwingend aus, dass in bestimmten Situationen trotz einer Ermächtigung zum Erlass von technischen Standards Leitlinien erlassen werden können. So wäre es denkbar, dass sich EIOPA dem Vorwurf der Illoyalität dann nicht aussetzt, wenn die Leitlinien als erforderliche Eilmaßnahme erlassen werden, um einen Zeitraum zu überbrücken, der bis zum Erlass der technischen Standards zu erwarten ist.

36 **III. Erlassverfahren (Abs. 1, 2).** Abs. 1 und 2 gewähren der **EIOPA** das **Initiativ-, Verfahrensausgestaltungs- und Entschließungsrecht** für den Erlass von Leitlinien und Empfehlungen. Dies bedeutet, dass die EIOPA Bereiche identifiziert, die in ihre Zuständigkeit fallen und der Harmonisierung bedürfen, dann selbstbestimmt einen Entwurf erarbeitet, konsultieren lässt, nachbessert und schließlich die Leitlinien oder Empfehlungen herausgibt.

37 Hinsichtlich der **Initiative** ist die EIOPA nur gehalten festzustellen, dass sie in dem von ihr avisierten Bereich tatsächlich zum Erlass von Leitlinien und Empfehlungen **ermächtigt** ist (Rn. 24 ff.).

38 Hierbei hat die EIOPA bereits in diesem Stadium zu erörtern, **an wen** die **Leitlinien** zu **adressieren** sind. Abs. 1 in der deutschen Sprachfassung suggeriert hierbei, dass diese Entscheidung in das freie

[82] Vgl. *Wandt*, Prinzipienbasiertes Recht und Verhältnismäßigkeitsgrundsatz im Rahmen von Solvency II, Heft 91 der Mannheimer Vorträge zur Versicherungswissenschaft, 2012, 9 f.

[83] Zur Gefahr der Verregulierung prinzipienbasierten Rechts *Gal/Sehrbrock*, Die Umsetzung der Solvency II-Richtlinie durch die 10. VAG-Novelle, 2013, 66.

[84] Hierzu bereits *Wandt/Gal* in: Dreher/Wandt 2013, 147, 171 f.

[85] *EP*, Entschließung vom 1.3.2014 mit Empfehlung an die Kommission zur Überprüfung des Europäischen Systems der Finanzaufsicht (ESFS), P7_TA(2014)0202 – dort Anlage zum Entschließungsantrag, Überschrift „Einheitliches Regelwerk und Binnenmarkt", 8. Gedankenstrich.

[86] So bereits *Wandt/Gal* in: Dreher/Wandt 2013, 147, 172 f.

Ermessen der EIOPA fällt bzw. die Leitlinien immer sowohl an die nationalen Aufsichtsbehörden und die Finanzinstitute adressiert sind („für die zuständigen Behörden *und* die Finanzinstitute"). Hier weicht die deutsche Sprachfassung jedoch erheblich von den anderen Sprachfassungen ab, die die beiden potentiellen Adressaten jeweils mit der sprachspezifischen Konjunktion für „oder" verbinden.[87] Aus dem weiteren Regelungskontext – insbesondere zu den Berichtspflichten – wird deutlich, dass die Leitlinien nicht *per se* unmittelbar an die Finanzinstitute gerichtet sind, sondern es eine Entscheidung der EIOPA erfordert, diese unmittelbar zu adressieren. Nun könnte man hieraus ziehen, dass die EIOPA in dieser Entscheidung frei ist. Richtig verstanden hat EIOPA jedoch nicht nur hinsichtlich der Abwägung, ob eine Leitlinie herausgeben werden soll (siehe Rn. 26), sondern auch gegenüber wem die Leitlinie oder Empfehlung herausgegeben werden soll, den Grundsatz der Verhältnismäßigkeit und auch den Grundsatz der Subsidiarität zu beachten. Letzterer wird es jedoch grundsätzlich gebieten – da die EIOPA-VO grundsätzlich von der Aufsichtskompetenz der Mitgliedstaaten ausgeht[88] –, dass eine Leitlinie grundsätzlich an die nationale Aufsichtsbehörde adressiert wird, die durch Implikationsmaßnahmen im nationalen Recht dafür sorgt, dass die Leitlinie an die Finanzinstitute „weitergereicht" wird. Eine unmittelbare Adressierung einer Leitlinie kommt nur dort in Betracht, wo das in Bezug genommene Unionsrecht bereits zu einer Vollharmonisierung geführt hat, sodass es einer „Übersetzungsmaßnahme" durch den nationalen Aufseher nicht mehr bedarf oder wenn eine unmittelbare Adressierung dringend erforderlich erscheint, etwa weil der nationale Aufseher eines bestimmten Mitgliedstaates fortwährend gegen Unionsrecht verstößt und auch die bisherigen Leitlinien nicht umgesetzt hat und ein Durchgriff der EIOPA auf den nationalen Versicherer bevorsteht.

Anders als im Verfahren zum Erlass von technischen Regulierungsstandards (siehe Art. 10 EIOPA-VO Rn. 30 ff.) und von technischen Durchführungsstandards (siehe Art. 15 EIPA-VO Rn. 20 ff.) ordnet Abs. 2 S. 1 und 2 für den Erlass von Leitlinien und Empfehlungen eine **offene öffentliche Konsultation** (zum Begriff siehe Art. 10 EIOPA-VO Rn. 30) und eine **Kosten-Nutzen-Analyse** (zum Begriff siehe Art. 10 EIOPA-VO Rn. 31) **nicht zwingend** an. Während für die technischen Regulierungsstandards im Grundsatz eine Konsultationspflicht mit einer Ausnahmemöglichkeit im Falle der Unangemessenheit besteht, ist dieses Regel-Ausnahme-Verhältnis beim Herausgabeverfahren von Leitlinien und Empfehlungen umgedreht. Eine Anhörung und eine Kosten-Nutzen-Analyse muss nach dem Wortlaut nur gegebenenfalls erfolgen, nämlich, wenn sie gemäß Abs. 2 S. 3 im Verhältnis zu Umfang, Natur und Folgen der Leitlinien oder Empfehlungen angemessen sind. Dies erscheint rechtspolitisch äußerst verfehlt[89] und es ist zu hoffen, dass die EIOPA nicht zu viel aus dieser Umkehrung der Regel-Ausnahme-Regelung zieht, da im Hinblick auf die faktische Wirkung der Leitlinien zumindest eine offene öffentliche Anhörung nahezu immer angemessen erscheinen dürfte. Noch problematischer erscheint, dass gemäß Abs. 2 S. 3 daneben auch die **Konsultation der *Stakeholdergruppe*** nach Art. 37 EIOPA-VO fakultativ ausgestaltet wird. Welcher Maßstab hier für die Bestimmung des Auswahlermessens gelten soll, ist im Hinblick auf die systematische Stellung dieser Regel nicht ganz klar, letztlich hat aber auch hier Abs. 2 S. 2 zu greifen, sodass es um die dort konkretisierte Angemessenheitsprüfung geht. Im Bereich des Verfahrens zum Erlass der technischen Standards ist die Konsultation der relevanten Interessengruppe ohne Ausnahme zwingend (siehe Art. 10 EIOPA-VO Rn. 33 ff. und Art. 15 EIOPA-VO Rn. 22 ff.). Es ist rechtstatsächlich zu hoffen, dass die EIOPA dies auch hier nicht anders handhaben wird, insbesondere in den Fällen, in denen aus Dringlichkeitsgesichtspunkten auf eine offene öffentliche Konsultation verzichtet wird, sollte nahezu zwingend eine Konsultation der Interessengruppe durchgeführt werden. Nur in Fällen besonderer Dringlichkeit darf von der Konsultation abgesehen werden. In diesem Fall ist allerdings die betreffende *Stakeholdergruppe* gemäß Art. 37 Abs. 1 UAbs. 1 S. 3 EIOPA-VO von der Herausgabe schnellstmöglich zu informieren. Daneben ist eine Konsultation gemäß Art. 37 Abs. 1 UAbs. 1 S. 2 Hs. 2 EIOPA-VO dann zwingend nicht durchzuführen, wenn die Empfehlung (sei sie an eine nationale Aufsichtsbehörde oder an ein Finanzinstitut adressiert) ein einzelnes Finanzinstitut betrifft. In diesem Fall ist auch eine nachträgliche Information der betreffenden Stakeholdergruppe gemäß Art. 37 Abs. 1 UAbs. 1 S. 3 EIOPA-VO nicht angezeigt, da diese Informationen vertraulich bleiben müssen und nicht potentiellen Konkurrenten etc. zugänglich gemacht werden können. **39**

Ohne dass Abs. 1 oder 2 dies explizit erwähnen würden, hat die **EIOPA** die eingegangenen **Stellungnahmen** der Interessengruppen und die öffentlichen Stellungnahmen nunmehr zu **sichten** und zu **bewerten** sowie letztlich **abzuwägen**, ob der konsultierte Entwurf der Leitlinien oder Empfehlungen unter Berücksichtigung der gewonnenen Erkenntnisse abzuändern ist. Eine Abänderungspflicht entsteht hierbei jedoch nicht innerhalb des politischen Ermessensbereichs. Die Grenze, die der EIOPA vorgegeben ist, bestimmt sich ausschließlich aus der Befugnisübertragung und höherrangigen Rechtsprinzipien (wie beispielsweise dem unionsrechtlichen Verhältnismäßigkeitsgrundsatz oder den Grundfreiheiten). **40**

---

[87] So bspw. die englische (*or*), französische (*ou*), italienische (*o*), spanische (*o*), portugiesische (*ou*) und die niederländische (*of*) Sprachfassung.

[88] EIOPA soll vorrangig, aber eben auch nicht ausschließlich als „Aufseher der Aufseher" fungieren; vgl. hierzu *Gal* ZVersWiss 2013, 325, 346 ff.

[89] So auch *Sasserath-Alberti* in: Dreher/Wandt 2013, 129, 141.

41 Es ist jedoch wünschenswert, dass die EIOPA den Input von interessierten Kreisen und insbesondere auch den der Interessengruppen umfassend berücksichtigt und regelmäßig ihre **Entwürfe** einer erneuten Prüfung unterzieht und gegebenenfalls **anpasst**. Unklar ist hierbei, ob eine umfassende Änderung des Entwurfes eine erneute Konsultation, Kosten-Nutzen-Analyse und Konsultation der einschlägigen *Stakeholdergruppe* nach Abs. 2 auslöst. Dies ist grundsätzlich zu verneinen. Bei diesen Anhörungsrechten geht es grundsätzlich darum, eine Stellungnahme zur Regelung eines bestimmten Regelungsbereiches zu eröffnen, wobei der zur Konsultation gestellte Entwurf lediglich eine Diskussionsgrundlage ist. Die interessierten Kreise können aber auch über den Entwurf hinausgehende Anmerkungen einbringen. Es ist insofern auch keine Verkürzung des Anhörungsrechtes, wenn die EIOPA auf Grund der Konsultation später eine Regelung abändert oder aufnimmt und die Leitlinien so in einer Form herausgibt, über die letztlich keine Konsultation durchgeführt wurde. Dies hat jedoch spätestens dann nicht mehr zu gelten, wenn die Änderungen den Leitlinien ein vom ursprünglichen Entwurf stark abweichendes Gepräge geben. Zumindest in diesem Fall ist eine **erneute Konsultationsrunde** durchzuführen.

42 Abschließend sind die Leitlinien und Empfehlungen herauszugeben. Dies setzt ihren **Beschluss** voraus, wofür der **Rat der Aufseher** zuständig ist (siehe Art. 43 EIOPA-VO Rn. 6). Anschließend sind die allgemeine Leitlinien und Empfehlungen zu veröffentlichen; da jedoch diese Veröffentlichung anders als für die technischen Standards (siehe Art. 10 EIOPA-VO Abs. 4 S. 2 und Art. 15 EIOPA-VO Abs. 4 S. 2) nicht durch Art. 16 EIOPA-VO konkretisiert wird, ist eine **Veröffentlichung** auf der Homepage der EIOPA als ausreichend zu erachten. Ob eine zusätzliche **Zustellung** der Leitlinien beim Adressaten erforderlich ist, um die Mitteilungspflicht auszulösen (siehe Rn. 45 ff.), wurde bisher noch nicht angesprochen. Da anders als bei anderen *soft law*-Maßnahmen hinsichtlich der Mitteilungspflicht eine echte Rechtspflicht besteht (siehe Rn. 14) muss erwogen werden, dass diese Pflicht erst durch einen Zugang bei der (juristischen) Person ausgelöst wird. Hinsichtlich der normalen Adressaten der Leitlinien, dh die nationalen Aufseher, hingegen erscheint dies überschießend. Diese sind in das ESFS eingebunden und sie trifft mithin eine Verfolgungspflicht, das heißt, sie haben die Homepage der EIOPA ständig zu verfolgen. Davon abgesehen hat der Behördenleiter der zuständigen Behörde im Rat der Aufseher über die Herausgabe der Leitlinie mit abgestimmt, sodass die Kenntnis von der Leitlinie bereits bei der Behörde vorhanden ist. Anders dürfte man dies jedoch für die Finanzinstitute beurteilen. Gerade kleinere und mittlere Versicherungsunternehmen (KMU) werden regelmäßig nur die Homepage ihres nationalen Aufsehers konsultieren und die EIOPA-Seite nur sporadisch sichten. Dies ist auch durchaus folgerichtig, da die EIOPA typischerweise keine unmittelbare Aufsichtskompetenz über diese hat. Sollte nunmehr eine Leitlinie ausnahmsweise an die Finanzinstitute adressiert sein (siehe Rn. 38) mit einer unmittelbaren Mitteilungspflicht, so wäre zur Auslösung der Mitteilungspflicht auf die Kenntnis von der Mitteilungspflicht abzustellen. Die EIOPA hätte also entweder den adressierten Finanzinstituten die Leitlinien zuzustellen oder diesen zumindest einen Link zu den Leitlinien mit einem Hinweis zur Mitteilungspflicht zu übersenden. Im Hinblick auf das bei der EIOPA geführte Register der in den Mitgliedstaaten niedergelassenen Versicherer[90] und das Register der in den Mitgliedstaaten niedergelassenen Einrichtungen der bAV[91] (siehe Art. 8 EIOPA-VO Rn. 6) würde dies die EIOPA auch nicht vor unlösbare Probleme stellen. Soweit sich eine Leitlinie oder Empfehlung nur auf ein einzelnes Finanzinstitut bezieht (vgl. Rn. 39 und Art. 37 EIOPA-VO Rn. 43 f.), so bedeutet Herausgabe hingegen Zustellung und von einer Veröffentlichung ist zwingend abzusehen, da ansonsten die Vertraulichkeit verletzt werden würde.

43 **IV. Umsetzung und Einhaltung der Leitlinien (Abs. 3).** Die Leitlinien und Empfehlungen erzeugen mit ihrer Herausgabe **keine Rechtsbindungswirkung** ieS für die nationalen Aufsichtsbehörden oder die Finanzinstitute (siehe Rn. 13 ff.). Gleichwohl ordnet **Abs. 3 UAbs. 1** an, dass die von Leitlinien und Empfehlungen erfassten Aufsichtsbehörden (oder Versicherungsunternehmen) „alle erforderlichen Anstrengungen [zu unternehmen haben], um diesen Leitlinien und Empfehlungen nachzukommen". Dies darf jedoch nicht dahingehend verstanden werden, dass eine vollstreckbare Umsetzungspflicht bestünde, da dies die Leitlinien in eine quasigesetzliche Normkategorie umwandeln würde (siehe Rn. 16). Allerdings dürfen die Aufsichtsbehörden (oder Finanzinstitute) die Leitlinien auch nicht einfach ignorieren, sondern müssen EIOPA die Nichtumsetzung unter Angabe von Gründen anzeigen (Abs. 3 UAbs. 2, siehe Rn. 45 ff.). Die Pflicht des Abs. 3 UAbs. 1 zur Unternehmung der erforderlichen Anstrengungen beschränkt sich insofern rechtspolitisch auf einen Appell, dass zu hoffen ist, dass möglichst viele Versicherungsaufsichtsbehörden die Leitlinien im Kontext des nationalen versicherungsaufsichtsrechtlichen Verfahrens implementieren und somit zu einer kohärenteren Anwendung des Unionsrechts beitragen. Rechtsverbindlich ist lediglich, dass der Adressat der Leitlinien oder Empfehlungen (dh typischerweise die Aufsichtsbehörden) diese gewissenhaft zu prüfen hat und auf dieser Grundlage entscheiden muss, ob eine Befolgung der Leitlinien oder Empfehlungen im Rahmen des nationalen Verwaltungsverfahrensrechts in Frage kommt oder nicht. An diese Entscheidung anknüpfend hat die Aufsichtsbehörde dann ihrer Mitteilungspflicht aus Abs. 3 UAbs. 2 nachzukommen.

[90] Insurance Register Extract (Stand: 5/1/2017) abrufbar unter: https://eiopa.europa.eu.
[91] Register of Institutions for Occupational Retirement Provision, abrufbar unter: https://eiopa.europa.eu.

Abs. 3 UAbs. 1 verpflichtet die nationalen Aufsichtsbehörden *und* die Finanzinstitute gleichermaßen. Dies ist jedoch zu reduzieren. Eine unmittelbare **„Pflicht"** der Leitlinie oder Empfehlung **nachzukommen**, trifft **nur** den **Adressaten** der Leitlinie oder Empfehlung (siehe Rn. 38). Soweit die Leitlinien wie gewöhnlich nur an die nationalen Aufsichtsbehörden adressiert werden, verpflichtet Abs. 3 UAbs. 1 die Finanzinstitute nicht dazu, sich mit der Möglichkeit einer Beachtung einer Leitlinie auseinanderzusetzen. Dies würde das aufsichtsrechtliche Regulierungssystem des ESFS verkennen. Vielmehr werden hier die nationalen Finanzinstitute nur durch die Umsetzungsmaßnahme des nationalen Aufsehers „verpflichtet". Allein dann, wenn der nationale Aufseher keine genuine Umsetzungsmaßnahme (bspw. Rundschreiben, Auslegungsentscheidung oder Sammelverfügung) erlässt, sondern lediglich die Leitlinien oder Empfehlungen der EIOPA durchreicht und diese gegenüber den beaufsichtigten Finanzinstituten für anwendbar erklärt, muss das Finanzinstitut (unmittelbar) der Leitlinie nachkommen. Die Frage, ob dies im Einzelfall eine Pflicht ist oder nur faktisch verpflichtend wirkt, bestimmt sich jedoch auch dann wieder aus dem nationalen Verwaltungsverfahrensrecht (vgl. Rn. 22 f.). 44

1. Mitteilungspflicht der zuständigen Behörden (Abs. 3 UAbs. 2, 3). Abs. 3 UAbs. 2 verpflichtet jede Aufsichtsbehörde – wenn diese durch die Leitlinien adressiert wird – der EIOPA **binnen zweier Monate seit Herausgabe** der Leitlinie mitzuteilen, ob sie den Leitlinien nachkommt. 45

a) *Comply or Explain* (Abs. 3 UAbs. 2). Der nationalen Aufsichtsbehörde stehen zur Erfüllung dieser Pflicht gemäß Abs. 3 UAbs. 2 S. 1 grundsätzlich drei **Handlungsoptionen** offen. Sie kann mittteilen, dass sie den Leitlinien oder Empfehlungen bereits nachkommt (*comply*), dass sie in Zukunft gedenkt, diesen nachzukommen (*intend to comply*) oder dass sie nicht gedenkt, diesen nachzukommen (*non-comply*). 46

Eine *comply*- oder eine *intend to comply*-Aussage zieht keine weiteren Erklärungspflichten nach sich – insbesondere muss die nationale Aufsichtsbehörde nicht erklären, in welcher Weise sie den Leitlinien oder Empfehlungen bereits nachkommt oder welche Umsetzungsmaßnahmen sie vorzunehmen gedenkt, um den Leitlinien oder Empfehlungen nachzukommen. Im Fall einer *non comply*-Aussage sind gemäß Abs. 3 UAbs. 2 S. 2 hingegen auch Gründe für die Nichtumsetzung anzugeben (sog. ***comply or explain*-Grundsatz).**[92] Es spricht einiges dafür, dass die Leitlinien im Zusammenspiel mit der sekundärrechtlichen EIOPA-VO zumindest hinsichtlich dieser Beschäftigungs-, Mitteilungs- und eventuell Erläuterungspflicht den Aufsichtsbehörden eine echte Rechtspflicht auferlegen (siehe Rn. 14).[93] In jedem Fall bleibt aber der materielle Regelungsgehalt der Leitlinien unverbindlich. 47

Adressat der durch die nationalen Aufsichtsbehörden abzugebenden *comply-*, *intend to comply-* oder begründeten *non comply*-**Mitteilungen** ist im Hinblick auf Abs. 3 UAbs. 2 S. 1 und 2 immer ausschließlich die **EIOPA** („die Behörde"). 48

Die Leitlinien müssen gegenüber den nationalen Aufsichtsbehörden diese **Mittteilungspflicht nicht** gesondert **anordnen**, sie entsteht mit Herausgabe der Leitlinie *ex lege* (siehe zur Anforderung an die Herausgabe Rn. 42). 49

Auf jede der **gegenwärtigen** [Stand Dezember 2016] 34 Leitlinienbündel (exklusive der zwischenzeitig außerkraftgetretenen *preparatory guidelines*), dies sind insgesamt 730 Leitlinien, hat EIOPA durch die Mitgliedstaaten und die EWR-Staaten 31 Antworten (aus dem Vereinigten Königreich je eine gesonderte Antwort für die überseeischen Territorien) *in summa* also 22.630 Antworten erhalten. Dies und die Tatsache berücksichtigend, dass die bisherigen Leitlinien teilweise sehr kontroverse und schwierige Topoi behandelten, erscheint die Anzahl von bisher nur 21 (!) *non comply*-Aussagen als extrem niedrig. In der Vorbereitungsphase waren die *non comply*-Antworten noch etwas häufiger.[94]Im statistischen Mittel wurden damals nur in 4 % der Fälle Leitlinien nicht komplett umgesetzt. Heute bewirkt das *non comply* nur noch eine **Nichtumsetzung im Promillebereich**. 50

b) *Naming and Shaming* (Abs. 3 UAbs. 3). Gemäß Abs. 3 UAbs. 3 S. 1 „veröffentlicht [EIOPA] die Tatsache, dass eine zuständige Behörde dieser Leitlinie […] nicht nachkommt oder nicht nachzukommen beabsichtigt". Im Hinblick auf diesen Wortlaut scheint EIOPA bezüglich des ***naming*-Mechanismus** kein Ermessensspielraum eingeräumt zu sein. Vielmehr legt die Norm nah, dass EIOPA eine Verpflichtung trifft, die **Namen der nicht-befolgenden Behörden** zu **veröffentlichen**.[95] 51

Insofern wird das *naming* **nicht** unter einen **Verhältnismäßigkeitsvorbehalt** gestellt, was im Hinblick auf den Bedeutungsgehalt dieses Grundsatzes im Solvency II-System[96] zunächst verwundern mag. Berücksichtigt man aber im Gegenzug, dass es bei dieser Veröffentlichung „nur" um Aufsichtsbehörden geht, die im Gegensatz zu Versicherungsunternehmen nicht dem Spiel der Märkte ausgesetzt sind, 52

[92] Teilweise auch bezeichnet als *act or explain*-Grundsatz; siehe bspw. *Koslowski*, Die Europäische Bankenaufsichtsbehörde und ihre Befugnisse, 2014, S. 61.

[93] So wohl auch *Hartig* BB 2012, 2959, 2961.

[94] Vgl. *Gal* in: Dreher/Wandt 2014, 11, 24 (dort Fn. 43).

[95] So bereits *Wandt/Gal* in: Dreher/Wandt 2013, 147, 168.

[96] Vgl. hierzu *Wandt*, Prinzipienbasiertes Recht und Verhältnismäßigkeitsgrundsatz im Rahmen von Solvency II, Heft 91 der Mannheimer Vorträge zur Versicherungswissenschaft, 2012, 19 f.

scheint die abstrakte Abwägung des europäischen Gesetzgebers, hinsichtlich der Veröffentlichungspflicht auf eine Einzelfallabwägung zu verzichten, als (gerade noch) hinnehmbar.[97]

53 Größere Probleme bereitet der Topos, ob, wann und wie neben der Tatsache der **Nichtbefolgung** auch noch die **Gründe** der entsprechenden Behörde **veröffentlicht** werden können (***shaming*-Mechanismus**). Gemäß Abs. 3 UAbs. 3 S. 2 „*kann* [EIOPA] zudem von Fall zu Fall die Veröffentlichung der von der zuständigen Behörde angegebenen Gründe für die Nichteinhaltung einer Leitlinie […] beschließen" [Hervorhebung durch Verf.]. Diese Formulierung unter Verwendung des Verbs *kann* impliziert insbesondere im Kontrast zum vorhergehenden Satz ein freies Entschließungsermessen der EIOPA.

54 Unklar ist insoweit jedoch bereits die weitere Formulierung des Abs. 3 UAbs. 3 S. 2, dass die EIOPA „**von Fall zu Fall**" über die Mitveröffentlichung der Gründe zu beschließen habe. Die Satzkonstruktion legt hierbei nahe, dass die EIOPA die Anwendung des *shaming*-Mechanismus jeweils ausschließlich im Einzelfall der betreffenden Behörde zu beschließen habe. Im Hinblick auf den allgemeinen Gleichheitssatz ist die Vorschrift jedoch so auszulegen, dass die EIOPA nicht-befolgende Behörden gleich behandeln muss, dass also der Passus „von Fall zu Fall" sich zunächst nur auf die jeweilige Leitlinie, nicht auf die jeweilige nationale Aufsichtsbehörde bezieht.[98] Insofern gebietet der Verhältnismäßigkeitsgrundsatz in Verbindung mit dem Gleichheitssatz, dass die EIOPA zunächst **abstrakt** eine **Abwägung** trifft, ob **hinsichtlich einer bestimmten Leitlinie** die Liste der nicht-befolgenden Behörden um die von diesen angegebenen Gründe angereichert werden soll.

55 Dies eröffnet die Frage, ob Abs. 3 UAbs. 3 S. 2 auch eine **Rechtspflicht der EIOPA** auf **Nennung der Gründe** statuieren kann. Da die Veröffentlichung der Gründe grundsätzlich in das freie Entschließungsermessen der EIOPA gestellt wird, scheint dies zunächst nicht der Fall zu sein. In Ausübung dieser Ermessensentscheidung ist EIOPA jedoch, wie bereits gesagt, an den Grundsatz der Verhältnismäßigkeit gebunden, nach dem eine Nichtveröffentlichung unter bestimmten Umständen unverhältnismäßig erscheinen kann und hierdurch das Ermessen der EIOPA auf null reduziert würde.[99] Zu denken ist hier insbesondere an den Fall, dass eine Vielzahl der Aufsichtsbehörden die Befolgung mit dem Einwand verweigert, die Leitlinie verstoße gegen das Primär- oder Sekundärrecht (oder auch Tertiärrecht). In einer solchen Konstellation erschiene es als bedenklich, wenn EIOPA die entsprechenden Behörden lediglich in der Liste der nicht-befolgenden Behörden aufnehmen würde, ohne den Grund aufzuführen, gegebenenfalls in der Absicht eine öffentliche Auseinandersetzung über die behauptete Unionsrechtswidrigkeit zu verhindern.

56 Wenn auch nach der hier vertretenen Auffassung EIOPA zunächst auf erster Ebene am Maßstab der Verhältnismäßigkeit eine abstrakte Entscheidung über die Veröffentlichung der zu einer bestimmten Leitlinie angeführten Gründe der Nichtumsetzung zu treffen hat (siehe Rn. 54), so heißt dies nicht, dass EIOPA nicht auch auf zweiter Ebene – also der **konkreten Entscheidung**, **welche Gründe** einer **bestimmten Behörde wie veröffentlicht** werden – an den Grundsatz der Verhältnismäßigkeit gebunden wäre.

57 Hier stellt sich dann einerseits die Frage, ob EIOPA gegen den **Verhältnismäßigkeitsgrundsatz verstoßen** kann, indem es die **Gründe** nur **selektiv veröffentlicht**, und zum anderen die Frage, ob EIOPA unter bestimmten Voraussetzungen **verpflichtet** ist, **bestimmte Gründe nicht** zu **veröffentlichen**.

58 Hinsichtlich der zweiten Konstellation ist es beispielsweise denkbar, dass eine nationale Aufsichtsbehörde der EIOPA als Grund einer vorübergehenden Nichtbefolgung einen Bearbeitungsstau nennt, der durch noch nicht öffentlich bekannte personelle Umstrukturierungsmaßnahmen verursacht wird. Ein solcher vertraulich genannter Grund sollte im Zweifelsfall auch **vertraulich** bleiben. Es ist insofern zu prüfen, ob die **Nennung eines bestimmten Grundes** auf die entsprechende Aufsichtsbehörde einen **unverhältnismäßigen** Effekt haben könnte.[100]

59 Wesentlich praxisrelevanter erscheint jedoch die Frage, ob EIOPA nur über das „Ob" der **Nennung der Gründe** entscheidet oder auch über das **„Wie"**; ob sich EIOPAs freie Ermessen also auch auf die Entscheidung erstreckt, welche Gründe sie in welcher Weise veröffentlicht (*Auswahlermessen*). Auch wenn man der **EIOPA** hier einen gewissen **Ermessenspielraum** zugesteht – wofür wohl bereits spricht, dass durch die Nennung der Gründe in der Liste eine gewisse Transparenz und Vergleichbarkeit geschaffen werden soll, die auch kleinere redaktionelle Eingriffe der EIOPA notwendig machen kann – so ist doch auch hier der **Verhältnismäßigkeitsgrundsatz** zu beachten. Im Zweifelsfall hat zu gelten, dass eine Veröffentlichung die durch die Behörde genannten Gründe in ihrer Gesamtheit wiederzugeben hat. Eine verknappte Wiedergabe würde den Eindruck erwecken, dass die Behörde keine anderen Gründe geltend macht. Daraus könnte sich eine Entstellung der Behördenmeinung und kausal hieraus eine Diskreditierung der Rechtsposition der Behörde ergeben. Dies wäre ein von der EIOPA-VO so nicht vorgesehener *shaming*-Effekt. Als Verstoß gegen den Verhältnismäßigkeitsgrund-

[97] So bereits *Wandt/Gal* in: Dreher/Wandt 2013, 147, 168.
[98] Im Ergebnis bereits so *Wandt/Gal* in: Dreher/Wandt 2013, 147, 168.
[99] Vgl. bereits *Wandt/Gal* in: Dreher/Wandt 2013, 147, 169.
[100] So im Ergebnis bereits *Wandt/Gal* in: Dreher/Wandt 2013, 147, 169 a. A.

satz (und die Unionstreue) (siehe Art. 2 EIOPA-VO Rn. 20 ff.) erscheinen insofern zumindest entstellende Kürzungen einzelner Begründungen und unsachgemäße Auslassungen von weiter angeführten Gründen.[101]

Gemäß Abs. 3 UAbs. 3 S. 3 hat die EIOPA die jeweils **betroffene** nationale **Aufsichtsbehörde im Voraus** über eine *solche* Veröffentlichung zu **informieren**. Diese Informationspflicht richtet sich nur dann gegen die EIOPA, wenn sie sich gemäß Abs. 3 UAbs. 3 S. 2 zur Veröffentlichung der Gründe entscheidet. Nur diese Art der Veröffentlichung ist eine *solche* Veröffentlichung. Da die Veröffentlichung einer Liste ohne Gründe für die EIOPA verpflichtend ist (siehe 50 f.), besteht hier für die nationale Aufsichtsbehörde keine Unklarheit, die mit einer Informationspflicht kompensiert werden müsste. 60

Abs. 3 UAbs. 3 S. 3 ist undeutlich hinsichtlich des **Inhalts der Informationspflicht**. Nach dem Wortlaut scheint eine reine Information darüber, dass die Gründe mitveröffentlicht werden, ausreichend. Im Hinblick darauf, dass nach hiesiger Meinung der EIOPA ein gewisses Ermessen darüber zusteht, wie die Gründe veröffentlicht werden (siehe Rn. 57 ff.), erscheint es jedoch notwendig, diese Pflicht teleologisch zu erweitern: Soweit die EIOPA entscheidet, die Gründe in redigierter oder reduzierter Form wiederzugeben, so hat sie die Behörde auch über die Art der Veröffentlichung zu informieren, um der Behörde die Möglichkeit zu geben, im Voraus hierzu Stellung zu nehmen. 61

2. Mitteilungspflicht der Finanzinstitute (Abs. 3 UAbs. 4). Wenn die **Finanzinstitute** – was die absolute Ausnahme sein dürfte (siehe Rn. 21 und 38) – der unmittelbare **Normadressat der Leitlinie** oder Empfehlung sind, kann auch sie eine Mitteilungspflicht treffen. Dies setzt voraus, dass die Leitlinie oder Empfehlung sich unmittelbar an sie richtet, also nicht erst durch die nationalen Aufsichtsbehörden als Normadressaten umgesetzt werden muss. Eine dann etwaig gemäß Abs. 3 UAbs. 4 bestehende **Mitteilungspflicht** der Versicherungsunternehmen wäre wohl als **echte Rechtspflicht** einzuordnen. Diese Pflicht wird zumindest auch ausgelöst durch die **Herausgabe der Leitlinie** (siehe zur Anforderung an die Herausgabe in dieser Konstellation Rn. 42). Anders als in Abs. 3 UAbs. 2 ist für die Mitteilungspflicht der Finanzinstitute jedoch keine Frist vorgesehen, was nahelegt, dass eine solche durch die Leitlinie oder im Einzelnen festgesetzt werden muss. So dies geschieht, bedeutet dies im Rahmen des hier geltenden ***comply or disclose*-Grundsatzes** – dh nicht *comply or explain* wie für die Aufsichtsbehörden (siehe Rn. 46 ff.) –, dass das Unternehmen dazu rechtlich verpflichtet wäre, kundzugeben, ob es die Leitlinien umzusetzen gedenkt oder nicht. 62

Hierbei ist jedoch der **Adressat** einer **Mitteilung** auf Grund einer etwaigen, die Versicherungsunternehmen treffenden Berichtspflicht unklar. Abs. 3 UAbs. 4 führt hierzu nur aus, dass die Versicherungsunternehmen „[w]enn dies gemäß einer Leitlinie […] erforderlich ist, […] auf klare und ausführliche Weise Bericht darüber [erstatten], ob sie einer Leitlinie […] nachkommen". Der Adressat dieser Berichtspflicht und die **Art und Weise ihrer Erfüllung** sind in der sekundärrechtlichen Norm **nicht festgelegt**. 63

Ein **Indiz** dafür, dass hier wohl vorrangig an einen **Bericht gegenüber der nationalen Aufsichtsbehörde** gedacht sein könnte, ergibt sich aus einem systematischen Vergleich mit Abs. 3 UAbs. 2 S. 2. Jene Regelung nennt die Behörde (dh EIOPA) explizit als Adressat der Mitteilung der nationalen Aufsichtsbehörde für eine *(non) comply*-Mitteilung. Dagegen fehlt eine entsprechende Regelung in Abs. 3 UAbs. 4, wodurch nahegelegt wird, dass es um einen anderen Adressaten (nämlich die nationale Aufsichtsbehörde) gehen könnte.[102] 64

Eine **andere Auslegung** könnte jedoch dahin gehen, dass die EIOPA-VO die Frage des Adressaten bewusst offenlässt, um die **Entscheidung** bezüglich des **sachgerechten Adressaten** der **EIOPA** zu **oblassen**. Hiernach wäre es also an dieser, in der Leitlinie oder Empfehlung den Adressaten festzulegen. In diesem Fall stellt sich allerdings die Vorfrage, ob Abs. 3 UAbs. 4 so zu verstehen ist, dass EIOPA den Versicherungsunternehmen unmittelbar eine Berichtspflicht auferlegen kann, was dann zumindest diesbezüglich eine Rechtsverbindlichkeit der Leitlinien für diese bedeuten würde (siehe Rn. 21, 62), oder ob EIOPA lediglich festlegen kann, dass die nationalen Aufsichtsbehörden eine wie durch die Leitlinien bestimmte Berichtspflicht quasi durchzureichen haben. Man wird die gegenständliche Norm wohl so zu verstehen haben, dass **im Einzelfall auch** eine **direkt** an die Versicherungsunternehmen adressierte **Berichtspflicht** in den Leitlinien **zulässig** sein kann, wenn der Zweck der Leitlinie dies erforderlich erscheinen lässt.[103] Diesbezüglich hat EIOPA jedoch nicht nur hinsichtlich der Abwägung, ob eine Berichtspflicht vorgesehen werden soll, sondern auch gegenüber wem diese bestehen soll, den Grundsatz der Verhältnismäßigkeit und auch den Grundsatz der Subsidiarität zu beachten. Letzterer wird es jedoch grundsätzlich gebieten – da die EIOPA-VO grundsätzlich von der Aufsichtskompetenz der Mitglied- 65

[101] Siehe mit gleichem Ergebnis *Wandt/Gal* in: Dreher/Wandt 2013, 147, 169.

[102] So angedeutet in *Wandt/Gal* in: Dreher/Wandt 2013, 147, 173.

[103] Die Statuierung einer solchen Pflicht der Versicherungsunternehmen, den Bericht direkt an EIOPA unter Umgehung der nationalen Aufsichtsbehörden zu erstatten, dürfte jenseits aller rechtlicher Bedenken bei der Mehrzahl der nationalen Aufsichtsbehörden auf gehörigen Unmut stoßen.

staaten ausgeht[104] – dass eine Berichtspflicht gegenüber der nationalen Behörde angeordnet wird, für die, wenn dies dringend erforderlich ist, eine Weiterleitungspflicht vorgesehen werden könnte.

66 Bei beiden Auslegungen besteht das weitere Problem, dass nicht hinreichend klar wird, ob die **Berichtspflicht** der aufsichtsunterworfenen Unternehmen bereits ***ipso iure*** aufgrund der EIOPA-VO gilt **oder** aber den Unternehmen durch die Leitlinie bzw. den etwaig nötigen nationalen Transformationsakt **auferlegt werden muss.**[105] Ginge man davon aus, dass die Berichtspflicht bereits von Rechtswegen besteht, so würde dies für die Versicherungsunternehmen eine Berichtspflicht *sua spontane* begründen; diese würden also die Last tragen, zu prüfen, ob bestimmte Mitteilungen erforderlich sind. Eine solche Belastung der Versicherungsunternehmen, hätte sie denn geschaffen werden sollen, hätte wesentlich deutlicher zum Ausdruck gebracht werden müssen, sodass man davon ausgehen kann, dass eine Berichtspflicht nur dann entsteht, wenn sie in der Leitlinie oder der nationalen Umsetzungsmaßnahme angeordnet wird.[106] Es ist insofern an der EIOPA, eine Berichtspflicht in der Leitlinie vorzusehen, indem entweder eine solche unmittelbar den Unternehmen auferlegt wird oder aber den nationalen Aufsichtsbehörden in den Leitlinien vorgezeichnet wird, dass und wie sie den Unternehmen eine Berichtspflicht auferlegen sollten. Auch hinsichtlich des Auswahlermessens zwischen diesen beiden Optionen wird EIOPA im Hinblick auf den Verhältnismäßigkeitsgrundsatz und insbesondere das Subsidiaritätsprinzip typischerweise gehalten sein, die Berichtspflicht nicht selber an die Versicherungsunternehmen zu adressieren, sondern die nationalen Aufsichtsbehörden aufzufordern, eine solche gegenüber den Versicherern zu veranlassen.

67 EIOPA ist über Abs. 3 UAbs. 4 nicht dazu ermächtigt, eine Liste derjenigen Versicherungsunternehmen herauszugeben, die die Leitlinien nicht befolgen wollen (erst recht darf dies nicht unter Nennung einer – freiwillig gegebenen – Begründung erfolgen). Unklar bleibt hierbei jedoch, ob es der EIOPA auf Grund der Systematik auch verwehrt bleibt, in einer Leitlinie **anzuregen**, dass die nationalen Aufsichtsbehörden im Rahmen ihrer Umsetzungsmaßnahmen einen solchen ***naming and shaming*-Mechanismus** für Finanzinstitutionen einbauen. Im Ergebnis dürfte in einem solchen Vorgehen zwar kein direkter Verstoß gegen Abs. 3 UAbs. 4, wohl aber gegen dessen *ratio legis* zu sehen sein, da diese Norm gerade davon ausgeht, dass eine Nichtumsetzung von Leitlinien durch Versicherungsunternehmen nicht mit dem öffentlichen *Pranger*[107] einer Liste geahndet werden soll. Gleichwohl sind nationale Aufsichtsbehörden durch die genannte Norm nicht daran gehindert, ihre Umsetzungsmaßnahmen mit einem *naming and shaming*-Mechanismus anzureichern, dessen Rechtmäßigkeit sich dann aber an den Maßstäben des nationalen Versicherungsaufsichts- und Verfassungsrechts und des europäischen Primär- und Sekundärrechts messen lassen müsste. Für EIOPA jedoch ist der *naming and shaming*-Mechanismus nur gegenüber nicht-befolgenden Aufsichtsbehörden eröffnet.

68 **V. Berichtspflicht (Abs. 4).** Abs. 4 legt einen **zwingenden Inhalt** für den durch den Rat der Aufseher in Kooperation mit dem Exekutivdirektor und dem Verwaltungsrat zu erarbeitenden **Jahresbericht der EIOPA** (siehe Art. 43 EIOPA-VO Rn. 18 ff.) fest. Dies bedeutet, dass der Exekutivdirektor bereits in seinem Entwurf des Jahresberichts gemäß Abs. 4 Hs. 1 auszuführen hat, **welche Leitlinien und Empfehlungen** im Berichtszeitraum **herausgegeben** wurden und welche nationalen Aufsichtsbehörden diesen nicht nachgekommen sind.

69 Hinsichtlich des Begriffs des **Nichtnachkommens** ist wohl vorrangig gemeint, welche Behörden eine *non comply*-Mitteilung gemacht haben. Nachrangig erstreckt sich diese Berichtspflicht auch auf solche Behörden, die zwar eine *comply*- oder eine *intend to comply*-Mitteilung gemacht haben, den Leitlinien und Empfehlungen aber tatsächlich nicht nachkommen.

70 Abs. 4 Hs. 2 bezieht sich hinsichtlich der Berichtspflicht eigentlich nur auf das Nichtnachkommen von Leitlinien und Empfehlungen, die im Berichtszeitraum herausgegeben wurden („*diesen* nicht nachgekommen sind" [Hervorhebung durch Verf.]). Man wird dies jedoch erweiternd lesen müssen. So wird beispielsweise für Leitlinien, die am Ende der Berichtszeit des Vorjahresberichts herausgegeben wurden, immer eine Berichtspflicht für das behördliche Nachkommen im diesjährigen Jahresbericht bestehen. Daneben sollte zumindest in Fällen, in denen bestimmte Leitlinien und Empfehlungen von zahlreichen Behörden über Jahre hinweg nicht umgesetzt werden, auch hier eine **kontinuierliche Berichtspflicht** angenommen werden. Der Bericht dient gerade auch dazu, das Europäische Parlament, den Rat und die Kommission über Probleme innerhalb des Lamfalussy-Systems angemessen zu unterrichten, sodass ein solches Verfehlen des Ziels der Schaffung einer kohärenteren Anwendung des Unionsrechts berichtspflichtig erscheint. Dies würde die EIOPA auch nicht übermäßig belasten, da sie gemäß Art. 29 Abs. 1 S. 2 lit. d Hs. 2 EIOPA-VO hinsichtlich ihrer Leitlinien und Empfehlungen eine Beobachtungspflicht trifft (siehe Art. 29 EIOPA-VO Rn. 11 ff.).

---

[104] EIOPA soll vorrangig, aber eben auch nicht ausschließlich als „Aufseher der Aufseher" fungieren; vgl. hierzu *Gal* ZVersWiss 2013, 325, 346 ff.

[105] Zu diesem Themenkomplex bereits *Wandt/Gal* in: Dreher/Wandt 2013, 147, 173 a. E.

[106] So auch *Hartig* BB 2012, 2959, 2960; *Dreher/Ballmaier* in: Dreher/Wandt 2014, 107, 114 (dort Fn. 17).

[107] Das Bild des Prangers für diese Veröffentlichungen verwenden insb. *Lehmann/Manger-Nestler* ZBB 2011, 2, 13.

Neben der Bestandsmitteilung nach Abs. 4 Hs. 1 hat die EIOPA nach Abs. 4 Hs. 2 auch eine **Strategiemitteilung** zu machen, wenn nationale Aufseher die Leitlinien und Empfehlungen nicht (angemessen) umsetzen. Die EIOPA hat in diesem Fall im Jahresbericht auszuführen, wie sie gedenkt sicherzustellen, dass die betreffenden nationalen Aufsichtsbehörden zukünftig die einschlägigen Leitlinien und Empfehlungen umsetzen werden. Hierbei erscheint es auch zulässig, dass EIOPA nach angemessenen Anstrengungen feststellt, dass ein Nachkommen durch sie nicht sichergestellt werden kann, da über das Instrument der Leitlinie und der Empfehlung eine Beugung der nationalen Aufsichtsbehörde nicht möglich ist, sondern ein Tätigwerden des Unionsgesetzgebers nötig erscheint. 71

Verletzung von Unionsrecht

17 **(1) Hat eine zuständige Behörde die in Artikel 1 Absatz 2 genannten Rechtsakte der Union nicht angewandt oder diese so angewandt, dass eine Verletzung des Unionsrechts, einschließlich der technischen Regulierungs- und Durchführungsstandards, die nach den Artikeln 10 bis 15 festgelegt werden, vorzuliegen scheint, insbesondere weil sie es versäumt hat sicherzustellen, dass ein Finanzinstitut den in den genannten Rechtsakten festgelegten Anforderungen genügt, so nimmt die Behörde die in den Absätzen 2, 3 und 6 des vorliegenden Artikels genannten Befugnisse wahr.**

(2) Auf Ersuchen einer oder mehrerer zuständiger Behörden, des Europäischen Parlaments, des Rates, der Kommission oder der relevanten Interessengruppe oder von Amts wegen und nach Unterrichtung der betroffenen zuständigen Behörde kann die Behörde eine Untersuchung der angeblichen Verletzung oder der Nichtanwendung des Unionsrechts durchführen.

Unbeschadet der in Artikel 35 festgelegten Befugnisse übermittelt die zuständige Behörde der Behörde unverzüglich alle Informationen, die letztere für ihre Untersuchungen für erforderlich hält, einschließlich Informationen darüber, wie die in Artikel 1 Absatz 2 genannten Rechtsakte in Übereinstimmung mit dem Unionsrecht angewendet werden.

(3) Spätestens zwei Monate nach Beginn ihrer Untersuchungen kann die Behörde eine Empfehlung an die betroffene zuständige Behörde richten, in der die Maßnahmen erläutert werden, die zur Einhaltung des Unionsrechts ergriffen werden müssen.

Die zuständige Behörde unterrichtet die Behörde innerhalb von zehn Arbeitstagen nach Eingang der Empfehlung über die Schritte, die sie unternommen hat oder zu unternehmen beabsichtigt, um die Einhaltung des Unionsrechts zu gewährleisten.

(4) [1] Sollte die zuständige Behörde das Unionsrecht innerhalb eines Monats nach Eingang der Empfehlung der Behörde nicht einhalten, so kann die Kommission nach Unterrichtung durch die Behörde oder von Amts wegen hin eine förmliche Stellungnahme abgeben, in der die zuständige Behörde aufgefordert wird, die erforderlichen Maßnahmen zur Einhaltung des Unionsrechts zu ergreifen. [2] Die förmliche Stellungnahme der Kommission trägt der Empfehlung der Behörde Rechnung.

[1] Die Kommission gibt diese förmliche Stellungnahme spätestens drei Monate nach Abgabe der Empfehlung ab. [2] Die Kommission kann diese Frist um einen Monat verlängern.

Die Behörde und die zuständigen Behörden übermitteln der Kommission alle erforderlichen Informationen.

(5) Die zuständige Behörde unterrichtet die Kommission und die Behörde innerhalb von zehn Arbeitstagen nach Eingang der in Absatz 4 genannten förmlichen Stellungnahme über die Schritte, die sie unternommen hat oder zu unternehmen beabsichtigt, um dieser förmlichen Stellungnahme nachzukommen.

(6) Unbeschadet der Befugnisse der Kommission nach Artikel 258 AEUV kann die Behörde für den Fall, dass eine zuständige Behörde der in Absatz 4 genannten förmlichen Stellungnahme nicht innerhalb der dort gesetzten Frist nachkommt und dass es erforderlich ist, der Nichteinhaltung rechtzeitig ein Ende zu bereiten, um neutrale Wettbewerbsbedingungen auf dem Markt aufrechtzuerhalten oder wiederherzustellen beziehungsweise um das ordnungsgemäße Funktionieren und die Integrität des Finanzsystems zu gewährleisten, und sofern die einschlägigen Anforderungen der in Artikel 1 Absatz 2 genannten Rechtsakte der Union auf Finanzinstitute unmittelbar anwendbar sind, einen an ein Finanzinstitut gerichteten Beschluss im Einzelfall erlassen, der dieses zum Ergreifen der Maßnahmen verpflichtet, die zur Erfüllung seiner Pflichten im Rahmen des Unionsrechts erforderlich sind, einschließlich der Einstellung jeder Tätigkeit.

Der Beschluss der Behörde muss mit der förmlichen Stellungnahme der Kommission gemäß Absatz 4 im Einklang stehen.

(7) **Nach Absatz 6 erlassene Beschlüsse haben Vorrang vor allen von den zuständigen Behörden in gleicher Sache erlassenen früheren Beschlüssen.**

Ergreifen die zuständigen Behörden Maßnahmen in Bezug auf Sachverhalte, die Gegenstand einer förmlichen Stellungnahme nach Absatz 4 oder eines Beschlusses nach Absatz 6 sind, müssen die zuständigen Behörden der förmlichen Stellungnahme beziehungsweise dem Beschluss nachkommen.

(8) **In dem in Artikel 43 Absatz 5 genannten Bericht legt die Behörde dar, welche zuständigen Behörden und Finanzinstitute den in den den Absätzen 4 und 6* des vorliegenden Artikels genannten förmlichen Stellungnahmen oder Beschlüssen nicht nachgekommen sind.**

Übersicht

Schrifttum: Siehe Angaben bei Art. 1 EIOPA-VO („Allgemein zum ESFS" und „Allgemein zur EIOPA").

1 **I. Allgemeines.** Zur **Gewährleistung der Aufsichtsziele** des Art. 1 Abs. 6 UAbs. 1 EIOPA-VO (siehe Art. 1 EIOPA-VO Rn. 22 ff.) – insbesondere für die Integrität, Transparenz, Effizienz und das ordnungsgemäße Funktionieren der Finanzmärkte, für die Stabilität des Finanzsystems und neutrale Wettbewerbsbedingungen für Finanzinstitute in der Union[1] – ist es eine unabdingbare Voraussetzung, dass das Unionsrecht korrekt, vollständig und gleichförmig angewandt wird. Zur Sicherstellung dieser Ziele führt Art. 17 EIOPA-VO einen **Mechanismus** ein, mit dem die EIOPA Fällen einer Nichtanwendung oder nicht **ordnungsgemäßen Anwendung des Unionsversicherungsaufsichtsrechts** begegnen kann. Hierdurch wird die EIOPA – neben der Kommission, der Hüterin der Verträge,[2] – quasi zum Hirtenjunge der Verträge (für den versicherungsaufsichtsrechtlichen Bereich). Art. 17 EIOPA-VO ist insofern als ein *fast-track-procedure* zum Vertragsverletzungsverfahren vor dem Gerichtshof der Europäischen Union anzusehen.[3]

2 Art. 17 EIOPA-VO sieht hierbei einen **Drei-Stufen-Mechanismus**[4] – nicht unähnlich dem Mechanismus des Art. 19 EIOPA-VO – vor, um auf eine tatbestandliche Unionsrechtsverletzung (Abs. 1) zu reagieren. Auf der ersten Stufe kommt der EIOPA die Befugnis zu, eine Untersuchung über eine vermutete nicht ordnungsgemäße oder unzureichende Anwendung der Verpflichtungen nach dem Unionsrecht durch einen nationalen Aufseher in seiner Aufsichtspraxis durchzuführen (Abs. 2), die durch eine Empfehlung der EIOPA abgeschlossen wird (Abs. 3). Wenn der nationale Versicherungsaufseher der Empfehlung der EIOPA nicht nachkommt, so kommt der Kommission auf der zweiten Stufe die Befugnis zu, eine förmliche Stellungnahme abzugeben, in der sie die nationale Versicherungsaufsichtsbehörde unter Berücksichtigung der Empfehlung der EIOPA auffordert, die notwendigen Maßnahmen zu treffen, um die Einhaltung des Unionsrechts zu gewährleisten (Abs. 4). Sollte die zuständige Behörde auch diese förmliche Stellungnahme der Kommission nicht umsetzen (Abs. 5), so wird der EIOPA auf der dritten Stufe die Befugnis erteilt, unmittelbar gegenüber einzelnen Finanzinstituten unter zusätzlichen Bedingungen Beschlüsse zu erlassen (Abs. 6).

* **Hinweis des Verlags:** Richtig wohl „welche zuständigen Behörden und Finanzinstitute den in den Absätzen 4 und 6".

[1] So Erwägungsgrund 26.

[2] Bspw. von der Groeben/Schwarze/Hatje/*Wunderlich* Art. 258 AEUV Rn. 1.

[3] So *Baur/Boegl* BKR 2011, 177, 183.

[4] Erwägungsgrund 27.

II. Anwendungsbereich des Unionsrechtsverletzungsmechanismus (Abs. 1). Um die Kompetenzen der EIOPA (oder der Kommission) innerhalb des Drei-Stufen Mechanismus zu eröffnen, muss zunächst ein **Fall der Unionsrechtsverletzung** im Sinne des Abs. 1 vorliegen. 3

1. Begriff des Unionsrechts (Sachlicher Anwendungsbereich). Der **Unionsrechtsschutzmechanismus** ist **sachlich nur** dann **eröffnet**, wenn der betrachtete Sachverhalt sich darauf bezieht, dass eine zuständige Behörde „die in Artikel 1 Absatz 2 genannten Rechtsakte der Union nicht angewandt oder" fehlerhaft angewandt hat. Hierbei ist besonders zu beachten, dass Art. 1 Abs. 2 EIOPA-VO neben einer Aufzählung von Richtlinien eine dynamische Verweisung vorsieht („sowie aller weiteren verbindlichen Rechtsakte der Union, die der Behörde Aufgaben übertragen"), sodass der sachliche Anwendungsbereich sich mit fortwährender Integration des europäischen Versicherungsaufsichtssystems immer weiter ausweiten wird. Dies bedeutet, dass sich die Handlung oder das Unterlassen der zuständigen Behörde auf die **Anwendung oder Nichtanwendung von** in Art. 1 Abs. 2 EIOPA-VO genanntem **Unionsrecht beziehen** muss. 4

Die **weiteren Ausführungen des Abs. 1** dazu, dass eine anwendungsbereichseröffnende Fehlanwendung auch dann vorliegt, wenn die Norm so angewandt wurde, dass hierdurch eine „Verletzung des Unionsrechts, einschließlich der technischen Regulierungs- und Durchführungsstandards, die nach den Artikeln 10 bis 15 EIOPA-VO festgelegt werden, vorzuliegen scheint" ist **überflüssig**. Die technischen Standards sind über Art. 1 Abs. 2 Hs. 2 EIOPA-VO (siehe Art. 1 EIOPA-VO Rn. 9 f.) bereits durch die zuständigen Behörden anwendbares Unionsrecht, sodass es tautologisch ist, sie nunmehr noch einmal zum Überprüfungsmaßstab zu erheben. Der Verweis, dass die (fehlerhafte) Anwendung gegen das Unionsrecht verstoßen muss, erscheint ebenfalls entbehrlich. Jede fehlerhafte Anwendung der Rechtsakte des Art. 1 Abs. 2 EIOPA-VO ist *per se* ein Verstoß gegen Unionsrecht, wobei es eine Selbstverständlichkeit ist, dass die Frage der richtigen Anwendung dieser Normen des Sekundär- und Tertiärrechts im Spiegel des Primärrechts erfolgt. 5

2. Nicht-Anwendung oder Fehlanwendung (Modaler Anwendungsbereich). Abs. 1 erfordert für die Eröffnung des Tatbestandes zudem, dass die zuständige Behörde das erfasste Unionsrecht (siehe Rn. 4) **nicht angewandt** oder **fehlerhaft angewandt** hat, was insbesondere der Fall ist, wenn sie es versäumt hat, sicherzustellen, dass ein Finanzinstitut den in den genannten Rechtsakten festgelegten Anforderungen genügt. Art. 17 EIOPA-VO eröffnet insofern kein abstraktes Behördenkontrollverfahren gegenüber den nationalen Aufsehern. Es geht darum, dass die Normen des Unionsrechts, die die Aufseher selbst zu einer bestimmten behördlichen Ausgestaltung verpflichten, konkret nicht oder fehlerhaft umgesetzt wurden, oder aber solche Normen, die den Finanzinstituten bestimmte Pflichten auferlegen, im Rahmen der Aufsichtsarbeit nicht durchgesetzt oder fehlerhaft angewandt werden. 6

Soweit die EIOPA davon ausgeht, dass eine **fehlerhafte Anwendung oder Nichtanwendung** noch nicht stattgefunden hat, aber zukünftig **droht**, so ist der Tatbestand des Art. 17 EIOPA-VO gleichwohl nicht eröffnet. Die EIOPA kann in diesem Stadium nur über das Mittel der Stellungnahme nach Art. 29 Abs. 1 S. 2 lit. a EIOPA-VO auf die zuständige Behörde einwirken. Zu einem anderen Ergebnis kann man aber hier kommen, wenn man die zuständige Behörde gemäß erfasster Unionsnormen für verpflichtet ansieht, innerbehördlich bereits zu diesem Zeitpunkt sicherzustellen, dass zukünftig eine fehlerfreie Anwendung der betreffenden Normen sichergestellt ist. 7

3. Persönlicher Anwendungsbereich. Im Hinblick auf den Wortlaut des Abs. 1 ist Art. 17 EIOPA-VO nur eröffnet, soweit es um eine Nichtanwendung oder Fehlanwendung des erfassten Unionsrechts durch eine **zuständige Behörde** gemäß Art. 4 Nr. 2 EIOPA-VO geht. 8

Nichtanwendung oder Fehlanwendung durch **andere juristische oder natürliche Personen** bringt die Befugnisse der EIOPA nach den Abs. 2 ff. EIOPA-VO hingegen nicht zwingend zum Entstehen, da der EIOPA **keine** unmittelbare **Aufsichtsbefugnisse** über die Marktteilnehmer, andere Behörden oder Gerichte zugestanden wird. Eine fehlerhafte Anwendung durch solche andere juristische oder natürliche Personen ist jedoch insoweit erheblich, als sich aus ihr die fehlerhafte oder unterbliebene Anwendung des Unionsrechts durch die betreffende Versicherungsaufsichtsbehörde deduzieren lässt. 9

4. Maßstab des Anfangsverdachtes („vorzuliegen scheint"). Bereits die **Einleitung eines Untersuchungsverfahrens** nach Abs. 2 bedeutet für die betroffene zuständige Behörde einen starken **Eingriff in** ihre **behördliche Autonomie**, sodass ein solches nicht willkürlich durch die EIOPA eingeleitet werden soll. Insofern eröffnet Abs. 1 den Anwendungsbereich des Art. 17 EIOPA-VO erst, wenn eine Fehl- oder Nichtanwendung vorzuliegen scheint. 10

Die Anforderung des „scheinbaren Vorliegens" ist im Sinne eines **hinreichenden Anfangsverdachtes** zu verstehen. Dies wirkt zum einen beschränkend, zum anderen aber auch legalisierend, das heißt ein solcher hinreichender Anschein der Fehl- oder Nichtanwendung muss vorliegen, damit das Verfahren eröffnet wird, ist hierfür aber auch ausreichend, selbst wenn der Verdacht sich später nicht bestätigt. 11

Dieses Tatbestandsmerkmal kann jedoch, obgleich Abs. 1 für den Fall seines Vorliegens explizit auch die Beschlusskompetenz des Abs. 6 (und inzidenter auch die der Kommission nach Abs. 4) für eröffnet 12 erklärt, **nur** für die **Eröffnung des Untersuchungsverfahrens** gelten. Im Rahmen der Untersuchung sind der EIOPA tiefgreifende Befugnisse zur Sachverhaltsausermittlung gewährt. So es der EIOPA hier nicht gelingt, den Anfangsverdacht zu substantiieren, so kann sie nicht auf gut Verdacht eine Stellungnahme abgeben, um die zweite und potentiell die dritte Stufe des Mechanismus des Art. 17 EIOPA-VO auszulösen. Nach Abschluss der Untersuchung erfordert ein Fortsetzen des Verfahrens mithin eine nach Auffassung der EIOPA bewiesene Fehl- oder Nichtanwendung des erfassten Unionsrechts. Solange dies der Fall ist, wäre jedoch in der Fortführung des Verfahrens kein Verfahrensfehler zu sehen, auch wenn der Gerichtshof der Europäischen Union später der streitigen Norm einen anderen Bedeutungsgehalt beilegen würde.

13 **III. Erste Stufe: Untersuchungs- und Empfehlungsphase (Abs. 2, 3).** Das Verfahren des Art. 17 EIOPA-VO gliedert sich in mehrere Stufen, die man auch als **Eskalationsstufen** begreifen kann. Auf der **ersten Stufe** des Abs. 2, 3 kann die EIOPA bei Vorliegen eines hinreichenden Anfangsverdachts und unter Vorliegen der Bedingungen des Abs. 2 eine Untersuchung gegen die betroffene zuständige Behörde einleiten, und bei Feststellung einer Unionsrechtsverletzung gemäß Abs. 3 eine Empfehlung gegenüber der zuständigen Behörde abgeben.

14 **1. Verfahrenseinleitung (Abs. 2 UAbs. 1).** Die **Eröffnung** des Verfahrens erfolgt – ohne dass dies durch die EIOPA-VO explizit vorgesehen wäre – durch **Beschluss** der EIOPA. Soweit eine Verfahrenseröffnung auf den Antrag einer antragsberechtigten Partei hin verweigert wird, ist auch dieser Beschluss in jedem Fall beschwerdefähig iSd Art. 60 EIOPA-VO. Anders ist dies jedoch zu beurteilen, wenn sich die EIOPA auf den „Antrag" einer nicht antragsberechtigten Person dazu entschließt, ein Untersuchungsverfahren nicht *ex officio* zu eröffnen (vgl. im Detail Art. 60 EIOPA-VO Rn. 10 f.).[5] Hier liegt lediglich eine informatorische Mitteilung und kein Beschluss vor.

15 Ein solcher Eröffnungsbeschluss ergeht jedoch grundsätzlich nur auf Antrag einer **aktivlegitimierten Partei** bezüglich einer Handlung oder eines Unterlassens einer passivlegitimierten zuständigen Behörde. Abs. 2 UAbs. 1 gewährt ein solches Antragsrecht allen **zuständigen Behörden** (iSd Art. 4 Nr. 2 EIOPA-VO), dem **Europäischen Parlament**, dem **Rat**, der **Kommission** und den beiden **Stakeholdergruppen** des Art. 37 EIOPA-VO (siehe Art. 37 EIOPA-VO Rn. 9).[6] Letztere sind jedoch nicht in jedem Fall aktivlegitimiert, was dadurch zum Ausdruck kommt, dass von der *relevanten* Interessengruppe gesprochen wird. Jede Interessengruppe ist insofern nur insoweit aktivlegitimiert, als die Nicht- oder Fehlanwendung ihren Tätigkeitsbereich betrifft.

16 Zudem kann **EIOPA** unter den Voraussetzungen des Abs. 2 UAbs. 1 auch **ohne Antrag *ex officio* tätig** werden.[7] Anders als unter Art. 19 EIOPA-VO (siehe Art. 19 EIOPA-VO Rn. 28) ist diese Möglichkeit nicht im Nachhinein eingeführt worden, sondern war bereits im Kommissionsentwurf enthalten.[8] Gerade hierdurch tritt die EIOPA für den Bereich des harmonisierten Versicherungsaufsichtsrechts als kleine Schwester neben die Kommission als Hüterin der Verträge.

17 Zusätzliche Verfahrenserfordernisse hinsichtlich der Antragsphase werden durch Abs. 2 nicht vorgezeichnet. Insbesondere kann der **Antrag** wohl **formfrei** und **ohne Beachtung einer Frist** (ab Erlass des streitgegenständlichen Verwaltungsaktes oder Unterlassens) gestellt werden.

18 Abs. 2 UAbs. 1 verpflichtet die EIOPA ferner, die betroffene **zuständige Behörde** vor der Eröffnung des Verfahrens hiervon zu **unterrichten**. Obgleich Abs. 2 UAbs. 1 dies nicht genauer ausführt, hat eine solche Unterrichtung unmittelbar nach dem Antrag zu erfolgen. Hierbei ist zu berücksichtigen, dass die Verfahrenseröffnung selbst – zumindest nach hiesiger Ansicht (siehe Rn. 14) – durch einen Beschluss erfolgt. Auf diesen ist dann jedoch auch Art. 39 EIOPA-VO anwendbar, sodass die Behörde vor Erlass des Untersuchungsverfahrenseröffnungsbeschlusses der betroffenen zuständigen Behörde zusätzliches rechtliches Gehör zu gewähren hat. Die Unterrichtung der potentiellen Eröffnung und die Aufforderung zur (ersten) Stellungnahme können jedoch miteinander verbunden werden.

19 **2. Verfahrensgang (Abs. 2 UAbs. 2).** Die Initiierung des Untersuchungsverfahrens setzt zunächst einen positiven Eröffnungsbeschluss der EIOPA voraus (siehe Rn. 14) und dann eine weitere Verfahrensausgestaltung. Nunmehr muss das **Untersuchungsverfahren strukturiert** werden. Indirekt **vorgeschrieben** ist für diese Phase **lediglich**, dass die Phase der Untersuchung nach der Vorstellung des

[5] *EuG* Urt. v. 9.9.2015 – Rs. T-660/14 Rn. 66 ff. – SV Capital OÜ/EBA; *ESA-BoA* Beschl. v. 7.1.2016 – Rs. BoA 2016 001 Rn. 32 und 41 – Kluge, Belyaev, Radio Elektroniks OÜ und Dyakov/EBA; ablehnend aber *Bierschenk/Dechent* EuZW 2016, 572, 574 ff.; anders früher auch *ESA-BoA* Beschl. v. 24.6.2013 – Rs. EBA C 2013 002 Rn. 12 ff. – SV Capital OÜ/EBA; *ESA-BoA* Beschl. v. 14.7.2014 – Rs. BoA 2014-C1-02 Rn. 32 ff. – SV Capital OÜ/EBA; *ESA-BoA* Beschl. v. 10.11.2014 – Rs. BoA 2014 05 Rn. 36 ff. – Investor Protection Europe/ESMA; *ESA-BoA* Beschl. v. 3.8.2015 – Rs. BoA 2015 001 Rn. 48 und 50 – Onix Asigurari SA/EIOPA; siehe nunmehr aber *ESA-BoA* Beschl. v. 7.1.2016 – Rs. BoA 2016 001 Rn. 32 und 41 – Kluge, Belyaev, Radio Elektroniks OÜ und Dyakov/EBA.

[6] Der Kommissionsentwurf hatte ein Antragsrecht noch ausschließlich den zuständigen Behörden und der Kommission gewährt; vgl. Art. 9 Abs. 2 UAbs. 1 EIOPA-VO-E, in: KOM (2009) 502 endg. Die anderen Antragsberechtigten wurden erst durch *Committee on Economic and Monetary Affairs des EP*, Bericht A7–0170/2010 vom 26.5.2010, Änderungsantrag 66, S. 60 f. eingefügt.

[7] So auch richtig *Baur/Boegl* BKR 2011, 177, 184.

[8] Siehe Art. 9 Abs. 2 UAbs. 1 EIOPA-VO-E, in: KOM (2009) 502 endg.

Unionsgesetzgebers **nicht länger als zwei Monate** nach Beginn der Untersuchungen dauern soll (siehe Abs. 3 UAbs. 1 [siehe Rn. 29]). Die Strukturierung der Untersuchung hat also so zu erfolgen, dass sie nach regelmäßigem Gang innerhalb der zwei Monate abgeschlossen ist.

Als **Untersuchungsmittel** steht der EIOPA lediglich ein **Informationsübermittlungsanspruch** nach Abs. 2 UAbs. 2 zu. Einen solchen *ad hoc* Informationsübermittlungsanspruch hat die EIOPA jedoch bereits aus Art. 35 Abs. 1 EIOPA-VO (siehe Art. 35 EIOPA-VO Rn. 8 ff.). Die Besonderheit des Informationsübermittlungsanspruchs besteht hier darin, dass die zuständige Behörde grundsätzlich zur persönlichen Übermittlung verpflichtet ist und die EIOPA hier, anders als unter Art. 35 EIOPA-VO grundsätzlich nicht auf enumerierte alternative verlässliche Informationsquellen verwiesen werden kann. 20

Aus dem Regelungskontext des Abs. 2 UAbs. 2 wird deutlich („Informationen, die letztere [dh die EIOPA] für ihre Untersuchung für erforderlich hält"), dass die zuständige Behörde nicht selbst entscheiden muss, welche Informationen sie zu übermitteln hat. Es handelt sich also **nicht** um eine **Informationsübermittlungspflicht** ***sua spontane*** aus Anlass des Verfahrenseröffnungsbeschlusses. 21

Vielmehr hat die **EIOPA** der zuständigen Behörde zu **bezeichnen**, welche **Informationen** sie ihr zu übermitteln hat.[9] Das Merkmal der Erforderlichkeit der Information ist hierbei weit auszulegen, da Abs. 2 UAbs. 2 gerade davon spricht, dass die EIOPA die Information für erforderlich hält und nicht dass sie erforderlich ist. Insoweit gilt eine erste, nicht überprüfbare Einschätzungsprärogative der EIOPA. Lediglich wenn Informationen herausverlangt werden, die evident keinen Zusammenhang zum konkreten Anfangsverdacht haben – der Informationsübermittlungsanspruch also als eine Art Ausforschungsbeweis verwandt wird –, kann die Übermittlung verweigert werden. Auch im Rahmen dieses Untersuchungsverfahrens gilt jedoch das Amtsgeheimnis (Art. 70 EIOPA-VO) und der Datenschutz (Art. 71 EIOPA-VO) und unrechtmäßig erlangte Informationen dürfen von der zuständigen Behörde nicht weitergegeben und von der EIOPA nicht gefordert werden. 22

Die Frage ist insofern lediglich, welche **Detailtiefe** die **Aufforderung** zur Informationsübermittlung haben muss, ob also die EIOPA die konkreten Dokumente zu benennen hat oder eine Darstellung des vermuteten Sachverhalts und eine Aufforderung alle Dokumente zu übermitteln, die hiermit zusammenhängen, ausreicht. Hierbei ist der durch die Omnibus II-Richtlinie[10] eingeführte Abs. 2 UAbs. 2 Hs. 2 aufschlussreich, nach dem auch „Informationen darüber, wie die in Artikel 1 Absatz 2 genannten Rechtsakte in Übereinstimmung mit dem Unionsrecht angewendet werden" verlangt werden können und übermittelt werden müssen. Dies ist so zu verstehen, dass die EIOPA die zuständige Behörde auch unter Benennung spezifischer Unionsnormen, deren Nicht- oder Fehlanwendung im Raum steht, auffordern kann, mitzuteilen, wie diese Normen angewandt werden. So dies ausreichend erscheint, kann die EIOPA dies noch dahingehend konkretisieren, dass die zuständige Behörde auch andere Dokumente beilegt, aus denen sich die korrekte Anwendung in der tatsächlichen Verwaltungspraxis ablesen lässt. 23

Hierbei ist der **Informationsübermittlungsanspruch nicht verbrauchbar**. Vielmehr besteht er, solange das Untersuchungsverfahren andauert und die EIOPA kann nach Sichtung der übermittelten Unterlagen auch weitere Informationen anfordern, bis der Sachverhalt ausermittelt ist. 24

3. Verfahrensabschluss (Abs. 2 UAbs. 2, Abs. 3). So sich der **Anfangsverdacht nicht bestätigt** hat, **beendet** die EIOPA das **Untersuchungsverfahren durch Beschluss**, ohne dass in diesem Fall eine Empfehlung nach Abs. 3 ausgesprochen werden dürfte (siehe Rn. 12). Eine weitere Eskalation nach Abs. 4, 6 ist in diesem Fall nicht mehr möglich. Indem hier angenommen wird, dass auch der Abschluss des Untersuchungsverfahrens durch Beschluss erfolgt, wird aber den antragsberechtigten Parteien die Möglichkeit gewährt, die Rechtmäßigkeit der Verfahrenseinstellung im Wege der Beschwerde nach Art. 60 EIOPA-VO und Vertragsverletzungsklage nach Art. 61 EIOPA-VO überprüfen zu lassen, was eine dringend erforderliche demokratische Rückanbindung der EIOPA bewirkt. 25

Hält die EIOPA auf Grundlage ihrer Untersuchung hingegen eine **Verletzung** des erfassten Unionsrechts für **hinreichend erwiesen**, so kann sie gemäß Abs. 3 UAbs. 1 eine **Empfehlung** an die zuständige Behörde richten. 26

Inhaltlich hat die Empfehlung gemäß Abs. 3 UAbs. 1 lediglich die **Maßnahmen** zu **benennen** und zu **erläutern**, die nach Ansicht der EIOPA erforderlich sind, um die Unionsrechtskonformität des Behördenhandelns wieder herzustellen. In diesem Zusammenhang ist zu berücksichtigen, dass es sich hierbei eben um eine Empfehlung und nicht um einen Beschluss handelt, sodass die zuständige Behörde 27

[9] Dies kam im Entwurf der Kommission (KOM[2009] 502 endg.) etwas deutlicher zum Ausdruck. Art. 9 Abs. 2 UAbs. 2 EIOPA-VO-E sah vor, dass „die nationale Aufsichtsbehörde der Behörde unverzüglich alle Informationen, die letztere für ihre Nachforschungen zu erhalten *wünscht*" [Hervorhebung durch Verf.], übermittelt.

[10] Art. 4 Nr. 2 Richtlinie 2014/51/EU des Europäischen Parlaments und des Rates vom 16. April 2014 zur Änderung der Richtlinien 2003/71/EG und 2009/138/EG und der Verordnungen (EG) Nr. 1060/2009, (EU) Nr. 1094/2010 und (EU) Nr. 1095/2010 im Hinblick auf die Befugnisse der Europäischen Aufsichtsbehörde (Europäische Aufsichtsbehörde für das Versicherungswesen und die betriebliche Altersversorgung) und der Europäischen Aufsichtsbehörde (Europäische Wertpapier- und Marktaufsichtsbehörde), ABl. 2014 L 153, 1.

durch die Empfehlung **nicht** zur Ergreifung der nahegelegten Maßnahmen **verpflichtet** wird.[11] Die Kommission scheint dies anders zu beurteilen, indem sie ausführt, dass die zuständige Behörde verpflichtet wäre, Empfehlungen innerhalb eines Monats nachzukommen.[12] Dies geht jedoch an der Sache vorbei. Die zuständige Behörde ist als Teil des Mitgliedstaates *per se* verpflichtet das Unionsrecht einzuhalten. Diese Pflicht wird jedoch nicht durch die Empfehlung bewirkt, selbst wenn sie die richtige Auffassung zum Unionsrecht widergeben sollte. Die tatsächliche Wirkung der Empfehlung – neben der Beschäftigungs- und Erklärungspflicht des Adressaten (siehe Rn. 30 ff.) – ist insofern darin zu sehen, dass sie eine der Tatbestandsvoraussetzungen für die Eröffnung der zweiten Stufe des Mechanismus des Art. 17 EIOPA-VO ist (siehe Rn. 35).

28 Weitere Anforderungen werden an die Empfehlung durch Abs. 3 UAbs. 1 nicht gestellt. Jedoch sieht Art. 39 Abs. 1 S. 2 EIOPA-VO vor, dass für die Empfehlungen die gleichen Anforderungen wie für einen Beschluss gelten (siehe Art. 39 EIOPA-VO Rn. 21). Insofern ist der zuständigen Behörde vor Abgabe der Empfehlung **ausreichendes rechtliches Gehör** zu gewähren.

29 Bei der in Abs. 2 UAbs. 2 vorgesehenen Zweimonatsfrist handelt es sich um **keine Ausschlussfrist**. Die Zweimonatsfrist ist als eine Zielbestimmung zu verstehen, sodass in solchen Fällen, in denen sich die Untersuchung auf Grund der Masse der Informationen oder auf Grund einer nur schleppenden Informationsübermittlung durch die zuständige Behörde verzögert, die Empfehlung auch noch nach Ablauf der zwei Monate abgegeben werden kann. Dies zeigt insbesondere ein redaktioneller Vergleich zwischen der Frist des Abs. 3 UAbs. 1 mit der Frist des Abs. 4 UAbs. 2, wo die Frist als Muss-Vorschrift mit einmaliger Verlängerungsmöglichkeit formuliert wird.

30 Obgleich die Empfehlung hinsichtlich ihres Regelungsgehalts nicht verbindlich ist (siehe Rn. 27), ist sie rechtlich nicht vollkommen unbeachtlich. Vielmehr trifft die zuständige Behörde gemäß Abs. 3 UAbs. 2 eine **Beschäftigungspflicht**.

31 Nach Abs. 3 UAbs. 2 hat die adressierte zuständige Behörde innerhalb einer Frist von zehn Arbeitstagen ab Eingang der Empfehlung gegenüber der EIOPA eine **Erklärung** darüber abzugeben, welche **Schritte** sie bereits unternommen hat oder zu unternehmen gedenkt, um die **Einhaltung des Unionsrechts zukünftig** zu **gewährleisten**. Dies erinnert in gewissem Maße an die Verpflichtung der zuständigen Behörden im Hinblick auf Leitlinien eine *comply-* oder *intend to comply*-Erklärung abzugeben (siehe Art. 16 EIOPA-VO Rn. 46 ff.). Der Unterschied besteht darin, dass auch im Falle, dass die zuständige Behörde sich der Empfehlung der EIOPA freiwillig unterwirft, sie nicht lediglich eine unbekleidete *comply-* oder *intend to comply*-Aussage tätigen kann, sondern genau ausführen muss, was sie zu unternehmen gedenkt. Der *comply or explain*-Grundsatz wird hier insofern zu einem *comply and explain*-Prinzip umgestaltet.

32 Obgleich Abs. 3 UAbs. 2 diese Möglichkeit nicht explizit aufzeigt, steht es aber der zuständigen Behörde nach wie vor frei, die **Empfehlung nicht anzunehmen** (*non comply*). In diesem Fall trifft sie gleichfalls eine Beschäftigungspflicht hinsichtlich der Empfehlung und Abs. 3 UAbs. 2 sollte in diesem Fall so gelesen werden, dass die zuständige Behörde innerhalb der Frist mitteilt, wie sie die streitgegenständlichen Fälle der Anwendung des Unionsrechts zukünftig behandeln wird und weshalb sie die Rechtsansicht der EIOPA für verfehlt hält. Durch ein solches Vorgehen – das schon aus dem Grundsatz der Loyalität (siehe Art. 2 EIOPA-VO Rn. 20 ff.) geboten erscheint – wird das folgende Verfahren besser strukturiert und für die Kommission, die nicht über die gleiche Expertise in versicherungsaufsichtsrechtlichen Angelegenheiten verfügt wie die Streitparteien, ist das vertretene Meinungsspektrum klarer exponiert.

33 **IV. Zweite Stufe: Phase der förmlichen Stellungnahme der Kommission (Abs. 4, 5).** Soweit es **nach** der **Vorstellung der Kommission** geht, dürfte das absolute **Gros der Fälle** bereits in der **ersten Phase** durch Befolgung der Empfehlung durch die nationale Aufsichtsbehörde **erledigt werden.**[13] Dies dürfte eine richtige Einschätzung sein, da kaum eine Versicherungsaufsichtsbehörde – dies zeigt beispielsweise bereits die bedingungslose Umsetzung der unverbindlichen Leitlinien (siehe Art. 16 EIOPA-VO Rn. 50) – sich dem Vorwurf des integrationsfeindlichen Verhaltens und sei es gegenüber nicht zwingenden Rechtsmaßnahmen aussetzen möchte. So dies nicht der Fall ist, tritt der Unionsrechtsverletzungsmechanismus in seine zweite Phase ein.

34 In dieser Phase ist die Kommission gemäß Abs. 4 ermächtigt, eine **förmliche Stellungnahme** iSd Art. 288 UAbs. 5 Alt. 2 AEUV **gegenüber** der entsprechenden **nationalen Versicherungsaufsichts-**

[11] Siehe zur Unverbindlichkeit des primärrechtlichen Instruments der Empfehlung Grabitz/Hilf/Nettesheim/*Nettesheim* Art. 288 AEUV Rn. 200; Calliess/Ruffert/*Ruffert* Art. 288 AEUV Rn. 95; von der Groeben/Schwarze/Hatje/*Geismann* Art. 288 AEUV Rn. 66.

[12] *Ksion*, Begründung zu EIOPA-VO-E, in: KOM (2009) 502 endg., S. 6 (Nr. 6.2.2. Abs. 2 S. 2): „Angesichts der allgemeinen Pflicht zur Einhaltung der Gemeinschaftsvorschriften würde die Aufsichtsbehörde aufgefordert sein, der Empfehlung innerhalb eines Monats nachzukommen."

[13] So zumindest explizit zum Streitvermittlungsverfahren nach Art. 19 EIOPA-VO: *Ksion*, Begründung zu EIOPA-VOE, in: KOM (2009) 502 endg., S. 7 (Nr. 6.2.4.): „Dieser Fall [sc. der Erlass eines Beschlusses durch EIOPA] dürfte wohl eindeutig eine Ausnahme sein, denn in den meisten Fällen dürften sich die jeweils zuständigen nationalen Behörden während des Schlichtungsverfahrens einigen können."

behörde abzugeben, eine bestimmte Handlung vorzunehmen oder zu unterlassen, um die Einhaltung des Unionsrechts zu gewährleisten. Auch diese förmliche Stellungnahme ist wie schon die Empfehlung der EIOPA **nicht verbindlich**.[14] Die zweite Phase des Mechanismus ist hierdurch gegenüber dem eigentlichen Entwurf stark abgeschwächt worden, da nach Vorstellung der Kommission diese in dieser Phase verbindliche Beschlüsse (damals noch Entscheidungen) gegenüber den zuständigen Behörden fassen können sollte.[15] Dass eine solche Beschlusskompetenz nunmehr nicht mehr besteht, ist auch dem Umstand geschuldet, dass die Kommission entgegen dem ursprünglichen Konzept[16] nicht mehr Bestandteil des ESFS ist (siehe Art. 2 EIOPA-VO Rn. 10). Faktisch sollte man die förmliche Stellungnahme jedoch nicht unterschätzen, da die Kommission als Herrin der Verträge bei Nichtumsetzung der Stellungnahme ein Vertragsverletzungsverfahren nach Art. 258 AEUV einleiten kann.

1. Kompetenzvoraussetzung (Abs. 4 UAbs. 1 S. 1). Um die Kompetenzen der Kommission nach Abs. 4 zu eröffnen, muss zunächst durch die EIOPA der zuständigen Behörde gegenüber eine **Empfehlung abgegeben** (siehe Rn. 26 f.) worden sein und seit Zugang der Empfehlung bei der zuständigen Behörde muss gemäß Abs. 4 UAbs. 1 S. 1 mindestens **ein Monat verstrichen** sein. Dieser Monat soll gleichsam als Karenzzeit für die zuständige Behörde dienen, um ihr Verhalten an die aus dem Unionsrecht fließenden Pflichten anzupassen. 35

Die Kompetenz der Kommission besteht zudem nur dann, wenn die zuständige Behörde **nach Ablauf der Monatsfrist** die streitgegenständlichen Normen des **Unionsrechts** (immer noch) **nicht einhält**. Anders als in Abs. 3 UAbs. 2 ist es für die zuständige Behörde in dieser Phase mithin nicht mehr ausreichend darzulegen, welche Maßnahmen sie zu ergreifen gedenkt. Vielmehr muss innerhalb der Monatsfrist die Verletzung tatsächlich abgestellt sein. Ansonsten kann eben die Kommission gemäß Abs. 4 eine förmliche Stellungnahme abgeben. 36

Die Kommission ist zur Eröffnung des Verfahrens **nicht** an einen **Antrag** gebunden. Abs. 4 UAbs. 1 S. 1 stellt lediglich klar, dass die Kommission hier entweder von Amts wegen oder auf Unterrichtung durch die EIOPA hin tätig werden kann. Typischerweise wird die Aufnahme des Verfahrens nur auf Unterrichtung der EIOPA erfolgen können, da diese hinsichtlich der Umsetzung oder Nicht-Umsetzung ihrer Empfehlung die einzige Partei ist, die über ausreichende Informationen verfügt. 37

Unklar ist, ob die Kommission unmittelbar mit Zugang der Empfehlung der EIOPA die Untersuchung aufnehmen kann oder ob sie zunächst die Karenzzeit abzuwarten hat. Die Frage geht dahin, ob die Monatsfrist des UAbs. 4 S. 1 nur die Kompetenz zur Abgabe einer förmlichen Stellungnahme oder auch die Kompetenz, Ermittlungen durchzuführen, beschränkt. Richtiger Ansicht nach **beschränkt** die **Frist nur** die Kompetenz zur **Abgabe der Stellungnahme**. Der Loyalitätsgrundsatz gebietet es der Kommission jedoch, in der zehntägigen Phase nach Zugang der Empfehlung gar keine und bis zum Ablauf des Monats allenfalls sanfte Untersuchungen durchzuführen, das heißt, die zuständige Behörde nicht unmittelbar um Informationsübermittlungen anzugehen, um diese nicht von den erforderlichen Umsetzungsmaßnahmen abzulenken. 38

2. Verfahrensgang (Abs. 4 UAbs. 3). Vor Abgabe der förmlichen Stellungnahme, dies ergibt sich aus Abs. 4 UAbs. 3, führt die Kommission ein **Untersuchungsverfahren** durch. Indirekt **vorgeschrieben** ist für diese Phase **lediglich**, dass die Phase der Untersuchung nach der Vorstellung des Unionsgesetzgebers **nicht länger als drei** (allerhöchstens vier) **Monate** nach Zugang der Empfehlung der EIOPA bei der zuständigen Behörde dauern soll (siehe Abs. 4 UAbs. 2 [siehe Rn. 45]). Die Strukturierung der Untersuchung hat also so zu erfolgen, dass sie nach regelmäßigem Gang innerhalb der drei Monate abgeschlossen ist. 39

Als **Untersuchungsmittel** steht der Kommission allein der **Informationsübermittlungsanspruch** nach Abs. 4 UAbs. 3 zu. Anders als im Rahmen des Untersuchungsverfahrens bei der EIOPA, bei der diese die von ihr für erforderlich gehaltenen und zu übermittelnden Informationen bezeichnen muss (siehe Rn. 22), zielt Abs. 4 UAbs. 3 vorrangig darauf, dass sowohl die EIOPA als auch die zuständige Behörde der Kommission diejenigen Informationen übermitteln, um die Kommission in die Lage zu versetzen, zwischen den widerstreitenden Ansichten der beiden Streitparteien mittels einer förmlichen Stellungnahme zu entscheiden. 40

Dies bedeutet jedoch nicht, dass die **Kommission** nicht dazu ermächtigt wäre, **weitere Informationen** von den Parteien **einzufordern**. So die Kommission die übermittelten Informationen für nicht ausreichend hält, kann sie mithin zur zusätzlichen Informationsübermittlung auffordern. 41

3. Verfahrensabschluss (Abs. 4 UAbs. 1 S. 2, UAbs. 2, Abs. 5). So sich die Kommission der Rechtsansicht der EIOPA nicht anschließt oder die Tatsachengrundlage anders als diese bewertet und **keine Unionsrechtsverletzung erkennt**, **beendet** sie das **Untersuchungsverfahren**. Unklar ist 42

[14] Zur Unverbindlichkeit der förmlichen Stellungnahme Grabitz/Hilf/Nettesheim/*Nettesheim* Art. 288 AEUV Rn. 200; Calliess/Ruffert/*Ruffert* Art. 288 AEUV Rn. 95; von der Groeben/Schwarze/Hatje/*Geismann* Art. 288 AEUV Rn. 66.

[15] Art. 9 Abs. 4 EIOPA-VO-E, in: KOM(2009) 502 endg.

[16] Siehe Art. 39 Abs. 2 lit. f EIOPA-VO-E, in: KOM(2009) 501 endg.

jedoch, ob die Kommission auch in diesem Fall eine **förmliche Stellungnahme aussprechen** kann. Zumindest kommt in diesem Fall keine förmliche Stellungnahme in Betracht, die die dritte Phase des Art. 17 EIOPA-VO eröffnen würde. Es erscheint jedoch durchaus zulässig, wenn auch nicht explizit von Abs. 4 vorgesehen, dass die Kommission, wenn sie die Rechtsauffassung der EIOPA für nicht haltbar hält, dieser gegenüber eine förmliche Stellungnahme abgibt. Darüber hinaus wird die Kommission gehalten sein, den Parteien gegenüber zumindest eine informatorische Mitteilung zur Nicht-Annahme eines Unionsrechtsverletzungstatbestandes zu machen. Eine weitere Eskalation nach Abs. 6 ist in diesem Fall nicht mehr möglich.

43 So die Kommission auf Grundlage ihrer Untersuchung hingegen eine **Verletzung** des erfassten Unionsrechts für **hinreichend erwiesen** ansieht, kann sie gemäß Abs. 4 UAbs. 1 S. 1 eine **förmliche Stellungnahme** (gemäß Art. 288 UAbs. 5 Alt. 2 AEUV) an die zuständige Behörde abgeben.

44 **Inhaltlich** hat die förmliche Stellungnahme gemäß Abs. 4 UAbs. 1 S. 2 der Empfehlung der Behörde „Rechnung zu tragen". Dies kann jedoch **nicht** im Sinne einer **Bindung** der Kommission **an** die **Empfehlung** der EIOPA verstanden werden. Dies zeigt bereits ein Vergleich zu Abs. 6 UAbs. 2, der für die Beschlüsse, die die EIOPA in der dritten Phase erlassen kann, fordert, dass sie mit der förmlichen Stellungnahme „im Einklang stehen". Die schwächere Formulierung des Abs. 4 UAbs. 1 S. 2 ist insofern so zu verstehen, dass sich die Kommission mit der Empfehlung der EIOPA hinreichend auseinandersetzt, insbesondere mit den vorgeschlagenen Maßnahmen und ihren Erläuterungen. Eine echte Bindungswirkung der Kommission besteht jedoch hinsichtlich des Streitgegenstands. Es erscheint nicht richtig, dass die Kommission in dieser Phase das Streitthema und damit auch die Beschlusskompetenzen der EIOPA in der dritten Phase ausweiten kann. So sich im Laufe des Untersuchungsverfahrens weitere potentielle Unionsrechtsverletzungen zeigen, die nur mittelbar mit der untersuchten Unionsrechtsverletzung zu tun haben, so kann die Kommission bei der EIOPA entweder einen Antrag zur Einleitung eines eigenständigen Unionsrechtsverletzungsverfahrens stellen (siehe Rn. 19) oder selbständig ein Vertragsverletzungsverfahren gegen den Mitgliedstaat einleiten. Konkret hat die förmliche Stellungnahme unter Anlehnung an die Empfehlung der EIOPA genau die Maßnahmen zu bezeichnen und auszuführen, die die Kommission von der zuständigen Behörde verlangt, um nach ihrer Rechtsansicht eine Unionsrechtsverletzung abzustellen.

45 Diese förmliche Stellungnahme muss gemäß Abs. 4 UAbs. 2 S. 1 innerhalb einer **Frist** von **drei Monate** nach dem Zugang der Empfehlung der EIOPA durch die Kommission abgegeben werden. Nach Ablauf dieser Frist erlischt die Kompetenz der Kommission (anders als für die EIOPA in der ersten Phase; siehe Rn. 29). Dies hindert die Kommission nicht daran, weiterhin eine nicht-förmliche Stellungnahme abzugeben oder ein Vertragsverletzungsverfahren einzuleiten. Der einzige Unterschied ist der, dass der Kommission in diesem Fall keine Rechtsmaßnahme mehr zur Verfügung steht, um der EIOPA die Kompetenzen des Abs. 6, dh die Beschlusskompetenz gegenüber Finanzinstituten, zu eröffnen. Die Kommission ist jedoch gemäß Abs. 4 UAbs. 2 S. 2 dazu ermächtigt, unilateral die **Frist** um **einen Monat** zu **verlängern**. Dies erfordert jedoch eine Mitteilung der Kommission gegenüber der zuständigen Behörde (und der EIOPA) vor Ablauf der Frist, dass diese verlängert wird.

46 Obgleich die förmliche Stellungnahme hinsichtlich ihres Regelungsgehalts nicht verbindlich ist (siehe Rn. 34),[17] ist sie – genauso wie die Empfehlung der EIOPA (siehe Rn. 30) – rechtlich nicht vollkommen unbeachtlich. Vielmehr trifft die zuständige Behörde gemäß Abs. 5 eine **Beschäftigungspflicht**.

47 Nach Abs. 5 hat die adressierte zuständige Behörde innerhalb einer Frist von zehn Arbeitstagen ab Eingang der förmlichen Stellungnahme gegenüber der EIOPA und der Kommission eine **Erklärung** darüber abzugeben, welche **Schritte** sie bereits unternommen hat oder zu unternehmen gedenkt, um die **Einhaltung des Unionsrechts zukünftig** zu **gewährleisten**. Dies statuiert den gleichen *comply and explain*-Grundsatz wie nach Abs. 3 UAbs. 2 (siehe Rn. 31), nur dass in diesem Fall die Erklärung auch gegenüber der Kommission erfolgt. Auch wenn Abs. 5 diese Handlungsoption nicht explizit vorsieht, kann die zuständige Behörde sich nach wie vor dazu entscheiden, der förmlichen Stellungnahme nicht nachzukommen (vgl. Rn. 32).

48 **V. Dritte Stufe: Beschlussfassung gegenüber Finanzinstituten (Abs. 6).** Für den Fall, dass die betroffene zuständige Behörde die förmliche Stellungnahme nicht (fristgerecht) umsetzt, sieht Abs. 6 noch eine **dritte (Eskalations-) Stufe** vor. In diesem Fall kann EIOPA, soweit sich die Pflicht des Versicherungsunternehmens unmittelbar aus einer der in Art. 1 Abs. 2 EIOPA-VO genannten europäischen Rechtsvorschriften ergibt, den entsprechenden **Finanzinstituten gegenüber** jede notwendige **Anordnung** – bis hin zur Anordnung der Geschäftseinstellung[18] – erlassen.[19]

---

[17] So beispielsweise auch *Platzer*, Versicherungsaufsicht in der Europäischen Union, 2015, 163.

[18] Vgl. Art. 5.7 S. 1 Geschäftsordnung des *Mediation Panels* hinsichtlich der dritten Stufe des Art. 19 EIOPA-VO.

[19] Dies führt insbesondere zur Unbeachtlichkeit aller nationalen Entscheidungen, die diesen Sachverhalt anderweitig regeln, so klarstellend *Committee on Economic and Monetary Affairs des EP*, Bericht A7–0170/2010 vom 26.5.2010, Änderungsantrag 68, S. 66.

Abs. 6 UAbs. 1 Hs. 1 stellt einführend klar, dass die folgenden Kompetenzen der EIOPA, gegenüber den Finanzinstituten unmittelbar Beschlüsse zu fassen, die **Kommission** nicht in ihrer Kompetenz beschränkt, gegenüber dem betreffenden Mitgliedstaat ein **Vertragsverletzungsverfahren** nach Art. 258 AEUV einzuleiten. Da der EIOPA im Rahmen des Art. 17 EIOPA-VO keine Beschlusskompetenz gegenüber den zuständigen Behörden zukommt, kann von ihr eine bleibende korrekte Anwendung des Unionsrechts nicht sichergestellt werden. Insofern führt die Nichtumsetzung der förmlichen Stellungnahme zu einem **zweigleisigen Vorgehen**. Zum einen wird die Kommission ein Vertragsverletzungsverfahren gegen den betroffenen Mitgliedstaat einleiten, um diesen – und damit als Reflexwirkung die zuständige Behörde – langfristig zur Beugung unter das Unionsrecht zu bewegen. Eingedenk der langen Verfahrensdauern vor dem EuGH, erscheint es jedoch bedenklich, dass ein nationaler Versicherungsmarkt während der Dauer dieses Verfahrens fehlerhaft beaufsichtigt wird. Um dieses Defizit zu beheben, wird der EIOPA die Kompetenz des Abs. 6 gewährt. 49

1. Beschlussfassungsvoraussetzungen (Abs. 6 UAbs. 1). Um ein Durchgriffsrecht der EIOPA gemäß Abs. 6 UAbs. 1 gegenüber Finanzinstituten zu eröffnen, muss zunächst gegenüber der für das betreffende Finanzinstitut zuständigen Behörde eine **förmliche Stellungnahme** nach Abs. 4 ergangen sein und diese zuständige Behörde muss der förmlichen Stellungnahme **nicht innerhalb** der in der Stellungnahme gesetzten **Frist nachgekommen** sein. Hierbei ist zu berücksichtigen, dass eine förmliche Stellungnahme nach Abs. 4 nicht zwingend unter eine Frist zu stellen ist, um wirksam zu sein. So jedoch die Kommission der EIOPA die Option eines unmittelbaren Zugriffs auf die Finanzinstitute nicht verbauen will, muss sie Stellungnahme gegen die nationale Versicherungsaufsichtsbehörde mit einer Umsetzungsfrist versehen. Hierbei ist zudem dafür Sorge zu tragen, dass diese Frist **angemessen** ist, sodass die Kommission nicht durch Setzen einer zu kurzen Frist die Tätigkeitsaufsicht über die Versicherungsunternehmen – unter Aushöhlung des Prinzips der Unionstreue und des Subsidiaritätsprinzips[20] – unilateral auf die EIOPA übertragen kann. 50

Die Beschlussvoraussetzungen nach Abs. 6 UAbs. 1 liegen nicht nur im Falle der vollkommenen **Untätigkeit** der zuständigen Behörde auf die förmliche Stellungnahme der Kommission hin, sondern auch im Falle einer **unzureichenden Umsetzung** der förmlichen Stellungnahme vor, sodass ein Unionsrechtsverstoß qualitativ immer noch gegeben ist. 51

Das **Hauptproblem** liegt aber in der Formulierung, dass eine direkte Anordnung (nur) dann möglich sein soll, wenn „die einschlägigen Anforderungen der in Artikel 1 Absatz 2 genannten Rechtsakte der Union unmittelbar auf Finanzinstitute anwendbar sind".[21] Die Crux dieser Rechtsnorm ist also die Verwendung des **Begriffs der Unmittelbarkeit**. 52

Zunächst sieht **Art. 1 Abs. 2 EIOPA-VO explizit nur Richtlinien** vor (wobei die Bezugnahme erweitert wird, um alle Richtlinien, Verordnungen und Beschlüsse, die auf den aufgeführten Richtlinien basieren). Genau genommen könnte Abs. 6 UAbs. 1 also niemals für Anforderungen einschlägig sein, die von einer der Richtlinien aufgestellt werden, insbesondere also auch nicht Anforderungen der Solvency II-Richtlinie. Richtlinien haben, dies ist eine der hehren Regeln des Unionsrechts, grundsätzlich keine unmittelbare Wirkung gegenüber den Rechtsunterworfenen, sondern erzeugen gemäß Art. 288 UAbs. 3 AEUV eine Bindungswirkung nur gegenüber den Mitgliedstaaten.[22] Würde man Abs. 6 UAbs. 1 also streng grammatikalisch auslegen, so **würde** dies **ergeben**, dass ein **Beschluss gegenüber** einem **Versicherungsunternehmen nur** dann zulässig wäre, wenn die verletzte **Pflicht** entweder **in** einer **Verordnung oder** einem gegenüber dem betreffenden Unternehmen getroffenen **Beschluss**, die auf einer der genannten Richtlinien beruhen, begründet ist. In allen anderen Fällen gelten die Bedingungen eben nicht unmittelbar gegenüber dem Versicherungsunternehmen. 53

So scheint auch der **Europäische Gesetzgeber die Befugnis verstanden** wissen wollen, führt er doch in Erwägungsgrund 28 zur Durchgriffsbefugnis des Art. 17 Abs. 6 EIOPA-VO aus, dass die „Befugnis […] auf Ausnahmefälle beschränkt sein [solle], in denen eine zuständige Behörde der an sie gerichteten förmlichen Stellungnahme nicht Folge leistet und das Unionsrecht kraft bestehender oder künftiger Unions*verordnung* unmittelbar auf Finanzinstitute anwendbar ist" [Hervorhebung durch Verf.]. 54

---

[20] Dass das Subsidiaritätsprinzip und das Verhältnismäßigkeitsprinzip in der Auslegung der Verordnung besonders zu beachten sind, ergibt sich bereits aus dem Erwägungsgrund Nr. 66. Siehe ferner Art. 12 EIOPA-VO Rn. 20 ff. Zur Reichweite des Subsidiaritätsprinzips im Unionsrecht siehe bspw. *Molsberger*, Subsidiaritätsprinzip im Prozess europäischer Konstitutionalisierung, 2009; *Hilz*, Subsidiaritätsprinzip und EU-Gemeinschaftsordnung, 1998.

[21] In der englischen Sprachfassung lautet dies *„where the relevant requirements of the acts referred to in Article 1(2) are directly applicable to financial institutions"*.

[22] Der EuGH hat allerdings in ständiger Rechtsprechung einen Standard entwickelt nach dem Richtlinien doch unmittelbare Wirkung zeitigen können. Gemäß *EuGH* Entsch. v. 4.12.1974 – Rs. 41/74 Rn. 12 – van Duyn/Home Office, kann Richtlinien – und dies auch nur unter engen Bedingungen – nur ein *effet direct vertical* zukommen, der dem Bürger gegenüber dem nichtumsetzenden Mitgliedstaat ein Recht einräumt. Eine belastende unmittelbare Wirkung – um diese würde es vorliegend mit *Pflichten* des Versicherungsunternehmens gehen – also ein sogenannter *effet direct vertical négatif* einer Richtlinie ist hingegen ausgeschlossen; siehe hierzu *EuGH* Entsch. v. 8.10.1987 – Rs. 80/86 Rn. 10 – Kolpinghuis Nijmegen. Verneinend zu der Frage, ob diese st. Rspr. durch die Mangold-Entscheidung (*EuGH* Urt. v. 22.11.2005 – Rs. C-144/04 – Mangold/Helm) durchbrochen wurde, *v. Oettingen/Rabenschlag* ZEuS 2006, 363, 375 ff.

55 Man könnte hier jedoch eine **andere Auslegung** vornehmen, die von Befürwortern einer zentralisierten europäischen Aufsichtskompetenz wohl auch als eher dem Telos der Norm entsprechend angesehen werden dürfte. Man könnte nämlich das „die einschlägigen Anforderungen der […] genannten Rechtsakte […] unmittelbar" erweiternd dahingehend verstehen, dass auch solche Pflichten erfasst werden, die gegenüber den Versicherungsunternehmen durch die nationalen Umsetzungsgesetze gesetzt werden, die in den **Richtlinien** aber bereits so weit konkretisiert sind, dass dem **nationalen Gesetzgeber** bei der Umsetzung **kein Gestaltungsspielraum** verblieb.[23] Gleichwohl bleibt die gegenteilige Auslegung nicht nur möglich, sondern zumindest im Hinblick auf den Wortlaut und die Systematik des Unionsrechts näherliegend.[24] Ein zukünftiger Streit über die Weite des Anwendungsbereiches erscheint hier nahezu unvermeidbar. Im gegenwärtigen Regulierungsmodell wird es wohl darauf hinauslaufen, dass über den Abs. 6 UAbs. 1 lediglich Verletzungen der Normen der Lamfalussyebene 2 und 2.5 verfolgt werden können, insbesondere also Verstöße gegen Normen der Solvency II-DVO und der zahlreichen technischen Regulierungs- und Durchführungsstandards. Gerade hier ergeben sich jedoch weitere problematische Abgrenzungsschwierigkeiten, da die Lamfalussyebene 2 typischerweise nur der Konkretisierung von Pflichten der Lamfalussyebene 1 dient und keine wesentliche neue Pflichten schaffen kann. So die zu konkretisierende Pflicht der Solvency II-Richtlinie jedoch nicht ordnungsgemäß umgesetzt wurde, kann diese Pflicht auch nicht in jedem Fall konkretisiert werden und es fragt sich, ob hier durch eine unmittelbare Anwendung der Normen der Lamfalussyebene 2 nicht eine unmittelbare Wirkung einer Richtlinie zu Lasten eines Versicherungsunternehmens herbeigeführt würde.

56 Schließlich ist es gemäß Abs. 6 UAbs. 1 auch noch eine Voraussetzung für den Erlass eines Beschlusses gegenüber einem Finanzinstitut, dass ein solcher **erforderlich** ist, der Nichteinhaltung rechtzeitig ein Ende zu bereiten, um **neutrale Wettbewerbsbedingungen auf dem Markt aufrechtzuerhalten oder wiederherzustellen** beziehungsweise um das **ordnungsgemäße Funktionieren und die Integrität des Finanzsystems zu gewährleisten**. Dieses Erforderlichkeitskriterium wird wohl vor allem dann erfüllt sein, wenn es um Versicherungsunternehmen geht, die ein gewisses Volumen und einen gesteigerten Grad an grenzüberschreitenden Verknüpfungen (über Tochterunternehmen oder über Korrespondenzdienstleistungen) aufweisen.

57 **2. Beschlussfassung (Abs. 6 UAbs. 1, 2). Soweit die Voraussetzungen einer Beschlussfassung vorliegen** (siehe Rn. 50 ff.), kann EIOPA gegenüber dem Finanzinstitut (typischerweise einem Versicherungsunternehmen) einen **Beschluss unmittelbar** fassen.

58 Der Rat der Aufseher beschließt entsprechend Art. 44 Abs. 1 UAbs. 1 S. 1 EIOPA-VO mit **einfacher Mehrheit** (siehe hierzu Art. 44 EIOPA-VO Rn. 4 ff; siehe zum Quorum Art. 44 EIOPA-VO Rn. 29).

59 Hierbei hat der **Beschluss den Anforderungen des Art. 39 Abs. 1–3, 5 EIOPA-VO** gerecht zu werden, was insbesondere eine Anhörung des Adressaten erfordert (siehe im Detail Art. 39 EIOPA-VO Rn. 7 ff.) und bestimmte inhaltliche Anforderungen (siehe Art. 39 EIOPA-VO Rn. 22 ff. und 29 ff.) sowie eine grundsätzliche Veröffentlichungspflicht (siehe Art. 39 EIOPA-VO Rn. 39 ff.) impliziert.

60 Welche **Maßnahmen EIOPA** spezifisch **anordnen kann**, ergibt sich nur teilweise aus Abs. 6 UAbs. 1. Hier heißt es, EIOPA sei ermächtigt, einen Beschluss gegenüber dem Finanzinstitut zu fassen, „der dieses zum Ergreifen der Maßnahmen verpflichtet, die zur Erfüllung seiner Pflichten im Rahmen des Unionsrechts erforderlich sind, einschließlich der Einstellung jeder Tätigkeit". Indem selbst ein Beschluss, der das Versicherungsunternehmen anweist, den Geschäftsbetrieb einzustellen, zugelassen wird, macht die Verordnung deutlich, dass EIOPA die **gesamte Anordnungsbreite** zur Verfügung steht, deren sich bisher auch **nationale Aufsichtsbehörden bedienen konnten.**[25]

61 Hiervon zu unterscheiden ist aber die Frage, welche **spezifischen Maßnahmen** die EIOPA **im Einzelfall** anordnen darf. Wenn Abs. 6 UAbs. 1 feststellt, die EIOPA könne Versicherungsunternehmen zu solchen Maßnahmen verpflichten, „die zur Erfüllung seiner Pflichten im Rahmen des Unionsrechts erforderlich sind", suggeriert dies, die EIOPA könne Anordnung zur Wahrung jeglichen harmonisierten Versicherungsaufsichtsrecht treffen. Eine solche Auslegung erscheint jedoch systematisch und im Hinblick auf das Subsidiaritätsprinzip verfehlt.[26] Die unmittelbar zu treffende Anordnung kann sich letztlich **nur auf die Unionsvorschriften** beziehen, deren Verletzung durch unterlassenes Tätigwerden der nationalen Aufsichtsbehörde die Anordnungsbefugnis der EIOPA überhaupt erst zum Entstehen brachte.

62 Dies wird durch Abs. 6 UAbs. 2 noch weiter konkretisiert. Gemäß dieser Vorschrift hat die EIOPA ihren Beschluss **im Einklang mit** der **förmlichen Stellungnahme** der Kommission zu fassen. Dies bedeutet eine strenge Bindung an die Rechtsauffassung der Kommission und eine Bindung an das durch die Stellungnahme vorgegebene Regulierungsziel. Abs. 6 UAbs. 2 ist jedoch nicht so zu verstehen, als

---

[23] So wohl *Weber-Rey* AG 2010, R453, R455.
[24] So auch *Platzer*, Versicherungsaufsicht in der Europäischen Union, 2015, 164.
[25] Vgl. zu möglichen Anordnungsinhalten in Deutschland Prölss/*Kollhosser*, 12. Aufl. 2005, § 81 VAG Rn. 55.
[26] So im Ansatz auch *Wymeersch* ZGR 2011, 443, 469.

müsste und dürfte die EIOPA nur die förmliche Stellungnahme in die Form eines Beschlusses bringen. Dies ist schon von daher nicht möglich, als die Stellungnahme sich an einen anderen Adressaten richtet, nämlich die zuständige Behörde, und je nach Untersuchungsanlass abstrakter hinsichtlich der allgemeinen Pflichten der zuständigen Behörde gegenüber allen Aufsichtsunterworfenen und nicht konkret im Hinblick auf die Behandlung eines bestimmten Finanzinstituts abgefasst sein kann. Die EIOPA kann jedoch nicht über den Zweck der förmlichen Stellungnahme hinaus aufsichtliche Anordnungen treffen. Die Wirkung der förmlichen Stellungnahme ist es nicht, dass die gesamte Aufsicht über ein Finanzinstitut an die EIOPA fällt, sondern dass dieser für einen eng umrissenen aufsichtlichen Aspekt eine zeitweilige Sonderaufsichtsbefugnis zukommt.

Zudem muss die durch den Beschluss angeordnete Maßnahme natürlich mit der **Rechtsgrundlage übereinstimmen** (*nota bene*: nicht jede Unionsnorm wird der nationalen Aufsichtsbehörde die volle Bandbreite des Maßnahmenkataloges zugestehen) und den Grundsatz der **Verhältnismäßigkeit** beachten.[27] Hierbei wird der Abwägungsmaßstab der Verhältnismäßigkeit noch zusätzlich durch Abs. 6 UAbs. 1 konkretisiert. Nach diesem darf die EIOPA bereits hinsichtlich des Obs („für den Fall […] dass") nur einen unmittelbaren Beschluss fassen, wenn es erforderlich ist, der Nichteinhaltung rechtzeitig ein Ende zu bereiten, um neutrale Wettbewerbsbedingungen auf dem Markt aufrechtzuerhalten oder wiederherzustellen beziehungsweise um das ordnungsgemäße Funktionieren und die Integrität des Finanzsystems zu gewährleisten (siehe Rn. 56). Dies muss umso mehr für die inhaltliche Ausgestaltung des Beschlusses gelten, der sich in seiner Anordnungstiefe auf das zu beschränken hat, was zur Erreichung dieser Aufsichtsziele erforderlich ist. 63

3. Beschwerde und Klagefähigkeit. Bereits vor Veröffentlichung der Kommissionsentwürfe stellte der Rat der Europäischen Union in der Ratsformation „Wirtschaft und Finanzen" (sog. Ecofin-Rat) mit Nachdruck fest, dass die beiden Gemeinschaftsgerichte jeden Beschluss der europäischen Aufsichtsbehörden überprüfen können müssen.[28] Diese **Klagemöglichkeit** gegen jeden Beschluss wurde grundsätzlich auch durch die Verordnung übernommen (siehe Art. 61 EIOPA-VO). Jedoch wurde das Ganze noch um ein vorgeschaltetes **Beschwerdeverfahren** angereichert (siehe Art. 60 EIOPA-VO). Die Finanzinstitute können mithin gegen jeden Beschluss der EIOPA auf Basis des Abs. 6 UAbs. 1 eine Beschwerde beim Beschwerdeausschuss einreichen. Dies ändert aber grundsätzlich nichts an der sofortigen Vollziehbarkeit des Beschlusses (siehe Art. 60 Abs. 3 EIOPA-VO); sodass hier noch ein Antrag beim Beschwerdeausschuss auf Aussetzung des Vollzugs (siehe Art. 60 EIOPA-VO Rn. 33 ff.) oder beim EuG ein Antrag auf einstweiligen Rechtsschutz auf Anordnung der Aussetzung des Vollzuges des Ausgangsbescheids zu stellen ist (siehe Art. 61 EIOPA-VO Rn. 15). 64

VI. Beschlusswirkung (Abs. 7). Abs. 7 UAbs. 1 ordnet den **Anwendungsvorrang** der **Beschlüsse**, die die **EIOPA** unter Geltung des Abs. 6 gegenüber einem Finanzinstitut erlassen hat, gegenüber allen von der nationalen Aufsichtsbehörde in der gleichen Sache erlassenen Maßnahmen (insbesondere Verwaltungsakten) an. Dies heißt letztlich, dass auch ein bestandskräftiger nationaler Verwaltungsakt, unabhängig von einem Aufhebungsverfahren, keine Rechtswirkung erzeugt. 65

Daneben verpflichtet Abs. 7 UAbs. 2 alle zuständigen Behörden ihre **Maßnahmen**, die im Zusammenhang mit dem Sachverhalt stehen, der Gegenstand eines Beschlusses der EIOPA nach Abs. 6 gegenüber einem Finanzinstitut oder einer förmlichen Stellungnahme der Kommission gegenüber einer zuständigen Behörde wurde, **im Einklang mit** diesem **Beschluss** oder dieser **förmlichen Stellungnahme** zu treffen. Dies bewirkt **für bereits ergangene Maßnahmen**, dass diese soweit möglich **beschluss- oder stellungnahmenkonform** ausgelegt werden sollen. So dies nicht möglich ist, greift zumindest für Beschlüsse gegenüber den Finanzinstituten Abs. 7 UAbs. 1 und es besteht ein Anwendungsvorrang dieses Beschlusses. Andere widerlaufende Maßnahmen der nationalen Aufsichtsbehörden sind nach Vorstellung des Abs. 7 UAbs. 2 soweit möglich abzuändern oder zurückzunehmen. Für nach Erlass des Beschlusses zu treffende Maßnahmen der nationalen Aufsichtsbehörden verpflichtet Abs. 7 UAbs. 2 die Behörden, ihre Maßnahmen in einer Art und Weise zu treffen, die dem Zweck des Beschlusses oder der förmlichen Stellungnahme nicht zuwiderlaufen, sondern dessen Implementierung fördern. 66

Abs. 7 UAbs. 2 ist weitestgehend deckungsgleich mit Art. 18 Abs. 5 UAbs. 2 EIOPA-VO (siehe Art. 18 EIOPA-VO Rn. 54) und Art. 19 Abs. 5 S. 2 EIOPA-VO (Art. 19 EIOPA-VO Rn. 72), die jeweils den nationalen Aufsehern eine **Befolgungspflicht** für unter den Voraussetzungen des Art. 18 EIOPA-VO oder Art. 19 EIOPA-VO ergangenen Beschlüssen der EIOPA auferlegt. Abs. 7 UAbs. 2 unterscheidet sich jedoch insoweit, als es eine solche Befolgungspflicht auch für **förmliche Stellungnahmen** der Kommission nach Abs. 4 statuiert. Solche förmliche Stellungnahmen sind jedoch als 67

---

[27] Zum Grundsatz der Verhältnismäßigkeit unter Solvency II vgl. *Dröse/Littmann* ZVersWiss 2012, 339; *Wandt*, Prinzipienbasiertes Recht und Verhältnismäßigkeitsgrundsatz im Rahmen von Solvency II, 2012; *ders./Sehrbrock* in: Dreher/Wandt 2012, 21.

[28] *Rat der Europäischen Union (Ecofin-Rat)*, Pressemitteilung 10737/09 vom 9.6.2009, S. 11.

primärrechtlich explizit in Art. 288 UAbs. 5 Alt. 2 AEUV vorgesehene Rechtsakte unverbindlich.[29] Es ist nicht am sekundärrechtlichen Abs. 7 UAbs. 2 eine primärrechtlich anerkannte Rechtsnatur einer Rechtmaßnahme abzuändern. Würde man den Abs. 7 UAbs. 2 wörtlich nehmen, so würde die förmliche Stellungnahme zumindest gegenüber der nationalen Aufsichtsbehörde zu einem Beschluss gemäß Art. 288 UAbs. 4 AEUV erstarken. Eine solche Beschlusskompetenz der Kommission gegenüber den nationalen Aufsichtsbehörden war in Abs. 4 jedoch gerade nicht erwünscht. Dies zeigt ein historischer Vergleich mit dem Kommissionsentwurf der EIOPA-VO, der noch eine Entscheidungskompetenz (vor dem Lissaboner Vertrag hießen Beschlüsse noch Entscheidungen) vorsah,[30] was in der endgültigen Fassung nunmehr in förmliche Stellungnahme abgeändert wurde. Es ist davon auszugehen, dass der Unionsgesetzgeber es lediglich übersehen hat, den Abs. 7 UAbs. 2 entsprechend anzupassen. Die Pflicht der nationalen Aufsichtsbehörden im Hinblick auf förmliche Stellungnahmen ist mithin so zu lesen, dass diese die Pflicht trifft im Hinblick auf das Ergreifen von Maßnahmen in Bezug auf Sachverhalte, die Gegenstand der Stellungnahme waren, sich mit dieser angemessen auseinanderzusetzen. Bei jeder anderen Leseart wäre Abs. 7 UAbs. 2 insoweit primärrechtswidrig.

68 **VII. Berichtspflicht (Abs. 8).** Abs. 8 legt einen **zwingenden Inhalt** für den durch den Rat der Aufseher in Kooperation mit dem Exekutivdirektor und dem Verwaltungsrat zu erarbeitenden **Jahresbericht der EIOPA** (siehe Art. 43 EIOPA-VO Rn. 18 ff.) fest. Dies bedeutet, dass der Exekutivdirektor bereits in seinem Entwurf des Jahresberichts gemäß Abs. 8 auszuführen hat, **welche zuständigen Behörden** einer förmlichen Empfehlung nach Abs. 4 oder einem Beschluss nach Abs. 6 (vermittelt über die Pflicht der Behörde nach Abs. 7 UAbs. 2) bzw. welches **Finanzinstitut** einem Beschluss nach Abs. 6 **nicht nachgekommen** sind.

Maßnahmen im Krisenfall

18 **(1) Im Fall von ungünstigen Entwicklungen, die das ordnungsgemäße Funktionieren und die Integrität von Finanzmärkten oder die Stabilität des Finanzsystems in der Union als Ganzes oder in Teilen ernsthaft gefährden könnten, kann die Behörde sämtliche von den betreffenden zuständigen nationalen Aufsichtsbehörden ergriffenen Maßnahmen aktiv erleichtern und diese, sofern dies als notwendig erachtet wird, koordinieren.**

Um diese Aufgabe des Erleichterns und Koordinierens von Maßnahmen wahrnehmen zu können, wird die Behörde über alle relevanten Entwicklungen in vollem Umfang unterrichtet und wird sie eingeladen, als Beobachterin an allen einschlägigen Zusammentreffen der betreffenden zuständigen nationalen Aufsichtsbehörden teilzunehmen.

(2) [1]Der Rat kann in Abstimmung mit der Kommission und dem ESRB sowie gegebenenfalls den ESA auf Ersuchen der Behörde, der Kommission oder des ESRB einen an die Behörde gerichteten Beschluss erlassen, in dem das Vorliegen einer Krisensituation im Sinne dieser Verordnung festgestellt wird. [2]Der Rat überprüft diesen Beschluss in angemessenen Abständen, mindestens jedoch einmal pro Monat. [3]Wird der Beschluss bei Ablauf der Frist von einem Monat nicht verlängert, so tritt er automatisch außer Kraft. [4]Der Rat kann die Krisensituation jederzeit für beendet erklären.

[1]Sind der ESRB oder die Behörde der Auffassung, dass sich eine Krisensituation abzeichnet, richten sie eine vertrauliche Empfehlung an den Rat und geben eine Lagebeurteilung ab. [2]Der Rat beurteilt dann, ob es notwendig ist, eine Tagung einzuberufen. [3]Hierbei ist darauf zu achten, dass die Vertraulichkeit gewahrt bleibt.

Wenn der Rat das Vorliegen einer Krisensituation feststellt, so unterrichtet er das Europäische Parlament und die Kommission ordnungsgemäß und unverzüglich davon.

(3) Hat der Rat einen Beschluss nach Absatz 2 erlassen und liegen außergewöhnliche Umstände vor, die ein koordiniertes Vorgehen der nationalen Behörden erfordern, um auf ungünstige Entwicklungen zu reagieren, die das geordnete Funktionieren und die Integrität von Finanzmärkten oder die Stabilität des Finanzsystems in der Union als Ganzes oder in Teilen ernsthaft gefährden können, kann die Behörde die zuständigen Behörden durch Erlass von Beschlüssen im Einzelfall dazu verpflichten, gemäß den in Artikel 1 Absatz 2 genannten Rechtsvorschriften die Maßnahmen zu treffen, die erforderlich sind, um auf solche Entwicklungen zu reagieren, indem sie sicherstellt, dass Finanzinstitute und zuständige Behörden die in den genannten Rechtsvorschriften festgelegten Anforderungen erfüllen.

(4) [1]Unbeschadet der Befugnisse der Kommission nach Artikel 258 AEUV kann die Behörde, wenn eine zuständige Behörde dem in Absatz 3 genannten Beschluss nicht innerhalb der in diesem Beschluss genannten Frist nachkommt und wenn die einschlägigen Anforderungen

[29] Grabitz/Hilf/Nettesheim/*Nettesheim* Art. 288 AEUV Rn. 200; Calliess/Ruffert/*Ruffert* Art. 288 AEUV Rn. 95; von der Groeben/Schwarze/Hatje/*Geismann* Art. 288 AEUV Rn. 66.

[30] Art. 9 Abs. 4 EIOPA-VO-E, in: KOM(2009) 502 endg.

der in Artikel 1 Absatz 2 genannten Gesetzgebungsakte, einschließlich der gemäß diesen Gesetzgebungsakten erlassenen technischen Regulierungs- und Durchführungsstandards, unmittelbar auf Finanzinstitute anwendbar sind, einen an ein Finanzinstitut gerichteten Beschluss im Einzelfall erlassen, der dieses zum Ergreifen der Maßnahmen verpflichtet, die zur Erfüllung seiner Pflichten im Rahmen dieser Rechtsvorschriften erforderlich sind, einschließlich der Einstellung jeder Tätigkeit. [2] Dies gilt nur in Fällen, in denen die zuständige Behörde die in Artikel 1 Absatz 2 genannten Gesetzgebungsakte, einschließlich der gemäß diesen Gesetzgebungsakten erlassenen technischen Regulierungs- und Durchführungsstandards, nicht anwendet oder in einer Weise anwendet, die eine eindeutige Verletzung dieser Rechtsakte darstellen dürfte, und sofern dringend eingeschritten werden muss, um das ordnungsgemäße Funktionieren und die Integrität der Finanzmärkte oder die Stabilität des Finanzsystems in der Union als Ganzes oder in Teilen wiederherzustellen.

(5) Nach Absatz 4 erlassene Beschlüsse haben Vorrang vor allen von den zuständigen Behörden in gleicher Sache erlassenen früheren Beschlüssen.

Jede Maßnahme der zuständigen Behörden im Zusammenhang mit Fragen, die Gegenstand eines Beschlusses nach den Absätzen 3 oder 4 sind, muss mit diesen Beschlüssen im Einklang stehen.

Übersicht

Schrifttum: Siehe die Angaben bei Art. 1 EOPA-VO („Allgemein zum ESFS" und „Allgemein zur EIOPA").

I. Allgemeines. Einer der maßgeblichen Gründe der Unfähigkeit zur schnellen effektiven Eindämmung der Finanzkrise 2007–2009 lag gemäß dem *de Larosière*-Bericht, der einer der Ausgangspunkte für die Errichtung des ESFS war, darin, dass die Infrastruktur für das Krisenmanagement in der EU unzureichend war und zwar sowohl was die Zusammenarbeit zwischen den nationalen Aufsichtsbehörden als auch zwischen den staatlichen Stellen anbelangt.[1] Gerade aus diesem Grund wurde das ESFS mit der EIOPA als europäische versicherungssektorielle Aufsichtsbehörde errichtet. Hierbei kommt der EIOPA generell in den Aufsichtskollegien nach Art. 21 EIOPA-VO und allgemein nach Art. 29 und 31 EIOPA-VO eine **Koordinierungsfunktion** im Hinblick auf die konkrete Aufsichtsarbeit zu, wodurch unter anderem das Eintreten einer Krise erschwert werden soll. Die Koordinierungsbefugnisse sind jedoch im Schwerpunkt nichtbindende Stellungnahmen und ähnliche Rechtsmaßnahmen. Dies erscheint unter normalen Marktgegebenheiten ausreichend und im Hinblick auf den Subsidiaritätsgrundsatz, nach dem die tägliche Aufsichtszuständigkeit bei den nationalen Aufsehern verbleiben soll, geboten. Im Falle des Abzeichnens oder des Eintritts einer **Finanzkrise** erscheint es jedoch geboten, das koordinierte Vorgehen im ESFS zu straffen und eventuell gar die **Entscheidungsbefugnisse** zu **zentralisieren**. Diesem Zweck dient Art. 18 EIOPA-VO.[2] 1

Art. 18 EIOPA-VO differenziert hierbei die Kompetenzen der EIOPA nach dem Gesichtspunkt, ob „nur" eine materielle Krise vorliegt (Abs. 1) oder formell der Krisenfall erklärt wurde (Abs. 2). Allein in letzteren Fall wird die Aufsichtsbefugnis über die Marktteilnehmer in erheblichem Maße bei der EIOPA 2

[1] Report of The High-Level Group on Financial Supervision in the EU Chaired by Jacques de Larosière of 25 February 2009, S. 13; abrufbar unter: http://ec.europa.eu/internal_market/finances/docs/de_larosiere_report_de. pdf (zuletzt abgerufen im September 2017.

[2] Vgl. Erwägungsgrund 29 S. 1.

zentralisiert und ihr eine Beschlusskompetenz gegenüber den nationalen Versicherungsaufsehern (Abs. 3) und bei Hinzutreten weiterer Voraussetzungen unmittelbar gegenüber den Finanzinstituten gewährt (Abs. 4).

3 **II. Koordinierungskompetenz im Rahmen einer materiellen Krise (Abs. 1).** Abs. 1 UAbs. 1 weist der EIOPA im Fall von **ungünstigen Entwicklungen**, die das ordnungsgemäße Funktionieren und die Integrität von Finanzmärkten oder die Stabilität des Finanzsystems in der Union als Ganzes oder in Teilen ernsthaft gefährden könnten, eine gesteigerte Unterstützungs- und Koordinierungsfunktion gegenüber den zuständigen Behörden bei ihrer aufsichtlichen Arbeit zu. Aus der systematischen Stellung, der Überschrift des Artikels und dem Gesamtgefüge der EIOPA-VO wird deutlich, dass Abs. 1 UAbs. 1 neben der Konkretisierung der Aufgaben im Krisenfall vorrangig auch der **Definition des Krisenfalls** dient.[3]

4 Hierbei ist jedoch zu beachten, dass Art. 18 EIOPA-VO zwischen einem **materiellen** und einem formellen **Krisenfall** differenziert. Die Kompetenzen des Abs. 1 entstehen hierbei bereits, wenn die in Abs. 1 UAbs. 2 genannten Kriterien materiell erfüllt sind. Die formelle Erklärung eines Krisenfalls nach Abs. 2 hat hingegen nur Bedeutung im Hinblick auf die Eröffnung der Beschlussbefugnisse nach Abs. 3 und 4.[4] Die Erleichterungs- und Koordinierungskompetenzen bleiben in jedem Fall bis zur Abwendung der Krise bestehen.

5 Die EIOPA kann im (materiellen) Krisenfall gemäß Abs. 1 UAbs. 1 Hs. 2 sämtliche von den betreffenden zuständigen nationalen Aufsichtsbehörden ergriffenen Maßnahmen **aktiv erleichtern** und diese, sofern dies als notwendig erachtet wird, **koordinieren**. Es geht insofern primär darum, dass die EIOPA Unterstützungsleistungen anbietet, indem sie den nationalen Aufsichtsbehörden Handlungsmöglichkeiten aufzeigt, Vorschläge erteilt und Ähnliches. Daneben wird aber eine Krisensituation, wenn es sich nicht um eine geographisch sehr beschränkte Krise handelt, eine stärkere Konzertierung erfordern. In diesen Fällen ist es an der EIOPA, die nationalen Aufseher nicht nur einzeln und isoliert zu unterstützen, sondern koordinierend aufzutreten. Der EIOPA kommt es in diesen Fällen zu, darauf hinzuwirken, dass die nationalen Aufseher sich aufeinander abstimmen und ihre Maßnahmen im Unionsinteresse einheitlich treffen. Die EIOPA übernimmt hierbei die Stellung eines versicherungsaufsichtsrechtlichen Krisenzentrums, das wiederum über den Gemeinsamen Ausschuss mit den anderen ESA verbunden ist, sodass eine sektorübergreifende Antwort der Union – die Kooperationsbereitschaft der nationalen Aufseher unterstellt – sichergestellt werden kann.

6 Interessant ist hierbei, dass Abs. 1 UAbs. 1 nicht wie sonst auf „zuständige Behörden" – wie in Art. 4 Nr. 2 EIOPA-VO legal definiert (siehe Art. 4 EIOPA-VO Rn. 3) – sondern auf die **betreffenden zuständigen nationalen Aufsichtsbehörden** abstellt.[5] Zunächst entsteht hier der Eindruck, dass Art. 18 EIOPA-VO schlampig gegenüber dem Kommissionsentwurf der EIOPA angepasst wurde, da im gesamten Kommissionsentwurf statt des Begriffs der „zuständigen Behörde" noch der Begriff der „nationalen Aufsichtsbehörde" verwandt wurde.[6] Jedoch ist Art. 18 Abs. 1 UAbs. 1 EIOPA-VO gerade keine wörtliche Übernahme aus Art. 10 EIOPA-VOE, der nur die Kompetenzen im Falle der formellen Erklärung des Krisenfalls vorsah, sondern eine neue Einfügung. Es scheint insofern wahrscheinlicher, dass hiermit eine echte inhaltliche Abweichung gewünscht ist. Es geht insofern darum, dass die EIOPA nicht nur die nationalen Versicherungsaufsichtsbehörden, sondern auch alle anderen nationalen Aufsichtsbehörden aktiv unterstützen und soweit erforderlich koordinieren soll. Hierbei ist jedoch zu berücksichtigen, dass die EIOPA gegenüber diesen anderen Aufsichtsbehörden eigentlich keine unmittelbaren Befugnisse hat, da diese anderen Behörden (zumindest zum Großteil) unter der Ägide der EBA oder der ESMA stehen. Insoweit erscheint es im Rahmen einer sektorübergreifenden Krise notwendig, dass die EIOPA ihre Unterstützungsleistungen und Koordinierungsversuche selbst über den Gemeinsamen Ausschuss koordiniert.

7 Um diese Aufgabe des Erleichterns und Koordinierens von Maßnahmen wahrnehmen zu können, sind die betreffenden zuständigen nationalen Aufsichtsbehörden gemäß Abs. 1 UAbs. 2 dazu **verpflichtet**, die EIOPA über alle **relevanten Entwicklungen** in vollem Umfang zu **unterrichten** und sie **als Beobachterin** zur Teilnahme an allen einschlägigen **Zusammentreffen** der betreffenden zuständigen nationalen Aufsichtsbehörden **einzuladen**. Im Hinblick darauf, dass der Begriff der betreffenden zu-

[3] So i. E. auch *Keune*, Rechtliche Grundlagen und Grenzen der EIOPA, 2015, S. 98.

[4] A. A. *Koslowski*, Die Europäische Bankenaufsichtsbehörde und ihre Befugnisse, 2014, S. 79, der zum insoweit identischen Art. 18 Abs. 1 EBA-VO die unhaltbare Auffassung vertritt, dass bereits die Koordinierungsaufgabe eines Krisenfallbeschlusses nach Abs. 2 bedarf; undeutlich insoweit *Platzer*, Versicherungsaufsicht in der Europäische Union, 2015, S. 164, der nur feststellt, dass es eine „Voraussetzung für ein Tätigwerden von EIOPA nach diesen Maßgaben ist [, dass] die Feststellung des Bestehens einer ‚Krise' durch eine Entscheidung des Rates" erfolgt.

[5] Auch die anderen Sprachfassungen verwenden hier jeweils einen Ausdruck, der von dem jeweiligen Begriff für „zuständige Behörde" abweicht: Englisch (*relevant national competent supervisory authorities*), Französisch (*autorités nationales de surveillance compétentes concernées*), Italienisch (*pertinenti autorità nazionali di vigilanza competenti*), Spanisch (*autoridades nacionales de supervisión competentes interesadas*), Portugiesisch (*autoridades nacionais de supervisão competentes interessadas*) und Niederländisch (*betrokken bevoegde nationale toezichthoudende autoriteiten*).

[6] Siehe Art. 2 Nr. 2 EIOPA-VOE, in: KOM(2009) 502 endg.

ständigen nationalen Aufsichtsbehörden an keiner Stelle der das ESFS begründenden Verordnungen definiert wird, erscheint es angemessen, diesen Begriff zumindest für die Zwecke des Abs. 1 UAbs. 2 reduziert dahingehend auszulegen, dass es sich hierbei nur um zuständige Behörden nach Art. 4 Nr. 2 EIOPA-VO einer der ESA-Gründungsverordnungen handelt. So erschiene es beispielsweise verfehlt, würde man die Bundesbank, die nur über den ESRB und ihre Mitgliedschaft im ESZB in das ESFS eingebunden ist, nunmehr über Abs. 1 UAbs. 2 einer unmittelbaren Informationsübermittlungspflicht zu unterwerfen und sie zu zwingen, die EIOPA an ihren Sitzungen zu beteiligen. Für die zuständigen Behörden der Mitgliedstaaten erscheint es hingegen keine übermäßige Belastung statt nur ihrer europäischen sektoriellen Aufsichtsbehörde nunmehr auch gegenüber einer anderen ESA solche Informations- und Beteiligungspflichten zu erfüllen.

III. Erklärung des Krisenfalls (Abs. 2). Soweit eine Krise eine rasche und konzertierte Antwort auf Unionsebene erfordert, was am effizientesten durch die (teilweise) Konzentrierung der Beschlussbefugnisse bei den ESA nach Abs. 3 und 4 erreicht werden kann, was gleichzeitig eine erhebliche Beschneidung der aufsichtlichen Kompetenzen der nationalen Aufsichtsbehörden impliziert, ordnet Abs. 2 als Schutzmechanismus an, dass solche Beschlüsse nur dann ermöglicht werden, wenn der **Rat formell** einen **Krisenfall erklärt** hat. 8

1. Erlass des Krisenfallbeschlusses (Abs. 2 UAbs. 1 S. 1). Die formelle **Erklärung** des Krisenfalls ist dem **Rat** als zentralem europäischen Organ der Beteiligung der Mitgliedstaaten an der Gesetzgebung der Union **vorbehalten**. Hierdurch unterscheidet sich Art. 18 Abs. 2 EIOPA-VO maßgeblich vom Verordnungsentwurf der Kommission, der den Erlass des Krisenfallbeschlusses noch der Kommission zuwies.[7] Hierbei sind jedoch die EIOPA, die Kommission und das ESRB in das Verfahren zur Feststellung des Krisenfalls stark eingebunden. 9

a) Antrag zu Erlass des Beschlusses (Abs. 2 UAbs. 1 S. 1, UAbs. 2). Gemäß Abs. 2 UAbs. 1 S. 1 kann der Rat nicht selbstbestimmt, sondern **nur auf Antrag** der **EIOPA** (der EBA und der ESMA), der **Kommission** und des **ESRB** ein Verfahren zum Erlass des Krisenfallbeschlusses einleiten. 10

Hierbei sind die **EIOPA** und das ESRB gemäß Abs. 2 UAbs. 2 S. 1[8] dazu **verpflichtet**, wenn ihre Überwachung das Entstehen einer Krisensituation wahrscheinlich erscheinen lässt, gegenüber dem Rat eine vertrauliche **Empfehlung** mit einer Lagebeurteilung **abzugeben**. Diese Empfehlung des Abs. 2 UAbs. 2 S. 1 ist nicht zwingend mit dem Antrag („Ersuchen") des Abs. 2 UAbs. 1 S. 1 gleichbedeutend. Zum einen ist diese Empfehlung eventuell bereits in einem früheren Stadium abzugeben und zum anderen kann die EIOPA trotz der Feststellung einer Krisensituation nach Abs. 1 (siehe Rn. 3) zu dem Schluss gelangen, dass eine formelle Erklärung des Krisenfalls nicht erforderlich ist, sondern sie der Krise mittels ihrer Koordinationsfunktion des Abs. 1 Herr werden kann. 11

Sobald der **Rat** eine Empfehlung nach Abs. 2 UAbs. 2 S. 1 erhält, selbst wenn diese keinen Antrag enthält, entscheidet dieser gemäß Abs. 2 UAbs. 2 S. 2 darüber, ob es **notwendig** ist, eine **Tagung einzuberufen**. Je nach der entsprechenden Lagebeschreibung und der durch die EIOPA (oder den ESRB oder die anderen ESA) ausgesprochenen Empfehlung entscheidet in entsprechender Anwendung des Art. 237 AEUV der gegenwärtige Präsident des Rates darüber, ob die Einberufung einer Tagung des Rates notwendig ist. Soweit jedoch ein Antragsberechtigter nach Abs. 2 UAbs. 1 S. 1 ein Ersuchen zur Erklärung des Krisenfalls an den Rat richtet, ist das Ermessen des Präsidenten des Rates auf null reduziert und eine Tagung muss einberufen werden. 12

Gemäß Abs. 2 UAbs. 2 S. 3 hat die Einberufung, aber auch die Tagung selber unter **Wahrung der Vertraulichkeit** zu erfolgen. Dies liegt in der Tatsache begründet, dass eine zu frühe Kenntnis der Öffentlichkeit von einer eventuell bisher unerkannten Krisensituation diese Krise noch verschärfen kann, bevor die EIOPA (und die anderen ESA) durch den Krisenfallbeschluss in die Lage versetzt sind, die Krisenfaktoren konzertiert anzugehen. 13

b) Erlass (Abs. 2 UAbs. 1 S. 1). Der Erlass des Beschlusses zur Feststellung des Krisenfalls durch den Rat hat gemäß Abs. 2 UAbs. 1 S. 1 zwingend unter **Koordinierung** („Abstimmung") **mit** dem **ESRB** und der **Kommission** – und soweit erforderlich – mit den **ESA** zu erfolgen. Dies ist so zu verstehen, dass der Rat vor Erlass des Beschlusses das ESRB und die Kommission – sowie soweit erforderlich die ESA – zu hören hat. Im Hinblick auf die Eile, die eine Krise impliziert, wird diese Anhörung typischerweise nicht über eine Aufforderung zur schriftlichen Stellungnahme, sondern eine Ladung zur Tagung erfolgen. Hierbei ist jedoch in jedem Fall Abs. 2 UAbs. 2 S. 3 analog anzuwenden, da gerade über diese Abstimmungsmaßnahmen die Krise zur allgemeinen Kenntnis der Öffentlichkeit gelangen kann, was verhindert werden muss, bevor der Krisenfeststellungsbeschluss gefasst wurde (siehe Rn. 13). 14

Da – durch die EIOPA-VO und durch das Primärrecht – ein abweichendes Mehrheitserfordernis für den Krisenfallbeschluss des Rates nicht vorgesehen wird, greift Art. 16 Abs. 3 EUV, nach dem der Rat 15

[7] Art. 10 Abs. 1 EIOPA-VOE, in: KOM(2009) 502 endg.
[8] Sowie die anderen ESA nach Art. 18 Abs. 2 UAbs. 2 S. 1 der jeweiligen ESA-Gründungsverordnung.

mit **qualifizierter Mehrheit** beschließt. Für **Beschlüsse** ab dem 1.11.2014 gilt mithin die qualifizierte Mehrheit des Art. 16 Abs. 4 EUV. Dieser stellt ein **doppeltes qualifiziertes Mehrheitserfordernis** auf. Dies erfordert zunächst eine Mehrheit von mindestens 55% der Mitglieder des Rates. Dies gilt allerdings nur, wenn der Rat (zumindest auch) auf Antrag der Kommission handelt, was bei einem Antrag, den Krisenfall zu erklären, allein durch eine ESA oder das ESRB nicht der Fall wäre. In dieser Konstellation würde Art. 238 Abs. 2 AEUV greifen, der dieses Mehrheitserfordernis auf 72% der Mitglieder des Rates hinaufsetzt. Daneben verlangt Art. 16 Abs. 4 UAbs. 1 EUV (i. V. m. Art. 16 Abs. 4 UAbs. 3 EUV und Art. 238 Abs. 2 AEUV), dass die Stimmen der Ratsmitglieder mindestens 65% der Bevölkerung der Union vertreten müssen.

16 Im Rahmen dieses Beschlusses befindet der Rat nicht nur darüber, ob materiell ein Krisenfall nach den Bedingungen des Abs. 1 (siehe Rn. 3) vorliegt, sondern ob der bezeichnete Krisenfall qualitativ von der Art ist, dass die **Beschlusskompetenzen** der EIOPA (oder der anderen ESA) nach Abs. 3 und 4 **zur Krisenbewältigung erforderlich** sind. Nur unter diesen Bedingungen scheint ein Beschluss und mithin die resultierende Beschneidung der Kompetenzen der nationalen Aufsichtsbehörden erforderlich. Hierbei ist dem Rat als politischem Organ jedoch eine recht weite Einschätzungsprärogative zuzugestehen.

17 **c) Übermittlung (Abs. 2 UAbs. 1 S. 1, UAbs. 3).** Der Beschluss des Rates ist gemäß Abs. 2 UAbs. 1 S. 1 an die **EIOPA** (oder die anderen ESA) zu **adressieren** und diesen entsprechend auch unverzüglich zu übermitteln.

18 Daneben verpflichtet Abs. 2 UAbs. 3 den Rat dazu, die **Kommission** und das **Europäische Parlament** ordnungsgemäß und unverzüglich vom Erlass des Krisenfallbeschlusses zu **unterrichten**. Im Hinblick auf die systematische Stellung des Abs. 2 UAbs. 3 und die Verwendung des Begriffes der Ordnungsgemäßheit, drängt sich der Schluss auf, dass zu diesem Zeitpunkt die in Abs. 2 UAbs. 2 S. 3 angeordnete strenge **Vertraulichkeit aufgehoben** wird. So die Krise formell erklärt wird, erscheint es nicht mehr angemessen, die Öffentlichkeit über die tatsächliche Lage im Dunkeln zu halten. Dies gilt umso mehr, als das ESFS durch Erlass des Krisenfallbeschlusses sozusagen in den „Krisenmodus" geschaltet wurde, in dem die EIOPA und die anderen ESA durch die Konzentrierung der Befugnisse des Abs. 3 und 4 auf sie in die Lage versetzt sind, die Krise effektiv zu bekämpfen.

2. Überprüfung und Außerkrafttreten des Krisenfallbeschlusses (Abs. 2 UAbs. 1 S. 2, 3).

19 Der Rat hat seinen Krisenfallbeschluss gemäß Abs. 2 UAbs. 1 S. 2 in angemessenen Abständen, mindestens aber einmal im Monat, **zu überprüfen**. Dies bedeutet im Kontext des Art. 18 EIOPA-VO, dass der Rat überprüft, **ob** der **Krisenfall und** die **Notwenigkeit der Beschlusskompetenzen** der EIOPA (siehe Rn. 16) noch vorliegen.

20 Unklar ist hier, was im Einzelfall unter dem ausfüllungsbedürftigen Rechtsbegriff der **angemessenen Abstände** zu verstehen ist, da bereits eine monatliche Prüfung ein recht enger Zeitrahmen ist. Im Hinblick auf die Belastungen, die eine Krise für die Mitglieder des Rates insbesondere auch im Rahmen ihrer Funktionen in den mitgliedstaatlichen Regierungen bedeutet, dürfte eine monatliche Überprüfung typischerweise auch ausreichend erscheinen. Eine vorgezogene Überprüfung erscheint nur dann erforderlich, wenn sich deutliche Anzeichen für ein Abwenden der Krise ergeben.

21 Die Anordnung einer Prüfungspflicht impliziert gleichermaßen eine **Rücknahmepflicht**, soweit die Voraussetzungen des Erlasses nicht mehr vorliegen. Abs. 2 UAbs. 1 S. 4 ermächtigt den Rat dazu, seinen Krisenfallbeschluss jederzeit (und mit sofortiger Wirkung) zurückzunehmen. Hierbei erfolgt die Rücknahme durch einen erneuten Beschluss, durch den die Krise für beendigt erklärt wird. Abs. 2 stellt für diesen Beschluss keine weiteren Bedingungen auf. Im Hinblick auf die aufsichtlichen Folgen dieses Beschlusses ist jedoch zu fordern, dass dieser Beschluss unter den gleichen Bedingungen wie der Beschluss zur Erklärung der Krise erfolgt, das heißt, die Kommission, das ESRB und insbesondere die ESA (hier sollte dies zwingend erfolgen) sind zu konsultieren (siehe Rn. 14) und der Beschluss erfolgt mit qualifizierter Mehrheit (siehe Rn. 15).

22 Gemäß Abs. 2 UAbs. 1 S. 3 ist der Krisenfallbeschluss *ex lege* mit einer **Auslaufklausel** (sogenannten *sunset clause*) versehen, sodass der Beschluss, wenn er nicht durch den Rat verlängert wird, nach **Ablauf eines Monats** seit Erlass oder der letzten Verlängerung **außer Kraft tritt**. Hierbei gilt für den Verlängerungsbeschluss ebenfalls das Erfordernis der qualifizierten Mehrheit (siehe Rn. 15).

23 **IV. Kompetenz zum Erlass von Beschlüssen gegenüber zuständigen Behörden (Abs. 3).** Im Fall der Anordnung eines Krisenfalls nach Abs. 2 kommt es zu einer **Konzentrierung von Aufsichtsbefugnissen** auf die EIOPA nach Abs. 3 (und 4). Grundsätzlich verbleibt die EIOPA in ihrer Koordinierungsposition, wie sie durch Abs. 1 vorgezeichnet ist. Unter den zusätzlichen Voraussetzungen des Abs. 3 kann die EIOPA jedoch, wenn dies zur effizienten Adressierung der Krise erforderlich ist,[9] nunmehr gegenüber den zuständigen Behörden Beschlüsse bezüglich der Anwendung des harmonisierten Versicherungsaufsichtsrechts nach Art. 1 Abs. 2 EIOPA-VO erlassen.

[9] Hierdurch wird im Einklang mit Erwägungsgrund 29 S. 1 die Möglichkeit geschaffen, eine rasche und konzertierte Antwort auf einen Krisenfall auf Unionsebene zu geben.

1. Beschlussvoraussetzungen (Abs. 3). In dieser Phase ist EIOPA gemäß Abs. 3 i. V. m. Art. 41 Abs. 3 EIOPA-VO ermächtigt, vertreten durch seinen Rat der Aufseher, einen **Beschluss gegenüber** der entsprechenden **nationalen Versicherungsaufsichtsbehörde** zu erlassen, eine bestimmte Handlung vorzunehmen oder zu unterlassen, um die Einhaltung des Unionsrechts zu gewährleisten. Dieser Beschluss ist für die Aufsichtsbehörde **verbindlich**. 24

Ein Beschluss nach Abs. 3 erfordert zunächst, dass der Rat gemäß Abs. 2 formell den **Krisenfall erklärt** hat (siehe Rn. 8 ff.). Obgleich Abs. 3 nach seinem Wortlaut nur verlangt, dass der Krisenfall erklärt wurde, ist es im Hinblick auf die Systematik der begrenzten Beschlussbefugnis der EIOPA gegenüber nationalen Versicherungsaufsehern ferner erforderlich, dass der **Krisenfallbeschluss** zum Zeitpunkt des Erlasses des Beschlusses nach Abs. 3 **noch in Kraft** ist, also nicht gemäß Abs. 2 S. 4 aufgehoben (siehe Rn. 21) oder nach Abs. 2 S. 3 durch Nichtverlängerung ausgelaufen (siehe Rn. 22) ist. Der Krisenfallbeschluss muss hierbei nicht nur zum Zeitpunkt der Einleitung des Beschlussfassungsverfahrens, sondern noch zum Zeitpunkt des Erlasses des Beschlusses der EIOPA bestehen. So der Krisenfallbeschluss nach dem Erlass des Beschlusses der EIOPA außer Kraft tritt, hat dies jedoch keinen unmittelbaren Einfluss auf den Beschluss der EIOPA. Dies ist allenfalls im Rahmen der Überprüfung des Beschlusses der EIOPA durch diese nach Art. 39 Abs. 4 EIOPA-VO zu berücksichtigen (siehe Rn. 34, Art. 39 EIOPA-VO Rn. 34 ff.). 25

Damit EIOPA einen Beschluss erlassen kann, ist jedoch gemäß Abs. 3 zudem erforderlich, dass **außergewöhnliche Umstände** vorliegen, **die** ein **koordiniertes Vorgehen** der nationalen Behörden **erfordern**, um auf den Krisenfall zu reagieren. Auf den ersten Blick ist unklar, welche Beschränkungswirkung dieses Amalgam verschiedener Tatbestandsvoraussetzungen auf die Ermächtigung der EIOPA zum Beschlusserlass hat. Ein durch den Rat nach Abs. 2 erklärter Krisenfall ist *per definitionem* ein außergewöhnlicher Umstand, der ein koordiniertes Vorgehen erfordert. Im Schwerpunkt dürfe die Beschränkung des Abs. 3 also hinsichtlich der Durchgriffstiefe wirken. Der Krisenfall soll gerade nicht automatisch die gesamte Versicherungsaufsicht von der nationalstaatlichen Ebene der mikroprudentiellen Säule des ESFS auf die europäische Ebene der ESA heben. Vielmehr sollen nur solche aufsichtliche Themen durch die EIOPA mittels Beschlusses koordiniert werden können, die in der betreffenden Krisensituation systemisch wirken. Nur für diese liegen außergewöhnliche Umstände vor, die ein koordinierendes Vorgehen erfordern. Dies bedeutet zum einen, dass die EIOPA im Fall der Krise innerhalb der Aufsichtskollegien, um den Zusammenbruch eines so genannten systemisch relevanten Finanzinstituts zu verhindern, mit der Kompetenz des Abs. 3 vorgehen kann; an diesen Fall ist besonders gedacht, wenn es um die eventuelle Möglichkeit von Anschlussbeschlüssen gegenüber den Finanzinstituten nach Abs. 4 geht. Auf der anderen Seite kann die EIOPA jedoch auch gegenüber der Gesamtheit der nationalen Aufseher mittels Beschlüssen nach Abs. 3 vorgehen, zur Adressierung von systemweit verbreiteten Initialrisiken, die mittels Ansteckungs- und Dominoeffekten die Krise perpetuieren können, oder zur Adressierung der systemischen Wirkung eines gemeinsamen Schockereignisses. 26

2. Beschlussfassung. Der Rat der Aufseher beschließt entsprechend Art. 44 Abs. 1 UAbs. 1 S. 1 EIOPA-VO mit **einfacher Mehrheit** (siehe hierzu Art. 44 EIOPA-VO Rn. 4 ff; siehe zum Quorum Art. 44 EIOPA-VO Rn. 29). 27

Der **Beschluss** der EIOPA hat hierbei den **Anforderungen des Art. 39 Abs. 1–3, 5 EIOPA-VO** gerecht zu werden, was insbesondere grundsätzlich eine Anhörung des oder der Adressaten erfordert (siehe im Detail Art. 39 EIOPA-VO Rn. 7 ff.) und bestimmte inhaltliche Anforderungen (siehe Art. 39 EIOPA-VO Rn. 22 ff. und 29 ff.) sowie eine grundsätzliche Veröffentlichungspflicht (siehe Art. 39 EIOPA-VO Rn. 39 ff.) impliziert. 28

3. Beschlussinhalt (Abs. 3). Der Beschluss des Abs. 3 kann **inhaltlich** nur auf die Verpflichtung zum Erlass solcher Maßnahmen zielen, die erforderlich sind, um auf die Krise zu reagieren, indem die nationale Aufsichtsbehörde sicherstellt, dass die Finanzinstitute und die zuständigen Behörden die im harmonisierten Unionsversicherungsaufsichtsrecht nach Art. 1 Abs. 2 EIOPA-VO festgelegten Anforderungen erfüllen. 29

Dies bedeutet zunächst, dass die EIOPA auch in der Krise **nur** dann und **soweit** tätig werden kann, als ihr genuiner **Tätigkeitsbereich** des Art. 1 Abs. 2 EIOPA-VO **eröffnet** ist. Dies bedeutet insofern, dass wenn systemische Krisenfaktoren außerhalb des Tätigkeitsbereiches liegen, eine Adressierung nicht über die Maßnahme des Beschlusses, sondern allenfalls über weiche Instrumente wie Stellungnahmen erfolgen kann. 30

Daneben muss der Beschluss gerade darauf zielen, dass die adressierte nationale Versicherungsaufsichtsbehörde eine Maßnahme erlässt (oder unterlässt), durch die sichergestellt wird, dass sie oder die durch sie beaufsichtigten Finanzinstitute sich im Hinblick auf das harmonisierte Unionsversicherungsaufsichtsrecht konform verhalten. Das **Erlassziel** des Beschlusses kann also nur die Herstellung der **Unionskonformität** sein. Dies ist so zu verstehen, dass der EIOPA kein Notverordnungsrecht zukommt. Sie kann mithin über Abs. 3 keine neuen prudentiellen Anforderungen schaffen, sondern nur auf die Wahrung der vorhandenen Anforderungen, wie sie sich in Reaktion auf die Krisensituation konkret ergeben, hinwirken. 31

32 Ferner beschränkt Abs. 3 die EIOPA auf die Verpflichtung zum Erlass solcher Maßnahmen, die **erforderlich** sind. Dieses Tatbestandsmerkmal weist in der vorliegenden Konstellation eine Doppelrelevanz auf. Zum einen ist es notwendig, dass die durch den Beschluss der EIOPA vorzuzeichnenden Maßnahmen, die die nationalen Aufsichtsbehörden ergreifen sollen, sich im Rahmen der Erforderlichkeit (und darüber hinaus der Verhältnismäßigkeit) halten. Daneben ist auch die EIOPA selbst hinsichtlich der Detailtiefe der Maßnahme auf das Erforderliche beschränkt. Dies bedeutet beispielsweise, dass es im Hinblick auf die Anwendung solcher Unionsnormen, die einen Ermessensspielraum (der Aufsicht bzw. der Versicherungsunternehmen) eröffnen, der EIOPA nur so weit ermöglicht ist, dieses Ermessen mit Bindungswirkung gegenüber der nationalen Aufsichtsbehörde auszuüben, als dies zur Behandlung der Krise erforderlich ist.

33 Jedoch erscheint es von Abs. 3 durchaus gedeckt, dass der Beschluss nicht nur – im Sinne einer umgekehrten Rechtsmäßigkeitskontrolle – den Rahmen vorgibt, innerhalb dessen Maßnahmen noch als unionskonform erscheinen würden. Vielmehr erfordert eine Krise gerade eine vertiefte Kooperation und Koordination. Es muss mithin versucht werden, eine Reaktion zu entwerfen, die zusätzliche Unsicherheitsfaktoren möglichst weit minimiert, um zu verhindern, dass Handlungsabweichungen einzelner Aufseher in der Kumulation wieder negative Effekte gebären. Mithin kann die EIOPA ihre Maßnahmenanforderungen auch hinsichtlich einer etwaigen **Ermessensausübung** so weit konkretisieren, als dies zur Krisenbekämpfung erforderlich erscheint.

34 **4. Beschlussüberprüfung.** Die EIOPA trifft hinsichtlich eines nach Abs. 3 gefassten **Beschlusses** gemäß Art. 39 Abs. 4 EIOPA-VO eine Pflicht diesen regelmäßig zu **überprüfen** und, soweit erforderlich, diesen **zurückzunehmen** (siehe Art. 39 EIOPA-VO Rn. 35 ff.). Daneben kann sich der betroffene Mitgliedstaat – nicht die zuständige Behörde – unter den Voraussetzungen der *Safeguardklausel* des Art. 38 EIOPA-VO gegen einen Beschluss nach Abs. 3 wenden (siehe Art. 38 EIOPA-VO Rn. 8 ff.).

35 **5. Beschwerde und Klagefähigkeit.** Bereits vor Veröffentlichung der Kommissionsentwürfe stellte der Rat der Europäischen Union in der Ratsformation „Wirtschaft und Finanzen" (sog. Ecofin-Rat) mit Nachdruck fest, dass die beiden Gemeinschaftsgerichte jeden Beschluss der europäischen Aufsichtsbehörden überprüfen können müssen.[10] Diese **Klagemöglichkeit** gegen jeden Beschluss wurde grundsätzlich auch durch die Verordnung übernommen (siehe Art. 61 EIOPA-VO). Jedoch wurde das Ganze noch um ein vorgeschaltetes **Beschwerdeverfahren** angereichert (siehe Art. 60 EIOPA-VO). Die zuständigen Behörden können mithin gegen jeden Beschluss der EIOPA auf Basis des Abs. 3 eine Beschwerde beim Beschwerdeausschuss einreichen. Dies ändert aber grundsätzlich nichts an der sofortigen Vollziehbarkeit des Beschlusses (siehe Art. 60 Abs. 3 EIOPA-VO); sodass hier noch ein Antrag beim Beschwerdeausschuss auf Aussetzung des Vollzugs (siehe Art. 60 EIOPA-VO Rn. 33 ff.) oder beim EuG ein Antrag auf einstweiligen Rechtsschutz auf Anordnung der Aussetzung des Vollzuges des Ausgangsbescheids zu stellen ist (siehe Art. 61 EIOPA-VO Rn. 15).

36 **V. Kompetenz zum Erlass von Beschlüssen gegenüber Finanzinstituten (Abs. 4).** Für den Fall, dass die betroffene Behörde den Beschluss der EIOPA nicht (fristgerecht) umsetzt, sieht Abs. 4 noch eine **Eskalationsstufe** vor. In diesem Fall kann EIOPA, soweit sich die Pflicht des Versicherungsunternehmens unmittelbar aus einer der in Art. 1 Abs. 2 EIOPA-VO genannten europäischen Rechtsvorschriften inklusive der nach Maßgabe dieser Basisrechtsakte erlassenen technischen Standards nach Art. 10 ff, 15 EIOPA-VO ergibt, dem entsprechenden **Finanzinstitut gegenüber** jede notwendige **Anordnung** – bis hin zur Anordnung der Geschäftseinstellung – erlassen.[11]

37 Diese Durchgriffsmöglichkeit auf das Finanzinstitut soll gerade im Rahmen einer Krise, in der schnelles Handeln geboten erscheint, eine Effizienzsteigerung gegenüber dem typischen unionsrechtlichen Gefüge bieten, bei dem zunächst die Kommission gegen den Mitgliedstaat ein Vertragsverletzungsverfahren anstreben müsste und erst in Folge eines Urteils des EuGH die nationale Versicherungsaufsichtsbehörde den Unionsrechtsverstoß abstellen würde. Gleichwohl kann die EIOPA-VO als Sekundärrechtsakt nicht das primärrechtliche Rechtsgefüge aufheben, nach dem die **Kommission** die **Hüterin der Verträge** ist.[12] Insofern stellt Abs. 4 S. 1 Hs. 1 noch einmal explizit heraus, dass die Kompetenz der EIOPA nicht die Kompetenz der Kommission, gegenüber dem betreffenden Mitgliedstaat ein **Vertragsverletzungsverfahren** nach Art. 258 AEUV einzuleiten, beschneidet. Da dieser Grundsatz bereits in Art. 1 Abs. 5 EIOPA-VO hinreichend klargestellt ist (siehe Art. 1 EIOPA-VO Rn. 19 ff.), erscheint er an dieser Stelle jedoch gänzlich entbehrlich.

38 **1. Beschlussvoraussetzungen (Abs. 4 S. 1).** Um ein Durchgriffsrecht der EIOPA gemäß Abs. 4 S. 1 gegenüber Finanzinstituten zu eröffnen, muss zunächst gegenüber dem für das betreffende Finanzinstitut zuständigen Aufseher ein Beschluss nach Abs. 3 ergangen sein und diese zuständige Behörde

[10] *Rat der Europäischen Union (Ecofin-Rat)*, Pressemitteilung 10737/09 vom 9.6.2009, S. 11.

[11] Dies führt insbesondere zur Unbeachtlichkeit aller nationalen Entscheidungen, die diesen Sachverhalt anderweitig regeln, so klarstellend *Committee on Economic and Monetary Affairs des EP*, Bericht A7–0170/2010 vom 26.5.2010, Änderungsantrag 68, S. 66.

[12] Siehe von der Groeben/Schwarze/Hatje/*Wunderlich* Art. 258 AEUV Rn. 1.

muss dem Beschluss nicht innerhalb der im Beschluss gesetzten **Frist** nachgekommen sein. Hierbei ist zu berücksichtigen, dass ein Beschluss nach Abs. 3 nicht zwingend unter eine Frist zu stellen ist, um wirksam zu sein. So jedoch die EIOPA sich die Option eines unmittelbaren Zugriffs auf die Finanzinstitute nicht verbauen will, muss sie den Ausgangsbeschluss gegen die nationale Versicherungsaufsichtsbehörde mit einer Umsetzungsfrist versehen. Hierbei ist zudem dafür Sorge zu tragen, dass diese Frist **angemessen** ist, sodass die EIOPA nicht durch Setzen einer zu kurzen Frist die Tätigkeitsaufsicht über die Versicherungsunternehmen – unter Aushöhlung des Prinzips der Unionstreue und des Subsidiaritätsprinzips[13] – unilateral an sich reißen kann.

Die Beschlussvoraussetzungen nach Abs. 4 liegen nicht nur im Falle der vollkommenen **Untätigkeit** der zuständigen Behörde auf den Beschluss der EIOPA hin, sondern auch im Falle einer **unzureichenden Umsetzung** des Beschlusses vor. Abs. 4 S. 2 Hs. 1 stellt hierzu fest, dass eine unzureichende Umsetzung dann anzunehmen ist, wenn die Maßnahmen der nationalen Behörde die in Art. 1 Abs. 2 EIOPA-VO genannten Gesetzgebungsakte, einschließlich der gemäß diesen Gesetzgebungsakten erlassenen technischen Regulierungs- und Durchführungsstandards, in einer Weise anwendet, die eine **eindeutige Verletzung dieser Rechtsakte darstellen dürfte**. Im Falle der Tätigkeit der nationalen Aufsichtsbehörde kann die EIOPA dementsprechend nur auf das Finanzinstitut durchgreifen, wenn in den nationalen aufsichtlichen Maßnahmen eine **evidente Verletzung** des **harmonisierten Versicherungsaufsichtsrechts** zu sehen ist. Indem Abs. 4 S. 2 Hs. 1 hier im Konjunktiv formuliert („dürfte"), stellt er klar, dass ein Durchgriff auch dann möglich ist, wenn die Auslegung der entsprechenden Norm noch nicht Gegenstand einer Entscheidung des Gerichtshofes der Europäischen Union geworden ist. Hierdurch kann die EIOPA also auch dann einen unmittelbaren Beschluss fassen, wenn eine Unionsrechtsverletzung sich ihr als evident darstellt, selbst wenn in einem späteren Verfahren eine Unionsrechtsverletzung doch nicht bestätigt werden sollte. 39

Das **Hauptproblem** liegt aber in der Formulierung, dass eine direkte Anordnung (nur) dann möglich sein soll, wenn „die einschlägigen Anforderungen der in Artikel 1 Absatz 2 genannten Gesetzgebungsakte [...] unmittelbar auf Finanzinstitute anwendbar sind".[14] Die Crux dieser Rechtsnorm ist also die Verwendung des **Begriffs der Unmittelbarkeit**. 40

Zunächst sieht **Art. 1 Abs. 2 EIOPA-VO explizit nur Richtlinien** vor (wobei die Bezugnahme erweitert wird, um alle Richtlinien, Verordnungen und Beschlüsse, die auf den aufgeführten Richtlinien basieren). Genau genommen könnte Abs. 4 also niemals für Anforderungen einschlägig sein, die von einer der Richtlinien aufgestellt werden, insbesondere also auch nicht Anforderungen der Solvency II-Richtlinie. Richtlinien haben, dies ist eine der hehren Regeln des Unionsrechts, grundsätzlich keine unmittelbare Wirkung gegenüber den Rechtsunterworfenen, sondern erzeugen gemäß Art. 288 UAbs. 3 AEUV eine Bindungswirkung nur gegenüber den Mitgliedstaaten.[15] Würde man Abs. 4 also streng grammatikalisch auslegen, so **würde** dies **ergeben**, dass ein **Beschluss gegenüber** einem **Versicherungsunternehmen nur** dann zulässig wäre, wenn die verletzte **Pflicht** entweder **in** einer **Verordnung oder** einem gegenüber dem betreffenden Unternehmen getroffenen **Beschluss**, die auf einer der genannten Richtlinien beruhen, begründet ist. In allen anderen Fällen gelten die Bedingungen eben nicht unmittelbar gegenüber dem Versicherungsunternehmen. 41

So scheint auch der **Europäische Gesetzgeber die Befugnis verstanden** wissen wollen, führt er doch in Erwägungsgrund 28 zur ähnlich formulierten Durchgriffsbefugnis des Art. 17 Abs. 6 EIOPA-VO aus, dass die „Befugnis [...] auf Ausnahmefälle beschränkt sein [solle], in denen eine zuständige Behörde der an sie gerichteten förmlichen Stellungnahme nicht Folge leistet und das Unionsrecht kraft bestehender oder künftiger Unions*verordnung* unmittelbar auf Finanzinstitute anwendbar ist" [Hervorhebung durch Verf.]. 42

Man könnte hier jedoch eine **andere Auslegung** vornehmen, die von Befürwortern einer zentralisierten europäischen Aufsichtskompetenz wohl auch als eher dem Telos der Norm entsprechend angesehen werden dürfte. Man könnte nämlich das „die einschlägigen Anforderungen [...] der genannten Gesetzgebungsakte [...] unmittelbar" erweiternd dahingehend verstehen, dass auch solche Pflichten erfasst werden, die gegenüber den Versicherungsunternehmen durch die nationalen Umsetzungsgesetze gesetzt 43

---

[13] Dass das Subsidiaritätsprinzip und das Verhältnismäßigkeitsprinzip in der Auslegung der Verordnung besonders zu beachten ist, ergibt sich bereits aus dem Erwägungsgrund Nr. 66. Siehe ferner Art. 12 EIOPA-VO Rn. 20ff. Zur Reichweite des Subsidiaritätsprinzips im Unionsrecht siehe bspw. *Molsberger*, Subsidiaritätsprinzip im Prozess europäischer Konstitutionalisierung, 2009; *Hilz*, Subsidiaritätsprinzip und EU-Gemeinschaftsordnung, 1998.

[14] In der englischen Sprachfassung lautet dies „where the relevant requirements laid down in the legislative acts referred to in Article 1(2) [...] are directly applicable to financial institutions".

[15] Der EuGH hat allerdings in ständiger Rechtsprechung einen Standard entwickelt nach dem Richtlinien doch unmittelbare Wirkung zeitigen können. Gemäß *EuGH* Entsch. v. 4.12.1974 – Rs. 41/74 Rn. 12 – van Duyn/Home Office kann Richtlinien – und dies auch nur unter engen Bedingungen – nur ein *effet direct vertical* zukommen, der dem Bürger gegenüber dem nichtumsetzenden Mitgliedstaat ein Recht einräumt. Eine belastende unmittelbare Wirkung – um diese würde es vorliegend mit *Pflichten* des Versicherungsunternehmens gehen – also ein sogenannter *effet direct vertical négatif* einer Richtlinie ist hingegen ausgeschlossen; siehe hierzu *EuGH* Entsch. v. 8.10.1987 – Rs. 80/86 Rn. 10 – Kolpinghuis Nijmegen. Verneinend zu der Frage, ob diese st. Rspr. durch die Mangold-Entscheidung (*EuGH* Urt. v. 22.11.2005 – Rs. C-144/04 – Mangold/Helm) durchbrochen wurde, *v. Oettingen/Rabenschlag* ZEuS 2006, 363, 375ff.

werden, die in den **Richtlinien** aber bereits so weit konkretisiert sind, dass dem **nationalen Gesetzgeber** bei der Umsetzung **kein Gestaltungsspielraum** verblieb.[16] Gleichwohl bleibt die gegenteilige Auslegung nicht nur möglich, sondern zumindest im Hinblick auf den Wortlaut und die Systematik des Unionsrechts näherliegend. Ein zukünftiger Streit über die Weite des Anwendungsbereiches erscheint hier nahezu unvermeidbar. Im gegenwärtigen Regulierungsmodell wird es wohl darauf hinauslaufen, dass über den Abs. 4 lediglich Verletzungen der Normen der Lamfalussyebene 2 und 2.5 verfolgt werden können, insbesondere also Verstöße gegen Normen der Solvency II-DVO und der zahlreichen technischen Regulierungs- und Durchführungsstandards. Gerade hier ergeben sich jedoch weitere problematische Abgrenzungsschwierigkeiten, da die Lamfalussyebene 2 typischerweise nur der Konkretisierung von Pflichten der Lamfalussyebene 1 dient und keine wesentliche neue Pflichten schaffen kann. So die zu konkretisierende Pflicht der Solvency II-Richtlinie jedoch nicht ordnungsgemäß umgesetzt wurde, kann diese Pflicht auch nicht in jedem Fall konkretisiert werden und es fragt sich, ob hier durch eine unmittelbare Anwendung der Normen der Lamfalussyebene 2 nicht eine unmittelbare Wirkung einer Richtlinie zu Lasten eines Versicherungsunternehmens herbeigeführt würde.

44 Schließlich ist es gemäß Abs. 4 S. 2 Hs. 2 auch noch eine Voraussetzung für den Erlass eines Beschlusses gegenüber einem Finanzinstitut, dass **dringend eingeschritten werden muss**, um das ordnungsgemäße Funktionieren und die Integrität der Finanzmärkte oder die Stabilität des Finanzsystems in der Union als Ganzes oder in Teilen wiederherzustellen. Dies bedeutet zunächst, dass das Vorliegen einer (materiellen) Krise zum Zeitpunkt des Erlasses noch gegeben sein muss. Zudem muss ein Fall absoluter Dringlichkeit vorliegen, der es nicht hinnehmbar erscheinen lässt, dass die EIOPA die zuständige Behörde mittels anderer Instrumente dazu bringt, gegenüber dem Finanzinstitut in unionsrechtskonformer Weise tätig zu werden. Soweit der Krisenfall noch vorliegt, wird dieses Merkmal typischer Weise keine weiteren Probleme bereiten, da die Alternative – dh die Abgabe einer Stellungnahme gegenüber der Kommission nach Art. 34 Abs. 1 EIOPA-VO gegen den entsprechenden Mitgliedstaat ein Vertragsverletzungsverfahren nach Art. 258 ff. AEUV einzuleiten – typischerweise zu langwierig sein wird. Wenn hingegen nach dem Beschluss gegenüber der nationalen Aufsichtsbehörde, aber vor der geplanten Beschlussfassung gegenüber dem Finanzinstitut, der Rat die Krise für beendet erklärt hat (siehe Rn. 21 f.), so ist bei richtigem Verständnis des Kompetenzgefüges innerhalb des ESFS der EIOPA die Ermächtigung zum Erlass gegenüber dem Finanzinstitut entzogen.

45 **2. Beschlussfassung. Soweit die Voraussetzung einer Beschlussfassung vorliegen** (siehe Rn. 38 ff.) kann EIOPA gegenüber dem Finanzinstitut (typischerweise einem Versicherungsunternehmen) einen **Beschluss unmittelbar** fassen.

46 Der Rat der Aufseher beschließt entsprechend Art. 44 Abs. 1 UAbs. 1 S. 1 EIOPA-VO mit **einfacher Mehrheit** (siehe hierzu Art. 44 EIOPA-VO Rn. 4 ff; siehe zum Quorum Art. 44 EIOPA-VO Rn. 29).

47 Hierbei hat der **Beschluss den Anforderungen des Art. 39 Abs. 1–3, 5** EIOPA-VO gerecht zu werden, was insbesondere eine Anhörung des Adressaten erfordert (siehe im Detail Art. 39 EIOPA-VO Rn. 7 ff.) und bestimmte inhaltliche Anforderungen (siehe Art. 39 EIOPA-VO Rn. 22 ff. und 29 ff.) sowie eine grundsätzliche Veröffentlichungspflicht (siehe Art. 39 EIOPA-VO Rn. 39 ff.) impliziert.

48 Die Antwort auf die Frage, welche **Maßnahmen EIOPA** spezifisch **anordnen kann**, erscheint zumindest *prima vista* klarer. Während Art. 10 Abs. 3 des Verordnungsentwurfs der Kommission noch etwas mehrdeutig feststellte, EIOPA könne gegenüber den Versicherungsunternehmen „zur Einleitung der Maßnahmen verpflichten, die […] im Rahmen dieser Rechtsvorschriften erforderlich sind, worunter auch die Einstellung bestimmter Praktiken fällt", ist diese Mehrdeutigkeit in der endgültigen Fassung behoben. Hier heißt es, EIOPA sei ermächtigt, einen Beschluss gegenüber dem Finanzinstitut zu fassen, „der dieses zum Ergreifen der Maßnahmen verpflichtet, die zur Erfüllung seiner Pflichten im Rahmen dieser Rechtsvorschriften erforderlich sind, einschließlich der Einstellung jeder Tätigkeit". Indem selbst ein Beschluss, der das Versicherungsunternehmen anweist, den Geschäftsbetrieb einzustellen, zugelassen wird, macht die Verordnung deutlich, dass EIOPA die **gesamte Anordnungsbreite** zur Verfügung steht, deren sich bisher auch **nationale Aufsichtsbehörden bedienen konnten.**[17]

49 Hiervon zu unterscheiden ist aber die Frage, welche **spezifischen Maßnahmen** EIOPA **im Einzelfall** anordnen darf. Wenn Abs. 4 EIOPA-VO feststellt, EIOPA könne Versicherungsunternehmen zu solchen Maßnahmen verpflichten, „die zur Erfüllung seiner Pflichten im Rahmen dieser Rechtsvorschriften erforderlich sind", suggeriert dies, EIOPA könne Anordnung zur Wahrung jeglichen harmonisierten Versicherungsaufsichtsrecht treffen. Eine solche Auslegung erscheint jedoch systematisch und im Hinblick auf das Subsidiaritätsprinzip verfehlt.[18] Die unmittelbar zu treffende Anordnung kann sich letztlich **nur auf die Unionsvorschriften** beziehen, deren evidente Verletzung durch unterlassenes Tätigwerden der nationalen Aufsichtsbehörde die Anordnungsbefugnis der EIOPA überhaupt erst zum Entstehen brachte.

---

[16] So wohl *Weber-Rey* AG 2010, R453, R455.

[17] Vgl. zu möglichen Anordnungsinhalten in Deutschland Prölss/*Kollhosser*, 12. Aufl. 2005, § 81 VAG Rn. 55.

[18] So im Ansatz auch *Wymeersch* ZGR 2011, 443, 469.

Zudem muss die durch den Beschluss angeordnete Maßnahme natürlich mit der **Rechtsgrundlage übereinstimmen** (*nota bene*: nicht jede Unionsnorm wird der nationalen Aufsichtsbehörde die volle Bandbreite des Maßnahmenkataloges zugestehen) und den Grundsatz der **Verhältnismäßigkeit** beachten.[19] Hierbei wird der Abwägungsmaßstab der Verhältnismäßigkeit noch zusätzlich durch Abs. 4 S. 2 Hs. 2 konkretisiert. Nach diesem darf die EIOPA bereits hinsichtlich des Obs („sofern") nur einen unmittelbaren Beschluss fassen, wenn dringend eingeschritten werden muss, um das ordnungsgemäße Funktionieren und die Integrität der Finanzmärkte oder die Stabilität des Finanzsystems in der Union als Ganzes oder in Teilen wiederherzustellen (siehe Rn. 44). Dies muss umso mehr für die inhaltliche Ausgestaltung des Beschlusses gelten, der sich in seiner Anordnungstiefe auf das zu beschränken hat, was dringend erforderlich ist, um das ordnungsgemäße Funktionieren und die Integrität der Finanzmärkte oder die Stabilität des Finanzsystems in der Union als Ganzes oder in Teilen wiederherzustellen. 50

3. Beschlussüberprüfung. Auch hinsichtlich der Beschlüsse nach Abs. 4 gegenüber den Finanzinstituten trifft die EIOPA eine regelmäßige **Überprüfungs- und** eventuelle **Rücknahmepflicht** (siehe Rn. 34 und insbesondere Art. 39 EIOPA-VO Rn. 35 ff.). 51

4. Beschwerde- und Klagemöglichkeiten. Auch die Beschlüsse der EIOPA nach Abs. 4 sind nach den Bestimmungen der Art. 60 f. EIOPA-VO **beschwerde- und klagefähig** (siehe Rn. 35) und können durch einen betroffenen Mitgliedstaat mittels der *Safeguardklausel* des Art. 38 EIOPA-VO angegriffen werden (siehe Art. 38 EIOPA-VO Rn. 8 ff.). 52

VI. Beschlusswirkung (Abs. 5). Abs. 5 UAbs. 1 ordnet den **Anwendungsvorrang** der **Beschlüsse**, die die **EIOPA** unter Geltung des Abs. 4 gegenüber einem Finanzinstitut erlassen hat, gegenüber allen von der nationalen Aufsichtsbehörde in der gleichen Sache erlassenen Maßnahmen (insbesondere Verwaltungsakten) an. Dies heißt letztlich, dass auch ein bestandskräftiger nationaler Verwaltungsakt, unabhängig von einem Aufhebungsverfahren, keine Rechtswirkung erzeugt. 53

Daneben verpflichtet Abs. 5 UAbs. 2 alle zuständigen Behörden ihre **Maßnahmen**, die im Zusammenhang mit dem Sachverhalt stehen, der Gegenstand eines Beschlusses der EIOPA nach Abs. 3 gegenüber der zuständigen Behörde oder nach Abs. 4 gegenüber dem Finanzinstitut wurde, **im Einklang mit** diesem **Beschluss** zu treffen. Dies bewirkt **für bereits ergangene Maßnahmen**, dass diese soweit möglich **beschlusskonform** ausgelegt werden. So dies nicht möglich ist, greift zumindest für Beschlüsse gegenüber den Finanzinstituten Abs. 5 UAbs. 1 und es besteht ein Anwendungsvorrang dieses Beschlusses. Andere wiederlaufende Maßnahmen der nationalen Aufsichtsbehörden sind soweit möglich abzuändern oder zurückzunehmen. Für nach Erlass des Beschlusses zu treffende Maßnahmen der nationalen Aufsichtsbehörden verpflichtet Abs. 5 UAbs. 2 die Behörden, ihre Maßnahmen in einer Art und Weise zu treffen, die dem Zweck des Beschlusses nicht zuwiderlaufen, sondern dessen Implementierung fördern. 54

Beilegung von Meinungsverschiedenheiten zwischen zuständigen Behörden in grenzübergreifenden Fällen

19 (1) **Wenn eine zuständige Behörde in Fällen, die in den in Artikel 1 Absatz 2 genannten Rechtsakten festgelegt sind, mit dem Vorgehen oder dem Inhalt einer Maßnahme einer zuständigen Behörde eines anderen Mitgliedstaats oder deren Nichttätigwerden nicht einverstanden ist, kann die Behörde unbeschadet der Befugnisse nach Artikel 17 auf Ersuchen einer oder mehrerer der betroffenen zuständigen Behörden nach dem in den Absätzen 2 bis 4 des vorliegenden Artikels festgelegten Verfahren dabei helfen, eine Einigung zwischen den Behörden zu erzielen.**

Wenn in Fällen, die in den in Artikel 1 Absatz 2 genannten Rechtsvorschriften festgelegt sind sind,* unter Zugrundelegung objektiver Kriterien eine Meinungsverschiedenheit zwischen den zuständigen Behörden verschiedener Mitgliedstaaten festgestellt wird, kann die Behörde von sich aus im Einklang mit dem Verfahren nach den Absätzen 2 bis 4 dabei helfen, eine Einigung zwischen den Behörden zu erzielen.

(2) **¹Die Behörde setzt den zuständigen Behörden für die Schlichtung ihrer Meinungsverschiedenheit eine Frist und trägt dabei allen relevanten Fristen, die in den in Artikel 1 Absatz 2 genannten Rechtsakten festgelegt sind, sowie der Komplexität und Dringlichkeit der Angelegenheit Rechnung. ²In diesem Stadium handelt die Behörde als Vermittlerin.**

(3) **Erzielen die zuständigen Behörden innerhalb der in Absatz 2 genannten Schlichtungsphase keine Einigung, so kann die Behörde gemäß dem Verfahren des Artikels 44 Absatz 1**

[19] Zum Grundsatz der Verhältnismäßigkeit unter Solvency II vgl. *Dröse/Littmann* ZVersWiss 2012, 339; *Wandt*, Prinzipienbasiertes Recht und Verhältnismäßigkeitsgrundsatz im Rahmen von Solvency II, 2012; *ders./Sehrbrock* in: Dreher/Wandt 2012, 21.

* **Hinweis des Verlags:** Richtig wohl „festgelegt sind".

Unterabsätze 3 und 4 einen Beschluss mit verbindlicher Wirkung für die betreffenden zuständigen Behörden erlassen, mit dem die zuständigen Behörden dazu verpflichtet werden, zur Beilegung der Angelegenheit bestimmte Maßnahmen zu treffen oder von solchen abzusehen, um die Einhaltung des Unionsrechts zu gewährleisten.

(4) **Unbeschadet der Befugnisse der Kommission nach Artikel 258 AEUV kann die Behörde, wenn eine zuständige Behörde ihrem Beschluss nicht nachkommt und somit nicht sicherstellt, dass ein Finanzinstitut die Anforderungen erfüllt, die nach den in Artikel 1 Absatz 2 genannten Rechtsakten unmittelbar auf dieses anwendbar sind, einen Beschluss im Einzelfall an das betreffende Finanzinstitut richten und es so dazu verpflichten, die zur Einhaltung seiner Pflichten im Rahmen des Unionsrechts erforderlichen Maßnahmen zu treffen, einschließlich der Einstellung jeder Tätigkeit.**

(5) [1]**Nach Absatz 4 erlassene Beschlüsse haben Vorrang vor allen von den zuständigen Behörden in gleicher Sache erlassenen früheren Beschlüssen.** [2]**Jede Maßnahme der zuständigen Behörden im Zusammenhang mit Sachverhalten, die Gegenstand eines Beschlusses nach den Absätzen 3 oder 4 sind, muss mit diesen Beschlüssen in Einklang stehen.**

(6) **In dem in Artikel 50 Absatz 2 genannten Bericht legt der Vorsitzende der Behörde die Art der Meinungsverschiedenheiten zwischen den zuständigen Behörden, die erzielten Einigungen und die zur Beilegung solcher Meinungsverschiedenheiten getroffenen Beschlüsse dar.**

Übersicht

Schrifttum: Siehe die Angaben bei Art. 1 EIOPA-VO („Allgemein zum ESFS" und „Allgemein zur EIOPA"); *Gal*, Europäische Streitbeilegungsmechanismen bei Meinungsverschiedenheiten zwischen nationalen Versicherungsaufsichtsbehörden – EIOPA als Schlichter, Mediator, Schiedsrichter oder in genuinem Kleide?, ZVersWiss 2013, S. 7 ff.

1 **I. Allgemeines.** Die **EIOPA** und die anderen ESA **bilden** als Europäische Finanzaufsichtsbehörde nur die **obere Ebene** des Europäischen Mikroaufsichtssystems des ESFS.[1] Die **untergeordnete zweite Ebene**, der ganz überwiegend das Tagesgeschäft obliegen soll,[2] bilden nach wie vor die **nationalen Aufsichtsbehörden** – für Deutschland also nach momentanem Stand die BaFin.[3]

2 Durch dieses **Beibehalten der nationalstaatlichen Aufsicht** ergeben sich also immer noch Probleme, sobald aufsichtsunterworfene Unternehmen bzw. Unternehmensgruppen im **Zuständigkeitsbereich mehrerer nationaler Aufsichtsbehörden** agieren. Meinungsverschiedenheiten zwischen den nationalen Aufsichtsbehörden bleiben vorprogrammiert.[4]

[1] Man könnte etwas überzeichnet sagen, dass sie nur die mittlere Ebene bilden, da über den drei sektoralen Aufsichtsbehörden der Gemeinsame Ausschuss (*Joint Committee*) steht; siehe die jeweiligen Art. 54 ff. der Gründungsverordnungen.

[2] *Weber-Rey* AG 2010, R453, R455; *Wymeersch* ZGR 2011, 443, 448 verweist aber natürlich zu Recht darauf, dass es allein die Finanzaufsichtsaufgaben sind, die generell bei den nationalen Behörden verbleiben, während die Finanzregulierungsaufgaben zunehmend auf die europäische Ebene gehoben werden.

[3] Zur Diskussion hinsichtlich einer Verschmelzung der BaFin auf die Bundesbank siehe bspw. *[Brüss]* VW 2010, 232; zum momentanen Scheitern dieses Vorhabens siehe bspw. *Weber-Rey/Horak* VersR 2011, 452, 453; *Afhüppe/Kurm-Engels*, Das Reförmchen, in: Handelsblatt vom 17./18.12.10, S. 38.

[4] So bereits der de Larosière-Report (Report of The High-Level Group on Financial Supervision in the EU Chaired by Jacques de Larosière of 25 February 2009, abrufbar unter: http://ec.europa.eu/internal_market/finances/docs/de_larosiere_report_en. pdf – zuletzt abgerufen im September 2017), S. 40 f. (in der englischen Fassung).

Für die **Lösung solcher Konfliktfälle** werden nach dem Willen des Unionsgesetzgebers nunmehr formalisierte Wege vorgezeichnet. Art. 19 EIOPA-VO sieht hierbei ein Streitschlichtungsverfahren vor, das im Falle unergiebiger Vermittlung (Abs. 1, 2) jedoch auch eine Beschlusskompetenz der EIOPA gegenüber den nationalen Aufsichtsbehörden (Abs. 3) bzw. gar unmittelbar gegenüber den nationalstaatlich beaufsichtigten Finanzinstituten (Abs. 4) eröffnen kann. 3

II. Erfasste Meinungsverschiedenheiten (Abs. 1 UAbs. 1). Hierbei ist Abs. 1 jedoch bereits dahingehend unklar, wann der Anwendungsbereich des Art. 19 EIOPA-VO eröffnet ist, **welche Meinungsverschiedenheiten** also **tauglicher Verfahrensgegenstand** sein können. 4

1. Begriff der Meinungsverschiedenheit (Abs. 1 UAbs. 1). Es ist **kaum zu erwarten**, dass der **Begriff der Meinungsverschiedenheit** (Englisch *disagreement*; Französisch *différend*; Italienisch *controversie*; Spanisch *diferencias;* Portugiesisch *diferendos* und Niederländisch *meningsverschillen*) der Praxis **Probleme bereiten** wird. 5

Gleichwohl ist das **Vorliegen** von **mindestens zwei unvereinbaren Rechtspositionen** eine **Zulässigkeitsvoraussetzung** des Streitbeilegungsverfahrens nach Art. 19 EIOPA-VO. Hierdurch wird vermieden, dass die nationalen Aufsichtsbehörden ihre Arbeit auf EIOPA verlagern, indem sie alle Auslegungsfragen zunächst an diese leiten – allerdings ist zu erwarten, dass EIOPA den nationalen Aufsichtsbehörden auch ohne einen Meinungsstreit zumindest informell Auslegungshilfe gewähren wird, aber eben nicht über die Mechanismen des Art. 19 EIOPA-VO.[5] Dass hingegen Versicherungsaufsichtsbehörden einen Meinungsstreit konstruieren, nur um in den „Genuss" des Streitbeilegungsverfahrens zu kommen, ist kaum zu erwarten.[6] 6

Am Nichtvorliegen einer Meinungsverschiedenheit wird die Einleitung der Streitbeilegung also **nur selten scheitern**. Dies gilt umso mehr, als auch der Gerichtshof der Europäischen Union, wenn es um die Eröffnung seiner eigenen Zuständigkeit geht, ein sehr weites Verständnis von „Meinungsverschiedenheit" an den Tag legt.[7] 7

2. Sachlicher Anwendungsbereich (Abs. 1 UAbs. 1). Eine **echte Einschränkung** ergibt sich aus dem geforderten **Gegenstand des Meinungsstreites**. 8

Der **Streitbeilegungsmechanismus** ist **sachlich nur** dann **eröffnet**, wenn die anrufende Aufsichtsbehörde nicht einverstanden ist „mit dem Vorgehen oder dem Inhalt einer Maßnahme einer zuständigen Behörde eines anderen Mitgliedstaats oder deren Nichttätigwerden" und zwar „in Fällen, die in den in Artikel 1 Absatz 2 genannten Rechtsakten festgelegt sind". Hierbei ist besonders zu beachten, dass Art. 1 Abs. 2 EIOPA-VO neben einer Aufzählung von Richtlinien eine dynamische Verweisung vorsieht („sowie aller weiteren verbindlichen Rechtsakte der Union, die der Behörde Aufgaben übertragen"), sodass der sachliche Anwendungsbereich sich mit fortwährender Integration des europäischen Versicherungsaufsichtssystems immer weiter ausweiten wird.[8] Dies bedeutet, dass sich die **Meinungsverschiedenheit auf die Anwendung oder Nichtanwendung von** (in Art. 1 Abs. 2 EIOPA-VO genanntem) **Unionsrecht beziehen** muss. 9

Solche Meinungsverschiedenheiten werden **insbesondere** dann entstehen, wenn ein **aufsichtsrechtlicher Sachverhalt** Berührungen mit mehr als einem Mitgliedstaat hat, also (insbesondere) in Fällen der **Gruppenaufsicht**[9].[10] Es ist jedoch keine unmittelbar aus Abs. 1 UAbs. 1 hervorgehende Voraussetzung, dass die Verletzung des Unionsrechts in die Rechtssphäre des Antragstellers ausstrahlt (vgl. aber Rn. 11 10

[5] Dies lässt sich bereits aus Erwägungsgrund 41 EIOPA-VO ziehen, in dem EIOPA eine generelle Koordinierungsfunktion bescheinigt wird.

[6] Ganz ausgeschlossen werden kann es aber nicht, gibt es im Vorabentscheidungsverfahren nach Art. 267 AEUV (früher: Art. 235 EGV) doch auch gelegentlich nationale Gerichte die „Vorlagen konstruieren", um den EuGH als Gutachter zu missbrauchen, vgl. bspw. *EuGH* Urt v. 16.5.1994 – Rs. C-428/93 Rn. 13 ff. – Monin Automobiles.

[7] Siehe bspw. *EuGH* Urt. v. 8.12.2005 – Rs. C-220/03 Rn. 26 ff. – EZB/BRD: Streitgegenstand war hier die Einschlägigkeit der Schiedsklausel des EZB-Sitzabkommens, die in Verbindung mit einer Regelung des Protokolls zur Satzung des Europäischen Systems der Zentralbanken die Zuständigkeit des EuGH bei Meinungsverschiedenheiten über Regelungen des Sitzabkommens eröffnete. Konkret ging es darum, dass die EZB angeblich für Mietobjekte gezahlte Umsatzsteuer erstattet haben wollte, die zwar nicht ausgewiesen, aber im Mietzins versteckt gewesen sei. Letztlich bestand hier mit dem Finanzamt Wiesbaden kein Meinungsstreit über die Auslegung des Sitzabkommens, da dieses eine Erstattung nur deshalb ablehnte, da es nicht durch die EZB nachgewiesen worden sei, dass sie faktisch Umsatzsteuer auf die Mietobjekte gezahlt habe. Gleichwohl bejahte der EuGH einen Meinungsstreit, wodurch die Klage dann zwar zulässig war, aber als unbegründet abgewiesen wurde.

[8] Dass diese Ausweitung der Streitvermittlungskompetenz zu erwarten ist, zeigt sich bereits daran, dass die Kommission im Rahmen der Überarbeitung der Richtlinien für Finanzdienstleistungen (Omnibus II-Richtlinie) die detaillierte Regelung der Zusammenarbeit von nationalen Behörden und den Umgang mit Meinungsverschiedenheiten als eine der drei (wesentlichen) Änderungskategorien identifizierte; KOM (2011) 8 endg., S. 4; vgl. auch *Böhne* GmbHR 2011, R59, R60.

[9] Vgl. zur Gruppenaufsicht (allerdings veraltet) *van de Sande*, Die Unternehmensgruppe im Banken- und Versicherungsaufsichtsrecht, 2003; für einen Ausblick zur vormals anvisierten Gruppenaufsicht unter Solvency II, *Westphal/Radtke* VW 2008, 1734; *Sehrbrock* ZVersWiss. 2008, Suppl. 1, 27. Allerdings ist gerade das ambitionierte Projekt der Modernisierung der Gruppenaufsicht dem Kompromiss zum Erlass der Rahmenrichtlinie Solvency II weitgehend zum Opfer gefallen, vgl. *anonymus* VW 2009, 848. Vgl. zum momentanen Stand *Sehrbrock/Gal* CFL 2012, 140, 147 f.

[10] Noch leicht missverständlich *Gal* ZVersWiss 2013, 7, 14.

und 18 f.). Vielmehr wäre es grundsätzlich zulässig, den zuständigen Behörden der Mitgliedstaaten im Rahmen des Art. 19 EIOPA-VO eine ähnliche Rolle zukommen zu lassen wie den Mitgliedstaaten in Art. 259 UAbs. 1 AEUV und hierdurch einen *peer-to-peer*-Kontrollmechanismus zu schaffen.

11 Allerdings erfordert Abs. 1 UAbs. 1 nicht nur, dass sich der Streit auf die Nicht- oder Falschanwendung von Unionsrecht bezieht, sondern die von Art. 1 Abs. 2 EIOPA-VO einbezogenen **Basisrechtsakte müssen die Möglichkeit einer Streitschlichtung** gerade **vorsehen** („in Fällen, die in den in Artikel 1 Absatz 2 genannten Rechtsakten festgelegt sind"). Am Beispiel der Solvency II-Richtlinie (in der konsolidierten Fassung durch die Omnibus II-Richtlinie) trifft dies zu auf Art. 33 UAbs. 3, 38 Abs. 2 UAbs. 3, 155 Abs. 3 UAbs. 1, 158 Abs. 2 UAbs. 2, 227 Abs. 2 UAbs. 3, 231 Abs. 3, 237 Abs. 3, 238 Abs. 5, 239 Abs. 4, 247 Abs. 4, 248 Abs. 2 UAbs. 3, Abs. 4 UAbs. 2, 249 Abs. 1a UAbs. 2, 255 Abs. 2 UAbs. 4, 260 Abs. 1 UAbs. 4. Soweit für die streitgegenständliche Norm eine Streitschlichtung nach Art. 19 EIOPA-VO nicht vorgesehen ist, kann jedoch eine **nichtbindende Streitvermittlung** (dh ohne anschließende Beschlussmöglichkeit der EIOPA) nach **Art. 31 UAbs. 2 lit. c EIOPA-VO** eingeleitet werden (siehe Art. 31 EIOPA-VO Rn. 11 ff.).[11] Hierbei ist zu beachten, dass, wenn der **Rechtsakt**, über dessen Anwendung gestritten wird, **sektorübergreifende Regelungen** bereithält und der Streit zwischen zuständigen Behörden unterschiedlicher Sektoren entsteht, nicht das Verfahren nach Art. 19 EIOPA-VO vor dem *Mediation Panel*, sondern nach Art. 20 EIOPA-VO vor dem Gemeinsamen Ausschuss eröffnet ist.

12 Im Hinblick auf die Möglichkeit der EIOPA, gemäß Abs. 1 UAbs. 2 *ex officio* ein Streitschlichtungsverfahren zu eröffnen, besteht ein **Spannungsverhältnis zur Kompetenz** der EIOPA gemäß Art. 17 Abs. 2 EIOPA-VO, ein **Unionsrechtsverletzungsverfahren** zu eröffnen. Dieses Spannungsverhältnis ist jedoch nicht dahingehend aufzulösen, dass verfahrensöffnende Meinungsverschiedenheiten zwischen zuständigen Behörden, die gleichzeitig nach Auffassung der EIOPA eine Unionsrechtsverletzung einer der zuständigen Behörden impliziert, *per se* aus dem Anwendungsbereich des Art. 19 EIOPA-VO genommen wären. Vielmehr hat diese Frage nur einen Einfluss auf das Entschließungsermessen der EIOPA (vgl. Rn. 29 ff.).

13 Als **zusätzliches ungeschriebenes Merkmal** dürfte – wie beispielsweise bei einem von einem nationalen Gericht im Wege des Vorabentscheidungsverfahrens nach Art. 167 AEUV vorgelegten Auslegungsgesuch[12] – zudem gefordert werden, dass die **strittige Norm** auch **entscheidungserheblich** ist.

14 Eine **weitere Einschränkung** könnte sich daraus ergeben, dass nach dem 31. Erwägungsgrund EIOPA im Streitschlichtungsverfahren nicht die **Ermessensentscheidung** der nationalen Behörde ersetzen soll.[13] Diese Ausnahme würde jedoch nur dann greifen, wenn sich der Meinungsstreit ersichtlich nur auf den nicht-überprüfbaren Ermessensspielraum des nationalen Aufsehers bezieht. Sobald die Meinungsverschiedenheit grundsätzlicherer Natur ist, bewirkt diese im 31. Erwägungsgrund exponierte Einschränkung hingegen nur, dass der Vergleichsvorschlag bzw. der Beschluss der EIOPA nicht die Ermessensausübung vornehmen darf, sondern nur die Bandbreite aufzeigen soll, innerhalb deren ein nationaler Verwaltungsakt zu erfolgen hat.

15 **3. Persönlicher Anwendungsbereich (Abs. 1 UAbs. 1).** Im Hinblick auf den Wortlaut ist es – unabhängig davon, ob eine zuständige Behörde oder die EIOPA die Verfahrenseröffnung beantragt oder bewirkt – als zwingende Voraussetzung anzusehen, dass die **Meinungsverschiedenheit zwischen** aktiv- und passivlegitimierten **Aufsichtsbehörden** besteht.

16 Deutlich wird hierbei zunächst, dass das Streitbeilegungsverfahren einen Disput zwischen einer nationalen Aufsichtsbehörde und einer anderen nationalen Aufsichtsbehörde voraussetzt. Hierdurch sind also zumindest **interne Meinungsverschiedenheiten innerhalb einer Behörde und Meinungsverschiedenheiten mit überstaatlichen Aufsichtsbehörden ausgenommen**.

17 Fraglich ist hierbei, ob auch eine **Meinungsverschiedenheit zwischen Aufsichtsbehörden des gleichen Mitgliedstaates** hinreichend sind. Diese Frage eröffnete insbesondere der Kommissionsentwurf.[14] Dessen Art. 11 Abs. 1 legte fest, dass „die Behörde, wenn eine nationale Aufsichtsbehörde [...] nicht mit dem Vorgehen oder dem Inhalt einer Maßnahme einer anderen nationalen Aufsichtsbehörde [...] einverstanden ist, [...] dabei helfen [kann], eine Einigung zwischen den Behörden zu erzielen." Es ging insofern nicht deutlich hervor, ob beide Behörden aus unterschiedlichen Mitgliedstaaten kommen müssen. Mithin wäre es denkbar gewesen, dass eine Meinungsverschiedenheit zwischen der BaFin und einer IHK hinsichtlich der Anwendung einer Unionsnorm das Streitbeilegungsverfahren eröffnet hätte. Die endgültige Fassung des Abs. 1 hat diesbezüglich jedoch Abhilfe

[11] Anders aber wohl *Heukamp* § 4 Rn. 32, der suggeriert, dass eine von einem Basisrechtsakt nach Art. 1 Abs. 2 EIOPA-VO vorgesehene Streitschlichtungsmöglichkeit nur für die amtliche Eröffnung des Verfahrens durch EIOPA erheblich ist.

[12] Vgl. hierzu einführend *Oppermann*, Europarecht, 3. Aufl. 2005, § 9 Rn. 59; vertiefend *Pechstein*, EU-/EG-Prozessrecht, 3. Aufl. 2007, Rn. 823 ff.

[13] Vgl. *Sasserath-Alberti/Hartig* VersR 2012, 524, 533.

[14] KOM (2009) 502 endg.

geschaffen, indem hervorgehoben wird, dass es sich um die Aufsichtsbehörde „eines anderen Mitgliedsstaats“ handeln muss.

Unklar ist jedoch ferner, **welche** Ämter als **zuständige Behörden** iSd Abs. 1 UAbs. 1 zu behandeln sind. Die Frage, wer genau unter den numerus clausus der Aufsichtsbehörden fällt, wird man nicht gemeinschaftsautonom, sondern nur unter Heranziehung der jeweiligen nationalstaatlichen Zuweisungsnormen beantworten können. Hierbei ist zu berücksichtigen, dass der Begriff der „zuständigen Behörde“ in Art. 4 Nr. 2 EIOPA-VO zwar legal definiert ist, allerdings nur im Wege der Weiterverweisung auf andere Sekundärrechtsakte. Nach Art. 13 Nr. 10 Solva II-RL,[15] Art. 6 lit. g Pensionsfonds-RL[16] und Art. 2 Nr. 11, 6 Versicherungsvermittler-RL[17] sowie nach Art. 13 Finanzdienstleistungsfernabsatz-RL[18] und Art. 37 Geldwäschebekämpfungs-RL[19] jeweils i. V. m. Art. 4 Nr. 1 EIOPA-VO dürfte der Begriff der zuständigen Behörde in den meisten Staaten deckungsgleich mit dem Begriff der Versicherungsaufsichtsbehörde sein. Dies ist in Deutschland beispielsweise der Fall über § 4 Abs. 1 S. 1 FinDAG i. V. m. § 81 VAG; § 16 Abs. 2 Nr. 3 GwG. Dass dies jedoch nicht zwingend ist, zeigen §§ 11a Abs. 1, 34d Abs. 1, 34e Abs. 1 GewO, die für die Zwecke der Versicherungsvermittler-RL die örtlich zuständigen IHK zur zuständigen Behörde erklären. 18

Jedoch erfordert Abs. 1 UAbs. 1 nicht nur einen Meinungsstreit zwischen zuständigen Behörden, sondern erfordert, dass es sich um **betroffene zuständige Behörden** handelt. Das **Merkmal der Betroffenheit** sollte nicht dahingehend verstanden werden, dass die Handlung oder das Unterlassen der einen zuständigen Behörde einen Eingriff in die Zuständigkeit einer anderen zuständigen Behörde darstellt (siehe Rn. 10). Berücksichtigt man, dass das Merkmal der Betroffenheit in Art. 11 Abs. 1 des Kommissionsentwurfes noch nicht enthalten war (siehe Rn. 16), ist davon auszugehen, dass dem Merkmal gleichwohl eine beschränkende Wirkung beizulegen ist. Durch dieses Merkmal wird sichergestellt, dass in solchen Ländern, die für mehrere Rechtsakte des Art. 1 Abs. 2 EIOPA-VO unterschiedliche Behörden als zuständige Behörde vorsehen, es im Rahmen des Abs. 1 UAbs. 1 nur auf die Meinung solcher zuständigen Behörden ankommt, denen für die streitgegenständlichen Normen im jeweiligen Mitgliedstaat die Zuständigkeit zukommt. Hierbei kommt jedoch der Definition des Falles der Meinungsverschiedenheit durch den Basisrechtsakt (siehe Rn. 11) eine entscheidende Bedeutung zu. Durch diesen kann und wird das Merkmal der Betroffenheit typischerweise eingeengt, sodass dann eben doch eine unmittelbare Berührung der eigenen Zuständigkeit der Aufsichtsbehörde gemeint ist. 19

4. De minimis-Regel. Eine weitere (ungeschriebene) **Einschränkung** ergibt sich hinsichtlich der **Bedeutung der Meinungsverschiedenheit**. Es besteht mithin ein ***de minimis*-Vorbehalt**. 20

So führt die **Kommission** in ihrer **Begründung** (*Explanatory Memorandum*) **zum Entwurf der EIOPA-Verordnung** aus, „dass der Streitbeilegungsmechanismus lediglich wichtige Fragen behandeln sollte, wie z. B. Fälle, in denen die von einer Aufsichtsbehörde ergriffene (oder nicht ergriffene) Maßnahme sich in schwerwiegender Form auf die Möglichkeit einer anderen Aufsichtsbehörde auswirkt, die Interessen der Einleger, Versicherungsnehmer, Anleger oder von Personen zu schützen, denen in einem oder mehreren Mitgliedstaaten Dienstleistungen erbracht werden. Das Gleiche gilt für entsprechende Auswirkungen auf die Finanzstabilität dieser Mitgliedstaaten. Die ESA behält sich das Recht vor, kein Streitbeilegungsverfahren einzuleiten oder keine Entscheidung zu treffen, sollten diese Anforderungen nicht erfüllt sein.“[20] 21

Erstaunlich ist, dass die Verordnung selber diese Einschränkung nur dadurch wiederspiegelt, dass Abs. 1 eine **Kann-Regel** darstellt, in der EIOPA eben nicht zum Handeln auf Anfrage einer Aufsichtsbehörde gezwungen ist (Englisch „*may* assist the authorities in reaching an agreement“ Französisch „*peut* […] prêter assistance aux autorités pour trouver un accord“ [Hervorhebung durch Verf.]).[21] 22

Es wird insofern interessant sein, wo genau die **Erheblichkeitsschwelle** zu verorten ist, bei deren Überschreiten man eine Ermessensreduzierung auf Null annehmen sollte, sodass EIOPA dann auch 23

---

[15] Richtlinie 2009/138/EG des Europäischen Parlaments und des Rates vom 25. November 2009 betreffend die Aufnahme und Ausübung der Versicherungs- und der Rückversicherungstätigkeit (Solvabilität II), ABl. 2009 L 335, 1; für einen Überblick zum Solvency II-Projekt vgl. *Sehrbrock/Gal* CFL 2012, 140.

[16] Richtlinie 2003/41/EG des Europäischen Parlaments und des Rates vom 3. Juni 2003 über die Tätigkeit und die Beaufsichtigung von Einrichtungen der betrieblichen Altersversorge, ABl. 2003 L 235, 10.

[17] Richtlinie 2002/92/EG des Europäischen Parlaments und des Rates vom 9. Dezember 2002 über Versicherungsvermittlung, ABl. 2003 L 9, 3.

[18] Richtlinie 2002/65/EG des Europäischen Parlaments und des Rates vom 23. September 2002 über den Fernabsatz von Finanzdienstleistungen an Verbraucher und zur Änderung der Richtlinie 90/619/EWG des Rates und der Richtlinien 97/7/EG und 98/27/EG, ABl. 2002 L 271, 16.

[19] Richtlinie 2005/60/EG des Europäischen Parlaments und des Rates vom 26. Oktober 2005 zur Verhinderung der Nutzung des Finanzsystems zum Zwecke der Geldwäsche und der Terrorismusfinanzierung, ABl. 2005 L 309,15.

[20] *Ksion*, Begründung zu EIOPA-VOE in: KOM (2009) 502 endg., S. 7 (Nr. 6.2.4.). In der englischen Sprachfassung erscheinen die Anforderungen als noch höher gesteckt, da dort nur „material issues“, die einen „serious detrimental impact“ auf eines der genannten Schutzobjekte haben, tauglicher Verfahrensgegenstand sein sollen, in: COM (2009) 502 final, S. 7.

[21] Insbesondere schweigt auch die Präambel – Erwägungsgrund 31, der den Streitbeilegungsmechanismen gewidmet ist, sagt nichts zu einer Einschränkung des Verfahrens auf Meinungsverschiedenheiten von besonderer Wichtigkeit, ABl. 2010 L 331, 48, 52; so schon der Erwägungsgrund 21 des Entwurfs, in: KOM (2009) 502 endg., S. 19.

verpflichtet wäre, ein Streitbeilegungsverfahren einzuleiten.[22] Daneben bleibt zu hoffen, dass sich EIOPA nicht zu unbekümmert auf eine solche *de minimis*-Regel berufen würde. Der Streitbeilegungsmechanismus des Art. 19 EIOPA-VO soll gerade den vertrauensvollen Umgang zwischen den nationalen Aufsichtsbehörden fördern. Dieser kann jedoch auch durch einen wirtschaftlich eher unbedeutenden Streit nachhaltig gestört werden. Die Grundregel sollte insofern sein, dass eine Meinungsverschiedenheit, die einer Versicherungsaufsichtsbehörde wichtig genug erscheint, um EIOPA anzurufen, im Zweifelsfall auch wichtig genug ist, um ein Streitbeilegungsverfahren einzuleiten.

24 **III. Verfahrensablauf (Abs. 2–4).** Das Verfahren des Art. 19 EIOPA-VO gliedert sich in mehrere Stufen, die man auch als **Eskalationsstufen** begreifen kann, während die EIOPA zunächst versucht eine einvernehmliche Beilegung des Streites der zuständigen Behörden zu vermitteln, kann sie im Falle des Scheiterns der Vermittlung gegenüber den zuständigen Behörden Beschlüsse erlassen und bei Nichtumsetzung dieser Beschlüsse unmittelbar gegenüber den von dieser nationalen Behörde beaufsichtigten Finanzinstituten Beschlüsse fassen.

25 **1. Erste Stufe: Vermittlung (Abs. 1, 2). a) Verfahrenseinleitung (Abs. 1 UAbs. 1, 2).** Die **Eröffnung** des Verfahrens erfolgt – ohne dass dies durch die EIOPA-VO explizit vorgesehen wäre – durch **Beschluss** der EIOPA. Diese Ansicht hat sich auch die EIOPA zu Eigen gemacht. Art. 4.2 der Geschäftsordnung des *Mediation Panels*[23] (siehe Rn. 32) sieht explizit vor, dass das *Mediation Panel* des Art. 41 Abs. 2 EIOPA-VO über die Eröffnung- oder Nichteröffnung des Verfahrens per Beschluss (*decision*) entscheidet. Ob das Mediation Panel jedoch einen solchen Beschluss tatsächlich organisatorisch treffen darf und dieser nicht dem Rat der Aufseher vorbehalten ist, mag bezweifelt werden. Für eine Zuständigkeit des *Mediation Panels* spricht jedoch Art. 41 Abs. 3 EIOPA-VO, der nur die *Beschlüsse* – womit wohl ausschließlich die Beschlüsse der Absätze drei und vier des Art. 19 EIOPA-VO gemeint sind – dem Rat der Aufseher vorbehält, woraus im Umkehrschluss entnommen werden könnte, dass andere Beschlüsse im Rahmen des Vermittlungsverfahrens durch das *Mediation Panel* selbständig gefasst werden können. Das *Mediation Panel* trifft alle Beschlüsse – so auch diesen – mit der Mehrheit seiner drei Mitglieder, wobei eine Enthaltung nicht zulässig ist (Art. 3.1 Geschäftsordnung des *Mediation Panels*). Soweit eine Verfahrenseröffnung verweigert wird, ist auch dieser Beschluss in jedem Fall beschwerdefähig iSd Art. 60 EIOPA-VO.

26 Ein solcher Eröffnungsbeschluss ergeht jedoch grundsätzlich nur auf Antrag einer **aktivlegitimierten zuständigen Behörde** bezüglich einer Handlung oder eines Unterlassens einer passivlegitimierten zuständigen Behörde. Hierbei ergeben sich Aktiv- und Passivlegitimation unmittelbar aus dem Merkmal der betroffenen zuständigen Behörde (siehe Rn. 15 ff.). Die Aktiv- und Passivlegitimation wird hierbei maßgeblich durch die Beschreibung des Falles der Meinungsverschiedenheit durch den Basisrechtsakt (siehe Rn. 11) bestimmt.

27 Allerdings kann **EIOPA** unter den Voraussetzungen des Abs. 1 UAbs. 2 auch **ohne Antrag *ex officio* tätig** werden.[24] Diese im Nachhinein[25] eingefügte Möglichkeit der Eröffnung des Streitschlichtungsverfahrens *ex officio* wirkt systemfremd. Teilweise wird zudem bezweifelt, dass eine Einleitung durch EIOPA dann zulässig ist, wenn diese im betreffenden Basisrechtsakt nicht als Aktivlegitimierte aufgeführt wird.[26] Dies scheint jedoch zu weit gehend. Es ist vielmehr im Zweifelsfall davon auszugehen, dass die EIOPA immer dann auch *ex officio* tätig werden kann, wenn ein vom Basisrechtsakt für streitschlichtungsfähig erklärter Meinungsstreit besteht. Allerdings ist auch in diesem Fall das tatsächliche Vorliegen einer tatbestandlichen Meinungsverschiedenheit (siehe Rn. 4 ff.) erforderlich. Es ist dem Basisrechtsakt jedoch unbenommen, von dieser Zweifelsfallregelung abzuweichen und eine Verfahrenseröffnung nur auf Antrag einer zuständigen Behörde zuzulassen.

28 Zusätzliche Verfahrenserfordernisse vor Eröffnung des Verfahrens werden durch Abs. 1 nicht vorgezeichnet. Insbesondere kann der **Antrag** wohl **formfrei** und **ohne Beachtung einer Frist** (ab Erlass des streitgegenständlichen Verwaltungsaktes oder Unterlassens) gestellt werden. Jedoch kann die Definition des Falles einer schlichtungsfähigen Meinungsverschiedenheit im **Basisrechtsakt** (siehe Rn. 11) **weitere Verfahrensvoraussetzungen** aufstellen. Art. 237 Abs. 3 UAbs. 1, 2 Solva II-RL legt beispielsweise fest, dass die EIOPA bezüglich einer Meinungsverschiedenheit über die Zulassung eines Tochterunternehmens einer in einem anderen Mitgliedstaat zugelassenen Mutter nur innerhalb von drei Monaten ab Eingang des Zulassungsantrags angerufen werden kann. Nach Ablauf dieser Frist ist das Beschwerderecht erloschen. Nach richtiger Ansicht sollte in diesem Fall der Verfristung auch die EIOPA nicht mehr in der Lage sein, *ex officio* (Rn. 27) ein Verfahren zu eröffnen.[27]

[22] Dass EIOPA nicht rein willkürlich über die Eröffnung oder Nichteröffnung befinden kann, wird beispielsweise dadurch nahegelegt, dass Art. 61 Abs. 3 EIOPA-VO die Möglichkeit einer Untätigkeitsklage vorsieht.

[23] Decision of the Board of Supervisors concerning the Rules of procedure of the Mediation Panel pursuant to Article 41 of Regulation (EU) No 1094/2010 of the European Parliament and of the Council of 24 November 2010 establishing a European Supervisory Authority (European Insurance and Occupational Pensions Authority) (EIOPA-BoS-12–032).

[24] So auch richtig *Baur/Boegl* BKR 2011, 177, 184.

[25] Vgl. noch Art. 11 Abs. 1 des Kommissionsentwurfs in: KOM (2009) 502 endg.

[26] So wohl *Sasserath-Alberti/Hartig* VersR 2012, 524, 532 f.

[27] *Sasserath-Alberti/Hartig* VersR 2012, 524, 532 f.

Daneben könnte sich eine **weitere Einschränkung** im Zusammenspiel mit Art. 17 EIOPA-VO ergeben. Abs. 1 UAbs. 1 sieht die Befugnisse von EIOPA gerade **unbeschadet ihrer Befugnisse unter Art. 17 EIOPA-VO** vor. Nach der letztgenannten Norm kann EIOPA bei der Falsch- oder Nichtanwendung einer der in Art. 1 Abs. 2 EIOPA-VO genannten Rechtsvorschriften durch eine nationale Aufsichtsbehörde auf Antrag einer anderen nationalen Aufsichtsbehörde, des Europäischen Parlaments, des Rats, der Kommission, einer relevanten Interessengruppe oder *ex officio*[28] eine Untersuchung vornehmen und eine Empfehlung aussprechen. Eine solche Empfehlung wäre zwar nicht bindend, hätte aber starke faktische Wirkung, da ihre Nichtbeachtung in vielen Fällen das Einschreiten der Kommission nach sich ziehen würde, die wiederum eine förmliche Stellungnahme (iSd Art. 288 UAbs. 5 Alt. 2 AEUV) gegenüber der nationalen Aufsichtsbehörde abgeben kann (siehe Art. 17 EIOPA-VO Rn. 33 ff.). Im Falle der Nichtumsetzung einer Kommissionsstellungnahme durch die nationale Aufsichtsbehörde ermächtigt Art. 17 Abs. 6 EIOPA-VO die europäische Versicherungsaufsichtsbehörde zudem unter eingeschränkten Voraussetzungen zum Erlass von Beschlüssen unmittelbar gegenüber den Versicherungsunternehmen. So stellt sich hier die Frage des Verhältnisses der beiden Normen. Letztlich ist jede vermeintliche Falschanwendung iSd Art. 17 EIOPA-VO, die von einer anderen nationalen Aufsichtsbehörde angezeigt wird, auch Ausdruck einer Meinungsverschiedenheit iSd Art. 19 EIOPA-VO. 29

In Ansehung der Formulierung **beider Vorschriften als Kann-Vorschriften** liegt es bei Sachverhalten, die in die Schnittmenge der Anwendungsbereiche der Normen fallen, wohl im **Ermessen von EIOPA**, welches Verfahren sie einleitet. 30

Zumindest im **Fall evidenter Verletzungen** des Unionsrechts wird das **Instrumentarium des Art. 17 EIOPA-VO** jedoch **vorzuziehen** sein. Andernfalls müsste EIOPA gegebenenfalls als Vermittler eines Kompromisses der nationalen Aufsichtsbehörden mitwirken, der selbst eventuell gegen Unionsrecht verstößt und gegen den EIOPA dann im Rahmen des Art. 17 EIOPA-VO vorgehen müsste. 31

b) Verfahrensgang (Abs. 2). Die Initiierung des Streitvermittlungsverfahrens setzt zunächst einen positiven Eröffnungsbeschluss der EIOPA voraus (siehe Rn. 25) und dann eine weitere Verfahrensausgestaltung. Entsprechend Art. 41 Abs. 2 EIOPA-VO **setzt der Rat der Aufseher** von EIOPA zu diesem Zweck ein **unabhängiges Gremium ein** (sogenannte ***Mediation Panel)***, bestehend aus dem Vorsitzenden und zwei seiner Mitglieder, die nicht Vertreter der beteiligten nationalen Aufsichtsbehörden sind, zwischen denen der Streit besteht.[29] 32

Diese Notwendigkeit zweier unbeteiligter Beisitzer im Gremium (Rn. 32) legt es nah, dass das Gremium für jeden Meinungsstreit ***ad hoc*** bestellt werden muss.[30] Die EIOPA hat sich hingegen zu einer anderen vertretbaren Herangehensweise entschieden. Nach Art. 2 der Geschäftsordnung des Mediation Panels[31] wird dieses als **permanentes Gremium** eingerichtet, das aus dem Vorsitzenden, zwei Beisitzern und vier Vertretern besteht. Die zwei Mitglieder und die Ersatzmänner werden hierbei gemäß Art. 2.2 Abs. 2 S. 2, 3 der Geschäftsordnung des *Mediation Panel* für jeweils 2 Jahre bestellt, wobei die Ersatzmänner in Konfliktfällen in die Position der Beisitzer eintreten (siehe in mehr Detail Art. 41 EIOPA-VO Rn. 16 f.). 33

Nunmehr muss das **Vermittlungsverfahren strukturiert** werden. **Vorgeschrieben** ist für diese Phase **lediglich**, dass von EIOPA eine Frist gesetzt wird, innerhalb der der Streitbeilegungsversuch zwischen den Aufsichtsbehörden abgeschlossen wird. Bei der **Setzung** dieser **Frist** sind zwingende Fristen der strittigen Rechtsvorschriften (iSd Art. 1 Abs. 2 EIOPA-VO [siehe Rn. 11])[32] und die Komplexität und Dringlichkeit des Falles zu berücksichtigen. Aus Abs. 2, der nur von der Behörde spricht, geht jedoch nicht eindeutig hervor, von wem diese Frist zu setzen ist. Aus pragmatischen Gründen spricht vieles dafür, dass diese Fristsetzung unmittelbar durch das *Mediation Panel* vorgenom- 34

---

[28] Art. 9 des Kommissionsentwurfs gewährte nur Aufsichtsbehörden und der Kommission ein Antragsrecht; die anderen Antragsberechtigten wurden erst durch *Committee on Economic and Monetary Affairs des EP*, Bericht A7–0170/2010 vom 26.5.2010, Änderungsantrag 66, S. 60 f. eingefügt.

[29] Anders als noch der Entwurf (siehe dort Art. 26 Abs. 2) wird von den zwei Beisitzern nunmehr zudem gefordert, dass der Konflikt ihre Interessen nicht berührt und sie keine direkten Verbindungen zu den streitbeteiligten Behörden haben; Art. 41 Abs. 2 EIOPA-VO stellt insofern für die Beisitzer, nicht aber für den Vorsitzenden, eine besondere Unabhängigkeitsanforderung auf; vgl. zur Unabhängigkeit im Schiedsverfahrensrecht *Gal*, Die Haftung des Schiedsrichters in der internationalen Handelsschiedsgerichtsbarkeit, 2009, 304 ff. (mwN insb. Fn. 212).

[30] So bereits *Gal* ZVersWiss 2013, 7, 14. Hiergegen spricht auch nicht zwingend Art. 41 Abs. 4 EIOPA-VO, in dem der Rat der Aufseher von EIOPA dazu ermächtigt wird, dem Gremium eine Geschäftsordnung zu geben. Dies könnte letztlich auch dahingehend gedeutet werden, dass EIOPA eine Geschäftsordnung aufstellt, die für jedes *ad hoc* zu bestellende Gremium Geltung erlangt.

[31] Art. 2 Decision of the Board of Supervisors concerning the Rules of procedure of the Mediation Panel pursuant to Article 41 of Regulation (EU) No 1094/2010 of the European Parliament and of the Council of 24 November 2010 establishing a European Supervisory Authority (European Insurance and Occupational Pensions Authority) (EIOPA-BoS-12–032).

[32] Bspw. sieht Art. 237 Abs. 3 UAbs. 2 S. 1 Solva II-RL für den Beschluss der EIOPA nach Abs. 3 eine Monatsfrist vor, sodass für die Vermittlungsphase eine knappere Frist gesetzt werden muss.

men werden kann. Diese Rechtsauffassung hat sich auch EIOPA zu Eigen gemacht, Art. 4.2 S. 2 Geschäftsordnung des Mediation Panels. Hierfür spricht auch Art. 41 Abs. 3 EIOPA-VO, der nur die *Beschlüsse* – hiermit sind wohl ausschließlich die Beschlüsse der Absätze drei und vier des Art. 19 EIOPA-VO gemeint – dem Rat der Aufseher vorbehält.[33]

35 Unklar ist, inwieweit eine einmal gesetzte **Frist** auch für EIOPA bzw. dessen Gremium eine **Bindungswirkung** entfaltet. Hinsichtlich der grundsätzlichen Freiheit in dieser Phase kann die Frist im Laufe des Verfahrens noch **abgeändert werden**.[34] Auch beim Anpassen der Frist wäre dann jedoch Abs. 2 anwendbar, sodass auch die abgeänderte Frist den Erfordernissen des Falles entsprechen müsste.

36 Die Geschäftsordnung des Mediation Panel gewährt diesem noch **verfahrensleitende Kompetenzen**, sodass es insbesondere die Streitparteien auffordern kann, die erforderlichen Informationen zur Verfügung zu stellen, Termine festzusetzen und die Parteien zum Erscheinen zu laden.[35]

37 Offen bleibt hingegen, welche konkrete **Rolle** die **EIOPA** vertreten durch das Mediation Panel in diesem **Verfahren** einnimmt und wie dieses **konkret zu strukturieren** ist. Obgleich diese Begriffe in Art. 11 Abs. 2 des Kommissionsentwurfes der EIOPA-VO nicht auftauchten, beschrieb die Kommission diese erste Streitbeilegungsstufe in der englischen Sprachfassung bereits damals als „phase of *conciliation* […] with the involvement of the Authority as necessary in a *mediatory* capacity".[36] Hier vermengt die Kommission also zwei grundsätzlich voneinander zu unterscheidende ADR-Methoden, nämlich Conciliation (in Deutschland oft als Schlichtung bezeichnet) und Mediation.[37] Noch bedauerlicher als das mangelnde sprachliche Gespür der Kommissionserläuterung erscheint jedoch, dass hierdurch wohl das Europäische Parlament davon überzeugt wurde, dass diese Begriffe sich auch im Gesetzestext selber finden müssten[38] und diese nun auch in der endgültigen Fassung auftauchen. Letztlich wird das *Mediation Panel* jedoch **weder** als **Conciliator noch** als **Mediator** auftreten müssen.[39] Vielmehr kann es das Streitbeilegungsverfahren jeweils so einrichten, wie es im konkreten Fall am sinnvollsten erscheint, ohne dass bestimmte Formen zwingend vorgeschrieben wären.[40]

38 Diese **Gestaltungsfreiheit** gilt zumindest **solange** und soweit der **Rat der Aufseher** von seiner Kompetenz aus Art. 41 Abs. 4 EIOPA-VO in der Geschäftsordnung des *Mediation Panel* keinen Gebrauch gemacht und das **anwendbare Verfahren nicht konkretisiert** hat.[41] Eine Konkretisierung kann auch durch das *Mediation Panel* selbst bewirkt werden, welches durch Art. 11.1 Geschäftsordnung des *Mediation Panels* vom Rat der Aufseher ermächtigt wurde, interne ergänzende Verfahrensregeln (insbesondere auch Standardfristpläne) zu erlassen. Dies ist gegenwärtig, soweit ersichtlich, jedoch noch nicht geschehen.

39 Wenn die Streitparteien eine **Einigung** erzielen, ist das Verfahren des Art. 19 EIOPA-VO beendet, ohne dass es hierzu noch eines Beschlusses bedürfte. Dies verwehrt es auch der EIOPA *ex officio* in die Beschlussphase des Abs. 3 einzutreten. So die EIOPA jedoch der Auffassung ist, dass die gefundene Einigung zwischen den Parteien und das daraus hervorgehende Handeln oder Untätigsein einer zuständigen Behörde gegen Unionsrecht verstößt, bleibt ihr ein Vorgehen nach Art. 17 EIOPA-VO eröffnet.

[33] Der gegenüber Art. 26 Abs. 2 S. 2 des Kommissionsentwurfs zur EIOPA-VO gemachte Zusatz des Art. 41 Abs. 3 EIOPA-VO, dass die Regelung, dass Beschlüsse des Aufsichtsorgans auf Vorschlag des Gremiums erlassen werden, unter dem Vorbehalt des Artikel 19 (2) EIOPA-VO steht, ist leider wenig eindeutig. Auch die englische Sprachfassung, die feststellt, dass die Regel „subject to Art. 19 (2)" sei, lässt offen, ob im Fall des Beschlusses zum Setzen einer Frist der Rat der Aufseher von EIOPA ohne Vorschlag des Gremiums tätig wird oder letzterer die Frist selber setzen soll.

[34] So bereits *Gal* ZVersWiss 2013, 7, 19.

[35] Art. 4.3 S. 2 Geschäftsordnung des Mediation Panels: „For this purpose the Panel may require the parties to provide the relevant information and summon them to participate in meetings."

[36] *Ksion*, Begründung zu EIOPA-VO-E, in: COM (2009) 502 final, S. 6 (Nr. 6.2.4.). Die deutsche Sprachfassung ist hier etwas weniger verwirrend: „kann die ESA zunächst eine Schlichtungsphase vorsehen, in der sich die Behörden einig werden sollen. Der ESA kommt dabei erforderlichenfalls eine Vermittlerrolle zu", in: KOM (2009) 502 endg., S. 7.

[37] Zu den Unterschieden dieser beiden Methoden auch im verwaltungsrechtlichen Kontext siehe *Stumpf*, Alternative Streitbeilegung im Verwaltungsrecht, 2006, 273 ff. Dass die Vermengung der beiden Methoden jedoch ein häufiges Problem in multilingualen Kontexten darstellt bereits bei *Giordano Ciancio* in: Bhatia u. a. (Hg.), Legal Discourse in Multilingual Contexts, 2003, 247.

[38] *Committee on Economic and Monetary Affairs des EP*, Bericht A7–0170/2010 vom 26.5.2010, Änderungsantrag 68, S. 66.

[39] Dies wird schon durch einen Vergleich mit der deutschen Sprachfassung nahegelegt, der anstatt des Begriffes „Mediator" den unschärferen Begriff „Vermittlerin" verwendet; *Goldmann/Purnhagen* VersR 2012, 29, 33 verwenden die verschiedenen Begriffe leider etwas unreflektiert.

[40] Insbesondere das Protocol on Mediation Mechanism between Insurance and Pension Supervisors (CEIOPS-DOC-14/07) vom Oktober 2007 kommt nicht zwingend zur Anwendung. Dies ergibt sich auch, *arumentum e contrario*, aus Art. 11 Abs. 1 der Rules of Procedure of EIOPA v. 10.1.2011 (EIOPA-BoS-11/003), der dieses Protokoll nur für die „nicht bindende Vermittlertätigkeit" für anwendbar erklärt. Mittlerweile ist das vorgenannte Protokoll aufgehoben, vgl. Art. 12.3 Decision concerning Mediation Panel (EIOPA-BoS-12–032).

[41] Gegenwärtig sieht die Geschäftsordnung des Mediation Panels keinerlei Detailvorschriften zur Art der Vermittlungstätigkeit des Mediation Panel vor. Art. 7 betrifft allein das Verfahren der nichtbindenden Streitvermittlung des Art. 31 UAbs. 2 lit. c EIOPA-VO.

2. Zweite Stufe: Beschlussfassung gegenüber den nationalen Aufsehern (Abs. 3). Soweit es **nach** der **Vorstellung der Kommission** geht, dürfte das absolute **Gros der Fälle** bereits in der **ersten Phase** durch Einigung der nationalen Aufsichtsbehörden **erledigt werden.**[42] So dies nicht der Fall ist, tritt der Streitbeilegungsmechanismus in seine zweite Phase ein. 40

In dieser Phase ist EIOPA gemäß Abs. 3 i. V. m. Art. 41 Abs. 3 EIOPA-VO ermächtigt, vertreten durch seinen Rat der Aufseher, einen **Beschluss gegenüber** der entsprechenden **nationalen Versicherungsaufsichtsbehörde** zu erlassen, eine bestimmte Handlung vorzunehmen oder zu unterlassen, um die Einhaltung des Unionsrechts zu gewährleisten. Dieser Beschluss ist für die Aufsichtsbehörde **verbindlich**. 41

a) Beschlussvorbereitung. Vom Procedere her ist zunächst gemäß Art. 41 Abs. 3 EIOPA-VO i. V. m. Abs. 3 nach Ablauf der Frist durch das ***Mediation Panel*** ein **Beschlussentwurf** vorzubereiten, welchen es dann an den Rat der Aufseher zu leiten hat, welcher auf dieser Grundlage den Beschluss erlässt. 42

Neben der Möglichkeit und Notwendigkeit zur Gewährung rechtlichen Gehörs (siehe Rn. 49 ff.) ist das Mediation Panel in dieser Phase auch ermächtigt, **inquisitiv** den **Sachverhalt aufzuklären**. Art. 5.2 Geschäftsordnung des *Mediation Panels* gewährt diesem die Befugnis, die Streitparteien zu laden und auch die Aussage von Sachverständigen einzuholen. 43

Nach dieser Aufklärungstätigkeit fasst das *Mediation Panel* einen **Beschluss**, **ob** es dem Rat der Aufseher einen **Beschluss vorschlägt oder nicht**, vgl. Art. 5.4 S. 1 Geschäftsordnung des *Mediation Panels*. Entgegen der scheinbaren Auffassung der Geschäftsordnung des *Mediation Panels*, handelt es sich auch bei dieser Entschließungsentscheidung um einen Beschluss iSd Art. 39 EIOPA-VO, sodass auch bei einem Beschluss, dass kein Beschlussentwurf vorgeschlagen wird, vorher rechtliches Gehör zu gewähren ist (siehe Rn. 46 ff.). Art. 5.3 Geschäftsordnung des *Mediation Panels*, der eine Anhörungspflicht nur für den Fall eines Beschlussvorschlags vorsieht, verdrängt insoweit nicht den allgemeinen Art. 39 Abs. 1 EIOPA-VO, der eine Anhörungspflicht für jeden Beschluss vorsieht. 44

Das *Mediation Panel* trifft seinen Beschluss mit der **Mehrheit** seiner drei **Mitglieder**, wobei eine Enthaltung nicht zulässig ist (Art. 3.1 Geschäftsordnung des *Mediation Panels*). Hierbei hat das *Mediation Panel* dem Rat der Aufseher eine abweichende Stimmabgabe bei Übermittlung eines Beschlussvorschlags zu übermitteln (Art. 5.4 S. 2 Geschäftsordnung des *Mediation Panels*). Soweit ein Beschluss ergeht, keinen Beschlussvorschlag zu unterbreiten, ist der Rat der Aufseher auch hiervon zu unterrichten (Art. 5.4 S. 3 Geschäftsordnung des *Mediation Panels*). 45

Problematisch ist die Frage, **wer** genau den Adressaten der Entscheidung **von** der **Absicht**, einen **Beschluss zu erlassen, in Kenntnis setzt** und diesem eine **Frist zur Stellungnahme** setzt, wie von Art. 39 Abs. 1 S. 1 EIOPA-VO gefordert. Da es sich bei dieser Absichtserklärung um keinen förmlichen Beschluss handelt und auch die Fristsetzung auf der ersten Ebene – nach hier vertretener Ansicht (siehe Rn. 25) – durch das *Mediation Panel* vorgenommen werden kann, dürfte es wohl auch auf diese Ebene zulässig und sogar zielführend sein, diese Handlungen dem *Mediation Panel* zu überlassen.[43] 46

So auch die **EIOPA**, die in Art. 5.3 Geschäftsordnung des *Mediation Panels* das *Mediation Panel* verpflichten, den Parteien die Absicht mitzuteilen und ihnen eine Frist zur Stellungnahme zu setzten. Art. 5.3 Geschäftsordnung des *Mediation Panels* ist hierbei in Einklang mit Art. 39 Abs. 1 EIOPA-VO auszulegen, sodass die Voraussetzungen für die **ordentliche Gewährung rechtlichen Gehörs** hier das *Mediation Panel* verpflichten (vgl. Art. 39 EIOPA-VO Rn. 7 ff.). Diese Gewährung rechtlichen Gehörs erfolgt hierbei für den Beschluss, einen Beschlussvorschlag abzugeben (oder nicht) und für den später zu erlassenden Beschluss selbst. 47

Soweit die Gewährung rechtlichen Gehörs ordnungsgemäß durch das *Mediation Panel* erfolgte, bevor dieses seinen Beschlussvorschlag verfasste, muss eine **erneute Absichtserklärung und Fristsetzung durch** den **Rat der Aufseher nicht** mehr **erfolgen**. Etwas Anderes kann nur dann gelten, wenn man davon ausgehen würde, dass der Rat der Aufseher, einen Beschluss erlassen kann, der maßgeblich vom Beschlussvorschlag des *Mediation Panel* abweicht und hierdurch der Beschluss auf neuen Tatsachen oder Rechtsüberlegungen beruht (siehe Rn. 54). In diesem Fall müsste eine erneute Anhörung durchgeführt werden. 48

b) Beschlussfassung. Nach Abschluss der Beschlussvorbereitungsphase kann der Rat der Aufseher einen unmittelbar die nationale Aufsichtsbehörde bindenden Beschluss erlassen. Durch diese Möglichkeit der Beschlussfassung gegenüber den nationalen Aufsehern ist **EIOPA** eine sehr **einschneidende Lenkungsmöglichkeit** an die Hand gegeben und die aufsichtliche Macht ist in nicht unerheblichem Maß zu Lasten der nationalen Behörden auf die gemeinschaftliche Ebene verschoben.[44] 49

[42] *Ksion*, Begründung zu EIOPA-VOE, in: KOM (2009) 502 endg., S. 7 (Nr. 6.2.4.): „Dieser Fall [sc. der Erlass eines Beschlusses durch EIOPA] dürfte wohl eindeutig eine Ausnahme sein, denn in den meisten Fällen dürften sich die jeweils zuständigen nationalen Behörden während des Schlichtungsverfahrens einigen können."

[43] *Gal* ZVersWiss 2013, 7, 20.

[44] So auch *Müller-Reichart/Altenhofen/Wagner/Weckbecker* VW 2011, 962, 964.

50 **Falsch** ist jedoch die teilweise geäußerte **Meinung, EIOPA** trete in dieser Phase als **Schiedsrichter** (*arbitrator*) zwischen den Parteien auf.[45] Wäre dies der Fall, so wäre die Entscheidung der EIOPA als Schiedsspruch zu qualifizieren,[46] was im Umkehrschluss bedeuten würde, dass die Entscheidung der Überprüfung durch den Gerichtshof der Europäischen Union entzogen wäre, da ein Schiedsspruch die verbindliche Entscheidung eines Rechtsstreits darstellt, die nur hinsichtlich des Vorliegens sehr begrenzter Aufhebungsgründe durch ein staatliches Gericht überprüft werden kann.[47] Dass dies gewollt wäre, geht aus dem Verordnungstext nicht hervor. Es wäre auch ein sehr ungewöhnliches Schiedsverfahren, das nicht auf einer Schiedsabrede, sondern auf einer gesetzlichen Ermächtigung beruht und hinsichtlich des Schiedsrichters den Parteien keine Wahlmöglichkeiten eröffnen würde.

51 Tatsächlich handelt es sich bei dieser zweiten Phase des Streitbeilegungsmechanismus **schlichtweg** um **europäisches Verwaltungshandeln** gegenüber der entsprechenden Behörde. Dies verdeutlichen Art. 60 f. EIOPA-VO, die der belasteten Versicherungsaufsichtsbehörde eine Beschwerdemöglichkeit zum Beschwerdeausschuss und gegen dessen Entscheidungen eine Klagemöglichkeit zum Gerichtshof der Europäischen Union geben.

52 Der Rat der Aufseher beschließt gemäß Abs. 3 entsprechend Art. 44 Abs. 1 UAbs. 4 EIOPA-VO in den **meisten Fällen mit einfacher Mehrheit der Mitglieder** des Rates der Aufseher über die Annahme des durch das *Mediation Panel* vorgeschlagenen Beschlusses (siehe Art. 44 EIOPA-VO Rn. 15). Soweit der Beschluss die **Gruppenaufsicht** betrifft, gilt hingegen gemäß Art. 44 Abs. 1 UAbs. 3 EIOPA-VO **einfache Mehrheit** nur unter dem Vorbehalt, dass keine Mitglieder mit einer **Sperrminorität** gemäß Art. 16 Abs. 4 EUV oder gemäß Art. 3 des Protokolls (Nr. 36) über die Übergangsbestimmungen diesen Beschluss ablehnen (siehe hierzu Art. 44 EIOPA-VO Rn. 16).[48]

53 Hierbei hat der **Beschluss den Anforderungen des Art. 39 Abs. 1–3, 5 EIOPA-VO** gerecht zu werden, wobei grundsätzlich von einer erneuten Anhörung abgesehen werden kann (vgl. Rn. 48). Daneben hat Art. 5.5 Geschäftsordnung des *Mediation Panels* besondere Formerfordernisse für den Beschluss aufgestellt, die zu beachten sind. Da der Rat der Aufseher grundsätzlich nur über die Billigung des Beschlussentwurfes befindet, ist dieser bereits zwingend in der Form des Art. 5.5 Geschäftsordnung des *Mediation Panels* abzufassen.

54 Fraglich ist, ob der Rat der Aufseher nur über die Annahme oder Ablehnung des Beschlussentwurfes des *Mediation Panel* beschließen kann oder auch einen **angepassten Beschluss** erlassen darf. Die Systematik des Verfahrens spricht dafür, dass der **Rat der Aufseher nur** eine **Ja- oder Nein-Entscheidung** treffen darf. So sprechen Art. 44 Abs. 1 UAbs. 3 und 4 EIOPA-VO davon, dass der vorgeschlagene Beschluss angenommen bzw. gebilligt wird. Dies ähnelt der Terminologie des Art. 10 Abs. 1 UAbs. 5 EIOPA-VO und Art. 15 Abs. 1 UAbs. 4 EIOPA-VO, wo es um die Billigung der Entwürfe der EIOPA von technischen Standards durch die Kommission geht, die diese letztlich verbindlich erlässt. Dort wird jedoch explizit (unter engen Voraussetzungen) eine Abänderungsbefugnis vorgesehen, was hier gerade nicht der Fall ist. Es ist insofern davon auszugehen, dass der Rat der Aufseher keine eingreifenden inhaltlichen Änderungen vornehmen darf, sondern sinngemäß den Beschlussentwurf lediglich mit seinem Placet versieht oder dieses verweigert. So er den Beschluss für änderungsbedürftig erachtet, hat er die Billigung zu verweigern und mag auf das *Mediation Panel* hinwirken, dass dieses den Beschluss entsprechend der Anforderungen abändert. Zulässig dürfte es jedoch sein, dass der Rat der Aufseher kleine Änderungen (bspw. Behebung von Rechtschreibfehlern etc.) vornimmt bzw. den Beschluss formell anpasst (bspw. Rechtsmittelbelehrung hinzufügt).

55 Aus dem Vorgesagten fließt auch, dass, wenn das ***Mediation Panel* keinen Beschlussvorschlag übermittelt**, sondern dem Rat der Aufseher nur ihren Beschluss mitteilt, dass eine Anordnung gegen-

---

[45] So bspw. bei *Luxemburger Bankenvereinigung (ABBL)*, Comments on the Commission Proposal for a Regulation Establishing a European Banking Authority vom 20.10.09, Nr. 6, abrufbar unter http://www.abbl.lu/articles/abbl-comments-commission-proposal-regulation-establishing-european-banking-authority; zuletzt von einem Schiedsspruch sprechend *Proissl*, Staaten entschärfen Finanzaufsicht, in: Financial Times Deutschland v. 3.12.09, S. 15. Das Ganze geht zurück auf den de Larosière-Bericht (Report of The High-Level Group on Financial Supervision in the EU Chaired by Jacques de Larosière of 25 February 2009, abrufbar unter: http://ec.europa.eu/internal_market/finances/docs/de_larosiere_report_en.pdf – zuletzt abgerufen im September 2017), der für die Gruppenaufsicht die Forderung aufstellte, dass „the host supervisor could bring the case to an independent body for arbitration and decision" (S. 77) – am Rande sei bemerkt, dass in der deutschen Fassung dieses Berichts, um die terminologische Verwirrung komplett zu machen, von „Schlichtung und Entscheidung" gesprochen wird (S. 87).

[46] Ein weiterer Ursprung dieser ungenauen Bezeichnung der zweiten Phase als *arbitration* (also als Schiedsverfahren) dürfte die unbedarfte Verwendung der Begriffe Conciliation und Mediation für die erste Phase durch die Kommission sein; siehe oben Rn. 37.

[47] Vgl. zu den begrenzten Aufhebungsgründen zum deutschen Recht § 1059 ZPO, der weitestgehend Art. 34 UNCITRAL Model Law on International Commercial Arbitration entspricht, und somit den gegenwärtigen internationalen und europäischen Standard wiederspiegelt. Zur Aufhebung von Schiedssprüchen allgemein *Solomon*, Die Verbindlichkeit von Schiedssprüchen, 2007; *Pitkowitz*, Die Aufhebung von Schiedssprüchen, 2008; *Edler*, Die Aufhebung von Schiedssprüchen, 2009.

[48] Zu den genauen Anforderungen einer Sperrminorität und einer qualifizierten Mehrheit vgl. *EIOPA*, Annex I zu EIOPA Board of Supervisors Internal Rules of Procedure (EIOPA-BoS-11/002 Annex I) bzw. nunmehr Art. 4 Abs. 3 EIOPA-BoS-11/002-Rev 3.

über dem nationalen Aufseher nicht erfolgen soll, der **Rat der Aufseher keinen Beschluss selbstbestimmt erlassen** kann. Dem Rat der Aufseher steht hier allenfalls die Möglichkeit offen, über die Einleitung eines Verfahrens nach Art. 17 EIOPA-VO eine Korrektur des Verhaltens der nationalen Aufsichtsbehörde zu bewirken.

Der Rat der Aufseher ist für die Veröffentlichung und die Zustellung des Beschlusses zuständig (vgl. Art. 5.6 Geschäftsordnung des *Mediation Panels*). Die **Überwachung**, ob der **Beschluss** durch den Adressaten umgesetzt wird, erfolgt jedoch **durch** das ***Mediation Panel***, Art. 5.7 Geschäftsordnung des *Mediation Panels*. 56

3. Dritte Stufe: Beschlussfassung gegenüber Finanzinstituten (Abs. 4). Für den Fall, dass die betroffene Behörde den Beschluss der EIOPA nicht (fristgerecht) umsetzt, sieht Abs. 4 noch eine **dritte (Eskalations-) Stufe** vor. In diesem Fall kann EIOPA, soweit sich die Pflicht des Versicherungsunternehmens unmittelbar aus einer der in Art. 1 Abs. 2 EIOPA-VO genannten europäischen Rechtsvorschriften ergibt, den entsprechenden **Finanzinstituten gegenüber** jede notwendige **Anordnung** – bis hin zur Anordnung der Geschäftseinstellung[49] – erlassen.[50] 57

Im Hinblick auf die im Folgenden aufzuzeigenden **zahlreichen Ungereimtheiten** dieser Norm wird man Abs. 4 als **wenig gelungen** bezeichnen müssen. Auch nimmt es nicht wunder, dass so formulierte Eingriffsbefugnisse das Misstrauen der Mitgliedstaaten, der Versicherungsaufsichtsbehörden und der Versicherungswirtschaft weckten.[51] Umso verwunderlicher hingegen, dass diese Intransparenz trotzdem das gesamte Gesetzgebungsverfahren überdauerte. 58

a) Beschlussfassungsvoraussetzungen. Im Hinblick darauf, dass dies ein ganz **profunder Einschnitt** in die Kompetenz der nationalen Versicherungsaufsichtsbehörde ist, kann es nur verwundern, wie **unscharf Abs. 4** gehalten ist, sodass nicht hinreichend klar wird, welche Bedingungen erfüllt sein müssen, dass die EIOPA unmittelbare Mikroaufsichtsaufgaben gegenüber den Marktakteuren übernehmen kann. 59

Auffällig ist zunächst, dass hier die Fassung eines **unmittelbaren Beschlusses weniger Bedingungen unterliegt als im Rahmen des Art. 17 Abs. 4 EIOPA-VO** (im Rahmen dessen die Entscheidung der EIOPA gegenüber dem Finanzinstitut zudem durch die förmliche Stellungnahme der Kommission gegenüber der nationalen Behörde vorgezeichnet wird) **oder** im Rahmen **des Art. 18 Abs. 4 EIOPA-VO** (unter dessen Geltung EIOPA nur unmittelbar anordnen kann, wenn der Rat[52] einen Krisenfall ausgerufen hat). Alles, dessen es letztlich bedarf, ist, dass ein **Streitbeilegungsverfahren durchlaufen** wurde, die entsprechende **Aufsichtsbehörde** sich als **nicht kompromissbereit** erweist, das ***Mediation Panel*** einen **Beschlussvorschlag** unterbreitet hat, der durch den **Rat der Aufseher genehmigt** wurde, und sich der **nationale Aufseher** auch dem Beschluss von EIOPA **nicht beugen** will. Wie weitere Einschränkungen aussehen, bleibt im Hinblick auf die Formulierung eher unklar. 60

Nebulös ist bereits die Formulierung, dass die Aufsichtsbehörde dem „Beschluss nicht nachkommt". Anders als in Art. 17 Abs. 4, 6 und Art. 18 Abs. 3 EIOPA-VO wird hier weder angeordnet, dass der Beschluss der EIOPA eine **Frist** vorzusehen habe, noch dass eine Mindestfrist gewährt werden müsse. Ob dieses Schweigen des Abs. 4 EIOPA-VO wirklich bedeuten soll, dass ein unmittelbar anwendbarer Beschluss grundsätzlich sofort nach Erlass des Beschluss gegenüber der nationalen Behörde möglich sein soll, muss bezweifelt werden. Vielmehr sollte es zumindest der Verwaltungspraxis entsprechen, dass der nationalen Behörde eine angemessene Frist zur Umsetzung des Beschlusses gesetzt wird und, wo eine solche nicht gesetzt wurde, ein unmittelbarer Beschluss gegenüber dem Versicherungsunternehmen erst dann in Frage kommt, wenn nach regelmäßigem Verlauf eine Anordnung durch die nationale Behörde bereits getroffen worden wäre, hätte sie sie treffen wollen. Dies gebietet bereits das Prinzip der Unionstreue und das gemeinschaftsrechtliche Subsidiaritätsprinzip.[53] 61

Das **Hauptproblem** liegt aber in der Formulierung, dass eine direkte Anordnung (nur) dann möglich sein soll, wenn die Nichtumsetzung des Beschlusses durch die nationale Versicherungsaufsichtsbehörde dazu führt, „dass ein Finanzinstitut die Anforderungen [nicht] erfüllt, die nach den in Art. 1 Abs. 2 EIOPA-VO genannten Rechtsakten unmittelbar auf dieses anwendbar sind".[54] Die Crux dieser Rechtsnorm ist also die Verwendung des **Begriffs der Unmittelbarkeit**. 62

---

[49] So auch Art. 5.7 S. 1 Geschäftsordnung des *Mediation Panels*.

[50] Dies führt insbesondere zur Unbeachtlichkeit aller nationalen Entscheidungen, die diesen Sachverhalt anderweitig regeln, so klarstellend *Committee on Economic and Monetary Affairs des EP*, Bericht A7–0170/2010 vom 26.5.2010, Änderungsantrag 68, S. 66.

[51] Zur grundsätzlichen Kritik der Assekuranz an den Kommissionsentwürfen siehe bspw. *Friedrich* VW 2011, 1778.

[52] Im Entwurf der Verordnung war es noch alleinige Aufgabe der Kommission, den Krisenfall auszurufen; siehe Art. 10 (1) Kommissionsentwurf der EIOPA-VO (KOM [2009] 502 endg., S. 7).

[53] Dass das Subsidiaritätsprinzip und das Verhältnismäßigkeitsprinzip in der Auslegung der Verordnung besonders zu beachten sind, ergibt sich bereits aus dem Erwägungsgrund Nr. 66. Zur Reichweite des Subsidiaritätsprinzips im Unionsrecht siehe bspw. *Molsberger*, Subsidiaritätsprinzip im Prozess europäischer Konstitutionalisierung, 2009; *Hilz*, Subsidiaritätsprinzip und EU-Gemeinschaftsordnung, 1998.

[54] In der englischen Sprachfassung lautet dies „thereby fails to ensure that a financial institution complies with requirements directly applicable to it by virtue of the acts referred to in Article 1 (2)".

63 Zunächst sieht **Art. 1 Abs. 2 EIOPA-VO explizit nur Richtlinien** vor (wobei die Bezugnahme erweitert wird, um alle Richtlinien, Verordnungen und Beschlüsse, die auf den aufgeführten Richtlinien basieren). Genau genommen könnte Abs. 4 also niemals für Anforderungen einschlägig sein, die von einer der Richtlinien aufgestellt werden, insbesondere also auch nicht Anforderungen der Solvency II-Richtlinie. Richtlinien haben, dies ist eine der hehren Regeln des Gemeinschaftsrechts, grundsätzlich keine unmittelbare Wirkung gegenüber den Rechtsunterworfenen, sondern erzeugen gemäß Art. 288 UAbs. 3 AEUV eine Bindungswirkung nur gegenüber den Mitgliedstaaten.[55] Würde man Abs. 4 also streng grammatikalisch auslegen, so **würde** dies **ergeben**, dass ein **Beschluss gegenüber** einem **Versicherungsunternehmen nur** dann zulässig wäre, wenn die verletzte **Pflicht** entweder **in** einer **Verordnung oder** einem gegenüber dem betreffenden Unternehmen getroffenen **Beschluss**, die auf einer der genannten Richtlinien beruhen, begründet ist. In allen anderen Fällen gelten die Bedingungen eben nicht unmittelbar gegenüber dem Versicherungsunternehmen.

64 **So scheint** auch der **Europäische Gesetzgeber die Befugnis verstanden** wissen wollen, führt er doch im 28. Erwägungsgrund zur ähnlich formulierten Durchgriffsbefugnis des Art. 17 Abs. 6 EIOPA-VO aus, dass die „Befugnis […] auf Ausnahmefälle beschränkt sein [solle], in denen eine zuständige Behörde der an sie gerichteten förmlichen Stellungnahme nicht Folge leistet und das Unionsrecht kraft bestehender oder künftiger Unions*verordnung* unmittelbar auf Finanzinstitute anwendbar ist" [Hervorhebung durch Verf.].

65 Man könnte hier jedoch eine **andere Auslegung** vornehmen, die von Befürwortern einer zentralisierten europäischen Aufsichtskompetenz wohl auch als eher dem Telos der Norm entsprechend angesehen werden dürfte. Man könnte nämlich das „nach den […] genannten Rechtsakten […] unmittelbar" erweiternd dahingehend verstehen, dass auch solche Pflichten erfasst werden, die gegenüber den Versicherungsunternehmen durch die nationalen Umsetzungsgesetze gesetzt werden, die in den **Richtlinien** aber bereits so weit konkretisiert sind, dass dem **nationalen Gesetzgeber** bei der Umsetzung **kein Gestaltungsspielraum** verblieb.[56] Diese Auslegung scheinen auch die englische und französische Sprachfassung zumindest nicht auszuschließen, indem sie von Pflichten des Versicherungsunternehmens sprechen, die „directly applicable to it *by virtue*" bzw. „directement applicable *en vertu*" [Hervorhebung jeweils durch Verf.] der aufgeführten Rechtsvorschriften sind.[57] Gleichwohl bleibt die gegenteilige Auslegung nicht nur möglich, sondern zumindest im Hinblick auf den Wortlaut und die Systematik des Gemeinschaftsrechts näherliegend. Ein zukünftiger Streit über die Weite des Anwendungsbereiches erscheint hier nahezu unvermeidbar. Im gegenwärtigen Regulierungsmodell wird es wohl darauf hinauslaufen, dass über den Abs. 4 lediglich Verletzungen der Normen der Lamfalussyebene 2 und 2.5 verfolgt werden können, insbesondere also Verstöße gegen Normen der Solva II-VO und der zahlreichen technischen Regulierungs- und Durchführungsstandards. Gerade hier ergeben sich jedoch weiterer problematische Abgrenzungsschwierigkeiten, da die Lamfalussyebene 2 typischerweise nur der Konkretisierung von Pflichten der Lamfalussyebene 1 dient und keine wesentliche neue Pflichten schaffen kann. So die zu konkretisierende Pflicht der Solva II-RL jedoch nicht ordnungsgemäß umgesetzt wurde, kann diese Pflicht auch nicht in jedem Fall konkretisiert werden und es fragt sich, ob hier durch eine unmittelbare Anwendung der Normen der Lamfalussyebene 2 nicht eine unmittelbare Wirkung einer Richtlinie zu Lasten eines Versicherungsunternehmens herbeigeführt würde.

66 **b) Beschlussfassung. Soweit die Voraussetzungen einer Beschlussfassung vorliegen** (siehe Rn. 59 ff.) kann EIOPA gegenüber dem Finanzinstitut (typischerweise einem Versicherungsunternehmen) einen **Beschluss unmittelbar** fassen.

67 Nach Vorstellung der EIOPA – und dies ist mit der EIOPA-VO (siehe insb. Art. 41 Abs. 2 EIOPA-VO) auch vereinbar – erfolgt die Beschlussfassung gegenüber den Finanzinstituten gemäß Abs. 4 nach dem **gleichen Verfahren wie** die **Beschlussfassung gegenüber der nationalen Aufsichtsbehörde** gemäß Abs. 3.[58] Insofern ist auch hier ein Beschlussentwurf durch das *Mediation Panel* unter Beachtung der entsprechenden Vorgaben (siehe Rn. 42 ff.) zu erarbeiten und zu übermitteln und durch den Rat der Aufseher zu billigen (siehe Rn. 49 ff.). Die Anhörung muss vorliegend insbesondere dem Finanz-

[55] Der EuGH hat allerdings in ständiger Rechtsprechung einen Standard entwickelt nach dem Richtlinien doch unmittelbare Wirkung zeitigen können. Gemäß *EuGH* Entsch. v. 4.12.1974 – Rs. 41/74 Rn. 12 – van Duyn/Home Office kann Richtlinien – und dies auch nur unter engen Bedingungen – nur ein *effet direct vertical* zukommen, der dem Bürger gegenüber dem nichtumsetzenden Mitgliedstaat ein Recht einräumt. Eine belastende unmittelbare Wirkung – um diese würde es vorliegend mit *Pflichten* des Versicherungsunternehmens gehen – also ein sogenannter *effet direct vertical négatif* einer Richtlinie ist hingegen ausgeschlossen; siehe hierzu *EuGH* Entsch. v. 8.10.1987 – Rs. 80/86 Rn. 10 – Kolpinghuis Nijmegen. Verneinend zu der Frage, ob diese st. Rspr. durch die Mangold-Entscheidung (*EuGH* Urt. v. 22.11.2005 – Rs. C-144/04 – Mangold/Helm) durchbrochen wurde, *v. Oettingen/Rabenschlag* ZEuS 2006, 363, 375 ff.

[56] So wohl *Weber-Rey* AG 2010, R453, R455.

[57] Auch die Kommissionserläuterung des Verordnungsentwurfs führt keine abschließende Klärung herbei. Hier wird von „aus dem Gemeinschaftsrecht, das unmittelbar für die Finanzinstitute gilt, ergebenden Verpflichtungen", „obligations in respect of community law which is directly applicable to financial institutions" oder „obligations au regard du droit communautaire directement applicable aux établissement financiers" gesprochen, siehe KOM (2009) 502 endg., S. 7.

[58] Siehe Art. 5.7 S. 2 Geschäftsordnung des *Mediation Panels*.

institut gewährt werden, wobei auch die vorher streitbefangenen Aufsichtsbehörden gehört werden müssen. Ein **Unterschied** besteht lediglich hinsichtlich der **Mehrheitserfordernisse** für den Billigungsbeschluss des Rates der Aufseher. Hier greifen Art. 44 Abs. 1 Abs. 3 und 4 EIOPA-VO nicht. Insofern ergeht der Beschluss mit einfacher Mehrheit gemäß Art. 44 Abs. 1 UAbs. 1 S. 1 EIOPA-VO. Hieraus fließt jedoch auch, dass es nicht zwingend um eine Billigung des Entwurfes des *Mediation Panel* geht (diese Anforderung ist nur dem Art. 44 Abs. 1 UAbs. 3 und 4 EIOPA-VO zu entnehmen, siehe Rn. 54). Mithin kann der Rat der Aufseher in diesem Verfahren einen Beschlussvorschlag auch frei abändern. So er dies tut, hat er jedoch dafür Sorge zu tragen, dass er selbst ausreichend rechtliches Gehör gewährt (siehe Rn. 48, 54).

Die Antwort auf die Frage, welche **Maßnahmen EIOPA** spezifisch **anordnen kann**, erscheint zumindest *prima vista* klarer. Während Art. 11 Abs. 4 des Verordnungsentwurfs der Kommission noch etwas mehrdeutig feststellte, EIOPA könne gegenüber dem Versicherungsunternehmen anordnen „erforderliche Maßnahmen zu treffen, worunter auch die Einstellung bestimmter Praktiken fällt", ist diese Mehrdeutigkeit in der endgültigen Fassung behoben. Hier heißt es, EIOPA sei ermächtigt anzuordnen, die „erforderlichen Maßnahmen zu treffen, einschließlich der Einstellung jeder Tätigkeit". Indem selbst ein Beschluss, der das Versicherungsunternehmen anweist, den Geschäftsbetrieb einzustellen, zugelassen wird, macht die Verordnung deutlich, dass EIOPA die **gesamte Anordnungsbreite** zur Verfügung steht, deren sich bisher auch **nationale Aufsichtsbehörden bedienen konnten.**[59] 68

Hiervon zu unterscheiden ist aber die Frage, welche **spezifischen Maßnahmen** EIOPA **im Einzelfall** anordnen darf. Wenn Abs. 4 feststellt, EIOPA könne Versicherungsunternehmen „dazu verpflichten, die *zur Einhaltung seiner Pflichten im Rahmen des Unionsrechts* erforderlichen Maßnahmen zu treffen", suggeriert dies, EIOPA könne Anordnung zur Wahrung jeglichen Unionsrechts treffen. Eine solche Auslegung erscheint jedoch systematisch und im Hinblick auf das Subsidiaritätsprinzip verfehlt.[60] Die unmittelbar zu treffende Anordnung kann sich letztlich **nur auf die streitgegenständlichen Unionsvorschriften** beziehen, die dem bisher ungelösten Rechtsstreit mit dem nationalen Aufseher zu Grunde lagen, dessen Nichteinsicht die Anordnungsbefugnis EIOPAs überhaupt erst zum Entstehen brachte. Zudem muss die Maßnahme natürlich mit der Rechtsgrundlage übereinstimmen (*nota bene*: nicht jede Unionsnorm wird der nationalen Aufsichtsbehörde die volle Bandbreite des Maßnahmenkataloges zugestehen) und den Grundsatz der Verhältnismäßigkeit beachten.[61] 69

4. Vierte Stufe: Beschwerde- und Klagemöglichkeiten. Bereits vor Veröffentlichung der Kommissionsentwürfe stellte der Rat der Europäischen Union in der Ratsformation „Wirtschaft und Finanzen" (sog. Ecofin-Rat) mit Nachdruck fest, dass die beiden Gemeinschaftsgerichte jeden Beschluss der europäischen Aufsichtsbehörden überprüfen können müssen.[62] Diese Klagemöglichkeit gegen jeden Beschluss wurde grundsätzlich auch durch die Verordnung übernommen (siehe Art. 61 EIOPA-VO). Jedoch wurde das Ganze noch um ein vorgeschaltetes Beschwerdeverfahren angereichert (Art. 60 EIOPA-VO). Diese bilden also die vierte (und fünfte) Stufe des Streitbeilegungsmechanismus. Insofern ist die Behauptung der Kommission, dass der Verordnungsentwurf (und insofern die Verordnung) einen dreistufigen Streitbeilegungsmechanismus vorsehe,[63] etwas zu kurz gegriffen, da hierdurch die Rechtsschutzmöglichkeiten gegen Entscheidungen von EIOPA ausgeblendet werden. Zu berücksichtigen ist auch, dass daneben gegenüber Beschlüssen nach Abs. 3 und 4 noch die „Rechtsschutzmöglichkeiten" durch Berufung auf die Schutzklausel des Art. 38 EIOPA-VO besteht (siehe Art. 38 EIOPA-VO Rn. 8 ff.). 70

IV. Beschlusswirkung (Abs. 5). Abs. 5 S. 1 ordnet den **Anwendungsvorrang** der **Beschlüsse**, die die **EIOPA** unter Geltung des Abs. 4 gegenüber einem Finanzinstitut erlassen hat, gegenüber allen von der nationalen Aufsichtsbehörde in der gleichen Sache erlassenen Maßnahmen (insbesondere Verwaltungsakten) an. Dies heißt letztlich, dass auch ein bestandskräftiger Verwaltungsakt, unabhängig von einem Aufhebungsverfahren, keine Rechtswirkung erzeugt. 71

Daneben verpflichtet Abs. 5 S. 2 alle zuständigen Behörden ihre **Maßnahmen**, die im Zusammenhang mit dem Sachverhalt stehen, der Gegenstand eines Beschlusses der EIOPA nach Abs. 3 gegenüber der zuständigen Behörde oder nach Abs. 4 gegenüber dem Finanzinstitut wurde, **im Einklang mit** diesem **Beschluss** zu treffen. Dies bewirkt **für bereits ergangene Maßnahmen**, dass diese soweit möglich **beschlusskonform** ausgelegt werden. So dies nicht möglich ist, greift Abs. 5 S. 1 und es besteht ein Anwendungsvorrang des Beschlusses. Für nach Erlass des Beschlusses zu treffende Maßnahmen der nationalen Aufsichtsbehörden verpflichtet Abs. 5 S. 2 die Behörden, ihre Maßnahmen in einer Art und Weise zu treffen, die dem Zweck des Beschlusses nicht zuwiderlaufen, sondern dessen Implementierung fördern. 72

[59] Vgl. zu möglichen Anordnungsinhalten in Deutschland Prölss/*Kollhosser*, 12. Aufl., § 81 VAG Rn. 55.

[60] So im Ansatz auch *Wymeersch* ZGR 2011, 443, 469.

[61] Zum Grundsatz der Verhältnismäßigkeit unter Solvency II vgl. *Dröse/Littmann* ZVersWiss 2012, 339; *Wandt*, Prinzipienbasiertes Recht und Verhältnismäßigkeitsgrundsatz im Rahmen von Solvency II, 2012; *ders./Sehrbrock* in: Dreher/Wandt 2012, 21.

[62] *Rat der Europäischen Union (Ecofin-Rat)*, Pressemitteilung 10737/09 vom 9.6.2009, S. 11.

[63] *Ksion*, Begründung zu EIOPA-VO-E in: KOM (2009) 502 endg., S. 7; vgl. hierzu auch Erwägungsgrund Nr. 27.

73 **V. Berichtspflicht des Vorsitzenden (Abs. 6).** Abs. 6 verpflichtet den **Vorsitzenden** in seinem nach Art. 50 Abs. 2 EIOPA-VO gegenüber dem Europäischen Parlament abzugebenden **Bericht** auch eine **Darstellung** der im Berichtzeitraum **aufgetretenen Meinungsverschiedenheiten**, die erzielten Einigungen oder die getroffenen Beschlüsse vorzunehmen.

Beilegung von sektorübergreifenden Meinungsverschiedenheiten zwischen zuständigen Behörden

20 **Der Gemeinsame Ausschuss legt gemäß dem Verfahren nach den Artikeln 19 und 56 sektorübergreifende Meinungsverschiedenheiten bei, die zwischen zuständigen Behörden im Sinne des Artikels 4 Nummer 2 der vorliegenden Verordnung, der Verordnung (EU) Nr. 1093/2010 beziehungsweise der Verordnung (EU) Nr. 1095/2010 auftreten können.**

Schrifttum: Siehe die Angaben bei Art. 19.

1 **I. Allgemeines.** Art. 20 EIOPA-VO regelt, wie der Gemeinsame Ausschuss seine ihm durch Art. 54 Abs. 3 EIOPA-VO zugewiesene Aufgabe, Meinungsverschiedenheiten nach Art. 19 EIOPA-VO, die finanzsektorübergreifend sind, beizulegen, nachzukommen hat.

2 **II. Erfasste Meinungsverschiedenheiten.** Um den Anwendungsbereich des Art. 20 EIOPA-VO zu eröffnen, muss zunächst ein **tauglicher Verfahrensgegenstand** vorliegen. Hierbei ist die Anforderung an die Meinungsverschiedenheit grundsätzlich im Gleichklang zu Art. 19 EIOPA-VO zu verstehen (siehe Art. 19 EIOPA-VO Rn. 4 ff., 8 ff., 15 ff. und 20 ff.).

3 Eine **Besonderheit** ergibt sich jedoch aus Art. 20 EIOPA-VO hinsichtlich des **persönlichen Anwendungsbereiches** (dh auch hinsichtlich der Antragsbefugnis). Die Meinungsverschiedenheit kann auch zwischen **zuständigen Behörden** unterschiedlicher Mitgliedstaaten für **verschiedene Sektoren** bestehen. Dies bedeutet, dass beispielsweise auch eine Meinungsverschiedenheit zwischen der italienischen Banca d'Italia (zuständige Behörde für Zwecke des Art. 4 Nr. 2 EBA-VO) und der portugiesischen Autoridade de Supervisão de Seguros e Fundos de Pensões (ASF) (zuständige Behörde für Zwecke des Art. 4 Nr. 2 EIOPA-VO) die Streitvermittlungskompetenzen eröffnet.

4 Nicht ganz klar wird aus Art. 20 EIOPA-VO, ob der Gemeinsame Ausschuss das *Mediation Panel* der EIOPA nach Art. 41 Abs. 2 EIOPA-VO (siehe Art. 41 Rn. 13 ff.) auch dann ersetzt, wenn die Meinungsverschiedenheit **zwar sektorübergreifende Relevanz** hat, **jedoch** ausschließlich zwischen **zuständigen Behörden nach der EIOPA-VO** besteht. Richtig verstanden, ist Art. 20 EIOPA-VO so zu lesen, dass der Gemeinsame Ausschuss zuständig sein soll, wann immer ein Streit sektorübergreifende Relevanz aufweist. Wollte man es hier davon abhängig machen, dass der Streit auch zwischen nationalen Aufsehern verschiedener Sektoren besteht, so würde man zum einen verkennen, dass den ESA nach Art. 19 Abs. 1 UAbs. 2 der Gründungsverordnungen auch die Kompetenz zukommt, ein Streitvermittlungsverfahren *ex officio* zu eröffnen und zum anderen, dass der Gemeinsame Ausschuss seine Koordinationsbefugnis zwischen den ESA nur dann erfolgreich ausüben kann, wenn ihm alle Angelegenheiten mit sektorübergreifender Relevanz zugetragen werden.

5 Insofern sind alle Meinungsverschiedenheiten zwischen zuständigen Behörden unabhängig vom Sektor, wenn die nach Art. 1 Abs. 2 EIOPA-VO einbezogenen **Basisrechtsakte** eine **Streitvermittlungsbefugnis vorsehen und** der **Streitgegenstand sektorübergreifende Relevanz** hat (was insbesondere bei Streitigkeiten über die Finanzkonglomeratsrichtlinie der Fall ist), der Gemeinsame Ausschuss im Verfahren für das *Mediation Panel* zu substituieren.

6 **III. Verfahren.** Das **Verfahren** läuft zunächst **entsprechend dem Verfahren nach Art. 19** ab. Dies erfordert jedoch zunächst, dass diejenige ESA, der ein Meinungsstreit mit sektorübergreifender Relevanz zur Kenntnis kommt oder dasjenige *Mediation Panel* bei dem eine Streitvermittlung beantragt wird, den Antrag oder die Kenntnis von der Meinungsverschiedenheit in den Gemeinsamen Ausschuss einbringt. Da der Vorsitzende der ESA auch Mitglied der *Mediation Panel* ist (vgl. Art. 41 EIOPA-VO Rn. 15), ist es an ihm, dieser Aufgabe nachzukommen. Sodann ist das Verfahren durch Beschluss des Gemeinsamen Ausschusses zu eröffnen.

7 Die **Vermittlungsphase** ist hierbei, der Art. 20 EIOPA-VO lässt hier keinen Deutungsspielraum, ebenfalls durch den Gemeinsamen Ausschuss durchzuführen. Im Hinblick darauf, dass der Gemeinsame Ausschuss aus den Vorsitzenden der ESA und aus den Vorsitzenden der Unterausschüsse des Gemeinsamen Ausschusses besteht (siehe Art. 55 EIOPA-VO Rn. 5 ff.) und letztere grundsätzlich Mitglieder des Rates der Aufseher einer der ESA sein sollen (siehe Art. 57 EIOPA-VO Rn. 14), also oftmals Leiter der nationalen Aufsichtsbehörden sein werden, ähnelt die **Besetzung** der Besetzung des *Mediation Panel* (siehe Art. 41 EIOPA-VO Rn. 15 ff.). Ein Unterschied besteht nur dahingehend, dass die „Beisitzer" typischerweise sektorübergreifende Leiter von zuständigen Behörden sein werden und dass diese im Gemeinsamen Ausschuss über kein Stimmrecht (aber natürlich ein Mitberatungsrecht) verfügen (siehe Art. 55 EIOPA-VO Rn. 8). Hier sollte insofern aber auch der Rechtsgedanke des Art. 41 Abs. 2 EIOPA-VO herangezogen werden und solche Mitglieder des Gemeinsamen Ausschusses ausgeschlossen

werden, bei denen es sich um Vertreter der zuständigen Behörden handelt, zwischen denen die Meinungsverschiedenheit besteht und deren Interessen durch den Konflikt berührt werden.

8 Sollte der **Vermittlungsversuch** durch den Gemeinsamen Ausschuss **scheitern**, so stehen ihm nunmehr die **Kompetenzen** des Art. 19 Abs. 3 EIOPA-VO in Bezug auf die **Beschlussfassung** zu. Dies bedeutet, dass der Gemeinsame Ausschuss eingelassen in das Verfahren nach Art. 19 Abs. 3 EIOPA-VO (siehe Art. 19 EIOPA-VO Rn. 42 ff.) mit allen Stimmen der Vorsitzenden der ESA (siehe Art. 55 EIOPA-VO Rn. 19) den Entwurf eines gemeinsamen Beschlusses beschließt. Der Verweis auf Art. 56 EIOPA-VO durch Art. 20 EIOPA-VO ist hierbei so zu verstehen, dass hier gemäß Art. 56 UAbs. 2 EIOPA-VO eine **gemeinsame Maßnahme** (siehe Art. 56 EIOPA-VO Rn. 8 ff.) zu beschließen ist.[1] Dies bedeutet, dass der beschlossene Entwurf sodann vom Vorsitzenden jeder ESA dem respektiven Rat der Aufseher zur Annahme vorzuschlagen wird, wobei alle Beschlüsse möglichst zeitgleich erfolgen sollen.[2] Aus dem Regelungskonzept ergibt sich hierbei, dass der gemeinsame Beschluss von jedem Rat der Aufseher nur unter dem Vorbehalt angenommen wird, dass ein entsprechender Beschluss auch durch den Rat der Aufseher der anderen beiden ESA gefasst wird. Sobald ein Rat der Aufseher seine Zustimmung verweigert, wird der Entwurf des gemeinsamen Beschlusses dem Gemeinsamen Ausschuss erneut zur Diskussion vorgelegt, um später einen eventuell abgeänderten neuen Entwurf eines gemeinsamen Beschlusses zur Annahme durch die Räte der Aufseher der ESA zu beschließen (siehe Art. 56 EIOPA-VO Rn. 12).

9 Das **vorgenannte Verfahren** (eingelassen in das Verfahren nach Art. 19 Abs. 4 EIOPA-VO; siehe Art. 19 EIOPA-VO Rn. 57 ff.) gilt auch im Rahmen einer **Beschlussfassung unmittelbar** gegenüber einem **Finanzinstitut**.

10 Auch die im Rahmen des Art. 20 EIOPA-VO i. V. m. Art. 19 Abs. 3 oder 4, 56 UAbs. 2 EIOPA-VO ergangenen **gemeinsamen Beschlüsse** sind beschwerde- (siehe Art. 60 EIOPA-VO Rn. 8) und klagefähig.

Aufsichtskollegien

21 (1) [1]**Die Behörde trägt zur Förderung und Überwachung eines effizienten, wirksamen und kohärenten Funktionierens der in der Richtlinie 2009/138/EG genannten Aufsichtskollegien bei und fördert die kohärente Anwendung des Unionsrechts in diesen Aufsichtskollegien.** [2]**Im Hinblick auf eine Angleichung der bewährten Aufsichtspraktiken haben die Mitarbeiter der Behörde die Möglichkeit, sich an den Aktivitäten der Aufsichtskollegien zu beteiligen, einschließlich Prüfungen vor Ort, die gemeinsam von zwei oder mehr zuständigen Behörden durchgeführt werden.**

(2) **Die Behörde übernimmt eine führende Rolle dabei, das einheitliche und kohärente Funktionieren der Aufsichtskollegien, die für in der Union grenzüberschreitend tätige Institute zuständig sind, sicherzustellen; dabei berücksichtigt sie das von Finanzinstituten ausgehende Systemrisiko im Sinne des Artikels 23.**

Für die Zwecke des vorliegenden Absatzes und des Absatzes 1 dieses Artikels wird die Behörde als „zuständige Behörde" im Sinne der einschlägigen Rechtsvorschriften betrachtet.

Die Behörde kann:

a) in Zusammenarbeit mit den zuständigen Behörden alle relevanten Informationen erfassen und austauschen, um die Tätigkeit des Kollegiums zu erleichtern und ein zentrales System einrichten und verwalten, mit dem diese Informationen den zuständigen Behörden im Kollegium zugänglich gemacht werden;

b) die Durchführung unionsweiter Stresstests gemäß Artikel 32 veranlassen und koordinieren, um die Widerstandsfähigkeit von Finanzinstituten gegenüber insbesondere das von Finanzinstituten ausgehende Systemrisiko im Sinne des Artikels 23 bei ungünstigen Marktentwicklungen bewerten zu können; eine Beurteilung der potenziellen Erhöhung des Systemrisikos in Stress-Situationen veranlassen und koordinieren, wobei sicherzustellen ist, dass auf nationaler Ebene eine kohärente Methode für diese Tests angewendet wird, und gegebenenfalls eine Empfehlung an die zuständigen Behörden aussprechen, Problempunkte zu beheben, die bei den Stresstests festgestellt wurden

c) wirksame und effiziente Aufsichtstätigkeiten unterstützen, wozu auch die Beurteilung der Risiken gehört, denen Finanzinstitute gemäß den Erkenntnissen aus dem aufsichtlichen

[1] So auch Art. 9.2. Joint Committee Rules of Procedure (revised version 2014) – Decision of the Joint Committee of the European Banking Authority, European Insurance and Occupational Pensions Authority, and European Securities and Markets Authority amending its Rules of Procedure (Decision JC DC 2014 001); vgl. zu dieser Geschäftsordnung Art. 55 EIOPA-VO Rn. 16.

[2] Deshalb ist zu empfehlen, dass hier jeweils die Abstimmung im schriftlichen Verfahren mit einheitlichen Fristen gewählt wird; so auch Art. 8.3. S. 2 Joint Committee Rules of Procedure (revised version 2014) – Decision of the Joint Committee of the European Banking Authority, European Insurance and Occupational Pensions Authority, and European Securities and Markets Authority amending its Rules of Procedure (Decision JC DC 2014 001).

Überprüfungsverfahren oder in Stress-Situationen ausgesetzt sind oder ausgesetzt sein könnten;

d) im Einklang mit den in dieser Verordnung festgelegten Aufgaben und Befugnissen die Tätigkeiten der zuständigen Behörden beaufsichtigen und

e) weitere Beratungen eines Aufsichtskollegiums in den Fällen fordern, in denen sie der Auffassung ist, dass der Beschluss in eine falsche Anwendung des Unionsrechts münden oder nicht zur Erreichung des Ziels der Angleichung der Aufsichtspraktiken beitragen würde. Die Behörde kann außerdem von der für die Gruppenaufsicht zuständigen Behörde verlangen, eine Sitzung des Kollegiums anzusetzen oder einen zusätzlichen Tagesordnungspunkt in die Tagesordnung einer Sitzung aufzunehmen.

(3) **Die Behörde kann Entwürfe technischer Regulierungs- und Durchführungsstandards ausarbeiten, um einheitliche Anwendungsbedingungen im Hinblick auf die Vorschriften zur operativen Funktionsweise der Aufsichtskollegien sicherzustellen; ferner kann sie gemäß Artikel 16 angenommene Leitlinien und Empfehlungen herausgeben, um die Angleichung der Funktionsweise der Aufsicht und der von den Aufsichtskollegien gewählten bewährten Aufsichtspraktiken zu fördern.**

(4) [1]**Die Behörde hat eine rechtlich verbindliche Aufgabe als Vermittlerin, um Streitigkeiten zwischen den zuständigen Behörden nach dem Verfahren des Artikels 19 zu schlichten.** [2]**Im Einklang mit Artikel 19 kann die Behörde Aufsichtsbeschlüsse treffen, die direkt auf das betreffende Institut anwendbar sind.**

Übersicht

Schrifttum: *Kraft*, Die Umsetzung der Solvency II-Gruppenaufsicht im deutschen Versicherungsaufsichtsgesetz (VAG): Inwieweit gilt deutsches Recht für die Beaufsichtigung internationaler Versicherungsgruppen?, ZVersWiss 2015, S. 389 ff.; *Maier/Nielsen*, Die Gruppenaufsicht unter Solvency II aus Sicht der Aufsicht, in: Dreher/Wandt (Hrsg.), Solvency II in der Rechtsanwendung 2013, 2014, S. 1 ff.

1 **I. Allgemeines.** Art. 21 EIOPA-VO dient dazu, der EIOPA zur Erfüllung ihrer Aufgabe nach Art. 8 Abs. 1 lit. i EIOPA-VO die notwendigen Kompetenzen zu übertragen, um das ordnungsgemäße Funktionieren der durch die Solva II-RL in den Art. 247 ff. nunmehr zwingend vorgesehenen Aufsichtskollegien sicherzustellen. Hierbei werden die Aufgaben der EIOPA im Zusammenhang mit der Gruppenaufsicht konkretisiert (Abs. 1 S. 1, Abs. 2 UAbs. 1), Kompetenzen geregelt (Abs. 1 S. 2, Abs. 2 UAbs. 2 und 3), die EIOPA zum Erlass von technischen Standards ermächtigt (Abs. 3 Hs. 1), klargestellt, dass auch Leitlinien und Empfehlungen zu diesem Bereich herausgegeben werden können (Abs. 3 Hs. 2), und Streitvermittlungsbefugnisse der EIOPA aus Art. 19 EIOPA-VO auf den Bereich der Gruppenaufsicht ausgeweitet (Abs. 4).

2 Obgleich das Instrument des **Aufsichtskollegiums** (*college of supervisors*, oftmals auch *supervisory college*) kein Novum ist,[1] sondern im europäischen Versicherungsaufsichtsrecht bereits seit 2000 existiert,[2] hat es durch die Umsetzung der Solvency II-Rahmenrichtlinie als bedeutendes Organisationsvehikel zur europäischen Aufsichtskooperation einen **erheblichen Bedeutungszuwachs** erfahren. Aus dem reinen Zahlenwerk lässt sich dieser Bedeutungszuwachs jedoch nicht zwingend entnehmen. So hatte die Vorgängerin der EIOPA, CEIOPS, 2010 in ihrer Aufstellung noch 102 europäische Versicherungsgruppen verzeichnet, für die ein Aufsichtskollegium eingerichtet worden war (davon 16 Versicherungsgruppen, für die die BaFin der Gruppenaufseher war: ADAC, Allianz, ARAG, Concordia, Continentale Krankenversicherung, DEVK, HDI, INTER Krankenversicherung, Münchener Rück, Nürnberger, Rheinland Gruppe, R + V, Signal, VHV, Wertgarantie, Wüstenrot und Württembergische).[3] In der aktuellen Auflistung der EIOPA finden sich hingegen „nur“ noch 92 über Aufsichtskollegien beauf-

[1] A. A. *Keune*, Rechtliche Grundlagen und Grenzen der EIOPA, 2015, S. 103.

[2] Siehe *Maier/Nielsen* in: Dreher/Wandt 2013, 1, 7.

[3] CEIOPS list of groups for which a College of supervisors is in place – established on the basis of the Helsinki Protocol and including relevant groups where the Swiss Financial Market Supervisory Authority (FINMA) participates in Colleges; abrufbar unter https://eiopa.europa.eu/Publications/Administrative/6.pdf (zuletzt abgerufen im September 2017).

sichtigte europäische Versicherungsgruppen (davon 15 Versicherungsgruppen, für die die BaFin der Gruppenaufseher ist: ADAC, Allianz, ARAG, Concordia, DEVK, Gothaer, HanseMerkur, HDI, INTER Krankenversicherung, LV 1871, Münchener Rück/ERGO, Nürnberger, R + V, Signal Iduna, Versicherungskammer Bayern und VHV).[4] Der Grund für die Abnahme dürfte hierbei im fortschreitenden Konsolidierungsprozess auf den Versicherungsmärkten zu sehen sein,[5] wobei auch zu berücksichtigen ist, dass die Versicherungsgruppen teilweise zu Finanzkonglomeraten geworden sind, wodurch sie nicht mehr durch ein versicherungsrechtliches Aufsichtskollegium, sondern ein finanzkonglomeratsrechtliches Aufsichtskollegium beaufsichtigt werden. Gegenwärtig bestehen in der Union 79 europäische Finanzkonglomerate (hiervon 6, für die die BaFin der Gruppenaufseher ist: Allianz, DEBEKA, Inter Group, LVM Group, Signal Iduna Gruppe, Wüstenrot und Württembergische Gruppe).[6]

Während im **Bankaufsichtsrecht** der Mechanismus des Aufsichtskollegiums durch die Einführung des Einheitlichen Aufsichtsmechanismus (*Single Supervisory Mechanism*/**SSM**) erheblich an **Bedeutung verloren** hat,[7] bleibt für den versicherungsaufsichtsrechtlichen Bereich, so lange keine vertiefte aufsichtsrechtliche Befugnisübertragung auf die EIOPA erfolgt, zu konstatieren, dass ein starker Bedeutungsanstieg zu erwarten ist. Hierbei ist ebenfalls vorhersehbar, dass die EIOPA in den künftigen Jahren über die Aufsichtskollegien stärker als im Bereich der Einzelaufsicht auf die konkrete Beaufsichtigung auf Mikroebene Einfluss nehmen wird. 3

Ziel der Aufsichtskollegien ist zum einen, ganz allgemein, eine Vertiefung der Zusammenarbeit der mitgliedstaatlichen Versicherungsaufsichtsbehörden untereinander, aber auch mit drittstaatlichen Behörden.[8] Die Aufsichtskollegien sollten hierbei gemäß Erwägungsgrund 139 S. 1 der Solva II-VO[9] eine ständige Plattform für die Koordinierung zwischen den Aufsichtsbehörden sein, eine gemeinsame Einschätzung des Risikoprofils der Gruppe und deren verbundener Unternehmen fördern und auf eine effizientere und wirkungsvollere risikosensitive Aufsicht sowohl auf Gruppen- als auch auf Einzelunternehmensebene hinarbeiten. Zum anderen soll die integrierte grenzüberschreitende Beaufsichtigung von Versicherungsgruppen aber beispielsweise auch eine bessere Erkennung von Systemrisiken oder Krisensituationen ermöglichen. Um all dies sicherzustellen, wird die EIOPA an den Aufsichtskollegien voll beteiligt: Hierdurch kann sie deren Funktionsweise und ihre Informationsaustauschverfahren überwachen und straffen, sowie die Angleichung und die Kohärenz bei der Anwendung des Unionsrechts durch diese Aufsichtskollegien fördern.[10] 4

II. Aufgaben (Abs. 1 S. 1, Abs. 2 UAbs. 1). Abs. 1 S. 1, Abs. 2 UAbs. 1 **konkretisieren** die der EIOPA in Art. 8 Abs. 1 lit. i EIOPA-VO zugewiesene **Aufgabe**, für die einheitliche und kohärente Funktionsweise der Aufsichtskollegien zu sorgen. 5

Hierbei liegt die primäre Aufgabe der EIOPA gemäß Abs. 1 S. 1 Hs. 1 darin, mittels ihrer Befugnisse ein effizientes, wirksames und kohärentes Funktionieren jedes nach der Solva II-RL einzurichtenden Aufsichtskollegiums zu fördern und die konkrete Funktionsfähigkeit zu überwachen. Die letztgenannte **Überwachungsfunktion** bezieht sich hierbei gemäß Abs. 1 S. 1 Hs. 2 gerade auch auf die korrekte Anwendung des Unionsrechts, wobei auch die **Koordinationsfunktion des Förderns** hier zum Tragen kommt, da die EIOPA auch über eine Rechtmäßigkeitskontrolle hinaus dazu beitragen soll, dass das Unionsrecht (auch in den verbleibenden Ermessensspielräumen) möglichst kohärent innerhalb aller Aufsichtskollegien und mithin innerhalb der gesamten Union angewandt wird. 6

Abs. 1 S. 2 weist der EIOPA zudem eine **Teilnahmefunktion** der EIOPA an **allen Aktivitäten der Aufsichtskollegien** zu. Im Schwerpunkt ist Abs. 1 S. 2 jedoch trotz seiner systematischen Stellung keine Aufgabenbeschreibung, sondern eine konkrete Befugnisübertragung (siehe hierzu Rn. 11). Aufgabenbeschreibung ist jedoch die Anforderung, dass eine Angleichung der bewährten Aufsichtspraktiken bewirkt werden soll. Es ist mithin an der EIOPA solche ***best practices*** zu ermitteln und auf deren einheitliche Durchsetzung in allen Aufsichtskollegien hinzuwirken (siehe Rn. 17 und 23). 7

---

[4] EIOPA list of identified insurance groups for which a college of supervisors is in place – including, per insurance group, an overview of the EU/EEA countries' National Competent Authorities participating as member in the Colleges [as per 28 October 2016] (EIOPA-BoS/16–306).

[5] Dies zeigt beispielsweise auch, dass die Liste der EIOPA 2015 noch 102 europäische Versicherungsgruppen auswies; siehe EIOPA list of identified insurance groups for which a college of supervisors is in place – and including relevant groups where the Swiss Financial Market Supervisory Authority (FINMA) participates in Colleges [as per 30 November 2015] (EIOPA-BoS-15–292).

[6] Für eine Liste der Finanzkonglomerate siehe Joint Committee, List of Financial Conglomerates 2016—Financial conglomerates with head of group in the EU/EEA (JC 2016 77).

[7] Siehe bspw. Boos/Fischer/Schulte-Mattler/*Lindemann* § 8e KWG Rn. 3.

[8] Erwägungsgrund 114 S. 2, 3 Solva II-RL: „Das Kollegium sollte eingesetzt werden, um dafür zu sorgen, dass die Zusammenarbeit, der Informationsaustausch und die Konsultationsprozesse zwischen den Aufsichtsbehörden des Kollegiums tatsächlich im Einklang mit dieser Richtlinie erfolgen. Die Aufsichtsbehörden sollten das Kollegium nutzen, um die Konvergenz ihrer jeweiligen Entscheidungen zu fördern und bei der Beaufsichtigung der gesamten Gruppe nach einheitlichen Kriterien eng zusammenzuarbeiten."

[9] Delegierte Verordnung (EU) 2015/35 der Kommission vom 10. Oktober 2014 zur Ergänzung der Richtlinie 2009/138/EG des Europäischen Parlaments und des Rates betreffend die Aufnahme und Ausübung der Versicherungs- und der Rückversicherungstätigkeit (Solvabilität II) Text von Bedeutung für den EWR, ABl. 2015 L 12, 1.

[10] So ähnlich auch Erwägungsgrund 35 S. 3.

8 Durch Abs. 2 UAbs. 1 Hs. 1 wird der EIOPA in den Aufsichtskollegien eine **Führungsfunktion** übertragen, um hierdurch das einheitliche und kohärente Funktionieren der Aufsichtskollegien (dies ist letztlich wieder als Verweis auf die Primäraufgabe [siehe Rn. 6] zu sehen) sicherzustellen. Konkret bedeutet dies, dass die EIOPA eine parallele Führungsposition in den Aufsichtskollegien neben den diese leitenden Gruppenaufsehern einnehmen soll. Hierbei ist die Aufgabe der EIOPA nicht (nur) die eines „Schiedsrichters", vielmehr soll sie vorausplanend agieren, um Konflikte und Krisen zu vermeiden und die einzelnen Aufsichtsbehörden sollen zu einer kollegialen, rechtmäßigen und effizienten Zusammenarbeit geführt werden.

9 Daneben ordnet Abs. 2 UAbs. 1 Hs. 2 der EIOPA noch eine **makroprudentielle Überwachungsfunktion** innerhalb der Aufsichtskollegien zu. Gerade über die Aufsichtskollegien, innerhalb derer alle besonders bedeutsamen in Europa aktiven Versicherungsgruppen – die mithin eine systemische Relevanz aufweisen – beaufsichtigt werden, ist die EIOPA in die Lage versetzt, zu einem frühen Stadium Systemrisiken zu erkennen, aber auch zu adressieren. Die makroprudentielle Überwachungsfunktion ermöglicht insofern auch die Wahrnehmung einer **makroprudentiellen Korrekturfunktion**, sodass es an der EIOPA ist, die Handlung in den einzelnen Aufsichtskollegien auch miteinander zu koordinieren. Hierdurch können Risiken, die in den einzelnen Aufsichtskollegien gesteuert werden und die sich marktübergreifend zu einem Systemrisiko aggregieren, effizient eingedämmt werden. Die EIOPA wirkt insofern als Klammer zwischen allen Aufsichtskollegien (**Klammerfunktion**), wodurch eine koordinierte Antwort auf Krisensituationen im Falle einer erneuten Finanzkrise erheblich erleichtert wird.

10 **III. Befugnisse. 1. Allgemeine Befugnisse (Abs. 1 S. 2, Abs. 2 UAbs. 2).** Zur Wahrnehmung ihrer zugewiesenen Aufgaben werden der EIOPA durch Art. 21 EIOPA-VO zahlreiche Befugnisse übertragen. Eine zentrale Rolle nimmt hierbei die Feststellung des Abs. 2 UAbs. 2 ein, dass die EIOPA im Rahmen des Abs. 1 und 2 „als zuständige Behörde' im Sinne der einschlägigen Rechtsvorschriften" zu betrachtet ist. Dies bedeutet, dass die EIOPA im Rahmen ihrer Tätigkeit innerhalb der Kollegien alle Rechte (und Pflichten) einer **beteiligten Versicherungsaufsichtsbehörde** hat. Der Begriff der **zuständigen Behörde** ist hier wohl im Schwerpunkt als Referenz auf den gleichlautenden Begriff des Art. 4 Nr. 2 EIOPA-VO zu verstehen und soll gerade nicht nahelegen, dass die EIOPA die (alleinige) zuständige Behörde iSd Art. 247 Solva II-RL (dh der alleinige Gruppenaufseher) ist. Es geht hier vielmehr darum, dass die EIOPA in ihren **Informations-, Beteiligungs- und sonstigen Rechten** den anderen am Kollegium beteiligten Aufsichtsbehörden gleichgestellt wird. Dies wird auch bestätigt durch Art. 248 Abs. 3 UAbs. 1 Solva II-RL, der als Mitglieder der Aufsichtskollegien die für die Gruppenaufsicht zuständige Behörde (Gruppenaufseher), die Aufsichtsbehörden aller Mitgliedstaaten, in denen Tochterunternehmen ihren Sitz haben, und die EIOPA aufführt. Die Befugnisse eines Gruppenaufsehers kann die EIOPA insofern nur dann in Anspruch nehmen, wenn die Voraussetzungen der Art. 17 ff. vorliegen und ein Durchgriff eröffnet ist (siehe aber Rn. 25 ff.). Die EIOPA ist mithin allein den anderen zuständigen Versicherungsaufsichtsbehörden gleichberechtigt. Im Hinblick auf die der EIOPA in Abs. 2 UAbs. 3 zusätzlich verliehenen Befugnisse ist die EIOPA jedoch innerhalb der Gruppe der sonstigen Aufsichtsbehörden der *primus inter pares* und ist dem Gruppenaufseher in vielerlei Hinsicht gleich- oder sogar übergeordnet.

11 In diesem Kontext der allgemeinen Befugnisse aller zuständigen Behörden sind auch die Befugnisse des Abs. 1 S. 2 zu sehen. Die EIOPA ist gemäß Abs. 1 S. 2 Hs. 1 befugt, an **sämtlichen Aktivitäten** der Aufsichtskollegien über Entsendung ihres Personals **teilzunehmen**. Dies bedeutet, dass die EIOPA an allen koordinierenden Austauschen der Kollegiumsmitglieder zu beteiligen ist, was insbesondere eine Ladung zu sämtlichen Sitzungen beinhaltet. Diese Teilnahmebefugnis geht so weit, dass die EIOPA gemäß Abs. 1 S. 2 Hs. 2 auch an **Ortsprüfungen teilnehmen** darf, wenn diese von zwei oder mehr zuständigen Behörden durchgeführt wird.

12 **2. Besondere Befugnisse (Abs. 2 UAbs. 3).** Abs. 2 UAbs. 3 weisen der EIOPA zahlreiche **Sonderbefugnisse** zu, die sie hinsichtlich ihrer Rechtstellung in den oder zu den Aufsichtskollegien von den anderen zuständigen Behörden und teilweise auch vom Gruppenaufseher abheben.

13 Die EIOPA ist gemäß Abs. 2 UAbs. 3 lit. a befugt, alle relevanten **Informationen** zu **erfassen** und mit den beteiligten Aufsichtsbehörden **austauschen.** Diese Befugnis dient vordergründig der Erfüllung der Koordinierungsfunktion der EIOPA, die hierdurch die Tätigkeit des Aufsichtskollegiums erleichtern soll, weshalb sie insbesondere auch dazu ermächtigt ist, ein **zentrales System einzurichten** und zu **verwalten**, mit dem diese Informationen den Kollegiumsmitgliedern zugänglich gemacht werden. Die so gewonnenen und verwalteten Informationen sollen vorrangig zu Zwecken der Arbeit im Aufsichtskollegium genutzt werden. Sie können jedoch in entsprechender Anwendung des Art. 35 Abs. 7 EIOPA-VO auch für alle anderen Aufgaben, die der EIOPA im Rahmen der EIOPA-VO übertragen wurden, verwendet werden. Diese Informationen fallen aber selbstverständlich unter das Berufsgeheimnis nach Art. 70 EIOPA-VO und sind datenschutzrechtlich gemäß Art. 71 EIOPA-VO korrekt zu behandeln. Dies bedeutet aber nicht, dass im Falle einer zulässigen Anfrage eines anderen nationalen Aufsehers nach Art. 35 Abs. 3 EIOPA-VO (siehe Art. 35 EIOPA-VO Rn. 26 ff.) die EIOPA die im zentralen System gespeicherten Daten diesem nicht zugängig machen dürfte.

Abs. 2 UAbs. 3 lit. b ermächtigt die EIOPA zur **Initiierung und Koordinierung** der Durchführung **unionsweiter Stresstests** gemäß Art. 32 EIOPA-VO. Hierüber soll die Resilienz von Finanzinstituten unter widrigen Bedingungen und insbesondere das von Finanzinstituten ausgehende Systemrisiko im Sinne des Art. 23 EIOPA-VO bei solchen Marktentwicklungen bewertet werden, wobei gerade auch eine potentielle Erhöhung des Systemrisikos in Stress-Situationen beurteilt werden soll. Weshalb diese in Art. 32 EIOPA-VO hinreichend zum Ausdruck gebrachte Befugnis an dieser Stelle noch einmal wiederholt wird, ist nicht gänzlich klar. Es geht hier wohl primär darum klarzustellen, dass Stresstests insbesondere auch Versicherungsgruppen auf ihre Resilienz testen können. Daneben ist zu berücksichtigen, dass die EIOPA gerade auch über die Aufsichtskollegien die konkrete Durchführung (zumindest für einen Teilausschnitt des Marktes) effizient koordinieren kann, also im Hinblick auf den Austausch in den Kollegien sicherstellt, dass auf nationaler Ebene eine kohärente Methode für diese Tests angewendet wird. Entscheidender ist aber hier die Befugnis der EIOPA Abs. 2 UAbs. 3 lit. b a. E., gegebenenfalls eine **Empfehlung** an die zuständigen Behörden aussprechen, Problempunkte zu beheben, die bei den Stresstests festgestellt wurden. Solche Empfehlungen, wenn sie sich nicht auf den gesamten Markt beziehen – sodass sie besser als allgemeine Leitlinien oder Empfehlungen nach Art. 16 EIOPA-VO ausgesprochen werden sollten –, können am effizientesten über eine Einbindung in die Aufsichtskollegien durchgesetzt werden. Oftmals werden sich potentielle Unternehmenskrisen und Systemrisikoerhöhungen nicht nur aus einem einzelnen Faktor, für den eine einzelne Aufsichtsbehörde allein aufsichtsbefugt ist, ergeben, sondern aus einer Wechselwirkung mehrerer Faktoren, sodass eine koordinierte Adressierung in den Aufsichtsgremien am erfolgsversprechenden erscheint. 14

Die EIOPA hat gemäß Abs. 2 UAbs. 3 lit. c **wirksame und effiziente Aufsichtstätigkeiten** zu **unterstützen**. Dies bedeutet allgemein, dass die EIOPA in den Aufsichtskollegien Ratschläge erteilen kann, welche aufsichtliche Behandlung ihrer Ansicht nach am zielführendsten erscheint. Die EIOPA unterstützt die beteiligten nationalen Aufsichtsbehörden zu diesem Zweck auch bei der Deutung der Ergebnisse aus aufsichtlichen Überprüfungsverfahren oder Stresstests. Hinsichtlich der hieraus zu deduzierenden Risiken, denen das Finanzinstitut ausgesetzt ist, darf (und soll) die EIOPA die nationalen Aufsichtsbehörden hinsichtlich einer wirksamen Behandlung in den Aufsichtskollegien anleiten. 15

Abs. 3 lit. d bestätigt nur noch einmal, dass die allgemeinen Aufgaben und Befugnisse der EIOPA im Hinblick auf die nationalen Aufsichtsbehörden auch in den Aufsichtskollegien greifen, dass also die EIOPA die Kollegien in ihrer Gesamtheit und jede nationale Aufsichtsbehörde im Hinblick auf ihren Beitrag **überwacht**. Dies bedeutet beispielsweise, dass die EIOPA selbstverständlich auch im Hinblick auf Handlungen, von denen sie im Rahmen der Kollegialarbeit Kenntnis erlangt, auf Grundlage des Art. 17 EIOPA-VO gegen die zuständige Behörde vorgehen kann. 16

Abs. 3 lit. e gewährt der EIOPA besondere verfahrensleitende Befugnisse innerhalb der Aufsichtskollegien. So kann die EIOPA gemäß Abs. 3 lit. e S. 1 **weitere Beratungen** eines Aufsichtskollegiums fordern – dies ist so zu verstehen, dass das Kollegium in diesem Fall weitere Beratungen durchführen muss –, wenn die EIOPA der Auffassung ist, dass der Beschluss sonst in eine **falsche Anwendung** des **Unionsrechts** münden oder nicht zur Erreichung des Ziels der **Angleichung der Aufsichtspraktiken** beitragen würde. Es geht hier also zum einen darum, die EIOPA in die Lage zu versetzen, den beteiligten Aufsichtsbehörden noch einmal vor Augen zu führen, dass ein Festhalten am Beschluss zur Einleitung eines Verfahrens wegen Unionsrechtsverletzung nach Art. 17 EIOPA-VO führen könnte. Zum anderen soll die EIOPA noch einmal auf die Beteiligten einwirken können, diese dazu zu bewegen, die europäischen *best practices* einzuhalten, um hierdurch der Aufsichtsarbitrage für die Zukunft eine Absage zu erteilen und ein *level playing field* zu bewirken. Abs. 3 lit. e S. 2 gewährt der EIOPA zudem noch die Befugnis, vom Gruppenaufseher zu verlangen, eine **Sitzung** des Kollegiums **anzusetzen** oder einen zusätzlichen **Tagesordnungspunkt** in die Tagesordnung einer Sitzung **aufzunehmen**. Hierdurch kann die EIOPA die Arbeit in den Kollegien erheblich mitsteuern und zu treffende Beschlüsse nach ihrem Verständnis lenken. 17

IV. Regulatorische Sonderbefugnisse mit Bezug zu den Aufsichtskollegien (Abs. 3). Gerade die Arbeit in den Aufsichtskollegien soll die nationalen Aufsichtsbehörden in die Lage versetzen, dass sie ihre jeweilige Arbeitsweise besser kennenlernen und sich schrittweise gemeinsame Aufsichtspraktiken etablieren. Die **Aufsichtskollegien** sind insofern der **Nukleus einer einheitlichen, gesamteuropäischen Aufsicht**. Um gerade in diesem Bereich für stärkere Kohärenz zu sorgen, werden der EIOPA auch in Bezug auf die Aufsichtskollegien regulatorische Kompetenzen zugestanden. 18

1. Erarbeitung von technischen Standards (Abs. 3 Hs. 1). Abs. 3 Hs. 1 stellt fest, dass die EIOPA, zum Zweck der Sicherstellung einheitlicher Anwendungsbedingungen im Hinblick auf die Vorschriften zur **operativen Funktionsweise** der Aufsichtskollegien, **technische Standards erlassen** kann. 19

Der **Bedeutungsgehalt** dieser Norm ist ausgesprochen unklar. Auf den ersten Blick wirkt Abs. 3 Hs. 1 im Vergleich zu Art. 10 und Art. 15 EIOPA-VO so, als würde der Verordnungsgeber die EIOPA hier unmittelbar zum Entwurf solcher technischen Standards ermächtigen, ohne dass eine echte Ermächtigung im betroffenen Basisrechtsakt (hier also insbesondere Solva II-RL) nötig wäre. Dies ist 20 jedoch nicht der Fall. Vielmehr erfordert eine Delegation von Befugnissen vorrangig, dass die Übertragung auf den Delegatar erfolgt. Delegatar ist jedoch allein die Kommission (siehe Art. 10 EIOPA-VO Rn. 8), während die EIOPA beim Erlass der technischen Standards nur ein Verfahrensbeteiligungsrecht innehat. Indem Abs. 3 Hs. 1 hier aber gerade nicht ausspricht, dass die Kommission ermächtigt wird, technische Regulierungsstandards als delegierte Rechtsakte und technische Durchführungsstandards als Durchführungsrechtsakte zu erlassen und auch keine Begrenzungen und Bedingungen aufstellt, wird deutlich, dass es sich um **keine** selbständige **Delegation** handelt.

21 Insofern kann dem Abs. 3 Hs. 1 nur eine rein **deklaratorische Wirkung** zugestanden werden, dass bei Vorliegen der Voraussetzungen der Art. 10 ff. und Art. 15 EIOPA-VO die EIOPA Entwürfe zu technischen Standards erstellen und die Kommission diese als delegierte Rechtsakte oder Durchführungsrechtsakte erlassen kann. Von Bedeutung ist diese Vorschrift insofern allenfalls als Erinnerungsposten für den Unionsgesetzgeber, dass er hierzu eine Ermächtigung vorsehen sollte.

22 **Konkret** ist jedoch in den Art. 248 Abs. 6 UAbs. 2 und 3, Abs. 7, 249 Abs. 3 Solva II-RL jeweils eine **Ermächtigung** zum Erlass von technischen Regulierungsstandards und in Art. 249 Abs. 4 Solva II-RL eine Ermächtigung zum Erlass von technischen Durchführungsstandards zu aufsichtskollegialen Themen vorgesehen. Auf Grundlage der letzten Ermächtigung ist auf Entwurf der EIOPA hin die Informationsübermittlungsdurchführungsverordnung[11] ergangen.

23 **2. Erarbeitung von Leitlinien und Empfehlungen (Abs. 3 Hs. 2).** Abs. 3 Hs. 2 ist **rein deklaratorisch**, wenn er feststellt, dass die EIOPA gemäß dem Verfahren nach Art. 16 EIOPA-VO Leitlinien und Empfehlungen herausgeben kann. Dies ergibt sich bereits aus Art. 16 EIOPA-VO (siehe zur weiten Ermächtigung insb. Art. 16 EIOPA-VO Rn. 24 ff.). Eine gewisse Restbedeutung kann insofern allenfalls dem Zusatz des Abs. 3 Hs. 2 beigemessen werden, dass die EIOPA diese Leitlinien und Empfehlungen herausgeben kann, „um die Angleichung der Funktionsweise der Aufsicht und der von den Aufsichtskollegien gewählten bewährten Aufsichtspraktiken zu fördern". Im Ergebnis ist dies jedoch nicht als Beschränkung der Befugnis der EIOPA zur Herausgabe von Leitlinien und Empfehlungen in diesem Bereich zu sehen, sondern nur als eine programmatische Zielvorgabe. Dies ist so zu verstehen, dass die EIOPA für die Leitlinien der Arbeit in den Aufsichtskollegien nicht einseitig Leitlinien vorgeben soll, sondern hierbei Rücksicht nehmen soll auf das, was sich in den Kollegien als *best practice* etabliert hat, was dann wiederum über Leitlinien (für alle anderen Aufsichtskollegien) forciert wird.

24 Im Bereich der Aufsichtskollegien oder mit starker Berührung zu diesen hat die EIOPA bereits **zahlreiche Leitlinien** herausgegeben. Zu nennen sind hier insbesondere die Gemeinsamen Leitlinien über die Angleichung der Aufsichtspraxis in Bezug auf die Einheitlichkeit von Kooperationsvereinbarungen für die Beaufsichtigung von Finanzkonglomeraten,[12] die Leitlinien zur Verwendung interner Modelle,[13] Leitlinien zur Gruppensolvabilität,[14] die Leitlinien zur operativen Funktionsweise von Kollegien[15] und die Leitlinien zum systematischen Informationsaustausch innerhalb von Kollegien.[16]

25 **V. Streitvermittlungsbefugnis (Abs. 4).** Abs. 4 S. 1 ordnet an, dass die EIOPA (dh ihr *Mediation Panel*, siehe Art. 19 EIOPA-VO Rn. 32 f.) auch für Meinungsverschiedenheiten **innerhalb** eines **Aufsichtskollegiums** die **Streitvermittlungsbefugnisse** des Art. 19 EIOPA-VO innehat. Diese Feststellung ist rein **deklaratorisch**, da Art. 19 EIOPA-VO die Meinungsverschiedenheit, für die eine Vermittlungsbefugnis eröffnet ist, abstrakt definiert und nicht auf bestimmte Situation beschränkt[17] (siehe zu den Anforderung an die Meinungsverschiedenheit Art. 19 EIOPA-VO Rn. 4 ff., 8 ff., 15 ff. und 20 ff.). Allerdings ist zu beachten, dass solche Meinungsverschiedenheiten gerade im Bereich der Aufsichtskollegien, durch die eng verknüpfte Kooperation der beteiligten Aufsichtsbehörden und die rechtliche Vormachtstellung des Gruppenaufsehers, besonders häufig auftreten und sichtbar werden. Nun muss man in Erinnerung rufen, dass die EIOPA nach den Abs. 1 und 2 vollumfänglich in die Aufsichtskollegien integriert ist und insofern von allen Unstimmigkeiten und potentiellen Unionsrechtsverletzungen umgehend Kenntnis erlangen wird. Berücksichtigt man ferner, dass die EIOPA ein Streitvermittlungsverfahren auch *ex officio* einleiten kann (siehe Art. 19 EIOPA-VO Rn. 27), so zeigt sich, welches wirkmächtige Instrument die Streitschlichtungsbefugnis der EIOPA im Rahmen der Aufsichtskollegien in die Hand gibt. Gerade hierdurch wird die Vormachtstellung des Gruppenaufsehers stark zu Gunsten

[11] Durchführungsverordnung (EU) 2015/2014 der Kommission vom 11. November 2015 zur Festlegung technischer Durchführungsstandards im Hinblick auf die Verfahren und Muster für die Übermittlung der Informationen an die für die Gruppenaufsicht zuständige Behörde und für den Informationsaustausch zwischen den Aufsichtsbehörden gemäß der Richtlinie 2009/138/EG des Europäischen Parlaments und des Rates, ABl. 2015 L 295, 11.

[12] JC/GL/2014/01.

[13] EIOPA-BoS-14/180; siehe insbesondere die Zielvorgabe Nr. 1.3.

[14] EIOPA-BoS-14/181.

[15] EIOPA-BoS-14/146.

[16] EIOPA-BoS-15/112.

[17] Eine situative Beschränkung ergibt sich aber natürlich daraus, dass die von Art. 1 Abs. 2 EIOPA-VO einbezogenen Basisrechtsakte die Möglichkeit einer Streitschlichtung vorsehen müssen, was sie nur für bestimmte Streitsituationen tun, vgl. Art. 19 EIOPA-VO Rn. 11.

der EIOPA beschnitten, die über dieses Instrument bei der geringsten Unstimmigkeit die faktische Leitung des Aufsichtskollegiums an sich ziehen kann.

Auch Abs. 4 S. 2 ist rein **deklaratorisch**, indem er feststellt, dass die EIOPA bei Durchschreiten aller Eskalationsstufen des Art. 19 EIOPA-VO letztlich auch im Rahmen eines Aufsichtskollegiums einen **Beschluss unmittelbar gegenüber** dem betroffenen **Finanzinstitut** erlassen kann. Faktisch bedeutet dies, dass gerade solche Versicherer, die Teil einer durch ein Kollegium beaufsichtigten Versicherungsgruppe sind, potentielle Adressaten von unmittelbaren Beschlüssen der EIOPA sind. Es soll insofern zwar auch innerhalb der Kollegien dabei bleiben, dass das ESFS ein zweiebenes System ist, in dem die tatsächliche Tagesarbeit der Aufsicht durch die nationalen Aufsichtsbehörden (und sei es koordiniert über ein Aufsichtskollegium) erfolgt. Jedoch kann die EIOPA hier mit größerer Wahrscheinlichkeit als in anderen Bereichen und ohne nennenswerte Kontrolle durch die Organe der Union eine Durchgriffsbefugnis erlangen. So verstanden dient allein schon die Androhung des Streitschlichtungsmechanismus – und so wird man die ansonsten überflüssige Erwähnung in Abs. 4 verstehen müssen – auch dazu, der EIOPA im Aufsichtskollegium eine besondere Machtstellung zuzuordnen, über die sie letztlich auch den Gruppenaufseher maßgeblich wird lenken bzw. beeinflussen können. 26

Wenn es anders als in Art. 21 EIOPA-VO nicht um ein Aufsichtskollegium für eine Versicherungsgruppe, sondern um ein **Aufsichtskollegium** für ein **Finanzkonglomerat** geht, so ist bei finanzsektorübergreifenden Meinungsverschiedenheiten in diesem Kollegium nicht das *Mediation Panel* der EIOPA nach Art. 19 EIOPA-VO i. V. m. Abs. 4 zuständig, sondern gemäß Art. 20 EIOPA-VO der **Gemeinsame Ausschuss** (siehe Art. 20 EIOPA-VO Rn. 2 ff.). 27

Allgemeine Bestimmungen

22 (1) [1]**Die Behörde trägt dem Systemrisiko im Sinne der Verordnung (EU) Nr. 1092/2010 gebührend Rechnung.** [2]**Sie reagiert auf alle Risiken der Beeinträchtigung von Finanzdienstleistungen, die**

a) durch eine Störung des Finanzsystems insgesamt oder in Teilen verursacht werden und
b) das Potenzial haben, schwerwiegende negative Folgen für den Binnenmarkt und die Realwirtschaft führen können.*

Die Behörde berücksichtigt gegebenenfalls die Überwachung und Bewertung des Systemrisikos, die vom ESRB und der Behörde entwickelt wurden, und reagiert auf Warnungen und Empfehlungen des ESRB gemäß Artikel 17 der Verordnung (EU) Nr. 1092/2010.

(2) **Die Behörde entwickelt in Zusammenarbeit mit dem ESRB und im Einklang mit Artikel 23 Absatz 1 einen gemeinsamen Ansatz für die Ermittlung und Messung der Systemrelevanz einschließlich quantitativer und qualitativer Indikatoren, soweit erforderlich.**

[1]**Diese Indikatoren sind ein wesentliches Element für die Festlegung von geeignetem aufsichtlichen Handeln.** [2]**Die Behörde überwacht zur Förderung eines gemeinsamen Ansatzes das Ausmaß an Konvergenz bei diesen Festlegungen.**

(3) **Unbeschadet der in Artikel 1 Absatz 2 genannten Rechtsakte formuliert die Behörde nach Bedarf zusätzliche Leitlinien und Empfehlungen für Finanzinstitute, um dem von diesen ausgehenden Systemrisiko Rechnung zu tragen.**

Die Behörde stellt sicher, dass dem von Finanzinstituten ausgehenden Systemrisiko bei der Ausarbeitung von Entwürfen technischer Regulierungs- und Durchführungsstandards in den Bereichen, die in den in Artikel 1 Absatz 2 genannten Gesetzgebungsakten festgelegt sind, Rechnung getragen wird.

(4) **Die Behörde kann auf Ersuchen einer oder mehrerer zuständiger Behörden, des Europäischen Parlaments, des Rates oder der Kommission oder von Amts wegen eine Untersuchung in Bezug auf eine bestimmte Art von Finanzinstitut, Produkt oder Verhaltensweise durchführen, um die davon ausgehende potenzielle Bedrohung der Stabilität des Finanzsystems beurteilen zu können und den betreffenden zuständigen Behörden geeignete Empfehlungen für Maßnahmen geben zu können.**

Für diese Zwecke kann die Behörde die Befugnisse nutzen, die ihr durch diese Verordnung einschließlich des Artikels 35 übertragen werden.

(5) **Der Gemeinsame Ausschuss stellt eine umfassende sektorenübergreifende Koordinierung der gemäß diesem Artikel ergriffenen Maßnahmen sicher.**

---

* **Hinweis des Verlags:** Richtig wohl „zu schwerwiegenden negativen Folgen für den Binnenmarkt und die Realwirtschaft zu führen".

Übersicht

Schrifttum: *Berdin/Sottocornola*, Insurance Activities and Systemic Risk, SAFE Working Paper No. 121, 2015; *The Geneva Association Systemic Risk Working Group*, Systemic Risk in Insurance – An analysis of insurance and financial stability, 2010; *Kaufhold*, Systemaufsicht – Der Europäische Ausschuss für Systemrisiken im Finanzsystem als Ausprägung einer neuen Aufsichtsform, in: Die Verwaltung 2013, S. 21 ff.; *Mawdsley*, EIOPA's Role in Crisis Prevention, Management and Resolution, in: The Geneva Association (Hrsg.), PROGRES Newsletter No. 56 (January 2013).

1 **I. Allgemeines.** Im Nachgang der Finanzkrise von 2007–2009 und der Staatsschuldenkrise von 2010–2012 haben das Interesse an und die Relevanz von systemischen Risiken immer stärker an Bedeutung gewonnen. Während der Fokus der Untersuchungen zu Systemrisiken klassisch auf Banken lag, hat in den letzten Jahren die Erkenntnis Raum gewonnen, dass auch solche Finanzinstitute, die nicht traditionell mit systemischen Risiken in Verbindung gebracht wurden – wie insbesondere **Versicherungsunternehmen**[1] –, **bedeutende systemische Risiken** in sich tragen können.[2] Hierbei ist jedoch zu beachten, dass die systemische Exponierung von Versicherern eine andere ist als bei Banken (beispielsweise, da ein Vorgang wie ein *bank run* bei einem Versicherer nicht vorstellbar ist), sodass hier noch Bedarf bestand, Grundlagenarbeit hinsichtlich der Systemrelevanz von Versicherungsunternehmen und EbAV zu leisten. Gleichwohl war in der Finanzkrise sichtbar geworden – exemplifiziert durch AIG –, dass auch Versicherer, zumindest wenn sie in nicht-traditionellen Versicherungstätigkeiten oder Nicht-Versicherungstätigkeiten involviert sind (wie beispielsweise *Credit Default Swaps*, Finanzgarantien oder Renditesteigerung durch *leveraging* von bestimmten Anlagen durch das Instrument der Wertpapierleihe), stärker den Marktkräften ausgesetzt sind und hierdurch auch systemische Risiken in sich tragen oder zumindest zu diesen beitragen können.[3] Zur Identifizierung und Eindämmung solcher systemischer Risiken werden der EIOPA durch Art. 22 ff. EIOPA-VO zahlreiche Aufgaben und Befugnisse übertragen.

2 Art. 22 EIOPA-VO definiert hierbei grob den Begriff des systemischen Risikos (Abs. 1 UAbs. 1 S. 2) und überträgt der EIOPA die folgenden Aufgaben: Das systemische Risiko bei allen Aufgabenerfüllungen zu berücksichtigen und auf dieses zu reagieren (Abs. 1 UAbs. 1 S. 1, 2), die selbst entwickelte Überwachung und Bewertung des systemischen Risikos zu berücksichtigen und auf Warnungen und Empfehlungen des ESRB zu reagieren (Abs. 1 UAbs. 2), die Entwicklung eines gemeinsamen Ansatzes für die Ermittlung und Messung von Systemrisiken (Abs. 2), die Herausgabe von Leitlinien und Empfehlungen (Abs. 3 UAbs. 1) und die Berücksichtigung des Systemrisikos beim Entwurf der technischen Standards (Abs. 3 UAbs. 2), die Befugnis zur Untersuchung einzelner Finanzinstitute, Produkte oder Verhaltensweisen auf ihr systemisches Risiko (Abs. 4) und die sektorübergreifende Konvergenzherstellung (Abs. 5).

3 **II. Begriff des Systemrisikos (Abs. 1 UAbs. 1 S. 2).** Abs. 1 UAbs. 1 S. 2 **definiert** den für die EIOPA-VO und das ESFS zentralen Begriff des **Systemrisikos** (systemisches Risiko), als ein Risiko der Störung des gesamten Finanzsystems oder eines Teils, wobei die Störung das Potenzial hat, zu schwerwiegenden negativen Folgen für den Binnenmarkt und die Realwirtschaft zu führen. Der Verordnungsgeber suchte bei seiner Definition einen Schulterschluss zu den international entwickelten Vorstellungen des systemischen Risikos.[4] Hierbei entspricht Abs. 1 UAbs. 1 S. 2 weitestgehend der Definition, die von dem Finanzstabilitätsrat (*Financial Stability Board* [FSB]), dem Internationalen Währungsfonds (*International Monetary Fund* [IMF]) und der Bank für internationalen Zahlungsausgleich (*Bank for International Settlements* [BIS]) gemeinsam verwandt wird.[5]

[1] Siehe hierzu grundlegend *The Geneva Association*, Systemic Risk in Insurance, 2010.

[2] So *Berdin/Sottocornola*, Insurance Activities and Systemic Risk, 2015, 2.

[3] *Bernardino*, Creating a global insurance supervisory language, Rede v. 6.9.2012 bei der Conference on Global Insurance Supervision, abrufbar unter: https://eiopa.europa.eu/Publications/Speeches%20and%20presentations/2012-09-06_Conference_on_GIS.pdf#search=systemic%20risk.

[4] Siehe Erwägungsgrund 14 S. 1.

[5] Siehe FSB/IMF/BIS, Guidance to Assess the Systemic Importance of Financial Institutions, Markets and Instruments: Initial Considerations – Report to the G-20 Finance Ministers and Central Bank Governors v. 28.10.2009; abrufbar unter: http://www.fsb.org/wp-content/uploads/r_091107c.pdf?page_moved=1.

Phänomenologisch unterscheidet zumindest die finanzwissenschaftliche Forschung grob **zwei Sphären** des Systemrisikos: Auf der einen Seite steht der Zusammenbruch eines so genannten systemisch relevanten Finanzinstituts, der aufgrund der Größe des Instituts, seiner systemweiten Vernetzung, seiner Nichtersetzbarkeit, seiner Internationalität sowie der Komplexität seiner Aktivitäten zu einem Kollaps des gesamten Finanzmarkts oder wesentlicher Teile führt; auf der anderen Seite steht die Beeinträchtigung der Finanzmarktstabilität aufgrund des gleichzeitigen Zusammenbruchs einer Vielzahl von Instituten insbesondere als Folge von Wechselwirkungen, die zur systemweiten Verbreitung eines Initialrisikos vermittels Ansteckungs- und Dominoeffekten oder zur systemischen Wirkung eines gemeinsamen Schockereignisses führen.[6] 4

Die Aufgaben und Befugnisse der EIOPA im Zusammenhang mit dem systemischen Risiko dienen hierbei als eine **Verknüpfung der mikroprudentiellen Aufsicht mit der makroprudentiellen Aufsicht**, indem die auf Unternehmensebene zu erhebenden Informationen auch auf die makroprudentiellen Erkenntnisbedürfnisse abgestimmt werden. Zum anderen wird aber auch die Versicherungsexpertise der EIOPA und der nationalen Aufseher für die makroprudentiellen Anforderungen nutzbar gemacht. Daneben wird das System noch einmal rückgekoppelt, beispielsweise indem die makroprudentielle Aufsicht gegenüber der EIOPA und anderen Akteuren Warnungen und Empfehlungen aussprechen kann, die dann wieder in die mikroprudentielle Aufsicht durchwirken. 5

III. Aufgaben und Pflichten im Zusammenhang mit dem Systemrisiko. 1. Allgemeine Berücksichtigungs- und Reaktionspflicht (Abs. 1 UAbs. 1 S. 1, 2). Abs. 1 UAbs. 1 S. 1 verpflichtet die EIOPA, in Erfüllung ihrer Aufgaben dem **Systemrisiko** der ESRB-VO[7] angemessen **Rechnung** zu **tragen**. Berücksichtigt man, dass Art. 2 lit. c S. 1 ESRB-VO den Begriff des Systemrisikos legal definiert als „Risiken einer Beeinträchtigung des Finanzsystems, die das Potenzial schwerwiegender negativer Folgen für den Binnenmarkt und die Realwirtschaft beinhalten", so wird deutlich, dass der Begriff des Systemrisikos in der ESMR-VO weitestgehend deckungsgleich mit dem Begriff des Systemrisikos nach Abs. 1 UAbs. 1 S. 2 ist, dass zumindest letzterer inkludierender ist und den Begriff des Systemrisikos nach Art. 2 lit. c S. 1 ESRB-VO mitumfasst. Die Aufgabe und Pflicht des Abs. 1 UAbs. 1 S. 1 läuft darauf hinaus, dass die EIOPA ihre Aufgaben immer eingedenk der resultierenden oder nicht hinreichend berücksichtigten Systemrisiken zu erfüllen hat. 6

Während die Pflicht des Abs. 1 UAbs. 1 S. 1 im Schwerpunkt als eine Präventivpflicht ausgestaltet ist, eröffnet Abs. 1 UAbs. 1 S. 2 eine reaktive Pflicht dahingehend, dass die EIOPA auf das tatsächliche Auftreten **systemischer Risiken** zu **reagieren** hat. Die EIOPA hat also innerhalb ihrer Befugnisse angemessene Maßnahmen zu ergreifen, um solche Risiken abzuwenden oder abzuschwächen, zumindest aber angemessen zu isolieren. Hierbei geht es in gewissem Maße um eine Vorstufe der Kompetenzen nach Art. 18 EIOPA-VO im Krisenfall, da es das Merkmal eines systemischen Risikos ist, dass seine (volle) Verwirklichung Auslöser einer Krise sein kann. 7

2. Besondere Berücksichtigungspflicht der Überwachung und Bewertung des Systemrisikos (Abs. 1 UAbs. 2). Die in Abs. 1 UAbs. 2 Hs. 1 formulierte Pflicht der EIOPA kommt in diesem nur sehr undeutlich zum Ausdruck. Bringt man Abs. 1 UAbs. 2 Hs. 1 in etwas verständlichere Form, so besagt er, dass die EIOPA bezüglich des **Systemrisikos** die **Überwachungsergebnisse** und deren **Bewertung** in ihrer Aufgabenerfüllung zu **berücksichtigen** hat. Hierbei geht es um solche Überwachungsmethoden und Bewertungen, wie sie gemäß Abs. 2 und Art. 23 Abs. 1 EIOPA-VO gemeinsam mit dem ESRB durch die EIOPA entwickelt wurden. Im Schwerpunkt ist diese Pflicht schon in Abs. 1 UAbs. 1 S. 1 niedergelegt, nach dem die EIOPA in Erfüllung aller ihrer Aufgaben dem Systemrisiko angemessen Rechnung tragen muss (siehe Rn. 6). Der eigenständig Wert des Abs. 1 UAbs. 2 Hs. 1 liegt darin, klarzustellen, dass es hierbei nicht nur um Systemrisiken als ein Abstraktum geht, sondern insbesondere auch um konkret beobachtbare systemische Risiken, wie sie sich aus der Überwachungsaufgabe zur Identifizierung von Systemrisiken ergeben. Mittelbar verstärkt Abs. 1 UAbs. 2 Hs. 1 auch diese Identifikationsaufgabe und bringt zum Ausdruck, dass die Identifikation von systemischen Risiken nicht allein eine Aufgabe des ESRB, sondern auch der EIOPA (in Zusammenarbeit) mit dem ESRB ist. Ferner ist die EIOPA – dies ergibt eine Gegenüberstellung des Abs. 1 UAbs. 2 Hs. 1 mit dem folgenden Hs. 2 – im Falle der Identifizierung von systemischen Risiken nicht berechtigt, darauf zu warten, ob das ESRB eine Warnung oder Empfehlung ausspricht, sondern hat eine unmittelbare Handlungspflicht – was aber vielfach eine Konsultationspflicht mit dem ESRB impliziert. 8

Daneben verpflichtet Abs. 1 UAbs. 2 Hs. 2 die EIOPA, auf die **Warnungen und Empfehlungen** des **ESRB** zu **reagieren**. Diese Pflicht ist einerseits rein deklaratorisch und andererseits auch noch fehlerhaft formuliert. Abs. 1 UAbs. 2 Hs. 2 verweist nur auf Art. 17 ESRB-VO. Dieser betrifft jedoch allein die Pflichten zur Reaktion auf eine Empfehlung des ESRB nicht auf eine Warnung. Man sollte 9

---

[6] So *Kaufhold* Die Verwaltung 2013, 21, 40 f. mwN.

[7] Verordnung (EU) Nr. 1092/2010 des Europäischen Parlaments und des Rates vom 24. November 2010 über die Finanzaufsicht der Europäischen Union auf Makroebene und zur Errichtung eines Europäischen Ausschusses für Systemrisiken, ABl. 2010 L 331, 1.

Abs. 1 UAbs. 2 Hs. 2 insofern als **Verweis auf Art. 36 Abs. 3, 4, 5 UAbs. 1, 6 EIOPA-VO** lesen, wo die die genaue Reaktionspflicht der EIOPA auf Warnungen und Empfehlungen festgelegt ist (siehe Art. 36 EIOPA-VO Rn. 10 ff.). Die bedenkliche Ausgestaltung des Abs. 1 UAbs. 2 Hs. 2 erklärt sich wohl daraus, dass Art. 22 EIOPA-VO anders als der das Verhältnis zum ESRB regelnde Art. 36 EIOPA-VO noch nicht im Kommissionsentwurf enthalten war, sondern erst im Nachhinein eingefügt wurde.[8]

10 **3. Entwicklung eines gemeinsamen Ansatzes für die Ermittlung und Messung von Systemrelevanz (Abs. 2).** Gemäß Art. 23 Abs. 1 UAbs. 1 Hs. 1 EIOPA-VO hat die EIOPA in Abstimmung mit dem ESRB Kriterien für die Ermittlung und Messung des Systemrisikos zu entwickeln (siehe Art. 23 EIOPA-VO Rn. 2). Dies berücksichtigend erscheint die in Abs. 2 UAbs. 1 niedergelegte Aufgabe der EIOPA, mit dem ESRB einen **gemeinsamen Ansatz** für die **Ermittlung und Messung der Systemrelevanz** zu entwickeln, auf den ersten Blick als verzichtbare Dopplung. Während die Ausdrücke „gemeinsamer Ansatz" und „in Abstimmung zu entwickelnde Kriterien" durchaus austauschbar erscheinen, besteht jedoch ein entscheidender Unterschied hinsichtlich des Beobachtungsobjekts. Während es in Art. 23 Abs. 1 UAbs. 1 Hs. 1 EIOPA-VO allgemein um das Systemrisiko geht, stellt Abs. 2 UAbs. 1 auf die **Systemrelevanz** ab. Dies ist das einzige Mal, dass dieser Ausdruck in der EIOPA-VO verwendet wird.[9] Man wird dies wohl so verstehen müssen, dass es in Abs. 2 UAbs. 1 um die Aufgabe geht, einen Ansatz zur Ermittlung und Messung von systemisch relevanten Finanzinstituten zu entwickeln. Insofern wird hierdurch nur ein Teilaspekt des phänomenologischen Systemrisikos abgedeckt (siehe Rn. 4), während die Entwicklung von Kriterien zur Ermittlung und Messung anderer systemischer Risiken der EIOPA durch Art. 23 Abs. 1 UAbs. 1 Hs. 1 EIOPA-VO als Aufgabe übertragen wird. Dieser Eindruck wird noch dadurch verstärkt, dass Abs. 2 UAbs. 2 S. 1 die im Ermittlungs- und Messungsverfahren zur Systemrelevanz gefundenen Ergebnisse als Maßstab für das aufsichtliche Handeln festlegt, sodass eine starke Interdependenz zwischen Systemrisiko und unmittelbarer Aufsichtstätigkeit über Finanzinstitute (ohne den Umweg über regulatorische Änderungen) hergestellt wird, die so gegenwärtig vor allem bei systemrelevanten Versicherern anzunehmen ist.

11 Abs. 2 UAbs. 1 verpflichtet die EIOPA (und das ESRB) dazu, diesen gemeinsamen Ansatz zur Ermittlung und Messung im Einklang mit Art. 23 Abs. 1 EIOPA-VO zu entwickeln. Dies bedeutet letztlich, dass die EIOPA (gemeinsam mit dem ESRB) ein aufeinander abgestimmtes Modell zur Ermittlung der beiden Sphären von Systemrisiken zu entwickeln hat (siehe Rn. 4). Da jedoch Art. 23 Abs. 1 EIOPA-VO unter dem **„Vorbehalt" des Art. 22 Abs. 2 EIOPA-VO** steht – und deshalb alle Kriterien zur Ermittlung und Messung des Systemrisikos im Einklang mit den international entwickelten Konzepten festgelegt werden müssen (siehe Art. 23 EIOPA-VO Rn. 7 ff.), hat dies letztlich auch für die Aufgabe aus Abs. 2 zu gelten. So werden die G-SIIs (*Global Systemically Important Insurers*)[10] gegenwärtig auch ermittelt unter Anwendung der durch die IAIS entwickelte Methodologie,[11] wobei sowohl die EIOPA als auch die zuständigen Behörden als Mitglieder des IAIS (siehe Art. 33 EIOPA-VO Rn. 6) zur Entwicklung dieser Kriterien beigetragen haben. Dies ist letztlich auch in Ordnung, da Abs. 2 UAbs. 1 der EIOPA und dem ESRB nicht vorschreibt, wie sie den gemeinsamen Ansatz und die quantitativen und qualitativen Indikatoren entwickeln. Vielmehr macht gerade der Zusatz des Abs. 2 UAbs. 1 **„soweit erforderlich"** deutlich, dass die EIOPA hier Rückgriff auf international entwickelte Ansätze nehmen darf, soweit diese für das europäische Regulierungsumfeld ausreichend erscheinen.

12 Die **quantitativen und qualitativen Indikatoren** (die sich gegenwärtig auf die für die Systemrelevanz eines Finanzinstituts erheblichen Kriterien Größe, Vernetzung, Mangel an Ersetzbarkeit, Internationalität und Komplexität beziehen müssen) dienen, auch wenn sie nicht durch die EIOPA selbst entwickelt, sondern nur übernommen werden, gemäß Abs. 2 UAbs. 2 S. 1 als **Maßstab für die Intensivität des aufsichtlichen Handelns** gegenüber dem betreffenden Finanzinstitut. Dies ist insoweit als Ergänzung zu Art. 23 Abs. 1 UAbs. 2 S. 1 EIOPA-VO zu lesen, nach dem systemrelevante Finanzinstitute einer verschärften Aufsicht unterworfen werden (siehe Art. 23 EIOPA-VO Rn. 6). Der Bedeutungsgehalt des Abs. 2 UAbs. 2 S. 1 dürfte aber noch darüber hinausgehen. Man wird dies wohl auch so verstehen können, dass die einzelnen Indikatoren der Systemrelevanz je nach Ausschlag beim entsprechenden Finanzinstitut in der Beaufsichtigung immer zu berücksichtigen ist. Dies bedeutet, dass auch bei nicht systemrelevanten Versicherern ein Anschlagen mehrerer Indikatoren im Rahmen des prinzipienbasierten Rechts schärfere regulatorische Anforderungen impliziert, während bei großer

[8] Siehe KOM(2009) 502 endg.

[9] Auch die anderen Sprachfassungen verwenden hier fast ausschließlich nicht das sprachliche Pendent zu „Systemrisiko", sondern einen anderen Ausdruck, der dem der Systemrelevanz entspricht: Englisch (*systemic importance*), italienisch (*importanza sistemica*), spanisch (*importancia sistémica*), portugiesisch (*importância sistémica*), niederländisch (*systeemrelevantie*). Von den untersuchten Sprachfassungen verwendet nur die französische in Abs. 2 UAbs. 1 den Begriff des Systemrisikos (*risque systémique*), dies erscheint als bedeutungsloser Ausreißer.

[10] *FSB*, 2016 list of global systemically important insurers (G-SIIs); http://www.fsb.org/wp-content/uploads/2016-list-of-global-systemically-important-insurers-G-SIIs.pdf.

[11] IAIS, Global Systemically Important Insurers: Updated Assessment Methodology (2016); abrufbar unter: https://webcache.googleusercontent.com/search?q=cache:2aacQwMUirsJ:https://www.iaisweb.org/file/61179/updated-g-sii-assessment-methodology-16-june-2016+&cd=1&hl=de&ct=clnk&gl=de&client=firefox-b-ab.

Entfernung von den Relevanzschwellen der Indikatoren einem Versicherer unter dem Gesichtspunkt der Proportionalität Erleichterungen gewährt werden können.

Gemäß Abs. 2 UAbs. 2 S. 2 **überwacht** die EIOPA – dies ist wahrlich Sprachmüll nach Brüsseler Art[12] – „zur Förderung eines gemeinsamen Ansatzes das **Ausmaß an Konvergenz bei** diesen **Festlegungen**" [Hervorhebung durch Verf.]. Was hier überwacht wird, welcher gemeinsame Ansatz gefördert werden soll und um welche Konvergenz es geht, bleibt unklar. Systematisch ist dies aber wohl so zu verstehen, dass es hier darum geht, dass die EIOPA überwacht, wie die zuständigen Behörden gemäß Abs. 2 UAbs. 2 S. 1 unter Heranziehung der Indikatoren ihr aufsichtliches Handeln festlegen. Es ist mithin an der EIOPA dieses Handeln zu koordinieren, um eine größere Konvergenz der Handlungen der mitgliedstaatlichen Aufseher im Versicherungssektor (und nicht sektorübergreifend) herzustellen. Dies soll dann letztlich einen gemeinsamen Ansatz fördern – hiermit ist dann wohl nicht der gemeinsame Ansatz des Abs. 2 UAbs. 1 gemeint –, was letztlich nichts anderes bedeutet als die Schaffung und Förderung einer gemeinsamen Aufsichtskultur hinsichtlich der Verwendung der Indikatoren für Systemrelevanz im Rahmen der Aufsicht. Soweit ist diese Aufgabe aber bereits hinreichend über Art. 29 EIOPA-VO abgedeckt. 13

4. Herausgabe von Leitlinien und Empfehlungen (Abs. 3 UAbs. 1). Abs. 3 UAbs. 1 überträgt der EIOPA die Aufgabe, zusätzliche **Leitlinien und Empfehlungen** für Finanzinstitute herauszugeben, um den von diesen ausgehenden systemischen Risiken zu begegnen. 14

Hierbei ist die **Formulierung** des Abs. 3 UAbs. 1 **unklar**. Abs. 3 UAbs. 1 spricht nur von Leitlinien und Empfehlungen **für Finanzinstitute** und nicht, wie der die Leitlinien und Empfehlungen regelnde Art. 16 EIOPA-VO, von Leitlinien und Empfehlungen für die zuständigen Behörden und die Finanzinstitute. Dies ließe sich so verstehen, dass die Leitlinien und Empfehlung zur Adressierung systemischer Risiken nur unmittelbar an die Finanzinstitute adressiert werden dürfen. Dies erscheint unter dem Gesichtspunkt der Subsidiarität jedoch nicht angemessen, der es gebietet, dass die EIOPA grundsätzlich die unmittelbare Aufsichtskompetenz der nationalen Aufseher achtet und Leitlinien und Empfehlungen an diese adressiert (siehe Art. 16 EIOPA-VO Rn. 38). Man wird Abs. 3 UAbs. 1 insofern in reduzierter Lesart allenfalls so zu verstehen haben, dass gerade im Bereich systemischer Risiken – insbesondere, wenn es um systemrelevante Versicherer geht –, Situationen denkbar sind, in denen es auch im Hinblick auf den Subsidiaritätsgrundsatz angemessen erscheint, dass die EIOPA ihre Leitlinien oder Empfehlungen unmittelbar an einzelne Finanzinstitute richtet. 15

Hiervon abgesehen (siehe Rn. 15) ist der **Bedeutungsgehalt** des Abs. 3 UAbs. 1 jedoch **beschränkt**, da er der EIOPA keine Aufgabe zuweist, die diese nicht bereits hätte. Gemäß Art. 16 Abs. 1 EIOPA-VO kann die EIOPA in ihrem Tätigkeitsbereich Leitlinien und Empfehlungen erlassen, „[u]m innerhalb des ESFS kohärente, effiziente und wirksame Aufsichtspraktiken zu schaffen und eine gemeinsame, einheitliche und kohärente Anwendung des Unionsrechts sicherzustellen". Abs. 3 UAbs. 1 erweitert diese Befugnis gerade nicht, da Leitlinien und Empfehlungen eben nur „unbeschadet der in Artikel 1 Absatz 2 genannten Rechtsakte formuliert" werden dürfen. Entsprechend bleibt es dabei, dass auch Leitlinien und Empfehlungen zur Behandlung systemischer Risiken der kohärenten Anwendung des Unionsrechts (wie es sich aus den Basisrechtsakten des Art. 1 Abs. 2 EIOPA-VO ergibt) dienen müssen. Abs. 3 UAbs. 1 ist somit als eine Verweisung auf Art. 16 EIOPA-VO zu verstehen. Mithin kann die EIOPA nur unter Einhaltung des Verfahrens (siehe Art. 16 EIOPA-VO Rn. 36 ff.) und der Herausgabevoraussetzungen (siehe Art. 16 EIOPA-VO Rn. 24 ff.) Leitlinien und Empfehlungen zur Adressierung systemischer Risiken herausgeben. Die verbleibende Bedeutung des Abs. 3 UAbs. 1 ist insofern darin zu sehen, dass die EIOPA auch beim Erlass von Leitlinien und Empfehlungen systemischen Risiken besonders Sorge tragen soll. Diese Pflicht wird jedoch bereits hinreichend durch Abs. 1 UAbs. 1 S. 1 zum Ausdruck gebracht, nach dem die EIOPA in Erfüllung aller ihrer Aufgaben, dem Systemrisiko angemessen Rechnung tragen muss (siehe Rn. 6). 16

5. Berücksichtigung beim Entwurf von technischen Standards (Abs. 3 UAbs. 2). Abs. 3 UAbs. 2 verpflichtet die EIOPA dazu, bei Erfüllung der ihr übertragenen Aufgabe zum Entwerfen **technischer Regulierungsstandards** nach Art. 10 ff. EIOPA-VO und **technischer Durchführungsstandards** nach Art. 15 EIOPA-VO dem von Finanzinstituten ausgehenden **systemischen Risiken angemessen Rechnung** zu **tragen**. Abs. 3 UAbs. 2 ist insofern rein deklaratorisch, als sich diese Pflicht bereits aus Abs. 1 UAbs. 1 S. 1 ergibt, wonach die EIOPA, in Erfüllung aller ihrer Aufgaben dem Systemrisiko angemessen Rechnung zu tragen hat (siehe Rn. 6). 17

Bedeutsam ist hierbei, dass Abs. 3 UAbs. 2 **nicht** etwa als eine **selbständige Ermächtigung** zum Erlass technischer Standards zur Behandlung systemischer Risiken zu sehen ist. Vielmehr bleibt es dabei, dass die EIOPA nur in solchen Bereichen einen Entwurf erstellen darf, in denen sie durch einen der Basisrechtsakte des Art. 1 Abs. 2 EIOPA-VO dazu ermächtigt wurde. Bei der genauen Ausgestaltung dieser soll dann aber dem systemischen Risiko angemessen Rechnung getragen werden. 18

---

[12] So bezeichnet FKBP/*Kaulbach* § 53c Rn. 4 den Ausdruck der „Solvabilitätsspanne".

19 **6. Befugnis zur Untersuchung einzelner Finanzinstitute, Produkte oder Verhaltensweisen auf ihr systemisches Risiko (Abs. 4).** Systemisches Risiko kann sich durch die Systemrelevanz bestimmter Finanzinstitute, aber auch durch das inhärente Risiko in bestimmten Finanzprodukten oder Verhaltensweisen (von Finanzinstituten) ergeben. Um dies beurteilen zu können und dadurch einen vollständigen horizontalen Blick auf das Systemrisiko im Versicherungssektor zu erlangen, wird der EIOPA durch Abs. 4 UAbs. 1 die Kompetenz übertragen, diese drei Aufsichtsobjekte (**Finanzinstitute, Produkte, Verhaltensweisen**) einer **Untersuchung auf systemische Relevanz** zu **unterziehen**.

20 **Verfahrensrechtlich** setzt eine solche Untersuchung grundsätzlich voraus, dass bei der EIOPA ein **Antrag** (Ersuchen) von einer antragsberechtigten Partei gestellt wird. Antragsberechtigte sind hierbei die zuständigen Behörden (einzeln oder gemeinsam), das Europäische Parlament, der Rat und die Kommission. Auffällig ist hierbei, dass dem ESRB keine Antragsberechtigung zugebilligt wird. Dies erklärt sich teilweise daraus, dass das ESRB nicht über eine Zuständigkeit zur Beaufsichtigung von einzelnen Finanzinstituten, Verhaltensweisen und Produkten verfügt. Soweit das ESRB jedoch Kenntnis von potentiellen systemischen Risiken erlangt und eine Anfrage an die EIOPA richtet, so gebietet der in Art. 36 Abs. 1 EIOPA-VO niedergelegte Grundsatz der engen Zusammenarbeit es, dass die EIOPA die Eröffnung eines solchen Verfahrens gleichwohl prüft. Eine Verfahrenseröffnung ist auch in diesem Fall möglich, da die EIOPA eine Einleitung auch ***ex officio*** vornehmen kann.

21 Fraglich ist, ob die EIOPA auch im Fall des Antrags, im Hinblick auf die Formulierung als „**Kann-Vorschrift**", gemäß ihrem **Ermessen** darüber befinden kann, ob sie eine Untersuchung einleitet. Soweit sich aus dem Antrag ausreichende Anzeichen für eine systemische Relevanz ergeben, so ist das Ermessen hier auf Null reduziert und die EIOPA hat zur Erfüllung ihrer Aufgabe zur Überwachung von potentiellen Systemrisiken eine Untersuchung einzuleiten. Der Antrag bindet die EIOPA darüber hinaus jedoch nur insoweit, als sie die Notwendigkeit der Eröffnung einer Untersuchung zu prüfen hat.

22 Die **Art und Weise**, wie die EIOPA diese **Untersuchung** durchführt, liegt ebenfalls in ihrem Ermessen, wobei die Untersuchung in Übereinstimmung mit den in Art. 22–24 EIOPA-VO niedergelegten Grundsätzen in einer Weise erfolgen muss, die sicherstellt, dass die eventuellen systemischen Risiken effizient und vollständig erfasst werden. Die Untersuchung ist hierbei insbesondere nach Maßgabe ihrer **Ziele** auszurichten: Nämlich zum einen, eine eventuelle Bedrohung der Stabilität des Finanzsystems frühzeitig erkennen und hinsichtlich der Potentialität beurteilen zu können, und zum anderen, den betreffenden zuständigen Behörden im Rahmen der Kompetenzen aus Art. 21 EIOPA-VO (in Aufsichtskollegien) und Art. 29 EIOPA-VO (gemeinsame Aufsichtskultur) bzw. Art. 16 EIOPA-VO (formelle Empfehlung) angemessene Empfehlungen von zu ergreifenden Maßnahmen geben zu können.

23 Bei Durchführung der Untersuchung kann die EIOPA gemäß Abs. 4 UAbs. 2 von ihren **sonstigen Befugnissen** aus der EIOPA-VO **Gebrauch machen**. Dieser Verweis ist nicht als Rechtsfolgen-, sondern als Rechtsgrundverweisung zu verstehen, sodass die weiteren Voraussetzungen zur Ergreifung der Maßnahmen vorliegen müssen. Die einzige Änderung ist darin zu sehen, dass die EIOPA diese Maßnahme im Rahmen der Untersuchung auch zur Erfüllung dieser speziellen Aufgabe verwenden darf, selbst wenn die Maßnahme sonst nur zu anderen aufsichtlichen Zwecken erfolgen darf. Typischerweise wird die EIOPA ihre Untersuchung – dies hebt Abs. 4 UAbs. 2 exemplarisch hervor – bereits mittels ihres Informationsübermittlungsanspruchs nach Art. 35 EIOPA-VO erfüllen können.

24 **IV. Kohärenzherstellung im Bereich des systemischen Risikos (Abs. 5).** Es ist ein besonderes Merkmal der modernen **Finanzmärkte**, dass ihre einzelnen **Sektoren** nicht isoliert, sondern hochgradig **verknüpft** sind. Insofern haben systemische Risiken, denen die Akteure eines Sektors ausgesetzt sind, das Potential, Akteure der anderen Sektoren anzustecken. Daneben ist es auch möglich, dass bestimmte Risiken, denen in einem Sektor noch keine systemische Bedeutung zukommt, erst durch die Verknüpfung von Akteuren der einzelnen Sektoren systemisch relevantes Ausmaß erlangen.

25 Insofern ordnet Abs. 5 an, dass die in Erfüllung der Aufgaben des Art. 22 EIOPA-VO zu ergreifenden Maßnahmen über den **Gemeinsamen Ausschuss koordiniert** werden sollen. Eine solche Koordinierungspflicht greift nur dann, wenn die entsprechende Maßnahme systemische Risiken betrifft, die sektorübergreifende Relevanz aufweisen. Im Hinblick auf das Maß der Vernetzung der Finanzsektoren ist jedoch nur selten ein Risiko vorstellbar, das für einen Sektor systemisch, für andere Sektoren jedoch irrelevant ist.

26 Die Koordinierung über den Gemeinsamen Ausschuss erfolgt über die Annahme **gemeinsamer Positionen** (Art. 56 EIOPA-VO Rn. 2 ff.) oder das Fassen **gemeinsamer Maßnahmen** (Art. 56 EIOPA-VO Rn. 8 ff.). Dies bedeutet, zumindest wenn nicht die Dringlichkeit die **EIOPA** dazu **verpflichtet**, sofortige Maßnahmen zu fassen, dass sie Maßnahmen allenfalls entwirft und diese über den Vorsitzenden in den **Gemeinsamen Ausschuss einbringt**, um ein koordiniertes Vorgehen sicherzustellen. Gerade durch dieses koordinierte Vorgehen in allen drei Finanzsektoren kann systemischen Risiken besonders effektiv begegnet werden, indem alle Quellen in abgestimmter Weise adressiert werden.

Ermittlung und Messung des Systemrisikos

23 (1) **Die Behörde entwickelt in Abstimmung mit dem ESRB Kriterien für die Ermittlung und Messung des Systemrisikos sowie ein geeignetes Verfahren zur Durchführung von Stresstests, mit dem sich beurteilen lässt, wie hoch das Potenzial ist, dass sich das von Finanzinstituten ausgehende Systemrisiko in Stress-Situationen erhöht.**

[1] Die Behörde entwickelt ein geeignetes Verfahren zur Durchführung von Stresstests, um dabei zu helfen, solche Finanzinstitute zu identifizieren, von denen ein Systemrisiko ausgehen könnte. [2] Diese Institute werden Gegenstand einer verschärften Aufsicht und, sofern erforderlich, der Sanierungs- und Abwicklungsverfahren gemäß Artikel 25.

(2) **Bei der Entwicklung der Kriterien für die Ermittlung und Messung des Systemrisikos, das von Instituten der Versicherung, Rückversicherung und betrieblichen Altersversorgung ausgehen kann, trägt die Behörde den einschlägigen internationalen Konzepten, einschließlich der vom Finanzstabilitätsrat, vom Internationalen Währungsfonds, von der Internationalen Vereinigung der Versicherungsaufseher und von der Bank für internationalen Zahlungsausgleich ausgearbeiteten Konzepte, uneingeschränkt Rechnung.**

Schrifttum: IAIS, Global Systemically Important Insurers: Updated Assessment Methodology, 2016; *Mawdsley*, EIOPA's Role in Crisis Prevention, Management and Resolution, in: The Geneva Association (Hrsg.), PROGRES Newsletter No. 56 (January 2013); *Wandt/Gal*, Europäisierung und Transnationalisierung im Versicherungsrecht, in: Fachbereich Rechtswissenschaft der Goethe-Universität Frankfurt am Main (Hrsg.), 100 Jahre Rechtswissenschaft in Frankfurt – Erfahrungen, Herausforderungen, Erwartungen, Frankfurt 2014, S. 629 ff., 653 f.

I. Allgemeines. Die in Art. 22 Abs. 1 UAbs. 1 S. 2 EIOPA-VO gegebene Definition des systemischen Risikos (siehe Art. 22 EIOPA-VO Rn. 3 ff.), die weitestgehend der von FSB, IMF und BIS vorgeschlagenen Definition entspricht,[1] bleibt stark abstrakt und bedarf zur Implementierung der Ausgestaltung. Hierbei ist es insbesondere erforderlich, konkrete Systemrisiken zu ermitteln, zu messen und deren Vorliegen bei Finanzinstituten zu identifizieren. Diese Aufgaben werden für den Versicherungssektor – da es sich hierbei weitestgehend um eine makroprudentielle Aufsichtsaufgabe handelt – der EIOPA in Zusammenarbeit mit dem ESRB übertragen. Art. 23 EIOPA-VO überträgt der EIOPA hierbei die Aufgabe, Kriterien zur Ermittlung und Messung von Systemrisiken und zur Durchführung von Stresstest, um deren Wandel in Stresssituationen beurteilen zu können, zu entwickeln (Abs. 1 UAbs. 1), Verfahren zur Identifizierung von systemrelevanten Versicherern zu entwickeln und diese einer verschärfteren Aufsicht zu unterwerfen (Abs. 1 UAbs. 2) und hierbei die international anerkannten Konzepte zu berücksichtigen (Abs. 2). 1

II. Entwicklung von Kriterien zur Ermittlung und Messung von Systemrisiken (Abs. 1 UAbs. 1). Abs. 1 UAbs. 1 sieht zwei zu trennende Aufgaben der EIOPA vor. Gemäß Abs. 1 UAbs. 1 Hs. 1 hat die EIOPA in Abstimmung mit dem ESRB **Kriterien** für die **Ermittlung und Messung** des **Systemrisikos** zu entwickeln. Diese Aufgabe ist untrennbar mit der Aufgabe aus Art. 22 Abs. 2 UAbs. 1 EIOPA-VO verbunden, nach dem die EIOPA mit dem ESRB einen gemeinsamen Ansatz für die Ermittlung und Messung der Systemrelevanz einschließlich quantitativer und qualitativer Indikatoren entwickeln soll (siehe Art. 22 EIOPA-VO Rn. 10). In diesem Bereich sind die EIOPA und das ESRB bereits aktiv geworden, wobei zahlreiche Konkretisierungen des Begriffs des systemischen Risikos bereits vorher durch internationale Konzepte vorgenommen wurden (siehe Rn. 7 ff.) und insofern auf europäischer Ebene eher eine Feinjustierung erfolgt. Der gegenwärtige Stand der durch das ESRB (in Zusammenarbeit mit der EIOPA) identifizierten potentiellen systemischen Risiken im Versicherungssektor findet sich im Bericht des ESRB vom Dezember 2015.[2] Bei der Aufgabe geht es im Schwerpunkt nicht darum, solche Risiken auszumachen, die einen Versicherer als systemisch bedeutsam erscheinen lassen – dies wird abgedeckt über die Aufgabe des Art. 22 Abs. 2 EIOPA-VO (siehe Art. 22 EIOPA-VO Rn. 10) –, sondern auch solche Risiken zu identifizieren, die für den Versicherungsmarkt und insoweit eventuell für den gesamten Finanzmarkt oder die Realwirtschaft systemische Bedeutung erlangen können (bspw. das *Asset-Liability-Mismatch* bei Lebensversicherern insbesondere in Verbindung mit hohen Zinsgarantien und anhaltend niedrigem Leitzins). 2

Abs. 1 UAbs. 1 Hs. 2 verpflichtet die EIOPA zudem dazu (in Abstimmung mit dem ESRB), ein geeignetes **Verfahren** zur Durchführung von **Stresstests**, mit denen sich beurteilen lässt, wie hoch das Potenzial ist, dass sich das von Finanzinstituten ausgehende Systemrisiko in Stress-Situationen erhöht, zu entwickeln. Diese Pflicht bedeutet im Schwerpunkt, dass solche Risiken, die durch die EIOPA (und das ESRB) als (potentiell) systemisch ausgemacht wurden, hinsichtlich ihres Gesamtgefährungspotentials 3

[1] Siehe *FSB/IMF/BIS*, Guidance to Assess the Systemic Importance of Financial Institutions, Markets and Instruments: Initial Considerations – Report to the G-20 Finance Ministers and Central Bank Governors vom 28.10.2009; abrufbar unter: http://www.fsb.org/wp-content/uploads/r_091107c.pdf?page_moved=1.

[2] *ESRB*, Report on systemic risks in the EU insurance sector – December 2015, S. 28; abrufbar unter: https://www.esrb.europa.eu/pub/pdf/other/2015-12-16-esrb_report_systemic_risks_EU_insurance_sector.en.pdf?d171a63f6e1d433f82e477d67416fbd5.

gemessen werden sollen. Hierdurch ist die EIOPA also gehalten, solche Stresstests nach Art. 32 Abs. 2 EIOPA-VO (siehe Art. 32 EIOPA-VO Rn. 6 ff.) durchzuführen, die untersuchen, wie die systemischen Risiken, denen die Finanzinstitute ausgesetzt sind, reagieren, wenn sie einem Stressszenario ausgesetzt werden. Hierbei hat die EIOPA also in Zusammenarbeit mit dem ESRB solche Szenarien zu entwickeln, die die Risikoentwicklung der spezifischen systemischen Risiken im Falle des Eintritts dieses außergewöhnlichen, aber plausiblen Ereignisses ablesbar machen.

4 **III. Entwicklung von Stresstests zur Identifizierung von systemrelevanten Finanzinstituten und Folgemaßnahmen (Abs. 1 UAbs. 2).** Daneben ist die EIOPA gemäß Abs. 1 UAbs. 2 S. 1 dazu verpflichtet, ein geeignetes Verfahren zur Durchführung von **Stresstests** zu entwickeln, durch die unter Anwendung der des unter Art. 22 Abs. 2 UAbs. 1 entwickelten gemeinsamen Ansatzes solche Finanzinstitute identifiziert werden können, von denen ein Systemrisiko ausgehen könnte. Es geht hier also darum, **systemisch relevante Versicherer** (bzw. Rückversicherer und EbAV) zu **identifizieren**. Eine solche Identifizierung hat insbesondere durch das FSB in Zusammenarbeit mit der IAIS (siehe Rn. 7) stattgefunden für solche Versicherer, die global systemische Relevanz aufweisen. Diese **G-SIIs** (*Global Systemically Important Insurers*)[3] werden ermittelt unter Anwendung der durch die IAIS entwickelte Methodologie,[4] wobei sowohl die EIOPA als auch die zuständigen Behörden als Mitglieder des IAIS (siehe Art. 33 EIOPA-VO Rn. 6) zur Entwicklung dieser Kriterien beigetragen haben. Entscheidende Faktoren sind hierbei Größe, Vernetzung, Mangel an Ersetzbarkeit, Internationalität und Komplexität, die entsprechend der Methodologie nach einem Punktesystem bewertet werden. Von den neun identifizierten systemrelevanten Versicherern bzw. Versicherungsgruppen, stehen fünf unter der mittelbaren Aufsicht der EIOPA (Allianz, Aegon, Aviva, AXA, Prudential). Obgleich die IAIS die Methodologie dahingehend angepasst hat, dass auch die potentielle Systemrelevanz von Rückversicherern erfasst wird, ist gegenwärtig kein Rückversicherer als G-SIIs eingeordnet.

5 Es ist fraglich, ob die EIOPA im Rahmen dieses Mitwirkens in der IAIS zur Identifizierung der global systemisch relevanten Versicherer ihrer Pflicht aus Abs. 1 UAbs. 2 S. 1 umfassend nachkommt. Hierbei ist anzumerken, dass die EIOPA grundsätzlich auch solche Versicherer zu identifizieren hat, die nicht global, wohl aber in der Union systemisch relevant sind. Im Hinblick auf die Größe des europäischen Versicherungsmarktes und die globalen Aktivitäten der Versicherungsgruppen mit Sitz in der Union, ist es jedoch kaum vorstellbar, dass ein Versicherer für die Union von systemischer Bedeutung, nicht aber für die gesamte Welt ist. Eine eigenständige **Methodologie** für Stresstests zur Identifizierung **innereuropäisch systemisch relevanter Versicherer** erscheint insofern eher verzichtbar. Die EIOPA könnte insofern, so dies notwendig erscheint, die Methodologie des IAIS als Ausgangspunkt für innereuropäische Stresstests verwenden, um eine Identifizierung von *domestic systemically important insurer* (D-SIIs) zu ermöglichen.

6 Die Identifizierung der **systemisch relevanten Versicherer** dient unter der Prämisse des „too big to fail" dazu, solche Versicherer einer aufsichtlichen „Sonderbehandlung" zuzuführen, um hierdurch die systemischen Risiken, die von ihnen ausgehen, zu minimieren. Zu diesem Zweck ordnet Abs. 1 UAbs. 2 S. 2 an, dass diese Institute Gegenstand einer **verschärften Aufsicht** und, sofern erforderlich, der Sanierungs- und Abwicklungsverfahren gemäß Art. 25 EIOPA-VO werden. Die Formulierung des Abs. 1 UAbs. 2 S. 2 suggeriert, dass sich die materiellen regulatorischen Anforderungen für diese Finanzinstitute automatisch durch ihre Einordnung als systemisch relevant verschärfen. Dies ist jedoch nicht der Fall, da dies erfordern würde, dass in der Solva II-RL bzw. im VAG ein direkt wirkender *trigger* vorgesehen wäre, der die regulatorischen Anforderungen von Solvency II auf Solvency II+ schalten würde. Abs. 1 UAbs. 2 S. 2 ist insofern ein Hinweis darauf, dass die EIOPA, die zuständigen Behörden und die systemisch relevanten Versicherer im Rahmen des prinzipienbasierten Rechts zumindest in Säule 1 und Säule 2 des Solvency II-Regimes Sorge zu tragen haben, dass die besondere Risikoexponierung angemessen berücksichtigt wird. Hierbei wirkt der Verhältnismäßigkeitsgrundsatz (Proportionalitätsgrundsatz) gegenüber den G-SIIs verschärfend. Für die EIOPA bedeutet dies, dass sie dazu beizutragen hat, die angemessene verschärfte Beaufsichtigung systemisch relevanter Versicherer sicherzustellen. Ein Beispiel hierfür ist das gegenwärtig durch die IAIS entwickelte Konzept der *Higher Loss Absorbency* Kapitalanforderung. Diese Kapitalanforderung wird eine spezifisch nur durch G-SIIs zu erfüllende Komponente des gegenwärtig als Teil des *Common Framework for the Supervision of Internationally Active Insurance Groups* (ComFrame) entwickelten *Risk-Based Global Insurance Capital Standard* (ICS). Hierbei ist jedoch zu berücksichtigen, dass allen Instrumenten des IAIS eigen ist, dass sie lediglich *soft law* darstellen.[5] Es ist insofern an EIOPA, dafür zu sorgen, dass diese Anforderung – soweit dies im gegenwärtigen gesetzlichen Gefüge möglich ist – eingehalten werden. Hierbei kann sie die Umsetzung

[3] FSB, 2016 list of global systemically important insurers (G-SIIs); http://www.fsb.org/wp-content/uploads/2016-list-of-global-systemically-important-insurers-G-SIIs.pdf.

[4] IAIS, Global Systemically Important Insurers: Updated Assessment Methodology, 2016; abrufbar unter: https://webcache.googleusercontent.com/search?q=cache:2aacQwMUirsJ:https://www.iaisweb.org/file/61179/updated-g-sii-assessment-methodology-16-june-2016+&cd=1&hl=de&ct=clnk&gl=de&client=firefox-b-ab.

[5] *Wandt/Gal* FS 100 Jahre Rechtswissenschaft in Frankfurt, 2014, S. 629, 653 f.

koordinieren (insbesondere über die Kompetenzen des Art. 21 und Art. 29 Abs. 1 S. 2 lit. a) EIOPA-VO oder aber auf eine entsprechende Gesetzesänderung hinzuwirken. Gleiches gilt auch für den Hinweis, dass die G-SIIs einem **Sanierungs- und Abwicklungsverfahren** nach Art. 25 EIOPA-VO unterworfen werden. Solange es hier keine echte Harmonisierung gegeben hat, verbleiben Probleme, die durch die EIOPA mittels ihrer Befugnisse in diesem Bereich bestmöglich zu adressieren sind (vgl. Art. 25 EIOPA-VO Rn. 2 ff., 6 ff.).

IV. Kooperation mit anderen Akteuren bei Identifizierung von Systemrisiken (Abs. 2). Bei der Entwicklung der Kriterien, die der Identifizierung und Messung des Systemrisikos dienen, das von Versicherern, Rückversicherern und EbAV ausgeht, hat die EIOPA (zusammen mit dem ESRB) gemäß Abs. 2 **international anerkannte Konzepte** uneingeschränkt zu **berücksichtigen**. Konkret geht es um solche Konzepte die entwickelt wurden oder werden durch den Finanzstabilitätsrat (*Financial Stability Board* [**FSB**]), den Internationalen Währungsfonds (*International Monetary Fund* [**IMF**]), die Internationale Vereinigung der Versicherungsaufseher (International Association of Insurance Supervisors [**IAIS**] und die Bank für internationalen Zahlungsausgleich (*Bank for International Settlements* [**BIS**]). 7

Die gegenwärtigen **Referenzkonzepte** sind mithin beispielsweise die Anleitung des FSB, IMF und der BIS zur Beurteilung von systemischer Relevanz,[6] das Memorandum des IAIS zum Systemischen Risiko im Versicherungssektor[7] oder auch die Arbeit des IAIS zu den systemischen Risiken aus Versicherungsproduktmerkmalen.[8] Hierbei ist auch die Arbeit des FSB und der IAIS zu den Global Systemically Important Banks (G-SIBs)[9] und zu den Global Systemically Important Insurers (G-SIIs)[10] zu berücksichtigen. 8

Insgesamt dient der Abs. 2 dazu, dass die EIOPA und das ESRB in das **internationale Regulierungsgefüge eingebunden** werden, da systemische Risiken weder vor Ländergrenzen, noch vor den Außengrenzen der Union Halt machen. Es soll mithin in Europa ein international gefundener Standard verwendet und propagiert werden, um auch Drittstaaten zu einer entsprechenden Umsetzung zu bewegen und hierdurch das systemische Risiko besser international kontrollieren zu können. Es ist insofern davon auszugehen, dass wesentliche Entscheidungen hinsichtlich der Festlegung, Identifizierung, Messung und Behandlung von Systemrisiken insbesondere in den Foren FSB und IAIS unter Beteiligung der EIOPA, ESRB und der zuständigen Behörden getroffen werden. Die EIOPA hat dann eine Vermittlerfunktion, um für die Implementierung dieser Entscheidungen auf europäischer Ebene zu sorgen. 9

Dauerhafte Fähigkeit zur Reaktion auf Systemrisiken

24 (1) **Die Behörde stellt sicher, dass sie dauerhaft über die fachliche Kapazität verfügt, die es erlaubt, effizient auf das tatsächliche Eintreten eines Systemrisikos im Sinne der Artikel 22 und 23 und insbesondere in Bezug auf Institute, von denen ein Systemrisiko ausgeht, zu reagieren.**

(2) **Die Behörde erfüllt alle ihr in dieser Verordnung und in den in Artikel 1 Absatz 2 genannten Rechtsvorschriften übertragenen Aufgaben und trägt dazu bei, eine kohärente und koordinierte Regelung zum Krisenmanagement und zur Krisenbewältigung in der Union sicherzustellen.**

Schrifttum: Siehe die Angaben bei Art. 22 EIOPA-VO.

I. Allgemeines. Der *de Larosière*-Bericht, der einer der Ausgangspunkte für die Errichtung des ESFS ist, sah einen der Gründe der Unfähigkeit zur schnellen effektiven Eindämmung der Finanzkrise 2007 darin, dass die Infrastruktur für das Krisenmanagement in der EU unzureichend war und zwar sowohl was die Zusammenarbeit zwischen den nationalen Aufsichtsbehörden als auch zwischen den staatlichen Stellen anbelangt.[1] Eine bedeutende Rolle der EIOPA besteht insofern auch dahingehend, dass sie beim 1

[6] *FSB/IMF/BIS,* Guidance to Assess the Systemic Importance of Financial Institutions, Markets and Instruments: Initial Considerations – Report to the G-20 Finance Ministers and Central Bank Governors v. 28.10.2009; abrufbar unter: http://www.fsb.org/wp-content/uploads/r_091107c.pdf?page_moved=1.

[7] *IAIS,* Systemic Risk and the Insurance Sector vom 25.10.2009, abrufbar unter: https://webcache.googleusercontent.com/search?q=cache:quF66GW2KYoJ:https://www.iaisweb.org/file/34043/note-on-systemic-risk-and-the-insurance-sector+&cd=1&hl=de&ct=clnk&gl=de&client=firefox-b.

[8] *IAIS,* Systemic Risk from Insurance Product Features (previously referred to as Non-traditional Noninsurance activities and products), abrufbar unter: https://webcache.googleusercontent.com/search?q=cache:njownnrwbhsJ:https://www.iaisweb.org/file/61174/systemic-risk-from-insurance-product-features+&cd=2&hl=de&ct=clnk&gl=de&client=firefox-b.

[9] *FSB,* 2016 list of global systemically important banks (G-SIBs); abrufbar unter: http://www.fsb.org/wp-content/uploads/2016-list-of-global-systemically-important-banks-G-SIBs.pdf.

[10] *FSB,* 2016 list of global systemically important insurers (G-SIIs); http://www.fsb.org/wp-content/uploads/2016-list-of-global-systemically-important-insurers-G-SIIs.pdf.

[1] Report of The High-Level Group on Financial Supervision in the EU Chaired by Jacques de Larosière of 25 February 2009, S. 13; abrufbar unter: http://ec.europa.eu/internal_market/finances/docs/de_larosiere_report_de.pdf.

tatsächlichen Eintreten einer Krise (durch Verwirklichung eines systemischen Risikos) die notwendigen Maßnahmen ergreift und die Krise managt und bewältigt. Hierbei dient Art. 24 EIOPA-VO genau genommen nicht dazu, die Aufgaben und Befugnisse der EIOPA zur Krisenreaktion festzulegen – dies geschieht insbesondere durch Art. 18 EIOPA-VO und durch Art. 31 Abs. 1 UAbs. 1 EIOPA-VO – und auch nicht dazu, Aufgaben zur Krisenprävention festzulegen (siehe beispielsweise Art. 22 EIOPA-VO Rn. 7). Es geht bei Art. 24 EIOPA-VO vielmehr darum, dass die EIOPA institutionell Vorsorge trifft, dass sie im Sinne einer **Krisenbereitschaftspflicht** jederzeit in der Lage ist, auf Krisen angemessen zu reagieren und sie mittels ihrer in anderen Vorschriften vorgesehenen Befugnisse zu bewältigen.

2 Im Detail verpflichtet Art. 24 EIOPA-VO die EIOPA dazu, institutionell das fachliche Know-how und den strukturellen Rahmen aufzubauen, der sie in dauerhafte Bereitschaft zur Reaktion auf eine Krise versetzt (Abs. 1), und dazu, ihre Aufgaben aus der EIOPA-VO und den Basisrechtsakten des Art. 1 Abs. 2 EIOPA-VO in der Weise zu erfüllen, dass hierdurch ein kohärentes und koordiniertes Krisenmanagement- und -bewältigungssystem geschaffen wird (Abs. 2)

3 **II. Bereitschaft zur Reaktion auf Systemrisiken (Abs. 1).** Abs. 1 verpflichtet die EIOPA dazu, **dauerhaft sicherzustellen**, dass sie über die fachliche Kapazität verfügt, um effizient auf die Verwirklichung von **systemischen Risiken** und gegenüber solchen Finanzinstituten, von denen solche Risiken ausgehen, **reagieren** zu können.

4 Aus der Formulierung geht explizit lediglich hervor, dass die EIOPA über die **fachliche Kapazität** – im Sinne von entsprechendem **Know-how** vermittelt über das **Personal** – zur effizienten Krisenreaktion verfügt. Dies ist letztlich aber nur ein Faktor dieser Anforderung. Abs. 1 erfordert, dass die EIOPA über das entsprechende Personal verfügt, um ein Krisenmanagement ohne Zeitverlust durch das Einholen externen Sachverstandes und ohne eine extensive Phase des *learning-on-the-job* angehen zu können. Hierbei hat die EIOPA insbesondere präventiv zu beurteilen, welche systemische Risiken eine besondere Wahrscheinlichkeit dahingehend aufweisen, sich zu realisieren, und welche Gegenmaßnahmen in einem solchen Fall erfolgsversprechend erscheinen würden. Hieraus ließe sich dann wiederum entnehmen, welches Fachwissen und welche Fähigkeiten im Personal vorhanden sein müssen, um potentielle Krisen im Ausbruchsfall einzudämmen und abzuwenden.

5 Bereits hieraus ergibt sich jedoch, dass der Begriff „fachliche Kapazität" nicht allein im Sinne von im Personal verfügbaren Kenntnissen und Fähigkeiten zu verstehen ist. Vielmehr ist die EIOPA **strukturell** so einzurichten, dass diese **Kapazitäten im Krisenfall sofort aktiviert** werden können. Dies bedeutet zum einen, dass entsprechende Krisenfallprotokolle im Sinne einer ordentlichen Behördenführung niedergelegt sind. Zum anderen kann die Aufgabe zur Vorbereitung auf das Management von Krisen hier nicht ganz isoliert von der Aufgabe zur Identifizierung von Krisen gesehen werden. Dies bedeutet, dass die EIOPA als Vorstufe zur Pflicht aus Abs. 1 eben ihren Krisenidentifizierungsmechanismus um eine interne Warnfunktion zu ergänzen hat. Nur durch solche entsprechende Mitteilungen innerhalb der EIOPA wird eine schnelle Bündelung der Krisenmanagementkapazitäten ermöglicht. Hierüber können die vorhandenen Experten (im Sinne einer schnellen Eingreiftruppe) auch schnellstmöglich beurteilen, in welchen Bereichen im Hinblick auf das Management der konkreten Krise noch schnell zusätzliche Kapazitäten aufgebaut werden müssen, sodass die EIOPA nicht allzeit über ein übermäßig großes Krisenmanagementteam verfügen muss (im Sinne eines stehenden Heers).

6 Der Begriff der ausreichenden **fachlichen Kapazität** ist hierbei immer auch im **Gesamtkontext des ESFS** zu verstehen. Es erklärt sich im Hinblick auf die personelle Ausstattung der EIOPA von selbst, dass diese nicht für jeden mitgliedstaatlichen Versicherungsmarkt (und noch weniger für jeden mitgliedstaatlichen Finanzmarkt) über gleich großes Wissen verfügen kann. Hierdurch wird die Reaktionsfähigkeit auf solche Risiken, die einen geographisch begrenzten Ursprung – aber ein Überschwapprisiko – haben, gemindert. Solche Wissensdefizite sind zumindest partiell dadurch ausgleichbar, dass in den nationalen Aufsichtsbehörden entsprechendes Fachwissen besteht, das durch die EIOPA aktiviert werden kann. Hierbei ist jedoch sicherzustellen, dass die EIOPA allzeit über die notwendige Deutungsdiligenz verfügt, dass sie auch in solchen Situationen ihrer leitenden Koordinierungsfunktion nachkommen kann und nicht komplett fremdgesteuert wird.

7 **III. Krisenmanagement- und -bewältigungsbeitrag (Abs. 2).** Abs. 2 verpflichtet die EIOPA, alle ihr in der EIOPA-VO und in den Basisrechtsakten des Art. 1 Abs. 2 EIOPA-VO übertragenen Aufgaben zu erfüllen und dazu beizutragen, eine kohärente und koordinierte Regelung zum Krisenmanagement und zur Krisenbewältigung in der Union sicherzustellen. Der **Bedeutungsgehalt** des Abs. 2 ergibt sich nicht unmittelbar aus seinem Wortlaut. Indem hier zwei Halbsätze mit der nebenordnenden Konjunktion „und" verbunden werden, erweckt Abs. 2 den Eindruck, hier zwei selbständige Pflichten zu formulieren. Bei einer solchen Leseart wäre jedoch der erste Halbsatz vollkommen entbehrlich und systematisch an der falschen Stelle, da sich die Pflicht der EIOPA zur Aufgabenerfüllung bereits aus Art. 1 Abs. 2 und 6 sowie 8 Abs. 1 EIOPA-VO ergibt. Abs. 2 ist also so zu verstehen, dass die EIOPA bei Erfüllung ihrer Aufgaben und Wahrnehmung ihrer Befugnisse stets auch das Ziel zu verfolgen hat, eine kohärentes und koordiniertes Krisenmanagement- und -bewältigungssystem zu schaffen. Dies stellt mithin neben einem aufsichtlichen Unterziel auch eine Aufgabe dar.

Dies bedeutet, dass die EIOPA mittels der ihr zur Verfügung stehenden Maßnahmen Sorge zu tragen hat, dass das gesamte ESFS in einer Weise eingerichtet ist, dass eine Krise über Ländergrenzen hinweg kohärent und mit **klar geregelter Zuständigkeit** und Protokollen, die eine effektive Lenkung durch EIOPA, den Gemeinsamen Ausschuss und eventuell die EZB im Zusammenspiel mit allen anderen Akteuren zulassen, adressiert werden kann. Insgesamt ist dies aber als eine holistische Pflicht anzusehen. Die EIOPA hat als Baustein ihrer Krisenkompetenzen zunächst zur Vorbeugung von Krisen, dann der Identifizierung der Anbahnung von Krisen, der Abwendung von Krisen, der Feststellung von Krisen, dem Management von Krisen, der Eindämmung von Krisen und der Bewältigung von Krisen beizutragen. Abs. 2 fußt letztlich auf der Erkenntnis, dass nicht jede Krise bereits in der Entstehung erkannt und abgewendet werden kann und im Rahmen der nächsten Krise die Union zumindest über ein robustes Krisenmanagementnetzwerk, statt über neunundzwanzig wenig koordinierte nationalstaatliche Ansätze verfügen sollte. 8

Dieser **Aufgabe kommt** die **EIOPA** insbesondere auch über ihre Arbeit in den Aufsichtskollegien **nach**, in denen (nahezu) alle systemisch relevanten Finanzinstitute beaufsichtigt werden. Jedoch können sich systemische Risiken auch durch eine Kumulation bei vielen kleineren Finanzinstituten ergeben, sodass auch darüber hinaus ein koordinierter Krisenmanagementrahmen gestärkt werden muss. Auch mit dieser Aufgabe zusammenhängend (siehe auch Art. 25 EIOPA-VO Rn. 7 f.) hat die EIOPA eine Umfrage zur Fähigkeit der nationalen Aufsichtsbehörden zur Krisenverhinderung, zum Krisenmanagement und zur Abwicklung[2] durchgeführt. Auf Grundlage der Umfrage hat die EIOPA dann die Soliden Prinzipien zur Fähigkeit der nationalen Aufsichtsbehörden zur Krisenverhinderung, zum Krisenmanagement und zur Abwicklung[3] veröffentlicht. 9

Sanierungs- und Abwicklungsverfahren

25 (1) **Die Behörde trägt dazu bei, dass wirksame und kohärente Sanierungs- und Abwicklungspläne, Verfahren im Krisenfall und Präventivmaßnahmen zur Minimierung von systemischen Auswirkungen von Insolvenzen entwickelt und aufeinander abgestimmt werden, und beteiligt sich aktiv daran.**

(2) **Die Behörde kann bewährte Praktiken und Vorgehensweisen aufzeigen, die darauf abzielen, die Abwicklung von insolvenzbedrohten Instituten und insbesondere von grenzüberschreitend tätigen Gruppen dergestalt zu erleichtern, dass das Insolvenzrisiko nicht weitergegeben und zugleich sichergestellt wird, dass geeignete Instrumente einschließlich ausreichender Mittel zur Verfügung stehen, die eine geordnete, kosteneffiziente und rasche Abwicklung des Instituts oder der Gruppe ermöglichen.**

(3) **Die Behörde kann technische Regulierungs- und Durchführungsstandards nach Maßgabe der in Artikel 1 Absatz 2 genannten Gesetzgebungsakte gemäß dem in den Artikeln 10 bis 15 festgelegten Verfahren ausarbeiten.**

Schrifttum: FSB, Key Attributes of Effective Resolution Regimes for Financial Institutions des Financial Stability Board, 2014; *Mawdsley*, EIOPA's Role in Crisis Prevention, Management and Resolution, in: The Geneva Association (Hrsg.), PROGRES Newsletter No. 56, January 2013.

I. Allgemeines. Art. 8 EIOPA-VO enthält explizit keine allgemeine Aufgabe der EIOPA zur Harmonisierung der Sanierungs- und Abwicklungsverfahren. Allerdings sieht Art. 8 Abs. 1 lit. i EIOPA-VO vor, dass die EIOPA die Aufgabe hat, zur Entwicklung und Koordinierung von Sanierungs- und Abwicklungsplänen beizutragen. Daneben verpflichtet Art. 27 UAbs. 1 Hs. 2 lit. e EIOPA-VO die EIOPA dazu, gegenüber der Kommission neue Entwicklungen und Fortschritte zu berichten hinsichtlich des harmonisierten Rahmens für die **Übertragung von Vermögenswerten** und für **Insolvenz- und Liquidationsverfahren**, durch den die relevanten nationalen gesellschaftsrechtlichen Hindernisse für die Übertragung von Vermögenswerten beseitigt werden. Auch über Art. 34 EIOPA-VO trägt die EIOPA zur Fortentwicklung der Harmonisierung der Sanierungs- und Abwicklungsverfahren bei.[1] Die Aufgaben und Befugnisse des Art. 25 EIOPA-VO sind insofern in Abgrenzung zu diesen Aufgaben zu sehen und dienen letztlich der Minimierung von systemischen Auswirkungen von Insolvenzen von Versicherungsunternehmen und -gruppen. 1

II. Entwicklungs- und Implementierungsbeitrag (Abs. 1). Gemäß Abs. 1 trägt die EIOPA dazu bei, dass wirksame und kohärente Sanierungs- und Abwicklungspläne, Verfahren im Krisenfall und Präventivmaßnahmen zur Minimierung von systemischen Auswirkungen von Insolvenzen entwickelt 2

[2] *EIOPA*, Crisis Prevention, Management and Resolution Preparedness of NSAs – Survey Results, 29 November 2013.

[3] Opinion of the European Insurance and Occupational Pensions Authority of 24 November 2014 on Sound principles for Crisis Prevention, Management and Resolution preparedness of NCAs (EIOPA-BoS-14/120).

[1] Siehe insbesondere EIOPA Response – EC Consultation on a possible recovery and resolution framework for financial institutions other than banks of 5 December 2012.

und aufeinander abgestimmt werden, und beteiligt sich aktiv daran. Die EIOPA trifft hierbei zum einen die **Pflicht**, die aufgeführten Instrumente **zu entwickeln**, und zum anderen, an deren **praktischer Implementierung aktiv mitzuwirken**.

3 Hierbei ist zu berücksichtigen, dass die Sanierung und Abwicklung von Versicherungsunternehmen gegenwärtig noch eine der Prärogativen des nationalen Rechts ist, dass eine Harmonisierung über die **Versicherungssanierungsrichtlinie** (siehe Art. 1 EIOPA-VO Rn. 7 Gedankenstrich 15) nur sehr rudimentär erfolgte und eine Koordinierungsmöglichkeit dort nicht unmittelbar vorgesehen wurde.[2] Zudem wurde die Versicherungssanierungsrichtlinie zwischenzeitig aufgehoben und der Verweis auf die Versicherungssanierungsrichtlinie gilt nunmehr gemäß Art. 310 UAbs. 2 Solva II-RL als Verweis auf letztere. Die Vorschriften des Titel IV der Solva II-RL (Art. 267–296) zur Sanierung und Liquidation von Versicherungsunternehmen werden allerdings durch Art. 1 Abs. 2 EIOPA-VO (siehe Art. 1 EIOPA-VO Rn. 7 Gedankenstrich 1) explizit aus dem Tätigkeitsbereich der EIOPA ausgenommen. Die Aufgabe der EIOPA dient so verstanden der Weiterentwicklung der Koordinierung der nationalen Ansätze, wobei ihre Maßnahmen jedoch in der Weise erfolgen müssen, dass die bisherige gesetzgeberische Grundentscheidung, dass die Sanierung und Abwicklung von Versicherungsunternehmen weitestgehend dem nationalen Gesetzgeber und den nationalen Aufsichtsbehörden obliegt, gewahrt bleibt.

4 Die Aufgabe zur **Entwicklung wirksamer und kohärenter Sanierungs- und Abwicklungspläne** zielt darauf ab, dass die EIOPA dahingehend einwirken soll, dass insbesondere bei grenzüberschreitenden Gruppen die Sanierungs- und Abwicklungspläne soweit die beteiligten Rechtsordnungen dies zulassen, aufeinander abgestimmt werden und jeweils einzeln und in ihrem Zusammenwirken wirksam sind.

5 Daneben hat die EIOPA auch die Entwicklung von **Verfahren im Krisenfall** und **Präventivmaßnahmen zur Minimierung von systemischen Auswirkungen** von Insolvenzen zu fördern. Hierbei geht es darum, die nationalen Aufseher darin zu unterstützen, Notfallpläne zu entwickeln – hinsichtlich der Erkennung und Reaktion auf Krisen – und auch Frühindikatoren anzuregen, um ein frühes Einschreiten zur Verhinderung oder zumindest Minimierung von Systeminfektionen einer Insolvenz zu ermöglichen. Es geht insofern hier noch stärker um eine makroprudentielle Aufgabe der EIOPA, die mikroprudentiell darauf hinwirkt, dass (potentielle) Unternehmenskrisen unionsweit so behandelt werden, dass möglichst keine Ansteckungsgefahr besteht und auch eine Insolvenz hinsichtlich ihrer systemischen Auswirkung möglichst isoliert werden kann.

6 **III. Veröffentlichung von *best practices* (Abs. 2).** Über Abs. 2 ist der EIOPA die Befugnis erteilt, ***best practices*** zum Umgang mit insolvenzbedrohten Finanzinstituten und insbesondere von grenzüberschreitend tätigen Gruppen zu **veröffentlichen**. Die *best practices* sollen so ausgestaltet sein, dass die Abwicklung der Institute oder Gruppen dergestalt erleichtert wird, dass das Insolvenzrisiko isoliert und eine geordnete, kosteneffiziente und rasche Abwicklung des Instituts oder der Gruppe aufgrund der geeigneten aufsichtlichen Instrumente und Mittel ermöglicht wird.

7 Im Zusammenhang mit dieser Kompetenz – obgleich (wohl) auf Grundlage des Art. 29 Abs. 1 lit. a EIOPA-VO ergangen – hat die EIOPA eine Umfrage zur Fähigkeit der nationalen Aufsichtsbehörden zur Krisenverhinderung, zum Krisenmanagement und zur Abwicklung herausgegeben.[3] Auf Grundlage dieser Umfrage – und unter Heranziehung der CEIOPS Leitlinien zur Vorbereitung auf und Management einer Finanzkrise[4] und der Key Attributes of Effective Resolution Regimes for Financial Institutions des Financial Stability Board (FSB)[5] – hat die EIOPA ihre **Soliden Prinzipien zur Fähigkeit der nationalen Aufsichtsbehörden zur Krisenverhinderung, zum Krisenmanagement und zur Abwicklung**[6] veröffentlicht. Diese haben letztlich keinerlei Bindungswirkung gegenüber den nationalen Aufsichtsbehörden, sondern sollen eher diesen und auch dem nationalen Gesetzgeber Richtschnur zur potentiellen Verbesserung sein.

8 Gegenwärtig hat die EIOPA in diesem Bereich der Harmonisierung der Sanierung und Abwicklung von Versicherern einen neuen Ansatz angenommen. Fußend auf den (wenn auch nicht explizit angeführt) nach Abs. 2 entwickelten Soliden Prinzipien hat die EIOPA 2016 ein **Diskussionspapier** an die nationalen Aufseher herausgegeben zur potentiellen **Harmonisierung** der **Sanierung und Abwicklung von Versicherern**.[7] In diesem Diskussionspapier markiert EIOPA bereits potentielle Schwächen des gegenwärtigen Systems und will zukünftige regulatorische Vorhaben vorzeichnen. Insofern befindest sich die EIOPA hier im Schnittbereich ihrer Befugnisse aus Abs. 1, 2 und Art. 27 UAbs. 1 Hs. 2 lit. e EIOPA-VO, da die EIOPA hier zunächst den gegenwärtigen Stand erhebt, diesen zu möglichen *best*

[2] *Mawdsley* in: The Geneva Association (Hrsg.), PROGRES Newsletter No. 56, January 2013.

[3] *EIOPA,* Crisis Prevention, Management and Resolution Preparedness of NSAs – Survey Results, 29 November 2013.

[4] Guidelines for the preparation and management of a financial crisis (CEIOPS-DOC-15/09).

[5] *FSB,* Key Attributes of Effective Resolution Regimes for Financial Institutions des Financial Stability Board, überarbeitete Version vom 15.10.2014, abrufbar unter http://www.fsb.org/wp-content/uploads/r_141015.pdf.

[6] Opinion of the European Insurance and Occupational Pensions Authority of 24 November 2014 on Sound principles for Crisis Prevention, Management and Resolution preparedness of NCAs (EIOPA-BoS-14/120).

[7] Discussion Paper on Potential Harmonisation of Recovery and Resolution Frameworks for Insurers (EIOPA-CP-16/009).

practices verdichtet und mutmaßlich später bei der Kommission eine Weiterentwicklung des Unionsrechts anregen wird.

IV. Entwerfen von technischen Regulierungs- und Durchführungsstandards (Abs. 3). Abs. 3 **ermächtigt** die EIOPA, **Entwürfe zu technischen Regulierungs- und Durchführungsstandards** gemäß Art. 10 ff., 15 EIOPA-VO im Hinblick auf die Abwicklung und Sanierung von Versicherungsunternehmen zu erlassen. Diese Ermächtigung steht allerdings unter dem **Vorbehalt**, dass hierzu eine Einzelermächtigung zum Erlass von technischen Regulierungs- oder Durchführungsstandards durch die Basisrechtsakte des Art. 1 Abs. 2 EIOPA-VO erfolgt. Dies ist gegenwärtig zumindest im Allgemeinen nicht der Fall, sodass Abs. 3 gegenwärtig ein Platzhalter für den Fall zukünftiger Rechtsänderungen ist. 9

Entwicklung eines europäischen Netzwerks von nationalen Sicherungssystemen für Versicherungen

26 Die Behörde kann einen Beitrag zur Beurteilung der Notwendigkeit eines mit angemessenen Finanzmitteln ausgestatteten und ausreichend harmonisierten europäischen Netzwerks von nationalen Sicherungssystemen für Versicherungen leisten.

Art. 26 EIOPA-VO **ermächtigt** die Behörde dazu, einen **Beitrag zur Beurteilung der Notwendigkeit** eines mit angemessenen Finanzmitteln ausgestatteten und ausreichend harmonisierten europäischen **Netzwerks von nationalen Sicherungssystemen für Versicherungen** zu leisten. 1

Diese Kompetenz dürfte ihren Eingang in die EIOPA-VO gefunden haben, da zum Zeitpunkt von deren Erarbeitung die Kommission das Weißbuch Sicherungssysteme für Versicherungen[1] veröffentlicht hatte. Hierbei machte die Kommission die *insurance guarantee schemes* (IGS) als ein potentiell harmonisierungsbedürftiges Feld aus, da zum einen die Sicherungssysteme nicht in allen Mitgliedstaaten bestehen und selbst dort, wo sie bestehen, nicht alle Versicherer (bzw. Versicherungsprodukte) erfassen und zudem keine einheitlichen Mindeststandards erkennbar sind. 2

Um die weitere Arbeit der Kommission in diesem Feld zu erleichtern, wurde der EIOPA die Kompetenz des Art. 26 EIOPA-VO zugedacht. Hierbei ist zu bemerken, dass die EIOPA **nicht** etwa einen **Beitrag zur Errichtung** eines europäischen Netzwerks von IGS leisten kann, **sondern** nur zur **Beurteilung von** dessen **Notwendigkeit**. 3

Zur Erfüllung dieser aus Art. 26 EIOPA-VO hervorgehenden Aufgabe hatte EIOPA 2011 eine Arbeitsgruppe eingerichtet, die **Task Force in Insurance Guarantee Schemes** (TFIGS) (siehe Art. 41 EIOPA-VO Rn. 9).[2] Die TFIGS hat insbesondere einen Bericht zur grenzüberschreitenden Kooperation von IGS innerhalb der EU[3] und einen Bericht zur Rolle der IGS in Rahmen der Liquidation von insolventen Versicherungsunternehmen in der EU/EWG[4] verfasst. 4

Seit den beiden genannten Berichten (Rn. 4) ist die EIOPA nicht mehr nennenswert in Erscheinung getreten. Dies hängt aber vor allem damit zusammen, dass die Kommission, soweit ersichtlich, keine Gesetzesinitiativen plant. Sollte das Thema der IGS zukünftig wieder auf der **politischen Agenda** landen, so würde die EIOPA hier mit Sicherheit neue Aktivitäten entwickeln. Alternativ wäre es auch denkbar, dass die EIOPA, wenn die durch die Anlaufphase von Solvency II besonders hohe Arbeitsbelastung etwas nachlässt, eigeninitiativ das Thema erneut aufgreift. 5

Verhütung, Management und Bewältigung von Krisen

27 Die Behörde kann von der Kommission ersucht werden, einen Beitrag zu der Bewertung gemäß Artikel 242 der Richtlinie 2009/138/EG zu leisten, unter besonderer Berücksichtigung der Kooperation der Aufsichtsbehörden innerhalb des Aufsichtskollegiums sowie dessen Funktionsweise, der Aufsichtspraktiken bei der Festsetzung der Kapitalaufschläge, des Nutzens einer verstärkten Gruppenaufsicht und eines verstärkten Kapitalmanagements innerhalb einer Gruppe von Versicherungs- oder Rückversicherungsunternehmen, einschließlich möglicher Maßnahmen zur Stärkung eines intakten grenzüberschreitenden Managements von Versicherungsgruppen, insbesondere im Hinblick auf Risiken und Vermögensverwaltung, und sie kann Bericht erstatten über neue Entwicklungen und Fortschritte hinsichtlich

[1] KOM(2010) 370 endg.

[2] Mandat EIOPA-TFIGS-11/001.

[3] Report on the cross-border cooperation mechanisms between Insurance Guarantee Schemes in the EU (EIOPA-TFIGS-11/007).

[4] Report on the Role of Insurance Guarantee Schemes in the Winding-Up Procedures of Insolvent Insurance Undertakings in the EU/EEA (EIOPA-TFIGS-12/007).

a) eines harmonisierten Rahmens für frühzeitige Interventionen;
b) der Verfahren für das zentrale Risikomanagement der Gruppe, der Funktionsweise gruppeninterner Modelle, einschließlich Stresstests;
c) gruppeninterner Transaktionen und Risikokonzentrationen;
d) der längerfristigen Entwicklung von Diversifizierungs- und Konzentrationseffekten;
e) eines harmonisierten Rahmens für die Übertragung von Vermögenswerten und für Insolvenz- und Liquidationsverfahren, durch den die relevanten nationalen gesellschaftsrechtlichen Hindernisse für die Übertragung von Vermögenswerten beseitigt werden;
f) eines gleichwertigen Schutzes der Versicherungsnehmer und Begünstigten von Unternehmen der gleichen Gruppe, insbesondere in Krisensituationen;
g) einer harmonierten* und angemessen finanzierten unionsweiten Regelung für Garantiesysteme zum Schutz der Versicherten.

Bezüglich Buchstabe f kann die Behörde auch Bericht erstatten über neue Entwicklungen und Fortschritte hinsichtlich eines Bündels von koordinierten nationalen Krisenbewältigungsvorkehrungen, einschließlich darüber, ob ein System kohärenter und glaubwürdiger Finanzierungsmechanismen mit geeigneten Finanzierungsinstrumenten notwendig ist oder nicht.

Bei der Überprüfung dieser Verordnung gemäß Artikel 81 wird insbesondere die Möglichkeit einer Stärkung der Rolle der Behörde im Rahmen der Verhütung, des Managements und der Bewältigung von Krisen geprüft.

1 **I. Allgemeines.** Art. 27 EIOPA-VO dient dazu, die Kommission hinsichtlich ihrer Berichtspflichten aus Art. 242 Abs. 1 und 2 Solva II-RL zu entlasten und der EIOPA die Befugnis, aber auch die Pflicht zu übertragen, auf Antrag der Kommission zur vorzunehmenden Bewertung einen Beitrag zu leisten. Hierbei werden eine Beitragsleistung zum Bericht nach Art. 242 Abs. 1 Solva II-RL (UAbs. 1 Hs. 1) und eine Berichterstattungsbefugnis zum Bericht nach Art. 242 Abs. 2 Solva II-RL (UAbs. 1 Hs. 2 lit. a–g, UAbs. 2) und ein zusätzlicher Inhalt für die dreijährige Evaluationsberichtspflicht der Kommission nach Art. 81 Abs. 1, 2 EIOPA-VO (UAbs. 3) festgelegt. Insgesamt bleibt die Befugnisübertragung unter Art. 27 EIOPA-VO also sehr überschaubar und bleibt weit hinter dem zurück, was die offizielle Überschrift erwarten lassen würde.

2 **II. Beitrag zum gruppenaufsichtsrechtlichen Evaluationsbericht der Kommission (UAbs. 1 Hs. 1).** UAbs. 1 Hs. 1 verpflichtet die EIOPA dazu, wenn die Kommission sie hierzu ersucht, einen **Beitrag** zu dem gemäß Art. 242 Abs. 1 Solva II-RL von der Kommission bis zum 31.12.2017 zu erstellenden **Evaluationsbericht** zur Anwendung der neuen **Aufsichtsregeln** zu **Versicherungsgruppen** zu erbringen.

3 Die **Beitragsleistung** besteht in einem **Input für** den **Evaluationsbericht** der Kommission, was letztlich bedeutet, dass die EIOPA einen eigenen Bericht erstattet. Möglich wäre es hier selbstverständlich auch, dass Mitarbeiter der EIOPA vorübergehend zur Kommission abgestellt werden; dies erscheint jedoch kaum zielführend. Konkret dürfte die Beitragsleistung also in Erstattung eines Berichtes mit eventuell anschließender Diskussion des Berichtes bestehen. Dieser Bericht hat hierbei gemäß UAbs. 1 Hs. 1 auf die folgenden **Themen** besonders einzugehen (wobei eine relativ große Deckungsgleichheit mit den Inhalten des Berichtes nach Art. 242 Abs. 1 Solva II-RL besteht): die Kooperation der Aufsichtsbehörden innerhalb der Aufsichtskollegien, die Funktionsweise der Aufsichtskollegien, die Aufsichtspraktiken bei der Festsetzung der Kapitalaufschläge, der Nutzen einer verstärkten Gruppenaufsicht und eines verstärkten Kapitalmanagements innerhalb einer Gruppe von Versicherungs- oder Rückversicherungsunternehmen. Neben dieser Bestandsaufnahme hat die EIOPA auch mögliche Maßnahmen zur Stärkung eines intakten grenzüberschreitenden Managements von Versicherungsgruppen, insbesondere im Hinblick auf Risiken und Vermögensverwaltung, anzusprechen.

4 Gegenwärtig ist die Berichtspflicht der Kommission nach Art. 242 Abs. 1 Solva II-RL als **einmalige Berichtspflicht** und nicht als periodische Berichtspflicht ausgestaltet. Nach Erstattung des Berichtes der EIOPA auf Anfrage der Kommission würde UAbs. 1 Hs. 1 insofern gegenstandslos werden.

5 **III. Beitrag zum gruppenaufsichtsrechtlichen Zukunftsbericht der Kommission (UAbs. 1 Hs. 2, UAbs. 2).** Neben dem Evaluationsbericht des Art. 242 Abs. 1 Solva II-RL, der nur in geringem Maße auf die Änderung der Rechtslage, sondern vorrangig auf die Beschreibung des Ist-Bestandes zielt, verpflichtet Art. 242 Abs. 2 Solva II-RL die Kommission, einen Bericht zu erstatten über den Nutzen des gegenwärtigen Gruppenaufsichtssystems. Hierbei sind neue Entwicklungen darzustellen und es ist stärker auf die etwaige Notwendigkeit einer Reform der Gruppenaufsicht einzugehen. UAbs. 1 Hs. 2 verpflichtet die EIOPA dazu, wenn die Kommission sie hierzu ersucht, einen **Beitrag** auch zu diesem gemäß Art. 242 Abs. 2 Solva II-RL von der Kommission bis zum 31.12.2018 zu erstellenden **Evaluationsbericht** zur Anwendung der neuen **Aufsichtsregeln** zu **Versicherungsgruppen** zu erbringen.

* **Hinweis des Verlags:** Richtig wohl „harmonisierten".

Im Hinblick auf die Formulierung des UAbs. 1 Hs. 2 („kann Bericht erstatten") ist jedoch davon auszugehen, dass ein solcher **Bericht auch ohne Aufforderung** der Kommission an diese gerichtet werden kann. Einer solchen Festsetzung hätte es jedoch in UAbs. 1 Hs. 2 nicht bedurft, da ein solches Recht zur Berichterstattung, wenn die EIOPA dies für nötig hält, sich bereits aus Art. 34 Abs. 1 EIOPA-VO ergibt (vgl. Art. 34 EIOPA-VO Rn. 4 f.). 6

So die Kommission die EIOPA zur Beitragsleistung im Hinblick auf ihre Berichtspflicht nach Art. 242 Abs. 2 Solva II-RL auffordert, ist die EIOPA jedoch **entgegen** dem **Wortlaut** des UAbs. 1 Hs. 2 („kann") dazu **verpflichtet**, soweit einschlägig, zu den avisierten Themen Stellung zu nehmen. 7

Die **Beitragsleistung** besteht auch hier typischerweise in Erstattung eines Berichtes mit eventuell anschließender Erläuterung des Berichtes. Dieser Bericht hat hierbei gemäß UAbs. 1 Hs. 2 auf die folgenden **Themata** besonders einzugehen, soweit sich hier **Fortschritte** und **neue Entwicklungen** abzeichnen (die Inhalte des Berichtes nach Art. 242 Abs. 2 UAbs. 1 Solva II-RL sind hierbei nahezu gleichlautend):[1] 8

- harmonisierter **Rahmen** für **frühzeitige Interventionen** (UAbs. 1 Hs. 2 lit. a);
- Verfahren für das **zentrale Risikomanagement der Gruppe**, der Funktionsweise **gruppeninterner Modelle**, einschließlich **Stresstests** (UAbs. 1 Hs. 2 lit. b);
- **gruppeninterner Transaktionen** und **Risikokonzentrationen** (UAbs. 1 Hs. 2 lit. c);
- längerfristige Entwicklung von **Diversifizierungs- und Konzentrationseffekten** (UAbs. 1 Hs. 2 lit. d);
- harmonisierter Rahmen für die **Übertragung von Vermögenswerten** und für **Insolvenz- und Liquidationsverfahren**, durch den die relevanten nationalen gesellschaftsrechtlichen Hindernisse für die Übertragung von Vermögenswerten beseitigt werden (UAbs. 1 Hs. 2 lit. e);
- **gleichwertiger Schutz** der **Versicherungsnehmer und Begünstigten** von Unternehmen der **gleichen Gruppe**, insbesondere in Krisensituationen (UAbs. 1 Hs. 2 lit. f);
- in Ausfüllung des vorgenannten Themas nach UAbs. 1 Hs. 2 lit. f können auch neue Entwicklungen und Fortschritte hinsichtlich eines **Bündels** von **koordinierten nationalen Krisenbewältigungsvorkehrungen**, einschließlich der Frage ob ein System kohärenter und glaubwürdiger Finanzierungsmechanismen mit geeigneten Finanzierungsinstrumenten notwendig ist oder nicht, angesprochen werden (UAbs. 2);
- harmonisierte und angemessen finanzierte unionsweite Regelung für **Garantiesysteme zum Schutz der Versicherten** (UAbs. 1 Hs. 2 lit. g).

Die Auflistung der **Themen** sollte entgegen dem Wortlaut des UAbs. 1 Hs. 2 **nicht** als **abschließend** betrachtet werden. Vielmehr gebietet der Wortlaut des Art. 242 Abs. 2 UAbs. 1 S. 3 Solva II-RL („In ihrer Bewertung berücksichtigt die Kommission *unter anderem* neue Entwicklungen und Fortschritte hinsichtlich" [Hervorhebung durch Verf.]), dessen Erfüllung durch die Kommission die Berichtspflicht der EIOPA nach UAbs. 1 Hs. 2 dienen soll, dass diese Themen nur von besonderem Interesse sind. Auch sollte dem Merkmal des Fortschritts und der Entwicklung keine zu begrenzende Wirkung zugestanden werden, vielmehr wäre es beispielsweise durchaus im Sinne der Berichtspflicht, wenn die EIOPA gemäß UAbs. 1 Hs. 2 lit. g berichtet, dass sich auf Ebene der Entwicklung eines Netzwerks von nationalen Sicherungssystemen für Versicherungen (*insurance guarantee schemes* [IGS]) keine Entwicklungen ergeben haben und insofern immer noch ein Handlungsbedarf für den Unionsgesetzgeber besteht. 9

Wie auch die Evolutionsberichtspflicht (siehe Rn. 4) ist die Berichtspflicht der Kommission nach Art. 242 Abs. 1 Solva II-RL als **einmalige Berichtspflicht** und nicht als periodische Berichtspflicht ausgestaltet. Nach Erstattung des Berichtes der EIOPA auf Anfrage der Kommission würde UAbs. 1 Hs. 2 insofern gegenstandslos werden. 10

IV. Berichtspflicht der Kommission (UAbs. 3). UAbs. 3 legt einen **zwingenden Inhalt** für den durch die Kommission gemäß Art. 81 Abs. 1, 2 EIOPA-VO zu erstattenden dreijährigen **Evaluationsbericht** zum ESFS (siehe Art. 81 EIOPA-VO Rn. 8) fest. Hiernach hat dieser Bericht sich auch mit der Frage auseinanderzusetzen, ob Möglichkeiten bestehen, die Rolle der EIOPA im Rahmen der Verhütung, des Managements und der Bewältigung von Unternehmenskrisen zu stärken. 11

Delegation von Aufgaben und Pflichten

28 (1) [1]**Die zuständigen Behörden können – mit Zustimmung der Bevollmächtigten – Aufgaben und Pflichten vorbehaltlich der in diesem Artikel genannten Voraussetzungen an die Behörde oder andere zuständige Behörden delegieren.** [2]**Die Mitgliedstaaten**

[1] Nicht gespiegelt sind die folgenden Berichtsthemen der Solvency II-Richtlinie: rechtsverbindlicher Rahmen für die Schlichtung von Streitigkeiten zwischen den Aufsichtsbehörden (lit. e), ein für die zuständigen Behörden, Zentralbanken und Finanzministerien geltender harmonisierter und rechtsverbindlicher Rahmen für Krisenmanagement, Krisenbewältigung und fiskalische Lastenteilung, bei dem Aufsichtsbefugnisse und fiskalische Zuständigkeiten aufeinander abgestimmt sind (lit. i).

können spezielle Regelungen für die Delegation von Pflichten festlegen, die erfüllt werden müssen, bevor ihre zuständigen Behörden solche Delegationsvereinbarungen schließen, und sie können den Umfang der Delegation auf das für die wirksame Beaufsichtigung von grenzübergreifend tätigen Finanzinstituten oder grenzübergreifend tätigen Gruppen erforderliche Maß begrenzen.

(2) **Die Behörde fördert und erleichtert die Delegation von Aufgaben und Pflichten zwischen zuständigen Behörden, indem sie ermittelt, welche Aufgaben und Pflichten delegiert oder gemeinsam erfüllt werden können, und indem sie empfehlenswerte Praktiken fördert.**

(3) [1] **Die Delegation von Pflichten führt zu einer Neuzuweisung der Zuständigkeiten, die in den in Artikel 1 Absatz 2 genannten Rechtsakten festgelegt sind.** [2] **Das Recht der bevollmächtigten Behörde ist maßgeblich für das Verfahren, die Durchsetzung und die verwaltungsrechtliche und gerichtliche Überprüfung in Bezug auf die delegierten Pflichten.**

(4) [1] **Die zuständigen Behörden unterrichten die Behörde über die von ihnen beabsichtigten Delegationsvereinbarungen.** [2] **Sie setzen diese Vereinbarungen frühestens einen Monat nach Unterrichtung der Behörde in Kraft.**

Die Behörde kann innerhalb eines Monats nach ihrer Unterrichtung zu der beabsichtigten Vereinbarung Stellung nehmen.

Um eine angemessene Unterrichtung aller Betroffenen zu gewährleisten, werden alle von den zuständigen Behörden geschlossenen Delegationsvereinbarungen von der Behörde in geeigneter Weise veröffentlicht.

Übersicht

Schrifttum: *CESR/CEBS/CEIOPS*, Key Principles for the Delegation of Tasks between Competent Authorities; *FSC*, Report on Financial Supervision of February 2006 (sog. *Francq*-Report).

1 **I. Allgemeines.** Art. 28 EIOPA-VO zielt darauf – insbesondere im Rahmen von Aufsichtskollegien, aber auch bei der Tätigkeit über Niederlassungen oder im Rahmen der Dienstleistungsfreiheit –, eine Übertragung von Aufgaben und Pflichten von einem nationalen Aufseher auf einen anderen nationalen Aufseher oder die EIOPA zu ermöglichen. Obgleich ein solches Vorgehen zumindest hinsichtlich der Aufgabenübertragung bereits seit langem angedacht war und teilweise auch bereits praktiziert wurde,[1] birgt Art. 28 EIOPA-VO Sprengstoff für zukünftige Auseinandersetzungen: Art. 28 EIOPA-VO erlaubt nicht nur die Übertragung von Aufgaben, sondern auch von Pflichten. Dies bedeutet – zumindest wenn dies praktisch umgesetzt würde –, dass ein Versicherungsunternehmen an einen anderen nationalen Aufseher (oder die EIOPA) outgesourced werden kann, ohne hierbei ein Mitspracherecht zu haben, und hierdurch einem anderen nationalen Verwaltungsverfahrensrecht unterliegen würde.

2 Art. 28 EIOPA-VO regelt im Detail die generelle Zulässigkeit der Delegation von Aufgaben und Pflichten (Abs. 1 S. 1) inklusive der Möglichkeit eines nationalen Vorbehalts hiergegen (Abs. 1 S. 2), die Aufgaben der EIOPA im Hinblick auf die Förderung der Delegation (Abs. 2), die Voraussetzungen einer wirksamen Delegation (Abs. 1 S. 1, 4) und die Wirkung der Delegation und die Wahrnehmung der Aufgaben (Abs. 3)

[1] Siehe hierzu insbesondere den gemeinsamen Bericht von *CESR/CEBS/CEIOPS*, Key Principles for the Delegation of Tasks between Competent Authorities (CEIOPS-3L3-17-08).

II. Zulässigkeit der Delegation (Abs. 1). Durch Abs. 1 S. 1 soll eine **Rechtsgrundlage** für eine Delegation von Aufgaben und Pflichten zwischen den nationalen Aufsichtsbehörden (und der EIOPA) geschaffen werden. Nach der allgemeinen Regel soll eine solche Delegation erlaubt sein, es wird jedoch daneben eine Vorbehaltsklausel vorgesehen, die den Mitgliedstaaten teilweise Abweichungen von dieser Grundregel erlaubt. 3

1. Grundregel (Abs. 1 S. 1). Abs. 1 S. 1 stellt die **allgemeine Regel** auf, dass eine **Delegation von Aufgaben und Pflichten** grundsätzlich **immer und ohne Begrenzungen** zum Umfang **möglich** ist, soweit sich die Übertragung innerhalb der tatbestandlichen Voraussetzungen des Art. 38 EIOPA-VO hält. Eine solche Befugnis zur Übertragung wird den zuständigen Behörden im ESFS jedoch nur hinsichtlich bestimmter Aufgaben und Pflichten und nur auf bestimmte Träger von Hoheitsgewalt erteilt (siehe hierzu Rn. 11 ff.). 4

2. Vorbehaltsklausel (Abs. 1 S. 2). Abs. 1 S. 2 eröffnet den Mitgliedstaaten die Möglichkeit, die **Delegation von Pflichten** – *nota bene* nicht die Delegation von Aufgaben – **zusätzlichen Bedingungen** zu unterwerfen. Diese Vorbehaltsklausel erlaubt den Erlass nationaler Normen, durch die zusätzliche Voraussetzungen für den Abschluss von Delegationsvereinbarungen festgelegt werden. Die Erwägungsgründe nennen hier als Beispiel zusätzliche Anforderungen an die Informationen über Delegationsregelungen und die Notifizierung dieser Regelungen,[2] denkbar wäre jedoch auch ein Zustimmungsvorbehalt. Zulässig sind jedoch auch nationale Begrenzungen des Umfangs der Delegation von Pflichten, auf das für die wirksame Beaufsichtigung von grenzübergreifend tätigen Finanzinstituten oder grenzübergreifend tätigen Gruppen erforderliche Maß. 5

In **Deutschland** wurde ein solcher **Vorbehalt** allenfalls **partiell** erklärt. Gemäß § 326 Abs. 4 S. 2 VAG ist die BaFin befugt, Aufgaben und Zuständigkeiten an die Aufsichtsbehörde des Herkunftsmitgliedstaates zu übertragen und Aufgaben und Zuständigkeiten der Aufsichtsbehörde des Herkunftsmitgliedstaates zu übernehmen, die Dienstleistungen im Sinne dieser Richtlinie im Inland betreffen. Es werden mithin keine Vorabbedingungen für den Abschluss von Delegationsvereinbarungen aufgestellt. Jedoch wird die Möglichkeit der Delegation dahingehend beschränkt, dass nur eine Delegation von und auf den Herkunftslandaufseher erlaubt wird. Im Ergebnis bewirkt dies jedoch keine echte Begrenzung, da nur schwer eine andere Konstellation vorstellbar ist (dies wäre insbesondere eine Delegation der BaFin als Tätigkeitslandaufseher auf einen anderen Tätigkeitslandaufseher), in der eine Delegation von der BaFin oder auf die BaFin effektiv und angemessen wäre (siehe zu diesen Bedingungen der Delegation Rn. 21 f.). 6

III. Aufgabe der EIOPA zur Förderung der Delegation (Abs. 2). Abs. 2 **konkretisiert** die **Aufgabe** der EIOPA aus Art. 8 Abs. 1 lit. c EIOPA-VO, nach dem sie die **Delegation von Aufgaben und Zuständigkeiten** unter zuständigen Behörden anzuregen und zu erleichtern hat. Gemäß Abs. 2 fördert und erleichtert die EIOPA die Delegation von Aufgaben und Pflichten zwischen zuständigen Behörden, indem sie ermittelt, welche Aufgaben und Pflichten delegiert oder gemeinsam erfüllt werden können, und indem sie empfehlenswerte Praktiken fördert. 7

Eine solche Förderung kann gemäß Erwägungsgrund 38 UAbs. 2 S. 1 mit allen **angemessen Mitteln** geschehen, wobei gemäß Erwägungsgrund 38 UAbs. 2 S. 4 insbesondere auch die Ermittlung und Bekanntmachung von *best practices* dazu zählt. Letzteres bedeutet beispielsweise, dass die EIOPA Peer-Reviews zur Frage des Vorgehens im Bereich der Delegation von Aufgaben und Pflichten durchführt und die Ergebnisse und die herausgefilterten *best practices* veröffentlicht. Daneben kann die EIOPA aber auch über das Mittel der Stellungnahme (siehe Rn. 29 f.) im Einzelfall oder über Aussprachen innerhalb der Aufsichtskollegien eine Förderung erreichen. Um dies stärker zu institutionalisieren, sollte die EIOPA insbesondere das Instrument der Leitlinien bemühen. Einen bedeutsamen Schritt hat die EIOPA bereits durch Herausgabe der Leitlinien 22–25 der Leitlinien zur operativen Funktionsweise von Kollegien[3] getan, wobei gerade auch die Nr. 8.2. UAbs. 5, 6 der Vorlage zur Koordinierungsvereinbarung[4] eine bedeutende Förderungswirkung haben dürfte. 8

IV. Voraussetzungen einer wirksamen Delegation. Eine Delegationsvereinbarung kann grundsätzlich **multilateral oder bilateral** geschlossen werden, **sektoriell oder sektorübergreifend** sein, vom **Aufseher des Sitzlandes** auf den **Aufseher des Tätigkeitslandes** oder umgekehrt wirken, **einzelfallbezogen oder institutionalisiert** sein und eine **Aufgabenteilung oder eine Aufgaben-** 9

---

[2] Erwägungsgrund 38 UAbs. 1 S. 3.

[3] Leitlinien zur operativen Funktionsweise von Kollegien (EIOPA-BoS-14/146): „Der Koordinator leitet die Diskussion darüber, ob und wie – unter Berücksichtigung der bestehenden Branchenvorschriften – Aufgaben beim Erstellen des Überblicks über die Finanzlage des Konglomerats und andere Aufgaben in Bezug auf die zusätzliche Beaufsichtigung aufgeteilt oder delegiert werden. Bei der Diskussion wird berücksichtigt, wie die beaufsichtigten Unternehmen organisiert sind, und die Diskussion sollte der Art, Größe und Komplexität des Finanzkonglomerats entsprechen".

[4] Anhang 1 zu Leitlinien zur operativen Funktionsweise von Kollegien (EIOPA-BoS-14/146).

abgabe vorsehen.[5] Grundsätzlich sieht Art. 28 EIOPA-VO hierzu keine Grenzen vor. Jedoch bestehen inhärente Grenzen hinsichtlich der Behörden, die nach Art. 28 EIOPA-VO Aufgaben übertragen können und auf die diese übertragen werden dürfen. Zudem wird ein Zustimmungserfordernis durch den Delegatar normiert und die möglichen Gegenstände der Delegation aufgeführt. Schließlich sieht Abs. 4 noch besondere Voraussetzungen vor, die erfüllt sein müssen, damit eine Delegation erfolgen kann.

10 **1. Delegant (Abs. 1 S. 1).** Potentieller **Delegant** unter Abs. 1 S. 1 sind allein die **zuständigen Behörden** nach Art. 4 Nr. 2 EIOPA-VO (siehe Art. 4 EIOPA-VO Rn. 3). Dies bedeutet zunächst, dass nur diesen die Möglichkeit der Übertragung ihrer Aufgaben und Pflichten auf eine andere Person zugestanden wird. Insbesondere ermöglicht Abs. 1 S. 1 es **nicht** der **EIOPA**, ihre Aufgaben auf eine nationale Aufsichtsbehörde zu delegieren.

11 **2. Delegatar (Abs. 1 S. 1). Delegatar** kann nach Abs. 1 S. 1 nur eine **andere zuständige Behörde** nach Art. 4 Nr. 2 EIOPA-VO oder die **EIOPA** sein. Eine Übertragung der Pflichten (statt nur von Aufgaben) auf EIOPA wäre allerdings nach gegenwärtigem Stand wohl nicht möglich, da eine solche gemäß Abs. 4 S. 2 dazu führt, dass das Recht der bevollmächtigten Behörde maßgeblich ist für das Verfahren, die Durchsetzung und die verwaltungsrechtliche und gerichtliche Überprüfung in Bezug auf die delegierten Pflichten. Dies würde bei der EIOPA zu erheblichen Lücken führen, sodass davon auszugehen ist, dass die EIOPA zumindest gegenwärtig nur der Delegatar von Aufgaben sein kann.[6]

12 Würde man Abs. 1 S. 1 hinsichtlich seines Verweises auf Art. 4 Nr. 2 EIOPA-VO wörtlich verstehen, so würde die Delegation im **sektorübergreifenden Bereich** erheblich erschwert, wenn nicht ganz unterbunden. Dies läuft jedoch dem Verständnis der ESA zuwider. Nach Leitlinie 54 der Gemeinsamen Leitlinien zu den Kooperationsvereinbarungen zur Beaufsichtigung von Finanzkonglomeraten soll auch hier eine Aufgabenübertragung möglich sein.[7] In diesem Verständnis ist den ESA zuzustimmen, da das ESFS gerade auch eine sektorübergreifende Konvergenz herstellen möchte, die durch eine sektorübergreifende Delegation im Einzelfall gefördert werden kann. Dies bedeutet, dass im Einzelfall auch eine Delegation auf eine zuständige Behörde nach den Art. 4 der EBA-VO und der ESMA-VO erfolgen kann.

13 Abs. 1 eröffnet die Möglichkeit einer Delegation nur für grenzüberschreitende Sachverhalte (siehe Rn. 23). Fraglich ist, ob sich hieraus auch eine teleologische Reduktion ergibt, dass eine Delegation nur auf die **zuständige Behörde eines anderen Mitgliedstaates** erfolgen darf. Für einen nicht grenzüberschreitenden Sachverhalt ergibt sich dies bereits daraus, dass in diesem Fall Abs. 1 S. 1 in seiner Gesamtheit nicht greift und die Delegation nach den anwendbaren nationalen Rechtsvorschriften erfolgen muss. Problematisch ist jedoch die Konstellation der Beaufsichtigung eines Finanzkonglomerats bei dem zwei nationale Aufsichtsbehörden beteiligt sind und eine nationale Aufsichtsbehörde, sowie die Aufsichtsbehörden anderer Staaten, Aufgaben auf den Gruppenaufseher aus demselben Staat übertragen wollen. Hier erscheint es der *ratio legis* zu entsprechen, dass auch auf einen Aufseher aus demselben Mitgliedstaat delegiert werden kann.

14 **3. Zustimmungserfordernis (Abs. 1 S. 1).** Eine Delegation von Aufgaben oder Pflichten erfordert gemäß Abs. 1 S. 1 die **Zustimmung des Bevollmächtigten**, wobei der Bevollmächtigte hier die zu bevollmächtigende andere zuständige Behörde oder die EIOPA ist.

15 Dies bedeutet letztlich nur, dass eine **Ermächtigung nicht einseitig** erfolgen kann, sondern eine Delegation von Aufgaben und Pflichten nach Abs. 1 S. 1 nur durch Abschluss einer zwei- oder mehrseitigen **Delegationsvereinbarung** bewirkt werden kann.

16 **4. Gegenstand der Delegation (Abs. 1 S. 1).** Die Delegation kann sich gemäß Abs. 1 S. 1 sowohl auf eine isolierte Übertragung von **Aufgaben**, als auch auf eine vollständige Übertragung der **Zuständigkeit** (Pflichten) beziehen. Es ist insofern entscheidend, dass die Delegationsvereinbarung hier terminologisch genau vorgeht.

17 Unter einer **Delegation von Aufgaben** ist der Fall zu verstehen, dass ein Aufseher spezifische **aufsichtsbezogene Arbeitsvorgänge** auf einen anderen Aufseher überträgt. Bei einer solchen Übertragung von Aufgaben verbleibt die Entscheidungsbefugnis und -verantwortung bei der übertragenden Behörde, während eine andere Behörde erforderliche Prozessschritte für erstere durchführt und die Ergebnisse an die übertragende Behörde (und andere Behörden) übermittelt. Demnach verbleibt die

[5] CESR/CEBS/CEIOPS, Key Principles for the Delegation of Tasks between Competent Authorities (CEIOPS-3L3–17-08), S. 4; Peer Reviews on the NCAs' Governance of Colleges (EIOPA-RP-15–297), S. 12.

[6] Auch die EIOPA scheint hier zurückhaltend und erklärt, niemals die Aufgaben und Zuständigkeit des Gruppenaufsehers zu übernehmen, siehe Rn. 1.9 Leitlinien zur operativen Funktionsweise von Kollegien (EIOPA-BoS-14/146).

[7] Gemeinsame Leitlinien über die Angleichung der Aufsichtspraxis in Bezug auf die Einheitlichkeit von Kooperationsvereinbarungen für die Beaufsichtigung von Finanzkonglomeraten (JC/GL/2014/01).

politische, verwaltungsrechtliche und zivilrechtliche Verantwortung bei der übertragenden Behörde.[8] Auch die EIOPA-VO scheint dieses dem Francq-Report entstammende Verständnis[9] übernommen zu haben, wie sich aus Erwägungsgrund 34 S. 4 ergibt, wonach eine „Delegation von Aufgaben bedeutet, dass Aufgaben von der Behörde oder von einer anderen nationalen Aufsichtsbehörde als der eigentlich zuständigen wahrgenommen werden, obwohl die Zuständigkeit für Aufsichtsbeschlüsse bei der delegierenden Behörde verbleibt."

Im Gegensatz hierzu ist eine **Delegation von Pflichten** eine solche, bei der die übertragende Behörde die Befugnis, eine Entscheidung für sie zu treffen, auf die ermächtigte Behörde überträgt.[10] Erwägungsgrund 34 S. 4 führt dies näher aus und legt fest, dass durch die Delegation von Zuständigkeiten (gemeint sind Pflichten iSd Abs. 1 S. 1) es der EIOPA oder einer nationalen Aufsichtsbehörde (der „Bevollmächtigten") ermöglicht wird, in einer bestimmten Aufsichtsangelegenheit selbst anstelle der delegierenden Behörde zu beschließen. Die Delegation von Pflichten führt mithin zu einer Neuzuweisung von Zuständigkeiten (siehe Rn. 34) und mithin zu einem tiefgreifenden Eingriff in die Aufsichtsverhältnisse. 18

Bedauerlich unklar ist, **welche Aufgaben und Pflichten** von den nationalen Aufsichtsbehörden übertragen werden können. Abs. 1 S. 1 ist eine unmittelbare Ermächtigung der nationalen Aufsichtsbehörden, die keiner Umsetzung durch den nationalen Gesetzgeber mehr bedarf, dieser kann diese Möglichkeit allenfalls (und nur für die Übertragung von Pflichten) begrenzen (siehe Rn. 5 f.). Dies würde bei wortgetreuem Verständnis bedeuten, dass eine Übertragung auch von Aufgaben und Befugnissen möglich ist, die autonom durch das nationale Recht im nicht harmonisierten Bereich übertragen werden. Eine Begrenzung kann sich auch nicht unmittelbar aus Art. 1 Abs. 2 EIOPA-VO ergeben, da dieser den Tätigkeitsbereich der EIOPA, nicht aber der zuständigen Behörden definiert. Gleichwohl kann es nicht dem Sinn der Ermächtigung des Abs. 1 S. 1 entsprechen, den nationalen Gesetzgeber im nicht harmonisierten Bereich zu Gunsten der nationalen Exekutive zu entmachten. Vielmehr ist Abs. 1 S. 1 so zu lesen, dass nur solche Aufgaben und Befugnisse übertragen werden können, die entweder unmittelbar aus den Basisrechtsakten der Art. 1 Abs. 2 EIOPA-VO oder aus den nationalen Umsetzungsnormen der zuständigen Aufsichtsbehörde übertragen wurden, also **nur harmonisierte Aufgaben und Pflichten**. Dieses Verständnis lässt sich auch mit Abs. 3 begründen, der als Wirkung einer Delegation von Pflichten, ganz selbstverständlich nur die Neuordnung der Zuständigkeiten für in den Basisrechtsakten niedergelegte Maßnahmen anordnet und so davon ausgeht, dass andere Maßnahmen nicht delegiert werden können. 19

5. Ungeschriebene Voraussetzungen der Delegation. Die Möglichkeit der Delegation beruht auf dem Gedanken, dass in einem gemeinsamen Versicherungsmarkt in bestimmten Konstellationen eine andere Aufsichtsbehörde im Hinblick auf ihre Sachnähe zur Durchführung von Aufsichtsmaßnahmen eine größere Kompetenz aufweist.[11] Entsprechend sollte es eine Voraussetzung für die Delegation sein, dass zum einen der **Delegatar** tatsächlich **an der Beaufsichtigung** der betreffenden Versicherungsgruppe oder des Finanzkonglomerats **beteiligt** ist, dem das Finanzinstitut angehört, bezüglich dessen Aufgaben übertragen werden sollen. Zum anderen muss eine Situation gegeben sein, in der eine **Delegation** auf den konkreten Delegatar **zweckdienlich** erscheint. Erwägungsgrund 38 führt hierzu aus, dass die Delegationen dem Prinzip folgen sollte, dass die Aufsichtskompetenz auf eine Aufsichtsbehörde übertragen wird, die am besten geeignet ist, in der entsprechenden Angelegenheit Maßnahmen zu ergreifen und dass eine Delegation[12] dann zweckmäßig wäre, wenn es beispielsweise um Größen- oder Verbundvorteile, die Kohärenz bei der Gruppenaufsicht und eine optimale Nutzung des technischen Sachverstands der verschiedenen nationalen Aufsichtsbehörden geht.[13] 20

Die Übertragung von Aufgaben und Pflichten steht insofern für den Deleganten unter dem **Vorbehalt der Effizienz und Angemessenheit**.[14] Hinsichtlich der Abwägungsentscheidung sind die folgenden positiven Faktoren einzustellen: Wird hierdurch eine Verdopplung von Aufgaben vermieden, eine Optimierung der Aufsichtsressourcen erreicht, besondere Fachkenntnisse aktiviert und eine unnötige Belastung für die beaufsichtigten Unternehmen vermieden.[15] Als Begrenzung für die Übertragung überhaupt und für deren konkrete Ausgestaltung ist sicherzustellen, dass die Delegation im Einklang mit 21

[8] Siehe hierzu insbesondere die Definition im sog. Francq-Report – The FSC Report on Financial Supervision of February 2006.

[9] Bereits befürwortet durch *CESR/CEBS/CEIOPS*, Key Principles for the Delegation of Tasks between Competent Authorities (CEIOPS-3L3–17–08), S. 2.

[10] Siehe hierzu insbesondere die Definition im sog. Francq-Report – The FSC Report on Financial Supervision of February 2006.

[11] *Platzer*, Versicherungsaufsicht in der Europäischen Union, 2015, S. 160.

[12] Der Erwägungsgrund 38 spricht hier von einer Umverteilung der Zuständigkeiten, was aber *mutatis mutandis* auch für eine Delegation von Aufgaben zu gelten hat.

[13] Erwägungsgrund 38 UAbs. 1 S. 6, 7.

[14] So bereits *CESR/CEBS/CEIOPS*, Key Principles for the Delegation of Tasks Between Competent Authorities (CEIOPS-3L3–17–08), S. 3.

[15] So Leitlinie 22 Rn. 1.54 der Leitlinien zur operativen Funktionsweise von Kollegien (EIOPA-BoS-14/146).

der Struktur und Organisation der Gruppe und im Verhältnis zu Art, Umfang und Komplexität der mit den Aktivitäten der beaufsichtigten Unternehmen einhergehenden Risiken steht.[16]

22 Daneben steht die Delegation als Unteraspekt der Effizienz- und Angemessenheitsanforderung unter der Bedingung, dass die **Übertragung nur auf die** für die Wahrnehmung der Aufgaben **am besten platzierte** nationale **Aufsichtsbehörde** (oder EIOPA) erfolgen soll.[17] Hierbei ist der besondere technische Sachverstand, der zu beaufsichtigende Geschäftsbereich (*business lines*), die Expertise im lokalen Markt und die Bedeutung des einzelnen Unternehmens für die Gruppe als Ganzes und die Bedeutung des Unternehmens für den betroffenen lokalen Markt zu berücksichtigen.[18]

23 Der Anwendungsbereich der Delegation über Abs. 1 S. 1 ist – ohne dass dies explizit hervorgehoben würde – nur im Fall eines **grenzüberschreitenden Sachverhalts** eröffnet. So ein solcher nicht gegeben ist, richtet sich die Frage nach der Zulässigkeit einer Delegation nach dem anwendbaren nationalen Recht.

24 **6. Unterrichtungspflicht (Abs. 4).** Abs. 4 normiert eine **Unterrichtungspflicht** für die eine Delagationsvereinbarung schließenden zuständigen Behörden.

a) Datierung der Delegationsvereinbarung und Mitteilung an EIOPA (Abs. 4 UAbs. 1).

25 Gemäß Abs. 4 UAbs. 1 S. 1 haben die zuständigen Behörden, die eine Delegationsvereinbarung schließen, die **EIOPA über** die geplante **Vereinbarung in Kenntnis** zu **setzen**.

26 Nach dem Wortlaut scheint es zunächst ausreichend, dass die nationalen Behörden die EIOPA von der Absicht zum Abschluss einer Delegationsvereinbarung in Kenntnis setzen. Dies erscheint jedoch nicht ausreichend und insofern nicht dem Telos der Norm zu entsprechen. Diese Unterrichtungspflicht des Abs. 4 UAbs. 1 S. 1 dient gerade dazu, der EIOPA die Möglichkeit zur Stellungnahme nach Abs. 4 UAbs. 2 zu eröffnen, dies erfordert jedoch ein detailliertes Verständnis vom Umfang und der Art der Delegation. Regelmäßig obliegt es den nationalen Aufsehern entsprechend, dass sie die bereits abgeschlossene, aber noch nicht in Kraft gesetzte **Delegationsvereinbarung oder** aber den abzuschließenden **Entwurf** hierzu der EIOPA **übermitteln**.

27 Die Delegationsvereinbarung ist entweder vor der Übermittlung an die EIOPA noch nicht abzuschließen, sondern als tentatives Projekt zu behandeln, oder aber ihr Inkrafttreten ist bei Abschluss so zu datieren, dass **zwischen der Übermittlung** und dem **Inkrafttreten** mindestens **ein Monat** liegt. Dies dient dazu, das Recht auf Stellungnahme der EIOPA nach Abs. 4 UAbs. 2 abzusichern, sodass die EIOPA noch in die Lage versetzt ist, durch ihre Stellungnahmen die Delegation zu beeinflussen und nicht bereits durch die nationalen Behörden Fakten geschaffen werden.

28 Fraglich ist, welche **Wirkung** ein **Unterbleiben der Übermittlung** oder ein **Inkraftsetzen vor Ablauf** der Monatsfrist (siehe Rn. 27) auf die Rechtskraft der Delegationsvereinbarung hat. Obgleich die zuständigen Behörden durch ein solches Vorgehen offenkundig eine Pflicht gegenüber der EIOPA verletzen würden, geht aus der EIOPA-VO nicht hervor, dass dies die Delegationsvereinbarung berühren würde. Vielmehr erscheint es in Situationen, in denen die Delegationsvereinbarung ansonsten den Anforderungen des Unionsrechts gerecht wird und auch die beaufsichtigten Finanzinstitute von der Delegation unterrichtet wurden und eventuell ihr Verhalten entsprechend eingerichtet haben, nicht hinnehmbar, der Delegationsvereinbarung die Wirkung abzusprechen.

29 **b) Stellungnahmerecht der EIOPA (Abs. 4 UAbs. 2).** Ab der Unterrichtung kann die EIOPA gemäß Abs. 4 UAbs. 2 innerhalb einer Frist von einem Monat gegenüber den zuständigen Behörden zur geplanten Delegationsvereinbarung **Stellung nehmen**. Innerhalb dieser Stellungnahme ist die EIOPA nicht auf eine reine Rechtmäßigkeitsprüfung beschränkt. Vielmehr entspricht es ihrer Aufgabe zur Förderung empfehlenswerter Praktiken (siehe Rn. 8), dass die EIOPA auch auf aus Effizienz- oder Kohärenzgesichtspunkten bestehende Verbesserungsmöglichkeiten hinzuweisen hat.

30 Der Stellungnahme der EIOPA kommt gegenüber den zuständigen Behörden **keine Bindungswirkung** zu. Diese bleiben frei in ihrer Entscheidung, die Delegationsvereinbarung nach den Vorstellungen der EIOPA abzuändern oder sie unverändert in Kraft zu setzen. Soweit die EIOPA jedoch im Abschluss der Delegationsvereinbarung eine Verletzung des Unionsrechts sieht, ist es ihr in letzterem Fall unbenommen, ein Unionsrechtsverletzungsverfahren nach Art. 17 EIOPA-VO einzuleiten.

31 **c) Unterrichtung der Betroffenen (Abs. 4 UAbs. 3).** Indem Abs. 4 UAbs. 3 die EIOPA zur Veröffentlichung der abgeschlossenen Delegationsvereinbarungen verpflichtet, werden inzidenter die zuständigen Behörden verpflichtet, dass sie der EIOPA, wenn sie nach der ersten Übermittlung auf Grund der Stellungnahme noch Änderungen vornehmen oder trotz einer Stellungnahme Änderungen unterlassen, die endgültig geschlossene Delegationsvereinbarung übermitteln. Eine solche **zweite Übermittlung** kann nur dann unterbleiben, wenn die **Delegationsvereinbarung** mit einer aufschiebenden

---

[16] Leitlinie 22 Rn. 1.55 der Leitlinien zur operativen Funktionsweise von Kollegien (EIOPA-BoS-14/146).

[17] So letztlich auch Erwägungsgrund 38 UAbs. 1 S. 1 („auf eine Aufsichtsbehörde übertragen wird, die *am besten* geeignet ist" [Hervorhebung durch Verf.]).

[18] *CESR/CEBS/CEIOPS*, Key Principles for the Delegation of Tasks Between Competent Authorities (CEIOPS-3L3-17-08), S. 3 („best placed authority").

Bedingung geschlossen wurde und die EIOPA in ihrer Stellungnahme keine Änderungsvorschläge unterbreitet hat.

Diese dann endgültig geschlossene Delegationsvereinbarung ist gemäß Abs. 4 UAbs. 3 durch die EIOPA in geeigneter Weise zu **veröffentlichen**, sodass alle Betroffenen von der Vereinbarung angemessen unterrichtet werden. Laut Nr. 7 Annex 2 des EIOPA-Transparenzbeschlusses (siehe hierzu Art. 72 EIOPA-VO Rn. 9 ff.)[19] sind alle Delegationsvereinbarungen in das Dokumentregister der EIOPA aufzunehmen. Daneben ist aber auch von den **zuständigen Behörden** zu fordern, dass sie die unmittelbar Betroffenen vom Abschluss der Delegationsvereinbarung **unterrichten**.[20] 32

V. Wirkung der Delegation und Ausübung der Aufgaben und Pflichten (Abs. 3). Die **Wirkung** der Delegation und die genaue Art der Ausübung der Pflichten und Aufgaben wird durch Art. 28 EIOPA-VO bestenfalls **facettenhaft geregelt**. Hierbei ist von Interesse, dass der Abs. 3, der zumindest die genaue Wirkung einer Delegation von Pflichten regelt, erst in letzter Minute durch den Ratskompromiss eingefügt wurde.[21] Inhaltlich hat dies jedoch keine Rechtsänderung bewirkt,[22] sondern dieser Abschnitt legt lediglich für die Delegation von Aufgaben explizit fest, was bereits vorher ausweislich des Erwägungsgrundes 24 des Kommissionsentwurfes[23] das zugrunde gelegte inhaltliche Verständnis einer Übertragung von Pflichten (und von Aufgaben) war. 33

1. Wirkung der Delegation von Pflichten (Abs. 3). Abs. 3 S. 1 ordnet an, dass eine zulässige Delegation von Pflichten zu einer **Neuzuweisung der Zuständigkeiten**, die in den Rechtsakten des Art. 1 Abs. 2 EIOPA-VO festgelegt sind, führt. In Übereinstimmung mit der Definition einer Übertragung von Pflichten (siehe Rn. 18) führt dies dazu, dass der Delegatar nicht für den Deleganten, sondern anstatt seiner tätig wird und mithin auch die Verantwortlichkeit nach Außen für die Maßnahme übernimmt. Hierdurch wird – dies stellt Abs. 3 S. 2 klar – das Recht des Delegatar maßgeblich für das Verfahren, die Durchsetzung und die verwaltungsrechtliche und gerichtliche Überprüfung in Bezug auf die delegierten Pflichten. Im Ergebnis wird also das beaufsichtigte Finanzinstitut – auch gegen seinen Willen und ohne eine Sitzverlegung – in ein anderes nationales Aufsichtsregime transponiert. Die grundrechtliche Bedenklichkeit eines solchen Vorgehens sollte auf der Hand liegen, da dies je nach den Unterschieden der Aufsichtsregime zu einer erheblichen Verkürzung der Verfahrensrechte und des Rechtsschutzes führen kann. 34

Zumindest **gegenwärtig rät** die **EIOPA** – zumindest innerhalb der Aufsichtskollegien, was aber auch auf andere grenzüberschreitende Aufsichtssituation zutreffen dürfte – **von** einer **Übertragung von Pflichten ab** (und bevorzugt eine isolierte Übertragung von Aufgaben). So stellt Leitlinie 22 Rn. 1.56 der Leitlinien zur operativen Funktionsweise von Kollegien[24] fest, dass „[d]ie Zuordnung von Aufsichtszuständigkeiten und -pflichten der Mitglieder und Teilnehmer in Bezug auf die beaufsichtigten Unternehmen […] vom Aufteilen und Delegieren von Aufgaben nicht berührt werden" sollte. Dies erscheint auch interessengerecht. Die rein exekutive Entscheidung darüber ein oftmals einheimisches Unternehmen (zumindest hinsichtlich ausgewählter Aspekte) nicht mehr zu beaufsichtigen, sondern alle Befugnisse auf einen ausländischen Aufseher zu übertragen und somit das Versicherungsunternehmen in erheblichen Grad zu Denaturalisieren, erscheint im Hinblick auf den noch nicht vollharmonisierten Stand des Versicherungsaufsichts- und Verwaltungsverfahrensrechtes bedenklich. Eine solche Entscheidung sollte in wesentlich größerem Maße durch den Unionsgesetzgeber getroffen werden, was im Rahmen der Regelung der Gruppenaufsicht auch möglich gewesen wäre. 35

Im Hinblick auf diese Bedenken erscheint es richtig, Abs. 3 und mithin Abs. 1 S. 1 zu reduzieren, sodass eine Übertragung von Pflichten nur dann erlaubt ist, wenn der entsprechende **Basisrechtsakt** des Art. 1 Abs. 2 EIOPA-VO, dem die Pflichten entspringen, gerade auch eine **Delegation** nicht nur der Aufgaben, sondern auch der **Pflichten zulässt**. So ist es bedeutsam, dass insbesondere Art. 248 Abs. 5 UAbs. 2 Solva II-RL zu den Koordinierungsvereinbarungen in den Aufsichtskollegien feststellt, dass diese eine Delegation von Aufgaben vorsehen können. Von einer Delegation von Pflichten ist hier hingegen nicht die Rede, obgleich die Solva II-RL ansonsten die Dichotomie von Aufgaben und Pflichten durchaus kennt. 36

Soweit eine Delegation von Pflichten, da der Basisrechtsakt dies zulässt, jedoch wirksam vereinbart wäre, so könnte der Delegatar innerhalb des Anwendungsbereichs der Übertragung die übertragenen 37

---

[19] Decision of the Management Board concerning public access to documents (EIOPA-MB-11/051).

[20] So explizit Leitlinie 25 Rn. 1.59 der Leitlinie 22 Rn. 1.54 der Leitlinien zur operativen Funktionsweise von Kollegien (EIOPA-BoS-14/146).

[21] So Art. 13 Abs. 2a EIOPA-VOE-Rat; siehe Rat (ECOFIN), 16751/1/09 REV 1.

[22] Anders aber *Platzer*, Versicherungsaufsicht in der Europäischen Union, 2015, S. 161, der hier eine Änderung gegenüber der Position der Kommission und des Europäischen Parlaments sieht.

[23] KOM(2009) 501 endg.

[24] Leitlinien zur operativen Funktionsweise von Kollegien (EIOPA-BoS-14/146): „Der Koordinator leitet die Diskussion darüber, ob und wie – unter Berücksichtigung der bestehenden Branchenvorschriften – Aufgaben beim Erstellen des Überblicks über die Finanzlage des Konglomerats und andere Aufgaben in Bezug auf die zusätzliche Beaufsichtigung aufgeteilt oder delegiert werden. Bei der Diskussion wird berücksichtigt, wie die beaufsichtigten Unternehmen organisiert sind, und die Diskussion sollte der Art, Größe und Komplexität des Finanzkonglomerats entsprechen".

Pflichten, die sich nunmehr nach der Rechtsordnung seine Sitz bestimmen würden, in freiem Ermessen unter Einhaltung der eigenen Rechtsordnung wahrnehmen und die erforderlichen Maßnahmen erlassen.

38 **2. Wirkung der isolierten Delegation von Aufgaben.** Abs. 3 regelt nur die Wirkung einer Delegation von Pflichten, nicht jedoch einer Delegation von Aufgaben. Hieraus ist zu schließen, dass sich diese als **qualitatives Minus** hierzu darstellt und Abs. 3, ohne dies im regulativen Teil der EIOPA-VO ausführen zu müssen, davon ausgeht, dass eine Delegation von Aufgaben bedeutet, dass Aufgaben zwar vom Delegatar wahrgenommen werden, die Zuständigkeit für Aufsichtsbeschlüsse, aber bei der delegierenden Behörde verbleibt.[25] Dies bedeutet, dass die Maßnahme durch den Delegatar nach den auf den Deleganten anwendbaren Recht vorzunehmen sind und die Maßnahme nach Außen der delegierenden Behörde zugerechnet wird, sie also für diese verantwortlich bleibt.

39 Die isolierte Delegation von Aufgaben bewirkt also anders als die Delegation von Pflichten **keine Neuordnung der Zuständigkeiten** in der Aufsicht. Dieses Verständnis legt auch Leitlinie 22 Rn. 1.56 der Leitlinien zur operativen Funktionsweise von Kollegien[26] zugrunde, wenn sie feststellt, dass „[d]ie Zuordnung von Aufsichtszuständigkeiten und -pflichten der Mitglieder und Teilnehmer in Bezug auf die beaufsichtigten Unternehmen […] vom Aufteilen und Delegieren von Aufgaben nicht berührt werden" sollte. Hieraus geht zudem hervor, dass die EIOPA gegenwärtig – mit Recht – von einer Delegation von Pflichten abrät (siehe Rn. 35).

40 **Wie** genau **Aufgaben wahrzunehmen** sind, ist von der Delegationsvereinbarung zu adressieren. In jedem Fall führt der Delegatar die Aufgaben nur in Vertretung für den Deleganten aus. Oftmals wird es hier um reine Vorbereitungshandlungen gehen, die bestimmte Informationen erheben, die dann an den Deleganten zu übermitteln sind, der erforderlichenfalls Maßnahmen erlässt. Dies bedeutet, dass im Schwerpunkt Aufgaben übertragen werden, die der Beobachtungsfunktion der Aufsicht zuzuordnen sind.

Gemeinsame Aufsichtskultur

29 (1) [1]**Die Behörde spielt bei der Schaffung einer gemeinsamen Aufsichtskultur in der Union und einer Kohärenz der Aufsichtspraktiken sowie bei der Gewährleistung einheitlicher Verfahren und kohärenter Vorgehensweisen in der gesamten Union eine aktive Rolle.** [2]**Die Behörde hat zumindest folgende Aufgaben:**

a) Sie gibt Stellungnahmen an die zuständigen Behörden ab,

b) sie fördert einen effizienten bi- und multilateralen Informationsaustausch zwischen den zuständigen Behörden, wobei sie den nach den einschlägigen Rechtsvorschriften der Union geltenden Geheimhaltungs- und Datenschutzbestimmungen in vollem Umfang Rechnung trägt,

c) sie trägt zur Entwicklung qualitativ hochwertiger, einheitlicher Aufsichtsstandards einschließlich Berichterstattungsstandards sowie internationaler Rechnungslegungsstandards gemäß Artikel 1 Absatz 3 bei,

d) sie überprüft die Anwendung der von der Kommission festgelegten einschlägigen technischen Regulierungs- und Durchführungsstandards und der von der Behörde herausgegebenen Leitlinien und Empfehlungen und schlägt gegebenenfalls Änderungen vor und

e) sie richtet sektorspezifische und sektorübergreifende Schulungsprogramme ein, erleichtert den Personalaustausch und ermutigt die zuständigen Behörden, in verstärktem Maße Personal abzuordnen und ähnliche Instrumente einzusetzen.

(2) **Die Behörde kann zur Förderung gemeinsamer Aufsichtskonzepte und -praktiken gegebenenfalls neue praktische Hilfsmittel und Instrumente entwickeln, die die Angleichung erhöhen.**

Übersicht

Schrifttum: Siehe die Angaben bei Art. 1 EIOPA-VO („Allgemein zum ESFS" und „Allgemein zur EIOPA").

[25] Erwägungsgrund 38 UAbs. 1 S. 4.

[26] Leitlinien zur operativen Funktionsweise von Kollegien (EIOPA-BoS-14/146).

I. Allgemeines. Auch unterhalb ihrer Befugnisse bei der Erstellung von technischen Standards, der Herausgabe von Leitlinien und Empfehlungen und der Mitarbeit in den Aufsichtskollegien, soll die EIOPA auf eine Angleichung der nationalen Aufsichtskulturen hinwirken. Zu diesem Zweck weist Art. 29 EIOPA-VO der EIOPA zahlreiche Aufgaben zu, durch die eine Stärkung der Kohärenz bewirkt werden soll (Abs. 1) und ermächtigt die EIOPA auch zur Entwicklung nicht explizit in der EIOPA-VO vorgesehener Instrumente und Maßnahmen (Abs. 2). 1

II. Aufgaben (und Befugnisse) (Abs. 1). Gemäß Abs. 1 S. 1 wird die EIOPA damit beauftragt zur **Schaffung** einer **gemeinsamen Aufsichtskultur** in der Union und einer Stärkung der Kohärenz der Aufsichtspraktiken sowie zur Gewährleistung einheitlicher Verfahren und kohärenter Vorgehensweisen in der gesamten Union aktiv **beizutragen**. Art. 29 EIOPA-VO dient mithin einer weiteren Ausgestaltung der Aufgaben, die der EIOPA durch Art. 8 Abs. 1 lit. a EIOPA-VO übertragen werden. Diesen Aufgaben kommt die EIOPA teilweise bereits durch ihre Mitwirkung am Erlass von technischen Regulierungs- und insbesondere technischen Durchführungsstandards auf der zweiten Lamfalussyebene und durch die Herausgabe von Leitlinien und Empfehlungen auf der dritten Lamfalussyebene nach. Die in Art. 29 EIOPA-VO vorgesehenen Aufgaben und hieraus abgeleiteten Befugnisse sind also als ergänzende Mittel zur Konvergenzherstellung zu verstehen. 2

Hierbei ist zu beachten, dass Abs. 1 S. 1 **zwei Aufgaben** voneinander unterscheidet, nämlich die **Schaffung und** die **Gewährleistung**. Entsprechend handelt es sich hierbei um Aufgaben auf der dritten Lamfalussyebene, die allerdings unterhalb des faktischen Eingriffsniveaus der Leitlinien und Empfehlungen liegen (siehe Art. 16 EIOPA-VO Rn. 13 ff.), zur Schaffung größerer Konvergenz in der Anwendung des Unionsrechts, und um Aufgaben, die tendenziell der vierten Lamfalussyebene zuzuordnen sind, soweit es um die Überwachung (Gewährleistung) der richtigen Anwendung des Unionsrechts geht. Hierbei sollen die Ergebnisse der Überwachungsfunktion jedoch auch wieder in die Regulierungsfunktion zurückspiegeln, sodass erkannte Umsetzungsdefizite durch regulatorische Maßnahmen adressiert werden können. 3

Abs. 1 S. 1 versteht diese Aufgabe der EIOPA umfassend. Die in **Abs. 1 S. 2** aufgeführten Teilbereiche der Konvergenzherstellungspflicht sind insofern nur **Regelbeispiele**. 4

1. Stellungnahmen (Abs. 1 S. 2 lit. a). Abs. 1 S. 2 lit. a überträgt der EIOPA zur Erfüllung der Konvergenzherstellungspflicht die **Befugnis**, gegenüber den zuständigen Behörden jederzeit **Stellungnahmen** abzugeben. 5

Die **Handlungsform der Stellungnahme** ist hierbei nicht die förmliche Stellungnahme des Art. 288 UAbs. 5 Alt. 2 AEUV, da dieser unmittelbar nur auf die Organe Anwendung findet, ist jedoch genau wie diese als unverbindliche Handlungsform anzusehen. Hierbei unterscheidet Art. 288 UAbs. 5 **Empfehlungen und Stellungnahmen**. Nach einer gebräuchlichen Definition legen die Akteure mit Empfehlungen aus eigenem Entschluss dem Adressaten ein bestimmtes Verhalten nahe, während Stellungnahmen häufig eine sachverständige Meinungsäußerung zu fremden Initiativen enthalten.[1] Es erscheint nicht dem Willen des Abs. 1 S. 2 lit. a zu entsprechen, die EIOPA darauf zu beschränken, dass sie auf Anfrage der zuständigen Behörden, zu deren geplanten Vorhaben Stellung nimmt. Vielmehr soll es der EIOPA gerade auch obliegen, hinsichtlich bestimmten Verhaltens der zuständigen Behörden, die ihr im Rahmen ihrer Tätigkeit zur Kenntnis gelangt sind, Empfehlungen auszusprechen. Das Instrument der Stellungnahme ist mithin im Rahmen des Abs. 1 S. 2 lit. a so zu verstehen, dass es sowohl die Empfehlung als auch die (förmliche) Stellungnahme umfasst. 6

2. Förderung des Informationsaustausches (Abs. 1 S. 2 lit. b). Abs. 1 S. 2 lit. b verpflichtet die EIOPA dazu, einen effizienten **bi- und multilateralen Informationsaustausch** zwischen den zuständigen Behörden zu **fördern**, wobei sie den nach den einschlägigen Rechtsvorschriften der Union geltenden Geheimhaltungs- und Datenschutzbestimmungen in vollem Umfang Rechnung trägt. Diese Informationsaustauschförderungsaufgabe ist in Ergänzung zu den besonderen Aufgaben und Befugnissen nach Art. 21 Abs. 2 UAbs. 3 lit. a EIOPA-VO, zur Förderung des Informationsaustausches in den Aufsichtskollegien (siehe Art. 21 EIOPA-VO Rn. 13), und der Aufgabe zur Einholung und Übermittlung von Informationen unter Art. 35 Abs. 1–3 EIOPA-VO (siehe insbesondere Art. 35 EIOPA-VO Rn. 25 ff.) zu verstehen. 7

Eigenständigen Gehalt hat diese Aufgabe also nur außerhalb der Aufsichtskollegien. Während ein Informationsaustausch zwischen den Aufsichtsbehörden unter Art. 35 EIOPA-VO nicht explizit vorgesehen ist, funktioniert er dort zumindest über Eck, nämlich über die EIOPA als Informationsschnittstelle, die nach hiesigem Verständnis unter Art. 35 Abs. 3 EIOPA-VO auch im Einzelfall die Pflicht hat, von einer zuständigen Behörde angefragte Informationen bei einer anderen zuständigen Behörde zu erheben (siehe Art. 35 EIOPA-VO Rn. 29). Ein solches Informationsaustauschverfahren erscheint jedoch schwerfällig und ineffizient. Die Aufgabe des Abs. 1 S. 2 lit. b ist entsprechend so zu verstehen, 8

[1] Vgl. Calliess/Ruffert/*Ruffert* Art. 288 AEUV Rn. 96; von der Groeben/Schwarze/Hatje/*Geismann* Art. 299 AEUV Rn. 63.

dass auch **außerhalb der Aufsichtskollegien** ein **unmittelbarer Informationsaustausch** zwischen einzelnen oder mehreren Aufsichtsbehörden gefördert werden soll.

9 **3. Entwicklung einheitlicher Aufsichtsstandards (Abs. 1 S. 2 lit. c).** In Abs. 1 S. 2 lit. c wird der Auffangtatbestand der Konvergenzherstellungspflicht niedergelegt. Hiernach hat die EIOPA qualitativ hochwertige einheitliche **Aufsichtsstandards** zu **entwickeln**. Dies umfasst auch die Schaffung von Berichterstattungsstandards und internationalen Rechnungslegungsstandards, soweit dies über die Annexkompetenz des Art. 1 Abs. 3 EIOPA-VO in den Tätigkeitsbereich der Behörde fällt (vgl. Art. 1 EIOPA-VO Rn. 14 ff., insb. 16). Da es hierbei um eine Förderungspflicht geht, kann die EIOPA jedoch nicht bei der Schaffung dieser Standards stehen bleiben, sondern hat sie auch entsprechend zu propagieren. Diese Standards können hierbei entweder über technische Standards implementiert werden oder als Leitlinien an die Aufsichtsbehörden herausgegeben werden. Abs. 1 S. 2 lit. c ist jedoch so zu verstehen, dass auch eine Propagierung mit anderen Mitteln, beispielsweise einer reinen Veröffentlichung als *best practices* (siehe Rn. 22), möglich ist.

10 In vielen Fällen wird die EIOPA dieser Aufgabe nicht isoliert nachkommen können, sondern nur durch Teilnahme in anderen Fora, die solche internationalen Standards entwickeln und hierüber auch europäische Standards maßgeblich präjudizieren. In diesem Fall ist die Aufgabe des Abs. 1 S. 2 lit. c mit der Befugnis des Art. 33 Abs. 1 EIOPA-VO zu lesen, wonach die EIOPA *inter alia* mit **internationalen Organisationen** Kontakt aufnehmen und mit diesen gar Verwaltungsvereinbarungen schließen darf.

11 **4. Überwachungs- und Korrekturfunktion (Abs. 1 S. 2 lit. d).** Gemäß Abs. 1 S. 2 lit. d hat die EIOPA die korrekte **Anwendung** der einschlägigen **technischen Regulierungs- und Durchführungsstandards** und der von der Behörde herausgegebenen **Leitlinien und Empfehlungen** durch die nationalen Aufsichtsbehörden (oder die Finanzinstitute) zu **überwachen.**

12 Hinsichtlich der **technischen Regulierungs- und Durchführungsstandards** ist diese Anordnung der Überwachungspflicht überflüssig. Diese werden in Form eines delegierten Rechtsaktes nach Art. 290 AEUV (siehe Art. 10 EIOPA-VO Rn. 71 f.) oder eines Durchführungsrechtaktes nach Art. 291 Abs. 2 AEUV (siehe Art. 15 EIOPA-VO Rn. 61 f.) erlassen und fallen mithin unter Art. 1 Abs. 2 Hs. 2 EIOPA-VO, da sie Verordnungen oder Beschlüsse sind, die auf Grundlage der in Art. 1 Abs. 2 EIOPA-VO enumerierten Basisrechtsakte erlassen wurden (siehe Art. 1 EIOPA-VO Rn. 10). Sie sind mithin integraler Bestandteil des Korpus des Unionsrechts, dessen korrekte Anwendung die EIOPA bereits im Rahmen des Art. 17 und Art. 19 EIOPA-VO zu überwachen hat.

13 Eigenständige Bedeutung hat die Überwachungspflicht des Abs. 1 S. 2 lit. d also nur hinsichtlich der **Leitlinien und Empfehlungen**, die die EIOPA nach Art. 16 EIOPA-VO herausgegeben hat. Hinsichtlich dieser ordnet Art. 16 EIOPA-VO gerade nicht selbst eine ständige Überwachungsfunktion an, sondern nur eine einmalige Abfrage des Willens zur Anwendung. Über Abs. 1 S. 2 lit. d wird dies nunmehr zu einer kontinuierlichen Beobachtungspflicht ausgebaut.

14 Diese Beobachtungspflicht ist kein Selbstzweck, sondern soll die EIOPA gerade in die Lage versetzen, die Notwendigkeit von **Interventionsmaßnahmen** zu erwägen. So es beispielsweise um eine Nichtanwendung durch Leitlinien geht, so mag die EIOPA gemäß Abs. 1 S. 1 lit. a Stellungnahmen gegenüber den entsprechenden Aufsichtsbehörden abgeben und sie darauf hinweisen, dass ihr Verwaltungshandeln nicht leitliniengemäß ist. Die EIOPA mag hieraus aber auch ableiten, dass die weiterverbreitete Nichteinhaltung von Leitlinien eine Verstärkung der Harmonisierung durch zwingende Maßnahmen erfordert und mag beispielsweise auch neue legislative Maßnahmen anstoßen.

15 Neben der Beobachtungspflicht ordnet Abs. 1 S. 2 lit. d auch noch unmittelbar eine **Korrekturpflicht** an. Dies bedeutet, dass die bei der Beobachtung gewonnen Erkenntnisse auch dahin überprüft werden müssen, ob an den technischen Standards oder an den Leitlinien bzw. Empfehlungen Änderungen vorgenommen werden müssen, um eine effizientere und vollständigere Angleichung der Aufsichtskulturen und -praktiken zu bewirken. Hinsichtlich der Leitlinien (und Empfehlungen) kann die EIOPA dies selbständig bewirken, indem sie ein neues Verfahren zur Herausgabe einer Änderungsleitlinie initiiert und diese schließlich herausgibt. Auch im Rahmen der technischen Standards ist es der EIOPA möglich, solange die Ermächtigung noch fortbesteht, einen neuen Änderungsentwurf zu erarbeiten und der Kommission zur Billigung vorzulegen.

16 **5. Durchführung von Schulungen und Förderung von Personalaustausch (Abs. 1 S. 2 lit. e).** Gemäß Abs. 1 S. 2 lit. e Alt. 1 hat die EIOPA die Aufgabe, **sektorielle und sektorübergreifende Schulungsprogramme** aufzusetzen und durchzuführen. Diese Aufgabe (und Ermächtigung) ist weit zu verstehen. So kann EIOPA nicht nur Inhouseseminare anbieten, sondern auch externe Anbieter zu Schulungszwecken heranziehen.[2] Neben offenen Seminaren können auch spezielle Einzelseminare für die Mitglieder bestimmter nationaler Aufsichtsbehörden ausgerichtet werden, in denen stärker auf die individuellen Optimierungsmöglichkeiten eingegangen werden kann. Außer Seminaren ist es der EIOPA auch gestattet, diese Schulungspflicht (und daneben auch ihre Kooperationspflicht, Unterrich-

[2] Siehe bspw. Provision of Training Services Divided into 3 Lots – Open Tender (EIOPA/OP/099/2015).

tungspflicht gegenüber der Öffentlichkeit etc.) durch die Veranstaltung von Workshops, der Beteiligung und Öffnung von Netzwerkveranstaltungen und der Ausrichtung von Konferenzen und Tagungen nachzukommen. Beispiele hierfür sind beispielsweise der mit den anderen ESA jährlich veranstaltete Consumer Protection Day, die jährliche EIOPA Konferenz und die gemeinsam mit der Weltbank und dem International Center for Insurance Regulation (ICIR) der Goethe-Universität ausgetragene Conference on Global Insurance Supervision.[3]

Über solche Schulungsmaßnahmen kann die EIOPA **besonders auf** einen **einheitlichen Aufsichtsstandard hinwirken**. Hierbei sollten die Schulungsteilnehmer auch gezielt als Multiplikatoren eingesetzt werden. Das heißt, es ist darauf hinzuwirken, dass die Ergebnisse der Schulungen auch durch die Teilnehmer an ihre Kollegen weitergereicht werden, beispielsweise durch eigene Seminare oder zumindest Treffen – dies ist durch EIOPA anzuregen und zu fördern (bspw. durch Zurverfügungstellung von Schulungsmaterial). Daneben können länderübergreifende Schulungen mittelfristig auch einen *esprit de corps* erzeugen, der die Mitarbeiter der nationalen Aufsichtsbehörden stärker dem ESFS verpflichtet als nur der nationalen Behörde. 17

Über Abs. 1 S. 2 lit. e Alt. 2 wird die EIOPA auch noch zur **Förderung des Personalaustauschs** verpflichtet. Diese Aufgabe ist zweiteilig zu sehen: zum einen soll die EIOPA den Personalaustausch zu sich selbst fördern und zum anderen einen solchen unter den nationalen Aufsichtsbehörden. 18

Die Mitarbeiter von mitgliedstaatlichen Finanzaufsichtsbehörden (es muss sich hierbei bei der entsendenden Behörde nicht zwingend um eine Versicherungsaufsichtsbehörde, sondern nur um eine solche handeln, die Bestandteil des ESFS ist) sollen mittels Abordnungsvereinbarungen zeitweise bei der EIOPA arbeiten, wobei es umgekehrt auch angedacht werden sollte zeitweise Mitarbeiter der EIOPA zu nationalen Aufsehern abzuordnen. Die EIOPA greift gegenwärtig in großem Umfang auf die Mitarbeit von **abgeordneten nationalen Sachverständigen** (*seconded national experts,* SNE) zurück.[4] Durch einen solchen Austausch wird zum einen die mitgliedstaatliche Expertise für die EIOPA nutzbar gemacht, zum anderen wird bei Abordnung von Sachverständigen aus mehreren Mitgliedstaaten ein besserer Erfahrungsaustausch und eine Stärkung des Verständnisses für die jeweiligen Verwaltungskulturen bewirkt. Auch können die zurückkehrenden SNE in den endsendenden Aufsichtsbehörden dazu dienen, den Aufsichtsansatz der EIOPA zu transportieren und somit langfristig zu einem aufsichtsrechtlichen *level playing field* beizutragen. 19

Daneben hat die EIOPA jedoch auch Maßnahmen zu ergreifen, dass ein solcher **Personalaustausch** nicht nur vertikal zwischen ihr und den zuständigen Behörden, sondern auch **horizontal** zwischen den zuständigen Behörden stattfindet. Zum einen verfügt die EIOPA nicht über die Aufnahmekapazität, eine angemessen hohe Zahl von SNE aufzunehmen, um alleine eine maßgebliche Konvergenzsteigerung zu bewirken, und zum anderen ist die Arbeit der EIOPA – die im Schwerpunkt regulatorischer Natur ist – eine andere als die der nationalen Aufsichtsbehörden – die vor allem aufsichtlicher Natur im engeren Sinne ist. Gerade zu einer Stärkung im Bereich der Konvergenz in der Bearbeitung des Tagesgeschäfts erscheint ein horizontaler Austausch besonders gewinnversprechend. Dies sollte nicht nur so verstanden werden, dass die Mitarbeiter aus solchen Rechtsordnungen mit wenig ausgeprägter Aufsichtskultur zum „Nachhilfeunterricht" an einen Primus unter den Aufsehern abgeordnet werden. Es geht vielmehr darum, dass alle Aufsichtsbehörden von einem vertieften Verständnis anderer Verwaltungskulturen und Marktanforderungen profitieren können. Solche horizontalen Austausche sind durch die **EIOPA anzuregen** und die Durchführung ist durch sie zu **erleichtern**. Möglichkeiten der Erleichterung bestünden beispielsweise darin, dass die EIOPA ein internes Ausschreibungsnetzwerk für Personalaustauschgesuche einrichtet, Austauschkampagnen ausruft, einen Leitfaden für erste Orientierungsmaßnahmen eines eingehenden SNE veröffentlicht oder dass sie jährliche Workshops für ausgehende SNE anbietet, in denen Erkenntnisse und Probleme des Personalaustauschs gewonnen werden können, die wiederum beispielsweise in Leitlinien (für die Durchführung von Personalaustausch) oder ähnlichen Instrumenten zur Förderung zukünftiger Austauschprogramme nutzbar gemacht werden können. 20

III. Entwicklung neuer praktischer Hilfsmittel und Instrumente zur Konvergenzerhöhung (Abs. 2). Abs. 2 ermächtigt die EIOPA, **neue praktische Hilfsmittel und Instrumente** zu entwickeln, die die Angleichung der Aufsichtspraktiken erhöhen. 21

Solche Instrumente können jederzeit entwickelt werden, solange sie der **Förderung der gemeinsamen Aufsichtskonzepte und -praktiken dienen**. Diese Ermächtigung sollte jedoch nicht als *carte blanche* begriffen werden, die es der EIOPA ermöglichen würde, über das sonstige regulative Gefüge der EIOPA hinaus, Zwangsgewalt über die nationalen Aufsichtsbehörden oder gar die Finanzinstitute ausüben zu können. Vielmehr erlaubt diese Ermächtigung nur die Entwicklung solcher Hilfsmittel und Instrumente, die rein technisch wirken (bspw. die Entwicklung einer computerbasierten Applikation) oder die, wenn sie einen regelausgestaltenden Inhalt haben, sich als reines *soft law* darstellen. Ein Beispiel 22

[3] Für einen Überblick zu zurückliegenden Schulungsmaßnahmen siehe bspw. [Revised] EIOPA Work Programme 2015 (EIOPA-BoS-14/108), S. 45–48.

[4] 2015 machten diese immerhin beinah 16 % des Gesamtpersonals aus, siehe *EIOPA,* Annual Report 2015, S. 72 abrufbar unter https://eiopa.europa.eu/Publications/Reports/EIOPA_ANNUAL_REPORT_2015.pdf.

für letzteres ist das von der EIOPA entwickelte *Supervisory Handbook*, in welchem die Solvency II *risk based best practices* enthalten sind[5] und so nationalen Aufsichtsbehörden unterhalb der faktischen Eingriffsintensität einer Leitlinie (siehe Art. 16 EIOPA-VO Rn. 13 ff.) einen Leitfaden an die Hand gibt, wie bestimmte Normen des Unionsrechts durch die Primi unter den nationalen Aufsehern angewandt werden.

23 Ein **anderes** mögliches **Instrument** zur **Förderung der Rechtsangleichung** wäre beispielsweise eine Art Modellgesetz, das den zuständigen Behörden als Verwaltungsvereinbarung (zum Begriff der Verwaltungsvereinbarung siehe Art. 33 EIOPA-VO Rn. 2 ff.) zur Unterzeichnung offeriert wird. Hierdurch könnte in Bereichen, in denen in einigen Staaten beispielsweise das allgemeine Verwaltungsrecht Hindernisse für eine stärkere Angleichung aufstellt, eine größere Konvergenz zumindest in anderen Mitgliedstaaten erreicht werden.

Vergleichende Analyse der zuständigen Behörden

30 (1) **[1]Um bei den Ergebnissen der Aufsicht eine größere Angleichung zu erreichen, unterzieht die Behörde alle oder einige Tätigkeiten der zuständigen Behörden regelmäßig einer von ihr organisierten vergleichenden Analyse („Peer Review"). [2]Hierzu entwickelt die Behörde Methoden, die eine objektive Bewertung und einen objektiven Vergleich zwischen den überprüften Behörden ermöglichen. [3]Bei der Durchführung der vergleichenden Analyse werden die in Bezug auf die betreffende zuständige Behörde vorhandenen Informationen und bereits vorgenommenen Bewertungen berücksichtigt.**

(2) **Bei der vergleichenden Analyse wird unter anderem, aber nicht ausschließlich Folgendes bewertet:**

a) die Angemessenheit der Regelungen hinsichtlich der Ausstattung und der Leitung der zuständigen Behörde mit besonderem Augenmerk auf der wirksamen Anwendung der technischen Regulierungs- und Durchführungsstandards gemäß den Artikeln 10 bis 15 und der in Artikel 1 Absatz 2 genannten Rechtsakte und der Fähigkeit, auf Marktentwicklungen zu reagieren,

b) der Grad der Angleichung, der bei der Anwendung des Unionsrechts und bei den Aufsichtspraktiken, einschließlich der nach den Artikeln 10 bis 15 und 16 festgelegten technischen Regulierungs- und Durchführungsstandards, Leitlinien und Empfehlungen, erzielt wurde, sowie der Umfang, in dem mit den Aufsichtspraktiken die im Unionsrecht gesetzten Ziele erreicht werden;

c) vorbildliche Vorgehensweisen einiger zuständiger Behörden, deren Übernahme für andere zuständige Behörden von Nutzen sein könnte;

d) die Wirksamkeit und der Grad an Angleichung, die in Bezug auf die Durchsetzung der im Rahmen der Durchführung des Unionsrechts erlassenen Bestimmungen, wozu auch Verwaltungsmaßnahmen und Strafen gegen Personen, die für die Nichteinhaltung dieser Bestimmungen verantwortlich sind, gehören, erreicht wurden.

(3) **[1]Ausgehend von einer vergleichenden Analyse kann die Behörde Leitlinien und Empfehlungen gemäß Artikel 16 herausgeben. [2]Im Einklang mit Artikel 16 Absatz 3 bemühen sich die zuständigen Behörden, den Leitlinien oder Empfehlungen der Behörde nachzukommen. [3]Die Behörde berücksichtigt das Ergebnis der vergleichenden Analyse, wenn sie technische Regulierungs- und Durchführungsstandards gemäß den Artikeln 10 bis 15 entwickelt.**

(4) **[1]Die Behörde veröffentlicht die im Zuge dieser vergleichenden Analysen ermittelten bewährten Praktiken. [2]Darüber hinaus können alle anderen Ergebnisse der vergleichenden Analysen öffentlich bekannt gemacht werden, vorbehaltlich der Zustimmung der zuständigen Behörde, die der vergleichenden Analyse unterzogen wurde.**

Übersicht

[5] Siehe bspw. Committee on Economic and Monetary Affairs (ECON) of the European Parliament – Hearing of the Chairpersons of the European Supervisory Authorities, Brussels, 26 September 2016 – Statement of Gabriel Bernardino, Chairman of the European Insurance and Occupational Pensions Authority (EIOPA) (EIOPA-16/580), S. 2.

Schrifttum: Siehe die Angaben bei „Allgemein zum ESFS" und „Allgemein zur EIOPA". *Dimitropoulos*, Compliance Through Collegiality: Peer Review in International Law, in: Loy. L. A. Int'l & Comp. L. Rev. 37 (2015–2016), S. 275.

I. Allgemeines. Art. 30 EIOPA-VO regelt die sogenannten Peer Reviews, das heißt die Möglichkeit der EIOPA vergleichende Analysen bezüglich der Funktionsweise der nationalen Versicherungsaufsichtsbehörden durchzuführen. Hierbei überträgt Art. 30 EIOPA-VO der EIOPA zum einen die Aufgabe und Befugnis solche Peer Reviews durchzuführen (Abs. 1 S. 1), erlaubt es der EIOPA, zur Durchführung dieser vergleichenden Analysen eigenständig eine Methodologie und ein angemessenes Verfahren zu entwickeln (Abs. 1 S. 2, 3), wobei einige Bewertungsmaßstäbe zwingend vorgegeben werden (Abs. 2) und gibt vor, in welcher Weise die Ergebnisse verwandt werden können, nämlich zum Erlass von Leitlinien und Empfehlungen (Abs. 3) und zur Veröffentlichung von *best practices* und gegebenenfalls der einzelnen Ergebnisse (Abs. 4). 1

II. Aufgabe und Befugnis (Abs. 1 S. 1). Abs. 1 S. 1 beauftragt die EIOPA und berechtigt sie, alle oder einige Tätigkeiten der zuständigen Behörden regelmäßig einer von ihr organisierten vergleichenden Analyse (sogenanntes ***Peer Review***) zu unterziehen. Art. 30 EIOPA-VO dient hierbei der genauen Ausgestaltung der in Art. 8 Abs. 1 lit. e EIOPA-VO übertragenen Aufgabe, wobei die Befugnisse zur Durchführung von Peer Reviews genau genommen nur eine Teilaufgabe hinsichtlich der in Art. 29 EIOPA-VO vorgesehenen Rahmenaufgabe zur Schaffung und Gewährleistung einer gemeinsamen Aufsichtskultur ist. Ziel der Peer Reviews ist es, im Anschluss an die gewonnenen Ergebnisse eine größere Angleichung im Hinblick auf die Ergebnisse der Aufsicht zu erreichen. 2

Das Ziel der Peer Reviews ist es mithin, eine **Qualitätskontrolle**[1] der unteren Mikroebene des ESFS (siehe Art. 2 EIOPA-VO Rn. 7) durchzuführen. Hierdurch sollen zum einen Kenntnisse zur Interventionsnotwendigkeit gegenüber einzelnen Behörden gewonnen werden, aber vorrangig sollen hierbei Stärken und Schwächen im Vorgehen der einzelnen nationalen Aufsichtsbehörden aufgetan werden, die dann wiederum durch Maßnahmen zur Kohärenzherstellung mittels positiver oder negativer Verstärkung adressiert werden. Es geht bei den Peer Reviews so verstanden eben nicht nur um eine Sicherung des *status quo*, sondern darum, Möglichkeiten zur Qualitätssteigerung und zur **Weiterentwicklung** der gemeinsamen Aufsichtskultur aufzufinden.[2] 3

Hierbei ist zu beachten, dass dem in der deutschen Sprachfassung in Klammern eingeführten Begriff des **Peer Review** eine **normgehaltsändernde Bedeutung** zukommt. Würde Abs. 1 S. 1 nur von vergleichenden Analysen sprechen, so hätte man diese Befugnis auch dahingehend verstehen können, dass die EIOPA dazu ermächtigt ist, diese Analysen im Sinne eines regelmäßigen allein durchgeführten Auditing vorzunehmen. Dies ist hier jedoch nicht angedacht. Dies zeigen auch andere Sprachfassungen, die einheitlich nicht das sprachliche Äquivalent von vergleichenden Analysen, sondern eine Übersetzung des Begriffes Peer Review im Fließtext verwenden.[3] Es geht mithin darum, dass eine Form des Kreuzgutachtens durch Gleiche durchgeführt wird und die EIOPA hierfür den Rahmen stellt. 4

III. Methodologie und Verfahren (Abs. 1 S. 2). Art. 30 EIOPA-VO stellt für die Peer Reviews nur die Aufgabe, Befugnis und Pflicht zu deren Durchführung auf, gibt ansonsten aber allenfalls einen sehr grobmaschigen Rahmen vor. Statt Detailregelungen zu treffen, überlässt es der Verordnungsgeber der EIOPA, gemäß Abs. 1 S. 2 eigenständig die **Methodologie** für die Durchführung der Peer Reviews zu **entwickeln** und **anzuwenden**. 5

1. Einrichtung des Review Panels. Zur Erfüllung dieser Aufgabe hat der Rat der Aufseher – auf seiner Befugnis nach Art. 41 Abs. 1 EIOPA-VO fußend (siehe Art. 41 EIOPA-VO Rn. 8) – 2011 ein **Review Panel eingerichtet.**[4] Dieses tritt an die Stelle des bereits seit 2008 bestehende Review Panel der CEIOPS.[5] Diesem Review Panel ist die Aufgabe übertragen, die Notwendigkeit der Fortentwicklung der Methodologie zu eruieren, Themen für Peer Reviews ausfindig zu machen und die Peer 6

[1] So beispielsweise *Keune*, Rechtliche Grundlagen und Grenzen der EIOPA, 2015, 109.
[2] In der Tendenz bereits *Goldmann/Purnhagen* VersR 2012, 29, 32.
[3] So beispielsweise die englische (*peer reviews*), die französische (*examens par les pairs*), italienische (*verifiche inter pares*), spanische (*evaluaciones inter pares*), portugiesische (*avaliações entre pares*) und niederländische (*collegiale toetsingen*) Sprachfassung.
[4] Decision of the European Insurance and Occupational Pensions Authority establishing the Review Panel of the European Insurance and Occupational Pensions Authority (EIOPA-RP-11/005).
[5] Protocol on Review Panel of the Committee of European Insurance and Occupational Pensions Supervisors (CEIOPS-DOC-28-08).

Reviews durchzuführen. Die Kompetenz zur Arretierung der Methodologie und der zu analysierenden Themen verbleibt allerdings beim Rat der Aufseher. Dieser setzt die genauen Aufgaben des Review Panel in einem alle drei Jahre hinsichtlich der Grobausrichtung zu evaluierenden und jährlich hinsichtlich der Leistungsbeschreibungen (*deliverables*) zu aktualisierenden Mandat fest.[6]

7 Die Besonderheit des Review Panels besteht darin, dass **jede zuständige Behörde einen Stellvertreter** in das Review Panel entsenden soll, der im Falle der Notwendigkeit durch eine andere Person der jeweiligen zuständigen Behörde ersetzt werden kann.[7] Der Vorsitzende des Review Panels wird jedoch durch den Rat der Aufseher ernannt.[8] Hierbei geht aus dem Review-Panel-Errichtungsbeschluss nicht ganz klar hervor, ob der Rat der Aufseher einen der entsandten Stellvertreter zum Vorsitzenden bestimmt oder ob es eigenständig eine Bestellung vornimmt und der Vorsitzende auch eine Person sein kann, die nicht bei einer zuständigen Behörde beschäftigt ist. Die Praxis geht gegenwärtig dahin, dass ein Personalmitglied einer zuständigen Behörde die Position einnimmt.[9] Durch die **Besetzung** des Review Panel wird insgesamt gewährleistet, dass die zuständigen Behörden über ihre entsendeten Experten sicherstellen können, dass die Peer Reviews in angemessener Weise durchgeführt werden und es bei diesen nicht darum geht, dass die EIOPA über einzelnen Behörden grundlos den Stab brechen kann.

8 **2. Ermächtigung zur Festsetzung einer Methodologie (Abs. 1 S. 2).** Abs. 1 S. 2 erlaubt es der EIOPA zur Durchführung dieser vergleichenden Analysen, eigenständig eine Methodologie und ein angemessenes Verfahren zu entwickeln, welche insofern nicht durch die EIOPA-VO selbst festgelegt werden. Von dieser **Ermächtigung** hat die EIOPA bereits 2011 mit Erlass des ersten Peer-Review-Methodologiebeschlusses,[10] der die bis dahin geltende Peer Review Methodologie der CEIOPS[11] ersetzte, Gebrauch gemacht. 2015 wurde dieser jedoch aufgehoben und durch den neuen **Peer-Review-Methodologiebeschluss**[12] ersetzt.

9 Die Aufgabe der **Weiterentwicklung** der Methodologie ist hierbei (regelmäßig) **auf** das **Review Panel übertragen**,[13] der endgültige Beschluss der Methodologie verbleibt jedoch beim Rat der Aufseher.

10 **3. Konkretes Verfahren (Abs. 1 S. 2, 3).** Die **EIOPA-VO** selbst gibt zum **genauen Verfahrensablauf** keine **Vorgaben**, abgesehen davon, dass Abs. 1 S. 2 von einer **objektiven Bewertung und** einem ebensolchen **Vergleich** spricht und Abs. 1 S. 3 aufgibt, dass bei der Durchführung der vergleichenden Analyse die zu einer betreffenden zuständigen Behörde bereits **vorhandenen Informationen und vorgenommenen Bewertungen** zu **berücksichtigen** sind. Dies bedeutet, dass das Verfahren so auszugestalten ist, dass durch ein früheres Peer Review wahrgenommene Defizit in einem neuen Peer Review erneut geprüft werden sollten oder aber bei Kenntnis von besonders vorbildlichen Verhaltensweisen in einem Bereich ein stärkeres Augenmerk auf andere Bereiche gelegt werden sollte.

11 Der **genaue Verfahrensablauf** wird mithin durch den **Methodologiebeschluss** (siehe Rn. 8) festgesetzt und durch das **Review Panel konkretisiert.**

12 Die Ausgestaltung des Verfahrens ist hierbei in seinen groben Zügen in Nr. 1.15 des Methodologiebeschlusses festgelegt. Hiernach besteht das Verfahren jeweils aus **fünf Phasen**: einer Vorbereitungs-, Selbsteinschätzungs-, Fremdbegutachtungs-, Befunds- und Nachbereitungsphase.

13 Die **Vorbereitungsphase** (*preparatory stage*) beginnt mit der Auswahl des Analysethemas und der Zuweisung von Mitteln und eines zeitlichen Horizonts durch den Rat der Aufseher. Sodann fordert das Review Panel die zuständigen Behörden und EIOPA auf, Experten für den für das spezielle Analysethema einzurichtenden *ad hoc* Begutachtungsausschuss (*team of experts*) zu benennen, wobei auch Mitglieder des Review Panels in den *ad hoc* Begutachtungsausschuss nominiert werden können.[14] Aus den Nominierten bestellt das Review Panel den *ad hoc* Begutachtungsausschuss und einen Vorsitzenden (*team leader*).[15] Der *ad hoc* Begutachtungsausschuss erarbeitet nach seiner Konstituierung den Gutachtenauftrag, die sogenannten *terms of reference*, die auf Grundlage der Vorgaben des Gutachtenprojekts im

[6] Siehe Nr. V UAbs. 1 Mandat EIOPA-BoS-15/240.

[7] Art. 4.3. Decision of the European Insurance and Occupational Pensions Authority establishing the Review Panel of the European Insurance and Occupational Pensions Authority (EIOPA-RP-11/005).

[8] Art. 4.1. Decision of the European Insurance and Occupational Pensions Authority establishing the Review Panel of the European Insurance and Occupational Pensions Authority (EIOPA-RP-11/005).

[9] Damian Jaworski ist der Leiter der Abteilung für Analyse und Internationale Beziehungen der polnischen Komisja Nadzoru Finansowego (KNF).

[10] Decision of the European Insurance and Occupational Pensions Authority adopting the methodology for the conduct of peer reviews (EIOPA-RP-11–017).

[11] CEIOPS Peer Review: Methodology (CEIOPS-DOC-29-08).

[12] Decision of the European Insurance and Occupational Pensions Authority adopting the methodology for the conduct of peer reviews (EIOPA-BoS-15–301).

[13] Siehe Nr. VI *deliverable* 4 Mandat EIOPA-BoS-15/240.

[14] Art. 2.4. Decision of the European Insurance and Occupational Pensions Authority adopting the methodology for the conduct of peer reviews (EIOPA-BoS-15–301).

[15] Art. 2.7. Decision of the European Insurance and Occupational Pensions Authority adopting the methodology for the conduct of peer reviews (EIOPA-BoS-15–301).

Detail den Grund und Umfang des Reviewverfahrens, den zeitlichen Horizont, die Bewertungskriterien und die erwarteten Ergebnisse ausführen.[16] Die *terms of reference* müssen dann durch das Review Panel gebilligt werden.[17] Sodann entscheidet das Review Panel darüber, in wie weit bereits vorhandene Informationen (zu einzelnen zuständigen Behörden) verwendet werden.[18] Bereits während der Erarbeitung der *terms of reference* beginnt der *ad hoc* Begutachtungsausschuss unter Anleitung des Review Panel den Entwurf des Selbsteinschätzungsfragebogens (*self assessment questionaire*), der Bewertungskriterien zu Grunde legt, die auf den *terms of reference* beruhen.[19] Der Entwurf wird anschließend getestet[20] und schließlich, die Vorbereitungsphase abschließend, durch das Review Panel auch hinsichtlich der festzusetzenden Antwortfrist gebilligt.[21]

In der hieran anknüpfenden **Selbsteinschätzungsphase** (*self-assessment*) wird der Fragebogen durch den zuständigen Mitarbeiter der EIOPA an die zuständigen Behörden (und soweit erforderlich an EIOPA) versandt.[22] Die nationalen Behörden benennen nunmehr eine federführende Person, die nicht Mitglied des *ad hoc* Begutachtungsausschusses sein darf, und beantworten den Fragebogen innerhalb der Frist vollständig, richtig und hinreichend belegbar, wobei die ausgefüllten Fragebögen dem *ad hoc* Begutachtungsausschuss und dem Review Panel zugängig gemacht werden.[23] **14**

Nunmehr beginnt die **Fremdbegutachtungsphase** (*review by peers*), also das Peer Review ieS. Der *ad hoc* Begutachtungsausschuss nimmt nunmehr auf Basis der beantworteten Fragebögen eine erste individuelle und vergleichende Analyse vor, wobei bereits in dieser Phase die zuständigen Behörden zur Klarstellung bestimmter Antworten aufgefordert werden können.[24] Die so gewonnenen Ergebnisse der individuellen und vergleichen Analysen sind vom *ad hoc* Begutachtungsausschuss in einem Berichtsentwurf zu den vorläufigen Ergebnissen (*draft report on the initial findings*) festzuhalten.[25] Aufbauend auf den Berichtsentwurf zu den vorläufigen Ergebnissen schlägt der *ad hoc* Begutachtungsausschuss nunmehr die notwendigen Mittel und Prioritäten der Feldforschung (*field work*) vor, wobei diese die Form von Vor-Ort-Begehungen, Telefonkonferenzen oder schriftlichen Verfahren annehmen kann.[26] Nach der Billigung durch das Review Panel wird die Feldforschung durch den *ad hoc* Begutachtungsausschuss durchgeführt, wobei über dessen Vorsitzenden das Review Panel auf dem Laufenden gehalten wird und dieses die Feldforschung anleiten kann.[27] Nach Abschluss der Feldforschung erstellt der *ad hoc* Begutachtungsausschuss den Entwurf eines Abschlussberichtes (*draft final report*), der neben den Ergebnissen, Vorschlägen zu zu ergreifenden Maßnahmen auch die identifizierten *best practices* enthält.[28] Nach Billigung des Entwurfs eines Abschlussberichtes entwirft der *ad hoc* Begutachtungsausschuss auf dessen Grundlage ein individuelles Evaluationsschreiben (*evaluation letter*), das die (wesentlichen) Erkenntnisse und empfohlenen Maßnahmen für die spezifische zuständige Behörde zusammenfasst, welches schließlich durch den Vorsitzenden des Review Panel an den Leiter der jeweiligen zuständigen Behörde gesandt wird.[29] Die Leiter der zuständigen Behörden haben, dies schließt die Fremdbegutachtungsphase ab, die Möglichkeit, in ihrem Antwortschreiben zu den Erkenntnissen und vorgeschlagenen Maßnahmen Stellung zu nehmen.[30] **15**

[16] Art. 2.13. Decision of the European Insurance and Occupational Pensions Authority adopting the methodology for the conduct of peer reviews (EIOPA-BoS-15-301).

[17] Art. 2.15. Decision of the European Insurance and Occupational Pensions Authority adopting the methodology for the conduct of peer reviews (EIOPA-BoS-15-301).

[18] Art. 2.16. Decision of the European Insurance and Occupational Pensions Authority adopting the methodology for the conduct of peer reviews (EIOPA-BoS-15-301).

[19] Art. 2.17. Decision of the European Insurance and Occupational Pensions Authority adopting the methodology for the conduct of peer reviews (EIOPA-BoS-15-301).

[20] Art. 2.24. Decision of the European Insurance and Occupational Pensions Authority adopting the methodology for the conduct of peer reviews (EIOPA-BoS-15-301).

[21] Art. 2.25. Decision of the European Insurance and Occupational Pensions Authority adopting the methodology for the conduct of peer reviews (EIOPA-BoS-15-301).

[22] Art. 3.1. Decision of the European Insurance and Occupational Pensions Authority adopting the methodology for the conduct of peer reviews (EIOPA-BoS-15-301).

[23] Art. 3.2 ff. Decision of the European Insurance and Occupational Pensions Authority adopting the methodology for the conduct of peer reviews (EIOPA-BoS-15-301).

[24] Art. 4.6. Decision of the European Insurance and Occupational Pensions Authority adopting the methodology for the conduct of peer reviews (EIOPA-BoS-15-301).

[25] Art. 4.9. Decision of the European Insurance and Occupational Pensions Authority adopting the methodology for the conduct of peer reviews (EIOPA-BoS-15-301).

[26] Art. 4.10., 4.14., 4.16. Decision of the European Insurance and Occupational Pensions Authority adopting the methodology for the conduct of peer reviews (EIOPA-BoS-15-301).

[27] Art. 4.17., 4.22. Decision of the European Insurance and Occupational Pensions Authority adopting the methodology for the conduct of peer reviews (EIOPA-BoS-15-301).

[28] Art. 4.23. Decision of the European Insurance and Occupational Pensions Authority adopting the methodology for the conduct of peer reviews (EIOPA-BoS-15-301).

[29] Art. 4.25. Decision of the European Insurance and Occupational Pensions Authority adopting the methodology for the conduct of peer reviews (EIOPA-BoS-15-301).

[30] Art. 4.26. Decision of the European Insurance and Occupational Pensions Authority adopting the methodology for the conduct of peer reviews (EIOPA-BoS-15-301).

16 Die nunmehr einsetzende **Befundsphase** (*final outcomes*) beginnt damit, dass der *ad hoc* Begutachtungsausschuss unter Berücksichtigung der Antwortschreiben der Leiter der nationalen Aufsichtsbehörden seinen Entwurf des Abschlussberichtes finalisiert und dem Review Panel zur Diskussion und zur Entschließung vorlegt.[31] Daneben entwirft der *ad hoc* Begutachtungsausschuss auch noch einen Bericht zu den wichtigsten Ergebnissen (*main outcome*), der auch die *best practices* identifiziert, aber keine Bezugnahme zu den einzelnen zuständigen Behörden aufweist.[32] Auch dieser wird dem Review Panel zur Diskussion und Entschließung vorgelegt. Sobald das Review Panel beide Berichte finalisiert hat, leitet es diese dem Rat der Aufseher zum Beschluss zu,[33] der gemäß Art. 44 Abs. 1 EIOPA-VO mit einfacher Mehrheit ergeht. Der Rat der Aufseher kann auch beschließen, dem Review Panel gegenüber anzuregen, den Abschlussbericht anzupassen.[34] Nach der Annahme des Abschlussberichtes und des Berichtes zu den wichtigsten Ergebnissen wird letzterer – niemals aber ersterer – veröffentlicht (siehe Rn. 29 ff.).

17 Unmittelbar im Anschluss an den Beschluss des Rates der Aufseher zur Billigung des Abschlussberichtes beginnt das Review Panel mit der Strukturierung der **Nachbereitungsphase** (*follow up*), indem es ein Peer Review-Nachbereitungsprojekt entwirft und dem Rat der Aufseher zur Billigung vorlegt.[35] Dieses wird durchgeführt durch einen neu zu besetzenden *ad hoc* Begutachtungsausschuss, dessen Mitglieder vorzugsweise aber dem alten *ad hoc* Begutachtungsausschuss angehört haben.[36] Typischerweise ist das Verfahren hier so ausgestaltet, dass von den zuständigen Behörden in bestimmter Frequenz – bis alle vorgeschlagenen Maßnahmen adressiert wurden – individuelle Fortschrittsberichte (*individual progress report*) eingefordert werden.[37] Aus den Informationen aus diesen individuellen Fortschrittsberichten erarbeitet das Review Panel einen kollektiven Fortschrittsbericht – wobei die einzelnen Behörden hinsichtlich der Entwicklungsschritte zu identifizieren sind –, der auch regulatorische Lücken oder immer wieder auftretende Schwächen aufzeichnet.[38] Dieser kollektive Fortschrittsbericht ist dem Rat der Aufseher zu Informationszwecken vorzulegen;[39] er ist jedoch nicht zu veröffentlichen.

18 **4. Bewertungsgegenstände und -maßstäbe (Abs. 2).** Im Mittelpunkt der Peer Reviews soll neben der Angleichung der Aufsichtspraktiken, auch die Fähigkeit der Aufsichtsbehörden, qualitativ hochwertige Aufsichtsergebnisse zu erzielen, und die Unabhängigkeit der zuständigen Behörden stehen.[40] Diesen grobgliedrigen **Bewertungsgegenständen** stellt Abs. 2 **exemplarisch** einige explizit aufgeführten Prüfgegenstände zur Seite, die periodisch einem Peer Review unterzogen werden sollen.

19 Hieraus wird deutlich, dass die **Peer Reviews typischerweise keine** holistische **Bewertung** der individuellen nationalen **Aufsichtsbehörden in ihrer Gesamtheit** erstreben – was auch einer herkulischen Aufgabe gleichkäme –, sondern das Analysethema auf bestimmte Aspekte eingeengt wird, wobei der Abs. 2 die Bewertungsgegenstände herausgreift, die in das konkrete Analysethema eingelassen typischerweise geprüft werden sollen.

20 Gegenwärtig wurden bereits **mehrere Peer Reviews durchgeführt**, nämlich zur vorgezogenen Anwendung interner Modelle durch die nationalen Aufseher und die Aufsichtskollegien,[41] zur Informationssammlung und zu Eingriffsmaßnahmen gegenüber EbAV,[42] zur Zulassung zum (auch grenzüberschreitenden) Betrieb von EbAV,[43] zur Arbeit in den Aufsichtskollegien[44] und zur Gewährung der Dienstleistungsfreiheit.[45] Die Peer Reviews zur Anwendung der Informationsaustauschs- und Koope-

[31] Art. 5.1 ff. Decision of the European Insurance and Occupational Pensions Authority adopting the methodology for the conduct of peer reviews (EIOPA-BoS-15–301).
[32] Siehe Art. 5.8. Decision of the European Insurance and Occupational Pensions Authority adopting the methodology for the conduct of peer reviews (EIOPA-BoS-15–301).
[33] 5.5. Decision of the European Insurance and Occupational Pensions Authority adopting the methodology for the conduct of peer reviews (EIOPA-BoS-15–301).
[34] 5.7. Decision of the European Insurance and Occupational Pensions Authority adopting the methodology for the conduct of peer reviews (EIOPA-BoS-15–301).
[35] 6.1. Decision of the European Insurance and Occupational Pensions Authority adopting the methodology for the conduct of peer reviews (EIOPA-BoS-15–301).
[36] 6.3. Decision of the European Insurance and Occupational Pensions Authority adopting the methodology for the conduct of peer reviews (EIOPA-BoS-15–301).
[37] 6.5. Decision of the European Insurance and Occupational Pensions Authority adopting the methodology for the conduct of peer reviews (EIOPA-BoS-15–301).
[38] 6.6. Decision of the European Insurance and Occupational Pensions Authority adopting the methodology for the conduct of peer reviews (EIOPA-BoS-15–301).
[39] 6.7. Decision of the European Insurance and Occupational Pensions Authority adopting the methodology for the conduct of peer reviews (EIOPA-BoS-15–301).
[40] Erwägungsgrund 40 S. 3.
[41] Peer Reviews on Pre-application of Internal Models for NSAs and Colleges (EIOPA-RP-13–096a); hierzu wurde auch ein anonymisierter kollektiver Forschrittsbericht veröffentlicht: Progress Report on the Follow-up to the Peer Reviews on Pre-application of Internal Models (EIOPA-BoS-14–248).
[42] Occupational Pensions Peer Review Project 2012 – Final Report (EIOPA-RP-13–031).
[43] Peer Review on Supervisory Practices in respect of Article 9 of Directive 2003/41/EC („Conditions of operation") – Final Report (EIOPA-BoS-14/262).
[44] Peer Reviews on the NCAs' Governance of Colleges (EIOPA-RP-15–297).
[45] Final Report on the Peer Review on Freedom to Provide Services (EIOPA-BoS-16–072).

rationsnormen des Allgemeinen Protokolls zur Zusammenarbeit der Versicherungsaufsichtsbehörden[46] und zur Anwendung der Informationsaustauschs- und Kooperationsnormen des Budapester Protokolls zur Zusammenarbeit der Aufsichtsbehörden über EbAV[47] hat EIOPA als Produkte der letzten Stunde (veröffentlicht jeweils am 30.12.2010) von der CEIOPS über Art. 8 Abs. 1 lit. l i. V. m. Art. 76 Abs. 4 S. 2 EIOPA-VO geerbt.

a) Angemessenheit der Ausstattung und Leitung (Abs. 2 lit. a). Gemäß Abs. 2 lit. a soll in Peer 21 Reviews besonders abgeprüft werden, ob die nationalen Regelungen zur (finanziellen und personellen) **Ausstattung und** der **Leitung** der zuständigen Behörde angemessen sind. Hierbei geht es insbesondere um die Fähigkeit der nationalen Aufsichtsbehörden, in ihrer gegenwärtigen administrativen Gestalt das Unionsrecht (bzw. deren nationalen Transformationsnormen) des Art. 1 Abs. 2 EIOPA-VO und die technischen Standards nach Art. 10 ff., 15 EIOPA-VO sachgerecht durchzusetzen und auf Marktentwicklungen zu reagieren.

b) Angleichungsgrad (Abs. 2 lit. b). Abs. 2 lit. b verlangt die regelmäßige Prüfung des **Grades** 22 **der Angleichung**, der bei der Anwendung des Unionsrechts (nach Art. 1 Abs. 2 EIOPA-VO) inklusive der technischen Standards nach Art. 10 ff., 15 EIOPA-VO und der Leitlinien und Empfehlungen nach Art. 16 EIOPA-VO erreicht wurde, wobei neben der Anwendung auch die Aufsichtspraxis hinsichtlich des Konvergenzgrades zu begutachten ist. Hierbei ist auch zu berücksichtigen, in welchem Umfang durch die konkreten Aufsichtspraktiken die Aufsichtsziele des Unionsrechts erreicht werden.

c) Vorhandensein von *best practices* (Abs. 2 lit. c). Die Peer Reviews haben hierbei gemäß Abs. 2 23 lit. c auch stets danach zu streben, **vorbildliche Vorgehensweisen** (sogenannte *best practices*) einiger zuständiger Behörden zu identifizieren, deren Übernahme für andere zuständige Behörden von Nutzen sein könnte.

d) Wirksamkeit in der Durchsetzung des Unionsrechts (Abs. 2 lit. d). Gemäß Abs. 2 lit. d soll 24 – die Formulierung ist hier sehr wirr – auch die **Durchsetzung** solcher nationalen Normen, die der Durchführung des Unionsrechts dienen, hinsichtlich ihrer Effektivität und dem Grad der Angleichung untersucht werden. Hierbei sollen auch Verwaltungsmaßnahmen und Strafen gegenüber Personen, die solche **Transformationsnormen** nicht einhalten, bewertet werden.

IV. Umsetzung der Erkenntnisse der Peer Reviews (insb. in technischen Standards sowie 25 **Leitlinien und Empfehlungen) (Abs. 3).** Die Peer Reviews sollen **kein Selbstzweck** sein, sondern ihre Ergebnisse sollen die zuständigen Behörden und die EIOPA dabei unterstützen, die gemeinsame Aufsichtskultur weiter zu verbessern und dadurch schrittweise das ESFS immer stärker zu integrieren. Entsprechend sind die Ergebnisse in effizienter Weise in **Folgemaßnahmen** umzusetzen. Primär erfolgt dies über die im nicht veröffentlichten Abschlussbericht (und bereits vorher im Evaluationsschreiben) vorgeschlagenen Maßnahmen an die einzelnen Aufsichtsbehörden (siehe Rn. 15 f.). Daneben dient auch die Identifizierung der *best practices* im Abschlussbericht und die Abfrage im individuellen Fortschrittsbericht, ob solche *best practices* übernommen wurden, dazu, die Erkenntnisse für die Qualität der Aufsicht in der Union nutzbar zu machen.

Daneben bleibt natürlich auch noch die Möglichkeit bestehen, dass EIOPA **je nach Art der** 26 **gewonnenen Erkenntnisse** über die Tätigkeit einer nationalen Aufsichtsbehörde dieser gegenüber eine **individuelle Stellungnahme** nach Art. 29 Abs. 1 S. 2 lit. a EIOPA-VO (siehe Art. 29 EIOPA-VO Rn. 5 f.) abgibt oder wegen mutmaßlicher Verletzung des Unionsrechts *ex officio* ein **Verfahren nach Art. 17 EIOPA-VO** einleitet.

Daneben können die Ergebnisse auch zum Anlass genommen werden, eine **Änderung** in **der** 27 **Regulierung anzustreben**. So kann bei erkannten Defiziten im Primär- oder Sekundärrecht die EIOPA gemäß Art. 34 Abs. 1 EIOPA-VO eine Stellungnahme an die Kommission, das Europäische Parlament und den Rat abgeben, in der sie dartut, weshalb eine Änderung erforderlich ist und wie eine solche grob aussehen könnte. Bei erkannten Defiziten im Tertiärrecht kann sie entweder gemäß Art. 34 Abs. 1 EIOPA-VO eine Stellungnahme an die Kommission richten (bei delegierten Rechtsakten oder Durchführungsrechtsakten ieS) oder gemäß Art. 10 oder Art. 15 EIOPA-VO einen Entwurf zu einem (geänderten) technischen Standard entwerfen, der letztlich als delegierter Rechtsakt oder Durchführungsrechtsakt durch die Kommission erlassen würde. Hierbei soll die EIOPA gemäß Abs. 3 S. 3 – dies ist eine Selbstverständlichkeit – das Ergebnis einschlägiger Peer Reviews berücksichtigen. Schließlich besteht noch die Möglichkeit der Berücksichtigung der Ergebnisse – im Rahmen der Änderung der Regulierung – im Entwerfen oder Ändern von Leitlinien und Empfehlungen.

Abs. 3 S. 1 und 2 stellen fest, dass die Behörde von den Ergebnissen eines Peer Reviews ausgehend 28 **Leitlinien und Empfehlungen** herausgeben kann und sich die adressierten nationalen Aufsichtsbehör-

[46] Peer Review about the Exchange of Information and Cooperation Provisions of the General Protocol – Final Report (CEIOPS-RP-150-10).

[47] Peer Review about the Exchange of Information and Cooperation Provisions of the Budapest Protocol – Final Report (CEIOPS-RP-78/10).

den unter Anwendung des Art. 16 Abs. 3 EIOPA-VO bemühen, diesen nachzukommen. Beiden Ausführungen kommt keinerlei eigenständige Bedeutung zu. Hierdurch wird nur das Offensichtliche festgestellt. Der Grund dafür, dass dies an dieser Stelle noch einmal wiederholt wird, ist der, dass gerade die Ergebnisse von Peer Reviews der Ausgang für die Herausgabe von Leitlinien und Empfehlungen sein können. Nur durch solche vergleichenden Studien erlangt die EIOPA eine hinreichende Kenntnis von den gegenwärtigen Kohärenzlücken des Aufsichtssystems und dessen Effektivitätsdefiziten. Auch kann die EIOPA durch die Erhebung der *best practices* die Vorarbeit der besonders effizienten nationalen Aufseher nutzen, anstatt für die Leitlinien und Empfehlungen einen eigenen Ansatz entwickeln zu müssen.

29 **V. Veröffentlichung der Ergebnisse (Abs. 4).** Abs. 4 S. 1 verpflichtet die EIOPA **nur** dazu, die aus der Analyse gewonnenen ***best practices*** zu veröffentlichen. Eine weitergehende **Veröffentlichungspflicht** besteht nicht, insbesondere müssen nach dem Sekundärrecht nicht die wichtigsten Ergebnisse oder gar die individuellen Evaluationsergebnisse öffentlich gemacht werden.

30 Allerdings kann die EIOPA gemäß Abs. 4 S. 2 sämtliche **anderen Ergebnisse veröffentlichen** – hierzu besteht lediglich keine Pflicht. Ein solches Veröffentlichungsrecht greift allerdings nur dann, wenn diejenige nationale Aufsichtsbehörde, die das konkrete Ergebnis betrifft, ihre Zustimmung (gemeint ist hier die Einwilligung) erteilt. Den Peer Reviews kommt insofern anders als den Leitlinien und Empfehlungen (siehe Art. 16 EIOPA-VO Rn. 51 ff.) kein *naming und shaming*-Effekt zu.

31 In der **Praxis** wird dies anders gehandhabt (siehe Rn. 16), nämlich indem nicht nur die *best practices*, sondern ein Bericht zu den wichtigsten Ergebnissen (*main outcome*), der auch die *best practices* identifiziert, aber keine Bezugnahme zu den einzelnen zuständigen Behörden aufweist, veröffentlicht wird. Hierdurch wird zum einen die Veröffentlichungspflicht des Abs. 4 S. 1 erfüllt, zum anderen die Veröffentlichung gemäß Abs. 4 S. 2 ausgeweitet, ohne aber der Zustimmung aller nationalen Aufsichtsbehörden zu bedürfen, da der Bericht anonymisiert ist.

Koordinatorfunktion

31 **Die Behörde wird allgemein als Koordinatorin zwischen den zuständigen Behörden tätig, insbesondere in Fällen, in denen ungünstige Entwicklungen die geordnete Funktionsweise und die Integrität von Finanzmärkten oder die Stabilität des Finanzsystems in der Union gefährden könnten.**

Die Behörde fördert ein abgestimmtes Vorgehen auf Unionsebene, indem sie unter anderem

a) den Informationsaustausch zwischen den zuständigen Behörden erleichtert,

b) den Umfang der Informationen, die alle betroffenen zuständigen Behörden erhalten sollten, bestimmt und — sofern möglich und zweckmäßig — die Zuverlässigkeit dieser Informationen überprüft,

c) unbeschadet des Artikels 19 auf Ersuchen der zuständigen Behörden oder von Amts wegen eine nicht bindende Vermittlertätigkeit wahrnimmt,

d) den ESRB unverzüglich auf jeden potenziellen Krisenfall aufmerksam macht,

e) sämtliche erforderlichen Maßnahmen ergreift, um die Koordinierung der Tätigkeiten der jeweils zuständigen Behörden zu erleichtern, wenn Entwicklungen eintreten, die das Funktionieren der Finanzmärkte gefährden können,

f) Informationen zentralisiert, die sie von zuständigen Behörden gemäß den Artikeln 21 und 35 als Ergebnis der Berichterstattungspflichten im Regulierungsbereich, die für Institute gelten, die in mehr als einem Mitgliedstaat tätig sind, erhält. Die Behörde stellt diese Informationen auch den anderen betroffenen zuständigen Behörden zur Verfügung.

Übersicht

Schrifttum: Siehe die Angaben bei Art. 1 EIOPA-VO („Allgemein zum ESFS" und „Allgemein zur EIOPA").

I. Allgemeines. Das **ESFS** ist als ein **Netzverbund** ausgestaltet (siehe Art. 2 EIOPA-VO Rn. 3), der durch seine Zweisäulenstruktur – Mikro- und Makroaufsicht – und innerhalb der Säule der Mikroaufsicht durch seine sektorielle Dreiteilung und innerhalb der Sektoren durch sein Zweiebenensystem – ESA und nationale Aufseher – gekennzeichnet ist (siehe Art. 2 EIOPA-VO Rn. 4, 5, 7). Um eine ordentliche Integration der nationalen Aufsichtstätigkeit in das gesamteuropäische Aufsichtskonzept und die sektorübergreifende Kohärenz in der mikroprudentiellen Aufsicht und den notwendigen Informationsaustausch zwischen der Mikro- und der Makroaufsicht zu gewährleisten, bedarf es eines **Weichenstellers**. 1

Die hierzu **erforderliche Koordinierungsfunktion** wird durch Art. 31 EIOPA-VO der **EIOPA** für den versicherungsaufsichtsrechtlichen Sektor übertragen. Hierbei werden ihr neben der allgemeinen Koordinierungsfunktion (UAbs. 1) auch einige besondere Koordinierungsaufgaben zugewiesen (UAbs. 2), unter anderem die Koordinierung des Informationsflusses (UAbs. 1 lit. a, b), eine Streitvermittlungsaufgabe (UAbs. 2 lit. c), die Koordination der nationalen Aufseher mit dem ESRB (UAbs. 2 lit. d), die Koordination zur Abwendung der Entstehung einer Krise (UAbs. 2 lit. e) und zur Informationszentralisierung und -übermittlung (UAbs. 2 lit. f). 2

II. Allgemeine Koordinierungsfunktion (UAbs. 1). UAbs. 1 überträgt der EIOPA die **allgemeine Aufgabe, als Koordinator zwischen** den **zuständigen Behörden** tätig zu werden. Soweit in UAbs. 2 Hs. 2 festgestellt wird, dass diese Koordinierungsfunktion besonders dann greife, wenn ungünstige Entwicklungen die geordnete Funktionsweise und die Integrität von Finanzmärkten oder die Stabilität des Finanzsystems in der Union gefährden könnten, ist dieser Zusatz überflüssig. Im Falle solcher widrigen Bedingungen greift bereits die Koordinierungsfunktion des Art. 18 Abs. 1 EIOPA-VO, der die speziellere Aufgabe und Befugnisse beschreibt, sodass UAbs. 1 Hs. 2 nur rein deklaratorische Bedeutung zukommt. 3

Die Restbedeutung von UAbs. 1 und mithin von Art. 31 EIOPA-VO insgesamt ist es, dass er der EIOPA auch **außerhalb** des echten **Krisenfalls** die **Koordinierungsfunktion** zukommen lässt. Es geht mithin darum, dass die EIOPA innerhalb ihres Tätigkeitsbereiches (siehe Art. 1 EIOPA-VO Rn. 3 ff.) ihre Befugnisse so gebrauchen soll, um die zuständigen Behörden in einer Weise miteinander zu koordinieren, dass das Netz des ESFS enger geknüpft wird und die Aufsichtsaufgaben effizienter erfüllt werden können. 4

III. Besondere Koordinierungsaufgaben (UAbs. 2). Neben der allgemein in UAbs. 1 formulierten Koordinierungsfunktion sieht UAbs. 2 einige **besondere Koordinierungsaufgaben** und -befugnisse vor. Die **Auflistung** des UAbs. 2 ist hierbei nicht als *numerus clausus*, sondern **exemplarisch** zu verstehen („unter anderem"). Soweit eine bestimmte Koordinierungsaufgabe nicht unter die besonderen Tatbestände fällt, ist insofern zu prüfen, ob sie der allgemeinen Koordinierungsaufgabe zuzuordnen ist. 5

1. Informationskoordination (UAbs. 2 lit. a, b). Das ordnungsgemäße Funktionieren des ESFS setzt voraus, dass alle seine Bestandteile möglichst jederzeit Zugang zu den für sie erforderlichen Informationen haben. So identifizierte beispielsweise der *de Larosière*-Bericht, der einer der Ausgangspunkte für die Errichtung des ESFS ist, eines der Defizite der alten Aufsichtsstruktur bei Entstehung der Finanzkrise 2007 dahingehend, dass die Aufsichtsbehörden in vielen Fällen nicht alle einschlägigen Informationen über die globale Größenordnung des exzessiven *Leveraging* hatten und diese Informationen in manchen Fällen nicht nachdrücklich genug verlangt oder zu spät erhalten haben.[1] Eine Funktionsvoraussetzung des ESFS ist es insofern, dass es als ein **integriertes Informationsnetzwerk** ausgestaltet wird. Dies erfordert zum einen, dass die unternehmensbezogenen Daten oder die zusammengefassten und aggregierten Daten zum lokalen Versicherungsmarkt gemäß eines ***bottom-up*-Ansatzes** von den nationalen Aufsichtsbehörden der EIOPA übermittelt werden. Dieser Informationsfluss wird insbesondere über die Informationsübermittlungsansprüche der EIOPA nach Art. 21 EIOPA-VO (siehe Art. 21 EIOPA-VO Rn. 10, 13) und Art. 35 Abs. 1, 2, 4–6 EIOPA-VO (siehe Art. 35 EIOPA-VO Rn. 2–25) sichergestellt. Diese Informationen können dann durch die EIOPA zur Erfüllung ihrer Aufgaben verwandt werden, sie können insbesondere aber auch horizontal sektorübergreifend im Gemeinsamen Ausschuss zur Stärkung der Kohärenz der Aufsicht in den einzelnen Finanzsektoren eingebracht werden und vertikal dem ESRB zur Erfüllung seiner makroprudentiellen Aufgabe übermittelt werden. 6

Hiermit ist jedoch das ESFS hinsichtlich des Informationsflusses noch nicht voll integriert. Vielmehr bedarf es noch eines Informationsflusses ***top-down***. Dies wird vorrangig dadurch gewährleistet, dass den **zuständigen Behörden** aus Art. 35 Abs. 3 EIOPA-VO ein **Informationsübermittlungsanspruch** gegenüber der EIOPA gewährt wird (siehe Art. 35 EIOPA-VO Rn. 26 ff.). Hierbei ist dieses Informationsübermittlungsrecht jedoch zum einen als antragsbasierte *ad hoc*-Übermittlungspflicht ausgestaltet, was im Einzelfall wenig effizient erscheint, und zum anderen ist der Informationsfluss nur vertikal nicht 7

[1] Report of The High-Level Group on Financial Supervision in the EU Chaired by Jacques de Larosière of 25 February 2009, S. 12; abrufbar unter: http://ec.europa.eu/internal_market/finances/docs/de_larosiere_report_de.pdf (zuletzt abgerufen im September 2017).

aber horizontal gewährleistet, was im Einzelfall zu größeren Zeitverlusten führen kann. Hier setzten die zusätzlichen Informationskoordinierungsbefugnisse des UAbs. 2 lit. a und b an.

8 UAbs. 2 lit. a überträgt der EIOPA die Aufgabe, den **Informationsaustausch zwischen zuständigen Behörden** zu **erleichtern**. Es geht hier also im Schwerpunkt darum, dass die EIOPA Maßnahmen ergreifen kann, die eine horizontale Informationsübermittlung direkt zwischen den zuständigen Behörden ermöglicht, wobei zum einen sicherzustellen ist, dass hierdurch nicht das Amtsgeheimnis oder die Datenschutzstandards verletzt werden, und zum anderen, dass die EIOPA nicht aus dem für sie notwendigen Informationsfluss ausgeschlossen wird. Eine solche rein horizontale Koordination kommt insofern nur dort in Betracht, wo die EIOPA der Informationen nicht zur Erfüllung ihrer eigenen Aufgaben bedarf. Ein Beispiel für den unmittelbaren horizontalen Informationsaustausch, in den allerdings auch die EIOPA eingebunden wird, ist in den Aufsichtskollegien zu sehen. Diesen Informationsaustausch hat die EIOPA beispielsweise durch die Herausgabe von Leitlinien erleichtert,[2] wobei sie hiermit vorrangig nicht ihre Aufgabe aus UAbs. 2 lit. a, sondern die speziellere Aufgabe aus Art. 21 Abs. 1 S. 1, Abs. 2 UAbs. 3 lit. a, Abs. 3 Hs. 2 EIOPA-VO erfüllt hat. Vorrangig wird es insofern dabei bleiben, dass die EIOPA als eine Art von Informationsdrehscheibe (sogenannter *information hub*) fungiert, sodass die Informationen bei ihr verarbeitet und dann wieder auf die zuständigen Behörden weiterverteilt werden (siehe hierzu insbesondere auch Rn. 17 ff.).

9 Über UAbs. 2 lit. b Hs. 1 wird der EIOPA die Aufgabe übertragen, den **Umfang der Informationen** zu **bestimmen**, die alle betroffenen zuständigen Behörden erhalten sollen. Die EIOPA bleibt im Rahmen der Informationsübermittlung oder Erleichterung des horizontalen Informationsflusses an die gesetzlichen Vorgaben zum Amtsgeheimnis und Datenschutz gebunden. Soweit jedoch eine Übermittlung grundsätzlich zulässig ist, gilt es abzuwägen, welche Informationen (zwingend) erforderlich sind. Hierbei ist diese Aufgabe in Ergänzung zur Informationsübermittlungspflicht nach Art. 35 Abs. 3 EIOPA-VO zu sehen (vgl. Art. 35 EIOPA-VO Rn. 26 ff.). Es geht insofern darum, dass ohne einen konkreten Informationsübermittlungsantrag, der die Erforderlichkeit konkretisiert, die EIOPA abstrakt bestimmen kann, welche Informationen für welche Art von Aufseher immer erforderlich sind.

10 Soweit die EIOPA als Informationsdrehscheibe für die nationalen Aufseher tätig wird, überträgt UAbs. 2 lit. b Hs. 2 ihr noch die Aufgabe, die **Informationen** vor deren Weiterverteilung **auf** ihre **Zuverlässigkeit** zu **prüfen**. Hierdurch kann EIOPA, wenn dies durch einzelne nationale Aufseher nicht gewährleistet ist, als Qualitätsgarant auftreten. Es erscheint gegenwärtig in vielen Situationen, da die EIOPA nicht unmittelbar die Unternehmen, sondern typischerweise nur die Aufseher beaufsichtigt, nicht gangbar, dass die EIOPA die Informationen hinsichtlich ihrer faktischen Richtigkeit überprüft, sondern allenfalls hinsichtlich ihre Schlüssigkeit. Insofern ist diese Aufgabe auch nicht als unbedingte Pflicht ausgestaltet. Vielmehr hat die EIOPA diese Aufgabe nur dann zu erfüllen, wenn eine Überprüfung durch sie möglich und zweckmäßig ist. Hinsichtlich der Zweckmäßigkeit ist auf das Ergebnis einer Zweck-Mittel-Relation abzustellen.

11 **2. Nichtbindende Streitvermittlung (UAbs. 2 lit. c).** Die EIOPA soll auch als **Vermittler zwischen den zuständigen Behörden** auftreten. Hierbei ist vorrangig an einen Streit zwischen zwei zuständigen Behörden über eine Norm des Unionsrechts, für die eine Streitschlichtung nach Art. 19 EIOPA-VO nicht im Basisrechtsakt vorgesehen ist, gedacht (siehe Art. 19 EIOPA-VO Rn. 11). Eine einvernehmliche Zusammenarbeit zwischen den nationalen Aufsehern kann aber auch durch einen Streit über die Aufsichtsergebnisse im nicht-harmonisierten Bereich, soweit es um Auswirkung auf das primäre Unionsrecht geht, stark beeinträchtigt werden. Es spricht grundsätzlich nichts dagegen, dass die EIOPA auch bei einem solchen Streit vermittelnd auftreten kann, solange klar bleibt, dass keine Behörde – auch nicht im Hinblick auf die grundsätzliche Loyalitätspflicht – gezwungen ist, an einem solchen Verfahren teilzunehmen, sondern hier nur ein einvernehmlicher Antrag zur Streitvermittlung das Verfahren eröffnen kann.[3]

12 Die Streitvermittlung nach UAbs. 2 lit. c erfolgt als **nichtbindende Streitvermittlung**. Im Gegensatz zum Verfahren nach Art. 19 EIOPA-VO schließt hier also eine Beschlussmöglichkeit der EIOPA nicht automatisch an (siehe Art. 19 EIOPA-VO Rn. 40 ff.), wobei es der EIOPA möglich bleibt, die im Verfahren gewonnenen Erkenntnisse zur Einleitung eines Verfahrens wegen Verletzung des Unionsrechts nach Art. 17 EIOPA-VO zu nutzen.

13 **Eingeleitet** wird das Verfahren gemäß UAbs. 2 lit. c entweder durch Antrag einer der streitenden nationalen Behörden oder durch EIOPA von Amtswegen. Das nähere **Verfahren** wird durch die „Geschäftsordnung" des *Mediation Panel* (siehe Art. 19 EIOPA-VO Rn. 32 und Art. 41 EIOPA-VO

[2] Leitlinien zum systematischen Informationsaustausch innerhalb von Kollegien (EIOPA-BoS-15/112).

[3] Bei einem solchen Streit würde es nicht unmittelbar um die Anwendung der Norm eines Rechtsaktes nach Art. 1 Abs. 2 EIOPA-VO gehen, sodass eigentlich der Tätigkeitsbereich der EIOPA nicht eröffnet wäre. Die nationalen Aufseher sind jedoch nicht daran gehindert, über den eigentlichen Rahmen des ESFS hinaus freiwillig eine vertiefte Koordinierung anzustreben. So dies der Fall ist, erscheint es als vom Mandat der EIOPA gedeckt, einen freiwilligen Vermittlungsauftrag von den beiden Behörden anzunehmen.

Rn. 13 ff.) ausgestaltet.[4] Hierbei eröffnet das *Mediation Panel* zunächst das Verfahren, wobei mit Zustimmung der Streitparteien das *Mediation Panel* eine einzelne Person zum Vermittler in diesem Verfahren bestimmen kann.[5] Das Verfahren wird dann grundsätzlich in ein schriftliches und mündliches Verfahren unterteilt, wobei zunächst Schriftsätze mit den Vorwürfen und Dokumentationsmitteln ausgetauscht werden und sodann, wenn dies erforderlich ist, die Streitparteien (oder andere Experten) zur Aussprache eingeladen werden.[6] So eine Einigung nicht erzielt wird, entschließt das *Mediation Panel*, ob es dem Rat der Aufseher über den Ausgang berichtet oder diesem den Erlass einer Stellungnahme nach Art. 29 Abs. 1 S. 2 lit. a EIOPA-VO vorschlägt. So es die Abgabe einer Stellungnahme gegenüber einer (oder mehreren) der Streitparteien erwägt, hat es die Streitparteien von dieser Absicht zu unterrichten und ihnen die Möglichkeit zur Stellungnahme zu gewähren.[7] Der Rat der Aufseher würde dann über die Annahme der Stellungnahme entscheiden, wobei das *Mediation Panel* auch andere Handlungsempfehlungen geben kann, woraus klar wird, dass es beispielsweise auch die Eröffnung eines Verfahrens nach Art. 17 EIOPA-VO anregen kann.

3. Koordination der nationalen Aufseher mit dem ESRB (UAbs. 2 lit. d). Da bei der EIOPA die Informationen der nationalen Aufseher zusammenlaufen und diese mithin einen „unverstellteren" horizontalen Blick auf die einzelnen nationalen Versicherungsmärkte und insbesondere den gemeinsamen Markt hat, ist sie in der besten Position (insbesondere auch im Hinblick auf grenzüberschreitende Ansteckungsrisiken) um sektorspezifische Krisenpotentiale zu erkennen. Es ist insofern gemäß UAbs. 2 lit. d an ihr, einen **potentiellen Krisenfall** (sei er geographisch beschränkt oder auf die Gesamtunion bezogen) unverzüglich **an das ESRB** zu **melden**. 14

4. Krisenabwendende Koordination (UAbs. 2 lit. e). UAbs. 2 lit. e überträgt der EIOPA die Aufgabe, die Tätigkeiten der jeweils **zuständigen Behörden** mittels der ihr zur Verfügung stehenden Maßnahmen zu **koordinieren**, wenn Entwicklungen eintreten, die das Funktionieren der Finanzmärkte gefährden können. Aus dem letzten Halbsatz wird deutlich, dass sich diese Koordinierungskompetenz nicht auf eine Unternehmenskrise, sondern auf eine potentielle Finanzkrise bezieht. Allerdings kommt der EIOPA im Krisenfall bereits nach Art. 18 Abs. 1 EIOPA-VO eine wesentlich detailliertere Koordinierungsbefugnis zu, sodass auf den ersten Blick fraglich ist, ob dem UAbs. 2 lit. e eine eigenständige Bedeutung verbleibt. 15

Die Besonderheit der **Koordinierungsaufgabe des UAbs. 2 lit. e** ist darin zu sehen, dass sie bereits wesentlich **früher einsetzt**. Während die Krisenkompetenz des Art. 18 Abs. 1 EIOPA-VO erfordert, dass die betreffenden ungünstigen Entwicklungen, das ordnungsgemäße Funktionieren *und* die Integrität von Finanzmärkten *oder* die Stabilität des Finanzsystems in der Union als Ganzes oder in Teilen ernsthaft gefährden könnten, also eine kumulativ-alternative Anforderung stellt (siehe Art. 18 EIOPA-VO Rn. 3), ist dies in UAbs. 2 lit. e nicht der Fall. Hier ist es erforderlich, aber auch ausreichend, dass die eingetretenen Entwicklungen, das Funktionieren der Finanzmärkte gefährden können. Die Koordinierungsfunktion der EIOPA des Art. 18 Abs. 1 EIOPA-VO (nicht aber die folgenden stärkeren Eingriffsbefugnisse) wird mithin durch UAbs. 2 lit. e in ein **Vor-Krisen-Stadium** vorverlagert, um das Entstehen einer Krise bereits im Keim zu ersticken. 16

5. Informationszentralisierung und Übermittlung (UAbs. 2 lit. f). Entgegen der Aufgaben und Befugnisse zur Informationskoordination nach UAbs. 2 lit. a und b ermächtigt UAbs. 2 lit. f S. 1 die EIOPA dazu, die im Rahmen der Informationsübermittlungspflichten nach Art. 21 Abs. 2 UAbs. 3 lit. a, 35 Abs. 1, 2 und 4–6 EIOPA-VO gewonnenen **Informationen zentralisiert dauerhaft** zu **speichern**, soweit sie **Finanzinstitute** betreffen, die grenzüberschreitend **in mehr als einem Mitgliedstaat tätig** sind. 17

Das **Merkmal der Grenzüberschreitung** ist hierbei nicht nur im Fall der Tätigkeit im grenzüberschreitenden Dienstleistungsverkehr, sondern auch bei einer grenzüberschreitenden Gruppe gegeben. Bedeutung hat die Ermächtigung im letzten Fall nur dann, wenn die Gruppe auf Grund der Größe über 18

[4] Decision of the Board of Supervisors concerning the Rules of procedure of the Mediation Panel pursuant to Article 41 of Regulation (EU) No 1094/2010 of the European Parliament and of the Council of 24 November 2010 establishing a European Supervisory Authority (European Insurance and Occupational Pensions Authority) (EIOPA-BoS-12–032).

[5] Art. 7.1 Decision of the Board of Supervisors concerning the Rules of procedure of the Mediation Panel pursuant to Article 41 of Regulation (EU) No 1094/2010 of the European Parliament and of the Council of 24 November 2010 establishing a European Supervisory Authority (European Insurance and Occupational Pensions Authority) (EIOPA-BoS-12–032).

[6] Art. 7.4 und 7.2 Decision of the Board of Supervisors concerning the Rules of procedure of the Mediation Panel pursuant to Article 41 of Regulation (EU) No 1094/2010 of the European Parliament and of the Council of 24 November 2010 establishing a European Supervisory Authority (European Insurance and Occupational Pensions Authority) (EIOPA-BoS-12–032).

[7] Art. 7.3 und 7.5 Decision of the Board of Supervisors concerning the Rules of procedure of the Mediation Panel pursuant to Article 41 of Regulation (EU) No 1094/2010 of the European Parliament and of the Council of 24 November 2010 establishing a European Supervisory Authority (European Insurance and Occupational Pensions Authority) (EIOPA-BoS-12–032).

kein Aufsichtskollegium verfügt, da ansonsten die Datenzentralisierung bereits über die Ermächtigung des Art. 21 Abs. 2 UAbs. 3 lit. a EIOPA-VO erfolgen kann. Im Umkehrschluss sind unternehmensbezogene Daten, die im Einzelfall durch eine Informationsabfrage nach Art. 35 EIOPA-VO gewonnen werden, dann nicht dauerhaft zu zentralisieren, wenn sie ein Finanzinstitut betreffen, das isoliert in einem Mitgliedstaat tätig ist.

19 UAbs. 2 lit. f S. 2 ermächtigt und verpflichtet die EIOPA, die zentralisierungsfähigen Informationen allen (anderen) **betroffenen zuständigen Behörden zur Verfügung** zu **stellen**. Dies bedeutet zum einen, dass die Daten nicht sämtlichen zuständigen Behörden bereitgestellt werden dürfen, sondern nur solchen, die ein unmittelbares Interesse an den Informationen haben, also entweder der Tätigkeitslandaufseher des betroffenen Finanzinstituts (oder einer Tochter) oder der Herkunftslandaufseher einer Tochter sind.

20 Hinsichtlich der Formulierung erzeugt UAbs. 2 lit. f S. 2 den Eindruck, dass für andere zuständigen Behörden ein bedingungsloser Informationszugang besteht. Dies steht jedoch in einem Spannungsverhältnis zum Amtsgeheimnis nach Art. 70 EIOPA-VO und Datenschutz nach Art. 71 EIOPA-VO. Vielmehr ist das Datenzugangsrecht im Einklang mit der Informationsübermittlungspflicht nach Art. 35 Abs. 3 EIOPA-VO zu sehen. Hiernach hat die EIOPA nur solche Informationen vorzulegen, deren die betreffende zuständige Behörde zur Erfüllung ihrer Aufgaben bedarf und auch nur, wenn diese einen hinreichend begründeten Antrag gestellt hat. So die EIOPA insofern eine durch die nationalen Aufseher abrufbare Datenbank errichtet, so sind die Zugangsrechte so auszugestalten, dass immer nur solche Daten abrufbar sind, für die die betreffende zuständige Behörde ein **begründbares Interesse** hat. Dass dies auch durch die Ermächtigung des UAbs. 2 lit. f S. 2 nicht abgeändert werden soll, lässt sich daraus lesen, dass die Informationen nur der *betroffenen* zuständigen Behörde zur Verfügung zu stellen sind. Dies bedeutet auch, dass die Informationen nur soweit zu übermitteln sind, soweit der nationale Aufseher betroffen ist.

Bewertung von Marktentwicklungen

32 (1) [1] **Die Behörde verfolgt und bewertet die in ihren Zuständigkeitsbereich fallenden Marktentwicklungen und unterrichtet die Europäische Aufsichtsbehörde (Europäische Bankenaufsichtsbehörde) und die Europäische Aufsichtsbehörde (Europäische Wertpapier- und Marktaufsichtsbehörde), den ESRB sowie das Europäische Parlament, den Rat und die Kommission erforderlichenfalls über die einschlägigen Trends im Rahmen der Mikroaufsicht, über potenzielle Risiken und Schwachstellen.** [2] **Die Behörde nimmt in ihre Bewertungen eine wirtschaftliche Analyse der Märkte, auf denen Finanzinstitute tätig sind, sowie eine Abschätzung der Folgen potenzieller Marktentwicklungen auf diese Institute auf.**

(2) [1] **In Zusammenarbeit mit dem ESRB initiiert und koordiniert die Behörde unionsweite Bewertungen der Widerstandsfähigkeit von Finanzinstituten bei ungünstigen Marktentwicklungen.** [2] **Zu diesem Zweck entwickelt sie für die Anwendung durch die zuständigen Behörden**

a) gemeinsame Methoden zur Bewertung der Auswirkungen ökonomischer Szenarien auf die Finanzlage eines Instituts,

b) gemeinsame Vorgehensweisen für die Bekanntgabe der Ergebnisse dieser Bewertungen der Widerstandsfähigkeit von Finanzinstituten,

c) gemeinsame Methoden für die Bewertung der Wirkungen von bestimmten Produkten oder Absatzwegen auf die Finanzlage eines Instituts und auf Informationen für die Versicherungsnehmer, Altersversorgungsanwärtern, Begünstigten und Verbraucher.

(3) **Unbeschadet der in der Verordnung (EU) Nr. 1092/2010 festgelegten Aufgaben des ESRB legt die Behörde dem Europäischen Parlament, dem Rat, der Kommission und dem ESRB mindestens einmal jährlich, bei Bedarf aber auch häufiger, für ihren Zuständigkeitsbereich eine Bewertung von Trends, potenziellen Risiken und Schwachstellen vor.**

In diesen Bewertungen nimmt die Behörde auch eine Einstufung der größten Risiken und Schwachstellen vor und empfiehlt bei Bedarf Präventiv- oder Abhilfemaßnahmen.

(4) **Die Behörde sorgt durch enge Zusammenarbeit mit der Europäischen Aufsichtsbehörde (Europäische Bankenaufsichtsbehörde) und der Europäischen Aufsichtsbehörde (Europäische Wertpapier- und Marktaufsichtsbehörde) über den Gemeinsamen Ausschuss dafür, dass sektorübergreifende Entwicklungen, Risiken und Schwachstellen bei den Bewertungen angemessen abgedeckt sind.**

Schrifttum: *Baltzer*, Kein Appetit auf Risiko, in: VW 2017, Heft 1, S. 14 ff.; *Siddique/Hasan*, Stress Testing: Approaches, Methods and Applications, 2013.

I. Allgemeines. Art. 32 EIOPA-VO ist eine der zentralen Normen, was die Verknüpfung der Mikroaufsicht mit der Makroaufsicht und deren Rückkopplung an die politischen Akteure anbelangt. Der EIOPA wird hier die Aufgabe übertragen, den Markt in seiner Gesamtheit (und seinen Segmenten) zu beobachten und Entwicklungen zu bewerten und periodisch oder bei Bedarf andere Bestandteile des ESFS bzw. europäische Organe zu unterrichten. Hierbei weist Art. 32 EIOPA-VO der EIOPA zunächst eine allgemeine (Versicherungs-)Marktbeobachtungs- und -bewertungsaufgabe verbunden mit einer Unterrichtungspflicht (Abs. 1) zu und überträgt der EIOPA zur Erfüllung dieser Aufgaben auch die Befugnis, Stresstests zu initiieren und durchzuführen (Abs. 2). Die Marktbeobachtungspflicht wird zudem ergänzt um eine periodische Berichtspflicht, wobei dieser Bericht nicht nur sektoriell, sondern finanzsektorübergreifend sein soll (Abs. 3, 4). 1

II. Marktbeobachtungs-, -bewertungs- und Unterrichtungspflicht (Abs. 1). Gemäß Abs. 1 S. 1 ist die EIOPA verpflichtet, die **Entwicklungen des Versicherungsmarktes** (und Marktes für betriebliche Altersversorgung) zu **verfolgen** und zu **bewerten**. Hierbei hat die EIOPA insbesondere Trends auf den Versicherungsmärkten, potentielle Risiken und Schwachstellen zu identifizieren. An diesen Identifikationsprozess anschließend hat die EIOPA diese Faktoren zu bewerten. Dies heißt in einem ersten Schritt insbesondere auch, dass die EIOPA Hypothesen aufstellen muss, in wie weit Marktentwicklungstrends neue Risiken und regulatorische Schwachstellen entstehen bzw. sichtbar werden lassen. Zudem hat die EIOPA die Trends, Risiken und Schwachstellen auch quantitativ hinsichtlich ihrer Verbreitung oder Eintrittswahrscheinlichkeit zu bewerten und qualitativ hinsichtlich der möglichen Folgen für die einzelnen Finanzinstitute, den Versicherungsmarkt oder die Union in ihrer Gesamtheit. 2

Inhaltlich verlangt Abs. 1 S. 2, dass die EIOPA im Rahmen ihrer Bewertungen eine wirtschaftliche Analyse der Märkte, auf denen Finanzinstitute tätig sind, sowie eine Abschätzung der Folgen potenzieller Marktentwicklungen auf diese Finanzinstitute aufnimmt. Hieraus hat die EIOPA grundsätzlich aber auch Schlussfolgerungen für den Markt in seiner Gesamtheit also auch auf alle anderen *Stakeholder* zu ziehen. Die tatsächliche Analysearbeit und der Aufbau der Bewertungsmethoden wird hierbei maßgeblich durch das zu diesen Zwecken von der EIOPA unter Art. 41 Abs. 1 Hs. 1 EIOPA-VO eingerichtete Financial Stability Committee (FSC)[1] (siehe Art. 41 EIOPA-VO Rn. 7) geleistet. 3

Im Schwerpunkt dient diese Aufgabe der Nutzbarmachung mikroprudentieller Aufsichtsergebnisse für die Zwecke der makroprudentiellen Aufsicht. Die EIOPA soll insofern insbesondere auch aus den aus der Tagesarbeit der Aufsicht gewonnenen Erkenntnissen makroprudentielle Erkenntnisse ziehen. Diese Erkenntnisse sollen letztendlich wieder in die Art und Weise der mikroprudentiellen Aufsichtsarbeit eingebracht werden, was jedoch eventuell auch politisches und gesetzgeberisches Handeln erfordert. Zu diesem Zweck hat die EIOPA gemäß Abs. 1 S. 1 erforderlichenfalls die **EBA** und die **ESMA**, das **ESRB** sowie das **Europäische Parlament**, den **Rat** und die **Kommission** zu **unterrichten**. Bereits aus der Formulierung, dass diese Unterrichtung nur *erforderlichenfalls* zu erfolgen hat, wird deutlich, dass es hierbei nicht um eine periodische Unterrichtungspflicht geht. Eine solche periodische Berichtspflicht wird auch bereits über Abs. 3 vorgesehen (siehe Rn. 14 ff.). Die Pflicht des Abs. 1 S. 1 ist mithin in Abgrenzung hierzu zu sehen. Im Ergebnis geht es um eine ***ad hoc*-Unterrichtungspflicht,**[2] das heißt insbesondere, wenn sich neue Trends, Risiken und Schwachstellen zwischen den Berichtsperioden nach Abs. 3 zeigen, die als bedeutsam erscheinen, ist die EIOPA verpflichtet, die in Abs. 1 S. 1 bezeichneten Adressaten unverzüglich zu unterrichten. 4

Dieser Aufgabe zu unterjährigen Trend- und Risikomeldungen gegenüber den Adressaten, aber auch gegenüber der Öffentlichkeit, kommt die EIOPA unter anderem auch dadurch nach, dass sie quartalsmäßig ein sogenanntes **Risk Dashboard** herausgibt.[3] Von März 2016 bis Februar 2017 war das (stark automatisierte) Risk Dashboard, das auf das Reporting von 20 Versicherungsgruppen unter dem Solvency I-Regime justiert war, auf Grund der Umstellung auf Solvency II ausgesetzt. 5

III. Stress-testing (Abs. 2). Gemäß Abs. 2 kommen der EIOPA bedeutende Aufgaben und Befugnisse im Rahmen der **Entwicklung und Durchführung** sogenannter **Stresstests** zu. Die Möglichkeit, solche Stresstests durchzuführen, ist eine Unterstützungsfunktion zur Marktbeobachungs- und -bewertungspflicht. Ohne die Möglichkeit des Stresstests wäre die Aufsicht darauf beschränkt, ihre Marktbeobachtung auf anderes verlässliches Datenmaterial zu stützen und aus diesem mögliche Folgen von widrigen Bedingungen zu extrapolieren. Durch das Instrument des Stresstests ist EIOPA in die Lage versetzt, eine Marktbeobachtung und mittels der Ergebnisse letztlich auch eine Marktsteuerung zu bewirken. 6

1. Erfasste Art des Stresstests. Unter einem **Stresstest** ist allgemein eine **Risikomanagementtechnik** zur Beurteilung der potenziellen Auswirkungen eines spezifischen Ereignisses oder der Ver- 7

[1] Mandate EIOPA-BoS-13-192 und EIOPA-BoS-14/235.

[2] So insbesondere auch Erwägungsgrund 42 S. 2.

[3] Siehe bspw. EIOPA Risk Dashboard, September 2012 (EIOPA-FS-12-076); EIOPA Risk Dashboard, December 2012 (EIOPA-FS-12-110); bis zuletzt EIOPA Risk Dashboard, December 2015/Q3 2015 data (EIOPA-FS-15/098); EIOPA Risk Dashboard, March 2016/Q4 2015 data (EIOPA-FS-16/007).

änderungen der ökonomischen Rahmenbedingungen auf die Solvenzsituation von Finanzinstituten zu sehen, wobei die Stresssituation typischerweise so kalibriert wird, dass auf außergewöhnliche, aber plausible Ereignisse abgestellt wird.[4] Hierbei unterscheidet man Sensitivitätsanalysen (bei denen für gewöhnlich nur der Risikofaktor hinsichtlich der Eintrittswahrscheinlichkeit variiert wird), Szenarioanalysen (bei denen mehrere oder alle Risikofaktoren, deren Änderungen sich aus einem vordefinierten Ereignis ergeben, simultan verändert werden) und Reversestresstests (bei denen nach Vorgabe einer Gesamtverlusthöhe untersucht wird, ab welcher Schwelle die Risikofaktoren verschiedener Szenarien für das Finanzinstitut existenzbedrohend werden).[5] Ein solcher Test zielt darauf, wie sich auch aus Abs. 2 S. 1 und Erwägungsgrund 42 S. 3 ergibt, die Unternehmensleitung, Aufsicht, Öffentlichkeit und weiteren Interessengruppen in die Lage zu versetzen, beurteilen zu können, inwieweit das Finanzinstitut (oder der Markt) in der Lage ist, kurzen oder längerfristigen ungünstigen Marktentwicklungen zu widerstehen.

8 Hierbei wird zwischen **drei unterschiedlichen Stresstesttypen** differenziert. Unter einem **regulatorischen Stresstest** versteht man eine versicherungsaufsichtsrechtliche Anforderung, einen Stresstest zur Ermittlung der aufsichtlichen Solvenzkapitalanforderungen zu verwenden. Hierbei ist zu berücksichtigen, dass innerhalb der Standardformel unter Solvency II ein modularer Aufbau gewählt wurde, wobei die einzelnen Risikomodule wieder in Untermodule unterteilt sind und die Risikomessung bzw. -modellierung zunächst auf unterster Ebene erfolgt. Innerhalb dieser Untermodule erfolgt die Risikomessung entweder faktor- oder szenariobasiert.[6] Soweit gesetzlich eine szenariobasierte Berechnung verlangt wird, handelt es sich hierbei eben um einen regulatorischen Stresstest.[7] Der **ökonomische Stresstest** ist hingegen ein unternehmensinternes Risikomanagementmittel insbesondere zur eigenständigen Bewertung des Eigenmittelbedarfs unter Berücksichtigung des spezifischen Risikoprofils und der Beurteilung der Angemessenheit der Berechnung der Solvenzkapitalanforderung im Falle widriger Bedingungen. Für deutsche Versicherungsunternehmen ist eine solche Pflicht zum ökonomischen Stresstesting insbesondere im Rahmen des ORSA in Art. 37 Abs. 3 S. 2 VAG, aber auch an anderer Stelle für andere Bereiche des Risikomanagements vorgesehen. Hieraus wird ersichtlich, dass auch der ökonomische Stresstest heute ein regulatorischer Stresstest ist. Der Unterschied besteht darin, dass der ökonomische Stresstest Bestandteil der Säule 2 (qualitative Anforderungen) und der regulatorische Stresstest Bestandteil der Säule 1 (quantitative Anforderungen) von Solvency II ist. Als letzte Kategorie besteht noch der **aufsichtsrechtliche Sonderstresstest**. Bei solchen gibt die durchführende Aufsichtsbehörde den Finanzinstituten ein einheitliches Stresstestszenario vor, welches letztere zu verwenden haben.

9 Aus dem Regelungsgefüge des Solvency II-Systems und des ESFS wird deutlich, dass die **Befugnis** aus Abs. 2 sich allein auf die **aufsichtlichen Sonderstresstests** bezieht, da die Durchführung der regulatorischen Stresstests und der ökonomischen Stresstests im Verantwortungsbereich der Unternehmen liegen und sie hierbei allein durch die Aufsicht überwacht werden.

10 **2. Initiierung von aufsichtlichen Stresstests (Abs. 2 S. 1).** Gemäß Abs. 2 S. 1 ist es an der EIOPA, unionsweite (oder auch regional beschränkte) **Stresstests** zu **initiieren**. Hierbei arbeitet die EIOPA mit dem ESRB zusammen. Hierdurch ist es der EIOPA insbesondere möglich, besonders risikoträchtige Szenarien zu entwickeln und der ESRB kann durch seinen Input, die Resilienz der einzelnen Finanzinstitute und damit die Widerstandsfähigkeit des Gesamtversicherungsmarktes überprüfen. Da dem ESRB gegenüber EBA und ESMA die gleichen Zusammenarbeitsrechte zukommen und die EIOPA mit beiden im Gemeinsamen Ausschuss zusammenarbeitet, können insbesondere bei Bedarf auch deckungsgleiche Risikoszenarien verwandt werden, um die Widerstandsfähigkeit aller Finanzmärkte einer einheitlichen Bewertung zuzuführen.

11 **3. Durchführung und Koordinierung (Abs. 2 S. 2).** Um die ordnungsgemäße **Durchführung** eines Stresstests zu gewährleisten, hat die EIOPA gemäß Abs. 2 S. 2 einige **Basismaßnahmen** zu treffen. Sie hat gemeinsame Methoden (sogenannte *common methodology*) zur Bewertung der Auswirkungen ökonomischer Szenarien auf die Finanzlage eines Instituts (lit. a), gemeinsame Vorgehensweisen (*common approaches*) für die Bekanntgabe der Ergebnisse dieser Bewertungen der Widerstandsfähigkeit von Finanzinstituten (lit. b) und gemeinsame Methoden (*common methodology*) für die Bewertung der

---

[4] Siehe bspw. zu Stresstests im Bankensektor Boos/Fischer/Schulte-Mattler/*Loch* Art. 177 VO (EU) 575/2013 Rn. 3.

[5] Siehe Nr. 10.3 Rn. 196 Rundschreiben 2/2017 (VA) – Mindestanforderungen an die Geschäftsorganisation von Versicherungsunternehmen (MaGo).

[6] Siehe einleitend *Gal/Sehrbrock*, Die Umsetzung der Solvency II-Richtlinie durch die 10. VAG-Novelle, 2013, 20; *Heukamp* § 2 Rn. 49 ff.; Gründl/Kraft/*Post* Kap. 4.3.

[7] So letztlich auch Erwägungsgrund 72 Delegierte Verordnung (EU) 2015/35 der Kommission vom 10. Oktober 2014 zur Ergänzung der Richtlinie 2009/138/EG des Europäischen Parlaments und des Rates betreffend die Aufnahme und Ausübung der Versicherungs- und der Rückversicherungstätigkeit (Solvabilität II), ABl. 2015 L 12, 1; abgeändert durch Delegierte Verordnung (EU) 2016/467 der Kommission vom 30. September 2015 zur Änderung der Delegierten Verordnung (EU) 2015/35 in Bezug auf die Berechnung der gesetzlichen Kapitalanforderungen für verschiedene von Versicherungs- und Rückversicherungsunternehmen gehaltene Anlageklassen, ABl. 2016 L 85, 6.

Wirkungen von bestimmten Produkten oder Absatzwegen auf die Finanzlage eines Instituts und auf Informationen für die Versicherungsnehmer, Altersversorgungsanwärtern, Begünstigten und Verbraucher (lit. c) zu entwickeln. Diese können hierbei abstrakt-generell oder für jeden neuen Stresstest einzeln festgelegt werden. Gegenwärtig tendiert EIOPA zu einer konkreten Festlegung für den einzelnen Stresstest.[8] Typischerweise wird somit die Methodologie für den jeweiligen Stresstest zunächst durch EIOPA erarbeitet und sodann mittels eines Q&A-Mechanismus noch verfeinert.

Letztlich dienen die vorgenannten Basismaßnahmen (siehe Rn. 11) dazu, dass die **Durchführung in koordinierter Weise** erfolgen kann. Da die EIOPA gegenüber den Finanzinstituten grundsätzlich nicht über direkte Aufsichtsbefugnisse verfügt, sind die Stresstests mittels Unterstützung der nationalen Aufseher durchzuführen, wobei dies nur im Idealfall ein reines Durchreichen an die Finanzinstitute erfordert. Insofern hat die EIOPA gerade über die *common methodology* sicherzustellen, dass der Stresstest unter einheitlichen Bedingungen erfolgt und somit auch gesamteuropäisch seine Aussagekraft behält. 12

Die EIOPA hat **praktisch** bisher drei Mal die Versicherungsindustrie in der Union einem aufsichtlichen **Stresstest** unterzogen: 2011,[9] 2014[10] und 2016.[11] Zu den EbAV wurde durch EIOPA bisher erst ein Stresstest im Jahr 2015 durchgeführt.[12] Hierbei waren die Unternehmen im besonderen Blickpunkt und die Szenarien naturgemäß recht unterschiedlich. Beispielsweise waren im Stresstest 2016 besonders die Einzelunternehmen im Fokus, wobei die teilnehmenden Unternehmen ein Basis- und zwei Stressszenarien („Low-for-Long" und „Double-Hit") zu berechnen hatten. Hierbei wurde beim Low-for-Long-Szenario die risikofreie Zinskurve an historischen Tiefständen orientiert neu kalibriert und den Unternehmen hiermit ein sofortiger Zinsschock versetzt. Um ferner die Dauerhaftigkeit der Niedrigzinsphase zu simulieren, wurde die Ultimate Forward Rate von derzeit 4,2 % auf 2,0 % herabgesetzt. Beim Double-Hit-Szenario wurde die anhaltende Niedrigzinsphase mit einem Wertverfall nahezu aller Anlageklassen kombiniert. Das Szenario basierte hierbei auf der Annahme, dass eine Krise in Schwellenmärkten überschwappt, wobei die Risikoprämien vor allem in den Krisenstaaten Europas abrupt ansteigen (*credit spread*), hierdurch das Wirtschaftswachstum dauerhaft stagniert und die Rohstoff- und Immobilienpreise sinken und die Märkte gleichzeitig die Kreditwürdigkeit der öffentlichen Haushalte in Zweifel ziehen.[13] Dieses nahezu apokalyptische Szenario wurde teilweise auch als *Perfect-Storm*-Szenario bezeichnet.[14] Hier zeigt sich besonders deutlich, welche **Ziele** mit einer solchen Übung, wie einem aufsichtlichen Sonderstresstest, erreicht werden sollen, nämlich potentielle Schwachstellen aufzuzeigen, ohne dass ein „Scheitern" am Stresstest grundsätzlich ein regulatorisches oder leiterisches Versagen implizit, sondern eher Verbesserungspotential aufzeigt. 13

IV. Bericht zu Trends, Risiken und Schwachstellen (Abs. 3, 4). Die EIOPA ist gemäß Abs. 3 UAbs. 1 **verpflichtet**, dem Europäischen Parlament, dem Rat, der Kommission und dem ESRB periodisch, aber mindestens **jährlich** einen **Bericht** mit der Bewertung der Trends, potentiellen Risiken und Schwachstellen vorzulegen. 14

Diese Berichtspflicht des Abs. 3 UAbs. 1 ist zum einen im Kontext mit der Unterrichtungspflicht nach Abs. 1 S. 1 gegenüber den gleichen Akteuren zuzüglich EBA und ESMA und mit der **Zusammenarbeitspflicht** der drei ESA unter Abs. 4 zu sehen. Da die drei ESA sich beständig gegenseitig unterrichten sollen und ihre Berichte gemäß Abs. 4 innerhalb des Gemeinsamen Ausschusses hinsichtlich sektorübergreifender Entwicklungen, Risiken und Schwachstellen koordinieren sollen, erscheint es nur angemessen, dass die ESA dieser Berichtpflicht (teilweise) über einen **einheitlichen Bericht des Gemeinsamen Ausschusses** (als gemeinsame Position nach Art. 56 UAbs. 1 EIOPA-VO; siehe Art. 56 EIOPA-VO Rn. 2 ff. [insb. Rn. 5]) nachkommen.[15] 15

Da der gemeinsame Bericht gemäß seines Titels nur auf die Risiken und Schwachstellen, nicht aber auf die Trends fokussiert, könnte man versucht sein, die EIOPA als pflichtbrüchig im Hinblick auf ihre Berichtspflicht nach Abs. 3 UAbs. 1 hinsichtlich der **versicherungsspezifischen Trends** zu sehen. In 16

[8] Siehe beispielsweise EIOPA, A methodology for the generation of Low-Yield Environment Stress-Test Curves, welche im Schwerpunkt für den Stresstest 2011 entwickelt wurde und allenfalls durch Bezugnahme auf andere Stresstests Anwendung findet.

[9] Press Briefing: EIOPA Stress Test 2011; abrufbar unter: https://eiopa.europa.eu/Publications/Speeches%20and%20presentations/Stress%20Test%20Results-Presentation.pdf#search=stress%20test%202011.

[10] EIOPA Insurance Stress Test 2014 (EIOPA-BoS-14–203).

[11] 2016 EIOPA Insurance Stress Test Report (EIOPA-16/302).

[12] IORPs Stress Test Report 2015 [ohne Aktenzeichen]; abrufbar unter https://eiopa.europa.eu/Publications/Surveys/EIOPA%20IORPs%20Stress%20Test%20Report%202015 %20bookmarks.pdf#search=stress%20test%202015.

[13] Siehe hierzu im Detail *Baltzer* VW 2017, Heft 1, 14.

[14] So zum gleichlaufenden EBA Stress Test 2016: *Binham*, EU banking watchdog reveals 2016 stress test scenarios, in: Financial Times vom 24.2.2016.

[15] Siehe beispielsweise Joint Committee Report on Risks and Vulnerabilities in the EU Financial System (JC 2016 17); Joint Committee Report on Risks and Vulnerabilities in the EU Financial System (JC 2015 053 rev1); Joint Committee Report on Risks and Vulnerabilities in the EU Financial System (JC 2015 007); Joint Committee Report on Risks and Vulnerabilities in the EU Financial System (JC 2014 018); Joint Committee Report on Risks and Vulnerabilities in the EU Financial System (JC 2013 50); Joint Committee Report on Risks and Vulnerabilities in the EU Financial System (JC 2013 010).

diesem Zusammenhang ist zu beachten, dass es hierbei (im Schwerpunkt) nicht um einen Bericht über die Verbrauchertrends im Versicherungssektor geht, da diese Aufgabe über Art. 9 EIOPA-VO abgedeckt wird. Tatsächlich enthalten jedoch die Berichte des Gemeinsamen Ausschusses auch Ausführungen zu den (sektorspezifischen und) sektorübergreifenden Trends. Dies wird über den Titel jedoch nicht gespiegelt, da die Funktion des Berichtes offensichtlich allenfalls die Bewertung solcher Trends im Hinblick auf neue Risiken und Schwächen und nicht etwa im Hinblick auf sich ergebende Marktchancen sein soll.

17 Die ESA könnten ihre Koordinierungspflicht aus Abs. 4 anders als gegenwärtig geschehen, auch dadurch erfüllen, dass sie ihren **sektoriellen Berichten** jeweils einen miteinander abgestimmten sektorübergreifenden Teil anhängen. Die Tatsache, dass die ESA sich zu einem anderen Vorgehen entschieden haben, entbindet sie jedoch nicht von ihrer jeweiligen Berichtspflicht aus Abs. 3 (bzw. Art. 32 Abs. 3 EBA- und ESMA-VO). Hierzu erscheinen die gemeinsamen Finanzstabilitätsberichte, was die sektorielle Betrachtung angeht, weitaus zu oberflächlich. Die **EIOPA** kommt ihrer insoweit fortbestehenden Pflicht durch Abfassung ihres halbjährlichen **Finanzstabilitätsberichts** nach.[16]

18 Die EIOPA bzw. der Gemeinsame Ausschuss sollen hinsichtlich dieser Berichtspflicht **nicht allein** den *status quo* **beschreiben** und potentielle Risiken und Schwachstellen aufzeigen, sondern sie sollen gemäß Abs. 3 UAbs. 2 die Risiken und Schwachstellen qualitativ und quantitativ **bewerten.**[17] Daneben hat EIOPA den Adressaten auch noch – wenn dies notwendig erscheint – die aus ihrer Sicht erforderlichen oder zumindest zweckmäßigen **Präventiv- oder Abhilfemaßnahmen** zu empfehlen.

Internationale Beziehungen

33 (1) [1]**Unbeschadet der jeweiligen Zuständigkeiten der Mitgliedstaaten und der Organe der Union kann die Behörde Kontakte zu den Aufsichtsbehörden, internationalen Organisationen und den Verwaltungen von Drittländern knüpfen und Verwaltungsvereinbarungen mit ihnen schließen.** [2]**Durch diese Vereinbarungen entstehen keine rechtlichen Verpflichtungen der Union und ihrer Mitgliedstaaten, und diese Vereinbarungen hindern die Mitgliedstaaten und ihre zuständigen Behörden auch nicht daran, bilaterale oder multilaterale Vereinbarungen mit diesen Drittländern zu schließen.**

(2) **Die Behörde hilft gemäß den in Artikel 1 Absatz 2 genannten Rechtsakten bei der Vorbereitung von Beschlüssen, in denen die Gleichwertigkeit der Aufsichtsregelungen von Drittländern festgestellt wird.**

(3) **In dem Bericht gemäß Artikel 43 Absatz 5 legt die Behörde die Verwaltungsvereinbarungen dar, die mit internationalen Organisationen oder Verwaltungen von Drittländern getroffen wurden, sowie die Unterstützung, welche sie bei der Vorbereitung von Beschlüssen zur Gleichwertigkeit geleistet hat.**

Schrifttum: Siehe die Angaben bei Art. 1 EIOPA-VO („Allgemein zum ESFS" und „Allgemein zur EIOPA").

1 **I. Allgemeines.** Art. 33 EIOPA-VO regelt einige Aspekte, in denen der EIOPA eine Aufgabe innerhalb der Koordinierung des gemeinsamen Versicherungsmarktes mit den internationalen Märkten zukommt. Hierbei wird zum einen der EIOPA die Befugnis übertragen, mit drittstaatlichen Aufsichtsbehörden, internationalen Organisationen oder drittstaatlichen Verwaltungen Kontakte zu unterhalten und Verwaltungsvereinbarungen zu schließen (Abs. 1) und zum anderen wird sie bemächtigt, die Erteilung eines Gleichwertigkeitsstatus für drittstaatliche Versicherungsaufsichtsregime zu unterstützen (Abs. 2), wobei sie über alle diese Tätigkeiten Bericht abzulegen hat (Abs. 3).

2 **II. Kontaktaufnahme und Abschluss von Verwaltungsvereinbarungen (Abs. 1).** Abs. 1 S. 1 **ermächtigt** die EIOPA dazu, mit drittstaatlichen Aufsichtsbehörden, internationalen Organisationen oder drittstaatlichen Verwaltungen **Kontakte zu knüpfen** und aufrecht zu halten – dies bedeutet, dass sie mit den genannten Personen kommunizieren und sich austauschen kann – sowie mit diesen **Verwaltungsvereinbarungen zu schließen**. Diese Kompetenz der EIOPA besteht im Kontext zu ihrem Zuständigkeitsbereich und zwar unabhängig davon, ob für die völkerrechtliche Regelung der Verbindung die Mitgliedstaaten oder die Organe der EU zuständig sind.

3 Hieraus ergibt sich, dass der EIOPA über Abs. 1 gerade **nicht** die **völkerrechtliche Rechtssubjektivität** i. e. S. zuerkannt werden soll (siehe Art. 5 EIOPA-VO Rn. 3). Dies bedeutet, dass der Begriff der **Verwaltungsvereinbarung** hier bewusst **im Gegensatz zum** im Unionsrecht sonst üblichen

[16] Siehe bspw. EIOPA, Financial Stability Report December 2016 (EIOPA-FSI-16–016); EIOPA, Financial Stability Report June 2016 (EIOPA-FSC-16-010/2016); EIOPA, Financial Stability Report December 2015 (EIOPA-FSC-15–088/2015).

[17] Soweit einschlägig, kann hierbei auf den Farbcode, der durch das ESRB in Zusammenarbeit auch mit der EIOPA nach Art. 16 Abs. 4 UAbs. 1 ESRB-VO zu entwickeln ist, zurückgegriffen werden.

Begriff des **Verwaltungsabkommens** gewählt wurde.[1] Ein solches Verwaltungsabkommen ist hinsichtlich seiner völkerrechtlichen Wirkung dem völkerrechtlichen Vertrag vollumfänglich gleichgestellt.[2] Soweit zwischen völkerrechtlichen Verträgen und Verwaltungsabkommen unterschieden wird, betrifft dies nur die unterschiedliche (innerstaatliche) Befugnis zum Vertragsabschluss: Während die Verträge der Ratifikation bedürfen, unterliegen Verwaltungsabkommen keinem Ratifikationserfordernis.[3] Eine derartige völkerrechtliche Vertretungsbefugnis soll der EIOPA gegenüber der Union und den Mitgliedstaaten jedoch gerade nicht zuerkannt werden, wie sich zweifelsfrei aus Abs. 1 S. 2 ergibt.

Soweit der EIOPA also die Befugnis zum Abschluss von **Verwaltungsvereinbarungen** zukommt, ist diese Kompetenz als qualitatives Minus zum Abschluss von Verwaltungsabkommen zu sehen. Diese Verwaltungsvereinbarungen können als „kleine Münze" zum Verwaltungsabkommen entsprechend zwar zu allen Tätigkeitsbereichen der EIOPA abgeschlossen werden, sie können jedoch nur die **Wahrnehmung von Exekutivbefugnissen** der Vereinbarungsparteien regeln (dh die Frage wie die EIOPA und die andere Partei ihr Ermessen ausüben werden) und keine materiellrechtlichen Regelungen enthalten, die eine negative Bindungswirkung gegenüber der Union, den Mitgliedstaaten, den nationalen Aufsichtsbehörden oder den Finanzinstituten entwickeln würden. Letzteres wird durch Abs. 1 S. 2 Hs. 1 noch einmal explizit hervorgehoben. Eine **Bindung** bewirken die Verwaltungsvereinbarungen insofern nur für die Parteien der Vereinbarung und auch dort letztlich nur soweit die Parteien über einen eigenen Ermessensspielraum verfügen. Diese Bindung bewirkt jedoch nicht nur eine Bindung untereinander, sondern kann je nach Ausgestaltung der Verwaltungsvereinbarung im Einzelfall auch eine einseitige begünstigende Bindung gegenüber den nationalen Aufsichtsbehörden und den Finanzinstituten bewirken. Dieser Effekt ist vergleichbar mit der Bindung der EIOPA an ihre Leitlinien und Empfehlungen (siehe Art. 16 EIOPA-VO Rn. 6 ff.). 4

Abs. 1 S. 2 Hs. 2 hebt noch hervor, dass die Verwaltungsvereinbarungen nicht nur keine völkerrechtliche Bindung gegenüber der Union und den Mitgliedstaaten erzeugen, sondern ihnen auch **keine Sperrwirkung** zuzuerkennen ist. Vielmehr sind die Mitgliedstaaten und ihre Versicherungsaufsichtsbehörden – soweit diese Befugnis nicht vollumfänglich auf die Union übergegangen ist – weiterhin befugt, bilaterale oder multilaterale Vereinbarungen mit diesen Drittländern oder ihren Aufsichtsbehörden zu schließen. 5

Auf der Grundlage dieser Befugnis hat die EIOPA bereits mit mehreren Versicherungsaufsichtsbehörden von Drittstaaten sogenannte ***Memoranda of Understanding*** (*MoU*) abgeschlossen: u. a. mit der FinMa,[4] der CIRIC,[5] der bermudischen BMA[6] und der Weltbank.[7] Daneben ist die EIOPA beispielsweise der International Association of Insurance Supervisors (IAIS) beigetreten und hat das Multilateral Memorandum of Understanding on Cooperation and Information Exchange der IAIS[8] unterzeichnet. Hierdurch hat die EIOPA mit allen 59 anderen beteiligten Aufsichtsbehörden – von denen zahlreiche keine zuständigen Behörden des Art. 4 Nr. 2 EIOPA-VO sind – eine Verwaltungsvereinbarung getroffen. 6

III. Vorbereitung von Gleichwertigkeitsestataten (Abs. 2). Abs. 2 ermächtigt und verpflichtet die EIOPA dazu, dasjenige Organ oder diejenigen Organe beim Erlass von Beschlüssen zu unterstützen durch die eine Gleichwertigkeit der Versicherungsaufsichtsregelungen von Drittländern festgestellt werden. Diese **Ermächtigung** greift nur dort, wo der Anwendungsbereich der Basisrechtsakte des Art. 1 Abs. 2 EIOPA-VO eröffnet ist, also innerhalb des **Tätigkeitsbereiches** der EIOPA. 7

Die **Ermächtigung** würde **auch** dort **greifen**, wo der **Rechtsakt keine besondere Ermächtigung** hierzu vorsehen würde, also der Unionsgesetzgeber für die Gleichwertigkeitsbeschlüsse zuständig wäre. So die **Art der Hilfe** im Basisrechtsakt nicht weiter konkretisiert wäre, so dürften die zuständigen Organe die EIOPA entweder zur Erstellung eines Entwurfes oder aber zumindest zu einer Stellungnahme gemäß Art. 34 Abs. 1 EIOPA-VO auffordern. 8

Praktisch wird die Einbindung der EIOPA jedoch anders geregelt. So sehen (beispielsweise) Art. 172 Abs. 2 Solva II-RL für die Gleichwertigkeit des Rückversicherungsaufsichtsrechts, Art. 227 Abs. 4 Solva II-RL für die Gleichwertigkeit der Solvabilitätsanforderungen und Art. 260 Abs. 3 Solva II-RL 9

[1] Siehe bspw. auch die englische Sprachfassung, die in Abs. 1 von *administrative arrangements* statt wie sonst üblich von *administrative agreements* spricht.

[2] Art. 38 Abs. 1 IGH-Statut führt als *numerus clausus* der völkerrechtlich verbindlichen Rechtsquellen nur den völkerrechtlichen Vertrag, das Gewohnheitsrecht und die allgemeinen Rechtsprinzipien auf.

[3] Grabitz/Hilf/Nettesheim/*Tietje* Art. 220 AEUV Rn. 14

[4] Memorandum of Understanding (MoU) between the European Insurance and Occupational Pensions Authority („EIOPA") and the Swiss Financial Market Supervisory Authority (FINMA) (EIOPA-BoS-12/087).

[5] Memorandum of Understanding between the China Insurance Regulatory Commission („CIRC") and the European Insurance and Occupational Pensions Authority („EIOPA") (EIOPA/16/366).

[6] Memorandum of Understanding between the Bermuda Monetary Authority (BMA) and the European Insurance and Occupational Pensions Authority (EIOPA) (EIOPA-BoS-16/310).

[7] Memorandum of Understanding between the International Bank for Reconstruction and Development (IBRD) and the International Development Association and the European Insurance and Occupational Pensions Authority (EIOPA) (EIOPA/12/422).

[8] Abrufbar unter https://www.iaisweb.org/page/supervisory-material/mmou//file/34363/iais-mmou.

für die Gleichwertigkeit der Gruppenaufsichtsvorschriften eine **Ermächtigung der Kommission** vor, die Gleichwertigkeit eines Drittlandregimes durch **delegierten Rechtsakt** (iSd Art. 390 AEUV) festzustellen. Art. 172 Abs. 4, 227 Abs. 5 und 260 Abs. 5 Solva II-RL sehen daneben noch eine Ermächtigung der Kommission vor, auch bei wesentlichen Abweichungen der Regime eine vorläufige (bzw. vorübergehende) Gleichwertigkeit durch delegierten Rechtsakt festzustellen. In allen Fällen ergeht die Feststellung als delegierter Rechtsakt ieS und nicht als technischer Regulierungsstandard, sodass die EIOPA grundsätzlich nur nach dem freien Ermessen der Kommission zu beteiligen wäre (siehe Art. 10 EIOPA-VO Rn. 4 ff.). Die genannten Normen ordnen jedoch jeweils an, dass die delegierten Rechtsakte „mit **Unterstützung der EIOPA**" erlassen werden. Dies stellt sich inhaltlich nicht als eine Änderung zu dem in Abs. 2 vorgesehenen „helfen" dar.[9]

10 Insofern ist es an der Kommission zu entscheiden, welche **Art von Unterstützung** sie durch die EIOPA wünscht; diese kann sich auf eine Aufforderung zur Stellungnahme beschränken oder die gesamte Vorbereitung des Entwurfes von der EIOPA einfordern. Bisher sind Gleichwertigkeitstestate durch delegierte Beschlüsse ergangen zur Schweiz[10] und Bermuda[11] sowie vorläufige Gleichwertigkeitstestate gemeinsam zu Australien, Brasilien, Kanada, Mexiko und den USA[12] sowie ein vorübergehendes (und partielles) Gleichwertigkeitstestat zu Japan.[13] In allen Fällen wurde die EIOPA durch die Kommission mit einem *call for advice* zur **Abgabe einer umfassenden Stellungnahme** im Sinne einer **Gleichwertigkeitsanalyse** aufgefordert. Diese wurden jeweils durch die EIOPA in Form eines Berichts (*final report*) zur Schweiz,[14] zu Bermuda[15] und zu Japan[16] und zu Australien, Brasilien, Kanada und Mexiko[17] abgegeben. Hierdurch hat die EIOPA die tatsächliche technische Analyse der Drittstaatenregime vorgenommen und somit den Prozess der Erteilung des Gleichwertigkeitstestats wesentlich mitgesteuert. Zur Erfüllung dieser anspruchsvollen Aufgabe hat der Rat der Aufseher der EIOPA einen Gleichwertigkeitsausschuss eingerichtet (*Equivalence Committee*, siehe Art. 41 EIOPA-VO Rn. 7).[18]

11 **IV. Berichtspflicht (Abs. 3).** Abs. 3 legt einen **zwingenden Inhalt** für den durch den Rat der Aufseher in Kooperation mit dem Exekutivdirektor und dem Verwaltungsrat zu erarbeitenden **Jahresbericht der EIOPA** (siehe Art. 43 EIOPA-VO Rn. 18 ff.) fest.

12 Dies bedeutet, dass der Exekutivdirektor bereits in seinem Entwurf des Jahresberichts gemäß Abs. 3 Alt. 1 auszuführen hat, **welche Verwaltungsvereinbarungen** nach Abs. 1 die EIOPA im Berichtszeitraum **mit internationalen Organisationen oder Verwaltungen von Drittstaaten** getroffen hat. Nicht explizit erfasst wird das Monitoring dieser Verwaltungsvereinbarungen. Es ist gleichwohl anzunehmen, dass der Bericht auch zwingend auf das Funktionieren oder Probleme einer bereits vor dem

[9] In anderen Sprachfassungen wird hier anders als in der deutschen stets ein gleichlautendes Vokabular verwendet; bspw. spricht die englische Sprachfassung in Art. 172 Abs. 2, 4 und Art. 227 Abs. 4, 5 Solva II-RL und in Art. 33 Abs. 2 EIOPA-VO jeweils einheitlich von *assist*.

[10] Delegierter Beschluss (EU) 2015/1602 der Kommission vom 5. Juni 2015 über die Gleichwertigkeit der in der Schweiz geltenden Solvabilitäts- und Aufsichtssysteme für Versicherungs- und Rückversicherungsunternehmen auf der Grundlage von Artikel 172 Absatz 2, Artikel 227 Absatz 4 und Artikel 260 Absatz 3 der Richtlinie 2009/138/EG des Europäischen Parlaments und des Rates, ABl. 2015 L 248, 95.

[11] Delegierter Beschluss (EU) 2016/309 der Kommission vom 26. November 2015 über die Gleichwertigkeit des in Bermuda geltenden Aufsichtssystems für Versicherungs- und Rückversicherungsunternehmen mit dem in der Richtlinie 2009/138/EG des Europäischen Parlaments und des Rates festgelegten System, und zur Änderung des Delegierten Beschlusses (EU) 2015/2290 der Kommission, ABl. 2016 L 58, 50.

[12] Delegierter Beschluss (EU) 2015/2290 der Kommission vom 12. Juni 2015 über die vorläufige Gleichwertigkeit der geltenden Solvabilitätssysteme in Australien, Bermuda, Brasilien, Kanada, Mexiko und den Vereinigten Staaten, die auf Versicherungs- und Rückversicherungsunternehmen mit Sitz in diesen Ländern anwendbar sind, ABl. 2015 L 323, 22; abgeändert durch den vorhergehenden Bermuda-Beschluss.

[13] Delegierter Beschluss (EU) 2016/310 der Kommission vom 26. November 2015 über die Gleichwertigkeit des japanischen Solvabilitätssystems für Versicherungs- und Rückversicherungsunternehmen mit dem in der Richtlinie 2009/138/EG des Europäischen Parlaments und des Rates festgelegten System, ABl. 2016 L 58, 55.

[14] Final Report on Public Consultation No. 14/041 – EIOPA Advice to the European Commission: Equivalence assessment of the Swiss supervisory system in relation to articles 172, 227 and 260 of the Solvency II Directive (EIOPA-BoS-15/041).

[15] Final Report on Public Consultation No. 14/042 – EIOPA Advice to the European Commission: Equivalence assessment of the Bermudian supervisory system in relation to articles 172, 227 and 260 of the Solvency II Directive (EIOPA-BoS-15/042).

[16] Final Report on Public Consultation No. 14/043 – EIOPA Advice to the European Commission: Equivalence assessment of the Japanese supervisory system in relation to article 172 of the Solvency II Directive (EIOPA-BoS-15/043).

[17] Zu den Gleichwertigkeitsanalysen zu diesen Ländern siehe Fn. 3 in Delegierter Beschluss (EU) 2015/2290 der Kommission vom 12. Juni 2015 über die vorläufige Gleichwertigkeit der geltenden Solvabilitätssysteme in Australien, Bermuda, Brasilien, Kanada, Mexiko und den Vereinigten Staaten, die auf Versicherungs- und Rückversicherungsunternehmen mit Sitz in diesen Ländern anwendbar sind, ABl. 2015 L 323, 22. Die hochkomplexe Analyse der Gleichwertigkeit der bundesstaatlichen Versicherungsaufsichtsregime der USA ist über den EU-US Versicherungsdialog gesteuert worden; zu den Zielvorgaben des Dialoges siehe EU-U. S. Dialogue Project: The Way Forward – Objectives and Initiatives for the Future, abrufbar unter https://eiopa.europa.eu/Publications/Protocols/EU_US_Dialogue_Project_The_Way_Forward_December_2012.pdf.

[18] Mandate EIOPA-14/021 und EIOPA-15/079.

Berichtszeitraum geschlossenen Verwaltungsvereinbarung einzugehen hat, wenn die Implementierung der Verwaltungsvereinbarung positive oder negative Abweichungen vom Normalverlauf aufweist.

Daneben hat der Jahresbericht zwingend auch Angaben darüber zu enthalten, welche **Unterstützungsleistungen** die EIOPA gemäß Abs. 2 im Berichtszeitraum **zur Erteilung von Gleichwertigkeitstestaten** für die Aufsichtssysteme von Drittstaaten geleistet hat. Hierbei ist zwingend aufzuführen, welche Berichte oder Zwischenberichte im Berichtszeitraum zur Gleichwertigkeitsprüfung von Drittstaaten veröffentlicht wurden. Daneben sollte jedoch auch dargelegt werden, wenn die Unterstützungsleistung erst angefragt wurde oder die Gleichwertigkeitsanalyse noch im Gange ist. 13

Sonstige Aufgaben

34 (1) **Die Behörde kann auf Ersuchen des Europäischen Parlaments, des Rates oder der Kommission oder von Amts wegen zu allen in ihren Zuständigkeitsbereich fallenden Fragen Stellungnahmen an das Europäische Parlament, den Rat und die Kommission richten.**

(2) [1] **Im Hinblick auf die aufsichtsrechtliche Beurteilung von Zusammenschlüssen und Übernahmen, die in den Anwendungsbereich der Richtlinie 92/49/EWG und der Richtlinien 2002/83/EG und 2005/68/EG in der durch die Richtlinie 2007/44/EG geänderten Fassung fallen und den genannten Richtlinien entsprechend eine Konsultation zwischen den zuständigen Behörden aus zwei oder mehr Mitgliedstaaten erfordern, kann die Behörde auf Antrag einer der betroffenen zuständigen Behörden zu einer aufsichtsrechtlichen Beurteilung eine Stellungnahme abgeben und diese veröffentlichen, außer in Zusammenhang mit den Kriterien in Artikel 15b Absatz 1 Buchstabe e der Richtlinie 92/49/EWG, Artikel 15b Absatz 1 Buchstabe e der Richtlinie 2002/83/EG und Artikel 19a Absatz 1 Buchstabe e der Richtlinie 2005/68/EG.** [2] **Die Stellungnahme wird unverzüglich und in jedem Fall vor Ablauf des Beurteilungszeitraums gemäß der Richtlinie 2006/48/EG in der durch die Richtlinie 2007/44/EG geänderten Fassung abgegeben.** [3] **Artikel 35 gilt für die Bereiche, zu denen die Behörde eine Stellungnahme abgeben kann.**

Schrifttum: Siehe die Angaben bei Art. 1 EIOPA-VO („Allgemein zum ESFS" und „Allgemein zur EIOPA").

I. Allgemeines. Art. 34 EIOPA-VO überträgt der EIOPA die Aufgabe und Befugnis, zu bestimmten Sachverhalten Stellungnahmen abzugeben. Hierbei ist die Stellungnahme gegenüber den Unionsorganen zu allen versicherungsaufsichtsrechtlichen Fragestellungen (Abs. 1) von der öffentlichen Stellungnahme zu fusionsrechtlichen Fragestellungen (Abs. 2) zu scheiden. 1

II. Befugnis zur Stellungnahme gegenüber den Unionsorganen (Abs. 1). Abs. 1 gewährt der EIOPA die **Befugnis**, gegenüber dem Europäischen Parlament, dem Rat und der Kommission Stellungnahmen abzugeben. Hierüber kommt der EIOPA ein wichtiges Instrument zu, über das sie die zukünftige Rechtsentwicklung durch Beeinflussung der an der Gesetzgebung beteiligten Organe mitgestalten kann. 2

Man wird dies nicht nur als eine Befugnis, sondern zumindest im Einzelfall als eine **Pflicht** der EIOPA anzusehen haben. Es ist jedoch zu beachten, dass die Norm als Kann-Vorschrift formuliert wurde. Gleichwohl wird die Loyalitätspflicht (siehe Art. 2 EIOPA-VO Rn. 20 ff.) gegenüber den Organen der EIOPA, wenn diese eine Stellungnahme erbitten, weil sie der Aufsichtsexpertise der EIOPA bedürfen, eine Pflicht nach sich ziehen, auch eine Stellungnahme abzugeben. Gleiches kann auch im Hinblick auf die *ex officio* abzugebenden Stellungnahmen gelten. Wenn EIOPA eine Fehlentwicklung, ein Harmonisierungsbedürfnis oder Ähnliches ausmacht, so ist es auch ihre Pflicht, über Stellungnahmen die an der Gesetzgebung beteiligten Organe hiervon zu unterrichten. 3

Die Befugnis zur Abgabe der Stellungnahme besteht immer, wenn das **Europäische Parlament**, der **Rat** oder die **Kommission** die EIOPA zur Stellungnahme auffordern. Hierbei kann jedes dieser Organe die EIOPA nur zur Stellungnahme gegenüber sich selbst auffordern. Daneben kann die **EIOPA** jedoch auch ***ex officio*** entscheiden, dass und an welches der Organe es eine Stellungnahme richten möchte. 4

Die Befugnis zur Stellungnahme besteht jedoch nicht im Sinne eines universellen Petitionsrechts, sondern nur zu Fragen, die in den **Zuständigkeitsbereich der EIOPA** fallen. Der Begriff des Zuständigkeitsbereiches darf hier nicht als vollkommen deckend mit dem Tätigkeitsbereich des Art. 1 EIOPA-VO verstanden werden (Art. 1 EIOPA-VO Rn. 3 ff.). Es geht beim Recht auf Stellungnahme gerade auch darum, dass die EIOPA Themen adressieren kann, die bisher noch nicht harmonisiert wurden, um über die Stellungnahme dem Unionsgesetzgeber eine notwendige Harmonisierung nahezulegen. Insofern kann sich die EIOPA zu allen Fragen äußern, die mit der Aufsicht über Versicherungsunternehmen und Pensionsfonds in einem inneren Zusammenhang stehen. Das bedeutet beispielsweise, dass die EIOPA auch zu anstehenden Änderungen hinsichtlich des Gesellschaftsrechts (bspw. zur SE) Stellung nehmen könnte, soweit diese Änderungen versicherungsaufsichtsrechtliche Probleme generieren könnten. 5

6 **III. Befugnis zur Stellungnahme zu Zusammenschlüssen und Übernahmen (Abs. 2).** Abs. 2 S. 1 überträgt der EIOPA die Befugnis, auf Antrag einer betroffenen zuständigen Behörde eine **Stellungnahme zur aufsichtsrechtlichen Beurteilung** eines konkret geplanten **grenzüberschreitend wirkenden Zusammenschlusses** oder einer solchen **Übernahme** abzugeben.

7 **1. Eröffnung der Befugnis zur Abgabe der Stellungnahme (Abs. 2 S. 1).** Um die Befugnis zu eröffnen, bedarf es zunächst eines Zusammenschlusses oder einer Übernahme. Diese beiden Begriffe sind hierbei weit und im Sinne des Textes der englischen Sprachfassung (***mergers and acquisitions***) – die wohl die Arbeitsfassung der EIOPA-VO war – auszulegen, sodass alle Maßnahmen, die unter den Sammelbegriff des M&A-Deals fallen, erfasst werden.

8 Eine Befugniseröffnung setzt zudem voraus, dass das M&A-Geschäft in den Anwendungsbereich einer der drei enumerierten Richtlinien fällt: 3. Koordinierungsrichtlinie Schaden (RL 92/49/EWG),[1] Lebensversicherungsrichtlinie (RL 2002/83/EG)[2] oder Rückversicherungsrichtlinie (RL 2005/68/EG)[3] jeweils in der Fassung der Beteiligungsrichtlinie (RL 2007/44/EG).[4] Hierbei ist jedoch zu berücksichtigen, dass die die Behandlung qualifizierter Beteiligungserwerbe betreffenden Normen dieser Richtlinien durch das Inkrafttreten und die Umsetzung der Solva II-RL nunmehr außer Kraft getreten sind. Abs. 3 S. 1 ist folglich unter entsprechender Anwendung des Art. 310 UAbs. 2 Solva II-RL als ein Verweis auf die Art. 57 ff. Solva II-RL zu lesen. Daneben muss für das konkrete M&A-Geschäft gemäß einer der genannten Richtlinien (dh nunmehr nach der Solva II-RL) eine Konsultation zwischen den zuständigen Behörden aus zwei oder mehr Mitgliedstaaten erforderlich sein – dies ist dann der Fall, wenn der Anwendungsbereich des Art. 60 Solva II-Richtlinie eröffnet ist. Zumindest letzteres sollte aber leicht erweiternd ausgelegt werden: So eine zuständige Behörde einen Antrag stellt, und zwischen den zuständigen Behörden die Konsultationspflicht strittig ist, so sollte die EIOPA auch eine Stellungnahme dazu abgeben können, dass nach ihrer Auffassung eine Konsultationspflicht nicht besteht, ohne sich durch diesen Akt ihrer eigenen Befugnis zu berauben.

9 Um die Befugnis der EIOPA zu eröffnen, muss eine der an der Konsultation (siehe Rn. 8) **beteiligten zuständigen Behörden** die EIOPA zur **Stellungnahme auffordern**. Der Begriff der zuständigen Behörde sollte hierbei nicht verengt in Übereinstimmung mit Art. 4 Nr. 2 EIOPA-VO als die nationale Versicherungsaufsichtsbehörde verstanden werden, sondern im Sinne des Art. 60 Solva II-RL als die beteiligten Finanzaufsichtsbehörden der Mitgliedstaaten – das heißt im Falle einer Beteiligungsübernahme durch eine Bank eines anderen europäischen Mitgliedstaates kann auch die Bankaufsichtsbehörde den Antrag an die EIOPA richten. Sollte diese Fusion dann allerdings sektorübergreifende Fragen aufwerfen, so sollte die EIOPA das Gesuch in den Gemeinsamen Ausschuss einbringen und die Stellungnahme wäre als gemeinsame Position nach Art. 56 UAbs. 1 EIOPA-VO zu erlassen.

10 Der Zugang einer zulässigen Aufforderung zur Stellungnahme begründet bei der EIOPA nicht nur die **Befugnis**, eine solche abzugeben, sondern auch eine **Rechtspflicht**. In Abs. 2 S. 1 kommt dies nicht hinreichend zum Ausdruck, da dort nur festgestellt wird, dass EIOPA eine Stellungnahme abgeben kann, was auf eine Ermessensentscheidung hindeutet. Dass es sich hierbei aber um eine Pflicht handelt – und somit nicht um eine Kann- sondern eine Muss-Vorschrift – ergibt sich aus Abs. 2 S. 2, der anordnet, dass die Stellungnahme unverzüglich abgegeben wird. Wäre hiermit nicht die Konkretisierung der Stellungnahmepflicht gewollt gewesen, so hätte die Formulierung lauten müssen, dass „die Behörde, wenn sie eine Stellungnahme abgeben möchte, diese unverzüglich [etc.] abzugeben hat".

11 **2. Anforderungen an die Stellungnahme (Abs. 2 S. 1 Hs. 2, S. 2).** Zur Erfüllung ihrer Pflicht (siehe Rn. 10) hat die EIOPA ihre Stellungnahme gemäß Abs. 2 S. 2 Hs. 1 **unverzüglich** abzugeben. Hiermit ist eine flexible Frist festgesetzt, nach der die Zeitdauer der Stellungnahme sich nach der Komplexität der aus dem M&A-Geschäft fließenden aufsichtsrechtlichen Fragen richtet.

12 Allerdings wird für die Berechnung der Frist zur Stellungnahme noch eine **Höchstdauer** festgesetzt. Abs. 2 S. 2 Hs. 2 setzt diese Frist so fest, dass die Stellungnahme in jedem Fall vor Ablauf des Beurteilungszeitraums gemäß der CRD I-Richtlinie (RL 2006/48/EG) in der durch die Beteiligungsrichtlinie (RL 2007/44/EG) geänderten Fassung abgegeben werden muss. Der Verweis ging insofern auf **Art. 19 Abs. 3–5 CRD I-Richtlinie**. Ob es sich hierbei um ein Versehen handelt, der daher rührt, dass die EIOPA-VO und die ESMA-VO unter punktueller Abänderung der originär erstellten EBA-VO verfasst wurden und an diesem Punkt die notwendige Anpassung nicht vorgenommen wurde, ist nicht

[1] Richtlinie 92/49/EWG des Rates vom 18. Juni 1992 zur Koordinierung der Rechts- und Verwaltungsvorschriften für die Direktversicherung (mit Ausnahme der Lebensversicherung) (Dritte Richtlinie Schadenversicherung), ABl. 1992 L 228, 1.

[2] Richtlinie 2002/83/EG des Europäischen Parlaments und des Rates vom 5. November 2002 über Lebensversicherungen, ABl. 2002 L 345, 1.

[3] Richtlinie 2005/68/EG des Europäischen Parlaments und des Rates vom 16. November 2005 über die Rückversicherung, ABl. 2005 L 323, 1.

[4] Richtlinie 2007/44/EG des Europäischen Parlaments und des Rates vom 5. September 2007 zur Änderung der Richtlinie 92/49/EWG des Rates sowie der Richtlinien 2002/83/EG, 2004/39/EG, 2005/68/EG und 2006/48/EG in Bezug auf Verfahrensregeln und Bewertungskriterien für die aufsichtsrechtliche Beurteilung des Erwerbs und der Erhöhung von Beteiligungen im Finanzsektor, ABl. 2007 L 247, 1.

klar. Inhaltlich ändert dies letztlich nichts, da die Fristen des Art. 19 Abs. 3–5 CRD-RL deckungsgleich sind mit den Fristen nach Art. 15a der 3. Koordinierungsrichtlinie Schaden, Art. 15a Lebensversicherungsrichtlinie und Art. 19 Abs. 2–4 Rückversicherungsrichtlinie. Mittlerweile sind sämtliche dieser Vorschriften und ihre Umsetzungsnormen außer Kraft getreten. Es scheint insofern dem Sinn der Norm zu entsprechen, dass die EIOPA ihre Stellungnahme spätestens vor Ablauf des Beurteilungszeitraums gemäß Art. 60 der Solva II-RL abzugeben hat.

So der **Antrag** der zuständigen Behörde bei der EIOPA so **spät gestellt** wird, dass die EIOPA nicht mehr innerhalb der Höchstfrist (siehe Rn. 12) eine Stellungnahme erarbeiten kann, so verletzt sie durch ein Unterbleiben einer Stellungnahme auch keine Pflicht. 13

Inhaltlich hat die Stellungnahme sich auf eine **aufsichtsrechtliche Beurteilung** zu beschränken. Dies bedeutet insbesondere, dass solche Fragestellungen, die nicht in den erweiterten Tätigkeitsbereich der EIOPA fallen, nicht zu erörtern sind. Fraglich wäre beispielsweise wie weit sich die EIOPA zu kartellrechtlichen Fragestellungen, die der Zusammenschluss eröffnet, dezidiert äußern kann. 14

Eine Stellungnahme darf gemäß Abs. 2 S. 1 Hs. 2 a. E. **keine Ausführungen** zu den Kriterien des Art. 15b Abs. 1 lit. e 3. Koordinierungsrichtlinie Schaden, Art. 15b Abs. 1 lit. e Lebensversicherungsrichtlinie und Art. 19a Abs. 1 lit. e Rückversicherungsrichtlinie enthalten. Diese Normen sind weitestgehend inhaltsgleich in **Art. 59 Abs. 1 lit. e Solva II-RL** aufgegangen, der es zu einem Bewertungskriterium erhebt, ob ein hinreichender Verdacht besteht, dass im Zusammenhang mit dem beabsichtigten Erwerb **Geldwäsche oder Terrorismusfinanzierung** stattfindet, stattgefunden hat oder ob diese Straftaten versucht wurden bzw. ob der beabsichtigte Erwerb das Risiko eines solchen Verhaltens erhöhen könnte. Dies bedeutet nicht, dass die EIOPA diese Kriterien nicht berücksichtigen kann und diese Themen vertraulich mit den zuständigen Behörden eruiert. Sie darf solche Fragestellungen aber nicht in ihrer Stellungnahme festhalten, da diese veröffentlicht wird und ansonsten Verdunklungsgefahr und ähnliche Nachteile für die strafrechtliche Ahndung entstehen würde. 15

Die EIOPA hat ihre Stellungnahme – ohne dass dies in Abs. 2 besonders erwähnt wäre – einerseits den beteiligten zuständigen Behörden innerhalb der Frist des Abs. 2 S. 2 zu übermitteln und diese gleichzeitig (auf ihrer Homepage) zu **veröffentlichen.** 16

3. Erlangung der Informationen für die Stellungnahme (Abs. 2 S. 3). Abs. 2 S. 3 erklärt den Art. 35 EIOPA-VO für die Bereiche, zu denen die EIOPA eine Stellungnahme abgeben kann, für anwendbar. Dies bedeutet, dass die EIOPA, wenn sie zur Abgabe einer Stellungnahme aufgefordert wird, die nötigen Informationen über den Mechanismus des **Informationserlangungsverfahrens** des Art. 35 EIOPA-VO anfordern kann. Konkret heißt dies, dass die EIOPA zunächst die beteiligten zuständigen Behörden zur Übermittlung aller für die Bewertung notwendigen Informationen auffordern kann (siehe Art. 35 EIOPA-VO Rn. 9 ff.), so eine der zuständigen Behörden die Herausgabe nicht rechtzeitig bewirkt, so kann – da diese Informationen keiner anderen Stelle in diesem Mitgliedstaat vorliegen dürften (vgl. zur zweiten Stufe Art. 35 EIOPA-VO Rn. 13 ff.) – unmittelbar auf das jeweilige an dem M&A-Geschäft beteiligte Unternehmen durchgegriffen werden. 17

Einholen von Informationen

35 (1) **Die zuständigen Behörden der Mitgliedstaaten stellen der Behörde auf Verlangen alle Informationen zur Verfügung, die sie zur Wahrnehmung der ihr durch diese Verordnung übertragenen Aufgaben benötigt, vorausgesetzt, sie haben rechtmäßigen Zugang zu den einschlägigen Informationen und das Informationsgesuch ist angesichts der Art der betreffenden Aufgabe erforderlich.**

(2) [1]**Die Behörde kann ebenfalls verlangen, dass ihr diese Informationen in regelmäßigen Abständen und in vorgegebenen Formaten zur Verfügung gestellt werden.** [2]**Für diese Gesuche werden soweit möglich gemeinsame Berichtsformate verwendet.**

(3) **Auf hinreichend begründeten Antrag einer zuständigen Behörde eines Mitgliedstaats kann die Behörde sämtliche Informationen vorlegen, die erforderlich sind, damit die zuständige Behörde ihre Aufgaben wahrnehmen kann, und zwar im Einklang mit den Verpflichtungen aufgrund des Berufsgeheimnisses gemäß den sektoralen Rechtsvorschriften und Artikel 70.**

(4) **Bevor die Behörde Informationen gemäß diesem Artikel anfordert, berücksichtigt sie — zur Vermeidung doppelter Berichtspflichten — einschlägige bestehende Statistiken, die vom Europäischen Statistischen System und vom Europäischen System der Zentralbanken erstellt und verbreitet werden.**

(5) **Stehen diese Informationen nicht zur Verfügung oder werden sie von den zuständigen Behörden nicht rechtzeitig übermittelt, so kann die Behörde ein gebührend gerechtfertigtes und mit Gründen versehenes Ersuchen um Informationen an andere Aufsichtsbehörden, an das für Finanzen zuständige Ministerium — sofern dieses über aufsichtsrechtliche Informa-**

tionen verfügt —, an die nationale Zentralbank oder an das statistische Amt des betreffenden Mitgliedstaats richten.

(6) [1]**Stehen diese Informationen nicht zur Verfügung oder werden sie nicht rechtzeitig gemäß Absatz 1 oder Absatz 5 übermittelt, so kann die Behörde ein gebührend gerechtfertigtes und mit Gründen versehenes Ersuchen direkt an die betreffenden Finanzinstitute richten.** [2]**In dem mit Gründen versehenen Ersuchen wird erläutert, weshalb die Informationen über die einzelnen Finanzinstitute notwendig sind.**

Die Behörde setzt die jeweils zuständigen Behörden gemäß dem vorliegenden Absatz und gemäß Absatz 5 von den Ersuchen in Kenntnis.

Die zuständigen Behörden unterstützen die Behörde auf Verlangen bei der Einholung der Informationen.

(7) **Die Behörde darf vertrauliche Informationen, die sie im Rahmen dieses Artikels erhält, nur für die Wahrnehmung der ihr durch diese Verordnung übertragenen Aufgaben verwenden.**

Übersicht

Schrifttum: Siehe die Angaben bei Art. 1 EIOPA-VO („Allgemein zum ESFS" und „Allgemein zur EIOPA"); *Collins*, Towards a Mature Approach to Data Collection in EU Financial Regulation, in: Journal of Decision Systems 2016, S. 589 ff.

1 **I. Allgemeines.** Art. 35 EIOPA-VO gewährt der EIOPA die Befugnis, bei bestimmten Stellen Informationen, deren sie zur Erfüllung ihrer Aufgaben bedarf, zu erheben. Hierbei wird die Befugnis inhaltlich beschränkt (Abs. 1, 4) und sie wird aufgespalten in eine Befugnis, von Fall zu Fall (Abs. 1, 5, 6) oder periodisch (Abs. 2) Informationen zu verlangen. Ebenfalls geregelt wird die Befugnis der EIOPA Informationen zu übermitteln (Abs. 3) und die Grenze der Informationsverwendung (Abs. 7).

2 **II. Ermächtigung zur Informationsanforderung (Abs. 1, 2, 4–6).** Mit der Möglichkeit, Informationen bei nationalen Versicherungsaufsichtsbehörden oder in speziellen Fällen bei anderen nationalen Behörden bzw. gar direkt bei den nationalen Versicherern zu erheben, wird die EIOPA in die Lage versetzt, ihre Aufgaben zu erfüllen. Allerdings steht die Erhebung von Informationen im Sinne einer Datenverarbeitung immer in einem **Spannungsverhältnis** zum grundrechtlich verbürgten Individualrechtsschutz auf **informationelle Selbstbestimmung.**[1] Es ist insofern (auch durch Art. 35 EIOPA-VO) sicherzustellen, dass die Eingriffe der EIOPA sich innerhalb der grundrechtlichen Schranken halten und sie das Maß des zur Aufgabenerfüllung Erforderlichen nicht überschreiten.

3 **1. Kompetenzeröffnendes Informationsbedürfnis (Abs. 1).** Abs. 1 Hs. 1 gewährt der EIOPA die Kompetenz zum Informationsverlangen nur hinsichtlich solcher Informationen, die die EIOPA zur Erfüllung ihrer durch die EIOPA-VO **übertragenen Aufgaben** benötigt. Die anzufordernde Information muss also für die Zwecke des Art. 8 Abs. 1 EIOPA-VO **notwendig** sein. Im Hinblick auf die sehr weite Aufgabendefinition sind kaum Informationen zu Versicherungsunternehmen denkbar, die nicht zumindest auch zu Zwecken der Erfüllung der Aufgaben nach Art. 8 Abs. 1 EIOPA-VO relevant sein könnten.

4 Das kompetenzeröffnende Informationsbedürfnis wird gemäß Abs. 1 Hs. 2 dadurch begrenzt, dass das Informationsgesuch **im Verhältnis zu** der **Art der** betreffenden **Aufgabe erforderlich** ist. Dies ist zum einen eine Begrenzung des „Ob" des Informationsverlangens, aber auch des „Wie", dh wenn eine Information nicht zur Erfüllung einer bestimmten Aufgabe erforderlich ist, kann ihre Übermittlung

[1] Siehe insb. Art. 8 EU-GRCh; allerdings ist hervorzuheben, dass nach h. M. nur natürliche Personen Grundrechtsträger sind, sodass vorliegend die Versicherungsunternehmen nicht, sondern nur ihre Angestellten und Versicherten (soweit sie natürliche Personen sind) erfasst würden; vgl. Calliess/Ruffert/*Kingreen* Art. 8 EU-GRCh Rn. 11.

nicht verlangt werden, wenn ein Informationsverlangen hingegen grundsätzlich zulässig ist, so ist es auf das Maß des Erforderlichen zu begrenzen. Hierbei wird die Erforderlichkeit auch darüber konkretisiert, dass die EIOPA einen Informationsübermittlungsanspruch nur dann hat, wenn sie die Informationen nicht aus bestimmten Unionsquellen erschließen kann (siehe Rn. 7).

2. Kompetenzbegrenzung (Abs. 1 Hs. 2, Abs. 4). Gemäß Abs. 1 Hs. 2 kann das Informationsgesuch nur auf solche Informationen gerichtet werden, zu denen die nationalen Versicherungsaufsichtsbehörden rechtmäßigen Zugang haben. Dies bedeutet, dass **Informationen**, die nach der Geltung des nationalen Rechts **widerrechtlich erlangt** wurden, auch unionsrechtlich widerrechtlich bleiben und nicht weitgereicht und somit auch nicht verlangt werden können. 5

Unmittelbar gilt Art. 35 EIOPA-VO nur für die Übermittlung von **Informationen, die bereits verarbeitet wurden**. Dies wird beispielsweise daraus deutlich, dass Abs. 5 und Abs. 6 UAbs. 1 S. 1 ein Informationsverlangen an einen anderen Adressaten zulassen, wenn bei einem anderen Adressaten eine Information „nicht zur Verfügung" stand. Hieraus ließe sich schlussfolgern, dass den nationalen Versicherungsaufsichtsbehörden gegenüber der EIOPA gerade keine **Pflicht** trifft, bestimmte **Daten zu erheben**. Dies verkennt jedoch die Integration der nationalen Versicherungsaufsichtsbehörden in das ESFS. Zur Errichtung und dem Funktionieren des ESFS ist es erforderlich, dass alle Akteure allzeit über die für sie notwendigen Informationen verfügen. Hierbei sollte es auch vermieden werden, dass gleiche Informationen durch mehrere Stellen erhoben werden müssen, da nur hierdurch potentielle Synergieeffekte, die das ESFS erzeugen kann, genutzt werden. Die in Art. 2 Abs. 4 Hs. 2 EIOPA-VO speziell niedergelegte informationelle Loyalitätspflicht aller Bestandteile des ESFS lässt sich insofern auch so verstehen, dass die nationalen Versicherungsaufsichtsbehörden – gerade wenn die EIOPA eine periodisch zu erfüllende Informationsübermittlung begründet (siehe Rn. 24 f.) – auch dazu verpflichtet sind, bestimmte für die EIOPA erforderliche Daten zu erheben. Eine solche Informationserhebungspflicht bestehet jedoch nicht *sua spontane*. Es ist nicht an den nationalen Versicherungsaufsichtsbehörden zu beurteilen, welche Informationen über den nationalen Versicherungsmarkt für die EIOPA erforderlich sein könnten. Typischerweise wird eine Datenerhebungspflicht also erst durch ein Informationsgesuch der EIOPA begründet werden. Zumindest im Falle einer *ad hoc*-Anfrage wird die nationale Behörde die Informationen jedoch gelegentlich nicht mehr in angemessener Frist generieren können; dies wäre als solches nicht als Pflichtverletzung anzusehen. Wenn jedoch aus der Anfrage hervorgeht, dass diese und ähnliche Informationen immer wieder erforderlich werden, so hat die nationale Behörde soweit im Rahmen der nationalen Vorschriften möglich und soweit dies unter der Grundsatz der Verhältnismäßigkeit angemessen erscheint, dafür Sorge zu tragen, dass die Information zukünftig bei ihr vorliegt oder in kürzerer Frist gewonnen werden kann. 6

Die Ermächtigung zur Informationsanforderung wird nicht nur durch das **Tatbestandsmerkmal der Erforderlichkeit** der Information bedungen, sondern auch begrenzt (siehe Rn. 4). Abs. 4 verlangt von der EIOPA vor jeder Informationsanforderung einschlägige bestehende **Statistiken**, die durch das Europäische Statistische System (**ESS**)[2] oder das Europäische System der Zentralbanken (**ESZB**) erstellt und verbreitet wurden, zu konsultieren. Soweit aus diesen beiden Unionsquellen die Informationen zu ziehen sind, ist eine Informationsanfrage bei den nationalen Versicherungsaufsichtsbehörden nicht mehr erforderlich. Die Erforderlichkeit entfällt jedoch nur, wenn die Informationen aus einer dieser beiden Quellen stammen. Nur eine Statistik, die innerhalb des ESS oder des ESZB kumulativ erstellt und verbreitet wurde, hat den Grad der Verlässlichkeit, dass eine zusätzliche Informationsübermittlungsanfrage an eine nationale Behörde unangemessen erscheinen würde. Dies gilt jedoch nur für den Fall, dass die in der Statistik enthaltende Information deckungsgleich ist mit der Information, die zur Aufgabenerfüllung der EIOPA erforderlich ist. Dies bedeutet beispielsweise, dass je nach Art der Aufgabe, eine zwei Jahre alte Statistik des ESZB nicht die erforderlichen aktuellen Informationen enthält. Ziel dieser Begrenzung ist insbesondere die Vermeidung einer doppelten Berichtspflicht, das heißt einer übermäßigen Belastung der nationalen Versicherungsaufsichtsbehörden. Daneben wird hierdurch aber auch bewirkt, dass das ESFS (und das ESZB) effektiver kooperieren und die EIOPA keine überflüssigen Arbeiten vornimmt. Dies bedeutet insbesondere, dass die EIOPA bei Erarbeitung ihrer periodisch zu erfüllenden Informationspflichten nach Abs. 2 (siehe Rn. 24 f.) zu berücksichtigen hat, welche Statistiken innerhalb des ESS und des ESZB periodisch herausgegeben werden und somit ein Informationsbedürfnis bei unveränderter Herausgabe dauerhaft entfallen lässt. 7

III. Verfahrensablauf zur *ad hoc*-Informationsanforderung (Abs. 1 Hs. 1, Abs. 5, 6). Abs. 1 Hs. 1 i. V. m. Abs. 5, 6 statuiert als normtechnischen **Regelfall** des Informationsverlangens einen von Fall zu Fall zu stellenden Antrag auf Übermittlung bestimmter, genau zu bezeichnender Informationen. Diese 8

[2] Siehe insbesondere Verordnung (EG) 223/2009 des Europäischen Parlaments und des Rates vom 11. März 2009 über europäische Statistiken und zur Aufhebung der Verordnung (EG, Euratom) 1101/2008 des Europäischen Parlaments und des Rates über die Übermittlung von unter die Geheimhaltungspflicht fallenden Informationen an das Statistische Amt der Europäischen Gemeinschaften, der Verordnung (EG) 322/97 des Rates über die Gemeinschaftsstatistiken und des Beschlusses 89/382/EWG, Euratom des Rates zur Einsetzung eines Ausschusses für das Statistische Programm der Europäischen Gemeinschaften, ABl. 2009 L 87, 164.

ad hoc-**Informationsanforderung** – im Gegensatz zur periodischen Informationsanforderung (siehe Rn. 24 f.) – ist dadurch gekennzeichnet, dass sie die EIOPA einmalig an einen bestimmten Adressaten richtet und um die Übermittlung einer bestimmten Information ersucht, die anlassbezogen (und nicht wiederkehrend) zur Erfüllung einer bestimmten Aufgabe benötigt wird. Das **Informationserlangungsverfahren** der Abs. 1, 5, 6 ist hierbei **mehrstufig** ausgestaltet, wobei Adressat und Verpflichteter des Informationsverlangens grundsätzlich die zuständige Behörde, dh die Versicherungsaufsichtsbehörde des entsprechenden Mitgliedstaates ist. So eine Informationserlangung auf dieser Stufe scheitert, kann die EIOPA die Informationen aus anderen Quellen erschließen, wobei zunächst ein Informationsersuchen an bestimmte andere nationale Behörden gerichtet werden kann und erst auf letzter Stufe unmittelbar bei den Finanzinstituten die erforderlichen Daten erhoben werden können. In dieser Art eines Eskalationsmechanismus gleicht das Informationserlangungsverfahren dabei dem Beschlussverfahren nach Art. 17 ff. EIOPA-VO (insbesondere nach Art. 19 EIOPA-VO),[3] wo ein unmittelbares Durchgreifen auf die beaufsichtigten Versicherer durch die EIOPA auch immer nur als *ultima ratio* möglich ist.

9 **1. Erste Stufe: Informationserlangung bei nationalen Versicherungsaufsichtsbehörden (Abs. 1 Hs. 1). a) Verfahrenseinleitung (Abs. 1 Hs. 1).** Die **Eröffnung** des Verfahrens erfolgt durch **Zugang** eines **Verlangens** der EIOPA[4] auf Übermittlung einer Information bei einer zuständigen Behörde im Sinne des Art. 4 Nr. 2 EIOPA-VO (siehe Art. 4 EIOPA-VO Rn. 3).

10 Das Verlangen hat hierbei die erforderlichen **Informationen**, deren Übermittlung verlangt wird, **hinreichend** zu **identifizieren**. Obgleich Abs. 1 dies anders als Abs. 5 und 6 für das Ersuchen an andere Behörden oder an die Versicherungsunternehmen nicht explizit vorsieht, ist durch die EIOPA grundsätzlich auszuführen, zur Erfüllung welcher Aufgabe die Information benötigt wird. Anderenfalls wäre die nationale Versicherungsaufsichtsbehörde nicht in die Lage versetzt, zu überprüfen, ob die Information evident nicht erforderlich ist und mithin keine Übermittlungspflicht besteht.

11 **b) Informationsübermittlungspflicht und Frist (Abs. 1 Hs. 1 i. V. m. Abs. 5)** Der Zugang eines zulässigen Informationsübermittlungsverlangens begründet bei der zuständigen Behörde eine **echte Rechtspflicht**,[5] die **Information** – soweit sie vorhanden ist (siehe aber zur begrenzten Informationserhebungspflicht Rn. 6) – der EIOPA zu **übermitteln**.

12 Die Notwendigkeit einer **Fristsetzung** ist nicht explizit vorgesehen. Jedoch ermöglicht eine nicht *rechtzeitige* Übermittlung der Informationen nach Abs. 5 die Inanspruchnahme anderer nationaler Behörden. Der Begriff der Rechtzeitigkeit suggeriert hierbei, dass die Information bis zu einem Zeitpunkt übermittelt werden muss, der sich entweder an anderer Stelle aus der EIOPA-VO ergibt oder spezifisch zu bestimmen ist. Da eine genaue Festlegung des zeitlichen Rahmens für die Übermittlungsfrist (also bspw. „sofort", „unverzüglich", „innerhalb einer Frist von X Wochen") in der EIOPA-VO nicht erfolgt, impliziert dies das Erfordernis, dass die EIOPA ihr Verlangen mit einer angemessenen Frist verbinden muss, um den Begriff der Rechtzeitigkeit zu konkretisieren. Allerdings ist zu berücksichtigen, dass andere Sprachfassungen hier Begrifflichkeiten verwenden, aus denen sich etwas eher schließen lässt, dass es bei dem Begriff der Rechtzeitigkeit darum geht, dass eine Übermittlung jeweils unverzüglich erfolgen soll, also innerhalb der Frist, die im Hinblick auf die Art der Information erforderlich ist.[6] Gleichwohl erscheint es aus Zwecken der Rechtssicherheit – insbesondere mit Blick auf die letzte Stufe eines Durchgriffs auf die Finanzinstitute – zumindest förderlich, dass die EIOPA ihre Verlangen mit einer Fristsetzung verbindet und hierdurch den Begriff der Rechtzeitigkeit konkretisiert.

13 **2. Zweite Stufe: Informationserlangung bei anderen nationalen Behörden (Abs. 5).** So der nationale Versicherungsaufseher die erforderlichen Informationen nicht besitzt oder sie aber nicht rechtzeitig (siehe Rn. 12) an die EIOPA übermittelt, wird hierdurch die **zweite Stufe** des Informationserlangungsverfahrens der EIOPA **eröffnet**, innerhalb deren die EIOPA von anderen nationalen Stellen die Informationen anfordern kann. Diese zweite Stufe dient vor allem dazu, dass die EIOPA in solchen Mitgliedstaaten, in denen bestimmte Informationen nicht durch die zuständigen Versicherungsaufsichtsbehörden erhoben werden, auf diejenige Stellen Zugriff hat, die über die erforderlichen Informationen verfügen.

14 **Adressat** eines solchen Informationsübermittlungsersuchens der zweiten Stufe kann gemäß Abs. 5 jede **andere Aufsichtsbehörde** (in Deutschland beispielsweise das Bundeskartellamt),[7] das **Finanz-**

[3] So auch *Keune*, Rechtliche Grundlagen und Grenzen der EIOPA, 2015, S. 108.

[4] A. A. *Keune*, Rechtliche Grundlagen und Grenzen der EIOPA, 2015, S. 108, die unverständlicherweise davon ausgeht, dass das Informationsübermittlungsverfahren nur durch den Antrag eines nationalen Aufsehers eingeleitet werden kann (anscheinend wurde hier Abs. 3 falsch eingeordnet).

[5] Leicht zweifelnd *Keune*, Rechtliche Grundlagen und Grenzen der EIOPA, 2015, S. 108.

[6] In diese Richtung lassen sich beispielsweise die englische („*in a timely fashion*") und mit gewissen Abzügen die französische Fassung („*en temps utile*") deuten.

[7] Bei diesem Adressatenkreis ist wohl vorrangig an andere sektorielle Finanzaufseher gedacht. Da sich aus dem Wortlaut der Norm jedoch keine Beschränkung entnehmen lässt, sind jedoch auch in Ländern wie Deutschland mit einer einheitlichen Mikroaufsichtsbehörde, andere Aufsichtsbehörden denkbar, wie eben das beispielhaft erwähnte Bundeskartellamt.

ministerium (soweit dieses im entsprechenden Mitgliedstaat über aufsichtsrechtliche Informationen verfügt), die nationale **Zentralbank** (in Deutschland also die Bundesbank) oder das **statistische Amt** (in Deutschland also das Statistische Bundesamt) des betreffenden Mitgliedstaats sein.

15 Auch hier hat das Verlangen die erforderlichen **Informationen**, deren Übermittlung verlangt wird, **hinreichend** zu **identifizieren**. Daneben verlangt Abs. 5, dass das Ersuchen **gebührend gerechtfertigt** wird und **mit Gründen versehen** ist. Dies bedeutet zum einen, dass die EIOPA darlegt, zur Erfüllung welcher Aufgaben sie die Informationen benötigt und weshalb sie erforderlich sind. Daneben hat die EIOPA auch zu rechtfertigen, weshalb sie gerade den Adressaten zur Übermittlung verpflichtet – dies erfordert regelmäßig eine Darlegung, weshalb die Information nicht bei der zuständigen Behörde erhoben werden kann.

16 Durch den Zugang des Verlangens, wenn dieses zulässig ist, trifft auch die Adressaten dieser zweiten Ebene eine **echte Rechtspflicht,**[8] die **Information** – soweit sie vorhanden ist (eine begrenzte Informationserhebungspflicht [siehe Rn. 6] dürfte hier nur bei periodischen Informationsübermittlungspflichten in Frage kommen) – der EIOPA zu **übermitteln**. Auch hier sollte die EIOPA eine Frist setzen (siehe Rn. 12).

17 Gemäß Abs. 6 UAbs. 2 **setzt** EIOPA die nationale **Versicherungsaufsichtsbehörde** davon **in Kenntnis**, dass ein Informationsübermittlungsverlangen an eine andere staatliche Stelle gerichtet wurde. So diese Information unterbleibt, hat dies jedoch keinen Einfluss auf die Rechtmäßigkeit des Informationsverlangens. Obgleich Abs. 6 UAbs. 3 – anders als Abs. 6 UAbs. 2 – dies nicht besonders betont, gilt auch er schon auf der zweiten Stufe, sodass die nationale Versicherungsaufsichtsbehörde dazu verpflichtet ist, die EIOPA auf deren Verlangen hin bei der **Informationseinholung** zu **unterstützen**.

18 **3. Dritte Stufe: Informationserlangung bei nationalen Versicherern (Abs. 6).** Wenn die erforderlichen Informationen weder von der zuständigen Behörde noch von den enumerierten nationalen Stellen des Abs. 6 besessen werden oder sie nicht rechtzeitig (siehe Rn. 12) von allen eröffneten Informationsquellen an die EIOPA übermittelt wurden, so wird die **dritte Stufe** des Informationserlangungsverfahrens der EIOPA **eröffnet**, innerhalb deren die EIOPA die Informationen unmittelbar von den Versicherern des betroffenen Marktes anfordern kann. Diese dritte Stufe dient dazu, der EIOPA die Möglichkeit einer eigenständigen Datensammlung zu gewähren, wenn erforderliche Informationen nicht über die staatlichen Stellen des Mitgliedstaates beschafft werden. Der Eskalationsmechanismus ist hierbei so ausgestaltet, dass die EIOPA grundsätzlich die ersten beiden Stufen erfolglos durchlaufen muss, also gegenüber allen Quellen, die über die erforderliche Information verfügen könnten, ein Auskunftsersuchen stellen muss. Gegenüber solchen Stellen, die die Information offensichtlich nicht rechtmäßig haben können, kann ein Ersuchen hingegen unterbleiben. Dies bedeutet aber auch, dass etwa im Fall, dass die EIOPA eine bestimmte Information zu einem einzelnen Versicherer benötigt, sie regelmäßig nur die erste Stufe durchlaufen muss, da solche Informationen bei anderen Stellen üblicherweise nicht vorhanden sein werden, und danach unmittelbar auf den Versicherer durchgreifen kann. Gerade in solchen Konstellationen gebietet es jedoch der Grundsatz der Subsidiarität, dass die EIOPA dem nationalen Aufseher genug Zeit belässt, damit dieser die Information, so sie noch nicht verarbeitet ist, beim von ihm beaufsichtigten Versicherer erheben kann.

19 **Adressat** des Informationsübermittlungsersuchens der dritten Stufe kann gemäß Abs. 6 UAbs. 1 S. 1 jedes **im betreffenden Mitgliedstaat niedergelassenes Finanzinstitut** iSd Art. 4 Nr. 1 EIOPA-VO (siehe Art. 4 EIOPA-VO Rn. 2) sein.

20 Auch hier hat das Verlangen die erforderlichen **Informationen**, deren Übermittlung verlangt wird, **hinreichend** zu **identifizieren**. Daneben verlangt Abs. 6 UAbs. 1 S. 1, dass das Ersuchen **gebührend gerechtfertigt** und **mit Gründen versehen** wird. Dies bedeutet zum einen, dass die EIOPA darlegt, zur Erfüllung welcher Aufgaben sie die Informationen benötigt und weshalb sie erforderlich sind. Daneben hat die EIOPA auch zu rechtfertigen, weshalb sie unmittelbar den Adressaten zur Übermittlung verpflichtet – dies erfordert regelmäßig eine Darlegung, weshalb die Information nicht bei der zuständigen Behörde und den anderen staatlichen Stellen erhoben werden kann. Dies wird durch Abs. 6 UAbs. 1 S. 2 – der nur innerhalb der dritten Stufe des Informationserlangungsverfahrens vorkommt – noch dahingehend verstärkt, dass die EIOPA erläutern muss, weshalb gerade Informationen über einzelne Finanzinstitute notwendig sind (anstatt eventuell bei anderen staatlichen Stellen schon vorhandene statistische Mittelwerte).

21 Durch den Zugang des Verlangens, wenn dieses zulässig ist, entsteht auch für die Adressaten der dritten Ebene eine **echte Rechtspflicht** (siehe Rn. 11), die **Information** der EIOPA zu **übermitteln**. Hier erscheint eine Fristsetzung durch die EIOPA (siehe Rn. 12) nahezu zwingend.

22 Abs. 6 UAbs. 2 verpflichtet die EIOPA, die nationale **Versicherungsaufsichtsbehörde** davon **in Kenntnis zu setzen**, dass ein Informationsübermittlungsverlangen an einen, mehrere oder alle in dem Mitgliedstaat niedergelassenen Finanzinstitute gerichtet wurde. Ein Unterlassen der Information hat keinen Einfluss auf die Rechtmäßigkeit des einzelnen Informationsverlangens.

[8] Leicht zweifelnd *Keune*, Rechtliche Grundlagen und Grenzen der EIOPA, 2015, 108.

23 Daneben eröffnet Abs. 6 UAbs. 3 der EIOPA die Möglichkeit, sich des nationalen Versicherungsaufsehers bei Erhebung der Information unmittelbar beim Versicherer zu bedienen. Die nationale Versicherungsaufsichtsbehörde ist dazu verpflichtet, die EIOPA auf deren Verlangen hin bei der **Informationseinholung** zu **unterstützen**. Dies kann auch bedeuten, dass sie das Informationseinholungsverfahren komplett organisiert.

24 **IV. Periodische Informationsanforderung (Abs. 2).** In vielen Fällen benötigt die EIOPA jedoch Daten nicht bezogen auf einen konkreten Anlass, sondern immer **wiederkehrend**, um bestimmten Aufgaben nachzukommen (bspw. die Überwachung der Marktentwicklung nach Art. 8 Abs. 1 lit. f) EIOPA-VO). Zu diesem Zweck kann die **Informationsanforderung** gemäß Abs. 2 S. 1 auch so ausgestaltet werden, dass das Verlangen den Adressaten dazu verpflichtet, die Informationen in regelmäßigen Abständen – die durch das Verlangen festgelegt werden – und in vorgegebenen Formaten zu übermitteln. Hierzu sind gemäß Abs. 2 S. 2, soweit dies möglich ist, gemeinsame Berichtsformate festzulegen und von den Verlangen zugrunde zu legen.

25 Aus dem Aufbau des Art. 35 EIOPA-VO wird nicht hinreichend deutlich, ob eine solche periodisch zu erfüllende Informationsanforderung nur gegenüber den Versicherungsaufsichtsbehörden oder auch gegenüber den **Adressaten** auf der zweiten und dritten Stufe möglich ist. Zumindest hinsichtlich der Adressaten der zweiten Stufe sollte eine periodisch zu erfüllende Informationsanforderung möglich sein, soweit es um erforderliche Informationen geht, die im betreffenden Mitgliedstaat nur durch eine andere Behörde als die Versicherungsaufsichtsbehörde erhoben werden. Typischerweise wird jedoch in diesem Fall, die andere Behörde die Informationen dem nationalen Versicherungsaufseher periodisch zukommen lassen, der diese dann der EIOPA übermittelt, sodass die unmittelbare Inanspruchnahme des Adressaten der zweiten Stufe nicht nötig erscheint. Nicht zulässig erscheint hingegen die Einrichtung einer periodischen Informationsübermittlungsanforderung gegenüber den Versicherern selbst. Abs. 6 UAbs. 1 stellt explizit fest, dass ein Auslöser der Informationsübermittlungspflicht nur eine nicht rechtzeitige Übermittlung nach Abs. 1 oder Abs. 5 sein kann. Abs. 2 wird hingegen nicht in Bezug genommen. Auch erscheint es im Hinblick auf das Aufsichtskonzept des ESFS ungebührlich, dass die EIOPA einen direkten und ständigen Kommunikationsdraht zu den Versicherern aufbaut. Sie hat mithin die nationale Aufsichtsbehörde zu veranlassen, ihr die Informationen periodisch zu übermitteln. Wenn diese zur Erhebung der speziellen Informationen aus Gründen des nationalen Rechts nicht in der Lage sind, erscheint es unbillig, der EIOPA ein Durchgriffsrecht zu gewähren. Es wäre hier vielmehr ein Vertragsverletzungsverfahren anzustrengen, wenn davon auszugehen ist, dass die Norm des nationalen Rechts, die die Erhebung erforderlicher Informationen verhindert, gegen das vorrangige Unionsrecht verstößt. Im Ergebnis kann ein periodisch zu erfüllendes Informationsverlangen also (grundsätzlich) nur an die zuständigen nationalen Behörden adressiert werden.

26 **V. Informationsübermittlung an nationale Versicherungsaufsichtsbehörden (Abs. 3).** Innerhalb des ESFS soll der Informationsfluss jedoch nicht nur *bottom-up* sondern auch *top-down* erfolgen, sodass das ESFS ein integriertes Informationsnetzwerk entstehen lässt. Abs. 3 gewährt den **zuständigen Behörden** aus diesem Grund einen **Informationsübermittlungsanspruch** gegenüber der EIOPA.

27 Um einen Informationsübermittlungsanspruch zu begründen, muss die zuständige Behörde gegenüber der EIOPA ein **Verlangen** geltend machen. Dieses Verlangen hat die erforderlichen **Informationen**, deren Übermittlung verlangt wird, **hinreichend** zu **identifizieren**. Daneben verlangt Abs. 3, dass das Ersuchen **hinreichend begründet** wird. Dies bedeutet zum einen, dass die zuständige Behörde ausführt, zur Erfüllung welcher Aufgaben – es muss sich hierbei wohl um Aufgaben im Zusammenhang mit dem ESFS handeln – sie die Informationen benötigt und weshalb sie erforderlich sind. Anders als für das Informationsbegehren der EIOPA ist dieses Verlangen nicht unter die Bedingung des Bezuges der Information aus einer anderen vertrauenswürdigen Quelle gestellt (Abs. 4; siehe Rn. 7).

28 Der Zugang eines zulässigen Informationsübermittlungsverlangens begründet bei der EIOPA zum einen eine **echte Rechtspflicht**, die **Information** – soweit sie vorhanden ist – der zuständigen Behörde zu **übermitteln** (vgl. Rn. 11). Zum anderen ermächtigt Abs. 3 die EIOPA gerade auch dazu, die Information zu übermitteln. Hierdurch wird eine **Rechtfertigung** für eine **Verletzung des Amtsgeheimnisses** nach Art. 70 EIOPA-VO gewährt. Eine Übermittlung ist hierbei jedoch nur dann möglich, wenn auf Seiten der zuständigen Behörde ein äquivalentes Geheimnisschutzniveau besteht. Nach hiesiger Ansicht ist dies immer der Fall, da die zuständigen Behörden hinsichtlich solcher Informationen, die sie durch die EIOPA erlangen, unmittelbar an die Amtsgeheimnispflicht des Art. 70 EIOPA-VO gebunden werden (siehe Art. 70 EIOPA-VO Rn. 25 ff.).

29 Die Pflicht ist grundsätzlich begrenzt auf die Übermittlung von bereits bei der EIOPA verarbeiteten Informationen. Gleichwohl ist die in Art. 2 Abs. 4 Hs. 2 EIOPA-VO niedergelegte informationelle Loyalitätspflicht so zu deuten, dass die EIOPA, sollte sie über eine effektivere Zugangsmöglichkeit zu den angeforderten Informationen verfügen als die zuständige Behörde, die **erforderlichen Daten** zu **erheben** hat. Dies bedeutet insbesondere, dass sie dazu verpflichtet ist, wenn ein einfacherer Weg der zuständigen Behörde nicht zur Verfügung steht, ein Informationsanforderungsverfahren nach Abs. 1, 5, 6 einzuleiten.

VI. Beschränkung der Informationsverwendung (Abs. 7). Gemäß Abs. 7 ist der **Verwendungszweck** der Informationen, die die EIOPA im Rahmen des Informationsgewinnungsverfahrens des Art. 35 EIOPA-VO gewonnen hat, **beschränkt**. Die EIOPA darf diese Informationen nur zur Erfüllung der ihr in der EIOPA-VO übertragenen Aufgaben verwenden und nicht anderweitig verwenden oder preisgeben. 30

Verhältnis zum ESRB

36 (1) **Die Behörde arbeitet eng und regelmäßig mit dem ESRB zusammen.**

(2) **¹Sie liefert dem ESRB regelmäßig und rechtzeitig die Informationen, die dieser zur Erfüllung seiner Aufgaben benötigt. ²Alle Angaben, die der ESRB zur Erfüllung seiner Aufgaben benötigt und die nicht in zusammengefasster oder aggregierter Form vorliegen, werden dem ESRB gemäß Artikel 15 der Verordnung (EU) Nr. 1092/2010 auf begründeten Antrag hin unverzüglich vorgelegt. ³Die Behörde sorgt in Zusammenarbeit mit dem ESRB für angemessene interne Verfahren für die Übermittlung vertraulicher Informationen, insbesondere Informationen über einzelne Finanzinstitute.**

(3) **Die Behörde gewährleistet gemäß den Absätzen 4 und 5 angemessene Folgemaßnahmen zu den in Artikel 16 der Verordnung (EU) Nr. 1092/2010 genannten Warnungen und Empfehlungen des ESRB.**

(4) **Erhält die Behörde vom ESRB eine an sie gerichtete Warnung oder Empfehlung, so beruft die Behörde unverzüglich eine Sitzung des Rates der Aufseher ein und bewertet, inwieweit sich diese Warnung oder Empfehlung auf die Erfüllung ihrer Aufgaben auswirkt.**

Sie beschließt nach dem einschlägigen Verfahren über die Maßnahmen, die nach Maßgabe der ihr durch diese Verordnung übertragenen Befugnisse zu treffen sind, um auf die in den Warnungen und Empfehlungen genannten Probleme zu reagieren.

Lässt die Behörde einer Empfehlung keine Maßnahmen folgen, so legt sie dem ESRB und dem Rat ihre Gründe hierfür dar.

(5) **Erhält die Behörde eine Warnung oder Empfehlung, die der ESRB an eine zuständige nationale Aufsichtsbehörde gerichtet hat, so macht sie gegebenenfalls von den ihr durch diese Verordnung übertragenen Befugnissen Gebrauch, um rechtzeitige Folgemaßnahmen zu gewährleisten.**

Beabsichtigt der Adressat, der Empfehlung des ESRB nicht zu folgen, so teilt er dem Rat der Aufseher die Gründe für sein Nichthandeln mit und erörtert sie mit dem Rat der Aufseher.

Unterrichtet die zuständige Behörde den Rat und den ESRB gemäß Artikel 17 der Verordnung (EU) Nr. 1092/2010, so trägt sie den Standpunkten des Rates der Aufseher angemessen Rechnung.

(6) **Bei der Erfüllung der in dieser Verordnung festgelegten Aufgaben trägt die Behörde den Warnungen und Empfehlungen des ESRB in größtmöglichem Umfang Rechnung.**

Übersicht

Schrifttum: Siehe die Angaben bei „Allgemein zum ESFS" und „Allgemein zur EIOPA". *Kaufhold,* Systemaufsicht – Der Europäische Ausschuss für Systemrisiken im Finanzsystem als Ausprägung einer neuen Aufsichtsform, Verw 2013, S. 21 ff.; *Papathanassiou/Zagouras,* Mehr Sicherheit für den Finanzsektor: Der Europäische Ausschuss für Systemrisiken und die Rolle der EZB, WM 2010, S. 1584 ff.

1 **I. Allgemeines.** Während Art. 22–24 EIOPA-VO besondere Kooperationspflichten zwischen der EIOPA und dem ESRB statuieren, legt Art. 36 EIOPA-VO die allgemeine Kooperationsbeziehung zwischen diesen Bestandteilen des ESFS fest. Im Detail legt Art. 36 EIOPA-VO neben der Pflicht zur engen Kooperation (Abs. 1) und Informationsübermittlung (Abs. 2), die Aufgaben und Pflichten der EIOPA im Zusammenhang mit Warnungen und Empfehlungen des ESRB an die EIOPA (Abs. 3, 4) und im Zusammenhang mit Warnungen und Empfehlungen des ESRB an eine zuständige Behörde (Abs. 3, 5 UAbs. 1) fest; daneben werden auch die Aufgaben und Pflichten der zuständigen Behörden im Zusammenhang mit Warnungen und Empfehlungen des ESRB an sie konkretisiert (Abs. 5 UAbs. 2, 3). Schließlich legt Abs. 6 fest, dass die Warnungen und Empfehlungen des ESRB durch die EIOPA bei Wahrnehmung ihrer Aufgaben größtmöglich berücksichtigt werden sollen.

2 **II. Pflicht zur Kooperation und Informationsübermittlung an das ESRB (Abs. 1, 2).** Abs. 1 und 2 dienen in besonderem Maße der **Konkretisierung** der **Aufgabe** der EIOPA aus **Art. 8 Abs. 1 lit. d EIOPA-VO**, wonach diese mit dem ESRB (siehe Art. 2 EIOPA-VO Rn. 4, 6) eng zusammenzuarbeiten und diesem die zur Makroaufsicht erforderlichen Informationen zu übermitteln hat. Über diese Kooperation wird die europäische Säule der Mikroaufsicht mit der Makroaufsicht verknüpft und hierdurch der Netzverbund des ESFS (Art. 2 EIOPA-VO Rn. 3) stark integriert.

3 **1. Allgemeine Kooperationspflicht (Abs. 1).** Die **allgemeine Pflicht** zur **engen und regelmäßigen Zusammenarbeit** aus Abs. 1 wird einerseits durch die Pflichten in Art. 22–24 EIOPA-VO und andererseits durch die Informationsübermittlungspflicht in Abs. 2 und die Folgemaßnahmenpflichten in Abs. 3–5 konkretisiert. Die verbleibende eigenständige Bedeutung der allgemeinen Kooperationspflicht bleibt hierbei relativ unkonturiert. Im Schwerpunkt geht es darum, dass die EIOPA, wo dies notwendig erscheint, auch eine Abstimmung mit dem ESRB suchen sollte, dass also ein institutionalisierter Kommunikationskanal etabliert werden sollte. Da der Vorsitzende der EIOPA immer Mitglied des Verwaltungsrates des ESRB und, immer wenn er den Vorsitz im Gemeinsamen Ausschuss innehat, periodisch stellvertretender Vorsitzender des ESRB ist (siehe Art. 48 EIOPA-VO Rn. 8), ergibt sich eine enge und regelmäßige Zusammenarbeit schon aus dem institutionellen Gefüge des ESFS. Daneben dient die Anordnung der Kooperationspflicht aber auch als Auslegungsmaßstab für die besonderen Kooperationspflichten (siehe beispielsweise Rn. 7).

4 **2. Informationsübermittlungspflicht (Abs. 2).** Abs. 2 S. 1 verpflichtet die EIOPA dazu, dem ESRB **regelmäßig und rechtzeitig** alle **Informationen**, die das ESRB zur Erfüllung seiner Aufgaben nach Art. 3 ESRB-VO[1] benötigt, zu **übermitteln**.

5 Diese Pflicht bezieht sich entsprechend dem Regelungsgefüge des Informationserhebungsrechts des ESRB grundsätzlich auf **zusammengefasste oder aggregierte Daten**, aus denen die einzelnen Finanzinstitute nicht identifizierbar sind, Art. 15 Abs. 3 ESRB-VO.

6 Diese Pflicht der EIOPA besteht grundsätzlich **nicht *sua spontane*, sondern** es ist am ESRB, die Informationen von der EIOPA **anzufordern**. Es ist nicht die Aufgabe der EIOPA, abschließend zu beurteilen, welche Informationen für das ESRB erforderlich sein könnten. Typischerweise wird eine Datenübermittlungspflicht also erst durch ein konkretes Informationsgesuch des ESRB begründet werden. In vielen Fällen benötigt das ESRB jedoch Daten nicht bezogen auf einen konkreten Anlass, sondern immer **wiederkehrend**, um bestimmten Aufgaben nachzukommen. Zu diesem Zweck kann die **Informationsanforderung** (ohne dass dies spezifisch ausgeführt würde) auch so ausgestaltet werden, dass das Verlangen die EIOPA dazu verpflichtet, die Informationen in regelmäßigen Abständen – die durch das Verlangen festgelegt werden – und in vorgegebenen Formaten zu übermitteln. Andererseits hat die EIOPA gemäß Art. 32 Abs. 1 S. 1 EIOPA-VO frühzeitig Trends, potenzielle Risiken und Schwachstellen bei der Aufsicht auf Mikroebene sowie bei grenz- und sektorübergreifenden Tätigkeiten zu überwachen und unter anderem an das ESRB zu berichten. So sie hierbei außerhalb der üblichen Berichtszeiträume erhebliche Änderungen in der Informationslage ausmacht, so trifft sie dann auch eine *ad hoc*-Informationsübermittlungspflicht *sua spontane*.[2]

7 Soweit eine Informationsanforderung besteht, obliegt es der EIOPA, diese Daten entsprechend dem Turnus und vor Ablauf der bestimmten Frist an das ESRB zu übermitteln. Unmittelbar gilt Abs. 2 S. 1 nur für die Übermittlung von **Informationen, die bereits verarbeitet wurden**. Dies wird beispielsweise daraus deutlich, dass Art. 15 Abs. 5 ESRB-VO ein Informationsverlangen an einen anderen Adressaten zulässt, wenn bei der EIOPA eine Information „nicht zur Verfügung" stand. Hieraus ließe sich schlussfolgern, dass die EIOPA gegenüber dem ESRB gerade keine **Pflicht** trifft, bestimmte **Daten zu erheben**. Dies verkennt jedoch den Integrationsgrad des ESFS und die der EIOPA aufgelegte Kooperationspflicht. Zur Errichtung und dem Funktionieren des ESFS ist es erforderlich, dass alle Akteure allzeit über die für sie notwendigen Informationen verfügen. Hierbei sollte es auch vermieden

[1] Verordnung (EU) Nr. 1092/2010 des Europäischen Parlaments und des Rates vom 24. November 2010 über die Finanzaufsicht der Europäischen Union auf Makroebene und zur Errichtung eines Europäischen Ausschusses für Systemrisiken, ABl. 2010 L 331, 1.

[2] Vgl. Erwägungsgrund 42 S. 1, 2.

werden, dass gleiche Informationen durch mehrere Stellen erhoben werden müssen, da nur hierdurch potentielle Synergieeffekte, die das ESFS erzeugen kann, genutzt werden. Die in Art. 2 Abs. 4 Hs. 2 EIOPA-VO speziell niedergelegte informationelle Loyalitätspflicht aller Bestandteile des ESFS lässt sich insofern auch so verstehen, dass die EIOPA – gerade wenn das ESRB eine periodisch zu erfüllende Informationsübermittlung begründet (siehe Rn. 6) – auch dazu verpflichtet ist, bestimmte für das ESRB erforderliche Daten zu erheben. Zumindest im Falle einer *ad hoc*-Anfrage wird die EIOPA die Informationen jedoch nicht immer in angemessener Frist generieren können; dies wäre als solches nicht als Pflichtverletzung anzusehen. Wenn jedoch aus der Anfrage hervorgeht, dass diese und ähnliche Informationen immer wieder erforderlich werden, so hat die EIOPA soweit im Rahmen der Befugnisse der EIOPA-VO möglich und soweit dies unter der Grundsatz der Verhältnismäßigkeit angemessen erscheint, dafür Sorge zu tragen, dass die Information zukünftig bei ihr vorliegt oder in kürzerer Frist gewonnen werden kann. Hierdurch wird die Informationsübermittlungspflicht der EIOPA nach Abs. 2 S. 1 eng verknüpft mit den Informationserhebungsrechten insbesondere des Art. 35 EIOPA-VO.

Eine **Übermittlungspflicht** (und hiermit zusammenhängende Erhebungspflicht, siehe Rn. 7) kann **8** im Einzelfall gemäß Abs. 2 S. 2 jedoch auch im Hinblick auf nicht zusammengefasste oder aggregierte Informationen, also auf **Rohdaten zu einzelnen Finanzinstituten**, bestehen. Die Erhebung solcher individualisierter Daten durch das ESRB stellt gemäß Art. 15 Abs. 6 ESRB-VO die absolute Ausnahme dar. So die angeforderten Daten bei der EIOPA verarbeitet sind, so hat sie diese unverzüglich vorzulegen, allerdings nur unter zusätzlichen Bedingungen. Abs. 1 S. 2 erfordert einen begründeten Antrag des ESRB. Dies ist im Kontext mit Art. 15 Abs. 6 ESRB-VO zu lesen, der vom ESRB verlangt darzutun, warum es die Daten über das betreffende einzelne Finanzinstitut für systemrelevant und angesichts der herrschenden Marktlage für erforderlich hält. Der EIOPA kommt hierbei gemäß Art. 15 Abs. 7 S. 2 ESRB-VO eine gewisse Prüfungskompetenz zu, nach der die Übermittlung verweigert werden kann (und muss), wenn das Informationsübermittlungsgesuch nicht hinreichend begründet oder unverhältnismäßig ist. In diesem Fall hat das ESRB eine zusätzliche Begründung vorzulegen, welche die EIOPA dann zur Übermittlung verpflichten würde. Alternativ kann das ESRB die Informationen jedoch wohl auch bei einem anderen Adressaten (wie dem Finanzinstitut selbst) erheben, vgl. Art. 15 Abs. 7 S. 3 ESRB-VO.

Abs. 2 S. 3 verpflichtet die EIOPA (und das ESRB) dazu, für **angemessene Verfahren** bei der **9** Übermittlung von **vertraulichen Informationen** zu sorgen, um insbesondere den **Schutz** von Informationen über einzelne Finanzinstitute, wenn die Informationsübermittlung nicht in zusammengefasster oder aggregierter Form erfolgt, zu gewährleisten. Die ESA haben zu diesem Zweck gemeinsam mit dem ESRB eine Verwaltungsvereinbarung darüber getroffen, welche Schutzmechanismen beim ESRB zur Wahrung der Vertraulichkeit eingerichtet werden müssen.[3]

III. Aufgaben und Pflichten der EIOPA im Zusammenhang mit Warnungen und Empfehlungen des ESRB an die EIOPA (Abs. 3, 4). Abs. 3 und 4 verpflichten die EIOPA dazu, **Warnungen und Empfehlungen**, die das ESRB an sie gerichtet hat, in angemessener Weise durch sogenannte Folgemaßnahmen **umzusetzen**. Eine echte Rechtspflicht besteht hierbei jedoch nur hinsichtlich der Auseinandersetzung und der Informationen hierzu, da dem ESRB gegenüber der EIOPA keine Zwangsgewalt zukommt. Hierbei sind grundsätzlich auch solche Warnungen und Empfehlungen erfasst, die nicht explizit an die EIOPA, aber an die Union als Ganzes adressiert sind. Unter einer Warnung ist hierbei im Einklang mit Art. 16 Abs. 1 ESRB-VO das Aufzeigen signifikanter Risiken für die Erreichung des in Art. 3 Abs. 1 ESRB-VO genannten Ziels der Abwendung oder Eindämmung von Systemrisiken für die Finanzstabilität in der Union zu verstehen. Eine Empfehlung ist das Aufzeigen von möglichen Abhilfemaßnahmen im Hinblick auf die von der Warnung umfassten Risiken durch das ESRB. Hieraus ergibt sich, dass zwar eine Warnung isoliert, niemals aber eine Empfehlung ohne einer Warnung ausgesprochen werden kann. Die Empfehlungen können hierbei, je nach Adressat, allgemeiner oder spezifischer Art sein und einen Zeitrahmen für die entsprechenden Maßnahmen definieren.[4] **10**

Zunächst verpflichtet Abs. 4 UAbs. 1 den **Vorsitzenden** der EIOPA dazu, **unverzüglich** nach **11** Empfang der Warnung oder Empfehlung eine **Sitzung des Rates der Aufseher einzuberufen** (siehe Art. 44 EIOPA-VO Rn. 17, 20). Die Anforderung der Unverzüglichkeit bezieht sich primär auf die Einberufung und nicht die Durchführung der Sitzung. Hinsichtlich der Ladung gelten insofern die üblichen Fristen (siehe Art. 44 EIOPA-VO Rn. 21), sodass die Sitzung frühestens vier Wochen nach Zugang der Warnung und Empfehlung stattfinden kann. Im Falle besonderer Dringlichkeit sollte insofern durch den Vorsitzenden über die Möglichkeit einer Abstimmung im Wege eines schriftlichen

[3] Agreement between the European Banking Authority and the European Insurance and Occupational Pension Authority and the European Securities and Markets Authority and the European Systemic Risk Board on The establishment at the ESRB Secretariat of specific confidentiality procedures in order to safeguard information regarding individual financial institutions and information from which individual financial institutions can be identified vom 25.11.2011; abrufbar unter https://eiopa.europa.eu/Publications/Administrative/Agreement_ESAs-ESRB_on_confidentiality_procedures.pdf#search=esrb.

[4] Siehe Art. 16 Abs. 2 S. 3 ESRB-VO i. V. m. Erwägungsgrund 17.

Verfahrens nachgedacht werden (siehe Art. 44 EIOPA-VO Rn. 30), da zumindest nach hiesiger Ansicht gegenwärtig eine Sitzung im Wege der Telefonkonferenz für den Rat der Aufseher ausgeschlossen ist (siehe Art. 44 EIOPA-VO Rn. 19).

12 Auf dieser Sitzung hat der Rat der Aufseher gemäß Abs. 4 UAbs. 1 zu **bewerten**, inwieweit sich die konkrete Warnung oder Empfehlung, die das ESRB an die EIOPA gerichtet hat, auf die Erfüllung ihrer Aufgaben auswirkt. Dies bedeutet, dass der Rat der Aufseher, die durch die Warnung offenbarten signifikanten Risiken im Hinblick auf ihre mikroprudentielle Aufsichtsaufgaben einzuordnen hat.

13 Fußend auf dieser Bewertung der Warnung oder Empfehlung hat der Rat der Aufseher über die **angemessenen Folgemaßnahmen** zu diskutieren und diese anschließend gemäß Abs. 4 UAbs. 2 zu beschließen. Hierbei gibt Abs. 4 UAbs. 2 keinen eigenen *numerus clausus* vor. Der Rat der Aufseher hat vielmehr aus den ihm zustehenden Befugnissen diejenigen auszuwählen, mit denen eine Reaktion auf die Warnung oder Empfehlung am angemessensten erreicht wird. Je nach aufgezeigtem signifikantem Risiko kann dies die Erstellung eines Entwurfs eines technischen Standards, die Herausgabe einer Leitlinie, eine Stellungnahme gegenüber der Kommission, dem Europäischen Parlament und dem Rat (zum Anstoßen einer Gesetzesänderung), die Abgabe einer Empfehlung an eine nationale Aufsichtsbehörde oder ein Aufsichtskollegium etc. sein. Je nach Konstellation kann auch eine Kumulation von Folgemaßnahmen erforderlich sein.

14 **Abs. 4 UAbs. 2** bringt hierbei jedoch zum Ausdruck, dass er selbst **keine** eigenständige **Ermächtigungsgrundlage** darstellt. Vielmehr haben die Maßnahmen nach dem Verfahren und den Bedingungen, die für sie in der EIOPA-VO angeordnet werden, beschlossen zu werden – ohne dass in Abs. 4 UAbs. 2 eine Art von kleiner Notstandsverordnung zu sehen wäre. Dies heißt beispielsweise für den Erlass eines technischen Standards, dass im Falle der Dringlichkeit zwar ausnahmsweise eine öffentliche Konsultation unterbleiben kann, eine Konsultation der entsprechenden *Stakeholdergruppe* aber erfolgen muss (siehe Art. 10 EIOPA-VO Rn. 32, 34), und die EIOPA eben nicht einfach einen Entwurf direkt an die Kommission leiten kann. Diese Verzögerungseffekte sind von der EIOPA vorherzusehen und der Rat der Aufseher muss gerade auch planen, wie eine Wartezeit adäquat überbrückt werden kann. Je nach Art des Risikos mag die EIOPA hier insbesondere über ihre Koordinatorenfunktion nach Art. 31 EIOPA-VO eine angemessene zwischenzeitige Eindämmung des Risikos erreichen.

15 Abs. 2 UAbs. 3 ordnet an, dass die EIOPA, wenn sie **trotz** einer an sie gerichteten **Empfehlung keine Folgemaßnahmen** ergreift, ihre Untätigkeit gegenüber dem ESRB und dem Rat anzuzeigen und zu begründen hat. Hierbei greift diese Pflicht spätestens nach dem in der Empfehlung festgelegten Zeitrahmen (siehe Rn. 10). So die Entscheidung im Rat der Aufseher, auf eine Empfehlung des ESRB nicht zu reagieren, bereits früher getroffen wird, so gebietet es der Loyalitätsgrundsatz (siehe Art. 2 EIOPA-VO Rn. 20) der EIOPA, das Absehen von Maßnahmen unverzüglich anzuzeigen und zu begründen. Abs. 2 UAbs. 3 ist ergänzend mit Art. 17 Abs. 1 S. 1 ESRB-VO zu lesen, der die EIOPA zusätzlich dazu verpflichtet, dem ESRB und dem Rat mitzuteilen, welche Maßnahmen sie zur Umsetzung der Empfehlungen ergriffen hat. Unklar bleibt hierbei, ob eine Abweichung der ergriffenen Maßnahmen von den durch die Empfehlung nahegelegten Maßnahmen begründungspflichtig ist. Weder Abs. 2 UAbs. 3 noch Art. 17 ESRB-VO greifen diesen Fall auf. Wenn jedoch das ESRB sehr konkrete Handlungsvorschläge macht, so spricht alles dafür, dass eine erhebliche Abweichung analog zum Fall der Nichthandlung behandelt wird und mithin die EIOPA darzulegen hat, weshalb ihr Maßnahmenpaket von dem durch das ESRB avisierten abweicht.

16 **IV. Aufgaben und Pflichten im Zusammenhang mit Warnungen und Empfehlungen des ESRB an eine zuständige Behörde (Abs. 3, 5).** Wenn eine **Warnung oder Empfehlung an eine zuständige Behörde** nach Art. 4 Nr. 2 EIOPA-VO gerichtet wird, so ergeben sich hierdurch einerseits Pflichten der EIOPA (Abs. 3, 5 UAbs. 1) und andererseits solche des nationalen Aufsehers (Abs. 5 UAbs. 2, 3).

17 **1. Aufgaben und Pflichten der EIOPA (Abs. 3, 5 UAbs. 1).** Wenn eine Warnung oder Empfehlung durch das ESRB an eine zuständige Behörde adressiert wird, so ist gemäß Art. 16 Abs. 3 Hs. 2 ESRB-VO diese Warnung und Empfehlung gleichzeitig auch immer der EIOPA zu übermitteln. Der Zugang einer solchen Warnung oder Empfehlung löst bei der EIOPA eine **Unterstützungspflicht** nach Abs. 5 UAbs. 1 aus.

18 Die **Pflicht** aus Abs. 5 UAbs. 1 ist **nicht absolut** („gegebenenfalls"), sondern greift nur dann, wenn ersichtlich wird, dass die Warnung oder Empfehlung durch den Adressaten nicht rechtzeitig umgesetzt wird, also auf nationaler Ebene keine adäquaten Folgemaßnahmen erlassen werden. In diesem Fall solle die EIOPA von ihren Befugnissen unter der EIOPA-VO Gebrauch machen, um eine rechtzeitige und angemessene Adressierung der Warnung oder Empfehlung sicherzustellen. Je nach Situation kann dies die Herausgabe einer Empfehlung nach Art. 16 EIOPA-VO oder die Abgabe einer Stellungnahme nach Art. 29 Abs. 1 S. 2 lit. a EIOPA-VO sein, oder aber die Einleitung eines Verfahrens nach Art. 17 EIOPA-VO oder Art. 18 EIOPA-VO etc. Hierbei sollte berücksichtigt werden, dass der zuständigen Behörde ausreichend Zeit zu gewähren ist, selbständig und unter Wahrung des europäischen Subsidiaritätsprinzips die erforderlichen Maßnahmen zu erlassen. Hierbei erscheint es jedoch zwingend notwen-

dig, dass zwischen der EIOPA und der zuständigen Behörde ein begrenzter Kommunikationskanal geöffnet wird, um für die EIOPA die Bewertung der Notwendigkeit einer Intervention zu ermöglichen und der zuständigen Behörde eine Unterstützung, wenn sie notwendig ist, zukommen zu lassen.

2. Aufgaben und Pflichten des nationalen Aufsehers (Abs. 5 UAbs. 2, 3). So das ESRB eine Warnung oder Empfehlung an eine **zuständige Behörde** adressiert, so **verpflichten** diese aber primär letztere und nicht die EIOPA. Es ist mithin am nationalen Aufseher im Rahmen des nationalen Aufsichtsrahmens die **angemessenen Maßnahmen** zur Adressierung der Warnung oder Empfehlung zu ergreifen. Der nationale Aufseher kann hierbei selbstverständlich nur in den Grenzen seiner ihm durch den Errichtungsakt übertragenen Aufgaben und Befugnissen handeln. 19

So eine **zuständige Behörde** gedenkt, eine **Empfehlung** des ESRB **nicht umzusetzen** – Gleiches sollte auch bei wesentlich abweichender Umsetzung gelten (siehe Rn. 15) –, so hat sie vor Unterrichtung des ESRB und des Rates nach Art. 17 Abs. 1 S. 1 ESRB-VO zunächst den Rat der Aufseher der EIOPA gemäß Abs. 5 UAbs. 2 darüber in Kenntnis zu setzen und dies mit ihm zu erörtern. 20

Erst nach Gewährung dieses Anhörungsrechts kann die zuständige Behörde gemäß Art. 17 Abs. 1 S. 1 ESRB-VO ihr **Absehen von Maßnahmen** gegenüber dem **ESRB** und dem **Rat anzeigen und begründen**. In der Begründung hat die zuständige Behörde gemäß Abs. 5 UAbs. 3 dem Standpunkt des Rates der Aufseher der EIOPA (siehe Rn. 20) angemessen Rechnung zu tragen. 21

V. Allgemeine Berücksichtigungspflicht der Warnungen und Empfehlungen des ESRB (Abs. 6). Abs. 6 verpflichtet die EIOPA bei Erfüllung ihrer Aufgaben aus der EIOPA-VO den **Warnungen und Empfehlungen** des ESRB in größtmöglichem Umfang **Rechnung zu tragen**. Dies legt zum einen den Bewertungsmaßstab fest, nämlich, dass die EIOPA solchen Warnungen und Empfehlungen besonderes Gewicht beimessen soll. Zum anderen wird das Beachtungsobjekt hier im Vergleich zu den Abs. 3–5 abgewandelt, da es um sämtliche Warnungen und Empfehlungen des ESRB geht, also auch solche, die nicht an die EIOPA oder die zuständigen Behörden adressiert wurden. Schließlich erscheint die Klarstellung des Abs. 6 auch förderlich, um zu verdeutlichen, dass Warnungen und Empfehlungen des ESRB nicht nur eine unmittelbare Reaktionspflicht nach Abs. 3–5 auslösen, sondern auch die risikostrategische Planung der EIOPA langfristig beeinflussen sollen. 22

Interessengruppe Versicherung und Rückversicherung und Interessengruppe betriebliche Altersversorgung

37 (1) [1]**Um die Konsultation von Interessenvertretern in Bereichen, die für die Aufgaben der Behörde relevant sind, zu erleichtern, werden eine Interessengruppe Versicherung und Rückversicherung und eine Interessengruppe betriebliche Altersversorgung (im Folgenden gemeinsam „die Interessengruppen" genannt) eingesetzt.** [2]**Die Interessengruppen werden zu Maßnahmen konsultiert, die gemäß den Artikeln 10 bis 15 in Bezug auf technische Regulierungs- und Durchführungsstandards und, soweit sie nicht einzelne Finanzinstitute betreffen, gemäß Artikel 16 in Bezug auf Leitlinien und Empfehlungen ergriffen werden.** [3]**Müssen Maßnahmen sofort ergriffen werden und sind Konsultationen nicht möglich, so werden die Interessengruppen schnellstmöglich informiert.**

[1]**Die Interessengruppen treten mindestens viermal jährlich zusammen.** [2]**Sie können Angelegenheiten von gegenseitigem Interesse gemeinsam behandeln und setzen einander von den übrigen behandelten Angelegenheiten in Kenntnis.**

Die Mitglieder der einen Interessengruppe können auch Mitglied der anderen Interessengruppe sein.

(2) [1]**Die Interessengruppe Versicherung und Rückversicherung setzt sich aus 30 Mitgliedern zusammen, die in ausgewogenem Verhältnis in der Union tätige Versicherungs- und Rückversicherungsgesellschaften und Versicherungsvermittler, Vertreter von deren Beschäftigten sowie Verbraucher und Nutzer von Versicherungs- und Rückversicherungsleistungen, Vertreter von KMU und Vertreter einschlägiger Berufsverbände vertreten.** [2]**Mindestens fünf ihrer Mitglieder sind renommierte unabhängige Wissenschaftler.** [3]**Zehn ihrer Mitglieder vertreten Versicherungsgesellschaften, Rückversicherungsgesellschaften oder Versicherungsvermittler, von denen drei Mitglieder genossenschaftliche Versicherungen oder Rückversicherungen beziehungsweise Versicherungsvereine oder Rückversicherungsvereine auf Gegenseitigkeit vertreten.**

(3) [1]**Die Interessengruppe Betriebliche Altersversorgung setzt sich aus 30 Mitgliedern zusammen, die in ausgewogenem Verhältnis in der Union tätige Einrichtungen der betrieblichen Altersversorgung, Beschäftigtenvertreter, Vertreter der Begünstigten, Vertreter von KMU sowie Vertreter einschlägiger Berufsverbände vertreten.** [2]**Mindestens fünf ihrer Mitglieder sind renommierte unabhängige Wissenschaftler.** [3]**Zehn ihrer Mitglieder vertreten Einrichtungen der betrieblichen Altersversorgung.**

(4) [1] Die Mitglieder der Interessengruppen werden auf Vorschlag der jeweiligen Interessenvertreter vom Rat der Aufseher ernannt. [2] Bei seinem Beschluss sorgt der Rat der Aufseher soweit wie möglich für eine angemessene geografische und geschlechtsbezogene Verteilung und Vertretung der Interessenvertreter aus der gesamten Union.

(5) [1] Die Behörde legt – vorbehaltlich des Berufsgeheimnisses gemäß Artikel 70 – alle erforderlichen Informationen vor und gewährleistet, dass die Interessengruppen angemessene Unterstützung für die Abwicklung der Sekretariatsgeschäfte erhalten. [2] Diejenigen Mitglieder der Interessengruppen, die gemeinnützige Einrichtungen vertreten, erhalten eine angemessene Aufwandsentschädigung, Vertreter der Wirtschaft sind hiervon ausgenommen. [3] Die Interessengruppen können Arbeitsgruppen zu technischen Fragen einrichten. [4] Die Mitglieder der Interessengruppen bleiben zweieinhalb Jahre im Amt; nach Ablauf dieses Zeitraums findet ein neues Auswahlverfahren statt.

Die Amtszeit der Mitglieder der Interessengruppen kann einmal verlängert werden.

(6) Die Interessengruppen können zu jedem Thema, das mit den Aufgaben der Behörde zusammenhängt, der Behörde gegenüber Stellung nehmen oder Ratschläge erteilen; der Schwerpunkt liegt dabei auf den in den Artikeln 10 bis 16 sowie den Artikeln 29, 30 und 32 festgelegten Aufgaben.

(7) Die Interessengruppen geben sich mit Zustimmung einer Zweidrittelmehrheit ihrer jeweiligen Mitglieder eine Geschäftsordnung.

(8) Die Stellungnahmen und Ratschläge der Interessengruppen und die Ergebnisse ihrer Konsultationen werden von der Behörde veröffentlicht.

Übersicht

Schrifttum: Siehe die Angaben bei Art. 1 EIOPA-VO („Allgemein zum ESFS" und „Allgemein zur EIOPA").

1 **I. Allgemeines.** Art. 37 EIOPA-VO ist die Grundlage für die Einrichtung und Funktion der Interessengruppen (sogenannte *Stakeholdergruppen*), also Einrichtungen über die es der EIOPA erleichtert werden soll, Zugang zu Marktteilnehmern und Experten des Feldes zu finden. Die Interessengruppen sollen hierbei so zusammengesetzt sein, dass sie ein kleines Abbild der Union darstellen, hinsichtlich der von Versicherungsregulierung betroffenen Kreise und der geographischen Regionen. Im Detail wird zum einen die Einrichtung und Untergliederung der Stakeholdergruppen vorgesehen (Abs. 1 UAbs. 1 S. 1), deren Aufgaben bestimmt (Abs. 1 UAbs. 1 S. 1, 2, Abs. 6), deren jeweilige Komposition festgelegt (Abs. 2, 3), die Ernennungsvoraussetzungen, das Ernennungsverfahren und die Amtszeit bestimmt

(Abs. 4, Abs. 5 UAbs. 1 S. 4, UAbs. 2), die Befugnisse konkretisiert (Abs. 1 UAbs. 1 S. 2, UAbs. 2 S. 2, Abs. 5 UAbs. 1 S. 3, Abs. 6), die Anforderungen an die Sitzungen und die Art der Entschließung angedeutet (Abs. 1 UAbs. 2 S. 1, Abs. 8) und die Unterstützungspflichten der EIOPA definiert (Abs. 5 UAbs. 1 S. 1, 2, Abs. 8).

Die Stakeholdergruppen sind hierbei **keine Organe** der EIOPA (siehe Art. 6 EIOPA-VO Rn. 3); dies bedeutet, dass die Handlungen ihrer Mitglieder der EIOPA nur dann zugerechnet werden, wenn an eine Handlung (bspw. Übermittlung einer vertraulichen Information, die durch ein Mitglied der Stakeholdergruppe öffentlich gemacht wird bzw. Veröffentlichung einer Stellungnahme) oder ein Unterlassen eines Organs oder Mitarbeiters der EIOPA angeknüpft werden kann. 2

II. Aufgaben (Abs. 1 UAbs. 1). Die Stakeholdergruppen dienen gemäß Abs. 1 UAbs. 1 S. 1 dazu, die Konsultation von Interessenvertretern in den von der EIOPA regulierten Bereichen zu erleichtern und hierdurch die **EIOPA** ausreichend **an** die zu beaufsichtigenden **Märkte rückzukoppeln.** 3

Die Interessengruppen sollen insofern eine **Effizienzsteigerung** bewirken,[1] indem sie durch ihre Zusammensetzung ein möglichst detailgetreues Abbild der heterogenen Interessen im Versicherungsmarkt der Union widergeben und diese Interessenvertreter dazu gebracht werden, innerhalb der Interessengruppen tragfähige Kompromisslösungen auszuarbeiten, die dann der EIOPA zugetragen werden. Obgleich eine offene öffentliche Konsultation immer noch erforderlich erscheint, da eine vollständige Repräsentation aller in der Union vertretenen Interessen in dreißigköpfigen Gremien unmöglich ist, dienen die ergänzenden Stellungnahmen und Ratschläge der Stakeholdergruppen zu einer stärkeren Fokussierung auf das Gesamtinteresse der Marktteilnehmer, während Stellungnahmen einzelner Interessenvertreter oftmals allein ihr Partikularinteresse beleuchten werden. 4

Die zentrale Aufgabe der Stakeholdergruppen ist hierbei gemäß Abs. 1 UAbs. 1 S. 2 die thematische Begleitung der EIOPA im Rahmen ihrer regulatorischen Aufgaben. So ist es die Aufgabe der Stakeholdergruppen gegenüber EIOPA im Falle der verpflichtenden Konsultation der Entwürfe ihrer **technischen Regulierungsstandards** (Art. 10 ff. EIOPA-VO) **und technischen Durchführungsstandards Stellungnahmen** (Art. 15 EIOPA-VO) abzugeben (zur Befugnis siehe Rn. 39 ff.). 5

Es ist ebenfalls die Aufgabe der Stakeholdergruppen gemäß Abs. 1 UAbs. 1 S. 2 **Stellungnahmen** zu den konsultierten Entwürfen von **Leitlinien und Empfehlungen** (Art. 16 EIOPA-VO) abzugeben (zur Befugnis siehe Rn. 42 ff.). Diese Aufgabe erfasst jedoch nur allgemeine Leitlinien und Empfehlungen, nicht jedoch solche, die nur ein einzelnes Finanzinstitut betreffen. 6

Daneben kommt den Stakeholdergruppen – dies ergibt sich aus Abs. 6, 8 – noch die Aufgabe zu, die **Arbeit der EIOPA** generell zu **begleiten**, das bedeutet, regulatorische Defizite auszumachen bzw. Verbesserungspotential zu ermitteln und der EIOPA diesbezüglich **Ratschläge** zu **erteilen** (zur Befugnis siehe Rn. 54 ff.). 7

III. Einrichtung (Abs. 1 UAbs. 1 S. 1). Gemäß Abs. 1 UAbs. 1 S. 1 werden die noch näher auszuführenden (siehe Rn. 9) Stakeholdergruppen eingesetzt. Dies ist im engeren Sinne kein **Einsetzungsakt**. Vielmehr müssen die Stakeholdergruppen jeweils mit Ablauf einer Amtszeit neu konstituiert werden, sodass keine organschaftliche Kontinuität gegeben ist. 8

1. Untergliederung (Abs. 1 UAbs. 1 S. 1). Art. 37 EIOPA-VO sieht die Einrichtung von **zwei**[2] unterschiedlichen **Stakeholdergruppen** vor: Die Interessengruppe Versicherung und Rückversicherung (*Insurance & Reinsurance Stakeholder Group* [IRSG]) sowie die Interessengruppe Betriebliche Altersversorgung (*Occupational Pensions Stakeholder Group* [OPSG]). Hierdurch erhält die EIOPA für beide großen Tätigkeitsbereiche eine eigene Konsultationsinstanz. 9

2. Komposition (Abs. 2, 3, 4 S. 2). Da es sich bei den Stakeholdergruppen nicht um im engen Sinne unabhängige Gremien handelt, sondern sie in erheblichem Maße auch ***Lobbyingvehikel*** sind, ist es von besonderer Bedeutung, dass die **Besetzung ausgewogen** erfolgt, sodass die Interessenpräferenz eines Vertreters durch die Interessenpräferenz eines anderen Vertreters aufgehoben wird. 10

Beide Stakeholdergruppen bestehen gemäß Abs. 2 S. 1 Hs. 1 und Abs. 3 S. 1 Hs. 1 aus **dreißig Mitgliedern**. 11

Bei der **Interessengruppe Versicherung und Rückversicherung** sind von diesen dreißig Mitgliedern gemäß Abs. 2 S. 2 **mindestens fünf renommierte unabhängige Wissenschaftler** aus dem betroffenen Feld, wobei eine Vorgabe zur Disziplin nicht besteht. Von den maximal verbleibenden fünfundzwanzig Mitgliedern müssen **genau zehn** gemäß Abs. 2 S. 3 **Versicherungs- oder Rückversicherungsgesellschaften oder Versicherungsvermittler vertreten** (das heißt entweder bei diesen angestellt sein oder für eine Lobbyorganisation tätig sein, die diese vertritt). Von diesen zehn Mitgliedern müssen **drei genossenschaftliche Versicherungen oder Rückversicherungen** bezie- 12

[1] Erwägungsgrund 47 S. 3.

[2] *Keune*, Rechtliche Grundlagen und Grenzen der EIOPA, 2015, S. 93 geht demgegenüber davon aus, dass drei Stakeholdergruppen, nämlich eine für Versicherung, eine für Rückversicherung und eine für betriebliche Altersversorgung einzurichten sind. Dies widerspricht jedoch den Art. 37 Abs. 2, 3 EIOPA-VO.

hungsweise **Versicherungsvereine oder Rückversicherungsvereine auf Gegenseitigkeit** vertreten.[3] Die **maximal** verbleibenden **fünfzehn Mitglieder** sind gemäß Abs. 2 S. 1 aus dem Feld der **Personalvertreter** (insb. der Beschäftigten von Versicherungs- oder Rückversicherungsgesellschaften oder Versicherungsvermittlern), der **Verbraucherschutzvertreter** von Verbrauchern und Nutzern von Versicherungs- und Rückversicherungsleistungen, Vertreter von KMU – dh von kleinen und mittleren Unternehmen als potentielle Abnehmer von Versicherungen[4] – und **Vertreter einschlägiger Berufsverbände** zu entnehmen.

13 Die **Interessengruppe Betriebliche Altersversorgung** muss ähnlich zusammengesetzt werden. Von dessen dreißig Mitgliedern sind wiederum gemäß Abs. 3 S. 2 **mindestens fünf renommierte unabhängige Wissenschaftler** aus dem betroffenen Feld, wobei eine Vorgabe zur Disziplin nicht besteht. Von den maximal verbleibenden fünfundzwanzig Mitgliedern müssen analog gemäß Abs. 3 S. 3 **genau zehn Einrichtungen der betrieblichen Altersversorgung vertreten** (das heißt entweder bei diesen angestellt sein oder für eine Lobbyorganisation tätig sein, die diese vertritt). Die **maximal** verbleibenden **fünfzehn Mitglieder** sind gemäß Abs. 3 S. 1 aus dem Feld der **Arbeitnehmervertreter**, der **Vertreter von Begünstigten von Pensionsleistungen**, **Vertreter von KMU** und **Vertreter einschlägiger Berufsverbände** zu entnehmen.

14 Bei der Gesamtkomposition hat das ernennungsberechtigte Organ, dh der Rat der Aufseher, gemäß Abs. 2 S. 1 und Abs. 3 S. 1 Sorge zu tragen, dass die einzelnen in Abs. 2 und Abs. 3 aufgeführten Interessengruppen in einer Weise in der Stakeholdergruppe repräsentiert sind, dass sie in einem **ausgewogenen Verhältnis** zueinander stehen. Dies bedeutet, die Berufungsentscheidung zielt nicht ausschließlich auf die sich bewerbende Person und deren Qualifikation, sondern hat vorrangig die Gesamtkomposition zu berücksichtigen. Um dieser Aufgabe nachzukommen hat die EIOPA in einem Fall – in dem auf ihre Aufforderung zur Interessenbekundung kein Personalvertreter eine Bewerbung eingereicht hatte –, eine zusätzliche Aufforderung zur Interessenbekundung veröffentlicht.[5]

15 Hierbei hat der Rat der Aufseher nicht nur die einzelnen repräsentierten Interessengruppen, sondern gemäß Abs. 4 S. 2 auch die **geographische und geschlechterbezogene** Verteilung zu berücksichtigen. Hierbei wäre das Ziel der geschlechterbezogenen Verteilung eine paritätische Besetzung. Gegenwärtig sind unter einem Drittel der beiden Stakeholdergruppen Frauen.[6] In Unkenntnis des Bewerberfeldes erscheint dies jedoch hinnehmbar, da die Gleichbesetzung keine starre Regel, sondern eine Zielvorgabe ist („soweit wie möglich"). Deutlich schwerer dürfte das Ziel einer geographisch ausgewogenen Verteilung sein.[7] Gerade im Hinblick auf nur zehn Mitgliedsämter für Versicherer-, Rückversicherer- und Versicherungsvermittlervertreter, die zudem auch noch geographisch diversifiziert sein sollen, ist es letztlich unvermeidlich, dass bestimmte geographische Positionen unterrepräsentiert sein müssen. Gleichwohl hat die EIOPA hier angemessene Anstrengungen zu unternehmen, was beispielsweise die erfolgreiche Beschwerde beim Europaischen Ombudsmann gegen ein Besetzungsverfahren bei der EBA zeigt.[8]

16 **3. Ernennung.** Die Ernennung der Mitglieder erfolgt gemäß Abs. 4 S. 1 durch den Rat der Aufseher, wobei sich aus Abs. 2 und 3 einige Ernennungsvoraussetzungen ergeben und die Amtsdauer in Abs. 5 UAbs. 1 S. 4 und UAbs. 2 geregelt ist.

17 **a) Ernennungsvoraussetzungen (Abs. 1 UAbs. 3, Abs. 2, 3).** Art. 37 EIOPA-VO stellt an die Mitglieder der Stakeholdergruppen **keine personenbezogenen Eignungserfordernisse**. Selbstverständlich werden bei der Auswahl unter den Bewerbern, aber diejenigen Kandidaten vorgezogen, die besondere Befähigungen im zu konsultierenden Bereich erwarten lassen.

18 Die einzige Anforderung an die Kandidaten ist, dass sie **zumindest eine** der in den Abs. 2 oder 3 aufgeführten **Interessengruppen** (siehe Rn. 12 und 13) durch ihre berufliche Betätigung **repräsentieren**. Diese Voraussetzung sollte nicht zu eng gezogen werden. So wäre es beispielsweise durchaus zulässig, dass ein ehemaliger Vorstand eines Versicherers noch als Industrievertreter zum Mitglied bestellt wird. Relevant ist allein, dass sich klar zuordnen lässt, welches Interesse ein Kandidat repräsentiert. So wäre es beispielsweise nicht interessengerecht, eine Person als Verbraucherschutzvertreter zu bestellen, weil er früher beispielsweise als Versicherungsombudsmann tätig gewesen ist, wenn er gegenwärtig mehrere Aufsichtsratsämter bei Versicherungsunternehmen übernommen hat. Eine Kumulation von

---

[3] Dies dient dazu, dass die verschiedenen Modelle und Größen der betroffenen Finanzinstitute repräsentiert werden; siehe Erwägungsgrund 47 S. 3.

[4] Es geht hierbei nicht um kleine und mittlere Versicherer, da diese bereits durch Abs. 2 S. 3 hinreichend repräsentiert werden.

[5] Siehe Call for expression of interest regarding the setting up of EIOPA's Insurance and Reinsurance Stakeholder Group (IRSG) – Representatives of employees – (EIOPA-15–887).

[6] Für die IRSG siehe https://eiopa.europa.eu/about-eiopa/organisation/stakeholder-groups/insurance-reinsurance-sg; für die OPSG siehe https://eiopa.europa.eu/about-eiopa/organisation/stakeholder-groups/occupational-pensions-sg.

[7] So waren in der ersten IRSG von dreißig Mitgliedern nahezu ein Drittel Deutsche; siehe *N. N.* VW 2011, 372.

[8] *European Ombudsman,* Beschl. v. 7.11.2013 – 1966/2011 (EIS) LP.

Vertreterstellungen ist jedoch dann möglich, wenn die repräsentierten Interessen grundsätzlich erwarten lassen, dass kein Interessenkonflikt entstehen wird.

19 Art. 37 EIOPA-VO – und da die Mitglieder der Stakeholdergruppen nicht zum Personal der EIOPA gehören – gibt **nicht zwingend** vor, dass das Mitglied die **Nationalität eines Mitgliedstaates** innehat. Zwingend ist jedoch gemäß Abs. 2 S. 1 und Abs. 3 S. 1 („in der Union tätige"), dass die Interessengruppe, die der Kandidat repräsentiert, in der Union tätig ist, das heißt im Normalfall, dass das Mitglied bei einem Unternehmen beschäftigt ist, das seinen Sitz in der Union hat. Der Wohnsitz des Mitglieds muss hingegen nicht zwingend in der Union liegen.

20 Die Mitgliedschaft in einer Interessengruppe schließt gemäß Abs. 1 UAbs. 3 nicht die Mitgliedschaft in der anderen Interessengruppe aus. Eine solche **Doppelmitgliedschaft** käme wohl am ehesten für die akademischen Mitglieder in Frage. Im Hinblick auf die recht hohe Arbeitsbelastung in den Stakeholdergruppen dürfte dies aber wohl eher eine theoretische Möglichkeit sein.

21 **b) Ernennungsverfahren (Abs. 4 S. 1).** Das Verfahren zur Ernennung ist in **Abs. 4 S. 1** recht **unklar** und nur sehr **unvollständig** geregelt. Hierbei bleibt vollkommen unklar, wie ein Vorschlag von Kandidaten erfolgen soll. Abs. 4 S. 1 sagt hierzu, dass die Mitglieder auf Vorschlag der jeweiligen Interessenvertreter ernannt werden. Dies soll wohl bedeuten, dass die zu repräsentierenden Interessengruppen der EIOPA mögliche Kandidaten vorschlagen sollen. Dies verkennt jedoch vollkommen, dass die „Interessengruppen" nicht zwingend organisch verfasste Verbände sind.

22 Die EIOPA ist insofern zu einem sinnvolleren Verfahren übergegangen, welches zwar nicht den Wortlaut aber die *ratio legis* des Abs. 4 S. 1 wahrt. So veröffentlicht die EIOPA rechtzeitig vor Ablauf der Amtszeit der gegenwärtigen Stakeholdergruppe einen **Aufruf zur Interessenbekundung.**[9] Auf diesen hin können sich **Kandidaten selbst bewerben**, wobei sie darzustellen haben, welche Interessengruppen sie repräsentieren.

23 Da der **Rat der Aufseher** gemäß Abs. 4 S. 1 für die Ernennung der Mitglieder zuständig ist, ist es auch an ihm, das **Auswahlverfahren** zu **initiieren**. Es erscheint hier sinnvoll, dass der Rat der Aufseher zu diesem Zweck einen internen Ausschuss bildet, auf den die Aufgabe delegiert wird, oder aber die Aufgabe gemäß Art. 41 Abs. 1 EIOPA-VO auf den Verwaltungsrat oder den Vorsitzenden überträgt. Hierbei wird die Initiierung in der Gestalt erfolgen, dass eine **öffentliche Ausschreibung zur Interessenbekundung** erfolgt.

24 Die hierauf **eingehenden Bewerbungen** sind dann durch den Rat der Aufseher oder den Delegatar zu **bewerten.**

25 Aus dem Bewerberfeld erstellt der Rat der Aufseher oder der Delegatar eine **Berufungsliste,** bei der er die zwingenden Vorgaben zur Repräsentation (siehe Rn. 12 f.), die Vorgabe des ausgewogenen Verhältnisses (siehe Rn. 14) und der angemessenen Verteilung (siehe Rn. 15) berücksichtigt.

26 Danach wird die Stakeholdergruppe in ihrer Gesamtheit (und hierdurch jedes Mitglied einzeln) durch einen **Beschluss des Rates der Aufseher** mit einfacher Mehrheit **bestellt**. Wobei die Mitglieder der Stakeholdergruppe jeweils einzeln die Annahme des Amtes erklären müssen, bevor im Anschluss die Zusammensetzung der Stakeholdergruppe verkündet wird (siehe Rn. 30).

27 **c) Amtsdauer (Abs. 5 UAbs. 1 S. 4, Abs. 5 UAbs. 2).** Abs. 5 UAbs. 1 S. 4 und Abs. 5 UAbs. 2 regeln neben der Amtszeit der Mitglieder auch die Möglichkeit einer Amtszeitverlängerung.

28 **aa) Regelmäßige Amtsdauer (Abs. 5 UAbs. 1 S. 4 Hs. 1).** Die **Amtszeit** jedes Mitglieds der Stakeholdergruppe beträgt nach Abs. 5 UAbs. 1 S, 4 Hs. 1 **zweieinhalb Jahre**. Sie beträgt mithin die Hälfte der Amtszeit des Vorsitzenden (Art. 48 Abs. 3 EIOPA-VO) und des Exekutivdirektors (Art. 51 Abs. 3 EIOPA-VO) ist aber im Gleichlauf mit den Mitgliedern des Verwaltungsrates (Art. 45 EIOPA-VO Rn. 9).

29 **Soweit** der Ernennungsakt **keine abweichenden Regelungen** vorsieht, ist anzunehmen, dass der **Amtsantritt** des Mitglieds **unmittelbar mit der Ernennung** erfolgt,[10] sodass die zweieinhalb Jahre ab diesem Zeitpunkt zu berechnen sind. Soweit die Ernennung auf das Amt eines Vorgängers erfolgt, dessen Amtszeit noch nicht abgelaufen ist, so ist im Zweifelsfall anzunehmen, dass der Amtsantritt unmittelbar mit dem Ende der Amtszeit des Vorgängers einsetzt.

30 **Praktisch** wird der Amtsantritt jedoch durch EIOPA **anders gestaltet** – wobei Abs. 5 UAbs. 1 S. 4 Hs. 1 i. V. m. Abs. 4 S. 1 dem nicht entgegenstehen. Art. 1 Nr. 5 der Geschäftsordnung der Stakeholdergruppen (siehe Rn. 48 f.) sieht vor, dass die Amtszeit für jedes Mitglied zu laufen beginnt, wenn alle Mitglieder die Amtsübernahme erklärt haben und die Zusammensetzung der jeweiligen Stakeholdergruppe öffentlich verlautbart wurde.[11]

---

[9] Siehe Art. 1 Nr. 1 EIOPA Insurance and Reinsurance Stakeholder Group and Occupational Pensions Stakeholder Group Rules of Procedure (EIOPA-16/383).

[10] Dh mit dem Wirksamwerden des Beschlusses.

[11] Es ist davon auszugehen, dass Ersatzbestellungen während der Besetzungsperiode einer Stakeholdergruppe nur für die verbleibende Laufzeit des ausgeschiedenen Mitglieds laufen; vgl. Art. 10 Nr. 48 S. 3 EIOPA Insurance and Reinsurance Stakeholder Group and Occupational Pensions Stakeholder Group Rules of Procedure (EIOPA-16/383)

31 Die Amtszeit endet regelmäßig dadurch, dass seit dem Tag des Amtsantritts (siehe Rn. 29 f.) zweieinhalb Jahre verstrichen sind. Die **Amtsstellung** des Mitglieds der Stakeholdergruppe **erlischt automatisch**, ohne dass es einer weiteren Handlung durch die EIOPA (bzw. dessen Verwaltungsrat) bedürfte. Eine Amtsentlassungsurkunde ist insofern nicht zwingend auszustellen.

32 **Das Amt endet** im Fall des **Todes** und auch die Möglichkeit einer **Amtsniederlegung** durch das Mitglied besteht.[12]

33 **Kein** automatischer **Beendigungsgrund** ist im **Erreichen** eines **bestimmten Alters** zu sehen. Es gibt mithin kein Entpflichtungsalter, zu dem das Mitglied in den Ruhestand versetzt werden würde. Im Falle des **Wegfalls der Ernennungsvoraussetzungen** (siehe Rn. 17 ff.) führt dies nicht zur automatischen Beendigung des Amtes, sondern eröffnet allenfalls die Möglichkeit einer **Amtsenthebung**. Um einen sachgerechten Umgang zu ermöglichen, verpflichtet Art. 1 Nr. 4 S. 1 der Geschäftsordnung der Stakeholdergruppen (siehe Rn. 48 f.) jedes Mitglied der Stakeholdergruppe dazu, der EIOPA und dem Vorsitzenden und Stellvertretenden Vorsitzenden der jeweiligen Stakeholdergruppe einen Berufswechsel anzuzeigen, wenn dieser bewirkt, dass das Mitglied nicht mehr der Berufsgruppe angehört, zu deren Repräsentation es bestellt wurde (zur nachamtlichen Anzeigepflicht siehe Art. 70 EIOPA-VO Rn. 43). Art. 1 Nr. 4 S. 2 der Geschäftsordnung der Stakeholdergruppen ordnet an, dass die EIOPA die erforderlichen Maßnahmen anordnen kann. Dies ist so zu verstehen, dass eine Mitgliedschaft trotz Wegfalls der Ernennungsvoraussetzung aufrechterhalten werden kann (wenn dies die Gesamtkomposition der Stakeholdergruppe nicht gefährdet) oder eine Abberufung erfolgen kann. Da die Ernennung durch den Rat der Aufseher erfolgt, hat über die Amtsenthebung (oder andere Maßnahmen) – solange keine Delegation erfolgt – als *actus contrarius* auch der Rat der Aufseher zu entscheiden. Dies ordnet letztlich auch die Geschäftsordnung an. Für den Fall, dass ein Mitglied an drei aufeinanderfolgenden Sitzungen nicht teilgenommen hat, kann der Vorsitzende nach Konsultation mit dem Vorsitzenden der entsprechenden Stakeholdergruppe beim Rat der Aufseher die Amtsenthebung und eine neue Ausschreibung des Amtes beantragen.[13]

34 **bb) Amtszeitverlängerung (Abs. 5 UAbs. 1 Hs. 2, UAbs. 2).** Abs. 5 UAbs. 2 erlaubt eine **einmalige Amtszeitverlängerung**. Diese Verlängerung bewirkt ab ihrer Erteilung oder ihrer Gestaltungswirkung (siehe Rn. 29 f.) den Lauf einer neuen zweiten Amtszeit von zweieinhalb Jahren.

35 Anders als bei der Amtszeitverlängerung der Mitglieder des Beschwerdeausschusses (siehe Art. 58 EIOPA-VO Rn. 49) lässt Abs. 5 es **nicht offen, wie** genau diese **Amtszeitverlängerung erfolgt**. Vielmehr ordnet Abs. 5 UAbs. 1 S. 4 Hs. 2 an, dass nach Ablauf der Amtszeit ein **neues Auswahlverfahren** stattfindet. Dies bedeutet, dass auch Mitglieder der Stakeholdergruppen sich erneut um eine Benennung bewerben müssen.

36 Unklar ist, ob Abs. 5 UAbs. 2 der **Neuberufung eines Altmitglieds**, das bereits zwei Amtszeiten gedient hat, im Wege steht, wenn zwischenzeitig eine andere Person das Amt zumindest für eine teilweise Amtsperiode innehatte. Würde es sich um eine deutsche Norm handeln, müsste man wohl – da hier nur eine zweite Amtszeits*verlängerung*, nicht aber eine spätere neue Amts*berufung* untersagt wird – zu dem Ergebnis gelangen, dass dies möglich ist.[14] In diese Richtung scheint auch die EIOPA diese Beschränkung zu verstehen, wenn sie in Art. 1 Nr. 5 der Geschäftsordnung der Stakeholdergruppen (siehe Rn. 48 f.) festlegt, dass „Mitglieder zwei aufeinanderfolgende Amtszeiten dienen dürfen".[15] Noch deutlicher wird dies in Art. 10 Nr. 46 S. 2 der Geschäftsordnung der Stakeholdergruppen, der festlegt, dass die Arbeitsbeteiligung und Frequenz der Teilnahme an Sitzungen ein entscheidendes Kriterium für die Amtszeitverlängerung *und* die Wiederberufung von Mitgliedern ist.[16]

37 **IV. Befugnisse (Abs. 1 UAbs. 1 S. 2, Abs. 6).** Um ihren Aufgaben nachkommen zu können, werden den Stakeholdergruppen bestimmte enge Befugnisse übertragen.

38 **1. Stellungnahme zu (zwingenden) Konsultationen (Abs. 1 UAbs. 1 S. 2, Abs. 6 Hs. 2).** Die entscheidende Befugnis der Stakeholdergruppe ist der Anspruch, grundsätzlich zu jedem **regulatorischen Vorhaben** der EIOPA **Stellung nehmen** zu können.

39 **a) Stellungnahme zu technischen Standards.** Dies bedeutet, dass die EIOPA die relevante Stakeholdergruppe bezüglich jedes Entwurfes eines **technischen Regulierungsstandards** nach Art. 10 Abs. 1 UAbs. 3 S. 2 EIOPA-VO und jedes Entwurfes eines **technischen Durchführungsstandards**

[12] Dies ergibt sich aus Art. 1 Nr. 4 EIOPA Insurance and Reinsurance Stakeholder Group and Occupational Pensions Stakeholder Group Rules of Procedure (EIOPA-16/383).

[13] Art. 10 Nr. 48 S. 2, 3 EIOPA Insurance and Reinsurance Stakeholder Group and Occupational Pensions Stakeholder Group Rules of Procedure (EIOPA-16/383).

[14] Vgl. zur anschließenden Wiederwahl des Bundespräsidenten nach Art. 54 Abs. 2 S. 2 GG bspw. Maunz/Dürig/*Herzog* Art. 54 Rn. 20.

[15] Art. 1 Nr. 6 EIOPA Insurance and Reinsurance Stakeholder Group and Occupational Pensions Stakeholder Group Rules of Procedure (EIOPA-16/383): „Members may serve two successive terms".

[16] Art. 10 Nr. 46 S. 2 EIOPA Insurance and Reinsurance Stakeholder Group and Occupational Pensions Stakeholder Group Rules of Procedure (EIOPA-16/383): „Attendance and participation records shall be important criteria for the renewals of mandate and reappointments of members".

nach Art. 15 Abs. 1 UAbs. 2 S. 2 EIOPA-VO zu konsultieren hat und die Stakeholdergruppe hierzu eine Stellungnahme abgeben kann. So ausnahmsweise das Initiativrecht zu diesen Standards auf die Kommission übergeht, so besteht das zwingende **Stellungnahmerecht** gegenüber der Kommission (siehe Art. 10 EIOPA-VO Rn. 64 und Art. 15 EIOPA-VO Rn. 54).

Diese **Befugnis** zur Abgabe von **Stellungnahmen** zu technischen Standards ist durch die EIOPA (oder die Kommission) **nicht begrenzbar**. Vielmehr hat eine Konsultation der Stakeholdergruppen ohne Ausnahme immer durchgeführt zu werden (siehe Art. 10 EIOPA-VO Rn. 34 und Art. 15 EIOPA-VO Rn. 24). Soweit Abs. 1 UAbs. 1 S. 3 das Konsultationsrecht in ein Informationsrecht über eine ergriffene Maßnahme abwandelt, wenn im Einzelfall eine Maßnahme sofort ergriffen werden muss und eine Konsultation nicht möglich ist, so erfasst dies nicht die verpflichtende Konsultation bei Erstellung des Entwurfes. Im Hinblick darauf, dass das Verfahren zum Erlass von technischen Standards in Form eines delegierten Rechtsaktes oder eines Durchführungsrechtsaktes durch Einbindung der Kommission (und teilweise des Unionsgesetzgebers) immer noch recht zeitintensiv ist, ist es schlechterdings nicht vorstellbar, dass eine Konsultation – die, wenn der Beschluss der Stellungnahme im schriftlichen Verfahren erfolgt, recht zügig möglich ist – unmöglich wäre. 40

Die Stakeholdergruppen sind vollkommen frei darin, in welcher Form sie zu den Konsultationen Stellung nehmen. Das heißt, dass sie **keinerlei Loyalitätspflicht gegenüber** der **EIOPA** bindet. Dies bedeutet, dass die Stellungnahmen auch besonders kritisch ausfallen können, also beispielsweise auch das Regulierungsvorhaben in seiner Gesamtheit ablehnen können oder aber eine grundsätzliche Zustimmung mit Detailänderungsvorschlägen präsentieren können. 41

b) Stellungnahme zu Leitlinien und Empfehlungen. Auch im Hinblick auf das neben den beiden technischen Standards dritte und vierte große Regulierungsmittel der EIOPA – den **Leitlinien und Empfehlungen** nach Art. 16 EIOPA-VO – sind die Stakeholdergruppen als **Konsultationsgremium** eingebunden. Dies heißt, dass die EIOPA die relevante Stakeholdergruppe grundsätzlich bezüglich jedes Entwurfes einer Leitlinie oder Empfehlung nach Art. 15 Abs. 2 S. 3 EIOPA-VO zu konsultieren hat und die Stakeholdergruppe hierzu eine Stellungnahme abgeben kann. 42

Anders als die Befugnis zur Abgabe von Stellungnahmen zu technischen Standards (siehe Rn. 40) ist die **Befugnis** zur Abgabe von **Stellungnahmen** zu Leitlinien und Empfehlungen durch die EIOPA jedoch **begrenzbar**. Bei richtigem Verständnis ist das Konsultationsrecht jedoch nur in Fällen besonderer Dringlichkeit begrenzbar, das heißt gemäß Abs. 1 UAbs. 1 S. 3, wenn die Leitlinie oder Empfehlung sofort herausgegeben werden musste. Daneben ist eine Konsultation gemäß Abs. 1 UAbs. 1 S. 2 Hs. 2 dann zwingend nicht durchzuführen, wenn die Empfehlung (sei sie an eine nationale Aufsichtsbehörde oder an ein Finanzinstitut adressiert) ein einzelnes Finanzinstitut betrifft. 43

Im Fall einer sofort zu erlassenden Leitlinie oder Empfehlung, die eine Konsultation unmöglich werden ließ, ist die betreffende *Stakeholdergruppe* gemäß Abs. 1 UAbs. 1 S. 3 von der Herausgabe schnellstmöglich zu informieren. Das **Konsultationsrecht wandelt sich in** diesem Fall in ein **Informationsrecht** um. Da die Stakeholdergruppen gemäß Abs. 6 zu allen Themen jederzeit Stellung nehmen können, können sie zumindest nach Erlass noch eine Stellungnahme zu den Leitlinien oder Empfehlungen abgeben, sodass eventuell eine zukünftige Abänderung angeregt wird. Dieses Informationsrecht bezieht sich jedoch nicht auf den Fall, dass eine Konsultation gemäß Abs. 1 UAbs. 1 S. 2 Hs. 2 unterblieben ist, da es sich um Leitlinien oder Empfehlungen mit Bezug auf ein einzelnes Finanzinstitut handelte. Hier ist auch eine nachträgliche Information nicht angezeigt, da diese Informationen vertraulich bleiben müssen und nicht potentiellen Konkurrenten etc. zugänglich gemacht werden können. 44

2. Sonstige Stellungnahmen und Ratschläge (Abs. 6 Hs. 1). Abs. 6 Hs. 1 überträgt den Stakeholdergruppen die Befugnis, **zu jedem Thema**, das mit den Aufgaben der EIOPA zusammenhängt, **Stellungnahmen** abzugeben oder **Ratschläge** zu erteilen. Über diese Befugnis wird die Stakeholdergruppe von einem rein reaktiven zu einem aktiven Beratungsgremium umgestaltet. 45

Eine thematische Begrenzung ergibt sich hieraus nur in geringem Maße, es muss lediglich im weitesten Sinne ein **Zusammenhang zur Finanzmarktregulierung** bestehen. Hierüber kann die EIOPA durch die Stakeholdergruppen für legislatorische Anpassungswünsche als eine Art Petitionsforum verwendet werden, dass die Ratschläge der Stakeholdergruppen eventuell zur Kommission, dem Europäischen Parlament und Rat weiterträgt. Vorrangig geht es jedoch darum, dass die Tätigkeit der EIOPA über die Stakeholdergruppen einer Art von Marktkontrolle unterworfen wird. Der besondere Schwerpunkt der Stellungnahmen und Ratschläge, die nicht durch eine freiwillige[17] oder zwingende Konsultation ausgelöst wurden, soll gemäß Abs. 6 Hs. 3 auf den Maßnahmen zur Schaffung einer gemeinsamen Aufsichtskultur (Art. 29 EIOPA-VO), Durchführung von Peer-Reviews (Art. 30 EIOPA-VO) und der Bewertung von Marktentwicklungen (Art. 32 EIOPA-VO) liegen. 46

[17] Es ist davon auszugehen, dass die EIOPA jede Maßnahme auch außerhalb der Art. 10 ff., 15, 16 EIOPA-VO freiwillig konsultieren lassen kann. Hierbei besteht natürlich die Gefahr, dass die EIOPA bei den Mitgliedern der Stakeholdergruppe eine vollkommene Arbeitsüberbelastung bewirkt, was insbesondere bei Nicht-Industrievertretern die Gefahr erhöht, dass diese freiwillig vom Amt zurücktreten oder zukünftig keine fähigen Personen mehr gewonnen werden können.

47 Diese Befugnis ist **keiner zeitlichen** oder **umfänglichen Begrenzung** unterworfen. Dies bedeutet, dass die Stakeholdergruppen jederzeit und so viele Stellungnahmen und Ratschläge wie erwünscht erteilen können.

48 **3. Erlass einer Geschäftsordnung (Abs. 7). a) Ermächtigung.** Abs. 7 **ermächtigt** und **verpflichtet** die **Interessengruppen** jeweils, sich mit einer Zweidrittelmehrheit ihrer jeweiligen Mitglieder eine Geschäftsordnung zu geben. Dies ist zwischenzeitig **geschehen.**[18] Interessant ist hierbei, dass anders als von Abs. 7 vorausgesetzt die beiden Interessengruppen sich eine gemeinsame Geschäftsordnung gegeben haben. Im Hinblick auf Abs. 1 UAbs. 2 S. 2 Hs. 1, wonach die Stakeholdergruppen Angelegenheiten von gegenseitigem Interesse gemeinsam behandeln dürfen, erscheint dieses Vorgehen zulässig. Zukünftig ist jedoch zu beachten, dass eine Änderung der gemeinsamen Geschäftsordnung nur möglich ist, wenn für einen Änderungsantrag eine doppelte Zweidrittelmehrheit erreicht wird. Wenn die Abstimmung nicht ordentlich angesetzt wird, so würde eine einfache Zweidrittelmehrheit bewirken, dass diese Interessengruppe mit Wirkung für sich die Geschäftsordnung abändert und die Gemeinsamkeit aufkündigt.

49 **b) Regelungen.** Anders als Art. 44 Abs. 4 S. 1 EIOPA-VO den Rat der Aufseher, verpflichtet Abs. 7 die Interessengruppen im Hinblick auf die Geschäftsordnung **nicht** zur **Regelung** eines **Mindestinhalts.** Gleichwohl behandelt die Geschäftsordnung der Stakeholdergruppen) ein breites Themenspektrum, bspw. den Vorsitz in den Gruppen, die Arbeitssprache (Englisch), Ladung zu Sitzungen, Abstimmungsverfahren und Ausgestaltung der Stellungnahmen, Pflichten der Mitglieder, Behandlung von Interessenkonflikten.

50 **4. Bildung von Arbeitsgruppen (Abs. 5 S. 3).** Abs. 5 S. 3 ermächtigt die Interessengruppen dazu, für die Behandlung von technischen Fragen **Arbeitsgruppen** zu **bilden**. Die Möglichkeit der Bildung solcher Arbeitsgruppen und deren Arbeitsweise ist durch die Geschäftsordnung der Stakeholdergruppen erheblich konkretisiert worden,[19] interessant ist hierbei, dass die Stakeholdergruppen ihre eigene Kompetenz beschnitten haben, indem sie die Bildung der Arbeitsgruppe unter einen Genehmigungsvorbehalt der EIOPA gestellt haben (siehe Art. 9 Nr. 38 S. 1 Geschäftsordnung der Stakeholdergruppen). Es ist zu erwarten, dass die Möglichkeit der Einrichtung von Arbeitsgruppen von besonderer Bedeutung sein wird, soweit es um die Behandlung von technisch komplexen Anfragen zur Stellungnahme geht.

51 **5. Koordinierung mit der anderen Stakeholdergruppe (Abs. 1 UAbs. 2 S. 2).** Gemäß Abs. 1 UAbs. 2 S. 2 Hs. 1 können die beiden Stakeholdergruppen Angelegenheiten von gegenseitigem Interesse **gemeinsam behandeln**. Dies bedeutet, dass Stellungnahmen oder Ratschläge zu Maßnahmen, die sowohl die Versicherung als auch die bAV betreffen, gemeinsam verfasst und angenommen werden können. Um diese Aufgabe zu erfüllen, trifft die jeweiligen Vorsitzenden der Stakeholdergruppe bei richtigem Verständnis auch eine Loyalitätspflicht, bei Erkennen eines gemeinsamen Interesses an einer Angelegenheit eine Offerte zur gemeinsamen Behandlung zu unterbreiten.

52 Daneben verpflichtet Abs. 1 UAbs. 2 S. 2 Hs. 2 beide Stakeholdergruppen dazu, die jeweils andere von den von ihr behandelten Angelegenheiten **in Kenntnis zu setzen**. Nach dem Wortlaut wäre es hierbei ausreichend, wenn die jeweilige Stakeholdergruppe der anderen Stakeholdergruppe die Sitzungsprotokolle (eventuell auch in gekürzter Form) zukommen lassen und von in schriftlichen Verfahren beschlossenen Stellungnahmen und Ratschlägen unterrichten.

53 **6. Sonstige Befugnisse.** Die in Art. 37 EIOPA-VO aufgeführten Befugnisse gewähren den Stakeholdergruppen und ihren Mitgliedern im Wesentlichen einen **Anspruch auf Gehör**. Dieser wird maßgeblich auch dadurch abgesichert, dass Art. 40 Abs. 2 EIOPA-VO den Rat der Aufseher – diese Pflicht trifft vorrangig den Vorsitzenden, der die **Sitzung des Rates der Aufseher** organisiert – verpflichtet, regelmäßige, aber mindestens zweimal im Jahr Sitzungen mit den zwei Interessengruppen zu organisieren. Hierauf haben die Mitglieder einen Anspruch und wenn die Sitzung festgesetzt wird, haben sie ein **Teilnahmerecht** (siehe Art. 40 EIOPA-VO Rn. 19 f.).

54 Schließlich sind die Interessengruppen gemäß Art. 17 Abs. 2 UAbs. 1 EIOPA-VO **antragsberechtigt** zur Eröffnung eines **Verfahrens wegen Verletzung des Unionsrechts**. Der Beschluss, einen solchen Antrag bei der EIOPA zu stellen, ergeht hierbei nach den normalen Entschließungsregeln, das heißt zunächst ist zu versuchen, Einstimmigkeit herzustellen und im Falle des Scheiterns ergeht der Beschluss mit einfacher Mehrheit unter Beachtung des notwendigen Quorums (siehe Rn. 57 ff.).

55 **V. Beschlüsse und Sitzungen.** Den Interessengruppen steht als **Handlungsinstrument** die **Stellungnahme und** der **Ratschlag** zur Verfügung. Diese werden grundsätzlich im Rahmen von Sitzungen beschlossen, wobei jedoch auch andere Modalitäten möglich sind.

---

[18] EIOPA Insurance and Reinsurance Stakeholder Group and Occupational Pensions Stakeholder Group Rules of Procedure (EIOPA-16/383).

[19] Siehe Art. 9 Nr. 39 ff. EIOPA Insurance and Reinsurance Stakeholder Group and Occupational Pensions Stakeholder Group Rules of Procedure (EIOPA-16/383).

1. Beschluss der Stellungnahmen und Ratschläge. Die Interessengruppen treffen ihre **Maßnahmen** – insbesondere und nahezu ausschließlich Stellungnahmen und Ratschläge – **durch Beschluss**, wobei dies niemals bedeutet, dass die Außenwirkungen (gegenüber den anderen Organen) die eines Beschlusses iSd Art. 16 ff. EIOPA-VO sind. 56

a) Beschlussfassung. Die Beschlüsse der Interessengruppe – abgesehen von der Änderung der Geschäftsordnung (siehe Rn. 48) – ergehen von Gesetzeswegen, da Art. 37 EIOPA-VO hierzu schweigt, mit **einfacher Mehrheit** der anwesenden Mitglieder, wobei jedem Mitglied eine Stimme zukommt. 57

Allerdings sieht die **Geschäftsordnung** hiervon eine **starke Abweichung** vor – was im Hinblick auf die verschiedenen Interessen, die in den Stakeholdergruppen vertreten sind und repräsentiert werden sollen, auch sinnvoll erscheint. So ordnet Art. 7 Nr. 32 der Geschäftsordnung der Stakeholdergruppen an, dass der Beschluss zur Annahme einer Stellungnahme **grundsätzlich einstimmig ergehen soll**. Dies bedeutet *in concreto*, dass die entsprechende Interessengruppe versuchen soll, die Stellungnahme so abzufassen, dass sie von allen anwesenden Mitgliedern getragen werden kann. 58

So die Einstimmigkeit nicht erreicht werden kann, wird die Stellungnahme in einem **erneuten Abstimmungsverfahren** mit **einfacher Mehrheit** beschlossen. Hierbei fungiert der Vorsitzende der Stakeholdergruppe im Falle der Stimmgleichheit als *tie-breaker*, das heißt seine Stimme hat in diesem Fall doppeltes Stimmgewicht.[20] 59

Obgleich die Minderheit in den Stakeholdergruppen die Stellungnahmen (und Ratschläge) insofern nicht gänzlich verhindern oder in ihrem Interesse abändern können, soll gleichwohl sichtbar gemacht werden, dass eine bestimmte Stellungnahme der Interessengruppe – die für die EIOPA gerade auch die Marktakzeptanz einer geplanter Maßnahme eruieren soll –, Bedenken begegnet. Art. 7 Nr. 34 S. 1 der Geschäftsordnung der Stakeholdergruppen sieht deshalb vor, dass eine **Mindermeinung** (*minority opinion*), wenn sie von mindestens drei Mitgliedern der Stakeholdergruppe getragen wird, zum einen im Sitzungsprotokoll und zum anderen in der Stellungnahme zu **vermerken** ist. Nicht ganz klar ist, ob dies für die überstimmten Mitglieder die Möglichkeit eröffnet, der Stellungnahme eine *dissenting opinion* beizugeben.[21] In jedem Fall macht aber bereits der reine Vermerk, dass es zu einem Punkt abweichende Meinungen gab, hinreichend transparent, dass die von der Stakeholdergruppe empfohlene Änderung oder Beibehaltung der konsultierten Maßnahme Konfliktpotential besitzt. Um die EIOPA und die Öffentlichkeit in die Lage zu versetzen, für wen die Maßnahme problematisch erscheint, sollte auch vermerkt werden, welchen Interessengruppen die Minderheitenvertreter angehören. 60

Die Geschäftsordnung der Stakeholdergruppen hat in zulässiger Weise ein **Quorum** festgesetzt. Nach Art. 4 Nr. 18 S. 1 (i. V. m. Annex 1) der Geschäftsordnung der Stakeholdergruppen ist die jeweilige Interessengruppe **beschlussfähig**, wenn mindestens zwei Drittel seiner Mitglieder, das heißt **20 Mitglieder**, anwesend sind.[22] So das Quorum nicht erreicht wird, ist durch den Vorsitzenden eine außerordentliche Sitzung einzuberufen, in der die Stakeholdergruppe ohne ein Quorum entscheiden kann, wobei diese Entscheidungen anschließend im Wege eines schriftlichen Verfahrens geheilt werden müssen – zulässig dürfte es in diesem Fall jedoch auch sein, unmittelbar eine schriftliche Abstimmung nach Art. 8 Nr. 36 der Geschäftsordnung der Stakeholdergruppen durchzuführen, wenn dessen Voraussetzungen vorliegen. 61

b) Abstimmungsmodalitäten. Weder Art. 37 EIOPA-VO noch die Geschäftsordnung der Stakeholdergruppen legen eine **Regel** dazu fest, **wie abgestimmt** werden soll. Im Schweigensfall ist insofern von der Grundregel einer offenen Abstimmung **durch Handzeichen** auszugehen. Fraglich ist, ob bzw. unter welchen Bedingungen hiervon eine **Ausnahme** gemacht werden kann. Da in der Geschäftsordnung der Stakeholdergruppen anders als gemäß Art. 4 Abs. 7 S. 2 Geschäftsordnung des Rates der Aufseher (siehe Art. 44 EIOPA-VO Rn. 28) kein Sonderantragsquorum für eine geheime Abstimmung vorgesehen wird, ist davon auszugehen, dass der Beschluss einer geheimen Abstimmung der einfachen Mehrheit der anwesenden Mitglieder (siehe Rn. 59) bedarf. Dass eine geheime Abstimmung denkbar ist, ergibt sich bereits daraus, dass für die Wahl des Vorsitzenden und des stellvertretenden Vorsitzenden der Stakeholdergruppe, wenn es sich um eine Kampfabstimmung handelt, eine geheime Abstimmung verpflichtend angeordnet wird.[23] 62

Ein Umkehrschluss aus Art. 4 Nr. 18 Geschäftsordnung der Stakeholdergruppen legt nahe, dass die **Beschlüsse** der Stakeholdergruppen **grundsätzlich im Rahmen von Sitzungen** erfolgen sollen. Die Geschäftsordnung der Stakeholdergruppen erlaubt jedoch bei Vorliegen besonderer tatbestandseröff- 63

---

[20] Siehe Annex 1 und Art. 7 Nr. 33 S. 2 EIOPA Insurance and Reinsurance Stakeholder Group and Occupational Pensions Stakeholder Group Rules of Procedure (EIOPA-16/383).

[21] So ließe sich Annex 1 verstehen, der anordnet „ADOPTION with minority views in the opinion", während Art. 7 Nr. 34 S. 1 weniger klar festhält „minority opinions shall be noted […] in the relevant opinion".

[22] Annex 1 wird über Art. 7 Nr. 35 EIOPA Insurance and Reinsurance Stakeholder Group and Occupational Pensions Stakeholder Group Rules of Procedure (EIOPA-16/383) eingebunden.

[23] Art. 2 Nr. 9 S. 2, 11 S. 1 EIOPA Insurance and Reinsurance Stakeholder Group and Occupational Pensions Stakeholder Group Rules of Procedure (EIOPA-16/383).

nender Anforderungen auch eine **schriftliche Abstimmung**.[24] Die Abstimmung auf dem Schriftwege ist nur zulässig, wenn für die Stellungnahme eine Frist zu wahren ist und die nächste ordentliche Sitzung noch zu fern liegt. Eine solche schriftliche Abstimmung kann durch den Vorsitzenden dann nicht durchgeführt werden, wenn **ein Drittel der Mitglieder** der Stakeholdergruppe ihr **widersprechen.** In diesem Fall ist die Abstimmung auf die Agenda der nächsten ordentlichen Sitzung zu setzen oder, wenn besondere Eile geboten ist, hat der Vorsitzende eine außerordentliche Sitzung einzuberufen.

64 **2. Sitzungen (Abs. 1 UAbs. 2 S. 1).** Art. 37 EIOPA-VO schweigt dazu, wer die Sitzung der Interessengruppen einberuft. Art. 4 Nr. 16 der Geschäftsordnung der Stakeholdergruppen legt jedoch fest, dass die EIOPA – und nicht etwa der Vorsitzende der Interessengruppe – die Sitzungen einberuft. Dies ist daraus zu erklären, dass die Interessengruppen regelmäßig zu Sitzungen des Rates der Aufseher geladen werden müssen (siehe Art. 40 EIOPA-VO Rn. 19 f.; 44 EIOPA-VO Rn. 18). Folglich ist es am **Vorsitzenden** der EIOPA, die ordentlichen **Sitzungen** der Stakeholdergruppen **von Amtswegen einzuberufen**. Wenn der Vorsitzende verhindert ist, kann er hierin vom Stellvertreter des Vorsitzenden vertreten werden.

65 Abs. 1 UAbs. 2 S. 1 sieht eine **Mindestanzahl** von **vier jährlichen Sitzungen** vor. Die Interessengruppen haben hierzu gemäß Art. 4 Nr. 16 S. 1 der Geschäftsordnung der Stakeholdergruppen vor Beginn jeden Jahres einen Zeitplan mit den avisierten Sitzungen zu erstellen, der von der EIOPA genehmigt werden muss und auf dessen Grundlage der Vorsitzende dann die Ladungen vornehmen wird. Es ist davon auszugehen, dass dies praktisch genau umgekehrt vorgenommen wird, dass also der Vorsitzende tentativ einen Zeitplan erstellt (den er mit seinem Zeitplan zu den Sitzungen des Rates der Aufseher und des Verwaltungsrates abgleicht) und diesen den Stakeholdergruppen zur Kommentierung übermittelt, um diesen dann schließlich mit den möglichen Änderungswünschen anzunehmen. **Eine Höchstzahl** der ordentlichen Sitzungen ist nicht vorgesehen.

66 Unbeschadet der vorhergehenden Einschränkungen (siehe Rn. 65) liegt die Anordnung des **Zeitpunkts, Intervalls und Ortes** dieser Sitzungen grundsätzlich im Ermessen des Vorsitzenden, der solche Sitzungen ganz entsprechend den Bedürfnisse der EIOPA einzuberufen hat bzw. den von der Stakeholdergruppe vorgeschlagenen Zeitplan genehmigt. Hierbei hat der Vorsitzende aber natürlich auf die Bedürfnisse der Mitglieder der Stakeholdergruppen soweit möglich Rücksicht zu nehmen. Hinsichtlich des **Ortes** ist der Vorsitzende an Art. 4 Nr. 18 der Geschäftsordnung der Stakeholdergruppen gebunden, der in Abwesenheit einer abweichenden Vereinbarung den Ort der Sitzung auf den Sitz der EIOPA (siehe Art. 7 EIOPA-VO), vorzugsweise deren Räumlichkeiten festlegt.[25]

67 Weitere Anforderungen stellt die EIOPA-VO für die Einberufung nicht auf. Art. 6 Nr. 24 S. 2 Geschäftsordnung der Stakeholdergruppen konkretisiert jedoch die **Anforderungen an die Ladung**. Diese hat die vorläufigen Tagesordnungspunkte zu enthalten und ist den Mitgliedern mindestens vier Wochen vor dem Sitzungstermin zuzustellen. Anders als im Rahmen der Ladung zu Sitzungen des Rates der Aufseher ist hier keine Zugangsfiktion vorgesehen (siehe Art. 44 EIOPA-VO Rn. 21), sodass mithin auf den rechtzeitigen Zugang bei der korrekten Adresse abzustellen ist.

68 Art. 2 Nr. 8 Geschäftsordnung der Stakeholdergruppen überträgt dem **Vorsitzenden der Stakeholdergruppe** die **Leitungsbefugnis** für die Sitzungen der Stakeholdergruppe. Soweit der Vorsitzende der Stakeholdergruppe ausnahmsweise verhindert ist, so ist gemäß Art. 2 Nr. 11 S. 2 Geschäftsordnung der Stakeholdergruppen der nach Art. 2 Nr. 11 S. 1 i. V. m. Nr. 9 Geschäftsordnung der Stakeholdergruppen zu bestellende Stellvertreter des Vorsitzenden der Stakeholdergruppe leitungsbefugt. Eine Ausnahme besteht nur für die erste Sitzung einer neu besetzen Stakeholdergruppe: Für diese kommt nach Art. 2 Nr. 7 Geschäftsordnung der Stakeholdergruppen dem Vorsitzenden der EIOPA die Leitungsbefugnis zu.

69 Art. 37 EIOPA-VO trifft keine Regelung zur **Beratung der Beschlussvorschläge**. Dem lässt sich entnehmen, dass die Beratung grundsätzlich **organöffentlich** erfolgt. Die Geschäftsordnung adressiert dieses Problem nur dahingehend, dass festgehalten wird, dass die Mitglieder am Anfang jeder Sitzung einen potentiellen Interessenkonflikt im Hinblick auf einen bestimmten Tagesordnungspunkt zu offenbaren haben.[26] Dies führt jedoch nicht zum zwingenden Ausschluss aus der Beratung über diesen Punkt, sondern gemäß Art. 11 Nr. 51 Geschäftsordnung der Stakeholdergruppen ist dieses Mitglied lediglich gehalten, über den Punkt nicht mitzudiskutieren und sich einer Abstimmung zu enthalten. Es erscheint jedoch durchaus auch zulässig und eventuell sogar notwendig, dass ein solches Mitglied, etwa wenn auch vertrauliche Dokumente diskutiert werden, die dem entsprechenden Mitglied nicht offenbart werden dürfen, ausgeschlossen werden kann.

---

[24] Art. 8 Nr. 36 S. 1 EIOPA Insurance and Reinsurance Stakeholder Group and Occupational Pensions Stakeholder Group Rules of Procedure (EIOPA-16/383).

[25] Bisher fanden, soweit dies aus Sitzungsprotokollen hervorgeht, noch keine Sitzungen außerhalb Frankfurts statt; siehe https://eiopa.europa.eu/about-eiopa/organisation/stakeholder-groups/insurance-reinsurance-sg/insurance-and-reinsurance-sg-meetings-and-minutes und https://eiopa.europa.eu/about-eiopa/organisation/stakeholder-groups/occupational-pensions-sg/occupational-pensions-sg-meetings-and-minutes (beide zuletzt abgerufen im September 2017).

[26] Art. 11 Nr. 50 EIOPA Insurance and Reinsurance Stakeholder Group and Occupational Pensions Stakeholder Group Rules of Procedure (EIOPA-16/383).

Der **Vorsitzende der EIOPA** hat ein ständiges **Teilnahmerecht** an den Sitzungen der Stakeholdergruppen und kann gemäß Art. 10 Nr. 43 Geschäftsordnung der Stakeholdergruppen den **Exekutivdirektor, Mitglieder des Verwaltungsausschusses** und die **Vorsitzenden** der für die entsprechenden Sitzungen relevanten **Arbeitsgruppen** zu den Sitzungen laden. Auch die **Kommission** ist gemäß Art. 10 Nr. 44 Geschäftsordnung der Stakeholdergruppen teilnahmeberechtigt. 70

VI. Unterstützung der Arbeit der *Stakeholdergruppen* durch die EIOPA (Abs. 5 UAbs. 1 S. 1). Die EIOPA hat die Stakeholdergruppen bei ihrer Tätigkeit **angemessen** zu **unterstützen**, wie dies insbesondere aus Abs. 5 UAbs. 1 S. 1 hervorgeht. Die zu fordernden Unterstützungsleistungen können hierbei zahlreiche Formen annehmen. Dabei ist jedoch sicherzustellen, dass die EIOPA über die Unterstützungsleistungen nicht zu großen Einfluss auf die Arbeitsergebnisse der Stakeholdergruppen gewinnt, da ansonsten die Beratungsfunktion der Stakeholdergruppen und damit die Rückkopplung an die Märkte vollkommen unterlaufen würde, sodass eine Konsultation der Stakeholdergruppen durch die EIOPA, eine Konsultation ihrer selbst würde. 71

1. Informationsvorlage (Abs. 5 UAbs. 1 S. 1 Hs. 1). Die wichtigste Unterstützung der Tätigkeit der Stakeholdergruppen ist in Abs. 5 UAbs. 1 S. 1 Hs. 1 niedergelegt und betrifft die **Pflicht, alle notwendigen Informationen zu übermitteln**. Diese Pflicht steht unter der Bedingung, dass hierdurch nicht die amtliche Schweigepflicht verletzt wird. Da jedoch auch die Mitglieder der Stakeholdergruppen gesetzlich zur Verschwiegenheit verpflichtet sind (siehe Art. 70 EIOPA-VO Rn. 8), werden die meisten Dokumente übermittelt werden können und, wenn sie erforderlich sind, müssen. Art. 6 Nr. 26 S. 1 Geschäftsordnung der Stakeholdergruppen konkretisiert dies dahingehend, dass die EIOPA den Mitgliedern der Stakeholdergruppe die Entwürfe der Maßnahmen, zu denen sie konsultiert werden sollen, und sämtliche Arbeitsdokumente spätestens sieben Werktage vor der betreffenden Sitzung zukommen lässt. 72

So es nicht um eine Konsultation, sondern um eine Initiative der Stakeholdergruppe zur **Erteilung eines Ratschlags** geht, so kann diese die EIOPA auch zur **Übermittlung** von hierfür einschlägigen Arbeitsdokumenten etc. **auffordern**, wobei die EIOPA auch in diesem Fall gemäß Abs. 5 UAbs. 1 S. 1 Hs. 1 zur Übermittlung verpflichtet wäre. 73

2. Sekretariatsunterstützung (Abs. 5 UAbs. 1 S. 1 Hs. 2). Die EIOPA hat die Stakeholdergruppen gemäß Abs. 5 UAbs. 1 S. 1 Hs. 2 bei der Abwicklung der **Sekretariatsgeschäfte** zu unterstützen. 74

Dies geschieht zum einen, indem die EIOPA, dh der Vorsitzende, die **Tagesordnung** in Konsultation des Vorsitzenden und stellvertretenden Vorsitzenden der Stakeholdergruppe entwirft und mit der **Ladung** an die Mitglieder übersendet. 75

Da die EIOPA die Letztverantwortung für die Ladung zur Sitzung trägt, wird ihr auch die Aufgabe zugewiesen, **Tagungsräume** zu **organisieren**, die Tagesordnung – über die auf der Sitzung abgestimmt wird – vorzubereiten, **Hintergrundmaterial** und **Beschlussvorschläge** zu **entwerfen** und die von den Stakeholdergruppen zu beschließenden Stellungnahmen und Ratschläge **technisch zu koordinieren.**[27] 76

Gerade die letzten von der Geschäftsordnung vorgesehenen Unterstützungsleistungen sind höchst problematisch, da die EIOPA nicht den Inhalt der Stellungsnahmen und Ratschläge steuern darf. Die **technische Unterstützung** ist mithin darauf **zu beschränken**, dass die von Gruppenmitgliedern eingereichten Kommentare oder Änderungsvorschläge in einem Erstentwurf kompiliert werden, die Formatierung der von der Stakeholdergruppe arretierten Maßnahme oder die Abfassung von Sitzungsprotokollen übernommen wird.[28] 77

3. Aufwandsentschädigung (Abs. 5 UAbs. 1 S. 2). Abs. 5 UAbs. 1 S. 2 ordnet an, dass die Gruppenmitglieder, die gemeinnützige Einrichtungen vertreten, nicht jedoch die Vertreter der Wirtschaft, eine angemessene **Aufwandsentschädigung** erhalten. Dies dient dazu, dass Personen, die weder über solide finanzielle Mittel verfügen noch Wirtschaftsvertreter sind, in umfassender Weise an den Erörterungen über die Finanzregulierung teilnehmen können,[29] also für die Arbeit in den Stakeholdergruppen gewonnen werden können. Daneben stellt die Geschäftsordnung der Stakeholdergruppen – dies dürfte auch im Hinblick auf Abs. 5 UAbs. 1 S. 2 zulässig sein – fest, dass allen Mitgliedern die **Reisekosten** ersetzt werden.[30] Die genaue Höhe der ersatzfähigen Reise- und Übernachtungskosten, sowie Reisespesen und, wo einschlägig, der Sitzungsaufwandsentschädigung und Vorbereitungsauf- 78

---

[27] Art. 6 Nr. 25 EIOPA Insurance and Reinsurance Stakeholder Group and Occupational Pensions Stakeholder Group Rules of Procedure (EIOPA-16/383).

[28] Siehe Art. 6 Nr. 27 EIOPA Insurance and Reinsurance Stakeholder Group and Occupational Pensions Stakeholder Group Rules of Procedure (EIOPA-16/383).

[29] So Erwägungsgrund 48.

[30] Art. Art. 6 Nr. 25 EIOPA Insurance and Reinsurance Stakeholder Group and Occupational Pensions Stakeholder Group Rules of Procedure (EIOPA-16/383).

wandsentschädigung ergibt sich aus dem Beschluss des Verwaltungsrates zur Kostenübernahme bei externen Personen.[31]

79 **4. Veröffentlichung (Abs. 8).** Gemäß Abs. 8 hat die EIOPA die **Stellungnahmen** und **Ratschläge** der jeweiligen Stakeholdergruppe, sowie die **Ergebnisse** ihrer **Konsultation** zu **veröffentlichen**. Die Veröffentlichung kann hierbei auf der Homepage der EIOPA erfolgen. Hinsichtlich der Ergebnisse der Konsultation ist es auch zulässig, dass dieses Ergebnis nicht gesondert veröffentlicht wird, sondern in die endgültige Maßnahme oder aber in den Gesamtbericht über die offene öffentliche Anhörung und die Konsultation eingebettet wird. Im Ergebnis geht es hier darum, dass sichtbar wird, dass sich die EIOPA mit den Stellungnahmen oder Ratschlägen auseinandergesetzt hat.

Schutzmaßnahmen

38 (1) **Die Behörde gewährleistet, dass kein nach den Artikeln 18 oder 19 erlassener Beschluss in die haushaltspolitischen Zuständigkeiten der Mitgliedstaaten eingreift.**

(2) **Ist ein Mitgliedstaat der Auffassung, dass sich ein nach Artikel 19 Absatz 3 erlassener Beschluss auf seine haushaltspolitischen Zuständigkeiten auswirkt, so kann er der Behörde und der Kommission innerhalb von zwei Wochen, nachdem die zuständige Behörde über den Beschluss der Behörde in Kenntnis gesetzt wurde, mitteilen, dass die zuständige Behörde den Beschluss nicht umsetzen wird.**

In seiner Mitteilung erläutert der Mitgliedstaat unmissverständlich und konkret, warum und in welcher Weise der Beschluss in seine haushaltspolitischen Zuständigkeiten eingreift.

In* Falle einer solchen Mitteilung wird der Beschluss der Behörde ausgesetzt.

[1]Die Behörde setzt den Mitgliedstaat innerhalb eines Monats nach seiner Mitteilung darüber in Kenntnis, ob sie an ihrem Beschluss festhält, ihn ändert oder aufhebt. [2]Wird der Beschluss aufrechterhalten oder geändert, so erklärt die Behörde, dass haushaltspolitische Zuständigkeiten nicht berührt werden.

Hält die Behörde an ihrem Beschluss fest, so fasst der Rat auf einer seiner Tagungen, jedoch spätestens zwei Monate, nachdem die Behörde den Mitgliedstaat gemäß Unterabsatz 4 unterrichtet hat, mit der Mehrheit der abgegebenen Stimmen einen Beschluss, ob der Beschluss der Behörde aufrechterhalten wird.

Fasst der Rat nach Prüfung der Angelegenheit gemäß Unterabsatz 5 keinen Beschluss, den Beschluss der Behörde aufrechtzuerhalten, so erlischt der Beschluss der Behörde.

(3) **Ist ein Mitgliedstaat der Auffassung, dass ein nach Artikel 18 Absatz 3 erlassener Beschluss in seine haushaltspolitischen Zuständigkeiten eingreift, so kann er der Behörde, der Kommission und dem Rat innerhalb von drei Arbeitstagen nach der Bekanntgabe des Beschlusses der Behörde an die zuständige Behörde mitteilen, dass die zuständige Behörde den Beschluss nicht umsetzen wird.**

In seiner Mitteilung erläutert der Mitgliedstaat eindeutig und konkret, warum und in welcher Weise der Beschluss in seine haushaltspolitischen Zuständigkeiten eingreift.

Im Fall einer solchen Mitteilung wird der Beschluss der Behörde ausgesetzt.

Der Rat beruft innerhalb von zehn Arbeitstagen eine Tagung ein und fasst mit der einfachen Mehrheit seiner Mitglieder einen Beschluss, ob der Beschluss der Behörde aufgehoben wird.

Fasst der Rat nach Erörterung der Angelegenheit gemäß Unterabsatz 4 keinen Beschluss, den Beschluss der Behörde aufzuheben, so endet die Aussetzung des Beschlusses.

(4) **[1]Hat der Rat gemäß Absatz 3 den Beschluss gefasst, den Beschluss der Behörde im Zusammenhang mit Artikel 18 Absatz 3 nicht aufzuheben, und ist der betreffende Mitgliedstaat weiterhin der Auffassung, dass der Beschluss der Behörde in seine haushaltspolitischen Zuständigkeiten eingreift, so kann dieser Mitgliedstaat der Kommission und der Behörde dies mitteilen und den Rat ersuchen, die Angelegenheit erneut zu prüfen. [2]Der betreffende Mitgliedstaat begründet seine Ablehnung des Beschlusses des Rates eindeutig.**

Innerhalb von vier Wochen nach der Mitteilung gemäß Unterabsatz 1 bestätigt der Rat seinen ursprünglichen Beschluss oder fasst einen neuen Beschluss gemäß Absatz 3.

---

[31] Die genaue Abrechnung erfolgt gemäß der Decision of the Management Board on Reimbursement for Travel and Subsistence Expenses for External Persons (EIOPA-MB-16–060). Dieses Dokument ist gegenwärtig (Stand: September 2017) nicht abrufbar. Für eine vergleichbare Regelung siehe jedoch ESMA, Reimbursement for travel and subsistence expenses for external persons (ESMA/2014/MB/87 Annex 1).

* **Hinweis des Verlags:** Richtig wohl „im".

Der Rat kann die Frist von vier Wochen um weitere vier Wochen verlängern, falls die besonderen Umstände des Falls dies erfordern.

(5) **Jeder Missbrauch dieses Artikels, insbesondere im Zusammenhang mit einem Beschluss der Behörde, der keine signifikanten oder wesentlichen haushaltspolitischen Auswirkungen hat, ist mit dem Binnenmarkt unvereinbar und verboten.**

Übersicht

Schrifttum: Siehe die Angaben bei „Allgemein zum ESFS" und „Allgemein zur EIOPA". *Ferran*, Understanding the New Institutional Architecture of EU Financial Market Supervision, in: Wymeersch/Hopt/Ferrarini, Financial Regulation and Supervision: A Post-Crisis Analysis, 2012; *Gal*, Europäische Streitbeilegungsmechanismen bei Meinungsverschiedenheiten zwischen nationalen Versicherungsaufsichtsbehörden – EIOPA als Schlichter, Mediator, Schiedsrichter oder in genuinem Kleide?, ZVersWiss 2013, S. 7 ff.; *Verhelst*, Renewed Financial Supervision in Europe – Final or Transitory?, 2011.

I. Allgemeines. Während der **Beratungsphase** zur Errichtung des ESFS und der Gründung der Europäischen Finanzaufsichtsbehörden meldeten mehrere **Mitgliedstaaten Bedenken** gegen solche Instrumente an, die den ESA autonome Gestaltungsbefugnisse gegenüber den nationalen Aufsichtsbehörden gewähren.[1] Stein des Anstoßes war insbesondere die Möglichkeit, dass die EIOPA (und die anderen ESA) in **Krisensituationen** unter Umgehung der nationalen Aufsichtsbehörden direkt in die Märkte eingreifen können sollten.[2] Hieran störten sich insbesondere Deutschland, Großbritannien und Spanien und es schien zeitweilig, als sollten diese Eingriffsbefugnisse, wie sie noch durch die Kommissionsentwürfe vorgesehen waren,[3] in den endgültigen Verordnungen nicht mehr auftauchen.[4] 1

Diese mitgliedstaatlichen Bedenken in den frühesten Entwicklungsphasen der EIOPA-VO gingen dahin, dass durch die Möglichkeit der unmittelbaren Regulierung der ESA in ihre Finanzmärkte ihre **fiskalische Hoheit gefährdet** werden könnte. Insofern verwundert es auch nicht, dass sich besonders Großbritannien und Deutschland hervortaten, die über die bedeutendsten Finanzmärkte in der EU verfügen und folglich externer Einflussnahme eher reserviert gegenüberstehen.[5] 2

Insofern wurde bereits durch die Stellungnahme des Ecofin-Rates im Juni 2009 mehrfach hervorgehoben, dass die Verordnungen sicherstellen müssen, dass **Eingriffe in die Haushaltshoheit der** 3

[1] Dass hinsichtlich der Kommissionsentwürfe erheblicher Verhandlungsbedarf bestand, ergab sich bspw. aus *Rat der Europäischen Union*, Übermittlungsvermerk 15265/09 zur Tagung des Europäischen Rates vom 29. und 30.10.2009, Rn. 30: „dass die Arbeiten zur Einsetzung der Europäischen Finanzaufsichtsbehörden für die Finanzaufsicht auf Mikroebene zügig fortgesetzt werden müssen, damit eine allgemeine Ausrichtung zu diesen Vorschlägen erreicht werden kann. Der Europäische Rat fordert den Rat dringend auf, weitere politische Beratungen zu führen und bis Dezember 2009 eine Einigung über ein Gesamtpaket für eine neue Struktur der Finanzaufsicht in der EU herbeizuführen."

[2] Die Problematik dieser Eingriffsbefugnisse ließ sich bereits im Voraus erahnen. So sagte *Montalvo Rebuelta*, der damalige Generalsekretär des CEIOPS, bereits im Oktober 2009 voraus, dass „it [sc. die Krisenbefugnisse] is bound to spark strong debate", in: *anonymus*, EIOPA will have tougher powers than CEIOPS, abrufbar unter: http://www.insuranceerm.com/analysis/eiopa-will-have-tougher-powers-than-ceiops.html. *Ecofin-Rat*, Pressemitteilung 10737/09 vom 09.06.09, S. 13 f. konstatierte, dass zwar eine angeblich „überwältigende Mehrheit" für umfassende Eingriffsbefugnisse sei, dass aber eine Gruppe von Ländern Bedenken geäußert habe.

[3] Siehe den jeweiligen Art. 10 der drei Verordnungsentwürfe: KOM (2009) 501 endg. (zur Bankaufsichtsbehörde EBA); KOM (2009) 502 endg. (zur Versicherungsaufsichtsbehörde EIOPA) und KOM (2009) 503 endg. (zur Wertpapieraufsichtsbehörde ESMA).

[4] Die Eliminierung der Durchgriffsmöglichkeiten im Krisenfall war Teil des Kompromisses der Tagung des Ecofin-Rates am 2.12.2009; vgl. *Berschens*, EU-Mitglieder schwächen ihre neue gemeinsame Finanzaufsicht', in: Handelsblatt v. 3.12.2009, S. 10 f.; *Proissl*, Staaten entschärfen Finanzaufsicht, in: Financial Times Deutschland v. 3.12.2009, S. 15.

[5] In Deutschland wurden diese Bedenken um die Budgethoheit insbesondere geäußert durch den hessischen Minister für Bundesangelegenheiten, Michael Boddenberg, zitiert in: *Friedrich* VW 2011, 1778. In England war der Initiator der Kritik insbesondere Lord Myners, der sog. Minister of the City of HM Treasury, siehe bspw. *O'Grady*, Sarkozy's Plan to Muscle in on the City?, in: The Independent v. 10.7.2009, S. 38. Bereits an den Personen der „Rädelsführer" lässt sich erkennen, dass die Kritik besonders durch die Sorge um die Finanzplätze Frankfurt und London befeuert wurde.

Mitgliedstaaten vermieden werden.[6] Dieser Aufforderung sind die Kommission und im Anschluss der europäische Gesetzgeber durch die Statuierung einer **Schutzklausel (*Safeguard*-Klausel)** in Art. 38 EIOPA-VO nachgekommen.

4 **II. Gewährleistung der Haushaltshoheit durch die EIOPA (Abs. 1).** Abs. 1 verpflichtet die EIOPA dazu, alle **Beschlüsse**, die sie auf Grundlage der Art. 18 EIOPA-VO (Krisensituationen) und Art. 19 EIOPA-VO (Streitbefugnisse) erlässt, so zu fassen, dass sie in keiner Weise in die haushaltspolitische Zuständigkeit der Mitgliedstaaten eingreifen. Insofern greift der Schutzklausel-Mechanismus nicht erst durch die Einleitung eines Veto-Verfahrens nach Abs. 2 oder 3, sondern **untersagt** es der EIOPA *per se* in diesem Bereich Entscheidungen zu treffen, **die zwingende fiskalische Konsequenzen** für die Mitgliedstaaten **haben**.

5 Konkret geht es beim **Schutz haushaltspolitischer Zuständigkeiten** – nach der Vorstellung der kritischen Mitgliedstaaten (siehe Rn. 1 und 2) – insbesondere um solche Beschlüsse der EIOPA, durch die eine **Refinanzierung von Finanzinstituten** in einer Weise angeordnet wird, dass die Mitgliedstaaten den ***bail out*** finanziell zu tragen haben.[7]

6 Ob **solche Beschlüsse** (siehe Rn. 5) über Art. 18 f. EIOPA-VO unter Hinwegdenken des Abs. 1 hätten **gefasst werden können**, mag hierbei **bezweifelt** werden.[8] Berücksichtigt man, dass die EIOPA über Art. 18 Abs. 3, 4 EIOPA-VO und Art. 19 Abs. 3, 4 EIOPA-VO nur Beschlüsse erlassen darf, die den Adressaten zu erforderlichen Handlungen zur Einhaltung konkreten Unionsrechts verpflichten, ist gegenwärtig nicht ersichtlich, in wie weit hier die Gefahr der Anordnung eines *bail out* bestand. Dies würde letztlich bedeuten, dass die EIOPA eine Unionsnorm benennen müsste, nach der ein entsprechender Mitgliedstaat (und mithin dessen Aufsichtsbehörde) verpflichtet wäre, unter Einsatz von Steuermitteln die Rettung von Finanzinstituten zu bewirken. Daneben erfasst die Safeguard-Klausel nach ihrem Zweck aber auch solche Beschlüsse, die in anderer Weise in die Finanzhoheit der Mitgliedstaaten eingreifen. Dies ergibt sich beispielsweise aus einem Umkehrschluss aus Erwägungsgrund 50 S. 4, nach dem ein Beschluss unangreifbar bleibt, wenn er „keine *signifikanten* oder *wesentlichen* haushaltspolitischen Auswirkungen hat, wie etwa eine Einkommenskürzung [gemeint ist ein Rückgang der Steuereinnahmen] infolge des vorübergehenden Verbots spezifischer Tätigkeiten oder Produkte zum Zwecke des Verbraucherschutzes" [Hervorhebung durch Verf.].[9] Man kann hieraus entnehmen, dass auch eine Verknappung der Steuereinnahmen als Eingriff (wenn auch nicht als wesentlicher) in die Finanzhoheit der Mitgliedstaaten angesehen wird. Entscheidend wird hier wohl letztlich die Frage sein, ob ein Beschluss der EIOPA zur Sanierung oder gar Liquidierung eines Finanzinstituts, da er oftmals eine moralische Verpflichtung von Mitgliedstaaten zum *bail out* entstehen lässt, als Eingriff in die haushaltspolitische Zuständigkeit zu verstehen ist.

7 Im Ergebnis ist zu erwarten, dass die gesamte *Safeguard*-Klausel nach gegenwärtigem Stand zukünftig **keinen nennenswerten Anwendungsbereich** finden wird. Die Einfügung der Safeguard-Klausel ist so verstanden eher eine politische Strategie, um vom heimischen Wähler als für besondere Austerität eintretend angesehen zu werden.[10] Tatsächlich wäre die EIOPA jedoch auch ohne die Klausel in Krisenzeiten hinsichtlich der Verhandlung über haushaltspolitisch relevante Markteingriffe kaum mehr als ein Diskussionsforum gewesen.[11]

8 **III. Safeguard-Verfahren bei Beschlüssen im Rahmen des Streitschlichtungsmechanismus gem. Art. 19 Abs. 2 EIOPA-VO (Abs. 2). 1. Verfahrenseinleitung (Abs. 2 UAbs. 1–3).** Nach Abs. 2 UAbs. 1 kann **jeder Mitgliedstaat** innerhalb einer Frist von zwei Wochen der EIOPA und der Kommission mitteilen, dass seine Aufsichtsbehörde die entsprechende Entscheidung nicht umsetzen wird, da sich die Entscheidung auf die haushaltspolitische Zuständigkeit des entsprechenden Mitgliedstaates auswirken würde. **Aktivlegitimiert** ist mithin allein der Staat als Rechtssubjekt. Hierbei kann dieser jedoch durchaus vom Leiter der Versicherungsaufsichtsbehörde vertreten werden, wobei im Streitfall die Vertretungsbefugnis nachzuweisen wäre.

9 Die **Zweiwochenfrist beginnt** hierbei mit der „**Inkenntnissetzung**" der zuständigen Behörde, das heißt der Versicherungsaufsichtsbehörde des jeweiligen Mitgliedstaates. Inkenntnissetzung ist hierbei als Zugang des Beschlusses beim nationalen Aufseher anzusehen.[12]

[6] *Rat der Europäischen Union (Ecofin-Rat)*, Pressemitteilung 10737/09 v. 9.6.2009, S. 13, 14.

[7] Diese Bedenken wurden gerade auch von osteuropäischen Staaten dahingehend geäußert, dass sie für die Rettung der auf ihrem Territorium im Wege der Niederlassungsfreiheit (oder Dienstleistungsfreiheit) tätig werdenden ausländischen Finanzinstitute aufzukommen hätten; siehe *Spendzharova* Journal of Common Market Studies 2012, 315, 319.

[8] So auch *Ferran* in: Wymeersch/Hopt/Ferrarini (Hrsg.), Financial Regulation and Supervision: A Post-Crisis Analysis, 2012, Rn. 5.71.

[9] *Dreher*, Treaties on Solvency II, 2016, 70 brandmarkt diesen Passus der Erwägungsgründe zu Recht als unbeholfen formuliert („somewhat awkward language").

[10] *Ferran* in: Wymeersch/Hopt/Ferrarini (Hrsg.), Financial Regulation and Supervision: A Post-Crisis Analysis, 2012, Rn. 5.71.

[11] Anders aber *Verhelst*, Renewed Financial Supervision in Europe – Final or Transitory?, 2011, 50, der diese „Herabstufung" der ESA für einen Verdienst der Safeguard-Klausel erachtet.

[12] So bereits *Gal* ZVersWiss 2013, 7, 31.

Fraglich ist, welcher **Zeitpunkt** für das **Fristende** relevant ist. Abs. 2 UAbs. 1 stellt hierzu nur fest, dass der Mitgliedstaat innerhalb der Zweiwochenfrist „mitteilt", dass der Beschluss nicht umgesetzt wird. Im Hinblick auf die Intransparenz der Formulierung ist aus Rechtsschutzgesichtspunkten auf den Zeitpunkt der **rechtzeitigen Absendung** und nicht auf den Zugang abzustellen. 10

Die Mitteilung der Nichtumsetzung des Beschlusses hat **sowohl an die Kommission als auch** die **EIOPA** adressiert zu werden. Hierbei gibt Abs. 2 für die Mitteilung **keine Form** vor („mitteilt"). 11

Diese Berufung auf die Schutzklausel ist durch den Mitgliedstaat gemäß Abs. 2 UAbs. 2 zu **begründen**. Hierbei hat der Mitgliedstaat unmissverständlich und konkret darzulegen, warum und in welcher Weise der Beschluss in seine haushaltspolitische Zuständigkeit eingreift. Hierdurch wird verhindert, dass sich der entsprechende Mitgliedstaat (bzw. die nationale Aufsichtsbehörde) durch eine pauschale Behauptung der fiskalischen Beeinträchtigung der Umsetzung eines bindenden Beschlusses zu entziehen sucht. Hierbei greift auch ein *de minimis*-Vorbehalt (siehe Rn. 48 f.) 12

Bereits ab **Zugang der Mitteilung** zur Berufung auf die Schutzklausel ist gemäß Abs. 2 UAbs. 3 der **Vollzug des Beschlusses** automatisch **ausgesetzt**. Es bedarf insofern keiner weiteren Tätigkeit der nationalen Versicherungsaufsichtsbehörde. 13

Fraglich ist, welche **Folgen** eine **verfristete Mitteilung**, eine **Mitteilung nur an die Kommission oder nur die EIOPA** oder eine **unzureichend begründete Mitteilung** hat. 14

Die **Zweiwochenfrist** des Abs. 2 UAbs. 1 soll einer zügigen Klärung von Streitigkeiten innerhalb des ESFS bewirken und es den Mitgliedstaaten nicht ermöglichen, zunächst einen Beschluss einfach zu ignorieren und dann zu einem späteren Zeitpunkt eine Umsetzung mit Blick auf die Safeguard-Klausel abzulehnen. Andererseits ist zu berücksichtigen, dass ein Beschluss, der tatsächlich in die fiskalpolitische Zuständigkeit eines Mitgliedstaates eingreifen würde, auf einem Verstoß der EIOPA gegen ihre aus Abs. 1 fließende Pflicht beruhen würde. Dies berücksichtigend ist die Frist nicht als Ausschluss- sondern als **Verfahrensfrist** anzusehen, wobei eine Berufung auf die Safeguard-Klausel dann nicht als verfristet anzusehen ist, wenn die verspätete Mitteilung als unverschuldet anzusehen ist. 15

Eine **Mitteilung**, die **nur an die EIOPA** geht, sollte gleichwohl das **Verfahren** mit seinen gesamten Rechtsfolgen (insbesondere die Aussetzung des Vollzugs des Beschlusses) **eröffnen**. In diesem Fall sollte die EIOPA entweder die Mitteilung an die Kommission weiterleiten oder den Mitgliedstaat hierauf hinweisen. Im umgekehrten Fall, dass die EIOPA nicht auf die Nichtumsetzung hingewiesen wurde, wäre sie über ihr weiteres Vorgehen im Unklaren. Würde man in diesem Fall gleichwohl das Verfahren für eröffnet ansehen, so wären alle von der EIOPA nunmehr auf die Nichtumsetzung gestützten Maßnahmen rechtswidrig. Dies könnte zwar grundsätzlich auch auf die Kommission zutreffen, ist im Hinblick auf die Aufgabenverteilung aber deutlich unwahrscheinlicher. Insofern wäre im Fall der Nichtmitteilung an die EIOPA das Verfahren nicht eröffnet, wobei dann zumindest die Zweiwochenfrist als unerheblich erachtet werden sollte, sodass die Mitteilung nachgeholt werden kann, und ab diesem Zeitpunkt das Verfahren eröffnet wäre. 16

Gleiches gilt für die Übermittlung einer absolut **unzureichend erläuterten Mitteilung**. Soweit eine Mitteilung keinerlei Begründung enthält, sollte sie auch das Verfahren noch nicht eröffnen und insbesondere den Vollzug des Beschlusses nicht aussetzen. Jedoch sollte in diesem Fall eine Begründung noch nach Ablauf der Zweiwochenfrist nachgereicht werden können, um das Verfahren dann ab diesem Zeitpunkt zu eröffnen. Davon abgesehen legt Abs. 2 es nicht nahe, dass durch die konkrete Begründung der Mitteilung der Mitgliedstaat sich seines Rechts begibt, im späteren Verlauf des Verfahrens weitere Gründe nachzuschieben. 17

2. Abhilfephase (Abs. 2 UAbs. 4). Innerhalb eines Monats hat EIOPA gemäß Abs. 2 UAbs. 4 S. 1 dem Mitgliedstaat **mitzuteilen**, ob sie den Beschluss aufrechterhalt, ihn abändert oder aufhebt. Dies impliziert, dass die EIOPA innerhalb dieses Zeitraums eine erneute Prüfung im Sinne eines **Abhilfeverfahrens** vorzunehmen hat. 18

Der **Antrag des Mitgliedstaates**, der der Mitteilung im Zweifelsfall zu entnehmen ist, geht nicht auf Abänderung, sondern schlicht **auf Aufhebung** des Beschlusses. Es ist jedoch zumindest theoretisch denkbar, dass der Mitgliedstaat explizit nur eine bestimmte Abänderung beantragt. In diesem Fall wäre ein abändernder Beschluss der EIOPA, der dem Antrag entspricht, als aufhebender Beschluss iSd Abs 2 zu sehen, sodass das Verfahren hiermit beendet wäre (siehe Rn. 20). 19

Wenn die EIOPA den streitgegenständlichen **Beschluss** in der Abhilfephase **aufhebt**, so ist das **Safeguard-Verfahren** des Abs. 2 **beendet**. Abs. 2 UAbs. 4 legt hierbei nahe, dass der Beschluss ohne Begründung erfolgen kann. Dies ist jedoch nicht der Fall vielmehr greift auch für diesen Beschluss Art. 39 EIOPA-VO. 20

So sich die EIOPA dazu entschließt, der Beschwerde des Mitgliedstaates innerhalb des Safeguard-Verfahrens nicht abzuhelfen, erlässt sie entweder einen **bestätigenden** oder einen **abändernden Beschluss**. Auch diese Beschlüsse fallen in den Anwendungsbereich des Art. 39 EIOPA-VO. Zudem hat die EIOPA solche Beschlüsse gemäß Abs. 2 UAbs. 4 S. 2 noch mit einer **Erklärung** zu ergänzen, dass durch diesen Beschluss **haushaltspolitische Zuständigkeiten nicht berührt** werden. Allein diese Frage ist im gesamten Verfahren des Abs. 2 Streitstoff, andere Gegenstände wie unterschiedliche Inter- 21 pretationen des Unionsrechts oder sachdienliche Ermessensausübung haben grundsätzlich unberücksichtigt zu bleiben.

22 Der Beschluss der EIOPA muss innerhalb eines Monats „nach seiner [sc. des Mitgliedstaates] Mitteilung" getroffen und diesem mitgeteilt werden. Hinsichtlich des **Fristbeginns** ist im Hinblick auf die Klarheit der Fristberechnung auf den **Zugang der Mitteilung bei EIOPA** abzustellen und die **Frist endet mit dem Zugang der Mitteilung beim Mitgliedstaat**. Diese Frist dient jedoch allein dazu, die EIOPA zur Eile zu bewegen, und nicht dem Schutz des Mitgliedstaates, da dieser durch die Aussetzung des Vollzugs des Beschlusses durch Abs. 2 UAbs. 3 bereits hinreichend geschützt ist. Eine verspätete Beschlussfassung ist insofern im Rahmen einer Dienstpflichtverletzung beachtenswert, schließt aber nicht die Fortführung des Verfahrens aus. Eine andere Sichtweise würde erzwingen, dass die EIOPA ihren alten Beschluss aufhebt und gleichzeitig einen neuen gleichlautenden Beschluss – eventuell unter neuer Herbeiführung der Beschlussvoraussetzungen (insbesondere Gewährung rechtlichen Gehörs) – erlässt. Dies erscheint nicht interessengerecht.

23 **3. Streitentscheidungsphase vor dem Rat (Abs. 2 UAbs. 5, 6).** Nach Abs. 2 UAbs. 5 ist es im Falle der Aufrechterhaltung des Beschlusses nunmehr der **Rat der Europäischen Union**, der über die Aufrechterhaltung oder Aufhebung des Beschlusses **bestimmt**.

24 Abs. 2 UAbs. 5 stellt die Zuständigkeit des Rates nur für den Fall fest, dass die EIOPA „an ihrem Beschluss fest[hält]". Es ist fraglich, ob der Rat auch zu entscheiden hat, wenn die EIOPA ihren Beschluss gemäß Abs. 2 UAbs. 4 S. 1 Var. 2 **abgeändert** hat (siehe Rn. 21). Eine Auslegungsalternative wäre es hier, den Begriff des „Festhaltens" eng am Wortlaut so zu verstehen, dass nur im Fall eines unabgeänderten Ausgangsbeschlusses die Anrufung des Rates möglich ist. Für den Fall eines Abänderungsbeschlusses durch EIOPA, durch den der Mitgliedstaat seine haushaltspolitische Zuständigkeit immer noch verletzt sieht, müsste sich der Mitgliedstaat bei dieser Auslegung zunächst wieder innerhalb von zwei Wochen gegenüber EIOPA und der Kommission mit Begründung auf die Schutzklausel berufen, EIOPA müsste erneut innerhalb eines Monats befinden und erst dann, vorausgesetzt dass der Beschluss diesmal ohne Änderung aufrechterhalten würde, konnte der Rat „angerufen" werden. Dies scheint ineffizient und auch nicht zwingend vom Schutzzweck des Abs. 2 vorgegeben. Insofern ließe sich eine zweite Auslegungsalternative anführen, die unter einem „festhaltenden" Beschluss auch einen solchen versteht, der durch EIOPA abgeändert wurde. Diese Auslegung würde direkt nach der ersten „Beschwerde" gegenüber EIOPA den Weg zum Rat eröffnen. Gegen diese Auslegung lässt sich jedoch der Wortlaut des Abs. 2 UAbs. 5 anführen, der eben gerade auf „festhalten" (so auch in der englischen [*maintain*], französischen [*maintenir*], italienischen [*ritenere*], spanischen [*mantener*], portugiesischen [*manter*] und niederländischen [*handhaven*] Sprachfassung) lautet, ein Ausdruck der im vorhergehenden Unterabsatz explizit in Abgrenzung zu „abgeändert" verwandt wird.[13] Insofern ist davon auszugehen, dass der abändernde Beschluss zunächst mit einer neuen Mitteilung des Mitgliedstaates angegriffen werden muss.

25 Der Rat beschließt auf einer seiner Sitzungen über die **Aufrechterhaltung** oder **Aufhebung** des Beschlusses. Der Rat hat hingegen **nicht** die **Kompetenz**, den **Beschluss abzuändern**.

26 Der Beschluss des Rates hat innerhalb einer **Frist** von **zwei Monaten** gefasst zu werden. Die Frist läuft ab dem Zeitpunkt des Zugangs der Mitteilung der EIOPA beim Mitgliedstaat, dass der Beschluss aufrechterhalten wird (siehe Rn. 22). Diese Frist ist im Hinblick auf Abs. 2 UAbs. 6 nicht unter allen Umständen eine absolute Ausschlussfrist, da der Ablauf der Frist ohne Beschlussfassung durch den Rat den Beschluss nur dann automatisch erlöschen lässt, wenn der Rat die Angelegenheit zumindest beraten hat (siehe Rn. 28 f.).

27 Der Rat fasst den Beschluss – anders als dies noch im Entwurf der EIOPA-VO vorgesehen war, wo eine qualifizierte Mehrheit erforderlich war[14] – mit der **Mehrheit** der abgegebenen Stimmen.

28 Besonders kontrovers wurde im Rahmen des Erlasses der EIOPA-VO die Frage diskutiert, welche Auswirkungen es auf den Ausgangsbeschluss der EIOPA haben sollte, wenn **innerhalb** der vorgesehenen **Frist** von zwei Monaten **kein Beschluss des Rates** (mit damals noch qualifizierter Mehrheit) herbeigeführt wird. Nach der Konzeption des Art. 23 Abs. 2 UAbs. 6 des Kommissionsentwurfs sollte die Aussetzung des Beschlusses auch im Falle des Ausbleibens eines (fristgerechten) Beschlusses durch den Rat automatisch beendet werden. Im Ergebnis hätte dies eine Bringschuld des betroffenen Mitgliedstaates statuiert, da er eine qualifizierte Mehrheit hätte organisieren müssen, um den Beschluss der EIOPA abzuwenden. Dies wurde jedoch durch einige Mitgliedstaaten stark kritisiert.[15] Im Ergebnis

---

[13] In diese Richtung deutet auch *Ksion,* Begründung zu EIOPA-VOE, in: KOM (2009) 502 endg., S. 9 (Nr. 6.2.11.), wo die Entscheidungsbefugnis des Rates daran geknüpft wird, dass EIOPA seine Entscheidung „aufrechterhalten" hat, was wiederum ein Ausdruck ist, der einen Satz vorher in Abgrenzung zu „abgeänderten" Entscheidungen verwandt wurde.

[14] In Art. 23 Abs. 2 UAbs. 5 des Entwurfs war eine qualifizierte Mehrheit nach Art. 205 Abs. 2 EGV (ab 2014 nach Art. 238 Abs. 2, 3 AEUV) vorgesehen.

[15] Insbesondere Großbritannien hielt ununterbrochen an seiner Kritik fest, während Frankreich die Regelung des Kommissionsentwurfs bevorzugte und diese angeblich auch im Wege einer Kampfabstimmung durchsetzen wollte, siehe *Hönighaus/Proissl,* EU-Staaten ringen um Finanzaufsicht, in: Financial Times Deutschland v. 30.11.2009, S. 15.

setzten sich diese Kritiker auch gegen Vorbehalte des Europäischen Parlaments[16] durch, sodass es entsprechend ihrer Vorstellung[17] im Falle der Berufung auf die *Safeguard*-Klausel an EIOPA ist, eine zustimmende Mehrheit im Rat zu organisieren. Wenn der Rat nach Prüfung der Angelegenheit keinen Beschluss trifft, den Beschluss der EIOPA aufrechtzuhalten, so **erlischt der Beschluss** von EIOPA (Abs. 2 UAbs. 6 EIOPA-VO).[18]

Unklar ist nach dem Wortlaut des Abs. 1 UAbs. 6, ob das **Erlöschen des Ausgangsbeschlusses** nur eintritt, wenn der Rat eine Prüfung des Beschlusses vornimmt, dann aber nicht innerhalb der Frist des Abs. 2 UAbs. 5 einen eigenen Beschluss erlässt. Gegen ein Erlöschen des Beschlusses bei **schlichter Untätigkeit**, bei der der Beschluss vom Rat überhaupt nicht adressiert wird, spricht der Sprachlaut des Abs. 2 UAbs. 6, der festlegt, dass die Rechtsfolge eintritt, wenn „der Rat *nach Prüfung der Angelegenheit*" [Hervorhebung durch Verf.] keinen Beschluss erlässt. Dies bedeutet, dass der Rat, wenn die Zweimonatsfrist abgelaufen ist, der Beschluss bisher aber noch nicht diskutiert wurde, noch über den Beschluss befinden kann, da dieser nicht nach Abs. 2 UAbs. 6 erloschen ist. 29

IV. Safeguard-Verfahren bei Beschlüssen im Krisenfall (Art. 18 Abs. 3 EIOPA-VO) (Abs. 3, 4). Das *Safeguard*-Verfahren gegen Beschlüsse, die die EIOPA im Krisenfall nach Art. 18 Abs. 3 EIOPA-VO gefasst hat, gleicht weitestgehend dem Verfahren gegen Beschlüsse nach Art. 19 Abs. 3 EIOPA-VO (vgl. Rn. 8 ff.). Es bestehen jedoch im Hinblick auf die besondere Dringlichkeit dieser Beschlüsse Detailunterschiede. 30

1. Verfahrenseinleitung (Abs. 3 UAbs. 1–3). Der **Beschwerdemaßstab** nach Abs. 3 UAbs. 1 („in seine haushaltspolitische Zuständigkeit *eingreift*") ist trotz des von Abs. 2 UAbs. 1 („auf seine haushaltspolitische Zuständigkeit *auswirkt*") abweichenden Wortlaut der gleiche. Anders als die deutsche Fassung, sehen bspw. die englische, französische, italienische, spanische, portugiesische und niederländische Fassung in beiden Normen einen identischen Wortlaut vor, sodass die Verwendung unterschiedlicher Begriffe in der deutschen Fassung, die *prima facie* eine unterschiedliche Eingriffsintensität suggeriert, als unbeachtliche Wortlautabweichung erscheint. 31

Ein Unterschied zu Abs. 2 UAbs. 1 besteht hinsichtlich der **Adressaten der Mitteilung** der Nichtumsetzung. Der Mitgliedstaat hat diese nicht nur der EIOPA und der Kommission, sondern auch dem Rat zu übermitteln. Diese Mitteilung an den Rat ist deshalb erforderlich, als bei Beschwerden gegen einen Beschluss nach Art. 18 Abs. 3 EIOPA-VO kein Abhilfeverfahren durch die EIOPA, sondern unmittelbar ein Beschwerdeverfahren vor dem Rat vorgesehen ist. 32

Im Hinblick auf die Dringlichkeit der Beschlussfassung – EIOPA wird im Rahmen ihrer Kompetenz nach Art. 18 Abs. 3 EIOPA-VO tätig, um einer Krise entgegenzuwirken – muss die Beschwerde innerhalb einer **Frist von drei Arbeitstagen** nach dem Zugang des Beschlusses der EIOPA bei der Aufsichtsbehörde des entsprechenden Mitgliedstaates seine Mitteilung vornehmen. Hinsichtlich der Zeitpunkte des Fristbeginns und des Fristendes gilt das zu Abs. 2 UAbs. 1 Gesagte (siehe Rn. 9 f.). 33

Die **Begründungspflicht** des Abs. 3 UAbs. 2 und die Voraussetzung der **automatischen Aussetzung des Vollzugs** des Ausgangsbeschlusses der EIOPA nach Abs. 3 UAbs. 3 sind identisch mit denen des Abs. 2 UAbs. 2, 3 (siehe Rn. 12 und 13). 34

2. Streitentscheidungsphase vor dem Rat (Abs. 3 UAbs. 4, 5). Bei einer Beschwerde gegen einen Krisenfallbeschluss der EIOPA ist es gemäß Abs. 3 UAbs. 4 nicht an der EIOPA (vgl. für Beschlüsse im Rahmen des Streitschlichtungsverfahrens Rn. 18 ff.), sondern **unmittelbar** am **Rat der Europäischen Union**, über die Aufrechterhaltung oder Aufhebung des Beschlusses **zu bestimmen**. 35

Der Rat hat innerhalb einer **Frist** von **zehn Arbeitstagen** eine Sitzung einzuberufen und über den Beschluss der EIOPA zu entscheiden (Abs. 3 UAbs. 4). Diese Frist ist ab dem Zeitpunkt des Zugangs der Mitteilung des Mitgliedstaates beim Rat zu berechnen. Die Zehntagesfrist wird nicht dadurch gewahrt, dass die Sitzung innerhalb dieser Zeit (für einen späteren Zeitpunkt) terminiert wird, sondern indem die Sitzung stattfindet und über den Beschluss gesprochen wird. 36

---

16 Der durch den Ecofin-Rat herbeigeführte Kompromiss sah als Lösung zunächst vor, dass der belastete Mitgliedsstaat eine einfache Mehrheit im Rat braucht, um eine unliebsame Entscheidung aufheben zu lassen und, sollte dies misslingen, die Möglichkeit offen stünde, den Europäischen Rat anzurufen und bei diesem eine Aufhebung zu beantragen (siehe *Rat der Europäischen Union [Ecofin-Rat]*, Pressemitteilung 16838/09, S. 7 f. [insb. S. 8 a. E.]). Dies wurde vom Europäischen Parlament jedoch nicht aufgegriffen (*Committee on Economic and Monetary Affairs des EP*, Bericht A7–0170/2010 vom 26.5.2010, Änderungsantrag 88, S. 90) und sogar stark attackiert (siehe bspw. *Proissl*, Staaten entschärfen Finanzaufsicht, in: Financial Times Deutschland v. 3.12.2009, S. 15, der einen unbenannten Parlamentarier mit den Worten zitiert „[d]er Kompromiss ist für uns nicht die Verhandlungsbasis". Siehe auch *Berschens*, EU-Mitglieder schwächen ihre neue gemeinsame Finanzaufsicht', in: Handelsblatt v. 3.12.2009, S. 10 f.

17 Vgl. *Roche,* Brüssel sorgt sich um neue Bankenaufsicht – EU-Regelwerk droht Aufweichung, in: Börsen-Zeitung v. 21.11.2009, S. 1; *Lebert,* EU wittert deutsches Komplott gegen Bankenaufsicht, in: Financial Times Deutschland v. 23.11.2009, S. 16.

18 Nicht ganz klar ist, ob dies auch gilt, wenn sich der Rat innerhalb der zweimonatigen Frist nicht mit der Angelegenheit beschäftigt. Es spricht jedoch einiges dafür, dass eine Erweiterung auf diesen Fall nur dann zulässig ist, wenn der Rat die Angelegenheit bewusst nicht auf die Agenda setzt.

37 Der aufhebende Beschluss nach Abs. 3 UAbs. 4 erfordert anders als nach Abs. 2 UAbs. 5 nicht nur die Mehrheit der abgegebenen Stimmen, sondern die **einfache Mehrheit der Mitglieder** des Rates. Hierbei kommt insofern Art. 238 Abs. 1 AEUV zur Anwendung.

38 Ein bedeutsamer Unterschied zum *Safeguard*-Verfahren gegen Beschlüsse im Rahmen des Streitschlichtungsverfahrens besteht hinsichtlich der **Wirkung einer Untätigkeit des Rates**. Abs. 3 UAbs. 5 ordnet hierbei – unter ansonsten gleichen Voraussetzungen wie Abs. 2 UAbs. 6 (vgl. Rn. 28 f.) – an, dass der Nichtbeschluss des Rates über die Angelegenheit nicht etwa das Erlöschen, sondern die automatische **Wiederherstellung des Vollzuges des Beschlusses** bewirkt. Es ist insofern im Falle der Berufung auf die *Safeguard*-Klausel bei den Krisenfallbeschlüssen der EIOPA am Mitgliedstaat, eine zustimmende Mehrheit im Rat zu organisieren. Diese Folge tritt jedoch nur dann ein, wenn der Rat die Angelegenheit zumindest erörtert hat (vgl. Rn. 29). Ansonsten bleibt der Beschluss, aber auch die Aussetzung des Vollzugs bestehen.

39 **3. Erneute Streitentscheidungsphase vor dem Rat (Abs. 4).** Anders als im Verfahren in Bezug auf Beschlüsse im Rahmen der Streitschlichtung sieht Abs. 4 gegenüber Krisenfallbeschlüssen der EIOPA noch einen **ergänzenden Rechtsbehelf** der Mitgliedstaaten vor: die **erneute Mitteilung**.

40 Abs. 4 UAbs. 1 S. 1 **ermächtigt** den betreffenden Mitgliedstaat, wenn dieser nach wie vor der Auffassung ist, dass der Ausgangsbeschluss der EIOPA in seine haushaltspolitische Zuständigkeit eingreift, der **EIOPA und der Kommission** dies **mitzuteilen** und beim **Rat** eine **erneute Entscheidung** zu **beantragen**. Diese „Beschwerde" richtet sich nur mittelbar gegen den Ausgangsbeschluss der EIOPA und unmittelbar gegen den Erstbeschluss des Rates. Anders als die Mitteilungen nach Abs. 2 und 3 bewirkt diese erneute Mitteilung jedoch keine Aussetzung des Vollzugs.

41 Das **Antragsrecht auf erneute Prüfung** besteht **zeitlich unbegrenzt**. Bei großem Zeitablauf zwischen dem Erstbeschluss des Rates nach Abs. 3 und Beantragung eines Zweitbeschlusses nach Abs. 4 kommt jedoch eine Verwirkung in Betracht. In diesem Fall müsste der Mitgliedstaat sich gegen den Beschluss für die Zukunft in der Form wehren, dass er (bzw. der durch den Beschluss adressierte nationale Versicherungsaufseher) bei der EIOPA eine Rücknahme des Beschlusses beantragt.

42 Aus Abs. 4 geht hervor, dass das **Antragsrecht** auf erneute Prüfung nur **einmalig ausgeübt** werden kann.

43 Die **Mitteilung** des Mitgliedstaates ist gemäß Abs. 4 UAbs. 1 S. 2 zu **begründen**, wobei sich die Begründung auf den Erstbeschluss des Rates zu beziehen hat. Hierbei müssen, da sich dieser Erstbeschluss auf den Ausgangsbeschluss der EIOPA bezieht, jedoch auch Ausführungen zur Unstatthaftigkeit des Ausgangsbeschluss zulässig sein.

44 Der Rat hat innerhalb einer **Frist** von **vier Wochen** über die Angelegenheit erneut zu entscheiden (Abs. 4 UAbs. 2). Diese Frist ist ab dem Zeitpunkt des Zugangs der Mitteilung des Mitgliedstaates beim Rat zu berechnen. Hierbei kann der Rat eine **Fristverlängerung** um **weitere vier Wochen** gemäß Abs. 4 UAbs. 3 beschließen, wenn die besonderen Umstände des Falls dies erfordern.

45 Der **erneute Beschluss** des Rates kann nur den alten Beschluss bestätigen oder einen neuen Beschluss fassen, was im Hinblick auf das Regelungskonzept der Abs. 2, 3 (vgl. Rn. 25) nur bedeuten kann, dass der Rat seinen Erstbeschluss unter gleichzeitiger Aufhebung des Ausgangsbeschlusses der EIOPA aufhebt.

46 Aus dem etwas unklaren Verweis des Abs. 4 UAbs. 2 („gemäß Absatz 3") geht hervor, dass der Beschluss mit **einfacher Mehrheit der Mitglieder** zu ergehen hat (vgl. Rn. 37).

47 Die **Untätigkeit des Rates** hat **keinerlei Wirkung** auf seinen Erstbeschluss, den Ausgangsbeschluss der EIOPA oder dessen Vollzug.

48 **V. De-minimis-Vorbehalt und Missbrauchsverbot (Abs. 5)** Abs. 2 und Abs. 3 ermöglichen es den Mitgliedstaaten, sich gegen nahezu jeden Beschluss der EIOPA mit der **pauschalen Behauptung** einer haushaltspolitischen Beeinträchtigung zu wehren, was letztlich das **ESFS als Ganzes in Frage stellen** würde, da hierdurch den Mitgliedstaaten die volle Autonomie über die Aufsicht ohne jede Korrekturbefugnis der EIOPA gewährt wäre. Insofern gebietet Abs. 5 zunächst die Nichtberücksichtigung von unwesentlichen Auswirkungen auf die haushaltspolitische Hoheit der Mitgliedstaaten und untersagt jeden Missbrauch der *Safeguard*-Klausel durch die Mitgliedstaaten.

49 Eine Auswirkung führt dann nicht zur Unzulässigkeit des Beschlusses der EIOPA nach Abs. 1 und eröffnet entsprechend auch nicht den Weg für die Verfahren nach Abs. 2 und 3, wenn sie **insignifikant und unwesentlich** ist. Dies ist im Sinne eines echten ***de minimis*-Vorbehalts** zu verstehen. Wo genau die Erheblichkeitsschwelle der Beeinträchtigung zu verorten ist, bleibt hierbei offen. Im Schwerpunkt geht es hier aber wohl darum, dass eine Auswirkung auf die haushaltspolitische Zuständigkeit, die ein reiner Reflex auf die erzwungene Tätigkeit der nationalen Aufsichtsbehörde ist (Prüfungsaufwand, Kosten etc.) und nach nationalem Recht nicht umgelegt werden können, hier unberücksichtigt bleiben sollen.

50 Abs. 5 **untersagt** es den **Mitgliedstaaten**, die Vorschriften der **Abs. 2–4 zu missbrauchen**. Untersagt ist mithin eine willkürliche Berufung auf die *Safeguard*-Klausel, um unliebsame Beschlüsse der EIOPA hinsichtlich ihres Vollzuges hinauszuzögern bzw. um gegenüber der EIOPA eine Drohkulisse

aufzubauen, um zukünftige, ähnliche Beschlüsse zu verhindern. Ein Verstoß gegen dieses Missbrauchsverbot ist mit einem Vertragsverletzungsverfahren gegen den Mitgliedstaat gemäß Art. 258 AEUV ahndbar.

Beschlussfassung

39 (1) [1]**Bevor die Behörde die in dieser Verordnung vorgesehenen Beschlüsse erlässt, teilt sie dem benannten Adressaten ihre diesbezügliche Absicht mit und setzt eine Frist, innerhalb derer der Adressat zu der Angelegenheit Stellung nehmen kann und die der Dringlichkeit, der Komplexität und den möglichen Folgen der Angelegenheit in vollem Umfang Rechnung trägt.** [2]**Dies gilt für Empfehlungen gemäß Artikel 17 Absatz 3 entsprechend.**

(2) **Die Beschlüsse der Behörde sind zu begründen.**

(3) **Die Adressaten von Beschlüssen der Behörde werden über die im Rahmen dieser Verordnung zur Verfügung stehenden Rechtsbehelfe belehrt.**

(4) **Hat die Behörde einen Beschluss nach Artikel 18 Absatz 3 oder Absatz 4 erlassen, überprüft sie diesen Beschluss in angemessenen Abständen.**

(5) **Die von der Behörde nach den Artikeln 17, 18 oder 19 erlassenen Beschlüsse werden unter Nennung der betroffenen zuständigen Behörde beziehungsweise des betroffenen Finanzinstituts und unter Angabe ihres wesentlichen Inhalts veröffentlicht, es sei denn, dass die Veröffentlichung im Widerspruch zu dem legitimen Interesse der Finanzinstitute am Schutz ihrer Geschäftsgeheimnisse steht oder das ordnungsgemäße Funktionieren und die Integrität der Finanzmärkte oder die Stabilität des Finanzsystems in der Union als Ganzes oder in Teilen ernsthaft gefährden könnte.**

Übersicht

Schrifttum: Siehe die Angaben bei Art. 1 EIOPA-VO („Allgemein zum ESFS" und „Allgemein zur EIOPA").

I. Allgemeines. Art. 39 EIOPA-VO regelt die Pflicht der EIOPA vor Erlass von Beschlüssen und der 1
Abgabe von Empfehlungen den Betroffenen ausreichendes rechtliches Gehör zu gewähren (Abs. 1), sowie ihre ergehenden Beschlüsse hinreichend zu begründen (Abs. 2) und mit einer Rechtsbehelfsbelehrung zu versehen (Abs. 3). Ferner wird für bestimmte Beschlüsse eine periodische Überprüfungspflicht (Abs. 4) und eine Veröffentlichungspflicht (Abs. 5) statuiert.

II. Rechtsinstrument des Beschlusses. Die EIOPA-VO überträgt der EIOPA zur Ausübung ihrer 2
Aufgaben in zahlreichen Fällen die **Befugnis, Beschlüsse zu erlassen** (vgl. bspw. Art. 8 Abs. 2 lit. e, f i. V. m. Art. 17 Abs. 6, 18 Abs. 3, 4, 19 Abs. 3, 4 sowie Art. 9 Abs. 5 UAbs. 1, 16 Abs. 3 UAbs. 3 S. 2, 21 Abs. 4, 37 Abs. 4, 40 Abs. 5 UAbs. 1, 48 Abs. 5 UAbs. 1, 51 Abs. 5, 58 Abs. 5, 72 Abs. 3 EIOPA-VO). Daneben können weitere Beschlussbefugnisse der EIOPA über die Rechtsakte des Art. 1 Abs. 2 EIOPA-VO übertragen werden.

Der Begriff des Beschlusses ist grundsätzlich in Übereinstimmung mit dem primärrechtlichen Rechts- 3
instrument des **Beschlusses** in **Art. 288 UAbs. 4 AEUV** zu verstehen. Die primärrechtlich vorgesehene Handlungsform des Beschlusses ist hierbei durch den Lissaboner Vertrag an die Stelle der Ent-

scheidung (vgl. Art. 249 Abs. 4 EGV a. F.) getreten, ohne dass hierdurch eine tiefgreifende inhaltliche Änderung eingetreten wäre.[1]

4 Aus dieser Begriffsleihe fließt, dass der Beschluss der EIOPA vorrangig als eine Handlungsform zur **Einzelfallentscheidung** anzusehen ist, mithin als **funktionsgleiches Äquivalent** zum deutschen **Verwaltungsakt**. Der entscheidende Unterschied zum deutschen Verwaltungsakt liegt darin, dass der Beschluss der EIOPA in den vorgezeichneten Fällen nicht nur an natürliche und juristische Personen, sondern auch an die mitgliedstaatlichen Aufsichtsbehörden adressiert werden kann.[2] Der Beschluss ist hierbei in all seinen Teilen für den Adressaten unmittelbar verbindlich.

5 Durch den Beschluss kann die EIOPA, soweit vorgesehen, Rechtsträger im unionsinternen Bereich oder einzelne oder die Gesamtheit der zuständigen Behörden (bzw. der Mitgliedstaaten) bzw. einzelne oder die Gesamtheit der Finanzinstitute adressieren. Zumindest eine Befähigung, **Allgemeinverfügungen** zu erlassen, ist hierbei jedoch kritisch zu betrachten, da der EIOPA gerade keine Befugnis zum Erlass von Verordnungen und mithin keine gesetzgeberische Befugnis zukommen soll, sodass sich die EIOPA nicht über die Möglichkeit einer Allgemeinverfügung in die Position des Gesetzgebers setzen können soll. Eine solche Möglichkeit wäre gegenwärtig insofern allenfalls dann gegeben, wenn es um eine flächendeckende Verletzung von Unionsrecht geht (Art. 17 Abs. 6 EIOPA-VO) oder im Krisenfall (Art. 18 Abs. 3, 4 EIOPA-VO) bzw. wenn eine bestimmte Finanztätigkeit allgemein vorübergehend verboten oder beschränkt werden soll (Art. 9 Abs. 5 UAbs. 1 EIOPA-VO).

6 Neben der Einzelfallentscheidung ist die Handlungsform des Beschlusses im Rahmen der EIOPA-VO auch für **Ernennungs- und Abberufungsakte**[3] und für interne Maßnahmen (Beschluss *sui generis*), wie insbesondere den **Erlass von Geschäftsordnungen**, vorgesehen. Zumindest die letzte Kategorie von Beschlüssen sind jedoch adressatenlos, sodass Art. 39 EIOPA-VO für sie allenfalls entsprechend anzuwenden ist, wobei all jene Regelungen außer Betracht zu bleiben haben, die ihren Zweck gerade im Schutz des Adressaten haben.

7 **III. Rechtliches Gehör (Abs. 1). 1. Überblick.** Der **Zweck** des Abs. 1 S. 1 ist in der Gewährung eines Anspruchs des Adressaten auf **rechtliches Gehör** zu sehen. Zu diesem Zweck soll die EIOPA keine Beschlüsse erlassen, ohne den potentiellen Adressaten vorher von dieser Absicht in Kenntnis gesetzt zu haben und ihm unter Setzung einer Frist die Möglichkeit zur Stellungnahme gegeben zu haben. In seiner Funktion gleicht Abs. 1 S. 1 insofern weitestgehend § 28 VwVfG.

8 **2. Anhörungsberechtigter (Abs. 1 S. 1).** Ein großer Unterschied zu § 28 Abs. 1 VwVfG besteht dahingehend, dass Abs. 1 S. 1 **nicht jedem Beteiligten** ein Anhörungsrecht gewährt,[4] sondern **nur den Adressaten** des Beschlusses.[5]

9 Dies bedeutet beispielsweise, dass die EIOPA eine nach Art. 17 Abs. 1 EIOPA-VO **antragstellende nationale Versicherungsaufsichtsbehörde** nicht davon in Kenntnis setzen müsste, dass es keine Empfehlung nach Art. 17 Abs. 3 EIOPA-VO oder später keinen Beschluss nach Art. 17 Abs. 6 EIOPA-VO gegen eine andere zuständige Behörde erlässt. Dies erscheint eine nicht unbedenkliche Verkürzung der erforderlichen Verfahrensrechte. Man mag hier die Ansicht vertreten, dass zumindest die Antragsteller, die später nicht Adressaten werden sollen, hierdurch nicht wesentlich in ihren Verfahrensrechten beschnitten werden, da sie ihre Rechtsposition in ihrem Antrag bereits vollständig ausführen können. Dies verkennt jedoch, dass es für den Antragsteller gerade auch von Bedeutung ist, zu erfahren, ob die EIOPA die vorgetragenen Tatsachen für hinreichend erachtet und ob sie bezüglich entscheidungserheblicher Rechtsfragen eine grundsätzlich andere Ansicht vertritt, um dem Antragsteller hierdurch eine Substantiierung des Sachvortrags und die Möglichkeit einer vertieften Ausführung seiner Rechtsansicht zu ermöglichen. Insofern ist die EIOPA-VO so aufzufassen, dass überall dort, wo einer **Person ein Antragsrecht** zur Eröffnung eines Beschlussverfahrens eröffnet wird, diese Person auch zumindest im Rahmen des Abs. 1 S. 1 als dem **Adressaten gleichstehend** zu behandeln ist und insofern auch den (befähigten) Antragstellern ausreichendes rechtliches Gehör zu gewähren ist. Dies entspricht beispielsweise der Behandlung des Beschwerdeführers innerhalb der EU-Kartellverfahrensordnung.[6]

10 **3. Anhörungsverfahren (Abs. 1 S. 1).** Die EIOPA hat den Anhörungsberechtigten **von ihrer Absicht**, den Beschluss zu fassen, zu **unterrichten**. Hierbei trifft die EIOPA-VO keine Aussage dazu,

[1] Anders von der Groeben/Schwarze/Hatje/*Geismann* Art. 288 AEUV Rn. 56, dieser spricht von einer inhaltlichen Änderung dahingehend, dass sich nunmehr auch Handlungen im Bereich des GASP und die Beschlüsse *sui generis* unter Art. 288 UAbs. 4 AEUV subsumieren lassen, was jedoch von großen Teilen der Lehre bereits unter Art. 249 UAbs. 4 EGV vertreten wurde.

[2] Vgl. Grabitz/Hilf/Nettesheim/*Nettesheim* Art. 288 AEUV Rn. 174.

[3] A. A. *van Cleynenbreugel* ELSA Malta Law Review 2012, 231, 248.

[4] Im Kontext des § 28 HVwVfG ist der Beteiligtenbegriff des § 13 VwVfG deutlich weiter vgl. Stelkens/Bonk/Sachs/*Kallerhoff* § 28 Rn. 31.

[5] So bspw. auch die englische (*addressee*), französische (*destinataire nommément désigné*), portugiesische (*destinatários identificados*), italienische (*destinatario specificato*), spanische (*destinatario específico*) und niederländische (*individuele adressaten*) Sprachfassung.

[6] Vgl. *Ritter* in: Immenga/Mestmäcker, EU-Wettbewerbsrecht, 5. Aufl. 2012, Art. 27 VO 1/2003 Rn. 53 ff.

ob die Mitteilung und die Anhörung (siehe hierzu Rn. 15) schriftlich zu erfolgen hat. Eine effiziente Verfahrensgestaltung und ein adäquater Rechtsschutz innerhalb eines vielsprachigen Rechtsgebietes wie der EU gebietet es aber, dass die Mitteilung in schriftlicher Form erfolgt. So die Mitteilung schriftlich ergeht (gleiches müsste aber beispielsweise auch für eine telefonische Mitteilung gelten), hat sie gemäß Art. 73 Abs. 1 i. V. m. Art. 3 Sprachfragenverordnung in der Amtssprache am Sitz des Adressaten zu erfolgen (siehe Art. 73 EIOPA-VO Rn. 3), es sei denn der Anhörungsberechtigte hat durch sein Vorverhalten eine andere Sprache festgelegt (siehe Art. 73 EIOPA-VO Rn. 2).

Die Anhörung des Adressaten muss **vor** Erlass des **Beschlusses** erfolgen. Die Anhörung muss so 11 terminiert sein, dass der Adressat sich zum gesamten entscheidungserheblichen Sachverhalt äußern kann,[7] was bedeutet, dass es nicht nötig ist, eine Anhörung bereits unmittelbar nach Einleitung des Beschlussverfahrens zu ermöglichen (wobei dies in den meisten Fällen am Maßstab der Effizienz durchaus geboten ist). Die Anhörung muss erst dann erfolgen, wenn der Beschluss in seiner konkreten Gestalt bereits bevorsteht. So aber bereits einleitend eine Anhörung erfolgte, nunmehr aber neue Tatsachen (oder Rechtsansichten) hinzugetreten sind, ist eine erneute (abschließende) Anhörung angezeigt.

Die Mitteilung der Absicht zur Beschlussfassung muss **nicht zwingend** den **konkreten Beschlus-** 12 **sentwurf**, aber zumindest in gedrängter Form alles enthalten, was für eine sachgerechte Verteidigung der Rechtsposition des Adressaten notwendig ist.[8] Dem Adressaten ist hierbei zumindest inzidenter aufzugeben, zu welchen Tatsachen und Rechtsansichten er Position beziehen soll, worauf die EIOPA ihren Beschluss also zu stützen gedenkt.

Für die Stellungnahme ist dem Adressaten eine **angemessene Frist** zu setzen. Hierbei gibt es **keine** 13 **Mindestfrist**, sondern die Angemessenheit bemisst sich immer nach den Umständen des Einzelfalls.

Diese Frist ist *expressis verbis* zu setzen – hier unterscheidet sich Abs. 1 S. 1 von § 28 Abs. 1 VwVfG, 14 der eine explizite **konkrete Fristsetzung** nicht erfordert.[9] Die **Angemessenheit** der durch EIOPA zu setzenden Frist ergibt sich aus den Umständen des Einzelfalls, wobei sie dem Beteiligten hinreichend Zeit gewähren muss, damit sich dieser unter Berücksichtigung des Verhältnismäßigkeitsgrundsatzes sachgerecht äußern kann. Hierbei sind gemäß Abs. 1 S. 1 Hs. 2 der Dringlichkeit, der Komplexität und den möglichen Folgen der Angelegenheit in vollem Umfang Rechnung zu tragen, wobei die **Abwägung** zwischen den öffentlichen Interessen und dem subjektiven Rechtsschutzinteresse des Adressaten zu erfolgen hat.

Die Art der Anhörung bestimmt sich grundsätzlich nach dem insoweit durch den Verhältnismäßig- 15 keitsgrundsatz sehr eingeengten Ermessen der EIOPA. Hierbei ist eine **schriftliche Anhörung immer zu gewähren**. Dies sieht letztlich auch die EIOPA so, die in ihrem Verhaltenskodex die Gewährung einer schriftlichen Stellungnahme als den Regelfall betrachtet, aber soweit notwendig auch die Gewährung einer mündlichen Stellungnahme eröffnet.[10]

4. Absehen von der Anhörung (Abs. 1 S. 1). Abs. 1 S. 1 sieht **keinen** dem § 28 Abs. 2 und 3 16 VwVfG entsprechenden **Ausnahmekatalog** vor, der es der EIOPA explizit erlauben oder gebieten würde, von einer Anhörung abzusehen. Es erscheint jedoch systematisch geboten, den Abs. 1 S. 1 Hs. 2, der grammatikalisch nur darauf hindeutet, dass die EIOPA hinsichtlich der angemessenen Fristlänge ein gewisses Ermessen zusteht, auch auf die **Entscheidung des Obs einer Anhörung** zu erweitern. Es ist insofern von der EIOPA abzuwägen, ob vorrangige öffentliche Interessen ein so eiliges Vorgehen erfordern, dass von einer vorherigen Anhörung abzusehen ist. Hierbei hat die EIOPA jedoch zu berücksichtigen, dass der Verordnungsgeber diesen Fall nicht ausdrücklich vorgesehen hat, sodass ein solches Absehen von einer Anhörung nur in Fällen, in denen das öffentliche Interesse das Rechtsschutzinteresse des Adressaten evident überwiegt, zulässig ist.

Fraglich ist, ob eine formelle Anhörung unter Fristsetzung dann unterbleiben kann, wenn **rechtliches** 17 **Gehör in anderer Weise** bereits gewährt wurde. Der Beschwerdeausschuss vertritt hierzu die Ansicht, dass eine **Fristsetzung** zur Stellungnahme – unter Ankündigung eines zu erlassenden Beschlusses – dann **nicht erforderlich** sei, wenn die betroffene Partei im vorherigen Verfahren ausreichende Möglichkeit hatte, ihre Rechtsposition darzutun.[11] Hierbei ist allerdings zu berücksichtigen, dass die vom Beschwerdeausschuss zu bewertende Situation dahingehend atypisch war, als es sich um einen Beschluss handelte, der gerade nicht an den Beschwerdeführer adressiert war, dieser aber vom Beschwerdeausschuss in rechtsdogmatisch unhaltbarer Weise für beschwerdebefugt erachtet wurde (siehe Art. 60

[7] Vgl. Stelkens/Bonk/Sachs/*Kallerhoff* § 28 Rn. 42; *Kopp/Ramsauer* § 28 Rn. 36.

[8] Siehe zur EU-Wettbewerbsverfahrensordnung *Ritter* in: Immenga/Mestmäcker, EU-Wettbewerbsrecht, 5. Aufl. 2012, Art. 27 VO 1/2003 Rn. 9.

[9] Vgl. *OVG Greifswald* Beschl. v. 28.8.2008 – 2 L 34/08, BeckRS 2009, 32499.

[10] Art. 16 Abs. 2 Decision of the Management Board on EIOPA Code of Good Administrative Behaviour (EIOPA-MB-11/043): „Every member of the public shall have the right, in cases where a decision affecting his/her rights or interests has to be taken, to submit written comments and, when needed, to present oral observations before the decision is taken". Fraglich ist hier allein, ob EIOPA davon ausgeht, dass dieses Recht nur den Rechtsunterworfenen (*members of the public*) zusteht, anstatt, wie richtig, jedem potentiellen Adressaten (also auch den nationalen Aufsichtsbehörden).

[11] *ESA-BoA* Beschl. v. 3.8.2015 – Rs. BoA 2015 001 Rn. 39, 48 und 50 – Onix Asigurari SA/EIOPA.

EIOPA-VO Rn. 10 f.).[12] Im deutschen Verwaltungsverfahrensrecht könnte gemäß § 28 Abs. 2 Nr. 3 VwVfG auch in dieser Konstellation von einer formellen Anhörung nur dann abgesehen, werden, wenn die Behörde im Verwaltungsakt von den tatsächlichen Angaben, die dieser in seinem Antrag oder einer Erklärung gemacht hat, nicht zu seinen Ungunsten abgewichen werden soll. Dies war im Onix-Beschluss des Beschwerdeausschusses jedoch gerade nicht der Fall. Jedoch ist zu berücksichtigen, dass Abs. 1 S. 1 keinen Katalog enthält, wann von der Anhörung abgesehen werden kann. Insofern erscheint es durchaus vertretbar, dass eine förmliche Anhörung nicht erforderlich ist, wenn der Antragsteller zu allen relevanten Tatsachen vorgetragen hat, ohne dass er hierzu explizit aufgefordert wurde.

18 **5. Rechtsfolge eines Anhörungsfehlers.** Der Beschwerdeausschuss scheint – *obiter dictum* – davon auszugehen, dass ein **Anhörungsfehler ein zulässiger Beschwerdegrund** sein kann.[13] Dies erscheint auch insofern folgerichtig, als der Beschwerdeausschuss (anders als beispielsweise die Beschwerdekammern des EUIPO)[14] keine unmittelbare Heilung bewirken kann, da ihm keine Ersetzungsbefugnis gegenüber dem zuständigen Organ der EIOPA (typischerweise dem Rat der Aufseher) zukommt (siehe Art. 60 EIOPA-VO Rn. 78 ff.)

19 Soweit jedoch der Beschwerdeausschuss nunmehr rechtliches Gehör gewährt und auf der Grundlage von Tatsachen, zu denen der Adressat des Ausgangsbeschlusses Stellung nehmen konnte, einen **bestätigenden Beschwerdebescheid** (siehe Art. 60 EIOPA-VO Rn. 79 f.) erlässt, ist zumindest der Beschwerdebescheid nicht verfahrensfehlerhaft. Soweit man, wie hier und wohl auch das EuG (siehe Art. 60 EIOPA-VO Rn. 80), von der verbleibenden Selbständigkeit des Ausgangsbeschlusses ausgeht, wird man diesen, so er durch den Beschwerdebescheid unter voller Gewährung rechtlichen Gehörs vollumfänglich bestätigt wurde, als vom Anhörungsfehler geheilt anzusehen haben. Dies würde für eine isolierte Klage gegen den Ausgangbeschluss vor dem EuG von Relevanz werden (siehe Art. 61 EIOPA-VO Rn. 17 ff.).

20 Problematischer ist die Frage, welche Wirkung es hat, wenn der Beschwerdeausschuss eine Beschwerde wegen eines Anhörungsfehlers annimmt und nach Anhörung des Adressaten zu dem Ergebnis kommt, dass der Beschluss inhaltlich unrichtig ist und insofern einen **Zurückverweisungsbeschluss** erlässt (siehe Art. 60 EIOPA-VO Rn. 81). Durch diesen Beschluss hebt der Beschwerdebeschluss den Ausgangsbeschluss nicht auf, sondern weist die EIOPA nur an, auf welcher Grundlage der Beschluss neu zu fassen ist.[15] Bei Erlass ihres geänderten Beschlusses ist die EIOPA an den Beschluss des Beschwerdeausschusses gebunden (Art. 60 Abs. 5 S. 2 EIOPA-VO). Fraglich ist, ob in diesem Fall der Adressat **erneut anzuhören** ist. Dies ist nach richtiger Ansicht nicht der Fall.[16] Anderes kann nur dann gelten, wenn entweder der Beschluss der EIOPA auf neue Gesichtspunkte gestützt werden soll oder wenn der Beschwerdeausschuss den Zurückverweisungsbeschluss gerade mit der Anordnung versehen hat, das Beschlussverfahren unter vollumfänglicher Gewährung des rechtlichen Gehörs neu durchzuführen, ohne zur Sache selbst entschieden zu haben.

21 **6. Gleiche Anhörungsrechte beim Erlass von Empfehlungen nach Art. 17 Abs. 3 EIOPA-VO (Abs. 1 S. 2).** Abs. 1 S. 2 ordnet an, dass die durch Abs. 1 S. 1 vorgesehenen Anhörungsrechte *mutatis mutandis* auch dem **Adressaten** einer **nach Art. 17 Abs. 3 EIOPA-VO ergehenden Empfehlung** gewährt werden. Hierbei geht es um eine Empfehlung im Fall der Verletzung des Unionsrechts (siehe Art. 17 EIOPA-VO Rn. 26 ff.), die an eine nationale Aufsichtsbehörde ergeht und diese in ähnlicher Weise trifft wie ein Beschluss und zudem die Vorstufe zur Befugnis der EIOPA zum Erlass von Beschlüssen gegenüber einem unmittelbar von dieser Aufsichtsbehörde beaufsichtigten Finanzinstitut ist.

22 **IV. Begründungs- und Rechtsbehelfsbelehrungspflicht (Abs. 2, 3).** Abs. 2 respektive 3 verpflichten die EIOPA, ihre Beschlüsse zu begründen und die Adressaten über ihre Rechtsbehelfe zu belehren.

23 **1. Begründungspflicht (Abs. 2).** Durch Abs. 2 wird die EIOPA verpflichtet, **alle Beschlüsse** zu **begründen**. Dies hat auch für adressatenlose Beschlüsse (siehe Rn. 6) zu gelten.

24 **a) Zweck (Abs. 2).** Die **Begründungspflicht** des Abs. 2 **bezweckt** als Ausfluss des Transparenzgebots zum einen die Schaffung einer ausreichenden Informationsgrundlage für die Adressaten, um diesen eine ordnungsgemäße Verteidigung ihrer Rechte zu ermöglichen, und zum anderen die Sicherstellung einer effizienten Überprüfungsmöglichkeit der Rechtmäßigkeit des Beschlusses durch den Beschwerdeausschuss bzw. die Unionsrichter.

[12] Siehe zum Onix-Beschluss ferner Art. 60 Rn. 28, 30, 32 und 55.

[13] *ESA-BoA* Beschl. v. 3.8.2015 – Rs. BoA 2015 001 Rn. 39, 48 und 50 – Onix Asigurari SA/EIOPA.

[14] *Söder* in: Kur/v. Bomhard/Albrecht, Beck'scher Online-Kommentar Markenrecht, Ed. 8 (Stand: 1.10.2016), Art. 75 VO (EG) 207/2009 Rn. 102 f.

[15] Vgl. Art. 60 Abs. 5 EIOPA-VO.

[16] Zu einem erneuten Beschluss einer Beschwerdekammer nach Aufhebung des Beschwerdebeschlusses durch das EuG siehe *Söder* in: Kur/v. Bomhard/Albrecht, Beck'scher Online-Kommentar Markenrecht, Ed. 8 (Stand: 1.10.2016), Art. 75 VO (EG) 207/2009 Rn. 104.

b) Umfang der Begründungspflicht (Abs. 2). Anders als für die Beschlüsse des Beschwerdeausschusses, für die Art. 22 Abs. 1 S. 2 der Verfahrensordnung des Beschwerdeausschusses[17] die **inhaltliche Ausgestaltung** auch hinsichtlich der Begründung detailliert regelt (siehe Art. 60 EIOPA-VO Rn. 69),[18] fehlt eine solche konkretisierende Regelung für den Ausgangsbeschluss. 25

Abs. 2 wird allenfalls durch den **Verhaltenskodex konkretisiert**, der ausführt, dass jeder Beschluss, der gegenüber einer Privatperson (*private person)* eine einschränkende Wirkung haben kann, die **entscheidungserheblichen Tatsachen** und die **Rechtsgrundlagen** zu nennen hat.[19] Dies erscheint – so man Privatperson als alle natürlichen und juristischen Personen des Privatrechts ansieht – grundsätzlich ausreichend und gerade auch weit genug, um auch für **adressatenlose Beschlüsse** eine Begründungspflicht zu statuieren (siehe Rn. 6 und 23). Ein Problem taucht letztlich nur in den Fällen auf, dass ein **Beschluss an eine zuständige Behörde** adressiert werden soll. In dieser Konstellation legt der Verhaltenskodex nah, dass keine Begründungspflicht bestünde. Dies würde jedoch einen Widerspruch zu dem vorrangigen Abs. 2 erzeugen. Art. 18 Abs. 1 des Verhaltenskodex ist hier erweiternd dahingehend auszulegen, dass ein an eine nationale Aufsichtsbehörde adressierter Beschluss, da er typischerweise Verwaltungsakte dieser Behörde gegenüber den Finanzinstituten nach sich ziehen wird, bereits mittelbar die Interessen einer Privatperson tangiert und insofern zu begründen ist. Hierdurch werden beide Normen in eine praktische Konkordanz gebracht. 26

Die EIOPA hat den Adressaten in ihrem Beschluss über die **einschlägigen Regelungen zu informieren**, auf die sie ihren Beschluss stützt und die **tatsächlichen und rechtlichen Gründe für den Beschluss** ausdrücklich zu **formulieren**. Hierbei sollte jeder Anordnungsgrund gesondert ausgeführt werden. Soweit der EIOPA hierbei ein Ermessensspielraum zukommt, hat sie auch ihre Interessenabwägung zu exponieren. Hierbei hat die EIOPA, um die Gewährung rechtlichen Gehörs auch äußerlich erkennbar zu machen, auf alle entscheidungserheblichen Argumente des Anhörungsberechtigten einzugehen. Solche Argumente des Anhörungsberechtigten, die für den Beschluss irrelevant sind, müssen hingegen nicht berücksichtigt werden. 27

Eine Ausnahme von der individualisierten Begründungspflicht (siehe Rn. 27) ist dann zu machen, wenn der Beschluss eine **Vielzahl von Adressaten** hat bzw. die Interessen einer Vielzahl von Personen beeinträchtigen kann. Hier ist eine **allgemeine Begründung** zu geben. Der Beschluss ist in diesem Fall jedoch, dies sieht Art. 18 Abs. 3 des Verhaltenskodex der EIOPA[20] ausdrücklich vor, um einen Hinweis zu erweitern, dass die EIOPA jedem Betroffenen auf dessen Anfrage hin eine individualisierte Begründung nachreicht. Diesbezüglich ist unklar, ob das Unterlassen eines solchen Hinweises einen angreifbaren Verfahrensfehler darstellen würde. Im Ergebnis ist dies jedoch zu verneinen, da bei der Möglichkeit einer Allgemeinverfügung gerade kein Anspruch auf eine individuelle Abwägung besteht und das Nachreichen einer individualisierten Begründung mithin eine überobligatorische Öffentlichkeitsarbeit der EIOPA darstellt. 28

2. Rechtsbelehrungspflicht (Abs. 3). Nach Abs. 3 sind **alle Beschlüsse**, also nicht nur solche, die beschwerdefähig sind, mit einer **Rechtsbehelfsbelehrung** zu versehen. 29

Die Rechtsbehelfsbelehrung hat hierbei – diese Position nimmt auch Art. 19 S. 2 des Verhaltenskodex der EIOPA ein[21] – **sämtliche** verfügbaren **Rechtsbehelfe** aufzuführen, diese hinsichtlich ihrer **Rechtsnatur darzustellen**, den **Entscheidungskörper** zu **identifizieren** und eventuell einschlägige **Fristen** zu benennen. 30

Für Beschlüsse der EIOPA bedeutet dies insbesondere, dass über die **Möglichkeit einer Beschwerde** und einer **Klage beim EuG** zu informieren ist. Unklar ist hierbei, ob die EIOPA, wenn sie einen Beschluss für nicht beschwerdefähig erachtet, trotzdem auf die Möglichkeit einer Anrufung des Beschwerdeausschusses (möglicherweise mit dem Hinweis, dass dies nach Sicht der EIOPA unzulässig wäre) hinzuweisen hat. Dies hätte zwar den Vorteil, dass dem Beschwerdeausschuss die Möglichkeit eröffnet würde, weitere Beschlüsse unter weiter Auslegung des Art. 60 Abs. 1 EIOPA-VO in ihren 31

[17] Board of Appel of the European Supervisory Authorities Rules of Procedure (BoA 2012 002).

[18] Zum zwingenden (aber auch ausreichenden) Inhalt des Beschwerdebeschlusses gehören: die Namen der Mitglieder des Beschwerdeausschusses, des zuständigen Mitglieds des Sekretariats, der Parteien und deren Rechtsbeistände, eine Zusammenfassung des Verfahrensgangs, der Parteivortrag und deren Anträge, eine Zusammenfassung der relevanten Fakten, die Entscheidung und die (tragenden) Gründe, ob es sich um eine einstimmige oder eine Mehrheitsentscheidung handelte (und wer für und gegen den Beschluss stimmte) und der verfügenden Teil des Beschlusses.

[19] Art. 18 Abs. 1 Decision of the Management Board on EIOPA Code of Good Administrative Behaviour (EIOPA-MB-11/043): „Every decision or recommendation of EIOPA which may adversely affect the rights or interests of a private person shall state the grounds on which it is based by indicating clearly the relevant facts and the legal basis of the decision."

[20] Art. 18 Abs. 3 Decision of the Management Board on EIOPA Code of Good Administrative Behaviour (EIOPA-MB-11/043): „If it is not possible, because of the large number of persons concerned by similar decisions, to communicate in detail the grounds of the decision and where standard replies are therefore made, the agent or other servant shall guarantee that he subsequently provides the citizen who expressly requests it with an individual reasoning."

[21] Art. 19 S. 2 Decision of the Management Board on EIOPA Code of Good Administrative Behaviour (EIOPA-MB-11/043): „It shall in particular indicate the nature of the remedies, the bodies before which they can be exercised, as well as the time limits for exercising them."

Zuständigkeitsbereich zu ziehen. Es erscheint jedoch nicht erforderlich, die EIOPA zu verpflichten, über einen Rechtsbehelf zu belehren, den sie für evident nicht einschlägig erachtet.

32 Soweit der Beschluss einen Zugang zu Dokumenten betrifft ist neben den Rechtsbehelfen der Beschwerde und der Klage zum EuG auch über die Beschwerde beim **Europäischen Ombudsmann** aufzuklären (siehe Art. 72 EIOPA-VO Rn. 16 ff.).

33 Nach gegenwärtiger Rechtsprechung des EuG[22] und Beschlusspraxis des Beschwerdeausschusses[23] ist das Unterlassen einer Rechtsbehelfsbelehrung bedauerlicherweise folgenlos (siehe Art. 60 EIOPA-VO Rn. 32).

34 **V. Überprüfungspflicht (Abs. 4). Grundsätzlich** trifft die EIOPA hinsichtlich ihrer eigenen Beschlüsse **keine** vollumfängliche **Beobachtungspflicht**. Eine Beobachtungspflicht trifft sie nur dahingehend, dass sie im Rahmen ihrer Aufsichtstätigkeit sicherzustellen hat, dass die von ihr erlassenen Beschlüsse umgesetzt werden. Sie ist jedoch nicht zwingend dazu verpflichtet, den Bestand ihrer Beschlüsse im Rahmen eines umfassenden systematischen Monitorings darauf zu untersuchen, ob sie noch in dieser Weise erlassen werden können und ob sie zurückgenommen werden müssen.

35 Für zwei Arten von Beschlüssen wird durch Abs. 4 jedoch eine solche **Beobachtungs- und Überprüfungspflicht** angeordnet. Es handelt sich hierbei um solche **Beschlüsse**, die gemäß Art. 18 Abs. 3, 4 EIOPA-VO **im Krisenfall** erlassen werden.

36 Diese Beschlüsse (Rn. 35) hat die EIOPA in angemessenen Abständen **zu überprüfen**. Dies bedeutet im Kontext des Art. 18 EIOPA-VO insbesondere, dass die EIOPA überprüft, **ob** der **Krisenfall und** die **außergewöhnlichen Umstände noch bestehen** (siehe Art. 18 EIOPA-VO Rn. 3, 19 ff., 26) und ob es auch im Hinblick auf den **Grundsatz der Subsidiarität** im ESFS nach wie vor **erforderlich** ist, dass die EIOPA die nationalen Aufseher in ihrem Vorgehen fernsteuert bzw. diese durch unmittelbare Beschlüsse gegen die Finanzinstitute komplett ersetzt.

37 Unklar ist hier, was im Einzelfall unter dem ausfüllungsbedürftigen Rechtsbegriff der **angemessenen Abstände** zu verstehen ist. Diese Frist ist im Hinblick auf das noch bestehende Ausmaß der Krise, die eine besondere Arbeitsbelastung der EIOPA impliziert, und den qualitativen und quantitativen Eingriff in die Rechte der nationalen Aufsichtsbehörden (oder Finanzinstitute) auszulegen. Hierbei ist Art. 18 Abs. 2 UAbs. 1 S. 2 EIOPA-VO zu beachten, der für die angemessenen Abstände, innerhalb derer der Rat seinen Beschluss zur Feststellung des Krisenfalls überprüft – der wiederum *conditio sine qua non* für die hier behandelten Beschlüsse der EIOPA ist –, anordnet, dass die Frist nicht länger als einen Monat sein darf. Indem eine solche Höchstfrist in Abs. 4 nicht festgesetzt wird, liegt der Schluss nah, dass die angemessene Frist durchaus länger als einen Monat betragen darf.

38 Die Anordnung einer Prüfungspflicht impliziert gleichermaßen eine **Rücknahmepflicht**, soweit die Voraussetzungen des Erlasses nicht mehr vorliegen, dass also die Abwendung einer Krise ein konzertiertes europäisches Vorgehen nicht mehr erfordert. Dies ist jedoch nicht so zu verstehen, dass die Rücknahme der Anordnung des Krisenfalls durch den Rat (siehe Art. 18 EIOPA-VO Rn. 19 ff.) automatisch dazu führt, dass die durch EIOPA im Rahmen ihrer Krisenkompetenzen erlassene Beschlüsse unmittelbar zurückgenommen werden müssen. Die EIOPA hat vielmehr abzuwägen, ob diese Beschlüsse bereits wieder effizient durch Tätigkeit auf nationaler Ebene ersetzt werden können.

39 **VI. Veröffentlichungspflicht (Abs. 5).** Abs. 5 ordnet für die Beschlüsse im Rahmen der **Verletzung von Unionsrecht** (Art. 17 EIOPA-VO), in **Krisenfällen** (Art. 18 EIOPA-VO) und im Rahmen des **Streitbeilegungsmechanismus** (Art. 19 EIOPA-VO) eine **Veröffentlichungspflicht** an.

40 Diese Beschlüsse sind den Parteien also nicht nur zu übersenden, sondern zudem gemäß Abs. 5 zu **veröffentlichen**. Art. 10 Abs. 3 der Verfahrensordnung der EIOPA konkretisiert dies dahingehend, dass die Veröffentlichung auf der Internetseite der EIOPA erfolgt.[24] Dies erscheint ausreichend. Veröffentlichung ist hier als Zugängigmachung zu verstehen, sodass nicht zwingend eine Veröffentlichung in einem der Publikationsorgane der Union gemeint ist, sondern vielmehr eine Veröffentlichung auf den Internetseiten der ESA ausreichend erscheint.

41 Die Veröffentlichung erfolgt hierbei unter **Nennung der** betroffenen nationalen **Aufsichtsbehörde** bzw. **des** betroffenen **Finanzinstituts** also in nicht anonymisierter Form. Daneben ist (zumindest) auch der **wesentliche Inhalt des Beschlusses** zu veröffentlichen, was im Zweifelsfall bedeuten sollte, dass der Beschluss in ungekürzter Form veröffentlicht wird.

42 Diese Veröffentlichungspflicht steht jedoch in einem **Spannungsverhältnis** zu etwaigen **Geheimhaltungsinteressen des Adressaten** (vgl. Art. 70 EIOPA-VO) des Beschlusses, welches durch die EIOPA in Fassung einer etwaigen Nicht-Veröffentlichungsentscheidung gewichtend abgewogen werden muss. Abs. 5 Hs. 2 verpflichtet die EIOPA insofern von einer **Veröffentlichung abzusehen, wenn** die Veröffentlichung im Widerspruch zu dem legitimen Interesse der Finanzinstitute am Schutz ihrer Geschäftsgeheimnisse steht oder das ordnungsgemäße Funktionieren und die Integrität der

---

22 Vgl. *EuG* Beschl. v. 15.1.2009 – Rs. T-306/08 P Ls. 3 und Rn. 27 ff. – Braun-Neumann/EP.
23 *ESA-BoA* Beschl. v. 3.8.2015 – Rs. BoA 2015 001 Rn. 40 und 47 – Onix Asigurari SA/EIOPA.
24 The Board of Supervisors of EIOPA, The Rules of Procedure of EIOPA (EIOPA BoS 11/003).

Finanzmärkte oder die Stabilität des Finanzsystems in der Union als Ganzes oder in Teilen ernsthaft gefährden könnte.

Dies ist im Sinne einer vollwertigen **Verhältnismäßigkeitsprüfung** zu verstehen, sodass die EIOPA **nicht** allein eine **Alles-oder-Nichts-Veröffentlichen-Entscheidung** zu treffen hat, sondern zumindest im Falle der Tangierung des schützenswerten Geschäftsgeheimnisses abzuwägen hat, ob der Schutz durch die Wahl eines milderen Mittels, das heißt durch eine anonymisierte oder durch eine inhaltlich gekürzte Veröffentlichung gewahrt werden kann. 43

Fraglich ist, welche Rückschlüsse die grundsätzliche Veröffentlichungspflicht für die enumerierten Beschlüsse hinsichtlich der **Veröffentlichungspraxis für alle anderen Beschlüsse** gebietet. Es erscheint insofern unproblematisch, dass ein Sekundärrechtsakt, der von Art. 1 Abs. 2 EIOPA-VO erfasst wird und der der EIOPA eine Kompetenz zum Erlass von Beschlüssen zubilligt, auch deren Veröffentlichung verpflichtend anordnet. Schwieriger ist die Behandlung aller anderen Beschlüsse. Man kann davon ausgehen, dass bei diesen zumindest keine automatische Veröffentlichungspflicht greift. Es stellt sich aber die Frage, ob eine Veröffentlichungserlaubnis besteht. Im Hinblick auf den Grundsatz der Transparenz, der für die EIOPA wie für alle Unionsagenturen ein Leitprinzip darstellt (siehe Art. 72 EIOPA-VO Rn. 2),[25] sollte eine Veröffentlichung von Beschlüssen nicht *per se* untersagt sein. In diesem Fall wäre jedoch als Grundannahme ein Vorrang des Geheimhaltungsinteresses anzunehmen und nur im Falle eines überwiegenden Interesses der Allgemeinheit zur Kenntnisnahme wäre eine Veröffentlichung zulässig und eventuell sogar verpflichtend. Man denke hier beispielsweise an den Beschluss des Rates der Aufseher wegen einer groben Amtspflichtverletzung den Vorsitzenden (Art. 48 Abs. 5 UAbs. 1 Hs. 2 EIOPA-VO) oder den Exekutivdirektor (Art. 51 Abs. 5 EIOPA-VO) bzw. ein Beschluss des Verwaltungsrates ein Mitglied des Beschwerdeausschusses (Art. 58 Abs. 5 EIOPA-VO) seines Amtes zu entheben. In solchen Fällen mag das Informationsinteresse der Öffentlichkeit an der Fehlfunktion der EIOPA von solchem Interesse sein, dass eine (zumindest gekürzte) Veröffentlichung zwingend erscheint. 44

Kapitel III. Organisation

Abschnitt 1. Rat der Aufseher

Zusammensetzung

40 (1) **Der Rat der Aufseher besteht aus**

a) dem nicht stimmberechtigten Vorsitzenden,

b) dem Leiter der für die Beaufsichtigung von Finanzinstituten zuständigen nationalen Behörde jedes Mitgliedstaats, der mindestens zweimal im Jahr persönlich erscheint,

c) einem nicht stimmberechtigten Vertreter der Kommission,

d) einem nicht stimmberechtigten Vertreter des ESRB,

e) je einem nicht stimmberechtigten Vertreter der beiden anderen Europäischen Aufsichtsbehörden.

(2) **Der Rat der Aufseher organisiert regelmäßig und mindestens zweimal jährlich Sitzungen mit den Interessengruppen ein.***

(3) **Jede zuständige Behörde benennt aus ihren Reihen einen hochrangigen Stellvertreter, der das in Absatz 1 Buchstabe b genannte Mitglied des Rates der Aufseher bei Verhinderung vertreten kann.**

(4) [1]**In Mitgliedstaaten, in denen mehr als eine Behörde für die Aufsicht gemäß dieser Verordnung verantwortlich sind, einigen sich diese Behörden auf einen gemeinsamen Vertreter.** [2]**Muss der Rat der Aufseher jedoch einen Punkt erörtern, der nicht in die Zuständigkeit der nationalen Behörde fällt, die von dem in Absatz 1 Buchstabe b genannten Mitglied vertreten wird, so kann dieses Mitglied einen nicht stimmberechtigten Vertreter der betreffenden nationalen Behörde hinzuziehen.**

(5) **Der Rat der Aufseher kann beschließen, Beobachter zuzulassen.**

Der Exekutivdirektor kann ohne Stimmrecht an den Sitzungen des Rates der Aufseher teilnehmen.

[25] Siehe hierzu auch Erwägungsgrund 51.

* **Hinweis des Verlags:** Richtig wohl „Der Rat der Aufseher organisiert regelmäßig und mindestens zweimal jährlich Sitzungen mit den Interessengruppen".

Übersicht

Schrifttum: Siehe die Angaben bei Art. 1 EIOPA-VO („Allgemein zum ESFS" und „Allgemein zur EIOPA").

1 **I. Allgemeines.** Art. 40 EIOPA-VO regelt die Zusammensetzung des Rates der Aufseher (Abs. 1), die Möglichkeit der Vertretung der stimmberechtigten Mitglieder durch hochrangige permanente Stellvertreter (Abs. 3) und die Vertretungsbefugnis im Falle mehrerer zuständiger Aufsichtsbehörden in einem Mitgliedstaat (Abs. 4). Daneben werden noch die Pflicht, (gemeinsame) Sitzungen mit den Interessengruppen einzuberufen (Abs. 2), sowie die Befugnis, gegebenenfalls Beobachter zuzulassen (Abs. 5 UA 1), und das Teilnahmerecht des Exekutivdirektors an den Sitzungen des Rates der Aufseher (Abs. 5 UAbs. 2) vorgesehen.

2 **II. Zusammensetzung (Abs. 1).** Im Rat der Aufseher sind neben dem Vorsitzenden die nationalen Versicherungsaufsichtsbehörden, die Kommission, das ESRB, die EBA und die ESMA mit je einem Vertreter (oder gegebenenfalls dessen Stellvertreter) repräsentiert. Die Mitglieder des Rates der Aufseher und ihre Stellvertreter werden von den nationalen Aufsehern und den anderen repräsentierten Institutionen jeweils **individuell benannt** und können – abgesehen von den Vorsitzenden der nationalen Aufsichtsbehörden, die *qua* Amtes Mitglieder sind – **jederzeit ausgetauscht** werden.

3 Die EIOPA-VO **unterscheidet** hierbei zwischen sogenannten **stimmberechtigten** und **nicht-stimmberechtigten** Mitgliedern. Eine Stimmberechtigung (für Zwecke des Art. 44 EIOPA-VO) kommt hierbei nur den Leitern der für die Beaufsichtigung von Finanzinstituten zuständigen nationalen Behörde jedes Mitgliedstaats gemäß Abs. 1 lit. b bzw. den ständigen hochrangigen Stellvertretern gemäß Abs. 3 zu, wenn sie bei einer Sitzung den Versicherungsaufsichtsbehördenleiter vertreten.[1]

4 Insgesamt ergibt sich folgende **Besetzung des Rates der Aufseher:**
28 stimmberechtigte Mitglieder:
– Leiter der zuständigen nationalen Aufsichtsbehörden (siehe Rn. 6), zzgl. hochrangige Vertreter (siehe Rn. 10 ff.)

Mindestens **9 nicht-stimmberechtige** Mitglieder:
– Vorsitzender,
– Vertreter der Kommission (GD Binnenmarkt und Dienstleistungen),
– Vertreter des ESRB,
– Vertreter der ESA,
– Vertreter der ESMA,
– Vertreter der EFTA-Überwachungsbehörde (siehe Rn. 5),
– Leiter der zuständigen nationalen Aufsichtsbehörden der EFTA-Staaten (siehe Rn. 5) zuzüglich hochrangige Stellvertreter (siehe Rn. 5 und 10 ff.),
– Vertreter der nationalen zuständigen Behörde, die nicht den gemeinsamen Vertreter stellt (siehe Rn. 17) zzgl. Stellvertreter (siehe Rn. 17).

5 **Neben den** in Abs. 1 **genannten Behörden** wird auch noch die **EFTA Überwachungsbehörde** (*EFTA Superveillance Authority*) als nicht-stimmberechtigtes Mitglied des Verwaltungsrates anerkannt, Art. 31h lit. r ii Annex IX zum EWR Abkommen. Gleiches hat eigentlich gemäß Art. 31h lit. r i Annex IX zum EWR Abkommen auch für die Leiter der für die Beaufsichtigung von Finanzinstituten zuständigen nationalen Behörde jedes EFTA-Staates zu gelten. Dies wird durch Art. 1 Abs. 1 lit. b Geschäftsordnung des Rates der Aufseher (siehe Art. 44 EIOPA-VO Rn. 25 ff.) anerkannt. Entsprechend sind die **Leiter der Versicherungsaufsichtsbehörden von Island, Liechtenstein und Norwegen** *qua* Amtes nicht-stimmberechtigte Mitglieder des Rates der Aufseher, was insbesondere auch bewirkt, dass ein hochrangiger Stellvertreter nach Abs. 3 bestellt werden kann und muss. Faktisch werden diese EFTA Versicherungsaufsichtsbehörden jedoch von der EIOPA teilweise als permanente

[1] So explizit Art. 1 Abs. 3 S. 2 The Board of Supervisors of EIOPA Rules of Procedure (EIOPA-BoS-11/002-Rev3).

Beobachter (nach Abs. 5) geführt,[2] was inhaltlich jedoch keine Änderung bedeutet, da zumindest die Möglichkeit und Notwendigkeit einer hochrangigen Stellvertretung festgesetzt wird.[3]

Problematisch ist hinsichtlich der Besetzung allein die Person des **Leiters** der für die Beaufsichtigung von Finanzinstituten **zuständigen nationalen Behörde** jedes Mitgliedstaats. Der Begriff der zuständigen nationalen Behörde rekurriert hierbei auf Art. 4 Nr. 2 EIOPA-VO, sodass sich für einige Mitgliedstaaten das Problem ergeben kann, dass mehrere zuständige Behörden bestehen. Dieses Problem wird dann gemäß Abs. 4 durch Benennung eines gemeinsamen Vertreters gelöst (siehe Rn. 15 ff.). Schwierig erscheint jedoch auch die Frage, **wer** genau **als Leiter anzusehen** ist, wenn es sich bei der nationalen Aufsichtsbehörde um eine **Allfinanzaufsichtsbehörde** handelt, bei der die Versicherungsaufsicht eine unselbständige Abteilung darstellt. Richtiger Ansicht nach muss es in diesem Fall, zumindest soweit der Behördeneinheit ein gewisses Maß an Autonomie gegenüber dem Gesamtvorsitzenden zukommt, auf die Leitung der versicherungsaufsichtsrechtlichen Einheit ankommen. Diese Sichtweise hat sich auch die EIOPA zu Eigen gemacht, was sich beispielsweise darin zeigt, dass im Betrachtungszeitraum nicht der Präsident der BaFin (bis 2012 Jochen Sanio, bis 2015 Elke König und seit 2015 Felix Hufeld), sondern die Exekutivdirektoren Versicherungs- und Pensionsfondsaufsicht (bis 2013 Gabriele Hahn, bis 2015 Felix Hufeld, seit 2015 Frank Grund) als Mitglieder geführt wurden. Hier mag man aber annehmen, dass es zu einem gewissen Grad behördenintern (dh in der nationalen Allfinanzaufsichtsbehörde) festgelegt werden kann, wer für Zwecke des Abs. 1 lit. b Leiter der Behörde ist, sodass es durchaus auch zulässig wäre, würde die nationale Aufsichtsbehörde festlegen, dass ihr Präsident der Leiter ist. 6

Die **Leiter der zuständigen nationalen Behörden** (und die Leiter der Versicherungsaufsichtsbehörden der EFTA-Staaten, siehe Rn. 5) sind gemäß Abs. 1 lit. b (i. V. m. Art. 31h lit. r sublit. i Annex IX zum EWR Abkommen) dazu verpflichtet, an **zwei Sitzungen** pro Jahr **höchstpersönlich teilzunehmen**, und sich nicht durch die hochrangigen Stellvertreter des Abs. 3 vertreten zu lassen. Eine Zuwiderhandlung hat jedoch keinen Einfluss auf die Konstitution des Organs oder dessen Beschlussfassung. 7

Das **Amt der Leiter** der nationalen Versicherungsaufsichtsbehörden (der Mitgliedstaaten und der EFTA-Staaten) als Mitglied des Rates der Aufseher **endet automatisch** mit dem Ende des nationalen Amtes bzw. **entsteht automatisch** mit nationalem Amtsantritt. Die Mitgliedschaft des Vorsitzenden ist ebenfalls allein vom Bestand seines Amtes abhängig. Alle anderen Mitglieder sind durch die zuständigen Institutionen zu berufen und abzuberufen. Hierbei sind die zuständigen Institutionen zwar in ihrer Entscheidung grundsätzlich frei, jedoch darf ihre Berufung oder Abberufung der Repräsentanten sich nicht als unlautere Beeinflussung der Tätigkeit eines Mitglieds des Rates der Aufseher darstellen (vgl. Art. 70 EIOPA-VO Rn. 44 ff.). Im Hinblick darauf, dass es in diesem Fall um nicht stimmberechtigte Mitglieder geht, dürfte jedoch die Problematik weniger akzentuiert sein, als bei der Einflussnahme auf stimmberechtigte Mitglieder. 8

III. Vertretungsregelungen. Obgleich davon ausgegangen wird, dass der **Leiter der nationalen Versicherungsaufsichtsbehörde** die Aufgaben im Rat der Aufseher **regelmäßig höchstpersönlich wahrnimmt** (siehe Rn. 7), ergibt sich die Notwendigkeit, für eine **Stellvertretungsregel** zu sorgen. Im Hinblick auf die Sensibilität der Informationen, die im Rahmen einer Sitzung ausgetauscht werden, erscheint es nicht hinnehmbar, dass diese Stellvertretungsbefugnis *ad hoc* durch den nationalen Behördenleiter erteilt wird, sondern sie ist in einer permanenten Weise anzuordnen. Eine besondere Problematik ergibt sich dann, wenn in einem Mitgliedstaat mehrere zuständige Behörden existieren. Es kann in diesem Fall nicht sein, dass sämtliche Leiter ein Stimmrecht erhalten, da dies zu Lasten solcher Länder ginge, die eine Allfinanzaufsicht vorsehen. Jedoch muss auch versucht werden, die Expertise des sonderzuständigen nationalen Aufsehers zu gewinnen. 9

1. Hochrangige Stellvertreter (Abs. 3). Für die Fälle der Verhinderung des Vorsitzenden ist von jeder zuständigen Behörde gemäß Abs. 3 ein hochrangiger Vertreter zu benennen. Dieser **Vertreter** muss **bei** der **benennenden Behörde beschäftigt** sein. 10

Anders als die Leiter der nationalen Versicherungsaufsichtsbehörden sind die hochrangigen Stellvertreter nicht *qua* Amtes, sondern **durch Benennung** gegenüber der EIOPA Ersatzmitglied des Rates der Aufseher. 11

Hierbei kommt den Stellvertretern **kein** eigenständiges **Recht auf Teilnahme oder** gar **Wortmeldung** zu. Vielmehr kommen diesen Personen die mitgliedschaftlichen Rechte ausschließlich, dann aber vollumfänglich, nur dann zu, wenn der Leiter der nationalen Versicherungsaufsichtsbehörde verhindert ist. 12

Unklar ist hierbei, welche Bedeutung dem **Qualifikationskriterium** der **Hochrangigkeit** beizumessen ist. Hierdurch wird zum Ausdruck gebracht, dass die Vertretung des Leiters nicht durch untergeordnete Bedienstete der Behörde durchgeführt werden darf, sondern der Vertreter eine gehobenere Stellung innehaben sollte. Hierbei sollte den nationalen Aufsichtsbehörden jedoch eine gewisse Autonomie zugebilligt werden, da je nach Struktur der jeweiligen Behörde eventuell nicht die weitere 13

[2] Siehe https://eiopa.europa.eu/about-eiopa/organisation/board-of-supervisors; anders aber unter https://eiopa.europa.eu/Publications/Administrative/BoS%20of%20EIOPA%20(Public).pdf (beide zuletzt abgerufen im September 2017).

[3] Vgl. Art. 1 Abs. 5 The Board of Supervisors of EIOPA Rules of Procedure (EIOPA-BoS-11/002-Rev3).

Führungsebene, sondern nachgeordnete Angestellte für die Wahrnehmung der Aufgaben im Rat der Aufseher geeigneter erscheinen. Für die BaFin ist gegenwärtig Thomas Schmitz-Lippert als Abteilungsleiter Internationales als hochrangiger Stellvertreter bestellt.[4]

14 Grundsätzlich kann der Stellvertreter durch die zuständige Behörde **jederzeit** wieder **abberufen** bzw. durch einen neuen Stellvertreter ersetzt werden. Die Stellvertreterstellung endet unabhängig von der Mitteilung an EIOPA mit dem Zeitpunkt, zu dem die Tätigkeit für die benennende Behörde endet.

15 **2. Behandlung von mehreren zuständigen Behörden in einem Mitgliedstaat (Abs. 4).** Soweit in einem der Mitgliedstaaten mehr als eine zuständige Behörde im Sinne des Art. 4 Nr. 2 besteht,[5] haben sich diese Behörden gemäß Abs. 4 S. 1 auf einen **gemeinsamen Vertreter** zu einigen. Dies bedeutet, dass die Behörden sich dahingehend koordinieren, welcher der beiden Leiter das Mitglied nach Abs. 1 lit. b sein soll, wodurch auch der hochrangige Stellvertreter nach Abs. 3 von dieser Behörde zu ernennen ist. Dieser gemeinsame Vertreter nimmt die Mitgliedschaftsrechte, insbesondere das Stimmrecht, für beide zuständigen Behörden des Mitgliedstaates war.

16 Hierdurch wird jedoch nicht sichergestellt, dass jeder Mitgliedstaat in jeder Rechtsfrage durch einen besonders sachkundigen Vertreter repräsentiert wird. Deshalb erlaubt Abs. 4 S. 2, dass der gemeinsame Vertreter, für Rechtsfragen, die in die Zuständigkeit **der anderen nationalen zuständigen Behörde** fallen, einen **Vertreter** dieser Behörde **hinzuzieht**. Hierdurch wird zum einen dem gemeinsamen Vertreter ein Recht auf Hinzuziehung und dem Vertreter der anderen zuständigen Behörde im Fall der Äußerung eines Hinzuziehungswunsches für den Teil der Sitzung, der eine in die Zuständigkeit seiner Behörde fallende Frage betrifft, ein Recht auf Teilnahme und Wortäußerung gewährt. Auch in diesem Fall kommt das Stimmrecht jedoch nur dem gemeinsamen Vertreter zu.

17 Die **Geschäftsordnung** des Rates der Aufseher geht über diese institutionellen Rechte der anderen zuständigen Behörde jedoch deutlich hinaus und weitet diese aus. Art. 1 Abs. 1 S. 2 der Geschäftsordnung des Rates der Aufseher[6] gesteht jeder zuständigen Behörde, die nicht den gemeinsamen Vertreter stellt, das Recht zu, einen permanenten Vertreter als **nicht-stimmberechtigtes Mitglied** zu bestellen und für diesen einen hochrangigen Stellvertreter zu benennen. Hierdurch stehen diesen zuständigen Behörden in Person ihres Vertreters – der nicht zwingend ihr Leiter sein muss – die gleichen Mitgliedsrechte zu wie der anderen zuständigen Behörde abgesehen vom Stimmrecht.

18 **IV. Teilnahmerechte von Nicht-Mitgliedern.** Um sachgerechte Diskussionen in den Sitzungen des Rates der Aufseher zu gewährleisten und um den Anforderungen an die Transparenz und Kooperations- und Vermittlungsfunktion der EIOPA gerecht zu werden, können auch **Dritte zur Teilnahme** an den Sitzungen der EIOPA **zugelassen werden**. Hierbei geht es zum einen um die Mitglieder der Stakeholdergruppen, aber auch um die Leiter von Aufsichtsbehörden von Drittstaaten und andere Sachverständige, wie insbesondere auch Mitglieder des Personals der EIOPA.

19 **1. Teilnahme der Mitglieder der Stakeholdergruppen (Abs. 2).** Die Interessengruppen des Art. 37 EIOPA-VO (sogenannte *Stakeholdergruppen*) dienen dazu, die **EIOPA** ausreichend **an** die zu beaufsichtigende **Märkte rückzukoppeln** (siehe Art. 37 EIOPA-VO Rn. 3 ff.). Hierzu muss sichergestellt werden, dass den Mitgliedern der Stakeholdergruppen auch in ausreichendem Maße **Gehör gewährt** wird. Mithin verpflichtet Abs. 2 den Rat der Aufseher – diese Pflicht trifft vorrangig den Vorsitzenden, der die Sitzung organisiert – regelmäßige, aber mindestens zweimal im Jahr stattfindende Sitzungen mit den zwei Interessengruppen zu organisieren.

20 Soweit der Vorsitzende eine Einladung zur Sitzung des Rates der Aufseher ausspricht **gilt jedes Mitglied** der Stakeholdergruppen **als Beobachter**, das an dieser Sitzung teilnehmen darf, **ohne** dass der Rat der Aufseher noch über eine **Zulassung nach Abs. 5** befinden müsste. Das Teilnahmerecht beschränkt sich hierbei jedoch auf den Abschnitt der Sitzung, der die Stakeholdergruppen betrifft. Sollen die Interessengruppenmitglieder auch zu den anderen Teilen zugelassen werden, so muss dies durch den Rat der Aufseher erfolgen.

21 **2. Zulassung von Beobachtern (Abs. 5). Abs. 5 UAbs. 1 ermächtigt** den Rat der Aufseher dazu, **Beobachter zuzulassen**, wobei keine Klarstellung dazu erfolgt, ob diese Zulassung nur permanent oder auch im Einzelfall erfolgen kann.

22 **a) Zulassung als permanenter Beobachter (Abs. 5 UAbs. 1).** Es ergibt sich bereits aus Art. 75 Abs. 3 S. 2 EIOPA-VO (siehe Art. 75 EIOPA-VO Rn. 4), dass es dem Rat der Aufseher auch möglich sein muss, einer Person **permanent** (dh bis auf Widerruf) einen **Beobachterposten** zu gewähren. Art. 1 Abs. 5 Geschäftsordnung des Rates der Aufseher sieht vor, dass als Beobachter im Sinne der

[4] Schmitz-Lippert ist daneben auch noch Leiter des Joint Forum von IAIS, BCBS und IOSCO (vgl. *N. N.*, Interview mit Thomas Schmitz-Lippert, in: BaFin-Journal, Februar 2014, S. 23) und insofern als Vertreter bestens geeignet.

[5] Dies trifft gegenwärtig zu auf Belgien, Zypern, Griechenland, Irland, Italien, Luxemburg und Großbritanien; vgl. https://eiopa.europa.eu/Publications/Administrative/BoS%20of%20EIOPA%20(Public).pdf.

[6] The Board of Supervisors of EIOPA Rules of Procedure (EIOPA-BoS-11/002-Rev3).

Geschäftsordnung nur die **Leiter der nationalen Versicherungsaufsichtsbehörden von Beitrittskandidaten** zur EU anzusehen sind, wenn diese vom Rat der Aufseher zugelassen werden. Dies lässt sich jedoch nicht zwingend aus dem Wortlaut des Sekundärrechts ableiten. Es erscheint vielmehr vertretbar, dass auch mit anderen Drittstaaten völkerrechtlich eine Beteiligung vereinbart wird und ein permanenter Beobachterposten gewährt wird. Daneben wäre es durchaus auch denkbar anderen Akteuren, im Rahmen zunehmender Integration des internationalen Versicherungsaufsichts- und -regulierungssystems insbesondere völkerrechtlichen Vereinigungen, einen Beobachterposten zuzudenken.

Gegenwärtig gibt es im Rat der Aufseher **keine permanenten Beobachter** (abgesehen vom Exekutivdirektor; siehe Rn. 26), da die Leiter der Versicherungsaufseher der EFTA-Staaten nach richtiger Ansicht nicht-stimmberechtigte Mitglieder sind (siehe Rn. 5).[7] **23**

b) Zulassung als einmaliger Beobachter (Abs. 5 UAbs. 1). Daneben ermächtigt Abs. 5 UAbs. 1 den Rat der Aufseher jedoch auch dazu, im **Bedarfsfall Beobachter einzeln zuzulassen.** Dies erkennt auch Art. 1 Abs. 6 Geschäftsordnung des Rates der Aufseher an. **24**

Bei einem Blick in die Sitzungsprotokolle des Rates der Aufseher[8] ist ersichtlich, dass von dieser Möglichkeit **rege Gebrauch** gemacht wird, dass also von anderen Institutionen (bspw. von der EZB) Repräsentanten zugelassen werden, Mitarbeitern der EIOPA oder ihrer Arbeitsgruppen Teilnahme gewährt wird oder externe Experten gebeten werden. **25**

3. Ständiges Teilnahmerecht des Exekutivdirektors (Abs. 5 UAbs. 2). Der **Exekutivdirektor** hat gemäß Abs. 5 UAbs. 2 ein **ständiges Teilnahmerecht** an allen Sitzungen des Rates der Aufseher. Hierbei kommt ihm wohl auch ein Wortrecht zu. Diese Regelung hat ihren Zweck darin, dass der Exekutivdirektor zahlreiche der Beschlüsse des Rates der Aufseher implementieren muss bzw. er dem Rat der Aufseher in vielen Fällen zuarbeitet. Insofern wäre es mühsam, den Exekutivdirektor zu jeder Sitzung des Rates der Aufseher als Beobachter zuzulassen. **26**

Interne Ausschüsse und Gremien

41 (1) **Der Rat der Aufseher kann für bestimmte, ihm zugewiesene Aufgaben interne Ausschüsse und Gremien einsetzen und die Delegation bestimmter, genau festgelegter Aufgaben und Beschlüsse auf interne Ausschüsse und Gremien, den Verwaltungsrat oder den Vorsitzenden vorsehen.**

(2) **Der Rat der Aufseher beruft für die Zwecke des Artikels 19 ein unabhängiges Gremium ein, um eine unparteiische Beilegung der Meinungsverschiedenheit zu erleichtern; dieses Gremium besteht aus dem Vorsitzenden und zwei Mitgliedern des Rates der Aufseher, bei denen es sich nicht um Vertreter der zuständigen Behörden handelt, zwischen denen die Meinungsverschiedenheit besteht und deren Interessen durch den Konflikt nicht berührt werden und die keine direkten Verbindungen zu den betreffenden zuständigen Behörden haben.**

(3) **Vorbehaltlich des Artikels 19 Absatz 2 schlägt das Gremium dem Rat der Aufseher einen Beschluss zur endgültigen Annahme nach dem Verfahren gemäß Artikel 44 Absatz 1 Unterabsatz 3 vor.**

(4) **Der Rat der Aufseher gibt dem in Absatz 2 genannten Gremium eine Geschäftsordnung.**

Übersicht

Schrifttum: Siehe die Angaben bei Art. 1 EIOPA-VO („Allgemein zum ESFS" und „Allgemein zur EIOPA"). *López de Rodas*, La Autoridad Europea de Seguros y Pensiones de Jubilación (EIOPA) – Su estudio desde el derecho administrativo, 2015; *Weismann*, European Agencies and Risk Governance in EU Financial Market Law, 2016.

[7] https://eiopa.europa.eu/Publications/Administrative/BoS%20of%20EIOPA%20(Public).pdf.
[8] Abrufbar unter https://eiopa.europa.eu/about-eiopa/organisation/board-of-supervisors/board-of-supervisors-meetings-and-minutes#k=#s=31.

1 **I. Allgemeines.** Art. 41 EIOPA-VO ermächtigt den Rat der Aufseher zur Wahrnehmung seiner Aufgaben, Ausschüsse und Gremien einzurichten (Abs. 1 Hs. 1), wobei er dazu verpflichtet ist, ein unabhängiges Gremium für die Zwecke des Art. 19 EIOPA-VO (sog. *Mediation Panel*) einzusetzen (Abs. 2 Hs. 1), welches in einer bestimmten Art und Weise konstituiert sein muss (Abs. 2 Hs. 2), durch den Rat der Aufseher eine Geschäftsordnung bekommt (Abs. 4) und die Beschlüsse des Rates der Aufseher im Rahmen des Art. 19 EIOPA-VO vorbereitet (Abs. 3). Daneben regelt Abs. 1 Hs. 2, in welcher Weise Aufgaben und Befugnisse auf Ausschüsse und Gremien, den Verwaltungsrat und den Vorsitzenden übertragen werden dürfen.

2 **II. Bildung von Ausschüssen und Gremien (Abs. 1).** Der Rat der Aufseher kann gemäß Abs. 1 zum Zweck einer effizienteren Wahrnehmung seiner Aufgaben, interne Ausschüsse und Gremien einsetzen und auf diese, sowie auf den Verwaltungsrat und den Vorsitzenden, Aufgaben und Befugnisse übertragen.

3 **1. Kompetenz zur Ausschuss- und Gremienbildung (Abs. 1 Hs. 1).** Abs. 1 Hs. 1 **ermächtigt** den **Rat der Aufseher**, interne Ausschüsse und Gremien zu errichten.

4 Unklar ist hierbei, welche Bedeutung dem Ausdruck der **Innerlichkeit** (*internality*) beizumessen ist. Dies ließe sich so verstehen, dass die Ausschüsse und Gremien, wie beispielsweise die Ausschüsse und Gremien des deutschen Bundestages, nur mit den Mitgliedern des einsetzenden Organs (hier des Rates der Aufseher) besetzt werden können.[1] Dieses Verständnis würde dazu führen, dass über Abs. 1 keine Ausschüsse oder Gremien gegründet werden könnten, deren Mitglieder nicht zeitgleich Mitglieder (oder zumindest Stellvertreter) des Rates der Aufseher sind. Dies entspricht jedoch nicht der Praxis der EIOPA, die die **Mitgliedschaft** in ihren Ausschüssen regelmäßig nicht davon abhängig macht, dass die **Person** ein Mitglied des Rates der Aufseher, sondern dass sie **für eine** der **zuständigen Behörden tätig** ist.[2] Im Hinblick auf die Besonderheit der Besetzung des Rates der Aufseher, bei dem das Mandat des einzelnen Mitglieds weniger ein höchstpersönliches, sondern ein an die Funktion des Vorsitzenden bei der nationalen Versicherungsaufsichtsbehörde gebundenes ist, erscheint diese Auslegung jedoch noch vertretbar. Soweit jedoch auf den Ausschuss oder das Gremium Kompetenzen übertragen werden sollen (siehe Rn. 10 ff.), deren Wahrnehmung eine nach Außen gerichtete Rechtswirkung erzeugen (insbesondere Beschlusskompetenzen), so ist dies nur zulässig, wenn der Ausschuss allein mit Stimmen von Mitgliedern des Rates der Aufseher entscheidet. Andernfalls wäre in dem Beschluss eine unzulässige Auslagerung von Aufsichtskompetenzen der EIOPA auf Dritte zu sehen.

5 Die Kompetenz zur Ausschuss- und Gremienbildung besteht für den Rat der Aufseher nur **im Bereich** der ihm **zugewiesenen Aufgaben** (Art. 43 i. V. m. Art. 8 Abs. 1 EIOPA-VO).

6 Von dieser Befugnis hat der Rat der Aufseher bereits **regen Gebrauch** gemacht. Ausschüsse und Gremien sind hierbei Einrichtungen, die **grundsätzlich auf Dauer angelegt** sind und deren Aufgabe in einer Weise definiert wird, dass ihre Existenz nicht von der Erledigung einer zeitlich und sachlich eng umrissenen Aufgabe abhängt.[3]

7 Gegenwärtig hat die EIOPA elf Ausschüsse (*committees*) eingesetzt.[4] Es handelt sich hierbei um das Equivalence Committee,[5] Insurance Group Supervision Committee (IGSC),[6] Occupational Pensions Committee (OPC),[7] Financial Stability Committee (FSC),[8] Committee on Consumer Protection and Financial Innovation (CCPFI),[9] Internal Governance, Supervisory Review and Reporting Committee (IGSRRC),[10] Internal Models Committee (IMC),[11] Financial Requirements Committee (FRC),[12] Information Technology and Data Committee (ITDC),[13] Internal Monitoring Group[14] und Quality

[1] Vgl. Maunz/Dürig/*Klein* Art. 40 Rn. 132 f. stellt fest, dass es gerade der Wesensart des Ausschusses und Gremiums des Bundestages entspricht, dass ihre Mitglieder Abgeordnete sind. Dies ist unabhängig davon, dass oftmals Ministerialbeamte an den Sitzungen der Ausschüsse zur Unterstützung teilnehmen.

[2] Siehe beispielsweise Financial Stability Committee Mandate (EIOPA-BoS-14/235). Weder der Vorsitzende noch der stellvertretende Vorsitzende des FSC sind Mitglieder des Rates der Aufseher, beide sind jedoch für „Mitgliedsbehörden" tätig.

[3] Vgl. EIOPA, Annual Report 2011, S. 45; abrufbar unter https://eiopa.europa.eu/Publications/Reports/EIOPA_AR_2011.pdf.

[4] Siehe im Detail zu den Ausschüssen *López de Rodas*, La Autoridad Europea de Seguros y Pensiones de Jubilación (EIOPA) – Su estudio desde el derecho administrativo, 2015, 111 ff.

[5] Mandat EIOPA-14/021 und EIOPA-15/079.

[6] Mandat EIOPA-14/023 und EIOPA-15/081.

[7] Mandat EIOPA-BoS-14/219.

[8] Mandat EIOPA-BoS-13–192 und EIOPA-BoS-14/235.

[9] Mandat EIOPA-BoS-15/252, dieser Ausschuss ist jedoch genaugenommen auf Grundlage des Art. 9 Abs. 4 EIOPA-VO eingerichtet worden.

[10] Mandat EIOPA-14/024 und EIOPA-15/082.

[11] Mandat EIOPA-14/025 und EIOPA-15/090.

[12] Mandat EIOPA-14/022 und EIOPA-15/080.

[13] Mandat EIOPA-BoS-13/212 und EIOPA-ITDC-15/016.

[14] Mandat EIOPA-BoS-13/213 und EIOPA-BoS-14/233.

Control Committee (QCC).[15] Letzteres ist jedoch kein Ausschuss des Abs. 1, da dieses vom Verwaltungsrat errichtet wurde.

8 Daneben hat der Rat der Aufseher – neben dem Streitvermittlungsgremium (*Mediation Panel*, siehe Rn. 13) – auch 1 Gremium (*panel*) eingerichtet. Es handelt sich bei diesem um das *Review Panel* (IR).[16] Über dieses werden die von Art. 30 EIOPA-VO vorgesehenen Peer-Reviews organisiert und durchgeführt (siehe Art. 30 EIOPA-VO Rn. 6 ff.).

9 EIOPA hat zudem – auch dies ist von der Kompetenz des Abs. 1 gedeckt – gegenwärtig 3 Arbeitsgruppen (**Task Forces**) eingerichtet,[17] die nicht als ständige Ausschüsse (siehe Rn. 6), sondern eher für eine zeitlich abgrenzbaren Rahmen an der Erarbeitung von aufsichtsrechtlichen Lösungen mitarbeiten sollen. Gegenwärtig sind dies die Task Force in Insurance Guarantee Schemes (TFIGS),[18] Long-Term Investments Task Force (LTITF)[19] und Task Force on Personal Pensions (TFPP).[20] Die Task Force on Crisis Management (TFCM) wurde nach Erfüllung ihrer Aufgabe aufgehoben.[21] Gleiches mag zwischenzeitig auch für einige der anderen Task Forces zutreffen.

10 **2. Aufgaben- und Kompetenzübertragung auf Ausschüsse und Gremien, sowie auf den Verwaltungsrat und den Vorsitzenden (Abs. 1 Hs. 2).** Die Gründung von Ausschüssen und Gremien (sowie Arbeitsgruppen) ist kein Selbstzweck, sondern dient der **Erleichterung der Arbeit des Rates der Aufseher**. Zu diesem Zweck werden diesen Einrichtungen **Aufgaben übertragen**, die in den Aufgabenbereich des Rates der Aufseher fallen. Diese Aufgaben sind hierbei im Übertragungsakt (dem sogenannten *mandate*) **genau zu definieren**.

11 Um eine größere Effizienz zu erreichen, kann der Rat der Aufseher gemäß Abs. 1 Hs. 2 nicht nur Teile der ihm übertragenen Aufgaben, sondern auch die dazugehörigen **Befugnisse übertragen**. Dies bedeutet insbesondere, dass der Rat der Aufseher die **Befugnis, Beschlüsse zu fassen, delegieren** kann. Eine solche Befugnisübertragung kann jedoch nur im Falle einer engen, genau umrissenen Übertragung angenommen werden und selbst dann, nach hiesiger Ansicht, nur, wenn für den Beschluss der Grundsatz der Innerlichkeit durch die Entscheider erfüllt wird (siehe Rn. 4). Im Zweifelsfall ist hingegen anzunehmen, dass der Rat der Aufseher – wie im Rahmen nahezu aller oben genannten Ausschüsse (Rn. 7) – die Einrichtungen nur dazu einsetzt, damit diese Vorarbeiten leisten können, während die Letztentscheidung beim Rat der Aufseher verbleiben soll.

12 Als **Delegatar** kommen nach Abs. 1 Hs. 2 nicht nur die zu diesem Zweck einzurichtenden Ausschüsse und Gremien in Frage, sondern **auch** der **Verwaltungsrat** und der **Vorsitzende**. Andere Organe der EIOPA – insbesondere der Exekutivdirektor – können demgemäß nicht ermächtigt werden. Abs. 1 Hs. 2 untersagt keine Unterdelegation, sodass eine solche, wenn sie nicht von der Ermächtigung ausgeschlossen wird, möglich ist. Auch in diesem Fall wäre jedoch dafür Sorge zu tragen, dass keinem EIOPA-Externen die Wahrnehmung ureigener Aufgaben übertragen wird.

13 **III. *Mediation Panel* (Abs. 2, 3).** Um den Rat der Aufseher bei **Wahrnehmung** seiner **Aufsichtsaufgabe** im Rahmen der Beilegung von Meinungsverschiedenheiten **gemäß Art. 19 EIOPA-VO** zu entlasten, wird von Abs. 2 ein **Gremium** vorgesehen, dass der Rat der Aufseher errichtet und dem er eine Geschäftsordnung gibt.

14 **1. Errichtung und Besetzung (Abs. 2).** Entsprechend Abs. 2 Hs. 1 **setzt der Rat der Aufseher** für die Zwecke des Art. 19 EIOPA-VO ein **unabhängiges Gremium ein** (sogenannte ***Mediation Panel***). Dies ist durch Erlass der Geschäftsordnung des *Mediation Panel* (siehe Rn. 20) geschehen.[22]

15 Das *Mediation Panel* hat aus dem **Vorsitzenden** und **zwei** der **Mitglieder des Rates der Aufseher** zu bestehen, die nicht Vertreter der beteiligten nationalen Aufsichtsbehörden sind, zwischen denen der Streit besteht. Hierbei können nicht nur die stimmberechtigten Mitglieder, sondern auch die nichtstimmberechtigten Vertreter zu Beisitzern bestellt werden.[23] Dies ergibt sich bereits aus einem Vergleich des Abs. 2 Hs. 1 mit Art. 45 Abs. 1 UAbs. 1 EIOPA-VO, da bei ersterem keine Einschränkung zur Wählbarkeit nur der stimmberechtigten Mitglieder gemacht wird (vgl. Art. 45 EIOPA-VO Rn. 5). Die

---

[15] Mandat EIOPA-MB-15/080-Rev 3.

[16] Decision of the European Insurance and Occupational Pensions Authority establishing the Review Panel of the European Insurance and Occupational Pensions Authority (EIOPA-RP-11/005).

[17] Siehe zu den Arbeitsgruppen im Detail *López de Rodas*, La Autoridad Europea de Seguros y Pensiones de Jubilación (EIOPA) – Su estudio desde el derecho administrativo, 2015, 122 ff.

[18] Mandat EIOPA-TFIGS-11/001.

[19] Mandat EIOPA-13/165.

[20] Mandat EIOPA-TFPP-12/001rev1 und EIOPA-BoS-14/220.

[21] Siehe TOP 14 EIOPA Board of Supervisors Meeting 25–26 September 2013 Approved Deliberations and Conclusions (EIOPA-BoS-13/153).

[22] Decision of the Board of Supervisors concerning the Rules of procedure of the Mediation Panel pursuant to Article 41 of Regulation (EU) No 1094/2010 of the European Parliament and of the Council of 24 November 2010 establishing a European Supervisory Authority (European Insurance and Occupational Pensions Authority) (EIOPA-BoS-12–032).

[23] Art. 2.2 S. 1 Geschäftsordnung des *Mediation Panel.*

Ernennung erfolgt auf zwei Jahre mit einer einmaligen Wiederwahlmöglichkeit.[24] In jedem Fall endet das Amt, wenn die Mitgliedschaft im Rat der Aufseher endet.[25] Praktisch sinnvoll erscheint hierbei die Regelung des Art. 2.3 Geschäftsordnung des *Mediation Panel*, die festlegt, dass die erste Amtszeit eines Mitglieds und zweier Vertreter drei Jahre dauern soll, um hierdurch zeitversetzte Amtszeiten und somit eine institutionelle Kontinuität herzustellen.

16 Anders als noch im Entwurf (siehe dort Art. 26 Abs. 2)[26] wird von den zwei Beisitzern nunmehr zudem gefordert, dass der Konflikt ihre Interessen nicht berührt und sie keine direkten Verbindungen zu den streitbeteiligten Behörden haben. Abs. 2 Hs. 2 stellt insofern für die Beisitzer, nicht aber für den Vorsitzenden, eine **besondere Unabhängigkeitsanforderung** auf.

17 Dies bedeutet letztlich, dass Meinungsverschiedenheiten auftauchen können, bei denen die **Beisitzer nicht** die **nötige Unabhängigkeit** aufweisen, sodass das *Mediation Panel* in diesem Fall einer anderen Besetzung bedarf. Da sich die EIOPA dazu entschieden hat, das *Mediation Panel* nicht *ad hoc*, sondern als permanentes Gremium zu errichten (siehe Art. 19 EIOPA-VO Rn. 33) bedarf es der **Stellvertreter**. Art. 2.1 S. 2 der Geschäftsordnung des *Mediation Panel* sieht deshalb vor, dass das *Mediation Panel* über 4 Stellvertreter verfügt. Diese werden ebenfalls auf zwei Jahre mit unbegrenzter Wiederwahlmöglichkeit ernannt.[27] Die Amtsstellung im *Mediation Panel* endet mit dem Ende der Mitgliedschaft im Rat der Aufseher.[28]

18 Um die **Unabhängigkeit** des Gremiums **sicherzustellen**, informiert der Vorsitzende alle Mitglieder von der Streitigkeit nach Art. 19 EIOPA-VO und über die streitbefangenen Parteien, sodass die Mitglieder und Stellvertreter ihre **Unabhängigkeit prüfen** können und dem Vorsitzenden Gründe benennen, die ihrer Unabhängigkeit im Wege stehen könnten, worüber der Vorsitzende entscheidet.[29] Der Vorsitzende beruft auch für das Verfahren aus der Gruppe der stellvertretenden Mitglieder die Person, die für das Verfahren als Mitglied des *Mediation Panel* agieren wird.[30]

19 **2. Aufgaben (Abs. 3).** Gemäß Abs. 3 **bereitet** das *Mediation Panel* die **Beschlüsse des Rates der Aufseher** im Rahmen des Art. 19 EIOPA-VO **vor**. Hierbei **leitet** das *Mediation Panel* das **Streitschlichtungs- und Beschlussverfahren** (vgl. hierzu Art. 19 EIOPA-VO Rn. 25, 32 ff., 42 ff., 67). Daneben nimmt das *Mediation Panel* noch Aufgaben im Rahmen der unverbindlichen Streitvermittlung nach Art. 31 UAbs. 2 lit. c EIOPA-VO wahr (siehe Art. 31 EIOPA-VO Rn. 11 ff.).

20 **3. Geschäftsordnung (Abs. 4).** Abs. 4 ermächtigt und verpflichtet den Rat der Aufseher, dem *Mediation Panel* eine **Geschäftsordnung** zu geben. Der Rat der Aufseher ist dieser Aufgabe nachgekommen.[31]

Unabhängigkeit

42 **Bei der Wahrnehmung der ihnen durch diese Verordnung übertragenen Aufgaben handeln der Vorsitzende und die stimmberechtigten Mitglieder des Rates der Aufseher unabhängig und objektiv im alleinigen Interesse der Union als Ganzes und dürfen von Organen oder Einrichtungen der Union, von der Regierung eines Mitgliedstaats oder von öffentlichen oder privaten Stellen keine Weisungen anfordern oder entgegennehmen.**

Weder die Mitgliedstaaten noch die Organe oder Einrichtungen der Union noch andere öffentliche oder private Stellen versuchen, die Mitglieder des Rates der Aufseher bei der Wahrnehmung ihrer Aufgaben zu beeinflussen.

Übersicht

Schrifttum: Siehe die Angaben bei Art. 1 EIOPA-VO („Allgemein zum ESFS" und „Allgemein zur EIOPA").

[24] Art. 2.2 S. 2 Geschäftsordnung des *Mediation Panel.*
[25] Art. 2.2 S. 4 Geschäftsordnung des *Mediation Panel.*
[26] KOM (2009) 502 endg., S. 7.
[27] Art. 2.2 S. 3 Geschäftsordnung des *Mediation Panel.*
[28] Art. 2.2 S. 4 Geschäftsordnung des *Mediation Panel.*
[29] Art. 2.6 f. Geschäftsordnung des *Mediation Panel.*
[30] Art. 2.7 S. 2 Geschäftsordnung des *Mediation Panel.*
[31] Decision of the Board of Supervisors concerning the Rules of procedure of the Mediation Panel pursuant to Article 41 of Regulation (EU) No 1094/2010 of the European Parliament and of the Council of 24 November 2010 establishing a European Supervisory Authority (European Insurance and Occupational Pensions Authority) (EIOPA-BoS-12–032).

I. Allgemeines. Art. 42 EIOPA-VO regelt die Unabhängigkeitsgarantie und -pflicht sowie die Weisungsfreiheit des Vorsitzenden und der stimmberechtigten Mitglieder im Rahmen ihrer Tätigkeit im Rat der Aufseher (UAbs. 1) als auch die Pflicht nahezu jedes Dritten, eine unlautere Beeinflussung der Mitglieder des Rates der Aufseher zu unterlassen (UAbs. 2). 1

Eine inhaltsgleiche oder zumindest **ähnliche Unabhängigkeitsgarantie und -pflicht, sowie** ein **Verbot der unlauteren Beeinflussung** durch Dritte, besteht auch für die Mitglieder des Verwaltungsrates (Art. 46 EIOPA-VO), den Vorsitzenden (Art. 49 Abs. 1 und 2 EIOPA-VO), den Exekutivdirektor (Art. 52 Abs. 1 und 2 EIOPA-VO), die Mitglieder des Beschwerdeausschusses (Art. 59 Abs. 1 S. 1 und 2 EIOPA-VO) und letztlich (in abgeschwächtem Maße) für alle Personalmitglieder der EIOPA (Art. 70 Abs. 1 UAbs. 4 EIOPA-VO). 2

II. Unabhängigkeit und Weisungsfreiheit (UAbs. 1). UAbs. 1 gewährt **personell** den **stimmberechtigten Mitgliedern des Rates der Aufseher** und dem Vorsitzenden ein hohes Maß an Unabhängigkeit und Weisungsfreiheit. **Nicht erfasst** werden hingegen alle **nicht-stimmberechtigten** Mitglieder (siehe Art. 40 EIOPA-VO Rn. 4). Für diese erscheint eine Unabhängigkeitsgarantie und Weisungsfreiheit entbehrlich, da sie die Handlungen der EIOPA nicht mit ihrem Abstimmungsverhalten beeinflussen können. Der Einfluss, den diese Mitglieder durch ihre Wortbeiträge ausüben können, wird dadurch eingeschränkt, dass die ihnen eventuell Weisungen erteilenden Stellen der Pflicht des UAbs. 2 unterliegen und mithin nicht über das nicht-stimmberechtigte Mitglied unlauter die Aufgabenwahrnehmung der Mitglieder des Rates beeinflussen dürfen. 3

Die Norm des UAbs. 1 stellt hierbei entgegen ihrem Wortlaut nicht nur eine **Verpflichtungsnorm** für die **stimmberechtigten Mitglieder des Rates der Aufseher** und den Vorsitzenden, sondern auch eine institutionelle Garantie dar. 4

1. Unabhängigkeit (UAbs. 1). Beim Begriff der Unabhängigkeit – die durch UAbs. 1 geschützt wird – unterscheidet man im europäischen Kontext typischerweise zwischen der **finanziellen**, der **funktionellen**[1] und der **persönlichen Unabhängigkeit.**[2] 5

UAbs. 1 adressiert allein die Mitglieder des Rates der Aufseher, sodass es zumindest nicht um die **finanzielle Unabhängigkeit** des Organs oder der Behörde als Ganzer geht. Dieser Aspekt wird eher über die partielle Haushaltshoheit geregelt (siehe Art. 62 ff. EIOPA-VO). Gleichwohl kann auch ein Eingriff in die finanzielle Unabhängigkeit der Mitglieder deren Unabhängigkeit berühren. Zu denken wäre hier beispielsweise an den Fall, dass der Leiter einer zuständigen Behörde die Übernahme seiner Reisekosten zu den Sitzungen der EIOPA von einer ministerialen Stelle genehmigen lassen muss, diese Genehmigung jedoch als Druckmittel verweigert wird. Auch darf die Tätigkeit des Mitglieds im Rahmen des Rates der Aufseher nicht (negativ) bei der innerstaatlichen Evaluation zur Dienstbeförderung, durch die die Besoldung beeinflusst wird, herangezogen werden. 6

Die **funktionelle Unabhängigkeit** ist entsprechend dem Wortlaut des UAbs. 1 nur den stimmberechtigten Mitgliedern des Rates der Aufseher und dem Vorsitzenden gewährt, hat aber über diese vermittelt auch dem Rat der Aufseher als Organ und hierüber vermittelt auch der EIOPA als juristische Person zuzukommen. 7

Im Schwerpunkt regelt UAbs. 1 jedoch die **persönliche Unabhängigkeit** der stimmberechtigten Mitglieder des Rates der Aufseher und des Vorsitzenden, dh die Möglichkeit und die Pflicht des Einzelnen, sein Amt frei von (unzulässigen) Pressionen Dritter auszuführen. Die den einzelnen Personen gewährte Unabhängigkeit wirkt dann zurück auf das Organ des Rates der Aufseher. Diese Unabhängigkeit bedeutet, dass die einzelnen Mitglieder **gegenüber Dritten**, aber **auch untereinander** nicht dazu verpflichtet sind, ihr Abstimmungsverhalten im Rat der Aufseher an anderen Maßstäben auszurichten als am **objektiven Interesse der Union als Ganzes.** 8

Das **objektive Interesse der Union als Ganzes** sollte hierbei nicht dahingehend verstanden werden, dass es immer allein ein objektiv richtiges Beschlussverhalten gibt und dies der justiziellen Überprüfung offen stünde. Vielmehr ist der Adressat des UAbs. 1 allein seiner **eigenen Überzeugung verpflichtet, wie** das **Interesse der Union** als Ganzes am effektivsten **gefördert werden kann. Gebunden** sind die Adressaten hierbei aber an das **Unionsrecht** in der Auslegung durch die Rechtsprechung des Gerichtshofs, insbesondere die EIOPA-VO und, soweit diese nicht abgeändert werden, die Geschäftsordnung der EIOPA[3] und die Geschäftsordnung des Rates der Aufseher.[4] 9

Das Prinzip der persönlichen Unabhängigkeit steht für den **Vorsitzenden** in einem **Spannungsverhältnis zur Möglichkeit der Amtszeitverlängerung** gemäß Art. 48 Abs. 3 EIOPA-VO und zur 10

[1] Man könnte daneben auch noch die Frage der institutionellen Unabhängigkeit ansprechen, da jedoch der Rat der Aufseher nicht primärrechtlich verankert ist, läuft dieser Aspekt der Unabhängigkeit weitestgehend leer, da die institutionellen Rechte des Rates der Aufseher zumindest durch neue Regelungen des Sekundärrechts ausgehöhlt werden können. Als Reflex stärkt jedoch die persönliche Unabhängigkeit der Mitglieder des Rates der Aufseher, die institutionelle Unabhängigkeit der EIOPA als Unionsagentur.

[2] Vgl. bspw. Calliess/Ruffert/*Häde* Art. 115 AEUV Rn. 9 ff.

[3] Board of Supervisors of EIOPA Rules of Procedure of EIOPA (EIOPA-BoS-11/003).

[4] Board of Supervisors of EIOPA Rules of Procedure of the Board of Supervisors (EIOPA-BoS-11/002-Rev3).

Disziplinargewalt des Rates der Aufseher über ihn gemäß Art. 43 Abs. 8 EIOPA-VO. Diese Amtszeitverlängerungsoption und die Disziplinargewalt stehen den stimmberechtigten Mitgliedern des Rates der Aufseher zu, sodass die Unabhängigkeit des Vorsitzenden gegenüber den stimmberechtigten Mitgliedern des Rates der Aufseher eingeschränkt ist, was jedoch als hinnehmbar anzusehen ist (siehe Art. 49 EIOPA-VO Rn. 3 f.).

11 Besonders **problematisch** ist letztlich die **Unabhängigkeit der Leiter** der nationalen **zuständigen Behörden.**[5] Diesen Personen wird nach dem nationalen Recht typischerweise keine vollumfängliche Unabhängigkeit gegenüber der Regierung bzw. dem zuständigen Ministerium gewährt. Sie sind vielmehr, um dem Grundsatz der demokratischen Legitimation gerecht zu werden, weisungsgebunden.[6]

12 Die **Unabhängigkeitsgarantien** in UAbs. 1 (und in der EIOPA-VO allgemein) scheinen hierbei recht **unbedarft**, den Unabhängigkeitsgarantien der **Mitglieder der EZB und des ESZB nachgebildet** worden zu sein. Was jedoch für die Notenbanken und ihre Organmitglieder aus primär- und verfassungsrechtlicher Sicht vertretbar erscheint, muss es nicht zwingend für die EIOPA und die stimmberechtigten Mitglieder ihres Rates der Aufseher sein. So ist zunächst zu beachten, dass die Unabhängigkeit der EZB und der nationalen Notenbanken, sowie ihrer jeweiligen Organmitglieder primärrechtlich über Art. 130 AEUV und Art. 7 ESZBS und für die Bundesbank und ihre Mitglieder verfassungsrechtlich über Art. 88 S. 2 GG statuiert wird.[7] Insofern stellt sich diese Konstituierung eines Organs, das in geringerem Maß in personeller und sachlicher Hinsicht seine Legitimation von einem demokratisch legitimierten Organ ableitet, als Ausgestaltung des Demokratieprinzips auf gleicher rechtlicher Ebene dar: Eben eine **primär- bzw. verfassungsrechtliche Ausnahme zum Demokratieprinzip.**[8]

13 **Auch** ist diese **Unabhängigkeit** von vielen Seiten **immer wieder kritisiert worden.** Man denke hier beispielsweise an die Reaktion Adenauers auf die Entscheidung der Bank deutscher Länder 1955 Diskont- und Lombardsatz um einen halben Prozentpunkt anzuheben. In der sogenannten Fallbeilrede stellte Adenauer fest, dass der Zentralbankrat, die Vorgängerin der Bundesbank, ein Organ sei, „das niemandem verantwortlich ist, auch keinem Parlament und nicht einer Regierung", das „Fallbeil" seiner Entscheidungen aber „trifft die kleinen Leute".[9] Die Entscheidungen der EIOPA mögen nicht in der gleichen Weise die „kleinen Leute" treffen – es sei denn man will die kmU (kleinen und mittleren Unternehmen) als solche sehen –, gleichwohl ist die Notwendigkeit ihrer Unabhängigkeit wesentlich schwerer als die der Notenbanken zu begründen. Es ist **wenig einsichtig, weshalb** eine **europäische Finanzaufsichtsbehörde** zwingend über **Unabhängigkeit** gegenüber Unionsorganen und Mitgliedstaaten **verfügen muss**, wenn dies für seine mitgliedstaatlichen Pendants, die der Aufsicht durch die jeweilige Regierung unterliegen,[10] nicht zutrifft.

14 Dies kann auch nicht mit dem Verweis darauf, dass es bereits **Unionsagenturen** gibt, **die über eine ähnliche Unabhängigkeit verfügen**, umgangen werden. So mag es mit der Agentur für die Zusammenarbeit der Energieregulierungsbehörden (ACER) in der Tat eine Unionsagentur geben, dessen Funktionsträger über weitgehende Unabhängigkeit verfügen (vgl. Art. 12 Abs. 7, 14 Abs. 5, 16 Abs. 1 und 18 Abs. 3 ACER-VO)[11] und die zudem verbindliche Entscheidungen treffen kann (vgl. Art. 7 ff. ACER-VO).[12] Hiermit ist jedoch – in Abwesenheit einer Rechtsprechung der Unionsgerichte – keine Aussage darüber getroffen, ob diese Kompetenzübertragung auf die ACER in primärrechtlich zulässiger Weise erfolgte.

15 Wenn man neben der Weisungsfreiheit und Unabhängigkeit der stimmberechtigten Mitglieder des Rates der Aufseher (der das Hauptbeschlussfassungsorgan der EIOPA darstellt),[13] noch die partielle Budgethoheit (siehe Art. 62 ff. EIOPA-VO) und die Berufungsverfahren der Funktionsträger der EIOPA berücksichtigt, so ist in der Unabhängigkeit eine **potentielle Beeinträchtigung des europäischen Demokratieprinzips** zu sehen. Ob diese Beeinträchtigung durch die Verfahrensanforderungen und das Rechtsschutzsystem ausgeglichen werden, muss fraglich erscheinen. Im Ergebnis ist jedoch kaum zu erwarten, dass der EuGH die Unabhängigkeitsgarantie des UAbs. 1 für primärrechtswidrig erklären wird, sodass die Unabhängigkeit (und Weisungsfreiheit) der Leiter der nationalen Aufsichtsbehörden zumindest faktisch verbindlich bleiben wird.

---

[5] Siehe hierzu bereits ausführlich *Gal* ZVersWiss 2013, 325, 349 f.

[6] Vgl. bspw. zum Auskunfts- und Weisungsrecht des BFM gegenüber der BaFin *Frach*, Finanzaufsicht in Deutschland und Großbritannien, 2008, S. 82 f.

[7] Vergleiche zum Unabhängigkeitsbegriff im Kontext der Möglichkeit einer Abberufung von Bundesbankvorständen *Gal/Sehrbrock* AöR 2012, 360, 360 ff.

[8] Zur Zulässigkeit dieser Ausnahme siehe *Siekmann* in: Kadelbach, Nach der Finanzkrise, 2012, 131, 203 mwN.

[9] Vgl. zur Fallbeilrede *Neumann* in: Deutsche Bundesbank, Fünfzig Jahre Deutsche Mark – Notenbank und Währung in Deutschland seit 1948, 1998, S. 309, 330 ff.

[10] Die BaFin unterliegt laut § 2 FinDAG der Rechts- und Fachaufsicht des Bundesministeriums der Finanzen.

[11] VO (EG) 713/2009 des Europäischen Parlaments und des Rates zur Gründung einer Agentur für die Zusammenarbeit der Energieregulierungsbehörden, ABl. 2009 L 211, 1.

[12] Auf diese verweist *Siekmann* in: Kadelbach, Nach der Finanzkrise, 2012, S. 131, 201, der hierin jedoch auch kein entscheidendes Argument für die Zulässigkeit einer solchen Unabhängigkeit bei den ESA erkennen kann.

[13] Siehe Erwägungsgrund 52 S. 1.

2. Weisungsfreiheit (UAbs. 1). Die Adressaten der Unabhängigkeitspflicht dürfen gemäß UAbs. 1 **von niemandem** – die Aufzählung potentieller Weisungsgeber ist hierbei wohl allumfassend (vgl. Rn. 17, 22) – **Weisungen anfordern oder annehmen**. 16

Die stimmberechtigten Mitglieder des Rates der Aufseher und der Vorsitzende sind gemäß UAbs. 1 nicht nur **gegenüber** den anderen Organen der **EIOPA** und den anderen **ESA** und ihrem Personal, **sowie anderen Akteuren** (insbesondere den Mitgliedstaaten und Unionsorganen), sondern **grundsätzlich auch gegenüber** den anderen Mitgliedern des Rates der Aufseher (insbesondere dem **Vorsitzenden**) frei von Weisungen. 17

Diese Weisungsfreiheit erfasst jedoch allein die **inhaltliche Behandlung der Beschlussgegenstände**. Nicht erfasst werden hingegen die **disziplinarischen Aspekte** der Tätigkeit. So ist es am Vorsitzenden, die Sitzungen hinsichtlich des Verfahrensablaufs auszugestalten und zu leiten (siehe Art. 44 EIOPA-VO Rn. 17 ff.). Hierbei verfügt der Vorsitzende jedoch über keine vollwertige Disziplinargewalt, da die Leiter der nationalen Aufsichtsbehörden beamtenrechtlich nur dem nationalen Statut unterliegen, gegenüber ihrem Dienstherren jedoch im Rahmen der Ausübung ihrer Tätigkeit vollkommene Unabhängigkeit genießen. Grundsätzlich ist insofern der Vorsitzende darauf angewiesen, dass sich alle Leiter der zuständigen Behörden kooperativ erweisen und sich den Leitungsentscheidungen bereitwillig unterwerfen. Fraglich – und hoffentlich auch in Zukunft nicht relevant – wäre die Frage, wie mit einem stets obstruktiv handelnden Leiter zu verfahren wäre. Ein Ausschluss oder eine Bitte um Benennung eines anderen Vertreters wäre hier nicht möglich, da der Leiter *qua* Amtes Mitglied des Rates der Aufseher ist (siehe Art. 40 EIOPA-VO Rn. 2). EIOPA könnte insofern nur den Dienstherren des Leiters der zuständigen Behörde dazu auffordern, disziplinarrechtlich dafür Sorge zu tragen, dass die Funktionsfähigkeit des Rates der Aufseher nicht weiter beeinträchtigt wird. Eine solche disziplinarrechtliche Maßnahme wäre jedoch wiederum ein Verstoß gegen UAbs. 2. Insofern müsste hier wohl eine teleologische Reduktion vorgenommen werden. 18

III. Pflicht Dritter auf Achtung der Unabhängigkeit der Mitglieder des Rates der Aufseher (UAbs. 2). UAbs. 2 sieht – als Gegenstück der Garantie und Pflicht der Mitglieder des Rates der Aufseher auf Unabhängigkeit – die **Pflicht Dritter**, diese **Unabhängigkeit** zu **achten**, vor. 19

Hinsichtlich des **sachlichen Inhalts** – nicht jedoch hinsichtlich des Adressatenkreises und der Schutzsubjekte – **entspricht** UAbs. 2 dem **Art. 245 UAbs. 1 S. 2 AEUV**, der die Mitgliedstaaten dazu verpflichtet, die Unabhängigkeit der Mitglieder der Kommission zu achten und nicht zu versuchen, sie bei der Erfüllung ihrer Aufgaben zu beeinflussen. Entsprechend wird hier über den Schutz der Mitglieder die Institution geschützt. 20

Sowie auch in Art. 245 UAbs. 1 S. 2 AEUV ist entgegen dem sehr weiten Wortlaut des UAbs. 2 **nicht jede Einflussnahme** auf die Willensbildung und Tätigkeit des Mitglieds **untersagt**. Dies muss im Rahmen des UAbs. 2 umso mehr gelten, als dieser nicht nur die Mitgliedstaaten, sondern nahezu Jedermann (siehe Rn. 22) verpflichtet. So bleibt es zulässig, dass die Adressaten ihren Standpunkt dem Mitglied des Rates der Aufseher gegenüber argumentativ ausführen. Gemeint ist mithin lediglich eine **unlautere Beeinflussung.** Diese liegt insbesondere dann vor, wenn die Einflussnahme mit der Androhung von Nachteilen oder der Inaussichtstellung von Vorteilen einhergeht.[14] 21

Hinsichtlich des **Adressatenkreises** weicht die Achtungspflicht des UAbs. 2 erheblich von der des Art. 245 UAbs. 1 S. 2 AEUV ab. Auf den ersten Blick muss es verwundern, dass die Sonderbehörde EIOPA eines stärkeren Schutzes bedarf als die Allgemeinbehörde Kommission. Es ist jedoch zu beachten, dass die Unabhängigkeit der EIOPA nicht nur gegen die **Mitgliedstaaten** (die insbesondere unsachgemäßen Einfluss auf die Leiter der nationalen Aufsichtsbehörden in ihrer Funktion als Mitglieder des Rates der Aufseher ausüben könnten), sondern auch gegen die **Kommission und die anderen Organe und Einrichtungen** abgesichert werden muss. Gerade im Bereich der Finanzaufsicht erfordert die Tätigkeit einer Behörde auch ein gehöriges Maß an Unabhängigkeit zum überwachten Sektor, was teilweise recht schwierig ist, da die Beaufsichtigung stark kommunikativ geprägt ist und auch ein gewisser Austausch der Bediensteten zu erwarten ist, der letztlich einen gemeinsamen Nutzen im Sinne von zulässigem Wissenstransfer bewirken kann. Jedoch besteht auch hier die Gefahr, dass unzulässiger Einfluss gesucht wird, sei es durch das Inaussichtstellen einer Anstellung nach Beendigung des Amtes oder durch Geltendmachung der wirtschaftlichen Verbindungen (und Kontakte zu entscheidenden Stellen in der zuständigen Behörde, im Ministerium, der Kommission etc.), um das dienstliche Fortkommen des Mitglieds des Rates der Aufseher zu behindern. Insofern wird der Anwendungsbereich noch auf sonstige **öffentliche oder private Stellen** ausgeweitet. Dies ist wohl im Sinne von öffentlichen oder privaten Einrichtungen zu verstehen, sodass grundsätzlich jedermann, außer natürlichen Personen erfasst wird. Allerdings ist es durchaus denkbar, dass auch natürliche Personen, im Kontext der EIOPA beispielsweise ein Einzelversicherungsmakler, erfasst werden, da zumindest im deutschen Regelungskontext der Begriff der nicht-öffentlichen Stellen auch natürliche Personen miteinschließen kann.[15] 22

---

[14] Vgl. Grabitz/Hilf/Nettesheim/*Matenczuk* Art. 245 AEUV Rn. 3.

[15] Siehe bspw. § 2 Abs. 4 BDSG. Ähnliches ließe sich auch für den in der englischen Sprachfassung gewählten Begriff des *private body* sagen.

23 **Schutzsubjekt** der Pflicht der Achtung der Unabhängigkeit ist ausweislich des Wortlautes nicht nur wie in UAbs. 1 jedes stimmberechtigtes Mitglied des Rates der Aufseher und der Vorsitzende, sondern **jedes Mitglied des Rates der Aufseher**. Wie genau bei den nicht-stimmberechtigten Mitgliedern eine Unabhängigkeit geachtet werden soll, die nicht gewährt wird, bleibt schleierhaft. Man wird dies aber wohl dahingehend verstehen können, dass auch auf diese Mitglieder, die abhängig von ihrem Binnenverhältnis der Weisung einer Institution oder Einrichtung unterliegen können, nicht dergestalt in unlauterer Weise Einfluss genommen wird, dass dies als Versuch der unlauteren Beeinflussung der Unabhängigkeit des Gesamtorgans des Rates der Aufseher erscheint.

Aufgaben

43

(1) Der Rat der Aufseher gibt die Leitlinien für die Arbeiten der Behörde vor und erlässt die in Kapitel II genannten Beschlüsse.

(2) Der Rat der Aufseher gibt die in Kapitel II genannten Stellungnahmen und Empfehlungen ab, erlässt die dort genannten Beschlüsse und erteilt die dort genannten Ratschläge.

(3) Der Rat der Aufseher ernennt den Vorsitzenden.

(4) Der Rat der Aufseher legt vor dem 30. September jedes Jahres auf Vorschlag des Verwaltungsrats das Arbeitsprogramm der Behörde für das darauffolgende Jahr fest und übermittelt es zur Kenntnisnahme dem Europäischen Parlament, dem Rat und der Kommission.

Das Arbeitsprogramm wird unbeschadet des jährlichen Haushaltsverfahrens angenommen und öffentlich bekannt gemacht.

(5) [1] Der Rat der Aufseher beschließt auf der Grundlage des in Artikel 53 Absatz 7 genannten Entwurfs und auf Vorschlag des Verwaltungsrats den Jahresbericht über die Tätigkeiten der Behörde, einschließlich über die Ausführung der Aufgaben des Vorsitzenden, und übermittelt diesen Bericht bis zum 15. Juni jedes Jahres dem Europäischen Parlament, dem Rat, der Kommission, dem Rechnungshof und dem Europäischen Wirtschafts- und Sozialausschuss. [2] Der Bericht wird veröffentlicht.

(6) Der Rat der Aufseher beschließt das mehrjährige Arbeitsprogramm der Behörde und übermittelt es zur Kenntnisnahme dem Europäischen Parlament, dem Rat und der Kommission.

Das mehrjährige Arbeitsprogramm wird unbeschadet des jährlichen Haushaltsverfahrens angenommen und öffentlich bekannt gemacht.

(7) Der Rat der Aufseher erlässt gemäß Artikel 63 den Haushaltsplan.

(8) Der Rat der Aufseher hat die Disziplinargewalt über den Vorsitzenden und den Exekutivdirektor und kann diese gemäß Artikel 48 Absatz 5 beziehungsweise Artikel 51 Absatz 5 ihres Amtes entheben.

Übersicht

Schrifttum: Siehe die Angaben bei Art. 1 EIOPA-VO („Allgemein zum ESFS" und „Allgemein zur EIOPA").

1 **I. Allgemeines.** Art. 43 EIOPA-VO überträgt dem Rat der Aufseher als Organ der EIOPA verschiedene Aufgaben (Abs. 1–7) sowie originär die Befugnisse einer Anstellungsbehörde gegenüber dem Vorsitzenden und dem Exekutivdirektor (Abs. 8).

II. Aufgaben. Der Rat der Aufseher hat nicht nur eine **beratende** und **koordinierende**, sondern auch eine **Kontroll- und** eine **Regulierungsfunktion**. Hierbei verbleiben die grundsätzlichee Normsetzungszuständigkeiten bezüglich delegierter Rechtsakte und Durchführungsrechtsakte (auch in Form des technischen Regulierungsstandards und des technischen Durchführungsstandards) bei der Kommission, wobei dem Rat der Aufseher auch für diese eine einschneidende Regulierungskompetenz zugewiesen wird, da er zumindest bei den technischen Standards über die zu billigenden Entwürfe beschließt. Die dem Rat der Aufseher zugewiesenen Aufgaben sind in den Abs. 1–7 enumeriert. 2

1. Leitlinienkompetenz (Abs. 1 Alt. 1). Der Rat der Aufseher gibt gemäß Abs. 1 Alt. 1 die **Leitlinien für die Arbeit der EIOPA** vor. Hierbei ist unter dem Begriff der Leitlinie **nicht die Leitlinie des Art. 16 EIOPA-VO** zu verstehen. Dies ergibt sich bereits aus einem Wortlautvergleich mit den anderen Sprachfassungen (Englisch: *guidance to the work of the Authority*; Französisch: *définit des orientations pour les activités de l'Autorité*; Italienisch: *fornisce orientamenti al lavoro dell'Autorità*; Spanisch: *asesorará a la Autoridad en sus funciones*; Portugiesisch: *orienta os trabalhos da Autoridade*, Niederländisch: *stuurt de werkzaamheden van de Autoriteit*). Zumindest die englische, spanische, portugiesische und niederländische Sprachfassung verwenden hier Begrifflichkeiten, die jedenfalls nicht voll deckungsgleich mit der Terminologie des Art. 16 EIOPA-VO sind. Auch Art. 28 Abs. 1 Alt. 1 des Kommissionsentwurfes[1] („gibt den Rahmen für die Arbeiten der Behörde vor") deutet daraufhin, dass es eben nicht um den Erlass von Leitlinien im Rahmen des Art. 16 EIOPA-VO geht. Es geht hier vielmehr darum, klarzustellen, dass dem Rat der Aufseher im Organgefüge der EIOPA die **Richtlinienkompetenz** zukommt, wie sie beispielsweise der deutsche Bundeskanzler innerhalb der Bundesregierung innehat. Hierbei dürfte diese **Leitlinienkompetenz** jedoch etwas weiter gehen. Diese Leitlinienkompetenz kann die EIOPA insbesondere über ihre besondere Kompetenz zum Erlass des Arbeitsprogramms (siehe Rn. 18 ff.) und des mehrjährigen Arbeitsprogramms (siehe Rn. 24 ff.), aber auch durch die besonderen Kompetenzen im Bereich der Art. 8–39 EIOPA-VO (siehe Rn. 5 ff.) ausüben. Die Leitlinienkompetenz zeigt sich insbesondere auch im Rahmen der **Durchführung des Jahresarbeitsprogramms** durch den Exekutivdirektor (siehe Art. 53 EIOPA-VO Rn. 6 f.), dem gegenüber dem Rat der Aufseher gemäß Art. 53 Abs. 2 EIOPA-VO eine **Beratungs- und Lenkungsfunktion** zukommt. 3

Aus der Gewährung der Leitlinienkompetenz lässt sich jedoch auch eine gewisse **Binnenorganisationskompetenz** entnehmen. Soweit nicht die EIOPA-VO die Aufgabenverteilung und -ausübung innerhalb der EIOPA abschließend regelt bzw. diese Aufgabe einem anderen Organ zuweist (insbesondere durch Ermächtigung zum Erlass einer eigenen Geschäftsordnung) kann der Rat der Aufseher dieser Aufgabe wahrnehmen. Aus dieser Kompetenz lässt sich beispielsweise die Befugnis herleiten – die der Rat der Aufseher sich in Art. 2 Abs. 14 Geschäftsordnung des Rates der Aufseher selbst gewährt –, dass der Rat der Aufseher nicht nur für sich,[2] sondern **für** die **EIOPA als Ganze** eine **Geschäftsordnung** erlässt.[3] Es wäre hierbei auch zulässig, dass der Rat der Aufseher interne Leitlinien (vergleichbar zu den internen Leitlinien, die Versicherungsunternehmen gemäß § 23 Abs. 3 VAG aufstellen müssen) erlässt. Der Rat der Aufseher kann seine Binnenorganisationskompetenz jedoch nur soweit ausüben, als dies nicht dem organschaftliche Gefüge und den den einzelnen Organen zustehenden funktionalen Garantien zuwiderläuft. So könnten beispielsweise personalbezogene interne Leitlinien in die Kompetenz des Verwaltungsrates nach Art. 47 Abs. 1 EIOPA-VO und insbesondere des Exekutivdirektors nach Art. 53 Abs. 3 EIOPA-VO unzulässig eingreifen. 4

2. Beschlusskompetenz (Abs. 1 Alt. 2). Abs. 1 Alt. 2 weist die Aufgabe, **alle in Kapitel II** (Art. 8–39 EIOPA-VO) **vorgesehenen Beschlüsse** zu **erlassen**, dem Rat der Aufseher zu. Eine gleichlautende Ermächtigung erfolgt dann noch einmal in Abs. 2. Ob es bei diesen Kompetenzzuweisungen lediglich um eine klarstellende Dopplung oder um unterschiedliche Aufgaben geht, lässt sich den beiden Normen nicht entnehmen. 5

Grundsätzlich ist diese **Aufgabenzuweisung** jedoch **extensiv zu verstehen**. Diese Beschlusskompetenz ist so zu verstehen, dass der Rat der Aufseher grundsätzlich für den Erlass von allen Maßnahmen, die die Art. 8–39 EIOPA-VO der EIOPA zuweisen, zuständig ist. So werden beispielsweise, wie sich unmittelbar aus Art. 44 Abs. 1 UAbs. 2 EIOPA-VO ergibt, auch Leitlinien und Empfehlungen nach Art. 16 EIOPA-VO oder die Entwürfe der technischen Regulierungsstandards oder der technischen Durchführungsstandards durch Beschluss arretiert (siehe Art. 44 EIOPA-VO Rn. 8 f.). Gleiches muss auch für alle anderen Stellungnahmen, Empfehlungen und Ratschläge gelten, die in Kapitel II vorgesehen sind. Abs. 2 kommt insofern nur eine klarstellende Funktion zu. Folglich fallen alle Beschlüsse, unabhängig davon ob der Beschluss zur Entstehung des Rechtsinstrumentes Beschluss iSd Art. 17–19 EIOPA-VO oder zur Entstehung eines anderen Rechtsinstruments führt, in die Kompetenz des Rates der Aufseher. 6

[1] KOM (2009) 502 endg.

[2] The Board of Supervisors of EIOPA Rules of Procedure (EIOPA-BoS-11/002-Rev3). Diese ist jedoch nicht auf Grundlage des Abs. 1 Alt. 1, sondern auf der richtigen Ermächtigungsgrundlage des Art. 44 Abs. 3 EIOPA-VO ergangen (siehe Art. 44 EIOPA-VO Rn. 25 ff.).

[3] Board of Supervisors of EIOPA Rules of Procedure of EIOPA (EIOPA-BoS-11/003).

7 **3. Abgabe von Stellungnahmen und Empfehlungen und Erteilung von Ratschlägen (Abs. 2).** Die Kompetenz, die in Abs. 2 genannten Maßnahmen – dies sind Stellungnahmen, Empfehlungen, Beschlüsse und Ratschläge – zu erlassen, ist dem Rat der Aufseher bereits über Abs. 1 Alt. 2 übertragen (siehe Rn. 6). Abs. 2 hat insofern **nur klarstellende Wirkung**. Will man dem Abs. 2 gleichwohl einen eigenständigen Zuweisungsgehalt beilegen, so mag man hieraus ziehen, dass der Rat der Aufseher die Maßnahmen nicht nur erlässt, sondern diese Maßnahmen auch in der konkret erforderlichen Weise nach Außen gibt, wobei er jedoch regelmäßig durch den Vorsitzenden zu vertreten wäre.

8 **4. Ernennungsaufgaben (Abs. 3).** Abs. 3 überträgt dem Rat der Aufseher die Aufgabe, den **Vorsitzenden** zu **ernennen**. Die Ernennung erfolgt hierbei nach den Maßgaben des Art. 48 Abs. 3 EIOPA-VO.

9 Daneben kommt dem Rat der Aufseher gemäß Art. 48 Abs. 4 EIOPA-VO jedoch auch die Aufgabe zu, den **Vorsitzenden zu evaluieren** (dies mag man unter die Zuweisung der Disziplinargewalt nach Art. 43 Abs. 8 EIOPA-VO subsummieren) und über dessen einmalige **Amtszeitverlängerung** nach Art. 48 Abs. 4 UAbs. 2 EIOPA-VO zu befinden.

10 Zudem kommen dem Rat der Aufseher noch **weitere Ernennungsaufgaben** zu, die Abs. 3 nicht explizit aufführt. Beispielsweise ernennt er den **Stellvertreter des Vorsitzenden** (Art. 48 Abs. 2 UAbs. 3 EIOPA-VO), den **Exekutivdirektor** (Art. 51 Abs. 2 EIOPA-VO), die **stimmberechtigten Mitglieder des Verwaltungsrates** (Art. 45 Abs. 1 UAbs. 1 EIOPA-VO), die **Beisitzer des *Mediation Panel*** (Art. 41 Abs. 2 EIOPA-VO).[4] Insofern ist der Rat der Aufseher dasjenige Organ der EIOPA, das über die Besetzung jedes anderen Organs (außer des gemeinsamen Beschwerdeausschusses, siehe Art. 58 ff. EIOPA-VO) bestimmt. Ferner ist dem Rat der Aufseher gemäß Art. 2 Abs. 5 Geschäftsordnung des Rates der Aufseher[5] die Aufgabe zugewiesen, gemäß Art. 37 Abs. 4 EIOPA-VO die **Mitglieder der Stakeholdergruppen** zu ernennen und gemäß Art. 37 Abs. 8 EIOPA-VO die **Ratschläge und Stellungnahmen der Stakeholdergruppen** und die **Ergebnisse ihrer Konsultationen zu veröffentlichen**.[6]

11 **5. Einjähriges Arbeitsprogramm (Abs. 4).** Der Rat der Aufseher nimmt gemäß Abs. 4 die **zentrale Rolle** in der **Festlegung des Arbeitsprogramms** der EIOPA für das kommende Jahr ein. Durch diese Befugnis kommt dem Rat der Aufseher die entscheidende Rolle in der **Orientierung der Tätigkeit** der EIOPA zu. Bei den Arbeitsprogrammen geht es darum, die Schwerpunkte der geplanten Behördentätigkeit festzulegen, wobei dies Rückwirkungen auf den Haushaltsplan hat und *vice versa*. Entsprechend hat – da das Haushaltsjahr das Kalenderjahr ist – auch für das Arbeitsprogramm als **Planungszeitraum** das **Kalenderjahr** zu gelten (siehe Art. 62 EIOPA-VO Rn. 4).

12 **a) Verfahren zur Festlegung des einjährigen Arbeitsprogramms (Abs. 4 UAbs. 1 Hs. 1, UAbs. 2).** Die Festlegung des Arbeitsprogramms nimmt ihren Ursprung beim **Exekutivdirektor**. Dieser ist gemäß Art. 53 Abs. 5 EIOPA-VO dazu verpflichtet, einen **Entwurf des Arbeitsprogramms** zu erstellen. Diesen Entwurf hat der Exekutivdirektor spätestens am 30.6. des vorhergehenden Jahres dem **Verwaltungsrat** zu **übermitteln**.

13 Gemäß Art. 47 Abs. 2 Alt. 1 EIOPA-VO hat nunmehr der **Verwaltungsrat** auf Grundlage des Entwurfes des Exekutivdirektors – dies wird aus dem Gesetzeswortlaut nicht hinreichend deutlich – einen **Vorschlag** eines **einjährigen Arbeitsprogramms** zu **beschließen**. Anders als hinsichtlich des Voranschlags des Haushaltsplans ist der Verwaltungsrat hierbei nicht auf eine Billigung oder Nichtbilligung des Entwurfes beschränkt (siehe Art. 63 EIOPA-VO Rn. 4), sondern kann selbständig einen Vorschlag entwickeln, wobei er nur zur hinreichenden Kenntnisnahme des Entwurfes des Exekutivdirektors verpflichtet ist, der ihm letztlich nur als Arbeitserleichterung dient. Art. 47 Abs. 2 Alt. 1 EIOPA-VO sieht für den Verwaltungsrat **keine Beschluss- und Übermittlungsfrist** vor. Der Verwaltungsrat hat jedoch seine Arbeit so zu erledigen, dass der Rat der Aufseher in die Lage versetzt wird, seine Frist nach Abs. 4 UAbs. 1 (30.9. des vorhergehenden Jahres) erfüllen kann. Hierbei ist insbesondere auch zu berücksichtigen, dass der Vorschlag nicht nur rechtzeitig zur Sitzung des Rates der Aufseher fertiggestellt ist, sondern dass die Übermittlung so rechtzeitig erfolgt, dass die EIOPA ihre Dokumentübermittlungspflicht gegenüber den Mitgliedern des Rates der Aufseher von zehn Tagen vor der Sitzung noch erfüllen kann.[7]

14 Das **einjährige Arbeitsprogramm** wird dann gemäß Abs. 4 UAbs. 1 vom **Rat der Aufseher** durch Beschluss **angenommen**. Die Feststellung des Arbeitsprogramms hat hierbei in einer **Frist** bis zum 30.9

[4] Hinsichtlich des *Mediation Panel* kommt dem Rat der Aufseher gemäß Art. 2 Abs. 13 The Board of Supervisors of EIOPA Rules of Procedure (EIOPA-BoS-11/002-Rev3) auch die Aufgabe zu, diesem gemäß Art. 41 Abs. 4 EIOPA-VO eine Geschäftsordnung zu geben (siehe Art. 41 EIOPA-VO Rn. 20).

[5] The Board of Supervisors of EIOPA Rules of Procedure (EIOPA-BoS-11/002-Rev3).

[6] Man mag jedoch die Meinung vertreten, dass die besondere Zuweisung dieser Aufgaben im Zusammenhang mit den Interessengruppen entbehrlich war, da sie bereits über die Aufgabenzuweisung der Abs. 1 und 2 erfasst sind.

[7] So Art. 5 Abs. 6 The Board of Supervisors of EIOPA Rules of Procedure (EIOPA-BoS-11/002-Rev3), der nur ausnahmsweise eine Unterschreitung dieser Übermittlungsfrist zulassen will.

des vorangehenden Jahres zu erfolgen. Die Aufstellung erfolgt – um dem innerbehördlichen institutionellen Gleichgewicht gerecht zu werden – auf Grundlage des vom Verwaltungsrat auf Grundlage des Entwurfs des Exekutivdirektors erstellten Vorschlags (siehe Rn. 12 f.). Hierbei ist dem Rat der Aufseher ein **freies Entschließungsermessen** zuzubilligen, sodass das Arbeitsprogramm und damit die Orientierung der Behörde auch entgegen den Vorstellungen des Exekutivdirektors (und des Verwaltungsrates) erfolgen kann. Es ist jedoch grundsätzlich davon auszugehen, dass sich der Rat der Aufseher mit dem Exekutivdirektor, bevor dieser seinen Entwurf erarbeitet, informell über die Ausrichtung der EIOPA im kommenden Jahr verständigt. Hierdurch wird gewährleistet, dass die Person, die später für die tatsächliche Umsetzung des Jahresprogramms verantwortlich ist, ausreichend an dessen Aufstellung beteiligt wird.

Hierbei ist das Verfahren zur Aufstellung des einjährigen Arbeitsprogramms gemäß Abs. 4 UAbs. 2 Hs. 1 **unabhängig vom Verfahren zur Aufstellung und zum Erlass des Haushaltsplans** (siehe Art. 63 EIOPA-VO). Dies ist von daher bedeutsam, als Haushaltsplan und Arbeitsprogramm sich gegenseitig beeinflussen und bedingen. So ist die EIOPA grundsätzlich nicht dazu in der Lage, die Durchführbarkeit ihres geplanten Arbeitsprogramms zu bewerten, so lange der Haushaltsplan noch nicht festgestellt ist. Jedoch genießt die EIOPA hinsichtlich ihres Budgets nur eine partielle Autonomie. Da hinsichtlich des Stellenplans der EIOPA und der Zuschüsse aus Unionsmitteln der Haushaltsbehörde der Union eine Bewilligungszuständigkeit zukommt (Art. 63 EIOPA-VO Rn. 10 f.), kann der Rat der Aufseher zum Zeitpunkt des Beschlusses des Arbeitsprogramms nicht absehen, ob der durch ihn zu einem späteren Zeitpunkt festzustellende Haushaltsplan (siehe Art. 63 EIOPA-VO Rn. 11) alle erforderlichen Mittel bereitstellen wird. Das Arbeitsprogramm ist insofern, dies bewirkt Abs. 4 UAbs. 2, unter Zugrundelegung der Annahme, dass der Haushaltsplan in Höhe des Voranschlags festgestellt wird, zu beschließen. 15

b) Übermittlungs- und Veröffentlichungspflicht (Abs. 4 UAbs. 1 Hs. 2). Abs. 4 UAbs. 1 verpflichtet den Rat der Aufseher nicht nur zur Feststellung des einjährigen Jahresprogramms, sondern auch zur **Übermittlung** dieses Jahresprogramms **an** das **Europäische Parlament**, den **Rat** und die **Kommission**. Die Übermittlung dient allein der Kenntnisnahme. Für die Übermittlung gilt, dies ergibt eine grammatikalische Interpretation (insbesondere der deutschen und englischen Sprachfassung), nicht unmittelbar die zur Feststellung vorgegebene **Frist** (siehe Rn. 14). Es ist jedoch davon auszugehen, dass die Übermittlung des Jahresprogramms **unverzüglich** nach dessen Feststellung erfolgt. 16

Daneben verpflichtet Abs. 4 UAbs. 2 Hs. 2 den Rat der Aufseher, das **Arbeitsprogramm** zu **veröffentlichen**.[8] Diese Veröffentlichung erfolgt unabhängig von der Feststellung des Haushaltsplans (siehe Rn. 15) und es ist systematisch davon auszugehen, dass auch diese öffentliche Bekanntmachung unverzüglich nach der Übermittlung an das Europäische Parlament, den Rat und die Kommission erfolgen muss. 17

6. Jahresbericht (Abs. 5). Sowie der Jahresabschluss (Art. 64 EIOPA-VO Rn. 5 ff.) das vergangenheitsgerichtete Gegenstück zum zukunftsgerichteten Haushaltsplan (siehe Art. 63 EIOPA-VO) darstellt, ist der **jährliche Tätigkeitsbericht** das Dokument, an dem sich evaluieren lässt, in wie weit das Jahresarbeitsprogramm erfolgreich umgesetzt wurde. Insofern zeichnet auch für die Beschließung dieses Dokuments der **Rat der Aufseher** gemäß Abs. 5 **zuständig**. Wie auch bei Erstellung der Arbeitsprogramme sind jedoch der Exekutivdirektor und der Verwaltungsrat in die Erstellung maßgeblich involviert. Auch für den Jahresbericht hat als **Berichtszeitraum** das **Kalenderjahr** zu gelten (siehe Rn. 11 und Art. 62 EIOPA-VO Rn. 4). 18

a) Erlass des Jahresberichtes (Abs. 5 S. 1). Der ursprüngliche Entwurf des Jahresberichtes ist gemäß Art. 53 Abs. 7 EIOPA-VO vom **Exekutivdirektor** zu verfassen. Dieser **Berichtsentwurf** ist zu untergliedern in einen Abschnitt zur **Regulierungs- und Aufsichtstätigkeit** der Behörde und einen Abschnitt über **finanzielle und administrative Angelegenheiten**. Hierbei hat der Exekutivdirektor in seinem Entwurf auch die von Art. 16 Abs. 4 EIOPA-VO (welche Leitlinien herausgegeben wurden, welche Behörden nicht anwenden und wie die Anwendung zukünftig sichergestellt werden soll), Art. 17 Abs. 8 EIOPA-VO (welche Aufsichtsbehörden und Finanzinstitute den förmlichen Stellungnahmen und Beschlüssen nicht nachgekommen sind) und Art. 33 Abs. 3 EIOPA-VO (welche internationalen Verwaltungsvereinbarungen getroffen wurden und welche Unterstützung zur Erteilung von Gleichwertigkeitstestaten für Drittstaatenregime erbracht wurde) **zwingend** geforderten **Informationen** zu verarbeiten. Grundsätzlich soll der Tätigkeitsbericht einen holistischen und wahrheitsgemäßen Blick auf das Wirken der EIOPA ermöglichen. Art. 53 Abs. 7 EIOPA-VO sieht für die Erstellung des Berichtsentwurfs **keine Frist** vor. Auch Art. 4 Abs. 6 Geschäftsordnung der EIOPA, der die Berichtsentwurfserstellung adressiert, setzt keine statuarische Pflicht. Insofern ist der Exekutivdirektor allein dahingehend gebunden, dass er seinen Entwurf zeitig genug erstellt, dass der Verwaltungsrat und der Rat der Aufseher ihren Aufgaben noch nachkommen können und eine Übermittlung durch den Rat der Aufseher innerhalb der Frist des Abs. 5 S. 1 (also bis zum 15.6. des nachfolgenden Jahres) ermöglicht wird. 19

[8] Die Veröffentlichung erfolgt auf der Homepage der EIOPA https://eiopa.europa.eu/about-eiopa/work-programme/work-programme-2011.

20 Nunmehr beschließt der **Verwaltungsrat** gemäß Art. 47 Abs. 6 EIOPA-VO auf Grundlage des Entwurfes des Exekutivdirektors den **Vorschlag** des **Jahresberichtes**. Im Unterschied zum Beschlusserstellungsverfahren des Jahresarbeitsprogramms (siehe Rn. 13) kann der Verwaltungsrat den **Entwurf** nicht nur abändern, sondern muss dies sogar. Es ist am Verwaltungsrat – die Vorarbeiten hierzu dürfte vom Vorsitzenden selbst vorgenommen werden – den Bericht um **Ausführungen zur Aufgabenwahrnehmung durch den Vorsitzenden** zu **ergänzen**. Dies muss nicht zwingend in einem gesonderten Teil erfolgen, sondern kann auch eingelassen in den übrigen Bericht erfolgen. Hierbei ist es dem Exekutivdirektor aber wohl unbenommen, auch für die Tätigkeit des Vorsitzenden bereits einen Entwurf vorzulegen. Er ist hierzu aber zumindest nicht verpflichtet. Art. 47 Abs. 6 EIOPA-VO sieht für den Verwaltungsrat **keine Beschluss- und Übermittlungsfrist** vor. Der Verwaltungsrat hat jedoch seine Arbeit so zu erledigen, dass der Rat der Aufseher in die Lage versetzt wird, seine Frist nach Abs. 5 S. 1 (15.6. des nachfolgenden Jahres) einzuhalten.

21 Der endgültige Jahresbericht wird dann gemäß Abs. 5 S. 1 vom **Rat der Aufseher** durch Beschluss **angenommen**. Der Beschluss hat so zeitig vor Ablauf der **Frist** des Abs. 5 S. 1 (15.6. des nachfolgenden Jahres) zu erfolgen, dass eine Übermittlung an die Adressaten innerhalb dieser Frist möglich bleibt. Der Beschluss erfolgt auf Grundlage des vom Verwaltungsrat auf Grundlage des Entwurfs des Exekutivdirektors erstellten Vorschlags (siehe Rn. 19 f.). Der Rat der Aufseher hat hierbei **freies Ermessen**, kann den Bericht insofern mittels Änderungsanträgen auch abändern.

22 **b) Übermittlungs- und Veröffentlichungspflicht (Abs. 5 S. 1 Hs. 2, S. 2).** Der Jahresbericht ist innerhalb einer **Frist** bis zum 15.6. des dem Berichtszeitraum nachfolgenden Jahres zu **übermitteln** an das **Europäische Parlament**, den **Rat**, die **Kommission**, den **Rechnungshof** und den **Europäischen Wirtschafts- und Sozialausschuss**. Der Adressatenkreis ist insofern deutlich umfassender als für die Arbeitsprogramme (siehe Rn. 16, 25).

23 Der Jahresbericht ist ferner gemäß Abs. 5 S. 2 zu **veröffentlichen.** Hierbei gilt nicht die Übermittlungsfrist des Abs. 5 S. 1, es ist jedoch davon auszugehen, dass der Rat der Aufseher die Veröffentlichung innerhalb knapper Frist nach der Übermittlung bewirken muss.[9]

24 **7. Mehrjährige Arbeitsprogramme (Abs. 6).** Auch in der **Festlegung der mehrjährigen Arbeitsprogramme** der EIOPA nimmt der Rat der Aufseher gemäß Abs. 6 die zentrale Stellung ein. Mittels dieser mittelfristigen Planungsbefugnis kann der Rat der Aufseher die Arbeit der EIOPA auch über die unmittelbaren Notwendigkeiten (eines Jahresprogramms) hinaus strategisch orientieren.

25 Das **Verfahren zur Festlegung** der mehrjährigen Arbeitsprogramme ist hierbei nahezu deckungsgleich zum Verfahren zur Festlegung der einjährigen Arbeitsprogramme (vgl. Rn. 12 ff.), dh Entwurf des Exekutivdirektors (Art. 53 Abs. 4 EIOPA-VO), Vorschlag des Verwaltungsrates (Art. 47 Abs. 2 Alt. 2 EIOPA-VO) und Feststellung durch den Rat der Aufseher (Abs. 6 UAbs. 1). Gleiche Bedingungen gelten auch für die Übermittlungs- und Veröffentlichungspflicht (siehe Rn. 16 f.).

26 **Abweichend** (von Abs. 4 bzgl. der einjährigen Arbeitsprogramme) **und klärungsbedürftig** ist Abs. 6 nur dahingehend, dass nicht definiert wird, welchen Zeitraum die mehrjährigen Arbeitsprogramme umfassen müssen und innerhalb welcher Frist sie erstellt werden müssen.

27 Der Begriff der **Mehrjährigkeit** ist rein grammatikalisch bereits bei einem Zeitraum von zwei Jahren erfüllt. Es mag jedoch bezweifelt werden, dass ein Zweijahresarbeitsprogramm dem Telos der Norm entsprechen würde, wenn bereits nach Abs. 4 ein Einjahresplan vorzulegen ist. Es ist insofern anzunehmen, dass hiermit ein Zeitraum avisiert ist, der zum einen mindestens eine mittelfristige Planung betrifft, andererseits aber auch nicht so weit bemessen ist, dass man nicht mehr von Planung, sondern allenfalls von Prognostik sprechen kann. Zulässig erscheint insofern ein Zeitraum von **drei bis fünf Jahren**. Die EIOPA hat sich gegenwärtig auf dreijährige Arbeitsprogramme festgelegt,[10] was in jedem Fall zulässig erscheint.

28 Eine Frist wird weder von Abs. 6 noch von Art. 53 Abs. 4 EIOPA-VO für den Exekutivdirektor oder von Art. 47 Abs. 2 Alt. 2 EIOPA-VO für den Verwaltungsrat vorgesehen. Dieses **Absehen von** Setzung einer konkreten **Frist** erklärt sich schon daraus, dass auch der Planungszeitraum nicht zwingend vorgegeben wird (siehe Rn. 27). Dies sollte jedoch nicht so verstanden werden, dass für die Erarbeitung, Übermittlung und Veröffentlichung keinerlei Zeitvorgaben bestehen. Vielmehr soll das mehrjährige Arbeitsprogramm der Planung dienen, was voraussetzt, dass die **Festlegung** zumindest **vor Beginn des beplanten Zeitraums** stattfindet. Alle beteiligten Organe haben ihre Beiträge insofern so zu koordinieren, dass eine Feststellung vor Beginn des ersten Jahres möglich ist. Bis auf das erste mehrjährige Arbeitsprogramm – das eigentlich im ersten Jahr des Bestehens der EIOPA und insofern in einer Phase

---

[9] Die Veröffentlichung findet auf der Homepage der EIOPA statt: https://eiopa.europa.eu/publications/annual-reports.

[10] EIOPA Multi-Annual Work Programme 2012–2014 (EIOPA-12/237); EIOPA Multi-Annual Work Programme 2015–2017 (EIOPA-BoS-14/109); European Insurance and Occupational Pensions Authority Single Programming Document 2017–2019 (EIOPA-BoS-16/23).

des Aufbaus, in der eine solche Feststellung eher schwierig war, hätte festgestellt werden müssen[11] – sind alle Mehrjahresarbeitsprogramme einige Monate vor Beginn des beplanten Zeitraums ergangen.[12]

8. Haushaltsplan (Abs. 7). Der Rat der Aufseher erlässt gemäß Abs. 7 innerhalb des Verfahrens nach Art. 63 EIOPA-VO den Haushaltsplan der EIOPA (zu den einzelnen Pflichten des Rates der Aufseher im Hinblick auf das **Feststellungsverfahren** siehe Art. 63 EIOPA-VO Rn. 5, 6 und 11 ff.). 29

III. Befugnisse einer Anstellungsbehörde gegenüber dem Vorsitzenden und dem Exekutivdirektor (Abs. 8). Während die EIOPA-VO **grundsätzlich** dem **Exekutivdirektor** die **originäre Befugnis der Anstellungsbehörde** bzw. **vertragschließenden Behörde** zuweist (siehe Art. 53 Abs. 8, 68 Abs. 3 EIOPA-VO), überträgt Abs. 8 Hs. 1 diese Befugnis der Anstellungsbehörde **in Bezug auf** den **Vorsitzenden** und den **Exekutivdirektor dem Rat der Aufseher**. 30

Dies bedeutet, dass der **Rat der Aufseher** zum einen mit diesen beiden Personen die **Dienstverträge abschließt** und auch fortlaufend die **Disziplinargewalt** über sie **ausübt** (vgl. Art. 68 EIOPA-VO Rn. 22). Dies bedeutet beispielsweise auch, dass der Rat der Aufseher im Falle der Verursachung eines Haftungsfalls durch den Vorsitzenden oder den Exekutivdirektor für den Beschluss zur Regressgeltendmachung und zur Verhängung von Disziplinarmaßnahmen zuständig wäre (siehe Art. 69 EIOPA-VO Rn. 21). 31

Aus dieser Stellung als Anstellungsbehörde fließt auch, dies wird durch Abs. 8 Hs. 2 noch einmal festgestellt, dass der Rat der Aufseher auch für die **Amtsenthebung** dieser beiden Amtsträger zuständig ist. Hierbei hat die Enthebung das Verfahren des Art. 48 Abs. 5 EIOPA-VO bzw. Art. 51 Abs. 5 EIOPA-VO zu beachten. 32

Da dem Rat der Aufseher **weitere Ernennungsbefugnisse** im Hinblick auf die stimmberechtigten Mitglieder des Verwaltungsrates (Art. 45 Abs. 1 UAbs. 1 EIOPA-VO), die Beisitzer des *Mediation Panel* (Art. 41 Abs. 2 EIOPA-VO) zukommen (siehe Rn. 10) müssen ihm spiegelbildlich auch die **Amtsenthebungsbefugnisse** zukommen. Eine solche Amtsenthebung ist jedoch nicht explizit durch die EIOPA-VO (oder die Geschäftsordnungen) vorgesehen, sodass eine solche Amtsenthebung wohl nicht nach freiem Ermessen, sondern nur in Folge einer schweren Amtspflichtverletzung möglich ist. 33

Beschlussfassung

44 (1) **¹Der Rat der Aufseher trifft seine Beschlüsse mit einfacher Mehrheit. ²Jedes Mitglied verfügt über eine Stimme.**

In Bezug auf die in den Artikeln 10 bis 16 genannten Rechtsakte und die gemäß Artikel 9 Absatz 5 Unterabsatz 3 und Kapitel VI erlassenen Maßnahmen und Beschlüsse trifft der Rat der Aufseher abweichend von Unterabsatz 1 des vorliegenden Absatzes seine Beschlüsse mit qualifizierter Mehrheit seiner Mitglieder im Sinne des Artikels 16 Absatz 4 des Vertrags über die Europäische Union und des Artikels 3 des Protokolls (Nr. 36) über die Übergangsbestimmungen.

In Bezug auf Beschlüsse nach Artikel 19 Absatz 3 gilt für Beschlüsse der Gruppenaufsicht der von dem Gremium vorgeschlagene Beschluss als angenommen, wenn er mit einfacher Mehrheit gebilligt wird, es sei denn, er wird von Mitgliedern, die eine Sperrminorität gemäß Artikel 16 Absatz 4 des Vertrags über die Europäische Union und gemäß Artikel 3 des Protokolls (Nr. 36) über die Übergangsbestimmungen bilden, abgelehnt.

¹Bei allen anderen Beschlüssen nach Artikel 19 Absatz 3 wird der von dem Gremium vorgeschlagene Beschluss mit einfacher Mehrheit der Mitglieder des Rates der Aufseher angenommen. ²Jedes Mitglied verfügt über eine Stimme.

(2) **Die Sitzungen des Rates der Aufseher werden vom Vorsitzenden von Amts wegen oder auf Antrag eines Drittels der Mitglieder einberufen; der Vorsitzende leitet die Sitzungen.**

(3) **Der Rat der Aufseher gibt sich eine Geschäftsordnung und veröffentlicht diese.**

(4) **¹Die Geschäftsordnung legt die Abstimmungsmodalitäten im Einzelnen fest und enthält, soweit dies angebracht ist, Bestimmungen zur Beschlussfähigkeit. ²Mit Ausnahme des Vorsitzenden und des Exekutivdirektors nehmen weder die nicht stimmberechtigten Mitglieder noch die Beobachter an Beratungen des Rates der Aufseher über einzelne Finanzinstitute teil, es sei denn, Artikel 75 Absatz 3 oder die in Artikel 1 Absatz 2 genannten Rechtsakte sehen etwas anderes vor.**

---

[11] EIOPA Multi-Annual Work Programme 2012–2014 (EIOPA-12/237).

[12] EIOPA Multi-Annual Work Programme 2015–2017 (EIOPA-BoS-14/109); European Insurance and Occupational Pensions Authority Single Programming Document 2017–2019 (EIOPA-BoS-16/23).

Übersicht

Schrifttum: Siehe die Angaben bei Art. 10 EIOPA-VO („Allgemein zum ESFS" und „Allgemein zur EIOPA").

1 **I. Allgemeines.** Art. 44 EIOPA-VO regelt die Mehrheitserfordernisse für Beschlüsse des Rates der Aufseher (Abs. 1), die Einberufungsmodalitäten der Sitzungen (Abs. 2 Hs. 1), die Leitungsbefugnis des Vorsitzenden (Abs. 2 Hs. 2), sowie Aspekte des Beratungsverfahrens (Abs. 4 S. 2). Daneben ermächtigt Abs. 3 den Rat der Aufseher dazu, sich eine Geschäftsordnung zu geben, welche gemäß Abs. 4 S. 1 unter anderem Regelungen zu den Abstimmungsmodalitäten und, soweit nötig, zum Quorum enthalten soll.

2 **II. Beschlussfassung (Abs. 1).** Der **Rat der Aufseher** ist das **wichtigste Beschlussorgan** der EIOPA,[1] wobei Abs. 1 die **Mehrheitserfordernisse** für alle vom Rat der Aufseher zu fassenden Beschlüsse vorgibt.

3 Bei der Beschlussfassung verfügt **jedes Mitglied** nach Abs. 1 UAbs. 1 S. 2 über **eine Stimme**. Mit Mitglied ist im Hinblick auf die Systematik der EIOPA-VO **jedes stimmberechtigte Mitglied** nach Art. 40 Abs. 1 lit. b EIOPA-VO (eventuell i. V. m. Art. 40 Abs. 3 EIOPA-VO) gemeint.

4 **1. Beschlussfassung mit einfacher Mehrheit (Abs. 1 UAbs. 1).** Abs. 1 UAbs. 1 stellt hierbei die **Grundregel** auf, dass die Beschlüsse des Rates der Aufseher mit der **einfachen Mehrheit der abgegebenen Stimmen** gefasst werden. Entsprechend ist eine einfache Mehrheit bei erfülltem Quorum (siehe Rn. 29), aber unvollständig besetztem Rat der Aufseher ausreichend.

5 Unabhängig von der Feststellung des Abs. 1 UAbs. 1 S. 2, dass *jedes* Mitglied über eine Stimme verfügt, steht eine solche **nur** den **stimmberechtigten Mitgliedern** zu (siehe Rn. 3).

6 **Stimmenthaltungen** sind hierbei weder als Zustimmung noch als Ablehnung der Beschlussvorlage zu werten und werden **nicht** unter die für die Mehrheitserfordernisse maßgeblichen **abgegebenen Stimmen gerechnet**. Diese Auffassung hat sich auch die Geschäftsordnung des Rates der Aufseher zu Eigen gemacht.[2]

7 **2. Beschlussfassung mit qualifizierter Mehrheit (Abs. 1 UAbs. 2–4).** Abs. 1 UAbs. 2–4 sieht jedoch für zahlreiche Beschlüsse ein von der einfachen Mehrheit abweichendes Erfordernis einer **qualifizierten Mehrheit** vor. Dies dient insbesondere auch dazu, dass die nationalen Aufseher besonders gewichtiger Versicherungsmärkte nicht gemäß dem Verfahren nach Abs. 1 UAbs. 1 durch eine „Koalition" der Aufseher kleinerer Märkte überstimmt werden können, was eventuell für den Gesamtversicherungsmarkt der Union bedenkliche Folgen haben könnte.

8 **a) Beschlüsse zu technischen Standards, Leitlinien und zum Verbot von Finanztätigkeiten und dem Haushalt (Abs. 1 UAbs. 2).** Für **Rechtsakte allgemeiner Art**, bei denen der Rat der Aufseher seine Beiträge durch Beschließung erbringt, erscheint es angemessen, eine **qualifizierte Mehrheit** vorzusehen.[3]

9 Hierbei geht es gemäß Abs. 1 UAbs. 2 um **Beschlüsse im Zusammenhang** mit dem **Erlass von technischen Regulierungs- und Durchführungsstandards** (Art. 10–15 EIOPA-VO), **Leitlinien und Empfehlungen** (Art. 16 EIOPA-VO), um solche im Hinblick auf **Haushaltsfragen** (Art. 62–66 EIOPA-VO) sowie um Anträge von Mitgliedstaaten auf Überprüfung des Beschlusses der Behörde, bestimmte Finanztätigkeiten vorübergehend zu verbieten oder zu beschränken (Art. 9 Abs. 5 UAbs. 3 EIOPA-VO).

10 Für die vorgenannten Beschlüsse (siehe Rn. 9) ist eine **qualifizierte Mehrheit erforderlich.**

11 Für **Altbeschlüsse**, die **bis zum 31.10.2014** getroffen wurden, richtet sich die erforderliche Mehrheit gemäß Abs. 1 UAbs. 2 Alt. 2 nach Art. 3 des Protokolls (Nr. 36) zu den Übergangsbestimmungen.

[1] So auch Erwägungsgrund 52 S. 1.

[2] Art. 4 Abs. 1 S. 3 The Board of Supervisors of EIOPA Rules of Procedure (EIOPA-BoS-11/002-Rev3): „Abstentions will not be counted as approvals or as objections, and will not be considered when calculating the number of votes cast."

[3] Erwägungsgrund 53 S. 2.

Hierbei ordnet die Stimmgewichtungsregelung des Art. 3 Abs. 3 des Protokolls (Nr. 36) den einzelnen Mitgliedstaaten ein an der Einwohnerzahl orientiertes Stimmgewicht zu.[4] Dieses Stimmgewicht wird im Rahmen des Abs. 1 UAbs. 2 der Aufsichtsbehörde dieses Mitgliedstaates beigelegt. Art. 3 Abs. 3 UAbs. 3 S. 2 des Protokolls Nr. 36[5] ordnet an, dass ein Beschluss die Zustimmung von mindestens 255 gewichteten Stimmen bedarf. Ab dem 1.7.2013 ist jedoch Kroatien der Europäischen Union beigetreten, sodass ab diesem Zeitpunkt die Gesamtstimmenzahl gewichteter Stimmen auf 352 erhöht wurde, was ab diesem Zeitpunkt eine Mehrheit von **260 gewichteten Stimmen** erforderlich macht.[6] Hieraus ergibt sich, dass 93 gewichtete Stimmen eine Sperrminorität formen. **Daneben** bedarf der Beschluss gemäß Art. 3 Abs. 3 UAbs. 3 S. 2 Hs. 2 Protokoll Nr. 36 auch noch der Zustimmung von mindestens **zwei Dritteln der Mitglieder** (dies dient dem Schutz der besonders kleinen Mitgliedstaaten bzw. hier deren Aufseher). Es müssen also mindestens 19 der stimmberechtigten Mitglieder des Rates der Aufseher zustimmen. Schließlich gibt es noch die Möglichkeit, dass ein Mitglied des Rates der Aufseher gemäß Art. 3 Abs. 4 Protokoll Nr. 36 einen Antrag stellt, überprüfen zu lassen, ob der Beschluss einen **hinreichenden Anteil der Gesamtbevölkerung** der EU repräsentiert. Die zustimmungserteilenden Aufsichtsbehördenvertreter müssen aus Mitgliedstaaten stammen, die gemeinsam mindestens 62 % der Gesamtbevölkerung der Union ausmachen, um im verneinenden Fall den Beschluss zu Fall zu bringen.[7]

Für **Beschlüsse**, die **zwischen** dem **1.11.2014 und dem 31.3.2017** ergehen sieht Art. 3 Abs. 2 Protokoll Nr. 36 ein Optionsrecht vor. Für diese gilt grundsätzlich die qualifizierte Mehrheit, wie sie von Art. 16 Abs. 4 EUV vorgesehen ist (siehe Rn. 13). Jedoch kann in *mutatis mutandis* Anwendung jedes Mitglied des Rates der Aufseher **beantragen**, dass die **qualifizierte Mehrheit** des auf Altbeschlüsse anwendbaren **Art. 3 Abs. 3 und 4** Protokoll Nr. 36 (siehe Rn. 11) gelten soll. Antragsberechtigt ist hierbei jedoch nur ein **stimmberechtigtes Mitglied** des Rates der Aufseher. 12

Für **Beschlüsse** ab dem 1.11.2014, für die eine Option nicht geltend gemacht wurde (siehe Rn. 12), und für alle Beschlüsse **ab dem 1.4.2017** gilt gemäß Abs. 1 UAbs. 2 die qualifizierte Mehrheit des Art. 16 Abs. 4 EUV entsprechend. Dieser stellt eine **doppelte qualifizierte Mehrheitserfordernis** auf. Zum Erreichen der qualifizierten Mehrheit im Rat der Aufseher bedarf es mithin mindestens 55 % der Mitglieder des Rates der Aufseher. Allerdings gilt dies nur, wenn es sich bei dem Beschluss des Rates um einen Vorschlag der Kommission handelt, was bei Beschlüssen des Rates der Aufseher grundsätzlich nicht der Fall ist. Dies sollte jedoch am Telos der Norm so ausgelegt werden, dass immer wenn der Rat der Aufseher auf Antrag der Kommission einen Beschluss trifft, die reduzierte Mehrheitserfordernis gilt. Art. 238 Abs. 2 AEUV fordert für Beschlüsse des Rates, die ohne Vorschlag der Kommission gefasst werden, hingegen eine Mehrheit von 72 % der Mitglieder. EIOPA erachtet wohl Art. 238 Abs. 2 AEUV für nicht einschlägig und ordnet in ihrer Geschäftsordnung des Rates der Aufseher an, dass eine 55 % Mehrheit ausreichend sei.[8] Dies erscheint jedoch fehlerhaft, vielmehr hat die 72 %-Mehrheitserfordernis auch im Rat der Aufseher zu gelten, da Art. 238 Abs. 2 AEUV durch Art. 16 Abs. 4 UAbs. 3 EUV, der seinerseits von Abs. 1 UAbs. 2 für Beschlüsse des Rates der Aufseher für anwendbar erklärt wird, für anwendbar erklärt wird. Eine erforderliche Stimmmehrheit von **72 % der Mitglieder** bedeutet gegenwärtig, dass die Stimmen von mindestens **20 stimmberechtigten Mitgliedern** erforderlich sind. Zudem verlangt Art. 16 Abs. 4 UAbs. 1 EUV (i. V. m. Art. 16 Abs. 4 UAbs. 3 EUV und Art. 238 Abs. 2 AEUV) in der durch Abs. 1 UAbs. 2 angeordneten entsprechenden Anwendung, dass die Stimmen der mitgliedstaatlichen Aufsichtsbehörden **mindestens 65 % der Bevölkerung der Union** vertreten müssen.[9] 13

b) Beschlüsse gegenüber zuständigen Behörden im Streitvermittlungsverfahren (Abs. 1 UAbs. 3, 4). Der Rat der Aufseher beschließt, soweit es um den Erlass von **Beschlüssen gegenüber zuständigen Behörden** im Rahmen des Streitvermittlungsverfahrens gemäß Art. 19 Abs. 3 EIOPA-VO geht, mit den Mehrheiten des Abs. 1 UAbs. 3 oder 4. Diese Mehrheitserfordernisse gelten jedoch nur für Beschlüsse gegenüber dem Aufseher, nicht für Beschlüsse gegenüber dem Finanzinstitut nach Art. 19 Abs. 5 EIOPA-VO, die mit der einfachen Mehrheit des Abs. 1 UAbs. 1 S. 1 gefasst werden können (siehe Art. 19 EIOPA-VO Rn. 67). 14

Die **Grundregel** für die Mehrheitserfordernis bei solchen Beschlüssen (siehe Rn. 14) lautet gemäß Abs. 1 UAbs. 4, dass der Rat der Aufseher **mit absoluter Mehrheit seiner Mitglieder** über die 15

---

[4] Hierbei ist die Stimmponderierung jedoch nur an der demographischen Bedeutung orientiert und nach dem Grundsatz der degressiven Proportionalität berechnet, was kleinere Staaten tendenziell bevorteilt (zudem ist eine Gleichgewichtung der größeren Staaten vorgesehen), siehe von der Groeben/Schwarze/Hatje/*Jacqué* Art. 16 EUV Rn. 18, 32.

[5] Art. 36 Abs. 3 UAbs. 3 S. 1 des Protokolls Nr. 36 kann vorliegend keine Anwendung finden, da die Beschlussfassung im Rat der Aufseher nicht auf Vorschlag der Kommission hin erfolgt.

[6] Art. 4 Abs. 4 S. 1 The Board of Supervisors of EIOPA Rules of Procedure (EIOPA-BoS-11/002-Rev3) hat diese Änderung nicht nachvollzogen, ist jedoch sinngemäß anzupassen.

[7] Die hierbei anzusetzenden Bevölkerungszahlen sind in Anhang III der Geschäftsordnung des Rates niedergelegt. Diese wurde zuletzt geändert durch Beschluss 2014/900/EU, in: ABl. 2014 L 358, 25.

[8] Art. 4 Abs. 5 The Board of Supervisors of EIOPA Rules of Procedure (EIOPA-BoS-11/002-Rev3).

[9] Zu den anzusetzenden Bevölkerungszahlen siehe Fn. 6.

Annahme des durch das *Mediation Panel* vorgeschlagenen Beschlusses befindet (siehe Art. 19 EIOPA-VO Rn. 52 ff.). Fraglich ist, ob es bei der Berechnung der **absoluten Mehrheit** auf alle Mitglieder des Rates (Art. 40 Abs. 1 lit. a, c–e EIOPA-VO) oder **nur** auf die **stimmberechtigten** ankommt. Die systematische Auslegung gebietet es, auch an dieser Stelle nur auf die stimmberechtigten Mitglieder abzustellen. Mithin ist gegenwärtig eine Mehrheit von 15 Stimmen erforderlich.

16 Soweit der **Beschluss** gegenüber der Aufsichtsbehörde im Rahmen des Streitvermittlungsverfahrens die **Gruppenaufsicht** betrifft, gilt hingegen gemäß UAbs. 3 **einfache Mehrheit** nur unter dem Vorbehalt, dass keine Mitglieder mit einer **Sperrminorität** gemäß Art. 16 Abs. 4 EUV oder gemäß Art. 3 des Protokolls (Nr. 36) über die Übergangsbestimmungen diesen Beschluss ablehnen.[10] Die Regelung des Abs. 1 UAbs. 3 ist hierbei etwas unklar formuliert, da die Sperrminorität des Art. 16 Abs. 4 EUV und des Art. 3 Protokoll Nr. 36 gleichberechtigt nebeneinander gestellt werden. Es könnte insofern der Eindruck entstehen, dass beide Sperrminoritäten alternativ *in perpetuum* gelten sollen. Dies ist jedoch nicht der Fall. Vielmehr gilt die Regelung des Art. 3 des Protokolls Nr. 36 nur hinsichtlich der vorgesehen Übergangsfrist. Dies bedeutet, dass für **Beschlüsse bis zum 31.10.2014** (und hypothetisch für Beschlüsse bis zum 31.3.2017, wenn ein Mitgliedstaat das Optionsrecht geltend macht [siehe Rn. 12]), die Sperrminorität des Art. 3 Abs. 3 UAbs. 4 Protokoll Nr. 36 gilt, sodass nationale Aufsichtsbehörden, die gemeinsam über 38 % der Gesamtbevölkerung repräsentieren, unabhängig von der Anzahl der Aufsichtsbehörden, einen von der einfachen Mehrheit getragenen Beschluss verhindern können. Bei **Beschlüssen ab dem 1.11.2014** (bei denen das Optionsrecht nicht ausgeübt wurde oder ab dem 1.4.2017 nicht mehr ausgeübt werden kann) ist die einfache Mehrheit der abgegebenen Stimmen nicht ausreichend, wenn gemäß Art. 16 Abs. 4 UAbs. 1, 2 EUV entsprechend mindestens vier Aufsichtsbehörden, die über 35 % der Gesamtbevölkerung der EU repräsentieren, gegen den Beschluss stimmen. Dies bedeutet beispielsweise, dass die gegenwärtig drei bevölkerungsreichsten Mitgliedstaaten Deutschland, Frankreich und Großbritannien, die zusammen über nahezu 42 % der Gesamtbevölkerung repräsentieren, keine Sperrminorität hätten, sondern mindestens noch ein anderer Mitgliedstaat (bzw. deren Aufsichtsbehörde) mit ihnen gegen den Beschluss stimmen müsste.

17 **III. Einberufung von Sitzungen und Leitung (Abs. 2, Abs. 4 S. 2).** Der **Vorsitzende beruft** die **Sitzungen** des Rates der Aufseher **von Amtswegen ein**, Abs. 2 Hs. 1 Alt. 1.

18 Hierbei sieht die EIOPA-VO keine **Mindestanzahl von jährlichen Sitzungen** vor. Eine solche lässt sich jedoch aus Art. 40 Abs. 1 lit. b EIOPA-VO deduzieren, der anordnet, dass der Vorsitzende der nationalen Aufsichtsbehörde mindestens zu zwei jährlichen Sitzungen persönlich (dh nicht durch den hochrangigen Stellvertreter des Art. 40 Abs. 3 EIOPA-VO vertreten) erscheinen muss. Gleiches ergibt sich noch daraus, dass Art. 40 Abs. 2 EIOPA-VO vorschreibt, dass der Rat der Aufseher sich mindestens zweimal jährlich mit den Interessengruppen treffen muss. Die gesetzliche Mindestanzahl der jährlichen Sitzungen ist mithin zwei. Art. 5 Abs. 1 Geschäftsordnung des Rates der Aufseher ordnet noch darüber hinausgehend mindestens **drei jährliche Sitzungen** an. Faktisch wurden in der Vergangenheit jährlich mindestens sechs Sitzungen durchgeführt.[11]

19 Die Anordnung des **Zeitpunkts, Intervalls und Ortes** dieser Sitzungen, liegt grundsätzlich im Ermessen des Vorsitzenden, der solche Sitzungen ganz entsprechend der Bedürfnisse der EIOPA einzuberufen hat. Hierbei ist der Vorsitzende jedoch hinsichtlich des **Ortes** an Art. 5 Abs. 1 S. 1 Geschäftsordnung des Rates der Aufseher gebunden, der in Abwesenheit einer abweichenden Vereinbarung den Ort der Sitzung auf den Sitz der EIOPA (siehe Art. 7 EIOPA-VO) festlegt.[12] Fraglich ist, ob auch eine Sitzung per Telefonkonferenz zulässig ist. Eine solche wurde bereits einmal durchgeführt.[13] Zwar sieht die Geschäftsordnung des Rates der Aufseher die Möglichkeit einer schriftlichen Abstimmung vor, dies ist jedoch nicht zwingend ein Indiz dafür, dass auch andere Distanzmethoden der Abstimmung zulässig sein sollen. Vielmehr ist zu berücksichtigen, dass eine Sitzung per Telefonkonferenz einige Mitglieder vor sprachliche Probleme stellen kann, die im Falle einer Kommunikation unter physisch Anwesenden und im Falle der schriftlichen Abstimmung durch Zuhilfenahme von Übersetzungsmitteln behoben werden können. Es erscheint insofern nicht haltbar, dass die EIOPA ihre Sitzungen telefonisch durchführt,[14] solange hierzu keine Ermächtigung in der Geschäftsordnung vor-

[10] Zu den genauen Anforderungen einer Sperrminorität und einer qualifizierten Mehrheit vgl. *EIOPA*, Annex I zu EIOPA Board of Supervisors Internal Rules of Procedure (EIOPA-BoS-11/002 Annex I) bzw. nunmehr Art. 4 Abs. 3 EIOPA-BoS-11/002-Rev 3.

[11] Siehe https://eiopa.europa.eu/about-eiopa/organisation/board-of-supervisors/board-of-supervisors-meetings-and-minutes#k=.

[12] Bisher fanden zwei Sitzungen außerhalb Frankfurts statt; vgl. EIOPA Board of Supervisors, Budapest, 25 February 2011 Approved Minutes (EIOPA-BoS-11/008); EIOPA Board of Supervisors, Prague, 30 June – 1 July Approved Minutes (EIOPA-BoS-11/019). Hier wurden die Lokalitäten im Rahmen der ersten Sitzung des Rates der Aufseher genehmigt, vgl. EIOPA Board of Supervisors, Frankfurt, 10 January 2011 Approved Minutes (EIOPA-BoS-11/006).

[13] EIOPA Board of Supervisors, Telephone Conference, 26 February 2011 Final Minutes (EIOPA-BoS-15/062).

[14] Anders ist dies für die Sitzungen des Verwaltungsrates, für den die Möglichkeit einer Telefonkonferenz explizit in der Geschäftsordnung vorgesehen wird (siehe Art. 45 Rn. 28).

gesehen ist.[15] Hinsichtlich der **Zeit** und des **Intervalls** geht aus der Geschäftsordnung nur hervor, dass im Regelfall drei Sitzungen ausreichen sollten (wobei bei Bedürfnis auch mehr angesetzt werden können bzw. müssen) und dass der Vorsitzende versuchen soll, die „ordentlichen" Sitzungen des Rates der Aufseher bereits zu Beginn des Kalenderjahres voranzukündigen.

Ein **Ermessen** des **Vorsitzenden besteht** jedoch dann **nicht**, wenn entweder **ein Drittel der Mitglieder** des Rates der Aufseher eine Einberufung beantragen oder das ESRB gemäß Art. 36 Abs. 4 UAbs. 1 EIOPA-VO eine Warnung oder Empfehlung an die EIOPA gerichtet hat. Fraglich ist hierbei, wer im Sinne des Abs. 2 Hs. 1 Alt. 2 als Mitglied des Rates der Aufseher zu betrachten ist. Anders als im Rahmen des Abs. 1 ist Mitglied hier nicht zwingend als stimmberechtigtes Mitglied zu sehen, da es durchaus auch im schützenswerten Interesse eines nichtstimmberechtigten Mitglieds sein kann, dass eine Sitzung einberufen wird, auf der es sich zu Wort melden kann. Folglich ist für Zwecke des Abs. 2 auf die Gesamtzahl aller Mitglieder nach Art. 40 Abs. 1 EIOPA-VO abzustellen. 20

Weitere Anforderungen stellt die EIOPA-VO für die Einberufung nicht auf. Art. 5 Abs. 2, 4 f. Geschäftsordnung des Rates der Aufseher konkretisiert jedoch die **Anforderungen an die Ladung**. Diese hat die vorläufigen Tagesordnungspunkte zu enthalten und ist den Mitgliedern (und Beobachtern) mindestens vier Wochen vor dem Sitzungstermin zuzustellen, wobei für die Fristberechnung auf die Absendung an die letzte bekannte Emailadresse des Empfangsberechtigten abgestellt wird und der Empfang bei Versand an diese Emailadresse als Fiktion vorausgesetzt wird.[16] 21

Abs. 2 Hs. 2 überträgt dem **Vorsitzenden** die **Leitungsbefugnis** für die Sitzungen des Rates der Aufseher. Soweit der Vorsitzende ausnahmsweise verhindert sein sollte, so ist gemäß Art. 5 Abs. 8 S. 1 Geschäftsordnung des Rates der Aufseher der nach Art. 7 Abs. 2 Geschäftsordnung des Rates der Aufseher zu bestellende Stellvertreter des Vorsitzenden leitungsbefugt. Sollte auch dieser verhindert sein, bestimmt der Rat der Aufseher in seiner gegenwärtigen Besetzung, hierunter sollte man allein die stimmberechtigten Mitglieder verstehen, auf der Sitzung über den Sitzungsleiter, Art. 5 Abs. 8 S. 2 Geschäftsordnung des Rates der Aufseher. 22

Art. 44 EIOPA-VO trifft keine umfassende Regelung zur **Beratung der Beschlussvorschläge**, woraus zu ziehen ist, dass die Beratung grundsätzlich **organöffentlich** erfolgt. Dies gilt jedoch dann nicht, wenn die **Beratung** ein **einzelnes Finanzinstitut** betrifft. Bei diesen Beratungen dürfen gemäß Abs. 4 S. 2 **nur** die **stimmberechtigten Mitglieder**, **sowie** der **Vorsitzende** und der **Exekutivdirektor**, nicht aber die nicht-stimmberechtigten Mitglieder und Beobachter teilnehmen. Hiervon wird jedoch dann und soweit eine Rückausnahme gemacht, wenn gemäß Art. 75 Abs. 3 EIOPA-VO hinsichtlich eines Beobachters ein unmittelbares Interesse (des Rates der Aufseher und des Drittstaates) an seiner Anwesenheit besteht (vgl. Art. 75 EIOPA-VO Rn. 4). Diese Ausnahme erfasst jedoch nur den Drittstaatenbeobachter, dessen unmittelbares Interesse tangiert ist. Eine weitere Ausnahme kann von den in Art. 1 Abs. 2 EIOPA-VO aufgeführten Rechtsakten eingeführt werden, die dann auch im Rahmen des Abs. 4 S. 2 zu beachten wäre. Eine weitere in Abs. 4 S. 2 nicht unmittelbar vorgesehene Ausnahme besteht für die EFTA Überwachungsbehörde (siehe Art. 40 EIOPA-VO Rn. 4), die gemäß Art. 31h lit. t sublit. ii Annex IX zum EWR Abkommen, und die Leiter der Versicherungsaufsichtsbehörden der EFTA Staaten (siehe Art. 40 Rn. 4), die gemäß Art. 31h lit. t sublit. iii Annex IX zum EWR Abkommen, an diesen Sitzungen immer teilnehmen dürfen.[17] 23

Die **Abstimmungsmodalitäten** werden nicht durch die EIOPA-VO, sondern **allein durch** die **Geschäftsordnung** bestimmt (siehe Rn. 28). 24

IV. Geschäftsordnung (Abs. 3, Abs. 4 S. 1). Abs. 3 sieht den **Erlass einer Geschäftsordnung** vor, wobei durch Abs. 4 S. 1 nur sehr **geringe Anforderungen an** den **Mindestinhalt** gestellt werden. 25

1. Ermächtigung (Abs. 3). Abs. 3 **ermächtigt und verpflichtet** den **Rat der Aufseher** dazu, sich selbst eine **Geschäftsordnung** zu geben und diese zu veröffentlichen. Dieser Pflicht ist der Rat der Aufseher nachgekommen, indem er mit der erforderlichen Mehrheit des Abs. 1 eine Geschäftsordnung beschlossen hat, die seitdem auch schon dreimal abgeändert wurde.[18] 26

[15] So sah bspw. der deutsche Gesetzgeber es für notwendig an, dass in Art. 118 Abs. 1 S. 2 AktG eine Ermächtigungsnorm zum expliziten Vorsehen von elektronischen Hauptversammlungen in der Satzung eingefügt wurde. Ohne diese Norm und ohne eine explizite Ermächtigung in der Satzung wurde eine elektronische Hauptversammlung hingegen als unzulässig angesehen; vgl. MüKoAktG/*Kubis* § 118 Rn. 80, der allerdings richtig feststellt, dass es hier nicht um eine echte elektronische Hauptversammlung, sondern nur um eine Teilnahme einzelner Aktionäre in elektronischer Form geht.

[16] Art. 5 Abs. 2 The Board of Supervisors of EIOPA Rules of Procedure (EIOPA-BoS-11/002-Rev3): „Any meeting of the Board of Supervisors shall be called by the Chairperson or his/her Alternate in case of his/her absence, observing a notice period of at least four (4) weeks. This notice period shall commence upon the day of posting the invitation to the last known email address of the Voting Members, EEA EFTA Members, Permanent Representatives, Non-Voting Members and Observers. The invitation is deemed to have been received if it is sent to the last email address known to EIOPA."

[17] So auch Art. 5 Abs. 11 The Board of Supervisors of EIOPA Rules of Procedure (EIOPA-BoS-11/002-Rev3).

[18] The Board of Supervisors of EIOPA Rules of Procedure (EIOPA-BoS-11/002-Rev3).

27 **2. Regelungen (Abs. 4 S. 1).** Abs. 4 S. 1 verpflichtet den Rat der Aufseher als **Mindestinhalt** lediglich dazu die Abstimmungsmodalitäten im Einzelnen festzulegen und, soweit dies für notwendig erachtet wird, eine Regelung zur Beschlussfähigkeit festzulegen. Darüber hinaus steht dem Rat der Aufseher ein gewisser Ermessensspielraum zu. Diesen **Ermessensspielraum** hat der Rat der Aufseher auch teilweise deutlich ausgenutzt, beispielsweise in Ermöglichung eines schriftlichen Beschlussverfahrens (siehe Rn. 30), das in der EIOPA-VO nicht vorgesehen ist.

28 Art. 4 Abs. 7 S. 1 Geschäftsordnung des Rates der Aufseher legt als Grundregel fest, dass die **Abstimmung durch Handzeichen** erfolgt. Eine **Ausnahme** hiervon besteht zunächst für alle Abstimmungen im Zusammenhang mit Ernennungen/Wahlen (nach Art. 7 Geschäftsordnung des Rates der Aufseher), die immer in Form einer **geheimen Wahl** zu erfolgen haben, Art. 4 Abs. 8 Geschäftsordnung des Rates der Aufseher. Zudem kann bei jeder anderen Abstimmung gemäß Art. 4 Abs. 7 S. 2 Geschäftsordnung des Rates der Aufseher durch ein Zehntel der anwesenden stimmberechtigten Mitglieder (dh gegenwärtig mit drei Stimmen) eine geheime Abstimmung beantragt werden.

29 Die Geschäftsordnung führt in ihrem Art. 4 Abs. 17 S. 1 Geschäftsordnung des Rates der Aufseher ein **Quorum** ein, das für sämtliche Beschlüsse des Abs. 1 gilt. Hiernach ist der Rat der Aufseher **beschlussfähig**, wenn mindestens **zwei Drittel** seiner **stimmberechtigten Mitglieder** (Art. 40 Abs. 1 lit. b EIOPA-VO i. V. m. Art. 40 Abs. 3 EIOPA-VO) an der Sitzung teilnehmen. Allerdings sieht Art. 4 Abs. 17 S. 2 Geschäftsordnung des Rates der Aufseher für den Fall eines nicht-beschlussfähigen Rates der Aufseher eine Heilungsmöglichkeit vor: Hiernach beschließt der Rat der Aufseher über die Beschlussvorschläge nur provisorisch und die endgültige Beschlussfassung erfolgt im Wege der schriftlichen Abstimmung.[19]

30 Art. 4 Abs. 9 f. Geschäftsordnung des Rates der Aufseher ordnet an, dass die **Beschlüsse** des Rates der Aufseher **grundsätzlich im Rahmen von Sitzungen** erfolgen sollen, erlaubt jedoch für die Fälle, in denen dies angemessen erscheint, auch eine **schriftliche Abstimmung**. Das schriftliche Verfahren ist hierbei recht detailliert in Art. 4 Abs. 11–16 Geschäftsordnung des Rates der Aufseher festgelegt.

Abschnitt 2. Verwaltungsrat

Zusammensetzung

45 (1) **Der Verwaltungsrat setzt sich aus dem Vorsitzenden und sechs weiteren Mitgliedern zusammen, die von den stimmberechtigten Mitgliedern des Rates der Aufseher und aus ihrem Kreis gewählt werden.**

Mit Ausnahme des Vorsitzenden hat jedes Mitglied des Verwaltungsrats einen Stellvertreter, der es bei Verhinderung vertreten kann.

[1]Die Amtszeit der vom Rat der Aufseher gewählten Mitglieder beträgt zweieinhalb Jahre. [2]Die Amtszeit kann einmal verlängert werden. [3]Die Zusammensetzung des Verwaltungsrats muss ausgewogen und verhältnismäßig sein und die Union als Ganzes widerspiegeln. [4]Die Mandate überschneiden sich, und es gilt eine angemessene Rotationsregelung.

(2) **[1]Die Beschlüsse des Verwaltungsrats werden mit einfacher Mehrheit der anwesenden Mitglieder gefasst. [2]Jedes Mitglied verfügt über eine Stimme.**

Der Exekutivdirektor und ein Vertreter der Kommission nehmen ohne Stimmrecht an den Sitzungen des Verwaltungsrats teil.

Der Vertreter der Kommission ist in den in Artikel 63 genannten Fragen stimmberechtigt.

Der Verwaltungsrat gibt sich eine Geschäftsordnung und veröffentlicht diese.

(3) **Die Sitzungen des Verwaltungsrats werden vom Vorsitzenden von Amts wegen oder auf Ersuchen von mindestens einem Drittel seiner Mitglieder einberufen; der Vorsitzende leitet die Sitzungen.**

[1]Der Verwaltungsrat tritt vor jeder Sitzung des Rates der Aufseher und so oft der Verwaltungsrat es für notwendig hält zusammen. [2]Er tritt mindestens fünfmal jährlich zusammen.

(4) **[1]Die Mitglieder des Verwaltungsrats können vorbehaltlich der Geschäftsordnung von Beratern oder Sachverständigen unterstützt werden. [2]Die nicht stimmberechtigten Mitglieder mit Ausnahme des Exekutivdirektors nehmen nicht an Beratungen des Verwaltungsrats über einzelne Finanzinstitute teil.**

---

[19] Art. 4 Abs. 17 The Board of Supervisors of EIOPA Rules of Procedure (EIOPA-BoS-11/002-Rev3): „A quorum at a meeting will be reached when at least two-thirds of the Voting Members are present. If the quorum is not met, the decisions will be taken provisionally and ratified afterwards by written procedure."

Übersicht

Schrifttum: Siehe die Angaben bei Art. 1 EIOPA-VO („Allgemein zum ESFS" und „Allgemein zur EIOPA").

I. Allgemeines. Art. 45 EIOPA-VO regelt die Komposition des Verwaltungsrates und die Wahl- bzw. Ernennungsmodalitäten (Abs. 1), wobei auch (grundsätzlich nicht-stimmberechtigte) weitere Mitglieder (Abs. 2 UAbs. 2, 3, Abs. 4 S. 2) vorgesehen werden. Daneben wird dem Verwaltungsrat die Ermächtigung erteilt, sich eine Geschäftsordnung zu geben (Abs. 2 UAbs. 4), und die Beschlussmodalitäten (Abs. 2 UAbs. 1, UAbs. 3) sowie die Sitzungseinberufung- und Leitung (Abs. 3) werden geregelt. Schließlich wird auch die Möglichkeit der Hinzuziehung Dritter adressiert (Abs. 4). 1

II. Zusammensetzung (Abs. 1). Gerade im Hinblick auf die Größe des zentralen Leitungsorgans der EIOPA, des Rates der Aufseher (siehe Art. 40 EIOPA-VO Rn. 4), ergeben sich Defizite in der effizienten Behördentätigkeit, die durch die Einsetzung eines zweiten Kollegialorgans, des im Schwerpunkt als Überwachungsorgan tätigen **Verwaltungsrates**, kompensiert werden.[1] Hierbei besteht jedoch die Besonderheit, dass die stimmberechtigten Mitglieder des Verwaltungsrates (abgesehen vom Vorsitzenden) aus dem Kreis und von den stimmberechtigten Mitgliedern des Rates der Aufseher gewählt werden. Aus dieser personellen Verquickung der Organe ergibt sich bereits, dass es sich beim Verwaltungsrat nicht um ein vollwertiges Überwachungsorgan, wie etwa der Aufsichtsrat einer deutschen Aktiengesellschaft, sondern funktional **eher** um einen **Ausschuss des Rates der Aufseher mit Überwachungsfunktionen** handelt.[2] Dem Verwaltungsrat obliegt vielfach eine Vorarbeits- bzw. Filterfunktion, um den Rat der Aufseher zu entlasten. Um all diesen Aufgaben gerecht zu werden, aber gleichzeitig die Lenkung der EIOPA in den Händen der Mitgliedstaaten (vermittelt über die Leiter der nationalen Versicherungsaufsichtsbehörden) zu belassen, wird der Verwaltungsrat noch angereichert durch die grundsätzlich nicht-stimmberechtigten Mitglieder Exekutivdirektor und Stellvertreter der Kommission. 2

1. Stimmberechtigte Mitglieder (Abs. 1 UAbs. 1, UAbs. 3). Zwar soll der für Detailarbeit übergroße Rat der Aufseher durch Einsetzung des zweiten Leitungsorgans entlastet werden, dies soll jedoch **nicht** zum **Verlust von der Lenkungsfähigkeit der mitgliedstaatlichen Aufsichtsbehörden** führen. Zwar wird insofern dem Vorsitzenden im Verwaltungsrat ein Stimmrecht gewährt, diese Stimme steht jedoch den **sechs Stimmen der Leiter der zuständigen Behörden** (bzw. deren Stellvertreter) gegenüber, wobei diese weiteren sechs Mitglieder nach einem spezifischen Verteilungsschlüssel gewählt werden sollen, der eine ausreichend heterogene Besetzung gewährleistet. 3

a) Vorsitzender (Abs. 1 UAbs. 1). Der **Vorsitzende** übernimmt auch im Verwaltungsrat als Mitglied den Vorsitz, ist hierbei aber, anders als im Rat der Aufseher (siehe Art. 40 EIOPA-VO Rn. 3 f.), ein **stimmberechtigtes Mitglied** (siehe Abs. 1 UAbs. 1 i. V. m. Abs. 2 S. 2).[3] Seine Mitgliedschaft ist *qua* Amtes, das heißt sie beginnt mit Amtsantritt und endet mit dem Austritt aus dem Amt des Vorsitzenden nach Art. 48 EIOPA-VO. 4

b) Leiter der zuständigen Behörden (Abs. 1 UAbs. 1, UAbs. 3). Neben dem Vorsitzenden besteht der Verwaltungsrat noch aus **6 stimmberechtigten Mitgliedern des Rates der Aufseher**, d. h. gemäß Art. 40 Abs. 1 lit. b EIOPA-VO aus 6 Leitern der zuständigen Behörden. Nur diesen kommt das **passive Wahlrecht** zu. Die einzige Einschränkung im passiven Wahlrecht ist darin zu sehen, dass der Kandidat gemäß Art. 48 Abs. 2 UAbs. 3 S. 2 EIOPA-VO nicht gleichzeitig Stellvertreter des Vorsitzenden sein darf. 5

[1] *Platzer*, Versicherungsaufsicht in der Europäischen Union, 2015, S. 150; *Heukamp* § 4 Rn. 26.
[2] So bereits *Heukamp* § 4 Rn. 26.
[3] Siehe auch Art. 2 Abs. 7 Board of Supervisors of EIOPA Rules of Procedure of EIOPA (EIOPA-BoS-11/003).

6 Diese Mitglieder werden gemäß Abs. 1 UAbs. 1 **gewählt durch den Rat der Aufseher**, wobei nur die **stimmberechtigten Mitglieder** über das **aktive Wahlrecht** verfügen.

7 Das **Wahlverfahren** sieht hierbei vor, dass die Wahl in der **Sitzung** des Rates der Aufseher stattfindet, **die** dem **Ende der Amtszeit** des betreffenden Mitglieds unmittelbar **vorausgeht**.[4] Hierbei hat der Vorsitzende den Rat der Aufseher mit **ausreichend Vorlauf** vor dem Ende der Amtszeit eines Mitglieds oder mehrerer Mitglieder des Verwaltungsrates über eine bald anstehende Wahl zu informieren und die stimmberechtigten Mitglieder des Rates der Aufseher zur **Interessenbekundung aufzufordern**.[5] Die interessierten stimmberechtigten Mitglieder des Rates der Aufseher haben ihre **Kandidatur spätestens vier Wochen vor** der **Sitzung**, auf der die Wahl stattfindet, dem Vorsitzenden anzuzeigen.[6] Die **Wahlliste** ist dem Rat der Aufseher **mindestens zehn Arbeitstage vor** der betreffenden **Sitzung** zu übermitteln.[7] Die Abstimmung findet als **geheime Wahl** statt (siehe Art. 44 EIOPA-VO Rn. 28),[8] wobei gemäß Art. 44 Abs. 1 EIOPA-VO eine **einfache Mehrheit** ausreichend ist.[9]

8 Hierbei soll der Verwaltungsrat gemäß Abs. 1 UAbs. 3 S. 3 stets **ausgewogen und verhältnismäßig besetzt** sein und die Union als Ganzes widerspiegeln. Diese Forderung muss im Hinblick auf die Anzahl der Mandate, das Wahlverfahren und die freie Entscheidung der Mitglieder, sich zur Wahl zu stellen, im Schwerpunkt als **Programmsatz** erscheinen. Hierdurch wird zumindest nicht die individuelle Wahl eines Mitglieds unwirksam. Diese Forderung dürfte im Schwerpunkt den Vorsitzenden verpflichten, darauf hinzuwirken, dass ein solches Kandidatenfeld erreicht wird, indem er bestimmte stimmberechtigte Mitglieder des Rates der Aufseher zur Kandidatur ermuntert, eventuell nach Eingang der Interessenbekundungen einzelnen Kandidaten im Hinblick auf die Gesamtbesetzung eine Rücknahme der Kandidatur nahelegt und die Aktivwahlberechtigten vor der Abstimmung an dieses Erfordernis erinnert. Hierbei ist jedoch nicht zwingend zu jedem Zeitpunkt eine vollwertige ausgewogene und verhältnismäßige Besetzung anzustreben, zumindest aber sollte gemäß Abs. 1 UAbs. 3 S. 4 Hs. 2 eine solche über die Zeit mittels einer **angemessenen Rotation** bewerkstelligt werden.

9 Das **Mandat** als **Mitglied des Verwaltungsrates** wird gemäß Abs. 1 UAbs. 3 S. 1 durch Wahl für **zweieinhalb Jahre** gewährt.[10] Es beträgt mithin die Hälfte der Amtszeit des Vorsitzenden (Art. 48 Abs. 3 EIOPA-VO) und des Exekutivdirektors (Art. 51 Abs. 3 EIOPA-VO). Hierbei besteht gemäß Abs. 1 UAbs. 3 S. 2 eine **einmalige** Verlängerungs- das heißt **Wiederwahlmöglichkeit**. Unklar ist, ob Abs. 1 UAbs. 3 S. 2 der **Neuwahl eines Altmitglieds**, das bereits zwei konsekutive Amtszeiten gedient hat, im Wege steht, wenn dieses Altmitglied zwischenzeitig zumindest für eine teilweise Amtsperiode aus dem Verwaltungsrat ausgeschieden war. Würde es sich um eine deutsche Norm handeln, müsste man wohl – da hier nur eine zweite Amtszeits*verlängerung* nicht aber eine spätere neue Amts*berufung* untersagt wird – zu dem Ergebnis gelangen, dass dies möglich ist.[11] Im Hinblick auf den relativ geringen Körper Passivwahlberechtigter (28 Personen) erscheint es auch durchaus sinnvoll, wenn nicht notwendig, dass eine solche spätere Neuwahl möglich bleibt. In diesem Fall ist aber im Hinblick auf das programmatisch geforderte Rotationsprinzip (siehe Rn. 8) dafür Sorge zu tragen, dass ein solches Vorgehen nicht zum systematischen Ausschluss anderer Leiter der nationalen Versicherungsaufsichtsbehörden führt. Gleichwohl ist es durchaus wünschenswert, dass besonders die Versicherungsaufsichtsbehörden mit der größten Sachkunde, d. h. insbesondere die der größten Versicherungsmärkte, eine adäquate Möglichkeit der Repräsentation im Verwaltungsrat haben, selbst wenn ihr Leiter über Jahre hinweg der Gleiche bleibt.

10 Das **Amt endet regelmäßig mit Ablauf der Amtsperiode** (siehe Rn. 9), wobei das Amt grundsätzlich mit dem Ende des Amtes des Amtsvorgängers beginnt. In jedem Fall endet das Amt als Mitglied des Verwaltungsrates mit dem Ende der Mitgliedschaft im Rat der Aufseher, also in dem Fall, dass der ehemalige Leiter aus seinem nationalen Amt entlassen wird. Daneben kann jedes Mitglied des Verwaltungsrates (dies meint nicht den Vorsitzenden) sein **Mandat nach freiem Ermessen niederlegen**, wozu er allein diese Amtsniederlegung dem Vorsitzenden anzuzeigen hat.[12] Für diesen Fall findet eine Wahl nach den allgemeinen Grundsätzen (siehe Rn. 7) statt – insbesondere wird auch das neugewählte Mitglied nicht etwa für die verbleibende Amtszeit, sondern für eine neue, volle Amtszeit (siehe Rn. 9)

---

[4] Art. 7 Abs. 10 The Board of Supervisors of EIOPA Rules of Procedure (EIOPA-BoS-11/002-Rev3).

[5] Art. 7 Abs. 11 The Board of Supervisors of EIOPA Rules of Procedure (EIOPA-BoS-11/002-Rev3).

[6] Art. 7 Abs. 12 The Board of Supervisors of EIOPA Rules of Procedure (EIOPA-BoS-11/002-Rev3).

[7] Art. 7 Abs. 14 S. 1 The Board of Supervisors of EIOPA Rules of Procedure (EIOPA-BoS-11/002-Rev3).

[8] Siehe außerdem explizit Art. 4 Abs. 8 und Art. 7 Abs. 14 S. 1 The Board of Supervisors of EIOPA Rules of Procedure (EIOPA-BoS-11/002-Rev3).

[9] Für den Fall, dass nur eine Person kandidierte und die einfache Mehrheit nicht erreichen konnte, ist eine erneute Wahl für die nächste Sitzung des Rates der Aufseher anzusetzen und eine erneute Aufforderung zu Interessenbekundung an die stimmberechtigten Mitglieder des Rates der Aufseher durch den Vorsitzenden zu übersenden; Art. 7 Abs. 16 The Board of Supervisors of EIOPA Rules of Procedure (EIOPA-BoS-11/002-Rev3).

[10] Siehe auch Art. 2 Abs. 1 The Management Board of EIOPA Rules of Procedure (EIOPA-MB-11/002).

[11] Vgl. zur anschließenden Wiederwahl des Bundespräsidenten nach Art. 54 Abs. 2 S. 2 GG bspw. Maunz/Dürig/*Herzog* Art. 54 Rn. 20.

[12] Art. 2 Abs. 3 The Management Board of EIOPA Rules of Procedure (EIOPA-MB-11/002).

gewählt –, lediglich mit der Besonderheit, dass diese Wahl auf der Sitzung nach der Amtsniederlegung stattfindet.[13] Durch eine Amtsniederlegung endet jedoch in keinem Fall auch das Amt des ehemaligen Mitglieds des Verwaltungsrates als Mitglied des Rates der Aufseher. Unklar ist, ob das Mitglied des Verwaltungsrates auch gegen seinen Willen vor Ablauf der Amtszeit aus dem Verwaltungsrat entfernt werden kann. Eine solche Notwendigkeit dürfte sich im kollegialen Umfeld des Rates der Aufseher hoffentlich auch zukünftig nicht ergeben, zumal eine solche Möglichkeit Probleme im Hinblick auf die Unabhängigkeit der Mitglieder des Verwaltungsrates aufwirft (siehe Art. 46). Auf der anderen Seite gibt es im europäischen, sowie im bundesdeutschen Kontext eigentlich keine Amtsträger, die unter allen Umständen unabberufbar sind.[14] Es erscheint insofern richtig, dass im Falle schwerwiegender (wiederholter) Amtspflichtverletzungen ein Mitglied **durch Beschluss des Rates der Aufseher** von seinem Amt **abberufen werden kann** (siehe Art. 43 EIOPA-VO Rn. 33), wodurch jedoch nicht die Mitgliedschaft im Rat der Aufseher enden würde.

Nicht hinreichend klar ist, welchen Rechtsgrundsatz Abs. 1 UAbs. 3 S. 4 Hs. 1 zum Ausdruck bringt, wenn er feststellt, dass sich die **Mandate überschneiden**. Dies könnte zum einen in die Richtung gedeutet werden, dass die Mandate im Rat der Aufseher und im Verwaltungsrat kumulierbar sind, jedoch das zweite vom ersten abhängig ist (dies wäre jedoch letztlich nur eine Feststellung, die unabhängig davon gilt, siehe Rn. 10). In diese Richtung deutet beispielsweise die spanische Sprachfassung (*Los mandatos se acumularán*), die eine Begrifflichkeit verwendet, die im nationalen Regelungskontext für die Zulässigkeit des Doppelmandats verwandt wird. Diese terminologische Verwirrung mag von der englische Sprachfassung (*Mandates shall be overlapping*) herrühren, die mit *overlapping mandates* einen Begriff wählt, der im politischen Diskurs klassisch das kumulierbare Mandat bezeichnet, aber auch im Sinne einer Zeitversetzung der Laufzeit einzelner Mandate des gleichen Organs gemeint sein kann. So verstanden würde diese Regelung institutionelle Kontinuität des Verwaltungsrates stärken, indem nie der gesamte Verwaltungsrat (exklusive des Vorsitzenden) *en bloc* ausgetauscht wird. Im Anschluss an die englische Sprachfassung haben neben der deutschen, auch die italienische (*I mandati si sovrappongono*), portugiesische (*Os mandatos sobrepõem-se*) und niederländische (*De mandaten zijn overlappend*) Sprachfassung einen doppeldeutigen Wortlaut gewählt. Am klarsten erscheint hier die Wortwahl der französischen Sprachfassung (*Les mandats se chevauchent*), die gerade nicht die ansonsten verwandte Terminologie der Kumulierbarkeit (bspw. *les mandats sont cumulables*), sondern das insoweit eindeutige transitive Verb „*se chevaucher*" verwendet. Berücksichtigt man ferner, dass die Regelung der Mandatsüberschneidung in Abs. 1 UAbs. 3 S. 4 Hs. 1 auch im Zusammenhang mit der in Abs. 1 UAbs. 3 S. 4 Hs. 1 vorgenommenen Anordnung eines Rotationsprinzips (siehe Rn. 8) gelesen werden muss, wird deutlich, dass es bei der Anordnung der Überschneidung darum geht, dass die Mandate der einzelnen Mitglieder des Verwaltungsrates möglichst keinen Gleichlauf haben sollen, sondern der Rat der Aufseher zu versuchen hat, Beginn und Ende der Ämter der einzelnen Mitglieder zu entflechten, um die Funktionsfähigkeit und die institutionelle Kontinuität des Verwaltungsrates allzeit zu erhalten. Diese Auffassung hat sich wohl auch EIOPA zu Eigen gemacht.[15] **11**

c) Stellvertreter (Abs. 1 UAbs. 2). Abs. 1 UAbs. 2 ordnet an, dass jedes (stimmberechtigte) Mitglied des Verwaltungsrates (mit Ausnahme des Vorsitzenden, siehe aber Rn. 15) über einen **Stellvertreter** verfügt, der es bei Verhinderung vertreten kann. **12**

Hierbei geht aus Abs. 1 UAbs. 2 nicht klar hervor, **ob** diese **Stellvertreter benannt werden**, wie beispielsweise die hochrangigen Stellvertreter nach Art. 40 Abs. 3 EIOPA-VO (siehe Art. 40 EIOPA-VO Rn. 10 ff.), oder nach dem gleichen Verfahren wie die Mitglieder aus dem Kreis der stimmberechtigten Mitglieder des Rates der Aufseher **gewählt werden**, wie dies in ähnlicher Form auf die Stellvertreter im *Mediation Panel* (siehe Art. 41 EIOPA-VO Rn. 17) und im Beschwerdeausschuss (Art. 58 EIOPA-VO Rn. 32) zutrifft. Anders als bei den letztgenannten Körpern, bei denen es um eine Vertretung (wegen der Besorgnis der Befangenheit des Mitglieds) für das gesamte Streitvermittlungs- bzw. Beschwerdeverfahren geht, soll Abs. 1 UAbs. 2 jedoch nur eine kurzfristige Vertretung wegen Verhinderung ermöglichen. Es erschiene hier nicht interessengerecht und auch nicht der Würde der Mitglieder des Rates der Aufseher angemessen, diese auf Abruf bereit stehen zu lassen. Entscheidender ist hier, dass eine solche kurzfristige Stellvertretung **durch** eine von der **zuständigen Behörde, die das Mitglied des Verwaltungsausschusses leitet, benannte Person**, das eigentliche Mitglied in die Lage versetzt, den Vertreter unkompliziert zu instruieren und zu orientieren. In seinem Abstimmungsverhalten ist jedoch auch der Vertreter ungebunden, sodass auch ihm hier die Unabhängigkeitsgarantie des Art. 46 EIOPA-VO zugutekommt. **13**

Anders als im Rahmen der Stellvertretung des stimmberechtigten Mitglieds des Rates der Aufseher (siehe Art. 40 EIOPA-VO Rn. 13) sieht Abs. 1 UAbs. 2 **keine Qualifikationsanforderung** vor. Da die Person jedoch Aufgaben im Rahmen des ESFS wahrnimmt, ist als Mindestanforderung zu verlangen, dass sie **für** die **zuständige Behörde**, die das stellzuvertretende Mitglied des Verwaltungsrates leitet, **14**

[13] Art. 2 Abs. 3 S. 2 The Management Board of EIOPA Rules of Procedure (EIOPA-MB-11/002).
[14] Vgl. *Gal/Sehrbrock* AöR 2012, 360, 373 ff.
[15] Vgl. Art. 2 Abs. 3 The Management Board of EIOPA Rules of Procedure (EIOPA-MB-11/002).

tätig ist. Eine Benennung Externer ist mithin untersagt. **Nicht zwingend** kann jedoch erwartet werden, dass die Person **hochrangig** ist, es erscheint vielmehr ausreichend, wenn sie über die nötige Sachkunde verfügt.

15 Abs. 1 UAbs. 2 ordnet zwar an, dass jedes stimmberechtigte Mitglied des Verwaltungsrates außer dem **Vorsitzenden** über einen **Stellvertreter** verfügt. Dies bedeutet jedoch nicht, dass der Vorsitzende nicht vertreten werden kann. Vielmehr bringt dies nur zum Ausdruck, dass für diesen die Vertreterbenennung nicht nach Abs. 1 UAbs. 2 zu erfolgen hat. Stattdessen wird der Vorsitzende **auch** in seiner Mitgliedschaft **im Verwaltungsrat**, bei Unabkömmlichkeit, **durch** seinen **Stellvertreter nach Art. 48 Abs. 2 UAbs. 3 EIOPA-VO** vertreten. Dies dürfte auch genau der Grund dafür sein, dass Art. 48 Abs. 2 UAbs. 3 S. 2 EIOPA-VO anordnet, dass der Stellvertreter des Vorsitzenden kein Mitglied des Verwaltungsrates sein darf. Auch die EIOPA geht davon aus, dass der Stellvertreter des Vorsitzenden im Vertretungsfall auch in die mitgliedschaftlichen Rechte und Pflichten im Verwaltungsrat eintritt.[16]

16 **2. Nicht-stimmberechtigte Mitglieder (Abs. 2 UAbs. 2, Abs. 4 S. 2).** Daneben beinhaltet der Verwaltungsrat noch **zwei** (grundsätzlich) **nicht-stimmberechtigte Mitglieder**, dies sind der **Exekutivdirektor** und ein **Vertreter der Kommission**.

17 Hierbei **erweckt** Abs. 2 UAbs. 2 zunächst **den Eindruck**, dass diese beiden keine Mitglieder, sondern **nur Teilnahmeberechtigte** sind, so wie der Exekutivdirektor im Rat der Aufseher (siehe Art. 40 EIOPA-VO Rn. 26). Dies wird noch dadurch verstärkt, dass Abs. 2 UAbs. 1 S. 2 davon spricht, dass jedes Mitglied eine Stimme hat, was für den Exekutivdirektor und den Vertreter der Kommission jedoch gerade nicht zutrifft. Hieraus hat **EIOPA** den **Schluss gezogen**, dass es sich bei beiden nicht um nicht-stimmberechtigte Mitglieder, sondern um **Teilnahmeberechtigte** handelt.[17]

18 Dies ist jedoch **nicht haltbar**. Hierbei ist zunächst zu berücksichtigen, dass die Stimmgewichtungsregel des Abs. 2 UAbs. 1 S. 2 identisch ist mit der des auf den Rat der Aufseher anwendbaren Art. 44 Abs. 1 UAbs. 1 S. 2 EIOPA-VO. Obgleich auch letztere Norm jedem Mitglied ein Stimmrecht beilegt, stellt dies nicht in Frage, dass es auch nicht-stimmberechtigte Mitglieder im Rat der Aufseher gibt (siehe Art. 44 EIOPA-VO Rn. 3). Entscheidender ist, dass der Kommission gemäß Abs. 2 UAbs. 3 zumindest im Rahmen der Genehmigung des Entwurfs des Voranschlags des Haushaltsplans ein Stimmrecht zukommt (siehe Rn. 25). Dies ließe sich dogmatisch schwer erklären, wenn hier einem Nicht-Mitglied ein Stimmrecht zugestanden würde. Stimmiger erscheint es hier, einem grundsätzlich nicht-stimmberechtigten Mitglied ausnahmsweise ein Stimmrecht zu gewähren. Schließlich ist auch zu berücksichtigen, dass Abs. 4 S. 2 explizit anordnet, dass die „nicht-stimmberechtigten Mitglieder mit Ausnahme des Exekutivdirektors" nicht an Beratungen über einzelne Finanzinstitute teilnehmen dürfen. Diese Formulierung setzt gerade voraus, dass der Exekutivdirektor ein nicht-stimmberechtigtes Mitglied ist. Dies wird in einigen anderen Sprachfassung noch etwas deutlicher zum Ausdruck gebracht.[18] Mithin sind sowohl der **Exekutivdirektor** als auch der **Vertreter der Kommission nicht-stimmberechtigte Mitglieder des Verwaltungsrates**.

19 Diese **Unterscheidung** wäre unter anderem dann von Belang, wenn es um die Frage geht, welche **Folgen das Unterbleiben einer** ordnungsgemäßen **Ladung** an diese beiden Personen auf den eventuell auf der Sitzung ergehenden Beschluss hat.

20 **III. Geschäftsordnung, Beschlüsse und Sitzungen (Abs. 2, 3).** Der Verwaltungsrat handelt gegenüber den anderen Organen mittels der für die in Art. 47 EIOPA-VO vorgesehenen Aufgaben bestimmten Rechtsmaßnahmen. Diese werden jedoch immer durch **Beschluss** gefasst. Abs. 2 UAbs. 1 sieht hierzu die entscheidenden Bestimmungen vor, wobei davon auszugehen ist, dass die Beschlüsse wie auch die des Rates der Aufseher grundsätzlich im Rahmen der Sitzungen gefasst werden, die durch Abs. 3 geregelt werden. Da diese Regelungen jedoch nur rudimentär sind, wird der Verwaltungsrat durch Abs. 2 UAbs. 4 ermächtigt, sich eine Geschäftsordnung zu geben, die eine weitere Konkretisierung und Lückenfüllung bewirken kann.

21 **1. Geschäftsordnung (Abs. 2 UAbs. 4). a) Ermächtigung (Abs. 2 UAbs. 4).** Abs. 2 UAbs. 4 Hs. 1 **ermächtigt** und **verpflichtet** den **Verwaltungsrat**, sich eine Geschäftsordnung zu geben. Dies

---

[16] Vgl. Art. 5 Abs. 6, 10 The Management Board of EIOPA Rules of Procedure (EIOPA-MB-11/002) zur Sitzungseinladung und -leitung durch den Stellvertreter des Vorsitzenden bei dessen Unabkömmlichkeit.

[17] Siehe Art. 1 Abs. 1 und Art. 5 Abs. 3 The Management Board of EIOPA Rules of Procedure (EIOPA-MB-11/002).

[18] Die englische (*The non-voting members, with the exception of the Executive Director, shall*), französische (*Les membres ne prenant pas part au vote, à l'exception du directeur exécutif, n'assistent pas*), spanische (*Los miembros sin derecho a voto, a excepción del Director Ejecutivo, no asistirán*), italienische (*I membri senza diritto di voto, ad eccezione del direttore esecutivo, non assistono*), portugiesische (*Os membros sem direito a voto, com excepção do Director Executivo, não podem participar*) und die niederländische (*De niet-stemgerechtigde leden, met uitzondering van de uitvoerend directeur, wonen*) Sprachfassung nennen den Exekutivdirektor jeweil in einem Einschub, der noch klarer zum Ausdruck bringt, dass er dasjenige nicht-stimmberechtigte Mitglied ist, das an solche Beratungen teilnehmen darf.

ist bereits im Rahmen der ersten Sitzung des Verwaltungsrates im Januar 2011 **geschehen.**[19] Diese Geschäftsordnung ist gemäß Abs. 2 UAbs. 4 Hs. 2 auch zu veröffentlichen.[20]

b) Regelungen. Anders als Art. 44 Abs. 4 S. 1 EIOPA-VO den Rat der Aufseher, verpflichtet Abs. 2 UAbs. 4 den Verwaltungsrat im Hinblick auf die Geschäftsordnung **nicht** zur **Regelung** eines **Mindestinhalts.** Gleichwohl sieht die Geschäftsordnung des Verwaltungsrates weitgehend parallele Regelungen zur Geschäftsordnung des Rates der Aufseher vor, angepasst lediglich hinsichtlich der Unterschiede im Hinblick auf Besetzung, Aufgaben und Maßnahmen. So sieht die Geschäftsordnung beispielsweise eine Regelung zur Beschlussfähigkeit (siehe Rn. 26) vor. 22

2. Beschlüsse (Abs. 2 UAbs. 1–3). Der Verwaltungsrat trifft, wie auch der Rat der Aufseher (siehe Art. 43 EIOPA-VO Rn. 6), **sämtliche** seiner **Maßnahmen durch Beschluss**, wobei dies nicht zwingend bedeutet, dass die Außenwirkungen (gegenüber den anderen Organen) die eines Beschlusses i. S. d. Art. 16 ff. EIOPA-VO sind. 23

a) Beschlussfassung (Abs. 2 UAbs. 1, 3). Die Beschlüsse des Verwaltungsrates ergehen gemäß Abs. 2 UAbs. 1 mit **einfacher Mehrheit** der anwesenden stimmberechtigten Mitglieder, wobei jedem Mitglied (exklusive der beiden nicht-stimmberechtigten) Mitglieder eine Stimme zukommt. 24

Eine **Besonderheit** besteht nur für den **Genehmigungsbeschluss** über den **Entwurf des Voranschlags des Haushaltsplans** nach Art. 63 Abs. 1 S. 2 EIOPA-VO (i. V. m. Art. 47 Abs. 3 Alt. 1 EIOPA-VO) (siehe Art. 63 EIOPA-VO Rn. 4). Gemäß Abs. 2 UAbs. 3 kommt bei diesem Beschluss auch dem Vertreter der Kommission ein Stimmrecht zu. Entsprechend ist er zu Zwecken dieses Beschlusses auch unter die anwesenden (stimmberechtigten) Mitglieder zu rechnen und auch im Hinblick auf die Erreichung des Quorums (siehe Rn. 26) zu berücksichtigen. 25

Die Geschäftsordnung des Verwaltungsrates hat jedoch in zulässiger Weise ein **Quorum** festgesetzt. Nach Art. 4 Abs. 4 S. 1 ist der Verwaltungsrat **beschlussfähig**, wenn mindestens zwei Drittel seiner (stimmberechtigten) Mitglieder, wobei die stattdessen anwesenden Stellvertreter nach Abs. 1 UAbs. 2 (siehe Rn. 12 ff.) mitgezählt werden, anwesend sind.[21] Bei dem Beschluss über den Entwurf des Voranschlags des Haushaltsplans (siehe Rn. 25) zählt auch der Vertreter der Kommission unter die für das Quorum maßgebliche Zahl der stimmberechtigten Mitglieder. Art. 4 Abs. 4 S. 2 Geschäftsordnung des Verwaltungsrates sieht für den Fall eines nicht-beschlussfähigen Verwaltungsrates eine Heilungsmöglichkeit vor. Hiernach beschließt der Verwaltungsrat über die Beschlussvorschläge nur provisorisch und die endgültige Beschlussfassung erfolgt im Wege der schriftlichen Abstimmung. 26

b) Abstimmungsmodalitäten. Weder Art. 45 EIOPA-VO noch die Geschäftsordnung des Verwaltungsrates legen eine **Regel** dazu fest, **wie abgestimmt** werden soll. Im Schweigensfall ist insofern von der Grundregel einer offenen Abstimmung **durch Handzeichen** auszugehen. Fraglich ist, ob bzw. unter welchen Bedingungen hiervon eine **Ausnahme** gemacht werden kann. Da in der Geschäftsordnung des Verwaltungsrates anders als gemäß Art. 4 Abs. 7 S. 2 Geschäftsordnung des Rates der Aufseher (siehe Art. 44 EIOPA-VO Rn. 28) keine Sonderantragsquorum für eine geheime Abstimmung vorgesehen wird, ist davon auszugehen, dass der Beschluss einer geheimen Abstimmung gemäß Abs. 2 UAbs. 1 S. 1 der einfachen Mehrheit der anwesenden Mitglieder bedarf. Ein solcher Beschluss sollte jedoch grundsätzlich zulässig sein, beispielsweise im Rahmen des Ernennungs- oder Abberufungsbeschlusses für ein Mitglied des Beschwerdeausschusses nach Art. 58 Abs. 3, 5 EIOPA-VO (siehe Art. 58 EIOPA-VO Rn. 40, 57). 27

Ein Umkehrschluss aus Art. 4 Abs. 5 Geschäftsordnung des Verwaltungsrates legt nahe, dass die **Beschlüsse** des Rates der Aufseher **grundsätzlich im Rahmen von Sitzungen** erfolgen sollen. Die Geschäftsordnung des Verwaltungsrates erlaubt jedoch ohne besondere andere tatbestandseröffnende Anforderungen[22] auch eine **schriftliche Abstimmung.**[23] Eine solche schriftliche Abstimmung kann durch den Vorsitzenden dann nicht durchgeführt werden, wenn **ein Drittel der Mitglieder** des Verwaltungsrates ihr **widersprechen** (hierbei sollte wiederum auf alle Mitglieder abgestellt werden, da eine schriftliche Abstimmung gerade auch das Wortrecht der nicht-stimmberechtigten Mitglieder stark tangiert, vgl. Rn. 32). Anders als für den Rat der Aufseher (siehe Art. 44 EIOPA-VO Rn. 19) wird in Art. 5 Abs. 2 Hs. 2 Geschäftsordnung des Verwaltungsrates explizit vorgesehen, dass die Sitzungen auch im Wege der **Telefonkonferenz** durchgeführt werden können. Da dies jedoch als ein Unterfall der Sitzung unter Anwesenden behandelt wird, gelten auch für die Entschlussfassung per Telefonkonferenz die allgemeinen Ladungsanforderungen (siehe Rn. 33). 28

[19] TOP 3.1 Management Board First meeting of 10 January 2011, Frankfurt, Final Minutes (EIOPA-MB-11–035).

[20] Die Veröffentlichung ist, wie üblich, auf der Homepage der EIOPA erfolgt, siehe The Management Board of EIOPA Rules of Procedure (EIOPA-MB-11/002).

[21] Art. 4 Abs. 4 S. 1 The Management Board of EIOPA Rules of Procedure (EIOPA-MB-11/002): „A quorum will be reached once at least two-thirds of the Members or their alternates of the Management Board are present."

[22] Anders als nach Art. 4 Abs. 10 The Board of Supervisors of EIOPA Rules of Procedure (EIOPA-BoS-11/002-Rev3), der festlegt, dass die schriftliche Abstimmung nur möglich sein soll, wenn dies angemessen erscheint.

[23] Art. 4 Abs. 5 The Management Board of EIOPA Rules of Procedure (EIOPA-MB-11/002).

29 **3. Einberufung von Sitzungen und Leitung (Abs. 3, 4 S. 2).** Der **Vorsitzende beruft** die **Sitzungen** des Rates der Aufseher **von Amtswegen ein**, Abs. 3 UAbs. 1 Hs. 1 Alt. 1. Wenn der Vorsitzende verhindert ist, kann er hierin vom Stellvertreter des Vorsitzenden nach Art. 48 Abs. 2 UAbs. 3 EIOPA-VO vertreten werden.[24]

30 Abs. 3 UAbs. 2 S. 2 sieht eine **Mindestanzahl** von **fünf jährlichen Sitzungen** vor. Daneben ordnet Abs. 3 UAbs. 2 S. 1 Hs. 1 an, dass der Verwaltungsrat **vor jeder Sitzung des Rates** der Aufseher zusammentritt. Diesbezüglich steht dem Vorsitzenden also kein Einberufungsermessen zu. Da er jedoch hinsichtlich der Einberufung der Sitzungen des Rates der Aufseher in den meisten Fällen mit freiem Ermessen handelt (siehe Art. 44 EIOPA-VO Rn. 19f.), kann er diese so terminieren, dass eine Abhaltung einer Sitzung des Verwaltungsrates vor der Sitzung des Rates der Aufseher einrichtbar ist. Neben den zwingenden Sitzungen vor den Sitzungen des Rates der Aufseher gibt es jedoch keine weiteren Einschränkungen, insbesondere gibt es gemäß Abs. 3 UAbs. 2 S. 1 Hs. 2 **keine Höchstzahl**.

31 Unbeschadet der vorhergehenden Einschränkungen (Rn. 30) liegt die Anordnung des **Zeitpunkts, Intervalls und Ortes** dieser Sitzungen grundsätzlich im Ermessen des Vorsitzenden, der solche Sitzungen ganz entsprechend der Bedürfnisse der EIOPA einzuberufen hat. Hierbei ist der Vorsitzende jedoch hinsichtlich des **Ortes** an Art. 5 Abs. 2 Hs. 1 Geschäftsordnung des Verwaltungsrates gebunden, der in Abwesenheit einer abweichenden Vereinbarung den Ort der Sitzung auf den Sitz der EIOPA (siehe Art. 7 EIOPA-VO) festlegt.[25] Allerdings kann die Sitzung per Telefonkonferenz durchgeführt werden (siehe Rn. 28).

32 Ein **Ermessen** des **Vorsitzenden besteht** gemäß Abs. 3 UAbs. 1 Hs. 1 Alt. 2 dann **nicht**, wenn **ein Drittel der Mitglieder** des Verwaltungsrates eine Einberufung beantragt. Fraglich ist hierbei, wer im Sinne des Abs. 3 UAbs. 1 Hs. 1 Alt. 2 als Mitglied des Verwaltungsrates zu betrachten ist. Wollte man hier nur auf die stimmberechtigten Mitglieder abstellen, so wäre auf 7 Mitglieder abzustellen, was einen Antrag von 2,3 (mithin würde man abrunden, was in sich bedenklich wäre, auf 2) Mitgliedern erfordert. Wollte man demgegenüber auf alle Mitglieder abstellen, so wäre bei einer Gesamtmitgliederzahl von 9 Personen ein Antrag von 3 Mitgliedern erforderlich. Gleichwohl erscheint es hier angemessen auf alle Mitglieder abzustellen. Eine andere Bewertung als im Rahmen des Abs. 2 (wo es nur um die stimmberechtigten Mitglieder geht, siehe Rn. 24) ist dadurch begründet, dass es auch im schützenswerten Interesse eines nicht-stimmberechtigten Mitglieds sein kann, dass eine Sitzung einberufen wird, auf der es sich zu Wort melden kann. Folglich ist für Zwecke des Abs. 2 auf die Gesamtzahl aller Mitglieder nach Art. 40 Abs. 1 EIOPA-VO abzustellen.[26]

33 Weitere Anforderungen stellt die EIOPA-VO für die Einberufung nicht auf. Art. 5 Abs. 6–9 Geschäftsordnung des Verwaltungsrates konkretisiert jedoch die **Anforderungen an die Ladung**. Diese hat die vorläufigen Tagesordnungspunkte zu enthalten und ist den Mitgliedern mindestens vier Wochen vor dem Sitzungstermin zuzustellen. Anders als im Rahmen der Ladung zu Sitzungen des Rates der Aufseher ist hier keine Zugangsfiktion vorgesehen (siehe Art. 44 EIOPA-VO Rn. 21), sodass mithin auf den rechtzeitigen Versand an eine korrekte Adresse abzustellen ist.

34 Abs. 3 UAbs. 1 Hs. 2 überträgt dem **Vorsitzenden** die **Leitungsbefugnis** für die Sitzungen des Verwaltungsrates. Soweit der Vorsitzende ausnahmsweise verhindert ist, so ist gemäß Art. 5 Abs. 10 S. 1 Alt. 2 Geschäftsordnung des Verwaltungsrates der nach Art. 7 Abs. 2 Geschäftsordnung des Rates der Aufseher[27] zu bestellende Stellvertreter des Vorsitzenden leitungsbefugt. Sollte auch dieser verhindert sein, bestimmt der Verwaltungsrat in seiner gegenwärtigen Besetzung, hierunter sollte man allein die stimmberechtigten Mitglieder verstehen, auf der Sitzung über den Sitzungsleiter, Art. 5 Abs. 10 S. 2 Geschäftsordnung des Verwaltungsrates.

35 Art. 45 EIOPA-VO trifft – wie Art. 44 EIOPA-VO für Sitzungen des Rates der Aufseher – keine umfassende Regelung zur **Beratung der Beschlussvorschläge**. Dem lässt sich entnehmen, dass die Beratung grundsätzlich **organöffentlich** erfolgt. Dies gilt jedoch dann nicht, wenn die **Beratung** ein **einzelnes Finanzinstitut** betrifft. Bei diesen Beratungen dürfen gemäß Abs. 4 S. 2 **nur** die **stimmberechtigten Mitglieder, sowie** der **Exekutivdirektor**, nicht aber die übrigen nicht-stimmberechtigten Mitglieder (dies ist einzig der Vertreter der Kommission) und Beobachter teilnehmen.[28]

36 **IV. Hinzuziehung Dritter (Abs. 4 S. 1).** Abs. 4 S. 1 eröffnet dem Verwaltungsrat die Befugnis, **zu** seiner **Unterstützung Berater und Sachverständige** hinzuzuziehen. Diese Möglichkeit soll allerdings nur soweit bestehen, wie sie in der Geschäftsordnung vorgesehen wird. Art. 5 Abs. 4 S. 1 Geschäftsordnung des Verwaltungsrates stellt hierzu fest, dass der Vorsitzende auf Vorschlag des Verwaltungsrates

---

[24] Art. 5 Abs. 6 The Management Board of EIOPA Rules of Procedure (EIOPA-MB-11/002).

[25] Bisher fanden, soweit dies aus den Sitzungsprotokollen hervorgeht noch keine Sitzungen außerhalb Frankfurts statt; siehe https://eiopa.europa.eu/about-eiopa/organisation/management-board/management-board-meetings-and-minutes#k=#s=16 (zuletzt abgerufen im September 2017).

[26] Vgl. zum analogen Problem bei Einberufung von Sitzungen des Rates der Aufseher, Art. 44 EIOPA-VO Rn. 22.

[27] The Board of Supervisors of EIOPA Rules of Procedure (EIOPA-BoS-11/002-Rev3).

[28] So letztlich auch Art. 5 Abs. 4 S. 2 The Management Board of EIOPA Rules of Procedure (EIOPA-MB-11/002).

Berater und Sachverständige als Beobachter zu den Sitzungen zulassen kann.[29] Dies ist wohl so zu verstehen, dass eine Zulassung als Beobachter nur durch Beschluss des Verwaltungsrates gewährt werden kann.

Daneben wird der **Verwaltungsrat**, der stärker als der Rat der Aufseher mit dem Tagesgeschäfts verknüpft ist und dessen Arbeitslast insofern deutlich höher einzuordnen sein dürfte, noch durch ein eigenes **Sekretariat** unterstützt, welches gemäß Art. 7 Geschäftsordnung des Verwaltungsrates vom Exekutivdirektor gestellt wird. Auch diese Mitarbeiter haben jedoch grundsätzlich kein Anwesenheitsrecht bei den Sitzungen des Verwaltungsrates, wenn sie nicht als Beobachter zugelassen wurden. 37

Unabhängigkeit

46 Die Mitglieder des Verwaltungsrats handeln unabhängig und objektiv im alleinigen Interesse der Union als Ganzes und dürfen von Organen oder Einrichtungen der Union, von der Regierung eines Mitgliedstaats oder von öffentlichen oder privaten Stellen weder Weisungen anfordern noch entgegennehmen.

Weder die Mitgliedstaaten, Organe oder Einrichtungen der Union noch andere öffentliche oder private Stellen versuchen, die Mitglieder des Verwaltungsrats bei der Erledigung ihrer Aufgaben zu beeinflussen.

Schrifttum: Siehe die Angaben bei Art. 1 EIOPA-VO („Allgemein zum ESFS" und „Allgemein zur EIOPA").

I. Allgemeines. Art. 46 EIOPA-VO regelt die Unabhängigkeitsgarantie und -pflicht sowie die Weisungsfreiheit der Mitglieder des Verwaltungsrates im Rahmen ihrer Tätigkeit im Verwaltungsrat (UAbs. 1) als auch die Pflicht nahezu jedes Dritten, eine unlautere Beeinflussung der Mitglieder des Rates der Aufseher zu unterlassen (UAbs. 2). 1

Eine nahezu **inhaltsgleiche Unabhängigkeitsgarantie und -pflicht, sowie** ein **Verbot der unlauteren Beeinflussung** durch Dritte, besteht auch für die Mitglieder des Rates der Aufseher (Art. 42 EIOPA-VO), den Vorsitzenden (Art. 49 Abs. 1 und 2 EIOPA-VO), den Exekutivdirektor (Art. 52 Abs. 1 und 2 EIOPA-VO), die Mitglieder des Beschwerdeausschusses (Art. 59 Abs. 1 S. 1 und 2 EIOPA-VO) und letztlich (in abgeschwächtem Maße) für alle Personalmitglieder der EIOPA (Art. 70 Abs. 1 UAbs. 4 EIOPA-VO). Die Ausführungen zum Rat der Aufseher verlangen vorliegend analoge Anwendung zumal die erfassten Personen nahezu identisch sind (vgl. Art. 42 EIOPA-VO Rn. 1 ff.). 2

II. Besonderheiten. Relevanz erlangt Art. 46 EIOPA-VO vor allem als **Klarstellung**, dass die durch die anderen Unabhängigkeitsnormen **bereits erfassten Personen auch im** Rahmen ihrer Tätigkeit im **Verwaltungsrat** denselben Schutz genießen und denselben Pflichten unterworfen werden. 3

Eigenständige Bedeutung hat Art. 46 EIOPA-VO für diejenigen Personen, die nach Art. 45 Abs. 1 UAbs. 2 EIOPA-VO zu **Stellvertretern** benannt werden. Soweit sie stellvertretend im Verwaltungsrat agieren, haben auch sie unabhängig und objektiv im alleinigen Interesse der Union als Ganzes zu handeln und keine Weisungen anfordern oder entgegennehmen. Auch ist es nahezu jedermann (siehe Art. 42 EIOPA-VO Rn. 22) untersagt, die Stellvertreter in Wahrnehmung ihrer Aufgaben unlauter zu beeinflussen. Eine Ausnahme wird man hier wohl hinsichtlich des Leiters der Behörde und eigentlichen Mitglieds des Verwaltungsrates machen müssen. Es erscheint im Verwaltungsrat durchaus legitim, dass das eigentliche Mitglied den Stellvertreter instruiert und orientiert. Allerdings ist dieser nicht auf eine reine Botenschaft beschränkt, sodass es zwar keine Verletzung einer Pflicht wäre vom eigentlichen Mitglied Weisungen anzufordern und entgegenzunehmen, es aber gleichwohl zulässig bleibt, dass der Stellvertreter im Hinblick auf seine Unabhängigkeitsgarantie seine Beschlüsse gegen die Weisungen des eigentlichen Mitglieds trifft (vgl. Art. 45 EIOPA-VO Rn. 13). 4

Nach UAbs. 1 werden anders als unter Art. 42 UAbs. 1 EIOPA-VO nicht nur die stimmberechtigten Mitglieder, sondern **alle Mitglieder** erfasst. Dies würde nach hiesigem Verständnis (siehe Art. 45 EIOPA-VO Rn. 16 ff.) bedeuten, dass **auch** der **Vertreter der Kommission** hinsichtlich der Ausübung seiner mitgliedschaftlichen Rechte im Verwaltungsrat der besonderen Unabhängigkeitsgarantie und -pflicht unterfallen würde. Dies erscheint jedoch nicht dem Telos der Norm zu entsprechen, die davon ausgeht, dass der Vertreter der Kommission sehr wohl Weisungen durch den Kommissar entgegennehmen kann. Ansonsten erscheint es aber unschädlich auch den Vertreter der Kommission als Adressat und Schutzsubjekt des Art. 46 EIOPA-VO anzusehen. 5

Aufgaben

47 (1) **Der Verwaltungsrat gewährleistet, dass die Behörde ihren Auftrag ausführt und die ihr durch diese Verordnung zugewiesenen Aufgaben wahrnimmt.**

(2) **Der Verwaltungsrat schlägt dem Rat der Aufseher das Jahres- und das mehrjährige Arbeitsprogramm zur Annahme vor.**

[29] Art. 5 Abs. 4 S. 1 The Management Board of EIOPA Rules of Procedure (EIOPA-MB-11/002): „The Chairperson may invite, on the proposal by the Management Board, advisers and experts as observers to their meetings."

(3) **Der Verwaltungsrat übt seine Haushaltsbefugnisse nach Maßgabe der Artikel 63 und 64 aus.**

(4) **Der Verwaltungsrat nimmt die Personalplanung der Behörde an und erlässt gemäß Artikel 68 Absatz 2 die nach dem Statut der Beamten der Europäischen Gemeinschaften (im Folgenden „Statut") notwendigen Durchführungsbestimmungen.**

(5) **Der Verwaltungsrat erlässt gemäß Artikel 72 die besonderen Bestimmungen über das Recht auf Zugang zu den Dokumenten der Behörde.**

(6) **Der Verwaltungsrat schlägt dem Rat der Aufseher auf der Grundlage des Berichtsentwurfs gemäß Artikel 53 Absatz 7 einen Jahresbericht über die Tätigkeiten der Behörde, einschließlich über die Aufgaben des Vorsitzenden, zur Billigung vor.**

(7) **Der Verwaltungsrat gibt sich eine Geschäftsordnung und veröffentlicht diese.**

(8) **Der Verwaltungsrat bestellt und entlässt die Mitglieder des Beschwerdeausschusses gemäß Artikel 58 Absätze 3 und 5.**

Übersicht

Schrifttum: Siehe die Angaben bei Art. 1 EIOPA-VO („Allgemein zum ESFS" und „Allgemein zur EIOPA").

1 **I. Allgemeines.** Art. 47 EIOPA-VO überträgt dem Verwaltungsrat als Organ der EIOPA verschiedene Aufgaben (Abs. 1–8).

2 **II. Aufgaben.** Dem Verwaltungsrat kommt im Schwerpunkt die Aufgabe zu, zu überwachen und zu gewährleisten, dass die EIOPA ihren Aufgaben nachkommt. Hierbei hat der Verwaltungsrat auch Kompetenzen im Bereich der Haushalts- und Personalplanung zugewiesen bekommen und ihm obliegt vielfach eine Vorarbeits- bzw. Filterfunktion, um den Rat der Aufseher zu entlasten. Die dem Rat der Aufseher zugewiesenen Aufgaben sind in den Abs. 1–8 enumeriert.

3 **1. Überwachungs- und Gewährleistungsfunktion (Abs. 1).** Abs. 1 weist dem Verwaltungsrat – als eine Art **Auffangkompetenz** – die Aufgabe zu, zu **gewährleisten**, dass die **EIOPA** ihren **Auftrag ausführt** und die **zugewiesenen Aufgaben wahrnimmt**. Zu diesem Zweck hat der Verwaltungsrat beispielsweise den internen Verwaltungskodex[1] für das Personal der EIOPA erlassen. Abstrakt bedeutet dies, dass es dem Verwaltungsrat zufällt, die Arbeit der anderen Organe, soweit dies dem Regelungsgefüge der EIOPA-VO nicht zuwiderläuft, zu beaufsichtigen. Diese Aufgabe umfasst **insbesondere** die **Überwachung** des **Exekutivdirektors** hinsichtlich der **Durchführung** des **Jahresarbeitsprogramms** (siehe Art. 53 EIOPA-VO Rn. 6 ff.).

4 Als **Unteraspekte** dieser allgemeinen Überwachungs- und Gewährleistungsfunktion ist dem Verwaltungsrat gemäß Art. 3 Abs. 8 Geschäftsordnung des Verwaltungsrates die Aufgabe, gemäß Art. 66 Abs. 2 EIOPA-VO die **Umsetzungsmaßnahmen zur Betrugsbekämpfung**[2] zu erlassen (siehe Art. 66 EIOPA-VO Rn. 2), übertragen.

5 Ebenfalls nicht explizit in Art. 47 EIOPA-VO aufgeführt sind die mit der allgemeinen Überwachungs- und Gewährleistungsfunktion im Zusammenhang stehenden Aufgaben, die dem Verwaltungsrat gemäß Art. 3 Abs. 9 respektive 10 Geschäftsordnung des Verwaltungsrates übertragen werden, gemäß Art. 70 Abs. 3 UAbs. 2 S. 2 EIOPA-VO die **internen Regeln zur Verschwiegenheit** (siehe Art. 70 EIOPA-VO Rn. 28 ff.) und gemäß Art. 73 Abs. 2 EIOPA-VO die **Vorschriften zum internen Sprachgebrauch** (Art. 73 EIOPA-VO Rn. 5) zu **erlassen**.

6 **2. Ein- und Mehrjähriges Arbeitsprogramm (Abs. 2).** Es obliegt dem **Verwaltungsrat** gemäß Abs. 2 Alt. 1, auf Grundlage des Entwurfes des Exekutivdirektors einen **Vorschlag** eines **einjährigen**

[1] Decision of the Management Board on EIOPA Code of Good Administrative Behaviour (EIOPA-MB-11/043).

[2] Art. 3 Abs. 8 The Management Board of EIOPA Rules of Procedure (EIOPA-MB-11/002) nimmt hier fehlerhaft an, dass diese Pflicht aus Art. 81 Abs. 2 EIOPA-VO und nicht wie richtig aus Art. 66 Abs. 2 EIOPA-VO stamme. Dies ist lediglich ein unbeachtlicher redaktioneller Fehler.

Arbeitsprogramms zu **beschließen**. Bei diesem Verfahren ist der Verwaltungsrat korrektiv gegenüber dem Exekutivdirektor und vorbereitend für den Rat der Aufseher tätig (für einen umfassenden Überblick auch zu den Rechten und Pflichten des Verwaltungsrates siehe Art. 43 EIOPA-VO Rn. 11 ff.).

Auch hinsichtlich der mittelfristigen Planung obliegt es dem **Verwaltungsrat** gemäß Abs. 2 Alt. 2, auf Grundlage des Entwurfes des Exekutivdirektors einen **Vorschlag** eines **mehrjährigen Arbeitsprogramms** zu **beschließen**. Auch hier ist die Arbeit des Verwaltungsrates stark mit der des Exekutivdirektors und des Rates der Aufseher verknüpft (für einen umfassenden Überblick auch zu den Rechten und Pflichten des Verwaltungsrates siehe Art. 43 EIOPA-VO Rn. 24 ff., sowie *mutatis mutandis* Art. 43 EIOPA-VO Rn. 11 ff.). 7

3. Haushaltsbefugnisse (Abs. 3). Abs. 3 überträgt dem Aufsichtsrat einige **Aufgaben** im Zusammenhang mit dem **Haushalt** der EIOPA, soweit sie sich **aus Art. 63 f. EIOPA-VO** ergeben. 8

Der Verwaltungsrat **genehmigt** innerhalb des Verfahrens nach Art. 63 EIOPA-VO den durch den Exekutivdirektor erstellten und übermittelten **Entwurf eines Voranschlags des Haushaltsplans**, bevor der Rat der Aufseher auf dieser Grundlage den Voranschlag aufstellt (zu den einzelnen Pflichten des Verwaltungsrates im Hinblick auf das **Feststellungsverfahren** siehe Art. 63 EIOPA-VO Rn. 4). 9

Daneben ist der Verwaltungsrat auch für die Aufgabe zuständig, die Unterrichtungspflicht des Art. 63 Abs. 6 EIOPA-VO auszuführen, nach dem der Verwaltungsrat unverzüglich die europäische Haushaltsbehörde **über alle geplanten Vorhaben** zu **unterrichten** hat, die auf die Finanzierung des Haushaltsplans der EIOPA erhebliche Auswirkung haben können (siehe hierzu im Detail Art. 63 EIOPA-VO Rn. 15 ff.). 10

Nach Art. 64 Abs. 4 EIOPA-VO ist es Aufgabe des Verwaltungsrates, den **Jahresabschluss** zu **prüfen** und hierzu eine **Stellungnahme** abzugeben (siehe Art. 64 EIOPA-VO Rn. 14). 11

Im Zusammenhang mit den **Haushaltsbefugnissen** ergeben sich noch **weitere Aufgaben** des Verwaltungsausschusses, die in Abs. 3 nicht aufgeführt sind und sich auch nicht unmittelbar aus den Art. 63 f. EIOPA-VO ergeben. So hat der Verwaltungsrat die für die EIOPA geltenden **internen Finanzregeln** nach Art. 65 EIOPA-VO zu **erlassen**.[3] 12

Ferner hat der Verwaltungsrat die **Aufgabe**, dies ergibt sich nicht direkt aus Abs. 3 oder aus Art. 64 EIOPA-VO, den **Rechnungsführer der EIOPA** zu **ernennen**. Diese Pflicht beruht auf Art. 3 Abs. 12 der Geschäftsordnung des Verwaltungsrates[4] i. V. m. Art. 50 Abs. 1 der Haushaltsordnung der EIOPA[5] (vgl. Art. 65 EIOPA-VO Rn. 2, 3). 13

Zudem überwacht der Verwaltungsrat die **Audit-Funktion** der EIOPA.[6] Hiernach ist der interne Rechnungsprüfer der EIOPA – dies ist der interne Rechnungsprüfer der Kommission[7] – im Hinblick auf diese Tätigkeit dem Verwaltungsrat gegenüber rechenschaftspflichtig. 14

4. Personalplanung und Durchführungsbestimmungen (Abs. 4). Abs. 4 Hs. 1 weist dem Verwaltungsrat die Aufgabe zu, die **Personalplanung der EIOPA anzunehmen**. Hierbei handelt es sich nicht etwa um die Annahme des einjährigen Stellenplans. Bezüglich dieses durch den Rat der Aufseher anzunehmenden Stellenplans, kommt dem Verwaltungsrat nur gemäß Abs. 3 die Befugnis nach Art. 63 EIOPA-VO zu, den durch den Exekutivdirektor erstellten und übermittelten Entwurf eines Voranschlags des Haushaltsplans (der auch den Entwurf des Stellenplans enthält) zu genehmigen (siehe Rn. 9). Die Aufgabe, die Abs. 4 Hs. 1 avisiert, ist die Annahme einer **mehrjährigen Personalplanung** (*multi-annual personal policy plan*), die auch im Hinblick auf das mehrjährige Arbeitsprogramm (siehe Rn. 7) erfolgt.[8] 15

Durch Abs. 4 Hs. 2 wird dem Verwaltungsrat die Aufgabe zugewiesen, die **Durchführungsbestimmungen** gemäß Art. 68 Abs. 2 EIOPA-VO zur Anwendung des **Statut der Beamten der EU** (EU-BeamtStatut) sowie der **Beschäftigungsbedingungen für die sonstigen Bediensteten der EU** (EU-BeschäftBeding) zu erlassen (siehe Art. 68 EIOPA-VO Rn. 20 f.). Ebenfalls hiernach, obgleich dies Abs. 4 Hs. 2 nicht explizit nennt,[9] hat der Verwaltungsrat die Aufgabe, entsprechenden **Vorschriften für** das **Hinzuziehen** von **abgeordnete nationale Sachverständigen** (*seconded national experts,* SNE) zu erlassen (siehe Art. 68 EIOPA-VO Rn. 23 f.). 16

5. Dokumentenzugang (Abs. 5). Abs. 5 überträgt auf den Verwaltungsrat die Aufgabe, den **Dokumentenzugang** bei der EIOPA mittels Erlass der in Art. 72 Abs. 2 EIOPA-VO vorgesehenen **Durchführungsbestimmungen zu konkretisieren** (siehe hierzu Art. 72 EIOPA-VO Rn. 6 ff.). 17

---

[3] So auch Art. 3 Abs. 5 The Management Board of EIOPA Rules of Procedure (EIOPA-MB-11/002).

[4] The Management Board of EIOPA Rules of Procedure (EIOPA-MB-11/002).

[5] Financial Regulation European Insurance and Occupational Pensions Authority (EIOPA) December 2013 (EIOPA/13/474).

[6] Siehe Art. 3 Abs. 4 The Management Board of EIOPA Rules of Procedure (EIOPA-MB-11/002).

[7] Siehe Art. 82 Abs. 2 Financial Regulation European Insurance and Occupational Pensions Authority (EIOPA) December 2013 (EIOPA/13/474).

[8] Vgl. bspw. TOP 5 EIOPA Management Board, Frankfurt, 9 January 2013 Final Minutes (EIOPA-MB-13/003).

[9] Auch Art. 3 Abs. 6 The Management Board of EIOPA Rules of Procedure (EIOPA-MB-11/002) nennt dies nicht explizit als Aufgabe.

18 **6. Jahresbericht (Abs. 6).** Gemäß Abs. 6 beschließt der **Verwaltungsrat** auf Grundlage des Entwurfes des Exekutivdirektors den **Vorschlag** des **Jahresberichtes**. Auch bei diesem Verfahren (wie schon beim Verfahren zur Erstellung der Arbeitsprogramme (siehe Rn. 6 f.) und des Haushaltsplans (siehe Rn. 9) ist der Verwaltungsrat korrektiv gegenüber dem Exekutivdirektor und vorbereitend für den Rat der Aufseher tätig (für einen umfassenden Überblick auch zu den Rechten und Pflichten des Verwaltungsrates siehe Art. 43 EIOPA-VO Rn. 18 ff.).

19 **7. Geschäftsordnung (Abs. 7).** Während Art. 44 Abs. 3 EIOPA-VO den Rat der Aufseher ermächtigt, sich eine Geschäftsordnung zu geben und zu veröffentlichen, findet sich diese Befugnis nicht in den Aufgaben des Rates der Aufseher gemäß Art. 43 EIOPA-VO wieder. Anders aber in Abs. 7 zu den Aufgaben des Verwaltungsrates. Abs. 7 ist hierbei eine **wörtliche Wiedergabe der Ermächtigung zum Erlass einer Geschäftsordnung in Art. 45 Abs. 2 UAbs. 4 EIOPA-VO**. Dies spricht eher dafür, dass die Dopplung keinen eigenständigen Aussagewert hat, abgesehen davon, aber dies ergibt sich eben auch schon unmittelbar aus dem Wortlaut des Art. 45 Abs. 2 UAbs. 4 EIOPA-VO, dass der Verwaltungsrat nicht nur das Recht, sondern die Pflicht hat, eine Geschäftsordnung zu erlassen.

20 **8. Ernennungs- und Abberufungskompetenz (Abs. 8).** Dem Verwaltungsrat kommen gemäß Abs. 8 die in Art. 58 Abs. 3 EIOPA-VO aufgeführten Aufgaben im Verfahren zur **Ernennung** der durch die EIOPA zu bestellenden **Mitglieder des** gemeinsamen **Beschwerdeausschusses** zu (siehe im Detail Art. 58 EIOPA-VO Rn. 8–40); diese Kompetenz gilt *mutatis mutandis* auch für die **Amtszeitverlängerung** (siehe Art. 58 EIOPA-VO Rn. 48 ff.). Zudem weist Abs. 8 dem Verwaltungsrat die Aufgabe der im Einzelfall gemäß Art. 58 Abs. 5 EIOPA-VO möglichen **Abberufung** der Mitglieder des Beschwerdeausschusses zu (siehe Art. 58 EIOPA-VO Rn. 54–64).

21 **9. Weitere, nicht in Art. 47 EIOPA-VO aufgeführte Aufgaben.** Gemäß Art. 3 Abs. 14 Geschäftsordnung des Verwaltungsrates **schlägt** der Verwaltungsrat dem Rat der Aufseher **für** die durch letzteren begründete **Arbeitsgruppen, (Unter-)Ausschüsse und Gremien** (siehe Art. 41 EIOPA-VO Rn. 2 ff.) die **Vorsitzenden** zur Genehmigung **vor**.

22 Dem Verwaltungsrat ist schließlich gemäß Art. 3 Abs. 15 Geschäftsordnung des Verwaltungsrates auch die Aufgabe zugewiesen, all solche **Aufgaben**, die der Rat der Aufseher gemäß Art. 41 Abs. 1 Hs. 2 Var. 3 EIOPA-VO auf ihn **delegiert** hat (siehe Art. 41 EIOPA-VO Rn. 12), **auszuführen**.

23 Hierbei erlaubt Art. 3 Abs. 17 Geschäftsordnung des Verwaltungsrates – dies ist mit dem Gesamtgefüge der EIOPA-VO vereinbar –, dass der Verwaltungsrat bestimmte ihm **zugewiesenen Aufgaben** auf Angestellte der EIOPA **weiterdelegiert**. Dies trifft jedoch nicht auf sämtliche Aufgaben zu, da einige ersichtlich höchstpersönlich auszuführen sind.

Abschnitt 3. Vorsitzender

Ernennung und Aufgaben

48 (1) **Die Behörde wird durch einen Vorsitzenden vertreten, der dieses Amt unabhängig und als Vollzeitbeschäftigter wahrnimmt.**

Der Vorsitzende bereitet die Arbeiten des Rates der Aufseher vor und leitet die Sitzungen des Rates der Aufseher und des Verwaltungsrats.

(2) **Der Vorsitzende wird vom Rat der Aufseher im Anschluss an ein offenes Auswahlverfahren aufgrund seiner Verdienste, seiner Kompetenzen, seiner Kenntnis über Finanzinstitute und -märkte sowie seiner Erfahrungen im Bereich Finanzaufsicht und -regulierung ernannt.**

Vor dem Amtsantritt des Kandidaten und innerhalb eines Monats nach seiner Auswahl durch den Rat der Aufseher kann das Europäische Parlament nach Anhörung des Kandidaten dessen Ernennung widersprechen.

[1]**Der Rat der Aufseher wählt aus den Reihen seiner Mitglieder einen Stellvertreter, der bei Abwesenheit des Vorsitzenden dessen Aufgaben wahrnimmt.** [2]**Dieser Stellvertreter wird nicht aus den Mitgliedern des Verwaltungsrats gewählt.**

(3) **Die Amtszeit des Vorsitzenden beträgt fünf Jahre und kann einmal verlängert werden.**

(4) **In den neun Monaten vor Ablauf der fünfjährigen Amtszeit des Vorsitzenden beurteilt der Rat der Aufseher**

a) **welche Ergebnisse in der ersten Amtszeit erreicht und mit welchen Mitteln sie erzielt wurden,**

b) **welche Aufgaben und Anforderungen in den folgenden Jahren auf die Behörde zukommen.**

Unter Berücksichtigung dieser Beurteilung und vorbehaltlich der Bestätigung durch das Europäische Parlament kann der Rat der Aufseher die Amtszeit des Vorsitzenden einmal verlängern.

(5) **Der Vorsitzende kann nur durch das Europäische Parlament im Anschluss an einen Beschluss des Rates der Aufseher seines Amtes enthoben werden.**

Der Vorsitzende darf den Rat der Aufseher nicht daran hindern, ihn betreffende Angelegenheiten, insbesondere die Notwendigkeit seiner Abberufung, zu erörtern, und nimmt an derartigen Beratungen nicht teil.

Übersicht

Schrifttum: Siehe die Angaben bei Art. 1 EIOPA-VO („Allgemein zum ESFS" und „Allgemein zur EIOPA").

I. Allgemeines. Art. 48 EIOPA-VO regelt das Amt des Vorsitzenden der EIOPA hinsichtlich seiner Aufgaben (Abs. 1), des Ernennungs- (Abs. 2), Amtszeitsverlängerungs- (Abs. 3, 4) und Amtsenthebungsverfahrens (Abs. 5). Zudem ermächtigt Abs. 2 UAbs. 3 den Rat der Aufseher, einen Stellvertreter für den Vorsitzenden zu wählen. 1

II. Aufgaben (Abs. 1). 1. In Abs. 1 enumerierte Aufgaben (Abs. 1). Dem Vorsitzenden kommt gemäß Abs. 1 UAbs. 1 die Aufgabe zu, die **EIOPA als** ihr **gesetzlicher Vertreter** zu **vertreten.** Hierbei ist Abs. 1 UAbs. 1 entgegen seines Wortlauts nicht die Übertragung der Vertretungsbefugnis, diese folgt unmittelbar aus Art. 5 Abs. 3 EIOPA-VO (siehe Art. 5 EIOPA-VO Rn. 7), sondern eben eine Aufgabenzuweisung. Hierbei ist es entsprechend dem Regelungsgefüge der EIOPA-VO möglich, dass der Vorsitzende für bestimmte Rechtsgeschäft einem Mitglied des Personals der EIOPA, insbesondere dem Exekutivdirektor (wenn diesem nicht bereits für das entsprechende Rechtsgeschäft im Hinblick auf die Aufgabenzuweisung nach Art. 53 EIOPA-VO sowieso die Vertretungsbefugnis zukommt), Vollmacht erteilt. Auch außenstehenden Dritten, beispielsweise einem Rechtsanwalt für Zwecke der gerichtlichen Vertretung, kann Vollmacht erteilt werden, solange es hierbei nicht um eine Übertragung genuin behördlicher Befugnisse geht. Im Falle der Verhinderung des Vorsitzenden kommt dessen **Vertretungsbefugnis** ohne zusätzliche Vollmachtserteilung ***qua legem*** dem **Stellvertreter des Vorsitzenden** nach Abs. 2 UAbs. 3 zu.[1] 2

Abs. 1 UAbs. 2 Hs. 1 weist dem Vorsitzende die Aufgabe zu, die **Arbeiten** des **Rates der Aufseher vorzubereiten.** Dies bedeutet insbesondere, dass der Vorsitzende darüber befindet, ob und wann **Sitzungen** angesetzt werden müssen und dass er diese gemäß Art. 44 Abs. 2 Hs. 1 EIOPA-VO **einberuft** (siehe Art. 44 EIOPA-VO Rn. 17 ff.). Da der Vorsitzende für die Ladung zuständig ist, ist es auch an ihm die **Beschlussvorschläge** (in Koordination mit dem Verwaltungsrat und dem Exekutivdirektor) zu entwickeln. Hierdurch kommt dem Vorsitzenden, der selber im Rat der Aufseher über kein Stimmrecht verfügt (siehe Art. 40 EIOPA-VO Rn. 4), eine starke faktisch prägende Funktion zu. Dies wird noch dadurch verstärkt, dass dem Vorsitzenden gemäß Abs. 1 UAbs. 2 Hs. 2 Alt. 1 auch die Aufgabe zukommt, die **Sitzungen des Rates der Aufseher** gemäß Art. 44 Abs. 2 Hs. 2 EIOPA-VO zu **leiten** (siehe Art. 44 EIOPA-VO Rn. 22). 3

Anders als für die Arbeit des Rates der Aufseher (siehe Rn. 3) ist dem Vorsitzenden für die **Arbeit des Verwaltungsrates keine explizite Vorbereitungskompetenz** übertragen. Jedoch kommt gemäß Art. 45 Abs. 3 UAbs. 1 auch für dessen Sitzungen dem Vorsitzenden die Aufgabe zu, solche Sitzung anzusetzen und zu ihnen zu laden, sodass er auch hier eine Vorbereitungsfunktion ausübt, wobei diese 4

[1] Vgl. Art. 2 Abs. 3 Board of Supervisors of EIOPA Rules of Procedure of EIOPA (EIOPA-BoS-11/003).

dadurch geschwächt wird, dass dem Verwaltungsrat stärker durch den Exekutivdirektor (siehe Art. 53 EIOPA-VO Rn. 5) bzw. durch das von diesem gestellte Sekretariat zugearbeitet wird (vgl. Art. 45 EIOPA-VO Rn. 37). Unstreitig überträgt Abs. 1 UAbs. 2 Hs. 2 Alt. 2 auf den Vorsitzenden aber die Aufgabe, die **Sitzungen des Verwaltungsrates** gemäß Art. 45 Abs. 3 Hs. 2 EIOPA-VO zu **leiten** (siehe Art. 45 EIOPA-VO Rn. 34), wobei ihm im Verwaltungsrat auch ein Stimmrecht zukommt (siehe Art. 45 EIOPA-VO Rn. 4).

5 **2. Weitere Aufgaben.** Dem Vorsitzenden fallen noch weitere **Aufgaben**, insbesondere auch im Zusammenhang mit dem **Gemeinsamen Ausschuss** der ESA nach Art. 54 ff. EIOPA-VO, zu. Hierbei hat der **Vorsitzende als Mitglied** des Gemeinsamen Ausschusses gemäß Art. 55 Abs. 1 Hs. 1 EIOPA-VO **an** den **Sitzungen** des Gemeinsamen Ausschusses **teilzunehmen** und zur **Aufgabenerfüllung beizutragen.**[2] Ferner wird dem Vorsitzenden gemäß Art. 55 Abs. 3 S. 1 EIOPA-VO die Aufgabe übertragen, in Rotation mit den Vorsitzenden der EBA und der ESMA den **Vorsitz des Gemeinsamen Ausschusses** zu **übernehmen** (zu den hieraus entstehenden Aufgaben siehe Art. 55 EIOPA-VO Rn. 13).[3]

6 **Beteiligungsaufgaben** des Vorsitzenden bestehen zudem bei den **Sitzungen** (und Aufgabenerfüllungen) des **ESRB.**[4] Gemäß Art. 6 Abs. 1 lit. e ESRB-VO[5] ist der Vorsitzende **Mitglied des Verwaltungsrates des ESRB**, sodass ihn auch die Aufgabe trifft, dieses Amt entsprechend auszufüllen. In den Jahren, in denen der Vorsitzende den Vorsitz im Gemeinsamen Ausschuss innehat (siehe Rn. 5), ist der Vorsitzende zudem gemäß Art. 55 Abs. 3 S. 2 i. V. m. Art. 5 Abs. 3 ESRB-VO **stellvertretender Vorsitzender des ESRB** und hat die Aufgabe dieses Amt wahrzunehmen. Daneben ist er gemäß Art. 11 Abs. 1 lit. f ESRB-VO auch immer **Mitglied des Lenkungsausschusses** des ESRB.

7 Gemäß Art. 57 Abs. 2 EIOPA-VO i. V. m. Art. 55 Abs. 1 EIOPA-VO ist der Vorsitzende zudem Mitglied des **Unterausschusses für Finanzkonglomerate** und hat die Aufgabe, die hieraus entstehenden Tätigkeiten auszuführen.[6]

8 Zudem trifft den Vorsitzenden die Aufgabe einer **Berichtspflicht gegenüber dem Europäischen Parlament** nach Art. 50 EIOPA-VO.

9 Art. 2 Abs. 9 Geschäftsordnung der EIOPA weist dem Vorsitzenden zudem die Aufgabe zu, im Falle einer Selbstablehnung, Ablehnung oder eines Ausschlusses eines **Mitglieds des Beschwerdeausschusses** den **Stellvertreter** für das Verfahren zu **berufen.**[7] Diese Aufgabe **kommt** dem **Vorsitzenden jedoch nicht zu** und eine solche Ausübung wäre auch ein Eingriff in die organschaftliche Unabhängigkeit des Beschwerdeausschusses. Tatsächlich kommt dem Vorsitzenden des Beschwerdeausschusses diese Aufgabe zu (siehe Art. 59 EIOPA-VO Rn. 54). Es ist davon auszugehen, dass es sich bei der Formulierung des Art. 2 Abs. 9 Geschäftsordnung der EIOPA um ein redaktionelles Versehen handelt und dass es hier um die Aufgabe geht – die tatsächlich dem Vorsitzenden übertragen ist – im Falle des Anscheins der Befangenheit eines Mitglieds des ***Mediation Panel*** einen **Stellvertreter** für das Verfahren als Mitglied zu **bestellen** (siehe Art. 41 EIOPA-VO Rn. 18).

10 **III. Ernennung (Abs. 1 UAbs. 1 Hs. 2, Abs. 2 UAbs. 1, 2).** Gemäß Abs. 1 UAbs. 1 Hs. 2 nimmt der Vorsitzende sein **Amt unabhängig** und als **Vollzeitbeschäftigter** (das heißt, dass Nebentätigkeiten nur unter einem Zustimmungsvorbehalt zulässig sind)[8] wahr.

11 Um einen adäquaten Kandidaten für diesen anspruchsvollen Posten gewinnen zu können, sieht Abs. 2 ein **mehrphasiges Ernennungsverfahren** vor, dass gewährleisten soll, dass eine fachlich (und moralisch) bestens geeignete Person für das Amt gewonnen werden kann.

12 **1. Ernennungsvoraussetzungen (Abs. 2 UAbs. 1 Hs. 2).** Abs. 2 UAbs. 1 Hs. 2 verlangt, dass der Vorsitzende über **Verdienste, Kompetenzen, Kenntnis über Finanzinstitute und -märkte** sowie über **Erfahrungen im Bereich Finanzaufsicht und -regulierung** verfügt.

13 Es ist fraglich, in wie weit diese Kriterien letztlich **juristisch nachprüfbar** sind, da es sich im weitesten Sinne beim Amt des Vorsitzenden um eine Art politisches Amt handelt. Dies betrifft gerade die besonders unbestimmten Anforderungskriterien der **Verdienste** und der **Kompetenzen.** Die Kriterien der **Kenntnisse über Finanzinstitute und -märkte** und der **Erfahrungen im Bereich Finanzaufsicht und Regulierung** erscheinen hingegen belastbar. Allerdings sind diese Kriterien

---

[2] Vgl. Art. 2 Abs. 4 Var. 2 Board of Supervisors of EIOPA Rules of Procedure of EIOPA (EIOPA-BoS-11/003).
[3] Art. 2 Abs. 8 Board of Supervisors of EIOPA Rules of Procedure of EIOPA (EIOPA-BoS-11/003).
[4] Art. 2 Abs. 4 Var. 1 Board of Supervisors of EIOPA Rules of Procedure of EIOPA (EIOPA-BoS-11/003).
[5] VO (EU) 1092/2010 des Europäischen Parlamentes und des Rates vom 24. November 2010 über die Finanzaufsicht der Europäischen Union auf Makroebene und zur Errichtung eines Europäischen Ausschusses für Systemrisiken, in: ABl. 2010 L 331, 1.
[6] Art. 2 Abs. 4 Var. 3 Board of Supervisors of EIOPA Rules of Procedure of EIOPA (EIOPA-BoS-11/003).
[7] Art. 2 Abs. 9 Board of Supervisors of EIOPA Rules of Procedure of EIOPA (EIOPA-BoS-11/003): „The Chairperson shall designate a replacement from among the available alternates of the members of the Board of Appeal in case of conflicts of interest."
[8] Im Hinblick auf Art. 68 Abs. 1 EIOPA-VO greift Art. 12b Abs. 1 EU-BeamtStatut, sodass die Genehmigung der Anstellungsbehörde bzw. genauer der vertragsschließenden Behörde (dies ist gemäß Art. 43 Abs. 8 EIOPA-VO der Rat der Aufseher) einzuholen ist.

grundsätzlich wohl eher als Mindestkriterien zu sehen. Insofern wäre die Ernennung eines Kandidaten, der diese offensichtlich nicht erfüllt, eine Pflichtverletzung der beteiligten Akteure. Eine andere Frage ist hingegen, ob im Falle der Bewerbung mehrerer Kandidaten um das Amt, eine Mitbewerberklage (verdrängende Konkurrentenklage) erhoben werden könnte, mit der Begründung in einer oder mehreren Kategorien dem gewählten Vorsitzenden eindeutig überlegen zu sein. Dies erscheint im Hinblick auf die politische Komponente des Amtes und den großen Ermessenspielraum, der dem Rat der Aufseher bei seiner Wahl zukommen sollte, nicht unproblematisch. Gleichwohl besteht eine gewisse Gefahr, dass einer solchen Klage Erfolg Beschieden sein könnte.[9]

2. Ernennungsverfahren. Die Ernennung des Vorsitzenden impliziert grundsätzlich **mindestens zwei Akteure**, nämlich des Rates der Aufseher und des Europäischen Parlaments, wobei auch die Kommission in der Vergangenheit eine gewisse Beteiligung für sich reklamiert hat. 14

a) Verfahrensinitiierung (Abs. 2 UAbs. 1 Hs. 1). Der Vorsitzende wird gemäß Abs. 2 UAbs. 1 Hs. 1 im Anschluss an ein **offenes Auswahlverfahren** gewählt. Dies ist wohl so zu verstehen, dass die EIOPA vor dem Ablauf der Amtszeit des gegenwärtigen Vorsitzenden eine öffentliche Ausschreibung zu initiieren hat. Öffentliche Ausschreibung ist hierbei einerseits im Gegensatz zur internen Ausschreibung (i. S. d. Art. 29 Abs. 3 EU-BeamtStatut) zu sehen, soll aber auch klarstellen, dass es hierbei nicht um ein allgemeines Auswahlverfahren (Art. 29 Abs. 1 UAbs. 1 Hs. 2 EU-BeamtStatut) handelt. Vielmehr ist das Verfahren entsprechend Art. 29 Abs. 2 EU-BeamtStatut in anderer Weise ausgestaltbar, wobei hier dem initiierenden Organ ein großer Gestaltungsspielraum zukommt. 15

Im Rahmen des ersten Ernennungsverfahrens des Vorsitzenden der EIOPA sollte die **Kommission** unter anderem eine **Liste** von Bewerbern aufgrund ihrer Verdienste, ihrer Kompetenzen, ihrer Kenntnis von Finanzinstituten und -märkten sowie ihrer Erfahrungen in den Bereichen Finanzaufsicht und -regulierung aufstellen und dem Rat der Aufseher übermitteln.[10] Dies spricht dafür, dass es nach Vorstellung des Verordnungsgebers an der Kommission ist, das Verfahren einzuleiten.[11] Dies kann jedoch zumindest für die Zukunft nicht überzeugen. Anders als in Art. 58 Abs. 3 EIOPA-VO zur Ernennung der Mitglieder des Beschwerdeausschusses (siehe Art. 58 EIOPA-VO Rn. 33 ff.) taucht die Kommission im Verordnungstext des Abs. 1 UAbs. 1 nicht auf. Mithin ist es gerade nicht an der Kommission, das Auswahlverfahren zu initiieren oder zu leiten oder auch nur daran teilzunehmen (abgesehen vom Vertreter der Kommission als nicht-stimmberechtigtes Mitglied des Rates der Aufseher, siehe Art. 40 EIOPA-VO Rn. 4). 16

Da der **Rat der Aufseher** gemäß Art. 43 Abs. 3 EIOPA-VO i. V. m. Abs. 2 UAbs. 1 für die Ernennung des Vorsitzenden zuständig ist und er gemäß Art. 43 Abs. 8 EIOPA-VO für den Vorsitzenden auch die Aufgabe der **vertragschließenden Behörde** wahrnimmt (siehe Art. 43 EIOPA-VO Rn. 30 ff.), ist es auch an ihm, das **Auswahlverfahren** zu **initiieren**. Hierbei erscheint es nicht unproblematisch, wenn der Rat der Aufseher sich bei dieser Aufgabe durch den Verwaltungsrat unterstützen lassen bzw. die Initiierung auf diesen delegieren würde, da der gegenwärtige Vorsitzende dort ein stimmberechtigtes Mitglied ist. Es erscheint hier sinnvoller, dass der Rat der Aufseher zu diesem Zweck einen internen Ausschuss bildet, auf den die Aufgabe delegiert wird.[12] Hierbei wird die Initiierung in der Gestalt erfolgen, dass eine **öffentliche Ausschreibung zur Interessenbekundung** erfolgt. In der Vergangenheit hat die EIOPA alle Ausschreibungen (zumindest auch) auf ihrer Homepage veröffentlicht.[13] Die erstmalige Ausschreibung zur Besetzung des Amtes des Vorsitzenden erfolgte hierbei auch im Amtsblatt,[14] sodass für die Zukunft Gleiches zu erwarten ist. 17

Die hierauf **eingehenden Bewerbungen** sind dann letztlich durch den Rat der Aufseher zu **bewerten**. Auch hier dürfte es aber zulässig sein, dass der Rat der Aufseher von seiner Delegationsmöglichkeit des Art. 41 Abs. 1 Hs. 2 EIOPA-VO Gebrauch macht und die Kandidaten bereits vorsortieren lässt, sodass nur noch zwischen den besonders qualifizierten Kandidaten entschieden werden muss. 18

[9] Siehe *EuGöD* Urt. v. 13.11.2014 – Rs. F-2/12 Rn. 61 ff. – Hristov/Ksion und EMA, wo die Ernennung des Exekutivdirektors der EMA, Guido Rasi, auf die Klage des Konkurrenten und damaligen Leiters der bulgarischen Arzneimittelagentur hin, wenn auch nur aus formalen Gründen für unwirksam erklärt wurde.

[10] Siehe Erwägungsgrund 55 S. 2.

[11] Dies ließe sich allerdings eventuell mit Erwägungsgrund 55 S. 3 widerlegen, der ausführt, dass „[f]ür die nachfolgenden Benennungen […] die Möglichkeit, von der Kommission eine Liste aufstellen zu lassen, in dem gemäß dieser Verordnung zu erstellenden Bericht überprüft werden [sollte]". Der hier angesprochene Bericht nach Art. 81 Abs. 1–2 (siehe Art. 81 Rn. 2 ff.) hat in seiner ersten Iteration (Bericht der Kommission an das Europäische Parlament und den Rat über die Tätigkeit der Europäischen Aufsichtsbehörden (ESA) und das Europäische System der Finanzaufsicht (ESFS), in: KOM[2014] 509 endg.) keine Ausführungen hierzu enthalten.

[12] So das Vorgehen bei Ausschreibung des Amtes des Exekutivdirektors, vgl. TOP 6.3 EIOPA Board of Supervisors Meeting 29–30 September 2015 Approved Deliberations and Conclusions (EIOPA-15/228).

[13] So beispielsweise auch die Ausschreibung zur Bewerbung auf das Amt des Exekutivdirektors, nachdem Montalvo Rebuelta auf eine Amtsverlängerung verzichtet hatte, siehe https://eiopa.europa.eu/Publications/Press%20Releases/2015-10-01%20EIOPA%20Executive%20Director.pdf.

[14] ABl. 2010 C-290/A/03.

19 **b) Behördeninternes Ernennungsverfahren.** Wie genau das behördeninterne Ernennungsverfahren auszugestaltet ist, gibt Abs. 2 nicht vor. Dies bedeutet, dass wohl zunächst durch den Rat der Aufseher (oder durch den Delegatar) aus dem Bewerberfeld eine **Berufungsliste** (eventuell noch ohne Platzierung) herausgearbeitet wird.[15] Der Rat der Aufseher kann sich hier jedoch auch zu einem anderen Vorgehen entscheiden.

20 Danach werden wohl die in Betracht gezogenen Bewerber zu einer **Vorstellungsrunde** zu einer Sitzung des Rates der Aufseher geladen werden.[16] Es ist unklar, ob es im Hinblick auf das freie Ermessen des Rates der Aufseher noch zulässig wäre, dass der Delegatar (siehe Rn. 17 f.) das Bewerberfeld auf einen Kandidaten reduziert und nur diesen zur Abstimmung aufstellt. Dies scheint bei der Wahl des aktuellen Exekutivdirektors der EIOPA, Fausto Parente, der Fall gewesen zu sein, zumindest findet sich in den Sitzungsprotokollen keine Anhörung anderer Kandidaten.[17] In Unkenntnis der vorliegenden Bewerbungen erscheint auch dieses Vorgehen nicht offensichtlich unzulässig.

21 Im Anschluss an die Vorstellung erfolgt die Ernennung durch **Beschluss.**[18] Der Ernennungsbeschluss ergeht gemäß Art. 44 Abs. 1 S. 1 EIOPA-VO mit einfacher Mehrheit der anwesenden Mitglieder des Rates der Aufseher. Wobei die Abstimmung unter Anwendung des Art. 4 Abs. 8 Geschäftsordnung des Rates der Aufseher[19] als geheime Wahl stattfindet. Ab welchem Zeitpunkt der Kandidat als im Amt ernannt gilt, richtet sich entweder nach der Regelung im Beschluss (siehe Rn. 30) oder es ist davon auszugehen, dass das Amt unmittelbar mit Amtsaustritt des Amtsvorgängers beginnt. **Neben dem Amt** wird mit dem Vorsitzenden noch ein **Dienstvertrag** abgeschlossen, wobei der Vorsitzende als Zeitbediensteter der EIOPA gemäß Art. 2 lit. a EU-BeschäftBeding (siehe Art. 68 EIOPA-VO Rn. 11 ff.) als Verwaltungsadministrator der zweithöchsten Besoldungsgruppe AD-15 (siehe Art. 68 EIOPA-VO Rn. 13) eingestellt wird.

22 Aus dem Zusammenspiel mit Abs. 2 UAbs. 2 ergibt sich, dass der Rat der Aufseher gehalten ist, seinen **Ernennungsbeschluss** des designierten neuen Vorsitzenden **mindestens einen Monat vor** dem **Amtsende des Vorgängers** zu fassen, damit das Europäische Parlament sein Vetorecht vollumfänglich ausüben kann (siehe Rn. 24 f.).

23 **c) Kontrollfunktion des Europäischen Parlaments (Abs. 2 UAbs. 2).** Im Hinblick auf die einschneidenden Befugnisse, die der EIOPA im ESFS zukommen, und der besonderen Steuerungsmöglichkeit, die der Vorsitzende über seine Befugnisse im Rat der Aufseher und im Verwaltungsrat hat, wird dem **Europäischen Parlament** hinsichtlich dessen Ernennung eine **Kontrollmöglichkeit** zugestanden.

24 Anders als noch im Kommissionsentwurf, wo das Europäische Parlament die Ernennung des Vorsitzenden noch aktiv bestätigen musste,[20] sieht Abs. 2 UAbs. 2 nunmehr lediglich ein **Vetorecht** des Europäischen Parlaments vor.

25 Damit das Europäische Parlament dieses Vetorecht ausüben kann, muss der designierte Vorsitzende **vor** seinem **Amtsantritt**, aber **nicht später als einen Monat nach** seiner **Ernennung** durch den Rat der Aufseher, vor dem Europäischen Parlament zu einer **Anhörung** erscheinen.

26 **Nach Ablauf der Frist** des Abs. 2 UAbs. 2, ohne dass das Europäische Parlament der Ernennung widersprochen hätte, wird die bis dahin **schwebend wirksame Ernennung** des designierten Vorsitzenden **endgültig wirksam.**

27 **IV. Amtsdauer (Abs. 3–5).** Art. 48 Abs. 3–5 EIOPA-VO regeln neben der Amtszeit des Vorsitzenden, auch die Möglichkeit einer Amtszeitverlängerung und die Modalitäten einer Amtsenthebung.

28 **1. Regelmäßige Amtsdauer (Abs. 3 Hs. 1).** Die **Amtszeit** des Vorsitzenden beträgt nach Abs. 3 Hs. 1 **fünf Jahre.**

29 **Soweit** der Ernennungsakt **keine abweichenden Regelungen** vorsieht, ist im Zweifelsfall anzunehmen, dass der **Amtsantritt** unmittelbar zu dem **Zeitpunkt** erfolgt, zudem die **Amtszeit des Amtsvorgängers endet.**

30 Der **Amtsantritt** ließe sich durch EIOPA praktisch auch **anders gestaltet** – ohne dass Abs. 2 UAbs. 1 und Abs. 3 Hs. 1 dem entgegenstünden –, beispielsweise, wenn der Kandidat auf Grund einer Kündigungsfrist erst nach Ende der Amtszeit des Amtsvorgängers das Amt übernehmen kann. Der Rat der Aufseher würde den designierten Vorsitzenden dann unter der Feststellung ernennen, dass diese Ernennung keinen unmittelbaren Amtsbeginn mit Amtsaustritt des Amtsvorgängers, sondern erst ab einem einzusetzenden Datum bewirkt.

31 Die Amtszeit endet regelmäßig dadurch, dass seit dem Tag des Amtsantritts (siehe Rn. 29 f.) fünf Jahre verstrichen sind. Die **Amtsstellung** des Vorsitzenden **erlischt automatisch**, ohne dass es einer wei-

[15] Vgl. hierzu TOP 3 EIOPA Board of Supervisors, Budapest, 25 February 2011 Approved Minutes (EIOPA-BoS-11/008), der hinsichtlich der Wahl des ersten Exekutivdirektors von einer *short-list* spricht.

[16] TOP 3 EIOPA Board of Supervisors, Budapest, 25 February 2011 Approved Minutes (EIOPA-BoS-11/008).

[17] TOP 3.2 EIOPA Board of Supervisors Meeting 28–29 January 2016 Approved Deliberations and Conclusions (EIOPA-16/037).

[18] A. A. *van Cleynenbreugel* ELSA Malta Law Review 2012, 231, 248.

[19] The Board of Supervisors of EIOPA Rules of Procedure (EIOPA-BoS-11/002-Rev3).

[20] Art. 33 Abs. 2 UAbs. 2 EIOPA-VOE in: KOM (2009) 502 endg.

teren Handlung durch die EIOPA (bzw. dessen Rat der Aufseher) bedürfte. Eine Amtsentlassungsurkunde ist insofern nicht zwingend auszustellen.

Neben der Möglichkeit einer Amtsenthebung (siehe Rn. 43 ff.) **endet das Amt noch** im Fall des **Todes** und auch die Möglichkeit einer **Amtsniederlegung** durch den Vorsitzenden besteht (wobei eine grundlose Amtsniederlegung zur Unzeit eventuell noch haftungsrechtliche Konsequenzen nach sich ziehen könnte). 32

Unklar ist, da der Vorsitzende neben seinem Amt als Zeitbediensteter der EIOPA eingestellt wird, ob es einen **automatischen Beendigungsgrund** durch **Erreichen** eines **bestimmten Alters** gibt. Gemäß Art. 47 lit. a EU-BeschäftBeding ist das Entpflichtungsalter für Zeitbedienstete 66 Jahre, wobei die Entpflichtung mit Ablauf des Monats eintritt, in dem der Bedienstete das 66. Lebensjahr vollendet hat. Im Umkehrschluss muss auch das Amt zu diesem Zeitpunkt enden, da die EU-BeschäftBeding und die EIOPA-VO hiervon keine abweichenden Reglungen vorsehen. 33

2. Amtszeitverlängerung (Abs. 3 Hs. 2, Abs. 4). Abs. 3 Hs. 2 erlaubt eine **einmalige Amtszeitverlängerung**. Diese Verlängerung bewirkt ab ihrer Erteilung oder ihrer Gestaltungswirkung (siehe Rn. 28 f.) den Lauf einer neuen, zweiten Amtszeit von fünf Jahren. Hierbei dürfte es jedoch auch zulässig sein, dass die Amtszeitverlängerung – insbesondere wenn der gegenwärtige Vorsitzende die Übernahme einer vollen zweiten Amtszeit ablehnt – für einen Zeitraum von unter fünf Jahren erteilt wird. 34

Praktisch erfolgt das Verlängerungsverfahren wohl so, dass der Rat der Aufseher vor Ablauf der Amtszeit **sondiert**, ob beim Vorsitzenden **Interesse an einer Amtszeitsverlängerung** besteht. 35

Unabhängig davon, ob ein Verlängerungsinteresse beim Vorsitzenden vorhanden ist, hat der Rat der Aufseher gemäß Abs. 4 UAbs. 1 **innerhalb der neun Monate**, die dem Ablauf der gegenwärtigen Amtszeit des Vorsitzenden vorausgehen, diese **Amtszeit** des Vorsitzenden zu **evaluieren**. 36

Dies bedeutet zum einen, dass die Evaluation in knapper Frist vor der Verlängerungs- oder Neuernennungsentscheidung stattfinden soll, also **frühestens neun Monat vor** dem potentiellen **Amtsaustritt**. Zum anderen kann die Evaluation auch **nicht zu lange nach hinten geschoben** werden, da sie gemäß Abs. 4 UAbs. 2 für den anstehenden Beschluss Grundlage sein soll und dieser Beschluss im Hinblick auf die Dauer einer potentiellen Neubestellung (vgl. Rn. 14 ff.) mit gewissem Vorlauf vorbereitet werden muss. Es erscheint insofern durchaus zulässig, dass die Evaluation bereits vor den neun Monaten begonnen wird, solange die abschließende Beurteilung innerhalb der Frist des Abs. 4 UAbs. 1 getroffen wird. 37

Obgleich der Evaluationsbericht im Kontext einer Amtszeitverlängerung angesprochen wird (siehe insbesondere Abs. 4 UAbs. 1 lit. a [„welche Ergebnisse in der *ersten* Amtszeit erreicht"] [Hervorhebung durch Verf.]), **sollte** diese **Evaluation** auch **erfolgen, wenn** eine Amtszeitverlängerung nicht begehrt wird oder nicht mehr möglich ist, sondern eine **Neuernennung ansteht**. In diesem Fall dient der Evaluationsbericht dazu, den Rat der Aufseher vor Augen zu führen, welche Qualitäten für einen Amtsnachfolger besonders wünschenswert sind. 38

Der Evaluationsbericht ist **inhaltlich** nur indirekt auf die Tätigkeit des Vorsitzenden gerichtet. Vielmehr hat er gemäß Abs. 2 UAbs. 1 lit. a vergangenheitsbezogen zu beurteilen, welche Ergebnisse in der zu evaluierenden Amtszeit erreicht wurden (hierbei sollte die Ergebnisse auch an den mehrjährigen Arbeitsprogrammen [siehe Art. 43 EIOPA-VO Rn. 24 ff.] gespiegelt werden) und welche Mittel zur Erreichung dieser Ergebnisse verwendet wurden. Hierbei ist naturgemäß ein besonderes Augenmerk auf die Rolle des Vorsitzenden innerhalb dieser Vorgänge zu legen. Zudem hat der Evaluationsbericht gemäß Abs. 2 UAbs. 1 lit. b zukunftsbezogen zu exponieren, welche Aufgaben und Anforderungen auf die EIOPA in den kommenden Jahren zukommen. Hieraus soll der Schluss ermöglicht werden, ob der gegenwärtige Vorsitzende im Hinblick auf seine vergangene Tätigkeit erwarten lässt, den zukünftigen Anforderungen gerecht werden zu können. 39

Auf Grundlage des Evaluationsberichts **beschließt** der **Rat der Aufseher** gemäß Abs. 4 UAbs. 2 über die **Amtszeitverlängerung**. 40

Anders als im Rahmen der Erstbestellung (siehe Rn. 24 ff.) ist der Beschluss der Amtszeitverlängerung gemäß Abs. 4 UAbs. 2 **schwebend unwirksam, solange** das **Europäische Parlament** die Amtszeitverlängerung **nicht aktiv bestätigt** hat.[21] 41

Unklar ist, ob Abs. 3 Hs. 2 und Abs. 4 UAbs. 2 Hs. 2 der **Neuberufung eines Altvorsitzenden**, der bereits zwei Amtszeiten gedient hat, im Wege steht, wenn zwischenzeitig eine andere Person das Amt zumindest für eine teilweise Amtsperiode innehatte. Da hier nur eine zweite Amtszeits*verlängerung* nicht aber eine spätere neue Amts*berufung* untersagt wird, könnte man zu dem Ergebnis gelangen, dass dies möglich ist. Dies gilt zumindest bei vergleichbaren Amtszeitsverlängerungnormen des deutschen Rechts.[22] Es ist jedoch zu hoffen, dass das Europäische Parlament ein solches Vorgehen, das zwar nicht dem Wortlaut aber durchaus in gewissem Maße dem Telos der Norm widerspricht, mit seinem Vetorecht verhindern würde. 42

---

[21] Vgl. zur Amtszeitverlängerung des gegenwärtigen Vorsitzenden: Beschluss des Europäischen Parlaments vom 16. Dezember 2015 über die Verlängerung der Amtszeit des Vorsitzenden der Europäischen Aufsichtsbehörde für das Versicherungswesen und die betriebliche Altersversorgung (EIOPA) (C8-0314/2015 – 2015/0904(NLE)) (Billigung).

[22] Vgl. zur anschließenden Wiederwahl des Bundespräsidenten nach Art. 54 Abs. 2 S. 2 GG bspw. Maunz/Dürig/*Herzog* Art. 54 Rn. 20.

43 **3. Amtsenthebung (Abs. 5).** Der Vorsitzende kann nur im Anschluss an einen Beschluss des Rates der Aufseher enthoben werden, was einerseits dem **Schutz der Unabhängigkeit** des **Vorsitzenden** gegenüber allen außerhalb des Rates der Aufseher stehenden Personen, vorrangig aber auch der Unabhängigkeit der **EIOPA als Ganzes** dient.

44 **a) Amtsenthebungsverfahren.** Die **Amtsenthebung** erfolgt – formell anders als noch unter dem Kommissionsentwurf, der die Amtsenthebung durch den vom Europäischen Parlament bestätigten Beschluss des Rates der Aufseher vorsah[23] – gemäß Abs. 5 UAbs. 1 durch Entschließung des **Europäischen Parlaments**. Mitwirkungs- oder Beteiligungsrechte anderer Organe oder Einrichtungen sind nicht vorgesehen. Hierbei ist das Europäische Parlament in seinem Entschließen jedoch nicht frei, da dieses eine Amtsenthebung nur beschließen kann, wenn der Rat der Aufseher vorher einen Amtsenthebungsbeschluss gefasst hat. Der **Rat der Aufseher** hat mithin das alleinige **Initiationsrecht**.

45 Der Rat der Aufseher hat, wenn er den Erlass eines Amtsenthebungsbeschlusses erwägt, **keine** Organe der EU, andere Einrichtungen (bspw. Organe der anderen ESA) oder **sonstige Stellen zu hören**. Im Gegenteil sollten die stimmberechtigten Mitglieder des Rates der Aufseher im Hinblick auf ihre Pflicht aus Art. 42 UAbs. 1 EIOPA-VO jeden Anschein vermeiden, dass sie Weisung anfordern oder entgegennehmen.

46 Praktisch werden sich einige stimmberechtigte Mitglieder, so die Umstände eine Amtsenthebung für sie zu erwägen ist, vor einer anstehenden Sitzung außerhalb des Rates der Aufseher besprechen und auf der Sitzung oder bereits vorher beantragen, dass ein **Tagesordnungspunkt zur Erörterung der Person des Vorsitzenden** aufzunehmen ist. Sollte eine Sitzung nicht unmittelbar anstehen, so wäre es auch möglich, dass gemäß Art. 44 Abs. 2 Hs. 1 Alt. 2 EIOPA-VO durch ein Drittel der Mitglieder des Rates der Aufseher die Durchführung einer solchen beantragt wird (siehe Art. 44 EIOPA-VO Rn. 20). Den Vorsitzenden trifft hierbei gemäß Abs. 5 UAbs. 2 Hs. 1 die **Pflicht**, eine solche **Erörterung nicht** zu **verhindern**. Vielmehr hat er bei entsprechendem Antrag den Tagesordnungspunkt aufzunehmen. Abs. 5 UAbs. 2 Hs. 2 statuiert zudem, dass der **Vorsitzende** an solchen Beratungen, dies betrifft nicht nur Abberufungsberatungen, sondern generell alle Beratungen, die seine Person betreffen,[24] **nicht teilnimmt**.

47 Da die Einleitung der **Amtsenthebung durch** einen **Beschluss** erfolgt[25] und die EIOPA-VO hier keine Ausnahme vorsieht, ist gemäß Art. 39 Abs. 1 EIOPA-VO vor dessen Erlass dem Vorsitzenden unter Mitteilung der geplanten Amtsenthebung eine Frist zur Möglichkeit der Stellungnahme zu setzen und ausreichendes rechtliches Gehör zu gewähren. Man könnte hier allenfalls überlegen, da der Beschluss des Rates der Aufseher selber das Amt des Vorsitzenden noch nicht beendet, sondern allein die Entscheidungskompetenz des Europäischen Parlaments eröffnet, diesen Beschluss noch nicht als unmittelbar belastend anzusehen. In diesem Fall wäre aber dem Vorsitzenden durch das Europäische Parlament entsprechendes rechtliches Gehör zu gewähren.

48 Der Amtsenthebungsbeschluss des Rates der Aufseher ergeht gemäß Art. 44 Abs. 1 UAbs. 1 S. 1 mit **einfacher Mehrheit** der anwesenden Mitglieder des **Rates der Aufseher**.

49 Der **Amtsenthebungsbeschluss** des Rates der Aufseher **beendet** das **Amt** jedoch **nicht unmittelbar**.

50 Vielmehr eröffnet er nur die **zweite Phase** des Amtsenthebungsverfahrens. Nunmehr ist das **Europäische Parlament** für die Entscheidung über die Amtsenthebung zuständig. Das Europäische Parlament ist hierbei verpflichtet, über die Amtsenthebung zu entscheiden. Fraglich ist jedoch, ob das **Europäische Parlament** hier nur als ausführende Hand des Rates der Aufseher tätig wird oder ob es die **Amtsenthebung auch verweigern kann**. Gerade im Hinblick auf die Tatsache, dass die Ernennung des Vorsitzenden nicht durch das Europäische Parlament (dieses muss noch nicht einmal ausdrücklich genehmigen), sondern durch den Rat der Aufseher erfolgt, muss der Tatsache, dass die Abberufung formell Aufgabe des Europäischen Parlaments ist, Bedeutung beigemessen werden. Insofern kann das Europäische Parlament die Amtsenthebung grundsätzlich auch verweigern.[26] Im Hinblick darauf, dass eine Amtsenthebung des Vorsitzenden nicht an Abberufungsgründe geknüpft ist (siehe Rn. 51), sondern der Vorsitzende der EIOPA dann des Amtes enthoben werden können soll, wenn er nicht mehr das Vertrauen genießt (siehe Rn. 52), ist es jedoch nur schwer vorstellbar, in welcher Konstellation das Europäische Parlament nicht allein aufgrund des Erlasses eines Amtsenthebungsbeschlusses des Rates der Aufseher sein Vertrauen in den Vorsitzenden verlieren würde.

51 **b) Amtsenthebungsgründe.** Auffällig ist an Abs. 5 UAbs. 1, dass er anders als beispielsweise Art. 58 Abs. 5 Hs. 1 EIOPA-VO für die Amtsenthebung der Mitglieder des Beschwerdeausschusses **keine Gründe für** die **Amtsenthebung** fordert.

---

[23] Art. 33 Abs. 5 UAbs. 1 EIOPA-VOE in: KOM (2009) 502 endg.

[24] Siehe bspw. die Beratung zur Amtszeitverlängerung des Vorsitzenden TOP 3 EIOPA Board of Supervisors Meeting 26–27 March 2015 Approved Deliberations and Conclusions (EIOPA-15/080).

[25] A. A. *van Cleynenbreugel* ELSA Malta Law Review 2012, 231, 248.

[26] So auch *Keune*, Rechtliche Grundlagen und Grenzen der EIOPA, 2015, 77, die den Ermessensspielraum des Europäischen Parlaments in der Tendenz aber etwas größer sieht.

Hieraus ist zu schließen, dass der Vorsitzende **grundsätzlich ohne Angabe von Gründen** seines **Amtes enthoben** werden **kann** (im Sinne eines *at-will-employment*). Das Entscheidende ist, dass der Vorsitzende **nicht mehr das Vertrauen** des Rates der Aufseher **genießt**. 52

V. Stellvertreter des Vorsitzenden (Abs. 2 UAbs. 3). Abs. 2 UAbs. 3 S. 1 ermächtigt und verpflichtet den **Rat der Aufseher**, aus dem Kreis seiner Mitglieder einen **Stellvertreter des Vorsitzenden** zu **wählen**, der diesen bei Abwesenheit vertritt. 53

Das **aktive Wahlrecht** kommt hierbei nur den stimmberechtigten Mitgliedern des Rates der Aufseher (siehe Art. 40 EIOPA-VO Rn. 4) zu. 54

Passiv wahlberechtigt ist – dies ergibt ein systematischer Vergleich zu Art. 45 Abs. 1 UAbs. 1 Hs. 2 zum passiven Wahlrecht zum Verwaltungsrat (siehe Art. 45 EIOPA-VO Rn. 5) – gesetzlich **jedes Mitglied** des **Rates der Aufseher** (vgl. zu den Mitgliedern im Einzelnen Art. 40 EIOPA-VO Rn. 4 ff.). Die Geschäftsordnung des Rates der Aufseher engt das passive Wahlrecht jedoch auf die stimmberechtigten Mitglieder ein.[27] Diese Einschränkung dürfte noch von dem Selbstverwaltungsrecht der EIOPA gedeckt sein. In der Tat erscheint es wenig überzeugend, dass einem Mitglied des Rates der Aufseher, das über keine Stimmrechte verfügt, die erheblichen Lenkungsmöglichkeiten des Vorsitzenden (und sei es nur vertretungsweise) zu gewähren. Mithin sind **gegenwärtig nur stimmberechtigte Mitglieder des Rates der Aufseher wählbar**. Die einzige **Einschränkung** zu deren Wählbarkeit besteht gemäß Abs. 2 UAbs. 3 S. 2 dahingehend, dass der Kandidat **nicht Mitglied des Verwaltungsrates** sein darf (zu den Gründen siehe Art. 45 EIOPA-VO Rn. 15). Es wäre jedoch zulässig, dass sich ein Mitglied des Verwaltungsrates unter der Bedingung zur Wahl stellt, im Falle der Wahl das Amt mit sofortiger Wirkung niederzulegen (siehe Art. 45 EIOPA-VO Rn. 10). 55

Die **Geschäftsordnung der EIOPA** hat das Amt und die Wahl des Stellvertreters des Vorsitzenden weiter **konkretisiert**. Gemäß Art. 3 Abs. 3 wird der Stellvertreter grundsätzlich für eine **Amtszeit** von **fünf Jahren** (und somit im Gleichlauf mit der Amtsperiode des Vorsitzenden) gewählt, wobei im Falle einer Ersatzbestellung die Wahl nur für die verbleibende Amtszeit des Vorgängers erfolgt. Sobald die **Mitgliedschaft im Rat der Aufseher erlischt endet** auch die **Amtszeit** als Stellvertreter des Vorsitzenden automatisch. Eine **einmalige Wiederwahl** ist möglich.[28] Der Ernennungsbeschluss erfolgt hierbei, wenn der Ernennungsakt **keine abweichenden Regelungen** vorsieht, im Zweifelsfall so, dass der **Amtsantritt** unmittelbar zu dem **Zeitpunkt** erfolgt, zudem die **Amtszeit des Amtsvorgängers endet**. Daneben muss auch eine Amtsniederlegung und eine Amtsenthebung möglich sein. 56

Die Wahlmodalitäten sind in der **Geschäftsordnung des Rates der Aufseher** niedergelegt. Hiernach hat die Wahl zu erfolgen in der Sitzung des Rates der Aufseher, die dem Ende der Amtszeit des Amtsvorgängers vorausgeht. Interessenbekundungen sind dem Vorsitzenden hierbei bis spätestens einen Monat vor dieser Sitzung zu übermitteln – dies bedeutet umgekehrt, dass der Vorsitzende über einen Monat vor der Sitzung auf die anstehende Vakanz hinzuweisen hat – und die Wahlliste ist den Mitglieder des Rates der Aufseher mindestens zehn Tage vor der Sitzung bekanntzumachen.[29] Die Abstimmung erfolgt hierbei gemäß Art. 4 Abs. 8, 7 Abs. 7 S. 1 Geschäftsordnung des Rates der Aufseher[30] durch geheime Wahl und der Beschluss erfordert gemäß Art. 44 Abs. 1 UAbs. 1 S. 1 EIOPA-VO die einfache Mehrheit der anwesenden (stimmberechtigten) Mitglieder des Rates der Aufseher. 57

Unabhängigkeit

49 **Unbeschadet der Rolle, die der Rat der Aufseher im Zusammenhang mit den Aufgaben des Vorsitzenden spielt, darf der Vorsitzende von den Organen oder Einrichtungen der Union, von der Regierung eines Mitgliedstaats oder von anderen öffentlichen oder privaten Stellen keine Weisungen anfordern oder entgegennehmen.**

Weder die Mitgliedstaaten noch die Organe oder Einrichtungen der Union noch andere öffentliche oder private Stellen versuchen, den Vorsitzenden bei der Wahrnehmung seiner Aufgaben zu beeinflussen.

Gemäß dem in Artikel 68 genannten Statut ist der Vorsitzende nach dem Ausscheiden aus dem Dienst verpflichtet, bei der Annahme gewisser Tätigkeiten oder Vorteile ehrenhaft und zurückhaltend zu sein.

Schrifttum: Siehe die Angaben bei Art. 10 EIOPA-VO („Allgemein zum ESFS" und „Allgemein zur EIOPA").

I. Allgemeines. Art. 49 EIOPA-VO regelt die **Unabhängigkeitsgarantie und -pflicht** sowie die Weisungsfreiheit des Vorsitzenden (UAbs. 1) als auch die Pflicht nahezu jedes Dritten, eine **unlautere** 1

---

[27] Siehe Art. 7 Abs. 2 S. 1 The Board of Supervisors of EIOPA Rules of Procedure (EIOPA-BoS-11/002-Rev3).

[28] Art. 3 Abs. 3 Board of Supervisors of EIOPA Rules of Procedure of EIOPA (EIOPA-BoS-11/003): „The term of the Alternate of the Chairperson shall be five years unless elected to fill a vacancy in the office in which case it shall be the remainder of the predecessor's term. The term of office shall in any event expire on this person ceasing to be a Member of the Board of Supervisors. The term of office may be renewed once."

[29] Art. 7 Abs. 3–5 The Board of Supervisors of EIOPA Rules of Procedure (EIOPA-BoS-11/002-Rev3).

[30] The Board of Supervisors of EIOPA Rules of Procedure (EIOPA-BoS-11/002-Rev3).

Beeinflussung des Vorsitzenden zu unterlassen (UAbs. 2). Daneben sieht UAbs. 3 noch eine Reglung zum **nachvertraglichen Zurückhaltungsgebot** des Vorsitzenden vor.

2 **II. Besonderheiten der Unabhängigkeitsgarantie (UAbs. 1, 2).** Eine nahezu **inhaltsgleiche Unabhängigkeitsgarantie und -pflicht, sowie** ein **Verbot der unlauteren Beeinflussung** durch Dritte, besteht auch für die Mitglieder des Rates der Aufseher (Art. 42 EIOPA-VO), die Mitglieder des Verwaltungsrates (Art. 46 EIOPA-VO), den Exekutivdirektor (Art. 52 Abs. 1 und 2 EIOPA-VO), die Mitglieder des Beschwerdeausschusses (Art. 59 Abs. 1 S. 1 und 2 EIOPA-VO) und letztlich (in abgeschwächtem Maße) für alle Personalmitglieder der EIOPA (Art. 70 Abs. 1 UAbs. 4 EIOPA-VO). Die Ausführungen zum Rat der Aufseher verlangen vorliegend analoge Anwendung, zumal der Vorsitzende (hinsichtlich seiner Tätigkeit als Mitglied des Rates der Aufseher) auch von dieser Norm erfasst wird (vgl. Art. 42 EIOPA-VORn. 1 ff.).

3 Die einzige relevante Abweichung der UAbs. 1 und 2 zu Art. 42 EIOPA-VO ist darin zu sehen, dass eine **klarstellende Einschränkung** eingefügt wird, dass die Unabhängigkeitsgarantie und -pflicht unter dem Vorbehalt der **Rolle** steht, **die der Rat der Aufseher** im Zusammenhang mit den **Aufgaben des Vorsitzenden** spielt.

4 Dies bedeutet insbesondere, dass der Vorsitzende in seinen **Entscheidungen** eben **nicht vollkommen frei ist**, sondern an die Beschlüsse des **Rates der Aufseher** gebunden ist, der ihm mithin **in Form** dieser **Beschlüsse**, **Weisungen erteilen** kann. Diese „Weisungen" hat der Vorsitzende letztlich auch einzuholen, da nicht er, sondern der Rat der Aufseher (und mithin im Schwerpunkt die Gesamtheit der stimmberechtigten Leiter der nationalen Versicherungsaufsichtsbehörden) das Hauptlenkungsorgan der EIOPA darstellt. Ferner ist der Vorsitzende durch den Rat der Aufseher frei enthebbar (siehe Art. 48 EIOPA-VO Rn. 50 f.), was zwar seine Unabhängigkeit stark berührt, aber im Hinblick auf den Zusatz des UAbs. 1 im Vergleich zu Art. 42 UAbs. 1 EIOPA-VO unproblematisch erscheint.

5 Die Unabhängigkeit des Vorsitzenden ist insofern gegenüber außerhalb der EIOPA stehender Personen (insbesondere auch gegenüber den Mitgliedstaaten und den Organen der Union) sehr umfassend. Im Verhältnis zu den stimmberechtigten Mitgliedern des Rates der Aufseher (zumindest in ihrer Mehrheit) aber, ist sie nahezu aufgehoben. Da die stimmberechtigten Mitglieder jedoch Beamte der Mitgliedstaaten sind, die im Innenverhältnis für gewöhnlich einer Weisung unterliegen, **hängt** die **Unabhängigkeit des Vorsitzenden** entscheidend **davon ab, dass** die stimmberechtigten **Mitglieder des Rates der Aufseher** ihrer **Unabhängigkeitspflicht nachkommen** und deren Unabhängigkeit entsprechend geschützt wird. Hierdurch wird Art. 42 EIOPA-VO zur zentralen Unabhängigkeitsnorm der EIOPA-VO aufgewertet. Die gesamte Unabhängigkeit der EIOPA und aller ihrer Organe hängt mithin an der Unabhängigkeit der Mitglieder des Rates der Aufseher (siehe aber zu den dogmatischen Bedenken dieser Konstruktion Art. 42 EIOPA-VO Rn. 11 ff.).

6 **III. Nachvertragliches Zurückhaltungsgebot (UAbs. 3).** UAbs. 3 unterwirft den Vorsitzenden der **Geltung des nachvertraglichen Zurückhaltungsverbots** des Art. 16 EU-BeamtStatut. Hierbei wiederholt UAbs. 3 im Schwerpunkt lediglich den Wortlaut des Art. 16 Abs. 1 EU-BeamtStatut. Dies erscheint von daher überflüssig, als diese Norm bereits über Art. 68 Abs. 1 EIOPA-VO i. V. m. Art. 11 Abs. 1 S. 1 EU-BeschäftBeding auf den Vorsitzenden Anwendung findet. UAbs. 3 hat insofern nur klarstellende Funktion. Gänzlich überflüssig erscheint diese Klarstellung allerdings dann, wenn man berücksichtigt, dass die Geltung des nachvertraglichen Zurückhaltungsverbots in Art. 70 Abs. 1 UAbs. 2 EIOPA-VO ein drittes und in Art. 70 Abs. 1 UAbs. 3 EIOPA-VO ein viertes Mal anordnet wird.

7 Art. 16 Abs. 1 EU-BeamtStatut spiegelt insoweit Art. 245 UAbs. 2 AEUV, der ein solches **nachvertragliches Mäßigungsgebot** den Kommissionsmitgliedern abverlangt. *Das bekannteste Beispiel eines Verstoßes war in der causa* „Martin Bangemann" zu sehen, der als Kommissar für Telekommunikation sein Amt niederlegen wollte, um einen Posten beim spanischen Telekommunikationsunternehmen Telefonica zu übernehmen.[1] Für den Vorsitzenden bedeutet dies insbesondere eine Zurückhaltung im Hinblick auf Tätigkeiten oder Annahmen von Vorteilen durch beaufsichtigte Unternehmen. Man könnte hier auch fragen, da die EIOPA im Schwerpunkt ein „Aufseher der Aufseher" ist,[2] ob auch eine auf die Amtszeit folgende Tätigkeit für eine nationale Aufsichtsbehörde grundsätzlich bedenklich sein kann. Dies ist zu bejahen (allerdings mögen diese Bedenken, da der Vorsitzende gerade nichts gegen den Willen der einzelnen nationalen Aufsichtsbehörden entscheiden kann, typischerweise durch eine schlichte Genehmigung der EIOPA [siehe Rn. 8] aus dem Weg geräumt werden). **Grundsätzlich** ist dieses Zurückhaltungsgebot **ohne zeitliche Beschränkung** formuliert. Dies ist allerdings im Kontext mit den Art. 16 Abs. 2 und 3 EU-BeamtStatut zu sehen, die eine Art von Karenzzeit einführen, sodass klar wird, dass sich das Mäßigungsgebot des Art. 16 Abs. 1 EU-BeamtStatut mit größerer zeitlicher Entfernung vom Ende der Amtstätigkeit merklich abschwächt. Dies ist auch notwendig, da ansonsten die Berufsfreiheit des Vorsitzenden in unverhältnismäßiger Weise eingeschränkt wäre.

---

[1] Vgl. 1999/494/EG, EGKS, Euratom: Beschluss des Rates vom 9.7.1999, ABl. 1999 L 192, 55.
[2] *Gal* ZversWiss 2013, 325, 346; *Wandt/Gal* in: Dreher/Wandt 2013, S. 147, 148; ähnlich *Heukamp* § 4 Rn. 29.

Art. 16 Abs. 2 EU-BeamtStatut sieht eine **zweijährige Meldepflicht** für die Aufnahme jeder beruflichen Tätigkeit vor, sowie die Möglichkeit, dass diese Tätigkeitsaufnahme durch die Anstellungsbehörde untersagt werden kann. Im Detail lautet Art. 16 Abs. 2 EU-BeamtStatut folgendermaßen: „Ein Beamter, der beabsichtigt, vor Ablauf von zwei Jahren nach seinem Ausscheiden aus dem Dienst gegen Entgelt oder unentgeltlich eine berufliche Tätigkeit aufzunehmen, muss unter Verwendung eines speziellen Formulars sein Organ hiervon in Kenntnis setzen. Steht die Tätigkeit in Zusammenhang mit der Tätigkeit, die der Beamte in den letzten drei Jahren seiner Dienstzeit ausgeführt hat, und könnte sie zu einem Konflikt mit den legitimen Interessen des Organs führen, so kann die Anstellungsbehörde unter Berücksichtigung des dienstlichen Interesses beschließen, dem Beamten die Aufnahme dieser Tätigkeit zu untersagen, oder vorbehaltlich von ihr als angemessen angesehener Auflagen ihre Zustimmung erteilen." Da in Bezug auf den Vorsitzenden gemäß Art. 43 Abs. 8 EIOPA-VO der Rat der Aufseher die Anstellungsbehörde bzw. hier die vertragschließende Behörde ist (siehe Art. 43 EIOPA-VO Rn. 30), hat der ehemalige Vorsitzende bei diesem die Tätigkeit anzuzeigen und dieser entscheidet auch alleinig darüber, ob die Aufnahme der Tätigkeit zu untersagen ist. 8

Die Anstellungsbehörde, das heißt der **Rat der Aufseher**, **verbietet** gemäß Art. 16 Abs. 3 EU-BeamtStatut ehemaligen höheren Führungskräften – als eine solche hat der **Vorsitzende** zu gelten – in den **12 Monaten** nach dem Ausscheiden aus dem Dienst **grundsätzlich** das **Lobbying** und die **Beratung** des **Personals der EIOPA** zugunsten seines Unternehmens, seiner Kunden oder seiner Arbeitgeber in versicherungsrelevanten Fragen. Dies dürfte insbesondere auch bedeuten, dass für die Fälle, dass der Vorsitzende nach seiner Amtszeit eine kommerzielle Tätigkeit im Versicherungsbereich aufnimmt (etwas anderes gilt dann, wenn er allein akademisch tätig wird) eine Berufung als Mitglied in die Stakeholdergruppen nicht in Frage kommt. 9

Bericht

50 (1) [1]**Das Europäische Parlament und der Rat können den Vorsitzenden oder seinen Stellvertreter unter uneingeschränkter Achtung ihrer Unabhängigkeit auffordern, eine Erklärung abzugeben.** [2]**Der Vorsitzende gibt vor dem Europäischen Parlament eine Erklärung ab und stellt sich den Fragen seiner Mitglieder, wenn hierum ersucht wird.**

(2) **Der Vorsitzende legt dem Europäischen Parlament einen schriftlichen Bericht über die wichtigsten Tätigkeiten der Behörde,[1] wenn er dazu aufgefordert wird und spätestens 15 Tage vor Abgabe der in Absatz 1 genannten Erklärung.**

(3) **Neben den in den Artikeln 11 bis 18 sowie den Artikeln 20 und 33 genannten Informationen enthält der Bericht auch sämtliche relevanten Informationen, die vom Europäischen Parlament ad hoc angefordert werden.**

Schrifttum: Siehe die Angaben bei Art. 1 EIOPA-VO („Allgemein zum ESFS" und „Allgemein zur EIOPA").

I. Allgemeines. Art. 50 EIOPA-VO gibt dem Vorsitzenden eine Erklärungs- (Abs. 1) und Berichtspflicht (Abs. 2) gegenüber dem Europäischen Parlament auf. Sie dienen hiermit indirekt zum Teil auch der Sicherstellung der Rechenschaftspflicht der EIOPA gegenüber dem Europäischen Parlament nach Art. 2 EIOPA-VO. 1

II. Erklärungspflicht (Abs. 1). Ohne dass dies aus dem Wortlaut des Abs. 1 unmittelbar hervorgeht, sind hier **zwei Erklärungspflichten** des Vorsitzenden voneinander zu unterscheiden, nämlich zum einen eine potentiell schriftliche Erklärungspflicht aus Abs. 1 S. 1 und eine immer mündliche Erklärungspflicht aus Abs. 1 S. 2 i. V. m. Abs. 1 S. 1. Die **Unklarheit** dieser **Norm** rührt daher, dass sie im **Kommissionsentwurf** noch darauf beschränkt war, dem Europäischen Parlament ein Anhörungs- und Berichtseinforderungsrecht gegenüber dem Vorsitzenden zu gewähren,[2] und der Rat als Antragsteller erst später eingeführt wurde.[3] 2

1. Potentiell schriftliche Erklärung (Abs. 1 S. 1). Das Europäische Parlament und der Rat können gemäß Abs. 1 S. 1 den Vorsitzenden oder, in dessen Abwesenheit, seinen Stellvertreter (siehe Art. 48 Abs. 2 UAbs. 3 EIOPA-VO), dazu auffordern, eine **Erklärung abzugeben**. 3

Hierbei ist vollkommen unklar, ob Abs. 1 S. 1 so zu verstehen ist, dass diese Pflicht nur durch eine gemeinsame Anfrage von Europäischem Parlament und Rat ausgelöst wird, oder es darum geht, dass **sowohl** das **Europäische Parlament als auch** der **Rat** den Vorsitzenden zur Erklärung **auffordern können**. Im Hinblick darauf, dass beide Organe der EU – anders als die Kommission – nicht in den Organen der EIOPA involviert sind, erscheint es sinnvoll, beiden jeweils ein gesondertes Auskunftsrecht zukommen zu lassen. Dies lässt sich auch am besten mit Abs. 1 S. 2 in Einklang bringen, der für die 4

[1] **Hinweis des Verlags:** Richtig wohl „Der Vorsitzende legt dem Europäischen Parlament einen schriftlichen Bericht über die wichtigsten Tätigkeiten der Behörde vor".
[2] Art. 35 Abs. 1 EIOPA-VO-E, in: KOM(2009) 502 endg.
[3] Siehe Rat, Revised Version Presidency Compromise 2009/0143 (COD), Art. 35 Abs. 1.

mündliche Erklärung vor dem Europäischen Parlament, ein Ersuchen verlangt. Dies würde bedeuten, dass der Rat, wäre das Aufforderungsrecht kumulativ zu verstehen, dieses Erklärungsrecht, das auch die Rechenschaftspflicht der EIOPA gegenüber dem Europäischen Parlament absichert (siehe Rn. 1), unterwandern könnte.

5 Andererseits ist fraglich, **wenn** ein **getrenntes Anforderungsrecht** von Europäischem Parlament und Rat gemeint ist**, worauf diese Aufforderung** dann **gerichtet** werden kann. Würde man davon ausgehen, dass Abs. 1 insgesamt nur auf eine mündliche Erklärungspflicht des Vorsitzenden vor dem Europäischen Parlament, wie es in Abs. 1 S. 2 vorgesehen ist, gerichtet ist, so würde dies dazu führen, dass der Rat alleine den Vorsitzenden zu einer Erklärung vor dem Europäischen Parlament verpflichten könnte. Dies ergibt im institutionellen Gefüge der Europäischen Union jedoch keinen Sinn, da der Rat im Europäischen Parlament über kein Hausrecht verfügt und insofern auch diesem keine Anhörungen aufzwingen kann.

6 Hieraus ist zu schließen, dass mit der Erklärungspflicht des Abs. 1 S. 1 grundsätzlich auch eine andere Erklärung als die mündliche vor dem Europäischen Parlament des Abs. 1 S. 2 gemeint sein kann. Es liegt insofern der Schluss nahe, dass Abs. 1 S. 1 dem Europäischen Parlament und dem Rat die Möglichkeit eröffnen, vom Vorsitzenden **Erklärungen gegenüber dem jeweiligen Organ** zu spezifischen Fragen anzufordern. Diese Auslegung wird auch durch eine historische Auslegung gestützt.[4] Diese Erklärung sollte, zumindest was den Antragsteller Rat anbelangt, der kein potentieller Empfänger des Berichts nach Abs. 2 ist, auf dessen Aufforderung **auch schriftlich** abgegeben werden können.

7 Diese Aufforderung kann **sooft** erfolgen, wie dies **notwendig** ist. Es gibt mithin keine zwingende Höchsterklärungspflicht (siehe aber Rn. 8).

8 In jedem Fall dürfen die aktivlegitimierten **Organe** ihre Aufforderung zur Erklärung aber gemäß Abs. 1 S. 1 **nicht in unstatthafter Weise gebrauchen**, die die Unabhängigkeit des Vorsitzenden berührt. Die Aufforderung zur Erklärung darf sich für den Vorsitzenden also nicht als belästigend, rachsüchtig oder drohend darstellen. Hierbei hat das jeweilige Organ, wie auch sonst, seine im Hinblick auf die Person des Vorsitzenden bestehende Pflicht, unbotmäßige Beeinflussung zu unterlassen, zu beachten (zumal diese Pflicht in der EIOPA-VO neben Abs. 1 S. 1 noch an vier [!] weiteren Stellen niedergelegt ist: Art. 42 UAbs. 2, Art. 46 UAbs. 2, Art. 49 UAbs. 2 und Art. 70 Abs. 1 UAbs. 4 EIOPA-VO).

9 **2. Mündliche Erklärung (Abs. 1 S. 2).** Das **Europäische Parlament** – nicht aber der Rat – kann den Vorsitzenden durch seine Aufforderung gemäß Abs. 1 S. 1 auch dazu verpflichten, dass der Vorsitzende gemäß Abs. 1 S. 2 **vor** dem **Europäischen Parlament** (bzw. dem entsprechenden Ausschuss) **erscheint**, dort eine **mündliche Erklärung abgibt** und die **Fragen** der Mitglieder des Europäischen Parlaments (bzw. des Ausschusses) **beantwortet**. Dieses war die einzige Erklärungspflicht, die ursprünglich durch den Kommissionsentwurf vorgesehen war.[5]

10 **III. Berichtspflicht (Abs. 2, 3).** An die Erklärungspflicht des Abs. 1 anknüpfend wird dem Vorsitzenden noch eine **Berichtspflicht** nach Abs. 2 und 3 auferlegt.

11 Hierbei ergibt sich jedoch das Problem, dass die Annahme einer solchen Berichtspflicht nicht kompatibel wäre mit der Annahme, dass in Abs. 1 S. 1 (auch) die Pflicht zu einer schriftlichen Erklärung, was letztlich ein Bericht ist, niedergelegt ist. Die **Berichtspflicht** ist jedoch trotz der Verweisung des Abs. 2 auf Abs. 1 als Ganzes so zu verstehen, dass die Berichtspflicht **nur ausgelöst** wird, **wenn** eine **Erklärungspflicht nach Abs. 1 S. 2** ausgelöst wurde. Für diese Auslegung spricht auch, dass Abs. 3 gerade nur dem Europäischen Parlament, aber nicht dem Rat die Möglichkeit geben, für den Bericht noch zusätzliche Informationen *ad hoc* zu bestimmen. Wiederum ist hier zu berücksichtigen, dass Art. 50 offenkundig eine sehr schlampige Änderung des Kommissionsentwurfes ist (siehe Rn. 9), wobei zumindest die deutsche Fassung bereits grammatikalisch grob fehlerhaft geriet (siehe Abs. 2: „Bericht legen").

12 Selbst im Fall, dass das Europäische Parlament den Vorsitzenden zur mündlichen Erklärung nach Abs. 1 S. 2 auffordert, tritt jedoch die schriftliche **Berichtspflicht** des Abs. 2 **nicht automatisch** ein, vielmehr ist er hierzu im Ersuchen **aufzufordern**. So eine Aufforderung erfolgt, hat der Vorsitzende jedoch einen Bericht zu verfassen, den er dem Europäischen Parlament spätestens 15 Tage vor seinem Erscheinen vor dem Europäischen Parlament vorzulegen hat.

13 **Inhaltlich** hat der Bericht des Vorsitzenden die **wichtigsten Tätigkeiten** der EIOPA (seit seinem letzten Bericht) zu enthalten. Gemäß Abs. 3 haben diese Ausführungen zumindest **alle wesentlichen Informationen** im Zusammenhang mit der **Tätigkeit** der EIOPA **im Anwendungsbereich der Art. 11–18, 20 und 33 EIOPA-VO** zu beinhalten.[6] Daneben kann das Europäische Parlament den Vorsitzenden in seinem Ersuchen aber auch *ad hoc* dazu auffordern, auf weitere relevante Informationen einzugehen.

---

[4] Siehe insb. Art. 35 Abs. 1 ECOFIN-Entwurf vom 7.12.2009 2009/0143 (COD): „The European Parliament and the Council may invite the Chairperson […] to make a statement regularly before *its* competent committee" [Hervorhebung durch Verf.]. In der Fassung des ECOFIN-Rates war also vorgesehen, dass die Erklärungspflicht vor dem jeweiligen zuständigen Ausschuss des Rates oder des Europäischen Parlaments bestand.

[5] Art. 35 Abs. 1 EIOPA-VO-E, in: KOM(2009) 502 endg.

[6] Siehe auch Art. 2 Abs. 11 S. 2 Board of Supervisors of EIOPA Rules of Procedure of EIOPA (EIOPA-BoS-11/003).

Abschnitt 4. Exekutivdirektor

Ernennung

51 (1) **Die Behörde wird von einem Exekutivdirektor geleitet, der sein Amt unabhängig und als Vollzeitbeschäftigter wahrnimmt.**

(2) **Der Exekutivdirektor wird vom Rat der Aufseher im Anschluss an ein offenes Auswahlverfahren und nach Bestätigung durch das Europäische Parlament auf der Grundlage seiner Verdienste, Fähigkeiten, Kenntnis über Finanzinstitute und -märkte sowie seiner Erfahrung im Bereich der Finanzaufsicht und -regulierung und seiner Erfahrung als Führungskraft ernannt.**

(3) **Die Amtszeit des Exekutivdirektors beträgt fünf Jahre und kann einmal verlängert werden.**

(4) **In den neun Monaten vor Ende der Amtszeit des Exekutivdirektors beurteilt der Rat der Aufseher insbesondere,**

a) welche Ergebnisse in der ersten Amtszeit erreicht und mit welchen Mitteln sie erzielt wurden,

b) welche Aufgaben und Anforderungen in den folgenden Jahren auf die Behörde zukommen.

Der Rat der Aufseher kann die Amtszeit des Exekutivdirektors unter Berücksichtigung der in Unterabsatz 1 genannten Beurteilung einmal verlängern.

(5) **Der Exekutivdirektor kann seines Amtes nur durch einen Beschluss des Rates der Aufseher enthoben werden.**

Übersicht

Schrifttum: Siehe die Angaben bei Art. 1 EIOPA-VO („Allgemein zum ESFS" und „Allgemein zur EIOPA").

I. Allgemeines. In Art. 51 EIOPA-VO ist das Amt des Exekutivdirektors der EIOPA (Abs. 1) hinsichtlich des Ernennungs- (Abs. 2), Amtszeitsverlängerungs- (Abs. 3, 4) und Amtsenthebungsverfahrens (Abs. 5) geregelt. 1

II. Amt (Abs. 1). Neben dem Vorsitzenden hat die EIOPA mit dem Exekutivdirektor ein zweites Organ, das der Behörde personell vorsteht. Der wesentliche Unterschied zwischen Vorsitzendem und Exekutivdirektor ist, dass erster in Zusammenarbeit mit dem Rat der Aufseher (aber auch dem Verwaltungsrat) für die grundlegende Ausrichtung der Arbeit der EIOPA und die besonders einschneidenden Beschlüsse zuständig ist, während es dem Exekutivdirektor gemäß Abs. 1 i. V. m. Art. 53 Abs. 1 Hs. 1 EIOPA-VO obliegt, die tatsächliche administrative **Leitung** (siehe hierzu Art. 53 EIOPA-VO Rn. 3 f.) der Behörde zu übernehmen und die vom Rat der Aufseher vorgegebenen Arbeiten zu implementieren. Die Aufgaben des Exekutivdirektors und mithin die **inhaltliche Ausrichtung des Amtes** sind **in Art. 53 EIOPA-VO** niedergelegt (siehe Art. 53 EIOPA-VO Rn. 2 ff.). 2

Gemäß Abs. 1 nimmt der Exekutivdirektor sein **Amt unabhängig** (siehe Art. 52 EIOPA-VO) und als **Vollzeitbeschäftigter** (das heißt, dass Nebentätigkeiten nur unter einem Zustimmungsvorbehalt zulässig sind)[1] wahr. 3

[1] Im Hinblick auf Art. 68 Abs. 1 EIOPA-VO greift Art. 12b Abs. 1 EU-BeamtStatut, sodass die Genehmigung der Anstellungsbehörde bzw. genauer der vertragsschließenden Behörde (dies ist gemäß Art. 43 Abs. 8 der Rat der Aufseher) einzuholen ist.

4 **III. Ernennung (Abs. 2).** Um den bestmöglichen Kandidaten für das fordernde Amt des Exekutivdirektors auswählen zu können, sieht Abs. 2 ein **mehrphasiges Ernennungsverfahren** vor, dass gewährleisten soll, dass eine fachlich (und moralisch) bestens geeignete Person für das Amt gewonnen werden kann.

5 **1. Ernennungsvoraussetzungen (Abs. 2 Hs. 2).** Wie beim Vorsitzenden (siehe Art. 48 EIOPA-VO Rn. 12 ff.) verlangt Abs. 2 Hs. 2, dass der Exekutivdirektor über **Verdienste**, **Kompetenzen**, **Kenntnis über Finanzinstitute und -märkte** sowie über **Erfahrungen im Bereich Finanzaufsicht und -regulierung** verfügt. Trotz der begrifflichen Unschärfe dieser Kriterien, ist anzunehmen, dass diese zumindest im Kerngehalt justiziabel sind, sodass sämtliche Eigenschaften bei dem zu ernennenden Kandidaten auch vorhanden sein müssen und in der Gesamtschau auch die auf diese Kriterien bezogenen Eigenschaften der Mitbewerber übersteigen.[2] Hierbei sind die Kriterien grundsätzlich inhaltsgleich zu den Kriterien des Vorsitzenden zu verstehen, wobei aber gerade die Begriffe Verdienste und Kompetenzen in konkretem Bezug zu den zu übernehmenden Aufgaben des jeweiligen Amtes zu setzen sind.

6 Für den Exekutivdirektor gilt neben den vorgenannten Kriterien (Rn. 5), die inhaltsgleich mit denen des Vorsitzenden sind, noch das Ernennungskriterium der **Erfahrung als Führungskraft**. Dies ist im Hinblick auf die Aufgaben des Exekutivdirektors als Erfahrung in Führungsposition mit **Personalleitungskompetenz** zu verstehen.

7 **2. Ernennungsverfahren (Abs. 2 Hs. 1).** Die Ernennung des Exekutivdirektors erfordert gemäß Abs. 2 Hs. 1 eine **positive Entschließung zweier Akteure**, nämlich des Rates der Aufseher und des Europäisches Parlaments.

8 **a) Verfahrensinitiierung (Abs. 2 Hs. 1).** Gemäß Abs. 2 Hs. 1 wird der Exekutivdirektor im Anschluss an ein **offenes Auswahlverfahren** ernannt. Dies bedeutet, dass die EIOPA vor dem Ablauf der Amtszeit des gegenwärtigen Exekutivdirektors eine öffentliche Ausschreibung zu initiieren hat (vgl. zum Begriff Art. 48 EIOPA-VO Rn. 15). Das Auswahlverfahren kann hierbei entsprechend Art. 29 Abs. 2 EU-BeamtStatut unter Ausnutzung des großen Gestaltungsspielraums des initiierenden Organs durchgeführt werden.

9 Das **Auswahlverfahren** wird durch den **Rat der Aufseher initiiert**. Dies folgt daraus, dass dieser gemäß Abs. 2 für die Ernennung des Exekutivdirektors zuständig ist und er gemäß Art. 43 Abs. 8 EIOPA-VO für den Exekutivdirektor auch die Aufgabe der **vertragschließenden Behörde** wahrnimmt (siehe Art. 43 EIOPA-VO Rn. 30 ff.). Praktisch wird der Rat der Aufseher – und dies erscheint auch die richtige Herangehensweise – zu diesem Zweck einen internen Ausschuss bildet, auf den die Aufgabe delegiert wird.[3] Hierbei wird die Initiierung in der Gestalt erfolgen, dass eine **öffentliche Ausschreibung zur Interessenbekundung** erfolgt. In der Vergangenheit hat die EIOPA alle Ausschreibungen (zumindest auch) auf ihrer Homepage veröffentlicht.[4] Die Ausschreibung zur Besetzung des Amtes des Exekutivdirektors erfolgte hierbei immer auch im Amtsblatt.[5]

10 Die hierauf **eingehenden Bewerbungen** sind dann durch den Rat der Aufseher zu **bewerten**. Auch hier dürfte es aber zulässig sein, dass der Rat der Aufseher von seiner Delegationsmöglichkeit des Art. 41 Abs. 1 Hs. 2 EIOPA-VO Gebrauch macht und die Kandidaten bereits vorsortieren lässt, sodass nur noch zwischen den besonders qualifizierten Kandidaten entschieden werden muss. Da es sich hierbei jedoch um eine Kernkompetenz des Rates der Aufseher handelt, sollte der Ausschuss ausschließlich mit Mitgliedern des Rates besetzt sein.

11 **b) Behördeninternes Ernennungsverfahren.** Abs. 2 gibt nicht vor, wie das Auswahlverfahren auszugestalten ist. Praktisch wird wohl zunächst durch den Rat der Aufseher (oder durch den Delegatar, d. h. den Ernennungsausschuss) aus dem Bewerberfeld eine **Berufungsliste** (eventuell noch ohne Platzierung) herausgearbeitet.[6] Der Rat der Aufseher kann sich hier jedoch auch zu einem anderen Vorgehen entscheiden.

12 Danach werden wohl die in Betracht gezogenen Bewerber zu einer **Vorstellungsrunde** zu einer Sitzung des Rates der Aufseher geladen.[7] Es ist unklar, ob es im Hinblick auf die freie Ermessen des Rates der Aufseher noch zulässig wäre, dass der Delegatar (siehe Rn. 9 f., 11) das Bewerberfeld auf einen Kandidaten reduziert und nur diesen zur Abstimmung aufstellt. Dies scheint bei der Wahl des aktuellen

---

[2] Siehe *EuGöD* Urt v. 13.11.2014 – Rs. F-2/12 Rn. 61 ff. – Hristov/Ksion und EMA, wo die Ernennung des Exekutivdirektors der EMA, Guido Rasi, auf die Klage des Konkurrenten und damaligen Leiters der bulgarischen Arzneimittelagentur hin, wenn auch nur aus formalen Gründen für unwirksam erklärt wurde.

[3] So das Vorgehen bei letztmaliger Ausschreibung des Amtes des Exekutivdirektors, vgl. TOP 6.3 EIOPA Board of Supervisors Meeting 29–30 September 2015 Approved Deliberations and Conclusions (EIOPA-15/228).

[4] So beispielsweise auch die Ausschreibung zur Bewerbung auf das Amt des Exekutivdirektors, nachdem Montalvo Rebuelta auf eine Amtsverlängerung verzichtet hatte, siehe https://eiopa.europa.eu/Publications/Press%20Releases/2015-10-01%20EIOPA%20Executive%20Director.pdf.

[5] ABl. 2010 C-290/A/04 und ABl. 2015 C-323/A/1.

[6] Vgl. hierzu TOP 3 EIOPA Board of Supervisors, Budapest, 25 February 2011 Approved Minutes (EIOPA-BoS-11/008), der hinsichtlich der Wahl des ersten Exekutivdirektors von einer *short-list* spricht.

[7] TOP 3 EIOPA Board of Supervisors, Budapest, 25 February 2011 Approved Minutes (EIOPA-BoS-11/008).

Exekutivdirektors der EIOPA, Fausto Parente, der Fall gewesen zu sein, zumindest findet sich in den Sitzungsprotokollen keine Anhörung anderer Kandidaten.[8] In Unkenntnis der vorliegenden Bewerbungen erscheint auch dieses Vorgehen nicht offensichtlich unzulässig.

Im Anschluss an die Vorstellung erfolgt die Ernennung durch **Beschluss.**[9] Der Ernennungsbeschluss ergeht gemäß Art. 44 Abs. 1 S. 1 EIOPA-VO mit einfacher Mehrheit der anwesenden Mitglieder des Rates der Aufseher. Die Abstimmung findet gemäß Art. 4 Abs. 8 Geschäftsordnung des Rates der Aufseher[10] als geheime Wahl statt. Hierdurch tritt jedoch in keinem Fall die Ernennungswirkung unmittelbar ein, da diese unter dem Genehmigungsvorbehalt durch das Europäische Parlament des Abs. 2 erfolgt. Ab welchem Zeitpunkt der Kandidat als im Amt ernannt gilt, wenn das Europäische Parlament den Beschluss genehmigt, richtet sich entweder nach der Regelung im Beschluss (siehe Rn. 20) oder es ist davon auszugehen, dass das Amt unmittelbar mit Amtsaustritt des Amtsvorgängers beginnt bzw. mit dem Zeitpunkt der Genehmigung, je nach dem welcher Zeitpunkt später liegt. **Neben dem Amt** wird mit dem Exekutivdirektor noch ein **Dienstvertrag** abgeschlossen, wobei der Exekutivdirektor als Zeitbediensteter der EIOPA gemäß Art. 2 lit. a EU-BeschäftBeding (siehe Art. 68 EIOPA-VO Rn. 11 ff.) als Verwaltungsadministrator der Besoldungsgruppe AD-14 eingestellt wird (siehe Art. 68 EIOPA-VO Rn. 13). 13

Im Hinblick auf die Notwendigkeit einer Genehmigung durch das Europäische Parlament nach Abs. 2 ergibt sich, dass der Rat der Aufseher gehalten ist, seinen **Ernennungsbeschluss mit ausreichendem zeitlichen Vorlauf vor** dem **Amtsende des Vorgängers** des designierten neuen Exekutivdirektors zu fassen, damit nicht eine Verzögerung beim Europäische Parlament zu einer Vakanz des Postens führt. 14

c) Genehmigung durch das Europäische Parlament (Abs. 2 Hs. 1). Anders als im Ernennungsverfahren des Vorsitzenden, wo dem Europäischen Parlament lediglich ein **Vetorecht** zukommt (siehe Art. 48 EIOPA-VO Rn. 24 ff.), ist es an der Ernennung des Exekutivdirektors aktiv beteiligt. Entsprechend ist eine durch den Rat der Aufseher zum Exekutivdirektor ernannte Person frühestens im Amt, wenn das Europäische Parlament den Ernennungsbeschluss gebilligt hat.[11] 15

Dem Europäischen Parlament ist für seinen Billigungsbeschluss **keine Frist** vorgegeben. Im Hinblick darauf, dass ein Hinauszögern der Billigung die Arbeit der EIOPA erheblich erschweren könnte, da dies zu einer Vakanz des Postens des Exekutivdirektors führen würde, gebietet das Loyalitätsprinzips aus Art. 13 Abs. 2 S. 2 EUV, dass das Europäische Parlament zeitnah entscheidet. 16

IV. Amtsdauer (Abs. 3–5). Abs. 3–5 regeln neben der Amtszeit des Exekutivdirektors, auch die Möglichkeit einer Amtszeitverlängerung und die Modalitäten einer Amtsenthebung. 17

1. Regelmäßige Amtsdauer (Abs. 3 Hs. 1). Die **Amtszeit** des Exekutivdirektors beträgt, wie auch die des Vorsitzenden (siehe Art. 48 EIOPA-VO Rn. 27), nach Abs. 3 Hs. 1 **fünf Jahre.** 18

Soweit der Ernennungsakt **keine abweichenden Regelungen** vorsieht, ist im Zweifelsfall anzunehmen, dass der **Amtsantritt** unmittelbar zu dem **Zeitpunkt** erfolgt, zudem die **Amtszeit des Amtsvorgängers endet**. Hierbei steht der Ernennungsbeschluss jedoch immer unter der **aufschiebenden Bedingung** einer **Billigung durch** das **Europäische Parlament** (siehe Rn. 15 f.). Im Schweigensfall ist mithin anzunehmen, dass die Ernennung entweder unmittelbar zum Zeitpunkt des Amtsaustritts des Vorgängers oder zum Zeitpunkt der Billigung eintritt, je nach dem welcher Zeitpunkt später eintritt. 19

Der **Amtsantritt** ließe sich durch EIOPA praktisch auch **anders gestaltet** – ohne dass Abs. 2 und Abs. 3 Hs. 1 dem entgegenstünden –, beispielsweise, wenn der Kandidat auf Grund einer Kündigungsfrist erst nach Ende der Amtszeit des Amtsvorgängers das Amt übernehmen kann. Der Rat der Aufseher würde den designierten Exekutivdirektor dann unter der Feststellung ernennen, dass diese Ernennung keinen unmittelbaren Amtsbeginn mit Amtsaustritt des Amtsvorgängers, sondern erst ab einem einzusetzenden Datum bewirkt. 20

Die Amtszeit endet regelmäßig dadurch, dass seit dem Tag des Amtsantritts (siehe Rn. 19 f.) fünf Jahre verstrichen sind. Die **Amtsstellung** des Exekutivdirektors **erlischt automatisch**, ohne dass es einer weiteren Handlung durch die EIOPA (bzw. dessen Rat der Aufseher) bedürfte. Eine Amtsentlassungsurkunde ist nicht zwingend auszustellen. 21

Neben der Möglichkeit einer Amtsenthebung (siehe Rn. 31 ff.) **endet das Amt noch** im Fall des **Todes** und auch die Möglichkeit einer **Amtsniederlegung** durch den Exekutivdirektor besteht (wobei eine grundlose Amtsniederlegung zur Unzeit eventuell noch haftungsrechtliche Konsequenzen nach sich ziehen könnte). 22

---

[8] TOP 3.2 EIOPA Board of Supervisors Meeting 28–29 January 2016 Approved Deliberations and Conclusions (EIOPA-16/037).

[9] A. A. *van Cleynenbreugel* ELSA Malta Law Review 2012, 231, 248.

[10] The Board of Supervisors of EIOPA Rules of Procedure (EIOPA-BoS-11/002-Rev3).

[11] Siehe Beschluss des Europäischen Parlaments vom 9. März 2016 über den Vorschlag für die Ernennung des Exekutivdirektors der Europäischen Aufsichtsbehörde für das Versicherungswesen und die betriebliche Altersversorgung (EIOPA) (C8–0023/2016 –2016/0902(NLE))(Billigung).

23 Unklar ist, da der Exekutivdirektor neben seinem Amt als Zeitbediensteter der EIOPA eingestellt wird, ob es einen **automatischen Beendigungsgrund** durch **Erreichen** eines **bestimmten Alters** gibt. Gemäß Art. 47 lit. a EU-BeschäftBeding ist das Entpflichtungsalter für Zeitbedienstete 66 Jahre, wobei die Entpflichtung mit Ablauf des Monats eintritt, in dem der Bedienstete das 66. Lebensjahr vollendet hat. Im Umkehrschluss muss auch das Amt zu diesem Zeitpunkt enden, da die EU-BeschäftBeding und die EIOPA-VO hiervon keine abweichenden Reglungen vorsehen.

24 **2. Amtszeitverlängerung (Abs. 3 Hs. 2, Abs. 4).** Abs. 3 Hs. 2 erlaubt eine **einmalige Amtszeitverlängerung**. Diese Verlängerung bewirkt ab ihrer Erteilung oder ihrer Gestaltungswirkung (siehe Rn. 19 f.) den Lauf einer neuen zweiten Amtszeit von fünf Jahren. Hierbei dürfte es jedoch auch zulässig sein, dass die Amtszeitverlängerung – insbesondere wenn der gegenwärtige Exekutivdirektor die Übernahme einer vollen zweiten Amtszeit ablehnt – für einen Zeitraum von unter fünf Jahren erteilt wird.

25 Praktisch erfolgt das Verlängerungsverfahren wohl zunächst so, dass der Rat der Aufseher vor Ablauf der Amtszeit **sondiert**, ob der gegenwärtige Exekutivdirektor **Interesse an einer Amtszeitsverlängerung** hat.

26 Unabhängig davon, ob ein Verlängerungsinteresse beim Vorsitzenden vorhanden ist, hat der Rat der Aufseher gemäß Abs. 4 UAbs. 1 **innerhalb der neun Monate**, die dem Ablauf der gegenwärtigen Amtszeit des Exekutivdirektors vorausgehen, diese **Amtszeit** des Exekutivdirektors zu **evaluieren**.

27 Diese Evaluationspflicht ist **inhaltsgleich zur Evaluationspflicht beim Vorsitzenden** (siehe Art. 48 EIOPA-VO Rn. 36 ff.). Hinsichtlich der Bedeutung der Neunmonatsfrist (siehe Art. 48 EIOPA-VO Rn. 37), der Notwendigkeit einer Evaluation auch im Fall fehlenden Verlängerungswillens (siehe Art. 48 EIOPA-VO Rn. 38) und zu den inhaltlichen Anforderungen an den Evaluationsbericht (siehe Art. 48 EIOPA-VO Rn. 39) gilt insofern das dort Gesagte. Eine Besonderheit ergibt sich nur hinsichtlich der **inhaltlichen Anforderungen des Evaluationsberichts**, da sich mit der Person des zu Evaluierenden der **Referenzrahmen verändert**. Es ist also gemäß Abs. 2 UAbs. 1 lit. a vergangenheitsbezogen zu beurteilen, welche Ergebnisse in der zu evaluierenden Amtszeit mit welchen Mitteln erreicht wurden und welche Rolle der Exekutivdirektor innerhalb dieser Vorgänge gespielt hat. Daneben hat der Evaluationsbericht gemäß Abs. 2 UAbs. 1 lit. b zukunftsbezogen zu exponieren, welche Aufgaben und Anforderungen auf die EIOPA in den kommenden Jahren zukommen und zu beurteilen, ob der gegenwärtige Exekutivdirektor im Hinblick auf seinen „*track record*" die richtige Person zur Bewältigung dieser Herausforderungen ist.

28 Auf Grundlage des Evaluationsberichts **beschließt** der **Rat der Aufseher** gemäß Abs. 4 UAbs. 2 über die **Amtszeitverlängerung**.

29 Anders als der Ersternennungsbeschluss (siehe Rn. 15 f.) und der Amtszeitverlängerungsbeschluss für den Vorsitzenden (siehe Art. 48 EIOPA-VO Rn. 41), die beide unter einem Genehmigungsvorbehalt stehen und mithin bis zur Billigung durch das Europäische Parlament schwebend unwirksam sind, ist das **Europäische Parlament** bei der Amtszeitverlängerung des Exekutivdirektors **nicht einbezogen**. Das Europäische Parlament hat mithin auch kein Vetorecht und nicht einmal ein Recht, dazu gehört zu werden. Der Rat der Aufseher beschließt vollkommen unabhängig, sodass dieser Amtszeitsverlängerungsbeschluss in jedem Fall eine neue Amtsperiode beginnend mit dem Ende der laufenden ersten Amtszeit eröffnet.

30 Unklar ist, ob Abs. 3 Hs. 2 und Abs. 4 UAbs. 2 Hs. 2 der **Neuberufung eines ehemaligen Exekutivdirektors**, der bereits zwei Amtszeiten gedient hat, im Wege steht, wenn zwischenzeitig eine andere Person das Amt zumindest für eine teilweise Amtsperiode innehatte. Dies widerspricht zwar nicht dem Wortlaut der Norm, wohl aber ihrem Sinn, sodass dies als nicht zulässig erscheint (vgl. zum gleichen Problem beim Vorsitzenden Art. 48 EIOPA-VO Rn. 42).

31 **3. Amtsenthebung (Abs. 5).** Der Exekutivdirektor kann nur durch einen Beschluss des Rates der Aufseher seines Amtes enthoben werden. Dies dient einerseits dem **Schutz der Unabhängigkeit** des **Exekutivdirektors** gegenüber allen außerhalb des Rates der Aufseher stehenden Personen, vorrangig aber auch der Unabhängigkeit der **EIOPA als Ganzes**.

32 **a) Amtsenthebungsverfahren.** Die **Amtsenthebung** erfolgt – anders als beim Vorsitzenden, der formell durch das Europäische Parlament, aber nur nach einem Beschluss des Rates der Aufseher seines Amtes enthoben wird (siehe Art. 38 EIOPA-VO Rn. 44 ff.) – gemäß Abs. 5 allein durch **Beschluss** des **Rates der Aufseher**. Mitwirkungs- oder Beteiligungsrechte anderer Organe oder Einrichtungen der Union sind nicht vorgesehen.

33 Der Rat der Aufseher hat, wenn er den Erlass eines Amtsenthebungsbeschlusses erwägt, **keine** Organe der EU, andere Einrichtungen (bspw. Organe der anderen ESA) oder **sonstige Stellen zu hören**. Im Gegenteil sollten die stimmberechtigten Mitglieder des Rates der Aufseher im Hinblick auf ihre Pflicht aus Art. 42 UAbs. 1 EIOPA-VO jeden Anschein vermeiden, dass sie Weisung anfordern oder entgegennehmen.

34 Praktisch werden sich einige stimmberechtigte Mitglieder, so die Umstände eine Amtsenthebung für sie zu erwägen ist, vor einer anstehenden Sitzung außerhalb des Rates der Aufseher besprechen und auf

der Sitzung oder bereits vorher beantragen, dass ein **Tagesordnungspunkt zur Erörterung der Person des Exekutivdirektors** aufzunehmen ist. Sollte eine Sitzung nicht unmittelbar anstehen, so wäre es auch möglich, dass gemäß Art. 44 Abs. 2 Hs. 1 Alt. 2 EIOPA-VO durch ein Drittel der Mitglieder des Rates der Aufseher die Ansetzung einer Sitzung beantragt wird (siehe Art. 44 EIOPA-VO Rn. 20). Der Exekutivdirektor, der grundsätzlich ein Teilnahmerecht an den Sitzungen des Rates der Aufseher hat (siehe Art. 40 EIOPA-VO Rn. 26), wäre von der Beratung dieses Tagesordnungspunkts auszuschließen.

Da die **Amtsenthebung durch** einen **Beschluss** erfolgt[12] und die EIOPA-VO hier keine Ausnahme vorsieht, ist gemäß Art. 39 Abs. 1 EIOPA-VO vor dessen Erlass dem Exekutivdirektor unter Mitteilung der geplanten Amtsenthebung eine Frist zur Stellungnahme zu setzen und ausreichendes rechtliches Gehör zu gewähren. 35

Der Amtsenthebungsbeschluss des Rates der Aufseher ergeht gemäß Art. 44 Abs. 1 UAbs. 1 S. 1 EIOPA-VO mit **einfacher Mehrheit** der anwesenden Mitglieder des **Rates der Aufseher**. 36

b) Amtsenthebungsgründe. Auffällig ist an Abs. 5, dass er wie Art. 48 Abs. 5 UAbs. 1 EIOPA-VO zur Amtsenthebung des Vorsitzenden, aber anders als beispielsweise Art. 58 Abs. 5 Hs. 1 EIOPA-VO für die Amtsenthebung der Mitglieder des Beschwerdeausschusses **keine Gründe für** die **Amtsenthebung** fordert. 37

Hieraus ist zu schließen, dass der Exekutivdirektor **grundsätzlich ohne Angabe von Gründen** seines **Amtes enthoben** werden **kann** (im Sinne eines *at-will-employment*). Das Entscheidende ist, dass der Exekutivdirektor **nicht mehr das Vertrauen** des Rates der Aufseher **genießt**. 38

Unabhängigkeit

52 **Unbeschadet der Rolle, die der Verwaltungsrat und der Rat der Aufseher im Zusammenhang mit den Aufgaben des Exekutivdirektors spielen, darf der Exekutivdirektor von Organen der Einrichtungen der Union, von der Regierung eines Mitgliedstaats und von anderen öffentlichen oder privaten Stellen Weisungen weder anfordern noch entgegennehmen.**

Weder die Mitgliedstaaten noch die Organe oder Einrichtungen der Union noch andere öffentliche oder private Einrichtungen versuchen, den Exekutivdirektor bei der Wahrnehmung seiner Aufgaben zu beeinflussen.

Gemäß dem in Artikel 68 genannten Statut ist der Exekutivdirektor nach dem Ausscheiden aus dem Dienst verpflichtet, bei der Annahme gewisser Tätigkeiten oder Vorteile ehrenhaft und zurückhaltend zu sein.

Schrifttum: Siehe die Angaben bei Art. 1 EIOPA-VO („Allgemein zum ESFS" und „Allgemein zur EIOPA").

I. Allgemeines. Art. 52 EIOPA-VO regelt die **Unabhängigkeitsgarantie und -pflicht** sowie die Weisungsfreiheit des Exekutivdirektors (UAbs. 1) als auch die Pflicht nahezu jedes Dritten, eine **unlautere Beeinflussung** des Exekutivdirektors zu unterlassen (UAbs. 2). Daneben sieht UAbs. 3 noch eine Reglung zum **nachvertraglichen Zurückhaltungsgebot** des Exekutivdirektors vor. 1

II. Besonderheiten der Unabhängigkeitsgarantie (UAbs. 1, 2). Eine nahezu **inhaltsgleiche Unabhängigkeitsgarantie und -pflicht, sowie** ein **Verbot der unlauteren Beeinflussung** durch Dritte, besteht auch für die Mitglieder des Rates der Aufseher (Art. 42 EIOPA-VO), den Vorsitzenden (Art. 49 EIOPA-VO), die Mitglieder des Verwaltungsrates (Art. 46 EIOPA-VO), die Mitglieder des Beschwerdeausschusses (Art. 59 Abs. 1 S. 1 und 2 EIOPA-VO) und letztlich (in abgeschwächtem Maße) für alle Personalmitglieder der EIOPA (Art. 70 Abs. 1 UAbs. 4 EIOPA-VO). Die Ausführungen zum Rat der Aufseher verlangen vorliegend analoge Anwendung (vgl. Art. 42 EIOPA-VO Rn. 1 ff.). 2

Die einzige relevante Abweichung der Abs. 1 und 2 zu Art. 42 EIOPA-VO ist darin zu sehen, dass – ähnlich wie in Art. 49 UAbs. 1 EIOPA-VO für den Vorsitzenden – eine **klarstellende Einschränkung** eingefügt wird, dass die Unabhängigkeitsgarantie und -pflicht unter dem Vorbehalt der **Rolle** steht, **die der Rat der Aufseher** und der **Verwaltungsrat** im Zusammenhang mit den **Aufgaben des Exekutivdirektors** spielen. 3

Dies bedeutet insbesondere, dass der Exekutivdirektor in seinen **Entscheidungen** eben **nicht vollkommen frei ist**, sondern an die Beschlüsse des **Rates der Aufseher** und des **Verwaltungsrates** gebunden ist, die ihm mithin **in Form** dieser **Beschlüsse Weisungen erteilen** können. Ferner ist der Exekutivdirektor durch den Rat der Aufseher frei seines Amtes enthebbar (siehe Art. 51 EIOPA-VO Rn. 37 f.), was zwar seine Unabhängigkeit stark berührt, aber im Hinblick auf den Zusatz des UAbs. 1 im Vergleich zu Art. 42 UAbs. 1 EIOPA-VO unproblematisch erscheint. 4

Die Unabhängigkeit des Exekutivdirektors ist insofern gegenüber außerhalb der EIOPA stehender Personen (insbesondere auch gegenüber den Mitgliedstaaten und den Organen der Union) sehr umfas- 5

[12] A. A. *van Cleynenbreugel* ELSA Malta Law Review 2012, 231, 248.

send. Im Verhältnis zu den stimmberechtigten Mitgliedern des Rates der Aufseher (zumindest in ihrer Mehrheit) aber ist sie nahezu aufgehoben und auch gegenüber dem Verwaltungsrat stark eingeschränkt. Da die stimmberechtigten Mitglieder jedoch Beamte der Mitgliedstaaten sind, die im Innenverhältnis für gewöhnlich einer Weisung unterliegen, **hängt** die **Unabhängigkeit des Exekutivdirektors** entscheidend **davon ab, dass** die stimmberechtigten **Mitglieder des Rates der Aufseher** ihrer **Unabhängigkeitspflicht nachkommen** und deren Unabhängigkeit entsprechend geschützt wird. Hierdurch wird Art. 42 EIOPA-VO zur zentralen Unabhängigkeitsnorm der EIOPA-VO aufgewertet. Die gesamte Unabhängigkeit der EIOPA und aller ihrer Organe hängt mithin an der Unabhängigkeit der Mitglieder des Rates der Aufseher (siehe aber zu den dogmatischen Bedenken dieser Konstruktion Art. 42 EIOPA-VO Rn. 11 ff.).

6 **III. Nachvertragliches Zurückhaltungsgebot (UAbs. 3).** UAbs. 3 ist abgesehen von der Person des Adressaten **wortgleich mit Art. 49 UAbs. 3 EIOPA-VO** (vgl. Art. 49 EIOPA-VO Rn. 6 ff.), sodass sich für den Exekutivdirektor keine vom Vorsitzenden abweichenden Beurteilungen ergeben.

Aufgaben

53 (1) **Der Exekutivdirektor ist für die Leitung der Behörde verantwortlich und bereitet die Arbeiten des Verwaltungsrats vor.**

(2) **Der Exekutivdirektor ist für die Durchführung des Jahresarbeitsprogramms der Behörde verantwortlich, wobei der Rat der Aufseher eine Beratungs- und Lenkungsfunktion übernimmt und der Verwaltungsrat die administrative Kontrolle ausübt.**

(3) **Der Exekutivdirektor trifft alle erforderlichen Maßnahmen und erlässt insbesondere interne Verwaltungsanweisungen und veröffentlicht Mitteilungen, um das Funktionieren der Behörde gemäß dieser Verordnung zu gewährleisten.**

(4) **Der Exekutivdirektor erstellt das in Artikel 47 Absatz 2 genannte mehrjährige Arbeitsprogramm.**

(5) **Der Exekutivdirektor erstellt jedes Jahr bis zum 30. Juni das in Artikel 47 Absatz 2 genannte Arbeitsprogramm für das folgende Jahr.**

(6) **Der Exekutivdirektor erstellt einen Vorentwurf des Haushaltsplans der Behörde gemäß Artikel 63 und führt den Haushaltsplan der Behörde gemäß Artikel 64 aus.**

(7) **Der Exekutivdirektor erstellt alljährlich einen Berichtsentwurf, der einen Abschnitt über die Regulierungs- und Aufsichtstätigkeiten der Behörde und einen Abschnitt über finanzielle und administrative Angelegenheiten enthält.**

(8) **Der Exekutivdirektor übt gegenüber dem Personal der Behörde die in Artikel 68 niedergelegten Befugnisse aus und regelt Personalangelegenheiten.**

Übersicht

Schrifttum: Siehe die Angaben bei Art. 1 EIOPA-VO („Allgemein zum ESFS" und „Allgemein zur EIOPA").

1 **I. Allgemeines.** Art. 53 EIOPA-VO überträgt dem Exekutivdirektor als Organ der EIOPA verschiedene Aufgaben (Abs. 1–8).

2 **II. Aufgaben.** Dem Exekutivdirektor kommt **im Schwerpunkt** die Aufgabe zu, die **EIOPA zu leiten**. Daneben ist es auch an ihm, die **Arbeiten des Verwaltungsrates vorzubereiten**, soweit dies nicht am Vorsitzenden ist. Die dem Exekutivdirektor zugewiesenen Aufgaben sind in den Abs. 1–8 enumeriert.

3 **1. Leitungs- und Vorbereitungsfunktion (Abs. 1).** Dem Exekutivdirektor wird gemäß Abs. 1 Hs. 1 die **Leitung** der EIOPA übertragen. Was genau unter Leitung – gerade im Unterschied zur Aufgabe des Vorsitzenden, die EIOPA zu vertreten – zu verstehen ist, geht nicht unmittelbar aus der

EIOPA-VO hervor. Im deutschen Gesellschaftsrecht versteht man unter der Leitungsaufgabe, letztlich die Aufgabe die Geschäfte der juristischen Person zu führen. Allerdings ist der Begriff der Leitung nicht vollkommen deckungsgleich mit dem der Geschäftsführung. Vielmehr handelt es sich bei der Leitung um den unveräußerlichen (nicht delegierbaren) Kernbereich von Geschäftsführungsbefugnissen.[1] Dies ließe sich so verstehen, dass der Exekutivdirektor alle Geschäfte der EIOPA zu führen hat, die nicht einem anderen Organ zugewiesen sind und die der Exekutivdirektor nicht – jenseits des Kernbereichs seiner Geschäftsführungsaufgaben – auf eine andere Person delegiert hat.

Allerdings ist davon auszugehen, dass der hier verwandte Begriff der Leitung den Exekutivdirektor nicht nur geschäftsführende Funktionen, sondern teilweise auch **Vertretungsbefugnisse** für die EIOPA überträgt.[2] Hierbei ist zu berücksichtigen, dass die klare Trennung zwischen Geschäftsführungsbefugnis und Vertretungsbefugnis, wie sie das deutsche Recht kennt, nicht allen europäischen Rechtsordnungen zu eigen ist. So verwenden die anderen Sprachfassungen hier Begrifflichkeiten, die sich nicht so klar wie der verwandte deutsche Begriff nur dem Bereich der Geschäftsführung zuordnen lassen.[3] Dies trifft beispielsweise zu auf die Begriffe *management* (Englisch), *gestion* (Französisch), *gestione* (Italienisch), *gestión* (Spanisch), *gestão* (Portugiesisch) und *beheer* (Niederländisch). Es ist insofern davon auszugehen, dass dem Exekutivdirektor im Hinblick auf die übertragenen Leitungsbefugnisse, hierbei geht es insbesondere um die Befugnisse einer vertragsschließenden Behörde aus Abs. 8, auch die für die Geschäftsführung zwingend notwendigen Vertretungsbefugnisse übertragen werden. Insofern ist für Zwecke dieser speziellen Aufgaben der Exekutivdirektor und nicht der Vorsitzende Stellvertreter der EIOPA (vgl. Art. 49 EIOPA-VO Rn. 2). 4

Daneben weist Abs. 1 Hs. 2, als eine Art kleine **Auffangkompetenz**, dem Exekutivdirektor die Aufgabe zu, die **Arbeiten** des **Verwaltungsrates vorzubereiten**. Diese Aufgabenzuweisung greift immer dann, wenn keine spezielle Aufgabenzuweisung, die eine Aufgabenvorbereitung betrifft – etwa Entwurf der Arbeitsprogramme (Abs. 4, 5), Entwurf des Voranschlags des Haushaltsplans (Abs. 6 Hs. 1), Entwurf des Jahresberichts (Abs. 7) – einschlägig ist. Hierbei wird diese Pflicht von EIOPA wohl recht weit verstanden, nämlich auch die Nachbereitung mitumfassend, da der Exekutivdirektor beispielsweise durch Art. 5 Abs. 11 Geschäftsordnung des Verwaltungsrates[4] dazu verpflichtet wird, die Sitzungsprotokolle des Verwaltungsrates zu verfassen. Generell ist die Pflicht des Exekutivdirektors wohl so zu verstehen, dass er ausreichend mit dem Vorsitzenden kommuniziert, der für die Ladungen zu den Sitzungen des Verwaltungsrates zuständig ist (siehe Art. 48 EIOPA-VO Rn. 3) und diesen in die Lage versetzt, die für die Sitzungen anstehende Arbeit sinnvoll zu strukturieren. Daneben hat der Exekutivdirektor dafür zu sorgen, dass die Mitglieder des Verwaltungsrates über hinreichendes Informationsmaterial verfügen, um ihre Entscheidungen treffen zu können. Diese Vorbereitungsaufgabe ist in gewissem Grad das **Herzstück im Gefüge der EIOPA**. Der Exekutivdirektor unterrichtet den Verwaltungsrat über die aus seiner Sicht notwendige Beschlüsse des Verwaltungsrates, die im Hinblick auf dessen Filterfunktion eventuell auch Beschlüsse des Rates der Aufseher nach sich ziehen werden, und ermöglicht es dem Verwaltungsrat dadurch auch wieder, einen Rückschluss auf die Tätigkeit des Exekutivdirektors und der gesamten Behörde zu ziehen, um seiner Überwachungsaufgabe nachkommen zu können. 5

2. Durchführung des Jahresarbeitsprogramms (Abs. 2). Gemäß Abs. 2 ist der Exekutivdirektor für die **Durchführung** des **Jahresarbeitsprogramms** (siehe Rn. 11) **verantwortlich**. Dies bedeutet, dass der Exekutivdirektor dafür Sorge zu tragen hat, dass die **Aufgaben** behördenintern entsprechend **verteilt** werden, dass adäquates Personal zur Erfüllung dieser Aufgaben vorhanden ist, sodass die EIOPA die gesteckten Tätigkeitsziele erreicht. Hierbei hat der Exekutivdirektor die **Arbeiten** auch zu **überwachen** bzw. hat behördenintern ein entsprechendes dezentralisiertes Überwachungssystem zu installieren, dass die Arbeitsfortschritte allzeit die Erfüllung der Zielvorgaben erwarten lassen. 6

Hierbei ist das Jahresarbeitsprogramm nicht als sklavische Vorgabe – im Sinne eines sowjetischen Fünfjahresplans – zu verstehen. Vielmehr hat der Exekutivdirektor auf Änderungen des Marktumfelds zu reagieren und die Tätigkeit der EIOPA gegebenenfalls anzupassen. Hierbei und generell kommt dem **Rat der Aufseher** eine **Beratungs- und Lenkungsfunktion** gegenüber dem Exekutivdirektor zu (siehe Art. 43 EIOPA-VO Rn. 3). Dies bedeutet letztlich, dass der Exekutivdirektor im Falle von Unklarheiten oder im Falle der notwendigen erheblichen Anpassung der Arbeiten gegenüber dem Arbeitsplan Rücksprache mit dem Rat der Aufseher halten sollte. Hierzu wird er in den Sitzungen regelmäßig Bericht über die Arbeiten der EIOPA ablegen müssen, um den Rat der Aufseher in die Lage zu versetzen, seinen Lenkungsaufgaben angemessen nachkommen zu können. 7

Daneben wird der Exekutivdirektor (auch) im Rahmen dieser Aufgabe durch den **Verwaltungsrat überwacht** (vgl. Art. 47 EIOPA-VO Rn. 3). Dies bedeutet, dass er dem Verwaltungsrat in sämtlichen 8

[1] So MüKoAktG/*Spindler* § 77 Rn. 5; *Weber* in: Hölters, AktG, 2. Aufl. 2014, § 76 Rn. 8.
[2] So insb. *Forst* VersR 2010, 155, 158; siehe auch *Keune*, Rechtliche Grundlagen und Grenzen der EIOPA, 2015, 79.
[3] Hierbei ist zudem zu berücksichtigen, dass Art. 38 Abs. 1 Hs. 1 EIOPA-VO-E in: KOM(2009) 502 endg. dem Exekutivdirektor noch neologistisch das „Management" der EIOPA übertrug.
[4] The Management Board of EIOPA Rules of Procedure (EIOPA-MB-11/002).

Sitzungen Bericht erstatten sollte zu den Fortschritten und Hindernissen bei den Arbeiten der EIOPA und der Verwaltungsrat, so dies notwendig erscheint, an den Rat der Aufseher Vorschläge unterbreitet, wie mit bestimmten Hindernissen umgegangen werden könnte.

9 **3. Maßnahmen zum Funktionieren der EIOPA (Abs. 3).** Den Exekutivdirektor trifft gemäß Abs. 3 die Aufgabe, dies ist letztlich nur eine Konkretisierung der Leitungsaufgabe (siehe Rn. 3 f.), **alle erforderliche Maßnahmen** zu treffen, um das **Funktionieren der EIOPA** zu gewährleisten. Hierunter fällt insbesondere die Zuständigkeit zum **Erlass interner Verwaltungsanweisungen** (diese Kompetenz dürfte in vielen Bereichen schon durch die Befugnisübertragung einer vertragschließenden Behörde [siehe Rn. 19] abgedeckt sein) und zur **Veröffentlichung von Mitteilungen.**

10 **4. Mehrjährige Arbeitsprogramm (Abs. 4).** Hinsichtlich der mittelfristigen Planung obliegt es dem **Exekutivdirektor**, gemäß Abs. 4 den Entwurf eines **mehrjährigen Arbeitsprogramms** zu **erstellen**. Hier ist die Arbeit des Exekutivdirektors stark mit der des Verwaltungsrates und des Rates der Aufseher verknüpft (für einen umfassenden Überblick auch zu den Rechten und Pflichten des Exekutivdirektors siehe Art. 43 EIOPA-VO Rn. 24 ff., sowie *mutatis mutandis* Art. 43 EIOPA-VO Rn. 11 ff.).

11 **5. Einjähriges Arbeitsprogramm (Abs. 5).** Es obliegt dem **Exekutivdirektor** gemäß Abs. 5, bis zum 30.6. jeden Jahres einen **Vorschlag** eines **einjährigen Arbeitsprogramms** zu **erstellen**. Bei diesem Verfahren ist der Exekutivdirektor vorbereitend für den Verwaltungsrat und dieser ihm gegenüber überwachend und für den Rat der Aufseher vorbereitend tätig (für einen umfassenden Überblick auch zu den Rechten und Pflichten des Exekutivdirektors siehe Art. 43 EIOPA-VO Rn. 11 ff.).

12 **6. Haushaltsbefugnisse (Abs. 6).** Abs. 6 überträgt dem Exekutivdirektor einige **Aufgaben** im Zusammenhang mit dem **Haushalt** der EIOPA, soweit sie sich **aus Art. 63 f. EIOPA-VO** ergeben.

13 Der Exekutivdirektor erstellt und übermittelt gemäß Abs. 6 Hs. 1 innerhalb des Verfahrens nach Art. 63 EIOPA-VO den **Entwurf eines Voranschlags des Haushaltsplans** (inklusive eines Stellenplans), der durch den Verwaltungsrat noch genehmigt und vorgeschlagen werden muss, bevor der Rat der Aufseher auf dieser Grundlage den Voranschlag aufstellt (zu den einzelnen Pflichten des Exekutivdirektors im Hinblick auf das **Feststellungsverfahren** siehe Art. 63 EIOPA-VO Rn. 4).

14 Nach Abs. 6 Hs. 2 hat der Exekutivdirektor die ihm übertragene **Funktion** des **Anweisungsbefugten der EIOPA** auszufüllen (siehe Art. 64 EIOPA-VO Rn. 3) und entsprechend den **Haushalt** der EIOPA **auszuführen.**

15 Daneben ergeben sich aus Art. 64 EIOPA-VO jedoch noch weitere Aufgaben des Exekutivdirektors im Zusammenhang mit der Haushaltsbefugnis, die in Abs. 6 Hs. 2 nicht explizit angesprochen werden. Art. 4 Abs. 12 der Geschäftsordnung der EIOPA[5] überträgt in Übereinstimmung mit Art. 64 Abs. 3 EIOPA-VO dem Exekutivdirektor hierbei die Aufgabe, den **endgültigen Jahresabschluss** der EIOPA **zu erstellen**. Dies darf jedoch **keine Aufgabe** des Exekutivdirektors sein, da diese Aufgabe nach Art. 148 der neuen Gesamthaushaltsordnung[6] dem Rechnungsführer und eben nicht dem Anweisungsbefugten zukommt (vgl. Art. 64 EIOPA-VO Rn. 12). Auch ist es entgegen Art. 4 Abs. 13 der Geschäftsordnung der EIOPA[7] **nicht** der **Exekutivdirektor**, sondern der Rechnungsführer der EIOPA, **der** gemäß Art. 64 Abs. 5 EIOPA-VO den **endgültigen Jahresabschluss** den Mitgliedern des Verwaltungsrates, dem Europäischen Parlament, dem Rat, der Kommission und dem Rechnungshof zu **übermitteln** hat (siehe Art. 64 EIOPA-VO Rn. 15). Dem Exekutivdirektor kommt in diesem Kontext **nur** gemäß Art. 64 Abs. 3 EIOPA-VO i. V. m. Art. 99 Abs. 2 S. 2 Haushaltsordnung der EIOPA[8] die Aufgabe zu, den vom Rechnungsführer ihm übermittelten endgültigen Jahresabschluss dem Verwaltungsrat **zur Stellungnahme zu übermitteln** (siehe Art. 64 EIOPA-VO Rn. 14).

16 Gemäß Art. 4 Abs. 14 Geschäftsordnung der EIOPA[9] hat der Exekutivdirektor die Aufgabe, gemäß Art. 64 Abs. 7 EIOPA-VO dem **Rechnungshof** (sowie in Kopie dem Verwaltungsrat und der Kommission) bis zum 30.9. des auf das Haushaltsjahr folgenden Jahres eine **Antwort auf** die **Bemerkungen** des Rechnungshofs **zu** den **vorläufigen Rechnungsabschlüssen** zu übermitteln (siehe Art. 64 EIOPA-VO Rn. 17).

17 Der **Exekutivdirektor** hat gemäß Art. 4 Abs. 15 Geschäftsordnung der EIOPA[10] in entsprechender Anwendung des Art. 165 Abs. 3 Gesamthaushaltsordnung (die Geschäftsordnung der EIOPA und Art. 64 Abs. 8 EIOPA-VO nennen hier noch den Art. 146 Abs. 3 der alten Gesamthaushaltsordnung

[5] The Board of Supervisors of EIOPA Rules of Procedure of EIOPA (EIOPA-BoS-11/003).
[6] Verordnung (EU, Euratom) 966/2012 des Europäischen Parlaments und des Rates vom 25. Oktober 2012 über die Haushaltsordnung für den Gesamthaushaltsplan der Union und zur Aufhebung der Verordnung (EG, Euratom) Nr. 1605/2002 des Rates, ABl. 2012 L 298, 1.
[7] The Board of Supervisors of EIOPA Rules of Procedure of EIOPA (EIOPA-BoS-11/003).
[8] Financial Regulation European Insurance and Occupational Pensions Authority (EIOPA) December 2013 (EIOPA/13/474).
[9] The Board of Supervisors of EIOPA Rules of Procedure of EIOPA (EIOPA-BoS-11/003).
[10] The Board of Supervisors of EIOPA Rules of Procedure of EIOPA (EIOPA-BoS-11/003).

der EG) **auf Anfrage durch das Europäische Parlament** diesem **alle Informationen,** die für die ordnungsgemäße **Durchführung** des **Entlastungsverfahrens** für das betreffende Haushaltsjahr erforderlich sind, zur **Verfügung zu stellen.**

7. Jahresbericht (Abs. 7). Gemäß Abs. 7 erstellt der **Exekutivdirektor** den **Entwurf** des **Jahresberichtes,** auf Grundlage dessen der Verwaltungsrat dem Rat der Aufseher einen Vorschlag des Jahresberichtes unterbreitet, über letzterer entscheidet. Auch bei diesem Verfahren (wie schon beim Verfahren zur Erstellung der Arbeitsprogramme [siehe Rn. 10 und 11] und des Haushaltsplans [siehe Rn. 13]) ist der Exekutivdirektor kooperativ mit dem Verwaltungsrat und dem Rat der Aufseher tätig (für einen umfassenden Überblick auch zu den Rechten und Pflichten des Exekutivdirektors siehe Art. 43 EIOPA-VO Rn. 18 ff.). 18

8. Personalangelegenheiten (Abs. 8). Abs. 8 Alt. 1 weist dem Exekutivdirektor die Aufgabe zu, gemäß Art. 68 Abs. 3 EIOPA-VO in **Personalangelegenheiten** die **Befugnisse** der Anstellungsbehörde gegenüber den Beamten der EIOPA (sollten zukünftig solche Posten entstehen) und der **vertragsschließenden Behörde** (gegenüber allen sonstigen Bediensteten der EIOPA) **auszuüben** (siehe Art. 68 EIOPA-VO Rn. 22). Hierbei ist der Exekutivdirektor jedoch an die durch den Verwaltungsrat erlassenen Durchführungsbestimmungen gemäß Art. 68 Abs. 2 EIOPA-VO zur Anwendung des Statut der Beamten der EU (EU-BeamtStatut) sowie der Beschäftigungsbedingungen für die sonstigen Bediensteten der EU (EU-BeschäftBeding) gebunden (siehe Art. 47 EIOPA-VO Rn. 16 und Art. 68 EIOPA-VO Rn. 20 f.). 19

Daneben hat der Exekutivdirektor gemäß Abs. 8 Alt. 2 auch die Aufgabe, soweit nicht der Rat der Aufseher (siehe Art. 43 EIOPA-VO Rn. 30 f.) oder der Verwaltungsrat (siehe Art. 47 EIOPA-VO Rn. 15 f.) zuständig sind, alle **weiteren Personalangelegenheiten** zu **regeln.** 20

9. Weitere, nicht in Art. 53 EIOPA-VO aufgeführte Aufgaben. Gemäß Art. 4 Abs. 5 Geschäftsordnung der EIOPA ist der Exekutivdirektor **nicht nur,** wie von der EIOPA-VO vorgesehen, **berechtigt, an** den **Sitzungen** des Rates der Aufseher (siehe Art. 44 EIOPA-VO Rn. 26), des Verwaltungsrates (siehe Art. 45 EIOPA-VO Rn. 17 f.) und des Gemeinsamen Ausschusses (siehe Art. 55 EIOPA-VO Rn. 30) **teilzunehmen, sondern** ihm kommt auch die Aufgabe (mithin die **Pflicht**) zu, dies zu tun. 21

Ferner trifft den Exekutivdirektor die Aufgabe, wenn der Vorsitzende der EIOPA den Vorsitz des Gemeinsamen Ausschusses innehat (vgl. Art. 55 EIOPA-VO Rn. 10), den **Vorsitzenden bei** der **Durchführung** des **Arbeitsprogramms des Gemeinsamen Ausschusses** unter Einbeziehung des Sekretariats des Gemeinsamen Ausschusses (siehe Art. 54 EIOPA-VO Rn. 16 ff.) zu **unterstützen.**[11] Ebenfalls in diesem Zusammenhang ist der Exekutivdirektor dazu verpflichtet, den **Vorsitzenden** unter Heranziehung des Sekretariats des Gemeinsamen Ausschusses in seiner Funktion als **Kontaktperson** für Angelegenheiten des **Gemeinsamen Ausschusses** zu **unterstützen.**[12] 22

Kapitel IV. Gemeinsame Gremien der Europäischen Aufsichtsbehörden

Abschnitt 1. Gemeinsamer Ausschuss der Europäischen Aufsichtsbehörden

Einrichtung

54 (1) **Hiermit wird der Gemeinsame Ausschuss der Europäischen Aufsichtsbehörden errichtet.**

(2) **Der Gemeinsame Ausschuss dient als Forum für die regelmäßige und enge Zusammenarbeit mit der Europäischen Aufsichtsbehörde (Europäische Bankenaufsichtsbehörde) und der Europäischen Aufsichtsbehörde (Europäische Wertpapier und Marktaufsichtsbehörde) und gewährleistet eine sektorübergreifende Abstimmung mit diesen, insbesondere in Bezug auf:**
– Finanzkonglomerate;
– Rechnungslegung und Rechnungsprüfung;

---

[11] Siehe Art. 1.6. Joint Committee Rules of Procedure (revised version 2014) – Decision of the Joint Committee of the European Banking Authority, European Insurance and Occupational Pensions Authority, and European Securities and Markets Authority amending its Rules of Procedure (Decision JC DC 2014 001).

[12] Art. 1.7. Joint Committee Rules of Procedure (revised version 2014) – Decision of the Joint Committee of the European Banking Authority, European Insurance and Occupational Pensions Authority, and European Securities and Markets Authority amending its Rules of Procedure (Decision JC DC 2014 001).

– mikroprudentielle Analysen sektorübergreifender Entwicklungen, Risiken und Schwachstellen für die Finanzstabilität;
– Anlageprodukte für Kleinanleger;
– Maßnahmen zur Bekämpfung der Geldwäsche und
– Informationsaustausch mit dem ESRB sowie Ausbau der Verbindungen zwischen dem ESRB und den ESA.

(3) [1]**Der Gemeinsame Ausschuss verfügt über eigenes Personal, das von den ESA bereitgestellt wird und das die Aufgaben eines Sekretariats wahrnimmt.** [2]**Die Behörde stellt angemessene Ressourcen für die Ausgaben für Verwaltungs-, Infrastruktur- und Betriebsaufwendungen bereit.**

(4) **Ist ein Finanzinstitut sektorübergreifend tätig, so regelt der Gemeinsame Ausschuss Meinungsverschiedenheiten gemäß Artikel 56.**

Übersicht

Schrifttum: Siehe die Angaben bei Art. 1 EIOPA-VO („Allgemein zum ESFS" und „Allgemein zur EIOPA"). *Carvajal*, An Assessment of Markets and Credit Rating Agency Regulation, in: Enoch u. a., From Fragmentation to Financial Integration in Europe, 2013, S. 335 ff.; *Generaldirektion Interne Politikbereiche der Union des Europäischen Parlaments*, Review of the New European System of Financial Supervision (ESFS) – Part 1: The Work of the European Supervisory Authorities (EBA, EIOPA and ESMA) – The ESFS's Micro-Prudential Pillar, Oktober 2013 (PE 507.446); *Weismann*, European Agencies and Risk Governance in EU Financial Market Law, 2016.

1 **I. Allgemeines.** Art. 54 EIOPA-VO begründet für Zwecke der finanzsektorübergreifenden Regulierung und Beaufsichtigung einen Gemeinsamen Ausschuss der ESA (Abs. 1), der jedoch nicht als Organ oder eigene Rechtspersönlichkeit, sondern als Forum eingerichtet wird (Abs. 2 Hs. 1). Diesem Gemeinsamen Ausschuss kommt die Aufgabe zu, die sektorübergreifende Abstimmung der ESA in bestimmten Bereichen zu gewährleisten (Abs. 2 Hs. 2) und Meinungsverschiedenheiten zwischen den ESA hinsichtlich der Beaufsichtigung von sektorübergreifenden Finanzinstituten zu regeln (Abs. 4). Zur Erfüllung dieser Aufgaben sind die ESA verpflichtet, dem Gemeinsamen Ausschuss Personal und Mittel zur Verfügung zu stellen (Abs. 3).

2 **II. Errichtung und (fehlende) Rechtspersönlichkeit (Abs. 1, 2 Hs. 1).** Durch Abs. 1 wird der **Gemeinsame Ausschuss** der Europäischen Aufsichtsbehörden **begründet**.

3 Anders als der gemeinsame Beschwerdeausschuss, dem für jede ESA eine Organstellung zukommt (siehe Art. 6 EIOPA-VO Rn. 2 und Art. 58 EIOPA-VO Rn. 2 ff.), ist der **Gemeinsame Ausschuss kein Organ** der EIOPA oder der anderen ESA (siehe Art. 6 EIOPA-VO Rn. 3).[1] Er ist jedoch unmittelbar **Bestandteil des ESFS** (siehe Art. 2 EIOPA-VO Rn. 5).

4 Fraglich ist insofern, ob dem Gemeinsamen Ausschuss **eigenständige Rechtspersönlichkeit** zukommt. Dies ist jedoch zu verneinen. Anders als für die EIOPA (siehe Art. 5 Abs. 1, 2 EIOPA-VO) fehlt für den Gemeinsamen Ausschuss eine solche Übertragung. Hiergegen spricht auch nicht, dass Abs. 3 davon spricht, dass dem Gemeinsamen Ausschuss eigenes Personal und eigene Mittel zur Verfügung stehen. Das Personal wird hierbei von den ESA gestellt, die insoweit auch vertragschließende Behörde bleiben (siehe Rn. 17 ff.) und die Mittel können beispielsweise auf ein Anderkonto der ESA, für das der jeweilige Vorsitzende des Gemeinsamen Ausschusses (siehe Art. 55 EIOPA-VO Rn. 11 ff.) die Verfügungsgewalt hat, angewiesen werden.[2] Auch hieraus ergibt sich insofern kein Rückschluss auf eine bestehende Rechtspersönlichkeit. Insgesamt ist eine solche auch nicht notwendig, da dem Gemeinsamen Ausschuss keine Befugnisse übertragen werden, die eine verpflichtende Tätigkeit nach außen (d. h. außerhalb der ESA) nach sich ziehen würden (siehe aber zur Haftung Rn. 21).

5 Der **Gemeinsame Ausschuss** (*Joint Committee*) ist vergleichbar mit seinem Vorbild auf internationaler Ebene, dem *Joint Forum* des BCBS, IAIS und IOSCO,[3] und seinem Vorgänger dem Gemein-

---

[1] So auch *Keune*, Rechtliche Grundlagen und Grenzen der EIOPA, 2015, 83.
[2] Eine andere Möglichkeit wäre es, dass jede ESA ihre eigenen Kosten trägt, was immer bedeutet, dass die finanzielle Belastung für die sekretariatsführende ESA am höchsten ist, wobei die gesteigerte Last jährlich rotieren würde.
[3] Siehe bspw. Dauses/*Folak* Kap. F. II. Rn. 113.

samen Ausschuss für Finanzkonglomerate (*Joint Committee on Financial Conglomerates*)[4] als reines **Koordinierungsforum** errichtet (Abs. 2 Hs. 1).

6 **III. Aufgaben (Abs. 2 Hs. 2, Abs. 4).** Während die Befugnisse des Gemeinsamen Ausschusses sehr überschaubar sind, kommen ihm **gewichtige Aufgaben** zu, die in Abs. 2 und 4 partiell niedergelegt sind. Da dem Gemeinsamen Ausschuss keine Rechtspersönlichkeit zukommt (siehe Rn. 4) können ihn jedoch auch keine Pflichten treffen. Die **Pflichten** zur Wahrnehmung dieser Aufgaben des Gemeinsamen Ausschusses sind insofern solche **der Mitglieder des Gemeinsamen Ausschusses** (siehe Art. 55 EIOAP-VO Rn. 2 ff.).

7 **1. Gesetzlich enumerierte Aufgaben (Abs. 2 Hs. 2, Abs. 4).** Dem Gemeinsamen Ausschuss obliegt es hierbei – im Umkehrschluss ist es eine Aufgabe der EIOPA und der anderen ESA diese Aufgabenerfüllung zu ermöglichen –, gemäß Abs. 2 Hs. 2 eine **Abstimmung der ESA in finanzsektorübergreifenden Fragen** zu **gewährleisten**. Dies ist mit der Geschäftsordnung des Gemeinsamen Ausschusses dahin zu verstehen, dass über den Gemeinsamen Ausschuss die gemeinsamen Tätigkeiten und Aufgaben der ESA im sektorübergreifenden Bereich **auch überwacht und koordiniert** werden sollen.[5] So man diese Aufgabe ernst nimmt, mag man auch konstatieren, dass dem Vorsitzenden über diese Aufgabe auch eine gewisse Überwachungsfunktion über die anderen ESA und *vice versa* zukommt.[6] **Sektorübergreifend** bedeutet hierbei nicht zwingend, dass alle drei Finanzsektoren betroffen sind, vielmehr fallen auch Themen, die nur **zwei** der drei **Sektoren** tangieren, in den Zuständigkeitsbereich des Gemeinsamen Ausschusses.[7]

8 Abs. 2 Hs. 2 führt **beispielhaft Themenfelder** auf, die über den Gemeinsamen Ausschuss adressiert werden sollen. Es handelt sich hierbei um Themen im Zusammenhang mit **Finanzkonglomerate** (1. Spiegelstrich); **Rechnungslegung und Rechnungsprüfung** (2. Spiegelstrich); **mikroprudentielle Analysen sektorübergreifender Entwicklungen** (3. Spiegelstrich); **Risiken** und **Schwachstellen** für die **Finanzstabilität** (4. Spiegelstrich); **Anlageprodukte für Kleinanleger** (5. Spiegelstrich); Maßnahmen zur **Bekämpfung** der **Geldwäsche** (6. Spiegelstrich) und **Informationsaustausch** mit dem **ESRB** sowie **Ausbau der Verbindungen** zwischen dem ESRB und den ESA – wobei dies insbesondere auch den Aufbau des Informationsaustausches betrifft[8] (7. Spiegelstrich).

9 Daneben kommen dem Gemeinsamen Ausschuss die spezifischen Aufgaben des Art. 22 Abs. 5 EIOPA-VO, wonach er für die **sektorübergreifende Adressierung** von **systemischen Risiken** die **Koordinierungsfunktion** innehat, und des Abs. 32 Abs. 4 EIOPA-VO (dies füllt die Aufgabe des Abs. 2 Hs. 2 3. Spiegelstrich aus), wonach er die Aufgabe hat, dafür zu sorgen, dass **sektorübergreifende Entwicklungen, Risiken und Schwachstellen** bei den nach Art. 32 Abs. 2 EIOPA-VO von der EIOPA zu initiierende **Bewertungen angemessen abgedeckt** sind, zu.

10 Der Gemeinsame Ausschuss hat schließlich gemäß Abs. 3 die Aufgabe, bei **sektorübergreifenden Meinungsverschiedenheiten** i. S. d. Art. 20 EIOPA-VO i. V. m. Art. 19 EIOPA-VO diese Meinungsverschiedenheiten, statt des *Mediation Panel* (siehe Art. 19 EIOPA-VO Rn. 25 ff. und Art. 41 EIOPA-VO Rn. 13 ff.), gemäß dem Verfahren nach Art. 19, 56 zu behandeln.[9]

11 **2. Weitere Aufgaben.** Dem Gemeinsamen Ausschuss kommt gemäß Art. 6.2. Geschäftsordnung des Gemeinsamen Ausschusses auch die Aufgabe zu, auf Antrag einer der ESA, eines außenstehenden Dritten oder *ex officio* **gemeinsame Tätigkeitfelder** im sektorübergreifenden Bereich zu **identifizieren und vorzuschlagen**.

12 Der Gemeinsame Ausschuss hat gemäß Art. 6.3. Geschäftsordnung des Gemeinsamen Ausschusses die Aufgabe, gemäß Art. 57 Abs. 1 EIOPA-VO den **Unterausschuss für Finanzkonglomerate** und, soweit erforderlich, gemäß Art. 57 Abs. 4 EIOPA-VO **weitere Unterausschüsse einzurichten**.

13 Gemäß Art. 6.4. ist der Gemeinsame Ausschuss zudem zuständig für den **Vorschlag einer gemeinsamen Position** (i. S. d. Art. 56 UAbs. 1 EIOPA-VO) zu **gemeinsamen Arbeitsprogrammen** und

[4] *International Monetary Fund*, European Union: Publication of Financial Sector Assessment Program Documentation —Technical Note on European Banking Authority, 2013, S. 20; der Gemeinsame Ausschuss für Finanzkonglomerate ist hierbei jedoch nicht der Rechtsvorgänger des Gemeinsamen Ausschusses, da weder der erste noch der zweite über Rechtspersönlichkeit verfügen, so zur fehlenden Rechtspersönlichkeit des Gemeinsamen Ausschusses für Finanzkonglomerate wohl auch *Ruppel*, Finanzdienstleistungsaufsicht in der Europäischen Union, 2013, 77 f., die allerdings nicht erkennt, dass der Gemeinsamen Ausschusses für Finanzkonglomerate nicht mehr existiert.

[5] Art. 6.1. Joint Committee Rules of Procedure (revised version 2014) – Decision of the Joint Committee of the European Banking Authority, European Insurance and Occupational Pensions Authority, and European Securities and Markets Authority amending its Rules of Procedure (Decision JC DC 2014 001).

[6] In diese Richtung auch *Chiu* in: Andenas/Deipenbrock, Regulating and Supervising European Financial Markets, 2016, 67, 83, die feststellt, dass die Koordinierung im Gemeinsamen Ausschuss „*promote increased accountability for each agency's technocratic development and performance*".

[7] *EP*, Review of the ESFS (PE 507.446), S. 111.

[8] Art. 6.7. S. 2 Joint Committee Rules of Procedure (revised version 2014) – Decision of the Joint Committee of the European Banking Authority, European Insurance and Occupational Pensions Authority, and European Securities and Markets Authority amending its Rules of Procedure (Decision JC DC 2014 001).

[9] Siehe auch Art. 6.6. Joint Committee Rules of Procedure (revised version 2014) (Decision JC DC 2014 001).

eventuellen Änderungsnotwendigkeiten im Hinblick auf die individuellen Arbeitsprogramme der ESA; zu **gemeinsamen Berichten**, Briefen oder anderen Dokumenten an die Organe und Einrichtungen der EU oder andere Adressaten (**insbesondere sektorübergreifende Risikoberichte**) und zu **sektorübergreifenden Trainingsprogrammen** der ESA.

14 Auch **gemeinsame Maßnahmen** im Sinne des Art. 56 UAbs. 2 EIOPA-VO sind durch den Gemeinsamen Ausschuss im Entwurf vorzubereiten.[10]

15 Dem Gemeinsamen Ausschuss kommt gemäß Art. 6.8. Geschäftsordnung des Gemeinsamen Ausschusses die Aufgabe zu, **jährlich** einen **Kooperationsbericht** zu **verfassen**, der in die Jahresberichte der ESA aufgenommen werden soll. Im Hinblick auf die Fristen bei Erstellung und Übermittlung des Jahresberichtes (siehe Art. 43 EIOPA-VO Rn. 18 ff.) ist der Kooperationsbericht so zu verfassen und zu übermitteln, dass er sich in das Erlassverfahren des Jahresberichtes problemlos einfügt.

16 **IV. Personal und Mittel (Abs. 3). 1. Personal (Abs. 3 S. 1).** Abs. 3 S. 1 ordnet an, dass der Gemeinsame Ausschuss über **eigenes Personal** verfügt, das von den ESA bereitgestellt wird und welches das **Sekretariat** des Gemeinsamen Ausschusses bildet.

17 Hierbei wird nicht ganz klar, was genau mit dem Begriff der **Eigenheit des Personals** gemeint ist, da der Gemeinsame Ausschuss, im Hinblick auf die fehlende Rechtspersönlichkeit (siehe Rn. 4 ff.) nicht über eigene Arbeitnehmer verfügen kann. Gleichwohl suggerieren die deutsche und beispielsweise auch die französischen Sprachfassung (*personell propre*) hier eine solche Arbeitgeberstellung, was letztlich den Rückschluss auf eine zumindest begrenzte Rechtsfähigkeit aufdrängen würde. Allerdings sehen andere Sprachfassung eine Wortwahl vor, die klar darauf hinweist, dass es sich eben nicht um Arbeitnehmer des Gemeinsamen Ausschuss, sondern um solche der ESA handeln, die lediglich spezifisch mit der Aufgabe der Sekretariatsarbeit des Gemeinsamen Ausschusses betraut werden – Englisch (*dedicated staff*), Italienisch (*apposito personale*), Spanisch (*personal específico*), Portugiesisch (*pessoal específico*) und Niederländisch (*specifiek personeel*). Diese Auslegung wird noch dadurch gestärkt, dass die Arbeitnehmer durch die ESA gerade *bereitgestellt* werden. Auch die ESA gehen davon aus, dass es insoweit bei normalen Arbeitnehmern der jeweiligen ESA bleibt.[11] Eine Ausnahme dürfte hier jedoch dahingehend anzunehmen sein, dass zwar grundsätzlich der Exekutivdirektor der abstellenden ESA weiterhin die Befugnisse der vertragschließenden Behörde nach Art. 68 Abs. 2 EIOPA-VO (bzw. Art. 68 Abs. 2 EIOPA-VO der anderen Gründungsverordnungen) innehat (vgl. Art. 68 EIOPA-VO Rn. 22 und Art. 53 EIOPA-VO Rn. 19), jedoch der Vorsitzende des Gemeinsamen Ausschusses im Hinblick auf seine Leitungsfunktion im Gemeinsamen Ausschuss eine beschränkte Anweisungsbefugnis gegenüber den abgestellten Mitarbeitern auch der anderen ESA zukommt – wobei diese wiederum auf den Exekutivdirektor seiner ESA delegiert werden kann.

18 Das Sekretariat besteht hierbei aus (mindestens) **3 Mitarbeitern der ESA**, nämlich gemäß Art. 10 Abs. 3 der Geschäftsordnung des Gemeinsamen Ausschusses jeweils einem Verbindungsmitarbeiter (*staff contact point*) jeder ESA und einem führenden Verbindungsmitarbeiter (*lead staff contact point*) der ESA,[12] die gemäß Art. 55 Abs. 3 EIOPA-VO den Vorsitz des Gemeinsamen Ausschusses innehat.[13] Allein diese Personen sind als das *eigene Personal* (siehe Rn. 12) des Gemeinsamen Ausschusses anzusehen. Hierbei ist es natürlich je nach Aufgabenbelastung notwendig, dass über diesen Verbindungsmitarbeiter in Koordination mit dem Exekutivdirektor seiner ESA weitere Mitarbeiter zur Zuarbeit herangezogen werden. Dies trifft auf die nicht-sekretariatsführende ESA zu, wenn es darum geht, bestimmte Vorarbeiten zu erbringen, die das Sekretariat zur Erfüllung seiner Aufgaben benötigt. Dies gilt aber umso mehr, wenn es um den führenden Verbindungsmitarbeiter der sekretariatsführenden ESA geht, da das Sekretariat beispielsweise für seine Tätigkeit als Sekretariat des Beschwerdeausschusses (siehe Art. 58 EIOPA-VO Rn. 87) bei hoher Verfahrensbelastung zusätzliche Mitarbeiter benötigt, die dann aus dem Sekretariat der vorsitzenden ESA bereitgestellt werden müssten. Die drei vorgenannten Mitarbeiter, die das eigentliche Sekretariat des Gemeinsamen Ausschusses bilden, verbleiben jedoch jeweils örtlich bei der vertragschließenden ESA.[14] Das Sekretariat des Gemeinsamen Ausschusses ist insofern eher ein virtueller, wandelbarer Körper und kein permanenter.[15] Gegenwärtig werden **zwischen zwei und vier Mitarbeiter pro ESA** zur Zuarbeit für das Sekretariat des Gemeinsamen Ausschusses herangezogen.[16]

19 Die genaue **Aufgabenzuweisung** an diese Mitarbeiter erfolgt hierbei über den Vorsitzenden des Gemeinsamen Ausschusses (siehe Art. 55 EIOPA-VO Abs. 3), der wohl in Koordination mit dem Exekutivdirektor seiner ESA den führenden Verbindungsmitarbeiter anweist und dieser verteilt die Sekretariatsarbeit auf sich und die beiden anderen Mitglieder.

[10] Art. 6.5. Joint Committee Rules of Procedure (revised version 2014) (Decision JC DC 2014 001).
[11] Vgl. Art. 10 Joint Committee Rules of Procedure (revised version 2014) (Decision JC DC 2014 001).
[12] *Carvajal* in: Enoch u. a., From Fragmentation to Financial Integration in Europe, 2013, S. 335, 350 ist darin zuzustimmen, dass es sich beim *lead staff contact point* nicht um einen zusätzlichen Mitarbeiter handelt, sondern, dass die Leitungsposition mit dem Vorsitz des Gemeinsamen Ausschusses unter den drei Verbindungsmitarbeitern rotiert.
[13] Joint Committee Rules of Procedure (revised version 2014) (Decision JC DC 2014 001).
[14] Art. 10.4. Joint Committee Rules of Procedure (revised version 2014) (Decision JC DC 2014 001).
[15] So wohl auch *Carvajal* in: Enoch u. a., From Fragmentation to Financial Integration in Europe, 2013, S. 335, 350.
[16] *EP*, Review of the ESFS (PE 507.446), S. 107.

Die **Aufgaben,** für die das **Sekretariat** des Gemeinsamen Ausschusses und mithin seine Mitarbeiter zuständig sind, sind gemäß der **Geschäftsordnung des Gemeinsamen Ausschusses** insbesondere die **Unterstützung** der Arbeit des **Exekutivdirektors der** gegenwärtig **vorsitzenden ESA**, indem die Kooperation der ESA im Gemeinsamen Ausschuss erleichtert wird (Art. 10.6.1.), die Leistung eines Beitrags zur **Durchführung des Arbeitsprogramms des Gemeinsamen Ausschusses** und die Überwachung und Berichterstattung über dessen Durchführung (Art. 10.6.2), Entwurf von **jährlichen Schlussfolgerungen zur Durchführung und den Resultaten der Kooperation** der ESA, die von den ESA gebilligt und in deren Jahresberichten (siehe Art. 43 EIOPA-VO Rn. 18 ff.) zu veröffentlichen sind (Art. 10.6.3.), (vor- und nachbereitende) **Unterstützung** der **Sitzungen des Gemeinsamen Ausschusses** (Art. 10.6.4.), Unterstützung beim **Entwurf** der **Vorschläge** von **gemeinsamen Positionen und gemeinsamen Maßnahmen** i. S. d. Art. 56 (Art. 10.6.5.), **Unterstützung und Koordination der Unterausschüsse** oder anderer Arbeitsgruppen des Gemeinsamen Ausschusses (Art. 10.6.6.). 20

Grundsätzlich bleiben die Verbindungsmitarbeiter nicht nur **arbeitsrechtlich**, sondern auch **haftungsrechtlich allein** der **vertragschließenden ESA** zugeordnet, sodass haftungsauslösende Pflichtverletzungen im Rahmen der Tätigkeit im Gemeinsamen Ausschuss nur die Haftung der vertragschließenden ESA implizieren (siehe Art. 69 EIOPA-VO Rn. 8). Allerdings ist in dem Fall, dass die haftungsauslösende Handlung nur dem Sekretariat des Gemeinsamen Ausschusses nicht aber einem spezifischen Mitarbeiter zuzuordnen ist, zu überlegen, welche Behörde die haftungsrechtliche Verantwortung trifft. Berücksichtigt man die fehlende Organstellung des Gemeinsamen Ausschusses (siehe Rn. 3 und Art. 6 EIOPA-VO Rn. 3) erscheint es wenig überzeugend, hier die ESA gesamtschuldnerisch einstehen zu lassen. Näherliegend ist es, die ESA für haftungsrechtlich verantwortlich zu sehen, deren Vorsitzender zum Zeitpunkt der Handlung den Vorsitz innehat. 21

2. Ressourcen (Abs. 3 S. 2). Abs. 3 S. 2 verpflichtet die EIOPA, dem Gemeinsamen Ausschuss **angemessene Mittel** für die Ausgaben für Verwaltungs-, Infrastruktur- und Betriebsaufwendungen **zur Verfügung** zu **stellen**. Dies bedeutet insbesondere, dass die Organe der EIOPA im Rahmen der Erstellung ihres Voranschlags des Haushaltsplans bereits die finanziellen Bedürfnisse des Gemeinsamen Ausschusses im Hinblick auf dessen Jahresarbeitsprogramms zu berücksichtigen hat, um später über adäquate Mittel zu verfügen, die dem Gemeinsamen Ausschuss zur Verfügung gestellt werden können. 22

Zusammensetzung

55 (1) **Der Gemeinsame Ausschuss setzt sich aus den Vorsitzenden der ESA sowie gegebenenfalls dem Vorsitzenden jedes gemäß Artikel 57 eingerichteten Unterausschusses zusammen.**

(2) **Der Exekutivdirektor, ein Vertreter der Kommission und der ESRB werden zu den Sitzungen des Gemeinsamen Ausschusses und den Sitzungen der in Artikel 57 genannten Unterausschüsse als Beobachter geladen.**

(3) [1]**Der Vorsitzende des Gemeinsamen Ausschusses wird unter jährlicher Rotation aus den Reihen der Vorsitzenden der ESA ernannt.** [2]**Der Vorsitzende des Gemeinsamen Ausschusses ist ein stellvertretender Vorsitzender des ESRB.**

(4) [1]**Der Gemeinsame Ausschuss gibt sich eine Geschäftsordnung und veröffentlicht diese.** [2]**Darin können weitere Teilnehmer der Sitzungen des Gemeinsamen Ausschusses bestimmt werden.**

Der Gemeinsame Ausschuss tritt mindestens einmal alle zwei Monate zusammen.

Übersicht

Schrifttum: Siehe die Angaben bei Art. 1 EIOPA-VO („Allgemein zum ESFS" und „Allgemein zur EIOPA"). *Carvajal*, An Assessment of Markets and Credit Rating Agency Regulation, in: Enoch u. a., From Fragmentation to Financial Integration in Europe, 2013, S. 335 ff.; *Generaldirektion Interne Politikbereiche der Union des Europäischen Parlaments*, Review of the New European System of Financial Supervision (ESFS) – Part 1: The Work of the European Supervisory Authorities (EBA, EIOPA and ESMA) – The ESFS's Micro-Prudential Pillar, Oktober 2013 (PE 507.446); *Weismann*, European Agencies and Risk Governance in EU Financial Market Law, 2016.

1 **I. Allgemeines.** Art. 55 EIOPA-VO regelt die Komposition des Gemeinsamen Ausschusses (Abs. 1) sowie dessen Vorsitz und die Stellung dieses Vorsitzenden im ESRB (Abs. 3). Daneben wird dem Gemeinsamen Ausschuss die Ermächtigung erteilt, sich eine Geschäftsordnung zu geben (Abs. 4 UAbs. 1 S. 1), über welche unter anderem die Beschlussmodalitäten sowie die Sitzungseinberufung und -Leitung geregelt werden. Schließlich werden die zwingenden Teilnahmerechte bestimmter Akteure (Abs. 2) und die Möglichkeit der Hinzuziehung weiterer Dritter (Abs. 4 UAbs. 1 S. 2) adressiert.

2 **II. Zusammensetzung (Abs. 1).** Im Hinblick auf seine Funktion, den ESA als **Koordinierungsforum** für sektorübergreifende Angelegenheiten zu dienen (siehe Art. 54 EIOPA-VO Rn. 5), wird verständlich, dass der Gemeinsame Ausschuss einer hochkarätigen Besetzung bedarf. Diese muss es ermöglichen, dass die im Gemeinsamen Ausschuss arretierten Positionen und Maßnahmen (siehe Art. 56 EIOPA-VO), denen auf Grund der fehlenden Rechtspersönlichkeit des Joint Forum (siehe Art. 54 EIOPA-VO Rn. 4) keine Rechtswirkung im eigentlichen Sinn zukommt, möglichst problemlos durch jede ESA im Gleichlauf umgesetzt werden. Entsprechend sieht Abs. 1 Hs. 1 allein die Vorsitzenden zwingend als Mitglieder vor. Jedoch sind noch weitere Mitglieder denkbar. Hierbei ist, dies geht erst aus der Geschäftsordnung hervor (siehe Rn. 16), zwischen **stimmberechtigten und nichtstimmberechtigten Mitgliedern** zu unterscheiden.

3 **1. Stimmberechtigte Mitglieder (Abs. 1 Hs. 1).** Stimmberechtigte Mitglieder sind im Gemeinsamen Ausschuss gemäß Abs. 1 Hs. 1 allein die drei **Vorsitzenden** der **EIOPA**, der **EBA** und der **ESMA.**

4 Soweit einer der Vorsitzenden der ESA verhindert ist, vertritt ihn sein **Stellvertreter** nach Art. 48 Abs. 2 UAbs. 3 EIOPA-VO (vgl. Art. 48 EIOPA-VO Rn. 53 ff.) auch hinsichtlich seiner Rechte und Pflichten im Gemeinsamen Ausschuss. Art. 3.5. Geschäftsordnung des Gemeinsamen Ausschusses[1] bestimmt hingegen, dass alle Mitglieder, wenn sie an der Teilnahme einer Sitzung gehindert sind, einen Stellvertreter bestellen können. Dies erscheint für die nicht-stimmberechtigten Mitglieder (siehe Rn. 5 ff.) vertretbar, für die Vorsitzenden der ESA wäre ein solches Vorgehen, zumindest wenn es sich um eine Abwesenheit i. S. d. Art. 48 Abs. 2 UAbs. 3 S. 1 EIOPA-VO handelt, ein unzulässiger Eingriff in das Amt des Stellvertreters des Vorsitzenden der ESA (siehe Art. 48 EIOPA-VO Rn. 43 ff.).

5 **2. Nicht-stimmberechtigte Mitglieder (Abs. 1 Hs. 2).** Daneben sind gemäß Abs. 1 Hs. 2 alle **Vorsitzenden von Unterausschüssen** des Gemeinsamen Ausschusses *qua* Amtes auch **Mitglieder** des Gemeinsamen Ausschusses selbst. Da gemäß Art. 57 Abs. 1 EIOPA-VO zumindest ein Unterausschuss für Finanzkonglomerate zu bilden ist, ist zumindest dessen Vorsitzender Mitglied des Gemeinsamen Ausschusses.

6 **Gegenwärtig** verfügt der Gemeinsame Ausschuss über vier Unterausschüsse (siehe Art. 57 EIOPA-VO Rn. 23 f.). Dementsprechend sind auch die **vier Vorsitzenden** dieser **Unterausschüsse** Mitglieder des Gemeinsamen Ausschusses.

7 Entgegen teilweiser Meinung sind diese Vorsitzenden der Unterausschüsse auch **keine Beobachter**,[2] **sondern Mitglieder**.[3]

8 Allerdings kommt den Vorsitzenden der Unterausschüsse gemäß der Geschäftsordnung des Gemeinsamen Ausschusses[4] **weder** bei den Abstimmungen über die **Annahme gemeinsamer Positionen** nach Art. 56 UAbs. 1 EIOPA-VO (siehe Art. 7.1. Geschäftsordnung des Gemeinsamen Ausschusses) **noch** über die **Annahme gemeinsamer Maßnahmen** nach Art. 56 UAbs. 2 EIOPA-VO (siehe Art. 8.2. Geschäftsordnung des Gemeinsamen Ausschusses) noch für die **Annahme eines Beschlussentwurfs** bei **sektorübergreifenden Meinungsverschiedenheiten** zwischen zuständigen Behörden nach Art. 20 EIOPA-VO i. V. m. Art. 19 EIOPA-VO (siehe Art. 9.2. i. V. m. Art. 8.2. Geschäftsordnung des Gemeinsamen Ausschusses) ein **Stimmrecht** zu.

9 Es mag im Hinblick auf Abs. 1, der keine Differenzierung der Mitgliedschaften vornimmt, **fraglich** sein, **ob** diese **Einschränkung des Mitgliedschaftsrechts** noch **von** der **Ermächtigungsbefugnis**

[1] Joint Committee Rules of Procedure (revised version 2014) – Decision of the Joint Committee of the European Banking Authority, European Insurance and Occupational Pensions Authority, and European Securities and Markets Authority amending its Rules of Procedure (Decision JC DC 2014 001).

[2] So aber *Carvajal* in: Enoch u. a., From Fragmentation to Financial Integration in Europe, 2013, S. 335, 349 f.

[3] So auch *EP*, Review of the ESFS (PE 507.446), 107 f.; siehe ferner Art. 3.2.2. Joint Committee Rules of Procedure (revised version 2014) – Decision of the Joint Committee of the European Banking Authority, European Insurance and Occupational Pensions Authority, and European Securities and Markets Authority amending its Rules of Procedure (Decision JC DC 2014 001).

[4] Joint Committee Rules of Procedure (revised version 2014) – Decision of the Joint Committee of the European Banking Authority, European Insurance and Occupational Pensions Authority, and European Securities and Markets Authority amending its Rules of Procedure (Decision JC DC 2014 001).

zum Erlass einer Geschäftsordnung nach Abs. 4 UAbs. 1 S. 1 (siehe Rn. 16) **gedeckt** ist. Im Hinblick darauf, dass der Gemeinsame Ausschuss keine verbindlichen Maßnahmen erlassen kann und auch die einzelnen ESA durch sie nicht verpflichtet werden, ist die effektive Implementierung ihrer Positionen und Maßnahmen jedoch davon abhängig, dass der Vorsitzende der jeweiligen ESA in seinem Verwaltungsrat und insbesondere in seinem Rat der Aufseher für die Maßnahme wirbt, um ihre Annahme zu gewährleisten. Es wäre insofern wenig sinnvoll, den Vorsitzenden der Unterausschüsse ein Stimmrecht zu gewähren, wenn eine Mehrheitsentscheidung gegen einen Vorsitzenden einer ESA letztlich die große Gefahr bergen würde, dass die Position oder Maßnahme in dieser ESA nicht umgesetzt werden würde. Umgekehrt erscheint es nicht sinnvoll, den zahlenmäßig überlegenen Vorsitzenden der Unterausschüsse die Möglichkeit zu eröffnen, die Annahme gemeinsamer Positionen und Maßnahmen zu blockieren, da letztlich nichts die Vorsitzenden der ESA daran hindert, sich privatim darüber zu verständigen, die Positionen und Maßnahmen gleichwohl konzertiert umzusetzen. Mithin scheint allein die von der Geschäftsordnung des Gemeinsamen Ausschusses vorgesehene Mehrheitserfordernis – d. h. einstimmige Beschlüsse aller Vorsitzenden der ESA – der Stellung des Gemeinsamen Ausschusses im ESFS gerecht zu werden.

Die **nicht-stimmberechtigten Mitglieder** dürfen einen **Stellvertreter bestellen**, der sie in den Sitzungen des Gemeinsamen Ausschusses bei Verhinderung vertritt (siehe Rn. 4). 10

III. Vorsitz (Abs. 3). Abs. 3 S. 1 bestimmt, dass der **Vorsitzende** des Gemeinsamen Ausschusses unter jährlicher Rotation **aus den Reihen der Vorsitzenden der ESA ernannt** wird. Im Hinblick auf das Rotationsprinzip war es nur notwendig, dass der erste Vorsitzende des Gemeinsamen Ausschusses ernannt wurde und für die Zukunft die **Rotationsreihenfolge** festgelegt wurde. Dies ist durch Art. 1.1. Geschäftsordnung des Gemeinsamen Ausschusses a. F.[5] in der Weise geschehen und durch Art. 1.1. Geschäftsordnung des Gemeinsamen Ausschusses n. F.[6] in der Weise aufrechterhalten worden, dass 2011 der Vorsitz dem Vorsitzenden der EBA übertragen wurde und im Anschluss daran der Vorsitz auf den Vorsitzenden der ESMA und dann auf den Vorsitzenden der EIOPA rotierte. 2017 hat mithin der dritte Rotationszirkel wieder mit dem Vorsitz des Vorsitzenden der EBA begonnen. 11

Der Vorsitz des Gemeinsamen Ausschusses geht hierbei **ohne Ernennungsakt** automatisch am 1.1. um 0 Uhr auf den Amtsinhaber bei der kalendarisch vorgesehenen ESA über. Der **Vorsitz** im Gemeinsamen Ausschuss ist hierbei **an** das **Amt**, **nicht** die **Person gebunden**, sodass im Fall, dass die Amtszeit des Vorsitzenden bei der ihn beschäftigenden ESA während seiner Amtszeit als Vorsitzender des Gemeinsamen Ausschusses endet, auch diese automatisch endet. Das Amt geht mit Amtsantritt auf seinen Amtsnachfolger bei seiner ESA über. Für den Fall der Vakanz (beispielsweise im Falle einer Amtsenthebung, siehe Art. 48 EIOPA-VO Rn. 43 ff.) würde der Stellvertreter des Vorsitzenden der entsprechenden ESA (siehe Rn. 4) die Vorsitzaufgaben übernehmen. 12

Der Vorsitzende des Gemeinsamen Ausschusses hat hierbei insbesondere die **Aufgabe**, zu den **Sitzungen** zu **laden** und diese zu **leiten** (siehe Rn. 22 ff.),[7] alle drei ESA in **völkerrechtlichen Organisationen** zu **sektorübergreifenden Themen** zu **vertreten**, wenn die drei ESA hierzu übereinkommen,[8] die Funktion als **stellvertretender Vorsitzender des ESRB** und dessen **Aufgaben wahrzunehmen** (siehe Rn. 14),[9] das **Jahresarbeitsprogramm** des **Gemeinsamen Ausschuss** (siehe Art. 54 EIOPA-VO Rn. 13, 20) mit Unterstützung des Exekutivdirektors seiner ESA und dem Sekretariat des Gemeinsamen Ausschusses (siehe Art. 54 EIOPA-VO Rn. 16 ff.) **durchzuführen**[10] und – wiederum mit Unterstützung des Exekutivdirektors seiner ESA und dem Sekretariat des Gemeinsamen Ausschusses – die Funktion einer **Kontaktperson des Gemeinsamen Ausschusses gegenüber** den **Institutionen der EU** und anderen ***Stakeholdern*** auszuüben.[11] 13

Mit Amtsantritt als Vorsitzender des Gemeinsamen Ausschusses (siehe Rn. 12) erfolgt gemäß Abs. 3 S. 2 i. V. m. Art. 5 Abs. 3 ESRB-VO[12] ebenfalls **automatisch** die Übertragung des **Amtes** als **stellvertretender Vorsitzender des ESRB**. Hierdurch wird sichergestellt, dass die ESA ausreichend in die Arbeit des ESRB eingebunden sind (die Vorsitzenden auch der nicht-sekretariatsleitenden ESA sind zudem gemäß Art. 6 Abs. 1 lit. e ESRB-VO Mitglieder des Verwaltungsrates des ESRB). Hierdurch wird die Funktionsfähigkeit des ESRB überhaupt erst hergestellt, indem die auf mikroprudentielle- 14

[5] Decision of the Joint Committee of the European Banking Authority, European Insurance and Occupational Pensions Authority, and European Securities and Markets Authority adopting the Rules of Procedure of the Joint Committee of the European Supervisory Authorities (Decision JC DOC 2011 001).

[6] Joint Committee Rules of Procedure (revised version 2014) – Decision of the Joint Committee of the European Banking Authority, European Insurance and Occupational Pensions Authority, and European Securities and Markets Authority amending its Rules of Procedure (Decision JC DC 2014 001).

[7] Art. 1.3. Joint Committee Rules of Procedure (revised version 2014) Procedure (Decision JC DC 2014 001).

[8] Art. 1.4. Joint Committee Rules of Procedure (revised version 2014) Procedure (Decision JC DC 2014 001).

[9] Art. 1.5. Joint Committee Rules of Procedure (revised version 2014) Procedure (Decision JC DC 2014 001).

[10] Art. 1.6. Joint Committee Rules of Procedure (revised version 2014) Procedure (Decision JC DC 2014 001).

[11] Art. 1.7. Joint Committee Rules of Procedure (revised version 2014) Procedure (Decision JC DC 2014 001).

[12] VO (EU) 1092/2010 des Europäischen Parlamentes und des Rates vom 24. November 2010 über die Finanzaufsicht der Europäischen Union auf Makroebene und zur Errichtung eines Europäischen Ausschusses für Systemrisiken, ABl. 2010 L 331, 1.

Ebene gewonnenen Erkenntnisse (besonders wenn sie sektorübergreifender Natur sind) auf der makroprudentiellen Ebene eingebracht werden.

15 **IV. Geschäftsordnung, Beschlüsse und Sitzungen (Abs. 4 UAbs. 1 S. 1, UAbs. 2).** Der Gemeinsame Ausschuss handelt gegenüber den ESA mittels der für die in Art. 54 niedergelegten Aufgaben in Art. 56 vorgesehenen Rechtsmaßnahmen. Diese Maßnahmen müssen jedoch beschlossen werden, was wohl grundsätzlich im Rahmen von Sitzungen erfolgen soll (so ist wohl Abs. 4 UAbs. 2 zu verstehen). Abs. 4 schweigt jedoch weitestgehend zur Beschlussfassung und der Ausgestaltung der Sitzungen. Da diese Regelungen insofern rudimentär sind, wird der Gemeinsame Ausschuss durch Abs. 4 UAbs. 1 S. 1 ermächtigt, sich eine **Geschäftsordnung** zu geben, die eine weitere **Konkretisierung und Lückenfüllung** bewirken kann.

16 **1. Geschäftsordnung (Abs. 4 UAbs. 1 S. 1). a) Ermächtigung (Abs. 4 UAbs. 1 S. 1).** Abs. 4 UAbs. 1 S. 1 **ermächtigt** und **verpflichtet** den **Gemeinsamen Ausschuss** – d.h. die ESA und *in concreto* ihre Vorsitzenden –, sich eine Geschäftsordnung zu geben. Dies ist bereits im Rahmen einer der ersten Sitzung des Gemeinsamen Ausschusses im Juni 2011 **geschehen.**[13] Diese Geschäftsordnung ist gemäß Abs. 2 UAbs. 4 Hs. 1 auch zu veröffentlichen.[14] Ende 2014 wurde die Geschäftsordnung mit Wirkung ab Veröffentlichung neu erlassen.[15]

17 **b) Regelungen.** Anders als beispielsweise Art. 44 Abs. 4 S. 1 EIOPA-VO den Rat der Aufseher, verpflichtet Abs. 4 den Gemeinsamen Ausschuss im Hinblick auf die Geschäftsordnung **nicht** zur **Regelung** eines **Mindestinhalts.** Im Hinblick auf die sehr rudimentäre binnen-organisatorische Regelung des Gemeinsamen Ausschusses (siehe Rn. 15) ist der Gemeinsame Ausschuss aber verpflichtet, all solche Regelungen zu treffen, die für das Funktionieren des Gemeinsamen Ausschusses notwendig sind.

18 **2. Beschlüsse.** Der Gemeinsame Ausschuss trifft über die Annahme der gemeinsamen Positionen und Maßnahmen (siehe Art. 56 EIOPA-VO) **Beschlüsse**, wobei dies nicht bedeutet, dass die Außenwirkungen (gegenüber den ESA) die eines Beschlusses i. S. d. Art. 16 ff. EIOPA-VO sind. Durch die Beschlüsse verpflichten sich die Vorsitzenden im Wesentlichen nur selbst zum Ergreifen bzw. Fördern der erforderlichen Folgemaßnahmen.

19 **a) Beschlussfassung.** Der Gemeinsame Ausschuss trifft alle seine Beschlüsse gemäß Art. 7.1., 8.2. oder 9.2. i. V. m. Art. 8.2. Geschäftsordnung des Gemeinsamen Ausschusses nur mit **Einstimmigkeit** seiner **stimmberechtigten Mitglieder**. Dies heißt, dass der Gemeinsame Ausschuss nur im Falle der positiven Zustimmung aller Vorsitzenden der ESA einen Beschluss fassen kann. Diese Ausgestaltung als reines Konsensorgan wird auch seiner Funktion als Koordinierungs- und Kooperationsforum am besten gerecht.

20 **b) Abstimmungsmodalitäten.** Weder Art. 55 EIOPA-VO noch die Geschäftsordnung des Gemeinsamen Ausschusses legen eine **Regel** dazu fest, **wie abgestimmt** werden soll. Im Schweigensfall ist insofern von der Grundregel einer offenen Abstimmung **durch Handzeichen** auszugehen. Eine **Ausnahme** hiervon, im Sinne der Beantragung einer geheimen Abstimmung, erscheint im Rahmen der Beschlüsse des Gemeinsamen Ausschusses kaum von Belang. In Einklang mit den sonst nötigen Mehrheitserfordernissen (siehe Rn. 19) müsst der Antrag auf geheime Abstimmung von allen stimmberechtigten Mitgliedern beschlossen werden.

21 Abs. 2, 4 S. 3 legen nahe, dass die **Beschlüsse** des Gemeinsamen Ausschusses **grundsätzlich im Rahmen von Sitzungen** erfolgen sollen. Die Geschäftsordnung des Gemeinsamen Ausschusses erlaubt jedoch ohne besondere andere tatbestandseröffnende Anforderungen[16] auch eine **schriftliche Abstimmung.**[17] Ein Widerspruchsrecht der Mitglieder gegen die schriftliche Abstimmung besteht hierbei anders als im Rat der Aufseher (siehe Art. 44 EIOPA-VO Rn. 30) und im Verwaltungsrat (siehe Art. 45 EIOPA-VO Rn. 28) nicht. Dies tangiert jedoch nur die nicht-stimmberechtigten Mitglieder, da die Vorsitzenden gegen den Beschlussvorschlag stimmen können und hierdurch eine Sitzung mit Aussprache erzwingen können. Anders als für den Rat der Aufseher (siehe Art. 44 EIOPA-VO Rn. 19) wird in Art. 2.4. Geschäftsordnung des Gemeinsamen Ausschusses explizit vorgesehen, dass die Sitzungen auch im Wege der **Telefonkonferenz** und im Wege der **Videokonferenz** durchgeführt werden können. Da

[13] Decision of the Joint Committee of the European Banking Authority, European Insurance and Occupational Pensions Authority, and European Securities and Markets Authority adopting the Rules of Procedure of the Joint Committee of the European Supervisory Authorities (Decision JC DOC 2011 001).

[14] Die Veröffentlichung ist auf der Homepage des Gemeinsamen Ausschusses erfolgt, siehe https://esas-joint-committee.europa.eu/Publications/Miscellaneous/Joint-Committee-s-Rule-of-Procedure.pdf.

[15] Joint Committee Rules of Procedure (revised version 2014) – Decision of the Joint Committee of the European Banking Authority, European Insurance and Occupational Pensions Authority, and European Securities and Markets Authority amending its Rules of Procedure (Decision JC DC 2014 001).

[16] Anders als nach Art. 4 Abs. 10 The Board of Supervisors of EIOPA Rules of Procedure (EIOPA-BoS-11/002-Rev3), der festlegt, dass die schriftliche Abstimmung nur möglich sein soll, wenn dies angemessen erscheint.

[17] Art. 7.1. bzw. 8.2. Joint Committee Rules of Procedure (revised version 2014) Procedure (Decision JC DC 2014 001).

dies jedoch als ein Unterfall der Sitzung unter Anwesenden behandelt wird, gelten auch für die Entschlussfassung per Telekommunikationsmittel die allgemeinen Ladungsanforderungen (siehe Rn. 26).

3. Einberufung von Sitzungen und Leitung (Abs. 4 UAbs. 1). Die **planmäßigen Sitzungen** des Gemeinsamen Ausschusses werden **nicht** im eigentlichen Sinne **einberufen**. Hier besteht die Besonderheit, dass der Vorsitzende gemäß Art. 2.1. Geschäftsordnung des Gemeinsamen Ausschusses gehalten ist, am Beginn seiner Amtszeit dem Gemeinsamen Ausschuss einen Plan der ordentlichen Sitzungen für seine Amtsperiode vorzuschlagen, der dann vom Gemeinsamen Ausschuss, wohl mit den Stimmen aller Vorsitzenden der ESA, beschlossen wird. Einer gesonderten Ladung bedarf es dann nicht mehr. Vielmehr ist der Sitzungsplan nur durch den Vorsitzenden allen Mitgliedern und Teilnahmeberechtigten zugängig zu machen. 22

Abs. 4 UAbs. 2 sieht vor – dies bindet den Vorsitzenden des Gemeinsamen Ausschusses bei seiner Planung und die anderen Vorsitzenden bei ihrer Arretierung –, dass mindestens alle zwei Monate eine Sitzung stattfinden soll. Es besteht also eine **Mindestanzahl** von **sechs jährlichen Sitzungen**. 23

Daneben können aber die konkreten Umstände auch einen Handlungsbedarf erzeugen, der die Einberufung **außerplanmäßiger Sitzungen** erfordert. Diese beruft der **Vorsitzende** des Gemeinsamen Ausschusses **von Amtswegen ein**, Art. 2.2. S. 2 Geschäftsordnung des Gemeinsamen Ausschusses, wenn er dies für notwendig erachtet. Hierbei wird jedoch deutlich, dass das Ermessen des Vorsitzenden reduziert sein soll, da er nicht willkürlich unilateral über die zeitlichen Ressourcen der Vorsitzenden und Exekutivdirektoren der anderen ESA verfügen können soll. Vielmehr muss für die Anberaumung einer außerplanmäßigen Sitzung eine **gewisse Dringlichkeit** sprechen. Dies belegt auch das regulatorische Beispiel, das die Geschäftsordnung zur Ausfüllung des Begriffs der Notwendigkeit gibt („*ungünstigen Entwicklungen, die das ordnungsgemäße Funktionieren und die Integrität von Finanzmärkten oder die Stabilität des Finanzsystems in der Union als Ganzes oder in Teilen ernsthaft gefährden könnten*" – der Wortlaut des Art. 2.2. Geschäftsordnung des Gemeinsamen Ausschusses ist wortgleich zur Definition des Krisenfalls in Art. 18 Abs. 1 UAbs. 1 EIOPA-VO). Es erscheint jedoch zumindest in den Fällen, in denen eine Sitzung per Telefon- oder Videokonferenz angesetzt wird (siehe Rn. 21), vertretbar, geringere Anforderungen an die Dringlichkeit zu stellen und dem Vorsitzenden mithin größeres Ermessen zuzugestehen. Insofern ist aber die Einberufung der außerplanmäßigen Sitzungen von Amtswegen regulatorisch eher als Ausnahme gedacht. Wenn Art. 2.2. S. 1 Geschäftsordnung des Gemeinsamen Ausschusses hingegen anordnet, dass der Vorsitzende eine außerplanmäßige Sitzung auf **Antrag** von **zwei Vorsitzenden der ESA** – gemeint sind die beiden anderen Vorsitzenden – einberufen muss so ist dies oberflächlich nur als eine Regelung des Ausschlusses des Ermessens des Vorsitzenden des Gemeinsamen Ausschusses zu lesen, der die Sitzung in diesem Fall einberufen muss. Tatsächlich gibt dies jedoch die Grundregel vor, dass der Vorsitzende, wenn er eine außerplanmäßige Sitzung einberufen möchte, den Konsens mit den anderen Vorsitzenden (hinsichtlich des Ob, des Zeitpunkts, des Ortes und der Art der Sitzung) suchen soll und einstimmig eine Sitzung einberufen wird. 24

Die regelmäßigen Sitzungen werden auch hinsichtlich **Zeitpunkt, Ort und Art der Sitzung** durch gemeinsamen Beschluss der Vorsitzenden der ESA (siehe Rn. 22) festgelegt. Gleiches gilt im Zweifelsfall auch für die außerplanmäßigen Sitzungen (siehe Rn. 24). Etwas anderes gilt nur dann, wenn der Vorsitzende des Gemeinsamen Ausschusses *ex officio* eine Sitzung einberuft. Hier muss der Vorsitzende Zeitpunkt, Ort und Art der Sitzung, wenn ein Konsens nicht erzielt werden kann, im Zweifelsfall auch unilateral festsetzen können. Unabhängig davon, wer die Modalitäten der Sitzung ausgestaltet, gilt die Grundregel, dass diese unter Anwesenden am Sitz (vgl. Art. 7 EIOPA-VO) der vom Vorsitzenden des Gemeinsamen Ausschusses geleiteten ESA stattfindet.[18] Die Festsetzung eines anderen Ortes, sollte hierbei nur unter dem Gesichtspunkt erfolgen, dass die Ausübung der mitgliedschaftlichen Rechte dadurch nicht unnötig erschwert wird. Gerade im Falle außerplanmäßiger Sitzungen sollte die Möglichkeit einer Telefon- oder Videokonferenz immer in Betracht gezogen werden, wenn nicht die Gravität der Angelegenheit eine persönliche Diskussion passender erscheinen lässt. 25

Weitere Anforderungen stellt die EIOPA-VO für die Einberufung nicht auf. Auch die Geschäftsordnung des Gemeinsamen Ausschusses konkretisiert die **Anforderungen an die Ladung** nur marginal. So sieht die Geschäftsordnung beispielsweise keine Mindestladungsfrist vor. Es wird alleinig geregelt, dass den Mitgliedern und Beobachtern mindestens fünf Arbeitstage vor der Sitzung die vorläufige Tagesordnung zu übersenden ist, wobei auch diese Frist in Notfällen verkürzt werden kann.[19] Hieraus ist allenfalls zu ziehen, dass auch die Ladung regelmäßig mindestens fünf Tage vor der Sitzung erfolgen muss, aber wohl auch verkürzt werden kann. Grundsätzlich sollte jedoch eine Ankündigung der Sitzung in einer Weise erfolgen, die es allen Mitgliedern und Beobachtern ermöglicht, ihre institutionellen Rechte wahrzunehmen. Dies erfordert, im Falle geringerer Dringlichkeit, eine gewissen Zeitvorlauf, der fünf Tage übersteigen sollte. Zumindest aber im Falle der Anberaumung einer Telefon- oder Videokonferenz, die keine Reiseplanung erfordert, sollte im Zweifelsfall auch ein Vorlauf von fünf Tagen genügen. 26

[18] Art. 2.3. Joint Committee Rules of Procedure (revised version 2014) Procedure (Decision JC DC 2014 001).
[19] Art. 4.1. Joint Committee Rules of Procedure (revised version 2014) Procedure (Decision JC DC 2014 001).

27 Im Falle einer Beschlussfassung im **schriftlichen Verfahren**, sind keine Mindestfristen vorgesehen. Insofern kann die Aufforderung zur Abstimmung grundsätzlich unmittelbar mit dem Beschlussvorschlag erfolgen. Hierdurch werden jedoch zu gewissem Maße die Anhörungsrechte der Beobachter verkürzt. Soweit dies möglich ist, sollte insofern eine knappe Reaktionsfrist vorgesehen werden. Auch soweit dies nicht der Fall ist, würde ein gefasster Beschluss aber nicht nichtig werden, da die Maßnahme des Gemeinsamen Ausschusses selber keine Bindungswirkung erzeugt und insofern danach geäußerte Bedenken noch vor dem oder im Beschlussverfahren bei den ESA berücksichtigt werden können.

28 Art. 1.3. Alt. 2 Geschäftsordnung des Gemeinsamen Ausschusses überträgt dem **Vorsitzenden** des Gemeinsamen Ausschusses die **Leitungsbefugnis** für dessen Sitzungen. Soweit der Vorsitzende ausnahmsweise verhindert ist, so ist der Stellvertreter des Vorsitzenden nach Art. 43 Abs. 2 UAbs. 3 EIOPA-VO leitungsbefugt. Da jedoch davon auszugehen ist, dass der vollberufliche Vorsitzende einer anderen ESA oftmals zur Leitung der Sitzung des Gemeinsamen Ausschusses – dies gilt zumindest dann, wenn der Vorsitzende des Gemeinsamen Ausschusses erst sehr kurzfristig verhindert ist und sein Stellvertreter insofern eventuell noch nicht ausreichende Einarbeitungszeit hatte – besser geeignet ist, bestehen keine Bedenken dagegen, dass die Vorsitzenden einen anderen Sitzungsleiter bestimmen.

29 Art. 55 EIOPA-VO trifft – anders als Art. 44 f. EIOPA-VO für Sitzungen des Rates der Aufseher und des Verwaltungsrates, die die Frage zumindest berühren (siehe Art. 44 EIOPA-VO Rn. 23 und Art. 45 EIOPA-VO Rn. 35) – **keine Regelung** zur **Beratung der Beschlussvorschläge**. Dem lässt sich entnehmen, dass die Beratung grundsätzlich **forumsöffentlich** erfolgt. Hierbei erscheint es jedoch durchaus möglich, dass bestimmte Beobachter von der Beratung wegen persönlicher Betroffenheit ausgeschlossen werden können mit den Stimmen aller stimmberechtigten Mitglieder. Daneben ordnet Art. 3.7. Geschäftsordnung des Gemeinsamen Ausschusses – und dies scheint im Hinblick auf Art. 44 Abs. 4 S. 2 EIOPA-VO und Art. 45 Abs. 4 S. 2 EIOPA-VO folgerichtig und notwendig – an, dass bei Beratungen über einzelne Finanzinstitute **nur** die **Mitglieder des Gemeinsamen Ausschusses, sowie** der **Exekutivdirektor**, nicht aber die sonstigen Beobachter teilnehmen dürfen. Soweit ein Vorsitzender eines Unterausschusses, der ein nicht-stimmberechtigtes Mitglied des Gemeinsamen Ausschusses ist (siehe Rn. 7), kein Stellvertreter einer zuständigen Behörde wäre (was gegenwärtig nicht vorstellbar ist), so wäre auch er aus teleologischen Gründen von der Beratung auszuschließen.

30 **V. Teilnahmerechte Dritter (Abs. 2, 4 UAbs. 1 S. 2).** Die **Exekutivdirektoren** aller drei ESA, ein **Vertreter der Kommission** und ein **Vertreter des ESRB** haben gemäß Abs. 2 ein **ständiges Teilnahmerecht** an allen Sitzungen des Gemeinsamen Ausschusses und an allen Sitzung der Unterausschüsse (siehe Art. 57 EIOPA-VO). Der Regelungstext spricht hier zwar von „einem Vertreter der Kommission und der ESRB". Dies ist jedoch als Redaktionsfehler zu sehen und es ist davon auszugehen, dass kein gemeinsamer Vertreter, sondern je ein Vertreter gemeint ist.[20] Alle fünf gelten hierbei nicht als nicht-stimmberechtigte Mitglieder, sondern als Beobachter.[21] Gleichwohl sind sie gemäß Abs. 2 zwingend zu den Sitzungen des Gemeinsamen Ausschusses und den Sitzungen seiner Unterausschüsse zu laden und haben wohl auch eine Pflicht, an diesen teilzunehmen.

31 Abs. 4 UAbs. 1 S. 2 eröffnet dem Gemeinsamen Ausschuss die Möglichkeit, zu seinen Sitzungen andere Teilnehmer (Beobachter) zuzulassen. Diese Möglichkeit soll allerdings nur soweit bestehen, wie sie in der Geschäftsordnung vorgesehen wird.

32 Art. 3.4. Geschäftsordnung des Verwaltungsrates legt fest, dass jeder **Mitarbeiter des Sekretariats des Gemeinsamen Ausschusses** (siehe Art. 54 EIOPA-VO Rn. 16 ff.) als ständiger Beobachter gilt. Entscheidend ist hierbei, dass der jeweilige Mitarbeiter durch den Exekutivdirektor der vertragschließenden ESA dem Sekretariat des Gemeinsamen Ausschusses zugeteilt wurde.

33 Daneben eröffnet Art. 3.6. dem Gemeinsamen Ausschuss die Möglichkeit, per Beschluss – der drei stimmberechtigten Vorsitzenden der ESA – **andere Beobachter und Sachverständige** zuzulassen. Hierbei ist sowohl die Verleihung eines **ständigen** als auch eines **zeitbeschränkten Beobachterstatus** möglich.

Gemeinsame Positionen und gemeinsame Maßnahmen

56 Die Behörde führt im Rahmen ihrer Aufgaben nach Kapitel II und – sofern einschlägig – insbesondere im Hinblick auf die Umsetzung der Richtlinie 2002/87/EG gemeinsame Positionen mit der Europäischen Aufsichtsbehörde (Europäische Bankenaufsichtsbehörde) und der Europäischen Aufsichtsbehörde (Europäische Wertpapier- und Marktaufsichtsbehörde) herbei.

Maßnahmen gemäß den Artikeln 10 bis 15, 17, 18 oder 19 dieser Verordnung in Bezug auf die Anwendung der Richtlinie 2002/87/EG und anderer in Artikel 1 Absatz 2 genannter Rechtsakte der Union, die auch in den Zuständigkeitsbereich der Europäischen Aufsichts-

[20] So auch *Weismann*, European Agencies and Risk Governance in EU Financial Market Law, 2016, 163 (dort insb. Fn. 586).

[21] Art. 3.3. Joint Committee Rules of Procedure (revised version 2014) Procedure (Decision JC DC 2014 001).

behörde (Europäische Bankenaufsichtsbehörde) oder der Europäischen Aufsichtsbehörde (Europäische Wertpapier- und Marktaufsichtsbehörde) fallen, werden von der Behörde, der Europäischen Aufsichtsbehörde (Europäische Bankenaufsichtsbehörde) und der Europäischen Aufsichtsbehörde (Europäische Wertpapier- und Marktaufsichtsbehörde), sofern angebracht, parallel angenommen.

Schrifttum: Siehe die Angaben bei Art. 1 EIOPA-VO („Allgemein zum ESFS" und „Allgemein zur EIOPA").

I. Allgemeines. Art. 56 EIOPA-VO listet die beiden Handlungsformen auf, die dem Gemeinsamen Ausschuss zur Verfügung stehen, nämlich die gemeinsame Position (UAbs. 1) und die gemeinsame Maßnahme (UAbs. 2), wobei beide einstimmig durch die stimmberechtigten Mitglieder beschlossen werden müssen (siehe Art. 55 EIOPA-VO Rn. 18 ff.). Hierbei beschließt der Gemeinsame Ausschuss grundsätzlich nur den Entwurf einer gemeinsamen Position oder gemeinsamen Maßnahme, währen die gemeinsame Position bzw. Maßnahme in der gleichlaufenden Annahme durch alle zuständigen Beschlussorgane aller ESA zu sehen ist. 1

II. Gemeinsame Positionen (UAbs. 1). Die Handlungsform der **gemeinsamen Position** (*joint positions*) erklärt sich erst aus der Spiegelung zu der Handlungsform der gemeinsamen Maßnahmen nach UAbs. 2. Während zweite darauf abzielt, dass die sektoriellen ESA in unmittelbarer Transformation der gemeinsamen Maßnahme gleichlaufende Maßnahmen erlassen (siehe Rn. 8 ff.) muss mit der gemeinsamen Position **keine unmittelbare „Umsetzungspflicht" der ESA** begründet werden. Gleichwohl sieht die Geschäftsordnung des Gemeinsamen Ausschusses auch für die gemeinsamen Positionen vor, wie genau die koordinierte Implementierung in den sektoriellen ESA zu erfolgen hat, wenn eine Implementierungsmaßnahme doch erforderlich ist.[1] 2

Die einzige bisher als solche bezeichnete gemeinsame Position des Gemeinsamen Ausschusses war die **Gemeinsamen Position** der Europäischen Aufsichtsbehörden **über die Aufsichts- und Lenkungsverfahren der Hersteller (von Finanzprodukten).**[2] Aus dieser geht hervor – und dies trifft auf alle gemeinsamen Positionen zu –, dass sie nicht unmittelbar an die nationalen Aufsichtsbehörden oder an die Finanzinstitute gerichtet ist und auch kein unmittelbares Tätigwerden der einzelnen ESA erfordert. Vielmehr gibt die gemeinsame Position den einzelnen ESA einen Referenzrahmen vor, innerhalb dessen die jeweilige ESA für den von ihr betreuten Finanzsektor detailliertere Maßnahmen erarbeitet und erlässt, die dann wiederum – je nach gewählter Handlungsform – die zuständigen Behörden oder die Finanzinstitute adressieren.[3] Man kann gemeinsame Positionen insofern am ehesten mit den Leitlinien des Art. 16 EIOPA-VO vergleichen, wobei die gemeinsamen Positionen den ESA **Leitlinien für** ihre **zukünftige Arbeit** in bestimmten Bereichen vorgeben, ohne dass die einzelnen ESA an sie gebunden wären. Die Loyalitätspflicht gebietet es hierbei aber wohl, dass eine ESA, die von den gemeinsamen Positionen später abweichen möchte, dies zumindest im Gemeinsamen Ausschuss zur Diskussion stellt. 3

Solche gemeinsame Positionen können **zu allen Aufgaben**, die die EIOPA gemäß Kapitel II der EIOPA-VO (**Art. 8–39 EIOPA-VO**) zu erfüllen hat, und insbesondere solchen Aufgaben, die ihr im Zusammenhang mit der Finanzkonglomeratsrichtlinie erwachsen, **beschlossen** werden. Voraussetzung ist hierbei lediglich, dass das zu thematisierende Feld eine sektorübergreifende Relevanz hat. 4

Insofern dürfte das Rechtsinstrument der gemeinsamen Position weiter zu verstehen sein, als nur eine nach innen gerichtete Leitlinienkompetenz (siehe Rn. 3) zu eröffnen. Vielmehr kann der Gemeinsame Ausschuss solche **gemeinsame Positionen** auch **nach außen richten**, solange es nicht um die in UAbs. 2 enumerierten Maßnahmen geht. Dies bedeutet, dass der Gemeinsame Ausschuss zum Beispiel **gemeinsame Briefe, Stellungnahmen, Berichte** verfassen kann,[4] ohne dass diese zwingend als gemeinsame Position bezeichnet werden müssten. Gleichwohl sind auch all diese Maßnahmen, obgleich nicht explizit durch UAbs. 1 vorgesehen, durch alle Vorsitzenden der ESA einstimmig zu beschließen (siehe Art. 55 EIOPA-VO Rn. 18 ff.). Es ist gerade im Hinblick auf die genaue Darlegung der gemeinsamen Position nach außen jedoch auch möglich, dass der Gemeinsame Ausschuss, die Aufgabe auf den Vorsitzenden des Gemeinsamen Ausschusses, die Unterausschüsse, das Sekretariat oder auf Arbeitsgruppen delegiert.[5] 5

Je nachdem um welche Aufgaben es geht – d. h. abhängig davon, ob es um Aufgaben geht, die die Vorsitzenden nach den Gründungsverordnungen zur alleinigen Zuständigkeit übertragen bekommen haben oder zu deren Wahrnehmung sie durch ihren Rat der Aufseher nach Art. 41 Abs. 1 EIOPA-VO 6

[1] Siehe Art. 7.2.–7.4 Joint Committee Rules of Procedure (revised version 2014) – Decision of the Joint Committee of the European Banking Authority, European Insurance and Occupational Pensions Authority, and European Securities and Markets Authority amending its Rules of Procedure (Decision JC DC 2014 001).

[2] Joint Position of the European Supervisory Authorities on Manufacturers' Product Oversight & Governance Processes (JC-2013-77).

[3] Nr. 4 S. 3, 4 Joint Position of the European Supervisory Authorities on Manufacturers' Product Oversight & Governance Processes (JC-2013-77).

[4] Siehe zu den bisher gewählten Handlungsformen: https://esas-joint-committee.europa.eu/library#k=.

[5] Art. 11.1. Joint Committee Rules of Procedure (revised version 2014) – Decision of the Joint Committee of the European Banking Authority, European Insurance and Occupational Pensions Authority, and European Securities and Markets Authority amending its Rules of Procedure (Decision JC DC 2014 001).

ermächtigt wurden (siehe Art. 41 EIOPA-VO Rn. 10 ff.) –, kann der Gemeinsame Ausschuss jedoch **nur** einen **Entwurf einer gemeinsamen Position** erlassen. Im Hinblick darauf, dass den Räten der Aufseher nach Art. 43 Abs. 1 Alt. 1 der Gründungsverordnungen grundsätzlich die Richtlinienkompetenz für die ESA zukommt (siehe Art. 43 EIOPA-VO Rn. 3), ist der Gemeinsame Ausschuss im Zweifelsfall nur zum Erlass von Entwürfen gemeinsamer Positionen ermächtigt.

7 Dies ist etwa auch der Fall, wenn sich die Vorsitzenden der ESA entschließen sektorübergreifende Themen durch **gemeinsame Leitlinien oder Empfehlungen** (i. S. d. Art. 16 EIOPA-VO – der in UAbs. 2 gerade nicht aufgeführt wird) zu adressieren. Hier würde der Gemeinsame Ausschuss bzw. einer seiner Unterausschüsse diese gemeinsamen Leitlinien (als gemeinsame Positionen) im Entwurf erarbeiten. Dieser Entwurf gemeinsamer Leitlinien ist sodann vom Vorsitzenden jeder ESA dem respektiven Rat der Aufseher zur Annahme vorzuschlagen, wobei alle Beschlüsse möglichst zeitgleich erfolgen sollen.[6] Aus dem Regelungskonzept ergibt sich hierbei, dass die gemeinsame Position hierbei von jedem Rat der Aufseher nur unter dem Vorbehalt angenommen wird, dass ein entsprechender Beschluss auch durch den Rat der Aufseher der anderen beiden ESA gefasst wird. Sobald ein Rat der Aufseher seine Zustimmung verweigert, wird der Entwurf der gemeinsamen Position dem Gemeinsamen Ausschuss erneut zur Diskussion vorgelegt, um später einen eventuell abgeänderten neuen Entwurf einer gemeinsamen Position zur Annahme durch die Räte der Aufseher der ESA zu beschließen. Ein Beispiel für dieses Vorgehen sind die **Gemeinsamen Finanzkonglomeratsleitlinien**[7] und die **Gemeinsamen Geldwäscheleitlinien.**[8]

8 **III. Gemeinsame Maßnahmen (UAbs. 2).** Die EIOPA hat solche Maßnahmen, zu deren Erlass sie in Art. 10–15, 17, 18, 19 (und 20) EIOPA-VO ermächtigt ist, grundsätzlich dann als **gemeinsame Maßnahme** (*common act*) nach UAbs. 2 zu erlassen, wenn sich die Maßnahme auf die Anwendung der Finanzkonglomeratsrichtlinie oder einen anderen in Art. 1 Abs. 2 genannten Rechtsakt bezieht, der auch in den Zuständigkeitsbereich mindestens einer anderen ESA fällt (**sektorübergreifende Relevanz**).

9 Soweit das Erfordernis der sektorübergreifenden Relevanz (siehe Rn. 8) eröffnet ist, sind folgende Maßnahmen grundsätzlich als gemeinsame Maßnahmen zu erlassen: Die **Konsultation und** die **Entwürfe der technischen Regulierungs- und Durchführungsstandards** (Art. 10–15 EIOPA-VO); die Maßnahmen bei **Verletzung des Unionsrechts**, d. h. die **Empfehlung** nach Art. 17 Abs. 3 EIOPA-VO, die **Unterrichtung der Kommission** nach Art. 17 Abs. 4 EIOPA-VO und der **Erlass eines Beschlusses** gegenüber einem **Finanzinstitut** nach Art. 17 Abs. 6 UAbs. 1 EIOPA-VO; die Maßnahmen im **Krisenfall**, d. h. **Beantragung (Empfehlung)** beim Rat zur **Erklärung des Krisenfalls** nach Art. 18 Abs. 2 EIOPA-VO, Erlass von **Beschlüssen gegenüber** nationalen **Aufsichtsbehörden** gemäß Art. 18 Abs. 3 EIOPA-VO, Erlass von **Beschlüssen gegenüber Finanzinstituten** nach Art. 18 Abs. 4 EIOPA-VO; die Maßnahmen im Zusammenhang mit **sektorübergreifenden Meinungsverschiedenheiten**, d. h. Erlass von **Beschlüssen gegenüber** nationalen **Aufsichtsbehörden** gemäß Art. 19 Abs. 3 EIOPA-VO oder **gegenüber Finanzinstituten** gemäß Art. 19 Abs. 4 EIOPA-VO. Nicht erfasst ist hingegen der Erlass von Leitlinien zu sektorübergreifenden Themen. Diese ergehen als gemeinsame Position (siehe Rn. 7).

10 Die **Kompetenzen** der ESA **nach** den **Art. 17–20 EIOPA-VO** haben bisher allenfalls eine untergeordnete Rolle gespielt[9] – für den sektorübergreifenden Bereich muss dies umso mehr gelten –, sodass UAbs. 2 diesbezüglich noch nicht zum Tragen gekommen ist.

11 Anders sieht es hingegen im Bereich der **Erarbeitung technischer Standards** aus. Hier hat der Gemeinsame Ausschuss **größere Relevanz** erlangt und bereits vier Entwürfe gemeinsamer technischer Regulierungsstandards entworfen.[10]

---

[6] Deshalb ist zu empfehlen, dass hier jeweils die Abstimmung im schriftlichen Verfahren mit einheitlichen Fristen gewählt wird; so auch Art. 7.2. S. 2 Joint Committee Rules of Procedure (revised version 2014) – Decision of the Joint Committee of the European Banking Authority, European Insurance and Occupational Pensions Authority, and European Securities and Markets Authority amending its Rules of Procedure (Decision JC DC 2014 001).

[7] Gemeinsamen Leitlinien über die Angleichung der Aufsichtspraxis in Bezug auf die Einheitlichkeit von Kooperationsvereinbarungen für die Beaufsichtigung von Finanzkonglomeraten (JC/GL/2014/01).

[8] Guidelines on the characteristics of a risk-based approach to anti-money laundering and terrorist financing supervision, and the steps to be taken when conducting supervision on a risk-sensitive basis (ESAs 2016 72).

[9] Bericht der Kommission an das Europäische Parlament und den Rat über die Tätigkeit der Europäischen Aufsichtsbehörden (ESA) und das Europäische System der Finanzaufsicht (ESFS), in: KOM(2014) 509 endg., S. 7 stellt fest, dass zu diesem Zeitpunkt keine ESA eine Empfehlung oder einen Beschluss im Rahmen ihrer Kompetenzen aus Art. 17–19 erlassen hatte.

[10] JC Final Draft Regulatory Technical Standards on the consistent application of the calculation methods under Article 6 (2) of the Financial Conglomerates Directive under Regulation (EU) No 575/2013 (Capital Requirements Regulation – CRR) and Directive 2013/36/EU (JC-RTS-2013 01); Draft Regulatory Technical Standards on risk concentration and intra-group transactions under Article 21a (1a) of Directive 2002/87/EC (Financial Conglomerates Directive) (JC 2014 092); Joint Final Draft Implementing Technical Standards on the mapping of ECAIs' credit assessment under Article 136(1) and (3) of Regulation (EU) No 575/2013 (Capital Requirements Regulation – CRR) (JC 2015 067); Final Draft Regulatory Technical Standards on risk-mitigation techniques for OTC-derivative contracts not cleared by a CCP under Article 11(15) of Regulation (EU) No 648/2012 (ESAs 2016 23).

Verfahrenstechnisch wird zunächst auf der Ebene des Gemeinsamen Ausschusses über einen Beschlussentwurf diskutiert und dieser typischerweise durch einen der Unterausschüsse entwickelt und dann durch den Gemeinsamen Ausschuss unter Wahrung der Einstimmigkeit aller Vorsitzenden beschlossen. Dieser Entwurf (gemeinsamer technischer Standards) ist sodann vom Vorsitzenden jeder ESA dem respektiven Rat der Aufseher zur Annahme vorzuschlagen, wobei alle Beschlüsse möglichst zeitgleich erfolgen sollen.[11] Aus dem Regelungskonzept ergibt sich hierbei, dass die gemeinsame Maßnahme von jedem Rat der Aufseher im Zweifelsfall nur unter dem Vorbehalt angenommen wird, dass ein entsprechender Beschluss auch durch den Rat der Aufseher der anderen beiden ESA gefasst wird. Sobald ein Rat der Aufseher seine Zustimmung verweigert, wird der Entwurf der gemeinsamen Maßnahme dem Gemeinsamen Ausschuss erneut zur Diskussion vorgelegt, um später einen eventuell abgeänderten neuen Entwurf einer gemeinsamen Maßnahme zur Annahme durch die Räte der Aufseher der ESA zu beschließen. 12

Unterausschüsse

57 (1) **Für die Zwecke des Artikels 56 wird innerhalb des Gemeinsamen Ausschusses ein Unterausschuss für Finanzkonglomerate eingerichtet.**

(2) **Der Unterausschuss setzt sich aus den in Artikel 55 Absatz 1 genannten Personen und einem hochrangigen Vertreter des Personals der betreffenden zuständigen Behörde jedes Mitgliedstaats zusammen.**

(3) **Der Unterausschuss wählt aus seinen Mitgliedern einen Vorsitzenden, der auch Mitglied des Gemeinsamen Ausschusses ist.**

(4) **Der Gemeinsame Ausschuss kann weitere Unterausschüsse einrichten.**

Übersicht

Schrifttum: Siehe die Angaben bei Art. 1 EIOPA-VO („Allgemein zum ESFS" und „Allgemein zur EIOPA"). *Carvajal*, An Assessment of Markets and Credit Rating Agency Regulation, in: Enoch u. a., From Fragmentation to Financial Integration in Europe, 2013, S. 335–351; *Generaldirektion Interne Politikbereiche der Union des Europäischen Parlaments*, Review of the New European System of Financial Supervision (ESFS) – Part 1: The Work of the European Supervisory Authorities (EBA, EIOPA and ESMA) – The ESFS's Micro-Prudential Pillar, Oktober 2013 (PE 507.446); *Weismann*, European Agencies and Risk Governance in EU Financial Market Law, 2016.

I. Allgemeines. Art. 57 EIOPA-VO regelt die Möglichkeit (Abs. 4) und Notwendigkeit zur Errichtung von Unterausschüssen zum Gemeinsamen Ausschuss. Hierbei wird zumindest die Einrichtung eines Unterausschusses für Finanzkonglomerate zwingend verlangt (Abs. 1) und auch hinsichtlich seiner Besetzung (Abs. 2) und seinem Vorsitz (Abs. 3) geregelt. 1

II. Unterausschuss für Finanzkonglomerate (Abs. 1–3). Die Idee eines sektorübergreifenden Koordinierungsausschusses geht zurück auf den zwischen zwei der Lamfalussy Stufe 3-Ausschüsse – den Rechtsvorgängern der jetzigen EIOPA und EBA, nämlich CEIOPS und CEBS – vereinbarten Gemeinsamen Ausschuss für Finanzkonglomerate (*Joint Committee on Financial Conglomerates*, siehe Art. 54 EIOPA-VO Rn. 5). Es erscheint mithin erwartbar, dass besonders im Bereich der Behandlung von Finanzkonglomeraten ein koordinierendes Tätigwerden der ESA notwendig bleibt. Da dieser Arbeitsschwerpunkt des Gemeinsamen Ausschusses auch institutionelle besonders gewichtet werden soll, ordnet der Verordnungsgeber in Abs. 1 an, dass **zwingend ein Unterausschuss für Finanzkonglomerate** zu **errichten ist**. Dieser Pflicht ist der Gemeinsame Ausschuss in Art. 12.8 Geschäftsordnung des Gemeinsamen Ausschusses a. F. nachgekommen.[1] 2

[11] Deshalb ist zu empfehlen, dass hier jeweils die Abstimmung im schriftlichen Verfahren mit einheitlichen Fristen gewählt wird; so auch Art. 8.3. S. 2 Joint Committee Rules of Procedure (revised version 2014) – Decision of the Joint Committee of the European Banking Authority, European Insurance and Occupational Pensions Authority, and European Securities and Markets Authority amending its Rules of Procedure (Decision JC DC 2014 001).

[1] Decision of the Joint Committee of the European Banking Authority, European Insurance and Occupational Pensions Authority, and European Securities and Markets Authority adopting the Rules of Procedure of the Joint Committee of the European Supervisory Authorities (Decision JC DOC 2011 001).

3 **1. Zusammensetzung (Abs. 2, 3).** Wie auch im Gemeinsamen Ausschuss ist beim Unterausschuss für Finanzkonglomerate zwischen **Mitgliedern und Beobachter** zu unterscheiden. Zudem wird ein **Vorsitzender** ernannt.

4 **a) Mitglieder (Abs. 2).** Gemäß Abs. 2 Hs. 1 besteht der Unterausschuss zunächst aus den in Art. 55 Abs. 1 EIOPA-VO genannten Personen. Dies bedeutet, dass die drei **Vorsitzenden der ESA** (siehe Art. 55 EIOPA-VO Rn. 3 f.) Mitglieder des Unterausschusses für Finanzkonglomerate sind.

5 So man den Verweis in Abs. 2 Hs. 1 wörtlich nimmt, bezieht er auch die in Art. 55 Abs. 1 Hs. 2 EIOPA-VO genannten Personen mit ein. Dies würde bedeuten, dass auch alle **Vorsitzenden der anderen Unterausschüsse des Gemeinsamen Ausschusses** Mitglieder des Unterausschusses für Finanzkonglomerate wären. Dies erscheint jedoch widersinnig, da hierdurch zum einen einige nationale Aufsichtsbehörden im Unterausschuss für Finanzkonglomerate überrepräsentiert wären und zum anderen für eine Zuziehung – bei gleichzeitiger zeitlicher Überbeanspruchung der Vorsitzenden der anderen Unterausschüsse – kein sachlicher Grund besteht, da die Vorsitzenden und die Exekutivdirektoren der ESA die Arbeitsergebnisse und Anforderungen der anderen Unterausschüsse problemlos in den Unterausschuss für Finanzkonglomerate einbringen können. Entsprechend legen auch die ESA Abs. 2 Hs. 1 eng aus und kommen zu dem Ergebnis, dass die Vorsitzenden der anderen Unterausschüsse **nicht** (zwingend) **Mitglieder** des Unterausschusses für Finanzkonglomerate sind.[2]

6 Neben den Vorsitzenden der ESA bestimmt Abs. 2 Hs. 2, dass noch ein **hochrangiger Vertreter** des Personals der betreffenden **zuständigen Behörde jedes Mitgliedsstaates** zum Mitglied bestellt werden soll. Der Begriff des hochrangigen Vertreters ist hier in Übereinstimmung mit dem Begriff des hochrangigen Stellvertreters in Art. 40 Abs. 1 EIOPA-VO zu lesen, sodass hier entweder die Leiter der nationalen Aufsichtsbehörden oder solche Personalmitglieder, die das Kriterium der Hochrangigkeit erfüllen (siehe Art. 40 EIOPA-VO Rn. 10 ff.), durch die zuständige Behörde zum Mitglied des Unterausschusses für Finanzkonglomerate bestellt werden können. Es ist hierbei jedoch nicht zwingend, wenn auch durchaus wünschenswert,[3] dass die zu bestellenden Mitglieder des Personals als Mitglieder oder Stellvertreter in einem der Räte der Aufseher der ESA sitzen.

7 Soweit Abs. 2 Hs. 2 von Vertretern der **zuständigen Behörden** spricht, meint er grundsätzlich sämtliche zuständige Behörden des Art. 4 Nr. 2 aller Gründungsverordnungen. Dies würde im Hinblick auf die Dreiteilung der sektoriellen Aufsicht bedeuten, dass in der EU-28 insgesamt mindestens 84 zusätzliche Mitglieder zu bestellen wären. Dies würde die Arbeitsfähigkeit des Unterausschusses für Finanzkonglomerate erheblich einschränken. Die ESA deuten diesen Passus – und dies scheint gut vertretbar – dahin, dass immer dann, wenn in dem entsprechenden Mitgliedstaat nur eine Aufsichtsbehörde sämtliche Sektoren beaufsichtigt auch nur ein Mitglied entsandt werden kann.[4] Daneben wird den Mitgliedstaaten die Möglichkeit eingeräumt, auf eine Bestellung zu verzichten und stattdessen eine Kontaktperson zu benennen, die die notwendigen Informationen erhält und über die Input angefordert werden kann.[5] Hierdurch reduziert sich die Mitgliederzahl für die Mitgliedstaaten mit einer Allfinanzaufsichtsbehörde. Im Hinblick darauf, dass in der Praxis alle Unterausschüsse (inklusive des Unterausschusses für Finanzkonglomerate über **etwa 30 Vertreter der zuständigen Behörden** verfügen,[6] scheinen auch die Mitgliedstaaten, in denen die Finanzaufsicht in selbständigen sektoriellen Aufsichtsbehörden organisiert ist, eine Begrenzung auf ein Mitglied vorgenommen zu haben.

8 Daneben bestimmt Art. 31h lit. u Annex IX zum EWR Abkommen, dass auch ein **hochrangiger Vertreter** des Personals der betreffenden **zuständigen Behörde jedes EFTA-Staates** und ein **Vertreter der EFTA-Überwachungsbehörde** Mitglied des Unterausschusses sind.[7]

9 **Keine Mitglieder** sind hingegen die Mitglieder des **Personals der ESA** (abgesehen von den Vorsitzenden).[8] Diese können allenfalls als Beobachter und Sachverständige (siehe Rn. 10 ff.) zur Unterstützung zugezogen werden.

---

[2] Siehe Art. 14.1. Joint Committee Rules of Procedure (revised version 2014) – Decision of the Joint Committee of the European Banking Authority, European Insurance and Occupational Pensions Authority, and European Securities and Markets Authority amending its Rules of Procedure (Decision JC DC 2014 001).

[3] Vgl. Art. 14.2. S. 2 Joint Committee Rules of Procedure (revised version 2014) – Decision of the Joint Committee of the European Banking Authority, European Insurance and Occupational Pensions Authority, and European Securities and Markets Authority amending its Rules of Procedure (Decision JC DC 2014 001).

[4] Art. 14.3. Joint Committee Rules of Procedure (revised version 2014) – Decision of the Joint Committee of the European Banking Authority, European Insurance and Occupational Pensions Authority, and European Securities and Markets Authority amending its Rules of Procedure (Decision JC DC 2014 001).

[5] Art. 14.4. Joint Committee Rules of Procedure (revised version 2014) – Decision of the Joint Committee of the European Banking Authority, European Insurance and Occupational Pensions Authority, and European Securities and Markets Authority amending its Rules of Procedure (Decision JC DC 2014 001).

[6] *EP*, Review of the ESFS (PE 507.446), S. 108.

[7] Insofern unzulässig Art. 14.7.1. Joint Committee Rules of Procedure (revised version 2014) – Decision of the Joint Committee of the European Banking Authority, European Insurance and Occupational Pensions Authority, and European Securities and Markets Authority amending its Rules of Procedure (Decision JC DC 2014 001), der nur vorsieht, dass Vertreter der Aufsichtsbehörden der EFTA-Staaten als Beobachter zugelassen werden können.

[8] So aber *Carvajal* in: Enoch u. a., From Fragmentation to Financial Integration in Europe, 2013, S. 335, 350.

b) Beobachter. Die **Exekutivdirektoren** aller drei ESA, ein **Vertreter der Kommission** und ein **Vertreter des ESRB** haben gemäß Art. 54 Abs. 2 Alt. 2 EIOPA-VO auch im Unterausschuss für Finanzkonglomerate ein **ständiges Teilnahmerecht** (siehe Art. 54 EIOPA-VO Rn. 30) und sind insofern ständige Beobachter. 10

Art. 14.6.4. Geschäftsordnung des Gemeinsamen Ausschusses gewährt zudem noch einem **Vertreter der EZB Bankenaufsicht (SSM)** – dies erscheint im Hinblick auf die mikroprudentiellen Aufsichtsaufgaben auch höchst notwendig – ein ständiges Beobachtermandat. 11

Daneben eröffnet Art. 14.8. Geschäftsordnung des Gemeinsamen Ausschusses dem Unterausschuss für Finanzkonglomerate die Möglichkeit – wohl per Beschluss der drei stimmberechtigten Vorsitzenden der ESA unter Konsultierung der anderen Mitglieder – **andere Beobachter und Sachverständige** zuzulassen. Hierbei ist sowohl die Verleihung eines **ständigen** als auch eines **zeitbeschränkten Beobachterstatus** möglich. 12

c) Vorsitzender (Abs. 3). Gemäß Abs. 3 hat der Unterausschuss für Finanzkonglomerate einen **Vorsitzenden aus seinen Mitgliedern** zu **wählen**. Hierbei wäre es wohl im Hinblick auf den Wortlaut auch zulässig, dass einer der Vorsitzenden der ESA, der auch Mitglied des Unterausschuss für Finanzkonglomerate ist (siehe Rn. 4), zum Vorsitzenden des Unterausschusses gewählt wird. Dies entspricht jedoch nicht ganz dem Sinn des Abs. 3 (i. V. m. Art. 55 Abs. 1 EIOPA-VO) der davon ausgeht, dass es sich beim Vorsitzenden des Unterausschusses für Finanzkonglomerate und den Vorsitzenden der ESA grundsätzlich um unterschiedliche Personen handelt. 13

Daneben sieht die EIOPA-VO keine **zusätzlichen Anforderungen** für die Person des Vorsitzenden des Unterausschusses für Finanzkonglomerate vor. Art. 14.2. S. 2 Geschäftsordnung des Gemeinsamen Ausschusses fordert jedoch, dass der Vorsitzende grundsätzlich aus dem Kreis der Mitglieder des Unterausschusses für Finanzkonglomerate, die auch Mitglied oder hochrangiger Stellvertreter des Rates der Aufseher einer der ESA sind (siehe Art. 40 EIOPA-VO Rn. 3 ff. und 10 ff.), gewählt werden soll. Hierbei handelt es sich jedoch nur um eine Soll-Regel. 14

Für die **Ernennung des Vorsitzenden** des Unterausschusses für Finanzkonglomerate ist dem Unterausschuss kein vollständiges Selbstorganisationsrecht zugestanden. Vielmehr haben die **Vorsitzenden der ESA** sich **einstimmig** auf einen Vorsitzenden zu **einigen** (wobei es hierbei durchaus zulässig wäre, zunächst alle Mitglieder des Unterausschusses wählen zu lassen, so lange gewährt bleibt, dass die Vorsitzenden der ESA hierdurch nicht gebunden werden) und diese Person dann den **Räten der Aufseher aller** drei **ESA** zur Bestätigung als Vorsitzenden des Unterausschusses für Finanzkonglomerate **vorzuschlagen**.[9] 15

2. Aufgaben. Der Unterausschuss für Finanzkonglomerate führt die Aufgaben des Gemeinsamen Ausschusses im Bereich der Finanzkonglomeratsaufsicht aus. Dies bedeutet, dass notwenige Regulierungsinstrumente hier technisch ausgearbeitet werden. Hierbei kann der Unterausschuss auch eigene Tätigkeitsfelder entwickeln. Es entspricht jedoch der praktischen Vorgehensweise im ESFS, dass die Vorsitzenden der ESA gemeinsam einen Entwurf eines **Mandats für den Unterausschuss** entwerfen, in dem insbesondere die **zu erbringenden Leistungen** (sogenannte ***deliverables***) festgelegt werden. Diese Mandate werden sodann von den Räten der Aufseher der ESA beschlossen.[10] Hierdurch wird die Arbeit des Unterausschusses für Finanzkonglomerate (und aller anderer Unterausschüsse) durch den Gemeinsamen Ausschuss gesteuert (und überwacht). Der Finanzkonglomeratsunterausschuss nimmt auch die Aufgaben des Gemeinsamen Ausschusses in den Finanzkonglomeratsaufsichtskollegien war.[11] 16

Die **Ergebnisse der Arbeit** des Unterausschusses für Finanzkonglomerate werden dann im **Gemeinsamen Ausschuss endgültig beschlossen** (wenn nicht diese Kompetenz auf den Unterausschuss übertragen wurde) und in Form einer gemeinsamen Position oder einer gemeinsamen Maßnahme durch die ESA implementiert (vgl. Art. 56 EIOPA-VO).[12] 17

3. Beschlussfassung. Die Frage des **Ortes, Intervalls, Zeitpunkts und Art der Sitzungen** des Unterausschusses für Finanzkonglomerate ist auch in der Geschäftsordnung des Gemeinsamen Ausschusses nicht geregelt. Es ist jedoch davon auszugehen, dass grundsätzlich auch hier schriftliche Abstimmungen und Sitzungen auch per Telefon- oder Videokonferenz möglich sind. Da jedoch für die Detailarbeit der Vertreter der nationalen Aufsichtsbehörden auch ein persönlicher Kontakt notwendig ist, dürften Sitzungen auch als regelmäßige Sitzungen festgesetzt werden, wobei diese auf das Mandat des Unter- 18

[9] Art. 12.4. Joint Committee Rules of Procedure (revised version 2014) – Decision of the Joint Committee of the European Banking Authority, European Insurance and Occupational Pensions Authority, and European Securities and Markets Authority amending its Rules of Procedure (Decision JC DC 2014 001).

[10] Vgl. Art. 12.4. Joint Committee Rules of Procedure (revised version 2014) – Decision of the Joint Committee of the European Banking Authority, European Insurance and Occupational Pensions Authority, and European Securities and Markets Authority amending its Rules of Procedure (Decision JC DC 2014 001).

[11] Für einen Überblick der Kollegien siehe List of Financial Conglomerates 2016 (JC 2016 77).

[12] Art. 12.6. Joint Committee Rules of Procedure (revised version 2014) – Decision of the Joint Committee of the European Banking Authority, European Insurance and Occupational Pensions Authority, and European Securities and Markets Authority amending its Rules of Procedure (Decision JC DC 2014 001).

ausschusses (siehe Rn. 16) und die darin vorgesehenen *Milestones* ausgerichtet sein sollten. Hierbei ist als Tagungsort grundsätzlich der Sitz der ESA (Art. 7 der Gründungsverordnungen), deren Vorsitzender in diesem Jahr den Vorsitz im Gemeinsamen Ausschuss innehat (siehe Art. 55 EIOPA-VO Rn. 11), vorzusehen.

19 **Ladungsfristen** sind **nicht vorgesehen**. Grundsätzlich sollten jedoch die Sitzungen bereits zu Jahresanfang angekündigt werden.[13] Verpflichtend vorgesehen ist nur, dass die **Arbeitsdokumente** für die Sitzung mit ausreichendem zeitlichen Vorlauf, aber mindestens fünf Werktage vor der Sitzung zu **übermitteln** sind.[14]

20 Für den Unterausschuss sind keine zwingenden **Regeln zur Beschlussfassung** vorgesehen. Art. 12.3 Geschäftsordnung des Gemeinsamen Ausschusses sieht lediglich vor, dass der Vorsitzende des Unterausschusses für Finanzkonglomerate versuchen soll, über alle Arbeitspunkte Konsens herzustellen. So der Unterausschuss nicht dazu in der Lage ist, sich in einem bestimmten Punkt zu einigen, so ist dieser dem Gemeinsamen Ausschuss durch den Vorsitzenden des Unterausschusses für Finanzkonglomerate vorzulegen und zu präsentieren und die Vorsitzenden der ESA treffen eine (für den Unterausschuss verbindliche) Entscheidung zur Behandlung der Frage.

21 **III. Weitere Unterausschüsse (Abs. 4).** Abs. 4 ermächtigt den Gemeinsamen Ausschuss zur Einrichtung beliebig vieler weiteren Unterausschüsse.

22 Allerdings hat der Gemeinsame Ausschuss sein **Ermessen zur Errichtung** weiterer Ausschüsse an den Notwendigkeiten des ESFS auszurichten. Art. 12.8. Geschäftsordnung des Gemeinsamen Ausschusses konkretisiert hierbei die Kriterien, die bei dieser Ermessensausübung besonders herangezogen werden sollten. Relevant ist hierbei, ob es sich um eine permanente Aufgabe des Gemeinsamen Ausschusses oder zumindest um eine solche von erheblicher Dauer handelt, ob die Aufgabe impliziert, dass eine gewisse Mitarbeiterzahl von mehr als einer ESA herangezogen werden muss und ob die Aufgabe einen Bezug zur politisch institutionellen Arbeit der EU im sektorübergreifenden Bereich oder zur Zusammenarbeit mit dem ESRB aufweist. So dies nicht der Fall ist, sollte ein Unterausschuss nicht errichtet werden. In diesem Fall könnte aber über die Einrichtung von anderen Kooperationseinheiten (siehe Rn. 27 ff.) nachgedacht werden.

23 Der Gemeinsame Ausschuss hat gegenwärtig, neben dem Unterausschuss für Finanzkonglomerate noch **drei weitere Unterausschüsse** eingerichtet.[15]

24 Es handelt sich hierbei um den **Unterausschuss für sektorübergreifende Entwicklungen, Risiken und Schwachstellen** (*Sub-Committee on Cross-Sector Developments, Risks and Vulnerabilities*), den **Unterausschuss für Geldwäsche** (*Sub-Committee on Anti-Money Laundering*) den **Unterausschuss für Verbraucherschutz und Finanzinnovationen**[16](*Sub-Committee on Consumer Protection and Financial Innovation*).[17]

25 Der Unterausschuss für Verbraucherschutz und Finanzinnovationen ist zudem noch in drei Arbeitsgruppen unterteilt, nämlich die Arbeitsgruppe für Verbraucherschutz (*Sub-Group on Consumer Protection*), die Arbeitsgruppe für Produktbeobachtung und -kontrolle (*Sub-Group on Product Oversight and Governance*) und die Arbeitsgruppe für verpackte Anlageprodukte für Kleinanleger und Versicherungsanlageprodukte (PRIIPs) (*Sub-Group on Retail Products [PRIIPs]*).[18]

26 Hinsichtlich der **Besetzung**, der **Aufgaben** und der **Arbeitsweise** gilt weitestgehend das zum Unterausschuss für Finanzkonglomerate Gesagte (siehe Rn. 4 ff., 16 f. und 18 ff.) *mutatis mutandis*.[19]

27 **IV. Andere Kooperationseinheiten.** Der Gemeinsame Ausschuss der ESA hat die Ermächtigung des Abs. 4 dahingehend verstanden, dass, wenn es schon einen Unterausschuss errichten darf, er erst recht ermächtigt ist, **andere Formen von Kooperationseinheiten** einzurichten.

---

[13] In Parallele zur Notwendigkeit bei Einberufung der Sitzungen des Gemeinsamen Ausschusses, siehe Art. 55 Rn. 22.

[14] Art. 12.5. Joint Committee Rules of Procedure (revised version 2014) – Decision of the Joint Committee of the European Banking Authority, European Insurance and Occupational Pensions Authority, and European Securities and Markets Authority amending its Rules of Procedure (Decision JC DC 2014 001).

[15] So auch *Carvajal* in: Enoch u. a., From Fragmentation to Financial Integration in Europe, 2013, S. 335, 349 f.; *Weismann*, European Agencies and Risk Governance in EU Financial Market Law, 2016, 163.

[16] Anders als die beiden vorgenannten Unterausschüsse wurde dieser Unterausschuss nicht durch die Geschäftsordnung, sondern durch gesonderten Beschluss errichtet, vgl. Art. 12.10 f. Joint Committee Rules of Procedure (revised version 2014) – Decision of the Joint Committee of the European Banking Authority, European Insurance and Occupational Pensions Authority, and European Securities and Markets Authority amending its Rules of Procedure (Decision JC DC 2014 001).

[17] *EP*, Review of the ESFS (PE 507.446), S. 109 f. mit einer ausschließlichen Darstellung der jeweiligen Arbeitsbereiche.

[18] *EP*, Review of the ESFS (PE 507.446), S. 109.

[19] Zu den kleinen Unterschieden hinsichtlich der Besetzung vgl. Art. 13 Joint Committee Rules of Procedure (revised version 2014) – Decision of the Joint Committee of the European Banking Authority, European Insurance and Occupational Pensions Authority, and European Securities and Markets Authority amending its Rules of Procedure (Decision JC DC 2014 001).

Anders als bei den Unterausschüssen geht es hier **vorrangig** nicht darum, dass die Expertise der nationalen Aufsichtsbehörden für die Zwecke des ESFS gebündelt und nutzbar gemacht wird, sondern, dass **einzelne Mitarbeiter der** sektoriellen **ESA** für bestimmte Aufgaben **gepoolt** werden, um hierdurch Einspareffekte zu erzielen und bereits frühzeitig sektorübergreifende Expertise in die Arbeiten der einzelnen ESA einzubinden, die eine spätere Koordinierung erleichtert. 28

Art. 12.14 Geschäftsordnung des Gemeinsamen Ausschusses ermächtigt den Gemeinsamen Ausschuss zur Einrichtung von gemeinsamen **Arbeitsgruppen** (*joint work streams*), **Projektgruppen** (*task forces*) und **Netzwerken** (*networks*). Von dieser Möglichkeit hat der Gemeinsame Ausschuss bereits regen Gebrauch gemacht.[20] 29

Abschnitt 2. Beschwerdeausschuss

Zusammensetzung und Arbeitsweise

58 (1) **Der Beschwerdeausschuss ist ein gemeinsames Gremium der ESA.**

(2) [1]**Der Beschwerdeausschuss besteht aus sechs Mitgliedern und sechs stellvertretenden Mitgliedern, die einen ausgezeichneten Ruf genießen und nachweislich über einschlägige Kenntnisse und berufliche — einschließlich aufsichtliche — Erfahrungen auf ausreichend hoher Ebene in den Sektoren Banken, Versicherungen, betriebliche Altersversorgung und Wertpapiere oder andere Finanzdienstleistungen verfügen und nicht zum aktuellen Personal der zuständigen Behörden oder anderer nationaler Einrichtungen oder Einrichtungen der Union gehören, die an den Tätigkeiten der Behörde beteiligt sind.** [2]**Der Beschwerdeausschuss muss über ausreichende Rechtskenntnisse verfügen, um die Behörde bei der Ausübung ihrer Befugnisse sachkundig rechtlich beraten zu können.**

Der Beschwerdeausschuss ernennt seinen Vorsitzenden.

(3) **Zwei Mitglieder des Beschwerdeausschusses und zwei stellvertretende Mitglieder werden vom Verwaltungsrat der Behörde aus einer Auswahlliste ernannt, die die Kommission im Anschluss an eine öffentliche Aufforderung zur Interessenbekundung, die im Amtsblatt der Europäischen Union veröffentlicht wird, und nach Anhörung des Rates der Aufseher vorschlägt.**

Die anderen Mitglieder werden gemäß der Verordnung (EU) Nr. 1093/2010 und der Verordnung (EU) Nr. 1095/2010 ernannt.

(4) [1]**Die Amtszeit der Mitglieder des Beschwerdeausschusses beträgt fünf Jahre.** [2]**Diese Amtszeit kann einmal verlängert werden.**

(5) **Ein vom Verwaltungsrat der Behörde ernanntes Mitglied des Beschwerdeausschusses kann während seiner Amtszeit nur dann seines Amtes enthoben werden, wenn es sich eines schweren Fehlverhaltens schuldig gemacht hat und der Verwaltungsrat nach Anhörung des Rates der Aufseher einen entsprechenden Beschluss gefasst hat.**

(6) [1]**Die Beschlüsse des Beschwerdeausschusses werden mit einer Mehrheit von mindestens vier der sechs Mitglieder gefasst.** [2]**Fällt der angefochtene Beschluss in den Geltungsbereich dieser Verordnung, so muss die Beschlussmehrheit mindestens eines der beiden von der Behörde ernannten Mitglieder des Beschwerdeausschusses umfassen.**

(7) **Der Beschwerdeausschuss wird von seinem Vorsitzenden bei Bedarf einberufen.**

(8) **Die ESA gewährleisten, dass der Beschwerdeausschuss durch den Gemeinsamen Ausschuss angemessene Unterstützung für die Abwicklung der Betriebs- und Sekretariatsgeschäfte erhält.**

Übersicht

[20] Vgl. bspw. *EP*, Review of the ESFS (PE 507.446), S. 110, allerdings sind diese Kooperationsvereinigungen bisher eher im bilateralen Bereich EBA-ESMA anzutreffen.

Schrifttum: *Forst,* Zum Verordnungsvorschlag der Kommission über eine europäische Versicherungsaufsicht, VersR 2010, S. 155 ff.; *Gal,* Europäische Streitbeilegungsmechanismen bei Meinungsverschiedenheiten zwischen nationalen Versicherungsaufsichtsbehörden – EIOPA als Schlichter, Mediator, Schiedsrichter oder in genuinem Kleide?, ZVersWiss 2013, S. 7 ff.; *ders.*, Rechtsschutz gegen Maßnahmen von EIOPA, in: Dreher/Wandt 2014, S. 11 ff.

1 **I. Allgemeines.** Art. 58 EIOPA-VO regelt – zumindest implizit – die Organstellung des Gemeinsamen Beschwerdeausschusses der ESA (Abs. 1). Zudem werden die Modalitäten der Ernennung von dessen Mitgliedern (Abs. 2 UAbs. 1, Abs. 3) sowie deren Amtsdauer (Abs. 4 S. 1), Amtsverlängerung (Abs. 4 S. 2) und Amtsenthebung (Abs. 5) adressiert. Ferner werden Aspekte der Binnenorganisation des Beschwerdeausschusses (Abs. 2 UAbs. 1, 2, Abs. 7) und insbesondere die Mehrheitserfordernisse für Beschwerdebeschlüsse (Abs. 6) statuiert. Schließlich wird den ESA noch eine Pflicht auferlegt, den Beschwerdeausschuss angemessen zu unterstützen (Abs. 8).

2 **II. Organstellung des Beschwerdeausschusses (Abs. 1).** Entsprechend der Formulierung des Abs. 1 hat der Beschwerdeausschuss **keine eigene Rechtspersönlichkeit,**[1] sondern wird den drei Finanzaufsichtsbehörden der Union gemeinschaftlich als Gremium zugeordnet.

3 Hierbei ergibt sich aus Art. 6 Nr. 5 EIOPA-VO, dass der Beschwerdeausschuss ein **Organ der EIOPA** ist. Es ist jedoch **fraglich**, ob **jede Handlung** im Hinblick auf Abs. 1 schlichtweg **jeder der ESA zugerechnet** wird oder ob die **Organstellung** sich **verfahrensbedingt wandelt**. Diese Frage der Organstellung wird insbesondere in zwei Fällen relevant, nämlich wenn es darum geht, wer bei einer Nichtigkeitsklage gegen den Beschwerdebeschluss vor dem EuG passivlegitimiert ist (siehe Art. 61 EIOPA-VO Rn. 8 ff.), und welche ESA im Falle der Schädigung eines Dritten durch den Beschwerdeausschuss durch eine Handlung, die sich als Rechtsbeugung oder ein Fall der Bestechlichkeit darstellt, gemäß Art. 69 Abs. 1 EIOPA-VO haftbar wäre (siehe Art. 69 EIOPA-VO Rn. 8).

4 Eine Zuschreibung von jeder Handlung des Gemeinsamen Beschwerdeausschusses an jede ESA – im Sinne einer **allzeitigen Organteilung** – erscheint **nicht interessen- und sachgerecht**. Dies würde dazu führen, dass die ESA für Schadensersatzansprüche eine Gesamtschuldnerstellung einnehmen würden und es im Rahmen der Nichtigkeitsklage vom Zufall abhinge, welche ESA verklagt werden und somit mit den Verteidigungskosten belastet werden würde. Wäre ein solches Konzept avisiert gewesen, so hätte zumindest eine Regelung zu Regress- respektive zu Kostenmittragungspflichten zwischen den ESA vorgesehen werden müssen.

5 Insofern ist für den Beschwerdeausschuss eine **wandelbare Organstellung** (im Sinne einer die **anderen ESA ausschließenden Organleihe**) anzunehmen. Es stellt sich nur die Frage, welcher ESA die Beschwerdebeschlüsse zugerechnet werden.

6 Indem Art. 6 Nr. 5 EIOPA-VO den Beschwerdeausschuss als Bestandteil von EIOPA bezeichnet, legt er nahe, dass der **Beschwerdeausschuss** jeweils für die Finanzaufsichtsbehörde **handelt**, bei der das **Verfahren seinen Ausgang genommen** hat, sodass bei einem versicherungsaufsichtsrechtlichen Verfahren der Beschwerdeausschuss als Organ der EIOPA handeln würde und diese im Rahmen einer anschließenden Nichtigkeitsklage gegen den Beschwerdebeschluss passivlegitimiert wäre.[2] Dieser Auffassung hat sich allem Anschein nach das EuG angeschlossen. Zumindest hat das EuG im Rahmen einer Nichtigkeitsklage, die gegen den Ausgangsbeschluss der EBA und gegen den Beschwerdebeschluss gerichtet war, zu keinem Zeitpunkt die Passivlegitimation der EIOPA für diesen zweiten Klagegenstand in Erwägung gezogen.[3] Allerdings wurde die Klage auch unabhängig hiervon als unzulässig abgewiesen, sodass unklar bleibt, ob das EuG diese Frage hinreichend durchdacht hat und mit seinem Schweigen zu dieser Frage den Anfang einer ständigen Rechtsprechung setzen wollte.

[1] So auch *Forst* VersR 2010, 155, 158; *Gal* in: Dreher/Wandt 2014, 11, 54.
[2] So noch *Gal* ZVersWiss 2013, 7, 28.
[3] *EuG* Urt. v. 9.9.2015 – Rs. T-660/14 – SV Capital OÜ/EBA.

Gegen diese Auslegung und mithin für eine Auslegung, dass der **Beschwerdeausschuss** immer **als Organ der ESA** handelt, die für das Verfahren das **Sekretariat stellt** (siehe Art. 60 EIOPA-VO Rn. 27), spricht jedoch die Tatsache, dass beim vorherigen Verständnis EIOPA die Möglichkeit genommen wäre, sich vor dem EuG gegen einen Zurückverweisungsbeschluss des Beschwerdeausschusses zu wehren, da sie bei dieser Auslegung zu einem grundsätzlich nicht zulässigen In-sich-Prozess gezwungen wäre.[4] Insofern erscheint es interessengerechter, diejenige ESA für passivlegitimiert zu erachten, die für das betreffende Beschwerdeverfahren das Sekretariat des Beschwerdeausschusses gestellt hat.[5] Die Annahme einer solchen Leihe der Rechtspersönlichkeit der ESA, die das Sekretariat stellt, wird auch dadurch bestärkt, dass der zuständige Vertreter des Sekretariats den Beschluss neben den Mitgliedern des Beschwerdeausschusses auch zu unterzeichnen hat[6] und das Sekretariat den Beschluss übersendet und die Rechtsmittelbelehrung erteilt.[7, 8] 7

III. Ernennung der Mitglieder des Beschwerdeausschusses (Abs. 2 UAbs. 1, Abs. 3). Abs. 2 UAbs. 1 und Abs. 3 bestimmen, **welche Personen** zu Mitgliedern des Beschwerdeausschusses ernannt werden können und in **welchem Verfahren** durch welche Akteure diese Ernennung erfolgt. Aus dem gesamten Regelungsgefüge der Art. 58 f. EIOPA-VO ergibt sich, dass **nur natürliche Personen** zu Mitgliedern bestellt werden können. 8

1. Individuelle Ernennungsvoraussetzungen (Abs. 2 UAbs. 1). Anders als in anderen Gründungsverordnungen[9] hielt es der europäische Gesetzgeber für nötig, den ernennenden Stellen **spezifische Kriterien** vorzugeben, die in der Person gegeben sein müssen oder nicht gegeben sein dürfen, damit diese zum Mitglied des Beschwerdeausschusses ernannt werden kann. Insgesamt dient dies dazu, die moralische, fachliche und rechtliche Kompetenz des Beschwerdeausschusses in sehr hohem Maße sicherzustellen und hierdurch das Vertrauen der Rechtssuchenden in dessen Beschlüsse zu stärken und damit unmittelbar eine Verbesserung der Arbeit der ESA und mittelbar und potentiell eine Entlastung des Gerichtshofs der Europäischen Union sicherzustellen. 9

a) Zuverlässigkeit (Abs. 2 UAbs. 1 S. 1). Abs. 2 UAbs. 1 fordert von den Ernennungskandidaten, dass sie einen **ausgezeichneten Ruf** genießen müssen. Hierbei stellt sich die Frage, ob es hierbei um den fachlichen Ruf oder die persönliche Integrität geht. 10

Da das Merkmal des „ausgezeichneten Rufes" mittels einer nebenordnenden Konjunktion („und") mit der Anforderung eines spezifischen Ausweises fachlicher Eignung verbunden wird, liegt der Schluss nah, dass es hierbei **nicht** um eine Anforderung der **fachlichen Notorität** gehen kann. **Vielmehr** ist dies als eine Anforderung an die **persönliche Integrität** des Kandidaten zu verstehen. Hinsichtlich der Ausfüllung dürfte es sich anbieten, eine Anleihe beim Begriff der Zuverlässig zu nehmen, wie er in Art. 42 Abs. 1 lit. b Solva II-RL verwandt wird (vgl. § 24 VAG Rn. 129 ff.). Es geht hierbei mithin um das *proper*-Kriterium der Kandidaten. 11

b) Fachliche Eignung (Abs. 2 UAbs. 1 S. 1). Die Kandidaten zur Ernennung zum Mitglied des Berufungsausschusses haben jedoch, wie auch die Schlüsselfunktionsträger der Versicherungsunternehmen (siehe Rn. 11) nicht nur *proper* (also zuverlässig), sondern vor allem auch *fit* (d. h. **fachlich geeignet**) zu sein. 12

Die **fachliche Eignung** wird durch Abs. 2 UAbs. 1 S. 1 Hs. 1 dahingehend **konkretisiert**, dass der Kandidat nachweislich über einschlägige Kenntnisse und berufliche – einschließlich aufsichtliche – Erfahrungen auf ausreichend hoher Ebene in den Sektoren Banken, Versicherungen, betriebliche Altersversorgung und Wertpapiere oder andere Finanzdienstleistungen verfügen muss. 13

Eine bisher noch nicht thematisierte Frage ist die, ob die Kandidaten zwingenden über die ausgewiesene Facheignung gerade in den Finanzsektoren verfügen müssen, in denen die sie ernennende ESA zuständig ist. Es ist nicht zu erwarten, dass dies in der Praxis Probleme bereiten wird, da beispielsweise die EIOPA wohl kaum einen ausgemachten Bankaufsichtsexperten ernennen wird. Jedoch ist es nicht gänzlich auszuschließen, dass beispielsweise die Kommission – je nach Bewerbungslage – die Auswahlliste (siehe Rn. 33 f., 36) mit Personen bestückt, deren Expertise (nahezu) ausschließlich in einem anderen Finanzsektor liegt. Es ist mithin zu fordern, dass der durch EIOPA zu ernennende Kandidat gerade über eine **sektorspezifische Expertise** im Bereich Versicherung oder betriebliche Altersvorsorge verfügt. Jedoch dürfen die Anforderungen hier nicht überspannt werden, da der Beschwerdeausschuss gerade auch 14

[4] Zwar könnte man in diesem Fall auch eine Ausnahme vom Verbot des In-sich-Prozesses gewähren, dies würde jedoch die Durchführung des Nichtigkeitsverfahrens erschweren, da es schwierig sein dürfte, eine Person zu finden, die EIOPA auf der Beklagtenseite vertritt.

[5] So bereits *Gal* in: Dreher/Wandt 2014, S. 11, 54 f.

[6] Siehe Art. 22 Abs. 2 S. 1 Board of Appel of the European Supervisory Authorities Rules of Procedure (BoA 2012 002).

[7] Art. 22 Abs. 2 S. 2 Board of Appel of the European Supervisory Authorities Rules of Procedure (BoA 2012 002).

[8] Für ein solches Verständnis spricht empirisch auch, dass alle bisherigen Beschlüsse – unabhängig davon, ob mündliche Verhandlungen stattfanden – als Entscheidungsort den Sitz der sekretariatstellenden ESA nannten.

[9] Siehe bspw. für die Ernennung der Mitglieder der Beschwerdekammern des Amtes der Europäischen Union für geistiges Eigentum (EUIPO) Art. 136 VO (EG) 207/2009.

sektorübergreifend tätig werden soll, sodass ein Allfinanzfachmann, dessen Schwerpunkt in einem versicherungsfremden Sektor liegt, durchaus über die nötige Fachkenntnis verfügen kann.

15 Aus der Tatsache, dass für den Tätigkeitsbereich der EIOPA anders als für die anderen ESA explizit **zwei Sektoren** genannt werden – nämlich Versicherung und **betriebliche Altersvorsorge** – ergibt sich **keine Pflicht** mindestens ein Mitglied oder stellvertretendes Mitglied aus jedem Sektor zu ernennen. Es wäre zukünftig aber sicherlich von praktischem Vorteil, wenn wenigstens ein (Ersatz-) Mitglied über ausgemachte Kenntnisse in der betrieblichen Altersvorsorge verfügt.

16 Diese nachweislichen Kenntnisse müssen zudem durch **einschlägige Berufserfahrungen** ergänzt werden. Hierbei wird nicht nur eine reine Tätigkeit in den einschlägigen Sektoren verlangt, sondern die deutsche Fassung fordert auch noch, dass die Kenntnisse und beruflichen Erfahrungen **„auf ausreichend hoher Ebene"** erworben wurden. In der deutschen Fassung legt dies sehr deutlich nahe, dass der Aspirant in einer hierarchisch **herausgehobenen Position** tätig gewesen sein muss. Welche Positionen hiermit genau erfasst werden sollen, bleibt offen. Tatsächlich wird diese Auslegung aber auch durch andere Sprachfassungen konterkariert. **Gemeint** ist **entgegen dem deutschen Wortlaut**, dass Kenntnisse und berufliche **Erfahrungen in ausreichend hohem Maße** erworben wurden. So fordert die englische Sprachfassung „knowledge and professional experience […] *to* a sufficiently high level" [Hervorhebung durch Verf.].[10] Auch die französische (*d'un niveau*[11] *suffisamment élévé*), portugiesische (*de nivel suficientemente elevado*) und die spanische (*de nivel suficiente*) Fassung stellen klar, dass es um das quantitative Maß der Kenntnisse geht und nicht die Exponiertheit der beruflichen Position. Einzig die italienische Fassung (*a livello sufficientemente elevato*) ließe sich mit gutem Willen noch wie die deutsche Fassung deuten, wobei *livello* typischerweise eher als Niveau, denn als Ebene verstanden wird, sodass auch diese Fassung das hier vertretene Verständnis nahelegt. Gänzlich klar ist diesbezüglich die niederländische Fassung, die feststellt, dass solche Kandidaten ernannt werden können „die bewezen hebben *op een voldoende hoog niveau* over relevante kennis en beroepservaring […] te beschikken". Der Übersetzer der niederländischen Fassung beweist hier, wie der in allen Sprachfassungen unleserliche Abs. 2 S. 1 Hs. 1 ein Wenig Struktur gewinnen kann: Ernannt werden kann, wer nachgewiesen hat, über ausreichend umfangreiche und einschlägige Kenntnisse und berufliche Erfahrung – einschließlich aufsichtsrechtliche Erfahrungen – […] zu verfügen.

17 Die von der deutschen Fassung nahegelegte Auslegung einer in **herausgehobener Position** erworbenen beruflichen Erfahrung mag aber **gleichwohl wertend** in der Auswahl **berücksichtigt** werden. Im Ergebnis legt das Gesamtgefüge der Art. 58 ff. EIOPA-VO es nahe, dass es um die Ernennung von Kandidaten geht, die über einen nicht unerheblichen Zeitraum im entsprechenden Sektor in einer Position tätig geworden sind, die einen gesteigerten Grad selbständiger Tätigkeit frei von Weisungen ermöglicht. Hierbei sollte diese Tätigkeit auch einen gewissen Querschnittsüberblick über sektorspezifische Probleme ermöglichen, sodass sich die Kenntnisse nicht nur auf kleine Teilausschnitte des Versicherungssektors beziehen.

18 Unklar ist auch, wie genau der Einschub zur zwingenden **aufsichtlichen Erfahrung** zu verstehen ist. Abs. 2 UAbs. 1 S. 1 Hs. 1 spricht hier von beruflichen – einschließlich aufsichtlichen – Erfahrungen. Dies ließe sich zum einen so verstehen, dass der Verordnungsgeber den Begriff des Berufes für zu vage hielt und insofern die Besorgnis bestand, dass hierbei die Tätigkeit als Beamter eines nationalen Finanzaufsehers als nicht beruflich, sondern amtlich/statusrechtlich und somit nicht erfasst angesehen werden könnte. Diese Interpretation scheint jedoch wenig überzeugend, da der Begriff des Berufes – genauso wie beispielsweise der englische bzw. französische Begriff der *profession*, das portugiesische *profissão*, das spanische *profésion* oder das italienische *professione* – keinen solchen einschränkenden Gehalt haben. Es geht mithin darum, dass sich die Kenntnisse und beruflichen Erfahrungen nicht nur auf die einschlägigen Sektoren beziehen müssen, sondern gerade auch die **aufsichtlichen Komponenten über diese Sektoren miteinschließen** müssen. Nicht zwingend zu fordern ist hingegen, dass berufliche Erfahrungen gerade *in* der Aufsicht vorliegen. Dies würde das Bewerberfeld übermäßig einschränken auf ehemalige Aufsichtsbeamten, was im Hinblick auf eine zu fördernde Heterogenität der beruflichen Werdegänge und Sichtweisen auch sehr bedauerlich wäre. Die Formulierung legt dies trotz aller Unklarheit zumindest nicht zwingend nah. Empirisch lässt sich sagen, dass die gegenwärtige Besetzung des Beschwerdeausschusses mehrere Mitglieder aufweist, die nicht innerhalb einer Aufsichtsbehörde gearbeitet haben, sondern aufsichtliche Kenntnisse in anderen beruflichen Positionen erworben haben.[12]

19 **c) Ausschlusskriterien (Unvereinbarkeiten) (Abs. 2 UAbs. 1 S. 1).** Nach Abs. 2 UAbs. 1 S. 1 Hs. 2 ist die **Tätigkeit** als **Mitglied des Beschwerdeausschusses unvereinbar** mit einer Beschäftigung bei einer der zuständigen Behörden (i. S. v. Art. 4 Nr. 2 EIOPA-VO; siehe Art. 4 EIOPA-VO Rn. 3) oder bei anderer nationaler Einrichtungen oder bei Einrichtungen der Union, die an den Tätigkeiten der EIOPA beteiligt sind. Eine Person, auf die dies zutrifft, ist nicht ernennungsfähig.

[10] *Nota bene:* „to a sufficiently high level" ist eben nicht gleichbedeutend mit „at a sufficiently high level".

[11] Würde es um eine hierarchische Ebene gehen, wäre hier eine Formulierung mit „poste", „emplacement" oder „position" einleuchtender gewesen.

[12] Lebensläufe abrufbar unter https://eiopa.europa.eu/about-eiopa/organisation/board-of-appeal/composition.

Diese **Begrenzung des Personenkreises** dient dem **Zweck**, die Unabhängigkeit und Weisungsungebundenheit des Beschwerdeausschusses (siehe Art. 59 EIOPA-VO Rn. 2 ff.) zu sichern und die Ausgangsbeschlüsse (in erster Instanz) und Beschwerdebeschlüsse (in zweiten Instanz) scharf und auch nach außen wahrnehmbar voneinander zu scheiden. Dieses Prinzip wird noch dadurch verstärkt, dass auch im Falle der Ernennung ein Mitwirkungsverbot für solche Mitglieder besteht, die im konkreten Fall befangen sind oder für die eine Vorbefasstheit zu konstatieren ist (siehe Art. 59 EIOPA-VO Rn. 18 ff.). 20

Der Ausschluss greift **sachlich** nur, wenn die ernennungswillige Person zum **Personal** der betroffenen Einrichtungen gehört. Dies heißt, dass eine **anderweitige Tätigkeit** für diese – die nicht einer arbeitsvertraglichen oder beamtenstatusrechtlichen entspricht – grundsätzlich **unschädlich** ist. Eine besondere Nähebeziehung sollte im Rahmen des Ernennungsverfahrens aber wertend berücksichtigt werden, sodass auch dienstvertragliche oder allimentationsbezogene Verbindungen (zumindest wenn diese durch die Einrichtung autonom negativ für die Zukunft abgeändert werden können) zu solchen Einrichtungen, wenn sie eine übergroße Abhängigkeit von diesen nahelegen, zu einer Nichternennung führen sollten. 21

Hinsichtlich des **sachlich-behördlichen** Anwendungsbereiches stellt Abs. 2 UAbs. 1 S. 1 Hs. 2 einen ***numerus clausus* der Behörden** auf, denen ein Ernennungswilliger nicht als Beschäftigter angehören darf. 22

Dies sind zunächst die zuständigen Behörden, d. h. die **nationalen Aufsichtsbehörden**. Hierbei ist fraglich, ob dies als Verweis auf Art. 4 Nr. 2 EIOPA-VO zu verstehen ist oder auf Art. 4 Nr. 2 aller ESA-Gründungsverordnungen. Es erscheint hier richtig, dass die ESA nicht dazu in die Lage versetzt werden, die Mitglieder des Beschwerdeausschusses über Kreuz aus dem Personal der nationalen Aufsichtsbehörden der jeweils anderen Finanzaufsichtsbereiche zu berufen. Insofern ist dieser Verweis als Globalverweis auf den Art. 4 Nr. 2 aller ESA-VO zu sehen. Man würde jedoch zum gleichen Ergebnis kommen, wenn man die nationalen Aufsichtsbehörden der anderen Finanzsektoren unter den Begriff der anderer nationaler Einrichtungen, die an den Tätigkeiten der ESA beteiligt sind – was im Hinblick auf die Beteiligung der ESA und der ESMA im Rat der Aufseher mittelbar der Fall ist –, subsummiert. 23

Im Hinblick auf die inkludierende Auslegung des Begriffes der zuständigen Behörde (siehe Rn. 23) dürfte es gegenwärtig nur wenige **anderer nationaler Einrichtungen** geben, die an den Tätigkeiten der EIOPA beteiligt sind. Im Fall der Beschäftigung in einem nationalen Ministerium (insbesondere dem Finanzministerium) wird man eine die Ernennung ausschließende Personalzugehörigkeit aber annehmen können. 24

Gewichtiger ist die Ausnahme, dass der Ernennungswillige nicht dem Personal einer **Unionseinrichtung** angehören, die an den Tätigkeiten der Behörde beteiligt ist. Der Begriff der Einrichtung ist hier entgegen dem sonstigen Sprachgebrauch[13] erweiternd zu verstehen, sodass neben Unionsagenturen auch die Organe der Union erfasst sein sollten. Mithin scheint insbesondere eine Tätigkeit für die Kommission einer Ernennung entgegenzustehen. Auch eine Beschäftigung bei der EBA oder ESMA schließt dementsprechend eine Ernennung durch die EIOPA aus, wobei gleiches auch auf eine Beschäftigung beim ESRB und systembedingt auch bei der EZB gilt. 25

Überraschenderweise spricht Abs. 2 UAbs. 1 S. 1 Hs. 2 kein explizites **Verbot** einer Ernennung eines **Beschäftigten der EIOPA** selbst aus. Hierbei kann jedoch dahinstehen, ob mit einem juristischen Kunstgriff die EIOPA eine Einrichtung der Union ist, die an den Tätigkeiten der EIOPA beteiligt ist. Letztlich verbietet Art. 59 Abs. 1 S. 3 EIOPA-VO den Mitgliedern des Beschwerdeausschusses die Wahrnehmung jeglicher Aufgaben für die EIOPA, ihren Verwaltungsrat oder ihren Rat der Aufseher, was zeitlich vorzuerstrecken ist, sodass eine Personalzugehörigkeit zur EIOPA bereits zum Ernennungszeitpunkt nicht vorliegen darf. Auch eine Mitgliedschaft in den Stakeholdergruppen (Art. 37 EIOPA-VO) bei einer der ESA ist mit einer Ernennung unvereinbar.[14] 26

Zeitlich gilt dieser Ausschluss jedoch nur für eine **aktuell bestehende Beschäftigung**. Dies bedeutet, dass es durchaus zulässig ist, ehemalige Beschäftigte der erfassten Behörden zum Mitglied des Beschwerdeausschusses zu ernennen. Dies ergibt sich beispielsweise auch aus Art. 59 Abs. 2 Var. 3 EIOPA-VO, der die Beteiligung eines Mitglieds des Beschwerdeausschusses untersagt, wenn dieses am Erlass des mit der Beschwerde angegriffenen Beschlusses beteiligt war, was impliziert, dass das Mitglied vormals der EIOPA angehörte. Diese Möglichkeit der auf eine Beschäftigung folgende Ernennung erscheint auch sachlich gerechtfertigt, da im Hinblick auf die hohen fachlichen Anforderungen an die Mitglieder des Beschwerdeausschusses ansonsten gegebenenfalls ein ausreichend großer Kandidatenkreis nicht eröffnet werden könnte. Gerade bei sehr exponierten ehemaligen Beschäftigten haben die Kommission und EIOPA jedoch Zurückhaltung walten zu lassen, um nicht den Anschein der Abhängigkeit des Beschwerdeausschusses zu erzeugen. 27

---

[13] So wird Einrichtung der Union bspw. in Art. 263 AEUV gerade als Gegenstück zu Organen der Union verstanden; vgl. bspw. Grabitz/Hilf/Nettesheim/*Dörr* Art. 263 AEUV Rn. 32 ff.

[14] So auch *Ksion,* Aufforderung zur Bekundung des Interesses an der Ernennung als Mitglied des Gemeinsamen Beschwerdeausschusses der drei Europäischen Finanzaufsichtsbehörden für den Finanzdienstleistungssektor (Europäische Wertpapier- und Marktaufsichtsbehörde, Europäische Bankenaufsichtsbehörde, Europäische Aufsichtsbehörde für das Versicherungswesen und die betriebliche Altersversorgung), ABl. 2011 C 17, 2.

28 Man wird Abs. 2 UAbs. 1 S. 1 Hs. 2 jedoch entgegen seinem Wortlaut auch eine **verhaltenssteuernde Wirkung für die Zukunft** beilegen müssen. Im Hinblick darauf, dass die Tätigkeit beim Beschwerdeausschuss keine bezahlte Vollzeitbeschäftigung ist, kann das wirtschaftliche Fortkommen der Mitglieder nicht über Maß behindert werden. Insofern ist es jedem Mitglied grundsätzlich unbenommen, nach seiner Ernennung eine berufliche Tätigkeit bei einer der erfassten Einrichtungen aufzunehmen. Das Mitglied müsste dies aber gemäß Art. 59 Abs. 6 UAbs. 2 EIOPA-VO in jedem Fall in seiner jährlichen Interessenbekundung offenlegen. Mit der Aufnahme dieser Tätigkeit bei einer der betroffenen Behörden, würde dem Mitglied allerdings die nötige Unabhängigkeit fehlen, sodass das Mitglied letztlich in jedem Verfahren ein Mitwirken gemäß Art. 59 Abs. 2 EIOPA-VO ablehnen müsste. Die Mitgliedschaft würde dadurch impraktikabel. Sinnvollerweise würde das Mitglied, das eine Tätigkeit für eine der erfassten Behörden aufnimmt, unverzüglich ihr Amt beim Beschwerdeausschuss niederlegen, um eine Neubesetzung zu ermöglichen. Die Frage ist jedoch, wie zu verfahren wäre, wenn das Mitglied den Umstand zwar ordnungsgemäß mitteilt und auch ordnungsgemäß die Teilnahme an sämtlichen Verfahren ablehnt, sich aber weigert, einen Amtsverzicht zu erklären. In diesem Fall sollte, obgleich man in keinem dieser Umstände isoliert ein schweres Fehlverhalten sehen kann, gleichwohl die Möglichkeit eines Amtsenthebungsverfahrens nach Abs. 5 (siehe Rn. 55 ff.) zumindest analog möglich sein.

29 **2. Kollektive Ernennungsvoraussetzungen (Abs. 2 UAbs. 1 S. 2).** Indem Abs. 2 UAbs. 1 S. 2 fordert, dass der Beschwerdeausschuss über ausreichende Rechtskenntnisse verfügen muss, um die Behörde bei der Ausübung ihrer Befugnisse sachkundig rechtlich beraten zu können, stellt er ein **Kollektivkriterium der Rechtskundigkeit** auf.[15] Dies bedeutet, dass nicht zwingend jedes einzelne zu ernennende Mitglied über größere Rechtskunde verfügen muss, wohl aber der Beschwerdeausschuss in seiner Gesamtheit. Für die Einhaltung dieser Anforderung haben insofern die Kommission bei Zusammenstellung der Auswahlliste (siehe Rn. 33 f., 36) und die ESA gemeinsam im Rahmen des Ernennungsprozesses Gewähr zu leisten. Die Rechtspflicht dürfte sich jedoch darauf beschränken, dass sich die ESA im Falle gleichzeitig anstehender Ernennungen darüber koordinieren, ob die von ihnen angedachten Ernennungen eine hinreichende Rechtskunde sicherstellen. Ob hingegen die EIOPA gezwungen wäre, einen von ihr präferierten Kandidaten nicht zu ernennen, weil gegenwärtig die Rechtskunde des Berufungsausschusses der Stärkung bedarf, muss bezweifelt werden. Dies würde die institutionelle Position der jeweiligen ESA gegenüber den anderen ESA unzulässig beschneiden. Zulässig dürfte es hingegen sein, wenn im Rahmen einer Ernennung die EIOPA entscheidet, eine Person im Hinblick auf die gesteigerte Rechtskunde einem ansonsten besser qualifizierten Kandidaten vorzuziehen.

30 Unklar ist, ob dieses Kollektivkriterium eine **Rückwirkung auf** die **Individualkriterien** der fachlichen Eignung hat. Dies dürfte grundsätzlich nicht der Fall sein. Auch von einer rechtserfahrenen Person ist ein angemessenes Maß an Fachkunde in den betreffenden Bereichen zu verlangen, gleichwohl mögen aufsichtsrechtlichen Kenntnissen eine gewisse Kompensationswirkung für kleine Wissenslücken in der praktischen Ausgestaltung der Finanzdienstleistungen zugemessen werden.

31 **3. Ernennungsverfahren (Abs. 3).** Um der besonderen unabhängigen Stellung des Beschwerdeausschusses gerecht zu werden, erfolgt die Ernennung in einem **kooperativen Verfahren** zwischen den ESA und der Kommission.

32 Abs. 3 UAbs. 1 sieht vor, dass die **EIOPA zwei Mitglieder und zwei stellvertretende Mitglieder** des Beschwerdeausschusses ernennt, während die anderen vier Mitglieder und vier Stellvertreter gemäß Abs. 3 UAbs. 2 je hälftig von der ESMA und der EBA ernannt werden.

33 **a) Verfahrensinitiierung (Abs. 3 UAbs. 1).** Es bestehen gewisse Unklarheiten dahingehend, wer die Bewerbungsphase initiiert. **Ausgangspunkt** ist in jedem Fall eine im Amtsblatt der Europäischen Union **zu veröffentlichende Aufforderung zur Interessenbekundung**. Abs. 3 UAbs. 1 stellt hierbei nicht ganz klar heraus, **wer** diese **Ausschreibung vorzunehmen hat**, wobei letztlich nur die Kommission oder der bzw. die Verwaltungsräte der ESA in Frage kommen. Indem Abs. 3 UAbs. 1 die Veröffentlichung der Aufforderung als Parenthese zur durch die Kommission zu erstellende Auswahlliste ausführt, sprechen zunächst die besseren Argumente dafür, der Kommission diese Aufgabe zuzuweisen. Dieselbe Auslegung legen beispielsweise die englische[16] und französische[17] Fassung nah. Eine andere Auslegung impliziert jedoch zumindest die niederländische Fassung,[18] die die Satzstruktur umstellt (was der Lesbarkeit und Verständlichkeit sehr förderlich ist) und feststellt, dass die Mitglieder und Vertreter nach einer Ausschreibung und nach einer Konsultation des Rates der Aufseher von einer durch die

[15] Dies ist zumindest gegenwärtig (2017) kein Problem, da acht der zwölf Mitglieder von Hause aus Rechtswissenschaftler sind; siehe die Lebensläufe unter https://eiopa.europa.eu/about-eiopa/organisation/board-of-appeal/composition.

[16] Hier heißt es „*short-list proposed by the Commission, following a public call for expressions of interest*".

[17] Nach dieser erfolgt die Ernennung „*sur la base d'une liste restreinte proposée par la Commission à la suite d'un appel public à manifestation d'intérêt*".

[18] „*Twee leden van de bezwaarcommissie en twee vervangers worden na een in het Publicatieblad van de Europese Unie bekendgemaakte oproep tot het indienen van blijken van belangstelling en na raadpleging van de raad van toezichthouders uit een door de Commissie voorgestelde lijst benoemd door de raad van bestuur van de Autoriteit.*".

Kommission erstellten Auswahlliste durch den Verwaltungsrat ernannt werden. Hier erscheint der Verwaltungsrat durchgängig als Subjekt, sodass ihm hiernach auch die Ausschreibung zufiele. Dies erscheint gleichwohl nicht als richtig – die niederländische Fassung ist hier eher ein Ausreißer. Neben den durch die anderen Sprachfassungen gesetzten umgekehrten Anzeichen, spricht auch der Grundsatz der Effizienz dagegen, dass jeder Verwaltungsrat der einzelnen ESA selbständig die Ausschreibung vornimmt. Es erscheint hier sinnvoller, die Einleitung des Verfahrens in die Hände der Kommission zu legen, die dann auch eine einheitliche Ausschreibung für den Beschwerdeausschuss als Gesamtorgan publizieren kann. Der Grundsatz der Unionstreue gebietet es der Kommission, hier gleichwohl den Ausschreibungstext im Voraus mit den ESA abzusprechen. Die ESA und die Kommission haben sich diese Rechtsansicht zu eigen gemacht, sodass die bisherigen beiden öffentliche Aufforderungen zur Interessenbekundung von der Kommission veröffentlicht wurden.[19]

Die öffentliche **Aufforderung zur Interessenbekundung** hat hierbei die Bewerbungsmodalitäten interessengerecht festzulegen. Insbesondere sind die individuellen Eignungskriterien (siehe Rn. 9 ff) und das kollektive Eignungskriterium (Rn. 29 f.; wobei dieses als gewünschtes Potentialkriterium zu individualisieren ist) und die Ausschlusskriterien (Rn. 19 ff.) auszuführen. Dabei ist es durchaus zulässig, dass die Kommission die (aus ihrer Sicht) zu erfüllenden **Ernennungsvoraussetzungen** konkretisiert. Je stärker die von der Kommission gewählte Einengung der Kriterien ist, sollte diese jedoch Rücksprache mit den ESA halten. So sah die erste Aufforderung zur Interessenbekundung beispielsweise vor, dass nur solche Kandidaten sich bewerben sollten, die über ein abgeschlossenes Studium der Rechts- oder Wirtschaftswissenschaften oder einer anderen für die Finanzwirtschaft wichtigen Disziplin verfügten und nach dem Studium über eine mindestens zwanzigjährige Berufserfahrung im Finanzsektor verfügten.[20] Bereits über die genaue Festlegung der Auswahlkriterien kommt der Kommission eine beachtliche Steuerungsmöglichkeit (siehe auch Rn. 36) für die spätere Zusammensetzung des Beschwerdeausschusses zu. Hierdurch ist sichergestellt, dass die ESA den Beschwerdeausschuss nicht in einer Weise besetzen, die diesen zu einem reinen Standesgericht umgestaltet, das die Interessen der ESA übermäßig berücksichtigt. **34**

Eine **Koordinierungspflicht der Kommission** (siehe Rn. 33 a. E.) scheint nach der deutschen Sprachfassung des Abs. 3 UAbs. 1 explizit vorgesehen zu sein. Reduziert man Abs. 3 UAbs. 1 S. 1 um seine Einschübe, stellt er fest, dass die Ernennung aus einer Auswahlliste erfolgt, „die die Kommission […] nach Anhörung des Rates der Aufseher vorschlägt." Auch die portugiesische und die französische Fassung legen – wenn auch deutlich schwächer – dieses Verständnis nahe. Die niederländische Fassung hingegen legt unmissverständlich fest, dass nicht die Kommission vor Erstellung ihrer Auswahlliste, sondern der Verwaltungsrat vor Vornahme des Ernennungsaktes den Rat der Aufseher konsultieren soll.[21] Die englische Fassung, die wohl die ursprüngliche Arbeitsfassung der EIOPA-VO darstellt,[22] gleicht bei einem unbedarften ersten Blick den Sprachfassungen die beide Schlüsse zulassen, aber eher für eine Koordinierungspflicht der Kommission mit dem Rat der Aufseher vor Erstellung der Auswahlliste sprechen. Die englische Fassung ermächtigt hierbei den Verwaltungsrat die Mitglieder zu ernennen *„from a short-list proposed by the Commission, following a public call for expressions of interest* […], *and after consultation of the Board of Supervisors*". Die unbedarfte erste Auslegung, die wohl auch zu den missverständlichen anderen Sprachfassungen geführt hat, verkennt jedoch das Komma, das in der englischen Sprachfassung den Einschub zur Konsultationspflicht einleitet. Wäre hier eine Konsultationspflicht der Kommission gemeint gewesen, so hätte dieses Komma eigentlich weggelassen werden müssen.[23] Was diese Fassung reduziert um die Einschübe sagt, ist also, dass der Verwaltungsrat die Ernennung vornimmt *„from a short list […] and after consultation of the Board of Supervisors*". Die englische Fassung stützt also die **35**

[19] Ksion, Aufforderung zur Bekundung des Interesses an der Ernennung als Mitglied des Gemeinsamen Beschwerdeausschusses der drei Europäischen Finanzaufsichtsbehörden für den Finanzdienstleistungssektor (Europäische Wertpapier- und Marktaufsichtsbehörde, Europäische Bankenaufsichtsbehörde, Europäische Aufsichtsbehörde für das Versicherungswesen und die betriebliche Altersversorgung), ABl. 2011 C 17, 2; *Ksion,* Aufforderung zur Bekundung des Interesses an der Ernennung als Mitglied des Gemeinsamen Beschwerdeausschusses der drei Europäischen Finanzaufsichtsbehörden für den Finanzdienstleistungssektor (Europäische Wertpapier- und Marktaufsichtsbehörde, Europäische Bankenaufsichtsbehörde, Europäische Aufsichtsbehörde für das Versicherungswesen und die betriebliche Altersversorgung), ABl. 2017 C 32, 11.

[20] Ksion, Aufforderung zur Bekundung des Interesses an der Ernennung als Mitglied des Gemeinsamen Beschwerdeausschusses der drei Europäischen Finanzaufsichtsbehörden für den Finanzdienstleistungssektor (Europäische Wertpapier- und Marktaufsichtsbehörde, Europäische Bankenaufsichtsbehörde, Europäische Aufsichtsbehörde für das Versicherungswesen und die betriebliche Altersversorgung), ABl. 2011 C 17, 3; so auch *Ksion,* Aufforderung zur Bekundung des Interesses an der Ernennung als Mitglied des Gemeinsamen Beschwerdeausschusses der drei Europäischen Finanzaufsichtsbehörden für den Finanzdienstleistungssektor (Europäische Wertpapier- und Marktaufsichtsbehörde, Europäische Bankenaufsichtsbehörde, Europäische Aufsichtsbehörde für das Versicherungswesen und die betriebliche Altersversorgung), ABl. 2017 C 32, 12.

[21] Hier heißt es, dass der Verwaltungsrat die Mitglieder benennt *„na raadpleging van de raad van toezichthouders*" und zwar *„uit een door de Commissie voorgestelde lijst*".

[22] Siehe beispielsweise Art. 61 Rn. 76.

[23] Auch kann es sich vorliegend nicht um ein sogenanntes *Oxford comma* handeln, da es sich nicht um eine Aufzählung von mindestens drei Gegenständen handelt.

von der niederländischen Fassung exponierte Auslegung. Insgesamt ergibt auch allein diese Auslegung Sinn. Während es durchaus verständlich wäre, die Kommission dazu zu verpflichten den später ernennungsberechtigten Verwaltungsrat vor Erstellung ihrer Auswahlliste zu konsultieren, bliebe unklar, was eine Konsultation des Rates der Aufseher in diesem Verfahrensstadium bewirken sollte. Folglich trifft die Konsultationspflicht gegenüber dem Rat der Aufseher gemäß Abs. 3 UAbs. 1 S. 1 den **Verwaltungsrat,** bevor er seine Ernennung vornimmt, und **nicht** die **Kommission,** bevor sie ihre Auswahlliste erstellt.[24]

36 Nach Eingang der Interessensbekundungen bei der Kommission – zumindest nach hiesiger Auslegung und der der Kommission und der ESA (siehe Rn. 33) verfasst die Kommission die Ausschreibung, sodass die Interessensbekundung auch unmittelbar ihr zugehen – erarbeitet die Kommission aus den eingegangenen Interessenten die **Auswahlliste.** Indem die Kommission selbstbestimmt aus allen eingegangenen Bewerbungen diejenigen Bewerber herausfiltert, die sie für ernennungswürdig erachtet, kommt ihr eine bedeutende Steuerungsmöglichkeit für die spätere Besetzung des Beschwerdeausschusses zu (siehe bereits Rn. 34).[25] Hierbei fällt der Kommission zunächst die Aufgabe zu, die **Bewerber auszusortieren**, die die **Ernennungsvoraussetzungen nicht erfüllen**. Hinsichtlich der verbliebenen Kandidaten kommt der Kommission ein **gewisses Auswahlermessen** zu. Dass nicht jeder Bewerber, der die Ernennungskriterien formal erfüllt, zwingen auf die Auswahlliste gesetzt werden muss, ergibt sich bereits aus dem Begriff der Auswahlliste. Deutlicher wird dies in den anderen Sprachfassungen (englisch: *short-list*; französisch: *liste restreinte*; spanisch: *lista restringida*; italienisch: *elenco ristretto di candidati* und portugiesisch: *lista restrita*). Wie weit dieses Ermessen hierbei reicht, ist nicht klar, im Ergebnis sollte dieses Ermessen in der Weise ausgeübt werden, wie es der Kommission bei der Einstellung von Bediensteten oder bei der Ernennung von Beamten zukommt. Es steht der Kommission hierbei nicht zu, eine bindende Reihenfolge der Kandidaten festzulegen, wobei es wohl noch zulässig wäre, wenn sie dem Verwaltungsrat ihre Präferenzen mitteilt. Die Bedeutung der Auswahlliste zeigt sich bereits darin, dass das GöD 2014 die Ernennung des Exekutivdirektors der Europäischen Arzneimittel-Agentur (EMA) für unwirksam erklärte, da die Kommission einen vom GöD für geeignet gehaltenen Bewerber nicht auf die Liste genommen hatte und insofern die Ernennung gegenüber dem Konkurrenten keine Wirkung haben konnte.[26]

37 **b) Behördeninternes Ernennungsverfahren (Abs. 3 UAbs. 1).** Die Kommission hat die Auswahlliste dem **Verwaltungsrat** der EIOPA **zukommen zulassen**. Der Verwaltungsrat wird nunmehr auf Grundlage der Auswahlliste eine **Vorauswahl** treffen.

38 **Bevor** die zwei Mitglieder und die zwei Stellvertreter **ernannt** werden, hat der Verwaltungsrat den **Rat der Aufseher anzuhören** (siehe Rn. 35). Durch diese Anhörung wird der Rat der Aufseher in die Lage versetzt, eigene Bedenken bezüglich der präferierten Kandidaten zu äußern. Bedeutsam ist aber auch, dass der Rat der Aufseher aller ESA von ihrem jeweiligen Verwaltungsrat angehört und insofern vorher informiert werden müssen. Dies bedeutet, dass sich die Räte der Aufseher im Gemeinsamen Ausschuss über die zukünftige Gesamtzusammensetzung des Beschwerdeausschusses verständigen können, wodurch auch eventuelle Probleme mangelnder Kollektivkompetenzen (bspw. zu geringer rechtlicher Sachverstand) adressiert werden können, was die einzelnen Räte der Aufseher wieder dazu in die Lage versetzt, auf ihren Verwaltungsrat hinsichtlich der sektoriellen Ernennung einzuwirken.

39 Nach der Anhörung des Rates der Aufseher **ernennt** der **Verwaltungsrat**, ohne hierbei an Präferenzen der Kommission oder des Rates der Aufseher gebunden zu sein, die von ihm bevorzugten **Kandidaten**.

40 Die Ernennung erfolgt hierbei durch **Beschluss**. Der Ernennungsbeschluss ergeht gemäß Art. 45 Abs. 2 UAbs. 1 EIOPA-VO mit einfacher Mehrheit der anwesenden Mitglieder des Verwaltungsrates. Ab welchem Zeitpunkt der Kandidat als im Amt ernannt gilt, richtet sich typischerweise nach der Regelung im Beschluss (siehe Rn. 43 und 44). **Neben dem Amt** werden mit den Mitgliedern des Beschwerdeausschusses noch **Dienstleistungsverträge** abgeschlossen, durch die die Auslagenerstattung und Aufwandsentschädigungen geregelt werden.[27]

---

[24] So letztlich auch die Kommission: *Ksion,* Aufforderung zur Bekundung des Interesses an der Ernennung als Mitglied des Gemeinsamen Beschwerdeausschusses der drei Europäischen Finanzaufsichtsbehörden für den Finanzdienstleistungssektor (Europäische Wertpapier- und Marktaufsichtsbehörde, Europäische Bankenaufsichtsbehörde, Europäische Aufsichtsbehörde für das Versicherungswesen und die betriebliche Altersversorgung), ABl. 2011 C 17, 4, wo die Kommission zwar in der deutschen Fassung feststellt, dass „der Verwaltungsrat jeder Behörde auf der Grundlage einer von der Europäischen Kommission vorgeschlagenen Auswahlliste (nach Anhörung des entsprechenden Rates der Aufseher) zwei Mitglieder und zwei stellvertretende Mitglieder" ernennt. Die englische Fassung jedoch führt unmissverständlich aus, dass „the Management Board of each Authority will decide (after consultation with their respective Boards of Supervisors) on the appointment of two members and two alternates on the basis of a short-list of [sic!] proposed by the European Commission". Vergleichbare Konstruktionen weisen auch die französische, portugiesische, spanische, niederländische und italienische Fassung auf, sodass deutlich wird, dass die Kommission von einer Konsultationspflicht des Verwaltungsrates ausgeht.

[25] Im Ansatz auch *Michel* DÖV 2011, 728, 730 (dort Fn. 49).

[26] *EuöD* Urt. v. 13.11.2014 – Rs. F-2/12 Rn. 61 ff. – Hristov/Ksion und EMA.

[27] *Ksion,* Aufforderung zur Bekundung des Interesses an der Ernennung als Mitglied des Gemeinsamen Beschwerdeausschusses der drei Europäischen Finanzaufsichtsbehörden für den Finanzdienstleistungssektor (Europäische Wertpapier- und Marktaufsichtsbehörde, Europäische Bankenaufsichtsbehörde, Europäische Aufsichtsbehörde für das Versicherungswesen und die betriebliche Altersversorgung), ABl. 2011 C 17, 4.

IV. Amtsdauer (Abs. 4, 5). Art. 58 EIOPA-VO regelt neben der Amtszeit der Mitglieder auch die Möglichkeit einer Amtszeitverlängerung und die Modalitäten einer Amtsenthebung. 41

1. Regelmäßige Amtsdauer (Abs. 4 S. 1). Die **Amtszeit** jedes Mitglieds des Beschwerdeausschusses beträgt nach Abs. 4 S. 1 **fünf Jahre.** 42

Soweit der Ernennungsakt **keine abweichenden Regelungen** vorsieht, ist anzunehmen, dass der **Amtsantritt** des Mitglieds **unmittelbar mit der Ernennung** erfolgt,[28] sodass die fünf Jahre ab diesem Zeitpunkt zu berechnen sind. Soweit die Ernennung auf das Amt eines Vorgängers erfolgt, dessen Amtszeit noch nicht abgelaufen ist, so ist im Zweifelsfall anzunehmen, dass der Amtsantritt unmittelbar mit dem Ende der Amtszeit des Vorgängers einsetzt. 43

Praktisch wird der Amtsantritt jedoch durch EIOPA **anders gestaltet** – wobei Abs. 3 UAbs. 1 und Abs. 4 S. 1 dem nicht entgegenstehen. Der Verwaltungsrat ernennt die Mitglieder des Beschwerdeausschusses unter Feststellung, dass diese Ernennung keinen unmittelbaren Amtsbeginn bewirkt. Ferner wird der Vorsitzende ermächtigt, in Kooperation mit dem Vorsitzenden des Gemeinsamen Ausschusses der ESA den genauen Termin des Amtsbeginns durch Beschluss festzusetzen.[29] Durch dieses Vorgehen wird eine Absprache zwischen den ESA ermöglicht, sodass die Amtszeiten der Mitglieder des Beschwerdeausschusses aller drei Sektoren einen Gleichlauf aufweisen. Dies bedeutet, dass, wenn es nicht zu vorzeitigen Amtsbeendigungen kommt, der Beschwerdeausschuss immer *en bloc* neu zu besetzen oder zu verlängern ist (zu den Problemen hierdurch, siehe Rn. 53). 44

Die Amtszeit endet regelmäßig dadurch, dass seit dem Tag des Amtsantritts (siehe Rn. 43 f.) fünf Jahre verstrichen sind. Die **Amtsstellung** des Mitglieds des Beschwerdeausschusses **erlischt automatisch**, ohne dass es einer weiteren Handlung durch die EIOPA (bzw. dessen Verwaltungsrat) bedürfte. Eine Amtsentlassungsurkunde ist insofern nicht zwingend auszustellen. 45

Neben der Möglichkeit einer Amtsenthebung (siehe Rn. 55 ff.) **endet das Amt noch** im Fall des **Todes** und auch die Möglichkeit einer **Amtsniederlegung** durch das Mitglied besteht. 46

Kein automatischer **Beendigungsgrund** ist im **Erreichen** eines **bestimmten Alters** zu sehen. Es gibt mithin kein Entpflichtungsalter, zu dem das Mitglied in den Ruhestand versetzt werden würde. Im Falle des **Wegfalls der Ernennungsvoraussetzungen** (siehe Rn. 9 ff.) und insbesondere des Eintritts eines **Unvereinbarkeitskriteriums** (siehe Rn. 9) führt dies nicht zur automatischen Beendigung des Amtes, sondern eröffnet allenfalls die Möglichkeit eines Amtsenthebungsverfahrens (siehe Rn. 28). 47

2. Amtszeitverlängerung (Abs. 4 S. 2). Abs. 4 S. 2 erlaubt eine **einmalige Amtszeitverlängerung.** Diese Verlängerung bewirkt ab ihrer Erteilung oder ihrer Gestaltungswirkung (siehe Rn. 43 f.) den Lauf einer neuen zweiten Amtszeit von fünf Jahren. 48

Der Abs. 4 S. 2 lässt offen, **wie** genau diese **Amtszeitverlängerung erfolgt**. Zu denken wäre hier insbesondere daran, dass das Mitglied auch zu einer Amtszeitverlängerung das durch Abs. 3 vorgeschriebene Ernennungsverfahren (siehe Rn. 31 ff.) durchlaufen muss. Dies würde bedeuten, dass die Kommission zunächst eine öffentliche Aufforderung zur Interessenbekundung veröffentlichen müsste, auf die das Mitglied sich hin melden müsste, um dann (eventuell) auf die Auswahlliste gesetzt zu werden, von der das Mitglied dann wieder durch den Verwaltungsrat ernannt werden könnte (oder nicht). Dies erscheint jedoch nicht zwingend, da es nahezu nicht vorstellbar ist, dass eine Person, die bereits eine Amtszeit abgeschlossen hat, von der Kommission nicht erneut auf die Auswahlliste gesetzt werden müsste. Insofern würde eine unmittelbare Verlängerung durch die EIOPA die Mitwirkungsrechte der Kommission nicht beschneiden. Auch für potentielle Konkurrenten stellt sich dieses Vorgehen kaum als nicht hinnehmbar dar. Im Hinblick darauf, dass der EIOPA bei der Auswahl des zu Ernennenden aus der Auswahlliste ein großer Ermessenspielraum zukommt, ist schwierig ein externer Kandidat vorstellbar, bei dem eine zwingende Bevorzugung gegenüber einem gegenwärtigen Amtsinhaber anzunehmen wäre. 49

Die Verlängerung kann also praktisch so erfolgen, dass die jeweiligen **ESA** mit den von ihnen bestellten Mitgliedern des Beschwerdeausschusses vorzeitige **Sondierungsgespräche** führen, ob **Interesse an einer Amtszeitsverlängerung** besteht. So dies der Fall ist, beschließt der Verwaltungsrat nach Konsultation des Rates der Aufseher die Verlängerung der Amtszeit. Sollte hingegen eines der Altmitglieder eine Verlängerung ablehnen, so wäre die Kommission hiervon zu informieren, sodass diese ein Ernennungsverfahren durch Veröffentlichung einer öffentlichen Aufforderung zur Interessenbekundung initiieren kann. 50

Nicht ganz klar wird aus dem Regelungstext, ob zwischen der **Amtszeit als Mitglied** und der **Amtszeit als stellvertretendes Mitglied** zu **differenzieren** ist. Dies würde bedeuten, dass ein stellvertretendes Mitglied nach zwei Amtszeiten noch unmittelbar zu zwei Amtszeiten als Mitglied ernannt werden könnte und *vice versa.* Dies ist abzulehnen. Das Vorsehen einer begrenzten Amtsperiode und die nur limitierte Zulassung einer Amtszeitverlängerung des Abs. 4 S. 2 dient dazu, die Bildung von *Erbhöfen* zu verhindern und – gerade für den Beschwerdeausschuss wichtig – periodisch neue Mitglieder, die weniger in der Einflusssphäre der ESA gestanden haben, als unabhängige Entscheider zu gewinnen. 51

---

[28] Das heißt: mit dem Wirksamwerden des Beschlusses.

[29] Decision of the Management Board on the Appointment of the Board of Appeal v. 15.9.2011 (EIOPA-MB-11/070).

52 Unklar ist, ob Abs. 4 S. 2 der **Neuberufung eines Altmitglieds**, das bereits zwei Amtszeiten gedient hat, im Wege steht, wenn zwischenzeitig eine andere Person das Amt zumindest für eine teilweise Amtsperiode innehatte. Würde es sich um eine deutsche Norm handeln, müsste man wohl – da hier nur eine zweite Amtszeit*verlängerung* nicht aber eine spätere neue Amts*berufung* untersagt wird – zu dem Ergebnis gelangen, dass dies möglich ist.[30] Zu befürworten wäre ein solches Vorgehen aber nicht und es erscheint auch durchaus denkbar, dass dieser Regelung im europäischen Kontext ein rigideres Verständnis beigelegt wird.

53 **Wünschenswert** wäre es, wenn die ESA hierbei im Anschluss an die erste Amtsperiode nicht sämtlichen Mitglieder verlängern, sondern den Beschwerdeausschuss **zur Hälfte neu besetzen**. Durch ein solches Vorgehen hätte man die institutionelle Kontinuität des Beschwerdeausschusses stärken können, indem sichergestellt wäre, dass niemals der gesamte Beschwerdeausschuss *en bloc* ausgewechselt wird. Hierbei ist es aus systematischen Gründen auch unbedenklich, dass bisherige stellvertretende Mitglieder umwandelnd zu Mitgliedern verlängert werden.

54 **3. Amtsenthebung (Abs. 5).** Dem **Schutz der Unabhängigkeit** des Beschwerdeausschusses dienen die strengen Voraussetzungen, nach denen ein Mitglied des Beschwerdeausschusses gemäß Abs. 5 seines Amtes enthoben werden kann. Hierbei fällt der Schutz verfahrensrechtlich etwas geringer aus als beim Vorsitzenden, da bei letzterem nicht nur der Rat der Aufseher, sondern auch das Europäische Parlament einer Amtsenthebung zustimmen muss (siehe Art. 48 EIOPA-VO Rn. 43 ff.), ist materiell aber zumindest dem Wortlaut nach stärker ausgebaut, als nicht jede Pflichtverletzung, sondern nur ein (schuldhaftes) schweres Fehlverhalten eine Amtsenthebung rechtfertigt.

55 **a) Amtsenthebungsverfahren (Abs. 5).** Die **Amtsenthebung** kann nur durch die **ESA** bewirkt werden, **die das betroffene Mitglied ernannt** hat. Hierbei ist es aber natürlich zulässig, dass das Thema einer für notwendig erachteten Amtsenthebung im Gemeinsamen Ausschuss diskutiert und von dort vom Vorsitzenden in den **Verwaltungsrat** der EIOPA als Abstimmungsvorschlag eingebracht wird.

56 Der Verwaltungsrat hat, wenn er den Erlass eines Amtsenthebungsbeschlusses erwägt, zunächst den **Rat der Aufseher** zu **hören**. Durch die Auffassung des Rates der Aufseher wird der Verwaltungsrat aber nicht gebunden.

57 Da die **Amtsenthebung durch** einen **Beschluss** erfolgt, ist gemäß Art. 39 Abs. 1 EIOPA-VO vor dessen Erlass dem Mitglied des Beschwerdeausschusses unter Mitteilung der geplanten Amtsenthebung mittels einer Frist zur Möglichkeit der Stellungnahme ausreichendes rechtliches Gehör zu gewähren.

58 Der Amtsenthebungsbeschluss ergeht gemäß Art. 45 Abs. 2 UAbs. 1 EIOPA-VO mit **einfacher Mehrheit** der anwesenden Mitglieder des **Verwaltungsrates** und ist gemäß Art. 39 Abs. 2, 3 EIOPA-VO zu **begründen** und mit einer **Rechtsbehelfsbelehrung** zu versehen.

59 Der **Amtsenthebungsbeschluss beendet** das **Amt typischerweise unmittelbar** mit seinem Wirksamwerden (vgl. Rn. 43), wobei auch eine **Befristung** vorgesehen werden kann (vgl. Rn. 44). Der zwischen der EIOPA und dem Mitglied ferner bestehende **Dienstleistungsvertrag** (siehe Rn. 40) ist von dem Beschluss **nicht unmittelbar betroffen**; seine Erfüllung wird jedoch für die Zukunft unmöglich, sodass aber zumindest vergangenheitsgerichtete Forderungen noch auf Grundlage des kollisionsrechtlich zu ermittelnden Rechts bestehen.[31]

60 **b) Amtsenthebungsgründe (Abs. 5).** Im Rahmen des Tatbestandes des Abs. 5 ist in einer **zweistufigen Prüfung** zunächst das Vorliegen eines Fehlverhaltens und anschließend der Schweregrad der Verfehlung festzustellen.[32] Hierbei lassen sich Parallelen zu vergleichbaren Amtsenthebungsvorschriften, bspw. Art. 247 AEUV ziehen.

61 Dem Begriff der Verfehlung (des **Fehlverhaltens**) unterfallen insbesondere Verletzungen der Amtspflichten, die schuldhaft begangen, aber nicht notwendig strafbar sein müssen.[33] Ein Praxisbeispiel – das für den Beschwerdeausschuss höchstens grobe Richtschnur sein kann – ist die rechtswidrige Einstellung eines persönlichen Vertrauten durch die damalige EG-Kommissarin *Cresson*.[34] Unbestreitbar ist, dass eine Verfehlung nicht in einem Verhalten liegen kann, dass sich im Rahmen der ordnungsgemäßen

[30] Vgl. zur anschließenden Wiederwahl des Bundespräsidenten nach Art. 54 Abs. 2 S. 2 GG bspw. Maunz/Dürig/*Herzog* Art. 54 Rn. 20.

[31] Hierbei wäre allenfalls nach dem anwendbaren Recht zu untersuchen, ob solche Forderungen wegen der die Amtsenhebung rechtfertigenden Gründen nicht entstanden, untergegangen oder undurchsetzbar sind.

[32] Für den Zentralbankpräsidenten – diese Frage stellt sich für Mitglieder des Beschwerdeausschusses in gleicher Weise – ist es umstritten, ob ein Verstoß gegen das Verbot, Weisungen anzunehmen, generell als schwere Verfehlung zu qualifizieren ist oder ob auch in diesen Fällen eine Prüfung des Schweregrades zu erfolgen hat. Im letzteren Sinne *Häde* WM 2005, 205, 213. Dagegen wohl *Friedl*, Die europäische Wirtschafts- und Währungsunion, 2003, 191; *Stadler*, Der rechtliche Handlungsspielraum des europäischen Systems der Zentralbanken, 1996, 149 f.

[33] Vgl. von der Groeben/Schwarze/Hatje/*Schmitt von Sydow* Art. 247 AEUV Rn. 6 ff.; Grabitz/Hilf/Nettesheim/*Martenczuk* Art. 247 AEUV Rn. 3.

[34] Ihr wurde eine Pflichtwidrigkeit in Gestalt der rechtswidrigen Einstellung eines persönlichen Vertrauten attestiert, der EuGH lehnte fünf Jahre nach Beendigung ihres Amtes die Aberkennung der Ruhegehaltsansprüche gleichwohl mit der Begründung ab, „die gerichtliche Feststellung der Pflichtwidrigkeit sei hinreichende Sanktion" (*EuGH* Urt. v. 11.7.2006 – Rs. C-432/04 Rn. 90 ff. – Ksion/Cresson, vgl. auch Calliess/Ruffert/*Ruffert* Art. 245 AEUV Rn. 3).

Pflichtenwahrnehmung als Mitglied des Beschwerdeausschusses bewegt, insbesondere nicht im Vertreten abweichender Rechtsvorstellungen. Anknüpfungsfähiges Fehlverhalten wäre im schlimmsten Fall die Rechtsbeugung oder die Forderung oder Annahme von Bestechungsgeldern. Daneben ist aber auch die Entgegennahme oder Einforderung von Weisungen, die Weigerung zur Mitarbeit, das kontinuierliche Versäumen von Terminen, der unkollegiale Umgang mit den anderen Mitgliedern ein Fehlverhalten (wobei natürlich noch die Schwere des Fehlverhaltens zu gewichten ist).

Eine Verfehlung kann aber **auch aus Sphären jenseits der Amtsausübung** herrühren, etwa im Falle einer Verurteilung wegen eines gravierenden strafrechtlichen Tatbestands, die die Integrität des Mitglieds sowie Ruf und Glaubwürdigkeit des Beschwerdeausschusses und der EIOPA in Zweifel rücken.[35] Im Übrigen ist aber fraglich, ob eine Abberufung an ein strafrechtlich nicht relevantes Fehlverhalten geknüpft werden kann, das *jenseits* des mit der Amtsausübung verbundenen Pflichtenkreises, also im „Privaten" stattfindet. Dies wird typischerweise gerade nicht der Fall sein.[36] **62**

Zur Bestimmung des **Schweregrades** der Verfehlung sind von der Literatur (wiederum mit Blick auf die Amtsenthebungsanforderungen für EU-Kommissionsmitglieder) vier Kriterien aufgestellt worden, die auch bei der Frage der Abberufung eines Mitglieds des Beschwerdeausschusses zur Anwendung gebracht werden können. Die Schwere richtet sich zunächst nach dem konkreten **Schutzobjekt der missachteten Pflicht**.[37] Je höherwertiger das betreffende Schutzgut einzustufen ist, desto niedriger ist die Schwelle hinsichtlich des Grades der Verfehlung anzusetzen. Darüber hinaus sind die **Folgen der Verfehlung** einzubeziehen, unter Umständen auch solche, für die der Verfehlende nicht unmittelbar verantwortlich ist.[38] Ferner ist auch auf die **Intensität der Verfehlung** abzustellen. So muss die einmalige, leichte Missachtung einer Pflicht noch keine schwere Verfehlung darstellen, selbst wenn es sich um eine wichtige Pflicht handelt.[39] Die Häufung kleinerer Vorfälle kann der Pflichtverletzung jedoch zusätzliches Gewicht verleihen.[40] Schließlich ist auch das **Verhalten des pflichtwidrig Handelnden** einzubeziehen. Hier ist vor allem von Bedeutung, ob der Verfehlende die Tat mit vollem Unrechtsbewusstsein, vorsätzlich oder gar hinterhältig begangen hat.[41] **63**

Es ist durchaus fraglich, ob ein Mitglied des Beschwerdeausschusses seines Amtes auch enthoben werden kann, wenn ihm kein schuldhaft herbeigeführtes schweres Fehlverhalten vorzuwerfen ist, sondern er im Laufe der Amtszeit seiner **Ernennungsvoraussetzungen verlustig gegangen** ist. Hierbei ist insbesondere an den oben bereits behandelten Fall der späteren Einstellung des Mitglieds bei einer der erfassten Behörden zu denken (siehe Rn. 28). Zukünftig relevant wäre aber auch der Fall, dass ein Mitglied durch den Ausstieg Großbritanniens aus der EU seiner Staatsbürgerschaft der EU, die von der Kommission zur Ernennungsvoraussetzung gemacht wird,[42] schuldlos verlustig geht. Art. 6 Abs. 1 S. 1 EuGH-Satzung beispielsweise erlaubt eine Amtsenthebung seiner Richter, wenn dieser „*nicht mehr die erforderlichen Voraussetzungen erfüllt* oder den sich aus seinem Amt ergebenden Verpflichtungen nicht mehr nachkommt" [Hervorhebung durch Verf.]. Auch Art. 14.2 ESZBS – der die Amtsenthebung der Zentralbankpräsidenten regelt – gibt vor,[43] dass der Präsident nur aus dem Amt entlassen werden kann, „wenn er die *Voraussetzungen für die Ausübung seines Amtes nicht mehr erfüllt* oder eine schwere Verfehlung begangen hat" [Hervorhebung durch Verf.]. Gleiches gilt auch für Mitglieder der Kommission, die gemäß Art. 247 AEUV ihres Amtes enthoben werden können, wenn sie „die *Voraussetzungen für die Ausübung [ihres] Amtes nicht mehr erfüllt* oder eine schwere Verfehlung begangen hat" [Hervorhebung durch Verf.]. Es ist unklar, ob Abs. 5 den Abberufungsgrund des Verlustes der zwingenden Ernennungsvoraussetzungen aus redaktioneller Unachtsamkeit – was im Rahmen der EIOPA-VO kaum überraschen würde – oder bewusst ausgelassen hat. Zumindest in den beiden vorgenannten Konstellationen spricht jedoch vieles dafür, dass die Unmöglichkeit einer Abberufung kaum der gesetzgeberischen Intention **64**

---

[35] Vgl. von der Groeben/Schwarze/Hatje/*Zilioli/Athanassiou*, Protokoll Nr. 4, Art. 14 ESZBS Rn. 14.

[36] Vergleiche zum gleichgelagerten Fall, ob das Bundesbankvorstandsmitglied Sarrazin wegen kontroverser privat gemachter politischer Äußerungen seines Amtes enthoben werden konnte *Gal/Sehrbrock* AöR 2012, 360, 386 ff.

[37] Vgl. von der Groeben/Schwarze/Hatje/*Schmitt von Sydow* Art. 247 AEUV Rn. 8, der aber unglücklich vom „Schutzobjekt der Verfehlung" spricht.

[38] So wurde dem ehemaligen Wettbewerbskommissar Bangemann, gegen den der Rat 1999 wegen der Verletzung der Karenzpflichten geklagt hatte, vorgehalten, dass zwar in der Vergangenheit vergleichbare Fälle als tolerabel eingestuft wurden, aufgrund der aufgewühlten Stimmung nach dem Rücktritt der Santer-Kommission aber nun eine andere Bewertung des Sachverhaltes erfolgen müsse, der unter den geänderten Rahmenbedingungen inakzeptable Folgen für die Glaubwürdigkeit der Kommission provozieren würde (vgl. 1999/494/EG, EGKS, Euratom: Beschluss des Rates vom 9.7.1999, ABl. 1999 L 192, 55; siehe auch von der Groeben/Schwarze/Hatje/*Schmitt von Sydow* Art. 247 AEUV Rn. 9).

[39] *GA Lenz*, Schlussantrag – Rs. 47/86 Rn. 26b – Roquette Frères/Onic.

[40] *EuG* Urt. v. 27.6.2002 Rs. T-373/00 u. a. Rn. 80 – Tralli/EZB.

[41] Weitere Anhaltspunkte können sein, dass der Täter Spuren zu verwischen sucht, ein Versprechen bricht, das er zuvor ausdrücklich abgegeben hat oder es unterlässt, den Schaden gering zu halten (vgl. ausführlich von der Groeben/Schwarze/Hatje/*Schmitt von Sydow* Art. 247 AEUV Rn. 11).

[42] *Ksion*, Aufforderung zur Bekundung des Interesses an der Ernennung als Mitglied des Gemeinsamen Beschwerdeausschusses der drei Europäischen Finanzaufsichtsbehörden für den Finanzdienstleistungssektor (Europäische Wertpapier- und Marktaufsichtsbehörde, Europäische Bankenaufsichtsbehörde, Europäische Aufsichtsbehörde für das Versicherungswesen und die betriebliche Altersversorgung), ABl. 2011 C 17, 3.

[43] Siehe hierzu *Gal/Sehrbrock* AöR 2012, 360, 386 ff.

entsprochen haben kann und mithin zumindest unter analoger Anwendung des Abs. 5 eine Abberufung möglich sein muss, wenn das Mitglied aus rechtlichen oder tatsächlichen Gründen sein Amt in der Zukunft nicht mehr ausüben kann.

65 **V. Binnenorganisation.** Art. 58 EIOPA-VO regelt **Teilaspekte der Binnenorganisation** des Beschwerdeausschusses, wie seine Zusammensetzung und seine Leitung. Daneben wird dem Beschwerdeausschuss, auch dies ein Ausfluss der Unabhängigkeitsgarantie des Art. 59 EIOPA-VO, das Recht der Selbstorganisation gewährt, sodass sich die Binnenorganisation in erheblichem Maße aus der auf Grundlage des Art. 60 Abs. 6 EIOPA-VO erlassenen Verfahrensordnung ergibt.

66 **1. Komposition (Abs. 2 UAbs. 1 S. 1 Hs. 1).** Der **Beschwerdeausschuss als** gemeinsames **Organ** der ESA besteht gemäß Abs. 2 UAbs. 1 S. 1 Hs. 1 aus **sechs Mitgliedern** und **sechs stellvertretenden Mitgliedern**, die nach dem oben ausgeführten Ernennungsverfahren bestellt werden.

67 Als **Spruchkörper besteht** der Beschwerdeausschuss nur aus **sechs Mitgliedern**. Dies sind grundsätzlich die **sechs Mitglieder**. Nur im Falle der Verhinderung insbesondere wegen Vorliegen persönlichen Interesses oder Vorbefasstheit wird der Vorsitzende des Beschwerdeausschusses für das konkrete Verfahren den Spruchkörper Beschwerdeausschuss unter Heranziehung der stellvertretenden Mitglieder konstituieren, im Einzelfall ist es hierbei auch zulässig, dass der Spruchkörper aus weniger als sechs Mitgliedern besteht (vgl. Art. 60 EIOPA-VO Rn. 45).

68 **2. Wahl des Vorsitzenden (Abs. 2 UAbs. 2).** Abs. 2 UAbs. 2 **ermächtigt und verpflichtet** den **Beschwerdeausschuss**, einen **Vorsitzenden zu ernennen**.

69 Dieses Organisationsrecht kommt dem Beschwerdeausschuss als Gesamtorgan zu, sodass **nicht nur die Mitglieder**, sondern **auch** die **stellvertretenden Mitglieder** das **aktive Wahlrecht** besitzen. Dies sieht auch die Verfahrensordnung des Beschwerdeausschusses vor, die explizit die Mitglieder (*Members*) und stellvertretende Mitglieder (*Alternates*) als stimmberechtigt aufführt.[44]

70 Das **passive Wahlrecht** kann hingegen **nur Mitgliedern** zukommen. Dies ergibt sich bereits daraus, dass der Vorsitzende die jeweiligen Verfahren zu leiten hat, was bei einem stellvertretenden Mitglied nicht sichergestellt wäre, da der Vorsitzende nur dann in den Beschwerdeausschuss als Spruchkörper einrücken würde, wenn ein Mitglied, das durch dieselbe ESA wie der Vorsitzende ernannt wurde, nicht am Beschwerdeverfahren teilnehmen kann. Auch die Verfahrensordnung hat eine solche Regel aufgenommen, indem sie explizit von der Wählbarkeit von Mitgliedern (*Members*) spricht, während sie an dieser Stelle sonst streng zwischen Mitglieder (*Members*) und stellvertretende Mitglieder (*Alternates*) unterscheidet.[45]

71 Das **Wahlverfahren** erfährt eine **weitere Konkretisierung durch die Verfahrensordnung des Beschwerdeausschusses** (Rules of Procedure of the Board of Appeal – im Folgenden: RoP-BoA). So erfolgt die Wahl als geheime Wahl (Art. 1 Abs. 2 S. 2 RoP-BoA). Als gewählt gilt das Mitglied, das über die Hälfte der Stimmen der Mitglieder und stellvertretenden Mitglieder auf sich vereinen kann (Art. 1 Abs. 2 S. 3 RoP-BoA). So dies keinem Kandidaten im ersten Wahlgang gelingt, sind solange weitere Wahlgänge zwischen den bestplatzierten Kandidaten durchzuführen, bis einer über die absolute Mehrheit verfügt (Art. 1 Abs. 2 S. 4 RoP-BoA).[46]

72 Die **Amtsdauer** des Vorsitzenden wird durch die EIOPA-VO nicht festgelegt. Sicher ist lediglich, dass das Amt des Vorsitzenden zwingend mit dem Amt des Mitglieds des Beschwerdeausschusses endet. Die Verfahrensordnung des Beschwerdeausschusses konkretisiert die Amtsdauer zulässig dahingehend, dass sie regelmäßig zweieinhalb Jahre (und damit die halbe Amtszeit des Mitglieds, siehe Rn. 42) ab Wahl beträgt.[47]

73 Neben dem Amt des Vorsitzenden hat die Verfahrensordnung des Beschwerdeausschusses in zulässiger Weise noch das Amt des **stellvertretenden Vorsitzenden** geschaffen. Dieser wird nach dem gleichen Verfahren und für die gleiche Dauer gewählt (Art. 1 Abs. 4 RoP-BoA). Klarzustellen ist hier, dass trotz des insoweit hier gewählten Namens dieser nicht aus den stellvertretenden Mitgliedern, sondern nur aus den Mitgliedern gewählt werden kann. Seine Aufgabe besteht darin, im Falle der Verhinderung des Vorsitzenden dessen Aufgaben wahrzunehmen (Art. 1 Abs. 5 RoP-BoA). Dazu wäre er aus denselben Gründen nicht in der Lage, aus denen auch der Vorsitzende nicht aus dem Kreis der stellvertretenden Mitglieder gewählt werden kann (siehe Rn. 70).

74 **3. Leitungsfunktion des Vorsitzenden (Abs. 7).** Gemäß Abs. 7 ist es am **Vorsitzenden**, den **Beschwerdeausschuss bei Bedarf einzuberufen**. Dies bezieht sich wohl im Schwerpunkt darauf,

[44] Art. 1 Abs. 2 S. 3 Board of Appel of the European Supervisory Authorities Rules of Procedure (BoA 2012 002).

[45] Art. 1 Abs. 2 S. 1 Board of Appel of the European Supervisory Authorities Rules of Procedure (BoA 2012 002).

[46] „If no Member obtains that majority, further ballots among the best placed candidates shall be held until that majority is attained". Dies ist wohl so zu verstehen, dass nach dem ersten Wahlgang nur noch der/die Erstplatzierten und der/die Zweitplatzierten zum zweiten Wahlgang zugelassen werden. Es ließe sich aber auch so auffassen, dass bei jedem Wahlgang nur der Letztplatzierte von der Wahlliste entfernt wird.

[47] Art. 1 Abs. 2 S. 5 Board of Appeal of the European Supervisory Authorities Rules of Procedure (BoA 2012 002).

dass der Vorsitzende den Beschwerdeausschuss als Spruchkörper anlässlich eines spezifischen Beschwerdeverfahrens konstituiert (siehe Art. 60 EIOPA-VO Rn. 45).

Die **Einberufungskompetenz** ist aber auch erweiternd so zu verstehen, dass der Vorsitzende den Beschwerdeausschuss auch – wenn dies **administrativ erforderlich** ist – als **Gesamtorgan** einberufen kann, bspw. um eine Abänderung der Verfahrensordnung zu beschließen. 75

Erweiternd lässt sich aus dieser Einberufungskompetenz eine generelle **Leitungsfunktion** des Vorsitzenden ableiten, die jedoch **durch** die **Verfahrensordnung des Beschwerdeausschusses zu konkretisieren** ist. 76

Art. 1 Abs. 3 RoP-BoA führt hierzu aus, dass der Vorsitzende die **Geschäfte und Verwaltung des Beschwerdeausschusses zu besorgen** hat. Dies bedeutet insbesondere, dass dem Vorsitzenden die Verhandlungen und Kommunikationen mit dem Gemeinsamen Ausschuss hinsichtlich der Pflichten der ESA nach Abs. 8 obliegen. Daneben ist es aber auch an ihm, das **Sekretariat der sekretariatsführenden ESA** (siehe Art. 60 EIOPA-VO Rn. 41) entsprechend zu **instruieren und anzuweisen.** Hierbei dürfte es auch zulässig sein, dass der Vorsitzende allgemeine Erlasse trifft, die dann für jedes Sekretariat Wirkung erlangen, soweit sie für ein Beschwerdeverfahren dem Beschwerdeausschuss das Sekretariat stellen. 77

Daneben kommen dem Vorsitzenden noch zahlreiche **Verfahrensleitungsfunktionen** zu (siehe Art. 60 EIOPA-VO Rn. 44 ff., 47 ff., 56 f., 64 f.). 78

VI. Beschlussfassung (Abs. 6). Abs. 6 legt die Mehrheitserfordernisse für Beschlüsse des Beschwerdeausschusses fest. Hierbei erfordert die EIOPA-VO einen Beschluss mit **absoluter Mehrheit** und verlangt zudem die Beteiligung eines der Mitglieder des Beschwerdeausschusses, der von der ESA ernannt wurde, dessen Tätigkeitsbereich die beschwerdebelastete Beschluss entstammt. Man könnte insofern von einem **Prinzip der (pseudo-)doppelten Mehrheit** sprechen. 79

Ein Beschluss muss zunächst gemäß Abs. 6 S. 1 mit den **Stimmen** von **vier** der sechs Mitglieder gefasst werden. Unter **Mitglied** ist hierbei **nicht zwingend das feste Mitglied** (im Gegensatz zum Stellvertreter) zu verstehen, sondern das Mitglied des Spruchkörpers Beschwerdeausschuss im jeweiligen Verfahren (siehe Rn. 67 und Art. 60 EIOPA-VO Rn. 45). Es geht mithin darum, dass der Spruchkörper mit absoluter Mehrheit entscheidet. Die Verfahrensordnung des Beschwerdeausschusses untersagt hierbei bei der Stimmabgabe Enthaltungen (Art. 21 Abs. 3 S. 2 RoP-BoA). 80

Probleme wirft diese **Mehrheitsregel** des Abs. 6 S. 1 nur dann auf, wenn der Beschwerdeausschuss wegen Verhinderung im konkreten Verfahren einer übermäßig großen Zahl seiner Mitglieder und Stellvertreter in reduzierter Besetzungszahl konstituiert wird (man könnte dies in Anlehnung an den schiedsrechtlichen Begriff als ***truncated Board of Appeal*** bezeichnen). Dies ist gemäß Art. 3 Abs. 2, 6 RoP-BoA zwar zulässig (siehe Art. 60 EIOPA-VO Rn. 45). Es ist aber dann fraglich, ob die Mehrheitserfordernis dahingehend umzudeuten ist, dass es hier um eine absolute Mehrheit der agierenden Mitglieder geht oder ob auch in diesem Fall mindestens vier Stimmen für den Beschluss abgegeben werden müssen. Die zweite Alternative erscheint richtig, da die Norm gerade nicht abstrakt die Mehrheit bestimmt, sondern konkret die Abgabe von vier Stimmen erfordert. Auch im (hypothetischen) Falle eines *truncated Board of Appeal* mit nur vier Mitgliedern müsste also ein Beschluss mit vier Stimmen gefasst werden. 81

Um die Effizienz und Kohärenz der Regulierungs- und Aufsichtsarbeit der ESA zu fördern, wurde der Beschwerdeausschuss als gemeinsames Organ geschaffen,[48] das von diesen paritätisch besetzt wird. Durch das paritätische Bestellungsrecht wird dafür Sorge getragen, dass der Beschwerdeausschuss über den jeweiligen sektorspezifischen Sachverstand verfügt. Da der Beschwerdeausschuss jedoch je mit sechs Mitgliedern beschließt, besteht die Gefahr, dass die vier sektoriellen Laien die sektoriellen Fachleute überstimmen und hierdurch eine aus ihrer Sicht in ihrem Sektor richtige Entscheidung treffen, die sich im überstimmten Sektor jedoch nicht implizieren lässt. Deshalb sieht Abs. 6 S. 2 für die jeweiligen **sektoriellen Fachmitglieder des Beschwerdeausschusses** eine Art **Sperrminorität** vor. Wenn beide sich gegen den Beschluss wenden, so ist dieser trotz absoluter Mehrheit nicht wirksam beschlossen. 82

Die Formulierung des Abs. 6 S. 2 ist hierbei etwas unscharf, sodass unklar bleibt, welche Mitglieder welcher ESA genau gemeint sind. Die Stimme eines der von EIOPA ernannten Mitglieder ist immer dann erforderlich, wenn „der angefochtene Beschluss in den Geltungsbereich dieser Verordnung [fällt]". Hierbei ist jedoch zu berücksichtigen, dass die Gründungsverordnungen einige Tätigkeitsbereiche miteinander teilen, so beispielsweise die Finanzkonglomeratsrichtlinie, die Geldwäscherichtlinie und die Finanzdienstleistungsfernabsatzrichtlinie. Es kommt insofern nicht auf den Geltungsbereich der EIOPA-VO im weiteren Sinne an, sondern schlicht und einfach darauf, dass der **Beschluss**, der mit der Beschwerde angegriffen wird, **von** der **EIOPA erlassen** wurde. 83

Probleme hinsichtlich der Sperrminorität würden sich insofern allenfalls dann ergeben, wenn die ESA – insbesondere im Anwendungsbereich des Art. 56 UAbs. 2 EIOPA-VO – parallele Beschlüsse 84

[48] Siehe insb. Erwägungsgrund 58.

erlassen. Hier würde sich ein Belasteter wohl gegen beide oder alle drei Beschlüsse der ESA wendet und es wäre nicht auszuschließen, dass in diesem Fall der Vorsitzende Zusammenlegung der Verfahren beschließt (Art. 13 RoP-BoA). In dieser Konstellation würde den Mitgliedern jeder ESA eine Sperrminorität zukommen. Dies erscheint aber hinnehmbar, da in diesem Fall jeweils ein Mitglied von jeder ESA dem Beschluss zustimmen müsste und zusätzlich noch ein Mitglied einer der drei ESA.

85 **VII. Unterstützung des Beschwerdeausschusses durch die ESA (Abs. 8).** Nach Abs. 8 gewährleisten die ESA – da die Gründungsverordnungen der anderen ESA dieselbe Formulierung beinhalten, hat diese Norm aber nur für die EIOPA Bedeutung –, dass der Beschwerdeausschuss durch den Gemeinsamen Ausschuss (Art. 54 EIOPA-VO) **angemessene Unterstützung** für die Abwicklung der Betriebs- und Sekretariatsgeschäfte erhält.

86 Die **Pflicht der EIOPA** besteht also dahin, dass sie über ihren Vorsitzenden (vgl. Art. 55 Abs. 1 EIOPA-VO) im Gemeinsamen Ausschuss auf eine entsprechende Unterstützung des Beschwerdeausschusses hinwirkt. Auch hat die EIOPA den Gemeinsamen Ausschuss entsprechend auszustatten, dass dieser in der Lage ist, seiner Unterstützungspflicht gegenüber dem Beschwerdeausschuss nachzukommen.

87 Im Schwerpunkt geht es bei dieser Norm darum, dass dem Beschwerdeausschuss, der über keinen eigenen Haushalt verfügt, die entsprechende **Infrastruktur** für seine Arbeit zur Verfügung **gestellt wird**. Dies bedeutet insbesondere, dass dem Beschwerdeausschuss das **Sekretariat des Gemeinsamen Ausschusses** in einer Art **Sekretariatsleihe** für die Verfahren zur Verfügung gestellt wird (siehe Art. 60 EIOPA-VO Rn. 41). Hierbei handelt es sich genaugenommen nicht um das Sekretariat des Gemeinsamen Ausschusses,[49] da dieses kein permanenter Körper ist (siehe Art. 54 EIOPA-VO Rn. 18), sondern grundsätzlich das Sekretariat der ESA dem der Vorsitzende des Gemeinsamen Ausschusses vorsteht. Daneben ist auch dafür zu sorgen, dass der Beschwerdeausschuss seinen über das Verfahren hinausgehenden Pflichten nachkommen kann (bspw. kontinuierliche Veröffentlichungspflichten etc.).

Unabhängigkeit und Unparteilichkeit

59 (1) [1]**Die Mitglieder des Beschwerdeausschusses sind in ihren Beschlüssen unabhängig.** [2]**Sie sind an keinerlei Weisungen gebunden.** [3]**Sie dürfen keine anderen Aufgaben für die Behörde, den Verwaltungsrat oder den Rat der Aufseher* wahrnehmen.**

(2) **Die Mitglieder des Beschwerdeausschusses dürfen nicht an einem Beschwerdeverfahren mitwirken, wenn dieses Verfahren ihre persönlichen Interessen berührt, wenn sie vorher als Vertreter eines Verfahrensbeteiligten tätig gewesen sind oder wenn sie an dem Beschluss mitgewirkt haben, gegen den Beschwerde eingelegt wurde.**

(3) **Ist ein Mitglied des Beschwerdeausschusses aus einem der in den Absätzen 1 und 2 genannten Gründe oder aus einem sonstigen Grund der Ansicht, dass ein anderes Mitglied nicht an einem Beschwerdeverfahren mitwirken sollte, so teilt es dies dem Beschwerdeausschuss mit.**

(4) **Jeder am Beschwerdeverfahren Beteiligte kann die Mitwirkung eines Mitglieds des Beschwerdeausschusses aus einem der in den Absätzen 1 und 2 genannten Gründe oder wegen des Verdachts der Befangenheit ablehnen.**

Eine Ablehnung aufgrund der Staatsangehörigkeit eines Mitglieds ist ebenso unzulässig wie eine Ablehnung in dem Fall, dass der am Beschwerdeverfahren Beteiligte eine Verfahrenshandlung vorgenommen hat, ohne die Zusammensetzung des Beschwerdeausschusses abzulehnen, obwohl er den Ablehnungsgrund kannte.

(5) **Der Beschwerdeausschuss beschließt über das Vorgehen in den in den Absätzen 1 und 2 genannten Fällen ohne Mitwirkung des betroffenen Mitglieds.**

[1]**Das betroffene Mitglied wird bei diesem Beschluss durch seinen Stellvertreter im Beschwerdeausschuss vertreten.** [2]**Befindet sich der Stellvertreter in einer ähnlichen Situation, so benennt der Vorsitzende eine Person aus dem Kreis der verfügbaren Stellvertreter.**

(6) **Die Mitglieder des Beschwerdeausschusses verpflichten sich, unabhängig und im öffentlichen Interesse zu handeln.**

Zu diesem Zweck geben sie eine Verpflichtungserklärung sowie eine Interessenerklärung ab, aus der hervorgeht, dass entweder keinerlei Interessen bestehen, die als ihre Unabhängig-

[49] So aber noch Art. 6.9. Decision of the Joint Committee of the European Banking Authority, European Insurance and Occupational Pensions Authority, and European Securities and Markets Authority adopting the Rules of Procedure of the Joint Committee of the European Supervisory Authorites (Decision JC DOC 2011 001); anders aber jetzt Art. 6.9 Joint Committee Rules of Procedure (revised version 2014) – Decision of the Joint Committee of the European Banking Authority, European Insurance and Occupational Pensions Authority, and European Securities and Markets Authority amending its Rules of Procedure (Decision JC DC 2014 001).

* **Hinweis des Verlags:** Richtig wohl „den Verwaltungsrat oder den Rat der Aufseher".

keit beeinträchtigend angesehen werden können, oder dass keine mittelbaren oder unmittelbaren Interessen vorhanden sind, die als ihre Unabhängigkeit beeinträchtigend angesehen werden könnten.

Diese Erklärungen werden jedes Jahr schriftlich abgegeben und öffentlich bekannt gemacht.

Übersicht

Schrifttum: Siehe die Angaben bei Art. 1 EIOPA-VO („Allgemein zum ESFS" und „Allgemein zur EIOPA").

I. Allgemeines. Art. 60 EIOPA-VO regelt den Grad der Unabhängigkeit und Weisungsfreiheit der Mitglieder des Beschwerdeausschusses (Abs. 1 S. 1 und 2), sowie die aus dieser Gewähr für die Mitglieder speziell fließenden Pflichten (Abs. 1 S. 3, Abs. 6). Daneben wird der Ausschluss von Mitgliedern des Beschwerdeausschusses von der Teilnahme an der Erledigung einer Beschwerdesache wegen möglicher Befangenheit hinsichtlich der Gründe und des Verfahrens geregelt (Abs. 2–5). 1

II. Unabhängigkeit, Weisungsfreiheit und Unvereinbarkeit anderer Tätigkeiten (Abs. 1). Abs. 1 gewährt den Mitgliedern des Beschwerdeausschusses ein **hohes Maß an Unabhängigkeit und Weisungsfreiheit**. 2

Diese Norm stellt hierbei entgegen ihrem Wortlaut nicht nur eine institutionelle Garantie, sondern auch eine **Verpflichtungsnorm** für die **Mitglieder des Beschwerdeausschusses** dar, soweit zumutbar, Gründe zu vermeiden, die ihre Unabhängigkeit in Zweifel ziehen – insbesondere auch keine weiteren Tätigkeiten für die EIOPA zu erbringen – und keine Weisungen anzunehmen oder einzufordern. 3

Daneben verpflichtet Abs. 1 aber auch **alle Bestandteile des ESFS** (siehe Art. 2) – mithin den ESRB, die ESA, den Gemeinsamen Ausschuss und die zuständigen nationalen Aufsichtsbehörden – sowie alle **Unionsorgane und** die **Mitgliedstaaten** dazu, keine Weisungen zu erteilen und Handlungen zu unterlassen, die die Unabhängigkeit der Mitglieder des Beschwerdeausschusses gefährden könnten. Eine Ausnahme ist hier strukturell für den Gerichtshof der Europäischen Union zu machen, dessen Aufgabe auch darin besteht, sich mit der Tätigkeit des Beschwerdeausschusses auseinanderzusetzen (Art. 61 EIOPA-VO). 4

1. Unabhängigkeit (Abs. 1 S. 1). Beim Begriff der Unabhängigkeit – die durch Abs. 1 S. 1 geschützt wird – unterscheidet man im europäischen Kontext typischerweise zwischen der **finanziellen**, der **funktionellen**[1] und der **persönlichen Unabhängigkeit**.[2] 5

Abs. 1 S 1 adressiert allein die Mitglieder des Beschwerdeausschusses, sodass es zumindest nicht um die **finanzielle Unabhängigkeit** des Organs Beschwerdeausschuss geht. Dieser Aspekt wird eher über Art. 58 Abs. 8 EIOPA-VO geregelt (siehe Art. 58 EIOPA-VO Rn. 85 ff.). Gleichwohl kann auch ein Eingriff in die finanzielle Unabhängigkeit der Mitglieder, deren Unabhängigkeit berühren. So sind die Mitglieder mit der EIOPA durch einen Dienstvertrag verbunden (siehe Art. 58 EIOPA-VO Rn. 40, 6

[1] Man könnte daneben auch noch die Frage der institutionellen Unabhängigkeit ansprechen, da jedoch der Beschwerdeausschuss nicht primärrechtlich verankert ist, läuft dieser Aspekt der Unabhängigkeit weitestgehend leer, da die institutionellen Rechte des Beschwerdeausschusses zumindest durch neue Regelungen des Sekundärrechts ausgehöhlt werden können.

[2] Vgl. bspw. Calliess/Ruffert/*Häde* Art. 115 AEUV Rn. 9 ff.

59). Würde dieser Dienstvertrag beispielsweise hinsichtlich der Aufwandsentschädigung Regeln enthalten, die eine Steuerung der Entscheidung bewirken könnten (bspw. höhere Sätze bei ablehnenden Beschwerdebeschlüssen oder im Verhältnis unangemessen hohe Sätze für ablehnende Zulassungsbeschlüsse), so wäre hierin auch ein Eingriff in die Unabhängigkeit der Mitglieder des Beschwerdeausschusses zu sehen.

7 Die **funktionelle Unabhängigkeit** ist entsprechend dem Wortlaut des Abs. 1 S. 1 nur den Mitgliedern des Beschwerdeausschusses gewährt, hat aber über diese vermittelt auch dem Beschwerdeausschuss als Organ und insbesondere als Spruchkörper zuzukommen. Die Funktion des Beschwerdeausschusses besteht hierbei darin, eine von der Ausgangsbehörde (d. h. der EIOPA) losgelöste Überprüfung von deren Beschlüssen zu gewähren, die die Ausgangsbeschlüsse (in erster Instanz) und Beschwerdebeschlüsse (in zweiten Instanz) scharf und auch nach außen wahrnehmbar voneinander trennt (siehe Art. 58 EIOPA-VO Rn. 20) und hierdurch die Effizienz und Kohärenz der Regulierungs- und Aufsichtsarbeit der ESA[3] und das Vertrauen der Öffentlichkeit in die Arbeit des ESFS stärken. Um die Erreichung dieses Regelungsziels zu bewirken, muss jedes Mitglied – einem Richter gleich – in seiner Entscheidung frei von der Einflussnahme Dritter agieren können.

8 Im Schwerpunkt regelt Abs. 1 S. 1 jedoch die **persönliche Unabhängigkeit** der Mitglieder des Beschwerdeausschusses, d. h. die Möglichkeit des Einzelnen, sein Amt frei von (unzulässigen) Pressionen Dritter auszuführen. Die den einzelnen Personen gewährte Unabhängigkeit wirken dann zurück auf das Organ und den Spruchkörper Beschwerdeausschuss. Diese Unabhängigkeit bedeutet, dass die einzelnen Mitglieder **gegenüber Dritten**, aber **auch untereinander** nicht dazu verpflichtet sind, ihr Abstimmungsverhalten im Beschwerdeverfahren an anderen Maßstäben auszurichten als an ihrer eigenen Rechtsüberzeugung. Gebunden sind sie hierbei allenfalls an die durch die EIOPA-VO und insbesondere die Verfahrensordnung des Beschwerdeausschusses[4] (siehe Art. 60 EIOPA-VO Rn. 17 ff.) aufgestellten Verfahrensanforderungen.

9 Hierbei ist die **persönliche Unabhängigkeit** jedoch **nicht** in dem Maße gewährt, dass der Beschwerdeausschuss bei Entscheidungen zum Unionsrecht **willkürlich** verfahren dürfte. Dem Beschwerdeausschuss wird gerade keine Kompetenz zur (reinen) Billigkeitsentscheidung zuerkannt. Der Beschwerdeausschuss hat vielmehr rein rechtsförmig zu entscheiden, sodass die Mitglieder an das positive Unionsrecht in der Auslegung durch die **Rechtsprechung des Gerichtshofs der Europäischen Union gebunden** sind. Eine (angebliche) Entscheidungspraxis der ESA, aber auch eine ständige „Rechtsprechung" des Organs Beschwerdeausschuss bewirkt hingegen keine Bindungspflicht des konkreten Spruchkörpers Beschwerdeausschuss oder der in ihm tätigen Mitglieder.

10 Das Prinzip der persönlichen Unabhängigkeit steht in einem offensichtlichen **Spannungsverhältnis zur Möglichkeit der Amtszeitverlängerung** gemäß Art. 58 Abs. 4 S. 2 EIOPA-VO (siehe Art. 58 EIOPA-VO Rn. 48 ff.). Diese Amtszeitverlängerungsoption wird dem Verwaltungsrat der EIOPA, mithin einem Organ der juristischen Person, dessen Einfluss der Beschwerdeausschuss gerade entzogen werden soll, gewährt. Obgleich Art. 58 Abs. 4 S. 2 EIOPA-VO – anders als beispielsweise Art. 136 Abs. 2, 3, 5 S. 2 VO (EG) 207/2009 für die Amtszeitverlängerung der Mitglieder der Beschwerdekammern der EUIPO[5] – nicht statuiert, dass diese Verlängerung nur nach einer positiven Evaluation der Tätigkeit der Mitglieder erfolgt, besteht hier die potentielle Gefahr, dass der Verwaltungsrat eine Entscheidung allein am Maßstab der evaluierten EIOPA-Freundlichkeit der Tätigkeit des Mitglieds vornimmt. Da die Nichtvornahme des Verlängerungsbeschlusses typischerweise auch keine Untätigkeit begründet – da eben kein Rechtsanspruch auf eine Verlängerung besteht – stünde den Mitgliedern weder ein Anhörungsrecht noch ein Rechtsmittel zu. Dies alles mag, soweit das Mitglied des Beschwerdeausschusses dies während der ersten Amtszeit reflektiert, zu einer indirekten Steuerung der Entscheidungspraxis führen, wenn man die eigene Unliebsamkeit und somit die Gefahr der Nichtverlängerung ausschließen will. Allerdings dürfte sich dieser auf den Mitgliedern des Beschwerdeausschuss lastende Wohlverhaltensdruck in Grenzen halten. Dies ist dem Umstand geschuldet, dass die Mitglieder des Beschwerdeausschusses ihrer Tätigkeit in Nebenbeschäftigung nachgehen (siehe Art. 68 EIOPA-VO Rn. 3, 69 EIOPA-VO Rn. 8) und ihre Tätigkeit im Schwerpunkt ehrenhalber also aus Gründen des Renommee erfolgt. Dass nunmehr ein Mitglied für eine Verlängerung von fünf Jahren seinen eigenen Ruf aufs Spiel setzt, dessen er mutmaßlich für seine Haupttätigkeit bedarf, erscheint eher unwahrscheinlich.

11 **2. Weisungsfreiheit (Abs. 1 S. 2).** Die Mitglieder der Beschwerdekammer sind gemäß Abs. 1 S. 2 nicht nur **gegenüber** der **EIOPA** und den anderen **ESA** und ihrem Personal, **sowie anderen Akteuren** (insbesondere den Mitgliedstaaten und Aufsichtsbehörden), sondern **grundsätzlich auch gegenüber** den anderen Mitgliedern des Beschwerdeausschusses (insbesondere dem **Vorsitzenden des Beschwerdeausschusses**) frei von Weisungen.

---

[3] Siehe insb. Erwägungsgrund 58.

[4] Board of Appel of the European Supervisory Authorities Rules of Procedure (BoA 2012 002).

[5] Siehe hierzu *Stamm* in: Kur/v. Bomhard/Albrecht, Beck'scher Online-Kommentar Markenrecht, Ed. 8 (Stand: 1.10.2016), Art. 136 VO (EG) 207/2009 Rn. 7.

Diese Weisungsfreiheit erfasst jedoch allein die **inhaltliche Behandlung der Beschwerdeverfahren**. Nicht erfasst werden hingegen – so man bei unabhängigen Dienstleistern, die die Mitglieder des Beschwerdeausschusses sind, davon sprechen kann – die **disziplinarischen Aspekte** der Tätigkeit. So ist es am Vorsitzenden des Beschwerdeausschusses, das Beschwerdeverfahren hinsichtlich des Verfahrensablaufs auszugestalten (siehe Art. 60 EIOPA-VO Rn. 44 ff., 47 ff., 56 f., 64 f.). Dies bedeutet im Umkehrschluss auch, dass er die Mitglieder anweisen kann, bis wann eine Auseinandersetzung mit der Akte erforderlich ist, um eine Abstimmung des Gesamtgremiums zu ermöglichen und insbesondere wann die Mitglieder sich zu einer Abstimmung oder einer mündlichen Verhandlung einzufinden haben. Da es sich bei den Mitgliedern des Beschwerdeausschusses jedoch um *Teilzeitentscheider* handelt, die anderen beruflichen Tätigkeiten nachgehen, hat eine etwaige Weisung des Vorsitzenden des Beschwerdeausschusses hier mit Feingefühl zu erfolgen, sodass insbesondere vor Festsetzung eines Termins zur mündlichen Verhandlung eine Verfügbarkeitsabfrage gegenüber allen Mitgliedern zu erfolgen hat. 12

3. Inkompatibilität anderer Tätigkeiten (Abs. 1 S. 3). Abs. 1 S. 3 **verbietet** den Mitgliedern des Beschwerdeausschusses die Wahrnehmung **jeglicher Aufgaben für die EIOPA**, ihren Verwaltungsrat oder ihren Rat der Aufseher. Dies ist zum einen zeitlich vorzuerstrecken, sodass eine Personalzugehörigkeit zur EIOPA bereits zum Ernennungszeitpunkt nicht vorliegen darf (siehe Art. 58 EIOPA-VO Rn. 26) und ist zum anderen eine perpetuelle Pflicht, dass während der gesamten Amtszeit keine Personalstellung eingenommen wird, aber auch ansonsten keine Tätigkeiten für die EIOPA entwickelt werden. 13

Das Verbot betrifft **jegliche Tätigkeit für die EIOPA**. Weshalb hier noch explizit eine Tätigkeit für den Verwaltungsrat – unabhängig von dem redaktionellen Versehen der deutschen Fassung diesen zweimal zu nennen – und den Rat der Aufseher untersagt wird, bleibt im Hinblick auf deren mangelnde eigene Rechtspersönlichkeit schleierhaft. 14

Im Hinblick darauf, dass diese Vorschrift dazu dient, die Unabhängigkeit und Weisungsungebundenheit der Beschwerdekammern bezüglich ihrer Entscheidungspraxis zu sichern und eine klare sichtbare Trennung der Entscheidungsinstanzen herbeizuführen, erscheint es angebracht dieses Verbot teleologisch auch auf **Tätigkeiten für die anderen ESA auszuweiten**. 15

Von diesem Verbot ist insbesondere auch eine **Tätigkeit in den Stakeholdergruppen** (Art. 37 EIOPA-VO) bei einer der ESA mitumfasst.[6] Aber auch die **Annahme von Gutachtenaufträgen** oder Ähnliches sollte nach dem Sinn der Norm untersagt sein. Gerade noch zulässig wäre es aber wohl, wenn die Mitglieder oder ein Mitglied des Beschwerdeausschusses mit einem Gutachten zur notwendigen Reform des Beschwerdeverfahrens beauftragt werden würde. Hierbei hätten sich jedoch die Konditionen innerhalb des Marktüblichen zu halten. 16

Zeitlich reicht das Verbot vom Zeitpunkt des **Amtsantritts bis zum Amtsende**. Unklar ist, ob hier auch eine gewisse **zeitliche Nachwirkung** anzunehmen ist. So wie es beispielsweise dem Vorsitzenden und dem Exekutivdirektor gemäß Art. 49 Abs. 3 EIOPA-VO und Art. 52 Abs. 3 EIOPA-VO auferlegt wird, nach Ende ihrer Amtszeit bei Annahme gewisser Tätigkeiten und Vorteile ehrenhaft und zurückhaltend zu sein, könnte man daran denken, auch die Mitglieder dazu zu verpflichten, hinsichtlich der zeitlich nahen Annahme von Tätigkeiten bei der EIOPA zurückhaltend zu verfahren. Jedoch sind die Mitglieder des Beschwerdeausschusses gerade keine Beamten oder sonstigen Bediensteten der Union, sodass ein solches indirektes Beschäftigungsverbot ausufernd erscheint. Bei richtiger Auslegung des Art. 70 Abs. 1 UAbs. 1, 2 EIOPA-VO besteht ein solches Beschäftigungsverbot gleichwohl (siehe Art. 70 EIOPA-VO Rn. 43). Daneben sind die EIOPA und ihr Personal gehalten, auf die Wahrung des Ansehens der EIOPA und ihres Beschwerdeausschusses zu achten, sodass für diese eine mittelbare Pflicht entstehen kann, im nahen zeitlichen Zusammenhang zum Ausscheiden des Mitglieds diesem keine Tätigkeiten (oder Vorteile) zu gewähren, wenn hierdurch der Anschein einer Gratifikation für vorherige der EIOPA günstige Spruchtätigkeit entstehen könnte. 17

III. Ausschluss- und Ablehnungsverfahren (Abs. 2–5). Abs. 2–5 regelt den Ausschluss von Mitgliedern des Beschwerdeausschusses von der Teilnahme an der Erledigung einer Beschwerdesache wegen möglicher Befangenheit. Hierdurch wird gewährleistet, dass auch eine Person, die grundsätzlich die Anforderungen eines Entscheiders erfüllt und mithin auch wirksam zum Mitglied des Beschwerdeausschusses bestellt werden konnte, in solchen Fällen nicht am Beschwerdeverfahren beteiligt wird, in denen sich (eventuell auch aus unverschuldeten Gründen) der Anschein der Befangenheit ergibt. Die durch Abs. 2–5 vorgesehenen Ausschluss- und Ablehnungsgründe und das zum Ausschluss oder zur Ablehnung vorgesehene Verfahren dienen mithin der Verstärkung der **Unabhängigkeit und Weisungsfreiheit** der **Beschwerdekammer als Spruchkörper** und dem (öffentlichen) **Vertrauen in dessen Tätigkeit**. 18

---

[6] So auch *Ksion*, Aufforderung zur Bekundung des Interesses an der Ernennung als Mitglied des Gemeinsamen Beschwerdeausschusses der drei Europäischen Finanzaufsichtsbehörden für den Finanzdienstleistungssektor (Europäische Wertpapier- und Marktaufsichtsbehörde, Europäische Bankenaufsichtsbehörde, Europäische Aufsichtsbehörde für das Versicherungswesen und die betriebliche Altersversorgung), ABl. 2011 C 17, 2.

19 **1. Ausschlussgründe (Abs. 2).** Abs. 2 kennt hierbei zwei Gründe, aus denen ein Mitglied des Beschwerdeausschusses vom Verfahren ausgeschlossen werden kann, nämlich den der Vorbefasstheit und den der Berührung persönlicher Interessen.

20 **a) Vorbefasstheit (Abs. 2).** Ein Mitglied gilt dann als **vorbefasst** und ist gemäß Abs. 2 vom Verfahren auszuschließen, wenn es entweder als Vertreter eines Verfahrensbeteiligten tätig gewesen ist oder wenn es an dem Beschluss mitgewirkt hat, gegen den sich nunmehr die Beschwerde richtet.

21 Der Ausschlussgrund der **vorherigen Mitwirkung am Beschluss** erscheint zunächst wenig praktisch relevant, da nur solche Personen zum Mitglied ernannt werden dürfen, die nicht zum Personal der EIOPA (siehe Art. 58 EIOPA-VO Rn. 26) oder der anderen ESA (siehe Art. 58 EIOPA-VO Rn. 25) gehören und die ab Ernennung keine Tätigkeiten für die EIOPA ausüben dürfen (siehe Rn. 13 ff.). Allerdings ist zu beachten, dass Art. 58 Abs. 2 UAbs. 1 S. 1 Hs. 2 EIOPA-VO **zeitlich** eine Unvereinbarkeit zur Ernennung nur bei **aktuell bestehender Beschäftigung** anordnet (Art. 58 EIOPA-VO Rn. 27). Insofern ist es durchaus denkbar, dass ein Mitglied des Beschwerdeausschusses vormalig zum Personal der EIOPA (oder der anderen ESA) gehörte und an dem beschwerdegegenständlichen Beschluss mitgewirkt hat. In diesem Fall ist das Mitglied zwingend auszuschließen.

22 Daneben ist das Mitglied auch dann zwingend auszuschließen, wenn es vorher als **Vertreter eines Verfahrensbeteiligten** tätig gewesen ist. Dieser Ausschlussgrund ist sehr weit formuliert, sodass nicht deutlich zum Ausdruck kommt, ob nur die Tätigkeit als Vertreter für eine der Parteien im Hinblick auf den Sachverhalt, mit dem der beschwerdegegenständliche Beschluss zusammenhängt, einen Ausschlussgrund darstellt oder jegliche Vertretereigenschaft in der Vergangenheit. Bei richtigem Verständnis ist Abs. 2 Var. 2 hier restriktiv auszulegen. Es erscheint nicht erforderlich einen zwingenden Ausschluss eines Mitglieds anzunehmen, nur weil dieser vor zwanzig Jahren einmal als Prozessbevollmächtigter der beschwerdeführenden nationalen Aufsichtsbehörde aufgetreten ist. In dieser Konstellation sollte allein gefragt werden, ob durch die Verbindungen in der Vergangenheit der Eindruck der Befangenheit entsteht, sodass ein Ausschluss nach Abs. 3 oder eine Ablehnung nach Abs. 4 UAbs. 1 erfolgen könnte. Der Ausschlussgrund der Vertretereigenschaft ist insofern ähnlich dem Art. 18 Abs. 1 EuGH-Satzung zum Richterausschluss zu lesen, sodass er allein greift, wenn das Mitglied im vorherigen Verfahrenslauf als (gesetzlicher oder gewillkürter) Vertreter einer der Streitparteien aufgetreten ist.

23 **b) Interessenkollision (Abs. 2).** Daneben sind die Mitglieder des Beschwerdeausschusses dann vom Verfahren auszuschließen, wenn sie am Ausgang der Beschwerde ein **persönliches Interesse** haben.

24 Dies wäre beispielsweise dann der Fall, wenn das **Mitglied selbst Verfahrensbeteiligter** ist, was jedoch selten der Fall sein wird, da sich die Beschlüsse der EIOPA typischerweise gegen die nationalen Aufseher und ansonsten allenfalls gegen juristische Personen – da nur diese zum Betrieb des Versicherungsgeschäfts zugelassen sind – richten (wobei aber natürlich auch Beschlüsse gegen natürliche Personen als Vermittler und insbesondere als Personalmitglieder und Ähnliches möglich sind).

25 Infrage kommt aber auch eine **Personalzugehörigkeit zum Beschwerdeführer**,[7] wenn dieser keine Aufsichtsbehörde ist (ansonsten würden dem Mitglied bereits die Ernennungsvoraussetzungen fehlen und er wäre abzuberufen, siehe Art. 58 EIOPA-VO Rn. 28, 64), sondern ein Versicherungsunternehmen. Soweit hier nicht bereits eine Vorbefasstheit vorliegt (siehe Rn. 22) ist eine gegenwärtige Anstellung beim Beschwerdeführer als Interessenkollision zu erachten, da die Furcht vor negativen arbeitsrechtlichen Folgen die Tätigkeit des Mitglieds negativ beeinflussen könnte.

26 Daneben kann auch eine **Beteiligung am Beschwerdeführer**, so es sich bei dieser um eine juristische Person handelt, einen Interessenkonflikt formen. Hier wird allerdings angenommen, dass nicht jede Vermögensanlage in das Gesellschaftskapital des Beschwerdeführers bereits eine Interessenkollision begründe, sondern dass es vielmehr eines quantitativ relevanten Beteiligungsgrades bedürfe.[8]

27 Eine Interessenkollision kann sich auch aus einem **Verwandtschaftsgrad** zu einem der Verfahrensbeteiligten ergeben. Auch anderweitige **enge persönliche Beziehungen** zu einem der Parteivertreter können einen Interessenkonflikt herstellen.[9] Im Einzelfall ist hier aber durchaus zu fragen, ob es sich wirklich um eine Interessenkollision oder doch um einen Fall der möglichen Befangenheit (siehe Rn. 31) handelt.

28 **2. Ablehnungsgründe (Abs. 4).** Um die verfahrensbezogene **Garantie eines unabhängigen Beschwerdeverfahrens** auch gegenüber den Verfahrensbeteiligten hinreichend abzusichern, kann das Mitglied nicht nur im internen Ausschlussverfahren des Beschwerdeausschusses, sondern auch im Wege des Ablehnungsverfahrens vom konkreten Beschwerdeverfahren ausgeschlossen werden. Hierbei besteht hinsichtlich der Ablehnungsgründe ein weitgehender Gleichlauf zum Ausschlussverfahren, aber auch eine Erweiterung.

[7] Eine Personalzugehörigkeit zum Beschwerdegegner hingegen ist ausgeschlossen, da eine Tätigkeit für eine der ESA nicht mit der Tätigkeit als Mitglied des Beschwerdeausschusses vereinbar ist (siehe Rn. 13 ff.) und insofern zur Abberufung führen müsste (siehe Art. 58 Rn. 64).

[8] So zu den Mitgliedern der Beschwerdekammern der EUIPO *Stamm* in: Kur/v. Bomhard/Albrecht, Beck'scher Online-Kommentar Markenrecht, Ed. 8 (Stand: 1.10.2016), Art. 137 VO (EG) 207/2009 Rn. 1.

[9] So für die Richter des EuGH bspw. von der Groeben/Schwarze/Hatje/*Hackspiel* Art. 18 EuGH-Satzung Rn. 7.

a) Ausschlussgründe der Abs. 1 und 2 als Ablehnungsgründe (Abs. 4 UAbs. 1). Abs. 4 UAbs. 1 erzeugt zunächst hinsichtlich des Ablehnungsverfahrens einen Gleichlauf zum Ausschlussverfahren, indem **alle Ausschlussgründe nach Abs. 2** zu **Ablehnungsgründen** erklärt werden. Dies dient auch der innerorganschaftlichen Hygiene, sodass bei nicht Durchführung eines Ausschlussverfahrens das betroffene Mitglied gleichwohl im Wege der Ablehnung ausgeschlossen werden kann.[10] Dies bedeutet, dass ein Verfahrensbeteiligter wegen der Vorbefasstheit (siehe Rn. 20 ff.) und der Interessenkollision (siehe Rn. 23 ff.) den Ausschluss eines Mitglieds vom Beschwerdeverfahren beantragen kann. 29

Daneben spricht Abs. 4 UAbs. 1 aber auch noch einen Verweis auf **Abs. 1** aus und fordert, dass auch **aus den dort genannten Gründen** eine Ablehnung erfolgen kann. Allerdings formuliert Abs. 1 keine Ablehnungs- oder Ausschlussgründe, sondern stellt im Schwerpunkt auf die Personen der Mitglieder bezogene institutionelle Garantien auf (siehe Rn. 3). Der Verweis auf die Gründe[11] des Abs. 1 ist mithin unergiebig. Dieser Verweis ist insofern dahingehend umzudeuten, dass ein Pflichtenverstoß des Mitglieds des Beschwerdeausschusses – den die Garantien der Unabhängigkeit und Weisungsfreiheit wirken umgekehrt als Pflichten für das Mitglied (siehe Rn. 3) – im Kontext des Abs. 4 UAbs. 1 als Abberufungsgrund wirken kann. Hierbei ist insbesondere an die Annahme von Weisungen zu denken, aber auch an eine wie auch immer geartete Tätigkeit außerhalb der Aufgaben innerhalb des Beschwerdeausschusses für die EIOPA. 30

b) Befangenheit (Abs. 4 UAbs. 1). Der Ablehnungsgrund der Besorgnis der Befangenheit ist gleichsam Oberbegriff aller Ausschluss- und Ablehnungsgründe – zumindest in Deutschland fasst dieser Begriff die Ablehnungsgründe der mangelnden Unabhängigkeit und Unparteilichkeit zusammen – und in seiner Ausgestaltung in Abs. 4 UAbs. 1 **Auffangtatbestand** für solche Beziehungen und Verhaltensweisen, die nicht einen zwingenden Ausschluss nach Abs. 2 rechtfertigen. Es geht hierbei um den Schutz einer elementaren Verfahrensgarantie, da die Mitwirkung eines befangenen, parteiischen Richters – und gleiches sollte für die Mitwirkung eines befangenen und parteiischen Beschwerdeausschussmitglieds gelten – das Recht auf ein faires Verfahren nach Art. 47 Abs. 2 der Grundrechtscharta und nach Art. 6 der EMRK verletzt.[12] 31

Da sich der **Rechtsbegriff der Befangenheit** aus den beiden Komponente der Unabhängigkeit und Unparteilichkeit zusammensetzt, ist, soweit sie nicht bereits ein Interesse des Mitglieds begründen (siehe Rn. 23 ff.), auf diese noch einmal einzugehen. **Unabhängig** ist ein Entscheider grob gesagt dann, wenn keinerlei Beziehungen zwischen diesem und den Parteien, d. h. keine sichtbaren oder beschreibbaren Bindungen, zwischen ihnen bestehen.[13] Die **Unparteilichkeit** stellt demgegenüber einen subjektiven Maßstab dar, nach dem der Entscheider hinsichtlich keiner der Parteien oder des Streitgegenstandes eine vorgefertigte, vorverurteilende Neigung haben darf.[14] 32

Die **Besorgnis der Befangenheit** besteht, wenn ein objektiver Grund vorliegt, der die ablehnende Partei bei vernünftiger Betrachtung befürchten lassen muss, der Entscheider stehe der Sache nicht unvoreingenommen gegenüber und werde deshalb nicht unparteiisch entscheiden.[15] Dies können enge freundschaftliche Beziehung zu einem Verfahrensbeteiligten oder zur Person des Prüfers des Ausgangsbeschlusses sein oder im Gegenteil eine ausgeprägte Antipathie gegenüber einer dieser Personen, aber auch objektive Anzeichen willkürlichen Verhaltens gegenüber einem Verfahrensbeteiligten. Es ist allerdings erforderlich, dass diese Gründe der Besorgnis der Befangenheit, da nach der Rechtsprechung des EuGH die Unvoreingenommenheit bis zum Beweis des Gegenteils vermutet wird,[16] objektiv nachvollziehbar sind und mit hinreichender Deutlichkeit zu Tage treten. 33

c) Unerheblichkeit der Nationalität (Abs. 4 UAbs. 2 Alt. 1). Abs. 4 UAbs. 2 Alt. 1 **untersagt** eine **Ablehnung** des Mitglieds des Beschwerdeausschusses **auf Grund** von dessen **Nationalität**. 34

Der Ausschluss einer Ablehnungsmöglichkeit wegen der Nationalität des Entscheiders gehört seit jeher zum **Kernbestand** der Rechtsprechungsgarantien innerhalb der **Europäischen Gemeinschaft** (siehe Art. 18 Abs. 4 EuGH-Satzung). Hierdurch unterscheiden sich die Rechtsprechungsorgane der EU maßgeblich von internationalen Gerichtshöfen des klassischen Völkerrechts, die eine solche Ablehnungsmöglichkeit meistens sogar explizit zulassen.[17] Es ist insofern sinnvoll, dass auch im Rahmen des Beschwerdeverfahrens – das starke Ähnlichkeiten zu einem gerichtlichen Verfahren aufweist – die gleichen 35

[10] Wobei in diesem Fall zudem über eine Ablehnung des Vorsitzenden, der ein Ausschlussverfahren trotz offensichtlicher Gründe nicht von Amtswegen betrieben hat, im Raum stünde.

[11] Auch die in den anderen Sprachfassungen verwendeten Begriffe sind insoweit missverständlich (englisch: *on any of the grounds*; französisch: *pour l'un des motifs*; italienisch: *per uno dei motivi*; portugiesisch: *por qualquer dos motivos*; spanisch: *por uno de los motivos* und niederländisch: *genoemde redenen*).

[12] von der Groeben/Schwarze/Hatje/*Hackspiel* Art. 18 EuGH-Satzung Rn. 12.

[13] Vgl. zum Schiedsrichter *Wolf/Eslami* in: Vorwerk/Wolf, Beck'scher Online-Kommentar ZPO, Ed. 22 (Stand: 1.10.2016), § 1036 Rn. 3.

[14] So zum Schiedsrichter *Wolf/Eslami* in: Vorwerk/Wolf, Beck'scher Online-Kommentar ZPO, Ed. 22 (Stand: 1.10.2016), § 1036 Rn. 4.

[15] Vgl. zu den Mitgliedern der Beschwerdekammern der EUIPO *Stamm* in: Kur/v. Bomhard/Albrecht, Beck'scher Online-Kommentar Markenrecht, Ed. 8 (Stand: 1.10.2016), Art. 137 VO (EG) 207/2009 Rn. 7.

[16] *EuGH* Urt. v. 1.7.2008 – Rs. C-341/06 Rn. 54 – Chronopost und La Poste/UFEX u. a.

[17] Vgl. von der Groeben/Schwarze/Hatje/*Hackspiel* Art. 18 EuGH-Satzung Rn. 13.

Prinzipien gelten. Dies rechtfertigt sich auch dadurch, dass die Mitglieder des Beschwerdeausschusses dazu verpflichtet sind, allein im öffentlichen Interesse (der Gesamtunion) zu handeln und die Union anders als andere internationale Vereinigungen ihrem Personal eine stärkere Bindung an die Union abverlangt, sodass die Gefahr dünkelhafter Entscheidung für „Volksgenossen" weitaus weniger zu befürchten ist.

36 **d) Präklusion (Abs. 4 UAbs. 2 Alt. 2).** Daneben sieht Abs. 4 UAbs. 2 Alt. 2 noch eine **Präklusion** für die Geltendmachung von Ablehnungsgründen vor. Ein Ablehnungsverfahren ist hiernach dann unzulässig, wenn der am Beschwerdeverfahren Beteiligte eine Verfahrenshandlung vorgenommen hat, ohne die Zusammensetzung des Beschwerdeausschusses abzulehnen, obwohl er den Ablehnungsgrund kannte. Entscheidender Startpunkt ist hierbei die Information des Vorsitzenden des Beschwerdeausschusses von der Besetzung des Beschwerdeausschusses (siehe Art. 60 EIOPA-VO Rn. 45), die gerade auch erfolgt, um den Parteien frühzeitig die Möglichkeit zur Beantragung eines Ablehnungsverfahrens zu ermöglichen. Vor dieser Information kennen die Verfahrensbeteiligten die konkrete Besetzung des Beschwerdeausschusses als Spruchkörper nicht, können also auch eine Beschwerdeschrift einreichen, ohne auf den bereits bekannten Interessenkonflikt eines der Mitglieder des Beschwerdeausschusses als Organ hinweisen zu müssen.

37 Hierbei ist Abs. 4 UAbs. 2 Alt. 2 dahingehend undeutlich, ob die Vornahme einer Prozesshandlung trotz Kenntnis eines Ablehnungsgrundes, **jegliche Einleitung** eines Ablehnungsverfahrens **unzulässig** werden lässt oder nur dieser spezielle Ablehnungsgrund nicht mehr erhoben werden kann. Die deutsche Fassung – indem sie von der Kenntnis *des* Ablehnungsgrundes und nicht *eines* Ablehnungsgrundes spricht – deutet darauf, dass nur der spezifische Ablehnungsgrund präkludiert wird. Die französische (*connaissance d'un motif de récusation*) und die englische (*being aware of a reason for objecting*) Fassung wählen hier aber gerade einen unbestimmten Artikel, sodass diese grammatikalische Auslegung der deutschen Fassung nicht zwingend durchschlagen kann. Es erscheint aber nicht hinnehmbar, von einer Gesamtpräklusion auszugehen. Man denke sich den Fall, dass ein Verfahrensbeteiligter, der Kenntnis von einer Nähebeziehung eines Mitglieds zum Prozessbevollmächtigten der Gegenpartei hat, auf die Einleitung eines Abberufungsverfahrens verzichtet, um den Beschwerdeausschuss nicht gegen sich aufzubringen. Wenn dieser Partei nun während des Verfahrens Umstände zur Kenntnis gelangen, die beispielsweise eine vertuschte Vorbefasstheit nahelegen, so muss das Ablehnungsverfahren für diese anderen Ablehnungsgründe möglich bleiben. Die Präklusion erfasst mithin nur den konkreten Ablehnungsgrund.[18]

38 Erforderlich ist für die Präklusion **positive Kenntnis des Ablehnungsgrundes** (was zunächst Kenntnis der Besetzung des Beschwerdeausschusses voraussetzt) und anschließende Vornahme einer Verfahrenshandlung, ohne vorher eine Ablehnungsrüge erhoben zu haben. Von diesem Grundsatz der positiven Kenntnis weicht Art. 3 Abs. 5 der Verfahrensordnung des Beschwerdeausschusses ab, indem er einen Ablehnungsantrag auch dann präkludiert, wenn er über zehn Tage nach dem Moment erfolgte, zudem der Antragsteller von dem Ablehnungsgrund hätte Kenntnis haben müssen.[19] Dies erscheint in seiner Formulierung als Ausschlussfrist zwar als praktisch sinnvoll, aber als unzulässig im Verhältnis zum vorrangigen sekundärrechtlichen Abs. 4 UAbs. 2 Alt. 2.

39 **3. Verfahren.** Die Verfahren zum Ausschluss des Mitglieds unterscheiden sich **abhängig von der Person des Initiierenden,** weisen jedoch zumindest für das Ausschlussverfahren und das Ablehnungsverfahren ansonsten einen gleichförmigen Verfahrensgang auf.

40 **a) Selbstablehnung (Abs. 2).** Im Falle der **Einschlägigkeit der Ausschlussgründe** des Abs. 2 tritt der **Ausschluss *ex lege*** ein, sodass ein Ausschlussverfahren nur feststellende Wirkung hat. Gleichwohl muss auch in diesen Fällen der Ausschlussgrund zunächst **offengelegt** werden, dies muss – ohne dass die EIOPA-VO dies ausführt – einer **Pflicht des Mitglieds** entsprechen. Art. 3 Abs. 2 der Verfahrensordnung des Beschwerdeausschusses führt dies nunmehr richtig aus.

41 Hiervon unberührt ist aber die Frage, ob den Mitgliedern des Beschwerdeausschusses über die Ausschlussgründe des Abs. 2 hinaus ein **Selbstablehnungsrecht** zukommt, wie es insbesondere den Richtern des EuGH zusteht (Art. 18 Abs. 2 S. 1 EuGH-Satzung), obgleich Art. 59 EIOPA-VO dies nicht explizit vorsieht. Ein solches Selbstablehnungsrecht ist gleichwohl zu bejahen, wenn es schon sämtlichen Gremiumskollegen zugestanden wird, ein Ausschlussverfahren einzuleiten, so muss es auch dem betroffenen Entscheider selbst offenstehen, zumal die Gründe der Ausschließ- oder Ablehnbarkeit vielfach für sich nicht verwerflich sind. Die Frage wäre in diesem Fall allein, ob trotz der Selbstablehnung noch ein Ausschlussverfahren eingeleitet werden muss. Die Verfahrensordnung lehnt dies im Grunde richtig und mit Art. 60 EIOPA-VO vereinbar ab – und gewährt mithin den Mitglieder eine **Selbsteinschätzungsprärogative** (Art. 3 Abs. 2 der Verfahrensordnung des Beschwerdeausschusses).

[18] So auch *Weismann*, European Agencies and Risk Governance in EU Financial Market Law, 2016, S. 165.

[19] Art. 3 Abs. 5 Board of Appel of the European Supervisory Authorities Rules of Procedure (BoA 2012 002): „A party objection […] is to be made to the President through the Secretariat as soon as possible thereafter and in any case within ten days from the date when the party making the challenge *knew, or with reasonable diligence could have known*, about the facts and circumstances on which the challenge is based" [Hervorhebung durch Verf.]

Problematisch ist dieses von Art. 3 Abs. 2 der Verfahrensordnung des Beschwerdeausschusses vorgezeichnete Konzept einer völlig freien Selbstablehnung nur dann, wenn das Mitglied keine belastbaren Gründe nennt. In diesem Fall steht es im Raum, dass das Mitglied durch **vorgeschobene Ausschlussgründe** sich seiner Mitwirkungspflicht entziehen will. Hier muss es dem Vorsitzenden des Beschwerdeausschusses möglich sein, ein Ausschlussverfahren zu initiieren, in dem das tatsächliche Vorliegen der Ablehnungsgründe überprüft wird. 42

b) Ausschlussverfahren (Abs. 3, 5). Ein Ausschlussverfahren kann **von jedem** Mitglied des Beschwerdeausschusses – hier sollte die Bezugnahme wohl erweiternd auf alle **Mitglieder und stellvertretende Mitglieder des Beschwerdeausschusses** als Organ verstanden werden – eingeleitet werden. 43

In entsprechender Anwendung des Art. 3 Abs. 2 Verfahrensordnung des Beschwerdeausschusses ist der **Antrag an den Vorsitzenden** des Beschwerdeausschusses zu richten. Sollte sich der Antrag gegen den Vorsitzenden des Beschwerdeausschusses richten, wäre der Antrag trotzdem an diesen zu adressieren, wobei ein gleichzeitiger Versand an den stellvertretenden Vorsitzenden des Beschwerdeausschusses sinnvoll und zulässig wäre. 44

Neben den Ausschlussgründen des Abs. 2 (siehe Rn. 19 ff.) und den in Ausschlussgründe umgedeuteten Prinzipien des Abs. 1 (siehe Rn. 30) kann der **Antrag auf Ausschluss** auch noch **auf sonstige Gründe** gestützt werden. Was genau solche sonstigen Gründe sind – will man dies als weitergehend als den in Abs. 4 UAbs. 1 genannten sonstigen Grund der Befangenheit verstehen –, lässt die Norm offen. So wird man im Schwerpunkt auch hier Gründe zu sehen haben, die die Besorgnis der Befangenheit eröffnen. 45

Obgleich jedem Mitglied des Beschwerdeausschusses ein Antragsrecht zukommt, wird aus Abs. 3 und 5 nicht hinreichend deutlich, ob auch **zwingend** ein **Ausschlussverfahren durchzuführen** ist. Abs. 3 spricht hier gerade nicht von einem Antrag, sondern von einer Mitteilung an den Beschwerdeausschuss. Es scheint insofern in gewissem Grad im Ermessen des Vorsitzenden des Beschwerdeausschusses zu liegen, ob er ein Ausschlussverfahren einleitet. 46

c) Ablehnungsverfahren (Abs. 4, 5). Kein Ermessensspielraum zur Entscheidung besteht hingegen im Hinblick auf den Ablehnungsantrag. **Der Antrag ist** also, wenn er nicht von der Partei zurückgenommen wird, **zu bescheiden**. Hierbei ist das Verfahren das Gleiche wie für das Ausschlussverfahren (siehe Rn. 43 ff.). 47

Ein **Ablehnungsrecht** nach Abs. 4 UAbs. 1 steht jedem Verfahrensbeteiligten zu. Das heißt, dass auch die Partei, zu der die problematische Nähebeziehung besteht, ein Antragsrecht hat, wenn sie bereits den Anschein einer begünstigenden Entscheidung vermeiden will. 48

Die **Ablehnungsgründe**, auf die der Antrag gestützt werden kann, sind weitestgehend mit denen des Ausschlussverfahrens identisch (siehe Rn. 28 ff., 45), wobei hier jedoch die Besonderheit der Präklusion zu beachten ist (siehe Rn. 36 ff.). 49

d) Beratung und Entscheidung über den Antrag (Abs. 5). Der Ablauf des Verfahrens unterscheidet sich nicht wesentlich hinsichtlich der Beratung und Entscheidung über einen Ausschluss- und einen Ablehnungsantrag. Ein **maßgeblicher Unterschied** ist nur hinsichtlich des Rechtes auf **rechtliches Gehör**, das im Rahmen des Ablehnungsantrags zu gewähren ist, zu sehen. 50

Abs. 5 UAbs. 1 stellt fest, dass der Beschwerdeausschuss über den Ausschluss oder die Ablehnung **unter Ausschluss des betroffenen Mitglieds** abstimmt. 51

Hierbei ist **Abs. 5 UAbs. 1** jedoch in sämtlichen Sprachfassungen sehr **missverständlich formuliert**, da dies nach dem expliziten Wortlaut nur für Beschlüsse „über das Vorgehen in den in den Absätzen 1 und 2 genannten Fällen" gilt. Dies würde wörtlich genommen also dann nicht gelten, wenn ein Ablehnungsantrag nach Abs. 4 nicht auf die „Gründe" der Absätze 1 und 2, sondern auf die Besorgnis der Befangenheit gestützt wird. Dies kann jedoch nicht der Intention dieser Norm entsprechen. Es ist näherliegend, dass es sich hierbei um einen Redaktionsfehler handelt und der Verweis eigentlich auf die Absätze 3 (Ausschlussverfahren) und 4 (Ablehnungsverfahren) lauten sollte. In jedem Fall hat der **Ausschluss des betroffenen Mitglieds bei jedem Beschluss über** seinen **Ausschluss** oder seine Ablehnung zu greifen. 52

Über den Wortlaut des Abs. 5 UAbs. 1 hinausgehend beschließt der Beschwerdeausschuss nicht nur unter Ausschluss des betroffenen Mitglieds, sondern dieses ist schon von der **Beratung ausgeschlossen**. 53

Der **Beschwerdeausschuss entscheidet** und berät jedoch nicht in reduzierter Besetzung, sondern der Vorsitzende des Beschwerdeausschusses hat, vorerst nur zum Zwecke dieses Beschlusses, das **stellvertretende Mitglied** des betroffenen Mitglieds, und wenn dieses verhindert ist, einen anderen Stellvertreter zum Mitglied des Beschwerdeausschusses als Spruchkörper zu **ernennen**. Art. 3 Abs. 5 der Verfahrensordnung des Beschwerdeausschusses regelt dies abweichend, indem der Beschluss von den übrigen Mitgliedern getroffen wird und eine Ersatzbestellung nur für den Fall des Ausschlusses der Ablehnung stattfindet. Dies ist zwar praktischer und sinnvoll, läuft aber dem expliziten Wortlaut des Abs. 5 UAbs. 2 zuwider. 54

Wenn der Beschwerdeausschuss den **Antrag zurückweist** und das Mitglied auch keine Selbstablehnung vornimmt, **rückt** es **automatisch wieder in die Position des Mitglieds** des Spruchkörpers ein 55 und der Stellvertreter verliert diese wieder. Bei Ausschluss und Ablehnung ist hingegen nunmehr die **endgültige Ersatzbestellung** vorzunehmen (vgl. hierzu Art. 60 Rn. 45).

56 **IV. Verpflichtungs- und Interessenbekundung (Abs. 6).** Abs. 6 UAbs. 1 **verpflichtet** die **Mitglieder des Beschwerdeausschusses** dazu, **unabhängig und im öffentlichen Interesse** zu handeln. Diese Verpflichtung entsteht unabhängig von der Formulierung des Abs. 6 UAbs. 1 bereits durch Annahme des Amtes, sodass diese Regelung im Schwerpunkt auf die nachfolgende Reglung zur Verpflichtungserklärung (siehe Rn. 58 ff.) überleiten soll, in der diese Pflicht durch die Mitglieder, die keine Beamten oder sonstigen Bediensteten der EU sind, anerkannt wird.

57 Hinzuweisen ist darauf, dass die Pflicht im öffentlichen Interesse zu handeln, hierbei das **öffentliche Interesse der gesamten Europäischen Union** meint. Dies bedeutet, dass das Schutzziel der Mitglieder des Beschwerdeausschusses weder Partikularinteressen innerhalb des Gesamtmarktes der Versicherung (d. h. bspw. Versichererinteressen, Vermittlerinteressen oder Versicherungsnehmerinteressen) noch die Stärkung oder Absicherung der Märkte oder der Aufsicht ihre Heimatjurisdiktionen sein darf. Ziel ist der Schutz des Gemeinwohls der Gesamtbevölkerung der Europäischen Union an einem funktionierenden und effizienten Finanz- und Versicherungsmarkt.

58 Um die **Bindung** der Mitglieder der Beschwerdekammer an diesen Standard zu **garantieren**, aber insbesondere auch um ihn für die Rechtsunterworfenen **sichtbar zu machen,**[20] müssen diese eine Verpflichtungs- und Interessenerklärung abgeben.

59 Abs. 6 UAbs. 2 spricht hier von einer Verpflichtungserklärung und einer Interessenerklärung. Es ist jedoch **zulässig**, dass diese – wie dies in der Praxis geschieht – als **einheitliche Verpflichtungs- und Interessenerklärung** abgegeben wird.

60 Die Abgabe dieser Verpflichtungs- und Interessenerklärung hat gemäß Abs. 6 UAbs. 3 **jährlich** in **schriftlicher** – wobei eine eigenhändige Unterschrift zu verlangen ist – Form zu erfolgen und der Inhalt ist zu **veröffentlichen.**[21]

61 **Inhaltlich** hat die Verpflichtungs- und Interessenerklärung zunächst die **Verpflichtungserklärung** des Mitglieds zu enthalten, seine **Amtsausübung nach dem Maßstab, den Abs. 1 und Abs. 6 UAbs. 1 hierfür vorzeichnen**, auszugestalten. Das Mitglied muss sich mithin dazu verpflichten, stets unabhängig und nur im öffentlichen Interesse (der Union) zu handeln, dabei keinerlei Weisungen anzunehmen oder einzufordern und während der Amtszeit keine anderen Tätigkeiten für die EIOPA (oder die anderen ESA) auszuüben.

62 Daneben hat die Verpflichtungs- und Interessenerklärung **inhaltlich** eine **Interessensoffenlegung** zu enthalten. Das Mitglied soll mithin jährlich all solche **persönlichen und beruflichen Verbindungen** offenlegen, die seine Unabhängigkeit generell in Frage stellen können, und solche **persönlichen und beruflichen Verbindungen**, die zumindest im Einzelfall die Unabhängigkeit in Frage stellen könnten. Hierbei ist für die zweite Kategorie den Mitgliedern jedoch ein gewisser Einschätzungsspielraum zu gewähren. So erscheint es beispielsweise überflüssig, dass ein Mitglied jährlich berichtet, dass eine seiner besten Freundinnen Vorstand eines kleineren VVaG ist, wenn nicht konkrete Anzeichen bestehen, dass dieser auch jederzeit Beschwerde beim Beschwerdeausschuss erheben könnte.

Kapitel V. Rechtsbehelf

Beschwerden

60 (1) **Eine natürliche oder juristische Person, einschließlich der zuständigen Behörden, kann gegen einen gemäß den Artikeln 17, 18 und 19 getroffenen Beschluss der Behörde, gegen jeden anderen von der Behörde gemäß den in Artikel 1 Absatz 2 genannten Rechtsakten der Union getroffenen, an sie gerichteten Beschluss sowie gegen Beschlüsse, die an eine andere Person gerichtet sind, sie aber unmittelbar und individuell betreffen, Beschwerde einlegen.**

(2) **Die Beschwerde ist samt Begründung innerhalb von zwei Monaten nach dem Tag der Bekanntgabe des Beschlusses an die betreffenden Person oder, sofern eine Bekanntgabe nicht erfolgt ist, innerhalb von zwei Monaten ab dem Tag, an dem die Behörde ihren Beschluss veröffentlicht hat, schriftlich bei der Behörde einzulegen.**

Der Beschwerdeausschuss beschließt über Beschwerden innerhalb von zwei Monaten nach deren Einreichung.

[20] *Weismann*, European Agencies and Risk Governance in EU Financial Market Law, 2016, 165 verweist hier mit gutem Recht auf das Hewart'sche Diktum, dass „justice should not only be done, but should manifestly and undoubtedly be seen to be done" (siehe *R v Sussex Justices*, [1924] 1 KB 256).

[21] Dies geschieht auch https://eiopa.europa.eu/about-eiopa/organisation/board-of-appeal bzw. besser http://www.eba.europa.eu/about-us/organisation/joint-board-of-appeal/members.

(3) **Eine Beschwerde nach Absatz 1 hat keine aufschiebende Wirkung.**

Der Beschwerdeausschuss kann jedoch den Vollzug des angefochtenen Beschlusses aussetzen, wenn die Umstände dies nach seiner Auffassung erfordern.

(4) [1]**Ist die Beschwerde zulässig, so prüft der Beschwerdeausschuss, ob sie begründet ist.** [2]**Er fordert die am Beschwerdeverfahren Beteiligten auf, innerhalb bestimmter Fristen eine Stellungnahme zu den von ihm selbst abgegebenen Mitteilungen oder zu den Schriftsätzen der anderen am Beschwerdeverfahren Beteiligten einzureichen.** [3]**Die am Beschwerdeverfahren Beteiligten haben das Recht, mündliche Erklärungen abzugeben.**

(5) [1]**Der Beschwerdeausschuss kann entweder den Beschluss der zuständigen Stelle der Behörde bestätigen oder die Angelegenheit an die zuständige Stelle der Behörde zurückverweisen.** [2]**Diese Stelle ist an den Beschluss des Beschwerdeausschusses gebunden und trifft einen geänderten Beschluss zu der betreffenden Angelegenheit.**

(6) **Der Beschwerdeausschuss gibt sich eine Geschäftsordnung und veröffentlicht diese.**

(7) **Die Beschlüsse en des Beschwerdeausschusses[1] werden begründet und von der Behörde veröffentlicht.**

Übersicht

Schrifttum: *Bierschenk/Dechent*, Einschreiten der „Aufsicht über die Aufsicht" als Rechtsschutzziel vor dem Beschwerdeausschuss der EU-Finanzmarktaufsichtsbehörden, EuZW 2016, S. 572 ff.; *Blair*, The Board of Appeal of the European Supervisory Authorities, University of Oslo Faculty of Law Legal Studies Research Paper Series No. 2012-30; *van Cleynenbreugel*, Judicial Protection Against EU Financial Supervisory Authorities in the Wake of Regulatory Reform, ELSA Malta Law Review 2012, S. 231 ff.; *Forst*, Zum Verordnungsvorschlag der Kommission über eine europäische Versicherungsaufsicht, VersR 2010, S. 155 ff.; *Gal*, Europäische Streitbeilegungsmechanismen bei Meinungsverschiedenheiten zwischen nationalen Versicherungsaufsichtsbehörden – EIOPA als Schlichter, Mediator, Schiedsrichter oder in genuinem Kleide?, ZVersWiss 2013, S. 7 ff.; *ders.*, Rechtsschutz gegen Maßnahmen von EIOPA, in: Dreher/Wandt 2014, S. 11 ff.; *Loosveld*, Appeals Against Decisions of the European Supervisory Authorities, in: Journal of International Banking Law and Regulation 2013, S. 9 ff.; *Manger-Nestler*, Rechtsschutz in der Europäischen Bankenaufsicht, ZfgK 2012, S. 528 ff.; *Sonder*, Rechtsschutz gegen Maßnahmen der neuen europäischen Finanzaufsichtsagenturen, BKR 2012, S. 8 ff.

I. Allgemeines. Die Möglichkeit einer Beschwerde, aber eben auch die Notwendigkeit ein Beschwerdeverfahren durchzuführen, bevor eine Klage gegen einen Beschluss erhoben werden kann (siehe Art. 61 EIOPA-VO Rn. 19), **erinnert** stark an das deutsche verwaltungsrechtliche **Widerspruchsverfahren** nach §§ 68 ff. VwGO. 1

Die jeweiligen Art. 58 f. der Gründungsverordnungen sehen die Konstituierung eines **Beschwerdeausschusses** (*Board of Appeal*) vor,[2] der sich als **gemeinsames Gremium** von EIOPA, EBA und ESMA[3] aus Mitgliedern zusammensetzt, die jeweils paritätisch von den Verwaltungsräten der drei 2

[1] **Hinweis des Verlags:** Richtig wohl „Beschlüsse des Beschwerdeausschusses".

[2] Welche Bedeutung dem Beschwerdeausschuss in der Regulierungspraxis zukünftig zukommen wird, hängt maßgeblich davon ab, ob sich die nationalen Aufsichtsbehörden der avisierten Führungsrolle der ESA beugen werden. Insofern erscheint die Anmerkung bei *Wymeersch* ZGR 2011, 443, 458, dass der Beschwerdeausschuss „wohl nicht über Gebühr mit Beschwerden befasst sein [werde]", äußerst ungewiss. Allerdings gab es zum gegenwärtigen Zeitpunkt – also über sechs Jahre nach Aufnahme der Arbeit durch die ESA – insgesamt erst sechs Beschwerdeverfahren (wovon sich zudem zwei auf den gleichen Streit bezogen).

[3] Dies soll der Effizienz und Kohärenz innerhalb des ESFS dienen, vgl. Erwägungsgrund 58.

europäischen Finanzaufsichtsbehörden ernannt werden.[4] Dieses Organ ist insofern schon durch das Ernennungsverfahren und durch die institutionellen Garantien (vgl. Art. 59 EIOPA-VO Rn. 3) von der EIOPA und ihren sonstigen Organen unabhängig, sodass hinsichtlich des **Devolutiveffekts** eine ähnliche Lösung wie im deutschen Widerspruchsverfahren gewählt wurde (obgleich der Beschwerdeausschuss streng genommen als gemeinsames Gremium nicht die nächsthöhere Behörde ist).

3 **II. Zuständigkeit des Beschwerdeausschusses (Abs. 1).** Eine **Zuständigkeit** des Beschwerdeausschusses ist nicht für **Beschwerden** gegen sämtliche Maßnahmen, sondern im Hinblick auf den Wortlaut nur gegen Beschlüsse eröffnet. Obgleich die Erwägungsgründe undifferenziert ausführen, dass die Beteiligten „in Fällen, in denen die Behörde Beschlussbefugnisse hat, […] das Recht erhalten [sollen], einen Beschwerdeausschuss anzurufen",[5] was impliziert, dass alle Beschlüsse einen tauglichen Beschwerdegegenstand darstellen, ist dies nicht der Fall.[6] Vielmehr wird die Möglichkeit eines Beschwerdeverfahrens nur gegen **beschwerdefähige Beschlüsse** gewährt. Ob eine analoge Ausweitung auf andere Maßnahmen der EIOPA möglich ist, ist noch ungeklärt.

4 **1. Beschwerdefähiger Beschluss (Abs. 1).** Gemäß Abs. 1 kann gegen jeden gemäß den Art. 17, 18 und 19 EIOPA-VO getroffenen Beschluss der Behörde und gegen jeden anderen von der Behörde gemäß den in Art. 1 Abs. 2 genannten Rechtsakten der Union getroffenen Beschluss die Beschwerde erhoben werden. Insofern stellt **Abs. 1** einen ***numerus clausus*** auf.

5 Beschwerdefähig sind hiernach insbesondere Beschlüsse im Rahmen der **Verletzung von Unionsrecht** (Art. 17 EIOPA-VO), in **Krisenfällen** (Art. 18 EIOPA-VO) und im Rahmen des **Streitbeilegungsmechanismus** (Art. 19 EIOPA-VO). Beschwerdefähig sind daneben jedoch auch all solche **Beschlüsse**, die **auf Grundlage** einer in den materiellen Aufsichtsnormen (vgl. Art. 1 Abs. 2 EIOPA-VO) der **EIOPA übertragenen Befugnis** gefasst wurden.

6 Dies umfasst zwar eine Vielzahl der **Beschlüsse**, aber bei weitem **nicht alle**. Insbesondere ist **Abs. 1 Hs. 2**, der ausführt, dass „gegen Beschlüsse, die an eine andere Person gerichtet sind, sie aber unmittelbar und individuell betreffen, Beschwerde" eingelegt werden kann, **nicht** als **Erweiterung der Beschwerdegegenstände**, sondern nur als Erweiterung der Beschwerdebefugnis zu verstehen.[7] Wollte man dies anders auffassen, so würde dies zum widersprüchlichen Ergebnis führen, dass der Adressat eines solchen Beschlusses anders als ein indirekt Betroffener nicht gegen solche Beschlüsse die Beschwerde erheben könnte.

7 Trotz dieses einigermaßen transparenten Wortlauts verbleiben einige explizit – zumindest *prima facie* – nicht erfassten Beschlüsse, bei denen gleichwohl eine **Beschwerdemöglichkeit** anzunehmen ist. Zunächst erfasst das Beschwerdeverfahren auch **Beschlüsse zum Verbot bestimmter Finanztätigkeiten** nach Art. 9 Abs. 5 EIOPA-VO, obgleich sie in der Auflistung nicht erscheinen.[8] Solche Beschlüsse dürfen ausweislich des Art. 9 Abs. 5 UAbs. 1 EIOPA-VO nur „in den Fällen und *unter den Bedingungen*" [Hervorhebung durch Verf.] der Krisenkompetenzen des Art. 18 EIOPA-VO oder einer gesonderten Ermächtigung eines Rechtsaktes nach Art. 1 Abs. 2 EIOPA-VO ergehen. Sie stellen sich insofern als Beschlüsse auf Grundlage dieser Befugnisse dar, die insofern auch beschwerdefähig sein sollten.

8 Ähnlich verhält es sich mit **Beschlüssen** im Rahmen von **Meinungsverschiedenheiten in Aufsichtskollegien** (*supervisory colleges*) nach Art. 21 Abs. 4 EIOPA-VO. Auch diese werden formell nicht erfasst, sollten aber gleichwohl als beschwerdefähig angesehen werden.[9] Gemäß Art. 21 Abs. 4 S. 2 EIOPA-VO ergehen diese Beschlüsse im Rahmen einer *mutatis mutandis*-Anwendung des Art. 19 EIOPA-VO, sodass es angemessen erscheint, die Beschwerdefähigkeit des Art. 60 Abs. 1 EIOPA-VO dergestalt teleologisch zu erweitern, dass auch diese Beschlüsse erfasst werden. Auch **gemeinsame Beschlüsse** aller ESA im Rahmen von **sektorübergreifenden Meinungsverschiedenheiten** zwischen zuständigen Behörden nach Art. 20 i. V. m. Art. 19 Abs. 3 oder 4, 56 UAbs. 2 EIOPA-VO sind letztlich Beschlüsse i. S. d. Art. 19 EIOPA-VO, sodass auch sie beschwerdefähig sind. Das hier alle ESA (gemeinsam) passivlegitimiert sind, ist unproblematisch, da der Beschwerdeausschuss für die Beschlüsse aller ESA zuständig ist.

9 **Weitere Beschlüsse**, die die EIOPA im Rahmen ihrer Tätigkeit erlassen kann, werden hingegen **nicht** vom Beschwerderecht **erfasst**. Dies umfasst beispielsweise den Beschluss, die Begründung für die Nichtumsetzung einer Leitlinie zu veröffentlichen (Art. 16 Abs. 3 UAbs. 3 S. 2 EIOPA-VO), Beschlüsse zur Ernennung der Mitglieder der *Stakeholdergruppen* (Art. 37 Abs. 4 EIOPA-VO), Beschlüsse zur Ernennung oder Amtsenthebung des Vorsitzenden (Art. 48 Abs. 5 EIOPA-VO) und des Exekutivdirek-

[4] Hierbei sind die ESA in ihrer Benennung jedoch nicht völlig frei, da sie nur solche Personen ernennen dürfen, die auf einer von der Kommission vorzuschlagenden Liste verzeichnet sind, vgl. Art. 58 Abs. 3 EIOPA-VO; siehe Art. 58 EIOPA-VO Rn. 36.

[5] Erwägungsgrund 58 EIOPA-VO.

[6] Dies verkennt wohl *Manger-Nestler* ZfgK 2012, 528, 530, die ausführt, dass Beschwerdegegenstand „*jeder* belastende Beschluss der EBA sein [könne]" [Hervorhebung durch Verf.].

[7] *Gal* in: Dreher/Wandt 2014, 11, 35.

[8] So auch *van Cleynenbreugel* ELSA Malta Law Review 2012, 231, 248; *Loosveld* Journal of International Banking Law and Regulation 2013, 9, 11; wie hier bereits *Gal* in: Dreher/Wandt 2014, S. 11, 36.

[9] A. A. *van Cleynenbreugel* ELSA Malta Law Review 2012, 231, 248.

tors (Art. 51 Abs. 5 EIOPA-VO).[10] Eine **Sonderanordnung** besteht jedoch für **abschlägige Beschlüsse des Zweitantrags auf Dokumentenzugang** (siehe Art. 72 EIOPA-VO Rn. 14), die nach richtigem Verständnis des Art. 72 Abs. 3 EIOPA-VO **beschwerdefähig** sind (siehe Art. 72 EIOPA-VO Rn. 18).

Allerdings wurde bereits offenkundig, dass der **Beschwerdeausschuss** gewillt ist, ein möglichst umfassendes Beschwerderecht zu gewähren und zu diesem Zweck ein sehr **weites Verständnis** des **Rechtsbegriffs des Beschlusses** an den Tag legt. Im ersten Beschwerdeverfahren vor dem Beschwerdeausschuss in der Rechtssache „SV Capital/EBA" ging es darum, dass die Beschwerdeführerin die estländische Bankaufsichtsbehörde aufgefordert hatte, aufsichtsrechtliche Schritte zu unternehmen, um zwei Vorstände einer estländischen Filiale einer finnischen Bank ihres Amtes zu entheben (wegen Nichterfüllung der *fit and proper*-Kriterien). Nachdem sich die estnische Finantsinspektsioon geweigert hatte, dies zu tun, wandte sich die Beschwerdeführerin mit der Aufforderung an die EBA, ein Verfahren wegen Verletzung des Unionsrechts nach Art. 17 EBA-VO einzuleiten. Die EBA vertrat hieraufhin die Auffassung, dass die *fit and proper*-Kriterien nicht die Vorstände einer Filiale erfassten und teilte der Beschwerdeführerin mit, dass es insofern kein Verfahren einleiten werde.[11] Eben diese Mitteilung der EBA bewertete der Beschwerdeausschuss als beschwerdefähigen Beschluss, ohne dies weiter auseinanderzusetzen.[12] Dies ist jedoch schon von daher bedenklich, als der Beschwerdeführerin als Marktteilnehmer im Verfahren nach Art. 17 EBA-VO keine Aktivlegitimation zukommt. Insofern prüfte die EBA hier *ex officio*, sodass die Aufforderung zum Tätigwerden durch den Beschwerdeführer nicht als Antrag auf Verfahrenseinleitung, sondern lediglich als Mitteilung eines Missstandes aufzufassen war, und die *ex officio*-Prüfung insofern auch nicht durch einen Beschluss beendet werden musste. So verstanden war die Mitteilung der EBA eine der Höflichkeit und Markttransparenz geschuldete Information an die Beschwerdeführerin, nicht aber ein Beschluss. Der Beschwerdeausschuss hat dies jedoch anders beurteilt.[13] Diese Rechtsansicht des Beschwerdeausschusses – dass die Ablehnung einer Aufforderung zur *ex officio* Nachforschung eines Verstoßes gegen Unionsrecht einen beschwerdefähigen Beschluss darstellt – wurde in zwei weiteren Beschlüssen aufrecht erhalten.[14] Hierin zeigt sich neben dogmatischen Schwächen deutlich der Wille, ein möglichst umfassendes Beschwerderecht zu konstruieren,[15] sodass die vorgehenden Ausführungen zum Ausschluss bestimmter Beschlüsse vom Beschwerdeverfahren mit Unsicherheit belastet bleiben. Diese Rechtsprechung des Beschwerdeausschusses würde letztlich dazu führen, dass der Beschwerdeausschuss entgegen der Konzeption des ESFS zu einer Superwiderspruchsbehörde gegen Beschlüsse der nationalen Aufsichtsbehörden erstarken würde und, da gegen Beschlüsse des Beschwerdeausschusses gemäß Art. 61 Abs. 1 EIOPA-VO die Nichtigkeitsklage zum EuG eröffnet ist, der Gerichtshof der Europäischen Union zur Superrevisionsinstanz erstarken würde. 10

Zwischenzeitig ist erfreulicherweise der **EuG** diesem Vorgehen des Beschwerdeausschusses **entgegengetreten**. In seinem Urteil „SV Capital OÜ/EBA" hat das Gericht den zweiten in dieser Rechtssache gefassten Beschluss des Beschwerdeausschusses aufgehoben, da nach richtiger Ansicht des EuG dieser nicht für die Beschwerde zuständig war, da allenfalls ein nicht-beschwerdefähiger Beschluss vorlag.[16] In Reaktion auf diese Entscheidung hat auch der Beschwerdeausschuss seine Rechtsauffassung angepasst.[17] Auch der EuGH hat das Urteil und die Einschätzung des EuG nunmehr bestätigt.[18] Es bleibt jedoch dabei, dass der Rechtsausschuss eine stark inkludierende Tendenz gezeigt hat, sodass es interessant bleiben dürfe, ob andere Beschlüsse und Maßnahmen in den Zuständigkeitsbereich hineingezogen werden. 11

2. Beschwerde gegen andere Maßnahmen. Das Beschwerdeverfahren vor dem Beschwerdeausschuss ist gemäß Abs. 1 nur gegen Beschlüsse eröffnet. Obgleich der Rechtsbegriff des Beschlusses hinsichtlich der Einbeziehung einzelner Handlungen gewisse Restzweifel zulässt (siehe Rn. 6 ff.),[19] so ist er doch scharf genug konturiert, um klarzustellen, dass **andere Handlungsformen** der EIOPA **nicht** 12

[10] Hinsichtlich der Ernennungsakte (bspw. zum Beschwerdeausschuss aber auch des Exekutivdirektors) wird teilweise bezweifelt, dass es sich überhaupt um Beschlüsse handelt, vgl. *van Cleynenbreugel* ELSA Malta Law Review 2012, 231, 248.

[11] Siehe *ESA-BoA* Beschl. v. 24.6.2013 – Rs. EBA C 2013 002 Rn. 12 ff. – SV Capital OÜ/EBA.

[12] *ESA-BoA* Beschl. v. 24.6.2013 – Rs. EBA C 2013 002 Rn. 24 f. – SV Capital OÜ/EBA; ausführlich behandelt wird lediglich die Frage der Beschwerdebefugnis des Beschwerdeführers, die daraus konstruiert wird, dass die Mitteilung (die als Beschluss verstanden wird) an ihn adressiert wurde.

[13] In seinem zweiten Beschluss in der gleichen Angelegenheit hält er an dieser Einschätzung fest, obgleich hier angedeutet wird, dass dies den besonderen Umständen des Falls geschuldet sei, dass er hier nicht eine informatorische Mitteilung, sondern einen Beschluss annahm; vgl. *ESA-BoA* Beschl. v. 14.7.2014 – Rs. BoA 2014-C1-02 Rn. 32 ff. – SV Capital OÜ/EBA.

[14] *ESA-BoA* Beschl. v. 10.11.2014 – Rs. BoA 2014 05 Rn. 36 ff. – Investor Protection Europe/ESMA; *ESA-BoA* Beschl. v. 3.8.2015 – Rs. BoA 2015 001 Rn. 48 und 50 – Onix Asigurari SA/EIOPA.

[15] Diese Auslegung aber befürwortend *Bierschenk/Dechent* EuZW 2016, 572, 574 ff.

[16] *EuG* Urt. v. 9.9.2015 – Rs. T-660/14 Rn. 66 ff. – SV Capital OÜ/EBA; ablehnend *Bierschenk/Dechent* EuZW 2016, 572, 574 ff.

[17] *ESA-BoA* Beschl. v. 7.1.2016 – Rs. BoA 2016 001 Rn. 32 und 41 – Kluge, Belyaev, Radio Elektroniks OÜ und Dyakov/EBA.

[18] *EuGH* Urt. v. 14.12.2016 – Rs. C-577/15 P Rn. 34 ff. – SV Capital OÜ/EBA.

[19] Siehe hierzu *Gal* in: Dreher/Wandt 2014, S. 11, 35 ff.

erfasst werden. Problematisch ist dies gegenwärtig vor allem im Hinblick auf Leitlinien und Empfehlungen (siehe Art. 16 EIOPA-VO Rn. 3 f.), da gegen diese keine als adäquat empfundene Rechtsschutzmöglichkeiten bestehen. Leitlinien (und Empfehlungen) lassen sich jedoch nicht unter den Begriff des Beschlusses subsumieren, da ihnen anders als dem Beschluss keine Rechtsverbindlichkeit i. e. S. zukommt (siehe Art. 16 EIOPA-VO Rn. 13 ff, 21 ff.).

13 Eine Beschwerdemöglichkeit wäre insofern *de lege lata* nur bei Annahme der analogen Eröffnung eines Beschwerderechts zu bejahen. Die **Voraussetzungen einer Analogie** zur Herleitung der **Beschwerdefähigkeit von Leitlinien und Empfehlungen liegen** jedoch **nicht vor**. Eine solche analoge Anwendung könnte sich jedoch aus der Meinung *Sonders* ergeben, nach dem der von Leitlinien ausgehende spürbare faktische Nachteil ausreiche, um diese als Handlung mit Bindungswirkung anzusehen und insofern eine Nichtigkeitsklage für eröffnet anzusehen (siehe Art. 61 EIOPA-VO Rn. 23).[20] Will man dieser Auffassung folgen, so liegt es nicht sonderlich fern – obgleich *Sonder* diese Schlussfolgerung selbst nicht zieht – auch eine analoge Eröffnung des Beschwerdeverfahrens in Erwägung zu ziehen. Dieser Meinung, dass bereits spürbare faktische Nachteile eine (analoge) Eröffnung der Nichtigkeitsklage bzw. des Beschwerdeverfahrens gebieten, widerspricht jedoch bereits die Systematik des Art. 263 AEUV (und insofern auch des Abs. 1, der eine Vorstufe zur Nichtigkeitsklage darstellt). Dieser erklärt explizit Stellungnahmen und Empfehlungen zu untauglichen Klagegegenständen, obgleich auch von diesen in vielen Fällen erhebliche faktische Nachteile ausgehen können. Es ist insofern nicht ersichtlich, weshalb Leitlinien, solange ihre Bindungswirkung im Faktischen und nicht im Rechtlichen verbleibt, anders behandelt werden sollten.

14 Auch wenn man eine allgemeine **analoge Beschwerdefähigkeit** von **Leitlinien** insofern zu verneinen hat, ließe sich überlegen, ob nicht in den Fällen, in denen eine Leitlinie auf Grund eines **Formenmissbrauchs** als rechtsverbindlich i. S. d. Art. 263 AEUV angesehen wird (siehe Art. 61 EIOPA-VO Rn. 24), eine Beschwerdefähigkeit doch zu bejahen ist. In diese Richtung weist die Auffassung *Lehmanns* und *Manger-Nestlers*, die vertreten, dass die Beschwerde gegen Leitlinien dann statthaft ist, wenn diesen ein normativer Charakter zuzumessen ist.[21] Eine unmittelbare Beschwerdefähigkeit – die durch *Lehmann* und *Manger-Nestler* zumindest suggeriert wird – scheitert am klaren Wortlaut des Abs. 1 der ausdrücklich nur gegen Beschlüsse der EIOPA ein Beschwerderecht vorsieht. Insofern ließe sich höchstens daran denken, eine analoge Anwendung des Beschwerdeverfahrens vorzusehen. Hier ist jedoch bereits die **Planwidrigkeit der Regelungslücke zweifelhaft**,[22] da die EIOPA-VO gerade keinen Ausschluss des primärrechtlichen Klagerechts gegen andere Handlungen der EIOPA vorsieht, sondern lediglich für eine bestimmte Handlungsform, d. h. den Beschluss, das Rechtsschutzverfahren um ein Beschwerdeverfahren anreichert. Eine planwidrige Regelungslücke wäre insofern allenfalls dann zu konstatieren, wenn man annehmen müsste, dass der Gesetzgeber ersichtlich der Auffassung war, dass EIOPA außer Beschlüssen keinerlei Rechtshandlungen wird vornehmen können, denen eine Bindungswirkung zukommen kann und insofern die Eröffnung eines Beschwerdeverfahrens überflüssig erschien. Hierfür scheint einiges zu sprechen, erwähnen doch beispielsweise die Erwägungsgründe nur Beschlüsse als mit Eingriffspotential versehene Handlungsform.[23] Andererseits ist aber zu beachten, dass selbst gegenüber Beschlüssen nicht in jedem Fall die Beschwerde statthaft ist, sondern sich diese nur gegen die in Abs. 1 enumerierten Beschlüsse richten kann (vgl. Rn. 4 ff.).[24] Ferner ist zu berücksichtigen, dass eine Leitlinie, der auf Grund von Formenmissbrauch eine echte Rechtswirkung zuzusprechen ist, auf Grund ihres typischerweise abstrakt-generellen Regelungsansatzes eine größere Ähnlichkeit zum selbstvollziehenden Tertiärrecht des Art. 263 UAbs. 4 Var. 3 AEUV zukommt, als zu einem konkret-individuellen Beschluss der EIOPA, sodass kaum davon ausgegangen werden kann, dass der Gesetzgeber, hätte er das Problem einer atypischen Rechtsbindungswirkung von Leitlinien erkannt, gegen diese ein Beschwerdeverfahren vorgesehen hätte.

15 Obgleich diese Auffassung, dass Leitlinien unter keinen Umständen beschwerdefähig sind, auch von der Kommission in ihrem Bericht über die ESA und das ESFS geteilt wird,[25] erscheint es aus **prozesstaktischer Sicht** für eine unmittelbar belastete Aufsichtsbehörde oder einen unmittelbar belasteten Versicherer (zumindest bei formmissbrauchenden Leitlinien, siehe Rn. 14) gleichwohl erwägenswert,

---

[20] *Sonder* BKR 2012, 8, 11; *ders.* in: Debus u. a., Verwaltungsrechtsraum Europa, 2010, S. 239, 250.

[21] *Lehmann/Manger-Nestler* EuZW 2010, 87, 91; *Manger-Nestler* ZfgK 2012, 528, 530 führt hierzu noch erweiternd aus, dass „jeder konkret-individuelle oder -generelle, jedenfalls aber verbindlicher Rechtsakt" ein tauglicher Beschwerdegegenstand sei.

[22] Zu den tatbestandlichen Voraussetzungen einer Analogie siehe bspw. *Rüthers/Fischer/Birk*, Rechtstheorie, 7. Aufl. 2013, Rn. 889 ff.; zumindest in der Rechtsprechung des EuGH ist die Analogie als methodisches Mittel anerkannt, wenn auch eher selten verwandt (sodass unklar ist, ob identische Voraussetzungen zu verlangen sind); vgl. *Heiderhoff*, Europäisches Privatrecht, 3. Aufl. 2012, Rn. 108 f.

[23] Erwägungsgrund 58.

[24] Siehe hierzu *Gal* in: Dreher/Wandt 2014, S. 11, 35 ff.; siehe auch *van Cleynenbreugel* ELSA Malta Law Review 2012, 231, 248; a. A. aber *Manger-Nestler* ZfgK 2012, 528, 530 nach deren Auffassung „*jeder* belastender Beschluss" [Hervorhebung durch Verf.] Beschwerdegegenstand sein kann.

[25] *Ksion*, Bericht an das Europäische Parlament und den Rat über die Tätigkeit der Europäischen Aufsichtsbehörden (ESA) und das Europäische System der Finanzaufsicht (ESFS), in: KOM(2014) 509 endg., S. 6.

zunächst eine Beschwerde zu erheben. Dies wäre, da über die Frage der Zulässigkeit durch den Beschwerdeausschuss auch im Wege eines Zwischenbeschlusses (*preliminary decision*, siehe Rn. 50, 63, 71 ff.) entschieden werden kann und der Beschwerdeausschuss hinsichtlich des Kostenbeschlusses ein recht weites Ermessen hat (und dieses bisher dahin ausübte, dass ein Kostenbeschluss überhaupt nicht erfolgte, sodass jede Partei nur ihre Kosten zu tragen hatte), auch mit einem eher geringen Prozesskostenrisiko verbunden.[26] Der Vorteil an diesem Vorgehen wäre, dass das EuG für den Fall einer anschließenden Nichtigkeitsklage[27] seine Zuständigkeit zumindest nicht mit einem Verweis auf die unterlassene Durchführung des Beschwerdeverfahrens ablehnen könnte.[28]

Unabhängig von diesen prozesstaktischen Überlegungen (siehe Rn. 15) bleibt es aber dabei, dass Leitlinien *de lege lata* nicht beschwerdefähig sind. Da auch eine Nichtigkeitsklage, wenn überhaupt, so nur in sehr begrenzten Einzelfällen zulässig sein wird (siehe Art. 61 EIOPA-VO Rn. 24), ist hinsichtlich der Leitlinien eine im Hinblick auf ihre faktische Wirkkraft nicht unbedenkliche Rechtsschutzlücke zu konstatieren. Insofern gab es bereits Überlegungen, das Beschwerdeverfahren ***de lege ferenda*** auf Leitlinien auszuweiten.[29] Dieser Vorschlag wurde jedoch zumindest durch die Kommission in ihrem Bericht nicht aufgegriffen, sodass eine Rechtsänderung hier ungewiss, aber eher unwahrscheinlich bleibt.[30] **16**

III. Verfahrensordnung (Abs. 6). Die Ausgestaltung des Beschwerdeverfahrens ist geregelt in Art. 59 und insb. 60 EIOPA-VO, wobei das gesamte Verfahren jedoch durch die **Verfahrensordnung des Beschwerdeausschusses**[31] (Rules of Procedure of the Board of Appeal – im Folgenden: RoP-BoA) erheblich formalisiert wurde. **17**

Die **Ermächtigung zum Erlass** dieser Verfahrensordnung ist in **Abs. 6** zu sehen. Dieser ermächtigt den Beschwerdeausschuss nach dem deutschen Wortlaut jedoch allein dazu, sich eine Geschäftsordnung zu geben, sodass Zweifel bestehen können, ob von dieser Ermächtigung auch der Erlass einer Verfahrensordnung gedeckt ist. Auch die französische (*règlement intérieur*), italienische (*regolamento interno*), portugiesische (*regulamento interno*) und spanische (*reglamento interno*) Sprachfassung verwenden Begriffe, die als synonym zum deutschen Begriff der Geschäftsordnung zu verstehen sind. Zumindest in der englischen Sprachfassung wird der Beschwerdeausschuss jedoch zum Erlass von *rules of procedure* ermächtigt. Obgleich eine Ermächtigung zum Erlass einer Geschäftsordnung nicht vollumfänglich dem Erlass einer Verfahrensordnung entspricht, wird man mit der englischen Sprachfassung hier wohl davon ausgehen können, dass auch der Erlass einer Verfahrensordnung von dieser Ermächtigung gedeckt sein soll. Hierfür spricht bereits ein systematisches Verständnis und der Telos der Norm. Im Hinblick darauf, dass das Beschwerdeverfahren in Art. 60 EIOPA-VO nur sehr rudimentär geregelt wurde, bedarf dieses der stärkeren Formalisierung. Im Hinblick auf die Unabhängigkeit des Beschwerdeausschusses von den ESA und auf die durch Art. 60 EIOPA-VO eingeräumte freie Verfahrensgestaltungsmacht erscheint es notwendig, Abs. 6 so zu verstehen, dass der Beschwerdeausschuss sich eine eigene Verfahrensordnung geben können soll. **18**

Die **Verfahrensordnung** hat jedoch nur insoweit einen Geltungsanspruch, als sie sich nicht mit den insoweit vorrangigen zwingenden Verfahrensgarantien der EIOPA-VO oder des sonstigen **Primär- oder Sekundärrechts in Widerspruch** stellt. Im Falle eines solchen Verstoßes wäre die Regelung der Verfahrensordnung als mit Außenwirkung versehenes Tertiärrecht jedoch nicht nichtig, sondern die Nichtigkeit müsste durch den Gerichtshof der Europäischen Union angeordnet werden. Praktisch würde dies wohl bedeuten, dass ein Betroffener sich gegen einen Beschwerdebeschluss mit der Nichtigkeitsklage wenden müsste und hierbei inzidenter die Nichtigkeit einer Vorschrift der Verfahrensordnung, auf der der Beschluss zumindest mitberuht, geltend macht. **19**

IV. Beschwerdeeinlegung (Abs. 1, 2 UAbs. 1). Im Aufbau entspricht das Beschwerdeverfahren einem kontradiktorischen Verfahren, das zudem grundsätzlich ein formalisiertes Verfahren ist, aber an zahlreichen Stellen dem Beschwerdeausschuss einen großen Gestaltungsspielraum zubilligt. Hierbei lassen sich die **Beschwerdeeinlegungsphase** von der Beschwerdeverhandlungs- und der Beschlussphase unterscheiden. **20**

Das Beschwerdeverfahren beginnt hierbei mit der **Beschwerdeeinlegung**, Abs. 1, 2. **21**

1. Beschwerdebefugnis (Abs. 1). Beschwerdeführer kann gemäß Abs. 1 jede **natürliche** oder **juristische Person** sein. Abs. 1 erkennt hierbei explizit auch den **nationalen Aufsichtsbehörden** die **22**

[26] Siehe hierzu ausführlich *Gal*, in: Dreher/Wandt 2014, S. 11, 46 ff. *et passim*.

[27] Schwieriger erscheint die Frage, gegen welchen Gegenstand man in diesem Fall seine Nichtigkeitsklage richten sollte, wenn man eine analoge Beschwerdefähigkeit annimmt, kann Klagegegenstand gemäß Art. 61 Abs. 1 EIOPA-VO eigentlich nur der Beschluss des Beschwerdeausschusses sein, bei Ablehnung dieser Meinung hingegen ist die Klage gegen die Leitlinie der EIOPA selbst zu richten.

[28] Die Durchführung des Beschwerdeverfahrens stellt eine Prozessvoraussetzung für die Nichtigkeitsklage dar, siehe *Gal* in: Dreher/Wandt 2014, S. 11, 58 f.; *Manger-Nestler* ZfgK 2012, 528, 531; a. A. aber *Goldmann/Purnhagen* VersR 2012, 29, 31.

[29] *Insurance Europe*, Response to the European Commission's Consultation on the Review of the European System of Financial Supervision (PA-13–076), S. 9; siehe auch *Sasserath-Alberti* in: Dreher/Wandt 2013, S. 129, 143 f.

[30] *Ksion*, Bericht an das Europäische Parlament und den Rat über die Tätigkeit der Europäischen Aufsichtsbehörden (ESA) und das Europäische System der Finanzaufsicht (ESFS), in: KOM(2014) 509 endg., S. 6.

[31] Board of Appel of the European Supervisory Authorities Rules of Procedure (BoA 2012 002).

Beschwerdeführereigenschaft zu. Dies ist wohl dahingehend zu verstehen, dass die nationalen Aufsichtsbehörden für die Zwecke des Art. 60 EIOPA-VO selbst dann als beschwerdebefugt anzusehen sind, wenn ihnen das nationale Recht keine Rechtsfähigkeit zuerkennt.

23 Die Verordnung sieht hierbei die Beschwerdebefugnis sowohl des **Adressaten** des Beschlusses als auch Dritter vor. Die **Beschwerdebefugnis Dritter** ist jedoch an eine persönliche Beschwer geknüpft, was gemäß Abs. 1 voraussetzt, dass der Dritte durch den Beschluss unmittelbar und individuell betroffen ist. Es ist anzunehmen, dass bei der Bestimmung der persönlichen Beschwer die Rechtsprechung des EuGH und des EuG zu Art. 263 UAbs. 4 AEUV herangezogen wird, der die Klagebefugnis eines Dritten ebenfalls an die „unmittelbare und individuelle" Betroffenheit knüpft.[32] Als problematisch mag sich dies hinsichtlich des Rechtsschutzes gegen nationale Verwaltungsakte gegenüber einem Marktteilnehmer, der auf einem Beschluss der EIOPA gegenüber dem nationalen Aufseher basiert, erweisen.[33] Hier fehlt es hinsichtlich des Beschlusses der EIOPA an einer formellen Unmittelbarkeit, da dieser nur die nationale Behörde anweist, eine Maßnahme gegenüber dem Versicherer zu ergreifen. Jedoch nimmt der Gerichtshof eine unmittelbare Betroffenheit auch dann an, wenn die angegriffene Maßnahme zwar der Durchführung bedarf, diese aber zwingend und vollständig durch die Maßnahme determiniert ist, sodass die belastende Wirkung materiell bereits von der Unionsmaßnahme ausgeht (sog. *materielle Unmittelbarkeit*).[34] Insofern ist eine unmittelbare und individuelle Betroffenheit eines Versicherers durch einen an den nationalen Aufseher gerichteten Beschluss zumindest dann anzunehmen, wenn erstens der Beschluss der EIOPA dem nationalen Aufseher kein Ermessen zubilligt und zweitens der Versicherer als späterer Adressat der nationalen Maßnahme nach hinreichend determinierten Kriterien bereits durch den Beschluss der EIOPA individualisiert wird.[35]

24 Auch soweit es um die **Beschwerdebefugnis** der **nationalen Aufseher** geht, kann sich diese entweder unmittelbar aus der Adressierung des Beschlusses an sie oder zumindest hypothetisch aus einer unmittelbaren Betroffenheit als Nicht-Adressat ergeben.[36] Soweit *Sonder* selbst bei Beschlüssen, die an den nationalen Aufseher adressiert sind, deren Beschwerdebefugnis an die individuelle Betroffenheit knüpft und diese zudem nur dann bejaht, wenn EIOPA sich außerhalb ihrer Zuständigkeit bewegt, lässt sich dies nicht aus Art. 60 EIOPA-VO ableiten.[37] Auch der Beschwerdeausschuss hat bereits klargestellt, dass es bei Beschwerden des Adressaten zur Ermittlung der Beschwerdebefugnis nicht auf die unmittelbare und individuelle Betroffenheit ankommt.[38]

25 **2. Beschwerdeeinlegung (Abs. 2 UAbs. 1).** Die Beschwerde ist gemäß Abs. 2 UAbs. 1 innerhalb einer zweimonatigen Frist (siehe Rn. 31) bei der ESA, die den Beschluss erlassen hat (d. h. EIOPA), schriftlich mit Begründung einzureichen.[39] Weitere **formale Voraussetzungen** sehen die sekundärrechtlichen Vorschriften der EIOPA-VO für die Beschwerdeeinlegung nicht vor. Diese Voraussetzungen werden jedoch durch Art. 5, 7 RoP-BoA weiter konkretisiert.

26 Art. 7 Abs. 1 RoP-BoA wiederholt lediglich, dass die Beschwerde **schriftlich** einzureichen ist. Im folgenden Absatz fügt die Verfahrensordnung jedoch an, dass die Beschwerde (und andere Dokumente) in einer **bestimmten Form** eingereicht werden *müssen* („*shall* be filed or served" [Hervorhebung durch Verf.]); nämlich entweder als Einschreiben mit Rückschein oder als persönliche Zustellung mit Zugangsbestätigung oder in der Form, die der Beschwerdeausschuss angeordnet hat. Bisher noch nicht behandelt wurde die Frage, in wie weit diese Formverschärfung gegenüber Abs. 2 UAbs. 1 lediglich Beweiszwecken dient (und die Verletzung eventuell zu einer Vermutung des verspäteten Zugangs führt) oder ob es sich um eine strenge Formvorschrift handelt, die dazu führt, dass ein Nichtzugang wegen Formmissachtung angenommen wird. Die erste Auslegung scheint hier vorzugswürdig, um nicht durch übergroße Formstrenge, die vom europäischen Gesetzgeber nicht angedacht war, den Rechtsschutz der Betroffenen übermäßig zu verkürzen.[40]

---

[32] Einführend Calliess/Ruffert/*Cremer* Art. 263 AEUV Rn. 33 ff.; von der Groeben/Schwarze/Hatje/*Gaitanides* Art. 263 AEUV Rn. 59 ff.

[33] *Baur/Boegl* BKR 2011, 177, 186, die darauf hinweisen, dass eine inzidente Überprüfung durch die Verwaltungsgerichte an den engen Fristen scheitern könne.

[34] Grabitz/Hilf/Nettesheim/*Dörr* Art. 263 AEUV Rn. 63 m. w. N.

[35] So im Ergebnis auch *Michel* DÖV 2011, 728, 734; *Manger-Nestler* ZfgK 2012, 528, 530.

[36] So bereits *Gal* in: Dreher/Wandt 2014, S. 11, 38.

[37] *Sonder* BKR 2012, 8, 11.

[38] *ESA-BoA* Beschl. v. 24.6.2013 – Rs. EBA C 2013 002 Rn. 25 – SV Capital OÜ/EBA.

[39] Art. 60 Abs. 2 UAbs. 1 EIOPA-VO.

[40] Hierzu tendiert mutmaßlich auch der Beschwerdeausschuss. *ESA-BoA* Beschl. v. 10.1.2014 – Rs. BoA 2013-14 Rn. 31 f. – Global Private Rating Company „Standard Rating" Ltd./ESMA, in dem ausgeführt wird, dass in einem (nicht veröffentlichten) Zwischenbeschluss entschieden wurde, dass eine Beschwerde nicht verfristet war. Vorliegend hatte die ESMA der Beschwerdeführerin ihren Beschluss per Email am 18. Juni, was von dieser auch unmittelbar bestätigt wurde, und per Post am 20. Juni zugesandt. Die Beschwerdeeinlegung erfolgte per Email am 16. August (was gemäß Art. 7 Abs. 2 RoP-BoA nicht die Formerfordernisse erfüllen würde) und per Post am 20. August. Insofern stellte der Beschwerdeausschuss entweder hinsichtlich der Bekanntgabe der Entscheidung auf die postalische Übermittlung ab oder betrachtet die Formerfordernis des Art. 7 Abs. 2 RoP-BoA nur als Beweisregelung.

Adressat der Beschwerde ist nach Abs. 2 UAbs. 1 die ESA die den angegriffenen Beschluss erlassen hat, d. h. für die Zwecke der EIOPA-VO die **EIOPA**. Die Beschwerde ist mithin an den Sitz der EIOPA zu richten (siehe Art. 7 EIOPA-VO Rn. 3). Art. 4 Abs. 2 Nr. 1 RoP-BoA konkretisiert dies dahingehend, dass eine Beschwerde an die Adresse zu richten ist, die auf der Internetseite der beschließenden ESA genannt wird. EIOPA fordert auf ihrer Internetseite[41] Beschwerdeführer jedoch zudem dazu auf, ihre Beschwerde in Kopie an diejenige ESA zu senden, die gegenwärtig das Sekretariat des gemeinsamen Beschwerdeausschusses führt. Hierfür mögen Praktikabilitätsgesichtspunkte sprechen, eine Rechtspflicht hierzu besteht auf jeden Fall nicht, da dies im Widerspruch zum insoweit vorrangigen Abs. 2 UAbs. 1 stünde. In diese Richtung deutet auch der Leitfaden zum Beschwerdeverfahren vor dem Gemeinsamen Beschwerdeausschuss der Europäischen Aufsichtsbehörden,[42] der nur eine Einreichung bei der beschlussfassenden Behörde erwähnt. Eine andere Frage ist es, ob der Beschwerdeführer seiner Verfahrenslast zur fristgerechten Einreichung der Beschwerde (siehe Rn. 31) auch dann nachkommt, wenn er die Beschwerde ausschließlich an das Sekretariat sendet. Dadurch dass der EIOPA keine Befugnis zur Abhilfe zusteht (siehe Rn. 39) und die Beschwerde letztlich nur zur Kenntnis genommen und unmittelbar an das Sekretariat (und den Vorsitzenden und die Mitglieder des Beschwerdeausschusses) weitergeleitet werden muss, erschiene es aus Schutzgesichtspunkten unbillig, einen solchen Versand als nicht fristwahrend anzusehen. Die Verfahrensrechte der EIOPA würden hierdurch auch nicht berührt werden. **27**

Die Beschwerde soll **inhaltlich** ausführen, weshalb sie unter Art. 60 EIOPA-VO zulässig ist, die Gründe für die Beschwerde darstellen, soweit einschlägig die Gründe für einen Antrag zur Anordnung eines Suspensiveffekts der Beschwerde (siehe Rn. 35 ff.) benennen, das Beschwerdebegehren bezeichnen und Kopien solcher Dokumente anhängen, auf die der Beschwerdeführer sich berufen möchte.[43] Zudem ist auch der angegriffene Beschluss der Beschwerde beizufügen.[44] Sollte der Beschwerdetext zehn Seiten übersteigen, so ist der Beschwerde eine Zusammenfassung beizufügen.[45] Daneben hat die Beschwerde vollständige Kontaktdaten[46] und die Namen der gesetzlichen Vertreter[47] zu enthalten. Soweit der Antrag in einigen Punkten unvollständig oder unsubstantiiert ist, führt dies nicht zwingend dazu, dass der Antrag als verfristet zu gelten hat, wenn die Frist kurz nach Eingang abläuft. Vielmehr dürfte es im Ermessen des Vorsitzenden liegen, hier Nachlass zu gewähren und in Form einer verfahrensleitenden Verfügung (*direction*, siehe Rn. 48) den Beschwerdeführer zur Vervollständigung aufzufordern. Diese Auffassung scheint auch der Beschwerdeausschuss zu teilen.[48] **28**

Die Verfahrensordnung des Beschwerdeausschusses und der Leitfaden zum Beschwerdeverfahren vor dem Gemeinsamen Beschwerdeausschuss der Europäischen Aufsichtsbehörden[49] machen keine Aussagen zur **Verfahrenssprache** und mithin zur Sprache, in der die Beschwerde abzufassen ist. Insofern hat hier grundsätzlich über die Verweisung des Art. 73 Abs. 1 EIOPA-VO die Regelungen der Sprachenverordnung zum externen Sprachgebrauch zu gelten (siehe Art. 73 EIOPA-VO Rn. 1 ff.). Dies bedeutet grundsätzlich, dass ein Mitgliedstaat oder eine der Hoheitsgewalt eines Mitgliedstaates unterstehende Person – dies beinhaltet sowohl die nationalen Aufsichtsbehörden als auch die Versicherungsunternehmen – sich nach **Wahl des Absenders** in einer der Amtssprachen der EU an die EIOPA wenden und diese dadurch verpflichten kann, diese Sprache zu verwenden. Dies gilt sowohl für EIOPA als auch für ihre Organe, mithin auch für den Beschwerdeausschuss, sodass der Beschwerdeführer die Sprache der Beschwerde grundsätzlich frei wählen kann und dadurch die Verfahrenssprache festlegt. **29**

Der Beschwerdeausschuss hat jedoch in seinem „Onix"-Beschluss festgestellt, dass das Beschwerdeverfahren in der Sprache des Beschlussverfahrens durchgeführt werden muss. Vorliegend hatte ein in Italien tätiger rumänischer Versicherer einen Antrag auf Einleitung eines Unionsrechtsverletzungsverfahrens nach Art. 17 EIOPA-VO gegen den italienischen Versicherungsaufseher IVASS in englischer Sprache gestellt. Die folgende Kommunikation und die angegriffenen „Beschlüsse" waren ebenfalls in **30**

---

[41] Siehe https://eiopa.europa.eu/about-eiopa/organisation/board-of-appeal/appeal-procedure; zuletzt besucht am 22. Dezember 2016.

[42] *ESA-BoA*, Guidelines to the Parties to Appeal Proceedings before the Joint Board of Appeal of the European Supervisory Authorities (BOA 2012 004), S. 2

[43] Art. 5 Abs. 3 RoP-BoA.

[44] Art. 5 Abs. 2 RoP-BoA.

[45] Art. 5 Abs. 4 RoP-BoA.

[46] Art. 5 Abs. 5 RoP-BoA: Dies dürfte neben der Postadresse auch den Namen bzw. die Firma des Beschwerdeführers umfassen und die zuständige Abteilung/Person, wobei bereits zu diesem Stadium aus praktischen Gesichtspunkten auch die Emailadresse, Telefonnummer und Faxadresse mitübermittelt werden sollte.

[47] Art. 5 Abs. 6 RoP-BoA spricht hier vom *legal representative*; es ist wohl davon auszugehen, dass im Falle der anwaltlichen Vertretung nicht nur die Namen der vertretungsberechtigten Vorstände, sondern auch die der mandatierten Anwälte (und deren Adressen) zu benennen sind; obgleich die Anwälte an anderer Stelle nicht als *legal representatives*, sondern ausdrücklich als *lawyers* adressiert werden (Art. 22 Abs. 1 dritter Gedankenstrich RoP-BoA).

[48] Vgl. *ESA-BoA* Beschl. v. 3.8.2015 – Rs. BoA 2015 001 Rn. 16 ff. – Onix Asigurari SA/EIOPA, wo eine Beschwerde nicht für verspätet erachtet wurde, obwohl sie erst nach mehrfacher Aufforderung und nach Fristablauf in der vom Beschwerdeausschuss für notwendig erachteten englischen Sprache eingereicht wurde.

[49] *ESA-BoA*, Guidelines to the Parties to Appeal Proceedings before the Joint Board of Appeal of the European Supervisory Authorities (BOA 2012 004), S. 2

englischer Sprache. Die vom Anwalt des Beschwerdeführers dann eingereichte Beschwerde war jedoch auf Italienisch verfasst. Nachdem der Beschwerdeausschuss den Beschwerdeführer *ex officio* zur Einreichung einer Übersetzung der Beschwerde aufgefordert hatte und die EIOPA einen Antrag gestellt hatte, das Verfahren zumindest teilweise (d. h. das schriftliche Vorverfahren) auf Englisch durchzuführen, hat der Beschwerdeausschuss einen Zwischenbeschluss erlassen, dass die **Beschwerdeverfahrenssprache** (**automatisch**) die **Beschlussverfahrenssprache** ist, wobei aber zumindest im Falle einer mündlichen Verhandlung hiervon Ausnahmen gemacht werden können.[50] Diese Entscheidung beruht zum einen auf der Prämisse, dass eine einmalige Verwendung einer Sprache durch den Unionsbürger gegenüber einer Einrichtung diesen für das hierdurch eingeleitete Verfahren bindet. Dies ist wohl zu bejahen.[51] Dies heißt jedoch nur, dass die EIOPA im Beschlussverfahren erwarten konnte, bis zum Abschluss in englischer Sprache mit dem Antragsteller zu kommunizieren. Zweitens setzt der Beschluss jedoch voraus, dass das Beschwerdeverfahren integraler Bestandteil des Beschlussverfahrens ist, sodass die Bindungswirkung der Sprachwahl fortwirkt. Dies ist jedoch nicht der Fall. Auch fehlt es in der EIOPA-VO an einer Regelung wie beispielsweise dem Art. 14 Abs. 3 des Europäischen Patentübereinkommen,[52] nach der für Beschwerden vor der Beschwerdekammer des Europäischen Patentamts (EPO) die für das Patentanmeldeverfahren gewählte Sprache als Verfahrenssprache perpetuiert wird. Der Beschwerdeausschuss sollte insofern die Verfahrensordnung diesbezüglich überarbeiten, wobei aber berücksichtigt werden sollte, dass hinsichtlich einer Klage vor dem Gerichtshof der Europäischen Union eine Bindung an die Beschlussverfahrenssprache gerade nicht gilt, sondern typischerweise der klagende Mitgliedsstaat oder Unionsbürger die Sprache einseitig bestimmen kann und nur in Ausnahmefällen eine abweichende Verfahrenssprache beschlossen werden kann.[53] Soweit der Beschwerdeausschuss hiervon abweichen will, obgleich es sich auch vorliegend um ein mit einem Prozessverfahren durchaus vergleichbares kontradiktorisches Beschwerdeverfahren handelt, so ist diese Ausnahme eben explizit niederzulegen und entsprechend zu begründen. Gegenwärtig scheint dieses Vorgehen als nicht von der EIOPA-VO und den Verträgen gedeckt.

31 Die Beschwerde unterliegt gemäß Abs. 2 einer **zweimonatigen Frist**, die mit der Bekanntgabe des Beschlusses an den Beteiligten oder, wenn eine solche nicht erfolgt ist, mit der Veröffentlichung des Beschlusses durch EIOPA zu laufen beginnt.[54] Beschwerdeeinlegung wird hierbei gemäß Art. 7 Abs. 3 RoP-BoA mit Zugang der Beschwerde angenommen. Der Fristablauf führt dazu, dass der Beschluss nicht mehr mit der Beschwerde angegriffen werden kann, was erweiternd dazu führen dürfte – dies stellt die Verordnung allerdings nicht klar heraus – dass auch eine Klage beim EuG gegen den Beschluss als unzulässig abgewiesen werden würde (siehe hierzu Art. 61 EIOPA-VO Rn. 19).

32 Unklar ist, welche Auswirkung eine **unterbliebene Rechtsbehelfsbelehrung** auf den Lauf der Beschwerdefrist hat. Art. 39 Abs. 3 EIOPA-VO statuiert lediglich eine Belehrungspflicht (siehe Art. 39 EIOPA-VO Rn. 29 ff.). Eine explizite Rechtsfolgenregelung nach dem Vorbild von § 57 VwGO fehlt bedauerlicherweise, sodass man wohl annehmen muss, dass die Verletzung der Belehrungspflicht in der Mehrzahl der Fälle für EIOPA folgenlos bliebe.[55] Dies legt auch der Beschluss des Beschwerdeausschusses in „Onix Asigurari SA./. EIOPA" nah, in dem festgehalten wurde, dass eine Beschwerde gegen einen für grundsätzlich beschwerdefähig gehaltenen Beschluss des Vorsitzenden offensichtlich verfristet sei, ohne dass sich der Beschwerdeausschuss mit dem Argument des Beschwerdeführers zur fehlenden Rechtsbehelfsbelehrung auseinandergesetzt hätte.[56] Nach richtiger Meinung war in der angegriffenen Maßnahme schon kein Beschluss zu sehen (siehe Rn. 11), jedoch zeigt dieser Beschluss des Beschwerdeausschusses, dass dieser der fehlenden Rechtsbehelfsbelehrung wohl keine Rechtsfolgen beimessen möchte. Es wäre insofern wünschenswert, dass das EuG eine Rechtsprechung entwickelt, nach der die Frist erst mit Erteilung der Rechtsbehelfsbelehrung zu laufen beginnt, um Behördenschlampigkeit entgegenzuwirken. Gegenwärtig vertritt das EuG jedoch zumindest zu den Klagefristen (Art. 263 UAbs. 6 AEUV) eine andere Auffassung,[57] sodass nicht zu erwarten ist, dass die Beschwerdefrist des Abs. 2 anders behandelt würde.

33 **3. Beschwerdewirkung (Abs. 3).** Während für Beschwerden beim Beschwerdeausschuss hinsichtlich des Devolutiveffekts eine ähnliche Lösung wie in Deutschland gewählt wurde (siehe Rn. 2), trifft

[50] *ESA-BoA* Beschl. v. 3.8.2015 – Rs. BoA 2015 001 Rn. 25 – Onix Asigurari SA/EIOPA.

[51] Eine Ausnahme ist hier wohl dann zu machen, wenn sich im Laufe des Verfahrens zeigt, dass der Antragsteller aus einem falschen Höflichkeitsverständnis seine Erstkommunikation in der internen Arbeitssprache der Behörde verfasst hat, er dieser jedoch ersichtlich nicht ausreichend mächtig ist.

[52] Übereinkommen über die Erteilung europäischer Patente (Europäisches Patentübereinkommen) vom 5. Oktober 1973 (BGBl. 1976 II 649, 826; 1993 II S. 242).

[53] Siehe Art. 45 EuGHVfO und Art. 37 Abs. 1 und 2 EuGVfO.

[54] Interessant ist auch hier *ESA-BoA* Beschl. v. 10.1.2014 – Rs. BoA 2013-14 Rn. 31 f. – Global Private Rating Company „Standard Rating" Ltd./ESMA (siehe zum Sachverhalt vorne Fn. 40).

[55] Siehe hierzu bereits *Gal* ZVersWiss 2013, 7, 26; a. A. aber *Keune*, Rechtliche Grundlagen und Grenzen der EIOPA, 2015, 106, die ohne Begründung davon ausgeht, dass das Fehlen der Rechtsbehelfsbelehrung zur Aufhebbarkeit führe.

[56] *ESA-BoA* Beschl. v. 3.8.2015 – Rs. BoA 2015 001 Rn. 40 und 47 – Onix Asigurari SA/EIOPA.

[57] Vgl. *EuG* Beschl. v. 15.1.2009 – Rs. T-306/08 P LS 3 und Rn. 27 ff. – Braun-Neumann/EP.

dies für den **Suspensiveffekt nicht** zu. Nach Abs. 3 UAbs. 1 soll die Beschwerde anders als der Widerspruch nach § 80 Abs. 1 S. 1 Alt. 1 VwGO keine aufschiebende Wirkung haben.

34 Stattdessen wird der Beschwerdeausschuss gemäß Abs. 3 UAbs. 2 ermächtigt, die **Aussetzung des Vollzuges anzuordnen**, wo er dies für erforderlich hält. Ob dieser **„im-Zweifel-für-Vollzug"-Ansatz**[58] vorzugswürdig ist, mag bezweifelt werden. Er dürfte jedoch der Verwaltungspraxis der Mehrzahl der mitgliedstaatlichen Rechtsordnungen entsprechen[59] und ist im Hinblick auf § 310 Abs. 2 VAG, der dem Widerspruch und der Anfechtungsklage gegen zahlreiche enumerierte Maßnahmen die aufschiebende Wirkung abspricht, auch im deutschen Versicherungsaufsichtsrecht kein Fremdkörper.

35 Entsprechend Art. 10 Abs. 3 RoP-BoA ergeht die **Anordnung der Aussetzung des Vollzugs** als Beschluss in Form eines ***preliminary rulings***. Dies ist terminologisch etwas irreführend, da der Ausdruck *preliminary ruling* im europäischen Zusammenhang den Gedanken an ein Vorabentscheidungsverfahren i. S. d. Art. 267 UAbs. 1 lit. b AEUV evoziert. Im Zusammenhang mit dem Beschwerdeverfahren handelt es sich jedoch je nach Kontext eher um einen Zwischenbeschluss oder einen einstweiligen Beschluss.

36 Hinsichtlich des **Verfahrens** zu Erlass dieses Beschlusses genießt der Beschwerdeausschuss eine noch **größere Gestaltungsfreiheit**, da die Anwendung der Verfahrensvorschriften in das Ermessen des **Vorsitzenden** gestellt ist.[60] Der schriftlich zu ergehende Beschluss hinsichtlich der Aussetzung oder Nichtaussetzung kann durch den Beschwerdeausschuss auf Antrag jederzeit abgeändert werden.[61]

37 Da die Anordnung der aufschiebenden Wirkung oder die Ablehnung eines solchen Antrags in **Form eines Beschlusses** ergeht, kann diese gemäß Art. 61 Abs. 1 Alt. 1 EIOPA-VO auch isoliert vor dem EuG mit der **Nichtigkeitsklage** angegriffen werden (siehe Art. 61 EIOPA-VO Rn. 15).[62] Hiermit ist jedoch in der Praxis denkbar wenig gewonnen, da auch die Nichtigkeitsklage vor dem EuG gemäß Art. 278 S. 1 AEUV keinen Suspensiveffekt hat. Erfolgsversprechender ist in einem solchen Fall beim EuG einen Antrag auf einstweiligen Rechtsschutz auf Anordnung der Aussetzung des Vollzuges des Ausgangsbescheids der EIOPA zu stellen (siehe Art. 61 EIOPA-VO Rn. 15).

38 **V. Verfahrensgang (Abs. 4).** Durch das Einlegen der Beschwerde (Rn. 25 ff.) wird das **Beschwerdeverfahren initiiert**.

39 **1. Abhilfemöglichkeit und Übermittlung der Beschwerde.** Bisher nicht hinreichend geklärt ist, ob EIOPA – so wie deutsche Ausgangsbehörden im Widerspruchsverfahren – der **Beschwerde abhelfen** kann, indem sie eine Abhilfeentscheidung trifft.[63] In der Verordnung fehlt eine Regel, die § 72 VwGO vergleichbar die Ausgangsbehörde zur Abhilfe ermächtigt. Für die Möglichkeit einer Abhilfeentscheidung spricht, dass die Beschwerde nicht unmittelbar beim Beschwerdeausschuss, sondern bei EIOPA einzulegen ist. Allerdings ist zu berücksichtigen, dass EIOPA im Rahmen des Verfahrens bei Berufung auf die Schutzklausel nach Art. 38 Abs. 2 EIOPA-VO[64] explizit die Möglichkeit eröffnet ist, die Entscheidung abzuändern oder zu widerrufen (vgl. Art. 38 Abs. 2 UAbs. 4 EIOPA-VO).[65] Das Fehlen einer solchen Kompetenzzuweisung im Rahmen der Art. 60, 17 ff. EIOPA-VO scheint gegen die Möglichkeit einer Abhilfebefugnis zu streiten. Diese Ansicht teilt wohl auch EIOPA, die in Art. 7 Abs. 1 EIOPA-VO der Rules of Procedure[66] bestimmt, dass ihr zugehende Beschwerden *unverzüglich* („*immediately*") dem Vorsitzenden des Beschwerdeausschusses zu übermitteln sind.

40 Nach Eingang hat EIOPA die **Beschwerde an den Vorsitzenden und die Mitglieder des Beschwerdeausschusses** zu übermitteln (Art. 4 Abs. 2 Nr. 6 RoP-BoA). Im weiteren Verfahrenslauf übernimmt EIOPA dann keine Funktion mehr innerhalb des Verfahrens als die des Verfahrensgegners.

41 **2. Verfahrenseinleitung im engeren Sinne.** Alle weitere **Kommunikation** mit dem Beschwerdeausschuss hat nicht mehr über EIOPA, sondern über das **Sekretariat des Beschwerdeausschusses** zu laufen. Das Sekretariat stellt immer diejenige ESA die zum Zeitpunkt der Beschwerdeeinlegung den

---

[58] Auch in der EIOPA-VO gibt es hiervon Ausnahmen, nämlich wenn sich ein Mitgliedstaat auf die Schutzklausel des Art. 38 EIOPA-VO beruft, was gemäß Art. 38 Abs. 2 UAbs. 3 EIOPA-VO zur Aussetzung des Beschlusses führt.

[59] Es ist geradezu typisch für unionsrechtliche Regelungen, dass sie sich nicht an der deutschen Regelsuspension orientieren, sondern das aus dem französischen Recht bekannte Prinzip der grundsätzlichen Beständigkeit von Verwaltungsentscheidungen übernehmen; so auch Calliess/Ruffert/*Wegener* Art. 279 AEUV Rn. 2; vgl. auch *Gal/Sehrbrock* AöR 2012, 360, 394 (insb. Fn. 134).

[60] Art. 10 Abs. 2 RoP-BoA. Ob dies beispielsweise auch das sekundärrechtlich verbriefte Recht der Parteien, eine mündliche Verhandlung zu fordern, betrifft, bleibt unklar (siehe Rn. 53 ff.).

[61] Art. 10 Abs. 3 RoP-BoA.

[62] Anders *Sonder* BKR 2012, 8, 12 und *Loosveld* Journal of International Banking Law and Regulation 2013, 9, 12, die davon ausgehen, dass es keine Rechtsbehelfe gegen die Nichtaussetzungsentscheidung des Beschwerdeausschusses gibt.

[63] Zur Abhilfe nach deutschem Recht siehe bspw. *Dolde/Porsch* in: Schoch/Schneider/Bier, VwGO, Stand: 26. EL (2014), § 72 Rn. 1 ff.; *Kothe* in: Redeker/von Oertzen, VwGO, 15. Aufl. 2010, § 72 Rn. 1 ff.

[64] Siehe hierzu *Gal* ZVersWiss 2013, 7, 30 ff.

[65] Vgl. hierzu auch *Ksion*, Begründung zu EIOPA-VOE in: KOM(2009) 502 endg., S. 9 (Nr. 6.2.11.).

[66] *EIOPA*, The Rules of Procedure of EIOPA v. 10.1.2011 (EIOPA-BoS-11/003).

Vorsitz im Gemeinsamen Ausschuss der ESA gem. Art. 54 ff. EIOPA-VO innehat.[67] Eine Ausnahme gilt allerdings dann, wenn die Beschwerde sich gegen diejenige ESA richtet, die zum Zeitpunkt der Beschwerdeeinlegung turnusmäßig den Vorsitz im Gemeinsamen Ausschuss innehat. In diesem Fall übernimmt diejenige ESA die Verwaltung des Sekretariats, die im folgenden Jahr den Vorsitz innehaben wird.[68] Das Sekretariat verbleibt in jedem Fall immer bei der ESA, die den Vorsitz zum Zeitpunkt der Einlegung innehatte, auch wenn der Vorsitz im Laufe des Verfahrens wechselt, wobei das Sekretariat dafür Sorge zu tragen hat, dass keine Informationen, außer denen die förmlich übermittelt werden, hinsichtlich des Verfahrens an eine verfahrensbeteiligte oder andere ESA gelangt.[69] Das Sekretariat empfängt und sendet alle Schriftstücke an die Parteien und die Mitglieder des Beschwerdeausschusses (Art. 4 Abs. 2 Nr. 6–9 RoP-BoA).

42 Mit Eingang der Beschwerde wird diese zunächst von der EIOPA an das Sekretariat und die Mitglieder des Beschwerdeausschusses gesendet (bzw. vom Sekretariat an die Mitglieder des Beschwerdeausschusses gesendet; vgl. Art. 4 Abs. 2 Nr. 6 RoP-BoA). Beim Sekretariat wird das Beschwerdeverfahren zudem registriert und mit einer Verfahrensnummer versehen (vgl. Art. 4 Abs. 2 Nr. 7 RoP-BoA). Hiermit ist der Beschwerdeausschuss in die Lage versetzt, das **Beschwerdeverfahren** zu **eröffnen**.

43 Zum **genauen Ablauf** des Beschwerdeverfahrens lässt sich aus Abs. 4 nahezu nur herauslesen, dass dem Beschwerdeausschuss ein weites Ermessen hinsichtlich der Gestaltung zukommt. Abzuleiten ist bestenfalls, dass der Beschwerdeausschuss ein faires Verfahren zu gewährleisten hat, was insbesondere die Anhörung aller Beteiligten beinhaltet, wobei diese gemäß Abs. 4 S. 2 auch ein Recht auf eine mündliche Anhörung haben. Das Verfahren wurde jedoch durch die Verfahrensordnung des Beschwerdeausschusses (siehe Rn. 17 ff.) erheblich formalisiert.

44 Grundsätzlich wird das **Verfahren** in dieser Phase maßgeblich durch den **Vorsitzenden** – teilweise gemeinsam mit einem durch ihn grundsätzlich zu bestimmenden ***Rapporteur*** (Art. 12 RoP-BoA) – **gestaltet**. Der Vorsitzende hat also bei Eingang der Beschwerde zunächst ein Mitglied des Beschwerdeausschusses mit dessen Zustimmung zum Rapporteur zu bestimmen (Art. 12 Abs. 1 RoP-BoA) oder muss beschließen, dass für das vorliegende Verfahren kein solcher Rapporteur bestimmt wird (Art. 12 Abs. 2 RoP-BoA). Soweit der Vorsitzende für das vorliegende Verfahren den Vorsitz nicht übernehmen will (oder kann, bspw. wegen Vorbefastheit oder Befangenheit), so hat er bereits mit Eingang den zweiten Vorsitzenden oder ein anderes Mitglied des Beschwerdeausschusses zum Vorsitzenden zu ernennen, wobei dieser Person dann alle in der Verfahrensordnung auf das Beschwerdeverfahren bezogene Rechten und Pflichten des Vorsitzenden zukommt (Art. 2 RoP-BoA).

45 In einem ersten Verfahrensschritt hat der Vorsitzende (bzw. das zum Vorsitzenden ernannte Mitglied, siehe Rn. 44) also die **Konstituierung des Beschwerdeausschusses** als Spruchkörper für das konkrete Verfahren zu besorgen. Dies heißt insbesondere, dass alle Mitglieder – nicht stellvertretende Mitglieder – von den Personen und dem Sachverhalt des Rechtsstreits in Kenntnis zu setzen sind, sodass diese, wenn nötig, ihr Mitwirken ablehnen können (vgl. Art. 59 EIOPA-VO Rn. 40 ff.). Für solche Mitglieder sind dann die Stellvertreter zu benennen, oder, wenn der Stellvertreter ebenfalls ein Mitwirken ablehnen muss, andere stellvertretende Mitglieder oder bei unzureichender Stellvertreterzahl ist der Beschwerdeausschuss in der Besetzung zu reduzieren (Art. 3 Abs. 2, 6 RoP-BoA). Hierbei hat der Vorsitzende bei richtigem Verständnis der EIOPA-VO eine vakante Mitgliederstelle im Beschwerdeausschuss zunächst mit stellvertretenen Mitgliedern, die von derselben ESA ernannt wurden, zu befüllen. So dies nicht möglich ist, kann aber auch das stellvertretende Mitglied einer anderen ESA nachrücken. In jedem Fall haben im Hinblick auf die Sperrminorität nach Art. 58 Abs. 6 S. 2 EIOPA-VO aber immer zwei Mitglieder am Verfahren teilzunehmen, die von der ESA ernannt wurden, gegen deren Beschluss sich die Beschwerde richtet. Anschließend sind die Parteien von der Besetzung des Beschwerdeausschusses zu informieren, gerade um auch diesen frühzeitig die Möglichkeit zur Beantragung eines Ablehnungsverfahrens zu ermöglichen (vgl. Art. 59 EIOPA-VO Rn. 36 ff.).

46 Anschließend wird der Vorsitzende im Wege einer verfahrensleitenden Verfügung, soweit nötig, den Beschwerdeführer zu einer Klarstellung oder Vervollständigung seiner Beschwerde auffordern (vgl. Rn. 28). Im nächsten Verfahrensschritt hat der **Beschwerdegegner** eine **Entgegnung** an das Sekretariat zu übermitteln. Hierzu wird die EIOPA wohl ebenfalls unter einer Fristsetzung durch den Vorsitzenden aufgefordert werden (vgl. Art. 11 Abs. 1 RoP-BoA). Die für die Beschwerdeerwiderung

[67] Art. 4 Abs. 2 Nr. 2 RoP-BoA: 2011 war dies die EBA, 2012 die ESMA und 2013 die EIOPA, sodass 2017 wieder die EBA das Sekretariat stellt.

[68] Art. 4 Abs. 2 Nr. 3 RoP-BoA. Ein solcher Fall ist bisher noch nicht eingetreten. In dem Beschwerdeverfahren *ESA-BoA*, Beschl. v. 14.7.2014 – Rs. BoA 2014-C1-02 Rn. 32 ff. – SV Capital OÜ/EBA, in dem sich eine Beschwerde gegen die EBA richtete, obgleich diese in diesem Jahr den Vorsitz innehatte, administrierte nicht die ESMA als nachfolgende Vorsitzende das Sekretariat, sondern die EIOPA, da diese Beschwerde einen Beschluss der EBA betraf, den diese nach einem Rückverweisungsbeschluss durch den Beschwerdebeschluss unter der Sekretariatstätigkeit der EIOPA erlassen hatte (vgl. *ESA-BoA*, Beschl. v. 24.6.2013 – Rs. EBA C 2013 002 – SV Capital OÜ/EBA.

[69] Siehe Art. 4 Abs. 2 Nr. 4 (Kontinuität des Sekretariats) und Nr. 5 RoP-BoA (*Chinese Wall*).

formulierten inhaltlichen Anforderungen gleichen nahezu wortgetreu den Anforderungen für die Beschwerdeschrift.[70]

3. (Schriftliches) Vorverfahren (Abs. 4 S. 2). Soweit beantragt, wird der Vorsitzende zu Beginn insbesondere auch über die **Modalitäten** zur **Anordnung der Aussetzung des Vollzugs** (Rn. 34 ff.) verfügen. 47

Auch die weitere **Vorverfahrensgestaltung** ist weitestgehend in das Ermessen des Vorsitzenden gestellt. Dem Vorsitzenden (unter eventueller Beteiligung des Rapporteurs) kommen insbesondere die Pflicht und das Recht zu, **verfahrensleitende Anordnungen** (*directions*) zu treffen. Insbesondere ist es am Vorsitzenden gegenüber den Parteien anzuordnen, dass und zu welchen Themen **verhandlungsvorbereitende Schriftsätze** auszutauschen sind.[71] Ferner darf der Vorsitzende auch einen **Vorverhandlungstermin** (*pre-hearing conference*) – nach seinem Ermessen nur unter seiner Teilnahme – anberaumen, der zudem nach seinem Ermessen nicht nur als Verhandlung unter physische Anwesenden, sondern auch als Telefonkonferenz, Videokonferenz oder in anderer geeigneter Weise festgesetzt werden kann.[72] Auch kann durch den Vorsitzenden die Zahlung von Kostenvorschüssen angeordnet werden.[73] 48

Die **Beachtung** dieser **verfahrensleitenden Anordnungen** ist von besonderer praktischer Relevanz, da eine Nichtbeachtung erstens zu einem **Kostenbeschluss**, zweitens – wenn der Beschwerdeführer die Anordnung missachtet – zu einer **vollständigen oder teilweisen Abweisung der Beschwerde** oder drittens – wenn der Beschwerdegegner sie missachtet – zu einer **vollständigen oder teilweisen Stattgabe** allein auf Grundlage des Beschwerdeantrags führen kann.[74] 49

Zunächst kann der Beschwerdeausschuss eine **vorgezogene Prüfung** hinsichtlich der **Zulässigkeit** vornehmen und muss dies tun, wenn eine Partei dies rügt. Über diese Frage kann gemäß Art. 9 RoP-BoA auch in Form eines Zwischenbeschlusses entschieden werden. 50

Spätestens innerhalb dieses schriftlichen Verfahrensabschnitts haben die Parteien insbesondere auch ihre **Beweismittel** zu identifizieren und zu übermitteln. Hierbei ist die Zulässigkeit der Beweismittel als auch deren Beweiswürdigung in das freie Ermessen des Beschwerdeausschusses gestellt.[75] Obgleich es insofern keinen *numerus clausus* der Beweismittel gibt, geht der Beschwerdeausschuss ersichtlich davon aus, dass der Beweis insbesondere mit Urkunden (Art. 16 RoP-BoA), Zeugen (Art. 17 Abs. 1 RoP-BoA) und Sachverständigen (Art. 17 Abs. 2 RoP-BoA) erbracht werden soll. Hinsichtlich des Urkundenbeweises ist zum einen erwähnenswert, dass elektronische Dokumente als ausreichend angesehen werden (Art. 16 Abs. 3 RoP-BoA) und zum anderen, dass auch eine *kleine Discovery* vorgesehen wird, dass also der Beschwerdeausschuss bei Weigerung einer Partei bestimmte Dokumente vorzulegen, die von der anderen Partei angefordert werden, gegenüber der weigernden Partei die Einreichung anordnen kann (Art. 16 Abs. 2 RoP-BoA). In Bezug auf den Zeugenbeweis ist zunächst auffällig, dass das Beschwerdeverfahren nicht von einer Zeugenvernehmung ausgeht. Eine solche wird beim mündlichen Verhandlungstermin nur ausnahmsweise und nur auf Antrag einer Partei gewährt.[76] Vielmehr wird der Zeugenbeweis regelmäßig in Form von *depositions* erbracht werden, also schriftlichen Zeugenaussagen, die diese zu beeidigen haben. Dies gilt *mutatis mutandis* auch für die Sachverständigengutachten – wobei diese *expert witnesses* eben keine gerichtsbestellten Sachverständigen sind, sondern Parteigutachter –, die allerdings nur dann zulässig sind, wenn der Beschwerdeausschuss hierzu sein Einverständnis erklärt.[77] 51

4. Mündliche Verhandlung (Abs. 4 S. 3). Mit Abschluss dieses schriftlichen (Vor-)Verfahrens kann der Beschwerdeausschuss grundsätzlich zur Entscheidungsfindung schreiten. Dies gilt jedoch dann nicht, wenn eine der Parteien eine **mündliche Anhörung beantragt** hat. In diesem Fall muss die mündliche Verhandlung angesetzt werden, wobei der Beschwerdeausschuss eine solche auch *ex officio* anordnen kann, wenn dies notwendig erscheint.[78] 52

Unklar ist hierbei, ob Abs. 4 S. 3 den Parteien das **Recht auf mündliche Verhandlung nur** im Rahmen der **Hauptverhandlung** oder auch bezüglich der Entscheidung über die Zulässigkeit der 53

[70] Vgl. Art. 6 RoP-BoA.
[71] Art. 11 Abs. 1 RoP-BoA. Allerdings dürfen die Parteien solche verfahrensleitende Anordnungen auch beantragen, Art. 11 Abs. 2 RoP-BoA.
[72] Art. 11 Abs. 5 RoP-BoA: Der Grundsatz des fairen Verfahrens erfordert hier aber natürlich, zum einen, dass die Teilnahme an der gewählte Art der *conference* für beide Parteien mit erträglichem Aufwand möglich ist, und zum anderen, dass die gewählte Art gegenüber anderen Möglichkeiten verhältnismäßig erscheint. In Anbetracht dessen, dass das Beschwerdeverfahren zügig sein soll (vgl. Art. 60 Abs. 2 UAbs. 2 EIOPA-VO) wird aber wohl eine Vorverhandlung nahezu immer unter Zuhilfenahme technischer Mittel zu erfolgen haben.
[73] Art. 11 Abs. 4 RoP-BoA.
[74] Art. 14 Abs. 1 RoP-BoA. Allerdings muss die Partei, bevor ein solcher Beschluss ergeht, noch einmal (schriftlich) gehört werden, Art. 14 Abs. 2 RoP-BoA.
[75] Art. 15 RoP-BoA.
[76] Art. 19 Abs. 1 RoP-BoA. In diesem Fall können die Zeugen unter Leitung des Vorsitzenden und direkt durch die Mitglieder des Beschwerdeausschusses befragt werden, Art. 19 Abs. 2 EIOPA-VO.
[77] Art. 17 Abs. 2 RoP-BoA. Diese Zustimmung ist dann zu erteilen, wenn ein Gutachten zur fairen Beurteilung der Beschwerde notwendig erscheint.
[78] Art. 18 Abs. 1 RoP-BoA.

Beschwerde (siehe Rn. 50) und im Rahmen einer Entscheidung über die Anordnung der Aussetzung des Vollzugs (siehe Rn. 34 ff., 47) zugesteht.

54 Im Hinblick auf das Verfahren zur **Anordnung der Aussetzung des Vollzuges** wird man annehmen müssen, dass dieser Beschluss auf Grund der Dringlichkeit auch ohne mündliche Anhörung erfolgen kann, solange zumindest in der Hauptsache eine mündliche Verhandlung entsprechend dem Antrag einer der Parteien stattfindet.[79] Hier ist Abs. 4 S. 3 insofern teleologisch zu reduzieren, sodass kein Recht auf mündliche Verhandlung besteht. Dies scheint schon von daher unbedenklich, als typischerweise allein der Beschwerdeführer ein Interesse daran haben wird, dass der Beschluss ohne eine (hypothetisch von EIOPA beantragte) mündliche Verhandlung ergehen kann.

55 Problematischer ist die Frage, ob dies auch auf die **Entscheidung über die Zulässigkeit** zutrifft. Zumindest der Beschwerdeausschluss vertritt die Auffassung, dass im Falle einer isolierten Entscheidung hierüber **kein Recht auf mündliche Verhandlung** besteht.[80] Diese Rechtsposition lässt sich auch mit Abs. 4 in Einklang bringen. Abs. 4 S. 1 trennt zwischen dem Verfahren zur Prüfung der Zulässigkeit und der Begründetheit einer Beschwerde („Ist die Beschwerde zulässig, so prüft der Beschwerdeausschuss, ob sie begründet ist"). Hieraus lässt sich durchaus schließen, dass das in Abs. 4 S. 3 garantierte Recht auf eine mündliche Verhandlung sich nicht auf das Vorverfahren einer Prüfung der Zulässigkeit erstreckt und es insofern im Ermessen der Beschwerdekammer steht, wenn „nur" über die Zulässigkeit gestritten wird, auf ein mündliches Verfahren zu verzichten. Dies verstößt auch nicht zwingenden gegen höherrangiges Unionsrecht (*fair trial*), zum einen, da es sich beim Beschwerdeverfahren gerade nicht um ein echtes Gerichtsverfahren handelt, und zum anderen, da die Parteien bei den Beschwerdeinstanzen anderer Unionsagenturen – insbesondere bei den Beschwerdekammern des Europäischen Patentamtes (EPO) – niemals einen Rechtsanspruch auf eine mündliche Verhandlung haben, was der EuG als grundsätzlich unproblematisch erachtet.[81]

56 Der **Termin** der mündlichen Verhandlung wird hierbei unter Berücksichtigung der Ausführungen der Parteien hinsichtlich der **Form** und des **Verfahrensgangs** durch den Vorsitzenden (und den *Rapporteur*) festgesetzt,[82] wobei insbesondere auch der Tagungsort, der grundsätzlich am Sitz gemäß Art. 7 einer der ESA sein sollte, bestimmt wird. Da Art. 18 Abs. 4 S. 2 RoP-BoA anordnet, dass auch das Sekretariat anwesend sein muss, wird sich wohl der Usus herauszubilden, dass grundsätzlich der Behördensitz der sekretariatsleitenden ESA als **Tagungsort** gewählt wird. Zumindest war bei den bisherigen im Wege einer mündlichen Verhandlung ergangenen Beschwerdebeschlüssen Tagungsort Frankfurt, wobei jeweils die EIOPA das Sekretariat stellte.[83] Trotz allen Ermessens hat der Vorsitzende bei der Gestaltung der mündlichen Verhandlung den Grundsatz des fairen Verfahrens zu beachten. Die **Verhandlung** ist hierbei **öffentlich**, die Parteien können sich **anwaltlich vertreten** lassen und es ist ein **angemessenes Verhandlungsprotokoll** zu erstellen.[84]

57 Sobald der Vorsitzende die Sache für **entscheidungsreif** erachtet, wird er die Beschwerde gemäß Art. 20 RoP-BoA als ***lodged*** erklären (zur rechtlichen Wirkung siehe Rn. 76 f.) und der Beschwerdeausschuss wird zur Beschlussberatung schreiten, um im Anschluss den Beschluss zu verkünden.

58 **VI. Beschlussphase.** Der Beschluss muss von der **zuständigen Person** bzw. dem zuständigen Gremium im richtigen **Verfahren** gefasst werden (zu den **Beschlussmehrheiten** siehe Art. 58 EIOPA-VO Rn. 79 ff.). Hierbei bestehen grundsätzlich Unterschiede zwischen Zwischenbeschlüssen bzw. einstweiligen Beschlüssen und Endbeschlüssen. Anschließend müssen die Beschlüsse auch korrekt **abgefasst**, **zugestellt** und **veröffentlicht** werden

59 **1. Beschlussberatung und -fassung. Endbeschlüsse** müssen immer durch den Beschwerdeausschuss als Ganzes (d. h. in der für das Beschwerdeverfahren festgesetzten Komposition) beschlossen werden.[85] Die Beschlussberatung ist hierbei zwingend nicht-öffentlich und ein Beschluss erfordert eine Mehrheit von vier der sechs Mitglieder des Beschwerdeausschusses, wobei mindestens eines der Mit-

---

[79] So bereits *Gal* in: Dreher/Wandt 2014, S. 11, 65 (dort Fn. 199).

[80] *ESA-BoA* Beschl. v. 3.8.2015 – Rs. BoA 2015 001 Rn. 32, 34 – Onix Asigurari SA/EIOPA, wo der Beschwerdeausschuss in einem Endbeschluss eine Beschwerde wegen Unzuständigkeit verwarf, wobei explizit ein Antrag auf mündliche Verhandlung zurückgewiesen wurde, da dies für eine Entscheidung über die Zulässigkeit nicht erforderlich sei.

[81] *EuG*, Urt. v. 19.5.2010 – Rs. T-108/09 Rn. 45 ff. – Ravensburger/OHIM.

[82] Art. 18 Abs. 2 i. V. m. Art. 12 Abs. 1, 21 Abs. 2 RoP-BoA.

[83] Vgl. *ESA-BoA* Beschl. v. 24.6.2013 – Rs. EBA C 2013 002 Rn. 7 – SV Capital OÜ/EBA; *ESA-BoA* Beschl. v. 14.7.2014 – Rs. BoA 2014-C1-02 Rn. 7 – SV Capital OÜ/EBA.

[84] Art. 18 Abs. 5 EIOPA-VO (Verfahrensöffentlichkeit kann allerdings bei Vorliegen guter Gründe aufgehoben werden); Art. 18 Abs. 2 EIOPA-VO (Recht auf Rechtsbeistand) und Art. 18 Abs. 6 EIOPA-VO (Protokollierung erfolgt entsprechend den Anweisungen des Beschwerdeausschusses).

[85] Dies ist anders für die unter Art. 21 Abs. 2 RoP-BoA enumerierten vorläufigen Beschlüsse, bei denen der Vorsitzende zusammen mit dem Rapporteur entscheiden kann und der gesamte Beschwerdeausschuss allenfalls als *tiebreaker* fungiert.

glieder, die durch die beklagte ESA benannt wurden, dieser Mehrheit angehören muss (siehe Art. 58 EIOPA-VO Rn. 82 ff.).[86]

Unklar ist, ob die **Beschlussberatung** unter **physischer Anwesenheit** der Mitglieder des Beschwerdeausschusses durchgeführt werden muss. Soweit eine mündliche Verhandlung stattgefunden hat, so erfolgt die Beratung üblicherweise in deren Anschluss.[87] Fraglich ist jedoch, ob eine solche Präsenzberatung auch stattfinden muss, wenn das Verfahren ohne mündliche Verhandlung durchgeführt wird. Dies würde von daher Probleme bereiten, als es sich beim Beschwerdeausschuss um ein zwar stehendes Organ handelt, dessen Mitglieder jedoch anderen beruflichen Tätigkeiten an unterschiedlichen Orten nachgehen. Die Verfahrensordnung legt zumindest in Art. 2 Abs. 1 S. 1 Hs. 1 RoP-BoA im Ansatz nah, dass es bei der Beratung um eine Diskussion unter physisch Anwesenden geht.[88] Dieser Eindruck wird jedoch durch keine andere Bestimmung verstärkt. Art. 21 RoP-BoA, der die Beschlussberatung regelt, stellt zu diesem Themenkomplex letztlich nur fest, dass die Beratung nicht-öffentlich zu erfolgen hat. Die Vertraulichkeit kann jedoch auch im Rahmen anderer Beratungsformen gewahrt werden. Hier sollte insofern ein Vergleich zu den Beratungspflichten von Schiedsgerichten gezogen werden. Wie auch der Berufungsausschuss setzen sich Schiedsgerichte aus Mitgliedern zusammen, die an unterschiedlichen Orten einer beruflichen Tätigkeit nachgehen, sodass eine zwingende Zusammenkunft nur zu Beratungszwecken kosteneineffizient erscheint. Insofern ist für Schiedsgerichte anerkannt, dass solange dies nicht explizit durch die Schiedsordnung oder die Schiedsvereinbarung angeordnet wird, der Vorsitzende im freien Ermessen darüber bestimmen kann, in welcher Form die Beratung stattfindet.[89] Insofern ist insbesondere **auch** ein **Umlaufverfahren** üblich und zulässig.[90] Beim heutigen Stand der Technik wird bei Verzicht auf eine mündliche Beratung vielfach auch eine **Telefon- oder Videokonferenz** vorgenommen werden.[91] 60

Inhaltlich ist an die **Beratung keine besondere Anforderung** zu stellen, es kommt nur auf eine kollegiale Willensbildung an, die beispielsweise auch während der mündlichen Verhandlung durch eine für Dritte nicht erkennbare Abstimmung der Mitglieder durch Zunicken oder bestimmte Mimik gegeben sein kann.[92] Entscheidend ist allein, dass jedes Mitglied vor der Beschlussfassung in die Lage gesetzt ist, bei Diskussionsbedarf seine Meinung zu präsentieren. 61

Die von Art. 21 Abs. 1 RoP-BoA angeordnete **Vertraulichkeit der Beratung** verpflichtet zum einen alle Mitglieder des Beschwerdeausschusses, nach Abschluss des Verfahrens das Beratungsgeheimnis zu wahren. Sie verpflichtet aber auch den Vorsitzenden, die Beratung so zu organisieren, dass der Beschwerdeausschuss unter Ausschluss Dritter beraten kann. Ein gewisses Problem dürfte hier bei Wahl des Umlaufverfahrens bestehen. Soweit dieses unter Zwischenschaltung des Sekretariats durchgeführt wird, so ist wohl grundsätzlich dafür Sorge zu tragen, dass die administrativen Mitarbeiter des Sekretariats die Mitteilungen nur verteilen nicht aber selbst zur Kenntnis nehmen können. 62

Im Laufe des Beschwerdeverfahrens kann nicht nur ein Endbeschluss getroffen werden, sondern es sind auch **Zwischenbeschlüsse bzw. einstweilige Beschlüsse** (beide gemeinsam sog. *preliminary decisions*) möglich. Solche dürften zukünftig insbesondere im Hinblick auf die **Aussetzung des Vollzuges** der Beschlüsse der EIOPA (siehe hierzu Rn. 34 ff., 47), aber auch in Form eines **Zwischenbeschlusses über die Zuständigkeit** (siehe Rn. 50) eine Rolle spielen. Da diese beiden *preliminary decisions* ebenfalls vom Beschwerdeausschuss als Kollegialkörper gefasst werden,[93] ergeben sich keine Besonderheiten gegenüber dem Endbeschluss. Hierdurch wird aber noch deutlicher, dass eine physische Beratung nicht zwingend sein kann (vgl. Rn. 60). 63

Besonderheiten ergeben sich insofern allein für solche **Zwischenbeschlüsse** bzw. **einstweilige Beschlüsse**, die gemäß Art. 21 Abs. 1 RoP-BoA vom **Vorsitzenden allein oder zusammen mit dem Rapporteur** gefasst werden können. Es handelt sich hierbei um den Verfahrenszusammenlegungsbeschluss (Art. 13 RoP-BoA), die Anordnung der Dokumentherausgabe (Art. 16 Abs. 2 RoP-BoA), die Erlaubniserteilung zur Einholung eines Gutachtens (Art. 17 Abs. 2 RoP-BoA), die Anordnung der mündlichen Verhandlung (Art. 18 Abs. 3, 4 und 5 RoP-BoA), die Anordnung der Zeugen- oder Sachverständigenvernehmung (Art. 19 Abs. 1 RoP-BoA) und die Anordnung der Vertraulichkeit eines Dokuments oder einer Information (Art. 26 RoP-BoA). Alle diese Beschlüsse werden also nach Beratung des Vorsitzenden mit dem Rapporteur oder ohne Beratung allein durch den Vorsitzenden 64

---

[86] Art. 21 Abs. 1 RoP-BoA (nicht-öffentliche Beratung) und Art. 58 Abs. 6 EIOPA-VO (erforderliche Mehrheit), wobei Art. 21 Abs. 3 S. 2 RoP-BoA hierzu noch klarstellt, dass Enthaltungen nicht zulässig sind.

[87] Dies ist zumindest bei Schiedsgerichten der Fall; vgl. *Lachmann*, Handbuch für die Schiedsgerichtspraxis, 3. Aufl. 2008, Rn. 1680. Schiedsgerichte, die oftmals *ad hoc* besetzt werden und deren Mitglieder aus unterschiedlichen Städten und Ländern stammen, sind insoweit gut mit dem Beschwerdeausschuss vergleichbar.

[88] Art. 2 Abs. 1 S. 1 Hs. 1 RoP-BoA: „The President presides at hearings and deliberations", was in der Verbindung zu den mündlichen Verhandlungen suggeriert, dass es jeweils um Präsenztermine geht.

[89] Siehe Langheid/Wandt/*Gal*, SchiedsVerf Rn. 145.

[90] *Lachmann*, Handbuch für die Schiedsgerichtspraxis, 3. Aufl. 2008, Rn. 1680 m. w. N.

[91] MünchKommZPO/*Münch* § 1052 Rn. 2.

[92] So zur Beratung eines Schiedsgerichts *KG*, Beschl. v. 2.4.2009 – 20 Sch 13/08.

[93] Art. 9 Abs. 1 und 4 bzw. Art. 10 Abs. 1 und 3 jeweils i. V. m. Art. 21 Abs. 3, sowie dem Umkehrschluss aus Art. 21 Abs. 2 RoP-BoA

erlassen, wobei hinsichtlich der Beratung, das zum Endbeschluss Gesagte gilt (siehe Rn. 60f.). Nach Beschlussfassung haben der Vorsitzende und der Rapporteur die anderen Mitglieder des Beschwerdeausschusses jedoch unverzüglich über diese zu informieren, Art. 21 Abs. 2 S. 1 Hs. 2 Rop-BoA. Eine Besonderheit in der Beschlussfassung ergibt sich nur dann, wenn sich der Rapporteur und der Vorsitzende nicht auf einen Beschluss einigen können, da in diesem Fall der Beschwerdeausschuss als Kollegialkörper entscheidet, Art. 21 Abs. 2 S. 2 RoP-BoA. Dieser Beschluss erfolgt nicht etwa durch die weiteren Mitglieder, sondern durch alle Mitglieder gemeinsam. Insofern ist genauso, wie bei einem Endbeschluss zu verfahren.

65 Auch die **verfahrensleitenden Verfügungen** (*directions*, siehe Rn. 48) ergehen als Beschlüsse. Für diese ist gemäß Art. 11 Abs. 1 S. 1 RoP-BoA allein der Vorsitzende zuständig, sodass eine Beratung sich erübrigt. Art. 11 Abs. 1 S. 2 RoP-BoA erlaubt es dem Vorsitzenden jedoch, sich vor der Beschlussfassung mit den Mitgliedern des Beschwerdeausschusses über eine eventuelle verfahrensleitende Verfügung zu verständigen.

66 Eine noch ungeklärte Frage ist, welche Prüfungskompetenz dem Beschwerdeausschuss zukommt, d. h. aus welchen **Rechtsgründen** der Beschwerdeausschuss einen **Zurückverweisungsbeschluss** erlassen kann. Man könnte hier einerseits annehmen, dass dem Beschwerdeausschuss dieselbe **Prüfungskompetenz** wie dem Gerichtshof der Europäischen Union im Rahmen einer Nichtigkeitsklage gemäß Art. 263 UAbs. 2 AEUV – das heißt im Schwerpunkt eine reine Rechtmäßigkeits- und Ermessensmissbrauchsprüfung – zukommt. Dann dürfe eine Zurückverweisung nur auf Grundlage einer Unzuständigkeit, Verletzung wesentlicher Formvorschriften, Verletzung der Verträge oder einer bei seiner Durchführung anzuwendenden Rechtsnorm oder wegen Ermessensmissbrauchs durch die EIOPA erfolgen.[94] Man könnte den Beschwerdeausschuss jedoch demgegenüber als erweitert ermächtigt ansehen – im Sinne einer Fachaufsicht –, sodass eine Rückverweisung sich auch auf eine **andere Ermessensausübung** stützen könnte.[95] Hiergegen spricht jedoch, dass dem Beschwerdeausschuss gerade die noch in dem Entwurf der EIOPA-VO vorgesehene Möglichkeit genommen wurde, Ausgangsentscheidungen durch eigene Ermessensentscheidungen zu ersetzen.[96] Insofern verbleibt es für den Beschwerdeausschuss bei einer Legalitätskontrolle, wobei es ihm unbenommen ist, *obiter dicta* einige Anmerkungen zur Ermessensausübung zu treffen.[97]

67 **2. Beschlussabfassung, -zustellung und Veröffentlichung (Abs. 7).** Hinsichtlich der **Form** des Beschlusses stellt Abs. 7 nur klar, dass dieser zu begründen und zu veröffentlichen ist. Dies wird durch Art. 22 RoP-BoA zunächst dahingehend konkretisiert, dass der Beschluss **schriftlich** zu ergehen hat und zudem von den **Mitgliedern des Beschwerdeausschusses und des Sekretariats** zu **unterzeichnen** und mit einer **Rechtsbehelfsbelehrung** den Parteien **zuzusenden** ist.[98]

68 Die Verfahrensordnung und Art. 60 EIOPA-VO sehen keine zwingende Form der Zustellung des Beschlusses vor. Art. 22 Abs. 1 S. 1 RoP-BoA (Schriftlichkeit) ist wohl so zu verstehen, dass auch eine **elektronische Form** ausreichend ist, was sich aus Art. 22 Abs. 2 S. 1 RoP-BoA ergibt, der eine elektronische Signatur ausreichen lässt. Insofern könnte durch das für den Versand zuständige Sekretariat den Parteien entweder der Beschluss in elektronischer Form zugesandt werden, so ein Emailadresse als Versandadresse im Verfahren etabliert wurde oder aber der Beschluss wäre postalisch (dann aber im Original) zu übersenden.

69 Auch hinsichtlich der **inhaltlichen Ausgestaltung** des Beschlusses konkretisiert die Verfahrensordnung des Beschwerdeausschusses die Vorgaben der EIOPA-VO. Der Beschluss hat **zwingend** zu **enthalten**: die Namen der Mitglieder des Beschwerdeausschusses, des zuständigen Mitglieds des Sekretariats, der Parteien und deren Rechtsbeistände, eine Zusammenfassung des Verfahrensgangs, den Parteivortrag und deren Anträge, eine Zusammenfassung der relevanten Fakten, die Entscheidung und die (tragenden) Gründe, ob es sich um eine einstimmige oder eine Mehrheitsentscheidung handelte (und wer für und gegen den Beschluss stimmte) und den verfügenden Teil des Beschlusses.[99]

---

[94] In diese Richtung wohl auch der Vorsitzende des Beschwerdeausschusses *Blair*, The Board of Appeal of the European Supervisory Authorities, 2012, 4.

[95] Dieser Schluss könnte daraus gezogen werden, dass anders als in Erwägungsgrund 64 der SSM-VO, der dem Überprüfungsausschuss der EZB eine Zweckmäßigkeitsprüfung explizit untersagt, die EIOPA-VO ein solches Verbot nicht ausdrücklich vorsieht.

[96] So auch *Bierschenk/Dechent* EuZW 2016, 572, 576.

[97] So auch *van Cleynenbreugel* ELSA Malta Law Review 2012, 231, 249; so bereits *Gal* in: Dreher/Wandt 2014, S. 11, 47 f.

[98] Hinsichtlich der Rechtsbehelfsbelehrung des Art. 22 Abs. 2 S. 2 RoP-BoA stellt sich eine ähnliche Problematik wie bei Unterbleiben einer Rechtsbehelfsbelehrung im Ausgangsbeschluss der EIOPA (siehe hierzu oben Rn. 32), da Art. 263 UAbs. 6 AEUV eine zweimonatige Ausschlussfrist ab Bekanntgabe (hier also wohl Zugang) vorsieht, sodass man Zweifel daran haben kann, ob diese zu laufen beginnt, wenn eine ordentliche Rechtsbehelfsbelehrung nicht erteilt wurde; in der Tendenz nimmt das EuG jedoch eine zwingende Ausschlussfrist an; vgl. *EuG* Beschl. v. 15.1.2009 – Rs. T-306/08 P LS 3 und Rn. 27 ff. – Braun-Neumann/EP.

[99] Art. 22 Abs. 1 S. 2 RoP-BoA; bei etwaigen Schreib- oder Rechenfehlern des Beschlusses besteht die Möglichkeit eines Beschlussberichtigungsverfahrens, siehe Art. 23 RoP-BoA.

Alle Beschlüsse sind nicht nur den Parteien zu übersenden, sondern zudem gemäß Abs. 7 zu **veröffentlichen.** Die Verfahrensordnung konkretisiert dies dahingehend, dass das Sekretariat die Veröffentlichung zu organisieren hat.[100] Veröffentlichung ist hierbei als Zugängigmachung zu verstehen, sodass nicht zwingend eine Veröffentlichung in einem der Publikationsorgane der Union gemeint ist, sondern vielmehr eine Veröffentlichung auf den Internetseiten der ESA ausreichend erscheint. 70

Die Frage ist, ob diese Anforderungen auch für **Zwischenbeschlüsse** und **einstweilige Beschlüsse** bzw. für **verfahrensleitende Anordnungen** gelten. Abs. 7 spricht insoweit nur von Beschlüssen, sodass der Schluss naheliegt, dass alle Beschlüsse zu begründen und zu veröffentlichen sind. Hinsichtlich des Verfahrens zu Erlass dieser Beschlüsse genießt der Beschwerdeausschuss jedoch durch die Verfahrensordnung eine noch **größere Gestaltungsfreiheit** als bei Endbeschlüssen, da die Anwendung der Verfahrensvorschriften in das Ermessen des Vorsitzenden gestellt wird.[101] 71

Hierbei wird man zunächst davon ausgehen können, dass Art. 22 RoP-BoA der den **Mindestinhalt von Beschlüssen** regelt, überhaupt nicht zur Anwendung kommt, da dieser vom Mindestinhalt der „*Decision*" und nicht der „*decisions*" spricht, sodass es hier wohl ausschließlich um den Endbeschluss geht. **Zwischenbeschlüsse, einstweilige Beschlüsse** und **verfahrensleitende Anordnungen** sind insofern so auszugestalten, dass sie den Rechtsstreit und die Parteien hinreichend identifizieren und haben hinsichtlich der Angaben des Sachverhalts und der Begründung und Anordnung gewisse Mindeststandards zu erfüllen, die einem fairen Verfahren angemessen sind. Gerade im Fall von *directions* wird es aber oft auch zulässig sein, auf eine Begründung gänzlich zu verzichten. 72

Besonders fraglich ist jedoch, ob **Zwischenbeschlüsse, einstweilige Beschlüsse** und **verfahrensleitende Anordnungen** von Abs. 7 Alt. 2 erfasst werden, sodass sie grundsätzlich zu veröffentlichen sind. Dies geschieht gegenwärtig nicht, da Art. 24 RoP-BoA die Veröffentlichungspflicht wiederum nur für die „Decision" [in Großschreibung] und nicht für „decisions" anordnet (vgl. Rn. 72). Diese Nichtveröffentlichungspraxis für Zwischenbeschlüsse, einstweilige Beschlüsse und verfahrensleitende Anordnungen erscheint im Hinblick auf Abs. 7, der, ohne dies weiter zu differenzieren, die Veröffentlichung aller Beschlüsse des Beschwerdeausschusses fordert, jedoch bedenklich. Während es im Hinblick auf verfahrensleitende Anordnungen durchaus mit einer teleologischen Interpretation vereinbar ist, dass diese nicht veröffentlicht werden, sondern allenfalls in der Prozessgeschichte erwähnt werde müssen, kann dies zumindest für die *preliminary decisions* der Art. 9, 10 RoP-BoA nicht überzeugen. Durchaus noch von Abs. 7 gedeckt wäre jedoch die Vorgehensweise, dass diese Beschlüsse in begründeter Form gegenüber den Verfahrensbeteiligten ergehen, aber nur in der Weise veröffentlicht werden, dass sie im Endbeschluss im Rahmen der Prozessgeschichte wörtlich wiedergegeben werden. 73

3. Beschlussfrist (Abs. 2 UAbs. 2). Hinsichtlich des **Endbeschlusses** sieht Abs. 2 UAbs. 2 eine **Frist** vor, um dafür Sorge zu tragen, dass das Verfahren einen zügigen Rechtsschutz gewährleistet. Diese Frist beträgt nur zwei Monate. 74

Zum **Auslöser der Frist** stellt Abs. 2 UAbs. 2 fest, dass über „Beschwerden innerhalb von zwei Monaten nach deren ***Einreichung***" [Hervorhebung durch Verf.] zu entscheiden ist. Bei einer rein grammatikalischen Auslegung der deutschen Sprachfassung würde man *prima vista* zu dem Schluss kommen, dass diese Frist (spätestens) mit dem **Zugang der Beschwerde** (siehe Rn. 25 ff.) zu laufen beginnt. Der Auslöser dieser Frist wäre insofern der Zeitpunkt, von dem ab bereits bestimmt wurde, ob die zweimonatige Beschwerdefrist ab Bekanntmachung des verfahrensgegenständlichen Beschlusses der EIOPA eingehalten wurde (siehe Rn. 31). 75

Die **Verfahrensordnung** hat jedoch eine von dieser Auslegung **abweichende Regelung** getroffen, sodass sich die Frage stellt, ob diese noch von der Ermächtigung gedeckt ist. Nach Art. 20 RoP-BoA kommt es für den Beginn der Frist **nicht** auf das allein im Einflussbereich des Beschwerdeführers stehende ***filing*** (d. h. Zugang, siehe Rn. 25 ff.), sondern auf das ***lodging*** (d. h. die Feststellung der Spruchreife, siehe Rn. 57) der Beschwerde an. Das Verfahren wird durch den Vorsitzenden gemäß Art. 20 RoP-BoA dann für *lodged* erklärt, wenn der Vorsitzende den Parteien mitteilt, dass alle notwendigen Beweismittel vorhanden sind. Hierdurch wird der Fristbeginn in nicht unerheblichem Maße in das Belieben des Beschwerdeausschusses gestellt. Trotz eines zunächst scheinbaren Widerspruchs mit der EIOPA-VO dürfte diese Regelung aber noch von der Ermächtigung gedeckt sein. So unterscheidet die englische Sprachfassung gerade zwischen dem *filing* (Art. 60 Abs. 2 UAbs. 1 EIOPA-VO), das erheblich für die Fristwahrung der Beschwerde ist, und dem *lodging* (Art. 60 Abs. 2 UAbs. 2 EIOPA-VO), auf das es für die hier untersuchte Verfahrensdauerfrist ankommt. Auch die deutsche Sprachfassung verwendet in den genannten Normen unterschiedliche Rechtsbegriffe, nämlich Einlegung (Art. 60 Abs. 2 UAbs. 1 EIOPA-VO) und Einreichung (Art. 60 Abs. 2 UAbs. 2 EIOPA-VO). Obgleich dies für einen deutschen juristischen Leser kaum zwingend nahelegt, dass es hinsichtlich des zweiten Zeitpunkts auf den der Entscheidungsreife ankommt, verdeutlicht doch die Verwendung unterschiedlicher Begriffe, dass es um unterschiedliche Zeitpunkte gehen soll. Auch die meisten anderen 76

[100] Art. 24 RoP-BoA; wobei eine Veröffentlichung bisher nur im Internet erfolgt und sich auch nur auf die Endbeschlüsse erstreckt.

[101] Siehe Art. 9 Abs. 3 und 10 Abs. 2 RoP-BoA.

Sprachfassungen verwenden hier jeweils zwei unterschiedliche Termini.[102] Zu berücksichtigen ist hier, dass diese unterschiedlichen Begriffe jedoch typischerweise in den jeweiligen Rechtsordnungen nicht mit zwei trennscharf zu unterscheidenden Rechtsinstrumenten korrelieren – dies ist nur in der englischen Sprachfassung der Fall –, sodass man zu dem Auslegungsschluss kommen muss, dass dem europäischen Gesetzgeber ein anglo-amerikanisches System vorschwebte, dass zwischen dem *filing* und *lodging* unterscheidet, sodass auch die Regelung der Verfahrensordnung rechtmäßig erscheint und die Zweimonatsfrist insofern erst mit der Entscheidungsreife zu laufen beginnt.[103]

77 Um die Frist zu wahren, muss lediglich der **Beschluss** innerhalb der Frist **gefasst** sein. Es kommt mithin **nicht** auf die **Abfassung** des Beschlusses **oder** dessen **Zustellung** an. Im Hinblick darauf, dass die Zweimonatsfrist erst ab Entscheidungsreife zu laufen beginnt (Rn. 76), sollte es dem Beschwerdeausschuss aber möglich sein, innerhalb dieser Frist auch die Redaktion des Beschlusses abzuschließen. Soweit der Beschluss nicht innerhalb der Frist gefasst wird, dürfte eine **Untätigkeitsklage** nach Art. 265 UAbs. 3 AEUV zulässig sein. Welche **weiteren Folgen** ein Fristverstoß haben könnte, wird weder in der EIOPA-VO noch in der Verfahrensordnung geklärt. Man wird jedoch davon auszugehen haben, dass dies auf den Beschluss selbst keine Auswirkung hat, sondern lediglich mit anderen Mitteln als Behördenversagen verfolgt werden kann (bspw. auch im Wege einer Schadensersatzklage, siehe Art. 69 EIOPA-VO Rn. 6 ff.).

78 **4. Beschlusswirkung (Abs. 5).** Der **Beschluss in der Hauptsache** kann nur **zwei Formen** haben: Der Beschwerdeausschuss kann den Beschluss der EIOPA entweder **bestätigen** oder zu einem neuen Beschluss an diese **zurückverweisen** (Abs. 5 S. 1). Der Beschwerdeausschuss ist hingegen gegenwärtig – anders als dies noch im Kommissionsentwurf vorgesehen war – nicht dazu berechtigt, den Beschluss der EIOPA selbständig aufzuheben oder abzuändern.[104]

79 Bei einem **bestätigenden Beschwerdebeschluss** sieht der verfügende Teil des Beschlusses allein die Ablehnung der Beschwerdeanträge vor. Die Beschlusswirkung ergeht sich hier darin, dass der Beschluss die Grundlage für eine spätere Kostentragungsentscheidung (siehe Rn. 83 ff.) darstellt und dass aus dem Widerspruchsbescheid hervorgeht, dass sich der Beschwerdeausschuss weigert, die EIOPA zu einer Neubescheidung zu veranlassen.

80 Unklar ist jedoch, welche **Rechtswirkung** der **bestätigende Beschwerdebeschluss auf** den **Ausgangsbeschluss** hat. Dies spielt insbesondere auch dahingehend eine Rolle, gegen welchen Beschluss eine Nichtigkeitsklage erhoben werden kann (siehe Art. 61 EIOPA-VO Rn. 14). Es fehlt eine Vorschrift nach dem Vorbild von **§ 79 Abs. 1 Nr. 1 VwGO**, nach der der Klagegenstand der ursprüngliche Verwaltungsakt in der Gestalt, die er durch den Widerspruchsbescheid gefunden hat, ist. Es ist insofern unklar, was mit Erlass der Entscheidung des Beschwerdeausschusses aus dem Ausgangsbescheid wird. Auf Grund der Abwesenheit einer Regelung, wie der des § 79 Abs. 1 Nr. 1 VwGO, wird man wohl von einer **verbleibenden Selbständigkeit der Beschlüsse** auszugehen haben. Auch das EuG und der EuGH haben dies bereits inzidenter anerkannt.[105] Dies bedeutet jedoch letztlich, da gemäß der Systematik des Art. 61 Abs. 1 EIOPA-VO nur gegen den Beschwerdebeschluss, nicht aber gegen den Ausgangsbeschluss geklagt werden darf, dass auch im Erfolgsfall der Nichtigkeitsklage nur der Beschluss des Beschwerdeausschusses aufgehoben wird,[106] während der Ausgangsbeschluss der EIOPA zunächst bestehen bleibt. Dies lässt sich aber in ein kohärentes System bringen (siehe Art. 61 EIOPA-VO Rn. 14, 19).

81 Wenn der Beschwerdeausschuss den Ausgangsbeschluss für rechtswidrig erachtet, so erlässt er einen **Zurückverweisungsbeschluss**. Hierbei ist der Systematik zu entnehmen, dass der Zurückverweisungsbeschluss **nicht unmittelbar** zur **Aufhebung des Ausgangsbeschlusses** der EIOPA führt,[107] sondern diese nur anweist, auf welcher Grundlage der Beschluss neu zu fassen ist.[108] Beachtlich ist insofern auch,

[102] Siehe beispielsweise die französische (*formation* und *introduction*), spanische (*presentatión* und *interposición*), niederländisch (*aangetekend* und *instelling*) Sprachfassung; Ausnahmen hiervon sind die portugiesische (*apresentação*) und die italienische (*presentazione*) Sprachfassungen, die jeweils einen Begriff des gleichen Wortstamms verwenden.

[103] Wollte man hingegen auf den Zugang der Beschwerde abstellen, wäre bisher jeder Beschluss des Beschwerdeausschusses verspätet gewesen.

[104] Im Kommissionsentwurf sollten dem Beschwerdeausschuss diese Kompetenzen noch zukommen (KOM[2009] 502 eng.]. So lautete Art. 46 Abs. 5 S. 1 EIOPA-VOE: „Der Beschwerdeausschuss kann im Rahmen dieses Artikels innerhalb der Zuständigkeiten der Behörde liegende Befugnisse wahrnehmen oder die Angelegenheit an die zuständige Stelle der Behörde zurückverweisen"; vgl. hierzu *Louis* in: Giovanoli/Devos, International Monetary and Finanzial Law – The Global Crisis, 2010, S. 146 (Rn. 7.28).

[105] *EuG* Urt. v. 9.9.2015 – Rs. T-660/14 Rn. 39 ff. – SV Capital OÜ/EBA, hier klagte das estnische Unternehmen sowohl gegen den Ausgangsbeschluss der EBA als auch gegen den ablehnenden Beschwerdebeschluss und die Klage gegen den Ausgangsbeschluss wurde zwar wegen Unzulässigkeit abgewiesen, aber nicht etwa wegen nicht mehr Bestehens des Ausgangsbeschlusses, sondern wegen Verfristung und anderen Gründen; insoweit bestätigt durch *EuGH* Urt. v. 14.12.2016 – Rs. C-577/15 P Rn. 52 ff. – SV Capital OÜ/EBA.

[106] Der Gerichtshof kann die Handlung (d. h. den Beschluss) nur für nichtig erklären und sie nicht etwa ersetzen (keine Gestaltungsklage); vgl. Grabitz/Hilf/Nettesheim/*Dörr* Art. 263 AEUV Rn. 197; Calliess/Ruffert/*Cremer* Art. 263 AEUV Rn. 1 f.

[107] So bspw. *Gal* in: Dreher/Wandt 2014, S. 11, 35; *Bierschenk/Dechent* EuZW 2016, 572, 577; a. A. wohl nur *Loosveld* Journal of International Banking Law and Regulation 2013, 9, 13: „If […] the Board of Appeal were to annul the decision of the ESA"; siehe auch oben Rn. 78.

[108] Vgl. Art. 60 Abs. 5 EIOPA-VO.

dass der Zurückverweisungsbeschluss noch nicht einmal eine den Vollzug aussetzende Wirkung auf den Ausgangsbeschluss hat, wenn die Aussetzung des Vollzugs nicht gesondert beantragt wurde.[109] Bei Erlass ihres geänderten Beschlusses ist die EIOPA an den Beschluss des Beschwerdeausschusses gebunden (Abs. 5 S. 2).

Andere Rechtswirkungen können dem Beschwerdebeschluss nicht beigelegt werden. Der Beschwerdeausschuss hat bereits klargestellt, dass er dies als einen *numerus clausus* betrachtet – das andere Anträge also nicht positiv beschieden werden können –, in dem er es abgelehnt hat, einem Beschwerdeführer Schadensersatz zuzusprechen.[110] 82

5. Kostenentscheidung. Aus deutscher Sicht erscheint interessant, dass die **Kostenentscheidung nicht im Beschluss** erfolgt,[111] sondern erst nach dessen Veröffentlichung und nach einer möglichen Stellungnahme durch die Parteien.[112] 83

Hierbei ist hervorzuheben, dass die **EIOPA-VO** explizit **keine Feststellungen** darüber trifft, **ob** das Beschwerdeverfahren **kostenfrei** auszugestalten ist, sodass es wohl als noch von der Ermächtigung des Abs. 6 gedeckt anzusehen ist, dass die Verfahrensordnung (siehe Rn. 17 ff.) eine solche Kostenentscheidung vorsieht. 84

Bei dieser Kostenentscheidung geht es nicht nur um die **Tragung etwaiger Verfahrensgebühren,** sondern auch um die **Tragung** der zweckentsprechenden **Rechtsverfolgungs- oder -verteidigungskosten** der Parteien.[113] 85

Hinsichtlich der **Kostenverteilung** ist die Verfahrensordnung bedauerlich vage und stellen nur fest, dass der Beschwerdeausschuss beschließen kann, welche Partei oder in welchem Verhältnis die Parteien die Kosten zu tragen haben.[114] Im Hinblick auf diese sehr offene Formulierung hat der Beschwerdeausschuss bereits in zwei Beschlüssen – offensichtlich aus Billigkeitsgesichtspunkten (zum Schutz des Beschwerdeführers) – den Erlass eines Kostenbeschlusses explizit verweigert.[115] 86

Obgleich dies nicht genau ausgeführt wird, ergeht diese **Kostenentscheidung** (*costs order*) wohl ihrerseits in **Form eines Beschlusses**, sodass auch dieser vor dem Gerichtshof der Europäischen Union mit der **Nichtigkeitsklage** angegriffen werden kann. 87

Klagen vor dem Gerichtshof der Europäischen Union

61 (1) **Im Einklang mit Artikel 263 AEUV kann vor dem Gerichtshof der Europäischen Union Klage gegen einen Beschluss des Beschwerdeausschusses oder, in Fällen, in denen kein Rechtsbehelf beim Beschwerdeausschuss möglich ist, der Behörde erhoben werden.**

(2) **Im Einklang mit Artikel 263 AEUV können die Mitgliedstaaten und die Organe der Union sowie jede natürliche oder juristische Person Klage vor dem Gerichtshof der Europäischen Union gegen Beschlüsse der Behörde erheben.**

(3) **Nimmt die Behörde trotz der Verpflichtung, tätig zu werden, keinen Beschluss an, so kann vor dem Gerichtshof der Europäischen Union eine Untätigkeitsklage nach Artikel 265 AEUV erhoben werden.**

(4) **Die Behörde muss die erforderlichen Maßnahmen ergreifen, um dem Urteil des Gerichtshofs der Europäischen Union nachzukommen.**

Übersicht

[109] Wobei es wohl ein Verstoß gegen die Unionstreue wäre, würde EIOPA trotz eines Zurückverweisungsbeschlusses zunächst keinen neuen Beschluss fassen, sondern eine Vollstreckung des Ausgangsbeschlusses betreiben.

[110] *ESA-BoA* Beschl. v. 10.1.2014 – Rs. BoA 2013-14 Rn. 182 – Global Private Rating Company „Standard Rating" Ltd./ESMA.

[111] Hiergegen scheint – *prima vista* – *ESA-BoA* Beschl. v. 24.6.2013 – Rs. EBA C 2013 002, Rn. 69 – SV Capital OÜ/EBA zu verstoßen, wobei genau genommen nur erklärt wird, dass von einem Kostenbeschluss abgesehen wird.

[112] Art. 25 Abs. 2 RoP-BoA.

[113] Art. 25 Abs. 1 RoP-BoA. Dass es hier auch um die Tragung der von der ESA ausgelegten Kosten des Verfahrens gehen kann, zeigt ein Vergleich mit Art. 11 Abs. 4 S. 1 RoP-BoA. Eine pauschalierte Gebühr scheint aber nicht erhoben zu werden.

[114] Art. 25 Abs. 3 RoP-BoA: Es ist insofern wohl davon auszugehen, dass der Beschwerdeausschuss grundsätzlich eine Kostenteilung am Maßstab des Obsiegens und Unterliegens – wie im deutschen Recht unter § 155 VwGO – vornehmen wird. Es ist jedoch durchaus denkbar, dass sich der Beschwerdeausschuss hier stärker als der deutsche Verwaltungsrichter von Billigkeitsgesichtspunkten leiten lassen wird.

[115] *ESA-BoA* Beschl. v. 24.6.2013 – Rs. EBA C 2013 002 Rn. 69 – SV Capital OÜ/EBA; *ESA-BoA* Beschl. v. 14.7.2014 – Rs. BoA 2014-C1-02 Rn. 81 – SV Capital OÜ/EBA.

Schrifttum: *van Cleynenbreugel*, Judicial Protection Against EU Financial Supervisory Authorities in the Wake of Regulatory Reform, ELSA Malta Law Review 2012, S. 231 ff.; *Forst*, Zum Verordnungsvorschlag der Kommission über eine europäische Versicherungsaufsicht, VersR 2010, S. 155 ff.; *Gal*, Europäische Streitbeilegungsmechanismen bei Meinungsverschiedenheiten zwischen nationalen Versicherungsaufsichtsbehörden – EIOPA als Schlichter, Mediator, Schiedsrichter oder in genuinem Kleide?, ZVersWiss 2013, S. 7 ff.; *ders.*, Rechtsschutz gegen Maßnahmen von EIOPA, in: Dreher/Wandt 2014, S. 11 ff.; *ders.*, Rechtsschutz gegen die Leitlinien der EIOPA, in: Koch/Werber/Winter (Hrsg.), Der Forschung – der Lehre – der Bildung: 100 Jahre Seminar für Versicherungswissenschaft und Versicherungswissenschaftlicher Verein in Hamburg e. V., 2016, S. 713 ff.; *Gundel*, Der Rechtsschutz gegen Handlungen der EG-Agenturen – endlich geklärt?, EuR 2009, S. 383 ff.; *Loosveld*, Appeals Against Decisions of the European Supervisory Authorities, Journal of International Banking Law and Regulation 2013, S. 9 ff.; *Manger-Nestler*, Rechtsschutz in der Europäischen Bankenaufsicht, ZfgK 2012, S. 528 ff.; Rengeling/Middeke/Gellermann, Handbuch des Rechtsschutzes in der Europäischen Union, 3. Aufl. 2014; *Riedel*, Rechtsschutz gegen Akte Europäischer Agenturen, EuZW 2009, S. 565 ff.; *Saurer*, Individualrechtsschutz gegen das Handeln der Europäischen Agenturen, EuR 2010, S. 51 ff.; *Sonder*, Rechtsschutz gegen Maßnahmen der neuen europäischen Finanzaufsichtsagenturen, BKR 2012, S. 8 ff.

1 **I. Allgemeines.** Art. 61 EIOPA-VO regelt (partiell) die verfügbaren Rechtsmittel gegen Maßnahmen (oder die Untätigkeit) der EIOPA. Da die Überprüfung zahlreicher (aber nicht aller) Beschlüsse der EIOPA amtsintern durch den Gemeinsamen Beschwerdeausschuss erfolgt, bedarf es einer gerichtlichen Kontrollinstanz, wobei dies erstinstanzlich das Gericht der Europäischen Union ist. Art. 61 regelt die Nichtigkeitsklage gegen Beschlüsse des Beschwerdeausschusses oder gegen Beschlüsse der EIOPA ohne Beschwerdemöglichkeit (Abs. 1), die Nichtigkeitsklage gegen alle Beschlüsse der EIOPA durch Personen, denen kein Beschwerderecht gegen die Beschlüsse zukommt (Abs. 2), die Untätigkeitsklage gegen die EIOPA (Abs. 3) und die Pflichten, die der EIOPA aus Urteilen des Gerichtshofs der Europäischen Union erwachsen (Abs. 4).

2 **II. Nichtigkeitsklage (Abs. 1, 2).** Das Model des europäischen **Rechtsschutzes gegen Beschlüsse der EIOPA** ist **grundsätzlich** ein **zweistufiges**, sodass sich die belastete Partei nach dem typischerweise eröffneten Beschwerdeverfahren noch im Wege der Nichtigkeitsklage nach Art. 263 AEUV gegen diesen wenden kann. Im Hinblick auf eine solche Nichtigkeitsklage sind grob drei Konstellationen zu unterscheiden. Zum einen gibt es solche Beschlüsse, bei denen eine Beschwerdemöglichkeit nicht gegeben ist und gegen die die Nichtigkeitsklage insofern unmittelbar statthaft ist. Zum anderen kann sich eine Nichtigkeitsklage auch gegen den Beschluss des Beschwerdeausschusses richten. Schließlich stellt sich auch die Frage, in wie weit und unter welchen Bedingungen eine Nichtigkeitsklage gegen den Beschluss der EIOPA selbst möglich ist, wenn dieser mit einer Beschwerdemöglichkeit versehen ist.

3 **1. Beschlüsse ohne Beschwerdemöglichkeit (Abs. 1 HS. 2, Abs. 2).** Abs. 1 Hs. 2 bzw. 2 **gewähren** durch Verweisung auf Art. 263 AEUV den Organen der EU, den Mitgliedstaaten, sowie den nationalen Aufsichtsbehörden und den Versicherern die **Nichtigkeitsklage** gegen Beschlüsse der EIOPA. Dieser **Verweisregelung** bedurfte es zum Zeitpunkt des Erlasses deshalb, da Art. 230, 232 EGV nur Klagen gegen die Gemeinschaftsorgane und die EZB vorsahen, eine Klage gegen die EIOPA also nicht automatisch eröffnet gewesen wäre, da diese kein Gemeinschaftsorgan ist. Mit Einfügung des Art. 263 UAbs. 1 S. 2 AEUV hat sich dies erledigt. Allerdings erscheint die Regelung des Art. 61 EIOPA-VO gleichwohl sinnvoll, zum einen aus Transparenzgesichtspunkten und zum anderen im Hinblick auf Art. 263 UAbs. 5 AEUV, der es zulässt, dass die Errichtungsakte besondere Bedingungen für die Zulässigkeit von Klagen gegen Maßnahmen der sonstigen Stellen der EU vorsehen. Im Hinblick auf das Beschwerdeverfahren ist dies in der EIOPA-VO geschehen.

4 Nur soweit ein **Beschluss keine Beschwerdebefugnis** vorsieht, kann eine **Klage unmittelbar** erhoben werden. Dies wird zwar aus der Formulierung, dass eine Klage gegen den Beschluss der Ausgangsbehörde und nicht gegen den Beschluss des Beschwerdeausschusses zu richten ist, „in den Fällen, in denen kein Rechtsbehelf beim Beschwerdeausschuss möglich ist",[1] auf Grund der Verwen-

[1] In Art. 47 Abs. 1 des Entwurfs (KOM[2009] 502 endg.) war den Übersetzern noch der Lapsus unterlaufen, von einer „Einspruchsmöglichkeit" zu sprechen – gemeint war aber auch damals schon die Beschwerdemöglichkeit nach Art. 46 des Entwurfs.

dung des Begriffs „Rechtsbehelfs" nicht ganz deutlich. Gemeint sind aber letztlich nur die Fälle, in denen keine Beschwerde i. S. d. Art. 60 EIOPA-VO eröffnet ist.[2]

Bereits nach dem Kommissionsentwurf war für alle Klagen – also auch Klagen der Mitgliedstaaten (vertreten durch die nationalen Versicherungsaufsichtsbehörden) – gegen EIOPA nicht der EuGH, sondern das **EuG zuständig** (vgl. Art. 47 EIOPA-VOE).[3] Dies war zwar nicht der Wille der Kommission, die im Entwurf explizit von „Klagen vor dem Gericht erster Instanz und vor dem Gerichtshof" sprach, ergab sich aber unmittelbar aus Art. 225 Abs. 1 EGV (heute Art. 256 Abs. 1 AEUV), der Nichtigkeitsklagen nach Art. 230 EGV (heute Art. 263 AEUV) grundsätzlich dem EuG zuweist. Hiervon wird gemäß Art. 256 Abs. 1 AEUV (früher Art. 225 Abs. 1 EGV) i. V. m. Art. 51 der Satzung des EuGH dahingehend eine Ausnahme gemacht, dass solche Klagen von Mitgliedsstaaten gegen bestimmte Handlungen von Gemeinschaftsorganen dem EuGH vorbehalten bleiben.[4] Die ESA sind jedoch keine Gemeinschaftsorgane, sodass diese Regel nicht hätte greifen können. Dieses Problem schien *prima facie* vom Europäischen Parlament erkannt worden zu sein, das aber, anstatt eine Anpassung der Satzung des EuGH anzuregen, sodass Art. 51 der Satzung des EuGH neben Klagen gegen die Organe (und die EZB) auch noch solche gegen die Aufsichtsbehörden erfasst, wohl lieber alle Klagen – also auch solche von juristischen und natürlichen Personen – gegen die EIOPA der Zuständigkeit des EuGH unterstellen wollte.[5] Ob eine solche Entscheidung – dem EuGH die Zuständigkeit für alle Klagen gegen eine Europäische Finanzaufsichtsbehörde zuzuteilen – sinnvoll gewesen wäre, muss im Hinblick auf die Arbeitsüberlastung des EuGH stark bezweifelt werden.[6] Noch stärker muss jedoch bezweifelt werden, ob das Europäische Parlament und mit ihm die anderen Organe diese Problematik und die Tragweite des erwähnten Änderungsantrags wirklich vollständig durchschaut haben, da die anderen Änderungsanträge weiterhin sowohl EuGH als auch EuG nannten[7] und der endgültige Verordnungstext wiederum eine neue Formulierung wählte. Gemäß Abs. 2 ist nunmehr der „Gerichtshof der Europäischen Union" für Klagen zuständig. Hierbei handelt es sich – *nota bene* – nicht um den Europäischen Gerichtshof (EuGH), sondern um das gesamte Gerichtssystem der Europäischen Union, welches EuGH, EuG und die etwaigen Fachgerichte vereint (vgl. Art. 19 EUV).[8] Insofern ergibt sich die Zuständigkeit wieder – wie schon für den Entwurf – aus Art. 256 Abs. 1 AEUV, sodass das EuG für alle Klagen gegen EIOPA – also auch die der Mitgliedsstaaten – zuständig ist, so lange nicht Art. 51 der Satzung des EuGH angepasst wird.[9] Die früher bestehende Sonderzuständigkeit des Gerichts für den öffentlichen Dienst der Union (GöD) – als Fachgericht – für Beschlüsse im Zusammenhang mit den Dienstverhältnissen der EIOPA besteht nicht mehr, da das GöD im September 2016 aufgelöst wurde. **5**

Bei Beschlüssen der EIOPA ohne Beschwerdefähigkeit ergeben sich keine Besonderheiten hinsichtlich der **Klagebefugnis**. Insofern sind die Organe der EU und die Mitgliedstaaten **privilegiert** immer, der Rechnungshof, die EZB und der Ausschuss der Regionen teilprivilegiert, wenn ihre Rechte betroffen sind, klagebefugt. Zumindest die Klagebefugnis der **teilprivilegierten** Kläger scheint jedoch durch Abs. 2 beschnitten zu werden, da diese dort nicht explizit aufgeführt werden, sodass man die Auffassung vertreten kann, dass sie nur unter den Bedingungen einer nicht-privilegierten juristischen Person klagen können. Ob dies so ist, sollte gerade im Hinblick auf die EZB möglichst bald durch den Gerichtshof adressiert werden. Es spricht jedoch vieles dafür, dass durch den sekundärrechtlichen Abs. 2 nicht die primärrechtlich verbürgte teilprivilegierte Klagebefugnis des Art. 263 UAbs. 3 AEUV verkürzt werden kann. Für die **nicht-privilegierten Personen,** d. h. die nationalen Aufsichtsbehörden und die Finanzinstitute (oder andere juristische und natürliche Personen), kommt es hingegen gemäß Art. 263 UAbs. 4 AEUV darauf an, ob sie Adressat des Beschlusses sind oder durch diesen unmittelbar und individuell betroffen werden. Im Hinblick auf die Natur der meisten Beschlüsse, die nicht mit einem Beschwerderecht versehen sind,[10] wird eine unmittelbare und individuelle Betroffenheit wohl eher selten zu bejahen sein.[11] **6**

---

[2] Andere Rechtsbehelfe vor dem Beschwerdeausschuss werden von der Verordnung nicht vorgesehen. Dass es sich auch tatsächlich allein um die Beschwerde des Art. 60 handelt, zeigt auch die englische Sprachfassung des Art. 61 Abs. 1 EIOPA-VO, die den entsprechenden Passus wiedergibt als „in cases where there is no right of appeal before the Board of Appeal".

[3] *Ksion*, Vorschlag für eine Verordnung des Europäischen Parlaments und des Rates zur Errichtung einer Europäischen Aufsichtsbehörde für das Versicherungswesen und die betriebliche Altersvorsorge, in: KOM(2009) 502 endg.

[4] Für Detailfragen siehe *Wägenbaur* in: Wägenbaur, EuGH VerfO, 2008, Art. 51 Satzung EuGH Rn. 5.

[5] *Committee on Economic and Monetary Affairs des EP*, Bericht A7–0170/2010 v. 26.5.2010, Änderungsantrag 117, S. 108 erklärt den „Gerichtshof" für zuständig, womit, wie die Änderungsanträge 116 und 118 (siehe *ibidem*, S. 108 f.), die das EuG dem „Gerichtshof" begrifflich gegenüberstellen, der EuGH gemeint war.

[6] Ähnlich kritisch *Forst* VersR 2010, 155, 161.

[7] *Committee on Economic and Monetary Affairs des EP*, Bericht A7–0170/2010 vom 26.5.2010, Änderungsanträge 116 und 118, S. 108 f.

[8] Vgl. hierzu Grabitz/Hilf/Nettesheim/*Mayer* Art. 19 EUV Rn. 16; Streinz/*Huber* Art. 19 EUV Rn. 5 f.

[9] So wohl auch *Sonder* BKR 2012, 8, 10, der allerdings nur für „Private" feststellt, dass sie vor dem EuG Klage erheben können; siehe zum Ganzen bereits *Gal* ZVersWiss 2013, 7, 29 f.; *ders.* in: Dreher/Wandt 2014, S. 11, 52 f.

[10] Siehe hierzu Art. 60 EIOPA-VO Rn. 9.

[11] So wird man beispielsweise bei Amtsenthebungsbeschlüssen wohl typischerweise nur den Amtsinhaber (der hier wohl auch als Adressat zu sehen ist) für klagebefugt halten. Bei Beschlüssen, die auf eine Ernennung zielen, beispielsweise der Mitglieder der *Stakeholdergruppen*, kann man jedoch auch an Konkurrentenklagen denken.

7 **2. Beschluss des Beschwerdeausschusses (Abs. 1 Hs. 1).** Wesentlich schwierigere Probleme wirft die Möglichkeit einer Nichtigkeitsklage gegen **Beschlüsse des Beschwerdeausschusses** auf.

8 **a) Passivlegitimation.** Hier stellt sich zunächst die Frage, wer im Fall der Klage gegen eine Beschwerdeentscheidung **passivlegitimiert** ist (siehe bereits Art. 58 EIOPA-VO Rn. 2 ff.). Entsprechend der Formulierung des Art. 58 Abs. 1 EIOPA-VO hat der Beschwerdeausschuss keine eigene Rechtspersönlichkeit,[12] sondern wird den drei Finanzaufsichtsbehörden der Gemeinschaft gemeinschaftlich zugeordnet.

9 Indem Art. 6 Nr. 5 EIOPA-VO den Beschwerdeausschuss als Bestandteil von EIOPA bezeichnet, legt er nahe, dass der **Beschwerdeausschuss** jeweils für die Finanzaufsichtsbehörde **handelt**, bei der das **Verfahren seinen Ausgang genommen** hat, sodass bei einem versicherungsaufsichtsrechtlichen Verfahren der Beschwerdeausschuss als Organ der EIOPA handeln würde und diese im Rahmen einer anschließenden Nichtigkeitsklage gegen den Beschwerdebeschluss passivlegitimiert wäre.[13] Dieser Auffassung hat sich allem Anschein nach das EuG angeschlossen. Zumindest hat das EuG im Rahmen einer Nichtigkeitsklage, die gegen den Ausgangsbeschluss der EBA und gegen den Beschwerdebeschluss gerichtet war, zu keinem Zeitpunkt die Passivlegitimation der sekretariatsleitenden EIOPA für diesen zweiten Klagegenstand problematisiert, obgleich sich die Klage ausschließlich gegen die EBA richtete.[14] Allerdings wurde die Klage auch unabhängig hiervon als unzulässig abgewiesen, sodass unklar bleibt, ob das EuG diese Frage hinreichend durchdacht hat und mit seinem Schweigen zu dieser Frage den Anfang einer ständigen Rechtsprechung setzen wollte.

10 Gegen diese Auffassung und mithin für eine Auslegung, dass der **Beschwerdeausschuss** immer **als Organ der ESA** handelt, die für das Verfahren das **Sekretariat stellt** (siehe Art. 60 Rn. 27), spricht jedoch die Tatsache, dass beim vorherigen Verständnis EIOPA die Möglichkeit genommen wäre, sich vor dem EuG gegen einen Zurückverweisungsbeschluss zu wehren, da sie bei dieser Auslegung zu einem grundsätzlich nicht zulässigen In-sich-Prozess gezwungen wäre.[15] Insofern erscheint es interessengerechter, diejenige ESA für passivlegitimiert zu erachten, die für das betreffende Beschwerdeverfahren das Sekretariat des Beschwerdeausschusses gestellt hat.[16] Die Annahme einer solchen Leihe der Rechtspersönlichkeit der ESA, die das Sekretariat stellt, wird auch dadurch bestärkt, dass der zuständige Vertreter des Sekretariats den Beschluss neben den Mitgliedern des Beschwerdeausschusses auch zu unterzeichnen hat[17] und das Sekretariat den Beschluss übersendet und die Rechtsmittelbelehrung erteilt.[18, 19]

11 **b) Aktivlegitimation. Aktivlegitimiert** sind die Unionsorgane und die Mitgliedstaaten, die Adressaten des Beschlusses – d. h. die EIOPA und die jeweilige nationale Aufsichtsbehörde (allerdings anders als im Beschwerdeverfahren nur dann, wenn sie eine eigenständige Rechtspersönlichkeit besitzt) oder das jeweilige Finanzinstitut –, sowie andere juristische und natürliche Personen, die durch den Beschluss unmittelbar und individuell betroffen sind.

12 **c) Klagegegenstand.** Ungewissheit besteht hinsichtlich des **Klagegegenstands**. Abs. 1 stellt hier nur fest, dass die Klage „gegen einen Beschluss des Beschwerdeausschusses" zu richten sei. Der Beschwerdebeschluss kann hierbei nur zwei Formen annehmen, nämlich die eines bestätigenden Beschlusses oder eines Zurückverweisungsbeschlusses.

13 Hierbei ist der Systematik zu entnehmen, dass der **Zurückverweisungsbeschluss** nicht unmittelbar zur Aufhebung des Ausgangsbeschlusses der EIOPA führt,[20] sondern diese nur anweist, auf welcher Grundlage der Beschluss neu zu fassen ist (siehe Art. 60 EIOPA-VO Rn. 78, 81). Insofern stellt sich hier schon im Hinblick auf das Rechtsschutzinteresse die Frage nach dem Klagegegenstand typischerweise nicht, sodass einzig gegen den Zurückverweisungsbeschluss geklagt wird, während der Ausgangsbeschluss zunächst unbeeinträchtigt bleibt. Eine solche Nichtigkeitsklage wird typischerweise nur EIOPA – die gerade ein Interesse am Fortbestand des Ausgangsbeschlusses hat – anstreben, wenn nicht der Beschwerdeführer im Zurückverweisungsbeschluss mit einem Teil der Beschwerde nicht durchgedrun-

---

[12] So auch *Forst* VersR 2010, 155, 158.

[13] So noch *Gal* ZVersWiss 2013, 7, 28.

[14] *EuG* Urt. v. 9.9.2015 – Rs. T-660/14 – SV Capital OÜ/EBA.

[15] Zwar könnte man in diesem Fall auch eine Ausnahme vom Verbot des In-sich-Prozesses gewähren, dies würde jedoch die Durchführung des Nichtigkeitsverfahrens erschweren, da es schwierig sein dürfte, eine Person zu finden, die EIOPA auf der Beklagtenseite vertritt.

[16] So bereits *Gal* in: Dreher/Wandt 2014, S. 11, 54 f.

[17] Siehe Art. 22 Abs. 2 S. 1 Board of Appel of the European Supervisory Authorities Rules of Procedure (BoA 2012 002).

[18] Art. 22 Abs. 2 S. 2 Board of Appel of the European Supervisory Authorities Rules of Procedure (BoA 2012 002).

[19] Für ein solches Verständnis spricht empirisch auch, dass alle bisherigen Beschlüsse – unabhängig davon, ob mündliche Verhandlungen stattfanden – als Entscheidungsort den Sitz der sekretariatstellenden ESA nannten.

[20] So bspw. *Gal* in: Dreher/Wandt 2014, S. 11, 35; *Bierschenk/Dechent* EuZW 2016, 572, 577; a. A. wohl nur *Loosveld* Journal of International Banking Law and Regulation 2013, 9, 13: „If […] the Board of Appeal were to annul the decision of the ESA".

gen ist. Im letzten Fall erscheint es jedoch fraglich, ob die betroffene zuständige Behörde bzw. das Finanzinstitut, ihre Klage gegen beide Beschlüsse richten kann. Der Systematik des Abs. 1 ist zu entnehmen, dass nur gegen den Beschwerdebeschluss, nicht aber gegen den Ausgangsbeschluss geklagt werden darf (es sei denn es geht um nicht beschwerdeberechtigte Personen; siehe Rn. 18 f.). Zumindest das EuG ist der Auffassung, dass eine solche Klage auch gegen den Ausgangsbeschluss in bestimmten Konstellationen möglich sein kann.[21] Hierbei versteht das EuG allerdings die Frist des Art. 263 UAbs. 6 AEUV i. V. m. Art. 49, 51 EuGHVfO als Ausschlussfrist, die auch durch die Durchführung eines Beschwerdeverfahrens nicht gehemmt wird. In den meisten Fällen wird die zuständige Behörde oder das Finanzinstitut durch die Verfristung der Klage gegen den Ausgangsbeschluss der EIOPA nicht in ihrem Rechtsschutzbedürfnis verkürzt, da die Nichtigkeitsklage gegen den Beschluss des Beschwerdeausschusses es dem EuG ermöglicht, auch Ausführungen zur Begründetheit des Ausgangsbeschlusses zu machen. Dies ist jedoch dann nicht der Fall, wenn die Klage gegen den Beschluss des Beschwerdeausschusses als unzulässig abgewiesen wird, da dieser für die Entscheidung nicht zuständig war. In diesem Fall würde die inhaltliche Behandlung des Sachverhalts durch die EIOPA aus formalen Gesichtspunkten ungeprüft bleiben. Hier zeigt das EuG die auf Grund seines strikten Verständnisses der Frist des Art. 263 UAbs. 6 AEUV einzig gangbare Möglichkeit auf. Die belastete Behörde oder das belastete Finanzinstitut hat vorsorglich vor dem EuG eine Klage gegen den Beschluss der EIOPA gemäß Abs. 1 einzulegen, sodass, wenn der Beschluss der EIOPA letztlich doch nicht beschwerdefähig war, zumindest die Klage gegen den Ausgangsbeschluss fristgerecht eingereicht wurde.[22]

Unklar ist, welche **Rechtswirkung** der **bestätigende Beschwerdebeschluss auf** den **Ausgangsbeschluss** hat (siehe bereits Art. 60 Rn. 80), gegen welchen Beschluss also eine Nichtigkeitsklage erhoben werden kann. Es fehlt eine Vorschrift nach dem Vorbild von **§ 79 Abs. 1 Nr. 1 VwGO**, nach der der Klagegenstand der ursprüngliche Verwaltungsakt in der Gestalt, die er durch den Widerspruchsbescheid gefunden hat, ist. Es ist insofern unsicher, was mit Erlass der Entscheidung des Beschwerdeausschusses aus dem Ausgangsbescheid wird. Auf Grund der Abwesenheit einer Regelung, wie der des § 79 Abs. 1 Nr. 1 VwGO, wird man wohl von einer **verbleibenden Selbständigkeit der Beschlüsse** auszugehen haben. Auch das EuG und der EuGH haben dies bereits inzidenter anerkannt.[23] Dies bedeutet jedoch letztlich, da gemäß der Systematik des Abs. 1 nur gegen den Beschwerdebeschluss, nicht aber gegen den Ausgangsbeschluss geklagt werden darf (siehe Rn. 17 f.), dass auch im Erfolgsfall der Nichtigkeitsklage nur der Beschluss des Beschwerdeausschusses aufgehoben wird,[24] während der Ausgangsbeschluss der EIOPA zunächst bestehen bleibt. Die Möglichkeit der Klage und Nichtigerklärung nur für den Beschluss des Beschwerdeausschusses erscheint zwar **wenig effizient** und wird zu weiteren Verzögerungen führen, entspricht aber am ehesten der Regelungssystematik (siehe zur Umsetzungspflicht Rn. 41 f.). 14

Da auch die nach Art. 60 Abs. 3 UAbs. 2 EIOPA-VO mögliche **Anordnung des Beschwerdeausschusses** zur **Aussetzung des Vollzuges** des Ausgangsbeschlusses in Form eines Beschlusses ergeht (siehe Art. 60 EIOPA-VO Rn. 34 ff.), kann diese gemäß Abs. 1 Alt. 1 auch isoliert vor dem EuG mit der Nichtigkeitsklage angegriffen werden.[25] Hiermit ist jedoch in der Praxis denkbar wenig gewonnen, da auch die Nichtigkeitsklage vor dem EuG gemäß Art. 278 S. 1 AEUV keinen Suspensiveffekt hat. Berücksichtigt man ferner, dass selbst die erfolgreiche Nichtigkeitsklage nur dazu führen würde, dass der Beschluss des Beschwerdeausschusses aufgehoben wird und dieser dann noch einmal unter Berücksichtigung des Urteils des EuG zu entscheiden hätte (siehe aber Rn. 42) und berücksichtigt man ferner die notorisch langen Verfahrensdauern vor dem Gerichtshof der Europäischen Union, so scheint dieser Weg des Rechtsschutzes kaum effizient. Insofern erscheint es als die einzige Möglichkeit, hier beim EuG einen Antrag auf einstweiligen Rechtsschutz auf Anordnung der Aussetzung des Vollzuges des Ausgangsbescheids der EIOPA zu stellen. Dass ein solches möglich ist, wird durch Art. 278 S. 2 (i. V. m. Art. 279) AEUV vorgezeichnet, wobei dieser einstweilige Rechtsschutz hinter dem deutschen Standard zurückbleibt.[26] Ein strukturelles Problem besteht hierbei darin, dass sich dieser einstweilige Rechtsschutz gegen den Ausgangsbescheid der EIOPA richtet, sodass fraglich ist, ob ein solcher Rechtsbehelf zulässig ist, 15

[21] *EuG* Urt. v. 9.9.2015 – Rs. T-660/14 – SV Capital OÜ/EBA: hier klagte das estnische Unternehmen sowohl gegen den Ausgangsbeschluss der EBA als auch gegen den ablehnenden Beschwerdebeschluss und die Klage gegen den Ausgangsbeschluss wurde zwar wegen Unzulässigkeit abgewiesen, aber nicht etwa wegen nicht mehr Bestehens des Ausgangsbeschlusses, sondern wegen Verfristung und anderen Gründen (siehe dort Rn. 39 ff.); insoweit bestätigt durch *EuGH* Urt. v. 14.12.2016 – Rs. C-577/15 P Rn. 52 ff. – SV Capital OÜ/EBA.

[22] *EuG* Urt. v. 9.9.2015 – Rs. T-660/14 Rn. 44 – SV Capital OÜ/EBA.

[23] *EuG* Urt. v. 9.9.2015 – Rs. T-660/14 Rn. 39 ff. – SV Capital OÜ/EBA; insoweit bestätigt durch *EuGH* Urt. v. 14.12.2016 – Rs. C-577/15 P Rn. 52 ff. – SV Capital OÜ/EBA.

[24] Der Gerichtshof kann die Handlung (d. h. den Beschluss) nur für nichtig erklären und sie nicht etwa ersetzen (keine Gestaltungsklage); vgl. Grabitz/Hilf/Nettesheim/*Dörr* Art. 263 AEUV Rn. 197; Calliess/Ruffert/*Cremer* Art. 263 AEUV Rn. 1 f.

[25] Anders *Sonder* BKR 2012, 8, 12 und *Loosveld* Journal of International Banking Law and Regulation 2013, 9, 12 die davon ausgehen, dass es keine Rechtsbehelfe gegen die Nichtaussetzungsentscheidung des Beschwerdeausschusses gibt.

[26] Vgl. hierzu Rengeling/Middeke/Gellermann/*Wegener* § 19 Rn. 1 ff.; siehe auch *Richter*, Einstweiliger Rechtsschutz vor dem Europäischen Gerichtshof, 2012.

wenn das Beschwerdeverfahren noch nicht abgeschlossen ist. Hiergegen scheint Abs. 1 von seiner Systematik zu sprechen, der gerade davon ausgeht, dass bei Beschwerdefähigkeit zunächst ein Beschwerdeverfahren durchzuführen ist (siehe Rn. 13 f.). Vorliegend wird man jedoch von dieser Grundregel abweichen müssen, da ansonsten ein effektiver Rechtsschutz nicht gewährleistet wäre.[27]

16 Auch hinsichtlich der anderen **Zwischenbeschlüsse** oder **einstweiligen Beschlüsse** des **Beschwerdeausschusses** (sogenannte *preliminary decisions*, siehe Art. 60 EIOPA-VO Rn. 63 f.), insbesondere der Zwischenbeschluss zur Zuständigkeit des Beschwerdeausschusses oder der Anordnung der Dokumentherausgabe, ist nicht ersichtlich, dass diese nicht im Wege der isolierten Nichtigkeitsklage angegriffen werden können. Anders ist dies jedoch für die **verfahrensleitenden Anordnungen** (sogenannte *directions*, siehe Art. 60 EIOPA-VO Rn. 48, 65), dieser ergehen zwar als Beschluss, es erscheint jedoch nicht gerechtfertigt, diese isoliert mit der Nichtigkeitsklage angreifen zu können, da das Beschwerdeverfahren ansonsten in seiner Durchführung unmöglich gemacht werden könnte. Mit der Nichtigkeitsklage angreifbar sollte jedoch die vom Beschwerdeausschuss selbständig – also nicht im Endbeschluss – angeordnete **Kostenentscheidung** (siehe Art. 60 EIOPA-VO Rn. 83 ff.) sein.

17 **3. Beschlüsse mit Beschwerdemöglichkeit (Abs. 2).** Eine weitgehend unbehandelte Frage ist die, ob eine **Nichtigkeitsklage anstatt** gegen den **Beschluss des Beschwerdeausschusses** auch **unmittelbar** gegen den **Ausgangsbeschluss** der EIOPA erhoben werden kann, wenn dieser beschwerdefähig ist.

18 Dies ist **zumindest für** die **Unionsorgane** und die **Mitgliedstaaten** der Fall,[28] denen nach Art. 60 Abs. 1 EIOPA-VO keine Beschwerdebefugnis gegen beschwerdefähige Beschlüsse, sehr wohl aber eine Klagebefugnis gegen diese gemäß Abs. 2 zukommt.[29] Diese rechtspolitische Entscheidung, diesen Parteien ein unmittelbares Klagerecht ohne vorherige Beschwerde zuzugestehen, erscheint grundsätzlich hinnehmbar. Es führt jedoch zumindest im Zusammenhang mit den Mitgliedstaaten zu nicht ganz überzeugenden Ergebnissen. So könnte eine **nationale Aufsichtsbehörde** gegen einen Beschluss der EIOPA, der an sie adressiert ist oder sie unmittelbar und individuell betrifft, nicht direkt die Nichtigkeitsklage erheben, sondern müsste zunächst eine Beschwerde einlegen. Dies würde jedoch den Mitgliedstaat, dem sie angehört, nicht daran hindern, direkt eine Nichtigkeitsklage zu erheben, bei der der Mitgliedstaat erfahrungsgemäß durch die Vertreter der nationalen Aufsichtsbehörde vertreten würde.[30] Sofern man einer solchen Klage nicht – beispielsweise wegen des Vorwurfs unionsuntreuen Verhaltens – die Statthaftigkeit abspricht, so würde dies auch die Frage aufwerfen, was nunmehr passieren würde, wenn gleichzeitig ein Beschwerdeverfahren initiiert würde. Man könnte hier daran denken, dass entweder der Beschwerdeausschuss oder das EuG das Verfahren auszusetzen hätte. Aus Effizienzgesichtspunkten stünde zu hoffen, dass das EuG eine solche Aussetzung beschließen würde, da mit einer Entschließung des Beschwerdeausschusses in deutlich kürzerer Zeit zu rechnen ist und sich die Nichtigkeitsklage bei entsprechendem Zurückverweisungsbeschluss und dann Änderungsbeschluss durch die EIOPA erledigen könnte.

19 Schwieriger ist die Frage, ob auch die **nationalen Aufsichtsbehörden** und die **Finanzinstitute** im Einzelfall direkt eine Nichtigkeitsklage erheben können, ohne vorher ein grundsätzlich mögliches Beschwerdeverfahren durchzuführen. Dies ist grundsätzlich zu verneinen. Die Durchführung eines Beschwerdeverfahrens ist als Prozessvoraussetzung zu sehen,[31] wenn auch hier in Form einer etwas atypischen, da die Herbeiführung der Prozessvoraussetzung dazu führt, dass die Nichtigkeitsklage nicht gegen den eigentlichen Beschwerdegegenstand (den Ausgangsbeschluss), sondern gegen den Beschwerdebeschluss gerichtet werden kann. Dies bedeutet zumindest, dass jeder Partei, der eine Beschwerdebefugnis zukommt, eine direkte Klage gegen den Ausgangsbescheid der EIOPA verwehrt ist. Da die Beschwerdebefugnis des Art. 60 Abs. 1 EIOPA-VO für (nicht-privilegierte) Nicht-Adressaten des Beschlusses mit der Klagebefugnis des Art. 263 UAbs. 4 Var. 2 AEUV abgestimmt ist, ist es nicht denkbar, dass einer Partei eigentlich eine Klagebefugnis zukäme, sie aber nicht gleichzeitig auch beschwerdebefugt ist. Fraglich wäre insofern höchstens, ob einer Partei eine Klagebefugnis zuzugestehen ist, wenn eine Beschwerde trotz Beschwerdebefugnis nicht von ihr, aber von einer anderen Partei durchgeführt wurde. Dies ist im Ergebnis jedoch auch zu verneinen, da die Prozessvoraussetzungen in der Person des Klägers vorliegen müssen. Unerheblich ist es insofern auch, ob zum Zeitpunkt der Klage eine Be-

[27] Ein alternativer Ansatz wäre es, das EuG für ermächtigt anzusehen, im Rahmen einer Nichtigkeitsklage gegen den ablehnenden Beschluss des Beschwerdeausschusses zur Aussetzung des Vollzuges gemäß Art. 279 AEUV eine einstweilige Verfügung dahingehend zu treffen, dass der Vollzug des Ausgangsbescheids der EIOPA ausgesetzt wird. Dieser Ansatz wäre jedoch nur dann gangbar, wenn bei einer Klage gegen den Beschluss des Beschwerdeausschusses EIOPA aktivlegitimiert wäre (siehe hierzu jedoch oben Rn. 8 ff.), da ansonsten eine belastende Wirkung des Urteils gegen eine Nichtpartei angeordnet würde.

[28] Nicht klar ist, ob dies auch auf die in Abs. 2 nicht genannten anderen teilprivilegierten Kläger des Art. 263 UAbs. 3 AEUV (insbesondere die EZB) zutrifft. Wollte man dies verneinen (siehe hierzu Rn. 6), so müssten diese im eher hypothetischen Fall einer unmittelbaren und individuellen Betroffenheit (dies müsste man dann wohl teleologisch umdeuten in eine Betroffenheit in ihren Rechten) zunächst eine Beschwerde erheben.

[29] So auch *Manger-Nestler* ZfgK 2012, 528, 531: „Sachurteilsvoraussetzung".

[30] Dieses Problem wird ausführlich behandelt bei *van Cleynenbreugel* ELSA Malta Law Review 2012, 231, 244 ff.

[31] So wie hier *Manger-Nestler* ZfgK 2012, 528, 531.

schwerdebefugnis besteht, sondern ob in der Vergangenheit eine Beschwerdebefugnis bestand, von der keine Geltung gemacht wurde, sodass das Versäumen der Beschwerdefrist, nicht nur die Beschwerde, sondern auch eine Nichtigkeitsklage in derselben Sache unzulässig werden lässt.[32]

4. (Analoge) Nichtigkeitsklage gegen Leitlinien. Nach vorliegender Meinung sind Leitlinien und Empfehlungen nicht (analog) beschwerdefähig (siehe Art. 60 EIOPA-VO Rn. 12 ff.). Der Ausschluss eines Beschwerderechts besagt jedoch nichts darüber, ob primärrechtliche Rechtsschutzmöglichkeiten eröffnet sind, wobei vorrangig an eine **Nichtigkeitsklage** gegen die **Leitlinien und Empfehlungen** zu denken ist. Eine solche kann sich gemäß des durch den Lissaboner Vertrag hinzugefügten Art. 263 UAbs. 1 S. 2 AEUV auch gegen Maßnahmen der Einrichtungen oder sonstigen Stellen der Union richten.[33] Als solche sonstige Stellen sind insbesondere die Unionsagenturen, als welche auch die EIOPA anzusehen ist,[34] zu verstehen.[35] 20

Die Problematik einer Nichtigkeitsklage gegen **Leitlinien** liegt vorrangig in der Frage, ob diese einen tauglichen Klagegegenstand darstellen. Um mit der Nichtigkeitsklage angreifbar zu sein, müssen die erfassten Unionshandlungen verbindliche Rechtswirkungen im Außenverhältnis erzeugen (oder zumindest dazu bestimmt sein).[36] Genau an einer solchen rechtlichen Bindungswirkung mangelt es jedoch den Leitlinien der EIOPA, da diese auch gegenüber den Aufsehern lediglich eine faktische Bindungswirkung erzeugen (siehe Art. 16 EIOPA-VO Rn. 13 ff.).[37] Allenfalls im Hinblick auf die Berichtspflicht erzeugen Leitlinien eine echte Bindungswirkung (Art. 16 EIOPA-VO Rn. 14).[38] Wollte man dies dahingehend auslegen, dass die gesamte Leitlinie als verbindliche Handlung angesehen würde, die mit der Nichtigkeitsklage angegriffen werden könnte, so würde dies die Leitlinie zu einem materiellen europäischen Gesetz aufwerten, was jedoch gerade nicht der Intention des Gesetzgebers entspricht. Insofern erscheint es interessengerechter, allenfalls den Adressaten der Berichtspflicht ein Beschwerde- und Klagerecht gegen den Beschluss zur Anordnung einer Berichtspflicht zu gewähren.[39] Nach ihrer Systematik sind Leitlinien – die insoweit den von einer Nichtigkeitsklage explizit ausgenommenen Stellungnahmen und Empfehlungen ähneln – **kein tauglicher Klagegegenstand**.[40] 21

Demgegenüber vertritt *van Cleynenbreugel* die Auffassung, dass Leitlinien dann im Wege einer **Nichtigkeitsklage** überprüft werden können – gedacht ist hier allerding wohl nur an eine Klage der Versicherer – **wenn sämtliche nationale Aufsichtsbehörden** eine ***comply*-Zusage** abgegeben haben (vgl. hierzu bereits Art. 16 EIOPA-VO Rn. 15). Nach dieser Auffassung würden die Leitlinien durch diese allgemeine aufsichtsbehördliche Anerkenntnis zu einer echten Bindungswirkung erstarken.[41] Gegen diese Meinung spricht zunächst, dass es nicht einzusehen ist, weshalb dieser Effekt, wenn er denn zu bejahen wäre, nur eintreten sollte, wenn alle nationalen Aufseher ihre *comply*-Absicht angezeigt haben. Vielmehr kommt es nach der Auffassung des EuGH hinsichtlich der Bindungswirkung gerade nicht auf eine abstrakte, sondern auf eine konkrete Betrachtung an.[42] Akzeptiert man insofern die Prämisse dieser Auffassung, dass die Zustimmung zur Anwendung zur Verbindlichkeit der Leitlinie führt, so erschiene es ausreichend, wenn die entsprechende Aufsichtsbehörde die Anwendung zugesagt hat. Jedoch kann bereits diese Grundannahme nicht überzeugen. Allein die Zusage des nationalen Aufsehers, eine unverbindliche Leitlinie anzuwenden, macht diese weder für sie gegenüber EIOPA noch für die Versicherer gegenüber EIOPA, der nationalen Aufsichtsbehörde oder Dritten verbindlich (siehe Art. 16 EIOPA-VO Rn. 13 ff.). Vielmehr kann eine Bindungswirkung gegenüber den Versicherern erst durch eine für sich bindende Umsetzungsmaßnahme im nationalen Aufsichtssystem herbeigeführt werden. Selbst dies würde aber nicht zu einer in Bindungswirkung erstarkenden Leitlinie führen, da auch in diesem Fall allein die Umsetzungsmaßnahme Bindungswirkung hätte – die Leitlinien blieben mithin unanfechtbar im Wege der Nichtigkeitsklage. 22

Noch weiter geht *Sonder* mit seiner Auffassung, dass das Gebot des effektiven Rechtsschutzes es gebiete, dass eine **Nichtigkeitsklage gegen Leitlinien** dann statthaft sei, wenn von dieser **spürbare faktische Nachteile** ausgehen.[43] Diese Meinung, dass bereits spürbare faktische Nachteile eine (analo- 23

[32] Grabitz/Hilf/Nettesheim/*Dörr* Art. 263 AEUV Rn. 113.

[33] Dieser Grundsatz der Gewähr eines effektiven Rechtsschutzes war bereits vorher durch den EuGH anerkannt worden: *EuGH* Urt. v. 23.4.1986 – Rs. 294/83 Rn. 20 ff. – Les Verts/EP und noch expliziter *EuG* Urt. v. 8.10.2008 – Rs. T-411/06 Rn. 35 ff. – Sogelma/EAR; siehe hierzu *Gundel* EuR 2009, 383; *Saurer* EuR 2010, 51; *Riedel* EuZW 2009, 565.

[34] Siehe hierzu *Gal* ZVersWiss 2013, 325, 328 ff.

[35] Siehe bspw. Grabitz/Hilf/Nettesheim/*Dörr* Art. 263 AEUV Rn. 25.

[36] Vgl. bspw. *EuG* Urt. v. 8.10.2008 – Rs. T-411/06 Rn. 37 – Sogelma/EAR.

[37] Siehe bereits *Wandt/Gal* in: Dreher/Wandt 2013, S. 147, 166 f.

[38] *Gal* in: Koch/Werber/Winter (Hrsg.), FS 100 Jahre Seminar für Versicherungswissenschaft, 2016, S. 713, 718. So wohl bereits *Hartig* BB 2012, 2959, 2961; angedeutet auch schon bei *Wandt/Gal*, in: Dreher/Wandt 2013, S. 147, 166 f.; *Gal* ZVersWiss 2013, 325, 344 f.

[39] Vgl. hierzu *Gal* in: Dreher/Wandt 2014, S. 11, 26 f. und 35 ff.

[40] So auch *Manger-Nestler* ZfgK 2012, 528, 531; *Michel* DÖV 2011, 728, 734.

[41] Siehe *van Cleynenbreugel* ELSA Malta Law Review 2012, 231, 251.

[42] *EuGH* Urt. v. 19.12.2013 – Rs. C-274/12 P Rn. 30 – Telefónica/Ksion.

[43] *Sonder* BKR 2012, 8, 11; *ders.* in: Debus u. a., Verwaltungsrechtsraum Europa, 2010, S. 239, 250.

ge) Eröffnung der Nichtigkeitsklage gebieten, widerspricht jedoch – wie oben bereits zum Beschwerdeverfahren ausgeführt (siehe Art. 60 EIOPA-VO Rn. 13) – der Systematik des Art. 263 AEUV. Folglich ist gegen Leitlinien grundsätzlich keine Nichtigkeitsklage eröffnet.

24 Hiermit ist jedoch nicht gesagt, dass nicht im **Einzelfall doch eine Nichtigkeitsklage** statthaft sein könnte. Hierbei ist zu berücksichtigen, dass es dem Gerichtshof der Europäischen Union hinsichtlich der Einordnung einer Maßnahme als rechtsverbindliche Handlung nicht auf die abstrakte Rechtsnatur der gewählten Maßnahme oder deren Form ankommt, sondern einzig darauf, ob sie konkret darauf gerichtet ist, Rechtswirkungen gegenüber Dritten zu erzeugen.[44] Es ist also im Einzelfall zu untersuchen, ob eine durch EIOPA veröffentlichte Leitlinie trotz der gewählten Form eines unverbindlichen Rechtsinstruments nicht doch darauf gerichtet ist, eine echte Rechtswirkung gegenüber Dritten zu erzeugen. Bejahendenfalls wäre die Leitlinie auch als tauglicher Klagegegenstand des Art. 263 AEUV anzusehen. Dass eine solche Nichtigkeitsklage gegen grundsätzlich unverbindliche Leitlinien nicht außerhalb des Möglichen liegt, zeigt eine Judikatur des EuGH zu Leitlinien der Kommission. Der Gerichtshof hat eine Nichtigkeitsklage gegen solche Leitlinien in Fällen zugelassen, in denen der Erlass der Leitlinie eine Befugnisüberschreitung Seitens der Kommission beinhaltete – insbesondere also die Wahl der **Leitlinie** als Rechtsinstrument sich als **Formenmissbrauch** darstellte.[45] Es ist kein Grund ersichtlich, weshalb der Gerichtshof die Situation für Leitlinien der EIOPA anders beurteilen sollte. Abgesehen von diesen eher extrem gelagerten Fällen – bei denen sich hinsichtlich der Klagebefugnis der nicht-privilegierten Versicherungsaufseher wohl auch keine Probleme im Hinblick auf die Adressatenstellung des Aufsehers nach Art. 263 UAbs. 4 Var. 3 AEUV ergeben dürften[46] – sind die Leitlinien jedoch nicht im Wege der Nichtigkeitsklage überprüfbar.[47]

25 **III. Untätigkeitsklage (Abs. 3).** Abs. 3 eröffnet eine **Untätigkeitsklage** nach Art. 265 AEUV, wenn die EIOPA, trotz einer Verpflichtung dazu, keinen Beschluss erlässt.

26 Auffällig ist hierbei, dass ein solches Recht, um gegen die **Untätigkeit des Beschwerdeausschusses** vorzugehen, von der EIOPA-VO nicht explizit vorgesehen wird. Man wird ein solches gleichwohl – fußend auf dem Grundsatz der Gewähr effektiven Rechtsschutzes – entweder durch eine teleologische Erweiterung des Art. 61 EIOPA-VO oder eine unmittelbare Anwendung des Art. 265 AEUV gewähren müssen.[48]

27 Soweit man also eine Rechtspflicht der EIOPA (oder des Beschwerdeausschusses) konstatieren würde, von ihrer Beschlusskompetenz Gebrauch zu machen, wäre eine Untätigkeit ein zulässiger Klagegenstand gemäß Art. 265 AEUV. Dieser Rechtsschutz würde zunächst den **privilegierten Klägern** des Art. 265 UAbs. 1 AEUV (d. h. den Unionsorganen und den Mitgliedstaaten) offenstehen.[49]

28 **Anderen Personen** – also im untersuchten Bereich insbesondere den Aufsichtsbehörden und den Versicherern – käme eine **Klagebefugnis** gemäß Art. 265 UAbs. 3 AEUV wiederum nur gegen das Unterlassen von Maßnahmen zu, die an sie zu richten wären. Hieraus liest die Rechtsprechung des EuGH wiederum, dass die hypothetische Maßnahme zum einen eine nach außen gerichtete Rechtswirkung haben[50] und zum anderen an den Kläger adressiert sein müsste.[51] Dies würde letztlich nur auf Antragsteller zum Erlass eines bestimmten Beschlusses zutreffen (bspw. die nationale Aufsichtsbehörde, die gemäß Art. 17 EIOPA-VO einen Antrag auf Eröffnung eines Unionsrechtsverletzungsverfahrens stellt). Allerdings ist spätestens seit der T. Port-Entscheidung des EuGH anerkannt, dass auch im Rahmen der Untätigkeitsklage eine hypothetische Adressierung nicht nötig, sondern eine hypothetische unmittelbare und individuelle Betroffenheit des Klägers ausreichend ist.[52] Dies erweitert die Zahl potentieller Kläger im betrachteten Bereich jedoch eher auf dem Papier als in der Praxis, da die meisten Personen, die potentiell unmittelbar und individuell durch einen Beschluss der EIOPA betroffen sind, kaum je ein Interesse daran haben dürften, dass dieser Beschluss ergeht. Zu denken wäre hier also allenfalls an folgende Konstellation: Ein Versicherer wird durch einen nationalen Verwaltungsakt belastet

[44] Vgl. *EuG* Urt. v. 19.12.2013 – Rs. T-411/06 Rn. 35 ff. – Sogelma/EAR.

[45] *EuGH* Urt. v. 20.3.1997 – Rs. C-57/95 Rn. 6 ff. – Frankreich/Ksion; *EuG* Urt. v. 20.5.2010 – Rs. T-258/06 Rn. 24 ff. – BRD/Ksion.

[46] Wenn ein nicht-Adressat klagt, so ist zu beachten, dass eine rechtsformmissbräuchliche Leitlinie als Rechtsakt mit Verordnungscharakter i. S. d. Art. 263 UAbs. 4 Var. 3 AEUV einzuordnen sein dürfte, der zudem regelmäßig im Verhältnis zum nationalen Aufseher keiner weiteren Durchführungsmaßnahme mehr bedarf; anders aber gegenüber dem Versicherer.

[47] Auch in den extrem gelagerten Fällen wäre gemäß Art. 256 Abs. 1 UAbs. 1 S. 1 AEUV i. V. m. Art. 51 der Satzung des EuGH immer das EuG zuständig; vgl. *Gal* ZVersWiss 2013, 7, 29 f.; zustimmend *Heukamp* § 4 Rn. 48.

[48] Bei einer Klage gegen die Untätigkeit des Beschwerdeausschusses richtet sich die Klage allerdings nach hier vertretener Auffassung nicht gegen die EIOPA, sondern gegen die ESA, die das Sekretariat führt; vgl. oben Rn. 8 ff.

[49] Zuständig ist für diese Untätigkeitsklage – da Klagen gegen Unionsagenturen nicht von Art. 51 der Satzung des EuGH erfasst werden – gemäß Art. 256 Abs. 1 UAbs. 1 S. 1 AEUV wiederum in jedem Fall das EuG.

[50] Hinsichtlich der Individualklage konstatiert der EuGH eine Komplementarität von Untätigkeitsklage und Nichtigkeitsklage, sodass nur die Untätigkeit bezüglich solcher Maßnahmen gerügt werden kann, die bei ihrem Erlass mit einer Nichtigkeitsklage hätten angegriffen werden können; vgl. *EuGH* Urt. v. 18.11.1970 – Rs. 15/70 Rn. 5/7 und 11/14, Slg. 1970, S. 579 – Chevalley/Ksion.

[51] Vgl. bspw. *EuG* Urt. v. 22.5.1996 – Rs. T-277/94 Rn. 58 – AITEC/Ksion.

[52] *EuGH* Urt. v. 26.11.1996 – Rs. C-68/95 Rn. 59 – T. Port/Ksion.

und regt daraufhin bei der EIOPA die *ex officio* Einleitung eines Unionsrechtsverletzungsverfahrens nach Art. 17 EIOPA-VO an. Die Ablehnung der EIOPA, ein solches Verfahren einzuleiten, würde grundsätzlich nicht per Beschluss (da Versicherer nicht antragsbefugt sind), sondern durch informatorische Mitteilung erfolgen, sodass auch keine Beschwerdemöglichkeit eröffnet wäre.[53] Wenn der Versicherer nun darlegen kann, dass das Unionsrecht einen Beschluss der EIOPA zwingend erfordert hätte und dass dieser Beschluss zwingend so hätte ausgestaltet werden müssen, dass dem nationalen Aufseher kein Ermessensspielraum verblieben wäre, so wäre er jedoch klagebefugt für eine Untätigkeitsklage. Grundsätzlich scheinen jedoch gegenwärtig die Möglichkeiten der Versicherer eine Untätigkeitsklage wegen Nichterlass eines Beschlusses eher von geringer Zahl.

Eine Untätigkeitsklage gegen die EIOPA ist jedoch **nicht nur** dann eröffnet, wenn sie den Erlass eines **Beschlusses unterlässt**, sondern auch dann, wenn sie eine **beliebige Handlungspflicht**, die gegenüber dem Kläger besteht, **nicht erfüllt**.[54] Hieran würde die Möglichkeit einer Klage der Aufsichtsbehörden oder der Finanzinstitute hinsichtlich eines Unterlassens der Fassung eines Entwurfes eines technischen Standards nach Art. 10, 16 EIOPA-VO scheitern, da diese Pflicht nicht dem einzelnen gegenüber besteht. Anders dürfte sich dies jedoch bezüglich der Untätigkeitsklage nach Art. 265 AEUV im Hinblick auf das Unterlassen, eine **Leitlinie** herauszugeben, darstellen. Auch hier ist EIOPA als Unionsagentur passivlegitimiert. Allerdings weicht Art. 265 AEUV hinsichtlich des Klagegegenstandes von Art. 263 AEUV erheblich ab, als das Unterlassen sich nicht zwingend auf eine verbindliche Maßnahme beziehen muss, sondern auch hinsichtlich einer unverbindlichen Handlung vorliegen kann.[55] Soweit sich die Kompetenz der EIOPA, hinsichtlich eines bestimmten Themenbereiches Leitlinien zu erlassen, zu einer Rechtspflicht verdichtet, wäre eine Untätigkeit also auch ein zulässiger Klagegenstand gemäß Art. 265 AEUV. Allerdings dürfte dieser Rechtsschutz **nur** den **privilegierten Klägern** des Art. 265 UAbs. 1 AEUV (d. h. Unionsorganen und Mitgliedstaaten) offen stehen,[56] da Art. 265 UAbs. 3 AEUV anderen Personen – also im untersuchten Bereich insbesondere den Aufsichtsbehörden und Versicherern – eine Klagebefugnis nur gegen das Unterlassen von Maßnahmen zugesteht, die keine Empfehlung oder Stellungnahmen sind und an sie zu richten wären. Hieraus liest der EuGH wiederum, dass die hypothetische Maßnahme zum einen eine nach außen gerichtete Rechtswirkung haben[57] und zum anderen an den Kläger adressiert sein müsste.[58] Während man hinsichtlich der Leitlinien eine hypothetische Adressatenstellung der Aufseher noch bejahen kann, ist eine Bindungswirkung jedoch stets zu verneinen, da der hypothetisch zu fordernden Leitlinie eine solche gerade nicht zukommen würde. Die effektive Verfolgung einer Untätigkeit würde also von den nationalen Versicherungsaufsichtsbehörden oder den Finanzinstituten erfordern, darauf hinzuwirken, dass ihr Mitgliedstaat eine Untätigkeitsklage erhebt, bei der letzterer typischerweise durch die Aufsichtsbehörde vertreten werden würde. **29**

IV. Andere Klagearten. Andere Klagearten als die Nichtigkeits- und die Untätigkeitsklage werden in Art. 61 EIOPA-VO nicht adressiert. Hieraus ist jedoch nicht zu schließen, dass diese ausgeschlossen werden sollen, vielmehr sah es der Verordnungsgeber nicht für erforderlich an, diese speziell auszugestalten. Die Zulässigkeit dieser Klagen richtet sich mithin allein nach den Vorschriften der AEUV i. V. m. der Satzung des EuGH, soweit nicht in der EIOPA-VO besondere Regeln bestehen. **30**

1. Schadensersatzklage. Art. 69 Abs. 1 S. 1 EIOPA-VO ordnet an, dass EIOPA für durch sie oder ihre Bediensteten in Ausübung ihrer Amtstätigkeit verursachte Schäden nach den allgemeinen Rechtsgrundsätzen, die den Rechtsordnungen der Mitgliedstaaten gemeinsam sind, zu haften hat, sodass in diesem Fall eine **Schadensersatzklage** beim Gerichtshof der Europäischen Union gemäß Art. 69 Abs. 2 EIOPA-VO eröffnet wäre. Für diese Schadensersatzklage greift nicht Art. 268 AEUV, da dieser nur Schadensersatzansprüche nach Art. 340 Abs. 2 und 3 erfasst, sondern unmittelbar Art. 69 Abs. 1 **31**

---

[53] Siehe jedoch zur gegenteiligen Auffassung in einer als speziell bezeichneten Situation *ESA-BoA* Beschl. v. 14.7.2014 – Rs. BoA 2014-C1–02 Rn. 32 ff. – SV Capital OÜ/EBA; a. A. jedoch *EuG* Urt. v. 9.9.2015 – Rs. T-660/14 Rn. 66 ff. – SV Capital OÜ/EBA; *EuGH* Urt. v. 14.12.2016 – Rs. C-577/15 P Rn. 34 ff. – SV Capital OÜ/EBA; ablehnend zur Rechtsprechung *Bierschenk/Dechent* EuZW 2016, 572, 574 ff.; vgl. zum Ganzen Art. 60 EIOPA-VO Rn. 10 f.

[54] So auch *Manger-Nestler* ZfgK 2012, 528, 531, die etwas verknappt allgemein feststellt, dass eine Untätigkeitsklage „immer dann erhoben werden [kann], wenn die EBA trotz einer Rechtspflicht nicht tätig wird".

[55] Die deutsche Fassung des Art. 265 AEUV, die hier auf das Unterlassen eines „Beschlusses" abstellt, ist insofern missverständlich. Die englische („*failure to act*") oder die französische Fassung („*abstention de statuer*") erscheinen hier eindeutiger und so wird die Klagebefugnis hinsichtlich des Klagegegenstandes auch weit aufgefasst; vgl. bspw. Grabitz/Hilf/Nettesheim/*Dörr* Art. 265 AEUV Rn. 14.

[56] Zuständig ist für diese Untätigkeitsklage – da Klagen gegen Unionsagenturen nicht von Art. 51 der Satzung des EuGH erfasst werden – gemäß Art. 256 Abs. 1 UAbs. 1 S. 1 AEUV in jedem Fall das EuG; vgl. oben Rn. 5.

[57] Hinsichtlich der Individualklage konstatiert der EuGH also eine Komplementarität von Untätigkeitsklage und Nichtigkeitsklage, sodass nur die Untätigkeit bezüglich solcher Maßnahmen gerügt werden kann, die bei ihrem Erlass mit einer Nichtigkeitsklage hätten angegriffen werden können; vgl. *EuGH* Urt. v. 18.11.1970 – Rs. 15/70 Rn. 5/7 und 11/14, Slg. 1970, S. 579 – Chevalley/Ksion.

[58] Vgl. bspw. *EuG* Urt. v. 22.5.1996 – Rs. T-277/94 Rn. 58 – AITEC/Ksion; seit *EuGH* Urt. v. 26.11.1996 – Rs. C-68/95 Rn. 59 – T. Port/Ksion ist jedoch anerkannt, dass eine hypothetische Adressierung nicht nötig, sondern eine hypothetische unmittelbare und individuelle Betroffenheit des Klägers ausreichend ist.

S. 1 EIOPA-VO. Im Ergebnis unterliegt dieses Verfahren jedoch den gleichen Voraussetzungen wie eine Schadensersatzklage nach Art. 268 AEUV (siehe im Detail Art. 69 EIOPA-VO Rn. 6 ff.).

32 **2. Vorabentscheidungsverfahren.** Bedeutsam ist im Bereich des Europäischen Aufsichtssystems auch die Möglichkeit der Einleitung eines **Vorabentscheidungsverfahren** nach Art. 267 AEUV. Hierüber kann ein nationales (Verwaltung-)Gericht dem EuGH neben den Vorschriften der EIOPA-VO hinsichtlich ihrer Primärrechtskonformität auch alle anderen gesetzlichen Maßnahmen vorlegen, an deren Erlass die EIOPA mitgewirkt hat, insbesondere alle **technischen Regulierungsstandards und technischen Durchführungsstandards**. Innerhalb der Prüfung der Maßnahmen, kann auch die Prüfung der korrekten Amtsführung der EIOPA geprüft werden, was – wenn sie sich als ein wesentlicher Verfahrensfehler darstellt, auch zur Nichtigkeit des tertiären Rechtsaktes führen kann.

33 **a) Betreffend Beschlüsse der EIOPA.** Eine noch zu wenig behandelte Problematik zeigt sich in der Frage, in wie weit die Möglichkeit eines Beschwerdeverfahrenes nach Art. 60 EIOPA-VO gegen einen Beschluss der EIOPA Auswirkungen auf den **Rechtsschutz gegen nationale Verwaltungsakte** vor den deutschen Gerichten hat. Diese Frage stellt sich also immer dann, wenn ein nationaler Versicherungsaufseher einen Verwaltungsakt erlassen hat, der seinerseits durch einen **Beschluss** der **EIOPA determiniert** wurde. Den nationalen Gerichten kommt gegenüber den Beschlüssen der EIOPA keine Verwerfungskompetenz zu. Insofern ist bei Fragen der Rechtswidrigkeit dieser Beschlüsse, die sich im verfahrensgegenständlichen Verwaltungsakt auswirken, bei Entscheidungsrelevanz eine Vorlage im **Vorabentscheidungsverfahren** nach Art. 267 AEUV nicht nur möglich, sondern je nach Instanz eventuell sogar verpflichtend.[59]

34 Damit stellt sich aber die Frage, ob auch im Rahmen des Vorabentscheidungsverfahrens die **Durchführung des Beschwerdeverfahrens** eine **Prozessvoraussetzung** darstellt. Zumindest in dem Fall, in dem einem Versicherer keine Beschwerdebefugnis zukam (weil er nicht unmittelbar und individuell betroffen war), muss dies **verneint** werden. Art. 267 AEUV sieht gerade keine zu Art. 263 UAbs. 5 AEUV vergleichbare Regelung vor, sodass Zulässigkeitsvoraussetzungen, die durch die Errichtungsakte von Einrichtungen der Union (wie die EIOPA-VO) geschaffen wurden, (zumindest nicht unmittelbar) zu berücksichtigen sind.

35 Anders sieht es aber in dem Fall aus, dass der **Versicherer** eine **Beschwerde eingelegt** hat, jedoch nicht innerhalb der Frist des Art. 263 UAbs. 6 AEUV die Nichtigkeitsklage gegen den Beschwerdebeschluss eingereicht hat. In solchen Konstellationen verweigert der EuGH, um eine Umgehung der durch die Fristenregelung bezweckten Bestandskraft der Maßnahme zu verhindern, der Vorabentscheidungsklage die Zulässigkeit.[60] Gleiches hat bei erweiterter Lesung dieser Rechtsprechung zu gelten, wenn der Versicherer Adressat des Beschlusses der EIOPA war (was zumindest gegenwärtig eine absolute Ausnahme darstellen würde) und eine Beschwerde hiergegen unterlässt und nun im Wege des Vorlageverfahrens eine Beseitigung herbeiführen will. Dies führt letztlich dazu, dass das nationale Gericht den Beschluss der EIOPA als rechtmäßig anzusehen hat und insofern auch den nationalen Verwaltungsakt, soweit der durch den Beschluss der EIOPA determiniert ist, als gesetzeskonform zu unterstellen hat.

36 Als problematisch verbleibt letztlich nur der Fall, dass der **Versicherer** von dem Beschluss der EIOPA **unmittelbar und individuell betroffen** war, eine **Beschwerde** gegen diesen jedoch beispielsweise aus Unkenntnis **unterlassen** hat, und nun die Nichtigerklärung im Wege des Vorlageverfahrens erreichen will, um sich hierdurch effizient gegen den hierauf fußenden nationalen Verwaltungsakt verteidigen zu können. Der EuGH scheint jedoch die oben erwähnte Rechtsprechung nicht nur auf den Adressaten einer bestimmten Maßnahme, sondern auch auf unmittelbar Betroffene anwenden zu wollen. Spätestens seit dem Textilwerke Deggendorf-Urteil gilt wohl, dass ein Betroffener die Gültigkeit einer Unionsmaßnahme nur dann vor einem innerstaatlichen Gericht angreifen und im Wege des Vorabersuchens zur Entscheidung vor den Gerichtshof der Europäischen Union bringen kann, wenn für den Betroffenen nicht die Möglichkeit einer Nichtigkeitsklage innerhalb der Frist bestand. Wenn diese Möglichkeit hingegen bestand und der Betroffene (schuldhaft) keinen Gebrauch von ihr machte, so kann die Bestandskraft dem jeweiligen Einzelnen gegenüber nicht im Wege eines Vorabentscheidungsverfahrens überwunden werden.[61] Es steht insofern nach gegenwärtigem Stand der Rechtsprechung – die allerdings im Umfeld der Versicherungsaufsicht höchst bedenklich erscheint – höchstens zur Disposition, ob die Nichtkenntnis eines Beschlusses der EIOPA in manchen Fällen schuldlos sein kann. Es ist zu hoffen, dass der EuGH hier ein großzügiges Verständnis an den Tag legen wird.

---

[59] Vgl. zur Vorlagepflicht unterinstanzlicher Gerichte bspw. Rengeling/Middeke/Gellermann/*Middeke* § 10 Rn. 58.

[60] Vgl. bspw. *EuGH* Urt. v. 9.3.1994 – Rs. C-188/92 Rn. 18 – Textilwerke Deggendorf; *EuGH* Urt. v. 22.10.2002 – Rs. C-241/01 Rn. 34 – National Farmers' Union.

[61] *EuGH* Urt. v. 9.3.1994 – Rs. C-188/92 Rn. 15 ff. – Textilwerke Deggendorf; *EuGH* Urt. v. 15.2.2001 – Rs. C-239/99 Rn. 29 ff. – Nachi Europe/Hauptzollamt Krefeld; Rengeling/Middeke/Gellermann/*Middeke* § 10 Rn. 45.

b) Betreffend Beschlüsse der EIOPA im nationalen Verfahren des einstweiligen Rechtsschutzes. Ein weiteres bisher ungeklärtes Problem zeigt sich im Zusammenhang mit Verfahren im **einstweiligen Rechtsschutz vor nationalen Gerichten oder im Widerspruchverfahren gegen nationale Verwaltungsakte**, die durch einen Beschluss der EIOPA bedingt werden. Hier stellt sich zum einen die bereits erörterte Frage (siehe Rn. 36), ob das Versicherungsunternehmen sich noch auf die Nichtigkeit des Beschlusses der EIOPA berufen kann, wenn es trotz grundsätzlicher Beschwerdebefugnis als unmittelbar Betroffener ein Beschwerdeverfahren nicht innerhalb der Zweimonatsfrist initiiert hat. 37

Aber auch in den Fällen, in denen eine **Nichtigkeit** des **Beschlusses der EIOPA noch geltend gemacht werden kann**, ist unklar, ob ein nationales Gericht ohne weiteres den Vollzug des nationalen Verwaltungsaktes aussetzen kann. Wenn dieser Antrag auf der Prämisse beruht, dass der nationale Verwaltungsakt wegen Verstoßes gegen Unionsrecht nichtig ist – was gleichsam die Nichtigkeit des Beschlusses der EIOPA aus demselben Grund impliziert –, so besteht für den nationalen Richter eine Vorlagepflicht nach Art. 267 UAbs. 4 AEUV. Der EuGH hat hierzu festgestellt, dass auch in Verfahren des vorläufigen Rechtsschutzes eine Vorlagepflicht besteht, wenn nicht die Auslegung, sondern die *Gültigkeit eines Unionsrechtsaktes* fraglich ist.[62] Dies würde grundsätzlich bedeuten, dass das nationale Gericht das Verfahren des vorläufigen Rechtsschutzes aussetzen und dem EuGH im Vorlageverfahren die Frage vorlegen müsste, ob der Beschluss der EIOPA unionsrechtswidrig ist. Im Hinblick auf die Überlastung des EuGH würde dies die nationale Möglichkeit der Aussetzung der Vollziehung oder der Anordnung der aufschiebenden Wirkung des Widerspruchs nahezu vollständig konterkarieren. Insofern lässt auch der EuGH einige Ausnahmen zu, sodass ein Verwaltungsgericht zumindest dann die aufschiebende Wirkung gemäß § 80 Abs. 5 S. 1 VwGO anordnen kann, wenn erhebliche Zweifel an der Rechtmäßigkeit des Beschlusses der EIOPA bestehen, die Angelegenheit dringlich ist, Interessen der Union angemessen berücksichtigt und die Entscheidungen des EuGH beachtet werden.[63] Auch dies entbindet jedoch das Gericht nicht von der Pflicht in diesem Verfahren eine Vorlage an den EuGH durchzuführen. Trotz dieser engen Grenzen, innerhalb deren nationale Gerichte die Anordnung der aufschiebenden Wirkung eigenständig beschließen dürfen, wird man konstatieren können, dass die vorgenannten Bedingungen bei Verwaltungsakten in vielen Fällen vorliegen werden, sodass durch die Einfügung der EIOPA in das Versicherungsaufsichtssystem der vorläufige Rechtsschutz der deutschen Verwaltungsgerichtsbarkeit zumindest nicht vollkommen sinnentleert wurde. 38

c) Betreffend Leitlinien (und Empfehlungen) der EIOPA. Da den Finanzinstituten keine Möglichkeit zur Erhebung einer Nichtigkeitsklage gegen **Leitlinien** (oder Empfehlungen) der EIOPA eröffnet ist, besteht lediglich die Möglichkeit, die Leitlinie bzw. die nationale Umsetzungsmaßnahme nicht zu befolgen und einen eventuell auf Grundlage der Leitlinien oder unter Berufung auf diese ergehenden Verwaltungsakt vor den **nationalen Gerichten** aufheben zu lassen.[64] Hierbei ist jedoch beachtlich, dass der nationale Richter nicht an die Leitlinie gebunden ist (dies wäre höchstens der Fall hinsichtlich einer nationalen Umsetzungsnorm der Leitlinie, der echte materielle Gesetzesqualität zukommt), sondern ihn grundsätzlich nur eine **Beschäftigungspflicht** trifft.[65] Es ist gleichwohl zu erwarten, dass der Richter die Leitlinien als Auslegungshilfe heranziehen wird. Insofern wäre ein Versicherer gut beraten, die Rechtswidrigkeit dieser Leitlinien zu behaupten. Das Gericht könnte in einem solchen Fall – da es an die Leitlinien gerade nicht gebunden ist – diese schlichtweg **ignorieren.** 39

Aus Rechtssicherheits- und Harmonisierungsgesichtspunkten wäre dies jedoch bedauerlich. Dies würde dazu führen, dass als rechtswidrig erkannte Leitlinien bis zur (freiwilligen) Rücknahme durch die EIOPA auf nationfale Aufseher und Versicherer einwirken könnten, die auf die Rechtmäßigkeit der Leitlinien vertrauen. Es wäre insofern wünschenswert, dass das nationale Gericht ein **Vorabentscheidungsverfahren** einleitet. In einem solchen Fall dürfte das nationale Gericht auch vorlageberechtigt sein, da Art. 267 UAbs. 1 lit. b AEUV entgegen Art. 263 AEUV keine Begrenzung auf verbindliche Maßnahmen vorsieht, sodass auch die unverbindliche Leitlinie ein tauglicher Klagegegenstand wäre.[66] Allerdings bestünde in der betrachteten Konstellation zumindest die Gefahr, dass der Gerichtshof der Europäischen Union die Frage der Rechtswidrigkeit einer Leitlinie für nicht **entscheidungserheblich** 40

[62] Vgl. *EuGH* Urt. v. 21.2.1991 – Rs. C-143/88 u. a. Rn. 14 ff. – Zuckerfabrik Süderdithmarschen/Hauptzollamt Itzehoe.

[63] Vgl. *EuGH* Urt. v. 21.2.1991 – Rs. C-143/88 u. a. Rn. 33 – Zuckerfabrik Süderdithmarschen/Hauptzollamt Itzehoe; siehe zum Ganzen vertieft Rengeling/Middeke/Gellermann/*Middeke* § 10 Rn. 58.

[64] Eine Verwaltungsklage gegen die nationale Umsetzungsmaßnahme ist wiederum höchstens dann denkbar, wenn diese in Form eines verbindlichen Rechtsinstruments ergeht und für das Versicherungsunternehmen eine unmittelbare Beschwer darstellt.

[65] Vgl. hierzu *Frank*, Die Rechtswirkung der Leitlinien und Empfehlungen der Europäischen Wertpapier- und Marktaufsichtsbehörde, 2012, S. 164 ff. m. w. N. Wobei die dort zitierten Urteile des EuGH nahelegen, dass unter gewissen Umständen eine subsidiäre Befolgungspflicht für die nationalen Gerichte besteht.

[66] Siehe Grabitz/Hilf/Nettesheim/*Karpenstein* Art. 267 AEUV Rn. 20, der konkretisiert, dass die Leitlinie nur irgendeine Rechtswirkung entfalten muss.

ansieht,[67] da diese gegenüber dem nationalen Richter keine Bindungswirkung erzeugt und es insofern unerheblich ist, ob die Leitlinie rechtswidrig oder rechtmäßig ist, da in beiden Fällen der nationale Richter allein auf Grundlage des *hard law* zu entscheiden hat. Würde der EuGH ein solch rigides Verständnis der Entscheidungserheblichkeit an den Tag legen, so würde er verkennen, dass die Rechtmäßigkeit einer Leitlinie eben nicht vollkommen entscheidungsunerheblich ist. Vielmehr ist der nationale Richter in der Auslegung des *hard law* veranlasst, die Regelungen des europäischen *soft law* – wie einer Leitlinie – zumindest in Erwägung zu ziehen; eine rechtswidrige Leitlinie darf jedoch noch nicht einmal in Erwägung gezogen werden. Zumindest in dem Fall, in dem ein Richter Ausführungen der Leitlinie grundsätzlich für beachtenswert ansieht, jedoch Zweifel an der Rechtmäßigkeit der Leitlinie hegt, sollte auch die Entscheidungserheblichkeit bejaht werden.[68] Dieser Ansatz hätten den Vorteil für sich, dass ein nationales Gericht nie gezwungen wäre, ein Vorabentscheidungsverfahren einzuleiten, da es den Regelungsgehalt einer Leitlinie nach Beschäftigung schlichtweg ignorieren kann, während es gleichzeitig in die Lage versetzt wäre, ein Verfahren vor dem EuGH einzuleiten, wenn es dies auf Grund von Rechtmäßigkeitsdefiziten der Leitlinie für nötig erachtet.

41 **V. Umsetzungspflicht der EIOPA (Abs. 4).** Abs. 4 **verpflichtet** die EIOPA dazu, ein nach den Abs. 1–3 ergehendes Urteil entsprechend **umzusetzen**. Diese Pflicht ergibt sich für die EIOPA als Unionsagentur bereits aus Art. 266 UAbs. 1 AEUV, soweit das für nichtig erklärte Handeln (d. h. der Beschluss) ihr zur Last fällt oder ihre Untätigkeit als vertragswidrig erklärt worden ist. Für Urteile, die die **Nichtigkeit** eines **(Ausgangs-)Beschlusses** der EIOPA unmittelbar anordnen oder unmittelbar die **Vertragswidrigkeit der Untätigkeit der EIOPA** feststellen, kommt Abs. 4 insofern seit dem Lissaboner Vertrag nur deklaratorische Wirkung zu. Erfasst wird hierüber auch der Fall, dass die Untätigkeitsklage sich gegen die EIOPA als sekretariatsführende ESA wegen **Untätigkeit des Gemeinsamen Beschwerdeausschusses** richtet. In diesem Fall ist die EIOPA vertreten durch den Beschwerdeausschuss aus Art. 266 UAbs. 1 AEUV (i. V. m. Abs. 4) verpflichtet, einen Beschwerdebeschluss zu erlassen.

42 Probleme ergeben sich nur, wenn das EuG allein die **Nichtigkeit** des **Beschlusses des Beschwerdeausschusses** anordnet (siehe Rn. 13 f.). Dies würde bedeuten, dass der Beschwerdeausschuss als Organ der beklagten sekretariatsführenden ESA gemäß Art. 266 AEUV verpflichtet wäre, anstelle des für nichtig erklärten Beschlusses, einen neuen Beschluss zu fassen. Diese würde jedoch nur die sekretariatsführende ESA und nicht die EIOPA, die den Ausgangsbeschluss erlassen hat, verpflichten. Rein formell betrachtet wäre die **EIOPA** dann erst im Falle eines Zurückverweisungsbeschlusses **verpflichtet**, seinen **Ausgangsbeschluss abzuändern**. Anders würde sich dies nur dann darstellen, wenn man die EIOPA als bereits aus dem Nichtigkeitsurteil verpflichtet ansehen würde, ihren Ausgangsbeschluss abzuändern. Art. 266 AEUV statuiert eine solche Umsetzungspflicht jedoch nur für solche Organe oder Stellen, die Partei des Verfahrens waren.[69] Da die EIOPA jedoch bei einer Klage gegen den Beschwerdebeschluss – zumindest nach hier vertretener Auffassung (siehe Rn. 8 ff.; Art. 58 EIOPA-VO Rn. 2 ff.) – nicht Partei ist, kann sich eine solche Verpflichtung unmittelbar aus Art. 266 AEUV nicht ergeben. Jedoch ist allgemein anerkannt, dass die Organe, Einrichtungen und sonstigen Stellen aus dem Rechtsstaatsprinzip abgeleitet eine Pflicht trifft, alle Maßnahmen zu ergreifen, die zur Herstellung eines rechtmäßigen Zustands erforderlich sind.[70] Es erschiene insofern aus Effizienzgesichtspunkten vorzugswürdig, wenn EIOPA auf Grundlage der Urteilsgründe den Sachverhalt unmittelbar neu bescheiden würde, anstatt dass zunächst ein neuer Beschluss des Beschwerdeausschusses abgewartet werden müsste. Eine solche Quasiabhilfe des Ausgangsbescheides durch EIOPA würde auch nicht die Rechte des Beschwerdeausschusses übermäßig beschneiden, da diesem sowieso kein eigenständiges Ermessen zukommt, sodass ihm das Nichtigkeitsurteil des EuG letztlich vollständig vorgeben würde, mit welcher Begründung ein Zurückverweisungsbeschluss zu ergehen hätte.[71] Daneben lässt sich Abs. 4 auch so verstehen, dass sich eine Umsetzungspflicht unmittelbar aus den Urteilen des Gerichtshofs der Europäischen Union auch dann ergibt, wenn die EIOPA nicht selber Partei war.

[67] Eine Entscheidungserheblichkeit verneinend bspw. *Dreher/Ballmaier* in: Dreher/Wandt 2014, S. 107, 119 f. Vgl. zur Entscheidungserheblichkeit allgemein bspw. Grabitz/Hilf/Nettesheim/*Karpenstein* Art. 267 AEUV Rn. 25 ff.

[68] *Gal* in: Koch/Werber/Winter, FS 100 Jahre Seminar für Versicherungswissenschaft, 2016, 713, 723 ff.

[69] So zumindest Grabitz/Hilf/Nettesheim/*Dörr* Art. 266 AEUV Rn. 4 und 25 ff.; Calliess/Ruffert/*Cremer* Art. 266 AEUV Rn. 1.

[70] Grabitz/Hilf/Nettesheim/*Dörr* Art. 266 AEUV Rn. 26; Calliess/Ruffert/*Cremer* Art. 266 AEUV Rn. 6.

[71] Insgesamt scheint aber das gesamte Klagesystem gegen den Beschwerdebeschluss unausgegoren, was damit zusammenhängt, dass der Beschwerdeausschuss in der jetzigen Fassung nicht mehr, wie ursprünglich vorgesehen, die Kompetenz hat, einen Abänderungsbeschluss an Stelle der EIOPA zu lassen. Es wäre insofern wünschenswert, wenn die Art. 60 f. EIOPA-VO beispielsweise am Vorbild der Art. 62 f. GemeinschaftsmarkenVO reformiert würden.

Kapitel VI. Finanzvorschriften

Haushalt der Behörde

62 (1) **Die Einnahmen der Behörde, einer europäischen Einrichtung gemäß Artikel 185 der Verordnung (EG, Euratom) Nr. 1605/2002 des Rates vom 25. Juni 2002 über die Haushaltsordnung für den Gesamthaushaltsplan der Europäischen Gemeinschaften (im Folgenden „Haushaltsordnung"), bestehen insbesondere aus einer Kombination der folgenden Einnahmen:**

a) Pflichtbeiträge der nationalen Behörden, die für die Aufsicht über Finanzinstitute zuständig sind, die gemäß einer Formel geleistet werden, die auf der Stimmengewichtung nach Artikel 3 Absatz 3 des Protokolls (Nr. 36) über die Übergangsbestimmungen beruht. Für die Zwecke dieses Artikels gilt Artikel 3 Absatz 3 des Protokolls (Nr. 36) über die Übergangsbestimmungen über den darin festgelegten Stichtag 31. Oktober 2014 hinaus;
b) Zuschuss der Union aus dem Gesamthaushaltsplan der Europäischen Union (Einzelplan Kommission);
c) Gebühren, die in den in den einschlägigen Instrumenten des Unionsrechts beschriebenen Fällen an die Behörde gezahlt werden.

(2) **Die Ausgaben der Behörde umfassen zumindest die Personalaufwendungen, Entgelte, die Verwaltungs- und Infrastrukturausgaben, die Ausgaben für berufliche Fortbildung und die Betriebskosten.**

(3) **Einnahmen und Ausgaben müssen ausgeglichen sein.**

(4) **Alle Einnahmen und Ausgaben der Behörde sind Gegenstand von Vorausschätzungen für jedes Haushaltsjahr und werden im Haushaltsplan der Behörde ausgewiesen; das Haushaltsjahr fällt mit dem Kalenderjahr zusammen.**

Schrifttum: Siehe die Angaben bei Art. 1 EIOPA-VO („Allgemein zum Unionsrecht" zu Art. 310 ff. AEUV).

I. Allgemeines. Art. 62 EIOPA-VO regelt die **Grundprinzipien** für die Aufstellung des Haushaltsplans, bestimmt die Zusammensetzung der Einnahmen und die Mindestbestandteile der Ausgaben, ordnet an, dass Einnahmen und Ausgaben ausgeglichen zu sein haben und setzt das Kalenderjahr als Haushaltsjahr fest. 1

Der **Haushaltsplan** hat den **Zweck**, das Finanz- und Haushaltsgebaren der öffentlichen Hand, hier der EIOPA und der Union als Ganzes, in rechtsstaatlichen Bahnen zu lenken. Um dies zu erreichen, muss der Haushaltsplan unterschiedliche Funktionen erfüllen: Er soll **rechtlich** die verbindlichen Grundlagen und Grenzen für die Mittelbewirtschaftung durch die EIOPA festlegen, **finanzpolitisch** für die Abstimmung zwischen Bedarf und Deckung der Finanzmittel sorgen, **wirtschaftspolitisch** den wirksamen Einsatz der Finanzmittel planen und steuern und **allgemeinpolitisch** die Finanztätigkeit in den grundlegenden politischen Rahmen einordnen.[1] 2

II. Aufstellung des Haushaltsplans (Abs. 1 HS. 1, Abs. 4). Art. 62 EIOPA-VO bestimmt, dass in jedem Haushaltsjahr die Einnahmen und Ausgaben der EIOPA in einen Haushaltsplan aufzunehmen sind, der insofern eine **Vorausschätzung** der Erträge und Aufwendungen darstellt. Es herrscht mithin das **Prinzip der Vorherigkeit**. 3

Abs. 4 konkretisiert den Haushaltsgrundsatz der **Jährlichkeit** zeitlich genauer. Das Haushaltsjahr wird als gleichlaufend mit dem **Kalenderjahr** auf den Zeitraum vom 1. Januar bis zum 31. Dezember festgelegt. 4

Neben den haushaltsrechtlichen Prinzipien der Vorherigkeit und der Jährlichkeit, die sich aus Abs. 4 ergeben (siehe Rn. 3 f.), sowie der Ausgeglichenheit, das sich aus Abs. 3 ergibt (siehe Rn. 17), gelten jedoch auch die **anderen Unionshaushaltsgrundsätze**, die unter Art. 310 ff. AEUV (Art. 268 ff. EGV a. F.) entwickelt wurden, für den Haushaltsplan der EIOPA entsprechend.[2] Dies ergibt sich mittelbar aus der Feststellung des Abs. 1, dass die EIOPA eine europäische Einrichtung gemäß Art. 185 VO (EG, Euratom) 1605/2002 über die Haushaltsordnung für den Gesamthaushaltsplan der Europäischen Gemeinschaften sei. Diese Verordnung wurde zwar zwischenzeitig aufgehoben, der Verweis ist jedoch nunmehr als ein solcher auf die Nachfolgeregelung des Art. 208 VO (EU, Euratom) 966/2012[3] zu lesen. 5

---

[1] Grabitz/Hilf/Nettesheim/*Magiara* Art. 310 AEUV Rn. 20 zum Unionshaushaltsplan.
[2] Für eine Übersicht siehe Grabitz/Hilf/Nettesheim/*Magiara* Art. 310 AEUV Rn. 25 ff.; von der Groeben/Schwarze/Hatje/*Bieber* Art. 310 AEUV Rn. 4 ff.
[3] Verordnung (EU, Euratom) 966/2012 des Europäischen Parlaments und des Rates vom 25. Oktober 2012 über die Haushaltsordnung für den Gesamthaushaltsplan der Union und zur Aufhebung der Verordnung (EG, Euratom) Nr. 1605/2002 des Rates, ABl. 2012 L 298, 1.

Insofern gelten grundsätzlich auch die Haushaltsgrundsätze der auf Grundlage des Art. 208 Abs. 1 UAbs. 1 VO (EU, Euratom) 966/2012 erlassenen Delegierte Verordnung (EU) 1271/2013[4] (vgl. zum Ganzen auch Art. 65 EIOPA-VO Rn. 2).

6 Die Geltung der **Unionshaushaltsgrundsätze** wird durch Art. 5 der **Haushaltsordnung der EIOPA**[5] (siehe Art. 65 EIOPA-VO Rn. 3) auch explizit angeordnet.[6] Hiernach hat der Haushaltsplan neben den bereits explizit in Art. 62 angelegten die Haushaltsgrundsätze der Haushaltseinheit (*unity*), des Bruttoprinzips (*accuracy*), der Vollständigkeit (*universality*), der Rechnungseinheit (*unit of account*, d. h. jeweils in Euro), der zeitlichen und sachlichen Spezialität (*specification*), der Wirtschaftlichkeit (*sound financial management*) und der Transparenz (*transparency*), wobei unter letzteren wohl auch der in Deutschland als eigenständiger Grundsatz verstandene Haushaltsgrundsatz der Haushaltswahrheit und -klarheit zu subsumieren ist, zu wahren.

7 Das genaue **Verfahren** zur Aufstellung des Haushaltsplan ergibt sich hierbei aus Art. 63 EIOPA-VO. Zuständig für die Erstellung eines Entwurfes des Voranschlags des Haushaltsplans ist der Exekutivdirektor (Art. 63 Abs. 1 S. 1 EIOPA-VO), der dann durch den Verwaltungsrat zu genehmigen ist (Art. 63 Abs. 1 S. 2 EIOPA-VO) und auf dessen Grundlage der Rat der Aufseher einen Voranschlag erstellt (Art. 63 Abs. 1 S. 3 EIOPA-VO) und der Haushaltsplan wird letztlich, nach Involvierung einiger Unionsorgane, durch den Rat der Aufseher erlassen (Art. 63 Abs. 1 S. 5 EIOPA-VO). Die **inhaltlichen Anforderungen** an die Aufstellung des Haushaltplans ergeben sich aus Art. 65 EIOPA-VO und den dort in Bezug genommen Rechtsquellen.

8 **III. Einnahmen und Ausgaben (Abs. 1, 2). 1. Einnahmen (Abs. 1).** Abs. 1 bestimmt, dass sich die Einnahmen insbesondere aus **drei Einnahmequellen** zusammensetzen, nämlich Pflichtbeiträgen durch die mitgliedstaatlichen Versicherungsaufsichtsbehörden, Zuschüsse aus dem Unionshaushalt und Gebühren.

9 **Gegenwärtig** stammen 60 % des Budgets der EIOPA aus den Haushalten der nationalen Aufseher (Abs. 1 lit. a), während die restlichen 40 % aus dem EU-Gesamthaushalt finanziert werden (Abs. 1 lit. b); Gebühren (Abs. 1 lit. c) werden zurzeit noch nicht erhoben.[7] Berücksichtigt man hierbei, dass auf nationaler Ebene in 80 % der Mitgliedstaaten die Arbeit der nationalen Aufsicht zu einem überwiegenden Teil mit- bzw. sogar ausschließlich durch die Versicherungsunternehmen finanziert wird,[8] so ist jedoch bereits heute ein großer Teil des Budgets industriefinanziert, wenn auch indirekt.

10 Die Haupteinnahmequelle der EIOPA ist in den nach Abs. 1 lit. a vorgesehenen **Pflichtbeiträgen** der nationalen Behörden, die für die Aufsicht über Finanzinstitute zuständig sind, zu sehen. Abs. 1 lit. a entscheidet sich hierbei wohl bewusst gegen den Begriff der **zuständigen Behörde**, wie er in Art. 4 Nr. 2 definiert wird. Vielmehr erinnert der verwendete Begriff eher an die Mitgliedschaftsregel für den Rat der Aufseher nach Art. 40 Abs. 1 lit. b EIOPA-VO, nach dem der Leiter der für die Beaufsichtigung von Finanzinstituten zuständigen nationalen Behörde jedes Mitgliedstaates ein Mitglied des Rates der Aufseher ist. Die Kostentragungspflicht sollte insofern in Übereinstimmung mit der Mitgliedschaft verstanden werden. Probleme verbleiben allerdings dann noch für solche Länder, die über mehrere Finanzaufsichtsbehörden verfügen, die im Tätigkeitsbereich der EIOPA Aufsichtsfunktionen übernehmen. Diese sind gemäß Art. 40 Abs. 4 S. 1 EIOPA-VO dazu gehalten, einen gemeinsamen Vertreter zu bestimmen. Es ist jedoch unklar, ob dies die Kostentragungslast entfallen lässt. Im Ergebnis sollte dies jedoch zu bejahen sein, es wäre insofern eine Frage des nationalen Rechts, die Umlage eines Teils der Pflichtbeiträge der einen Finanzaufsichtsbehörde auf die andere zu ermöglichen.

11 Hierbei ist jedoch zu beachten, dass die Stimmgewichtungsregelung des Art. 3 Abs. 3 des Protokolls (Nr. 36) über die Übergangsbestimmungen, die durch Abs. 1 lit. a S. 1 zu einer **Berechnungsformel für die Verteilung der Beitragspflicht** umgeformt und durch Abs. 1 lit. a S. 2 versteinert wird, noch für die EU-27 gefasst wurde. Mittlerweile ist jedoch Kroatien der Union beigetreten und der kroatische Versicherungsaufseher, die kroatische Finanzaufsichtsbehörde HANFA, in das ESFS einbezogen worden. **Art. 3 Abs. 3 des Protokolls** (Nr. 36) muss heute also **entsprechend angewandt** werden. Da Kroatien mit ca. 4,2 Millionen Einwohnern in etwa über so viele Einwohner verfügt wie die Gruppe

[4] Art. 10 ff. Delegierte Verordnung (EU) 1271/2013 der Kommission vom 30. September 2013 über die Rahmenfinanzregelung für Einrichtungen gemäß Artikel 208 der Verordnung (EU, Euratom) Nr. 966/2012 des Europäischen Parlaments und des Rates, ABl. 2013 L 328, 42.

[5] Art. 5 Financial Regulation European Insurance and Occupational Pensions Authority (EIOPA) December 2013 (EIOPA/13/474): „The budget of the Authority shall be established and implemented in accordance with the principles of unity, budgetary accuracy, annuality, equilibrium, unit of account, universality, specification, sound financial management which requires effective and efficient internal control, and transparency as set out in this Regulation."

[6] Mittelbar ergibt sich deren Geltung bereits aus Art. 65 EIOPA-VO.

[7] Einnahmen- und Ausgabenplan der Europäischen Aufsichtsbehörde für das Versicherungswesen und die betriebliche Altersversorgung (EIOPA) für das Haushaltsjahr 2016, ABl. 2016 C 113, 149.

[8] Positionspapier des Gesamtverbandes der Deutschen Versicherungswirtschaft (ID-Nummer 6437280268-55) zur Aufgabenpriorisierung von EIOPA und Finanzierung der europäischen Aufsichtsbehörden, S. 4; abrufbar unter http://www.gdv.de/wp-content/uploads/2015/12/GDV-Positionspapier-Aufgaben-Finanzierung-EIOPA-Aufsicht-2015.pdf.

der Länder mit einem Stimmgewicht von 7 (Dänemark, Irland, Litauen, Slowakei und Finnland) sollte auch für Kroatien ein Verteilungsschlüssel von 7 angesetzt werden, was zudem die Gesamtzahl der zu verteilenden Anteile von 345 auf 352 erhöht. Daneben werden auch noch die Versicherungsaufsichtsbehörden der EFTA-Staaten zu einem Finanzbeitrag verpflichtet, wobei die Verteilungsschlüssel für Island 2, für Liechtenstein 1 und für Norwegen 7 sind.[9] Hierdurch werden die zu verteilenden Anteile auf 362 erhöht. Für die BaFin bedeutet dies mithin, dass 29/362 des Gesamtbetrages der Pflichtbeiträge auf sie entfällt, was 8 % (bzw. ca. 5 % des Gesamtbudgets) entspricht. Bei der BaFin wird dieser Pflichtbeitrag dann unter Anwendung des § 16 FinDAG umgelegt.

Daneben kann die EIOPA gemäß Abs. 1 lit. b noch Einnahmen aus **Zuschüssen** aus dem Gesamthaushaltsplan der Europäischen Union (Einzelplan Kommission) erhalten. Solche Zuschüsse erfolgen, soweit nötig, also dann, wenn die weiteren erzielten Einnahmen nicht ausreichen, um die Ausgaben zu decken. Seit der Gründung der EIOPA ist dieser Zuschuss auf 40 % des Gesamthaushaltsbedarfs festgesetzt, sodass EIOPA die restlichen 60 % auf anderem Wege nämliche durch die Pflichtbeiträge akquirieren muss. 12

Schließlich kann die EIOPA auch Einnahmen durch **Gebührenerhebung** erzielen. Abs. 1 lit. c legt hierbei nah, dass es sich dabei um Gebühren handelt, die anlassbezogen von beaufsichtigten Finanzinstitutionen erhoben werden. Hierbei ist eine Gebührenerhebung allerdings nur dann zulässig, wenn eine Gebührenpflicht in den einschlägigen Instrumenten des Unionsrechts angeordnet wird. Gegenwärtig erhebt von allen ESA nur die ESMA gegenüber den unmittelbar beaufsichtigten Ratingagenturen Gebühren.[10] Dies wird jedoch im Hinblick auf den Aufgabenzuwachs und insofern zu erwartenden wachsenden Mittelbedarf der EIOPA zunehmend kritisch gesehen, da eine weitere Zunahme der Belastung der Haushalte der nationalen Aufsichtsbehörde (und damit – so wohl die Annahme der Kritiker – der Haushalte der Mitgliedstaaten) und der Union im Hinblick auf die Haushaltszwänge nur schwer verkraftbar sei. Die Kommission hat insofern in ihrem Evaluationsbericht zur EIOPA (siehe Art. 81 EIOPA-VO Rn. 2 ff.) für die Zukunft eine Überarbeitung des bestehenden Finanzierungsmodells und idealerweise die Abschaffung der Beiträge der EU und der Mitgliedstaaten angedacht.[11] Ein solches alternatives Finanzierungsmodell wäre wohl allein über eine Gebührenfinanzierung denkbar, wobei aber unklar bleibt, für welche Tätigkeiten die Gebühren erhoben werden sollen, da die EIOPA kaum unmittelbare Aufsichtsbefugnisse gegenüber den Finanzinstituten zukommt. 13

Fraglich ist, ob im Hinblick auf die Formulierung von Abs. 1 („insbesondere") die EIOPA noch **andere Einnahmen** als die genannten erzielen darf. Zu denken wäre hier beispielsweise an Gebühren für Veröffentlichungen, Konferenzen oder Ausbildungsveranstaltungen. Grundsätzlich ist dies zu bejahen, wobei die EIOPA zum einen zu beachten hat, dass sie nur in den ihr zugewiesenen Tätigkeitsbereichen tätig werden kann, und zum anderen, dass grundsätzlich davon auszugehen ist, dass die EIOPA, die im öffentlichen Interesse tätig wird, diese Leistungen grundsätzlich auch kostenneutral zur Verfügung stellen muss, wenn nicht durch abweichende Ermächtigung etwas anderes vorgesehen wird. Gleichwohl kann es der EIOPA nicht genommen sein, als Veranstalter von Fachkonferenzen, diese mit einer zumindest kostendeckenden oder auch gewinnerzielenden Teilnahmegebühr zu verbinden. Dies läuft auch nicht dem Haushaltsgrundsatz der Ausgeglichenheit entgegen (Rn. 17), aus dem sich zwar ableiten lässt, dass die EIOPA kostendeckend, aber nicht gewinnorientiert wirtschaften soll, was aber nicht bedeutet, dass nicht einzelne Tätigkeiten gewisse Gewinne produzieren können, um diese zur Finanzierung anderer Tätigkeiten heranzuziehen. 14

2. Ausgaben (Abs. 2). Im Haushaltsplan sind sämtliche **Ausgaben** der EIOPA vorauszuschätzen. Abs. 2 ordnet hierbei an, dass der Haushaltsplan zumindest die Personalaufwendungen, Entgelte, die Verwaltungs- und Infrastrukturausgaben, die Ausgaben für berufliche Fortbildung und die Betriebskosten der EIOPA zu beinhalten hat. Abs. 2 stellt insofern eine Strukturvorgabe für den Haushaltsplan auf, indem jede dieser Ausgabenposition im Haushaltsplan gesondert – wenn erforderlich mit Null – auszuweisen ist. 15

Der Großteil der Ausgaben der EIOPA entfällt auf die Personalaufwendungen, wobei dies **gegenwärtig** etwa zwei Drittel der Gesamtausgaben ausmacht, während Infrastrukturausgaben (insbesondere die Mietkosten, aber auch IT-Ausgaben) und die Dienstbetriebskosten etwa je ein Sechstel repräsentieren.[12] 16

IV. Ausgeglichenheit des Haushalts (Abs. 3). Der Haushaltsplan ist gemäß Abs. 3 in Einnahmen und Ausgaben auszugleichen. Der **Grundsatz der Ausgeglichenheit** erfordert buchhalterisch, dass die Summe der Einnahmen rechnerisch der Summe der Ausgaben entsprechen muss. Der Grundsatz der 17

[9] Art. 31h lit. w Annex IX zum EWR Abkommen.

[10] Es handelt sich hierbei um Registrierungs- und um Aufsichtsgebühren; vgl. Art. 19 Ratingagenturen-VO (in der aktuellen Fassung) und Delegierte Verordnung (EU) 272/2012 der Kommission vom 7. Februar 2012 zur Ergänzung der Verordnung (EG) Nr. 1060/2009 des Europäischen Parlaments und des Rates in Bezug auf die Gebühren, die den Ratingagenturen von der Europäischen Wertpapier- und Marktaufsichtsbehörde in Rechnung gestellt werden, ABl. 2012 L 90, 6.

[11] Bericht der Kommission an das Europäische Parlament und den Rat über die Tätigkeit der Europäischen Aufsichtsbehörden (ESA) und das Europäische System der Finanzaufsicht (ESFS), in: KOM(2014) 509 endg., S. 12.

[12] Einnahmen- und Ausgabenplan der Europäischen Aufsichtsbehörde für das Versicherungswesen und die betriebliche Altersversorgung (EIOPA) für das Haushaltsjahr 2016, ABl. 2016 C 113, 149.

Ausgeglichenheit wird im Unionsrecht jedoch auch materiell dahingehend verstanden, dass ein Haushaltsgleichgewicht im Sinne einer gleichwertigen Realisierbarkeit der Einnahmen und Ausgaben anzustreben ist.[13]

Aufstellung des Haushaltsplans

63 (1) [1]**Der Exekutivdirektor erstellt spätestens zum 15. Februar jeden Jahres einen Entwurf des Voranschlags der Einnahmen und Ausgaben der Behörde für das nachfolgende Haushaltsjahr und übermittelt ihn dem Verwaltungsrat und dem Rat der Aufseher zusammen mit dem Stellenplan.** [2]**Der Rat der Aufseher stellt auf der Grundlage des vom Verwaltungsrat genehmigten Entwurfs des Voranschlags des Exekutivdirektors jedes Jahr einen Voranschlag der Einnahmen und Ausgaben der Behörde für das nachfolgende Haushaltsjahr auf.** [3]**Dieser Voranschlag, der auch einen Entwurf des Stellenplans umfasst, wird der Kommission bis zum 31. März vom Rat der Aufseher zugeleitet.** [4]**Vor Annahme des Voranschlags wird der vom Exekutivdirektor erstellte Entwurf vom Verwaltungsrat genehmigt.**

(2) **Die Kommission übermittelt den Voranschlag zusammen mit dem Entwurf des Haushaltsplans der Europäischen Union dem Europäischen Parlament und dem Rat (im Folgenden zusammen „Haushaltsbehörde").**

(3) **Die Kommission stellt auf der Grundlage des Voranschlags die mit Blick auf den Stellenplan für erforderlich erachteten Mittel und den Betrag des aus dem Gesamthaushaltsplan der Europäischen Union gemäß Artikel 313 und 314 AEUV zu zahlenden Zuschusses in den Entwurf des Haushaltsplans der Europäischen Union ein.**

(4) [1]**Die Haushaltsbehörde nimmt den Stellenplan der Behörde an.** [2]**Die Haushaltsbehörde bewilligt die Mittel für den Zuschuss für die Behörde.**

(5) [1]**Der Haushaltsplan der Behörde wird vom Rat der Aufseher erlassen.** [2]**Er wird endgültig, wenn der Gesamthaushaltsplan der Europäischen Union endgültig erlassen ist.** [3]**Erforderlichenfalls wird er entsprechend angepasst.**

(6) [1]**Der Verwaltungsrat unterrichtet die Haushaltsbehörde unverzüglich über alle von ihm geplanten Vorhaben, die erhebliche finanzielle Auswirkungen auf die Finanzierung seines Haushaltsplans haben könnten, insbesondere im Hinblick auf Immobilienvorhaben wie die Anmietung oder den Erwerb von Gebäuden.** [2]**Er setzt die Kommission von diesen Vorhaben in Kenntnis.** [3]**Beabsichtigt einer der beiden Teile der Haushaltsbehörde, eine Stellungnahme abzugeben, so teilt er der Behörde innerhalb von zwei Wochen nach Erhalt der Informationen über das Projekt diese Absicht mit. Bleibt eine Antwort aus, so kann die Behörde mit dem geplanten Projekt fortfahren.**

(7) **In Bezug auf das am 31. Dezember 2011 endende erste Tätigkeitsjahr der Behörde unterliegt die Finanzierung der Behörde durch die Union einer Einigung der Haushaltsbehörde gemäß Nummer 47 der Interinstitutionellen Vereinbarung 2006 über die Haushaltsdisziplin und die wirtschaftliche Haushaltsführung.**

Schrifttum: Siehe die Angaben bei Art. 1 EIOPA-VO („Allgemein zum Unionsrecht" zu Art. 310 ff. AEUV).

1 **I. Allgemeines.** Art. 63 EIOPA-VO regelt die Aufstellung und die Feststellung des Haushaltsplans einschließlich der Einbindung in das Aufstellungsverfahren für den Gesamthaushaltsplan der Union und die etwaige Anpassungspflicht des Haushaltsplans der EIOPA in Bezug auf die Zuschüsse zu Lasten des Gesamthaushaltsplans der Union. Ferner wird eine Unterrichtungspflicht für Großprojekte statuiert, soweit sie den Haushaltsplan erheblich berühren.

2 **II. Ablauf des Haushaltsverfahrens.** Das Haushaltsplanaufstellungsverfahren verläuft in **mehreren Phasen.** Dies ist insbesondere auch dem Umstand geschuldet, dass die EIOPA nicht nur aus Fremdmitteln, sondern mittels Zuschüssen aus Eigenmitteln der Union finanziert wird, sodass die Verfahren zur Aufstellung des Haushaltsplans der EIOPA mit dem Verfahren zur Aufstellung des Haushaltsplans der Union nach Art. 314 AEUV synchronisiert werden muss. Hierbei ist jedoch beachtenswert, dass die EIOPA den größeren Teil ihrer im Haushaltsplan veranlagten Einnahmen aus den Pflichtbeiträgen von den nationalen Aufsichtsbehörden erzielt (siehe Art. 62 EIOPA-VO Rn. 8 ff.). Entsprechend ist das Verfahren des Art. 63 EIOPA-VO auch so ausgestaltet, dass nur der Zuschuss der Union aus dem Gesamthaushaltsplan (Art. 62 Abs. 1 lit. b EIOPA-VO) und der Stellenplan der EIOPA der Billigung durch die Haushaltsbehörde (siehe Rn. 10) unterliegt.[1]

[13] Siehe von der Groeben/Schwarze/Hatje/*Bieber* Art. 310 AEUV Rn. 15; Streinz/*Niedobitek* Art. 310 AEUV Rn. 28.
[1] So *Sasserath-Alberti* VersR 2012, 524 (527).

1. Voranschlagsphase (Abs. 1). Die Aufstellung des Haushaltsplans nimmt ihren Ursprung beim **Exekutivdirektor**. Dieser ist gemäß Abs. 1 i. V. m. Art. 53 Abs. 6 Alt. 1 EIOPA-VO dazu verpflichtet, einen **Entwurf des Voranschlags des Haushaltsplans** zu erstellen. Diesen Entwurf des Voranschlags der Einnahmen und Ausgaben der EIOPA hat der Exekutivdirektor spätestens am 15.2. des vorhergehenden Jahres dem **Verwaltungsrat** und dem **Rat der Aufseher** zu **übermitteln**. Der Entwurf des Voranschlags **enthält** neben der Aufstellung der Einnahmen und Ausgaben auch den Entwurf eines Stellenplans, sowie bei Änderung des Personalbestands eine Begründung für den gestiegenen Personalbedarf, eine vierteljährliche Vorausschätzung der Kassenaus- und -einzahlungen und Angaben zur Verwirklichung früher gesetzter Ziele und zu neuen Zielsetzungen.[2] **Art. 33 Abs. 2 der Haushaltsordnung**[3] der EIOPA sieht zudem noch die Pflicht vor, dass die EIOPA der **Kommission** bis zum 31.1. des vorhergehenden Jahres den **Entwurf eines Voranschlages** der Einnahmen und Ausgaben und die diesem Entwurf zugrundeliegenden Leitlinien zu übermitteln. Dies bewirkt letztlich, dass der Exekutivdirektor bereits zu diesem früheren Zeitpunkt seinen Entwurf weitestgehend abgeschlossen haben muss. 3

Gemäß Abs. 1 S. 2 (i. V. m. Art. 47 Abs. 3 Alt. 1 EIOPA-VO) – dies wird aus dem Gesetzeswortlaut nicht hinreichend deutlich – hat nunmehr der **Verwaltungsrat** über die **Genehmigung** des durch den Exekutivdirektors erstellten **Entwurfes** des Voranschlags zu befinden. Dieser Beschluss ergeht gemäß Art. 45 Abs. 2 UAbs. 1 S. 1 EIOPA-VO mit der einfachen Mehrheit der Stimmen der anwesenden (stimmberechtigten) Mitglieder, wobei hier die Besonderheit besteht, dass der Vertreter der Kommission als ansonsten nicht-stimmberechtigtes Mitglied des Verwaltungsrates hier gemäß Art. 45 Abs. 2 UAbs. 3 EIOPA-VO ein Stimmrecht hat (siehe Art. 45 EIOPA-VO Rn. 18, 25). Diese Genehmigung muss, ohne dass dies festgestellt würde, zumindest dem Rat der Aufseher mitgeteilt werden. Soweit die Genehmigung nicht erteilt wird, ist dem Exekutivdirektor durch den Verwaltungsrat aufzugeben, innerhalb knapper Frist den Entwurf entsprechend zu überarbeiten und erneut zur Genehmigung vorzulegen. Aus Abs. 1 S. 5 wird deutlich, dass vor Aufstellung des Voranschlags durch den Rat der Aufseher zwingend die Genehmigung des Entwurfs des Voranschlags durch den Verwaltungsrat erfolgen muss. Es erscheint mithin zwar grundsätzlich möglich, dass der Rat der Aufseher unmittelbar nach Übermittlung des Entwurfes des Voranschlags über notwendige Änderungen diskutiert. Der abschließende Beschluss zur Aufstellung des Voranschlags hat jedoch auf Grundlage des genehmigten Entwurfes zu erfolgen. 4

Die Voranschlagsphase des Haushaltsfeststellungsverfahrens wird durch die **Aufstellung des Voranschlags** durch den **Rat der Aufseher** gemäß Abs. 1 S. 2 i. V. m. Art. 43 Abs. 7 EIOPA-VO analog abgeschlossen. Die Aufstellung erfolgt – um dem innerbehördlichen institutionellen Gleichgewicht gerecht zu werden – auf Grundlage des vom Exekutivdirektor aufgestellten und durch den Verwaltungsrat genehmigten Entwurfs (Rn. 4). Hierbei ist dem Rat der Aufseher jedoch eine gewisse Einschätzungsprärogative zuzubilligen. 5

2. Entwurfsphase für den Gesamthaushaltsplan der Union (Abs. 1 S. 4, Abs. 2, 3). Der **Rat der Aufseher** hat den unter Beachtung des vorstehenden Verfahrens aufgestellten **Voranschlag** bis zum 31. März des Jahres vor dem betreffenden Haushaltsjahr gemäß Abs. 1 S. 4 der **Kommission** zu **übermitteln**. Aus dieser Frist ergibt sich nicht nur eine Übermittlungsfrist für den Rat der Aufseher in Bezug auf ihren Voranschlag. Mittelbar beeinflusst dies die Pflichten des Exekutivdirektors und der Mitglieder des Verwaltungsrates und der Mitglieder des Rates der Aufseher dahingehend, dass diese ihren Mitwirkungspflichten in der Voranschlagsphase in der Gestalt zu erfüllen haben, dass die Aufstellung des Voranschlags und seine Übermittlung fristgerecht erfolgen kann. 6

Der zu übermittelnde Voranschlag **enthält** (wie schon der Entwurf des Exekutivdirektors, Rn. 3) neben der Aufstellung der Einnahmen und Ausgaben der EIOPA auch den von Abs. 1 S. 4 geforderten Entwurf eines Stellenplans, sowie – dies ergibt sich aus Art. 33 der Haushaltsordnung der EIOPA[4] – bei Änderung des Personalbestands eine Begründung für den gestiegenen Personalbedarf, eine vierteljährliche Vorausschätzung der Kassenaus- und -einzahlungen und Angaben zur Verwirklichung früher gesetzter Ziele und zu neuen Zielsetzungen. 7

Die **Kommission stellt** nach Erhalt des Voranschlags der EIOPA die sich aus dem Stellenplan ergebenden und für erforderlich erachteten Mittel und die aus dem Gesamthaushalt zu zahlenden Zuschüsse **in** ihren gemäß Art. 314 Abs. 1 UAbs. 1 AEUV zu erstellenden **Entwurf des Gesamthaushaltsplans** der Union **ein** (Abs. 3). Der Kommission ist es hierbei unbenommen, die Voranschläge der EIOPA unter Beachtung sonstiger Unionsprinzipien verändert in den Entwurf einzustellen.[5] 8

Diesen Vorentwurf des Gesamthaushaltsplans hat die Behörde bis zum 31.9. des dem Haushaltsjahr vorhergehenden Jahres der Haushaltsbehörde zu **übermitteln**, Art. 314 Abs. 2 UAbs. 1 AEUV. **Haus-** 9

[2] Art. 33 Abs. 4 Financial Implementing Rules European Insurance and Occupational Pensions Authority (EIOPA) September 2014 (EIOPA/14/469).

[3] Financial Implementing Rules European Insurance and Occupational Pensions Authority (EIOPA) September 2014 (EIOPA/14/469).

[4] Financial Implementing Rules European Insurance and Occupational Pensions Authority (EIOPA) September 2014 (EIOPA/14/469); siehe hierzu Art. 65 EIOPA-VO Rn. 2.

[5] von der Groeben/Schwarze/Hatje/*Bieber* Art. 314 AEUV Rn. 12.

haltsbehörde ist hierbei in Abs. 2 legaldefiniert als das **Europäische Parlament** und der **Rat**. Neben der aus dem Primärrecht entspringenden Übermittlungspflicht für den Gesamthaushaltsentwurf, ordnet Abs. 2 an, dass die Kommission diesem Entwurf auch den Voranschlag der EIOPA anzuhängen hat.

10 **3. Entscheidungsphase für den Gesamthaushaltsplan der Union (Abs. 4).** Es ist an der **Haushaltsbehörde**, den **Stellenplan** der EIOPA **anzunehmen** (Abs. 4 S. 1) und die Mittel für die angesetzten **Zuschüsse** zu **bewilligen** (Abs. 4 S. 2). Die Annahme und Bewilligung erfolgt hierbei im Rahmen des Verfahrens der Feststellung des Gesamthaushaltplans gemäß Art. 314 Abs. 3–9 AEUV. Es ist mithin erforderlich, dass Rat und Europäisches Parlament eine Einigung über den Haushaltsplan der Union erzielen und diese Einigung auch die Budgetposten für die EIOPA mitumfasst. Soweit die Einigung Abweichungen vom Voranschlag enthält, ist dies bei der endgültigen Feststellung des Haushaltplans der EIOPA (siehe Rn. 12) zu berücksichtigen.

11 **4. Feststellungsphase (Abs. 5).** Die **Zuständigkeit** zur **Feststellung** des Haushalts der EIOPA kommt gemäß Abs. 5 S. 1 i. V. m. Art. 43 Abs. 7 EIOPA-VO dem **Rat der Aufseher** zu. Die Feststellung erfolgt hierbei durch Beschluss, wobei gemäß Art. 44 Abs. 1 UAbs. 2 EIOPA-VO mit qualifizierter Mehrheit entschieden wird (siehe Art. 44 EIOPA-VO Rn. 8 ff.).

12 Bei dieser Feststellung ist der Rat der Aufseher jedoch **an** eine etwaige abgeänderte Genehmigung des Stellenplans oder geminderte Zuschussgewährung durch die **Haushaltsbehörde** (siehe Rn. 10) **gebunden** und hat den Haushaltsplan vor Feststellung entsprechend **anzupassen**, Abs. 5 S. 3.

13 Mit der Feststellung des Haushaltsplans ist dieser jedoch noch nicht zwingend **endgültig**. Abs. 5 S. 2 trägt dem Umstand Rechnung, dass der Haushalt der EIOPA zumindest teilweise von der Rechtswirksamkeit des Gesamthaushalts der Union abhängt. Insofern tritt die Endgültigkeit des Haushalts der EIOPA erst mit dem endgültigen Erlass des Gesamthaushaltsplans der Union ein. Dies erfordert nicht nur die Einigung von Rat und Europäischem Parlament über den Gesamthaushaltsplan, sondern gemäß Art. 314 Abs. 8 auch die Feststellung des Präsidenten des Europäischen Parlaments, dass der Gesamthaushaltsplan endgültig erlassen ist. Für die Endgültigkeit des Haushaltsplans gilt mithin der spätere Termin.

14 Aus Art. 63 geht nicht ganz klar hervor, ob auch die EIOPA – Abs. 5 S. 3 könnte in diese Richtung verstanden werden – zum Erlass eines **Berichtigungshaushaltsplans** ermächtigt ist (Nachtragshaushaltspläne sind zumindest für die Union nicht mehr vorgesehen).[6] Die Möglichkeit der Aufstellung und Feststellung eines Berichtigungshaushaltsplans ergibt sich jedoch aus Art. 34 Haushaltsordnung der EIOPA[7] i. V. m. Art. 34 Delegierte Verordnung (EU) 1271/2013.[8] Die Aufstellung und Feststellung eines solchen Berichtigungshaushaltes erfolgt im Verfahren, wie es entsprechend für die Auf- und Feststellung des Haushaltsplans der EIOPA gilt. Hiermit ist aber nichts zur konkreten Zulässigkeit zum Erlass eines Berichtigungshaushaltsplans gesagt; wie auch für die Union sollte diese Möglichkeit für die EIOPA nur ausnahmsweise eröffnet sein, das heißt bei Eintritt unvermeidlicher, außergewöhnlicher oder unvorhersehbarer Umständen.[9]

15 **III. Mitteilungspflichten des Verwaltungsrates (Abs. 6).** Unabhängig davon, ob die Notwendigkeit und Möglichkeit besteht, einen Berichtigungshaushaltsplan aufzustellen (Rn. 14), hat der **Verwaltungsrat** gemäß Abs. 6 die **Haushaltsbehörden** (also Rat und Europäisches Parlament) unverzüglich über alle geplanten Vorhaben zu **unterrichten**, die auf die Finanzierung des Haushaltsplans der EIOPA erhebliche Auswirkung haben können.

16 Die Unterrichtung hat **unverzüglich** zu erfolgen, was auch im europäischen Kontext als ohne schuldhaftes Zögern zu verstehen ist. Die entscheidende Frage ist hier jedoch der die **Mitteilungspflicht auslösende Umstand**. Es ist mithin zu fragen, welches Planungsstadium das avisierte Projekt bereits erreicht haben muss. Da es bei der Mitteilungspflicht des Abs. 6 gerade darum geht, der Haushaltsbehörde ein Recht auf eine Stellungnahme zu gewähren, um die Einhaltung des Haushaltsplans abzusichern, sollte erst eine konkretisierte Planung, die bereits den nötigen Kostenaufwand hinreichend einschätzen lässt, die Unterrichtungspflicht auslösen. Die Verwaltungsrat hat neben der Haushaltsbehörde auch die Kommission von dem Vorhaben in Kenntnis zu setzen, Abs. 6 S. 2. Dadurch, dass diese Mitteilungspflicht nachgeschoben wird, scheint hierfür das Merkmal der Unverzüglichkeit nicht zu greifen.

17 Eine Mitteilungspflicht besteht nur für solche **Projekte**, die **erhebliche finanzielle Auswirkungen** auf die Finanzierung des Haushaltsplans der EIOPA haben könnten. Abs. 6 S. 1 nennt hier beispielhaft Immobilienvorhaben wie die Anmietung oder den Erwerb von Gebäuden. Andere Großprojekte der EIOPA, die diese Unterrichtungspflicht auslösen, sind gegenwärtig eher schwer vorstellbar.

---

[6] Grabitz/Hilf/Nettesheim/*Magiera* Art. 314 AEUV Rn. 33.

[7] Financial Implementing Rules European Insurance and Occupational Pensions Authority (EIOPA) September 2014 (EIOPA/14/469).

[8] Delegierte Verordnung (EU) 1271/2013 der Kommission vom 30. September 2013 über die Rahmenfinanzregelung für Einrichtungen gemäß Artikel 208 der Verordnung (EU, Euratom) Nr. 966/2012 des Europäischen Parlaments und des Rates, ABl. 2013 L 328, 42.

[9] So Grabitz/Hilf/Nettesheim/*Magiera* Art. 314 AEUV Rn. 33.

Verfahrensrechtlich gewährt Abs. 6 S. 3 dem **Rat** und dem **Europäischen Parlament** das Recht, gegenüber der EIOPA innerhalb von zwei Wochen eine **Stellungnahme** abzugeben. Soweit eine solche Stellungnahme ausbleibt, kann die EIOPA das angezeigte Projekt gemäß Abs. 6 S. 4 verfolgen. Hieraus ist zum einen zu schließen, dass die EIOPA bei solchen Projekten die Pflicht trifft, keine Dispositionen zu treffen, bevor nicht der Haushaltsbehörde die Möglichkeit zur Stellungnahme gegeben wurde und die Zweiwochenfrist verstrichen ist. Dies heißt insbesondere, dass vorher grundsätzlich keine Verträge geschlossen werden dürfen bzw. dass solche Verträge ein einseitiges Beendigungsrecht oder einen Genehmigungsvorbehalt enthalten müssen. Nicht klar wird aus Abs. 6 hingegen, was genau geschieht, wenn ein Teil der Haushaltsbehörde eine negative Stellungnahme erteilt. Aus dem Umkehrschluss aus Abs. 6 S. 4 ergibt sich, dass EIOPA in diesem Fall das Projekt nicht einfach weiterverfolgen kann. 18

IV. Übergangsbestimmung (Abs. 7). Abs. 7 trägt dem Umstand Rechnung, dass das Verfahren der Haushaltsplanaufstellung bei einer neu errichteten Behörde nicht möglich ist. Abs. 7 sieht als **Übergangsbestimmung** für das **Haushaltsjahr 2016** insofern eine Zuschussgewährung auf Grundlage einer Einigung der beiden Teile der Haushaltsbehörde, d. h. Europäisches Parlament und Rat, basierend auf Nr. 47 der Interinstitutionellen Vereinbarung 2006 vor.[10] Nach Nr. 47 der Interinstitutionellen Vereinbarung 2006 hatte die Kommission bei Ausarbeitung des Entwurfs für die Errichtung der EIOPA auch die budgetären Folgen für die betreffende Ausgabenlinie zu bewerten. Auf der Grundlage dieser Angaben waren EP und Rat verpflichtet, rechtzeitig vor dem Tätigwerden eine Einigung über die Finanzierung der EIOPA herbeizuführen. 19

Ausführung und Kontrolle des Haushaltsplans

64 (1) **Der Exekutivdirektor handelt als Anweisungsbefugter und führt den Haushaltsplan der Behörde aus.**

(2) [1]**Der Rechnungsführer der Behörde übermittelt dem Rechnungsführer der Kommission und dem Rechnungshof bis zum 1. März nach Abschluss jedes Haushaltsjahres die vorläufigen Rechnungen unter Beifügung des Berichts über die Haushaltsführung und das Finanzmanagement für das abgeschlossene Haushaltsjahr.** [2]**Ferner übermittelt der Rechnungsführer der Behörde den Bericht über die Haushaltsführung und das Finanzmanagement bis zum 31. März des folgenden Jahres den Mitgliedern des Rates der Aufseher, dem Europäischen Parlament und dem Rat.**

Der Rechnungsführer der Kommission konsolidiert die vorläufigen Rechnungen der Organe und dezentralen Einrichtungen gemäß Artikel 128 der Haushaltsordnung.

(3) **Nach Übermittlung der Anmerkungen des Rechnungshofs zu den vorläufigen Rechnungen der Behörde gemäß Artikel 129 der Haushaltsordnung erstellt der Exekutivdirektor in eigener Verantwortung den endgültigen Jahresabschluss der Behörde und übermittelt diesen dem Verwaltungsrat zur Stellungnahme.**

(4) **Der Verwaltungsrat gibt eine Stellungnahme zu den endgültigen Jahresabschlüssen der Behörde ab.**

(5) **Der Exekutivdirektor übermittelt den endgültigen Jahresabschluss zusammen mit der Stellungnahme des Verwaltungsrates bis zum 1. Juli nach Ende des Haushaltsjahres den Mitgliedern des Rates der Aufseher, dem Europäischen Parlament, dem Rat, der Kommission und dem Rechnungshof.**

(6) **Der endgültige Jahresabschluss wird veröffentlicht.**

(7) [1]**Der Exekutivdirektor übermittelt dem Rechnungshof bis zum 30. September eine Antwort auf seine Bemerkungen.** [2]**Er übermittelt dem Verwaltungsrat und der Kommission auch eine Kopie dieser Antwort.**

(8) **Der Exekutivdirektor unterbreitet dem Europäischen Parlament auf dessen Anfrage gemäß Artikel 146 Absatz 3 der Haushaltsordnung alle Informationen, die für die ordnungsgemäße Durchführung des Entlastungsverfahrens für das betreffende Haushaltsjahr erforderlich sind.**

(9) **Das Europäische Parlament erteilt der Behörde auf Empfehlung des Rates, der mit qualifizierter Mehrheit beschließt, bis zum 15. Mai des Jahres N + 2 Entlastung für die Ausführung des Haushaltsplans, einschließlich der Einnahmen aus dem Gesamthaushaltsplan der Europäischen Union und der zuständigen Behörden, für das Haushaltsjahr N.**

[10] Interinstitutionelle Vereinbarung zwischen dem Europäischen Parlament, dem Rat und der Europäischen Kommission über die Haushaltsdisziplin und die wirtschaftliche Haushaltsführung (17. Mai 2006), ABl. 2006 C 139, 1.

Übersicht

Schrifttum: Siehe die Angaben bei Art. 1 EIOPA-VO („Allgemein zum ESFS" und „Allgemein zur EIOPA").

1 **I. Allgemeines.** Durch Art. 64 EIOPA-VO wird die Ausführung des Haushaltsplans, die Veröffentlichung des Jahresabschlusses einschließlich der Einbindung in das Aufstellungsverfahren für die konsolidierten Rechnungsabschlüsse der Union und damit einhergehend die Kontrolle der Ausführung des Haushaltsplans geregelt. Diesem Kontrollzweck dient auch das durch Art. 64 EIOPA-VO normierte Entlastungsverfahren für den Exekutivdirektor.

2 **II. Ausführung des Haushaltsplans (Abs. 1).** Ein aufgestellter Haushaltsplan muss vollzogen, das heißt ausgeführt werden. **Ausführung** bedeutet in diesem Regelungskontext die Vornahme sämtlicher Rechtshandlungen und sonstigen Maßnahmen, die erforderlich sind, um die im Haushaltsplan vorgesehenen Ausgaben zulasten der EIOPA zu leisten und die zu ihren Gunsten vorgesehenen Einnahmen zu erheben.[1]

3 Zuständig für die Ausführung des Haushaltsplans ist der **Exekutivdirektor**. Dieser ist der **Anweisungsbefugte** i. S. d. Art. 2 GS 5, 44 ff. delegierte Verordnung (EU) 1271/2013.[2] Hierbei kann der Exekutivdirektor (spezifische) Haushaltsvollzugsbefugnisse[3] auf andere Bedienstete des Personals der EIOPA übertragen. Eine solche **Bevollmächtigung** ist jedoch nicht für Externe möglich und auch nur für solche Bedienstete des Personals der EIOPA, die dem Statut der Beamten der EU *(EU-BeamtStatut)* oder den Beschäftigungsbedingungen für die sonstigen Bediensteten der EU *(EU-BeschäftBeding)* unterliegen (vgl. Art. 68 EIOPA-VO Rn. 7 ff.).[4] Die Bevollmächtigten können auch Untervollmacht erteilen, wobei jeder **Untervollmachterteilung** der expliziten Zustimmung des Exekutivdirektors bedarf.[5]

4 In der **Art und Weise** der Ausführung des Haushaltsplans ist der Exekutivdirektor (bzw. der Bevollmächtigte) dazu gehalten, die Einnahmen und Ausgaben nach dem Grundsatz der Wirtschaftlichkeit der Haushaltsführung auszuführen sowie deren Rechtmäßigkeit und Ordnungsmäßigkeit zu gewährleisten. Die Anforderungen an die Art der Haushaltsausführung werden insbesondere durch Art. 44 Haushaltsordnung der EIOPA[6] weiter festgelegt und konkretisiert.

5 **III. Verfahren zur Veröffentlichung des Jahresabschlusses (Abs. 2–7).** Die **Abs. 2–7** regeln die jährliche Rechnungslegung, Rechnungsprüfung und Veröffentlichung des Jahresabschlusses.

6 **1. Erstellung und Übermittlung des vorläufigen Rechnungsabschlusses (Abs. 2 UAbs. 1).** Gemäß Abs. 2 und Art. 98 der Haushaltsordnung der EIOPA (erstellt und) übermittelt der durch den Verwaltungsrat[7] (siehe Art. 47 EIOPA-VO Rn. 13) ernannte **Rechnungsführer**[8] spätestens zum 1.3. des auf das Haushaltsjahr folgenden Jahres die **vorläufigen Jahresrechnungen** mit dem Bericht über die Haushaltsführung und das Finanzmanagement für das vorangegangene Haushaltsjahr an den Rechnungshof und an den Rechnungsführer der Kommission. Neben bzw. in Ersetzung der in Abs. 2 UAbs. 1 S. 1 genannten anzuhängenden Dokumente fordern Art. 147 Abs. 2 der Gesamthaushaltsordnung[9] und

[1] So zu Art. 317 AEUV von der Groeben/Schwarze/Hatje/*Bieber* Art. 317 AEUV Rn. 2.

[2] Delegierte Verordnung (EU) 1271/2013 der Kommission vom 30. September 2013 über die Rahmenfinanzregelung für Einrichtungen gemäß Artikel 208 der Verordnung (EU, Euratom) Nr. 966/2012 des Europäischen Parlaments und des Rates, ABl. 2013 L 328, 42.

[3] Siehe hierzu die Durchführungsbestimmungen zur Haushaltsordnung der EIOPA zu Art. 40 Financial Implementing Rules European Insurance and Occupational Pensions Authority (EIOPA) September 2014 (EIOPA/14/469).

[4] Art. 40 Abs. 1 Financial Regulation European Insurance and Occupational Pensions Authority (EIOPA) December 2013 (EIOPA/13/474).

[5] Art. 40 Abs. 2 Financial Regulation European Insurance and Occupational Pensions Authority (EIOPA) December 2013 (EIOPA/13/474).

[6] Financial Regulation European Insurance and Occupational Pensions Authority (EIOPA) December 2013 (EIOPA/13/474).

[7] Art. 50 Abs. 1 Financial Regulation European Insurance and Occupational Pensions Authority (EIOPA) December 2013 (EIOPA/13/474).

[8] Der Rechnungsführer muss hierbei zwar dem EU-BeamtStatut oder den EU-BeschäftBeding unterliegen, muss aber nicht zwingend dem Personal der EIOPA angehören, was im Hinblick auf die Unabhängigkeit dieses Funktionsträgers auch nicht nötig ist; vgl. bspw. Art. 50 Abs. 1 und 2 Financial Regulation European Insurance and Occupational Pensions Authority (EIOPA) December 2013 (EIOPA/13/474).

[9] Verordnung (EU, Euratom) 966/2012 des Europäischen Parlaments und des Rates vom 25. Oktober 2012 über die Haushaltsordnung für den Gesamthaushaltsplan der Union und zur Aufhebung der Verordnung (EG, Euratom) Nr. 1605/2002 des Rates, ABl. 2012 L 298, 1.

Art. 98 Abs. 2 Haushaltsordnung der EIOPA, dass der Rechnungsführer der EIOPA ein Berichterstattungspaket nach den vom Rechnungsführer der Kommission für Konsolidierungszwecke vorgegebenen Standardformaten mit den vorläufigen Jahresrechnungen an die Kommission übersendet.

Die Übersendung dient dem **Zweck**, dass der **Rechnungshof** seiner **Prüfpflicht** nachkommen (Art. 287 AEUV; siehe Rn. 10) und der **Rechnungsführer der Kommission** die **Konsolidierung** der **Rechnungen** des Gesamthaushalts durchführen (siehe Art. 147 f. der Gesamthaushaltsordnung; siehe Rn. 9) kann. 7

Den **Bericht über die Haushaltsführung und das Finanzmanagement** – nicht aber die vorläufigen Jahresrechnungen – hat der Rechnungsführer der EIOPA gemäß Abs. 2 UAbs. 1 S. 2 bis zum 31.3. für das vorangegangene Haushaltsjahr auch dem Rat der Aufseher, dem Europäischen Parlament und dem Rat zur Kenntnisnahme zu übersenden. 8

2. Einbindung der Kommission und des Rechnungshofs (Abs. 2 UAbs. 2, Abs. 3). Die Kommission nimmt die vorläufigen Rechnungsabschlüsse des Rechnungsführers der EIOPA entgegen und der Rechnungsführer der **Kommission konsolidiert** diese mit den anderen vorläufigen Rechnungsabschlüssen der Organe und Einrichtungen der Union und den vorläufigen Rechnungsabschlüssen der Kommission. Dies ergibt sich unmittelbar aus Art. 147 Abs. 3 Gesamthaushaltsordnung, sodass Abs. 2 UAbs. 2 – der zudem noch auf Art. 128 der alten Haushaltsordnung der EG verweist – nur deklaratorische Wirkung hat. 9

Die **Rechnungsprüfung**, d. h. insbesondere die Ermittlung von Unregelmäßigkeiten, der Rechnungen der EIOPA als Unionseinrichtung, wird gemäß Art. 287 Abs. 1 UAbs. 1 S. 2 AEUV vom **Rechnungshof** gemäß Art. 287 AEUV durchgeführt. Der Verweis des Abs. 3 auf Art. 129 der alten Gesamthaushaltsordnung der EG ist mithin als Verweis auf Art. 148 der neuen Gesamthaushaltsordnung[10] zu lesen. Gemäß Art. 148 Abs. 1 Hs 1 Gesamthaushaltsordnung legt der Rechnungshof spätestens am 1.6. des auf das Haushaltsjahr folgenden Jahres seine **Bemerkungen** zu den vorläufigen Rechnungen der EIOPA vor. Mit diesen Bemerkungen sind nicht die allgemeinen Jahresberichte nach Art. 287 Abs. 4 AEUV gemeint, sondern die besonderen Jahresberichte, die der Rechnungshof über die Jahresabschlüsse der von der Union geschaffenen Einrichtungen und sonstigen Stellen zu erstellen hat.[11] Art. 68 Abs. 1 lit. f sublit. iv Durchführungsbestimmungen zur Geschäftsordnung des Rechnungshofes legt fest, dass diese Jahresberichte zur EIOPA dem Exekutivdirektor und allen Unionsorganen zu übermitteln sind. Daneben werden diese Bemerkungen (respektive Jahresberichte) gemäß Art. 70 Abs. 2 Var. 3 Durchführungsbestimmungen zur Geschäftsordnung des Rechnungshofes im Amtsblatt veröffentlicht. Allgemein hat der Rechnungshof in seiner Berichterstattung insbesondere alle Fälle von Unregelmäßigkeiten zu berücksichtigen. 10

3. Erstellung und Veröffentlichung des Jahresabschlusses (Abs. 3–7). Die Bemerkungen des Rechnungshofes sind an den **Exekutivdirektor** und den **Rechnungsführer** der EIOPA zu richten (siehe Rn. 10), da beide in der **Erstellung** des endgültigen **Jahresabschlusses** Tätigkeiten übernehmen. 11

Hierbei weist Abs. 3 explizit die **Zuständigkeit** für die **Erstellung** des endgültigen Jahresabschlusses dem Exekutivdirektor zu. Dies lässt sich jedoch nicht mit Art. 148 Gesamthaushaltsordnung in Einklang bringen, der davon ausgeht, dass der Jahresabschluss vom **Rechnungsführer** zu erstellen ist und dieser Rechnungsführer zwingend eine andere Person als der Anweisungsbefugte zu sein hat, der vorliegend der Exekutivdirektor ist (siehe Rn. 3). Abs. 3 ist insofern teleologisch umzugestalten, sodass der Exekutivdirektor zwar dafür zuständig bleibt, den endgültigen Jahresabschluss dem Verwaltungsrat zur Stellungnahme zu übermitteln, die Erstellung obliegt hingegen allein dem Rechnungsführer. Diese richtige Aufteilung der Zuständigkeit wird auch durch Art. 99 Abs. 2–4 der Haushaltsordnung der EIOPA festgelegt. 12

Die **Erstellung** des endgültigen Jahresabschlusses durch den Rechnungsführer hat hierbei in **knapper Frist** nach der Übersendung der Bemerkungen des Rechnungshofs, die spätestens am 1.6. des auf das Haushaltsjahr folgenden Jahres übermittelt werden (Rn. 10), zu erfolgen. Da der Jahresabschluss bereits am 1.7. des auf das Haushaltsjahr folgenden Jahres gemäß Abs. 5 an einige Adressaten zu übermitteln ist (siehe Rn. 15) und der Jahresabschluss vorher an den Verwaltungsrat zur Stellungnahme übermittelt werden muss und dem Verwaltungsrat hierfür adäquate Zeit zur Verfügung stehen muss, ist hier große Eile geboten. 13

Nach Erstellung des Jahresabschlusses – unter angemessener Berücksichtigung der Bemerkungen des Rechnungshofes – stellt der Rechnungsführer diesen dem Exekutivdirektor zur Verfügung und dieser übersendet den Jahresabschluss an den **Verwaltungsrat**, Abs. 3 Hs. 2 entsprechend. Der Verwaltungsrat überprüft den Jahresabschluss und gibt zu diesem eine **Stellungnahme** ab, Abs. 4, die zumindest dem internen Rechnungsführer zu übermitteln ist. 14

[10] Verordnung (EU, Euratom) 966/2012 des Europäischen Parlaments und des Rates vom 25. Oktober 2012 über die Haushaltsordnung für den Gesamthaushaltsplan der Union und zur Aufhebung der Verordnung (EG, Euratom) Nr. 1605/2002 des Rates, ABl. 2012 L 298, 1.

[11] Grabitz/Hilf/Nettesheim/*Magiera* Art. 387 AEUV Rn. 17.

15 Im Anschluss hieran **übermittelt** der **Rechnungsführer** (nicht wie in Abs. 5 genannt der Exekutivdirektor, siehe Rn. 12) den **endgültigen Jahresabschluss** und die **Stellungnahme** des Verwaltungsrates zu diesem bis spätestens zum 1.7. des auf das Haushaltsjahr folgenden Jahres den Mitgliedern des Rates der Aufseher (d. h. nicht dem Organ, sondern den einzelnen Mitgliedern und zwar auch den nicht-stimmberechtigten, vgl. Art. 40 Abs. 1 EIOPA-VO), dem Europäischen Parlament, dem Rat, dem Rechnungsführer der Kommission und dem Rechnungshof. Dies ergibt sich hinsichtlich der Unionsorgane bereits unmittelbar aus Art. 148 Abs. 2 UAbs. 1 Haushaltsordnung, sodass Abs. 5 diesbezüglich entbehrlich ist. Hinsichtlich der Übermittlungspflicht an die Mitglieder des Rates der Aufseher hat Abs. 5 allerdings konstitutive Wirkung. Art. 147 Abs. 2 der Gesamthaushaltsordnung[12] und Art. 98 Abs. 2 Haushaltsordnung der EIOPA verpflichten den Rechnungsführer der EIOPA noch dazu, ein Berichterstattungspaket nach den vom Rechnungsführer der Kommission für Konsolidierungszwecke vorgegebenen Standardformaten mit den vorläufigen Jahresrechnungen an die Kommission übersendet. Die Form der Übersendung an den Rechnungsführer der Kommission und den Rechnungshof und die jeweils beizugebenden Dokumente bestimmt sich hierbei aus Art. 99 Abs. 3 UAbs. 2, Abs. 4 Haushaltsordnung der EIOPA.

16 Abs. 6 ordnet ferner die **Veröffentlichung** des Jahresabschlusses an. Hiermit ist eine förmliche Veröffentlichung im Amtsblatt gemeint. Diese hat gemäß Art. 99 Abs. 4 UAbs. 3 Haushaltsordnung der EIOPA bis zum 15. November des auf das Haushaltsjahr folgenden Jahres zu erfolgen.

17 Der **Exekutivdirektor** – Abs. 7 will diese Pflicht tatsächlich dem Exekutivdirektor und nicht dem Rechnungsführer auferlegen – übermittelt dem Rechnungshof bis zum 30.9. des auf das Haushaltsjahr folgenden Jahres eine Antwort auf die Bemerkungen des Rechnungshofs. Dem Verwaltungsrat und der Kommission ist eine Kopie dieser Antwort zuzuleiten.

18 **IV. Entlastungsverfahren (Abs. 8, 9).** Obgleich gemäß Abs. 1 allein der Exekutivdirektor für die Ausführung des Haushaltsplans zuständig ist, ist nicht dieser, sondern **EIOPA als juristische Person** Gegenstand des **Entlastungsverfahrens** nach Abs. 9.

19 **Zuständig** für das Entlastungsverfahren ist die **Haushaltsbehörde**, d. h. das Europäische Parlament und der Rat, wobei verfahrenstechnisch zunächst der Rat ein Empfehlung zur Entlastung (oder gegen eine solche) ausspricht – wobei der Rat hier mit qualifizierter Mehrheit nach Art. 16 Abs. 3, 4 EUV entscheidet – und dann das Europäische Parlament die Entlastung erteilt.

20 Die Prüfung umfasst hierbei zahlreiche **Prüfgegenstände**. Zu diesem Zweck prüft die Haushaltsbehörde die Rechnungen, Jahresabschlüsse und Vermögensübersichten der EIOPA, den Bericht des Rechnungshofs mit den Antworten des Exekutivdirektors, soweit vorhanden Sonderberichte des Rechnungshofs für das betreffende Haushaltsjahr und die Erklärung des Rechnungshofs zur Zuverlässigkeit der Rechnungsführung und der Rechtmäßigkeit und Ordnungsmäßigkeit der zugrundeliegenden Vorgänge, vgl. Art. 165 Abs. 2 Gesamthaushaltsordnung.

21 Die Haushaltsbehörde ist hierbei jedoch nicht auf eine Prüfung nach Aktenlage beschränkt. Vielmehr verpflichtet Abs. 8 den **Exekutivdirektor** in entsprechender Anwendung des Art. 165 Abs. 3 Gesamthaushaltsordnung (Abs. 8 nennt hier noch den Art. 146 Abs. 3 der alten Gesamthaushaltsordnung der EG) auf Anfrage durch das Europäische Parlament diesem alle Informationen, die für die ordnungsgemäße Durchführung des Entlastungsverfahrens für das betreffende Haushaltsjahr erforderlich sind, zur Verfügung zu stellen.

22 Die Entlastung hat bis zum 15. Mai des auf die Veröffentlichung des Jahresabschlusses (siehe Rn. 16) folgenden Jahres zu erfolgen. Dies wird durch Abs. 9 mathematisch mit N + 2 umschrieben, wobei N das entsprechende Haushaltsjahr ist für das Entlastung erteilt werden soll. Die Entlastung erfasst hierbei die Ausführung des Haushaltsplans, einschließlich der Einnahmen aus dem Gesamthaushaltsplan der Europäischen Union und aus den Pflichtbeiträgen von den nationalen Aufsichtsbehörden.

Finanzregelung

65 **[1] Der Verwaltungsrat erlässt nach Konsultation der Kommission die für die Behörde geltende Finanzregelung. [2] Diese Regelung darf von den Bestimmungen der Verordnung (EG, Euratom) Nr. 2343/2002 der Kommission vom 19. November 2002 betreffend die Rahmenfinanzregelung für Einrichtungen gemäß Artikel 185 der Verordnung (EG, Euratom) Nr. 1605/2002 des Rates über die Haushaltsordnung für den Gesamthaushaltsplan der Europäischen Gemeinschaften nur dann abweichen, wenn die besonderen Erfordernisse der Arbeitsweise der Behörde dies verlangen und sofern die Kommission zuvor ihre Zustimmung erteilt hat.**

1 Art. 65 EIOPA-VO **ermächtigt** den **Verwaltungsrat** zum Erlass der **internen Finanzvorschriften** der EIOPA und regelt die Leitprinzipien bei deren Erstellung. Durch diese Finanzregelungen werden

[12] Verordnung (EU, Euratom) 966/2012 des Europäischen Parlaments und des Rates vom 25. Oktober 2012 über die Haushaltsordnung für den Gesamthaushaltsplan der Union und zur Aufhebung der Verordnung (EG, Euratom) Nr. 1605/2002 des Rates, ABl. 2012 L 298, 1.

insbesondere die Einzelheiten hinsichtlich der Aufstellung und Umsetzung des Haushaltsplans festgesetzt. Der Verwaltungsrat hat eine **Haushaltsordnung** und **Durchführungsbestimmungen zur Haushaltsordnung** erlassen.

Bei Erlass der Haushaltsordnung und der Durchführungsbestimmungen hat der Verwaltungsrat die **Kommission** zu konsultieren. Diese **Konsultationspflicht** dient wohl vor allem dazu, dass sichergestellt wird, dass EIOPA bei Aufstellung der internen Finanzvorschriften nur insoweit von den durch die Kommission erlassenen Rahmenfinanzregelungen für Gemeinschaftseinrichtungen (VO [EG, Euratom] 2343/2002) abweicht, als dies sich aus den Besonderheiten der Arbeit der EIOPA ergeben. So die EIOPA hiervon abweichen will, hat die EIOPA eine **Zustimmung** der Kommission zu ersuchen. Hierbei ist zu berücksichtigen, dass trotz des reduzierten Verweises in der vom europäischen Gesetzgeber eingefügten Fußnote, dieser Verweis als dynamisch zu sehen ist, sodass die Rahmenfinanzregelungen für Gemeinschaftseinrichtungen in der jeweils gültigen Fassung auf EIOPA anwendbar ist. Tatsächlich wurde die VO (EG, Euratom) 2343/2002 im Jahr 2013 aufgehoben und durch die neue Rahmenfinanzregelungen für Gemeinschaftseinrichtungen (Del. VO [EU] 1271/2013)[1] ersetzt. Diese Änderung war unter anderem auch dadurch notwendig geworden, dass die Verordnung über die Haushaltsordnung für den Gesamthaushaltsplan der Europäischen Gemeinschaften (VO [EG, Euratom] 1605/2002), auf deren Grundlage die Kommission ihre Verordnung erlassen hatte, durch die neue Verordnung zur Haushaltsordnung für den Gesamthaushaltsplan der Union[2] ersetzt wurde. Abs. 1 S. 2 Hs. 1 ist mithin nunmehr als Verweis auf die delegierte Verordnung (EU) 1271/2013 und auf Art. 208 VO (EU, Euratom) 966/2012 zu lesen. 2

Die gegenwärtige **Haushaltsordnung** (*Financial Regulation*) besteht seit 2013.[3] Durch diese werden die Haushaltsgrundsätze, die Aufstellung des Haushaltsplans, seine Gliederung und Darstellung, der Vollzug der Haushaltsvorschriften, die Rollen und Verantwortlichkeit der beteiligten Finanzakteure sowie die Rechnungsführung und Rechnungslegung einschließlich der externen Kontrolle und der Entlastung detailliert geregelt. 3

Die **Durchführungsbestimmungen zur Haushaltsordnung** wurden 2014 erlassen[4] und konkretisieren diese zum Zwecke ihrer Durchführung, da durch die Haushaltsordnung teilweise nur die wichtigsten Prinzipien und Definitionen festgelegt werden. Die Durchführungsbestimmungen sind hierbei in einem synoptischen Dokument mit der Haushaltsverordnung herausgegeben worden, sodass sie diese in der Art eines annotierten Gesetzestextes vervollständigen und konkretisieren. 4

Betrugsbekämpfungsmaßnahmen

66 (1) **Zur Bekämpfung von Betrug, Korruption und sonstigen rechtswidrigen Handlungen wird die Verordnung (EG) Nr. 1073/1999 ohne Einschränkung auf die Behörde angewendet.**

(2) **Die Behörde tritt der Interinstitutionellen Vereinbarung über die internen Untersuchungen OLAF bei und erlässt unverzüglich die entsprechenden Vorschriften, die Geltung für sämtliche Mitarbeiter der Behörde haben.**

(3) **Die Finanzierungsbeschlüsse und Vereinbarungen sowie die daran geknüpften Umsetzungsinstrumente sehen ausdrücklich vor, dass der Rechnungshof und bei den Empfängern der von der Behörde ausgezahlten Gelder sowie bei den für die Zuweisung der Gelder Verantwortlichen OLAF bei Bedarf Kontrollen vor Ort durchführen können.**

Art. 66 EIOPA-VO dient der besseren Bekämpfung von Betrug, Korruption und sonstigen rechtswidrigen Handlungen, indem die VO (EG) 1073/1999 für unmittelbar auf die EIOPA anwendbar erklärt wird. Diese Verordnung ist jedoch zwischenzeitig aufgehoben und ersetzt worden durch VO (EU, Euratom) 883/2013.[1*] Der Verweis des Abs. 1 ist insofern als auf dieses Nachfolgerechtsinstrument gerichtet zu sehen. 1

---

[1] Delegierte Verordnung (EU) 1271/2013 der Kommission vom 30. September 2013 über die Rahmenfinanzregelung für Einrichtungen gemäß Artikel 208 der Verordnung (EU, Euratom) Nr. 966/2012 des Europäischen Parlaments und des Rates, ABl. 2013 L 328, 42.

[2] Verordnung (EU, Euratom) 966/2012 des Europäischen Parlaments und des Rates vom 25. Oktober 2012 über die Haushaltsordnung für den Gesamthaushaltsplan der Union und zur Aufhebung der Verordnung (EG, Euratom) Nr. 1605/2002 des Rates, ABl. 2012 L 298, 1.

[3] Financial Regulation European Insurance and Occupational Pensions Authority (EIOPA) December 2013 (EIOPA/13/474).

[4] Financial Implementing Rules European Insurance and Occupational Pensions Authority (EIOPA) September 2014 (EIOPA/14/469).

[1*] Verordnung (EU, Euratom) Nr. 883/2013 des Europäischen Parlaments und des Rates vom 11. September 2013 über die Untersuchungen des Europäischen Amtes für Betrugsbekämpfung (OLAF) und zur Aufhebung der Verordnung (EG) Nr. 1073/1999 des Europäischen Parlaments und des Rates und der Verordnung (Euratom) Nr. 1074/1999 des Rates, ABl. 2013 L 248, 1.

2 Neben der unmittelbaren Anwendung der OLAF-VO auf die EIOPA, tritt letztere gemäß Abs. 2 auch der **Interinstitutionellen Vereinbarung** vom 25.5.1999 über die internen Untersuchungen des Europäischen Amtes für Betrugsbekämpfung (OLAF)[2*] bei. EIOPA ist ferner verpflichtet, unverzüglich entsprechende **Vorschriften zur Umsetzung** der Interinstitutionellen Vereinbarung zu **erlassen**, die für alle Mitarbeiter der EIOPA Geltung haben. Die Vorschriften sollten hierbei weitgehend dem Muster in der Anlage der Interinstitutionellen Vereinbarung entsprechen. Diese Pflicht hat der Verwaltungsrat durch Erlass seines Beschlusses zur Betrugsbekämpfung erfüllt.[3]

3 Schließlich haben alle von EIOPA getroffene **Finanzierungsbeschlüsse und Vereinbarungen**, sowie die mit diesen verbundenen Umsetzungsinstrumente, eine ausdrückliche **Klausel** vorzusehen, dass der Rechnungshof und OLAF bei Bedarf Vorortsprüfungen vornehmen dürfen. Entgegen der diesbezüglich grammatikalisch völlig konfusen Struktur des Abs. 3 sind sowohl der Rechnungshof als auch OLAF als Berechtigte dieses Kontrollrechts gegenüber allen Verpflichteten vorzusehen. Als Verpflichtete sind sowohl die Empfänger der von der Behörde ausgezahlten Gelder als auch die Personen (bei EIOPA), die für die Zuweisung der Gelder verantwortlich zeichnen, vertraglich zur Erlaubnis solcher Prüfrechte zu veranlassen.[4]

Kapitel VII. Allgemeine Bestimmungen

Vorrechte und Befreiungen

67 Das dem Vertrag über die Europäische Union und dem AEUV beigefügte Protokoll (Nr. 7) über die Vorrechte und Befreiungen der Europäischen Union findet auf die Behörde und ihr Personal Anwendung.

1 Art. 67 EIOPA-VO erklärt das **Protokoll (Nr. 7) über die Vorrechte und Befreiungen der Europäischen Union** (sogenanntes Privilegienprotokoll),[1] das als Anhang zum EUV und AEUV Primärrechtsrang genießt,[2] für **anwendbar** auf die EIOPA und ihr Personal i. S. d. Art. 68 EIOPA-VO, d. h. einschließlich des Exekutivdirektors und des Vorsitzenden. Eine solche explizite Ausweitung auf die EIOPA ist notwendig, da das Privilegienprotokoll einen enumerativ limitierten persönlichen Anwendungsbereich hat (vgl. Art. 15, 19 ff. des Protokolls).

2 **Inhaltlich** statuiert das Privilegienprotokoll bestimmte **Vorrechte und Befreiungen** der Union und ihrer Organe (sowie der Europäischen Investitionsbank) in den Hoheitsgebieten der Mitgliedsstaaten, die diese zur Ausübung ihrer Aufgaben bedürfen. Durch den Verweis werden diese Vorrechte und Befreiungen auf die EIOPA und ihr Personal ausgeweitet, wobei diese insbesondere im Verhältnis zum Sitzstaat der EIOPA, der Bundesrepublik Deutschland, greifen.

3 Bei diesen **Privilegien** handelt es sich etwa um die Unverletzlichkeit der Archive, Räumlichkeiten und Gebäude der **EIOPA**, die nicht durchsucht, beschlagnahmt, eingezogen oder enteignet werden dürfen. Auch können Vermögensgegenstände und Guthaben der EIOPA nicht Gegenstand von Zwangsmaßnahmen der (deutschen) Verwaltungsbehörden oder Gerichte sein, es sei denn, dass der Europäische Gerichtshof diese zu einer solchen Maßnahme ermächtigt hat. Die Guthaben, Einkünfte und sonstigen Vermögensgegenstände der EIOPA sind zudem von jeder direkten Steuer befreit und die zum Dienstgebrauch bestimmten Gegenstände sind von Zöllen sowie Ein- und Ausfuhrverboten und -beschränkungen befreit. Die EIOPA wird hinsichtlich der amtlichen Nachrichtenübermittlung und der Übermittlung aller ihrer Schriftstücke einer diplomatischen Vertretung gleichgesetzt, sodass der jeweilige Mitgliedstaat ihr den Botschaften innerstaatlich zugestandenen Schutz zu gewähren hat. Eine Zensur findet in keinem Fall statt.

4 Besondere Vorrechte und Befreiungen des **Personals** der EIOPA sind in Art. 11 ff. Privilegienprotokoll analog vorgesehen, sodass etwa eine teilweise Befreiung von der Gerichtsbarkeit des Sitzstaates, Befreiung von Einwanderungsbeschränkungen und Steuerbefreiungen vorgesehen werden.

5 Schließlich enthält das Protokoll in seinem Art. 10 Vorrechte, Befreiungen und Erleichterungen auch für die **Vertreter der Mitgliedstaaten** sowie ihre Berater und Sachverständige, die an den Arbeiten der Organe der Union teilnehmen. Wobei diese Privilegien nur für die Ausübung der Tätigkeit und die Anreise zum und Abreise vom Tagungsort greifen. Diese Privilegien greifen durch den Verweis auch auf die Vertreter der Mitgliedstaaten (und ihre Berater und Sachverständigen) bezüglich ihrer Arbeit im

[2*] Interinstitutionelle Vereinbarung vom 25. Mai 1999 zwischen dem Europäischen Parlament, dem Rat der Europäischen Union und der Kommission der Europäischen Gemeinschaften über die internen Untersuchungen des Europäischen Amtes für Betrugsbekämpfung (OLAF), ABl. 1999 L 136, 15.

[3] Decision of the Management Board concerning the terms and conditions for internal investigations in relation to the prevention of fraud, corruption and any illegal activity detrimental to the Union's interests (EIOPA-MB-11/042).

[4] Dies wird bspw. punktuell über Art. 113 Financial Regulation of the European Insurance and Occupational Pensions Authority (EIOPA) of 31.12.2013 (EIOPA/13/474) umgesetzt.

[1] Gegenwärtige Fassung ABl. 2010 C 83, 266.

[2] Genaugenommen ist das Protokoll kraft Verweises in Art. 51 EUV und Art. 343 AEUV Bestandteil beider Verträge und insofern Primärrecht; vgl. von der Groeben/Schwarze/Hatje/*C. Schmidt* Art. 343 AEUV Rn. 3.

Rahmen der EIOPA, d. h. insbesondere die Vorsitzenden der nationalen Versicherungsaufsichtsbehörden werden bezüglich ihrer Funktionsausübung im Rat der Aufseher erfasst. Den Vertretern der Mitgliedstaaten, d. h. den Mitgliedern des Rates der Aufseher und des Verwaltungsrates stehen die üblichen Vorrechte, Befreiungen und Erleichterungen zu. Beispielsweise bedeutet dies, dass das Gepäck der Leiter der nationalen Aufsichtsbehörden bei Reisen zu oder von Tagungen in Frankfurt unverletzlich ist und nicht kontrolliert werden darf.[3] Dabei gilt zu berücksichtigen, dass der Begriff der Tagungen nicht nur die Sitzungen des Rates der Aufseher oder des Verwaltungsrates umfasst, sondern jede Arbeitssitzung im Rahmen der Tätigkeit der EIOPA. Gleiches sollte per Analogieschluss aber auch für sonstige Externe gelten, die zwar nicht zum Personal der EIOPA gehören, aber durch die EIOPA-VO explizit vorgesehene Aufgaben erfüllen. Insbesondere die **Mitglieder der Shareholdergruppen** und des **Beschwerdeausschusses** sind hinsichtlich der Ausübung der Tätigkeit und der Anreise zum und Abreise vom Tagungsort als Vertreter der Mitgliedstaaten im Sinne des Privilegienprotokolls zu behandeln.

Personal

68 (1) **Für das Personal der Behörde, einschließlich ihres Exekutivdirektors und ihres Vorsitzenden, gelten das Statut und die Beschäftigungsbedingungen für die sonstigen Bediensteten sowie die von den Organen der Union gemeinsam erlassenen Regelungen für deren Anwendung.**

(2) **Der Verwaltungsrat legt im Einvernehmen mit der Kommission die erforderlichen Durchführungsbestimmungen gemäß Artikel 110 des Statuts fest.**

(3) **Die Behörde übt in Bezug auf ihr Personal die Befugnisse aus, die der Anstellungsbehörde durch das Statut und der vertragsschließenden Behörde durch die Beschäftigungsbedingungen für die sonstigen Bediensteten übertragen wurden.**

(4) **Der Verwaltungsrat erlässt Vorschriften für das Hinzuziehen nationaler Sachverständiger, die von den Mitgliedstaaten zur Behörde abgeordnet werden.**

Übersicht

Schrifttum: Siehe die Angaben bei Art. 1 EIOPA-VO („Allgemein zum Unionsrecht“ zu Art. 336 AEUV).

I. Allgemeines. Art. 68 EIOPA-VO dient der arbeits- bzw. **dienstrechtlichen Konkretisierung** des **Verhältnisses** der EIOPA zu ihrem **Personal**. Durch Abs. 1 wird insofern festgelegt, dass die Beschäftigung nicht über kollisionsrechtlich zu behandelnde Arbeitsverträge,[1] sondern auf Grundlage von nach Unionsrecht zu behandelnden Beschäftigungsverhältnissen erfolgt. Die EIOPA ist hierbei insofern zwar als Dienstherr anzusehen (Abs. 3), ihr kommen aber im Hinblick auf die zwingende Anwendbarkeit des aufgeführten Unionsrechts nur geringe Gestaltungsmöglichkeiten zu, wobei sie jedoch zumindest zum Erlass von Durchführungsbestimmungen ermächtigt (aber vor allem auch verpflichtet) ist (Abs. 2). Neben dem festen Personal ist es für EIOPA von besonderer Bedeutung, dass auch abgeordnete nationale Sachverständige in ihre Arbeit eingebunden werden können; da gerade solche *secondments* von Mitgliedern der nationalen Aufsichtsbehörden die interbehördliche Kommunikation in der Zukunft deutlich verbessern können. Zu diesem Zweck ist die EIOPA nach Abs. 4 auch ermächtigt Vorschriften über die Hinzuziehung dieser Personen zu erlassen. 1

II. Regelungskonzept des Statuts und der Beschäftigungsbedingungen (Abs. 1). 1. Anwendungsbereich und Grundvoraussetzungen (Abs. 1). Abs. 1 erklärt für die Beschäftigungsverhältnisse zwischen der EIOPA und ihrem Personal das **Statut der Beamten der EU** (EU-BeamtStatut) sowie die **Beschäftigungsbedingungen für die sonstigen Bediensteten der EU** (EU-BeschäftBeding) für **anwendbar**. Insoweit genießt die EIOPA also zwar als Dienstherr (siehe Rn. 22) Personalhoheit, kann jedoch die Arbeits- und Einstellungsbedingungen für ihr Personal nicht (vollkommen) privatautonom bestimmen oder aushandeln. 2

[3] Vgl. Grabitz/Hilf/Nettesheim/*Athen/Dörr* Art. 343 AEUV Rn. 96 f.

[1] So aber die früheren Arbeitsverträge mit CEIOPS und auch hypothetische Altarbeitsverträge mit EIOPA, siehe Art. 77 Rn. 2 und 5 sowie Art. 69 Rn. 3 f. EIOPA-VO.

3 Abs. 1 erfasst **personell** das **gesamte Personal** der EIOPA mithin **auch** den **Exekutivdirektor** und den **Vorsitzenden**. **Nicht erfasst** werden diejenigen Personen, die in den Kollegialorganen **Rat der Aufseher** und **Verwaltungsrat** als Vertreter der mitgliedstaatlichen Aufsichtsbehörden tätig sind, da diese wie auch der Vertreter der Kommission, der ESMA, der EBA und des ESRB nicht in einem Beschäftigungsverhältnis mit der EIOPA stehen. Unklar ist, ob die **Mitglieder des Beschwerdeausschusses** zum Personal der EIOPA zählen. Diese Frage stellt sich generell, da der Beschwerdeausschuss eine im Hinblick auf Art. 58 f. EIOPA-VO besonders unabhängige Stellung im organisatorischen Gefüge hat. Speziell stellt sich die Frage auch dahingehend, als der Beschwerdeausschuss ein gemeinsames Organ aller drei ESA und nicht nur der EIOPA ist (siehe Art. 6 EIOPA-VO Rn. 2) und insofern unklar bleibt, zu wessen Personal die Mitglieder gerechnet werden sollten. Hierbei ist jedoch zu beachten, dass beispielsweise auch EUIPO, das Amt der Europäischen Union für geistiges Eigentum, mit den Beschwerdekammern über eine gleichartige interne Rechtsmittelinstanz verfügt, deren Mitglieder ebenfalls eine weitreichende Unabhängigkeit von der Unionsagentur zugestanden wird, vgl. Art. 135 Unionsmarken-VO.[2] Deren Mitglieder werden als Personal der EUIPO verstanden, die unter Anwendung des Statuts und der Beschäftigungsbedingungen für die sonstigen Bediensteten beschäftigt werden. Allerdings existiert hier mit Art. 116 Abs. 1 Unionsmarken-VO auch eine Regelung, die die Anwendung dieser Vorschriften auf das gesamte Personal der EUIPO „unbeschadet der Anwendung des Artikels 136 auf die Mitglieder der Beschwerdekammern" betont. Insofern ließe sich im Umkehrschluss annehmen, dass die Mitglieder des Beschwerdeausschusses aufgrund des Fehlens eines solchen Zusatzes durch Art. 68 EIOPA-VO nicht erfasst sein sollen, sondern die Mitgliedschaft in diesem Organ vielmehr ehrenhalber und unbezahlt oder zumindest in Nebenbeschäftigung zu erfolgen hat. Praktisch werden die Mitglieder des Beschwerdeausschusses ernannt und ihre Aufwandsentschädigung wird über einen Dienstvertrag mit den Mitgliedern als unabhängigen Dienstleistern geregelt.[3] Dies erscheint gut vertretbar, wobei aber zumindest für Haftungsfragen eine Personaleigenschaft des Mitglieds in seiner Amtstätigkeit teilweise angenommen werden muss (Art. 69 EIOPA-VO Rn. 8). Auch sollten den Beschwerdeausschussmitgliedern die Vorrechte und Befreiungen zukommen, sodass sie auch im Sinne des Art. 67 EIOPA-VO dem Personal der Behörde angehören.

4 **Sachlich** erfasst der Verweis des Abs. 1 neben dem **Statut der Beamten der EU** und der **Beschäftigungsbedingungen für die sonstigen Bediensteten der EU**[4] auch sämtliche von den Unionsorganen gemeinsam erlassenen Regelungen für die Anwendung der beiden vorgenannten Regelwerke. Solche gemeinsame Regelungen der Organe erlangen für alle Unionsagenturen, wie die EIOPA, unmittelbare Wirkung, ohne dass die Agentur ein Mitbeschlussrecht hätte, siehe Art. 110 Abs. 2 EU-BeamtStatut. Abs. 1 Hs. 2 hat insofern im Hinblick auf Art. 110 Abs. 2 a. F. (bzw. Abs. 3 n. F.) EU-BeamtStatut nur klarstellende Wirkung.

5 Über die in Abs. 1 bekundete **Erweiterung** des **sachlichen Umfangs** der Verweisung – d. h. Geltung gemeinsam durch die Unionsorgane erlassene Regelungen (siehe Rn. 4) – ergibt sich jedoch zudem unmittelbar aus dem Statut, dass die Durchführungsbestimmungen der Kommission auf die EIOPA Anwendung verlangen. Um eine größere Einheitlichkeit des Dienstrechts und eine bessere Vergleichbarkeit der Beschäftigungsverhältnisse bei den Stellen der EU zu erreichen, wurde durch die Reform des Statuts 2013 die **Geltung** der **Durchführungsbestimmungen der Kommission** auf alle Agenturen angeordnet.[5] Art. 110 Abs. 2 EU-BeamtStatut[6] regelt hierbei, dass die Kommission die EIOPA (und die anderen Agenturen) unverzüglich nach Erlass über die Durchführungsbestimmung unterrichten muss und diese neun Monate nach Inkrafttreten oder nach Unterrichtung, relevant ist der spätere Zeitpunkt, Geltung auch für EIOPA erlangt, wenn nicht EIOPA mit Zustimmung der Kommission zu abweichenden Regelungen gelangt (zum Verfahren siehe Rn. 21).

6 **2. Einstellungs- und Beschäftigungsbedingungen nach Beschäftigungsgruppen.** Die Europäische Union und ihre Einrichtungen können ihre Bediensteten auf Grundlage unterschiedlicher Verhältnisse beschäftigen. Hierbei sind die Bediensteten in die zwei **Oberkategorien Beamte der Europäischen Union** und **sonstige Bedienstete** zu unterteilen. Es erscheint insofern grundsätzlich möglich,

---

[2] Verordnung (EG) Nr. 207/2009 des Rates vom 26. Februar 2009 über die Gemeinschaftsmarke, ABl. 2009 L 78, 1.

[3] *Ksion*, Aufforderung zur Bekundung des Interesses an der Ernennung als Mitglied des Gemeinsamen Beschwerdeausschusses der drei Europäischen Finanzaufsichtsbehörden für den Finanzdienstleistungssektor (Europäische Wertpapier- und Marktaufsichtsbehörde, Europäische Bankenaufsichtsbehörde, Europäische Aufsichtsbehörde für das Versicherungswesen und die betriebliche Altersversorgung), ABl. 2011 C 17, 4.

[4] Verordnung (EWG, Euratom, EGKS) Nr. 259/68 des Rates vom 29. Februar 1968 zur Festlegung des Statuts der Beamten der Europäischen Gemeinschaften und der Beschäftigungsbedingungen für die sonstigen Bediensteten dieser Gemeinschaften sowie zur Einführung von Sondermaßnahmen, die vorübergehend auf die Beamten der Kommission anwendbar sind (Beschäftigungsbedingungen für die sonstigen Bediensteten), ABl. 1968 L 56, 1. Statut in konsolidierter, aber nicht ganz aktueller Fassung abrufbar unter http://ec.europa.eu/civil_service/docs/toc100_de.pdf.

[5] Siehe von der Groeben/Schwarze/Hatje/*Reithmann* Art. 336 AEUV Rn. 8.

[6] In der Fassung des Art. 1 Nr. 59 der Verordnung (EU, Euratom) Nr. 1023/2013 des Europäischen Parlaments und des Rates vom 22. Oktober 2013 zur Änderung des Statuts der Beamten der Europäischen Union und der Beschäftigungsbedingungen für die sonstigen Bediensteten der Europäischen Union, ABl. 2013 L 287, 15.

dass auch die EIOPA ihre Bediensteten, so dies durch den Stellenplan festgesetzt wird, verbeamtet.[7] Gegenwärtig ist dies jedoch nicht der Fall, sodass das gesamte Personal als sonstige Beschäftigten der EU beschäftigt wird.[8] Dass dies wohl grundsätzlich auch den Zielvorstellungen des Verordnungsgebers entspricht, ergibt sich bis zu einem gewissen Grad auch aus Art. 77 EIOPA-VO, der für die Altarbeitnehmer der CEIOPS (zumindest in einem ersten Schritt) nur eine Überführung in Verträge als Bedienstete auf Zeit vorsieht und gerade keine Verbeamtung adressiert.[9]

a) Beamten. Die **Beamten** der Europäischen Union sind in zwei Funktionsgruppen, nämlich Verwaltungsadministratoren (der AD-Besoldungsgruppen) und Verwaltungsassistenten (der AST-Besoldungsgruppen) eingeteilt. Den **Verwaltungsräten** obliegt beispielsweise die Formulierung politischer Maßnahmen und Umsetzung der EU-Rechtsvorschriften, sowie Analyse- und Beratungsarbeiten, aber auch die Verfassung von Entwürfen für EU-Rechtsvorschriften oder auch die Koordinierung wirtschaftspolitischer und andere Maßnahmen in den Mitgliedstaaten. Die **Verwaltungsassistenten** werden hingegen vorwiegend mit ausführenden oder technischen Tätigkeiten betraut (insbesondere in den Bereichen Verwaltung, Finanzbereich, Kommunikation, Forschung, Politikentwicklung und -umsetzung) und werden auch in der internen Verwaltung der Unionsinstitutionen eingesetzt. Als Unterkategorie der Verwaltungsassistenten sind besonders auch die **Sekretariatskräfte** vorgesehen, die für Büro- und unterstützende Tätigkeiten eingesetzt werden. 7

Da die **EIOPA** laut ihrem Haushalts- und Stellenplan gegenwärtig über **keine Beamten** verfügt,[10] erübrigen sich Ausführungen zur Rechtstellung dieser Beschäftigtenkategorie gegenüber der EIOPA. 8

b) Sonstige Bedienstete. Art. 1 EU-BeschäftBeding sieht **fünf Beschäftigungskategorien** vor, die den Organen und Einrichtungen der Union zur Verfügung stehen, um Personen einzustellen: Bedienstete auf Zeit, Vertragsbedienstete, örtliche Bedienstete, Sonderberater und akkreditierter parlamentarischer Assistent.[11] Die letzte Kategorie kommt jedoch nur für eine Einstellung durch das Europäische Parlament (Art. 5a EU-BeschäftBeding), also nicht für die EIOPA in Betracht. 9

Anders als der Beamte, der gemäß Art. 1a Abs. 1 UAbs. 1, 7 Abs. 1 UAbs. 1 EU-BeamtStatut nicht durch Vertrag, sondern durch hoheitlichen Ernennungsakt unter Einweisung in eine Dauerplanstelle beschäftigt wird, werden alle Bediensteten durch **Abschluss eines Dienstvertrages eingestellt**. 10

Bedienstete auf Zeit, sog. **Zeitbedienstete**, können gemäß Art. 2, 8 ff. EU-BeschäftBeding für bestimmte oder unbestimmte Dauer auf einer Zeitplanstelle (Art. 2 lit. a und f EU-BeschäftBeding)[12] oder für bestimmte Dauer auf einer Dauerplanstelle (Art. 2 lit. b EU-BeschäftBeding) zur Deckung vorübergehenden Personalbedarfs eingestellt werden. Sie nehmen im Wesentlichen Tätigkeiten wahr, wie sie auch Beamten übertragen werden. Eine weitere auch für EIOPA relevante Kategorie der Zeitbediensteten sind gemäß Art. 2 lit. c EU-BeschäftBeding Mitarbeiter, die zur Wahrnehmung von Aufgaben bei dem gewählten Präsidenten einer Einrichtung der Union – dies ließe sich wohl sowohl auf den Vorsitzenden als auch den Exekutivdirektor der EIOPA beziehen – auf unbestimmte Dauer eingestellt werden. Zeitbedienstete[13] stellen gegenwärtig mit über 60 % der Stellen die gewichtigste Beschäftigtenkategorie der EIOPA dar.[14] 11

Die drei Kategorien der Zeitbeschäftigten unterscheiden sich beispielsweise hinsichtlich der Möglichkeit der **Befristung** und der **Verlängerung** der **Dienstverträge**. So der Dienstvertrag mit einem **Zeitbediensteten** auf einer **Zeitplanstelle** befristet geschlossen wurde, so kann dieser nur einmal auf bestimmte Dauer verlängert werden, während jede weitere Verlängerung dann auf unbestimmte Dauer gilt (Art. 8 Abs. 1 S. 2, 3 EU-BeschäftBeding). Der befristete Dienstvertrag mit einem **Zeitbediensteten** auf einer **Dauerplanstelle** darf nur mit einer maximalen Dauer von vier Jahre begründet werden 12

[7] Dies ergibt sich aus Art. 1a Abs. 2 EU-BeamtStatut.

[8] Siehe EIOPA, Annual Report 2015, S. 72 f. und 74 ff., abrufbar unter https://eiopa.europa.eu/Publications/Reports/EIOPA_ANNUAbs.L_REPORT_2015.pdf.

[9] Hier ist allerdings zu berücksichtigen, dass Art. 77 gerade ein rein internes Bewerbungsverfahren für Altarbeitnehmer vorsieht, das zudem zügig, also ohne öffentliche Ausschreibung, vonstattengehen sollte. Dies wäre bei Berufung auf eine Beamtenstelle wohl nicht in der gleichen Weise möglich gewesen, allein schon weil Art. 21 Abs. 1 UAbs. 1 lit. b EU-BeamtStatut ein internes Ernennungsverfahren nur für Beamte und Zeitbedienstete der EU eröffnet, die Mitarbeiter von CEIOPS waren jedoch weder das eine noch das andere.

[10] EIOPA, Annual Report 2015, S. 72 f. und 74 ff., abrufbar unter https://eiopa.europa.eu/Publications/Reports/EIOPA_ANNUAbs.L_REPORT_2015.pdf.

[11] Die früher vorgesehene Kategorie der Hilfskraft ist hingegen seit 2006 nicht mehr verfügbar; siehe Grabitz/Hilf/Nettesheim/*Eggers*/*Linder* Art. 336 AEUV Rn. 71.

[12] Hierbei wurden alle bisher auf Basis des Art. 2 lit. a EU-BeschäftBeding abgeschlossene Verträge mit Zeitbediensteten der EIOPA, ausgeschlossen der Vorsitzende und der Exekutivdirektor, mit Wirkung zum 1.1.2014 in Zeitdienstverträge nach Art. 1 lit. f EU-BeschäftBeding umgewandelt – siehe Art. 5 Anhang zu EU-BeschäftBeding: Übergangsvorschriften für die unter die Beschäftigungsbedingungen für die sonstigen Bediensteten fallenden Bediensteten.

[13] Hierbei sehen Art. 53 ff. EU-BeschäftBeding für die Zeitbediensteten aller Unionsagenturen, d. h. auch der EIOPA, einige Sonderregelungen hinsichtlich des Auswahlverfahrens, der Gesamtverteilung der Besoldungsgruppen, der Aufstufung der Besoldungsgruppen und der Versetzung innerhalb der Funktionsgruppen vor.

[14] EIOPA, Annual Report 2015, S. 72 abrufbar unter https://eiopa.europa.eu/Publications/Reports/EIOPA_ANNUAbs.L_REPORT_2015.pdf.

und kann nur einmal um maximal zwei Jahre verlängert werden; wobei nach Ablauf dieser Frist eine Weiterbeschäftigung als Bediensteter auf Zeit ausgeschlossen ist (Art. 8 Abs. 2 S. 1–3 EU-BeschäftBeding). Die **Zeitbediensteten** in **besonderer Vertrauensstellung** bei den Leitern der EIOPA (Art. 2 lit. c EU-BeschäftBeding) können ausschließlich unbefristet geschlossen werden.

13 Art. 12 EU-BeschäftBeding regelt die individuellen **Einstellungsvoraussetzungen** für Zeitbedienstete, wobei diese weitestgehend mit den Voraussetzungen für Beamte übereinstimmen. Insbesondere haben Bewerber hinsichtlich von Befähigung, Leistung und Integrität höchsten Ansprüchen (in Bezug auf die konkret ausgeschriebene Planstelle) zu genügen und über die Staatsangehörigkeit eines Mitgliedsstaates zu verfügen.[15] Wie die Beamten werden Zeitbedienstete je nach besetzter Planstelle eingeteilt in **Verwaltungsadministratoren** und **Verwaltungsassistenten** (Art. 10 Abs. 1 EU-BeschäftBeding i. V. m. Art. 5 EU-BeamtStatut). Hierbei gelten die Besoldungsgruppen (siehe Rn. 7) für Beamte entsprechend. Gegenwärtig sind der Vorsitzende (AD-15)[16] und der Exekutivdirektor (AD-14)[17] die am höchsten eingestuften Verwaltungsadministratoren.

14 Die **Rechte** und **Pflichten** sowie die Arbeitsbedingungen von Zeitbediensteten entsprechen im Wesentlichen denen der Beamten, Art. 11, 16 ff. EU-BeschäftBeding; hinsichtlich **Besoldung** und **sozialer Absicherung** gelten weitgehend die Vorschriften für Beamte entsprechend, Art. 19 ff., 28 ff. EU-BeschäftBeding.

15 Die Dienstverträge mit Zeitbediensteten der EIOPA können durch **Kündigung** beendet werden. Hierbei sieht das Unionsrecht (für unterschiedliche Konstellationen) sowohl die Möglichkeit von fristlosen als auch Kündigungen mit Kündigungsfrist vor, wobei hierbei der EIOPA in der Vertragsgestaltung ein gewisser Gestaltungsspielraum zugestanden wird.[18]

16 Nach den Zeitbediensteten stellen die Vertragsbediensteten die zweitgewichtigste Beschäftigtenkategorie bei der EIOPA dar.[19] **Vertragsbedienstete** wurden als Kategorie durch die Reform 2004 eingeführt[20] und besetzen anders als Beamte und Zeitbedienstete keine Planstellen. Hierbei unterscheiden sich zwei Kategorien: der (einfache) Vertragsbedienstete nach Art. 3a Abs. 1 UAbs. 1 lit. b EU-BeschäftBeding und der Vertragsbedienstete für Hilfstätigkeiten nach Art. 3b EU-BeschäftBeding. Die **einfachen Vertragsbediensteten** nehmen mit begrenzter Initiative und Selbstständigkeit untergeordnete (oftmals eher manuelle und technische), aber auf Dauer angelegte Tätigkeiten wahr.[21] Die **Vertragsbediensteten für Hilfstätigkeiten** werden hingegen für vorübergehende Tätigkeiten oder für eine vorübergehende Vertretung (auch von Zeitbediensteten) eingesetzt. Dienstverträge mit einfachen Vertragsbediensteten werden – vereinfacht dargestellt – auf bestimmte Dauer für mindestens drei Monate und höchstens fünf Jahre geschlossen und können nur einmal befristet (auf höchstens fünf Jahre) verlängert werden, bevor jede weitere Verlängerung unbefristet erfolgt, Art. 85 EU-BeschäftBeding. Der Dienstvertrag mit einem Vertragsbediensteten für Hilfstätigkeiten wird auf bestimmte Dauer geschlossen und kann befristet verlängert werden, die Gesamtdauer der Beschäftigung darf jedoch sechs Jahre nicht überschreiten, Art. 88 EU-BeschäftBeding. Die Vertragsbediensteten werden eingeteilt in die Funktionsgruppen I–IV, wonach sich auch die Einstellungsvoraussetzungen unterscheiden. Hinsichtlich der Rechte und Pflichten sind sie den Zeitbediensteten gleichgestellt, Art. 81 EU-BeschäftBeding. Eine weitgehende Gleichstellung (dem Grunde nach) besteht auch hinsichtlich der Bezüge und Sozialleistungen, Art. 92 ff., 95 ff. EU-BeschäftBeding.

17 Über **örtliche Bedienstete** verfügt EIOPA nicht. Dies dürfte sich auch in Zukunft kaum ändern, da örtliche Bedienstete solche sind, die in außereuropäischen Dienstorten entsprechend den örtlichen Gepflogenheiten zur Verrichtung von manuellen Tätigkeiten oder Hilfstätigkeiten oder zur Übernahme von Tätigkeiten, die keinem Beamten oder anderen Bediensteten übertragen werden können, eingestellt werden. Da EIOPA über keine außereuropäischen Dienstorte verfügt, stellt sich diese Kategorie nicht.

18 EIOPA kann auch Sonderberater beschäftigen, obgleich dies gegenwärtig nicht der Fall ist.[22] **Sonderberater** sind Personen, die über außergewöhnliche Qualifikationen verfügen, ihre Dienste gem. Art. 5 EU-BeschäftBeding der EIOPA regelmäßig oder während bestimmter Zeitabschnitte zur Verfügung stellen und keine Planstelle besetzen, sondern aus speziell dafür zur Verfügung gestellten Haushaltsmitteln bezahlt werden. Andere berufliche Tätigkeiten sind dabei möglich und werden aufgrund der außergewöhnlichen Qualifikationen der betreffenden Person regelmäßig gegeben sein.

---

[15] Eine noch nicht geklärte Frage ist es, was genau mit den Bediensteten der EIOPA geschieht, die allein über eine britische Staatsangehörigkeit verfügen, wenn das Vereinigte Königreich die EU verlässt (sog. Brexit), da die Staatsangehörigkeit eine Daueranstellungsvoraussetzung darstellt; vgl. hierzu *Stamm* in: Kur/v. Bomhard/Albrecht, Beck'scher Online-Kommentar Markenrecht, Ed. 8 (Stand: 1.10.2016), Art. 116 VO (EG) 207/2009 Rn. 3.2 f.

[16] Siehe die Stellenausschreibung, ABl. 2010 C 290/A/03.

[17] Siehe die Stellenausschreibungen, ABl. 2010 C 290/A/04 und ABl. 2015 C 323/A/1.

[18] Siehe Art. 47 ff. EU-BeschäftBeding.

[19] EIOPA, Annual Report 2015, S. 72 abrufbar unter https://eiopa.europa.eu/Publications/Reports/EIOPA_ANNUAbs.L_REPORT_2015.pdf.

[20] Sie ersetzen in gewissem Grad die vorher vorgesehenen Hilfskräfte; vgl. oben Fn. 10.

[21] Vgl. von der Groeben/Schwarze/Hatje/*Reithmann* Art. 336 AEUV Rn. 30.

[22] EIOPA, Annual Report 2015, S. 72 abrufbar unter https://eiopa.europa.eu/Publications/Reports/EIOPA_ANNUAbs.L_REPORT_2015.pdf.

Daneben ist es der EIOPA auch möglich, mittels nationalem Recht unterliegenden Arbeits-, Dienstleistungs- oder Werkverträgen auf **externe Bedienstete oder Dienstleistungsunternehmen** zurückzugreifen (sog. *graues Personal)*.[23] Diese Beschäftigungsoption besteht – unter Berücksichtigung, dass die EIOPA grundsätzlich für untergeordnete Tätigkeiten auf Vertragsbedienstete zurückgreifen soll – für bestimmte Dienstleistungen, die für den reibungslosen Ablauf der Tätigkeiten notwendig sind. Zu denken ist hier beispielsweise an Reinigungsdienste, Sicherheitsdienste und auch IT-Dienstleister. Doch kann das Amt die ihm durch die EIOPA-VO zugewiesenen Aufgaben, d. h. alle solche Aufgaben die hoheitliche Akte miteinschließen, nicht auch externe Dienstleister übertragen, sondern muss diese durch Personal ausführen lassen, das einer dienstrechtlichen Regelung des EU-BeamtStat oder der EU-BeschäftBeding unterliegt.[24] 19

III. Durchführungsbestimmungen und Ausübung der Personalbefugnis (Abs. 2, 3). Abs. 1 Hs. 2 und Abs. 2 gehen in ihrem Regelungsgefüge noch von Art. 110 EU-BeamtStatut in seiner alten Fassung aus, sodass grundsätzlich neben den Regeln des EU-BeamtStatut und der EU-BeschäftBeding alle von den Unionsorganen gemeinsam erlassene Regelungen für die Anwendung der beiden vorgenannten Regelwerke[25] auch auf die EIOPA zur Anwendung kommen. Abs. 2 ermächtigt jedoch EIOPA dazu, eigene **Durchführungsbestimmungen** im Einvernehmen mit der Kommission zu erlassen. Nach Art. 110 EU-BeamtStatut n. F. kommen jedoch nunmehr alle von der Kommission für ihre Bediensteten erlassene Durchführungsbestimmungen automatisch auf die Bediensteten der EIOPA zur Anwendung, wenn die EIOPA von diesen keinen **opt-out** bewirkt. Hierbei ist jedoch zu berücksichtigen, dass die Kommission als Unionsorgan keine Zeitbediensteten nach Art. 2 lit. f beschäftigt (siehe Rn. 11), dies tun nur Unionsagenturen wie die EIOPA. Insofern erscheint es durchaus notwendig, dass die EIOPA im Hinblick auf ihre Pflicht zum Erlass von Durchführungsbestimmungen zur Beschäftigung dieser Beschäftigtenkategorie gemäß Art. 56 EU-BeschäftBeding zumindest eine Durchführungsbestimmung erlässt, die die Besonderheiten der Art. 53 ff. EU-BeschäftBeding berücksichtigt. 20

Verfahrenstechnisch (siehe Art. 110 Abs. 2 EU-BeamtStatut) hat die Kommission die EIOPA unverzüglich nach Erlass von den betreffenden Durchführungsbestimmungen zu unterrichten und die Durchführungsbestimmungen treten neun Monate nach Inkrafttreten für die Kommission oder nach Unterrichtung der EIOPA, relevant ist der spätere Zeitpunkt, mit Wirkung für die Beschäftigten der EIOPA in Kraft. Die EIOPA kann hierbei auch beschließen, dass die Durchführungsmaßnahmen zu einem früheren Zeitpunkt in Kraft treten. Eine Nichtanwendung ist jedoch nur möglich, wenn die EIOPA entweder unter Anhörung der Personalvertretung eine abweichende Durchführungsbestimmung der Kommission zur Genehmigung vorlegt (Abs. 2 i. V. m. Art. 110 Abs. 2 UAbs. 3 S. 1 EU-BeamtStatut) oder unter den gleichen Voraussetzungen die Genehmigung der Unanwendbarkeit der Durchführungsbestimmung auf die EIOPA beantragt (Art. 110 Abs. 2 UAbs. 3 S. 2 EU-BeamtStatut). Hierbei unterbricht die Absendung des Genehmigungsantrags bis zur Stellungnahme der Kommission hierzu die Neunmonatsfrist bezüglich des Inkrafttretens (Art. 110 Abs. 2 UAbs. 4 EU-BeamtStatut). Daneben bleibt es der EIOPA aber unbenommen, über Sachverhalte, die nicht durch eine Kommissionsdurchführungsbestimmung abgedeckt werden, unter Anhörung der Personalvertretung eigene Durchführungsbestimmungen zu entwickeln und zur Genehmigung vorzulegen (Abs. 2 i. V. m. Art. 110 Abs. 2 UAbs. 5 EU-BeamtStatut). Der Erlass der Durchführungsbestimmungen ist dem Verwaltungsrat übertragen (Abs. 2 i. V. m. Art. 110 Abs. 2 UAbs. 6 EU-BeamtStatut). Besondere Durchführungsbestimmungen wurden durch den Verwaltungsrat beschlossen für die Einstellung und Beschäftigung von Vertragsbediensteten,[26] für die Einstellung und Beschäftigung von Zeitbediensteten[27] und zur abweichenden Einordnung hinsichtlich der Dienstalterstufe bei Zeitbediensteten.[28] 21

Abs. 3 ordnet die **Personalhoheit** der EIOPA an. Nach dieser Vorschrift ist die EIOPA bezüglich ihres Personals die Anstellungsbehörde im Sinne des EU-BeamtStatut und die **vertragsschließenden Behörde** im Sinne der EU-BeschäftBeding und verfügt über alle hieraus abgeleiteten Befugnisse gegenüber ihrem Personal. EIOPA-intern werden diese Befugnisse, soweit sie nicht aufgrund anderer Zuweisung anderen Organen zukommen, gemäß Art. 53 Abs. 8 EIOPA-VO durch den **Exekutivdirektor** wahrgenommen. Fraglich ist allenfalls, wer für den Vorsitzenden und den Exekutivdirektor die vertragschließende Behörde ist. Dies ist gemäß Art. 43 Abs. 8 EIOPA-VO der **Rat der Aufseher**. Dies stimmt auch mit einer auf das organschaftliche Gefüge der EIOPA übertragenen entsprechenden Anwendung der Rechtsprechung des EuG überein, dass bei politischen Ämtern, die die Ernennung durch ein 22

---

[23] Streinz/*Steinle* Art. 336 AEUV Rn. 19.
[24] Vgl. *EuG* Urt. v. 5.10.2004 – Rs. T-45/01 Rn. 115 – Sanders/Ksion.
[25] Vgl. hierzu bspw. Grabitz/Hilf/Nettesheim/*Eggers/Linder* Art. 336 AEUV Rn. 88 ff.
[26] EIOPA, General Implementing Provisions on the Procedures Governing the Engagement and the Use of Contract Staff at EIOPA (EIOPA-MB-11/021).
[27] EIOPA, Implementing Rules Concerning the Use and Engagement of Temporary Agents (EIOPA-MB-15/072.
[28] EIOPA, Implementing Rules Concerning Classification in Step on Appointment or Engagement of Temporary Agents (EIOPA-MB-14/004, Annex I.4), durch den der entsprechende Kommissionsbeschluss KOM(2013) 8970 endg. für anwendbar erklärt wird.

Unionsorgan erfordern, das ernennende Unionsorgan als vertragschließende Behörde sieht,[29] da sowohl der Vorsitzenden als auch der Exekutivdirektor durch den Rat der Aufseher (vgl. Art. 48 Abs. 2 UAbs. 1, 51 Abs. 2 EIOPA-VO) ernannt werden.

23 **IV. Eingliederung von abgeordneten Sachverständigen (Abs. 4).** Neben den oben genannten sonstigen Bediensteten (Rn. 9 ff.) greift EIOPA in großem Umfang auf die Mitarbeit von **abgeordnete nationale Sachverständigen** (*seconded national experts,* SNE) zurück.[30] Mitarbeiter von mitgliedstaatlichen Finanzaufsichtsbehörden (es muss sich hierbei bei der entsendenden Behörde nicht zwingend um eine Versicherungsaufsichtsbehörde, sondern nur um eine solche handeln, die Bestandteil des ESFS ist) werden trotz fehlender Erwähnung im EU-BeamtStat und den EU-BeschäftBeding weitestgehend dienst- und organisationsrechtlich wie Zeitbedienstete behandelt. Durch einen solchen Austausch wird zum einen die mitgliedstaatliche Expertise für die EIOPA nutzbar gemacht, zum anderen wird bei Abordnung von Sachverständigen aus mehreren Mitgliedstaaten ein besserer Erfahrungsaustausch und eine Stärkung des Verständnisses für die jeweiligen Verwaltungskulturen bewirkt. Auch können die zurückkehrenden SNE in den endsendenden Aufsichtsbehörden dazu dienen, den Aufsichtsansatz der EIOPA zu transportieren und somit langfristig zu einem aufsichtsrechtlichen *level playing field* beizutragen.

24 Abs. 4 **ermächtigt** den **Verwaltungsrat**, die entsprechenden Vorschriften für das Hinzuziehen von SNE zu erlassen. Dieser Pflicht ist der Verwaltungsrat durch Erlass des Beschlusses zur Hinzuziehung von nationalen Sachverständigen nachgekommen.[31] Durch diesen Beschluss werden die Rechte und Pflichten der EIOPA, des abordnenden nationalen Aufsehers und des abgeordneten nationalen Sachverständigen geregelt. Hierbei folgt der EIOPA Beschluss in weiten Teilen dem Abordnungsbeschluss der Kommission,[32] sodass insoweit auf die diesbezüglichen Erfahrungen zurückgegriffen werden kann.

Haftung der Behörde

69 (1) **¹Im Bereich der außervertraglichen Haftung ersetzt die Behörde durch sie oder ihre Bediensteten in Ausübung ihrer Amtstätigkeit verursachte Schäden nach den allgemeinen Rechtsgrundsätzen, die den Rechtsordnungen der Mitgliedstaaten gemeinsam sind. ²Für Entscheidungen in Schadensersatzstreitigkeiten ist der Gerichtshof der Europäischen Union zuständig.**

(2) **Für die persönliche finanzielle Haftung und disziplinarische Verantwortung der Bediensteten der Behörde gegenüber der Behörde gelten die einschlägigen Regeln für das Personal der Behörde.**

Übersicht

Schrifttum: Siehe die Angaben bei Art. 1 EIOPA-VO („Allgemein zum Unionsrecht" zu Art. 340 AEUV).

1 **I. Allgemeines.** Als mit eigener Rechtspersönlichkeit ausgestattete Einrichtung der Europäischen Union (siehe Art. 5 EIOPA-VO Rn. 4 f.) ist die EIOPA sowohl Träger von Rechten als auch Adressat von Pflichten. Art. 69 Abs. 1 EIOPA-VO dient insofern der Sicherstellung, dass die EIOPA der außervertraglichen Haftung unterliegt, während der Verordnungsgeber es nicht für nötig hielt, eine Klarstellung auch für die vertragliche Haftung vorzusehen. Daneben sieht Abs. 2 die persönliche Haftung der Bediensteten gegenüber der EIOPA und deren disziplinarische Verantwortung vor.

2 **II. Vertragliche Haftung.** Anders als Art. 340 UAbs. 1 AEUV zur Haftung der Europäischen Union und zahlreiche der Haftungsnormen, die in anderen Agenturgründungsverordnungen vorgesehen werden,[1] enthält Art. 69 EIOPA-VO **keine Regelung zur vertraglichen Haftung** der EIOPA. Dies erscheint jedoch entbehrlich, da diese Regelungen sich üblicherweise darin erstrecken, dass sie fest-

[29] *EuG* Urt. v. 9.11.2004 – Rs. T-116/03 Rn. 68 – Montalto/Rat.

[30] 2015 machten diese immerhin beinah 16 % des Gesamtpersonals aus, siehe EIOPA, Annual Report 2015, S. 72 abrufbar unter https://eiopa.europa.eu/Publications/Reports/EIOPA_ANNUAbs.L_REPORT_2015.pdf.

[31] EIOPA, Decision Laying down Rules on the Secondment of National Experts (EIOPA-MB-11/033).

[32] Beschluss der Kommission vom 12.11.2008 über die Regelung für zur Kommission abgeordnete oder sich zu Zwecken der beruflichen Weiterbildung bei der Kommission aufhaltende nationale Sachverständige, in: KOM(2008) 6866 endg., wobei bei diesem Beschluss nur die französische Sprachfassung authentisch ist.

[1] Siehe bspw. Art. 101 REACH-VO; Art. 19 Abs. 1 Frontex-VO; Art. 31 Abs. 1 EASA-VO; Art. 72 Abs. 1 ERA-VO.

stellen, dass die Haftung nach Maßgabe des für den entsprechenden Vertrag geltenden Rechts erfolgt. Diese Regelung, dass sich die Frage der vertragliche Haftung einer (juristischen) Person aus dem Vertragsstatut heraus bestimmt und eben nicht aus dem Personalstatut (oder Gesellschaftsstatut) ist eine Selbstverständlichkeit, sodass auf diesen Zusatz verzichtet werden konnte. Insofern unterliegt die EIOPA beispielsweise hinsichtlich der von ihr abgeschlossenen Kaufverträgen, Dienstleistungsverträgen, Arbeitsverträgen (wobei hier im Hinblick auf Art. 68 EIOPA-VO zahlreiche Besonderheiten bestehen)[2] und Mietverträgen der gleichen vertraglichen Haftung wie jede andere natürliche oder juristische Person.

Probleme der vertraglichen Haftung kommen dadurch zur Entstehung, dass EIOPA in Wahrnehmung 3
ihrer durch Art. 5 Abs. 2 EIOPA-VO in jedem Mitgliedstaat verliehenen Rechts- und Geschäftsfähigkeit Rechtsgeschäfte vornimmt, insbesondere bewegliches und unbewegliches Vermögen erwirbt oder veräußert, sowie Dienst-, Werk- und Mietverträge abschließt. Fraglich ist hierbei der sachliche Anwendungsbereich des Systembegriffes „vertragliche Haftung", sodass insbesondere fraglich ist, ob **quasikontraktuelle Ansprüche**, d. h. insbesondere solche aus GoA oder Kondiktionsrecht, der vertraglichen Haftung zuzuordnen sind. Dies wird von einem Teil der Lehre bejaht.[3] Dies erscheint jedoch spätestens mit Inkrafttreten der Rom I und II-VO nicht mehr haltbar, da die GoA und das Bereicherungsrecht in Art. 11 und Art. 10 der Rom II-VO, d. h. der Verordnung über das auf außervertragliche Schuldverhältnisse anzuwendende Recht, geregelt werden. Insofern versteht die wohl herrschende Meinung den Begriff der vertraglichen Schuldverhältnisse in Art. 340 AEUV auch eng.[4] Anderes kann auch nicht für die vertragliche Haftung der EIOPA gelten.

Das jeweils anzuwendende Recht ist nach den Regeln des **Internationalen Privatrechts** zu 4
bestimmen. Für Klagen gegen die EIOPA in einem Mitgliedstaat[5] bedeutet dies in den meisten Fällen, dass das anwendbare Recht nach den Vorschriften der Rom I-VO[6] ermittelt wird. Hierbei erlaubt die Rom I-VO grundsätzlich eine explizite oder eine implizite Rechtswahl durch die Parteien und nimmt nur alternativ eine objektive Anknüpfung vor. Es ist der EIOPA insofern unbenommen, wie jeder andere Marktteilnehmer und unter den gleichen Voraussetzungen wie diese Rechtswahlvereinbarungen für ihre Verträge zu treffen. In wie weit EIOPA von dieser Möglichkeit Gebrauch macht, ist noch abzuwarten. Zumindest die Organe der EU – und dies dürfte sich auch für EIOPA zum Standard herausbilden – nutzen diese Möglichkeit typischerweise bei Beschaffungsverträgen dahingehend, dass das Recht des Landes, in dem das vertragschließende Unionsorgan seinen Sitz hat, und im Übrigen das Recht des jeweiligen Leistungsorts als einschlägig bestimmt wird.[7] Dies würde typischerweise einer Wahl des Rechtes der Bundesrepublik Deutschland entsprechen.

Eine besondere Zuständigkeitsnorm für Klagen auf vertragliche Haftung gegen die EIOPA sieht die 5
EIOPA-VO nicht vor – eine Ausnahme besteht insoweit nur für die vertragliche Haftung gegenüber den Bediensteten i. S. d. Art. 68 EIOPA-VO, da für diese Klagen gemäß Art. 270 AEUV der Gerichtshof der Europäischen Union zuständig ist.[8] Abs. 1 S. 2, der für Schadensersatzklagen gegen die EIOPA die Zuständigkeit des Gerichtshofs der Europäischen Union proklamiert, ist in seinem Regelungskontext ersichtlich nur auf Schadensersatzklagen wegen außervertraglicher Haftung bezogen. Insofern richtet sich die internationale **Zuständigkeit** der Gerichte der Mitgliedstaaten für solche Klagen nach der EuGVO (Brüssel Ia-VO).[9] Soweit keine Gerichtsstandsklausel vereinbart wurde, kann die EIOPA jedoch grundsätzlich auch vor Gerichten von Nicht-Mitgliedstaaten verklagt werden, soweit diese Gerichte auf Grundlage der in diesem Forum geltenden autonomen Regelungen des Internationalen Zivilprozessrechts ihre Zuständigkeit bejahen. Der EIOPA ist es jedoch auch unbenommen, ihre Verträge mit Schiedsklauseln zu schließen. Unklar ist allerdings, ob die EIOPA durch eine entsprechende Schiedsklausel auch die Zuständigkeit des Gerichtshofs der Europäischen Union begründen kann. Eine solche Möglichkeit ist primärrechtlich durch Art. 272 AEUV nur vorgesehen für Schiedsklauseln die in einem von der Union oder für ihre Rechnung abgeschlossenen öffentlich-rechtlichen oder privatrechtlichen Vertrag enthalten ist. Entsprechend finden sich in einigen Agenturgründungsverordnungen solche Zuständigkeitsöffnungsklauseln, sodass die Agenturen mit ihren Vertragspartnern die Zuständigkeit des Gerichtshofs der Europäi-

---

[2] Genaugenommen werden die Rechtsbeziehungen zwischen der EIOPA und ihren Bediensteten nicht durch kollisionsrechtlich anzuknüpfende Verträge, sondern durch das Statut der Beamten und die Beschäftigungsbedingungen für die sonstigen Bediensteten der Union geregelt, sodass eine kollisionsrechtliche Anknüpfung allenfalls für die Altarbeitsverträge nach Art. 77 Abs. 1 und 4 EIOPA-VO (vgl. Art. 77 EIOPA-VO Rn. 5) erfolgt.

[3] Bspw. *Gilsdorf/Niejahr* in: von der Groeben/Schwarze, EU-/EG-Vertrag, 6. Aufl. 2003, Art. 288 EGV Rn. 4.

[4] Vgl. von der Groeben/Schwarze/Hatje/*Augsberg* Art. 340 AEUV Rn. 4 m. w. N.

[5] Bei Klagen eines Vertragspartners der EIOPA gegen diese vor den Gerichten eines Nicht-Mitgliedstaates würde dieses Gericht die Kollisionsvorschriften der *lex fori* zur Ermittlung des anwendbaren Rechts heranziehen.

[6] Verordnung (EG) Nr. 593/2008 des Europäischen Parlaments und des Rates vom 17. Juni 2008 über das auf vertragliche Schuldverhältnisse anzuwendende Recht (Rom I), ABl. 2008 L 177, 6.

[7] von der Groeben/Schwarze/Hatje/*Augsberg* Art. 340 AEUV Rn. 10.

[8] Früher wurden diese Klagen an das Fachgericht in Form des Gerichts für den öffentlichen Dienst der Union (EuGöD) gewiesen, dieses Gericht wurde jedoch im September 2016 aufgelöst.

[9] Verordnung (EU) 1215/2012 des Europäischen Parlaments und des Rates vom 12. Dezember 2012 über die gerichtliche Zuständigkeit und die Anerkennung und Vollstreckung von Entscheidungen in Zivil- und Handelssachen, ABl. 2012 L 351, 1.

schen Union als Schiedsgericht begründen können.[10] Die Abwesenheit einer solchen Klausel in der EIOPA-VO legt es nahe, dass Schiedsklauseln in den Verträgen der EIOPA, wenn sie nicht für Rechnung der Union abgeschlossen werden, nicht auf den Gerichtshof der Europäischen Union als Schiedsgericht lauten können bzw. genauer, dass der Gerichtshof der Europäischen Union nicht ermächtigt ist, im Falle des Abschlusses einer solchen Schiedsklausel als Schiedsrichter aufzutreten. Bei richtigem Verständnis ergibt sich jedoch die Möglichkeit der EIOPA, eine Schiedsklausel mit dem Gerichtshof der Europäischen Union als Schiedsrichter zu schließen, bereits unmittelbar aus Art. 272 AEUV, da eben nicht nur die Organe, sondern auch selbständige Einrichtungen personell erfasst werden.[11] Voraussetzung ist dann nur, dass der Vertrag für Rechnung der Union geschlossen wurde, was nach herrschender Meinung schon dann der Fall ist, wenn die Union ein materielles Interesse an dem Vertrag hat.[12]

6 **III. Außervertragliche Haftung (Abs. 1).** Abs. 1 bestimmt, dass die EIOPA keine Haftungsimmunität genießt, sondern vielmehr jede natürliche oder juristische Person im Fall eines durch die EIOPA verursachten Schadens einen **Anspruch auf Schadensersatz** gegen diese hat. Der Anspruch richtet sich gemäß dem Regelungsgefüge des Art. 69 nicht gegen den Bediensteten, sondern gegen EIOPA, die den haftungsbegründenden Sachverhalt nach außen zu verantworten hat.

7 Abs. 1 S. 1 bestimmt insofern die Voraussetzungen, unter denen die EIOPA den durch ihre Organe oder Bediensteten in der Ausübung ihres Amtes verursachten Schaden zu ersetzen hat. Die Norm statuiert insofern einen speziellen unionsrechtlichen **Staatshaftungsanspruch**, sodass allein die **EIOPA** nicht aber die Organträger oder Bediensteten **passivlegitimiert** sind. Anders als in Deutschland gemäß § 839 BGB i. V. m. Art. 34 GG, wo die gesetzlich statuierte Eigenhaftung des Beamten auf den Staat übergeleitet wird, sieht Abs. 1 S. 1 eine unmittelbare Haftung der EIOPA vor.

8 Der Schaden muss mit einer Ausübung der Amtstätigkeit eines **Beschäftigten** zusammenhängen. Dies ist bei Tätigkeiten der **Organe** der EIOPA stets zu bejahen. Haftungsauslösend sind ferner die Handlungen des **Personals** im Sinne von Art. 68 EIOPA-VO. Auch die Tätigkeiten der **abgeordneten nationalen Sachverständigen** im Sinne von Art. 68 Abs. 4 EIOPA-VO sind als Tätigkeit eines Beschäftigten anzusehen. Nicht hinreichend klar ist, ob für Zwecke der Haftung nach Abs. 1 auch Amtstätigkeiten der **Mitglieder des Beschwerdeausschusses** haftungsbegründend sein können, da diese (zumindest vor ihrer Ernennung) gerade nicht zum Personal der EIOPA gehören (vgl. Art. 58 Abs. 2 UAbs. 1 S. 1 Hs. 2 EIOPA-VO).[13] Soweit der Beschwerdeausschuss im Rahmen des betreffenden Verfahrens für die EIOPA tätig wird – das heißt in den Fällen, in denen die EIOPA für das Verfahren das Sekretariat stellt (siehe Art. 58 EIOPA-VO Rn. 87 und Art. 60 EIOPA-VO Rn. 41) – ist das Mitglied des Beschwerdeausschusses für Zwecke Abs. 1 (nicht aber des Abs. 2) gleichwohl als Bediensteter der EIOPA anzusehen. Für das Vorliegen eines Haftungsanspruchs sollte der Beschwerdeausschuss jedoch als gerichtsähnliches Gremium behandelt werden und mithin ein etwaiger Pflichtverstoß als Unterfall des judikativen Unrechts. Dies würde letztlich bedeuten, dass die allgemeinen Grundsätze der Mitgliedstaaten zum Haftungsprivileg des Richters greifen, dass mithin ähnlich dem § 839 Abs. 2 S. 1 BGB eine Haftung der Union nur im Fall der Rechtsbeugung oder Bestechung in Frage kommt.[14] Eine persönliche Außenhaftung des Mitglieds des Beschwerdeausschusses wäre auch in diesem Fall wie für das restliche Personal ausgeschlossen (siehe Rn. 17). Art. 1 Abs. 8 der Verfahrensordnung des Beschwerdeausschusses,[15] der die Haftung der Mitglieder des Beschwerdeausschusses gegenüber allen Personen ausschließt, hat im Verhältnis zum Geschädigten insofern nur klarstellende Wirkung bzgl. der Außenhaftung der EIOPA und der (vertraglichen) Innenhaftung des Mitglieds gegenüber der EIOPA kann er hingegen nicht greifen, sodass eine Haftung nach den Maßstäben der besonderen Befreiung für Richterunrecht eine Haftung zumindest hypothetisch möglich bleibt. Ebenfalls vollkommen unklar ist die Frage der haftungsrechtlichen Behandlung bei **Mitarbeit im Gemeinsamen Ausschuss**. Da dieser kein Organ der EIOPA ist (siehe Art. 54 EIOPA-VO Rn. 3 und Art. 6 Rn. 3) kommt eine Zurechnung eigentlich nur darüber in Betracht, dass der haftungsauslösende Mitarbeiter selbst zum Personal der EIOPA gehört. Fraglich ist jedoch, welche Behörde haften soll, wenn zwar zweifelsfrei ist, dass eine Handlung des Gemeinsamen Ausschusses die Haftung ausgelöst hat, jedoch die Handlung nicht einem spezifischen Mitarbeiter zugeordnet werden kann (bspw. eine bestimmte Veröffentlichung auf der

[10] Bspw. Art. 101 Abs. 1 S. 2 REACH-VO oder Art. 19 Abs. 2 Frontex-VO; Art. 72 Abs. 2 ERA-VO.

[11] Streinz/*Ehricke* Art. 272 AEUV Rn. 7; von der Groeben/Schwarze/Hatje/*Gaitanides* Art. 272 AEUV Rn. 8; Calliess/Ruffert/*Cremer* Art. 272 AEUV Rn. 3.

[12] Grabitz/Hilf/Nettesheim/*Karpenstein* Art. 272 AEUV Rn. 8; von der Groeben/Schwarze/Hatje/*Gaitanides* Art. 272 AEUV Rn. 9.

[13] Die Kommission geht richtig davon aus, dass die Beschwerdeausschussmitglieder nicht dem permanenten Personal der EIOPA angehören, diese aber über einen Dienstvertrag angebunden sind. Ksion, Aufforderung zur Bekundung des Interesses an der Ernennung als Mitglied des Gemeinsamen Beschwerdeausschusses der drei Europäischen Finanzaufsichtsbehörden für den Finanzdienstleistungssektor (Europäische Wertpapier- und Marktaufsichtsbehörde, Europäische Bankenaufsichtsbehörde, Europäische Aufsichtsbehörde für das Versicherungswesen und die betriebliche Altersversorgung), ABl. 2011 C 17, 4.

[14] Vgl. Streinz/*Gellermann* Art. 340 AEUV Rn. 16.

[15] Board of Appel of the European Supervisory Authorities Rules of Procedure (BoA 2012 002).

Homepage des Gemeinsamen Ausschusses,[16] deren genauer Ersteller unbekannt ist). In diesem Fall erscheint es notwendig, die Handlung der ESA zuzuordnen, deren Vorsitzender zum Zeitpunkt des Pflichtverstoßes den Vorsitz über den Gemeinsamen Ausschuss und mithin auch die Leitungsfunktion über das Sekretariat des Gemeinsamen Ausschusses hat (siehe auch Art. 54 EIOPA-VO Rn. 21).

Eine Organhandlung – anders bei rein privatem Handeln des Amtsinhabers – ist immer der EIOPA 9 zuzurechnen, sodass sie sich auch immer als Amtstätigkeit darstellt. Für die Tätigkeiten der (sonstigen) Bediensteten bewirkt der Begriff der Amtstätigkeit hingegen eine Beschränkung. Hierbei ist unter **Amtstätigkeit** jedes Verhalten der Bediensteten der EIOPA zu verstehen, das eine **unmittelbare innere Beziehung zu** den wahrzunehmenden **Aufgaben** der EIOPA aufweist.[17] Der Begriff der Amtstätigkeit umfasst hierbei neben dem **aktiven Handeln** auch das **Unterlassen** einer Handlung.

Die außervertragliche Schadensersatzhaftung der EIOPA erfolgt nach den **allgemeinen Rechts-** 10 **grundsätzen, die den Rechtsordnungen der Mitgliedstaaten gemeinsam sind**. Da diese Formulierung weitestgehend mit Art. 340 UAbs. 2 AEUV übereinstimmt, kann die Rechtsprechung des Gerichtshofs der Europäischen Union zur letztgenannten Norm herangezogen werden.[18] Dies bedeutet bei Übertragung der ständigen Rechtsprechung auf EIOPA, dass ein Schadensersatzanspruch dann besteht, wenn EIOPA oder ihre Bediensteten die „vorgeworfene Handlung rechtswidrig [herbeigeführt haben] und ein tatsächlicher Schaden eingetreten ist sowie […] zwischen der Handlung und dem behaupteten Schaden ein ursächlicher Zusammenhang besteht."[19] Ob EIOPA bzw. ihre Bediensteten zudem noch ein Verschuldensvorwurf treffen muss (oder ob eine verschuldensunabhängige Haftung möglich ist) ist unklar, da der EuGH diese Frage unter Art. 340 Abs. 2 AEUV bisher immer offengelassen hat.[20]

Vor **besondere Hindernisse** dürfte eine erfolgreiche Schadensersatzklage durch einen Versicherer 11 dadurch gestellt werden, dass der Gerichtshof der Europäischen Union verlangt, dass der Amtspflichtverstoß in der Verletzung einer **Norm** besteht, **die „bezweckt dem Einzelnen Rechte zu verleihen"**.[21] Hieraus wurde teilweise schon abgeleitet, dass ein Schadensersatzanspruch der Versicherer gegen EIOPA schlichtweg ausgeschlossen sei, da die EIOPA allein im öffentlichen Interesse tätig werde.[22] Dies scheint jedoch weitaus zu pauschal und wird auch durch die Tatsache widerlegt, dass Art. 69 Abs. 2 EIOPA-VO eine Haftung auf Schadensersatz explizit vorsieht. Zuzugeben ist dieser Meinung allenfalls, dass im Einzelfall sehr genau geprüft werden muss, ob der verletzten Norm tatsächlich individualschützende Wirkung beizumessen ist, was in vielen Fällen wohl zu verneinen sein wird.

Der Anspruch aus Abs. 2 S. 1 ist auf Ersatz eines Schadens gerichtet. Der Schaden kann sowohl ein 12 **Vermögensschaden** als auch ein **immaterieller Schaden** sein.[23]

Fraglich ist jedoch, ob der Anspruch nur auf Zahlung eines Schadensersatzes beschränkt ist oder sich 13 auch auf Naturalrestitution bzw. Folgenbeseitigung in Form der Verurteilung zu einem bestimmten Handeln oder Unterlassen richten kann. Nach der Rechtsprechung des EuG zu Art. 340 UAbs. 2 AEUV kann ein Schadensersatzanspruch **auch** auf **Berichtigung**, **Widerruf** und **Unterlassen** einer Maßnahme in der Zukunft gerichtete sein.[24] Es wäre insofern den Versicherern beispielsweise ein Rechtsmittel an die Hand gegeben, die Berichtigung und den Widerruf einer Warnung nach Art. 9 Abs. 3 EIOPA-VO herbeizuführen.

Bei **Schadensersatzklagen wegen Beschlüssen** ist das Rechtsschutzsystem der Art. 60 f. EIOPA- 14 VO hinreichend im Haftungsverfahren zu berücksichtigen. Ein etwaiger Schadensersatzanspruch wird dann wohl dadurch beeinflusst, ob der geschädigter Versicherer die ihm zustehenden Rechtsbehelfe gegen den Beschluss der EIOPA (Beschwerde und Nichtigkeitsklage) und den nationalen Verwaltungsakt (Widerspruch und Anfechtungsklage) geltend gemacht hat – wobei nicht restlos geklärt ist, ob sich dies nach Verständnis des EuGH auf die Zulässigkeit der Klage (im Sinnes eines fehlenden Rechtsschutzbedürfnisses), die Kausalität oder ein zu berücksichtigendes Mitverschulden auswirken soll.[25]

Gemäß Art. 46 Abs. 1 S. 1 der Satzung des Gerichtshofs **verjähren** Schadensersatzansprüche gegen 15 die Union in **fünf Jahren** nach Eintritt des Ereignisses. Dies hat für die Schadensersatzansprüche gegen die EIOPA analog zu gelten.

---

[16] Siehe https://esas-joint-committee.europa.eu.

[17] So zu Art. 340 Abs. 2 AEUV bspw. Grabitz/Hilf/Nettesheim/*Jacob/Kottmann* Art. 340 AEUV Rn. 73.

[18] Vgl. hierzu *Czaja*, Die außervertragliche Haftung der EG für ihre Organe, 1996; Grabitz/Hilf/Nettesheim/*Jacob/Kottmann* Art. 340 AEUV Rn. 27 ff.; Calliess/Ruffert/*Ruffert* Art. 340 AEUV Rn. 5 ff.

[19] St. Rspr. seit *EuGH* Urt. v. 28.4.1971 – Rs. 4/69 Rn. 10 – Lütticke/Ksion noch mit einer leicht anderen Formulierung; *EuGH* Urt. v. 2.7.1974 – Rs. 153/73 Rn. 7 – Holtz & Willemsen/Rat und Ksion; vgl. auch Calliess/Ruffert/*Ruffert* Art. 340 AEUV Rn. 7 (dort Fn. 16) m. w. N.

[20] *EuGH* Urt. v. 24.6.1986 – Rs. 267/82 Rn. 33 – Développement SA und Clemessy/Ksion; vgl. hierzu Grabitz/Hilf/Nettesheim/*Jacob/Kottmann* Art. 340 AEUV Rn. 125.

[21] St. Rspr. seit *EuGH* Urt. v. 4.7.2000 – Rs. C-352/98 P Rn. 42 – Bergaderm/Ksion; siehe aber ähnlich bereits vorher *EuGH* Urt. v. 2.12.1971 – Rs. 5/71 Rn. 11 – Aktien-Zuckerfabrik Schöppenstedt/Rat.

[22] So *Manger-Nestler* ZfgK 2012, 528, 531.

[23] *EuGH* Urt. v. 12.7.1957 – Rs. 7/56 – Alegra/Gemeinsame Versammlung.

[24] *EuG* Urt. v. 10.5.2006 – Rs. T-279/03 Rn. 63 – Galileo International Technology u. a./Ksion; *EuG* Urt. v. 16.12.2010 – Rs. T-19/07 Rn. 121 ff. – Systran u. a./Ksion.

[25] Vgl. zum Ganzen Grabitz/Hilf/Nettesheim/*Jacob/Kottmann* Art. 340 AEUV Rn. 48 ff.

16 **Zuständig** für die Entscheidung über Klagen auf Schadensersatz wegen außervertraglicher Haftung ist gemäß Abs. 1 S. 2 der **Europäische Gerichtshof**. Dies bedeutet bei Klagen durch natürliche und juristische Personen, um die es hier nahezu immer gehen wird, eine Zuständigkeit des EuG gemäß Art. 256 AEUV.

17 **IV. Persönliche Haftung und disziplinarische Verantwortung der Bediensteten (Abs. 2).** Eine **persönliche Haftung** des Bediensteten der EIOPA **gegenüber** dem **Geschädigten** ist dem Regelungskonzept des Art. 60 EIOPA-VO entsprechend **ausgeschlossen**. Dies ergibt sich mittelbar bereits aus Art. 67 EIOPA-VO, der das Privilegienprotokoll auf die Bediensteten der EIOPA für anwendbar erklärt (siehe Art. 67 EIOPA-VO Rn. 1, 4). Nach Art. 11 des Privilegienprotokolls sind die Bediensteten von der Gerichtsbarkeit bezüglich der von ihnen in amtlicher Eigenschaft vorgenommenen Handlungen befreit.

18 Abs. 2 bestimmt, dass die persönliche Haftung der und die disziplinarischen Konsequenzen für die Bediensteten der EIOPA im Verhältnis zu dieser sich nach den Vorschriften ihrer für das Personal geltenden Regelungen richten. Abs. 2 ist insoweit ein **Verweis auf Art. 68 EIOPA-VO**, sodass sich Haftung und die Möglichkeit disziplinarischer Maßnahmen aus dem **Statut** und den **Beschäftigungsbedingungen für die sonstigen Bediensteten** sowie den von den Organen der Union gemeinsam erlassenen Regelungen für deren Anwendung (siehe Art. 68 EIOPA-VO Rn. 4 f.) ergeben, wobei auch die von EIOPA gemäß Artikel 110 des Statuts zu erlassenden Durchführungsbestimmungen (Art. 68 Abs. 2 EIOPA-VO) zu berücksichtigen sind. Etwas anderes würde nur im hypothetischen Fall eines nicht übergeleiteten **Altarbeitsvertrages** gelten. Bei diesem richtet sich die Frage des Haftungsregresses und der arbeitsvertraglichen Konsequenzen entsprechend Art. 77 Abs. 4 EIOPA-VO nach dem kollisionsrechtlich auf den Arbeitsvertrag anwendbaren Recht (vgl. Art. 77 EIOPA-VO Rn. 5).

19 Der Bedienstete von EIOPA kann gemäß **Art. 22 Abs. 1 des Statuts** zum (teilweisen) Ersatz des Schadens herangezogen werden, den EIOPA durch seine Ausübung oder anlässlich der Ausübung seines Amtes erlitten hat. Dieser **Regressanspruch** wird allerdings nur unter der Voraussetzung gewährt, dass den Bediensteten hinsichtlich seiner pflichtwidrigen Amtsausübung ein **schwerwiegendes Verschulden** trifft.

20 Entsprechend Art. 22 Abs. 2 EU-BeamtStatut ist dieser **Schadensersatzanspruch nicht** durch EIOPA **einzuklagen, sondern** kann durch sie mittels eines **Beschlusses** nach den für Disziplinarsachen geltenden Verfahrensvorschriften gegenüber dem Bediensteten geltend gemacht werden. Zuständig für den Erlass dieses Beschlusses ist gemäß Art. 53 Abs. 8 EIOPA-VO der **Exekutivdirektor**, der für diese Zwecke die Befugnisse der Anstellungsbehörde bzw. vertragsschließenden Behörde innehat (siehe Art. 68 EIOPA-VO Rn. 22).

21 Fraglich ist jedoch, wer diesen **Beschluss** im Falle eines **Regressanspruchs gegen den Vorsitzenden oder den Exekutivdirektors** zu erlassen hat. Hinsichtlich der Regressansprüche gegen den Exekutivdirektor liegt es auf der Hand, dass es nicht in seiner eigenen Hand liegen kann, ob diese geltend gemacht werden. Zur Auswahl stünden hier der Vorsitzende, der Rat der Aufseher und der Verwaltungsrat. Obgleich sich hier der Verwaltungsrat, ob seiner Sachnähe anbieten würde, erscheint es im Hinblick darauf, dass dem **Rat der Aufseher** gemäß Art. 51 Abs. 3 EIOPA-VO das Ernennungs- und gemäß Art. 51 Abs. 5 EIOPA-VO das Abberufungsrecht zusteht, näherliegend dem Rat der Aufseher insoweit auch die Disziplinargewalt über den Exekutivdirektor zuzugestehen. Gleiches muss auch für Regressbeschlüsse gegen den Vorsitzenden gelten. Diese können nicht vom Exekutivdirektor ausgehen, da diesem im Hinblick auf die Organisation der EIOPA keine Disziplinargewalt über den Vorsitzenden zugestanden wird. Der Rat der Aufseher hat hingegen gemäß Art. 48 Abs. 2 UAbs. 1 EIOPA-VO das Ernennungsrecht und er verfügt hinsichtlich der Abberufung gemäß Art. 48 Abs. 5 EIOPA-VO zumindest über das alleinige Initiativrecht. Die Zuständigkeit des Rates der Aufseher für diesen Beschluss lässt sich aus **Art. 43 Abs. 8 EIOPA-VO**, der die Disziplinargewalt über beide Personen dem Rat der Aufseher zuweist, ableiten.

22 Für Klagen gegen den Regressbeschluss ist ausschließlich der **Gerichtshof der Europäischen Union zuständig**, Art. 22 Abs. 3 EU-BeamtStatut. Das früher zuständige Gericht für den öffentlichen Dienst existiert seit September 2016 nicht mehr, sodass erstinstanzlich heute gemäß Art. 50a Abs. 1 der Satzung des Gerichtshofs i. V. m. Art. 270 AEUV das **EuG** zuständig ist. Ein solches Verfahren setzt im Hinblick auf Art. 22 EU-BeamtStatut und Abs. 2 einen Beschluss als Streitgegenstand voraus. Ein Urteil, in dem EIOPA durch das zuständige Gericht aufgrund der vertraglichen oder außervertraglichen Haftung zur Wiedergutmachung eines Schadens verurteilt worden ist, ist hingegen keine zwingende Voraussetzung.[26] Vielmehr kann EIOPA einen Schadensersatzanspruch, den es für begründet hält, natürlich auch ohne Urteil erfüllen, ohne sich ihrer Regressrechte gegen den Bediensteten zu begeben.

23 Neben dem eigentlichen Haftungsregress stellt sich auch die Frage, wie die Herbeiführung eines Haftungsfalls durch einen Bediensteten der EIOPA **disziplinarrechtlich** zu berücksichtigen ist. Auch dies richtet sich nach den gemäß Art. 68 EIOPA-VO für das Personal geltenden Regelungen. Es ist

[26] A. A. aber *Bartos* in: Kur/v. Bomhard/Albrecht, Beck'scher Online-Kommentar Markenrecht, Ed. 8 (Stand: 1.10.2016), Art. 118 VO (EG) 207/2009 Rn. 12.

insofern nach diesen zu bestimmen, in wie weit diese Umstände in der (jährlichen) Beurteilung des Bediensteten einfließen, wie solche Umstände bei der Abwägen der Verdienste im Rahmen einer Beförderung (vgl. Art. 45 Abs. 1 S. 4 Hs. 2 EU-BeamtStatut) gewichtet werden oder ob gemäß Art. 86 EU-BeamtStatut i. V. m. der Disziplinarordnung (Anhang IX) eine Disziplinarstrafe verhängt werden darf. Auch die Frage, ob diese Umstände eine Kündigung des Dienstverhältnisses begründen können, ist diesen Vorschriften zu entnehmen (siehe bspw. Art. 11 Abs. 2 EU-BeschäftBeding).

Berufsgeheimnis

70 (1) **Mitglieder des Rates der Aufseher und des Verwaltungsrats, der Exekutivdirektor und die Mitglieder des Personals der Behörde, einschließlich der von den Mitgliedstaaten vorübergehend abgeordneten Beamten und aller weiteren Personen, die auf vertraglicher Grundlage für die Behörde Aufgaben durchführen, unterliegen auch nach Beendigung ihrer Amtstätigkeit den Anforderungen des Berufsgeheimnisses gemäß Artikel 339 AEUV und den einschlägigen Bestimmungen des Unionsrechts.**

Artikel 16 des Statuts findet auf sie Anwendung.

Im Einklang mit dem Statut ist das Personal nach dem Ausscheiden aus dem Dienst verpflichtet, bei der Annahme gewisser Tätigkeiten oder Vorteile ehrenhaft und zurückhaltend zu sein.

Die Mitgliedstaaten, die Organe oder Einrichtungen der Union sowie alle anderen öffentlichen oder privaten Stellen versuchen nicht, die Mitglieder des Personals der Behörde bei der Ausübung ihrer Aufgaben zu beeinflussen.

(2) **Unbeschadet der Fälle, die unter das Strafrecht fallen, dürfen vertrauliche Informationen, die die unter Absatz 1 genannten Personen in ihrer beruflichen Eigenschaft erhalten, an keine Person oder Behörde weitergegeben werden, es sei denn in zusammengefasster oder aggregierter Form, so dass einzelne Finanzinstitute nicht bestimmbar sind.**

Die Verpflichtung gemäß Absatz 1 und Unterabsatz 1 des vorliegenden Absatzes hindert die Behörde und die nationalen Aufsichtsbehörden nicht daran, die Informationen für die Durchsetzung der in Artikel 1 Absatz 2 genannten Rechtsakte und insbesondere für die Verfahren zum Erlass von Beschlüssen zu nutzen.

(3) **Die Absätze 1 und 2 hindern die Behörde nicht daran, im Einklang mit dieser Verordnung und anderen auf Finanzinstitute anwendbaren Rechtsvorschriften der Union mit nationalen Aufsichtsbehörden Informationen auszutauschen.**

[1] Diese Informationen unterliegen den Bedingungen des Berufsgeheimnisses gemäß den Absätzen 1 und 2. [2] Die Behörde legt in ihren internen Verfahrensvorschriften die praktischen Vorkehrungen für die Anwendung der in den Absätzen 1 und 2 genannten Geheimhaltungsregelungen fest.

(4) **Die Behörde wendet den Beschluss 2001/844/EG, EGKS, Euratom der Kommission vom 29. November 2001 zur Änderung ihrer Geschäftsordnung an.**

Übersicht

Schrifttum: Siehe die Angaben bei Art. 1 EIOPA-VO („Allgemein zum ESFS", „Allgemein zur EIOPA" und insbesondere „Allgemein zum Unionsrecht" zu Art. 339 AEUV).

1 **I. Allgemeines.** Genauso wie die nationalen Behörden und die Kommission auf europäischer Ebene befindet sich auch die EIOPA in einem Spannungsfeld zwischen dem Grundsatz der Transparenz (siehe Art. 72 EIOPA-VO) und dem Geheimhaltungsschutz, zur Wahrung des öffentlichen Interesses oder zur Wahrung der informationellen Selbstbestimmung und des Datenschutzes (siehe auch Art. 71 EIOPA-VO) des Einzelnen. Art. 70 EIOPA-VO regelt zu diesem Zweck – dies ist in Wechselbeziehung zu Art. 72 EIOPA-VO zu begreifen – vorrangig die Verschwiegenheitspflicht des Personals der EIOPA, aber auch anderer Organmitglieder oder sonstiger Beschäftigter der EIOPA während und nach ihrer Amtstätigkeit (Abs. 1 UAbs. 1). Daneben regelt Art. 70 EIOPA-VO aber auch gerade die Ausnahmen von dieser Verschwiegenheitspflicht (Abs. 2 UAbs. 1 Hs. 1, Hs. 2, Abs. 2 UAbs. 2, Abs. 3). In Abs. 4 finden sich über dessen Verweis dann noch qualifizierende Vorschrift für die Behandlung von Verschlusssachen, wobei Adressat hierbei nicht das Personal der EIOPA i. w. S., sondern die EIOPA ist, die ein entsprechendes Sicherheitssystem vorzusehen und dafür Sorge zu tragen hat – insbesondere auch über die Dienstverträge oder über die Verfügungen des Exekutivdirektors oder des Verwaltungsrates –, dass alle Funktionsträger innerhalb der EIOPA angemessen in dieses System eingebunden werden. Daneben sieht Art. 70 EIOPA-VO auch noch Vorschriften zum (nachvertraglichen) Zurückhaltungsgebot vor (Abs. 1 UAbs. 2, 3), welches nur teilweise mit der Verschwiegenheitspflicht zusammenhängt und insofern systematisch leicht bedenklich unter der Überschrift des Art. 70 EIOPA-VO („Berufsgeheimnis") zusammengefasst wurde. Gleiche Bedenken gelten auch für den Abs. 1 UAbs. 4, welcher die Pflichten Dritter in Bezug auf das Personal der EIOPA i. w. S. regelt und insofern keinen unmittelbaren Bezug zur Verschwiegenheit aufweist, sondern eher mit der Unabhängigkeit der EIOPA in Zusammenhang steht.

2 **II. Verschwiegenheitspflicht (Abs. 1 UAbs. 1, Abs. 2, 3).** Die Verschwiegenheitspflicht der EIOPA – sowie jeglicher Verwaltung – **dient** teilweise dem **Schutz des Gemeinwesens**, soweit es um die vertrauliche Behandlung von Verschlusssachen geht (siehe Rn. 48 ff.), deren Bekanntwerden dem öffentlichen Interesse zuwiderlaufen kann, teilweise aber auch dem **grundrechtlich verbürgten Individualrechtsschutz**. Daneben soll die von Art. 70 EIOPA-VO geforderte Beachtung des Berufsgeheimnisses aber auch das **Vertrauen der Allgemeinheit in die Verschwiegenheit der** europäischen **Verwaltung** bestärken.[1]

3 Hierbei ist der von Abs. 1 UAbs. 1 gewählte Ausdruck des **Berufsgeheimnisses** zumindest für die Amtsträger und das statuarische Personal der EIOPA irreführend, da es sich insoweit zumindest teilweise um **Amtsgeheimnisse** handelt,[2] die zu wahren sind. Für einige der anderen Adressaten des Abs. 1 UAbs. 1 ist der Begriff hingegen treffender. Im Folgenden soll hierbei, soweit möglich, der **allgemeinere Begriff der Verschwiegenheit** verwendet werden.

4 **1. Adressaten der Verschwiegenheitspflicht (Abs. 1 UAbs. 1).** Abs. 1 UAbs. 1 **beschränkt** seinen Anwendungsbereich **nicht auf** das **Personal der EIOPA** – gerade für dieses würde die Regelung auch teilweise leerlaufen. Die statuarischen **Bediensteten der EIOPA** (inklusive des **Exekutivdirektors** und des **Vorsitzenden**) unterliegen dem Verschwiegenheitsgebot bereits im Hinblick auf Art. 11 EU-BeschäftBeding i. V. m. Art. 17 und 19 EU-BeamtStatut, die über Art. 68 Abs. 1 EIOPA-VO anwendbar sind. Zumindest hinsichtlich der Bindung dieser Personen gegenüber EIOPA und der Union hat Abs. 1 UAbs. 1 insofern nur klarstellende Wirkung. Durch Abs. 1 UAbs. 1 wird jedoch diese Pflicht von einer dem Dienstherrn geschuldeten Pflicht zu einer auch der Allgemeinheit geschuldeten Pflicht umgewandelt, deren Verletzung beispielsweise eine Schadensersatzpflicht der EIOPA eröffnen kann (siehe Art. 69 EIOPA-VO).

5 Erfasst werden sämtliche **Mitglieder des Rates der Aufseher**. Dies ist von daher erheblich, als diese – abgesehen vom Vorsitzenden – nicht zum Personal der EIOPA gehören und mit dieser auch nicht (zwingend) in vertraglicher Beziehung stehen. Besondere Bedeutung erlangt Abs. 1 UAbs. 1 hierbei für die **Leiter der nationalen Aufsichtsbehörden** gemäß Art. 40 Abs. 1 EIOPA-VO (**und** ihre hochrangigen **Stellvertreter** [Art. 40 Abs. 3 EIOPA-VO]). Für diese Bediensteten der Mitgliedstaaten besteht außerhalb des Abs. 1 UAbs. 1 keine primär- oder sekundärrechtliche oder vertragliche/dienstrechtliche Pflicht zur Verschwiegenheit. Es wäre unzulässig, sich hier auf das mitgliedstaatliche Schutzniveau der Verschwiegenheitspflichten zu verlassen, denen diese Bediensteten nach ihrem Beamtenstatut unterliegen, da diese stark divergieren können. Neben diesen Personen und dem **Vorsitzenden** gehören auch noch die **Vorsitzenden der anderen ESA** zum Rat der Aufseher. Wobei sich für letztere die Verpflichtung bereits aus den eigenen Gründungsverordnungen i. V. m. dem Beamtenstatut ergibt. Für den **Vertreter der Kommission** und den **Vertreter des ESRB** gilt ähnliches, wobei Abs. 1 UAbs. 1 hier bewirkt, dass diese Personen für ihre Tätigkeit im Rat der Aufseher und in Behandlung der in

[1] Siehe zur insoweit parallelen Norm des Art. 339 AEUV Grabitz/Hilf/Nettesheim/*Jaeckel* Art. 339 AEUV Rn. 3.
[2] Dies ist jedoch keine Besonderheit des Abs. 1, vielmehr wird der Themenkomplex der Behördenverschwiegenheit in den europäischen Gesetzen (nahezu) immer unter dem Begriff des Berufsgeheimnis adressiert (siehe bspw. Art. 339 AEUV).

diesem Zusammenhang zur Kenntnis erlangten Informationen dem Vertraulichkeitsmaßstab, wie er bei der EIOPA ausgestaltet wird, unterliegen.

Daneben erfasst die Verschwiegenheitspflicht auch alle **Mitglieder des Verwaltungsrates**. Diese Normierung hat keine eigenständige Bedeutung, da alle Mitglieder dieses Organs gemäß Art. 45 Abs. 1 UAbs. 1 EIOPA-VO bereits Mitglieder des Rates der Aufseher sind (vgl. Art. 45 EIOPA-VO Rn. 5). Die Nennung dient insofern allenfalls der Klarstellung, dass auch für die Wahrnehmung der Arbeit in diesem Gremium die Verschwiegenheitspflicht vollumfänglich greift. 6

Neben dem **Exekutivdirektor** und dem **Personal** (siehe Art. 68 EIOPA-VO) **der EIOPA** (siehe bereits Rn. 4) erweitert Abs. 1 UAbs. 1 die Verschwiegenheit noch auf alle von den Mitgliedstaaten **abgeordneten Beamten** (SNE, siehe Art. 58 EIOPA-VO Rn. 23 f.). Dies entspricht dem Üblichen, dass die SNE zwar ihrem alten Dienststatut unterworfen bleiben, für die Zeit der Abordnung aber den Beamten und sonstigen Bediensteten gleichgestellt werden, sodass für sie während dieser Zeit (und danach) auch der gleiche Verschwiegenheitsmaßstab zu gelten hat. 7

Besonders einschneidend ist, dass Abs. 1 UAbs. 1 den Verschwiegenheitsstandard auch für **jede andere Person, die auf vertraglicher Grundlage für die EIOPA Aufgaben durchführt**, für anwendbar erklärt. Diese Pflicht erfordert nach der Formulierung des Abs. 1 UAbs. 1 auch keine Vereinbarung dieser Pflicht im entsprechenden Vertrag, sondern gilt *ex lege*. Dies würde bedeuten, dass grundsätzlich jede Person, unabhängig davon, welchem Recht der mit der EIOPA geschlossene Vertrag unterliegt, hinsichtlich der Verschwiegenheitspflicht gegenüber der EIOPA, aber auch gegenüber jedem Dritten dem Sekundärrecht der EU unterstellt wird. Abs. 1 setzt sich insofern als europäische Eingriffsnorm gegen die kollisionsrechtliche Anknüpfung durch. Dies erscheint wenig sachgerecht. Vielmehr wäre es sinnvoller, von der EIOPA einzufordern, dass der entsprechende Verschwiegenheitsstandard (mit Schutzwirkung für Dritte) vertraglich vereinbart wird. Da nunmehr aber eine gesetzliche Anwendung des Verschwiegenheitsstandards auf einrichtungsexterne Vertragspartner vorgesehen wird, sollte diese Vorschrift restriktiv ausgelegt werden, sodass eine Anwendung **nur** auf **solche Personen** vorgesehen ist, **mit denen gerade die Mitarbeit bei der Wahrnehmung von der EIOPA übertragenen Aufgaben** vertraglich vereinbart wird. Dies trifft zwingend zu auf solche externen Dienstleister, die von der EIOPA-VO selber vorgesehen und mit Aufgaben bedacht sind; insbesondere die Mitglieder der *Stakeholdergruppen* aber auch die Mitglieder des Beschwerdeausschusses (siehe Art. 58 EIOPA-VO Rn. 40). Für andere externe Dienstleister würde die gesetzliche Verschwiegenheitspflicht nur greifen, wenn die vereinbarte Tätigkeit (bspw. ein externer Auftrag zur Risikomodellierung, zu dem Unternehmens- oder Wirtschaftsdaten überlassen werden) gerade in unmittelbarem Zusammenhang mit einer übertragenen Aufgabe der EIOPA steht. Für alle anderen Dienstleister und deren Personal, bspw. Wach- und Sicherheitsdienste oder Raumpflegedienste, gilt der Verschwiegenheitsstandard bei dieser reduzierenden Auslegung hingegen nicht von Gesetzes wegen, sondern muss von EIOPA mit diesen vertraglich vereinbart werden. 8

2. Zeitlicher Anwendungsbereich (Abs. 1 UAbs. 1). Das Verschwiegenheitsgebot erfasst den Adressaten (nach Rn. 4 ff.) **ab Entstehung der Sonderrechtsbeziehung, die die Adressateneigenschaft begründet**, wobei bereits vorher zur Kenntnis gelangte Informationen nicht zwingend mit Eigenschaftserlangung als vom Verschwiegenheitsgebot mitumfasst angesehen werden müssen. 9

Jedoch wären die Schutzziele des Verschwiegenheitsgebots (siehe Rn. 2) kaum zu erreichen, wenn diese Pflicht die Adressaten nur während der Zeit der begründenden Sonderrechtsbeziehung (Abs. 1 UAbs. 1 bezeichnet dies als Beendigung der Amtstätigkeit, was im Hinblick auf den Personenkreis nicht trennscharf genug ist) binden würde. Abs. 1 UAbs. 1 Hs. 2 ordnet mithin die **Nachwirkung dieser Pflicht** an, die den Adressaten – so das Grundkonzept des Wortlauts – **ohne konkrete Zeitbeschränkung** (im Einzelfall gar lebenslang) bindet.[3] Hierbei wird zu Art. 339 AEUV – der vorliegend ja gerade für anwendbar erklärt wird – herrschend vertreten, dass diese nachwirkende Pflicht **vorrangig gegenüber anderen gesetzlichen oder vertraglichen Loyalitätspflichten** ist, denen ein Adressat nach seinem Ausscheiden aus der Sonderrechtsbeziehung unterworfen sein mag.[4] 10

Jedoch ist die zeitliche Dauer der Verschwiegenheitspflicht am Maßstab des **Fortbestehens des Geheimnisses** und des **Geheimhaltungsinteresses** zu ermitteln. Soweit ein Geheimhaltungsinteresse nicht mehr besteht – hierbei kann der Geheimnisträger die Dauer der Geheimhaltungsbedürftigkeit selbst bestimmen (was insbesondere die Geheimnisse der Union betrifft) –, kann auch von den Adressaten keine Verschwiegenheit mehr verlangt werden. Dies gilt erst Recht, wenn das Geheimnis öffentlich bekannt geworden ist. Allerdings ist hier nach richtiger Meinung ein Fortwirken der Verschwiegenheitspflicht anzunehmen, wenn das Geheimnis durch einen Unberechtigten offenbart wurde und die Aussage des Adressaten die Wirkung einer „amtlichen Bestätigung" eines bisher noch spekulativen Umstandes hat,[5] da das Geheimnis in diesem Fall selbst noch fortbesteht bzw. das Geheimhaltungsinteresse andauert. Bei vertraulichen Informationen, die allein seinem Herrschaftsbereich unterstehen 11

[3] Siehe von der Groeben/Schwarze/Hatje/*Brühann* Art. 339 AEUV Rn. 21.
[4] Schwarze/*Hatje* Art. 339 AEUV Rn. 14; Grabitz/Hilf/Nettesheim/*Jaeckel* Art. 339 AEUV Rn. 34.
[5] Schwarze/*Hatje* Art. 339 AEUV Rn. 35.

und allein ihn betreffen, kann der Geheimnisträger die Dauer der Geheimhaltungsbedürftigkeit selbst bestimmen.

12 **3. Geschützte Informationen (Abs. 1 UAbs. 1, Abs. 2 UAbs. 1).** Art. 339 AEUV, der durch die Bezugnahme des Abs. 1 UAbs. 1 primär den Standard der Verschwiegenheitspflicht bestimmt, sieht als **Schutzobjekt** die **Auskunft** vor, während die Abs. 2 und 3, die die Verschwiegenheitspflicht teilweise konkretisieren, die **vertrauliche Information** als Schutzobjekt festlegen. Dies ist jedoch nur ein scheinbarer Widerspruch. Tatsächlich ist der Begriff der Auskunft in Art. 339 AEUV (anders als in Art. 337 AEUV) extensiv und im Einklang zu anderen Sprachfassungen[6] auszulegen, sodass er letztlich gleichbedeutend mit Information ist. Geschützt ist also jede Information, unabhängig von der Art ihrer Erlangung oder Ihrer Verkörperung bzw. Nichtverkörperung.

13 Es ist jedoch nicht jede **Information** geschützt, sondern nur eine solche, die **unter das Amts-** respektive **Berufsgeheimnis fällt**.

14 Dies setzt zunächst voraus, dass es sich bei der Information um ein Geheimnis handelt. Dies gilt für Informationen, die nicht allgemein, sondern **nur** einem **begrenzten Personenkreis bekannt** sind. Offenkundigkeit ist jedoch auch dann gegeben, wenn die Information zwar nicht allgemein bekannt, aber allgemein zugängig ist.[7]

15 Die Information muss aber nicht nur geheim sein, sondern gerade auch unter das **Amts-** bzw. **Berufsgeheimnis** fallen. Dies ist dann der Fall, wenn der Verschwiegenheitsverpflichtete gerade in **amtlicher oder beruflicher Eigenschaft** Kenntnis von der Information erlangt hat.[8] Dies wird in Abs. 2 UAbs. 1 auch noch einmal besonders hervorgehoben. Vorrangig geht es hier also um solche Informationen, die der Adressat der Verschwiegenheitspflicht im Rahmen der Vornahme von Amtstätigkeiten für die EIOPA oder Teilnahme an Sitzungen in Erfahrung gebracht hat. Erfasst werden jedoch auch außerdienstlich erlangte Kenntnisse, wenn sie den Adressaten als Amtsinhaber der EIOPA betreffen oder dienstliche Bezüge aufweisen.[9] Man denke hier beispielsweise an Informationen, die einem Bediensteten der EIOPA am Rande einer wissenschaftlichen Tagung zwar persönlich zugetragen werden, aber gerade auch im Hinblick darauf, dass dieser für die EIOPA tätig ist.

16 Daneben wird noch als tatbestandsinhärente Ausnahme des Berufsgeheimnisses verstanden, dass durch die Offenlegung des Geheimnisses ein **ernsthafter Nachteil** entstehen kann.[10] Dies ist auch als eine Art *de minims*-Regel zu verstehen. Diese erlaubt es insofern auch den Mitarbeitern der EIOPA, in beamtenrechtlich noch zulässiger Weise zu „tratschen".

17 Daneben wird vom Europäischen Gerichtshof auch noch postuliert,[11] dass ein Geheimnis im Sinne der Vorschrift (des Art. 339 AEUV) nur dann vorliege, wenn für die betroffene Information auch unter Berücksichtigung gegenläufiger Interessen an ihrer Verbreitung die **Geheimhaltung objektiv geboten** erscheint, das Geheimnis mithin schutzwürdig ist.[12] Ob es sich hierbei tatsächlich um ein Merkmal des Berufsgeheimnis handelt und nicht doch eher um eine Ausnahme vom Verbot der Preisgabe – wie dies überzeugend von einigen Lehrmeinungen unter dem Stichpunkt der ***befugten*** **Preisgabe** vertreten wird[13] – mag vorliegend, da sich hieraus keine unterschiedlichen Rechtsfolgen ergeben, dahinstehen.

18 **4. Verbot der Preisgabe und Ausnahmen.** Die Vertraulichkeitspflicht des Abs. 1 UAbs. 1 (i. V. m. Art. 339 AEUV) wird verletzt durch die Preisgabe der vertraulichen Information. Hierbei ist jedoch zu berücksichtigen, dass die EIOPA, so wie jede Behörde, Informationen zu administrativen Zwecken auch zu verarbeiten, verwenden und weiterzugeben oder offenzulegen hat. Insofern setzt eine Verletzung der Verschwiegenheitspflicht ungeschrieben eine **unbefugte Preisgabe** voraus (siehe Rn. 17), wobei eine Befugnis zur Preisgabe insofern als Rechtfertigung des Geheimnisverrats wirkt. **Unbefugt** ist diese Preisgabe dann, wenn sie an Nichtberechtigte erfolgt und nicht durch andere Vorschriften oder durch die Einwilligung desjenigen, dessen Schutz die Geheimhaltung dient, gerechtfertigt ist.[14] Dieser allgemeine Rechtfertigungsgrund der Informationspreisgabebefugnis wird durch Abs. 2 und 3 konkretisiert, wo ausgeführt wird, auf welcher Rechtsgrundlage die Informationen weitergegeben werden dürfen.

19 **a) Preisgabe. Preisgabe** ist **jede Art der Vermittlung** der geschützten Information an Dritte, unabhängig davon, ob diese mündlich, schriftlich oder durch schlüssiges Verhalten erfolgt.[15]

[6] Bspw. Englisch (*information*), Französisch (*informations*), Italienisch (*informazioni*), portugiesisch (*informações*) und Spanisch (*informaciones*).
[7] von der Groeben/Schwarze/Hatje/*Brühann* Art. 339 AEUV Rn. 15.
[8] Calliess/Ruffert/*Wegener* Art. 339 AEUV Rn. 2; Streinz/*Steinle* Art. 339 AEUV Rn. 3.
[9] von der Groeben/Schwarze/Hatje/*Brühann* Art. 339 AEUV Rn. 14; Streinz/*Steinle* Art. 339 AEUV Rn. 3; Schwarze/*Hatje* Art. 339 AEUV Rn. 4.
[10] Siehe bspw. *EuG* Urt. v. 30.5.2006 – Rs. T-198/03 Rn. 71 – Bank Austria Creditanstalt/Ksion.
[11] *EuG* Urt. v. 30.5.2006 – Rs. T-198/03 Rn. 71 – Bank Austria Creditanstalt/Ksion.
[12] Calliess/Ruffert/*Wegener* Art. 339 AEUV Rn. 2.
[13] Insb. Grabitz/Hilf/Nettesheim/*Jaeckel* Art. 339 AEUV Rn. 22.
[14] Streinz/*Steinle* Art. 339 AEUV Rn. 3.
[15] Siehe von der Groeben/Schwarze/Hatje/*Brühann* Art. 339 AEUV Rn. 17.

b) Strafrechtlich bewährte Pflicht (Abs. 2 UAbs. 1 Hs. 1). Abs. 2 UAbs. 1 Hs. 1 normiert für die Verschwiegenheitsverpflichteten einen Rechtfertigungsgrund der **strafrechtlich zwingenden Aussage bzw. Mitteilung**. Zwar ist die Formulierung dieser Passage („Unbeschadet der Fälle, die unter das Strafrecht fallen")[16] recht missverständlich, gleicht aber Art. 64 Abs. 2 der Solva II-RL. Es geht bei dieser Passage insofern nicht darum, klarzustellen, dass das Preisgabeverbot des Abs. 1, 2 neben das strafrechtliche bewährte Verbot des Verrats von Privat- (bspw. § 203 StGB) und Dienstgeheimnissen (bspw. § 353b StGB) tritt, sondern darum, dass eine Preisgabe auch dann erfolgen kann, wenn das (nationale) Strafrecht dies dem Vertraulichkeitsverpflichten gebietet (oder zumindest erlaubt). Im deutschen Recht wird dies durch § 309 Abs. 5 Nr. 1 VAG explizit vorgesehen, dass eine Preisgabe gegenüber den Strafverfolgungsbehörden und den Strafgerichten immer erfolgen muss. Abs. 2 UAbs. 1 Hs. 1 spricht jedoch keine generelle Erlaubnis aus, sondern stellt nur fest, dass eine Preisgabe in den strafrechtlich vorgesehenen Fällen erfolgen kann. Dies bedeutet, dass die Preisgabe nur dann befugt ist, wenn das entsprechende nationale Strafrecht die Mitteilung gerade verpflichtend verlangt, wie das deutsche Recht dies tut.[17] 20

c) In anonymisierender Form (Abs. 2 UAbs. 1 Hs. 2). Eine Preisgabe ist gemäß Abs. 2 UAbs. 1 Hs. 2 auch dann **nicht unbefugt**, wenn sie in **anonymisierender Form** erfolgt. Abs. 2 UAbs. 1 Hs. 2 spricht hier von der Preisgabe in **„zusammengefasster oder aggregierter Form"**, wobei die Passage nahezu mit Art. 64 Abs. 2 Hs. 2 Solva II-RL identisch ist, der hier allerdings von „zusammengefasster oder allgemeiner Form" spricht. Ob man nunmehr aggregieren im Sinne von Verdichtung oder mehr als Verallgemeinerung versteht, ist letztlich unerheblich. Entscheidend ist, dass die Art der Darstellung zu einer **Unkenntlichmachung des einzelnen Finanzinstituts** führt, sodass die Verbindung zwischen Information und Informationsträger unterbrochen wird. Man mag mithin den Wert dieser expliziten Rechtfertigung bezweifeln, da eine Verwendung von Informationen für die Zwecke von (veröffentlichten) Statistiken, Übersichten oder anonymisierten inhaltlichen Darstellungen schon kein Geheimnis preisgeben.[18] Für Zwecke der Auslegung des Abs. 2 UAbs. 1 Hs. 2 mag auf § 309 Abs. 1 S. 2 VAG rekurriert werden. 21

d) Zum Erlass eines Beschlusses oder Durchsetzung enumerierter Rechtsakte (Abs. 2 UAbs. 2). Abs. 2 UAbs. 2 stellt klar, dass eine Verwendung der geschützten Information zu Zwecken der **Durchsetzung der** in Art. 1 Abs. 2 **enumerierten Rechtsakte** und insbesondere zum **Erlass von Beschlüssen** genutzt werden darf. Hiermit spricht Abs. 2 UAbs. 2 eine sehr allgemeine Rechtfertigung der Preisgabe aus, die sich inhaltlich jedoch weitestgehend mit § 309 Abs. 2 VAG deckt. 22

Dies bedeutet im Reflex zunächst auch, dass die Informationen zu diesen Zwecken **innerhalb der EIOPA** vom Verschwiegenheitsverpflichteten an die andere Bediensteten weitergegeben werden dürfen. Durch diese Ausnahme wird die Funktionsfähigkeit der EIOPA geschützt. Sie greift allerdings nur dann, wenn der empfangende Bedienstete für die Bearbeitung eines Vorgangs zuständig ist und er der Kenntnis der Information zur Bearbeitung bedarf. Ansonsten stellt auch die **einrichtungsinterne Weitergabe** eine unbefugte Preisgabe dar.[19] Die einrichtungsinterne Weitergabe steht insofern unter der Supposition der Erforderlichkeit. 23

Die EIOPA und ihre Bediensteten können, soweit es zur Fassung und Verkündung bzw. Veröffentlichung der entsprechenden Maßnahme nötig ist, die Information auch der **Allgemeinheit zugängig machen** (bspw. indem der Sachverhalt in einem Beschluss dargelegt wird). Da jedoch die Tätigkeit der EIOPA unter der Vorgabe der Verhältnismäßigkeit steht, hat diese abzuwägen, ob eine Information auch dann zur Begründung herangezogen wird, wenn diese letztlich nur ein Hilfsargument ist und die Maßnahme auch unter Aussparung der Information gefasst werden kann. Unabhängig von dem als regelbasiert gefassten Abs. 2 UAbs. 2 hat hier also vor Preisgabe der Information eine Interessenabwägung vorgenommen zu werden. 24

e) Zum Zweck des befugten Informationsaustausches mit nationalen Aufsichtsbehörden (Abs. 3 UAbs. 1, UAbs. 2 S. 1). Abs. 3 UAbs. 1 erlaubt es den Verschwiegenheitsverpflichteten, die geschützten Informationen unter den durch die EIOPA-VO und anderen auf Finanzinstitute anwendbaren Unionsrechtsvorschriften vorgezeichneten Voraussetzungen gegenüber nationalen Aufsichtsbehörden preiszugeben. Diese Ausnahme dient der **ordnungsgemäßen Verwaltungskooperation** im Rahmen des ESFS, um beispielsweise die Informationsweitergabe unter Art. 35 Abs. 3 EIOPA-VO zu ermöglichen. Auch hier hat jedoch, soweit nicht die Befugnisnorm eine Ermessensausübung zwingend verbietet, eine Interessenabwägung zu erfolgen, wobei insbesondere auch die Frage eines milderen Mittels, also beispielsweise die Übermittlung in anonymer Form erwogen werden muss. 25

---

[16] Genauso die englische Sprachfassung: „*Without prejudice to cases covered by criminal law*".

[17] Ob hingegen bereits eine strafbefreiende Rechtfertigung, die jedoch nicht mit einer Aussage- oder Mitteilungspflicht korreliert, ausreichend wäre, mag bezweifelt werden.

[18] So wie hier zum Art. 339 AEUV von der Groeben/Schwarze/Hatje/*Brühann* Art. 339 AEUV Rn. 17.

[19] von der Groeben/Schwarze/Hatje/*Brühann* Art. 339 AEUV Rn. 19.

26 Daneben ist durch die EIOPA sicherzustellen, dass die **nationalen Aufsichtsbehörden** über ein **hinreichendes Schutzniveau** für die Wahrung der Vertraulichkeit verfügen, dass also eine Preisgabe an sie nicht die Gefahr des Allgemeinbekanntwerdens der Information erheblich erhöht.

27 Dies ergibt sich mittelbar auch aus **Abs. 3 UAbs. 2 S. 1**, der feststellt, dass *diese* Informationen, das heißt die im Rahmen des vorgehenden Unterabsatz weitergegebenen, dem Berufsgeheimnis gemäß der Absätze 1 und 2 unterliegt. Dies bedeutet wohl, dass in dem Fall der Erlangung einer Information von EIOPA im Wege der zulässigen Aufsichtskooperation, der **nationale Aufseher unmittelbar an den Vertraulichkeitsstandard** der Abs. 1 und 2 **gebunden** wird. Dieser geht dann dem nationalen Standard, zumindest soweit er diesen übersteigt, vor. Zumindest für mitgliedstaatliche Aufseher bedarf es mithin keiner Vereinbarungen zum Vertraulichkeitsstandard, da diese durch das vorrangige Sekundärrecht gebunden werden. Allein soweit es um eine zulässige Informationsweitergabe an **Drittstaatenaufseher** geht, muss EIOPA bzw. der Vertraulichkeitsverpflichtete **sicherstellen**, dass bei diesem die **Vertraulichkeit** auf mindestens **gleichhohem Niveau** geschützt wird.

28 **5. Konkretisierung der Verschwiegenheitspflicht (Abs. 3 UAbs. 2 S. 2).** Die sich aus Abs. 3 UAbs. 2 S. 2 ergebende Ermächtigung erscheint **systematisch** an der **falschen Stelle** zu stehen. Indem dieser Satz unmittelbar anschließt an einen Satz, der Abs. 3 UAbs. 1 konkretisiert (siehe Rn. 27), impliziert er, dass es hierbei allein um die Implementierung der konkreten Beachtung des Vertraulichkeitsstandards im Zusammenhang mit der Informationspreisgabe im Aufsichtskooperationsverfahren geht. Dies ist jedoch ausweislich des Wortlauts nicht der Fall. Es geht vielmehr darum, dass die Verschwiegenheitspflicht in all ihren Facetten in **einer Art Durchführungsmaßnahme** ausgeführt wird.

29 Durch Abs. 3 UAbs. 2 S. 2 wird EIOPA dazu ermächtigt und verpflichtet, in ihren **internen Verfahrensvorschriften** die praktischen Vorkehrungen für die Anwendung der Verschwiegenheitsvorschriften zu konkretisieren. Die durch den Rat der Aufseher erlassenen internen Verfahrensvorschriften[20] sehen jedoch in Art. 8 Nr. 2 nur eine Ermächtigung des Verwaltungsrates zum Erlass besonderer Verhaltensstandards vor (was als Unterermächtigung zulässig ist). Der Verwaltungsrat ist dieser Ermächtigung und dem Auftrag des Abs. 3 UAbs. 2 durch seinen Beschluss zur beruflichen Verschwiegenheit[21] nachgekommen. Konkretisiert wird dies teilweise durch den Beschluss des Exekutivdirektors zu den Unabhängigkeitserklärungen des Personals und der Vertragspartner.[22]

30 Durch diese internen Instrumente der EIOPA werden jedoch gerade nur die Verschwiegenheitspflichten, wie sie sich aus den Abs. 1 und 2 für die Verschwiegenheitsverpflichteten ergeben, geregelt. Abs. 3 UAbs. 2 S. 2 sollte jedoch im Hinblick auf seine systematische Stellung auch den Fall regeln, unter welchen Bedingungen eine Weitergabe im Zusammenhang mit der Kooperation mit nationalen Aufsichtsbehörden erfolgen kann. Dieses Problem stellt sich nach vorliegender Ansicht (Rn. 27) jedoch nur für die **Kooperation mit Drittstaatenaufsehern**. Für diese sollte jedoch ein **einheitlicher Standard niedergelegt werden**, anstatt diesen Standard nur jeweils im Einzelfall phrasenhaft in den Memoranda of Understanding (MoU) niederzulegen.[23]

31 **6. Rechtsfolgen.** Art. 70 EIOPA-VO sieht – wie auch der durch Bezugnahme anwendbare Art. 339 AEUV – **keine Rechtsfolgenregelung** vor.

32 Es ist jedoch für einen Verstoß gegen Art. 339 AEUV anerkannt, dass dieser zu einer **Schadensersatzpflicht** der Union gemäß Art. 340 UAbs. 2, 3 AEUV führen kann,[24] was im Hinblick auf Art. 69 Abs. 1 EIOPA-VO eine potentielle Schadensersatzpflicht der EIOPA bei Verletzung der Verschwiegenheitspflicht durch einen der Adressaten des Abs. 1 (siehe Rn. 4 ff.) bedeutet. In wie weit eine solche Schadensersatzpflicht auch besteht, wenn ein Bediensteter einer nationalen Aufsichtsbehörde seiner Verschwiegenheitspflicht nach Abs. 3 UAbs. 2 S. 1 (siehe Rn. 6) verletzt, lässt sich aus den vorhandenen Judikaten nicht klar beantworten. Da der nationale Aufsichtsbeamte die Informationen von EIOPA jedoch zu nationalen Amtszwecken erhält, sollte ein späterer Verstoß gegen die Verschwiegenheit – auch wenn in dieser Konstellation ausnahmsweise nicht der nationale, sondern der europäische Verschwiegenheitsstandard gilt – nicht der EIOPA, sondern der nationalen Behörde oder dem Mitgliedstaat zugerechnet werden.

---

[20] EIOPA Board of Supervisors, The Rules of Procedure of EIOPA (EIOPA-BoS-11/003).

[21] Decision of the Management Board on EIOPA's Rules on Professional Secrecy and Confidentiality (EIOPA-MB-11/008).

[22] Decision of the Executive Director on EIOPA's Procedure on Independence and Decision Making Processes regarding Declarations of interests for staff and other contractual parties (EIOPA-13-480_Rev1).

[23] Siehe bspw. Art. 6 lit. b Memorandum of Understanding between the China Insurance Regulatory Commission („CIRC") and the European Insurance and Occupational Pensions Authority („EIOPA") (EIOPA/16/366); deutlich expliziter Art. E Nr. 23 ff. Memorandum of Understanding (MoU) between the European Insurance and Occupational Pensions Authority („EIOPA") and the Swiss Financial Market Supervisory Authority (FINMA) (EIOPA-BoS-12/087); Art. 7 Memorandum of Understanding between the Bermuda Monetary Authority (BMA) and the European Insurance and Occupational Pensions Authority (EIOPA) (EIOPA-BoS-16/310).

[24] *EuGH* Urt. 7.11.1985 – Rs. 145/83 Rn. 53 – Adams/Kommission.

Daneben können die Beamten und Bediensteten der EIOPA wegen eines Verschwiegenheitspflichtverstoßes auch **disziplinarrechtlich** verfolgt werden (vgl. hierzu Art. 68 EIOPA-VO Rn. 23) und im Haftungsfall von der EIOPA eventuell in **Regress** genommen werden (siehe Art. 68 EIOPA-VO Rn. 17 ff.). Soweit es sich jedoch um Informationen im Zusammenhang mit einer Amtstätigkeiten handelt, die von einer **Person** preisgegeben werden, die nicht statuarisch, sondern durch einen **Dienstleistungsvertrag** an die EIOPA **gebunden** ist, können sich die **Rechtsfolgen aus dem Vertrag** im Lichte des kollisionsrechtlich anwendbaren Rechts ergeben (bspw. Vertragsstrafe, Schadensersatz, außerordentliches Kündigungsrecht etc.). Soweit der Vertragspartner daneben noch ein in der Verordnung vorgesehenes Amt innehat, kann der Pflichtverstoß eventuell auch eine Amtsenthebung begründen (bspw. nach Art. 58 Abs. 5 EIOPA-VO für ein Mitglied des Beschwerdeausschusses). 33

Auch eine **strafrechtliche Ahndung** ist bei einem Verstoß gegen Art. 70 EIOPA-VO nicht ausgeschlossen. Da es jedoch keine unionsrechtliche Strafnorm den Geheimnisverrat betreffend gibt, wäre eine Verfolgung nur auf Grundlage des nationalen Strafrechts möglich. Dies würde mit Blick auf den Sitz der EIOPA (Art. 7 EIOPA-VO) typischerweise die Anwendbarkeit der §§ 203 und 353b StGB implizieren. Hier wäre allerdings, zumindest soweit es um das Personal der EIOPA geht, das Protokoll über die Vorrechte und Befreiungen der Europäischen Union zu beachten (vgl. Art. 67 EIOPA-VO Rn. 5). 34

Daneben können unter Verletzung der Verschwiegenheitspflicht bekanntgewordene Informationen auch ein **Verwertungsverbot** begründen.[25] 35

III. Treuepflicht und Karenzzeit (Abs. 1 UAbs. 2, 3). Abs. 1 UAbs. 2 und 3 sehen Vorschriften zum (nachvertraglichen) Zurückhaltungsgebot vor. Diese hängen nur teilweise mit der Verschwiegenheitspflicht zusammen und sind hinsichtlich ihrer systematischen Stellung, zumal unter der Überschrift des Art. 70 EIOPA-VO („Berufsgeheimnis"), bedenklich. Man mag jedoch aus der Position dieser Sonderregelung des Zurückhaltungsverbotes herauslesen, dass dieses nur insoweit greift, als die durch Abs. 1 UAbs. 1 grundsätzlich erfasste Person tatsächlich jemals in Kontakt mit vertraulichen Informationen geraten ist. Zwingend erscheint jedoch auch das nicht. 36

Abs. 1 UAbs. 2 und 3 sind, auch davon abgesehen, (teilweise) von fragwürdigem Wert. Zunächst erklärt Abs. 1 UAbs. 2 den Art. 16 EU-BeamtStatut für alle Verschwiegenheitsverpflichteten (siehe Rn. 4 ff.) für anwendbar. Zumindest **für das Personal** der EIOPA **gilt Art. 16 EU-BeamtStatut** jedoch **bereits über Art. 68 Abs. 1** (i. V. m. Art. 11 Abs. 1 S. 1 EU-BeschäftBeding). Für diese Personen ist mithin Abs. 1 UAbs. 2 allenfalls klarstellend. Gänzlich bedenklich scheint dann, dass trotz der sowieso schon bestehenden Anwendbarkeit des Art. 16 EU-BeamtStatut – die dann durch Abs. 1 UAbs. 2 noch einmal festgestellt wurde –, Abs. 1 UAbs. 3 nunmehr den Wortlaut des Art. 16 Abs. 1 EU-BeamtStatut noch einmal wiederholt. Einen eigenen Anwendungsbereich könnte Abs. 1 UAbs. 3 nur dann erlangen, wenn es Personalmitglieder gäbe, die nicht unmittelbar über Art. 68 Abs. 1 EIOPA-VO an das Zurückhaltungsgebot des Art. 16 Abs. 1 EU-BeamtStatut gebunden werden. Dies würde nur bei einer expansiven Auslegung des Personalbegriffs greifen, der auch die externen Dienstleister (wie insbesondere die Mitglieder des Beschwerdeausschusses) erfasst. Gerade diese werden in Abs. 1 UAbs. 1 als eigene Kategorie aufgeführt, sodass es keinen Sinn ergibt, sie nunmehr als Personal aufzufassen. Der einzig denkbare Anwendungsfall wäre ein von der CEIOPS auf die EIOPA übergegangener Mitarbeiter, mit dem noch ein Altarbeitsvertrag nach Art. 77 Abs. 1 und 4 EIOPA-VO (siehe Art. 77 EIOPA-VO Rn. 2 ff.) bestünde. Für diesen könnte dann Abs. 1 UAbs. 3 die Anwendbarkeit des Zurückhaltungsgebots herbeiführen. Auch in diesem Fall hätte dann aber der Abs. 1 UAbs. 2 ausgereicht. **Abs. 1 UAbs. 3** ist mithin gänzlich **entbehrlich**. 37

Dies berücksichtigend ist auch der **Regelungsbereich des Art. 1 UAbs. 2 überschaubarer** als man auf den ersten Blick vermuten mag. In Bezug auf das **Personal** der EIOPA (inklusive des Vorsitzenden und des Exekutivdirektors) hat Abs. 1 UAbs. 2 **nur klarstellende Wirkung** (siehe Rn. 36). Für diese gilt das Zurückhaltungsgebot bereits aus Art. 68 Abs. 1 EIOPA-VO (bereits schon einmal klargestellt für den Vorsitzenden und den Exekutivdirektor durch Art. 49 Abs. 3 EIOPA-VO respektive Art. 52 Abs. 3 EIOPA-VO). 38

Mit **eigenständiger Bedeutung** erfasst Abs. 1 UAbs. 2 also die **Leiter der nationalen Aufsichtsbehörden und** ihre hochrangigen **Stellvertreter** (siehe Rn. 5), die **abgeordneten Beamten** (SNE, siehe Rn. 7) und die **Personen, die auf vertraglicher Grundlage für die EIOPA Aufgaben durchführen** (siehe Rn. 8). All diesen Personen wird nunmehr eine ursprünglich beamtenrechtliche Zurückhaltungspflicht, die der EIOPA bzw. der Union geschuldet wird, auferlegt. Dies mag für die Leiter der nationalen Aufsichtsbehörden und die abgeordneten Beamten durchaus nachvollziehbar sein, unterliegen diese doch typischerweise bereits nach ihrem nationalen Beamtenstatut einem solchen Zurückhaltungsgebot. Für die Personen, die auf vertraglicher Grundlage für die EIOPA Aufgaben durchführen, muss dies jedoch stark überraschen und erscheint gerade im Hinblick auf die Anwendung von Art. 16 Abs. 2, 3 EU-BeamtStatut auch **rechtspolitisch schwer verfehlt**. 39

[25] Streinz/*Steinle* Art. 339 AEUV Rn. 12.

40 Abs. 1 UAbs. 2 bewirkt zunächst, dass sich die erfassten Personen (siehe Rn. 39), unabhängig von ihren nationalen Verhaltenspflichten, nach Ausscheiden bei der Annahme gewisser Tätigkeiten und Vorteile **ehrenhaft und zurückhaltend** zu verhalten haben. Art. 16 Abs. 1 EU-BeamtStatut spiegelt insoweit Art. 245 UAbs. 2 AEUV, der ein solches nachvertragliches Mäßigungsgebot den Kommissionsmitgliedern abverlangt. Das bekannteste Beispiel eines Verstoßes war in der causa „Martin Bangemann" zu sehen, der als Kommissar für Telekommunikation sein Amt niederlegen wollte, um einen Posten beim spanischen Telekommunikationsunternehmen Telefonica zu übernehmen.[26] Grundsätzlich ist dieses Zurückhaltungsgebot ohne zeitliche Beschränkung formuliert. Dies ist allerdings im Kontext mit den Art. 16 Abs. 2 und 3 EU-BeamtStatut zu sehen, die eine Art von Karenzzeit einführen, sodass klar wird, dass sich das Mäßigungsgebot des Abs. 1 mit größerer zeitlicher Entfernung vom Ende der Amtstätigkeit merklich abschwächt. Dies ist auch notwendig, da ansonsten die Berufsfreiheit der Adressaten in unverhältnismäßiger Weise eingeschränkt wäre.

41 **Schwerer wiegt**, dass Abs. 1 UAbs. 2 nicht nur Art. 16 Abs. 1 EU-BeamtStatut, sondern auch dessen **Abs. 2** (und 3) **EU-BeamtStatut für anwendbar erklärt**. Dies erscheint gerade für solche Adressaten (siehe Rn. 39), die keine Beamten oder öffentliche Bediensteten sind (aber auch solche, deren Beamtenstatut keine so weitreichende Karenzzeiten vorsieht) äußerst bedenklich.

42 **Art. 16 Abs. 2 EU-BeamtStatut** sieht eine zweijährige Meldepflicht für die Aufnahme jeder beruflichen Tätigkeit vor, sowie die Möglichkeit, dass diese Tätigkeitsaufnahme durch die Anstellungsbehörde untersagt werden kann. Im Detail lautet Art. 16 Abs. 2 EU-BeamtStatut folgendermaßen: „Ein Beamter, der beabsichtigt, vor Ablauf von zwei Jahren nach seinem Ausscheiden aus dem Dienst gegen Entgelt oder unentgeltlich eine berufliche Tätigkeit aufzunehmen, muss unter Verwendung eines speziellen Formulars sein Organ hiervon in Kenntnis setzen. Steht die Tätigkeit in Zusammenhang mit der Tätigkeit, die der Beamte in den letzten drei Jahren seiner Dienstzeit ausgeführt hat, und könnte sie zu einem Konflikt mit den legitimen Interessen des Organs führen, so kann die Anstellungsbehörde unter Berücksichtigung des dienstlichen Interesses beschließen, dem Beamten die Aufnahme dieser Tätigkeit zu untersagen, oder vorbehaltlich von ihr als angemessen angesehener Auflagen ihre Zustimmung erteilen."

43 Da diese Norm für alle Personen für anwendbar erklärt wird, bedeutet dies zum einen – dies erscheint hinnehmbar –, dass die **Leiter der nationalen Aufsichtsbehörden und die abgesonderten Beamten** bei einem Berufswechsel nicht nur die nationale Karenzzeit, sondern **auch die europäische Karenzzeit zu wahren haben**, in jedem Fall auch **EIOPA** unmittelbar von der Aufnahme der Tätigkeit zu **unterrichten haben** und eventuell ein **Aufnahmeverbot von EIOPA** zu akzeptieren haben. Zum anderen bedeutet es aber auch, dass jedes **Mitglied des Beschwerdeausschusses**, das gerade nicht zwingend ein Beamter oder Bediensteter ist und zu EIOPA in einem Dienstleisterverhältnis steht (siehe Art. 58 Rn. 40, 59), einer solchen Karenzpflicht unterworfen wird. Im Hinblick auf die besondere Anforderung an die Unabhängigkeit und Vertrauenswürdigkeit dieser Personen erscheint dies noch nachvollziehbar, da eine an die Beendigung des Amtes anschließende Arbeitsaufnahme für eine der ehemaligen Streitparteien (nicht nur die Finanzinstitute, sondern insbesondere auch die EIOPA selbst), den Verdacht der Vorteilsnahme im Amt entstehen lassen könnte. Die spätere berufliche Stellung könnte hier gleichsam als Bezahlung für eine bereits geleistete Rechtsbeugung erscheinen. Diesen Verdacht gilt es zu vermeiden, sodass die Anwendung des Art. 16 Abs. 2 EIOPA-VO im Ergebnis gerade noch vertretbar ist. Dies kann nicht im gleichen Maße für die **Mitglieder der Stakeholdergruppen** (siehe Art. 37 EIOPA-VO) gelten, diese sind teilweise gerade Industrievertreter. Diese nunmehr einer Karenzzeit zu unterwerfen, die typischerweise den unethischen Wechsel des Beamten in die Industrie unterbinden soll, ist absurd. Gleichwohl bewirkt der insofern klare Wortlaut des Abs. 1 UAbs. 1, 2 i. V. m. Art. 16 Abs. 2 EU-BeamtStatut genau das. Zumindest in diesem Fall sollte sich EIOPA jedoch allenfalls darauf beschränken, die Mitteilungen entgegenzunehmen. Im Hinblick darauf, dass die EIOPA schon während der Amtszeit die Anzeige eines Berufswechsels nur verlangt, soweit durch diesen die Zugehörigkeit zum vertretenen Interesse aufgelöst wird (siehe Art. 37 Rn. 33), sollte dies auch für die Zeit nach Beendigung der „Amtsstellung" gelten, sodass allenfalls ein Berufswechsel in eine andere dem Versicherungsbereich zugehörige Interessengruppe angezeigt werden sollte.

44 Davon abgesehen erscheint die Bindung der externen Dienstleister an die Karenzzeit unter **Gesichtspunkten der Transparenz fragwürdig**. Es erscheint überdehnt, von ein Dienstleiter zu erwarten, dass er erkennt, dass ohne besondere vertragliche Vereinbarung eine beamtenrechtliche Vorschrift auf ihn Anwendung findet. Diese Vorschrift ist für ihn umso überraschender, als sich der Dienstleister hierdurch, für eine möglicherweise einmalige Dienstleistung (die sich als Wahrnehmung von Aufgaben der EIOPA darstellt), für mindestens zwei Jahre in erheblichem Ausmaß seiner Berufswahlfreiheit begibt. Es spricht insofern einiges dafür, dass diese zwar als unmittelbar geltende Rechtsvorschrift formulierte Norm nur greift, wenn die **EIOPA im** abzuschließenden **Dienstleistungsvertrag** diese Problematik **gesondert hervorhebt**.

---

[26] Vgl. 1999/494/EG, EGKS, Euratom: Beschluss des Rates v. 9.7.1999, ABl. 1999 L 192, 55.

IV. Pflicht Dritter auf Achtung der Unabhängigkeit des Personal der EIOPA (Abs. 1 UAbs. 4). Systematisch an höchst **bedenklicher Stelle** regelt Abs. 1 UAbs. 4 die Pflicht Dritter, die Unabhängigkeit der EIOPA und ihrer Bediensteten zu achten. Auf Grund der Stellung nach der Regelung der Verschwiegenheitspflicht (Abs. 1 UAbs. 1) mag zunächst der Verdacht naheliegen, dass es bei dieser Pflicht, von Beeinflussung abzusehen, nur darum geht, dass die Adressaten nicht unrechtmäßig auf eine Preisgabe von Informationen dringen. Tatsächlich ist vorliegend jedoch eine umfassende Achtungspflicht niedergelegt. 45

Hinsichtlich des **sachlichen Inhalts** – nicht jedoch hinsichtlich des Adressatenkreises (siehe Rn. 4 ff.) – entspricht Abs. 1 UAbs. 1 dem Art. 245 UAbs. 1 S. 2 AEUV, der die Mitgliedstaaten dazu verpflichtet, die Unabhängigkeit der Mitglieder der Kommission zu achten und nicht zu versuchen, sie bei der Erfüllung ihrer Aufgaben zu beeinflussen. Entsprechend wird hier über den Schutz des Personals die Institution geschützt. Sowie auch in Art. 245 UAbs. 1 S. 2 AEUV ist entgegen dem sehr weiten Wortlaut des Abs. 1 UAbs. 4 **nicht jede Einflussnahme** auf die Willensbildung und Tätigkeit des Bediensteten **untersagt**. Dies muss im Rahmen des Abs. 1 UAbs. 4 umso mehr gelten, als dieser nicht nur die Mitgliedstaaten, sondern nahezu Jedermann verpflichtet. So bleibt es zulässig, dass die Adressaten ihren Standpunkt dem Bediensteten gegenüber argumentativ ausführen. Gemeint ist mithin lediglich eine **unlautere Beeinflussung.** Diese liegt insbesondere dann vor, wenn die Einflussnahme mit der Androhung von Nachteilen oder der Inaussichtstellung von Vorteilen einhergeht.[27] 46

Hinsichtlich des **Adressatenkreises** weicht die Achtungspflicht des Abs. 1 UAbs. 4 erheblich von der des Art. 245 UAbs. 1 S. 2 AEUV ab. Auf den ersten Blick muss es verwundern, dass die Sonderbehörde EIOPA eines stärkeren Schutzes bedarf als die Allgemeinbehörde Kommission. Es ist jedoch zu beachten, dass die Unabhängigkeit der EIOPA nicht nur gegen die **Mitgliedstaaten** (die insbesondere unsachgemäßen Einfluss auf die Leiter der nationalen Aufsichtsbehörden in ihrer Funktion als Mitglieder des Rates der Aufseher [vgl. Art. 42 UAbs. 2] ausüben könnten, die dann wieder unsachgemäßen Einfluss auf das Personal ausüben könnten), sondern auch gegen die **Kommission und die anderen Organe und Einrichtungen** der Union abgesichert werden muss. Gerade im Bereich der Finanzaufsicht erfordert die Tätigkeit einer Behörde auch ein gehöriges Maß an Unabhängigkeit zum überwachten Sektor, was teilweise recht schwierig ist, da die Beaufsichtigung stark kommunikativ geprägt ist und auch ein gewisser Austausch der Bediensteten zu erwarten ist und letztlich einen gemeinsamen Nutzen im Sinne von zulässigem Wissenstransfer bewirken kann. Jedoch besteht auch hier die Gefahr, dass unzulässiger Einfluss gesucht wird, sei es durch das Inaussichtstellen einer Anstellung nach Beendigung des Amtes oder durch Geltendmachung der wirtschaftlichen Verbindungen (und Kontakte zu entscheidenden Stellen in der EIOPA, der Kommission etc.), um das dienstliche Fortkommen des Bediensteten zu verhindern. Insofern wird der Anwendungsbereich noch auf sonstige **öffentliche oder private Stellen** ausgeweitet. Dies ist wohl im Sinne von öffentlichen oder privaten Einrichtungen zu verstehen, sodass grundsätzlich jedermann, außer natürlichen Personen erfasst wird. Allerdings ist es durchaus denkbar, dass auch natürliche Personen, im Kontext der EIOPA beispielsweise ein Einzelversicherungsmakler, erfasst werden, da zumindest im deutschen Regelungskontext nicht-öffentliche Stellen auch natürliche Personen miteinschließt.[28] 47

V. Sicherheitsvorkehrungen für Verschlusssachen (Abs. 4). Abs. 4 erklärt den sogenannte **Verschlusssachenbeschluss**[29] für **unmittelbar** auf die EIOPA **anwendbar**. Dieser Beschluss ist zwischenzeitig durch den neuen Verschlusssachenbeschluss (Beschluss [EU/Euratom] 2015/444)[30] aufgehoben und ersetzt worden. Der Verweis des Abs. 4 ist insofern als auf dieses Nachfolgerechtsinstrument gerichtet zu sehen. 48

Primär **bindet** Abs. 4 die **EIOPA als juristische Person**. Dies bedeutet, dass der Veschlusssachenbeschluss in Reflexwirkung die zuständigen Organe der EIOPA dazu verpflichtet, für eine Implementierung zu sorgen, was insbesondere auch eine Unterwerfung des Personals und aller potentiellen Vertrags- oder Kooperationspartner, soweit notwendig, unter den Standard des Beschlusses erfordert. Der Verwaltungsrat ist dem durch seinen Beschluss zur beruflichen Verschwiegenheit[31] zumindest partiell nachgekommen. Konkretisiert wird dies teilweise durch den Beschluss des Exekutivdirektors zu den Unabhängigkeitserklärungen des Personals und der Vertragspartner.[32] 49

---

[27] Vgl. Grabitz/Hilf/Nettesheim/*Matenczuk* Art. 245 AEUV Rn. 3.

[28] Siehe bspw. § 2 Abs. 4 BDSG. Ähnliches ließe sich auch für den in der englischen Sprachfassung gewählten Begriff des *private body* sagen.

[29] Beschluss 2001/844/EG, EGKS, Euratom der Kommission vom 29. November 2001 zur Änderung ihrer Geschäftsordnung, ABl. 2001 L 317, 1.

[30] Beschluss (EU, Euratom) 2015/444 der Kommission vom 13. März 2015 über die Sicherheitsvorschriften für den Schutz von EU-Verschlusssachen, ABl. 2015 L 72, 53.

[31] Decision of the Management Board on EIOPA's Rules on Professional Secrecy and Confidentiality (EIOPA-MB-11/008).

[32] Decision of the Executive Director on EIOPA's Procedure on Independence and Decision Making Processes regarding Declarations of interests for staff and other contractual parties (EIOPA-13-480_Rev1).

50 Es ließe sich fragen, ob der Verweis des Abs. 4 auch den Sicherheitsbeschluss (für nicht Verschlusssachen) mitumfasst. Der Beschluss (EU/Euratom) 2015/443[33] ist jedoch gerade keine Nachfolgeregelung des durch Abs. 4 für anwendbar erklärten alten Verschlusssachenbeschlusses, sondern von Beschluss C(94) 2129.[34] Insofern **erfasst** Abs. 4 **nicht** den **Sicherheitsbeschluss**. Die zwingende Anwendbarkeit des Sicherheitsbeschlusses kann insofern nur durch eine Anpassung der EIOPA-VO herbeigeführt werden, was auch durchaus sinnvoll wäre. Da der Sicherheitsbeschluss die EIOPA dazu verpflichten würde, zum Schutz der Bediensteten, ihrer eigenen Funktionsfähigkeit und ihrer Sachwerte und gerade auch zum Schutz der vorhandenen vertraulichen Informationen angemessene Schutzmaßnahmen zur Abwehr von Gefahren durch bspw. Terrorismus, Hackerangriffe und wirtschaftlicher (oder politischer) Spionage zu ergreifen. Die EIOPA ist natürlich nicht daran gehindert, adäquate Schutzmaßnahmen unabhängig von der Anwendbarkeit des Sicherheitsbeschlusses zu ergreifen.

51 Der Verweis erfasst also nur den Verschlusssachenbeschluss. Durch diesen hat die Kommission sich eigene **Sicherheitsvorschriften für die Behandlung von Verschlusssachen** der Union gegeben. Da solche Verschlusssachen einerseits im Rahmen des **notwendigen Informationsaustausches** innerhalb der Einrichtungen und Organe der Union auch an die **EIOPA** gelangen können, aber andererseits nur an solche Einrichtungen weitergegeben werden können, die ein äquivalentes Schutzniveau kennen (vgl. Art. 52 Verschlusssachenbeschluss), wurde der Beschluss durch Abs. 4 für anwendbar erklärt.

52 Für die EIOPA bedeutet dies, dass ein **entsprechende Risikomanagementsystem** vorzusehen ist, durch das der personelle Geheimschutz, der materielle Geheimschutz, die Verwaltung der Verschlusssachen, die Informationssicherung, der Geheimschutz in der Wirtschaft oder die Art der Weitergabe von Verschlusssachen an Organe und Einrichtungen der Union bzw. des Austauschs von Verschlusssachen mit Drittstaaten (und ihren Aufsichtsbehörden) und internationalen Organisationen (bspw. IMF, WB oder WTO) auf dem vom Beschluss vorgegebenen Niveau gewahrt wird.

53 Hierbei **unterscheidet** sich das **Schutzniveau** nach der Art der Verschlusssache, wobei die Union **vier Kategorien der Verschlusssachen** kennt: Très secret UE/EU Top Secret; Secret UE/EU Secret; Confidentiel UE/EU Confidential und Restreint UE/EU Restricted. Dies entspricht inhaltlich weitestgehend den vier deutschen **Geheimhaltungsstufen** (Streng Geheim, Geheim, Verschlusssache – Vertraulich und Verschlusssache – Nur für den Dienstgebrauch).

Datenschutz

71 Diese Verordnung berührt weder die aus der Richtlinie 95/46/EG erwachsenden Verpflichtungen der Mitgliedstaaten hinsichtlich der Verarbeitung personenbezogener Daten noch die aus der Verordnung (EG) Nr. 45/2001 erwachsenden Verpflichtungen der Behörde hinsichtlich der Verarbeitung personenbezogener Daten bei der Erfüllung ihrer Aufgaben.

1 Art. 8 der Charta der Grundrechte der Europäischen Union und Art. 16 Abs. 1 AEUV gewähren jeder Person ein **Recht auf den Schutz** der sie betreffenden **personenbezogenen Daten**. Dieses Grundrecht wird im Europäischen Raum dadurch geschützt und ausgestaltet, dass die Mitgliedstaaten zur Umsetzung der Datenschutzrichtlinie verpflichtet waren[1] und alle Organe und Einrichtungen der Europäischen Union an die Datenschutzverordnung[2] gebunden sind. Rechtsträger ist hierbei jede natürliche Person, d. h. nicht nur jeder Unionsbürger, allenfalls in begrenztem Maße aber juristische Personen.[3]

2 Art. 71 EIOPA-VO dient einzig der **Klarstellung**, dass die aus der EIOPA-VO erwachsenden Pflichten und Befugnisse, wie sie der EIOPA und den nationalen Behörden zukommen, nicht die sie nach der Datenschutzverordnung oder dem nationalen Umsetzungsgesetz der Datenschutzrichtlinie treffenden Pflichten abändern. Entsprechend haben EIOPA und nationale Aufseher auch im Rahmen ihrer Tätigkeiten in den Tätigkeitsbereichen der EIOPA-VO bei der Datenverarbeitung von personenbezogenen Daten, den Voraussetzungen dieser Instrumente gerecht zu werden. Es besteht insofern **kein Vorrang** der Regelungen **der EIOPA-VO**. So eine Pflichtenkollision zu konstatieren wäre, so wäre der Versuch zu unternehmen, die beiden Pflichten in eine praktische Konkordanz zu bringen.

---

[33] Beschluss (EU, Euratom) 2015/443 der Kommission vom 13. März 2015 über Sicherheit in der Kommission, ABl. 2015 L 72, 41.

[34] Beschluss C(94) 2129 der Kommission vom 8. September 1994 über die Aufgaben des Sicherheitsbüros.

[1] Richtlinie 95/46/EG des Europäischen Parlaments und des Rates vom 24. Oktober 1995 zum Schutz natürlicher Personen bei der Verarbeitung personenbezogener Daten und zum freien Datenverkehr, ABl. 1995 L 281, 31.

[2] Verordnung (EG) 45/2001 des Europäischen Parlaments und des Rates vom 18. Dezember 2000 zum Schutz natürlicher Personen bei der Verarbeitung personenbezogener Daten durch die Organe und Einrichtungen der Gemeinschaft und zum freien Datenverkehr, ABl. 2000 L 8, 1.

[3] Vgl. hierzu Grabitz/Hilf/Nettesheim/*Sabotta* Art. 16 AEUV Rdn. 17; Calliess/Ruffert/*Kingreen* Art. 8 EU-GRCharta Rn. 11.

Ab dem 25.5.2018 tritt die in Art. 71 EIOPA-VO in Bezug genommene Datenschutzrichtlinie außer Kraft und wird durch die **Datenschutz-Grundverordnung** ersetzt,[4] die dann unmittelbar in den Mitgliedstaaten gelten wird und so auch die zuständigen Behörden in der Art und Weise der Verarbeitung personenbezogener Daten beschränkt. Für die EIOPA bleibt jedoch auch weiterhin die Datenschutzverordnung anwendbar, wobei diese an die Datenschutz-Grundverordnung angepasst werden wird.[5] 3

Zugang zu Dokumenten

72 (1) **Für die Dokumente, die sich im Besitz der Behörde befinden, gilt die Verordnung (EG) Nr. 1049/2001.**

(2) **Der Verwaltungsrat erlässt bis zum 31. Mai 2011 praktische Maßnahmen zur Anwendung der Verordnung (EG) Nr. 1049/2001.**

(3) **Gegen Beschlüsse der Behörde gemäß Artikel 8 der Verordnung (EG) Nr. 1049/2001 kann gegebenenfalls nach einer Beschwerde beim Beschwerdeausschuss, nach Maßgabe von Artikel 228 beziehungsweise 263 AEUV Beschwerde beim Bürgerbeauftragten beziehungsweise Klage beim Gerichtshof der Europäischen Union erhoben werden.**

Übersicht

Schrifttum: Siehe die Angaben bei Art. 1 EIOPA-VO („Allgemein zum Unionsrecht" zu Art. 15 AEUV).

I. Allgemeines. Art. 72 EIOPA-VO dient der Sicherstellung einer transparenten, bürgernahen Arbeit der EIOPA, indem ein Recht auf Zugang zu den Dokumenten der EIOPA statuiert (Abs. 1) und der Verwaltungsrat zum Erlass der erforderlichen Durchführungsbestimmungen verpflichtet (Abs. 2) wird. Zur Absicherung dieser Zugangsrechte wird zudem klargestellt, dass gegen abweisende Beschlüsse Beschwerde beim Bürgerbeauftragten oder beim Beschwerdeausschuss und Klage beim Gerichtshof der Europäischen Union erhoben werden kann (Abs. 3). 1

II. Recht auf Dokumentenzugang (Abs. 1). Der **Grundsatz der Transparenz** bzw. Offenheit gehört zu den Kernprinzipien des Unionsrechts. Aus diesem Grundsatz fließend gewährt Art. 15 Abs. 3 UAbs. 1 AEUV jedem Unionsbürger sowie jeder natürlichen oder juristischen Person mit Wohnsitz oder satzungsgemäßem Sitz in einem Mitgliedstaat das Recht auf Zugang zu Dokumenten der Organe, Einrichtungen und sonstigen Stellen der Union. Dies umfasst auch die EIOPA, die eine Einrichtung der Union ist (siehe Art. 5 EIOPA-VO Rn. 1). Durch diesen Zugang zu Dokumenten wird eine bessere Beteiligung der Bürger am Entscheidungsprozess gewährleistet und eine größere Legitimität, Effizienz und Verantwortung der Verwaltung, hier der EIOPA, gegenüber dem Bürger in einem demokratischen System geschaffen.[1] Jedoch kann das Recht auf Dokumentenzugang mit dem Grundsatz der Vertraulichkeit, dem Recht auf Datenschutz oder höherwertigen öffentlichen Interessen kollidieren, sodass das Recht auf Zugang zu Dokumenten nicht unbeschränkt gewährt wird, sondern gemäß Art. 15 Abs. 3 UAbs. 2 AEUV durch eine Verordnung genauer ausgestaltet werden muss. 2

Dieser **Konkretisierung** des allgemeinen unionsrechtlichen Anspruchs auf Zugang zu Dokumenten dient die VO (EG) 1049/2011.[2] Die sogenannte **Transparenzverordnung** gilt jedoch ausweislich ihres Titels und ihres Art. 1 lit. a nur für die Dokumente des Europäischen Parlaments, des Rates und der Kommission. Abs. 1 dient insofern dazu, diese Verordnung auf die EIOPA für **anwendbar** zu **erklären,** sodass auch für diese der gegen sie gerichtete primärrechtliche Dokumentenzugangsanspruch aus Art. 15 Abs. 3 UAbs. 1 AEUV durch die Transparenzverordnung konkretisiert wird. 3

[4] Art. 94 Abs. 1, 99 Abs. 2 Verordnung (EU) 2016/679 des Europäischen Parlaments und des Rates vom 27. April 2016 zum Schutz natürlicher Personen bei der Verarbeitung personenbezogener Daten, zum freien Datenverkehr und zur Aufhebung der Richtlinie 95/46/EG (Datenschutz-Grundverordnung), ABl. 2016 L 119, 1.

[5] Art. 2 Abs. 3 Datenschutz-Grundverordnung.

[1] Erwägungsgrund 2 der Verordnung (EG) 1049/2001 des Europäischen Parlaments und des Rates vom 30. Mai 2001 über den Zugang der Öffentlichkeit zu Dokumenten des Europäischen Parlaments, des Rates und der Kommission, ABl. 2001 L 145, 43.

[2] Verordnung (EG) 1049/2001 des Europäischen Parlaments und des Rates vom 30. Mai 2001 über den Zugang der Öffentlichkeit zu Dokumenten des Europäischen Parlaments, des Rates und der Kommission, ABl. 2001 L 145, 43.

4 Durch die entsprechende Anwendung der Transparenzverordnung auf die EIOPA werden von diesem Zugangsrecht grundsätzlich **alle Dokumente** der EIOPA erfasst, das heißt Dokumente aus allen ihren Tätigkeitsbereichen, die von der EIOPA erstellt wurden oder bei ihr eingegangen sind und sich in ihrem Besitz befinden.[3] Hierbei sind Dokumente zu verstehen als **Inhalte unabhängig von der Form des Datenträgers** (auf Papier oder in elektronischer Form, Ton-, Bild- oder audiovisuelles Material), die einen Sachverhalt im Zusammenhang mit den Politiken, Maßnahmen oder Entscheidungen aus dem Zuständigkeitsbereich der EIOPA betreffen.[4]

5 Von diesem Zugangsrecht werden jedoch einige **Dokumente ausgenommen**,[5] sodass die EIOPA ein Zugangsgesuch hier entweder zwingend oder aufgrund einer Abwägungsentscheidung abzulehnen hat.[6] Die Möglichkeit einer Zugangsverweigerung durch die EIOPA besteht, wenn dies zum Schutze des öffentlichen Interesses, der Privatsphäre und der Integrität des Einzelnen notwendig ist. Während es eher unwahrscheinlich ist, dass die EIOPA im Besitz von Dokumenten ist, die die **Privatsphäre** und die Integrität Einzelner betreffen,[7] kann die Ausnahme des öffentlichen Interesses durchaus von Belang werden. Eine Zugangsverweigerung zum **Schutz des öffentlichen Interesses** kann erfolgen im Hinblick auf die öffentliche Sicherheit, die Verteidigung und militärische Belange, die internationalen Beziehungen und die Finanz-, Währungs- oder Wirtschaftspolitik der Union oder eines Mitgliedstaats. Die EIOPA wird vielfach über Dokumente verfügen, die die Finanz-, Währungs- oder Wirtschaftspolitik der Union betreffen. Hierbei kann das unzeitgemäße Öffentlichwerden bestimmter Informationen in solchen Dokumenten die Unionsinteressen durchaus gefährden, sodass der Zugang zu verweigern wäre.[8] Der Zugang kann auch dann verweigert werden, wenn der Schutz von geschäftlichen Interessen, Gerichtsverfahren und Rechtsberatung sowie bestimmter Untersuchungstätigkeiten dies gebietet. Schließlich kann die EIOPA das Zugangsgesuch (zu internen Arbeitsdokumenten) dann ablehnen, wenn ansonsten der Entscheidungsprozess der EIOPA ernsthaft beeinträchtigt würde. Diese Ausnahmen vom freien Zugang zu allen Dokumenten gelten nur für den **Zeitraum**, in dem der Schutz aufgrund des Inhalts des Dokuments gerechtfertigt ist,[9] und erfassen, sofern nur ein **Teil des Dokumentes** unter die Ausnahmeregelungen fällt, auch nur diesen Teil, während zu den anderen Teilen der Zugang zu gewähren ist.[10]

6 **III. Durchführungsbestimmungen und Zugangsverfahren (Abs. 2). 1. Erlass der Durchführungsbestimmungen (Abs. 2).** Abs. 2 **ermächtigt** und **verpflichtet** den **Verwaltungsrat**, die nach Art. 15 Abs. 3 UAbs. 3 AEUV und nach Art. 18 Abs. 1 Transparenzverordnung erforderlichen **Durchführungsbestimmungen** für die EIOPA zu erlassen.

7 Die Verpflichtung zum Erlass der Durchführungsbestimmungen ist **zeitlich** auf den 31. Mai 2011 beschränkt. Der Verwaltungsrat hat sich seiner Pflicht durch Erlass eines Beschlusses an genau diesem Tag entledigt.[11] Diese Datierung des Abs. 2 hat jedoch nur hinsichtlich der Pflicht des Verwaltungsrates zum Erlass von Durchführungsbestimmungen Bedeutung. Die Ermächtigung, praktische Maßnahmen zur Anwendung zu treffen, gilt mithin fort, sodass der Verwaltungsrat insbesondere, so dies notwendig werden sollte, seinen Beschluss zukünftig abändern oder ersetzen könnte.

8 Hinsichtlich der **Form** der Durchführungsbestimmung sehen sowohl Art. 15 Abs. 3 UAbs. 3 AEUV als auch Art. 18 Abs. 1 Transparenzverordnung eigentlich vor, dass die Umsetzung in der **Geschäftsordnung** zu erfolgen hat. Vorliegend hat der Verwaltungsrat die Umsetzung jedoch durch Beschluss vorgenommen, sodass man versucht sein könnte, eine unzulässige Formwahl anzunehmen. Dem ist jedoch nicht so. Anders als die in der Transparenzverordnung genannten Unionsorgane ist die EIOPA kein Organ, sondern eine eigenständige Rechtspersönlichkeit (siehe Art. 5 EIOPA-VO). Als solche verfügt auch nicht sie, sondern nur ihre Organe und Einrichtungen über Geschäftsordnungen *strictu sensu* (vgl. Art. 37 Abs. 7, 41 Abs. 4, 44 Abs. 3, 45 Abs. 2 UAbs. 4, 55 Abs. 4 UAbs. 1, 60 Abs. 6 EIOPA-VO).[12] Entsprechend weicht die Ermächtigung des Abs. 2 im Wortlaut auch von der Ermächtigungs- und Verpflichtungsnormen des Primärrechts und der Transparenzverordnung ab und ermächtigt

[3] Siehe Art. 2 Abs. 3 Transparenzverordnung.

[4] Art. 3 lit. a Transparenzverordnung

[5] Siehe Art. 4 Transparenzverordnung.

[6] Zu der unterschiedlichen Behandlung bei absoluten und relativen Ablehnungsgründen vgl. bspw. von der Groeben/Schwarze/Hatje/*Hofstötter* Art. 15 AEUV Rn. 46 ff.; Streinz/*Gellermann* Art. 15 AEUV Rn. 16 f.

[7] Ausgeschlossen ist aber auch dies nicht; zu denken ist hier beispielsweise an die individuellen Arbeitsverträge des Personals der EIOPA und vor allem deren Personalakten.

[8] Zu denken wäre hier beispielsweise an solche Dokumente, die der Vorbereitung der Ausrufung eines Krisenfalls gemäß Art. 18 Abs. 2 UAbs. 1 S. 1 dienen. Vor der tatsächlichen Ausrufung des Krisenfalls besteht ein starkes Interesse der Union (und der Mitgliedstaaten), dass keine Kenntnis von den ungünstigen Entwicklungen in die Öffentlichkeit gelangt, da ansonsten ein eventuell noch abwendbarer Krisenfall zum ausrufungsnotwendigen Krisenfall wird.

[9] Art. 4 Abs. 7 Transparenzverordnung.

[10] Art. 4 Abs. 6 Transparenzverordnung.

[11] EIOPA, Decision of the Management Board concerning public access to documents (EIOPA-MB-11/051).

[12] Allerdings hat der Rat der Aufseher der EIOPA als juristischen Person eine Geschäftsordnung gegeben; zum Erlass dieser war allerdings eben der Rat der Aufseher zuständig (siehe Art. 43 Rn. 4) und nicht – wie in Abs. 2 gefordert – der Verwaltungsrat.

und verpflichtet den Verwaltungsrat **praktische Maßnahmen** zur Anwendung des Dokumentenzugangsrecht zu treffen. Dem wird der Beschluss des Verwaltungsrates gerecht.

2. Konkrete Ausgestaltung des Dokumentenzugangsverfahrens. Alle Unionsbürger und natürliche oder juristische Personen mit Wohnsitz oder Sitz in einem Mitgliedstaat sind gemäß Art. 1.2 EIOPA-Transparenzbeschluss[13] **antragsberechtigt**. Anderen Personen, d. h. natürlichen oder juristischen Personen, die keinen Wohnsitz oder Sitz in einem Mitgliedstaat haben, kann jedoch gemäß Art. 1.3 EIOPA-Transparenzbeschluss auch Zugang gewährt werden. Im Hinblick auf die Ausgestaltung als Kann-Vorschrift, ist der EIOPA bei der Entscheidung jedoch ein weitaus größeres Ermessen zuzubilligen. 9

Hinsichtlich der **Form** sind **Anträge** gemäß Art. 2 1 S. 1 EIOPA-Transparenzbeschluss entweder per Post, Fax oder E-Mail einzureichen. Soweit ein Antrag in unzulässiger Form gestellt wird, d. h. insbesondere per Telefon, so ist der Antragsteller zumindest darauf hinzuweisen, dass dies keine zulässige Antragsstellung darstellt und in welcher Form der Antrag zu stellen ist.[14] Hierbei ist der Antrag gemäß Art. 2.1 S. 2 EIOPA-Transparenzbeschluss in einer der **Amtssprachen** der EU zu stellen, wobei die Wahl ganz im Ermessen des Antragstellers liegt. Der Antrag sollte zur Ermöglichung der **Identifizierung** und der Kommunikation Nachname, Vorname, Adresse, Wohnort mit Postleitzahl, Land und Telefonnummer enthalten.[15] 10

Das **Dokument** (siehe Rn. 4), zu dem Zugang beantragt wird, ist durch den Antragsteller grundsätzlich zu **bezeichnen**. Der Anspruch auf Dokumentenzugang ist mithin auf ein konkretes, bei der EIOPA tatsächlich vorhandenes Dokument gerichtet, d. h. der Antragsteller hat keinen Anspruch auf Erstellung von Dokumenten mit bestimmtem Inhalt (bspw. einer Gesprächsnotiz hinsichtlich einer Unterredung mit dem Antragsteller).[16] Die Frage ist jedoch wie präzise die Bezeichnung zu sein hat, da überhöhte Anforderungen hier das Zugangsrecht komplett aushöhlen würden, da oftmals keine Kenntnis vom vermuteten Dokument besteht oder aber zumindest dessen Titel und Dokumentennummer nicht bekannt sind. Man wird insofern auch umschreibende Bezeichnungen ausreichen lassen müssen, d. h. Identifizierung durch Zugehörigkeit zu einem bestimmten abgeschlossenen Bereich, durch Erstellung in einem bestimmten begrenzten Zeitraum oder durch Bezug auf eine bestimmte Person. Die Grenze dahin, wann ein Antrag bestimmt genug ist, kann hier nicht abstrakt gezogen werden, sondern ist wohl auch im Hinblick auf das hinter dem Antrag liegende Begehren zu konkretisieren. So soll es zwar über das Antragsrecht nicht ermöglich werden, dass Querulanten die Arbeit der EIOPA durch Dokumentenzugangsanträge lähmen können (bspw. Antrag auf Zugang zu allen Dokumenten der Jahre 2011–2015, d. h. auch aller Emails etc.), andererseits muss es beispielsweise Journalisten möglich sein, auch Dokumente über einen größeren Zeitraum hinweg einzusehen, die sich auf bestimmte Themenbereiche beziehen, über die recherchiert wird. Soweit ein Antrag im Hinblick auf die Dokumente, zu denen Zugang begehrt wird, zu unpräzise ist, so hat EIOPA allerdings darauf hinzuweisen und um Konkretisierung zu bitten (Art. 2.4 EIOPA-Transparenzbeschluss).[17] Zur Erleichterung des Dokumentenzugangs hat EIOPA zudem für zentrale Dokumente (siehe Annex 2 EIOPA-Transparenzbeschluss) ein öffentlich zugängiges **Dokumentenregister** zu erstellen, Art. 7 EIOPA-Transparenzbeschluss. 11

Das Dokumentzugangsverfahren ist **zweistufig** ausgestaltet und umfasst einen Erstantrag, der im Ablehnungsfall mittels eines Zweitantrags erneut überprüft werden kann. 12

Der **Erstantrag** wird unverzüglich durch den vom Exekutivdirektor zu bestellenden **Dokumentenzugangskoordinator** (*document access coordinator*, Art. 9.2 EIOPA-Transparenzbeschluss) bearbeitet. Soweit das Dokument bereits veröffentlicht wurde, ist dem Antragsteller ein Link zugängig zu machen; ansonsten ist zunächst der Eingang des Antrags zu bestätigen, wenn nicht der Beschluss bezüglich des Antrags unmittelbar zurückübersandt werden kann, Art. 2.2 EIOPA-Transparenzbeschluss. Der Dokumentenzugangskoordinator hat binnen einer nur in Ausnahmefällen verlängerbaren **Frist** von 15 Arbeitstagen (ab Registrierung des Antrags; Art. 2.2 f. EIOPA-Transparenzbeschluss) darüber zu befinden, ob Zugang gewährt wird. Im Falle eines ablehnenden Beschlusses hat dieser schriftlich über die Gründe der vollständigen oder teilweisen Ablehnung zu informieren, wobei der Ausnahmetatbestand des Art. 4 Transparenzverordnung, auf den die Ablehnung gestützt wird, zu nennen ist, Art. 2.5 EIOPA-Transparenzbeschluss.[18] Zudem hat eine Rechtsmittelbelehrung zu erfolgen, d. h. es ist auf die Möglichkeit eines Zweitantrags (siehe Rn. 14) hinzuweisen. 13

Im Falle eines zumindest teilweise ablehnenden Beschlusses oder eines Ausbleibens eines Beschlusses innerhalb der Frist (siehe Rn. 13) auf den Erstantrag steht dem Antragsteller ein Recht auf einen 14

---

[13] EIOPA, Decision of the Management Board concerning public access to documents (EIOPA-MB-11/051).

[14] Vgl. hierzu Art. 6 Abs. 4 Transparenzverordnung.

[15] Siehe https://eiopa.europa.eu/about-eiopa/legal-framework/public-access-to-documents.

[16] Grabitz/Hilf/Nettesheim/*Krajewski/Rösslein* Art. 15 AEUV Rn. 46, nach denen Art. 15 AEUV gerade keine allgemeine Informationsbeschaffungspflicht begründen soll.

[17] Hierbei hat die EIOPA den Antragsteller bei der Präzisierung auch angemessen zu unterstützen, vgl. Art. 6 Abs. 2 Transparenzverordnung.

[18] Soweit es sich um sogenannte sensible Dokumente (d. h. Verschlusssachen) handelt, kann die Begründung entsprechend anzupassen sein, Art. 9 Abs. 4 Transparenzverordnung.

Zweitantrag zu. Dieser kann innerhalb einer Frist von 15 Arbeitstagen ab Zugang des ablehnenden Beschlusses auf den Erstantrag erhoben werden.[19] Für die Bearbeitung dieses Zweitantrags ist der **Exekutivdirektor** zuständig, Art. 4.1 EIOPA-Transparenzbeschluss. Auch der Zweitantrag ist unmittelbar zu bearbeiten und sein Eingang ist zu bestätigen, wenn nicht der Beschluss unmittelbar zurückübersandt werden kann (Art. 2.2 EIOPA-Transparenzbeschluss). Ansonsten hat auch der Exekutivdirektor binnen einer nur in Ausnahmefällen verlängerbaren **Frist** von 15 Arbeitstagen (ab Registrierung des Antrags; Art. 2.2 f. EIOPA-Transparenzbeschluss) darüber zu befinden, ob auf den Zweitantrag hin Zugang gewährt wird. Der ablehnende Beschluss auf einen Zweitantrag untersteht denselben Form- und Inhaltsanforderungen wie der Erstbeschluss (siehe Rn. 13). Die Rechtsmittelbelehrung hat naturgemäß aber abweichend zu erfolgen, sodass in diesem Fall auf die Möglichkeit einer Beschwerde beim Bürgerbeauftragten oder einer Beschwerde beim Beschwerdeausschuss (Art. 60 EIOPA-VO) hinzuweisen ist, Art. 4.2 EIOPA-Beschwerdebeschluss.

15 Soweit dem Antrag stattgegeben wird, erfolgt der **Dokumentenzugang** gemäß Art. 10 Abs. 1 S. 1 Transparenzverordnung je nach Wunsch des Antragstellers entweder durch **Akteneinsicht vor Ort** oder durch **Bereitstellung einer Kopie**, gegebenenfalls in **elektronischer Form**. Art. 6.1 S. 1 EIOPA-Transparenzbeschluss ändert dies dahingehend ab, dass der Dokumentenzugang gemäß dem Wunsch des Antragstellers durch Übersendung per Post oder Email (oder, so das Dokument bereits veröffentlicht wurde, durch Bereitstellung eines Links; Art. 6.2 EIOPA-Transparenzbeschluss) erfolgt. Hinsichtlich der Möglichkeit des Antragstellers, nach freiem Ermessen vor Ort Einsicht in die Dokumente zu nehmen, ist dies eine unzulässige Abweichung von der insoweit vorrangigen Transparenzverordnung. Art. 6.1 S. 2 EIOPA-Transparenzbeschluss sieht diese Variante nur als eine Option für EIOPA vor, die die Antragsteller im Fall von besonders umfangreichen Dokumenten dazu einladen kann, die Dokumente vor Ort einzusehen. EIOPA ist insofern angehalten, wenn ein Antragsteller explizit eine Einsichtnahme vor Ort wünscht, diese auch bei weniger umfangreichen Dokumenten zu gewähren. Die Einsichtnahme vor Ort und die Übersendung in elektronischer Form ist unabhängig vom Umfang der Dokumente immer kostenfrei zu gewähren, Art. 6.1 S. 3, 6.3 S. 1 EIOPA-Transparenzbeschluss. Im Falle einer Bereitstellung von Papierkopien, die einen Umfang von zwanzig Seiten überschreiten, kann eine **Gebühr** festgesetzt werden, die die tatsächlichen Kopier- und Versandkosten nicht überschreitet (Art. 6.3 S. 1 EIOPA-Transparenzbeschluss), wobei EIOPA die Kosten auf 0,10 EUR pro Seite zuzüglich der Versandkosten festsetzt (Annex 1 EIOPA-Transparenzbeschluss).

16 **IV. Rechtsschutz (Abs. 3).** Die Transparenzverordnung sieht zur effektiven Durchsetzung des Rechts auf Dokumentenzugang nach dem zweiphasigen Verwaltungsverfahren ein **zweischieniges Rechtsschutzsystem** vor, sodass der Antragsteller nach seiner Wahl entweder eine **Beschwerde beim** Bürgerbeauftragten (dem sogenannten **Europäischen Ombudsmann**) oder eine **Nichtigkeitsklage** beim Gerichtshof der Europäischen Union **gegen den Zweitbeschluss** der EIOPA einreichen kann. Dieses von Art. 8 Abs. 1 S. 2 Transparenzverordnung verfolgte und durch Abs. 1 anwendbare Konzept wird durch Abs. 3 bestätigt. Allerdings sieht Abs. 3 hiervon eine Abweichung vor, indem einer Klage gegen Zweitbeschlüsse ein **Beschwerdeverfahren beim Beschwerdeausschuss** vorgeschaltet wird.

17 Das Beschwerdeverfahren beim **Europäischen Ombudsmann** richtet sich nach den allgemeinen Bestimmungen (Art. 228 AEUV). Dem Ombudsmann kommen hierbei keine einem Gericht vergleichbare Entscheidungsbefugnisse zu, sondern er kann hinsichtlich des beantragten und abgelehnten Dokumentenzugangs lediglich Empfehlungen an die EIOPA aussprechen.[20]

18 Die Zulässigkeit eines zusätzlichen Vorverfahrens beim **Beschwerdeausschuss** vor Klageerhebung zum Gerichtshof der Europäischen Union ist fragwürdig. Die Beschwerdefähigkeit des Beschlusses auf den Zweitantrag ergibt sich nicht bereits aus Art. 60 Abs. 1 EIOPA-VO, da dieser gerade nicht jeden Beschluss für beschwerdefähig erklärt (siehe Art. 60 EIOPA-VO Rn. 4 ff.), sondern nur solche, die gemäß der Art. 17–19 EIOPA-VO oder gemäß einer Befugnisnorm in den in Art. 1 Abs. 2 EIOPA-VO aufgeführten Rechtsakten ergehen. Die Transparenzverordnung ist jedoch in Art. 1 Abs. 2 EIOPA-VO nicht aufgeführt und lässt sich auch nicht unter die Auffangklausel „sowie aller weiteren verbindlichen Rechtsakte der Union, die der Behörde Aufgaben übertragen" subsumieren, da nicht die Transparenzverordnung der EIOPA die Aufgabe des Dokumentenzugangs überträgt, sondern allein Abs. 1 der die Transparenzverordnung für anwendbar erklärt. Insoweit ist aber Abs. 3 trotz seines unklaren Wortlauts („kann *gegebenenfalls* nach einer Beschwerde beim Beschwerdeausschuss" [Hervorhebung durch Verf.] als Anordnung der Beschwerdefähigkeit und somit als Anordnung eines zwingenden vorgeschalteten Beschwerdeverfahrens vor Klageerhebung zu verstehen.[21] Eine solche Vorschaltung ist auch hier durch

[19] Hierbei ist unklar, ob hinsichtlich des Fristablaufs auf den Zugang bei EIOPA oder die Absendung abzustellen ist, sodass aus Schutzgesichtspunkten der frühere Termin und mithin der Postausgang als maßgeblich anzusehen ist. So das Zweitantragsrecht wegen Untätigkeit auf den Erstantrag erwächst (Art. 3.6 EIOPA-Transparenzbeschluss), kann dieser Antrag im Hinblick auf die Systematik des EIOPA-Transparenzbeschlusses ohne Fristeinhaltung eingereicht werden, wobei ein dann doch verspätet ergehender Beschluss auf den Erstantrag vor Absendung des Zweitantrags den Fristlauf in Gang setzt.

[20] Siehe *Schoch*, Informationsfreiheitsgesetz, 2. Auflage 2016, Einl. Rn. 148.

[21] Dies lässt sich auch den anderen Sprachfassungen entnehmen

Art. 263 UAbs. 5 AEUV gedeckt. Zweifel können allenfalls dahingehend bestehen, ob diese zusätzliche Zwischenstufe im Rechtsschutzverfahren dem Regelungskonzept der Transparenzverordnung widerspricht, die mit dem Zweitantrag bereits ein verwaltungsinternes Beschwerdeverfahren statuiert. Es ist jedoch zu beachten, dass der Beschwerdeausschuss als gemeinsames Organ der ESA (siehe Art. 6 EIOPA-VO Rn. 2) gerade auch die kohärente Rechtsanwendung zwischen den sektorspezifischen europäischen Finanzaufsichtsbehörden anstreben soll, was gerade auch bei der Frage, welche Informationen zur Finanz-, Währungs- oder Wirtschaftspolitik der Union im Hinblick auf den Schutz des öffentlichen Interesses zu einer Antragsablehnung ermächtigen, zum Tragen kommen kann. Unabhängig von der Zulässigkeit dieser Vorschaltung ist eine Beschwerde beim Beschwerdeausschuss anstatt einer Klage beim Gerichtshof der Europäischen Union praktisch vorzugswürdig, da der Beschwerdeausschuss deutlich schneller tätig werden dürfte. Das Beschwerdeverfahren richtet sich hierbei nach den Voraussetzungen des Art. 60 EIOPA-VO. Eine anschließend mögliche **Nichtigkeitsklage** zum Gerichtshof der Europäischen Union richtet sich nach Art. 61 EIOPA-VO.

Klage- oder Beschwerdegegenstand ist nach dem Regelungskonzept allein der **Beschluss auf den Zweitantrag**. Hinsichtlich des Beschlusses auf den Erstantrag ist eine Klage- oder Beschwerdebefugnis hingegen im Hinblick auf die Möglichkeit eines Zweitantrags ausgeschlossen.[22] Soweit man das von Abs. 1 i. V. m. Art. 4.2 EIOPA-Transparenzbeschluss angeordnete Beschwerdeverfahren beim Beschwerdeausschuss für rechtmäßig hält (Rn. 18), so wäre auch der Beschluss auf den Zweitantrag zwar unmittelbar tauglicher Beschwerdegegenstand für eine Beschwerde beim Europäischen Ombudsmann und beim Beschwerdeausschuss, nicht jedoch tauglicher Klagegenstand beim Gerichtshof der Europäischen Union. Bei Erlass eines den Ausgangsbeschluss des Exekutivdirektors auf den Zweitantrag bestätigenden Beschlusses des Beschwerdeausschusses wäre allein dieser Bestätigungsbeschluss tauglicher Klagegegenstand (vgl. Art. 60 EIOPA-VO Rn. 80 und Art. 61 EIOPA-VO Rn. 12 ff., 19). Wenn der Beschwerdeausschuss hingegen die Beschwerde für begründet hält und einen Zurückverweisungsbeschluss erlässt, auf dessen Grundlage der Exekutivdirektor den Beschluss auf den Zweitantrag neu erlassen muss (vgl. Art. 61 EIOPA-VO Rn. 13), stellt sich zumindest für den Antragsteller die Frage nach der Klagebefugnis allenfalls dann, wenn der Zurückverweisungsbeschluss dem Antrag nur zum Teil stattgibt. Klage gegen den Zurückverweisungsbeschluss zum Gerichtshof der Europäischen Union erheben könnte jedoch in diesem Fall die EIOPA. 19

Das effiziente Rechtsschutzverfahren setzt auf der einen Seite voraus, dass die Entscheidungsinstanz über ausreichende Entscheidungsgrundlagen verfügt, um die Rechtmäßigkeit der Dokumentenzugangsverweigerung beurteilen zu können. Auf der anderen Seite soll das von der EIOPA konstatierte Geheimhaltungsinteresse nicht bereits durch die Verfahrenseinleitung konterkariert werden. Das **Verfahren** ist entsprechend so **auszugestalten**, dass die in den entsprechenden Dokumenten enthaltenen Informationen zwar soweit wie möglich der Entscheidungsinstanz, aber nicht der Öffentlichkeit respektive dem Antragssteller und seinem Rechtsvertreter zur Kenntnis gebracht werden. Für das Verfahren beim Gerichtshof der Europäischen Union ist dies in Art. 67 § 3 Abs. 3 der Verfahrensordnung des Gerichts vorgesehen, sodass dieser in die mutmaßlich vertraulichen Dokumente hinter verschlossenen Türen Einsicht zu nehmen hat, sodass die Parteien selbst keinen Zugang zu den fraglichen Dokumenten haben.[23] Entsprechend sollte EIOPA auch im Beschwerdeverfahren vorgehen. 20

Sprachenregelung

73

(1) Für die Behörde gilt die Verordnung Nr. 1 des Rates zur Regelung der Sprachenfrage für die Europäische Wirtschaftsgemeinschaft.

(2) **Der Verwaltungsrat beschließt über die interne Sprachenregelung der Behörde.**

(3) **Die für die Arbeit der Behörde erforderlichen Übersetzungsdienste werden vom Übersetzungszentrum für die Einrichtungen der Europäischen Union erbracht.**

Schrifttum: Siehe die Angaben bei Art. 1 EIOPA-VO („Allgemein zum ESFS" und „Allgemein zur EIOPA").

I. Externer Sprachgebrauch (Abs. 1). Abs. 1 erklärt die **Verordnung** Nr. 1 des Rates zur Regelung der **Sprachfrage** für die Europäische Wirtschaftsgemeinschaft für auf die EIOPA **anwendbar**. Trotz des reduzierten Verweises in der vom europäischen Gesetzgeber eingefügten Fußnote, ist dieser Verweis als dynamisch anzusehen, sodass die Sprachfragenverordnung in der jeweils gültigen Fassung auf die EIOPA anwendbar ist.[1] 1

Dies bedeutet zum einen in entsprechender Anwendung des Art. 2 der Sprachfragenverordnung, dass **Schriftstücke**, die ein Mitgliedstaat oder eine der Hoheitsgewalt eines Mitgliedstaates unterstehende 2

---

[22] *EuGH* Urt. v. 15.2.2012 – Rs. C-208/11 P Rn. 30 – Internationaler Hilfsfonds e. V./Ksion, zumindest zur nicht vorhandenen Klagegegenstandseigenschaft des Beschlusses auf einen Erstantrag.

[23] *EuGH* Urt. v. 21.6.2012 – Rs. C-135/11 P Rn. 30 – IFAW Internationaler Tierschutz-Fonds gGmbH/Ksion.

[1] Für eine konsolidierte Fassung siehe http://eur-lex.europa.eu/legal-content/DE/TXT/PDF/?uri=CELEX:01958R0001-20130701&from=EN.

Person – dies beinhaltet im Regelungskonzept der EIOPA-VO sowohl die nationalen Aufsichtsbehörden als auch die Finanzinstitute – an die EIOPA richtet, nach der **Wahl des Absenders** in einer der **Amtssprachen** der EU abgefasst werden können und die EIOPA ihre Antwort in derselben Sprache zu erteilen hat.

3 Umgekehrt sind **ausgehende Schriftstücke** der EIOPA in entsprechender Anwendung des Art. 3 Sprachfragenverordnung, die die EIOPA an einen Mitgliedstaat oder an eine der Hoheitsgewalt eines Mitgliedstaates unterstehende Person richtet, in der Sprache dieses Staates abzufassen.

4 Schließlich verpflichtet Art. 4 Sprachfragenverordnung bei entsprechender Anwendung die EIOPA dazu, alle **Verordnungen** oder **Schriftstücke von allgemeiner Geltung** in **allen Amtssprachen** der EU abzufassen. In diesem Bereich gibt EIOPA gegenwärtig Probleme auf, da sie auf ihrem Internetauftritt in weitem Umfang nur auf Englisch abgefasste Schriftstücke veröffentlicht. Dies trifft etwa auf die Geschäftsordnungen, (einige) Leitlinien, Entwürfe der technischen Standards, Meinungen und auch alle Konsultationsaufrufe zu. Berücksichtigt man, dass die Veröffentlichungspflicht in allen Amtssprachen allgemein dazu dient, die Gleichheit der Mitgliedstaaten und die Gleichbehandlung der Rechtssubjekte in den einzelnen Mitgliedstaaten zu wahren und die rechtsstaatlichen Grundsätzen der Klarheit und Transparenz sowie der Rechtssicherheit zu befördern,[2] so muss dieses Vorgehen grundsätzlich bedenklich erscheinen. Die Frage der Zulässigkeit dieser Praxis war 2015 Gegenstand eines Verfahrens vor dem EuG.[3] Die französische Mutuelle des architectes français assurances (MAF) wendete sich in diesem Verfahren gegen die Publikation dreier Konsultationspapiere ausschließlich in englischer Sprache am 7. und 8. November und am 21. Dezember 2011, wobei der Rat der Aufseher die Annahme und Veröffentlichung der streitigen Dokumente am 20. und 21. Oktober 2011 und am 13. Dezember 2011 beschlossen hatte. Die MAF „beschwerte" sich in einem Schreiben beim Exekutivdirektor über dieses aus ihrer Sicht pflichtwidrige Vorgehen. Der Exekutivdirektor beantwortete dieses Schreiben mit einer Erklärung, weshalb aus Sicht der EIOPA die Veröffentlichung nicht in allen Amtssprachen zu erfolgen hat und wies darauf hin, dass die Beantwortung aber natürlich in der jeweiligen Amtssprache des Rechtsunterworfenen erfolgen könne. Mit seiner Nichtigkeitsklage wandte sich die MAF gegen einen angeblichen Beschluss der EIOPA allgemein alle Informationen auf der Homepage nur auf Englisch zu veröffentlichen, und die Beschlüsse des Rates der Aufseher bezüglich der Veröffentlichung der streitgegenständlichen Konsultationspapiere, sowie gegen den als Beschluss aufgefassten Brief des Exekutivdirektors. Das EuG wies die Klage in seinem Beschluss als unzulässig zurück.[4] Hierbei ist zu berücksichtigen, dass eine Nichtigkeitsklage sich gemäß des durch den Lissaboner Vertrag hinzugefügten Art. 263 UAbs. 1 S. 2 AEUV auch gegen Maßnahmen der Einrichtungen oder sonstigen Stellen der Union richten kann.[5] Als solche sonstige Stellen sind insbesondere die Unionsagenturen, als welche auch die EIOPA anzusehen ist (vgl. Art. 5 EIOPA-VO Rn. 1),[6] zu verstehen.[7] Problematisch ist insofern lediglich, ob die Herausgabe eines Konsultationspapiers oder der Beschluss hierzu einen tauglichen Klagegegenstand darstellt. Dies ist jedoch letztlich zu verneinen.[8] Um mit der Nichtigkeitsklage angreifbar zu sein, müssen die erfassten Unionshandlungen verbindliche Rechtswirkungen im Außenverhältnis erzeugen (oder zumindest dazu bestimmt sein).[9] Dies bedeutet insbesondere, dass in der Maßnahme ein endgültiger Gestaltungswille der entsprechenden Unionsstelle zum Ausdruck kommt, woran es insbesondere bei *vorbereitenden oder Zwischenmaßnahmen* in einem mehrphasigen Verfahren fehlt.[10] So entspricht es einer ständigen Rechtsprechung des Gerichtshofs der Europäischen Union zu Vorentscheidungen und Empfehlungen von Regulierungsagenturen, dass diese Maßnahmen nicht eigenständig angegriffen werden, sondern allenfalls der letztgültigen Maßnahme der Kommission (oder eines anderen Organs) zugerechnet werden können und sich eine Klage gegen diese zu richten hat.[11] Durch die korrekte Abweisung der Klage durch den EuG wegen Unzulässigkeit ist die hier gegenständliche Frage leider unbeantwortet geblieben. Zu einer endgültigen Klärung müsste eine Klage gegen den von der Kommission erlassenen technischen Standard erhoben werden und hierbei eine unzureichende Kon-

---

[2] Siehe von der Groeben/Schwarze/Hatje/*Bieber* Art. 342 AEUV Rn. 19.

[3] Zum Sachverhalt *EuG* Beschl. v. 27.11.2013 – Rs. T-23/12 – Mutuelle des architectes français assurances (MAF)/EIOPA. Der Sachverhalt wird im Folgenden knapp wiedergegeben, da der Beschluss nur in französischer Sprache vorliegt.

[4] *EuG* Beschl. v. 27.11.2013 – Rs. T-23/12 – Mutuelle des architectes français assurances (MAF)/EIOPA.

[5] Dieser Grundsatz der Gewähr eines effektiven Rechtsschutzes war bereits vorher durch den EuGH anerkannt worden *EuGH* Urt. v. 23.4.1986 – Rs. 294/83 Rn. 20 ff. – Les Verts/EP; und noch expliziter *EuG* Urt. v. 8.10.2008 – Rs. T-411/06 Rn. 35 ff. – Sogelma/EAR; siehe hierzu *Gundel* EuR 2009, 383; *Saurer* EuR 2010, 51; *Riedel* EuZW 2009, 565.

[6] Siehe hierzu *Gal* ZVersWiss 2013, 325, 328 ff.

[7] Siehe bspw. Grabitz/Hilf/Nettesheim/*Dörr* Art. 263 AEUV Rn. 25.

[8] Ebenso zu Entwürfen eines technischen Standards *Michel* DOV 2011, 728, 734; *Manger-Nestler* ZfgK 2012, 528, 531; *Gal* in: Dreher/Wandt 2014, 11, 15 ff.

[9] Vgl. bspw. *EuG* Urt. v. 8.10.2008 – Rs. T-411/06 Rn. 37 – Sogelma/EAR.

[10] Calliess/Ruffert/*Cremer* Art. 263 AEUV Rn. 13, 18; Grabitz/Hilf/Nettesheim/*Dörr* Art. 263 AEUV Rn. 38 f.

[11] Siehe bspw. *EuG* Urt. v. 5.12.2007 – Rs. T-133/03 – Schering-Plough/Ksion (nicht in Slg. veröffentlicht); ähnlich bereits zu vorbereitenden Maßnahmen der Kommission st. Rspr. seit *EuGH* Urt. v. 11.11.1981 – Rs. 60/81 Rn. 10 ff. – IBM/Ksion.

sultation geltend gemacht werden (was jedoch nur im Falle einer zwingenden Konsultation von Belang wäre).[12] Äußerst fraglich ist, ob ihm Rahmen vom Erlass von Leitlinien, die selber nicht verbindlich sind (siehe Art. 16 EIOPA-VO Rn. 13 ff., 21 ff.), diese und die Konsultation hierzu in allen Amtssprachen veröffentlicht werden müssen.

II. Interner Sprachgebrauch (Arbeitssprache) (Abs. 2). Abs. 2 **ermächtigt** den **Verwaltungsrat**, über den internen Sprachgebrauch innerhalb der EIOPA zu beschließen. Auf dieser Ermächtigungsgrundlage hat der Verwaltungsrat am 10.1.2011 einen Beschluss zum internen Sprachgebrauch erlassen, der mit Geltung ab diesem Tag **Englisch** zur alleinigen **Arbeitssprache** der EIOPA erklärt.[13] Dies begegnet keinerlei Bedenken. 5

III. Übersetzungsdienste (Abs. 3). Die EIOPA erhält ihre **Übersetzungen**, wie alle anderen Unionsagenturen, vom **Übersetzungszentrum für die Einrichtungen der Europäischen Union**. Diese Unionsagentur wurde 1994 errichtet und erbringt bestimmten Behörden und Einrichtungen der Union Übersetzungsdienstleistungen.[14] 6

Abs. 3 bewirkt hierbei vorrangig, dass die **EIOPA** als **bediente Agentur** nach Art. 2 ÜbersetzungszentrumsVO **zugelassen** werden kann. 7

Abs. 3 **verpflichtet** die **EIOPA** aber auch dazu, mit dem Zentrum eine Vereinbarung zu schließen. Abs. 3 ist hierbei so zu verstehen, dass grundsätzlich **sämtliche anfallenden Übersetzungen durch** das **Übersetzungszentrum** anzufertigen sind. Hierdurch ist es der EIOPA jedoch nicht verwehrt, dass diese Übersetzungen durch das Personal der EIOPA nachbearbeitet werden können – allein schon deshalb, als eine solche Nachbearbeitung im Hinblick auf die hohe Technizität der Materien die Textersteller des Übersetzungszentrums teilweise in sprachlicher Hinsicht überfordern mag.[15] Unklar ist hingegen, ob es der EIOPA im Einzelfall möglich ist, Übersetzungsarbeiten an Drittanbieter zu vergeben. Dies dürfte aber wohl nur im Fall der besonderen Dringlichkeit (etwa bei Überlastung des Übersetzungszentrums), also einer Art des Übersetzungsnotstandes, zu bejahen sein. 8

Abs. 3 trifft keine Aussage zur **Kostentragung**. EIOPA hat wie alle Agenturen die Übersetzungsarbeiten zu entgelten. 9

Sitzabkommen

74 Die notwendigen Vorkehrungen hinsichtlich der Unterbringung der Behörde in dem Mitgliedstaat, in dem sie ihren Sitz hat, und hinsichtlich der Ausstattung, die von diesem Staat zur Verfügung zu stellen sind, sowie die speziellen Vorschriften, die in diesem Sitzstaat für den Exekutivdirektor, die Mitglieder des Verwaltungsrats, das Personal der Behörde und dessen Familienangehörige gelten, werden in einem Sitzabkommen festgelegt, das nach Billigung durch den Verwaltungsrat zwischen der Behörde und dem betreffenden Mitgliedstaat geschlossen wird.

Der betreffende Mitgliedstaat gewährleistet die bestmöglichen Bedingungen für ein reibungsloses Funktionieren der Behörde, einschließlich eines mehrsprachigen und europäisch ausgerichteten schulischen Angebots und geeigneter Verkehrsanbindungen.

Das gemäß UAbs. 1 zwischen der EIOPA und der Bundesrepublik Deutschland zu schließende **Sitzabkommen** dient vorrangig der konkretisierenden Ausgestaltung der Vorrechte und Befreiungen der EIOPA und ihres Personals, wie sie sich aus Art. 67 EIOPA-VO ergeben, im Anwendungsbereich des deutschen Rechts. Der EIOPA ist zum Abschluss dieses völkerrechtlichen Vertrages die erforderliche punktuelle Völkerrechtssubjektivität zuerkannt (vgl. auch Art. 5 EIOPA-VO Rn. 3), sodass sie unmittelbar mit der Bundesrepublik Deutschland kontrahieren kann. Das Abkommen wurde am 18.10.2011 geschlossen und das deutsche Zustimmungsgesetz am 20.4.2012 verkündet, sodass das Gesetz gemäß seines Art. 2 Abs. 1 am 21.4.2012 in Kraft trat.[1] Auf Seiten der EIOPA waren zum Inkrafttreten des Sitzabkommens keine weiteren Voraussetzungen nötig, da der Verwaltungsrat dem Abkommen bereits vor dem Abschluss zuzustimmen hat, sodass der Vorsitzende bzw. der hierzu ermächtigte Exekutivdirektor zunächst die Zustimmung einzuholen hat. Das Abkommen trat entsprechend gemäß seines Art. 20 1

[12] Eine solche zwingende Konsultation ist grundsätzlich bei Entwürfen technischer Standards (Art. 10 Abs. 1 UAbs. 3; Art. 15 Abs. 1 UAbs. 2 EIOPA-VO) und zumindest gegebenenfalls bei Erarbeitung von Leitlinien und Empfehlungen (Art. 16 Abs. 2 EIOPA-VO) vorgesehen.

[13] EIOPA, Decision of the Management Board on Internal Language Arrangements (EIOPA-MB-11/003).

[14] Verordnung (EG) Nr. 2965/94 des Rates vom 28. November 1994 zur Errichtung eines Übersetzungszentrums für die Einrichtungen der Europäischen Union, ABl. 1994 L 314, 1.

[15] Vgl. zum insoweit ähnlichen Art. 121 Gemeinschaftsmarkenverordnung *Bartos* in: Kur/v. Bomhard/Albrecht, Beck'scher Online-Kommentar Markenrecht, Ed. 8 (Stand: 1.10.2016), Art. 121 GemeinschaftsmarkenVO Rn. 2.

[1] Gesetz zu dem Abkommen vom 18. Oktober 2011 zwischen der Regierung der Bundesrepublik Deutschland und der Europäischen Aufsichtsbehörde für das Versicherungswesen und die betriebliche Altersversorgung über den Sitz der Europäischen Aufsichtsbehörde für das Versicherungswesen und die betriebliche Altersversorgung, BGBl. 2012 II, S. 338.

Abs. 1 S. 2 nach der Notifizierung der Ratifikation des Abkommens durch die Bundesregierung an die EIOPA am 18.6.2012 in Kraft.[2*]

2 **Inhaltlich** spiegeln die Regeln des Sitzabkommens weitestgehend die Normen des für die EIOPA und ihr Personal für anwendbar erklärten Protokolls über die Vorrechte und Befreiungen der Europäischen Union[3] und übertragen diese Vorrechte und Befreiungen auf die konkrete deutsche Rechtslage bzw. konkretisieren oder gestalten diese aus. Der über die bereits gesetzliche geltenden Vorrechte und Befreiungen nach Art. 67 EIOPA-VO hinausgehende Rechtsgehalt des Abkommens ist hierbei eher beschränkt.

3 Der genaue **Regelungsgehalt** des **UAbs. 2** ist unklar. Trotz der gewählten Überschrift des Art. 74 EIOPA-VO ist diese Norm nicht dahingehend auszulegen, dass EIOPA und die Bundesrepublik Deutschland im Sitzabkommen konkrete Regelungen zur Einrichtung eines mehrsprachigen und europäisch ausgerichteten schulischen Angebots und der Schaffung geeigneter Verkehrsanbindungen treffen sollen. Hierzu wäre die Bundesrepublik Deutschland unilateral auch nur bedingt in der Lage, als dies teilweise in den Zuständigkeitsbereich des Landes Hessens (und seiner Untereinheiten), teilweise der Stadt Frankfurt fällt. Die Ausführungen, dass die Bundesrepublik Deutschland die bestmöglichen Bedingungen für ein reibungsloses Funktionieren der EIOPA zu gewährleisten habe, stellt sich eher als eine Konkretisierung des unionstreuen Verhaltens dar, die nicht im Sitzabkommen avisiert werden muss, sondern *ex lege* alle Teile der Bundesrepublik Deutschland dazu verpflichtet. Im Hinblick darauf, dass der Sitz der EIOPA Frankfurt ist (Art. 7 EIOPA-VO) stellen das mehrsprachige und europäisch ausgerichtete Schulangebot und die geeignete Verkehrsanbindung jedoch keinerlei Probleme dar und auch ansonsten ist kaum zu erwarten, dass infrastrukturelle Defizite der Stadt die Arbeit der Behörde behindern könnten.

Beteiligung von Drittländern

75 (1) **Die Beteiligung an der Arbeit der Behörde steht Drittländern offen, die mit der Union Abkommen geschlossen haben, denen zufolge sie das Unionsrecht in den in Artikel 1 Absatz 2 genannten Zuständigkeitsbereichen der Behörde übernommen haben und anwenden.**

(2) **Die Behörde kann mit Drittländern gemäß Absatz 1 zusammenarbeiten, die Rechtsvorschriften anwenden, die in den in Artikel 1 Absatz 2 genannten Zuständigkeitsbereichen der Behörde als gleichwertig anerkannt wurden, wie in den von der Union gemäß Artikel 216 AEUV geschlossenen internationalen Abkommen vorgesehen.**

(3) [1]**Nach den einschlägigen Bestimmungen der in den Absätzen 1 und 2 genannten Abkommen werden insbesondere die Modalitäten für Art und Umfang der Beteiligung dieser in Absatz 1 genannten Länder an der Arbeit der Behörde und die verfahrenstechnischen Aspekte festgelegt, einschließlich Bestimmungen zu Finanzbeiträgen und Personal.** [2]**Eine Vertretung im Rat der Aufseher mit Beobachterstatus kann vorgesehen werden, wobei jedoch sicherzustellen ist, dass diese Länder nicht an Beratungen über einzelne Finanzinstitute teilnehmen, es sei denn, es besteht ein unmittelbares Interesse.**

Schrifttum: Siehe die Angaben bei Art. 1 EIOPA-VO („Allgemein zum ESFS" und „Allgemein zur EIOPA"). *Chamon*, EU Agencies – Legal and Political Limits to the Transformation of the EU Administration, 2016.

1 Art. 75 EIOPA-VO sieht eine **Drittländerkooperationsklausel** vor. Solche Klauseln werden heute in die meisten Agenturgründungsverordnungen aufgenommen, erstmalig in der Umweltagenturverordnung.[1] Art. 75 EIOPA-VO entspricht hierbei dem heute üblichen Standard der Drittländerkooperationsklauseln, indem er drei Voraussetzungen für eine Kooperation aufstellt: 1. der Abschluss eines Abkommens zwischen der EU und dem betreffenden Drittland, 2a. der Drittstaat verpflichtet sich (im Abkommen) zur Umsetzung von im Tätigkeitsbereich der Agentur befindlichem Unionsrecht und wendet dieses auch an bzw. 2b. der Drittstaat wendet Rechtsvorschriften im Tätigkeitsbereich der Agentur an, das im Abkommen mit der EU als gleichwertig anerkannt wurde und 3. das Abkommen muss die Modalitäten der Kooperation des Drittstaates im Rahmen der Agentur darlegen.[2] Die Möglichkeit der Beteiligung von Drittstaaten an der Arbeit der EIOPA ist hierbei nicht nur im Interesse der Förderung einer verstärkten Nachbarschaftspolitik der Union (siehe Rn. 2), sondern auch im unmittelbaren Interesse der EIOPA. Da die Finanzmärkte ein hohes Maß an globaler Konnexität aufweisen, ist

---

[2*] Bekanntmachung über das Inkrafttreten des Abkommens vom 18. Oktober 2011 zwischen der Regierung der Bundesrepublik Deutschland und der Europäischen Aufsichtsbehörde für das Versicherungswesen und die betriebliche Altersversorgung über den Sitz der Europäischen Aufsichtsbehörde für das Versicherungswesen und die betriebliche Altersversorgung, BGBl. 2012 II, S. 743.

[3] Gegenwärtige Fassung ABl. 2010 C 83, 266.

[1] Art. 19 Verordnung (EWG) Nr. 1210/90 des Rates vom 7. Mai 1990 zur Errichtung einer Europäischen Umweltagentur und eines Europäischen Umweltinformations- und Umweltbeobachtungsnetzes, ABl. 1990 L 120, 1.

[2] Sehr guter Überblick bei *Chamon*, EU Agencies, 2016, 87.

die EIOPA am Wissensaustausch mit den Versicherungsaufsichtsbehörden von Drittstaaten und dem Datenaustausch mit diesen interessiert.

Abs. 1 sieht im gleichen Maße eine **Eröffnung und** eine **Begrenzung der Kooperationsbereiche** für die EIOPA vor. Für die EIOPA bedeutet dies, dass sie mit den tatbestandserfüllenden Drittstaaten – d. h. solchen mit denen ein völkerrechtliches Abkommen über die Anwendung von in Art. 1 Abs. 2 aufgeführtem Unionsrecht abgeschlossen wurde (Abs. 1) oder mit denen in einem solchen Abkommen vereinbart wurde, dass das dort angewandte Recht dem Unionsrecht nach Art. 1 Abs. 2 als gleichwertig anzusehen ist (Abs. 2) – in ihrem institutionellen Rahmen kooperieren darf bzw. muss (so dies durch das Abkommen angeordnet wird). Gleichzeitig ist im Umkehrschluss aus Abs. 1 aber abzuleiten, dass eine institutionalisierte Kooperation mit anderen Drittstaaten nicht vorgesehen werden soll.[3] Dies steht in einem gewissen Spannungsverhältnis zu Art. 40 Abs. 5 UAbs. 1 EIOPA-VO, der eine Zulassung von Beobachtern im Rat der Aufseher durch dessen Beschluss zulässt. Dies ist im Hinblick auf Abs. 1 so zu verstehen, dass der Rat der Aufseher nur Drittstaatenbehörden nach Abs. 1 als dauernde Beobachter, andere Behörden, Finanzinstitute oder andere juristische und natürliche Personen nur im Einzelfall (d. h. typischerweise *ad hoc*) zu Sitzungen als Beobachter zulassen kann.[4] Grundsätzlich avisieren die Art. 73 EIOPA-VO ähnlichen Kooperationsklauseln besonders die **Zusammenarbeit** mit Partnerstaaten innerhalb der Europäischen Nachbarschaftspolitik (**ENP-Staaten**). Diese geographische Ausweitung des Wirkbereichs des Unionsrechts und die dadurch bewirkte Rechtsangleichung in Nachbarstaaten und insbesondere Beitrittskandidaten über die Ermöglichung einer Beteiligung in den Unionsagenturen ist ein vorrangiges Ziel der europäischen Nachbarschaftspolitik.[5] Wie sich aber gerade aus Abs. 2 ergibt, zielt die Kooperationsklausel vorliegend nicht nur auf die unmittelbaren Nachbarschaftsstaaten, sondern auf einen globalen Kontext, da gerade im Rahmen der Finanzmarktregulierung Anstrengungen unternommen werden müssen, eine weltweite Rechtsangleichung anzustreben. 2

Um die Kooperationsmöglichkeit zu eröffnen, muss das Abkommen die **Anwendung von Unionsrecht** im Tätigkeitsbereich der EIOPA betreffen, wobei es sich zumindest um eines der in Art. 1 Abs. 2 EIOPA-VO explizit genannten Rechtsinstrumente handeln muss oder ein später erlassenes Rechtsinstrument, das unter Art. 1 Abs. 2 a. E. EIOPA-VO fällt, betroffen sein muss. Der betroffene Staat muss dieses Rechtsinstrument ferner bereits anwenden, wobei hierbei gewisse Konzessionen gemacht werden sollten, da es gerade bei Beitrittskandidaten, denen eine frühzeitige Kooperation besonders ermöglicht werden soll, um diesen die vollumfängliche Implikation des *acquis communautaire* zu ermöglichen, wesenstypisch ist, dass die Umsetzung des Unionsrechts erst fragmentarisch erfolgt ist. Um eine vertiefte Kooperation mit Drittstaaten zu ermöglichen, sollen auch solche Länder zur Kooperation zugelassen sein, die gerade keine vollständige Rechtsharmonisierung mit dem **Unionsrecht im Tätigkeitsbereich** anstreben, aber Recht gesetzt haben, dass als **äquivalent** anzusehen ist. Diese Öffnungsklausel ermöglicht gerade eine Kooperation mit Staaten mit einem besonders fortentwickelten Versicherungsaufsichtsrecht.[6] Besonders bedeutsam ist die Kooperation mit den Aufsichtsbehörden der EFTA-Staaten über Art. 31h Annex IX zum EFTA Abkommen. 3

Hinsichtlich der **Art der Kooperation** war früher umstritten, ob die Festsetzung vollumfänglich im Ermessen der Agentur steht, wenn die Errichtungsverordnung hierzu keine konkrete Aussage trifft.[7] Abs. 3 S. 1 legt für die EIOPA hingegen fest, dass die Abkommen nach Abs. 1 und 2 die Modalitäten für Art und Umfang der Beteiligung der Drittländer an der Arbeit der Behörde festlegen, und hierbei auch die verfahrenstechnischen Aspekte bestimmen, einschließlich Regelungen zu Finanzbeiträgen und Personal.[8] Es erscheint hierbei unter Beachtung des Wesentlichkeitsgrundsatzes, aber auch durchaus zulässig, dass das Abkommen der EIOPA in einzelnen Bereichen eine Ausfüllungskompetenz mit eigenem Ermessensspielraum zuweist. Grundsätzlich sind die Rahmenentscheidungen aber durch das Abkommen zu treffen und die EIOPA hat die Kooperation im vorgegebenen Rahmen durchzuführen. Die völkerrechtlichen Vertragsparteien sind in der Festsetzung des Kooperationsumfangs grundsätzlich frei, wobei stets die Beeinträchtigung der Funktionsfähigkeit der EIOPA als absolute Ermessensobergrenze zu betrachten ist. **Abs. 3 S. 2 untersagt** es jedoch im **Umkehrschluss**, dass im Abkommen ein **Stimmrecht des Drittstaates** bzw. des Vorsitzenden seiner Versicherungsaufsichtsbehörde vorgesehen 4

[3] So wohl auch *Chamon*, EU Agencies, 2016, S. 87 f., der hervorhebt, dass es nicht an den Agenturen, sondern den politischen Instanzen ist, zu entscheiden, mit welchen Drittstaaten in strukturierter Weise kooperiert wird.

[4] Dies entspricht weitgehend der früheren Möglichkeit von CEIOPS zu seinen Sitzungen Sachverständige und Beobachter hinzuzuziehen; Art. 7 Abs. 4 des Beschlusses der Kommission 2009/79/EG vom 23. Januar 2009 zur Einsetzung des Ausschusses der Europäischen Aufsichtsbehörden für das Versicherungswesen und die betriebliche Altersversorgung, ABl. 2009 L 25, 28.

[5] Mitteilung der Kommission an den Rat und das Europäische Parlament über das allgemeine Konzept zur Ermöglichung einer Beteiligung von ENP-Partnerstaaten an Gemeinschaftsagenturen und -programmen, in: KOM (2006) 724 endg.

[6] Hierbei ist anzumerken, dass die EIOPA nicht zu den Unionsagenturen gehört, die den EWR- bzw. EFTA-Staaten eine automatische Beteiligung eröffnet; vgl. hierzu http://www.efta.int/eea/eu-agencies.

[7] Vgl. *Chamon*, EU Agencies, 2016, S. 87

[8] Gegenwärtig werden nur gegenüber EFTA-Staaten Beiträge für die Kooperation innerhalb der EIOPA erhoben vgl. EIOPA Management Board Minutes Meeting of 18 January 2016 (EIOPA-MB-16/017), S. 4.

wird. Den avisierten Behörden darf allenfalls ein (dauernder) Beobachterstatus mit Rederecht zugestanden werden. Dieser Beobachterstatus ist jedoch für solche Teile von Sitzungen des Rates der Aufseher ausgeschlossen – dies ist durch das Abkommen vorzusehen und in jedem Fall durch den Rat der Aufseher sicherzustellen –, in denen über einzelne Finanzinstitute beraten wird. Von dieser Ausnahme ist jedoch eine Rückausnahme zu machen, wenn ein unmittelbares Interesse (des Rates der Aufseher und des Drittstaates) an seiner Anwesenheit besteht. Zumindest für die EFTA Staaten ist diese Rückausnahme sehr weit verstanden worden, sodass gemäß Art. 31h lit. t ii und iii Annex IX zum EWR Abkommen sowohl die EFTA Überwachungsbehörde als auch die Leiter der Versicherungsaufsichtsbehörden der EFTA Staaten immer an den Beratungen teilnehmen dürfen.[9]

Kapitel VIII. Übergangs- und Schlussbestimmungen

Vorbereitende Maßnahmen

76 (1) **Nach dem Inkrafttreten dieser Verordnung und vor der Errichtung der Behörde bereitet der CEIOPS in enger Zusammenarbeit mit der Kommission seine Ersetzung durch die Behörde vor.**

(2) **Wenn die Behörde eingerichtet ist, ist die Kommission für die administrative Errichtung und die Aufnahme der administrativen Tätigkeiten der Behörde verantwortlich, bis die Behörde einen Exekutivdirektor ernannt hat.**

[1] Die Kommission kann zu diesem Zweck einen Beamten benennen, der die Aufgaben des Exekutivdirektors übergangsweise wahrnimmt, bis dieser nach seiner Ernennung durch den Rat der Aufseher gemäß Artikel 51 die Amtsgeschäfte aufnimmt. [2] Dieser Zeitraum ist auf die zur Ernennung eines Exekutivdirektors der Behörde notwendige Zeit begrenzt.

Der Interims-Exekutivdirektor kann alle Zahlungen genehmigen, für die Haushaltsmittel der Behörde zur Verfügung stehen und nachdem die Genehmigung des Verwaltungsrats vorliegt, und Verträge schließen, einschließlich Arbeitsverträge nach Annahme des Stellenplans der Behörde.

(3) **Die Absätze 1 und 2 berühren nicht die Befugnisse des Rates der Aufseher und des Verwaltungsrats.**

(4) **[1] Die Behörde wird als Rechtsnachfolgerin des CEIOPS betrachtet. [2] Zum Zeitpunkt der Errichtung der Behörde gehen alle Vermögenswerte und Verbindlichkeiten sowie alle laufenden Tätigkeiten des CEIOPS automatisch auf die Behörde über. [3] CEIOPS erstellt eine Aufstellung seiner Vermögenswerte und Verbindlichkeiten zum Zeitpunkt des Übergangs. [4] Diese Aufstellung wird von CEIOPS und von der Kommission geprüft und genehmigt.**

Schrifttum: Siehe die Angaben bei Art. EIOPA-VO („Allgemein zum ESFS" und „Allgemein zur EIOPA").

1 **I. Vorbereitungsmaßnahmen (Abs. 1).** Abs. 1 verpflichtet **CEIOPS** dazu, die eigene **Ersetzung** durch EIOPA in Kooperation mit der Kommission **vorzubereiten**. Zeitlich erfasst wird die CEIOPS durch diese Regelung gemäß Art. 82 Abs. 1, 2 Hs. 2 EIOPA-VO ab dem 16.12.2010 bis zum 31.12.2010. Ab dem 1.1.2011 ist die EIOPA gemäß Art. 82 Abs. 3 EIOPA-VO errichtet, sodass die Vorbereitungsphase und die Verpflichtung aus Abs. 1 beendet ist. Davon abgesehen kann die CEIOPS ab diesem Zeitpunkt keine Pflichten mehr treffen, da sie gemäß Art. 80 EIOPA-VO aufgelöst wird (vgl. Art. 80 EIOPA-VO Rn. 4).

2 In **tatsächlicher Hinsicht** sind die **Vorbereitungsmaßnahmen** bereits lange vor Erlass der EIOPA-VO eingeleitet worden und die CEIOPS hat spätestens im Jahr 2010 in Kooperation mit der Kommission den Übergang von langer Hand vorbereitet.[1]

3 **II. Interimsleitung der EIOPA (Abs. 2).** Durch Art. 1 Abs. 1, 80 i. V. m. Art. 82 Abs. 3 EIOPA-VO wurden am 1.1.2011 die EIOPA errichtet und CEIOPS aufgelöst. Hierbei tritt zwar die EIOPA gemäß Abs. 4 die Rechtsnachfolge von CEIOPS an und auch die Arbeitsverträge der CEIOPS gehen nach Art. 77 Abs. 1 EIOPA-VO auf die EIOPA über. Dies bedeutet jedoch nicht, dass der in CEIOPS innegehaltene Status des Bediensteten auf die EIOPA übertragen wird. Mithin wurde weder der bisherige Vorsitzende des CEIOPS, dies war Gabriel Bernardino, automatisch zum Vorsitzenden der EIOPA, noch war ein solcher automatischer Übergang für den bisherigen Generalsekretär des CEIOPS,

[9] So auch Art. 5 Abs. 11 The Board of Supervisors of EIOPA Rules of Procedure (EIOPA-BoS-11/002-Rev3).

[1] Vergleiche zu allen *transitional efforts* CEIOPS, Annual Report 2010, abrufbar unter: https://eiopa.europa.eu/CEIOPS-Archive/Documents/Reports/RZ_AnnualReport_CEIOPS_2011.pdf.

Carlos Montalvo Ribuelta, zum Exekutivdirektor der EIOPA vorgesehen.[2] Mithin wäre die EIOPA ab dem 1.1.2011 bis zur Ernennung des Vorsitzenden und des Exekutivdirektors **handlungsunfähig** gewesen.

Diese Handlungsunfähigkeit überwindet Abs. 2, indem der **Kommission** die Vertretungsbefugnis und **Zuständigkeit für die administrative Errichtung und die Aufnahme der administrativen Tätigkeit** der EIOPA gewährt wird. Zwar spricht Abs. 2 UAbs. 1 nur davon, dass die Kommission für die Errichtung und Aufnahme der Tätigkeit verantwortlich sei, dies ist nach Sinn und Zweck jedoch dahingehend zu ergänzen, dass ihr diesbezüglich soweit nötig auch Vertretungsbefugnis zukommt, wobei sie ihrer Aufgabe vordringlich durch Benennung eines Interimsdirektors nach Abs. 2 UAbs. 2 nachkommen soll, wodurch dann ausschließlich diesem die enumerierten Vertretungsbefugnisse zukommen. 4

Die Kommission konnte zu diesem Zweck einen Beamten benennen, der die Aufgabe des Exekutivdirektors übergangsweise wahrnimmt. Tatsächlich benannte die Kommission Olivier Salles von der Kommissionsdienststelle MARKT zum **Interimsdirektor** der EIOPA[3] (sowie der EBA[4] und der ESMA).[5] 5

Die **Amtszeit** des Interimsdirektors ist durch Abs. 2 UAbs. 2 S. 1 Hs. 2, S. 2 umrissen. Hierbei soll das Mandat des Interimsdirektors nur so lange währen, bis EIOPA einen Exekutivdirektor ernannt hat und dieser seine Amtsgeschäfte aufgenommen hat. Hierbei ist zu berücksichtigen, dass der Exekutivdirektor durch den Rat der Aufseher ernannt wird, vor einer Ernennung aber ein offenes Auswahlverfahren und eine Bestätigung durch das Europäische Parlament zu erfolgen hat (Art. 51 Abs. 2 EIOPA-VO). Mit dem Akt der Ernennung ist der Person das Amt des Exekutivdirektors verliehen (typischerweise datiert auf das Datum des Amtsaustritts des Vorgängers, einen solchen gibt es hier jedoch gerade nicht), sodass er ab diesem Zeitpunkt seine Amtsgeschäfte aufzunehmen hat. Ab diesem Zeitpunkt endet die Befugnis des Interimsdirektors. Welche genaue Bedeutung insofern Abs. 2 UAbs. 2 S. 2 zukommen soll, nach dem „[d]ieser Zeitraum auf die zur Ernennung eines Exekutivdirektors der Behörde notwendige Zeit [zu] begrenz[en]“ ist, bleibt unklar. Es kann niemals im Ermessen der Kommission liegen, einen Interimsdirektor trotz der zwischenzeitigen Ernennung eines Exekutivdirektors weiterhin tätig werden zu lassen, da dies in das organisatorische Gefüge der EIOPA eingreifen würde. Die Befugnisse des Interimsdirektors haben mithin automatisch zu enden. Abs. 2 UAbs. 2 S. 2 kann insofern nur klarstellende Funktion zukommen, dass die Bestellung durch die Kommission auch im internen Verhältnis der Kommission zum zu Ernennenden, so knapp zu bemessen ist, dass erwartet werden kann, dass innerhalb der Frist ein Exekutivdirektor ernannt wird. 6

Die **Aufgaben und Befugnisse** des Interimsdirektors ergeben sich aus Abs. 2 UAbs. 1, 2, 3 i. V. m. Art. 53 EIOPA-VO. 7

Seine **Aufgabe** besteht vorrangig in der Ermöglichung der administrativen Errichtung und der Aufnahme der administrativen Tätigkeiten der EIOPA (Abs. 2 UAbs. 1).[6] Konkretisiert werden die Aufgaben durch Abs. 2 UAbs. 2 S. 1, der feststellt, dass der Interimsdirektor die Aufgaben des Exekutivdirektors vorübergehend wahrnimmt. Dies ist als ein Verweis auf Art. 53 EIOPA-VO zu verstehen, der die Aufgaben des Exekutivdirektors auflistet. Hierbei sind dem Interimsdirektor die Aufgaben jedoch nur in so weit übertragen, als diese in einem Zusammenhang zur administrativen Errichtung und der Aufnahme der administrativen Tätigkeiten der EIOPA stehen, nicht also soweit es bereits um fachinhaltliche Ausrichtungen für die fernere Zukunft oder Ähnliches geht. 8

Die **Befugnisse** des Interimsdirektors ergeben sich ebenfalls grundsätzlich aus Art. 53 EIOPA-VO i. V. m. Abs. 2 UAbs. 2 S. 1. Allerdings werden zwei Befugnisse des Interimsdirektors noch durch Abs. 2 UAbs. 2 konkretisiert. Zum einen kann er zwar alle **Zahlungen** der EIOPA im Zusammenhang mit der administrativen Errichtung und der Aufnahme der administrativen Tätigkeiten der EIOPA **genehmigen**. Diese Befugnis steht jedoch unter einem doppelten Vorbehalt. Zum einen müssen für die Zahlung Haushaltsmittel der EIOPA zur Verfügung stehen und zum anderen ist für die Zahlungsanweisung im Voraus die Genehmigung des Verwaltungsrats einzuholen. Zum anderen ist der Interimsdirektor zum **Abschluss** – dies hat nach richtigem Verständnis auch die Kündigung bzw. das gesamte Vertragsmanagement zu umfassen – von **Verträgen** befugt. Diese Befugnis umfasst grundsätzlich auch den Abschluss von Arbeitsverträgen – gemeint sind hier wohl Dienstverträge im Sinne des Art. 68 Abs. 1 EIOPA-VO – allerdings lebt diese Befugnis erst nach Annahme des Stellenplans der Behörde auf. Dies 9

[2] Beide mussten vielmehr im durch die EIOPA-VO vorgesehen Ernennungverfahren bestellt werden; zur Ernennung Bernardinos siehe *N. N.* VW 2011, 182, 183; *Berschens*, Europaparlament zweifelt an neuen EU-Finanzaufsehern, in: Handelsblatt vom 28./29.1.2011, S. 31; *Detering*, Der mächtige Leisetreter aus Portugal, in: Handelsblatt vom 27./28./29.8.2012, S. 30; zur Ernennung Montalvos siehe *N. N.* VW 2011, 489; *Müller-Reichart/Altenhofen/Wagner/Weckbecker* VW 2011, 962, 963.

[3] EIOPA, Annual Report 2011, S. 7, 57, abrufbar unter: https://eiopa.europa.eu/Publications/Reports/EIOPA_AR_2011.pdf.

[4] EBA BS 2011 056 fin., Minutes of the second EBA Board of Supervisors meeting, S. 9.

[5] ESMA/2011/MB/75, Summery of Conclusions Management Board, S. [4].

[6] Da die Kommission nur hierfür die Verantwortung übertragen wird und die Kommission durch Ernennung des Interimsdirektors letztlich Teile diese Aufgaben auf diesen delegiert, können die Aufgaben des Interimsdirektors nicht den abstrakten Verantwortungsbereich des Abs. 2 UAbs. 1 überschreiten.

setzt letztlich voraus, dass der Interimsdirektor zunächst seiner Aufgabe aus Abs. 2 UAbs. 2 S. 1 i. V. m. Art. 53 Abs. 6, 63 EIOPA-VO nachkommt und an der Erarbeitung und Festsetzung eines Stellenplans (als Bestandteil des Haushaltsplans) mitwirkt, wobei er hier letztlich nur Vorbereitungs- und Entwurfmaßnahmen zu treffen hat, während die letzte Entwurfsfestlegung durch den Rat der Aufseher erfolgt und der Stellenplan schließlich durch die Haushaltsbehörden (d. h. Europäisches Parlament und Europäischer Rat) angenommen werden müssen. Durch den Vorbehalt des Stellenplans war insofern sichergestellt, dass der Interimsdirektor nicht durch den Abschluss von Dienstverträgen zum einen das zukünftige Budget über Gebühr belasten konnte und zum anderen nicht über das Instrument der Personalpolitik eine zukünftige strategische Ausrichtung der EIOPA hinsichtlich ihrer Tätigkeitsbereiche bewirken konnte.

10 **III. Stellung des Rates der Aufseher und des Verwaltungsrates in der Vorbereitungs- und der Interimsphase (Abs. 3).** Nach Abs. 3 **berühren** die Aufgaben und Kompetenzen nach **Abs. 1 und 2 nicht** die **Befugnisse des Rates der Aufseher und des Verwaltungsrates** der EIOPA. Hinsichtlich der Regelung des Abs. 1 verwundert diese Norm, da es hier um die Aufgaben des CEIOPS (und der Kommission) in einer Phase geht, in der EIOPA noch nicht errichtet ist, und mithin auch der Rat der Aufseher und der Verwaltungsrat keine Befugnisse haben können, die beschnitten werden könnten. Man hat diesen Verweis auf Abs. 1 insofern wohl als Klarstellung dahingehend zu verstehen, dass bereits in der Vorbereitungsphase das Prinzip der Unionstreue es gebietet, all solche Maßnahmen zu unterlassen, die den zukünftigen Rat der Aufseher und den zukünftigen Verwaltungsrat übermäßig in seinem Gestaltungsspielraum einschränken. Rechtlich relevanter erscheint Abs. 3 hinsichtlich seines Verweises auf Abs. 2 zu den Befugnissen der Kommission und des Interimsdirektors während der Interimszeit also nach Errichtung der EIOPA und mithin im Schwerpunkt auch nach Konstituierung des Rates der Aufseher und des Verwaltungsrates. Abs. 3 stellt insofern klar, dass die Kommission und der Interimsdirektor letztlich nur den noch nicht ernannten Exekutivdirektor ersetzen sollen, das institutionelle Gefüge der EIOPA im Sonstigen aber grundsätzlich ab dem 1.1.2011 Geltung verlangt, sodass alle Aufgaben und Befugnisse, die dem Rat der Aufseher oder dem Verwaltungsrat zustehen, auch ab der Konstituierung von diesen ausgeübt werden und die Kommission oder der Interimsdirektor sich nicht für diese substituieren können.

11 **IV. Rechtsnachfolge (Abs. 4).** Die Anordnung der **Rechtsnachfolge** der EIOPA für den CEIOPS wird recht vage formuliert („Die Behörde *wird* als Rechtsnachfolgerin des CEIOPS *betrachtet*"). Dies erklärt sich wohl daraus, dass CEIOPS als unionsrechtlicher Ausschuss über keine Rechtspersönlichkeit auf der institutionellen europäischen Ebene verfügte (siehe Art. 80 Rn. 3) und insofern privatrechtlich mit einer Unterstützerstruktur in Form des CEIOPS e. V. angereichert wurde und das Unionsrecht es sich nicht anmaßen will, einen nach deutschem Recht errichteten eingetragenen Verein *per legem* in eine Unionsagentur formzuwechseln. Gleichwohl ordnet Abs. 4 im Ergebnis eine Universalsukzession an. Hierbei tritt die EIOPA die Rechtsnachfolge zum einen **institutionell** im Bereich des europäischen Finanzaufsichtsrahmens an und zum anderen auch **privatrechtlich** wie dies in Abs. 4 S. 2 klargestellt wird. Mithin tritt die EIOPA unions-organisationsrechtlich in alle Tätigkeiten der CEIOPS ein; auch stehen ihr die verfahrensrechtlichen Rechte und Pflichten zu, die Rechtsakte vorsehen, die noch nicht auf die Errichtung der EIOPA angepasst wurden. Zudem gehen per Gesetz gemäß Abs. 4 S. 2 alle Vermögenswerte und Verbindlichkeiten des CEIOPS e. V. auf sie über (hierbei kann nur der Verein und nicht der Ausschuss gemeint sein, da letzterer über keine Rechtspersönlichkeit verfügte und ihm insofern keine Vermögenswerte und Verbindlichkeiten zugeordnet werden konnten). In wie weit eine europäische Verordnung dazu in der Lage ist, eine solche gesetzliche Rechtsnachfolge am Vermögen eines deutschen eingetragenen Vereins wie dem CEIOPS e. V. anzuordnen, ist hierbei fragwürdig. Im Hinblick darauf, dass die Mitglieder des Vereins, d. h. die nationalen Versicherungsaufsichtsbehörden,[7] nunmehr die Mitglieder des Rates der Aufseher sind (genaugenommen sind nunmehr die Leiter der nationalen Versicherungsaufsichtsbehörden Mitglieder; vgl. Art. 40 Abs. 1 lit. b EIOPA-VO) und kaum ein Gläubiger ein Interesse daran haben dürfte, weiterhin den Verein statt einer Unionsagentur als Schuldner zu haben, erscheint die Übertragung aber zumindest im faktischen Ergebnis unbedenklich. Zur transparenteren Gestaltung des Rechtsübergangs war es CEIOPS aufgegeben, eine Aufstellung seiner Vermögenswerte und Verbindlichkeiten zum Zeitpunkt des Übergangs zu erstellen. Diese Pflicht bestand im Hinblick auf Art. 82 Abs. 2 Hs. 2 EIOPA-VO ab dem 16.12.2010. Sie war also bis spätestens zum 31.12.2010 aufzustellen, da nach diesem Zeitpunkt die CEIOPS zumindest institutionell aufgelöst war (siehe Art. 80 EIOPA-VO Rn. 4). Diese Aufstellung war sodann von CEIOPS und von der Kommission zu prüfen und zu genehmigen. Die genaue Funktion dieser Genehmigung bleibt ebenfalls unklar, da der Übergang des Vermögens gemäß Abs. 4 S. 2 gerade automatisch vonstattengeht. Der genehmigten Vermögensaufstellung kann insofern allenfalls eine prozessuale Vermutung hinsichtlich der

[7] Mitglieder des CEIOPS waren die Versicherungsaufsichtsbehörden, soweit sie nach nationalem Recht über eine eigene Rechtspersönlichkeit verfügten, ansonsten die Mitgliedstaaten; vgl. *Platzer*, Versicherungsaufsichtsrecht in der Europäischen Union, 2015, S. 125.

Richtigkeit und Vollständigkeit zukommen, sodass bei Forderungen oder Vermögensgegenständen, die von der Aufstellung nicht umfasst sind, der Beweis des Übergangs auf EIOPA zu erbringen ist.

Übergangsbestimmungen für das Personal

77 (1) [1] **Abweichend von Artikel 68 laufen sämtliche Arbeitsverträge und Abordnungsvereinbarungen, die von CEIOPS oder dessen Sekretariat abgeschlossen wurden und am 1. Januar 2011 gültig sind, bis zum Vertragsende.** [2] **Sie können nicht verlängert werden.**

(2) **Personalmitgliedern mit einem unter Absatz 1 genannten Arbeitsvertrag wird der Abschluss eines Vertrags als Bediensteter auf Zeit im Sinne von Artikel 2 Buchstabe a der Beschäftigungsbedingungen für die sonstigen Bediensteten in einem im Stellenplan der Behörde beschriebenen Dienstgrad angeboten.**

[1] **Nach Inkrafttreten dieser Verordnung richtet die zum Abschluss von Verträgen ermächtigte Behörde ein internes Auswahlverfahren für Personalmitglieder aus, die einen Vertrag mit dem CEIOPS oder dessen Sekretariat abgeschlossen haben, um Fähigkeiten, Effizienz und Integrität der Personen zu prüfen, die eingestellt werden sollen.** [2] **Im Rahmen des internen Auswahlverfahrens werden die durch die Leistungen des Einzelnen vor der Einstellung erwiesenen Fähigkeiten und Erfahrungen umfassend berücksichtigt.**

(3) **Je nach Art und Niveau der wahrzunehmenden Aufgaben wird den erfolgreichen Bewerbern ein Vertrag als Bediensteter auf Zeit angeboten, dessen Laufzeit mindestens genauso lang ist wie die noch verbleibende Laufzeit des vorherigen Vertrags.**

(4) **Für Personalmitglieder mit früheren Verträgen, die beschließen, sich nicht für einen Vertrag als Bediensteter auf Zeit zu bewerben, oder denen kein Vertrag als Bediensteter auf Zeit gemäß Absatz 2 angeboten wird, gelten weiterhin das einschlägige nationale Recht, das auf Arbeitsverträge anwendbar ist, sowie andere einschlägige Instrumente.**

Schrifttum: Siehe die Angaben bei Art. 1 EIOPA-VO („Allgemein zum ESFS" und „Allgemein zur EIOPA").

I. Allgemeines. Art. 77 EIOPA-VO löst die Probleme im Zusammenhang mit der Tatsache, dass mit der EIOPA eine Einrichtung der Europäischen Union mit genuiner Rechtspersönlichkeit (vgl. Art. 5 EIOPA-VO Rn. 2 ff.) in die Rechtsstellung einer privatrechtlich als eingetragenen Vereins errichteten juristischen Person, CEIOPS, einrückt. Als privatrechtlicher Akteur wurden die Angestellten (des Sekretariats) der CEIOPS nicht Bedienstete der EU, sondern wurden mit Arbeitsverträgen verpflichtet, während die EIOPA mit ihrem Personal Dienstverträge gemäß den Beschäftigungsbedingungen für die sonstigen Bediensteten schließt (Art. 68 Abs. 1 EIOPA-VO). Art. 77 EIOPA-VO strukturiert, wie **die Arbeitnehmer in ein Zeitbedienstetenverhältnis überführt** werden können, und stellt klar, was geschieht, wenn der **Altarbeitsvertrag** nicht beendet wird. 1

II. Altarbeitsverträge des CEIOPS (Abs. 1, 4). Am 31.12.2010 verfügte das CEIOPS Sekretariat über 28 Bedienstete.[1] All diesen **Altarbeitsverträgen** ist gemein, dass sie, wenn sie nicht im Rahmen des Abschlusses eines Vertrages als Bediensteter auf Zeit unter den Modalitäten der Abs. 2, 3 beendigt werden, trotz der Auflösung der CEIOPS gültig bleiben und bis zu ihrem Vertragsende weiterlaufen. Für diese Arbeitsverträge rückt EIOPA ab dem 1.1.2011 gemäß Art. 76 Abs. 4 S. 1 EIOPA-VO in die Position des Arbeitgebers ein. Abs. 1 stellt insoweit klar, dass entsprechend Art. 76 Abs. 4 S. 1 EIOPA-VO auch hinsichtlich der **Arbeitsverträge** des CEIOPS ein **Vertragsübergang auf die EIOPA** stattfindet. 2

Soweit der Altarbeitsvertrag des CEIOPS als **unbefristeter Vertrag** geschlossen wurde, so **würde** dieser auch gegenüber der EIOPA **unbefristet weiterlaufen**. Art. 77 EIOPA-VO sieht diesbezüglich keine Sonderkündigungsrechte oder einseitige Gestaltungsrechte (im Sinne einer unilateralen Einfügung einer Befristung) für die EIOPA vor. 3

Soweit hingegen der **Vertrag auf eine bestimmte Dauer** abgeschlossen ist, so läuft der Altarbeitsvertrag nur noch **bis zum Vertragsende**. Abs. 1 S. 2 ergänzt dies dahingehend, dass solche befristeten Verträge, ab dem 1.1.2011 **nicht mehr verlängert** werden können. Der genaue Bedeutungsgehalt dieser Norm bleibt allerdings unklar. Offensichtlich gilt dieser Passus, wenn der Vertrag zur Verlängerung einer Willenserklärung des Arbeitgebers bedarf („können nicht verlängert *werden*" [Hervorhebung durch Verf.]). Dies spiegelt auch die deutsche Arbeitsvertragspraxis wieder, in der ein befristetes Arbeitsverhältnis automatisch mit Fristeintritt endet (siehe § 15 Abs. 1 TzBfG), die Verlängerung also zumindest einer Willenserklärung des Arbeitgebers bedarf. Jedoch können befristete Arbeitsverträge sich auch automatisch verlängern, ohne dass es einer Willensbekundung bedarf. So könnte es beispielsweise im Recht des Vertragsstatuts vorgesehen sein, dass es eine automatische Fristverlängerung gibt, wenn keine der Parteien bis zu einem bestimmten Stichtag widerspricht. Auch könnte eine solche Regelung durch 4

[1] CEIOPS, Annual Report 2010, S. 16 f., abrufbar unter: https://eiopa.europa.eu/CEIOPS-Archive/Documents/Reports/RZ_AnnualReport_CEIOPS_2011.pdf.

den Vertrag selber vereinbart worden sein. Im Hinblick darauf, dass die Arbeitsverträge der CEIOPS dem deutschen Recht unterliegen (siehe Rn. 5) ist insbesondere § 15 Abs. 4 TzBfG von Interesse. Diese Norm legt zwingend fest, dass die faktische Fortsetzung des Arbeitsverhältnisses mit Wissen des Arbeitgebers dazu führt, dass sich der Arbeitsvertrag auf unbestimmte Zeit verlängert, wenn der Arbeitgeber nicht unverzüglich widerspricht.[2] Zwar ist das Ziel des Abs. 1, möglichst zügig alle Altbediensteten des CEIOPS in neue Dienstverhältnisse überzuführen, verständlich. Jedoch erscheint hier der Schutz des Arbeitnehmers vorrangig, sodass eine Fristverlängerung, die unabhängig von einer Willensausübung des Arbeitgebers, d. h. EIOPA, eintritt, von Abs. 1 S. 2 nicht verhindert wird.

5 Abs. 4 stellt klar, dass für alle Altbediensteten, solange nicht ihr **Altarbeitsvertrag** unter den Modalitäten der Abs. 2, 3 durch einen Neudienstvertrag ersetzt wird, weiterhin das **einschlägige nationale Recht**, das auf Arbeitsverträge anwendbar ist, sowie andere einschlägige Instrumente gelten. Da sich der Sitz und die einzige Betriebsstelle des CEIOPS in Frankfurt befand und mithin alle Arbeitnehmer ihre Arbeit für gewöhnlich in Deutschland verrichteten, unterliegen die Arbeitsverträge bei objektiver Anknüpfung gemäß Art. 8 Abs. 2 S. 1 Rom I-VO deutschem Recht.[3] Eine vom deutschen Recht abweichende Rechtswahl wäre zwar möglich gewesen, würde im Hinblick auf Art. 8 Abs. 1 S. 2 Rom I-VO aber keine Abbedingung des zwingenden deutschen Arbeitsrechts bewirken.[4]

6 **III. Überführung der Altarbeitnehmer des CEIOPS (Abs. 2, 3). 1. Ziel und Vorgehen.** Ziel der Abs. 2 und 3 ist es, die Altarbeitnehmer der CEIOPS aus ihren dem deutschen Recht unterliegenden **Arbeitsverträgen** (Rn. 5) in Dienstverträge gemäß dem Statut der Beamten der Europäischen Gemeinschaft und der Beschäftigungsbedingungen für die Sonstigen Beschäftigten der Europäischen Gemeinschaft **überzuführen**. Wie sich dem Budget der EIOPA entnehmen lässt, ist dies auch bereits im Jahr 2011 vollumfänglich gelungen.[5]

7 Der den Beschäftigten der CEIOPS anzubietende Vertrag ist der eines **Bediensteten auf Zeit** gemäß Art. 2 lit. a der Beschäftigungsbedingungen für die sonstigen Bediensteten der Europäischen Gemeinschaft (EU-BeschäftBeding) in der damals gültigen Fassung.[6]

8 Allerdings ergibt sich aus dem Regelungsgefüge des Abs. 2 i. V. m. Abs. 3, dass wohl **nicht** zwingend jedem Altarbeitnehmer **automatisch** der Abschluss eines Dienstvertrages auf Grundlage der EU-BeschäftBeding anzubieten war. Allerdings ist Art. 77 EIOPA-VO diesbezüglich äußerst unklar formuliert. Insbesondere differenziert Abs. 4 zwischen solchen Altarbeitnehmern, die sich nicht für einen Vertrag als Bediensteter auf Zeit bewerben, und solchen, denen kein Vertrag als Bediensteter auf Zeit gemäß Absatz 2 angeboten wird. Hieraus ließe sich durchaus lesen, dass bei entsprechendem Willen des Altarbeitnehmers (d. h. Bewerbung um einen solchen), eine Umstellung immer zu erfolgen hatte. Faktisch spielt diese Frage keine Rolle, da alle Verträge umgestellt wurden (siehe Rn. 6).

9 **2. Internes Auswahlverfahren (Abs. 2, 3).** Zur Überprüfung, welchen Altarbeitnehmern ein neuer Dienstvertrag anzubieten ist und welche Art von Dienstvertrag hierbei zu wählen war, hatte nach Inkrafttreten der EIOPA-VO, d. h. ab dem 16.12.2010 ein **internes Auswahlverfahren** für diese Altarbeitnehmer ausgerichtet zu werden. Im Rahmen dieses Auswahlverfahrens waren die Fähigkeiten, Effizienz und Integrität der Applikanten zu prüfen (d. h. eine Art *fit and proper*-Test), wobei die durch die Leistungen des Altarbeitnehmers vor der Einstellung erwiesenen Fähigkeiten und Erfahrungen umfassend zu berücksichtigen waren.

10 Leicht unklar ist, wer dieses interne Auswahlverfahren auszurichten hat. Abs. 2 UAbs. 2 S. 1 nennt als Normadressaten **„die zum Abschluss von Verträgen ermächtigte Behörde“**. Soweit die EIOPA-VO sonst von „der Behörde“ spricht, so meint sie entsprechend der Legaldefinition des Art. 1 Abs. 1 die EIOPA. Aus dem qualifizierten Zusatz „die zum Abschluss von Verträgen ermächtigte“ geht jedoch hervor, dass es sich hier gerade nicht um die EIOPA, sondern zumindest eventuell um eine andere Stelle geht. Diese Einschätzung wird untermauert durch einen Blick auf andere Sprachfassungen. So ver-

[2] Vgl. zu diesem Themenkomplex bspw. MüKoBGB/*Hesse* § 15 TzBfG Rn. 43 ff.; *Mestwerdt* in: Gallner/Mestwerdt/Nägele, Kündigungsschutzrecht, 5. Aufl. 2015, § 15 TzBfG Rn. 46 ff.

[3] Zur objektiven Anknüpfung über Art. 8 Abs. 2 Rom I-VO bspw. MüKoBGB/*Martiny* Art. 8 Rom I-VO Rn. 48 ff.

[4] Zu den Schranken der Rechtswahl MüKoBGB/*Martiny* Art. 8 Rom I-VO Rn. 44 ff.

[5] Während im Haushaltsplan für das Jahr 2011 für sogenannte „*other local staff*“ (im Unterschied zu „temporary agents“ und „other staff under Staffs Regulation“) noch den bereits sehr geringen Haushaltsposten von ca. 230.000 Euro auswies (siehe EIOPA, Annual Budget 2011, S. 4, abrufbar unter https://eiopa.europa.eu/Publications/Administrative/EIOPA_Budget_2011.pdf) ist dieser Posten bereits im Folgejahr auf Null gesetzt (vgl. EIOPA, Annual Budget 2012, S. [3], abrufbar unter https://eiopa.europa.eu/Publications/Administrative/EIOPA_budget_2012.pdf.

[6] Verordnung (EWG, Euratom, EGKS) Nr. 259/68 des Rates vom 29. Februar 1968 zur Festlegung des Statuts der Beamten der Europäischen Gemeinschaften und der Beschäftigungsbedingungen für die sonstigen Bediensteten dieser Gemeinschaften sowie zur Einführung von Sondermaßnahmen, die vorübergehend auf die Beamten der Kommission anwendbar sind (Beschäftigungsbedingungen für die sonstigen Bediensteten), ABl. 1968 L 56, 1. Statut in konsolidierter, aber nicht ganz aktueller Fassung abrufbar unter http://ec.europa.eu/civil_service/docs/toc100_de.pdf.

wenden die englische, französische, italienische, spanische und portugiesische Sprachfassungen zwar sämtlich den für EIOPA in Art. 1 Abs. 1 definierten Begriff der Behörde (*Authority*, *Autorité*, *Autorità*, *Autoridad* und *Autoridade*), aber eben nicht in der definierten Großschreibung, sondern in der grammatikalisch für nicht Eigennamen richtigen Kleinschreibung. Insofern ist die Pflicht und Ermächtigung des Abs. 2 UAbs. 2 S. 1 so zu verstehen, dass sie sich je nach dem Zeitpunkt der Durchführung wandeln kann. Hierbei ist zu beachten, dass vermittelt über Art. 82 Abs. 2 EIOPA-VO diese Kompetenz- und Pflichtnorm bereits ab dem 16.12.2010 und nicht erst ab Errichtung der EIOPA am 1.1.2011 in Geltung gesetzt war. Entsprechend konnte dieses Verfahren gemäß Art. 76 Abs. 1 EIOPA-VO grundsätzlich im Vorerrichtungszeitraum, im Nacherrichtungszeitraum vor Ernennung oder nach Ernennung eines Exekutivdirektors geschehen. Da EIOPA als Rechtsnachfolger des CEIOPS in dessen Rechte und Pflichten eintritt (Abs. 76 Abs. 4 EIOPA-VO) war letzterer grundsätzlich bis zum 1.1.2011 auch zum Abschluss von Arbeitsverträgen in der Lage, die dann gemäß Art. 77 Abs. 1 EIOPA-VO auf EIOPA übergehen. Allerdings handelt es sich bei dem CEIOPS gerade nicht um eine Behörde, sodass durchaus bezweifelt werden muss, ob diese das interne Auswahlverfahren bereits hätte einleiten und durchführen können. In jedem Fall hätte CEIOPS in diesem Fall gemäß Art. 76 Abs. 1 EIOPA-VO das interne Auswahlverfahren nur in enger Zusammenarbeit mit der **Kommission** durchführen dürfen. Ab dem 1.1.2011 und bis zur Ernennung des Exekutivdirektors war die Kommission gemäß Art. 75 Abs. 2 UAbs. 1 und 3 EIOPA-VO für den Abschluss von Verträgen ermächtigt. In diesem Zeitraum oblag es also ihr bzw. genauer dem von ihr bestellten Interimsdirektor (siehe Art. 76 EIOPA-VO Rn. 5 ff.), das interne Auswahlverfahren durchzuführen, wobei der Interimsdirektor über Art. 76 Abs. 2 UAbs. 3 EIOPA-VO auch dazu ermächtigt war, die neuen Dienstverträge mit den Altarbeitnehmern auch mit Wirkung für und gegen die EIOPA abzuschließen.[7] Sollte das interne Auswahlverfahren i. S. d. Abs. 2 UAbs. 2 S. 1 zu dem Zeitpunkt der erstmaligen Ernennung des Exekutivdirektors der EIOPA noch nicht abgeschlossen gewesen sein, so wäre ab diesem Zeitpunkt die **EIOPA** selbst, zu der zum Abschluss von Verträgen ermächtigten Behörde erstarkt, wobei sich die internen Zuständigkeiten, dann nach der EIOPA-VO ergeben hätten, sodass die Ausrichtung des internen Auswahlverfahrens durch den Exekutivdirektor vorzunehmen gewesen wäre.

3. Ausgestaltung des Dienstvertrages (Abs. 3). Abs. 3 trifft keine Aussage dazu, ob den Altbediensteten ein **befristeter oder** ein **unbefristeter Dienstvertrag** anzubieten ist. Dies ergibt sich auch nicht aus der Bezeichnung Bediensteter auf Zeit. Vielmehr sieht Art. 8 EU-BeschäftBeding vor, dass ein Vertrag mit Bediensteten auf Zeit auf bestimmte oder unbestimmte Dauer begründet werden kann, wobei der Vertrag des auf bestimmte Dauer eingestellten Bediensteten höchstens einmal auf bestimmte Dauer verlängert werden kann und sich bei einer weiteren Verlängerung auf unbestimmte Dauer verlängert. Es liegt mithin in gewissem Grad im Ermessensbereich der EIOPA mit den Altbediensteten die Neuverträge auf bestimmte oder auf unbestimmte Zeit abzuschließen, wobei aber der aufzustellende Stellenplan der EIOPA von Relevanz war, da je nach festgelegter Stelle der Abschluss eines befristeten oder unbefristeten Dienstvertrages vorgeschrieben ist (vgl. Art. 2, 8 EU-BeschäftBeding). Soweit sich EIOPA jedoch zum Abschluss eines befristeten Vertrages entschließt, so hat die **Laufzeit mindestens** so lang zu sein, wie die zum Zeitpunkt des Vertragsschlusses **verbleibende Laufzeit des Altarbeitsvertrages**. Hierdurch wird sichergestellt, dass EIOPA den Neuabschluss mit Altbediensteten nicht dazu nutzt, sich unliebsamer Bediensteter der CEIOPS schneller als altvertraglich vereinbart entledigen zu können. 11

Der Dienstvertrag, der Altarbeitnehmern anzubieten war, richtete sich zum einen nach dem im **Stellenplan** der Behörde **beschriebenen Dienstgrad** (Abs. 2 UAbs. 1; wobei der Stellenplan über den Mechanismus des Art. 76 Abs. 2 UAbs. 3 EIOPA-VO bereits vor Ernennung des Exekutivdirektors nach dem Verfahren nach Art. 63 EIOPA-VO festgestellt werden konnte) und **Art und Niveau der wahrzunehmenden Aufgaben**. Die weiteren Modalitäten ergeben sich aus Art. 68 EIOPA-VO. 12

Nationale Vorkehrungen

78 **Die Mitgliedstaaten treffen alle geeigneten Vorkehrungen, um die wirksame Anwendung dieser Verordnung zu gewährleisten.**

Art. 78 fungiert als eine **Generalklausel** gegenüber den Mitgliedstaaten alle Maßnahmen und Vorkehrungen auf nationalstaatlicher Ebene zu treffen, um eine wirksame Anwendung der EIOPA-VO sicherzustellen. 1

Dies bedeutet zum einen, dass der **organisatorische Rahmen der nationalen Aufsichtsbehörden** und das **nationale Versicherungsaufsichtsrecht** (aber auch andere Rechtsbereiche wie bspw. das 2

[7] Es ist davon auszugehen, dass die Auswahlverfahren tatsächlich zumindest im Schwerpunkt erst nach der Ernennung des Exekutivdirektors durchgeführt wurden, dies legt zumindest nah *EuGöD* Urt. v. 16.7.2015 – 1 Rs. F-116/14 Rn. 20 – Murariu/EIOPA.

Datenschutzrecht) so angepasst werden, dass die jeweiligen Behörden ihre Aufgaben und Befugnisse auch im Rahmen der Zusammenarbeit und Mitwirkung in der EIOPA effektiv wahrnehmen können. Ein Beispiel hierfür wäre die notwendige (klarstellende) Einfügung des § 4 Abs. 2 Nr. 3 FinDAG, um die BaFin in die Lage zu versetzen mit ausländischen Versicherungsaufsehern und der EIOPA zu kooperieren. Ferner sind die nationalstaatlichen Gesetze auch dahingehend anzupassen, dass EIOPA ihre Aufgaben auch im Schnittbereich zu diesen Vorschriften wahrnehmen kann.

3 Man wird Art. 78 EIOPA-VO wohl auch eine Pflicht der Mitgliedstaaten entnehmen können, ihre **Aufsichtsbehörden** mit den **personellen, technischen und finanziellen Ressourcen**, Räumlichkeiten und Infrastrukturen auszustatten, die sie benötigen, um ihren Kooperations- und Mitwirkungspflichten im Rahmen der EIOPA-VO nachkommen zu können.[1] Die finanzielle Ausstattung der nationalen Aufsichtsbehörden hat hierbei auch unter dem Gesichtspunkt zu erfolgen, dass die Aufseher ihre Pflichtbeiträge nach Art. 62 Abs. 1 lit. a EIOPA-VO an EIOPA abführen können.

Änderungen

79 Der Beschluss Nr. 716/2009/EG wird insoweit geändert, als der CEIOPS von der Liste der Begünstigten in Abschnitt B des Anhangs des Beschlusses gestrichen wird.

1 Art. 79 EIOPA-VO **ändert** den **Beschluss zur Auflegung eines Gemeinschaftsprogramms** zur Unterstützung spezifischer Tätigkeiten auf dem **Gebiet der Finanzdienstleistungen, der Rechnungslegung und der Abschlussprüfung**[1*] dahingehend ab, dass der Ausschuss der Europäischen Aufsichtsbehörden für das Versicherungswesen und die betriebliche Altersversorgung (*Committee of European Insurance and Occupational Pension Supervisors, **CEIOPS***) von der Liste der durch diesen Beschluss Begünstigten gestrichen wird. Durch die Art. 79 der ESMA-VO und der EBA-VO wurden auch der CESR und der CESB von der Liste der Begünstigten gestrichen. Insofern verblieben nur noch auf dem Gebiet der Rechnungslegung (EFRAG und IASCF) und der Abschlussprüfung (PIOB) Begünstigte im Sinne dieses Beschlusses.

2 Der durch Art. 79 EIOPA-VO abgeänderte **Beschluss 716/2009/EG** ist zwischenzeitig durch Art. 10 der Verordnung (EU) 258/2014[2] **aufgehoben**, sodass Art. 79 EIOPA-VO seit dem 1.1.2014 **gegenstandslos** ist.

Aufhebung

80 Der Beschluss 2009/79/EG zur Einsetzung des CEIOPS wird mit Wirkung vom 1. Januar 2011 aufgehoben.

1 Der Ausschuss der Europäischen Aufsichtsbehörden für das Versicherungswesen und die betriebliche Altersversorgung (*Committee of European Insurance and Occupational Pension Supervisors, **CEIOPS***) war der institutionelle **Rechtsvorgänger** der EIOPA (siehe Art. 76 Abs. 4).

2 CEIOPS wurde mit Wirkung zum 1.1.2004 durch den Beschluss der Kommission 2004/6/EG **errichtet**.[1] Dieser Beschluss wurde durch Art. 16 des Beschlusses der Kommission 2009/79/EG aufgehoben und durch ebendiesen Beschluss ersetzt.[2*]

3 Anders als die EIOPA besaß CEIOPS **keine Rechtspersönlichkeit auf der institutionellen europäischen Ebene**.[3] Da es sich bei CEIOPS im Schwerpunkt um ein Beratungsgremium handelte, das den nationalen Versicherungsaufsichtsbehörden als Forum diente – CEIOPS hatte keine eigenen Eingriffsbefugnisse, sondern konnte nur Empfehlungen aussprechen oder beratend tätig werden[4] –, war eine europäische Rechtspersönlichkeit auch nicht erforderlich. Damit CEIOPS jedoch mit Dritten in Vertragsbeziehungen treten konnte und um die Verwaltung zu erleichtern, wurde durch die Mitglieder

---

[1] In anderen Agenturgründungsverordnungen wird eine solche Finanzierungspflicht ausdrücklich erwähnt (vgl. bspw. Art. 52 Abs. 4 DS-GVO). Dass dies vorliegend nicht der Fall ist, erscheint jedoch nicht als ausreichend starkes Indiz dafür, dass eine solche Pflicht hier nicht bestehen soll.

[1*] Beschluss des Europäischen Parlaments und des Rates 716/2009/EG vom 16. September 2009 zur Auflegung eines Gemeinschaftsprogramms zur Unterstützung spezifischer Tätigkeiten auf dem Gebiet der Finanzdienstleistungen, der Rechnungslegung und der Abschlussprüfung, ABl. 2009 L 253, 16.

[2] Verordnung (EU) Nr. 258/2014 des Europäischen Parlaments und des Rates vom 3. April 2014 zur Auflegung eines Unionsprogramms zur Unterstützung spezieller Tätigkeiten im Bereich Rechnungslegung und Abschlussprüfung für den Zeitraum 2014–2020 und zur Aufhebung des Beschlusses Nr. 716/2009/EG, ABl. 2014 L 105, 1.

[1] Beschluss der Kommission 2004/6/EG vom 5. November 2003 zur Einsetzung des Ausschusses der Europäischen Aufsichtsbehörden für das Versicherungswesen und die betriebliche Altersversorgung, ABl. 2004 L 03, 34.

[2*] Beschluss der Kommission 2009/79/EG vom 23. Januar 2009 zur Einsetzung des Ausschusses der Europäischen Aufsichtsbehörden für das Versicherungswesen und die betriebliche Altersversorgung, ABl. 2009 L 25, 28.

[3] So bspw. *Ksion*, Vorschlag für einen Beschluss des Europäischen Parlaments und des Rates zwecks Auflegung eines Gemeinschaftsprogramms zur Unterstützung spezifischer Tätigkeiten auf dem Gebiet der Finanzdienstleistungen, der Rechnungslegung und der Abschlussprüfung, in: KOM(2009) 14 endg., S. 4.

[4] *Heukamp* § 4 Rn. 20.

eine Unterstützungsstruktur mit Rechtspersönlichkeit geschaffen.[5] Hierbei wurde durch den ECOFIN-Rat festgelegt, dass CEIOPS seinen Sitz in Frankfurt haben und dort entsprechend die Unterstützerstruktur geschaffen werden sollte.[6] CEIOPS wurde als eingetragener Verein mit Sitz in Frankfurt beim Amtsgericht Frankfurt unter der Registernummer VR 12777 registriert.[7] Durch diesen Gründungsakt verfügt CEIOPS (bzw. dessen Sekretariat) zumindest über eine **Rechtspersönlichkeit im privatrechtlichen Sinne**.

Durch Art. 80 EIOPA-VO wird der **organisatorische Errichtungsbeschluss** (siehe Rn. 2) des CEIOPS **aufgehoben**, sodass CEIOPS ab dem 1. Januar 2011 organisatorisch nicht mehr existiert. Das Datum der Aufhebung des CEIOPS korreliert mit dem Errichtungszeitpunkt der EIOPA gemäß Art. 82 Abs. 3 EIOPA-VO und dem Geltungsbeginn der EIOPA-VO gemäß Art. 82 Abs. 2 EIOPA-VO. Bis zu diesem Zeitpunkt und ab dem Zeitpunkt des Inkrafttretens der EIOPA-VO gemäß Art. 82 Abs. 1 EIOPA-VO waren der CEIOPS allerdings einige den Errichtungsbeschluss ergänzende Aufgaben und Kompetenzen zugewiesen worden (vgl. Art. 76 f. EIOPA-VO), um einen Übergang von CEIOPS zu EIOPA zu bewältigen. Art. 80 EIOPA-VO bewirkt jedoch nicht zwingend, dass der CEIOPS e. V. aufgelöst wurde. Hierzu bedurfte es entweder eines Auflösungsbeschlusses nach § 41 S. 1 BGB durch die Mitgliederversammlung oder eines Hoheitsaktes der über die Regelungen des Vereinsgesetzes zur Aufhebung führen würde (ein solcher ist Art. 80 EIOPA-VO nicht). Denkbar wäre es allein, dass die Vereinssatzung der CEIOPS einen satzungsmäßigen Auflösungsgrund vorsah, der durch Art. 80 EIOPA-VO eingetreten ist, dann wäre auch die **privatrechtliche Rechtspersönlichkeit** durch Art. 80 EIOPA-VO unmittelbar **beendet** worden. 4

Überprüfung

81 (1) [1]**Die Kommission veröffentlicht bis zum 2. Januar 2014 und danach alle drei Jahre einen allgemeinen Bericht über die Erfahrungen aus den Tätigkeiten der Behörde und über die in dieser Verordnung festgelegten Verfahren.** [2]**In diesem Bericht wird unter anderem Folgendes bewertet:**

a) die Angleichung, die von den zuständigen Behörden in Bezug auf die angewandten Aufsichtspraktiken erreicht wurde;
i) das Maß der Angleichung bei der funktionellen Unabhängigkeit der zuständigen Behörden und bei Standards, die Regeln der guten Unternehmensführung gleichwertig sind;
ii) die Unparteilichkeit, Objektivität und Autonomie der Behörde;
b) das Funktionieren der Aufsichtskollegien;
c) die Fortschritte, die im Hinblick auf die Angleichung in den Bereichen Verhütung, Management und Bewältigung von Krisen erzielt wurden, einschließlich Finanzierungsmechanismen der Union;
d) die Rolle der Behörde hinsichtlich des Systemrisikos;
e) die Anwendung der Schutzklausel gemäß Artikel 38;
f) die Anwendung der verbindlichen Vermittlerrolle gemäß Artikel 19.

(2) **In dem Bericht nach Absatz 1 wird ebenfalls geprüft, ob**

a) es zweckmäßig ist, Banken, Versicherungen, die betriebliche Altersversorgung, Wertpapiere und Finanzmärkte weiterhin getrennt zu beaufsichtigen;
b) es zweckmäßig ist, prudentielle Aufsicht und Aufsicht über Geschäftsverhalten zu trennen oder durch dieselbe Aufsichtsbehörde vorzunehmen;
c) es zweckmäßig ist, die Strukturen des ESFS zu vereinfachen und zu stärken, um Kohärenz zwischen Makro- und Mikroebenen und zwischen den ESA zu erhöhen;
d) die Entwicklung des ESFS im Einklang mit der globalen Entwicklung verläuft;
e) innerhalb des ESFS ausreichend Vielfalt und Kompetenz besteht;
f) Rechenschaftspflicht und Transparenz den Offenlegungserfordernissen gerecht werden;
g) die Behörde mit ausreichenden Mitteln zur Wahrnehmung ihrer Aufgaben ausgestattet ist;
h) es angemessen ist, den Sitz der Behörde beizubehalten oder die ESA an einem einzigen Sitz anzusiedeln, um eine bessere Koordinierung untereinander zu fördern.

(3) **Zur Frage der direkten Beaufsichtigung von Finanzinstituten oder Infrastrukturen mit europaweiten Bezügen wird die Kommission unter Berücksichtigung der Marktentwicklun-**

[5] *Ksion*, Vorschlag für einen Beschluss des Europäischen Parlaments und des Rates zwecks Auflegung eines Gemeinschaftsprogramms zur Unterstützung spezifischer Tätigkeiten auf dem Gebiet der Finanzdienstleistungen, der Rechnungslegung und der Abschlussprüfung, in: KOM(2009) 14 endg., S. 4.

[6] Beschluss des Rats (Wirtschaft und Finanzen, sog. EcoFin-Formation) vom 20.1.2004, siehe CEIOPS, Annual Report 2004, S. 8.

[7] Beschluss des Europäischen Parlaments und des Rates 716/2009/EG vom 16. September 2009 zur Auflegung eines Gemeinschaftsprogramms zur Unterstützung spezifischer Tätigkeiten auf dem Gebiet der Finanzdienstleistungen, der Rechnungslegung und der Abschlussprüfung, ABl. 2009 L 253, 16.

gen jährlich einen Bericht dazu erstellen, ob es zweckmäßig ist, der Behörde weitere Aufsichtsaufgaben in diesem Bereich zu übertragen.

(4) **Der Bericht und etwaige begleitende Vorschläge werden dem Europäischen Parlament und dem Rat übermittelt.**

Schrifttum: Siehe die Angaben bei Art. 1 EIOPA-VO („Allgemein zum ESFS" und „Allgemein zur EIOPA").

1 **I. Allgemeines.** Der **Kommission** wird durch Abs. 1 eine **Pflicht** zur **permanenten Evaluierung** der EIOPA und der EIOPA-VO auferlegt. Auf Grundlage dieser Evaluierung hat die Kommission einen Dreijahresbericht (Abs. 1, 2) und einen Jahresbericht (Abs. 3) mit abgestuften Inhalten zu verfassen, die jeweils dem Europäischen Parlament und dem Rat zu übermitteln sind (Abs. 4). Zweck dieser Berichte ist zum einen, die EIOPA in ein System von *checks and balances* einzubinden, sodass durch die regelmäßige Bewertung durch die Kommission, unangemessenes Verhalten bereits nicht entsteht. Zum anderen – und dies ist der wichtigere Aspekt – sollen die zu erstattenden Berichte den Organen der Union eine hinreichende Entscheidungsgrundlage für zukünftige Anpassungsmaßnahmen liefern.[1] Der Bericht dient insofern der Identifizierung von Stärken, Mängeln und Defiziten und es ist der Kommission auch unbenommen, wie sich dies aus Abs. 4 ergibt, zur Behebung von Mängeln und Defiziten oder zum Ausbau von Stärken konkrete Vorschläge zu unterbreiten, was insbesondere auch zu avisierende Gesetzgebungsmaßnahmen beinhaltet.

2 **II. Evaluationsbericht (Abs. 1, 2).** Der Dreijahresevaluationsbericht der Kommission war zum ersten Mal bis spätestens am 2.1.2014 und ist danach alle drei Jahre, d. h. wieder am 2.1.2017, zu veröffentlichen. Für ihren ersten Bericht hat die Kommission die **Frist** des Abs. 1 deutlich überschritten; der Bericht wurde erst am 8.8.2014 veröffentlicht.[2] Art. 81 EIOPA-VO ordnet jedoch keine besondere Rechtsfolge für den Fall der Fristüberziehung an. Als potentielle Rechtsfolge droht der Kommission insoweit eine Untätigkeitsklage nach Art. 265 AEUV.

3 **1. Form und Erarbeitung des Berichts (Abs. 1).** Im Hinblick darauf, dass Abs. 4 (wohl nicht nur für den Bericht nach Abs. 3; siehe Rn. 13) gesondert eine Übermittlungspflicht an das Europäische Parlament und den Rat anordnet, ist die Veröffentlichungspflicht („Die Kommission *veröffentlicht* […]") des Abs. 1 so zu verstehen, dass der Bericht der **Öffentlichkeit zugängig** gemacht werden muss.

4 In seinem ersten Evaluationsbericht hat sich die Kommission dazu entschieden, die drei **ESA *en bloc*** also in einem einheitlichen Bericht zu **bewerten**.[3] Dies erscheint im Hinblick auf die Deckungsgleichheit des Art. 81 EIOPA-VO mit Art. 81 ESMA-VO und Art. 81 EBA-VO durchaus zulässig und auch sinnvoll. Hierbei ist jedoch zu beachten, dass die Kommission ihrer Evaluationspflicht für jede einzelne Behörde mindestens zu jedem der aufgelisteten Mindestbewertungskriterien nachkommt.

5 Die EIOPA-VO (und das Primärrecht) schweigen zur **Methodologie**, die die Kommission zur **Evaluation** der EIOPA zu verwenden hat. Im Hinblick auf die systematische Einbindung der EIOPA in das ESFS dürfte der Ausgangspunkt jeder Bewertung die durch EIOPA zu verfassenden Jahresberichte gemäß Art. 43 Abs. 5 EIOPA-VO sein. Dieser Bericht ist, zumindest in seinen wesentlichen Teilen, vom Exekutivdirektor zu entwerfen (Art. 53 Abs. 7 EIOPA-VO), dann vom Verwaltungsrat zu vervollständigen und dem Rat der Aufseher zur Annahme vorzuschlagen (Art. 47 Abs. 6 EIOPA-VO). Der Rat der Aufseher erstellt auf Grundlage dieses Vorschlags dann den Jahresbericht, der neben dem Europäischen Parlament, dem Rat, dem Rechnungshof und dem Europäischen Wirtschafts- und Sozialausschuss auch der Kommission alljährlich zuzuleiten ist. Soweit das Europäische Parlament und der Rat gemäß Art. 50 Abs. 1 S. 1 EIOPA-VO den Vorsitzenden der EIOPA zu einer Erklärung aufgefordert haben, so wird auch diese Erklärung und der im Voraus zu erstellende Bericht des Vorsitzenden (Art. 50 Abs. 2 EIOPA-VO) zur Evaluation herangezogen werden können. Hinsichtlich des Berichtsthemas der ausreichenden Mittelausstattung der EIOPA gemäß Abs. 2 lit. g ist auch der an die Kommission jährlich durch den Rechnungsführer der EIOPA zu übermittelnde Haushaltsbericht heranzuziehen. Neben diesen der Kommission immer offenstehenden Erkenntnisquellen ist sie jedoch verpflichtet, auch andere Erkenntnisquellen zu erschließen. In ihrem ersten Evaluationsbericht hat die Kommission beispielsweise von den ESA eine Selbstbewertung angefragt und erhalten, hat Studien des IWF und des Europäischen Parlaments berücksichtigt und hat eine umfassende Konsultation der Interessenträger durchgeführt.[4] Obgleich Art. 81 keinen Passus enthält, wie er sich beispielsweise in

[1] Vgl. zu den insoweit ähnlichen Fortschrittsberichten der Kommission im Bereich der gemeinsamen Justiz- und Innenpolitik bspw. von der Groeben/Schwartze/Hatje/*Breitenmoser/Weyeneth* Art. 70 AEUV Rn. 22.

[2] Bericht der Kommission an das Europäische Parlament und den Rat über die Tätigkeit der Europäischen Aufsichtsbehörden (ESA) und das Europäische System der Finanzaufsicht (ESFS), in: KOM(2014) 509 endg., S. 1.

[3] Bericht der Kommission an das Europäische Parlament und den Rat über die Tätigkeit der Europäischen Aufsichtsbehörden (ESA) und das Europäische System der Finanzaufsicht (ESFS), in: KOM(2014) 509 endg., S. 2.

[4] Bericht der Kommission an das Europäische Parlament und den Rat über die Tätigkeit der Europäischen Aufsichtsbehörden (ESA) und das Europäische System der Finanzaufsicht (ESFS), in: KOM(2014) 509 endg., S. 2 a. E.

Art. 97 Abs. 4 DS-GVO[5] wiederfindet, hat die Kommission im Rahmen ihrer Evaluierung auch die Standpunkte und Feststellungen des Europäischen Parlaments und Rats zu berücksichtigen.[6]

2. Bewertungskriterien (Abs. 1, 2). Die Bewertung der EIOPA und des ESFS in seiner Gesamtheit hat grundsätzlich nicht nur punktuell, sondern holistisch zu erfolgen. Dass es sich bei den in Abs. 1 S. 2 lit. a–f und Abs. 2 lit. a–h genannten Aspekten um **keinen *numerus clausus* der Bewertungskriterien** handelt, ergibt sich aus Abs. 1 S. 2 („*unter anderem* Folgendes bewertet" [Hervorhebung durch Verf.]). Aus dieser Regelungssystematik ergibt sich jedoch auch, dass sich aus Abs. 1 S. 2 und Abs. 2 das Mindestmaß der Kriterien ergibt, anhand deren die EIOPA und das ESFS zu evaluieren sind. 6

a) Auf EIOPA bezogene zwingende Bewertungskriterien (Abs. 1 lit. a–f, Abs. 2 lit. g). Ein Bündel der zwingend zu evaluierenden Kriterien betrifft die Effizienz der EIOPA, ein ***level playing field*** im Bereich der **nationalen Beaufsichtigung** zu fördern. So ist nach Abs. 1 lit. a zu prüfen, in wie weit EIOPA eine Angleichung der von den nationalen Aufsehern **angewandten Aufsichtspraktiken** (insbesondere auch vermittelt durch Leitlinien und Empfehlungen) erreicht hat. Hierbei ist die Angleichung nicht nur auf die nach außen gewandte Tätigkeit, sondern auch auf die innere Konstitution und Arbeitsweise der nationalen Aufsichtsbehörden zu fordern, insbesondere deren funktionelle Unabhängigkeit und gute Behördenführung (sublit. i), sowie deren Unparteilichkeit, Objektivität und Autonomie (sublit. ii) sind auf hohem Niveau anzugleichen. Mit den angewandten Aufsichtspraktiken in Zusammenhang steht auch die zu evaluierende Aufgabe der EIOPA, das Funktionieren der **Aufsichtskollegien** zu befördern (Abs. 1 lit. b), da gerade hier unterschiedliche nationale Aufsichtskulturen miteinander kollidieren. Im Falle einer solchen Kollision der Aufsichtskulturen kann es auch zu einem interbehördlichen Streit kommen, für welchen der EIOPA eine **Vermittlerposition** zukommt; auch bezüglich ihre Wahrnehmung dieser Funktion ist zu bewerten (Abs. 1 lit. f), in wie weit die EIOPA in dieser Gestalt zu größerer Aufsichtskohärenz beiträgt. Eine große Nähe zu diesem Themenkreis der Vereinheitlichung der Aufsichtspraxis weist auch der Evaluationsaspekt „**Anwendung der Schutzklausel** gemäß Artikel 38" (Abs. 1 lit. e) auf. Durch diesen nationalen Vorbehalt kann sich jeder Mitgliedstaat gegen Beschlüsse der EIOPA nach Art. 18 EIOPA-VO (Krisenfall) und Art. 19 EIOPA-VO (Meinungsverschiedenheit) verteidigen. In der Geltendmachung der Schutzklausel wäre insofern eine starke Kritik zumindest eines Mitgliedstaates an der Tätigkeit der EIOPA zu sehen. 7

Ein anderes Bündel der Evaluationskriterien bezieht sich weniger auf das Verhältnis zu den nationalen Aufsehern und deren Praktiken, sondern mehr auf die Behandlung des **Marktumfelds** durch EIOPA. So ist der Beitrag der EIOPA im Hinblick auf die Angleichung in den Bereichen **Verhütung, Management und Bewältigung von Krisen**, einschließlich Finanzierungsmechanismen der Union zu bewerten (Abs. 1 lit. c). Hierbei geht es nicht ausschließlich um die Reaktion der EIOPA auf Finanzkrisen, d. h. die Reaktion in einem Krisenfall (Art. 18 EIOPA-VO), sondern auch um die Angleichung in der Behandlung von Unternehmenskrisen (die letztlich auch Auslöser von Finanzkrisen sein können), wie die Aufgabe der EIOPA bspw. im Kontext des Art. 27 EIOPA-VO festgesetzt ist. Gemäß Art. 27 UAbs. 3 EIOPA-VO hat die Kommission sich im Bericht auch mit der Frage auseinanderzusetzen, ob Möglichkeiten bestehen, die Rolle der EIOPA im Rahmen der Verhütung, des Managements und der Bewältigung von Unternehmenskrisen zu stärken. Eine Mitberücksichtigung der Tätigkeit der EIOPA im Bereich von makroprudentiellen Krisen hat jedoch unter dem Bewertungsaspekt der Tätigkeit im Bereich von **Systemrisiken** (Abs. 1 lit. d) zu erfolgen, wobei hier natürlich auch die Arbeit der EIOPA bei der Identifizierung von Systemrisiken, bei der Eindämmung und bei der notwendigen Datenerhebung zu berücksichtigen sind. 8

Eine **Evaluation** der EIOPA erfolgt auch hinsichtlich ihrer **eigenen Struktur**. Hierbei ist zu bewerten, ob EIOPA im Rahmen ihrer **Offenlegungsverpflichtungen** den Anforderungen an die Rechenschaftspflichten und Transparenz gerecht wird (Abs. 2 lit. f). Auch ist durch die Kommission in einer Gesamtschau zu ermitteln, ob die EIOPA im Hinblick auf die wahrgenommenen und übertragenen Aufgaben, über **ausreichende Haushaltsmittel** verfügt (Abs. 2 lit. g). 9

b) Auf das ESFS bezogene zwingende Bewertungskriterien (Abs. 2). Ein Schwerpunkt der Evaluationspflicht der Kommission bezieht sich nicht **auf** die **EIOPA** isoliert, sondern nur auf diese **als Teil des ESFS**. Insofern sind die meisten der Evaluationskriterien (zu den Ausnahmen siehe vorne Rn. 9) des Abs. 2 nur in einer konsolidierten Bewertung aller ESA möglich. Im Schwerpunkt geht es bei diesen Evaluationskriterien um die Angemessenheit der europäischen Finanzaufsichts- und -regulierungsarchitektur. So hat die Kommission zu bewerten, ob die gegenwärtige sektorspezifische Aufsichts- 10

[5] Verordnung (EU) 2016/679 des Europäischen Parlaments und des Rates vom 27. April 2016 zum Schutz natürlicher Personen bei der Verarbeitung personenbezogener Daten, zum freien Datenverkehr und zur Aufhebung der Richtlinie 95/46/EG (Datenschutz-Grundverordnung), ABl. 2016 L 119, 1.

[6] Dies ist mit Berücksichtigung der Entschließung des Europäischen Parlaments vom 11. März 2014 mit Empfehlung an die Kommission zur Überprüfung des Europäischen Systems der Finanzaufsicht (ESFS) im ersten Evaluationsbericht auch geschehen; siehe Bericht der Kommission an das Europäische Parlament und den Rat über die Tätigkeit der Europäischen Aufsichtsbehörden (ESA) und das Europäische System der Finanzaufsicht (ESFS), in: KOM (2014) 509 endg., S. 2 (dort Fn. 3).

befugnis nicht besser auf eine einheitliche europäische **Allfinanzaufsichtsbehörde** zu konzentrieren ist (Abs. 2 lit. a)[7] oder doch zumindest die ESA an einem **einheitlichen Sitz** zu vereinigen sind, um eine bessere Koordinierung zu ermöglichen (Abs. 2 lit. h).[8] Ferner ist zu evaluieren, ob nicht wie dies in manchen Mitgliedstaaten geschehen ist,[9] eine **organisatorischen Trennung der prudentiellen Aufsicht und der Aufsicht über das Geschäftsverhalten** vorzunehmen ist (Abs. 2 lit. b). Ferner ist zu prüfen, ob die organisatorischen **Strukturen des ESFS** in einer Art und Weise **vereinfacht** oder gestärkt werden können, die eine größere Kohärenz innerhalb der einzelnen Sektoren der mikroprudentiellen Finanzaufsicht und zwischen der mikro- und der makro-prudentiellen Finanzaufsicht gewährleisten (Abs. 2 lit. c). Daneben ist das ESFS auch immer im Vergleich zur globalen Entwicklung der Finanzsektoren und der außereuropäischen Finanzaufsichts- und -regulierungsansätze zu bewerten (Abs. 2 lit. d). Schließlich fordert Art. 81 EIOPA-VO auch noch eine Evaluierung der ausreichenden „**Vielfalt und Kompetenz**" im ESFS (Abs. 2 lit. e). Die englische Fassung spricht hier etwas deutlicher von *diversity* und *excellency*, sodass es hierbei wohl um die personelle Ausstattung der ESA geht, wobei sich dies nicht nur auf das Personal i. e. S., sondern auch um die Einbindung in anderem Wege drehen dürfte (bspw. über die *Stakeholdergruppen*, Art. 37 EIOPA-VO).

11 **III. Bericht zur Zweckmäßigkeit einer direkten Aufsicht (Abs. 3).** Die Kommission ist ferner nach Abs. 3 zu einer **jährlichen Prüfung und Berichterstattung** zur Frage verpflichtet, ob es im Hinblick auf die Marktentwicklung zweckmäßig erscheint, der EIOPA weitere Aufgaben in Bezug auf die **direkte Beaufsichtigung** von Finanzinstituten oder Infrastrukturen mit europaweiten Bezügen zu übertragen. Es war ursprünglich im Kommissionsentwurf zur EIOPA-VO angedacht, der EIOPA eigenständige, direkte Aufsichtsbefugnisse über „gemeinschaftsweit tätige Institute oder Wirtschaftstätigkeiten mit gemeinschaftsweiter Tragweite" (Art. 6 Abs. 3 KomE-EIOPA-VO)[10] zu gewähren. Der europäische Gesetzgeber hat hiervon jedoch wieder Abstand genommen und eine solche originäre Aufsichtsbefugnis (und zwar im Rahmen der Zulassungsaufsicht und der laufenden Aufsicht) im ESFS nur der ESMA über Ratingagenturen zugestanden.[11] Eine vergleichbare originäre Aufsicht ist zudem noch der EZB im Rahmen des einheitlichen europäischen Aufsichtsmechanismus über bedeutende Großbanken[12] zugestanden. Abs. 3 verpflichtet die Kommission mithin zu prüfen, ob vergleichbare Aufgaben auch auf die EIOPA übertragen werden sollten.

12 Hierbei hat die Kommission nach dem Wortlaut des Abs. 3 nicht etwa die Notwendigkeit oder Erforderlichkeit, sondern die **Zweckmäßigkeit** solcher Maßnahmen zu eruieren. Während einige Sprachfassungen auch in Richtung des Maßstabs der Zweckmäßigkeit deuten (französisch: *opportunité*, italienisch: *opportunità*; spanisch: *conveniencia*) lassen sich andere eher in Richtung einer Prüfung der Angemessenheit verstehen (englischen: *appropriateness*; portugiesisch: *pertinência*). Da die Kommission mit ihrem Bericht letztlich noch keine Schaffung neuer Befugnisse herbeiführt, mag es dahinstehen, ob nicht eine volle Angemessenheitsprüfung gerade im Hinblick auf das europäische Subsidiaritätsprinzip[13] erforderlich ist. Im Sinne unionstreuen Verhaltens scheint es aber erforderlich, dass die Kommission unabhängig vom Wortlaut des Abs. 3 auch schon in diesem Stadium überprüft, ob das Ziel der effizienteren Beaufsichtigung europaweit agierender Finanzinstitute von den Mitgliedstaaten weder auf zentraler noch auf regionaler oder lokaler Ebene ausreichend verwirklicht werden kann.

13 Anders als Abs. 1 spricht Abs. 3 von **keiner Veröffentlichungspflicht**, sondern nur von einer Erstellungspflicht. Aus dieser sprachlichen Abweichung ließe sich ableiten, dass der Bericht nur verfasst und in entsprechender Anwendung des Abs. 4 dem Europäischen Parlament und Rat übermittelt werden muss. Andererseits spricht Abs. 4 gerade nicht von einer Übermittlungspflicht der *Berichte* (nach

---

[7] Das Konzept von einer monolithischen Behörde mit drei Abteilungen, das dem Europäischen Parlament wohl ursprünglich vorschwebte (vgl. die Fehldeutung des de Larosière-Berichts durch *Committee on Economic and Monetary Affairs des EP*, Bericht A7–0170/2010 vom 26.5.2010, S. 118 f.), hatte sich vorerst nicht durchgesetzt; unverständlich insofern *Lehmann/Manger-Nestler* EuZW 2010, 87, 88, die in den Kommissionsentwürfen ein Konzept der Allfinanzaufsicht erkennen wollen.

[8] Diese Idee einer Sitzverlegung aller ESA nach Frankfurt wurde schon von mehreren Europaparlamentarier vorgebracht, um die ESA mit der EZB und dem ESRB an einem Standort zu vereinen, vgl. *Wymeersch* ZGR 2011, 443, 456; *Weber-Rey* AG 2010, R453, R455; *Berschens*, Die EU soll nun doch eine mächtige zentrale Finanzaufsicht bekommen, in: Handelsblatt v. 2.9.2010, S. 13; die Kommission hält dies für zumindest auf mittlere bis lange Sicht erwägenswert; vgl. Bericht der Kommission an das Europäische Parlament und den Rat über die Tätigkeit der Europäischen Aufsichtsbehörden (ESA) und das Europäische System der Finanzaufsicht (ESFS), in: KOM(2014) 509 endg., S. 13.

[9] Vgl. bspw. *ECB*, Recent Developments in Supervisory Structures in the EU Member States (2007–2010), abrufbar unter https://www.ecb.europa.eu/pub/pdf/other/report_on_supervisory_structures2010en.pdf.

[10] Vorschlag für eine Verordnung des Europäischen Parlaments und des Rates zur Errichtung einer Europäischen Aufsichtsbehörde für das Versicherungswesen und die betriebliche Altersvorsorge, in: KOM (2009) 502 endg.

[11] Vgl. Art. 15, 20, 21 ff. der VO (EG) 1060/2009 des Europäischen Parlaments und des Rates über Ratingagenturen, ABl. 2009 L 302, 1 in der Fassung der VO (EU) 513/2011 des Europäischen Parlaments und des Rates zur Änderung der Verordnung (EG) Nr. 1060/2009 über Ratingagenturen, ABl. 2011 L 145, 30.

[12] Vgl. Art. 4 der Verordnung (EU) Nr. 1024/2013 des Rates zur Übertragung besonderer Aufgaben im Zusammenhang mit der Aufsicht über Kreditinstitute auf die Europäische Zentralbank, ABl. 2013 L 287, 63.

[13] Vgl. hierzu bspw. Grabitz/Hilf/Nettesheim/*Bast* Art. 5 EUV Rn. 49 ff.

den Abs. 1 und 2, sowie nach Abs. 3), sondern nur von einer Pflicht *den* Bericht zu übermitteln. Hieraus ließe sich schließen, dass nur der dreijährige Evaluationsbericht zu übermitteln ist, während der einjährige Bericht nur zu veröffentlichen wäre oder *vice versa*. Es erscheint durchaus stimmiger, den Abs. 4 erweiternd dahingehend auszulegen, dass alle in Art. 81 EIOPA-VO avisierten Berichte an das Europäische Parlament und den Rat zu leiten sind. Es erscheint insofern auch möglich, Abs. 3 wörtlich zu nehmen und eine reine Erstellungs- und Übermittlungs- nicht aber eine Veröffentlichungspflicht anzunehmen. Dies erscheint aus Gesichtspunkten der Transparenz der europäischen Gesetzgebung durchaus bedenklich, da Art. 15 Abs. 1 AEUV alle europäischen Organe auf den Grundsatz der Offenheit verpflichtet. Sekundärrechtlich wird dies durch Art. 12 f. InformationszugangVO[14] noch dahingehend konkretisiert, dass die Organe nicht nur passiv den Zugang zu den Dokumenten ermöglichen, sondern ihn aktiv, d. h. durch Veröffentlichungen, eröffnen müssen. Allerdings ist dieser Transparenzgrundsatz nicht schrankenlos; vielmehr werden Zugangsbeschränkungen nach Art. 15 Abs. 3 UAbs. 1 EIOPA-VO und 2 AEUV i. V. m. Art. 4 ff. InformationszugangVO erlaubt. Vorliegend erscheint es zumindest vertretbar, dass die Kommission im Hinblick auf Art. 4 Abs. 1 lit. a GS 4 InformationszugangVO, nach dem Dokumente zum Schutz der Finanz-, Währungs- oder Wirtschaftspolitik der Union oder eines Mitgliedstaats vom Zugang ausgenommen werden können, von einer Veröffentlichung absieht. Bedenkt man, dass es sich hier nur um Vorüberlegungen zu einer möglichen Verschiebung nationalstaatlicher Aufsichtskompetenzen auf die EIOPA handelt, die für erhebliche Unruhe auf den Finanzmärkten sorgen könnten, aber noch keinerlei Einleitung eines Gesetzgebungsverfahrens bedeuten, so scheint es hinnehmbar, dass diese nicht veröffentlicht werden.

IV. Andere Berichtspflichten der Kommission. Gemäß Art. 11 Abs. 1 S. 2 EIOPA-VO hat die 14
Kommission periodisch einen **Bericht** über die übertragene Befugnis, die in Art. 10 EIOPA-VO genannten **technischen Regulierungsstandards** zu erlassen, vorzulegen (siehe Art. 11 EIOPA-VO Rn. 18 ff.). Eine weitere Konkretisierung erfährt diese Berichtspflicht nicht. Insbesondere hinsichtlich der Frage, ob dieser Bericht zu veröffentlichen ist und wem er vorzulegen ist, spricht einiges dafür, diesen Bericht dem Evaluationsbericht gleichzustellen und die Normen des Art. 81 EIOPA-VO *mutatis mutandis* auf diesen anzuwenden. Tatsächlich wurde dieser Bericht zu den technischen Regulierungsstandards auch als Annex zum Evaluationsbericht übermittelt und veröffentlicht.[15]

V. Adressat (Abs. 4). Der **Bericht** nach Abs. 1, 2 ist an das **Europäische Parlament** und den **Rat** 15
zu übermitteln. Indem Abs. 4 als einzige Norm des Art. 81 EIOPA-VO erwähnt, dass auch etwaige begleitende Vorschläge zu übermitteln sind, suggeriert er, dass diese aus dem zu veröffentlichenden Evaluationsbericht gewonnenen Vorschläge nicht zwingend zu veröffentlichen, aber wenn vorhanden zu übermitteln sind. Ein solches Vorgehen durch die Kommission würde jedoch kaum dem Telos der Berichtspflicht entsprechen. Der zu veröffentlichende Bericht dient auch dazu, die Öffentlichkeit und EIOPA und ihrer Beschäftigten in die Lage zu versetzen, die Effizienz der EIOPA zu bewerten und zukünftige Entwicklungen zu antizipieren. Hierzu scheint es erforderlich, dass die Kommission auch ihre aus der Ist-Beschreibung und -Bewertung gezogenen Schlüsse für die Zukunft offenlegt.

Eine Übermittlungspflicht an das Europäische Parlament und den Rat besteht aus Abs. 4 – nach 16
hiesiger Auffassung – grundsätzlich auch für den **Bericht nach Abs. 3** (vgl. Rn. 13), wenn nicht die Abwägung im Hinblick auf den notwendigen Schutz der Finanz-, Währungs- oder Wirtschaftspolitik der Union eine Nichtoffenlegung zwingend erscheinen lässt.

Inkrafttreten

82 Diese Verordnung tritt am Tag nach ihrer Veröffentlichung im Amtsblatt der Europäischen Union in Kraft.

Sie gilt ab 1. Januar 2011; hiervon ausgenommen sind Artikel 76 und Artikel 77 Absätze 1 und 2, die ab dem Tag des Inkrafttretens der Verordnung gelten.

Die Behörde wird am 1. Januar 2011 errichtet.

Schrifttum: Siehe die Angaben bei Art. 1 EIOPA-VO („Allgemein zum ESFS" und „Allgemein zur EIOPA").

I. Allgemeines. Durch Art. 82 EIOPA-VO wird zum einen der zeitliche Anwendungsbereich der 1
EIOPA-VO festgelegt (UAbs. 1, 2) und zum anderen der Zeitpunkt der Errichtung der EIOPA bestimmt (UAbs. 3).

II. Zeitlicher Anwendungsbereich (Abs. 1, 2). UAbs. 1 und 2 **differenzieren** hierbei hinsicht- 2
lich des **zeitlichen Anwendungsbereichs** der EIOPA-VO zwischen dem Inkrafttreten und der

[14] VO (EG) 1049/2001 des Europäischen Parlaments und des Rates vom 30. Mai 2001 über den Zugang der Öffentlichkeit zu Dokumenten des Europäischen Parlaments, des Rates und der Kommission, ABl. 2001 L 145, 43.

[15] Bericht der Kommission über die Ausübung der Befugnis zum Erlass von Entwürfen technischer Regulierungsstandards gemäß Artikel 11 Absatz 1 der ESA-Verordnung, in: KOM(2014) 509 endg. Annex 1.

Geltung der Normen. Unter Inkrafttreten versteht man für gewöhnlich die Entfaltung normativer Wirkung im Sinne einer rechtlichen Gestaltungswirkung;[1] allerdings ist es durchaus üblich, die Geltung einzelner oder aller Normen, d. h. die Frage, ab welchem Zeitpunkt bestimmte Sachverhalte erfasst werden, hiervon abweichend zu normieren, sodass sich entweder eine (im Einzelfall problematische)[2] Rückwirkung oder eine erst spätere Geltungswirkung ergeben kann. So verfährt der europäische Gesetzgeber vorliegend.

3 Das **Inkrafttreten** der Verordnung (Abs. 1) knüpft hierbei an den Veröffentlichungsakt der EIOPA-VO an. Hierbei machte der europäische Gesetzgeber von seiner Befugnis Gebrauch, von der Auffangregel des Art. 297 Abs. 1 UAbs. 3 S. 2 Alt. 2 AEUV, die ein Inkrafttreten zwanzig Tage nach der Veröffentlichung vorsieht, abzuweichen und das Inkrafttreten einen Tag nach Veröffentlichung festzusetzen. Die EIOPA-VO wurde am 15.12.2010 im Amtsblatt der Europäischen Union veröffentlicht und ist mithin am 16.12.2010 in Kraft getreten. Mit der Veröffentlichung wurde die Verordnung den Normunterworfenen bekannt gemacht, ohne dass diese im Hinblick auf UAbs. 2 sofortige Rechtswirkungen erzeugt, sodass hinreichend Zeit verblieb, sich mit den neuen Bestimmungen vertraut zu machen. Durch das Inkrafttreten dürfte aber zumindest den Mitgliedstaaten die Möglichkeit genommen worden sein, in der Zwischenzeit bis zum Geltungsbeginn abweichende autonome Regelungen zu treffen, die die Normen der EIOPA-VO konterkarieren.

4 Alle Normen der EIOPA-VO gelten gemäß UAbs. 2 seit dem 1.1.2011. Eine vorherige **Geltung** ist nur für die Normen des Art. 76 EIOPA-VO (Übergangsmaßnahmen der Vorgängerorganisation CEIOPS zur Umgestaltung in die Behörde EIOPA) und der Art. 77 Abs. 1 und 2 EIOPA-VO (zur Behandlung von Altarbeits- und Abordnungsverträgen der Beschäftigten der CEIOPS und deren zukünftigen Eingliederung in die EIOPA) festgesetzt. Letztere gelten ab dem Tag des Inkrafttretens nach UAbs. 1 mithin seit dem 16.12.2010. Anderweitige Übergangsvorschriften finden sich in der EIOPA-VO nicht, sodass die Normen ab den genannten Zeitpunkten für jeden Sachverhalt Anwendung finden.

5 **III. Zeitpunkt der Errichtung (Abs. 3).** UAbs. 3 bestimmt den **Tag der Errichtung** der EIOPA auf den 1.1.2011. Da die EIOPA, anders als ihre Vorgängerin CEIOPS, die in der Form eines eingetragenen Vereins errichtet wurde,[3] eine genuine Einrichtung der europäischen Union ist und als solche Rechtspersönlichkeit besitzt (siehe Art. 5 EIOPA-VO Rn. 2 ff.), war zur Errichtung und Entstehung der Rechtspersönlichkeit auch kein weiterer Schritt notwendig. Allerdings war die EIOPA zum Zeitpunkt des 1.1.2011 nicht voll handlungsfähig, sondern nur vermittels der interimistischen Zuständigkeitsregelungen des Art. 77 Abs. 2 EIOPA-VO. Volle Autonomie und Funktionsfähigkeit erlangte EIOPA jedoch relativ schnell nach ihrer Errichtung. So hat sie als erste der drei ESA bereits einige Tage nach ihrer Gründung ihre Arbeit aufgenommen, zunächst mit der Konstituierung ihres Verwaltungsrates[4] und anschließend durch Wahl von Gabriel Bernardino zum ersten Vorsitzenden von EIOPA[5] und Wahl von Carlos Montalvo Rebuelta zum ersten Exekutivdirektor.[6]

---

[1] Vgl. zum deutschen Verständnis des Inkrafttretens bspw. Maunz/Dürig/*Butzer* Art. 82 Rn. 273.

[2] Für einen groben Überblick zur europarechtlichen Behandlung der Rückwirkung siehe bspw. Streinz/*Gellermann* Art. 297 AEUV Rn. 7.

[3] Vgl. Dauses/*Beckmann* E. VI. Rn. 135; siehe vertiefend Art. 7 Rn. 1 (dort Fn. 1).

[4] Siehe *Lansch* VW 2011, 90.

[5] *N.N.* VW 2011, 182, 183; anders als die Wahl der Vorsitzenden der anderen ESA (sc. Andrea Enria, EBA und Steven Maijoor, ESMA) ist dies auch auf breite Zustimmung gestoßen *Berschens*, Europaparlament zweifelt an neuen EU-Finanzaufsehern, in: Handelsblatt vom 28./29.1.2011, S. 31; vgl. auch *Detering*, Der mächtige Leisetreter aus Portugal, in: Handelsblatt vom 27./28./29.8.2012, S. 30.

[6] Vgl. *N. N.* VW 2011, 489; siehe auch *Müller-Reichart/Altenhofen/Wagner/Weckbecker* VW 2011, 962, 963.

Verordnung über die aufsichtsrechtlichen Anforderungen an Vergütungssysteme im Versicherungsbereich (Versicherungs-Vergütungsverordnung – VersVergV)

Vom 18. April 2016 (BGBl. I S. 763)

Geltungsbereich

§ 1 (1) **Diese Verordnung gilt für die folgenden Unternehmen:**

1. Erst- und Rückversicherungsunternehmen sowie Pensionsfonds mit Sitz im Inland,
2. Versicherungs-Holdinggesellschaften im Sinne des § 7 Nummer 31 sowie Unternehmen im Sinne des § 293 Absatz 4 des Versicherungsaufsichtsgesetzes mit Sitz im Inland,
3. Versicherungs-Zweckgesellschaften mit Sitz im Inland,
4. gemischte Finanzholding-Gesellschaften mit Sitz im Inland,
5. übergeordnete Unternehmen eines Finanzkonglomerats mit Sitz im Inland, es sei denn, es handelt sich um Institute im Sinne des § 1 Absatz 1b des Kreditwesengesetzes,
6. im Inland erlaubnispflichtige Erst- und Rückversicherungsunternehmen sowie Einrichtungen der betrieblichen Altersversorgung mit Sitz in einem Drittstaat und
7. im Inland erlaubnispflichtige Erstversicherungsunternehmen mit Sitz in einem anderen Mitgliedstaat der Europäischen Union oder einem anderen Vertragsstaat des Abkommens über den Europäischen Wirtschaftsraum, die nicht den Versicherungsrichtlinien unterfallen.

(2) **[1]Die §§ 3, 4 und 6 sind nicht auf Unternehmen anzuwenden, für die Artikel 275 der Delegierten Verordnung (EU) 2015/35 der Kommission vom 10. Oktober 2014 zur Ergänzung der Richtlinie 2009/138/EG des Europäischen Parlaments und des Rates betreffend die Aufnahme und Ausübung der Versicherungs- und der Rückversicherungstätigkeit (Solvabilität II) (ABl. L 12 vom 17.1.2015, S. 1) gilt. [2]Im Übrigen ist § 4 nur anzuwenden, wenn das Unternehmen bedeutend im Sinne des Absatzes 3 ist.**

(3) **[1]Unternehmen mit einer Bilanzsumme von mindestens 45 Milliarden Euro und Unternehmen, die einer Versicherungsgruppe oder einem nach § 11 des Finanzkonglomerate-Aufsichtsgesetzes festgestellten Finanzkonglomerat mit einer Bilanzsumme von mindestens 45 Milliarden Euro angehören, haben auf der Grundlage einer Risikoanalyse eigenverantwortlich festzustellen, ob sie bedeutend sind. [2]Bei der Risikoanalyse sind insbesondere die Größe und Vergütungsstruktur sowie Art, Umfang, Komplexität, Risikogehalt und Internationalität der Geschäftstätigkeit zu beachten. [3]Unternehmen, die einer Versicherungsgruppe oder einem nach § 11 des Finanzkonglomerate-Aufsichtsgesetzes festgestellten Finanzkonglomerat angehören, haben bei der Analyse auch die Größe sowie Art, Umfang, Komplexität, Risikogehalt und Internationalität der Geschäftstätigkeit der Gruppe oder des Konglomerats zu beachten. [4]Die Feststellung und die Analyse sind schriftlich zu dokumentieren. [5]Die Analyse muss plausibel, umfassend und für Dritte nachvollziehbar sein. [6]Unternehmen mit einer Bilanzsumme von mindestens 90 Milliarden Euro und Unternehmen, die einer Versicherungsgruppe oder einem nach § 11 des Finanzkonglomerate-Aufsichtsgesetzes festgestellten Finanzkonglomerat mit einer Bilanzsumme von mindestens 90 Milliarden Euro angehören, sind in der Regel als bedeutend anzusehen. [7]Unternehmen mit einer Bilanzsumme von weniger als 45 Milliarden Euro und Unternehmen, die einer Versicherungsgruppe oder einem nach § 11 des Finanzkonglomerate-Aufsichtsgesetzes festgestellten Finanzkonglomerat mit einer Bilanzsumme von weniger als 45 Milliarden Euro angehören, gelten als nicht bedeutend.**

(4) **Diese Verordnung ist auf Vergütungen, die durch Tarifvertrag oder in seinem Geltungsbereich durch Vereinbarung der Arbeitsvertragsparteien über die Anwendung der tarifvertraglichen Regelungen oder auf Grund eines Tarifvertrages in einer Betriebs- oder Dienstvereinbarung vereinbart sind, nicht anzuwenden.**

I. Allgemeines. 1. Entstehungsgeschichte. Die vorliegende Verordnung ersetzt die zum 31.12.2015 außer Kraft gesetzte VersVergV vom 6.10.2010, welche aufgrund der geänderten Verordnungsermächtigungsgrundlagen durch das Gesetz zur Modernisierung der Finanzaufsicht über Ver- 1 sicherungen[1] aufgehoben werden musste. § 1 Abs. 1 entspricht mit einigen Anpassungen an die Änderungen im VAG und KWG dem bisherigen § 1 Abs. 1 a. F. § 1 Abs. 2 ist neu. § 1 Abs. 3 entspricht dem bisherigen § 1 Abs. 2 a. F. und § 1 Abs. 4 dem bisherigen § 1 Abs. 3 a. F. Die VersVergV beruht auf der Ermächtigungsgrundlage in § 34 Abs. 2 S. 1 VAG und füllt die gesetzgeberischen Vorgaben des § 25 VAG aus.

2 **2. Normzweck.** Die Vorschrift regelt in einem recht komplizierten Regel-Ausnahme-Verhältnis den Anwendungsbereich der VersVergV.

3 Mit der VersVergV werden die Vorgaben der FSB-Standards[2] für eine solide Vergütungspraxis für die Versicherungswirtschaft umgesetzt und auf eine gesetzliche Grundlage gestellt. Diese Vorgaben dienen der Ergänzung der gesetzlich geregelten Mindestanforderungen an da Risikomanagement von Versicherungsunternehmen.[3]

4 **II. Einzelerläuterungen. 1. Abs. 1.** Alle die unter den Nr. 1–7 in Abs. 1 genannten Unternehmen, deren Identifizierung sich nach den Definitionen des VAG richten, fallen in den Anwendungsbereich der VersVergV. Dabei wird in dieser Aufzählung noch nicht danach unterschieden, ob es sich um Unternehmen handelt, auf die weiterhin der Rechtsrahmen Solvabilität I oder der neue Rechtsrahmen Solvabilität II Anwendung findet.

5 **a) Abs. 1 Nr. 1.** Nr. 1 erfasst alle Versicherungsunternehmen i. S. d. § 7 Nr. 33 VAG, sowie Pensionsfonds mit Sitz im Inland, d. h. Deutschland. Soweit bereits hier ein, im Ergebnis richtige, Einschränkung auf kleine Versicherungsunternehmen vorgenommen wird,[4] findet diese keine Stütze im Verordnungstext. Darüber hinaus können Rückversicherungsunternehmen definitionsgemäß keine kleinen Versicherungsunternehmen sein (siehe § 211 VAG).

6 **b) Abs. 1 Nr. 5.** Nach **Nr. 5** werden übergeordnete Unternehmen eines Finanzkonglomerats dem Anwendungsbereich der VersVergV unterworfen. Dabei handelt es sich für den Anwendungsbereich des § 25 VAG gem. § 25 Abs. 3 S. 2 VAG um ein Versicherungsunternehmen oder eine Versicherungs-Holdinggesellschaft, so dass nur versicherungsgeführte Finanzkonglomerate gemeint sind. Das ist insoweit sachgerecht, als für Kreditinstitute und Versicherungsunternehmen unterschiedliche Vergütungsregelungen gelten und es bei der bisher schon geltenden sektoralen Trennung bleiben soll.

7 **c) Abs. 1 Nr. 6.** Abs. 1 Nr. 6 bezieht alle Niederlassungen von Erst- und Rückversicherungen nach § 67 ff. VAG sowie erlaubnispflichtige Einrichtungen der betrieblichen Altersversorgung gem. § 243 bzw. § 244 i. V. m §§ 67 ff. VAG in den Anwendungsbereich der VersVergV ein.

8 **d) Abs. 1 Nr. 7.** Nach **Nr. 7** sollen auch solche Niederlassungen von Versicherungsunternehmen aus den EU/EWR-Staaten, die **nicht** den Versicherungsrichtlinien unterfallen (gemeint ist die Solva II-RL) in den Anwendungsbereich einbezogen werden. Allerdings ist deren Einbeziehung teilweise überflüssig, da auf diese Unternehmen, wenn sie Lebensversicherungsunternehmen (ohne Pensions- und Sterbekassen) oder Schaden-/Unfallversicherungsunternehmen sind und grenzüberschreitend tätig werden, Art. 275 DVO (EU) 2015/35 Anwendung findet.[5] Im Übrigen sind diese bereits von den Nr. 1–6 erfasst. Einen Anwendungsbereich für die Nr. 7 ergibt sich lediglich für Sterbekassen, Pensionskassen und Pensionsfonds mit Sitz in einem anderen Mitglied- oder Vertragsstaat.

9 **2. Abs. 2.** Wie das BMF in der Begründung zum Referentenentwurf[6] zur VersVergV ausgeführt hat, strebt die Solva II-RL i. V. m. Art. 275 DVO (EU) 2015/35, die unmittelbar geltendes Recht ist, auf dem Gebiet der Vergütung eine **Vollharmonisierung** an. Insofern ist es dem dt. Gesetzgeber nicht erlaubt abweichende oder zusätzliche Regelungen[7] auf dem Gebiet der Vergütung im Versicherungssektor oder wortgleiche Wiederholungen der unmittelbar geltenden europäischen Vorgaben in einem nationalen Gesetz zu erlassen.[8] Folglich nimmt **Abs. 2** die Unternehmen, die die Art. 275 DVO (EU) 2015/35 zu befolgen haben, vom Anwendungsbereich der §§ 3, 4 und 6, welche die materiell-rechtlichen Vorgaben zur Vergütung enthalten aus.

10 Durch die Änderung[9] eröffnet die Vorschrift immer mehr auch die **freiwillige Anwendung** der Vorgaben des Art. 275 DVO (EU) 2015/35. Damit soll solchen Gruppen, die sich sowohl aus Unternehmen, die die §§ 3, 4 und 6 der, als auch aus Unternehmen, die die Vorgaben des Art. 275 DVO

---

[1] BGBl. 2015 I 434.

[2] FSB „Principles for Sound Compensation Practices" vom 2.4.2009; FSB „Principles for Sound Compensation Practices – Implementing Standards" vom 25.9.2009.

[3] Entwurf eines Gesetzes über die aufsichtsrechtlichen Anforderungen an die Vergütungssysteme von Instituten und Versicherungsunternehmen, BT-Drs. 1/1291, 1, 2.

[4] Annuß/Früh/Hasse/*Hasse* § 1 VersVergV Rn. 2.

[5] Art. 4 Abs. 4 i. V. m. Art. 145–149 Solva II-RL, § 65 Abs. 2 i. V. m. § 68 Abs. 2 VAG.

[6] RefE vom 23.9.2015.

[7] *EuGH* Entsch. v. 11.2.1971 – 39/70, Slg. 1971, 49.

[8] *Schulze/Zuleeg/Kadelbach,* Europarecht, 3. Aufl., § 2 Rn. 41.

[9] 2. VO zur Änderung von Verordnungen nach VAG, BGBl. 2017 I 2023.

(EU) 2015/35 zu beachten haben zusammensetzen, eine gruppenweiten konsistenten Vergütungsregelung erleichter werden (siehe § 5 Rdnr. 10).

3. Abs. 3. a) Bedeutendes Unternehmen. Den Vorgaben des Financial Stability Boards (FSB)[10] folgend, unterscheidet auch die aktuelle VersVergV, wie auch bereits die bis zum 31.12.2015 geltenden VersVergV a. F., zwischen Unternehmen, auf die nur die allgemeinen Vorgaben des § 3 anwendbar sind, und solchen Unternehmen, die, weil sie auf Einzelunternehmensebene oder aufgrund ihrer Zugehörigkeit zu einer Versicherungsgruppe bestimmte bilanzielle Schwellenwerte überschreiten, neben den allgemeinen Vorgaben nach § 3 auch die besonderen Anforderungen des § 4 zu erfüllen haben. Für die Ermittlung der bilanziellen Schwellenwerte wird an den **Konzernabschluss nach HGB oder IFRS**[11] je nachdem welchen Rechnungslegungsstandard die Gruppe oder das Finanzkonglomerat anwendet, angeknüpft. Diese Anknüpfung an den von der Gruppe oder dem Finanzkonglomerat gewählten Rechnungslegungsstandard ist, auch wenn diese aufgrund der zugrundeliegenden unterschiedlichen Bewertungsansätze zu unterschiedlichen Bilanzsummen führen, sachgerecht. Eine verpflichtende IFRS-Bilanzierung zur Ermittlung der Schwellenwerte wäre nicht zu rechtfertigen.[12] 11

b) Einzelunternehmensebene. Betrachtet man die **Schwellenwerte** ausschließlich auf **Einzelunternehmensebene,** so existiert derzeit kein Unternehmen, das in den Anwendungsbereich der §§ 3, 4 und 6 fällt, welches eine der in **Abs. 3** genannten Schwellenwerte überschreitet. Somit ist bei einer Betrachtung auf Einzelunternehmensebene derzeit kein Unternehmen als **bedeutendes Unternehmen** zu qualifizieren. 12

c) Gruppen- oder Finanzkonglomeratsebene. Unternehmen, auf die die §§ 3, 4 und 6 Anwendung finden, können aber aufgrund einer Gruppen- oder Finanzkonglomeratsbetrachtung zur Befolgung der Vorgaben des § 4 verpflichtet sein. 13

aa) Kreditinstitutsgeführte Finanzkonglomerate. Der Verordnungstext spricht zwar in § 1 Abs. 3 von einem nach § 11 FKAG festgestelltem Finanzkonglomerat. Dies bedeutet jedoch nicht, dass ein Versicherungsunternehmen, dass auf Einzelebene nicht bedeutend ist, aufgrund seiner Zugehörigkeit zu einem kreditinstitutgeführten Finanzkonglomerat die Risikoanalyse auf Finanzkonglomeratsebene zusätzlich vorzunehmen hat. Dies ergibt sich aus § 1 Abs. 1 Nr. 5, wonach die VersVergV nicht auf übergeordnete Unternehmen eines Finanzkonglomerats anzuwenden ist, die Kreditinstitute gem. § 1 Abs. 1b KWG sind. 13a

bb) Versicherungsgeführte Finanzkonglomerate. Gehört ein Unternehmen, auf das die §§ 3, 4 und 6 VersVergV anwendbar sind, einer Versicherungsgruppe oder einem festgestellten, **versicherungsgeführten Finanzkonglomerat** an, dessen Konzernbilanz unterhalb der Schwelle von 45 Mrd. EUR liegt, so bleibt es bei der Anwendung des § 3, da das Unternehmen auch nach einer Gruppen- bzw. Finanzkonglomeratsbetrachtung nicht als bedeutend eingestuft wird, Abs. 3 S. 7. 14

d) Unternehmenseigene Risikoanalysen. aa) Feststellung. Ist das Unternehmen, auf das die §§ 3, 4, oder 6 anzuwenden sind, Teil einer Versicherungsgruppe oder eines festgestellten, versicherungsgeführten Finanzkonglomerats, dessen Konzernbilanz die Schwelle von mindestens 45 Mrd. EUR überschreitet, jedoch unterhalb der Schwelle von 90 Mrd. EUR bleibt, so muss das **Unternehmen** eine plausible, für Dritte nachvollziehbare Risikoanalyse vornehmen, ob es nicht aufgrund der Größe sowie der Art, des Umfang, der Komplexität, des Risikogehalt und der Internationalität der **Geschäftstätigkeit der Gruppe** oder des Konglomerats als bedeutend anzusehen ist. Die gruppen- bzw. konglomeratsbezogene Betrachtung ist zusätzlich zur Betrachtung auf Einzelunternehmensebene vorzunehmen.[13] Maßgeblich ist somit nicht mehr nur die Geschäftstätigkeit des Einzelunternehmens sondern der Gruppe oder des Finanzkonglomerats. 15

bb) Widerlegung. Erreicht die Konzernbilanz einer Versicherungsgruppe oder eines festgestellten, versicherungsgeführten Finanzkonglomerats die Summe von mindestens 90 Mrd. EUR, so gilt die **gesetzliche Vermutung,** dass alle der Gruppe oder dem Finanzkonglomerat angehörigen Unternehmen bedeutend sind. Diese Vermutung kann im Rahmen einer Risikoanalyse ausnahmsweise widerlegt werden.[14] 16

Die Risikoanalyse ist vom jeweiligen Unternehmen selbst vorzunehmen.[15] Ziel der Risikoanalyse ist es, in Anwendung des Proportionalitätsprinzips die weitergehenden, anspruchsvolleren Vorgaben an die 17

---

[10] FSB „Principles for Sound Compensation Practices" vom 2.4.2009; FSB „Principles for Sound Compensation Practices – Implementing Standards" vom 25.9.2009.

[11] Begründung (in der Fassung der Bekanntmachung vom 6.10.2010) zu § 1.

[12] Annuß/Früh/Hasse/*Hasse* § 1 VersVergV Rn. 7.

[13] *GDV,* Auslegungshilfe zu den Anforderungen an Vergütungssysteme in der Versicherungswirtschaft, Stand Februar 2011, S. 5.

[14] Begründung (in der Fassung der Bekanntmachung vom 6.10.2010) zu § 1.

[15] *GDV,* Auslegungshilfe zu den Anforderungen an Vergütungssysteme in der Versicherungswirtschaft, Stand Februar 2011, S. 4.

Vergütung tatsächlich nur den Unternehmen abzuverlangen, die bedeutend i. S. d. FSB-Empfehlungen sind.[16] Hinsichtlich der Anforderungen an die selbsteinschätzende Risikoanalyse dürfen keine zu hohen Anforderungen gestellt werden. Ausreichend ist eine plausible Herleitung des Ergebnisses sowie eine nachvollziehbare Begründung.[17] Die Risikoanalyse ist zu dokumentieren.

18 **4. Abs. 4.** Abs. 4 wiederholt § 25 Abs. 5 VAG. Damit werden Vergütungen, die im Rahmen eines Tarifvertrags oder in seinem Geltungsbereich durch Vereinbarung der Arbeitsvertragsparteien über die Anwendung der tariflichen Regelungen oder aufgrund eines Tarifvertrages in einer Betriebs- oder Dienstvereinbarung vereinbart wurden, vom Anwendungsbereich der VersVergV ausgeschlossen. Ohne eine solche Regelung würde die VersVergV in die durch Art 9 Abs. 3 GG geschützte Tarifautonomie eingreifen.[18] Letztlich sind die geltenden Vergütungsvorgaben Ausfluss der FSB-Empfehlungen, welche sich auf die Vergütung von Geschäftsleiter und „Risk-Takern" (zum Begriff § 4 Rn. 3) in Unternehmen beziehen, sowie der bisherigen Regelungen zu Vergütungsfragen durch die Aufsicht, die sich nur auf Geschäftsleiter und Aufsichtsratsmitglieder bezogen haben. Eine Erweiterung auf tarifvertraglich ausgehandelte oder durch Betriebsvereinbarung oder Dienstvereinbarung aufgrund eines Tarifvertrages gewährte Vergütungen entspräche nicht dem Sinn und Zweck der mit der aufsichtsrechtlichen Vergütungsregulierung verbunden ist.[19]

Begriffsbestimmungen

2

Im Sinne dieser Verordnung ist oder sind:

1. **„Unternehmen": alle in § 1 Absatz 1 genannten Unternehmen;**
2. **„Vergütung": sämtliche finanziellen Leistungen und Sachbezüge, gleich welcher Art, sowie Leistungen von Dritten, die ein Geschäftsleiter oder eine Geschäftsleiterin oder ein Mitarbeiter oder eine Mitarbeiterin im Hinblick auf seine oder ihre berufliche Tätigkeit bei dem Unternehmen erhält; nicht als Vergütung gelten finanzielle Leistungen oder Sachbezüge, die von dem Unternehmen kraft einer allgemeinen, ermessensunabhängigen Regelung gewährt werden und keine Anreizwirkung zur Eingehung von Risiken entfalten, insbesondere Rabatte, betriebliche Versicherungs- und Sozialleistungen sowie bei Mitarbeitern und Mitarbeiterinnen die Beiträge zur gesetzlichen Rentenversicherung im Sinne des Sechsten Buches Sozialgesetzbuch und die Beiträge zur betrieblichen Altersversorgung im Sinne des Betriebsrentengesetzes;**
3. **„Vergütungssysteme": alle unternehmensinternen Regelungen zur Vergütung sowie deren tatsächliche Umsetzung und Anwendung durch die Unternehmen;**
4. **„variable Vergütung": der Teil der Vergütung, dessen Gewährung oder Höhe im Ermessen des Unternehmens steht oder vom Eintritt vereinbarter Bedingungen abhängt, und zwar einschließlich der ermessensabhängigen Leistungen zur Altersversorgung;**
5. **„ermessensabhängige Leistungen zur Altersversorgung": der Teil der variablen Vergütung, der zum Zwecke der Altersversorgung im Hinblick auf eine konkret bevorstehende Beendigung des Beschäftigungsverhältnisses beim Unternehmen vereinbart wird;**
6. **„fixe Vergütung": der Teil der Vergütung, der nicht variabel ist;**
7. **„Mitarbeiter" und „Mitarbeiterinnen": alle natürlichen Personen, derer sich das Unternehmen beim Geschäftsbetrieb, insbesondere auf Grund eines Arbeits-, Geschäftsbesorgungs- oder Dienstverhältnisses bedient, und alle natürlichen Personen, die im Rahmen der Ausgliederung wichtiger Funktionen oder Versicherungstätigkeiten mit einer gruppenangehörigen Gesellschaft, für die die Institutsvergütungsverordnung nicht gilt, unmittelbar an Dienstleistungen für das Unternehmen beteiligt sind; dies gilt nicht im Fall der Ausgliederung wichtiger Funktionen oder Versicherungstätigkeiten von Pensionskassen oder Pensionsfonds, die über keine eigenen Mitarbeiter und Mitarbeiterinnen verfügen, für Trägerunternehmen oder für deren Spezialdienstleistungsunternehmen; Geschäftsleiter und Geschäftsleiterinnen und Handelsvertreter im Sinne des § 84 Absatz 1 des Handelsgesetzbuchs gelten nicht als Mitarbeiter und Mitarbeiterinnen;**
8. **„Vergütungsparameter": die quantitativen und qualitativen Bestimmungsfaktoren, anhand derer die Leistung und der Erfolg eines Geschäftsleiters oder einer Geschäftsleiterin, eines Mitarbeiters oder einer Mitarbeiterin oder einer unternehmensinternen Organisationseinheit gemessen wird;**
9. **„Erfolgsbeiträge": die auf der Grundlage von Vergütungsparametern ermittelten tatsächlichen Leistungen und Erfolge von Geschäftsleitern oder Geschäftsleiterinnen, Mitarbei-**

[16] Begründung (in der Fassung der Bekanntmachung vom 6.10.2010) zu § 1.
[17] Annuß/Früh/Hasse/*Hasse* § 1 VersVergV Rn. 14.
[18] Annuß/Früh/Hasse/*Hasse* § 1 VersVergV Rn. 16, FKBP/*Kaulbach* § 64b Rn. 22.
[19] Annuß/Früh/Hasse/*Hasse* § 1 VersVergV, Rn. 16.

tern oder Mitarbeiterinnen oder unternehmensinternen Organisationseinheiten, die in die Ermittlung der Höhe der variablen Vergütungsbestandteile einfließen; Erfolgsbeiträge können positiv oder negativ sein;

10. „Kontrolleinheiten": die unternehmensinternen Organisationseinheiten, die die geschäftsinitiierenden Organisationseinheiten überwachen, einschließlich der internen Revision.

I. Allgemeines. 1. Entstehungsgeschichte. Inhaltlich und dem Wortlaut nach entspricht die Vorschrift § 2 a. F. 1

2. Normzweck. Die Vorschrift definiert für das Verständnis der VersVergV maßgebliche Begriffe. 2

II. Einzelerläuterungen. 1. Nr. 1. Hinsichtlich des Begriffs „Unternehmen" verweist **Nr. 1** lediglich auf § 1 Abs. 1. Dieser Verweis ist unvollständig. Wie *Hasse*[1] zu Recht kritisiert, wird dieser Verweis der Konzeption des § 1 mit seinen teilweisen Ausnahmen vom Anwendungsbereich bestimmter Vorschriften der VersVergV für bestimmte Unternehmen, nicht gerecht. Den §§ 3, 4 und 6 sowie dem § 5 liegen unterschiedliche Unternehmensbegriffe zugrunde, die sich erst aus einer Anwendung des § 1 Abs. 2 und 3 erschließen. 3

2. Nr. 2. a) Vergütung. Nr. 2 enthält die Definition des Begriffs „Vergütung". Eine Vergütung kann sich aus drei Komponenten, der fixen Vergütung nach **Nr. 6**, der variablen Vergütung gem. **Nr. 4** sowie einer ermessensunabhängigen Leistung zu Altersvorsorge nach **Nr. 5** zusammensetzen und umfasst „sämtliche finanziellen Leistungen und Sachbezüge, gleich welcher Art, sowie Leistungen von Dritten, die ein Geschäftsleiter/eine Geschäftsleiterin oder ein Mitarbeiter/eine Mitarbeiterin im Hinblick auf seine oder ihre berufliche Tätigkeit bei dem Unternehmen erhält". 4

b) Ausnahmen. Dieser weite Vergütungsbegriff wird im Folgenden eingeschränkt, in dem tarifvertragliche Leistungen oder Leistungen aufgrund einer im Geltungsbereich eines Tarifvertrages vereinbarten arbeitsvertraglichen Bezugnahmeklausel, bzw. aufgrund eines Tarifvertrages in einer Betrieb- oder Dienstvereinbarung ausgenommen werden. Weiterhin werden unter **beispielhafter** Aufzählung, Leistungen oder Sachbezüge, die gewährt werden und keine Anreizwirkung zur Eingehung von Risiken entfalten, ausgenommen Nr. 2 Hs. 2. Das eine Leistung geeignet ist, beim Empfänger eine **Anreizwirkung** zur Eingehung von Risiken auszulösen, ist für den Vergütungsbegriff maßgebend; Leistungen die beim Empfänger keinen Anreiz zu Eingehung von Risiken bewirken kann, unterliegt nicht den Vorgaben der VersVergV.[2] 5

c) Provisionen, etc. Vergütungen an selbständige Versicherungsvertreter für die Vermittlung und Betreuung von Versicherungsverträgen, wie Provisionen, Courtagen und sonstige Leistungen, werden vom Vergütungsbegriff der VersVergV ebenfalls nicht erfasst.[3] 6

d) Leistungen Dritter. Der Vergütungsbegriff erfasst jedoch auch Leistungen Dritter (bspw. von Konzerngesellschaften). Für den Vergütungsbegriff ist das Bestehen eines Arbeits- oder Dienstvertrages nicht maßgeblich. 7

3. Nr. 5. Ermessensabhängige Leistungen zur Altersversorgung sind ausschließlich rechnerische Teile der variablen Vergütung.[4] 8

4. Nr. 7. a) Mitarbeiterbegriff. Diese Nummer **definiert den Begriff des Mitarbeiters.** Er umfasst „alle natürlichen Personen, derer sich das Unternehmen beim Geschäftsbetrieb, insbesondere auf Grund eines Arbeits-, Geschäftsbesorgungs- oder Dienstverhältnisses bedient, und alle natürlichen Personen, die im Rahmen der Ausgliederung wichtiger Funktionen oder Versicherungstätigkeit mit einer gruppenangehörigen Gesellschaft, für die die Institutsvergütungsverordnung nicht gilt, unmittelbar an Dienstleistungen für das Unternehmen beteiligt sind". Diese weite Definition soll verhindern, dass durch Auslagerung von **Kernfunktionen,** d. h. des Vertriebs, der Bestandsverwaltung, der Leistungsbearbeitung, des Rechnungswesens, der internen Revision, der Vermögensanlage oder-verwaltung, eines Versicherungsunternehmens auf gruppenangehörige Gesellschaften, der Anwendungsbereich der VersVergV ausgehöhlt wird.[5] 9

b) Leiharbeitnehmer. Laut Begründung zur Verordnung, erfasst der Begriff auch Leiharbeitnehmer.[6] Die kann aber nur dann gelten, wenn das Versicherungsunternehmen den Leiharbeitnehmer vergütet, und diese Vergütung geeignet ist eine Anreizwirkung zu entfalten.[7] 10

---

[1] Annuß/Früh/Hasse/*Hasse* VersVergV § 2 Rn. 1.
[2] *Sammet* S. 21.
[3] *Hasse* in Annuß/Früh/Hasse VersVergV § 2 Rn. 3.
[4] Begründung zur Fassung vom 6.10.2010 zu § 2.
[5] *Bartel/Bilobrk/Zopf* BB 2011, 1269, 1271; Annuß/Früh/Hasse/*Hasse* § 2 VersVergV Rn. 16.
[6] Begründung zur Fassung vom 6.10.2010 zu § 2.
[7] *Sammet* S. 38.

11 **c) Eingrenzung des Mitarbeiterbegriffs.** Eine Eingrenzung des Begriffs enthält die Definition selber, als nur solche Mitarbeiter erfasst werden, deren sich da Versicherungsunternehmen „beim Geschäftsbetrieb" bedient. Das heißt, die Vorgaben der VersVergV sind nur auf die Vergütung solcher Mitarbeiter anzuwenden, die im Rahmen der Versicherungstätigkeit eingesetzt sind oder eine Funktion (§ 32 Abs. 1 VAG) ausüben.[8]

12 **d) Externe Dienstleister.** Externe Dienstleister, auf die die o. g. Kernfunktionen ausgegliedert werden, fallen nicht unter den Mitarbeiterbegriff.[9]

13 **e) Handelsvertreter.** Schließlich unterfallen dem Mitarbeiterbegriff auch nicht Handelsvertreter i. S. v. § 84 Abs. 1 HGB.

Allgemeine Anforderungen

3 (1) **[1]Die Unternehmen müssen Grundsätze zu den Vergütungssystemen für Geschäftsleiter und Geschäftsleiterinnen sowie für Mitarbeiter und Mitarbeiterinnen festlegen. [2]Die Vergütungssysteme müssen so ausgestaltet sein, dass**

1. sie auf die Erreichung der in den Strategien des Unternehmens niedergelegten Ziele ausgerichtet sind; im Fall von Strategieänderungen ist die Ausgestaltung der Vergütungssysteme zu überprüfen und erforderlichenfalls anzupassen;
2. sie negative Anreize vermeiden, insbesondere Interessenkonflikte und das Eingehen unverhältnismäßig hoher Risiken, und sie nicht der Überwachungsfunktion der Kontrolleinheiten zuwiderlaufen;
3. bei Geschäftsleitern und Geschäftsleiterinnen der variable Teil eine Vergütung für den aus der Tätigkeit sich ergebenden nachhaltigen Erfolg des Unternehmens darstellt; die variable Vergütung darf insbesondere nicht maßgeblich von der Gesamtbeitragseinnahme, vom Neugeschäft oder von der Vermittlung einzelner Versicherungsverträge abhängig sein;
4. sie die wesentlichen Risiken und deren Zeithorizont angemessen berücksichtigen;
5. bezüglich einzelner Organisationseinheiten auch der gesamte Erfolg des Unternehmens angemessen berücksichtigt wird; dies schließt jedoch die Zahlung von Provisionen im Bereich des angestellten Außendienstes nicht aus, und
6. eine qualitativ und quantitativ angemessene Personalausstattung der Kontrolleinheiten ermöglicht wird.

[3]Die Vergütungssysteme sind zumindest einmal jährlich auf ihre Angemessenheit zu überprüfen und gegebenenfalls anzupassen. [4]Die Geschäftsleiter und Geschäftsleiterinnen sind für die angemessene Ausgestaltung der Vergütungssysteme der Mitarbeiter und Mitarbeiterinnen verantwortlich. [5]Für die angemessene Ausgestaltung der Vergütungssysteme der Geschäftsleiter und Geschäftsleiterinnen ist der Aufsichtsrat verantwortlich.

(2) **[1]Der Aufsichtsrat hat bei der Festsetzung der Vergütung des einzelnen Geschäftsleiters oder der einzelnen Geschäftsleiterin dafür zu sorgen, dass die Vergütung**

1. in einem angemessenen Verhältnis zu den Aufgaben und Leistungen des Geschäftsleiters oder der Geschäftsleiterin steht,
2. in einem angemessenen Verhältnis zur Lage des Unternehmens steht und
3. die übliche Vergütung nicht ohne besondere Gründe übersteigt.

[2]Variable Vergütungen sollen daher eine mehrjährige Bemessungsgrundlage haben; für außerordentliche Entwicklungen soll der Aufsichtsrat eine Begrenzungsmöglichkeit vereinbaren. [3]Andere einschlägige bundes- oder landesgesetzliche Regelungen zur Vergütung von Geschäftsleitern und Geschäftsleiterinnen bleiben von den Sätzen 1 und 2 unberührt. [4]Satz 2 gilt nicht für kleinere Vereine im Sinne des § 210 des Versicherungsaufsichtsgesetzes.

(3) **[1]Die Vergütung, die Geschäftsleiter und Geschäftsleiterinnen für ihre berufliche Tätigkeit bei dem Unternehmen erhalten, muss abschließend im Anstellungsvertrag festgelegt werden. [2]Der Anstellungsvertrag und Änderungen des Anstellungsvertrags bedürfen der Schriftform. [3]Die Vergütung für die Tätigkeit als Aufsichtsratsmitglied muss abschließend durch Satzung oder durch Beschluss der Hauptversammlung oder der obersten Vertretung festgelegt sein.**

(4) **[1]Die Geschäftsleiter und Geschäftsleiterinnen sowie die Mitarbeiter und Mitarbeiterinnen müssen über die Ausgestaltung und Änderungen der für sie maßgeblichen Vergütungsparameter schriftlich informiert werden. [2]Die Schriftform ist auch bei einer elektronischen Übermittlung gewahrt.**

---

[8] Annuß/Früh/Hasse/*Hasse* § 2 VersVergV Rn. 15.
[9] *Bartel/Bilobrk/Zopf* BB 2011, 1269, 1271; Annuß/Früh/Hasse/*Hasse* § 2 VersVergV Rn. 16.

(5) [1]**Die Geschäftsleiter und Geschäftsleiterinnen haben den Aufsichtsrat mindestens einmal jährlich über die Ausgestaltung der Vergütungssysteme des Unternehmens zu informieren.** [2]**Die Unternehmen haben dem oder der Vorsitzenden des Aufsichtsrats ein entsprechendes Auskunftsrecht gegenüber den Geschäftsleitern und Geschäftsleiterinnen einzuräumen.**

(6) [1]**Die Unternehmen dürfen ihren Geschäftsleitern und Geschäftsleiterinnen sowie ihren Aufsichtsratsmitgliedern in der Regel keine Vergütung im Zusammenhang mit der Vermittlung von Versicherungsverträgen gewähren.** [2]**Entsprechendes gilt für die Vergütung der Aufsichtsratstätigkeit von Aufsichtsratsmitgliedern, die zugleich Geschäftsleiter oder Geschäftsleiterinnen oder Generalbevollmächtigte von Versicherungsvermittlungsunternehmen sind, die in erheblichem Umfang Versicherungsverträge für das Unternehmen vermitteln.**

(7) **Diese Verordnung steht der Vergütung der Aufsichtsratstätigkeit von angestellten Arbeitnehmervertretern und Arbeitnehmervertreterinnen, die Arbeitsentgelt erhalten, nicht entgegen.**

Übersicht

I. Allgemeines. 1. Entstehungsgeschichte. Gegenüber dem § 3 VersVergV a. F. enthält die Vorschrift keine Änderungen. 1

2. Normzweck. In dieser Vorschrift werden die **allgemeinen Anforderungen** im Hinblick auf die Vergütung von Mitarbeitern, Geschäftsleitern und Aufsichtsratsmitgliedern aufgeführt, die alle Versicherungsunternehmen, auf die die VersVergV Anwendung findet, einzuhalten haben. 2

Die Vorschrift lässt sich wie folgt strukturieren: § 3 Abs. 1 legt – mit Ausnahme der Nr. 3 – die Anforderungen an die Ausgestaltung der **Vergütungssysteme von Mitarbeitern und Geschäftsleitern** fest. Die Abs. 1 Nr. 3, 2 und 3 S. 1 und 2 enthalten **spezifische** Anforderungen, die sich ausschließlich auf die **Vergütung von Geschäftsleitern** beziehen. 3

§ 3 Abs. 3 S. 3 und Abs. 7 regeln die **spezifischen** Anforderungen an die Vergütung von **Aufsichtsratsmitgliedern**.

Für Geschäftsleiter und Aufsichtsräte enthält Abs. 6 weitere spezifische Anforderungen.

Die Abs. 4 und 5 S. 1 legen der Geschäftsleitung im Zusammenhang mit der Vergütung bestimmte **Informationspflichten** auf.

Schließlich verpflichtet Abs. 5 S. 2 die Unternehmen dazu dem Aufsichtsratsvorsitzenden gegenüber der Geschäftsleitung eine **Auskunftsrecht** zu den Vergütungssystemen einzuräumen.

II. Einzelerläuterungen. 1. Abs. 1 S. 2 Nr. 1. a) Einführungspflicht. Nach **Abs. 1 S. 1** sind die Unternehmen verpflichtet, Grundsätze zu den Vergütungssystemen der Mitarbeiter i. S. v. § 2 Nr. 7 und Geschäftsleitern i. S. v. § 25 Abs. 2 S. 2 VAG festzulegen. Zu den Geschäftsleitern zählen auch die Hauptbevollmächtigten einer Niederlassung eines Versicherungsunternehmens mit Sitz in Deutschland in einem anderen Mitglied- oder Vertragsstaat, sowie die Hauptbevollmächtigten der deutschen Niederlassung eines Versicherungsunternehmens mit Sitz in einem Drittstaat. 4

In den **Organisationsrichtlinien** ist festzulegen, welche Strategie das Unternehmen bezüglich der Vergütungssysteme verfolgt und wie das jeweilige Vergütungssystem ausgestaltet ist. Der Umfang und der Grad der Detaillierung richtet sich nach der Art, Größe und Gesellschaftsstruktur sowie der Komplexität der Vergütungsstruktur des Unternehmens.[1]

5 **b) Abs. 1 S. 2.** Abs. 1 S. 2 verpflichtet die Unternehmen **nicht** dazu variable Vergütungen zu gewähren oder einzuführen.[2] Die Anforderungen dieses Satzes gelten – mit Ausnahme der Anforderungen aus Nr. 3 und Nr. 5 – auch für Fixvergütungen.

6 **aa) Nr. 1.** Nr. 1 verlangt eine Ausgestaltung der Vergütungssysteme der Art, dass diese auf die Erreichung der in den Strategien des Unternehmens niedergelegten Ziele ausgerichtet sind und bei Änderungen derselben angepasst werden. Soweit lediglich Festvergütungen gezahlt werden, bedeutet dies, dass die Gesamtheit der Vergütung der Mitarbeiter und Geschäftsleiter nicht einen solchen Umfang erreichen darf, dass das Unternehmen alleine wegen dieses Kostenblocks in eine wirtschaftliche Schieflage geraten kann.[3] Praktisch bedeutsam wird diese Vorgabe dann, wenn variable Vergütungsbestandteile gezahlt werden. Diese müssen in Hinblick auf die Zielvorgaben ambitioniert genug, andererseits auch erfüllbar sein.

7 **bb) Nr. 2.** Nr. 2 sieht neben der Ausrichtung an den Unternehmenszielen die **Vermeidung negativer Anreize** durch die Vergütung vor. Negative Anreize sind insbesondere **Interessenskonflikte** und das **Eingehen unverhältnismäßiger Risiken.** Außerdem darf die Überwachungsfunktion der Kontrolleinheiten nicht ausgehebelt werden.

8 Interessenkonflikte können zwischen Kontrolleinheiten und den kontrollierten operativ tätigen Organisationseinheiten entstehen, wenn die Vergütung in beiden Organisationseinheiten an den gleichen Parametern ausgerichtet wird. Denn dann besteht die Gefahr, dass die Mitarbeiter der Kontrolleinheit ihren Aufgaben nicht in dem gewünschten Maß nachkommen, da sich das Geschäft der operativen Organisationseinheit sich positiv auf die eigene Vergütung auswirken kann. Diesem Interessenkonflikt ist damit zu begegnen, dass sich die Vergütungsparameter der Mitarbeiter in den Kontrolleinheiten inkongruent zu den Vergütungsparametern der operativ tätigen Mitarbeiter ausgestaltet wird.[4]

9 Bei operativ tätigen Mitarbeitern steht das Eingehen unverhältnismäßiger Risiken zur positiven Beeinflussung der variablen Vergütung im Vordergrund. Dem kann durch einen entsprechend niedrigen Prozentsatz bezogen auf die Festvergütung Rechnung getragen werden.[5]

10 **cc) Nr. 4.** Nach **Nr. 4** muss ein Vergütungssystem auch die **wesentlichen Risiken** und deren **Zeithorizont** angemessen berücksichtigen. Versicherungsunternehmen sind verpflichtet eine Analyse der mit ihrer Geschäftstätigkeit verbundenen Risiken vorzunehmen und die Risiken zu bewerten, § 26 Abs. 1 S. 2 VAG. Die dadurch gewonnen Erkenntnisse müssen in die Ausgestaltung der Vergütungssysteme einfließen.

11 **dd) Nr. 5. (1) Anknüpfungspunkte.** Nr. 5 enthält die Anforderung, dass eine angemessene Berücksichtigung des **Unternehmenserfolges** neben dem Erfolg der einzelnen Organisationseinheit erfolgen muss. Das bedeutet, dass im Fall einer an den Erfolg der Organisationseinheit anknüpfende variable Vergütung als weiteren Parameter auch der Gesamterfolg des Unternehmens einen angemessenen Einfluss auf die Höhe der variablen Vergütung haben muss.

12 **(2) Ausnahmen.** Die Verknüpfung des Erfolgs der Organisationseinheit mit dem Gesamterfolg des Unternehmens gilt nicht im Bereich des angestellten Außendienstes. Dort knüpft die gewährte Provision an den **individuellen Vermittlungserfolg** an. Dies entspricht dem Leitbild des HGB ebenso wie die Vereinbarung von Akquisitions- oder Produktionszielen. Provisionen im Sinne des HGB sollen durch die VersVergV nicht ausgeschlossen werden.

13 **ee) Nr. 6.** Aus Nr. 6 ergibt sich, dass die Vergütungssysteme auch Anreize enthalten müssen, um ausreichend qualifiziertes Personal in ausreichender Zahl für die Tätigkeit in einer Kontrolleinheit gewinnen zu können.

14 **c) Abs. 1 S. 3.** Abs. 1 S. 3 statuiert eine Pflicht zur **jährlichen Überprüfung** der Vergütungssysteme auf ihre Angemessenheit hin, sowie zur **Anpassung** für den Fall, dass die Vergütungssysteme nicht mehr angemessen sind. Diese Pflicht steht neben der Überprüfungs- und Anpassungspflicht bei einer Strategieänderung (§ 3 Abs. 1 S. 2 Nr. 2 Hs. 2).

---

[1] *GDV,* Auslegungshilfe zu den Anforderungen an Vergütungssysteme in der Versicherungswirtschaft, Stand Februar 2011, S. 7.
[2] *Bartel/Bilobrk/Zopf* BB 2010, 1269, 1272.
[3] *Sammet* S. 45.
[4] *Sammet* S. 57.
[5] *Sammet* S. 57 schlägt ein Maximum von 25 % vor.

2. Geschäftsleitervergütung. a) Allgemeines. Für die **Vergütung von Geschäftsleitern** enthalten Abs. 1 S. 2 Nr. 3, Abs. 2 und 3, Abs. 6 S. 1 zusätzliche Vorgaben, die von allen dem Anwendungsbereich der VersVergV unterworfenen Unternehmen zu beachten sind. 15

b) Abs. 1 S. 2 Nr. 3. Die beiden Satzteile des **Abs. 1 S. 2 Nr. 3** stellen inhaltlich eine Einheit dar.[6] Ziel der Regelung ist es „Fehlanreize zum Aufbau eines großen Geschäftsvolumens, anstelle einer soliden und nachhaltigen Bestands, zu vermeiden".[7] Die in zweiten Teilsatz genannten Kriterien „Gesamtbeitragseinnahme", „Neugeschäft" und „Vermittlung einzelner Versicherungsverträge", dürfen für die variable Vergütung von Geschäftsleitern nicht alleine maßgeblich sein, da diese Kriterien regelmäßig nicht die nachhaltige Unternehmensentwicklung fördern. Diese Anforderung entspricht der jahrzehntelangen Praxis der Aufsichtsbehörde.[8] Richtet sich die variable Vergütung auch an diesen Kriterien aus, so dürfen diese zusammen nicht mehr als eine Anteil von 30 % an der variablen Vergütung haben.[9] 16

c) Abs. 2. Abs. 2 enthält strukturelle Anforderungen an die **Vergütung von Geschäftsleitern**. **Satz 1** wiederholt die aktienrechtlichen Vorgaben (§ 87 Abs. 1 S. 1 AktG) für die Vorstandsvergütung in Aktiengesellschaften, die entweder direkt oder kraft Verweisung (§ 188 Abs. 1 S. 1, 33 Abs. 2 VAG) für Geschäftsleiter von Versicherungsunternehmen gelten. 17

Soweit die Vergütung eines Geschäftsleiters einen variablen Vergütungsbestandteil vorsieht, muss dieser Vergütungsbestandteil einen **mehrjährigen Bemessungszeitraum** haben, sowie für den Fall einer außergewöhnlichen Unternehmensentwicklung **begrenzbar** sein. 18

aa) Mehrjährigkeit. Mit dem Erfordernis der Mehrjährigkeit des Bemessungszeitraum wird das in § 25 Abs. 1 VAG niedergelegten Nachhaltigkeitskriterium, an dem die Vergütung auszurichten ist, näher präzisiert. Aufgrund des mehrjährigen Bemessungszeitraums wird die Vernachlässigung eines langfristigen wirtschaftlichen Erfolgs des Unternehmens zugunsten eines kurzfristigen, vergütungssteigernden Unternehmenserfolg begrenzt. Zur Erfüllung des Mehrjährigkeitskriteriums reicht ein dreijahres Zeitraum aus.[10] Die Mehrjährigkeit bezieht sich auf den Bemessungszeitraum nicht auf den Auszahlungszeitraum.[11] 19

Das Mehrjährigkeitserfordernis schließt einen Jahresbonus oder eine Ermessenstantieme nicht aus. Voraussetzung ist, wegen der Vorgabe des Abs. 3, dass eine entsprechende Klausel im Dienstvertrag die Gewährung entsprechender Leistungen ermöglicht. **Jahresboni** sind weiterhin zulässig, wenn durch die Verknüpfung des Jahresbonusses mit mindestens einem mehrjährigen Vergütungselement strukturell ein ausreichender Ansatz zu langfristigem Handeln gesetzt wird. Als angemessen gilt ein Verhältnis von 40 % Fixvergütung, 20 % Jahresbonus und 40 % langfristig ausgerichteter variabler Vergütung.[12] Auch **Ermessenstantiemen** sind weiterhin zulässig, wenn das Mehrjährigkeitskriterium erfüllt wird.[13] 20

bb) Begrenzung der variablen Vergütung. Die Möglichkeit der Begrenzung der variablen Vergütung eines Geschäftsleiters besteht nur bei einer außerordentlichen Unternehmensentwicklung. Als solche kommen bspw. Unternehmensübernahmen, Veräußerungen von Unternehmensteilen, die Hebung stiller Reserven oder externe Einflüsse in Betracht.[14] 21

d) Abs. 3 S. 1 und 2. Abs. 3 S. 1 f. stellen formale Anforderungen für die Geschäftsleitervergütung auf. Es handelt sich um die abschließende Festlegung der gesamten Vergütung in einem Anstellungsvertrag sowie um das Schriftformerfordernis. 22

e) Interessenskonflikte. Seit langem geltende aufsichtsrechtliche Grundsätze[15] werden in **Abs. 6 S. 1 und 2** aufgenommen. Ziel dieser Regelung ist die **Vermeidung von Interessenskonflikten**. Soweit eine nebenberufliche Vermittlungstätigkeit eines Geschäftsleiters für das von ihm geleitete Unternehmen in Rede steht, bedarf es einer **Einzelfallprüfung**, ob ein Interessenskonflikt besteht. Bei dieser Einzelfallprüfung können insbesondere die Kriterien, „Vermittlungsart", „Höhe und Ausgestal- 23

---

[6] *Sammet* S. 106.
[7] Begründung zur Fassung vom 6.10.2010 zu § 3.
[8] Begründung zur Fassung vom 6.10.2010 zu § 3.
[9] Begründung zur Fassung vom 6.10.2010 zu § 3.
[10] *GDV*, Auslegungshilfe zu den Anforderungen an Vergütungssysteme in der Versicherungswirtschaft, Stand Februar 2011, S. 11.
[11] *GDV*, Auslegungshilfe zu den Anforderungen an Vergütungssysteme in der Versicherungswirtschaft, Stand Februar 2011, S. 11.
[12] *GDV*, Auslegungshilfe zu den Anforderungen an Vergütungssysteme in der Versicherungswirtschaft, Stand Februar 2011, S. 11.
[13] *GDV*, Auslegungshilfe zu den Anforderungen an Vergütungssysteme in der Versicherungswirtschaft, Stand Februar 2011, S. 11.
[14] *GDV*, Auslegungshilfe zu den Anforderungen an Vergütungssysteme in der Versicherungswirtschaft, Stand Februar 2011, S. 13.
[15] Rundschreiben 1/78, VerBAV 1978, S. 104.

tung der Provision", „Größe des Gremiums Aufsichtsrat" sowie „Größe des Unternehmens" Beachtung finden.[16]

24 **3. Aufsichtsratsvergütung. a) Allgemeines.** Auch hinsichtlich der **Vergütung von Aufsichtsratsmitgliedern** haben die bewährten Verwaltungsgrundsätze des Versicherungsaufsicht Eingang in die VersVergV gefunden. Die FSB-Prinzipien zur Vergütung sehen eine Reglementierung der Aufsichtsratsvergütung nicht vor. Die Regelungen hinsichtlich der Vergütung von Aufsichtsratsmitgliedern haben auch weniger die Regulierung der Vergütung zum Ziel, als die Vermeidung von Interessenskonflikten.[17]

25 **b) AktG und VAG.** Grundsätzlich gelten die aktienrechtlichen Vorgaben für die Vergütung von Aufsichtsratsmitgliedern. **Abs. 3 S. 3** nimmt die Regelung des § 113 Abs. 1 S. 2 AktG auf und beschränkt sie in der Weise, dass die Vergütung zwingend **abschließend** in der **Satzung** oder durch **Beschluss der Hauptversammlung** festgestellt werden muss. Das heiß, soweit variable, vom Geschäftserfolg des Unternehmens abhängige Vergütungsbestandteile gezahlt werden, müssen die anspruchsbegründenden Regelungen sowie die Berechnungsgrundlage in einer Satzungsregelung oder im Hauptversammlungsbeschluss niedergelegt sein.

26 **c) Interessenskonflikte.** Ebenso wie für Geschäftsleiter gilt auch für Aufsichtsratsmitglieder, dass zur Vermeidung von Interessenskonflikten eine Vergütung der Aufsichtsratsmitglieder für eine Vermittlung von Versicherungsverträgen in der Regel ausgeschlossen ist. Es ist jedoch eine Einzelfallprüfung vorzunehmen (siehe Rn. 23).

27 **d) Abs. 6 S. 2.** Abs. 6 S. 2 schließt in der Regel eine Vergütung der Aufsichtsratstätigkeit eines Aufsichtsratsmitglieds aus, wenn dieses Aufsichtsratsmitglied zugleich Geschäftsleiter oder Generalbevollmächtigter einer Versicherungsvermittlungsgesellschaft ist, die in erheblichem Umfang Versicherungsverträge an dieses Unternehmen vermittelt. Eine entsprechende Vergütung der Aufsichtsratstätigkeit wird in diesem Fall regelmäßig als unangemessen angesehen und steht einer nachhaltigen Entwicklung des Unternehmens an das Versicherungsverträge vermittelt werden, entgegen.[18] Diese Regelung findet jedoch keine Anwendung auf die Vermittlungstätigkeit im Rahmen von Unternehmenskooperationen.[19]

28 **4. Abs. 1 S. 4 und 5. a) Verantwortlichkeit.** Abs. 1 S. 4 und 5 entzhält auch Regelungen im Hinblick auf die Verantwortlichkeit für die Ausgestaltung der Vergütungssysteme. Danach ist die Geschäftsleitung für die Ausgestaltung der Vergütungssysteme der Mitarbeiter und ist der Aufsichtsrat für die Ausgestaltung der Vergütungssysteme der Geschäftsleiter zuständig.

29 **b) Informationspflicht.** Zu den allgemeinen Anforderungen zählt auch die schriftliche Information der **Geschäftsleiter und Mitarbeiter** über die Ausgestaltung und Änderung der für sie jeweils maßgeblichen **Vergütungsparameter**, Abs. 4 S. 1. Das Schriftformerfordernis ist auch bei einer elektronischen Übermittlung der Information gewahrt.

30 **c) Abs. 5.** Abs. 5 legt den Geschäftsleitern eine **Informationspflicht** gegenüber dem **Aufsichtsrat als Gremium** vor. Danach muss der Aufsichtsrat mindestens einmal jährlich über die Ausgestaltung der Vergütungssysteme informiert werden, **Abs. 5 S. 1.** Dem Aufsichtsratsvorsitzenden ist ein Auskunftsrecht gegenüber den Geschäftsleitern einzuräumen, **Abs. 5 S. 2.**

31 **d) Arbeitnehmervertreter im Aufsichtsrat.** Die Regelungen der VersVergV sind nicht auf Aufsichtsratsvergütungen von Arbeitnehmervertreter, die Arbeitsentgelt erhalten, anzuwenden, **Abs. 7.**

Besondere Anforderungen

4 (1) [1]**Die besonderen Anforderungen gelten nur für Geschäftsleiter und Geschäftsleiterinnen bedeutender Unternehmen im Sinne des § 1 Absatz 2 sowie auf solche Mitarbeiter und Mitarbeiterinnen dieser Unternehmen, deren Tätigkeiten einen wesentlichen Einfluss auf das Gesamtrisikoprofil haben.** [2]**Das Unternehmen hat auf der Grundlage einer Risikoanalyse eigenverantwortlich festzustellen, ob es Mitarbeiter und Mitarbeiterinnen hat, deren Tätigkeiten einen wesentlichen Einfluss auf das Gesamtrisikoprofil haben, und diese Feststellung sowie die Analyse schriftlich zu dokumentieren.** [3]**Für die Risikoanalyse können unter anderem die Größe, die Art der Geschäftstätigkeit, das Geschäftsvolumen, die Höhe der Risiken und die Erträge einer Organisationseinheit als Kriterien herangezogen werden.** [4]**Auch die Tätigkeit, die Stellung, die Höhe der bisherigen Vergütung sowie eine ausgeprägte Wett-**

[16] *GDV*, Auslegungshilfe zu den Anforderungen an Vergütungssysteme in der Versicherungswirtschaft, Stand Februar 2011, S. 14.
[17] Annuß/Früh/Hasse/*Hasse* § 3 VersVergV Rn. 2.
[18] Begründung zur Fassung vom 6.10.2010 zu § 3.
[19] *GDV*, Auslegungshilfe zu den Anforderungen an Vergütungssysteme in der Versicherungswirtschaft, Stand Februar 2011, S. 13.

bewerbssituation auf dem Arbeitsmarkt kommen als Kriterien in Frage. [5]Die Analyse muss plausibel, umfassend und für Dritte nachvollziehbar sein.

(2) **[1]Die fixe und die variable Vergütung müssen in einem angemessenen Verhältnis zueinander stehen. [2]Das Verhältnis ist angemessen, wenn einerseits keine signifikante Abhängigkeit von der variablen Vergütung besteht, die variable Vergütung aber andererseits einen wirksamen Verhaltensanreiz setzen kann. [3]Eine garantierte variable Vergütung ist in der Regel nur im Rahmen der Aufnahme eines Dienst- oder Arbeitsverhältnisses und längstens für ein Jahr zulässig.**

(3) **Bei der variablen Vergütung**

1. **ist neben dem Gesamterfolg des Unternehmens oder der Gruppe und dem Erfolgsbeitrag der Organisationseinheit auch der individuelle Erfolgsbeitrag zu berücksichtigen, soweit er mit vertretbarem Aufwand bestimmt werden kann; im Rahmen des individuellen Erfolgsbeitrags können auch nichtfinanzielle Parameter herangezogen werden wie zum Beispiel die Beachtung der unternehmensinternen Regelwerke und Strategien, die Kundenzufriedenheit und erlangte Qualifikationen;**
2. **sind für die Ermittlung des Gesamterfolgs des Unternehmens, des Erfolgsbeitrags der jeweiligen Organisationseinheit und des individuellen Erfolgsbeitrags insbesondere solche Vergütungsparameter zu verwenden, die dem Ziel eines nachhaltigen Erfolgs Rechnung tragen; dabei sind insbesondere eingegangene Risiken und Kapitalkosten zu berücksichtigen;**
3. **ist sicherzustellen, dass mindestens 40 Prozent der variablen Vergütung nicht vor dem Ablauf eines angemessenen Zurückbehaltungszeitraums unter Berücksichtigung des geschäftlichen Erfolgs ausbezahlt werden; in der Regel ist ein Zeitraum von drei Jahren angemessen; die Auszahlung von mindestens 50 Prozent der zurückbehaltenen Beträge der variablen Vergütung soll von einer nachhaltigen Wertentwicklung des Unternehmens abhängig sein;**
4. **muss sich die Höhe der variablen Vergütung einschließlich der zurückbehaltenen Beträge nach Nummer 3 verringern durch**

a) negative individuelle Erfolgsbeiträge des Geschäftsleiters oder der Geschäftsleiterin oder des Mitarbeiters oder der Mitarbeiterin,
b) negative Erfolgsbeiträge der jeweiligen Organisationseinheit sowie
c) einen negativen Gesamterfolg des Unternehmens oder der Gruppe.

(4) **[1]Die Risikoorientierung der Vergütung darf nicht durch Absicherungs- oder sonstige Gegenmaßnahmen aufgehoben oder eingeschränkt werden. [2]Die Unternehmen haben angemessene Compliance-Strukturen zur Unterbindung solcher Maßnahmen zu implementieren. [3]Angemessene Compliance-Strukturen können insbesondere in einer vertraglichen Verpflichtung der Geschäftsleiter und Geschäftsleiterinnen sowie der Mitarbeiter und Mitarbeiterinnen bestehen, keine persönlichen Absicherungs- oder sonstigen Gegenmaßnahmen zu treffen, um die Risikoorientierung ihrer Vergütung einzuschränken oder aufzuheben.**

(5) **Ermessensabhängige Leistungen zur Altersversorgung, die anlässlich einer nicht ruhestandsbedingten Beendigung des Arbeits-, Geschäftsbesorgungs- oder Dienstverhältnisses von Geschäftsleitern und Geschäftsleiterinnen sowie von Mitarbeitern und Mitarbeiterinnen geleistet werden, müssen**

1. **von einer nachhaltigen Wertentwicklung des Unternehmens abhängen,**
2. **über einen Zurückbehaltungszeitraum von mindestens fünf Jahren gestreckt werden, wobei während des Zurückbehaltungszeitraums lediglich ein Anspruch auf fehlerfreie Ermittlung dieser ermessensabhängigen Leistungen zur Altersversorgung besteht, nicht aber auf die ermessensabhängigen Leistungen zur Altersversorgung selbst, und**
3. **für den Fall verringert werden, dass sich die für die ermessensabhängigen Leistungen zur Altersversorgung maßgeblichen Erfolgsbeiträge des Geschäftsleiters oder der Geschäftsleiterin, des Mitarbeiters oder der Mitarbeiterin, seiner oder ihrer Organisationseinheit oder der Gesamterfolg des Unternehmens oder der Gruppe nicht als nachhaltig erweisen.**

(6) **Ermessensabhängige Leistungen zur Altersversorgung, die anlässlich einer ruhestandsbedingten Beendigung des Arbeits-, Geschäftsbesorgungs- oder Dienstverhältnisses von Geschäftsleitern und Geschäftsleiterinnen sowie von Mitarbeitern und Mitarbeiterinnen geleistet werden, müssen**

1. **von einer nachhaltigen Wertentwicklung des Unternehmens abhängen und**
2. **mit einer Frist von mindestens fünf Jahren versehen werden, nach deren Verstreichen frühestens über die ermessensabhängigen Leistungen zur Altersversorgung verfügt werden darf.**

(7) [1]**Für die Ausgestaltung, Überprüfung und Weiterentwicklung der Vergütungssysteme soll ein Ausschuss eingerichtet werden (Vergütungsausschuss).** [2]**Der Vergütungsausschuss hat mindestens einmal jährlich einen Bericht mit den Ergebnissen seiner Überprüfung und mit Vorschlägen zur Weiterentwicklung der Vergütungssysteme vorzulegen.** [3]**Das Unternehmen hat dem oder der Vorsitzenden des Aufsichtsrats ein direktes Auskunftsrecht gegenüber dem Vergütungsausschuss einzuräumen.**

(8) **Die Unternehmen haben in geeigneter Form einen jährlichen Vergütungsbericht zu veröffentlichen, der insbesondere Angaben zur Vergütungspolitik und zu den Vergütungsstrukturen einschließlich des Anteils der variablen Vergütung enthält.**

Übersicht

1 **I. Allgemeines. 1. Entstehungsgeschichte.** Die Vorschrift entspricht inhaltlich und dem Wortlaut nach dem bisherigen § 4 a. F.

2 **2. Normzweck.** Die Norm legt die besonderen Vergütungsanforderungen für die Vergütung von Geschäftsleitern und sog. „Risk-Takern" fest. Grundlage sind zum einen die Empfehlungen des FSB[1] sowie zum anderen die bewährten Aufsichtsgrundsätze der deutschen Versicherungsaufsicht.

3 **3. Anwendungsbereich.** Voraussetzungen für die Anwendung der in dieser Vorschrift niedergelegten besonderen Vergütungsvorgaben ist zunächst die Einstufung eines Unternehmens als **„bedeutendes Unternehmen"** nach Maßgabe des § 1 Abs. 3. Zum anderen bezieht sich die Norm **nur** auf die Vergütung **von Geschäftsleitern** gem. § 24 Abs. 2 S. 2 VAG und die Vergütung von sog. **„Risk-Takern"**. Dabei handelt es sich um Mitarbeiter, die aufgrund einer **eigenverantwortlichen Risikoanalyse** als Mitarbeiter identifiziert wurden, die aufgrund ihrer Tätigkeit einen wesentlichen Einfluss auf das Gesamtrisikoprofils des Unternehmens haben. Eine solche „Risk-Taker"-Eigenschaft kommt bei Mitarbeitern in Betracht, die unmittelbar und aktiv mit ihrer Tätigkeit Bilanzrisiken eingehen können.[2] In der Regel gilt dies nicht für Kontrolleinheiten; eine Ausnahme soll für Aktuare und Leiter des Risikomanagements gelten.[3] Wie letztere sollen die Mitarbeiter auf der ersten Führungsebene sowie Mitarbeiter, deren Vergütung eine vergleichbare Höhe erreicht, wie die Vergütung eines identifizierten „Risk-Takers", potentielle „Risk-Taker" sein.[4]

In der Literatur wird die generelle „Risk-Taker"-Eigenschaft von Kontrollfunktionen, der ersten Führungsebene und per Rückschluss auf die Vergütungshöhe abgeleiteten Mitarbeitern abgelehnt.[5] Sofern diesem Personenkreis tatsächlich generell die „Risk-Taker"-Eigenschaft abgesprochen werden kann, so dürfte eine entsprechende Risikoanalyse ohne großen Aufwand zu diesem Ergebnis führen. Insoweit handelt es sich bei dem Dissens lediglich um eine akademische Fragestellung.

4 **II. Einzelerläuterungen. 1. Abs. 1.**[6] Abs. 1 legt den **persönlichen Anwendungsbereich** der besonderen Anforderungen bei der Ausgestaltung von Vergütungssystemen fest. Diese gelten immer für Geschäftsleiter. Für Mitarbeiter gelten diese Anforderungen nur, wenn auf Grundlage der Kriterien in den Sätzen 3 und 4 eine eigenverantwortliche Risikoanalyse durch das Unternehmen zu dem Ergebnis kommt, dass die Mitarbeiter sog. „Risk-Taker" sind. Nach Satz 5 muss die Analyse umfassend, plausibel und für Dritte nachvollziehbar sein.

[1] FSB „Principles for Sound Compensation Practices" vom 2.4.2009; FSB „Principles for Sound Compensation Practices – Implementing Standards" vom 25.9.2009.
[2] Begründung zur Fassung vom 6.10.2016 zu § 4; Annuß/Früh/Hasse/*Hasse* § 4 VersVergV Rn. 5.
[3] Begründung zur Fassung vom 6.10.2016 zu § 4.
[4] Begründung zur Fassung vom 6.10.2016 zu § 4.
[5] *Bartel/Bilobrk/Zopf* BB 2011, 1269, 1274; Annuß/Früh/Hasse/*Hasse* § 4 VersVergV Rn. 5.
[6] Der Verweisfehler in Satz 1 ist mit der 2. VO zur Änderung von Verordnungen nach dem VAG (BGBl. 2017 I S. 3023) beseitigt worden.

2. Abs. 2. Vorgaben für das Verhältnis von fixer und variabler Vergütung enthält **Abs. 2.** Eine Pflicht zur Vereinbarung einer Vergütung bestehend aus einem fixen und einem variablen Vergütungsbestandteil lässt sich aus Abs. 2 explizit nicht herleiten. Allerdings erlaubt die Vorschrift andererseits auch nicht explizit eine Fixvergütung. Jedoch entspricht es nicht der Lebenswirklichkeit, wenn Geschäftsleiter oder „Risk-Taker" in bedeutenden Unternehmen ausschließlich eine Fixvergütung gezahlt würde. Außerdem sollen die Vorgaben des FSB umgesetzt werden. Diese sehen im Standard Nr. 6[7] vor, dass ein substanzieller Anteil der Vergütung variabel sein sollte. Schließlich sieht die Vorschrift anknüpfend an die variable Vergütung eine Malus-Regelung vor, nach der die Höhe der variablen Vergütung bei einer etwaigen zukünftigen negativen Entwicklung der Erfolgsbeiträge reduziert werden kann und muss. Insoweit unterstellt Abs. 2 implizit die Aufteilung der Vergütung in einen fixen und einen variablen Vergütungsbestandteil. Unter Berücksichtigung dieser Tatsachen ist eine Fixvergütung im Rahmen des § 4 **nicht mehr** zulässig.[8] 5

Das Verhältnis zwischen fixer und variabler Vergütung muss in einem angemessenen Verhältnis zueinander stehen, **S. 1**. Die Angemessenheit ist gegeben, wenn einerseits keine signifikante Abhängigkeit vom variablen Vergütungsbestandteil besteht, dieser aber gelichzeitig einen wirksamen Verhaltensanreiz setzten kann. Hier ist eine wertende Betrachtung notwendig, bei der die Höhe der Vergütung eine nicht unwesentliche Rolle spielt. 6

Im Rahmen der Aufnahme eines Dienst- oder Arbeitsverhältnisses kann auch eine garantierte variable Vergütung für längstens ein Jahr vereinbart werden. 7

3. Abs. 3. Abs. 3 enthält die Kriterien, die für die Ausgestaltung der variablen Vergütung beachtet werden müssen. Ausgehend von **Nr. 1** ist bei der Ausgestaltung des variablen Teils der Vergütung erstens der **individuelle Erfolgsbeitrag,** soweit er mit angemessenem Aufwand ermittelt werden kann, zweitens der **Erfolgsbeitrag der Organisationseinheit,** in der der Mitarbeiter tätig ist, oder die er leitet, und drittens der **Gesamterfolg des Unternehmens** oder der Gruppe zu berücksichtigen. 8

Außerdem kann der individuelle Erfolgsbeitrag ausschließlich an finanziellen Parametern gemessen werden, oder an einer Kombination aus finanziellen und nichtfinanziellen Parametern. Es besteht hier für die Unternehmen ein Wahlrecht.[9] Die Vorschrift führt nichtabschließend Beispiele für nichtfinanzielle Parameter an, welche Beachtung finden können. 9

Nach **Nr. 2** sind in die Ausgestaltung des variablen Vergütungsbestandteils insbesondere solche Parameter einzubeziehen, die das Ziel eines **nachhaltigen Unternehmenserfolgs** befördern. Dies schließt nicht aus („insbesondere"), dass auch den kurzfristigen Unternehmenserfolg beeinflussende Parameter verwendet werden. Der **Schwerpunkt** muss jedoch auf Parametern, die sich auf den langfristigen Unternehmenserfolg positiv auswirken, liegen; andere Parameter dürfen nur eine untergeordnete Bedeutung haben. 10

Diese Parameter haben auch zu berücksichtigen, mit welchen Risiken bzw. Kapitalkosten der erzielte Erfolgsbeitrag des Einzelnen, der Organisationseinheit oder der Gesamterfolg des Unternehmens erwirtschaftet wurde. Im Rahmen der Bemessung der variablen Vergütung sind daher die erreichten Ziele mit den zur Zielerreichung eingegangenen Risiken bzw. den damit verbundenen Kapitalkosten in ein Verhältnis zu setzen.[10] Dabei ist auch die Laufzeit der Risiken zu beachten, § 3 Abs. 1 S. 2 Nr. 4. 11

Nr. 3 verlangt eine zeitlich **gestreckte Auszahlung** der variablen Vergütung. Mindestens 40 Prozent der variablen Vergütung darf nicht **vor Ablauf** eines angemessenen Zeitraums, der in der Regel drei Jahre beträgt, ausbezahlt werden. Der individuelle Prozentsatz des variablen Vergütungsbestandteils, der zurückzubehalten ist, richtet sich nach der Höhe der variablen Vergütung selbst, der Stellung des Begünstigten oder der Risikoposition, die der Begünstigte begründen kann.[11] Nach dem FSB-Standard Nr. 6[12] sollen in Abhängigkeit von der Stellung und/oder der Verantwortung des Betroffenen zwischen 40 Prozent und 60 Prozent der variablen Vergütung der zeitgetreckten Auszahlung unterliegen. Bei dem bestbezahltesten Manager soll der Anteil auch oberhalb von 60 Prozent liegen. In Einzelfällen kann sogar der gesamte variable Vergütungsbestandteil der zeitgestreckten Auszahlung unterliegen.[13] 12

Weiterhin ist gefordert, dass von den mindestens 40 Prozent der variablen Vergütung, welche zurückbehalten werden müssen, mindestens 50 Prozent von einer nachhaltigen Wertentwicklung des Unternehmens abhängig gemacht werden. Bei börsennotierten Aktiengesellschaften soll das Nachhaltigkeitsgebot durch eine **aktienbasierte** oder auf **aktienähnlichen Instrumenten** basierende Vergütungsform 13

[7] FSB Principles for Sound Compensation Practices vom 2.4.2009; FSB Principles for Sound Compensation Practices – Implementing Standards vom 25.9.2009.
[8] *Sammet* S. 144; *Armbrüster* VersR 2011, 1, 8.
[9] Annuß/Früh/Hasse/*Hasse* § 4 VersVergV Rn. 10.
[10] *Sammet* S. 154.
[11] Begründung zur Fassung vom 6.10.2016 zu § 4.
[12] FSB „Principles for Sound Compensation Practices" vom 2.4.2009; FSB „Principles for Sound Compensation Practices – Implementing Standards" vom 25.9.2009.
[13] FSB „Principles for Sound Compensation Practices" vom 2.4.2009, S. 12.

erfolgen.[14] Dieser aktienbezogenen Teil der Vergütung kann nach Ablauf der Sperrfrist auch zum aktuellen Börsenkurs an der Geschäftsleiter oder „Risk-Taker" **bar** ausgezahlt werden.[15]

14 In der Regel sind deutsche Versicherungsunternehmen nicht börsennotiert bzw. handelt es sich bei deutschen Versicherungsunternehmen um Versicherungsvereine auf Gegenseitigkeit oder Öffentlich-rechtliche Versicherungsunternehmen. Ist daher mangels Börsennotierung oder rechtsformbeding eine aktienbasierte oder auf aktienähnlichen Instrumenten basierende Vergütungsform nicht möglich, so muss dieser Teil der variablen Vergütung auf einer **kennzahlenbasierten Vergütung** beruhen.

15 Der zurückzubehaltende Teil der variablen Vergütung, der nicht der Bindung an die Wertentwicklung der Unternehmens gebunden ist, kann, nach Ablauf des Zurückbehaltungszeitraums, bar ausgezahlt werden.[16]

16 Nach dem eindeutigen Wortlaut der Vorschrift ist eine Auszahlung nur nach Verstreichen des Zurückbehaltungszeitraums möglich.[17] Dem entspricht es, dass nach der Begründung der Anspruch auf den zurückzubehaltenden Teil der variablen Vergütung erst mit Ablauf des Zurückbehaltungszeitraums entstehen soll.[18] Während des Zurückbehaltungszeitraums soll lediglich ein Anspruch auf fehlerfreie Ermittlung der variablen Vergütung bestehen.[19] Trotzdem soll eine Auszahlung pro rata temporis über den Zurückbehaltungszeitraum möglich sein. Das heißt, die variable Vergütung, auf die aber zu diesem Zeitpunkt laut Begründung kein Anspruch besteht, könnte in Raten von je 1/36-tel, oder üblicherweise in Jahresraten ausgezahlt werden. Diese Auszahlung führt unter Berücksichtigung der nach Nr. 4 einzuführenden Malus-Regel zu Problemen in der Praxis. Zum einen enthält die Vorschrift, anders als die Regelung zu ermessensabhängigen Leistungen zur Altersversorgung nach Abs. 5 Nr. 2, keinen Anhaltspunkt dafür, dass der Anspruch auf den zurückzubehaltenden Vergütungsbestandteil nicht entsteht. Auch eine zeitanteilige Entstehung des Anspruchs ist nicht geregelt. Vielmehr fehlt eine diesbezügliche explizite Regelung, wie sie in § 5 Abs. 2 Nr. 4 InstitutsVergV getroffen wurde. Zudem setzt der Begriff des „Zurückbehaltens" einen Anspruch des Gläubigers voraus. D. h. die Vorschrift setzt – entgegen der Begründung, die nicht Bestandteil des Gesetzes ist, voraus, dass der Anspruch auf die variable Vergütung bereits entstanden ist. Zum anderen erfordert die zeitanteilige Auszahlung die Vereinbarung eine Rückzahlungsklause (sog. claw-back-Klausel), soll das mit der Malus-Regel bezweckte Ziel erreicht werden können. Eine solche Klausel ist jedoch vor dem Hintergrund der im Arbeitsrecht geltenden AGB-Kontrolle und der diesbezüglichen Rechtsprechung des BAG nicht unproblematisch.[20] Insofern ist der am Wortlaut ausgerichteten Auslegung der Vorzug zu geben, wonach der **Anspruch auf Auszahlung erst mit Ablauf des Zurückbehaltungszeitraum entsteht**.

17 Schließlich fordert **Nr. 4** die Möglichkeit der Verringerung des variablen Vergütungsbestandteils (sog. **Malus-Regel**) für den Fall, dass sich das Handeln des Betroffenen in der Vergangenheit negativ auf den Erfolg innerhalb des Zurückbehaltungszeitraums auswirkt. Ausschlaggebend für die Verringerung der variablen Vergütung sind negative Erfolgsbeiträge die aus dem individuellen Erfolgsbeitrag, dem negativen Erfolgsbeitrag der Organisationseinheit, in der der Mitarbeiter tätig ist, oder die er leitet, oder aus einem negativen Gesamterfolg des Unternehmens oder der Gruppe herrühren.

18 Die Möglichkeit, den mit der gestreckten Auszahlung und der bestehenden Verringerung der variablen Vergütung verbundenen Verwaltungsaufwand, mittels einer an dem allgemeinen Gehaltsniveau in der Versicherungsbranche orientierten **Freigrenze** zu minimieren, besteht im Rahmen der VersVergV nicht. Enthält § 18 Abs. 1 InstitutsVergV eine ausdrückliche Regelung für den Bankenbereich, wo die Bundesanstalt im Rahmen ihrer Verwaltungspraxis eine Freigrenze für variable Vergütungen bis zu einer Gesamthöhe von 50.000 € akzeptiert, sieht die VersVergV eine solche Ermächtigung für den Versicherungsbereich eben nicht vor. Ohne eine solche ausdrückliche Ermächtigung kann die Bundesanstalt im Wege der Verwaltungspraxis keine solche Freigrenze erlauben.

19 **4. Abs. 4.** Abs. 4 verbietet den Geschäftsleitern und „Risk-Takern" den Auswirkungen negativer Entwicklungen auf den variablen Vergütungsanspruch durch Absicherungsgeschäfte oder sonstige Gegenmaßnahmen entgegenzuwirken. Dieses sog. „Hedging-Verbot" haben die Unternehmen durch angemessene Compliance-Strukturen, darunter sind bspw. vertragliche Verpflichtungen mit den Betroffenen, keine persönlichen Absicherungs- oder sonstige Gegenmaßnahmen zu treffen, zu verstehen, gegenüber den Betroffenen durchzusetzen.

20 **5. Ermessensabhängige Leistungen zur Altersversorgung.** Die Abs. 5 und 6 stellen Anforderungen an die Ausgestaltung ermessensabhängiger Leistungen zur Altersversorgung auf. Ziel der Rege-

[14] Begründung zur Fassung vom 6.10.2016 zu § 4.
[15] *GDV,* Auslegungshilfe zu den Anforderungen an Vergütungssysteme in der Versicherungswirtschaft, Stand Februar 2011, S. 15.
[16] *GDV,* Auslegungshilfe zu den Anforderungen an Vergütungssysteme in der Versicherungswirtschaft, Stand Februar 2011, S. 15.
[17] So auch *Sammet* S. 161; a. A. Annuß/Früh/Hasse/*Hasse* § 4 VersVergV Rn. 18.
[18] Begründung zur Fassung vom 6.10.2016 zu § 4.
[19] Begründung zur Fassung vom 6.10.2016 zu § 4.
[20] *Sammet* S. 160.

lungen ist es, ein Unterlaufen der für das laufende Beschäftigungsverhältnis geltenden strengen Regeln zur nachhaltigen und über einen Mehrjahreszeitraum gestreckten Vergütungsvorgaben zu vermeiden.[21]

a) Nichtruhestandsbedingte Beendigung. Dabei stellt **Abs. 5** auf eine ermessensabhängige Leistung zur Altersversorgung ab, die anlässlich einer **nicht** ruhestandsbedingten Beendigung des Arbeits- oder Dienstverhältnisses geleistet wird. Eine solche Leistung muss 21

- von einer nachhaltigen Wertentwicklung des Unternehmens abhängig sein,
- über eine Zurückbehaltungszeitraum von mindestens 5 Jahren gestreckt werden und
- eine Malus-Regelung für den Fall vorsehen, dass die für die Leistung zur Altersversorgung maßgeblichen Erfolgsbeiträge des Einzelnen, der Organisationseinheit, in der er tätig war oder die er leitete oder der Gesamterfolg des Unternehmens oder der Gruppe sich als nicht nachhaltig erweist.

Im Gegensatz zu Abs. 3 Nr. 3 enthält Abs. 5 Nr. 2 eine ausdrückliche Regelung, dass während des Zurückbehaltungszeitraums lediglich ein Anspruch auf fehlerfreie Ermittlung der ermessensabhängigen Leistung besteht, nicht jedoch der Anspruch auf die Leistung selbst entsteht. 22

b) Ruhestandsbedingte Beendigung. Bei der in **Abs. 6** geregelten ermessensabhängige Leistung zur Altersversorgung, die anlässlich einer **ruhestandsbedingten** Beendigung des Arbeits- oder Dienstverhältnisses geleistet wird, hängt diese 23

- von einer nachhaltigen Wertentwicklung des Unternehmensabhängig ab und
- muss mit einer Frist von fünf Jahren versehen werden, nach deren Verstreichen frühesten über die Leistung verfügt werden darf.

c) Vergütungsausschuss. Bedeutende Unternehmen sollen gem. **Abs. 7** einen Vergütungsausschuss einrichten, der für die Ausgestaltung, Überprüfung und Weiterentwicklung der Vergütungssysteme verantwortlich ist. Aufgabe des Vergütungsausschusses ist es weiterhin, mindestens einmal jährlich einen Bericht mit seinen Überprüfungsergebnissen und Vorschlägen zur Weiterentwicklung des Vergütungssystems vorzulegen. Die Berichtspflicht besteht gegenüber dem Vorstand.[22] Dieser wiederum hat den Aufsichtsrat zu informieren. Dem Vorsitzenden des Aufsichtsrates ist ein direktes **Auskunftsrecht** gegenüber dem Vergütungsausschuss einzuräumen. 24

Da für die Ausgestaltung und Vereinbarung der Vergütung der Geschäftsleiter der Aufsichtsrat zuständig ist, 87 Abs. 1 S. 1 AktG, und der Vergütungsausschuss an den Vorstand zu berichten hat, bezieht sich die Tätigkeit des Vergütungsausschusses auf die Vergütungssysteme für Mitarbeiter.[23] 25

Schließlich verpflichtet **Abs. 8** die Unternehmen jährlich zur Veröffentlichung eines Vergütungsberichts, der insbesondere Angaben zur Vergütungspolitik und den Vergütungsstrukturen einschließlich des Anteils der variablen Vergütung enthält. Der Inhalt ist nicht abschließend vorgegeben. Er geht aber über die Pflichtangaben im Geschäftsbericht hinaus.[24] So hat er auch aggregierte Angaben zu den Gruppen „Geschäftsleiter" und „Risk-Taker" zu enthalten. 26

Eine bestimmte Form schreibt die Verordnung nicht vor. Als „geeignete Form" wird auch die Veröffentlichung in elektronischer Form angesehen.[25]

Anforderungen auf Versicherungsgruppen- und Finanzkonglomeratsebene

5 (1) **Übergeordnete Unternehmen einer Versicherungsgruppe im Sinne des § 25 Absatz 3 des Versicherungsaufsichtsgesetzes und übergeordnete Unternehmen eines Finanzkonglomerats haben sicherzustellen, dass die Vergütungssysteme für Geschäftsleiter und Geschäftsleiterinnen, für Mitarbeiter und Mitarbeiterinnen sowie für Aufsichtsratsmitglieder innerhalb der gesamten Gruppe oder des gesamten Konglomerats angemessen, transparent und auf eine nachhaltige Entwicklung ausgerichtet sind.**

(2) **Die in Absatz 1 genannten Unternehmen haben auf der Grundlage einer Risikoanalyse eigenverantwortlich festzustellen, auf welche Unternehmen der Gruppe oder des Konglomerats, für die weder § 25a des Kreditwesengesetzes in Verbindung mit der Institutsvergütungsverordnung noch § 25 des Versicherungsaufsichtsgesetzes in Verbindung mit dieser Verordnung, noch Artikel 275 der Delegierten Verordnung (EU) 2015/35 gelten, die Anforderungen der §§ 3 und 4 oder des Artikels 275 der Delegierten Verordnung (EU) 2015/35 anzuwenden sind.**

(3) **[1]Bei der Risikoanalyse sind insbesondere die Bedeutung der betreffenden Unternehmen für die Risikosituation der Gruppe oder des Konglomerats, die Höhe der Beitragseinnahmen,**

[21] *Sammet* S. 22; Annuß/Früh/Hasse/*Hasse* § 4 VersVergV Rn. 23.
[22] *GDV*, Auslegungshilfe zu den Anforderungen an Vergütungssysteme in der Versicherungswirtschaft, Stand Februar 2011, S. 15 f.; *Sammet* S. 376.
[23] *Sammet* S. 378; Annuß/Früh/Hasse/*Hasse* § 4 VersVergV Rn. 25.
[24] *Hasse* in Annuß/Früh/Hasse VersVergV § 4 Rn. 26.
[25] Begründung zur Fassung vom 6.10.2016 zu § 4.

das Kapitalanlagevolumen, die Bilanzsumme und die Marktstellung des Unternehmens zu beachten. ²Die Feststellung und die Risikoanalyse sind schriftlich zu dokumentieren. ³Die Risikoanalyse muss plausibel, umfassend und für Dritte nachvollziehbar sein.

(4) **¹Sofern es unter Berücksichtigung der Größe und Komplexität der Geschäftstätigkeit der Versicherungsgruppe oder des Finanzkonglomerats risikoadäquat erscheint, können einzelne Anforderungen dieser Verordnung zentral innerhalb der Gruppe oder des Konglomerats erfüllt werden. ²Das übergeordnete Unternehmen hat die Einschätzung hierüber schriftlich zu dokumentieren.**

1 **I. Allgemeines. 1. Entstehungsgeschichte.** Die Vorschrift entspricht mit einer kleinen Änderung in Abs. 2, der um die Satzteile „noch Artikel 275 der Delegierten Verordnung (EU) 2015/35 gelten" und „ oder Art. 275 Delegierte Verordnung (EU) 2015/35" ergänzt und durch Anfügung des Abs. 4 entzerrt wurde, dem bisherigen § 5 a. F.

2 **2. Normzweck.** § 5 legt die Pflichten des übergeordneten Unternehmens einer Versicherungsgruppe bzw. eines Finanzkonglomerats im Hinblick auf die Vergütungssysteme innerhalb der Gruppe oder des Konglomerates fest.

3 **3. Regelungskompetenz.** Ausweislich der Begründung zum Referentenentwurf[1] der Verordnung enthält die Solva II-RL zwar allgemeine Vorgaben für das Governance-System im Rahmen der Gruppenaufsicht (Art. 246 Solva II-RL) und Versicherungs-Zweckgesellschaften (Art. 324 Abs. 2 Solva II-RL), jedoch keine expliziten Vorgaben zu Vergütungssystemen. Hinsichtlich der Vorgaben von Vergütungssystemen im Rahmen der Gruppenaufsicht und für Versicherungs-Zweckgesellschaften besteht daher eine nationale Regelungskompetenz. Diese Regelungskompetenz hat der Gesetzgeber mit den Vorgaben für die Gruppenaufsicht in dieser Vorschrift ausgeübt.

4 **II. Einzelerläuterungen. 1. Abs. 1.** Nach Abs. 1, der § 25 Abs. 3 S. 1 VAG entspricht, haben übergeordneten Unternehmen einer Versicherungsgruppe, das sind, wie sich aus der Verweisung auf § 25 Abs. 3 VAG ergibt, die an der Spitze der jeweiligen Gruppe stehenden Versicherungsunternehmen oder Versicherungs-Holdinggesellschaften, dafür Sorge zu tragen, dass die Vergütungssysteme für Geschäftsleiter und Mitarbeiter sowie für Aufsichtsratsmitglieder innerhalb der gesamten Gruppe **angemessen, transparent** und auf eine **nachhaltige Entwicklung** ausgerichtet sind. Die gleiche Anforderung besteht für das übergeordnete Unternehmen eines versicherungsgeführten Finanzkonglomerats. Die Vorschrift weitet die Anforderung an die Vergütung auf Ebene der Einzelunternehmen auf Versicherungsgruppen und Finanzkonglomerate aus.[2]

5 **a) Angemessenheit.** Der unbestimmte Rechtsbegriff der Angemessenheit lässt sich auf zwei Aspekte eingrenze. Dies sind die horizontale sowie die vertikale Angemessenheit. **Horizontale Angemessenheit** besteht, wenn die gezahlte Vergütung im Vergleich mit anderen Versicherungsgruppen der Branche, die ein vergleichbares Geschäftsmodell haben, d. h. ein vergleichbares Risikoprofil, vergleichbare Beitragseinnahmen (Größe), eine vergleichbare Anzahl von Mitarbeiter, ein vergleichbares Kapitalanlagevolumen, etc. nicht überhöht ist. **Vertikale Angemessenheit** berücksichtigt das Verhältnis der Höhe der Geschäftsleitervergütung bzw. der „Risk-Taker"-Vergütung zur Höhe der den Mitarbeitern innerhalb der Versicherungsgruppe gezahlten Vergütung. Die vertikale Angemessenheit soll gewahrt sein, wenn die Vergütung der Geschäftsleiter nicht über einen Faktor zwischen 10 und 30 der durchschnittlichen Vergütung der Mitarbeiter hinausgeht.[3] Demnach ist eine Vergütung angemessen, die sich der Höhe nach in die übliche Vergütung der jeweiligen Vergütungsgruppe der Branche sowie im Verhältnis zur Vergütung der anderen Mitabeitergruppen bzw. bei Geschäftsleitern im Verhältnis zur Vergütung der gesamten Mitarbeiter, einfügt.[4]

6 **b) Transparenz.** Transparenz eines Vergütungssystems ist gegeben, wenn die Vergütungsstruktur für diejenigen, auf die sie angewandt wird und für diejenigen, die sie zu verantworten haben, sowie für Dritte nachvollziehbar und plausibel ist.

7 **c) Nachhaltigkeit.** Nachhaltig ist ein Vergütungssystem dann, wenn es dem kurzfristigen Erfolg keinen Vorrang vor dem langfristigen Erfolg des Unternehmens eingeräumt.[5]

8 **2. Abs. 2. a) Drittunternehmen.** Da Versicherungsgruppen bzw. Finanzkonglomerate nicht nur aus Unternehmen bestehen, für die eine Regulierung der Vergütungssysteme existiert, müssen die übergeordneten Unternehmen der Versicherungsgruppe bzw. des Finanzkonglomerats gem. Abs. 2

---

¹ Referentenentwurf vom 23.9.2016, Begründung zu Art. 2 zu § 1.
² Begründung zu § 5 in der Fassung vom 6.10.2010.
³ *Hickel*, Sind Manager ihr Geld wert?, Institut für Arbeit, 2004, S. 8.
⁴ Ähnlich FKBP/*Kaulbach* § 64b Rn. 8, der darüber hinaus auch den betriebswirtschaftlichen Beitrag zum Unternehmenserfolg in das Angemessenheitskriterium einbeziehen möchte.
⁵ FKBP/*Kaulbach* § 64b Rn. 10.

prüfen, ob auf diese nicht vergütungsregulierten Unternehmen die Vergütungsregeln anzuwenden sind. Dies hat mittels einer vom übergeordneten Unternehmen **eigenverantwortlich** zu erstellenden **Risikoanalyse** zu erfolgen.

b) Risikoanalyse. In diese Risikoanalyse sind solche Unternehmen, die einer Vergütungsregulierung nach § 25a KWG, bzw. § 25 Abs. 1 VAG i. V. m. VersVergV unterliegen nicht einzubeziehen. Damit beschränkt sich die Risikoanalyse auf sog. Drittunternehmen. Hierzu zählen neben Vermittlungsgesellschaften, für die auch die speziellen Regelungen der Insurance Distribution Directive (IDD) zu beachten sind, Servicegesellschaften, Kapitalanlagegesellschaften und Dienstleistungsgesellschaften auch ausländische Tochter-Versicherungsunternehmen.[6] Letztere zählen nämlich nicht zu den Unternehmen die § 25a KWG bzw. § 25 VAG zu beachten haben. 9

c) Wahlrecht. Ergibt die Risikoanalyse, dass auf ein Drittunternehmen die versicherungsaufsichtsrechtlichen Vergütungsregeln anzuwenden sind, ist folgendes zu beachten: Dem Wortlaut nach scheint das übergeordnete Unternehmen ein Wahlrecht zu haben, ob es auf die Vergütung in dem Drittunternehmen die Vorgaben des VersVergV oder die europäischen Vorgaben des Art. 275 DVO (EU) 2015/35 anwenden möchte.[7] Die Annahme eines allgemeinen Wahlrechts ist jedoch **nicht** ganz zutreffend. Vielmehr trägt der neu aufgenommene Einschub bezüglich Art. 275 DVO (EU) 2015/35 am Ende des Satzes dem Umstand Rechnung, dass neben der VersVergV für Unternehmen in ihrem Anwendungsbereich auch Art. 275 DVO (EU) 2015/35 für Unternehmen in seinem Anwendungsbereich Vergütungsvorgaben enthält. Da die Vorgaben der VersVergV und des Art. 275 DVO (EU) 2015/35 nicht immer deckungsgleich sind, würde sich in bestimmten Fallkonstellationen der deutsche Gesetzgeber über die unmittelbar geltende DVO (EU) 2015/35 hinwegsetzten. Dies wäre der Fall, wenn zu der Versicherungsgruppe oder dem Finanzkonglomerats Versicherungstöchter mit Sitz in einem Mitglieds- oder Vertragsstaat gehören, die die Vorgaben des Art. 275 DVO (EU) 2015/35 anwenden müssen. In diesem Fall entstünde ohne den Einschub ein Spannungsverhältnis zwischen den europäischen Vorgaben aus Art. 275 DVO (EU) 2015/35 und der nationalen Regelung, die eine Anwendung der Vorgaben der §§ 3, 4 und 6 verlangen. Mit dem Einschub des Zusatzes bezüglich des Art 275 DVO (EU) 2015/35 entsteht dieses Spannungsverhältnis erst gar nicht, so das eine Versicherungstochter mit Sitz in einem Mitglied- oder Vertragsstaat, die einer Versicherungsgruppe oder eines Finanzkonglomerats unter Führung eines Unternehmens mit Sitz in Deutschland angehört, vergütungssystembruchfrei ausschließlich die europäischen Vorgaben einhalten muss. 10

Nach Leitlinie 9 zum Governance-System Nr. 1.39[8] wird von den Gruppen eine kohärente, gruppenweite Vergütungspolitik gefordert. Sofern sich in einer Gruppe ausschließlich Versicherungsunternehmen, die in den Anwendungsbereich des Art. 275 DVO (EU) 2015/35 fallen, gehören, kann wegen der homogenen Vergütungsvorgaben die geforderte Kohärenz hergestellt werden. Wenn nun in einer solchen, im Hinblick auf die Vergütungsanforderungen homogenen Gruppe, gegebenenfalls auf Drittunternehmen, die keine Versicherungsunternehmen sind, die Vorgaben der §§ 3, 4 und 6 angewandt werden müssten, würde dies aufgrund der nicht deckungsgleichen Vergütungsvorgaben zu Problemen führen. Diese Problematik wir d durch den neueingefügten Bezug auf Art. 275 vermieden. Bei sog. inhomogenen Versicherungsgruppe, also Versicherungsgruppen denen sowohl Unternehmen, die die Vorgaben der VersVergV als auch Unternehmen, die die Vorgaben des Art. 275 DVO (EU) 2015/35 zu erfüllen haben, angehören, tritt das gleiche Problem auf. Ein Wahlrecht besteht also nur bei inhomogenen Versicherungsgruppen, sofern hier nicht gem. § 1 Abs. 2 freiwillig die Vorgaben des Art. 275 DVO (EU) 2015/35 auf alle gruppenangehörigen Versicherungsunternehmen angewandt werden. Ansonsten richten sich die auf Drittunternehmen anzuwendenden Vorgaben nach den Vorgaben, die für die Gruppe anzuwenden sind.

d) Gesellschaftsrechtliche Grenzen. Der **Durchsetzungsmacht** des übergeordneten Unternehmens sind durch das **Gesellschaftsrecht,** welchem Vorrang vor dem Aufsichtsrecht gebührt,[9] Grenzen gesetzt. Das Versicherungsaufsichtsrecht kann einem verpflichteten, übergeordneten Unternehmen keine weitergehende Rechtsmacht gegenüber einem gruppenangehörigen Unternehmen einräumen, als nach dem (Gesellschafts-) Recht oder einem Unternehmensvertrag besteht. Der Abschluss eines Unternehmensvertrages zur Durchsetzung der aufsichtsrechtlich begründeten Pflicht kann, wegen der damit verbundenen Ergebnisabführung, nicht gefordert werden.[10] Nach § 276 Abs. 2 VAG steht dem übergeordneten Unternehmen einer Versicherungsgruppe immerhin das Recht zu für die Zwecke der Gruppenaufsicht von den gruppenangehörigen Unternehmen alle Aufklärungen und Nachweise verlangen, 11

[6] Annuß/Früh/Hasse/*Hasse* § 5 VersVergV Rn. 3, 4b; *GDV,* Auslegungshilfe zu den Anforderungen an Vergütungssysteme in der Versicherungswirtschaft, Stand Februar 2011, S. 16.
[7] Annuß/Früh/Hasse/*Hasse* § 5 VersVergV Rn. 4a.
[8] EIOPA-BoS-14/253 DE.
[9] BT-Drs. 16/6518, 17 zu § 64a VAG a. F.
[10] So auch Annuß/Früh/Hasse/*Hasse* § 25 VAG Rn. 45.

die es zur Erfüllung seiner Pflichten benötigt. Eine parallele Vorschrift für den Informationsanspruch in einem Finanzkonglomerat existiert nicht.

12 **3. Abs. 3.** Abs. 3 S. 1 enthält eine nicht abschließende Aufzählung von Aspekten, die im Rahmen der erforderlichen Risikoanalyse zu beachten sind. Außerdem statuiert **Satz 2** die Pflicht zur schriftlichen Dokumentation der Risikoanalyse selbst, sowie ihrer Ergebnisse. **Satz 3** schließlich fordert, dass die Risikoanalyse umfassen, plausibel und für Dritte nachvollziehbar sein muss.

13 **4. Abs. 4.** Sofern es angemessen und risikoadäquat ist, können gem. Abs. 4 einzelne Anforderungen der Verordnung sowohl für nicht beaufsichtigte als auch für beaufsichtigte Unternehmen einer Gruppe oder eines Finanzkonglomerats zentral wahrgenommen werden.

Anpassung bestehender Vereinbarungen

6 (1) **Die Unternehmen haben darauf hinzuwirken, dass, soweit rechtlich zulässig, folgende Vereinbarungen angepasst werden:**

1. die mit Geschäftsleitern und Geschäftsleiterinnen, mit Mitarbeitern und Mitarbeiterinnen sowie mit Aufsichtsratsmitgliedern bestehenden Verträge, die mit dieser Verordnung nicht vereinbar sind, und

2. betriebliche Übungen sowie bestehende Satzungen und Beschlüsse, die mit dieser Verordnung nicht vereinbar sind.

(2) **Bei der Anpassung ist eine für Dritte nachvollziehbare fundierte juristische Begutachtung der Rechtslage zugrunde zu legen, wobei die konkreten Erfolgsaussichten zu berücksichtigen sind.**

1 **I. Allgemeines. 1. Entstehungsgeschichte.** Die Vorschrift entspricht dem Wortlaut des § 6 a. F.

2 **2. Normzweck.** Die Vorschrift normiert eine Pflicht der Unternehmen, bestehende Verträge – soweit rechtlich zulässig – an die gesetzlichen Vergütungsvorgaben anzupassen.

3 **II. Einzelerläuterung. 1. Abs. 1. a) Individualvereinbarungen.** Nach **Abs. 1 Nr. 1** sind die Unternehmen verpflichtet, auf eine Vertragsänderung bei Verträgen mit Geschäftsleiter und Mitarbeitern sowie Aufsichtsräten hinzuwirken, um die bestehenden vertraglichen Vereinbarungen an die Vorgaben der VersVergV anzupassen. Bleibt das Bemühen des Unternehmens, bestehende Verträge an die VersVergV anzupassen, vergebens, so sind die Verträge weiterhin wirksam; daraus entstehende Vergütungsansprüche gegenüber dem Unternehmen durchsetzbar.[1] § 6 stellt kein Verbotsgesetz i. S. d. § 134 BGB dar.[2]

4 **b) Kollektivvereinbarungen.** Die gleiche **Hinwirkungspflicht** trifft die Unternehmen nach **Abs. 1 Nr. 2** in Bezug auf bestehende betriebliche Übungen, Satzungen und Beschlüsse, die mit den Vorgaben der VersVergV nicht vereinbar sind.

5 **c) Grenzen.** Diese Hinwirkungspflicht besteht jedoch nur in den Grenzen des rechtlich zulässigen. Hier wird ein Grundsatz wiederholt, der unserer Wirtschafts- und Rechtsordnung immanent ist, nämlich dass bestehende Verträge einzuhalten sind. Dieser Vorbehalt entspricht dem der geltenden Rechtsordnung immanenten Grundprinzip der Privatautonomie.[3] Darüber hinaus ist die (arbeits-) gerichtliche Rechtsprechung zur Möglichkeit von einseitigen Vertragsänderungen zu beachten.

6 Ausgehend von diesem Grundsatz ergibt sich folgender Handlungsbedarf für die Unternehmen:

aa) Tarifverträge. Soweit vertragliche Vergütungsvereinbarungen mit Mitarbeitern auf Tarifverträgen beruhen, wobei es keine Rolle spielt, ob es sich um eine reine Fixvergütung oder um eine Kombination aus Fixvergütung und variabler Vergütung handelt, und die tarifvertraglichen Vereinbarung ohne Änderung in der jeweiligen Vergütungsvereinbarung umgesetzt wurden, muss **keine Anpassung** erfolgen. Diese Vergütungsvereinbarungen sind nach § 1 Abs. 3, § 25 Abs. 5 VAG vom Anwendungsbereich der VersVergV ausgenommen.[4] Soweit eine grundsätzliche Anpassungsmöglichkeit bei dieser Fallgestaltung angenommen wird,[5] ist diese Auffassung wegen des eindeutigen Gesetzeswortlauts und ihrer fehlenden Differenzierung abzulehnen.

7 **bb) Betriebsvereinbarungen.** Hinsichtlich der von Wortlaut nicht erfassten Betriebsvereinbarung, in denen oftmals Zielparameter und -perioden, etc. geregelt werden, ist zu differenzieren:

---

[1] *Heuchemer/Kloft* WM 2010, 2241, 2247 zur gleichgelagerten Problematik in der InstitutsVergV.
[2] A. A. *Armbrüster* VersR 2011, 1, 8; wie hier *Sammet* S. 281.
[3] *Dreher* VW 2010, 1508, 1510.
[4] *Sammet* S. 76.
[5] Annuß/Früh/Hasse/*Hasse* § 6 VersVergV Rn. 3.

(1) Tarifvertragliche Öffnungsklausel. Beruht die Betriebs- oder Dienstvereinbarung auf einer im Tarifvertrag angelegten Öffnungsklausel, so unterliegen auch diese Dienst- oder Betriebsvereinbarungen **nicht** der Hinwirkungspflicht, § 1 Abs. 4.

(2) Fehlende tarifvertragliche Regelung. Betriebsvereinbarungen über variable Vergütungs- 8
bestandteile, die zulässigerweise im Rahmen der nach §§ 87 Abs. 1, 77 Abs. 3 BetrVG abgeschlossen werden können, müssen sich an den Vorgaben der VersVergV orientieren.[6] Das Tarifvertragsprivileg des § 1 Abs. 4, § 25 Abs. 5 VAG greift hier nicht ein, da diese Betriebsvereinbarung eben nicht auf einem Tarifvertrag beruht. Solche gegen die Vorgaben der VersVergV verstoßende Betriebsvereinbarung oder Teile von Betriebsvereinbarungen sind daher **unwirksam.** Dies ergibt sich daraus, dass die durch das BetrVG eingeräumte Betriebsautonomie ihre Grenzen in den sonstigen rechtlichen Rahmenbedingungen, zu denen auch die VersVergV zählt, findet und somit keine betriebsautonome Regelungskompetenz besteht.[7] Wirksame Betriebsvereinbarungen, die gegen die VersVergV verstoßen, können auf diese Weise nicht vereinbart werden.

(3) Bestehende Betriebsvereinbarungen. Entsprechende Betriebsvereinbarungen, die bei Inkraft- 9
treten der VersVergV bereits bestanden, sind unwirksam und seitens des Unternehmens zu kündigen. Die Hinwirkungspflicht aus § 6 stellt nämlich gegenüber § 87 BetrVG die speziellere Norm dar.[8] Unter Hinweis auf die gesetzlichen Vorgaben dürfte sich der Betriebsrat einem bestehenden Anpassungsbedarf nicht entziehen.

cc) Arbeitsverträge. Änderungen der arbeitsvertraglichen Vereinbarungen mit sog. „Risk-Takern" 10
(zum Begriff siehe § 4 Rn. 3) können nur im Wege einer **einvernehmlichen Vertragsänderung** herbeigeführt werden.[9] Eine Anpassung des Arbeitsvertrags nach § 313 BGB kommt nicht in Betracht, da das Kündigungsrecht, als abschließend speziell geregelte Rechtsmaterie, der BGB-Vorschrift vorgeht. Außerdem liegen die Tatbestandsvoraussetzungen für eine Anpassung nach § 313 BGB nicht vor.[10] Auch eine Änderungskündigung nach § 2 KSchG in der Form einer betriebsbedingten Kündigung scheidet aus. Diese setzt voraus, dass die Unternehmen durch den Erlass der VersVergV zu einer Vertragsanpassung gezwungen wären, so dass ein betriebliches Erfordernis (§ 1 Abs. 2 KSchG), das u. a. Voraussetzungen für eine gerechtfertigte Änderungskündigung ist, gegeben ist. § 6 begründet aber eben keinen solchen Anpassungszwang.[11]

dd) Dienstverträge. Im Hinblick auf die Hinwirkungspflicht zur Änderung **dienstvertraglicher** 11
Vereinbarungen mit Geschäftsführern besteht Einigkeit darüber, dass eine Anpassung an die Vorgaben der VersVergV spätestens dann zu erfolgen hat, wenn eine **erneute Bestellung** des Geschäftsleiters erfolgt.[12] Darüber hinaus besteht eine Zustimmungspflicht des Geschäftsleiters aufgrund seiner **organschaftlichen Treubindung** zu einer umgehenden Anpassung seiner dienstvertraglichen Vereinbarung.[13] Neben den gesetzlichen Pflichten besteht zwischen dem Geschäftsleiter und dem Unternehmen eine organschaftliche Treubindung, die sich auch aus der vertrauensvollen Zusammenarbeit mit anderen Gesellschaftsorganen rechtfertigt[14] und über den nach § 242 BGB geforderten Maßstab hinausgeht.[15] Die Treuebindung verpflichtet den Geschäftsleiter einerseits dazu seine eigenen Interessen hinter den vorrangig zu beachtenden Interessen des Unternehmens zurückzustellen. Eine Anpassung des Dienstvertrages ist im Interesse des Unternehmens. Da für die Anpassung des Dienstvertrages eines Geschäftsleiters der Aufsichtsrat zuständig ist, ergibt sich andererseits aus der Pflicht zur vertrauensvollen Zusammenarbeit mit dem Organ „Aufsichtsrat" auch ein Eigeninteresse des Geschäftsleiters an der Anpassung. Darüber hinaus ist der Geschäftsleiter dem Unternehmensinteresse verpflichtet. Daher muss der Geschäftsleiter ein Interesse daran haben, eine Anreizstruktur, die nicht den auf Nachhaltigkeit ausgerichteten Vorgaben der VersVergV entspricht, abzuändern. Dies gilt nicht zuletzt im Hinblick auf einen möglichen Reputationsverlust des Unternehmens im Weigerungsfall. Im Übrigen ist die Verhandlungsposition des Geschäftsleiters, der für die einvernehmliche Anpassung der Arbeitsverträge der Mitarbeiter und sog. „Risk-Takern" verantwortlich ist, nur schwach ausgeprägt, wenn er nicht als Vorbild für die Mitarbeiter des Unternehmens einer Anpassung seiner Dienstvereinbarung zustimmt.[16]

---

[6] *Sammet* S. 84.
[7] *Sammet* S. 86.
[8] *Sammet* S. 87.
[9] *Sammet* S. 288; *Dreher* VW 2010, 1508, 1511; *Bartel/Bilobrk/Zopf* BB 2010, 1269, 1276; *Heuchemer/Kloft* WM 2010, 2241, 2247 zur gleichgelagerten Problematik in der InstitutsVergV.
[10] *Sammet* S. 282 f.
[11] *Sammet* S. 286.
[12] Annuß/Früh/Hasse/*Hasse* § 6 VersVergV Rn. 4; *Dreher* VW 2010, 1508, 1511; *Sammet* S. 305; *Bartel/Bilobrk/Zopf* BB 2010, 1269, 1276.
[13] *Diller/Arnold* ZIP 2011, 837, 845.
[14] *Hüffer/Koch* § 84 Rn. 10.
[15] *OLG Frankfurt a. M.* Urt. v. 18.11.2010 – 5 U 110/08, AG 2011, 462.
[16] *Sammet* S. 306 ff., 309.

12 **ee) Aufsichtsratsvergütung.** Da der **Aufsichtsrat** seine Vergütung aufgrund eines Hauptversammlungsbeschlusses bzw. noch häufiger aufgrund einer Satzungsbestimmung erhält, scheidet mangels vorhandener vertraglicher Vereinbarung eine Anpassung der Aufsichtsratsvergütung aus. Hier greift jedoch in Abhängigkeit der satzungsmäßigen Vergütungsregelung Abs. 1 Nr. 2, der eine Änderung der Satzungsbestimmung für die Zukunft verlangt.

13 **ff) Betriebliche Übung. (1) Bestehende betriebliche Übung.** Eine bestehende betriebliche Übung ist, soweit sie von den Vorgaben der VersVergV abweicht, für die Zukunft an die Vorgaben der VersVergV anzupassen.

(2) Sonstige Regelungen. Satzungsbestimmungen sowie **Hauptversammlungsbeschlüsse,** die in der Regel nur für das vergangene Geschäftsjahr eine Vergütungsregelung treffen, können für die Zukunft problemlos angepasst werden.

14 **2. Aufsichtsrechtliche Eingriffsbefugnisse.** Sofern eine Anpassungsmöglichkeit gegeben ist und diese nicht wahrgenommen wird, liegt ein **Missstand** vor. Diesen Missstand kann die Bundesanstalt mit einer Anordnung nach § 298 Abs. 1 und 2 VAG beseitigen.

15 **3. Dokumentation.** Die eigenständige Überprüfung des Unternehmens, ob eine Anpassung der arbeits- und dienstvertraglichen Vereinbarungen sowie einer bestehenden betrieblichen Übung, von Satzungsbestimmungen und Hauptversammlungsbeschlüssen möglich ist, muss auf Grundlage einer für Dritte nachvollziehbaren fundierten juristischen Beurteilung erfolgen. Ein entsprechendes juristisches Gutachten kann auch durch die juristischen Mitarbeiter des Unternehmens selbst erstellt werden.[17] Allerdings dürfen diese nicht die Anpassungsmöglichkeit der eigenen vertraglichen Regelung beurteilen.[18]

Inkrafttreten

7 Diese Verordnung tritt am Tag nach der Verkündung in Kraft.

[17] Begründung zu § 6 in der Fassung vom 6.10.2010.
[18] Begründung zu § 6 in der Fassung vom 6.10.2010.

Sachregister

Die Angaben beziehen sich auf die Einleitung (Einl.), Gesetze und Paragrafen bzw. Artikel **(fett)** sowie auf die Randnummern.